NomosKommentar

Inken Gallner | Wilhelm Mestwerdt
Stefan Nägele [Hrsg.]

Kündigungsschutzrecht

Handkommentar

5. Auflage

Dr. Annett Böhm, Rechtsanwältin, Fachanwältin für Arbeitsrecht, Bad Schwartau/Lübeck | **Frauke Denecke,** Richterin am Arbeitsgericht Frankfurt a.M. | **Burkhard Fabritius,** MBA, Rechtsanwalt, Fachanwalt für Arbeitsrecht, Hamburg/Bonn | **Inken Gallner,** Ministerialdirektorin Justizministerium Baden-Württemberg | **Jan Gieseler,** Rechtsanwalt und Mediator, Fachanwalt für Arbeitsrecht und Fachanwalt für Strafrecht, Tauberbischofsheim | **Dr. Hans-Jochem Mayer,** Rechtsanwalt, Fachanwalt für Arbeitsrecht und Fachanwalt für Verwaltungsrecht, Bühl | **Wilhelm Mestwerdt,** Präsident Landesarbeitsgericht Niedersachsen | **Prof. Dr. Stefan Nägele,** Rechtsanwalt, Fachanwalt für Arbeitsrecht, Stuttgart | **Anja Nägele-Berkner,** Richterin am AG Heilbronn | **Dr. Stephan Osnabrügge,** Rechtsanwalt, Fachanwalt für Arbeitsrecht, Bonn | **Gerhard Pfeiffer,** Vorsitzender Richter am LAG Baden-Württemberg, Stuttgart | **Bernd Spengler,** Rechtsanwalt, Fachanwalt für Arbeitsrecht, Würzburg | **Claudia Wemheuer,** Richterin am Arbeitsgericht Bremen-Bremerhaven | **Ralf Zimmermann,** Richter am Arbeitsgericht Hannover

Die Deutsche Nationalbibliothek verzeichnet diese Publikation in der Deutschen Nationalbibliografie; detaillierte bibliografische Daten sind im Internet über http://dnb.d-nb.de abrufbar.

ISBN 978-3-8487-1331-8

5. Auflage 2015
© Nomos Verlagsgesellschaft, Baden-Baden 2015. Printed in Germany. Alle Rechte, auch die des Nachdrucks von Auszügen, der fotomechanischen Wiedergabe und der Übersetzung, vorbehalten.

Vorwort zur 5. Auflage

Die 5. Auflage dieses Handkommentars gibt den Rechtsstand vom 1. September 2014 wieder. In den letzten drei Jahren nach Erscheinen der 4. Auflage ist die Rechtsprechung unverändert dynamisch fortentwickelt worden. Der Europäische Gerichtshof und das Bundesarbeitsgericht haben mit einer Vielzahl von Entscheidungen zum Kündigungsschutzgesetz, zum Teilzeit- und Befristungsgesetz und zu weiteren Kündigungsschutzbestimmungen eine Aktualisierung des Handkommentars erforderlich gemacht. Beispielhaft soll hier nur auf die grundlegenden Entscheidungen des Bundesarbeitsgerichts zur Rechtsmissbrauchskontrolle bei Befristungen verwiesen werden. Die Kommentierung ist dabei um die für die Praxis bedeutsamen kündigungsrelevanten Vorschriften des Umwandlungsgesetzes erweitert worden.

Herr Richter am Arbeitsgericht Fiebig ist nach langjähriger Tätigkeit für den Handkommentar aus dem Kreis der Herausgeber und Autoren ausgeschieden. Für die Idee zu diesem Handkommentar und die langjährige Mitarbeit schulden Verlag und Herausgeber Herrn Fiebig großen Dank. Für die Neuauflage konnten aus der Praxis zwei Richterinnen am Arbeitsgericht gewonnen werden, die bereits als wissenschaftliche Mitarbeiterinnen am Bundesarbeitsgericht gearbeitet haben. Frauke Denecke, Richterin am Arbeitsgericht Frankfurt am Main, hat die Bearbeitung der betriebsbedingten Kündigung übernommen, Claudia Wemheuer wird künftig § 613a BGB kommentieren.

Der Handkommentar soll der arbeitsrechtlichen Praxis in der täglichen Arbeit ein verlässlicher Partner bei der Lösung von Rechtsproblemen sein. Dies kann nur im Dialog mit der Praxis gelingen. In diesem Sinn bitten die Autoren jederzeit um Anregungen und Hinweise.

Herausgeber und Verlag

Vorwort zur 1. Auflage

Das Kündigungsschutzgesetz war und ist Schauplatz interessengeprägter Auseinandersetzungen, die sich gerade in jüngster Vergangenheit in einem hektischen Gesetzesaktionismus ausdrückten und sich deshalb auch in der Kommentarliteratur widerspiegelten.

Der vorliegende Handkommentar – HaKo – will diese Nachteile durch eine interessenneutrale Darstellung auf dem neuesten Stand der Gesetzgebung und Rechtsprechung vermeiden. Er ist aus der Gerichtspraxis geschrieben, legt den Schwerpunkt auf die praxisrelevanten Probleme und möchte sie dem Benutzer durch eine straffe Systematisierung unter besonderer Berücksichtigung von Beweislastfragen näherbringen.

Dabei sind alle Gesetzesnovellen wie das Gesetz zu Korrekturen in der Sozialversicherung und zur Sicherung der Arbeitnehmerrechte vom 19.12.1998, das Entlassungsentschädigungs-Änderungsgesetz bzw Steuerentlastungsgesetz vom 24.03.1999, das Arbeitsgerichtsbeschleunigungsgesetz vom 30.03.2000 sowie die aktuellen Durchführungsanweisungen der Bundesanstalt für Arbeit berücksichtigt. Für Altfälle ist zudem die bisherige Rechtslage des Arbeitsrechtlichen Beschäftigungsförderungsgesetzes vom 25.09.1996 erläutert. Die neue Konzeption und die Perspektive, daß der augenblickliche Gesetzesstand mit dem Jahr 2000 eine rechtssichere Bilanz des Kündigungsschutzgesetzes zuläßt, rechtfertigen einen weiteren, aber etwas moderneren Kommentar. Wir hoffen, daß die Leser diese Prognose teilen werden und sind für Anregungen oder Kritik dankbar.

Autoren und Verlag

Inhaltsverzeichnis

Vorwort zur 5. Auflage		5
Vorwort zur 1. Auflage		6
Bearbeiterverzeichnis		11
Abkürzungsverzeichnis		13
Einleitung		21

Kündigungsschutzgesetz

§ 1	Sozial ungerechtfertigte Kündigungen	57
§ 1a	Abfindungsanspruch bei betriebsbedingter Kündigung	547
§ 2	Änderungskündigung	563
§ 3	Kündigungseinspruch	619
§ 4	Anrufung des Arbeitsgerichtes	628
§ 5	Zulassung verspäteter Klagen	775
§ 6	Verlängerte Anrufungsfrist	823
§ 7	Wirksamwerden der Kündigung	850
§ 8	Wiederherstellung der früheren Arbeitsbedingungen	857
§ 9	Auflösung des Arbeitsverhältnisses durch Urteil des Gerichts; Abfindung des Arbeitnehmers	861
§ 10	Höhe der Abfindung	901
§ 11	Anrechnung auf entgangenen Zwischenverdienst	934
§ 12	Neues Arbeitsverhältnis des Arbeitnehmers; Auflösung des alten Arbeitsverhältnisses	954
§ 13	Außerordentliche, sittenwidrige und sonstige Kündigungen	965
§ 14	Angestellte in leitender Stellung	1023
§ 15	Unzulässigkeit der Kündigung	1042
§ 16	Neues Arbeitsverhältnis; Auflösung des alten Arbeitsverhältnisses	1145
§ 17	Anzeigepflicht	1146
§ 18	Entlassungssperre	1178
§ 19	Zulässigkeit von Kurzarbeit	1190
§ 20	Entscheidungen der Agentur für Arbeit	1201
§ 21	Entscheidungen der Zentrale der Bundesagentur für Arbeit	1210
§ 22	Ausnahmebetriebe	1213
§ 22a	(aufgehoben)	1216
§ 23	Geltungsbereich	1217
§ 24	Anwendung des Gesetzes auf Betriebe der Schifffahrt und des Luftverkehrs	1252
§ 25	Kündigung in Arbeitskämpfen	1262
§ 25a	Berlin-Klausel	1265

§ 26   Inkrafttreten 1266

Allgemeines Gleichbehandlungsgesetz (AGG)

§ 2 Abs. 4   Anwendungsbereich 1267

Bürgerliches Gesetzbuch (BGB)

§ 613 a	Rechte und Pflichten bei Betriebsübergang	1275
§ 620	Beendigung des Dienstverhältnisses	1347
§ 621	Kündigungsfristen bei Dienstverhältnissen	1350
§ 622	Kündigungsfristen bei Arbeitsverhältnissen	1352
§ 623	Schriftform der Kündigung	1377
§ 624	Kündigungsfrist bei Verträgen über mehr als fünf Jahre	1394
§ 625	Stillschweigende Verlängerung	1398
§ 626	Fristlose Kündigung aus wichtigem Grund	1405

Umwandlungsgesetz (UmwG)

§ 126	Inhalt des Spaltungs- und Übernahmevertrags	1527
§ 322	Gemeinsamer Betrieb	1529
§ 323	Kündigungsrechtliche Stellung	1533
§ 324	Rechte und Pflichten bei Betriebsübergang	1541

Betriebsverfassungsgesetz (BetrVG)

§ 102   Mitbestimmung bei Kündigungen 1542

Bundespersonalvertretungsgesetz (BPersVG)

§ 72	Konsultationspflicht	1662
§ 79	Mitwirkung des Personalrats bei Kündigungen	1663
§ 108	Kündigungsschutz	1664

Mutterschutzgesetz (MuSchG)

§ 9   Kündigungsverbot 1676

Pflegezeitgesetz (PflegeZG)

§ 5   Kündigungsschutz 1701

Bundeselterngeld- und Elternzeitgesetz (BEEG)

§ 18   Kündigungsschutz 1722

Sozialgesetzbuch (SGB) Neuntes Buch (IX)

§ 85	Erfordernis der Zustimmung	1741
§ 86	Kündigungsfrist	1741
§ 87	Antragsverfahren	1741
§ 88	Entscheidung des Integrationsamtes	1741
§ 89	Einschränkungen der Ermessensentscheidung	1742
§ 90	Ausnahmen	1743
§ 91	Außerordentliche Kündigung	1743
§ 92	Erweiterter Beendigungsschutz	1744

Teilzeit- und Befristungsgesetz (TzBfG)

§ 14	Zulässigkeit der Befristung	1774
§ 15	Ende des befristeten Arbeitsvertrages	1861
§ 16	Folgen unwirksamer Befristung	1876
§ 17	Anrufung des Arbeitsgerichts	1878
§ 18	Information über unbefristete Arbeitsplätze	1889
§ 19	Aus- und Weiterbildung	1890
§ 20	Information der Arbeitnehmervertretung	1891
§ 21	Auflösend bedingte Arbeitsverträge	1892
§ 22	Abweichende Vereinbarungen	1903
§ 23	Besondere gesetzliche Regelungen	1905

Anhang Zwangsvollstreckung und Einstweiliger Rechtsschutz 1907

Literaturverzeichnis 1945

Stichwortverzeichnis 1949

Bearbeiterverzeichnis

Dr. Annett Böhm, Rechtsanwältin, Fachanwältin für Arbeitsrecht, Bad Schwartau/Lübeck (§ 9 MuSchG; § 5 PflegeZG; § 18 BEEG)

Frauke Denecke, Richterin am Arbeitsgericht Frankfurt a.M. (§ 1 Teil E KSchG)

Burkhard Fabritius, MBA, Rechtsanwalt, Fachanwalt für Arbeitsrecht, Hamburg/Bonn (§§ 126, 322, 323, 324 UmwG)

Inken Gallner, Ministerialdirektorin Justizministerium Baden-Württemberg (§§ 1 Teil E, 3-7 KSchG)

Jan Gieseler, Rechtsanwalt und Mediator, Fachanwalt für Arbeitsrecht und Fachanwalt für Strafrecht, Tauberbischofsheim (§§ 9, 10, 13 KSchG; § 626 BGB)

Dr. Hans-Jochem Mayer, Rechtsanwalt, Fachanwalt für Arbeitsrecht und Fachanwalt für Verwaltungsrecht, Bühl (§ 1 Teil A und B KSchG)

Wilhelm Mestwerdt, Präsident Landesarbeitsgericht Niedersachsen (Einleitung, § 1 Teil F KSchG, §§ 613a, 620 BGB; §§ 14-23 TzBfG)

Prof. Dr. Stefan Nägele, WHL Wissenschaftliche Hochschule Lahr, Rechtsanwalt und Fachanwalt für Arbeitsrecht, Stuttgart (§ 1a KSchG; § 2 Abs. 4 AGG; § 102 BetrVG; §§ 72, 79, 108 BPersVG; Anhang Zwangsvollstreckung und Einstweiliger Rechtsschutz)

Anja Nägele-Berkner, Richterin am Arbeitsgericht, Heilbronn (§§ 11, 12, 15, 16 KSchG)

Dr. Stephan Osnabrügge, Rechtsanwalt, Fachanwalt für Arbeitsrecht, Bonn (§§ 85-92 SGB IX)

Gerhard Pfeiffer, Vorsitzender Richter am Landesarbeitsgericht Baden-Württemberg (§§ 1 Teil C und G, 2, 8, 14, 17-26 KSchG)

Bernd Spengler, Rechtsanwalt und Fachanwalt für Arbeitsrecht, Würzburg (§§ 621-625 BGB)

Claudia Wemheuer, Richterin am Arbeitsgericht Bremen-Bremerhaven (§ 613a BGB)

Ralf Zimmermann, Richter am Arbeitsgericht Hannover (§ 1 Teil D und F KSchG)

Zitiervorschlag

HaKo-*Gallner* § 1 Rn 467

HaKo-*Mestwerdt* Einleitung Rn 29

Abkürzungsverzeichnis

aA	andere(r) Ansicht
aaO	am angegebenen Ort
ABG	Allgemeines Berggesetz für Preußische Staaten
abl	ablehnend
Abs	Absatz
abw	abweichend
abzgl	abzüglich
aE	am Ende
ähnl	ähnlich
aF	alte(r) Fassung
AFG	Arbeitsförderungsgesetz
AFRG	Arbeitsförderungsreformgesetz
AG	Aktiengesellschaft
AGB-DDR	Arbeitsgesetzbuch der Deutschen Demokratischen Republik
AGBG	Gesetz zur Regelung des Rechts der Allgemeinen Geschäftsbedingungen
AGG	Allgemeines Gleichbehandlungsgesetz
AiB	Arbeitsrecht im Betrieb (Zeitschrift)
AktG	Aktiengesetz
Alg	Arbeitslosengeld
Alhi	Arbeitslosenhilfe
allg	allgemein, allgemeine
allgM	allgemeine Meinung
Alt	Alternative
aM	anderer Meinung
Amtsbl	Amtsblatt
AngKSchG	Gesetz über die Fristen für die Kündigung von Angestellten
Anh.	Anhang
Anm	Anmerkung
AO	Abgabenordnung
AOG	Gesetz zur Ordnung der nationalen Arbeit
AP	Arbeitsrechtliche Praxis – Nachschlagewerk des BAG
APS/Bearbeiter	Großkommentar zum Kündigungsschutzrecht, hrsg. von Ascheid/Preis/Schmidt, 4. Aufl 2012
ArbG	Arbeitsgericht
ArbGG	Arbeitsgerichtsgesetz
ArbPlSchG	Gesetz über den Schutz des Arbeitsplatzes bei Einberufung zum Wehrdienst (ArbeitsplatzschutzG)
ArbRB	Arbeits-Rechts-Berater (Zeitschrift)
ArbZG, AZG	Arbeitszeitgesetz
ARST	Arbeitsrecht in Stichworten (Zeitschrift)
Art	Artikel
ArztR	Arztrecht (Zeitschrift)
ASiG	Arbeitssicherheitsgesetz

Abkürzungsverzeichnis

AuA	Arbeit und Arbeitsrecht (Zeitschrift)
Auff	Auffassung
Aufl	Auflage
AÜG	Arbeitnehmerüberlassungsgesetz
AuR/ArbuR	Arbeit und Recht (Zeitschrift)
ausf	ausführlich
azaO	am zuletzt angegebenen Ort
AZO	Arbeitszeitordnung
BA	Bundesagentur für Arbeit
Bad-Württ	Baden-Württemberg
BAG GS	Großer Senat des BAG
BAG	Bundesarbeitsgericht
BAT	Bundes-Angestelltentarifvertrag
BB	Der Betriebs-Berater (Zeitschrift)
BBKNS	Bader/Bram/Dörner/Kriebel/Nungeßer/Suckow, Kündigungs- und Bestandsschutz im Arbeitsverhältnis (Loseblatt), Stand Dez 2013
BBiG	Berufsbildungsgesetz
BDO	Bundesdisziplinarordnung
BDSG	Bundesdatenschutzgesetz
BEEG	Bundeselterngeld- und Elternzeitgesetz
BErzGG	Gesetz über die Gewährung von Erziehungsgeld und Erziehungsurlaub (Bundeserziehungsgeldgesetz)
BeschäftigtenschutzG	Gesetz zum Schutz der Beschäftigten vor sexueller Belästigung am Arbeitsplatz (Beschäftigtenschutzgesetz)
BeschFG	Gesetz über arbeitsrechtliche Vorschriften zur Beschäftigungsförderung (Beschäftigungsförderungsgesetz)
BetrVG 1952	Betriebsverfassungsgesetz 1952
BetrVG	Betriebsverfassungsgesetz
BA	Bundesagentur für Arbeit
BFH	Bundesfinanzhof
BFHE	Amtliche Sammlung der Entscheidungen des Bundesfinanzhofs
BGB	Bürgerliches Gesetzbuch
BGBl	Bundesgesetzblatt
BGH	Bundesgerichtshof
BGHZ	Amtliche Sammlung der Entscheidungen des Bundesgerichtshofs in Zivilsachen
BImSchG	Bundesimmissionsschutzgesetz
BlStSozArb	Blätter für Steuerrecht, Sozialversicherung und Arbeitsrecht (Zeitschrift)
BMF	Bundesfinanzministerium
BMTG	Bundesmanteltarifvertrag für Arbeiter gemeindlicher Verwaltungen und Betriebe
BMTV	Bundesmanteltarifvertrag
BPersVG	Bundespersonalvertretungsgesetz

Abkürzungsverzeichnis

br	Behindertenrecht (Zeitschrift)
BRG	Betriebsrätegesetz
BRRG	Beamtenrechtsrahmengesetz
BRTV	Bundesrahmentarifvertrag
BSG	Bundessozialgericht
BSGE	Entscheidungen des Bundessozialgerichts
BSHG	Bundessozialhilfegesetz
bspw	beispielsweise
BStBl	Bundessteuerblatt
BT-Drucks	Drucksache des Deutschen Bundestages
BTM/Bearbeiter	Backmeister/Trittin/Mayer, Kündigungsschutzgesetz mit Nebengesetzen, 4. Aufl 2009
Buchst	Buchstabe
BUrlG	Mindesturlaubsgesetz für Arbeitnehmer (Bundesurlaubsgesetz)
BVerfG	Bundesverfassungsgericht
BVerwG	Bundesverwaltungsgericht
BVerwGE	Entscheidungen des Bundesverwaltungsgerichts (amtliche Sammlung)
BZRG	Bundeszentralregistergesetz
bzw	beziehungsweise
DA	Durchführungsanweisungen der Bundesagentur für Arbeit zum Sperrzeittatbestand
DB	Der Betrieb (Zeitschrift)
DBlR	Dienstblatt der Bundesagentur für Arbeit, Ausgabe C – Rechtsprechung
DDR	Deutsche Demokratische Republik
DFL/Bearbeiter	Dornbusch/Fischermeier/Löwisch, Kommentar zum gesamten Arbeitsrecht, 6. Aufl 2014
dh	das heißt
DKKW/Bearbeiter	Däubler/Kittner/Klebe/Wedde, Betriebsverfassungsgesetz, Kommentar, 13. Aufl 2012
DLW	Dörner/Luczak/Wildschütz, Handbuch des Fachanwalts Arbeitsrecht, 11. Aufl 2014
DM	Deutsche Mark
DrittelbG	Drittelbeteiligungsgesetz
DStR	Deutsches Steuerrecht (Zeitschrift)
EBRG	Gesetz über Europäische Betriebsräte (Europäische Betriebsräte-Gesetz)
EEÄndG	Entlassungsentschädigungs-Änderungsgesetz
EFZG	Entgeltfortzahlungsgesetz
EGBGB	Einführungsgesetz zum Bürgerlichen Gesetzbuch
EGMR	Europäischer Gerichtshof für Menschenrechte
Einl	Einleitung
EMRK	Europäische Menschenrechtskonvention
EntgeltfortzahlungsG	Entgeltfortzahlungsgesetz
ErfK/Bearbeiter	Erfurter Kommentar zum Arbeitsrecht,

	14. Aufl 2014
Erl	Erläuterung(en)
erl	erläuternd
EStG	Einkommensteuergesetz
etc	et cetera, und so weiter
EU	Europäische Union
EuGH	Gerichtshof der Europäischen Union
eV	eingetragener Verein
evtl	eventuell
EWG	Europäische Wirtschaftsgemeinschaft
EzA	Entscheidungssammlung zum Arbeitsrecht
f	folgend(e)
ff	fortfolgende
Fitting	*Fitting/Engels/Schmidt/Trebinger/Linsenmaier*, Kommentar, 27. Aufl 2014
FK-InsO/Bearbeiter	Wimmer (Hrsg), Frankfurter Kommentar zur Insolvenzordnung, 7. Aufl 2013
Fn	Fußnote
FS	Festschrift
GBl	Gesetzblatt
GdB	Grad der Behinderung
GefahrstoffVO	Gefahrstoffverordnung
gem	gemäß
GenG	Gesetz betreffend die Erwerbs- und Wirtschaftsgenossenschaften (GenossenschaftsG)
GewO	Gewerbeordnung
GG	Grundgesetz
ggf	gegebenenfalls
GK-BetrVG	Gemeinschaftskommentar zum Betriebsverfassungsgesetz, 10. Aufl 2014
GmbHG	Gesetz betreffend die Gesellschaften mit beschränkter Haftung (GmbH-Gesetz)
GMP/Bearbeiter	*Germelmann/Matthes/Müller-Glöge/Prütting/Schlewing*, Arbeitsgerichtsgesetz, 8. Aufl 2013
grds	grundsätzlich
GS	Großer Senat
HAG	Heimarbeitsgesetz
HaKo-BetrVG/Bearbeiter	Düwell (Hrsg), Betriebsverfassungsgesetz, Handkommentar, 4. Aufl 2014
HAS/Bearbeiter	Handbuch des Arbeits- und Sozialrechts, hrsg. von Weiss/Gagel
HessLAG	Hessisches Landesarbeitsgericht
HGB	Handelsgesetzbuch
HGO	Hessische Gemeindeordnung
HK-ArbR/Bearbeiter	*Däubler/Hjort/Schubert/Wolmerath*, Handkommentar Arbeitsrecht, 3. Aufl 2013

Abkürzungsverzeichnis

Hk-BGB	Schulze (Schriftleitung), Handkommentar BGB, 7. Aufl 2011
HK-KSchG/Bearbeiter	Heidelberger Kommentar zum Kündigungsschutzgesetz, 4. Aufl 2001
hL	herrschende Lehre
hM	herrschende Meinung
HS	Halbsatz
HWGNRH/Bearbeiter	Hess/Worzalla/Glock/Nicolai/Rose/Huke, Kommentar zum Betriebsverfassungsgesetz, 9. Aufl 2014
idF	in der Fassung
idR	in der Regel
idS	in diesem Sinne
iE	im Einzelnen
ieS	im engeren Sinne
InKrG	Gesetz über die Inkraftsetzung von Rechtsvorschriften der BRD in der DDR
insb	insbesondere
InsO	Insolvenzordnung
iR	im Rahmen
iRv	im Rahmen von
iS	im Sinne
iSd	im Sinne des/der
iSv	im Sinne von
iÜ	im Übrigen
iVm	in Verbindung mit
iwS	im weiteren Sinne
JArbSchG	Jugendarbeitsschutzgesetz
JAV	Jugend- und Auszubildendenvertretung
Kap	Kapitel
KDZ/Bearbeiter	Kittner/Däubler/Zwanziger, Kündigungsschutzrecht, 9. Aufl 2014
KG	Kommanditgesellschaft
KGaA	Kommanditgesellschaft auf Aktien
KO	Konkursordnung
KPK/Bearbeiter	Kölner Praxiskommentar zum Kündigungsschutzrecht unter Berücksichtigung sozialrechtlicher Bezüge, 3. Aufl 2004, hrsg. von Sowka
KR/Bearbeiter	Gemeinschaftskommentar zum Kündigungsschutzgesetz und zu sonstigen kündigungsschutzrechtlichen Vorschriften, 10. Aufl 2013
KrG	Kreisgericht
krit	kritisch
KSchG	Kündigungsschutzgesetz
LAG	Landesarbeitsgericht
LAGE	Entscheidungen der Landesarbeitsgerichte

LFZG, LohnFG, LohnfortzG	Lohnfortzahlungsgesetz
Lit	Literatur
lit	literum, Buchstabe
LM	Lindenmaier/Möhring, Nachschlagewerk des Bundesgerichtshofs
LPersVG, LPVG	Landespersonalvertretungsgesetz
LPK-SGB IX/Bearbeiter	Dau/Düwell/Joussen (Hrsg), Lehr- und Praxiskommentar zum SGB IX, 4. Aufl 2014
LS	Leitsatz
LStDV	Lohnsteuerdurchführungsverordnung
LSW/Bearbeiter	*Löwisch/Spinner/Wertheimer*, Kommentar zum Kündigungsschutzgesetz 10. Aufl 2013
maW	mit anderen Worten
MDR	Monatsschrift für Deutsches Recht (Zeitschrift)
mE	meines Erachtens
MitbestG	Mitbestimmungsgesetz
MRK	Menschenrechtskonvention
MTB	Manteltarifvertrag für Arbeiter des Bundes
MTL	Manteltarifvertrag für Arbeiter der Länder
MTV	Manteltarifvertrag
MüArbR/Bearbeiter	Richardi/Wlotzke/Wißmann/Oetker (Hrsg), Münchener Handbuch zum Arbeitsrecht, 3. Aufl 2009
MuSchG	Gesetz zum Schutz der erwerbstätigen Mutter (Mutterschutzgesetz)
mwN	mit weiteren Nachweisen
NATO-ZA, NATO-ZusAbk	NATO-Zusatzabkommen
nF	neue Fassung
NJW	Neue Juristische Wochenschrift (Zeitschrift)
NJW-CoR	NJW-Computerrecht (Zeitschrift)
NJW-RR	NJW-Rechtsprechungs-Report (Zeitschrift)
Nr	Nummer
n. rkr.	nicht rechtskräftig
Nrn	Nummern
NRW	Nordrhein-Westfalen
nv	nicht veröffentlicht
NZA	Neue Zeitschrift für Arbeits- und Sozialrecht (Zeitschrift)
NZA-RR	NZA-Rechtsprechungs-Report Arbeitsrecht (Zeitschrift)
OHG	Offene Handelsgesellschaft
OLG	Oberlandesgericht
PersF	Personalführung (Zeitschrift)
PersR	Der Personalrat (Zeitschrift)
PersVG	Personalvertretungsgesetz

Abkürzungsverzeichnis

rd	rund
RdA	Recht der Arbeit (Zeitschrift)
RegE	Regierungsentwurf
RGBl	Reichsgesetzblatt
Rh-Pf	Rheinland-Pfalz
Rn	Randnummer
Rspr	Rechtsprechung
RTV	Rahmentarifvertrag
RVO	Reichsversicherungsordnung
RzK	Rechtsprechung zum Kündigungsrecht, hrsg. von Etzel
S	Seite
s	siehe
SAE	Sammlung arbeitsrechtlicher Entscheidungen (Zeitschrift)
SchwbG	Gesetz zur Sicherung der Eingliederung Schwerbehinderter in Arbeit, Beruf und Gesellschaft (Schwerbehindertengesetz)
SeemG	Seemannsgesetz
SGB III	Sozialgesetzbuch – Drittes Buch – Arbeitsförderungsrecht
SGB V	Sozialgesetzbuch – Fünftes Buch – Gesetzliche Krankenversicherung
SGB VI	Sozialgesetzbuch – Sechstes Buch – Gesetzliche Rentenversicherung
SGB IX	Sozialgesetzbuch – Neuntes Buch – Rehabilitation und Teilhabe behinderter Menschen
SGB X	Sozialgesetzbuch – Zehntes Buch – Verwaltungsverfahren
sog	sogenannte(r)
SprAuG	Gesetz über die Sprecherausschüsse der leitenden Angestellten (Sprecherausschussgesetz)
SPV/Bearbeiter	Stahlhacke/Preis/Vossen, Kündigung und Kündigungsschutzgesetz, 3. Aufl 2004
StPO	Strafprozessordnung
str	streitig
TVAL	Tarifvertrag für Angehörige alliierter Dienststellen
TVG	Tarifvertragsgesetz
TzBfG	Teilzeit- und Befristungsgesetz
uÄ	und Ähnliches
ua	und andere, unter anderem
überw	überwiegend
UmwG	Umwandlungsgesetz
unstr	unstreitig
Urt	Urteil
usw	und so weiter
uU	unter Umständen

v	vom
VBG	Unfallverhütungsvorschrift der Berufsgenossenschaft
VerglO, VglO	Vergleichsordnung
VGH	Verwaltungsgerichtshof
vgl	vergleiche
vHH/L/Bearbeiter	*von Hoyningen-Huene/Linck*, Kündigungsschutzgesetz, Kommentar, 15. Aufl 2013
VVaG	Versicherungsverein auf Gegenseitigkeit
VwGO	Verwaltungsgerichtsordnung
WahlO, WO	Wahlordnung
WRV	Weimarer Reichsverfassung
zB	zum Beispiel
ZDG	Zivildienstgesetz
ZfA	Zeitschrift für Arbeitsrecht
ZIP	Zeitschrift für Wirtschaftsrecht und Insolvenzrecht
ZPO	Zivilprozessordnung
zT	zum Teil
ZTR	Zeitschrift für Tarifrecht
zust	zustimmend
zutr	zutreffend
zVv	zur Veröffentlichung vorgesehen

Einleitung

Grundlagen des Kündigungsrechts	1
I. Die Kündigungserklärung	1
1. Rechtsnatur der Kündigungserklärung und allgemeine Grundsätze	1
2. Abgrenzung zu sonstigen rechtsgeschäftlichen Beendigungstatbeständen	6
3. Grundsatz der Klarheit und Bestimmtheit	13
a) Eindeutigkeit der Kündigungserklärung	13
b) Bedingungsfeindlichkeit der Kündigungserklärung	19
c) Angabe der Kündigungsgründe nicht erforderlich	22
4. Erklärungsform	24
a) Allgemeines	24
b) Gesetzliche Schriftformerfordernisse	25
c) Kollektivrechtliche Schriftformerfordernisse	27
d) Einzelvertragliche Schriftformerfordernisse	28
e) Rechtsmissbräuchliche Berufung auf das Schriftformerfordernis	29
5. Kündigung vor vereinbarter Arbeitsaufnahme	30
6. Zugang der Kündigungserklärung	33
a) Grundsätze	33
b) Zugang unter Abwesenden; Definition des BAG	35
c) Einzelfälle	38
d) Verhinderung und Verzögerung des Zugangs	52
e) Darlegungs- und Beweislast für den Zugang der Kündigungserklärung	56
7. Vertretung bei Abgabe und Empfang der Kündigung	62
a) Rechtsgeschäftliche Vertretung bei Abgabe der Kündigungserklärung	63
aa) Bevollmächtigter Vertreter	63
bb) Zurückweisung der Kündigung	69
cc) Vertreter ohne Vertretungsmacht	76
b) Rechtsgeschäftliche Vertretung beim Empfang der Kündigungserklärung	79
c) Gesetzliche Vertretung bei Abgabe und Empfang der Kündigungserklärung	84
aa) Kündigung durch und gegenüber einer juristischen Person	84
bb) Kündigung durch und gegenüber Minderjährigen	86
8. Rücknahme der Kündigung	90
II. Arten der Kündigung	92
1. Gesetzlich geregelte Kündigungsarten	92
a) Ordentliche Kündigung	92
b) Außerordentliche Kündigung	94
c) Änderungskündigung	95
2. Bedingte und vorsorgliche Kündigung	97
3. Teilkündigung, Widerrufsvorbehalt und Kündigung teilbarer Rechtsverhältnisse	99

Grundlagen des Kündigungsrechts

I. Die Kündigungserklärung

1. Rechtsnatur der Kündigungserklärung und allgemeine Grundsätze

Die Kündigung ist eine **einseitige empfangsbedürftige Willenserklärung**, mit der das Arbeitsverhältnis mit Wirkung für die Zukunft entweder sofort oder nach Ablauf einer Frist unmittelbar beendet wird. Eine rückwirkende

Kündigung ist ausgeschlossen, ihre Wirkung tritt frühestens im Zeitpunkt des Zugangs[1] beim Kündigungsgegner ein. Die Kündigung ist ein **Gestaltungsrecht.** Ist sie rechtswirksam, beendet die Kündigung das Arbeitsverhältnis einseitig, ein entgegenstehender Wille des Erklärungsgegners ist unbeachtlich.

2 Da die Kündigung eine Willenserklärung ist, sind die **Vorschriften des allgemeinen Teils des Bürgerlichen Gesetzbuches** über die Willenserklärung (§§ 116 ff BGB), über die Geschäftsfähigkeit (§§ 104 ff BGB) sowie über die Vertretung (§§ 164 ff BGB) zu beachten. Die gegenüber einem Geschäftsunfähigen abgegebene Kündigungserklärung wird deshalb gem § 131 Abs 1 BGB nicht wirksam, bevor sie dem gesetzlichen Vertreter zugeht; sie muss auch mit dem erkennbaren Willen abgegeben werden, dass sie den gesetzlichen Vertreter erreicht.[2]

3 Aus der **Vertragsfreiheit** folgt, dass grundsätzlich sowohl dem Arbeitgeber als auch dem Arbeitnehmer das Recht zur Kündigung zusteht. Die **Kündigungsfreiheit des Arbeitgebers** ist zum Schutze des strukturell, insbesondere in wirtschaftlicher Hinsicht, unterlegenen Arbeitnehmers durch zahlreiche gesetzliche Regelungen **eingeschränkt.** Das **gesetzliche Kündigungsschutzrecht** ist **zwingendes Recht,** von welchem grundsätzlich nicht zum Nachteil des Arbeitnehmers abgewichen werden kann. Das Recht des Arbeitgebers zur Kündigung kann aber über den gesetzlichen Kündigungsschutz hinaus durch einzel- oder tarifvertragliche Vereinbarungen eingeschränkt werden.[3] Möglich ist es auch, das dem Arbeitnehmer zustehende Kündigungsrecht vertraglich zu beschränken. Das Kündigungsrecht des Arbeitnehmers darf allerdings nicht weiter eingeschränkt werden als das Kündigungsrecht des Arbeitgebers.

4 Aus der Vertragsfreiheit ergibt sich auch, dass auf die Ausübung des Rechts zur Kündigung **verzichtet** werden kann. Der Kündigungsberechtigte kann bei Vorliegen eines wichtigen Grundes nach § 626 Abs 1 BGB zB nur eine ordentliche Kündigung aussprechen bzw eine Abmahnung erteilen oder auch insgesamt von solchen Maßnahmen absehen. Es ist allerdings nicht möglich, das Recht zur außerordentlichen Kündigung vertraglich auszuschließen.[4]

5 Das Recht zur Kündigung ist hinsichtlich **Ort oder Zeitpunkt der Erklärung** nicht eingeschränkt. Insbesondere muss die Kündigung nicht während der Arbeitszeit oder am Arbeitsplatz erklärt werden, da eine Bereitschaft des Kündigungsempfängers zur Entgegennahme der Kündigung keine Wirksamkeitsvoraussetzung der Kündigungserklärung ist. Dies ergibt sich aus der Rechtsnatur der Kündigung als einseitig gestaltende Willenserklärung. So kann der Arbeitgeber zB auch gegenüber einem erkrankten Arbeitnehmer die Kündigung des Arbeitsverhältnisses erklären. Ferner ist die Kündigung an Sonntagen, gesetzlichen Feiertagen oder am 24. Dezember

---

1 Vgl iE Rn 33 ff.
2 BAG 28.10.2010 – 2 AZR 794/09.
3 Zu den Grenzen tarifvertraglicher Kündigungsbeschränkungen (Verstoß gegen den Grundsatz der Altersdiskriminierung) vgl BAG 20.6.2013 – 2 AZR 295/13.
4 BAG 5.2.1998 – 2 AZR 227/97.

zulässig.⁵ Eine Kündigung zur **Unzeit** als Tatbestand der treuwidrigen Kündigung setzt neben dem für den Arbeitnehmer besonders belastenden Zeitpunkt der Arbeitgeberkündigung weitere Umstände voraus, etwa dass der Arbeitgeber absichtlich oder auf Grund einer Missachtung der persönlichen Belange des Arbeitnehmers einen Kündigungszeitpunkt wählt, der den Arbeitnehmer besonders beeinträchtigt.⁶ Die Beschränkung der Kündigungsmöglichkeit hinsichtlich Ort und Zeit kann sich aber aus einzel- oder tarifvertraglichen Vereinbarungen ergeben.⁷

2. Abgrenzung zu sonstigen rechtsgeschäftlichen Beendigungstatbeständen

Neben der Kündigungserklärung gibt es weitere rechtsgeschäftliche Beendigungstatbestände. Zu unterscheiden sind sonstige vertragsbeendende einseitige Willenserklärungen von der vertraglich vereinbarten Beendigung.⁸ Zu Letzterer bedarf es übereinstimmender Willenserklärungen beider Arbeitsvertragsparteien. Die wichtigsten Beendigungstatbestände neben der Kündigungserklärung sind:

- **Beendigungserklärung des Arbeitnehmers nach § 12 Satz 1 KSchG:** Nach zutreffender Auffassung handelt es sich hierbei um eine besondere Art der fristlosen Kündigung. Dieses Sonderkündigungsrecht entsteht nur unter den in § 12 KSchG beschriebenen Voraussetzungen, insbesondere erst mit Rechtskraft des Urteils, mit dem das Fortbestehen des Arbeitsverhältnisses festgestellt wird. Der Arbeitnehmer kann die Beendigungserklärung nach § 12 KSchG jedoch bereits vorsorglich vor Eintritt der Rechtskraft des Urteils erklären.⁹ Die Möglichkeit des Arbeitnehmers, auch eine ordentliche Kündigung auszusprechen, wird durch das Sonderkündigungsrecht nach § 12 KSchG nicht berührt. Wegen der annahmeverzugsbegrenzenden Rechtsfolge der Beendigungserklärung nach § 12 KSchG ist im Einzelfall nach strengen Maßstäben zu prüfen, ob eine während des Kündigungsschutzprozesses vom Arbeitnehmer abgegebene Erklärung, wonach er das Arbeitsverhältnis nicht fortsetzen wolle, eine ordentliche Kündigungserklärung oder eine Beendigungserklärung nach § 12 KSchG darstellt.

- **Anfechtung des Arbeitsvertrages (§§ 119, 123 BGB):** Anfechtungsgründe beruhen auf Tatsachen vor oder bei Vertragsabschluss, Kündigungsgründe entstehen idR erst während des Arbeitsverhältnisses. Tatsachen, die zur Anfechtung berechtigen, können aber auch zum Anlass genommen werden, anstelle der Anfechtung eine Kündigung zu erklären. Im Einzelfall ist durch Auslegung gem §§ 133, 157 BGB zu ermitteln, wie die Erklärung vom Empfänger unter Würdigung der ihm be-

---

5 Vgl BAG 14.11.1984 – 7 AZR 174/83 – AP BGB § 626 Nr 88: Zur Kündigung am Heiligen Abend.
6 BAG 16.9.2004 – 2 AZR 447/03 –, insb BAG 5.4.2001 – 2 AZR 185/00 – AP BGB § 242 Kündigung Nr 13 zu II 2 b mwN: eine Kündigung, die kurz nach dem Tod des Lebensgefährten zuging, wurde nicht als treuwidrig angesehen.
7 Zur Kündigung vor vereinbartem Arbeitsantritt vgl Rn 30 ff.
8 Vgl Rn 11 f und § 1 KSchG Rn 12 ff.
9 Vgl § 12 KSchG Rn 18.

kannten Umstände nach Treu und Glauben unter Berücksichtigung der Verkehrssitte aufgefasst werden musste. Bei einem bereits vollzogenen Arbeitsverhältnis wirkt die Anfechtung ebenso wie die Kündigung erst für die Zukunft (ex nunc) und nicht rückwirkend (ex tunc). Anfechtung und Kündigung sind sich daher sowohl von der Rechtsnatur als auch von den Rechtsfolgen im Grundsatz ähnlich. Die Anfechtung wirkt nach § 142 Abs 1 BGB nur dann zurück, wenn und soweit das Arbeitsverhältnis nicht in oder wieder außer Funktion gesetzt war, da in diesem Fall keine Rückabwicklungsschwierigkeiten auftreten. Nach älterer Rechtsprechung des BAG[10] sollte eine „Außerfunktionssetzung" des Arbeitsverhältnisses nicht bei einer zur Arbeitsunfähigkeit führenden Erkrankung des Arbeitnehmers vorliegen. Ein Arbeitsverhältnis ist aber schon dann „außer Funktion" gesetzt, wenn der Arbeitnehmer tatsächlich nicht gearbeitet hat.[11] Rückabwicklungsschwierigkeiten bestehen in diesem Fall nicht. Dem hat das BAG in seiner Entscheidung vom 3.12.1998[12] Rechnung getragen und zu Recht ausgeführt, es bestehe kein Grund, von der Regelfolge rückwirkender Anfechtung abzuweichen, wenn die Arbeitsleistung unterbleibe, weil der Arbeitnehmer arbeitsunfähig erkrankt sei. Für alle weiteren Fälle, in denen der Arbeitnehmer tatsächlich keine Arbeitsleistung erbringt, zB im Falle des Annahmeverzuges[13] oder im Urlaub, gilt dies entsprechend.

9 ■ **Berufung auf die Nichtigkeit des Arbeitsvertrages** (§§ 104, 117, 118, 125, 134, 138 BGB): Die Berufung auf die Nichtigkeit des Arbeitsvertrages ist keine einseitig gestaltende Willenserklärung. In diesen Fällen fehlt es gerade an einem wirksamen Arbeitsvertrag. Auf diese bestehende Rechtslage können sich beide Arbeitsvertragspartner jederzeit durch Erklärung gegenüber der anderen Partei berufen. Grundsätzlich wirkt die Erklärung nach den Grundsätzen des faktischen Arbeitsverhältnisses nur für die Zukunft, wenn das Arbeitsverhältnis in Vollzug gesetzt war. In ihrer Wirkung ist die Berufung auf die Nichtigkeit mit der Anfechtungserklärung vergleichbar.

10 ■ **Rücktrittserklärung**: Das vertragliche oder gesetzliche Rücktrittsrecht ist durch den zwingenden Charakter des allgemeinen Kündigungsschutzes und die zwingende Vorschrift des § 626 BGB ausgeschlossen. Eine „Rücktrittserklärung" ist idR als Kündigungserklärung auszulegen.

11 ■ **Abschluss eines Aufhebungsvertrages**: Der Aufhebungsvertrag ist der Hauptfall der vertraglichen Beendigung des Arbeitsverhältnisses. Das Zustandekommen beurteilt sich nach den allgemeinen Regeln über Angebot und Annahme, setzt also im Gegensatz zur Kündigungserklärung einen übereinstimmenden Willen der Arbeitsvertragsparteien voraus. Nach § 623 BGB bedarf er zu seiner Wirksamkeit der Schriftform

---

10 Vgl BAG 20.2.1986 – 2 AZR 244/85 – AP BGB § 123. Nr 31 zu C II; 18.4.1968 – 2 AZR 145/67 – AP HGB § 63 Nr 32.
11 Vgl Brox, Anm AP 24 zu § 123 BGB.
12 Vgl BAG 3.12.1998 – 2 AZR 754/97 – AP BGB § 123 Nr 49 zu II 3.
13 Vgl BAG 16.9.1982 – 2 AZR 228/80 – AP BGB § 123 Nr 24 zu IV 3 c.

- **Befristung:** Ein vertraglicher Beendigungstatbestand liegt auch dann vor, wenn die Arbeitsvertragsparteien eine zeit- oder zweckbestimmte Befristungsabrede (§ 14 TzBfG)[14] treffen und der Arbeitsvertrag durch Zeitablauf oder Zweckerreichung endet. Entsprechendes gilt bei Vereinbarung einer auflösenden Bedingung.[15] Voraussetzung für die Wirksamkeit der vereinbarten Befristung oder Bedingung ist grundsätzlich das Vorliegen eines sachlichen Grundes (zB Vertretung eines anderen Arbeitnehmers wegen Krankheit, Mutterschutz, Elternzeit),[16] um eine objektive Umgehung des allgemeinen Kündigungsschutzes zu vermeiden. In den von § 14 Abs 2, Abs 2a und Abs 3 TzBfG gezogenen Grenzen kann ein Arbeitsverhältnis auch ohne Sachgrund befristet werden.

3. Grundsatz der Klarheit und Bestimmtheit

a) **Eindeutigkeit der Kündigungserklärung.** Aus der Kündigungserklärung muss sich für den Empfänger der **Beendigungswille** des Kündigenden **klar, eindeutig und zweifelsfrei** ergeben. Ein solcher Beendigungswille kann sich aus den Umständen ergeben. Prüfungsmaßstab ist nach §§ 133, 157 BGB die Sicht des Kündigungsempfängers. Es kommt somit darauf an, wie dieser die Erklärung unter Würdigung der ihm bekannten Umstände nach Treu und Glauben unter Berücksichtigung der Verkehrssitte auffassen musste.[17] Daraus folgt: Der Kündigende muss seine Erklärung nicht ausdrücklich als „Kündigung" bezeichnen, ähnliche Formulierungen (Rücktritt vom Arbeitsvertrag, Aufhebung des Arbeitsvertrages, Entlassung uä) können den Kündigungswillen grundsätzlich in gleicher Weise verdeutlichen. Unklarheiten der Erklärung gehen zu Lasten des Kündigenden.[18] Eine Kündigungserklärung kann auch in einem schlüssigen Verhalten liegen, wenn der Beendigungswille sich aus diesem zweifelsfrei entnehmen lässt. Eine **Kündigung durch schlüssiges Verhalten alleine ist** allerdings **wegen fehlender Schriftform nichtig** (vgl §§ 623, 125, 126 BGB).[19]

Eine **Kündigungserklärung liegt idR nicht** schon dann **vor,** wenn:

- der Arbeitgeber den Arbeitnehmer ohne weitere Erläuterung nach Hause schickt bzw der Arbeitsstelle verweist,[20]
- eine Arbeitsvertragspartei der anderen Arbeitsvertragspartei mit dem Ausspruch einer Kündigung droht,
- der Arbeitgeber den Arbeitnehmer auffordert, sich nach einer neuen Stelle umzusehen,
- der Arbeitgeber dem Arbeitnehmer seine Absicht mitteilt, den Betrieb zu einem bestimmten Zeitpunkt stillzulegen,

---

14 Einzelheiten vgl die Kommentierung zu § 14 TzBfG.
15 Vgl § 21 TzBfG.
16 Vgl iÜ den – nicht abschließenden – Sachgrundkatalog des § 14 Abs 1 Satz 2 TzBfG.
17 Vgl BAG 19.1.1956 – 2 AZR 80/54 – AP BGB § 620 Kündigungserklärung Nr 1; BAG 15.3.1991 – 2 AZR 516/90 – AP BBiG § 47 Nr 2 zu II 1a., 1.9.2010 – 5 AZR 700/09 – in Bezug auf den Kündigungstermin.
18 BAG 11.6.1959 – 2 AZR 334/57 – AP BGB § 130 Nr 1.
19 Vgl Rn 24 ff.
20 Vgl BAG 11.6.1959 – 2 AZR 334/57 – AP BGB § 130 Nr 1.

- der Kündigende eine bereits ausgesprochene Kündigung lediglich bestätigt,
- der Arbeitgeber dem Arbeitnehmer mitteilt, dass ein befristeter Arbeitsvertrag nicht über den vereinbarten Beendigungszeitpunkt hinaus verlängert werden soll,[21]
- der Arbeitnehmer die Arbeit verweigert, den Arbeitsplatz unbefugt verlässt oder unentschuldigt fehlt (dies kann ein vertragswidriges Verhalten darstellen oder ggf die Ausübung des Zurückbehaltungsrechts nach § 273 Abs 1 BGB bedeuten. Ohne weitere Anhaltspunkte kann in einem solchen Verhalten aber noch keine Kündigungserklärung erblickt werden).

15 Eine **Kündigungserklärung liegt** idR **vor**,[22] wenn:
- sich der Arbeitgeber weigert, den Arbeitnehmer weiter zu beschäftigen,
- der Arbeitgeber dem Arbeitnehmer unaufgefordert die Arbeitspapiere übersendet,
- der Arbeitnehmer vom Arbeitgeber die Herausgabe der Arbeitspapiere verlangt (es sei denn, es handelt sich um eine bloße Reaktion des Arbeitnehmers im Hinblick auf eine vorausgegangene Kündigungserklärung des Arbeitgebers).

16 Bringt ein Arbeitnehmer im Rahmen einer **Auseinandersetzung** mit dem Arbeitgeber seinen Willen zur Vertragsbeendigung eindeutig zum Ausdruck, sei es ausdrücklich (zB „ich kündige", „ich komme nie mehr") oder durch schlüssiges Verhalten (zB unaufgeforderte Rückgabe des Firmenschlüssels mit der Bemerkung: „ich gehe jetzt", ohne dass die Schlüsselrückgabe wegen Krankheit oder Urlaub sachlich begründet wäre), liegt ebenfalls eine Kündigungserklärung vor. Ein Verhalten, das sich für den Erklärungsempfänger als Ausdruck eines bestimmten Rechtsfolgewillens darstellt, ist dem Erklärenden auch dann als Willenserklärung zuzurechnen, wenn er kein **Erklärungsbewusstsein** hatte. Ob bzw in welchem Maße sich der Arbeitnehmer aufgrund einer Auseinandersetzung mit dem Arbeitgeber in Aufregung oder Wut befindet, ist daher kein geeigneter Prüfungsmaßstab für das Vorliegen einer Kündigungserklärung. Entscheidend sind stets die Umstände des Einzelfalles. Auch insoweit gilt aber in jedem Fall das Schriftformgebot.

17 Aus der Kündigungserklärung muss sich **klar und eindeutig** ergeben, ob eine **ordentliche oder eine außerordentliche** Kündigung ausgesprochen werden soll. Die Erklärung einer außerordentlichen Kündigung aus wichtigem Grund muss für den Erklärungsempfänger zweifelsfrei den Willen des Erklärenden erkennen lassen, von der sich aus § 626 Abs 1 BGB ergeben-

---

21 Vgl BAG 26.4.1979 – 2 AZR 431/77 – AP BGB § 620 Befristeter Arbeitsvertrag Nr 47 zu 4 a, b.
22 Vgl aber Rn 24 ff und die Kommentierung zu § 623 BGB: Die Kündigungserklärung bedarf zu ihrer Wirksamkeit der Schriftform. Die Berufung auf die fehlende Schriftform der Kündigung kann aber rechtsmissbräuchlich sein, vgl Rn 29, weshalb die Frage, ob mündliche Erklärungen bzw schlüssiges Verhalten eine Kündigungserklärung darstellen, nach wie vor erheblich sein kann.

den besonderen Kündigungsbefugnis Gebrauch zu machen.[23] Bei der Auslegung sind die Umstände des Einzelfalles zu berücksichtigen, insbesondere eine ggf abgegebene Kündigungsbegründung. Ist der Kündigungserklärung nicht zu entnehmen, ob es sich um eine fristlose oder fristgemäße handelt, lässt dieser Umstand die Wirksamkeit der Erklärung als solche unberührt, vielmehr ist die Kündigung in diesem Fall als ordentliche Kündigung zu behandeln, da diese für den Gekündigten günstiger ist. Nicht entscheidend ist jedenfalls, ob der Kündigende zum Ausspruch einer außerordentlichen Kündigung berechtigt gewesen wäre. Es obliegt ausschließlich dem Kündigenden, Kündigungsart und Beendigungszeitpunkt in der Kündigungserklärung klarzustellen.

Andererseits ist die **Angabe eines genauen Beendigungszeitpunkts nicht erforderlich**, wenn sich für den Kündigungsempfänger zweifelsfrei ergibt, ob ordentlich oder außerordentlich gekündigt werden soll. Bei einer außerordentlichen Kündigung ist im Zweifel von einer fristlosen Beendigung zum Zeitpunkt des Zugangs der Kündigungserklärung auszugehen. Bei einer ordentlichen Kündigung bedarf es nicht der Angabe eines konkreten kalendarischen Endtermins, dieser muss jedoch für den Kündigungsempfänger zweifelsfrei bestimmbar sein.[24] Regelmäßig reicht die Angabe „zum nächst zulässigen Termin" aus, um nach Maßgabe der einschlägigen gesetzlichen, tarifvertraglichen oder vertraglichen Vorgaben den maßgeblichen Beendigungstermin ermitteln zu können.[25] Erfolgt die Kündigung mit zu kurzer Frist, lässt aber die Kündigungserklärung erkennen, dass der Arbeitgeber nach Maßgabe der einschlägigen Frist kündigen wollte, gilt nach Auslegung der zutreffende Beendigungszeitpunkt.[26]

b) Bedingungsfeindlichkeit der Kündigungserklärung. Aus dem **Bestimmtheitsgrundsatz** folgt, dass die Erklärung einer **Kündigung unter einer Bedingung** grundsätzlich **unzulässig ist**. Die Kündigungswirkung darf nicht von solchen Umständen abhängig gemacht werden, durch welche der Kündigungsempfänger in Unsicherheit über die Beendigung des Arbeitsverhältnisses bzw den Lauf der Kündigungsfrist gesetzt wird. Das wäre zB der Fall, wenn die Kündigung unter der Bedingung ausgesprochen wird, dass dem Arbeitgeber ein bestimmter Auftrag nicht erteilt wird[27] oder die Arbeitsleistung des Arbeitnehmers sich nicht innerhalb einer bestimmten Frist verbessert, da sowohl Qualität als auch Quantität der Arbeitsleistung einer Beurteilung bedürfen. Eine unzulässige Bedingung soll ferner vorliegen, wenn die Wirksamkeit der Kündigung von der Zustimmung Dritter abhängt. Zutreffend ist dies jedenfalls für den Fall einer **nachträglichen Zustimmungsmöglichkeit**.[28]

---

23 BAG 23.5.2013 – 2 AZR 54/12; 13.1.1982 – 7 AZR 757/79 – AP BGB § 620 Kündigungserklärung Nr 2 zu II 1.
24 BAG 23.5.2013 – 2 AZR 54/12.
25 BAG 10.4.2014 – 2 AZR 647/13.
26 Vgl zur Auslegung von Kündigungserklärungen im Hinblick auf den Kündigungstermin BAG 15.5.2013 – 5 AZR 130/12; 23.5.2013 – 2 AZR 54/12; 1.9.2010 – 5 AZR 700/09; zur Frage der Einhaltung der Klagefrist des § 4 KSchG in diesem Zusammenhang vgl die Kommentierung zu § 4 KSchG Rn 18 ff.
27 Vgl BAG 15.3.2001 – 2 AZR 705/99 – NZA 2001, 1070.
28 Vgl BAG 10.11.1994 – 2 AZR 207/94 – AP KSchG 1969 § 9 Nr 24 zu II 1 mwN.

20 Nach allgemeiner Auffassung ist hingegen die Kündigung unter einer sog **Potestativbedingung** zulässig. Eine solche liegt vor, wenn der Bedingungseintritt ausschließlich vom Willen des Kündigungsgegners abhängt und dieser somit nicht in eine ungewisse Lage versetzt wird.[29] Ein gesetzlich geregelter Fall einer zulässigen Potestativbedingung ist die **Änderungskündigung**.[30] Von der Kündigung unter einer Bedingung ist die sog **vorsorgliche Kündigung** zu unterscheiden.[31]

21 Ob bei einer Kündigung unter einer zulässigen Potestativbedingung, die keine Änderungskündigung iSd § 2 KSchG ist, die Kündigungsfrist und die Klageerhebungsfrist nach § 4 KSchG ab Bedingungseintritt[32], oder ab dem Zeitpunkt, zu dem vom Kündigungsempfänger eine Entscheidung in zumutbarer Weise verlangt werden kann oder bereits mit Zugang der Kündigungserklärung zu laufen beginnen, ist umstritten. Aus Gründen der Rechtssicherheit ist der erstgenannten Auffassung zuzustimmen. Wann dem Empfänger eine Entscheidung zumutbar gewesen wäre, hängt von einer Wertung ab und wird sich im Einzelfall nur schwer feststellen lassen. Auf den Zugangszeitpunkt kann nicht abgestellt werden, da es in diesem Moment noch völlig ungewiss ist, ob die Bedingung jemals eintreten und die Kündigung gestaltende Wirkung haben wird. § 159 BGB ordnet keine Rückbeziehung der Gestaltungswirkung an, regelt vielmehr nur einen schuldrechtlichen Rückgewähranspruch. Schließlich scheidet eine analoge Anwendung der §§ 2, 4 Satz 2 KSchG aus, da es sich um Sonderregelungen handelt, die ausschließlich die Konstellation der Änderungskündigung betreffen.

22 **c) Angabe der Kündigungsgründe nicht erforderlich.** Der Grundsatz der Klarheit und Bestimmtheit der Kündigungserklärung erfordert grundsätzlich nicht die Angabe des Kündigungsgrundes.[33] Ob ein solcher vorliegt, ist ausschließlich für die materiell-rechtliche Prüfung bedeutsam. Eine **Ausnahme** enthält § 22 Abs 3 BBiG, wonach die Kündigung eines Berufsausbildungsverhältnisses nach der Probezeit schriftlich unter Angabe der Kündigungsgründe erfolgen muss.[34] Die Angabe des zulässigen, dh des von der obersten Landesbehörde oder der von ihr bestimmten Stelle ihrer zustimmenden Entscheidung zugrunde gelegten Kündigungsgrundes ist ferner bei einer Kündigung vorgeschrieben, die gegenüber einer Frau während der Schwangerschaft und bis zum Ablauf von vier Monaten nach der Entbindung erklärt werden soll (vgl § 9 Abs 3 MuSchG). Die Nichtbeachtung der gesetzlichen Begründungspflicht führt zur Nichtigkeit der Kündigungserklärung (§ 125 Satz 1 BGB). Eine Pflicht des Arbeitgebers zur Angabe der Kündigungsgründe kann sich auch aus tarifvertraglichen Vorschriften[35] oder einzelvertraglichen Vereinbarungen ergeben.

---

29 Vgl BAG 27.6.1968 – 2 AZR 329/67 – AP BGB § 626 Bedingung Nr 1.
30 Vgl Rn 95 f; Einzelheiten zur Änderungskündigung vgl die Kommentierung zu § 2.
31 Vgl hierzu Rn 95 f.
32 Stahlhake/Preis/Vossen Rn 164.
33 Vgl BAG 21.2.2001 – 2 AZR 15/00 – AP BGB § 242 Kündigung Nr 12 zu B II 2.
34 Vgl BAG 25.11.1976 – 2 AZR 751/75 – AP BBiG § 15 Nr 4.
35 ZB § 54 BMT-G II, § 54 BMT-G-O; vgl hierzu BAG 10.2.1999 – 2 AZR 176/98 – AP BMT-G II § 54 Nr 2 und BAG 10.2.1999 – 2 AZR 848/98 – AP BMT-G II § 54 Nr 3.

Eine Verletzung der sich aus **§ 626 Abs 2 Satz 3** BGB ergebenden Pflicht des Kündigenden, nach Ausspruch einer außerordentlichen Kündigung auf Verlangen des Kündigungsempfängers den Kündigungsgrund schriftlich mitzuteilen, hat hingegen **nicht die Unwirksamkeit** der außerordentlichen Kündigung zur Folge, kann aber uU den Kündigenden zum Schadenersatz verpflichten.[36]

4. Erklärungsform

a) Allgemeines. Die Kündigungserklärung war nach früherer Gesetzeslage, von wenigen Ausnahmen abgesehen,[37] grundsätzlich nicht formbedürftig, konnte daher mündlich, telefonisch oder schriftlich erfolgen. Seit 1.5.2000 sind Kündigungserklärungen ohne Ausnahme[38] einem gesetzlichen Schriftformzwang unterworfen. Mit der am 1.5.2000 ohne Übergangsregelung in Kraft getretenen, durch das Gesetz zur Vereinfachung und Beschleunigung des arbeitsgerichtlichen Verfahrens vom 30.3.2000[39] in das Bürgerliche Gesetzbuch eingefügten Vorschrift des **§ 623 BGB** hat der Gesetzgeber die Wirksamkeit der Beendigung des Arbeitsverhältnisses durch Kündigung, Auflösungsvertrag und Befristung[40] **zwingend** an die Einhaltung der Schriftform geknüpft.

b) Gesetzliche Schriftformerfordernisse. Bei Verletzung des gesetzlichen Formzwanges des § 623 BGB[41] (bzw des § 22 Abs 3 BBiG für die Kündigung eines Ausbildungsverhältnisses; § 9 Abs 3 Satz 2 MuSchG für die Kündigung des Arbeitsverhältnisses während der Schwangerschaft bzw nach der Entbindung; § 62 Abs 1 Seemannsgesetz für die ordentliche Kündigung eines auf unbestimmte Zeit begründeten Heuerverhältnisses) ordnet § 125 Satz 1 BGB die Unwirksamkeit der Kündigungserklärung an. Bei gesetzlicher Schriftform muss nach § 126 Abs 1 BGB die Kündigungserklärung vom Aussteller **eigenhändig durch Namensunterschrift** oder mittels notariell beglaubigten Handzeichens unterzeichnet werden. Für die Beendigung des Arbeitsverhältnisses durch Kündigung oder Aufhebungsvertrag ist die **elektronische Form** (§§ 126 Abs 3, 126a BGB) gem § 623 HS 2 BGB ausdrücklich **ausgeschlossen**.[42]

Ein nicht notariell beglaubigtes Handzeichen, eine Faksimileunterschrift oder die Unterzeichnung mit einer Paraphe genügen nicht. Unzureichend ist auch die Übermittlung der Kündigung durch **Telegramm, Fernschreiber**

---

36 Vgl BAG 17.8.1972 – 2 AZR 415/71 – AP BGB § 626 Nr 65 zu II 1: Ersatz von Prozesskosten.
37 Vgl § 15 Abs 3 BBiG aF (jetzt: § 22 Abs 3 BBiG): Kündigung eines Ausbildungsverhältnisses; § 62 Seemannsgesetz: ordentliche Kündigung eines auf unbestimmte Zeit begründeten Heuerverhältnisses; § 9 Abs 3 Satz 2 MuSchG: Kündigung des Arbeitsverhältnisses während der Schwangerschaft bzw nach der Entbindung.
38 Also auch sog Eigenkündigungen.
39 Arbeitsgerichtsbeschleunigungsgesetz, BGBl I S 333 ff.
40 Seit Inkrafttreten des TzBfG (BGBl I S 1966) am 1.1.2001 ist das Schriftformerfordernis für Befristungsabreden in § 14 Abs 4 TzBfG geregelt.
41 Vgl ergänzend die Kommentierung zu § 623 BGB.
42 Eine entsprechende Regelung fehlt in § 14 Abs 4 TzBfG. Die Befristungsabrede ist also auch in elektronischer Form zulässig.

Mestwerdt

oder **Radiogramm**.[43] Die gesetzliche Schriftform wird auch nicht durch die Übermittlung der Kündigungserklärung mittels **Telefax** gewahrt.[44]

27 c) **Kollektivrechtliche Schriftformerfordernisse.** Durch Tarifvertrag oder Betriebsvereinbarung begründete Schriftformerfordernisse für die Kündigungserklärung (zB „Die Kündigung bedarf der Schriftform", „Die Kündigung ist schriftlich auszusprechen", „Die Kündigung muss schriftlich erfolgen") sind idR **konstitutiv** und können nach § 4 Abs 3 TVG von den tarifgebundenen Parteien des Arbeitsvertrages grundsätzlich nicht abbedungen werden. Kollektivrechtliche Schriftformerfordernisse sind der gesetzlich vorgeschriebenen Schriftform[45] gleichgestellt, weshalb die Kündigungserklärung gem § 126 Abs 1 BGB vom Kündigenden eigenhändig unterzeichnet werden muss. Die Verletzung kollektivrechtlicher Schriftformklauseln führt nach § 125 Satz 1 BGB zur Unwirksamkeit der Kündigung.[46] Mit Einführung des in § 623 BGB geregelten gesetzlichen Schriftformerfordernisses für Kündigungen haben kollektivvertragliche Formvorschriften für Kündigungen allerdings weitgehend an Bedeutung verloren. Soweit sie auch zur schriftlichen Begründung der Kündigung verpflichten, haben sie aber einen über § 623 BGB hinausgehenden Normgehalt.[47]

28 d) **Einzelvertragliche Schriftformerfordernisse.** Vor Inkrafttreten des § 623 BGB war bei einzelvertraglich vereinbarten Schriftformerfordernissen grundsätzlich durch Auslegung des Arbeitsvertrages zu ermitteln, ob die Schriftformklausel konstitutive oder nur deklaratorische Bedeutung haben sollte. Die Formulierung in einem Arbeitsvertrag, dass „Aufhebung, Änderungen und Ergänzungen des Vertrages der Schriftform bedürfen", wurde regelmäßig dahingehend interpretiert, dass nicht für Kündigungen, sondern nur für Änderungs- und Aufhebungsvereinbarungen ein konstitutives Schriftformerfordernis gewollt sei.[48] Um konstitutive Schriftformvereinbarungen handelt es sich hingegen bei folgenden Vertragsklauseln: „Die Kündigung bedarf der Schriftform", „die Kündigung muss schriftlich erfolgen", „die Kündigung ist schriftlich zu erklären". Angesichts des nunmehr geltenden gesetzlichen Formzwangs nach § 623 BGB bedarf es keiner Prüfung mehr, wie solche Parteiabreden zu verstehen sind, wenn eine formlos erklärte Kündigung im Streit steht.

29 e) **Rechtsmissbräuchliche Berufung auf das Schriftformerfordernis.** Bei einer **mündlichen Eigenkündigung** kann die Berufung des Arbeitnehmers auf die Unwirksamkeit seiner eigenen Kündigung wegen Nichteinhaltung der gesetzlichen Schriftform rechtsmissbräuchlich sein (venire contra factum proprium, § 242 BGB). Rechtsmissbrauch kann vorliegen, wenn der

---

43 Vgl BAG 28.9.1983 – 7 AZR 83/82 – AP Seemannsgesetz § 62 Nr 1: Formnichtigkeit bei Übermittlung durch Radiogramm.
44 Vgl BGH 28.1.1993 – XI ZR 259/91 – NJW 1993, 1126: Formnichtigkeit einer durch Telefax übermittelten Bürgschaftserklärung.
45 Vgl Rn 24 ff.
46 Vgl BAG 10.2.1999 – 2 AZR 176/98 – AP BMT-G II § 54 Nr 2 zu II 1; BAG 10.2.1999 – 2 AZR 848/98 – AP BMT-G II § 54 Nr 3 zu II 1.
47 Vgl Rn 22.
48 Vgl BAG 6.7.2001 – 2 AZR 513/99 – AP BGB § 125 Nr 16 zu II; BAG 9.10.1997 – 2 AZR 195/97 – EzA BGB § 125 Nr 12; aA LAG Hamm 8.3.1994 – 11(3) Sa 1286/93 – NZA 1995, 993.

Arbeitnehmer die Kündigung unmissverständlich und definitiv erklärt hat.[49] Der Einwand rechtsmissbräuchlichen Verhaltens wird aber nur in krassen – und seltenen – Ausnahmefällen durchdringen können, weil Sinn und Zweck der Formvorschrift sonst ausgehöhlt würden.[50] Gesetzliche Schriftformzwänge sollen die Vertragsparteien vor Übereilung schützen und verfolgen darüber eine Klarstellungs- und Beweisfunktion[51]. Das Berufen auf die fehlende Schriftform ist deshalb nicht allein deswegen treuwidrig, weil die Vertragsparteien das mündlich Vereinbarte bei Abgabe der mündlichen Erklärungen ernst meinten und tatsächlich wollten. Das Ergebnis muss für die Parteien nicht nur hart, sondern schlechthin untragbar sein.[52]

5. Kündigung vor vereinbarter Arbeitsaufnahme

Bereits in der Zeit zwischen Abschluss des Arbeitsvertrags und vereinbarter Arbeitsaufnahme ist der Ausspruch sowohl einer außerordentlichen als auch einer ordentlichen Kündigung zulässig.[53] Der vertragliche Ausschluss der **außerordentlichen Kündigung** vor Arbeitsaufnahme ist stets unzulässig, da das Recht zur außerordentlichen Kündigung nach § 626 BGB unabdingbar ist.[54]

Die Zulässigkeit der **ordentlichen Kündigung** des Arbeitsverhältnisses vor Arbeitsaufnahme kann durch Parteivereinbarung ausgeschlossen werden. Ein einseitiger Ausschluss der Kündigungsmöglichkeit vor Arbeitsaufnahme nur zu Lasten des Arbeitnehmers ist allerdings unwirksam, da eine solche Vereinbarung gegen § 622 Abs 6 BGB verstößt.[55] Der – beidseitige – vertragliche Ausschluss der Kündigung vor Dienstantritt setzt voraus, dass die Parteien dieses Kündigungsrecht entweder ausdrücklich ausgeschlossen haben oder dass ein dahingehender beiderseitiger Wille aus den Umständen eindeutig erkennbar ist.[56] Dabei ist nicht von einer Erfahrungsregel auszugehen, die Parteien seien sich darüber einig gewesen, der Vertrag dürfe erst nach Arbeitsantritt gekündigt werden. Der vertragliche Ausschluss des Kündigungsrechts vor Arbeitsantritt folgt nicht schon daraus, dass der Arbeitnehmer wegen der künftigen Verdienstmöglichkeiten seine bisherige Arbeitsstelle aufgegeben und sich auf den Zeitpunkt der vereinbarten Arbeitsaufnahme eingestellt hat. Vielmehr müssen **besondere Umstände** vorliegen, die einen gesteigerten **Vertrauensschutz** für den Kündigungsempfänger erforderlich machen. Dies kann zutreffen, wenn der Arbeitnehmer für

---

49 Vgl BAG 4.12.1997 – 2 AZR 799/96 – AP BGB § 626 Nr 141, allerdings zu einer vertraglichen Schriftformklausel für Kündigungen.
50 IdS BAG 16.9.2004 – 2 AZR 659/03 – AP BGB § 623 Nr 1; der Gesetzgeber verfolgt mit § 623 BGB das Ziel, Rechtssicherheit zu gewähren und die Arbeitsgerichte zu entlasten, vgl auch Preis/Gotthardt, NZA 2000, 348, unter I; BT-Drucks 14/62 S 11.
51 BAG 22.4.2010 – 6 AZR 828/08, 28.11.2007 – 6 AZR 1108/06.
52 Vgl Preis/Gotthardt, NZA 2000, 348, 352 ff, unter III 4, mwN.
53 HM; grundlegend BAG 22.8.1964 – 1 AZR 64/64 – AP BGB § 620 Nr 1; KR/Spilger § 622 BGB Rn 127.
54 Vgl Rn 98; KR/Fischermeier § 626 BGB Rn 57 mwN.
55 Vgl LAG Hamm 15.3.1989 – 15(17) Sa 1127/88 – LAGE BGB § 622 Nr 14.
56 Vgl BAG 25.3.2004 – 2 AZR 324/03 – AP BGB § 620 Kündigung vor Dienstantritt Nr 1; 9.5.1985 – 2 AZR 372/84 – AP BGB § 620 Nr 4 zu B I 2 a.

einen **Dauerarbeitsplatz** oder eine **Lebensaufgabe** eingestellt wird oder wenn ein Arbeitgeber an einen Arbeitnehmer herantritt und ihn durch ein günstiges Angebot veranlasst, eine sichere Stellung bei einem anderen Arbeitgeber aufzugeben,[57] oder wenn die die Arbeitsvertragsparteien eine **Vertragsstrafe** für den Fall der verspäteten oder unterlassenen Arbeitsaufnahme vereinbaren.[58]

32 Von der Zulässigkeit der Kündigung vor vereinbarter Arbeitsaufnahme ist die Frage zu unterscheiden, **wann** die ordentliche Kündigungs**frist** in einem solchen Fall **zu laufen beginnt**. Nach zutreffender Ansicht hängt der Beginn der Kündigungsfrist bei einer vor dem vereinbarten Vertragsbeginn ausgesprochenen ordentlichen Kündigung in erster Linie von den zwischen den Parteien getroffenen Vereinbarungen ab. Lässt sich eine eindeutige Vereinbarung nicht feststellen, so liegt eine Vertragslücke vor, die im Wege der ergänzenden Vertragsauslegung zu schließen ist. Der mutmaßliche Parteiwille ist unter Würdigung der beiderseitigen Interessenlage zu ermitteln; zu berücksichtigen sind die konkreten Umstände des Einzelfalles. Bestimmte Umstände, insbesondere die Länge der Kündigungsfrist und die Art der vorgesehenen Beschäftigung stellen Anhaltspunkte für den Willen und die Vorstellung der Parteien dar, das Arbeitsverhältnis zumindest für die Dauer der Kündigungsfrist durchzuführen. Ein solches **Interesse an einer zumindest vorübergehenden Realisierung des Arbeitsvertrages fehlt** idR, wenn die Parteien die **kürzeste zulässige Kündigungsfrist** vereinbart haben, und insbesondere dann, wenn das Arbeitsverhältnis zunächst nur der **Erprobung** dienen soll.[59] Obwohl die Umstände des Einzelfalls entscheidend sind, wird in der Praxis bei einer Kündigung vor vereinbarter Arbeitsaufnahme die Kündigungsfrist meist mit deren Zugang zu laufen beginnen, da in Arbeitsverträgen typischerweise Probezeitregelungen und Mindestkündigungsfristen vereinbart sind.

6. Zugang der Kündigungserklärung

33 a) **Grundsätze.** Aus der Rechtsnatur der Kündigungserklärung als einseitige empfangsbedürftige Willenserklärung folgt, dass die **Abgabe** der Kündigungserklärung **nicht ausreichend** ist. Vielmehr muss diese dem Empfänger auch **zugehen**, um Wirksamkeit zu entfalten. Dies ergibt sich aus § 130 Abs 1 Satz 1 BGB. Obwohl diese Vorschrift lediglich den **Zugang unter Abwesenden** regelt, gilt dieser Grundsatz ebenso für den **Zugang unter Anwesenden**. In der Praxis stellt sich der Zugang unter Anwesenden jedoch regelmäßig als unproblematisch dar, da in diesem Fall Abgabe und Zugang der Kündigungserklärung grundsätzlich zusammenfallen.[60]

---

57 Vgl BAG 9.5.1985 – 2 AZR 372/84 – AP BGB § 620 Nr 4 zu B I 2 a.
58 Vgl BAG 25.3.2004 – 2 AZR 324/03 – AP BGB § 620 Kündigung vor Dienstantritt Nr 1.
59 Vgl BAG 25.3.2004 – 2 AZR 324/03 – AP BGB § 620 Kündigung vor Dienstantritt Nr 1: Beginn der Kündigungsfrist im Zweifel mit Zugang; 9.5.1985 – 2 AZR 372/84 – AP BGB § 620 Nr 4 zu B II 3 bb; 17.9.1987 – 2 AZR 654/86 – AP BBiG § 15 Nr 7; KR/Spilger § 622 BGB Rn 128.
60 Hk-BGB/Dörner § 130 Rn 12.

Hinweis: Überreicht der AG dem AN ein Kündigungsschreiben in einem verschlossenen Briefumschlag, gibt dieser den ungeöffneten Brief jedoch wieder zurück, weil der AG keine Angaben über den Inhalt des Schreibens machen will, ist die Kündigungserklärung als Erklärung unter Anwesenden zugegangen. Dies gilt selbst dann, wenn der AG den Brief ausdrücklich zurückverlangt.[61]

Der **Zeitpunkt der Abgabe** der Erklärung ist maßgeblich für die Beurteilung, ob überhaupt eine Kündigungserklärung vorliegt. Ein fehlender Erklärungswille ist dabei unbeachtlich.[62] Der Abgabezeitpunkt ist ferner entscheidend für die Prüfung, ob die in der Person des Erklärenden erforderlichen rechtsgeschäftlichen Wirksamkeitsvoraussetzungen (Rechts- und Geschäftsfähigkeit) erfüllt sind. Nach § 130 Abs 2 BGB hat es auf die Wirksamkeit der Willenserklärung hingegen keinen Einfluss, wenn der Erklärende nach der Abgabe stirbt oder geschäftsunfähig wird. Anfechtungsgründe (Irrtum, Täuschung, Drohung) müssen bereits im Zeitpunkt der Abgabe der Kündigungserklärung vorgelegen haben. Schließlich ist bei der Frage, ob eine erforderliche Betriebsratsanhörung ordnungsgemäß durchgeführt wurde, ebenfalls auf den Zeitpunkt der Abgabe der Kündigungserklärung abzustellen.[63] Im Übrigen beurteilt sich die Wirksamkeit einer Kündigung nur nach den **objektiven Verhältnissen zum Zeitpunkt des Kündigungszuganges**.[64]

b) Zugang unter Abwesenden; Definition des BAG. § 130 Abs 1 BGB bezieht sich ausschließlich auf die Rechtsfolge, dass eine in Abwesenheit des Empfängers abgegebene Willenserklärung im Zeitpunkt des Zuganges wirksam wird. Der **Zugangszeitpunkt** als solcher wird vom Gesetz indessen nicht bestimmt. Nach der allgemeinen, auch für den Zugang schriftlicher Kündigungserklärungen geltenden **Definition des BAG**[65] ist eine schriftliche Willenserklärung zugegangen, sobald sie „in verkehrsüblicher Weise in die tatsächliche Verfügungsgewalt des Empfängers bzw eines Empfangsberechtigten gelangt ist und für den Empfänger unter gewöhnlichen Verhältnissen die Möglichkeit besteht, von dem Inhalt des Schreibens Kenntnis zu nehmen".

Soweit für den Empfänger diese Möglichkeit besteht, ist es **unerheblich, wann** er die Erklärung **tatsächlich zur Kenntnis genommen hat** oder ob er daran durch Krankheit, zeitweilige Abwesenheit oder andere besondere Umstände zunächst gehindert war. Dies gilt nach ständiger Rechtsprechung des BAG[66] insbesondere für eine **urlaubsbedingte Abwesenheit**, dies

---

61 BAG 7.1.2004 – 2 AZR 388/03 – RzK I 2 c Nr 36.
62 Vgl Rn 16.
63 Vgl BAG 13.11.1975 – 2 AZR 610/74 – AP BetrVG 1972 § 102 Nr 7 zu 3 a.
64 Vgl zum Sonderkündigungsschutz des § 103 BetrVG BAG 27.9.2013 – 2 AZR 955/11.
65 BAG 9.6.2011 – 6 AZR 687/09.
66 Vgl BAG 12.12.1996 – 2 AZR 803/95 – RzK III 1 a Nr 78; 2.3.1989 – 2 AZR 275/88 – AP BGB § 130 Nr 17 zu II 1; 11.8.1988 – 2 AZR 11/88 – RzK I 2 c Nr 14; 16.3.1988 – 7 AZR 587/87 – AP BGB § 130 Nr 16 zu I 1.

auch dann, wenn dem Arbeitgeber die Ortsabwesenheit des Arbeitnehmers bekannt ist.[67]

37 Die nach § 4 Satz 1 KSchG einzuhaltende **Klagefrist** von drei Wochen beginnt daher grundsätzlich **auch bei Ortsabwesenheit** des Arbeitnehmers zu laufen, wenn die schriftliche Kündigungserklärung in seinen **Machtbereich**[68] gelangt ist und die **bloße Möglichkeit der Kenntnisnahme unter gewöhnlichen Verhältnissen** besteht. Der ortsabwesende Arbeitnehmer wird bei der Bestimmung des Zugangszeitpunktes so behandelt, als wäre er anwesend. Führt dies im Einzelfall zur Versäumung der Klagefrist (Rückkehr erst nach deren Ablauf), kann der Arbeitnehmer gleichwohl noch eine Kündigungsschutzklage erheben und beantragen, diese nach § 5 KSchG nachträglich zuzulassen. Im Falle der urlaubsbedingten Versäumung der Klagefrist ist einem Antrag auf nachträgliche Klagezulassung regelmäßig zu entsprechen.[69]

c) Einzelfälle

38 ▪ **Einfache Briefsendungen:** Der Zugang der Kündigungserklärung erfolgt mit **Aushändigung** an den Empfänger oder einen nach der Verkehrsauffassung empfangsberechtigten Dritten.[70] Wird der Brief in den **Briefkasten** des Arbeitnehmers eingeworfen, geht die Kündigung zu dem Zeitpunkt zu, zu dem nach der Verkehrsauffassung mit der Leerung des Briefkastens zu rechnen ist, dh grundsätzlich im Anschluss an die ortsübliche Postzustellzeit. Nachmittags, abends oder am Wochenende in den Briefkasten des Arbeitnehmers eingeworfene Kündigungsschreiben gehen regelmäßig erst am Morgen des folgenden Werktages im Anschluss an die ortsübliche Postzustellzeit zu, auch dann, wenn sich der Arbeitnehmer tatsächlich zu Hause aufhält. In einem solchen Fall kann vom Arbeitnehmer nicht erwartet werden, dass er nach den allgemeinen Postzustellzeiten den Briefkasten auf eingegangene Post nochmals überprüft, so dass ihm die Kündigung erst am nächsten Tag zugeht. Eine am Nachmittag in den Briefkasten des Arbeitnehmers eingeworfene Kündigungserklärung geht diesem aber noch am gleichen Tage zu, wenn der Arbeitnehmer tagsüber arbeitet und alleinstehend ist oder mit ebenfalls berufstätigen oder anderen am Tage üblicherweise abwesenden Personen in der Wohnung zusammenlebt, da in diesen Fällen üblicherweise der Inhalt des Briefkastens erst nach Feierabend überprüft wird.[71]

39 ▪ **Postfach, postlagernde Sendungen, Nachsendeantrag:** Die Kündigung gelangt in den Machtbereich des Arbeitnehmers, wenn die Post das Kündigungsschreiben in das Postfach einlegt bzw zum Abholen bereitlegt. Der Zugang erfolgt aber erst zu dem Zeitpunkt, zu dem nach der

---

67 Vgl für den Fall der Urlaubsabwesenheit: BAG 16.3.1988 – 7 AZR 587/87 – AP BGB § 130 Nr 16 zu I 1; 11.8.1988 – 2 AZR 11/88 – RzK I 2 c Nr 14; jeweils unter Aufgabe der gegenteiligen früheren Rspr, vgl BAG 16.12.1980 – 7 AZR 1148/78 – AP BGB § 130 Nr 11; vgl auch Rn 51.
68 Vgl hierzu die Einzelfälle unter Rn 38 ff.
69 Vgl § 5 KSchG Rn 59 f.
70 Vgl Rn 48 ff.
71 Vgl BAG 8.12.1983 – 2 AZR 337/82 – AP BGB § 130 Nr 12 zu B II 2 b.

Verkehrssitte mit der Abholung gerechnet werden kann. Dies ist der übliche Abholtermin, frühestens der Zeitpunkt, zu dem das Postgebäude für den Publikumsverkehr geöffnet wird. Bei einem Nachsendeantrag ist der Zugang erst dann bewirkt, wenn der Brief an der im Nachsendeantrag angegebenen Adresse in den Machtbereich des Empfängers gelangt. Dies beurteilt sich nach den allgemeinen, für Briefsendungen geltenden Grundsätzen.[72]

- **Kündigung durch Einschreiben:** Der Zugang wird erst mit der Aushändigung des Originalschreibens durch die Post bewirkt. Der Einwurf eines **Benachrichtigungszettels** in den Hausbriefkasten reicht nicht aus. Durch den Benachrichtigungszettel wird der Empfänger lediglich in die Lage versetzt, das Einschreiben in seinen Machtbereich zu bringen. Die Niederlegung des Einschreibens bei der Post und die Benachrichtigung des Empfängers von der Niederlegung können deshalb den Zugang der Willenserklärung nicht ersetzen.[73] Die Post hält die Einschreibesendung sieben Werktage zur Abholung auf dem Postamt bereit. Wird die Sendung nicht innerhalb dieser Frist abgeholt, wird sie an den Absender zurückgesandt, ohne dass ein Zugang hat erfolgen können. Die Übermittlung der Kündigung durch das sog **Übergabeeinschreiben** birgt für den Absender somit erhebliche Risiken und kann der Praxis nicht empfohlen werden.[74] Größere Rechtssicherheit bietet das **Einwurfeinschreiben**, mit welchem sich das oben dargestellte Zugangsrisiko für den Absender vermeiden lässt. Zunächst wird, wie beim Übergabeeinschreiben, die Aufgabe des Einwurfeinschreibens zur Post durch einen Aufgabebeleg bestätigt. Der Postzusteller wirft das Einwurfeinschreiben aber unabhängig von der An- oder Abwesenheit des Empfängers in dessen Briefkasten ein. Im Gegensatz zur einfachen Briefsendung wird dieser Vorgang mit genauer Datums- und Uhrzeitangabe durch die Unterschrift bzw das Kürzel des Zustellers auf einem Auslieferungsbeleg dokumentiert. Der Auslieferungsbeleg wird in einem Lesezentrum der Post AG eingescannt. Bei einer für Deutschland einheitlichen Telefonnummer kann der Absender unter Angabe der auf seinem Aufgabebeleg erkennbaren Kennziffer den genauen Zeitpunkt des Einwurfs in den Briefkasten bzw das Postfach erfragen. Das Original des Auslieferungsbelegs steht nach dem Scannen nicht mehr zu Verfügung. Für den Absender besteht aber die Möglichkeit, einen schriftlichen Datenauszug zu erhalten, mit dem der exakte Einwurfzeitpunkt durch die Post AG bestätigt wird. Damit ist zwar noch kein Beweis für den Zugang erbracht. Der Kündigende ist aber in der Lage, den Postzusteller zum Beweis des Zugangs entsprechend den Angaben auf dem Datenauszug als Zeuge zu benennen.[75]

40

---

72 Vgl Rn 38.
73 Vgl BAG 25.4.1996 – 2 AZR 13/95 – AP Nr 35 zu § 4 KSchG 1969 II 3; zur Frage der Zugangsverhinderung bzw -verzögerung in diesen Fällen vgl Rn 52 ff.
74 Zur Beweisproblematik vgl Rn 56 ff.
75 Vgl Neuvians/Mensler BB 1998, 1206; vgl ferner Rn 57.

41 ■ **Massenkündigung durch Aushang:** Mit Einführung des Schriftformerfordernis in § 623 BGB ist durch Aushang am Schwarzen Brett der Ausspruch von Kündigungen nicht mehr möglich.

42 ■ **Ersatzzustellung:** Nach § 132 Abs 1 BGB gilt die Kündigungserklärung auch dann als zugegangen, wenn sie durch Vermittlung eines **Gerichtsvollziehers** zugestellt worden ist. Das Verfahren der Zustellung richtet sich nach den §§ 191-194, 170 ff, 177-182 ZPO. Erfolgt die Zustellung unmittelbar durch die Post ohne Einschaltung des Gerichtsvollziehers, ist § 132 Abs 1 ZPO hingegen nicht, auch nicht entsprechend anzuwenden. Im Falle einer Postzustellung geht das Kündigungsschreiben dem Empfänger erst mit Abholung bei der Post zu. Ist dem Kündigenden der Aufenthaltsort des Kündigungsempfängers unbekannt, kann der Kündigende die **öffentliche Zustellung** der Kündigungserklärung nach § 132 Abs 2 BGB, §§ 185-188 ZPO beim zuständigen Amtsgericht beantragen.

43 ■ **Telegramm, Telekopie, Telefax, Fernschreiben, Btx-Telex, E-Mails, Anrufbeantworter:** In allen diesen Fällen wird das **gesetzliche Schriftformerfordernis** nach § 623 BGB nicht gewahrt, die Kündigungserklärung ist somit unwirksam (§ 125 Satz 1 BGB).

44 ■ **Sprach- und leseunkundige Erklärungsempfänger:** Der Zugang einer **schriftlichen** Kündigungserklärung gegenüber einem leseunkundigen Empfänger erfolgt sofort **mit der Übergabe, nicht erst nach Ablauf einer angemessenen Zeitspanne** zur Erlangung einer Übersetzung.[76] Für den Zugang einer schriftlichen Willenserklärung reicht aus, dass das die Willenserklärung enthaltende Schreiben in den Machtbereich des Empfängers gelangt und dieser unter gewöhnlichen Verhältnissen die Möglichkeit der Kenntnisnahme hat. Hingegen ist es unerheblich, wann der Empfänger den Inhalt des Schreibens tatsächlich zur Kenntnis nimmt.

45 ■ **Minderjährige und geschäftsunfähige Personen:** Wird die Kündigungserklärung gegenüber einem Minderjährigen, dh einer in der Geschäftsfähigkeit beschränkten Person, abgegeben, wird sie nach § 131 Abs 2 Satz 1 iVm § 131 Abs 1 BGB erst wirksam, wenn sie den Eltern als **gesetzlichen Vertretern** zugeht. Da es sich um einen Fall der **Gesamtvertretung** handelt, ist der Zugang der Kündigungserklärung nur bei einem Elternteil ausreichend.[77] Haben die Eltern ihre Einwilligung zur Kündigung erteilt, kann der Zugang wirksam durch Erklärung gegenüber dem Minderjährigen erfolgen, § 131 Abs 2 Satz 2 Alt 2 BGB. Wurde der Minderjährige von seinen gesetzlichen Vertretern bereits nach § 113 Abs 1 BGB zur Begründung des Arbeitsverhältnisses **ermächtigt**, ist hiervon grundsätzlich auch die Aufhebung des Arbeitsverhältnisses erfasst. Der Minderjährige ist in diesen Fällen als unbeschränkt geschäftsfähig anzusehen mit der Folge, dass die Kündigungserklärung ihm gegenüber zugeht. Auf **Berufsausbildungsverhältnisse** ist § 113 BGB allerdings nicht anwendbar, so dass die Kündigung gegen-

---

76 KR/Friedrich § 4 KSchG Rn 118 c.
77 BGH 14.2.1974 – II ZB 6/73 – BGHZ 62, 167.

über dem gesetzlichen Vertreter erklärt werden muss.[78] Die gegenüber einem nach § 104 Nr 2 BGB **geschäftsunfähigen** Arbeitnehmer erklärte Kündigung wird ausnahmslos erst dann wirksam, wenn sie dem gesetzlichen Vertreter zugeht, § 131 Abs 1 BGB.[79]

- **Vereinbarungen über den Zugangszeitpunkt:** § 130 Abs 1 BGB ist grundsätzlich dispositiv. Von § 130 Abs 1 BGB abweichende Parteivereinbarungen dürfen aber nicht dazu führen, dass gesetzlich zwingend vorgeschriebene Mindestkündigungsfristen verkürzt werden.[80] Aufgrund ihrer zwingenden Wirkung gilt dies ebenso für tarifliche Kündigungsfristen und die Klageerhebungsfrist nach § 4 Satz 1 KSchG. Bei formularmäßig vereinbarter Veränderung des Zugangszeitpunktes bzw **Zugangsfiktion** ist zudem das **Klauselverbot des § 308 Nr 6 BGB** zu beachten. 46

- **Entgegennahme der Kündigungserklärung durch dritte Personen:** Für den Zugang der Kündigungserklärung genügt es, wenn der Brief an eine Person ausgehändigt wird, die **nach der Verkehrsauffassung als ermächtigt** anzusehen ist, den Empfänger in der Empfangnahme zu vertreten. Es ist nicht erforderlich, dass dem Dritten, der die schriftliche Willenserklärung für den Empfänger entgegennimmt, eine besondere Vollmacht oder Ermächtigung erteilt worden ist.[81] Abzustellen ist auf die Verkehrssitte, so dass die Grundsätze über die sog Duldungsvollmacht nicht herangezogen werden müssen.[82] 47

- Zu diesem als **Empfangsboten** bezeichneten Personenkreis zählen zB: 48
  - in **häuslicher Gemeinschaft** mit dem Arbeitnehmer lebende **Familienangehörige**[83]
  - **Familienangehörige**, die nicht mit dem Empfänger in einer Wohnung leben, wenn weitere Umstände hinzutreten, die eine gewisse räumliche und persönliche Beziehung mit dem Empfänger begründen[84]
  - Partner einer **nichtehelichen Lebensgemeinschaft**[85]
  - der **Zimmervermieter** wegen der besonderen Nähe,[86] nicht ein typischer Vermieter ohne persönlichen Kontakt zum Empfänger (zB bei Häusern mit vielen Mietwohnungen)[87]

---

78 Vgl Hk-BGB/Dörner § 113 BGB Rn 2; LAG Schleswig-Holstein 22.12.1982 – 2 Sa 270/82 – EzB BGB § 113 Nr 2; offengelassen von BAG 25.11.1976 – 2 AZR 751/75 – AP BBiG § 15 Nr 4 zu III 3 a.
79 BAG 28.10.2010 – 2 AZR 794/09.
80 Vgl BAG 13.10.1976 – 5 AZR 638/75 – AP BGB § 130 Nr 9.
81 Zur Empfangsvollmacht vgl Rn 49, 79, 81.
82 Vgl BAG 9.6.2011 – 6 AZR 687/09; 11.11.1992 – 2 AZR 328/92 – AP BGB § 130 Nr 18 zu III 1; 16.1.1976 – 2 AZR 619/74 – AP BGB § 130 Nr 7 zu 2 a.
83 BAG 9.6.2011 – 6 AZR 687/09 (Ehegatte als Empfangsbote); 11.11.1992 – 2 AZR 328/92 – AP BGB § 130 Nr 18 zu III 2; LAG Köln 7.9.2009 – 2 Sa 210/09.
84 Vgl BAG 11.11.1992 – 2 AZR 328/92 – AP BGB § 130 Nr 18 zu III 3 b.
85 Vgl LAG Bremen 17.2.1988 – 3 Ta 79/87 – DB 1988, 814.
86 Vgl BAG 16.1.1976 – 2 AZR 619/74 – AP BGB § 130 Nr 7.
87 Offengelassen von BAG 11.11.1992 – 2 AZR 328/92 – AP BGB § 130 Nr 18 zu III 3 a.

– **Haus- und Büroangestellte** des Empfängers, der Buchhalter eines Hotels für den angestellten Hotelleiter.[88]

49 Der **Rechtsanwalt** des Kündigungsempfängers ist nach der Verkehrsauffassung **kein Empfangsbote** für die Kündigungserklärung. Wird die Kündigungserklärung an den Rechtsanwalt des Kündigungsempfängers übermittelt, geht diese grundsätzlich nur dann in diesem Zeitpunkt zu, wenn der Kündigungsempfänger seinem Rechtsanwalt eine Empfangsvollmacht erteilt hatte.

50 Nimmt eine nicht als Empfangsbote anzusehende Person, der auch keine Empfangsvollmacht erteilt worden ist, die schriftliche Kündigungserklärung zur Weiterleitung an den Empfänger an, handelt sie als **Erklärungsbote** des Absenders. Der Zugang der Kündigung erfolgt erst dann, wenn der Erklärungsbote dem Empfänger die Kündigung tatsächlich aushändigt oder sonst in dessen Machtbereich übermittelt. Das **Übermittlungsrisiko** trägt in diesem Fall der Kündigende.

51 ▪ **Ortsabwesenheit des Arbeitnehmers:** Nach zutreffender Auffassung geht die an die Wohnanschrift des Arbeitnehmers übermittelte schriftliche Kündigungserklärung dem Arbeitnehmer auch dann zu, wenn dieser längere Zeit ortsabwesend ist, sei es, dass er sich in **Urlaub** befindet, in **Kur**, im **Krankenhaus** oder in **Haft**.[89] Solange der Arbeitnehmer seine Wohnung nicht aufgegeben hat, zählt sie zu seinem Machtbereich, so dass der Zugang der Kündigungserklärung dort erfolgen kann, auch wenn der Arbeitnehmer ortsabwesend ist. Dies gilt grundsätzlich selbst dann, wenn dem Arbeitgeber die Aufenthaltsanschrift des Arbeitnehmers bekannt ist.[90] Erlangt der Arbeitnehmer in diesen Fällen erst nach Ablauf der Klagefrist nach § 4 Satz 1 KSchG tatsächliche Kenntnis über die bereits zugegangene Kündigung, kann er einen Antrag auf nachträgliche Klagezulassung gem § 5 KSchG stellen. Verfügt der Arbeitnehmer über einen **Zweitwohnsitz**, von dem aus er seiner Arbeit nachgeht, geht die an den Zweitwohnsitz übermittelte Kündigungserklärung dort auch dann zu, wenn der Arbeitnehmer sich krankheitsbedingt nicht am Zweitwohnsitz aufhält, sondern an seinem Erstwohnsitz.[91]

52 **d) Verhinderung und Verzögerung des Zugangs.** Bei Verhinderung oder Verzögerung des Zugangs ist zunächst danach zu differenzieren, ob die

---

88 Vgl BAG 13.10.1976 – 5 AZR 510/75 – AP BGB § 130 Nr 8 zu I 2.
89 Vgl BAG 16.3.1988 – 7 AZR 587/87 – AP BGB § 130 Nr 16; 2.3.1989 – 2 AZR 275/88 – AP BGB § 130 Nr 17; vgl iÜ Rn 35 ff.
90 Vgl BAG 16.3.1988 – 7 AZR 587/87 – AP BGB § 130 Nr 16 zu I 4 a: für den Fall, dass der Arbeitnehmer dem Arbeitgeber die Urlaubsanschrift mitgeteilt hat; 2.3.1989 – 2 AZR 275/88 – AP BGB § 130 Nr 17 zu II 3 c, für den Fall der Inhaftierung: „der Senat stimmt.... auch darin zu, dass ein an die Wohnadresse des Arbeitnehmers gerichtetes Kündigungsschreiben diesem generell selbst dann zugeht, wenn der Arbeitgeber die Anschrift des abwesenden Arbeitnehmers kennt, und sich ausnahmsweise nur aus § 242 BGB eine andere Würdigung ergeben kann"; KR/Friedrich § 4 KSchG Rn 112.
91 Vgl KR/Friedrich § 4 KSchG Rn 112; ArbG Stade 6.8.1990 – 2 Ca 270/90 – BB 1991, 625; **aA** LAG Düsseldorf 7.12.1995 – 5 Sa 1035/95 – LAGE BGB § 130 Nr 20.

hierfür maßgeblichen Gründe aus der Sphäre des Kündigenden oder des Kündigungsempfängers herrühren. Ist das Zugangshindernis oder die Zugangsverzögerung der **Sphäre des Kündigenden** zuzurechnen, zB aufgrund unzureichender Frankierung der Postsendung oder Verwendung einer veralteten Adresse, obwohl der Kündigungsempfänger seine neue Anschrift mitgeteilt hat, geht dies zu Lasten des Absenders. Ein Zugang ist in solchen Fällen nicht erfolgt, der Kündigende muss einen erneuten Zugangsversuch unternehmen bzw evtl Rechtsnachteile aus einem verspäteten Zugang der Kündigungserklärung tragen. Insbesondere ist der Kündigungsempfänger berechtigt, die Annahme eines unzureichend frankierten Briefes zu verweigern.

Ist das Zugangshindernis bzw die Zugangsverzögerung allerdings der **Risikosphäre des Empfängers** zuzurechnen, kann sich dieser uU nach **Treu und Glauben** nicht auf den verspäteten Zugang der Willenserklärung berufen. Hatte der Absender durch die Erklärung Fristen einzuhalten und für deren rechtzeitigen Zugang alles erforderliche und zumutbare veranlasst, so verstößt es gegen Treu und Glauben (§ 242 BGB), wenn der Empfänger, der mit dem Zugang der Kündigung rechnen musste, dem Absender einen tatsächlich nicht erfolgten Zugang entgegenhält, den er selbst zu vertreten hat (zB fehlender Nachsendeantrag, Nichtabholung des Einschreibens). Der Kündigungsempfänger muss sich in diesen Fällen so behandeln lassen, als ob ihm die Kündigung zum normalen Zeitpunkt zugegangen wäre. Voraussetzung ist aber, dass der Kündigende die Kündigungserklärung **unverzüglich wiederholt,** wenn er Kenntnis von dem nicht erfolgten Zugang erhält.[92] In einem solchen Fall bleibt der **Zeitpunkt des fehlgeschlagenen Zugangsversuches** maßgebend.[93] Bei einer Einschreibesendung ist dies idR der Tag nach Einwurf des Benachrichtigungsscheines in den Briefkasten des Empfängers. Holt der Arbeitnehmer die **Einschreibesendung** aber innerhalb der ihm mitgeteilten Aufbewahrungsfrist beim zuständigen Postamt ab, geht die Kündigungserklärung grundsätzlich erst zu diesem Zeitpunkt zu.[94] Ist die Kündigung, mit der der Empfänger rechnen musste, diesem tatsächlich zugegangen, aber – aus einem von ihm zu vertretenden Grund – erst nach Ablauf einer vom Absender einzuhaltenden Frist, kann die Berufung des Empfängers auf den verspäteten Zugang uU treuwidrig sein, ohne dass der Absender den Zugang erneut bewirken müsste.[95] Hat der Arbeitnehmer seine **neue Wohnanschrift** nicht mitgeteilt, obwohl er mit dem Zugang einer Kündigung rechnen musste, gilt die Kündigungserklärung nach Treu und Glauben als in dem Zeitpunkt zugegangen, zu welchem der Zugang an die ursprüngliche Adresse erfolgt wäre, wenn der Arbeitgeber die

53

---

92 Vgl BAG 3.4.1986 – 2 AZR 258/85 – AP Nr 9 zu § 18 SchwbG II 4 e für den Fall der Nichtabholung einer bei der Post niedergelegten Einschreibesendung während der siebentägigen Lagerfrist, obwohl der Arbeitnehmer mit Zugang einer Kündigungserklärung rechnen musste: „Die weitere Voraussetzung für den Einwand der treuwidrigen Berufung auf den verspäteten Zugang, dass der Erklärende unverzüglich nach Kenntnis von dem noch nicht erfolgten Zugangs erneut eine Zustellung vorgenommen hat, ist erfüllt"; KR/Friedrich § 4 KSchG Rn 125.
93 Vgl Hk-BGB/Dörner § 130 Rn 7.
94 Vgl BAG 25.4.1996 – 2 AZR 13/95 – AP KSchG 1969 § 4 Nr 35 zu II 2.
95 Vgl BAG 7.11.2002 – 2 AZR 475/01 – DB 2003, 833; vgl auch BAG 22.9.2005 – 2 AZR 366/04.

Zustellung der Kündigungserklärung unverzüglich erneut unter der neuen Wohnanschrift vornimmt. Nach einer älteren Entscheidung des BAG[96] soll es allerdings ausreichen, wenn der Arbeitnehmer dem Arbeitgeber den Wohnungswechsel in der Weise mitteilt, dass er während seiner Erkrankung eine ärztliche Arbeitsunfähigkeitsbescheinigung einreicht, in der die neue Anschrift eingetragen ist. Schickt der Arbeitgeber in einem solchen Falle sein Kündigungsschreiben an die frühere Anschrift des Arbeitnehmers und verzögert sich deshalb der Zugang der Kündigung, handele der Arbeitnehmer nicht treuwidrig, wenn er sich auf den späteren Zugang berufe.

54 Bei **sonstigen Zugangshindernissen** gelten die vorstehenden Grundsätze entsprechend. Das Risiko von Störungen der vom Empfänger bereitgehaltenen Empfangsvorrichtungen gehen grundsätzlich zu dessen Lasten. Ist zB das Telefaxgerät[97] des Empfängers defekt oder hat es dieser versäumt, rechtzeitig Papier nachzufüllen, so dass ein für den Zugang erforderlicher ordnungsgemäßer Ausdruck nicht möglich ist, kann der Absender die Zustellung erneut vornehmen mit der Folge, dass auf den Zeitpunkt des fehlgeschlagenen Zugangsversuches per Telefax abzustellen ist (bei Unterbrechungen oder Störungen im öffentlichen Netz trägt hingegen der Absender das Übermittlungsrisiko).

55 Der Kündigende muss die Kündigungserklärung dann **nicht wiederholen**, wenn der Erklärungsempfänger die **Annahme der Kündigungserklärung ohne Grund verweigert** oder auf sonstige Weise treuwidrig vereitelt. Die Erklärung gilt in diesem Fall wegen **Zugangsvereitelung** auch ohne Wiederholung als zugegangen.[98]

Beispiele: Annahmeverweigerung eines vom Postboten überbrachten Einschreibebriefes – Abhängen des Briefkastens und Entfernen des Türschildes in Erwartung einer Kündigungserklärung – Mitteilung einer veralteten Adresse in Kenntnis der Kündigungsabsicht des Arbeitgebers zur Verhinderung der Zustellung des Kündigungsschreibens[99] – Nicht aber nach Auffassung des BAG[100] Annahmeverweigerung eines nur als **Empfangsboten** in Betracht kommenden Dritten, wenn der Adressat hierauf keinen Einfluss hat. Er muss die Erklärung in diesem Fall nur dann als zugegangen gegen sich gelten lassen, wenn der Dritte im Einvernehmen mit ihm bewusst die Entgegennahme verweigert und damit den Zugang vereitelt hat.

56 **e) Darlegungs- und Beweislast für den Zugang der Kündigungserklärung.** Für den Zugang der Kündigungserklärung ist der **Kündigende** darlegungs- und beweispflichtig. Wird ein Zugang unter Anwesenden[101] behauptet, muss der Kündigende im Streitfall die Abgabe der Erklärung beweisen so-

---

96 Vgl BAG 18.2.1977 – 2 AZR 770/75 – AP BGB § 130 Nr 10.
97 Die Übermittlung der Kündigungserklärung per Telefax erfüllt allerdings nicht die gesetzliche Schriftform des § 623 BGB, vgl Rn 26.
98 Vgl BAG 22.9.2005 – 2 AZR 366/04 – AP BGB § 130 Nr 24; KR/Friedrich § 4 KSchG Rn 120.
99 Vgl BAG 22.9.2005 – 2 AZR 366/04 – AP BGB § 130 Nr 24.
100 Vgl BAG 11.11.1992 – 2 AZR 328/92 – AP BGB § 130 Nr 18 zu III 4.
101 Vgl Rn 33.

wie den Umstand, dass der Empfänger die Erklärung auch verstanden hat (zB bei Sprachunkundigen).[102]

Für den Nachweis des Zugangs einer **einfachen Briefsendung** gilt **nicht der Beweis des ersten Anscheins**, da der Verlust von Briefsendungen auf dem Postweg nicht ausgeschlossen werden kann.[103] Gleiches gilt für die Versendung durch **einfachen Einschreibebrief**. Durch den Einlieferungsschein kann nur nachgewiesen werden, dass eine Übergabe zur Post erfolgte, einen Anschein für den Zugang bekundet dies jedoch nicht. Erfolgt das **Einschreiben gegen Rückschein**, wird mit diesem der Nachweis des Zugangs des Einschreibebriefes geführt. Häufig kann aber deshalb ein Rückschein nicht vorgelegt werden, weil vom Postzusteller keine empfangsberechtigte Person angetroffen wird und eine Abholung des Einschreibens trotz Einwurf eines Benachrichtigungsscheins nicht erfolgt. Geeigneter ist die Übersendung mit **Einwurfeinschreiben**, mit welchem der Zugangsnachweis leichter erbracht werden kann.[104]

57

Wird die Kündigung mittels Telefax[105] übermittelt, bietet der Sendebericht allenfalls ein Indiz für den ordnungsgemäßen Zugang beim Empfänger. Solange die Möglichkeit besteht, dass die Datenübertragung trotz eines „OK"-Vermerks im Sendebericht infolge von Leitungsstörungen missglückt ist, kann der Sendebericht keinen Anscheinsbeweis für den Zugang begründen.[106]

58

Ist der Zugang der Sendung, sei es durch einfachen Brief, Übergabe- bzw Einwurfeinschreiben, Telefax oder sonstige Datenübertragung, unstreitig, kann der **Inhalt** der Sendung noch streitig sein. Leugnet der Empfänger, dass die ihm zugegangene Sendung die streitige Kündigungserklärung beinhaltete, muss er dies qualifiziert bestreiten, dh den von ihm behaupteten anderweitigen bzw fehlenden Inhalt konkret darlegen. Dies kann zB dadurch geschehen, dass der Empfänger Beobachtungen vor und beim Öffnen des Briefes vorträgt.[107]

59

Den Kündigenden trifft die Darlegungs- und Beweislast für die Tatsachen, die den Einwand begründen, der Arbeitnehmer berufe sich **treuwidrig** auf den verspäteten Zugang der Kündigung. Steht in einem solchen Fall der Zugang des Benachrichtigungsscheins an den Arbeitnehmer fest, so reicht es nicht mehr aus, wenn dieser pauschal bestreitet, von dem Benachrichtigungsschein tatsächlich Kenntnis erlangt zu haben, vielmehr muss er konkrete Umstände vortragen, aus denen sich ergibt, dass er von dem Benachrichtigungsschein ohne sein Verschulden keine Kenntnis erlangt hat.[108]

60

Hinweis: Im Hinblick auf die dargestellten Beweisprobleme ist für die Praxis zu empfehlen, den Zugang der Kündigung nicht auf dem Postwege,

61

---

102 Vgl Rn 44.
103 Vgl BAG 14.7.1960 – 2 AZR 173/59 – AP BGB § 130 Nr 3; Hk-BGB/Dörner § 130 Rn 11.
104 Vgl Rn 40.
105 Bei Übermittlung der Kündigungserklärung durch Telefax wird die gesetzliche Schriftform des § 623 BGB nicht gewahrt, vgl Rn 26.
106 Vgl BGH 7.12.1994 – VIII ZR 153/93 – NJW 1995, 665 II 3 b bb.
107 Vgl KR/Friedrich § 4 KSchG Rn 130.
108 Vgl BAG 3.4.1986 – 2 AZR 258/85 – AP SchwbG § 18 Nr 9 zu II 4 d aa.

Mestwerdt

sondern durch einen **Boten** bewirken zu lassen, der auch persönlich Kenntnis vom Inhalt des zu überbringenden Schreibens genommen haben sollte.[109] Im Streitfall kann der Bote vom darlegungs- und beweispflichtigen Absender nicht nur für Art und Weise sowie Zeitpunkt des Erklärungszugangs, sondern auch für den Erklärungsinhalt als Zeuge benannt werden. Ein verlässlicher, wenn auch aufwändiger Zugangsnachweis wird ferner dadurch möglich, dass dem Gerichtsvollzieher mit dem Zustellungsauftrag das Original der Kündigungserklärung nebst einer Kopie übergeben wird, dieser die Kopie beglaubigt, das Original zustellt und die Zustellungsurkunde zusammen mit der beglaubigten Kopie der Kündigungserklärung dem Auftraggeber aushändigt.[110]

7. Vertretung bei Abgabe und Empfang der Kündigung

62 Das Recht zur Kündigung ist an die Stellung als Partei des Arbeitsvertrages gebunden. Die Kündigung ist idR von der einen Arbeitsvertragspartei gegenüber der anderen zu erklären. Die Berechtigung zur Erklärung und zum Empfang der Kündigung kann sich aber auch aufgrund **gesetzlich angeordneter Vertretung, rechtsgeschäftlicher Bevollmächtigung** oder aus der Stellung als **Partei kraft Amtes** (Insolvenzverwalter) ergeben. Von diesen Fällen ist die Einschaltung Dritter bei der Übermittlung der Kündigungserklärung zu unterscheiden, sog Erklärungs- oder Empfangsboten.[111] Die grundsätzlich zulässige rechtsgeschäftliche Vertretung bei Abgabe und Empfang der Kündigungserklärung kann von den Arbeitsvertragsparteien vertraglich ausgeschlossen werden.[112]

63 a) **Rechtsgeschäftliche Vertretung bei Abgabe der Kündigungserklärung.** aa) **Bevollmächtigter Vertreter.** In der Praxis werden Kündigungen, insbesondere solche durch den Arbeitgeber, oft nicht von den Arbeitsvertragsparteien selbst ausgesprochen, sondern durch bevollmächtigte Vertreter. Die vom Vertreter erklärte Kündigung wirkt nach § 164 Abs 1 BGB unmittelbar für und gegen den Vertretenen. Die Erteilung der Vollmacht zum Ausspruch der Kündigung erfolgt nach § 167 Abs 1 BGB durch Erklärung gegenüber dem zu Bevollmächtigenden oder dem Kündigungsempfänger. Die Bevollmächtigung ist nach § 167 Abs 2 BGB auch dann an keine Form gebunden, wenn für die Kündigungserklärung selbst Formvorschriften zu beachten sind. Die Vollmacht muss grundsätzlich vor Ausspruch der Kündigung erteilt werden, da der Erklärende ansonsten als Vertreter ohne Vertretungsmacht handelt.[113]

64 Bei einer **umfassenden Bevollmächtigung** des Vertreters ist die Erteilung einer **Einzel-** bzw **Spezialvollmacht** zum Ausspruch einer bestimmten Kündigung nicht erforderlich. Eine umfassende Vollmacht liegt in der Erteilung einer **Generalvollmacht**, die grundsätzlich zur Vornahme aller Rechtsge-

---

109 Vgl Störr, JA 1999, 822.
110 Vgl Hohmeister, JA 1999, 260.
111 Vgl Rn 48 ff.
112 Vgl BAG 9.10.1975 – 2 AZR 332/74 – AP BGB § 626 Ausschlussfrist Nr 8 zu I 2 a.
113 Vgl Rn 79 ff.

schäfte berechtigt, soweit Vertretung zulässig ist,[114] ferner in der Erteilung der **Prokura** nach § 48 Abs 1 HGB.[115] Auch die **Handlungsvollmacht**, die die Ermächtigung zum Betrieb eines Handelsgewerbes oder zur Vornahme einer bestimmten zu einem Handelsgewerbe gehörigen Art von Geschäften oder zur Vornahme einzelner zu einem Handelsgewerbe gehöriger Geschäfte enthält, zählt zu den Fällen der umfassenden Bevollmächtigung zum Ausspruch von Kündigungen, da sie sich nach § 54 Abs 1 HGB auf alle Geschäfte und Rechtshandlungen erstreckt, die der Betrieb eines derartigen Handelsgewerbes oder die Vornahme derartiger Geschäfte gewöhnlich mit sich bringt.

Die Bevollmächtigung zum Ausspruch von Kündigungen kann auch dadurch erfolgen, dass ein Arbeitnehmer in eine **betriebliche Stellung** berufen wird, **mit der üblicherweise das Recht zur Kündigung verbunden ist**. Dies trifft insbesondere für **Betriebsleiter** oder **Personalleiter**[116] zu, nicht aber für Referatsleiter innerhalb einer Personalabteilung oder Personalsachbearbeiter.[117] 65

Die **Beauftragung eines Rechtsanwaltes** in einer arbeitsrechtlichen Angelegenheit enthält nicht grundsätzlich die Bevollmächtigung zur Abgabe von Kündigungserklärungen. Bei einer einem Rechtsanwalt erteilten **außergerichtlichen Vollmacht** hängt es von den jeweiligen Umständen des Einzelfalles ab, zu welchen konkreten Rechtsgeschäften der Bevollmächtigte jeweils berechtigt sein soll.[118] Dagegen ist der Umfang der **Prozessvollmacht** in § 81 ZPO gesetzlich festgelegt. Eine Kündigungsvollmacht enthält die Prozessvollmacht nur dann, wenn die Parteien im Prozess bereits über den **Bestand des Arbeitsverhältnisses** als solchen streiten. Die Prozessvollmacht ermächtigt nämlich nur zu allen den Rechtsstreit betreffenden Prozesshandlungen, weshalb ihr Umfang nach dem jeweiligen Streitgegenstand des Prozesses richtet. Beschränkt sich der Streitgegenstand auf die Frage, ob ein Arbeitsverhältnis aus Anlass einer ganz bestimmten Kündigung zu dem von dieser Kündigung gewollten Termin aufgelöst worden ist oder nicht (§ 4 Satz 1 KSchG), kann der Prozessbevollmächtigte eine weitere Kündigung nicht auf der Grundlage der Prozessvollmacht aussprechen, da diese nicht der Rechtsverteidigung im anhängigen Kündigungsrechtsstreit dient.[119] Wird der Streit über die Wirksamkeit einer Kündigung im Rahmen einer **allgemeinen Feststellungsklage** nach § 256 Abs 1 ZPO ausgetragen, ggf im Wege einer objektiven Klagehäufung neben einem **punktuellen Kündigungsschutzantrag** nach § 4 KSchG, ist das Bestehen des Arbeitsverhältnisses im Zeitpunkt der letzten mündlichen Verhandlung 66

---

114 Vgl Hk-BGB/Dörner § 167 Rn 11.
115 Vgl BAG 11.7.1991 – 2 AZR 107/91 – AP BGB § 174 Nr 9 zu B II 1 a.
116 St Rspr; BAG 14.4.2011 – 6 AZR 727/09; 18.10.2000 – 2 AZR 627/99 – AP BGB § 626 Krankheit Nr 9 zu II 2; 6.2.1997 – 2 AZR 128/96 – AP BGB § 620 Kündigungserklärung Nr 10 zu II 1 a; 30.5.1972 – 2 AZR 298/71 – AP BGB § 174 Nr 1 zu II 2.
117 Vgl BAG 20.8.1997 – 2 AZR 518/96 – AP BGB § 620 Kündigungserklärung Nr 11 zu II 3; 29.6.1989 – 2 AZR 482/88 – AP BGB § 174 Nr 7 zu II 2 f; 30.7.1978 – 2 AZR 633/76 – AP BGB § 174 Nr 2 zu II 3; zur Zurückweisung der Kündigung gem § 174 BGB vgl Rn 70 ff.
118 Vgl BAG 31.8.1979 – 7 AZR 674/77 – AP BGB § 174 Nr 3 zu I 2 a.
119 Vgl BAG 10.8.1977 – 5 AZR 394/76 – AP ZPO § 81 Nr 2 zu I 1 a aa.

(auch) Streitgegenstand des Rechtsstreits mit der Folge, dass die Prozessvollmacht die Befugnis des Prozessbevollmächtigten des Arbeitgebers umfasst, in dessen Namen eine weitere Kündigung zu erklären. In einem solchen Fall ist der Prozessbevollmächtigte des Arbeitnehmers auch zum Empfang der weiteren Kündigung nach § 81 ZPO bevollmächtigt.[120]

67 Der **Umfang einer Prozessvollmacht** kann von der Prozesspartei grundsätzlich über den gesetzlichen Rahmen hinaus **erweitert** werden. In der Praxis ist dies üblich. Regelmäßig enthält die im Mandatsverhältnis zwischen Anwalt und Auftraggeber erteilte schriftliche Vollmacht folgende Formulierung:

▶ ... zur Begründung und Aufhebung von Vertragsverhältnissen und zur Abgabe und Entgegennahme von einseitigen Willenserklärungen (zB Kündigungen) im Zusammenhang mit der oben unter „wegen..." genannten Angelegenheit. ◀

Wurde die Vollmachtsurkunde vor Ausspruch der (weiteren) Kündigung dem Kündigungsempfänger nicht bereits vorgelegt, muss dies mit der Kündigungserklärung erfolgen, um eine Zurückweisung nach § 174 BGB[121] zu vermeiden. Die Berechtigung eines Prozessbevollmächtigten zum Ausspruch einer weiteren Kündigung während des Prozesses wird regelmäßig nur dann praktisch relevant werden, wenn der Kündigungsempfänger die Kündigung wegen Nichtvorlage der Vollmachtsurkunde zurückweist.

68 Nach Auffassung des BAG[122] soll sich eine – formlose – Erweiterung der vom Arbeitgeber erteilten Prozessvollmacht auf die Abgabe von Kündigungserklärungen aus den Gesamtumständen dann ergeben, wenn vorangegangene Kündigungen wegen Formfehlern unwirksam sind und die weitere Kündigung auf denselben Kündigungssachverhalt gestützt wird. Um eine solche Erweiterung der Prozessvollmacht annehmen zu können, sind aber nach zutreffender Auffassung konkrete Anhaltspunkte erforderlich. Das regelmäßig vorhandene Interesse der kündigenden Prozesspartei an einer Kündigung des Arbeitsverhältnisses reicht hierfür nicht aus, da ansonsten der gesetzliche Umfang der Prozessvollmacht im Ergebnis generell ausgedehnt wäre.[123]

69 **bb) Zurückweisung der Kündigung.** Die Kündigung ist eine einseitige empfangsbedürftige Willenserklärung.[124] Bei Ausspruch der Kündigung ist deshalb die Vorschrift des § 174 BGB zu beachten. Nach § 174 Satz 1 BGB ist eine von einem rechtsgeschäftlich bevollmächtigten Vertreter erklärte Kündigung **unwirksam,** wenn

- der Bevollmächtigte **keine Vollmachtsurkunde vorlegt** und
- der Kündigungsempfänger die Kündigung **aus diesem Grund unverzüglich** zurückweist.

---

120 Vgl Rn 81 ff.
121 Vgl Rn 69 ff.
122 Vgl BAG 10.8.1977 – 5 AZR 394/76 – AP ZPO § 81 Nr 2 zu I 1 a bb.
123 Vgl Rimmelspacher Anm zu BAG 10.8.1977 – 5 AZR 394/76 – AP ZPO § 81 Nr 2.
124 Vgl Rn 1.

Das Zurückweisungsrecht besteht auch dann, wenn die Kündigungserklärung durch Vermittlung eines Gerichtsvollziehers zugestellt wird.[125] In der Praxis hat § 174 BGB erhebliche Bedeutung. Ist die Kündigung nach § 174 BGB unwirksam, muss sie unter Vollmachtsvorlage **wiederholt** werden. Das kann dazu führen, dass die zum Ausspruch einer außerordentlichen Kündigung einzuhaltende Kündigungserklärungsfrist von zwei Wochen (§ 626 Abs 2 BGB) versäumt ist oder eine ordentliche Kündigung erst zu einem späteren Kündigungstermin ausgesprochen werden kann.

Erforderlich ist die Vorlage einer Originalvollmacht. Nach dem Schutzzweck des § 174 BGB reicht es nicht aus, wenn die Vollmacht nur in beglaubigter Abschrift vorgelegt wird. Aus dieser ergibt sich lediglich, dass die Vollmacht einmal erteilt war, dagegen nicht, dass sie bei Absendung des Kündigungsschreibens noch bestand und nicht etwa durch Zurückforderung der Vollmachtsurkunde entzogen worden ist. Diese Ungewissheit entfällt nur, wenn die Urschrift der Vollmachtsurkunde vorgelegt wird.[126] Aus den gleichen Gründen ist auch die Übermittlung einer Fotokopie oder Faxkopie der Vollmachtsurkunde ungenügend.[127] Der Nichtvorlage einer (Original-)Vollmacht iSd § 174 Satz 1 BGB steht es gleich, wenn der Bevollmächtigte zwar eine Vollmachtsurkunde vorlegt, diese aber lediglich zur vertretungsweisen Vornahme von anderen Rechtsgeschäften, nicht dagegen zur Abgabe der in Streit stehenden Kündigung berechtigt.[128]

Die Zurückweisung muss **wegen der fehlenden Vollmachtsvorlage** erfolgen („aus diesem Grunde"). Das Fehlen der Vollmachtsurkunde braucht aber nicht ausdrücklich beanstandet zu werden. Es reicht vielmehr aus, dass sich der Grund der Zurückweisung aus den Umständen der Zurückweisung eindeutig ergibt und für den Vertragspartner erkennbar ist. Die Beanstandung, das Kündigungsschreiben sei „mit dem Mangel der nicht rechtsverbindlichen Unterzeichnung behaftet", ist nicht eindeutig genug, um als Zurückweisung nach § 174 BGB ausgelegt werden zu können. Es handelt sich vielmehr um eine Rüge der behaupteten Vertretungsmacht nach § 180 BGB, die nicht zugleich eine Zurückweisung wegen des fehlenden Nachweises der Vertretungsmacht enthält.[129] Auch die Rüge einer fehlenden Kündigungsbefugnis ist keine Zurückweisung nach § 174 BGB.[130]

Für die Frage, ob eine Zurückweisung iSd § 174 Satz 1 BGB **unverzüglich** ist, gelten die zu § 121 BGB aufgestellten Grundsätze entsprechend. Die Zurückweisung muss daher nicht „sofort" erfolgen, sondern **ohne schuldhaftes Zögern**. Dem Erklärungsempfänger ist eine gewisse Zeit zur Überlegung und zur Einholung eines Rates durch einen Rechtskundigen einzuräumen. Innerhalb welcher Zeitspanne der Erklärungsempfänger die Kündi-

---

125　Vgl BGH 4.2.1981 – VIII ZR 313/79 – AP BGB § 174 Nr 5 zu II 3.
126　Vgl BGH 4.2.1981 – VIII ZR 313/79 – AP BGB § 174 Nr 5 zu II 3 b bb.
127　Vgl LAG Düsseldorf 22.2.1995 – 4 Sa 1817/94 – LAGE BGB § 174 Nr 7; 12.12.1994 – 12 Sa 1574/94 – BB 1995, 731.
128　Vgl BAG 31.8.1979 – 7 AZR 674/77 – AP BGB § 174 Nr 3 zu 2 a.
129　Vgl BAG 18.12.1980 – 2 AZR 980/78 – AP BGB § 174 Nr 4 II 3 d; vgl auch BAG 19.4.2007 – 2 AZR 180/06 – AP BGB § 174 Nr 20 Rn 37.
130　BAG 19.4.2007 – 2 AZR 180/07.

gung zurückweisen muss, richtet sich nach den Umständen des Einzelfalls.[131] Die Zurückweisung einer Kündigungserklärung nach einer Zeitspanne von mehr als einer Woche ist ohne das Vorliegen besonderer Umstände des Einzelfalls nicht mehr unverzüglich isd § 174 Satz 1 BGB,[132] wohl aber eine Zurückweisung innerhalb von drei bis fünf Tagen nach Kündigungszugang;[133] eine Zeitspanne von etwa einer Woche hat das BAG in der Entscheidung vom 31.8.1979[134] als noch ausreichend angesehen.

73 Nach § 174 Satz 2 BGB ist die **Zurückweisung ausgeschlossen**, wenn der Vollmachtgeber den Kündigungsempfänger von der Bevollmächtigung **in Kenntnis gesetzt** hat. Davon erfasst sind nach dem Wortlaut der Vorschrift unproblematisch diejenigen Fälle, in denen die Bevollmächtigung **ausdrücklich** bekannt gemacht wurde. Die Kenntnis des Kündigungsempfängers kann sich aber auch **aus den Umständen** ergeben. Nach **Sinn und Zweck** des **§ 174 BGB** soll der Kündigungsempfänger nur dann zur Zurückweisung der Kündigungserklärung befugt sein, wenn er keine Gewissheit hat, ob der Erklärende wirklich bevollmächtigt ist und der Vertretene die Erklärung gegen sich gelten lassen muss. Eine solche Ungewissheit kann bei Ausspruch einer Arbeitgeberkündigung dann nicht bestehen, wenn der Arbeitgeber die Kündigungsbefugnis öffentlich bekannt gemacht hat.[135] Nach ständiger Rechtsprechung des BAG[136] bedeutet die Berufung eines Mitarbeiters in eine Stellung zB

- als Leiter der Personalabteilung,
- als Prokurist oder
- als Generalbevollmächtigter

idR, dass die Arbeitnehmer des Betriebes auch isd § 174 Satz 2 BGB von der Kündigungsberechtigung des Betreffenden in Kenntnis gesetzt sind.[137] Unabhängig von der jeweiligen Bezeichnung ist dabei allerdings stets auf die Umstände des Einzelfalls abzustellen, wie sich die Position des Erklärenden für einen objektiven Betrachter darstellt, ob also mit einer derartigen Stellung die **Kündigungsbefugnis verbunden zu sein pflegt**.[138] Die Kündigungsbefugnis muss eindeutig und ohne weitere Nachforschungen erkennbar sein.[139] Für ein Inkenntnissetzen isd § 174 Satz 2 BGB reicht die bloße Mitteilung im Arbeitsvertrag, dass der jeweilige Inhaber einer bestimmten Funktion kündigen dürfe, nicht aus; der Erklärungsempfänger

---

131 St Rspr BAG 8.12.2011 – 6 AZR 354/10; 30.5.1978 – 2 AZR 633/76 – AP BGB § 174 Nr 2 zu II 2 a.
132 BAG 25.4.2013 – 6 AZR 49/12; 8.12.2011 – 6 AZR 354/10,.
133 Vgl BAG 30.5.1978 – 2 AZR 633/76 – AP BGB § 174 Nr 2 zu II 2 b; 11.7.1991 – 2 AZR 107/91 – AP BGB § 174 Nr 9 zu B II 2 a; 20.8.1997 – 2 AZR 518/96 – AP BGB § 620 Kündigungserklärung Nr 11 zu II 1.
134 Vgl BAG 31.8.1979 – 7 AZR 674/77 – AP BGB § 174 Nr 3 zu II 1 b.
135 BAG 8.12.2011 – 6 AZR 354/10.
136 Vgl BAG 30.5.1972 – 2 AZR 298/71 – AP BGB § 174 Nr 1 zu II 2, 18.5.1994 – 2 AZR 920/93 – AP BetrVG 1972 § 102 Nr 64 zu III 1; 20.8.1997 – 2 AZR 518/96 – AP BGB § 620 Kündigungserklärung Nr 11 zu II 3 a.
137 Vgl auch Rn 65.
138 Vgl BAG 22.1.1998 – 2 AZR 267/97 – AP BGB § 174 Nr 11 zu II 1.
139 BAG 8.12.2011 – 6 AZR 354/10.

muss vielmehr in Kenntnis gesetzt werden, dass der Erklärende diese Stellung auch tatsächlich innehat.[140]

Der **Vorlage einer Vollmacht bedarf es** nach diesen Grundsätzen regelmäßig **nicht** bei Ausspruch einer Kündigung durch einen **74**

- **Betriebsleiter,**[141]
- **Personalleiter,** jedenfalls dann nicht, wenn der gekündigte Arbeitnehmer weiß, dass der Kündigende die Stellung eines Personalleiters innehat.[142] Dies gilt auch dann, wenn ein Gesamtvollstreckungsverwalter (Insolvenzverwalter) den Betrieb längere Zeit fortführt und den bisherigen Personalleiter in gleicher Funktion weiterbeschäftigt.[143] Eine Beschränkung der Vollmacht des Personalleiters im Innenverhältnis, zB aufgrund einer internen Geschäftsordnung, ist unerheblich.[144]
- **Prokuristen,** wenn die Prokura im Handelsregister eingetragen und vom Registergericht nach § 10 Abs 1 HGB bekannt gemacht worden ist. In einem solchen Fall hat der Arbeitgeber die Belegschaft iSd § 174 Satz 2 BGB über die von der Prokura umfasste Kündigungsberechtigung in Kenntnis gesetzt. Der Gekündigte muss die Prokuraerteilung gem § 15 Abs 2 HGB auch bei fehlender positiver Kenntnis gegen sich gelten lassen, unabhängig davon, ob der Prokurist entgegen § 51 HGB mit einem die Prokura andeutenden Zusatz („ppa") zeichnet oder nicht.[145]
- **Rechtsanwalt,** der eine Anwaltskanzlei selbstständig betreibt, ohne dass andere im Briefkopf der Kanzlei aufgeführte Anwälte auf die tägliche Arbeit und die Personalentscheidungen erkennbar Einfluss nehmen. Er kann **einem von ihm eingestellten Arbeitnehmer für die (Schein-)Sozietät wirksam kündigen,** ohne nach § 174 BGB eine Vollmacht der anderen Mitglieder der (Schein-)Sozietät vorlegen zu müssen. Die Rechtsstellung eines solchen Rechtsanwalts ist noch stärker als die eines Mitarbeiters, der lediglich als Leiter der Personalabteilung bzw als Prokurist fungiert. Für einen objektiven Betrachter ist offensichtlich, dass ein Rechtsanwalt, der unter solchen Umständen eine Kanzlei betreibt, durch die anderen im Briefkopf aufgeführten Anwälte bevollmächtigt ist, Arbeitnehmern selbstständig zu kündigen.[146]
- **Besonderen Vereinsvertreter iSd § 30 BGB,** dem satzungsgemäß Kündigungsbefugnis erteilt worden ist.[147]
- **Prozessbevollmächtigten,** wenn die Parteien im Rahmen einer **allgemeinen Feststellungsklage** über den Bestand des Arbeitsverhältnisses im Zeitpunkt der letzten mündlichen Verhandlung streiten. In diesem Fall soll die Prozessvollmacht die Befugnis des Prozessbevollmächtigten des

---

140 BAG 14.4.2011 – 6 AZR 727/09 – NZA 2011, 683.
141 Vgl Rn 65.
142 Vgl BAG 14.4.2011 – 6 AZR 727/09; 30.5.1972 – 2 AZR 298/71 – AP BGB § 174 Nr 1 zu II 4.
143 Vgl BAG 22.1.1998 – 2 AZR 267/97 – AP BGB § 174 Nr 11 zu II 1 d.
144 Vgl BAG 29.10.1992 – 2 AZR 460/92 – AP BGB § 174 Nr 10 zu II 2 a.
145 Vgl BAG 11.7.1991 – 2 AZR 107/91 – AP BGB § 174 Nr 9 zu II 2.
146 Vgl BAG 6.2.1997 – 2 AZR 128/96 – AP BGB § 620 Kündigungserklärung Nr 10 zu II 1 a.
147 Vgl BAG 18.1.1990 – 2 AZR 358/89 – AP BGB § 30 Nr 1.

Arbeitgebers umfassen, in dessen Namen weitere Kündigungen auszusprechen.[148]
- **Gesetzlichen Vertreter**, zB einem organschaftlichen Vertreter;[149] in diesen Fällen kommt auch keine analoge Anwendung des § 174 BGB in Betracht (anders im Fall der Gesamtvertretung, vgl Rn 75).

75 Eine **Vollmacht muss** demgegenüber grundsätzlich **vorgelegt werden** bei Ausspruch einer Kündigung durch einen
- **Personalsachbearbeiter** oder Referatsleiter innerhalb einer Personalabteilung. Die bloße Übertragung einer Funktion, mit der das Kündigungsrecht verbunden ist, reicht dann nicht aus, wenn diese Funktionsübertragung aufgrund der Stellung im Betrieb nicht ersichtlich ist und keine sonstige Bekanntmachung erfolgt.[150] Das **Beidrücken eines Dienstsiegels** als Legitimationszeichen **ersetzt die Vorlage einer schriftlichen Vollmacht** in solchen Fällen **nicht**.[151]
- **Gesamtvertreter**, der durch den anderen Gesamtvertreter intern zur Erklärung der Kündigung ermächtigt worden ist. Diese Ermächtigung ist eine Erweiterung der gesetzlichen Vertretungsmacht, auf die die Vorschriften über die rechtsgeschäftliche Stellvertretung und der §§ 174, 180 BGB entsprechend anzuwenden sind. Es bedarf daher der Vorlage einer Ermächtigungsurkunde.[152]
- **Prozessbevollmächtigten**, wenn die Parteien im Kündigungsschutzprozess (nur) über die Wirksamkeit einer bestimmten Kündigung streiten. Die Prozessvollmacht umfasst in diesem Fall nicht die Befugnis, weitere Kündigungen im Laufe des Rechtsstreits auszusprechen.[153]
- **außergerichtlich beauftragten Rechtsanwalt**.[154]

76 cc) **Vertreter ohne Vertretungsmacht.** Bei der Kündigung als einseitigem Rechtsgeschäft ist eine Vertretung ohne Vertretungsmacht nach § 180 Satz 1 BGB **grundsätzlich unzulässig**. Hat der Kündigungsempfänger aber die von dem Kündigenden behauptete Vertretungsmacht **nicht beanstandet** oder ist er in Kenntnis der fehlenden Vertretungsmacht mit der Kündigung einverstanden, so finden die **Vorschriften über Verträge** gem §§ 177 ff BGB **entsprechende Anwendung**. Unter Beanstandung iSv § 180 Satz 2 BGB ist die unverzügliche Zurückweisung zu verstehen. Der Kündigungsberechtig-

---

148 Vgl BAG 10.8.1977 – 5 AZR 394/76 – AP ZPO § 81 Nr 2 zu I 1 a aa; vgl auch Rn 67 f.
149 Vgl BAG 20.9.2006 – 6 AZR 82/06 – AP BGB § 174 Nr 19 Rn 39 f; 10.2.2005 – 2 AZR 584/03 – AP BGB § 174 Nr 18 Rn 52.
150 Vgl BAG 20.8.1997 – 2 AZR 518/96 – AP BGB § 620 Kündigungserklärung Nr 11 zu II 3 b bb; 29.6.1989 – 2 AZR 482/88 – AP BGB § 174 Nr 7 zu II 2 f bb; 30.5.1978 – 2 AZR 633/76 – AP BGB § 174 Nr 2 zu II 3 a.
151 Vgl BAG 20.8.1997 – 2 AZR 518/96 – AP BGB § 620 Kündigungserklärung Nr 11 zu II 2: Klarstellung zu BAG 29.6.1988 – 7 AZR 180/87 – AP BGB § 174 Nr 6.
152 Vgl BAG 10.2.2005 – 2 AZR 584/03 – AP BGB § 174 Nr 18 Rn 52; 18.12.1980 – 2 AZR 980/78 – AP BGB § 174 Nr 4 zu II 3: zur Kündigung durch einen Geschäftsführer einer GmbH, der nur zusammen mit einem anderen Geschäftsführer vertretungsberechtigt war und von diesem formlos zur Abgabe der Kündigungserklärung ermächtigt wurde.
153 Vgl Rn 67 f.
154 Vgl Rn 66.

te kann die Kündigung in diesen Fällen in entsprechender Anwendung des § 177 Abs 1 BGB **nachträglich genehmigen**.[155] Die Genehmigung wirkt nach § 184 Abs 1 BGB analog auf den Zeitpunkt der Kündigung zurück.

Der Kündigungsempfänger kann gem § 177 Abs 2 BGB den Kündigungsberechtigten auffordern, ihm gegenüber die Genehmigung zu erteilen. Die Genehmigung kann nur innerhalb von zwei Wochen nach der Aufforderung erklärt werden. Wird sie nicht fristgerecht erklärt, gilt sie als verweigert. Die Aufforderung zur Genehmigung ist an keine Frist gebunden. Verweigert der Kündigungsberechtigte die Genehmigung, ist die Kündigung endgültig unwirksam.

Ist die Ausübung des Kündigungsrechts an eine **gesetzliche Ausschlussfrist** gebunden, kann die rückwirkende Genehmigung durch den Vertretenen auch nur innerhalb dieser Ausschlussfrist erfolgen. Die von einem Vertreter ohne Vertretungsmacht ausgesprochene außerordentliche Kündigung des Arbeitsverhältnisses muss daher noch während der zweiwöchigen Ausschlussfrist des § 626 Abs 2 BGB vom Kündigungsberechtigten genehmigt werden. Das Interesse des Vertretenen, eine außerhalb der Vertretungsmacht in seinem Namen abgegebene einseitige Willenserklärung nach den §§ 177, 180 BGB genehmigen zu können, tritt nach dem Ablauf der Ausschlussfrist hinter dem Interesse an der objektiven Klarheit über die bestehenden Rechtsverhältnisse zurück.[156]

b) Rechtsgeschäftliche Vertretung beim Empfang der Kündigungserklärung. Eine Kündigung kann nach § 164 Abs 3 BGB auch gegenüber einem vom Kündigungsempfänger hierzu bevollmächtigten Vertreter erklärt werden. Die **Empfangsvollmacht** kann formlos und stillschweigend erteilt werden. Von der Empfangsbevollmächtigung sind die Fälle zu unterscheiden, in denen Dritte die Kündigungserklärung nach der Verkehrsauffassung als Empfangsboten des Kündigungsempfängers entgegennehmen.[157] Die Erteilung einer Empfangsvollmacht durch den Arbeitnehmer ist in der Praxis selten. Empfangsvertreter des Arbeitgebers sind Vorgesetzte und Mitarbeiter der Personalabteilung. Auch bei Erteilung einer Empfangsvollmacht kann die Kündigung stets gegenüber dem Vertragspartner selbst erklärt werden. Im Fall der **Gesamtvertretung** ist es ausreichend, dass die Kündigung einem Gesamtvertreter zugeht.[158]

Die Kündigung gegenüber einem nicht bevollmächtigten Empfänger ist gem § 180 Satz 1 iVm § 180 Satz 3 BGB unwirksam.[159] Eine Genehmigung durch den Kündigenden scheidet aus. Behauptet der nicht bevollmächtigte Empfänger der Kündigungserklärung, der Kündigungsgegner habe ihm Empfangsvollmacht erteilt, können nach § 180 Satz 3 und Satz 2 BGB aber ausnahmsweise die Vorschriften über Verträge nach §§ 177 ff BGB ent-

---

155 Vgl BAG 25.4.2013 – 6 AZR 49/12; 2.5.1957 – 2 AZR 469/55 – AP BGB § 180 Nr 1.
156 Vgl BAG 26.3.1986 – 7 AZR 585/84 – AP BGB § 180 Nr 2 zu II; 4.2.1987 – 7 AZR 583/85 – AP BGB § 626 Ausschlussfrist Nr 24 zu II 4.
157 Vgl iE unter Rn 48 ff.
158 Vgl BAG 12.2.1975 – 5 AZR 79/74 – AP BetrVG 1972 § 78 Nr 1 zu II 2.
159 Zur umgekehrten Konstellation der Vertretung ohne Vertretungsmacht bei Abgabe der Kündigungserklärung vgl Rn 76 ff.

Mestwerdt

sprechende Anwendung finden. Der Kündigungsgegner könnte in diesen Fällen nach §§ 177 Abs 1, 184 Abs 1 BGB genehmigen. Praktische Bedeutung kommt dieser Genehmigungsmöglichkeit allerdings nicht zu, da der Arbeitnehmer, der idR Kündigungsgegner ist, aus nahe liegenden Gründen kein Interesse daran hat, dass die Kündigung Rechtswirkung entfaltet. Die gegenüber einem Vertreter ohne Vertretungsmacht erklärte Kündigung wird daher grundsätzlich nur und erst dann wirksam, wenn dieser die Kündigung weiterleitet und sie dem Kündigungsempfänger zugeht.

81 Ob die einem **Prozessbevollmächtigten** erteilte **Vollmacht** auch zum **Empfang einer Kündigungserklärung** bevollmächtigt, richtet sich nach den bereits dargestellten Grundsätzen.[160] Entscheidend ist der Streitgegenstand des Prozesses, für den die Vollmacht erteilt worden ist. Zum Empfang während des Rechtsstreits ausgesprochener Kündigungen, insbesondere sog Schriftsatzkündigungen, ermächtigt die Prozessvollmacht nur, wenn sich jedenfalls auch der **Bestand des Arbeitsverhältnisses** als solcher im Streit befindet (**allgemeiner Feststellungsantrag** nach § 256 Abs 1 ZPO). Ist der Streitgegenstand idS umfassend, was im Einzelfall durch Auslegung des Klageantrages unter Berücksichtigung der Klagebegründung zu ermitteln ist,[161] wird die (weitere) Kündigung wirksam, sobald sie dem **Prozessbevollmächtigten** des Kündigungsgegners zugeht.[162]

82 Ist der **Streitgegenstand** demgegenüber auf die Wirksamkeit einer ganz bestimmten Kündigung **beschränkt** (punktueller **Kündigungsschutzantrag** nach § 4 KSchG),[163] ist der Empfang einer während des Prozesses ausgesprochenen (weiteren) Kündigung nicht von der Prozessvollmacht umfasst. Die Kündigungserklärung wird erst dann wirksam, wenn sie der **Partei** selbst **zugeht**. Dies setzt voraus, dass der Prozessbevollmächtigte den die Kündigung enthaltenden Schriftsatz – als Erklärungsbote des Kündigenden – an den Kündigungsempfänger weiterleitet. Auch wenn hiervon im Regelfall auszugehen sein dürfte, bereitet die Feststellung des Zugangszeitpunkts, der für den Beginn der Klagefrist nach § 4 KSchG erheblich ist, regelmäßig Schwierigkeiten.

83 Der **Zugang**[164] ist aber auch in diesen Fällen nach allgemeinen Grundsätzen schon dann erfolgt, wenn der die Kündigung enthaltende Schriftsatz in den **Machtbereich** des Empfängers gelangt und dieser unter gewöhnlichen Umständen die **Möglichkeit zur Kenntnisnahme** von dessen Inhalt hat.[165]

84 c) **Gesetzliche Vertretung bei Abgabe und Empfang der Kündigungserklärung. aa) Kündigung durch und gegenüber einer juristischen Person.** Bei juristischen Personen ist die Kündigungserklärung grundsätzlich durch das vertretungsberechtigte **Organ** abzugeben, soweit kein bevollmächtigter Vertreter eingeschaltet wird.[166] Besteht das Vertretungsorgan aus mehreren Personen, müssen grundsätzlich alle Vertreter im Wege der **Gesamtvertre-**

---

160 Vgl Rn 66 ff.
161 Vgl BAG 16.3.1994 – 8 AZR 97/93 – AP KSchG 1969 § 4 Nr 29 zu III 2.
162 Vgl BAG 21.1.1988 – 2 AZR 581/86 – AP KSchG 1969 § 4 Nr 19 zu B II 2 d.
163 Vgl § 4 KSchG Rn 45.
164 Zur allg Definition des Zugangs vgl Rn 35.
165 IdS KR/Fischermeier § 626 BGB Rn 194.
166 Vgl Rn 63 ff.

tung bei der Abgabe der Kündigungserklärung zusammenwirken. Die Ausübung der Gesamtvertretung ist in der Weise möglich, dass ein Gesamtvertreter den anderen intern formlos zur Abgabe der Kündigungserklärung **ermächtigt** und der zweite Gesamtvertreter diese allein abgibt.[167] Eine **Einzelvertretung** kann in der Satzung bzw dem Gesellschaftsvertrag vorgesehen sein. Bei einer Kündigung gegenüber einer juristischen Person reicht es aus, wenn die Erklärung einem von mehreren Gesamtvertretern zugeht. Nach §§ 125 Abs 2 Satz 3 HGB, 35 Abs 2 Satz 3 GmbHG, 78 Abs 2 Satz 2 AktG ist jedes Organmitglied zur **Passivvertretung** allein berechtigt. Aus diesen Regelungen ist ein allgemeiner Rechtsgedanke abzuleiten, der für alle Fälle der Gesamtvertretung gilt. Mit Eröffnung des Insolvenzverfahrens geht die Kündigungsbefugnis auf den **Insolvenzverwalter** über. Kündigungen durch die Arbeitnehmer sind ebenfalls diesem gegenüber zu erklären.

Im **Bereich des öffentlichen Dienstes**, insbesondere im Gemeinderecht, ist durch Gesetz oder Satzungsrecht vielfach das Zusammenwirken mehrerer Organe bei der Abgabe privatrechtlicher Willenserklärungen vorgeschrieben. In einer solchen Bestimmung ist keine Formvorschrift zu sehen, sondern eine Einschränkung der Vertretungsbefugnis, weshalb eine Kündigung zwingend von den jeweiligen Organen gemeinsam erklärt werden muss.[168] Die ohne hinreichende Vertretungsmacht erklärte Kündigung kann nach Maßgabe der §§ 180 Satz 2, 177 Abs 1, 184 Abs 1 BGB vom Vertretenen rückwirkend genehmigt werden. Bei der außerordentlichen Kündigung kann die Genehmigung nur innerhalb der Kündigungserklärungsfrist gem § 626 Abs 2 BGB erfolgen.[169] Fehlen besondere Vertretungsregelungen, ist die Außenvertretungsmacht durch eine interne Pflichtenteilung nicht eingeschränkt.[170]

bb) Kündigung durch und gegenüber Minderjährigen. Gem § 107 BGB benötigt ein Minderjähriger zu einer Kündigungserklärung die vorherige Einwilligung seines gesetzlichen Vertreters, da er durch die Kündigung nicht lediglich einen rechtlichen Vorteil erlangt. Eine Kündigung, die der Minderjährige ohne Einwilligung des gesetzlichen Vertreters erklärt, ist nach § 111 Satz 1 BGB unwirksam und grundsätzlich nicht genehmigungsfähig. Die nachträgliche Genehmigung der Kündigung durch den gesetzlichen Vertreter soll in entsprechender Anwendung der für Verträge geltenden §§ 108, 109 BGB aber dann zulässig sein, wenn der Kündigungsgegner mit der Kündigung ohne Einwilligung einverstanden ist.[171]

§ 111 Satz 2 und 3 BGB enthält ein der Regelung des § 174 BGB vergleichbares **Zurückweisungsrecht**. Kündigt der Minderjährige mit Einwilligung des gesetzlichen Vertreters, ist die Kündigung gem § 111 Satz 2 BGB unwirksam, wenn der Minderjährige keine schriftliche Einwilligung vorlegt

---

167 Vgl BAG 18.12.1980 – 2 AZR 980/78 – AP BGB § 174 Nr 4 zu II 1; zur Anwendbarkeit des § 174 BGB in diesen Fällen vgl Rn 75.
168 Vgl BAG 6.8.1970 – 2 AZR 427/69 – AP BGB Nr 7 zu § 125.
169 Vgl BAG 26.3.1986 – 7 AZR 585/84 – AP BGB Nr 2 zu § 180 II; 4.2.1987 – 7 AZR 583/85 – AP BGB § 626 Ausschlussfrist Nr 24 zu II 2.
170 Vgl BAG 14.11.1984 – 7 AZR 133/83 – AP BGB § 626 Nr 89 zu II 1: zur Einzelvertretungsmacht des Landrats in Baden-Württemberg bei fehlender Mitwirkung des Kreistags.
171 Vgl Hk-BGB/Dörner § 111 Rn 3 mwN.

Mestwerdt

und der Kündigungsempfänger die Kündigung aus diesem Grund unverzüglich zurückweist. Die Zurückweisung ist ausgeschlossen, wenn der gesetzliche Vertreter den Kündigungsempfänger zuvor von der Einwilligung in Kenntnis gesetzt hatte (§ 111 Satz 3 BGB).

88 Die **Ermächtigung des Minderjährigen** zum selbstständigen Betrieb eines Erwerbsgeschäfts nach § 112 BGB umfasst auch die Abgabe von Kündigungserklärungen gegenüber den im Betrieb beschäftigten Arbeitnehmern. Ist der Minderjährige nach § 113 Abs 1 BGB zur Begründung eines Arbeitsverhältnisses ermächtigt, muss er das Arbeitsverhältnis auch selbst kündigen. Der gesetzliche Vertreter kann die Kündigung grundsätzlich nicht aussprechen, solange die Ermächtigung wirkt. Die Ermächtigung kann vom gesetzlichen Vertreter gem § 113 Satz 2 BGB aber jederzeit wieder zurückgenommen oder eingeschränkt werden. Eine Kündigung durch den gesetzlichen Vertreter kann demzufolge die Einschränkung der Ermächtigung bedeuten. **Berufsausbildungsverhältnisse** fallen nicht unter § 113 BGB,[172] da bei ihnen der Ausbildungszweck überwiegt.

89 Die Kündigung gegenüber einem Minderjährigen wird nach § 131 Abs 2 Satz 1 iVm Abs 1 BGB erst wirksam, wenn sie dem gesetzlichen Vertreter zugeht.[173] Bei einer Kündigung gem § 15 Abs 2, Abs 3 BBiG müssen dem gesetzlichen Vertreter auch die schriftlichen Kündigungsgründe zugehen.[174] War die Kündigung an den Minderjährigen gerichtet, ist es erforderlich, dass der gesetzliche Vertreter Kenntnis von der Kündigung erlangt.[175] Da ein Fall der **Gesamtvertretung** vorliegt, reicht der Zugang bei einem Elternteil aus.

8. Rücknahme der Kündigung

90 Nach § 130 Abs 1 Satz 1 BGB wird eine Willenserklärung, die gegenüber einem Abwesenden abzugeben ist, in dem Zeitpunkt wirksam, in welchen sie ihm zugeht.[176] Eine Ausnahme hiervon regelt § 130 Abs 1 Satz 2 BGB: Der Kündigende kann das Wirksamwerden der Kündigungserklärung durch einen **rechtzeitigen Widerruf** verhindern. Rechtzeitig ist der Widerruf, wenn er dem Empfänger vor oder gleichzeitig mit der Kündigungserklärung zugeht. Der Widerruf bedarf nicht der bei Ausspruch der Kündigung einzuhaltenden Schriftform. Bei einer Kündigung gegenüber einem anwesenden Kündigungsempfänger scheidet ein Widerruf aus, da Abgabe und Zugang der Kündigungserklärung zusammenfallen.

91 Daraus folgt, dass der Kündigende – abgesehen vom Fall des rechtzeitigen Widerrufs (bei zutreffender Betrachtung handelt es sich bei der Widerrufserklärung allerdings um keine „Rücknahme", da die Gestaltungswirkung der Kündigung überhaupt nicht hat eintreten können) – die Kündigungserklärung **nicht einseitig „zurücknehmen"** kann. In der „Rücknahme" der

---

172 ErfK/Preis § 113 BGB Rn. 2; LAG Schleswig-Holstein 22.12.1982 – 2 Sa 270/82 – EzB BGB § 113 Nr 2; offengelassen von BAG 8.12.2011 – 6 AZR 354/10; 25.11.1976 – 2 AZR 751/75 – AP BBiG § 15 Nr 4 zu III 3 a.
173 BAG 8.12.2011 – 6 AZR 354/10.
174 Vgl BAG 25.11.1976 – 2 AZR 751/75 – AP BBiG § 15 Nr 4 zu A III 3 a, b.
175 Vgl LAG Hamm 20.10.1974 – 3 Sa 881/74 – DB 1975, 407.
176 Zum Zugangszeitpunkt vgl Rn 35 f.

Kündigung ist regelmäßig das **Vertragsangebot** an den Kündigungsempfänger zu sehen, das Arbeitsverhältnis durch die Kündigung nicht als beendet anzusehen und das Arbeitsverhältnis unverändert fortzusetzen. Die Erhebung der Kündigungsschutzklage beinhaltet keine antizipierte Zustimmung des Arbeitnehmers zu diesem vertraglichen Fortsetzungsangebot des Arbeitgebers.[177] Nimmt er das Fortsetzungsangebot nicht an, bleiben das Feststellungsinteresse und das Recht, einen Auflösungsantrag nach § 9 KSchG stellen, unberührt.[178]

II. Arten der Kündigung

1. Gesetzlich geregelte Kündigungsarten

a) **Ordentliche Kündigung.** Der „Regelfall" der Kündigung ist die ordentliche Kündigung. Sie beendet das Arbeitsverhältnisses unter Einhaltung der im Einzelfall maßgeblichen gesetzlichen, tarif- oder einzelvertraglichen **Kündigungsfrist**[179] **zu einem bestimmten Kündigungstermin.** Bei befristeten Arbeitsverhältnissen ist die ordentliche Kündigung unzulässig, falls die ordentliche Kündigungsmöglichkeit nicht gesondert vereinbart wird. Nach § 620 Abs 2 iVm § 622 BGB können im Grundsatz sowohl Arbeitnehmer als auch Arbeitgeber das Arbeitsverhältnis ohne Kündigungsgrund ordentlich kündigen. Praktisch ist das aber nur noch für Kündigungen durch den Arbeitnehmer die Regel. Der Arbeitgeber kann nur ausnahmsweise, wenn das KSchG keine Anwendung findet (Wartezeit nach § 1 Abs 1 KSchG; Kleinbetrieb nach § 23 Abs 1 KSchG), eine ordentliche Kündigung ohne Grund aussprechen. Im Geltungsbereich des KSchG bedarf die ordentliche Kündigung des Arbeitgebers der sozialen Rechtfertigung. Darüber hinaus ist das Kündigungsrecht des Arbeitgebers zugunsten besonders schutzwürdiger Arbeitnehmergruppen gesetzlich eingeschränkt (zB § 9 MuSchG, § 18 BEEG, § 85 SGB IX, § 15 KSchG). 92

Das Recht des Arbeitgebers zur ordentlichen Kündigung kann grundsätzlich tarif- oder einzelvertraglich ausgeschlossen werden.[180] Ein völliger Ausschluss der ordentlichen Kündigung durch den Arbeitnehmer ist demgegenüber nicht möglich. § 624 BGB gibt dem Arbeitnehmer das Recht, das Arbeitsverhältnis nach Ablauf von fünf Jahren mit einer Kündigungsfrist von sechs Monaten ordentlich zu kündigen. 93

b) **Außerordentliche Kündigung.** Das Arbeitsverhältnis kann nach § 626 Abs 1 BGB sowohl vom Arbeitnehmer als auch vom Arbeitgeber aus **wichtigem Grund** ohne Einhaltung einer Kündigungsfrist gekündigt werden.[181] Möglich ist die außerordentliche Kündigung als **fristlose** oder auch als fristgebundene unter Einräumung einer **sozialen Auslauffrist.** Der Kündigende muss in jedem Fall klarstellen, ob eine außerordentliche oder eine 94

---

177 Vgl BAG 19.8.1982 – 2 AZR 230/80 – AP KSchG 1969 § 9 Nr 9 zu II 2.
178 Vgl iE § 4 KSchG Rn 79 ff.
179 Einzelheiten zur einzuhaltenden Kündigungsfrist vgl die Kommentierung zu § 622 BGB.
180 Zu den durch das Verbot der Altersdiskriminierung gezogenen Grenzen vgl BAG 20.6.2013 – 2 AZR 295/12.
181 Einzelheiten zur außerordentlichen Kündigung vgl die Kommentierung zu § 626 BGB.

ordentliche Kündigung gewollt ist.[182] Das Recht zur außerordentlichen Kündigung ist im Gegensatz zum ordentlichen Kündigungsrecht **unabdingbar**.[183] Voraussetzung der außerordentlichen Kündigung ist, dass dem Kündigenden die Fortsetzung des Arbeitsverhältnisses bis zum Ablauf der Kündigungsfrist oder bis zur vereinbarten Beendigung nicht zugemutet werden kann. Die außerordentliche Kündigung stellt, wie sich schon aus ihrer Bezeichnung ergibt, gegenüber der ordentlichen Kündigung den **Ausnahmefall** dar. Ist das Arbeitsverhältnis ordentlich mit kurzer Kündigungsfrist kündbar, wird die Fortsetzung bis zum Ablauf der Kündigungsfrist eher zumutbar sein. Bei tarif- oder einzelvertraglichem **Ausschluss der ordentlichen Arbeitgeberkündigung** kann sich die **längere Vertragsbindung** (idR bis zur Regelaltersgrenze der gesetzlichen Rentenversicherung) für den Arbeitnehmer **nachteilig auswirken**. In diesen Fällen ist der Arbeitgeber verpflichtet, eine der fiktiven ordentlichen Kündigungsfrist entsprechende Auslauffrist einzuräumen.[184] Das Recht zur außerordentlichen Kündigung muss gem § 626 Abs 2 BGB innerhalb einer **Ausschlussfrist** von zwei Wochen ab Kenntnis des Kündigungsgrundes ausgeübt werden. Bei Dauertatbeständen[185] hat die Kündigungserklärungsfrist praktisch keine Bedeutung, da der Kündigungsgrund jeden Tag neu entsteht.

95 c) **Änderungskündigung.** Gesetzlich geregelt ist ausschließlich die ordentliche Änderungskündigung durch den Arbeitgeber (vgl § 2 Satz 1 KSchG).[186] Eine Änderungskündigung kann aber auch durch den Arbeitnehmer ausgesprochen werden. Zulässig ist ferner eine außerordentliche Änderungskündigung aus wichtigem Grund.[187]

96 Nach der **Legaldefinition** in § 2 Satz 1 KSchG liegt eine Änderungskündigung vor, wenn der Arbeitgeber das Arbeitsverhältnis kündigt und im Zusammenhang mit der Kündigung dessen Fortsetzung zu geänderten Arbeitsbedingungen anbietet. Die Änderungskündigung ist daher ein aus **zwei Willenserklärungen** zusammengesetztes Rechtsgeschäft. Zur Kündigungserklärung muss als zweites Element ein bestimmtes bzw bestimmbares, somit den Voraussetzungen des § 145 BGB entsprechendes Angebot zur Fortsetzung des Arbeitsverhältnisses zu geänderten Bedingungen hinzukommen. Der erforderliche Zusammenhang zwischen Kündigung und Änderungsangebot besteht nur dann, wenn das Änderungsangebot spätestens mit der Zugang der Kündigungserklärung abgegeben wird. Ein nach diesem Zeitpunkt unterbreitetes Änderungsangebot ist nicht zu berücksichtigen.[188] Die Beendigungskündigung kann auch unter der Bedingung ausgesprochen werden, dass das Arbeitsverhältnis für den Fall der Ablehnung des Änderungsangebots endet. Da der Bedingungseintritt allein vom Willen

---

182 Vgl Rn 17.
183 Vgl zB KR/Fischermeier § 626 BGB Rn 57 mwN.
184 Vgl § 1 KSchG Rn 460, 721.
185 Vgl § 1 KSchG Rn 458, 717.
186 Einzelheiten zur Änderungskündigung vgl die Kommentierung zu § 2 KSchG.
187 Vgl KR/Fischermeier § 626 BGB Rn 198 mwN.
188 Vgl BAG 17.5.2001 – 2 AZR 460/00 – EzA § 620 BGB Kündigungserklärung Nr 3.

des Kündigungsempfängers abhängt, handelt es sich um eine zulässige Potestativbedingung.[189]

2. Bedingte und vorsorgliche Kündigung

Mit Ausnahme der **Potestativbedingung** ist der Ausspruch einer bedingten Kündigung unzulässig.[190] Von der bedingten Kündigung zu unterscheiden ist die sog **vorsorgliche** Kündigung. Bei dieser handelt es sich um eine **unbedingte Kündigung**, die ohne weiteres zulässig ist.[191]

Die vorsorgliche Kündigung ist in zwei Konstellationen denkbar. Zum einen kann der Kündigende die Kündigung unter dem Vorbehalt aussprechen, die Kündigung später wieder „zurückzunehmen", zB bei einer besseren Auftragslage. Der Vorbehalt ist unverbindlich. Um das Wirksamwerden der Kündigung gem § 7 KSchG zu vermeiden, muss der Arbeitnehmer daher innerhalb der Frist des § 4 KSchG Kündigungsschutzklage erheben. Nimmt der Arbeitgeber die Kündigung wieder „zurück", handelt es sich um ein Vertragsangebot auf Fortsetzung des Arbeitsverhältnisses.[192] In der Praxis weit häufiger ist die vorsorgliche Kündigung, die für den Fall ausgesprochen wird, dass eine zuvor oder gleichzeitig erklärte Kündigung unwirksam ist. Als Beispiel sei die Erklärung einer außerordentlichen Kündigung und zugleich einer (vorsorglichen, hilfsweisen) ordentlichen Kündigung (für den Fall der Unwirksamkeit der außerordentlichen Kündigung) genannt. Vielfach werden im Kündigungsschutzprozess weitere Kündigungen aufgrund neuer Sachverhalte erklärt, die erst nach Zugang der ersten Kündigung entstanden sind und deshalb nicht zur Begründung der bereits ausgesprochenen Kündigung nachgeschoben werden können. Die Klagefrist des § 4 KSchG ist auch gegenüber einer weiteren, vorsorglich erklärten Kündigung einzuhalten.[193]

3. Teilkündigung, Widerrufsvorbehalt und Kündigung teilbarer Rechtsverhältnisse

Die Teilkündigung bezweckt die einseitige Änderung einzelner Arbeitsbedingungen, lässt das Arbeitsverhältnis in seinem Bestand aber unberührt. Die Teilkündigung ist nicht mit der Änderungskündigung[194] zu verwechseln, mit der eine das ganze Arbeitsverhältnis erfassende Beendigungskündigung verbunden ist. Nach herrschender Auffassung ist eine Teilkündigung grundsätzlich **unzulässig**, da sie mit dem Prinzip der Privatautonomie unvereinbar ist.[195]

Ein vereinbarter **Widerrufsvorbehalt** ist demgegenüber grundsätzlich zulässig. Er begründet das Recht zur einseitigen Änderung einzelner Vertragsbe-

---

189 Vgl Rn 20.
190 Vgl hierzu Rn 19 ff.
191 Vgl BAG 12.10.1954 – 2 AZR 36/53 – AP KSchG § 3 Nr 5.
192 Vgl Rn 90 f.
193 Vgl § 4 KSchG Rn 64 und § 6 KSchG Rn 14 ff.
194 Vgl Rn 95 f.
195 Vgl BAG 7.10.1982 – 2 AZR 455/80 – AP BGB § 620 Teilkündigung Nr 5 zu III 1 a; 25.2.1988 – 2 AZR 346/87 – AP BGB § 611 Arzt-Krankenhaus-Vertrag Nr 18 zu A III 3 c aa; 23.8.1989 – 5 AZR 569/88 – AP BGB § 565 e Nr 3; vgl auch § 2 KSchG Rn 25.

stimmungen. Die Bezeichnung im Vertrag ist unerheblich. Auch das vereinbarte Recht zur Teilkündigung wird als Widerrufsvorbehalt angesehen.[196] Ein Widerrufsvorbehalt ist nach § 134 BGB nichtig, wenn dieser zur **Umgehung zwingenden Kündigungsschutzes** führt. Das ist anzunehmen, wenn wesentliche Elemente des Arbeitsvertrags einer einseitigen Änderung unterliegen sollen und dadurch das Gleichgewicht zwischen Leistung und Gegenleistung grundlegend gestört würde.[197] In diesen Fällen kann eine Änderung der Arbeitsbedingungen nur über eine Änderungskündigung durchgesetzt werden. Ist ein Widerrufsrecht in Allgemeinen Geschäftsbedingungen geregelt, so unterliegt dies der Inhaltskontrolle nach § 305 ff BGB.[198] Die Ausübung eines vereinbarten Widerrufs unterliegt ferner der Billigkeitskontrolle gem § 315 BGB.[199]

101 Von der Teilkündigung im vorgenannten Sinn ist die **Kündigung teilbarer Rechtsverhältnisse** zu unterscheiden. Haben die Parteien **unabhängig vom Arbeitsverhältnis** weitere Rechtsverhältnisse begründet, so ist jedes Rechtsverhältnis für sich kündbar. Diese Fälle sind im Arbeitsrecht zahlenmäßig nicht von Bedeutung. IdR wird zwischen dem Arbeitsvertrag und dem weiteren Rechtsverhältnis ein **innerer Zusammenhang** bestehen. In diesen Fällen können die verbundenen Rechtsverhältnisse grundsätzlich nicht isoliert gekündigt werden, es sei denn, die Parteien haben die selbstständige Kündbarkeit ausdrücklich geregelt.

---

196 Vgl BAG 7.10.1982 – 2 AZR 455/80 – AP BGB § 620 Teilkündigung Nr 5 zu III 1 b.
197 Vgl BAG 7.10.1982 – 2 AZR 455/80 – AP BGB § 620 Teilkündigung Nr 5 zu III 1 b.
198 Vgl zu den Grundsätzen der Inhaltskontrolle von Widerrufsvorbehalten BAG 11.10.2006 – 5 AZR 721/05, 12.1.2005 – 5 AZR 535/04.
199 BAG 21.3.2012 – 5 AZR 651/10.

Kündigungsschutzgesetz (KSchG)

In der Fassung der Bekanntmachung vom 25. August 1969
(BGBl. I S. 1317)
(FNA 800-2)
zuletzt geändert durch Gesetz zur Umsetzung des Seearbeitsübereinkommens 2006 der Internationalen Arbeitsorganisation vom 20. April 2013 (BGBl. I S. 868, 914)

Erster Abschnitt Allgemeiner Kündigungsschutz
§ 1 Sozial ungerechtfertigte Kündigungen

(1) Die Kündigung des Arbeitsverhältnisses gegenüber einem Arbeitnehmer, dessen Arbeitsverhältnis in demselben Betrieb oder Unternehmen ohne Unterbrechung länger als sechs Monate bestanden hat, ist rechtsunwirksam, wenn sie sozial ungerechtfertigt ist.

(2) ¹Sozial ungerechtfertigt ist die Kündigung, wenn sie nicht durch Gründe, die in der Person oder in dem Verhalten des Arbeitnehmers liegen, oder durch dringende betriebliche Erfordernisse, die einer Weiterbeschäftigung des Arbeitnehmers in diesem Betrieb entgegenstehen, bedingt ist. ²Die Kündigung ist auch sozial ungerechtfertigt, wenn

1. in Betrieben des privaten Rechts
    a) die Kündigung gegen eine Richtlinie nach § 95 des Betriebsverfassungsgesetzes verstößt,
    b) der Arbeitnehmer an einem anderen Arbeitsplatz in demselben Betrieb oder in einem anderen Betrieb des Unternehmens weiterbeschäftigt werden kann

    und der Betriebsrat oder eine andere nach dem Betriebsverfassungsgesetz insoweit zuständige Vertretung der Arbeitnehmer aus einem dieser Gründe der Kündigung innerhalb der Frist des § 102 Abs. 2 Satz 1 des Betriebsverfassungsgesetzes schriftlich widersprochen hat,
2. in Betrieben und Verwaltungen des öffentlichen Rechts
    a) die Kündigung gegen eine Richtlinie über die personelle Auswahl bei Kündigungen verstößt,
    b) der Arbeitnehmer an einem anderen Arbeitsplatz in derselben Dienststelle oder in einer anderen Dienststelle desselben Verwaltungszweiges an demselben Dienstort einschließlich seines Einzugsgebietes weiterbeschäftigt werden kann

    und die zuständige Personalvertretung aus einem dieser Gründe fristgerecht gegen die Kündigung Einwendungen erhoben hat, es sei denn, daß die Stufenvertretung in der Verhandlung mit der übergeordneten Dienststelle die Einwendungen nicht aufrechterhalten hat.

³Satz 2 gilt entsprechend, wenn die Weiterbeschäftigung des Arbeitnehmers nach zumutbaren Umschulungs- oder Fortbildungsmaßnahmen oder eine Weiterbeschäftigung des Arbeitnehmers unter geänderten Arbeitsbedingun-

gen möglich ist und der Arbeitnehmer sein Einverständnis hiermit erklärt hat. ⁴Der Arbeitgeber hat die Tatsachen zu beweisen, die die Kündigung bedingen.

(3) ¹Ist einem Arbeitnehmer aus dringenden betrieblichen Erfordernissen im Sinne des Absatzes 2 gekündigt worden, so ist die Kündigung trotzdem sozial ungerechtfertigt, wenn der Arbeitgeber bei der Auswahl des Arbeitnehmers die Dauer der Betriebszugehörigkeit, das Lebensalter, die Unterhaltspflichten und die Schwerbehinderung des Arbeitnehmers nicht oder nicht ausreichend berücksichtigt hat; auf Verlangen des Arbeitnehmers hat der Arbeitgeber dem Arbeitnehmer die Gründe anzugeben, die zu der getroffenen sozialen Auswahl geführt haben. ²In die soziale Auswahl nach Satz 1 sind Arbeitnehmer nicht einzubeziehen, deren Weiterbeschäftigung, insbesondere wegen ihrer Kenntnisse, Fähigkeiten und Leistungen oder zur Sicherung einer ausgewogenen Personalstruktur des Betriebes, im berechtigten betrieblichen Interesse liegt. ³Der Arbeitnehmer hat die Tatsachen zu beweisen, die die Kündigung als sozial ungerechtfertigt im Sinne des Satzes 1 erscheinen lassen.

(4) Ist in einem Tarifvertrag, in einer Betriebsvereinbarung nach § 95 des Betriebsverfassungsgesetzes oder in einer entsprechenden Richtlinie nach den Personalvertretungsgesetzen festgelegt, wie die sozialen Gesichtspunkte nach Absatz 3 Satz 1 im Verhältnis zueinander zu bewerten sind, so kann die Bewertung nur auf grobe Fehlerhaftigkeit überprüft werden.

(5) ¹Sind bei einer Kündigung auf Grund einer Betriebsänderung nach § 111 des Betriebsverfassungsgesetzes die Arbeitnehmer, denen gekündigt werden soll, in einem Interessenausgleich zwischen Arbeitgeber und Betriebsrat namentlich bezeichnet, so wird vermutet, dass die Kündigung durch dringende betriebliche Erfordernisse im Sinne des Absatzes 2 bedingt ist. ²Die soziale Auswahl der Arbeitnehmer kann nur auf grobe Fehlerhaftigkeit überprüft werden. ³Die Sätze 1 und 2 gelten nicht, soweit sich die Sachlage nach Zustandekommen des Interessenausgleichs wesentlich geändert hat. ⁴Der Interessenausgleich nach Satz 1 ersetzt die Stellungnahme des Betriebsrates nach § 17 Abs. 3 Satz 2.

A. Grundlagen 1	den Kündigungsschutz ordentlich kündbarer
I. Allgemeiner Kündigungsschutz und Verfassungsrecht.. 1	Arbeitnehmer 8
II. Zielsetzung und gesetzliche Gestaltung des allgemeinen Kündigungsschutzes........... 3	IV. Verzicht – Aufhebungsvertrag – Ausgleichsquittung 12
III. Vereinbarungen über den allgemeinen Kündigungsschutz.. 6	B. Voraussetzungen des Kündigungsschutzgesetzes 23
1. Grundsatz: einseitig zwingender Charakter; Unzulässigkeit von Vereinbarungen zum Nachteil des Arbeitnehmers 6	I. Persönlicher Geltungsbereich: Arbeitnehmereigenschaft...... 23
	1. Begriff 24
2. Sonderfall: vereinbarter Ausschluss der ordentlichen Kündigung zugunsten bestimmter Arbeitnehmer; Auswirkungen auf	2. Einzelne Personengruppen, besondere Rechtsverhältnisse 28
	II. Zeitlicher Geltungsbereich: über sechsmonatiger Bestand des Arbeitsverhältnisses 56
	1. Allgemeines 56

2. Zugehörigkeit zum Unternehmen 59
3. Berechnung der Wartefrist 69
4. Kündigung in der Wartezeit 90
III. Räumlicher Geltungsbereich, Arbeitsverhältnisse mit Auslandsberührung................ 96
IV. Gegenständlicher Geltungsbereich: Ordentliche Kündigung des Arbeitgebers............... 97
　1. Begriff...................... 97
　2. Abgrenzung gegenüber anderen Arten der Kündigung...................... 105
　3. Verhältnis des allgemeinen Kündigungsschutzes zu sonstigen Beendigungstatbeständen................. 120
　4. Kündigungsschutz im Kleinbetrieb............... 134
V. Darlegungs- und Beweislast... 164
　1. Arbeitnehmereigenschaft 164
　2. Wartezeit.................. 165
　3. Ordentliche Kündigung des Arbeitgebers.......... 168
C. Sozialwidrigkeit 170
　I. Allgemeines................... 170
　II. Kündigungsschutzprinzipien.. 172
　1. Der Kündigungsgrund an sich........................ 172
　2. Prognoseprinzip........... 173
　3. Grundsatz der Verhältnismäßigkeit................. 176
　4. Interessenabwägung 180
　III. Numerus clausus der Kündigungsgründe................. 181
　IV. Mehrere Kündigungsgründe und sog Mischtatbestände 182
　V. Beurteilungszeitpunkt......... 184
　VI. Gleichbehandlungsgrundsatz 185
　VII. Verzeihung und Verzicht...... 186
　VIII. Mitteilung der Kündigungsgründe....................... 189
　　1. Grundsatz................. 189
　　2. Vereinbarte Begründungspflicht 190
　　3. Nachschieben von Kündigungsgründen............. 191
D. Verhaltensbedingte Kündigung . 193
　I. Allgemeines................... 193
　　1. Zweck der verhaltensbedingten Kündigung... 194
　　2. Begriff; Abgrenzung zu anderen Kündigungsgründen....................... 198

　　3. Prüfungsaufbau bei der verhaltensbedingten Kündigung..................... 204
　II. Das Verhalten des Arbeitnehmers als Kündigungsgrund.... 207
　　1. Vertragswidriges Verhalten......................... 207
　　2. Rechtfertigungsgründe.... 222
　　3. Verschulden; Verbotsirrtum........................ 229
　III. Prognose künftiger Vertragsstörungen..................... 236
　　1. Wiederholungsgefahr und fortwirkende Störung; Prognosegrundlagen; Beurteilungszeitpunkt..... 236
　　2. Die Abmahnung als Prognosegrundlage 240
　IV. Vorrang des milderen Mittels (ultima ratio).................. 314
　　1. Abmahnung als milderes Mittel..................... 315
　　2. Weiterbeschäftigungsmöglichkeit 316
　　3. Betriebsbuße als milderes Mittel? 322
　V. Interessenabwägung........... 323
　VI. Darlegungs- und Beweislast... 326
　VII. Außerordentliche verhaltensbedingte Kündigung........... 339
　　1. Das Verhalten als wichtiger Grund iSv § 626 Abs 1 BGB; Abgrenzung zur ordentlichen verhaltensbedingten Kündigung 339
　　2. Besonderheiten bei ordentlich unkündbaren Arbeitnehmern: Prüfungsmaßstab und Auslauffrist 343
　VIII. Einzelfälle...................... 348
　　1. Abkehrwille............... 348
　　2. Abwerbemaßnahmen..... 351
　　3. Alkohol, Drogen, Medikamente.................... 354
　　4. Anzeigen/Zeugenaussagen gegen den Arbeitgeber; Einschalten der Presse („Whistleblowing")....... 363
　　5. Arbeitspflicht.............. 371
　　6. Arbeitsunfähigkeit 390
　　7. Ausländerfeindliches Verhalten..................... 401
　　8. Außerdienstliches Verhalten......................... 404
　　9. Beleidigung................ 421
　　10. Druckkündigung.......... 424
　　11. Eigentums-/Vermögensdelikte; Bagatelldelikte 425

12. Fragebogenlüge – vorvertragliches Verhalten....... 433
13. Haft 435
14. Meinungsäußerungsfreiheit/politische Betätigung im Betrieb 436
15. Mobbing und Benachteiligung...................... 440
16. Nebentätigkeit 442
17. Privattelefonate/private Internetnutzung........... 445
18. Religionsfreiheit........... 447
19. Sabotageversuch 448
20. Schmiergeldverbot 449
21. Sexuelle Belästigung am Arbeitsplatz, Stalking..... 450
22. Sicherheitsbestimmungen/ Arbeitsunfall 452
23. Streik 453
24. Tätlichkeiten – Bedrohung...................... 456
25. Verdachtskündigung – Tatkündigung............. 458
26. Verschwiegenheitspflicht/ Datenschutz................ 459
27. Wettbewerb/Konkurrenz 460
E. **Personenbedingte Kündigung** ... 465
  I. **Allgemeines, Begriff, Bilanz**... 465
  II. **Voraussetzungen** 469
    1. Prognose fehlender Eignung...................... 474
    2. Konkrete betriebliche oder wirtschaftliche Beeinträchtigung 476
    3. Vorrang des milderen Mittels, mangelnde Weiterbeschäftigungsmöglichkeit 477
    4. Interessenabwägung 483
  III. **Außerordentliche personenbedingte Kündigung** 485
    1. Personenbedingter Umstand und wichtiger Grund iSv § 626 Abs 1 BGB.......... 485
    2. Sonderfall: Personenbedingte außerordentliche Kündigung ordentlich Unkündbarer................. 486
  IV. **Einzelfälle** 495
    1. AIDS und HIV-Infektion 495
    2. Alkohol- und Drogenabhängigkeit 500
    3. Alter...................... 506
    4. Aufenthaltserlaubnis zur Ausübung einer Beschäftigung und Berufsausübungserlaubnis.......... 510

5. Arbeitsunfähigkeit und Erwerbsminderung........ 522
6. Arbeitsunfall und Berufskrankheit.................. 523
7. Betriebsgeheimnisse....... 527
8. Druckkündigung.......... 528
9. Eheschließung und Ehescheidung................. 530
10. Ehrenamt.................. 536
11. Eignung, Tendenzbetriebe 537
12. Familiäre Verpflichtungen 541
13. Gewissensentscheidung... 542
14. Haft (Straf- und Untersuchungshaft)................ 544
15. Krankheit 546
16. Kuraufenthalt 625
17. Sonntagsarbeit bei Doppelarbeitsverhältnis 626
18. Straftaten.................. 627
19. Verdachtskündigung...... 630
20. Verschuldung, Entgeltpfändungen 650
21. Wehrdienst................ 653
F. **Betriebsbedingte Kündigung** 659
  I. **Allgemeines**.................... 659
  II. **Die Unternehmerentscheidung**............................ 663
    1. Inhalt der unternehmerischen Entscheidung....... 663
    2. Durchführung der unternehmerischen Entscheidung: ursächlicher Wegfall der Beschäftigungsmöglichkeit................. 683
  III. **Vorrang des milderen Mittels (ultima ratio)** 687
    1. Dringlichkeit.............. 687
    2. Weiterbeschäftigungsmöglichkeit auf einem freien Arbeitsplatz 691
    3. Interessenabwägung 721
  IV. **§ 1 Abs 5 KSchG** 722
    1. Übersicht.................. 725
    2. Vermutung nach § 1 Abs 5 Satz 1 KSchG... 726
    3. § 1 Abs 5 Satz 3 KSchG... 743
  V. **Sonderfall: betriebsbedingte Kündigung ordentlich Unkündbarer** 744
    1. Allgemeines 744
    2. Übersicht.................. 751
    3. Voraussetzungen 753
    4. Rechtsfolge................ 758
  VI. **Einzelfälle** 759
    1. Abkehrwille 760
    2. Arbeitsmangel............. 761
    3. Auftrags- und Umsatzrückgang 764

4. Austauschkündigung...... 768
5. Betriebsänderung/ Betriebseinschränkung/ Änderung des Arbeitsablaufs........................ 774
6. Betriebsstilllegung und Wiedereinstellungsanspruch..................... 779
7. Betriebsübergang.......... 794
8. Druckkündigung.......... 796
9. Insolvenz................... 799
10. Öffentlicher Dienst........ 804
11. Rationalisierung.......... 808
12. Rentabilitätssteigerung.... 811
VII. Soziale Auswahl................ 812
 1. Änderungen der Sozialauswahl durch Gesetz zu Reformen am Arbeitsmarkt....................... 812
 2. Allgemeines............... 813
 3. Betriebsbezug............. 820
 4. Abgrenzung zu der anderweitigen Beschäftigungsmöglichkeit auf einem freien Arbeitsplatz........ 827
 5. Prüfungsschritte........... 828
 6. Auswahlrichtlinie nach § 1 Abs 4 KSchG.......... 899
 7. Sozialauswahl bei namentlicher Benennung in einem Interessenausgleich nach § 1 Abs 5 Satz 2 KSchG... 908

VIII. Verteilung der Darlegungs- und Beweislast im Rahmen betriebsbedingter Kündigungen............................. 914
 1. Dringendes betriebliches Erfordernis................ 915
 2. Sozialauswahl............. 921
 3. Sonderfall: § 1 Abs 5 KSchG.......... 925
G. Absolute Gründe für die Sozialwidrigkeit........................ 928
 I. Allgemeines.................... 928
 II. Der Widerspruch des Betriebsrats und seine Folgen.......... 931
  1. Widerspruch als Voraussetzung.................... 931
  2. Folgen des Widerspruchs 933
 III. Die Widerspruchsgründe...... 934
  1. Grundsatz................. 934
  2. Verstoß gegen eine Auswahlrichtlinie............. 935
  3. Weiterbeschäftigungsmöglichkeit.................... 936
 IV. Darlegungs- und Beweislast... 940

A. Grundlagen

I. Allgemeiner Kündigungsschutz und Verfassungsrecht.. 1
II. Zielsetzung und gesetzliche Gestaltung des allgemeinen Kündigungsschutzes........... 3
III. Vereinbarungen über den allgemeinen Kündigungsschutz.. 6
   1. Grundsatz: einseitig zwingender Charakter; Unzulässigkeit von Vereinbarungen zum Nachteil des Arbeitnehmers............ 6
   2. Sonderfall: vereinbarter Ausschluss der ordentlichen Kündigung zugunsten bestimmter Arbeitnehmer; Auswirkungen auf den Kündigungsschutz ordentlich kündbarer Arbeitnehmer............. 8
IV. Verzicht – Aufhebungsvertrag – Ausgleichsquittung.......... 12

I. Allgemeiner Kündigungsschutz und Verfassungsrecht

1 Dem Interesse des Arbeitnehmers am Bestand seines Arbeitsverhältnisses steht das Interesse des Arbeitgebers nach freier Auswahl der Arbeitnehmer und ungehinderter Anpassung der Beschäftigtenzahl an die jeweilige wirtschaftliche und betriebliche Situation gegenüber. Diesem Interessengegensatz trägt das Grundgesetz Rechnung, indem es Rahmenbedingungen für einen angemessenen Ausgleich setzt. Aus der durch das Grundgesetz gewährleisteten wirtschaftlichen Handlungsfreiheit des Einzelnen[1] folgt auch die grundsätzliche Kündigungsfreiheit für den Arbeitgeber. Die Grenzen der Kündigungsfreiheit werden neben dem Sozialstaatsprinzip[2] insbesondere durch die nicht nur ein Individualgrundrecht, sondern auch eine objektive Wertentscheidung der Verfassung darstellende Berufsausübungsfreiheit[3] bestimmt. Das Sozialstaatsprinzip verpflichtet den Staat, für einen Ausgleich der sozialen Gegensätze und damit für eine gerechte Sozialordnung zu sorgen, ohne aber zu einer beliebigen Sozialgestaltung zu ermächtigen.[4] Vielmehr hat der Gesetzgeber bei der Umsetzung des verfassungsrechtlichen Regelungs- und Gestaltungsauftrages die Reichweite der jeweiligen Grundrechtspositionen zu beachten. Die durch Art 12 Abs 1 GG vor staatlichen Maßnahmen geschützte freie Arbeitsplatzwahl bezieht sich neben der Entscheidung für eine konkrete Beschäftigung auch auf den Willen des Einzelnen, diese beizubehalten oder aufzugeben, gibt aber keinen Anspruch auf Bereitstellung eines Arbeitsplatzes eigener Wahl und keine Bestandsgarantie für den einmal gewählten Arbeitsplatz. Ebenso wenig verleiht Art 12 Abs 1 GG einen unmittelbaren Schutz gegen den Verlust eines Arbeitsplatzes aufgrund privater Dispositionen. Dem Gesetzgeber obliegt insoweit lediglich eine aus Art 12 Abs 1 GG folgende Schutzpflicht, der die geltenden Kündigungsvorschriften hinreichend Rechnung tragen.[5] Diese Schutzpflicht besteht letztlich darin, „durch einen Mindeststandard arbeitneh-

---

[1] Art 2 Abs 1, 14 Abs 1 Satz 1 GG.
[2] Art 20 Abs 1, 28 Abs 1 GG.
[3] Art 12 Abs 1 GG.
[4] BVerfG 17.5.1961 – 1 BvR 561/60, 579/60, 114/61 – AP GG Art 3 Nr 61.
[5] BVerfG 24.4.1991 – 1 BvR 1341/90 – AP GG Art 12 Nr 70.

merschutzrechtlicher Vorschriften das Freiheitsrecht der Arbeit vor Obsoleszenz und Funktionslosigkeit zu bewahren".[6]

Bestimmte Arbeitnehmer- bzw Bestandsschutzregeln sind durch den verfassungsrechtlich gezogenen Rahmen jedoch nicht vorgegeben. Ein Festhalten an der derzeitigen Konzeption des allgemeinen Kündigungsschutzes ist von Verfassungs wegen nicht geboten. Den Arbeitsvertragsparteien muss es allerdings möglich bleiben, ein unzumutbares Arbeitsverhältnis einseitig aufzulösen. Sachliche Einschränkungen und Erschwerungen des Kündigungsrechtes sowie verfahrensmäßige Modifikationen bis hin zur Ablösung der Kündigung durch eine Auflösungsklage – die eine Aufgabe des Prinzips der nachträglichen Rechtmäßigkeitskontrolle[7] darstellen würde –, sind verfassungsrechtlich unbedenklich.[8] Entsprechendes gilt für eine Ausweitung der Kündigungsfreiheit, soweit der Schutz vor willkürlichen und grundlosen Kündigungen gewährleistet bleibt.

II. Zielsetzung und gesetzliche Gestaltung des allgemeinen Kündigungsschutzes

Die zutreffend als **Grundsatznorm**[9] des allgemeinen Kündigungsschutzes bezeichnete Vorschrift des § 1 KSchG schränkt die Kündigungsfreiheit des Arbeitgebers durch das Postulat der sozialen Rechtfertigung ein. Nach § 1 Abs 1 KSchG ist eine sozial ungerechtfertigte ordentliche Kündigung des Arbeitgebers rechtsunwirksam.[10] Im Ergebnis ist damit die Kündigung nur als vom Arbeitgeber zu rechtfertigende Ausnahme möglich.

Das Kündigungsschutzgesetz stellt durch diese gesetzestechnische Konstruktion das Bestandsschutzinteresse des Arbeitnehmers – anders die Vorgängerregelungen des BRG[11] und des AOG[12] – in den Vordergrund. Es dient vornehmlich dem Schutz des Arbeitsplatzes und erstrebt als Regel das Fortbestehen des Arbeitsverhältnisses.[13] Die im Kündigungsschutzprozess unter den Voraussetzungen des § 9 KSchG bestehende Möglichkeit der Auflösung des Arbeitsverhältnisses durch Urteil stellt eine Ausnahme von dieser Regel dar.[14] Da an die Auflösungsgründe strenge Anforderungen zu stellen sind, wird der **Bestandsschutzcharakter** nicht infrage gestellt.[15] Nach seiner gesetzlichen Ausgestaltung und Zielsetzung ist das Kündigungsschutzgesetz ein „Bestandsschutzgesetz" und kein „Abfindungsgesetz".[16]

---

6 Papier RdA 1989, 137, 139.
7 Vgl Rn 5
8 Papier RdA 1989, 137, 140.
9 KR/Griebeling § 1 KSchG Rn 27.
10 Zum Begriff der Sozialwidrigkeit vgl iE Rn 170.
11 Betriebsrätegesetz RGBl 1920 I S 147.
12 Gesetz zur Ordnung der nationalen Arbeit RGBl 1934 I S 45.
13 BAG 5.11.1964 – AP KSchG § 7 Nr 20 = NJW 1965, 787.
14 Vgl § 9 Rn 4.
15 Ebenso wenig durch den am 1.1.2004 in Kraft getretenen § 1a KSchG, vgl dort Rn 1.
16 BAG 5.11.1964 – 2 AZR 15/64 – AP KSchG § 7 Nr 20 = NJW 1965, 787; 7.5.1987 – 2 AZR 271/86 – AP KSchG 1969 § 9 Nr 19 II 2 a; BVerfG 22.10.2004 – 1 BvR 1944/01 – AP KSchG 1969 § 9 Nr 49 II 3 a. aa.

4 Gemessen an dieser Zielsetzung muss das Kündigungsschutzgesetz in der Praxis allerdings als nicht effektiv bezeichnet werden. Die überwiegende Anzahl der Kündigungsschutzprozesse endet durch Abfindungsvergleiche, nur ein geringfügiger Anteil der Arbeitnehmer wird nach Abschluss des gerichtlichen Verfahrens auf unbestimmte Zeit weiterbeschäftigt. Nach einer den Zeitraum von Oktober 1978 bis September 1980 umfassenden Untersuchung zur Kündigungspraxis und zum Kündigungsschutz in der Bundesrepublik Deutschland[17] erreichen auf streitigem gerichtlichem Weg nur 1,7 % aller Kläger die Rückkehr an den Arbeitsplatz, bei Einbeziehung gütlicher Einigungen insgesamt nur 9 %. Wenngleich aktuelles Zahlenmaterial fehlt, dürften sich seither keine grundlegenden Änderungen ergeben haben.

5 Diese mit dem Bestandsschutzprinzip kaum in Einklang zu bringende Realität des Kündigungsschutzprozesses ist dadurch bedingt, dass der Rechtsschutz gegen eine sozial ungerechtfertigte Kündigung im Wege einer **nachträglichen Rechtswirksamkeitskontrolle** durch die Arbeitsgerichte gewährt wird. Erforderlich ist die Erhebung einer fristgebundenen Kündigungsschutzklage.[18] Durch die im Urteil erfolgende Feststellung, dass das Arbeitsverhältnis durch die Kündigung nicht aufgelöst ist, wird die Rechtsunwirksamkeit der Kündigung nachträglich festgestellt. Da der Arbeitnehmer nach Ablauf der Kündigungsfrist idR nicht vorläufig weiterbeschäftigt wird, sondern zunächst aus dem Betrieb ausscheidet, führt das Prinzip der nachträglichen Rechtmäßigkeitskontrolle zu erheblichen Problemen, wenn der Arbeitnehmer im Kündigungsschutzprozess obsiegt und – nach längerer Zeit – wieder in den Betrieb integriert werden soll; in vielen Fällen hat der Arbeitnehmer inzwischen auch eine neue Arbeitsstelle angetreten. Diese Umstände fördern die Bereitschaft des Arbeitnehmers zum Abschluss eines Beendigungsvergleiches. Die Durchsetzung des kollektivrechtlichen Weiterbeschäftigungsanspruchs[19] oder des allgemeinen Weiterbeschäftigungsanspruchs[20] könnte dieser der Zielsetzung des allgemeinen Kündigungsschutzes zuwiderlaufenden Konsequenz der nachträglichen Rechtsschutzgewährung entgegenwirken; in der Praxis des Kündigungsschutzprozesses werden **Weiterbeschäftigungsansprüche** jedoch meist nicht oder nicht effektiv neben dem Kündigungsschutzantrag verfolgt.

▶ **Muster: Weiterbeschäftigungsantrag**
Die Beklagte wird verurteilt, den Kläger über den Ablauf der Kündigungsfrist hinaus bis zum rechtskräftigen Abschluss des vorliegenden Rechtsstreits zu den bisherigen Bedingungen als Sachbearbeiter in der Abteilung ... im Werk ... gemäß Lohngruppe ... des ... Tarifvertrages weiterzubeschäftigen.[21] ◀

Neben der dogmatischen Ausgestaltung des Kündigungsschutzes als nachträgliche Rechtswirksamkeitskontrolle trägt ferner die den Arbeitgeber bei

---

17 RdA 1981, 300 ff.
18 § 4 KSchG.
19 § 102 Abs 5 BetrVG; Einzelheiten vgl § 102 BetrVG Rn 195.
20 BAG GS 27.2.1985 – GS 1/84 – AP BGB § 611 Beschäftigungspflicht Nr 14.
21 Damit die Vollstreckung des Weiterbeschäftigungsantrages nach § 888 ZPO gesichert ist, sollte die Tätigkeit des Arbeitnehmers nach Funktion, Arbeitsort und sonstigen Bedingungen so konkret als möglich im Klagantrag genannt werden.

Unterliegen im Kündigungsschutzprozess in der Regel treffende Verpflichtung zur Zahlung von Annahmeverzugslohn aus § 615 BGB dazu bei, dass sich das Kündigungsschutzgesetz zu einem „Abfindungsgesetz" entwickelt hat.[22]

III. Vereinbarungen über den allgemeinen Kündigungsschutz

1. Grundsatz: einseitig zwingender Charakter; Unzulässigkeit von Vereinbarungen zum Nachteil des Arbeitnehmers

Der allgemeine Kündigungsschutz hat als Arbeitnehmerschutzrecht einseitig zwingenden Charakter. Für den Arbeitnehmer nachteilige Vereinbarungen über den Kündigungsschutz, dh solche, die den gesetzlichen Kündigungsschutz ausschließen oder einschränken sollen, sind unzulässig.[23] Unerheblich ist, ob der Ausschluss oder die Einschränkung des Kündigungsschutzes einzel- oder kollektivvertraglich (durch Tarifvertrag bzw Betriebsvereinbarung) erfolgt. Grundsätzlich sind aber nur solche für den Arbeitnehmer nachteiligen Vereinbarungen unwirksam, die im Voraus getroffen werden, dh für den Fall einer erst noch auszusprechenden Arbeitgeberkündigung.[24]

6

Beispiele für unzulässige vorherige Vereinbarungen: Vertraglicher Ausschluss des allgemeinen Kündigungsschutzes – Verlängerung der Wartezeit des § 1 Abs 1 KSchG von sechs Monaten – vertragliche Einführung einer Altersgrenze, ab welcher der Kündigungsschutz erst beginnen oder wieder aufgehoben sein soll – Vereinbarung sog absoluter Kündigungsgründe[25] – von § 1 Abs 3, Abs 4 KSchG abweichende Regelungen über die soziale Auswahl in Tarifverträgen oder Auswahlrichtlinien gem § 95 BetrVG[26] – Vereinbarung über die automatische Beendigung des Arbeitsverhältnisses für den Fall, dass der Arbeitnehmer nach seinem Urlaub die Arbeit nicht am vorgesehenen Tag wieder aufnimmt.[27]

7

Erweiterungen des allgemeinen Kündigungsschutzes sind hingegen, da für den betroffenen Arbeitnehmer günstiger als die gesetzliche Regelung, ohne weiteres zulässig.

Beispiele: Vereinbarter Ausschluss der Wartezeit nach § 1 Abs 1 KSchG – vereinbarter Ausschluss der ordentlichen Arbeitgeberkündigung.[28]

---

22 Boecken, Topf RdA 2004, 19 ff, 22; Bauer NZA 2002, 529; vgl in diesem Zusammenhang auch APS-Preis Grundlagen B Rn 27.
23 Allg Auffassung; zB KR/Griebeling § 1 KSchG Rn 31; vHH/LKrause § 1 Rn 22; ErfK/Oetker § 1 KSchG Rn 13ff.
24 Zur Zulässigkeit von Vereinbarungen über den Kündigungsschutz nach Ausspruch einer Kündigung vgl Rn 14.
25 Allg Auffassung; allerdings sind vereinbarte absolute Kündigungsgründe bei der Interessenabwägung zu berücksichtigen; KR/Griebeling § 1 KSchG Rn 31; vHH/L/Krause § 1 Rn 23.
26 BAG 11.3.1976 – 2 AZR 43/75 – AP BetrVG 1972 § 95 Nr 1; KR/Griebeling § 1 Rn 31.
27 BAG 19.12.1974 – 2 AZR 565/73 – AP BGB § 620 Bedingung Nr 3.
28 Vgl hierzu auch Rn 8.

2. Sonderfall: vereinbarter Ausschluss der ordentlichen Kündigung zugunsten bestimmter Arbeitnehmer; Auswirkungen auf den Kündigungsschutz ordentlich kündbarer Arbeitnehmer

8 Aufgrund tarif- oder einzelvertraglicher Vereinbarung ordentlich unkündbare Arbeitnehmer sind bei betriebsbedingten Entlassungen ordentlich kündbarer Arbeitnehmer nicht in den auswahlrelevanten Personenkreis einzubeziehen; infolge des vereinbarten Ausschlusses der ordentlichen Kündigung besteht keine Vergleichbarkeit mit den ordentlich kündbaren Arbeitnehmern.[29] Der Ausschluss der ordentlichen Kündbarkeit stellt eine zulässige Erweiterung des allgemeinen Kündigungsschutzes zugunsten der betroffenen Arbeitnehmer dar. Diese vereinbarten Kündigungsverbote bezwecken den Schutz dieser Arbeitnehmer vor ordentlichen Kündigungen.

9 Für diejenigen Arbeitnehmer, deren Arbeitsverhältnis ordentlich kündbar ist, kann sich diese Erweiterung des Kündigungsschutzes zugunsten anderer Arbeitnehmer nachteilig auswirken, da sich der Kreis der Arbeitnehmer, unter welchen die soziale Auswahl vorzunehmen ist, reduziert. Ein Verstoß gegen § 1 Abs 3 KSchG (bei tariflichen Unkündbarkeitsregelungen) bzw ein unzulässiger Vertrag zu Lasten Dritter (bei einzelvertraglich vereinbarter Unkündbarkeit) liegt gleichwohl nicht vor.[30] Vielmehr ist die Herausnahme tarif- oder einzelvertraglich ordentlich unkündbarer Arbeitnehmer aus dem auswahlrelevanten Personenkreis notwendige Folge der Erweiterung des Kündigungsschutzes zugunsten dieser Arbeitnehmer. Soweit sich derartige Vereinbarungen im Rahmen betriebsbedingter Kündigungen zum Nachteil anderer Arbeitnehmer auswirken können, ist dies nur ein bloßer Reflex der Unkündbarkeitsregelungen.[31]

10 Wie sich die Herausnahme eines ordentlich unkündbaren Arbeitnehmers aus dem auswahlrelevanten Personenkreis im Einzelfall auswirken kann, zeigt nachfolgendes

Beispiel:[32] Nach § 4.4 MTV Metallindustrie Nordwürttemberg/Nordbaden sind Arbeitnehmer nach Vollendung des 53. Lebensjahres und einer Betriebszugehörigkeit von mindestens drei Jahren nur noch aus wichtigem Grunde kündbar. Ein 53jähriger lediger Arbeitnehmer mit nur drei Jahren Betriebszugehörigkeit ist somit vor einer betriebsbedingten Kündigung tariflich geschützt und nicht in den auswahlrelevanten Personenkreis einzubeziehen, während das Arbeitsverhältnis eines 52jährigen Arbeitnehmers mit einer Betriebszugehörigkeitsdauer von 30 Jahren und Unterhaltsverpflichtungen gegenüber vier Kindern betriebsbedingt ordentlich gekündigt werden kann, wenn weitere ordentlich kündbare Arbeitnehmer mit geringerer sozialer Schutzwürdigkeit nicht vorhanden sind.

Dieses Ergebnis mag dem betroffenen 52-jährigen Arbeitnehmer zwar nicht nachvollziehbar erscheinen, ist aber dadurch bedingt, dass der Gesetzgeber der Sozialauswahl nach § 1 Abs 3 KSchG keinen absoluten Vor-

---

29 S hierzu näher Rn 849 ff.
30 So aber vHH/L/Krause § 1 KSchG Rn 950 ff; wie hier Stahlhacke/Preis Rn 1065; zu den Auswirkungen der Richtlinie 2000/78/EG und des AGG s Rn 850 u. KR/Griebeling § 1 KSchG Rn 665 d.
31 Stahlhacke/Preis Rn 1065.
32 Nach vHH/L/Krause § 1 Rn 950.

rang einräumt, wie insbesondere die gesetzlichen Kündigungsverbote[33] zeigen. Von gesetzlichen Kündigungsverboten geschützte Arbeitnehmer sind nach ganz hM nicht in den auswahlrelevanten Personenkreis einzubeziehen.[34]

11 Ein einzelvertraglich vereinbarter Ausschluss der ordentlichen Kündbarkeit wäre allerdings dann wegen Umgehung des § 1 Abs 3 KSchG unwirksam, wenn diese an sich zulässige Vertragsgestaltung ausschließlich dem Ziel dienen soll, den begünstigten Arbeitnehmer im Hinblick auf bevorstehende betriebsbedingte Entlassungen dem auswahlrelevanten Personenkreis zu entziehen.[35] Die Darlegungs- und Beweislast für das Vorliegen eines solchen Ausnahmetatbestandes trifft den hiervon benachteiligten Arbeitnehmer.

IV. Verzicht – Aufhebungsvertrag – Ausgleichsquittung

12 Ein vom Arbeitnehmer vor Ausspruch einer Arbeitgeberkündigung erklärter Verzicht auf den Kündigungsschutz ist nach ganz hM unwirksam. Dies folgt aus dem einseitig zwingenden Charakter des Kündigungsschutzgesetzes.[36] Daher ist ein vom Arbeitnehmer geäußerter **Wunsch, der Arbeitgeber solle ihm kündigen**, unbeachtlich. Es stellt grundsätzlich keine unzulässige Rechtsausübung dar, wenn der Arbeitnehmer gegen eine auf seinen Wunsch hin vom Arbeitgeber ausgesprochene Kündigung Kündigungsschutzklage erhebt und sich auf den allgemeinen Kündigungsschutz beruft.[37] Ein Verstoß gegen den Grundsatz von Treu und Glauben dürfte allerdings dann vorliegen, wenn der Arbeitnehmer die Kündigung zuvor vom Arbeitgeber beharrlich verlangt hat. Entscheidend sind die Umstände des Einzelfalles.

13 Die **einvernehmliche Beendigung** des Arbeitsverhältnisses ist kein Fall des unwirksamen Vorausverzichts auf den Kündigungsschutz. Der Abschluss eines Aufhebungsvertrages ist nach dem Grundsatz der Vertragsfreiheit grundsätzlich jederzeit zulässig. Hat der Arbeitgeber aber mit dem Ausspruch einer außerordentlichen oder ordentlichen Kündigung gedroht, um den Arbeitnehmer zur Annahme des Angebots auf Abschluss eines Aufhebungsvertrages zu bestimmen, kann eine Anfechtung wegen Drohung nach § 123 Abs 1 BGB in Betracht kommen. Prüfungsmaßstab ist nach der Rechtsprechung des BAG, ob ein „verständiger Arbeitgeber" in der konkreten Situation eine Kündigung hätte in Erwägung ziehen dürfen, nicht erforderlich ist aber, dass die angekündigte Kündigung, wenn sie ausge-

---

33 ZB § 9 MuSchG, § 15 KSchG, § 18 BErzGG, §§ 85 ff SGB IX.
34 Vgl 847.
35 KR/Griebeling § 1 KSchG Rn 666; Stahlhacke/Preis Rn 1066; Ascheid RdA 1997, 333, 335; APS/Kiel § 1 KSchG Rn 708; vgl auch BAG 2.6.2005 – 2 AZR 480/04 – AP KSchG 1969 § 1 Soziale Auswahl Nr 75 B I 4 b. aa.
36 Statt aller vHH/L/Krause § 1 Rn 25 mwN; dies gilt auch für den vorherigen Verzicht auf die Geltendmachung eines besonderen Kündigungsschutzes.
37 LAG Frankfurt 24.4.1987 – 13 Sa 1194/86 – LAGE § 4 KSchG Verzicht Nr 1, KR/Friedrich § 4 KSchG Rn 296 a; vgl auch KR/Griebeling § 1 KSchG Rn 36 b; aA LAG Köln 24.10.1990 – 7 Sa 638/90 – LAGE § 242 BGB Prozessverwirkung Nr 4.

sprochen worden wäre, sich in einem Kündigungsschutzprozess als rechtsbeständig erwiesen hätte.[38]

14 Nach Ausspruch einer **arbeitgeberseitigen Kündigung** kann der Arbeitnehmer auf die Geltendmachung des gesetzlichen Kündigungsschutzes **wirksam verzichten**; nach zutreffender Auffassung des BAG[39] ist der Arbeitnehmer insbesondere nicht gehalten, vor seiner Verzichtserklärung den Ablauf der dreiwöchigen Frist des § 4 KSchG abzuwarten. Der Arbeitnehmer wäre ansonsten ohne einen vom Gesetz angeordneten oder sonst als zwingend zu erkennenden Grund in seiner Entscheidungsfreiheit eingeschränkt.[40] Es verstößt allerdings gegen den betriebsverfassungsrechtlichen Gleichbehandlungsgrundsatz des § 75 Abs 1 Satz 1 BetrVG, wenn die Betriebsparteien Sozialplanleistungen von Verzicht des Arbeitnehmers auf die Erhebung einer Kündigungsschutzklage abhängig machen. Daran hat sich durch § 1 a KSchG nichts geändert.[41] Die Betriebsparteien sind aber nicht gehindert, bei einer Betriebsänderung im Interesse des Arbeitgebers an alsbaldiger Planungssicherheit zusätzlich zu einem Sozialplan in einer freiwilligen Betriebsvereinbarung Leistungen für den Fall vorzusehen, dass der Arbeitnehmer von der Möglichkeit zur Erhebung einer Kündigungsschutzklage keinen Gebrauch macht (sog Turboprämie).[42]

15 Die Erklärung, auf den Kündigungsschutz zu verzichten, kann je nach Lage des Falles einen Aufhebungsvertrag, einen Vergleich, einen Klageverzichtsvertrag („pactum de non petendo") oder ein vertragliches Klagerücknahmeversprechen darstellen. Der Verzicht muss jedoch in jedem Falle als vertragliche Erklärung aus Gründen der Rechtsklarheit unmissverständlich zum Ausdruck kommen; nur dann sei sichergestellt, dass der Arbeitnehmer Bedeutung und Tragweite seiner Erklärung erkenne.[43]

16 Zulässig und in der kündigungsschutzrechtlichen Praxis von besonderer Bedeutung ist der Verzicht auf den Kündigungsschutz im Rahmen einer **Ausgleichsquittung**. Ausgleichsquittungen sind vom Arbeitgeber **vorformulierte Erklärungen**, die dem Arbeitnehmer bei Aushändigung der Arbeitspapiere oder Auszahlung noch offener Lohnansprüche zur Unterschrift vorgelegt werden und häufig über die eigentliche Empfangsbestätigung hinaus weitergehende Erklärungen beinhalten. Für die Frage, ob diese einen Verzicht auf den Kündigungsschutz darstellen, ist der Wortlaut entscheidend.

17 Nach der **Rechtsprechung des BAG** sind zB folgende Formulierungen als Verzichtserklärung zu werten:

---

38 BAG 12.8.1999 – 2 AZR 832/98 – AP BGB § 123 Nr 51; 21.3.1996 – 2 AZR 543/95-AP BGB § 123 Nr 42, 16.1.1992 – 2 AZR 412/91 – NZA 1992, 1023; BAG 27.11.2003 – AP BGB § 12 Nr 1 B I 2 a; BAG 15.12.2005 – AP BGB § 123 Nr 66 II 1 c.
39 Grundlegend BAG 3.5.1979 – 2 AZR 679/77 – AP KSchG 1969 § 4 Nr 6.
40 BAG 3.5.1979 – 2 AZR 679/77 – AP KSchG 1969 § 4 Nr 6 II 2 a.
41 BAG 31.5.2005 – 1 AZR 254/04 – AP BetrVG 1972 § 112 Nr 175 II 1.
42 BAG aaO, II 2; KR/Griebeling § 1 KSchG Rn 583 a; s näher auch Riesenhuber, NZA 2005, 1100 ff.
43 BAG 3.5.1979 – 2 AZR 679/77 – AP KSchG 1969 § 4 Nr 6 II 2 b.

▶ Ich erhebe gegen die Kündigung keine Einwendungen und werde mein Recht, das Fortbestehen des Arbeitsverhältnisses geltend zu machen, nicht wahrnehmen oder eine mit diesem Ziel bereits erhobene Klage nicht mehr durchführen.[44]
Von meinem Recht, das Fortbestehen des Arbeitsverhältnisses geltend zu machen, nehme ich Abstand.[45]
Gegen die Kündigung werden von mir keine Einwendungen erhoben.[46] ◀

Folgende Formulierungen wurden **nicht** als Verzichtserklärung anerkannt:
▶ Mein Arbeitsverhältnis mit der Fa. ... ist mit dem ... beendet ... Es bestehen nunmehr keinerlei Rechte aus dem Arbeitsverhältnis.[47]
Ich erkläre hiermit, keine Rechte aus dem Arbeitsverhältnis und seiner Beendigung mehr zu haben.[48]
Sämtliche Ansprüche aus dem Arbeitsverhältnis und seiner Beendigung sind ausgeglichen.[49] ◀

Eine besondere **Hinweispflicht des Arbeitgebers** auf Inhalt und Bedeutung einer Ausgleichsquittung mit Kündigungsschutzverzicht **besteht nicht**. Nach zutreffender Auffassung ist ein solcher Hinweis auch entbehrlich, da ein Verzicht auf den Kündigungsschutz nur bei klarem Vertragswortlaut der Ausgleichsquittung anzunehmen ist.[50]

18

Das BAG[51] hält eine Unterschrift des Arbeitnehmers, die sich auf die in einer Urkunde zusammengefassten Quittungs- und Verzichtserklärungen bezieht, für ausreichend. Nach zutreffender Auffassung[52] ist dies mit dem Erfordernis, dass der Verzicht auf den Kündigungsschutz als vertragliche Erklärung aus Gründen der Rechtsklarheit in der Urkunde selbst unmissverständlich zum Ausdruck kommen muss,[53] nicht vereinbar. Dies gilt jedenfalls dann, wenn es sich um eine vom Arbeitgeber verwendete, vorformulierte Urkunde handelt, die um die Überschrift „Ausgleichsquittung" trägt. Enthält diese neben der Quittungserklärung (hinsichtlich der Arbeitspapiere) auch eine Verzichtserklärung (hinsichtlich des Kündigungsschutzes), handelt es sich in Ansehung Letzterer um eine **überraschende Klausel**. Auf Verlangen des Arbeitgebers hat der Arbeitnehmer lediglich für den Empfang der Arbeitspapiere ein Empfangsbekenntnis (Quittung) zu erteilen (§ 368 BGB), nicht aber zusätzliche Erklärungen abzugeben.[54] Überraschende Klauseln in vorformulierten Ausgleichsquittungen werden nach § 305c Abs 1 BGB nicht Vertragsbestandteil, Unklarheiten gegen zu Las-

19

---

44 BAG 20.6.1985 – 2 AZR 427/84 – AP BetrVG 1972 § 112 Nr 33.
45 BAG 29.6.1978 – 2 AZR 681/76 – AP KSchG 1969 § 4 Nr 5 II 2 a.
46 BAG 6.4.1977 – 4 AZR 721/75 – AP KSchG 1969 § 4 Nr 4.
47 BAG 29.6.1978 – 2 AZR 681/76 – AP KSchG 1969 § 4 Nr 5.
48 BAG 3.5.1979 – 2 AZR 679/77 – AP KSchG 1969 § 4 Nr 6; insoweit Aufgabe der früheren Rspr, vgl BAG 25.9.1969 – 2 AZR 524/68 – AP KSchG § 3 Nr 36.
49 BAG 16.12.1980 – 6 AZR 947/78 – nv.
50 BAG 3.5.1979 – 2 AZR 679/77 – AP KSchG 1969 § 4 Nr 6 II 2 d, 20.6.1985 – 2 AZR 427/84 – AP BetrVG 1972 § 12 Nr 33 B I 2; 20.8.1980 – 5 AZR 759/78 – AP LohnFG § 9 Nr 3 II 2 e.
51 S die unter Rn 17 aufgeführten Entscheidungen.
52 vHH/L/Krause § 1 Rn 51 f.
53 BAG 3.5.1979 – 2 AZR 679/77 – AP KSchG 1969 § 4 Nr 6 II 2 b.
54 vHH/L/Krause § 1 KSchG Rn 53.

ten des Arbeitgebers, § 305c Abs 2 BGB.[55] Erforderlich ist daher, dass der Arbeitnehmer die Quittung über den Erhalt der Arbeitspapiere und die Erklärung über den Kündigungsschutzverzicht gesondert unterschreibt,[56] zumindest aber wird erforderlich sein, dass in der Ausgleichsquittung die Verzichtserklärungen drucktechnisch deutlich hervorgehoben werden.[57] Formularmäßige Verzichtserklärungen ohne kompensatorische Gegenleistung unterliegen einer Inhaltskontrolle nach § 307 BGB und stellen im Regelfall eine unangemessene Benachteiligung dar.[58] Wird der Anspruchsverzicht allerdings durch eine kompensatorische Gegenleistung „abgekauft", kann diese Vereinbarung – gleichgültig welche Höhe die Gegenleistung hat – eine Hauptabrede sein, die gem § 307 Abs 3 Satz 1 BGB nur auf Transparenz (§ 307Abs 1 Satz 2 BGB) kontrollierbar ist.[59] Es wird daher geraten, echte Ausgleichsquittungen in vorformulierten Verträgen nicht mehr zu verwenden, transparente Verzichtserklärungen sind dagegen weiterhin möglich.[60]

20 Bei **ausländischen Arbeitnehmern** ist der Arbeitgeber darlegungs- und beweispflichtig, dass der ausländische Arbeitnehmer die in deutscher Sprache abgefasste Ausgleichsquittung verstanden hat oder der deutschen Sprache ausreichend mächtig ist; den Arbeitgeber trifft also das **Sprachrisiko**.[61] Konnte der ausländische Arbeitnehmer den Inhalt der Ausgleichsquittung aufgrund fehlender deutscher Sprachkenntnisse nicht verstehen, kann sich der Arbeitgeber auch dann nicht auf die Wirksamkeit der Verzichtserklärung berufen, wenn diese in deutscher Sprache klar gefasst ist. Zweckmäßigerweise sollten Verzichtserklärungen für ausländische Arbeitnehmer vorher in deren Heimatsprache übersetzt werden.[62]

21 Liegt in der Ausgleichsquittung ein wirksamer Verzicht auf den Kündigungsschutz, besteht grundsätzlich die Möglichkeit der **Anfechtung**.[63] Ein Irrtum über die Rechtsfolgen der Verzichtserklärung (Rechtsfolgenirrtum) ist allerdings unbeachtlich und berechtigt nicht zur Irrtumsanfechtung. Anders ist es, wenn der Arbeitnehmer einen Irrtum über den Erklärungsinhalt[64] darlegt, zB mit der Behauptung, er habe nur den Erhalt der Arbeitspapiere bestätigen wollen. Da der Arbeitnehmer hierfür nicht nur die Be-

---

55 Stahlhacke/Preis/Vossen Rn 1255; KR/Friedrich § 4 KSchG Rn 311a.
56 vHH/L/Krause § 1 KSchG Rn 53.
57 Stahlhacke/Preis Rn 1286; so auch BAG – 23.2.2005 – 4 AZR 139/04 NZA 2005, 1193 ff zu einem konstitutiven negativen Schuldanerkenntnis ohne besonderen Hinweis oder drucktechnische Hervorhebung in einer Ausgleichsquittung.
58 Stahlhacke/Preis Rn 1286; KR/Friedrich § 4 KSchG Rn 311a; s hierzu auch Hunold NZA RR 2006, 113 ff, 115; BAG 6.9.2007 – 2 AZR 722/06 – NZA 2008, 219 mit Anm Lingemann FD-ArbR 2007, 241903; LAG Schleswig-Holstein 24.9.2003 – 3 Sa 6/03 – BB 2004, 608 ff = NZA-RR 2004, 74 ff; LAG Hamburg 29.9.2004 – 1 Sa 47/03 – NZA-RR 2005, 151 ff.
59 Stahlhacke/Preis Rn 1286.
60 Stahlhacke/Preis Rn 1286.
61 LAG Hamm 14.12.1984 – 16 Sa 670/84 – LAGE § 4 KSchG Ausgleichsquittung Nr 1, LAG Hamm 2.1.1976 – 3 Sa 1121/75 – BB 76, 553, vHH/L/Krause § 1 Rn 54.
62 vHH/L/Krause § 1 Rn 54 mwN.
63 §§ 119, 123 BGB.
64 § 119 Abs 1 BGB.

hauptungs- sondern auch die Beweislast trägt,[65] wird er im Prozess mit der Irrtumsanfechtung regelmäßig nicht durchdringen können. Mangels genügender tatsächlicher Anhaltspunkte scheidet eine Parteivernehmung des Arbeitnehmers auf seinen Antrag aus.[66] Eine Anfechtungserklärung wegen Drohung[67] ist begründet, wenn der Arbeitgeber erklärt, die Arbeitspapiere nur gegen Unterzeichnung einer Ausgleichsquittung mit Kündigungsschutzverzicht herauszugeben;[68] wegen arglistiger Täuschung,[69] wenn der Arbeitgeber auf Frage versichert, mit der Unterzeichnung der Ausgleichsquittung werde nur der Empfang der Arbeitspapiere bestätigt und der Arbeitnehmer im Vertrauen auf diese Aussage seine Unterschrift leistet.[70] Die Darlegungs- und Beweislast für die Tatsachen, die eine Anfechtung wegen Drohung oder Täuschung nach § 123 BGB begründen, trifft ebenfalls den Arbeitnehmer.[71] IdR wird er sich mangels anderer Beweismittel nur auf das Zeugnis der für den Arbeitgeber handelnden Personen bzw auf die Parteivernehmung des Arbeitgebers berufen können.

Wendet der Arbeitgeber im Kündigungsschutzprozess mit Erfolg ein, dass der Arbeitnehmer wirksam auf den Kündigungsschutz verzichtet hat, ist die Kündigungsschutzklage nicht unzulässig, sondern **unbegründet**, da es sich um eine materiell-rechtliche Erklärung handelt.[72]

---

65 BAG 29.4.1983 – 7 AZR 678/79 nv.
66 BAG 25.9.1969 – 2 AZR 524/68 – AP KSchG § 3 Nr 36; 6.4.1977 – 4 AZR 721/75 – AP KSchG 1969 § 4 Nr 4.
67 § 123 Abs 1 BGB.
68 Eisenmann in: Küttner, Personalbuch, 21. Aufl 2014, Ausgleichsquittung, Rn 14
69 § 123 Abs 1 BGB.
70 Eisenmann in: Küttner, Personalbuch, 21. Aufl 2014, Ausgleichsquittung, Rn 14.
71 BAG 12.8.1999 – 2 AZR 832/98 – AP BGB § 123 Nr 51 II 3 b. cc.
72 KR/Friedrich § 4 KSchG Rn 295; vgl auch § 4 Rn 90.

B. Voraussetzungen des Kündigungsschutzgesetzes

- I. Persönlicher Geltungsbereich: Arbeitnehmereigenschaft 23
  1. Begriff 24
  2. Einzelne Personengruppen, besondere Rechtsverhältnisse 28
     - a) Arbeitnehmerähnliche Personen 28
     - b) Auszubildende 29
     - c) Beamte, Dienstordnungsangestellte etc ... 33
     - d) Befristet Beschäftigte .. 35
     - e) Faktisches/fehlerhaftes Arbeitsverhältnis 36
     - f) Familienmitglieder 37
     - g) Franchisenehmer 38
     - h) Gesetzliche Vertreter von juristischen Personen oder Personenhandelsgesellschaften 39
     - i) Gruppenarbeitsverhältnis, einheitliches Arbeitsverhältnis und mittelbares Arbeitsverhältnis 41
       - aa) Gruppenarbeitsverhältnis 41
       - bb) Einheitliches Arbeitsverhältnis mit mehreren Arbeitgebern 43
       - cc) Mittelbares Arbeitsverhältnis 46
     - j) Kirchliche Rechtsverhältnisse, Beschäftigte weltanschaulich geprägter Organisationen 48
     - k) Leiharbeitsverhältnisse 50
     - l) Leitende Angestellte ... 51
     - m) Teilzeitarbeitsverhältnisse 53
     - n) Telearbeit 54
     - o) Wiedereingewöhnung, Heilung 55
- II. Zeitlicher Geltungsbereich: über sechsmonatiger Bestand des Arbeitsverhältnisses 56
  1. Allgemeines 56
     - a) Gesetzeszweck 56
     - b) Einseitig zwingender Charakter 57
  2. Zugehörigkeit zum Unternehmen 59
     - a) Verschiedene Betriebe desselben Unternehmens 62
     - b) Unterschiedliche Unternehmen eines Unternehmers, mehrere Unternehmensträger 63
     - c) Arbeitsverhältnis mit dem herrschenden Unternehmen eines Konzerns 64
     - d) Rechtsnachfolge 65
       - aa) Betriebsübergang 65
       - bb) Zusammenschluss von Unternehmen.... 66
       - cc) Spaltung, Verschmelzung, Vermögensübertragung 67
       - dd) Erbfolge 68
  3. Berechnung der Wartefrist 69
     - a) Beginn 69
     - b) Ende 70
     - c) Fälle der gesetzlichen Anrechnung 72
     - d) Anrechnung vergangener Rechtsverhältnisse 75
       - aa) Arbeitsbeschaffungsmaßnahmen und Weiterbildungsmaßnahmen, Eingliederungsverträge 75
       - bb) Ausbildungsverhältnisse 78
       - cc) Faktische bzw fehlerhafte Arbeitsverhältnisse 79
       - dd) Familiäre Mithilfe ... 81
       - ee) Freie Dienstverhältnisse 82
       - ff) Leiharbeitsverhältnisse 83
     - e) Ununterbrochener Bestand des Arbeitsverhältnisses 84
       - aa) Tatsächliche Unterbrechungen........... 84
       - bb) Unmittelbar aufeinander folgende Arbeitsverhältnisse... 85
       - cc) Nicht nur rechtliche, sondern auch zeitliche Unterbrechung zwischen zwei Arbeitsverhältnissen 87
  4. Kündigung in der Wartezeit 90
     - a) Allgemeines............ 90

b) Gesetzesverstoß 91
c) Sittenwidrigkeit 92
d) Treuwidrigkeit 93
III. Räumlicher Geltungsbereich, Arbeitsverhältnisse mit Auslandsberührung................ 96
IV. Gegenständlicher Geltungsbereich: Ordentliche Kündigung des Arbeitgebers............... 97
  1. Begriff..................... 97
     a) Auslegung 99
     b) Kündigungsfrist 102
     c) Zugang 103
     d) Gestaltungswirkung... 104
  2. Abgrenzung gegenüber anderen Arten der Kündigung....................... 105
     a) Außerordentliche Kündigung.................. 105
     b) Eigenkündigung des Arbeitnehmers......... 106
     c) Kündigungen in Konkurs, Vergleich, Gesamtvollstreckung und Insolvenz 110
       aa) Gesetzesentwicklung 110
       bb) Konkurs............. 111
       cc) Vergleich............. 112
       dd) Gesamtvollstreckung 114
       ee) Insolvenz............. 115
  3. Verhältnis des allgemeinen Kündigungsschutzes zu sonstigen Beendigungstatbeständen 120
     a) Aufhebungsvertrag.... 120
     b) Beendigung einer vorläufigen Einstellung nach § 100 Abs 1 BetrVG... 121
     c) Bedingung............. 122
     d) Befristung 123
     e) Kündigung auf Verlangen des Betriebsrats nach § 104 Satz 1 BetrVG .. 125
     f) Nichtigkeit und Anfechtung............ 126
       aa) Nichtigkeit........... 127
       bb) Anfechtung........... 128
     g) Suspendierung, lösende Aussperrung .. 130

h) Unmöglichkeit, die Arbeitsleistung zu erbringen 132
i) Wegfall der Geschäftsgrundlage: Der allgemeine Kündigungsschutz verdrängt dieses Rechtsinstitut in aller Regel 133
  4. Kündigungsschutz im Kleinbetrieb 134
     a) Verfassungsmäßigkeit der Kleinbetriebsklausel..................... 134
     b) Konkretisierung der sozialen Rücksichtnahme und des durch langjährige Mitarbeit erdienten Vertrauens .. 138
     c) Darlegungs- und Beweislast 140
     d) Auswirkungen des Inkrafttretens des Allgemeinen Gleichbehandlungsgesetzes (AGG) und der Entscheidung „Mangold" des EuGH 142
       aa) Auswirkungen des Allgemeinen Gleichbehandlungsgesetzes (AGG)................ 143
       bb) Auswirkungen der Entscheidung „Mangold" des EuGH. 163
V. Darlegungs- und Beweislast... 164
  1. Arbeitnehmereigenschaft .. 164
  2. Wartezeit.................. 165
     a) Vollendung der Wartefrist 165
     b) Ausschluss oder Verkürzung der Wartezeit 166
     c) Kündigung in der Wartefrist 167
  3. Ordentliche Kündigung des Arbeitgebers 168
     a) Abgabe einer Kündigungserklärung........ 168
     b) Zugang 169

I. Persönlicher Geltungsbereich: Arbeitnehmereigenschaft

23 Nicht alle Voraussetzungen des allgemeinen Kündigungsschutzes finden sich in § 1 KSchG, §§ 14 und 23 bis 25 KSchG begründen weitere Erfordernisse.[1]

1. Begriff

24 Das KSchG selbst definiert den Begriff des Arbeitnehmers nicht. Ganz überwiegend wird unter einem Arbeitnehmer auch iSd KSchG derjenige verstanden, **der seine Dienstleistung aufgrund eines privatrechtlichen Vertrags oder eines ihm gleichgestellten Rechtsverhältnisses im Rahmen einer von seinem Vertragspartner bestimmten Arbeitsorganisation erbringt.** Das Arbeitsverhältnis unterscheidet sich von dem Dienstverhältnis eines Selbständigen durch den Grad der **persönlichen** Abhängigkeit, weder genügt bloße wirtschaftliche Abhängigkeit, noch ist sie erforderlich.

25 Ein typisches Abgrenzungsmerkmal enthält die aus § 84 Abs 1 Satz 2 HGB zu entnehmende allgemeine gesetzgeberische Wertung, wonach selbstständig ist, wer im Wesentlichen frei seine Tätigkeit gestalten und seine Arbeitszeit bestimmen kann. In die fremde Arbeitsorganisation eingegliedert ist der Betreffende insbesondere dann, wenn er dem Direktionsrecht seines Vertragspartners unterliegt. Dieses kann **Inhalt,** Durchführung, **Zeit,** Dauer und **Ort** der Tätigkeit betreffen. Ob persönliche Abhängigkeit besteht, lässt sich allerdings stets nur anhand der Umstände des Einzelfalls und der Eigenart der jeweiligen Tätigkeit beurteilen. Die fachliche Weisungsgebundenheit ist für Dienste höherer oder künstlerischer Art – bspw für Chefärzte, angestellte Hochschullehrer oder Theaterintendanten – nicht notwendig typisch. Abstrakte, für alle Arbeitsverhältnisse geltende Kriterien lassen sich nicht aufstellen.

26 Manche Tätigkeiten – etwa in den Medien oder an Schulen – können sowohl innerhalb eines Arbeitsverhältnisses als auch im Rahmen freier Dienst- oder Werkverträge versehen werden, andere regelmäßig nur in einem Arbeitsverhältnis. Vorrangig sind die tatsächlichen Umstände, unter denen die Leistung erbracht wird. Ohne Bedeutung ist demgegenüber in aller Regel, wie die Parteien ihr Rechtsverhältnis bezeichnen oder welche Rechtsfolge sie gewünscht haben. Der Vertragstyp ergibt sich aus dem **wirklichen – materiellen – Geschäftsinhalt,** der aus den getroffenen Vereinbarungen und der tatsächlichen Durchführung des Vertrags folgt. Wird der Vertrag abweichend von den ausdrücklichen Vereinbarungen vollzogen, ist die tatsächliche Durchführung maßgeblich. Bedenken bestehen demnach dagegen, den allgemeinen Rechtssatz aufzustellen, die Vertragsparteien könnten die Arbeitnehmerstellung vereinbaren.[2] Benennen sie ihr Rechtsverhältnis als Arbeitsverhältnis, bildet das lediglich eines mehrerer Indizien für die rechtliche Einordnung, ändert aber nichts am objektiven Geschäftsgehalt. Es handelt sich daher um kein Arbeitsverhältnis, wenn keines der materiellen Kriterien erfüllt ist. Die Parteien sind nur in dem seltenen Aus-

---

[1] Vgl dazu die dortige Kommentierung.
[2] IdS aber – wohl missverständlich – BAG 24.6.1992 – 5 AZR 384/91 – AP BGB § 611 Abhängigkeit Nr 61 LS 2 b.

nahmefall frei, die **Rechtsform zu wählen**, wenn das Rechtsverhältnis aufgrund der objektiven Gegebenheiten sowohl ein Arbeitsverhältnis als auch ein freies Dienstverhältnis sein kann, nach den tatsächlichen Umständen also genauso viele Gründe für die eine wie für die andere Vertragsform sprechen.[3]

Unter welchen Modalitäten das Entgelt bezahlt wird, ob Steuern und Sozialversicherungsbeiträge abgeführt werden, ist deshalb nicht entscheidend, sondern neben den materiellen Kriterien ebenso wie andere formelle Merkmale nur indiziell bedeutsam.[4] Soweit das Arbeitsmaterial bereitgestellt oder die Vergütung bei Urlaub und Krankheit fortgezahlt wird, können diese Umstände auf ein Arbeitsverhältnis hindeuten. Umgekehrt kann die Befugnis, Hilfskräfte einzusetzen, für eine selbstständige Tätigkeit sprechen.[5] Unerheblich für den Arbeitnehmerstatus ist das unternehmerische Risiko.[6]

27

2. Einzelne Personengruppen, besondere Rechtsverhältnisse

a) **Arbeitnehmerähnliche Personen.** Sie verrichten persönlich selbstständige, jedoch wirtschaftlich abhängige Arbeit.[7] Für sie gilt der allgemeine Kündigungsschutz nicht. Zu den Gesetzen, die auf sie ausdrücklich anzuwenden sind,[8] gehört das KSchG nicht. Auch Heimarbeiter als Untergruppe der arbeitnehmerähnlichen Personen unterliegen nicht dem persönlichen Geltungsbereich des KSchG, für ihre Kündigungsfristen besteht eine Sonderregelung in § 29 HAG.

28

b) **Auszubildende.** Sie unterfallen grundsätzlich dem Arbeitnehmerbegriff des § 1 Abs 1 KSchG, obwohl das KSchG dies nicht ausdrücklich vorsieht. Denn nach § 10 Abs 2 BBiG sind auf den Berufsausbildungsvertrag, soweit sich aus seinem Wesen und Zweck sowie dem BBiG nichts anderes ergibt, die für den Arbeitsvertrag geltenden Rechtsvorschriften und -grundsätze anzuwenden. Die Frage der sozialen Rechtfertigung einer Kündigung stellt sich allerdings nicht. Der Ausbildende darf ein Berufsausbildungsverhältnis nur während der Probezeit, die höchstens vier Monate betragen darf und während derer gem § 1 Abs 1 KSchG folglich kein allgemeiner Kündigungsschutz bestehen kann, ordentlich, wenn auch entfristet kündigen.[9] Danach ist nur eine Kündigung aus wichtigem Grund möglich, § 22 Abs 2 Nr 1 BBiG.

29

---

3 BAG 14.2.1974 – 5 AZR 298/73 – AP BGB § 611 Abhängigkeit Nr 12 III 1; in dem BAG 27.3.1991 – 5 AZR 194/90 – AP BGB § 611 Abhängigkeit Nr 53 III 2 zugrunde liegenden Sachverhalt deckten sich dagegen Verhalten und Bezeichnung.
4 St Rspr, zu allem BAG 24.6.1992 – 5 AZR 384/91 – AP BGB § 611 Abhängigkeit Nr 61 II 1; BAG 20.7.1994 – 5 AZR 627/93 – AP BGB § 611 Abhängigkeit Nr 73 B I; BAG 19.11.1997 – 5 AZR 653/96 – AP BGB § 611 Abhängigkeit Nr 90 I 1 a und b.
5 vHH/L/Krause § 1 Rn 61.
6 BAG 25.5.2005 – 5 AZR 347/04 – AP BGB § 611 Abhängigkeit Nr 117 II 6.
7 BAG 15.11.2005 – 9 AZR 626/04 – AP BGB § 611 Arbeitnehmerähnlichkeit Nr 12 I a. bb.
8 §§ 5 Abs 1 Satz 2 ArbGG; 12 BUrlG und 12a TVG.
9 §§ 20, 22 1 BBiG; BAG 27.11.1991 – 2 AZR 263/91 – AP BBiG § 13 Nr 2; zu den Kündigungsbestimmungen für Ausbildungsverhältnisse näher KR/Weigand §§ 21-23 BBiG Rn 6 f.

30 Von Interesse ist deshalb vor allem, ob der Auszubildende die dreiwöchige Klagefrist des §§ 13 Abs 1 Satz 2, 4 Satz 1 KSchG wahren muss, wenn der Ausbildende nach Ablauf der Probezeit eine außerordentliche Kündigung erklärt. Sie beantwortet sich danach, ob ein **Schlichtungsausschuss** iSd § 111 Abs 2 Satz 1 ArbGG gebildet ist:
- **Trifft das zu**, braucht der Auszubildende die Dreiwochenfrist **nicht** einzuhalten. Eine Frist dafür, den Ausschuss anzurufen, sieht § 111 Abs 2 ArbGG – bis zur Grenze der Verwirkung, die das Umstandsmoment voraussetzt – nicht vor. Nach ergangenem Spruch des Schlichtungsausschusses gilt nicht die dreiwöchige Klagefrist es § 4 Satz 1 KSchG, vielmehr die zweiwöchige Frist des § 111 Abs 2 Satz 3 ArbGG.
- Ist umgekehrt **kein Schlichtungsausschuss** eingerichtet, **muss** die Dreiwochenfrist der §§ 13 Abs 1 Satz 2, 4 Satz 1 KSchG beachtet werden, um die Fiktion des § 7 HS 1 KSchG abzuwenden.[10]

31 Da dies mit seinem Wesen und Zweck nicht zu vereinbaren ist, kann das Ausbildungsverhältnis nach einer unwirksamen Kündigung des Ausbildenden wegen § 10 Abs 2 BBiG nicht auf Antrag des Auszubildenden durch Gestaltungsurteil aufgelöst werden. §§ 13 Abs 1 Satz 3, 9 und 10 KSchG finden keine Anwendung.[11]

32 Soweit nicht ohnehin Arbeitsverhältnisse vereinbart sind, unterfallen auch **Praktikanten, Volontäre** und andere Personen, die eingestellt werden, um berufliche Kenntnisse, Fertigkeiten oder Erfahrungen zu erwerben, ohne dass Berufsausbildungsverhältnisse begründet würden, über die Verweisung der §§ 26, 10 Abs 2 BBiG dem persönlichen Geltungsbereich des § 1 Abs 1 KSchG.

33 c) **Beamte, Dienstordnungsangestellte etc.** Beamte leisten ihren Dienst nicht aufgrund privatrechtlichen Vertrags, sondern auf der öffentlich-rechtlichen Grundlage ihrer Ernennung und damit des Beamtenrechts. Sie sind also keine Arbeitnehmer iSd § 1 Abs 1 KSchG. Entsprechendes gilt für Soldaten, Wehr- und Zivildienstleistende, Strafgefangene[12] sowie Entwicklungshelfer.[13] Zwischen dem Entwicklungshelfer und dem ausländischen Projektträger kann jedoch ein Arbeitsverhältnis begründet werden.[14] Arbeiter und Angestellte des öffentlichen Dienstes genießen demgegenüber allgemeinen Kündigungsschutz.

34 Sog **Dienstordnungsangestellte**, deren Dienstverhältnis im Wesentlichen durch beamtenrechtliche Bestimmungen ausgestaltet ist, sind zwar Arbeitnehmer iSd § 5 Abs 1 Satz 1 ArbGG.[15] Ihre Rechtsstellung richtet sich jedoch nach einer sog Dienstordnung. Sie ist unabhängig vom Inhalt des Ar-

---

10 BAG 26.1.1999 – 2 AZR 134/98 – AP KSchG 1969 § 4 Nr 43 II 2 mit eingehender Begründung; APS-Biebl § 22 BBiG Rn 33; aA ErfK/Schlachter § 22 BBiG Rn 9.
11 BAG 29.11.1984 – 2 AZR 354/83 – AP KSchG 1969 § 13 Nr 6 II 2 b.
12 BAG 3.10.1978 – 6 ABR 46/76 – AP BetrVG 1972 § 5 Nr 18 III, Rechtsgrundlage der Tätigkeit ist das zum Träger der Vollzugsanstalt bestehende besondere Gewaltverhältnis; MünchArbR/Richardi § 17 Rn 44.
13 BAG 27.4.1977 – 5 AZR 129/76 – AP BGB § 611 Entwicklungshelfer Nr 1 LS 1.
14 BAG 27.4.1977 – 5 AZR 129/76 – AP BGB § 611 Entwicklungshelfer Nr 1 LS 2; MünchArbR/Richardi § 17 Rn 48.
15 BAG 25.2.1998 – 2 AZR 256/97 – AP BGB § 611 Dienstordnungsangestellte Nr 69 II 1.

beitsvertrags Grundlage des Arbeitsverhältnisses, weil sie den Charakter einer Satzung hat, auf der gesetzlichen Ermächtigung der früheren §§ 351, 352 RVO beruht und deshalb das Arbeitsverhältnis wie eine sonstige Norm beherrscht.[16] Für Dienstordnungsangestellte ist zwischen ordentlichen Kündigungen einerseits und fristgerechten Entlassungen als Disziplinarmaßnahmen andererseits zu unterscheiden. Es handelt sich um unterschiedlich zu beurteilende Rechtsinstitute. Obwohl auch die Dienstentlassung ebenso wie die Kündigung eine einseitige rechtsgestaltende Willenserklärung ist, die darauf gerichtet ist, ein privatrechtliches Dienstverhältnis für die Zukunft zu beenden,[17] ist sie doch Dienststrafe, während der Kündigung kein Sanktionscharakter zukommt.[18] Beschreitet der Dienstgeber nicht den Weg der fristgerechten Dienstentlassung, sondern den der ordentlichen Kündigung, gilt der allgemeine Kündigungsschutz.[19] Diese besonderen Arbeitsverhältnisse auf dem Gebiet des öffentlichen Dienstes laufen jedoch aus, da gem § 358 RVO seit dem 1.1.1993 keine Verträge mit Angestellten mehr abgeschlossen werden, die der Dienstordnung unterstehen sollen.[20]

d) Befristet Beschäftigte. Ist eine wirksame und **echte** Befristungsabrede getroffen, sieht man maW weder der Arbeitsvertrag noch das Gesetz ein ordentliches Kündigungsrecht vor, ist die ordentliche Kündigung ausgeschlossen, § 15 Abs 2 TzBfG. Das Arbeitsverhältnis endet nach §§ 620 Abs 3 BGB, 15 Abs 1 und 2 TzBfG, wenn seine vereinbarte Dauer verstrichen oder sein Zweck erreicht ist.[21]

e) Faktisches/fehlerhaftes Arbeitsverhältnis. Von einem faktischen oder nach anderer Terminologie fehlerhaften Arbeitsverhältnis wird gesprochen, wenn der Arbeitsvertrag – etwa wegen Formmangels (§ 125 BGB) oder Gesetzesverstoßes (§ 134 BGB) – nichtig bzw eine der in ihm enthaltenen Willenserklärungen wirksam aufgrund Irrtums (§ 119 BGB), arglistiger Täuschung oder Drohung (§ 123 BGB) angefochten ist (§ 142 Abs 1 BGB). Hier können sich beide Seiten jederzeit von der tatsächlichen Beziehung **lossagen, ohne eine Frist wahren zu müssen.** Dabei handelt es sich um keine Kündigung iSd KSchG, die Partei beruft sich lediglich auf die Nichtigkeit des Arbeitsvertrags.[22]

f) Familienmitglieder. Ob sie aufgrund familiärer Mithilfe (§§ 1353 Abs 1 Satz 2, 1619 BGB) oder im Rahmen eines Arbeitsvertrags tätig werden, hängt vom erklärten Parteiwillen und den Besonderheiten des Einzelfalls ab. Soll ein Arbeitsverhältnis vorliegen, muss es ernsthaft gewollt, dh nicht

---

16 BAG 25.2.1998 – 2 AZR 256/97 – AP BGB § 611 Dienstordnungsangestellte Nr 69 II 1.
17 BAG 5.9.1986 – 7 AZR 193/85 – AP KSchG 1969 § 15 Nr 27.
18 BAG 25.2.1998 – 2 AZR 256/97 – AP BGB § 611 Dienstordnungsangestellte Nr 69 II 1 a, allerdings zu der Differenzierung zwischen außerordentlicher Kündigung und fristloser Dienstentlassung.
19 BAG 28.4.1982 – 7 AZR 962/79 – AP BetrVG 1972 § 87 Betriebsbuße Nr 4 III 3; vgl auch BAG 9.2.2006 – 6 AZR 47/05 – AP BGB § 611 Dienstordnungs-Angestellte Nr 75 zur „Abbestellung".
20 MünchArbR/Giesen § 326 Rn 138.
21 IE §§ 14 ff TzBfG.
22 vHH/L/Krause § 1 Rn 90; KR/Griebeling § 1 KSchG Rn 47.

nur zum Schein geschlossen (§ 117 BGB) und vereinbarungsgemäß gegen Entgelt durchgeführt werden. Es setzt idR persönliche Abhängigkeit und damit ein Weisungsrecht des Arbeitgebers in Bezug auf Zeit, Ort und Art der Arbeitsleistung voraus. Allerdings steht es der Annahme eines Arbeitsverhältnisses grundsätzlich nicht entgegen, dass das Weisungsrecht unter Familienmitgliedern möglicherweise nur eingeschränkt ausgeübt wird.[23] Ist der Familienangehörige in die Weisungsstruktur des Betriebs eingegliedert, hat er die übliche Arbeitszeit einzuhalten und erhält er eine regelmäßige Vergütung, legen diese Indizien den Schluss auf ein Arbeitsverhältnis und – damit verbunden – allgemeinen Kündigungsschutz nahe.[24]

38 **g) Franchisenehmer.** Sie sind regelmäßig keine Arbeitnehmer.[25] Ausnahmsweise kommt ihnen aber die Stellung von Arbeitnehmern zu, wenn sie durch die Besonderheiten der vertraglichen Vereinbarungen vollständig in die Organisation des Franchisegebers einbezogen sind und dadurch die Möglichkeit verlieren, ihre Tätigkeit im Wesentlichen frei zu gestalten.[26]

39 **h) Gesetzliche Vertreter von juristischen Personen oder Personenhandelsgesellschaften.** Sie sind nach **§ 14 Abs 1 KSchG** vom allgemeinen Kündigungsschutz ausgenommen.[27] Wird ein Arbeitnehmer, der allgemeinen Kündigungsschutz genießt, zum gesetzlichen Vertreter bestellt – etwa zum Geschäftsführer einer GmbH –, stellt sich das Problem, ob das Arbeitsverhältnis dadurch aufgehoben wird, obwohl hierüber keine ausdrückliche Vereinbarung getroffen ist. Nach der Rechtsprechung liegt im Abschluss eines Geschäftsführer-Dienstvertrages durch einen angestellten Mitarbeiter im Zweifel die konkludente Aufhebung des bisherigen Arbeitsverhältnisses.[28] Dies gilt vor allem dann, wenn der freie Dienstvertrag (§ 611 BGB), der dem Organisationsakt der Geschäftsführerbestellung zugrunde liegt, mit einem anderen Vertragspartner als dem bisherigen Arbeitgeber geschlossen wird und deutlich höhere Bezüge vorsieht als der Arbeitsvertrag.[29] Schließt ein Arbeitnehmer mit einem Arbeitgeber einen schriftlichen Dienstvertrag, der Grundlage für eine Bestellung zum Geschäftsführer ist, besteht eine tatsächliche Vermutung, dass damit zugleich das zuvor begründete Arbeitsverhältnis aufgelöst worden ist. Durch den schriftlichen Geschäftsführerdienstvertrag werden die zuvor vereinbarten Rechte und Pflichten der Parteien aus dem Arbeitsverhältnis konkludent aufgehoben. Mit dem Verlust der Organstellung verwandelt sich der zu Grunde liegende Anstellungs- bzw Geschäftsführerdienstvertrag nicht (wieder) in einen Arbeitsvertrag. Ein wirksam aufgehobenes früheres Arbeitsverhältnis lebt durch die Abberufung als Geschäftsführer nicht – jedenfalls nicht ohne

---

23 Vgl BSG 23.6.1994 – 12 RK 50/93 – AP BGB § 611 Ehegatten-Arbeitsverhältnis Nr 4 zum sozialversicherungsrechtlichen Beschäftigungsverhältnis.
24 KR/Griebeling § 1 KSchG Rn 48 mwN.
25 BAG 24.4.1980 – 3 AZR 911/77 – AP HGB § 84 Nr 1; s hierzu auch BGH 27.1.2000 – III ZB 67/99 – NZA 2000 90 f II 2.
26 BAG 16.7.1997 – 5 AZB 29/96 – AP ArbGG 1979 § 5 Nr 37; vHH/L/Krause § 1 Rn 64 mwN.
27 Vgl iE die dortigen Erläuterungen.
28 BAG 24.11. 2005 – 2 AZR 614/04 – NZA 2006, 366; KR/Rost § 14 KSchG Rn 6 a.
29 BAG 28.9.1995 – 5 AZR 4/95 – AP ArbGG 1979 § 5 Nr 24; BAG 24.11. 2005 – 2 AZR 614/04 – NZA 2006, 366.

Weiteres – wieder auf, ebenso wenig entsteht ein neues Arbeitsverhältnis.[30] Behauptet ein gekündigter Geschäftsführer, es hätten zwei schuldrechtliche Rechtsverhältnisse bestanden (Geschäftsführerdienstverhältnis und ruhendes Arbeitsverhältnis), hat er im Einzelnen die Tatsachen darzulegen, aus denen sich dieses ergeben soll.[31] Kann demgegenüber keine schlüssige Auflösungsvereinbarung angenommen werden, bestehen beide Vertragsverhältnisse nebeneinander. Die Hauptpflichten aus dem Arbeitsverhältnis ruhen lediglich während der Dauer der Bestellung zum Organ. Das Arbeitsverhältnis endet nicht ohne weitere Erklärung(en), wenn die gesellschaftsrechtliche Beziehung beendet, der Geschäftsführer also abberufen und der Dienstvertrag gekündigt wird. Will der Arbeitgeber einseitig das Arbeitsverhältnis beenden, muss er es ebenfalls kündigen. Diese Kündigung muss sich an den Erfordernissen des § 1 Abs 2 KSchG messen lassen.

Gesellschafter einer juristischen Person oder Personenhandelsgesellschaft sind **als solche keine Arbeitnehmer**.[32] Sie sind nicht persönlich abhängig, sondern leisten ihre Dienste aufgrund körperschaftlicher Verpflichtung. Am allgemeinen Kündigungsschutz haben sie nur dann teil, wenn **neben** ihrer Gesellschafterstellung ein Arbeitsverhältnis begründet wird.[33]

i) Gruppenarbeitsverhältnis, einheitliches Arbeitsverhältnis und mittelbares Arbeitsverhältnis. aa) Gruppenarbeitsverhältnis. Auf Gruppenarbeitsverhältnisse findet das KSchG Anwendung. Ein Gruppenarbeitsverhältnis wird angenommen, wenn die Arbeitsverträge der Einzelnen Arbeitnehmer, die zu einer **gemeinsamen Dienstleistung** verpflichtet sind, **in ihrem Bestand voneinander abhängig sind**.[34] Zu unterscheiden sind zwei Formen:[35]

- Eine **Eigengruppe** – bspw eine Musikgruppe oder auch ein (Hausmeister-) Ehepaar – ist bereits vor Abschluss des Arbeitsvertrags selbstständig gebildet. Die Gruppenbildung fällt deshalb in ihren eigenen Risikobereich, nicht in den des Arbeitgebers. Sofern die Gruppe als solche nicht – zB als GbR – in Wahrheit eine Dienst- oder Werkvereinbarung trifft, schließen bei einem Gruppenarbeitsverhältnis ieS alle Gruppenmitglieder gebündelte Arbeitsverträge mit dem Arbeitgeber. Die Leistung des einzelnen Mitglieds kann durch den Arbeitgeber nur sinnvoll eingesetzt werden, wenn die anderen ihre Arbeitskraft anbieten.[36] Der Arbeitgeber darf die Arbeitsverträge aus diesem Grund einheitlich kündigen (sog **Gesamtkündigung**), wenn für ein Gruppenmitglied ein Kündigungsgrund nach § 1 Abs 2 KSchG besteht und die Auslegung der Arbeitsverträge unter Berücksichtigung der Interessenlage nichts Ab-

---

30 BAG 5.6.2008 – 2 AZR 754/06 – NZA 2008, 1002.
31 BAG 25.10.2007 – 6 AZR 1045/06 – NZA 2008, 168.
32 Vgl BAG 10.4.1991 – 4 AZR 467/90 – AP BGB § 611 Abhängigkeit Nr 54 I 3 – Gesellschafter einer GmbH, die zugleich Geschäftsführerstellung bekleideten.
33 Für den Fall eines Kommanditisten BAG 28.11.1990 – 4 AZR 198/90 – AP TVG § 1 Tarifverträge: Bau Nr 137 II 2.
34 BAG 21.10.1971 – 2 AZR 17/71 – AP BGB § 611 Gruppenarbeitsverhältnis Nr 1 II 1, vgl zu den Besonderheiten der Arbeitsplatzteilung Rn 41.
35 Dazu detailliert KR/Griebeling § 1 KSchG Rn 49 ff.
36 Allerdings sind die Arbeitsverträge regelmäßig nicht auflösend bedingt durch die Beendigung der anderen Arbeitsverträge, BAG 21.10.1971 – 2 AZR 17/71 – AP BGB § 611 Gruppenarbeitsverhältnis Nr 1 II 1.

weichendes ergibt. Folgerichtig können auch alle Arbeitnehmer ihrerseits idR nur gemeinsam kündigen.[37]

- Bei der **Betriebsgruppe** ist im Unterschied zur Eigengruppe der Arbeitgeber für die Gruppenbildung zuständig, sie fällt in seine Risikosphäre. Eine Gesamtkündigung ist daher nicht ohne weiteres möglich.

42 Sog **Jobsharing-Arbeitsverhältnissen** liegen demgegenüber **voneinander unabhängige Teilzeitarbeitsverträge** zugrunde. Die Arbeitnehmer sind grundsätzlich nicht als voneinander abhängige Eigengruppe zu betrachten. Die Arbeitsverträge sind jedenfalls nicht wechselseitig auflösend bedingt, weil sonst § 1 KSchG und – sofern dessen Voraussetzungen erfüllt sind – auch § 13 Abs 2 TzBfG umgangen würden. Allerdings kann wegen der inhaltlichen Abhängigkeit der Jobsharing-Arbeitsverhältnisse voneinander nach dem Ausscheiden des einen Arbeitnehmers eine Änderungskündigung des oder der anderen Jobsharing-Arbeitsverhältnisse(s.) gerechtfertigt sein.[38] Diese schon früher vertretene Auffassung der Unwirksamkeit der Beendigungskündigung aus dem bloßen Anlass des Ausscheidens und der Möglichkeit der Änderungskündigung ist nun für die **Arbeitsplatzteilung** ieS in § 13 Abs 2 Satz 1 und 2 TzBfG kodifiziert. Dem anderen Arbeitsplatzinhaber können deshalb keine personen- und verhaltensbedingten Gründe seines Kollegen zu gerechnet werden. Arbeitsplatzteilung ist nach der Legaldefinition des § 13 Abs 1 Satz 1 TzBfG anzunehmen, wenn Arbeitgeber und Arbeitnehmer vereinbaren, dass sich mehrere Arbeitnehmer die Arbeitszeit an einem Arbeitsplatz teilen. Die einzelnen Arbeitsverhältnisse sind in ihrem Bestand unabhängig voneinander und können aus unterschiedlichen Gründen und zu verschiedenen Zeitpunkten gekündigt werden.[39] Die tarifoffenen[40] Regelungen der Arbeitsplatzteilung sind nach § 13 Abs 3 TzBfG entsprechend anzuwenden, wenn sich **Gruppen von Arbeitnehmern** auf bestimmten Arbeitsplätzen in festgelegten Zeitabschnitten abwechseln, ohne dass eine Arbeitsplatzteilung iSd § 13 Abs 1 Satz 1 TzBfG vorliegt.

43 bb) **Einheitliches Arbeitsverhältnis mit mehreren Arbeitgebern.** Nach Auffassung des BAG können ebenso wie auf Arbeitnehmerseite auch auf Arbeitgeberseite mehrere natürliche oder juristische Personen bzw mehrere rechtlich selbstständige Gesellschaften an einem Arbeitsverhältnis beteiligt sein.[41] Dort wird ausgeführt, das Gesetz selbst gehe, wie insbesondere §§ 420 ff BGB zeigten, davon aus, dass auf einer Seite eines Rechtsverhältnisses mehrere Personen stehen könnten, ohne dabei auf ein bestimmtes Innenverhältnis abzustellen. Folgt man dieser Ansicht, ist nicht entscheidend,

---

37 Zu dem Sonderproblem der sog Drittwirkung besonderen Kündigungsschutzes detailliert KR/Griebeling § 1 KSchG Rn 55.
38 Vgl KR/Griebeling § 1 KSchG Rn 52 und 66.
39 IE KR/Griebeling § 1 KSchG Rn 66.
40 § 13 Abs 4 Satz 1 TzBfG.
41 Urt vom 27.3.1981 – 7 AZR 523/78 – AP BGB § 611 Arbeitgebergruppe Nr 1 I 1 a; krit hierzu mit im Lösungsweg abweichenden Vorschlägen zB Schulin Anm in SAE 1983, 294, 296; Schwerdtner ZIP 1982, 900 und Wiedemann Anm zu AP BGB § 611 Arbeitgebergruppe Nr 1 1b aE; zu vertraglichen Verbindungen mit zwei Konzerngesellschaften BAG 21.1.1999 – 2 AZR 648/97 – AP KSchG 1969 § 1 Konzern Nr 9 II 3, wo die Frage des einheitlichen Arbeitsverhältnisses offen bleibt.

in welcher Art von Beziehungen die Rechtspersönlichkeiten auf Arbeitgeberseite zueinander stehen und ob sie einen einheitlichen Betrieb führen. Es kann auch genügen, dass der eine Arbeitgeber Abschluss und Durchführung der Vereinbarungen mit dem anderen Arbeitgeber beeinflusst.[42] Prüfungsbedürftig ist die Frage eines einheitlichen Arbeitsverhältnisses schon dann, wenn der Vortrag einer Partei Anhaltspunkte enthält, dass ihren rechtlich geschützten Interessen oder zwingenden Rechtsgrundsätzen bei Annahme getrennter Arbeitsverhältnisse nicht ausreichend Rechnung getragen werden kann. Insoweit wird es regelmäßig bereits ausreichen, wenn ein tatsächlicher oder wirtschaftlicher Zusammenhang dargelegt ist.[43] Um ein einheitliches Arbeitsverhältnis bejahen zu können, ist jedoch ein rechtlicher Zusammenhang erforderlich, was durch Auslegung der beiden Arbeitsverträge nach §§ 133, 157 BGB zu klären ist. Der rechtliche Zusammenhang ist anzunehmen, wenn die einzelnen Arbeitsverträge nach den Vorstellungen der Vertragschließenden nur gemeinsam gelten und zusammen durchgeführt werden sollen bzw derart voneinander abhängen, dass sie miteinander „stehen und fallen", dh Teile eines Gesamtgeschäfts sein sollen. Dabei genügt es, wenn lediglich einer der Vertragspartner einen solchen **Einheitlichkeitswillen** hatte, dieser dem anderen Partner aber erkennbar war und von ihm gebilligt oder zumindest hingenommen wurde.[44]

Liegt ein solcher rechtlicher Zusammenhang vor, ist das Arbeitsverhältnis nur **einheitlich kündbar**. Das bedeutet aber nicht, dass die von und gegenüber allen an dem einheitlichen Arbeitsverhältnis Beteiligten abzugebenden Erklärungen immer in einem Akt erfolgen müssten. Auslegung oder Umdeutung können ergeben, dass die einzelnen Kündigungserklärungen als Teilakte einer einheitlichen Erklärung anzusehen sind. Sind die Beendigungszeitpunkte verschieden, gilt der späteste. Da es sich bei den von den Arbeitgebern ausgesprochenen Kündigungen um bloße Teilakte einer einheitlichen Erklärung handelt, ist die Frist des § 4 Satz 1 KSchG gewahrt, wenn die Klage binnen drei Wochen nach Zugang des letzten Teilakts bei Gericht eingeht. Findet für eine der Vertragsbeziehungen das KSchG Anwendung, ist die – gemeinsame – Kündigung insgesamt an ihm zu messen. Aus der durch Vertrag gemeinschaftlich übernommenen, im Zweifel gesamtschuldnerischen Beschäftigungspflicht (§ 427 BGB) folgt, dass eine ordentliche (auf dringende betriebliche Erfordernisse gestützte) Kündigung des (gesamten) Vertragsverhältnisses sozialwidrig ist, solange auch nur einer der Arbeitgeber den Arbeitnehmer voll beschäftigen kann und im Verhältnis zu ihm kein personen- oder verhaltensbedingter Kündigungsgrund gegeben ist.[45] Wie sich ein personen- oder verhaltensbedingter Kündigungssachverhalt in nur einer der Beziehungen zu den Arbeitgebern auf die andere auswirkt, ob er also das gesamte einheitliche Arbeitsverhältnis erfasst, ist bisher nicht entschieden.

---

42 BAG 27.3.1981 – 7 AZR 523/78 – AP BGB § 611 Arbeitgebergruppe Nr 1 I 1 b und c.
43 BAG 27.3.1981 – 7 AZR 523/78 – AP BGB § 611 Arbeitgebergruppe Nr 1 I 2 a.
44 BAG 27.3.1981 – 7 AZR 523/78 – AP BGB § 611 Arbeitgebergruppe Nr 1 I 2 b.
45 Zu allem – mit Ausnahme des Beginns der Klagefrist – BAG 27.3.1981 – 7 AZR 523/78 – AP BGB § 611 Arbeitgebergruppe Nr 1 II 2 und 3.

45 Vom einheitlichen Arbeitsverhältnis abzugrenzen ist das sog **gespaltene Arbeitsverhältnis.** Während in einem einheitlichen Arbeitsverhältnis zwei Arbeitsverträge geschlossen werden, die durch einen rechtlichen Zusammenhang zu einem einheitlichen Rechtsverhältnis verbunden sind, liegt bei einem gespaltenen Arbeitsverhältnis lediglich ein Arbeitsvertrag vor, an dem auf Arbeitgeberseite mehrere Rechtspersönlichkeiten beteiligt sind. Die personellen Beziehungen des Arbeitsvertrags und die des Arbeitsverhältnisses stimmen hier überein.

46 cc) **Mittelbares Arbeitsverhältnis.** Um ein mittelbares Arbeitsverhältnis handelt es sich, wenn ein Arbeitnehmer von einem Mittelsmann beschäftigt wird, der seinerseits selbst Arbeitnehmer eines Dritten ist, und die Arbeit mit Wissen des Dritten unmittelbar für diesen geleistet wird.[46] In der Praxis trat diese Gestaltung in der Vergangenheit bei Arbeitsverhältnissen innerhalb von Rundfunkorchestern auf. Es wurde ein unmittelbares Arbeitsverhältnis des Musikers mit dem Orchesterleiter, ferner ein direktes Arbeitsverhältnis des Orchesterleiters mit der Rundfunkanstalt und ein mittelbares Arbeitsverhältnis zwischen dem Musiker und der Anstalt angenommen.[47] Um der Gefahr zu begegnen, dass arbeitsrechtliche Schutzvorschriften objektiv umgangen werden, muss das mittelbare Arbeitsverhältnis – angelehnt an die Befristungsrechtsprechung – durch einen **sachlichen Grund** gerechtfertigt sein.[48]

47 Eine Kündigung kann idR ausschließlich gegenüber dem direkten Vertragspartner erklärt werden. Der mittelbare Arbeitgeber zweiter Stufe kann demzufolge gegenüber seinem Arbeitnehmer (zweiter Stufe = Arbeitgeber erster Stufe) kündigen, der Arbeitgeber erster Stufe (= Mittelsmann) gegenüber seinem Arbeitnehmer (erster Stufe). Die Kündigungsschutzklagen sind gegen den jeweiligen Vertragspartner zu richten.[49] Richtiger Beklagter ist der mittelbare Arbeitgeber bei einer Kündigung des Arbeitsverhältnisses des Arbeitnehmers erster Stufe nur dann, wenn sich die Begründung des mittelbaren Arbeitsverhältnisses als Rechtsmissbrauch darstellt.[50] Was den Kündigungsgrund angeht, können sich jedoch Überschneidungen ergeben:

- Der Kündigungsgrund kann auch für den Arbeitgeber erster Stufe aus dem Verhalten des Arbeitnehmers gegenüber dem mittelbaren Arbeitgeber (zweiter Stufe) herrühren, wenn die Handlung zugleich Pflichten aus dem Verhältnis zwischen Arbeitnehmer und Arbeitgeber erster Stufe verletzt. Dennoch ist die Kündigungsschutzklage gegen den Mittels-

---

46 BAG 21.2.1990 – 5 AZR 162/89 – AP BGB § 611 Abhängigkeit Nr 57 II 1; BAG 24.6.2004 – 2 AZR 215/03 – AP BGB § 613a Nr 278 A II 1b aa; 3 AG 24.6.2004 – 2 AZR 216/03 – NJOZ 2006, 2243 ff B II 1b aa).
47 BAG 9.4.1957 – 3 AZR 435/54 – AP BGB § 611 Mittelbares Arbeitsverhältnis Nr 2 = NJW 1957, 1165.
48 BAG 20.7.1982 – 3 AZR 446/80 – AP BGB § 611 Mittelbares Arbeitsverhältnis Nr 5 3b mit krit Anm Koller; KR/Griebeling § 1 KSchG Rn 63.
49 BAG 9.4.1957 – 3 AZR 435/54 – AP BGB § 611 Mittelbares Arbeitsverhältnis Nr 2 = NJW 1957, 1165.
50 Vgl BAG 21.2.1990 – 5 AZR 162/89 – AP BGB § 611 Abhängigkeit Nr 57 II 1, wenn auch nicht ausdrücklich und tragend für die Frage des Adressaten der Kündigungsschutzklage.

mann zu richten und nicht gegen den mittelbaren Arbeitgeber zweiter Stufe.[51]

- Unter bestimmten Voraussetzungen kann dem Arbeitgeber zweiter Stufe aus seinem Arbeitsvertrag mit dem Mittelsmann ein Anspruch darauf zukommen, dass der Mittelsmann den Arbeitsvertrag mit seinem Arbeitnehmer (erster Stufe) kündigt.[52]
- Spricht der Mittelsmann dennoch keine Kündigung aus, kann der Arbeitgeber zweiter Stufe regelmäßig nicht gegenüber dem Arbeitnehmer (erster Stufe) kündigen. Er bleibt auf die Kündigung seines eigenen Arbeitsverhältnisses mit dem Mittelsmann (Arbeitnehmer zweiter Stufe) verwiesen. Um auf den Arbeitnehmer (erster Stufe) durchgreifen zu können, kann sich der Arbeitgeber zweiter Stufe durch den Arbeitgeber erster Stufe auf der Grundlage von § 185 BGB aber auch eine Kündigungsbefugnis erteilen lassen.[53]

j) **Kirchliche Rechtsverhältnisse, Beschäftigte weltanschaulich geprägter Organisationen.** Hinsichtlich der in kirchlichen Einrichtungen Tätigen ist zu differenzieren:

- Bedienen sich die Kirchen wie jedermann der Privatautonomie und begründen Rechtsverhältnisse, die die materiellen Kriterien von Arbeitsverhältnissen erfüllen, findet auf sie das staatliche Arbeitsrecht und mit ihm das KSchG Anwendung. Das ist die schlichte Folge einer Rechtswahl.[54] Allerdings beteiligt sich ein Arbeitgeber, der nach dem Staatskirchenrecht der Kirche zugeordnet ist, nicht ausschließlich wie jeder andere an der durch das staatliche Arbeitsrecht begrenzten Privatautonomie zur Begründung und Beendigung von Arbeitsverhältnissen. Er macht zugleich von der institutionellen Garantie Gebrauch, die es den Kirchen erlaubt, ihre Angelegenheiten nach Art 140 GG iVm Art 137 Abs 3 Satz 1 WRV selbstständig innerhalb der Schranken des für alle geltenden Gesetzes zu ordnen und zu verwalten. Deswegen gilt neben dem staatlichen das kircheneigene Arbeitsrecht.[55] Zwar darf die Anwendung des staatlichen Arbeitsrechts die verfassungsrechtlich geschützte Eigenart des kirchlichen Dienstes nicht infrage stellen. Die kirchliche Selbstbestimmung erfasst jedoch nur die Festlegung besonderer Loyalitätspflichten – also Nebenpflichten – **in den** Grenzen des **allgemeinen Willkürverbots** (Art 3 Abs 1 GG), der **guten Sitten** (§ 138 Abs 1 BGB) und des **ordre public** (Art 6 EGBGB). Wahren die Loyalitätsobliegenheiten diese Schranken, heißt das nicht, dass das KSchG nicht anzuwenden ist. Vielmehr ist in **zwei Stufen** zu prüfen, ob die Kündigung gerechtfertigt ist.[56]

48

---

51 vHH/L/Krause § 1 Rn 97 mwN; KR/Griebeling § 1 KSchG Rn 62.
52 BAG 11.6.1959 – 2 AZR 334/57 – AP BGB § 130 Nr 1.
53 KR/Griebeling § 1 KSchG Rn 62 mit weiteren Erwägungen.
54 Vgl BVerfG 4.6.1985 – 2 BvR 1703/83, 2 BvR 1718/83, 2 BvR 856/84 – AP GG Art 140 Nr 24 B II 1 d; BAG 10.12.1992 AP GG Art 140 Nr 41 II 1; BAG 16.9.1999 – 2 AZR 712/98 – NZA 2000, 208, 212 f II 3 e und 5 a.
55 Richardi NZA 1994, 19, im Besonderen zur Grundordnung der Katholischen Kirche für den kirchlichen Dienst iR kirchlicher Arbeitsverhältnisse vom 22.9.1993.
56 Klar, Loyalitätsobliegenheiten und Kündigung kirchlicher Arbeitnehmer, S 98 ff.

– Im **ersten Schritt** haben die Arbeitsgerichte die dafür vorgegebenen kirchlichen Maßstäbe zugrunde zu legen, wie die vertraglichen Loyalitätspflichten zu bewerten sind.
– Bejahen sie auf dieser Grundlage einen Pflichtverstoß, beantwortet sich auf der **zweiten Ebene** die Frage, ob die Verletzung eine Kündigung des kirchlichen Arbeitsverhältnisses sachlich rechtfertigt, nach § 1 KSchG. Die Norm unterliegt als für alle geltendes Gesetz iSd Art 137 Abs 3 Satz 1 WRV umfassender arbeitsgerichtlicher Anwendungskompetenz.[57]

Allerdings ist das kirchliche Selbstbestimmungsrecht nicht allein für die erste Stufe des Loyalitätsverstoßes erheblich. Vielmehr ist in die durchzuführende Interessenabwägung auch die Bedeutung des Selbstbestimmungsrechts einzubeziehen, um auf diese Weise das Spannungsverhältnis von Gewährleistungs- und Schrankenbereich des Art 137 Abs 3 Satz 1 WRV in ein ausgeglichenes Verhältnis zu bringen.[58]

- **Ordensangehörige** werden dagegen nicht auf der Basis eines privatrechtlichen Vertrags, sondern innerhalb einer kirchenrechtlichen Rechtsbeziehung tätig.[59] Sie genießen keinen allgemeinen Kündigungsschutz.
- Anderes gilt grundsätzlich für **religiös nicht gebundene Krankenschwestern**. Allerdings sind **Rot-Kreuz-Schwestern**, die im Rahmen eines Gestellungsvertrags eingesetzt werden und Mitglieder der DRK-Schwesternschaft sind, nicht als Arbeitnehmer zu qualifizieren, wenn ihnen Mitgliedschaftsrechte zustehen. Obwohl sie ihre Dienste in persönlicher Abhängigkeit versehen, ist die Rechtsgrundlage ihrer Leistung die Mitgliedschaft im Verein. Der Mitgliedsbeitrag des § 58 Nr 2 BGB kann darin bestehen, dass Dienste geleistet werden.[60] Gastschwestern können umgekehrt Arbeitnehmer sein.[61]

49 Hauptamtliche (aktiv tätige) außerordentliche Mitglieder von **Scientology** sind Arbeitnehmer, wenn ihnen praktisch keine Mitgliedschaftsrechte im Verein zukommen, die es ihnen ermöglichen, Einfluss zu nehmen. In einem solchen Fall werden arbeitsrechtliche Schutzbestimmungen objektiv umgangen mit der Folge, dass das Rechtsverhältnis, aufgrund dessen die Verpflichtung besteht, als Arbeitsverhältnis einzuordnen ist.[62] In einer neueren Entscheidung hat das BAG jedoch diese Rechtsprechung teilweise aufgege-

---

57 BVerfG 4.6.1985 – 2 BvR 1703/83 – AP GG Art 140 Nr 24 B II 2 a und b.
58 Klar, Loyalitätsobliegenheiten und Kündigung kirchlicher Arbeitnehmer, S 99 f; kein Verstoß gegen Art. 8 EMRK bei fristloser Kündigung wegen Ehebruchs eines Mitarbeiters der Mormonenkirche EGMR 23.9.2010 – 425/03-BeckRS 2010, 24774 = NZA 2011, 277.
59 BAG 7.2.1990 – 5 AZR 84/89 – AP GG Art 140 Nr 37 I 1 und 2 sowie II 1 und 2 für einen exklaustrierten Ordenspriester zur Frage des Rechtswegs zu den staatlichen Gerichten.
60 BAG 6.7.1995 – 5 AZB 9/93 – AP ArbGG 1979 § 5 Nr 22 B I 2 b und c zu § 5 Abs 1 Satz 1 ArbGG; BAG 22.4.1997 – 1 ABR 74/96 – AP BetrVG 1972 § 99 Einstellung Nr 18.
61 BAG 14.12.1994 – 7 ABR 26/94 – AP BetrVG 1972 § 5 Rotes Kreuz Nr 3 B I 2 zu § 5 BetrVG.
62 BAG 22.3.1995 – 5 AZB 21/94 – AP ArbGG 1979 § 5 Nr 21 B II 3 mit eingehender Begründung, allerdings für § 5 Abs 1 Satz 1 ArbGG.

ben und bei einem hauptamtlichen aktiven Mitglied einer Scientology-Gemeinschaft, die in der Rechtsform eines eingetragenen Vereins organisiert war, angenommen, dass dessen Dienste für den Verein als satzungsmäßiger Mitgliedsbeitrag erbracht wurden und dass ein Arbeitsverhältnis nicht begründet worden war, demgemäß wurde der Rechtsweg zu den Gerichten für Arbeitssachen für unzulässig erklärt, die Frage, ob die betreffende Scientology-Gemeinschaft eine Religionsgemeinschaft ist oder in Wahrheit ein wirtschaftlicher Verein, wurde anders als in der Entscheidung vom 22.3.1995,[63] die die Eigenschaft einer Religionsgemeinschaft für den betreffenden Verein der Scientology ausdrücklich verneint hatte, nunmehr offen gelassen.[64]

k) **Leiharbeitsverhältnisse.** Zunächst ist zwischen **echter** und **unechter** Leiharbeit zu unterscheiden:

- Leiht der Verleiher den Arbeitnehmer nur vorübergehend aus, handelt es sich um **echte Leiharbeit**. Der Verliehene genießt gegenüber dem **Verleiher** Kündigungsschutz.[65]
- Wird der Arbeitnehmer ausschließlich eingestellt, um gewerbsmäßig Dritten zur Arbeitsleistung überlassen zu werden, handelt es sich um **unechte Leiharbeit** oder auch **Arbeitnehmerüberlassung** iSd § 1 Abs 1 Satz 1 AÜG. Ggf kann hier ein Arbeitsverhältnis zwischen Verliehenem und **Entleiher** zustande kommen.[66] Allerdings ist die Abordnung von Arbeitnehmern zu einer zur Herstellung eines Werks gebildeten Arbeitsgemeinschaft nach § 1 Abs 1 Satz 2 AÜG keine Arbeitnehmerüberlassung, wenn der Arbeitgeber Mitglied der Arbeitsgemeinschaft ist, für alle Mitglieder der Arbeitsgemeinschaft Tarifverträge desselben Wirtschaftszweigs gelten und alle Mitglieder aufgrund des Arbeitsgemeinschaftsvertrags zur selbstständigen Erbringung von Vertragsleistungen verpflichtet sind. Daneben ist das unechte Leiharbeitsverhältnis von anderen Formen drittbezogenen Personaleinsatzes aufgrund eines Werk- oder Dienstvertrags, die vom AÜG nicht erfasst werden, abzugrenzen:[67]

Bei der **Arbeitnehmerüberlassung** werden dem Entleiher Arbeitskräfte zur Verfügung gestellt. Der Entleiher setzt sie in seinem Betrieb und entsprechend seinen Weisungen wie eigene Arbeitnehmer ein. Der Verleiher ist gegenüber dem Entleiher nur verpflichtet, den Arbeitnehmer auszuwählen und zur Arbeitsleistung zur Verfügung zu stellen. Seine Haftung ist beschränkt auf ein Verschulden bei der Auswahl. In dem Regelfall, dass der Verleiher im Besitz der nach § 1 Abs 1 Satz 1 AÜG

---

63 BAG 22.3.1995 – 5 AZB 21/94 – AP ArbGG 1979 § 5 Nr 21 B I.
64 BAG 26.9.2002 – 5 AZB 19/01 – NZA 2002, 1412 ff B II 2 und 4 b.
65 KR/Etzel 7. Aufl § 1 KSchG Rn 59; krit zur Unterscheidung von echter und unechter Leiharbeit, MünchAbR/Schüren § 318 Rn 6; vgl hierzu auch ErfK/Wank, Einl vor § 1 AÜG Rn 13.
66 Betriebsverfassungsrechtlich sind Leiharbeitnehmer keine Arbeitnehmer des Entleiherbetriebes BAG 22.10.2003 – 7 ABR 3/03 – AP BetrVG 1972 § 38 Nr 38 B II 2 a bb.
67 BAG 30.1.1991 – 7 AZR 497/89 – AP AÜG § 10 Nr 8 III 1.

erforderlichen Erlaubnis[68] ist, genießt der Arbeitnehmer im Verhältnis zum **Verleiher** Kündigungsschutz. Trifft das nicht zu, ist der Arbeitsvertrag zwischen Arbeitnehmer und Verleiher gem § 9 Nr 1 AÜG unwirksam, nach § 10 Abs 1 Satz 1 AÜG wird ein Arbeitsverhältnis zwischen Arbeitnehmer und **Entleiher** fingiert. Regelmäßig gilt das Arbeitsverhältnis zu dem zwischen Entleiher und Verleiher für den Beginn der Tätigkeit vorgesehenen Zeitpunkt als zustande gekommen.[69] Tritt die Unwirksamkeit erst nach Aufnahme der Tätigkeit beim Entleiher ein, wird das Arbeitsverhältnis zwischen Entleiher und Leiharbeitnehmer mit dem Eintritt der Unwirksamkeit fingiert.[70] Sind die Voraussetzungen des KSchG erfüllt, erlangt der Arbeitnehmer in dem Verhältnis zum Entleiher Kündigungsschutz. In die Wartezeit von 6 Monaten nach § 1 I KSchG sind die Zeiten vor Beginn der Fiktion nicht einzurechnen.[71] Das fingierte Arbeitsverhältnis gilt aber als befristet, wenn die Tätigkeit des Leiharbeitnehmers bei dem Entleiher nur befristet vorgesehen war und ein die Befristung sachlich rechtfertigender Grund vorliegt.[72]

- Ist eine wirksame und echte Befristung (ohne ordentliche Kündigungsmöglichkeit) anzunehmen, findet das KSchG keine Anwendung.
- Allgemeiner Kündigungsschutz besteht dagegen bei einer Befristung, die ein ordentliches Kündigungsrecht vorsieht, wenn die Voraussetzungen des ersten Abschnitts des KSchG erfüllt sind.[73]

In den Konstellationen, denen Vereinbarungen zugrunde liegen, die als **Dienst- oder Werkverträge** auszulegen sind, wird im Unterschied dazu ein Unternehmer für eine andere Person tätig. Der Unternehmer bleibt für die Erfüllung der im Vertrag vorgesehenen Dienste oder die Herstellung des geschuldeten Werks verantwortlich.[74]

Die Arbeitnehmer, die eingesetzt werden, um den Dienst- oder Werkvertrag auszuführen, unterliegen der Weisung des Unternehmers und sind dessen Erfüllungsgehilfen. Für sie findet das KSchG im Verhältnis zum **Dienstherrn bzw Werkunternehmer** Anwendung.

51 **l) Leitende Angestellte.** Leitende Angestellte unterfallen nach § 14 Abs 2 KSchG grundsätzlich dem persönlichen Geltungsbereich des ersten Abschnitts des KSchG. Ausgenommen bzw modifiziert sind lediglich zwei Normen:

- Das Recht des praktisch bedeutungslosen Kündigungseinspruchs beim Betriebsrat nach § 3 KSchG steht leitenden Angestellten nicht zu (§ 14 Abs 2 Satz 1 KSchG), weil sie gem § 5 Abs 3 Satz 1 BetrVG nicht der verfassten Belegschaft angehören.

---

68 Vgl zur Frage der betriebsbedingten Kündigung eines Leiharbeitnehmers nach Auftragsverlust des Verleihers BAG 18.5.2006 – 2 AZR 412/05 – NJOZ 2006, 3089 ff.
69 § 10 Abs 1 Satz 1 erster HS AÜG.
70 § 10 Abs 1 Satz 1 letzter HS AÜG.
71 ErfK/Wank § 10 AÜG Rn 18 mwN.
72 § 10 Abs 1 Satz 2 AÜG.
73 Vgl auch von Hoyningen-Huene/Linck, 14. Aufl, § 1 Rn 39.
74 Erfk/Wank § 1 AÜG Rn 12 u 22.

■ Der gegen einen leitenden Angestellten gerichtete Auflösungsantrag des Arbeitgebers muss wegen der besonderen Nähe des Angestellten zu den Arbeitgeber- und Unternehmeraufgaben abweichend von § 9 Abs 1 Satz 2 KSchG nicht begründet werden (§ 14 Abs 2 Satz 2 KSchG).

Es kann im Einzelfall schwierig sein zu bestimmen, ob einem Arbeitnehmer leitende Funktion zukommt. Der Begriff des leitenden Angestellten ist nur erfüllt, wenn der Betreffende für Bestand oder Entwicklung eines Betriebs oder des Gesamtunternehmens bedeutsame Aufgaben – maW typische Unternehmerfunktionen – mit erheblichem eigenem Entscheidungsspielraum wahrnimmt.[75]

m) Teilzeitarbeitsverhältnisse. Teilzeitbeschäftigte unterfallen unabhängig vom Umfang ihrer Arbeitszeit dem persönlichen Geltungsbereich des § 1 Abs 1 KSchG.[76] Stehen sie in mehreren Teilzeitarbeitsverhältnissen, genießen sie in jedem einzelnen Arbeitsverhältnis Kündigungsschutz, sofern den Voraussetzungen des KSchG genügt ist.[77] Das gilt auch für Beschäftigte, die in Jobsharing-Arbeitsverhältnissen nach § 13 TzBfG oder Abrufarbeitsverhältnissen gem § 12 TzBfG stehen.[78]

n) Telearbeit. Der „Telearbeiter" verrichtet Arbeiten in seiner eigenen Wohnung, ist aber kommunikationstechnisch – vor allem mittels elektronischer Datenverarbeitung – an den „Auftraggeber" angegliedert.[79] Es kommt auf die Umstände des Einzelfalls an, ob ein Telebeschäftigter Arbeitnehmer, freier Dienstnehmer oder Heimarbeiter ist. Es gibt auch nach der lediglich klarstellenden Erwähnung der Telearbeit in § 5 Abs 1 BetrVG keinen eigenen Arbeitnehmerbegriff für die Telearbeit, maßgeblich sind vor allem die Kontakt- und Kontrollmöglichkeiten des Arbeitgebers.[80] Ist der Telearbeiter „online" (im Gegensatz zur „Offline-Speicherung" auf Datenträgern) mit dem „Auftraggeber" verbunden und kann er deshalb ständig überwacht werden, liegt die Arbeitnehmereigenschaft nahe.[81] Auch Abrufarbeit, kürzere Ankündigungs- und Erledigungsfristen sprechen für sie.[82]

o) Wiedereingewöhnung, Heilung. Berufliche Rehabilitanden iSd § 74 SGB V sind weder zu ihrer Berufsausbildung Beschäftigte noch Arbeitnehmer ieS.[83] Wer Arbeiten verrichtet, um – etwa innerhalb einer Beschäftigungstherapie – geheilt zu werden, ist kein Arbeitnehmer. Die Tätigkeit

---

75 IE wird auf die zu § 5 Abs 3 Satz 2 (Definitionen) und Abs 4 (Auslegungsregeln) BetrVG ergangene Rspr verwiesen.
76 BAG 13.3.1987 – 7 AZR 724/85 – AP KSchG 1969 § 1 Betriebsbedingte Kündigung Nr 37 I 3 a.
77 vHH/L/Krause § 1 Rn 71.
78 vHH/L/Krause § 1 Rn 71; KR/Griebeling § 1 KSchG Rn 66; näher Rn 42.
79 Vgl vHH/L/Krause § 1 Rn 72.
80 KR/Rost Arbeitnehmerähnliche Personen Rn 4 a.
81 KR/Rost Arbeitnehmerähnliche Personen Rn 4 a, der aber mit Kappus NJW 1984, 2385 zu Recht darauf aufmerksam macht, dass die Online-Verbindung die Arbeitnehmereigenschaft nicht zwingend begründet.
82 vHH/L/Krause Rn 72; s hierzu auch ErfK/Preis § 611 BGB Rn 81.
83 BAG 26.1.1994 – 7 ABR 13/92 – AP BetrVG 1972 § 5 Nr 54 II 2 bis 5, die Entscheidung betrifft allerdings nicht den Arbeitnehmerbegriff des § 1 Abs 1 KSchG, sondern den der §§ 5 Abs 1, 60 Abs 1 BetrVG.

dient nicht dazu, Entgelt zu erzielen, im Vordergrund steht die berufliche Rehabilitation.[84]

II. Zeitlicher Geltungsbereich: über sechsmonatiger Bestand des Arbeitsverhältnisses

1. Allgemeines

56 a) **Gesetzeszweck.** Seit seiner Änderung durch das Erste Arbeitsrechtsbereinigungsgesetz vom 14.8.1969[85] verlangt § 1 Abs 1 KSchG, dass das Arbeitsverhältnis in demselben Betrieb oder **Unternehmen** ohne Unterbrechung länger als sechs Monate bestanden haben muss. Entscheidend ist nicht die tatsächliche Beschäftigung, sondern ausschließlich der rechtliche Bestand des Arbeitsverhältnisses. Vorrangiger Sinn der Norm ist folglich nicht eine dem Arbeitgeber eingeräumte Möglichkeit, den Arbeitnehmer zu erproben. Vielmehr soll der Arbeitnehmer erst durch eine gewisse Dauer der Zugehörigkeit zum Betrieb oder Unternehmen das Recht auf eine Arbeitsstelle erwerben.[86] Maßgebend für den Ablauf der 6-Monats-Frist ist der kalendermäßig feststellbare rechtliche Bestand des Arbeitsverhältnisses, gleichgültig ob der Arbeitnehmer während der Wartezeit 3 Monate krank oder aber das Arbeitsverhältnis durch Streik 2 Monate suspendiert war.[87]

57 b) **Einseitig zwingender Charakter.** Während die Wartefrist verkürzt oder gänzlich abbedungen werden kann,[88] darf sie nicht verlängert oder ihre Erfüllung davon abhängig gemacht werden, dass der Arbeitnehmer tatsächlich arbeitet. § 1 Abs 1 KSchG enthält einseitig zwingendes Recht zugunsten des Arbeitnehmers, von dem weder die Tarifpartner[89] noch die Parteien des Einzelarbeitsvertrags zu seinen Lasten abweichen dürfen. Bei der Auslegung von Tarifnormen und Vertragsklauseln, die die Berechnung der Betriebszugehörigkeit regeln, ist jedoch im einzelnen Sachverhalt zu prüfen, ob sie auch die Wartezeit betreffen.[90] Durch eine vertragliche Vereinbarung kann eine an sich nicht anrechnungsfähige frühere Beschäftigungszeit bei demselben Arbeitgeber oder bei einem anderen Unternehmen auf die Betriebszugehörigkeitsdauer angerechnet werden.[91] Eine individuelle Vereinbarung, die von der Wartefrist absieht, kann auch schlüssig getroffen werden. Hierfür genügt aber kein bloßes auf Dauer angelegtes Arbeitsverhältnis. Es müssen besondere Umstände hinzutreten, deren Interpretation nach §§ 133, 157 BGB es im Einzelfall erlaubt, ein auf Dauer angeleg-

---

84 vHH/L/Krause § 1 Rn 91 b.
85 BGBl I S 1106.
86 Grundlegend BAG 23.9.1976 – 2 AZR 309/75 – AP KSchG 1969 § 1 Wartezeit Nr 1 I 2 c; BAG 6.12.1976 – 2 AZR 470/75 – AP KSchG 1969 § 1 Wartezeit Nr 2 3 a bis c.
87 Stahlhacke/Preis/Vossen Rn 870.
88 BAG 28.2.1990 – 2 AZR 426/89 – AP KSchG 1969 § 1 Wartezeit Nr 8 II 1 f; BAG 28.2.1990 – 2 AZR 425/89 – NZA 1990, 858 II 1 b; KR/Griebeling § 1 KSchG Rn 94.
89 BAG 14.5.1987 – 2 AZR 380/86 – AP KSchG 1969 § 1 Wartezeit Nr 5 B I.
90 Für eine Tarifbestimmung verneinend BAG 28.2.1990 – 2 AZR 426/89 – AP KSchG 1969 § 1 Wartezeit Nr 8 II 1 f.
91 BAG 2.6.2005 – 2 AZR 480/04 – AP KSchG 1969 § 1 Soziale Auswahl Nr 75 B I 4 b. aa; BAG 24.11.2002 – 2 AZR 614/04 AP KSchG 1969 § 1 Wartezeit Nr 19 B 3 a.

tes Arbeitsverhältnis mit dem konkludenten Ausschluss der Wartezeit zu verbinden.[92] Er liegt bspw nahe, wenn der Arbeitnehmer ein neues Arbeitsverhältnis mit einem früheren Arbeitgeber begründet und sich beide darüber einig sind, dass „das frühere Arbeitsverhältnis" zu den alten Bedingungen wieder aufgenommen werden soll.[93] Die Wartezeit kann ferner ausgeschlossen sein, wenn ein Sozialplan einen Wiedereinstellungsanspruch begründet und es zu einer Wiedereinstellung kommt.[94] Ein übereinstimmender Parteiwille, die Wartefrist abzubedingen, kommt auch dann in Betracht, wenn dem neuen Arbeitgeber bekannt ist, dass der Arbeitnehmer in seiner bisherigen Stellung Kündigungsschutz genießt. Hier kann es genügen, wenn der Arbeitnehmer gegenüber dem Arbeitgeber vor Abschluss des Arbeitsvertrags erklärt, er lege **besonderen Wert auf eine Dauerstellung**, oder auf andere Weise zum Ausdruck bringt, sein Arbeitsplatz dürfe nicht weniger sicher werden, und der Arbeitgeber dem nicht widerspricht.[95] In einer derartigen Gestaltung wird nicht das Schweigen des Arbeitgebers als Annahme des durch den Arbeitnehmer angetragenen Ausschlusses der Wartefrist gewertet, sondern der – ausdrücklichen oder schlüssigen – Annahme des Angebots des gesamten Arbeitsvertrags ua dieser Erklärungswert beigemessen. Die Zusage einer Dauer- oder Lebensstellung muss stets ausgelegt werden. Denkbar ist zum einen, dass von der Wartefrist abgesehen werden soll. Zum anderen können aber auch Ausschluss oder Beschränkung des ordentlichen Kündigungsrechts für den Arbeitgeber gemeint sein.[96]

Wird eine Probezeit von mehr als sechs Monaten vereinbart oder sieht ein Tarifvertrag eine solche vor, ändert das nichts an dem Ende der Wartezeit, wenn das Arbeitsverhältnis länger als sechs Monate besteht. Der Arbeitnehmer erlangt unabhängig von der Probezeitabrede und ihrer Wirksamkeit allgemeinen Kündigungsschutz.[97]

58

2. Zugehörigkeit zum Unternehmen

Obwohl der allgemeine Kündigungsschutz – mit Ausnahme der Weiterbeschäftigungsmöglichkeit nach § 1 Abs 2 Satz 2 Nr 1 b KSchG – betriebsbezogen ausgestaltet ist, knüpft die Wartefrist an die Zugehörigkeit zum **Unternehmen** an. Während ein Betrieb einem oder mehreren arbeitstechnischen Zweck(en) dient, bildet das Unternehmen den wirtschaftlichen Träger des Betriebs und verfolgt einen hinter dessen unmittelbarem arbeitstechnischen Zweck stehenden wirtschaftlichen oder ideellen Zweck. Die im Betrieb eingesetzten arbeitstechnischen Mittel verwirklichen den Unterneh-

59

---

92 BAG 8.6.1972 – 2 AZR 285/71 – AP KSchG 1969 § 1 Nr 1 5 b aa, das allerdings von einer stillschweigenden Vereinbarung spricht.
93 vHH/L/Krause § 1 Rn 103.
94 KR/Griebeling § 1 KSchG Rn 97 unter Hinweis auf BAG 5.7.1984 – 2 AZR 246/83 – nv.
95 BAG 18.2.1967 – 2 AZR 114/66 – AP KSchG § 1 Nr 81 = NJW 1967, 1152.
96 Zu Letzterem BAG 21.10.1971 – 2 AZR 17/71 – AP BGB § 611 Gruppenarbeitsverhältnis Nr 1.
97 vHH/L/Krause § 1 Rn 101; KR/Griebeling § 1 KSchG Rn 98; Stahlhacke/Preis/Vossen Rn 868.

menszweck.[98] Im öffentlichen Dienst entspricht dem Unternehmensbegriff der Begriff des Verwaltungszweigs; Verwaltungszweige sind zB die Arbeits-, Finanz-, Justiz- oder Wehrbereichsverwaltung desselben öffentlichen Arbeitgebers.[99]

60 Für die Berechnung der Betriebszugehörigkeit als Sozialdatum im Rahmen der sozialen Auswahl nach § 1 Abs 3 KSchG sind die Grundsätze heranzuziehen, die auch die Berechnung der Wartefrist des § 1 Abs 1 KSchG bestimmen. Die Betriebszugehörigkeit ist deshalb nicht identisch mit der Zeitspanne, in der ein Arbeitnehmer in demselben Betrieb arbeitet. Entscheidend ist vielmehr die Beschäftigung bei demselben Arbeitgeber, auch wenn sie in verschiedenen Betrieben stattfand. Denn auch mit einer nicht allein an den Betrieb anknüpfenden Bindung sind wirtschaftliche und soziale Wirkungen verbunden.[100]

61 Für die Wartezeit sind folgende Konstellationen zu unterscheiden:

62 **a) Verschiedene Betriebe desselben Unternehmens.** Steht der Arbeitnehmer in rechtlich ununterbrochener Folge in Arbeitsverhältnissen innerhalb verschiedener Betriebe desselben Unternehmens, werden die Zeiten **addiert**. Die Wartefrist ist verstrichen, wenn er insgesamt länger als sechs Monate dem Unternehmen angehört.

63 **b) Unterschiedliche Unternehmen eines Unternehmers, mehrere Unternehmensträger.** Betreibt ein Unternehmer dagegen – zB in einem wie auch immer gearteten Konzern – nicht nur ein, sondern mehrere Unternehmen, werden Arbeitsverhältnisse in unterschiedlichen Unternehmen nach dem Wortlaut des § 1 Abs 1 KSchG **grundsätzlich nicht zusammengerechnet**. Anderes gilt, wenn die Parteien anlässlich des Unternehmenswechsels ausdrücklich oder konkludent vereinbaren, die Zugehörigkeit zum früheren Unternehmen werde auf die Wartefrist **angerechnet**. Teile der Literatur wollen die Abreden im Falle eines Unternehmenswechsels nach Treu und Glauben mit Rücksicht auf die Verkehrssitte (§ 157 BGB) nicht nur dann, wenn die beiden Unternehmensträger identisch sind, vielmehr auch, wenn es sich um verschiedene Rechtspersönlichkeiten handelt, als Anrechnungsvereinbarungen auslegen, um erworbene Rechte des Arbeitnehmers zu wahren.[101] Abweichend von diesen Ansichten müssen hierfür wegen des im Wortlaut des § 1 Abs 1 KSchG ausgedrückten Gesetzeszwecks, der allein Arbeitsverhältnisse innerhalb desselben Unternehmens berücksichtigt wissen will, besondere Anhaltspunkte bestehen. Liegen sie nicht vor, scheidet ungeachtet dessen, dass Konzernverflechtungen seit 1969 stark zugenommen haben, auch eine Analogie aus. Das Problem war dem Gesetzgeber im Jahre 1969 bereits bekannt, eine unbewusste Regelungslücke kann deshalb nicht angenommen werden. Kommen in der konkreten Konstellation we-

---

98 Vgl vHH/L/Krause § 1 Rn 110.
99 KR/Griebeling § 1 KSchG Rn 145.
100 BAG 6.2.2003 – 2 AZR 623/01 – NJOZ 2003, 3166 II 1 b bb (1.).
101 vHH/L/Krause § 1 Rn 115 mwN; nach APS/Vossen/Dörner KSchG § 1 Rn 45 ist die bei einem 100%igen Tochterunternehmen zurückgelegte Betriebszugehörigkeit auch ohne Anrechnungsvereinbarung anzurechnen, da insofern wegen der Gefahr der Umgehung des § 1 KSchG eine wirtschaftliche Betrachtungsweise zu gelten hat.

der Auslegung noch Analogie in Betracht, kann Missbräuchen – der Arbeitgeber drängt den Arbeitnehmer etwa zum Unternehmenswechsel, um den Verlust des Kündigungsschutzes herbeizuführen – dennoch begegnet werden. Hier ist der Arbeitnehmer entsprechend § 162 Abs 1 BGB so zu stellen, als hätte er die Wartefrist im neuen Unternehmen bereits erfüllt. Jedenfalls übt der Arbeitgeber in nach § 242 BGB unzulässiger Weise sein Recht aus, wenn er den durch den Unternehmenswechsel eingetretenen Verlust des Kündigungsschutzes einwendet. Stimmen alter und neuer Arbeitgeber als Unternehmensträger nicht überein, kann der jetzige Arbeitgeber die nicht vollendete Wartefrist zumindest dann nicht geltend machen, wenn der Unternehmenswechsel von ihm mitveranlasst wurde und auch in seinem Interesse lag.

c) Arbeitsverhältnis mit dem herrschenden Unternehmen eines Konzerns. 64
Geht ein Arbeitnehmer ein Arbeitsverhältnis mit dem herrschenden Unternehmen eines Konzerns ein, genießt er im Verhältnis zu ihm allgemeinen Kündigungsschutz, sobald die sechsmonatige Wartefrist verstrichen ist. Die Wartezeit kann er in unterschiedlichen Konzernunternehmen zurücklegen, ohne dass es darauf ankäme, auf welcher rechtlichen Grundlage – Abordnung, Leihe usw – sein tatsächlicher Einsatz erfolgt und ob er mit den verschiedenen beherrschten Unternehmen eigenständige Arbeitsverträge schließt.[102] Jedenfalls besteht ein Arbeitsverhältnis mit und in dem herrschenden Unternehmen.

d) Rechtsnachfolge. aa) Betriebsübergang. Geht der Betrieb oder Betriebs- 65
teil, in dem der Arbeitnehmer beschäftigt ist, durch Rechtsgeschäft auf einen anderen Inhaber über, wird die bei dem Rechtsvorgänger zurückgelegte Zeit des Arbeitsverhältnisses nach § 613 a Abs 1 Satz 1 BGB auf die Wartefrist angerechnet. Dies gilt auch dann, wenn zum Zeitpunkt des Betriebsübergangs das Arbeitsverhältnis kurzfristig unterbrochen war, die Arbeitsverhältnisse aber in einem engen sachlichen Zusammenhang stehen.[103]

bb) Zusammenschluss von Unternehmen. Werden zwei Unternehmen zu- 66
sammengeschlossen (was auch im Wege der Verschmelzung iSd Umwandlungsrechts geschehen kann), reicht es aus, wenn der Arbeitnehmer die Wartefrist in einem der beiden früher getrennten Unternehmen zurückgelegt hat. Das folgt auch dann aus dem Wortlaut des § 1 Abs 1 KSchG, wenn der Arbeitnehmer im Hinblick auf den Zusammenschluss von dem einen bislang selbstständigen Unternehmen zu dem anderen wechselt. Maßgeblich ist ausschließlich, dass bei Zugang der Kündigung nurmehr ein Unternehmen besteht. Auf einen inneren Zusammenhang zwischen den Unternehmenszugehörigkeitszeiten braucht daher nicht zurückgegriffen zu werden.[104]

---

102 Vgl KR/Etzel 7. Aufl § 1 KSchG Rn 118; APS/Vossen/Dörner KSchG § 1Rn 45; KR/Griebeling, § 1 KSchG Rn 118, der diesen Grundsatz nicht auf das herrschende Konzernunternehmen beschränkt.
103 BAG 27.6.2002 – 2 AZR 270/01 – AP KSchG 1969 § 1 Nr 15 B I 3 b; BAG 18.9.2003 – 2 AZR 330/02 – NZA 2004, 319 ff B I 1; vgl auch BAG 5.2.2004 – 8 AZR 639/02 NZA 2004, 845 ff II 2 a.
104 Im Ergebnis wie hier, in der Begründung wohl aA vHH/L/Krause § 1 Rn 117a; im Ergebnis ebenso zur Verschmelzung ErfK /Oetker § 1 KSchG Rn 48.

67 **cc) Spaltung, Verschmelzung, Vermögensübertragung.** Wird ein Unternehmen in zwei aufgespaltet, muss der von der Spaltung betroffene Arbeitnehmer die Wartefrist wegen § 323 Abs 1 UmwG nicht erneut vollenden. Es reicht aus, dass es sich zu Beginn des Arbeitsverhältnisses um ein einheitliches Unternehmen handelte.[105] Kommt es bei der Spaltung – bzw Verschmelzung oder Vermögensübertragung – zu einem Betriebsübergang, folgt der Ablauf der Wartezeit gem § 324 UmwG schon aus der allgemeinen Regel des § 613a Abs 1 Satz 1 BGB.

68 **dd) Erbfolge.** Der Erbe des Arbeitgebers tritt gem §§ 1922 Abs 1, 1967 Abs 1 BGB in die Rechte und Pflichten des Erblassers ein, der nach zurückgelegter Wartefrist erworbene Kündigungsschutz dauert an.

3. Berechnung der Wartefrist

69 **a) Beginn.** Entscheidend ist nicht die tatsächliche Beschäftigung, sondern der **rechtliche Beginn des Arbeitsverhältnisses**. Das bedeutet aber nicht, dass die Wartefrist notwendig mit dem Abschluss des Arbeitsvertrags begänne. Maßgeblich ist vielmehr der **exakte Tag** (§ 187 Abs 2 BGB, dieser Tag wird mitgezählt), **an dem die Arbeit nach der Parteiabrede aufgenommen werden soll**. Weder Erkrankung noch Annahmeverzug des Arbeitgebers verzögern deswegen den Beginn der Wartefrist.[106] Nimmt der Arbeitnehmer die Arbeit dagegen zur vereinbarten Zeit aus Gründen, die er selbst zu vertreten hat, nicht auf, kann er sich nach Treu und Glauben erst dann auf allgemeinen Kündigungsschutz berufen, wenn sechs Monate verstrichen sind, nachdem er die Arbeit tatsächlich angetreten hat.[107]

70 **b) Ende.** Die Wartefrist endet mit dem Ablauf des Tags des sechsten Monats, der dem Tag vorangeht, der durch seine Zahl dem Anfangstag der Frist entspricht (§ 188 Abs 2 Alt 2 BGB). Soll der Arbeitnehmer die Arbeit am 1.12.2010 aufnehmen, endet die Wartezeit am 31.5.2011, 24.00 Uhr. Der Arbeitnehmer erlangt ab 1.6.2011, 0.00 Uhr, allgemeinen Kündigungsschutz. Ob er sich auf ihn berufen kann, hängt davon ab, ob die Kündigung nach Vollendung der Wartezeit **zugeht**. Es reicht nicht aus, dass die Kündigungsfrist erst in einem Zeitpunkt abläuft, zu dem die Wartefrist bereits verstrichen ist.[108] § 193 BGB findet auf die Berechnung der Wartezeit keine Anwendung. Der Zeitraum von sechs Monaten verlängert sich deshalb nicht, wenn sein letzter Tag auf einen Sonntag, einen allgemeinen Feiertag oder einen Sonnabend fällt.[109] Die Dauer der Wartezeit verlängert sich auch bei Teilzeitbeschäftigten nicht.[110]

71 Nur ausnahmsweise ist der Arbeitnehmer entsprechend § 162 Abs 1 BGB so zu behandeln, als genösse er schon allgemeinen Kündigungsschutz, wenn der Arbeitgeber die Kündigung vor dem Ende der Wartefrist nur aus-

---

105 vHH/L/Krause § 1 Rn 117; KR/Griebeling § 1 KSchG Rn 120.
106 AllgM, statt vieler vHH/L/Krause § 1 Rn 120, KR/Griebeling § 1 KSchG Rn 100.
107 Ebenso vHH/L/Krause Rn 120; KR/Griebeling § 1 KSchG Rn 100, der aber nicht auf den Grundsatz von Treu und Glauben zurückgreifen will.
108 BAG 18.8.1982 – 7 AZR 437/80 – AP BetrVG 1972 § 102 Nr 24 II 1.
109 BAG 24.10.2013 – 2 AZR 1057/12 –, NZA 2014, 725 C II 6, mit Anm Kern, ArbRAktuell 2014, 67936.
110 KR/Griebeling § 1 KSchG Rn 104.

spricht, um entgegen dem Grundsatz von Treu und Glauben den Eintritt des allgemeinen Kündigungsschutzes zu vereiteln.[111] Hier darf allerdings das Regel-Ausnahme-Verhältnis nicht verkehrt werden. Nicht jede Kündigung, die kurz vor dem Ende der Wartefrist zugeht, verhindert den Kündigungsschutz treuwidrig, zumal es von untergeordneter Bedeutung ist, wie lange vor Ablauf der Wartezeit die Kündigung erklärt wird.[112] Grundsätzlich dürfen gesetzliche Fristen ausgeschöpft werden, der Arbeitnehmer erlangt erst mit Ablauf der Sechsmonatsfrist Kündigungsschutz. Der Rechtsgedanke des § 162 Abs 1 BGB greift nicht schon dann ein, wenn der Arbeitgeber bereits während der Wartezeit kündigt, obwohl die Kündigungsfrist für den in Aussicht genommenen Beendigungstermin noch nach Ende der Wartefrist hätte eingehalten werden können. Eine Analogie zu § 162 Abs 1 BGB kommt erst dann in Betracht, wenn der Arbeitgeber lediglich deshalb vor dem Ende der Wartezeit kündigt, um den Eintritt des Kündigungsschutzes zu verhindern, und wenn dies unter Berücksichtigung der im Einzelfall gegebenen Umstände gegen Treu und Glauben verstößt. Erklärt er die Kündigung vor Ablauf der Wartefrist, um zB einen Rechtsstreit über die etwaige Sozialwidrigkeit der Kündigung zu vermeiden, liegt darin noch kein Verstoß gegen Treu und Glauben. Es müssen vielmehr weitere Umstände hinzutreten.[113] Es kann auf eine unzulässige Umgehung des allgemeinen Kündigungsschutzes hindeuten, wenn nicht schon zu dem erstmöglichen Kündigungstermin nach der Wartefrist gekündigt wird, sondern zu einem späteren.

c) **Fälle der gesetzlichen Anrechnung.** Kraft Gesetzes sind folgende Zeiten auf die Wartefrist anzurechnen:

- die Zeiten des Grundwehrdienstes oder einer Wehrübung (§ 6 Abs 2 Satz 1 HS 1 ArbPlSchG, allerdings erst nach Abschluss der Ausbildung; bei freiwilligen Wehrübungen wird nur eine Dauer von bis zu sechs Wochen im Kalenderjahr angerechnet, § 10 ArbPlSchG),
- der Wehrdienst von Soldaten auf Zeit bis zur Dauer von zwei Jahren (§§ 16a Abs 1 ArbPlSchG, 8 Abs 3 SVG),[114]
- der Zivildienst (§ 78 ZDG),
- Eignungsübungen bis zur Dauer von vier Monaten (§ 1 EigÜbG iVm § 8 VOEigÜbG)[115]

Soweit **Arbeitnehmer ausländischer Herkunft** den Wehrdienst in ihren Heimatstaaten abzuleisten haben, ist zu differenzieren:

- Wanderarbeitnehmer, die Staatsangehörige der Signatarstaaten der Europäischen Sozialcharta sind, können nach § 16 Abs 6 ArbPlSchG den Schutz der §§ 1 Abs 1,3 und 4 sowie 2 bis 8 ArbPlSchG in Anspruch nehmen; Voraussetzung ist der rechtmäßige Aufenthalt des Wanderarbeitnehmers in Deutschland und seine Einziehung zum

72

73

---

111 BAG 18.8.1982 – 7 AZR 437/80 – AP BetrVG 1972 § 102 Nr 24 II 1; strenger KR/Griebeling § 1 KSchG Rn 103.
112 BAG – 7 AZR 437/80 – AP BetrVG 1972 § 102 Nr 24 II 1 und 2.
113 Zu allem BAG – 7 AZR 437/80 – AP BetrVG 1972 § 102 Nr 24 II 1.
114 Dazu BAG 30.1.1985 – 7 AZR 414/82 – AP Soldatenversorgungsgesetz § 8 Nr 5.
115 Vgl zu allem auch die Voraufl § 2 ArbPlSchG Rn 7; s hierzu auch KR/Griebeling § 1 KSchG Rn 122.

- Wehrdienst aufgrund der in seinem Heimatstaat bestehenden Wehrpflicht.[116]
- Bei **Bürgern anderer ausländischer Staaten** ist nur die Zeit des verkürzten Grundwehrdienstes auf die Wartefrist anzurechnen.[117] Das ArbPlSchG findet auf sie auch keine analoge Anwendung.[118]

74 Kündigt eine Frau während der Schwangerschaft oder während der Schutzfrist nach der Entbindung zum Ende dieser Schutzfrist und wird sie innerhalb eines Jahres nach der Entbindung wieder in ihrem bisherigen Betrieb eingestellt, bleibt ihr allgemeiner Kündigungsschutz nach zurückgelegter Wartezeit erhalten (§ 10 Abs 2 Satz 1 MuSchG), sofern sie in der Zwischenzeit bei keinem anderen Arbeitgeber beschäftigt war (§ 10 Abs 2 Satz 2 MuSchG).

75 **d) Anrechnung vergangener Rechtsverhältnisse. aa) Arbeitsbeschaffungsmaßnahmen und Weiterbildungsmaßnahmen, Eingliederungsverträge.** Schließt sich an eine Arbeitsbeschaffungsmaßnahme des § 260 SGB III a. F. unmittelbar ein unbefristetes Arbeitsverhältnis an, ist die Zeit der Arbeitsbeschaffungsmaßnahme auf die Wartefrist anzurechnen,[119] da der Maßnahme sowohl ein Arbeitsvertrag als auch ein Arbeitsverhältnis zugrunde liegt.

76 Zeiten einer von der Bundesagentur für Arbeit geförderten Fortbildungsmaßnahme in einem Betrieb nach § 981 SGB II können nur bei einem vereinbarten Arbeitsverhältnis angerechnet werden[120].

77 Die Zeit der Eingliederung eines Arbeitslosen gem §§ 229 ff SGB III aF ist nicht auf die Wartezeit des § 1 Abs 1 KSchG anzurechnen.[121] Denn der Gesetzgeber wollte das mit dem Eingliederungsvertrag zustande gekommene Beschäftigungsverhältnis grundsätzlich nicht als Arbeitsverhältnis verstanden und behandelt wissen.[122]

78 **bb) Ausbildungsverhältnisse.** Ausbildungszeiten sind in die Wartefrist einzubeziehen. Zum einen sind nach § 10 Abs 2 BBiG auf den Berufsausbildungsvertrag, soweit sich aus seinem Wesen und Zweck sowie dem BBiG nichts anderes ergibt, die für den Arbeitsvertrag geltenden Vorschriften und Grundsätze anzuwenden.[123] Zum anderen hätte es der Übergangsbestimmung des Art 6 Abs 3 des Ersten Arbeitsrechtsbereinigungsgesetzes vom 14.8.1969[124] sonst nicht bedurft. Danach galt § 1 Abs 1 KSchG bis zum 31.12.1972 mit der Maßgabe, dass die Ausbildungszeit auf die sechsmonatige Wartezeit nur dann angerechnet werden durfte, wenn der Arbeit-

---

116 KR/Weigand § 2 ArbPlSchG Rn 4 f.
117 vHH/L/Krause § 1 Rn 139; KR/Griebeling § 1 KSchG Rn 122.
118 BAG 22.12.1982 – 2 AZR 282/82 – AP BGB § 123 Nr 23 B II 2 a aa; vgl auch die Voraufl § 2 ArbPlSchG Rn 8.
119 BAG 12.2.1981 – 2 AZR 1108/78 – AP BAT § 5 Nr 1 B II; Stahlhacke/Preis Rn 875.
120 vHH/L/Krause § 1 KSchG Rn 126.
121 BAG 17.5.2001 – 2 AZR 10/00 – AP KSchG 1969 § 1 Wartezeit Nr 14 II 2-4
122 BAG 17.5.2001 – 2 AZR 10/00 – AP KSchG 1969 § 1 Wartezeit Nr 14 II 3 a.
123 BAG 26.8.1976 – 2 AZR 377/75 – AP BGB § 626 Nr 68 III 3 in dem anderen Zusammenhang der Berechnung der Betriebszugehörigkeit für eine Abfindung; Stahlhacke/Preis Rn 874.
124 BGBl I S 1111.

nehmer im Zeitpunkt der Kündigung das 20. Lebensjahr vollendet hatte. Seit die Altersgrenze mit Gesetz vom 8.7.1976[125] entfallen ist, sind Ausbildungszeiten ungeachtet des Lebensalters auf die Wartefrist anzurechnen.[126] Ein **betriebliches Praktikum** zur beruflichen Fortbildung ist dagegen nur dann auf die Wartefrist anzurechnen, wenn es innerhalb eines Arbeitsverhältnisses abgeleistet wurde.[127]

cc) Faktische bzw fehlerhafte Arbeitsverhältnisse. Schließen die Parteien eines sog faktischen Arbeitsverhältnisses für die Zeit unmittelbar nach seiner Lösung einen Arbeitsvertrag, der nicht an dem Nichtigkeits- oder Anfechtungsgrund des fehlerhaften ersten Arbeitsvertrags leidet, ist die Dauer des faktischen Arbeitsverhältnisses auf die Wartefrist anzurechnen. Obwohl der erste Arbeitsvertrag nichtig war, bestand während seines Vollzugs ein – wenn auch fehlerhaftes – Arbeitsverhältnis. Nur auf das **Arbeitsverhältnis**, nicht den Arbeitsvertrag, stellt § 1 Abs 1 KSchG ab.[128] 79

Allerdings ist nach der neueren Rechtsprechung des BAG[129] an folgenden Fall zu denken: Erkrankt der in einem fehlerhaften Arbeitsverhältnis Stehende, nachdem auf der Grundlage des anfechtbaren Vertrags ursprünglich Dienstleistung und Entgelt ausgetauscht worden waren, und löst sich der faktische Arbeitgeber mit Wirkung des Beginns der Krankheit von dem Vertrag, scheidet eine Anrechnung der Zeit des faktischen Arbeitsverhältnisses grundsätzlich aus. Der Beginn der Erkrankung führt hier nicht nur zu einer Unterbrechung der tatsächlichen Beschäftigung, was für § 1 Abs 1 KSchG unerheblich wäre, sondern berechtigt den Arbeitgeber, sich gemäß der gesetzlichen Regel des § 142 Abs 1 BGB rückwirkend von dem **rechtlichen Bestand** des Arbeitsverhältnisses loszusagen. 80

Hinweis: Begründen die Parteien erst in direktem Anschluss an die Krankheit ein fehlerfreies Arbeitsverhältnis, beginnt die Wartezeit nur dann nicht erneut,

- wenn sie eine **ausdrückliche oder schlüssige Anrechnungsvereinbarung** treffen[130] oder
- zwischen dem faktischen und dem späteren Arbeitsverhältnis ein **enger sachlicher Zusammenhang** besteht.[131]

dd) Familiäre Mithilfe. Zeiten familiärer Mithilfe[132] werden auf die Wartezeit eines späteren Arbeitsverhältnisses nicht angerechnet. Der unzweideutige Wortlaut des § 1 Abs 1 KSchG will nur Zeiten eines Arbeitsverhältnisses berücksichtigt wissen. 81

---

125 BGBl I S 1769.
126 KR/Griebeling § 1 KSchG Rn 107; vgl auch Rolfs/Giesen/Kreikebohm/Udsching/Rolfs § 1 KSchG Rn 39.
127 BAG 18.11.1999 – 2 AZR 89/99 – AP KSchG 1969 § 1 Wartezeit Nr 11 II 2; LAG Hamm 8.7.2003 – 19 Sa 501/03 – BB 2003, 2237; KR/Griebeling § 1 KSchG Rn 107; Rolfs/Giesen/Kreikebohm/Udsching/Rolfs § 1 KSchG Rn 39.
128 Zutr vHH/L/Krause § 1 Rn 121.
129 Urt vom 3.12.1998 – 2 AZR 754/97 – AP BGB § 123 Nr 49 II 3 a.
130 Dazu Rn 63.
131 S Rn 87.
132 Vgl §§ 1353 Abs 1 Satz 2, 1619 BGB, Rn 39.

82 **ee) Freie Dienstverhältnisse.** Auch Tätigkeiten innerhalb eines freien Dienstverhältnisses, bspw als gesetzlicher Vertreter[133] des späteren Arbeitgebers, bleiben außer Acht.

83 **ff) Leiharbeitsverhältnisse.** Kommt im unmittelbaren Anschluss an das Arbeitsverhältnis zwischen Leiharbeitnehmer und Verleiher ein Arbeitsverhältnis mit dem Entleiher zustande, ist zu unterscheiden:[134]

- Im Fall der **echten** Leiharbeit ist das frühere Leiharbeitsverhältnis nicht auf die Wartefrist anzurechnen, weil der Verliehene nicht in einem Arbeitsverhältnis mit dem Entleiher, sondern mit dem **Verleiher** stand[135].
- Handelt es sich um **unechte** Leiharbeit oder auch gewerbsmäßige Arbeitnehmerüberlassung, sind zwei Gestaltungen denkbar:
  – Im Regelfall der **legalen Leihe** besteht ebenfalls nur ein Arbeitsverhältnis mit dem **Verleiher**, eine Anrechnung scheidet daher aus.[136]
  – Fehlt dem Verleiher dagegen die nach § 1 Abs 1 Satz 1 AÜG nötige Erlaubnis **von vornherein**, ist der Arbeitsvertrag zwischen Verliehenem und Verleiher gem § 9 Nr 1 AÜG unwirksam. Nach der Fiktion des § 10 Abs 1 Satz 1 HS 1 AÜG gilt dann ein Arbeitsverhältnis zwischen Entleiher und Leiharbeitnehmer zu dem **zwischen Entleiher und Verleiher für den Beginn der Tätigkeit vorgesehenen Zeitpunkt** als zustande gekommen. Ab diesem Zeitpunkt beginnt die beim Entleiher zurückzulegende Wartezeit.[137] Maßgeblich ist auch insoweit nicht die tatsächliche, sondern die zwischen Verleiher und Entleiher vereinbarte Arbeitsaufnahme.[138]
- Entfällt die Erlaubnis **erst während der Leihe**, gilt das Arbeitsverhältnis zwischen Entleiher und Leiharbeitnehmer gem § 10 Abs 1 Satz 1 HS 2 AÜG mit dem **Eintritt der Unwirksamkeit** als zustande gekommen. Mit diesem Zeitpunkt beginnt die Wartefrist des fingierten Arbeitsverhältnisses[139]. Das frühere Arbeitsverhältnis mit dem Verleiher, dem nach wie vor ein wirksamer Arbeitsvertrag zugrunde liegt, ist für sie – mit Ausnahme einer ausdrücklich oder konkludent vereinbarten Anrechnung – nicht zu berücksichtigen.

84 **e) Ununterbrochener Bestand des Arbeitsverhältnisses. aa) Tatsächliche Unterbrechungen.** Während das Arbeitsverhältnis grundsätzlich ohne **rechtliche** Unterbrechung bestanden haben muss, hindern tatsächliche Unterbrechungen – Krankheit, Urlaub, Freistellungen u.a.m. – die Vollendung der Wartezeit nicht. Rechtsmissbräuchlich ist jedoch, wenn sich der Arbeitnehmer auf den allgemeinen Kündigungsschutz beruft, obwohl er während

---

133 GmbH-Geschäftsführer usw, Rn 39; vgl auch KR/Griebeling § 1 KSchG Rn 106.
134 Zu den Begriffen der Leiharbeit Rn 50.
135 BAG 20. 2.2014 – 2 AZR 859/11 – BeckRS 2014, 71704 B I 4 a) aa) mit Anm Krieger FD-ArbR 2014, 361730.
136 In dem engeren Zusammenhang des früheren § 1 Abs 1 Satz 2 BeschFG 1985, aber mit Bezug auf die Voraussetzungen des allgemeinen Kündigungsschutzes BAG 8.12.1988 – 2 AZR 308/ 88 – AP BeschFG 1985 § 1 Nr 6 3 b ee; vHH/L/ Krause § 1 Rn 67.
137 KR/Griebeling § 1 KSchG Rn 106.
138 BAG 10.2.1977 – 2 ABR 80/76 – AP BetrVG 1972 § 103 Nr 9 II 1 c spricht noch von der tatsächlichen Arbeitsaufnahme.
139 vHH/L/Krause § 1 Rn 123.

der Wartefrist, bspw aufgrund einer Erkrankung, überhaupt nicht gearbeitet hat.[140] Beteiligt sich der Arbeitnehmer an einem Arbeitskampf, werden hierdurch – mit Ausnahme der praktisch seltenen lösenden Aussperrung[141] – nur die wechselseitigen Hauptpflichten suspendiert, der rechtliche Bestand des Arbeitsverhältnisses bleibt unberührt. Selbst im Fall der lösenden Aussperrung fingieren mitunter sog Maßregelungsklauseln, die anlässlich der Beilegung des Arbeitskampfes vereinbart werden, eine rechtlich ununterbrochene Betriebszugehörigkeit.

bb) Unmittelbar aufeinander folgende Arbeitsverhältnisse. Die sechsmonatige Wartefrist des § 1 Abs 1 KSchG setzt sich auch dann ununterbrochen fort, wenn in ihrem Verlauf das ursprünglich begründete Arbeitsverhältnis rechtlich beendet wird, sich daran aber ohne zeitliche Unterbrechung ein weiteres Arbeitsverhältnis mit demselben Arbeitgeber anschließt.[142] Denn ununterbrochen iSd § 1 Abs 1 KSchG hat das Arbeitsverhältnis nicht nur bestanden, wenn es während dieses Zeitraums rechtlich nicht aufgelöst worden ist. Vielmehr ist die Voraussetzung auch erfüllt, wenn sich unmittelbar an ein beendetes Arbeitsverhältnis ein neues anschließt und der Arbeitnehmer deswegen tatsächlich nicht aus dem Beschäftigungsverhältnis ausscheidet.[143] Die Wartefrist wird auch vollendet, wenn der Arbeitnehmer innerhalb der sich anschließenden Arbeitsverhältnisse verschiedenartige Tätigkeiten ausübt,[144] dem letzten Arbeitsverhältnis ein befristetes anderen Inhalts vorangig oder das frühere Vertragsverhältnis nicht deutschem, sondern ausländischem Arbeitsvertragsstatus unterlag.[145][146] Die Dauer der Arbeitsverhältnisse ist zu addieren, ohne dass zwischen ihnen ein enger sachlicher Zusammenhang bestehen müsste.[147] Entsprechendes ist anzunehmen, wenn einem auf unbestimmte Zeit geschlossenen Arbeitsverhältnis unmittelbar ein (unecht) befristetes folgt, dessen Arbeitsvertrag ein ordentliches Kündigungsrecht vorsieht. Auch die sog Übernahme in ein Arbeitsverhältnis nach vorangegangener Berufsausbildung fällt in diese Kategorie.[148]

85

---

140 KR/Etzel 7. Aufl § 1 KSchG Rn 115; aA KR/Griebeling § 1 KSchG Rn 99.
141 KR/Griebeling, § 1 KSchG Rn 115.
142 BAG 23.9.1976 – 2 AZR 309/75 – AP KSchG 1969 § 1 Wartezeit Nr 1 1. LS; 7.7.2011 – 2 AZR 12/10 – NZA 2012 148 B II 1 a) aa) mit Anm Lerch ArbRAktuell 2012, 48.
143 BAG 23.9.1976 – 2 AZR 309/75 – AP KSchG 1969 § 1 Wartezeit Nr 1 I 2 b unter Aufgabe des im Urt vom 21.12.1967 – 2 AZR 84/67 – AP KSchG 1969 § 1 Wartezeit Nr 2 eingenommenen gegenteiligen Standpunkts.
144 BAG 23.9.1976 – 2 AZR 309/75 – AP KSchG 1969 § 1 Wartezeit Nr 1 I 2 f.
145 BAG 7. 7.2011 – 2 AZR 12/10 – NZA 2012,148 B II 1 b) mit Anm Lerch, ArbRAktuell 2012, 48.
146 BAG 12.2.1981 – 2 AZR 1108/78 – AP BAT § 5 Nr 1 B II.
147 vHH/L/Krause § 1 Rn 129; KR/Griebeling § 1 KSchG Rn 114; Stahlhacke/Preis/ Vossen/Preis Rn 876; aA Löwisch § 1 Rn 57, der bei keinerlei Zusammenhang der Arbeitsverhältnisse den Beginn einer neuen Wartezeit befürwortet, um dem Arbeitgeber eine weitere Erprobung zu ermöglichen.
148 Vgl bei Weiterarbeit auch die Auslegungsregel des § 24 BBiG.

86 Im Unterschied dazu wird in den Fällen der
- **Änderungskündigung,**
- der **einverständlichen sog Rücknahme der Kündigung,** dh der Übereinkunft, das Arbeitsverhältnis zu den bisherigen Bedingungen fortzusetzen, und
- der **Aufhebung eines Auflösungsvertrags**

schon kein neues Arbeitsverhältnis begründet, sondern das ursprüngliche fortgesetzt, wenn die Vereinbarung in den beiden letzten Konstellationen nicht als Neuabschluss auszulegen ist.

87 **cc) Nicht nur rechtliche, sondern auch zeitliche Unterbrechung zwischen zwei Arbeitsverhältnissen.** Sind die Arbeitsverhältnisse nicht nur rechtlich, sondern auch zeitlich „unterbrochen", ist die Wartezeit in dem zweiten Arbeitsverhältnis regelmäßig erneut zurückzulegen. Ausnahmsweise kommt jedoch eine Anrechnung in Betracht, ohne dass die Regel-Ausnahme-Verhältnis aus den Augen verloren werden dürfte. Obwohl der Wortlaut des § 1 Abs 1 KSchG („ohne Unterbrechung") es nahe legt anzunehmen, dass jede mit einer zeitlichen Unterbrechung verbundene rechtliche Unterbrechung die Wartefrist beendet, sind auch ihr Zweck und ihre Bedeutung in anderen Gesetzen bei der Auslegung heranzuziehen. Vorrangiges Ziel ist nach der geltenden Gesetzesfassung nicht mehr die Möglichkeit der Erprobung, weil auch längere tatsächliche Unterbrechungen den Ablauf der Wartezeit nicht hemmen. Entscheidend ist, dass der Arbeitnehmer erst durch eine gewisse Dauer der Zugehörigkeit zum Betrieb oder Unternehmen das Recht auf eine Arbeitsstelle erwerben soll.[149] Die im Hinblick auf die Einheit der Rechtsordnung gebotene übereinstimmende Interpretation der Begriffe der Wartezeit in § 1 Abs 1 KSchG und der Dauer der Betriebszugehörigkeit in anderen Gesetzen – heute vor allem in § 4 BUrlG[150] – bewirkt, dass die Dauer eines früheren Arbeitsverhältnisses dann auf die Wartezeit anzurechnen ist, wenn zwischen beiden Arbeitsverhältnissen ein enger sachlicher Zusammenhang besteht.[151] Ob das zutrifft, lässt sich **nicht**

---

149 Grundlegend BAG 23.9.1976 – 2 AZR 309/75 – AP KSchG 1969 § 1 Wartezeit Nr 1 I 2 c; BAG 6.12.1976 – 2 AZR 470/75 – AP KSchG 1969 § 1 Wartezeit Nr 2 3 a bis c: Anrechnung bei einer Unterbrechung von vier Tagen.
150 Das BAG befasst sich in letztgenannter Entscheidung unter 3 d und 4 a der Gründe detailliert auch mit dem früheren § 2 AngKSchG und § 622 Abs 2 BGB aF.
151 St Rspr seit den beiden Entscheidungen vom 23.9.1976 – 2 AZR 309/75 – AP KSchG 1969 § 1 Wartezeit Nr 1 und 6.12.1976 – 2 AZR 470/75 – AP KSchG 1969 § 1 Wartezeit Nr 2; ferner BAG 18.1.1979 – 2 AZR 254/77 – AP KSchG 1969 § 1 Wartezeit Nr 3 I 2; BAG 17.2.1983 – 2 AZR 208/81 – AP BGB § 620 Befristeter Arbeitsvertrag Nr 74 B II 1 a; BAG 15.12.1983 – 2 AZR 166/82 – nv II 1 a: Keine Anrechnung bei einer Unterbrechung von zwei Monaten abzüglich der Schulferien von einem Monat und zehn Tagen; BAG 10.5.1989 – 7 AZR 450/88 – AP KSchG 1969 § 1 Wartezeit Nr 7 II c; BAG 4.4.1990 – 7 AZR 310/89 – RzK I 4 d Nr 15 II 2; BAG 20.8.1998 – 2 AZR 76/98 – AP KSchG 1969 § 1 Wartezeit Nr 9 II 1: Trotz eines Unterbrechungszeitraums von anderthalb Monaten bejahte Anrechnung auf das Folgearbeitsverhältnis einer Lehrerin. Die Dauer der Unterbrechung fiel auf den Tag genau in die Schulferien. Die Klägerin wurde in den unterschiedlichen Arbeitsverhältnissen von derselben Anstellungsbehörde innerhalb desselben Schultyps mit Wiedereinstellungsoption beschäftigt; BAG 20.8.1998 – 2 AZR 83/98 – NZA 1999, 314 ff II 1: Keine Anrechnung auf das Folgearbeitsverhältnis eines Lehrers. Die knapp achtwöchige Unterbrechung

anhand starrer zeitlicher Grenzen festlegen, insbesondere hindert nicht jede zumindest dreiwöchige rechtliche Unterbrechung die Anrechenbarkeit,[152] für den Regelfall aber wird bereits ein Unterbrechungszeitraum von 3 Wochen als ein verhältnismäßig erheblicher Zeitraum angesehen, dessen Überschreitung im allgemeinen ausschließt, von einer sachlich nicht ins Gewicht fallenden Unterbrechung auszugehen.[153] Der **Dauer der Unterbrechung** kommt eine zwar wichtige, aber nicht allein maßgebliche Bedeutung zu. Daneben sind ua der **Anlass der Unterbrechung** und die **Art der Weiterbeschäftigung** zu berücksichtigen.[154] Je länger die rein zeitliche „Unterbrechung" anhält, umso gewichtiger müssen die für einen sachlichen Zusammenhang sprechenden Umstände sein.[155]

Für die Frage, ob ein der gerichtlichen Befristungskontrolle unterliegender Arbeitsvertrag von mehr als sechs Monaten anzunehmen ist, sind die von der Rechtsprechung für die Wartezeit des § 1 Abs 1 KSchG entwickelten Grundsätze heranzuziehen.[156] Eine Befristungsvereinbarung bedarf dann keines sachlichen Grundes, wenn die Vertragsdauer nicht für eine längere Zeit als sechs Monate vereinbart wird und zum früheren Arbeitsverhältnis kein sachlicher Zusammenhang iSd Rechtsprechung zu der Wartezeit des § 1 Abs 1 KSchG besteht.[157] Bei einem Betriebsinhaberwechsel sind die beim Betriebsveräußerer zurückgelegten Beschäftigungszeiten bei der Berechnung der Wartezeit für eine vom Betriebsübernehmer ausgesprochene Kündigung zu berücksichtigen. Das gilt auch dann, wenn „das Arbeitsverhältnis" zum Zeitpunkt des Betriebsübergangs kurzfristig unterbrochen war, die Arbeitsverhältnisse aber in einem engen sachlichen Zusammenhang stehen.[158]

88

überschritt die Schulferien um eine Woche, in der der Kläger wegen Projektunterrichts nicht eingesetzt werden sollte. Die Anrechnung wurde aufgrund einer kumulativen Betrachtung der Gesamtumstände – verschiedene Schulformen und Eingruppierungen, unterschiedlicher Unterrichtsumfang, keine Wiedereinstellungsoption – verneint; BAG 19.6.2007 – 2 AZR 94/06 – NZA 2007,1103: Anrechnung trotz Unterbrechung vom 22.7 bis 5.9., weil Arbeitgeber sich entschlossen hatte, bei einem Lehrer das Arbeitsverhältnis nicht fortzuführen während der Zeit, in der keine Arbeitsleistung (Schulferien) anfällt; BAG 28.8.2008 – 2 AZR 101/07 – AP KSchG 1969 Nr 88 B I 2 b): keine Anrechnung bei Einsatz der Lehrkraft in einem anderen Schultyp (Gymnasium und Berufskolleg).
152 BAG 4.4.1990 – 7 AZR 310/89 – RzK I 4 d Nr 15 II 2 b; noch offen gelassen von BAG 10.5.1989 – 7 AZR 450/88 – AP KSchG 1969 § 1 Wartezeit Nr 7 II c cc; BAG 19.6.2007 – 2 AZR 94/06 – NZA 2007, 1103.
153 Stahlhacke/Preis Rn 878.
154 BAG 10.5.1989 – 7 AZR 450/88 – AP KSchG 1969 § 1 Wartezeit Nr 7 II 2c aa; BAG 4.4.1990 – 7 AZR 310/89 – RzK I 4 d Nr 15 II 2; BAG 22.5.2003 – 2 AZR 426/02 – AP KSchG 1969 § 1 Wartezeit Nr 18 B I 2 a; BAG 19.6.2007 – 2 AZR 94/06 – NZA 2007,1103 II 1 c); BAG 28.8.2008 – 2 AZR 101/07 – AP KSchG 1969 Nr 88 B I 1 c).
155 Zu allem BAG 20.8.1998 – 2 AZR 83/98 – NZA 1999, 314 ff II 1; vHH/L/ Krause § 1 Rn 131.
156 BAG 16.4.2003 – 7 AZR 187/02 – AP BeschFG 1996 § 4 Nr 1 III 1.
157 BAG 9.8.2000 – 7 AZR 339/99 – RzK I 4 d Nr 24 III.
158 BAG 27.6.2002 – 2 AZR 270/01 – AP KSchG 1969 § 1 Wartezeit Nr 15 B I; BAG 18.9.2003 – 2 AZR 330/02 NZA 2004, 319 ff B I 1.

89 Die **Zeit der Unterbrechung**, während derer kein Arbeitsverhältnis bestand, ist auf die Wartefrist nicht anzurechnen.[159] Die Addition der Zeiten darf nicht darüber hinwegtäuschen, dass es sich in Wahrheit um zwei Arbeitsverhältnisse handelt. Die Zeit zwischen diesen Arbeitsverhältnissen wird lediglich überbrückt, um wegen des Zwecks der Wartefrist den Eintritt des allgemeinen Kündigungsschutzes zu ermöglichen. Während der Dauer der sog Unterbrechung bestand dagegen kein Arbeitsverhältnis. Eine Anrechnung der Zeit der Unterbrechung ist nur möglich, wenn die Parteien ausdrücklich vereinbart haben, dass auch die Zeit, in der kein Arbeitsverhältnis bestand, als Wartezeit gilt.[160]

4. Kündigung in der Wartezeit

90 a) **Allgemeines.** Während der Wartefrist ist der Arbeitgeber grundsätzlich frei, ordentlich zu kündigen. Die Kündigung muss nicht durch einen der drei Tatbestände des § 1 Abs 2 Satz 1 KSchG gerechtfertigt sein. Dennoch kann sie sonstige Mängel iSv § 13 Abs 3 KSchG aufweisen. Praktisch bedeutsam sind vor allem Anhörungen des Betriebsrats, die nicht den Erfordernissen des § 102 BetrVG genügen, oder Verletzungen von Formvorschriften. Abgesehen davon kann die Kündigung insbesondere auch gesetz-, sitten- oder treuwidrig sein (§§ 134, 138 Abs 1, 242 BGB).

91 b) **Gesetzesverstoß.** Verletzt die Kündigung zB die in Art 3 Abs 2 und 3 GG enthaltenen Diskriminierungsverbote oder das Grundrecht der freien Meinungsäußerung des Art 5 Abs 1 GG, ist sie nichtig. Den Grundrechten kommt trotz der privaten Rechtsnatur des Arbeitsverhältnisses zumindest mittelbare – nach aA sogar unmittelbare – Drittwirkung zu. Art 12 Abs 1 Satz 1 GG, für den das auch gilt, gewährt demgegenüber zwar das Recht auf freie Wahl des Arbeitsplatzes, schützt jedoch nicht als Verbotsgesetz vor Kündigungen während der Wartefrist. Härten, die durch den Verlust des Arbeitsplatzes auftreten, sind nach dem Sozialstaatsprinzip zu lösen, das durch das allgemeine und besondere Kündigungsschutzrecht (ieS) konkretisiert und durch die Anwendung der Generalklauseln der §§ 138 Abs 1 und 242 BGB ergänzt wird.[161]

92 c) **Sittenwidrigkeit.** Sittenwidrig iSv §§ 138 Abs 1 BGB, 13 Abs 2 KSchG ist eine Kündigung, wenn sie den erforderlichen Anstandsrücksichten grob widerspricht, namentlich aus verwerflichen Gründen, etwa aus Rachsucht oder zur Vergeltung, ausgesprochen wird. Daran zeigt sich, dass der schwere Vorwurf der Sittenwidrigkeit nur in **besonders krassen Fällen** erhoben werden kann. Er trifft jedenfalls dann nicht zu, wenn die Kündi-

---

159 LAG Baden-Württemberg 17.2.1988 – 2 Sa 92/87 – LAGE § 1 KSchG Nr 7; vHH/L/Krause § 1 Rn 137; KR/Griebeling § 1 KSchG Rn 110 a; Stahlhacke/Preis Rn 879; **aA** APS/Vossen/Dörner § 1 KSchG Rn 41 mit dem Argument, die Unterbrechung sei rückwirkend – wie bei §§ 210, 212 BGB aF und 207 ZPO aF – als nicht eingetreten zu behandeln; offen gelassen von BAG 6.12.1976 – 2 AZR 470/75 – AP KSchG 1969 § 1 Wartezeit Nr 26 und BAG 18.1.1979 – 2 AZR 254/77 – AP KSchG 1969 § 1 Wartezeit Nr 3 I 4, jetzt entschieden: keine Anrechnung BAG 17.6.2003 – 2 AZR 257/02 NJOZ 2004, 3784 B II.
160 vHH/L/Krause § 1 Rn 137.
161 BAG 23.9.1976 – 2 AZR 309/75 – AP KSchG 1969 § 1 Wartezeit Nr 1 II 1; vgl insb auch BVerfG 24.4.1991 – 1 BvR 1341/90 – AP GG Art 12 Nr 70.

gung ungeachtet der noch nicht beendeten Wartefrist auf Tatsachen gestützt wird, die an sich geeignet sind, eine ordentliche Kündigung nach Maßgabe des § 1 Abs 2 und 3 KSchG zu rechtfertigen.[162]

d) Treuwidrigkeit. Nach der bisherigen ständigen Rechtsprechung des BAG gilt Folgendes: Die neben § 1 KSchG nur beschränkt mögliche Anwendung des Grundsatzes von Treu und Glauben darf nicht dazu führen, dass die Kündigung trotz des fehlenden allgemeinen Kündigungsschutzes an dem Maßstab ihrer sozialen Rechtfertigung gemessen wird. So weit die Regelung des § 1 KSchG reicht, ist sie abschließend. Umstände, die im Rahmen des § 1 KSchG zu würdigen sind und die Kündigung als sozialwidrig erscheinen lassen können, kommen deshalb als Verstöße gegen Treu und Glauben nicht in Betracht. Eine Kündigung kann nur dann wegen **Rechtsmissbrauchs** nichtig sein, wenn sie aus anderen Gründen, die durch § 1 KSchG nicht erfasst sind, die Gebote von Treu und Glauben verletzt und nicht mehr vom Recht gebilligt werden kann.[163] Treuwidrig kann eine Kündigung insbesondere sein, wenn sie Ausdruck **widersprüchlichen Verhaltens** ist,[164] **in verletzender Form, zur Unzeit**[165] oder willkürlich erklärt wird.[166] Ferner ist an Treuwidrigkeit zu denken, wenn die Kündigung dem Arbeitnehmer über die reine Beendigung des Arbeitsverhältnisses hinaus weitere Nachteile zufügt und sein gesamtes weiteres berufliches Fortkommen infrage stellt.[167] Für treuwidrig wurde auch eine Kündigung gehalten, die in der Wartezeit wegen **Homosexualität** ausgesprochen wurde und damit aus Sicht des BAG die Menschenwürde des Arbeitnehmers und sein Recht auf freie Entfaltung der Persönlichkeit missachtete.[168]

93

Im Hinblick auf die beiden Entscheidungen des **BVerfG vom 27.1.1998**[169] stellt sich vor allem das Problem, ob eine Kündigung schon dann treuwidrig ist, wenn kein sachlicher Grund für sie besteht.[170] Eine gewisse Tendenz gegen eine solch weitgehende Beurteilung ließ sich schon der Entscheidung des BAG vom 21.2.2001[171] entnehmen, die bei Gründen im

94

---

162 BAG 23.9.1976 – 2 AZR 309/75 – AP KSchG 1969 § 1 Wartezeit Nr 1 II 2.
163 BAG 22.5.2003 – 2 AZR 426/02 – AP KSchG 1969 § 1 Wartezeit Nr 18 B II 1.
164 BAG 21.3.1980 – 7 AZR 314/78 – AP SchwbG § 17 Nr 1 II 4.
165 BAG 12.7.1990 – 2 AZR 39/90 – AP BGB § 613 a Nr 87 B IV 2.
166 Zu allem BAG 23.9.1976 – 2 AZR 309/75 – AP KSchG 1969 § 1 Wartezeit Nr 1 II 3 a; bspw auch BAG 24.4.1997 – 2 AZR 268/96 – AP BGB § 611 Kirchendienst Nr 27 II 1 c; BAG 23.6.1994 – 2 AZR 617/93 – AP BGB § 242 Kündigung Nr 9 II 2 a.
167 BAG 24.10.1996 – 2 AZR 874/95 – RzK I 8 l Nr 22.
168 BAG 23.6.1994 – 2 AZR 617/93 – AP BGB § 242 Kündigung Nr 9 II 2 c mit abl Anm v. Hoyningen-Huene; heftig umstr; krit etwa KR/Friedrich § 242 BGB Rn 42 mwN und dem Argument, allein wegen des Kündigungsgrundes könne die Kündigung nicht gegen Treu und Glauben verstoßen, es müssten vielmehr Umstände hinzutreten, die die Kündigung als treuwidrig erscheinen ließen; vgl auch in diesem Zusammenhang die Anforderungen des Allgemeinen Gleichbehandlungsgesetzes s Rn 157.
169 1 BvL 15/87 – und – 1 BvL 22/93 – AP KSchG 1969 § 23 Nr 17 und 18, die allerdings jeweils nicht Kündigungen innerhalb der Wartezeit des § 1 Abs 1 KSchG, sondern solche außerhalb des betrieblichen Geltungsbereichs des § 23 Abs 1 Satz 2 KSchG aF zum Gegenstand hatten.
170 IdS bereits vor der Verkündung der beiden Entscheidungen Oetker ArbuR 1997, 51.
171 2 AZR 579/99 – AP BGB § 611 Abmahnung Nr 26.

Verhalten außerhalb des Anwendungsbereichs des KSchG – im konkreten Fall in einem Kleinbetrieb – keine Abmahnung verlangt. Mit erfreulicher Deutlichkeit hat der Zweite Senat aber klargestellt, dass eine Kündigung nur dann gegen § 242 BGB verstößt und damit nichtig ist, wenn sie aus Gründen, die von § 1 KSchG nicht erfasst sind, Treu und Glauben verletzt. Das gilt also gerade auch für eine Kündigung in der Wartezeit, weil sonst über § 242 BGB der kraft Gesetzes ausgeschlossene allgemeine Kündigungsschutz gewährt und außerdem die Möglichkeit des Arbeitgebers eingeschränkt würde, die Eignung des Arbeitnehmers für die geschuldete Tätigkeit während der Wartefrist zu überprüfen.[172] Die Darlegungs- und Beweislast für die Tatsachen, die die Treuwidrigkeit begründen, obliegt dem Arbeitnehmer.[173]

95 Im **öffentlichen Dienst** kann eine Kündigung in der Wartezeit treuwidrig sein, wenn der Arbeitnehmer bei ihrem Zugang aufgrund seiner Eignung, Befähigung und Leistung einen **Einstellungsanspruch** aus Art 33 Abs 2 GG gehabt hätte und der Arbeitgeber ihn daher mit Ablauf der Kündigungsfrist erneut hätte einstellen müssen.[174]

III. Räumlicher Geltungsbereich, Arbeitsverhältnisse mit Auslandsberührung

96 Es gilt der Territorialitätsgrundsatz. Der räumliche Geltungsbereich des KSchG ist auf das Gebiet der Bundesrepublik Deutschland beschränkt, die Voraussetzungen des § 23 Abs 1 Satz 2 KSchG müssen daher im Inland erfüllt werden.[175]

Bei Arbeitsverhältnissen mit Auslandsberührung ist zu unterscheiden:

Werden deutsche Arbeitnehmer in einem inländischen Betrieb – eines deutschen oder ausländischen Unternehmens – beschäftigt, ist, wenn die Voraussetzungen des § 23 Abs 1 Satz 2 KSchG im Inland erfüllt werden, der räumliche Geltungsbereich des KSchG eröffnet. Auch ausländische Arbeitnehmer genießen in dieser Konstellation deutschen Kündigungsschutz, sofern auf ihr Arbeitsverhältnis deutsches Arbeitsrecht anzuwenden ist. Dies ist eine Frage der Vertragsauslegung und damit der Rechtswahl bzw des objektiven Arbeitsvertragsstatuts iSv Art 8 Abs 2-4 der Verordnung(EG) Nr 593/2008.

Ob ausländische Arbeitnehmer, die in einem Arbeitsverhältnis mit einem inländischen Unternehmen stehen, aber in einem ausländischen Betrieb eingesetzt werden, die Geltung deutschen Arbeitsrechts und damit auch des KSchG wählen können, richtet sich nach den international privatrechtlichen Vorschriften des betreffenden ausländischen Staates.

---

172 BAG 22.5.2003 – 2 AZR 426/02 – AP KSchG 1969 § 1 Wartezeit Nr 18 B II 1.
173 BAG 22.5.2003 – 2 AZR 426/02 – AP KSchG 1969 § 1 Wartezeit Nr 18 B II 2.
174 BAG 12.3.1986 – 7 AZR 20/83 – AP GG Art 33 Abs 2 Nr 23 III; grundsätzlich bejahend auch BAG 1.7.1999 – 2 AZR 926/98 – AP BGB § 242 Kündigung Nr 10 II 3, vgl aber die Einschränkungen unter II 4; vgl auch KR/Friedrich § 242 BGB Rn 43, der in diesem Fall eine unzulässige Rechtsausübung nach § 242 BGB annimmt.
175 BAG 3.6.2004 – 2 AZR 386/03 – NZA 2004, 1380 ff B I 4.

Ob deutsche Arbeitnehmer, deren Arbeitsverhältnisse mit inländischen Arbeitgebern begründet sind, jedoch im Ausland beschäftigt werden, deutschen Kündigungsschutz genießen, hängt von der näheren Ausgestaltung des Arbeitsverhältnisses ab. Führt die Anwendung der Grundsätze des Art 8 Abs 2-4 Verordnung(EG) Nr 593/2008 dazu, dass deutsches Recht Arbeitsvertragsstatut ist, gilt das KSchG, sofern die Voraussetzungen des § 23 Abs 1 Satz 2 KSchG im Inland erfüllt werden. Haben die Arbeitsvertragsparteien jedoch anstelle des ansonsten geltenden deutschen Rechts die Geltung eines ausländischen Rechts gewählt, sind die §§ 1-14 KSchG zwingende inländische Bestimmungen iSd Art 8 Abs 1 Verordnung(EG) Nr 593/2008, nicht aber Eingriffsnormen.[176] Es gilt also das Günstigkeitsprinzip, der Inhalt der infrage kommenden Rechtsordnungen ist miteinander zu vergleichen, die dem Arbeitnehmer günstigere Regelung hat Vorrang.[177] Das KSchG gehört nicht zu den Bestimmungen des deutschen Rechts, die ohne Rücksicht auf das auf den Vertrag anzuwendende Recht den Sachverhalt zwingend regeln, Art 9 Verordnung(EG) Nr 593/2008. Inländische Gesetze sind nur Eingriffsnormen iSd Art. 9 Verordnung(EG) Nr 593/2008, wenn sie entweder ausdrücklich oder nach ihrem Sinn und Zweck ohne Rücksicht auf das nach den deutschen Kollisionsnormen anwendbare Recht gelten wollen. Die Bestimmungen des KSchG über den allgemeinen Kündigungsschutz (§§ 1 – 14) sind nicht als Eingriffsnormen iSd Art 9 Verordnung(EG) Nr 593/2008 anzusehen, sie dienen in erster Linie dem Ausgleich zwischen Bestandsschutzinteressen des Arbeitnehmers und der Vertragsfreiheit des Arbeitgebers.[178] Auch bei der Anwendung des ordre public ist in diesem Zusammenhang Zurückhaltung geboten. Die Ausnahmevorschrift greift nur ein, wenn die Anwendung des ausländischen Rechts im Einzelfall zu einem Ergebnis führt, das zu der in der entsprechenden deutschen Regelung liegenden Gerechtigkeitsvorstellung so stark im Widerspruch steht, dass die Anwendung des ausländischen Rechts schlechthin untragbar wäre, dies ist bei einem Ausschluss eines Kündigungsschutzes zu Beginn der Beschäftigungszeit jedenfalls nicht der Fall.[179] Nur in Ausnahmefällen internationaler Arbeitsverhältnisse, in denen das Arbeitsvertragsstatut keine Regelungen zum Kündigungsschutz (zB Kündigungsfristen, -verfahren, -beschränkungen, -verbote) vorsieht, kann der deutsche ordre public eingreifen.[180]

---

176 KR/Weigand (Art. 3-28 Int. ArbeitsvertragsR) IPR Rn 85 mwN.
177 MuekoBGB-Martiny Art 8 VO (EG) 593/2008 Rn 110.
178 BAG 24.8.1989 – 2 AZR 3/89 – AP IPR, Arbeitsrecht Nr 30 A II 6 noch zu Art. 34 EGBGB aF.
179 BAG 24.8.1989 – 2 AZR 3/89 – AP IPR, Arbeitsrecht Nr 30 A I 5; MuekoBGB-Martiny Art 8 VO (EG) 593/2008 Rn 100; weitergehend ErfK/Oetker § 1 KSchG Rn 11.
180 KR/Weigand Art. 3-28 Int. ArbeitsvertragsR Rn 85 mwN.

IV. Gegenständlicher Geltungsbereich: Ordentliche Kündigung des Arbeitgebers

1. Begriff

97 Auf ihre soziale Rechtfertigung können nur
- **ordentliche Beendigungskündigungen** und
- **ordentliche Änderungskündigungen**

des **Arbeitgebers** überprüft werden.[181]
- Für **ordentliche Beendigungs**kündigungen gelten die Prüfungsmaßstäbe des § 1 Abs 2 bis 5 KSchG.
- Gleiches gilt für **ordentliche Änderungs**kündigungen, wenn der Arbeitnehmer das **Änderungsangebot ablehnt**. Sie werden wie Beendigungskündigungen behandelt, Anwendung findet § 4 **Satz 1** KSchG.
- Nimmt der Arbeitnehmer den Änderungsantrag nur unter dem **Vorbehalt** der sozialen Rechtfertigung der Änderung der Arbeitsbedingungen an, verweist § 2 Satz 1 KSchG auf § 1 Abs 2 Satz 1 bis 3 sowie Abs 3 Satz 1 und 2 KSchG.[182] Die Änderungsschutzklage ist in der von § 4 **Satz 2** KSchG vorgegebenen Fassung zu erheben.

98 Für **vorsorgliche** Kündigungen, die für den Fall ausgesprochen werden, dass das Arbeitsverhältnis nicht schon durch einen anderen und früher wirkenden Beendigungsgrund aufgelöst ist, gilt ebenfalls der allgemeine Kündigungsschutz. **Bedingte** Kündigungen sind im Unterschied dazu bereits aus Gründen der Rechtsklarheit unwirksam, wenn der Eintritt der Bedingung von der Beurteilung des Kündigenden oder eines Dritten abhängt.[183] Ist der Eintritt der Bedingung dagegen allein an ein Verhalten des Kündigungsempfängers geknüpft, wie das bei der Änderungskündigung für die unterbliebene Annahme des Änderungsangebots zutrifft, ist die Kündigung wirksam bedingt (sog **Potestativbedingung**).

99 **a) Auslegung.** Eine ordentliche Beendigungskündigung ist eine **einseitige**, **empfangsbedürftige** und **rechtsgestaltende** Willenserklärung, die das Arbeitsverhältnis künftig auflösen soll.[184]

100 Ob es sich bei der Erklärung um eine Kündigung handelt, muss gem § 133 BGB aus der Sicht eines objektiven Dritten, dh nach dem sog objektivierten Empfängerhorizont ausgelegt werden. Maßgeblich ist, wie der Empfänger die Erklärung nach Treu und Glauben unter Berücksichtigung der Verkehrssitte verstehen musste.[185] Eine Kündigung kann auch dann ausge-

---

[181] Allerdings müssen seit Inkrafttreten des Arbeitsmarktreformgesetzes am 1.1.2004 auch Kündigungen in der Wartezeit und in Kleinbetrieben in der dreiwöchigen Klagefrist des § 4 Satz 1 KSchG gerichtlich angegriffen werden, wenn die Wirksamkeitsfiktion des § 7 HS 1 KSchG abgewendet werden soll. Sie können aber nicht auf ihre Sozialwidrigkeit überprüft werden, allgemeiner Kündigungsschutz besteht gerade nicht. Seit der Gesetzesneufassung gilt die Klagefrist neben der Sozialwidrigkeit auch für alle sonstigen Unwirksamkeitsgründe einer schriftlichen Kündigung.
[182] Dazu iE § 2 KSchG Rn 31 ff.
[183] BAG 19.12.1974 – 2 AZR 565/73 – AP BGB § 620 Bedingung Nr 3 B II 2.
[184] vHH/L/Krause § 1 Rn 145; KR/Griebeling § 1 KSchG Rn 151.
[185] BAG 19.6.1980 – 2 AZR 660/78 – AP BGB § 620 Befristeter Arbeitsvertrag Nr 55 3 b aa.

sprochen sein, wenn der Erklärende nicht ausdrücklich die Worte „Kündigung" oder „kündigen" verwendet. Er muss jedoch deutlich zum Ausdruck bringen, dass das Arbeitsverhältnis durch eine einseitige Gestaltungserklärung für die Zukunft gelöst werden soll.[186] Der Mitteilung des Arbeitgebers, er wolle einen befristeten Arbeitsvertrag nicht verlängern, kommt daher regelmäßig nicht der Erklärungswert einer Kündigung zu, vielmehr enthält sie den bloßen Hinweis auf das bevorstehende Ende des Arbeitsverhältnisses nach §§ 620 Abs 3 BGB, 15 Abs 1 TzBfG.[187] Auch die Mitteilung des Arbeitgebers, der Arbeitnehmer habe die Arbeit zu einem bestimmten Zeitpunkt eingestellt und deswegen betrachte er – der Arbeitgeber – das Arbeitsverhältnis zu diesem Zeitpunkt als beendet, beinhaltet noch keine Kündigung des Arbeitgebers, sondern die Feststellung einer vermeintlichen Kündigung des Arbeitnehmers.[188]

101 Das Problem der Auslegung von Kündigungserklärungen wurde durch das am 1.5.2000 begründete gesetzliche Schriftformerfordernis der §§ 623, 125 Satz 1, 126 Abs 1 BGB erheblich entschärft. Mündliche Kündigungen sind zwar nicht notwendig sozialwidrig, aber formnichtig. Der Schriftformverstoß seinerseits ist gerade von der Klagefrist des § 4 Satz 1 KSchG ausgenommen und kann bis zur Grenze der Verwirkung zeitlich unbeschränkt im Wege einer allgemeinen Feststellungsklage geltend gemacht werden.

102 **b) Kündigungsfrist.** Abweichend von der außerordentlichen Kündigung ist die ordentliche Kündigung grundsätzlich fristgebunden. Der Arbeitgeber hat die im Einzelfall maßgebliche Kündigungsfrist zu beachten. Allerdings können **Tarifverträge ein nicht fristgebundenes ordentliches Kündigungsrecht** gem § 622 Abs 4 Satz 1 BGB begründen. Sofern der Tarifvertrag eindeutig eine entfristete ordentliche Kündigung und keine Kündigung aus wichtigem Grund iSv § 626 Abs 1 vorsieht, kann das Arbeitsverhältnis hier ordentlich mit sofortiger Wirkung beendet werden.[189] Auch die ordentliche Probezeitkündigung des § 22 Abs 1 BBiG kann fristlos erklärt werden, sie kann aber nicht sozialwidrig sein, weil die Wartefrist noch nicht erfüllt ist. Eine gesetzlich – zB nach § 113 InsO – oder tariflich verkürzte Kündigungsfrist verwandelt die ordentliche Kündigung nicht in eine außerordentliche. Befristet der Arbeitgeber umgekehrt eine außerordentliche Kündigung, wird sie nicht zu einer ordentlichen. Der Kündigende muss bei dieser Form der Kündigung jedoch immer deutlich machen, dass sie außerordentlich erklärt werden soll, obwohl eine Auslauffrist gewahrt wird.[190] Erlaubt ein Tarifvertrag, der die ordentliche Kündigung bspw aus Gründen des Altersschutzes verbietet, ausnahmsweise – etwa im Fall einer Betriebsschließung – dennoch die ordentliche Kündigung, kann diese auf ihre soziale Rechtfertigung überprüft werden. Eine nicht fristgerechte ordentliche

---

186 KR/Griebeling § 1 KSchG Rn 151 mwN.
187 BAG 15.3.1978 – 5 AZR 831/76 – AP BGB § 620 Befristeter Arbeitsvertrag Nr 45 II 1.
188 vHH/L/Krause § 1 Rn 147 mwN.
189 BAG 4.6.1987 – 2 AZR 416/86 – AP KSchG 1969 § 1 Soziale Auswahl Nr 16 II 1 a.
190 BAG 16.7.1959 – 1 AZR 193/57 – AP BGB § 626 Nr 31.

Kündigung gilt im Zweifel als zum nächstzulässigen Termin erklärt.[191] Eine Kündigung, die ersichtlich nicht als außerordentliche, sondern als ordentliche gewollt ist, wird ohne Angabe eines Kündigungstermins ebenfalls zum nächstzulässigen Zeitpunkt wirksam.

103 c) **Zugang.** Als empfangsbedürftige Erklärung muss die Kündigung zugehen, was vor allem gegenüber Abwesenden (§ 130 Abs 1 Satz 1 BGB) Probleme aufwerfen kann.[192] Zugegangen ist die Kündigung, wenn sie derart in den Machtbereich des Empfängers gelangt ist, dass es ihm unter gewöhnlichen Umständen möglich ist, von ihr Kenntnis zu nehmen. Dagegen braucht er **nicht tatsächlich** von ihrem Inhalt zu erfahren.

104 d) **Gestaltungswirkung.** Ist die Kündigung zugegangen, tritt ihre Gestaltungswirkung unabhängig vom Willen des anderen Vertragspartners mit Ablauf der Kündigungsfrist ein, wenn nicht ausnahmsweise eine ordentliche entfristete Kündigung möglich ist. Der Kündigende kann seine Erklärung nicht wirksam einseitig revidieren. Nimmt er die Kündigung gleichwohl „zurück", bietet er in Wirklichkeit die Fortsetzung des bisherigen Arbeitsverhältnisses über den Kündigungstermin hinaus und im Zweifel zu den ursprünglichen Bedingungen an. Arbeitet der Arbeitnehmer nach dem Ende der Kündigungsfrist weiter, ohne sich ausdrücklich zu dem Fortsetzungsangebot zu erklären, kommt seinem Verhalten regelmäßig der Erklärungswert einer schlüssigen Annahme des Antrags zu.[193]

2. Abgrenzung gegenüber anderen Arten der Kündigung

105 a) **Außerordentliche Kündigung.** Außerordentliche Kündigungen werden nicht an dem Maßstab des § 1 KSchG, sondern an dem des **§ 626 BGB** bzw den Erfordernissen gesetzlicher[194] oder tariflicher Sondervorschriften[195] gemessen. Der Arbeitnehmer muss die Rechtsunwirksamkeit einer **schriftlichen** außerordentlichen Kündigung aber ebenfalls innerhalb der dreiwöchigen Klagefrist und in der punktuellen Antragsfassung des § 4 Satz 1 KSchG geltend machen.[196] Nach der **Gesetzesneufassung** durch das Arbeitsmarktreformgesetz gelten das Fristerfordernis und die Notwendigkeit eines punktuellen Antrags auch für Arbeitnehmer in der **Wartefrist** des § 1 Abs 1 KSchG und in **Kleinbetrieben** iSv § 23 Abs 1 Satz 2 KSchG,[197] obwohl diese Beschäftigten keinen allgemeinen Kündigungsschutz genießen. Wird die Klagefrist versäumt, werden nach § 7 HS 1 KSchG nicht nur die Voraussetzungen des wichtigen Grundes und der ausgewogenen Interessenabwägung nach § 626 Abs 1 BGB sowie die Einhaltung der zweiwöchigen Kündigungserklärungsfrist des § 626 Abs 2 BGB fingiert, sondern die Wirksamkeit der schriftlichen Kündigung in ihrer Gesamtheit. Auch al-

---

191 BAG 18.4.1985 – 2 AZR 197/84 – AP BGB § 622 Nr 20 II 1 e.
192 IE Einl Rn 33 ff.
193 Detailliert § 4 Rn 79 ff.
194 ZB § 22 Abs 2 Nr 1 BBiG.
195 Bspw §§ 54 Abs 1, 55 Abs 1 BAT.
196 §§ 13 Abs 1 Satz 2, 4 Satz 1, 5 bis 7 KSchG.
197 Vgl für Kündigungen in der Wartezeit BAG 9.2.2006 – 6 AZR 283/9 AP KSchG 1969 § 4 Nr 26, I 2 a u. b, wonach aber außerhalb der Klagefrist des § 4 KSchG geltend gemacht werden kann, bei der ordentlichen Kündigung habe der Arbeitgeber die Kündigungsfrist nicht eingehalten.

le anderen Unwirksamkeitsgründe können später nicht mehr gerügt werden.[198] Vor dem 1.1.2004 war das anders: Ebenso wie bei der ordentlichen Kündigung hing die Geltung der Dreiwochenfrist auch bei der außerordentlichen Kündigung davon ab, ob die Wartezeit des § 1 Abs 1 verstrichen und die Mindestbeschäftigtenzahl des § 23 Abs 1 Satz 2 KSchG erreicht war. Versäumte der Arbeitnehmer die Klagefrist, wurden damals nach § 7 HS 1 KSchG nur die Voraussetzungen des § 626 Abs 1 BGB – der wichtige Grund und das überwiegende Lösungsinteresse – sowie die Einhaltung der Zweiwochenfrist des § 626 Abs 2 BGB fingiert. Sonstige Unwirksamkeitsgründe nach § 13 Abs 3 KSchG blieben wie bei der ordentlichen Kündigung unberührt und konnten auch noch nach Verstreichen der Dreiwochenfrist geltend gemacht werden. Im Fall einer unwirksamen und fristgerecht angegriffenen außerordentlichen Kündigung kann der Arbeitnehmer – nicht der Arbeitgeber – die Auflösung des Arbeitsverhältnisses gegen Zahlung einer Abfindung beantragen, wenn ihm die Fortsetzung des Arbeitsverhältnisses nicht zuzumuten ist.[199]

b) Eigenkündigung des Arbeitnehmers. Kündigt der Arbeitnehmer selbst das Arbeitsverhältnis ordentlich oder außerordentlich, gilt der allgemeine Kündigungsschutz auch dann nicht, wenn die Kündigung durch den Arbeitgeber veranlasst wurde. Allerdings zählt die vom Arbeitgeber veranlasste Eigenkündigung zu den anzeigepflichtigen Entlassungen des § 17 KSchG.[200]

Erklären sowohl Arbeitgeber als auch Arbeitnehmer eine Kündigung, entfällt das Interesse des Arbeitnehmers an der Feststellung der unterbliebenen Auflösung des Arbeitsverhältnisses durch die Kündigung des Arbeitgebers nur dann, wenn die Wirksamkeit der Eigenkündigung unstreitig oder die Beendigung des Arbeitsverhältnisses durch die Kündigung des Arbeitnehmers rechtskräftig festgestellt ist.[201] Auch wenn der Arbeitnehmer zugleich Schadensersatz nach § 628 Abs 2 BGB verlangt, erlischt sein Feststellungsinteresse nicht. Es folgt bereits daraus, dass der Arbeitnehmer gegen eine schriftliche Kündigung nach § 4 Satz 1 KSchG Klage erheben muss, um die Wirksamkeitsfiktion des § 7 HS 1 KSchG abzuwenden. Solange dieser Nachteil droht und der Arbeitnehmer nicht ausdrücklich erklärt, ihn hinnehmen zu wollen, hat er auch ohne besondere Darlegungen ein objektiv schutzwürdiges Interesse an der erstrebten Feststellung.[202]

Auch die außerordentliche Kündigung des Arbeitnehmers ist nur wirksam, wenn sie den Erfordernissen des § 626 BGB genügt, insbesondere ein wichtiger Grund gegeben ist. Allerdings kann es dem Arbeitnehmer wegen widersprüchlichen Verhaltens nach Treu und Glauben (§ 242 BGB) verwehrt sein, sich auf die Unwirksamkeit seiner Kündigung zu berufen, wenn er sie mehrmals und ernsthaft – entgegen den Vorhaltungen seines Vertragspart-

---

198 Stahlhacke/Preis/Vossen Rn 1820 f mwN; Rolfs/Giesen/Kreikebohm/Udsching/Kerwer § 7 KSchG Rn 13.
199 § 13 Abs 1 Satz 3 KSchG.
200 § 17 Abs 1 Satz 2 KSchG.
201 BAG 11.2.1981 – 7 AZR 12/79 – AP KSchG 1969 § 4 Nr 8 B II 1.
202 BAG – 7 AZR 12/79 – AP KSchG 1969 § 4 Nr 8 B II 2 noch zu der bloßen Fiktion der sozialen Rechtfertigung nach § 7 HS 1 KSchG aF.

ners – wiederholt, dh nicht lediglich spontan im Affekt handelt.[203] Ist die außerordentliche Eigenkündigung dagegen unwirksam, kann sie ggf in ein **Angebot zum Abschluss eines Aufhebungsvertrags** umgedeutet werden (§ 140 BGB). Die Konversion in einen solchen **Antrag** kommt aber nur dann in Betracht, wenn ersichtlich ist, dass sich der Arbeitnehmer unter allen Umständen – gleichgültig ob durch einseitige Erklärung oder Vereinbarung – vom Arbeitsvertrag lösen will. Dem Verhalten des Arbeitgebers kommt lediglich dann der Erklärungswert einer **Annahme** iSv § 147 BGB zu, wenn der Arbeitgeber die Nichtigkeit der Kündigung erkannt hat und mit der einvernehmlichen Beendigung des Arbeitsverhältnisses ersichtlich einverstanden ist.[204] Wird die umzudeutende Eigenkündigung **gegenüber einem Anwesenden oder telefonisch** erklärt, ist darüber hinaus zu bedenken, dass die Annahme **sofort** ausdrücklich oder schlüssig erklärt werden muss (§ 147 Abs 1 Satz 1 und 2 BGB). Wird sie verspätet **erklärt, gilt sie nach § 150 Abs 1 BGB als neues Angebot** auf Abschluss einer Aufhebungsvereinbarung. Es bedarf also wieder einer Annahmeerklärung des Arbeitnehmers.

109 Für Nichtigkeit und Anfechtung von Kündigungen des Arbeitnehmers finden im Übrigen die allgemeinen Grundsätze Anwendung. Der Arbeitnehmer kann seine Erklärung anfechten, wenn der Arbeitgeber zuvor widerrechtlich nach § 123 Abs 1 Alt 2 BGB mit einer außerordentlichen oder ordentlichen Kündigung gedroht hat.

Hinweis: Widerrechtlich ist die Drohung aber nur dann, wenn ein verständiger Arbeitgeber die jeweilige Kündigung nicht ernsthaft erwogen hätte. Das setzt nicht voraus, dass die Kündigung des Arbeitgebers wirksam gewesen wäre. Der Anfechtungsprozess ist kein fiktiver Kündigungsschutzrechtsstreit.[205]

110 **c) Kündigungen in Konkurs, Vergleich, Gesamtvollstreckung und Insolvenz. aa) Gesetzesentwicklung.** Mit Wirkung vom **1.1.1999** wurde die Konkursordnung (KO) durch Art 2 Nr 4 iVm Art 110 EGInsO vom 5.10.1994[206] aufgehoben und durch die **Insolvenzordnung (InsO)** vom 5.10.1994 ersetzt. Allerdings wurden §§ 113, 120 bis 122 und 125 bis 128 InsO im Geltungsbereich der KO durch Art 6 des Arbeitsrechtlichen Beschäftigungsförderungsgesetzes vom 25.9.1996 vorzeitig seit dem 1.10.1996 in Kraft gesetzt. In den Geltungsbereichen der Vergleichsordnung (VglO) und der Gesamtvollstreckungsordnung (GesO) verblieb es dagegen in der Zeit vom 1.10.1996 bis zum 31.12.1998 bei deren Regelungen.

111 **bb) Konkurs.** Wurde der Konkurs eröffnet, galt für eine vom Konkursverwalter ausgesprochene Kündigung der **allgemeine Kündigungsschutz**. Sie musste demnach ungeachtet der durch § 22 Abs 1 Satz 2 KO uU verkürzten Kündigungsfrist, für die sich in der Zeit vom 1.10.1996 bis zum

---

203 BAG 4.12.1997 – 2 AZR 799/96 – AP BGB § 626 Nr 141 II 1 b.
204 Zu Letzterem LAG Düsseldorf 24.11.1995 – 17 Sa 1181/95 – LAGE § 140 BGB Nr 12.
205 BAG 30.9.1993 – 2 AZR 268/93 – AP BGB § 123 Nr 37 I 3 a.
206 BGBl I S 2911.

31.12.1998 das Kollisionsproblem mit § 113 Abs 1 Satz 2 InsO aF[207] stellte, sozial gerechtfertigt sein. Die (drohende) Eröffnung des Konkurses allein begründete kein dringendes betriebliches Erfordernis. Hinzu treten musste eine Unternehmerentscheidung, aufgrund derer der Arbeitnehmer – ggf nach einer Sozialauswahl – nicht länger weiterbeschäftigt werden konnte. Eine außerordentliche Kündigung war aber auch im Fall der Betriebsstilllegung in aller Regel nicht gerechtfertigt. Anderes galt bis zum 30.9.1996 nur, wenn die ordentliche Kündigung tariflich ausgeschlossen war.

cc) **Vergleich.** An die Stelle der VglO ist seit dem 1.1.1999 ebenfalls die InsO getreten. Während der Geltungsdauer der VglO war die ordentliche Kündigung des Vergleichsschuldners auf ihre soziale Rechtfertigung zu überprüfen. Der Vergleichsverwalter war ohne Bevollmächtigung des Schuldners bereits nicht berechtigt zu kündigen. Hinsichtlich des nach Eröffnung des Vergleichsverfahrens für den Vergleichsschuldner neben der ordentlichen und der außerordentlichen Kündigung möglichen Sonderkündigungsrechts der §§ 50, 51 Abs 2 VglO bestand Streit darüber, ob der allgemeine Kündigungsschutz Anwendung fand. In dieser Gestaltung hatte das Vergleichsgericht – funktional der Rechtspfleger – abzuwägen, ob einerseits die Fortsetzung des Arbeitsverhältnisses das Zustandekommen oder die Erfüllbarkeit des Vergleichs gefährden und andererseits die Kündigung dem Arbeitnehmer einen unverhältnismäßigen Schaden bringen würde.[208] Überwog die Gefährdung des Vergleichs, ermächtigte das Vergleichsgericht den Arbeitgeber nach Anhörung des Arbeitnehmers, das Arbeitsverhältnis ohne Rücksicht auf eine vereinbarte Vertragsdauer unter Einhaltung der gesetzlichen Kündigungsfrist zu kündigen. 112

Die hM verneinte den gegenständlichen Geltungsbereich des § 1 KSchG für dieses Sonderkündigungsrecht. Die Gegenansicht verdiente demgegenüber den Vorzug, weil der Beurteilungsmaßstab des § 50 Abs 2 Satz 5 VglO nicht dem des § 1 KSchG entsprach. 113

dd) **Gesamtvollstreckung.** Auch die Kündigung des Verwalters im Gesamtvollstreckungsverfahren, das in den neuen Ländern bis zum 31.12.1998 anstelle des Konkursverfahrens durchzuführen war,[209] musste sozial gerechtfertigt sein, sofern das KSchG Anwendung fand. Für § 9 Abs 2 GesO galt im Wesentlichen Gleiches wie bei einer Kündigung im Konkurs. Allerdings mussten nach dieser Vorschrift im Unterschied zu § 22 Abs 1 Satz 1 KO nicht nur angetretene, sondern alle bestehenden Arbeitsverhältnisse gekündigt werden, wenn sie aufgelöst werden sollten. Es war die gesetzliche bzw tarifliche[210] Kündigungsfrist einzuhalten. 114

ee) **Insolvenz.** Die ordentliche Kündigung des Insolvenzverwalters schließlich ist gleichfalls an § 1 KSchG zu messen. Abweichend von § 22 Abs 1 115

---

207 Heute 113 Satz 2 InsO.
208 § 50 Abs 2 Satz 5 VglO.
209 Art 2 Nr 6 iVm Art 110 EGInsO.
210 BAG 9.3.1995 – 2 AZR 484/94 – AP § 9 GesO Nr 1 II 3.

Satz 2 KO erlaubt es § 113 Satz 2 InsO[211] in den alten Ländern schon seit dem 1.10.1996, dass das Arbeitsverhältnis durch den Konkursverwalter bzw[212] Insolvenzverwalter mit einer Frist von drei Monaten zum Monatsende gekündigt wird,[213] soweit keine kürzere Frist – zB aufgrund Tarifvertrags – maßgeblich ist.[214] Für die neuen Länder wurde § 9 Abs 2 GesO erst mit dem 1.1.1999 durch § 113 (Abs 1) Satz 2 InsO abgelöst. Die Höchstfrist des § 113 Satz 2 InsO verdrängt eine längere tarifliche Kündigungsfrist.[215] Arbeitnehmer, deren Arbeitsverhältnisse nach einem Tarifvertrag ordentlich unkündbar sind, sind in der Insolvenz einer ordentlichen Kündigung ausgesetzt. Die Tarifautonomie des Art 9 Abs 3 GG wird dadurch berührt, aber nicht verletzt.[216] Ist arbeitsvertraglich eine längere als die gesetzliche Kündigungsfrist vereinbart, gilt höchstens die Dreimonatsfrist des § 113 Satz 2 InsO.[217]

116 Der Insolvenzverwalter braucht weder einen tariflichen Ausschluss der ordentlichen Kündigung noch eine längere tarifliche Kündigungsfrist zu beachten. Wegen der vorzeitigen Beendigung kann der Arbeitnehmer nach § 113 Satz 3 InsO Schadensersatz verlangen.

117 Gem § 113 **Abs 2** InsO aF galt die dreiwöchige Klagefrist des § 4 Satz 1 KSchG für Kündigungen in der Insolvenz abweichend von § 13 Abs 3 KSchG aF schon seit dem 1.1.1999 auch dann, wenn sich der Arbeitnehmer auf andere Unwirksamkeitsgründe als die Sozialwidrigkeit – bspw auf eine nicht ordnungsgemäße Betriebsratsanhörung nach § 102 BetrVG – berief.[218] Der bisherige Absatz 2 des § 113 InsO wurde durch das Arbeitsmarktreformgesetz aufgehoben. Die Regelung wurde entbehrlich, weil die Klagefrist des § 4 Satz 1 KSchG nun sowohl in der Solvenz als auch in der Insolvenz für alle Unwirksamkeitsgründe einer schriftlichen Kündigung gilt.

118 Werden in einem Interessenausgleich zwischen Konkursverwalter und Betriebsrat die Arbeitnehmer, deren Arbeitsverhältnisse gekündigt werden sollen, namentlich bezeichnet, wird vermutet, dass die Kündigungen der Arbeitsverhältnisse der benannten Arbeitnehmer durch dringende betriebliche Erfordernisse bedingt sind.[219] Diese Vermutung wird bei einem Betriebsübergang durch die Vermutung des § 128 Abs 2 InsO ergänzt, dass die Kündigung nicht wegen des Betriebsübergangs erfolgt ist. Gem § 125

---

211 Bis zum 31.12.2003 § 113 **Abs 1** Satz 2 InsO. Absatz 2 des § 113 InsO, der im Fall der Insolvenz schon seit dem 1.1.1999 für alle Unwirksamkeitsgründe eine dreiwöchige Klagefrist enthielt, wurde durch die Neufassung der §§ 4 Satz 1, 7 HS 1 und 13 Abs 3 KSchG seit dem 1.1.2004 überflüssig, vgl Rn 117.
212 Seit dem 1.1.1999.
213 Für eine vom vorläufigen Insolvenzverwalter mit Verwaltungs- und Verfügungsbefugnis (§ 22 Abs 1 InsO) ausgesprochene Kündigung eines Arbeitsverhältnisses gilt nicht die verkürzte Kündigungsfrist des § 113 S 2 InsO BAG 20.1.2005 – 2 AZR 134/04 – AP InsO § 113 Nr 18 B II.
214 KR/Weigand §§ 124 ff InsO Rn 33.
215 BAG 16.6.1999 – 4 AZR 191/98 – AP InsO § 113 Nr 3 II 1.
216 BAG 19.1.2000 – 4 AZR 70/99 – AP InsO § 113 Nr 5 II 1; vgl auch Rolfs/Giesen/Kreikebohm/Udsching/Plössner § 113 InsO Rn 16.
217 BAG 3.12.1998 – 2 AZR 425/98 – AP InsO § 113 Nr 1 II 4.
218 S hierzu auch § 4 KSchG Rn 11.
219 § 125 Abs 1 Satz 1 Nr 1 InsO.

Abs 1 Satz 1 Nr 2 InsO kann die soziale Auswahl der Arbeitnehmer nur im Hinblick auf die Dauer der Betriebszugehörigkeit, das Lebensalter sowie die Unterhaltspflichten und auch insoweit lediglich darauf überprüft werden, ob sie grob fehlerhaft ist. Sie ist nicht als grob fehlerhaft anzusehen, wenn eine ausgewogene Personalstruktur erhalten oder **geschaffen** wird. Damit geht die Bestimmung **einen Schritt weiter als § 1 Abs 5 Satz 2 KSchG**.[220] Ein berechtigtes betriebliches Interesse[221] ist nicht nur das Ziel, die bisherige Zusammensetzung der Belegschaft zu bewahren, sondern auch die Absicht, eine ausgewogenere Struktur **herbeizuführen**. Der Prüfungsmaßstab der groben Fehlerhaftigkeit in § 125 Abs 1 Nr 2 InsO bezieht sich nicht nur auf die sozialen Indikatoren und deren Gewichtung. Vielmehr wird die gesamte Sozialauswahl, also insbesondere auch die Bildung der auswahlrelevanten Gruppen, von den Gerichten für Arbeitssachen nur auf ihre groben Fehler überprüft. Dies gilt auch für die Herausnahme von Arbeitnehmern aus einer Vergleichsgruppe jedenfalls insoweit, als dies gem § 125 Abs 1 Satz 1 Nr 2 HS 2 InsO dem Erhalt oder der Schaffung einer ausgewogenen Personalstruktur dient. Die gerichtliche Überprüfbarkeit bei einer vom Insolvenzverwalter in Anwendung der von den Betriebsparteien vereinbarten namentlich ausgesprochenen betriebsbedingten Kündigung ist umfassend eingeschränkt. Sinn und Zweck der gesetzlichen Regelung gebieten eine weite Anwendung des eingeschränkten Prüfungsmaßstabs bei der Sozialauswahl. § 125 InsO dient der Sanierung insolventer Unternehmen. Gerade im Insolvenzfall besteht oft ein Bedürfnis nach einer zügigen Durchführung einer Betriebsänderung und eines größeren Personalabbaus. Die Regelungen des § 125 InsO wollen eine erfolgreiche Sanierung insolventer Unternehmen fördern und im Insolvenzfall zusätzliche Kündigungserleichterungen schaffen, im Insolvenzfall wird der individuelle Kündigungsschutz nach § 1 KSchG zugunsten einer kollektivrechtlichen Regelungsbefugnis der Betriebsparteien eingeschränkt.[222]

Zu dem besonderen Beschlussverfahren des § 126 InsO und seinen Auswirkungen auf die spätere Kündigungsschutzklage des Arbeitnehmers wird auf die entsprechenden Kommentierungen verwiesen.

3. Verhältnis des allgemeinen Kündigungsschutzes zu sonstigen Beendigungstatbeständen

a) **Aufhebungsvertrag.** Für ihn wird auf Rn 13 Bezug genommen.

---

220 § 1 Abs 5 KSchG ist eine wortgetreue „Neuauflage" der schon vom 1.10.1996 bis zum 31.12.1998 geltenden Bestimmung des § 1 Abs 5 KSchG idF des Arbeitsrechtlichen Beschäftigungsförderungsgesetzes.
221 Bereits während der Geltung des Arbeitsrechtlichen Beschäftigungsförderungsgesetzes vom 1.10.1996 bis zum 31.12.1998 musste die Weiterbeschäftigung der „Leistungsträger" nach § 1 Abs 3 Satz 2 wie heute nur im berechtigten betrieblichen Interesse liegen. Solange das Korrekturgesetz - vom 1.1.1999 bis 31.12.2003 - anzuwenden war, mussten berechtigte betriebliche Bedürfnisse die Weiterbeschäftigung des Leistungsträgers bedingen. Die Hürde war also ebenso wie schon vor der Geltung des Arbeitsrechtlichen Beschäftigungsförderungsgesetzes höher.
222 BAG 28.8.2003 – 2 AZR 368/02 – NZA 2004, 432 ff B II 2 a.

121 b) **Beendigung einer vorläufigen Einstellung nach § 100 Abs 1 BetrVG.** Zu unterscheiden sind **vier Konstellationen:**

- Das Gericht lehnt durch rechtskräftige Entscheidung die Ersetzung der Zustimmung des Betriebsrats zu der Einstellung ab oder stellt rechtskräftig fest, dass sie aus sachlichen Gründen offensichtlich nicht dringend erforderlich war (§ 100 Abs 3 Satz 1 BetrVG HS 1). HS 2 der Vorschrift bestimmt das Ende der vorläufigen Einstellung mit Ablauf von zwei Wochen nach Rechtskraft der Entscheidung. Eine Auffassung[223] leitet daraus ab, die Entscheidung des Arbeitsgerichts beende sowohl die **vorläufige Einstellung** als auch das **wirksam begründete Arbeitsverhältnis** mit Ablauf der Zweiwochenfrist rechtsgestaltend, ohne dass es einer Kündigung bedürfe.

- Beschäftigt der Arbeitgeber den Arbeitnehmer trotz des Gestaltungsurteils weiter, ist Gegenstand des Beschlussverfahrens, mit dem der Betriebsrat gem § 101 Satz 1 BetrVG begehrt, dem Arbeitgeber die Aufhebung der vorläufigen Einstellung aufzugeben, nur die Beendigung der **tatsächlichen** Weiterbeschäftigung des vorläufig eingestellten Arbeitnehmers. Mit Ablauf der Zweiwochenfrist des § 100 Abs 3 Satz 1 BetrVG wandelt sich das bisher wirksam begründete Arbeitsverhältnis in ein **faktisches,** für das auch bei durch den Arbeitgeber verschuldeter Unkenntnis des Arbeitnehmers von der bloßen tatsächlichen Rechtsnatur der Beziehung kein Kündigungsschutz besteht.[224]

- Kündigt der Arbeitgeber das wirksam begründete Arbeitsverhältnis demgegenüber vor einem Gestaltungsurteil nach § 100 Abs 3 Satz 1 BetrVG ordentlich, genießt der Arbeitnehmer Kündigungsschutz, wenn den Voraussetzungen des KSchG genügt ist.[225]

- Hat der Betriebsrat **keine Einwendungen** gegen die vorläufige Einstellung erhoben, die Zustimmung zu der (endgültigen) Einstellung aber verweigert, kann der Arbeitgeber entweder ein Zustimmungsersetzungsverfahren nach § 99 Abs 4 BetrVG einleiten oder eine Kündigung erklären. Ob die Kündigung wirksam ist, beurteilt sich im Geltungsbereich des KSchG nach seinen Bestimmungen.[226]

122 c) **Bedingung.** Für auflösend bedingte Arbeitsverträge findet § 21 TzBfG Anwendung. Die auflösende Bedingung, für die die Diskriminierungsverbote des § 4 Abs 2 TzBfG gelten, muss entsprechend § 14 Abs 4 TzBfG schriftlich vereinbart und analog § 14 Abs 1 TzBfG durch einen **sachlichen Grund** gerechtfertigt sein. Auf § 14 Abs 2 TzBfG, der Befristungen ohne sachlichen Grund bis zu der regelmäßigen Höchstdauer von zwei Jahren zulässt, verweist § 21 TzBfG gerade nicht.[227] Die auflösende Bedingung tritt durch Erreichen des Vertragszwecks ein, §§ 21, 15 Abs 2 TzBfG. Ordentlich kündbar ist das auflösend bedingte Arbeitsverhältnis nur, wenn das ordentliche Kündigungsrecht einzelvertraglich oder tariflich vereinbart

---

223 KR/Etzel 7. Aufl § 1 KSchG Rn 178; aA aber zB KR/Griebeling § 1 KSchG Rn 179, Arbeitgeber muss nach den allgemeinen Regeln unter Beachtung bestehender Kündigungsschutzvorschriften kündigen.
224 KR/Etzel 7. Aufl § 1 KSchG Rn 179.
225 KR/Etzel 7. Aufl § 1 KSchG Rn 180; KR/Griebeling § 1 KSchG Rn 180.
226 KR/Etzel 7. Aufl § 1 KSchG Rn 181; KR/Griebeling § 1 KSchG Rn 181.
227 KR/Lipke § 21 TzBfG Rn 9; ErfGK/Müller-Gloge § 21 TzBfG Rn 3.

ist, §§ 21, 15 Abs 3 TzBfG. Das Arbeitsverhältnis gilt als auf unbestimmte Zeit verlängert, wenn es nach Eintritt der auflösenden Bedingung mit Wissen des Arbeitgebers fortgesetzt wird, §§ 21, 15 Abs 5 TzBfG. Bei einem unwirksam bedingten Arbeitsverhältnis gilt der Arbeitsvertrag als auf unbestimmte Zeit geschlossen. In diesem Fall besteht ein ordentliches Kündigungsrecht frühestens zum vereinbarten Ende, §§ 21, 16 Satz 1 TzBfG, wenn der bedingte Arbeitsvertrag oder ein anwendbarer Tarifvertrag kein ordentliches Kündigungsrecht vorsieht, § 15 Abs 3 TzBfG. Der punktuelle Streitgegenstand und die Klagefrist des § 17 Satz 1 KSchG sind zu beachten.[228] Eine auflösende Bedingung unterliegt nicht der arbeitsgerichtlichen Befristungskontrolle, wenn sie das Arbeitsverhältnis zu einem Zeitpunkt beendet, in dem der Arbeitnehmer noch keinen allgemeinen Kündigungsschutz genießt und auch keine andere Kündigungsvorschrift umgangen werden kann.[229]

d) Befristung. Bei einem wirksam für einen bestimmten Zeitraum (§ 15 Abs 1 TzBfG) oder einen bestimmten Zweck (§ 15 Abs 2 TzBfG) befristeten Arbeitsverhältnis ist grundsätzlich die ordentliche Kündigung ausgeschlossen.[230] Etwas anderes gilt dann, wenn nach § 15 Abs 3 TzBfG ein vorzeitiges ordentliches Kündigungsrecht entweder einzelvertraglich oder im einwendbaren Tarifvertrag vereinbart wurde. Eine ausreichende Vereinbarung liegt vor, wenn die Arbeitsvertragsparteien die Anwendbarkeit eines Tarifvertrags vereinbart haben, der seinerseits die Möglichkeit einer vorzeitigen ordentlichen Kündigung vorsieht.[231] Eine außerordentliche Kündigung (§ 626 BGB) steht beiden Vertragsparteien auch während der Dauer eines wirksam befristeten Arbeitsverhältnisses zu, § 15 Abs 3 TzBfG schränkt dieses Recht nicht ein.[232]

Ist im befristeten Arbeitsverhältnis eine Kündigung möglich, ist das KSchG anwendbar. Dies gilt auch dann, wenn die Bedingung unwirksam ist, weil sie mangels sachlichen Grundes den allgemeinen Kündigungsschutz umgeht und den §§ 21, 14 Abs 1 TzBfG widerspricht. Das Arbeitsverhältnis besteht unbefristet und unbedingt. Beruft sich der Arbeitgeber hier nichtsdestotrotz auf den Zeitablauf bzw den erreichten Zweck, erklärt er dadurch allein aber grundsätzlich keine Kündigung.[233]

§ 14 Abs 2 TzBfG ermöglicht es, Arbeitsverhältnisse ohne sachlichen Grund **bis zu zwei Jahren** zu befristen. Der EuGH hat in der Entscheidung „Mangold" entschieden, dass § 14 Absatz 3 Satz 4 TzBfG aF gegen Gemeinschaftsrecht verstößt und von den nationalen Gerichten nicht anzuwenden ist.[234] Das BAG lehnt einen Vertrauensschutz in Form der Anwendung von § 14 Absatz 3 Satz 4 TzBfG aF auf vor dem 22.11.2005 – der Entscheidung „Mangold" – getroffene Befristungsabreden ab.[235] Die Neu-

---

228 Zu allem näher §§ 14 ff TzBfG.
229 BAG 20.10.1999 – 7 AZR 658/98 – AP BGB § 620 Bedingung Nr 25 2.
230 KR/Lipke § 15 TzBfG Rn 20.
231 BAG 18.9.2003 – 2 AZR 432/02 – NZA 2004, 222 f B II 1.
232 KR/Lipke § 15 TzBfG Rn 23.
233 BAG 15.3.1978 – 5 AZR 831/76 – AP BGB § 620 befristeter Arbeitsvertrag Nr 45 II 1.
234 EuGH NZA 2005, 1345 ff.
235 BAG, BB 2006, 1858 ff, 1863 III, IV.

regelung des § 14 Abs 3 TzBfG bemüht sich, die vom EuGH entwickelten Vorgaben umzusetzen.[236] Für **Existenzgründer** hat das Arbeitsmarktreformgesetz seit dem 1.1.2004 die Möglichkeit befristeter Arbeitsverhältnisse von bis zu vier Jahren ohne sachlichen Grund geschaffen, **§ 14 Abs 2 a TzBfG**. **§ 17 Satz 1 TzBfG** verlangt, dass der Arbeitnehmer innerhalb von **drei Wochen** nach dem vereinbarten Befristungsende bzw dem Zugang der Nichtverlängerungsanzeige[237] – unabhängig von der Art der Befristung – punktuelle Klage auf Feststellung erhebt, dass das Arbeitsverhältnis aufgrund der Befristung nicht beendet ist. Im Übrigen finden §§ 5 bis 7 KSchG entsprechende Anwendung.[238]

125 e) **Kündigung auf Verlangen des Betriebsrats nach § 104 Satz 1 BetrVG.** Stellt das Gericht fest, dass das Verlangen des Betriebsrats auf Entlassung des Arbeitnehmers begründet ist, ist der Arbeitgeber verpflichtet, das Arbeitsverhältnis ohne schuldhaftes Zögern nach Eintritt der Rechtskraft des Beschlusses zum nächstzulässigen Termin zu kündigen. Dem an dem Verfahren nach § 104 Satz 1 BetrVG zu beteiligenden, insbesondere nach § 83 Abs 3 ArbGG zu hörenden Arbeitnehmer kommt zwar ein allgemeines Feststellungsinteresse für seine spätere Kündigungsschutzklage zu. Seine Klage wird jedoch idR als unbegründet abzuweisen sein, da der rechtskräftige Beschluss des Arbeitsgerichts präjudiziell, dh vorgreiflich wirkt. Die im Beschlussverfahren getroffene Feststellung, dass die ordentliche Kündigung sozial gerechtfertigt ist, bindet das Arbeitsgericht nur dann nicht im Kündigungsschutzprozess, wenn der Arbeitnehmer Umstände darlegt, die erst nach Schluss der Anhörung im Beschlussverfahren entstanden sind. Mit dem ihm früher möglichen Vorbringen ist der Arbeitnehmer ausgeschlossen oder auch präkludiert.[239] Das scheidet allerdings aus, wenn er an dem Beschlussverfahren entgegen § 83 Abs 3 ArbGG nicht beteiligt wurde.[240]

126 f) **Nichtigkeit und Anfechtung.** Der allgemeine Kündigungsschutz kommt dem Arbeitnehmer nicht zugute, wenn entweder von vornherein kein rechtsgültiger Arbeitsvertrag zustande gekommen ist oder der Arbeitgeber seine zum Vertragsschluss führende Willenserklärung nachträglich wirksam anficht. Im Regelfall des dennoch vollzogenen Austauschs von Arbeitsleistung und Entgelt kann das faktische bzw nach anderer Terminologie fehlerhafte Arbeitsverhältnis aber in beiden Gestaltungen **nur für die Zukunft und nicht rückwirkend** beendet werden. Wird das Arbeitsverhältnis, dem ein nichtiger oder anfechtbarer Vertrag zugrunde liegt, abweichend hiervon wieder „**außer Funktion gesetzt**", nachdem es ursprünglich vollzogen wurde, verbleibt es ab diesem Zeitpunkt bei den gesetzlichen Rechtsfolgen der ursprünglichen Nichtigkeit bzw der rückwirkenden Vernichtung kraft der Fiktion des § 142 Abs 1 BGB. Denn hier bestehen keine Rückabwicklungsschwierigkeiten. Gleiches gilt entgegen der früheren Rechtsprechung nun auch, wenn der Arbeitnehmer nach ursprünglichem

---

236 Näher s. ErfK/Müller-Gloge § 14 TzBfG Rn 110 a.
237 § 17 Satz 3 TzBfG.
238 § 17 Satz 2 TzBfG, zu allem eingehend §§ 14 ff TzBfG.
239 Zu allem KR/Etzel § 104 BetrVG Rn 78.
240 KR/Etzel § 104 BetrVG Rn 78 iVm § 103 BetrVG Rn 140.

Vollzug des Arbeitsverhältnisses erkrankt. **Die Anfechtung wirkt auf den Zeitpunkt des Beginns der Krankheit zurück.**[241]

aa) Nichtigkeit. Beruft sich der Arbeitgeber – bspw nach §§ 125, 134 oder 138 Abs 1 BGB – auf die Nichtigkeit des Arbeitsvertrags, erklärt er keine Kündigung des ohnehin nur faktischen bzw fehlerhaften Arbeitsverhältnisses, er sagt sich vielmehr von der bloßen tatsächlichen Beziehung los.[242]

127

bb) Anfechtung. Während eine Kündigung lediglich aufgrund eines zukunftsbezogenen Grundes in Betracht kommt, erfordert die Anfechtung einen Umstand, der **schon vor oder bei Abschluss des Arbeitsvertrags** gegeben war. Wirkt der Anfechtungsgrund jedoch – etwa im Fall eines bei Vertragsschluss verschwiegenen und fortwirkenden Leistungsmangels – „stark nach", kann der Arbeitgeber seine Willenserklärung entweder anfechten oder aber das Arbeitsverhältnis außerordentlich bzw ordentlich kündigen.[243] Bedient er sich der ordentlichen Kündigung, ist der allgemeine Kündigungsschutz zu beachten. Ausnahmsweise kann eine Anfechtungserklärung gegen Treu und Glauben verstoßen, wenn sich der Anfechtungsgrund nicht mehr auf das Arbeitsverhältnis auswirkt.[244]

128

Will der Arbeitgeber seine Erklärung wegen **arglistiger Täuschung oder widerrechtlicher Drohung** nach § 123 Abs 1 BGB anfechten, muss das innerhalb der Jahresfrist des § 124 BGB geschehen. **Die Zweiwochenfrist des § 626 Abs 2 BGB kann nicht angewandt werden.**[245] Es besteht kein Grund, den Täuschenden oder Drohenden zu privilegieren. Die Anfechtung aufgrund **Irrtums** nach § 119 BGB muss dagegen gem § 121 Abs 1 Satz 1 BGB **unverzüglich**, dh ohne schuldhaftes Zögern erfolgen, nachdem der Anfechtungsberechtigte von dem Anfechtungsgrund erfahren hat.

129

Hinweis: Sie ist nicht unverzüglich, wenn sie **nicht spätestens innerhalb von zwei Wochen** nach diesem Zeitpunkt erklärt wird. Der Rechtsgedanke des § 626 Abs 2 BGB konkretisiert den Begriff der Unverzüglichkeit.[246] Da das KSchG den Arbeitnehmer nicht vor einer Anfechtung schützt und der Gesetzgeber des Arbeitsmarktreformgesetzes die Klagefrist zwar auf sonstige Unwirksamkeitsgründe, aber nicht auf alle Beendigungstatbestände erstreckt hat, ist der Arbeitnehmer ebenso wenig wie im Falle der Nichtigkeit des Arbeitsvertrags an die Klagefrist des § 4 Satz 1 KSchG gebunden. Die Gesetzgeber des Arbeitsrechtlichen Beschäftigungsförderungsgesetzes, des Korrekturgesetzes und zuletzt auch des Arbeitsmarktreformgesetzes haben trotz der bekannten Problematik davon abgesehen, eine allgemeine Klagefrist für alle Beendigungstatbestände zu begründen. Eine Analogie scheidet daher mangels unbewusster Regelungslücke aus.[247] Grundsätzlich handelt

---

241 BAG 3.12.1998 – 2 AZR 754/97 – NZA 1999, 584, 585 f II 3 a.
242 Rn 36.
243 BAG 14.12.1979 – 7 AZR 38/78 – AP BGB § 119 Nr 4 III.
244 BAG 18.9.1987 – 7 AZR 507/86 – AP BGB § 123 Nr 32.
245 BAG 19.5.1983 – 2 AZR 171/81 – AP BGB § 123 Nr 25 A I 2.
246 BAG 14.12.1979 – 7 AZR 38/78 – AP BGB § 119 Nr 4 III a und b.
247 Keine Anwendung der Klagefrist auf die Anfechtung des Arbeitsvertrages durch den Arbeitgeber Stahlhacke/Preis Rn 58; vHH/L/Krause § 1 Rn 165 ErfK/Kiel § 4 KSchG Rn 7; aA KR/Friedrich § 4 KSchG Rn 16 a; ausdrücklich offengelassen von BAG 14.12.1979 – 7 AZR 38/78 – AP BGB § 119 Nr 4 I.

es sich bei der zu erhebenden Klage um eine **allgemeine Feststellungsklage iSv § 256 Abs 1 ZPO**. Die (unterbliebene) Auflösung des Arbeitsverhältnisses durch die Anfechtung ist nur ausnahmsweise als Vorfrage des punktuellen Streitgegenstandes nach **§§ 4 Satz 1, 13 Abs 1 Satz 2 KSchG** zu prüfen, wenn der Arbeitgeber das Arbeitsverhältnis nach der Anfechtung ordentlich oder außerordentlich kündigt.

130 **g) Suspendierung, lösende Aussperrung.** Stellt der Arbeitgeber den Arbeitnehmer von seiner Arbeitspflicht frei, spricht er damit keine Kündigung aus. Die entsprechende Äußerung muss jedoch nach § 133 BGB ausgelegt werden, da der Arbeitgeber das Wort „Kündigung" nicht ausdrücklich gebrauchen muss, wenn sein Lösungswille klar zum Ausdruck kommt.[248] Auch dieses Problem hat seit der Geltung des Schriftformerfordernisses des § 623 BGB an Brisanz verloren. Das Schriftformerfordernis ändert allerdings nichts daran, dass der Arbeitgeber das Wort Kündigung in seiner schriftlichen, aber nach wie vor zu interpretierenden Erklärung nicht verwenden muss. Abgrenzungsschwierigkeiten der Kündigung von der Suspendierung einerseits und der lösenden Aussperrung andererseits können deshalb noch immer auftreten.

131 Bei einer lösenden Abwehraussperrung ruhen im Unterschied zu der suspendierenden Aussperrung nicht nur die beiderseitigen Hauptpflichten, sie beendet vielmehr das Arbeitsverhältnis mit Zugang der Aussperrungserklärung. Es handelt sich aber nicht um eine Kündigung, sondern um einen **kollektivrechtlichen Lösungstatbestand eigener Art**.[249] Der lösend ausgesperrte Arbeitnehmer genießt deswegen keinen Kündigungsschutz. Er bleibt jedoch nicht völlig schutzlos, weil der Arbeitgeber nach dem Ende des Arbeitskampfes verpflichtet ist, ihn nach billigem Ermessen **wiedereinzustellen**, wenn der Arbeitsplatz nicht anderweitig besetzt oder weggefallen ist.[250] Vielfach erhalten zudem Maßregelungsverbote, die anlässlich der Beilegung des Arbeitskampfes zwischen den Tarifparteien vereinbart werden, den Kündigungsschutz. Denkbar ist etwa, dass die in dem früheren Arbeitsverhältnis zurückgelegte Wartezeit auf die des späteren Arbeitsverhältnisses angerechnet wird oder die tatsächliche Beschäftigung fingiert und damit die zeitliche Unterbrechung beseitigt wird.

132 **h) Unmöglichkeit, die Arbeitsleistung zu erbringen.** Auch wenn es dem Arbeitnehmer **nach Vertragsschluss** unmöglich wird, die geschuldete Arbeitsleistung zu erbringen, endet das Arbeitsverhältnis nicht ohne ordentliche oder außerordentliche Kündigung.

133 **i) Wegfall der Geschäftsgrundlage: Der allgemeine Kündigungsschutz verdrängt dieses Rechtsinstitut in aller Regel.** Er könnte sonst umgangen werden, zumal § 626 BGB eine positive Ausprägung des Wegfalls der Geschäftsgrundlage ist.[251] Nur unter außergewöhnlichen Umständen kann das Arbeitsverhältnis auch ohne ausdrückliche oder konkludente Erklärung aufgrund Wegfalls der Geschäftsgrundlage enden. Daran ist zu den-

---

248 Rn 100.
249 Vgl BAG 21.4.1971 – GS 1/68 – AP GG Art 9 Arbeitskampf Nr 43 III D 3.
250 BAG 21.4.1971 – GS 1/68 – AP GG Art 9 Arbeitskampf Nr 43 III D 4.
251 Stahlhacke/Preis Rn 59.

ken, wenn beide Vertragsparteien davon ausgingen, das Arbeitsverhältnis sei wegen der besonderen Umstände automatisch beendet worden. Das BAG versagte es einem Arbeitnehmer, der 1979 aus der ehemaligen DDR abgeschoben worden war und nach der Wiedervereinigung die Fortsetzung des Arbeitsverhältnisses verlangte, gem § 242 BGB, sich auf die fehlende Kündigung zu berufen.[252]

4. Kündigungsschutz im Kleinbetrieb

a) **Verfassungsmäßigkeit der Kleinbetriebsklausel.** Nach der Rechtsprechung des BVerfG und des BAG ist die Kleinbetriebsklausel mit dem Grundgesetz vereinbar.[253] Das Bundesverfassungsgericht hebt in seiner Entscheidung vom 27.1.1998[254] hervor, dass die Arbeitnehmer eines Kleinbetriebes durch ihre Herausnahme aus dem gesetzlichen Kündigungsschutz nicht völlig schutzlos gestellt sind. Der verfassungsrechtlich gebotene Mindestschutz des Arbeitsplatzes vor Verlust durch private Disposition werde durch die **Generalklauseln der §§ 138, 242 BGB** geschützt. Das Bundesverfassungsgericht stellt auch klar, dass der durch die Generalklauseln vermittelte Schutz nicht dazu führen dürfe, dem Kleinunternehmer praktisch die im Kündigungsschutz vorgesehenen Maßstäbe der Sozialwidrigkeit aufzuerlegen. Diese Feststellung entspricht der Rechtsprechung des BAG, wonach Umstände, die im Rahmen von § 1 KSchG zu würdigen wären, grundsätzlich als Verstöße gegen Treu und Glauben ausgeschlossen sind.[255] Solche Umstände können außerhalb des Anwendungsbereichs des Kündigungsschutzgesetzes nur ausnahmsweise im Rahmen der §§ 315, 242 BGB nach einem eingeschränkten Prüfungsmaßstab beachtlich sein.[256]

134

Darüber hinausgehend soll nach der Auffassung des Bundesverfassungsgerichts außerhalb des Anwendungsbereiches des Kündigungsschutzgesetzes der verfassungsrechtliche Schutz des Arbeitsplatzes iVm dem Sozialstaatsprinzip ein **gewisses Maß an sozialer Rücksichtnahme** gebieten, ferner dürfe auch ein **durch langjährige Mitarbeit erdientes Vertrauen in den Fortbestand eines Arbeitsverhältnisses** nicht unberücksichtigt bleiben.[257] Damit ist der Grundsatz der Verhältnismäßigkeit angesprochen, der im Rahmen der sozialen Rechtfertigung nach § 1 KSchG zu würdigen wäre, infolgedessen Umstände, die nach bisheriger Rechtsprechung des BAG außerhalb des Anwendungsbereiches des KSchG nicht zur Unwirksamkeit der Kündigung nach dem Grundsatz von Treu und Glauben führen konnten.

135

---

252 BAG 24.8.1995 – 8 AZR 134/94 – AP BGB § 242 Geschäftsgrundlage Nr 17 II und III.
253 BVerfG 27.1.1998 – 1 BvL 15/87 – NZA 1998, 470 ff; BAG 19.4.1990 – 2 AZR 487/89 – AP KSchG 1969 § 23 Nr 8; krit hierzu KR/Bader § 23 KSchG Rn 16 ff; die Befreiung der Kleinbetriebe vom Kündigungsschutz für Arbeitnehmer stellt auch keine Beihilfe iSv Art 92 Abs 1 EWG-Vertrag dar – EuGH 30.11.1993 – Rs C 189/91 – AP KSchG 1969 § 23 Nr 13; vgl auch BAG 28.10.2010 – 2 AZR 392/08 mit Anm Bauer ArbRAktuell 2010, 311046.
254 BVerfG 27.1.1998 – 1 BvL 15/87 – NZA 1998, 470, zu B I 3 b cc.
255 BAG 16.2.1989 – 2 AZR 347/88 – AP BGB § 138 Nr 46 III 1; 23.6.1994 – 2 AZR 617/93 – AP BGB § 242 Kündigung Nr 9 II 2 a.
256 BAG 26.10.1995 – 2 AZR 1026/94 – AP Einigungsvertrag Art 20 Nr 35; 25.4.2001 – 5 AZR 360/99 – AP BGB § 242 Kündigung Nr 14 II 4 a.
257 BVerfG 27.1.1998 – 1 BvL 15/1987 – NZA 1998, 470, zu B I 3 b cc.

136 Das Bundesverfassungsgericht stellt in der Entscheidung vom 27.1.1998[258] zudem klar, dass die Beweislastregel des § 1 Abs 2 Satz 4 KSchG, nach welcher der Arbeitgeber die die Kündigung bedingenden Tatsachen zu beweisen hat, außerhalb des Anwendungsbereichs des Kündigungsschutzgesetzes nicht gilt. Andererseits betont es aber auch die Bedeutung des objektiven Gehalts der Grundrechte im Verfahrensrecht. Ohne sich im Einzelnen festzulegen, wie die Darlegungs- und Beweislast unter Beachtung verfassungsrechtlicher Positionen bei der Anwendung der Generalklauseln nach § 138 oder § 242 BGB zu beurteilen sei, stellt das Bundesverfassungsgericht fest, dass das Prozessrecht für eine **abgestufte Darlegungs- und Beweislast** eine geeignete Handhabe bietet.[259]

137 Im Hinblick auf den zugunsten der Arbeitnehmer in einem Kleinbetrieb nur über die Generalklauseln wirkenden Kündigungsschutz wirft die Entscheidung des Bundesverfassungsgerichts im Ergebnis mehr Fragen auf, als Antworten gegeben werden. In welchem Maß der Arbeitgeber soziale Rücksichtnahme zu üben hat und in welchem Umfang das durch langjährige Mitarbeit verdiente Vertrauen in den Fortbestand eines Arbeitsverhältnisses Schutz verdient, ist der Entscheidung des Bundesverfassungsgericht nicht zu entnehmen.[260] Deutlich wird aber, dass sich die Auffassung, durch das Kündigungsschutzgesetz sei die Treuepflicht des Arbeitgebers abschließend konkretisiert,[261] nicht länger aufrechterhalten lässt.[262] Andererseits kann der Prüfungsmaßstab des § 1 KSchG nicht auf die Kündigung eines Arbeitsverhältnisses übertragen werden, für das der Anwendungsbereich des Kündigungsschutzes nicht eröffnet ist.

138 **b) Konkretisierung der sozialen Rücksichtnahme und des durch langjährige Mitarbeit erdienten Vertrauens.** Das nach Auffassung des Bundesverfassungsgerichts zu übende gewisse Maß an sozialer Rücksichtnahme betrifft in erster Linie den Bereich der **Sozialauswahl.** In diesem Zusammenhang wird zT[263] vorgeschlagen, eine Überprüfung der vom Arbeitgeber getroffenen Auswahl auf grobe Fehlerhaftigkeit in analoger Anwendung des § 1 Abs 5 Satz 2 KSchG idF vom 25.9.1996 bzw idF vom 24.12.2003 vorzunehmen. Konsequenterweise müsste der Arbeitgeber im Kleinbetrieb dann auch entsprechend § 1 Abs 3 Satz 1 HS 2 KSchG auf Verlangen des Arbeitnehmers Auskunft über die für die getroffene Auswahlentscheidung

---

258 BVerfG 27.1.1998 – 1 BvL 15/87 – NZA 1998, 470, zu B I 3 b cc.
259 BVerfG 27.1.1998 – 1 BvL 15/87 – NZA 1998, 470, zu B I 3 b cc, unter Bezugnahme auf Preis NZA 1997, 1256, 1269 und Oetker AuR 1997, 41, 53; BAG 25.4.2001 – 5 AZR 360/99 – AP BGB § 242 Kündigung Nr 14 II 4 a.
260 S in diesem Zusammenhang auch Gragert, NZA 2000, 961 ff.
261 BAG 23.6.1994 – 2 AZR 617/93 – AP BGB § 242 Kündigung Nr 9 II 2 a; 16.2.1989 – 2 AZR 347/88 – AP BGB § 138 Nr 46; vHH/L/v. Hoyningen-Huene § 13 Rn 82; einschränkend BAG 26.10.1995 – 2 AZR 1026/94 – AP Einigungsvertrag Art 20 Nr 35.
262 Vgl BAG 21.2.2001 – 2 AZR 15/00 – AP BGB § 242 Kündigung Nr 12 B II 4 b; 6.2.2003 – 2 AZR 672/01 – DB 2003, 1393, zu II 2; s hierzu auch Lettl NZA-RR 2004, 57 ff, 58; anders für den Fall der Nichterfüllung der 6-monatigen Wartezeit BAG 1.7.1999 – 2 AZR 926/98 – NZA 2000, 437, zu II. 2 und BAG 5.4.2001 – 2 AZR 185/00 – NJW 2001, 2994 zu II. 1; s in diesem Zusammenhang auch LAG Hamm – 3.2.2004 – 19 Sa 1956/03 – Beck RS 2005 41014.
263 Gragert/Kreuzfeld NZA 1998, 567, 568.

maßgebenden Gründe erteilen. Nach zutreffender Auffassung des BAG[264] sind im Kleinbetrieb die Grundsätze des § 1 KSchG über die Sozialauswahl aber nicht entsprechend anwendbar. Es fehlt schon an einer Regelungslücke. Die vom Gesetzgeber gewollte Herausnahme des Kleinbetriebs aus dem Geltungsbereich des Kündigungsschutzgesetzes trägt gewichtigen, durch Art 12 Abs 1 GG gestützten Belangen des Kleinunternehmers Rechnung, dessen **Kündigungsrecht in hohem Maße schutzwürdig ist**.[265] Demgegenüber ist im Rahmen der Generalklauseln des bürgerlichen Rechts (lediglich) ein aus Art 12 Abs 1 GG abzuleitender verfassungsrechtlich gebotener **Mindestschutz** des Arbeitnehmers des Arbeitsplatzes vor Verlust durch private Disposition zu gewährleisten. Ob die Auswahlentscheidung des Arbeitgebers im Kleinbetrieb im Einzelfall gegen Treu und Glauben verstößt, ist daher unter **Abwägung** der wie vorstehend zu gewichtenden wechselseitigen Interessen zu prüfen. Ein Treueverstoß des Arbeitgebers bei der Kündigung des sozial schutzwürdigeren Arbeitnehmers ist um so eher anzunehmen, je weniger bei der Auswahlentscheidung eigene Interessen des Arbeitgebers eine Rolle gespielt haben. Hat der Arbeitgeber keine spezifischen eigenen Interessen, einem bestimmten Arbeitnehmer zu kündigen bzw anderen vergleichbaren Arbeitnehmern nicht zu kündigen, und entlässt er gleichwohl den Arbeitnehmer mit der bei weitem längsten Betriebszugehörigkeit, dem höchsten Alter und den meisten Unterhaltsverpflichtungen, so spricht alles dafür, dass der Arbeitgeber bei seiner Entscheidung das verfassungsrechtlich gebotenen Mindestmaß an sozialer Rücksichtnahme außer acht gelassen hat. Bestehen andererseits derartige betriebliche, persönliche oder sonstige Interessen des Arbeitgebers, so ist der durch § 242 BGB vermittelte Grundrechtsschutz des Arbeitnehmers umso schwächer, je stärker die mit der Kleinbetriebsklausel geschützten Grundrechtspositionen des Arbeitgebers im Einzelfall betroffen sind. Solche Interessen des Arbeitgebers, einen an sich erheblich schutzwürdigeren, vergleichbaren Arbeitnehmer zur Kündigung auszuwählen, können zB **Leistungsgesichtspunkte, persönliche Momente, besondere Kenntnisse und Fähigkeiten anderer Arbeitnehmer oder wirtschaftliche Überlegungen** sein.[266] In sachlicher Hinsicht geht es vor allem darum, Arbeitnehmer vor willkürlichen oder auf sachfremden Motiven beruhenden Kündigungen zu schützen.[267] Bei der Treuwidrigkeit der Kündigung im Kleinbetrieb handelt es sich um einen Ausnahmetatbestand. Es reicht daher aus, wenn der Arbeitgeber sich für seine Auswahlentscheidung auf nachvollziehbare, irgendwie einleuchtende Gründe beruft, da in diesem Fall der Willkürvorwurf ausscheidet.[268] IdR

---

264 IdS BAG 21.2.2001 – 2 AZR 15/00 – AP BGB § 242 Kündigung Nr 12 B II 4 d aa.
265 Vgl hierzu auch Rolfs/Giesen/Kreikebohm/Udsching/Volkening § 23 KSchG Rn 1.
266 BAG 21.2.2001 – 2 AZR 15/00 – AP BGB § 242 Kündigung Nr 12 B II 4 d aa und bb.
267 BAG 21.2.2001 – 2 AZR 15/00 – AP BGB § 242 Kündigung Nr 12 B II 4 d bb; 6.2.2003 – 2 AZR 672/01 – NZA 2003, 717 zu II 2 b mit krit Anm Annuß BB 2003, 1439.
268 BAG 25.4.2001 – 5 AZR 360/99 – AP BGB § 242 Kündigung Nr 14 II 4 b; APS-Preis Grundlagen J Rn 52; zur abgestuften Darlegungs- und Beweislast vgl Rn 140.

bedarf es vor einer ordentlichen Kündigung auch keiner vergeblichen Abmahnung.[269]

139 Soweit nach dem Bundesverfassungsgericht auch ein **durch langjährige Mitarbeit erdientes Vertrauen in den Fortbestand des Arbeitsverhältnisses** zu berücksichtigen ist, läuft dies letztlich darauf hinaus, dass der Arbeitgeber im Kleinbetrieb nicht (mehr) völlig grundlos kündigen kann, wobei aber auch insoweit nachvollziehbare Interessen des Arbeitgebers genügen können. Eine lange Betriebszugehörigkeit ist im Rahmen einer Interessenabwägung dem vom Arbeitgeber angeführten Kündigungsgrund gegenüberzustellen. Anhaltspunkte, ab welcher Beschäftigungsdauer ein Vertrauen des Arbeitnehmers in den Fortbestand des Arbeitsverhältnisses schutzwürdig ist, können den Gründen der Entscheidung vom 27.1.1998[270] nicht entnommen werden. Diese Frage wird sich auch nicht generell beantworten lassen. Ein Vertrauen in den Fortbestand des Arbeitsverhältnisses ist sicherlich dann schutzwürdig, wenn sich der Arbeitgeber dem Arbeitnehmer gegenüber wiederholt über zukünftige gemeinsame Pläne im Rahmen eines langjährigen Arbeitsverhältnisses äußert.[271] Dies kann im Einzelfall aber auch für Arbeitsverhältnisse von kürzerer Dauer zutreffen. Jedenfalls dürfte das Bundesverfassungsgericht eine Beschränkung des nach Treu und Glauben zu berücksichtigenden Vertrauens in den Fortbestand des Arbeitsverhältnisses auf derartige Ausnahmefälle[272] gerade nicht im Blick gehabt haben. Die Entscheidung bezieht sich vielmehr explizit auf den Fall des durch langjährige Mitarbeit erdienten Vertrauens, womit nur das zeitliche Moment, nicht hingegen weitere Umstände angesprochen sind. Dieses sich aus der Dauer des Arbeitsverhältnisses rechtfertigende Vertrauen kommt auch in den nach Beschäftigungsjahren gestaffelten verlängerten gesetzlichen Kündigungsfristen[273] zum Ausdruck. Eine Beschäftigungsdauer, die nicht mehr zu einer Verlängerung der vom Arbeitgeber einzuhaltenden Kündigungsfrist führen kann (über 20 Jahre nach vollendetem 25. Lebensjahr), dürfte in jedem Fall geeignet sein, ein schutzwürdiges Vertrauen in den Fortbestand des Arbeitsverhältnisses zu begründen. Jedenfalls ist auch bei einem durch langjährige Mitarbeit erdienten Vertrauen in den Fortbestand des Arbeitsverhältnisses zu beachten, dass der durch die Generalklauseln vermittelte Grundrechtsschutz des Arbeitnehmers umso schwächer wirkt, je stärker die mit der Kleinbetriebsklausel geschützten Grundrechtspositionen betroffen sind. So kann zB in Abwägung der wechselseitigen Interessen ein durch 17-jährige Betriebszugehörigkeit erdientes Vertrauen des Arbeitnehmers in die Fortsetzung des Arbeitsverhältnisses dann zurücktreten, wenn das **Betriebsklima** und das Vertrauensverhältnis im für Missstimmungen und Querelen besonders anfälligen Kleinbetrieb nachhaltig gestört ist.[274] Die auch außerhalb des Kündigungsschutzgesetzes gebotene Berücksichtigung des durch langjährige Beschäftigung entstandenen Vertrauens fordert aber, dass der Grund für Kündigungen gegenüber lang-

---

269 BAG 23.4.2009 – 6 AZR 533/08 – NZA 2009, 1260 III 2.
270 BVerfG 27.1.1998 – 1 BvL 15/87 – NZA 1998, 470.
271 Gragert/Kreuzfeldt NZA 1998, 567, 569.
272 Gragert/Kreuzfeldt NZA 1998, 567, 569.
273 § 622 Abs 2 BGB.
274 BAG 21.2.2001 – 2 AZR 579/99 – AP BGB § 611 Abmahnung Nr 26 II 4 d.

jährig beschäftigten Arbeitnehmern auch angesichts der Betriebszugehörigkeit „einleuchten" muss. Es kann deshalb als treuwidrig zu werten sein, wenn der Arbeitgeber die Kündigung auf auch im Kleinbetrieb eindeutig nicht ins Gewicht fallende einmalige Fehler eines seit Jahrzehnten beanstandungsfrei beschäftigten Arbeitnehmers stützen will.[275] Allein eine längere Betriebszugehörigkeit führt jedoch nicht zur Anwendung der nach dem KSchG geltenden Maßstäbe. Insbesondere ist nicht nach etwa 3- oder 5-jährigem Bestand eines Arbeitsverhältnisses davon auszugehen, die Vertragspartner im Kleinbetrieb hätten sich auf die Anwendung der Bewertungsmaßstäbe des KSchG stillschweigend geeinigt. Anhaltspunkte dafür, dass der Arbeitgeber im Kleinbetrieb regelmäßig nach 3 oder 5 Jahren eine einzelvertragliche Abmachung dieses Inhalts stillschweigend anböte oder ein etwaiges stillschweigendes Angebot des Arbeitnehmers ebenso stillschweigend annehme, sind nicht ersichtlich, dies gilt umso mehr, als eine solche Vertragsänderung dem Arbeitgeber in erheblichem Maße Rechtsnachteile einträge.[276]

c) Darlegungs- und Beweislast. Im Hinblick auf die Darlegungs- und Beweislast wäre es unzutreffend, das Fehlen der Sitten- oder Treuwidrigkeit als negatives Tatbestandsmerkmal der rechtswirksamen Kündigung zu sehen. Die Konsequenz dieser Auffassung wäre eine Beweislastumkehr. Sie würde dazu führen, dass der Arbeitgeber im Kleinbetrieb die Kündigungsgründe letztlich in gleicher Weise darzulegen und zu beweisen hätte, wie dies für den Anwendungsbereich des KSchG in § 1 Abs 2 Satz 4 KSchG angeordnet ist. Die Beweislastregel des § 1 Abs 2 Satz 4 KSchG gilt außerhalb des Anwendungsbereichs des KSchG aber gerade nicht.[277] Die **Sitten- und Treuwidrigkeit** sowie sonstige Kündigungsverbote außerhalb des KSchG sind **Ausnahmetatbestände**. Daher obliegt es zunächst dem Arbeitnehmer, schlüssig die Tatsachen vorzutragen, aus denen sich die Treuwidrigkeit oder die Sittenwidrigkeit der Kündigung ergeben soll. Allerdings ist der verfassungsrechtlich gebotene Schutz des Arbeitnehmers auch im Prozessrecht zu gewährleisten.[278] Der Arbeitnehmer, der die Überlegungen des Arbeitgebers, die zu seiner Kündigung geführt haben, regelmäßig nicht kennt, muss lediglich einen Sachverhalt vortragen, der die Treuwidrigkeit bzw die Sittenwidrigkeit der Kündigung indiziert. Gelingt ihm dies, muss sich der Arbeitgeber auf einen entsprechenden Vortrag des Arbeitnehmers nach § 138 Abs 2 ZPO qualifiziert einlassen, um diesen zu entkräften.[279] In diesem Zusammenhang ist es auch erforderlich, dass der Arbeitgeber Angaben zum Kündigungsgrund macht, an welchen allerdings nicht der strenge Maßstab des § 1 Abs 2 KSchG angelegt werden kann. Die Beweislast für

---

275 BAG 28.8.2003 – 2 AZR 333/02 – AP BGB § 242 Kündigung Nr 17 zu III 1. b aa.
276 BAG 28.8.2003 – 2 AZR 333/02 – AP BGB § 242 Kündigung Nr 17 zu III 1. b bb und cc.
277 BVerfG 27.1.1998 – 1 BvL 15/87 – NZA 1998, 470, B I 3 b cc; BAG 6.2.2003 – 2 AZR 672/01 – NZA 2003, 717 II 2 b.
278 BAG 28.8.2003 – 2 AZR 333/02 – AP BGB § 242 Kündigung Nr 17 zu III 2.
279 BAG 25.4.2001 – 5 AZR 360/99 – AP BGB § 242 Kündigung Nr 14 II 4 a; 21.2.2001 – 2 AZR 15/00 – AP BGB § 242 Kündigung Nr 12 B II 4 cc 28.8.2003 – 2 AZR 333/02 AP BGB § 242 Kündigung Nr 17 B III 2; BAG 24.1.2008 – 6 AZR 96/07 – NZA-RR 2008, 404 III 1 c).

die Tatsachen, aus denen sich die Sitten- oder Treuwidrigkeit der Kündigung ergeben sollen, verbleibt aber beim Arbeitnehmer. Der Arbeitgeber ist hingegen beweispflichtig für die Tatsachen, aus denen sich ergibt, dass andere Gründe seinen Kündigungsentschluss bestimmt haben. Der verfassungsrechtliche Mindestschutz des Arbeitnehmers ist prozessual somit durch eine **abgestufte Darlegungs- und Beweislast**[280] sowie **durch Darlegungs- und Beweiserleichterungen** zu verwirklichen. Umstände aus seiner Sphäre wird der Arbeitgeber im Rechtsstreit offenlegen müssen, zB erhebliche innerbetriebliche Vorgänge, die dem Arbeitnehmer nicht zugänglich sind.[281] Da den Arbeitnehmer die Beweislast für die von ihm geltend gemachte Treuwidrigkeit der Kündigung trifft, muss, wenn der Arbeitgeber Tatsachen vorträgt, die die Treuwidrigkeit ausschließen, der Arbeitnehmer Gegentatsachen vortragen oder zumindest die vom Arbeitgeber behaupteten Tatsachen substantiiert bestreiten und für die Gegentatsachen und für sein Bestreiten selbst Beweis anbieten. Diese Beweise sind dann zu erheben.[282] Legt der Arbeitgeber dagegen im Prozess unaufgefordert die von ihm herangezogenen Kündigungsgründe substantiiert dar, muss der Arbeitnehmer, um seiner Darlegungslast für die Treuwidrigkeit der Kündigung zu genügen, im Einzelnen vortragen, dass und aus welchen Gründen die Kündigung treuwidrig sein soll.[283]

141 Bestreitet der Arbeitnehmer, dass ein **durch langjährige Mitarbeit erdientes Vertrauen** in den Fortbestand des Arbeitsverhältnisses – die tatsächlichen Voraussetzungen hierfür hat der Arbeitnehmer zuvor schlüssig zu behaupten (erhebliche Dauer des Arbeitsverhältnisses)[284] – vom Arbeitgeber berücksichtigt worden ist, muss der Arbeitgeber bereits ohne weiteren Vortrag des Arbeitnehmers einen nachvollziehbaren Grund für die Kündigung angeben. Der Arbeitnehmer muss sodann darlegen und beweisen, dass die Kündigung tatsächlich auf sachfremden Motiven beruht. Entsprechendes gilt im Hinblick auf die vom Arbeitgeber einzuhaltende **soziale Rücksichtnahme**. Es reicht allerdings nicht aus, dass der Arbeitnehmer pauschal bestreitet, der Arbeitgeber habe keine soziale Rücksichtnahme geübt, um eine Auskunftspflicht des Arbeitgebers über die durchgeführte Sozialauswahl auszulösen.[285] In einem ersten Schritt muss der Arbeitnehmer, der die Auswahlüberlegungen des Arbeitgebers regelmäßig nicht kennt, aber nur einen Sachverhalt vortragen, der die Treuwidrigkeit der Kündigung indiziert. Hierzu reicht es zunächst aus, dass der Arbeitnehmer die Sozialdaten der aus seiner Sicht vergleichbaren Arbeitnehmer, die ihm im Kleinbetrieb idR zumindest annähernd bekannt sind, darlegt. Ist danach **evident**, dass der Arbeitgeber einen erheblich weniger schutzbedürftigen, vergleichbaren Arbeitnehmer als den Kläger weiterbeschäftigt, so spricht dies dafür, dass der Arbeitgeber das erforderliche Mindestmaß an sozialer Rücksichtnahme außer Acht gelassen hat und deshalb die Kündigung treuwidrig ist. Die nötige

---

280 BAG 21.2.2001 – 2 AZR 15/00 – AP BGB § 242 Kündigung Nr 12 B II 4 c, d cc 28.8.2003 – 2 AZR 333/02 – AP BGB § 242 Kündigung Nr 17 B III 2.
281 Gragert/Kreuzfeldt NZA 1998, 567, 570; Vgl auch § 13 KSchG Rn 62 ff.
282 BAG 28.8.2003 – 2 AZR 333/02 – AP BGB § 242 Kündigung Nr 17 B III 3 a aa.
283 BAG 23.4.2009 – 6 AZR 533/08 – NZA 2009, 1260 III 1.
284 Vgl Rn 139.
285 IdS aber Gragert/Kreuzfeldt NZA 1998, 467, 470.

Evidenz bezieht sich insbesondere auch auf die Vergleichbarkeit mit anderen Arbeitnehmern. Aus dem Vorbringen des Arbeitnehmers muss sich ergeben, dass er mit den nicht gekündigten Arbeitnehmern auf den ersten Blick vergleichbar ist.[286] Der Arbeitgeber muss sich nach § 138 Abs 2 ZPO qualifiziert auf diesen Vortrag einlassen, um ihn zu entkräften. In diesem Zusammenhang obliegt es dem Arbeitgeber auch, **Angaben zu seinen Auswahlüberlegungen** zu machen. Kommt er dieser sekundären Behauptungslast nicht nach, gilt der schlüssige Sachvortrag des Arbeitnehmers gem § 138 Abs 3 ZPO als zugestanden. Trägt der Arbeitgeber hingegen die betrieblichen, persönlichen oder sonstigen Gründe vor, die ihn dazu bewogen haben, den auf den ersten Blick sozial schutzbedürftigeren Arbeitnehmer zu entlassen, so hat der Arbeitnehmer die Tatsachen, aus denen sich die Treuwidrigkeit der Kündigung ergeben soll, zu beweisen.[287]

d) Auswirkungen des Inkrafttretens des Allgemeinen Gleichbehandlungsgesetzes (AGG) und der Entscheidung „Mangold" des EuGH. Erhebliche Zweifel sind angebracht, ob der vorstehend geschilderte, in Rechtsprechung und Lehre herausgebildete Umfang des Kündigungsschutzes im Kleinbetrieb ebenso wie der Kündigungsschutz im Rahmen der Wartezeit[288] auf Grund zweier Entwicklungen in der bisherigen Form weiter Bestand haben kann oder ob er nicht auf Grund der Entscheidung des EuGH vom 22.11.2005 („Mangold")[289] und des Inkrafttretens des Allgemeinen Gleichbehandlungsgesetzes (AGG)[290] neu zu konturieren ist.

142

aa) Auswirkungen des Allgemeinen Gleichbehandlungsgesetzes (AGG). Das am 17.8.2006 verkündete Gesetz zur Umsetzung Europäischer Richtlinien zur Verwirklichung des Grundsatzes der Gleichbehandlung vom 14.8.2006[291] setzt die Richtlinie 2000/43/EG vom 29.6.2000 zur Anwendung des Gleichbehandlungsgrundsatzes ohne Unterschied der Rasse oder der ethnischen Herkunft (Antirassismus-Richtlinie),[292] die Richtlinie 2000/78/EG vom 27.11.2000 zur Festlegung eines allgemeinen Rahmens für die Verwirklichung der Gleichbehandlung in Beschäftigung und Beruf (Rahmenrichtlinie Beschäftigung),[293] die Richtlinie 2002/73/EG vom 23.9.2002 zur Änderung der Richtlinie 76/207/EWG (Gender-Richtlinie)[294] und die Richtlinie 2004/113/EG vom 13.12.2004 zur Verwirklichung des Grundsatzes der Gleichbehandlung von Männern und Frauen beim Zugang zu und bei der Versorgung mit Gütern und Dienstleistungen (Gleichbehandlungsrichtlinie wegen des Geschlechts außerhalb der Arbeits-

143

---

286 BAG 6.2.2003 – 2 AZR 672/01 – NZA 2003, 717 II 2 c zu II 23.
287 BAG 21.2.2001 – 2 AZR 15/00 – AP BGB § 242 Kündigung Nr 12 B II 4 d cc; 6.2.2003 – 2 AZR 672/01 – NZA 2003, 717 zu II 2c; 28.8.2003 – 2 AZR 333/02 – AP BGB § 242 Kündigung Nr 17 III 2.
288 S Rn 90 ff.
289 NZA 2005, 1345.
290 BGBl I 2006 S 1897.
291 BGBl I 2006 S 1897.
292 ABlEG L 180 S 22.
293 ABlEG L 303 S 16.
294 ABlEG L 269 S 15.

welt)[295] in deutsches Recht um[296] und enthält in seinem Artikel 1 das Allgemeine Gleichbehandlungsgesetz (AGG).

144 Die **Schnittstelle zum Kündigungsschutzrecht** bildet § 2 Abs 4 AGG. Während im Regierungsentwurf zum AGG diese Vorschrift noch den Inhalt hatte, dass für Kündigungen vorrangig die Bestimmungen des Kündigungsschutzgesetzes gelten sollten, wobei der Gesetzgeber mit dieser Regelung lediglich die Klarstellung beabsichtigte, dass Rechtsstreitigkeiten bei Kündigungen auch nach Inkrafttreten des AGG vorwiegend nach dem Kündigungsschutzgesetz zu entscheiden sein werden,[297] wurde dies auf Grund einer Intervention durch den Bundesrat im Entwurf des AGG geändert.[298]

So wurde in der Schlussempfehlung des Bundesrates vom 6.6.2006 vorgeschlagen, § 2 Abs 4 AGG wie folgt zu fassen:

„Liegt die Benachteiligung in einer Kündigung, finden im Anwendungsbereich des Kündigungsschutzgesetzes ausschließlich dessen Bestimmungen Anwendung. Die gerichtliche Geltendmachung einer Benachteiligung durch eine Kündigung hat innerhalb von 3 Wochen nach Zugang der schriftlichen Kündigung zu erfolgen. § 4 Satz 4 des Kündigungsschutzgesetzes gilt entsprechend."[299]

145 Während der Bundesrat forderte, das Verhältnis des AGG zum Kündigungsschutzgesetz zueinander dahin zu präzisieren, dass im Anwendungsbereich des Kündigungsschutzgesetzes ausschließlich dessen Bestimmungen Anwendung finden,[300] wurde schließlich die vom Rechtsausschuss beschlossene Fassung des Absatzes 4: „Für Kündigungen gelten ausschließlich die Bestimmungen zum allgemeinen und zum besonderen Kündigungsschutz"[301] letztendlich beschlossen.

146 Diese **Bereichsausnahme zum Kündigungsschutzgesetz** in § 2 Abs 4 AGG hat höchste Wellen der Kritik geschlagen[302] und bereitet in der Praxis, auch was den Kündigungsschutz während der Wartezeit und im Kleinbetrieb anbelangt, erhebliche Probleme. Das Meinungsspektrum ist breit gefächert. Während nach der einen Auffassung § 2 Abs 4 AGG lediglich eine rechtstechnische Abgrenzung darstellt[303] und eine Kündigung, die gegen das Benachteiligungsverbot des § 7 AGG verstößt, gleichzeitig auch gegen ein gesetzliches Verbot iS des § 134 BGB und damit auch gegen Treu und Glauben gem § 242 BGB verstößt und damit rechtsunwirksam ist, wobei dies auch in Kleinbetrieben und während der Wartezeit gelten soll,[304] vermag eine andere Auffassung in der Gesetz gewordenen Fassung des § 2 Abs 4 AGG keinerlei Sinn zu erkennen. Nehme man das Gesetz nämlich wörtlich, dann bestünde dort, wo das Kündigungsschutzgesetz keine An-

---

295 AblEU L 373 S 37.
296 S zum Ganzen auch Richardi, NZA 2006, 881 ff.
297 BT-Drucks 16/1780 S 32.
298 Willemsen, Schweibert, NJW 2006, 2583, 2584.
299 BR-Drucks 329/1/06 S 1.
300 BR-Drucks 329/1/06 S 2; vgl auch Unterrichtung durch die Bundesregierung BT-Drucks 16/1852 S 2.
301 BT-Drucks 16/2022 S 6.
302 Willemsen, Schweibert, NJW 2006, 2584.
303 Worzalla, Das neue Allgemeine Gleichbehandlungsgesetz, 50.
304 Worzalla, aaO, 89 f.

wendung finde, gegen Diskriminierungen keinerlei Schutz, weder nach dem AGG noch nach dem KSchG. § 242 BGB verlange sehr viel weniger als Rechtfertigung für eine unterschiedliche Behandlung als der Diskriminierungsschutz. Korrigiere man jedoch den missglückten Wortlaut der gesetzlichen Regelung dahingehend, dass das AGG bei solchen Kündigungen eingreife, bei denen das Kündigungsschutzgesetz nicht eingreife, komme man zu dem sinnwidrigen Ergebnis, dass Kündigungen außerhalb des Kündigungsschutzgesetzes mit weitergehenden Sanktionen belegt werden (nämlich der Verpflichtung auch zum Ersatz des Nichtvermögensschadens nach § 15 AGG) als bei Eingreifen des Kündigungsschutzgesetzes, denn dort drohe „nur" die Unwirksamkeit der Kündigung.[305] Nach anderer Auffassung enthält § 2 Abs 4 AGG mit der Anordnung, dass für Kündigungen ausschließlich die Bestimmungen des allgemeinen und besonderen Kündigungsschutzes gelten, einen Widerspruch in sich, da Benachteiligungen wegen eines in § 1 AGG genannten Grundes ausweislich § 2 Abs 1 Nr 2 AGG auch bei Entlassungen unzulässig seien, der neu gefasste § 2 Abs 4 AGG jedoch genau die gegenteilige Aussage treffe. Außerdem seien bei Ungleichbehandlungen wegen Alters § 10 Satz 3 Nrn 6 und 7 AGG aF zu beachten. Nach dieser Auffassung ist § 2 Abs 4 AGG, wenn er so verstanden wird, dass für Kündigungen allein die derzeit geltenden Kündigungsregelungen, also allgemein das Kündigungsschutzgesetz für die diesem unterfallenden Beschäftigungsverhältnisse sowie der vom Bundesverfassungsgericht geforderte „mindere" Kündigungsschutz für Kleinbetriebe, maßgebend sein sollte, wegen eines Verstoßes gegen Art. 3 der Antirassismus-Richtlinie 2000/43/EG, Art. 3 der Rahmenrichtlinie Beschäftigung 2000/78/EG und Art. 3 der Gender-Richtlinie 2002/73/EG gemeinschaftsrechtswidrig, da dann ein Fall auftreten kann, dass eine Kündigung, die gegen ein Diskriminierungsverbot verstößt, dennoch wirksam ist.[306] Diese Auffassung will § 2 Abs 4 AGG richtlinienkonform dahingehend auslegen, dass bei Kündigungen von Arbeitsverhältnissen, die dem Geltungsbereich des Kündigungsschutzgesetzes unterfallen, zunächst auf das Vorliegen eines Kündigungsgrundes ankommt und die Wertungen des AGG im Rahmen des Kündigungsgrundes relevant werden;[307] wenn das Beschäftigungsverhältnis nicht dem Geltungsbereich des Kündigungsschutzgesetzes unterfällt, müssen nach dieser Auffassung die Wertungen des AGG bei der Bewertung einfließen, ob die Kündigung gegen ein gesetzliches Verbot (§ 134 BGB iVm § 7 Abs 1 AGG) oder gegen das Gebot von Treu und Glauben (§ 242 BGB) verstößt.[308] Andere wiederum teilen zwar die Auffassung, dass mit der generellen Herausnahme von Kündigungen aus dem Geltungsbereich des AGG ein europarechtswidriger Tatbestand vorliegt, lehnen jedoch eine richtlinienkonforme Auslegung wegen des klaren und eindeutigen Wortlauts des Gesetzes und dem in der Gesetzesbegründung niedergelegten Willen des Gesetzgebers ab und sehen § 2 Abs 4 AGG als nichtig und nicht anwendbar an.[309] Nach dieser Auffassung ist das AGG neben dem allgemei-

---

305 Bauer/Thüsing/Schunder, NZA 2006, 774 ff, 777 (Thüsing).
306 Nicolai, Das Allgemeine Gleichbehandlungsgesetz Rn 193.
307 Nicolai, aaO Rn 194; ErfK/Schlachter, § 2 AGG Rn 17 f.
308 Nicolai, aaO Rn 196.
309 Schrader/Schubert, Das neue AGG Rn 435 d.

nen und besonderen Kündigungsschutz anwendbar,[310] beim Kündigungsschutz in Kleinbetrieben fließen die Wertungen des AGG in die Beurteilung der Rechtswirksamkeit einer Kündigung ein, wobei eine gesetzgeberische Klarstellung erwünscht wird.[311] Eine andere Auffassung wiederum sieht Möglichkeiten für eine – eingeschränkte – richtlinienkonforme Auslegung von § 2 Abs 4 AGG und versteht § 2 Abs 4 AGG dahingehend, dass in den Fällen einer objektiv gerechtfertigten aber diskriminierenden Kündigung nicht die Anwendung von § 15 Abs 2 AGG gesperrt ist.[312] Nach dieser Auffassung sind zusätzliche Schadensersatz- oder Entschädigungsansprüche nach dem AGG nach § 2 Abs 4 AGG gesperrt, wenn die Kündigung unwirksam ist, weil ausreichende Kündigungsgründe nach § 1 KSchG oder § 626 BGB fehlen oder weil wegen eines alleinigen Diskriminierungsmotivs die Kündigung schon an den §§ 138, 242 BGB scheitert. Sei die Kündigung jedoch nach § 1 KSchG oder § 626 BGB wirksam, ändere ein zusätzliches diskriminierendes Motiv des Arbeitgebers wegen § 2 Abs 4 AGG daran nichts, allerdings sei § 2 Abs 4 AGG richtlinienkonform einschränkend dahingehend auszulegen, dass die Vorschrift Ansprüche auf Entschädigung wegen eines immateriellen Schadens nach § 15 Abs 2 AGG nicht sperrt.[313] Nach dieser Auffassung ist eine allein auf diskriminierenden Motiven beruhende Kündigung im Kleinbetrieb oder während der Wartezeit nach § 242 BGB unwirksam.[314] Wieder andere erwägen, ob sich nicht die Bereichsausnahme in § 2 Abs 4 AGG spezifisch nur auf die Frage der Wirksamkeit der Kündigung beziehen lässt, weil nur diese Gegenstand des allgemeinen und besonderen, auf Bestandsschutz ausgerichteten Kündigungsschutzes ist, so dass auf diesem Wege die Anwendbarkeit des AGG und damit uU der Anspruch auf Entschädigung und Schadensersatz bei diskriminierender Kündigung wieder eröffnet werden kann.[315]

147 Nach der **Gesetzesbegründung** beabsichtigte der Gesetzgeber mit der Änderung gegenüber dem Regierungsentwurf in § 2 Abs 4 AGG, welcher vorsah, dass für Kündigungen vorrangig die Bestimmungen des Kündigungsschutzgesetzes gelten, eine Präzisierung des Verhältnisses beider Gesetze zueinander dahingehend, dass für Kündigungen ausschließlich die Bestimmungen zum allgemeinen und besonderen Kündigungsschutz Anwendung finden sollen.[316] Die jetzt Gesetz gewordene Fassung von § 2 Abs 4 AGG spricht nun anders als der Regierungsentwurf nicht mehr vom Kündigungsschutzgesetz, sondern von den Bestimmungen zum allgemeinen und besonderen Kündigungsschutz. Ob diese Bereichsausnahme damit auch den Kündigungsschutz während der Wartezeit und im Kleinbetrieb umfasst, hängt davon ab, was unter den Bestimmungen des „allgemeinen Kündigungsschutzes" zu verstehen ist. Zwar wird teilweise unter dem Oberbegriff „allgemeiner Kündigungsschutz" auch der Mindestkündigungsschutz durch Anwendung allgemeiner Rechtsprinzipien verstan-

---

310 Schrader/Schubert, aaO Rn 435 e.
311 Schrader/Schubert, aaO Rn 436 a.
312 Diller/Krieger/Arnold, NZA 2006, 887 ff, 890.
313 Diller/Krieger/Arnold, aaO, 888 ff, 890.
314 Diller/Krieger/Arnold, NZA 2006, 888 ff, 892.
315 Willemsen/Schweibert, NJW 2006, 2583 ff, 2585.
316 BT-Drucks 16/2022 S 12.

den,[317] wohl überwiegend wird jedoch der allgemeine Kündigungsschutz mit dem Schutz des Kündigungsschutzgesetzes gleichgesetzt und § 1 KSchG als Grundsatznorm des allgemeinen Kündigungsschutzes betrachtet.[318] In diesem zuletzt genannten Sinne dürfte auch der Gesetzgeber den Begriff „allgemeiner Kündigungsschutz" verstanden haben, denn in der Gesetzesbegründung wird ausdrücklich darauf hingewiesen, dass es sich bei den nunmehr in Bezug genommenen Vorschriften um Regelungen handle, die speziell auf Kündigungen zugeschnitten seien.[319] Da der vorstehend dargestellte Kündigungsschutz während der Wartezeit und im Kleinbetrieb durch verfassungsrechtliche Vorgaben und zivilrechtliche Generalklauseln gebildet wird, somit nicht aus Regelungen besteht, die speziell auf Kündigungen zugeschnitten sind[320], waren nach dem Willen des Gesetzgebers von der Bereichsausnahme des § 2 Abs 4 AGG der Kündigungsschutz während der Wartezeit und im Kleinbetrieb nicht mitumfasst. In dieses Bild passt auch, dass im Rahmen der Gesetzesbegründung ausdrücklich darauf hingewiesen wird, dass die wesentlichen Bestimmungen zum allgemeinen Kündigungsschutz sich im Bürgerlichen Gesetzbuch sowie im ersten Abschnitt des Kündigungsschutzgesetzes finden.[321]

Die Auffassung, die Gesetz gewordene Fassung der Bereichsausnahme des § 2 Abs 4 AGG sei dahingehend zu verstehen, dass alle Kündigungen ausschließlich an den Bestimmungen des allgemeinen und besonderen Kündigungsschutzes zu messen sind, so dass bei Kündigungen im Kleinbetrieb und während der Wartezeit gegen Diskriminierungen keinerlei Schutz besteht, und zwar weder durch das AGG noch das KSchG,[322] ist weder mit der Entstehungsgeschichte der Bereichsausnahme noch mit dem Willen des Gesetzgebers zu vereinbaren. So war in der Beschlussempfehlung des Bundesrates vom 6.6.2006 in der dort vorgeschlagenen Fassung von § 2 Abs 4 AGG ausdrücklich erwähnt, dass „im Anwendungsbereich des Kündigungsschutzgesetzes ausschließlich" dessen Bestimmungen bei Kündigungen Anwendung finden sollen.[323] Mit der letztendlich Gesetz gewordenen Formulierung von § 2 Abs 4 AGG wollte der Gesetzgeber dieses Anliegen des Bundesrates aufgreifen. Ausweislich der Gesetzesbegründung dachte er lediglich an den allgemeinen Kündigungsschutz im BGB und im 1. Abschnitt des KSchG sowie an den besonderen Kündigungsschutz.[324] Deshalb ist § 2 Abs 4 AGG entsprechend der Beschlussempfehlung vom 6.6.2006[325] so zu verstehen, dass bei Kündigungen im Anwendungsbereich des KSchG ausschließlich die Bestimmungen zum allgemeinen und beson-

148

---

317 Kittner/Zwanziger-Appel, § 87 Rn 21.
318 KR/Griebeling, § 1 KSchG Rn 27; Stahlhacke/Preis Rn 828; BAG 19.12.2013 – 6 AZR 190/12 – NZA 2014, 372 C I 2 c) bb); aA unter Hinweis auf die Bedeutung der Rspr des BVerfG und des BAG zum Kündigungsschutz außerhalb des Anwendungsbereichs des Kündigungsschutzgesetzes KR/Treber § 2 AGG Rn 18.
319 BT-Drucks 16/2022 S 12.
320 BAG, 19.12.2013 – 6 AZR 190/12 – NZA 2014, 372 C I 2 c) bb).
321 BT-Drucks 16/2022 S 12.
322 Annuß, BB 2006, 1629 ff, 1630; vgl Bauer/Thüsing/Schunder, NZA 2006, 774 ff, 777; vgl hierzu auch ErfK/Schlachter, § 2 AGG Rn 17 f.
323 BR-Drucks 329/1/06 S 1.
324 BT-Drucks 16/2022 S 12.
325 BR-Drucks 329/1/06 S 1 ff.

deren Kündigungsschutz gelten. Der Gesetzgeber wollte mit der Änderung in § 2 Abs 4 AGG gegenüber dem Regierungsentwurf[326] lediglich ein Anliegen des Bundesrates aufgreifen,[327] nur eine Präzisierung des Verhältnisses des AGG zum KSchG vornehmen und nicht – was der Wortlaut von § 2 Abs 4 AGG ebenfalls hergibt – eine „diskriminierungsverbotsfreie Zone"[328] für Kündigungen außerhalb des Anwendungsbereiches des KSchG einrichten. **Kündigungen im Kleinbetrieb und während der Wartezeit sind deshalb nach dem AGG zu beurteilen**[329]. Eines Rückgriffes auf zivilrechtliche Generalklauseln bedarf es im Anwendungsbereich des AGG insoweit nicht.

149 Der gegen diese Auffassung vorgetragene Einwand, dass dann entgegen der gesetzgeberischen Intention hinsichtlich der Diskriminierungsmerkmale und ihrer Auswirkungen auf die Wirksamkeit von Kündigungen ein „zweites Kündigungsrecht" für die nicht vom KSchG oder von den allgemeinen und besonderen Kündigungsschutzbestimmungen erfassten Fälle durch das AGG geschaffen würde,[330] vermag letztlich nicht zu überzeugen. Denn der Gesetzgeber hat durchaus mit § 2 Abs 4 AGG den Zweck verbunden, die Etablierung eines „zweiten Kündigungsrechts" neben dem bestehenden durch das AGG zu verhindern,[331] allerdings begrenzt auf die Bereiche der allgemeinen und besonderen Kündigungsschutzes.

Auch für die Konstruktion, für Kündigungen außerhalb des KSchG ein richtlinienkonformes Ergebnis durch Auslegung der zivilrechtlichen Generalklauseln sicherzustellen,[332] besteht nach der hier vertretenen Auffassung keine Notwendigkeit.

Einer Verzahnung des Kündigungsrechts und des AGG[333] bedarf es anders als im allgemeinen und besonderen Kündigungsschutz hier gerade nicht.

150 Die vom Gesetzgeber ins Werk gesetzten Bereinigungen von Redaktionsversehen beim AGG durch das Gesetz zur Änderung des Betriebsrentengesetzes und anderer Gesetze[334] führen zu keiner anderen Würdigung. Die in Art 8 Abs 1 Nr 1 des genannten Gesetzes vorgesehene Streichung von Nr 6 und Nr 7 in § 10 AGG betreffen lediglich nach dem KSchG zu beurteilende Kündigungen und stehen somit nicht im Widerspruch zu einer generellen Anwendung des AGG auf Kündigungen außerhalb des Anwendungsbereichs des KSchG.

151 Da der Kündigungsschutz in der Wartezeit und im Kleinbetrieb von der Bereichsausnahme des § 2 Abs 4 AGG nicht umfasst ist, stellt sich inso-

---

326 BT-Drucks 16/1780 S 1 ff.
327 BT-Drucks 16/2022 S 12.
328 S zum Begriff ErfK/Schlachter, 7. Aufl 2007, § 2 AGG Rn 15.
329 BAG 19.12.2013 – 6 AZR 190/12 – NZA 2014, 372 C I 2, mit Anm Günther ArbR Aktuell 2014, 150
330 KR/Treber § 2 AGG Rn 18.
331 So KR/Treber § 2 AGG Rn 13.
332 So zB ErfK/Schlachter, § 2 AGG Rn 18, vgl auch KR/Treber § 2 AGG Rn 19.
333 So aber KR/Treber § 2 AGG Rn 18 unter Hinweis auf BAG 6.11.2008 – 2 AZR 523/07 – NZA 2009, 361, allerdings für den Geltungsbereich des KSchG ergangen.
334 BT-Drucks 16/3007 und BR-Drucks 741/06.

weit[335] auch nicht die Frage einer etwaigen Europarechtswidrigkeit von § 2 Abs 4 AGG und die Möglichkeiten einer richtlinienkonformen Auslegung. Das Argument, es könne nicht sein, dass Kündigungen außerhalb des Kündigungsschutzgesetzes mit weitergehenden Sanktionen belegt werden, nämlich mit der Verpflichtung auch zum Ersatz des Nichtvermögensschadens nach § 15 AGG, als bei Eingreifen des Kündigungsschutzgesetzes, weil dort nur die Unwirksamkeit der Kündigung „drohe",[336] überzeugt letztlich nicht. Denn zum Einen steht der zumindest nach Einbeziehung der Gesetzesbegründung eindeutige Wortlaut des Gesetzes dagegen, zum Anderen dürfte eine richtlinienkonforme Auslegung von § 2 Abs 4 AGG dazu führen, dass bei Kündigungen im Geltungsbereich des KSchG die Wertungen des AGG im Rahmen des Kündigungsgrundes relevant werden,[337] und dass § 15 Abs 2 AGG durch § 2 Abs 4 AGG nicht immer ausgeschlossen ist.[338] Auch der in diesem Zusammenhang erhobene Einwand der Systemwidrigkeit einer Erstreckung, einschließlich der Entschädigungsregel des § 15 Abs 2 AGG, auf alle Kündigungen außerhalb des KSchG, weil die betroffenen Arbeitgeber schlechter gestellt würden als bei Kündigungen, die dem KSchG unterfallen,[339] überzeugt letztlich nicht. Die von Kündigungen während der Wartezeit oder im Kleinbetrieb betroffenen Arbeitnehmer genießen nicht den Schutz des allgemeinen und besonderen Kündigungsschutzes, sondern einen lediglich verminderten, „mittelbaren" Kündigungsschutz durch die Anwendung von Generalklauseln. Wenn dieser gegen Kündigungen ohnehin schlechter geschützte Personenkreis durch die Anwendung des AGG gegen Benachteiligungen bei Kündigungen aus den durch § 1 AGG genannten Gründen umfassender geschützt wird als die ohnehin vom allgemeinen und besonderen Kündigungsschutz profitierenden Arbeitnehmer, ist eine Systemwidrigkeit eines solchen Regelungsmechanismusses nicht erkennbar.

Kündigungen von Arbeitnehmern während der Wartezeit und im Kleinbetrieb sind daher anhand der Vorschriften des AGG zu überprüfen. Nach § 3 Abs 1 Satz 1 AGG liegt eine unmittelbare Benachteiligung vor, wenn eine Person wegen eines in § 1 AGG genannten Grundes eine weniger günstige Behandlung erfährt, als eine andere Person in einer vergleichbaren Situation erfährt, erfahren hat oder erfahren würde. Eine ausdrückliche Definition der unmittelbaren Benachteiligung war bislang im deutschen Recht nicht vorhanden; § 3 Abs 1 Satz 1 AGG schreibt nunmehr die Feststellung einer Benachteiligung durch Vergleich mit einer anderen Person vor, die eine günstigere Behandlung entweder derzeit erfährt, erfahren hat

---

335 S für den allgemeinen und besonderen Kündigungsschutz Rn 148.
336 Bauer/Thüsing/Schunder, NZA 2006, 774 ff, 777; vgl auch KR/Treber, § 2 AGG Rn 18.
337 Nicolai, Das Allgemeine Gleichbehandlungsgesetz Rn 194, vgl BAG 6.11.2008 – 2 AZR 523/07 – NZA 2009, 361: die Diskriminierungsverbote des AGG sind iR der Prüfung der Sozialwidrigkeit von Kündigungen zu beachten.
338 Diller/Krieger/Arnold, NZA 2006, 888 ff, 890; offengelassen noch von BAG 22.10.2009 – 8 AZR 642/08 – NZA 2010, 280 B II 1 b; Entschädigungsanspruch bejahend LAG Bremen 29.6.2010 – 1 Sa 29/10 – NZA-RR 2010, 510 2 b) aa) und BAG 19.12.2013 – 6 AZR 190/12 – NZA 2014, 372 ff C I 2 d) mit Anm Günther ArbRAktuell 2014, 150.
339 So ErfK/Schlachter, 7. Aufl, § 2 AGG Rn 15.

oder (hypothetisch) erfahren würde. Dementsprechend ist eine Differenzierung nach einem der Gründe des § 1 AGG eine unmittelbare Benachteiligung, wenn sie sich auf den Betroffenen ungünstiger auswirkt als auf andere Personen in vergleichbarer Lage.[340] Evident ist, dass die Kündigung eine „ungünstige Behandlung" sein kann.[341]

154 Allerdings verlangt § 3 Abs 1 Satz 1 AGG nicht lediglich eine ungünstige Behandlung, sondern eine weniger günstige Behandlung als eine andere Person in einer vergleichbaren Situation erfährt, erfahren hat oder erfahren würde. Die Bestimmung des daher erforderlichen Vergleichsmaßstabes bereitet erhebliche Probleme.[342] Eine Maßnahme ist eine ungünstigere Behandlung als die der Vergleichsperson zuteil wird, wenn die Vergleichsperson aktuell besser behandelt wird; allerdings genügt auch eine früher erfolgte, günstigere Behandlung der Vergleichsperson („erfahren hat").[343] § 3 Abs 1 Satz 1 AGG lässt auch eine hypothetische Vergleichsperson zu, da sie auf die Behandlung abstellt, die eine andere Person „erfahren würde".[344]

155 Die Alternativen des § 3 Abs 1 Satz 1 AGG stehen in einer notwendigen Rangfolge; ist eine aktuelle Vergleichsperson vorhanden, kann eine ungünstigere Behandlung nur im Verhältnis zu dieser Person festgestellt werden. Fehlt sie, ist auf früher beschäftigte Vergleichspersonen zurückzugreifen, bevor eine hypothetische Betrachtung angestellt werden kann, es sei denn, der Arbeitgeber hätte seine frühere Praxis inzwischen geändert.[345]

156 Die Überprüfung von Kündigungen im Kleinbetrieb und während der Wartezeit anhand der Kriterien des § 1 AGG wird in vielen Fällen – was die Wirksamkeit der Kündigung anbelangt – zu keiner Veränderung der bisherigen Rechtslage führen; so war auch schon bislang eine Kündigung während der Probezeit nur wegen des persönlichen (Sexual-)Verhaltens des Arbeitnehmers rechtsmissbräuchlich und nach § 242 BGB unwirksam.[346] Allerdings ist nunmehr grundsätzlich jede Kündigung während der Probezeit und im Kleinbetrieb anhand der in § 1 AGG genannten Benachteiligungsgründe dahingehend zu überprüfen, ob die eine Benachteiligung iSv § 3 AGG gegenüber eine Vergleichsperson vorliegt. Die Aufzählung in § 1 AGG der Merkmale, bei deren Vorliegen eine daran anknüpfende Differenzierung dem Verdacht begegnen muss, eine unzulässige Benachteiligung darzustellen, ist abschließend.[347]

157 Zu überprüfen sind somit Kündigungen im Hinblick auf mögliche Benachteiligungen aus Gründen

- der Rasse: Bei einer Rasse handelt es sich um eine Menschengruppe, die auf der Grundlage bestimmter, als unabänderlich und angeboren

---

340 ErfK/Schlachter, § 3 AGG Rn 2.
341 Diller/Krieger/Arnold, NZA 2006, 887 ff, 891.
342 Diller/Krieger/Arnold, NZA 2006, 887 ff, 891.
343 ErfK/Schlachter, § 3 AGG Rn 4.
344 ErfK/Schlachter, § 3 AGG Rn 5.
345 Diller/Krieger/Arnold, NZA 2006, 887 ff 892; ErfK/Schlachter, § 3 AGG Rn 5.
346 BAG, AP BGB § 242 Kündigung Nr 9.
347 ErfK/Schlachter, § 1 AGG Rn 3.

empfundener Merkmale von Außenstehenden als anders wahrgenommen wird,[348]
- der ethnischen Herkunft: Der Begriff ist weit auszulegen; gemeint sind Benachteiligungen auf Grund der Rasse, der Hautfarbe, der Abstammung, des nationalen Ursprungs oder des Volkstums,[349] entscheidend insbesondere auch, ob ein Mensch als Mitglied einer bestimmten Gruppe wahrgenommen wird, die sich von anderen Gruppen durch Herkunft, Erscheinung, Gebräuche, äußeres Erscheinungsbild, Sprache und ggf auch Religion unterscheidet[350] wie zB Menschen mit Migrationshintergrund,[351] Roma, Serben etc.[352]
- des Geschlechts (Männer, Frauen, Transsexuelle[353] und Hermaphroditen),[354]
- der Religion – gemeint sind alle Vereinigungen, die sich mit der umfassenden Deutung der menschlichen Existenz – im Diesseits und im Jenseits – beschäftigen.[355] Als größere religiöse Gemeinschaften sind in Deutschland vertreten die katholische Kirche, die evangelischen Kirchen, die orthodoxen Kirchen, die islamischen Gemeinschaften, die buddhistischen und hinduistischen Gemeinschaften sowie die jüdische Gemeinde, die zahlreichen kleinen religiösen Gemeinschaften, über die in der Öffentlichkeit oft wenig bekannt ist, treten hinzu,[356]
- der Weltanschauung: Gemeint sind elementare Überzeugungen, die für das gesamte Leben prägend sind.[357] Auf die Zugehörigkeit zu einer Gemeinschaft kommt es hier nicht an, genügend sind die subjektiv individuellen Vorstellungen.[358] Die bislang umstrittene Frage, ob es sich bei der Scientology-Organisation um eine Religion handelt, dürfte damit an Bedeutung verloren haben, da die „subjektive Weltsicht" als bestimmendes Merkmal einer Weltanschauung in diesem Falle schwer zu bestreiten sein dürfte,[359]
- einer Behinderung: Gemeint sind Menschen, deren körperliche Funktion, geistige Fähigkeit oder seelische Gesundheit mit hoher Wahrscheinlichkeit länger als 6 Monate von dem für das Lebensalter typischen Zustand abweichen und daher ihre Teilnahme am Leben der Gesellschaft beeinträchtigt ist.[360] Anders als im Geltungsbereich des Diskriminierungsverbots gem § 81 Abs 2 SGB IX werden damit nicht nur schwerbehinderte Personen geschützt, sondern alle Behinderten.[361] Die Regelung ist Folge einer gemeinschaftsrechtlich gebotenen notwendi-

---

348 Schrader/Schubert, Das neue AGG Rn 89 mwN.
349 BT-Drucks 16/1780 S 31.
350 Nicolai, Das Allgemeine Gleichbehandlungsgesetz Rn 38.
351 Nicolai, Das Allgemeine Gleichbehandlungsgesetz Rn 39.
352 Schrader/Schubert, Das neue AGG Rn 89; nicht aber zB „ Ossi" ArbG Stuttgart 15.4.2010 – 17 Ca 8907/09 – NZA-RR 2010,344.
353 Nicolai, Das Allgemeine Gleichbehandlungsgesetz Rn 31.
354 Schrader/Schubert, Das neue AGG Rn 89.
355 Schrader/Schubert, Das neue AGG Rn 89.
356 ErfK/Schlachter, § 1 AGG Rn 7.
357 Nicolai, Das Allgemeine Gleichbehandlungsgesetz Rn 44.
358 ErfK/Schlachter, § 1 AGG Rn 8.
359 ErfK/Schlachter, § 1 AGG Rn 8 mwN.
360 BT-Drucks 16/1780 S 31.
361 ErfK/Schlachter, § 1 AGG Rn 11.

gen Nachbesserung im Hinblick auf den gemeinschaftsrechtlichen Begriff der „Behinderung",[362]
- des Alters: Gemeint ist das konkrete Lebensalter,[363]
- der sexuellen Identität: Erfasst werden homosexuelle Männer und Frauen ebenso wie Bisexuelle, Transsexuelle oder zwischengeschlechtliche Menschen.[364]

158 Erfolgt eine Kündigung im Kleinbetrieb oder während der Wartezeit und stellt diese eine Benachteiligung wegen eines in § 1 AGG genannten Grundes dar, ist die Kündigung nach § 134 BGB, § 7 Abs 1 AGG unwirksam.[365] § 7 Abs 1 Satz 1 AGG regelt das zentrale Verbot der Benachteiligung Beschäftigter wegen aller Merkmale des § 1 AGG.[366] Zu beachten ist ferner, dass der 2. HS von § 7 Abs 1 AGG den Anwendungsbereich des Verbots erweitert, in das auch solche Personen einbezogen werden, von denen der Handelnde lediglich annimmt, sie gehörten der geschützten Gruppe an.[367]

159 Das AGG sieht als zentrale Rechtsfolge einer Verletzung des Benachteiligungsverbotes in § 15 einen Anspruch auf Entschädigung des Betroffenen vor.[368] § 15 Abs 1 regelt den Ersatz materieller Schäden[369] und sieht in Satz 1 eine Verpflichtung des Arbeitgebers auf Schadensersatzleistung bei einem Verstoß gegen das Benachteiligungsverbot vor. Nach § 15 Abs 1 Satz 2 AGG entsteht der materielle Schadensersatzanspruch aber nur dann, wenn der Arbeitgeber die Pflichtverletzung zu vertreten hat, die Norm ist § 280 Abs 1 Satz 1 und 2 BGB nachgebildet.[370] Auf dem Hintergrund der Entscheidung Draehmpaehl des EuGH[371] ist strittig, ob die verschuldensabhängige Ausgestaltung des Schadensersatzanspruches in § 15 Abs 1 AGG europarechtskonform ist oder nicht.[372]

160 § 15 Abs 2 AGG sieht des Weiteren einen verschuldensunabhängigen Entschädigungsanspruch für immaterielle Schäden bei einer Benachteiligung aus den in § 1 AGG genannten Gründen vor. § 15 Abs 2 AGG ist gegenüber § 253 BGB lex specialis.[373]

161 Nach § 15 Abs 4 Satz 1 AGG muss der verschuldensabhängige Schadensersatzanspruch nach § 15 Abs 1 AGG und der verschuldensunabhängige Entschädigungsanspruch nach § 15 Abs 2 AGG innerhalb einer Frist von 2 Monaten schriftlich geltend gemacht werden, es sei denn die Tarifvertragsparteien haben etwas anderes vereinbart. Nach § 15 Abs 4 Satz 2 AGG beginnt die Frist im Falle einer Kündigung während der Wartezeit und im

---

362 Düwell, BB 2006, 1741 ff, 1742.
363 BT-Drucks 16/1780 S 31.
364 BT-Drucks 16/1780 S 31.
365 Vgl Diller/Krieger/Arnold, NZA 2006, 887 ff, 889 f.
366 ErfK/Schlachter, § 7 AGG Rn 1.
367 ErfK/Schlachter, § 7 AGG Rn 3; BAG 17.12.2009 – 8 AZR 670/08 – NZA 2010, 383 B I 1.
368 BT-Drucks 16/1780 S 38.
369 BT-Drucks 16/1780 S 38.
370 BT-Drucks 16/1780 S 38.
371 NZA 1997, 645 ff.
372 Von Europarechtswidrigkeit ausgehend Bauer/Thüsing/Schunder, NZA 2006, 774 ff, 775; von Europarechtskonformität ausgehend Bauer/Ewers, NZA 2006, 893 ff.
373 BT-Drucks 15/1780 S 38.

Kleinbetrieb zu dem Zeitpunkt, in dem der Beschäftigte von der Benachteiligung Kenntnis erlangt. Nach § 61 b Abs 1 ArbGG muss eine Klage auf Entschädigung nach § 15 AGG innerhalb von 3 Monaten, nachdem der Anspruch schriftlich geltend gemacht worden ist, erhoben werden. § 61 b ArbGG regelt die Durchsetzung der in § 15 Abs 2 – 4 AGG vorgesehenen Entschädigungsansprüche.[374] Die Auffassung, die dreimonatige Klagefrist des § 61 b Abs 1 ArbGG umfasse über ihren „zu eng gefassten Wortlaut hinaus" nicht nur Ansprüche auf Zahlung einer Entschädigung nach § 15 Abs 2 ArbGG, sondern alle Ansprüche wegen einer verbotenen Benachteiligung iSv § 7 Abs 1 ArbGG,[375] findet im Gesetz keine Stütze,[376] der Wortlaut des § 61 b Abs 1 ArbGG ist genauso eindeutig wie der Wortlaut des § 15 Abs 4 AGG,[377] so dass die Klagefrist des § 61 b ArbGG für Ansprüche aus § 15 Abs 2 AGG gilt, nicht jedoch für Ansprüche auf Ersatz des materiellen Schadens gem § 15 Abs 1 AGG.[378] Beim verschuldensunabhängigen Schadensersatzanspruch nach § 15 Abs 1 AGG bleibt es somit bei dem Erfordernis der schriftlichen Geltendmachung nach § 15 Abs 4 Satz 1 AGG.

Problematisch ist das Verhältnis dieser Ausschlussfrist in § 15 Abs 4 AGG zu § 4 Satz 1 KSchG. Nach § 4 Satz 1 KSchG muss der Arbeitnehmer, wenn er geltend machen will, dass eine Kündigung sozial ungerechtfertigt oder aus anderen Gründen rechtsunwirksam ist, innerhalb von 3 Wochen nach Zugang der schriftlichen Kündigung Klage beim Arbeitsgericht auf Feststellung erheben, dass das Arbeitsverhältnis durch die Kündigung nicht aufgelöst ist. Diese Regelung gilt auch für schriftliche Kündigungen, für die das KSchG keine Anwendung findet, insbesondere die Wartezeit nicht erfüllt ist.[379] Will der Arbeitnehmer geltend machen, dass eine gegen ein Benachteiligungsverbot iSd AGG verstoßende Kündigung nach § 134 BGB, § 7 Abs 1 AGG unwirksam ist, ist er nach § 4 Satz 1 KSchG gehalten, binnen 3 Wochen nach Zugang der schriftlichen Kündigung beim Arbeitsgericht Kündigungsschutzklage zu erheben. Hat der Arbeitgeber beim Ausspruch der gegen ein Benachteiligungsverbot verstoßenden Kündigung schuldhaft gehandelt, so steht dem Arbeitnehmer nach § 15 Abs 1 AGG ein Schadensersatzanspruch gegen den Arbeitgeber zu. Der Umfang des Schadensersatzes bestimmt sich nach § 249 Abs 1 BGB, es gilt der Grundsatz der Naturalrestitution.[380] Der Arbeitnehmer, der durch eine diskriminierende Kündigung seinen Arbeitsplatz verloren hat, müsste somit vom Arbeitgeber also auch unter schadensersatzrechtlichen Gesichtspunkten die Wiedererlangung des Arbeitsplatzes verlangen können.[381] Problematisch ist, ob dies auch dann gilt, wenn der Arbeitnehmer zuvor nicht innerhalb der 3-Wochen-Frist nach § 4 Satz 1 KSchG die ausgesprochene Kündigung

162

---

374 ErfK/Koch, § 61 b ArbGG Rn 1.
375 Bauer/Göpfert/Krieger, AGG, § 15 Rn 57.
376 S auch ErfK/Koch, § 61 b ArbGG Rn 1.
377 Vgl Thüsing, Arbeitsrechtlicher Diskriminierungsschutz Rn 557.
378 So auch Worzalla, aaO, 174; aA Däubler/Hjort/Schubert/Wolmerath-Schmitt § 61 b ArbGG Rn 3; offen gelassen v. BAG NZA 2011, 93, 97.
379 ErfK/Kiel, § 4 KSchG Rn 2; BAG 28.6.2007 – 6 AZR 873/06 –NZA 2007, 972.
380 Diller/Krieger/Arnold, NZA 2006, 887 ff, 890.
381 Diller/Krieger/Arnold, NZA 2006, 887 ff, 890.

per Kündigungsschutzklage vor dem Arbeitsgericht angefochten hat. Denn für den Schadensersatzanspruch nach § 15 Abs 1 AGG gilt lediglich die zweimonatige Ausschlussfrist nach § 15 Abs 4 AGG, die nur schriftliche Geltendmachung voraussetzt. Die Lösung dieser Konfliktlage könnte sich aus § 15 Abs 5 AGG ergeben; nach dieser Vorschrift bleiben „im Übrigen" Ansprüche gegen den Arbeitgeber, die sich aus anderen Rechtsvorschriften ergeben, unberührt. Aus der Gesetzesbegründung ergibt sich zwar, dass der Gesetzgeber bei dieser Regelung insbesondere an Ansprüche auf Unterlassung nach § 1004 BGB oder auf Ersatz des materiellen Schadens nach den §§ 252, 823 BGB gedacht hat,[382] allerdings kann aus § 15 Abs 5 AGG zumindest geschlossen werden, dass der Gesetzgeber mit dem Schadensersatzanspruch nach § 15 Abs 1 AGG und dem Entschädigungsanspruch in § 15 Abs 2 AGG nicht in die Regelungssystematik anderer Anspruchsgrundlagen eingreifen wollte. Demnach kann der Arbeitnehmer, der im Kleinbetrieb oder während der Wartezeit von einer gegen ein Benachteiligungsverbot verstoßenden Kündigung betroffen ist, dann, wenn er innerhalb der 3-Wochen-Frist des § 4 Satz 1 KSchG keine Kündigungsschutzklage erhoben hat, lediglich nach § 15 Abs 1 AGG sonstigen materiellen Schaden ersetzt verlangen, nicht jedoch aber mehr Naturalrestitution in Form der Wiedererlangung des Arbeitsplatzes begehren,[383] auch ein Entschädigungsanspruch nach § 15 Abs 2 AGG dürfte gleichwohl noch bestehen.

163 **bb) Auswirkungen der Entscheidung „Mangold" des EuGH.**[384] Der EuGH hat in der viel beachteten und auch heftig kritisierten[385] Entscheidung „Mangold"[386] entschieden, dass § 14 Abs 3 Satz 4 TzBfG aF gegen Gemeinschaftsrecht verstößt und von den nationalen Gerichten nicht anzuwenden ist. Für den Kündigungsschutz während der Wartezeit und im Kleinbetrieb ist die Begründung dieser Entscheidung von Bedeutung; denn der EuGH stützt seine Entscheidung auf den allgemeinen Grundsatz des Gemeinschaftsrechts des Verbots der Diskriminierung wegen Alters.[387] Dieses „erstmals kraft Rechtsfortbildung erfundene"[388] ungeschriebene primärrechtliche **Verbot der Altersdiskriminierung** gibt Anlass zu der Frage, ob die bislang im Rahmen des Kündigungsschutzes im Kleinbetrieb und während der Wartezeit herangezogenen Kriterien wie bspw durch langjährige Mitarbeit erdientes Vertrauen in den Fortbestand des Arbeitsverhältnisses[389] in der bisherigen Form und der bisherigen Gewichtung weiterhin Geltung haben können. Voraussetzung wäre zunächst, dass das Verbot der Altersdiskriminierung auch horizontal wirkt. Dies ist vom EuGH offenge-

---

382 BT-Drucks 16/1780 S 38.
383 Ähnl KR/Treber § 2 AGG Rn 24.
384 NZA 2005, 1345.
385 Vgl die Nachweise in Rolf/Giesen/Kreikebohm-Udsching-Bayreuther, § 14 TzBfG Rn 123.
386 EuGH, NZA 2005, 1345 ff.
387 NZA 2005, 1345 ff, 1348.
388 So wörtlich Preis, NZA 2006, 401 ff, 402.
389 S Rn 135 ff.

lassen worden.[390] Bejaht man eine solche horizontale Drittwirkung des vom EuGH entwickelten ungeschriebenen primärrechtlichen Verbots der Altersdiskriminierung, ist der Kündigungsschutz während der Wartezeit und im Kleinbetrieb nicht nur an den Vorschriften des AGG, sondern auch an dem Verbot der Altersdiskriminierung als allgemeinen Grundsatz des Gemeinschaftsrechts zu messen.

V. Darlegungs- und Beweislast

1. Arbeitnehmereigenschaft

Der Arbeitnehmer hat alle Erfordernisse des allgemeinen Kündigungsschutzes darzulegen und zu beweisen, wozu auch die tatsächlichen Voraussetzungen der Arbeitnehmereigenschaft gehören. Bringt der Prozessgegner Tatsachen vor, die ihr entgegenstehen – etwa für eine Tätigkeit in einem freien Dienstverhältnis oder als gesetzlicher Vertreter sprechen – muss der Arbeitnehmer Gegenvortrag halten und ihn beweisen.[391]   164

2. Wartezeit

a) **Vollendung der Wartefrist.** Der Arbeitnehmer hat die Tatsachen vorzubringen und zu beweisen, aus denen sich ergibt, dass das Arbeitsverhältnis (bzw die Arbeitsverhältnisse) bei Zugang der Kündigung über sechs Monate ununterbrochen bestand(en). Insoweit ist zu differenzieren: 165

- Wenn sich der Arbeitnehmer **nur auf ein** (einziges) **Arbeitsverhältnis beruft**, genügt es, wenn er darlegt, dieses Arbeitsverhältnis sei länger als sechs Monate vor Zugang der Kündigung **begründet worden**.[392] Er kann sich also auf der ersten Ebene seiner Vortragslast, solange sich der Arbeitgeber nicht abweichend eingelassen hat, darauf beschränken, den Zeitpunkt der Entstehung des Arbeitsverhältnisses und damit den Beginn der Wartefrist zu behaupten, ohne sich ausdrücklich dazu erklären zu müssen, dass das Arbeitsverhältnis rechtlich und zeitlich nicht unterbrochen war.
- Geht der Arbeitnehmer selbst von einer sowohl **rechtlichen** als auch **zeitlichen** Unterbrechung **zweier** (**oder mehrerer**) Arbeitsverhältnisse aus, muss er entweder die tatsächlichen Umstände
  – einer **ausdrücklichen** oder **schlüssigen Anrechnungsvereinbarung**
  – oder die eines **engen sachlichen Zusammenhangs** der Arbeitsverhältnisse vorbringen und beweisen.[393]
- Behauptet dagegen **ausschließlich der Arbeitgeber** eine rechtliche **und** zeitliche Unterbrechung – präziser: die rechtliche Beendigung des früheren Arbeitsverhältnisses und die nicht unmittelbar anschließende Begründung des späteren –, hat er die tatsächlichen Voraussetzungen der „Unterbrechung" darzulegen und zu beweisen. Denn der Arbeitgeber

---

390 Preis, NZA 2006, 401 ff, 402; von einer horizontalen Wirkung gehen die Schlussanträge des Generalanwalts Antonio Tizzano vom 30.6.2005 in der Rechtssache C-144/04 unter Nr 84 aus; von einer horizontalen Wirkung ebenfalls ausgehend wohl auch Bauer/Arnold, NJW 2006, 6 ff, 10.
391 KR/Griebeling § 1 KSchG Rn 89.
392 vHH/Krause § 1 Rn 142; KR/Griebeling § 1 KSchG Rn 129.
393 KR/Griebeling § 1 KSchG Rn 130.

macht den Verlust des durch die vollendete Wartezeit erlangten Kündigungsschutzes, maW eine rechtsvernichtende Einwendung geltend, wenn er sich gegen die Kündigungsschutzklage damit verteidigt, er habe nicht das durch den Arbeitnehmer behauptete ursprüngliche Arbeitsverhältnis gekündigt, sondern ein danach entstandenes.[394] War die Wartezeit innerhalb des früheren Arbeitsverhältnisses nach dem streitigen Vortrag des Arbeitgebers demgegenüber **noch nicht verstrichen**, erhebt er keine rechtsvernichtende, vielmehr eine rechts**hindernde** Einwendung. Das bleibt aber ohne Auswirkungen auf das Ergebnis der dem Arbeitgeber obliegenden Darlegungs- und Beweislast für die Unterbrechung. Denn der Arbeitgeber bestreitet mit dem Vortrag der „Unterbrechung" nicht nur die Voraussetzungen des allgemeinen Kündigungsschutzes, was die Behauptungs- und Beweislast beim Arbeitnehmer beließe, sondern er beruft sich auf einen Beendigungstatbestand und damit auf einen sog Gegenakt. **Auf unstreitige tatsächliche Unterbrechungen kommt es dabei nicht an.**

166 b) **Ausschluss oder Verkürzung der Wartezeit.** Die vom Gesetz abweichenden Ausnahmen des Ausschlusses oder der Verkürzung der Wartezeit hat der **Arbeitnehmer** darzulegen und zu beweisen.[395]

167 c) **Kündigung in der Wartefrist.** Gehen beide Parteien **übereinstimmend** davon aus, die Wartezeit sei **noch nicht vollendet**, muss der Arbeitnehmer die tatsächlichen Umstände der geltend gemachten sonstigen Unwirksamkeitsgründe dartun und letztlich beweisen.[396] Allerdings kann seine Vortragslast nach dem ihm zuzumutenden Kenntnisstand abgestuft sein. Die Darlegungs- und Beweislast für die Tatsachen, die während der Wartezeit Treuwidrigkeit nach § 242 BGB begründen sollen, liegt beim Arbeitnehmer.[397]

3. Ordentliche Kündigung des Arbeitgebers

168 a) **Abgabe einer Kündigungserklärung.** Bestreitet der Arbeitgeber den Ausspruch einer Kündigung, ist nach dem **Streitgegenstand** der Klage zu unterscheiden:

- Erhebt der Arbeitnehmer eine **punktuelle** Kündigungsschutzklage nach **§ 4 Satz 1 KSchG**, beantragt er also festzustellen, dass das Arbeitsverhältnis nicht durch eine bestimmte Kündigung des Arbeitgebers aufgelöst ist, hat der Arbeit**nehmer** darzulegen und zu beweisen, dass diese Kündigung erklärt wurde.[398]
- Will der Arbeitnehmer stattdessen iSv **§ 256 Abs 1 ZPO** festgestellt wissen, dass sein Arbeitsverhältnis mit dem Arbeitgeber fortbesteht, weil sich dieser auf andere Lösungstatbestände als schriftliche ordentliche oder außerordentliche Kündigungen beruft, muss der **Arbeitgeber**

---

[394] Vgl BAG 16.3.1989 – 2 AZR 407/88 – AP KSchG 1969 § 1 Wartezeit Nr 6 II 2 b mit zust Anm Baumgärtel.
[395] KR/Griebeling § 1 KSchG Rn 130.
[396] BAG 9.5.1996 – 2 AZR 128/95 – RzK I 8 k Nr 10 LS 1, teils nv.
[397] BAG 22.5.2003 – 2 AZR 426/02 – AP KSchG 1969 § 1 Wartezeit Nr 18 B II 2.
[398] vHH/L/Krause 1 Rn 157 a; KR/Griebeling § 1 KSchG Rn 159.

die Umstände vorbringen und beweisen, die das Arbeitsverhältnis beendet haben sollen.[399]

b) Zugang. Für den Zugang der von ihm abgegebenen Kündigungserklärung ist der **Arbeitgeber** behauptungs- und beweisbelastet. 169

---

[399] vHH/L/Krause § 1 Rn 157 a; KR/Griebeling § 1 KSchG Rn 159; vgl zu dem Verhältnis von punktuellem Streitgegenstand und allgemeiner Bestandsklage § 4 Rn 44 ff.

C. Sozialwidrigkeit

- I. Allgemeines ... 170
- II. Kündigungsschutzprinzipien ... 172
  1. Der Kündigungsgrund an sich ... 172
  2. Prognoseprinzip ... 173
     - a) Grundsatz ... 173
     - b) Prognosegrundlagen ... 174
  3. Grundsatz der Verhältnismäßigkeit ... 176
     - a) Allgemeines ... 176
     - b) Kündigung als ultima ratio ... 177
     - c) § 2 Abs 2 SGB III und § 84 Abs 1 und Abs 2 SGB IX ... 178
     - d) Anderweitige Beschäftigungsmöglichkeit ... 179
  4. Interessenabwägung ... 180
- III. Numerus clausus der Kündigungsgründe ... 181
- IV. Mehrere Kündigungsgründe und sog Mischtatbestände ... 182
- V. Beurteilungszeitpunkt ... 184
- VI. Gleichbehandlungsgrundsatz ... 185
- VII. Verzeihung und Verzicht ... 186
- VIII. Mitteilung der Kündigungsgründe ... 189
  1. Grundsatz ... 189
  2. Vereinbarte Begründungspflicht ... 190
  3. Nachschieben von Kündigungsgründen ... 191

I. Allgemeines

170 Nach § 1 Abs 2 Satz 1 KSchG ist die Kündigung **sozial ungerechtfertigt** (sozialwidrig), wenn sie nicht durch **personen-, verhaltens- oder betriebsbedingte Gründe** bedingt ist. Der Begriff der sozial ungerechtfertigten Kündigung ist **gesetzlich nicht definiert**, sondern lediglich negativ begrenzt.[1] Er ist kein unmittelbar anwendbarer unbestimmter Rechtsbegriff, sondern ein **rechtstechnischer Begriff**,[2] der in § 1 Abs 2 und 3 KSchG konkreter erläutert wird.[3] **Nicht sozial ungerechtfertigt** ist nämlich eine Kündigung, wenn Umstände vorliegen, die zu einer der vorstehend **generalklauselartig** genannten drei Fallgruppen (personen-, verhaltens- und betriebsbedingte Gründe) gehören (typologische Methode, die störungsquellenspezifische Beurteilungsmaßstäbe zulässt).[4] Die **Unbestimmtheit dieser Tatbestände**[5] bedingt die Relativität der Begründung der Sozialwidrigkeit, da der den einzelnen Fallgruppen zuzuordnende Umstand zur Beurteilung der sozialen Rechtfertigung stets an eine Einzelfallwürdigung gebunden ist.[6] Demgegenüber enthält § 1 Abs 2 Satz 2 und 3 KSchG näher bestimmte Tatbestände (absolute Gründe der Sozialwidrigkeit),[7] deren Vorliegen zur **absoluten Sozialwidrigkeit** der Kündigung führt.[8] Wegen weiterer Einzelheiten zu den

---

[1] KR/Griebeling § 1 KSchG Rn 194.
[2] BAG v. 20.1.1961 – 2 AZR 495/59 – AP KSchG § 1 Betriebsbedingte Kündigung Nr 7; APS/Dörner § 1 KSchG Rn 61; KR/Griebeling § 1 KSchG Rn 201; SPV/Preis Rn 915.
[3] BAG 20.1.1961 – 2 AZR 495/59 – AP KSchG § 1 Betriebsbedingte Kündigung Nr 7; SPV/Preis Rn 915; ErfK/Oetker § 1 Rn 108.
[4] KR/Griebeling § 1 KSchG Rn 208.
[5] BAG 7.3.1980 – 7 AZR 1093/77 – AP KSchG 1969 § 1 Betriebsbedingte Kündigung Nr 9; BTM-Mayer § 1 KSchG Rn 75; ErfK/Oetker § 1 Rn 108; KDZ/Kittner/Deinert § 1 Rn 42; KR/Griebeling § 1 KSchG Rn 201 f.
[6] KR/Griebeling § 1 KSchG Rn 202 mwN.
[7] BTM-Mayer § 1 KSchG Rn 73; ErfK/Oetker § 1 KSchG Rn 106; KR/Griebeling § 1 KSchG Rn 195; SPV/Preis Rn 912.
[8] KR/Griebeling § 1 KSchG Rn 195; SPV/Preis Rn 912; vHH/L/Krause § 1 Rn 178.

absoluten Sozialwidrigkeitsgründen wird auf die Erläuterungen unter Rn 928 ff verwiesen. Vorliegend sollen nur die sog **relativen Gründe** für die Sozialwidrigkeit Gegenstand der Erläuterungen sein. Zur näheren inhaltlichen Bestimmung des Begriffs der Sozialwidrigkeit soll zunächst aus der Gesetzesbegründung zitiert werden:[9]

„Das Gesetz wendet sich nicht gegen Entlassungen, die aus triftigem Grund erforderlich sind, sondern lediglich gegen solche Kündigungen, die hinreichender Begründung entbehren und deshalb als eine willkürliche Durchschneidung des Bandes Betriebszugehörigkeit erscheinen."

Zur **näheren Konkretisierung**[10] des Begriffs der Sozialwidrigkeit ist zunächst der **Generalklausel** des § 1 Abs 2 Satz 1 KSchG zu entnehmen, dass nur die dort genannten Umstände eine Kündigung sozial rechtfertigen können. Sonstige Umstände, zB allgemein wirtschaftliche oder politische Gründe, scheiden von vornherein aus.[11] Ein weiterer gesetzlicher Anhaltspunkt zur Konkretisierung des Begriffs der Sozialwidrigkeit ist der Formulierung „**die Gründe müssen die Kündigung bedingen**" zu entnehmen. Damit kommt nach allgemeiner Ansicht eine Anerkennung des **Grundsatzes der Verhältnismäßigkeit** zum Ausdruck.[12] Wegen der Einzelheiten dieses Grundsatzes s Rn 176 ff. Darüber hinaus hat die Rechtsprechung zur ausfüllungsfähigen und ausfüllungsbedürftigen Leerformel bestimmte Rechtsgrundsätze aufgestellt. So wird die Zukunftsbezogenheit der Kündigungsgründe (**Prognoseprinzip**) aus dem Wesen des Arbeitsverhältnisses als Dauerschuldverhältnis abgeleitet.[13] Außerdem wurde die bei der Beurteilung der Rechtmäßigkeit der außerordentlichen Kündigung ausdrücklich vorgesehene Durchführung einer **Interessenabwägung** (§ 626 Abs 1 BGB) in das Prüfungsprogramm für die soziale Rechtfertigung der ordentlichen Beendigungskündigung übernommen.[14]

171

II. Kündigungsschutzprinzipien
1. Der Kündigungsgrund an sich

Nach der zutreffenden Auffassung des BAG[15] beschreibt die in drei Fallgruppen eingeteilte Generalklausel der sozialen Rechtfertigung der ordentlichen Beendigungskündigung nur die Richtung, aus der die **Störung des Arbeitsverhältnisses** kommt (sog objektiver Kündigungsanlass)[16] Grundlage der Störung kann nur das zwischen Arbeitgeber und Arbeitnehmer bestehende **schuldrechtliche Band des Arbeitsvertrags** sein. Daraus ergeben

172

---

9 BT-Drucks I S 2090; abgedruckt auch in RdA 1951, 58, 63.
10 Zum verfassungsrechtlichen Gebot der Normenbestimmtheit und Normenklarheit vgl APS/Preis Grundlagen H Rn 13 mwN.
11 KR/Griebeling § 1 KSchG Rn 201; Löwisch/Spinner § 1 Rn 62.
12 KR/Griebeling § 1 KSchG Rn 203-205, 214; KR/Fischermeier § 626 BGB Rn 251 ff; SPV/Preis Rn 918; Thüsing/Laux/Lembke-Waas/Gabrys § 1 KSchG Rn 256.
13 vHH/L/Krause § 1 Rn 192; Thüsing/Laux/Lembke-Waas/Gabrys § 1 KSchG Rn 253; Einzelheiten s Rn 169 ff; APS/Preis Grundlagen H Rn 74 nennt als Ausgangspunkt die "ex-tunc-Wirkung" des Kündigungsrechts sowie die Normstruktur der Kündigungsgründe und die Systematik des Leistungsstörungsrechts.
14 APS/Preis Grundlagen H Rn 43; Einzelheiten s Rn 180.
15 25.11.1982 – 2 AZR 140/81 – AP KSchG 1969 § 1 Krankheit Nr 7.
16 KR/Griebeling § 1 KSchG Rn 209; vgl auch vHH/L/Krause § 1 Rn 188.

sich für die Arbeitsvertragsparteien nach der Konzeption des BGB die im Austauschverhältnis stehenden beiderseitigen **Hauptleistungspflichten**. Daneben begründet der Arbeitsvertrag als Dauerschuldverhältnis im Gegensatz zu einem singulären Austauschvertrag eine Vielzahl von **Nebenleistungs- und Verhaltenspflichten**.[17] Eine kündigungsrechtlich **erhebliche konkrete Störung** des auf der Grundlage des Arbeitsvertrags bestehenden Rechten- und Pflichtengefüges kann in der Sphäre des Arbeitgebers und in der Sphäre des Arbeitnehmers seine Ursache haben. Der Arbeitgeber ist zB verpflichtet, den Arbeitnehmer arbeitsvertragsgemäß zu beschäftigen. Nun kann zB die Situation eintreten, dass der Arbeitgeber – aus welchen Gründen auch immer – nicht mehr in der Lage ist, den Arbeitnehmer arbeitsvertragsgemäß zu beschäftigen. Die Störung des Arbeitsvertrags ist in der Sphäre des Arbeitgebers begründet und berechtigt ihn unter bestimmten Voraussetzungen, aus dringenden betrieblichen Erfordernissen zu kündigen. Der Kündigungsgrund an sich (Kündigungsanlass) besteht also in der **Unzumutbarkeit der Fortsetzung des Arbeitsverhältnisses**.[18] Mit anderen Worten: Von einer kündigungsrechtlichen Erheblichkeit ist dann auszugehen, wenn eine konkrete Störung des Arbeitsverhältnisses besteht und deshalb dem Arbeitgeber eine Fortsetzung des Arbeitsverhältnisses nicht zugemutet werden kann. Von daher ist der eigentliche Kündigungsgrund eine gesetzliche Ausgestaltung des Grundsatzes von Treu und Glauben.[19] Diese Sichtweise stimmt auch mit dem gesetzgeberischen Ziel des Kündigungsschutzes überein.[20]

2. Prognoseprinzip

173 a) **Grundsatz**. Aus dem eigentlichen Kündigungsgrund der **Unzumutbarkeit der Fortsetzung des Arbeitsverhältnisses** folgt, dass Voraussetzung für die soziale Rechtfertigung einer ordentlichen Kündigung stets die **zukünftige Beeinträchtigung** des Arbeitsverhältnisses ist.[21] Von daher hängt bei allen drei Kündigungsgründen die soziale Rechtfertigung der Kündigung von einer **Prognose** ab.[22] Die Kündigung ist also nur dann gerechtfertigt, wenn der Kündigungsanlass weitere Störungen indiziert.[23] Neben der Ableitung der Erforderlichkeit einer Prognose aus dem Gesichtspunkt der Unzumutbarkeit der Fortsetzung des Arbeitsverhältnisses, folgt die Notwendigkeit einer Prognose auch aus dem Wesen des Arbeitsverhältnisses als Dauerschuldverhältnis. Beide Begründungselemente kommen im Tatbestand der außerordentlichen Kündigung nach § 626 Abs 1 BGB deutlich zum Aus-

---

17 Ascheid Rn 33 f.
18 APS/Preis Grundlagen H Rn 15 ff; KR/Griebeling § 1 KSchG Rn 209; BTM-Mayer § 1 Rn 80; vHH/L/Krause § 1 Rn 180.
19 § 242 BGB; BAG1.7.1999 – 2 AZR 926/98 – AP BGB § 242 Nr 10; vHH/L/Krause § 1 Rn 181.
20 Einzelheiten s Rn 170.
21 KR/Griebeling § 1 Rn 209; KDZ/Kittner/Deinert § 1 Rn 47.
22 BAG 10.11.1988 – 2 AZR 215/88 – AP KSchG 1969 § 1 Abmahnung Nr 3; BAG 5.7.1990 – 2 AZR 154/90 – AP KSchG 1969 § 1 Krankheit Nr 26; BAG 19.6.1991 – 2 AZR 127/91 – AP KSchG 1969 § 1 Betriebsbedingte Kündigung Nr 53; BAG 26. 1.1995 – 2 AZR 649/94 – AP KSchG 1969 § 1 Verhaltensbedingte Kündigung Nr 34.
23 APS/Preis Grundlagen H Rn 74; Löwisch/Spinner § 1 Rn 72.

druck. Das Prognoseprinzip im Kündigungsschutzrecht wird nahezu ausnahmslos anerkannt.[24] Zutreffend weist Preis darauf hin, dass die gegenteilige Auffassung den systematischen Unterschied verkenne zwischen der Kündigung als Reaktionsmittel, um sich für die Zukunft von einer unerträglich gewordenen Vertragsbeziehung zu lösen, und dem Leistungsstörungsrecht. Die Kündigung wickle nicht eine Störung ab (zB durch Schadensausgleich), sondern solle primär verhindern, dass weitere Störungen eintreten.[25] Von daher ist festzuhalten, dass die **Kündigung keine Sanktion für Vergangenes**, sondern Reaktionsmittel zur Vermeidung zukünftiger Belastungen und Vertragsgefährdungen ist. **Betriebsbedingt** kann also nicht gekündigt werden, weil der Arbeitgeber in der Vergangenheit keine Beschäftigungsmöglichkeiten hatte. Entscheidend ist vielmehr, ob dem Arbeitgeber künftig – spätestens mit Ablauf der Kündigungsfrist – Beschäftigungsmöglichkeiten fehlen. Ist die **Krankheit des Arbeitnehmers** im Kündigungszeitpunkt ausgeheilt, kann der Arbeitgeber nicht krankheitsbedingt kündigen. Entsprechendes gilt, wenn der Arbeitnehmer zwar im Zeitpunkt des Zugangs der Kündigung arbeitsunfähig ist, die Krankheitsursachen jedoch einmaligen Charakter haben, dh eine negative Prognose nicht besteht. Auch hier kommt es also darauf an, ob im Zeitpunkt des Zugangs der Kündigung Tatsachen vorliegen, aus denen sich eine negative Prognose für die weitere Zusammenarbeit zwischen Arbeitgeber und Arbeitnehmer herleiten lässt.[26] Ebenfalls unterliegt die **verhaltensbedingte Kündigung** einem zukunftsbezogenen Prüfungsmaßstab und stellt keine Sanktion für zurückliegende Vertragsverletzungen des Arbeitnehmers dar.[27] Das entspricht sowohl der Rechtsprechung des BAG[28] als auch der des BVerfG.[29] Die **zukunftsbezogene Betrachtungsweise** führt jedoch nicht dazu, dass das **Verhalten in der Vergangenheit** keine Rolle spielt. Vergangenes Verhalten ist gerade die **Grundlage** für die Begründung der **Negativprognose**.[30] **Zusammengefasst gilt**: Kündigungsgrund und damit Kündigungsanlass ist die Unzumutbarkeit der Fortsetzung des Arbeitsverhältnisses. Dies zu beurteilen, erfordert die Begründung einer Negativprognose (ex-ante-Beurteilung).[31] Hierfür kann sich der Arbeitgeber insbesondere auf zurückliegende Umstände berufen. Prognosetauglich sind diese Umstände jedoch nur dann, wenn sie den Schluss zulassen, auch künftig werde es zu vergleichbaren

---

24 APS/Preis Grundlagen H Rn 74 ff; vgl auch Preis NZA 1997, 1073, 1076 f mwN; aA Rüthers/Müller Anm zu BAG 16.8.1991 – 2 AZR 604/90 – EzA § 1 KSchG Verhaltensbedingte Kündigung Nr 41.
25 APS/Preis Grundlagen H Rn 75.
26 Einzelheiten s Rn 474, 548 ff, 555 ff.
27 APS/Dörner § 1 KSchG Rn 73; ErfK/Oetker § 1 Rn 80; KDZ/Deinert § 1 Rn 53; SPV/Preis Rn 921; Thüsing/Laux/Lembke-Waas/Gabrys § 1 KSchG Rn 253; vHH/L/Krause § 1 Rn 196.
28 BAG 10.11.1988 – 2 AZR 215/88 – AP KSchG 1969 § 1 Abmahnung Nr 3; BAG 16.8.1991 – 2 AZR 604/90 – AP KSchG 1969 § 1 Verhaltensbedingte Kündigung Nr 27.
29 BVerfG 21.2.1995 – 1 BvR 1397/93 – AP Einigungsvertrag Anlage I Kap. XIX Nr 44.
30 ErfK/Oetker § 1 Rn 78; KR/Griebeling § 1 Rn 209 und 271; vHH/L/Krause § 1 Rn 194.
31 SPV/Preis Rn 916.

Vorfällen kommen oder das für die weitere Zusammenarbeit notwendige Vertrauen sei entfallen.[32] **Beispielhaft:** Ausgeheilte Erkrankungen des Arbeitnehmers im Zeitpunkt des Zugangs der Kündigung können keine Wiederholungsgefahr begründen.

174 b) Prognosegrundlagen. Um die für die Beantwortung der Frage der Unzumutbarkeit der Fortsetzung des Arbeitsverhältnisses zu treffende Prognoseentscheidung anstellen zu können, bedarf es mangels hellseherischer Fähigkeiten der damit befassten Personen sog **Prognosegrundlagen**.[33] Die zu treffende Zukunftsprognose ist naturgemäß mit Unwägbarkeiten behaftet. Eine **Gewissheit** im insoweit maßgebenden Zeitpunkt des Zugangs der Kündigung[34] lässt sich regelmäßig nicht feststellen. Möglich sind nur **Wahrscheinlichkeitsurteile**, die auf den zum Zeitpunkt der Kündigung vorliegenden Tatsachen zu beruhen haben.[35] Der Beweis einer Negativprognose isv § 286 ZPO ist nur dann erbracht, wenn von einer mit an Sicherheit grenzender Wahrscheinlichkeit des Eintritts weiterer zB krankheitsbedingter Fehlzeiten auszugehen ist. **Vernünftige Zweifel müssen schweigen.**[36] Da die negative Prognose zum Kündigungsgrund gehört, obliegt dem Arbeitgeber nach § 1 Abs 2 Satz 4 KSchG die Last, das Gericht vom Vorliegen einer mit an Sicherheit grenzender Wahrscheinlichkeit bestehenden negativen Prognose zu überzeugen.

Hinweis: Der Arbeitgeber hat also nicht nur den Kündigungsanlass anhand von Tatsachen darzulegen. Er muss zugleich auch Tatsachen darlegen, weshalb sich hieraus eine negative Prognose ergeben soll.

175 Prognosegrundlage im Anwendungsbereich der **verhaltensbedingten Kündigung** ist regelmäßig die **Abmahnung**, vgl § 314 Abs 2 BGB. Bei vorangegangener einschlägiger Abmahnung wird praktisch die Negativprognose fingiert.[37] Wer einmal oder mehrmals abgemahnt worden ist **und** ein vergleichbares vertragswidriges Verhalten **fortsetzt**, bei dem ist die Prognose gerechtfertigt, dass er sich auch künftig nicht vertragstreu verhalten wird.[38] Auch bei Störungen im **Vertrauensbereich** als Unterfall des verhaltensbedingten Bereichs (das BAG hat die Differenzierung nach Störbereichen aufgegeben)[39] ist jedenfalls vor einer Kündigung eine Abmahnung erforderlich, wenn es um ein steuerbares Verhalten des Arbeitnehmers geht und eine Wiederherstellung des Vertrauens erwartet werden kann.[40] Wegen der Einzelheiten zur Abmahnung wird auf die Erläuterungen unter Rn 236 ff verwiesen. Bei **krankheitsbedingten Kündigungen** dient die Auflistung der in der Vergangenheit liegenden erheblichen krankheitsbedingten Fehlzeiten

---

32 Thüsing/Laux/Lembke-Waas/Gabrys § 1 KSchG Rn 254; vHH/L/Krause § 1 Rn 196.
33 Ascheid Rn 62; Thüsing/Laux/Lembke-Waas/Gabrys § 1 KSchG Rn 253.
34 S Rn 103, Einl Rn 33 ff.
35 vHH/L/Krause § 1 Rn 198; Preis S 338 f.
36 Thüsing/Laux/Lembke-Waas/Gabrys § 1 KSchG Rn 253; MünchKommBGB/Hergenröder § 1 KSchG Rn 115; vHH/L/Krause § 1 Rn 200.
37 Preis NZA, 1997, 1073, 1077.
38 Preis aaO.
39 Einzelheiten s Rn 253.
40 BAG 4.6.1997 – 2 AZR 526/96 – AP BGB § 626 Nr 137; Thüsing/Laux/Lembke-Waas/Gabrys § 1 KSchG Rn 254.

als Prognosegrundlage.⁴¹ Denn es geht entsprechend dem Prognoseprinzip allein um die Bewahrung des Arbeitgebers vor künftigen unzumutbaren Belastungen und nicht um eine Sanktionierung des Arbeitnehmers.⁴² Bei Ausspruch einer **betriebsbedingten Kündigung** hat der Arbeitgeber seinen künftigen Personalüberhang anhand vergangener und aktueller betriebswirtschaftlicher Kennzahlen darzulegen. Wird die betriebsbedingte Kündigung auf eine (tatsächlich erfolgte) Betriebsstilllegung gestützt, so hat sich die erforderliche hohe Wahrscheinlichkeit zur Gewissheit verdichtet. Ansonsten bedarf es im Zeitpunkt des Zugangs der Kündigung bereits greifbarer Formen in Bezug auf die vom Arbeitgeber behaupteten betrieblichen Umstände und eine vernünftige betriebswirtschaftliche Betrachtung muss die Prognose rechtfertigen, dass spätestens mit Ablauf der Kündigungsfrist die vorgenannten betrieblichen Umstände eintreten und der Arbeitnehmer somit arbeitsbedarfsbezogen betrachtet entbehrt werden kann.⁴³ Zur Korrektur einer sich als falsch herausstellenden Prognose s unter Rn 184 (Wiedereinstellungsanspruch).⁴⁴ Da die negative Prognose Teil des Kündigungsgrunds ist (dogmatisch-systematisch betrachtet), sind die Prognosegrundlagen, insbesondere die Abmahnung, ebenfalls Bestandteil des Kündigungsgrunds.⁴⁵

Hinweis: Der Abmahnung kann in der kündigungsrechtlichen Prüfung mehrfache Bedeutung zukommen. Einerseits als Prognosegrundlage, andererseits als milderes Mittel im Rahmen der Prüfung der Verhältnismäßigkeit und schließlich kann sie Eingang in die Beurteilung der Interessenabwägung finden.

3. Grundsatz der Verhältnismäßigkeit

a) **Allgemeines.** Nach allgemeiner Ansicht ist der **Verhältnismäßigkeitsgrundsatz** im Kündigungsrecht anzuwenden.⁴⁶ Positivrechtlich ist dieser Grundsatz der Formulierung des § 1 Abs 2 Satz 1 KSchG zu entnehmen, wonach die dort genannten Gründe die Kündigung „bedingen" müssen.⁴⁷ Der Kündigungsgrund muss die Kündigung also **nicht nur verursachen**, sondern als letzte von möglichen anderweitigen personellen Maßnahmen (zB Abmahnung) **erforderlich** machen.⁴⁸ Diesbezüglich wird das Gesetz im Rahmen der betriebsbedingten Kündigung noch deutlicher („dringende betriebliche Gründe").⁴⁹ Inhaltlich ist dem Grundsatz der Verhältnismäßigkeit zu entnehmen, dass eine Kündigung erst dann in Betracht kommt,

176

---

41 BAG 5.7.1990 – 2 AZR 154/90 – AP KSchG 1969 § 1 Krankheit Nr 26.
42 BAG 23.6.1983 – 2 AZR 15/82 – AP KSchG 1969 § 1 Krankheit Nr 10; APS/Preis Grundlagen H Rn 77; HK-KSchG/Weller/Dorndorf § 1 KSchG Rn 359.
43 BAG 8.11.1956 – 2 AZR 302/54 – AP KSchG § 1 Nr 19; APS/Preis Grundlagen H Rn 79 mwN.
44 APS/Dörner § 1 KSchG Rn 74; DFL/Kaiser § 1 KSchG Rn 22.
45 KR/Fischermeier § 626 BGB Rn 97, 110, 284.
46 BAG 30.5.1978 – 2 AZR 630/76 – AP BGB § 626 Nr 70; BAG 15.12.1994 – 2 AZR 320/94 – AP KSchG 1969 § 1 Betriebsbedingte Kündigung Nr 66; vHH/L/Krause § 1 Rn 201.
47 APS/Dörner § 1 KSchG Rn 65; KDZ/Kittner/Deinert § 1 KSchG Rn 49; SPV/Preis Rn 918; vHH/L/Krause § 1 Rn 201.
48 APS/Dörner § 1 KSchG Rn 66; KR/Griebeling § 1 KSchG Rn 214 f.
49 SPV/Preis Rn 918.

wenn sie zur Beseitigung betrieblicher Beeinträchtigung **geeignet** und **erforderlich** ist und im Verhältnis zu dem verfolgten Zweck **angemessen** erscheint.[50] Der Grundsatz der Verhältnismäßigkeit gilt für jede Kündigung, unabhängig davon, ob sie auf betriebs-, personen- oder verhaltensbedingte Gründe gestützt ist.[51] Verstößt die Kündigung gegen den Verhältnismäßigkeitsgrundsatz, entfällt der Kündigungsgrund. Im Rahmen der Kündigungsprüfung ist also zu beachten, dass der Grundsatz der Verhältnismäßigkeit nicht erst bei der Interessenabwägung zum Tragen kommt.[52]

177 b) **Kündigung als ultima ratio.** Aus der existentiellen Bedeutung des Arbeitsverhältnisses für den Arbeitnehmer folgt unter dem Gesichtspunkt des **Verhältnismäßigkeitsgrundsatzes**, dass die **Beendigungskündigung** stets nur das letzte in Betracht kommende Mittel, dh die **ultima ratio**, sein kann. In Konkretisierung des Prinzips der Verhältnismäßigkeit gilt im Kündigungsrecht der **allgemeine Grundsatz**, dass eine Beendigungskündigung, gleichgültig, ob sie ordentlich oder außerordentlich ausgesprochen wird, als äußerstes Mittel (ultima ratio) erst in Betracht kommt, wenn keine Möglichkeit zu einer anderweitigen Beschäftigung, uU auch mit schlechteren Arbeitsbedingungen, besteht.[53] Eine Beendigungskündigung kann als letztes Mittel also nur dann eingesetzt werden, wenn der Arbeitgeber nicht in der Lage ist, andere geeignete Mittel einzusetzen. Hierzu gehören **insbesondere** die Abmahnung,[54] Änderungskündigung[55] und Versetzung. Das BAG hat in seiner Entscheidung vom 27.9.1984[56] ausdrücklich den Grundsatz des **Vorrangs der Änderungskündigung vor der Beendigungskündigung** aufgestellt. Von daher muss der Arbeitgeber vor der Beendigungskündigung untersuchen, ob eine anderweitige Tätigkeit in dem Beschäftigungsbetrieb des Arbeitnehmers oder in einem anderen Betrieb des Unternehmens objektiv möglich ist.[57] Der Grundsatz der Kündigung als ultima ratio setzt voraus, dass die im Verhältnis zur Kündigung in Betracht kommenden Alternativen der Konfliktlösung in einem **Stufenverhältnis** stehen. Dies ist zB zwischen betriebsverfassungsrechtlichen Gestaltungsmöglichkeiten, zB Betriebsvereinbarung nach § 87 BetrVG, und einer Änderungskündigung nicht gegeben; diese Gestaltungsfaktoren stehen vielmehr nebeneinander.[58]

178 c) **§ 2 Abs 2 SGB III und § 84 Abs 1 und Abs 2 SGB IX.** Mit Wirkung ab dem 1.1.1998 trat das das Recht der Arbeitsförderung regelnde SGB III unter Aufhebung des AFG in Kraft.[59] Damit erlangte auch **§ 2 SGB III** Geltung, der eine **besondere Verantwortung** von Arbeitgebern und Arbeitnehmern für den Arbeitsmarkt normiert. Insbesondere ist das Augenmerk auf

---

50 KR/Griebeling § 1 KSchG Rn 215; Thüsing/Laux/Lembke-Waas/Gabrys § 1 KSchG Rn 256; vHH/L/Krause § 1 Rn 204.
51 KR/Griebeling § 1 KSchG Rn 215; SPV/Preis Rn 922.
52 BAG 2.11.1989 – RzK I 5 g Nr 33.
53 BAG 30.5.1978 – 2 AZR 630/76 – AP BGB § 626 Nr 70.
54 BAG 26.1.1995 – 2 AZR 649/94 – AP KSchG 1969 § 1 Verhaltensbedingte Kündigung Nr 34.
55 BAG 28.4.1982 – 7 AZR 1139/79 – AP KSchG 1969 § 2 Nr 3.
56 2 AZR 62/83 – AP KSchG 1969 § 2 Nr 8.
57 Einzelheiten zur anderweitigen Beschäftigungsmöglichkeit s Rn 658 ff.
58 BAG 17.6.1998 – 2 AZR 336/97 – AP KSchG 1969 § 2 Nr 49.
59 Art 83 des Arbeitsförderungs-Reformgesetzes v 24.3.1997; BGBl I S 594.

§ 2 Abs 2 Nr 2 SGB III idF vom 20.12.2001 zu richten, demzufolge die Arbeitgeber vorrangig durch betriebliche Maßnahmen die Inanspruchnahme von Leistungen der Arbeitsförderung sowie Entlassungen von Arbeitnehmern vermeiden sollen. Das darin zum Ausdruck kommende sozialrechtliche Gebot für das Arbeitsrecht wird überwiegend als **Ausprägung** des in § 1 Abs 2 Satz 1 KSchG enthaltenen **ultima-ratio-Prinzips** angesehen.[60] Ob § 2 SGB III im Kündigungsschutzrecht eine über das Verhältnismäßigkeitsprinzip hinausgehende Bedeutung hat, ist umstritten.[61] Nach der hier vertretenen Ansicht kommen diesem Gebot jedenfalls keine weitergehenden Auswirkungen im individuellen Kündigungsschutz, namentlich im Bereich der betriebsbedingten Kündigung, zu.[62] Der in § 2 SGB III enthaltene **Subsidiaritätsgedanke** will als Programmsatz oder Rechtssatz[63] durch die Präzisierung des arbeitsrechtlichen ultima-ratio-Prinzips erreichen, dass die Bundesanstalt für Arbeit die von den Beitragszahlern und aus Steuermitteln zu finanzierenden Leistungen für Arbeitslose nur dann erbringen muss, wenn die Arbeitslosigkeit nicht zu vermeiden ist.[64] Gegenüber dem bisherigen Prüfungsprogramm für die soziale Rechtfertigung einer betriebsbedingten Kündigung hat die Vorschrift jedoch keine weiteren Kriterien aufgestellt. Das vom Gesetzgeber verfolgte Regelungsziel ist also in die Auslegung des § 1 Abs 2 KSchG zu integrieren[65] mit der Folge, dass dringende betriebliche Gründe nicht gegeben sind, wenn vorrangige Instrumente des SGB III Platz greifen (zB Kurzarbeit, Transfersozialplan).[66] Auch das durch Art 1 des Gesetzes zur Förderung der Ausbildung und Beschäftigung schwerbehinderter Menschen vom 23.3.2004 BGBl I S 606 am 1.5.2004 als § 84 Abs 2 SGB IX in Kraft getretene sog betriebliche Eingliederungsmanagement (BEM) bedeutet gegenüber dem bisherigen Prüfungsprogramm bei krankheitsbedingten Kündigungen schwerbehinderter Menschen (vgl einerseits die Überschriften zu Teil 2 und zu Kapitel 3, andererseits die Formulierung in § 84 Abs 2 Satz 1 SGB IX „… bei schwerbehinderten Menschen außerdem mit der Schwerbehindertenvertretung") keine materielle Erweiterung. Unabhängig davon, ob die Bestimmung lediglich appellativen („sanktionslose Verpflichtung des Arbeitgebers") oder doch normativen Charakter hat,[67] waren und sind im Rahmen der Prüfungsstufe der Verhältnismäßigkeit bereits vor Inkrafttreten dieser Bestimmung alle milderen geeigneten Mittel vom Arbeitgeber zur Abwendung der krankheitsbedingten Kündigung in Betracht zu ziehen. Nach der zitierten Rechtsprechung des BAG[68] konkretisiert § 84 Abs 2 SGB IX für krankheitsbedingte Kündi-

---

60 Preis, NZA 1998, 449, 451 mwN, 455; SPV/Preis Rn 919; ErfK/Oetker § 1 Rn 215 a.
61 Vgl APS/Kiel § 1 KSchG Rn 564 f; Bauer/Haußmann NZA 1997, 1100 ff; Gagel BB 2001, 358 ff; Löwisch/Spinner § 1 Rn 274.
62 Bauer/Haußmann, NZA 1997, 1100, 1102.
63 Preis NZA 1998, 449, 451.
64 Löwisch NZA 1998, 729.
65 KR/Griebeling § 1 Rn 215 a; Schaub NZA 1997, 810.
66 SPV/Preis Rn 919; Löwisch NZA 1998, 729 f.
67 BAG 12.7.2007 – 2 AZR 716/06 – AP KSchG 1969 § 1 Personenbedingte Kündigung Nr 28; BT-Drucks 15/1783 S 15; vgl ferner zum Streitstand APS/Vossen § 85 SGB IX Rn 2 a; ErfK/Rolfs § 84 SGB IX Rn 1; KR/Griebeling § 1 KSchG Rn 215 a; KR/Etzel Vor §§ 85-92 SGB IX Rn 36.
68 S Fn 67.

gungen den Verhältnismäßigkeitsgrundsatz. Die Vorschrift gilt für alle, nicht nur für schwerbehinderte Menschen. Danach ist eine Kündigung unverhältnismäßig und damit sozial ungerechtfertigt, wenn der Arbeitgeber das BEM nicht durchgeführt hat und bei gehöriger Durchführung Möglichkeiten bestanden hätten, die Kündigung zu vermeiden.[69] Hätte das BEM, wenn durchgeführt, kein positives Ergebnis erbringen können, entstehen dem Arbeitgeber im Hinblick auf die Kündigung keine Nachteile.[70] Wäre jedoch ein positives Ergebnis möglich gewesen, verschiebt sich die Darlegungs- und Beweislast insofern, als sich der Arbeitgeber nicht auf den pauschalen Vortrag beschränken darf, er kenne keine alternativen Einsatzmöglichkeiten für den erkrankten Arbeitnehmer. Er muss vielmehr konkret darlegen, warum eine leidensgerechte Anpassung und Veränderung des bisherigen Arbeitsplatzes ausgeschlossen ist oder der Arbeitnehmer nicht auf einem anderen Arbeitsplatz eingesetzt werden kann.[71] Auch das in § 84 Abs 1 SGB IX vorgesehene Präventionsverfahren ist keine formelle Wirksamkeitsvoraussetzung für den Ausspruch einer Kündigung gegenüber einem schwerbehinderten Menschen.[72] Die Vorschrift stellt ebenfalls eine Konkretisierung des dem gesamten Kündigungsschutzrecht innewohnenden Verhältnismäßigkeitsgrundsatzes dar. Daraus folgt, dass eine Kündigung wegen Verstoßes gegen das Verhältnismäßigkeitsprinzip sozial ungerechtfertigt ist, wenn der Arbeitgeber das Präventionsverfahren nach § 84 Abs 1 SGB IX nicht durchgeführt hat und bei gehöriger Prüfung Möglichkeiten bestanden hätten, die Kündigung zu vermeiden.[73]

179 **d) Anderweitige Beschäftigungsmöglichkeit.** Eine Ausprägung des Grundsatzes der Verhältnismäßigkeit stellt das **Postulat** des[74] dar, vor Ausspruch einer arbeitgeberseitigen Beendigungskündigung **anderweitige Beschäftigungsmöglichkeiten** zu prüfen. Nach der Rechtsprechung des BAG[75] kommt eine Beendigungskündigung, gleichgültig aus welchen Gründen und unabhängig davon, ob sie als außerordentliche oder ordentliche Kündigung ausgesprochen wird, nur in Betracht, wenn keine Möglichkeit zu einer anderweitigen Beschäftigung uU auch mit schlechteren Arbeitsbedingungen besteht.[76] Die Ausgestaltung einer unternehmensbezogenen Weiterbeschäftigungsmöglichkeit ist dem § 1 Abs 2 Satz 2 und 3 KSchG im Einzelnen zu entnehmen. Die darin genannten Unwirksamkeitsgründe sind für die Prüfung der sozialen Rechtfertigung nach § 1 Abs 2 Satz 1 KSchG auch

---

69 S auch DFL/Kaiser § 1 KSchG Rn 82.
70 BAG 23.4.2008 – 2 AZR 1012/06 – NZA-RR 2008, 515-518; DFL/Kaiser § 1 KSchG Rn 82; KR/Griebeling § 1 KSchG Rn 215 a.
71 BAG 23.4.2008 – 2 AZR 1012/06 – NZA-RR 2008, 515-518; DFL/Kaiser § 1 KSchG Rn 82; KR/Griebeling § 1 KSchG Rn 215 a.
72 BAG 7.12.2006 – 2 AZR 182/06 – AP KSchG 1969 § 1 Verhaltensbedingte Kündigung Nr 56; BAG 8.11.2007 – 2 AZR 425/06 – AP KSchG 1969 § 1 Personenbedingte Kündigung Nr 30.
73 BAG 7.12.2006 – 2 AZR 182/06 – AP KSchG 1969 § 1 Verhaltensbedingte Kündigung Nr 56; BAG 8.11.2007 – 2 AZR 425/06 – AP KSchG 1969 § 1 Personenbedingte Kündigung Nr 30; DFL/Kaiser § 1 KSchG Rn 25; KR/Griebeling § 1 KSchG Rn 215 b.
74 BAG 27.9.1984 – 2 AZR 62/83 – AP KSchG 1969 § 2 Nr 8.
75 Grundlegend BAG 30.5.1978 – 2 AZR 630/76 – AP BGB § 626 Nr 70.
76 BAG 10.5.2007 – 2 AZR 263/06 – AP KSchG 1969 Betriebsbedingte Kündigung Nr 165; SPV/Preis Rn 918; vHH/L/Krause § 1 Rn 208.

dann beachtlich, wenn der Betriebsrat nicht widersprochen hat.[77] Von daher kann wegen der weiteren Einzelheiten auf die Erläuterungen unter Rn 936 ff verwiesen werden.

4. Interessenabwägung

Nach Auffassung des BAG ist zur Feststellung der Sozialwidrigkeit einer Kündigung nach § 1 Abs 2 Satz 1 KSchG regelmäßig eine **umfassende Interessenabwägung** erforderlich.[78] Die Erforderlichkeit der im Recht der außerordentlichen Kündigung ausdrücklich anerkannten Interessenabwägung (§ 626 Abs 1 BGB) folgt aus dem eigentlichen Kündigungsgrund, nämlich der Unzumutbarkeit der Fortsetzung des Arbeitsverhältnisses.[79] Damit wird den jeweiligen Besonderheiten des Einzelfalls Rechnung getragen, indem unter Berücksichtigung aller wesentlichen Umstände grundsätzlich eine umfassende Interessenabwägung durchzuführen ist.[80] Zu diesem Zweck ist das Interesse des Arbeitgebers an der Beendigung des Arbeitsverhältnisses mit dem Arbeitsplatzerhaltungsinteresse des Arbeitnehmers iS einer praktischen Konkordanz widerspruchsfrei zum Ausgleich zu bringen. Dabei sind insbesondere **folgende Umstände** zu berücksichtigen:

180

Beschäftigungsdauer des Arbeitnehmers, sein Lebensalter und seine Unterhaltsverpflichtungen, Art, Ausmaß und Schwere einer möglichen Vertragsverletzung, hierarchische Stellung des Arbeitnehmers als Ausdruck einer besonderen Vertrauens- bzw Vorgesetztenstellung, Störung des Betriebsfriedens, Anzahl der Abmahnungen etc.

Einer Interessenabwägung bedarf es im Anwendungsbereich des § 1 Abs 2 Satz 2 und 3 KSchG ausnahmsweise nicht.[81] Denn insoweit handelt es sich um sog **absolute Gründe** der Sozialwidrigkeit. Besonderheiten bei der Interessenabwägung bestehen auch im Bereich der betriebsbedingten Kündigung. Die Bestandsschutzinteressen der vom Wegfall der Arbeitsplätze betroffenen Arbeitnehmer werden nämlich ausdrücklich und abschließend im Rahmen der nach § 1 Abs 3 KSchG durchzuführenden Sozialauswahl berücksichtigt. Darüber hinaus bedarf es zur sozialen Rechtfertigung keiner weiteren, zusätzlichen Interessenabwägung.[82] Der Grundsatz der Interessenabwägung hat zur Folge, dass Kündigungen grundsätzlich **zweistufig** auf ihre soziale Rechtfertigung hin zu überprüfen sind.[83] Auf der **ersten**

---

77 Grundlegend BAG 13.9.1973 – 2 AZR 601/72 – AP KSchG 1969 § 1 Nr 2; APS/Kiel § 1 Rn 582; KDZ/Deinert § 1 Rn 498 f; vHH/L/Krause § 1 Rn 1073, 1076.
78 20.10.1954 – 1 AZR 193/54 – AP KSchG § 1 Nr 6; 7.3.1980 – 7 AZR 1093/77 – AP KSchG 1969 § 1 Betriebsbedingte Kündigung Nr 9; vHH/L/Krause § 1 Rn 231 mwN.
79 S Rn 139; APS/Preis Grundlagen H Rn 30; vHH/L/Krause § 1 Rn 231.
80 KR/Griebeling § 1 KSchG Rn 211 mwN.
81 S Rn 928 ff.
82 BTM-Mayer § 1 KSchG Rn 96; DFL/Kaiser § 1 KSchG Rn 26; KR/Griebeling § 1 KSchG Rn 211 und Rn 547 ff; SPV/Preis Rn 922; aA BAG 24.10.1979 – 2 AZR 940/77 – AP KSchG 1969 § 1 Betriebsbedingte Kündigung Nr 8, das zwar grundsätzlich systembedingt eine Interessenabwägung vorsieht, die sich jedoch nur in seltenen Ausnahmefällen zugunsten des Arbeitnehmers auswirken könne; BAG 16.1.1987 – 7 AZR 495/85 – BB 1987, 2302 f; BAG 30.4.1987 – 2 AZR 184/86 – AP KSchG 1969 § 1 Betriebsbedingte Kündigung Nr 42; Einzelheiten s Rn 721.
83 Zum Recht der Änderungskündigung s § 2 Rn 39.

Stufe ist allein der Kündigungsgrund zu prüfen, auf der **zweiten Stufe** ist dann noch eine umfassende Interessenabwägung durchzuführen. Nichts anderes gilt auch für das Prüfungsprogramm bei einer krankheitsbedingten Kündigung. Wenngleich dort von einem dreistufigen Prüfungsaufbau gesprochen wird, so ist doch bei näherer Betrachtung festzustellen, dass der erste und zweite Prüfungsschritt den Kündigungsgrund und der dritte Prüfungsschritt die Interessenabwägung betreffen.[84]

III. Numerus clausus der Kündigungsgründe

181 Die in § 1 Abs 1 Satz 2 KSchG aufgezählten Gründe (betriebs-, personen- und verhaltensbedingte Gründe) sind **abschließend**. Auf andere Umstände, zB allgemeine wirtschaftliche, politische Gründe, kann sich der Arbeitgeber zur sozialen Rechtfertigung der Kündigung nicht berufen.[85]

IV. Mehrere Kündigungsgründe und sog Mischtatbestände

182 Wird eine Kündigung **auf mehrere völlig verschiedene Lebenssachverhalte gestützt** (zB Beleidigung, fehlende Arbeitserlaubnis, Fremdvergabe des Reinigungsdienstes), **die verschiedenen Gründen** iSd § 1 Abs 2 Satz 1 KSchG zuzuordnen sind (zB personen- und verhaltensbedingt = sog **Doppeltatbestand oder unechter Mischtatbestand**),[86] ist zu prüfen, ob jeder Sachverhalt für sich **allein geeignet** ist, die Kündigung zu begründen (Grundsatz der Einzelprüfung).[87] Das ist die Ausgangsthese, an der festzuhalten ist. Nach der weitergehenden Ansicht des BAG[88] ist zunächst jeder Sachverhalt für sich zu überprüfen (wie vorstehend), ob er die Kündigung sozial rechtfertigt; verneinendenfalls ist anschließend auf der Grundlage einer einheitlichen Betrachtungsweise zu beurteilen, ob die einzelnen Kündigungsgründe in ihrer Gesamtheit die Kündigung rechtfertigen. Dem kann in dieser Pauschalheit nicht zugestimmt werden.[89] Das KSchG würde zu einer konturenlosen Billigkeitsprüfung verkommen.[90] Im Übrigen kennt § 1 KSchG einen gemischten Kündigungsgrund nicht.[91] Nach aA können allenfalls solche Kündigungsgründe in eine Gesamtbetrachtung einfließen, die in der Sphäre des Arbeitnehmers liegen.[92] Einer einheitlichen Betrachtung können danach also personenbedingte und verhaltensbedingte Gründe unterliegen,

---

84 Einzelheiten s Rn 469, 552, 573.
85 DFL/Kaiser § 1 KSchG Rn 17; Löwisch/Spinner § 1 Rn 55; Thüsing/Laux/Lembke-Waas/Gabrys § 1 KSchG Rn 275.
86 ErfK/Oetker § 1 Rn 201; Löwisch/Spinner § 1 Rn 68; KR/Griebeling § 1 KSchG Rn 254; Thüsing/Laux/Lembke-Waas/Gabrys § 1 KSchG Rn 278; aA BAG 6.11.1997 – 2 AZR 94/97 – AP KSchG 1969 § 1 Nr 42, das davon ausgeht, die Kündigung müsse einem der drei Gründe zugeordnet werden.
87 ErfK/Oetker § 1 Rn 162; SPV/Preis 926; vHH/L/Krause § 1 Rn 282.
88 BAG 22.7.1982 – 2 AZR 30/81 – AP KSchG 1969 § 1 Verhaltensbedingte Kündigung Nr 5; BAG 4.8.1955 – 2 AZR 88/54 – AP BGB § 626 Nr 3; BAG 21.11.1985 – 2 AZR 21/85 – AP KSchG 1969 § 1 Nr 12; BAG 20.11.1997 – 2 AZR 643/96 – AP KSchG 1969 § 1 Nr 43; BAG 17.6.1998 – 2 AZR 599/97 – nicht amtlich veröffentlicht.
89 DFL/Kaiser § 1 KSchG Rn 17; ErfK/ /Oetker § 1 Rn 162; SPV/Preis Rn 926.
90 SPV/Preis Rn 926.
91 DFL/Kaiser § 1 KSchG Rn 17; Löwisch/Spinner § 1 Rn 73 ff; SPV/Preis Rn 924 ff.
92 KR/Etzel 7. Aufl § 1 KSchG Rn 259; vHH/L/Krause § 1 Rn 287; vgl auch KR/Griebeling § 1 KSchG Rn 258; Thüsing/Laux/Lembke-Waas/Gabrys § 1 KSchG Rn 279.

nicht dagegen betriebsbedingte Umstände. Nach der hier vertretenen Meinung ist eine Gesamtabwägung nur auf der Grundlage der Ausgangsthese innerhalb der drei Kategorien der Kündigungsgründe vorzunehmen.[93] Wird dagegen eine Kündigung auf **mehrere Lebenssachverhalte** gestützt, die nur **einem Kündigungsgrund** zugeordnet werden können (zB verhaltensbedingt, Beleidigung am 10.10. und Zuspätkommen am 15.10.), ist auch zu prüfen, ob die Sachverhalte in ihrer Gesamtheit die Beendigung des Arbeitsverhältnisses rechtfertigen.[94]

Dagegen ist bei sog echten **Mischtatbeständen**,[95] nämlich wenn ein letztlich einheitlicher Lebenssachverhalt zwei oder gar drei der in § 1 Abs 2 Satz 1 KSchG genannten Bereiche (verhaltens-, personen- und betriebsbedingt) berührt, die Abgrenzung, welchem dieser Bereiche die Beurteilung der Kündigung unterworfen werden soll, nach der Rechtsprechung des BAG nach der Sphäre auszurichten, aus der die Störung des Arbeitsverhältnisses primär kommt (Sphärentheorie).[96]

V. Beurteilungszeitpunkt

Maßgeblicher Zeitpunkt für die Beurteilung der Sozialwidrigkeit der Kündigung ist ihr **Zugang**.[97] Nach § 130 BGB wird die Kündigungserklärung als Gestaltungsrecht mit dem Zeitpunkt ihres Zugangs beim Empfänger wirksam. Von daher müssen ihre Wirksamkeitsvoraussetzungen in diesem Zeitpunkt vorliegen.[98] Nach Zugang der Kündigung eintretende Umstände sind für die soziale Rechtfertigung der Kündigung unerheblich. Eine Ausnahme wird weitgehend anerkannt, wenn nachträgliche Tatsachen die früheren Umstände, die zur Kündigung geführt haben, weiter aufhellen und ihnen bei der Interessenabwägung ein größeres Gewicht als Kündigungsgrund verleihen.[99] So hat der Kündigungsschutzsenat des BAG[100] mit Urteil vom 24.11.2005 gerade für die Berücksichtigung nachträglichen Prozessverhaltens entschieden, dass die wechselnden Einlassungen des Arbeitnehmers im Prozess zu den ihm vorgehaltenen Vorwürfen zu seinen Lasten berücksichtigt werden können.[101] Eine Berücksichtigung des prozessualen

---

93 ErfK/Oetker § 1 KSchG Rn 258; KDZ/Kittner/Deinert § 1 KSchG Rn 59; HaKo-ArbR/Bufalica § 1 KSchG Rn 57; weiter differenzierend KR/Griebeling § 1 KSchG Rn 259.
94 ErfK/Oetker § 1 Rn 164.
95 KR/Griebeling § 1 KSchG Rn 254.
96 17.5.1984 – 2 AZR 109/83 – AP KSchG 1969 § 1 Betriebsbedingte Kündigung Nr 21; BAG 31. 1.1996 – 2 AZR 158/95 – AP BGB § 626 Druckkündigung Nr 13; KDZ/Kittner/Deinert § 1 KSchG Rn 58; KR/Etzel 7. Aufl § 1 KSchG Rn 281 mwN; vHH/L/Krause § 1 Rn 291; Thüsing/Laux/Lembke-Waas/Gabrys § 1 KSchG Rn 280; aA APS/Dörner § 1 KSchG Rn 83; ErfK /Oetker § 1 KSchG Rn 96; Löwisch/Spinner § 1 Rn 75 f; SPV/Preis Rn 926.
97 BAG 15.7.1971 – 2 AZR 232/70 – AP KSchG § 1 Nr 83; BAG 28.4.1988 – 2 AZR 623/87 – AP BGB § 613 a Nr 74.
98 Walker NZA 2009, 921, 922.
99 BAG 15.12.1955 – 2 AZR 239/54 – AP BGB § 626 Nr 6; BAG 28.10.1971 – 2 AZR 15/71 – AP BGB § 626 Nr 62; BAG 13.10.1977 – 2 AZR 387/76 – AP KSchG 1969 § 1 Verhaltensbedingte Kündigung Nr 1.
100 24.11.2005 – 2 AZR 39/05 – AP BGB § 626 Nr 197.
101 Ausf dazu Walker NZA 2009, 921, 923; s dazu die Zulassung der Revision des BAG 28.7.2009 – 3 AZN 224/09 – NZA 2009, 859-861 im Fall „Emmely".

Verhaltens des Arbeitnehmers kann nur dann in Betracht kommen, wenn das Verhalten eine Hilfsfunktion im Hinblick auf die Kündigungsrelevanz eines vorherigen Verhaltens hat. Ein Zusammenhang zwischen dem Prozessverhalten und dem Kündigungssachverhalt muss bestehen, ein unmittelbarer Bezug zum Kündigungsgrund muss gegeben sein.[102] Liegen also zum Zeitpunkt des Kündigungszugangs alle Wirksamkeitsvoraussetzungen einer Kündigung vor, so kann die Kündigung weder durch eine nachträgliche Veränderung der tatsächlichen Verhältnisse, also zB durch Wegfall eines bei ihrem Ausspruch vorliegenden Kündigungsgrunds, unwirksam werden noch ist der Arbeitgeber im Fall einer solchen Veränderung der tatsächlichen Verhältnisse nach Treu und Glauben daran gehindert, sich auf die Wirksamkeit der Kündigung zu berufen.[103] Nicht selten kommt es jedoch vor, dass die auf der Grundlage der objektiven Verhältnisse im Zeitpunkt des Kündigungszugangs zu treffende Prognoseentscheidung durch die **spätere tatsächliche Entwicklung widerlegt** wird (zB der arbeitsunfähige Arbeitnehmer wird unerwartet wieder gesund oder nach Kündigungszugang ergibt sich doch noch eine Weiterbeschäftigungsmöglichkeit). Das BAG bejaht mittlerweile dann einen **Wiedereinstellungsanspruch** des Arbeitnehmers, wenn sich die für die Wirksamkeit der Kündigung maßgebenden Umstände **noch während des Laufs der Kündigungsfrist** verändern.[104] Beruht danach eine betriebsbedingte Kündigung auf der Prognose des Arbeitgebers, bei Ablauf der Kündigungsfrist könne er den Arbeitnehmer nicht mehr weiterbeschäftigen, und erweist sich diese Prognose noch während des Laufs der Kündigungsfrist als falsch, so ist der Arbeitgeber zur Wiedereinstellung verpflichtet, solange er mit Rücksicht auf die Wirksamkeit der Kündigung noch keine Disposition getroffen hat und ihm die unveränderte Fortsetzung des Arbeitsverhältnisses zumutbar ist. Von daher ist der **Wiedereinstellungsanspruch ein notwendiges Korrektiv** dafür, dass bei der Prüfung des Kündigungsgrunds im Interesse der Rechtssicherheit allein auf dem Zeitpunkt des Kündigungszugangs, nicht aber auf den Ablauf der Kündigungsfrist abgestellt wird.[105]

VI. Gleichbehandlungsgrundsatz

185 Nach der Rechtsprechung des BAG ist der **Gleichbehandlungsgrundsatz** im Kündigungsrecht **grundsätzlich nicht anwendbar**.[106] Der Gleichbehandlungsgrundsatz vertrage sich nämlich nicht mit dem Wesen der Gestaltungsrechte (hier: Kündigungsrecht), weil deren Ausübung im Belieben des Berechtigten stehe.[107] Im Übrigen sei der Grundsatz nur bei einer Maßnahme mit kollektivem Bezug anwendbar. Bei der betriebsbedingten Kündi-

---

102 Walker NZA 2009, 921, 923.
103 BAG 6.8.1997 – 7 AZR 557/96 – AP KSchG 1969 § 1 Wiedereinstellung Nr 2.
104 25.9.2008 – 8 AZR 607/07 – AP BGB § 613 a Nr 355, ausnahmsweise auch noch nach Ablauf der Kündigungsfrist; 6.8.1997 – 7 AZR 557/96 – AP KSchG 1969 § 1 Wiedereinstellung Nr 2.
105 BAG 6.8.1997 – 7 AZR 557/96 – AP KSchG 1969 § 1 Wiedereinstellung Nr 2; APS/Preis Grundlagen H Rn 80 mwN.
106 BAG 21.10.1969 – 1 AZR 93/68 – AP GG Art 9 Arbeitskampf Nr 41; vgl ebenso in der Lit APS/Dörner § 1 KSchG Rn 67; HK-KSchG/Dorndorf § 1 KSchG Rn 317 ff; vHH/L/Krause § 1 Rn 248 mwN.
107 BAG 28.2.1958 – 1 AZR 491/56 – AP AZO § 14 Nr 1.

gung würden die Grundsätze der Sozialauswahl den Grundsatz verdrängen.[108] Auf der Grundlage dieser Argumentation steht es nämlich dem Arbeitgeber grundsätzlich frei, einzelnen Arbeitnehmern zu kündigen und anderen nicht. Die betroffenen Arbeitnehmer reagieren in der betrieblichen Praxis jedoch mit Unverständnis, wenn der Arbeitgeber bei gleichen Pflichtwidrigkeiten nicht allen Arbeitnehmern, sondern nur einem kündigt (sog **herausgreifende Kündigung**). Im Anwendungsbereich der **verhaltensbedingten Kündigung** ist das BAG nunmehr dazu übergegangen, das **Gleichbehandlungsprinzip bei der Interessenabwägung zu berücksichtigen**.[109] Kündigt der Arbeitgeber bei gleichartiger Pflichtverletzung nur einem Arbeitnehmer und nicht allen beteiligten Arbeitnehmern, so könne daraus geschlossen werden, die Fortsetzung des Arbeitsverhältnisses auch mit dem gekündigten Arbeitnehmer sei ihm zuzumuten.[110] In diesem Zusammenhang ist auch eine etwaige **Selbstbindung** des Arbeitgebers zu berücksichtigen.[111] Unterließ es der Arbeitgeber in der Vergangenheit, Vertragsverstöße zu sanktionieren, kann diese Selbstbindung im Rahmen der Interessenabwägung Berücksichtigung finden.[112]

VII. Verzeihung und Verzicht

Die **Verzeihung** ist die ausdrückliche oder stillschweigende Kundbarmachung der Entscheidung des Arbeitgebers, über das zur Kündigung berechtigte Verhalten des Arbeitnehmers hinwegsehen und darauf keine Kündigung stützen zu wollen.[113] Beruft sich der Arbeitgeber zur Begründung der Kündigung dennoch auf diesen Sachverhalt, ist die ausgesprochene Kündigung nach § 242 BGB wegen widersprüchlichen Verhaltens rechtsmissbräuchlich und deshalb unwirksam.[114] Hat der Arbeitgeber ein bestimmtes Verhalten verziehen, kann er die Erklärung nicht anfechten,[115] weil die **Verzeihung keine Willenserklärung**, sondern eine sog Gesinnungserklärung darstellt.[116]

186

Demgegenüber ist der **Verzicht** des Arbeitgebers auf das Kündigungsrecht eine empfangsbedürftige Willenserklärung, die nach § 130 BGB mit dem Zugang beim Arbeitnehmer wirksam wird.[117] Mit dem Zugang der Verzichtserklärung erlischt das Kündigungsrecht des Arbeitgebers.[118]

187

---

108 Vgl dazu Thüsing/Laux/Lembke-Waas/Gabrys § 1 KSchG Rn 266.
109 BAG 28.4.1982 – 7 AZR 1139/79 – AP KSchG 1969 § 2 Nr 3.
110 BAG 22.2.1979 – 2 AZR 115/78 – EzA § 103 BetrVG 1972 Nr 23; BAG 28.4.1982 – 7 AZR 1139/79 – AP KSchG 1969 § 2 Nr 3.
111 BTM-Mayer § 1 KSchG Rn 100.
112 KR/Etzel 7. Aufl § 1 KSchG Rn 258; Thüsing/Laux/Lembke-Waas/Gabrys § 1 KSchG Rn 266.
113 HK/KSchG-Dorndorf § 1 Rn 323 mwN; ErfK/ Oetker § 1 Rn 165.
114 APS/Preis Grundlagen D Rn 103; KDZ/Däubler Einl. Rn 207; vHH/L/Krause § 1 Rn 244 aber für den Fall des Verzichts; aA KR/Griebeling § 1 KSchG Rn 249 a.
115 ErfK/Oetker § 1 Rn 165; Thüsing/Laux/Lembke-Waas/Gabrys § 1 KSchG Rn 282.
116 Thüsing/Laux/Lembke-Waas/Gabrys § 1 KSchG Rn 282; vHH/L/Krause § 1 Rn 243 mwN.
117 KR/Griebeling § 1 KSchG Rn 248; Thüsing/Laux/Lembke-Waas/Gabrys § 1 KSchG Rn 283.
118 AA ErfK/Ascheid/Oetker 7. Aufl § 1 Rn 166, der darin einen Fall der unzulässigen Rechtsausübung sieht.

188 Macht der Arbeitgeber in Kenntnis des Kündigungsgrunds von seinem Kündigungsrecht **nicht sofort Gebrauch**, liegt hierin allein grundsätzlich weder ein Verzicht auf den Kündigungsgrund noch eine Verwirkung des Kündigungsrechts, solange nicht weitere Umstände hinzutreten.[119] Will der Arbeitgeber eine ordentliche Kündigung aussprechen, so ist er nicht verpflichtet, innerhalb bestimmter Fristen davon Gebrauch zu machen. Anders als bei der außerordentlichen Kündigung besteht nämlich keine Ausschlussfrist von zwei Wochen ab Kenntnis des Kündigungsgrunds (§ 626 Abs 2 BGB).

VIII. Mitteilung der Kündigungsgründe

1. Grundsatz

189 Aus der Vorschrift des § 626 Abs 2 Satz 3 BGB ergibt sich im Wege des Umkehrschlusses, dass für die Wirksamkeit der Kündigung die **Mitteilung der Kündigungsgründe** nicht erforderlich ist.[120] Bei einer außerordentlichen Kündigung ist dem Gekündigten nur auf dessen Verlangen der Kündigungsgrund mitzuteilen. Abweichend von diesem Grundsatz enthält § 15 Abs 3 BBiG für die Kündigung eines Berufsausbildungsverhältnisses eine Begründungspflicht. Ein Verstoß hiergegen hat nach § 125 BGB die Nichtigkeit der Kündigung zur Folge.[121] Ebenso erfordert § 9 Abs 3 Satz 2 MuSchG die Angabe des „zulässigen Kündigungsgrundes" im Kündigungsschreiben. Ob insoweit die Angabe der zur rechtlichen Beurteilung des Kündigungsgrundes notwendigen Tatsachen Wirksamkeitsvoraussetzung ist, ist umstritten.[122] Nach der hier vertretenen Ansicht ist von einem Wirksamkeitserfordernis im Hinblick auf die systematische und grammatikalische Auslegung der dieser Norm zugrunde liegenden Bestimmung des Art 10 Nr 2 Richtlinie 92/85/EWG vom 28.11.1994 auszugehen („muss der Arbeitgeber schriftlich berechtigte Kündigungsgründe anführen").[123] Damit die Arbeitnehmerin die Rechtmäßigkeit der Kündigung beurteilen kann, müssen die Kündigungsgründe in dem Kündigungsschreiben hinreichend substantiiert sein.[124]

2. Vereinbarte Begründungspflicht

190 Einzelvertragliche oder kollektivrechtliche Vereinbarungen können eine **Begründungspflicht** vorsehen. In jedem Einzelfall ist durch Auslegung der getroffenen Vereinbarung festzustellen, ob es sich hierbei um ein **konstitutives oder deklaratorisches Formerfordernis** handelt. Ergibt die Auslegung, dass die Begründung der Kündigung Wirksamkeitsvoraussetzung für die Kündigung ist, hat die Verletzung der Begründungspflicht nach § 125 BGB

---

119 BAG 20.1.1994 – 8 AZR 274/93 – AP Einigungsvertrag Art 20 Nr 10; KR/Griebeling § 1 Rn 250; vHH/L/Krause § 1 Rn 246.
120 BAG 21.3.1959 – 2 AZR 375/56 – AP KSchG § 1 Nr 55; APS/Dörner § 1 KSchG Rn 115; KDZ/Däubler Einl. Rn 187; KR/Griebeling § 1 KSchG Rn 238; vHH/L/Krause § 1 Rn 272.
121 BAG 22.2.1972 – 2 AZR 205/71 – AP BBiG § 15 Nr 1.
122 ErfK/Schlachter § 9 MuSchG Rn 18; dafür: HaKo-Fiebig § 9 MuSchG Rn 38; KR/Bader § MuSchG Rn 132 c dagegen: Zmarzlik DB 1994, 96 f.
123 Vgl ErfK/Schlachter § 9 MuSchG Rn 18; KR/Bader § 9 MuSchG Rn 132 a.
124 DFL/Vossen § 9 MuSchG Rn 31; KR/Bader § 9 MuSchG Rn 132 c mwN.

die Nichtigkeit der Kündigung zur Folge. Weiterhin ist im Einzelfall bei einem konstitutiven Formerfordernis zu ermitteln, **in welchem Umfang** die Gründe bei einer Kündigung angegeben werden müssen. Dabei kann auf die zur Auslegung des § 15 Abs 3 BBiG aufgestellten Grundsätze zurückgegriffen werden. Danach müssen die Kündigungsgründe so genau bezeichnet sein, dass der Gekündigte hinreichend genau erkennen kann, weshalb ihm gekündigt wurde. Eine volle Substantiierung der Kündigungsgründe wie im Kündigungsschutzprozess wird jedoch nicht verlangt.[125]

3. Nachschieben von Kündigungsgründen

Für die Beurteilung der Sozialwidrigkeit der Kündigung kommt es allein auf die objektiven Umstände zum Zeitpunkt der Kündigung an.[126] Daraus ergeben sich für das Nachschieben von Kündigungsgründen folgende Grundsätze: 191

Bereits vor Zugang der Kündigung entstandene Kündigungsgründe, die dem Arbeitgeber bei Ausspruch der ordentlichen Kündigung noch nicht bekannt waren, können unter kündigungsschutzrechtlichen Gesichtspunkten uneingeschränkt nachgeschoben werden.[127] Auf den subjektiven Wissensstand des Arbeitgebers im Zeitpunkt des Zugangs der Kündigung kommt es nicht an.[128] Das Nachschieben der nachträglich bekannt gewordenen Kündigungsgründe unterliegt jedoch einem betriebsverfassungsrechtlichen Verwertungsverbot nach § 102 Abs 1 BetrVG, es sei denn, der Arbeitgeber hört den Betriebsrat hierzu an, bevor er diese Gründe im Kündigungsschutzprozess nachschiebt.[129] **Vor Ausspruch der Kündigung bereits entstandene und auch dem Arbeitgeber bekannt gewesene Kündigungsgründe** können individualrechtlich ohne weiteres nachgeschoben werden. Dem Nachschieben solcher Kündigungsgründe steht jedoch das betriebsverfassungsrechtliche Verwertungsverbot nach § 102 Abs 1 BetrVG entgegen.[130] Im **Gegensatz** zur Situation bei nachträglich bekannt gewordenen Kündigungsgründen kann der Betriebsrat bei bekannt gewesenen Kündigungsgründen auch nachträglich nicht wirksam beteiligt werden. Der Arbeitgeber hätte nämlich dann bewusst dem Betriebsrat im Rahmen der Anhörung nach § 102 BetrVG die ihm bekannt gewesenen Kündigungsgründe **nicht** mitgeteilt. **Nach Zugang der Kündigung entstandene Kündigungsgründe** können nicht nachgeschoben werden. Dem Arbeitgeber ist es jedoch unbenommen, nachträglich entstandene Kündigungsgründe zum Gegenstand einer erneuten (vorsorglichen) ordentlichen Kündigung zu machen. Nachträglich entstandene Tatsachen, insbesondere Entlastungstatsachen im An- 192

---

125 BAG 25.8.1977 – 3 AZR 705/75 – AP BMT-G II § 54 Nr 1.
126 KR/Griebeling § 1 KSchG Rn 235, 245; Löwisch/Spinner § 1 Rn 78; KDZ/Kittner/Deinert § 1 KSchG Rn 56.
127 BAG 11.4.1985 – 2 AZR 239/84 – AP BetrVG 1972 § 102 Nr 39; KR/Griebeling § 1 KSchG Rn 243.
128 KR/Griebeling § 1 KSchG Rn 243; vHH/L/Krause § 1 Rn 277.
129 BAG 11.4.1985 – 2 AZR 239/84 – AP BetrVG 1972 § 102 Nr 39; ErfK/Kania § 102 BetrVG Rn 27; ErfK/Müller-Glöge § 626 BGB Rn 79ff; KR/Fischermeier § 626 BGB Rn 178; Thüsing/Laux/Lembke-Waas/Gabrys § 1 KSchG Rn 285; vHH/L/Krause § 1 Rn 278.
130 BTM-Mayer § 1 KSchG Rn 101; KR/Griebeling § 1 KSchG Rn 245 mwN.

wendungsbereich der Verdachtskündigung, können ausnahmsweise dem Arbeitnehmer zu einem Anspruch auf Wiedereinstellung verhelfen.[131]

---

[131] KR/Griebeling § 1 KSchG Rn 246; s Rn 612, 723 f.

D. Verhaltensbedingte Kündigung

- I. Allgemeines... 193
  1. Zweck der verhaltensbedingten Kündigung... 194
  2. Begriff; Abgrenzung zu anderen Kündigungsgründen... 198
  3. Prüfungsaufbau bei der verhaltensbedingten Kündigung... 204
- II. Das Verhalten des Arbeitnehmers als Kündigungsgrund... 207
  1. Vertragswidriges Verhalten... 207
     - a) Konkretisierung des als Kündigungsgrund geeigneten Verhaltens 207
     - b) Intensität des vertragswidrigen Verhaltens; objektiver Prüfungsmaßstab... 214
  2. Rechtfertigungsgründe... 222
  3. Verschulden; Verbotsirrtum... 229
- III. Prognose künftiger Vertragsstörungen... 236
  1. Wiederholungsgefahr und fortwirkende Störung; Prognosegrundlagen; Beurteilungszeitpunkt... 236
  2. Die Abmahnung als Prognosegrundlage... 240
     - a) Begriff; Rechtsgrundlage... 240
     - b) Funktionen der Abmahnung... 243
       - aa) Warnfunktion... 244
       - bb) Rügefunktion... 247
       - cc) Beweis- bzw Dokumentationsfunktion... 248
       - dd) Keine generalpräventive Funktion... 249
       - ee) Keine Sanktionsfunktion... 250
     - c) Erforderlichkeit der Abmahnung... 251
       - aa) Grundsatz... 251
       - bb) Ausnahmen... 254
     - d) Abmahnung und weitere Vertragspflichtverletzung... 260
       - aa) Kündigungsverzicht; Erforderlichkeit einer weiteren Vertragspflichtverletzung... 260
       - bb) Gleichartigkeit der Vertragspflichtverletzungen... 262
       - cc) Anzahl der Abmahnungen... 266
     - e) Allgemeine Voraussetzungen einer wirksamen Abmahnung... 268
       - aa) Inhalt, Form, Zugang, Kenntnisnahme... 269
       - bb) Zeitpunkt der Abmahnung; Wirkungsdauer... 272
       - cc) Abmahnungsberechtigung... 279
       - dd) Verhältnismäßigkeit der Abmahnung... 280
       - ee) Kein Verschulden erforderlich... 282
     - ff) Vorherige Anhörung des Arbeitnehmers?.. 285
     - gg) Beteiligungsrechte des Betriebs- oder Personalrats bei Abmahnungen?... 288
     - f) Abmahnungen gegenüber Betriebs- und Personalratsmitgliedern.. 294
     - g) Der Abmahnungsprozess... 296
       - aa) Allgemeines; Rechtsgrundlage des Beseitigungsanspruchs... 296
       - bb) Klage auf Entfernung der Abmahnung aus der Personalakte... 300
       - cc) Klage auf Widerruf der Abmahnung... 309
       - dd) Klage auf Feststellung der Unwirksamkeit der Abmahnung... 312
       - ee) Darlegungs- und Beweislast im Abmahnungsprozess 313
- IV. Vorrang des milderen Mittels (ultima ratio)... 314
  1. Abmahnung als milderes Mittel... 315
  2. Weiterbeschäftigungsmöglichkeit... 316
  3. Betriebsbuße als milderes Mittel?... 322
- V. Interessenabwägung... 323
- VI. Darlegungs- und Beweislast... 326

VII. Außerordentliche verhaltensbedingte Kündigung............ 339
1. Das Verhalten als wichtiger Grund iSv § 626 Abs 1 BGB; Abgrenzung zur ordentlichen verhaltensbedingten Kündigung 339
2. Besonderheiten bei ordentlich unkündbaren Arbeitnehmern: Prüfungsmaßstab und Auslauffrist 343
VIII. Einzelfälle...................... 348
1. Abkehrwille................ 348
2. Abwerbemaßnahmen..... 351
3. Alkohol, Drogen, Medikamente....................... 354
4. Anzeigen/Zeugenaussagen gegen den Arbeitgeber; Einschalten der Presse („Whistleblowing")....... 363
5. Arbeitspflicht............... 371
    a) Arbeitsverweigerung/ Leistungsverweigerungsrecht/Gewissenskonflikt................ 371
    b) Überstunden........... 378
    c) Unentschuldigtes Fehlen/Unpünktlichkeit... 380
    d) Selbstbeurlaubung..... 381
    e) Schlechtleistung/ Minderleistung........ 387
6. Arbeitsunfähigkeit........ 390
    a) Allgemeines............ 390
    b) Anzeige- und Nachweispflicht............ 391
    c) Androhen der Arbeitsunfähigkeit............ 394
    d) Genesungswidriges Verhalten............... 395
    e) Vortäuschen einer Krankheit............... 397
7. Ausländerfeindliches Verhalten...................... 401
8. Außerdienstliches Verhalten........................ 404
    a) Allgemeines............ 404
    b) Sonderfälle............ 406
        aa) Öffentlicher Dienst.. 406
        bb) Tendenzbetriebe..... 409
        cc) Kirchliche Einrichtungen................ 410
    c) Außerdienstliche Straftaten.................... 413
    d) Verschuldung/Lohnpfändungen............ 416
    e) Vertragliche Vereinbarung außerdienstlicher Verhaltenspflichten ... 420
9. Beleidigung................ 421
10. Druckkündigung.......... 424
11. Eigentums-/Vermögensdelikte; Bagatelldelikte...... 425
12. Fragebogenlüge – vorvertragliches Verhalten....... 433
13. Haft....................... 435
14. Meinungsäußerungsfreiheit/politische Betätigung im Betrieb................. 436
15. Mobbing und Benachteiligung..................... 440
16. Nebentätigkeit............ 442
17. Privattelefonate/private Internetnutzung.......... 445
18. Religionsfreiheit........... 447
19. Sabotageversuch.......... 448
20. Schmiergeldverbot........ 449
21. Sexuelle Belästigung am Arbeitsplatz, Stalking..... 450
22. Sicherheitsbestimmungen/ Arbeitsunfall.............. 452
23. Streik...................... 453
24. Tätlichkeiten – Bedrohung....................... 456
25. Verdachtskündigung – Tatkündigung............ 458
26. Verschwiegenheitspflicht/ Datenschutz.............. 459
27. Wettbewerb/Konkurrenz 460

I. Allgemeines

193 Nach § 1 Abs 2 Satz 1 KSchG kann eine Kündigung auch aus verhaltensbedingten Gründen sozial gerechtfertigt sein. Dabei definiert das Kündigungsschutzgesetz den Begriff des verhaltensbedingten Kündigungsgrunds nicht. Regelbeispiele für kündigungsrelevante Gründe führt es ebenfalls

nicht auf. Nach der ständigen Rechtsprechung des BAG[1] ist eine Kündigung aus Gründen im Verhalten des Arbeitnehmers iSv § 1 Abs 2 KSchG sozial gerechtfertigt, wenn der Arbeitnehmer mit dem ihm vorgeworfenen Verhalten eine Vertragspflicht erheblich verletzt, das Arbeitsverhältnis erheblich beeinträchtigt wird, eine zumutbare Möglichkeit einer anderen Beschäftigung nicht besteht und die Lösung des Arbeitsverhältnisses in Abwägung der Interessen beider Vertragsteile billigenswert und angemessen erscheint.

1. Zweck der verhaltensbedingten Kündigung

Für eine verhaltensbedingte Kündigung gilt das sog. **Prognoseprinzip**.[2] Sie dient der Vermeidung des Risikos weiterer Pflichtverletzungen. Die vergangene Pflichtverletzung muss sich deshalb noch in der Zukunft belastend auswirken.[3] Eine negative Prognose liegt vor, wenn aus der konkreten Vertragspflichtverletzung und der daraus resultierenden Vertragsstörung geschlossen werden kann, der Arbeitnehmer werde den Arbeitsvertrag auch nach einer Kündigungsandrohung erneut in gleicher oder ähnlicher Weise verletzen.

194

Hieraus folgt, dass die verhaltensbedingte Kündigung **keine Sanktionsfunktion** hat.[4] Strafrechtliche Erwägungen sind dem Schuldrecht fremd. Dort steht der störungsfreie Leistungsaustausch im Vordergrund.[5] Die Berechtigung einer verhaltensbedingten Kündigung ist nicht daran zu messen, ob diese als Sanktion für eine Vertragspflichtverletzung angemessen ist, sondern ob künftig eine störungsfreie Vertragserfüllung nicht mehr zu erwarten ist und künftigen Pflichtverstößen nur durch die Beendigung der Vertragsbeziehung begegnet werden kann.[6]

195

Das zurückliegende Verhalten ist aber insoweit relevant für die negative Prognose, als gerade die Schwere der Vertragsverletzung eine weitere vertrauensvolle Zusammenarbeit mit dem betreffenden Arbeitnehmer ausschließen kann.[7] Umgekehrt bedeutet dies, dass selbst schwerwiegende in der Vergangenheit liegende Ereignisse unbeachtlich sind, wenn sie das Arbeitsverhältnis bei Zugang der Kündigung nicht mehr belasten.[8]

196

---

1 BAG 13.12.2007 – 2 AZR 818/06 – NZA 2008, 589; 31.5.2007 – 2 AZR 200/06 – NZA 2007, 922; 12.1.2006 – 2 AZR 21/05 – AP KSchG 1969 § 1 Verhaltensbedingte Kündigung Nr 49.
2 BAG 10.6.2010 – 2 AZR 541/09 – NZA 2010, 1227; 23.6.2009 – 2 AZR 103/08 – NZA 2009, 1198; 19.4.2006 – 2 AZR 180/06 – NZA-RR 2007, 571; KR/Griebeling § 1 Rn 405; ErfK/Oetker § 1 KSchG Rn 196.
3 BAG 23.6.2006 – 2 AZR 103/08 – aaO; 12.1.2006 – 2 AZR 179/05 – AP KSchG 1969 § 1 Verhaltensbedingte Kündigung Nr 54.
4 Überwiegende Auffassung, zB BAG 10.6.2010 – 2 AZR 541/09 – NZA 2010, 1227; 21.1.1999 – 2 AZR 665/98 – AP BGB § 626 Nr 151; Preis NZA 1997, 1073, 1076; Adam NZA 1998, 284 ff; SPV/Preis Rn 1209; vHH/L/Krause § 1 KSchG Rn 498; **aA**: zB Rüthers/Müller Anm zu BAG 16.8.1991 EzA § 1 KSchG Verhaltensbedingte Kündigung Nr 41; Gift RdA 1994, 306.
5 BAG 10.6.2010 – 2 AZR 541/09 – NZA 2010,1227.
6 BAG 10.6.2010 – 2 AZR 541/09 – NZA 2010, 1227.
7 SPV/Preis Rn 1209; vHH/L/Krause § 1 KSchG Rn 498.
8 ErfK/Müller-Glöge § 626 BGB Rn 19.

197 Schließlich hat die verhaltensbedingte Kündigung **keine generalpräventive Funktion.** Sie dient der Vermeidung künftiger Vertragspflichtverletzungen im konkreten Arbeitsverhältnis und nicht dazu, ein Exempel zur Abschreckung anderer Arbeitnehmer zu statuieren. Sind die Voraussetzungen für eine verhaltensbedingte Kündigung im Übrigen aber erfüllt, können sich generalpräventive Erwägungen zugunsten des Arbeitgebers im Rahmen der abschließenden Interessenabwägung auswirken.[9]

2. Begriff; Abgrenzung zu anderen Kündigungsgründen

198 Gründe „in dem Verhalten des Arbeitnehmers" iSv § 1 Abs 2 Satz 1 Alt. 2 KSchG sind im Gesetz nicht näher erläutert. Sie entstammen, ebenso wie bei der personenbedingten Kündigung, ausschließlich der **Sphäre des Arbeitnehmers,** betriebsbedingte Kündigungsgründe dagegen ausschließlich der Sphäre des Arbeitgebers. Abgrenzungsprobleme treten daher in erster Linie im Verhältnis zur personenbedingten Kündigung auf.

199 Nach zutreffender, ganz überwiegender Auffassung[10] erfordert die verhaltensbedingte Kündigung ein **vertragspflichtwidriges Verhalten** des Arbeitnehmers,[11] das in der Verletzung vertraglicher Haupt- oder auch Nebenpflichten[12] liegen kann.

200 Die verhaltensbedingte Kündigung setzt zudem – in Abgrenzung zur personenbedingten Kündigung – ein **schuldhaftes Verhalten** des Arbeitnehmers voraus. Prüfungsmaßstab ist § 276 Abs 1 BGB. Teilweise wird diese Voraussetzung auch als steuer- oder zurechenbares Verhalten bzw vorwerfbares Verhalten umschrieben. Ob eine Kündigung aus verhaltensbedingten Gründen in Ausnahmefällen auch ohne Vorliegen einer schuldhaften Vertragspflichtverletzung gerechtfertigt sein kann, ist umstritten.[13]

201 **Hinweis:** Den Unterschied zwischen personen- und verhaltensbedingter Kündigung macht folgende **Abgrenzungsformel** deutlich: Ein verhaltensbedingter Kündigungsgrund liegt vor, wenn der Arbeitnehmer sich anders verhalten kann. Ist ihm dies nicht möglich, handelt es sich um einen Grund in seiner Person.[14]

202 Stützt der Arbeitgeber die Kündigung im Kündigungsschutzprozess nicht nur auf verhaltensbedingte, sondern zudem auch auf personen- oder betriebsbedingte Gründe, so ist die soziale Rechtfertigung nach der Rechtsprechung des BAG wie folgt zu überprüfen: Bei einer Kündigung, die auf **mehrere** – voneinander **abgrenzbare** – **Gründe** gestützt wird, ist zunächst zu prüfen, ob jeder Sachverhalt für sich allein geeignet ist, die Kündigung

---

9 Vgl Rn 293; BAG 24.10.1996 – 2 AZR 900/95 – RzK I 5 i Nr 120 II 3.
10 Vgl KR/Griebeling § 1 KSchG Rn 395; KR/Fischermeier § 626 BGB Rn 137; vHH/L/Krause § 1 KSchG Rn 489; APS/Dörner/Vossen § 1 Rn 269; SPV/Preis Rn 1197 a; **aA** Adam NZA 1998, 286, der auch Gründe aus der Privatsphäre des Arbeitnehmers für eine verhaltensbedingte Kündigung ausreichen lässt, wobei er der Sache nach allerdings Beispiele fehlender Eignung anspricht, die bei richtiger Einordnung der personenbedingten Kündigung zuzurechnen sind.
11 Einzelheiten vgl Rn 207 ff.
12 Vgl Rn 213.
13 Einzelheiten vgl Rn 229 ff.
14 Nach BAG 21.1.1999 – 2 AZR 665/98 – AP BGB § 626 Nr 151 zu II 4 c soll dies allerdings nicht ausnahmslos gelten; vgl Rn 229, 232.

zu begründen. Erst wenn die isolierte Betrachtungsweise nicht bereits zur Sozialwidrigkeit der Kündigung führt, soll im Wege einer einheitlichen Betrachtungsweise geprüft werden, ob die einzelnen Kündigungsgründe in ihrer Gesamtheit Umstände darstellen, die bei verständiger Würdigung in Abwägung der Interessen der Vertragsparteien und des Betriebes die Kündigung als billigenswert und angemessen erscheinen lassen.[15] Berührt eine auf einen einheitlichen Lebenssachverhalt gestützte Kündigung dagegen mehrere oder alle der drei in § 1 Abs 2 KSchG genannten Bereiche, liegt ein sog kündigungsrechtlicher **Mischtatbestand** vor. In einem solchen Fall richtet sich nach der Rechtsprechung des BAG der Prüfungsmaßstab danach, aus welchem der im Gesetz genannten Bereiche die Störung primär kommt, die sich auf den Bestand des Arbeitsverhältnisses nachteilig auswirkt, während dieser Beeinträchtigung evtl zugrunde liegende, fernere Ursachen außer Betracht zu bleiben haben.[16]

Vor Annahme eines Mischtatbestandes ist aber vorrangig eine genaue Abgrenzung der gesetzlichen Kündigungsgründe durch Betrachtung der jeweiligen spezifischen Zweckrichtung notwendig. Wird die verhaltensbedingte Kündigung also systematisch zutreffend auf vertragspflichtwidriges und zugleich schuldhaftes Arbeitnehmerverhalten beschränkt, dürften einheitliche Lebenssachverhalte, die sowohl einen verhaltensbedingten als auch einen personenbedingten und/oder betriebsbedingten Kündigungsgrund darstellen könnten, die absolute Ausnahme bilden. In solchen Fällen sind nach zutreffender Auffassung die Voraussetzungen der jeweiligen Kündigungsgründe in jedem Fall gesondert zu prüfen und dürfen nicht vermischt werden.[17]

3. Prüfungsaufbau bei der verhaltensbedingten Kündigung

Nach der ständigen Rechtsprechung des BAG[18] setzt eine Kündigung aus Gründen im Verhalten des Arbeitnehmers iSv § 1 Abs 2 KSchG voraus, dass der der Arbeitnehmer mit dem ihm vorgeworfenen Verhalten eine Vertragspflicht erheblich verletzt, das Arbeitsverhältnis erheblich beeinträchtigt wird, eine zumutbare Möglichkeit einer anderen Beschäftigung nicht besteht und die Lösung des Arbeitsverhältnisses in Abwägung der Interessen beider Vertragsteile billigenswert und angemessen erscheint. Danach ist zunächst das objektive Vorliegen einer Verletzung vertraglicher Pflichten festzustellen und dann anhand der Umstände des Einzelfalls zu prüfen, ob die Vertragspflichtverletzung das Arbeitsverhältnis so erheblich beeinträchtigt, dass eine Fortsetzung des Arbeitsverhältnisses über das Ende der Kündigungsfrist ausgeschlossen ist. Ob bei schwereren Vertragspflichtverletzungen im Einzelfall eine ordentliche oder sogar eine außerordentliche Kündigung berechtigt ist, ergibt sich aus einer umfassenden Inter-

---

15 ZB BAG 20.11.1997 – 2 AZR 643/96 – AP KSchG 1969 § 1 Nr 43 zu II 2 mwN.
16 BAG 19.8.2008 – 2 AZR 976/06 – NZA 2009, 425; 20.11.1997 – 2 AZR 643/96 – AP KSchG 1969 § 1 Nr 43 zu II 2; 21.11.1985 – 2 AZR 21/ 85 – AP KSchG 1969 § 1 Verhaltensbedingte Kündigung Nr 12 zu III 1; vgl auch Rn 467.
17 Vgl KR/Fischermeier § 626 BGB Rn 163; SPV/Preis Rn 896 ff.
18 BAG 13.12.2007 – 2 AZR 818/06 – NZA 2008, 589; 31.5.2007 – 2 AZR 200/06 – NZA 2007, 922; 12.1.2006 – 2 AZR 21/05 – AP KSchG 1969 § 1 Verhaltensbedingte Kündigung Nr 49.

essenabwägung, die auch Gegenstand der Wirksamkeitskontrolle einer außerordentlichen Kündigung ist. Die Überprüfung, ob ein gegebener Lebenssachverhalt einen wichtigen Grund iSv § 626 BGB darstellt, vollzieht sich nach der ständigen Rechtsprechung des BAG[19] zweistufig: Zunächst zu prüfen, ob ein bestimmter Sachverhalt ohne die besonderen Umstände des Einzelfalls „an sich", dh typischerweise als wichtiger Grund geeignet ist. Liegt ein solcher Sachverhalt vor, bedarf es der weiteren Prüfung, ob die Fortsetzung des Arbeitsverhältnisses unter Berücksichtigung der konkreten Umstände des Einzelfalls und unter Abwägung der Interessen beider Vertragsteile zumutbar ist oder nicht.

205 In der Literatur[20] wird zur Prüfung der Sozialwidrigkeit der verhaltensbedingten Kündigung demgegenüber häufig ein **dreistufiger Prüfungsaufbau** vorgeschlagen:

Danach ist zunächst das vertragswidrige Verhalten festzustellen (erste Stufe), sodann die Gefahr künftiger Störungen des Arbeitsverhältnisses unter Berücksichtigung des Abmahnungserfordernisses und die Möglichkeit einer anderweitigen Beschäftigung zu prüfen (zweite Stufe), zuletzt erfolgt eine umfassende Interessenabwägung (dritte Stufe).

206 **Nach der hier vertretenen Auffassung** empfiehlt sich eine weitere Differenzierung des Prüfungsaufbaus in **vier Prüfungsschritte:**
1. Stufe: Feststellung eines vertragswidrigen, schuldhaften Verhaltens[21]
2. Stufe: Prüfung, ob auch in der Zukunft Vertragsstörungen zu befürchten sind (negative Prognose); liegt eine einschlägige Abmahnung als Prognosegrundlage vor, ist eine solche ausnahmsweise entbehrlich?[22]
3. Stufe: Prüfung, ob mildere Mittel zur Verfügung stehen, zB eine Weiterbeschäftigungsmöglichkeit auf einem anderen Arbeitsplatz (Kündigung als ultima ratio)[23]
4. Stufe: Durchführung einer umfassenden Interessenabwägung[24]

Die gesonderte Prüfung, ob künftige Vertragsstörungen zu befürchten sind, erscheint deshalb geboten, weil das Erfordernis der Abmahnung sowohl der Objektivierung der negativen Prognose dient als auch Ausdruck des Verhältnismäßigkeitsgrundsatzes ist. Demgegenüber sind sonstige im Vergleich zur Kündigung mildere Mittel nicht geeignet, die Negativprognose zu objektivieren, da sie keine Kündigungsandrohung enthalten. Durch den vorgeschlagenen Prüfungsaufbau wird darüber hinaus eine weitere Strukturierung innerhalb der Verhältnismäßigkeitsprüfung (iwS) erreicht.

---

19 BAG 25.10.2012 – 2 AZR 495/11 – NZA 2013, 319; 10.6.2010 – 2 AZR 541/09 – NZA 2010, 1227; 26.3.2009 – 2 AZR 953/07 – NZA-RR 2010, 516.
20 KR/Griebeling § 1 KSchG Rn 404 ff; APS/Dörner/Vossen § 1 KSchG Rn 272 ff; HK KSchG/Dorndorf § 1 KSchG Rn 511.
21 Vgl Rn 207, 229.
22 Vgl Rn 236, 251, 257 ff.
23 Vgl Rn 314 ff.
24 Vgl Rn 323 ff.

II. Das Verhalten des Arbeitnehmers als Kündigungsgrund
1. Vertragswidriges Verhalten

a) **Konkretisierung des als Kündigungsgrund geeigneten Verhaltens.** § 1 Abs 2 Satz 1 Alt. 2 KSchG nennt, ohne weitere Konkretisierung des verhaltensbedingten Kündigungsgrundes, lediglich „Gründe, die in dem Verhalten des Arbeitnehmers liegen". Daraus kann aber nicht der Schluss gezogen werden, zur sozialen Rechtfertigung genüge irgendein den Kündigungsentschluss des Arbeitgebers bedingendes Verhalten des Arbeitnehmers. Eine solche Gesetzesauslegung stünde in Widerspruch zum Arbeitnehmerschutzgedanken des Kündigungsschutzgesetzes und zu den objektiven Wertentscheidungen der Art 1 und 2 GG. Einschränkungen der Freiheit im Verhalten können sich nur aufgrund arbeitsvertraglicher Pflichten ergeben. Anders formuliert: Das Recht des Arbeitnehmers, sein Tun und Lassen frei zu gestalten, ist durch die Vertragsrechte des Arbeitgebers begrenzt. Eine verhaltensbedingte Kündigung kann daher **ausschließlich** auf **ein vertragswidriges Verhalten** des Arbeitnehmers gestützt werden.[25] § 1 Abs 2 Satz 1 Alt. 2 KSchG ist daher wie folgt zu lesen: ... **Gründe, die in dem vertragswidrigen Verhalten des Arbeitnehmers liegen...**

207

Der Grundsatz, dass nur ein vertragswidriges Verhalten des Arbeitnehmers eine verhaltensbedingte Kündigung rechtfertigen kann, gilt nach zutreffender Ansicht ohne Ausnahme.[26] In der Literatur wird die Verdachtskündigung allerdings teilweise den verhaltensbedingten Kündigungsgründen zugeordnet, in diesem Sonderfall also eine verhaltensbedingte Kündigung auch ohne nachgewiesene Vertragspflichtverletzung anerkannt.[27]

208

In seiner früher verwendeten „Berührungsformel" hat das BAG[28] eine systematische Unterteilung der verhaltensbedingten Gründe in vier Fallgruppen vorgenommen. Danach musste die Fortsetzung des Arbeitsverhältnisses durch objektive Umstände, die Einstellung oder das Verhalten des Gekündigten im Leistungsbereich, im Bereich der betrieblichen Verbundenheit, im Vertrauensbereich der Vertragsparteien oder im Unternehmensbereich beeinträchtigt sein. Durch das Erfordernis der konkreten Beeinträchtigung des Arbeitsverhältnisses in einem der vier Bereiche sollte ein kündigungsrechtlich erhebliches Fehlverhalten eines Arbeitnehmers von anderen Verhaltensweisen, insbesondere im außerdienstlichen Bereich, abgegrenzt werden.[29] Für eine normative Konkretisierung des kündigungsrelevanten

209

---

25 Vgl SPV/Preis Rn 1197; KR/Griebeling § 1 KSchG Rn 404; KR/Fischermeier § 626 BGB Rn 137; ErfK/Oetker § 1 KSchG Rn 189; vHH/L/Krause § 1 KSchG Rn 490.
26 Vgl Preis DB 1990, 630, 632; KR/Griebeling § 1 KSchG Rn 266; HK-KSchG/Dorndorf Rn 537; APS-Dörner/Vossen § 1 Rn 266.
27 Vgl KR/Etzel 7. Aufl § 1 KSchG Rn 505; vgl zum Streitstand KR/Fischermeier § 626 BGB Rn 211 mwN; Einzelheiten zur Einordnung der Verdachtskündigung als personenbedingter Kündigungsgrund vgl Rn 458 und Rn 632; zutr auch KR/Griebeling § 1 KSchG Rn 393 a.
28 ZB BAG 6.6.1984 – 7 AZR 456/82 – AP KSchG 1969 § 1 Verhaltensbedingte Kündigung Nr 11 zu II 2 b; 20.9.1984 – 2 AZR 233/83 – AP KSchG 1969 § 1 Verhaltensbedingte Kündigung Nr 13 zu II 1; 15.11.1984 – 2 AZR 613/83 – AP BGB § 626 Nr 87 zu II 1 a; 24.9.1987 – 2 AZR 26/87 – AP KSchG 1969 § 1 Verhaltensbedingte Kündigung Nr 19 zu B II 2; 7.12.1988 – 7 AZR 122/88 – AP KSchG 1969 § 1 Verhaltensbedingte Kündigung Nr 26 zu § 1 II 3.
29 Vgl Hillebrecht ZfA 1991, 87, 119.

Verhaltens ist die Berührungsformel aber nur wenig hilfreich. Sie ist zu unbestimmt, da mit ihr – theoretisch – jedes Verhalten des Arbeitnehmers, das auch nur gedanklich mit dem Arbeitsverhältnis in Verbindung gebracht werden kann, als kündigungsrelevant interpretationsfähig ist.[30] Auch ein personenbedingter Grund wirkt sich regelmäßig (zB im Leistungsbereich) störend auf das Arbeitsverhältnis aus.

210 Nunmehr ist es nach der **Rechtsprechung des BAG**[31] für die Eignung als verhaltensbedingter Kündigungsgrund nicht mehr erheblich, sondern im Rahmen der abschließenden Interessenabwägung[32] zusätzlich für den Arbeitnehmer belastend, wenn es noch zu nachteiligen betrieblichen Auswirkungen gekommen ist. Die konkrete Beeinträchtigung des Arbeitsverhältnisses liegt bereits in der Verletzung vertraglicher Haupt- oder Nebenpflichten. Damit wird dem Umstand Rechnung getragen, dass jede Vertragsverletzung für sich betrachtet schon eine konkrete Störung des Vertragsverhältnisses darstellt. In jüngeren Entscheidungen des BAG[33] wird die konkrete Beeinträchtigung des Arbeitsverhältnisses neben festgestellten Vertragspflichtverletzungen auf der ersten Prüfungsstufe folgerichtig nicht mehr gesondert erwähnt. Der Grundsatz, dass ausnahmslos nur ein vertragswidriges Verhalten als verhaltensbedingter Kündigungsgrund geeignet ist, kommt nunmehr also auch begrifflich in der Rechtsprechung des BAG zum Ausdruck. Eine alleinige, selbst schwerwiegende Beeinträchtigung des Betriebsfriedens ohne konkrete Feststellung einer arbeitsvertraglichen Pflichtverletzung reicht zur Annahme eines verhaltensbedingten Kündigungsgrundes nicht aus.[34]

211 Nach den gleichen Grundsätzen ist die Frage zu behandeln, ob ein außerdienstliches Verhalten an sich als verhaltensbedingter Kündigungsgrund geeignet ist. Dies kann nur bejaht werden, wenn der Arbeitnehmer mit seinem **außerdienstlichen Verhalten** zumindest auch gegen arbeitsvertragliche (Neben-)Pflichten verstößt.[35]

212 Auch die sog **unechte Druckkündigung**[36] ist nur dann aus verhaltensbedingten Gründen sozial gerechtfertigt, wenn der Arbeitnehmer vertragliche Pflichten verletzt hat. Wird aus diesem Grund durch einen Dritten Druck auf den Arbeitgeber zur Entlassung des Arbeitnehmers ausgeübt, ist dies bei der Interessenabwägung zu berücksichtigen.[37] Fehlt es an einem vertragswidrigen Verhalten des Arbeitnehmers, kann eine unechte Druckkündigung auch aus personenbedingten Gründen (zB fehlende Personalfüh-

---

30 Vgl Preis DB 1990, 630, 632; SPV/Preis Rn 552.
31 ZB BAG 17.3.1988 – 2 AZR 576/87 – AP BGB § 626 Nr 99 zu II 4 d, II 6 e; 17.1.1991 – 2 AZR 375/90 – AP KSchG 1969 § 1 Verhaltensbedingte Kündigung Nr 25 zu II 3; 16.8.1991 – 2 AZR 604/90 – AP KSchG 1969 § 1 Verhaltensbedingte Kündigung Nr 27 zu III 2, 3 d aa; 5.11.1992 – 2 AZR 287/92 – AP BGB § 626 Krankheit Nr 4 zu II 2 b bb.
32 Vgl Rn 325.
33 Vgl BAG 28.10.2010 – 2 AZR 293/09; 10.9.2009 – 2 AZR 257/08 – NZA 2010, 220.
34 BAG 24.6.2004 – AZR 63/03 – NZA 2005, 158.
35 Vgl Rn 404 ff.
36 Vgl zur unechten/echten Druckkündigung Rn 424 und Rn 528, 796.
37 SPV/Preis Rn 695; ErfK/Müller-Glöge § 626 BGB Rn 185.

rungskompetenz)[38] in Betracht kommen. Schließlich ist die **Verdachtskündigung** nach zutreffender Auffassung den personenbedingten Kündigungsgründen zuzurechnen[39] und stellt deshalb ebenfalls keinen Ausnahmefall einer verhaltensbedingten Kündigung ohne Vertragspflichtverletzung dar.

Wurde der Arbeitgeber im Einzelfall durch ein Verhalten des Arbeitnehmers zur Kündigung veranlasst, ist folglich zu prüfen, ob dieses Verhalten auch vertragswidrig ist und welche konkreten Vertragspflichten ggf verletzt sind. Neben Verstößen gegen die **Hauptleistungspflicht** (Erbringung der vertraglich geschuldeten Arbeitsleistung) kommen insbesondere Verstöße gegen **vertragliche Nebenpflichten** in Betracht. Die vom Arbeitnehmer zu beachtenden Vertragspflichten werden nicht nur durch den Arbeitsvertrag selbst bestimmt und begrenzt, sondern auch durch **gesetzliche** (zB Anzeige- und Nachweispflicht nach § 5 EFZG, Mitteilungspflicht nach § 6 Abs 2 EFZG, Verbot der Erwerbstätigkeit während des Urlaubs nach § 8 BUrlG) **oder kollektivvertragliche Regelungen.** Soweit auf das Arbeitsverhältnis Tarifverträge bzw Betriebsvereinbarungen anwendbar sind, gelten deren Rechtsnormen zwischen den Arbeitsvertragsparteien unmittelbar und zwingend, vgl §§ 4 Abs 1 TVG, 77 Abs 4 BetrVG. Auch ohne ausdrückliche gesetzliche Regelung oder vertragliche Vereinbarung besteht für den Arbeitnehmer generell die – aus §§ 241 Abs 2, 242 BGB abzuleitende – **arbeitsvertragliche Nebenpflicht, das Arbeitsverhältnis nicht durch ein steuerbares Verhalten konkret zu beeinträchtigen.**[40] Nach § 241 Abs 2 BGB ist jede Partei des Arbeitsvertrages zur Rücksichtnahme auf die Rechte, Rechtsgüter und Interessen ihres Vertragspartners verpflichtet. Diese Regelung dient dem Schutz und der Förderung des Vertragszwecks. Der Arbeitnehmer hat seine Verpflichtung aus dem Arbeitsverhältnis so zu erfüllen und die im Zusammenhang mit dem Arbeitsverhältnis stehenden Interessen des Arbeitgebers so zu wahren, wie dies von ihm unter Berücksichtigung seiner Stellung und Tätigkeit im Betrieb, seiner eigenen Interessen und der Interessen der anderen Arbeitnehmer des Betriebs nach Treu und Glauben billigerweise verlangt werden kann.[41] Mit anderen Worten: Der Arbeitnehmer muss bei der Abwicklung des Arbeitsverhältnisses dafür Sorge tragen, dass Person, Eigentum und sonstige Rechtsgüter des Arbeitgebers nicht verletzt werden, und alles unterlassen, was geeignet ist, das vertragsnotwendige Vertrauen zu erschüttern.[42]

b) Intensität des vertragswidrigen Verhaltens; objektiver Prüfungsmaßstab. Nicht jedes vertragswidrige Verhalten des Arbeitnehmers ist als verhaltensbedingter Kündigungsgrund geeignet.

Verschiedentlich hat das BAG darauf abgestellt, dass als verhaltensbedingter Kündigungsgrund nur ein solcher Umstand in Betracht komme, den ein

---

38 BAG 31.1.1996 – 2 AZR 158/95 – NZA 1996, 581.
39 **Str**; vgl Rn 458 und Rn 632.
40 Vgl KR/Fischermeier § 626 BGB Rn 137; BAG 12.5.2010 – 2 AZR 845/09 – NZA 2010, 1348.
41 BAG 28.10.2010 – 2 AZR 293/09; 10.9.2009 – 2 AZR 257/08 – NZA 2010, 220; 26.3.2009 – 2 AZR 953/07 – AP BGB § 626 Nr 220.
42 Vgl KR/Griebeling § 1 KSchG Rn 452.

„ruhig und verständig urteilender Arbeitgeber" zur Kündigung bestimmen könne.⁴³

216 Die Formel vom „ruhig und verständig urteilenden Arbeitgeber" ist zu unbestimmt, um bei einer Konkretisierung des verhaltensbedingten Kündigungsgrundes behilflich sein zu können. Aus ihr ist aber abzuleiten, dass bei der Wirksamkeitsprüfung einer verhaltensbedingten Kündigung ein **objektiver Prüfungsmaßstab** anzulegen ist. Die Wirksamkeit der Kündigung kann nicht von den subjektiven Vorstellungen des Arbeitgebers abhängen. Ob dabei bereits jede auch nur sehr geringfügige Verletzung vertraglicher Pflichten (zB nur kurzfristige Verspätung von wenigen Minuten) als Störung des Arbeitsverhältnisses kündigungsrelevant ist, oder ob eine Vertragspflichtverletzung „von einigem Gewicht" vorliegen muss, um einen objektiven Kündigungsgrund annehmen zu können, hat das BAG im Urteil vom 17.1.1991⁴⁴ ausdrücklich offengelassen. Richtigerweise wird die die Schwere der Pflichtverletzung für die abstrakte Eignung als verhaltensbedingte Kündigung keine Rolle spielen. Die Gewichtung der Kündigungsgründe ist der abschließenden Interessenabwägung vorbehalten.⁴⁵ Bei einer Berücksichtigung des Verschuldensgrades und/oder der Höhe des eingetretenen Schadens verwischte die Trennung zwischen der revisionsrechtlich voll überprüfbaren Rechtsfrage „Vorliegen eines die verhaltensbedingte Kündigung grundsätzlich rechtfertigenden Grundes" und der beschränkt revisiblen Würdigung der Einzelfallumstände.

217 Jedoch selbst bei Annahme einer Geringfügigkeitsschwelle iS eines bestimmte Sachverhalte vor vornherein ausschließenden Negativfilters⁴⁶ wäre bei einer frühzeitigen Ausklammerung „sehr geringfügiger" Pflichtverletzungen Zurückhaltung geboten. Soweit eine Pflichtverletzung nachteilige betriebliche Auswirkungen hat, ist auch die Geringfügigkeitsgrenze ohne weiteres überschritten. Dabei gilt es zu beachten, dass nach der Rechtsprechung des BAG⁴⁷ bereits die Vertragspflichtverletzung als solche eine Störung des Arbeitsverhältnisses darstellt.⁴⁸

218 Die in der Literatur vertretene Auffassung, wonach mangels negativer betrieblicher Störungen zB die erstmalige Begehung einer Pflichtverletzung mit Bagatellcharakter als verhaltensbedingter Kündigungsgrund bereits auf der ersten Prüfungsstufe ausscheidet,⁴⁹ darf nicht dahingehend missverstanden werden, dass auch sog Bagatelldelikte, also Eigentums- und Vermögensdelikte zu Lasten des Arbeitgebers im geringwertigen Bereich, von

---

43 BAG 17.1.2008 – 2 AZR 536/06 – NZA 2008, 693; 17.6.2003 – 2 AZR 62/02 – EzA KSchG § 1 Verhaltensbedingte Kündigung Nr 14.
44 BAG 17.1.1991 – 2 AZR 375/90 – AP KSchG 1969 § 1 Verhaltensbedingte Kündigung Nr 25 zu II 2 b.
45 Vgl zum Streitstand bei der außerordentlichen Kündigung: KR/Fischermeier § 626 BGB Rn 100 f.
46 So bis einschl. der 3. Aufl vertreten.
47 ZB BAG 16.8.1991 – 2 AZR 604/90 – AP KSchG 1969 § 1 Verhaltensbedingte Kündigung Nr 27 zu III 3 d aa.
48 Vgl Rn 258.
49 Vgl KR/Griebeling § 1 KSchG Rn 398.

vornherein dem Anwendungsbereich des § 1 KSchG entzogen sind.[50] Zum Nachteil des Arbeitgebers begangene Eigentums- oder Vermögensdelikte, aber auch nicht strafbare, ähnlich schwerwiegende Handlungen unmittelbar gegen das Vermögen des Arbeitgebers kommen typischerweise -unabhängig vom Wert des Tatobjekts und der Höhe des eingetretenen Schadens- als Grund für eine verhaltensbedingte Kündigung in Betracht.[51] Sie bewirken regelmäßig eine Störung des Arbeitsverhältnisses. Entscheidend für die soziale Rechtfertigung der Kündigung sind aber letztlich immer die Umstände des Einzelfalls.

Strafrechtliche Geringfügigkeitsgrenzen sind bei der kündigungsrechtlichen Beurteilung eines sog Bagatelldelikts nicht zu berücksichtigen. Nach § 248 a StGB werden Diebstahl und Unterschlagung geringwertiger Sachen nur auf Antrag oder bei besonderem öffentlichem Interesse verfolgt. Im Strafverfahren wird insbesondere bei einem Diebstahl geringwertiger Sachen (Wertgrenze: ca EUR 50,–) vielfach von der Möglichkeit der Verfahrenseinstellung wegen geringer Schuld nach §§ 153 ff StPO Gebrauch gemacht. Diese Wertungen lassen sich nicht auf das Arbeitsvertragsrecht übertragen. Die unter dem Gesichtspunkt der Einheit der Rechtspflege zT vertretene gegenteilige Auffassung,[52] bei der Würdigung eines Kündigungssachverhaltes seien grobe Widersprüche zur strafrechtlichen Bewertung zu vermeiden, lässt außer Acht, dass das Strafverfahren der Durchsetzung des staatlichen Strafanspruchs dient. Den strafrechtlichen Geringfügigkeitsgrenzen liegt dabei die gesetzgeberische Wertung zugrunde, ab welcher Grenze staatliche Sanktionen für Rechtsverstöße in diesem Bereich zwingend geboten sind. Im Arbeitsvertragsrecht geht es demgegenüber um einen störungsfreien Leistungsaustausch.[53] Aufgrund der nicht vergleichbaren Interessenlage ist eine unterschiedliche am jeweiligen Schutzgut ausgerichtete Bewertung geboten. 219

Eigentums- und Vermögensdelikte zum Nachteil des Arbeitgebers stellen nach richtiger Auffassung stets Vertragspflichtverletzungen von „einem gewissen Gewicht" und damit objektive Kündigungsgründe („an sich geeignet") dar, auch wenn nur sehr geringe Werte betroffen sein sollten.[54] Dies hat das BAG in seiner Entscheidung vom 10. Juni 2010 (2 AZR 541/09 – **Emmely**) noch einmal ausdrücklich bestätigt. Begeht der Arbeitnehmer bei 220

---

50 So aber zB: LAG Köln 30.9.1999 – 5 Sa 872/99 – NZA-RR 2001, 83; LAG Hamburg 8.7.1998 – 4 Sa 38/97 – NZA-RR 1999, 469; Däubler Das Arbeitsrecht 2 Rn 1128; HK-KSchG/Dorndorf § 1 Rn 534, 834 a.
51 BAG 10.6.2010 – 2 AZR 541/09 – NZA 2010, 1227; 13.12.2007 – 2 AZR 537/06 – NZA 2008, 1008; 12.8.1999 – 2 AZR 923/98 – NZA 2000, 421; 17.5.1984 – 2 AZR 3/83 – NZA 1985, 91; KR/Griebeling § 1 KSchG Rn 504-511.
52 ArbG Reutlingen 4.6.1996 – 1 Ca 73/96 – AiB 1996, 623 mit zust Anm Däubler; allerdings zur außerordentlichen Kündigung einer altersgeschützten, im Einzelhandel beschäftigten Arbeitnehmerin wegen des Diebstahls von zwei Bechern Joghurt; vgl auch KDZ/Däubler § 626 BGB Rn 82 ff; Klueß NZA 2009, 337.
53 BAG 10.6.2010 – 2 AZR 541/09 – NZA 2010, 1227.
54 St Rspr des BAG: vgl 13.12.2007 – 2 AZR 537/06 – NZA 2008, 1008; 12.8.1999 – 2 AZR 923/98 – NZA 2000, 421; 17. 5.1984 – 2 AZR 3/83 – „Bienenstichurteil", NZA 1985, 91: Der unberechtigte Verzehr eines Kuchens im Wert von DM 1,- durch eine Buffetkraft sei an sich geeignet, einen wichtigen Grund zur außerordentlichen verhaltensbedingten Kündigung abzugeben; vgl auch Preis AuR 2010, 242, 243; Einzelfälle vgl Rn 427.

oder im Zusammenhang mit seiner Arbeit rechtswidrige und vorsätzliche – ggf strafbare – Handlungen unmittelbar gegen das Vermögen seines Arbeitgebers, verletzt er zugleich in schwerwiegender Weise seine schuldrechtliche Pflicht zur Rücksichtnahme (§ 241 Abs 2 BGB) und missbraucht das in ihn gesetzte Vertrauen.[55] In diesem Vertrauensbruch liegt der Schwerpunkt des Vorwurfs, nicht in einer wertmäßig zu qualifizierenden Schadenszufügung.[56] Bereits aus diesem Grund verbietet sich die Festlegung einer nach dem Wert bestimmten Relevanzgrenze. Zutreffend weist das BAG in seiner Emmely-Entscheidung darauf hin, dass sich im Übrigen mannigfaltige Folgeprobleme ergäben, wie zB das einer exakten Wertbestimmung, das der Folgen mehrfacher, für sich betrachtet irrelevanter Verstöße und das der Behandlung marginaler Grenzüberschreitungen. Ein angemessener Interessenausgleich lässt sich nur im Wege einer wertenden Betrachtung im Einzelfall herbeiführen. Die Betroffenheit des Arbeitgebers kann insbesondere je nach Stellung des Arbeitnehmers, Art der entwendeten Ware und den besonderen Verhältnissen des Betriebs ein unterschiedliches Gewicht für die Beurteilung der Schwere der Vertragspflichtverletzung haben. So ist etwa die Entwendung einer Zigarette aus einer Besucherschatulle des Arbeitgebers durch einen Arbeitnehmer anders zu beurteilen als die Entwendung einer gleichwertigen Ware durch einen Arbeitnehmer, dem sie – als Verkäufer, Lagerist oder Auslieferungsfahrer – gerade auch zur Obhut anvertraut ist. Objektive Kriterien für eine allein an Wertgesichtspunkten ausgerichtete Abgrenzung in ein für eine Kündigung grundsätzlich geeignetes und nicht geeignetes Verhalten lassen sich daher nicht aufstellen.[57]

221 Die Frage, ob ein bestimmtes Verhalten an sich als **objektiver Kündigungsgrund** geeignet ist, muss aber **strikt von der sozialen Rechtfertigung** der Kündigung als solcher, also von der Frage, ob die Kündigung wirksam ist, **unterschieden werden**. Auch bei Störungen des Vertrauensbereichs durch Straftaten gegen das Vermögen oder Eigentum des Arbeitgebers gibt es keine absoluten Kündigungsgründe. In diesem Bereich setzt eine wirksame Kündigung ebenfalls das Vorliegen der weiteren Voraussetzungen (negative Zukunftsprognose, insbesondere Abmahnungserfordernis; mildere Mittel, insbesondere Weiterbeschäftigungsmöglichkeit; Interessenabwägung)[58] voraus. So hat auch das BAG in seinem „Bienenstichurteil"[59] nicht etwa den Rechtssatz aufgestellt, die rechtswidrige und schuldhafte Entwendung einer im Eigentum des Arbeitgebers stehenden Sache von geringem Wert rechtfertige stets eine verhaltensbedingte Kündigung, sondern ausgeführt, ein solches Verhalten sei „an sich" als (außerordentlicher) verhaltensbedingter Kündigungsgrund geeignet. Das angefochtene Urteil unterlag der

---

55 BAG 10.6.2010 – 2 AZR 541/09 – NZA 2010, 1227.
56 Vgl APS/Dörner/Vossen § 626 BGB Rn 276 b; Tschöpe NZA 1985, 588, 599.
57 BAG 17.5.1984 – 2 AZR 3/83 – AP BGB § 626 Verdacht strafbarer Handlung Nr 14 zu II 1 b; 12.8.1999 – 2 AZR 923/98 – AP BGB § 626 Verdacht strafbarer Handlung Nr 28 zu II 2 b bb; APS/Dörner/Vossen § 626 BGB Rn 276 ff; KR/Fischermeier § 626 BGB Rn 100.
58 Vgl allg zum Prüfungsaufbau bei der verhaltensbedingten Kündigung: Rn 206.
59 BAG 17.5.1984 AP BGB § 626 Verdacht strafbarer Handlung Nr 14 zu, vgl auch Rn 220.

Aufhebung und Zurückverweisung an das Berufungsgericht zur Aufklärung tatsächlicher Voraussetzungen eines möglicherweise bestehenden unverschuldeten Rechtsirrtums der Klägerin. Das BAG hat aber unter Hinweis auf die vom Berufungsgericht vorzunehmende Interessenabwägung die Erforderlichkeit einer Abmahnung verneint.[60] Hieraus kann aber nicht geschlossen werden, dass bei Eigentums- oder Vermögensdelikten immer auf eine Abmahnung verzichtet werden könnte. Es ist stets konkret zu prüfen, ob nicht objektiv die Prognose berechtigt ist, der Arbeitnehmer werde sich jedenfalls nach einer Abmahnung künftig wieder vertragstreu verhalten.[61]

2. Rechtfertigungsgründe

Eine verhaltensbedingte Kündigung setzt voraus, dass der Arbeitnehmer rechtswidrig handelt. Liegt für sein Verhalten ein rechtfertigender Grund vor, ist die Kündigung sozial ungerechtfertigt. Dies ist anzunehmen, wenn der Arbeitnehmer bereits aus gesetzlich definierten Gründen (zB Arbeitsunfähigkeit infolge Erkrankung, Urlaub, Feiertag, persönliche Verhinderung für eine unverhältnismäßig kurze Zeit) seine Arbeitsleistung nicht erbringen muss. Der Arbeitnehmer handelt aber auch bei Ausübung eines ihm zustehenden Leistungsverweigerungs- oder Zurückbehaltungsrechts nicht rechtswidrig.

Ein **Zurückbehaltungsrecht** an seiner Arbeitsleistung nach § 273 Abs 1 BGB kann einem Arbeitnehmer insbesondere zustehen, wenn der Arbeitgeber seine aus dem Arbeitsverhältnis resultierenden Haupt- oder Nebenpflichten schuldhaft nicht erfüllt. Die **Ausübung des Zurückbehaltungsrechts steht** allerdings **stets unter dem Gebot von Treu und Glauben nach § 242 BGB**. Vor der Ausübung seines Zurückbehaltungsrechts muss der Arbeitnehmer unter Angabe des Grundes dem Arbeitgeber klar und eindeutig mitteilen, er werde dieses Recht auf Grund einer ganz bestimmten, konkreten Gegenforderung ausüben. Nur so wird dem Arbeitgeber die Möglichkeit eröffnet, den möglichen Anspruch des Arbeitnehmers zu prüfen und zu erfüllen.[62] Die Leistungsverweigerung stellt eine unzulässige Rechtsausübung dar, wenn die Erfüllung der – unbestrittenen – Arbeitsverpflichtung im Hinblick auf eine streitige Eigenforderung des Arbeitnehmers verweigert wird, deren Klärung derart schwierig und zeitraubend ist, dass dadurch die Erbringung der Arbeitsleistung auf unabsehbare Zeit verhindert werden kann.[63]

Ein Arbeitnehmer kann berechtigt sein, seine Arbeitsleistung zu verweigern, wenn der Arbeitgeber oder einer seiner Repräsentanten (§ 278 BGB) die Gesundheit des Arbeitnehmers oder dessen Persönlichkeitsrecht in erheblicher Weise verletzt und mit weiteren Verletzungen zu rechnen ist (zB

---

60 Einzelheiten über die Entwicklung der Rspr zum Abmahnungserfordernis bei Störungen im Vertrauensbereich vgl Rn 251 ff; vgl auch Rn 429 ff.
61 BAG 10.6.2010 – 2 AZR 541/09 – NZA 2010, 1227; 23.6.2009 – 2 AZR 103/08 – NZA 2009, 1198; KR/Fischermeier § 626 BGB Rn 264; Preis AuR 2010, 242, 244; Schlachter NZA 2005, 433, 437.
62 BAG 13.3.2008 – 2 AZR 88/07 – AP Nr 87 zu § 1 KSchG 1969.
63 BAG 13.3.2008 – 2 AZR 88/07 – AP Nr 87 zu § 1 KSchG 1969.

Mobbinghandlungen).⁶⁴ Ein Leistungsverweigerungsrecht kann zudem bestehen, wenn sich der Arbeitnehmer in einer zu einer unverschuldeten Zwangslage führenden **Pflichtenkollision** befindet.⁶⁵ Bei einer verfassungskonformen Auslegung des § 106 GewO darf der Arbeitgeber dem Arbeitnehmer keine Arbeit zuweisen, die diesen in einen **unvermeidbaren Gewissenskonflikt**⁶⁶ bringt. Eine solche Anweisung ist nur so lange für den Arbeitnehmer verbindlich, bis dieser den Konflikt offenbart. Beharrt der Arbeitgeber in diesem Fall auf die Erfüllung der Weisung, übt er sein Direktionsrecht ermessensfehlerhaft iSv § 106 Satz 1 GewO, § 315 BGB aus. Die Leistungsverweigerung des Arbeitnehmers begründet keine vorwerfbare Pflichtverletzung, kann aber bei fehlender Weiterbeschäftigungsmöglichkeit auf einem anderen Arbeitsplatz eine personenbedingte Kündigung rechtfertigen.⁶⁷ Weigert sich ein Arbeitnehmer aus Glaubensgründen, eine an sich vertraglich geschuldete Tätigkeit auszuführen, hat er auf Nachfrage des Arbeitgebers aufzuzeigen, worin die religiösen Bedenken bestehen und welche vom Arbeitsvertrag umfassten Tätigkeiten ihm seine religiöse Überzeugung verbietet, um verbleibende Einsatzmöglichkeiten prüfen zu können. Der sich auf einen Glaubenskonflikt berufende Arbeitnehmer hat zumindest in Grundzügen aufzuzeigen, wie er sich eine mit seinen Glaubensüberzeugungen in Einklang stehende Beschäftigung im Rahmen der vom Arbeitgeber vorgegebenen Betriebsorganisation vorstellt.⁶⁸ Schließlich ist ein Arbeitnehmer zur Verweigerung direkter Streikarbeit berechtigt.⁶⁹ Nach § 11 Abs 5 AÜG sind auch Leiharbeitnehmer nicht verpflichtet, bei einem Entleiher tätig zu sein, soweit dieser von einem Arbeitskampf unmittelbar betroffen ist.

225 Gesetzlich **nicht zulässige Mehrarbeit** (vgl §§ 3 ff, 9 ArbZG) kann der Arbeitnehmer ebenfalls verweigern, ohne sich vertragspflichtwidrig zu verhalten.

226 Ein **Zurückbehaltungsrecht** nach § 273 Abs 1 BGB kann der Arbeitnehmer ferner geltend machen, wenn der Arbeitgeber mit seiner Entgeltzahlungs-

---

64 BAG 13.3.2008 – 2 AZR 88/07 – AP Nr 87 zu § 1 KSchG 1969.
65 BAG 21.5.1992 – 2 AZR 10/92 – AP KSchG 1969 § 1 Verhaltensbedingte Kündigung Nr 29 zu II 2 b: Personensorge für ein Kind; BAG 7.9.1983 – 7 AZR 433/82 – AP KSchG 1969 § 1 Verhaltensbedingte Kündigung Nr 7, 22.12.1982 – 2 AZR 282/82 – AP BGB § 123 Nr 23 zu: rechtzeitig angekündigte Ableistung des verkürzten türkischen Wehrdienstes.
66 BAG 24.2.2011 – 2 AZR 636/09 – DB 2011, 2094; aA Henssler RdA 2002, 129, 131; Richardi SAE 2012, 7, 7f; Scholl BB 2012, 53, 55, die als dogmatische Grundlage für die Berücksichtigung von Glaubens- und Gewissenskonflikten, die zur Verweigerung der Arbeitsleistung berechtigen, idR auf § 275 Abs 3 BGB abstellen.
67 BAG 24.2.2011 – 2 AZR 636/09 – DB 2011, 2094; 24.5.1989 – 2 AZR 285/88 – AP BGB § 611 Gewissensfreiheit 1 mwN; zum Begriff und den Voraussetzungen der Gewissensentscheidung vgl Rn 532 ff.
68 BAG 24.2.2011 – 2 AZR 636/09 – DB 2011, 2094: Kündigung einer Ladenhilfe im Einzelhandel wegen der Weigerung, im Getränkemarkt zu arbeiten, da ihm sein muslimischer Glaube jegliche Mitwirkung bei der Verbreitung von Alkoholika verbiete.
69 BAG 25.7.1957 – 1 AZR 194/56 – AP BGB § 615 Betriebsrisiko Nr 3; Stahlhacke/Preis/Vossen Rn 584 ff.

pflicht in Verzug ist.[70] Eine kurzfristige Zahlungsverzögerung oder ein der Höhe nach geringfügiger Zahlungsrückstand berechtigten den Arbeitnehmer hingegen noch nicht zur Ausübung des Zurückbehaltungsrechts. Ein Zurückbehaltungsrecht des Arbeitnehmers kommt schließlich in Betracht, wenn der Arbeitgeber vertragliche oder gesetzliche Schutzpflichten nicht erfüllt, zB die Pflicht, Arbeitsplatz und Arbeitsumgebung so zu gestalten, dass der Arbeitnehmer gegen Gefahr für Leben und Gesundheit soweit geschützt ist, als die Natur der Arbeitsleistung es gestattet (§ 618 Abs 1 BGB).[71]

Solange zu einer arbeitsvertraglich an sich zulässigen Versetzung nicht die erforderliche Zustimmung des Betriebsrats vorliegt oder die Zustimmung nicht gerichtlich ersetzt ist (vgl § 99 BetrVG), kann der Arbeitnehmer die Arbeitsleistung auf dem ihm zugewiesenen neuen Arbeitsplatz verweigern, da der Arbeitgeber eine **mitbestimmungswidrige Versetzung** nicht tatsächlich durchführen darf.[72] Ordnet der Arbeitgeber die Versetzung als vorläufige personelle Maßnahme an (vgl § 100 Abs 1 BetrVG), kann der Arbeitnehmer die zugewiesene Arbeit wieder verweigern, wenn die vorläufige Maßnahme endet (§ 100 Abs 2, Abs 3 BetrVG). Das Mitbestimmungsrecht bei der Versetzung dient auch dem Schutz des von der Versetzung betroffenen Arbeitnehmers (vgl § 99 Abs 2 Nr 4 BetrVG). Im Gegensatz dazu dient die Mitbestimmung bei Einstellungen dem Schutz der kollektiven Interessen, nicht der Interessenwahrnehmung des betroffenen Arbeitnehmers. Daher kann die **fehlende Zustimmung des Betriebsrats zur Einstellung** eines Arbeitnehmers für diesen nur dann ein Leistungsverweigerungsrecht begründen, wenn der Betriebsrat selbst sich auf die Verletzung seines Mitbestimmungsrechts beruft und die Aufhebung der Einstellung nach § 101 BetrVG betreibt.[73] 227

Beruft sich der Arbeitnehmer auf Rechtfertigungsgründe, muss er solche nach den Grundsätzen einer **abgestuften Darlegungs- und Beweislast** konkret vortragen. Der Arbeitgeber trägt demgegenüber die Beweislast für das Fehlen der behaupteten Rechtfertigungsgründe.[74] 228

3. Verschulden; Verbotsirrtum

Eine verhaltensbedingte Kündigung setzt ein vorwerfbares, schuldhaftes Verhalten des Arbeitnehmers (§ 276 Abs 1 BGB) voraus. Ob in besonders schwerwiegenden Fällen ausnahmsweise auch schuldlose Pflichtverletzungen des Arbeitnehmers einen verhaltensbedingten Kündigungsgrund darstellen, ist streitig. Teilweise[75] wird angenommen, eine Kündigung sei lediglich idR aus verhaltensbedingten Gründen gerechtfertigt, wenn der Ar- 229

---

70 BAG 9.5.1996 – 2 AZR 387/95 – AP BGB § 273 Nr 5 zu II 1 c.
71 BAG 2.2.1994 – 5 AZR 273/93 – AP BGB § 273 Nr 4 zu.
72 BAG 7.11.2002 – 2 AZR 650/00 – AP BGB § 615 Nr 98; 30.9.1993 – 2 AZR 283/93 – AP KSchG 1969 § 2 Nr 33; aA vHH/L/Krause § 1 KSchG Rn 614 ff.
73 BAG 5.4.2001 – 2 AZR 580/99 – NZA 2000, 893.
74 BAG 28.8.2008 – 2 AZR 15/07 – NZA 2009, 192; vHH/L/Krause § 1 KSchG Rn 561ff; ErfK/Müller-Glöge § 626 BGB Rn 235; zur Darlegungs- und Beweislast vgl ergänzend Rn 326 f.
75 BAG 21.1.1999 – 2 AZR 665/98 – AP BGB § 626 Nr 151 zu II 4; vHH/L/Krause § 1 Rn 495.

beitnehmer seine Vertragspflichten nicht nur objektiv und rechtswidrig, sondern auch schuldhaft verletzt habe. Unter besonderen Umständen berechtige auch ein schuldloses Verhalten zur verhaltensbedingten Kündigung.[76] Nach der wohl überwiegenden Auffassung ist das Vertretenmüssen unabdingbare Voraussetzung für die verhaltensbedingte Kündigung.[77] *Kaiser*[78] lehnt demgegenüber das Bestehen eines Verschuldenserfordernisses gänzlich ab. Dies folgert sie daraus, dass der im Zuge der Schuldrechtsreform neu gefasste Rücktritt vom Austauschvertrag gem §§ 323, 324 BGB ein Vertretenmüssen nicht verlange. Für die verhaltensbedingte Kündigung als sein Äquivalent müsse entsprechendes gelten.

230 Nach zutreffender Auffassung muss für die verhaltensbedingte Kündigung stets auch ein **Verschulden** des Arbeitnehmers vorliegen. Anderenfalls ist eine eindeutige Abgrenzung zur personenbedingten Kündigung nicht möglich.[79] Die Grenzen zwischen verhaltensbedingter und personenbedingter Kündigung verwischten.

231 Eine Differenzierung allein danach, ob der Arbeitnehmer gegen Vertragspflichten verstoßen hat (dann: verhaltensbedingte Kündigung) oder ob es an einer Vertragsverletzung fehlt (dann: personenbedingte Kündigung),[80] lässt außer Acht, dass auch im Zusammenhang mit personenbedingten Gründen objektive Vertragsverletzungen häufig sind. Mangels Verschulden scheidet in diesen Fällen eine verhaltensbedingte Kündigung aus. In Betracht kommt aber eine personenbedingte Kündigung, da zahlreiche unverschuldete Vertragsverstöße die für die Fortsetzung des Arbeitsverhältnisses erforderliche generelle Eignung des Arbeitnehmers infrage stellen.

232 Einem Arbeitnehmer, der über einen längeren Zeitraum hinweg fortgesetzt Dienstvorgesetzte und Kollegen ohne hinreichenden Anlass schwer beleidigt, dieses objektive Fehlverhalten wegen **Schuldunfähigkeit** aber nicht zu steuern vermag, fehlt die Fähigkeit, sich objektiv vertragsgerecht zu verhalten und damit die persönliche Eignung. Besteht Wiederholungsgefahr, kann der Arbeitgeber das Arbeitsverhältnis mit dem schuldlos handelnden Arbeitnehmer zur Vermeidung künftiger erheblicher Betriebsstörungen aus **personenbedingten Gründen** kündigen.[81] Einer Ausnahme von dem Grundsatz, dass eine verhaltensbedingte Kündigung stets auch ein schuldhaftes Verhalten des Arbeitnehmers voraussetzt, bedarf es zur interessengerechten Lösung derartiger Extremfälle demzufolge nicht.

233 Umgekehrt ist der Fall, dass ein Arbeitnehmer (nur) deshalb nicht über die **fachliche Eignung** verfügt, weil er sich diese schuldhaft nicht verschafft oder durch Fortbildungsmaßnahmen nicht aufrechterhalten hat, dem Be-

---

76 BAG 21.1.1999 – 2 AZR 665/98 – AP BGB § 626 Nr 151 zu II 4.
77 Löwisch in: Löwisch/Spinner/Wertheimer § 1 Rn 117; KR/Fischermeier § 626 Rn 139; KR/Griebeling § 1 KSchG Rn 395, 400.
78 Kaiser FS Otto [2008] S 173 ff; DFL-Kaiser § 1 KSchG Rn 31.
79 KR/Fischermeier § 626 BGB Rn 139; **aA** BAG 21.1.1999 – 2 AZR 665/98 – AP BGB § 626 Nr 151 zu, vgl auch Rn 232.
80 So aber KR/Etzel 7. Aufl § 1 KSchG Rn 395; Berkowsky RdA 2000, 114.
81 Zu diesem Sachverhalt: aA BAG 21.1.1999 – 2 AZR 665/98 – AP BGB § 626 Nr 151 zu II 4, wonach auch unverschuldete Vertragspflichtverletzungen ausnahmsweise einen [wichtigen] Grund zur verhaltensbedingten Arbeitgeberkündigung darstellen könnten.

reich der verhaltensbedingten Kündigung zuzuordnen. Der Arbeitnehmer kann in dieser Konstellation sein Verhalten (Unterlassen) steuern. Der Schwerpunkt liegt in der Verletzung der vertraglichen (Neben-)Pflicht des Arbeitnehmers, sich durch erforderliche Qualifikationsmaßnahmen die fachlichen Voraussetzungen zur Erfüllung der geschuldeten Arbeit anzueignen.[82]

Das erforderliche Verschulden fehlt, wenn der Arbeitnehmer einem unverschuldeten Irrtum über die Rechtmäßigkeit seines Verhaltens (Verbotsirrtum; Rechtsirrtum) unterliegt. Nur ein **unvermeidbarer Verbotsirrtum**[83] lässt den Verschuldensvorwurf entfallen. Bei der Prüfung, ob ein Irrtum vermeidbar war oder nicht, ist ein strenger Maßstab anzulegen. Es reicht nicht aus, dass sich der Arbeitnehmer seine eigene Rechtsauffassung nach sorgfältiger Prüfung und sachgemäßer Beratung gebildet hat. Unverschuldet ist der Irrtum nur, wenn der Arbeitnehmer nach sorgfältiger Prüfung der Sach- und Rechtslage mit einem Unterliegen im Rechtsstreit nicht zu rechnen brauchte.[84] Er handelt auf eigenes Risiko, wenn er rechtsirrig davon ausgeht, ein ihm bekanntes Verbot übertreten zu dürfen[85] oder wenn er sich bei unsicherer Sach- bzw Rechtslage auf eine objektiv unrichtige Auskunft einer an sich rechtskundigen Stelle verlässt.[86] 234

Ein **vermeidbarer Irrtum** ist im Rahmen der Interessenabwägung allerdings zugunsten des Arbeitnehmers zu berücksichtigen, wobei es auf den Grad des Verschuldens ankommt.[87] 235

III. Prognose künftiger Vertragsstörungen

1. Wiederholungsgefahr und fortwirkende Störung; Prognosegrundlagen; Beurteilungszeitpunkt

Die verhaltensbedingte Kündigung dient der Vermeidung des Risikos weiterer erheblicher Pflichtverletzungen (**Prognoseprinzip**). Die vergangene Pflichtverletzung muss sich deshalb noch in der Zukunft belästigend auswirken.[88] Dazu ist zu prüfen, ob aus der zurückliegenden konkreten Pflichtverletzung und der daraus folgenden Störung des Arbeitsverhältnisses geschlossen werden kann, der Arbeitnehmer werde künftig gleichartige oder ähnliche Pflichtverletzungen begehen (Wiederholungsgefahr) oder ob das vergangene Ereignis wegen der Schwere der Vertragspflichtverletzung sich auch künftig weiter belastend auswirkt.[89] 236

---

82 Vgl Rn 538; nach BAG 21.1.1999 – 2 AZR 665/98 – AP BGB § 626 Nr 151 zu II 4 c soll demgegenüber auch bei vorwerfbaren, behebbaren Eignungsmängeln ein personenbedingter Kündigungsgrund vorliegen.
83 Vgl ausf zum Rechtsirrtum: Kliemt/Vollstädt NZA 2003, 357.
84 BAG 29.8.2013 – 2 AZR 273/12.
85 Vgl vHH/L/Krause § 1 KSchG Rn 496.
86 BAG 29.11.1983 – 1 AZR 469/82 – AP BGB § 626 Nr 78 zu III 2 a; 12.4.1973 – 2 AZR 291/ 72 – AP BGB § 611 Direktionsrecht Nr 24 zu II 7.
87 BAG 14.2.1996 – 2 AZR 274/95 – AP BGB § 626 Verdacht strafbarer Handlung Nr 26 zu II 4.
88 BAG 23.6.2009 – 2 AZR 103/08 – NZA 2009, 1198; 13.12.2007 – 2 AZR 818/06 – NZA 2008, 589.
89 KR/Griebeling § 1 KSchG Rn 405; APS/Dörner/Vossen § 1 KSchG Rn 272 a.

237 Solange erwartet werden kann, der Arbeitnehmer werde in Zukunft sein Fehlverhalten abstellen, ist eine Kündigung regelmäßig als ultima ratio nicht erforderlich. Dies zu klären, ist Sinn des Abmahnungserfordernisses. IdR wird sich erst nach einer Abmahnung die erforderliche negative Prognose einstellen, dass sich der Arbeitnehmer auch in Zukunft nicht vertragstreu verhalten wird.[90] Die Abmahnung[91] dient damit der Objektivierung der negativen Prognose:[92] Ist der Arbeitnehmer ordnungsgemäß abgemahnt worden und verletzt er dennoch seine arbeitsvertraglichen Pflichten, kann regelmäßig davon ausgegangen werden, es werde auch zukünftig zu weiteren Vertragsstörungen kommen.

238 Eine negative Prognose kann sich aber auch aus der Vertragspflichtverletzung selbst ergeben, wenn sich das Fehlverhalten des Arbeitnehmers wegen der Schwere der Vertragsverletzung für die Zukunft weiterhin belastend auswirkt. In seiner „Emmely-Entscheidung"[93] hat das BAG aber ausdrücklich hervorgehoben, dass selbst bei Störungen des Vertrauensbereichs durch Straftaten gegen Vermögen oder Eigentum des Arbeitgebers stets konkret zu prüfen ist, ob nicht unter Zugrundelegung einer objektiven Betrachtungsweise das künftige Verhalten des Arbeitnehmers durch Ausspruch einer Abmahnung positiv beeinflusst werden könne, ob sich der Arbeitnehmer also nach einer Abmahnung künftig wieder vertragstreu verhalte. Dem ist prinzipiell zuzustimmen. Auch bei den sog Vertrauensbereich tangierenden Pflichtverletzungen verbietet sich eine vom Einzelfall losgelöste schematische Bewertung. Bei konsequenter Berücksichtigung des Prognoseprinzips bildet auch ein Fehlverhalten im Vertrauensbereich nicht per se eine ausreichende Grundlage für die Annahme, selbst bei einer Abmahnung sei eine Rückkehr des Arbeitnehmers zum vertragsgerechten Verhalten nicht zu erwarten oder eine Wiederherstellung des Vertrauens in die Redlichkeit des Arbeitnehmers ausgeschlossen.[94] Eine solche Beurteilung setzt eine eingehende Befassung mit den Besonderheiten des jeweiligen Einzelfalls voraus (zB Klarheit und konsequente Umsetzung der Verhaltensregeln, Stellung des Arbeitnehmers, betroffenes Rechtsgut des Arbeitgebers, Qualität der Pflichtverletzung und Art und Weise deren Begehung).

239 Maßgeblicher Zeitpunkt für die Beurteilung, ob eine Wiederholungsgefahr besteht oder eine fortdauernde Störung vorliegt, ist, wie auch bei personen- und betriebsbedingten Gründen, der **Zeitpunkt des Zugangs der Kündigung**. Nach dem Zugang der verhaltensbedingten Kündigung hinzutretende Umstände sind nicht geeignet, die Prognose zu beeinflussen.[95] Nach-

---

90 Vgl BAG 25.10.2012 – 2 AZR 495/11 – NZA 2013, 319; 26.1.1995 – 2 AZR 649/94 – AP KSchG 1969 § 1 Verhaltensbedingte Kündigung Nr 34; 17.1.1991 – 2 AZR 375/90 – AP KSchG 1969 § 1 Verhaltensbedingte Kündigung Nr 25; vHH/L/ Krause § 1 KSchG Rn 512.
91 Einzelheiten zur Abmahnung vgl Rn 240 ff.
92 BAG 10.6.2010 – 2 AZR 541/09 – NZA 2010, 1227; 23.6.2009 – 2 AZR 103/08 – NZA 2009, 1198;13.12.2007 – 2 AZR 818/06 – NZA 2008, 589.
93 BAG 10.6.2010 – 2AZR 541/09 – NZA 2010, 1227.
94 BAG 10.6.2010 – AZR 541/09 – NZA 2010, 1227; Preis AuR 2010, 242, 245.
95 Vgl BAG 24.10.1996 – 2 AZR 900/95 – RzK I 5 i Nr 120: bei massiven Tätlichkeiten im Betrieb kann die bei Zugang der Kündigung gerechtfertigte negative Prognose durch späteres Wohlverhalten des Arbeitnehmers während einer vorläufigen Weiterbeschäftigung nicht nachträglich zu seinen Gunsten korrigiert werden.

träglich eingetretene Umstände können die Vorgänge, die zur Kündigung führten, aber in einem neuen Licht erscheinen lassen, wenn zwischen den neuen Vorgängen und den alten Gründen so enge innere Beziehungen bestehen, dass ein einheitlicher Lebensvorgang zerrissen würde.[96]

2. Die Abmahnung als Prognosegrundlage

a) **Begriff; Rechtsgrundlage.** Bei der Abmahnung weist der Arbeitgeber als Gläubiger der Arbeitsleistung den Arbeitnehmer als seinen Schuldner auf dessen vertragliche Pflichten hin und macht ihn auf die Verletzung dieser Pflichten aufmerksam. Zugleich fordert er ihn für die Zukunft zu einem vertragstreuen Verhalten auf und kündigt individualrechtliche Konsequenzen für den Fall einer erneuten Pflichtverletzung an.[97] Hierzu gehört der unmissverständliche Hinweis, dass bei Eintritt eines ähnlich oder gleich gelagerten Wiederholungsfalls Inhalt oder Bestand des Arbeitsverhältnisses gefährdet sind.[98] Aus dieser Definition werden die beiden wesentlichen Funktionen der Abmahnung erkennbar: Die Rüge- und die Warnfunktion.[99] Fehlt die Androhung kündigungsrechtlicher Konsequenzen, handelt es sich begrifflich nicht um eine **Abmahnung**, sondern um eine **Ermahnung**; üblich sind auch die Begriffe **Vertragsrüge**, **Verweis** oder **Verwarnung**. Eine ausdrückliche Bezeichnung als Abmahnung ist nicht notwendig. Ob eine kündigungsrechtlich erhebliche Abmahnung oder lediglich eine Ermahnung vorliegt, ergibt sich aus dem Erklärungsinhalt, der ggf durch Auslegung zu ermitteln ist. 240

Der Arbeitgeber übt mit der Beanstandung eines vertragswidrigen Verhaltens ein arbeitsvertragliches **Gläubigerrecht** aus.[100] Rechtsgrundlage dieses vertraglichen Rügerechts ist § 611 BGB. Die grundsätzliche Notwendigkeit, vor Ausspruch einer ordentlichen verhaltensbedingten Kündigung eine Abmahnung zu erteilen, folgt demgegenüber direkt aus § 1 Abs 2 Satz 1 KSchG. Aus dem Tatbestandsmerkmal „bedingt" ist der **Grundsatz der Verhältnismäßigkeit** der Mittel abzuleiten. Eine Kündigung ist erforderlich (ultima ratio), wenn sie nicht durch mildere Mittel zu vermeiden ist.[101] Rechtsgrundlage des Abmahnungserfordernisses bei der ordentlichen verhaltensbedingten Kündigung ist demzufolge der Erforderlichkeitsgrundsatz als Teilaspekt des Verhältnismäßigkeitsprinzips. Für die außerordentliche verhaltensbedingte Kündigung folgt das Abmahnungserfordernis seit dem 1.1.2001 (Schuldrechtsmodernisierungsgesetz) aus § 314 Abs 2 BGB (iVm § 323 Abs 2 BGB). Für die ordentliche Kündigung enthält § 314 Abs 241

---

96 BAG 10.6.2010 – AZR 541/09 – NZA 2010, 1227.
97 BAG 23.6.2009 – 2 AZR 606/08 – NZA 2009, 1011; 22.2.2001 – 6 AZR 398/99 – EzBAT § 11 BAT Nr 10.
98 BAG 19.7.2012 – 2 AZR 782/11 – NZA 2013, 91; 28.11.2008 – 2 AZR 675/07 – NZA 2009, 842.
99 Vgl Rn 243 ff.
100 BAG 19.7.2012 – 2 AZR 782/11 – NZA 2013, 91; 23.6.2009 – 2 AZR 606/08 – NZA 2009, 1011.
101 BAG 25.10.2012 – 2 AZR 495/11 – NZA 2013, 319; 23.6.2009 – 2 AZR 283/08 – AP Nr 5 zu § 1 KSchG 1969 Abmahnung; 18.9.2008 – 2AZR 827/06 – NZA-RR 2009, 393 Preis DB 1990, 685, 687; SPV/Preis Rn 1201.

2 BGB keine Regelung. Der Norm ist jedoch ein allgemeiner, das Kündigungsrecht beherrschender Grundsatz zu entnehmen.[102]

242 Ob der Vertragsverletzung des Arbeitnehmers eine Abmahnung vorausging, ist sowohl bei der Prüfung der negativen Prognose als auch bei der Frage, ob es für den Arbeitgeber mildere Mittel als die Kündigung gibt (ultima ratio), zu berücksichtigen. Die Abmahnung objektiviert die negative Prognose. Verletzt ein Arbeitnehmer trotz vorheriger Abmahnung erneut seine arbeitsvertraglichen Pflichten, so ist auch künftig mit weiteren Vertragsstörungen zu rechnen. Zudem ist eine Kündigung nach dem Verhältnismäßigkeitsgrundsatz unwirksam, wenn es mildere Mittel (zB eine Abmahnung) gibt, eine Vertragsstörung zu beseitigen.[103] Ist danach anzunehmen, dass das eine bestimmte Vertragsverletzung ohne vorausgehende Abmahnung keine negative Prognose rechtfertigt, es also davon auszugehen ist, dass das Verhalten des Arbeitnehmers schon durch die Androhung von Folgen für den Bestand des Arbeitsverhältnisses positiv beeinflusst werden kann, liegt in dem Ausspruch einer Abmahnung stets das gegenüber einer Kündigung mildere Mittel. Umgekehrt führt aber das Vorliegen einer durch eine erneute, bereits einschlägig abgemahnte Vertragspflichtverletzung objektivierte Prognose, es werde zu weiterem vergleichbaren Fehlverhalten kommen, nicht stets zur Annahme, dass eine Kündigung nunmehr das einzig verbleibende Reaktionsmittel sei. Die künftig zu besorgende Pflichtverletzung kann von so geringfügigem Gewicht sein, dass die Erteilung einer weiteren Abmahnung geboten ist.

243 b) **Funktionen der Abmahnung.** Die Abmahnung hat verschiedene Funktionen, denen eine unterschiedliche Bedeutung zukommt. Unverzichtbare Voraussetzungen[104] einer kündigungsrechtlich erheblichen Abmahnung sind die Rügefunktion (Hinweis-, Erinnerungs-, Ermahnungsfunktion) sowie die Warnfunktion (Ankündigungsfunktion).

244 aa) **Warnfunktion.** Der Arbeitgeber muss hinreichend deutlich zum Ausdruck bringen, dass für den Fall weiterer Vertragspflichtverletzungen der Inhalt oder der Bestand des Arbeitsverhältnisses gefährdet seien (Warnfunktion; Ankündigungsfunktion). Dies muss nicht ausdrücklich geschehen. Die Inaussichtstellung bestimmter kündigungsrechtlicher Maßnahmen (zB ordentliche oder außerordentliche Beendigungskündigung bzw ordentliche Änderungskündigung) ist nicht erforderlich.[105] Die Warnfunktion ist bereits erfüllt, wenn der Arbeitnehmer erkennen kann, dass der Arbeitgeber im Wiederholungsfall möglicherweise auch mit einer Kündigung reagieren werde.[106] Danach ist der Arbeitnehmer ausreichend durch eine Formulierung des Arbeitgebers gewarnt, die für den Fall einer erneuten Pflichtverletzung alle denkbaren arbeitsrechtlichen Folgen bis hin zu einer Beendigung des Arbeitsverhältnisses androht. Die Ankündigung „kündi-

---

102 APS/Dörner/Vossen § 1 KSchG Rn 344 a.
103 BAG 25.10.2012 – 2 AZR 495/11 – NZA 2013, 319; 10.6.2010 – 2 AZR 541/09 – NZA 2010, 1227; 23.6.2009 – 2 AZR 103/08 – NZA 2009, 1198.
104 BAG 19.4.2012 – 2 AZR 258/11 – NZA-RR 2012, 567; 18.11.1986 – 7 AZR 674/84 – AP KSchG 1969 § 1 Verhaltensbedingte Kündigung Nr 17 zu II 5.
105 BAG 19.4.2012 – 2 AZR 258/11 – NZA-RR 2012, 567; 18.1.1980 – 7 AZR 75/78 – AP KSchG 1969 § 1 Verhaltensbedingte Kündigung Nr 3 zu 2 a.
106 BAG 19.4.2012 – 2 AZR 258/11 – NZA-RR 2012, 567.

gungsrechtlicher Konsequenzen" ist danach ausreichend. Nach Auffassung des BAG liegt auch in der **Androhung** „arbeitsrechtlicher Schritte"[107] bzw „arbeitsrechtlicher Konsequenzen"[108] eine hinreichende Warnung vor einer Beendigung des Arbeitsverhältnisses.[109]

Die erforderliche Warnfunktion wird nicht nur durch eine Abmahnung erfüllt, sondern auch durch eine vorhergehende Kündigung, jedenfalls dann, wenn die Tatsachen, auf die die Kündigung gestützt wird, feststehen und die Kündigung aus anderen Erwägungen als sozialwidrig erachtet wurde; eine **unwirksame Kündigung** entfaltet die **Wirkung einer Abmahnung**, weil aufgrund des Kündigungsvorgangs der Arbeitnehmer hinreichend gewarnt ist, den mit der unwirksamen Kündigung „geahndeten" Vertragspflichten nachzukommen.[110] Es kommt für die Erfüllung der Warnfunktion auf die sachliche Berechtigung der Abmahnung und darauf an, ob der Arbeitnehmer aus ihr den Hinweis entnehmen kann, der Arbeitgeber erwäge für den Wiederholungsfall die Kündigung. Sind diese Voraussetzungen gegeben, ist der Arbeitnehmer unabhängig von **formellen Unvollkommenheiten** der Abmahnung gewarnt.[111] Die Warnfunktion ist mithin auch dann gewahrt, wenn die Abmahnung wegen Verletzung der nach § 13 Abs 2 Satz 1 BAT[112] bestehenden Pflicht zur Anhörung des Arbeitnehmers **aus formellen Gründen rechtswidrig ist**.[113] In diesem Fall kann der Arbeitnehmer unabhängig vom Bestehen eines evtl Entfernungsanspruchs[114] nach Kenntnisnahme der Abmahnung nicht mehr davon ausgehen, der Arbeitnehmer werde weiteres Fehlverhalten folgenlos hinnehmen, er habe etwa nicht mit kündigungsrechtlichen Konsequenzen zu rechnen brauchen oder die Vertragswidrigkeit seines Verhaltens nicht gekannt.[115]

245

Ist eine schriftliche Abmahnung demgegenüber **sachlich unberechtigt** und deshalb aus der Personalakte zu entfernen, kann sie auch nicht als mündliche Abmahnung ihre Wirkung entfalten; mit anderen Worten: Die Warnfunktion entfällt.[116] Zu differenzieren ist allerdings, wenn der Arbeitgeber

246

---

107 BAG 31.1.1985 – 2 AZR 486/83 – AP MuSchG § 8 a Nr 6.
108 BAG 19.4.2012 – 2 AZR 258/11 – NZA-RR 2012, 567.
109 Um keine Zweifel über die Warnfunktion aufkommen zu lassen, ist dem Arbeitgeber folgende Formulierung zu empfehlen: „Im Wiederholungsfall müssen Sie mit einer Kündigung rechnen.".
110 BAG 19.4.2007 – 2 AZR 180/06 – NZA-RR 2007, 571; 31.8.1989 – 2 AZR 13/89 – AP KSchG 1969 § 1 Verhaltensbedingte Kündigung Nr 23 zu II 2; 15.12.1994 – 2 AZR 251/94 – nv.
111 BAG 19.2.2009 – 2 AZR 603 – NZA 2009, 894.
112 Vgl Rn 285.
113 BAG 21.5.1992 – 2 AZR 551/91 – AP KSchG 1969 § 1 Verhaltensbedingte Kündigung Nr 28 zu II 3 c; **Hinweis:** Der BAT wurde durch die Bestimmungen des TVöD (Kommunen und Bund) bzw des TV-L (Länder) ersetzt, die eine Anhörungspflicht vor Abmahnungserteilung nicht vorsehen. § 13 Abs 2 BAT kann aber in einzelnen Arbeitsverhältnissen noch kraft einzelvertraglicher Inbezugnahme Anwendung finden.
114 Vgl Rn 302.
115 BAG 21.5.1992 – 2 AZR 551/91 – AP KSchG 1969 § 1 Verhaltensbedingte Kündigung Nr 28 zu II 3 c aa.
116 *Str;* so BAG 5.8.1992 – 5 AZR 531/91 – AP BGB § 611 Abmahnung Nr 8 zu 1 b; SPV/Preis Rn 11; Wetzling/Habel BB 2011, 1077, 1084; jetzt offen gelassen BAG 23.6.2009 – 2 AZR 283/08 – AP KSchG § 1 Verhaltensbedingte Kündigung Nr 75; aA KR/Fischermeier § 626 BGB Rn 275, der nicht auf die sachliche Be-

mehrere Vertragspflichtverletzungen in einem Abmahnungsschreiben gleichzeitig rügt, aber nur einige davon zutreffen. Eine Abmahnung, die wegen einer Mehrzahl von Vorwürfen ausgesprochen ist und nach der Rechtsprechung des BAG[117] insgesamt aus der Personalakte entfernt werden muss, wenn nur ein Teil der Vorwürfe unzutreffend ist, behält hinsichtlich der zutreffenden Vorwürfe als mündliche Abmahnung ihre Geltung.[118]

247 **bb) Rügefunktion. Die Abmahnung muss inhaltlich bestimmt sein.**[119] Der Arbeitgeber muss dazu das beanstandete Verhalten gegenüber dem Arbeitnehmer genau bezeichnen, da die Warnfunktion ansonsten leer liefe. Nur wenn der Arbeitgeber die Rüge konkretisiert, weiß der Arbeitnehmer, dass der Arbeitgeber ein bestimmtes Verhalten als nicht vertragsgemäß ansieht und künftig nicht mehr hinzunehmen bereit ist,[120] und kann sein Verhalten darauf einstellen. Durch das Erfordernis einer vergeblich gebliebenen Abmahnung vor Ausspruch einer Kündigung soll mithin der mögliche Einwand des Arbeitnehmers ausgeräumt werden, er habe die Pflichtwidrigkeit seines Verhaltens nicht gekannt oder jedenfalls nicht damit rechnen müssen, der Arbeitgeber sehe dieses Verhalten als so schwerwiegend an, dass er zu kündigungsrechtlichen Konsequenzen greifen werde.[121] Wird in einer schriftlichen Abmahnung das beanstandete Fehlverhalten nicht hinreichend konkret bezeichnet, sind dem Arbeitnehmer die Beanstandungen aber in einem persönlichen Gespräch ausreichend erläutert worden, ist die Rügefunktion erfüllt. Dasselbe gilt bei einer Bezugnahme auf ein weiteres Schreiben, in dem das Fehlverhalten genau beschrieben ist.

248 **cc) Beweis- bzw Dokumentationsfunktion.** Erteilt der Arbeitgeber die Abmahnung schriftlich, kommt ihr zudem eine Beweis- bzw Dokumentationsfunktion zu. Der Arbeitgeber ist berechtigt, ein von ihm beanstandetes vertragspflichtwidriges Verhalten des Arbeitnehmers schriftlich zu rügen und die Mehrfertigung der schriftlichen Abmahnung zur Personalakte zu nehmen. Lässt er sich dabei den Empfang der Abmahnung auf der für die Personalakte vorgesehenen Mehrfertigung zu Beweiszwecken vom Arbeitnehmer quittieren, kann dieser in einem späteren Prozess (zB Kündigungsschutzverfahren) nicht mit Erfolg einwenden, die Abmahnung nicht erhalten zu haben. Weiter reicht die Beweisfunktion der Abmahnung aber nicht. Insbesondere wird durch sie noch nicht bewiesen, dass der Arbeitnehmer die in der Abmahnung gerügte Vertragspflichtverletzung tatsächlich began-

---

rechtigung der Abmahnung abstellt, sondern darauf, ob der zu Unrecht abgemahnte Arbeitnehmer die Pflichtwidrigkeit eines – künftigen – Fehlverhaltens erkennen konnte und der Arbeitgeber, dem die Abmahnung entnommen musste, der Arbeitgeber werde es keinesfalls hinnehmen; LAG Nürnberg 16.10.2007 – 7 Sa 233/07 – LAGE BGB 2002 § 626 Nr 14; zur sog vorweggenommenen Abmahnung vgl Rn 272.
117 BAG 13.3.1991 – 5 AZR 133/90 – AP BGB § 611 Abmahnung Nr 5 zu II.
118 BAG 19.2.2009 – 2 AZR 603 – NZA 2009, 894; 5.8.1992 – 5 AZR 531/91 – AP BGB § 611 Abmahnung Nr 8.
119 BAG 23.6.2009 – 2 AZR 283/08 – AP KSchG 1969 § 1 Abmahnung Nr 5.
120 BAG 9.8.1984 – 2 AZR 400/83 – AP KSchG 1969 § 1 Verhaltensbedingte Kündigung Nr 12 zu III 3 a.
121 BAG 18.11.1986 – 7 AZR 674/84 – AP KSchG 1969 § 1 Verhaltensbedingte Kündigung Nr 17 zu II 5; 31.8.1989 – 2 AZR 13/89 – AP KSchG 1969 § 1 Verhaltensbedingte Kündigung Nr 23 zu II 2.

gen hat. Für den Arbeitnehmer besteht weder eine arbeitsvertragliche Nebenpflicht noch eine entsprechende Obliegenheit, gegen eine Abmahnung klageweise vorzugehen. Sieht der Arbeitnehmer davon ab, die Berechtigung einer Abmahnung gerichtlich klären zu lassen, so ist es ihm unbenommen, in einem späteren Kündigungsschutzprozess die Richtigkeit der genannten Vertragspflichtverletzungen zu bestreiten. Es ist dann Sache des Arbeitgebers, die Richtigkeit der zwar abgemahnten, aber vom Arbeitnehmer bestrittenen Vertragspflichtverletzungen zu beweisen.[122]

dd) Keine generalpräventive Funktion. Der Abmahnung kommt keine generalpräventive Funktion zu. Das vertragliche Rügerecht umfasst nicht die Befugnis des Arbeitgebers, durch eine konkrete Abmahnung anderen Mitarbeitern gegenüber deutlich zu machen, dass er bestimmte Verhaltensweisen nicht hinnehme;[123] dies würde voraussetzen, dass der Arbeitgeber die konkrete Abmahnung betriebsöffentlich macht und dadurch das Persönlichkeitsrecht des betroffenen Arbeitnehmers verletzt.

ee) Keine Sanktionsfunktion. Ebenso wie der verhaltensbedingten Kündigung[124] selbst kommt auch der Abmahnung keine Sanktionsfunktion zu. Die Ausübung des vertraglichen Rügerechts dient nicht der Bestrafung des Arbeitnehmers.[125] Sie soll ihn zu einem vertragskonformen Verhalten zu bewegen.[126]

c) Erforderlichkeit der Abmahnung. aa) Grundsatz. Die frühere Rechtsprechung des BAG zum Abmahnungserfordernis lässt sich – vereinfacht – anhand folgender Regel-Ausnahme-Prinzipien darstellen:

- Führte das vertragspflichtwidrige Verhalten des Arbeitnehmers zu **Störungen im Leistungsbereich,** war vor Ausspruch einer Kündigung grundsätzlich eine Abmahnung erforderlich, es sei denn, im Einzelfall lagen besondere Umstände vor, aufgrund derer eine Abmahnung als nicht Erfolg versprechend angesehen werden durfte.[127]
- Führte das vertragspflichtwidrige Verhalten des Arbeitnehmers zu **Störungen im Vertrauensbereich,** war eine vorherige Abmahnung grundsätzlich entbehrlich, es sei denn, der Arbeitnehmer konnte aus vertretbaren Gründen annehmen, sein Verhalten sei nicht vertragswidrig oder werde vom Arbeitgeber zumindest nicht als erhebliches, den Bestand des Arbeitsverhältnisses gefährdendes Fehlverhalten angesehen.[128]

---

122 BAG 13.3.1987 – 7 AZR 601/85 – AP KSchG 1969 § 1 Verhaltensbedingte Kündigung Nr 18 zu II 3 a; vgl auch Rn 313.
123 Vgl vHH/L/Krause § 1 KSchG Rn 509; im Ergebnis auch HK-KSchG/Dorndorf § 1 Rn 583, 584; **aA** wohl BAG 13.11.1991 – 5 AZR 74/91 – AP BGB § 611 Abmahnung Nr 7 zu II 2.
124 Vgl Rn 195.
125 BAG 10.6.2010 – 2 AZR 541/09 – NZA 2010, 1227.
126 Vgl vHH/L/Krause § 1 KSchG Rn 509; KR/Fischermeier § 626 BGB Rn 273; HK-KSchG/ Dorndorf § 1 Rn 582.
127 ZB BAG 18.5.1994 – 2 AZR 626/93 – AP BPersVG § 108 Nr 3 zu B I 1; 17.2.1994 – 2 AZR 616/93 – AP BGB § 626 Nr 116 zu II 1.
128 ZB BAG 14.2.1996 – 2 AZR 274/95 – AP BGB § 626 Verdacht strafbarer Handlung Nr 26 zu II 5; 7.10.1993 – 2 AZR 226/93 – AP BGB § 626 Nr 114; 17.5.1984 – 2 AZR 3/83 – AP BGB § 626 Verdacht strafbarer Handlung Nr 14 zu III 1.

252 Die von der Rechtsprechung vorgenommene Differenzierung nach Störbereichen wurde in der Literatur[129] zu Recht kritisiert. Zur Begründung oder Negierung des Abmahnungserfordernisses ist diese Unterscheidung nicht geeignet. Vielfach wirken sich Vertragspflichtverletzungen nicht nur in einem der genannten Störbereiche aus, vielmehr werden regelmäßig mehrere Bereiche betroffen sein. Vor diesem Hintergrund sind die vom BAG entwickelten Ausnahmefälle zu sehen, in denen ein Abmahnungserfordernis auch bei Störungen im Vertrauensbereich angenommen wurde. Zudem ist jedes steuerbare Verhalten für die Zukunft abänderbar. Ausgehend vom Zweck der verhaltensbedingten Kündigung[130] ist daher eine Abmahnung als Prognosegrundlage grundsätzlich immer dann erforderlich, wenn eine künftige Verhaltensänderung als möglich erscheint, da in diesen Fällen eine negative Zukunftsprognose gerade nicht gestellt werden kann. Umgekehrt ist eine Abmahnung nicht erforderlich, wenn eine Verhaltensänderung nicht erwartet werden kann oder die Vertragspflichtverletzung selbst zu einer fortdauernden Störung des Arbeitsverhältnisses führt.[131] Eine Abmahnung wäre in diesen Fällen kein geeignetes Mittel zur Vermeidung künftiger Vertragsstörungen.

253 Das BAG hat die in der Literatur geäußerte Kritik aufgegriffen und die **Differenzierung nach Störbereichen aufgegeben.**[132] Es prüft nunmehr das Abmahnungserfordernis bei jeder Kündigung, die wegen eines steuerbaren Verhaltens des Arbeitnehmers oder aus einem Grund in seiner Person ausgesprochen wurde, den dieser durch ein steuerbares Verhalten beseitigen, wenn also eine Wiederherstellung des Vertrauens erwartet werden konnte. Damit hat das BAG die Prüfung des Abmahnungserfordernisses bei Störungen im Vertrauensbereich den Grundsätzen unterworfen, die für Kündigungen wegen Störungen im Leistungsbereich bereits bisher galten.[133] Bei einer auf steuerbarem Verhalten beruhenden Pflichtverletzung ist danach grundsätzlich davon auszugehen, dass sich bereits die Androhung von Folgen für den Bestand des Arbeitsverhältnisses positiv auf das künftige Verhalten des Arbeitnehmers auswirkt. Ordentliche und außerordentliche Kündigung wegen einer Vertragspflichtverletzung setzen deshalb regelmäßig eine Abmahnung voraus.[134]

254 bb) **Ausnahmen.** Eine Abmahnung vor Ausspruch einer Kündigung ist nicht stets erforderlich. Der **ordentlichen Kündigung** eines Arbeitsverhältnisses in der **Wartezeit** (§ 1 Abs 1 KSchG) oder im **Kleinbetrieb** (§ 23

---

129 ZB Schaub NZA 1997, 1185, 1186; Pauly NZA 1995, 449, 451; Preis DB 1990, 685, 687; v. Hoyningen-Huene RdA 1990, 193 ff; Falkenberg NZA 1988, 489 ff.
130 Vgl Rn 194.
131 Einzelheiten zur Entbehrlichkeit der Abmahnung vgl Rn 238 und Rn 254 ff.
132 BAG 4.6.1997 – 2 AZR 526/96 – AP BGB § 626 Nr 137 zu II 1 d; bestätigt durch BAG 11.3.1999 – 2 AZR 507/98 – AP BGB § 626 Nr 149 zu II 1 b aa, 11.3.1999 – 2 AZR 427/98 – AP BGB § 626 Nr 150 zu B II 1 c, 10.2.1999 – 2 AZR 31/98 – AP KSchG 1969 § 15 Nr 42 zu B II 5, 8.6.2000 – 2 AZR 638/99 – NZA 2000, 1282 B I 2 b.
133 BAG 11.3.1999 – 2 AZR 427/98 – AP BGB § 626 Nr 150 zu B II 1 c; 10.2.1999 – 2 ABR 31/ 98 – AP KSchG 1969 § 15 Nr 42 zu B II 5; 21.6.2001 – 2 AZR 30/00 – EzA BGB § 626 Unkündbarkeit Nr 7 zu B III 2 c aa.
134 BAG 25.10.2012 – 2 AZR 495/11 – NZA 20013, 319; 19.4.2012 – 2 AZR 186/11 – NJW 2013, 104.

Abs 1 KSchG) muss mangels Anwendbarkeit des Kündigungsschutzgesetzes **keine Abmahnung** vorausgehen, da der Grundsatz der Verhältnismäßigkeit nur dann zu beachten ist, wenn das Arbeitsverhältnis in seinem Bestand geschützt ist.[135] Eine vorherige vergebliche Abmahnung könnte allenfalls nach Treu und Glauben (§ 242 BGB) dann geboten sein, wenn sich der Arbeitgeber andernfalls mit der Kündigung in Widerspruch zu seinem bisherigen Verhalten setzen würde. Im Bereich der **betriebsbedingten** Kündigungen bedarf es generell keiner Abmahnung, da der Kündigungsgrund aus der Sphäre des Arbeitgebers stammt und für den Arbeitnehmer durch sein Verhalten nicht abänderbar ist.

Ob vor Ausspruch einer **personenbedingten** Kündigung eine Abmahnung erforderlich sein kann, ist streitig. Anerkannt ist jedenfalls, dass eine Abmahnung entbehrlich ist, wenn der Arbeitnehmer aus physischen, persönlichkeitsbezogenen, rechtlichen oder anderen Gründen objektiv nicht in der Lage ist, sich vertragsgerecht zu verhalten.[136] In diesen Fällen fehlt es an einem steuerbaren Verhalten, so dass eine Abmahnung zwecklos wäre. Aus dieser Begründung ergibt sich die Lösung für die Streitfrage, ob vor einer personenbedingten Kündigung eine Abmahnung (ausnahmsweise) erforderlich sein kann. Eine personenbedingte Kündigung setzt voraus, dass der Arbeitnehmer sein Verhalten nicht ändern kann, selbst wenn er wollte.[137] Bei **Gründen in der Person** ist eine **Abmahnung** nach zutreffender Ansicht daher **entbehrlich**.[138] Demgegenüber hält das **BAG** eine Abmahnung vor einer personenbedingten Kündigung dann für erforderlich, wenn der Arbeitnehmer den Grund in seiner Person beseitigen könne.[139] Es handelt sich letztlich nicht um die Frage der Erforderlichkeit einer Abmahnung bei personenbedingten Gründen, sondern um das Problem der Abgrenzung zwischen verhaltens- und personenbedingten Kündigungsgründen.[140] Eignungsmängel, die der Arbeitnehmer steuern kann, stellen keinen personenbedingten, sondern einen verhaltensbedingten Kündigungsgrund dar. Der Arbeitnehmer verletzt vorwerfbar seine Vertragspflicht, die arbeitsvertraglich geschuldete Leistung zu erbringen, indem er sich die erforderliche Qualifikation nicht verschafft oder aufrechterhält. Ein Orchestermusiker,[141] der schlecht spielt, weil er nicht genügend probt, verletzt schuldhaft seine Vertragspflichten. Vor Ausspruch einer hierauf gestützten verhaltensbedingten Kündigung ist eine Abmahnung nach allgemeinen Grundsätzen erforderlich; jedenfalls im Hinblick auf das Abmahnungserfordernis beste-

---

135 BAG 28.8.2003 – 2 AZR 333/01 – AP BGB § 242 Kündigung Nr 17; 21.2.2001 – 2 AZR 579/99 – NZA 2001, 951; v. Hoyningen-Huene RdA 1990, 302; APS-Dörner § 1 KSchG Rn 345; aA KDZ/Deinert § 314 BGB Rn 22 f mwN.
136 Vgl vHH/L/Krause § 1 KSchG Rn 311; KR/Fischermeier § 626 BGB Rn 259; SPV/Preis Rn 1207; v. Hoyningen-Huene RdA 1990, 199.
137 Vgl Rn 466 und Rn 201.
138 vHH/L/Krause § 1 KSchG Rn 311, 513; Stahlhacke/Preis/Vossen Rn 1207; v. Hoyningen-Huene RdA 1990, 199.
139 BAG 4.6.1997 – 2 AZR 526/96 – AP BGB § 626 Nr 137, vgl auch Rn 226; 15.8.1984 – 7 AZR 228/82 – AP KSchG 1969 § 1 Nr 8: Ein durch Übung behebbarer Leistungs- bzw Eignungsmangel sei als personenbedingter Kündigungsgrund anzusehen, eine Abmahnung gleichwohl erforderlich; so auch KR/Fischermeier § 626 BGB Rn 282.
140 Vgl Rn 201, 233, 466.
141 Vgl BAG 15.8.1984 – 7 AZR 228/82 – AP KSchG 1969 Nr 8 zu § 1.

hen in diesen Fällen im Ergebnis demzufolge keine sachlichen Unterschiede zwischen der hier vertretenen Auffassung und der Rechtsprechung des BAG.

256 Im Falle einer **Verdachtskündigung** stellt eine Abmahnung kein gegenüber der Beendigung des Arbeitsverhältnisses milderes Mittel dar. Eine Verdachtskündigung liegt vor, wenn und soweit der Arbeitgeber seine Kündigung damit begründet, gerade der Verdacht eines (nicht erwiesenen) strafbaren bzw vertragswidrigen Verhaltens habe das für die Fortsetzung des Arbeitsverhältnisses erforderliche Vertrauen zerstört.[142] Kündigungsgrund ist mithin nicht eine nachgewiesene schwere Vertragspflichtverletzung, sondern ein der Fortsetzung des Arbeitsverhältnisses entgegenstehender diesbezüglicher Tatverdacht. Die Verdachtskündigung ist damit dem Bereich der personenbedingten Kündigung zuzuordnen,[143] da dem Verdacht als solcher kein steuerbares Verhalten des Arbeitnehmers innewohnt, sondern er dessen Person anhaftet. In Bezug auf den Verdacht selbst verfehlt eine Abmahnung deshalb ihren Zweck: Das künftige Verhalten des Arbeitnehmers lässt sich durch eine Abmahnung nicht positiv beeinflussen. Sollte der zur Kündigung führende dringende Tatverdacht indes neben weiteren Verdachtsmomenten auf einer Vertragspflichtverletzung beruhen (zB Verstoß gegen Kassieranweisungen durch eine diebstahlsverdächtige Kassierkraft), so kann dieses steuerbare Verhalten, nicht aber der Diebstahlsverdacht als solcher Gegenstand einer Abmahnung sein.

Trotz der Einstufung der Verdachtskündigung als personenbedingter Kündigungsgrund ist vor deren Ausspruch das Vorliegen einer „einschlägigen" Abmahnung nicht stets entbehrlich.[144] Nach der ständigen Rechtsprechung des BAG stellt der Verdacht eines pflichtwidrigen Verhaltens zwar gegenüber dem Tatvorwurf einen eigenständigen Kündigungsgrund dar. Beide Gründe stehen jedoch nicht beziehungslos nebeneinander. Wird die Kündigung mit dem Verdacht pflichtwidrigen Verhaltens begründet, sieht das Gericht die Pflichtwidrigkeit aber tatsächlich als erwiesen, kann es seine Entscheidung auf die nachgewiesene Tat stützen, ohne dass sich der Arbeitgeber ausdrücklich hierauf berufen müsste.[145] Sowohl bei der nachgewiesenen Tat als auch bei dem diesbezüglichen Tatverdacht ist für die soziale Rechtfertigung der Kündigung maßgeblich, ob das Vertrauen in die Redlichkeit des Arbeitnehmers unwiederbringlich verloren ist. Ist im Falle der Tatkündigung die Annahme, dass sich die durch die Pflichtverletzung eingetretene Vertragsstörung nicht beseitigen lasse, nur dann gerechtfertigt, wenn ihr eine Abmahnung vorausgegangen ist, so ist diese Wertung auf die Verdachtskündigung zu übertragen.[146] Rechtfertigt die Vertragspflichtverletzung, derer der Arbeitnehmer dringend verdächtig ist, ohne vorherige Abmahnung keine verhaltensbedingte Tatkündigung, so vermag der bloße Verdacht dieses – zuvor nicht einschlägig abgemahnten – Vertragsver-

---

142 BAG 10.6.2010 – 2 AZR 541/09 – NZA 2010, 1227; 23.6.2009 – 2 AZR 474/07 – NZA 2009, 1136.
143 **Str**; vgl Rn 458 und Rn 632.
144 So aber vHH/L/Krause § 1 KSchG Rn 465 und hier bis zur 3. Aufl.
145 BAG 10.6.2010 – 2 AZR 541/09 – NZA 2010, 1227; 23.6.2009 – 2 AZR 474/07 – NZA 2009, 1136.
146 SPV/Preis Rn 703.

stoßes das für die Fortsetzung des Arbeitsverhältnisses erforderliche Vertrauen erst recht nicht zu zerstören.[147]

Bei einer **an sich möglichen Verhaltensänderung** ist eine Abmahnung ausnahmsweise **entbehrlich, wenn** der mit ihr **verfolgte Zweck** (Rückkehr zu vertragskonformem Verhalten oder Rückgewinnung verlorenen Vertrauens durch künftige Vertragstreue) aufgrund objektiver Anhaltspunkte **nicht erreicht werden kann.** Dies ist dann der Fall, wenn eine Verhaltensänderung in Zukunft selbst nach Abmahnung nicht zu erwarten steht oder es sich um eine so schwere Pflichtverletzung handelt, dass eine Hinnahme durch den Arbeitgeber offensichtlich – auch für den Arbeitnehmer erkennbar – ausgeschlossen ist.[148] Das BAG hält eine Abmahnung daher für entbehrlich, wenn der Arbeitnehmer **eindeutig nicht gewillt** ist, sich vertragsgerecht zu verhalten. Dies ist anzunehmen, wenn er seine Vertragspflichtverletzungen **hartnäckig** und **uneinsichtig** bzw **rücksichtslos** fortsetzt, obwohl er die **Pflichtwidrigkeit seines Verhaltens kannte.** Der Arbeitgeber müsste selbst bei Ausspruch einer Abmahnung mit weiteren Vertragspflichtverletzungen rechnen.[149] Dem entspricht es, wenn der Arbeitnehmer erklärt, sein Verhalten nicht ändern zu wollen.[150]

257

Entbehrlich ist eine Abmahnung ferner bei besonders **schweren Vertragspflichtverletzungen**, wenn dem Arbeitnehmer die **Pflichtwidrigkeit** seines Verhaltens **ohne weiteres erkennbar** war und er mit der **Billigung** seines Verhaltens durch den Arbeitgeber **nicht rechnen konnte.** In solchen Fällen muss es dem Arbeitnehmer bewusst sein, dass er seinen Arbeitsplatz aufs Spiel setzt.[151] Auf eine Wiederholungsgefahr kommt es in diesen Fällen nicht an, da das Vertrauensverhältnis so stark belastet ist, dass sich der Pflichtverstoß selbst als fortdauernde Störung auswirkt und eine Wiederherstellung des vertragsnotwendigen Vertrauens nicht erwartet werden kann.[152]

258

Keine echte Ausnahme des Abmahnungserfordernisses stellt die sog **vorweggenommene** bzw antizipierte **Abmahnung** dar. Im Einzelfall kann auf der Grundlage einer vorweggenommenen Abmahnung aber eine für den Arbeitnehmer ungünstige Prognose gerechtfertigt und eine Abmahnung ausnahmsweise entbehrlich sein.[153]

259

d) Abmahnung und weitere Vertragspflichtverletzung. aa) Kündigungsverzicht; Erforderlichkeit einer weiteren Vertragspflichtverletzung. Mahnt der

260

---

147 Zur sog Verdachtsabmahnung vgl Ritter NZA 2012, 19.
148 BAG 10.6.2010 – 2 AZR 541/09 – NZA 2010, 1227; 23.6.2009 – 2 AZR 103/08 – NZA 2009, 1198.
149 BAG 26.1.1995 – 2 AZR 649/94 – AP KSchG 1969 § 1 Verhaltensbedingte Kündigung Nr 34 zu B III 4 a; 18.5.1994 – 2 AZR 626/93 – AP BPersVG § 108 Nr 3 zu B I 1; 17.2.1994 – 2 AZR 616/93 – AP BGB § 626 Nr 116 zu II 2.
150 Vgl SPV/Preis Rn 1207; KR/Fischermeier § 626 BGB Rn 266.
151 BAG 18.9.2008 – 2 AZR 1039/06 – DB 2009, 964; 19.4.2007 – 2 AZR 180/06 – NZA-RR 2007, 571; 15.11.2001 – 2 AZR 605/00 – AP BGB § 626 Nr 175; 1.7.1999 – 2 AZR 676/98 – AP BBiG § 15 Nr 11; 10.2.1999 – 2 ABR 31/98 – AP KSchG 1969 § 15 Nr 42.
152 BAG 21.6.2001 – 2 AZR 30/00 – EzA BGB § 626 Unkündbarkeit Nr 7; zum Abmahnungserfordernis bei einem Diebstahl geringwertiger Sachen vgl Rn 428 ff.
153 Zum Begriff und zum Streitstand vgl Rn 272.

Arbeitgeber den Arbeitnehmer wegen eines bestimmten Verhaltens ab, so schließt dies eine spätere Kündigung, die auf den gleichen, dem Arbeitgeber bereits im Zeitpunkt der Erteilung der Abmahnung bekannten Sachverhalt gestützt wird, aus. Mit der Abmahnung erlischt das Kündigungsrecht durch **konkludenten Verzicht**.[154] Dies gilt unabhängig davon, ob das Arbeitsverhältnis dem Anwendungsbereich des Kündigungsschutzgesetzes unterliegt oder nicht.[155] Der Arbeitgeber gibt mit der Abmahnung kund, er sehe das Arbeitsverhältnis noch nicht als so gestört an, dass ihm eine weitere Zusammenarbeit nicht mehr möglich sei. Der Arbeitgeber kann deswegen zur Rechtfertigung einer späteren Kündigung auf die abgemahnten Gründe nur dann unterstützend zurückgreifen, wenn weitere kündigungsrechtlich erhebliche Umstände eintreten oder nachträglich bekannt werden.[156] Diese Grundsätze sind auf eine Ermahnung[157] nicht übertragbar. Ein Verzicht auf ein etwaiges Kündigungsrecht lässt sich aus einer Ermahnung nicht ableiten, da dieser die für eine Abmahnung im Rechtssinne typische Warnfunktion fehlt. Der „Verbrauch" des Kündigungsrechts durch eine Abmahnung folgt gerade aus dem mit ihr verbundenen Hinweis, der Bestand des Arbeitsverhältnisses werde durch künftige gleichartige Vertragspflichtverletzungen gefährdet.[158]

261 Nach Erteilung einer Abmahnung ist demnach eine **weitere Vertragspflichtverletzung** erforderlich, bevor der Arbeitgeber eine verhaltensbedingte Kündigung aussprechen kann. Ihrer Funktion als Vorstufe zur Kündigung kann die Abmahnung aber nur dann gerecht werden, wenn der der Abmahnung nachgehende Wiederholungsfall eine gleichartige[159] Vertragspflichtverletzung zum Gegenstand hat. Dem Arbeitgeber steht es frei, anstelle einer Kündigung auch eine erneute Abmahnung auszusprechen.[160] In Einzelfällen kann der Arbeitgeber verpflichtet sein, dem Arbeitnehmer nach der Abmahnung eine ausreichende Frist zur Verhaltensänderung zu gewähren, etwa bei steuerbaren Leistungsmängeln, zu deren Behebung der

---

154 BAG 26.11.2009 – 2 AZR 751/08 – NZA 2010, 1398; 13.12.2007 – 6 AZR 145/07 – NZA 2008, 403; 2.2.2006 – 2 AZR 222/05 – AP KSchG 1969 § 1 Verhaltensbedingte Kündigung Nr 52.
155 BAG 13.12.2007 – 6 AZR 145/07 – NZA 2008, 403.
156 BAG 26.11.2009 – 2 AZR 751/08 – NZA 2010, 1398; 13.12.2007 – 6 AZR 145/07 – NZA 2008, 403; 2.2.2006 – 2 AZR 222/05 – AP KSchG 1969 § 1 Verhaltensbedingte Kündigung Nr 52; 11.10.1988 – 2 AZR 215/88 – AP KSchG 1969 § 1 Abmahnung Nr 3; ein Kündigungsverzicht kann aber nur angenommen werden, wenn die Vertragsrüge deutlich und unzweifelhaft zu erkennen gibt, dass der Arbeitgeber den vertraglichen Pflichtverstoß hiermit als ausreichend sanktioniert und die Sache als „erledigt" ansieht, vgl BAG 6.3.2003 – 2 AZR 128/02 – NZA 2003, 1388.
157 Zum Begriff vgl Rn 240.
158 BAG 9.3.1995 – 2 AZR644/94 – NZA 1996, 875; **aA** noch BAG 11.10.1988 – 2 AZR 215/88 – AP KSchG 1969 § 1 Abmahnung Nr 3 zu II 2 d aa, wonach auch eine Ermahnung zu einem konkludenten Verzicht auf das Kündigungsrecht führe; offengelassen von BAG 6.3.2003 – 2 AZR 128/02 – NZA 2003, 1388, 1390 zu B I 1 e der Gründe.
159 Vgl Rn 265.
160 Zur Frage, unter welchen Voraussetzungen weitere Abmahnungen vor Ausspruch der Kündigung erforderlich sind vgl Rn 266 f.

Arbeitnehmer eine gewisse Zeit benötigt.¹⁶¹ Im Übrigen kann vom Arbeitnehmer regelmäßig erwartet werden, dass er sich ab Kenntnisnahme vom Inhalt der Abmahnung sofort vertragsgerecht verhält.

bb) Gleichartigkeit der Vertragspflichtverletzungen. Die der vorausgegangen Abmahnung zugrunde liegende und die den Anlass zur Kündigung bildende weitere Vertragspflichtverletzung müssen gleichartig sein; identische Pflichtverletzungen sind nicht erforderlich.¹⁶² 262

Das **Erfordernis der Gleichartigkeit** zwischen abgemahntem und neuem Fehlverhalten ist aus der **Rüge- und Warnfunktion** der Abmahnung abzuleiten; der Arbeitgeber hat das beanstandete Verhalten genau zu bezeichnen und kündigungsrechtliche Konsequenzen für den Wiederholungsfall anzukündigen.¹⁶³ Rüge- und Warnfunktion wären letztlich bedeutungslos, wenn bereits jeder weitere, mit der abgemahnten Vertragspflichtverletzung nicht vergleichbare Verstoß gegen arbeitsvertragliche Pflichten eine verhaltensbedingte Kündigung ermöglichen könnte. Mit dem Erforderlichkeitsgrundsatz und dem Prognoseprinzip ließe sich dieses Ergebnis nicht vereinbaren. 263

Das Erfordernis der Gleichartigkeit führt auch nicht zu einer ungerechtfertigten kündigungsrechtlichen Privilegierung derjenigen Arbeitnehmer, die eine **Vielzahl jeweils ungleichartiger Vertragspflichtverletzungen** begehen.¹⁶⁴ Einmalige verschiedenartige Vertragspflichtverletzungen, zwischen denen kein innerer Bezug zueinander besteht, vermögen zwar regelmäßig bei isolierter Betrachtung mangels negativer Prognose eine verhaltensbedingte Kündigung nicht zu rechtfertigen, soweit nicht bereits aufgrund der Schwere des einzelnen Vertragsverstoßes eine Abmahnung ausnahmsweise entbehrlich ist. Wurden zahlreiche ungleichartige Vertragspflichtverletzungen abgemahnt, können sie aber unter dem einheitlichen **Gesichtspunkt der generellen Unzuverlässigkeit** zusammengefasst werden und eine Kündigung nach einem weiteren ungleichartigen Fehlverhalten rechtfertigen. In diesem Fall besteht die begründete Besorgnis künftiger Unzuverlässigkeit¹⁶⁵ des Arbeitnehmers. 264

Durch die Rechtsprechung nicht hinreichend geklärt ist bislang die Frage, unter welchen Voraussetzungen Vertragsverstöße als gleichartig anzusehen 265

---

161 Vgl zB den in Rn 255 dargestellten Fall eines Orchestermusikers, der durch eine Abmahnung zum Üben angehalten werden soll, damit er künftig die vertraglich geschuldete Leistung erbringt.
162 BAG 27.9.2011 – 2 AZR 955/11 – NZA 2013, 425; 13.12.2007 – 2 AZR 818/06 – NZA 2008, 589; 16.1.1992 – 2 AZR 412/91 – EzA BGB § 123 Nr 36; vHH/L/Krause § 1 KSchG Rn 532; KR/Fischermeier § 626 BGB Rn 281; HK-KSchG/Dorndorf § 1 Rn 649; SPV/Preis Rn 1204; v. Hoyningen-Huene RdA 1990, 193, 207 f; Fromm DB 1989, 1409, 1413; aA zB Walker NZA 1995, 601, 606; Kraft ZfA 1994, 463, 471.
163 Einzelheiten vgl Rn 243 ff.
164 AA zB Walker NZA 1995, 601, 606 mwN, der allerdings das Erfordernis der Gleichartigkeit zwischen dem abgemahnten und dem weiteren Fehlverhalten ablehnt.
165 Vgl HK-KSchG/Dorndorf § 1 Rn 652, 655, 662; KR/Fischermeier § 626 BGB Rn 281 aE.

sind. Nach Auffassung des BAG[166] sollen abgemahnte und erneute Verfehlung gleichartig sein, wenn sie aus demselben Bereich stammen und somit Abmahnung und Kündigungsgrund einen „inneren Zusammenhang" aufweisen. Im Ergebnis ohne sachliche Unterschiede werden in der Literatur zur Beschreibung der Gleichartigkeit verschiedene Formulierungen verwendet, zB „Fehlverhalten auf der gleichen Ebene",[167] „Pflichtwidrigkeitszusammenhang"[168] oder „Pflichtverletzungen, die unter einem einheitlichen Gesichtspunkt zusammengefasst werden können".[169] Einigkeit besteht jedenfalls dahingehend, dass bei der Beurteilung der Gleichartigkeit kein allzu strenger Maßstab angelegt werden darf. Ausgehend vom Zweck der Abmahnung ist zu prüfen, ob der Arbeitnehmer bei Anwendung der gebotenen Sorgfalt aus dem Inhalt der Abmahnung hat erkennen können, der Arbeitgeber werde das weitere Fehlverhalten nicht hinnehmen, sondern ggf mit einer Kündigung reagieren.[170] So beziehen sich Rüge und Kündigungsandrohung bei einer Abmahnung aus Anlass einer unpünktlichen Arbeitsaufnahme auf den Arbeitszeitverstoß als solchen. Der Arbeitnehmer kann erkennen, dass auch andere Arbeitszeitverstöße eine Kündigung nach sich ziehen können. Gleichartig sind demzufolge zB verschiedene Arbeitszeitverstöße untereinander (Unpünktlichkeit bei Arbeitsbeginn, vorzeitiges Verlassen des Arbeitsplatzes, Überziehung der Pausen, Bummelei, unentschuldigtes Fehlen, ungenehmigte Urlaubsverlängerung), aber auch Verspätungen und Verstöße gegen die Anzeigepflicht im Krankheitsfall,[171] nicht dagegen Schlechtleistungen und Arbeitszeitverstöße.[172]

266 cc) Anzahl der Abmahnungen. Häufig genügt eine vorherige einschlägige Abmahnung für eine verhaltensbedingte Kündigung wegen eines gleichgelagerten Pflichtenverstoßes. Eine bestimmte Anzahl von Abmahnungen, die einer verhaltensbedingten Kündigung voraus zu gehen haben, lässt sich aber nicht allgemeingültig festlegen. Entscheidend ist, ob auf der Grundlage der vorhandenen Abmahnung(en) bereits eine negative Prognose angestellt werden kann. Das ist eine Frage der Einzelfallprüfung. Die erstmalige gleichartige Wiederholung eines Fehlverhaltens muss jedenfalls dann nicht erneut abgemahnt werden, wenn es sich um einen erheblichen Vertragsverstoß handelt. Sind die Vertragspflichtverletzungen dagegen relativ geringfügig (zB verzögerte Vorlage von Arbeitsunfähigkeitsbescheinigungen oder Verspätung um nur wenige Minuten) oder liegt die letzte Abmahnung bereits einige Zeit zurück, werden eine oder ggf auch mehrere weitere Ab-

---

166 BAG 9.6.2011 – 2 AZR 323/10 – NZA 2011, 1342; 13.12.2007 – 2 AZR 818/06 – NZA 2008, 589; 10.12.1992 – 2 ABR 32/92 – AP ArbGG 1979 § 87 Nr 4.
167 Vgl Löwisch in: Löwisch/Spinner/Wertheimer § 1 Rn 138.
168 Vgl Fromm DB 1989, 1409, 1413.
169 Vgl vHH/L/Krause § 1 KSchG Rn 532; KR/Fischermeier § 626 BGB Rn 281 mwN.
170 BAG 9.6.2011 – 2 AZR 323/10 – NZA 2011, 1342; KR/Fischermeier § 626 BGB Rn 281.
171 BAG 16.9.2004 – 2 AZR 406/03 – NZA 2005, 459.
172 Vgl vHH/L/Krause § 1 KSchG Rn 533.

mahnungen erforderlich sein, um die Warnfunktion zu verstärken bzw zu erhalten.[173]

Die Warnfunktion einer Abmahnung kann erheblich dadurch abgeschwächt werden, dass der Arbeitgeber bei ständig neuen Pflichtverletzungen des Arbeitnehmers stets nur mit einer Kündigung droht, ohne jemals arbeitsrechtliche Konsequenzen folgen zu lassen. Eine Abmahnung kann nur dann ihre Warnfunktion iS einer Kündigungsandrohung erfüllen, wenn der Arbeitnehmer diese Drohung ernst nehmen muss. Dies kann je nach den Umständen nicht mehr der Fall sein, wenn jahrelang die Kündigung stets nur angedroht wird. Es handelt sich dann um eine „leere" Drohung.[174] Dies bedeutet aber nicht, dass nach einer bestimmten Anzahl von Abmahnungen bei weiteren Pflichtverletzungen dieser Art überhaupt nicht mehr gekündigt werden darf. Der Arbeitgeber muss dann die letzte Abmahnung vor Ausspruch einer Kündigung besonders eindringlich gestalten, um dem Arbeitnehmer klar zu machen, dass weitere derartige Pflichtverletzungen nunmehr zum Ausspruch einer Kündigung führen werden.[175] Dies kann zB durch ein besonders eindringliches Abmahnungsgespräch geschehen, sollte darüber hinaus aber unbedingt auch durch eine besondere textliche Hervorhebung (zB „letzte Abmahnung") im Abmahnungsschreiben dokumentiert werden. Schwierigkeiten bereitet die Abgrenzung, ab welcher Anzahl von Abmahnungen wegen gleichartiger Pflichtverletzungen eine Abschwächung der Warnfunktion eintritt. Angesichts der im Arbeitsleben verbreiteten Praxis, bei als leichter empfundenen Vertragsverstößen einer Kündigung mehrere – häufig drei – Abmahnungen vorausgehen zu lassen, kann dies nach Auffassung des BAG[176] jedenfalls nicht bereits nach Ausspruch der dritten Abmahnung angenommen werden. Eine Abschwächung der Warnfunktion durch den Ausspruch mehrerer Abmahnungen wegen gleichartiger Pflichtverletzungen lässt sich letztlich nur anhand einer Beurteilung der konkreten Einzelfallumstände feststellen. Dabei ist nicht nur die Anzahl der Abmahnungen zu berücksichtigen, sondern auch Art und Schwere der Pflichtverletzungen sowie der zeitliche Abstand zwischen den Abmahnungen. Da die Warnfunktion einer Abmahnung nach längerer Zeit einwandfreier Führung des Arbeitnehmers entfallen kann,[177] kann der Arbeitgeber berechtigterweise zu der Annahme gelangen, der Zeitablauf erfordere trotz einer Vielzahl vorausgegangener einschlägiger Abmahnungen eine weitere Kündigungsandrohung.[178]

e) **Allgemeine Voraussetzungen einer wirksamen Abmahnung.** Mit der Abmahnung soll eine hinreichend sichere Grundlage für die negative Progno-

---

173 Vgl BAG 15.11.2001 – 2 AZR 609/00 – NZA 2002, 968; KR/Fischermeier § 626 BGB Rn 273; HK-KSchG/Dorndorf § 1 Rn 657.
174 BAG 27.9.2012 – 2 AZR 955/11 – NZA 2013, 425; 16.9.2004 – 2 AZR 406/03 – NZA 2005, 459; 15.11.2001 – 2 AZR 609/00 – NZA 2002, 968; KR/Fischermeier § 626 BGB Rn 274; SPV/Preis Rn 1204; ErfK/Müller-Glöge § 626 BGB Rn 25; aA hier noch bis zur 3. Aufl.
175 BAG 16.9.2004 – 2 AZR 406/03 – NZA 2005, 459; 15.11.2001 – 2 AZR 609/00 – NZA 2002, 968.
176 BAG 16.9.2004 – 2 AZR 406/03 – NZA 2005, 459.
177 Vgl BAG 19.7.2012 – 2 AZR 782/11 – NZA 2013, 91.
178 BAG 27.9.2012 – 2 AZR 955/11 – NZA 2013, 425.

se, der Arbeitnehmer werde auch weiterhin sein vertragswidriges Verhalten fortsetzen, geschaffen werden. Um ihre Funktion als Prognosegrundlage[179] erfüllen, also kündigungsrechtliche Wirkung entfalten zu können, muss die Abmahnung bestimmten Voraussetzungen entsprechen.

269 **aa) Inhalt, Form, Zugang, Kenntnisnahme.** Zu den **unverzichtbaren Wirksamkeitsvoraussetzungen** einer ordnungsgemäßen Abmahnung gehört neben der Rüge eines genau zu bezeichnenden Fehlverhaltens (**Rügefunktion**) der Hinweis auf die Bestands- oder Inhaltsgefährdung des Arbeitsverhältnisses für den Wiederholungsfall (**Warnfunktion**).[180] Die Abmahnung ist ferner unwirksam, wenn sie sachlich unberechtigt ist, weil der Arbeitnehmer die gerügten Vertragspflichtverletzungen tatsächlich nicht begangen hat.[181] Der Arbeitgeber kann in diesem Fall die Abmahnung auch nicht dadurch aufrechterhalten, dass er eine neue Begründung nachschiebt.[182] Die mit der – unwirksamen – Abmahnung verfolgte Warnfunktion kann nicht mehr erfüllt werden, da der neue, nachgeschobene Vorwurf ein anderer als der ursprünglich erhobene ist. Die grundsätzliche Zulässigkeit des Nachschiebens von Kündigungsgründen im Kündigungsschutzprozess kann auf die Abmahnung nicht übertragen werden. Im Gegensatz zur Abmahnung handelt es sich bei der Kündigung um eine rechtsgestaltende Willenserklärung, deren Wirkung mit Zugang beim Empfänger eintritt. Dem Arbeitgeber steht es aber frei, wegen anderer Gründe eine neue Abmahnung zu erteilen.

270 Die Abmahnung unterliegt keinem Schriftformerfordernis; sie kann ebenso mündlich wie schriftlich erteilt werden. Aus Zwecken der Dokumentation und der Beweissicherung[183] ist es für die Praxis aber empfehlenswert, die Abmahnung schriftlich zu erteilen. Eine nur mündlich erteilte Abmahnung führt regelmäßig zu Beweisschwierigkeiten für den Arbeitgeber. Häufig kann durch eine Zeugenvernehmung nicht geklärt werden, ob das mit der Abmahnung beanstandete Fehlverhalten dem Arbeitnehmer hinreichend verdeutlicht wurde oder ob die Vertragsrüge mit der erforderlichen Warnung verbunden war.

271 Auf die Abmahnung als **geschäftsähnliche Willensäußerung** findet § 130 Abs 1 BGB Anwendung. Sie muss dem Arbeitnehmer deshalb zugehen.[184] Bei einer mündlichen Abmahnung fallen Zugang und Kenntnisnahme vom Inhalt der Abmahnung regelmäßig mit der Erklärung zusammen. Eine schriftliche Abmahnung ist dem Arbeitnehmer nach allgemeinen Grundsätzen zugegangen, wenn sie in verkehrsüblicher Weise in seine tatsächliche Verfügungsgewalt gelangt und unter gewöhnlichen Umständen die Möglichkeit der Kenntnisnahme bestehen. Über den **Zugang** hinaus ist grundsätzlich aber auch die **tatsächliche Kenntnis des Arbeitnehmers** vom Inhalt der Abmahnung erforderlich. Dies folgt aus Sinn und Zweck der Abmah-

---

179 Vgl Rn 237.
180 BAG 18.11.1986 – 7 AZR 674/84 – AP KSchG 1969 § 1 Verhaltensbedingte Kündigung Nr 17 zu II 5; Einzelheiten zur Rüge- und Warnfunktion vgl Rn 243 ff.
181 Str; vgl Rn 246.
182 Vgl HK-KSchG/Dorndorf § 1 Rn 680.
183 Vgl Rn 248.
184 ErfK/Müller-Glöge § 626 Rn 31; APS/Dörner/Vossen § 1 KSchG Rn 406.

nung. Die kündigungsrechtliche Rüge- und Warnfunktion[185] kann die Abmahnung nur erfüllen, wenn der Arbeitnehmer vom Inhalt der Abmahnung tatsächlich Kenntnis erhält.[186] Die Berufung des Arbeitnehmers auf die fehlende Kenntnis vom Inhalt einer Abmahnung kann aber rechtsmissbräuchlich sein, zB wenn ein sprach- und leseunkundiger Arbeitnehmer ein Abmahnungsschreiben ohne Widerspruch entgegennimmt und auch später keinen Aufschluss mehr über den Inhalt der Abmahnung fordert[187] oder er die an sich mögliche Kenntnisnahme vereitelt.[188]

bb) **Zeitpunkt der Abmahnung; Wirkungsdauer.** Die kündigungsrechtliche Bedeutung vorbeugender „Abmahnungen" ist umstritten. Von einer **vorweggenommenen** oder **antizipierten Abmahnung** wird gesprochen, wenn der Arbeitgeber im Arbeitsvertrag,[189] in betrieblichen Rundschreiben oder Aushängen am „Schwarzen Brett"[190] die Arbeitnehmer deutlich darauf hinweist, dass er genau bezeichnete Verhaltensweisen als vertragspflichtwidrig ansehe und nicht hinnehmen werde. Denkbar ist auch eine Kündigungsandrohung für den Fall eines bestimmten, vom Arbeitgeber als kurz bevorstehend befürchteten Vertragsverstoßes.[191] Es handelt sich dabei aber nicht um Abmahnungen iSd Rechtsprechung des BAG (weshalb zur begrifflichen Unterscheidung nachfolgend die Bezeichnung „vorbeugende Mahnung" gebraucht werden soll), da es an einer anlassbezogenen, als Reaktion auf eine begangene Vertragspflichtverletzung zu verstehenden Rüge und einem entsprechenden Hinweis auf die Bestandsgefährdung für den Wiederholungsfall fehlt. Die spezifische Warnfunktion kann durch vorbeugende Mahnungen nicht erfüllt werden. Die auf den erstmaligen Vertragsverstoß gerichtete Androhung kündigungsrechtlicher Konsequenzen würde zudem zu einer Verkürzung des Bestandsschutzes führen. Die grundsätzliche Erforderlichkeit einer Abmahnung wird durch vorbeugende Mahnungen deshalb nicht beseitigt. Kündigungsrechtlich sind sie aber gleichwohl nicht ohne Bedeutung, da der Arbeitnehmer sich nicht mehr darauf berufen kann, er habe die Pflichtwidrigkeit seines Verhaltens nicht gekannt. Im Einzelfall kann dies eine für den Arbeitnehmer ungünstige Beurteilung im Rahmen der stets zu treffenden Prognose rechtfertigen mit der Folge, dass eine Abmahnung ausnahmsweise entbehrlich ist. Im Hinblick auf den

272

---

185 Vgl Rn 243 ff.
186 BAG 9.8.1984 – 2 AZR 400/83 – AP KSchG 1969 § 1 Verhaltensbedingte Kündigung Nr 12; ErfK/Müller-Glöge § 626 BGB Rn 31; SPV/Preis Rn 13; aA Löwisch in: Löwisch/Spinner/Wertheimer § 1 KSchG Rn 136; HK-KSchG/Dorndorf § 1 KSchG Rn 643.
187 BAG 9.8.1984 – 2 AZR 400/83 – AP KSchG 1969 § 1 Verhaltensbedingte Kündigung Nr 12.
188 KR/Fischermeier § 626 BGB Rn 269.
189 LAG Köln 12.11.1993 – 13 Sa 726/93 – LAGE KSchG § 1 Verhaltensbedingte Kündigung Nr 40.
190 LAG Hamm 16.12.1982 – 10 Sa 965/82 – BB 1983, 1601; LAG Köln 6.8.1999 – 11 Sa 1085/98 – LAGE BGB § 626 Nr 127.
191 LAG Hamm 12.9.1996 – 4 Sa 486/96 – LAGE BGB § 626 Nr 105.

Grundsatz der Verhältnismäßigkeit (iwS) verbietet sich aber jede schematische Lösung.[192]

273 Die Erteilung einer Abmahnung durch den Arbeitgeber ist an **keine "Regelausschlussfrist"** gebunden. Die für andere Rechtsinstitute gesetzlich vorgesehenen Ausschlussfristen können auch nicht in entsprechender Anwendung auf die Abmahnung ausgedehnt werden. Im Gegensatz zur Anfechtung und zur außerordentlichen Kündigung, deren Ausübung von der Einhaltung von Ausschlussfristen abhängig ist (§§ 121, 123, 626 Abs 2 BGB), handelt es sich bei der Abmahnung nicht um ein Gestaltungsrecht, sie ist auch keine Willenserklärung im rechtlichen Sinn, sondern ein vertragliches Rügerecht. Eine zeitliche Begrenzung, innerhalb der die Abmahnung auszusprechen ist, kann auch nicht aus der Zweckbestimmung der Abmahnung abgeleitet werden.[193]

274 Auch **tarifliche Ausschlussfristen** finden auf das Abmahnungsrecht keine Anwendung. Das Recht des Arbeitgebers, dem Arbeitnehmer eine Abmahnung zu erteilen und diese zur Personalakte zu nehmen, ist kein Anspruch iSd § 194 Abs 1 BGB, sondern eine selbstverständliche dauernde Befugnis des Gläubigers, vom Vertragspartner des Dauerschuldverhältnisses für die Zukunft ein vertragstreues Verhalten zu verlangen.[194]

275 Der Arbeitgeber sollte die Erteilung einer Abmahnung allerdings nicht unnötig hinauszögern. Abgesehen davon, dass eine Abmahnung, die erst geraume Zeit nach dem beanstandeten Vorfall ausgesprochen wird, in ihrer Wirkung abgeschwächt ist,[195] kann das Recht zur Abmahnung, wie jede Rechtsausübung, der **Verwirkung** unterliegen. Das bloße Zuwarten des Arbeitgebers ist für die Annahme der Verwirkung aber nicht ausreichend. Über das bloße **Zeitmoment** hinaus ist es erforderlich, dass der Arbeitgeber beim Arbeitnehmer den Eindruck erweckt hat, er werde von der Erteilung einer Abmahnung absehen. Das erforderliche **Umstandsmoment** kann zB in einem „klärenden Gespräch" liegen, wenn der Arbeitgeber sich keine weiteren Schritte vorbehält. Je länger der Zeitraum zwischen dem Zeitpunkt der Kenntniserlangung des Arbeitgebers über die Pflichtverletzung und Erteilung der Abmahnung ist, desto geringer sind die Anforderungen an das Umstandsmoment.[196]

---

192 IdS auch BAG 5.4.2001 – 2 AZR 580/99 – NZA 2001, 893; LAG Berlin-Brandenburg 26.11.2010 – 10 Sa 1823/10 – AA 2011, 86; Schaub NJW 1990, 872, 875, SPV/Preis Rn 1207; KR/Fischermeier § 626 BGB Rn 266; HK-KSchG/Dorndorf § 1 Rn 628 und Löwisch in: Löwisch/Spinner/Wertheimer § 1 Rn 131 halten vorweggenommene Abmahnungen demgegenüber stets für unzureichend, ohne auf den Einzelfall abzustellen; unzutr LAG Hamm 16.12.1982 – 10 Sa 965/82 – BB 1983, 1601, wonach der durch Betriebsaushang veröffentlichte Hinweis des Arbeitgebers, er werde die nicht rechtzeitige Vorlage einer Folgekrankenbescheinigung nicht hinnehmen, eine Abmahnung entbehrlich mache.
193 BAG 15.1.1986 – 5 AZR 70/84 – AP BGB § 611 Fürsorgepflicht Nr 96 zu B III 2.
194 BAG 14.12.1994 – 5 AZR 137/94 – AP BGB § 611 Abmahnung Nr 15 zu I 2; die Entscheidung ist zur Ausschlussfrist nach § 70 BAT ergangen, dürfte aber für alle tariflichen oder vertraglichen Ausschlussfristen zu verallgemeinern sein, die sich auf Ansprüche aus dem Arbeitsverhältnis beziehen.
195 BAG 15.1.1986 – 5 AZR 70/84 – AP BGB § 611 Fürsorgepflicht Nr 96 zu III 2 e.
196 vHH/L/Krause § 1 KSchG Rn 529.

Eine ursprünglich berechtigte Abmahnung kann durch **Zeitablauf** wirkungslos werden. Dies lässt sich nach ständiger Rechtsprechung des BAG nicht anhand einer bestimmten Regelfrist, sondern nur aufgrund aller Umstände des Einzelfalles beurteilen.[197] Bei der Prüfung, ob eine Abmahnung ihre Wirkung, dh ihre kündigungsrechtliche Warnfunktion, verloren hat, ist daher nicht nur auf das Zeitmoment abzustellen. Zu berücksichtigen sind auch die Art und Schwere der Verfehlung des Arbeitnehmers, eine einwandfreie Führung nach Ausspruch der Abmahnung,[198] das Verhalten des Arbeitgebers im Anschluss an die Abmahnung (zB eine spätere unklare Reaktion des Arbeitgebers auf ähnliche Pflichtverletzungen anderer Arbeitnehmer, durch die der Arbeitnehmer wieder im Ungewissen sein konnte, was der Arbeitgeber von ihm erwarte bzw wie er auf eine etwaige Pflichtverletzung reagieren werde). 276

Soweit eine Abmahnung noch kündigungsrechtliche Wirkung entfaltet, ist zu beachten, dass ihre Bedeutung für die im Rahmen einer späteren Kündigung vorzunehmende Prognoseprüfung im Laufe der Zeit geringer wird. Welches Gewicht der Abmahnung als Prognosegrundlage noch zukommt, ist nach den vorstehenden Kriterien zu beurteilen. Liegt die Abmahnung längere Zeit zurück, kann ggf die Erteilung einer erneuten Abmahnung erforderlich sein.[199] 277

Der Wegfall der kündigungsrechtlichen Wirkung begründet nicht ohne weiteres einen Anspruch des Arbeitnehmers auf Entfernung der Abmahnung aus der Personalakte.[200] Der Arbeitgeber ist nur dann zur Entfernung einer zu Recht erteilten Abmahnung aus seiner Personalakte verpflichtet, wenn das gerügte Verhalten für das Arbeitsverhältnis in jeder Hinsicht bedeutungslos geworden ist. Es ist demzufolge **zwischen Wirkungsdauer** und **Aufbewahrungsdauer zu unterscheiden**.[201] 278

cc) **Abmahnungsberechtigung.** Der abmahnungsberechtigte Personenkreis ist nach der Rechtsprechung des BAG nicht mit dem kündigungsberechtigten Personenkreis (vgl § 626 Abs 2 Satz 2 BGB) identisch. Als abmahnungsberechtigte Personen sollen vielmehr alle Mitarbeiter in Betracht kommen, die aufgrund ihrer Aufgabenstellung dazu befugt sind, verbindliche Anweisungen bezüglich des Ortes, der Zeit sowie der Art und Weise der arbeitsvertraglich geschuldeten Arbeitsleistung zu erteilen.[202] Danach fallen regelmäßig Abmahnungsberechtigung und **Weisungsbefugnis** zusam- 279

---

197 BAG 10.10.2002 – 2 AZR 418/01 – DB 2003, 1797; 18.11.1986 – 7 AZR 674/84 – AP KSchG 1969 § 1 Verhaltensbedingte Kündigung Nr 17 zu II 5; 21.5.1987 – 2 AZR 313/86 – DB 1987, 2367 II 1; 27.1.1988 – 5 AZR 604/86 – RzK I 1 Nr 26; aA zB LAG Hamm 14.5.1986 – 2 Sa 320/86 – LAGE BGB § 611 Abmahnung Nr 2: Regelfrist zwei Jahre; Conze DB 1987, 889, 889: Tilgungsfrist drei Jahre entsprechend § 6 Abs 2 BDO.
198 Vgl BAG 19.7.2012 – 2 AZR 782/11 – NZA 2013, 91.
199 Vgl Rn 266.
200 Vgl iE Rn 304.
201 BAG 19.7.2012 – 2 AZR 782/11 – NZA 2013, 91.
202 BAG 18.1.1980 – 7 AZR 75/78 – AP KSchG 1969 § 1 Verhaltensbedingte Kündigung Nr 3 zu 2 a; 8.2.1989 – 5 AZR 47/88 – RzK I 1 Nr 48 II; so auch vHH/L/ Krause § 1 KSchG Rn 528;KR/Fischermeier § 626 BGB Rn 276; aA HK-KSchG/ Dorndorf § 1 Rn 641, der die Abmahnungsberechtigung an die Kündigungsberechtigung knüpft; jeweils mwN.

men. Diese Ausdehnung des abmahnungsberechtigten Personenkreises erscheint bedenklich. Die Begründung, die Übertragung einer Vorgesetztenfunktion umfasse idR auch eine stillschweigende Vollmacht zur Erteilung von Abmahnungen, überzeugt nicht. Zwischen dem Weisungsrecht und der Befugnis, eine Kündigung anzudrohen, ist zu differenzieren. Mit der Übertragung einer Vorgesetztenfunktion wird der Arbeitgeber regelmäßig nicht die Möglichkeit zum Ausspruch einer Kündigung aus der Hand geben wollen. Da das Kündigungsrecht mit der Abmahnung durch konkludenten Verzicht erlischt,[203] wäre dies aber die Konsequenz, wenn der weisungsberechtigte Vorgesetzte aufgrund eines zur Kündigung berechtigenden Fehlverhaltens eine Abmahnung erteilt, ohne den Arbeitgeber bzw eine kündigungsberechtigte Person zuvor in Kenntnis zu setzen. Will der Arbeitgeber diese Rechtsfolge vermeiden, wird er im Hinblick auf die gefestigte Rechtsprechung des BAG den unmittelbaren Vorgesetzten die Abmahnungsberechtigung durch eine im Betrieb bekannt zu gebende Regelung entziehen müssen.[204]

280 dd) **Verhältnismäßigkeit der Abmahnung.** Auch bei Abmahnungen ist der Grundsatz der Verhältnismäßigkeit zu berücksichtigen.[205] Danach ist die Ausübung eines Rechts unzulässig, wenn sie der Gegenseite unverhältnismäßig große Nachteile zufügt und andere, weniger schwerwiegende Maßnahmen möglich gewesen wären, die den Interessen des Berechtigten ebenso gut Rechnung getragen hätten oder ihm zumindest zumutbar gewesen wären. Die Rechtsprechung verlangt somit in Anwendung des Grundsatzes der Verhältnismäßigkeit (**Übermaßverbot**) ein vertretbares Verhältnis zwischen Fehlverhalten und Abmahnung, indem schwerwiegende Rechtsfolgen bei nur geringfügigen Rechtsverstößen vermieden werden sollen. Der Arbeitgeber soll im Rahmen der ihm zustehenden Freiheit der Meinungsäußerung (Art 5 Abs 1 GG) zunächst selbst entscheiden können, ob er ein Fehlverhalten des Arbeitnehmers missbilligen und ob er deswegen eine mündliche oder schriftliche Abmahnung erteilen will. Der Grundsatz der Verhältnismäßigkeit setzt zudem voraus, dass der Arbeitgeber eine Wahl zwischen verschiedenen Reaktionsmöglichkeiten hat (Ausweichprinzip). Eine Abmahnung ist aber nicht allein deswegen unzulässig, weil der Arbeitgeber auch über den erhobenen Vorwurf hinwegsehen könnte, denn damit würde er zwangsläufig zu erkennen geben, dass er an der Vertragspflichtverletzung keinen Anstoß nehme.[206]

281 Die Verhältnismäßigkeitsprüfung bezieht sich nach der Rechtsprechung des BAG[207] somit **nicht nur auf die Art und Weise der Abmahnung**, sondern auch darauf, ob die möglichen Nachteile für den Arbeitnehmer in einem vertretbaren Verhältnis zu dem die Abmahnung auslösenden Anlass stehen. Mit anderen Worten: Es wird eine **gewisse Intensität der Vertrags-**

---

203 Vgl Rn 260.
204 Vgl KR/Fischermeier § 626 BGB Rn 276.
205 Vgl BAG 20.8.2009 – 2 AZR 499/08 – NZA 2010, 227; 27.11.2008 – 2 AZR 675, 07 – NZA 2009, 842.
206 Vgl zu allem BAG 13.11.1991 – 5 AZR 74/91 – AP BGB § 611 Abmahnung Nr 7 zu II 1; 10.11.1993 – 7 AZR 682/92 – AP BetrVG 1972 § 78 Nr 4 zu 6; 31.8.1994 – 7 AZR 893/93 – AP BetrVG 1972 § 37 Nr 98 zu 3.
207 BAG 12.6.1986 – 6 AZR 559/84 – NZA 1987, 153 III 3.

pflichtverletzung vorausgesetzt.[208] Die mit der Androhung kündigungsrechtlicher Konsequenzen verbundene Bestandsgefährdung kann bei einer einmaligen verhältnismäßig geringfügigen Vertragspflichtverletzung einen unangemessenen Eingriff in die Rechtspositionen des Arbeitnehmers darstellen. Die Frage, ob ein verhältnismäßig geringfügiger Vertragsverstoß vorliegt, ist unter Berücksichtigung des in § 320 Abs 2 BGB enthaltenen allgemeinen Rechtsgedankens zu beantworten.[209] Es ist jedenfalls nicht erforderlich, dass das abgemahnte Fehlverhalten als Grundlage für eine Kündigung im Wiederholungsfall ausreicht. Ob eine Vertragspflichtverletzung den Arbeitgeber zur Kündigung berechtigt, kann erst im Rechtsstreit über die Kündigung selbst und nicht schon vorher abschließend beurteilt werden.[210] Die Auffassung, eine Abmahnung sei unverhältnismäßig, wenn das Fehlverhalten im Wiederholungsfall keine Kündigung rechtfertige,[211] verkennt, dass insbesondere bei geringfügigen Vertragspflichtverletzungen regelmäßig mehrere Abmahnungen erforderlich sein werden, um eine negative Prognose stellen zu können.[212]

ee) Kein Verschulden erforderlich. Nach ständiger Rechtsprechung des BAG reicht es aus, dass das abgemahnte Verhalten **objektiv vertragswidrig** ist. Darauf, ob das beanstandete Verhalten dem Arbeitnehmer auch subjektiv vorgeworfen werden kann, ihn also ein Verschulden trifft, soll es nicht ankommen.[213]   282

Richtig daran ist, dass eine Abmahnung auch bei unverschuldeten Vertragspflichtverletzungen die Rüge- und Warnfunktion erfüllen kann. Unterliegt der Arbeitnehmer einem unverschuldeten Rechtsirrtum, fehlt es zwar an einem schuldhaften Verhalten, die Abmahnung ist aber geeignet, dem Arbeitnehmer gegenüber zu verdeutlichen, dass eine Vertragspflichtverletzung vorliegt, die der Arbeitgeber künftig nicht hinzunehmen gewillt ist.[214] Das bedeutet aber nicht, dass ein unverschuldeter Verstoß gegen arbeitsvertragliche Pflichten in jedem Fall eine Abmahnung rechtfertigt. **Fehlt**   283

---

208 So auch KR/Fischermeier § 626 BGB Rn 279; vHH/L/Krause § 1 KSchG Rn 520; HK-KSchG/Dorndorf § 1 Rn 632, 637; Schaub NJW 1990, 872, 874.
209 Vgl vHH/L/Krause § 1 KSchG Rn 520, der zutr darauf hinweist, dass Verstöße gegen die vertragliche Hauptleistungspflicht des Arbeitnehmers, die geschuldete Arbeitsleistung zu erbringen, nur in besonderen Ausnahmefällen als geringfügig angesehen werden können, bspw wenn der Arbeitnehmer sich während der Arbeitszeit einen privaten Termin vormerkt oder sich kurz über private Angelegenheiten unterhält.
210 BAG 30.5.1996 – 6 AZR 537/95 – AP BGB § 611 Nebentätigkeit Nr 2 zu II 3 a; 13.11.1991 – 5 AZR 74/91 – AP BGB § 611 Abmahnung Nr 7 zu II; vHH/L/Krause § 1 KSchG Rn 521.
211 IdS LAG Düsseldorf 2.11.1990 – 9 Sa 1189/90 – LAGE BGB § 611 Abmahnung Nr 26.
212 Vgl Rn 266.
213 BAG 12.1.1988 – 1 AZR 219/86 – AP GG Art 9 Arbeitskampf Nr 90; 7.9.1988 – 5 AZR 625/87 – AP BGB § 611 Abmahnung Nr 2; 10.11.1988 – 2 AZR 215/88 – AP KSchG 1969 § 1 Abmahnung Nr 3; 30.5.1996 – 6 AZR 537/95 – AP BGB § 611 Nebentätigkeit; 11.12.2001 – 9 AZR 464/00 – NZA 2002, 965; KR/Fischermeier § 626 BGB Rn 254; SPV/Preis Rn 12; differenzierend HK-KSchG/Dorndorf § 1 Rn 639; zweifelnd APS/Dörner/Vossen § 1 KSchG Rn 398.
214 Vgl APS/Dörner/Vossen § 1 KSchG Rn 399 mwN sowie hier Rn 247.

es am Verschulden, kann eine Abmahnung unverhältnismäßig sein.[215] Nimmt der Arbeitnehmer zB nach einem genehmigten Urlaub die Arbeit nicht zum vorgesehenen Termin wieder auf, weil er wegen einer Naturkatastrophe den Urlaubsort nicht verlassen kann, liegt zwar objektiv ein Verstoß gegen die Arbeitspflicht vor, eine Abmahnung wäre aber eine unverhältnismäßige Maßnahme.

284 Die Warnfunktion kann regelmäßig nicht erfüllt werden, wenn ein objektiver Pflichtverstoß dem Arbeitnehmer deshalb subjektiv nicht vorwerfbar ist, weil er auf **personenbedingten Gründen** beruht. Eine Abmahnung ist mangels steuerbaren Verhaltens in diesen Fällen nicht geeignet, den Arbeitnehmer künftig zu einem objektiv vertragsgerechten Verhalten anzuhalten und daher nicht erforderlich.[216] Eine Abmahnung kann in diesen Fällen aber geeignet sein, weiter zur Klärung beizutragen, ob ein verhaltens- oder ein personenbedingter Grund für eine Kündigung gegeben ist.[217]

285 **ff) Vorherige Anhörung des Arbeitnehmers?** Im öffentlichen Dienst war das Anhörungsrecht der Arbeitnehmer zT tariflich geregelt (§ 13a MTL II, § 13 Abs 2 BAT). **§ 13 Abs 2 BAT** lautet:

„Der Angestellte muß über Beschwerden und Behauptungen tatsächlicher Art, die für ihn ungünstig sind oder ihm nachteilig werden können, vor Aufnahme in die Personalakten gehört werden. Seine Äußerung ist zu den Personalakten zu nehmen."

Hinweis: Der BAT wurde durch die Bestimmungen des TVöD (Kommunen und Bund) bzw des TV-L (Länder) ersetzt, die eine Anhörungspflicht vor Abmahnungserteilung nicht vorsehen. § 13 Abs 2 BAT kann aber in einzelnen Arbeitsverhältnissen noch kraft einzelvertraglicher Inbezugnahme Anwendung finden.

Nach der Rechtsprechung des BAG[218] hat der Arbeitnehmer einen Anspruch auf Entfernung einer unter Missachtung des Anhörungsrechts nach § 13 Abs 2 BAT in die Personalakte aufgenommenen Abmahnung. Danach kann dieser formelle Mangel nicht durch eine nachträgliche Anhörung des Arbeitnehmers in Form der Übersendung des zu den Akten genommenen Abmahnungsschreibens geheilt werden. Ebenso wenig muss sich der Arbeitnehmer auf sein Recht zur Gegendarstellung oder sein Recht zur Überprüfung der inhaltlichen Richtigkeit verweisen lassen. Die Abmahnung ist zunächst bis zur Durchführung der Anhörung aus der Personalakte zu entfernen; nach entsprechender Würdigung des Vorbringens des Arbeitnehmers kann der Vorgang ggf wieder zu den Akten genommen werden. Aus der formellen Unwirksamkeit und dem hieraus folgenden Entfernungsanspruch folgt aber nicht, dass die Abmahnung ihre Warnfunktion verliert und damit kündigungsrechtlich nicht mehr verwertbar ist. Auch eine wegen unterbliebener Anhörung des Arbeitnehmers nach § 13 Abs 2 Satz 1 BAT formell unwirksame Abmahnung entfaltet nach der Rechtsprechung

---

215 Zur Anwendbarkeit des Verhältnismäßigkeitsgrundsatzes bei der Erteilung von Abmahnungen vgl Rn 280 f.
216 Vgl Rn 229; vHH/L/Krause § 1 KSchG Rn 311 ff, 513.
217 Vgl KR/Fischermeier § 626 BGB Rn 273 mwN; aA APS/Dörner/Vossen § 1 KSchG Rn 400.
218 BAG 16.11.1989 – 6 AZR 64/88 – AP BAT § 13 Nr 2 zu II 5.

des BAG[219] die regelmäßig vor einer verhaltensbedingten Kündigung erforderliche Warnfunktion.

Ob im **Allgemeinen** eine Verpflichtung besteht, den Arbeitnehmer vor Erteilung einer Abmahnung anzuhören, ist umstritten. Eine entsprechende Verpflichtung des Arbeitgebers wird zT aus dem Anhörungs- und Erörterungsrecht gem § 82 BetrVG abgeleitet;[220] die fehlende Anhörung soll nicht nur einen Entfernungsanspruch begründen, sondern auch zur kündigungsrechtlichen Unbeachtlichkeit der Abmahnung führen.[221]   286

Dieser Auffassung ist nicht zu folgen. Nach § 82 Abs 1 BetrVG hat der Arbeitnehmer das Recht, in betrieblichen Angelegenheiten, die seine Person betreffen, von den hierfür zuständigen Personen gehört zu werden; er ist berechtigt, zu ihn betreffenden Maßnahmen des Arbeitgebers Stellung zu nehmen. Überdies kann er verlangen, dass mit ihm die Möglichkeiten seiner beruflichen Entwicklung im Betrieb erörtert werden, § 82 Abs 2 Satz 1 BetrVG. Diese Anhörungs- und Erörterungsrechte des Arbeitnehmers beziehen sich zwar auch auf Abmahnungen. Aus dem Gesetzeswortlaut ergibt sich aber nicht, dass diese Rechte vor der mündlichen oder schriftlichen Erteilung einer Abmahnung gewahrt sein müssten. In dieser Hinsicht besteht ein wesentlicher Unterschied zur Regelung des § 13 Abs 2 BAT, die ausdrücklich eine vorherige Anhörung fordert. Auch aus dem vom Arbeitgeber zu beachtenden Persönlichkeitsrecht des Arbeitnehmers kann eine vorherige Anhörung als Wirksamkeitsvoraussetzung der Abmahnung nicht abgeleitet werden. Das Persönlichkeitsrecht des Arbeitnehmers wird nicht durch eine fehlende vorherige Anhörung verletzt, sondern nur dann, wenn die mit der Abmahnung erhobenen Vorwürfe sachlich unberechtigt sind. Mit Ausnahme des Sonderfalls der Verdachtskündigung ist weder vor einer ordentlichen noch einer außerordentlichen Tatkündigung eine Anhörung des Arbeitnehmers zu den Kündigungsgründen erforderlich.[222] Für die außerordentliche Kündigung ergibt sich dies bereits aus dem Wortlaut des § 626 Abs 2 Satz 2 BGB, wonach der Kündigende dem anderen Teil auf Verlangen den Kündigungsgrund unverzüglich schriftlich mitteilen muss. Es wäre systemwidrig, bei der Abmahnung als Vorstufe zur Kündigung höhere Anforderungen an die Anhörungspflicht des Arbeitgebers zu stellen als bei der Kündigung selbst.   287

gg) Beteiligungsrechte des Betriebs- oder Personalrats bei Abmahnungen?   288
Die Abmahnung als Gläubigerrecht des Arbeitgebers unterliegt nicht dem

---

219 BAG 21.5.1992 – 2 AZR 551/91 – AP KSchG 1969 § 1 Verhaltensbedingte Kündigung Nr 28 zu II 3 c; Hinweis: Der BAT wurde durch die Bestimmungen des TVöD (Kommunen und Bund) bzw des TV-L (Länder) ersetzt, die eine Anhörungspflicht vor Abmahnungserteilung nicht vorsehen. § 13 Abs 2 BAT kann aber in einzelnen Arbeitsverhältnissen noch kraft einzelvertraglicher Inbezugnahme Anwendung finden.
220 Vgl KDZ/Deinert § 314 BGB Rn 96 mwN; Schaub NJW 1990, 872, 876.
221 Vgl HK-KSchG/Dorndorf § 1 Rn 645.
222 BAG 23.3.1972 – 2 AZR 226/71 – AP BGB § 626 Nr 63; 18.9.1997 – 2 AZR 36/97 – AP BGB § 626 Nr 138 zu II 2 a; KR/Fischermeier § 626 BGB Rn 31 f mwN, SPV/Preis Rn 536.

Mitbestimmungsrecht des Betriebsrats nach § 87 Abs 1 Nr 1 BetrVG[223] bzw des Personalrats nach § 75 Abs 3 Nr 15 BPersVG, auch wenn die mit der Abmahnung beanstandete Vertragspflichtverletzung einen Verstoß gegen die betriebliche Ordnung darstellt. Mitbestimmungspflichtig sind demgegenüber Betriebsbußen. Eine solche liegt vor, wenn die Erklärung des Arbeitgebers über die Geltendmachung seines Gläubigerrechts auf vertragsgemäßes Verhalten des Arbeitnehmers einschließlich der Androhung kündigungsrechtlicher Konsequenzen für den Wiederholungsfall hinausgeht und Strafcharakter annimmt, das beanstandete Verhalten also geahndet werden soll. Ob eine Rüge des Arbeitgebers als Abmahnung oder als Betriebsbuße anzusehen ist, muss im Zweifel durch Auslegung der Erklärung unter Berücksichtigung ihres Wortlauts, ihres Gesamtzusammenhangs und ihrer Begleitumstände ermittelt werden.[224]

289 Eine Regelung, nach der Abmahnungen entsprechend § 99 BetrVG der Mitbestimmung unterworfen sein sollen, kann nicht durch **Spruch der Einigungsstelle** gegen den Willen des Betriebsrats oder des Arbeitgebers erzwungen werden,[225] da es an der Regelungskompetenz der Einigungsstelle nach § 76 Abs 5 BetrVG fehlt. Möglich ist aber die Vereinbarung einer **freiwilligen Betriebsvereinbarung** nach § 88 BetrVG oder einer Dienstvereinbarung nach § 73 BPersVG, die das bei der Erteilung von Abmahnungen einzuhaltende Verfahren regeln und Beteiligungsrechte der Arbeitnehmervertretung begründen.

290 Eine gesetzliche Pflicht zur **Anhörung des Betriebs- oder Personalrats vor Erteilung der Abmahnung** besteht nach dem BetrVG bzw im Anwendungsbereich des BPersVG demnach nicht. Zu beachten ist aber, dass einige Landespersonalvertretungsgesetze – unterschiedlich ausgestaltete – Beteiligungsrechte des Personalrats bei der Erteilung von Abmahnungen vorsehen.[226] Als **Beispiele** seien genannt:

- Nach § 80 Abs 1 Nr 8 c) LPVG BW wirkt der Personalrat bei der Erteilung schriftlicher Abmahnungen mit, wenn der Beschäftigte dies beantragt; er ist von der beabsichtigten Abmahnung in Kenntnis zu setzen und auf sein Antragsrecht hinzuweisen. Im Rahmen der Mitwirkung ist dem Personalrat die beabsichtigte Abmahnung rechtzeitig bekanntzugeben und auf Verlangen mit ihm zu erörtern, § 72 Abs 1 LPVG BW.
- Nach § 78 Abs 2 Nr 15 RPPersVG besteht bei der Erteilung schriftlicher Abmahnungen ein Mitbestimmungsrecht des Personalrats, dh eine schriftliche Abmahnung kann nur mit Zustimmung des Personalrats erfolgen (§ 74 Abs 1 Satz 1 RPPersVG); eine schriftliche Abmahnung, bei der der Personalrat nicht oder nicht ordnungsgemäß beteiligt wurde, ist rechtswidrig, § 74 Abs 1 Satz 2 RPPersVG.

---

223 BAG 17.10.1989 – 1 ABR 100/88 – AP BetrVG 1972 § 87 Betriebsbuße Nr 12, 19.7.1983 – 1 AZR 307/81 – AP BetrVG 1972 § 87 Betriebsbuße Nr 5, 30.1.1979 – 1 AZR 342/76 – AP BetrVG 1972 § 87 Betriebsbuße Nr 2; vHH/L/ Krause § 1 KSchG Rn 531, KR/Fischermeier § 626 BGB Rn 278, HK-KSchG/ Dornforf § 1 Rn 586 f.
224 BAG 30.1.1979 – 1 AZR 342/76 – AP BetrVG 1972 § 87 Betriebsbuße Nr 2; 7.11.1979 – 5 AZR 962/77 – AP BetrVG 1972 § 87 Betriebsbuße Nr 3.
225 BAG 30.8.1995 – 1 ABR 4/95 – AP BetrVG 1972 § 87 Überwachung Nr 29.
226 Vgl Kammerer Rn 281 ff.

Ob die Abmahnung wegen Verletzung dieser Beteiligungsrechte unwirksam ist, richtet sich nach dem Inhalt der entsprechenden Regelungen der Landespersonalvertretungsgesetze. Soweit die Rechtsfolge der Unwirksamkeit gesetzlich nicht angeordnet ist (so bei § 80 LPVG BW) dürfte die Abmahnung jedenfalls die Warnfunktion behalten und zur Begründung einer negativen Prognose einer späteren verhaltensbedingten Kündigung herangezogen werden können. Auch eine nach §§ 78 Abs 2 Nr 15, 74 Abs 1 RPPersVG rechtswidrige schriftliche Abmahnung kann als mündliche Abmahnung Wirksamkeit entfalten. Es besteht eine zu der wegen fehlender Anhörung des Arbeitnehmers nach § 13 Abs 2 BAT formell unwirksamen schriftlichen Abmahnung vergleichbare Situation; die Verletzung dieser tariflichen Verfahrensvorschrift begründet einen Anspruch des Arbeitnehmers auf Entfernung der schriftlichen Abmahnung aus der Personalakte, ohne dass die Warnfunktion als solche entfiele.[227]

291

Richtet sich eine **Beschwerde des Arbeitnehmers** gegen eine Abmahnung, folgen die Beteiligungsrechte und -pflichten des Betriebsrats aus §§ 84 ff BetrVG. Der Betriebsrat ist verpflichtet, Beschwerden von Arbeitnehmern entgegenzunehmen und, falls er sie für berechtigt erachtet, beim Arbeitgeber auf Abhilfe hinzuwirken, § 85 Abs 1 BetrVG. Bestehen zwischen Betriebsrat und Arbeitgeber Meinungsverschiedenheiten über die Berechtigung der Abmahnung, hat der Betriebsrat kein Recht, nach § 85 Abs 2 Satz 1 BetrVG die Einigungsstelle anzurufen. Der Streit über die Berechtigung einer Abmahnung betrifft einen Rechtsanspruch des Arbeitnehmers, keine Regelungsstreitigkeit (vgl § 85 Abs 2 Satz 3 BetrVG).[228] Die Einigungsstelle ist in diesen Fällen offensichtlich unzuständig, weshalb das Arbeitsgericht keinen Einigungsstellenvorsitzenden nach §§ 98 ArbGG, 76 Abs 2 Satz 2 BetrVG bestellen kann. Dies gilt auch dann, wenn mit der Beschwerde eine Vorfrage aufgegriffen wird, die im Rahmen eines Verfahrens zur Entfernung der Abmahnung aus der Personalakte überprüft werden muss.[229]

292

Vor Ausspruch der **Kündigung** ist der Arbeitgeber nach § 102 Abs 1 BetrVG zur Anhörung des Betriebsrats verpflichtet (für den Bereich der Personalvertretung vgl § 79 Abs 1 Satz 1 iVm § 72 BPersVG, § 79 Abs 3 Satz 1 BPersVG bzw die entsprechenden Vorschriften der Landespersonalvertretungsgesetze iVm § 108 Abs 2 BPersVG). Der Arbeitgeber hat im

293

---

227 Vgl Rn 285; Hinweis: Der BAT wurde durch die Bestimmungen des TVöD (Kommunen und Bund) bzw des TV-L (Länder) ersetzt, die eine Anhörungspflicht vor Abmahnungserteilung nicht vorsehen. § 13 Abs 2 BAT kann aber in einzelnen Arbeitsverhältnissen noch kraft einzelvertraglicher Inbezugnahme Anwendung finden.
228 ErfK/Kania § 85 BetrVG Rn 5; LAG Hessen 3.11.2009 – 4 TaBV 185/09 – NZARR 2010, 359 mwN, das aber wegen der unter den verschiedenen LAGen umstrittenen Rechtsfrage die Einigungsstelle nicht für offensichtlich unzuständig ansah.
229 LAG Berlin 19.8.1988 – 2 TaBV 4/88 – LAGE ArbGG 1979 § 98 Nr 11; LAG Rheinland-Pfalz 17.1.1985 – 5 TaBv 36/84 – NZA 1985, 190; aA LAG Köln 16.11.1984 – 7 TaBV 40/84 – NZA 1985, 191; nach KDZ/Deinert § 314 BGB Rn 102 soll die Überprüfung einer Beschwerde gegen eine Abmahnung der Entscheidung durch die Einigungsstelle in dem Umfang zugänglich sein, in dem der Arbeitgeber ein nicht justiziabler Beurteilungsspielraum verbleibe.

Rahmen der Kündigungsanhörung die **Kündigungsgründe** mitzuteilen, wozu auch vorausgegangene **Abmahnungen** gehören, auf die der Arbeitgeber seine Kündigungsabsicht stützen will. In diesem Zusammenhang besteht bei verhaltensbedingten Kündigungen deshalb eine Verpflichtung des Arbeitgebers, den Betriebs- oder Personalrat – nachträglich – über Abmahnungen zu informieren.

294 **f) Abmahnungen gegenüber Betriebs- und Personalratsmitgliedern.** Eine Pflichtverletzung durch ein Betriebsratsmitglied (die nachfolgenden Ausführungen gelten sinngemäß für Funktionsträger der Personalvertretung) kommt als Gegenstand einer Abmahnung in Betracht, wenn es zumindest auch seine arbeitsvertraglichen Pflichten verletzt hat. Umgekehrt ist, wenn das Verhalten eines Arbeitnehmers zugleich auch eine Verletzung seiner Pflichten als Betriebsrat darstellt, eine Abmahnung wegen Verletzung seiner arbeitsvertraglichen Pflichten nicht ausgeschlossen. Ein Betriebsratsmitglied ist, abgesehen von der Arbeitsbefreiung wegen Betriebsratstätigkeit, ebenso zur Arbeitsleistung verpflichtet wie jeder andere Arbeitnehmer. Damit besteht auch hinsichtlich der Zulässigkeit einer Abmahnung unter diesem Gesichtspunkt kein Unterschied zu Arbeitnehmern, die kein Betriebsratsamt innehaben.[230] Bei Verstößen gegen Pflichten, die nicht zugleich eine Verletzung der Pflichten aus dem Arbeitsverhältnis darstellen, kommt indessen keine Kündigung und damit auch keine Kündigungsandrohung für den Wiederholungsfall, sondern nur ein Antrag nach § 23 Abs 1 BetrVG und damit auch nur die Inaussichtstellung eines solchen Antrags für den Wiederholungsfall in Betracht.[231]

295 **Einzelfälle:**

- Eine Abmahnung kann wegen **Teilnahme** eines nicht freigestellten Betriebsratsmitglieds **an einer Gerichtsverhandlung** berechtigt sein.[232] Die Teilnahme als Zuhörer einer Gerichtsverhandlung in Kündigungsschutzstreitigkeiten stellt grundsätzlich keine zur Arbeitsbefreiung nach § 37 Abs 2 BetrVG führende Betriebsratstätigkeit dar, da der Betriebsrat grundsätzlich nicht für die Wahrnehmung arbeitsvertraglicher Rechte der einzelnen Arbeitnehmer zu sorgen hat.[233] Eine betriebsverfassungsrechtliche Aufgabenstellung folgt auch nicht aus den Beteiligungsrechten bei Kündigungen nach § 102 BetrVG. Mit Abschluss des der Kündigung vorgeschalteten Anhörungsverfahrens endet das Beteiligungsrecht des Betriebsrats und die damit verbundene Aufgabe. Demzufolge kann die Teilnahme des Betriebsrats an Kündigungsschutzverfahren allenfalls dann zu dessen Amtsobliegenheiten gehören, wenn er davon ausgehen darf, dass er die dort zu erwartenden Informationen in weiteren, konkret anstehenden Anhörungsverfahren oder etwa in na-

---

230 BAG 15.7.1992 – 7 AZR 466/91 – AP BGB § 611 Abmahnung Nr 9 zu 2 b; 10.11.1993 – 7 AZR 682/92 – AP BetrVG 1972 § 78 Nr 4 zu 5 a; 31.8.1994 – 7 AZR 893/93 – AP BetrVG 1972 § 37 Nr 98 zu 2 a.
231 BAG 16.10.1986 – 2 ABR 71/85 – AP BGB § 626 Nr 95 zu II 4; 15.7.1992 – 7 AZR 466/91 – AP BGB § 611 Abmahnung Nr 9 zu 2 b; 10.11.1993 – 7 AZR 682/92 – AP BetrVG 1972 § 78 Nr 4 zu 5 a; 26.1.1994 – 2 AZR 640/92 – nv A II 2.
232 BAG 31.8.1994 – 7 AZR 893/93 – AP BetrVG 1972 § 37 Nr 98.
233 BAG 19.5.1983 – 6 AZR 290/81 – AP BetrVG 1972 § 37 Nr 44.

her Zukunft für die gezielte Wahrnehmung anderer gesetzlicher oder betriebsverfassungsrechtlicher Aufgaben einsetzen kann.[234] Nicht freigestellte Betriebsratsmitglieder sind nach § 37 Abs 2 BetrVG im Gegensatz zu freigestellten Betriebsratsmitgliedern nur aus konkretem Anlass vorübergehend von ihrer vertraglichen Arbeitsverpflichtung befreit. Nicht die Stellung als Mitglied des Betriebsrats, sondern allein die anlassbezogene gezielte Wahrnehmung einer betriebsverfassungsrechtlichen oder sonstigen gesetzlichen Aufgabe rechtfertigt die Arbeitsbefreiung. Demnach ist das Vorliegen von Amtsobliegenheiten im Falle einer Teilnahme an einer Gerichtsverhandlung zu verneinen, wenn sie lediglich der Erkenntnisgewinnung für ein bereits abgeschlossenes Beteiligungsverfahren nach § 102 BetrVG dient. Das gilt auch, soweit der Betriebsrat von der Teilnahme den Erhalt von Angaben über die allgemeine wirtschaftliche Lage des Unternehmens erwartet. Ein solcher Informationsanspruch unabhängig von den Aufgaben nach dem Betriebsverfassungsgesetz steht allein den Mitgliedern eines nach § 106 BetrVG gebildeten Wirtschaftsausschusses zu. Die Teilnahme als Zuhörer an einer Gerichtsverhandlung ist auch nicht deshalb eine Betriebsratstätigkeit, weil das Betriebsratsmitglied den Gerichtstermin aufgrund eines Beschlusses des Betriebsrats wahrnimmt. Durch einen Entsendungsbeschluss des Betriebsrats wird weder die Arbeitsbefreiung selbst bewirkt, noch wird das Betriebsratsmitglied von einer selbstständigen Überprüfung der Rechtslage hinsichtlich des Bestehens einer Betriebsratsaufgabe und deren Erforderlichkeit entlastet.

- Die Pflicht des Betriebsratsmitglieds, sich beim Arbeitgeber zum Zwecke der Ausführung von Betriebsratsaufgaben abzumelden (**Abmeldepflicht**) wie auch die Pflicht, sich nach Beendigung der Betriebsratstätigkeit während der Arbeitszeit wieder zurückzumelden (**Rückmeldepflicht**), beruht jedenfalls auch auf dem Arbeitsvertrag. Die Verletzung dieser Pflichten kann Gegenstand und Inhalt einer entsprechenden Abmahnung sein.[235]
- Die Abmahnung eines Betriebsratsmitglieds wegen Arbeitsverweigerung aufgrund einer nicht nach § 37 Abs 6 BetrVG erforderlichen **Schulungsteilnahme** ist jedenfalls dann berechtigt, wenn bei sorgfältiger objektiver Prüfung für jeden Dritten ohne weiteres erkennbar war, dass die Teilnahme an der Schulungsmaßnahme für dieses Betriebsratsmitglied nicht erforderlich war.[236]
- Die **Verteilung gewerkschaftlichen Werbematerials** durch ein freigestelltes Betriebsratsmitglied während der Arbeitszeit kann eine Abmahnung rechtfertigen.[237] Bei der Frage, ob die Abmahnung eine verhältnismäßige Reaktion des Arbeitgebers darstellt, ist zugunsten des Ar-

---

234 BAG 31.5.1989 – 7 AZR 277/88 – AP BetrVG 1972 § 38 Nr 9.
235 BAG 15.7.1992 – 7 AZR 466/91 – AP BGB § 611 Abmahnung Nr 9.
236 BAG 10.11.1993 – 7 AZR 682/92 – AP BetrVG 1972 § 78 Nr 4; das BAG hielt die Abmahnung im konkreten Fall für berechtigt, da das Betriebsratsmitglied eine Schulung über Gruppenarbeit in der Automobilindustrie besuchte, obwohl beim Arbeitgeber, einem Unternehmen des Kraftfahrzeughandels, keine Gruppenarbeit eingeführt war.
237 BAG 13.11.1991 – 5 AZR 74/91 – AP BGB § 611 Abmahnung Nr 7.

beitnehmers allerdings die durch Art 9 Abs 3 GG geschützte Koalitionsfreiheit von besonderer Bedeutung.²³⁸

296 g) Der Abmahnungsprozess. aa) Allgemeines; Rechtsgrundlage des Beseitigungsanspruchs. Der Arbeitnehmer kann Abmahnungen gerichtlich überprüfen lassen. Er hat insoweit ein Wahlrecht. Für den Arbeitnehmer besteht weder eine arbeitsvertragliche Nebenpflicht, noch eine entsprechende Obliegenheit, gegen die Richtigkeit einer Abmahnung gerichtlich vorzugehen. Sieht er davon ab, ist es ihm in einem späteren Kündigungsschutzprozess unbenommen, die Berechtigung der abgemahnten Pflichtwidrigkeiten zu bestreiten.²³⁹ Umgekehrt kann die Klagemöglichkeit gegen eine Abmahnung nicht deshalb verneint werden, weil der Arbeitnehmer die Berechtigung einer Abmahnung in einem späteren Kündigungsschutzprozess nachprüfen lassen kann. Eine missbilligende Äußerung des Arbeitgebers, also auch eine Abmahnung, kann bereits für sich genommen den Arbeitnehmer in seiner Rechtsstellung berühren. Die Beeinträchtigung durch eine Abmahnung liegt nicht nur darin, dass der Bestand des Arbeitsverhältnisses wegen der angedrohten kündigungsrechtlichen Folgen gefährdet sein kann. Vielmehr kann eine unberechtigte Abmahnung die Grundlage für eine falsche Beurteilung des Arbeitnehmers sein, wodurch sein berufliches Fortkommen behindert wird oder sich andere arbeitsrechtliche Nachteile für ihn ergeben können. Der Arbeitnehmer braucht auch hinsichtlich möglicher kündigungsrechtlicher Folgen einer Abmahnung nicht abzuwarten, ob sich insoweit Auswirkungen ergeben. Er kann vielmehr klären lassen, ob eine erteilte Abmahnung zu Recht als mögliche Voraussetzung für eine Kündigung seine Rechtsstellung beeinträchtigt oder ob sein Verhalten zu Unrecht beanstandet wurde.²⁴⁰ Die Klagemöglichkeit gegen eine Abmahnung wird auch nicht dadurch ausgeschlossen, dass der Arbeitnehmer nach § 83 Abs 2 BetrVG berechtigt ist, eine Gegendarstellung zur Personalakte zu reichen. Das Recht auf Gegendarstellung besteht neben dem im Klageweg durchsetzbaren Recht des Arbeitnehmers, eine Abmahnung gerichtlich überprüfen zu lassen.²⁴¹

297 Will der Arbeitnehmer gegen eine Abmahnung gerichtlich vorgehen, muss er **keine Klagefrist** beachten; insbesondere ist die Klagefrist nach § 4 Satz 1 KSchG nicht entsprechend auf die Abmahnungsklage anwendbar. **Tarifliche Ausschlussfristen** sind ebenfalls nicht einzuhalten. Es handelt sich zwar um einen Anspruch aus dem Arbeitsverhältnis, der aber immer neu entsteht, solange sich die Abmahnung in der Personalakte befindet.²⁴² Dies ist auch für die Fälle, in denen die schriftliche Abmahnung nicht in die Perso-

---

238 BVerfG 14.11.1995 – 1 BvR 601/92 – AP Nr 80 zu Art 9 GG (im Anschluss an BAG 13.11.1991, vgl die vorherige Fn).
239 BAG 13.3.1987 – 7 AZR 601/85 – AP KSchG 1969 § 1 Verhaltensbedingte Kündigung Nr 18.
240 BAG 5.8.1992 – 5 AZR 531/91 – AP BGB § 611 Abmahnung Nr 8 zu 1 a.
241 BAG 27.11.1985 – 5 AZR 101/84 – AP BGB § 611 Fürsorgepflicht Nr 93 zu I 5.
242 BAG 14.12.1994 – 5 AZR 137/94 – AP BGB § 611 Abmahnung Nr 15 zu I 2 b unter Aufgabe von BAG 8.2.1989 – 5 AZR 47/88 – RzK I 1 Nr 48; die Entscheidung ist zur Ausschlussfrist nach § 70 BAT ergangen, dürfte aber für alle tariflichen und vertraglichen Ausschlussfristen zu verallgemeinern sein, die sich auf Ansprüche aus dem Arbeitsverhältnis beziehen.

nalakte aufgenommen worden ist. Bei mündlichen Abmahnungen[243] entsteht der Beseitigungsanspruch ebenfalls immer neu, solange die Abmahnung noch kündigungsrechtliche Wirkung entfaltet.

Die **Rechtsgrundlage** des Beseitigungsanspruchs des Arbeitnehmers gegen ungerechtfertigte Abmahnungen folgt nach ständiger Rechtsprechung des BAG aus §§ 242, 1004 BGB analog.[244] Das BAG begründet den Anspruch auf Entfernung und Widerruf unberechtigter Abmahnungen mit der aus dem Grundsatz von Treu und Glauben (§ 242 BGB) abzuleitenden allgemeinen **Fürsorgepflicht**, die den Arbeitgeber verpflichtet, das allgemeine Persönlichkeitsrecht des Arbeitnehmers in Bezug auf Ansehen, soziale Geltung und berufliches Fortkommen zu beachten. Aus dieser Begründung lässt sich nur ein vertraglicher Beseitigungsanspruch herleiten. Bei einem objektiv rechtswidrigen Eingriff in das Persönlichkeitsrecht des Arbeitnehmers ist aber auch ein gesetzlicher, **quasi-negatorischer Abwehranspruch** aus §§ 823 Abs 1, 1004 Abs 1 BGB analog bzw §§ 12, 862, 1004 Abs 1 BGB analog gegeben. Daneben besteht der vertragliche Beseitigungsanspruch wegen Verletzung der Nebenpflicht des Arbeitgebers, das Persönlichkeitsrecht des Arbeitnehmers nicht durch unberechtigte Abmahnungen zu beeinträchtigen.[245]

298

Auch **mündliche Abmahnungen** können Gegenstand einer gerichtlichen Überprüfung sein. Ob durch eine Abmahnung das Persönlichkeitsrecht des Arbeitnehmers beeinträchtigt ist, bestimmt sich nicht nach formellen Gesichtspunkten, sondern nach materiellem Recht.[246] Die Gegenauffassung,[247] die darauf abstellt, dass die Rechtsstellung des Arbeitnehmers durch mündliche Abmahnungen nicht nachhaltig beeinträchtigt sei, ist unzutreffend. Schriftliche Abmahnungen mögen zwar, da sie dokumentiert sind, eher als Grundlage für die Beurteilung des Arbeitnehmers herangezogen werden können; hinsichtlich der kündigungsrechtlichen Wirkung der Warnfunktion besteht aber kein Unterschied zwischen mündlichen und schriftlichen Abmahnungen. Auch aus der Rechtsprechung des BAG kann nicht gefolgert werden, dass ein Rechtsschutz gegen mündliche Abmahnungen nicht möglich sei. Die Entscheidungen des BAG beziehen sich, soweit ersichtlich, ausschließlich auf Sachverhalte, in denen die Abmahnungen schriftlich erteilt und zur Personalakte genommen wurden. Als Oberbegriff nennt das BAG allgemein die „missbilligende Äußerung" des Arbeitgebers, ohne in diesem Zusammenhang danach zu differenzieren, ob die Äußerung schriftlich oder mündlich erfolgte.[248] Eine Klage auf Entfer-

299

---

243 Vgl hierzu Rn 270.
244 ZB BAG 19.7.2012 – 2 AZR 782/11 – NZA 2013, 91; 27.11.2008 – 2 AZR 675/07 – NZA 2009, 842; 30.5.1996 – 6 AZR 537/95 – AP BGB § 611 Nebentätigkeit Nr 2.
245 BAG 27.11.1985 – 5 AZR 101/84 – NZA 1986, 227.
246 Vgl Fromm DB 1989, 1409, 1412; Germelmann RdA 1977, 75 ff; HK-KSchG/Dorndorf § 1 Rn 676.
247 ZB Schmid NZA 1985, 409, 413.
248 BAG 27.11.1985 – 5 AZR 101/84 – AP BGB § 611 Fürsorgepflicht Nr 93 zu I 4; 30.5.1996 – 6 AZR 537/95 – AP BGB § 611 Nebentätigkeit Nr 2 zu II 1.

nung der mündlichen Abmahnung scheidet allerdings schon begrifflich aus; möglich ist aber eine Widerrufsklage.[249]

300 **bb) Klage auf Entfernung der Abmahnung aus der Personalakte.** Beseitigungsansprüche gegen unberechtigte Abmahnungen werden in der Praxis idR mit der sog **Entfernungsklage** verfolgt. Voraussetzung ist zunächst, dass die Abmahnung **schriftlich** erteilt und vom Arbeitgeber **zur Personalakte**[250] genommen wurde. Der Arbeitgeber hat dafür Sorge zu tragen, dass die Personalakte ein zutreffendes Bild des Arbeitnehmers in dienstlicher und persönlicher Hinsicht vermittelt. Der Arbeitnehmer kann daher nicht nur die Entfernung (der Durchschrift, Mehrfertigung) unberechtigter schriftlicher Rügen, Verwarnungen und Abmahnungen aus der Personalakte verlangen, sondern auch die Entfernung eines Schreibens, mit dem der Arbeitgeber zu Unrecht eine Abmahnung erst **androht**. Auch ein solches Schreiben ist, wenn es in die Personalakten aufgenommen wird, geeignet, den Arbeitnehmer in seinem Fortkommen zu beeinträchtigen.[251] Der Klageauftrag lautet zB:

▶ Die Beklagte wird verurteilt, die Mehrfertigung der Abmahnung/des Schreibens vom … aus der Personalakte des Klägers zu entfernen. ◀

301 Nach der **Rechtsprechung des BAG**[252] ist der Anspruch auf Entfernung einer Abmahnung begründet, wenn

- die Abmahnung formell nicht ordnungsgemäß zustande gekommen ist,[253]
- der Grundsatz der Verhältnismäßigkeit verletzt ist,[254]
- kein schutzwürdiges Interesse des Arbeitgebers am Verbleib der Abmahnung in der Personalakte mehr besteht,[255]
- die Abmahnung unrichtige Tatsachenbehauptungen enthält,[256]
- die Abmahnung auf einer unzutreffenden rechtlichen Bewertung des Verhaltens des Arbeitnehmers beruht,[257] oder
- die Abmahnung abwertende Äußerungen über den Arbeitnehmer enthält,[258] sowie
- die Abmahnung statt eines konkret bezeichneten Fehlverhaltens nur pauschale Vorwürfe enthält.[259]

302 Eine wegen Verfahrensmängeln **formell rechtswidrige Abmahnung** hat der Arbeitgeber auf Verlangen des Arbeitnehmers aus der Personalakte zu entfernen. Grundsätzlich bedarf die Abmahnung weder einer bestimmten

---

249 Vgl Rn 309; zur Zulässigkeit der Feststellungsklage vgl Rn 312.
250 Zum Begriff der Personalakte vgl BAG 19.7.2012 – 2 AZR 782/11 – NZA 2013.
251 BAG 18.1.1996 – 6 AZR 314/95 – AP BGB § 242 Auskunftspflicht Nr 25 zu II 2.
252 Vgl die zusammenfassende Darstellung in BAG 19.7.2012 – 2 AZR 782/11 – NZA 2013, 91; 27.11.2008 – 2 AZR 675/07 – NZA 2009, 842; 27.11.1985 – 5 AZR 101/84 – AP BGB § 611 Fürsorgepflicht Nr 93; 30.5.1996 – 6 AZR 537/95 – AP BGB § 611 Nebentätigkeit Nr 2.
253 Vgl Rn 302.
254 Vgl Rn 303.
255 Vgl Rn 304.
256 Vgl Rn 305.
257 Vgl Rn 306.
258 Vgl Rn 307.
259 BAG 27.11.2008 – 2 AZR 675/05 – NZA 2009, 842.

Form noch der Einhaltung eines bestimmten Verfahrens. Nur ausnahmsweise ist ein bestimmtes Verfahren nach gesetzlichen (zB aufgrund besonderer, in verschiedenen Landespersonalvertretungsgesetzen vorgesehener Beteiligungsrechte des Personalrats)[260] oder tariflichen Vorschriften einzuhalten. Nimmt ein Arbeitgeber des öffentlichen Dienstes eine schriftliche Abmahnung zu den Personalakten, ohne den Angestellten zuvor gem § 13 Abs 2 Satz 1 BAT zu Vorwürfen angehört zu haben, hat der Angestellte wegen Verletzung einer Nebenpflicht einen schuldrechtlichen Anspruch auf Entfernung der Abmahnung aus den Personalakten.[261] Die kündigungsrechtliche Warnfunktion bleibt aber bestehen.[262]

Auch eine auf zutreffenden Tatsachen und einer zutreffenden rechtlichen Würdigung beruhende, aber **unverhältnismäßige Abmahnung** ist unwirksam und daher aus der Personalakte zu entfernen. Die Abmahnung muss in einem vertretbaren Verhältnis zur Vertragspflichtverletzung stehen. Es ist aber nicht erforderlich, dass das Fehlverhalten im Wiederholungsfall schon eine Kündigung rechtfertigen könnte.[263]

303

Ein Entfernungsanspruch kann im Hinblick auf eine zu Recht erteilte Abmahnung bestehen, wenn der Arbeitgeber **kein schutzwürdiges Interesse an der weiteren Aufbewahrung** in der Personalakte mehr hat. Das kann nur in Ausnahmefällen angenommen werden. Der bloße Zeitablauf ist nicht ausreichend. Auch der Wegfall der kündigungsrechtlichen Wirkung der Abmahnung rechtfertigt für sich betrachtet noch keinen Entfernungsanspruch. Vielmehr muss eine **Interessenabwägung im Einzelfall** zu dem Ergebnis führen, dass die weitere Aufbewahrung zu unzumutbaren beruflichen Nachteilen für den Arbeitnehmer führen könnte, obwohl der beurkundete Vorgang für das Arbeitsverhältnis rechtlich bedeutungslos geworden ist.[264] Der Entfernungsanspruch besteht danach nur dann, wenn die Abmahnung für die Durchführung des Arbeitsverhältnisses unter keinem rechtlichen Aspekt mehr relevant sein kann und das abgemahnte Verhalten für das Arbeitsverhältnis in jeder Hinsicht rechtlich bedeutungslos geworden ist.[265] Solange die Abmahnung für die weitere berufliche Beurteilung und Entwicklung des Arbeitnehmers (beruflicher Aufstieg, Versetzung, Zeugnis) oder für die im Zusammenhang mit einer möglichen späteren Kündigung erforderlich werdende Interessenabwägung wichtig sein kann, ist eine Entfernungsklage unbegründet. Zudem kann der Arbeitgeber ein

304

---

260 Vgl Rn 290.
261 BAG 16.11.1989 – 6 AZR 64/88 – AP BAT § 13 Nr 2 zu II 5; vgl Rn 256: Hinweis: Der BAT wurde durch die Bestimmungen des TVöD (Kommunen und Bund) bzw des TV-L (Länder) ersetzt, die eine Anhörungspflicht vor Abmahnungserteilung nicht vorsehen. § 13 Abs 2 BAT kann aber in einzelnen Arbeitsverhältnissen noch kraft einzelvertraglicher Inbezugnahme Anwendung finden.
262 BAG 19.2.2009 – 2 AZR 603/07 – NZA 2009, 894; 21.5.1992 – 2 AZR 551/91 – AP KSchG 1969 § 1 Verhaltensbedingte Kündigung Nr 28 zu II 3 c; vgl Rn 245.
263 Einzelheiten zur Verhältnismäßigkeit der Abmahnung mit Nachweisen aus Rspr und Lit vgl Rn 280 f.
264 BAG 19.7.2012 – 2 AZR 782/11 – NZA 2013, 91; 8.2.1989 – 5 AZR 40/88 – RzK I 1 Nr 47; 13.4.1988 – 5 AZR 537/86 – AP BGB § 611 Fürsorgepflicht Nr 100 zu III; vgl auch Rn 278.
265 BAG 19.7.2012 – 2 AZR 782/11 – NZA 2013, 91; Kreft FS Etzel [2011] S. 225, 235; Waldenfels ArbR 2012, 209, 212.

berechtigtes Interesse an der Dokumentation haben, bestimmte arbeitsvertragliche Pflichten durch die Abmahnung klargestellt zu haben.[266] Obwohl eine Abmahnung, deren Warnfunktion entfallen ist, in einem späteren Kündigungsschutzverfahren bei der Interessenabwägung von Bedeutung sein kann,[267] besteht nicht per se ein berechtigtes Interesse des Arbeitgebers an deren dauerhaftem Verbleib in der Personalakte.[268] Das Dokumentationsinteresse entfällt, wenn eine lange zurückliegende, nicht schwerwiegende Pflichtverletzung sich durch beanstandungsfreies Verhalten tatsächlich erledigt hat und deshalb im Rahmen der Interessenabwägung bei der Beurteilung der Wirksamkeit einer etwaigen späteren Kündigung keine Rolle mehr spielen kann.[269]

305 Eine Abmahnung, die **falsche Tatsachenbehauptungen** enthält, ist rechtswidrig. Hat sich der Arbeitnehmer überhaupt nicht so verhalten, wie es ihm in der Abmahnung vorgeworfen wird, fehlt es an einer objektiven Vertragspflichtverletzung; sowohl die Rüge als auch die Warnung sind daher unberechtigt. Eine sachlich ungerechtfertigte Abmahnung ist aus der Personalakte zu entfernen, da sie geeignet ist, den Arbeitnehmer in seiner Rechtsstellung zu beeinträchtigen. Wegen der angedrohten kündigungsrechtlichen Folgen kann sie den Bestand des Arbeitsverhältnisses gefährden und Grundlage für eine falsche Beurteilung sein, wodurch das berufliche Fortkommen des Arbeitnehmers behindert wird oder sich andere arbeitsrechtliche Nachteile ergeben können.[270] Inhaltlich unrichtig ist eine Abmahnung auch dann, wenn in ihr der zugrunde liegende, an sich zutreffende Sachverhalt unvollständig dargestellt ist und deshalb ein unrichtiger Eindruck über das Verhalten des Arbeitnehmers entsteht.[271] Werden in einem Abmahnungsschreiben mehrere Vertragspflichtverletzungen gleichzeitig gerügt (sog **Sammelabmahnung**), von denen aber nur einzelne zutreffen, ist es vollständig aus der Personalakte zu entfernen.[272] Das Abmahnungsschreiben kann nicht teilweise aufrechterhalten und insoweit vom Gericht neu gefasst werden.[273] Ob eine Abmahnung ausnahmsweise auch dann die kündigungsrechtliche Warnfunktion erfüllen kann, wenn sie in der Sache nicht gerechtfertigt ist, hat das BAG offen gelassen.[274] Voraussetzung wäre jedenfalls, dass der Arbeitnehmer aus der unberechtigten Abmahnung erkennen kann, welches Verhalten der Arbeitgeber erwartet und

---

266 BAG 19.7.2012 – 2 AZR 782/11 – NZA 2013, 91.
267 Vgl BAG 7.7.2011 – 2 AZR 355/10 – NZA 2011, 1412; 10.6.2010 – 2 AZR 541/09 – NZA 2010, 1227.
268 So aber Kleinebrink BB 2011, 2617, 2622; Ritter DB 2011, 175, 176 f; Schrader NZA 2011, 180, 181; KR/Fischermeier § 626 BGB Rn 284; APS/Dörner/Vossen § 1 KSchG Rn 424.
269 BAG 19.7.2012 – 2 AZR 782/11 – NZA 2013, 91.
270 BAG 5.8.1992 – 5 AZR 531/91 – NZA 1993, 838; 27.11.1985 – 5 AZR 101/94 – AP BGB § 611 Fürsorgepflicht Nr 93 zu I 4.
271 BAG 11.6.1997 – 7 AZR 229/96 – ZTR 1997, 524.
272 BAG 19.2.2009 – 2 AZR 603/07 – NZA 2009, 894; 5.8.1992 – 5 AZR 531/91 – NZA 1993, 838.
273 BAG 13.3.1991 – 5 AZR 133/90 – AP BGB § 611 Abmahnung Nr 5 zu II; zur Warnfunktion in solchen Fällen vgl Rn 246.
274 BAG 23.6.2009 – 2 AZR 283/08 – AP KSchG 1969 § 1 Abmahnung Nr 5.

welches Fehlverhalten er als so schwerwiegend ansieht, dass es ihm aus seiner Sicht Anlass zur Beendigung des Arbeitsverhältnisses geben werde.[275]

Eine zwar auf zutreffender Tatsachengrundlage, aber auf einer **rechtlich unrichtigen Bewertung beruhende Abmahnung** ist ebenfalls geeignet, den Arbeitnehmer in seiner Rechtsstellung zu beeinträchtigen.[276] Eine wirksame Abmahnung setzt eine objektive Vertragspflichtverletzung voraus. Hieran fehlt es, wenn der Arbeitgeber ein bestimmtes Verhalten des Arbeitnehmers als Vertragsverstoß ansieht, obwohl der Arbeitnehmer objektiv keine Pflichtverletzung darstellt. Das dürfte regelmäßig bei einer Abmahnung der Fall sein, mit der ein außerdienstliches Verhalten[277] des Arbeitnehmers gerügt wird. Eine Abmahnung beruht bspw auf einer unzutreffenden rechtlichen Bewertung des Verhaltens des Arbeitnehmers, wenn der Arbeitgeber den Arbeitnehmer damit auffordert, „durchschnittliche Produktionsergebnisse" zu erzielen, weil keine Verpflichtung besteht, bestimmte Erfolge zu erzielen, sondern die persönliche Leistungsfähigkeit auszuschöpfen.[278] Der Arbeitnehmer kann die Entfernung der Abmahnung allerdings dann nicht verlangen, wenn sich die fehlerhafte Bewertung des Arbeitgebers ausschließlich auf die Frage des Verschuldens bezieht. Es kommt grundsätzlich nicht darauf an, ob das beanstandete Fehlverhalten dem Arbeitnehmer auch subjektiv vorwerfbar ist.[279]

306

Der Arbeitgeber ist verpflichtet, das allgemeine Persönlichkeitsrecht des Arbeitnehmers auch in Bezug auf dessen Ansehen und soziale Geltung zu beachten. Daher kann der Arbeitnehmer bei einem objektiv rechtswidrigen Eingriff in sein Persönlichkeitsrecht durch eine Abmahnung mit **abwertendem Inhalt** deren Entfernung aus der Personalakte verlangen.[280] Eine Abmahnung ist sachlich zu formulieren. Enthält sie **beleidigende Äußerungen** über den Arbeitnehmer, stellt sie eine unangemessene Reaktion auf die beanstandete Vertragspflichtverletzung dar.

307

Der Anspruch auf Entfernung einer zu Unrecht erteilten Abmahnung aus der Personalakte steht dem Arbeitnehmer auch über das **Ende des Arbeitsverhältnisses** zu, ohne dass hierfür ein konkretes berechtigtes Interesse bestehen muss. Gem § 241 Abs 2 BGB iVm Art 2 Abs 1 und Art 1 Abs 1 GG hat der ausgeschiedene Arbeitnehmer unter dem Gesichtspunkt des Grundrechts auf informationelle Selbstbestimmung einen Anspruch gegen seinen früheren Arbeitgeber auf Einsicht in seine Personalakten angenommen.[281] Dieser nachvertragliche Anspruch setzt seit Änderung des BDSG durch das „Gesetz zur Änderung datenschutzrechtlicher Vorschriften" vom 14. August 2009 (BGBl I S 2814) nicht mehr die Darlegung eines konkreten be-

308

---

275 KR/Fischermeier § 626 BGB Rn 275.
276 BAG 13.12.1989 – 5 AZR 10/89 – RzK I 1 Nr 57; 30.5.1996 – 6 AZR 537/95 – AP BGB § 611 Nebentätigkeit Nr 2 zu II 1.
277 Vgl dazu Rn 404.
278 BAG 27.11.2008 – 2 AZR 675/07 – NZA 2009, 842 mwN.
279 Vgl Rn 282.
280 BAG 27.11.1985 – 5 AZR 101/94 – AP BGB § 611 Fürsorgepflicht Nr 93 zu I 3 b; 15.1.1986 – 5 AZR 70/84 – AP BGB § 611 Fürsorgepflicht Nr 96.
281 BAG 16.11.2010 – 9 AZR 573/09 – NZA 2011, 453.

rechtigten Interesses an der Akteneinsicht voraus.[282] Diese Grundsätze sind auf den Anspruch auf Entfernung von Abmahnungen nach Beendigung des Arbeitsverhältnisses zu übertragen.[283]

309   cc) **Klage auf Widerruf der Abmahnung.** Nach ständiger Rechtsprechung des BAG kann die Klage auf Entfernung der Abmahnung aus der Personalakte mit einer Klage auf Widerruf der Abmahnung im Wege der objektiven Klagehäufung nach § 260 ZPO verbunden werden. Möglich ist es auch, die Klage nur auf Widerruf zu richten.[284]

Häufig wird der **Klageantrag** wie folgt formuliert:

▶ Die Beklagte wird verurteilt, die Abmahnung zurückzunehmen und aus der Personalakte zu entfernen. ◀

Ob mit einem solchen Antrag (auch) ein formeller Widerruf der Abmahnung bzw der in ihr erhobenen Vorwürfe begehrt wird, ist durch **Auslegung** anhand der Klagebegründung zu ermitteln.[285] Der Kläger muss allerdings angeben, wem gegenüber der Widerruf erfolgen soll. Eine Widerrufsklage kann jedenfalls dann geführt werden, wenn die Abmahnung **Dritten** bekannt gegeben worden ist. Hat der Arbeitgeber das Abmahnungsschreiben zB am „Schwarzen Brett" betriebsöffentlich ausgehängt, kann der Arbeitnehmer verlangen, dass der Widerruf in gleicher Weise erfolgt. Das BAG[286] beschränkt den Widerrufsanspruch nicht auf die Fälle, in denen der Arbeitgeber die Abmahnung Dritten zur Kenntnis gebracht hat. Möglich ist es danach auch, dass der Arbeitnehmer die Abgabe der **Widerrufserklärung an sich selbst** fordert.[287]

310   Ein Widerrufsanspruch setzt, ebenso wie der Entfernungsanspruch, voraus, dass der Arbeitnehmer durch die Abmahnung in seiner Rechtsstellung beeinträchtigt ist (Bestandsgefährdung aufgrund der kündigungsrechtlichen Wirkung, Beeinträchtigung des beruflichen Fortkommens, Verletzung des Persönlichkeitsrechts), ferner muss die Rechtsbeeinträchtigung andauern und durch den begehrten Widerruf auch beseitigt werden können.[288] Unter den genannten Voraussetzungen kann der Arbeitnehmer auch nach Entfernung einer schriftlichen Abmahnung aus der Personalakte einen Anspruch auf Widerruf der in der Abmahnung enthaltenen Erklärungen gerichtlich

---

282 BAG 16.11.2010 – 9 AZR 573/09 – NZA 2011, 453 unter Abänderung seiner früheren Rspr (vgl hierzu BAG 11.5.1994 – 5 AZR 660/93 – EzBAT § 13 BAT Nr 30).
283 APS/Dörner/Vossen § 1 KSchG Rn 418; KR/Fischermeier § 1 KSchG Rn 283; LAG Berlin-Brandenburg 18.7.2011 – 10 Ta 1325/11; aA LAG Rheinland-Pfalz 12.12.2012 – 8 Sa 379/12; die bis zur 4. Aufl vertretene Auffassung wird nicht aufrechterhalten (vgl zur früheren Rechtslage BAG 14.9.1994 – 5 AZR 632/93 – NZA 1995, 220).
284 BAG 21.2.1979 – 5 AZR 568/77 – AP BGB § 847 Nr 13 zu B I 1; 27.11.1985 – 5 AZR 101/84 – AP BGB § 611 Fürsorgepflicht Nr 93 zu I 3 b; 15.1.1986 – 5 AZR 70/84 – AP BGB § 611 Fürsorgepflicht Nr 96 zu B I 2; 13.12.1989 – 5 AZR 10/89 – RzK I 1 Nr 57; 15.4.1999 – 7 AZR 716/97 – AP BGB § 611 Abmahnung Nr 22 zu I 3 a.
285 BAG 19.7.2012 – 2 AZR 782/11 – NZA 2013, 91.
286 S die Rechtsprechungshinweise in Fn 284.
287 AA HK-KSchG/Dorndorf § 1 Rn 677.
288 BAG 15.4.1999 – 7 AZR 716/97 – AP BGB § 611 Abmahnung Nr 22.

geltend machen.[289] Für den Widerruf schriftlicher Abmahnungen kann im Übrigen grundsätzlich auf die Ausführungen zur Entfernungsklage[290] verwiesen werden.

Ein **Widerrufsanspruch gegenüber einer mündlichen Abmahnung** kommt in Betracht, wenn mit dieser unrichtige Tatsachenbehauptungen aufgestellt wurden,[291] sie auf einer unzutreffenden rechtlichen Bewertung des Verhaltens des Arbeitnehmers beruht,[292] sie in abwertender Art und Weise erfolgte[293] oder der Verhältnismäßigkeitsgrundsatz verletzt ist.[294] Bei mündlichen Abmahnungen wird eine Beeinträchtigung des beruflichen Fortkommens im Hinblick auf künftige Leistungsbeurteilungen regelmäßig nicht im Vordergrund stehen, da der Vertragsverstoß nicht dokumentiert ist und dem Arbeitgeber nicht als verkörperte Beurteilungsgrundlage zur Verfügung steht. Eine anhaltende Beeinträchtigung der Rechtsstellung liegt aber jedenfalls für die Dauer der kündigungsrechtlichen Warnfunktion vor. 311

dd) Klage auf Feststellung der Unwirksamkeit der Abmahnung. Eine Klage auf Feststellung der Unwirksamkeit einer Abmahnung ist **unzulässig**. Nach § 256 Abs 1 ZPO muss sich die beantragte Feststellung auf ein **Rechtsverhältnis** beziehen. Die Abmahnung stellt eine geschäftsähnliche Äußerung bzw eine rechtsähnliche Handlung und damit eine **Tatsache** dar. Ein auf Feststellung von Tatsachen gerichteter Antrag ist aber nicht zulässig.[295] Aus diesem Grund ist auch umgekehrt eine Klage des Arbeitgebers auf Feststellung, dass eine bestimmte Abmahnung wirksam sei, unzulässig.[296] 312

ee) Darlegungs- und Beweislast im Abmahnungsprozess. Im Kündigungsschutzprozess trägt der Arbeitgeber nach § 1 Abs 2 Satz 4 KSchG die Darlegungslast- und Beweislast für die Tatsachen, die die Kündigung bedingen. Hierzu zählen auch die Erteilung einer kündigungsrechtlich erheblichen Abmahnung und die ihre Rechtswirksamkeit begründenden Tatsachen. Teilweise (insbesondere bei denkbaren Rechtfertigungsgründen) sind die Grundsätze der abgestuften Darlegungslast zu beachten.[297] Diese Verteilung der Darlegungs- und Beweislast gilt auch im Abmahnungsprozess,[298] 313

---

289 BAG 15.4.1999 – 7 AZR 716/97 – AP BGB § 611 Abmahnung Nr 22.
290 Vgl Rn 300 ff.
291 Vgl Rn 305.
292 Vgl Rn 306.
293 Vgl Rn 307.
294 Vgl Rn 303.
295 BAG 17.10.1989 – 1 ABR 100/88 – AP BetrVG 1972 § 87 Betriebsbuße Nr 12 zu B I 1: Antrag auf Feststellung der Rechtsunwirksamkeit einer schriftlichen Rüge; 18.1.1996 – 6 AZR 314/95 – AP BGB § 242 Auskunftspflicht Nr 25 zu II 1; Schaub NJW 1990, 872, 877; aA Fromm DB 1989, 1409, 1415; HK-KSchG/Dorndorf § 1 Rn 696.
296 Nach § 256 Abs 1 ZPO zulässig ist demgegenüber der Antrag des Arbeitgebers auf Feststellung, dass er berechtigt sei, eine bestimmte Abmahnung in der Personalakte des Arbeitnehmers zu verwahren, wenn dieser die Wirksamkeit der Abmahnung „betriebsöffentlich" bestreitet.
297 Vgl Rn 329 ff.
298 Vgl BAG 27.11.2008 – 2 AZR 675/07 – NZA 2008, 842; mittelbar BAG 27.11.1985 – 5 AZR 101/84 – AP BGB § 611 Fürsorgepflicht Nr 93 zu III 2 und 11.6.1986 – 5 AZR 635/85 – nv, zu 3; HK-KSchG/Dorndorf § 1 Rn 699; vHH/L/Krause § 1 KSchG Rn 558 ff.

da es sich bei der Abmahnung um eine Vorstufe zur Kündigung bzw einen Bestandteil einer evtl späteren Kündigung handelt.

IV. Vorrang des milderen Mittels (ultima ratio)

314 Die Gründe in dem Verhalten des Arbeitnehmers müssen die Kündigung des Arbeitsverhältnisses „bedingen" (§ 1 Abs 2 Satz 1 KSchG). Auch bei der verhaltensbedingten Kündigung gilt daher das **Verhältnismäßigkeitsprinzip** (iwS).[299] **Erforderlich** ist die verhaltensbedingte Kündigung daher nur dann, wenn anstelle der Beendigungskündigung kein **milderes Mittel** in Betracht kommt.[300] Eine Maßnahme ist aber nicht bereits deshalb vorrangig, weil sie für den Arbeitnehmer weniger belastend ist als eine Beendigungskündigung. Das mildere Mittel muss im Einzelfall geeignet sein, die durch die Pflichtverletzung eingetretene Vertragsstörung zukünftig zu beseitigen.[301]

1. Abmahnung als milderes Mittel

315 Die Abmahnung dient zunächst der Objektivierung der negativen Prognose. Sie ist insoweit notwendiger Bestandteil bei der Anwendung des Prognoseprinzips. Sie ist zugleich auch Ausdruck des Verhältnismäßigkeitsgrundsatzes.[302] Nach § 1 Abs 2 KSchG muss die Kündigung durch das Verhalten des Arbeitnehmers bedingt sein. Eine Kündigung ist nicht gerechtfertigt, wenn es andere geeignete mildere Mittel gibt, um die Vertragsstörung zukünftig zu beseitigen. Dieser Aspekt hat durch die Regelung des § 314 Abs 2 BGB eine gesetzgeberische Bestätigung erfahren.[303]

2. Weiterbeschäftigungsmöglichkeit

316 Nach dem Grundsatz der Verhältnismäßigkeit (iwS) muss der Arbeitgeber unabhängig davon, ob ein Betriebsrat gebildet ist und der Kündigung aus einem der in § 102 Abs 3 BetrVG genannten Gründen widersprochen hat, auch vor einer verhaltensbedingten Kündigung[304] prüfen, ob eine Umsetzung oder Versetzung des Arbeitnehmers auf einen anderen Arbeitsplatz – ggf zu schlechteren Arbeitsbedingungen – möglich und zumutbar ist.[305] Dabei ist die Prüfung der anderweitigen Beschäftigungsmöglichkeit nicht auf den Beschäftigungsbetrieb beschränkt, sondern unternehmensbezo-

---

299 Einzelheiten vgl Rn 176 ff.
300 BAG 7.6.2006 – 2 AZR 182/06 – NZA 2007, 617; 12.1.2006 – 2 AZR 179/06 – NZA 2006, 980.
301 BAG 10.6.2010 – 2 AZR 541/09 – NZA 2010, 1227; 12.1.2006 – 2 AZR 179/06 – NZA 2006, 980.
302 Vgl Rn 242; BAG 10.6.2010 – 2 AZR 541/09 – NZA 2010, 1227; 12,01.2006 – 2 AZR 179/06 – NZA 2006, 980.
303 BAG 10.6.2010 – 2 AZR 541/09 – NZA 2010, 1227; 12.1.2006 – 2 AZR 179/06 – NZA 2006, 980.
304 Zur Weiterbeschäftigungsmöglichkeit als milderes Mittel bei personen- und betriebsbedingten Gründen vgl Rn 477 ff, 691 ff.
305 BAG 17.1.2008 – 2 AZR 752/06; 6.10.2005 – 2 AZR 280/04 – NZA 2006, 431; 16.1.1997 – 2 AZR 98/96 – DStR 1997, 1056.

gen.[306] Bei verschuldeten Vertragspflichtverletzungen ist eine Versetzung eher unzumutbar als bei personen- oder betriebsbedingten Kündigungen.[307]

Eine **Umsetzung oder Versetzung** kommt als gegenüber einer verhaltensbedingten Kündigung milderes Mittel in Betracht, wenn 317

- **ein freier Arbeitsplatz** besteht, auf dem der Arbeitnehmer die verlangte Tätigkeit anforderungsgerecht ausführen kann – eine Pflicht zur Umorganisation durch Versetzung und Umsetzung ohne einen freien Arbeitsplatz besteht bei der verhaltensbedingten Kündigung regelmäßig nicht –[308] und
- objektive Anhaltspunkte dafür bestehen, dass der Arbeitnehmer das beanstandete Verhalten auf dem anderen Arbeitsplatz nicht fortsetzen wird, es sich also um **arbeitsplatzbezogene Pflichtverstöße** handelt[309] und
- dem Arbeitgeber die Weiterbeschäftigung auf dem freien Arbeitsplatz **zumutbar ist**; dies hängt sowohl von den Ursachen des Fehlverhaltens als auch von der Schwere des Pflichtverstoßes ab, also von der **Intensität und den Folgen der Vertragspflichtverletzung**.[310]

Arbeitsplatzbezogene Vertragspflichtverletzungen sind zB spezifische (steuerbare) Leistungsmängel, die auf einem anderen Arbeitsplatz nicht zum Tragen kommen oder auch Beleidigungen bzw Tätlichkeiten, deren Grund allein in einem Spannungsverhältnis mit einem am bisherigen Arbeitsplatz beschäftigten Kollegen oder Vorgesetzten liegt. In den letztgenannten Fällen kann zu erwarten sein, dass künftige Auseinandersetzungen durch eine Versetzung auf einen anderen Arbeitsplatz ausgeschlossen werden; handelt es sich allerdings um unprovozierte Angriffe mit schweren Folgen, dürfte eine Versetzung dem Arbeitgeber regelmäßig nicht zumutbar sein. 318

Arbeitsplatzunabhängige (arbeitgeberbezogene) Vertragspflichtverletzungen sind zB häufige Unpünktlichkeit, Verstöße gegen betriebliche Rauch- und Alkoholverbote, Verletzung der Anzeige- und Nachweispflicht bei Arbeitsunfähigkeit oder Straftaten zum Nachteil des Arbeitgebers. In diesen Fällen wird die Gefahr weiterer einschlägiger Vertragspflichtverletzungen bzw die künftige Beeinträchtigung des Arbeitsverhältnisses durch eine Versetzung nicht geringer; mit anderen Worten: die Versetzung ist im Verhältnis zu Beendigungskündigung ein zwar begrifflich „milderes", aber ungeeignetes Mittel. 319

Ist eine Versetzung nicht vom Direktionsrecht des Arbeitgebers gedeckt, hat dieser die Möglichkeit einer **Änderungskündigung** zu prüfen. Ob eine 320

---

306 KR/Fischermeier § 626 BGB Rn 289; APS/Dörner/Vossen § 1 KSchG Rn 273; vgl für den öffentlichen Arbeitgeber BAG 26.11.2009 – 2 AZR 272/08 – NZA 2010, 628.
307 BAG 17.1.2008 – 2 AZR 752/06; 31.3.1993 – 2 AZR 492/92 – AP BGB § 626 Ausschlussfrist Nr 32.
308 BAG 17.1.2008 – 2 AZR 752/06.
309 BAG 17.1.2008 – 2 AZR 752/06; 6.10.2005 – 2 AZR 280/04 – NZA 2006, 431; 16.1.1997 – 2 AZR 98/96 – DStR 1997, 1056; 31.3.1993 – 2 AZR 492/92 – AP BGB § 626 Ausschlussfrist Nr 32.
310 BAG 17.1.2008 – 2 AZR 752/06; 6.10.2005 – 2 AZR 280/04 – NZA 2006, 431; 31.3.1993 – 2 AZR 492/92 – AP BGB § 626 Ausschlussfrist Nr 32.

Änderungskündigung gegenüber der verhaltensbedingten Beendigungskündigung eine vorrangige geeignete Maßnahme darstellt, ist nach den oben aufgeführten Kriterien[311] zu beurteilen.

321 Das Fehlen einer zumutbaren Weiterbeschäftigungsmöglichkeit hat nach § 1 Abs 2 Satz 4 KSchG der Arbeitgeber darzulegen und zu beweisen. Wie auch bei der personen- und betriebsbedingten Kündigung[312] ist der Umfang der **Darlegungslast** des Arbeitgebers davon abhängig, wie sich der Arbeitnehmer auf die Begründung der Kündigung einlässt. Im Rahmen der verhaltensbedingten Kündigung ist von folgenden **Abstufungen** auszugehen:

- Zunächst reicht die Behauptung des Arbeitgebers, ein zumutbarer freier Arbeitsplatz sei nicht vorhanden, aus; davon ist im Allgemeinen auch ohne ausdrücklichen Vortrag des Arbeitgebers auszugehen.[313]
- Es obliegt dann dem Arbeitnehmer konkret darzulegen, wie er sich die anderweitige Beschäftigung vorstellt, falls eine Weiterbeschäftigung auf dem bisherigen Arbeitsplatz verhaltensbedingt nicht mehr möglich sein sollte. Dazu ist die Angabe ausreichend, welche Art der Beschäftigung gemeint ist. Der Arbeitnehmer muss im Allgemeinen keinen konkreten freien Arbeitsplatz benennen.[314]
- Anschließend muss der Arbeitgeber vortragen, aus welchen Gründen eine Umsetzung oder Versetzung nicht möglich oder zumutbar ist. Er hat darzulegen und ggf zu beweisen,
  - dass ein freier geeigneter Arbeitsplatz nicht vorhanden ist oder
  - falls ein freier geeigneter Arbeitsplatz besteht, dass eine Weiterbeschäftigung des Arbeitnehmers aufgrund arbeitsplatzunabhängiger Vertragspflichtverletzungen ausscheidet, oder
  - dass bei arbeitsplatzbezogenen Vertragspflichtverletzungen eine Weiterbeschäftigung auf dem freien geeigneten Arbeitsplatz wegen der Intensität der Vertragspflichtverletzung nicht zumutbar ist.

3. Betriebsbuße als milderes Mittel?

322 In einer Betriebsvereinbarung vorgesehene kollektivrechtliche Strafmaßnahmen (Verwarnung, Verweis, Betriebsbuße) sind gegenüber der verhaltensbedingten Kündigung keine vorrangigen milderen Mittel.[315] Die vom BAG früher vertretene Auffassung,[316] nach dem Grundsatz der Verhältnismäßigkeit könnten in einer Arbeitsordnung geregelte Maßnahmen als mildere Mittel in Betracht kommen, wurde mit der Entscheidung vom 17.1.1991 zu Recht aufgegeben.[317] Eine Betriebsbuße ist eine **echte Sanktion** für Verstöße gegen die betriebliche Ordnung. Bereits diese Zielsetzung

---

311 Vgl Rn 317.
312 Vgl Rn 618, 920.
313 BAG 17.1.2008 – 2 AZR 752/06; KR/Griebeling § 1 KSchG Rn 413.
314 BAG 17.1.2008 – 2 AZR 752/06.
315 SPV/Preis Rn 18 und 1210; KR/Fischermeier § 626 BGB Rn 285; ErfK/Müller-Glöge § 626 BGB Rn 26.
316 BAG 17.3.1988 – 2 AZR 576/87 – AP BGB § 626 Nr 99 zu III 1.
317 BAG 17.1.1991 – 2 AZR 375/90 – AP KSchG 1969 § 1 Verhaltensbedingte Kündigung Nr 25 zu II 4.

lässt sich mit dem Zweck der verhaltensbedingten Kündigung[318] nicht vereinbaren. Eine generelle Erweiterung des Verhältnismäßigkeitsgrundsatzes unter Einbeziehung von Betriebsbußen, die nach § 87 Abs 1 Nr 1 BetrVG mitbestimmungspflichtig sind, würde zudem zu einer **systemwidrigen Kündigungserschwerung** führen. Müsste der Arbeitgeber vor Ausspruch einer Kündigung Maßnahmen einer Betriebsbußenordnung ergreifen, würde im Ergebnis über das gesetzlich vorgeschriebene Anhörungsverfahren nach § 102 Abs 1 Satz 1 BetrVG hinaus eine echte Mitbestimmung des Betriebsrats im Zusammenhang mit einer beabsichtigten Kündigung eingeführt, für die es keine gesetzliche Grundlage gibt. Folge wäre auch eine unterschiedliche Beurteilung eines verhaltensbedingten Kündigungsgrundes, je nachdem, ob im Betrieb ein Betriebsrat gebildet ist oder nicht. Schließlich würde auch die Warnfunktion der Abmahnung deutlich relativiert, wenn nach mehreren erfolgten Abmahnungen mit Kündigungsandrohung vor Ausspruch der Kündigung weitere Vorstufen in Form kollektivrechtlicher Maßnahmen erforderlich wären.[319]

V. Interessenabwägung

Liegen die Voraussetzungen der ersten drei Prüfungsstufen vor, ist im Rahmen einer umfassenden Interessenabwägung (Verhältnismäßigkeit ieS) abschließend zu untersuchen, ob das Interesse des Arbeitgebers an der Beendigung des Arbeitsverhältnisses das Interesse des Arbeitnehmers an dessen Fortbestand überwiegt. Bei der Interessenabwägung steht dem Tatsachenrichter ein **Beurteilungsspielraum** zu, der vom Revisionsgericht nur daraufhin überprüft werden kann, ob **alle wesentlichen Umstände** berücksichtigt wurden und ob die Entscheidung in sich widerspruchsfrei ist.[320] Die Frage, welche Umstände im Einzelfall wesentlich sind, orientiert sich an der konkreten Vertragspflichtverletzung. Zu berücksichtigen sind nur arbeitsvertrags- und sachverhaltsbezogene Gesichtspunkte.[321]

323

Zugunsten des Arbeitnehmers sind im Allgemeinen folgende Umstände zu berücksichtigen:

324

- **Dauer der Betriebszugehörigkeit:** Die Dauer der Betriebszugehörigkeit ist bei der Interessenabwägung grundsätzlich zugunsten des Arbeitnehmers zu berücksichtigen.[322] Es handelt sich um den wohl wichtigsten Aspekt des Bestandsschutzprinzips,[323] der insbesondere auch bei Vermögensdelikten in die Abwägung einzustellen ist. Entscheidend ist vor allem, wie lange das Arbeitsverhältnis **störungsfrei** verlaufen ist. Je länger eine Vertragsbeziehung ungestört bestanden hat, desto eher kann die Prognose berechtigt sein, dass der dadurch erarbeitete Vorrat an Vertrauen durch einen erstmaligen Vorfall nicht vollständig aufgezehrt

---

318 Vgl Rn 194.
319 BAG 17.1.1991 – 2 AZR 375/90 – AP KSchG 1969 § 1 Verhaltensbedingte Kündigung Nr 25 zu II 4.
320 ZB BAG 9.6.2011 – 2 AZR 323/10 – NZA 2011, 1342; 13.12.2007 – 2 AZR 818/06 – NZA 2008, 589.
321 Vgl SPV/Preis Rn 1213; vgl auch die Übersicht bei Bitter/Kiel RdA 1995, 26, 33.
322 HM; BAG 16.10.1986 – 2 AZR 695/85 – RzK I 6 d Nr 5 II 4 nv; 13.12.1984 – 2 AZR 454/83 – AP Nr 81 zu § 626 BGB; SPV/Preis Rn 1214.
323 Vgl HK-KSchG/Dorndorf § 1 KSchG Rn 718.

wird.[324] Die Berücksichtigung von Dauer und störungsfreiem Verlauf des Arbeitsverhältnisses bei der Interessenabwägung stellen keine unzulässige Benachteiligung jüngerer Arbeitnehmer wegen des Alters dar.[325] Hat sich der Arbeitnehmer demgegenüber in der Vergangenheit bereits Vertragspflichtverletzungen zuschulden kommen lassen, verliert eine längere Betriebszugehörigkeitsdauer allerdings an Gewicht, ferner bei schweren Vertragspflichtverletzungen; uU kann sich eine längere Betriebszugehörigkeit auch zum Nachteil des Arbeitnehmers auswirken.[326]

- **Personenbezogene Kriterien:** Das BAG erwähnt auch in jüngerer Zeit noch das Kriterium **Lebensalter**[327] bei Durchführung der Interessenabwägung, ohne ihm dabei allerdings ausschlaggebende Bedeutung zu geben. Ob die Berücksichtigung des Lebensalters als solche eine unzulässige Benachteiligung jüngerer Arbeitnehmer wegen des Alters iSv Art 2 Abs 1 iVm Art 1 der EU-Richtlinie 2000/78/EG und damit einen Verstoß gegen das Gebot einer unionsrechtskonformen Auslegung des nationalen Rechts darstellt,[328] ist noch nicht abschließend geklärt. **Unterhaltspflichten** und **Familienstand**[329] sind aus der Interessenabwägung nicht generell auszuklammern und können je nach Lage des Falls Berücksichtigung finden. So fallen Unterhaltpflichten bei einer auf ein **Eigentums- oder Vermögensdelikt** beruhenden Kündigung ins Gewicht, wenn eine durch Unterhaltspflichten bedingte schlechte Vermögenslage das bestimmende Motiv für die Tat gewesen ist[330] oder ein spezifischer Zusammenhang zwischen Kündigungsvorwurf und familiärer Situation besteht.[331] Die **Chancen auf dem Arbeitsmarkt**[332] sowie eine evtl **Erkrankung** oder **Schwerbehinderung**[333] des Arbeitnehmers sind zu berücksichtigen. Diese Kriterien bestimmen maßgeblich das Interesse des Arbeitnehmers an der Erhaltung des Arbeitsplatzes. Insbesondere die **Gefahr langandauernder Arbeitslosigkeit** ist für den Arbeitnehmer von Gewicht. Bei schweren Vertragspflichtverletzungen mit hohem Verschuldensgrad tritt die Bedeutung personenbezogener Gesichtspunkte in den Hintergrund.
- **Verbotsirrtum:** Ein Verbotsirrtum ist geeignet, den Verschuldensvorwurf zu relativieren. Auch wenn der Verbotsirrtum für den Arbeitneh-

---

324 BAG 10.6.2010 – 2 AZR 541/09 – NZA 2010, 1227.
325 BAG 7.7.2011 – 2 AZR 355/10 – NZA 2011, 1412.
326 Vgl Rn 325.
327 BAG 9.6.2011 – 2 AZR 323/11 – NZA 2011, 1342; 26.3.2009 – 2 AZR 953/07 – NZA-RR 2010, 516; 12.1.2006 – 2 AZR 179/05 – NZA 2006, 980; aA KR/Fischermeier § 626 BGB Rn 241; SPV/Preis Rn 1214.
328 So KR/Fischermeier § 626 BGB Rn 241.
329 BAG 9.6.2011 – 2 AZR 323/10 – NZA 2011, 1342; 27.4.2006 – 2 AZR 415/05 – NZA 2006, 1033; 27.2.1997 – 2 AZR 302/96 – AP Nr 36 zu § 1 KSchG 1969 Verhaltensbedingte Kündigung II 3; KR/Griebeling § 1 KSchG Rn 411; aA SPV/Preis Rn 1214; vHH/L/Krause § 1 KSchG Rn 504, die Unterhaltsverpflichtungen umgekehrt grundsätzlich für nicht berücksichtigungsfähig erachten.
330 BAG 2.3.1989 – 2 AZR 280/88 – AP Nr 101 zu § 626 BGB.
331 BAG 16.12.2004 – 2 ABR 7/04 – AP BGB § 626 Nr 191.
332 BAG 13.12.2007 – 2 AZR 818/06 – NZA 2008, 589.
333 BAG 12.1.2006 – 2 AZR 179/05 – NZA 2006, 980.

mer vermeidbar war, ist er für die Interessenabwägung nicht bedeutungslos, wobei es ggf auf den Grad des Verschuldens ankommt.[334]
- **Mitverschulden des Arbeitgebers:** Steht dem Pflichtverstoß des Arbeitnehmers eine entsprechende Pflichtverletzung des Arbeitgebers gegenüber, ist dieses Mitverschulden zugunsten des Arbeitnehmers zu berücksichtigen.[335] Falls sich das Fehlverhalten des Arbeitnehmers angesichts des Verschuldens des Arbeitgebers als nicht so gravierend darstellt, kann das Bestandsschutzinteresse überwiegen.
- **Schadenswiedergutmachnug:** Die fehlende Schädigung des Arbeitgebers infolge Rückführung des vom Arbeitnehmer eigenmächtig veräußerten, ausgesonderten Geräts kann als Ausdruck einer auf Korrektheit und Ehrlichkeit ausgerichteten Grundhaltung des Arbeitnehmers zu dessen Gunsten in der Interessenabwägung berücksichtigt werden.[336]

Für den Arbeitnehmer nachteilig wirken sich folgende Gesichtspunkte aus: 325
- **Gewicht der Vertragspflichtverletzungen** und **Schwere des Verschuldens:** Dies sind die wichtigsten Abwägungskriterien zugunsten des Arbeitgebers. Ob die Fortsetzung des Arbeitsverhältnisses für den Arbeitgeber zumutbar ist, hängt maßgeblich von der Intensität des vertragspflichtwidrigen Verhaltens (Beharrlichkeit und Häufigkeit) und vom Grad des Verschuldens ab. Mit der Häufigkeit einschlägiger Abmahnungen steigt die **Wiederholungsgefahr** und idR auch das Verschulden des Arbeitnehmers. Bei schweren Pflichtverstößen ist das Ausmaß einer **fortwirkenden Beeinträchtigung** des Arbeitsverhältnisses zu berücksichtigen.[337]
- **Betriebsablaufstörungen:** Durch ein vertragswidriges Verhalten aufgetretene Betriebsablaufstörungen sind, anders als bei der personenbedingten Kündigung, keine Voraussetzung für einen im Verhalten liegenden Kündigungsgrund, sondern im Rahmen der Interessenabwägung **noch zusätzlich belastend für den Arbeitnehmer** zu berücksichtigen.[338] Zum Nachteil des Arbeitnehmers können nur tatsächlich eingetretene **konkrete Störungen**, wozu auch von ihm verursachte Vermögens- oder Ansehensschäden des Arbeitgebers zu zählen sind, herangezogen werden; darauf, ob es sich um erhebliche Störungen handelt, kommt es nicht an, da diese keinen bestimmten Grad der Intensität erreichen müssen, um im Rahmen der Interessenabwägung für den Arbeitnehmer zusätzlich belastend zu sein.[339] Eine abstrakte oder konkre-

---

334 BAG 14.2.1996 – 2 AZR 274/95 – AP BGB § 626 Verdacht strafbarer Handlung Nr 26 zu II 4.
335 BAG 20.1.1994 – 2 AZR 521/93 – AP BGB § 626 Nr 115 zu II 2 f.
336 BAG 27.4.2006 – 2 AZR 415/05 – NZA 2006, 1033.
337 Vgl zB BAG 27.9.2012 – 2 AZR 955/11 – NZA 2013, 425; 9.6.2011 – 2 AZR 323/10 – NZA 2011, 1342.
338 BAG 17.1.1991 – 2 AZR 375/90 – AP KSchG 1969 § 1 Verhaltensbedingte Kündigung Nr 25 zu II 3; 16.8.1991 – 2 AZR 604/90 – AP KSchG 1969 § 1 Verhaltensbedingte Kündigung Nr 27 zu III 2, 3 d aa; 21.5.1992 – 2 AZR 10/92 – AP KSchG 1969 § 1 Verhaltensbedingte Kündigung Nr 29 zu II 2 b ee; 5.11.1992 – 2 AZR 147/92 – AP BGB § 626 Krankheit Nr 4 zu II 2 b bb.
339 BAG 27.2.1997 – 2 AZR 302/96 – AP KSchG 1969 § 1 Verhaltensbedingte Kündigung Nr 36 zu II 6.

te **Gefährdung** der Arbeitgeberinteressen reicht hingegen nicht aus.[340] Besteht der Kündigungsgrund in der Verletzung von Nebenpflichten geringen Gewichts, kann eine fehlende konkrete Ablaufstörung dazu führen, dass das Bestandsschutzinteresse des Arbeitnehmers im Einzelfall überwiegt.

- **Schaden:** Bei der Interessenabwägung sind auch die Auswirkungen der Vertragspflichtverletzung zu berücksichtigen.[341] So kann die Höhe eines Schadens (oder das Ausbleiben eines solchen) maßgebliche Bedeutung für das Abwägungsergebnis haben.[342]
- **Dauer der Betriebszugehörigkeit:** Eine längere Betriebszugehörigkeit des Arbeitnehmers kann sich für diesen im Rahmen der Interessenabwägung mittelbar auch nachteilig auswirken, wenn gerade sie den Arbeitgeber veranlasst hat, dem Arbeitnehmer ein **besonderes Vertrauen** entgegenzubringen und von sonst üblichen Kontrollen abzusehen, weil dann ein Eigentums- bzw Vermögensdelikt zum Nachteil des Arbeitgebers die vertragsnotwendige Vertrauensgrundlage besonders stark erschüttert haben kann.[343]
- **Generalpräventive Erwägungen:** Der Arbeitgeber darf berücksichtigen, wie es sich auf das Verhalten der übrigen Arbeitnehmer auswirkt, wenn er von einer Kündigung absieht.[344] Allerdings stellt die Kündigung kein Disziplinierungsmittel gegenüber der Belegschaft dar, wenn auch im Einzelfall Gesichtspunkte der Betriebsdisziplin bei der Interessenabwägung eine Rolle spielen können.[345]

VI. Darlegungs- und Beweislast

326 Der **Arbeitgeber** hat die Tatsachen zu beweisen, die die (ordentliche) Kündigung bedingen, § 1 Abs 2 Satz 4 KSchG. Bei der verhaltensbedingten Kündigung muss der Arbeitgeber daher alle tatsächlichen Voraussetzungen eines verhaltensbedingten Kündigungsgrundes darlegen und ggf beweisen, einschließlich der für den Arbeitnehmer im Rahmen der abschließenden Interessenabwägung (Verhältnismäßigkeit ieS) nachteiligen Umstände. Für die außerordentliche verhaltensbedingte Kündigung ergibt sich dies aus dem Grundsatz, dass derjenige, der ein Gestaltungsrecht, wozu die Kündigung gehört, ausübt, die ihm günstigen Tatsachen beweisen muss.[346]

327 Zunächst hat der Arbeitgeber ein vertragspflichtwidriges, schuldhaftes Verhalten des Arbeitnehmers vorzutragen, also einen als verhaltensbedingten Kündigungsgrund an sich geeigneten Sachverhalt. **Schlagwortartige Angaben** (zB Schlechtleistung, unentschuldigtes Fehlen) oder Schlussfolgerun-

---

340 BAG 17.1.1991 – 2 AZR 375/90 – AP KSchG 1969 § 1 Verhaltensbedingte Kündigung Nr 25 zu II 3; 16.8.1991 – 2 AZR 604/90 – AP KSchG 1969 § 1 Verhaltensbedingte Kündigung Nr 27 zu III 3 e aa; 27.5.1993 – 2 AZR 631/92.
341 BAG 19.4.2012 – 2 AZR 186/11– NZA 2013, 27; 10.6.2010 – 2 AZR 541/09 – NZA 2010, 1227.
342 Vgl BAG 26.3.2009 – 2 AZR 953/07 – NZA-RR 2010, 516.
343 BAG 16.10.1986 – 2 AZR 695/85 – RzK I 6 d Nr 5 II 4.
344 BAG 24.10.1996 – 2 AZR 900/95 – RzK I 5 i Nr 120 II 6.
345 BAG 4.6.1997 – 2 AZR 526/96 – AP BGB § 626 Nr 137 zu II 2 b; zweifelnd SPV/Preis Rn 1214.
346 BAG 6.9.2007 – 2 AZR 264/06 – NZA 2008, 636; 6.8.1987 – 2 AZR 226/87 – NJW 1988, 438; 24.11.1983 – 2 AZR 327/82 – AP BGB § 626 Nr 76.

gen reichen nicht aus. Das vertragspflichtwidrige Verhalten ist im Einzelnen nach Ort, Zeit und näheren Umständen so konkret darzulegen, dass eine gerichtliche Prüfung möglich ist und der Arbeitnehmer seinerseits unter Tatsachenvortrag das Vorbringen des Arbeitgebers bestreiten kann.

Der Arbeitgeber hat auch die **Rechtswidrigkeit** des Verhaltens des Arbeitnehmers zu beweisen; ihn trifft ferner die Darlegungs- und Beweislast dafür, dass solche Tatsachen nicht vorgelegen haben, die die Handlung des Arbeitnehmers als gerechtfertigt erscheinen lassen.[347] 328

Der Arbeitgeber braucht aber nicht von vornherein alle nur denkbaren Rechtfertigungsgründe des Arbeitnehmers zu widerlegen. **Die Darlegungslast ist abgestuft.** Der Umfang der Darlegungs- und Beweislast richtet sich danach, wie substantiiert sich der gekündigte Arbeitnehmer auf die Kündigungsgründe einlässt. Es reicht nicht aus, wenn der Arbeitnehmer Rechtfertigungsgründe pauschal ohne nähere Substantiierung vorbringt. Nach § 138 Abs 2 ZPO muss der Arbeitnehmer im Einzelnen die Gründe vortragen, aus denen er die Rechtfertigung seines Verhaltens herleiten will. Nur diesen konkreten Tatsachenvortrag des Arbeitnehmers hat der Arbeitgeber zu widerlegen.[348] 329

Begründet der Arbeitgeber die Kündigung mit einer **Konkurrenztätigkeit** des Arbeitnehmers, hat er zu beweisen, dass eine vom Arbeitnehmer unter konkretem Tatsachenvortrag behauptete **Einwilligung** nicht vorgelegen habe.[349] 330

Bei einer Kündigung wegen **Tätlichkeiten** im Betrieb hat der Arbeitgeber darzulegen und zu beweisen, dass eine vom Arbeitnehmer schlüssig vorgetragene **Notwehrlage** nicht bestanden habe.[350] 331

Kündigt der Arbeitgeber mit der Behauptung, der Arbeitnehmer habe einen nicht genehmigten **Urlaub eigenmächtig angetreten**, muss er den hinreichend konkreten Vortrag des Arbeitnehmers, ihm sei der Urlaub in Wahrheit **genehmigt** worden, widerlegen. Bei einem „Vier-Augen-Gespräch" zwischen Arbeitnehmer und Arbeitgeber sind allerdings besonders strenge Anforderungen an die Pflicht des Arbeitnehmers zu einem substantiierten Bestreiten zu stellen.[351] 332

Macht der Arbeitnehmer gegenüber dem **Vorwurf des unentschuldigten Fehlens** geltend, er sei **krank** gewesen, muss er nicht unbedingt ein ärztliches Attest vorlegen, das ohnehin – insbesondere bei kurzfristigen Erkrankungen – nur bei entsprechenden Vereinbarungen oder auf Verlangen des Arbeitgebers erforderlich ist (§ 5 Abs 1 EFZG). Der Arbeitnehmer muss aber dann, wenn er kein ärztliches Attest vorweisen kann, substantiiert darlegen, woran er erkrankt war und weshalb er deswegen nicht zur Arbeit 333

---

347 BAG 18.9.2008 – 2 AZR 1039/06 – DB 2009, 964; 6.9.2007 – 2 AZR 264/06 – NZA 2008, 636; 23.9.1992 – 2 AZR 199/92 – EzA KSchG § 1 Verhaltensbedingte Kündigung Nr 44.
348 BAG 6.8.1987 – 2 AZR 226/87 – NJW 1988, 438; 24.11.1983 – 2 AZR 327/82 – AP BGB § 626 Nr 76.
349 BAG 6.8.1987 – 2 AZR 226/87 – AP BGB § 626 Nr 97.
350 BAG 31.5.1990 – 2 AZR 535/89 – RzK I 10 h Nr 28 II 2.
351 BAG 19.12.1991 – 2 AZR 367/91 – RzK I 6 a Nr 82.

erscheinen konnte.³⁵² Genügt der Arbeitnehmer dieser Darlegungspflicht nicht, ist die Behauptung des Arbeitgebers, der Arbeitnehmer habe unentschuldigt gefehlt, nach § 138 Abs 3 ZPO als zugestanden anzusehen. Trägt der Arbeitnehmer aber im Prozess im Einzelnen vor, woran er erkrankt war und weshalb er deswegen nicht zur Arbeit erscheinen konnte (genaue Schilderung der psychischen oder physischen Krankheitssymptome, Angabe des Aufenthaltsorts während der Krankheit), muss der Arbeitgeber die behauptete Erkrankung widerlegen.

334 Legt der Arbeitnehmer ein **ärztliches Attest** (Arbeitsunfähigkeitsbescheinigung) vor, so begründet dieses idR den Beweis für die Tatsache der zur Arbeitsunfähigkeit führenden Erkrankung. Ein solches Attest hat einen **hohen Beweiswert**, denn es ist der gesetzlich vorgesehene und wichtigste Beweis für die Tatsache der krankheitsbedingten Arbeitsunfähigkeit.³⁵³ Einer von einem ausländischen Arzt **im Ausland ausgestellten Arbeitsunfähigkeitsbescheinigung** kommt im Allgemeinen der gleiche Beweiswert zu wie einer von einem deutschen Arzt ausgestellten Bescheinigung. Die Bescheinigung muss jedoch erkennen lassen, dass der ausländische Arzt zwischen einer bloßen Erkrankung oder einer mit Arbeitsunfähigkeit verbundenen Krankheit unterschieden und damit eine den Begriffen des deutschen Arbeits- und Sozialversicherungsrechts entsprechende Beurteilung vorgenommen hat.³⁵⁴ Bezweifelt der Arbeitgeber die Arbeitsunfähigkeit, beruft er sich insbesondere darauf, der Arbeitnehmer habe den die Bescheinigung ausstellenden Arzt durch **Simulation** getäuscht oder der Arzt habe den Begriff der krankheitsbedingten Arbeitsunfähigkeit verkannt, dann muss er die Umstände, die gegen die Arbeitsunfähigkeit sprechen, näher darlegen und notfalls beweisen, um dadurch die **Beweiskraft** des Attestes zu **erschüttern**. Ist es dem Arbeitgeber gelungen, den Beweiswert der ärztlichen Arbeitsunfähigkeitsbescheinigung zu erschüttern bzw zu entkräften, tritt hinsichtlich der Behauptungs- und Beweislast der Zustand ein, der ohne Vorlage des Attestes bestand. Der Arbeitgeber hat dann nicht nachzuweisen, dass irgendeine Krankheit überhaupt nicht vorgelegen haben kann. Es ist vielmehr wieder Sache des Arbeitnehmers, nunmehr angesichts der Umstände, die gegen eine Arbeitsunfähigkeit sprechen, weiter zu substantiieren, welche Krankheiten vorgelegen haben, welche gesundheitlichen Einschränkungen bestanden haben, welche Verhaltensmaßregeln der Arzt gegeben hat, welche Medikamente zB bewirkt haben, dass der Arbeitnehmer zwar immer noch nicht die geschuldete Arbeiten bei seinem Arbeitgeber verrichten konnte, aber zu leichten anderweitigen Tätigkeiten in der Lage war. Erst wenn der Arbeitnehmer dieser Substantiierungslast nachgekommen ist und ggf die behandelnden Ärzte von ihrer Schweigepflicht entbunden hat, muss der Arbeitgeber auf Grund der ihm obliegenden Beweislast den konkreten Sachvortrag des Arbeitnehmers widerlegen. Mit der Patientenkartei und

---

352 BAG 12.3.2009 – 2AZR 251/07 – NZA 2009, 779; 23.9.1992 – 2 AZR 199/92 – EzA KSchG § 1 Verhaltensbedingte Kündigung Nr 44 II mwN.
353 BAG 17.6.2003 – 2 AZR 123/02 – NZA 2004, 564; 26.8.1993 – 2 AZR 154/93 – AP BGB § 626 Nr 112; zum Beweiswert ärztlicher Atteste bei psychischen Erkrankungen vgl LAG Sachsen-Anhalt – 8 Sa 676/97 – 8.9.1998 DB 1999, 1561.
354 BAG 17.6.2003 – 2 AZR 123/02 – NZA 2004, 564; 19.2.1997 – 5 AZR 83/96 – AP EntgeltfortzahlungsG § 3 Nr 4 mwN.

der Vernehmung des behandelnden Arztes kommen dabei regelmäßig Beweismittel in Betracht, die eine weitere Sachaufklärung versprechen. In solchen Fällen ist auch stets zu prüfen, ob die Umstände, die den Beweiswert des ärztlichen Attests erschüttern, als so gravierend anzusehen sind, dass sie ein starkes **Indiz** für die Behauptung des Arbeitgebers darstellen, die **Krankheit** sei nur **vorgetäuscht** gewesen, so dass der Arbeitnehmer dieses Indiz entkräften muss.[355]

Beruft sich der Arbeitnehmer gegenüber dem Vorwurf der **Arbeitsverweigerung** auf ein Zurückbehaltungsrecht wegen **Mobbing**, muss er die Mobbinghandlungen im Einzelnen konkret bezeichnen, um die Beweislast des Arbeitgebers, der Arbeitnehmer sei solchen nicht ausgesetzt gewesen, auszulösen.[356]

Der Arbeitgeber hat auch die Darlegungs- und Beweislast dafür, dass der Arbeitnehmer schuldhaft gehandelt hat. Es gelten die oben dargestellten Grundsätze der abgestuften Darlegungslast.[357] Behauptet der Arbeitnehmer hinreichend konkret, er habe nicht schuldhaft gehandelt, hat der Arbeitgeber das **Verschulden** des Arbeitnehmers zu beweisen.

Die Darlegungs- und Beweislast des Arbeitgebers bezieht sich auch darauf, ob die **negative Prognose** (Wiederholungsgefahr, fortwirkende Beeinträchtigung des Arbeitsverhältnisses) gerechtfertigt ist. Ist aufgrund der Schwere der Vertragspflichtverletzung eine einschlägige **Abmahnung** nicht ausnahmsweise entbehrlich, hat der Arbeitgeber die Erteilung der als Prognosegrundlage dienenden Abmahnung und deren Anlass darzulegen. Behauptet der Arbeitnehmer, eine Abmahnung sei nicht erfolgt, muss der Arbeitgeber darlegen und beweisen, dass, wann und aus welchem Grund der Arbeitnehmer abgemahnt wurde. Bestreitet der Arbeitnehmer die Berechtigung der Abmahnung (erst) im Kündigungsschutzprozess, obliegt es dem Arbeitgeber, die Richtigkeit der zwar abgemahnten, aber vom Arbeitnehmer bestrittenen Pflichtwidrigkeiten zu beweisen. Da der Arbeitnehmer nicht verpflichtet ist, gegen eine Abmahnung gerichtlich vorzugehen, kann aus dem Umstand, dass er der Abmahnung zunächst nicht widersprochen hat, noch kein rechtlich schützenswertes Vertrauen des Arbeitgebers erwachsen, die für die Kündigung relevanten Umstände würden in einem späteren Kündigungsschutzprozess tatsächlich unstreitig bleiben.[358]

Der Arbeitgeber ist schließlich auch hinsichtlich der **Widerspruchstatbestände** des § 1 Abs 2 Satz 2 KSchG darlegungs- und beweispflichtig, ferner hinsichtlich der fehlenden **Weiterbeschäftigungsmöglichkeit** auf einem freien Arbeitsplatz, wobei auch insoweit die Grundsätze der abgestuften Dar-

---

355 BAG 26.8.1993 – 2 AZR 154/93 – AP BGB § 626 Nr 112; 7.12.1995 – 2 AZR 849/94 – RzK I 10 h Nr 37 II 1; vgl zur widerrechtlichen Drohung mit einer Erkrankung BAG 12.3.2009 – 2 AZR 251/07 – NZA 2009, 779.
356 BAG 13.3.2008 – 2 AZR 88/07 – AP KSchG 1969 § 1 Nr 87; zu den Anforderungen an die Substantiierungspflicht bei Mobbingvorwürfen vgl BAG 20.3.2003 – 8 AZN 27/03 – nv und dazu die Entscheidungsbesprechung von Faber, JR 2004, 218; vgl auch Rn 440 und Rn 441.
357 BAG 21.5.1992 – 2 AZR 10/92 – AP KSchG 1969 § 1 Verhaltensbedingte Kündigung Nr 29 zu II 2 b bb.
358 BAG 13.3.1987 – 2 AZR 601/85 – AP KSchG 1969 § 1 Verhaltensbedingte Kündigung Nr 18 zu II 3 b.

legungs- und Beweislast gelten.[359] Zu beachten ist in diesem Zusammenhang, dass bei der verhaltensbedingten Kündigung eine Weiterbeschäftigung auf einem anderen freien Arbeitsplatz nur zumutbar ist, wenn die Versetzung geeignet ist, die Wiederholungsgefahr zu beseitigen. Dies ist regelmäßig nur bei arbeitsplatzbezogenen Vertragspflichtverletzungen der Fall.[360]

VII. Außerordentliche verhaltensbedingte Kündigung

1. Das Verhalten als wichtiger Grund iSv § 626 Abs 1 BGB; Abgrenzung zur ordentlichen verhaltensbedingten Kündigung

339 Ein die arbeitsvertraglichen Pflichten verletzendes Verhalten des Arbeitnehmers kann nicht nur gem § 1 Abs 2 KSchG eine ordentliche Kündigung rechtfertigen, sondern auch einen **wichtigen Grund** für eine außerordentliche verhaltensbedingte Kündigung iSv § 626 BGB darstellen. Die außerordentliche verhaltensbedingte Kündigung ist in der Praxis der Hauptanwendungsfall der außerordentlichen Kündigung.

340 Die **Abgrenzung** zwischen einer ordentlichen und einer außerordentlichen verhaltensbedingten Kündigung hängt von einer im Einzelfall vorzunehmenden Wertung ab, da die rechtlichen Voraussetzungen im Wesentlichen identisch sind. Ob ein Verhalten des Arbeitnehmers objektiv geeignet ist, eine verhaltensbedingte Kündigung zu rechtfertigen, ist für die ordentliche wie die außerordentliche Kündigung im Wesentlichen nach den gleichen Kriterien zu beurteilen.[361]

341 Der wichtigste **Unterschied** besteht **in zeitlicher Hinsicht**. Der **Prüfungsmaßstab** ergibt sich für die außerordentliche Kündigung aus § 626 Abs 1 BGB: Dem Arbeitgeber muss die Weiterbeschäftigung aufgrund der Gefahr weiterer Vertragspflichtverletzungen oder fortdauernder Beeinträchtigungen **ab sofort** unzumutbar sein. Bei der ordentlichen Kündigung kommt es darauf an, ob dem Arbeitgeber die Fortsetzung des Arbeitsverhältnisses nach Ablauf der Kündigungsfrist zumutbar ist. Die außerordentliche Kündigung ist kein aliud, sondern ein „wesensgleiches Mehr" im Verhältnis zur ordentlichen Kündigung, woraus sich der folgende Rechtssatz ableiten lässt: Eine außerordentliche Kündigung ist jedenfalls dann unwirksam, wenn sie schon an den Rechtsschranken scheitern müsste, die für eine ordentliche Kündigung gelten.[362] Die Bezeichnung als außerordentliche Kündigung verdeutlicht den **Ausnahmecharakter** gegenüber der ordentlichen Kündigung. Aus dem in zeitlicher Hinsicht abgestuften Prüfungsmaßstab ist ferner abzuleiten, dass das **einzige** für die außerordentliche Kündigung **spezifisch mildere Mittel die ordentliche Kündigung** ist. Andere mildere Mittel sind bereits im Rahmen der ordentlichen Kündigung zu prüfen.[363]

---

359 Vgl Rn 321.
360 Vgl Rn 318.
361 Vgl Rn 207 ff; die ab Rn 348 dargestellten Fallgestaltungen und Rechtsprechungshinweise betreffen daher, je nach Einzelfall, ordentliche oder außerordentliche verhaltensbedingte Kündigungen.
362 Vgl Preis AuR 2010, 186, 187 f; ders. DB 1990, 689.
363 Vgl Preis AuR 2010, 186, 188; ders. DB 1990, 689; KR/Fischermeier § 626 BGB Rn 252.

Das bedeutet allerdings nicht, dass andere mildere Mittel, insbesondere eine Weiterbeschäftigungsmöglichkeit auf einem freien Arbeitsplatz bei arbeitsplatzbezogenen Gründen[364] im Zusammenhang mit der außerordentlichen Kündigung nicht zu prüfen wären. Da der Erforderlichkeitsgrundsatz bereits zu den Rechtsschranken einer ordentlichen Kündigung gehört, gilt dies erst recht für die weiterreichende außerordentliche Kündigung. Besteht eine zumutbare Weiterbeschäftigungsmöglichkeit, ist die außerordentliche Kündigung bereits deshalb nicht ultima ratio, weil nicht einmal eine ordentliche Kündigung aus verhaltensbedingten Gründen sozial gerechtfertigt wäre.

Eine außerordentliche verhaltensbedingte Kündigung kann danach nur bei **schweren** Vertragspflichtverletzungen in Betracht kommen, die zu einer so gewichtigen, in die Zukunft wirkenden Beeinträchtigung des Arbeitsverhältnisses führen, dass dem Arbeitgeber die Weiterbeschäftigung des Arbeitnehmers **mit sofortiger Wirkung** nicht mehr zumutbar ist. Die erforderliche Intensität der Vertragspflichtverletzung kann sich auch unter Berücksichtigung vorausgegangener Abmahnungen ergeben, da eine erforderliche Abmahnung Bestandteil des Kündigungsgrundes ist und die Frage der Zumutbarkeit der Vertragsfortsetzung mit beeinflusst. Im Rahmen der abschließenden Interessenabwägung sind bei einer außerordentlichen verhaltensbedingten Kündigung auch die Auswirkungen der fristlosen Beendigung für das weitere Berufsleben des Arbeitnehmers zu berücksichtigen. Typischerweise sind diese schwerwiegender, als dies bei einer ordentlichen Kündigung der Fall ist.

2. Besonderheiten bei ordentlich unkündbaren Arbeitnehmern: Prüfungsmaßstab und Auslauffrist

Gem § 626 Abs 1 BGB kann ein Arbeitsverhältnis aus wichtigem Grund ohne Einhaltung einer Kündigungsfrist gekündigt werden, wenn Tatsachen vorliegen, auf Grund derer dem Kündigenden unter Berücksichtigung aller Umstände des Einzelfalls und unter Abwägung der Interessen beider Vertragsteile die Fortsetzung des Arbeitsverhältnisses bis zum Ablauf der Kündigungsfrist oder bis zu der vereinbarten Beendigung des Arbeitsverhältnisses nicht zugemutet werden kann. Ist die ordentliche **Kündigung** des Arbeitnehmers **einzel- oder tarifvertraglich ausgeschlossen**, scheidet eine ordentliche Kündigung von vornherein aus. Deshalb müsste bei einer außerordentlichen verhaltensbedingten Kündigung eines ordentlich unkündbaren Arbeitnehmers im Rahmen der anzustellenden Interessenabwägung nicht auf die fiktive Frist für die – ausgeschlossene – ordentliche Kündigung, sondern auf die tatsächliche **künftige Vertragsbindung** (idR bis zur Regelaltersgrenze in der gesetzlichen Rentenversicherung) abgestellt werden.[365] Unter Zugrundelegung der Annahme, dass die Unzumutbarkeit iSv § 626 Abs 1 BGB umso eher gegeben ist, je länger die Vertragsbindung besteht, könnte danach ein ordentlich unkündbarer Arbeitnehmer eher frist-

---

364 Vgl Rn 316 ff.
365 BAG 14.11.1984 – 7 AZR 474/83 – AP BGB § 626 Nr 83 zu II 1 a; aA KR/Fischermeier § 626 BGB Rn 302 für den Fall, dass das vertragliche Kündigungsverbot dem Wortlaut des § 15 KSchG nachgebildet ist.

los gekündigt werden als ein Arbeitnehmer ohne diesen besonderen Kündigungsschutz.[366] Um den darin liegenden Wertungswiderspruch aufzulösen, differenziert das BAG zwischen zwei Arten der außerordentlichen Kündigung ordentlich unkündbarer Arbeitnehmer, namentlich zwischen der fristlosen Kündigung einerseits und der außerordentlichen Kündigung mit Auslauffrist andererseits. Bei der Prüfung der Frage, ob ein wichtiger Grund zur fristlosen Kündigung des Arbeitnehmers vorliegt, ist allein darauf abzustellen, ob die Fortsetzung des Arbeitsverhältnisses bis zum Ablauf der bei einem ordentlich unkündbaren Arbeitnehmer „fiktiven" Kündigungsfrist dem Arbeitgeber noch zugemutet werden kann.[367] Dabei besteht kein hinreichender Anlass, neben dem Alter und der Beschäftigungsdauer die ordentliche Unkündbarkeit des Arbeitnehmers erneut zu dessen Gunsten zu berücksichtigen und damit den ordentlich unkündbaren Arbeitnehmer besser zu stellen als einen Arbeitnehmer ohne diesen Sonderkündigungsschutz bei entsprechenden Einzelfallumständen und beiderseitigen Interessen.[368] Liegen danach die Voraussetzungen für eine fristlose Kündigung nicht vor, so räumt das BAG dem Arbeitgeber die Möglichkeit ein, dem ordentlich nicht kündbaren Arbeitnehmer uU eine außerordentliche Kündigung mit –notwendiger- Auslauffrist auszusprechen, wenn bei unterstellter ordentlicher Kündbarkeit eine fristgerechte Kündigung gerechtfertigt wäre.[369] Eine außerordentliche Kündigung mit notwendiger Auslauffrist kommt dabei in Betracht, wenn ein wichtiger Grund zur Kündigung gerade darin zu sehen ist, dass wegen des Ausschlusses der ordentlichen Kündigung der Arbeitgeber den Arbeitnehmer notfalls bis zum Erreichen der Altersgrenze weiterbeschäftigen müsste und ihm dies unzumutbar ist.[370] Dabei stellen der Ausschluss der ordentlichen Kündigung und die hierdurch bedingte langfristige Vertragsbindung Umstände dar, die bei einer außerordentlichen Kündigung mit Auslauffrist im Rahmen der einzelfallbezogenen Interessenabwägung entweder zugunsten oder zuungunsten des Arbeitnehmers zu berücksichtigen sind.[371] Welche Betrachtungsweise im Einzelfall den Vorrang verdient, ist insbesondere unter Beachtung des Sinns und Zwecks des Ausschlusses der ordentlichen Kündigung sowie unter Berücksichtigung der Art des Kündigungsgrundes zu entscheiden. Bei einmaligen Vorfällen ohne Wiederholungsgefahr soll sich die längere Vertragsbindung zugunsten des Arbeitnehmers auswirken, bei Dauertatbeständen oder Vorfällen mit Wiederholungsgefahr soll dem Arbeitgeber die Fortsetzung des Arbeitsverhältnisses uU eher unzumutbar sein können als bei einem ordentlichen kündbaren Arbeitnehmer.[372]

---

366 Vgl SPV/Preis Rn 738; KR/Fischermeier § 626 BGB Rn 299.
367 BAG 18.9.2008 – 2 AZR 827/06 – NZA-RR 2009, 393; 27.4.2006 – 2 AZR 386/05 – NZA 2006, 977.
368 BAG 18.9.2008 – 2 AZR 827/06 – NZA-RR 2009, 393; 27.4.2006 – 2 AZR 386/05 – NZA 2006, 977.
369 BAG 8.4.2003 – 2 AZR 355/02 – NZA 2003, 856.
370 BAG 18.3.2009 – 2 AZR 337/08 – EzA BGB 2002 § 626 Unkündbarkeit Nr 17; 10.5.2007 – 2 AZR 626/05 – NZA 2007, 1278.
371 BAG 27.4.2006 – 2 AZR 386/05 – NZA 2006, 977.
372 BAG 15.11.2001 – 2 AZR 605/00 – AP BGB § 626 Nr 175; 21.6.2001 – 2 AZR 30/00 – EzA BGB § 626 Unkündbarkeit Nr 7 zu B III 2 d bb (1); 14.11.1984 – 7 AZR 474/83 – AP BGB § 626 Nr 83 zu II 1 a mwN.

Bei der **außerordentlichen verhaltens**bedingten Kündigung wird die kündi- 344
gungsrechtliche Beurteilung einmaliger Vorfälle ohne Wiederholungsgefahr
auch bei Beachtung dieser Grundsätze keine nachhaltige Änderung erfahren. Hier kommt eine außerordentliche Kündigung ohnehin regelmäßig
nur in Frage, wenn das Arbeitsverhältnis aufgrund einer schwerwiegenden
Vertragspflichtverletzung für die Zukunft erheblich beeinträchtigt wäre (zB
wenn infolge des Verhaltens des Arbeitnehmers das Vertrauen des Arbeitgebers in dessen Redlichkeit zerstört ist). Demgegenüber kann sich die **längere Vertragsbindung** bei Anwendung dieses Beurteilungsmaßstabs bei
Dauertatbeständen oder Vorfällen mit Wiederholungsgefahr **zuungunsten
des ordentlich unkündbaren Arbeitnehmers** auswirken. Dies betrifft insbesondere Fälle einer verhaltensbedingten Kündigung, in denen einem vergleichbaren Arbeitnehmer ohne gesteigerten Kündigungsschutz bei vergleichbarem Kündigungssachverhalt zwar nicht nach § 626 BGB außerordentlich, jedoch fristgerecht gekündigt werden könnte. Die lange Bindungsdauer aufgrund des Ausschlusses der ordentlichen Kündbarkeit kann
dann dazu führen, dass ein wichtiger Grund zur außerordentlichen Kündigung des betreffenden Arbeitnehmers nach § 626 Abs 1 BGB anzunehmen
ist.[373] Kann sich danach die ordentliche Unkündbarkeit zu Lasten des Arbeitnehmers auswirken, so ist nach der Rechtsprechung des BAG auf der
Rechtsfolgenseite zur Vermeidung eines Wertungswiderspruchs dem besonders geschützten Arbeitnehmer, wenn bei unterstellter Kündbarkeit nur
eine fristgerechte Kündigung zulässig wäre, eine der fiktiven ordentlichen
Kündigungsfrist entsprechende Auslauffrist einzuräumen.[374] Dieser Rechtsprechung ist zuzustimmen. Auch der Zweck vertraglicher Kündigungsverbote gebietet es nicht, die längere Vertragsbindung bei der außerordentlichen verhaltensbedingten Kündigung zugunsten des Arbeitnehmers in die
Abwägung einzustellen. IdR bezwecken vertragliche, insbesondere tarifliche Kündigungsverbote nicht, den Arbeitnehmer vor seinem eigenen,
selbstverantworteten Verhalten zu schützen.[375] Die Dauer der tatsächlichen Vertragsbindung bedarf allerdings der Feststellung durch das Tatsachengericht, um diese im Rahmen der Interessenabwägung rechtsfehlerfrei
berücksichtigen zu können.[376]

Eine außerordentliche Kündigung mit Auslauffrist, die die tariflich ausge- 345
schlossene ordentliche Kündigung ersetzt, kommt nach der zutreffenden
Rechtsprechung des BAG[377] **nur in extremen Ausnahmefällen** in Betracht,
um zu vermeiden, dass der Ausschluss der ordentlichen Kündigung dem
Arbeitgeber Unmögliches oder evident Unzumutbares aufbürdet. Dies
kann vor allem dann der Fall sein, wenn der Arbeitgeber ohne außerordentliche Kündigungsmöglichkeit gezwungen wäre, ein sinnloses Arbeits-

---

373 BAG 15.11.2001 – 2 AZR 605/00 – AP BGB § 626 Nr 175.
374 BAG 15.11.2001 – 2 AZR 605/00 – AP BGB § 626 Nr 175 nwN; 21.6.2001 – 2
AZR 325/00 – AP BAT § 54 Nr 5; 11.3.1999 – 2 AZR 427/98 – AP BGB § 626
Nr 150 zu B II 3 b mwN: zur außerordentlichen verhaltensbedingten Kündigung
des Arbeitsverhältnisses eines nach § 53 Abs 3 BAT altersgeschützten Arbeitnehmers; KR/Fischermeier § 626 BGB Rn 305 f.
375 SPV/Preis Rn 764.
376 BAG 21.6.2001 – 2 AZR 30/00 – EzA BGB § 626 Unkündbarkeit Nr 7.
377 BAG 21.6.2001 – 2 AZR 30/00 – EzA BGB § 626 Unkündbarkeit Nr 7.

verhältnis über viele Jahre hinweg allein durch Gehaltszahlungen, denen keine entsprechende Arbeitsleistung gegenübersteht, aufrechtzuerhalten. Auch wenn das BAG hier einen strengen Prüfungsmaßstab fordert, bewirkt die Gewährung der Möglichkeit, eine außerordentliche Kündigung mit – notwendiger- Auslauffrist auszusprechen, eine Absenkung des Kündigungsschutzes für ordentlich unkündbare Arbeitnehmer und damit zugleich eine Annäherung der Voraussetzungen von ordentlicher Kündigung und außerordentlicher Kündigung mit Auslauffrist.[378] Dies ist aber hinzunehmen, wenn wegen des Ausschlusses der ordentlichen Kündigung der Arbeitgeber den Arbeitnehmer noch viele Jahre weiterbeschäftigen müsste und das Arbeitsverhältnis für die Zukunft derart gestört ist, dass ihm dies gerade wegen der Dauer des Fortbestehens des Arbeitsverhältnisses unzumutbar ist.

Das BAG lässt die außerordentliche Kündigung mit –notwendiger- Auslauffrist nicht nur im Bereich der verhaltensbedingten Kündigung, sondern auch aus personenbedingten[379] und betriebsbedingten[380] Gründen zu. Da dem Arbeitnehmer durch den Ausschluss der ordentlichen Kündbarkeit gegenüber kündbaren Arbeitnehmern keine Nachteile erwachsen sollen, sind vor Ausspruch der außerordentlichen Kündigung mit notwendiger Auslauffrist die dem Arbeitnehmer günstigeren Modalitäten der Betriebsrats- und Personalbeteiligung für eine ordentliche Kündigung zu beachten.[381]

346 Ebenso wie bei der außerordentlichen fristlosen Kündigung eines kraft einzel- oder tarifvertraglicher Regelung ordentlich unkündbaren Arbeitnehmers ist bei der Beurteilung einer fristlosen Kündigung eines Arbeitnehmers, dem gegenüber die ordentliche Kündigung gem § 15 KSchG ausgeschlossen ist (zB Betriebsratsmitglied), entscheidend, ob dem Arbeitgeber die Weiterbeschäftigung bis zum Ablauf der **fiktiven Kündigungsfrist** unzumutbar wäre.[382] Für sonstige Fälle einer auf einer besonderen gesetzlichen Schutznorm beruhenden ordentlichen Unkündbarkeit (zB § 40 EBRG, § 96 Abs 3 SGB IX,[383] § 58 BImSchG, § 66 WHG, § 4 f Abs 3 BDSG; § 2 AbgG, §§ 2, 16 a ArbPlSchG, § 78 ZDG; § 60 Abs 3 KrWG) ist die fiktive Kündigungsfrist ebenfalls Prüfungsmaßstab.[384]

347 Im Anwendungsbereich des § 15 KSchG lässt das BAG[385] die außerordentliche Kündigung mit notwendiger Ausschlussfrist bei verhaltensbedingten Gründen zu Recht nicht zu, da andernfalls die Grenzen zwischen dem ordentlich kündbaren und dem nach § 15 KSchG geschützten Arbeitnehmer

---

378 Vgl SPV/Preis Rn 767.
379 Vgl Rn 493.
380 Vgl Rn 758.
381 BAG 12.1.2006 – 2 AZR 202/05 – AP BGB § 626 BGB Krankheit Nr 13; 18.10.2000 – 2 AZR 627/99 – NZA 2001, 219; 5.2.1998 – 2 AZR 227/97 – NZA 1998, 771.
382 BAG 27.9.2012 – 2 AZR 955/11 – NZA 2013, 425; 17.1.2008 – 2 AZR 821/06 – NZA 2008, 777; 10.2.1999 – 2 ABR 31/ 98 – AP KSchG 1969 § 15 Nr 42; 18.2.1993 AP KSchG 1969 § 15 Nr 35; anders für die betriebsbedingte (Massen-)Änderungskündigung: BAG 21.6.1995 – 2 ABR 28/94 – AP KSchG 1969 § 15 Nr 36, wonach die längere Vertragsbindung maßgeblich sein soll, vgl § 15 Rn 166.
383 Vgl BAG 19.7.2012 – 2 AZR 989/11 – NZA 2013, 143.
384 ErfK/Müller-Glöge § 626 BGB Rn 53.
385 BAG 17.1.2008 – 2 AZR 821/06 – NZA 2008, 777.

verwischen müsste. Die Zulassung der außerordentlichen Kündigung mit notwendiger Auslauffrist käme einer ordentlichen Kündigung eines kündbaren Arbeitnehmers gleich. Nach dem Sinn und Zweck des Gesetzes soll der betriebsverfassungsrechtliche Mandatsträger aber gerade – mit Ausnahme der Fälle des § 15 Abs 4 und 5 KSchG – mit Rücksicht auf seine besondere Stellung von der Bedrohung vor einer ordentlichen Kündigung ausgenommen werden. Eine außerordentliche Kündigung mit notwendiger Auslauffrist kommt aber bei betriebsbedingten Änderungskündigungen in Betracht, weil sich an § 15 Abs 4, 5 KSchG zeigt, dass das Gesetz im Falle betriebsbedingter Umstände den Sonderkündigungsschutz von vornherein einschränkungsbedürftig hält.[386]

VIII. Einzelfälle
1. Abkehrwille

Der Arbeitnehmer ist in seiner Entscheidung, ob er ein bestehendes Arbeitsverhältnis aufrechterhalten oder selbst beenden will, grundsätzlich frei (Art 12 Abs 1 GG; Berufsfreiheit). Vorkehrungen des Arbeitnehmers (zB Bewerbungen bei einem anderen Arbeitgeber), sich aus dem Arbeitsverhältnis zu lösen (oder Äußerungen des Arbeitnehmers, dass er das Arbeitsverhältnis zu lösen beabsichtige) können eine verhaltensbedingte Kündigung regelmäßig nicht rechtfertigen, da es an einem vertragspflichtwidrigen Verhalten fehlt.[387] Auch Vorbereitungshandlungen des Arbeitnehmers hinsichtlich der Aufnahme einer späteren Konkurrenztätigkeit (zB **Existenzgründungsmaßnahmen**) als solche sind nicht vertragspflichtwidrig.[388] Vertragspflichtverletzungen liegen aber dann vor, wenn der Arbeitnehmer im noch bestehenden Arbeitsverhältnis in **Wettbewerb** zum Arbeitgeber tritt,[389] Kunden oder Mitarbeiter **abwirbt**[390] bzw **Betriebs- bzw Geschäftsgeheimnisse verrät**.[391] 348

Die bloße **Vermutung**, der Arbeitnehmer könne solche Vertragspflichtverletzungen begehen, ist hingegen nicht ausreichend, eine nur vorbeugende Kündigung wäre unwirksam.[392] Besteht allerdings der auf konkrete Tatsachen gestützte **dringende Verdacht**, der Arbeitnehmer habe bereits zB Geschäftsgeheimnisse verraten, kann dies eine Verdachtskündigung rechtfertigen.[393] 349

In **Spezial- und Mangelberufen** soll die ernsthafte Lösungsabsicht des Arbeitnehmers nach älterer Rechtsprechung uU eine **betriebsbedingte** Kündigung begründen können, wenn der Arbeitgeber die Gelegenheit hat, eine 350

---
386 BAG 17.1.2008 – 2 AZR 821/06 – NZA 2008, 777; 21.6.1995 – 2 ABR 28/94 – AP KSchG 1969 § 15 Nr 36.
387 Vgl KR/Griebeling § 1 KSchG Rn 415; SPV/Preis Rn 621; LAG Rheinland-Pfalz 15.5.2003 – 11 Sa 1219/02.
388 BAG 26.6.2008 – 2 AZR 190/07 – NZA 2008, 1415; 30.1.1963 – 2 AZR 319/62 – AP Nr 3 zu § 60 HGB.
389 Vgl Rn 460 ff.
390 Vgl Rn 351.
391 Vgl Rn 459.
392 IdS auch SPV/Preis Rn 622 und HK-KSchG/Dorndorf § 1 Rn 774; **aA** vHH/L/Krause § 1 Rn 569.
393 Zur Verdachtskündigung vgl Rn 458 und Rn 630 ff.

schwer zu findende Ersatzkraft einzustellen.[394] Dies erscheint unzutreffend, da die Beschäftigungsmenge in einem solchen Fall unverändert bleibt und sich das der Kündigung zugrunde liegende unternehmerische Konzept auf den Austausch zweier Arbeitnehmer reduziert.[395]

2. Abwerbemaßnahmen

351 Vorbereitungshandlungen zur Aufnahme einer späteren selbstständigen Konkurrenztätigkeit sind grundsätzlich nicht vertragspflichtwidrig.[396] Ob die **Abwerbung von Arbeitskollegen** eine zulässige Vorbereitungshandlung darstellt, ist streitig. ZT wird angenommen, Abwerbemaßnahmen seien stets vertragspflichtwidrig und daher kündigungsrelevant, unabhängig davon, ob sie mit unlauteren Mitteln oder in verwerflicher Weise erfolgen.[397] Nach anderer Auffassung sollen Abwerbemaßnahmen nur dann vertragspflichtwidrig sein, wenn besondere Umstände (zB der Versuch, Kollegen zum Wechsel ohne Einhaltung der Kündigungsfrist zu bewegen) das Verhalten des Abwerbenden als rechts- oder sittenwidrig erscheinen ließen,[398] da der Arbeitgeber einen Arbeitsplatzwechsel seiner Arbeitnehmer nicht verhindern könne. Der zuerst genannten Auffassung ist zuzustimmen. Abwerbung ist die mit einer gewissen Ernsthaftigkeit und Beharrlichkeit betriebene Einwirkung auf einen Kollegen, um diesen zu veranlassen, sein bestehendes Arbeitsverhältnis zu beenden und ein neues Arbeitsverhältnis zu begründen.[399] Ein nur „unverfängliches Geplauder" über einen möglichen Arbeitsplatzwechsel unter Kollegen ist nicht ausreichend.[400] Bei diesem Verständnis verstößt die Abwerbung von Arbeitskollegen auch dann gegen die vertragliche **Nebenpflicht** des Abwerbenden, **im noch bestehenden Arbeitsverhältnis jede Schädigung des Arbeitgebers zu unterlassen**, wenn sie nicht mit unlauteren Mitteln oder in verwerflicher Weiser betrieben wird. Die Abwerbung von Arbeitskollegen ist für den Arbeitgeber regelmäßig nachteilig. Zwar kann der Arbeitgeber gegenüber wechselwilligen Arbeitnehmern nur die Einhaltung der ordentlichen Kündigungsfrist verlangen, den Arbeitsplatzwechsel als solchen aber nicht verhindern. Durch die Abwerbung wird die Wechselabsicht jedoch erst hervorgerufen. Sie greift da-

---

394 BAG 22.10.1964 – 2 AZR 515/63 – AP KSchG § 1 Betriebsbedingte Kündigung Nr 16; vgl auch Rn 760.
395 Vgl SPV/Preis Rn 622; KR/Griebeling § 1 KSchG Rn 417; HK-KSchG/Dorndorf § 1 Rn 774; vHH/L/Krause § 1 KSchG Rn 570.
396 Vgl Rn 348 und Rn 462.
397 LAG Schleswig-Holstein 6.7.1989 – 4 Sa 601/88 – LAGE BGB § 626 Nr 42; SPV/Preis Rn 623; KR/Fischermeier § 626 BGB Rn 406; ErfK/Müller-Glöge § 626 BGB Rn 62; so jetzt wohl auch: BAG 26.6.2008 – 2 AZR 190/07 – NZA 2008, 1415.
398 Vgl BAG 29.6.1978 – 2 AZR 669/76; vHH/L/Krause § 1 KSchG Rn 572; KR/Griebeling § 1 KSchG Rn 418; HK-KSchG/Dorndorf § 1 Rn 776; jeweils unter Bezugnahme auf das Urt des BAG v. 22.11.1965 – 3 AZR 130/65 – AP BGB § 611 Abwerbung Nr 1, das sich jedoch mit einer anders gelagerten Konstellation – Arbeitsplatzwechsel auf Veranlassung eines anderen Arbeitgebers, nicht mit einer Abwerbung unter Arbeitskollegen – auseinandersetzt.
399 APS/Dörner/Vossen § 626 BGB Rn 293; ErfK/Müller-Glöge § 626 Rn 62; KR/Fischermeier § 626 BG Rn 406; LAG Baden-Württemberg 28.3.2002 – 20 Sa 75/01.
400 Vgl BAG 26.6.2008 – 2 AZR 190/07 – NZA 2008, 1415.

mit in die berechtigten Geschäftsinteressen des Arbeitgebers ein. In schwerwiegenden Fällen (zB Ausnutzen einer Vertrauensstellung, Verleitung zum Vertragsbruch, Abwerbung für ein Konkurrenzunternehmen gegen Provision) werden idR die Voraussetzungen einer außerordentlichen verhaltensbedingten Kündigung ohne vorherige Abmahnung vorliegen.

Nicht vertragspflichtwidrig und deshalb nicht kündigungsrelevant ist indessen die **bloße Mitteilung gegenüber Arbeitskollegen, sich selbstständig machen zu wollen.**[401] 352

Der Versuch, **Kunden des Arbeitgebers** abzuwerben, auch im Rahmen informativer Vorgespräche zur Kontaktaufnahme, ist im noch bestehenden Arbeitsverhältnis als verbotene **Konkurrenztätigkeit**[402] regelmäßig geeignet, eine – ggf auch außerordentliche – verhaltensbedingte Kündigung ohne Abmahnung zu rechtfertigen.[403] 353

3. Alkohol, Drogen, Medikamente

Der Konsum von Alkohol, Drogen oder Medikamenten kann eine verhaltensbedingte Kündigung rechtfertigen, wenn deren Wirkung den Arbeitnehmer physisch oder psychisch außerstande setzt, seine vertraglich geschuldete Leistung zu erbringen, oder wenn auf ihm eine Verletzung vertraglicher Nebenpflichten beruht (zB Ausfallerscheinungen, Eigen- oder Fremdgefährdung).[404] Dabei ist es nicht entscheidend, ob der Arbeitnehmer die Arbeit bereits unter Einfluss von Alkohol, Drogen oder Medikamenten antritt oder sie im Betrieb konsumiert.[405] In Abgrenzung zur personenbedingten Kündigung muss die kündigungsauslösende Pflichtverletzung aber auf einem steuerbaren Verhalten des Arbeitnehmers beruhen und damit schuldhaft sein. Sowohl Alkoholabhängigkeit als auch die Abhängigkeit von Medikamenten oder Drogen stellen Krankheiten im medizinischen Sinne dar, die je nach Lage des Falles einem Verschuldensvorwurf entgegenstehen können.[406] Die Grundsätze für die Beurteilung der Verschuldensfrage sind anhand des Alkoholismus entwickelt worden. Sie gelten gleichermaßen für die Drogen- und Medikamentenabhängigkeit:[407] Bei einer Kündigung, die auf eine im Zusammenhang mit einer **Alkoholsucht** stehenden Pflichtverletzung gestützt wird, gilt der Prüfungsmaßstab der 354

---

401 Vgl SPV/Preis Rn 623.
402 Vgl auch Rn 460 ff.
403 BAG 26.6.2008 – 2 AZR 190/07 – NZA 2008, 1415; 26.1.1995 – 2 AZR 355/94 – RzK I 6 a Nr 116.
404 KR/Griebeling § 1 KSchG Rn 421; ErfK/Müller-Glöge § 626 BGB Rn 137.
405 BAG 26.1.1995 – 2 AZR 649/94 – AP KSchG 1969 § 1 Verhaltensbedingte Kündigung Nr 34.
406 BAG 20.12.2012 – 2 AZR 32/11 – DB 2013, 882; 9.4.1987 – 2 AZR 210/86 – NZA 1987, 81; Bengelsdorf NZA-RR 2004, 113, 121.
407 BAG 17.4.1985 – 5 AZR 497/83 – BKK 1986, 76; Bengelsdorf NZA-RR 2004, 113, 121.

personenbedingten Kündigung.[408] Von einem krankhaften Alkoholismus ist auszugehen, wenn infolge psychischer und physischer Abhängigkeit gewohnheits- und übermäßiger Alkoholgenuss trotz besserer Einsicht nicht aufgegeben oder reduziert werden kann.[409] Sind diese Voraussetzungen erfüllt, kann der Arbeitnehmer weder den Alkoholkonsum noch sein Verhalten unter Alkoholeinwirkung **willentlich steuern**; mit anderen Worten: Verstößt ein Arbeitnehmer infolge seiner Abhängigkeit gegen arbeitsvertragliche Pflichten, ist ihm im Zeitpunkt der Pflichtverletzung **kein Schuldvorwurf** zu machen.[410]

355 Eine verhaltensbedingte Kündigung kann bei bestehender Alkoholabhängigkeit auch nicht damit begründet werden, der Arbeitnehmer habe die **Abhängigkeit schuldhaft herbeigeführt**.[411] Wenn eine zu erheblichen betrieblichen Beeinträchtigungen führende Alkoholerkrankung besteht, entfällt die Eignung des Arbeitnehmers. Die primäre Störquelle entstammt daher der Sphäre der Person des Arbeitnehmers, während eine evtl schuldhafte Herbeiführung der Alkoholerkrankung die Störung nur mittelbar verursacht.[412]

356 Auch die Tatsache, dass der alkoholkranke Arbeitnehmer nach (erfolgreich?) durchgeführter Therapie einen **Rückfall** erleidet, rechtfertigt allein keine verhaltensbedingte Kündigung. Ein Erfahrungssatz mit dem Inhalt, ein Rückfall als solcher begründe ein Verschulden gegen sich selbst,[413] lässt sich medizinisch nicht begründen. Die Unfähigkeit des Alkoholikers zur Abstinenz ist gerade Teil des Krankheitsbildes.[414] Ob ein Verschuldensvorwurf berechtigt ist, erfordert deshalb eine auf den Einzelfall bezogene Prüfung der den Rückfall verursachenden Gründe.[415] Eine Einzelfallprüfung idS hat das BAG[416] im Zusammenhang mit Entgeltfortzahlungsansprüchen für eine zweite Entziehungstherapie nach einem Rückfall vorgenommen. Es hat ein Verschulden mit der Begründung verneint, der seit Jahren alkoholkranke, ca fünf Monate nach der ersten Therapie rückfällig gewordene Arbeitnehmer sei aus der ersten Therapie nicht endgültig geheilt entlassen worden, Rückfälle seien ausweislich eines eingeholten psychiatrischen Gutachtens beim Arbeitnehmer zudem seiner freien Willensbildung nicht zugänglich und krankheitsimmanent. Angesichts der statistisch hohen Rückfallquote dürfte sich die Feststellung, dass Rückfälle

---

408 HM; zB BAG 20.12.2012 – 2 AZR 32/11 – DB 2013, 882; 26.1.1995 – 2 AZR 649/94 – AP KSchG 1969 § 1 Verhaltensbedingte Kündigung Nr 34; 9.4.1987 – 2 AZR 210/86 – NZA 1987, 811; vgl auch Rn 500 ff mwN aus Rspr und Lit; zur sog **Nebenpflichttheorie**, die bei fehlender Therapiebereitschaft therapiefähiger Arbeitnehmer eine schuldhafte Nebenpflichtverletzung und einen verhaltensbedingten Kündigungsgrund annimmt vgl Rn 501.
409 BAG 1.6.1983 – 5 AZR 536/80 – AP LohnFG § 1 Nr 52 zu I 2.
410 BAG 20.12.2012 – 2 AZR 32/11 – DB 2013, 882.
411 Vgl die in der Entscheidung BAG 9.4.1987 – 2 AZR 210/86 – AP KSchG 1969 § 1 Krankheit Nr 18 zu B II angestellte Erwägung.
412 Vgl hierzu Rn 500.
413 So BAG 7.12.1989 – 2 AZR 134/89 – RzK I 7 c Nr 7.
414 BAG 9.4.1987 – 2 AZR 210/86 – NZA 1987, 811.
415 Vgl Rn 502; KR/Griebeling § 1 KSchG Rn 285; APS/Dörner/Vossen § 1 KSchG Rn 230.
416 BAG 27.5.1992 – 5 AZR 297/91 – EzA LohnFG § 1 Nr 123.

krankheitsimmanent sind, verallgemeinern lassen, weshalb auch nach einem Rückfall mangels Verschulden idR nur eine **personen**bedingte Kündigung in Betracht kommen wird.[417]

Hat das Konsumverhalten des Arbeitnehmers noch **keinen Krankheitswert** erreicht, handelt es sich um einen **vorwerfbaren Alkoholmissbrauch**, der nach den Grundsätzen der **verhaltens**bedingten Kündigung zu beurteilen ist. Ein nicht auf Alkoholabhängigkeit beruhender Alkoholmissbrauch im Betrieb ist an sich geeignet, eine verhaltensbedingte Kündigung – **idR nach erfolgloser Abmahnung** – sozial zu rechtfertigen,[418] wenn es unter Alkoholeinwirkung zu Vertragspflichtverletzungen kommt oder der Alkoholkonsum selbst eine Pflichtverletzung darstellt. In schweren Fällen kann eine Abmahnung entbehrlich oder uU eine außerordentliche Kündigung berechtigt sein. 357

Alkoholbedingte Pflichtverletzungen sind zB im Betrieb begangene Tätlichkeiten, Beleidigungen, Sachbeschädigungen oder Schlecht- bzw Minderleistungen. Ohne solche über den bloßen Alkoholgenuss hinausgehende Verfehlungen bedarf die Frage, ob der Alkoholgenuss eine Vertragspflichtverletzung darstellt, einer gesonderten Prüfung. 358

Die Verletzung eines betrieblichen Alkoholverbots ist an sich geeignet, eine verhaltensbedingte Kündigung zu rechtfertigen.[419] Bei der Einführung **absoluter Alkoholverbote**, die den Genuss jeglichen Alkohols untersagen, ist in Betrieben mit Betriebsrat das Mitbestimmungsrecht gem § 87 Abs 1 Nr 1 BetrVG (Ordnungsverhalten) zu beachten. Ein ohne Zustimmung des Betriebsrats vom Arbeitgeber einseitig eingeführtes betriebliches Alkoholverbot ist unwirksam. In Betrieben ohne Betriebsrat kann ein absolutes Alkoholverbot ohne Einschränkung einzelvertraglich vereinbart werden.[420] Der Verstoß eines Berufskraftfahrers gegen das gem § 9 Abs 11 Nr 18 GGVSE bestehende absolute Alkoholverbot bei Gefahrguttransporten kann auch ohne vorangegangene Abmahnung zur außerordentlichen Kündigung berechtigen.[421] Entsprechendes gilt, wenn der Fahrer eines von den Vorschriften der StVO befreiten Rettungswagens seinen Dienst unter Verstoß gegen ein einschlägiges Alkoholverbot antritt.[422] 359

Auch ohne ausdrückliches Verbot in einer Betriebsvereinbarung oder im Arbeitsvertrag besteht eine dem Inhalt der **Unfallverhütungsvorschrift** in § 15 Abs 1 BGV A 1 entsprechende **arbeitsvertragliche Nebenpflicht** des Arbeitnehmers, sich durch Alkoholgenuss nicht in einen Zustand zu versetzen, durch den er sich oder andere gefährden kann (sog **relatives Alkohol-** 360

---

417 Vgl Fleck/Körkel BB 1995, 722 ff.
418 BAG 4.6.1997 – 2 AZR 526/96 – AP Nr 137 zu § 626 BGB; 26.1.1995 – 2 AZR 649/94 – AP KSchG 1969 § 1 Verhaltensbedingte Kündigung Nr 34; 30.9.1993 – 2 AZR 188/93 – EzA BGB § 626 nF Nr 152.
419 BAG 22.7.1982 – 2 AZR 30/81 – NJW 1983, 700.
420 Vgl Willemsen/Brune DB 1988, 2304, 2305; aA Hemming BB 1998, 1999, 2000 mwN, der ein absolutes Alkoholverbot nur bei besonders sicherheitssensiblen Tätigkeiten für zulässig hält.
421 LAG Köln 19.3.2008 – 7 Sa 1369/07 – AuA 2009, 104.
422 LAG Sachsen 26.5.2000 – 2 Sa 995/99 – NZA-RR 2001, 472.

verbot).[423] Der für das Vorliegen einer arbeitsvertraglichen Pflichtverletzung relevante Alkoholisierungsgrad bestimmt sich im Einzelfall nach der auszuübenden Tätigkeit sowie regionalen und branchenspezifischen Gesichtspunkten.[424] Er kann bei Tätigkeiten im sicherheitsrelevanten Bereich schon bei sehr geringen Alkoholmengen erreicht sein[425] (zB operierende Unfallchirurgen oder Piloten). Ein Kraftfahrer ist zur Unterlassung jeden die Fahrtüchtigkeit beeinträchtigenden Alkoholgenusses während des Dienstes und kurz vor Dienstantritt verpflichtet.[426] Auch wenn kein betriebliches Alkoholverbot besteht und die geschuldete Arbeit nicht mit Alkoholkonsum schlechterdings unvereinbar ist, wird **grundsätzlich nur ein geringer Alkoholkonsum erlaubt** sein (zB das Glas Sekt bei der Beförderungs- und Geburtstagsfeier, ein Glas Bier in der Pause). Der Arbeitgeber kann auch bei einem relativen Alkoholverbot sowohl erwarten, dass der Arbeitnehmer zum Dienst erscheint, ohne zuvor in erheblichem Umfang alkoholische Getränke zu sich genommen zu haben, als auch, dass der mündige Arbeitnehmer – selbst wenn Alkohol in der Betriebskantine erhältlich ist – während der Arbeit allenfalls geringfügig dem Alkohol zuspricht.[427]

361 **Außerdienstlicher Alkoholgenuss**, der sich nicht negativ auf die Arbeitsfähigkeit auswirkt, ist demgegenüber grundsätzlich nicht geeignet, eine verhaltensbedingte Kündigung zu rechtfertigen, sondern ausschließlich der Privatsphäre des Arbeitnehmers zuzuordnen.[428] Der Arbeitnehmer ist aber verpflichtet, seine **Arbeitsfähigkeit** auch nicht durch privaten Alkoholgenuss zu beeinträchtigen.[429] Eine hochgradige Alkoholisierung im Privatbereich kann Rückschlüsse auf die berufliche Zuverlässigkeit und Eignung eines **Berufskraftfahrers** zulassen.[430] Ein solcher Fall ist ebenso unter dem Gesichtspunkt des personenbedingten Kündigungsgrundes zu prüfen wie der Entzug der Fahrerlaubnis anlässlich einer privaten Trunkenheitsfahrt.[431]

362 Im **Kündigungsschutzprozess** muss der Arbeitgeber nach § 1 Abs 2 Satz 4 KSchG darlegen und beweisen, dass der Arbeitnehmer alkoholbedingt nicht in der Lage gewesen ist, seine arbeitsvertraglichen Verpflichtungen ordnungsgemäß zu erfüllen bzw durch die Alkoholisierung für ihn oder andere Arbeitnehmer ein erhöhtes Unfallrisiko bestand. Der **Nachweis der Alkoholisierung** ist dann mit besonderen Schwierigkeiten verbunden, wenn

---

423 BAG 26.1.1995 – 2 AZR 649/94 – AP KSchG 1969 § 1 Verhaltensbedingte Kündigung Nr 34 zu B III 3 a.
424 LAG Hamm 23.8.1990 – 16 Sa 293/90 – LAGE BGB § 626 Nr 52; Künzl BB 1993, 1581, 1586; SPV/Preis Rn 625.
425 BAG 26.1.1995 – 2 AZR 649/94 – AP KSchG 1969 § 1 Verhaltensbedingte Kündigung Nr 34.
426 BAG 23.9.1986 – 1 AZR 83/85 – NZA 1987, 250.
427 BAG 26.1.1995 – 2 AZR 649/94 – AP KSchG 1969 § 1 Verhaltensbedingte Kündigung Nr 34.
428 Vgl KR/Griebeling § 1 KSchG Rn 425, Hemming BB 1998, 1999, 2000; aA Adam NZA 1998, 281.
429 BAG 26.1.1995 – 2 AZR 649/94 – AP KSchG 1969 § 1 Verhaltensbedingte Kündigung Nr 34 zu B III 3 a; LAG Nürnberg 17.12.2002 – 6 Sa 480/01 – NZA-RR 2003, 301.
430 BAG 4.6.1997 – 2 AZR 526/96 – AP BGB § 626 Nr 137.
431 BAG 22.8.1963 – 2 AZR 114/63 – AP BGB § 626Nr 51; 30.5.1978 – 2 AZR 630/76 – AP BGB § 626 Nr 70.

der Arbeitnehmer sich nicht mit einem **Alkoholtest** einverstanden erklärt. Er kann wegen des verfassungsmäßig garantierten Grundrechts auf körperliche Integrität weder zu einer Untersuchung seines Blutalkoholwertes gezwungen werden[432] noch zur Mitwirkung an einer Atemalkoholanalyse.[433] Ausreichend ist es, wenn der Arbeitgeber darlegt, aufgrund welcher **Indizien** (Alkoholfahne, lallende Sprache, schwankender Gang, gerötete Augen, aggressives Verhalten) er subjektiv den Eindruck einer Alkoholisierung gewonnen hat, und diese durch Zeugenaussagen unter Beweis stellt. Will sich der Arbeitnehmer bei einem aufgrund objektiver Anhaltspunkte bestehenden Verdacht einer Alkoholisierung im Dienst mithilfe eines Alkoholtests entlasten, muss er idR einen entsprechenden Wunsch von sich aus – schon wegen des damit verbundenen Eingriffs in sein Persönlichkeitsrecht – an den Arbeitgeber herantragen.[434] Eine **mit Zustimmung** des Arbeitnehmers durchgeführte **Alkomatmessung** kann bei der Feststellung des Alkoholisierungsgrades sowohl zur **Be- als auch zur Entlastung des Arbeitnehmers** beitragen. Der Nachweis einer Alkoholisierung durch Atemalkoholanalyse im Arbeitsrecht unterliegt nicht denselben strengen Anforderungen wie im Strafrecht, weil dort die exakte Feststellung der Alkoholisierung wegen des Grundsatzes „in dubio pro reo" zentrale Bedeutung hat. Ein exakter Nachweis könnte nur durch eine Untersuchung der Blutalkoholkonzentration geführt werden, zu der ein Arbeitnehmer nicht gezwungen werden kann. Der Arbeitgeber kann sich daher an dem durch Alkomat erzielten Ergebnis orientieren.[435]

Eine besondere Form missbräuchlichen Medikamentenkonsums stellt **Doping** im Berufssport dar. Unter Doping ist Vorhandensein einer verbotenen Substanz im Körper des Athleten oder die Anwendung einer verbotenen Methode zu verstehen. Die verbotenen Substanzen und Methoden werden in einer ständig aktualisierten Verbotsliste abschließend aufgeführt.[436] Eine Verletzung der Anti-Doping-Bestimmungen und damit Doping liegt auch in der Weigerung oder dem Unterlassen ohne zwingenden Grund, sich nach entsprechender Benachrichtigung einer gemäß anwendbaren Anti-Doping-Bestimmung zulässigen Probenahme zu unterziehen, oder jede anderweitige Umgehung einer Probenahme.[437] Übt der Sportler seinen Sport in einem Arbeitsverhältnis aus, kann die Verletzung des Dopingverbots einen verhaltensbedingten (iSv § 626 BGB wichtigen) Grund zur Kündigung desselben darstellen.[438] Duldet, fördert oder fordert der Arbeitgeber Doping, ist eine Kündigung wegen widersprüchlichen Verhaltens rechtswidrig.[439]

362a

---

432 Vgl v. Hoyningen-Huene DB 1995, 142, 145; Willemsen/Brune DB 1988, 2304, 2306.
433 Vgl Künzl BB 1993, 1581, 1584.
434 BAG 16.9.1999 – 2 AZR 123/99 – AP BGB § 626 Nr 159 zu II 2 b ee.
435 BAG 26.1.1995 – 2 AZR 649/94 – AP KSchG 1969 § 1 Verhaltensbedingte Kündigung Nr 34 zu B III 4 b.
436 Teschner NZA 2001, 1233,1233; vgl auch Nationaler Anti Doping Code der NADA Deutschland (NADC 2009).
437 Vgl Art 2 Ziff 2.3 NADC 2009.
438 Horst/Jacobs RdA 2003, 215,231; Teschner NZA 1233, 1234 f.
439 Teschner NZA 2001, 1233, 1235.

4. Anzeigen/Zeugenaussagen gegen den Arbeitgeber; Einschalten der Presse („Whistleblowing")

363 Anzeigen gegen den Arbeitgeber bei der Staatsanwaltschaft, dem Finanzamt, dem Gewerbeaufsichtsamt oder sonstigen staatlichen Stellen (sog. „Whistleblowing") stellen einen verhaltensbedingten Kündigungsgrund dar, wenn der Arbeitnehmer dadurch gegen seine vertragliche Pflicht zur Rücksichtnahme (§ 241 Abs 2 BGB) verstößt.[440] Der Arbeitnehmer ist verpflichtet, auf die geschäftlichen Interessen des Arbeitgebers Rücksicht zu nehmen und sie im zumutbaren Umfang zu wahren. Der Arbeitnehmer hat darüber hinaus die Betriebs- und Geschäftsgeheimnisse zu wahren und den Arbeitgeber über alle wesentlichen Vorkommnisse im Betrieb in Kenntnis zu setzen, vor allem um Schäden des Arbeitgebers zu verhindern.[441] Zutreffend nimmt das BAG dabei die inhaltliche Ausgestaltung der vertraglichen Rücksichtnahmepflicht unter Berücksichtigung der kollidierenden Grundrechtspositionen von Arbeitgeber und Arbeitnehmer vor:[442] Einerseits stellt die Erstattung einer Anzeige eine von Verfassungs wegen geforderte und von der Rechtsordnung erlaubte und gebilligte Möglichkeit der Rechtsverfolgung (Art 2 Abs 1 GG iVm Art 20 Abs 3 GG, Rechtsstaatsprinzip) dar. Andererseits hat der Arbeitgeber als Ausfluss der verfassungsrechtlich geschützten Unternehmerfreiheit gem Art 12 Abs 1 GG ein rechtlich geschütztes Interesse, nur mit solchen Arbeitnehmern zusammenzuarbeiten, die die Ziele des Unternehmens fördern und das Unternehmen vor Schäden bewahren. Unter Berücksichtigung dieses Rahmens sind die vertraglichen Rücksichtnahmepflichten dahin zu konkretisieren, dass sich die **Anzeige des Arbeitnehmers nicht als eine unverhältnismäßige Reaktion auf ein Verhalten des Arbeitgebers oder seines Repräsentanten** darstellen darf. Eine kündigungsrelevante erhebliche Verletzung arbeitsvertraglicher Nebenpflichten im Zusammenhang mit der Erstattung einer Strafanzeige hängt somit von den **Umständen des Einzelfalls** ab. Eine unverhältnismäßige Reaktion kann danach sogar dann vorliegen, wenn eine Straftat tatsächlich begangen wurde und eine Verurteilung erfolgt. Sie kann aber auch zu verneinen sein, wenn eine Straftat in Wahrheit nicht vorliegt oder jedenfalls keine Verurteilung erfolgt.[443] Das BAG benennt ausdrücklich **drei Indizien**, die für eine unverhältnismäßige Reaktion des anzeigenden Arbeitnehmers sprechen können: Die Berechtigung der Anzeige, die Motivation des Anzeigenden und ein fehlender innerbetrieblicher Hinweis auf die die angezeigten Missstände.[444] Diese Grundsätze hat auch der Europäische Gerichtshof für Menschenrechte (EGMR) in seiner Entscheidung vom 21.7.2011 – 28274/08[445] grundsätzlich anerkannt.[446] In dem der Entscheidung zugrunde liegenden Fall hat der EGMR in der Kündigung einer Al-

---

440 BAG 7.12.2006 – 2 AZR 400/05 – NZA 2007, 502; 3.7.2003 – 2 AZR 235/02 – NZA 2004, 427; vHH/L/Krause § 1 KSchG Rn 586.
441 BAG 3.7.2003 – 2 AZR 235/02 – NZA 2004, 427.
442 BAG 3.7.2003 – 2 AZR 235/02 – NZA 2004, 427.
443 BAG 7.12.2006 – 2 AZR 400/05 – NZA 2007, 502.
444 BAG 3.7.2003 – 2 AZR 235/02 – NZA 2004, 427; vgl Stein BB 2004, 1961, 1962.
445 NZA 2011, 1269.
446 Vgl Schlachter RdA 2012, 108, 112; D. Ulber NZA 2011, 962.

tenpflegerin, die nach mehrfachen und jahrelangen internen Auseinandersetzungen über einen Rechtsanwalt Strafanzeige wegen Abrechnungsbetrugs gegen ihren Arbeitgeber erhoben hatte, einen Verstoß gegen das in Art 10 EMRK geschützte Recht auf Freiheit der Meinungsäußerung gesehen. Ausgangspunkt seiner Rechtskontrolle war die Annahme, dass die Berechtigung zur Offenbarung von Informationen gegen die Pflicht des Arbeitnehmers zur Loyalität und Vertraulichkeit bzw das Interesse des Arbeitgebers am Schutz seines guten Rufs im Geschäftsverkehr und seiner geschäftlichen Interessen abzuwägen sei. Als in der Interessenabwägung zu berücksichtigende Kriterien hat der EGMR aufgeführt: Weitergabe von Informationen in der Öffentlichkeit als letztes Mittel, Vorrang der Vorgesetztenunterrichtung; Erfolgsaussichten einer innerbetrieblichen Beschwerde; öffentliches Interesse an der Information?; Fundiertheit der Information; möglicher Schaden für den Arbeitgeber; Gründe für die Information; Art der Sanktion. Bei der Abwägung der einzelnen Kriterien kann dem Bestehen eines besonderen öffentlichen Interesses besondere Bedeutung zukommen und die Anforderungen an die Authentizität der – nach vergeblicher innerbetrieblicher Beschwerde – den zuständigen Behörden angezeigten Missstände herabsetzen.[447]

Eine zur Kündigung berechtigende arbeitsvertragliche Pflichtverletzung liegt danach jedenfalls dann vor, wenn der Arbeitnehmer in einer Strafanzeige gegen den Arbeitgeber oder einen seiner Repräsentanten wissentlich oder leichtfertig falsche Angaben gemacht hat.[448] IdR ist eine Abmahnung nicht erforderlich. Eine spätere Verurteilung wegen des angezeigten Missstands ist ein Indiz dafür, dass die Anzeige nicht leichtfertig erhoben wurde.[449] Demgegenüber kann nicht bereits deshalb ein Verstoß gegen vertragliche Rücksichtnahmepflichten angenommen werden, weil die Anzeige nicht zu einer Verurteilung führte. Denn die Berechtigung zur Erstattung einer Strafanzeige ist nicht davon abhängig, dass die Begehung der strafbaren Handlung bereits feststeht oder später festgestellt wird, da der Ausgang des Strafverfahrens nicht zwingend von der Richtigkeit des Vorwurf abhängt und der Sinn der Einleitung von Ermittlungs- und Strafverfahren gerade in der Klärung der Tatbegehung liegt.[450] Deshalb ist die Anzeige als idR nur dann nicht mehr berechtigt anzusehen, wenn der Arbeitnehmer schon bei Erstattung der Anzeige weiß, dass der erhobene Vorwurf nicht zutrifft oder dies jedenfalls leicht erkennen kann oder einen unverhältnismäßigen Gebrauch von seinem Recht macht.

364

Ein unverhältnismäßiger Gebrauch des Anzeigerechts ist insbesondere anzunehmen, wenn der Arbeitnehmer es missbräuchlich ausübt.[451] Dabei sind die Gründe, die den Arbeitnehmer zur Anzeigeerstattung bewogen haben, von besonderer Bedeutung. So kann – unter Berücksichtigung des der

365

---

447 Schlachter RdA 2012, 108, 112 unter Verweis auf EGMR 21.7.2011 – 28274/08 – NZA 2011, 1269.
448 BAG 3.7.2003 – 2 AZR 235/02 – NZA 2004, 427; KR/Griebeling § 1 KSchG Rn 428; ErfK/Müller-Glöge § 626 BGB Rn 65.
449 BAG 7.12.2006 – 2 AZR 400/05 – NZA 2007, 502.
450 BAG 7.12.2006 – 2 AZR 400/05 – NZA 2007, 502.
451 SPV/Preis Rn 634.

Anzeige zugrunde liegenden Vorwurfs – ein Kündigungsgrund darin liegen, wenn der Arbeitnehmer mit der an sich berechtigten Anzeige allein den Zweck verfolgt, den Arbeitgeber zu schädigen bzw ihn „fertig zu machen".[452]
In einem solchen Fall handelt er nicht in Wahrnehmung berechtigter Interessen. Danach ist eine Kündigung zB gerechtfertigt, wenn sich der Arbeitnehmer zur Mitteilung an das Finanzamt vom Vorliegen einer strafbaren Handlung nicht deshalb entschlossen hat, um Steuerhinterziehungen zu unterbinden oder weil er wegen Mitwirkung an der Tat unter psychischem Druck gestanden hätte, sondern allein um den Arbeitgeber wegen einer zerrütteten privaten Beziehung zu schädigen.[453]

366 Verfolgt der Arbeitnehmer mit der objektiv berechtigten Anzeige **eigene schutzwürdige Interessen**, die auf andere Weise nicht gewahrt werden können, ist eine verhaltensbedingte Kündigung nicht gerechtfertigt. Dies gilt zum zB für eine Anzeige wegen Steuerhinterziehung nach § 371 AO durch einen tatbeteiligten Angestellten, der nur auf diese Weise Straffreiheit erlangen kann.[454] Problematisch ist jedoch, inwieweit sich ein Arbeitnehmer zuvor um innerbetriebliche Abhilfe bemühen muss. Hieran wurden zT überhöhte Anforderungen gestellt. So wurde vom Arbeitnehmer zB verlangt, er solle anstelle einer Anzeige die Arbeitsleistung verweigern, wenn er Gefahr laufe, sich aufgrund des gesetzeswidrigen Verhaltens des Arbeitgebers selbst strafbar zu machen,[455] oder auch dann vorrangig innerbetriebliche Abhilfeversuche unternehmen, wenn er sich zuvor bereits erfolglos an den zuständigen Betriebsingenieur gewandt hatte und dem Arbeitgeber die rechtswidrigen Zustände bekannt gewesen sind.[456]

367 Zutreffend ist, dass der der Arbeitnehmer den Arbeitgeber grundsätzlich vor einer Anzeigeerstattung auf das Vorliegen bestehender Missstände hinzuweisen hat,[457] um mögliche Schäden des Arbeitgebers abzuwenden. Dies gilt jedoch nicht ausnahmslos. Eine Prüfung des jeweiligen Einzelfalls kann ergeben, dass dem Arbeitnehmer eine vorherige innerbetriebliche Anzeige unzumutbar ist und ein Unterlassen kein pflichtwidriges Verhalten darstellt.[458] Dies ist dann der Fall, wenn sich der Arbeitnehmer bei Nichtanzeige seinerseits einer Strafverfolgung aussetzen würde, es sich um schwerwiegende Straftaten oder vom Arbeitgeber selbst begangene Straftaten handelt. Weiter trifft den anzeigenden Arbeitnehmer auch keine Pflicht zur innerbetrieblichen Klärung, wenn Abhilfe berechtigterweise nicht zu erwar-

---

452 BAG 3.7.2003 – 2 AZR 235/02 – NZA 2004, 427.
453 BAG 4.7.1991 – 2 AZR 80/91 – RzK I 6 a Nr 74.
454 LAG Hamm 12.11.1991 – 19 (16) Sa 6/90 – LAGE BGB § 626 Nr 54.
455 BAG 5.2.1959 – 2 AZR 60/56 – AP HGB § 70 Nr 2.
456 LAG Baden-Württemberg – 6 Sa 51/76 – 20.10.1976 EzA KSchG § 1 Verhaltensbedingte Kündigung Nr 8.
457 SPV/Preis Rn 635; KR/Fischermeier § 626 BGB Rn 408; vHH/L/Krause § 1 KSchG Rn 588.
458 BAG 3.7.2003 – 2 AZR 235/02 – NZA 2004, 427, Müller NZA 2002, 424, 435; ErfK/Müller-Glöge § 626 BGB Rn 64; vHH/L/Krause § 1 KSchG Rn 590, vgl auch BAG 7.12.2006 – 2 AZR 400/05 – NZA 2007, 502.

ten ist.[459] Kennt der Arbeitgeber also die Gesetzesverstöße, weil er sie selbst begangen hat bzw billigt, bedarf es keiner Unterrichtung des Arbeitgebers. Das **Geheimhaltungsinteresse des Arbeitgebers** ist in solchen Fällen **nicht schutzwürdig**.[460] Die Anzeige einer Straftat, die sich gegen den Arbeitnehmer selbst richtet, kann nicht arbeitsvertraglich unzulässig sein.[461] Auch bei Gefahr im Verzug wird der Arbeitnehmer sofort außerbetrieblich nach Hilfe suchen dürfen.[462] Hat nicht der Arbeitgeber oder sein gesetzlicher Vertreter, sondern ein Mitarbeiter seine Pflichten verletzt oder strafbar gehandelt, ist es dem Arbeitnehmer indes eher zumutbar, vor einer Anzeigenerstattung – auch wenn ein Vorgesetzter betroffen ist – einen Hinweis an den Arbeitgeber zu verlangen. Dies gilt insbesondere dann, wenn es sich um Pflichtwidrigkeiten handelt, die – auch – den Arbeitgeber selbst schädigen. Hat der Arbeitnehmer den Arbeitgeber auf die gesetzeswidrige Praxis im Unternehmen hingewiesen, sorgt dieser jedoch nicht für Abhilfe, besteht auch keine weitere vertragliche Rücksichtnahmepflicht mehr.[463] Dementsprechend darf ein für die Sicherheit betrieblicher Einrichtungen zuständiger Arbeitnehmer sich wegen **Sicherheitsbedenken** an alle zuständigen Behörden wenden, wenn den von ihm zuvor innerbetrieblich erhobenen Sicherheitsbedenken nicht abgeholfen wurde.[464]

In der Entscheidung des BAG vom 18.6.1970[465] wurde zutreffend das **Petitionsrecht nach Art 17 GG** berücksichtigt. Eine ordentliche Kündigung ist danach nicht gerechtfertigt, wenn eine Angestellte des öffentlichen Dienstes, ohne von sachfremden Motiven bestimmt zu sein, in nicht zu beanstandender Form ihr Petitionsrecht nach Art 17 GG ausübt, um mit mehrfachen Eingaben und Dienstaufsichtsbeschwerden unter Einhaltung des Dienstwegs teilweise berechtigte Vorwürfe zu erheben. Das verfassungsrechtlich garantierte Recht nach Art 17 GG, sich mit schriftlichen Bitten und Beschwerden an die zuständigen Stellen zu wenden, ist allerdings in allen Arbeitsverhältnissen zu beachten.[466] 368

Zeugenaussagen des Arbeitnehmers gegen den Arbeitgeber sind nicht geeignet, eine verhaltensbedingte Kündigung zu rechtfertigen, wenn der Arbeitnehmer nicht wissentlich falsche oder leichtfertig unwahre Angaben macht. Es ist mit dem **Rechtsstaatsprinzip** unvereinbar, wenn derjenige, der die ihm auferlegten staatsbürgerlichen Pflichten als Zeuge erfüllt, dadurch zivilrechtliche Nachteile erleidet.[467] 369

Die Information der **Öffentlichkeit**, insbesondere über die **Presse**, berechtigt den Arbeitgeber zur verhaltensbedingten, idR außerordentlichen Kün- 370

---

459 BAG 7.12.2006 – 2 AZR 400/05 – NZA 2007, 502; 3.7.2003 – 2 AZR 235/02 – NZA 2004, 427.
460 Vgl SPV/Preis Rn 635.
461 SPV/Preis Rn 635; Stein BB 2004, 1961, 1964.
462 Stein BB 2004, 1961, 1964; Müller NZA 2002, 424, 436.
463 BAG 3.7.2003 – 2 AZR 235/02 – NZA 2004, 427.
464 BAG 14.12.1972 – 2 AZR 115/72 – AP KSchG § 1 Verhaltensbedingte Kündigung Nr 8; KR/Griebeling § 1 KSchG Rn 427a; v. vHH/L/Krause § 1 KSchG Rn 589; HK-KSchG/Dorndorf § 1 Rn 799.
465 BAG 18.6.1970 – 2 AZR 369/69 – AP KSchG § 1 Nr 82.
466 IdS SPV/Preis Rn 633.
467 BVerfG 2.7.2001 – 1 BvR 2049/00 – NZA 2001, 888.

digung. Dies gilt grundsätzlich auch dann, wenn die erteilten Informationen über betriebliche Missstände der **Wahrheit** entsprechen. Da der Arbeitnehmer verpflichtet ist, unnötigen Schaden vom Betrieb fernzuhalten, ist die „**Flucht in die Öffentlichkeit**" nur als letztes Mittel vorstellbar, wenn betriebliche Missstände auf andere Weise nicht aufgedeckt und beseitigt werden können.[468] Vorrangig ist, unter den vorgenannten Voraussetzungen, in jedem Fall die Erstattung einer Anzeige bei der zuständigen Behörde. Bereits die **Drohung** des Arbeitnehmers, er werde die Presse einschalten, ist an sich geeignet, einen wichtigen Grund abzugeben.[469] Da es sich um eine schwere Vertragspflichtverletzung handelt, wenn der Arbeitnehmer innerbetriebliche Umstände an die Presse weitergibt und er nicht damit rechnen kann, der Arbeitgeber werde dieses Verhalten hinnehmen, ist eine Abmahnung entbehrlich.

5. Arbeitspflicht

371 a) **Arbeitsverweigerung/Leistungsverweigerungsrecht/Gewissenskonflikt.**
Die **beharrliche Weigerung**, eine vertraglich geschuldete, rechtmäßig und damit wirksam zugewiesene Arbeit zu leisten, stellt einen an sich zur außerordentlichen verhaltensbedingten Kündigung berechtigenden wichtigen Grund dar.[470] Dies gilt nicht nur bei einer erheblichen Verletzung der vertraglichen Hauptleistungspflichten. Auch die erhebliche Verletzung von vertraglichen Nebenpflichten (zB Erstellen von Tätigkeitsberichten) kann einen wichtigen Grund iSv § 626 BGB abgeben.[471] Die beharrliche Arbeitsverweigerung setzt in der Person des Arbeitnehmers im Willen eine **Nachhaltigkeit** voraus. Der Arbeitnehmer muss die ihm übertragene Arbeit bewusst und nachhaltig nicht leisten wollen,[472] wobei es nicht genügt, dass der Arbeitnehmer eine Weisung unbeachtet lässt. Die beharrliche Arbeitsverweigerung setzt vielmehr voraus, dass eine **intensive Weigerung** des Arbeitnehmers vorliegt. Das Moment der Beharrlichkeit kann sich allerdings auch aus einem **einmaligen Fall** der Arbeitsverweigerung ergeben; dann muss aber die Beharrlichkeit zB durch eine vorhergehende, erfolglose Abmahnung verdeutlicht werden.[473] Nach dem ultima-ratio-Prinzip ist es im Einzelfall nicht ausgeschlossen, dass auch bei einer beharrlichen Arbeitsverweigerung nur eine ordentliche Kündigung gerechtfertigt sein kann.[474] Lässt sich für die beharrliche Arbeitsverweigerung erforderliche Nachhaltigkeit im Willen nicht feststellen, kann eine ordentliche verhaltensbedingte Kündigung gerechtfertigt sein,[475] wobei idR eine Abmahnung vor-

---

468 Vgl SPV/Preis Rn 636.
469 BAG 11.3.1999 – 2 AZR 507/98 – AP BGB § 626 Nr 149 zu; 30.3.1984 – 2 AZR 362/82.
470 BAG 24.2.2011 – 2 AZR 636/09 – DB 2011, 2094; 13.3.2008 – 2 AZR 88/07 – AP KSchG 1969 § 1 Nr 87; 19.4.2007 – 2 AZR 78/06 – AP BGB § 611 Direktionsrecht Nr 77.
471 BAG 19.4.2007 – 2 AZR 78/06 – AP BGB § 611 Direktionsrecht Nr 77; 2.3.2006 – 2 AZR 53/05 – AP BGB § 626 Krankheit Nr 14; 5.4.2001 – 2 AZR 580/99 – NZA 2001, 893.
472 BAG 29.8.2013 – 2 AZR 273/12; 24.2.2011 – 2 AZR 636/09 – DB 2011, 2094.
473 BAG 21.11.1996 – 2 AZR 357/95 – AP BGB § 626 Nr 130 zu II 4 a mwN.
474 BAG 21.11.1996 – 2 AZR 357/95 – AP BGB § 626 Nr 130 zu II 4 a.
475 Vgl KR/Griebeling § 1 KSchG Rn 433.

auszugehen hat. Im Einzelfall kann auch die **Verweigerung der unmittelbaren Kommunikation** eine kündigungsrelevante Arbeitsverweigerung darstellen,[476] da dies die Ausübung des dem Arbeitgeber zustehenden Weisungsrechts vereitelt. Entsprechendes gilt für die Verletzung von **Mitwirkungspflichten**. Verletzt der Arbeitnehmer seine tarif- oder einzelvertraglich geregelte Pflicht, bei gegebener Veranlassung auf Wunsch des Arbeitgebers an einer ärztlichen Untersuchung zur Feststellung der Arbeitsunfähigkeit mitzuwirken, kann eine Kündigung gerechtfertigt sein.[477]

Eine vertragspflichtwidrige Arbeitsverweigerung liegt nur dann vor, wenn der Arbeitnehmer verpflichtet ist, die ihm zugewiesene Arbeit auszuführen, es sich also um eine **arbeitsvertraglich geschuldete Leistung** handelt. Die arbeitsvertraglichen Leistungspflichten ergeben sich in erster Linie aus dem Inhalt des Arbeitsvertrags; auch Betriebsvereinbarungen, auf das Arbeitsverhältnis anwendbare Tarifverträge oder gesetzliche Vorschriften können die Leistungspflichten des Arbeitnehmers bestimmen. In diesem Rahmen kann der Arbeitgeber sein Weisungs- bzw **Direktionsrecht** ausüben und die geschuldete Arbeitsleistung im Einzelfall konkretisieren. Dabei hat er die **Grenzen billigen Ermessens** gem § 106 Satz 1 GewO zu beachten. Das Direktionsrecht dient zum einen der Konkretisierung der Hauptleistungspflicht. Es ermöglicht dem Arbeitgeber, dem Arbeitnehmer bestimmte Aufgaben zuzuweisen und den Ort und die Zeit ihrer Erledigung verbindlich festzulegen. Darin erschöpft sich das Direktionsrecht jedoch nicht. Es erstreckt sich überdies auf eine nicht abschließend aufzählbare, je nach den Umständen näher zu bestimmende Vielzahl von Pflichten, deren Erfüllung unumgänglich ist, um den Austausch der Hauptleistungen sinnvoll zu ermöglichen (sog. leistungssichernde Verhaltenspflichten). Schließlich kann das Weisungsrecht auch den in fast allen Arbeitsverhältnissen bestehenden kollektiven Bereich betreffen, in dem es um diejenigen Regelungsbedürfnisse geht, die durch das Zusammenwirken mehrerer Arbeitnehmer im Betrieb entstehen.[478] Dagegen erfasst das Weisungsrecht nicht die Bestandteile des Austauschverhältnisses, also die Höhe des Entgelts und den Umfang der geschuldeten Arbeitsleistung.[479]

Eine Sekretärin ist zB nicht verpflichtet, Reinigungsarbeiten durchzuführen, da eine solche Weisung nicht vom Arbeitsvertrag gedeckt ist. Anders stellt sich dies bei einem Arbeitnehmer dar, der für Hilfstätigkeiten eingestellt ist. Eine einseitige Änderung des Arbeitsorts ist ohne arbeitsvertragliche Versetzungsklausel oder tarifliche Ermächtigung (zB § 7 Nr 1 BRTV-Bau, wonach Bauarbeiter auf allen Bau- und sonstigen Arbeitsstellen des Betriebs eingesetzt werden können) idR unzulässig. Durch Ausübung des Direktionsrechts kann der Arbeitgeber den Arbeitnehmer zwar zur Teilnahme an Gesprächen verpflichten, in denen er Weisungen im Leistungs-

---

476 Sächsisches LAG 10.7.2002 – 2 Sa 407/01 – nv: für den Sonderfall, dass der Arbeitnehmer die Kommunikation mit dem Arbeitgeber in allen das Arbeitsverhältnis betreffenden Angelegenheiten verweigert und diesen stattdessen auf seinen Rechtsanwalt verweist.
477 BAG 27.9.2012 – 2 AZR 811/11 – AP KSchG 1969 § 1 Verhaltensbedingte Kündigung Nr 68.
478 BAG 23.6.2009 – 2 AZR 606/08 – NZA 2009, 1011.
479 ErfK/Preis § 106 GewO Rn 2; APS/Künzl § 2 KSchG Rn 63.

oder Ordnungsbereich vorbereiten, erteilen oder ihre Nichterfüllung beanstanden will, nicht jedoch wenn Gegenstand des Personalgesprächs ausschließlich die Erörterung einer dem Arbeitnehmer bereits zuvor angebotenen und von diesem abgelehnten Vertragsänderung sein soll.[480]

374 Mangels Vertragspflichtverletzung scheidet eine verhaltensbedingte Kündigung aus, wenn die Arbeitsverweigerung durch **Rechtfertigungsgründe** gedeckt ist.

Beispiele: Der Arbeitnehmer ist zB berechtigt, ein **Zurückbehaltungsrecht**[481] auszuüben, wenn der Arbeitgeber mit der Entgeltzahlung nicht unerheblich in Verzug ist,[482] der Arbeitgeber seine vertragliche bzw gesetzliche Schutzpflicht nicht erfüllt, den Arbeitsplatz und die Arbeitsumgebung so zu gestalten, dass der Arbeitnehmer gegen Gefahr für Leben und Gesundheit soweit geschützt ist, als die Natur der Arbeitsleistung es gestattet.[483] Ein Zurückbehaltungsrecht an der Arbeitsleistung kann auch bestehen, wenn der Arbeitgeber oder einer seiner Repräsentanten (§ 278 BGB) die Gesundheit des Arbeitnehmers oder dessen Persönlichkeitsrecht in erheblicher Weise verletzt (zB bei sog „Mobbingfällen") und mit weiteren Verletzungen zu rechnen ist. Verletzt der Arbeitgeber seine vertraglich geschuldete Rücksichtnahmepflicht nach § 241 Abs 2 BGB, kann der Arbeitnehmer berechtigt sein, ein Zurückbehaltungsrecht auszuüben.[484] Ein **Leistungsverweigerungsrecht** kann zB bestehen, wenn der Arbeitnehmer sich in einer unverschuldeten, zu einer Zwangslage führenden **Pflichtenkollision** befindet.[485] Verweigert der Arbeitgeber rechtswidrig eine Arbeitsfreistellung nach § 45 Abs 3 Satz 1 SGB V (Freistellungsanspruch zur Pflege eines erkrankten Kindes), hat der Arbeitnehmer das Recht, der Arbeit fern zu bleiben. Eine Kündigung des Arbeitgebers, die wegen Ausübung dieses Rechts erfolgt, ist nach § 612a BGB nichtig.[486] Die Verweigerung direkter Streikarbeit ist keine zur Kündigung berechtigende Arbeitsverweigerung.[487] Ein Leiharbeitnehmer ist nicht verpflichtet, bei einem Entleiher tätig zu sein, soweit dieser durch einen Arbeitskampf unmittelbar betroffen ist (§ 11 Abs 5 Satz 1 AÜG).

375 Solange zu einer arbeitsvertraglich an sich zulässigen Versetzung nicht die erforderliche Zustimmung des Betriebsrats vorliegt oder die Zustimmung nicht gerichtlich ersetzt ist (vgl § 99 BetrVG) kann der Arbeitnehmer die Arbeitsleistung auf dem ihm zugewiesenen neuen Arbeitsplatz verweigern, da der Arbeitgeber eine **mitbestimmungswidrige Versetzung** nicht tatsäch-

---

480 BAG 23.6.2009 – 2 AZR – NZA 2009, 1011.
481 Vgl auch Rn 223 ff.
482 BAG 9.5.1996 – 2 AZR 387/95 – AP BGB § 273 Nr 5 zu II 1c.
483 BAG 2.2.1994 – 5 AZR 273/93 – AP BGB § 273: Nr 4 zu Asbestbelastung.
484 BAG 13.3.2008 – 2 AZR 88/07 – AP KSchG 1969 § 1 Nr 87.
485 BAG 21.5.1992 – 2 AZR 10/92 – AP KSchG 1969 § 1 Verhaltensbedingte Kündigung Nr 29 zu II 2 b: Personensorge für ein Kind; 7.9.1983 – 7 AZR 433/82 – AP KSchG 1969 § 1 Verhaltensbedingte Kündigung Nr 7, 22.12.1982 – 2 AZR 282/82 – AP BGB § 123 Nr 23: rechtzeitig angekündigte Ableistung des verkürzten, zweimonatigen türkischen Wehrdienstes.
486 LAG Köln 10.11.1993 – 7 Sa 690/93 – LAGE BGB § 612a Nr 5.
487 BAG 25.7.1957 – 1 AZR 194/56 – AP BGB § 615 Betriebsrisiko Nr 3.

lich durchführen darf.[488] Ordnet der Arbeitgeber die Versetzung als vorläufige personelle Maßnahme an (vgl § 100 Abs 1 BetrVG), kann der Arbeitnehmer die zugewiesene Arbeit wieder verweigern, wenn die vorläufige Maßnahme endet.[489]

Der Arbeitgeber hat in verfassungskonformer Auslegung und Anwendung des § 106 Satz 1 GewO einen ihm offenbarten und beachtlichen **Glaubens- oder Gewissenskonflikt** des Arbeitnehmers bei der Ausübung seines Weisungsrechts zu berücksichtigen.[490] Bei der nach billigem Ermessen zu treffenden Leistungsbestimmung (Weisung) hat der Arbeitgeber eine Abwägung der wechselseitigen berechtigten Interessen unter Einbeziehung verfassungsrechtlicher Wertentscheidungen vorzunehmen.[491] Beachtet der Arbeitgeber dabei die – zuvor mitgeteilten – Glaubens- bzw Gewissensüberzeugungen nicht hinreichend, muss der Arbeitnehmer die Anweisung idR nicht befolgen. Mangels einer Vertragspflichtverletzung scheidet in diesem Fall eine verhaltensbedingte Kündigung aus. Wusste der Arbeitnehmer aber bei Vertragsschluss bereits positiv, dass er die vertraglich eingegangenen Verpflichtungen aus Gewissens- oder Glaubensgründen sämtlich und von Beginn an nicht würde erfüllen können, verletzt er mit einer Arbeitsverweigerung seine vertraglichen Pflichten.[492] Das Vorliegen eines Gewissenskonflikts ist anhand des sog subjektiven Gewissensbegriffs zu beurteilen. Als Gewissensentscheidung ist jede ernste sittliche, dh an den Kategorien „gut" und „böse" orientierte Entscheidung anzusehen, die der Einzelne in einer bestimmten Lage als für sich bindend und unbedingt verpflichtend innerlich erfährt, so dass er gegen sie nicht ohne ernste Gewissensnot handeln könnte. Die Gewissensfreiheit überschneidet sich mit der Glaubensfreiheit insoweit, als sie auch das religiös fundierte Gewissen schützt.[493] Dabei hat der Arbeitnehmer darzulegen, ihm sei wegen einer aus einer spezifischen Sachlage folgenden Gewissensnot heraus nicht zuzumuten, die an sich vertraglich geschuldete Leistung zu erbringen. Lässt sich aus den festgestellten Tatsachen im konkreten Fall ein Gewissenskonflikt ableiten, so unterliegen die Relevanz und die Gewichtigkeit der Gewissensbildung keiner gerichtlichen Kontrolle. Die aus Glaubens- oder Gewissensgründen abzuleitende Begrenzung des arbeitgeberseitigen Direktionsrechts bewirkt keine Einschränkung des Arbeitsvertragsinhalts. Der vertraglich vereinbarte Tätigkeitsumfang reduziert sich nicht auf den konfliktfreien Bereich.[494] Ist der Arbeitnehmer danach aus persönlichen Gründen nicht

376

---

488 BAG 22.4.2010 – 2 AZR 491/09 – NZA 2010, 1235; 7.11.2002 – 2 AZR 650/00 – AP BGB § 615 Nr 98; 30.9.1993 – 2 AZR 283/93 – AP KSchG 1969 § 2 Nr 33; aA vHH/L/Krause § 1 KSchG Rn 614 ff; zum Sonderfall der mitbestimmungswidrigen Einstellung vgl Rn 227.
489 Vgl § 100 Abs 2, Abs 3 BetrVG.
490 BAG 24.2.2011 – 2 AZR 636/09 – DB 2011, 2094; 22.5.2003 – 2 AZR 426/02 – AP KSchG 1969 Wartezeit Nr 18; 24.5.1989 – 2 AZR 285/89 – AP BGB § 611 Gewissensfreiheit Nr 1.
491 BAG 24.2.2011 – 2 AZR 636/09 – DB 2011, 2094; 13.8. 2010 – 1 AZR 173/09 – AP GG Art. 9 Nr 141.
492 BAG 24.2.2011 – 2 AZR 636/09 – DB 2011, 2094.
493 BAG 24.2.2011 – 2 AZR 636/09 – DB 2011, 2094; BVerfG 11.4.1972 – 2 BvR 75/71 – BVerfGE 33, 23.
494 BAG 24.2.2011 – 2 AZR 636/09 – DB 2011, 2094.

zur Erbringung der vertragsgemäßen Leistung in der Lage, kommt eine **personenbedingte** Kündigung in Betracht, wenn eine andere Beschäftigungsmöglichkeit für den Arbeitnehmer nicht besteht.[495]

377 Der Arbeitgeber trägt die **Beweislast** für die Rechtswidrigkeit der Arbeitsverweigerung. Ihn trifft auch die Beweislast für das Nichtvorliegen von Rechtfertigungsgründen. Der Arbeitnehmer hat aber die tatsächlichen Voraussetzungen des von ihm behaupteten Rechtfertigungsgrundes zunächst konkret darzulegen.[496]

378 **b) Überstunden.** Der Arbeitnehmer schuldet grundsätzlich nur die arbeitsvertraglich vereinbarte Arbeitsleistung. Die Weigerung des Arbeitnehmers, Überstunden in gesetzlich zulässigem Umfang zu leisten, ist nach Abmahnung grundsätzlich nur dann als verhaltensbedingter Kündigungsgrund an sich geeignet, wenn der **Arbeitsvertrag**, eine **Betriebsvereinbarung** oder ein auf das Arbeitsverhältnis anwendbarer **Tarifvertrag** die Verpflichtung zur Ableistung von Überstunden ausdrücklich vorsehen. In besonderen **Notfällen** kann der Arbeitnehmer aufgrund der arbeitsvertraglichen Nebenpflicht, Schaden vom Arbeitgeber fernzuhalten, auch ohne ausdrückliche Regelung zu Mehrarbeit verpflichtet sein.[497] Ohne die erforderliche **Zustimmung des Betriebsrats** angeordnete Überstunden (vgl § 87 Abs 1 Nr 3 BetrVG) kann der Arbeitnehmer verweigern, ohne sich vertragspflichtwidrig zu verhalten.

379 Ist der Arbeitnehmer unter den vorstehenden Voraussetzungen zur Leistung von Überstunden verpflichtet, hat der Arbeitgeber bei der Anordnung die **Grenzen billigen Ermessens** (§ 106 GewO) zu beachten. Zu berücksichtigen sind die persönliche und familiäre Situation des Arbeitnehmers, die betrieblichen Interessen, die Dauer der Überarbeit und der Zeitpunkt der Anordnung.[498] Entspricht die Anordnung von Überstunden im Einzelfall nicht billigem Ermessen, ist der Arbeitnehmer berechtigt, die Überstunden zu verweigern.

380 **c) Unentschuldigtes Fehlen/Unpünktlichkeit.** Wiederholtes unentschuldigtes **Fehlen** ist nach einschlägiger Abmahnung an sich geeignet, eine verhaltensbedingte Kündigung zu rechtfertigen.[499] Ein fortdauerndes unentschuldigtes Fehlen über einen längeren Zeitraum kann auch ohne Abmahnung einen wichtigen Grund zur außerordentlichen verhaltensbedingten Kündigung darstellen.[500]

Wiederholtes schuldhaftes **Zuspätkommen** ist nach vorausgegangener Abmahnung zur Rechtfertigung einer verhaltensbedingten Kündigung geeignet.[501] Die Wirksamkeit einer Kündigung wegen häufiger Verspätungen

---

495 Vgl Rn 542 f.
496 Zur abgestuften Darlegungslast in diesen Fällen vgl Rn 329 ff.
497 Vgl KR/Griebeling § 1 KSchG Rn 437.
498 Vgl vHH/L/Krause § 1 KSchG Rn 701.
499 BAG 15.3.2001 – 2 AZR 147/00 – EzA BGB § 626 nF Nr 185; 17.1.1991 – 2 AZR 375/90 – AP KSchG 1969 § 1 Verhaltensbedingte Kündigung Nr 25; 17.3.1988 – 2 AZR 576/87 – AP BGB § 626 BGB Nr 99.
500 BAG 16.3.2000 – 2 AZR 75/99 – AP BetrVG 1972 § 102 Nr 114.
501 BAG 27.2.1997 – 2 AZR 302/96 – AP KSchG 1969 § 1 Verhaltensbedingte Kündigung Nr 36 zu II 2; 13.3.1987 – 7 AZR 601/85 – AP KSchG 1969 § 1 Verhaltensbedingte Kündigung Nr 18 zu II 2.

hängt idR von der Interessenabwägung ab. Ein entscheidendes Kriterium ist in diesem Zusammenhang das Verschulden des Mitarbeiters an der Verspätung. Von einem einschlägig abgemahnten Arbeitnehmer muss erwartet werden, dass er in einem erhöhten Maße Vorsorge gegen die Wiederholung von Verspätungen trifft.[502] In Betrieben mit **Gleitarbeitszeit** sind mehrfache Verstöße gegen die Kernarbeitszeitregelung nach Abmahnung geeignet, eine verhaltensbedingte Kündigung zu rechtfertigen.[503]

Ob durch die Arbeitszeitverstöße Betriebsablaufstörungen verursacht wurden, ist für das Vorliegen eines Kündigungsgrundes als solchen unerheblich. Konkret eingetretene Betriebsstörungen wirken sich im Rahmen der Interessenabwägung für den Arbeitnehmer zusätzlich belastend aus.[504]

d) **Selbstbeurlaubung.** Eine Selbstbeurlaubung (eigenmächtiger Urlaubsantritt) oder eine eigenmächtige Urlaubsverlängerung durch den Arbeitnehmer kann – je nach den Umständen des Einzelfalls – eine verhaltensbedingte Kündigung auch ohne Abmahnung sozial rechtfertigen oder – idR einen wichtigen Grund zur **fristlosen** Kündigung nach § 626 BGB darstellen.[505] Es handelt sich um eine schwere Verletzung der arbeitsvertraglichen Pflichten. Legt der Arbeitnehmer im Kündigungsschutzprozess allerdings konkret dar, dass der von ihm angetretene Urlaub vom Arbeitgeber genehmigt worden sei, hat der Arbeitgeber dieses **Rechtfertigungsvorbringen** zu widerlegen.[506]

381

Nicht nur der eigenmächtige Antritt bzw Verlängerung von Erholungsurlaub, sondern auch von unbezahltem **Sonderurlaub** oder **Bildungsurlaub** stellt einen verhaltensbedingten Kündigungsgrund dar; die nachstehenden Ausführungen gelten insoweit sinngemäß. Demgegenüber ist die Inanspruchnahme von Elternzeit von keiner Zustimmung des Arbeitgebers abhängig. Das rechtzeitige Verlangen der Elternzeit bewirkt unmittelbar das Ruhen der sich aus dem Arbeitsvertrag ergebenden wechselseitigen Hauptpflichten.[507]

Die **Gewährung des Erholungsurlaubs** erfolgt nach § 7 BUrlG durch den **Arbeitgeber.** Der Arbeitgeber ist dabei aber nicht berechtigt, den Urlaubszeitpunkt einseitig festzulegen. Nach § 7 Abs 1 HS 1 BUrlG hat er als Schuldner des Urlaubsanspruchs die **Wünsche des Arbeitnehmers** zu berücksichtigen und daher auch den Urlaub für den vom Arbeitnehmer angegebenen Termin festzusetzen, soweit nicht die Voraussetzungen nach § 7 Abs 1 HS 2 BUrlG (entgegenstehende dringende betriebliche Belange oder nach sozialen Gesichtspunkten vorrangige Urlaubswünsche anderer Arbeitnehmer) vorliegen. Die Festlegung des Urlaubszeitpunkts gehört damit zur

382

---

502 BAG 27.2.1997 – 2 AZR 302/96 – AP KSchG 1969 § 1 Verhaltensbedingte Kündigung Nr 36 zu II 4.
503 LAG München 5.10.1988 – 8 Sa 272/88 – LAGE KSchG § 1 Verhaltensbedingte Kündigung Nr 16.
504 Vgl Rn 210, 325.
505 BAG 16.3.2000 – 2AZR 75/99 – AP BetrVG 1972 § 102Nr 114; 20.1.1994 – 2 AZR 521/ 93 – AP BGB § 626 Nr 115 zu II 2 a mwN.
506 BAG 31.1.1996 – 2 AZR 282/95 – EzA KSchG § 1 Verhaltensbedingte Kündigung Nr 47 III 2; 19.12.1991 – 2 AZR 367/91 – RzK I 6 a Nr 82 B I 2; zur Darlegungs- und Beweislast vgl auch Rn 329, 332.
507 BAG 12.5.2011 – 2 AZR 384/10 – NZA 2012, 208.

Konkretisierung der dem Arbeitgeber obliegenden, durch die Regelungen des § 7 BUrlG auch im Übrigen bestimmten Pflicht. Ein Recht des Arbeitgebers zur beliebigen Urlaubserteilung im Urlaubsjahr oder zur Erteilung des Urlaubs nach billigem Ermessen besteht nicht.[508]

383 Lehnt der Arbeitgeber die Urlaubserteilung ohne ausreichenden Grund ab, so kann der Arbeitnehmer durch eine **Leistungsklage** oder ggf mit einem Antrag auf Erlass einer **einstweiligen Verfügung** seine Ansprüche durchsetzen. Ein Selbstbeurlaubungsrecht des Arbeitnehmers ist angesichts des umfassenden Systems gerichtlichen Rechtsschutzes grundsätzlich abzulehnen.[509] Hat der Arbeitgeber dem Arbeitnehmer keinen Urlaub erteilt, so verletzt dieser seine Arbeitspflicht, wenn er eigenmächtig einen Urlaub antritt. Hatte der Arbeitgeber die Urlaubsgewährung ausdrücklich abgelehnt, so wird regelmäßig sogar eine beharrliche Arbeitsverweigerung[510] vorliegen.

384 Ob ein **Recht zur Selbstbeurlaubung** nach den Grundsätzen der Selbsthilfe nach §§ 229 BGB und des Zurückbehaltungsrechts nach § 273 BGB **ausnahmsweise** für den Fall anzuerkennen ist, dass innerhalb des Urlaubsjahres, des Übertragungszeitraums oder der Kündigungsfrist nur noch ein dem restlichen Urlaubsanspruch entsprechender Zeitraum zur Verfügung steht und der Arbeitgeber sich grundlos weigert, den Urlaub zu gewähren[511] wurde vom BAG in der Entscheidung vom 20.1.1994[512] offengelassen. Bei einer Kündigung wegen eigenmächtigen Urlaubsantritts ist es jedenfalls im Rahmen der **Interessenabwägung** zugunsten des Arbeitnehmers zu berücksichtigen, wenn der Arbeitgeber zu Unrecht einen Urlaubsantrag des Arbeitnehmers abgelehnt und vornherein den Betriebsablauf nicht so organisiert hat, dass die Urlaubsansprüche des Arbeitnehmers nach den gesetzlichen Vorschriften erfüllt werden konnten. Das Bestandsschutzinteresse des Arbeitnehmers kann im Einzelfall überwiegen, wenn der Arbeitgeber ua aus eigenem finanziellen Interesse erhebliche Urlaubsansprüche des Arbeitnehmers hat auflaufen lassen, ein Verfall der Urlaubsansprüche droht und gerichtliche Hilfe zur Durchsetzung des Urlaubsanspruchs wegen einer Auslandstätigkeit für den Arbeitnehmer nicht rechtzeitig zu erlangen ist.[513]

385 Der Arbeitgeber kann einen zunächst **genehmigten Urlaub nur in Notfällen widerrufen**. Dabei muss es sich um zwingende, vom Arbeitgeber zu beweisende Notwendigkeiten handeln, welche einen anderen Ausweg nicht zulassen. Liegt kein Notfall vor, der einen Urlaubswiderruf rechtfertigt, kann der Arbeitnehmer den Urlaub antreten, ohne sich vertragspflichtwidrig zu verhalten.[514] Eine Kündigung wegen Selbstbeurlaubung scheidet in den

---

508 BAG 31.1.1996 – 2 AZR 282/95 – EzA KSchG § 1 Verhaltensbedingte Kündigung Nr 47 III 2 mwN.
509 BAG 20.1.1994 AP BGB § 626 Nr 115 zu II 2 a; 21.5.1992 – 2 AZR 10/92 – AP KSchG 1969 § 1 Verhaltensbedingte Kündigung Nr 29.
510 Vgl Rn 371.
511 So LAG Rheinland-Pfalz 25.1.1991 – 6 Sa 829/90 – LAGE BUrlG § 7 Nr 27; KR/Fischermeier § 626 BGB Rn 452; vgl auch Gerauer NZA 1988, 154.
512 BAG 20.1.1994 – 2 AZR 521/93 – AP BGB § 626 Nr 115 zu II 2 b.
513 BAG 20.1.1994 – 2 AZR 521/93 – AP BGB § 626 Nr 115 zu II 2 c, d.
514 BAG 19.12.1991 – 2 AZR 367/91 – RzK I 6 a Nr 82 B I 4.

Fällen eines unbeachtlichen Urlaubswiderrufs mangels Vertragspflichtverletzung aus.

Bei einer **geringfügigen Urlaubsüberschreitung** wird idR nur eine ordentliche Kündigung in Betracht kommen.[515] **Erkrankt der Arbeitnehmer im Urlaub** oder in dessen unmittelbarem Anschluss arbeitsunfähig, fehlt es an einem vertragspflichtwidrigen Verhalten, es sei denn, die Arbeitsunfähigkeit ist lediglich vorgetäuscht. Der Beweiswert des Attests kann uU erschüttert sein, wenn der Arbeitnehmer den Urlaubszeitraum regelmäßig krankheitsbedingt überschreitet.[516] Der Fall, dass der Arbeitnehmer die Urlaubsverlängerung zuvor angekündigt hatte, ist nach den Grundsätzen der angedrohten Arbeitsunfähigkeit zu behandeln.[517]   386

e) Schlechtleistung/Minderleistung. Nach vorheriger Abmahnung kann eine verhaltensbedingte Kündigung gerechtfertigt sein, wenn der Arbeitnehmer seine arbeitsvertraglichen Pflichten nicht mit der geschuldeten Qualität oder Quantität erfüllt.[518] Geschuldet ist die **individuelle Normalleistung**, dh eine Arbeitsleistung, die der Arbeitnehmer bei angemessener Anspannung seiner individuellen Kräfte und Fähigkeiten erbringen kann, **keine objektiv durchschnittliche Leistung**; mit anderen Worten: **der Arbeitnehmer muss tun, was er soll, und zwar so gut wie er kann.**[519]   387

Regelmäßig stellt sich in diesem Zusammenhang die **Abgrenzungsfrage** zwischen verhaltens- und personenbedingter Kündigung. Beruht die Schlecht- bzw Minderleistung auf einer **fehlenden Eignung** des Arbeitnehmers, kommt eine **personenbedingte** Kündigung in Betracht, während ein **Grund im Verhalten** vorliegt, wenn der Arbeitnehmer seine mangelnde Leistung **steuern** kann.[520]   388

Ob der Arbeitnehmer unter angemessener Ausschöpfung seiner persönlichen Leistungsfähigkeit arbeitet, ist für den Arbeitgeber anhand objektivierbarer Kriterien nicht immer erkennbar. Allein der Umstand, dass der Arbeitnehmer **schlechter als der Durchschnitt** arbeitet, reicht zur Begründung einer verhaltensbedingten Kündigung wegen unzureichender Arbeitsleistung nicht aus.[521] Dass ein Arbeitnehmer schlechtere Leistungen zeigt als seine Arbeitskollegen, sagt noch nichts darüber, ob der Arbeitnehmer seine individuelle Normalleistung erbringt. In einer sehr guten Gruppe arbeitet schon der gute Arbeitnehmer unter dem Durchschnitt. Auch auf die Leistungen eines „vergleichbaren Arbeitnehmers" kann nicht abgestellt   389

---

515 Vgl SPV/Preis Rn 594.
516 Vgl Rn 399; zum Beweiswert ausländischer Arbeitsunfähigkeitsbescheinigungen vgl Rn 334.
517 Vgl Rn 394.
518 BAG 18.1.2008 – 2 AZR 536/06 – NZA 2008 – 693; 11.12.2003 – 2 AZR 667/02 – NZA 2004, 784; 21.5.1992 – 2 AZR 551/91 – AP KSchG 1969 § 1 Verhaltensbedingte Kündigung Nr 28.
519 BAG 18.1.2008 – 2 AZR 536/06 – NZA 2008 – 693; 11.12.2003 – 2 AZR 667/02 – NZA 2004, 784 ff, zu B I 2 b; aA vHH/L/Krause § 1 KSchG Rn 684, 454, der auf die objektive Normalleistung abstellt.
520 Str; vgl Rn 233, 537 ff.
521 BAG 11.12.2003 – 2 AZR 667/02 – NZA 2004, 784 ff, zu B I 2 c; 22.7.1982 – 2 AZR 30/81 – AP KSchG 1969 § 1 Verhaltensbedingte Kündigung Nr 5 zu III 3 c.

werden,[522] da alleiniger Maßstab für Leistungsmängel die geschuldete individuelle Normalleistung des Arbeitnehmers ist. Da aber das deutliche und längerfristige Unterschreiten des von vergleichbaren Arbeitnehmern erreichbaren Mittelwerts oft der einzige für den Arbeitgeber erkennbare Hinweis darauf ist, dass der schwache Ergebnisse erzielende Arbeitnehmer Reserven nicht ausschöpft, die mit zumutbaren Anstrengungen nutzbar wären, ist dieser Umstand nach der Rechtsprechung des BAG im Rahmen einer **abgestuften Darlegungslast** zu berücksichtigen.[523] Dabei ist aber zwischen quantitativen und qualitativen Minderleistungen zu unterscheiden.

Bei **quantitativen Minderleistungen** hat zunächst der Arbeitgeber zu den Leistungsmängeln das vorzutragen, was er wissen kann. Kennt er lediglich die objektiv messbaren Arbeitsergebnisse, so genügt er seiner Darlegungslast, wenn er Tatsachen vorträgt, aus denen ersichtlich ist, dass die Leistungen des betreffenden Arbeitnehmers deutlich hinter denen vergleichbarer Arbeitnehmer zurückbleiben, also die Durchschnittsleistung erheblich unterschreiten. Das ist – unter Heranziehung der Grundsätze bei einer grundlegenden Störung des Leistungsgleichgewichts – **bei langfristiger Unterschreitung der Durchschnittsleistung um mehr als 1/3** der Fall. Hat der Arbeitgeber vorgetragen, dass die Leistungen des Arbeitnehmers über einen längeren Zeitraum den Durchschnitt im vorgenannten Sinne unterschritten haben, hat der Arbeitnehmer hierauf zu entgegnen, ggf das Zahlenwerk und seine Aussagefähigkeit im Einzelnen zu bestreiten und/oder darzulegen, warum er mit seiner deutlich unterdurchschnittlichen Leistung dennoch seine persönliche Leistungsfähigkeit ausschöpft (zB altersbedingte Leistungsdefizite, Beeinträchtigungen durch Krankheit, betriebliche Umstände). Legt der Arbeitnehmer derartige Umstände plausibel dar, so obliegt es wiederum dem Arbeitgeber, sie zu widerlegen. Trägt der Arbeitnehmer hingegen derartige Umstände nicht vor, gilt das schlüssige Vorbringen des Arbeitgebers als zugestanden (§ 138 Abs 3 ZPO). Es ist dann davon auszugehen, dass der Arbeitnehmer seine Leistungsfähigkeit nicht ausschöpft.[524] Zur Darstellung der Leistungsmängel bietet es sich im Übrigen an, die in der Vergangenheit erbrachte Arbeitsleistung des Arbeitnehmers mit der aktuell beanstandeten Arbeitsleistung zu vergleichen.

Bei einer Kündigung wegen **qualitativer Minderleistung** dagegen sind absolute Bezugsgrößen allein nicht geeignet, die Kündigungsrelevanz der vorgeworfenen Pflichtverletzung zu konkretisieren. Je nach Art der Tätigkeit (zB Arzt oder Lagerarbeiter) und der dabei möglicherweise auftretenden Fehler ist diesen ein sehr unterschiedliches kündigungsrelevantes Gewicht beizumessen. Deshalb ist über die bloße Betrachtung der Fehlerhäufigkeit hinaus eine einzelfallbezogene Betrachtungsweise unter Berücksichtigung der konkreten Arbeitsanforderungen und der konkreten Gegebenheiten des Arbeitsplatzes geboten. Entscheidend ist, ob und ggf in welchem Umfang das Verhältnis von Leistung und Gegenleistung beeinträchtigt ist.[525] Ein längerfristiges, erhebliches Überschreiten der durchschnittlichen Fehlerhäufig-

---
522　AA vHH/L/Krause § 1 KSchG Rn 684.
523　BAG 11.12.2003 – 2 AZR 667/02 – NZA 2004, 784.
524　BAG 11.12.2003 – 2 AZR 667/02 – NZA 2004, 784.
525　BAG 18.1.2008 – 2 AZR 536/06 – NZA 2008 – 693.

keit aller mit vergleichbaren Arbeiten beschäftigter Arbeitnehmer kann nur ein Anhaltspunkt hierfür sein. Deshalb hat der Arbeitgeber zunächst zu den aufgetretenen Leistungsmängeln das vorzutragen, was er über die Fehlerzahl, die Art und Schwere sowie Folgen der fehlerhaften Arbeitsleistung des Arbeitnehmers wissen kann. Anhand der tatsächlichen Fehlerzahl, der Art, Schwere und Folgen der fehlerhaften Arbeitsleistung des betreffenden Arbeitnehmers ist näher darzulegen, dass die ebenfalls konkret darzulegende längerfristige deutliche Überschreitung der durchschnittlichen Fehlerquoten nach den Gesamtumständen darauf hinweist, dass der Arbeitnehmer vorwerfbar seine vertraglichen Pflichten verletzt. Hierauf hat der Arbeitnehmer zu erläutern, warum er trotz erheblich unterdurchschnittlicher Leistungen seine Leistungsfähigkeit ausschöpft. Hierbei ist insbesondere darzulegen, welche betrieblichen Beeinträchtigungen durch die konkret darzulegenden Fehler verursacht werden und dass es sich insoweit nicht lediglich um Fehler handelt, die trotz einer gewissen Häufigkeit angesichts der konkreten Umstände der Arbeitsleistung vom Arbeitgeber hinzunehmen sind.[526]

6. Arbeitsunfähigkeit

a) **Allgemeines.** Die krankheitsbedingte Arbeitsunfähigkeit des Arbeitnehmers als solche ist nicht geeignet, eine verhaltensbedingte Kündigung zu rechtfertigen. Unter engen Voraussetzungen kann aber eine **personenbedingte Kündigung aus krankheitsbedingten Gründen** in Betracht kommen.[527] Verletzt der Arbeitnehmer aber im Zusammenhang mit einer krankheitsbedingten Arbeitsunfähigkeit aus dem Arbeitsverhältnis resultierende Pflichten, ist dieses Verhalten grundsätzlich als verhaltensbedingter Kündigungsgrund geeignet. Zu nennen sind Anzeige- bzw Nachweispflichtverletzungen,[528] die Androhung der Arbeitsunfähigkeit,[529] genesungswidriges Verhalten[530] sowie das Vortäuschen einer Arbeitsunfähigkeit.[531] In diesen Fällen liegt der Kündigungsgrund nicht in der (behaupteten) Krankheit, sondern in dem pflichtwidrigen Verhalten des Arbeitnehmers.

390

b) **Anzeige- und Nachweispflicht.** Nach § 5 Abs 1 Satz 1 EFZG ist der Arbeitnehmer verpflichtet, dem Arbeitgeber eine Arbeitsunfähigkeit und deren voraussichtliche Dauer unverzüglich mitzuteilen. Die Verletzung dieser Pflicht ist an sich geeignet, eine ordentliche Kündigung sozial zu rechtfertigen.[532] Eine bloß einmalige schuldhafte **Verletzung der Anzeigepflicht** berechtigt grundsätzlich noch nicht Kündigung. Die erforderliche Negativprognose ergibt sich regelmäßig erst, wenn der Arbeitnehmer der Pflicht zur unverzüglichen Krankmeldung trotz mehrerer Abmahnungen wieder-

391

---

526 BAG 18.1.2008 – 2 AZR 536/06 – NZA 2008 – 693.
527 Vgl iE Rn 546 ff.
528 Vgl Rn 391 f.
529 Vgl Rn 394.
530 Vgl Rn 395.
531 Vgl Rn 397.
532 BAG 16.8.1991 – 2 AZR 604/90 – AP KSchG 1969 § 1 Verhaltensbedingte Kündigung Nr 27; 31.8.1989 – 2 AZR 13/89 – AP KSchG 1969 § 1 Verhaltensbedingte Kündigung Nr 23.

holt nicht nachkommt. Unverzüglich bedeutet ohne schuldhaftes Zögern (§ 121 Abs 1 BGB). Die Anzeige hat grundsätzlich spätestens zum Zeitpunkt des vorgesehenen Arbeitsbeginns am ersten Tag der Arbeitsunfähigkeit zu erfolgen. Ausreichend und zumutbar ist eine telefonische Mitteilung. Der Arbeitnehmer darf auch nicht die ärztliche Diagnose abwarten, bevor er den Arbeitgeber informiert.[533] Er muss seine Arbeitsunfähigkeit nicht höchstpersönlich mitteilen. Bedient er sich einer Übermittlungsperson, trägt er das Übermittlungsrisiko. Kann der Arbeitnehmer aufgrund seiner Erkrankung den Arbeitgeber nicht sofort über die Arbeitsunfähigkeit in Kenntnis setzen und auch keine Übermittlungsperson beauftragen, muss er die Anzeige sobald als möglich nachholen. Die Anzeigepflicht betrifft **nicht nur den Fall der Ersterkrankung**, sondern ebenso den Fall, dass eine Erkrankung über die mitgeteilte voraussichtliche Dauer hinaus weiter anhält.[534] Die Anzeigepflicht besteht auch noch nach Ablauf des sechswöchigen Entgeltfortzahlungszeitraums. Bei **Auslandserkrankungen** ist der Arbeitnehmer nach § 5 Abs 2 Satz 1 EFZG verpflichtet, dem Arbeitgeber die Arbeitsunfähigkeit, deren voraussichtliche Dauer und die Adresse am Aufenthaltsort in der schnellstmöglichen Art der Übermittlung mitzuteilen. Eine Anzeigepflicht besteht auch bei **Maßnahmen der medizinischen Vorsorge und Rehabilitation**, vgl § 9 Abs 2 EFZG.

392 Die Verletzung der **Nachweispflicht** kann nach vorheriger Abmahnung eine verhaltensbedingte Kündigung rechtfertigen.[535] Ausnahmsweise soll unter besonderen Umständen auch eine außerordentliche Kündigung begründet sein.[536] Die Nachweispflicht hat ihre gesetzliche Grundlage in § 5 Abs 1 Satz 2 EFZG. Dauert die Arbeitsunfähigkeit **länger als drei Kalendertage**, hat der Arbeitnehmer eine **ärztliche Bescheinigung** über das Bestehen der Arbeitsunfähigkeit sowie deren voraussichtliche Dauer spätestens an dem darauf folgenden Arbeitstag vorzulegen. Der Arbeitgeber ist berechtigt, die Vorlage der Bescheinigung früher zu verlangen.[537] Dauert die Arbeitsunfähigkeit länger als ursprünglich angegeben, hat der Arbeitnehmer eine **Folgebescheinigung** vorzulegen. Die Nachweispflicht besteht auch noch nach Ablauf des sechswöchigen Entgeltfortzahlungszeitraums.

393 Aufgrund der Anzeige- oder Nachweispflichtverletzung eingetretene **Betriebsablaufstörungen** sind im Rahmen der Interessenabwägung für den Arbeitnehmer zusätzlich belastend zu berücksichtigen.[538]

394 **c) Androhen der Arbeitsunfähigkeit.** Bereits die **Ankündigung einer zukünftigen**, im Zeitpunkt der Ankündigung nicht bestehenden **Erkrankung**

---

533 BAG 31.8.1989 – 2 AZR 13/89 – AP KSchG 1969 § 1 Verhaltensbedingte Kündigung Nr 23.
534 BAG 3.11.2011 – 2 AZR 748/10 – NZA 2012, 607; 16.8.1991 – 2 AZR 604/90 – AP KSchG 1969 § 1 Verhaltensbedingte Kündigung Nr 27: zu § 3 Abs 1 LohnfortzG.
535 BAG 7.12.1988 – 7 AZR 122/88 – AP KSchG 1969 § 1 Verhaltensbedingte Kündigung Nr 26.
536 BAG 15.1.1986 – 7 AZR 128/83 – AP BGB § 626 Nr 93.
537 BAG 14.11.2012 – 5 AZR 886/11 – NZA 2013, 322; zT wird die Vorlage einer AUB in Tarifverträgen schon ab dem ersten Tag der Arbeitsunfähigkeit verlangt; vgl dazu zB BAG 26.2.2003 – 5 AZR 112/02 – AP EntgeltFG § 5 Nr 8.
538 Vgl Rn 210, 325.

durch den Arbeitnehmer für den Fall, dass der Arbeitgeber einem unberechtigten Verlangen des Arbeitnehmers (zB auf Gewährung zusätzlichen bezahlten oder unbezahlten Urlaubs) nicht entsprechen sollte, ist ohne Rücksicht auf eine später tatsächlich auftretende Erkrankung an sich geeignet, einen wichtigen Grund zur verhaltensbedingten außerordentlichen Kündigung abzugeben.[539] Die Drohung mit der Erkrankung muss nicht unmittelbar zu erfolgen; es ist ausreichend, wenn der Erklärende eine solche Äußerung in den Zusammenhang mit seinem Urlaubswunsch stellt und ein verständiger Dritter dies nur als einen deutlichen Hinweis werten kann, bei Nichtgewähr des Urlaubs werde eine Krankschreibung erfolgen.[540] Die Pflichtwidrigkeit der Ankündigung einer Krankschreibung bei objektiv nicht bestehender Erkrankung im Zeitpunkt der Ankündigung liegt primär darin, dass der Arbeitnehmer dadurch seine grundsätzliche Bereitschaft zur missbräuchlichen Inanspruchnahme der Entgeltfortzahlung im Krankheitsfall zum Ausdruck bringt, um sich einen unberechtigten Vorteil zu verschaffen. Hierdurch verletzt er seine aus der Rücksichtnahmepflicht folgende Leistungstreuepflicht erheblich. Zugleich beeinträchtigt ein solches Verhalten das Vertrauen des Arbeitgebers in die Redlichkeit und Loyalität des Arbeitnehmers in schwerwiegender Weise. Es kommt dann nicht mehr darauf an, ob der Arbeitnehmer später (zufällig) tatsächlich erkrankt oder nicht.[541] Eine Abmahnung ist in diesem Fall regelmäßig entbehrlich, da der Arbeitnehmer nicht davon ausgehen kann, der Arbeitgeber werde eine solche Drohung hinnehmen. Die Ankündigung krankheitsbedingten Fernbleibens von der Arbeit für den Fall der Ablehnung eines Arbeitsbefreiungsgesuchs schließt auch **bei objektiv vorliegender Erkrankung** eine Pflichtverletzung des Arbeitnehmers nicht von vornherein aus. Auch bei tatsächlich bestehender Erkrankung ist es dem Arbeitnehmer aufgrund des Rücksichtnahmegebots verwehrt, diese gegenüber dem Arbeitgeber als „Druckmittel" für eine gewünschte Arbeitsbefreiung einzusetzen. War der Arbeitnehmer aber bereits bei Ankündigung des künftigen, krankheitsbedingten Fehlens tatsächlich erkrankt und durfte er davon ausgehen, auch am Tag des begehrten Urlaubs (weiterhin) wegen Krankheit arbeitsunfähig zu sein, ist regelmäßig nicht sein fehlender Arbeitswille, sondern die bestehende Arbeitsunfähigkeit als Grund für das spätere Fehlen am Arbeitsplatz anzunehmen.[542]

d) Genesungswidriges Verhalten. Genesungs- bzw gesundheitswidriges Verhalten während einer Arbeitsunfähigkeit ist an sich geeignet, eine verhaltensbedingte Kündigung zu rechtfertigen, wobei in schwerwiegenden Fällen auch eine fristlose Kündigung in Betracht kommt. Ein arbeitsunfähig krankgeschriebener Arbeitnehmer ist verpflichtet, sich so zu verhalten, dass er möglichst bald wieder gesund wird. Er hat alles zu unterlassen, was

395

---

539 BAG 5.11.1992 – 2 AZR 147/92 – AP BGB § 626 Krankheit Nr 4 zu II 2; 17.6.2003 – 2 AZR 123/02 – NZA 2004, 564; 12.3.2009 – 2 AZR 251/07 – NZA 2009, 779.
540 BAG 17.6.2003 – 2 AZR 123/02 – NZA 2004, 564.
541 BAG 12.3.2009 – 2 AZR 251/07 – NZA 2009, 779.
542 BAG 12.3.2009 – 2 AZR 251/07 – NZA 2009, 779.

seine Genesung verzögern könnte.[543] Der Sache nach handelt es sich um ein **außerdienstliches Verhalten** des Arbeitnehmers. Grundsätzlich ist es die Privatangelegenheit des Arbeitnehmers, wie er seine Freizeit gestaltet. Gleichwohl besteht eine **arbeitsvertragliche Nebenpflicht (Rücksichtnahmepflicht)**, sich nicht genesungswidrig zu verhalten.[544] Das außerdienstliche Verhalten des Arbeitnehmers während einer Erkrankung hat Auswirkungen auf das Arbeitsverhältnis. Verzögert der Arbeitnehmer die Genesung, kann er seiner Hauptleistungspflicht erst zu einem späteren Zeitpunkt nachkommen, der Arbeitgeber muss ggf für einen längeren Zeitraum Entgeltfortzahlung leisten.

396 Ausreichend, aber auch erforderlich für die Beurteilung eines Verhaltens als genesungswidrig ist, dass es tatsächlich genesungsgefährdend, dh geeignet ist, den Heilungserfolg ernsthaft zu gefährden oder erheblich zu beeinträchtigen. Zu einer tatsächlichen Verzögerung des Heilungsprozesses muss es nicht gekommen sein.[545] Für die Beurteilung, ob ein bestimmtes Verhalten den Heilungserfolg ernsthaft gefährden kann, sind Art und Schwere der jeweiligen Erkrankung entscheidend. Nicht jede Erkrankung führt zu einer Bettlägerigkeit oder steht dem Verlassen des Hauses entgegen. Es kann mitunter sogar gesundheitsfördernd sein, aktiv am gesellschaftlichen Leben teilzunehmen (zB bei einer psychischen Erkrankung). **Geringfügige Verletzungen der Nebenpflicht zum gesundheits- und heilungsfördernden Verhalten** berechtigen nicht ohne weiteres zur Kündigung (zB Nichteinhalten ärztlich verordneter Bettruhe oder Überziehen ärztlich festgesetzter Ausgehzeiten). Im Rahmen der Interessenabwägung hängt die kündigungsrechtliche Bedeutung genesungswidrigen Verhaltens maßgeblich vom Grad des Verschuldens und seiner Auswirkungen, dh davon ab, wie intensiv und hartnäckig es sich darstellt, welches Maß an Rücksichtslosigkeit es dabei gegenüber dem eigenen Arbeitgeber erkennen lässt und ob es tatsächlich kausal zu einer Verlängerung der Arbeitsunfähigkeitsperiode geführt hat.[546] Grundsätzlich ist vor Ausspruch einer Kündigung wegen genesungswidrigen Verhaltens eine Abmahnung erforderlich. In **schweren Fällen** kann aber auch eine **außerordentliche Kündigung** ohne vorherige Abmahnung begründet sein, zB bei einer **vollschichtigen Erwerbstätigkeit während der Arbeitsunfähigkeit**.[547] Wer, obwohl er arbeitsunfähig krankgeschrieben ist, den Heilungserfolg dadurch gefährdet, dass er während seiner Krankheit schichtweise einer Vollbeschäftigung nachgeht, verstößt nicht nur gegen vertragliche Nebenpflichten, sondern zerstört das Vertrauen des Arbeitgebers in seine Redlichkeit. Dies gilt aber nicht nur für den Fall, dass der Arbeitnehmer während der Krankheit nebenher bei

---

543 BAG 2.6.2006 – 2 AZR 53/05 – NZA-RR 2006, 636; 26.8.1993 – 2 AZR 154/93 – AP BGB § 626 Nr 112.
544 Vgl BAG 2.6.2006 – 2 AZR 53/05 – NZA-RR 2006, 636; KR/Griebeling § 1 KSchG Rn 481, APS/Dörner/Vossen § 1 KSchG Rn 321; aA HK-KSchG/Dorndorf Rn 759 f, 763 mwN, der keine Rechtspflicht, sondern eine bloße Obliegenheit annimmt.
545 KR/Griebeling § KSchG Rn 482; APS/Dörner/Vossen § 1 KSchG Rn 321; aA Künzl/Weinmann AuR 1996, 261 und vHH/L/Krause § 1 KSchG Rn 602, die Umstände für erforderlich halten, die eine Verzögerung vermuten lassen.
546 LAG Köln 19.4.2013 – 7 Sa 1399/11.
547 BAG 26.8.1993 – 2 AZR 154/93 – AP BGB § 626 Nr 112.

einem anderen Arbeitgeber arbeitet, sondern ist auch dann möglich, wenn er Freizeitaktivitäten nachgeht, die mit der Arbeitsunfähigkeit nur schwer in Einklang zu bringen sind.[548] Der Arbeitnehmer muss in einem solchen Fall davon ausgehen, dass der Arbeitgeber sofort mit einer fristlosen Kündigung reagiert. In der Praxis steht meist der Vorwurf einer vorgetäuschten Erkrankung im Vordergrund.[549] Der Vorwurf genesungswidrigen Verhaltens dient häufig nur als Alternativbegründung hierzu.

e) **Vortäuschen einer Krankheit.** Das Vortäuschen einer Erkrankung unter Geltendmachung der Rechte aus dem Entgeltfortzahlungsrecht, indem der Arbeitnehmer zB unter Vorlage eines erschwindelten Attests der Arbeit fernbleibt und sich Entgeltfortzahlung gewähren lässt, stellt einen verhaltensbedingten Kündigungsgrund dar. Es handelt sich um eine schwere Vertragspflichtverletzung, die idR eine **fristlose Kündigung** auch ohne Abmahnung begründet. Der Arbeitnehmer begeht in diesen Fällen regelmäßig einen vollendeten **Betrug**, denn durch Vorlage der Arbeitsunfähigkeitsbescheinigung veranlasst er den Arbeitgeber unter Vortäuschung falscher Tatsachen dazu, ihm unberechtigterweise Entgeltfortzahlung zu gewähren.[550] Auch der dringende Verdacht des Vortäuschens einer Erkrankung ist als Verdacht einer Straftat des Arbeitnehmers zulasten des Arbeitgebers an sich als wichtiger Grund für eine außerordentliche Kündigung geeignet.[551] 397

Da die verhaltensbedingte Kündigung als Kündigungsgrund eine Vertragspflichtverletzung des Arbeitnehmers voraussetzt, die der Arbeitgeber nach § 1 Abs 2 Satz 4 KSchG zu beweisen hat, obliegt dem Arbeitgeber nicht nur der Nachweis dafür, dass der Arbeitnehmer überhaupt gefehlt, sondern auch dafür, dass er unentschuldigt gefehlt hat, dass also die vom Arbeitnehmer behauptete Krankheit nicht vorliegt. Ein vom Arbeitnehmer vorgelegtes ärztliches **Attest** begründet idR den **Beweis für die Tatsache der arbeitsunfähigen Erkrankung**.[552] Behauptet der Arbeitgeber, der Arbeitnehmer habe die Krankheit nur vorgetäuscht, muss er die Beweiskraft des ärztlichen Attests erschüttern. Dazu hat er die Umstände darzulegen und ggf zu beweisen, die gegen die Arbeitsunfähigkeit sprechen.[553] 398

Umstände, die gegen die Arbeitsunfähigkeit sprechen und, je nach den Umständen, **zur Erschütterung des Beweiswerts eines ärztlichen Attests** geeignet sein können, sind zB: 399

---

548 BAG 2.6.2006 – 2 AZR 53/05 – NZA-RR 2006, 636.
549 Vgl Rn 397.
550 BAG 23.6.2009 – 2 AZR 532/08 – NZA-RR 2009, 447; 26.8.1993 – 2 AZR 154/93 – AP BGB § 626 Nr 112.
551 KR/Fischermeier § 626 BGB Rn 428; ErfK/Müller-Glöge § 626 BGB 156; Staudinger/Preis § 626 BGB Rn 220; vgl auch BAG 26.8.1993 – 2 AZR 154/93 – AP BGB § 626 Nr 112.
552 Zum Beweiswert in- und ausländischer Arbeitsunfähigkeitsbescheinigungen vgl Rn 334.
553 BAG 26.8.1993 – 2 AZR 154/93 – AP BGB § 626 Nr 112 zu B I 1 b bb; vgl auch BAG 17.6.2003 – 2 AZR 123/02 – NZA 2004, 564; zur abgestuften Darlegungslast in diesen Fällen vgl Rn 334.

- genesungswidriges Verhalten
- plötzliche Erkrankung nach Ablehnung eines Antrags auf Urlaub oder sonstiger Arbeitsbefreiung
- häufige Urlaubserkrankungen (insbesondere Erkrankungen im Anschluss an einen genehmigten Urlaub)
- Fernbleiben von einer angeordneten Untersuchung durch den medizinischen Dienst der Krankenversicherungen (MDK)
- anderweitige Erwerbstätigkeit während des attestierten Krankheitszeitraums.
- Verlassen des Betriebs nach einer Auseinandersetzung mit dem Arbeitgeber und Vorlage von fünf Arbeitsunfähigkeitsbescheinigungen jeweils verschiedener Ärzte in den folgenden zwei Monaten, die der Arbeitnehmer zeitlich lückenlos nacheinander konsultiert hat, jeweils wegen anderer Beschwerden.[554]

400 Sind die Umstände, die den Beweiswert des ärztlichen Attests im Einzelfall erschüttern, als so gravierend anzusehen, dass sie ein starkes **Indiz** für die Behauptung des Arbeitgebers darstellen, die Krankheit sei nur vorgetäuscht gewesen, muss der Arbeitnehmer diese Indizwirkung entkräften.[555]

7. Ausländerfeindliches Verhalten

401 Ausländerfeindliches Verhalten am Arbeitsplatz ist an sich geeignet, eine außerordentliche Kündigung oder eine ordentliche verhaltensbedingte Kündigung zu rechtfertigen. Es existiert jedoch kein besonderer Kündigungsgrund „Ausländerfeindlichkeit". Maßgeblich sind die durch das ausländerfeindliche Verhalten eintretenden Störungen des Vertragsverhältnisses.[556] Ausländerfeindliche Äußerungen sind nicht durch das Recht auf freie Meinungsäußerung (Art 5 GG) gedeckt. Die **Meinungsfreiheit** findet ihre Schranken in den allgemeinen Gesetzen und dem Recht der persönlichen Ehre (Art 5 Abs 2 GG). Sie muss stets zurücktreten, wenn die fragliche Äußerung die **Menschenwürde** eines anderen antastet, weil diese als Wurzel aller Grundrechte mit keinem Einzelgrundrecht abwägungsfähig ist.

402 So hat das BAG[557] eine ordentliche Kündigung ohne vorherige Abmahnung gegenüber einem Lehrer bestätigt, der während des Schulunterrichts einen die jüdische Glaubensgemeinschaft diffamierenden Witz in englischer Sprache erzählt hatte (eine in diesem Zusammenhang vom Arbeitgeber ausgesprochene außerordentliche Kündigung war erstinstanzlich allerdings wegen fehlerhafter Anhörung des Personalrats für unwirksam erklärt worden). Die Verwendung von **NS-Parolen**,[558] die Verherrlichung oder Verharmlosung des Massenmords der Nationalsozialisten in Vernichtungs-

---

[554] Vgl LAG Hamm – 10.9.2003 – 18 Sa 721/03 – NZA-RR 2004, 292.
[555] BAG 26.8.1993 – 2 AZR 154/93 – AP BGB § 626 Nr 112 zu B I 1 b cc: vollschichtige Nebentätigkeit während einer ärztlich attestierten Arbeitsunfähigkeit.
[556] BAG 1.7.1999 – 2 AZR 676/98 – NZA 1999, 1270: Anbringen eines Schilds an die Werkbank eines ausländischen Auszubildenden mit der Aufschrift: „Arbeit macht frei – Türkei schönes Land".
[557] BAG 5.11.1992 – 2 AZR 287/92 – RzK I 5 i Nr 81.
[558] Sächsisches LAG 6.7.2001 – 3 Sa 6/01: Verwenden des NS-Grußes „Sieg Heil" im Dienst.

und Konzentrationslagern[559] stellen einen wichtigen Kündigungsgrund dar. Auch sich ständig wiederholende **ausländerfeindliche Hetzparolen** bis hin zu Gewaltaufrufen gegen Ausländer, die zu Beschwerden im Betrieb führen, können ohne Abmahnung die außerordentliche Kündigung auch eines langjährig beschäftigten Arbeitnehmers rechtfertigen, wenn dieser es hartnäckig und uneinsichtig ablehnt, sich bei den betroffenen Arbeitnehmern zu entschuldigen.[560]

Eine **Abmahnung** ist bei ausländerfeindlichem Verhalten am Arbeitsplatz idR **entbehrlich**. Da es sich um eine besonders schwerwiegende Vertragspflichtverletzung handelt, deren Rechtswidrigkeit für den Arbeitnehmer ohne weiteres erkennbar ist, kann er nicht davon ausgehen, der Arbeitgeber werde das Fehlverhalten hinnehmen.[561]

8. Außerdienstliches Verhalten

a) **Allgemeines.** Auch das außerdienstliche Verhalten des Arbeitnehmers kann eine (außer-)ordentliche Kündigung rechtfertigen, wenn es zu einer konkreten Beeinträchtigung des Arbeitsverhältnisses führt.[562] Berührt hingegen das außerdienstliche Verhalten den arbeitsvertraglichen Pflichtenkreis nicht, so ist der Arbeitgeber nicht berechtigt, Umstände aus der Privatsphäre des Arbeitnehmers durch den Ausspruch einer Kündigung zu missbilligen. Das Verhalten eines Arbeitnehmers im privaten Lebensbereich steht grundsätzlich außerhalb der Einflusssphäre des Arbeitgebers. Nur in den Fällen, in denen sich das private Verhalten auf den betrieblichen Bereich auswirkt und dort zu Störungen führt, kann eine arbeitsvertragliche Pflichtverletzung ausnahmsweise vorliegen.[563] Die Pflicht zur Rücksichtnahme (§ 241 Abs 2 BGB) beinhaltet, dass der Arbeitnehmer auch außerhalb der Arbeitszeit auf die berechtigten Interessen des Arbeitgebers Rücksicht zu nehmen hat. Hiergegen kann der Arbeitnehmer deshalb auch durch außerdienstliches Verhalten verstoßen. Voraussetzung ist allerdings, dass durch das außerdienstliche Verhalten des Arbeitnehmers berechtigte Interessen des Arbeitgebers beeinträchtigt werden. Das ist der Fall, wenn es negative Auswirkungen auf den Betrieb oder einen Bezug zum Arbeitsverhältnis hat.[564]

Davon abgesehen ist der Arbeitnehmer aber in der Gestaltung seines **Privatlebens grundsätzlich** frei. Insbesondere ist der Arbeitnehmer dem Arbeitgeber gegenüber **nicht zu einem moralischen Lebenswandel verpflich-**

---

559 BAG 1.7.1999 – 2 AZR 676/98 – NZA 1999, 1270; LAG Baden-Württemberg 25.3.2009 – 2 Sa 94/08 – LAGE § 626 BGB 2002 Nr 20.
560 LAG Hamm 11.11.1994 – 10 (19) Sa 100/94 – LAGE BGB § 626 Nr 82.
561 BAG 5.11.1992 – 2 AZR 287/92 – RzK I 5 i Nr 81; 1.7.1999 – 2 AZR 676/98 – AP BBiG § 15 Nr 11: rassistisches Verhalten eines Auszubildenden.
562 BAG 23.10.2008 – 2 AZR 483/07 – NZA-RR 2009, 362; 8.6.2000 – 2 AZR 638/99 – BAGE 95, 78 mwN; KR/Fischermeier § 626 BGB Rn 414.
563 BAG 23.10.2008 -2 AZR 483/07 – NZA-RR 2009, 362; 16.9.2004 – 2 AZR 447/03 – AP BGB § 611 Kirchendienst Nr 44 = EzA BGB 2002 § 242 Kündigung Nr 5; KR/Griebeling § 1 KSchG Rn 450 ff; APS/Dörner/Vossen § 1 KSchG Rn 327 a ff.
564 BAG 28.10.2010 – 2 AZR 293/09; 10.9.2009 – 2 AZR 257/08 – NZA 2010, 220.

tet.⁵⁶⁵ Im Einzelfall kann aber ein außerdienstliches Verhalten, das sich nicht störend auf das Arbeitsverhältnis auswirkt, eine personenbedingte Kündigung rechtfertigen, wenn es auf eine fehlende Eignung des Arbeitnehmers für die Erfüllung der Arbeitsleistung schließen lässt (zB außerdienstliche Vermögensdelikte von Kassierern bei nicht dem Arbeitgeber verbundenen Unternehmen).⁵⁶⁶

406 **b) Sonderfälle. aa) Öffentlicher Dienst.** Die außer Kraft getretenen Regelungen des § 8 Abs 1 Satz 1 BAT und des § 8 Abs 8 Satz 1 MTArb sahen für Angestellte und Arbeiter vor, dass sie sich auch außerdienstlich so zu verhalten hatten, wie es von Angehörigen des öffentlichen Dienstes erwartet werden konnte. Nach ständiger Rechtsprechung des BAG⁵⁶⁷ ergab sich aus dieser generalklauselartig formulierten Tarifnorm, dass Arbeitnehmer des öffentlichen Dienstes sich innerhalb und außerhalb des Dienstes so zu verhalten hatten, dass das Ansehen des Arbeitgebers bzw des Amtes nicht beeinträchtigt wurde; in seinem außerdienstlichen Verhalten hatte der Angestellte nicht nur die Gesetze und die sonstigen Rechtsvorschriften, sondern auch die ungeschriebenen Anstandsgesetze zu beachten, wobei der Angestellte allerdings das Recht hatte, sein Privatleben so zu gestalten, wie es ihm beliebte, sofern er nicht gröblich seine Pflicht zu einem achtungswürdigen Verhalten verletzte oder ein öffentliches Ärgernis erregte. Eine außerdienstlich begangene Straftat von einigem Gewicht oder verbunden mit einer Gefährdung der öffentlichen Sicherheit und Ordnung konnte auf dieser Grundlage die Kündigung eines Mitarbeiters des öffentlichen Dienstes grundsätzlich rechtfertigen.⁵⁶⁸

407 Die Regelungen des § 8 Abs 1 Satz 1 BAT und des § 8 Abs 8 Satz 1 MTArb sind in die seit dem 1. Oktober 2005 geltenden Tarifwerke für den öffentlichen Dienst nicht übernommen worden. § 41 TVöD-BT-V hat den früheren Verhaltensmaßstab aufgegeben;⁵⁶⁹ § 41 TVöD-BT-V lautet: „Die im Rahmen des Arbeitsvertrages geschuldete Leistung ist gewissenhaft und ordnungsgemäß auszuführen. Beschäftigte des Bundes und anderer Arbeitgeber, in deren Aufgabenbereichen auch hoheitliche Tätigkeiten wahrgenommen werden, müssen sich durch ihr gesamtes Verhalten zur freiheitlich demokratischen Grundordnung iSd Grundgesetzes bekennen." Darüber hinausgehende Anforderungen an die private Lebensführung stellt der TVöD nicht mehr, auch nicht an anderer Stelle. Für den Bereich der Länder regelt § 3 Abs 1 Satz 2 TV-L, dass sich alle Beschäftigten durch ihr gesamtes Verhalten zur freiheitlich demokratischen Grundordnung iSd Grundgesetzes bekennen müssen.

---

565 Vgl vHH/L/Krause § 1 KSchG Rn 620; KR/Griebeling § 1 KSchG Rn 454; HK-KSchG/Dorndorf § 1 Rn 819.
566 SPV/Preis Rn 643; vHH/L/Krause § 1 KSchG Rn 625; KR/Griebeling § 1 KSchG Rn 454.
567 BAG 20.11.1997 – 2 AZR 643/96 – AP KSchG 1969 § 1 Nr 43 zu II 2 b; Hinweis: Am 1.10.2005 ist für den Bereich des Bundes und der Kommunen der TVöD in Kraft getreten.
568 BAG 21.6.2001 – 2 AZR 325/00 – AP BAT § 54 Nr 5; 8.6.2000 – 2 AZR 638/99 – NZA 2000, 1282.
569 BAG 28.10.2010 – 2 AZR 293/09 – NZA 2011, 307; 10.9.2009 – 2 AZR 257/08 – NZA 2010, 220.

Hierauf hat die Rechtsprechung ihre Beurteilungsgrundsätze für Kündigungen wegen außerdienstlichen Verhaltens angepasst. Sie nimmt zu Recht an, dass sich die Tarifvertragsparteien mit der Neuregelung von ihrer bisherigen Orientierung am Beamtenrecht entfernt und das Arbeitsverhältnis im öffentlichen Dienst als eine „normale Leistungsaustauschbeziehung" ausgestaltet haben. Die Tarifvertragsparteien – und damit auch die Arbeitgeber – haben für die Arbeitnehmer des öffentlichen Dienstes außer der Pflicht nach § 41 Satz 2 TVöD-BT-V – also für die nicht hoheitlich tätigen Arbeitnehmer – keine weitergehenden Verhaltenspflichten mehr begründen wollen, als diese auch für Beschäftigte in der Privatwirtschaft gelten.[570] Eine kündigungsrelevante Verletzung besonderer Verhaltenspflichten (Gesteigerte Loyalitätspflicht) in Bezug auf das außerdienstliche Verhalten kommt danach nur noch für die hoheitlich tätigen Arbeitnehmer des öffentlichen Dienstes in Betracht. Dabei ergibt sich das Maß der einem Arbeitnehmer des öffentlichen Dienstes obliegenden Treuepflicht aus seiner Stellung und dem Aufgabenkreis, der ihm laut Arbeitsvertrag übertragen ist (sog. Funktionstheorie). Es ist nur diejenige politische Loyalität geschuldet, die für die funktionsgerechte Amtsausübung unverzichtbar ist.[571] Für alle Arbeitnehmer des öffentlichen Dienstes gilt jedoch ein Mindestmaß an Verfassungstreue, das ihnen untersagt, aktiv verfassungsfeindliche Ziele zu verfolgen oder darauf auszugehen, den Staat, die Verfassung oder deren Organe zu beseitigen, zu beschimpfen oder verächtlich zu machen (einfache Loyalitätspflicht).[572] Die Verantwortung für die außerdienstliche **Verbreitung ausländerfeindlicher Pamphlete**[573] oder **verfassungsfeindlicher Meinungsäußerungen**[574] ist unter diesem Gesichtspunkt auch nach Wegfall der aus § 8 Abs 1 Satz 1 BAT folgenden Verhaltenspflichten weiterhin geeignet, einen außerordentlichen verhaltensbedingten Kündigungsgrund zu bilden. Straftaten können grundsätzlich auch zu einem eine personenbedingte Kündigung rechtfertigende Eignungsmangel führen, wenn sie außerdienstlich begangen wurden und es an einem unmittelbaren Bezug zum Arbeitsverhältnis fehlt, da sie Zweifel an der Zuverlässigkeit und Vertrauenswürdigkeit eines Arbeitnehmers begründen können. Ob ein personenbedingter Kündigungsgrund vorliegt, hängt von der Art des Delikts und den konkreten Arbeitspflichten des Arbeitnehmers und seiner Stellung im Betrieb ab.[575]

bb) Tendenzbetriebe. In Tendenzbetrieben (Betriebe, die unmittelbar oder überwiegend politischen, koalitionspolitischen, konfessionellen, karitati-

---

570 BAG 28.10.2010 – 2 AZR 293/09 – NZA 2011, 307; 10.9.2009 – 2 AZR 257/08 – NZA 2010, 220; vgl auch Bredendiek/Fritz/Tewes ZTR 2005, 230, 237.
571 BAG 6.9.2012 – 2 AZR 372/11 – ZTR 2013, 261; 12.5.2001 – 2 AZR 479/09 – NZA-RR 2012, 43.
572 BAG 6.9.2012 – 2 AZR 372/11 – ZTR 2013, 261; 12.5.2001 – 2 AZR 479/09 – NZA-RR 2012, 43.
573 BAG 14.2.1996 – 2 AZR 274/95 – AP BGB § 626 Verdacht strafbarer Handlung Nr 26.
574 LAG Schleswig-Holstein 6.8.2002 – 2 Sa 150/02 – nv: Billigung der Terroranschläge des 11.9.2001 in einer Pressemitteilung.
575 BAG 20.6.2013 – 2 AZR 583/12 – NZA 2013, 1345; 10.9.2009 – 2 AZR 257/08 – NZA 2010, 220.

ven, erzieherischen, wissenschaftlichen oder künstlerischen Bestimmungen oder Zwecken der Berichterstattung oder Meinungsäußerung dienen, vgl § 118 Abs 1 BetrVG) beschäftigte Arbeitnehmer dürfen sich auch außerdienstlich nicht gegen die grundsätzliche Zielsetzung des Arbeitgebers wenden (zB durch tendenzfeindliche Äußerungen in Massenmedien). Eine Verletzung dieser gesteigerten Loyalitätspflicht ist an sich geeignet, eine verhaltensbedingte Kündigung zu rechtfertigen. Dies gilt jedenfalls ist für sog **Tendenzträger**.[576] Tendenzträger sind diejenigen Arbeitnehmer, für deren Tätigkeit die Bestimmungen und Zwecke der in § 118 Abs 1 BetrVG genannten Unternehmen und Betriebe prägend ist. Tendenzträger müssen einen maßgeblichen Einfluss auf die Tendenzverwirklichung nehmen können.[577] Aber auch von Arbeitnehmern eines Tendenzbetriebs, die keine tendenzbezogenen Aufgaben wahrnehmen, ist grundsätzlich zu fordern, dass sie sich mit ihrem Verhalten nicht in Widerspruch zur Zielsetzung des Arbeitgebers setzen.[578] Das (Nicht-)Vorliegen einer Tendenzträgereigenschaft ist jedenfalls im Rahmen der Interessenabwägung zu berücksichtigen,[579] da hierdurch die Schwere der Vertragspflichtverletzung wesentlich bestimmt wird. Bei schwerwiegenden Verstößen gegen die Tendenz, insbesondere solchen, bei denen der Tendenzträger offensichtlich und erheblich gegen die der unternehmerischen Betätigung zugrunde liegenden Grundrechts- und Verfassungswerte verstößt und deshalb nicht mit einer entsprechenden Billigung seiner Handlungen und Äußerungen durch den Tendenzarbeitgeber rechnen kann, kann eine außerordentliche Kündigung aus wichtigem Grund – auch ohne Abmahnung – in Betracht kommen.[580] Eine Abmahnung ist demgegenüber nicht entbehrlich, wenn bei einem einmaligen Vorfall nicht auszuschließen ist, dass der Tendenzverstoß auf einer zwar eklatanten, aber doch versehentlichen Fehleinschätzung beruht.[581]

410 **cc) Kirchliche Einrichtungen.** Bei kirchlichen Einrichtungen, die ebenfalls zu den Tendenzbetrieben zählen, ist zusätzlich die aus Art 140 GG iVm Art 137 WRV folgende Garantie des kirchlichen Selbstbestimmungsrechts zu beachten. Inwieweit dies zu geschehen hat, hat das BVerfG in seinem Beschluss vom 4.6.1985[582] grundlegend geklärt. Das verfassungsrechtlich geschützte Selbstbestimmungsrecht kommt danach nicht nur der verfassten Kirche und deren rechtlich selbstständigen Teilen zugute, sondern allen der Kirche in bestimmter Weise zugeordneten Einrichtungen ohne Rücksicht auf ihre Rechtsform, wenn sie nach kirchlichem Selbstverständnis ihrem Zweck oder ihrer Aufgabe entsprechend berufen sind, ein Stück des Auftrags der Kirche wahrzunehmen und zu erfüllen. Bedienen sich die Kirchen

---

576 BAG 23.10.2008 – 2 AZR 483/07 – NZA-RR 2009, 1544; 28.8.2003 – 2 AZR 48/02 – NZA 2004, 501; 6.12.1979 – 2 AZR 1055/77 – AP KSchG 1969 § 1 Nr 2.
577 BAG 28.8.2003 – 2 AZR 48/02 – NZA 2004, 501; 28.10.1986 – 1 ABR 16/85 – AP BetrVG 1972 § 118 Nr 32.
578 Löwisch in: Löwisch/Spinner/Wertheimer § 1 Rn 217; aA KR/Griebeling § 1 KSchG Rn 456.
579 Vgl SPV/Preis Rn 644.
580 BAG 23.10.2008 – 2 AZR 483/07 – NZA-RR 2009, 1544; 28.8.2003 – 2 AZR 48/02 – NZA 2004, 501.
581 LAG Sachsen-Anhalt 9.7.2002 – 8 Sa 40/02 – NZA-RR 2003, 244.
582 BVerfG 4.6.1985 – 2 BvR 1703/83, 1718/83, 856/84 – AP GG Nr 24 Art 140.

der Privatautonomie, um Arbeitsverhältnisse zu begründen und zu regeln, findet auf diese das staatliche Arbeitsrecht Anwendung. Die Verfassungsgarantie des Selbstbestimmungsrechts bleibt für die Gestaltung dieser Arbeitsverhältnisse wesentlich. Auch im Wege des Vertragsschlusses können daher einem kirchlichen Arbeitnehmer besondere Obliegenheiten einer kirchlichen Lebensführung auferlegt werden. Werden solche Loyalitätspflichten in einem Arbeitsvertrag festgelegt, nimmt der kirchliche Arbeitgeber nicht nur die allgemeine Vertragsfreiheit für sich in Anspruch; er macht zugleich von seinem verfassungsrechtlichen Selbstbestimmungsrecht Gebrauch. Beides zusammen ermöglicht es den Kirchen, in den Schranken des für alle geltenden Gesetzes den kirchlichen Dienst nach ihrem Selbstverständnis zu regeln und die spezifischen Obliegenheiten kirchlicher Arbeitnehmer zu umschreiben und verbindlich zu machen. Das schließt ein, dass die Kirchen der Gestaltung des kirchlichen Dienstes auch dann, wenn sie ihn auf der Grundlage von Arbeitsverträgen regeln, das besondere **Leitbild einer christlichen Dienstgemeinschaft** aller ihrer Mitarbeiter zugrunde legen können. Dazu gehört weiter die Befugnis der Kirche, den ihr angehörenden Arbeitnehmern die Beachtung jedenfalls der tragenden Grundsätze der kirchlichen Glaubens- und Sittenlehre aufzuerlegen und zu verlangen, dass sie nicht gegen die fundamentalen Verpflichtungen verstoßen, die sich aus der Zugehörigkeit zur Kirche ergeben und die jedem Kirchenglied obliegen. Denn für die Kirchen kann ihre Glaubwürdigkeit davon abhängen, dass ihre Mitglieder, die in ein Arbeitsverhältnis zu ihnen treten, die kirchliche Ordnung – auch in ihrer Lebensführung – respektieren. Die Arbeitsgerichte haben die vorgegebenen kirchlichen Maßstäbe für die Bewertung vertraglicher Loyalitätspflichten zugrunde zu legen, soweit die Verfassung das Recht der Kirchen anerkennt, hierüber selbst zu befinden. Es bleibt danach grundsätzlich den verfassten Kirchen überlassen, verbindlich zu bestimmen, was „die Glaubwürdigkeit der Kirche und ihrer Verkündigung erfordert", was „spezifische kirchliche Aufgaben" sind, was „Nähe" zu ihnen bedeutet, welches die „wesentlichen Grundsätze der Glaubens- und Sittenlehre" sind und was als – ggf schwerer – Verstoß gegen diese anzusehen ist. Auch die Entscheidung darüber, ob und wie innerhalb der im kirchlichen Dienst tätigen Mitarbeiter eine „Abstufung" der Loyalitätspflichten eingreifen soll, ist grundsätzlich eine dem kirchlichen Selbstbestimmungsrecht unterliegende Angelegenheit. Die Arbeitsgerichte sind bei der Anwendung der gesetzlichen Vorschriften zum Kündigungsrecht an die kirchlichen Vorgaben gebunden, soweit diese den anerkannten Maßstäben der verfassten Kirchen Rechnung tragen und sich die Gerichte durch die Anwendung dieser Vorgaben nicht in Widerspruch zu den Grundprinzipien der Rechtsordnung, wie sie im Allgemeinen Willkürverbot (Art 3 Abs 1 GG) sowie in dem Begriff der „guten Sitten" (§ 138 Abs 1 BGB) und des ordre public (Art 30 EGBGB) ihren Niederschlag gefunden haben, begeben. Die Arbeitsgerichte haben daher sicherzustellen, dass die kirchlichen Einrichtungen nicht in Einzelfällen unannehmbare Anforderungen an die Loyalität ihrer Arbeitnehmer stellen.[583] Auch wenn das kirchliche Selbstbe-

---

583 Vgl zu alledem BVerfG 4.6.1985 – 2 BvR 1703/83, 1718/83, 856/84 – AP GG Nr 24 Art 140 zu B II 1 a, d, 2 a.

stimmungsrecht die Maßstäbe, an denen die Wirksamkeit einer Kündigung zu messen sind, im Wesentlichen vorgibt, ist im Einzelfall das **Abmahnungserfordernis** und die **Möglichkeit einer anderweitigen Beschäftigung** zu prüfen sowie eine abschließende **Interessenabwägung** vorzunehmen. Dabei sind neben dem Selbstbestimmungsrecht der betreffenden Kirche als Arbeitgeber auch hiermit kollidierende Grundrechtspositionen des Arbeitnehmers einschließlich der Glaubens-, Gewissens- und Bekenntnisfreiheit aus Art 4 Abs 1, 2 GG zu berücksichtigen.[584] Im Falle einer gegen kirchliches Recht verstoßenden Wiederheirat ist zugunsten des gekündigten Arbeitnehmers auch Art 6 GG zu beachten.[585] Unter dem Gesichtspunkt des Verbots widersprüchlichen Verhaltens ist in der Interessenabwägung zu Lasten des kirchlichen Arbeitgebers zu berücksichtigen, wenn ihm der kirchenrechtswidrige Zustand bereits länger bekannt war, er aber gleichwohl untätig geblieben ist,[586] oder er die gestellten sittlichen Anforderungen nicht ausnahmslos durchsetzt.[587] Für den Bereich der katholischen Kirche ist die zum 1.1.1994 in Kraft gesetzte „Grundordnung des kirchlichen Dienstes im Rahmen kirchlicher Arbeitsverhältnisse"[588] zu beachten, die in Art 4 und 5 Loyalitätsobliegenheiten der Mitarbeiter sowie die Interessenabwägung und Grundsätze für die Verhältnismäßigkeitsprüfung sowie die Interessenabwägung aufstellt. In den evangelischen Kirchen legt die Richtlinie der EKD über die Anforderungen der privatrechtlichen beruflichen Mitarbeit in der EKD und des Diakonischen Werkes der EKD vom 1.7.2005 (ABl. EKD 2005, 413) die zu beachtenden Loyalitätsanforderungen fest.

411 Einzelfälle:
- Nach dem zugrunde zu legenden kirchlichen Selbstverständnis ist die **befürwortende öffentliche Stellungnahme** eines in einem katholischen Krankenhaus beschäftigten Arztes **zum Schwangerschaftsabbruch** ein schwerer Loyalitätsverstoß, der zur ordentlichen verhaltensbedingten Kündigung berechtigt.[589]
- Gegen die Grundsätze der katholischen Kirche verstoßende **Behandlungsmethoden** des Chefarztes eines katholischen Krankenhauses (hier: homologe Insemination) können einen wichtigen Grund zur außerordentlichen verhaltensbedingten Kündigung darstellen.[590]
- Die außerdienstliche **homosexuelle Betätigung** eines Diakoniemitarbeiters soll nach erfolgloser Abmahnung einen verhaltensbedingten Kündigungsgrund abgeben;[591] richtigerweise dürfte es an einem steuerba-

---

584 BVerfG 7.3.2002 – 1 BvR 1962/01 – NZA 2002, 609; BAG 8.9.2011 – 2 AZR 543//10 – NZA 2012, 443.
585 Vgl EGMR 23.9.2010 – 1620/03 – Schüth NZA 2011, 173, 179; Joussen RdA 2011, 173, 177.
586 Joussen RdA 2011, 173, 179.
587 BAG 8.9.2011 – 2 AZR 543//10 – NZA 2012, 443.
588 Vgl NJW 1994, 1394.
589 BAG 15.1.1986 – 7 AZR 545/85 – KirchE 24, 7-8 nv.
590 BAG 7.10.1993 – 2 AZR 226/93 – AP BGB § 626 Nr 114 zu: im konkreten Fall hat das BAG eine Abmahnung für erforderlich gehalten, da die kirchenrechtliche Zulässigkeit der streitigen Behandlungsmethode nicht abschließend geklärt war.
591 BAG 30.6.1983 – 2 AZR 524/81 – AP GG Art 140 Nr 15.

ren Verhalten fehlen, weshalb ein Abmahnungserfordernis nicht besteht und ggf ein personenbedingter Kündigungsgrund vorliegt.[592]
- Der **Kirchenaustritt** gehört nach kirchlichem Recht zu den schwersten Vergehen gegen den Glauben und die Einheit der Kirche, er kann daher eine Kündigung eines kirchlichen Mitarbeiters rechtfertigen.[593] Der Wechsel einer evangelischen Arbeitnehmerin einer katholischen Einrichtung zu einer anderen christlichen Glaubensgemeinschaft stellt hingegen keinen Kündigungsgrund dar, wenn dieser Fall nicht in der „Grundordnung des kirchlichen Dienstes im Rahmen kirchlicher Arbeitsverhältnisse" als Loyalitätsverstoß geregelt ist.[594]
- **Ehebruch** ist nach kirchlichen Grundsätzen ein schweres Vergehen, das geeignet sein kann, eine außerordentliche verhaltensbedingte Kündigung zu rechtfertigen.[595] Ist die ehewidrige Beziehung auf Dauer angelegt, kann dies einen Eignungsmangel bedingen und eine personenbedingte Kündigung in Betracht kommen.
- Die **erneute Heirat** eines nach kirchlichem Verständnis verheirateten katholischen Chefarztes in einem katholischen Krankenhaus ist ein schwerer und ernster Verstoß gegen die Loyalitätsanforderungen und kann eine Kündigung rechtfertigen.[596]
- Die **standesamtliche Ehe** einer im katholisch-kirchlichen Dienst stehenden Lehrerin mit einem **geschiedenen** Mann stellt nach Auffassung des BAG einen **personenbedingten** Kündigungsgrund dar, da es sich um einen dem katholischen Kirchenrecht widersprechenden Dauertatbestand handelt, der zum Fortfall der persönlichen Eignung führt.[597]
- Eine jahrelange heimliche **Liebesbeziehung** einer Lehrerin an einer katholischen Schule zu einem Mönch, die von ihr presseöffentlich gemacht wird, rechtfertigt wegen des nicht hinnehmbaren Glaubwürdigkeitsverlustes der Kirche eine verhaltensbedingte Kündigung.[598]

---

592 Vgl Rn 539.
593 Vgl Rn 530 ff; SPV/Preis Rn 645; BAG 25.4.2013 – 2 AZR 579/12 – NZA 2013, 1131 (Kündigung eines verkündigungsnah tätigen Sozialpädagogen der Caritas nach Austritt aus der katholischen Kirche); nach BAG 12.12.1984 – 7 AZR 418/83 – AP GG Art 140 Nr 21 stellt der Kirchenaustritt einen personenbedingten Kündigungsgrund dar, obwohl der Kirchenaustritt als Loyalitätsverstoß angesehen wurde.
594 LAG Baden-Württemberg 19.6.2000 – 9 Sa 3/00 – ZMV 2000, 292.
595 BAG 8.9.2011 – 2 AZR 543/10 – NZA 2012, 443: Wiederverheiratung eines katholischen Chefarztes an einem katholischen Krankenhaus; 24.4.1997 – 2 AZR 268/96 – AP BGB § 611 Kirchendienst Nr 27: Ehebruch eines Gebietsdirektors der Mormonenkirche, vgl im Nachgang EGMR 23.9.2010 – 425/03 – Obst NZA 2011, 277; BAG 16.9.1999 – 2 AZR 712/98 – NZA 2000, 208: Organist und Chorleiter, der nach der Trennung von seiner Ehefrau eine neue Lebenspartnerschaft mit einer anderen Frau eingegangen war, vgl im Nachgang EGMR 23.9.2010 – 1620/03 – Schüth NZA 2011, 279; vgl dazu näher Rn 533 ff.
596 BAG 8.9.2011 – 2 AZR 543//10 – NZA 2012, 443 (offen gelassen, ob ein Grund im Verhalten oder in der Person des Arbeitnehmers vorliegt).
597 BAG 25.5.1988 – 7 AZR 506/87 – AP GG Art 140 Nr 36 zu I 2 b; 31.10.1984 – 7 AZR 232/83 – AP GG Art 140 Nr 20; zur Kündigung wegen Wiederverheiratung s auch BAG 16.9.2004 – 2 AZR 447/04 – nv, RzK I 8 g Nr 29; vgl ferner Rn 500.
598 BVerfG 31.1.2001 – 1 BvR 619/92 – EzA BGB § 611 Kirchliche Arbeitnehmer Nr 46.

- Tritt die Arbeitnehmerin eines evangelischen Kindergartens in der Öffentlichkeit werbend für eine andere Glaubensgemeinschaft auf und verbreitet deren von den Glaubenssätzen der evangelischen Kirche erheblich abweichende Lehre, kann ein solches Verhalten eine außerordentliche Kündigung rechtfertigen.[599]

412 Ungeklärt ist aber, ob das **AGG** und die **Antidiskriminierungsrichtlinie 2000/78/EG** ein (uneingeschränktes) Festhalten an den vorstehenden Grundsätzen erlauben, ob also weiterhin kein kirchlicher Arbeitnehmer außerhalb der kirchenspezifischen Pflichtbindung steht, auch wenn er selbst keine geistlich-religiöse Verkündigungsaufgabe wahrnimmt, wobei die Kirche das Maß der jeweiligen Loyalitätsanforderungen formuliert,[600] oder ob die bisherigen Rechtsprechungsrichtlinien im Einzelfall – gerade bei dem Verkündigungsauftrag der Kirche fernstehenden Personen – eine Diskriminierung des betroffenen Arbeitnehmers (zB wegen einer ungerechtfertigten Benachteiligung wegen der Religion aus Anlass der bei einem Kirchenaustritt getroffenen Entscheidung, einer bestimmten Glaubensgemeinschaft nicht mehr anzugehören) darstellen. Zwar bestimmt § 2 Abs 4 AGG nach seinem Wortlaut, dass für Kündigungen ausschließlich die Bestimmungen zum allgemeinen und besonderen Kündigungsschutz gelten. Nach Auffassung des BAG steht diese Bestimmung der Anwendung der materiellen Diskriminierungsverbote in ihrer näheren gesetzlichen Ausgestaltung (§§ 1 – 10 AGG) im Rahmen des Kündigungsschutzes nach dem Kündigungsschutzgesetz nicht im Wege. Die Diskriminierungsverbote des AGG – einschließlich der ebenfalls im AGG vorgesehenen Rechtfertigungen für unterschiedliche Behandlungen – sind bei der Auslegung der unbestimmten Rechtsbegriffe des Kündigungsschutzgesetzes in der Weise zu beachten, dass sie Konkretisierungen des Begriffs der Sozialwidrigkeit darstellen.[601] Die Bestimmungen des AGG sind wiederum unionsrechtskonform auszulegen. Ob die vom BVerfG entwickelten Grundsätze dabei in Einklang mit der Ausnahmeklausel in § 9 AGG stehen, die ihrerseits an den Vorgaben des Art 4 Abs 2 RL 2000/78/EG zu messen ist, ist problematisch. Art 4 Abs 2 RL 2000/78/EG lässt für kirchliche Einrichtungen eine Ausnahme vom Benachteiligungsverbot zu, wenn die Religion nach der Art der Tätigkeit oder der Umstände ihrer Ausübung eine wesentliche, rechtmäßige und gerechtfertigte berufliche Anforderung angesichts des Ethos der Organisation darstellt. Der Wortlaut von § 9 Abs 1 AGG weicht davon ab. Danach ist eine Benachteiligung zulässig, wenn eine bestimmte Religion oder Weltanschauung im Hinblick auf das Selbstbestimmungsrecht oder nach der Art der Tätigkeit eine gerechtfertigte berufliche Anforderung darstellt. Es ist umstritten, ob und in welchem Umfang Art 4 Abs 2 der Richtlinie 2000/78/EG es gebietet, dass die vom Arbeitgeber als Ausfluss des Selbstbestimmungsrechts gestellte berufliche Anforderung nach der Art der Tä-

---

599 BAG 21.2.2001 – 2 AZR 139/00 – NZA 2001, 1136; vgl Nichtannahmebeschluss des BVerfG 7.3.2002 – 1 BvR 1962/01 – NZA 2002, 609.
600 Vgl Joussen RdA 2011, 173.
601 BAG 6.11.2008 – 2 AZR 523/07 – NZA 2009, 626.

tigkeit gerechtfertigt sein muss.[602] Teile der Literatur[603] halten eine unionsrechtskonforme Auslegung für möglich und geboten, wonach allein die Art der Tätigkeit den maßgeblichen Bezugspunkt für die Prüfung des § 9 Abs 1 AGG darstellt. Die Frage indes, ob Religion oder Weltanschauung eine unterschiedliche Behandlung im Hinblick auf die Art der Tätigkeit rechtfertigten, könne dabei aber nur unter Beachtung des jeweils festgelegten Selbstverständnisses beantwortet werden.[604] Dies hätte zur Folge, dass es nach Maßgabe des Unionsrechts für die Wirksamkeit einer Kündigung wegen einer Verletzung der Loyalitätsobliegenheiten in besonderem Maße auf die Tendenznähe des jeweiligen Arbeitnehmers zu den spezifisch kirchlichen Aufgaben ankäme. Dies entspräche im Wesentlichen der Rechtsauffassung des BAG, die es vor dem Beschluss des BVerfG vom 5.6.1985 vertreten hat.[605]

c) **Außerdienstliche Straftaten.** In der Freizeit verübte Straftaten des Arbeitnehmers sind nur dann geeignet, eine verhaltensbedingte Kündigung zu rechtfertigen, wenn der Arbeitnehmer mit der Straftat zugleich gegen arbeitsvertragliche Nebenpflichten verstößt. Ein Arbeitnehmer verletzt seine schuldrechtliche Rücksichtnahmepflicht aus § 241 Abs 2 BGB, wenn eine von ihm außerdienstlich begangene Straftat einen Bezug zu seinen arbeitsvertraglichen Verpflichtungen oder zu seiner Tätigkeit hat und dadurch berechtigte Interessen des Arbeitgebers oder anderer Arbeitnehmer verletzt werden. Das ist regelmäßig anzunehmen, wenn der Arbeitnehmer die Straftat zwar außerdienstlich, aber unter Nutzung von Betriebsmitteln oder betrieblichen Einrichtungen begangen hat.[606] Ein solcher Bezug kann auch dadurch entstehen, dass sich der Arbeitgeber oder andere Arbeitnehmer staatlichen Ermittlungen ausgesetzt sehen oder in der Öffentlichkeit mit der Straftat in Verbindung gebracht werden.[607] Fehlt es an einer Vertragspflichtverletzung, können außerdienstliche Straftaten ggf einen personenbedingten Kündigungsgrund erfüllen.[608]

413

Ein **Diebstahl**, den der Arbeitnehmer außerhalb seines Beschäftigungsbetriebs und außerhalb seiner Arbeitszeit **in einem anderen**, räumlich entfernten **Betrieb des Arbeitgebers** begeht, ist eine Vertragspflichtverletzung und damit ein verhaltensbedingter Kündigungsgrund.[609] Die Nebenpflicht, den Betrieb oder den Arbeitgeber schädigende Handlungen zu unterlassen, beinhaltet die Verpflichtung, auch außerhalb des Beschäftigungsbetriebs zumindest das zum Unternehmen des Arbeitgebers gehörende und damit je-

414

---

602 Dafür: ErfK/Schlachter § 9 AGG Rn 3; Deinert EuZA 2009, 332, 340; SSV/Voigt § 9 AGG Rn 22 ff; wohl auch KR/Treber § 10 AGG Rn 10 ff; aA: KR/Fischermeier Kirchl AN Rn 8; Mohr/v. Fürstenberg BB 2008, 2122; Joussen NZA 2008, 675; Lelley BB 2008, 1348.
603 ErfK/Schlachter § 9 AGG Rn 3; Meinel/Heyn/Herms AGG § 9 Rn 19; vgl zum Meinungsstand: KR/Treber § 9 AGG Rn 12 mwN.
604 Meinel/Heyn/Herms AGG § 9 Rn 19.
605 BAG 21.10.1982 – 2 AZR 591/80 – NJW 1984, 826; 23.3.1984 – 2 AZR 249/81 – NZA 1984, 287.
606 BAG 10.9.2009 – 2 AZR 257/08 – NZA 2010, 220.
607 BAG 28.10.2010 – 2 AZR 293/09 – NZA 2011, 307.
608 Vgl Rn 627.
609 BAG 20.9.1984 – 2 AZR 633/82 – AP BGB § 626 Nr 80.

denfalls mittelbar auch der Aufrechterhaltung des Beschäftigungsbetriebs dienende Vermögen des Arbeitgebers nicht vorsätzlich zu schädigen.

415 Pflichtwidrig ist auch ein außerdienstlicher **Diebstahl zu Lasten einer Konzernschwester des Arbeitgebers**, bei der der Arbeitnehmer mit Personalrabatt einkaufen durfte.[610] Bei einem Diebstahl zum Nachteil anderer Konzernunternehmen fehlt es aufgrund der rechtlichen Unabhängigkeit zwischen Arbeitgeber und Konzernschwester zwar grundsätzlich an einer kündigungsrelevanten Vertragspflichtverletzung. Dem entspricht die Überlegung, dass der Kündigungsschutz nur unternehmensbezogen, nicht konzernbezogen ausgestaltet ist. Eine auf **andere Konzernunternehmen** erweiterte vertragliche Schutz- bzw Unterlassungspflicht kann allenfalls unter besonderen Umständen bestehen, zB wenn der Arbeitsvertrag die Möglichkeit einer konzernweiten Versetzung vorsieht. In dem vom BAG[611] entschiedenen Fall begründete der dem Arbeitnehmer als zusätzliche vermögenswerte Leistung eingeräumte Personalrabatt für Einkäufe in den Betrieben des Konzernschwesterunternehmens die Verpflichtung des Arbeitnehmers gegenüber dem Arbeitgeber, das Eigentum an den Waren des Konzernschwesterunternehmens so zu achten, als wenn es solche des Arbeitgebers wären.

Für wirksam erachtet hat das BAG[612] die (außerordentliche) Kündigung eines wegen gemeinschaftlicher Zuhälterei und Körperverletzung zu einer Gesamtfreiheitsstrafe von einem Jahr und zehn Monaten auf Bewährung verurteilten Arbeitnehmers, der im Rahmen des Strafverfahrens erklärt hatte, mit seinem beim Arbeitgeber erzielten Gehalt nicht zufrieden gewesen zu sein und einen zusätzlichen Verdienst benötigt zu haben, um seine Familie zu ernähren, und deshalb zusammen mit einem weiteren Täter den Entschluss gefasst hätte, im Wege der Zuhälterei Geld zu verdienen. Der Arbeitnehmer habe dadurch das Integritätsinteresse des Arbeitgebers durch seine – auch in der Presse wiedergegebenen – Äußerungen im Strafverfahren erheblich verletzt, weil er eine Verbindung zwischen seiner angeblich zu geringen Vergütung und seinem Tatmotiv hergestellt und den Arbeitgeber dadurch für sein strafbares Tun „mitverantwortlich" gemacht habe. Demgegenüber soll das unerlaubte Handeltreiben mit Betäubungsmitteln eines gewerblichen Arbeitnehmers, der mit Grünarbeiten im städtischen Bauhof beschäftigt ist, selbst dann keinen Bezug zum Arbeitsverhältnis aufweisen, wenn der Arbeitgeber Auszubildende, Zivildienstleistende und Schülerpraktikanten beschäftigt und der Arbeitnehmer zeitweise auf Grünflächen in Schul- und Kindergartennähe eingesetzt wird.[613]

416 **d) Verschuldung/Lohnpfändungen.** Die private **Verschuldung** eines Arbeitnehmers ist kündigungsrechtlich grundsätzlich nicht relevant. Die nicht durch eine Notlage verursachte Verschuldung eines in einer Vertrauensstellung beschäftigten Arbeitnehmers kann uU dessen Eignung für die vertrag-

---

610 BAG 20.9.1984 – 2 AZR 233/83 – AP KSchG 1969 § 1 Verhaltensbedingte Kündigung Nr 13.
611 BAG 20.9.1984 – 2 AZR 233/83 – AP KSchG 1969 § 1 Verhaltensbedingte Kündigung Nr 13.
612 BAG 28.10.2010 – 2 AZR 293/09 – NZA 2011, 307.
613 BAG 10.9.2009 – 2 AZR 257/08 – NZA 2010, 220.

lich geschuldete Tätigkeit entfallen lassen und eine **personenbedingte** Kündigung begründen.[614]

Ob **Lohn- bzw Entgeltpfändungen** an sich geeignet sind, eine **verhaltensbedingte** Kündigung zu rechtfertigen, ist umstritten. Nach einer – schon älteren – Entscheidung des **BAG**[615] soll eine verhaltensbedingte Kündigung in Betracht kommen, wenn das Arbeitsverhältnis durch die Pfändungen konkret berührt werde.[616] Im Einzelfall müssten zahlreiche Lohnpfändungen einen (kosten- und arbeitsmäßigen) Aufwand verursachen, der – nach objektiver Beurteilung – zu wesentlichen Störungen im Arbeitsablauf oder in der betrieblichen Organisation führe. Der (verhaltensbedingte) Kündigungsgrund liege in diesen Fällen nicht in einer Verletzung arbeitsvertraglicher Nebenpflichten, da der Arbeitnehmer in der Gestaltung seiner eigenen Vermögenssphäre frei sei, sondern in dem zu wesentlichen Betriebsstörungen führenden, vom Arbeitnehmer verursachten Aufwand;[617] eine Abmahnung sei nicht erforderlich, da es an einer Vertragspflichtverletzung fehle. Ob an dieser Rechtsprechung festzuhalten ist, hat das BAG in der Entscheidung 15.10.1992 im Ergebnis offengelassen.[618]

In der **Literatur** wird eine verhaltensbedingte Kündigung wegen Lohnpfändungen zT mit der Begründung abgelehnt, die im Interesse des Gläubigers eröffnete Möglichkeit der Lohnpfändung und der damit verbundene Verwaltungsaufwand werde dem Arbeitgeber, wie jedem anderen Drittschuldner auch, vom Gesetz zugemutet,[619] zT mit dem Argument, es fehle an einem vertragspflichtwidrigen Verhalten des Arbeitnehmers, allein das Verhalten der Gläubiger werde als kündigungsrelevant erachtet.[620] Andererseits wird – entgegen der Auffassung des BAG – angenommen, der Arbeitnehmer verletze durch die Lohnpfändungen die arbeitsvertragliche Nebenpflicht, den Arbeitgeber von einer übermäßigen Verwaltungsarbeit freizuhalten bzw Beeinträchtigungen der Lohnbuchhaltung zu unterlassen.[621]

Nicht zu folgen ist der Auffassung, wonach eine Kündigung bereits von vornherein ausscheide, weil dem Arbeitgeber Lohnpfändungen gesetzlich zugemutet würden. Aus den gesetzlichen Pfändungsvorschriften lässt sich eine solche Wertung allenfalls für das Verhältnis des Arbeitgebers als Drittschuldner zum Gläubiger entnehmen, nicht aber für das Innenverhältnis zwischen Arbeitgeber und Arbeitnehmer. Andererseits lässt sich aus sich aus einer konkreten Berührtheit des Arbeitsverhältnisses durch Lohnpfändungen noch kein verhaltensbedingter Kündigungsgrund ableiten. Eine verhaltensbedingte Kündigung setzt stets die Verletzung zumindest einer

---

614 BAG 15.10.1992 – 2 AZR 188/92 – EzA KSchG § 1 Verhaltensbedingte Kündigung Nr 45; zu den Voraussetzungen vgl Rn 651.
615 BAG 4.11.1981 – 7 AZR 264/79 – AP KSchG 1969 § 1 Verhaltensbedingte Kündigung Nr 4.
616 Zur „Berührungsformel" allg vgl Rn 209 ff, 404.
617 BAG 4.11.1981 – 7 AZR 264/79 – AP KSchG 1969 § 1 Verhaltensbedingte Kündigung Nr 4 zu II 2 b aa.
618 BAG 15.10.1992 – 2 AZR 188/92 – EzA KSchG § 1 Verhaltensbedingte Kündigung IV 1 c.
619 Vgl Pfarr/Struck BlStSozArbR 1982, 289, 291; so auch KR/Griebeling § 1 KSchG Rn 460.
620 Vgl Preis DB 1990, 630, 632.
621 Vgl HK-KSchG/Dorndorf § 1 Rn 830; vHH/L/Krause § 1 KSchG Rn 673.

vertraglichen Nebenpflicht voraus.[622] Lohnpfändungen als solche lassen noch keine Rückschlüsse auf ein vertragspflichtwidriges Verhalten des Arbeitnehmers zu. Denn der Arbeitnehmer ist in der Gestaltung seiner eigenen Vermögenssphäre frei. **Vertragspflichtwidrig** verhält sich der Arbeitnehmer allerdings dann, **wenn er** sich nicht um die Regulierung seiner Schulden bemüht, obwohl er dies könnte, wenn er es seinen Gläubigern überlässt, die Schulden im Wege der Lohnpfändung beizutreiben und **den Betrieb** dadurch **als Zahlstelle missbraucht.**[623] Ein solches Verhalten ist geeignet, eine verhaltensbedingte Kündigung zu rechtfertigen, wobei eine vorherige Abmahnung erforderlich ist.[624]

420 **e) Vertragliche Vereinbarung außerdienstlicher Verhaltenspflichten.** Der Arbeitnehmer kann sich grundsätzlich vertraglich zu bestimmten außerdienstlichen Verhaltensweisen verpflichten. Grenze der Zulässigkeit solcher Vereinbarungen ist § 138 BGB. Eine zulässige Erweiterung der vertraglichen Nebenpflichten auf den außerdienstlichen Bereich stellt zB eine **Wohnsitzvereinbarung** dar, mit der sich der Arbeitnehmer verpflichtet, seinen Wohnsitz an einem bestimmten Ort oder in einer bestimmten Wohnung zu nehmen (zB im Rahmen von **Hausmeister**dienstverträgen). Die Verletzung dieser Vertragspflicht kann nach einschlägiger Abmahnung eine ordentliche Kündigung sozial rechtfertigen, bei beharrlicher Weigerung des Arbeitnehmers, seinen Wohnsitz vertragsgemäß zu begründen, uU auch ohne Abmahnung.[625] Ein **Berufssportler** kann sich wirksam verpflichten, keine sportrechtlich verbotenen leistungsfördernden Mittel einzunehmen oder bestimmte andere Risikosportarten in seiner Freizeit zu unterlassen. Das arbeitsvertragliche Verbot, Risikosportarten zu betreiben, ist anderen Arbeitnehmern gegenüber nach § 138 BGB unwirksam.

9. Beleidigung

421 Das **bewusste Verbreiten wahrheitswidriger Behauptungen** oder Verbreiten von Gerüchten über die Geschäftsentwicklung des Arbeitgebers kann ein wichtiger Grund zur Kündigung sein, wenn dadurch dessen berechtigte Interessen erheblich beeinträchtigt, etwa der Betriebsfrieden oder der Betriebsablauf erheblich gestört oder die Erfüllung der Arbeitspflicht behindert werden.[626] Auch **Grobe Beleidigungen** gegenüber dem Arbeitgeber oder Vorgesetzten und/oder seiner Vertreter und Repräsentanten, die nach Form oder Inhalt eine erhebliche Ehrverletzung für den Betroffenen bedeuten, können einen gewichtigen Verstoß gegen die Pflicht zur Rücksichtnahme auf die berechtigten Interessen des Arbeitgebers darstellen und eine au-

---

622 Vgl Rn 209 ff, 404.
623 Vgl Löwisch in: Löwisch/Spinner/Wertheimer § 1 Rn 215.
624 Vgl vHH/L/Krause § 1 KSchG Rn 673; KR/Griebeling § 1 KSchG Rn 461; HK-KSchG/Dorndorf Rn 832.
625 LAG München 9.1.1991 – 5 Sa 31/90 – LAGE KSchG § 1 Verhaltensbedingte Kündigung Nr 32: Wohnsitzvereinbarung mit einem Feuerwehrmann eines KKW.
626 BAG 10.12.2009 – 2 AZR 534/08 – NZA 2010, 698.

ßerordentliche fristlose Kündigung an sich rechtfertigen.[627] Entsprechendes gilt für bewusst wahrheitswidrig aufgestellte Tatsachenbehauptungen, etwa wenn sie den Tatbestand der **üblen Nachrede** erfüllen.[628] IdR ist eine Abmahnung entbehrlich. Letztlich bestimmen aber die Umstände des Einzelfalls, ob eine außerordentliche oder – in minder schweren Fällen- nur eine ordentliche Kündigung in Betracht kommt oder eine Abmahnung entbehrlich ist. In die gebotenen Interessenabwägung ist auch das Verhalten des Arbeitgebers einzubeziehen. Eine Ehrverletzung wird dadurch relativiert, dass der Arbeitgeber seinerseits eine besondere Schärfe in die Auseinandersetzung gebracht und den Arbeitnehmer dadurch gereizt hat.[629] Provozierendes Verhalten durch den Arbeitgeber kann dazu führen, dass im Rahmen der Interessenabwägung die soziale Rechtfertigung der Kündigung zu verneinen ist.[630] Weiter zu berücksichtigen sind zB der betriebliche bzw branchenübliche Umgangston, der Bildungsgrad und psychische Zustand des Arbeitnehmers, die Anwesenheit Dritter, die Ernsthaftigkeit der Äußerung sowie Ort und Zeitpunkt des Geschehens.[631] So macht es zB einen wesentlichen Unterschied, ob das „Götz-Zitat" auf einer Baustelle oder innerhalb einer Verwaltung verwendet wird. Bei der kündigungsrechtlichen Bewertung verbaler Entgleisungen ist ferner stets das **Grundrecht auf freie Meinungsäußerung** (Art 5 Abs 1, 2 GG) zu berücksichtigen.[632] Dieses Grundrecht ist aber nicht schrankenlos gewährleistet. Es schützt weder Formalbeleidigungen und Schmähungen, noch bewusst unwahre Tatsachenbehauptungen. Die Meinungsfreiheit wird insbesondere durch das Recht der persönlichen Ehre gemäß Art 5 Abs 2 GG beschränkt und muss mit diesem in ein ausgeglichenes Verhältnis gebracht werden.[633] Zwar können Arbeitnehmer unternehmensöffentlich Kritik am Arbeitgeber und den betrieblichen Verhältnissen üben und sich ggf auch überspitzt oder polemisch äußern.[634] Selbst eine ausfällige Kritik stellt für sich genommen noch keine Schmähung dar. Steht bei Äußerungen aber nicht mehr die Auseinandersetzung in der Sache, sondern die Diffamierung im Vordergrund, die den Betroffenen jenseits polemischer und überspitzter Kritik in

---

627 BAG 10.12.2009 – 2 AZR 534/08 – NZA 2010, 698; 6.11.2003 – 2 AZR 177/02 – AP KSchG 1969 § 1 Verhaltensbedingte Kündigung Nr 46; 10.10.2002 – 2 AZR 418/01 – AP BGB § 626 Nr 180; 17.2.2000 – 2 AZR 927/98 – RzK I 6 e Nr 20; 21.1.1999 – 2 AZR 665/98 – AP BGB § 626 Nr 151; 6.2.1997 – 2 AZR 38/ 96 – RzK I 6 a Nr 146 II 1 c; 11.7.1991 – 2 AZR 633/90 – AP LPVG Bayern Art 6 Nr 1.
628 BAG 10.12.2009 – 2 AZR 534/08 – NZA 2010, 698.
629 KR/Griebeling § 1 Rn 463; APS/Dörner/Vossen § 1 Rn 295; BAG 19.12.1958 – 2 AZR 390/58 – AP GewO § 133 c Nr 1; 22.12.1956 – 3 AZR 91/56 – AP BGB § 626 Nr 13.
630 LAG Köln 7.12.1995 – 10 Sa 717/95 – LAGE KSchG § 1 Verhaltensbedingte Kündigung Nr 50: „blöder Sack" nach vorausgegangener Provokation.
631 Vgl KR/Griebeling § 1 KSchG Rn 463; aA HK-KSchG/Dorndorf § 1 Rn 811, der lediglich den psychischen Zustand des Arbeitnehmers in die Interessenabwägung aufnehmen will und die übrigen Umstände bereits der Prüfungsstufe „ob ein verhaltensbedingter Kündigungsgrund „an sich" vorliegt, zuordnet.
632 BAG 6.11.2003 – 2 AZR 177/02 – AP KSchG 1969 § 1 Verhaltensbedingte Kündigung Nr 46; zu II 2 mwN; zur Meinungsfreiheit vgl auch Rn 436 f.
633 BAG 10.12.2009 – 2 AZR 534/08 – NZA 2010, 698; 24.11.2005 – 2 AZR 584/04 – NZA 2006, 650.
634 BAG 29.8.2013 – 2 AZR 419/12; 12.1.2006 – 2 AZR 21/05 – NZA 2006, 917.

erster Linie herabsetzen soll, sind die Grenzen der Meinungsäußerungsfreiheit überschritten.[635] Im groben Maß unsachliche Angriffe, die zur Untergrabung der Position eines Vorgesetzten führen können, muss der Arbeitgeber aber nicht hinnehmen. Schon die erstmalige Ehrverletzung kann kündigungsrelevant sein und wiegt umso schwerer, je überlegter sie erfolgte.[636]

422 Selbst diffamierende oder ehrverletzende **Äußerungen** über Vorgesetzte und/oder Kollegen können nach ständiger Rechtsprechung des BAG[637] eine Kündigung des Arbeitsverhältnisses nicht ohne Weiteres rechtfertigen, wenn sie **in vertraulichen Gesprächen** unter Arbeitskollegen gefallen sind. Dabei gilt der Erfahrungssatz, dass derartige angreifbare Bemerkungen zumindest dann in der sicheren Erwartung geäußert werden, sie würden nicht über den Kreis der Gesprächsteilnehmer hinausdringen, wenn sie im kleineren Kollegenkreis erfolgen. Der Arbeitnehmer darf anlässlich solcher dem Schutzbereich des allgemeinen Persönlichkeitsrechts (Art 2 Abs 1 iVm Art 1 Abs 1 Satz 1 GG) unterfallenden Gespräche regelmäßig darauf vertrauen, dass seine Äußerungen nicht nach außen getragen würden und es deshalb weder zu einer Störung des Betriebsfriedens noch zu einer Belastung des Vertrauensverhältnisses zum Arbeitgeber kommen könne. Hebt der Gesprächspartner später gegen den Willen des sich negativ äußernden Arbeitnehmers die Vertraulichkeit auf, geht dies arbeitsrechtlich nicht zu dessen Lasten.[638] Dies gilt aber nicht für alle Gesprächssituationen unter Arbeitskollegen. Insbesondere bei Zusammenkünften einer größeren Anzahl von Arbeitnehmern darf der Arbeitnehmer nicht ohne Weiteres davon ausgehen, die Gesprächsteilnehmer behielten Äußerungen über den Arbeitgeber oder Vorgesetzte für sich.[639] Nach diesen Grundsätzen können Treffen unter Kollegen nach Dienstschluss in einer Gaststätte je nach Lage des Falles als vertraulich anzusehen sein.[640] Dies trifft aber nicht für jedes Treffen nach Dienstschluss zu, zB nicht für eine Geburtstagsfeier im Beisein des überwiegenden Teils der Belegschaft[641] oder eine Zusammenkunft zum Zwecke der Einleitung einer Betriebsratswahl, da „Wahlkampfäußerungen" regelmäßig nicht vertraulich sind, sondern eine möglichst breite Wirkung erzielen sollen.[642] Der Schutz der Privatsphäre besteht auch dann nicht, wenn sich abfällig äußernde Arbeitnehmer selbst die Vertraulichkeit aufhebt. Dies ist bspw anzunehmen, wenn eine ehrverletzende Erklärung an eine – vermeintliche – Vertrauensperson gerichtet wird, um mittelbar den Dritten zu treffen[643] (zB wenn der Arbeitnehmer aktuelle und frü-

---

635 BAG 29.8.2013 – 2 AZR 419/12; 7.7.2011 – 2 AZR 355/10 – NZA 2011, 1412.
636 BAG 10.12.2009 – 2 AZR 534/08 – NZA 2010, 698.
637 BAG 10.12.2009 – 2 AZR 534/08 – NZA 2010, 698; 10.10.2002 – 2 AZR 418/01 – AP BGB § 626 Nr 180.
638 BAG 10.12.2009 – 2 AZR 534/08 – NZA 2010, 698.
639 BAG 10.12.2009 – 2 AZR 534/08 – NZA 2010, 698; 17.2.2000 – 2 AZR 927/98.
640 BAG 21.10.1965 – 2 AZR 2/65 – AP KSchG § 1 Verhaltensbedingte Kündigung Nr 5.
641 BAG 6.2.1997 – 2 AZR 38/96 – RzK I 6 a Nr 146.
642 Zu alledem vgl BAG 17.2.2000 – 2 AZR 927/98 – RzK I 6 e Nr 20 und BAG 10.10.2002 – 2 AZR 418/01 – AP BGB § 626 Nr 180.
643 BAG 10.12.2009 – 2 AZR 534/08 – NZA 2010, 698; 10.10.2002 – 2 AZR 418/01 – AP BGB § 626 Nr 180; KR/Fischermeier § 626 BGB Rn 415; vHH/Krause § 1 KSchG Rn 638.

here Vorgesetze und Kollegen in einer „Beschwerde wegen Verletzung des Postgeheimnisses" diffamiert und damit rechnen muss, der Vorgesetzte werde versuchen, dem Wahrheitsgehalt der Beschuldigungen nachzugehen, und die betroffenen Arbeitnehmer mit den Vorwürfen konfrontieren).[644] Auch **Arbeitnehmeräußerungen im Internet** (zB in sozialen Netzwerken) können nach den dargestellten Grundsätzen zur Kündigung berechtigen.[645]

Auch Beleidigungen oder Beschimpfungen gegenüber **Kunden** oder dem Arbeitnehmer zur Betreuung anvertraute Personen[646] stellen einen verhaltensbedingten Kündigungsgrund dar. Je nach den Umständen kann auch eine fristlose Kündigung gerechtfertigt sein, ohne dass notwendigerweise eine Abmahnung vorauszugehen hat.

10. Druckkündigung

Verlangen Dritte (zB die Belegschaft, eine Gewerkschaft, der Betriebsrat oder Geschäftspartner des Arbeitgebers) unter Androhung von Nachteilen die Entlassung eines bestimmten Arbeitnehmers vom Arbeitgeber, kann die daraufhin ausgesprochene Kündigung alternativ aus verhaltens- bzw personenbedingten oder aus betriebsbedingten Gründen gerechtfertigt sein[647] Dabei sind **zwei Fallgruppen** zu unterscheiden:

- Das Verlangen des Dritten kann gegenüber dem Arbeitgeber durch ein Verhalten des Arbeitnehmers oder einen in dessen Person liegenden Grund objektiv iSv § 1 Abs 2 KSchG gerechtfertigt sein. In diesem Fall liegt es im Ermessen des Arbeitgebers, eine **personen- oder verhaltensbedingte Kündigung** auszusprechen (sog **unechte Druckkündigung**).[648] Voraussetzung für die Einordnung einer Druckkündigung als verhaltensbedingte Kündigung ist daher stets eine unabhängig von der Drucksituation vorliegende Vertragspflichtverletzung des Arbeitnehmers.[649]
- Fehlt es hingegen an einem verhaltens- oder personenbedingten Grund, kann in Ausnahmefällen die Drucksituation als solche zu einer Kündigung aus **betriebsbedingten** Gründen berechtigen (sog **echte Druckkündigung**).[650]

11. Eigentums-/Vermögensdelikte; Bagatelldelikte

Zum Nachteil des Arbeitgebers begangene Eigentums- oder Vermögensdelikte, aber auch nicht strafbare, ähnlich schwerwiegende Handlungen unmittelbar gegen das Vermögen des Arbeitgebers kommen typischerweise –

---

644 BAG 10.10.2002 – 2 AZR 418/01 – AP BGB § 626 Nr 180.
645 Vgl ausf Kort NZA 2012, 1321; Bauer/Günther NZA 2013, 67 (zu beleidigenden Äußerungen auf **Facebook**).
646 LAG Schleswig-Holstein 17.5.2001 – 5 Sa 315/00 – PflR 2002, 27: grobe Beschimpfung von Heimbewohnern durch eine Altenpflegerin als außerordentlicher Kündigungsgrund.
647 BAG 18.7.2013 – 6 AZR 420/12 – NZA 2014, 109; 31.1.1996 – 2 AZR 158/95 – AP BGB § 626 Druckkündigung Nr 13 mwN.
648 Vgl Rn 528; KR/Griebeling § 1 KSchG Rn 473.
649 S auch Rn 212.
650 Vgl Rn 796 f und 498; BAG 18.7.2013 – 6 AZR 420/1-- NZA 2014, 109; KR/Griebeling § 1 KSchG Rn 474, 586 a.

unabhängig vom Wert des Tatobjekts und der Höhe des eingetretenen Schadens – als Grund für eine verhaltensbedingte Kündigung in Betracht.[651] Sie bewirken regelmäßig eine Störung des Arbeitsverhältnisses. Nicht nur nachgewiesene Taten, sondern auch der dringende Verdacht der Tatbegehung ist als Kündigungsgrund geeignet.[652] Eigentums- und Vermögensdelikte, die der Arbeitnehmer während seiner vertraglich geschuldeten Tätigkeit zum Nachteil von **Kunden** des Arbeitgebers begeht, berechtigen ebenfalls zur verhaltensbedingten Kündigung.[653] Entsprechendes gilt für Eigentums- und Vermögensdelikte zum Nachteil von **Arbeitskollegen** (Kameradendiebstahl). Ein **außerdienstlicher Diebstahl** kommt als verhaltensbedingter Kündigungsgrund in Betracht, wenn der Arbeitnehmer mit der Tat zugleich gegen vertragliche Pflichten verstößt.[654] Entscheidend für die Wirksamkeit einer außerordentlichen Kündigung nach § 626 BGB bzw die soziale Rechtfertigung einer ordentlichen Kündigung sind aber letztlich immer die Umstände des Einzelfalls.

426 Die **Manipulation von Kontrolleinrichtungen** oder von Lohnabrechnungsunterlagen stellt neben einer Urkundenfälschung einen (versuchten) **Lohnbetrug** dar, der den Arbeitgeber idR ohne Abmahnung zur außerordentlichen oder ordentlichen verhaltensbedingten Kündigung berechtigt.[655] Bewusste, nicht lediglich versehentlich getätigte Falschangaben in einer **Spesenabrechnung** stellen selbst dann eine kündigungsrelevante Pflichtverletzung dar, wenn es sich um einen einmaligen Vorfall und einen geringen Erstattungsbetrag handelt. Die Erklärung des Arbeitnehmers ist bereits dann als vorsätzlich zu qualifizieren, wenn er die Unrichtigkeit und den auf ihr beruhenden rechtswidrigen Erfolg für möglich hält und billigend in Kauf nimmt.[656]

427 Begeht der Arbeitnehmer bei oder im Zusammenhang mit seiner Arbeit rechtswidrige und vorsätzliche – ggf strafbare – Handlungen unmittelbar gegen das Vermögen seines Arbeitgebers, liegt darin auch dann ein „an sich" zur außerordentlichen Kündigung berechtigender Grund, wenn die rechtswidrige Handlung **Sachen von nur geringem Wert** betrifft oder zu

---

651 BAG 16.12.2010 – 2 AZR 485/08 – NZA 2011, 571; 10.6.2010 – 2 AZR 541/09 – NZA 2010, 1227; 13.12.2007 – 2 AZR 537/06 – NZA 2008, 1008; 12.8.1999 – 2 AZR 923/98 – NZA 2000, 421; 17. 5.1984 – 2 AZR 3/83 – NZA 1985, 91; KR/Griebeling § 1 KSchG Rn 504-511.
652 Zur Einordnung der Verdachtskündigung als personenbedingte Kündigung s aber Rn 458 und Rn 632.
653 BAG 31.7.1986 – 2 AZR 559/85 – RzK I 8c Nr 10 nv: Entwendung von zwei Flaschen Wein und zwei Flaschen Apfelkorn durch einen Außendienstmitarbeiter anlässlich eines Besuchs bei einem Kunden.
654 Zu außerdienstlichen Straftaten vgl Rn 413 f und Rn 627.
655 BAG 9.6.2011 – 2 AZR 381/10: Vorsätzliche Falschdokumentation von Arbeitszeit in elektronischem Zeiterfassungssystem bei Gleitzeit; BAG 24.11.2005 – 2 AZR 39/05 – NZA 2006, 484: Stempeluhrmissbrauch durch Veranlassung eines Dritten zur Stempeluhrbetätigung; BAG 21.4.2005 – 2 AZR 255/04 – NZA 2005, 991: Abstempeln der Zeiterfassungskarte durch einen Kollegen nach vorzeitigem Verlassen des Arbeitsplatzes; BAG 9.8.1990 – 2 AZR 127/90 – RzK I 8c Nr 18 nv: Stempelkartenmanipulation; LAG Hamm 5.7.1988 – 6 Sa 1642/87 – LAGE KSchG § 1 Verhaltensbedingte Kündigung Nr 23: Abgabe von Akkordabrechnungen für nicht ausgeführte Arbeiten.
656 BAG 10.7.2013 – 2 AZR 994/12 – NZA 2014, 250.

einem nur geringfügigen, möglicherweise zu gar keinem Schaden geführt hat (sog **Bagatelldelikt**).[657] Dies hat das BAG in seiner Entscheidung vom 10. Juni 2010 (2 AZR 541/09 – **Emmely**)[658] noch einmal ausdrücklich bestätigt und völlig zu Recht die Festlegung einer dem Wert nach bestimmten Relevanzschwelle, ab deren Überschreitung überhaupt erst ein an sich geeigneter Kündigungsgrund vorliegen soll (EUR 1,-, EUR 5,-, EUR 10,-, EUR 20,-, EUR 50,-...?),[659] und die Übertragung strafrechtlicher Geringfügigkeitsgrenzen (§ 248a StGB) auf das Kündigungsrecht abgelehnt (vgl hierzu ausf Rn 214ff).

Da die Entwendung geringwertiger Sachen mithin von Rechtsprechung, aber auch von der herrschenden Meinung[660] in der Literatur als an sich zur außerordentlichen Kündigung geeigneter wichtiger Grund aufgefasst wird, haben die sich anhand der Umstände des Einzelfalls zu beurteilenden weiteren Kündigungsvoraussetzungen (Erforderlichkeit einer Abmahnung, negative Prognose, Interessenabwägung) entscheidende Bedeutung. Besonderes Augenmerk ist dabei auf die Frage der Erforderlichkeit einer Abmahnung zu richten. In seiner **Bienenstich-Entscheidung**,[661] die die fristlose Entlassung einer in der Cafeteria eines Kaufhauses beschäftigten Buffetkraft wegen des unberechtigten Verzehrs eines Stücks Kuchen im Wert von 1 DM ohne Bezahlung hinter der Bedienungstheke zum Gegenstand hatte, hielt das BAG eine Abmahnung entbehrlich. Dies legte der überwiegende Teil Rechtsprechung[662] fortan bei der Beurteilung sog Bagatelldelikte zu Grunde: Eine Abmahnung sei bei besonders schwerwiegenden Verstößen, deren Rechtswidrigkeit dem Arbeitnehmer ohne weiteres erkennbar sei und bei denen offensichtlich ausgeschlossen sei, dass sie der Arbeitgeber hinnimmt, entbehrlich. In solchen Fällen könne eine Wiederherstellung des für ein Arbeitsverhältnis notwendigen Vertrauens nicht erwartet werden. Der Arbeitnehmer könne mit vertretbaren Überlegungen nicht davon aus-

428

---

657 St Rspr und hM: BAG 13.12.2007 – 2 AZR 537/06 – NZA 2008, 1008: Entwendung eines Lippenstifts durch Mitarbeiterin eines Drogeriemarkts; 11.12.2003 – 2 AZR 36/03 – NZA 2004, 486: Mitnahme von 62 abgeschriebenen und damit unverkäuflichen Minifläschchen Alkohol; 6.7.2000 – 2 AZR 454/99 – RzK I 8c Nr 54: Unterschlagung, Wert ca DM 50; 17.5.1984 – 2 AZR 3/83 – AP BGB § 626 Verdacht strafbarer Handlung Nr 14 zu: unberechtigter Verzehr eines Kuchens im Wert von DM 1,– durch eine Buffetkraft (Bienenstichurteil); 20.9.1984 – 2 AZR 633/82 – AP BGB § 626 Nr 80: Wegnahme dreier Kiwifrüchte im Wert von DM 2,97; 13.12.1984 – 2 AZR 454/83 – AP BGB § 626 Nr 81: Wegnahme einiger Liter Dieselkraftstoff; 29.11.1984 – 2 AZR 581/8; Wegnahme einer Packung Zigaretten; 3.4.1986 – 2 AZR 324/85 – AP BGB § 626 Verdacht strafbarer Handlung Nr 18: Wegnahme eines Lippenstifts im Wert von DM 9; 16.10.1986 – 2 AZR 695/85 – RzK I 6d Nr 5: Wegnahme zweier Päckchen Tabak; 2.4.1987 – AZR 204/86 – Rzk I 6d Nr 7 nv: Wegnahme eines Liters Sahne im Wert von DM 4,80; 2.6.1960 – 2 AZR 91/58 – AP BGB § 626 Nr 42, 22.11.1962 – 2 AZR 42/62 – AP BGB § 626 Nr 49, 10.6.1980 – 6 AZR 180/78: **Spesenbetrug**, jeweils geringe Beträge.
658 NZA 2010, 1227: Entwendung zweier Pfandbons im Gesamtwert von 1,30 EUR.
659 Vgl hierzu Klueß NZA 2009, 337, 341ff, die eine Wertgrenze von 50 EUR vorschlägt.
660 Vgl nur KR/Fischermeier § 626 BGB Rn 445; ErfK/Müller-Glöge § 626 BGB Rn 94; SPV/Preis Rn 688.
661 BAG 17.5.1984 – 2 AZR 3/83 – AP BGB § 626 Verdacht strafbarer Handlung Nr 14.
662 Vgl die in der Fn zu Rn 427 zitierte Rspr.

gehen, der Arbeitgeber werde auch nur die Entwendung geringwertiger Güter dulden.[663] Die regelmäßig angenommene Entbehrlichkeit einer Abmahnung bei vermögensbezogenen Pflichtverletzungen, die geringwertige Güter des Arbeitgebers betreffen, blieb nicht ohne Kritik.[664] Zuletzt waren wiederholt Kündigungen wegen sog Bagatelldelikte Gegenstand der medialen Berichterstattung.[665] Deren Ausganspunkt war eine Entscheidung des LAG Berlin-Brandenburg,[666] das die außerordentliche Kündigung einer länger als 30 Jahre beschäftigten Supermarkt-Kassiererin („**Emmely**") wegen der unberechtigten Einlösung zur Aufbewahrung anvertrauter Pfandbons im Gesamtwert von 1,30 EUR als wirksam ansah. Das BAG[667] hielt demgegenüber weder die außerordentliche noch die hilfsweise ordentliche Kündigung für gerechtfertigt, weil wegen der offenen Ausführung der Vertragsverletzung und der langen beanstandungsfreien Beschäftigungszeit („der dadurch erarbeitete Vorrat an Vertrauen (wurde) nicht vollständig aufgezehrt") das beschädigte Vertrauen des Arbeitgebers durch eine Abmahnung wieder hergestellt werden könne. Als Paradigmenwechsel hinsichtlich des Abmahnungserfordernisses zur bisherigen Rechtsprechung dürfte die Entscheidung aber nicht zu bewerten sein, entsprechen doch die ihr zugrunde liegenden abstrakten Rechtsgrundsätze denen der bisherigen Rechtsprechung.

429 Danach stellen sog. Bagatelldelikte besonders schwerwiegende Pflichtverletzungen dar. Da das Gesetz aber **auch im Zusammenhang mit strafbaren Handlungen** des Arbeitnehmers **keine absoluten Kündigungsgründe** kennt, bedarf es stets einer umfassenden, auf den Einzelfall bezogenen Prüfung und Interessenabwägung dahingehend, ob dem Kündigenden die Fortsetzung des Arbeitsverhältnisses trotz der eingetretenen Vertrauensstörung – zumindest bis zum Ablauf der Kündigungsfrist – zumutbar ist oder nicht. Zu berücksichtigen sind dabei regelmäßig das Gewicht und die Auswirkungen einer Vertragspflichtverletzung – etwa im Hinblick auf das Maß eines durch sie bewirkten Vertrauensverlustes und ihre wirtschaftlichen Folgen -, der Grad des Verschuldens des Arbeitnehmers, eine mögliche Wiederholungsgefahr sowie die Dauer des Arbeitsverhältnisses und dessen störungsfreier Verlauf.[668] Weitere Kriterien sind die Stellung des Arbeitnehmers, die Art der entwendeten Ware oder die besonderen Verhältnisse des Betriebs. Hinzu kommen der Anlass sowie die Art und Weise der Tatbegehung oder ob der Arbeitnehmer bei Gelegenheit oder in Ausübung der ge-

---

663 BAG 12.8.1999 – 2 AZR 923/98 – NZA 2000, 421: Entwendung von 3 Kaffeebechern und 2 Schinkenpackungen im Gesamtwert von immerhin 15,22 DM.
664 Preis DB 1990, 685, 688; ders. AuR 2010, 242, 245: „mit Kanonen auf Spatzen geschossen", ebenfalls krit. Oetker SAE 1985, 177; Schaub NZA 1997, 1185, 1186; zutr LAG Köln 30.9.1999 – 5 Sa 872/99 – AiB 2000, 775: Abmahnungserfordernis bejaht bei der Entwendung und Benutzung dreier Briefumschläge im Wert von 0,03 DM für private Zwecke, da es im konkreten Fall an einer klaren Regelung durch den Arbeitgeber fehlte.
665 Vgl die Nachweise bei Preis AuR 2010, 192.
666 LAG Berlin-Brandenburg 24.2.2009 – 7 Sa 2017/08 – NRA-RR 2009, 188.
667 BAG 10.6.2010 – 2 AZR 541/09 – NZA 2010, 1227.
668 BAG 10.6.2010 – 2 AZR 541/09 – NZA 2010, 1227; 28. 01.2010 – 2 AZR 1008/08 – DB 2010, 1709; 10. 11.2005 – 2 AZR 623/04 – AP BGB § 626 Nr 196.

schuldeten Tätigkeit handelt. Zum letztgenannten Kriterium schlägt Preis[669] folgende prägnante Formel vor: „Je näher die konkrete Pflicht den Hauptpflichten des Arbeitnehmers aus seiner Tätigkeitsbeschreibung steht, umso eher tritt ein Vertrauensverlust des Arbeitgebers ein, der zu einer Kündigung ohne Abmahnung führen kann." Innerhalb der Interessenabwägung zu Gunsten der Arbeitnehmers zu berücksichtigende Umstände sind eine eventuelle Notlage, die aber je nach dem Gewicht des Kündigungsgrundes in den Hintergrund treten und im Extremfall sogar völlig vernachlässigt werden können,[670] oder ein Geständnis des Arbeitnehmers bei zweifelhafter Sachlage. Das Hessische LAG[671] hat deshalb bspw eine ordentliche Kündigung wegen Spesenbetrugs (Wert: DM 25,-) für sozial ungerechtfertigt gehalten, die einem 56-jährigen, für zwei Personen unterhaltspflichtigen, seit 17 Jahren beanstandungsfrei beschäftigten Arbeitnehmer ausgesprochen wurde, der den einmaligen Verstoß zugegeben und wieder gutgemacht hat und aus dessen gesamten Verhalten hervorgeht, dass eine weitere Verfehlungen nicht wieder vorkommen wird.[672]

Verhältnismäßigkeitsgrundsatz (die Kündigung als „ultima ratio") und Prognoseprinzip machen auch bei Vermögensdelikten unter Berücksichtigung der obigen Kriterien die Prüfung notwendig, ob eine Abmahnung als Reaktion auf das Fehlverhalten des Arbeitnehmers ausreichend gewesen wäre. Es ist **stets konkret zu prüfen, ob nicht verlorenes Vertrauen durch künftige Vertragstreue zurückgewonnen werden kann.**[673] Eine außerordentliche Kündigung kommt nur in Betracht, wenn es keinen angemessenen Weg gibt, das Arbeitsverhältnis fortzusetzen, weil dem Arbeitgeber sämtliche milderen Reaktionsmöglichkeiten unzumutbar sind. Verfehlt wäre es aber, das Abmahnungserfordernis mit dem geringen Wert der entwendeten Sachen selbst zu begründen.[674]

Wegen nicht gebührender Beachtung von Verhältnismäßigkeitsgrundsatz und Prognoseprinzip sind ohne vorausgegangene Abmahnung regelmäßig unberechtigt **sowohl eine außerordentliche als auch eine ordentliche Kündigung wegen des Verzehrs von Brotaufstrich trotz betrieblichen Verbots,**[675] der Mitnahme eines zur Entsorgung vorgesehenen Kinderreisebetts durch einen Hofarbeiter eines Entsorgungshofs,[676] des Verzehrs einer abgerissenen Ecke eines Stücks einer Patientenpizza und/oder des Teils eines in der Küche abgestellten Rests einer Patientenportion Goulasch,[677] der Mit-

---

669 Preis AuR 2010, 242, 243.
670 BAG 27.4.2006 – 2 AZR 415/05 –NZA 2006, 1033; 16.12.2004 – 2 ABR 7/04 – AP BGB § 626 Nr 191; vgl Rn 324.
671 Hessisches LAG 5.7.1988-5 Sa 585/88 – ARST 1988, 188.
672 Zust Löwisch in: Löwisch/Spinner/Wertheimer § 1 Rn 164; HK-KSchG/Dorndorf § 1 KSchG Rn 835; vgl auch BAG 27.4.2006 – 2 AZR 415/05 –NZA 2006, 1033.
673 BAG 10.6.2010 – 2 AZR 541/09 – NZA 2010, 1227; 23.6.2009 – 2 AZR 103/08 – NZA 2009, 1198; KR/Fischermeier § 626 BGB Rn 264; Preis AuR 2010, 242, 244; Schlachter NZA 2005, 433, 437.
674 Schlachter NZA 2005, 433, 436.
675 LAG Hamm 18.9.2009 – 13 Sa 640/09 – AA 2010, 153.
676 LAG Baden-Württemberg 10.2.2010 – 13 Sa 59/09 – AuR 2010, 135; ArbG Mannheim 30.7.2009 – 13 Ca 278/08 – NZA-RR 2009, 580.
677 LAG Schleswig-Holstein 29.9.2010 – 3 Sa 233/10.

nahme eines ausgesonderten Werkbankteils[678] oder des Aufladens des Akkus eines Elektrorollers (Schaden 1,8 Cent).[679] Demgegenüber hält das Arbeitsgericht Lörrach[680] eine außerordentliche Kündigung einer Altenpflegerin wegen des Diebstahls von 6 Maultaschen aus übriggebliebener Bewohnerverpflegung, die nach lebensmittelrechtlichen Bestimmungen zu entsorgen gewesen wären, für wirksam, wenn ein ausdrückliches und der Arbeitnehmerin auch bekanntes Verbot hinsichtlich der Verwertung von Resten durch das Personal bestand. Dies ist bedenklich. Eine allgemeine Arbeitsanweisung selbst iVm einem Hinweis auf kündigungsrechtliche Folgen für den Fall eines Verstoßes dagegen kann grundsätzlich die auf tatsächliche Pflichtverletzungen des einzelnen Arbeitnehmers reagierende Abmahnung nicht vorwegnehmen. Eine vorweggenommene Abmahnung entfaltet nicht die spezifische Ankündigungs- und Warnfunktion, die von einer reagierenden Abmahnung ausgeht.[681] Gerade in Fällen, in denen die vom Mitarbeiter mitgenommene Gegenstände ohnehin entsorgt werden sollen, ist der Arbeitgeber in seinem wirtschaftlichen Interesse oft nur so geringfügig beeinträchtigt, dass sich die Vertragspflichtverletzung in ihrem Schwerpunkt auf eine unerlaubte Eigenmächtigkeit des Arbeitnehmers –zB wegen unterlassener Einholung der Erlaubnis des Arbeitgebers- reduziert. Hier ist eine Abmahnung regelmäßig nicht entbehrlich.[682] Reicht ein Arbeitnehmer, dem aus Anlass seines 40-jährigen Dienstjubiläums nach einer Konzernrichtlinie ein Arbeitgeberzuschuss iHv bis zu 250 EUR für seine Jubiläumsfeier zustand, für die ihm aber nur Kosten iHv 83,90 EUR entstanden sind, eine Quittung über 250 EUR für Speisen und Getränke, der tatsächlich keine Leistungen zu Grunde lagen, bei seinem Arbeitgeber ein und lässt sich den Betrag auszahlen, so ist – entgegen LAG Berlin-Brandenburg[683] – wegen der Schwere der Vertragspflichtverletzung eine außerordentliche Kündigung trotz der langen Betriebszugehörigkeit ohne vorausgehende Abmahnung wirksam.

432 Ob bei **Anwendung der oben dargestellten Grundsätze im Emmely-Fall** tatsächlich eine Abmahnung geeignet war, das beschädigte Vertrauen wiederherzustellen, ist zweifelhaft.[684] Schließlich wurden der Verkäuferin die Pfandbons gesondert durch den Marktleiter zur Verwahrung im Filialbüro übergeben mit der konkreten Anweisung, wie damit zu verfahren ist (Abgabe an den Kunden, der die Bons verloren hat, oder Buchung als Fehlbon). Weiterhin hat sie sich über eine ihr bekannte Regelung hinweggesetzt, die gerade Manipulationen beim Umgang mit Leergut ausschließen sollte, indem sie die Bons nicht vom Marktleiter vor der Einlösung abzeichnen ließ. Diese Umstände hätten es gerechtfertigt, den Wert der Pfandbons, die unbeanstandete Beschäftigungsdauer und die vermeintliche

---

678 LAG Schleswig-Holstein 13.1.2010 – 3 Sa 324/09.
679 LAG Hamm 2.9.2010 – 16 Sa 260/10.
680 ArbG Lörrach 16.10.2009 – 4 Ca 248/09 – AuR 2010, 79.
681 SPV/Preis Rn 1207.
682 Vgl ErfK/Müller-Glöge § 626 BGB Rn 94.
683 LAG Berlin-Brandenburg 16.9.2010 – 2 Sa 209/10 – NZA-RR 2010, 633 mit abl Anm Hunold.
684 Ebenfalls krit Lembke DB 2010, Heft 47, M1; Fuhrlott ArbR 2010, 541, 543; Walker NZA 2011, 1; Stoffels NJW 2011, 118, 123.

Offenheit der Tatbegehung innerhalb der Interessenabwägung dahinter zurückstehen zu lassen. Problematisch erscheint in diesem Zusammenhang gerade die Annahme des BAG, die Arbeitnehmerin habe ihr Verhalten für notfalls tolerabel oder jedenfalls korrigierbar gehalten und sei sich eines gravierenden Unrechts offenbar nicht bewusst gewesen, weil die Ausführung der Vertragspflichtverletzung nicht auf Heimlichkeit angelegt gewesen sei. Für die bei der Einlösung anwesenden Personen (Kassenmitarbeiterin und Vorgesetzte) sei es offenkundig und nicht zu übersehen gewesen, dass die Arbeitnehmerin mangels Abzeichnung der Bons keinen Anspruch auf eine Gutschrift hatte. Dies hätte aus Sicht der Arbeitnehmerin Nachfragen auslösen müssen. Das BAG berücksichtigt damit das bei der vermögensbezogen Vertragspflichtverletzung durch die Arbeitnehmerin eingegangene Risiko der Tataufdeckung zu deren Gunsten. Dies ist bedenklich.[685] Die Eingehung eines hohen Entdeckungsrisikos lässt keinen eindeutigen Rückschluss auf ein geringes Unrechtsbewusstsein zu. So lässt sich durch die Argumentation des BAG nicht erklären, warum die Arbeitnehmerin die Tat überhaupt ausführt hat, wenn sie doch bei deren – quasi unvermeidbaren – Aufdeckung wegen der Nichtbeachtung der ihr zuvor ausdrücklich erteilten Anweisung mit erheblichen arbeitsrechtlichen Konsequenzen rechnen musste. Bei naheliegender Betrachtung macht das Verhalten der Arbeitnehmerin nur Sinn, wenn sie – aus welchen Gründen auch immer – an einen „erfolgreichen" Ausgang ihres Handels glaubte, zB weil sie damit rechnete, die anwesenden Kollegen würden entweder schon nicht so genau hinschauen oder ihrerseits pflichtwidrig darüber hinweg sehen. Dies lässt das Verhalten der Arbeitnehmerin aber in keinem günstigeren Lichte erscheinen. Aufgrund der eindeutigen Weisungslage war der Arbeitnehmerin nicht nur die Verbotswidrigkeit ihres Verhaltens hinreichend klar. Sie hatte überdies keinerlei Grund zu der Annahme, der Arbeitgeber würde die schwerwiegende Pflichtverletzung nicht als ein so erhebliches Fehlverhalten werten, dass dadurch der Bestand des Arbeitsverhältnisses auf dem Spiel stünde.[686]

12. Fragebogenlüge – vorvertragliches Verhalten

Im Rahmen von Einstellungsverhandlungen werden dem Stellenbewerber vom potenziellen Arbeitgeber häufig zahlreiche Fragen gestellt, meist mithilfe von Fragebögen. Der Bewerber ist verpflichtet, **zulässige Fragen** des Arbeitgebers (zB nach der bisherigen Ausbildung, der Berufserfahrung, der letzten Arbeitsstelle)[687] wahrheitsgemäß zu beantworten. Die Frage nach Vorstrafen ist zulässig, wenn und soweit die Art des zu besetzenden Arbeitsplatzes dies bei objektiver Betrachtung erfordert.[688] Nach diesen

433

---

685 So auch: Walker NZA 2011, 1, 3.
686 Vgl dazu BAG 23.6.2009 – 2 AZR 103/08 – NZA 2009, 1198: Abmahnung erforderlich wegen unklarer Personalkaufregelung bei Missbrauch der dem Arbeitnehmer eingeräumten Dispositionsmöglichkeit, mit der er unter Inanspruchnahme einer ihm als Sachbezug zugewendeten Geldgutschrift einen Einkauf ausschließlich in der Absicht tätigt, durch sofortigen Umtauschs der gekauften Ware statt einer Sachzuwendung Bargeld zu erhalten.
687 Vgl die Übersicht bei ErfK/Preis § 611 BGB Rn 271 ff.
688 BAG 6.9.2012 – 2 AZR 270/11 – NJW 2013, 1115.

Grundsätzen ist zB die Frage nach einem Straßenverkehrsdelikt bei einem Kraftfahrer oder nach einem Eigentums- bzw Vermögensdelikt bei einem Kassierer zulässig. Eine Vorstrafe muss der Bewerber dann nicht offenbaren, wenn er sich nach § 53 Abs 1 Nr 1 BZRG als unbestraft bezeichnen darf.[689] Können noch anhängige Straf- oder Ermittlungsverfahren Zweifel an der persönlichen Eignung des Arbeitnehmers begründen, ist eine darauf gerichtete Frage des Arbeitgebers trotz der Unschuldsvermutung des Art 6 Abs 2 EMRK statthaft.[690] Beantwortet der Arbeitnehmer zulässige Fragen wahrheitswidrig, kann der Arbeitgeber die **Anfechtung** des Arbeitsvertrags wegen arglistiger Täuschung erklären (§ 123 BGB). Die Falschbeantwortung zulässiger Fragen kann auch eine **verhaltensbedingte Kündigung** rechtfertigen.[691] Die Kündigungsmöglichkeit ist nicht auf Fälle beschränkt, in denen der Arbeitnehmer die zulässige Frage erst nach Abschluss des Arbeitsvertrages falsch beantwortet.[692] Ein und derselbe Sachverhalt kann sowohl zur Anfechtung als auch zur außerordentlichen und zur ordentlichen Kündigung berechtigen, wenn der – vor Vertragsschluss liegende – Anfechtungsgrund so stark nachwirkt, dass er dem Anfechtungsberechtigten die Fortsetzung des Arbeitsverhältnisses unzumutbar macht.[693] So kann die bewusst wahrheitswidrige Beantwortung einer zulässigen Frage nach einer früheren Tätigkeit für das Ministerium für Staatssicherheit je nach den Umständen geeignet sein, eine verhaltensbedingte Kündigung zu rechtfertigen.[694] Das BAG nimmt in diesen Fällen zT aber auch einen personenbedingten Kündigungsgrund an, da sich aus der Falschbeantwortung die fehlende persönliche Eignung für den öffentlichen Dienst ergebe.[695]

434 Auch ohne Ausübung des Fragerechts können vor Beginn des Arbeitsverhältnisses liegende Ereignisse oder Umstände eine – außerordentliche oder ordentliche – verhaltensbedingte Kündigung rechtfertigen, sofern sie das Vertrauen des Arbeitgebers in die Zuverlässigkeit und Redlichkeit des Arbeitnehmers zerstören, also das Arbeitsverhältnis erheblich beeinträchtigen, und dem Arbeitgeber nicht schon bei Vertragsschluss bekannt waren.[696]

---

689 BAG 6.9.2012 – 2 AZR 270/11 – NJW 2013, 1115; LAG Berlin 22.3.1996 – 6 Sa 15/96 – LAGE BGB § 626 Nr 100.
690 BAG 6.9.2012 – 2 AZR 270/11 – NJW 2013, 1115.
691 BAG 15.1.1970 – 2 AZR 64/69 – AP KSchG § 1 Verhaltensbedingte Kündigung Nr 7; 13.6.2002 – 2 AZR 234/01 – AP KSchG 1969 § 1 Nr 69 zu B I 2 b mwN.
692 AA KDZ/Däubler § 1 KSchG Rn 298.
693 BAG 6.9.2012 – 2 AZR 270/11 – NJW 2013, 1115; 16.12.2004 – 2 AZR 148/04 – AP BGB § 123 Nr 64; KR/Fischermeier § 626 BGB Rn 45; ErfK/Müller-Glöge § 626 BGB Rn 12.
694 ZB BAG 20.8.1997 – 2 AZR 42/97 – RzK I 5 i Nr 127 nv; 4.12.1997 – 2 AZR 750/96 – AP KSchG 1969 § 1 Verhaltensbedingte Kündigung Nr 37; 13.6.2002 – 2 AZR 234/01 – AP KSchG 1969 § 1 Nr 69 zu B I 2 b mwN.
695 BAG 9.7.1998 – 2 AZR 772/97 – nv; 14.12.1995 – 8 AZR 356/94 – AP Einigungsvertrag Anlage I Kapitel XIX Nr 56; 26.8.1993 – 8 AZR 561/92 – AP Einigungsvertrag Art 20 Nr 8.
696 BAG 5.4.2001 – 2 AZR 159/00 – AP BGB § 626 Nr 171; 17.8.1972 – 2 AZR 415/71 – BAGE 24, 401.

13. Haft

Befindet sich der Arbeitnehmer in Straf- oder Untersuchungshaft und kann er deshalb seine Pflichten aus dem Arbeitsvertrag nicht erfüllen, ist der Arbeitgeber je nach Dauer der Inhaftierung und Art sowie Ausmaß der betrieblichen Auswirkungen zur Kündigung berechtigt. Es handelt sich aber regelmäßig nicht um einen verhaltensbedingten, sondern um einen **personenbedingten Kündigungsgrund**,[697] es sei denn, die der Verurteilung zugrunde liegenden Taten haben einen Bezug zum Arbeitsverhältnis oder der Arbeitnehmer hat auf andere Weise arbeitsvertragliche Pflichten, insbesondere seine Pflicht zur Rücksichtnahme aus § 241 Abs 2 BGB verletzt.[698]

435

14. Meinungsäußerungsfreiheit/politische Betätigung im Betrieb

Nach § 74 Abs 2 Satz 3 BetrVG haben Arbeitgeber und Betriebsrat jede parteipolitische Betätigung im Betrieb zu unterlassen; die Arbeitnehmer des Betriebs werden von dem betriebsverfassungsrechtlichen Verbot der parteipolitischen Betätigung im Betrieb hingegen nicht erfasst.[699] Politische Meinungsäußerungen und parteipolitische Betätigungen der Arbeitnehmer im Betrieb sind daher grundsätzlich durch das **Grundrecht der freien Meinungsäußerung** (Art 5 Abs 1 Satz 1 GG) gedeckt und nicht kündigungsrelevant. Dieses Recht ist aber nicht schrankenlos gewährleistet. Nach Art 5 Abs 2 GG findet das Meinungsäußerungsrecht seine Schranken ua in den Vorschriften der allgemeinen Gesetze und in dem Recht der persönlichen Ehre. Zwischen dem Recht auf Meinungsäußerung und den grundrechtsbegrenzenden allgemeinen Gesetzen ist im Einzelfall eine **Güterabwägung** vorzunehmen, bei der die besondere Bedeutung dieses Grundrechts zu beachten ist.[700] Hat die Meinungsäußerung oder politische Betätigung im Betrieb **beleidigenden oder diskriminierenden Charakter**, tritt das Grundrecht der freien Meinungsäußerung zurück. Ein solches Verhalten ist vertragswidrig und kann, je nach Intensität, eine ordentliche oder außerordentliche Kündigung, uU auch ohne Abmahnung, rechtfertigen.[701]

436

Zu den die Meinungsfreiheit begrenzenden Vorschriften der allgemeinen Gesetze gehören nach der Rechtsprechung des BAG auch die sog **Grundregeln über das Arbeitsverhältnis**.[702] Zu diesen Grundregeln zählt auch die aus § 242 BGB bzw aus der vertraglichen Rücksichtnahmepflicht (§ 241 Abs 2 BGB) abzuleitende vertragliche Nebenpflicht des Arbeitnehmers, im Betrieb eine **provozierende** parteipolitische **Betätigung** zu unterlassen, durch die sich andere Belegschaftsangehörige belästigt fühlen, durch die

437

---

697 BAG 24.3.2011 – 2 AZR 790/09 – NJW 2011, 2825; 25.11.2010 – 2 AZR 984/08 – NZA 2011, 686; vgl Rn 544 f.
698 BAG 25.11.2010 – 2 AZR 984/08 – NZA 2011, 686; 10.9.2009 – 2 AZR 257/08 – NZA 2010, 220.
699 BVerfG 28.4.1976 – 1 BvR 71/73 – AP BetrVG 1972 § 74 Nr 2; vHH/L/Krause § 1 KSchG Rn 641.
700 Vgl BAG 10.12.2009 – 2 AZR 534/08 – NZA 2010, 698; 24.11.2005 – 2 AZR 584/04 – NZA 2006, 650; SPV/Preis Rn 670.
701 Zur Beleidigung allg vgl Rn 421 ff; zu ausländerfeindlichem Verhalten vgl Rn 401 ff.
702 BAG 13.10.1977 – 2 AZR 387/76 – AP KSchG 1969 § 1 Verhaltensbedingte Kündigung Nr 1, 2.3.1982 – 1 AZR 694/79 – AP GG Art 5 Abs 1 Meinungsfreiheit Nr 8, 9.12.1982 – 2 AZR 620/80 – AP BGB § 626 Nr 73.

der **Betriebsfriede** oder der Betriebsablauf in sonstiger Weise **konkret gestört** oder die Erfüllung der Arbeitspflicht beeinträchtigt wird. Eine bloße (abstrakte oder konkrete) Gefährdung[703] des Betriebsfriedens reicht ebenso wenig aus wie die alleinige Beeinträchtigung des Betriebsfriedens ohne konkrete Feststellung einer arbeitsvertraglichen Pflichtverletzung.[704] Den **Betriebsfrieden** definiert das **BAG** als Summe aller derjenigen Faktoren, die – unter Einschluss des Betriebsinhabers (Arbeitgeber) – das Zusammenleben und Zusammenwirken der in einem Betrieb tätigen Betriebsangehörigen ermöglichen, erleichtern oder auch nur erträglich machen. Der Betriebsfrieden als ein die Gemeinschaft aller Betriebsangehörigen umschließenden Zustand sei immer dann gestört, wenn das störende Ereignis einen kollektiven Bezug aufweise, mögen unmittelbar hiervon auch nur wenige Arbeitnehmer betroffen sein.[705]

438 Einzelfälle:

- Als provozierende parteipolitische Betätigung, die den Betriebsfrieden konkret störte, sah das BAG das Tragen einer auffälligen, 12 bis 15 cm großen Plakette mit einer Karikatur des früheren bayerischen Ministerpräsidenten Franz Josef Strauß an, die von zwei Querstrichen durchkreuzt und mit der Aufschrift „**Strauß – Nein danke**" versehen war. Diese Form der Agitation sei nicht anders zu bewerten als das ständige verbale Bestreben eines Arbeitnehmers, die Kollegen und den Arbeitgeber gegen ihren Willen mit seinen politischen Vorstellungen zu verfolgen.[706] Das BAG hielt in diesem Fall eine außerordentliche Kündigung für gerechtfertigt, da der Arbeitnehmer trotz wiederholter Abmahnungen die Plakette weiter getragen hatte. Diesen einzelfallbezogenen Wertungen des BAG ist zuzustimmen, da das beharrliche Verhalten des Arbeitnehmers im konkreten Fall über die Kundgabe der eigenen politischen Überzeugung hinausging und provozierend wirken musste. Eine fristlose Kündigung wegen Tragens einer „Stoppt Strauß"-Plakette mit einem Durchmesser von (nur) 3 bis 5 cm hielt das BAG demgegenüber für unwirksam.[707]
- Pflichtwidrig verhalten sich angestellte Lehrer im **öffentlichen Dienst**, die während des Schuldienstes **Anti-Atomkraft-Plaketten** tragen. Die die Meinungsäußerungsfreiheit begrenzende Unterlassungspflicht ergab sich früher unmittelbar aus dem § 8 Abs 1 Satz 1 BAT zu entnehmenden Gebot zur Zurückhaltung bei politischer Betätigung,[708] nach dessen Ersetzung durch TVöD bzw TV-L aus der vertraglichen Rücksichtnahmepflicht aus § 241 Abs 2 BGB.

---

703 BAG 12.5.2011 – 2 AZR 479/09 – NZA-RR 2012, 43; 9.12.1982 – 2 AZR 620/80 – AP BGB § 626 Nr 73.
704 BAG 24.6.2004 – 2 AZR 63/03 – NZA 2005, 158.
705 BAG 9.12.1982 – 2 AZR 620/80 – AP BGB § 626 Nr 73.
706 BAG 9.12.1982 – 2 AZR 620/80 – AP BGB § 626 Nr 73.
707 BAG 21.12.1983 – 7 AZR 131/82 – nv.
708 BAG 2. 3.1982 – 1 AZR 694/79 – AP Nr 8 zu Art 5 Abs 1 GG Meinungsfreiheit; allerdings nicht in einem Kündigungsrechtsstreit, sondern zu Anträgen der Arbeitnehmer auf Feststellung, dass sie durch das Tragen der Plaketten im Dienst ihre Pflichten aus dem Arbeitsverhältnis nicht verletzen, vgl hierzu auch Rn 406 ff.

■ Als zulässige Meinungsäußerung sah das BAG[709] die außerdienstliche **kritische Äußerungen** eines Arbeitnehmers **im gewerkschaftseigenen Intranet** über Personen und Vorgänge im Betrieb des Arbeitgebers an, auch wenn diese teilweise **polemischen Inhalt** hatten (zB: „Leider war da auch schon der braune Mob aktiviert und sie wagten sich, gestärkt durch einen leitenden Angestellten, aus ihren Verstecken."). Eine Verletzung der vertraglichen Rücksichtnahmepflicht und der grundrechtlich geschützten Arbeitgeberinteressen liege nicht vor, wenn die auch polemischen Äußerungen weder nach Form noch nach Inhalt ein strafrechtlich relevantes Verhalten darstellen.

Führt eine politische Betätigung im Betrieb zu Störungen, kommt eine verhaltensbedingte Kündigung grundsätzlich erst dann in Betracht, wenn der Arbeitnehmer zuvor einschlägig **abgemahnt** wurde.[710] Tritt ein Arbeitnehmer des öffentlichen Dienstes selbst mit einer nur sog. einfachen politischen Loyalitätspflicht[711] aktiv für die verfassungsfeindlichen Ziele einer Partei ein, kann dies eine Kündigung rechtfertigen.[712] Es muss allerdings zu einer konkreten Beeinträchtigung des Arbeitsverhältnisses gekommen sein. Die abstrakte oder konkrete Gefährdung des Arbeitsablaufs oder der Betriebsfriedens genügt dazu nicht. Durch das innerbetriebliche oder außerdienstliche politische Verhalten des Arbeitnehmers muss tatsächlich eine konkrete Störung eingetreten sein.[713]

439

15. Mobbing und Benachteiligung

Sog „Mobbing am Arbeitsplatz" ist für den Bereich der verhaltensbedingten Kündigung in zweierlei Hinsicht von Relevanz: Mobbing als verhaltensbedingter Kündigungsgrund und Mobbing als Rechtfertigungs- bzw Entschuldigungsgrund des von der Kündigung betroffenen Arbeitnehmers. Dabei ist allerdings zu beachten, dass Mobbing weder einen Rechtsbegriff noch für sich ein Rechtsphänomen darstellt, sondern als tatsächliche Erscheinung rechtlich zu würdigen ist.[714] Der **Begriff des „Mobbing"** erfasst das systematische Anfeinden, Schikanieren oder Diskriminieren von Arbeitnehmern untereinander oder durch Vorgesetzte[715] bzw fortgesetzte, aufeinander aufbauende oder ineinander übergreifende, der Anfeindung, Schikane oder Diskriminierung dienende Verhaltensweisen, die nach Art und Ablauf im Regelfall einer übergeordneten, von der Rechtsordnung nicht gedeckten Zielsetzung förderlich sind und jedenfalls in ihrer Gesamtheit das allgemeine Persönlichkeitsrecht oder andere ebenso geschützte Rechte, wie die Ehre oder die Gesundheit des Betroffenen verletzen.[716] Dies entspricht im Wesentlichen dem **Begriff der „Belästigung"** iSv § 3 Abs 3 AGG.[717] Danach ist eine Belästigung eine Benachteiligung, wenn uner-

440

---

709 BAG 24.6.2004 – 2 AZR 63/03 – 17.6.2003 – 2 AZR 123/02 – NZA 2005, 158.
710 Vgl BAG 12.1.2006 – 2 AZR 21/06 – NZA 2006, 917.
711 Vgl Rn 406 ff.
712 BAG 12.5.2011 – 2 AZR 479/09 – NZA-RR 2012, 43.
713 BAG 12.5.2011 – 2 AZR 479/09 – NZA-RR 2012, 43.
714 BAG 16.5.2007 – 8 AZR – NZA 2007, 1154; Rieble/Klumpp ZIP 2002, 369.
715 BAG 15.1.1997 – 7 ABR 14/96 – NZA 1997, 781.
716 LAG Thüringen 10.4.2001 – 5 Sa 403/2000 – DB 2001, 1204.
717 Vgl BAG 25.10.2007 – 8 AZR 593/06 – NZA 2008, 135.

wünschte Verhaltensweisen, die mit einem in § 1 AGG genannten Grund (Rasse, ethnische Herkunft, Geschlecht, Religion oder Weltanschauung, Behinderung, Alter oder sexuelle Identität) in Zusammenhang stehen, bezwecken oder bewirken, dass die Würde der betreffenden Person verletzt und ein von Einschüchterungen, Anfeindungen, Erniedrigungen, Entwürdigungen oder Beleidigungen gekennzeichnetes Umfeld geschaffen wird. Verstoßen Beschäftigte gegen das Benachteiligungsverbot des § 7 Abs 1 AGG, so hat der Arbeitgeber nach § 12 Abs 3 AGG die im Einzelfall geeigneten, erforderlichen und angemessenen Maßnahmen zur Unterbindung der Benachteiligung wie Abmahnung, Umsetzung, Versetzung oder Kündigung zu ergreifen. Mobbinghandlungen und Belästigungen gegenüber anderen Arbeitnehmern oder die Veranlassung anderer Arbeitnehmer hierzu sind als den Betriebsfrieden regelmäßig störendes Verhalten an sich geeignet, eine verhaltensbedingte Kündigung sozial zu rechtfertigen.[718] Da es sich um ein steuerbares Verhalten handelt, ist eine Abmahnung vor Ausspruch der Kündigung nicht von vornherein entbehrlich.[719] In schweren Fällen ist keine Abmahnung erforderlich und ggf auch eine außerordentliche verhaltensbedingte Kündigung berechtigt. Problematisch ist im Einzelfall die Feststellung einer Vertragspflichtverletzung, wenn sich das einen Arbeitskollegen ausgrenzende Verhalten auf das Unterlassen sozialer Kontakte am Arbeitsplatz beschränkt. Eine arbeitsvertragliche Nebenpflicht, Kollegen stets freundlich zu grüßen, dürfte nicht bestehen.

441 Das Mobbingopfer, dessen Arbeitsverhältnis zB wegen Arbeitsverweigerung oder Schlechtleistung gekündigt wird, kann gegen ihn gerichtetes Mobbing grundsätzlich als **Rechtfertigungs- bzw Entschuldigungsgrund** in den Kündigungsschutzprozess einführen. Die pauschale Behauptung, dass wegen Mobbing ein Zurückbehaltungsrecht bestehe bzw die vorgeworfenen Leistungsmängel durch Mobbing bedingt seien, reicht allerdings nicht aus. Nach den Grundsätzen der abgestuften Darlegungslast ist der Arbeitnehmer gehalten, die behaupteten Mobbinghandlungen substantiiert vorzutragen;[720] die Schilderung der konkreten Situation mit ungefährer Zeitangabe kann ausreichend sein.[721] Nur einen hinreichend konkreten Tatsachenvortrag hat der Arbeitgeber zu widerlegen.[722] Die vielfach dadurch entstehende Beweisnot des Betroffenen, dass dieser allein und ohne Zeugen Verhaltensweisen ausgesetzt ist, die in die Kategorie Mobbing einzustufen sind, ist durch eine Art 6 Abs 1 der Europäischen Menschenrechtskonvention (EMRK) und damit den Grundsätzen eines fairen und auf Waffengleichheit achtenden Verfahrens entsprechende Anwendung der §§ 286, 448, 141 Abs 1 Satz 1 ZPO auszugleichen. Dabei muss die im Zweifel er-

---

[718] KR/Griebeling § 1 KSchG Rn 489; vgl auch Berkowsky NZA-RR 2001, 61 f.
[719] LAG Sachsen-Anhalt 27.1.2000 – 9 Sa 473/99 – nv.
[720] BAG 13.3.2008 – 2 AZR 88/07 – AP KSchG 1969 § 1 verhaltensbedingte Kündigung Nr 73.
[721] Zu den Anforderungen an die Substantiierungspflicht bei Mobbingvorwürfen vgl BAG 20.3.2003 – 8 AZN 27/03 – nv; dazu die Entscheidungsbesprechung von Faber, JR 2004, 218.
[722] Zur abgestuften Darlegungslast bei behaupteten Rechtfertigungs- und Entschuldigungsgründen vgl allg Rn 328 ff.

forderliche **Anhörung einer Partei** bei der Überzeugungsbildung berücksichtigt werden.[723]

16. Nebentätigkeit

Die Ausübung einer Nebentätigkeit ist dem **außerdienstlichen Bereich** zuzuordnen. In der Gestaltung seiner Freizeit ist der Arbeitnehmer frei. Aufgrund der objektiven Wertentscheidung des **Art 12 Abs 1 GG** ist der Arbeitnehmer grundsätzlich berechtigt, Nebentätigkeiten auszuüben. Eine kündigungsrelevante Nebenpflichtverletzung liegt aber dann vor, wenn durch den Nebenerwerb **berechtigte Interessen des Arbeitgebers** verletzt werden. Dies ist bei nicht genehmigten Nebentätigkeiten während der Arbeitszeit im Hauptarbeitsverhältnis sowie bei Konkurrenztätigkeiten[724] der Fall, ferner bei Nebentätigkeiten, welche die im Hauptarbeitsverhältnis vertraglich geschuldete Leistung des Arbeitnehmers beeinträchtigen (zB Minderleistung infolge Übermüdung), oder wenn die Gesamtarbeitszeit die zulässige Höchstgrenze nach dem ArbZG überschreitet.[725] Auch wenn durch die Ausübung der Nebentätigkeit die im Hauptarbeitsverhältnis vertraglich geschuldete Leistung beeinträchtigt wird, bedarf eine hierauf gestützte Kündigung in aller Regel gleichwohl einer **Abmahnung**.[726]

442

Eine Nebentätigkeit kann grundsätzlich auch **während einer im Hauptarbeitsverhältnis bestehenden Arbeitsunfähigkeit** verrichtet werden, es sei denn, sie läuft aus Gründen des Wettbewerbs den Interessen des Arbeitgebers zuwider oder durch die Nebentätigkeit wird der Heilungsprozess verzögert.[727] Ein arbeitsunfähig krankgeschriebener Arbeitnehmer ist verpflichtet, sich so zu verhalten, dass er möglichst bald wieder gesund wird; er hat alles zu unterlassen, was seine Genesung verzögern könnte.[728] Die Verletzung dieser aus der Treuepflicht des Arbeitnehmers herzuleitenden Pflicht ist uU geeignet, eine Kündigung zu rechtfertigen, wobei in schwerwiegenden Fällen auch eine fristlose Kündigung – ggf ohne Abmahnung – in Betracht kommen kann.[729] Art und Umfang der ausgeübten Nebentätigkeit, zB eine vollschichtige Beschäftigung bei einem anderen Arbeitgeber, können den Beweiswert des ärztlichen Attestes erschüttern bzw entkräften und, je nach den Umständen, auch eine fristlose Kündigung ohne Abmahnung mit der Begründung rechtfertigen, es handele sich um eine vorgetäuschte Krankheit.[730]

443

Nebentätigkeitsklauseln in Arbeits- oder Kollektivverträgen, die bei Aufnahme einer beruflichen Tätigkeit eine Anzeigepflicht des Arbeitnehmers vorsehen oder sie unter einen Erlaubnisvorbehalt stellen, sind grundsätzlich zulässig. Der Arbeitnehmer hat einen Anspruch auf die Erteilung einer

444

---

723 LAG Thüringen 10.4.2001 – 5 Sa 403/2000 – DB 2001, 1204.
724 Einzelheiten vgl Rn 460 ff.
725 Vgl Hunold NZA 1995, 559; BAG 11.12.2001 – 9 AZR 464/00 – AP BGB § 611 Nebentätigkeit Nr 8 zu II 2 a dd.
726 ZB LAG Köln 7.1.1993 – 10 Sa 632/92 – LAGE BGB § 626 Nr 69.
727 BAG 13.11.1979 – 6 AZR 934/77 – AP KSchG 1969 § 1 Krankheit Nr 5.
728 Vgl auch Rn 395.
729 BAG 26.8.1993 – 2 AZR 154/93 – AP BGB § 626 Nr 112 zu B I 3 a mwN.
730 BAG 26.8.1993 – 2 AZR 154/93 – AP BGB § 626 Nr 112 zu B I 1; Einzelheiten zur Darlegungs- und Beweislast in solchen Fällen vgl Rn 334.

Nebentätigkeitsgenehmigung, wenn keine berechtigten Interessen des Arbeitgebers entgegenstehen.[731] Nach vorheriger Abmahnung kann der Verstoß gegen die vertragliche Anzeigeverpflichtung einen verhaltensbedingten Kündigungsgrund darstellen.[732] Eine Vertragsklausel, die dem Arbeitnehmer jede vom Arbeitgeber nicht genehmigte Nebentätigkeit verbietet, kann nicht wirksam vereinbart werden; sie ist nach älterer Rechtsprechung verfassungskonform dahin auszulegen, dass nur solche Nebentätigkeit verboten sind, an deren Unterlassung der Arbeitgeber ein berechtigtes Interesse hat.[733] Nebentätigkeitsklauseln in Allgemeinen Geschäftsbedingungen unterliegen nunmehr einer Überprüfung nach den §§ 305 ff BGB. Zu weit reichende oder intransparente Klauseln sind gem § 307 Abs 1 Sätze 1 u 2, Abs 2 Nr 1 BGB unwirksam und durch die allgemeine Verpflichtung aus §§ 241 Abs 2, 242 BGB, durch die Aufnahme der Nebentätigkeit betriebliche Interessen nicht zu beeinträchtigen, zu ersetzen.[734] Bei Vorliegen eines wirksamen Nebentätigkeitsverbots mit Erlaubnisvorbehalt stellt die fortgesetzte und vorsätzliche Ausübung offensichtlich nicht genehmigungsfähiger Nebentätigkeiten in Unkenntnis des Arbeitgebers regelmäßig an sich einen wichtigen Grund zur außerordentlichen Kündigung dar. Eine Abmahnung wird hier regelmäßig entbehrlich sein[735]

17. Privattelefonate/private Internetnutzung

445 Nutzt der Arbeitnehmer einen betrieblichen Telefonapparat (Festanschluss oder Handy) entgegen einem ausdrücklichen Verbot des Arbeitgebers für **private Telefonate**, kann eine verhaltensbedingte Kündigung nach einschlägiger Abmahnung gerechtfertigt sein.[736] Sind nach der betrieblichen Regelung Privattelefonate vom Arbeitnehmer zu deklarieren, zB durch Vorwahl einer bestimmten Nummer, und sind die so erfassten Gesprächskosten vom Arbeitnehmer zu tragen, begeht der Arbeitnehmer zudem einen Betrug gem § 263 StGB zum Nachteil des Arbeitgebers, wenn er die Privattelefonate bewusst nicht als solche deklariert. Werden dem Arbeitgeber durch systematisches Vorgehen auf diese Weise erhebliche Kosten für Privatgespräche belastet, wird regelmäßig eine außerordentliche Kündigung in Betracht kommen.[737] Fehlt es an einem ausdrücklichen Verbot privater Telefonate oder ist privates Telefonieren sogar ausdrücklich erlaubt bzw über lange Zeit widerspruchslos durch den Arbeitgeber geduldet worden, so darf ein Arbeitnehmer dennoch nicht in beliebigem Umfang von der Möglichkeit privater Telefonate Gebrauch machen. Eine uU auch kostenfreie Gestattung von Privattelefonaten in angemessenem Umfang ist im Arbeitsleben

---

731 BAG 11.12.2001 – 9 AZR 464/00 – NZA 2002, 965.
732 BAG 30.5.1996 – 6 AZR 537/95 – AP BGB § 611 Nebentätigkeit Nr 2: zur Berechtigung einer Abmahnung wegen der Ausübung einer Nebentätigkeit ohne tarifvertraglich erforderliche Nebentätigkeitsgenehmigung.
733 BAG 26.8.1976 – 2 AZR 377/75 – AP BGB § 626 Nr 68.
734 KR/Griebeling § 1 KSchG Rn 491; vgl zur AGB-Kontrolle von Nebentätigkeitsklausel Preis/Rolfs, Der Arbeitsvertrag, II N 10 Rn 16 ff.
735 BAG 18.9.2008 – 2 AZR 827/06 – NZA-RR 2009, 393.
736 LAG Nürnberg 6.8.2002 – 6 (5) Sa 472/01 – LAGE BGB § 62Nr 143; LAG Niedersachsen 13.1.1998 – 13 Sa 1235/97 – BB 1998, 1112; KDZ/Däubler § 1 KSchG Rn 339.
737 LAG Sachsen-Anhalt 23.11.1999 – 8 TaBV 6/99 – RDV 2001, 28.

zwar eine sozialtypische Erscheinung. Telefoniert der Arbeitnehmer allerdings in einem solchen Ausmaß privat, von dem er nicht mehr annehmen durfte, dies sei noch vom Einverständnis des Arbeitgebers gedeckt, kann auch ein solches Verhalten idR nach vorheriger Abmahnung eine verhaltensbedingte Kündigung rechtfertigen.[738] In diesen Fällen wird mit dem Missbrauch des betrieblichen Telefons für private Zwecke regelmäßig auch ein erheblicher Verstoß gegen die Arbeitspflicht einhergehen. Ist der Umfang der privaten Nutzung so erheblich, dass eine grobe Pflichtverletzung vorliegt, bedarf es ausnahmsweise keiner vorherigen Abmahnung.[739] Dies gilt auch dann, wenn der Arbeitnehmer erkennen musste, dass der Arbeitgeber die Art der geführten Telefongespräche nicht dulden wird, zB bei Anruf sog Sex-Hotlines über einen dienstlichen Apparat.[740] Aber auch eine nur geringe Anzahl kurzer Privattelefonate kann zur Kündigung berechtigen, wenn diese nicht mit der Art der zu erbringenden Arbeitsleistung in Einklang zu bringen sind. So trifft zB den Chefarzt der Chirurgie während einer Operation die Verpflichtung, die Konzentration des gesamten Operationsteams nicht durch die Entgegennahme von Anrufen auf seinem privaten Mobiltelefon zu stören.[741]

Nach der ständigen Rechtsprechung des BAG[742] kommen als kündigungsrelevante Verletzung arbeitsvertraglicher Pflichten bei einer privaten Nutzung des Internets folgende Fallgruppen in Betracht:

- Das Herunterladen einer erheblichen Menge von Daten aus dem Internet auf betriebliche Datensysteme („unbefugter Download"), insbesondere wenn damit einerseits die Gefahr möglicher Vireninfizierungen oder anderer Störungen des – betrieblichen – Betriebssystems verbunden sein können oder andererseits von solchen Daten, bei deren Rückverfolgung es zu möglichen Rufschädigungen des Arbeitgebers kommen kann, bspw weil strafbare oder pornografische Darstellungen heruntergeladen werden.
- Die private Nutzung des vom Arbeitgeber zur Verfügung gestellten Internetanschlusses als solche, weil durch sie dem Arbeitgeber möglicherweise – zusätzliche – Kosten entstehen können und der Arbeitnehmer jedenfalls die Betriebsmittel – unberechtigterweise – in Anspruch genommen hat.
- Die private Nutzung des vom Arbeitgeber zur Verfügung gestellten Internets während der Arbeitszeit, weil der Arbeitnehmer während des Surfens im Internet zu privaten Zwecken seine arbeitsvertraglich geschuldete Arbeitsleistung nicht erbringt und dadurch seine Arbeitspflicht verletzt.

---

738 BAG 5.12.2002 – 2 AZR 478/01 – nv, allerdings zur Anfechtung einer Eigenkündigung wegen Drohung des Arbeitgebers mit einer außerordentlichen Kündigung wegen erheblicher Privattelefonate des Arbeitnehmers (7243 Gesprächseinheiten in 15 Monaten).
739 BAG 4.3.2004 – 2 AZR 147/03 – NZA 2004, 717, zu B III 1.
740 LAG Köln 13.3.2002 – 7 Sa 380/01 – LAGE BGB § 626 Verdacht strafbarer Handlung Nr 15.
741 BAG 25.10.2012 – 2 AZR 495/11 – NZA 2013, 319.
742 BAG 31.5.2007 – 2 AZR 200/06 – NZA 2007, 922; 12.1.2006 – 2 AZR 179/05 – NZA 2006, 980; 7.7.2005 – 2 AZR 581/04 – NZA 2006, 98 mwN auf die Lit.

Nutzt der Arbeitnehmer den dienstlich vorgehaltenen Internetanschluss während der Arbeitszeit für private Zwecke, obwohl der Arbeitgeber dies zuvor ausdrücklich verboten hat, kann dieses Verhalten eine verhaltensbedingte Kündigung rechtfertigen. Je nach Dauer und Art der Nutzung kann auch eine außerordentliche Kündigung in Betracht kommen.[743] Auch bei einer Kündigung wegen der Verletzung eines ausdrücklichen Verbots jeglicher privater Nutzung des dienstlichen Internetanschlusses oder des Herunterladens pornografischen Bildmaterials kann als Ergebnis der stets gebotenen Verhältnismäßigkeitsprüfung eine vorausgegangene Abmahnung erforderlich sein.[744] Ohne ausdrückliche Gestattung oder Duldung des Arbeitgebers ist eine private Nutzung des Internets grundsätzlich nicht erlaubt. Bei einer privaten Internetnutzung während der Arbeitszeit verletzt der Arbeitnehmer – auch ohne Vorliegen eines ausdrücklichen Verbots oder einer sonstigen Nutzungsregelung – grundsätzlich seine (Hauptleistungs-) Pflicht zur Arbeit.[745] Die private Nutzung des Internets darf die Erbringung der arbeitsvertraglich geschuldeten Arbeitsleistung nicht erheblich beeinträchtigen.[746] Auch wenn der Arbeitgeber die private Internetnutzung während der Arbeitszeit – ohne nähere Erklärungen – grundsätzlich gestattet oder duldet, ist sie lediglich in dem normalen bzw angemessenen zeitlichen Umfang zulässig,[747] es sei denn der Arbeitnehmer wäre mangels Arbeitsanfall ohnehin untätig gewesen. Nutzt der Arbeitnehmer während seiner Arbeitszeit das Internet in erheblichem zeitlichen Umfang privat („Exzessive Privatnutzung": zB Gesamtzeit der Privatnutzung von mehr als einer Arbeitswoche innerhalb von zehn Wochen),[748] so kann er grundsätzlich nicht darauf vertrauen, der Arbeitgeber werde dies tolerieren.[749] Die unerlaubte und für den Arbeitnehmer erkennbar durch den Arbeitgeber nicht hinnehmbare Installation einer Anonymisierungssoftware auf einem dienstlichen Rechner rechtfertigt zumindest eine ordentliche Kündigung ohne vorherige Abmahnung.[750] Ein außerordentlicher Kündigungsgrund liegt vor, wenn ein Arbeitnehmer entgegen seiner bestehenden Berechtigung im Wege einer Manipulation des Computersystems eigene Zugriffsberechtigungen im SAP-System des Arbeitgebers erweitert und sich vollständige Lese- und Schreib-Rechte am Qualitätssicherungssystem verschafft hat[751] oder „Hacker"-Dateien zur Ermittlung von Passwörtern des Arbeitgebers speichert.[752]

---

743 BAG 27.4.2006 – 2 AZR 386/05 – NZA 2006, 977: Missachtung eines ausdrücklichen und fortlaufend wiederholten Verbots, das Internet privat zu nutzen, durch fast tägliches, umfangreiches Surfen und Herunterladen von Dateien pornografischen Inhalts innerhalb von mehr als zwei Monaten.
744 BAG 19.4.2012 – 2 AZR 186/11 – NZA 2013, 27.
745 BAG 7.7.2005 – 2 AZR 581/04 – NZA 2006, 98; Balke/Müller DB 1997, 326; Beckschulze DB 2003, 2777, 2781; Kramer NZA 2004, 457, 461; Mengel NZA 2005, 752, 753.
746 BAG 7.7.2005 – 2 AZR 581/04 – NZA 2006, 98.
747 BAG 7.7.2005 – 2 AZR 581/04 – NZA 2006, 98; Kramer NZA 2004, 457, 459.
748 Vgl BAG 27.4.2006 – 2 AZR 386/05 – NZA 2006, 977.
749 BAG 7.7.2005 – 2 AZR 581/04 – NZA 2006, 98.
750 BAG 12.1.2006 – 2 AZR 179/05 – NZA 2006, 980.
751 LAG München 5.8.2009 – 11 Sa 1066/08 – MMR 2010, 497.
752 LAG Hamm 4.2.2004 – 9 Sa 503/03 – LAGReport 2004, 300.

18. Religionsfreiheit

Das Weisungsrecht, das seine Grenzen in den gesetzlichen Regelungen, im Kollektiv- und im Einzelvertragsrecht findet, darf nach § 106 GewO, § 315 Abs 1 BGB nur nach billigem Ermessen ausgeübt werden.[753] Dabei ist das Benachteiligungsverbot nach §§ 1, 7 AGG zu beachten. Die geforderte Billigkeit wird inhaltlich durch die Grundrechte, also auch durch die **Glaubens- und Bekenntnisfreiheit** des Art 4 Abs 1 GG und die **Gewährleistung der ungestörten Religionsausübung** des Art 4 Abs 2 GG mitbestimmt. Kollidiert das Recht des Arbeitgebers, im Rahmen seiner gleichfalls grundrechtlich geschützten unternehmerischen Betätigungsfreiheit (Art 12 Abs 1 GG), die durch Art 19 Abs 3 GG auch für juristische Personen gewährleistet ist, den Inhalt der Arbeitsverpflichtung des Arbeitnehmers näher zu konkretisieren, mit grundrechtlich geschützten Positionen des Arbeitnehmers, so ist das Spannungsverhältnis im Rahmen der Konkretisierung und Anwendung der Generalklauseln des Privatrechts einem grundrechtskonformen Ausgleich der Rechtspositionen zuzuführen. Dabei sind die kollidierenden Grundrechte in ihrer Wechselwirkung zu sehen und so zu begrenzen, dass die geschützten Rechtspositionen für alle Beteiligten möglichst weitgehend wirksam werden.[754] Bei dieser Abwägung ist die Intensität der umstrittenen Freiheitsbeschränkung genauso zu berücksichtigen wie die von den Vertragspartnern durch den Abschluss des Arbeitsvertrags selbst eingeräumte Begrenzung ihrer grundrechtlichen Freiheiten, der Rang und das Gewicht des mit dem Eingriff verfolgten Ziels sowie die spezifische Bedeutung und der spezielle Gehalt des betroffenen Grundrechts bzw der kollidierenden Grundrechtspositionen in Bezug auf den umstrittenen Regelungskonflikt.[755] In Anwendung dieser Grundsätze hat es das BAG[756] zB nicht als verhaltensbedingten Kündigungsgrund angesehen, wenn eine Verkäuferin entgegen der Anordnung des Arbeitgebers während der Arbeit ein islamisches **Kopftuch**[757] trägt. Das Tragen eines Kopftuchs aus religiöser Überzeugung fällt in den Schutzbereich der Glaubens- und Bekenntnisfreiheit (Art 4 Abs 1 GG), die durch die Gewährleistung der ungestörten Religionsausübung (Art 4 Abs 2 GG) noch verstärkt wird. Die damit konkurrierende, durch Art 12 Abs 1 GG geschützte unternehmerische Freiheit tritt hinter die Grundrechtsposition des Art 4 GG zurück, wenn das Tragen des Kopftuchs keine konkreten betrieblichen Störungen oder wirtschaftliche Einbußen hervorruft. Bloße Vermutungen und Befürchtungen des Arbeitgebers, es werde dadurch zu solchen Störungen kommen (Käuferverhalten), ersetzen kein notwendiges, konkretes und der Darlegungslast

447

---

753 Vgl dazu auch Rn 372, 376.
754 Sog praktische Konkordanz, vgl BVerfG 18.10.1993 – 1 BvR 1044/89 – BVerfGE 89, 214.
755 Zu alledem BAG 10.10.2002 – 2 AZR 472/01 – NZA 2003, 1283, zu B II 3 c, mwN.
756 BAG 10.10.2002 – 2 AZR 472/01 – NZA 2003, 1283, zu B II 3 c aa.
757 Vgl aber zur Unzulässigkeit einer religiösen Bekundung im öffentlichen Schuldienst durch Tragen einer Kopfbedeckung durch eine Sozialpädagogin muslimischen Glaubens bzw eines Kopftuchs durch eine Lehrerin sowie Erzieherin: BAG 20.8.2009 – 2 AZR 499/08 – NZA 2010, 277; 10.12.2009 – 2 AZR 55/98 – NZA-RR 2010, 1016; 12.8.2010 – 2 AZR 593/09 – NZA-RR 2011, 162.

entsprechendes Sachvorbringen.[758] Es ist dem Arbeitgeber vielmehr zuzumuten, zunächst abzuwarten, ob sich die Befürchtungen in nennenswertem Maße realisieren und zu prüfen, ob etwaigen Störungen nicht auf andere Weise als durch eine Kündigung begegnet werden kann.[759]

19. Sabotageversuch

448 Fordert ein Arbeitnehmer andere Arbeitnehmer, zB einen Arbeitskollegen, der ihm zum Anlernen anvertraut war, zu einer langsameren (geringeren) Arbeitsweise (Arbeitsleistung) auf, so verletzt er damit seine gegenüber dem Arbeitgeber bestehende **Loyalitätspflicht**. Dieses als Provokation und Sabotageversuch zu wertende vertragspflichtwidrige Verhalten ist geeignet, einen verhaltensbedingten Grund zur sozialen Rechtfertigung der Kündigung abzugeben; eine Abmahnung ist in diesen Fällen entbehrlich.[760]

20. Schmiergeldverbot

449 Im Bereich des **öffentlichen Dienstes** ist das Verbot, ohne Zustimmung des Arbeitgebers Belohnungen und Geschenke in Bezug auf die dienstliche Tätigkeit anzunehmen, für den Bereich des Bundes und der Kommunen in § 3 Abs 2 TVöD-AT und für den Bereich der Länder in § 3 Abs 2 TV-L (früher § 10 BAT) ausdrücklich tarifvertraglich normiert. Verstöße gegen dieses Verbot sind an sich geeignet, eine verhaltensbedingte Kündigung ordentlich oder außerordentlich auch ohne Abmahnung zu rechtfertigen.[761] Aber auch im Bereich der **Privatwirtschaft** sind diese Grundsätze im Rahmen arbeitsvertraglicher Nebenpflichten von Bedeutung. Wer als Arbeitnehmer bei der Ausführung von vertraglichen Aufgaben sich Vorteile (dazu kann auch die ungenehmigte Annahme einer Erbschaft gehören)[762] versprechen lässt oder entgegennimmt, die dazu bestimmt oder auch nur geeignet sind, ihn in seinem geschäftlichen Verhalten zugunsten Dritter und zum Nachteil seines Arbeitgebers zu beeinflussen, handelt den Interessen des Arbeitgebers zuwider. Dies stellt regelmäßig einen wichtigen Kündigungsgrund dar, selbst wenn es zu keiner tatsächlichen Schädigung des Arbeitgebers gekommen ist. Bereits die Entgegennahme des Vorteils als solche begründet die Gefahr, der Annehmende werde nicht mehr allein die Interessen des Geschäftsherrn wahrnehmen. Die damit zu Tage getretenen Einstellung des Arbeitnehmers, unbedenklich eigene Vorteile bei der Erfüllung von Aufgaben wahrnehmen zu wollen, obwohl er sie allein im Interesse des Arbeitgebers durchzuführen hat, zerstört das Vertrauen in die Zuverlässigkeit und Redlichkeit des Arbeitnehmers.[763]

---

758 BAG 10.10.2002 – 2 AZR 472/01 – NZA 2003, 1283, zu B II 3 c bb.
759 BAG 10.10.2002 – 2 AZR 472/01 – NZA 2003, 1283, zu B II 3 d.
760 BAG 12.9.1985 – 2 AZR 501/84 – RzK I 5 i Nr 13 C III 3 nv.
761 BAG 15.11.2001 – 2 AZR 605/00 – AP BGB § 626 Nr 175.
762 BAG 17.6.2003 – 2 AZR 62/02 – EzA KSchG § 1 Verhaltensbedingte Kündigung Nr 59; 17.4.1984 – 3 AZR 97/82 – BAGE 45, 325.
763 BAG 21.6.2001 – 2 AZR 30/00 – EzA BGB § 626 Unkündbarkeit Nr 7 zu B III 2 a; 17.8.1972 – 2 AZR 415/71 – AP BGB § 626 Nr 65.

21. Sexuelle Belästigung am Arbeitsplatz, Stalking

Mit dem Beschäftigtenschutzgesetz vom 24.6.1994[764] wurde eine spezielle gesetzliche Grundlage zum Schutz der Beschäftigten vor sexueller Belästigung am Arbeitsplatz eingeführt. Das BeschäftigtenschutzG wurde durch das am 18.8.2006 in Kraft getretene AGG abgelöst. Sexuelle Belästigung am Arbeitsplatz ist eine Verletzung der arbeitsvertraglichen Pflichten, vgl §§ 1, 3 Abs 4 AGG, und damit an sich geeignet, einen verhaltensbedingten Kündigungsgrund darzustellen. § 3 Abs 4 AGG enthält eine **Legaldefinition der sexuellen Belästigung**. Danach ist sexuelle Belästigung am Arbeitsplatz jedes unerwünschte sexuell bestimmte Verhalten, das die Würde der betreffenden Person verletzt. Dazu gehören

- sexuelle Handlungen und Verhaltensweisen, die nach dem strafgesetzlichen Vorschriften unter Strafe gestellt sind, sowie
- sonstige sexuelle Handlungen und Aufforderungen zu diesen, sexuell bestimmte körperliche Berührungen, Bemerkungen sexuellen Inhalts sowie Zeigen und sichtbares Anbringen von pornographischen Darstellungen, die von den Betroffenen erkennbar abgelehnt werden.

Vergewaltigungen, sexuelle Nötigungen oder Erpressungen werfen ebenso wie überraschende zwangsweise Umarmungen, aufgedrängte Küsse und Griffe an die Brust idR keine Definitionsprobleme auf. Bei **zweideutigen** oder ambivalenten **Handlungen** muss eine sexuelle Absicht hinzukommen, die sich aus den Umständen ergeben kann, zB der Häufigkeit. Als sexuell bestimmte körperliche Handlungen sind auch kurzfristige, flüchtige Berührungen über der Kleidung anzusehen. Geschlechtsmerkmale des Opfers müssen von den Berührungen nicht betroffen sein.[765] Die Unerwünschtheit des fraglichen sexuellen Verhaltens muss nach außen in Erscheinung getreten sein. Eine **ausdrücklich formulierte Ablehnung** ist aber nicht notwendig, uU kann auch ein **rein passives Verhalten** in Form eines zögernden, zurückhaltenden Geschehenlassens gegenüber einem drängenden, durchsetzungsfähigen Belästiger, insbesondere einem Vorgesetzten, zur Erkennbarkeit einer ablehnenden Haltung ausreichen; bei einer **aktiven Beteiligung** der betroffenen Person an den sexuellen Kontakten fehlt es an einer erkennbaren Ablehnung.[766]

Der Arbeitgeber hat die im Einzelfall angemessenen arbeitsrechtlichen Maßnahmen wie Abmahnung, Umsetzung, Versetzung oder Kündigung zu ergreifen, vgl § 12 Abs 3 AGG. Mit diesem **abgestuften Maßnahmenkatalog** trägt der Gesetzgeber dem Verhältnismäßigkeitsgrundsatz Rechnung.[767] Entscheidend sind die Umstände des Einzelfalls, ua Umfang und Intensität der sexuellen Belästigung.[768] In schweren Fällen ist eine außerordentliche verhaltensbedingte Kündigung auch **ohne Abmahnung** begrün-

---

764 BGBl I S 1406.
765 LAG Hamm 13.2.1997 – 17 Sa 1544/96 – LAGE BGB § 626 Nr 110: Armumlegen.
766 BAG 25.3.2004 – 2 AZR 341/03 – NZA 2004, 1214 zu B I 2 b cc.
767 BAG 9.6.2011 – 2 AZR 323/10 – NZA 2011, 1342; LAG Niedersachsen 13.10.2009 – 1 Sa832/09; LAG Schleswig-Holstein 4.3.2009 – 3 Sa 410/08 – PflR 2009, 490.
768 BAG 9.6.2011 – 2 AZR 323/10 – NZA 2011, 1342.

det.[769] Dies ist anzunehmen, wenn ein Krankenpfleger in einer psychiatrischen Klinik, der für seelisch erkrankten Patienten verantwortlich ist, seine Stellung als Pfleger zur Befriedigung seiner geschlechtlichen Wünsche ausnutzt.[770] Eine ordentliche verhaltensbedingte Kündigung ohne Abmahnung hielt das LAG Hamm[771] gegenüber einem Arbeitnehmer für gerechtfertigt, der einer Kollegin mit dem Handrücken vor die Brust schlug, nachdem er zu ihr bereits früher Bemerkungen sexuellen Inhalts gemacht hatte. Keine Kündigung, sondern eine Abmahnung sah das LAG Hamm[772] als angemessenes Mittel bei einem **Ausbilder** an, der wiederholt den Arm um die Schulter einer Auszubildenden legte, obwohl sie ihn gebeten hatte, dieses Verhalten zu unterlassen. Eine außerordentliche Kündigung erachtete das LAG Rheinland-Pfalz[773] für wirksam, weil der Arbeitnehmer – nach erfolglosen mehrmaligen Annäherungsversuchen per SMS und fernmündlich – einer Auszubildenden seines Betriebs eine ehrverletzende, einschüchternde sexuell belästigende **SMS** sandte. Nimmt ein Arbeitnehmer die unerwünschte sexuelle Handlung **außerhalb des Betriebs in der Freizeit** vor, liegt eine zur (außerordentlichen) Kündigung berechtigende Verletzung der arbeitsvertraglichen Rücksichtnahmepflicht (§ 241 Abs 2 BGB) vor, wenn das außerdienstliche Verhalten negative Auswirkungen auf den Betrieb oder einen Bezug zum Arbeitsverhältnis hat.[774] Dies ist bei einem sexuellen Missbrauch der Kinder von Arbeitskollegen aufgrund der dadurch eingetretenen erheblichen Beeinträchtigung des Betriebsfriedens der Fall.[775] Stört ein Arbeitnehmer den Betriebsfrieden dadurch, dass er einer Kollegin unter bewusster Missachtung ihres entgegenstehenden Willens im Betrieb oder im Zusammenhang mit der geschuldeten Tätigkeit beharrlich nachstellt (**Stalking**), schafft er – auch ohne sexuelle Belästigung – einen (wichtigen) Kündigungsgrund.[776] Die Voraussetzungen des Straftatbestands der Nachstellung (vgl § 238 StGB) müssen dazu nicht erfüllt sein.

22. Sicherheitsbestimmungen/Arbeitsunfall

452 Die (mehrmalige) Missachtung von im Betrieb bestehenden Sicherheitsvorschriften kann eine verhaltensbedingte Kündigung sozial rechtfertigen. Ein verhaltensbedingter Kündigungsgrund besteht danach zB bei einem Verstoß eines Auslieferungsfahrers für Flüssigsauerstoff gegen ein mehrfach ausdrücklich mit ihm vereinbartes absolutes Rauchverbot,[777] der Nichtbeachtung von Sicherheitsbestimmungen durch einen Busfahrer (Fahren des

---

769 BAG 25.3.2004 – 2 AZR 341/03 – NZA 2004, 1214 zu B I 2 a und zu B II 3; 9.1.1986 – 2 ABR 24/95 – AP BGB § 626 Ausschlussfrist Nr 20: sexuelle Übergriffe eines Ausbilders.
770 Vgl BAG 12.3.2009 – 2 AZR 24/08 – NZA-RR 2010, 180.
771 LAG Hamm 22.10.1996 – 6 Sa 730/96 – NZA 1997, 769.
772 LAG Hamm 13.2.1997 – 17 Sa 1544/96 – LAGE BGB § 626 Nr 110.
773 LAG Rheinland-Pfalz 24.10.2001 – 9 Sa 853/01 – nv.
774 BAG 27.1.2011 – 2 AZR 825/09 – NZA 2011, 798.
775 BAG 27.1.2011 – 2 AZR 825/09 – NZA 2011, 798.
776 BAG 19.4.2012 – 2 AZR 258/11 – NZA-RR 2012, 567.
777 ArbG Krefeld 20.1.2011 – 1 Ca 2401/10 – PERSONAL 2011 Nr 4, 54; vgl zur Kündigung wegen Verstößen gegen ein aus Sicherheitsgründen erlassenes absolutes Rauchverbot: BAG 27.9.2012 – 2 AZR 955/11 – NZA 2013, 425.

Busses mit offener Vordertür)[778] oder der Abgabe ausgefüllter Checklisten ohne tatsächliche Durchführung des geschuldeten Abfahrtskontrolle eines Tankwagenfahrers im Gefahrguttransport.[779] Dies gilt auch dann, wenn der Arbeitnehmer aufgrund seines Fehlverhaltens einen Arbeitsunfall seinerseits erleidet, zB wenn er zur Arbeitsunfähigkeit führende Schnittverletzungen an den Händen erleidet, da er es entgegen mehrfacher Hinweise und Verwarnungen mit Kündigungsandrohung unterlassen hatte, vorgeschriebene Sicherheitshandschuhe zu tragen.[780] In schwerwiegenden Fällen kann eine Abmahnung entbehrlich[781] oder eine außerordentliche verhaltensbedingte Kündigung berechtigt sein, zB bei vorsätzlicher Verletzung bekannter Sicherheitsvorschriften oder bei Fortsetzung einer gefährlichen Handlung trotz Aufforderung durch den Arbeitgeber, diese zu unterlassen.[782]

23. Streik

Die Teilnahme an einem **rechtmäßigen Streik** ist mangels einer Verletzung vertraglicher Pflichten bereits nicht an sich geeignet, eine verhaltensbedingte Kündigung zu rechtfertigen.[783] Verletzt ein Arbeitnehmer aber gelegentlich eines rechtmäßigen Streiks vertragliche Pflichten (Sachbeschädigungen, Tätlichkeiten, Beleidigungen), stellt dieses Verhalten einen – ggf sogar außerordentlichen – Kündigungsgrund dar.

453

Durch die Teilnahme an einem **rechtswidrigen Streik** verletzt der Arbeitnehmer seine vertraglichen (Hauptleistungs-)Pflichten. Die rechtswidrige Arbeitsniederlegung berechtigt den Arbeitgeber, auch individualrechtlich gegen die Streikenden vorzugehen.[784] Er ist nicht auf das Arbeitskampfmittel der Aussperrung beschränkt. Beteiligt sich ein Arbeitnehmer an einem rechtswidrigen Streik, so stellt dieses Verhalten einen verhaltensbedingten Kündigungsgrund dar. Im Einzelfall kommt auch eine außerordentliche Kündigung in Betracht.[785] Regelmäßig ist vor Ausspruch der Kündigung eine Abmahnung[786] bzw die wiederholte Aufforderung zur Arbeitsaufnahme erforderlich.[787] Bei einer außerordentlichen Kündigung wegen Teilnahme an einer rechtswidrigen Arbeitsniederlegung sind alle vernünftigerweise in Betracht kommenden Umstände des Einzelfalles zu beachten und die Interessen der Parteien vollständig gegeneinander abzuwägen, insbesondere auch der Grad der Beteiligung des Arbeitnehmers an der Arbeitsniederlegung und die Erkennbarkeit der Rechtswidrigkeit der Maßnahme einerseits

454

---

778 LAG Schleswig-Holstein 15.9.2010 – 6 Sa 47/10.
779 LAG München 28.3.2007 – 7 Sa 361/06.
780 BAG 16.9.1982 – 2 AZR 266/80 – nv.
781 LAG Schleswig-Holstein 17.9.1986 – 6 Sa 499/86 – RzK I 5 i Nr 20.
782 LAG Hamm 17.11.1989 – 12 Sa 787/89 – LAGE BGB § 626 Nr 48; LAG Köln 17.3.1993 – 7 Sa 13/93 – LAGE BGB § 626 Nr 71.
783 BAG GS 28.1.1955 – GS 1/54 – AP GG Art 9 Arbeitskampf Nr 1.
784 BAG GS 21.4.1971 – GS 1/68 – AP GG Art 9 Arbeitskampf Nr 43.
785 BAG 21.10.1969 – 1 AZR 93/68 – AP GG Art 9 Arbeitskampf Nr 41; 14.2.1978 – 1 AZR 76/76 – AP GG Art 9 Arbeitskampf Nr 58; 14.2.1978 – 1 AZR 103/76 – AP GG Art 9 Arbeitskampf Nr 59; 29.11.1983 – 1 AZR 469/82 – AP BGB § 626 Nr 78.
786 BAG 17.12.1976 – 1 AZR 772/75 – AP Art 9 Arbeitskampf GG Nr 52 zu II 3.
787 BAG 21.10.1969 – 1 AZR 93/68 – AP GG Art 9 Arbeitskampf Nr 41.

und ein etwaiges eigenes rechtswidriges, die Arbeitsniederlegung mit auslösendes Verhalten des Arbeitgebers andererseits. Der **Gesichtspunkt der Solidarität** kann vor allem bei einer „schlichten" Teilnahme an der Arbeitsniederlegung zugunsten des Arbeitnehmers sprechen.[788]

455 **Rechtswidrig ist ein Streik zB dann,**
- wenn er der Durchsetzung betriebsverfassungsrechtlicher Streitfragen dient,[789]
- wenn er nicht von einer Gewerkschaft getragen wird („wilder Streik"),[790]
- wenn die den Streik tragende Gewerkschaft nicht für den Betrieb zuständig ist[791] oder
- wenn es sich um einen Sympathie- bzw Solidaritätsstreik handelt.[792]

Ein **unverschuldeter Verbotsirrtum** kann vorliegen, wenn der Streikaufruf durch eine Gewerkschaft erfolgt; zugunsten der am Streik beteiligten Arbeitnehmer spricht jedoch keine Vermutung, dass der Streik rechtmäßig sei.[793] Eine fristlose oder fristgerechte Kündigung ist aber auch dann nicht ohne weiteres gerechtfertigt, wenn die streikenden Arbeitnehmer mit der Möglichkeit rechnen mussten, dass die Gewerkschaft für ihren Betrieb nicht zuständig ist und der Streik deswegen rechtswidrig war.[794]

24. Tätlichkeiten – Bedrohung

456 Tätlichkeiten im Betrieb (gegenüber Arbeitgeber, Vorgesetzten, Arbeitskollegen oder Kunden) sind grundsätzlich geeignet sind, eine außerordentliche Kündigung zu rechtfertigen.[795] Entsprechendes gilt für die Bedrohung mit einer Tätlichkeit.[796] Der tätliche Angriff auf Arbeitskollegen (oder den Arbeitgeber) ist eine schwerwiegende Verletzung der arbeitsvertraglichen Nebenpflichten. Eine **Abmahnung** ist idR entbehrlich.[797] Zu berücksichtigen ist in diesem Zusammenhang aber, ob der Arbeitnehmer **provoziert** worden ist und sich entschuldigt hat.[798]

457 Der Arbeitgeber ist nicht nur allen Arbeitnehmern gegenüber verpflichtet, dafür Sorge zu tragen, dass sie keinen Tätlichkeiten ausgesetzt sind, sondern hat auch ein eigenes Interesse daran, dass die betriebliche Zusammen-

---

788 BAG 14.2.1978 – 1 AZR 103/76 – AP GG Art 9 Arbeitskampf Nr 59.
789 BAG 17.12.1976 – 1 AZR 772/75 – AP GG Art 9 Arbeitskampf Nr 52.
790 BAG 14.12.1978 – 1 AZR 76/76 – AP GG Art 9 Arbeitskampf Nr 58.
791 BAG 29.11.1983 – 1 AZR 469/82 – AP BGB § 626 Nr 78.
792 BAG 12.1.1988 – 1 AZR 219/86 – AP GG Art 9 Arbeitskampf Nr 90; vgl zur Rechtmäßigkeit eines Unterstützungsstreiks BAG 19.6.2007 – 1 AZR 396/06 – NZA 2007, 1055.
793 BAG 29.11.1983 – 1 AZR 469/82 – AP BGB § 626 Nr 78.
794 BAG 29.11.1983 – 1 AZR 469/82 – AP BGB § 626 Nr 78: zwischen Arbeitgeber und Gewerkschaft bestehende, den Arbeitnehmern bekannte Meinungsverschiedenheit über die Tarifzuständigkeit der Gewerkschaft.
795 BAG 18.9.2008 – 2 AZR 1039/06 – DB 2009, 964; 6.10.2005 – 2 AZR 280/04 – NZA 2006, 431.
796 LAG Frankfurt 21.8.2002 – 6 Sa 1391/01; Thüringer LAG 13.2.2001 – 5 Sa 27/00.
797 BAG 18.9.2008 – 2 AZR 1039/06 – DB 2009, 964; 31.3.1993 – 2 AZR 492/ 92 – AP BGB § 626 Ausschlussfrist Nr 32.
798 LAG Niedersachsen 5.8.2002 – LAGE BGB § 626 Nr 142.

arbeit nicht durch tätliche Auseinandersetzungen beeinträchtigt wird und Arbeitskräfte nicht durch Verletzungen ausfallen. Die Reaktion des Arbeitgebers auf eine Tätlichkeit im Betrieb muss geeignet sein, weitere derartige Vorfälle möglichst zu verhindern. Der Arbeitgeber darf deshalb auch berücksichtigen, wie es sich auf das Verhalten der übrigen Arbeitnehmer auswirkt, wenn er von einer Kündigung absieht (**Generalprävention**). Schon ein **einmaliger massiver tätlicher Angriff** auf einen Arbeitskollegen kann deshalb eine Kündigung rechtfertigen, auch wenn der Arbeitgeber nicht in der Lage ist, zu der Frage der Wiederholungsgefahr weitere Umstände vorzutragen.[799] Ein evtl **späteres Wohlverhalten** des Arbeitnehmers während einer vorläufigen Weiterbeschäftigung ändert nichts an einer im Kündigungszeitpunkt gerechtfertigten negativen Prognose.[800] Auch wenn ein Arbeitnehmer unfreiwillig in eine Schlägerei gerät, kann die erhebliche aktive Beteiligung daran wegen des beträchtlichen Gefährdungspotentials den Arbeitgeber zur (außerordentlichen) Kündigung berechtigen. Außerhalb von Notwehrsituationen kommt es nicht darauf an, wer zuerst zuschlägt und welche Handlung ggf zu einer Körperverletzung führt.[801]

Trägt der Arbeitnehmer schlüssig eine **Notwehrlage** vor, hat der Arbeitgeber zu beweisen, dass eine solche nicht bestanden hat.[802]

25. Verdachtskündigung[803] – Tatkündigung

Der dringende Verdacht einer strafbaren Handlung oder einer sonstigen schweren Vertragspflichtverletzung gegenüber dem Arbeitgeber ist nach ständiger Rechtsprechung des BAG[804] geeignet, eine Kündigung zu rechtfertigen. Dabei ist selbst eine ordentliche Kündigung nur dann sozial gerechtfertigt, wenn sie sowohl hinsichtlich der Dringlichkeit des Verdachts als auch der inhaltlichen Bewertung des verdächtigten Verhaltens und der Interessenabwägung die Voraussetzungen einer außerordentlichen Kündigung erfüllt. Zwischen ordentlicher und außerordentlicher Kündigung bestehen insoweit keine Unterschiede.[805] Kündigungsgrund ist der durch den dringenden Verdacht bedingte Verlust des vertragsnotwendigen Vertrauens. Mit dem Vertrauensverlust entfällt die Eignung des Arbeitnehmers, weshalb die **Verdachtskündigung** nach zutreffender Auffassung der **personenbedingten Kündigung**,[806] die **Tatkündigung** hingegen dem Bereich der

458

---

799 BAG 18.9.2008 – 2 AZR 1039/06 – DB 2009, 964; 31.3.1993 – 2 AZR 492/ 92 – AP BGB § 626 Ausschlussfrist Nr 32.
800 BAG 24.10.1996 – 2 AZR 874/95 – RzK I 5 i Nr 120 II 6.
801 BAG 18.9.2008 – 2 AZR 1039/06 – DB 2009, 964.
802 BAG 31.5.1990 – 2 AZR 535/89 – RzK I 10 h Nr 28 II 2 nv; zur abgestuften Darlegungs-– und Beweislast bei Rechtfertigungsgründen vgl Rn 328 ff.
803 Zu den Einzelheiten vgl Rn 630 ff; zur Vorgehensweise des Arbeitgebers vor Ausspruch der Verdachtskündigung: Busch WiVerw 2005, 154; ders. MDR 1995, 217.
804 ZB BAG 25.11.2010 – 2 AZR 801/09 – DB 2011, 880; 10.6.2010 – 2 AZR 541/09 – NZA 2010, 1227; 23.6.2009 – 2 AZR 474/07 – NZA 2009, 1136; 20.8.1997 – 2 AZR 620/96 – AP BGB § 626 Verdacht strafbarer Handlung Nr 27.
805 BAG 21.11.2013 – 2 AZR 797/11 – NZA 2014, 243.
806 Str; vgl 630 ff; SPV/PreisRn 703; vHH/L/Krause § 1 KSchG Rn 465; aA KR/Etzel 7. Aufl § 1 KSchG Rn 505, der die Verdachtskündigung als verhaltensbedingte Kündigung ansieht; differenzierend KR/Fischermeier § 626 BGB Rn 211.

verhaltensbedingten Kündigung zuzuordnen ist. Der Verdacht einer strafbaren Handlung oder eines vertragswidrigen Verhaltens stellt gegenüber dem Tatvorwurf einen eigenständigen Kündigungsgrund dar.[807] Gleichwohl stehen die beiden Kündigungsgründe nicht beziehungslos nebeneinander. Wird die Kündigung mit dem Verdacht pflichtwidrigen Verhaltens begründet, sieht das Gericht die Pflichtwidrigkeit aber tatsächlich als erwiesen, kann es seine Entscheidung auf die nachgewiesene Tat stützen, ohne dass sich der Arbeitgeber ausdrücklich hierauf berufen müsste.[808] Dadurch wird die praktische Relevanz der Verdachtskündigung zunehmen; denn es erscheint leichter, im Prozess die den dringenden Tatverdacht begründenden Tatsachen nachzuweisen, als den Vollbeweis für die schwere Vertragspflichtverletzung zu erbringen.

26. Verschwiegenheitspflicht/Datenschutz

459 Die Verschwiegenheitspflicht ist eine allgemeine vertragliche Nebenpflicht. Sie verpflichtet den Arbeitnehmer, Betriebs- und Geschäftsgeheimnisse zu wahren. **Betriebs- und Geschäftsgeheimnisse** sind nicht offenkundige Tatsachen, die im Zusammenhang mit einem Geschäftsbetrieb stehen, nur einem eng begrenzten Personenkreis bekannt sind und nach dem bekundeten Willen des Betriebsinhabers auf Grund eines berechtigten wirtschaftlichen Interesses geheim zu halten sind.[809] Als solche Tatsachen kommen ua technisches Know-how, Warenbezugsquellen, Absatzgebiete, Kunden- und Preislisten, Bilanzen, Inventuren und Kreditwürdigkeit in Betracht. Allgemein bekannte und übliche Verfahren oder Tatsachen sind jedoch keine Geschäfts- und Betriebsgeheimnisse, auch wenn der Arbeitgeber sie als solche bezeichnet. Im Einzelfall ist zu prüfen, ob eine wirksame, aus Gesetz oder Vertrag folgende Schweigepflicht besteht.[810] Ein Verstoß gegen die Verschwiegenheitspflicht ist an sich geeignet, eine verhaltensbedingte Kündigung zu rechtfertigen. Dies gilt insbesondere auch bei **Anzeigen gegen den Arbeitgeber** oder **Information der Presse** über innerbetriebliche Vorgänge.[811] Bei schweren Pflichtverletzungen kann eine Abmahnung entbehrlich bzw auch eine außerordentliche Kündigung begründet sein.[812] Durch die unberechtigte Weitergabe von Geschäfts- oder Betriebsgeheimnissen, die der Arbeitnehmer als Mitglied des Aufsichtsrats oder Betriebsrats erlangt hat, verletzt er nicht nur die besonderen gesetzlichen Geheimhaltungspflichten (§ 79 Abs 1 BetrVG; §§ 116, 93 Abs 1 Satz 2 AktG), sondern gleichzeitig seine arbeitsvertraglichen Pflichten. Schwere Verstöße können in diesen Fällen eine außerordentliche Kündigung des Arbeitsver-

---

807 BAG 10.6. 2010 – 2 AZR 541/09 – NZA 2010, 1227; 5.4.2001 – 2 AZR 217/00 – AP BGB § 626 Verdacht strafbarer Handlung Nr 34; 6.12.2001 – 2 AZR 496/00 – AP BGB § 626 Verdacht strafbarer Handlung Nr 36.
808 BAG 10.6.2010 – 2 AZR 541/09 – NZA 2010, 1227; 23.6.2009 – 2 AZR 474/07 – NZA 2009, 1136.
809 BAG 16.3.1982 – 3 AZR 83/79 – NJW 1983, 134; 26.9.1990 – 2 AZR 602/89 – RzK I 8 c Nr 20 II 2 a bb.
810 Zu den Schranken der Verschwiegenheitspflicht vgl Preis/Reinsfeld ArbuR 1989, 361 ff.
811 Vgl hierzu iE Rn 363 ff.
812 BAG 4.4.1974 – 2 AZR 452/73- AP BGB § 626 Arbeitnehmervertreter im Aufsichtsrat Nr 1.

hältnisses rechtfertigen.[813] Die auf konkrete Tatsachen gestützte **Befürchtung**, ein Arbeitnehmer in einer Vertrauensposition, der mit dem Inhaber oder Mitarbeiter eines Konkurrenzunternehmens verwandt oder eng befreundet ist, werde **Betriebsgeheimnisse verraten**, kann uU eine personenbedingte Kündigung rechtfertigen.[814]

In der Datenverarbeitung beschäftigten Personen ist es untersagt, personenbezogene Daten unbefugt zu verarbeiten oder zu nutzen. Verstöße gegen den **Datenschutz** können den Arbeitgeber zur verhaltensbedingten Kündigung berechtigen wie auch der **unbefugte Datenzugriff** auf betriebliche oder personenbezogene Daten allgemein.[815]

27. Wettbewerb/Konkurrenz

Wettbewerbshandlungen des Arbeitnehmers im bestehenden Arbeitsverhältnis sind an sich geeignet, eine verhaltensbedingte Kündigung zu rechtfertigen. IdR liegt ein **wichtiger Grund** iSd § 626 BGB vor. Aufgrund der Schwere der Vertragspflichtverletzung ist eine **Abmahnung** idR entbehrlich. — 460

Während des rechtlichen Bestehens eines **Arbeitsverhältnisses** ist dem Arbeitnehmer grundsätzlich **jede Konkurrenztätigkeit** zum Nachteil seines Arbeitgebers **untersagt**, auch wenn der Einzelarbeitsvertrag keine ausdrückliche Regelung enthält. Für Handlungsgehilfen ist dies in § 60 Abs 1 HGB ausdrücklich geregelt. Diese Vorschrift konkretisiert einen allgemeinen Rechtsgedanken, der seine Grundlage in der Treuepflicht des Arbeitnehmers hat. Der Arbeitgeber soll vor Wettbewerbshandlungen seines Arbeitnehmers geschützt sein. Deshalb schließt der Arbeitsvertrag für die Dauer seines Bestehens über den persönlichen und sachlichen Anwendungsbereich des § 60 HGB hinaus ein **Wettbewerbsverbot** ein.[816] Die dem Arbeitnehmer demnach obliegende Treuepflicht gebietet es, alles unterlassen, was dem Arbeitgeber oder dem Betrieb abträglich ist. Der Arbeitnehmer darf deshalb insbesondere im „Marktbereich" seines Arbeitgebers Dienste oder Leistungen nicht Dritten erbringen oder anbieten. Dem Arbeitgeber soll sein Geschäftsbereich voll und ohne Gefahr nachteiliger, zweifelhafter oder zwielichtiger Beeinflussung durch den Arbeitnehmer offen stehen. — 461

Wurde kein nachvertragliches Wettbewerbsverbot nach § 74 HGB vereinbart, darf ein Arbeitnehmer schon vor Beendigung seines Arbeitsverhältnisses für die Zeit nach seinem Ausscheiden die Gründung eines eigenen Unternehmens vorbereiten. Vorbereitungshandlungen, die in die Interessen des Arbeitgebers nicht unmittelbar eingreifen, erfüllen die Voraussetzungen des § 60 Abs 1 HGB nicht.[817] Zu den erlaubten Vorbereitungsmaßnahmen gehören zum Beispiel die Anmietung von Geschäftsräumen, Ankauf von — 462

---

813 Vgl BAG 23.10.2008 – 2 ABR 59/07 – NZA 2009, 855.
814 Vgl Rn 527.
815 LAG Köln 19.11.1999 – 11 Sa 768/99 – RDV 2001, 30.
816 ZB BAG 26.8.2008 – 2 AZR 190/07 – NZA 2008, 1415; 23.4.1998 – 2 AZR 442/97 – II 2 nv; 21.11.1996 – 2 AZR 852/95 – EzA BGB § 626 nF Nr 162 II 1.
817 BAG 28.1.2010 – 2 AZR 1008/08 – NZA-RR 2010, 461; 26.8.2008 – 2 AZR 190/07 – NZA 2008, 1415.

Waren etc. Ihre Grenze finden Vorbereitungsmaßnahmen dort, wo die geschäftlichen Interessen des Arbeitgebers beeinträchtigt werden können. Für die erforderliche Grenzziehung zwischen erlaubten Vorbereitungshandlungen und untersagtem Wettbewerb ist es erheblich, ob die schon begonnene oder beabsichtigte konkurrierende Tätigkeit des Arbeitnehmers bereits **nach außen** – insbesondere gegenüber den gegenwärtigen Geschäftspartnern des Arbeitgebers – **hervorgetreten** ist. Selbst ein **Vorfühlen bei potenziellen Kunden** ist bereits eine unzulässige Vorbereitungshandlung, dies auch dann, wenn der Arbeitnehmer sich zunächst darauf beschränkt, Kontakte herzustellen und noch davon absieht, bereits Geschäfte abzuschließen.[818]

463 Die Bindung des Arbeitnehmers an das vertragliche **Wettbewerbsverbot** bleibt auch **nach Ausspruch einer arbeitgeberseitigen außerordentlichen Kündigung** bestehen, wenn der Arbeitnehmer sie gerichtlich angreift und sie sich später als unwirksam erweist. Nimmt der Arbeitnehmer nach Kündigungszugang eine Konkurrenztätigkeit auf, kann auf diese eine weitere außerordentliche Kündigung gestützt werden, wenn dem Arbeitnehmer ein Verschuldensvorwurf gemacht werden kann.[819] Nach Auffassung des LAG Köln[820] soll der Arbeitgeber die Unterlassung von Wettbewerb des Arbeitnehmers bis zum Abschluss des Kündigungsschutzprozesses hingegen nur fordern können, wenn er ihm gleichzeitig eine Karenzentschädigung nach §§ 74 ff HGB anbietet.

464 Trägt der Arbeitnehmer im **Kündigungsschutzprozess** konkret vor, der Arbeitgeber habe die den Kündigungsgrund bildende Konkurrenztätigkeit gestattet, muss der Arbeitgeber diese Behauptung widerlegen.[821]

---

818 BAG 26.1.1995 – 2 AZR 355/94 – EzA BGB § 626 nF Nr 155; 28.9.1989 – 2 AZR 97/89 – RzK I 6 a Nr 58..
819 BAG 28.1.2010 – 2 AZR 1008/08 – NZA-RR 2010, 461; 13.12.2007 – 2 AZR 196/06; 25.4.1991 – 2 AZR 624/90 – AP BGB § 626 Nr 104.
820 LAG Köln 4.7.1995 – 9 Sa 484/95 – LAGE HGB § 60 Nr 4.
821 BAG 6.8.1987 – 2 AZR 226/87 – AP BGB § 62Nr 97; zur abgestuften Darlegungs- und Beweislast bei Rechtfertigungsgründen vgl Rn 329 f.

E. Personenbedingte Kündigung

I. Allgemeines, Begriff, Bilanz... 465
II. Voraussetzungen 469
  1. Prognose fehlender Eignung 474
  2. Konkrete betriebliche oder wirtschaftliche Beeinträchtigung 476
  3. Vorrang des milderen Mittels, mangelnde Weiterbeschäftigungsmöglichkeit 477
  4. Interessenabwägung 483
III. Außerordentliche personenbedingte Kündigung 485
  1. Personenbedingter Umstand und wichtiger Grund iSv § 626 Abs 1 BGB.......... 485
  2. Sonderfall: Personenbedingte außerordentliche Kündigung ordentlich Unkündbarer............... 486
    a) Wichtiger Grund an sich 488
    b) Zweiwochenfrist, § 626 Abs 2 BGB...... 491
    c) Interessenabwägung... 492
IV. Einzelfälle 495
  1. AIDS und HIV-Infektion 495
    a) HIV-Infektion 496
    b) AIDS................... 499
  2. Alkohol- und Drogenabhängigkeit 500
  3. Alter....................... 506
  4. Aufenthaltserlaubnis zur Ausübung einer Beschäftigung und Berufsausübungserlaubnis........... 510
    a) Aufenthaltserlaubnis zur Ausübung einer Beschäftigung und Arbeitsgenehmigung-EU..................... 510
    b) Berufsausübungserlaubnis................. 515
  5. Arbeitsunfähigkeit und Erwerbsminderung........ 522
  6. Arbeitsunfall und Berufskrankheit.................. 523
  7. Betriebsgeheimnisse....... 527
  8. Druckkündigung.......... 528
  9. Eheschließung und Ehescheidung................. 530
  10. Ehrenamt.................. 536
  11. Eignung, Tendenzbetriebe 537
  12. Familiäre Verpflichtungen 541
  13. Gewissensentscheidung... 542
  14. Haft (Straf- und Untersuchungshaft)................ 544
  15. Krankheit 546
    a) Struktur, kein Verstoß der krankheitsbedingten Kündigung gegen Unionsrecht 546
      aa) Negative Gesundheitsprognose 548
      bb) Erhebliche Beeinträchtigung betrieblicher oder wirtschaftlicher Interessen...... 549
      cc) Fehlen eines milderen Mittels, mangelnde Weiterbeschäftigungsmöglichkeit 550
      dd) Interessenabwägung 551
    b) Fallgruppen............ 553
      aa) Übersicht............. 553
      bb) Häufige Kurzerkrankungen 555
        (1) Negative Prognose ... 555
        (2) Erhebliche Beeinträchtigung betrieblicher oder wirtschaftlicher Interessen........ 560
        (a) Betriebsablaufstörungen.................... 561
        (b) Wirtschaftliche Belastungen 565
        (3) Weiterbeschäftigungsmöglichkeit.......... 572
        (4) Interessenabwägung.. 573
      cc) Langzeiterkrankung 576
        (1) Negative Prognose ... 577
        (2) Erhebliche Beeinträchtigung wirtschaftlicher Interessen.................... 582
        (3) Weiterbeschäftigungsmöglichkeit und Interessenabwägung.. 586
      dd) Dauernde Leistungsunfähigkeit........... 587
      ee) Völlige Ungewissheit der Wiederherstellung der Arbeitsfähigkeit, Wiedereinstellungsanspruch 593
      ff) Leistungsminderung („Low Performer") .. 598
      gg) Betriebliches Eingliederungsmanagement 606

c)	Darlegungs- und Beweislast	613	
aa)	Häufige Kurzerkrankungen	613	
(1)	Negative Prognose	613	
(2)	Erhebliche Beeinträchtigung betrieblicher oder wirtschaftlicher Interessen	615	
(a)	Betriebsablaufstörungen	616	
(b)	Wirtschaftliche Belastungen	617	
(3)	Weiterbeschäftigungsmöglichkeit	618	
(4)	Interessenabwägung	619	
bb)	Negative Prognose im Rahmen der lang andauernden Krankheit	621	
cc)	Erhebliche und unzumutbare betriebliche Beeinträchtigung	622	
dd)	Dauernde Arbeitsunfähigkeit und völlige Ungewissheit der Wiederherstellung der Arbeitsfähigkeit	623	
ee)	Weiterbeschäftigungsmöglichkeit innerhalb der krankheitsbedingten Leistungsminderung	624	
16.	Kuraufenthalt	625	
17.	Sonntagsarbeit bei Doppelarbeitsverhältnis	626	
18.	Straftaten	627	
19.	Verdachtskündigung	630	
a)	Dogmatische Einordnung, allgemeine Wirksamkeitsfragen	630	
b)	Voraussetzungen	635	
aa)	Verdacht	637	
bb)	Objektivität und Dringlichkeit des Verdachts	641	
cc)	Notwendige Aufklärungsbemühungen	644	
dd)	Erhebliche Beeinträchtigung betrieblicher Interessen, fehlende Weiterbeschäftigungsmöglichkeit	646	
c)	Wiedereinstellungsanspruch, Restitutionsklage	647	
20.	Verschuldung, Entgeltpfändungen	650	
21.	Wehrdienst	653	

I. Allgemeines, Begriff, Bilanz

465 Gründe in der Person iSv § 1 Abs 2 Satz 1 Fall 1 KSchG betreffen die **persönlichen Eigenschaften und Fähigkeiten** des Arbeitnehmers. Die praktisch wichtigste Erscheinungsform der personenbedingten Kündigung ist die **krankheitsbedingte Kündigung**.[1] Mit der Befugnis zur personenbedingten Kündigung hat der Arbeitgeber die Möglichkeit, das Arbeitsverhältnis zu beenden, wenn der Arbeitnehmer künftig nicht mehr imstande ist, die geschuldete Arbeitsleistung ganz oder teilweise zu erbringen.[2]

466 Personenbedingte Kündigungsgründe entstammen ausschließlich der **Sphäre des Arbeitnehmers**.[3] Soweit ihm vertragswidrige Handlungen zur Last gelegt werden, ist der verhaltensbedingte Kündigungsgrund nach § 1 Abs 2 Satz 1 Fall 2 KSchG der speziellere. (Mangelnde) Eigenschaften des Arbeitnehmers begründen einen personenbedingten Umstand. Steuerbares Fehlverhalten des Arbeitnehmers bei der Vertragserfüllung ist hingegen ein verhaltensbedingter Grund.[4] Plastisch lässt sich die Abgrenzung so formulie-

---

1 Rn 546 ff.
2 Vgl schon BAG 20.5.1988 – 2 AZR 682/87 – C III 2 b aa AP KSchG 1969 § 1 Personenbedingte Kündigung Nr 9.
3 S bereits BAG 13.3.1987 – 7 AZR 724/85 – II 2 AP KSchG 1969 § 1 Betriebsbedingte Kündigung Nr 37.
4 APS/Dörner/Vossen § 1 KSchG Rn 119; KR/Griebeling § 1 KSchG Rn 267.

ren: Ein Grund in der **Person** ist gegeben, wenn der Arbeitnehmer **will, aber nicht kann.** Ein Grund im **Verhalten** liegt demgegenüber vor, wenn der Arbeitnehmer **kann, aber nicht will.**[5] Die personenbedingte Kündigung ist eine Reaktion auf das von keiner der Vertragsparteien verschuldete Missverhältnis in der konkreten Austauschbeziehung.[6] Ein dem Arbeitnehmer vorwerfbares Verhalten ist nicht erforderlich.[7] Bei der personenbedingten Kündigung kommt es vielmehr darauf an, ob der Arbeitnehmer zur vertraglich vereinbarten Leistung imstande oder eine Äquivalenzstörung eingetreten ist.[8] Verliert der Arbeitnehmer die Eignung oder Fähigkeit, die geschuldete Arbeitsleistung zu erbringen, kann er dies nicht oder nicht mehr willentlich steuern.[9] Die Abgrenzung zwischen verhaltens- und personenbedingter Kündigung ist zugleich die des Abmahnungserfordernisses: Ist das Verhalten des Arbeitnehmers nicht steuerbar, ist eine **Abmahnung zwecklos und entbehrlich.**[10]

Da sich Eignung und Fähigkeiten auch im Verhaltensbereich des Arbeitnehmers niederschlagen können, ist es häufig schwierig, den personenvom verhaltensbedingten Grund zu unterscheiden. Berührt eine Kündigung mehrere Gründe, handelt es sich um einen **Mischtatbestand.** Die Abgrenzung richtet sich dann in erster Linie danach, aus welchem der drei von § 1 Abs 2 KSchG genannten Bereiche die **Störung herrührt,** die sich auf den Bestand des Arbeitsverhältnisses nachteilig auswirkt.[11] Privates Verhalten, das die vertraglichen Pflichten nicht unmittelbar berührt, kann eine verhaltensbedingte Kündigung nicht rechtfertigen. Es kann jedoch ausnahmsweise geeignet sein, eine personenbedingte Kündigung zu stützen, wenn es dem Arbeitnehmer die Eignung oder Fähigkeit nimmt, seine Arbeitspflicht zu erfüllen. Denkbar ist zB, dass er in Haft genommen wird, seine Arbeits- oder Fahrerlaubnis verliert.[12] Das Fehlverhalten wird über die Eignungsbeeinträchtigung unmittelbar vertragsrelevant. Ein anschauliches Bsp für die schwierige Grenzziehung zwischen verhaltensbedingter und personenbedingter Kündigung ist auch der **Vertrauenslust** aufgrund vorangegangener Pflichtwidrigkeiten. Pflichtverletzungen, die den Leistungsbereich des Geschäftsführerdienstverhältnisses betreffen, führen wegen der unterschiedlichen Pflichtenstruktur in den beiden Vertragsverhältnissen nicht notwendig zu vergleichbaren Vertragsverletzungen im ruhend fortbestehenden Ar-

---

5 vHH/L/Krause § 1 KSchG Rn 313.
6 BAG 8.11.2007 – 2 AZR 292/06 – Rn 26 AP KSchG 1969 § 1 Personenbedingte Kündigung Nr 29.
7 KR/Griebeling § 1 KSchG Rn 268.
8 BAG 19.4.2007 – 2 AZR 239/06 – Rn 20 AP KSchG 1969 § 1 Krankheit Nr 45; Greiner RdA 2007, 22.
9 Zu der Ausnahme, dass der Arbeitnehmer den personenbedingten Grund schuldhaft herbeiführt, Rn 484.
10 Ganz hM in der Lit, vgl nur: APS/Dörner § 1 KSchG Rn 120 und 131; KR/Griebeling § 1 KSchG Rn 269; vHH/L/Krause § 1 Rn 311; abweichend teilweise die ältere Rspr des BAG bei steuerbarem, in der Person liegendem Verhalten, vgl BAG 15.8.1984 – 7 AZR 228/82 – II 5 b AP KSchG 1969 § 1 Nr 8 sowie BAG 30.9.1993 – 2 AZR 283/93 – B V AP KSchG 1969 § 2 Nr 33.
11 Vgl zB BAG 18.9.2008 – 2 AZR 976/06 – Rn 19 NZA 2009, 425; BAG 5.6.2008 – 2 AZR 984/06 – Rn 27 mwN AP BGB § 626 Nr 212; BAG 13.3.1987 – 7 AZR 724/85 – II 2 AP KSchG 1969 § 1 Betriebsbedingte Kündigung Nr 37.
12 SPV/Preis Rn 1219.

beitsverhältnis. Etwas anderes kann jedoch bei vorsätzlicher Missachtung von Kompetenzregelungen im Geschäftsführerdienstverhältnis gelten. Ein solches Verhalten kann Einfluss auf die **Vertrauenswürdigkeit und Zuverlässigkeit** des Arbeitnehmers haben. Der Vertrauensverlust kann bei negativer Prognose und sowohl erheblichen als auch unzumutbaren Auswirkungen auf die betrieblichen Interessen des Arbeitgebers als personenbedingter Grund uU sogar eine außerordentliche Kündigung rechtfertigen.[13]

468 **Bilanz.** Insgesamt wie auch in seinem **Kernbereich** – der krankheitsbedingten Kündigung[14] – befindet sich das Recht der personenbedingten Kündigung in „ruhigem Fahrwasser". Die höchstrichterliche Rechtsprechung zeichnet sich hier durch Kontinuität und bloße weitere Differenzierung aus. Sie hat auch die materiellen kündigungsschutzrechtlichen Fragen des **betrieblichen Eingliederungsmanagements nach § 84 Abs 2 SGB IX** inzwischen überwiegend gelöst.[15] Auf einzelne neue Entscheidungen – wie etwa im Bereich der Verdachtskündigung[16] oder der persönlichen Eignung[17] – wird beim jeweiligen Stichwort eingegangen. Auf unionsrechtlicher Ebene ist die Entscheidung **Ring des EuGH vom 11.4.2013**[18] wesentlich, welche den Behindertenbegriff der RL 2000/78/EG erheblich erweitert und die Arbeitgeber auch auf nationaler Ebene zu weitergehenden Maßnahmen vor Ausspruch der Kündigung verpflichtet.

II. Voraussetzungen

469 Eine Kündigung ist personenbedingt sozial gerechtfertigt, wenn **vier Voraussetzungen** erfüllt sind.[19] Das BAG prüft in nur **drei Schritten**, wobei es die Frage des milderen Mittels einesteils in die erheblichen betrieblichen Störungen, anderenteils in die Interessenabwägung eingliedert.

470 ■ Der Arbeitnehmer ist aufgrund seiner persönlichen Eigenschaften und Fähigkeiten nicht mehr in der Lage, künftig seine arbeitsvertraglichen Verpflichtungen zu erfüllen (**Prognose fehlender Eignung**).

471 ■ Die persönlichen Umstände müssen in Zukunft zu **konkreten betrieblichen Störungen** führen.[20]

472 ■ Ein **milderes Mittel** als das der Kündigung darf nicht vorhanden sein, insbesondere darf **keine Weiterbeschäftigungsmöglichkeit** bestehen.

473 ■ Das Lösungsinteresse des Arbeitgebers muss die Bestandsschutzbelange des Arbeitnehmers überwiegen (**Interessenabwägung**).[21]

---

13 BAG 27.11.2008 – 2 AZR 193/07 – Rn 37 ff AP BGB § 626 Nr 219.
14 Rn 546 ff.
15 Rn 606 ff.
16 Vgl Rn 630 ff, insb Rn 640 und 641.
17 Vgl Rn 537, 539.
18 EuGH 11.4.2013 – C 335/11 und C-337/11 – Ring, Skouboe Werge AP Richtlinie 2000/78/EG Nr 28.
19 Zu der Prüfung im Fall der krankheitsbedingten Kündigung Rn 474 bis 484.
20 Zu den Sonderkonstellationen, dass der Arbeitnehmer dauernd außerstande ist, die geschuldete Arbeitsleistung zu erbringen, oder die Wiederherstellung der Arbeitsfähigkeit völlig ungewiss ist, Rn 587 ff und 593 ff.
21 Ihre Einzelheiten sind umstr, Rn 483 ff.

1. Prognose fehlender Eignung

Die persönlichen Fähigkeiten und Eigenschaften des Arbeitnehmers dürfen nicht länger die Annahme erlauben, dass der Vertragszweck erreicht werden kann. Er muss unerreichbar geworden sein, wodurch das Austauschverhältnis beeinträchtigt wird. 474

Die personenbedingte Kündigung hat – vor allem im Rahmen der krankheitsbedingten Kündigung – in besonderem Maß dazu beigetragen, das Erfordernis der negativen Prognose zu entwickeln.[22] Sie erlaubt es dem Arbeitgeber nicht, vergangene Störungen des Arbeitsverhältnisses zu sanktionieren, sondern soll ihn als letztes Mittel vor künftigen unzumutbaren Belastungen bewahren.[23] Es können verschiedene Fallgestaltungen auftreten: 475

- Ist bei Ausspruch der Kündigung – etwa im Fall einer Langzeiterkrankung – absehbar, dass die geschuldete Arbeitsleistung bei Ablauf der Kündigungsfrist wieder erbracht werden kann, fehlt die notwendige negative Prognose.
- Ist im Zeitpunkt der Kündigung demgegenüber nur vorauszusehen, dass eine vertragsgerechte Leistung erst in fernerer Zukunft – wenn auch zu einem bestimmten Termin – nach Verstreichen der Kündigungsfrist möglich sein wird, kann der objektive Tatbestand einer personenbedingten Kündigung erfüllt sein, wenn erhebliche betriebliche oder wirtschaftliche Beeinträchtigungen gegeben sind. In dieser Konstellation kann die Interessenabwägung aber zulasten des Arbeitgebers ausgehen, wenn feststeht, dass der Arbeitnehmer die nötige Eignung oder Fähigkeit in überschaubarer Zeit erneut erlangen wird.[24]
- Anderes gilt, wenn völlig ungewiss ist, ob und wann die Arbeitsfähigkeit wiederhergestellt sein wird.[25]

2. Konkrete betriebliche oder wirtschaftliche Beeinträchtigung

Die personenbedingten Umstände müssen künftige betriebliche oder wirtschaftliche Interessen des Arbeitgebers **erheblich beeinträchtigen**.[26] Sie müssen sich bereits im Zeitpunkt der Kündigung konkret auf den Betrieb auswirken. Bloße abstrakte oder konkrete **Gefährdungen genügen nicht**.[27] Deshalb ist unerheblich, dass ein nebenberuflich beschäftigter Arbeitnehmer durch seinen Beamtenstatus wirtschaftlich abgesichert ist.[28] Allgemei- 476

---

22 Vgl zB BAG 29.7.1993 – 2 AZR 155/93 – II 1 AP KSchG 1969 § 1 Krankheit Nr 27.
23 BAG 11.12.2003 – 2 AZR 667/02 – B III 2 d und e AP KSchG 1969 § 1 Verhaltensbedingte Kündigung Nr 48; 23.6.1983 – 2 AZR 15/82 – B III 4 b aa AP KSchG 1969 § 1 Krankheit Nr 10.
24 Str, weitgehend wie hier APS/Dörner/Vossen § 1 KSchG Rn 122; KR/Griebeling § 1 KSchG Rn 276; aA BAG 21.2.2001 – 2 AZR 558/99 – II 2 b NZA 2001, 1071, das schon die negative Gesundheitsprognose entfallen lässt, wenn bereits im Zeitpunkt der Kündigung objektive Anhaltspunkte dafür bestehen, dass die Arbeitsunfähigkeit von absehbarer Dauer sein wird.
25 Dazu iE Rn 593 ff.
26 BAG 26.9.1991 – 2 AZR 132/91 – A III 3 c cc AP KSchG 1969 § 1 Krankheit Nr 28.
27 SPV/Preis Rn 1222, **str**.
28 BAG 13.3.1987 – 7 AZR 724/85 – II 2 AP KSchG 1969 § 1 Betriebsbedingte Kündigung Nr 37.

ne Befürchtungen, die die Eignung des Arbeitnehmers im Sicherheitsbereich berühren, reichen gleichfalls nicht aus. Vielmehr muss vorgetragen werden, dass ein Sicherheitsbedürfnis konkret beeinträchtigt wird.[29]

3. Vorrang des milderen Mittels, mangelnde Weiterbeschäftigungsmöglichkeit

477 Die Weiterbeschäftigung auf einem **freien** Arbeitsplatz, auf dem die Mängel nicht oder nur unbedeutend zum Tragen kommen, ist ein milderes Mittel als die Kündigung. Ist eine **Änderung der Arbeitsbedingungen oder eine Umschulung** nötig, um die Um- oder Versetzung vorzunehmen, sind verschiedene Gestaltungen zu unterscheiden:

- Lehnt der Arbeitnehmer eine einvernehmliche Vertragsänderung ab, behält er sich aber vor, eine noch auszusprechende Änderungskündigung zumindest unter dem Vorbehalt ihrer sozialen Rechtfertigung bzw Wirksamkeit zu akzeptieren, genießt die **Änderungskündigung** nach dem Grundsatz der Verhältnismäßigkeit regelmäßig **Vorrang vor der Beendigungskündigung**.[30]
- Ein Änderungsangebot kann nur in **Extremfällen** unterbleiben. Daran ist etwa bei erkennbar völlig unterwertiger Beschäftigung zu denken („Personalchef als Pförtner").[31]
- Im **Regelfall des nötigen Änderungsangebots** kann der Arbeitgeber Angebot und Kündigung auch miteinander verbinden, indem er ohne vorherige Verhandlungen mit dem Arbeitnehmer **sofort eine Änderungskündigung** ausspricht. Erklärt der Arbeitgeber stattdessen ohne vorheriges oder gleichzeitiges Änderungsangebot sofort eine Beendigungskündigung, ist diese Kündigung regelmäßig sozialwidrig.
- **Versagt** der Arbeitnehmer sein Einverständnis im Unterschied dazu **endgültig und vorbehaltlos**, ist der Arbeitgeber frei, eine **Beendigungskündigung** zu erklären. Eine Beendigungskündigung ist maW nur zulässig, wenn der Arbeitnehmer **unmissverständlich** zum Ausdruck gebracht hat, er werde die geänderten Arbeitsbedingungen im Fall des Ausspruchs einer Änderungskündigung nicht – auch nicht unter dem Vorbehalt ihrer sozialen Rechtfertigung – annehmen.
- Sozialwidrig ist die Beendigungskündigung nach § 1 Abs 2 Satz 3 KSchG auch, wenn die Weiterbeschäftigung des Arbeitnehmers **nach zumutbaren Umschulungs- oder Fortbildungsmaßnahmen** möglich ist und der Arbeitnehmer sein **Einverständnis** hiermit erklärt hat. Ent-

---

29 SPV/Preis Rn 1223 unter Hinweis auf BAG 28.2.1963 – 2 AZR 342/62 – AP KSchG § 1 Sicherheitsbedenken Nr 3 und BAG 26.10.1978 – 2 AZR 24/77 – II 2 AP KSchG 1969 § 1 Sicherheitsbedenken Nr 1.
30 Für die personenbedingte Kündigung ist Entsprechendes wie für die betriebsbedingte Kündigung anzunehmen. Maßgeblich sind vor allem folgende Entscheidungen des Zweiten Senats: BAG 21.4.2005 – 2 AZR 132/04 – B II AP KSchG 1969 § 2 Nr 79; 21.4.2005 – 2 AZR 244/04 – II AP KSchG 1969 § 2 Nr 80, die allerdings jeweils zu Kündigungen ergingen, die auf dringende betriebliche Erfordernisse gestützt wurden.
31 Grundlegend im Bereich der betriebsbedingten Kündigung BAG 21.4.2005 – 2 AZR 132/04 – B II 4 b AP KSchG 1969 § 2 Nr 79; BAG 21.4.2005 – 2 AZR 244/04 – II 4 b AP KSchG 1969 § 2 Nr 80; fortgeführt zB von BAG 21.9.2006 – 2 AZR 607/05 – Rn 34 AP KSchG 1969 § 2 Nr 130.

scheidend ist, ob bei Beendigung der Umschulungs- oder Fortbildungsmaßnahme ein freier Arbeitsplatz vorhanden sein wird. Dem Arbeitgeber kann nicht abverlangt werden, einen Arbeitsplatz zu schaffen.[32]

Frei ist ein Arbeitsplatz, der bei Zugang der Kündigung unbesetzt ist oder – im Zeitpunkt des Ausspruchs der Kündigung voraussehbar – bei Ablauf der Kündigungsfrist mit hinreichender Sicherheit zur Verfügung stehen wird, bspw weil ein anderer Arbeitnehmer ausscheiden wird.[33] 478

Eine Pflicht, einen besetzten Arbeitsplatz in Analogie zu § 1 Abs 3 KSchG frei zu kündigen, existiert dagegen nicht. § 1 Abs 3 KSchG setzt nach seinem eindeutigen Wortlaut voraus, dass die Kündigung „aus dringenden **betrieblichen Erfordernissen**" erfolgt ist. Selbst wenn eine Krankheit betrieblich verursacht ist und zu Leistungsunfähigkeit oder eingeschränkter Leistungsfähigkeit geführt hat, ist die Leistungsunfähigkeit oder -einschränkung der Kündigungsgrund. § 1 Abs 2 Satz 1 KSchG differenziert nach der unmittelbaren Störquelle und den der Störung zugrunde liegenden ferneren Ursachen.[34] Auch bei einer arbeitsbedingten Erkrankung liegt die **unmittelbare Störung** darin, dass der Arbeitnehmer – **persönlich** – nicht mehr imstande ist, die geschuldete Arbeitsleistung zu erbringen. Das Erfordernis der Sozialauswahl nach § 1 Abs 3 KSchG bei betriebsbedingten Kündigungen ist eine gesetzliche Ausnahme von dem Grundsatz, dass der allgemeine Kündigungsschutz **arbeitsvertragsbezogen ausgestaltet ist**, eine Beendigung also nur aus Gründen in Betracht kommt, die das Verhältnis zwischen Arbeitgeber und einzelnem Arbeitnehmer berühren. Bei personen- oder verhaltensbedingten Kündigungen steht der Arbeitnehmer, dessen Arbeitsverhältnis gekündigt werden darf, bereits aufgrund der kündigungsrelevanten fehlenden Eignung oder des zur Kündigung führenden Fehlverhaltens fest. Eine Auswahlentscheidung zu dem Zweck, das zu kündigende Arbeitsverhältnis personell zu konkretisieren, ist nicht erforderlich. Wäre der Arbeitgeber auch in einem solchen Fall zu einer „Austauschkündigung" berechtigt oder verpflichtet, würde in die vertraglich begründete Rechtsposition eines anderen Arbeitnehmers eingegriffen, ohne dass dieser hierfür persönlich einen Grund gesetzt hätte. Dazu bedürfte es einer ausdrücklichen gesetzlichen Anordnung. Die Analogievoraussetzungen der unbeabsichtigten Regelungslücke und der vergleichbaren Interessenlage sind deshalb nicht erfüllt. Eine betriebliche Ursache der Erkrankung ist jedoch innerhalb der **Interessenabwägung** zu berücksichtigen.[35] 479

Der Arbeitgeber ist grundsätzlich weder gezwungen noch berechtigt, einen besetzten Arbeitsplatz frei zu kündigen. Dennoch darf der Arbeitgeber sich nicht stets damit begnügen festzustellen, dass keine freien Arbeitsplätze vorhanden sind, bevor er in Krankheitsfällen zum Mittel der Kündigung greift.[36] Den Personaleinsatz umzuorganisieren, ist dann als mildere Maß- 480

---

32 Sinngemäß BAG 7.2.1991 – 2 AZR 205/90 – B II 2 a AP KSchG 1969 § 1 Umschulung Nr 1.
33 BAG 7.2.1991 – 2 AZR 205/90 – B II 1 a AP KSchG 1969 § 1 Umschulung Nr 1.
34 Rn 467.
35 Str, zu dem Gesamtkomplex BAG 29.1.1997 – 2 AZR 9/96 – II 1 c mwN AP KSchG 1969 § 1 Krankheit Nr 32.
36 BAG 29.1.1997 – 2 AZR 9/96 – II 1 d AP KSchG 1969 § 1 Krankheit Nr 32.

nahme gegenüber der personenbedingten Kündigung geboten, wenn der Arbeitgeber einen leidensgerechten Arbeitsplatz frei machen kann, indem er sein **Direktionsrecht** ausübt („Ringtausch").[37] Der Arbeitgeber hält sich damit innerhalb der vertraglichen Abreden mit dem bisherigen Arbeitsplatzinhaber und greift nicht in dessen Rechtsposition ein. Sobald er gegenüber dem anderen Arbeitnehmer eine **Änderungskündigung** aussprechen müsste, um dessen Arbeitsplatz frei zu machen, scheidet das mildere Mittel der Um- oder Versetzung aus. Denn im Verhältnis zu dem anderen Arbeitnehmer besteht keiner der drei Kündigungsgründe des § 1 Abs 2 KSchG, insbesondere kein betriebsbedingter. Zu einer solchen Änderungskündigung ist der Arbeitgeber grundsätzlich nicht verpflichtet.[38]

481 Eine Änderungskündigung gegenüber dem Arbeitnehmer, dessen Arbeitsplatz für den zur Kündigung anstehenden Arbeitnehmer frei gemacht werden soll, ist jedenfalls dann nötig, wenn der Arbeitsplatz, auf den der andere Arbeitnehmer umgesetzt oder versetzt werden soll, geringer vergütet ist oder schlechtere Arbeitsbedingungen aufweist. Durch einen derartigen Eingriff wird das Äquivalenzgefüge des Arbeitsvertrags gestört. Die Grenzen des Weisungsrechts sind überschritten.[39] Darüber hinaus darf das Direktionsrecht aus § 106 Satz 1 GewO nur nach **billigem Ermessen** ausgeübt werden. Das ist zu verneinen, wenn ausschließlich die Interessen des von der Kündigung bedrohten Arbeitnehmers gewahrt, die Belange des anderen Arbeitnehmers aber völlig vernachlässigt werden.[40]

482 Soweit die innerhalb der Grenzen des Weisungsrechts und nach billigem Ermessen durchgeführte Maßnahme eine **Versetzung isd § 95 Abs 3 BetrVG** beinhaltet, die individualrechtlich durch eine entsprechende Versetzungsklausel im Arbeitsvertrag gedeckt ist, muss sich der Arbeitgeber auch um die Zustimmung des Betriebsrats bemühen. Ihm ist es aber nicht zuzumuten, ein Zustimmungsersetzungsverfahren nach § 99 Abs 4 BetrVG durchzuführen, wenn der Betriebsrat seine Zustimmung verweigert. Ein mit der Versetzung verbundener Nachteil des bisherigen Arbeitsplatzinhabers ist weder aus Gründen in seiner Person gerechtfertigt, noch können dafür unmittelbare betriebliche Gründe reklamiert werden, § 99 Abs 2 Nr 4 BetrVG.[41] Dem BAG ist nicht darin zuzustimmen, dass der Arbeitgeber das mit einem arbeitsgerichtlichen Beschlussverfahren verbundene Prozessrisiko und etwaige betriebliche Konflikte nicht auf sich zu nehmen braucht. Diese Notwendigkeit ist im Verhältnis zu beiden Arbeitnehmern – gegenüber dem von der Kündigung bedrohten wegen des gegebenen milderen Mittels, gegenüber dem anderen Arbeitnehmer aufgrund der Reichweite des Direktionsrechts – nur die betriebsverfassungsrechtliche Konsequenz der gewählten individualvertraglichen Gestaltung zwischen dem Arbeitge-

---

37 vHH/L/Krause § 1 Rn 299.
38 BAG 29.1.1997 – 2 AZR 9/96 – II 1 d AP KSchG 1969 § 1 Krankheit Nr 32.
39 vHH/L/Krause § 1 Rn 300.
40 vHH/L/Krause § 1 Rn 300.
41 BAG 29.1.1997 – 2 AZR 9/96 – II 1 d AP KSchG 1969 § 1 Krankheit Nr 32.

ber und dem Inhaber des besetzten Arbeitsplatzes.[42] Ausschlaggebend ist jedoch das Argument, dass der Betriebsrat mangels persönlichen oder unmittelbar betrieblichen Umstands in der Sphäre des Arbeitsplatzinhabers einen Zustimmungsverweigerungsgrund nach § 99 Abs 2 Nr 4 BetrVG hat. Der Zustimmungsersetzungsantrag des Arbeitgebers hätte deswegen keine Aussicht auf Erfolg.

4. Interessenabwägung

Ist der objektive Kündigungsgrund zu bejahen, liegt also eine erhebliche Beeinträchtigung aufgrund mangelnder Eignung des Arbeitnehmers einschließlich negativer Prognose vor und fehlt ein milderes Mittel, ist schließlich eine Interessenabwägung vorzunehmen, die nicht zum (objektiven) Kündigungsgrund gehört.[43] Sie geht zugunsten des Arbeitnehmers aus, wenn der Arbeitgeber die aufgrund des personenbedingten Kündigungsgrundes eingetretene erhebliche betriebliche oder wirtschaftliche Störung des Arbeitsverhältnisses billigerweise noch hinnehmen muss. Erscheint die Kündigung umgekehrt wegen der Beeinträchtigung aus Sicht eines verständigen Arbeitgebers als billigenswert und angemessen, überwiegt das Beendigungsinteresse des Arbeitgebers. Die Unzulänglichkeiten des Arbeitnehmers müssen so gewichtig sein, dass die Fortsetzung des Arbeitsverhältnisses für den Arbeitgeber unzumutbar ist.[44] Eine personenbedingte Kündigung ist deshalb nur gerechtfertigt, wenn die anerkennenswerten betrieblichen, unternehmerischen oder vertraglichen Interessen des Arbeitgebers unter Berücksichtigung der in der Rechtsordnung verankerten Wertentscheidungen zum Schutz des Arbeitnehmers in einem solchen Maß beeinträchtigt sind, dass sie die Rechtspositionen des Arbeitnehmers in der konkreten Gestaltung überwiegen. Die in der Rechtsprechung verwandte Formel, an die Interessenabwägung sei im Rahmen einer personenbedingten Kündigung ein **besonders strenger Maßstab** anzulegen,[45] darf nicht dahin missverstanden werden, dass eine allgemeine Billigkeitsabwägung durchzuführen wäre.[46] Der Interessenkonflikt ist in Teilbereichen schon innerhalb

---

42 vHH/L/Linck 14. Aufl § 1 Rn 277 machen allerdings zu Recht darauf aufmerksam, dass auch mehrere leidensgerechte Arbeitsplätze für den erkrankten Arbeitnehmer geeignet sein können. In diesem Fall kann der versetzte Arbeitnehmer geltend machen, dass ein anderer Arbeitnehmer hätte versetzt werden müssen. Auch darauf kann ein Widerspruch nach § 99 Abs 2 Nr 4 BetrVG gestützt werden. Zu der Sonderkonstellation der zumutbaren Weiterbeschäftigung schwerbehinderter Arbeitnehmer bei verweigerter Zustimmung des Betriebsrats zu ihrer Versetzung BAG 22.9.2005 – 2 AZR 519/04 – II 2 AP SGB IX § 81 Nr 10 und Rn 572 aE. Zum leidensgerechten Arbeitsplatz auch Kleinebrink FA 2011, 66 ff; Mückl/Hiebert NZA 2010, 1259 ff.
43 Mittelbar BAG 29.7.1993 – 2 AZR 155/93 – IV 3 AP KSchG 1969 § 1 Krankheit Nr 27; vHH/L/Krause § 1 Rn 307 mwN.
44 vHH/L/Krause § 1 Rn 306; KR/Griebeling § 1 KSchG Rn 274.
45 BAG 10.12.1956 – 2 AZR 288/54 – AP KSchG § 1 Nr 21.
46 vHH/L/Krause § 1 Rn 307 fordert daher vor der Interessenabwägung die Feststellung erheblicher betrieblicher und/oder wirtschaftlicher Beeinträchtigungen aus Gründen, die in der Person des Arbeitnehmers liegen, um so zu verhindern, dass die Interessenabwägung konturlos bleibt. SPV/Preis Rn 1230 lehnt eine allgemeine Billigkeitsabwägung ausdrücklich ab und verlangt eine konkrete, auf das Arbeitsverhältnis bezogene Abwägung: Eine personenbedingte Kündigung soll nur gerechtfertigt sein, wenn unter Berücksichtigung der in der Rechtsordnung veranker-

des objektiven Kündigungsgrundes bewertet worden.[47] Eine den soeben genannten Erfordernissen entsprechende besonders sorgfältige Abwägung[48] ist aber geboten, weil der Arbeitnehmer den personenbedingten Kündigungsgrund (in aller Regel) nicht schuldhaft verursacht hat, ihm vielmehr häufig krankheits- oder altersbedingte Leistungsschwächen zugrunde liegen.

484 Es ist stets zugunsten des Arbeitnehmers zu berücksichtigen, wenn die Einschränkung der Eignung oder Fähigkeit aus Umständen herrührt, die ihren Ursprung **im Arbeitsverhältnis selbst haben**, sie etwa auf einem **Betriebsunfall** oder einer **Berufskrankheit** beruht. Die Interessenabwägung wird daher maßgeblich von der **Betriebszugehörigkeit** und dem **bisherigen Verlauf des Arbeitsverhältnisses** bestimmt. Je länger das Arbeitsverhältnis beanstandungsfrei verlaufen ist, desto größer muss das Ausmaß der betrieblichen Belastungen sein, damit die Abwägung letztlich zum Vorteil des Arbeitgebers ausgeht. Umgekehrt genügen bei kürzeren und seit ihrem Beginn durch Störungen – zB krankheitsbedingte Fehlzeiten – beeinträchtigten Arbeitsverhältnissen weitaus geringere betriebliche Belastungen, um die personenbedingte Kündigung zu rechtfertigen.[49]

Zugunsten des Arbeitnehmers sind ua folgende Kriterien zu berücksichtigen:

- die **Dauer der Betriebszugehörigkeit**,
- der **ungestörte Verlauf** des Arbeitsverhältnisses,
- sein **Lebensalter**,
- eine **Schwerbehinderung**,[50]

---

ten Wertentscheidungen zum Schutz der Person des Arbeitnehmers eine so starke Beeinträchtigung schützenswerter betrieblicher, unternehmerischer oder vertraglicher Interessen des Arbeitgebers vorliegt, dass diese im konkreten Fall die zugunsten des Arbeitnehmers bestehenden Rechtspositionen überwiegen. Arbeitsverhältnisbezogene Umstände wie insb die Betriebszugehörigkeit und den bisherigen Verlauf des Arbeitsverhältnisses will Preis stets berücksichtigen. Die wiedergegebenen Literaturmeinungen zeigen, dass der Streit in weiten Teilen die bloße Terminologie betrifft, während inhaltlich ähnliche Anforderungen gestellt werden. Allerdings rückt Preis mit seinem Erfordernis des Arbeitsverhältnisbezugs deutlich von der bisherigen Rspr ab.
47 Zur möglichen Überschneidung von Kündigungsgrund – genauer: **erheblicher** Betriebsbeeinträchtigung und **unzumutbarer** Betriebsstörung in der Interessenabwägung – BAG 25.11.1982 – 2 AZR 140/81 – B I 3 aE AP KSchG 1969 § 1 Krankheit Nr 7, das allerdings einheitlich von unzumutbarer betrieblicher Beeinträchtigung spricht.
48 KR/Griebeling § 1 KSchG Rn 273.
49 Vgl BAG 15.2.1984 – 2 AZR 573/82 – B II 5 AP KSchG 1969 § 1 Krankheit Nr 14.
50 BAG 20.1.2000 – 2 AZR 378/99 – B III 5 AP KSchG 1969 § 1 Krankheit Nr 38, das für jede krankheitsbedingte Kündigung die Berücksichtigung der Schwerbehinderung fordert. Zweifelnd SPV/Preis Rn 1231, weil Interessen der Schwerbehinderten durch den Sonderkündigungsschutz der §§ 85 ff SGB IX ausreichend Rechnung getragen sei. Ein doppelter Schutz sei trotz Art 3 Abs 3 Satz 2 GG auch verfassungsrechtlich nicht geboten. APS/Dörner/Vossen § 1 KSchG Rn 177a mwN will die Schwerbehinderung demgegenüber berücksichtigen: Das Gericht könne die Kündigung aus sozialen Gründen für sozialwidrig halten, das die Integrationsamt nach §§ 85 ff SGB IX zu prüfen habe. Dem ist zuzustimmen. Für die Berücksichtigung der Schwerbehinderung spricht die in dem anderen Zusammenhang des § 1 Abs 3 Satz 1 KSchG idF des Gesetzes zu Reformen am Arbeitsmarkt vom

- seine sozialen Verhältnisse wie zB **Unterhaltspflichten**[51] und **Darlehen**, die nicht nur dem vorweggenommenen Konsum dienen, die **Lage auf dem Arbeitsmarkt** usw.

  Personenbedingte Kündigungsgründe, die mit der Dauer des Arbeitsverhältnisses zusammenhängen – wie etwa der Umstand, dass sich die **Leistungsfähigkeit nach langjähriger schwerer körperlicher Arbeit** vermindert –, sprechen für den Arbeitnehmer.[52]

  Zulasten des Arbeitnehmers fällt umgekehrt ins Gewicht, wenn er den personenbedingten Grund **schuldhaft verursacht hat**, ein Berufskraftfahrer bspw seine Fahrerlaubnis wegen einer privaten Trunkenheitsfahrt verloren hat.[53]

- **Zugunsten des Arbeitgebers** sind alle vom Arbeitnehmer ausgehenden betrieblichen und wirtschaftlichen Beeinträchtigungen und deren Umfang berücksichtigungsfähig.[54] Ist der Arbeitnehmer **dauernd außerstande**, die geschuldete Arbeitsleistung zu erbringen, ist die Kündigung im Allgemeinen sozial gerechtfertigt, wenn keine besondere Ausnahmesituation besteht. Ist umgekehrt nur seine Leistungsfähigkeit **verringert** oder wird der personenbedingte Mangel in absehbarer Zeit behoben sein, stellt sich die Frage, ob der Arbeitgeber die betriebliche Beeinträchtigung durch Umorganisation, Einstellung einer Aushilfskraft oder eine ähnliche Überbrückungsmaßnahme beheben kann oder er die Störung vielmehr aufgrund der persönlichen Verhältnisse des Arbeitnehmers billigerweise hinnehmen muss.[55]

- Ob der Arbeitnehmer zu geänderten oder gleichbleibenden Arbeitsbedingungen auf einem unbesetzten oder frei zu machenden Arbeitsplatz[56] weiterbeschäftigt werden kann, ist dagegen keine Frage der Interessenabwägung, sondern bereits ein Problem des objektiven Kündigungsgrundes. Gibt es eine Weiterbeschäftigungsmöglichkeit, die der Arbeitnehmer nicht vorbehaltlos und endgültig abgelehnt hat, besteht kein Grund für die (Beendigungs-)Kündigung. Eine Abwägung entfällt. Das gilt auch, wenn die Voraussetzungen des § 1 Abs 2 Satz 2 Nr 1 Buchst b/Nr 2 Buchst b KSchG nicht erfüllt sind, der Betriebsrat keinen

---

24.12.2003 (BGBl I S 3002) erst nach der Sachverständigenanhörung im Rechtsausschuss veranlasste Aufnahme des vierten Kriteriums der Schwerbehinderteneigenschaft für die Sozialauswahl einer betriebsbedingten Kündigung neben Betriebszugehörigkeit, Lebensalter und Unterhaltspflichten. Der Gesetzgeber des Arbeitsmarktreformgesetzes verlieh der Schwerbehinderung damit – wenn auch in dem anderen Zusammenhang der betriebsbedingten Kündigung – besonderes Gewicht.

51 BAG 20.1.2000 – 2 AZR 378/99 – B III 5 AP KSchG 1969 § 1 Krankheit Nr 38, wonach Unterhaltspflichten bei einer krankheitsbedingten Kündigung stets zu berücksichtigen sind; ähnl APS/Dörner/Vossen § 1 KSchG Rn 180, die darauf aufmerksam machen, dass Unterhaltspflichten jedenfalls in Grenzfällen den Ausschlag geben können; aA SPV/Preis Rn 1230, der die Berücksichtigung nicht vertragsbezogener Kriterien ablehnt.
52 APS/Dörner/Vossen § 1 KSchG Rn 179; KR/Griebeling § 1 KSchG Rn 275.
53 KR/Griebeling § 1 KSchG Rn 275; vHH/L/Krause § 1 Rn 285 und 287.
54 vHH/L/Krause, § 1 Rn 310.
55 KR/Griebeling § 1 KSchG Rn 276.
56 Rn 480 f.

Widerspruch erhoben hat oder kein Betriebsrat gebildet ist. Anzuwenden ist dann die Generalklausel des § 1 Abs 2 Satz 1 Fall 1 KSchG.

- Der **Arbeitgeber** hat nicht nur den **Kündigungsgrund**, sondern auch die innerhalb der **Interessenabwägung** zuungunsten des Arbeitnehmers zu beachtenden Tatsachen **darzulegen** und im Bestreitensfall **zu beweisen**. Das gilt für alle Umstände, die in der Interessenabwägung für die Unzumutbarkeit der Weiterbeschäftigung sprechen. Zudem hat der kündigende Arbeitgeber auch alle entlastenden, für den Arbeitnehmer sprechenden Umstände zu widerlegen.[57]

III. Außerordentliche personenbedingte Kündigung

1. Personenbedingter Umstand und wichtiger Grund iSv § 626 Abs 1 BGB

485 Ein personenbedingter Umstand kann uU auch einen wichtigen Grund für eine **außerordentliche** Kündigung iSv § 626 BGB bilden. Denkbar ist bspw die krankheitsbedingte Unfähigkeit, die Arbeit zu verrichten, wenn sie dem Kündigenden die Fortsetzung des Arbeitsverhältnisses bis zum Ende der Kündigungsfrist unzumutbar macht. Aufseiten des Arbeitgebers wird das jedoch **nur ganz ausnahmsweise** zutreffen.[58] IdR wird es dem Arbeitgeber abzuverlangen sein, die ordentliche Kündigungsfrist einzuhalten. Die mit der sechswöchigen Entgeltfortzahlungspflicht verbundenen wirtschaftlichen Belastungen hat er – weil vom Gesetz als nicht ungewöhnlich erachtet – hinzunehmen. Der Arbeitnehmer hat zudem ein schutzwürdiges Interesse daran, seine sozialversicherungsrechtlichen Ansprüche und Anwartschaften zumindest bis zum Verstreichen der Kündigungsfrist zu erhalten.[59] Ausnahmsweise kann es dem Arbeitgeber nicht zuzumuten sein, die ordentliche Kündigungsfrist zu wahren, wenn er ein erhebliches Interesse daran hat, schon das formale rechtliche Band des Arbeitsverhältnisses vorzeitig zu lösen, weil der Arbeitnehmer etwa ein Sicherheitsrisiko darstellt oder seine Weltanschauung der Tendenz des Betriebs zuwiderläuft. In einer solchen Konstellation ist aber sorgfältig zu prüfen, ob bereits die Tatsache, dass das Arbeitsverhältnis bis zum Ablauf der Kündigungsfrist fortbesteht, den Belangen des Arbeitgebers schadet oder eine **Suspendierung** möglich ist und genügt, um sein Interesse zu schützen, den Arbeitnehmer nicht beschäftigen zu müssen.[60]

2. Sonderfall: Personenbedingte außerordentliche Kündigung ordentlich Unkündbarer

486 Während das Recht zur außerordentlichen Kündigung nicht wirksam abbedungen werden kann, können Tarif- oder Einzelarbeitsverträge die or-

---

57 BAG 30.5.1978 – 2 AZR 630/76 – III 4 b AP BGB § 626 Nr 70, wenn auch nicht zur ordentlichen personenbedingten, sondern zur außerordentlichen Kündigung. Das BAG ordnet die Frage der fehlenden Weiterbeschäftigungsmöglichkeit auf einem freien Arbeitsplatz entgegen den Ausführungen in Rn 477 ff der Ebene der Interessenabwägung und nicht der des objektiven Kündigungsgrundes zu.
58 BAG 9.9.1992 – 2 AZR 190/92 – II 1 c cc AP BGB § 626 Krankheit Nr 3.
59 Löwisch/Spinner § 1 Rn 196.
60 Das BAG hat mit Urt vom 25.5.1988 – 7 AZR 506/87 – AP GG Art 140 Nr 36 im Fall eines Religionspädagogen, der die missio canonica verloren hatte, angenommen, eine Suspendierung reiche aus; vgl auch Löwisch/Spinner § 1 Rn 197.

dentliche Kündigung des Arbeitgebers – vor allem aus Gründen der Alterssicherung – ausschließen oder beschränken.[61] Die Tarifvertragsparteien können das Recht des Arbeitgebers, ordentlich zu kündigen, völlig ausschließen. Sie können eine ordentliche Kündigung deshalb auch von der vorherigen Zustimmung der tarifschließenden Gewerkschaft abhängig machen.[62] Wegen des Schutzbedürfnisses erkrankter Arbeitnehmer kommt eine außerordentliche Kündigung aufgrund **krankheitsbedingter Fehlzeiten** idR nur in Betracht, wenn die **ordentliche Kündigung tariflich oder vertraglich ausgeschlossen ist**.[63] Außerordentliche Kündigungen auf der Basis fehlender Eignung lässt das BAG bei tariflichem Kündigungsausschluss ebenfalls nur ausnahmsweise zu.[64] Hier ist stets ua zu prüfen,

- ob mit der Wiederherstellung der Eignung gerechnet werden kann oder
- ob mildere Mittel vorhanden sind.[65]

Besteht ein **tarifliches** oder **vertragliches Kündigungsverbot**, das sowohl die Beendigungs- als auch die Änderungskündigung erfasst, kann der Arbeitgeber das Arbeitsverhältnis einseitig nur durch eine **außerordentliche Kündigung** beenden. Anderes gilt lediglich in der **Insolvenz** (§ 113 Satz 1 Alt 1 InsO).

Eine außerordentliche personenbedingte Kündigung erfordert wie jede außerordentliche Kündigung

- einen objektiv zur außerordentlichen Kündigung geeigneten **wichtigen Grund „an sich"**,
- grundsätzlich die Einhaltung der **Zweiwochenfrist** des § 626 Abs 2 Satz 1 BGB und

---

61 Vgl für den Fall der außerordentlichen Kündigung wegen Alkoholabhängigkeit zB BAG 16.9.1999 – 2 AZR 123/99 – AP BGB § 626 Nr 159. Allerdings tragen tarifliche Regelungen der immanenten Vorbehalt ihrer nachträglichen und rückwirkenden Änderung durch Tarifvertrag in sich. Das gilt auch für Ausschlüsse der ordentlichen Kündbarkeit. Dem stehen Vertrauensschutzgesichtspunkte nicht entgegen, solange der Sonderkündigungsschutz als solcher erhalten bleibt und lediglich Ausnahmetatbestände modifiziert werden. Den Tarifpartnern bleibt es dagegen überlassen, eine Ausnahmevorschrift über die Zulässigkeit betriebsbedingter Kündigungen an geänderte Verhältnisse anzupassen; dazu BAG 9.9.2010 – 2 AZR 936/08 – Rn 24 mwN ZTR 2011, 296; BAG 2.2.2006 – 2 AZR 58/05 – Rn 21 ff AP TVG § 1 Tarifverträge: Gewerkschaften Nr 7.
62 Zu dem Zustimmungserfordernis zu einer betriebsbedingten Kündigung BAG 24.2.2011 – 2 AZR 830/09 – Rn 21.
63 ZB BAG 18.10.2000 – 2 AZR 627/99 – II 1 AP BGB § 626 Krankheit Nr 9. Das BAG hat dort unter III außerdem erneut festgehalten, dass die **Umdeutung** einer außerordentlichen fristlosen Kündigung in eine außerordentliche Kündigung mit notwendiger Auslauffrist grundsätzlich eine Beteiligung des Betriebs- oder Personalrats nach den für eine ordentliche Kündigung geltenden Bestimmungen voraussetzt. Der Zweck des besonderen tariflichen Kündigungsschutzes werde verfehlt, wenn der kollektivrechtliche Schutz geringer sei als bei einer fristgerechten Kündigung. Zum Ausnahmecharakter der außerordentlichen krankheitsbedingten Kündigung auch BAG 18.1.2001 – 2 AZR 616/99 – II 4 b AP LPVG Niedersachsen § 28 Nr 1.
64 Vgl dazu Adam MDR 2008, 605, 607 f.
65 BAG 6.3.2003 – 2 AZR 232/02 – B II 1 EzA BGB 2002 § 626 Nr 2. Die Entscheidung behandelt die Kündigung des Arbeitsverhältnisses eines angestellten Lehramtsreferendars wegen fachlicher und pädagogischer Defizite, die nach § 54 Abs 1 BAT-O lediglich außerordentlich erklärt werden konnte. Wegen des Eingriffs in die Berufswahlfreiheit wurden besonders hohe Anforderungen gestellt.

- ein die Bestandsschutzbelange des Arbeitnehmers überwiegendes Lösungsinteresse des Arbeitgebers (**Interessenabwägung**).
- Eine regelmäßig nur im Fall eines tariflichen oder individuellen Kündigungsausschlusses mögliche **außerordentliche krankheitsbedingte Kündigung** setzt nach Auffassung des Zweiten Senats wie eine ordentliche krankheitsbedingte Kündigung eine **dreistufige Prüfung** voraus (negative Prognose hinsichtlich des voraussichtlichen Gesundheitszustands, erhebliche Beeinträchtigung betrieblicher Interessen, Interessenabwägung). Dabei ist der schon bei einer ordentlichen krankheitsbedingten Kündigung anzuwendende **Prüfungsmaßstab** auf allen drei Prüfungsstufen **erheblich verschärft**.[66] Die Prüfungsparameter der außerordentlichen Kündigung und der Prüfungsmaßstab der ordentlichen Kündigung sind also miteinander zu verschränken.

488 a) **Wichtiger Grund an sich.** Ein objektiv zur außerordentlichen Kündigung geeigneter wichtiger Grund kommt zB in Betracht, wenn der Arbeitnehmer dauernd außerstande ist, die geschuldete Arbeitsleistung zu erbringen, und die ordentliche Kündigung vertraglich oder tariflich ausgeschlossen ist. Krankheit ist nicht grundsätzlich als wichtiger Grund iSv § 626 Abs 1 BGB ungeeignet. An eine Kündigung wegen der Erkrankung eines Arbeitnehmers ist zwar schon bei einer ordentlichen Kündigung ein strenger Maßstab anzulegen. Das schließt es aber nicht aus, dass die Fortsetzung des Arbeitsverhältnisses dem Arbeitgeber in eng begrenzten Ausnahmefällen unzumutbar iSv § 626 Abs 1 BGB sein kann. Bei der dauernden Leistungsunfähigkeit des Arbeitnehmers ist ein wichtiger Grund anzunehmen, weil das Austauschverhältnis auf Dauer erheblich gestört ist.[67] Auch eine dauernde Krankheitsanfälligkeit kann – unter strengen Voraussetzungen – einen wichtigen Grund für eine außerordentliche Kündigung abgeben, wenn die ordentliche Kündigung einzelvertraglich oder tariflich ausgeschlossen ist.[68] Es kommt auf die Prognose im Zeitpunkt des Zugangs der Kündigung an. Die spätere Entwicklung ist zu berücksichtigen, wenn sie die Prognose im Kündigungszeitpunkt bestätigt.[69]

489 Im Rahmen der jedenfalls für **Altfälle** noch bedeutsamen §§ 53 Abs 3, 55 Abs 1, 54 BAT sollte eine zu begrüßende Klarstellung des Zweiten Senats beachtet werden: Danach ergibt sich aus § 55 Abs 2 Unterabs 2 Satz 1 BAT nicht, dass einem nach § 53 Abs 3 BAT ordentlich unkündbaren Angestellten krankheitsbedingt nur zum Zweck der Herabgruppierung um eine Vergütungsgruppe gekündigt werden kann. Die Bestimmung betrifft lediglich den Fall einer **Leistungsminderung**, wenn der Angestellte bspw krankheitsbedingt dauernd außerstande ist, Arbeiten seiner Vergütungsgruppe zu verrichten. Ist der Angestellte im Betrieb dagegen überhaupt nicht mehr sinnvoll einsetzbar, handelt es sich um keine Leistungsminde-

---

66 BAG 18.1.2001 – 2 AZR 616/99 – II 4 b mwN AP LPVG Niedersachsen § 28 Nr 1.
67 BAG 13.5.2004 – 2 AZR 36/04 – III AP BGB § 626 BGB Krankheit Nr 12; vgl auch BAG 18.1.2001 – 2 AZR 616/99 – II 1 a, b und c AP LPVG Niedersachsen § 28 Nr 1.
68 BAG 18.10.2000 – 2 AZR 627/99 – II 3 AP BGB § 626 Krankheit Nr 9.
69 BAG 13.5.2004 – 2 AZR 36/04 – III AP BGB § 626 BGB Krankheit Nr 12.

rung in diesem Sinn.⁷⁰ Auch eine Beendigungskündigung nach § 55 Abs 1 BAT schließt § 55 Abs 2 Unterabs 2 Satz 2 Buchst a BAT selbst dann nicht aus, wenn die Krankheitszeiten des Arbeitnehmers auf einem Arbeitsunfall beruhen. Der Ausschluss des § 55 Abs 2 Unterabs 2 Satz 2 Buchst a BAT betrifft nur eine Änderungskündigung zum Zweck der Herabgruppierung. Für eine personenbedingte Beendigungskündigung, die anhand von §§ 54 BAT, 626 BGB zu überprüfen ist, gilt diese Einschränkung nicht. Dafür, dass die Tarifpartner die nach § 55 Abs 1 BAT ausdrücklich für zulässig erklärte außerordentliche Kündigung aus wichtigem Grund ausschließen wollten, ergeben sich keine Anhaltspunkte aus dem Wortlaut sowie dem Sinn und Zweck des § 55 Abs 2 Unterabs 2 Satz 2 Buchst a BAT und dem Gesamtzusammenhang des § 55 BAT, zumal eine Tarifnorm, die den Arbeitgeber zwänge, auch im Fall der Unzumutbarkeit ein sinnentleertes Arbeitsverhältnis aufrechtzuerhalten, verfassungsrechtlichen Bedenken begegnete.⁷¹ Von der außerordentlichen krankheitsbedingten Kündigung ordentlich Unkündbarer ist die außerordentliche (fristlose) verhaltensbedingte Kündigung zu unterscheiden, die darauf gestützt wird, dass ein später tatsächlich erkrankter Arbeitnehmer mit einer Arbeitsunfähigkeit droht, die im Zeitpunkt der Ankündigung noch nicht bestand, um eine berechtigterweise abgelehnte Urlaubsgewährung zu „überspielen". Ein solches Verhalten kann ein wichtiger Grund für eine außerordentliche verhaltensbedingte Kündigung sein.⁷²

Ein objektiv zur außerordentlichen Kündigung geeigneter wichtiger Grund nach § 626 Abs 1 BGB besteht nicht, wenn die Kündigung durch eine **Weiterbeschäftigung** auf einem freien, zumutbaren und leidensgerechten Arbeitsplatz vermieden werden kann. Dagegen ist der Arbeitgeber nicht verpflichtet, einen dritten – für den Arbeitnehmer günstigeren – Arbeitsplatz frei zu kündigen, wenn er dem Arbeitnehmer zuvor eine unbesetzte Stelle in einem anderen Betrieb oder einer anderen Dienststelle zugewiesen hatte. Wenn seine bisherige Beschäftigungsmöglichkeit entfällt, hat der Arbeitnehmer nicht das Recht, selbst einen Ersatzarbeitsplatz auszuwählen. Ihn trifft vielmehr die Obliegenheit, an den Versuchen des Arbeitgebers, für ihn eine anderweitige Beschäftigungsmöglichkeit zu finden, konstruktiv und kooperativ mitzuwirken. An die **Weiterbeschäftigungsbemühungen** des Arbeitgebers sind zwar **erhebliche Anforderungen** zu stellen. Damit korrespondiert aber die **Obliegenheit des Arbeitnehmers**, diese Bemühungen nicht dadurch zunichtezumachen, dass er über einen längeren Zeitraum hinweg die verschiedenartigsten Angebote des Arbeitgebers zur Weiterbeschäftigung auf einem anderen Arbeitsplatz ablehnt.⁷³ 490

b) Zweiwochenfrist, § 626 Abs 2 BGB. Bei der dauernden Leistungsunfähigkeit und der stetigen Krankheitsanfälligkeit handelt es sich um **Dauer-** 491

---

70 BAG 18.1.2001 – 2 AZR 616/99 – II 1 a AP LPVG Niedersachsen § 28 Nr 1.
71 Zu allem BAG 18.1.2001 – 2 AZR 616/99 – II 1 b und c AP LPVG Niedersachsen § 28 Nr 1.
72 BAG 12.3.2009 – 2 AZR 251/07 – Rn 22 f AP BGB § 626 Krankheit Nr 15 zu §§ 54 Abs 1, 55 Abs 1 BAT.
73 BAG 13.5.2004 – 2 AZR 36/04 – III AP BGB § 626 BGB Krankheit Nr 12.

tatbestände.⁷⁴ Die Kündigungserklärungsfrist des § 626 Abs 2 Satz 1 BGB endet daher nicht schon zwei Wochen nach dem Zeitpunkt, zu dem der Kündigungsberechtigte erstmals von den für die Kündigung maßgeblichen Tatsachen – also der ständigen Leistungsunfähigkeit oder der stetigen Krankheitsanfälligkeit – Kenntnis erlangt hat. Der Beginn der Frist ist in diesen Fällen **nicht eindeutig zu fixieren**. Selbst wenn näher bestimmbar ist, seit wann die negative Prognose zu stellen ist, trifft das für die erhebliche Beeinträchtigung betrieblicher Interessen nicht zu. Im Fall der Leistungsunfähigkeit ist der Arbeitgeber auf Dauer gehindert, sein Direktionsrecht auszuüben. Ihm wird durch diese Auslegung von § 626 Abs 2 Satz 1 BGB nicht ermöglicht, von seinem außerordentlichen Kündigungsrecht in zeitlicher Hinsicht „nach Gutdünken" Gebrauch zu machen. Dagegen bestünden verfassungsrechtliche Bedenken. Die ständige Arbeitsunfähigkeit verursacht ihm vielmehr fortlaufend neue Schwierigkeiten.⁷⁵ Der Kündigungsgrund aktualisiert sich stets aufs Neue.⁷⁶ Entsprechendes gilt für die dauernde Krankheitsanfälligkeit.⁷⁷ Selbst wenn kein derartiger Dauerkündigungsgrund vorliegt, kann die außerordentliche Kündigung des Arbeitsverhältnisses eines **schwerbehinderten Menschen** nach § 91 Abs 5 SGB IX auch nach Ablauf der Frist des § 626 Abs 2 Satz 1 BGB erfolgen, wenn sie **unverzüglich** nach **Erteilung der Zustimmung** des Integrationsamts erklärt wird. § 91 Abs 5 SGB IX dehnt die Zweiwochenfrist des § 626 Abs 2 Satz 1 BGB aus.⁷⁸

492 c) **Interessenabwägung.** Bei der außerordentlichen personenbedingten Kündigung des Arbeitsverhältnisses eines ordentlich Unkündbaren ist in der Interessenabwägung regelmäßig nicht auf die fiktive Frist für die ordentliche Kündigung abzustellen, sondern auf die **tatsächliche künftige Vertragsbindung**.⁷⁹

- Für den **Sonderfall** der außerordentlichen Kündigung des **Arbeitsverhältnisses eines Betriebsratsmitglieds** nach §§ 15 Abs 1 KSchG, 626 BGB gelten wegen der anderen Interessenlage des Sonderkündigungsschutzes **andere Grundsätze**. Fristlos kann einem **Betriebsratsmitglied** nur gekündigt werden, wenn dem Arbeitgeber bei einem vergleichbaren Nichtbetriebsratsmitglied dessen Weiterbeschäftigung bis zum Ab-

---

74 Vgl nur BAG 13.5.2004 – 2 AZR 36/04 – II 1 AP BGB § 626 BGB Krankheit Nr 12.
75 BAG 21.3.1996 – 2 AZR 455/95 – II 1 b bb mwN AP BGB § 626 Krankheit Nr 8; KR/Fischermeier § 626 BGB Rn 327.
76 BAG 13.5.2004 – 2 AZR 36/04 – II 1 AP BGB § 626 BGB Krankheit Nr 12.
77 BAG 18.10.2000 – 2 AZR 627/99 – II 3 AP BGB § 626 Krankheit Nr 9.
78 BAG 13.5.2004 – 2 AZR 36/04 – II 2 AP BGB § 626 BGB Krankheit Nr 12.
79 BAG 14.11.1984 – 7 AZR 474/83 – II 1 a AP BGB § 626 Nr 83 zu einer außerordentlichen verhaltensbedingten Kündigung; mittelbar auch 5.2.1998 – 2 AZR 227/97 – II 3 g AP BGB § 626 Nr 143 zu einer außerordentlichen betriebsbedingten Kündigung; zu einer verhaltensbedingten außerordentlichen Kündigung in jüngerer Zeit vgl aber BAG 18.9.2008 – 2 AZR 827/06 – Rn 21 NZA-RR 2009, 393, das die fiktive ordentliche Kündigungsfrist zumindest erwähnt.

lauf der einschlägigen ordentlichen Kündigungsfrist **unzumutbar** wäre (Prüfung anhand der sog fiktiven Kündigungsfrist).[80]

- Bei **krankheitsbedingter Arbeitsunfähigkeit** ist die Fortsetzung eines Arbeitsverhältnisses mit einem nicht gegen ordentliche Kündigungen geschützten Arbeitnehmer bis zum Ablauf der Kündigungsfrist regelmäßig zumutbar, zumal der Arbeitgeber gewöhnlich bereits von seiner Entgeltfortzahlungspflicht befreit ist.[81]
- Wird eine Kündigung **hilfsweise unter Einhaltung einer Auslauffrist** ausgesprochen, gilt im Ergebnis nichts anderes. Nach § 15 Abs 1 KSchG ist die Kündigung gegenüber einem Betriebsratsmitglied und während der Jahresfrist nach Beendigung seiner Amtszeit nur zulässig, wenn Tatsachen vorliegen, die den Arbeitgeber zu einer Kündigung aus wichtigem Grund ohne Einhaltung einer Kündigungsfrist berechtigen.[82]
- Die **Streitfrage**, ob mit diesem Erfordernis die außerordentliche (allerdings verhaltensbedingte) Kündigung eines Betriebsratsmitglieds mit einer der ordentlichen Kündigungsfrist entsprechenden Auslauffrist generell unvereinbar ist, hat das BAG zunächst offengelassen.[83] Inzwischen ist das Problem jedenfalls für die verhaltensbedingte außerordentliche Kündigung geklärt. Eine **verhaltensbedingte außerordentliche Kündigung** mit notwendiger **Auslauffrist** ist gegenüber dem durch § 15 KSchG geschützten Personenkreis „unzulässig".[84]

Wie in Rn 492 ausgeführt, ist im Rahmen der Zumutbarkeitsabwägung bei einem gegen ordentliche Kündigungen geschützten Arbeitnehmer, der nicht Betriebsratsmitglied ist, die tatsächliche künftige Vertragsbindung maßgeblich. Der Arbeitgeber ist dennoch verpflichtet, die Kündigungsfrist einzuhalten, die anzuwenden wäre, wäre die ordentliche Kündigung nicht ausgeschlossen. Ohne diese sog Auslauffrist entstünde ein **Wertungswiderspruch**, wenn der Arbeitnehmer mit besonderem tariflichen oder individualvertraglichen Kündigungsschutz durch eine fristlose Kündigung stärker beeinträchtigt werden dürfte als ein Arbeitnehmer, dessen Arbeitsverhält-

---

80 Grundlegend zu außerordentlichen verhaltensbedingten Kündigungen von Betriebsratsmitgliedern BAG 10.2.1999 – 2 ABR 31/98 – B II 3 a AP KSchG 1969 § 15 Nr 42; für den Prüfungsmaßstab der außerordentlichen krankheitsbedingten Kündigung eines früheren Betriebsratsmitglieds mit nachwirkendem Kündigungsschutz fortgeführt von BAG 15.3.2001 – 2 AZR 624/99 – II 1 EzA KSchG § 15 nF Nr 52; vgl im verhaltensbedingten Bereich auch BAG 12.5.2010 – 2 AZR 587/08 – Rn 15 NZA-RR 2011, 15; BAG 23.10.2008 – 2 ABR 59/07 – Rn 19 AP BetrVG 1972 § 103 Nr 58 (jeweils Differenzierung zwischen reiner arbeitsvertraglicher Pflichtverletzung und Amtspflichtverletzung; im ersten Fall des Vertragsverstoßes Prüfung, ob gegenüber nicht besonders kündigungsgeschützten Arbeitnehmern eine außerordentliche Kündigung möglich wäre; in der zweiten Konstellation der Amtspflichtverletzung nicht außerordentliche Kündigung, sondern nur Ausschlussverfahren nach § 23 BetrVG). Eine verhaltensbedingte außerordentliche Kündigung mit notwendiger Auslauffrist ist gegenüber dem durch § 15 KSchG geschützten Personenkreis nach BAG 17.1.2008 – 2 AZR 821/06 – Rn 25 ff AP KSchG 1969 § 15 Nr 62 „unzulässig".
81 Vgl nur BAG 15.3.2001 – 2 AZR 624/99 – II 1 EzA KSchG § 15 nF Nr 52.
82 BAG 15.3.2001 – 2 AZR 624/99 – II 2 EzA KSchG § 15 nF Nr 52; BAG 10.2.1999 – 2 ABR 31/98 – B II 3 a AP KSchG 1969 § 15 Nr 42.
83 BAG 15.3.2001 – 2 AZR 624/99 – II 2 EzA KSchG § 15 nF Nr 52.
84 BAG 17.1.2008 – 2 AZR 821/06 – Rn 25 ff AP KSchG 1969 § 15 Nr 62.

nis ordentlich kündbar ist. Das hat das BAG für die tariflich oder vertraglich ausgeschlossene ordentliche Kündigung wegen **krankheitsbedingter Fehlzeiten** ausdrücklich klargestellt.[85] Diese Frist hat mit einem besonderen sozialen Entgegenkommen des Arbeitgebers nichts zu tun.[86] Mit ihrer Hilfe wird auch nicht der soeben abgelehnte Prüfungsmaßstab der fiktiven ordentlichen Kündigungsfrist „durch die Hintertür" doch angewandt. Vielmehr wird auf der Rechtsfolgeseite lediglich eine Schlechterstellung des ordentlich Unkündbaren verhindert, der seinen Arbeitsplatz nicht aufgrund seines besonderen Kündigungsschutzes früher verlieren soll, als dies geschähe, wäre sein Arbeitsverhältnis ordentlich kündbar.[87]

494 Dass die ordentliche Kündigung ausgeschlossen ist, wirkt sich innerhalb der Interessenabwägung entweder zugunsten oder zulasten des Gekündigten aus. Welche Betrachtungsweise im konkreten Fall vorrangig ist, entscheidet sich nach **Sinn und Zweck** des Kündigungsverbots sowie der **Art des Kündigungsgrundes**.[88] Da die personenbedingte Kündigung eine negative Prognose voraussetzt, wird es sich bei dem Kündigungsgrund häufig um einen Dauertatbestand handeln, der die Fortsetzung des Arbeitsverhältnisses wegen der potenziellen Dauer der weiteren Vertragsbindung in aller Regel noch weniger zumutbar macht als bei einem ordentlich kündbaren Arbeitnehmer. In der Konstellation der **Leistungsunfähigkeit** wird das besonders deutlich. Könnte der Arbeitgeber das Arbeitsverhältnis nicht außerordentlich kündigen, würde er gezwungen, jahrelang ein sinnentleertes Arbeitsverhältnis fortzuführen und in seine Personalplanung einzustellen. Dass er nach Ablauf des sechswöchigen Entgeltfortzahlungszeitraums idR keinen Vergütungsansprüchen ausgesetzt ist, steht dem nicht entgegen, weil er dem Arbeitnehmer keine Arbeit mehr zuweisen kann.[89] Auch in einem Fall **geminderter Arbeitsfähigkeit** oder dann, wenn der Arbeitnehmer häufig in erheblichem Umfang erkrankt und das auch künftig zu erwarten ist, wird es dem Arbeitgeber eher unzumutbar sein, das Arbeitsverhältnis eines Altersgeschützten fortzuführen als das eines ordentlich kündbaren Arbeitnehmers.[90] Hier ist allerdings Vorsicht geboten. Bereits um einen wichtigen Grund an sich zu bejahen, muss es sich um gravierende krankheitsbedingte Fehlzeiten handeln.[91]

---

85 ZB BAG 18.10.2000 – 2 AZR 627/99 – II 1 AP BGB § 626 Krankheit Nr 9.
86 BAG 5.2.1998 – 2 AZR 227/97 – II 3 c AP BGB § 626 Nr 143 (außerordentliche betriebsbedingte Kündigung).
87 Fischermeier weist in KR § 626 BGB Rn 306 mit detaillierter Begründung zu Recht darauf hin, dass zwischen dem die **Tatbestands**seite betreffenden **Prüfungsmaßstab** und der in die **Rechtsfolgen**seite fallenden **Auslauffrist** zu differenzieren sei.
88 BAG 14.11.1984 – 7 AZR 474/83 – II 1 a AP BGB § 626 Nr 83; KR/Fischermeier § 626 BGB Rn 301; krit Bröhl, Die außerordentliche Kündigung mit notwendiger Auslauffrist, S 96, 100.
89 Rn 589.
90 BAG 9.9.1992 – 2 AZR 190/92 – II 2 d cc AP BGB § 626 Krankheit Nr 3.
91 Im konkreten Sachverhalt war der Arbeitnehmer in 18 Jahren mit Ausnahme eines einzigen Jahres während jeweils verschiedener Krankheitszeiten deutlich länger als sechs Wochen jährlich erkrankt gewesen, zT nahezu 200 und 300 Tage.

IV. Einzelfälle
1. AIDS und HIV-Infektion

Zwischen der bloßen HIV-Infektion und der ausgebrochenen AIDS-Erkrankung ist zu unterscheiden. 495

a) **HIV-Infektion.** Eine bloße HIV-Infektion rechtfertigt grundsätzlich keine Kündigung. Sie führt nicht zu betrieblichen Beeinträchtigungen, weil der Arbeitnehmer zumindest noch nicht erkrankt ist und der Ausbruch der Krankheit lange Zeit auf sich warten lassen kann oder ungewiss ist. Kündigt der Arbeitgeber das Arbeitsverhältnis aufgrund der Infektion, handelt er **treuwidrig iSv § 242 BGB**, weil er den Arbeitnehmer bewusst wegen eines Umstands benachteiligt, der das Arbeitsverhältnis – jedenfalls bislang – nicht stört. Die Kündigung ist nichtig.[92] Findet das Kündigungsschutzgesetz (noch) keine Anwendung und kündigt der Arbeitgeber wegen der symptomlosen HIV-Infektion, ist die Kündigung nach § 134 BGB iVm § 7 Abs. 1, §§ 1, 3 AGG unwirksam. Nach neuester Rechtsprechung steht § 2 Abs. 4 AGG dem nicht entgegen.[93] 496

Birgt die spezielle Tätigkeit des Arbeitnehmers jedoch ein **besonderes** (gegenüber der mit einer Infektion stets einhergehenden Gefahr gesteigertes) **Ansteckungsrisiko** für andere Arbeitnehmer oder Dritte bzw sonstige Gefahren, kommt eine **personenbedingte** – nicht krankheitsbedingte – Kündigung in Betracht, wenn eine Um- oder Versetzung nicht möglich ist.[94] Zu denken ist hier etwa an einen Arbeitnehmer, der in einem Reinraum der Produktion von Medikamenten beteiligt ist. Maßgeblich ist hier, ob und inwieweit bei blutenden Verletzungen ein messbares Risiko besteht, dass es zu nicht entdeckbaren Kontaminationen kommen kann und zusätzlich das Risiko besteht, dass ein solchermaßen verunreinigtes Medikament zu einer HIV-Infektion von Patienten führen kann, denen das Medikament injiziert wird.[95] 497

In extremen Ausnahmefällen ist auch ohne eine derartige Störung eine **Druckkündigung** denkbar, wenn die Belegschaft, der Betriebsrat, der Entleiher innerhalb eines Leiharbeitsverhältnisses oder Kunden des Arbeitgebers die Entlassung des Infizierten verlangen und sonst mit **schweren Nachteilen** – zB Massenkündigungen, der Verweigerung der Zusammenar- 498

---

92 Offengelassen von BAG 16.2.1989 – 2 AZR 347/88 – AP BGB § 138 Nr 46; wie hier APS/Dörner/Vossen § 1 KSchG Rn 225; KR/Griebeling § 1 KSchG Rn 282 mwN; Wank Anm zu BAG 16.2.1989 – 2 AZR 347/88 – AP BGB § 138 Nr 46.
93 BAG 19.12.2013 – 6 AZR 190/12 – EZA AGG § 1 Nr 2.
94 APS/Dörner/Vossen § 1 KSchG Rn 224; vHH/L/Krause § 1 Rn 317 mwN; aA möglicherweise ArbG Berlin 5.8.2011 – 17 Ca 1102/11 –: Kündigung des Arbeitsverhältnisses eines chemisch-technischen Assistenten in einem Pharmaunternehmen in der Wartezeit wegen einer HIV-Infektion; nach der Pressemitteilung ist nicht ganz klar, ob der Arbeitgeber zusätzlich andere Gründe als die HIV-Infektion oder aber eine Infektionsgefahr anführte; verneinte Willkür.
95 Vgl zu diesem und anderen Kriterien: BAG 19.12.2013 – 6 AZR 190/12 – EZA AGG § 1 Nr 2.

beit und dem Abbruch von Geschäftsbeziehungen – drohen.[96] Da kein verhaltens- oder personenbedingter Kündigungsgrund vorliegt, handelt es sich um eine – **echte** – Druckkündigung aus **betriebsbedingten** Gründen.[97] Zunächst muss sich der Arbeitgeber allerdings auch dann, wenn ihm gravierende und für seinen Betrieb nicht hinzunehmende Nachteile drohen, mit allen ihm zumutbaren Mitteln **schützend vor den Arbeitnehmer stellen**, bevor er sich des Mittels der Kündigung bedienen darf.[98] In einem Leiharbeitsverhältnis hat der Verleiher zu prüfen, ob keine Einsatzmöglichkeiten in anderen Entleiherbetrieben vorhanden sind.[99]

499 **b) AIDS.** Ob eine Kündigung, nachdem die Krankheit ausgebrochen ist, rechtswirksam ist, richtet sich danach, ob die Voraussetzungen einer **krankheitsbedingten Kündigung** erfüllt sind.[100] Die Art der Erkrankung als solche begründet keinen Kündigungsgrund. Eine Druckkündigung kommt in Betracht, wenn ihre Erfordernisse gewahrt sind. Beruht die Kündigung auf dem ausgeübten Druck und nicht der Erkrankung, handelt es sich auch nicht um eine personenbedingte – dh unechte – Druckkündigung, sondern um eine echte **betriebs**bedingte Druckkündigung.[101]

2. Alkohol- und Drogenabhängigkeit

500 Hat der Umgang mit Alkohol den **medizinischen Krankheitswert** einer **Sucht** erreicht, ist grundsätzlich nicht an einen verhaltensbedingten, sondern an einen **personenbedingten Kündigungsgrund** zu denken.[102] Nach Auffassung des BAG finden die Regeln der krankheitsbedingten Kündigung Anwendung.[103] Für die außerordentliche Kündigung des Arbeitsverhältnisses eines ordentlich unkündbaren Arbeitnehmers wegen Alkoholsucht gilt im Prüfungsmaßstab des § 626 BGB Entsprechendes. Das bedeutet, dass die Kündigung in den drei Stufen der negativen Gesundheitspro-

---

96 Dörner/Vossen machen in APS § 1 KSchG Rn 227 allerdings zu Recht darauf aufmerksam, dass dem Arbeitgeber insb gegenüber der Belegschaft erhebliche Schutz- und Aufklärungsmaßnahmen zugunsten des betroffenen Arbeitnehmers abzuverlangen sind, bevor er zum Mittel der Kündigung greift. Die HIV-Infektion als solche ist kündigungsrechtlich regelmäßig irrelevant. Zum Begriff der Druckkündigung detailliert KR/Fischermeier § 626 BGB Rn 204 ff; ErfK/Müller-Glöge § 626 BGB Rn 185 und Rn 496 f.
97 KR/Griebeling § 1 KSchG Rn 586 und 586 a.
98 vHH/L/Krause § 1 Rn 319 mwN.
99 KR/Griebeling § 1 KSchG Rn 586 a; zur Druckkündigung näher KR/Fischermeier § 626 BGB Rn 204 ff.
100 IE Rn 546 ff.
101 Vgl KR/Griebeling § 1 KSchG Rn 586 und 586 a.
102 So etwa BAG 9.4.1987 – 2 AZR 210/86 – B II 1 und 2 AP KSchG 1969 § 1 Krankheit Nr 18 und die Lit, bspw APS/Dörner/Vossen § 1 KSchG Rn 228; KR/Griebeling § 1 KSchG Rn 284; vHH/L/Krause § 1 Rn 320; SPV/Preis Rn 1233; **teils aA** die von Gottwald NZA 1997, 635 begründete sog **Nebenpflichttheorie**, die die fehlende Therapiebereitschaft therapiefähiger Arbeitnehmer als Verstoß gegen die arbeitsvertragliche Loyalitätspflicht und bei vorangegangener Abmahnung als **verhaltens**bedingten Kündigungsgrund begreift; vgl zu der Kritik an ihr die Erwiderung Künzls in NZA 1998, 123 und hierzu die Replik Gottwalds in NZA 1999, 180 sowie die weitere Entgegnung Künzls in NZA 1999, 744.
103 Zuletzt BAG 20.12.2012 – 2 AZR 32/11 – Rn 14 DB 2013, 882.

gnose, der erheblichen betrieblichen Beeinträchtigung und der Interessenabwägung zu überprüfen ist.[104]

Physische oder psychische Alkoholabhängigkeit liegt vor, wenn der gewohnheitsmäßige, übermäßige Alkoholgenuss trotz besserer Einsicht nicht aufgegeben oder verringert werden kann. Da der Arbeitnehmer sein Verhalten **nicht willentlich steuern kann**, fällt ihm im Zeitpunkt der Pflichtverletzung selbst dann **kein Schuldvorwurf** zur Last, wenn er infolge der Sucht gegen seine arbeitsvertraglichen Pflichten verstößt, er zB während der Arbeitszeit Alkohol zu sich nimmt. Allerdings können die Besonderheiten der Alkoholsucht iVm dem spezifischen Aufgabenbereich des Arbeitnehmers geringere Anforderungen an die negative Prognose genügen lassen. Eine verhaltensbedingte Kündigung kann allenfalls darauf gestützt werden, dass der Arbeitnehmer seine Abhängigkeit, die das Arbeitsverhältnis beeinträchtigt, schuldhaft herbeigeführt hat. Die dogmatische Herleitung dieser Ansicht ist abzulehnen. Hat die Alkoholabhängigkeit Krankheitswert erreicht und stört sie das Arbeitsverhältnis erheblich, ist ein personenbedingter Kündigungsgrund gegeben. Die unmittelbare Störung des Arbeitsverhältnisses besteht in der prognostizierten fehlenden Eignung und der erheblichen betrieblichen Beeinträchtigung. Die schuldhafte Herbeiführung der Sucht ist nur die fernere und damit mittelbare Ursache der Störung. Selbst wenn mit dem BAG ein verhaltensbedingter Kündigungsgrund erwogen wird, sobald die Sucht schuldhaft verursacht wurde, trägt der **Arbeitgeber** für die schuldhafte Verursachung der Sucht die **Darlegungs- und Beweislast**, weil das Verschulden bei der verhaltensbedingten Kündigung regelmäßig – wenn auch nach Ansicht des BAG nicht notwendig stets[105] – Teil des Kündigungsgrundes ist. Dieser Behauptungs- und Beweislast zu genügen, ist problematisch, weil es keinen Erfahrungssatz des Inhalts gibt, eine Alkoholabhängigkeit sei idR selbstverschuldet.[106] Die krankheitsbedingte Kündigung lässt es demgegenüber nur innerhalb der Interessenabwägung zu, die Ursache der Erkrankung und ein Verschulden an ihr zu berücksichtigen.[107]

Die von Gottwald begründete **Nebenpflichttheorie** bietet den Vorteil, dass sie innerhalb der Alkoholsucht, die Krankheitswert erreicht hat, danach unterscheidet, ob Therapiefähigkeit und damit – wenn auch nicht für den Alkoholmissbrauch selbst – Steuerungsfähigkeit besteht.[108] Der Vorteil birgt im Rahmen der Darlegungs- und Beweislast zugleich den Nachteil für

501

---

104 BAG 20.12.2012 – 2 AZR 32/11 – Rn 22 DB 2013, 882; BAG 16.9.1999 – 2 AZR 123/99 – II 2 b aa AP BGB § 626 Nr 159.
105 BAG 21.1.1999 – 2 AZR 665/98 – II 4 AP BGB § 626 Nr 151.
106 Ebenso APS/Dörner/Vossen § 1 KSchG Rn 230.
107 Zu allem BAG 9.4.1987 – 2 AZR 210/86 – B II 1 und 2 AP KSchG 1969 § 1 Krankheit Nr 18.
108 Dörner/Vossen sprechen sich in APS § 1 KSchG Rn 231 mit Künzl NZA 1999, 744, 745 gegen eine Nebenpflichtverletzung durch fehlende Therapiebereitschaft aus. Krankheitseinsicht sei nicht gleichbedeutend mit Behandlungsbereitschaft. Ein alkoholkranker Arbeitnehmer müsse erst durch konstruktiven Leidensdruck zur Behandlung seiner Krankheit bewegt werden. Eine Kündigung führe häufig zu einem weiteren Abgleiten des Kranken in die Sucht. Zu der aus seiner Sicht idR verhaltensbedingten Kündigung des alkohol-/drogensüchtigen Arbeitnehmers Bengelsdorf, FS Hromadka, S 9 ff.

den Arbeitgeber, dass eine klare medizinische Diagnose dazu, ob der Arbeitnehmer die Einsicht hat, alkoholkrank zu sein, also therapiefähig ist, nur schwerlich zu stellen sein wird. Auf der Ebene der Vertragsverletzung im verhaltensbedingten Kündigungsgrund stellt sich demnach ein ähnlich komplexes Beweisproblem wie auf der zweiten Stufe des personenbedingten Grundes, der erheblichen Betriebsablaufstörung oder wirtschaftlichen Belastung, das durch den Rückgriff auf die verhaltensbedingte Kündigung gerade vermieden werden soll. Gelingt der Beweis der (bestrittenen) Therapiefähigkeit nicht, bleibt es bei der Überprüfung der Kündigung darauf, ob sie personenbedingt gerechtfertigt ist.

502 Auch bei einem **Rückfall** nach erfolgreicher Entziehungskur und längerer Abstinenz ist ein Erfahrungssatz zugunsten eigenen Verschuldens abzulehnen.[109] Die Lösung des BAG lässt außer Acht, dass die Alkoholsucht selbst nicht heilbar ist, sondern lediglich ihre Symptome durch dauernden Entzug vermieden werden können. Nimmt der Abhängige erneut Alkohol zu sich, ist sein Verhalten nicht länger beeinflussbar. Bei dieser Konstitution und angesichts dessen, dass physische oder psychische Belastungen statistisch die Hauptursachen eines Rückfalls sind, erfahrungsgemäß Verschulden – und sei es in Form leichter Fahrlässigkeit – anzunehmen, ist bedenklich. Erforderlich ist eine sorgfältige Prüfung der Ursache des Rückfalls in der konkreten Konstellation. Außerdem wird sonst, wenn man sich der Ansicht des BAG und nicht der Nebenpflichttheorie Gottwalds anschließt, der uneinsichtige Kranke, der zu einer Entziehungskur nicht bereit ist, insofern privilegiert, als ihm die Grundsätze der krankheitsbedingten Kündigung zugutekommen. Der therapiebereite Arbeitnehmer, der einen Rückfall erleidet, ist dagegen einer verhaltensbedingten Kündigung ausgesetzt.

503 Vor Ausspruch der Kündigung ist der Arbeitgeber verpflichtet, dem Arbeitnehmer aus Gründen der Verhältnismäßigkeit eine **Entziehungskur** zu ermöglichen.[110] Unterzieht sich der Arbeitnehmer dieser Maßnahme, muss der Arbeitgeber grundsätzlich ihren Ausgang abwarten. Anderes gilt nur, wenn dem zwingende betriebliche Gründe entgegenstehen, weil der Arbeitsplatz dauerhaft anderweitig besetzt werden muss und keine Überbrückung durch Springer oder Aushilfskräfte möglich ist.[111] Ist der Arbeitnehmer bei Zugang der Kündigung **nicht behandlungswillig**, kann davon ausgegangen werden, dass er von der Alkoholsucht in absehbarer Zeit nicht geheilt wird. Die negative Prognose ist damit zu bejahen. Dass eine entsprechende Bereitschaft fehlt, ist anzunehmen, wenn der Arbeitnehmer auf den Ratschlag des Arbeitgebers, sich in Therapie zu begeben, nicht reagiert oder überhaupt bestreitet, krank zu sein.[112] Eine nach Zugang der Kündigung durchgeführte Therapie und ihr Ergebnis können die Prognose nicht korrigieren. Entscheidend sind die objektiven Verhältnisse im Zeitpunkt

---

109 Umstr, wie hier APS/Dörner/Vossen § 1 KSchG Rn 230; KR/Griebeling § 1 KSchG Rn 285; aA BAG 7.12.1989 – 2 AZR 134/89 – RzK I 7 c Nr 7.
110 BAG 17.6.1999 – 2 AZR 639/98 – II 2 b bb AP KSchG 1969 § 1 Krankheit Nr 37; KR/Griebeling § 1 KSchG Rn 286, der das zutr auch nach einem unverschuldeten Rückfall verlangt; vHH/L/Krause § 1 Rn 324 jeweils mwN.
111 SPV/Preis Rn 1233 mwN.
112 BAG 13.12.1990 – 2 AZR 336/90 – EzA KSchG § 1 Krankheit Nr 33; Löwisch/Spinner § 1 Rn 213.

des Zugangs der Kündigung, während in einer solchen Gestaltung ein **neuer Kausalverlauf** in Gang gesetzt wird.[113] Selbst wenn für die personenbedingte und besonders die krankheitsbedingte Kündigung grundsätzlich die Möglichkeit eines sog **Wiedereinstellungsanspruchs** bejaht wird, obwohl der Kündigungsgrund der Sphäre des Arbeitnehmers entstammt,[114] setzt dieser Anspruch jedenfalls nicht nur eine fehlende negative Prognose, sondern eine nach Zugang der Kündigung **positiv veränderte** Prognose voraus.[115] Im Fall der Kündigung wegen häufiger Kurzerkrankungen bedeutet das, dass die Besorgnis weiterer Kurzerkrankungen völlig ausgeräumt sein muss.[116] Der nötige Grad der Gewissheit der zum Positiven veränderten Prognose ist erreicht, wenn sich die ex-ante-Beurteilung aufgrund veränderter Umstände als unrichtig erwiesen hat.[117]

Im Einzelfall kann ein berechtigtes Interesse des Arbeitgebers daran bestehen zu klären, ob der Arbeitnehmer alkohol- oder drogenabhängig ist. Das allgemeine Persönlichkeitsrecht des Arbeitnehmers wird aber nur ausreichend berücksichtigt, wenn sich die Begutachtung lediglich auf solche Umstände bezieht, die bei vernünftiger, lebensnaher Betrachtung die ernsthafte Besorgnis begründen, er könne alkohol- oder drogenabhängig sein. Die Entscheidung des Arbeitgebers, die Untersuchung durch den Arzt auf eine mögliche Alkohol- oder Drogenabhängigkeit zu erstrecken, muss deshalb auf hinreichend sicheren tatsächlichen Feststellungen beruhen, die einen derartigen Eignungsmangel nahelegen.[118] Besteht aufgrund objektiver Anhaltspunkte der Verdacht einer Alkoholisierung im Dienst ("Alkoholfahne" nach mehreren zuvor durchgeführten Entziehungskuren), kann sich der Arbeitnehmer von diesem Verdacht befreien, indem er sich einem Alkoholtest durch Atemalkoholanalyse mittels Alcomat oder durch ärztliche Blutentnahme unterzieht. Da diese Untersuchungen ihn jedoch nicht nur entlasten, sondern ihn auch belasten können und mit einem Eingriff in sein Persönlichkeitsrecht sowie seine körperliche Unversehrtheit verbunden sind, muss der Arbeitnehmer selbst initiativ werden, wenn er sich einem solchen Test stellen will. Von sich aus braucht der Arbeitgeber einen Alkoholtest jedenfalls dann nicht anzubieten, wenn der Arbeitnehmer seine Alkoholisierung in der konkreten Situation überhaupt nicht bestreitet.[119]

Liegt eine negative Prognose vor, ist auf der **zweiten Ebene** zu prüfen, ob hieraus eine **erhebliche Beeinträchtigung betrieblicher Interessen** folgt, die nicht durch mildere Mittel – etwa eine **Versetzung** – abgewendet werden

504

---

113 BAG 17.6.1999 – 2 AZR 639/98 – II 2 b aa AP KSchG 1969 § 1 Krankheit Nr 37; 9.4.1987 – 2 AZR 210/86 – B III 3 und 4 AP KSchG 1969 § 1 Krankheit Nr 18.
114 Offengelassen von BAG 17.6.1999 – 2 AZR 639/98 – II 3 AP KSchG 1969 § 1 Krankheit Nr 37.
115 Ebenso APS/Dörner/Vossen § 1 KSchG Rn 236 b.
116 Vom Stein, Fehleinschätzungen bei der Kündigung von Arbeitsverhältnissen, S 257.
117 Preis, Prinzipien des Kündigungsrechts bei Arbeitsverhältnissen, S 356 f; zu allem BAG 17.6.1999 – 2 AZR 639/98 – II AP KSchG 1969 § 1 Krankheit Nr 37.
118 BAG 12.8.1999 – 2 AZR 55/99 – B I 3 b AP KSchG 1969 § 1 Verhaltensbedingte Kündigung Nr 41 für einen Wachmann; APS/Dörner/Vossen § 1 KSchG Rn 231 a.
119 BAG 16.9.1999 – 2 AZR 123/99 – II 2 b ee AP BGB § 626 Nr 159.

kann.[120] Die Beeinträchtigung betrieblicher Interessen kann insbesondere daraus folgen, dass zu erwarten steht, dass der Arbeitnehmer auf **Dauer nicht in der Lage** sein wird, eine **ordnungsgemäße Arbeitsleistung** zu erbringen. Im speziellen Fall bejahte dies der Zweite Senat für den Fall eines alkoholkranken Arbeitnehmers, der als Ergotherapeut selbst Suchtkranke zu behandeln hatte. Der Arbeitgeber müsse in diesem Fall befürchten, dass bei zukünftig zu erwartenden Alkoholauffälligkeiten des Arbeitnehmers die sachgerechte Behandlung der Patienten beeinträchtigt und deren Therapieerfolg gefährdet würde.[121]

505 Leidet der Arbeitnehmer unter einer **Drogensucht** oder einer **anderen Abhängigkeit mit Krankheitswert**, unterliegt die Kündigung seines Arbeitsverhältnisses grundsätzlich entsprechenden Regeln wie die Kündigung wegen Alkoholabhängigkeit.[122] Bei der Kündigung des Arbeitsverhältnisses eines **spielsüchtigen Arbeitnehmers**, der wegen seiner – untherapierten – Erkrankung Eigentums- oder Vermögensdelikte zulasten seines Arbeitgebers oder seiner Kollegen begangen hat, sollten jedoch **im Regelfall** die Maßstäbe der **verhaltensbedingten** Kündigung anzuwenden sein.[123] Die unmittelbare Störung des Arbeitsverhältnisses besteht nämlich in der „**Beschaffungskriminalität**", der vorsätzlichen Verletzung des Eigentums oder der Vermögenswerte des Arbeitgebers oder anderer Arbeitnehmer. Eine Abmahnung ist dem Arbeitgeber nicht abzuverlangen, weil auch dem spielsüchtigen Arbeitnehmer die Pflichtwidrigkeit seines Tuns regelmäßig bewusst sein wird. Soweit im Einzelfall nicht nur während des Spielvorgangs, sondern auch während der deliktischen Handlungen Steuerungsunfähigkeit iSv Schuldunfähigkeit anzunehmen sein sollte, bleibt es allerdings bei einer **personenbedingten Kündigung**, die kein Verschuldenserfordernis kennt. Damit werden die Interessen des Arbeitgebers nicht über Gebühr beeinträchtigt. Die Auswirkung der Störung – das geschwundene Vertrauen des Arbeitgebers in die Redlichkeit des Arbeitnehmers – lässt sich wegen der schweren, wenn auch nicht schuldhaften Beeinträchtigung der Rechtsgüter und Vermögenswerte des Arbeitgebers oder der Kollegen des Spielsüchtigen trotz der Krankheit des Arbeitnehmers nicht wiederherstellen. Häufig wird deshalb sogar eine außerordentliche personenbedingte Kündigung gerechtfertigt sein.[124]

3. Alter

506 Das Alter oder das Erreichen einer bestimmten Altersgrenze allein ist **kein Kündigungsgrund** in der **Person** des Arbeitnehmers.[125] Dies ergibt sich un-

---

120 BAG 20.12.2012 – 2 AZR 32/11 Rn 29 DB 2013, 882.
121 BAG 20.12.2012 – 2 AZR 32/11 Rn 30 DB 2013, 882.
122 KR/Griebeling § 1 KSchG Rn 288; vHH/L/Krause § 1 Rn 328.
123 Freihube DB 2005, 1274; im Ergebnis ebenso LAG Berlin 22.9.2004 – 9 Sa 1104/04; **aA** die Ausgangsentscheidung des Arbeitsgerichts Berlin vom 13.2.2004 – 31 Ca 12306/03.
124 Mit Blick auf das außerordentliche Kündigungsrecht entsprechend, aber ohne Qualifikation als personenbedingte Kündigung LAG Köln 12.3.2002 – 1 Sa 1354/01 – NZA-RR 2002, 519.
125 BAG 25.3.1971 – 2 AZR 185/70 – III 2 d AP BetrVG 1952 § 57 Nr 5; ErfK/Oetker § 1 KSchG Rn 154 mwN.

mittelbar aus § 41 Satz 1 SGB VI. Danach ist der Anspruch des Arbeitnehmers auf eine Altersrente nicht als Grund anzusehen, der die Kündigung des Arbeitsverhältnisses durch den Arbeitgeber nach dem Kündigungsschutzgesetz bedingen kann. Auch die Möglichkeit Altersteilzeit in Anspruch zu nehmen, kann die soziale Rechtfertigung einer Kündigung nicht begründen (§ 8 Abs 1 AltTZG). Nur wenn das Alter **Eignung** oder **Fähigkeit** des Arbeitnehmers, die geschuldete Arbeitsleistung zu erbringen, in **erheblichem Umfang beeinträchtigt**, ist an eine **personenbedingte Kündigung** zu denken. Der Arbeitgeber hat es hinzunehmen, dass die Leistung in gewöhnlichem Maß altersbedingt nachlässt.[126] Da das Alter als solches schon keine personenbedingte Kündigung iSv § 1 Abs 2 Satz 1 Fall 1 KSchG rechtfertigt, stellt sich in der Praxis regelmäßig nicht die weitere Frage, ob eine Kündigung gegen das primäre **unionsrechtliche Verbot der Altersdiskriminierung** verstößt oder eine Altersdiskriminierung iSv Art 1, 2 und 3 Abs 1 Buchst c der Richtlinie 2000/78/EG des Rates zur Festlegung eines allgemeinen Rahmens für die Verwirklichung der Gleichbehandlung in Beschäftigung und Beruf vom 27.11.2000[127] anzunehmen ist.[128] Fehlt ein Kündigungsgrund iSv § 1 Abs 2 Satz 1 KSchG, ist die Kündigung in jedem Fall sozialwidrig und damit unwirksam.

Erfolgt eine Kündigung, um eine **ausgewogene Altersstruktur aufrechtzuerhalten**, handelt es sich um einen **betriebsbedingten** Umstand.[129] Hinsichtlich der sozial stärkeren Arbeitnehmer, die eigentlich vor dem älteren Arbeitnehmer zur Entlassung anstünden, beruft sich der Arbeitgeber in einem

---

126 BAG 28.9.1961 – 2 AZR 428/60 – AP KSchG § 1 Personenbedingte Kündigung Nr 1.
127 ABl EG Nr L 303, S 16.
128 Vgl zum primären unionsrechtlichen Verbot der Altersdiskriminierung, das der EuGH teilweise als allgemeinen Grundsatz des früheren Gemeinschafts- und heutigen Unionsrechts aus den gemeinsamen Verfassungstraditionen der Mitgliedstaaten herleitet, EuGH 22.11.2005 – C-144/04 – Mangold AP Richtlinie 2000/78/EG Nr 1 zu § 14 Abs 3 TzBfG aF. Mangold enthält einen Unanwendbarkeitsausspruch. S auch die Folgeentscheidung des Siebten Senats vom 26.4.2006 – 7 AZR 500/04 – AP TzBfG § 14 Nr 23, verfassungsrechtlich „bestätigt" von BVerfG 6.7.2010 – 2 BvR 2661/06 – Honeywell NZA 2010, 995. Mangold wird fortgeführt von EuGH 19.1.2010 – C-555/07 – Kücükdeveci AP Richtlinie 2000/78/EG Nr 14. Mangold hat eine Flut überwiegend kritischer Aufsätze, Beiträge und Anmerkungen hervorgerufen; ich nenne exemplarisch Bauer NZA 2005, 800 „Ein Stück aus dem Tollhaus: Altersbefristung und der EuGH"; deutlich moderater zB Preis NZA 2006, 401 „Verbot der Altersdiskriminierung als Gemeinschaftsgrundrecht – Der Fall 'Mangold' und die Folgen". Vgl auch die schon vor der Verkündung des Urteils in der Sache Mangold erschienenen Aufsätze von Kuras RdA 2003 Sonderbeilage Heft 5, 11; Linsenmaier RdA 2003 Sonderbeilage Heft 5, 22; Schlachter RdA 2004, 352; zu gemeinschaftsrechtskonformer (heute: unionsrechtskonformer) Auslegung und Rechtsfortbildung auch Schlachter RdA 2005, 115, 117 ff. Zu dem demgegenüber nicht bestehenden unionsrechtlichen Verbot einer Kündigung ausschließlich wegen Krankheit näher Rn 546. Die Folgeentscheidung von Mangold in der Sache Kücükdeveci wurde später mit sehr viel größerer Gelassenheit aufgenommen.
129 Hierzu schon BAG 28.9.1961 – 2 AZR 428/60 – AP KSchG § 1 Personenbedingte Kündigung Nr 1, wonach eine Kündigung wegen eines solchen dringenden betrieblichen Erfordernisses insb dann sozial gerechtfertigt sein könne, wenn der Arbeitnehmer durch Altersrente oder betriebliches Ruhegeld ausreichend versorgt sei; einschränkend dazu sogleich.

solchen Fall in der sozialen Auswahl **auf ein berechtigtes betriebliches Interesse nach § 1 Abs 3 Satz 2 KSchG.**[130]

508 Vgl zu der Wirksamkeit von Altersgrenzen, die in Tarifverträgen, Betriebsvereinbarungen oder Einzelarbeitsverträgen enthalten sind, § 14 TzBfG Rn 135 ff.

509 Die alte Frage der Wirksamkeit des **tariflichen oder individuellen Ausschlusses der ordentlichen Kündigung aus Gründen des Altersschutzes** stellt sich seit einiger Zeit neu vor dem Hintergrund des primären unionsrechtlichen Verbots der Altersdiskriminierung, der Art 2 Abs 2 Buchst b und Art 6 Abs 1 Satz 2 Buchst a der Richtlinie 2000/78/EG des Rates zur Festlegung eines allgemeinen Rahmens für die Verwirklichung der Gleichbehandlung in Beschäftigung und Beruf vom 27.11.2000[131] sowie des § 1 AGG, der diese unionsrechtlichen Regelungen umsetzen soll. Die tariflichen Kündigungsverbote führen im Rahmen der Sozialauswahl der **betriebsbedingten Kündigung** regelmäßig dazu, dass jüngere Arbeitnehmer ungleich behandelt werden. Die im Zusammenhang mit tariflichen oder individuellen Kündigungsausschlüssen auftretenden Fragen der Vergleichbarkeit innerhalb der Sozialauswahl werden im Rahmen der betriebsbedingten Kündigung in Rn 849 ff diskutiert. Für die tariflich oder vertraglich ausgeschlossene ordentliche **personenbedingte Kündigung** stellt sich dieses **Diskriminierungsproblem** dagegen **nicht.**

4. Aufenthaltserlaubnis zur Ausübung einer Beschäftigung und Berufsausübungserlaubnis

510 a) **Aufenthaltserlaubnis zur Ausübung einer Beschäftigung und Arbeitsgenehmigung-EU.**[132] Das Fehlen oder Erlöschen einer notwendigen Aufenthaltserlaubnis zur Ausübung einer Beschäftigung führt regelmäßig nicht zur Nichtigkeit des Arbeitsvertrags nach § 134 BGB.[133] Der Arbeitnehmer ist allerdings **rechtlich gehindert,** die Arbeitsleistung zu erbringen. Der Arbeitgeber darf sie aus Rechtsgründen nicht entgegennehmen. Da § 134 BGB auch Gestaltungen erfasst, in denen es untersagt ist, die vertraglich geschuldete Leistung zu erbringen, folgt das jedoch nicht bereits daraus, dass nach §§ 4, 18, 39 ff AufenthG nur die Beschäftigung, nicht der Vertragsschluss erlaubnisbedürftig ist. Vielmehr ist es nicht von vornherein ausgeschlossen, dass die Aufenthaltserlaubnis zur Ausübung einer Beschäftigung noch erteilt wird und es dem Arbeitnehmer damit rechtlich möglich wird, die Arbeit zu leisten.[134] Anderes ist nur anzunehmen, wenn beide Parteien den Arbeitsvertrag in der Absicht geschlossen haben, ihn ohne

---

130 Detailliert Rn 880 ff.
131 ABl EG Nr L 303, S 16; dazu Kuras RdA 2003 Sonderbeilage Heft 5, 11; Linsenmaier RdA 2003 Sonderbeilage Heft 5, 22; Schlachter RdA 2004, 352; in dem allgemeineren Zusammenhang der Kündigung wegen des Alters Rn 506.
132 Zu den Freizügigkeitsfragen des Unionsrechts im Hinblick auf das Recht auf Zugang zur Beschäftigung ErfK/Wißmann Art 45 AEUV Rn 35 ff; zu den damit verbundenen Einreise- und Aufenthaltsrechten ErfK/Wißmann Art 45 AEUV Rn 17 ff; zu den kündigungsschutzrechtlichen Problemen APS/Dörner/Vossen § 626 BGB Rn 303.
133 vHH/L/Krause § 1 Rn 333.
134 Ähnl ErfK/Oetker § 1 KSchG Rn 155; Löwisch/Spinner § 1 Rn 220 mwN.

Aufenthaltserlaubnis zur Ausübung einer Beschäftigung mit Zustimmung der Bundesagentur für Arbeit zu vollziehen. Dieses bewusst auf einen gesetzwidrigen Erfolg gerichtete Rechtsgeschäft ist nach §§ 4, 18, 39 ff AufenthG, 134 BGB nichtig.[135]

Zur Arbeitsgenehmigung-EU für Staatsangehörige der neuen EU-Mitgliedstaaten (Rumänien und Bulgarien) ist gegenwärtig § 284 SGB III iVm § 39 AufenthG idF vom 17.6.2013 zu beachten. Eine erneute Änderung zum 1.1.2014 ist bereits für kroatische Staatsangehörige beschlossen worden.[136]

Da der Arbeitsvertrag im Regelfall wirksam ist, wenn die Aufenthaltserlaubnis zur Ausübung einer Beschäftigung fehlt oder erlischt, ist ein Beendigungstatbestand nötig, um ihn zu lösen. Dabei sind **zwei** Konstellationen zu unterscheiden:

- Ist die Aufenthaltserlaubnis zur Ausübung einer Beschäftigung **bestands- oder rechtskräftig versagt**, steht dem weiteren Einsatz des Arbeitnehmers nach §§ 4, 18, 39 ff AufenthG oder § 284 Abs 1 SGB III ein **dauerndes Beschäftigungsverbot** mit der arbeitsrechtlichen Folge entgegen, dass dem Arbeitnehmer die geschuldete Arbeitsleistung dauernd unmöglich wird. Der Arbeitnehmer ist in dieser Gestaltung mit einem Arbeitnehmer vergleichbar, der wegen Krankheit zur Leistung der geschuldeten Dienste dauernd außerstande ist. Eine ordentliche Kündigung ist hier regelmäßig aus personenbedingten Gründen sozial gerechtfertigt, ohne dass die Beeinträchtigung betrieblicher Interessen ausdrücklich dargelegt werden müsste.[137]

- Auch dann, wenn **noch nicht feststeht**, ob die Aufenthaltserlaubnis zur Ausübung einer Beschäftigung erteilt wird oder nicht, ist eine Parallele zu der Kündigung wegen lang anhaltender Erkrankung gegeben. In beiden Fällen besteht ein Zustand der Ungewissheit, ob und ggf wann der Arbeitnehmer zur Leistung der Dienste in der Lage sein wird. Die Auswirkungen dieses Schwebezustands auf das Arbeitsverhältnis sind vergleichbar, wenn der Arbeitsplatz nicht auf unbestimmte Zeit unbesetzt bleiben kann. Der Arbeitgeber ist gezwungen, den Ausfall entweder durch bereits beschäftigte Arbeitnehmer oder durch Einstellung einer

---

135 BAG 30.5.1969 – 5 AZR 256/68 – AP AVAVG § 35 Nr 4, wobei die bisherige Rspr des BAG sich noch auf die frühere Rechtsgrundlage des § 284 Abs 1 SGB III aF stützt. § 284 SGB III aF und § 285f SGB III wurden mit Wirkung vom 1.1.2005 zugunsten von §§ **4, 18, 39 ff AufenthG** aufgehoben. Im Augenblick sind die Fassungen dieser Normen vom 17.6.2013 anzuwenden. Die oben dargestellten Grundsätze gelten für die neuen Regelungen entsprechend.
136 BGBl I 2013 S. 1555-1557.
137 BAG 7.2.1990 – 2 AZR 359/89 – C II 2 a AP KSchG 1969 § 1 Personenbedingte Kündigung Nr 14; APS/Dörner § 626 BGB Rn 304; ErfK/Oetker § 1 KSchG Rn 155. Hofherr, Die illegale Beschäftigung ausländischer Arbeitnehmer und ihre arbeitsrechtlichen Folgen, S 132 ff, geht bei fehlender Genehmigung nach altem Recht von nur schwebender Unwirksamkeit aus und hält deshalb ebenfalls eine Kündigung für erforderlich; **aA** Löwisch/Spinner § 1 Rn 223, die nach altem und vorletztem Recht bei eindeutig fehlender Arbeitserlaubnis einen Gesetzesverstoß nach § 134 BGB, also Nichtigkeit annehmen und ein Kündigungserfordernis verneinen.

Aushilfskraft zu überbrücken.[138] Ob auch dann, wenn die Erteilung der Aufenthaltserlaubnis zur Ausübung einer Beschäftigung **völlig ungewiss oder sogar unwahrscheinlich ist**, etwa der Arbeitnehmer illegal eingereist ist, betriebliche Beeinträchtigungen vorgetragen werden müssen, hatte das BAG[139] nicht zu beurteilen, weil im konkreten Fall keine solche völlige Unsicherheit bestand. Vielmehr wandte es die Grundsätze der Kündigung wegen lang andauernder Erkrankung an und prüfte, ob und wann mit der Erteilung der (damaligen) Arbeitserlaubnis zu rechnen war und ob der Arbeitgeber den Arbeitsplatz ohne betriebliche Störungen offenhalten konnte.[140] Ist die Erteilung abweichend von dem dortigen Fall **gänzlich unsicher**, steht diese Konstellation der ständigen Arbeitsunfähigkeit auch dann gleich, wenn das Beschäftigungsverbot nicht schon geraume Zeit andauert.[141] Das Arbeitsverhältnis ist bereits durch die völlige Ungewissheit beeinträchtigt. Sie und nicht die zuvor verstrichene Zeit ist der eigentliche Kündigungsgrund. Indem der Arbeitgeber auf unabsehbare Dauer gehindert ist, sein Direktionsrecht auszuüben, braucht er **nicht ausdrücklich** weitere betriebliche Störungen vorzubringen.

512 Eine außerordentliche Kündigung kommt dagegen nur in Betracht, wenn der Arbeitgeber an ihr ein besonderes Interesse hat.[142] Dabei muss es für ihn unabhängig von den nicht vollzogenen Hauptleistungspflichten unzumutbar sein, die **bloße formale Beziehung** des Arbeitsverhältnisses aufrechtzuerhalten.[143]

513 Eine **verhaltensbedingte** ordentliche Kündigung kann erwogen werden, wenn sich der ausländische Arbeitnehmer nicht oder nicht rechtzeitig um die Erteilung oder Verlängerung der Aufenthaltserlaubnis zur Ausübung einer Beschäftigung bemüht[144] oder ihr Fehlen bei Vertragsschluss verschweigt.[145] Im zweiten Fall ist auch an den Anfechtungsgrund der arglistigen Täuschung nach § 123 Abs 1 Alt 1 BGB zu denken. Nimmt der Arbeitgeber dagegen unzutreffend an, eine Aufenthaltserlaubnis zur Ausübung einer Beschäftigung sei erloschen, rechtfertigt das keine Kündigung nach § 1 Abs 2 Satz 1 Fall 1 oder 2 KSchG, weil es auf die objektiven Verhältnisse im Zeitpunkt des Zugangs der Kündigung ankommt.

514 Abweichend von dem Fehlen der Aufenthaltserlaubnis zur Ausübung einer Beschäftigung ist es kein personenbedingter Kündigungsgrund, wenn die befristete Aufenthaltserlaubnis oder sonstige Aufenthaltstitel des ausländi-

---

138 BAG 7.2.1990 – 2 AZR 359/89 – C II 2 b AP KSchG 1969 § 1 Personenbedingte Kündigung Nr 14.
139 BAG 7.2.1990 – 2 AZR 359/89 – C II 2 b AP KSchG 1969 § 1 Personenbedingte Kündigung Nr 14.
140 BAG 7.2.1990 – 2 AZR 359/89 – C II 2 c AP KSchG 1969 § 1 Personenbedingte Kündigung Nr 14.
141 Vgl insoweit die vom BAG am 21.5.1992 – 2 AZR 399/91 – AP KSchG 1969 § 1 Krankheit Nr 30 entschiedene parallele Gestaltung der völligen Ungewissheit der Wiederherstellung der Arbeitsfähigkeit, zu der allerdings eine beinahe anderthalbjährige Arbeitsunfähigkeit hinzutrat.
142 BAG 13.1.1977 – 2 AZR 423/75 – BB 1977, 596.
143 Rn 485.
144 KR/Griebeling § 1 KSchG Rn 291.
145 Löwisch/Spinner § 1 Rn 222.

schen Arbeitnehmers erlöschen, sein Aufenthalt aber nach § 5 Nr 3 ArGV als erlaubt gilt.[146]

b) Berufsausübungserlaubnis. Die soeben dargestellten Grundsätze gelten entsprechend, wenn der Arbeitnehmer eine behördliche Berufsausübungserlaubnis braucht. Fehlt sie bei Vertragsschluss oder entfällt sie während des Verlaufs des Arbeitsverhältnisses, führt das regelmäßig nicht zur Nichtigkeit des Arbeitsvertrags. Es besteht aber ein **gesetzliches Beschäftigungsverbot**, das dann, wenn der Arbeitnehmer tatsächlich nicht beschäftigt wird, verhindert, dass der Arbeitgeber Entgeltansprüchen ausgesetzt ist.[147] 515

Folgende Umstände sind bspw geeignet, einen personenbedingten Kündigungsgrund abzugeben: 516

- mangelnde **Approbation** eines Arztes nach §§ 2 Abs 1, 3 ff der Bundesärzteordnung,
- Verlust der **Fahrerlaubnis,** der zu einem gesetzlichen Beschäftigungsverbot führt,[148]
- fehlende, nach einigen landesgesetzlichen Bestimmungen erforderliche **Genehmigung** der Schulaufsicht zur **Einstellung** eines Lehrers,[149]
- unterbliebene Verlängerung der **Fluglizenz** eines Verkehrsflugzeugführers,[150]
- Entziehung der zur Berufsausübung als **Wachmann** erforderlichen polizeilichen Befugnisse,[151]
- Versagung eines **Waffenscheins** oder Einstufung als **unzuverlässig** durch die verantwortlichen Stellen.[152]

Nach Auffassung des BAG handelt es sich bei der mangelnden **Lehrbefähigung** um einen **Mischtatbestand** aus personen- und betriebsbedingten Gründen, bei dem der betriebsbedingte Umstand überwiegt.[153] Die Auffassung Griebelings[154] verdient demgegenüber den Vorzug, wonach dieser Umstand nur ein **personenbedingter Kündigungsgrund** ist, weil dem Lehrer die Fähigkeit und Eignung für seine arbeitsvertraglichen Pflichten fehlen.[155] 517

In allen Fällen ist der Arbeitgeber lediglich dann berechtigt, eine personenbedingte Kündigung auszusprechen, wenn keine Möglichkeit der Weiterbe- 518

---

146 ArbG Hamburg 2.3.1992 – 21 Ca 348/91 – BB 1993, 1223; APS/Dörner § 626 BGB Rn 303; KR/Griebeling § 1 KSchG Rn 290.
147 Rn 512.
148 BAG 5.6.2008 – 2 AZR 984/06 – Rn 28 mwN AP BGB § 626 Nr 212; BAG 25.4.1996 – 2 AZR 74/95 – B II 1 AP KSchG 1969 § 1 Personenbedingte Kündigung Nr 18; BAG 30.5.1978 – 2 AZR 630/76 – III 1 AP BGB § 626 Nr 70.
149 BAG 11.7.1980 – 7 AZR 552/78 – AP BGB § 611 Lehrer, Dozenten Nr 18.
150 BAG 31.1.1996 – 2 AZR 68/95 – II 2 AP KSchG 1969 § 1 Personenbedingte Kündigung Nr 17.
151 BAG 18.3.1981 – 5 AZR 1096/78 – AP BGB § 611 Arbeitsleistung Nr 2.
152 BAG 6.9.2012 – 2 AZR 270/11 – Rn 59 NJW 2013, 115.
153 ZB BAG 17.5.1984 – 2 AZR 109/83 – B III 3 b AP KSchG 1969 § 1 Betriebsbedingte Kündigung Nr 21.
154 In KR § 1 KSchG Rn 292.
155 **AA** Schulin SAE 1986, 279, der zwar ebenfalls einen Mischtatbestand verneint, jedoch von einem betriebsbedingten Grund ausgeht.

schäftigung auf einem freien Arbeitsplatz – ggf zu schlechteren Bedingungen – besteht.[156]

519 Die in Rn 467 angesprochene Entziehung der **Fahrerlaubnis begründet unbedenklich nur für einen Berufskraftfahrer** einen personenbedingten Kündigungsgrund, wenn keine anderweitige Weiterbeschäftigungsmöglichkeit vorhanden ist.[157] Der Fahrer ist zu der arbeitsvertraglich geschuldeten **Hauptleistungspflicht** außerstande. Gleiches gilt für den Beifahrer eines Lastkraftwagens, wenn der Arbeitgeber die auf ihre Zweckmäßigkeit nicht zu überprüfende organisatorische Entscheidung getroffen hat, als Beifahrer nur Arbeitnehmer einzusetzen, die eine Fahrerlaubnis für schwerere Lastkraftwagen haben.[158] Verliert dagegen ein **Außendienstmitarbeiter** – bspw aufgrund einer privat veranlassten Trunkenheitsfahrt – seine Fahrerlaubnis, stützt das nicht notwendig eine personenbedingte Kündigung. Anders als für den Berufskraftfahrer besteht die Hauptleistungspflicht des Handelsreisenden darin, Verträge zu akquirieren, seine Fahrtätigkeit ist eine bloße **Nebenpflicht**. Erbietet er sich, statt des ihm dienstlich überlassenen Fahrzeugs einen eigenen PKW einzusetzen und ihn durch von ihm selbst angestellte und vergütete Fahrer führen zu lassen, scheidet eine personenbedingte Kündigung jedenfalls dann aus, wenn damit zu rechnen ist, dass die Fahrerlaubnis in absehbarer Zeit wieder erteilt wird. Die Auslegungsregel des § 613 Satz 1 BGB[159] sieht zwar vor, dass der zur Dienstleistung Verpflichtete die Dienste, dh auch die Nebenpflichten, im Zweifel in Person zu leisten hat. Dem Arbeitgeber ist es in einem solchen Fall aber abzuverlangen, für einen begrenzten Zeitraum hinzunehmen, dass die Fahrtätigkeit nicht in Person versehen wird. Auf die einzelfallbezogene Interessenabwägung, bei der das Verschulden des Arbeitnehmers, das die mangelnde Eignung herbeigeführt hat, zu berücksichtigen wäre, kommt es nicht an, weil bereits eine erhebliche Betriebsstörung ausscheidet. Anderes ist nur denkbar, wenn es auf die eigene Fahrleistung aus berechtigten Gründen des Prestiges ankommt. Stellt der Arbeitnehmer seinerseits Fahrer im Rahmen eines Arbeitsverhältnisses ein und verwendet er sein eigenes Kraftfahrzeug, treffen den Arbeitgeber keine Haftungsrisiken.[160] Auch ein verhaltensbedingter Kündigungsgrund scheidet aus. Wenn der Entzug der Fahrerlaubnis auf privatem Handeln beruht, ist kein unmittelbarer Vertragsverstoß im Hinblick auf die Arbeitsleistung – nicht die Überlassung des Fahr-

---

156 Exemplarisch für den Entzug der Fahrerlaubnis BAG 30.5.1978 – 2 AZR 630/76 – III 2 bis 4 AP BGB § 626 Nr 70.
157 BAG 5.6.2008 – 2 AZR 984/06 – Rn 28 mwN AP BGB § 626 Nr 212. Dass die für einen Kraftfahrer anzustellenden Überlegungen nicht verallgemeinert werden können, zeigt plastisch auch die einen U-Bahn-Fahrer betreffende Entscheidung des Zweiten Senats vom 4.6.1997 – 2 AZR 526/96 – II 1 a und 2 b AP BGB § 626 Nr 137. Dem U-Bahn-Führer war aufgrund einer einmaligen privaten Trunkenheitsfahrt die Fahrerlaubnis für mindestens zehn Monate entzogen worden. Sein Einsatz als Fahrbediensteter hing jedoch nur von seiner Zuverlässigkeit ab. Weder die außerordentliche noch die ordentliche Kündigung waren im Einzelfall wirksam. Dazu näher Rn 629.
158 BAG 16.8.1990 – 2 AZR 182/90 – RzK I 5 h Nr 18 zu der damaligen Fahrerlaubnisklasse II; KR/Griebeling § 1 KSchG Rn 293.
159 Die von den kündigungsschutzrechtlichen Wertungen zu unterscheiden ist.
160 Str, aA LAG Schleswig-Holstein – 4 (5) Sa 684/85 – NZA 1987, 669; **unentschieden geblieben** von BAG 14.2.1991 – 2 AZR 525/90 – RzK I 6 a Nr 70.

zeugs – gegeben. Vielmehr führt das Delikt zur Entziehung der Fahrerlaubnis und damit der jedenfalls temporären Ungeeignetheit des Außendienstmitarbeiters. Anderes als für die gesetzliche Fahrerlaubnis gilt ferner für den Verlust einer **innerbetrieblich erteilten Betriebsfahrberechtigung**. Er steht dem Verlust der gesetzlichen Fahrerlaubnis aus Gründen der Verhältnismäßigkeit im Licht von Art 12 Abs 1 GG nicht gleich. Das gilt auch für Unternehmen des öffentlichen Personennahverkehrs, insbesondere dann, wenn keine klar definierten Regeln für den Erwerb einer solchen innerbetrieblichen Fahrerlaubnis aufgestellt sind.[161]

Für einen (**Co-**)**Piloten** besteht ein personenbedingter Kündigungsgrund, wenn keine Aussicht auf Erneuerung seiner **Fluglizenz** besteht. Der Arbeitgeber muss dem (Co-)Piloten aber grundsätzlich zunächst Gelegenheit geben, binnen angemessener Frist – ggf mithilfe eines verwaltungsgerichtlichen Eilverfahrens nach § 123 VwGO – die Zustimmung der zuständigen Stelle[162] zu einer Wiederholung der Überprüfung nach §§ 128, 131 der Verordnung über Luftfahrtpersonal (LuftPersV) einzuholen.[163] Sonst gibt es ein milderes Mittel als das der Kündigung. Anderes gilt nur, wenn aufgrund bestimmter tatsächlicher Anhaltspunkte davon auszugehen ist, dass der Arbeitnehmer keinen Antrag auf Erlass einer einstweiligen Anordnung stellen oder auch eine weitere Überprüfung nicht bestehen wird. 520

Ist die Berufsausübungserlaubnis **bestands- oder rechtskräftig versagt**, ist der Arbeitnehmer wegen des dauernden Beschäftigungsverbots – wie bei mangelnder Arbeitserlaubnis – permanent außerstande, die vertraglich geschuldete Arbeitsleistung zu erbringen. Hier braucht der Arbeitgeber nicht darzulegen, durch die fehlende Berufsausübungserlaubnis seien betriebliche Interessen erheblich beeinträchtigt.[164] 521

5. Arbeitsunfähigkeit und Erwerbsminderung

Weder volle noch teilweise Erwerbsminderung sind für sich betrachtet personenbedingte Kündigungsgründe. 522

- **Teilweise erwerbsgemindert** sind Versicherte, die wegen Krankheit oder Behinderung auf nicht absehbare Zeit außerstande sind, unter den üblichen Bedingungen des allgemeinen Arbeitsmarkts mindestens sechs Stunden täglich erwerbstätig zu sein (§ 43 Abs 1 Satz 2 SGB VI).
- **Voll erwerbsgemindert** sind Versicherte, die wegen Krankheit oder Behinderung auf nicht absehbare Zeit außerstande sind, unter den üblichen Bedingungen des allgemeinen Arbeitsmarkts mindestens drei Stunden täglich erwerbstätig zu sein (§ 43 Abs 2 Satz 2 SGB VI).
- **Voll erwerbsgemindert** sind auch Versicherte nach § 1 Satz 1 Nr 2 SGB VI, die wegen Art oder Schwere der Behinderung nicht auf dem

---

161 BAG 5.6.2008 – 2 AZR 984/06 – Rn 29 ff mwN AP BGB § 626 Nr 212; im Einzelfall unwirksam außerordentliche und ordentliche Kündigung.
162 Zuständige Stellen sind nach §§ 128 Abs 2 ff, 131 LuftPersV regelmäßig die zuständigen Luftfahrtbehörden der Länder, das Luftfahrt-Bundesamt und die Beauftragten nach § 31 c des Luftverkehrsgesetzes.
163 BAG 7.12.2000 – 2 AZR 459/99 – II 5 AP KSchG 1969 § 1 Personenbedingte Kündigung Nr 23.
164 BAG 7.2.1990 – 2 AZR 359/89 – C II 2 a AP KSchG 1969 § 1 Personenbedingte Kündigung Nr 14.

allgemeinen Arbeitsmarkt tätig sein können, und Versicherte, die bereits vor Erfüllung der allgemeinen Wartezeit voll erwerbsgemindert waren, in der Zeit einer nicht erfolgreichen Eingliederung in den allgemeinen Arbeitsmarkt (§ 43 Abs 2 Satz 3 Nr 1 und 2 SGB VI).

An den **sozialversicherungsrechtlichen Begriffsbestimmungen** lässt sich erkennen, dass die Begriffe der Erwerbsminderung und der Arbeitsunfähigkeit nicht notwendig identisch sind. Ist der Arbeitnehmer arbeitsunfähig, bedeutet das nicht, dass er voll oder teilweise erwerbsgemindert ist. Zu denken ist etwa an den Fall, in dem eine ausschließlich als Nachtschwester beschäftigte Krankenschwester nicht länger in der Lage ist, Nachtdienste zu versehen, sie aber noch Tagdienste leisten kann. Hier ist sie zu ihrer arbeitsvertraglich geschuldeten Tätigkeit außerstande, während sie nicht erwerbsgemindert ist.[165] Umgekehrt kann eine volle Erwerbsminderung in der Praxis häufig darauf hindeuten, dass Arbeitsunfähigkeit vorliegt. Die Begriffe sind jedoch klar zu trennen. Eine Kündigung kommt bei voller oder teilweiser Erwerbsminderung nur in Betracht, wenn die Voraussetzungen eines personenbedingten Kündigungsgrundes erfüllt sind. Zu denken ist an eine **krankheitsbedingte Kündigung**,[166] zB aufgrund einer Leistungsminderung[167] oder dauernder Unfähigkeit, die vertraglich geschuldete Arbeitsleistung zu erbringen,[168] oder wegen völliger Ungewissheit der Wiederherstellung der Arbeitsfähigkeit.[169]

6. Arbeitsunfall und Berufskrankheit

523 Hat der Arbeitnehmer infolge seiner für den Arbeitgeber ausgeübten Tätigkeit einen Arbeitsunfall in dessen Betrieb erlitten oder sich eine Berufskrankheit zugezogen, ist nach Ansicht des BAG besonders sorgfältig darauf zu achten, ob keine **anderweitige Beschäftigungsmöglichkeit** gegeben ist.[170] Steht keine **freie Position** zur Verfügung, ist zu prüfen, ob der Arbeitgeber durch Ausübung seines **Direktionsrechts** einen anderen Arbeitnehmer um- oder versetzen kann. Er ist aber nicht verpflichtet, einen besetzten Arbeitsplatz frei zu kündigen.[171] Kann der gesundheitlich beeinträchtigte Arbeitnehmer nur noch eine Teilzeittätigkeit versehen, ist die Kündigung lediglich dann sozial gerechtfertigt, wenn keine entsprechenden unbesetzten Teilzeitstellen oder solche, die frei gemacht werden können, vorhanden sind.[172]

---

165 Vgl aber zum Fall einer im Schichtdienst beschäftigten Krankenschwester, die nachtdienstuntauglich, aber dadurch nicht arbeitsunfähig krank ist und der Verpflichtung der Beklagten, bei der Schichteinteilung auf das gesundheitliche Defizit der Klägerin Rücksicht zu nehmen: BAG 9.4.2014 – 10 AZR 637/13 – Pressemitteilung Nr. 16/14.
166 Rn 546 ff.
167 Rn 598 ff.
168 Rn 587 ff.
169 Rn 593 ff.
170 BAG 9.7.1964 – 2 AZR 419/63 – AP BGB § 626 Nr 52.
171 IE Rn 479 f.
172 KR/Griebeling § 1 KSchG Rn 296, der bei entsprechenden betrieblichen Gegebenheiten sogar verlangt, eine Teilzeitstelle zu schaffen.

Hier ist zu **differenzieren**: 524

- Sowohl die Möglichkeit der **Weiterbeschäftigung** auf einer **freien Stelle** als auch die Weiterbeschäftigungsmöglichkeit, die entsteht, nachdem der Arbeitgeber einen anderen Arbeitnehmer durch Weisung um- oder versetzt hat, lassen den Grund in der Person – den objektiven **Kündigungsgrund** – **entfallen**. Ob das nach § 1 Abs 2 Satz 2 Nr 1 Buchst b KSchG geschieht, wenn dessen Voraussetzungen erfüllt sind, oder aufgrund des Verhältnismäßigkeitsgrundsatzes, der der Generalklausel des § 1 Abs 2 Satz 1 Fall 1 KSchG zuzuordnen ist, ist belanglos.[173]
- Dem **Arbeitgeber** ist es nur zuzumuten, einen **Teilzeitarbeitsplatz** zu schaffen, wenn die bisher vom Arbeitnehmer eingenommene Stelle mit einer verringerten Arbeitsmenge – dh zu veränderten Arbeitsbedingungen – in Rede steht oder eine Vollzeitposition, die durch Weisung frei gemacht und in einen Teilzeitarbeitsplatz umgewandelt werden kann. Besteht eine unbesetzte geeignete Teilzeitposition, stellt sich das Problem nicht.
- Dem **Arbeitgeber** kann es dagegen **nicht abverlangt werden**, einen neuen Teilzeitarbeitsplatz einzurichten, wenn die bislang vom Arbeitnehmer verrichtete Tätigkeit eine Vollzeitkraft erfordert und keine anderweitige Teilzeitbeschäftigungsmöglichkeit vorhanden ist.[174] Das kann bspw anzunehmen sein, wenn es sonst zu unverhältnismäßig langen Maschinenstillständen oder Übergabezeiten käme oder die (Außendienst-)Tätigkeit vorwiegend aus Reisen besteht.[175] Maßgeblich sind die Umstände des Einzelfalls. Bestehen berechtigte Interessen des Arbeitgebers an einer Vollzeittätigkeit, stellt sich auch nicht das Problem eines Anspruchs auf Verringerung der Arbeitszeit und Änderung der Lage der Arbeitszeit nach § 8 Abs 1 TzBfG. Der Arbeitszeitreduzierung stehen betriebliche Gründe iSv § 8 Abs 4 Satz 1 und 2 Fall 1 und 2 TzBfG entgegen.

Ein **Betriebsunfall** und eine **Berufskrankheit** begründen als solche noch 525 **keinen personenbedingten Grund**. Ein Kündigungsgrund ist erst dann anzunehmen, wenn der Betriebsunfall oder die Berufskrankheit die Eignung oder Fähigkeit des Arbeitnehmers beeinträchtigt, die geschuldete Arbeitsleistung zu erbringen, und erhebliche betriebliche Störungen herbeiführt. Da der Arbeitgeber dem Betriebsrat nur die Gründe mitteilen muss, die aus seiner subjektiven Sicht die Kündigung rechtfertigen, genügt es für eine **ordnungsgemäße Anhörung nach § 102 BetrVG**, wenn der Arbeitgeber dem Betriebsrat ein Gesamtbild häufiger krankheitsbedingter Fehlzeiten seit einem bestimmten Zeitpunkt nennt. Das gilt wegen der subjektiven Determination nur unter der Voraussetzung, dass sich der Arbeitgeber auf ein solches Gesamtbild stützt, ohne Rücksicht darauf, welche Krankheitsursachen im Einzelnen zugrunde lagen. Im konkreten, vom BAG entschiedenen Fall änderte auch der Umstand, dass zwei Krankheitsperioden in ferner Vergangenheit auf Unfälle zurückgingen, nichts am Gesamtbild der

---

173 Detailliert Rn 477 ff.
174 AA KR/Griebeling § 1 KSchG Rn 296, vgl auch denselben § 1 KSchG Rn 381.
175 ErfK/Preis § 8 TzBfG Rn 29, 30.

Fehlzeiten.[176] Die formell ordnungsgemäße Anhörung des Betriebsrats wird durch die unterbliebene Mitteilung also nicht beeinträchtigt. Die Betriebsunfälle sind in der **Interessenabwägung** des materiellen Kündigungsgrundes zu berücksichtigen.

526 Im Rahmen der einzelfallbezogenen Interessenabwägung sind **besonders strenge Maßstäbe** anzulegen.[177] Das gilt insbesondere dann, wenn der Arbeitgeber den Betriebsunfall oder die Berufskrankheit schuldhaft verursacht hat, er zB nötige Maßnahmen des Arbeitsschutzes oder der Arbeitssicherheit nicht ergriffen hat.

7. Betriebsgeheimnisse

527 Sofern keine Um- oder Versetzung möglich ist, kann es einen personenbedingten Grund bilden, wenn ein **Arbeitnehmer** in einer **Vertrauensposition** mit dem Inhaber oder Arbeitnehmer eines Konkurrenzunternehmens verheiratet oder verwandt ist oder in engen freundschaftlichen Beziehungen zu einer solchen Person steht. Eine **Beeinträchtigung** von **Sicherheitsinteressen** des Arbeitgebers durch die persönliche Verbindung des Arbeitnehmers mit dem konkurrierenden Unternehmen liegt besonders nahe, wenn der Ehepartner, Verwandte oder Freund das Wettbewerbsunternehmen erst gründet.[178] Der **Arbeitgeber** muss aber konkrete Tatsachen **darlegen**, die erkennen lassen, dass der Arbeitnehmer durch seine Verbindung mit dem Konkurrenten berechtigte **Sicherheitsinteressen** des Arbeitgebers **beeinträchtigen** wird.[179] Personenbedingter Kündigungsgrund ist der Vertrauensverlust des Arbeitgebers. **Verrät** der Arbeitnehmer dagegen **Betriebsgeheimnisse**, handelt es sich nicht um einen personen-, sondern um einen **verhaltensbedingten Grund**.

8. Druckkündigung

528 Zu Begriff und Abgrenzung wird weitgehend auf Rn 498 verwiesen. Zu unterscheiden sind **zwei Konstellationen**:

- Liegt ein **personen-** oder **verhaltensbedingter Kündigungsgrund** vor, wird von einer sog **unechten** Druckkündigung gesprochen. Der Arbeitgeber hat zu entscheiden, ob er sein Kündigungsrecht ausübt oder nicht.
- **Fehlt** dagegen ein **objektiver Kündigungsgrund** iSv § 1 Abs 2 Satz 1 Fall 1 oder 2 KSchG, sondern beruht die Kündigung auf dem bloßen **Verlangen Dritter**, das Arbeitsverhältnis eines bestimmten Arbeitnehmers zu kündigen, rechtfertigt das nicht ohne Weiteres eine Kündigung.[180] Eine solche Kündigung ist eine **echte** Druckkündigung, die nach überwiegender Auffassung der **betriebsbedingten** Kündigung zu-

---

176 BAG 7.11.2002 – 2 AZR 599/01 – B I 1 AP KSchG 1969 § 1 Krankheit Nr 40.
177 KR/Griebeling § 1 KSchG Rn 296 mwN.
178 Zu allem KR/Griebeling § 1 KSchG Rn 295 mwN.
179 ZB BAG 20.7.1989 – 2 AZR 114/87 – II 2 a AP KSchG 1969 § 1 Sicherheitsbedenken Nr 2.
180 BAG 19.6.1986 – 2 AZR 563/85 – B II 2 b aa AP KSchG 1969 § 1 Betriebsbedingte Kündigung Nr 33; zum Begriff der Druckkündigung zB auch ErfK/Oetker § 1 KSchG Rn 182 ff.

geordnet wird.[181] Die **Gegenmeinung**, die die echte Druckkündigung als **personenbedingte** Kündigung versteht, weil die Person des Arbeitnehmers der eigentliche Anlass für den vom Dritten ausgeübten Druck auf den Arbeitgeber sei,[182] lässt sich nicht mit der Regel in Einklang bringen, dass entscheidend ist, aus welcher **Sphäre** die unmittelbare Störung herrührt.[183] Die Person des zur Kündigung anstehenden Arbeitnehmers ist im Fall einer echten Druckkündigung nur mittelbarer Anlass für den eigentlichen Kündigungsgrund, dass von dritter Seite Druck auf den Arbeitgeber ausgeübt wird. Die Störung und ihre Auswirkung fallen hier zusammen. Nur die Einordnung der echten Druckkündigung als betriebsbedingte Kündigung gewährleistet auch eine präzise Unterscheidung von Druck- und Verdachtskündigung. Anders als bei der Verdachtskündigung stützt sich der Arbeitgeber bei einer echten Druckkündigung auf einen feststehenden Sachverhalt, die Drohung der Belegschaft oder anderer Dritter.[184] Wird der Druck als betriebliches Erfordernis verstanden, kommt es nicht darauf an, ob die Forderung nach der Entlassung des Arbeitnehmers berechtigt oder unberechtigt ist. Der nötige Schutz des Arbeitnehmers, dessen Kündigung verlangt wird, wird dadurch bewirkt, dass sich der **Arbeitgeber zunächst schützend vor den Arbeitnehmer stellen** und alles Zumutbare versuchen muss, um die Belegschaft oder die anderen Dritten von ihrer Drohung abzubringen. Nur wenn sie trotzdem ein bestimmtes Verhalten in Aussicht stellen – zB einen Streik oder eine Massenkündigung – und dem Arbeitgeber dadurch schwere wirtschaftliche Schäden drohen, ist das betriebliche Erfordernis der Druckausübung dringend. Damit die Kündigung sozial gerechtfertigt ist, muss sie das **einzige praktisch in Betracht kommende Mittel sein**, um die Schäden abzuwenden.[185] Eines der wesentlichen Korrektive der Verdachtskündigung sind dagegen die nötigen Aufklärungsbemühungen des Arbeitgebers, vor allem die

---

181 BAG 4.10.1990 – 2 AZR 201/90 – III 1 b AP BGB § 626 Druckkündigung Nr 12; KR/Griebeling § 1 KSchG Rn 586, 586 a.
182 Bspw vHH/L/Krause § 1 Rn 346 f mwN.
183 Rn 467.
184 BAG 11.3.1998 – 2 AZR 497/97 – II AP ZPO § 519 Nr 49; 4.10.1990 – 2 AZR 201/90 – III 1 b AP BGB § 626 Druckkündigung Nr 12; zu der ggf notwendigen Abgrenzung des dringenden betrieblichen Erfordernisses des angedrohten Abbruchs von Geschäftsbeziehungen von dem personenbedingten Grund der mangelnden Eignung des Arbeitnehmers für eine bestimmte Position BAG 26.6.1997 – 2 AZR 502/96 – B I 3 RzK I 5 i Nr 126; zu der Maßgeblichkeit der außergerichtlichen und prozessualen Kündigungsbegründung des Arbeitgebers für die Einordnung der Störquelle als verhaltens- oder personenbedingter Grund oder als betriebliches Erfordernis der Druckausübung BAG 31.1.1996 – 2 AZR 158/95 – II 5 AP BGB § 626 Druckkündigung Nr 13. Das ArbG Hamburg geht deshalb in seiner Entscheidung vom 23.2.2005 – 18 Ca 131/04 – 2 NZA-RR 2005, 306 zu Recht davon aus, dass sich der Arbeitgeber bei einer echten Druckkündigung auch dann schützend vor den Arbeitnehmer stellen muss, wenn der Arbeitnehmer eine sexuelle Belästigung begangen haben soll. Zu einer durch das Landesarbeitsgericht gerade nicht festgestellten Druckausübung Dritter als Voraussetzung der Druckkündigung iR eines Zustimmungsersetzungsverfahrens nach § 103 Abs 2 Satz 1 BetrVG BAG 8.6.2000 – 2 ABR 1/00 – B II 1 AP BeschSchG § 2 Nr 3 (vom Arbeitgeber angenommene sexuelle Belästigung).
185 Zu allem BAG 19.6.1986 – 2 AZR 563/85 – B II 2 b aa AP KSchG 1969 § 1 Betriebsbedingte Kündigung Nr 33.

Anhörung des Arbeitnehmers.[186] Das **BAG** hat allerdings in einer älteren Entscheidung vom 31.1.1996[187] entschieden, eine **Druckkündigung** könne **auch personenbedingt** sein, wenn der Arbeitgeber sie auf eine Drucksituation stütze, die auf persönliche Umstände des Arbeitnehmers zurückzuführen sei, etwa autoritären Führungsstil und mangelnde Fähigkeit zur Menschenführung.[188]

529 ▪ Die **Unterscheidung** hängt vom außergerichtlichen und prozessualen **Gesamtverhalten** des Arbeitgebers ab. Maßgeblich ist, wie er die Kündigung begründet.[189] Steht der **persönliche Umstand** für den Arbeitgeber im Vordergrund, fällt die Kündigung in die Fallgruppe der **unechten personenbedingten Druckkündigung**. Zu prüfen ist ein personenbedingter Grund nach § 1 Abs 2 Satz 1 Fall 1 KSchG. Entsprechendes gilt, wenn sich der Arbeitgeber vorrangig auf ein Fehlverhalten des Arbeitnehmers stützt. In einem solchen Fall ist zu untersuchen, ob die Voraussetzungen einer verhaltensbedingten Kündigung nach § 1 Abs 2 Satz 1 Fall 2 KSchG erfüllt sind.

▪ Beruft sich der Arbeitgeber dagegen in erster Linie auf den durch die **Belegschaft** oder andere **Dritte** ausgeübten Druck, macht er ein **betriebliches Erfordernis** geltend. Entscheidend ist hier, ob dieses Erfordernis dringend ist.

9. Eheschließung und Ehescheidung

530 Weder Verheiratung noch Scheidung sind isoliert betrachtet personen- oder verhaltensbedingte Kündigungsgründe. Eine personenbedingte Kündigung kommt allenfalls in Betracht, wenn die Eheschließung oder Scheidung das Arbeitsverhältnis konkret stört. Sog **Zölibatsklauseln** in Arbeitsverträgen verstoßen gegen Art 6 Abs 1 sowie Art 1 und 2 GG. Sie umgehen ferner den allgemeinen Kündigungsschutz und sind deshalb nichtig.[190] Dass auch der Ehepartner Erwerbseinkommen erzielt, ist kein personenbedingter Kündigungsgrund.

531 Bei **Arbeitnehmern kirchlicher Einrichtungen** können Besonderheiten gelten, wenn die Eheschließung oder -scheidung gegen fundamentale Grundsätze der kirchlichen Glaubens- und Sittenlehre oder gegen Bestimmungen des Kirchenrechts verstößt. Denkbar sind zB die standesamtliche Eheschließung eines bei einer kirchlichen Institution beschäftigten katholischen Ar-

---

186 BAG 4.10.1990 – 2 AZR 201/90 – III 1 b AP BGB § 626 Druckkündigung Nr 12.
187 – 2 AZR 158/95 – II 5 AP BGB § 626 Druckkündigung Nr 13.
188 Zu möglichen – im konkreten Fall verneinten – Schadensersatzansprüchen des Arbeitnehmers nach einer Druckkündigung und einem später geschlossenen Abfindungsvergleich aus §§ 826, 824, 823 Abs 2 BGB iVm 185, 240 StGB oder 823 Abs 1 BGB BAG 4.6.1998 – 8 AZR 786/96 – B III AP BGB § 823 Nr 7; dort wird ua die Frage eines – absoluten, durch § 823 Abs 1 BGB geschützten – sonstigen Rechts am Arbeitsplatz diskutiert, im Ergebnis aber offengelassen: Wegen der besonderen Bedeutung der Meinungsäußerungsfreiheit des Art 5 Abs 1 GG dürfe nicht jedes Entlassungsverlangen anderer Arbeitnehmer als rechtswidrig beurteilt werden, das indes auf seine Eignung gestützt sei, die ihrerseits keine Kündigung iSv § 626 Abs 1 BGB oder § 1 Abs 2 KSchG rechtfertigen.
189 BAG 31.1.1996 – 2 AZR 158/95 – II 5 AP BGB § 626 Druckkündigung Nr 13; 10.12.1992 – 2 AZR 271/92 – III 3 c dd (1) AP GG Art 140 Nr 41.
190 BAG 10.5.1957 – 1 AZR 249/56 – AP GG Art 6 Abs 1 Ehe und Familie Nr 1.

beitnehmers mit einem geschiedenen Ehepartner oder einem noch nicht in den Laienstand zurückversetzten Kleriker. Um die soziale Rechtfertigung einer ordentlichen Kündigung zu beurteilen, muss eine an den Besonderheiten des Einzelfalls orientierte umfassende Interessenabwägung vorgenommen werden. In ihr ist ein Ausgleich zwischen dem von Art 140 GG iVm Art 137 Abs 3 WRV geschützten Selbstordnungs- und Selbstverwaltungsrecht der Kirche und den Grundrechten des Arbeitnehmers – insbesondere aus Art 6 Abs 1 GG – zu finden.[191]

Zwei Gestaltungen sind zu unterscheiden:

■ Steht der kirchliche Arbeitnehmer in einem **spezifischen Näheverhältnis zu der von der betreffenden kirchlichen Institution wahrzunehmenden Aufgabe**, wie das bspw bei Kindergartenleitern und Lehrern zu bejahen ist,[192] kann eine gegen fundamentale Grundsätze der kirchlichen Glaubens- und Sittenlehre verstoßende – etwa nach kanonischem Recht unwirksame – Verheiratung einen personen- oder verhaltensbedingten Kündigungsgrund bilden.[193] Diese Rechtsprechung des BAG ist mit Beschluss des BVerfG vom 4.6.1985[194] grundsätzlich verfassungsrechtlich akzeptiert worden. Darin wird den Kirchen das Recht zugebilligt, den kirchlichen Dienst nach ihrem Selbstverständnis in den Schranken der für alle geltenden Gesetze zu regeln und die spezifischen Obliegenheiten kirchlicher Arbeitnehmer verbindlich zu bestimmen. Die von der verfassten Kirche anerkannten Maßstäbe entscheiden daher darüber, welche kirchlichen Grundverpflichtungen Gegenstand des Arbeitsverhältnisses werden. Dabei bleibt es prinzipiell der Kirche überlassen, verbindlich darüber zu befinden, was die „Glaubwürdigkeit der Kirche und ihrer Verkündigung" erfordern, was „spezifisch kirchliche Aufgaben" sind, was „Nähe" zu ihnen bedeutet, welches die „wesentlichen Grundsätze der Glaubens- und Sittenlehre" sind und was als möglicherweise schwere Verletzung dieser Prinzipien zu betrachten ist.[195] Ein verhaltensbedingter Grund kommt in Betracht, wenn die Art der Eheschließung oder die Scheidung gegen eine arbeitsvertragliche Nebenpflicht – eine sog Loyalitätsobliegenheit – verstoßen.

---

191 BAG 4.3.1980 – 1 AZR 125/78 – AP GG Art 140 Nr 3; zum sog Ehebruch eines Kirchenmusikers nach kanonischem Recht BAG 16.9.1999 – 2 AZR 712/98 – II 5 AP GrO kath Kirche Art 4 Nr 1 (Zurückverweisung), die neben der letzten Entscheidung des LAG auf die Zurückverweisung hin Gegenstand der Entscheidung des EGMR vom 23.9.2010 – 1620/03 – Rn 70 bis 75 und 81 NZA 2011, 279 in der Sache Schüth ist: Verstoß gegen Art 8 Abs 1 EMRK der Bundesrepublik Deutschland durch die deutschen Arbeitsgerichte; Folge: (grundsätzlich) Wiederaufnahmemöglichkeit nach § 580 Nr 8 ZPO; zu Schüth auch Rn 533; vgl zu der für wirksam gehaltenen Kündigung des Arbeitsverhältnisses eines Kirchenmusikers während der Probezeit auch BAG 16.9.2004 – 2 AZR 447/03 – Rn 27 ff AP BGB § 611 Kirchendienst Nr 44.
192 BAG 31.10.1984 – 7 AZR 232/83 – AP GG Art 140 Nr 20; BAG 4.3.1980 – 1 AZR 125/78 – AP GG Art 140 Nr 3; BAG 25.4.1978 – 1 AZR 70/76 – AP GG Art 140 Nr 2.
193 Str, vgl zB KR/Griebeling § 1 KSchG Rn 298 f und vHH/L/Krause § 1 Rn 360 und 654 ff, jeweils mwN zum Streitstand.
194 2 BvR 1703/83, 2 BvR 1718/83 und 2 BvR 856/84 – AP GG Art 140 Nr 24.
195 vHH/L/Krause § 1 Rn 663.

- Besteht **kein solches spezifisches Näheverhältnis** des Arbeitnehmers zu der von der kirchlichen Institution wahrgenommenen Aufgabe, wie das etwa bei Handwerkern, Schreibkräften, Reinigungs- und Küchenpersonal anzunehmen ist, stützt eine nach kanonischem Recht unwirksame Eheschließung regelmäßig keine personen- oder verhaltensbedingte Kündigung,[196] selbst wenn die EMRK nicht in die Betrachtung einbezogen wird.

533 Diese Rechtsprechungslinien des BVerfG und des BAG müssen im Einzelfall sorgfältig überdacht werden. Nicht nur der EuGH in Luxemburg gewinnt als Hüter der Verträge immer größeren Einfluss auf das deutsche Arbeitsrecht. Auch die **EMRK** und damit die Rechtsprechung des **EGMR** in Straßburg sind häufig mitzudenken, wie die im September 2010 entschiedenen „Kirchenkündigungen" in den Sachen **Schüth**[197] und **Obst**[198] zeigen.[199]

534 In der Sache **Schüth** ging es um einen von einem katholischen Träger beschäftigten katholischen Organisten und Chorleiter – einen sog Kantor -, der nach der Trennung von seiner Ehefrau eine neue Lebenspartnerschaft mit einer anderen Frau eingegangen war (aus Sicht der Arbeitgeberin Ehebruch nach kanonischem Recht). Der kirchliche Träger kündigte das Arbeitsverhältnis ordentlich.[200] Nach einer Zurückverweisung durch das BAG bestätigte das zuständige LAG die Kündigung. Der EGMR hat hier angenommen, die deutschen Arbeitsgerichte hätten die von der EMRK geschützten wechselseitigen Rechtspositionen **nicht hinreichend gegeneinander abgewogen** und die Rechte von Herrn Schüth verletzt. Um einen ausreichenden Kündigungsschutz zu gewährleisten, haben die Arbeitsgerichte nach dieser Entscheidung bei der Kündigung der Arbeitsverhältnisse kirchlicher Arbeitnehmer abzuwägen zwischen dem Recht des Arbeitnehmers auf Achtung seines Privat- und Familienlebens nach **Art 8 Abs 1 EMRK** und den Konventionsrechten des kirchlichen Arbeitgebers, der Eigenständigkeit von Religionsgemeinschaften gegenüber unzulässiger staatlicher Einmischung nach **Art 9 EMRK** (Religionsfreiheit) iVm **Art 11 EMRK** (Vereinigungsfreiheit). Der EGMR hat beanstandet, das LAG habe sich auf der Grundlage der Ansicht der Arbeitgeberin darauf beschränkt festzustellen, dass der Kläger als Organist und Chorleiter zwar nicht in die Gruppe der Arbeitnehmer gefallen sei, deren Kündigung im Fall schweren Fehlverhaltens zwangsläufig gewesen sei. Seine Tätigkeit sei aber so eng mit der Mission der katholischen Kirche verbunden gewesen, dass sie ihn nicht habe weiterbeschäftigen können, ohne unglaubwürdig zu werden. Die deut-

---

196 BAG 14.10.1980 – 1 AZR 1274/79 – AP GG Art 140 Nr 7.
197 EGMR 23.9.2010 – 1620/03 – Schüth Rn 70 bis 75 und 81 NZA 2011, 279 mit der (grds möglichen) Folge einer Wiederaufnahmemöglichkeit nach § 580 Nr 8 ZPO, welche der 2. Senat jedoch wegen § 35 EGZPO abgelehnt hat, vgl BAG 22.11.2012 – 2 AZR 570/11 – NZA-RR 2014, 91; der Entscheidung liegt mittelbar das Urt des BAG v 16.9.1999 – 2 AZR 712/98 – AP GrO kath Kirche Art 4 Nr 1 zugrunde (Zurückverweisung an das LAG); vgl auch Joussen, jM 2014, 109 ff.
198 EGMR 23.9.2010 – 425/03 – Obst NZA 2011, 277.
199 Dazu Joussen RdA 2011, 173 ff.
200 Vgl die Revisionsentscheidung BAG 16.9.1999 – 2 AZR 712/98 – II 5 AP GrO kath Kirche Art 4 Nr 1, die zu einer Zurückverweisung an das LAG führte.

schen Arbeitsgerichte hätten den gebotenen Schutz des neuen Familienlebens Herrn Schüths nicht erwähnt und nicht gewürdigt, dass die Unterzeichnung des Arbeitsvertrags nicht als eindeutiges Versprechen habe verstanden werden können, im Fall einer Trennung oder Scheidung ein enthaltsames Leben zu führen. Außerdem habe es kaum Medienberichterstattung über seinen Fall gegeben. Herr Schüth habe in seiner Berufsgruppe nur eine geringe Chance, einen anderen Arbeitgeber zu finden. Daran zeigt sich, dass die Obersätze des Bundesverfassungsgerichts und des BAG **nicht in allen Teilen auf den Prüfstand gestellt werden müssen.** Die von der EMRK geschützten Menschenrechte müssen jedoch in die **Obersätze** einbezogen werden. In der **Abwägung im Einzelfall** sind die wechselseitigen Rechte herauszuarbeiten, zu gewichten und in einen möglichst schonenden Ausgleich zu bringen. In der nationalen Rechtsprechung ist die erste Folgeentscheidung zu Schüth inzwischen ergangen. Der Zweite Senat hat die Kündigung des Arbeitsverhältnisses eines Chefarztes an einem katholischen Krankenhaus für unwirksam erklärt.[201] Der Arzt war standesamtlich eine neue Ehe eingegangen, nachdem ihn seine Frau verlassen hatte und die Ehe geschieden worden war. Die Pressemitteilung zu dem jüngsten Urteil deutet weniger auf einen „Paradigmenwechsel" als auf die auch nach nationalem Verfassungs- und Gesetzesrecht von jeher gebotene sorgfältige Interessenabwägung hin. Das BAG hat gewichtet, dass die katholische Trägerin nicht katholische, wiederverheiratete Ärzte beschäftigte und die vor der zweiten Ehe bestehende nichteheliche Lebensgemeinschaft des Arztes und seiner späteren zweiten Frau duldete. Damit zeigte sich aus Sicht des Zweiten Senats, dass die Arbeitgeberin auf ein ausnahmslos der katholischen Glaubens- und Sittenlehre verpflichtetes Lebenszeugnis ihrer leitenden Arbeitnehmer verzichtete. Hinzu kam, dass der Chefarzt nach wie vor zu den Grundsätzen der katholischen Glaubens- und Sittenlehre stand und an ihren Anforderungen lediglich persönlich scheiterte. Schließlich akzeptierte das BAG den grundrechtlich geschützten Wunsch des Klägers und seiner zweiten Ehefrau, in einer bürgerlichen Ehe zusammenzuleben.

Dieser Befund einer nötigen sorgsamen Abwägung bestätigt sich konventionsrechtlich in der Sache **Obst**,[202] die der EGMR am selben Tag wie die Sache Schüth entschieden hat. Dort ging es um eine fristlose Kündigung des Arbeitsverhältnisses eines Arbeitnehmers der **Mormonenkirche** wegen einer **außerehelichen Beziehung**. Der Gekündigte wurde als Gebietsdirektor Europa in der Abteilung Öffentlichkeitsarbeit eingesetzt. Die Kündigung wurde letztinstanzlich für wirksam erklärt. Der EGMR hat in dieser Sache angenommen, die deutschen Arbeitsgerichte hätten die in Ausgleich zu bringenden Konventionsrechte (Art 8 Abs 1 EMRK einerseits, Art 9 und 11 EMRK andererseits) hinreichend gewürdigt und richtig abgewogen. Art 8 Abs 1 EMRK sei nicht verletzt.[203]

535

---

201 BAG 8.9.2011 – 2 AZR 543/10 – NZA 2012, 443.
202 EGMR 23.9.2010 – 425/03 – Obst NZA 2011, 277.
203 EGMR 23.9.2010 – 425/03 – Rn 45 bis 53 Obst NZA 2011, 277.

10. Ehrenamt

536 Ungeachtet dessen, ob in der betreffenden Landesverfassung eine ausdrückliche Pflicht zur Übernahme von öffentlichen Ehrenämtern enthalten ist,[204] begründen grundsätzlich weder die Übernahme eines solchen Amts noch die damit verbundene Versäumung von Arbeitszeit einen personen- oder verhaltensbedingten Kündigungsgrund.[205] Nimmt ein Arbeitnehmer ehrenamtliche Funktionen in Vereinigungen mit karitativer, künstlerischer, religiöser oder sportlicher Zielsetzung wahr, kann das für sich betrachtet ebenfalls keine personen- oder verhaltensbedingte Kündigung rechtfertigen. Anderes gilt nur, wenn das außerdienstliche Verhalten das Arbeitsverhältnis konkret nachteilig beeinflusst.[206] Für Abgeordnete des Bundestags, der Länder-, Kreis- und Gemeindeparlamente bestehen besondere Kündigungsverbote (zB Art 48 Abs 2 Satz 2 GG und § 2 Abs 3 Satz 1 AbgG).

11. Eignung, Tendenzbetriebe

537 Ein personenbedingter Kündigungsgrund liegt vor, wenn der Arbeitnehmer nicht (mehr) die erforderliche Eignung oder Fähigkeit hat, um künftig die vertraglich geschuldete Arbeitsleistung – ganz oder teilweise – zu erbringen.[207] Die fehlende Eignung oder Fähigkeit kann auf körperlichen, geistigen und/oder seelischen Gründen beruhen.[208] Zu unterscheiden sind die **fehlende fachliche Qualifikation** oder auch Fähigkeit einerseits und die **persönliche Ungeeignetheit** andererseits. Mängel der **fachlichen Fähigkeiten** können sich ab Kenntnisse und Fertigkeiten im erlernten und ausgeübten Beruf betreffen. Sie können daraus herrühren, dass nötige Prüfungen nicht bestanden werden oder berufliche Qualifikationsnachweise fehlen.

- So handelt es sich bei dem vertraglich vorausgesetzten Studentenstatus einer **studentischen Hilfskraft** an einer Forschungseinrichtung um eine nach dem Zweck der Tätigkeit notwendige und sachlich gerechtfertigte Anforderung. Endet das Studium zB aufgrund einer **Exmatrikulation**, besteht idR ein personenbedingter Kündigungsgrund.[209] Ein personenbedingter Kündigungsgrund scheidet dagegen aus, wenn ein **im Botendienst eines Flughafens tätiger Student** aufgrund seiner überlangen Studiendauer von den Sozialversicherungsträgern nicht mehr als sozialversicherungsfrei angesehen wird. Der Arbeitnehmer ist nach wie vor in der Lage, die geschuldete Arbeitsleistung zu erbringen. Die arbeitsvertraglich vorgesehene Studenteneigenschaft hat hier **keinen kündigungsrelevanten Zweck**.[210]

---

204 ZB Art 121 Bayerische Verfassung.
205 APS/Dörner/Vossen § 1 KSchG Rn 240; KR/Griebeling § 1 KSchG Rn 302; vHH/L/Krause § 1 Rn 349.
206 APS/Dörner/Vossen § 1 KSchG Rn 240; KR/Griebeling § 1 KSchG Rn 302.
207 BAG 18.9.2008 – 2 AZR 976/06 – Rn 22 NZA 2009, 425.
208 Rn 466.
209 BAG 18.9.2008 – 2 AZR 976/06 – Rn 25 NZA 2009, 425.
210 BAG 18.1.2007 – 2 AZR 731/05 – Rn 17 und 19 AP KSchG 1969 § 1 Personenbedingte Kündigung Nr 26 mit krit Anm Waas SAE 2008, 17, 18 und 19 f, der ua die in Rn 20 des Urteils nicht vollständig aufgearbeitete Unterscheidung von personenbedingter Kündigung und Störung der Geschäftsgrundlage beanstandet.

- Verlangt der Arbeitgeber von seinen Arbeitnehmern **Kenntnisse der deutschen Schriftsprache**, damit sie schriftliche Arbeitsanweisungen verstehen und die betrieblichen Aufgaben so gut wie möglich erledigen können, kann eine Kündigung personenbedingt gerechtfertigt sein, wenn dem betroffenen (im Einzelfall spanischstämmigen) Arbeitnehmer die nötige Kenntnis fehlt.[211] Der Zweite Senat hat offengelassen, ob das verpönte Merkmal der **Ethnie** erfüllt ist.[212] Der Arbeitnehmer wird durch die Anforderung jedenfalls **nicht mittelbar benachteiligt iSv § 3 Abs 2 AGG**. Die unterschiedliche Behandlung ist durch **rechtmäßige Ziele** sachlich gerechtfertigt. Es handelte sich im konkreten Fall um die Ziele der Erfüllung einer ISO-Norm und der möglichst guten Erledigung der anfallenden Arbeit.[213] Das **Mittel der verlangten Sprachkenntnis** ist wegen der betrieblichen Notwendigkeiten nicht diskriminierend, sondern erforderlich und angemessen.[214]
- **Persönlich ungeeignet** für die von ihm geschuldete Arbeitsleistung kann ein Arbeitnehmer aus gesundheitlichen oder charakterlichen Gründen sein.[215] Ein Arbeitnehmer, der eine Vertrauensstellung bekleidet und sich, ohne dazu gezwungen zu sein, privat hoch verschuldet, deswegen zahlreichen **Entgeltpfändungen** ausgesetzt ist und voraussichtlich geraume Zeit in ungeordneten wirtschaftlichen Verhältnissen leben wird, kann ebenfalls persönlich ungeeignet sein.[216]
- **Aktives Eintreten für eine verfassungsfeindliche Partei** kann bei einem Arbeitnehmer im öffentlichen Dienst Zweifel an der Eignung des Arbeitnehmers wecken. Das gilt auch dann, wenn die Partei nicht durch das Bundesverfassungsgericht für verfassungswidrig erklärt worden ist.[217] Da es sich um **außerdienstliches Verhalten** handelt, steht eine Mitgliedschaft in einer solchen Partei – selbst deren Verfassungswidrigkeit unterstellt – noch nicht der Weiterbeschäftigung im öffentlichen Dienst entgegen. Nimmt der Arbeitnehmer allerdings **Handlungen** vor, die zeigen, dass er das **Mindestmaß an Verfassungstreue** nicht aufbringt, kann dies einen personenbedingten Kündigungsgrund darstellen.[218]

Praktisch bedeutsam ist die Differenzierung zwischen **mangelnder Eignung** und **unzureichender Arbeitsleistung**. Während fehlende Eignung einen personenbedingten Kündigungsgrund bilden kann, rechtfertigt unzureichende Arbeitsleistung ggf eine verhaltensbedingte Kündigung. Kann der Arbeitnehmer das vertragswidrige Verhalten steuern, kommt nur eine verhaltens-

---

211 BAG 28.1.2010 – 2 AZR 764/08 – Rn 11 ff AP AGG § 3 Nr 4.
212 BAG 28.1.2010 – 2 AZR 764/08 – Rn 17 AP AGG § 3 Nr 4.
213 BAG 28.1.2010 – 2 AZR 764/08 – Rn 20 f AP AGG § 3 Nr 4.
214 BAG 28.1.2010 – 2 AZR 764/08 – Rn 22 f AP AGG § 3 Nr 4.
215 Vgl auch KR/Griebeling § 1 KSchG Rn 303 mwN; LAG Berlin 11.6.1997 – 13 Sa 19/97 – LAGE BGB § 626 Nr 112 nimmt mangelnde persönliche Eignung an, wenn die Gefahr besteht, dass ein Arbeitnehmer als Mitglied der Scientology-Organisation von ihm psychologisch zu betreuende Personen mit Ideen seiner Organisation beeinflusst.
216 BAG 15.10.1992 – 2 AZR 188/92 – EzA KSchG § 1 Verhaltensbedingte Kündigung Nr 45.
217 BAG 12.5.2011 – 2 AZR 479/09 – AP BGB § 123 Nr 69.
218 BAG 6.9.2012 – 2 AZR 372/11 – Rn 18, 28 NZA-RR 2013, 441.

bedingte Kündigung in Betracht, die regelmäßig eine vorherige erfolglose Abmahnung erfordert.[219] Kann der Arbeitnehmer den Eignungsmangel also beeinflussen, liegt eine vertragswidrige Handlungsweise vor. Ist die fehlende Eignung dagegen dem Einfluss des Arbeitnehmers entzogen, ist ein personenbedingter Kündigungsgrund anzunehmen. Eine Abmahnung ist, weil sie ihrer Warnfunktion nicht gerecht werden kann, sinnlos.[220] Lässt sich aber nicht mit letzter Sicherheit feststellen, ob die mangelhaften Arbeitsleistungen auf unbehebbar fehlender Eignung beruhen, ist **im Zweifel eine Abmahnung notwendig**[221] **und ein verhaltensbedingter Kündigungsgrund** gegeben.

539 Exemplarisch sind folgende **persönliche** Eignungsmängel zu nennen:
- **außerdienstliche Straftaten** des Arbeitnehmers, die zwar kein vertragswidriges Verhalten beinhalten, aber den vertraglichen Pflichtenkreis berühren:
  – Körperverletzungs- oder Sexualdelikte von Lehrern oder Erziehern,[222]
  – außerbetriebliche Vermögensdelikte von Arbeitnehmern, zB Kassierern, denen Vermögenswerte des Arbeitgebers anvertraut sind;
- **tendenzbezogene persönliche Eignungsmängel**, etwa in
  – kirchlichen Tendenzbetrieben[223] oder
  – künstlerischen Tendenzbetrieben;[224]
- die Tätigkeit eines Arbeitnehmers im **öffentlichen Dienst** für den **Staatssicherheitsdienst** der ehemaligen DDR.[225] Für die Frage der Sozialwidrigkeit ist entscheidend, inwieweit sich die Vorbelastung des Ar-

---

219 Umstr, schon Rn 466; wie hier APS/Dörner § 1 KSchG Rn 120 und 127 ff, KR/Griebeling § 1 KSchG Rn 304; SPV/Preis Rn 1219. Etwas unscharf BAG 18.1.1980 – 7 AZR 75/78 – 2 a aE AP KSchG 1969 § 1 Verhaltensbedingte Kündigung Nr 3, das im konkreten Fall aufgetretene Leistungsmängel trotz fehlender eindeutiger tatrichterlicher Feststellungen zu der Frage ihrer Behebbarkeit nicht eindeutig dem verhaltens- oder dem personenbedingten Bereich zuordnet und ein Abmahnungserfordernis annimmt, ohne dies als Zweifelsregelung zu kennzeichnen.
220 Insoweit übereinstimmend BAG 18.1.1980 – 7 AZR 75/78 – 2 a aE AP KSchG 1969 § 1 Verhaltensbedingte Kündigung Nr 3; vHH/L/Krause § 1 Rn 350.
221 Mittelbar BAG 29.7.1976 – 3 AZR 50/75 – 4 d AP KSchG 1969 § 1 Verhaltensbedingte Kündigung Nr 9.
222 LAG Berlin 15.12.1989 – 2 Sa 29/89 – LAGE BGB § 626 Nr 45.
223 **Kündigung wegen Kirchenaustritts:** BAG 25.4.2013 – 2 AZR 579/12; **Homosexualität:** BAG 30.6.1983 – 2 AZR 524/81 – AP GG Art 140 Nr 15. Das dort bejahte Abmahnungserfordernis lehnt SPV/Preis Rn 1243 Fn 1287 zutr ab, weil die homosexuelle Veranlagung nicht beeinflusst werden kann. **Transsexualität:** LAG Berlin 21.1.1980 – 9 Sa 80/79 – EzA KSchG § 1 Personenbedingte Kündigung Nr 1.
224 Nicht behebbare veranlagungsbedingte Mängel im Atmungsansatz einer Hornistin: LAG Brandenburg 21.3.1994 – 4 (5/4) Sa 369/92 – LAGE KSchG § 1 Personenbedingte Kündigung Nr 12.
225 Zu dem besonderen außerordentlichen Kündigungsrecht und dem möglichen Mangel der persönlichen Eignung bei Tätigkeit für das frühere MfS oder AfNS Anlage I zu Kapitel XIX Sachgebiet A Abschnitt III Abs 5 Ziffer 2 und Abs 4 Ziffer 1 zum Einigungsvertrag vom 31.8.1990; zu den Voraussetzungen der außerordentlichen personenbedingten Kündigung in einem solchen Fall zB BAG 24.2.2000 – 8 AZR 280/99 – II 1a mwN; 27.1.2000 – 8 AZR 49/99 – II 1, 2 und 3 RzK I 8 m ee Nr 58 (redigierter LS).

beitnehmers auf das Arbeitsverhältnis auswirkt, eine Vertrauensstellung bspw besondere Integrität erfordert. Maßgeblich für die Prognose, ob dem Arbeitgeber die Fortführung des Arbeitsverhältnisses mit einem ehemaligen Stasi-Mitarbeiter zuzumuten ist, sind Art, Dauer und Zeitpunkt der früheren Stasi-Tätigkeit, uU auch die fehlende Akzeptanz in der Belegschaft, sofern die Voraussetzungen einer Druckkündigung erfüllt sind. Zu prüfen sind mildere Mittel wie die Um- oder Versetzung auf einen anderen Arbeitsplatz ohne entsprechende Vertrauensposition. Für die anzustellende Prognose kann auch die frühere herausgehobene parteipolitische Betätigung eines Lehrers in der SED herangezogen werden. Maßgeblich ist aber, ob sich seine innere Einstellung zu den rechtsstaatlichen Grundwerten im Zeitpunkt der Kündigung gewandelt hat. Dafür ist sein Verhalten nach der Wende von besonderer Bedeutung.[226]

- Beantwortet ein Arbeitnehmer des **öffentlichen Dienstes** in einem zulässigen **Personalfragebogen** die an ihn gerichteten Fragen nach einer Tätigkeit für das Ministerium für Staatssicherheit nicht wahrheitsgemäß, stützt das, weil das Handeln steuerbar ist, keine personen-, sondern eine **verhaltensbedingte Kündigung**.[227]

- Auch der **Kirchenaustritt**[228] eines kirchlichen Arbeitnehmers oder die verfassungsfeindliche Betätigung von Arbeitnehmern des öffentlichen Dienstes verletzen in entsprechender Vertrauensstellung vertragliche Nebenpflichten und bilden deshalb einen verhaltens-, keinen personenbedingten Kündigungsgrund.[229]

- Ist ein (Werk-)Student wegen seiner **überlangen Studiendauer** nicht mehr als Student sozialversicherungsfrei, stellt dieser Umstand für die geschuldete Tätigkeit kein Eignungsmerkmal dar.[230]

---

226 BVerfG 8.7.1997 – 1 BvR 1243/95 – NZA 1997, 932; KR/Griebeling § 1 KSchG Rn 308.
227 **AA BAG in st Rspr**, vgl nur BAG 27.3.2003 – 2 AZR 699/01 – B I 2 b AP Einigungsvertrag Anlage I Kap XIX Nr 81. In dem BAG 21.6.2001 – 2 AZR 291/00 – II 4 EzA BGB § 626 nF Nr 190 zugrunde liegenden Fall beschränkte sich die MfS-Tätigkeit zeitlich auf die bei der Nationalen Volksarmee geleistete Wehrpflicht. Der nötige Vertrauensverlust wurde trotz einer Fragebogenlüge wegen des in der Interessenabwägung außer Acht gelassenen jugendlichen Alters des Klägers und des zeitlichen Zusammenfallens der MfS-Tätigkeit mit der Wehrpflicht in Zweifel gezogen und der Rechtsstreit an das Berufungsgericht zurückverwiesen. VHH/L/Krause § 1 Rn 444 nehmen ebenfalls an, die unzutr Beantwortung von Fragen nach einer MfS- Tätigkeit offenbare regelmäßig die mangelnde persönliche Eignung für eine Beschäftigung im öffentlichen Dienst. Dabei stehe die Nichtbeantwortung der Falschbeantwortung nicht gleich. Aus der Nichtbeantwortung dürfe kein charakterlicher Mangel, also kein personenbedingter Kündigungsgrund geschlossen werden.
228 BAG 25.4.2013 – 2 AZR 579/12 – NZA 2013, 1113.
229 SPV/Preis Rn 1242; **anders BAG** 12.12.1984 – 7 AZR 418/83 – AP GG Art 140 Nr 21 zum Kirchenaustritt, das zwar von einem Loyalitätspflichtverstoß ausgeht und grundsätzlich ein Abmahnungserfordernis annimmt, aber dennoch von einem personenbedingten Kündigungsgrund spricht; zu der nicht gegen Treu und Glauben (§ 242 BGB) verstoßenden Wartezeitkündigung eines für die katholische Kirche tätigen Arbeitnehmers wegen seiner Wiederverheiratung BAG 16.9.2004 – 2 AZR 447/03 – AP BGB § 611 Kirchendienst Nr. 44.
230 BAG 18.1.2007 – 2 AZR 731/05 – Rn 14, 19 und 20 AP KSchG 1969 § 1 Personenbedingte Kündigung Nr 26.

540 Das Tragen eines **islamischen Kopftuchs** allein rechtfertigt regelmäßig nicht die ordentliche Kündigung einer **Verkäuferin** in einem **Kaufhaus** aus **personen- oder verhaltensbedingten Gründen**. Eine Arbeitnehmerin könne zwar durch fundamentale und unüberwindbare Glaubenshindernisse ihre Fähigkeit und Eignung verlieren, die unmittelbar vertraglich geschuldete Arbeitsleistung überhaupt zu erbringen. Im vom BAG zu entscheidenden Fall sei die Arbeitnehmerin aber – anders etwa als eine Grund- und Hauptschullehrerin im Beamtenverhältnis aufgrund von Art 33 Abs 2 GG und der Besonderheiten des öffentlichen Dienstrechts[231] – imstande, ihre vertraglich geschuldete Arbeitsleistung als Verkäuferin auch dann noch zu erbringen, wenn sie bei ihrer Tätigkeit ein islamisches Kopftuch trage. Dadurch werde ihr weder ein Verkaufsgespräch unmöglich gemacht noch ein Verkaufsvorgang in einer Weise behindert, die den Schluss auf eine nicht mehr branchenübliche Tätigkeit, eine wirtschaftlich wertlose Arbeitsleistung oder sogar eine den Arbeitgeber schädigende Tätigkeit zulasse. Der Zweite Senat hat dagegen eine Kündigung aus **verhaltensbedingten Gründen** für sozial gerechtfertigt gehalten, weil eine **Lehrerin** ein **islamisches Kopftuch** trug und damit gegen das **Neutralitätsgebot** des § 57 Abs 4 SchulG NRW verstieß.[232]

12. Familiäre Verpflichtungen

541 Familiäre Pflichten stellen allein – ebenso wie Verheiratung und Scheidung[233] – keinen personen- oder verhaltensbedingten Grund dar. Eine Kündigung kommt aber in Betracht, wenn das Arbeitsverhältnis durch die familiären Verpflichtungen konkret gestört wird. Das ist möglich, wenn Leistungen mangelhaft erbracht werden oder sich der Arbeitnehmer ständig verspätet oder die für ihn geltende Arbeitszeit nicht einhalten kann. Auch hier gilt, dass der unmittelbar störende Umstand dem verhaltensbedingten Bereich zuzuordnen ist. In der Konsequenz besteht ein Abmahnungserfordernis, wenn der Arbeitnehmer sein Handeln beeinflussen kann. Kann er es nicht steuern, ist ein **personenbedingter** Grund gegeben. Eine Abmahnung ist nicht erforderlich.

13. Gewissensentscheidung

542 Sieht sich ein Arbeitnehmer aufgrund eines Gewissenskonflikts außerstande, die ihm zugewiesene Arbeit zu verrichten, ist an einen personenbedingten Kündigungsgrund zu denken, wenn es keine anderweitige Beschäfti-

---

231 Vgl dazu den Fall Ludin BVerwG 4.7.2002 – 2 C 21.01 – NJW 2002, 3344 mit Folgeentscheidung des BVerfG vom 24.9.2003 – 2 BvR 1436/02 – BVerfGE 108, 282.
232 BAG 10.12.2009 – 2 AZR 55/09 – Rn 14 ff AP GG Art 4 Nr 7; vgl zu der abgelehnten Entfernung einer Abmahnung aus der Personalakte, weil die als Sozialpädagogin in Nordrhein-Westfalen beschäftigte Arbeitnehmerin eine große Mütze trug, die ihren muslimischen Glauben ausdrücken sollte, BAG 20.8.2009 – 2 AZR 499/08 – Rn 11 ff AP GG Art 4 Nr 5 (ebenfalls Verstoß gegen das Neutralitätsgebot und Bekundungsverbot der §§ 57 Abs 4 Satz 1, 58 Schulgesetz NRW); zu der gebilligten Abmahnung wegen des Tragens eines Kopftuchs durch eine Erzieherin in einer Kindertagesstätte entgegen § 7 Abs 6 Satz 1 KiTaG BW 2009 BAG 12.8.2010 – 2 AZR 593/09 – Rn 13 ff.
233 Rn 530 ff.

gungsmöglichkeit für ihn gibt.[234] Ist eine andere Beschäftigungsmöglichkeit vorhanden, hat der Arbeitgeber dem Arbeitnehmer die Arbeit im Rahmen billigen Ermessens iSv § 106 Satz 1 GewO zuzuweisen.[235] Es genügt ein sog **subjektiver Gewissenskonflikt**.[236] Gewissen idS ist ein real erfahrbares seelisches Phänomen, dessen Forderungen, Mahnungen und Warnungen für den Menschen unmittelbar evidente Gebote unbedingten Sollens darstellen. Als eine Gewissensentscheidung ist jede ernste sittliche, also an den Kategorien von „Gut" und „Böse" orientierte Entscheidung zu betrachten, die der Einzelne innerlich in einer bestimmten Lage als für sich bindend und unbedingt verpflichtend erfährt, sodass er gegen sie nicht ohne ernste Gewissensnot handeln kann.[237] Ob die Gewissensentscheidung objektiv nachvollziehbar ist, ist unerheblich. Allerdings muss der Arbeitnehmer seine Gewissensentscheidung detailliert darlegen und sie erläutern, wenn er sich ihretwegen weigert, bestimmte Arbeiten zu verrichten, die ihm eigentlich vertraglich obliegen. Seine **Gewissensnot** und die **Ernsthaftigkeit** seiner Entscheidung müssen erkennbar sein, während **Erheblichkeit** und **Gewicht** der Gewissensbildung **keiner weiteren gerichtlichen Kontrolle** unterliegen.[238] Sonst ist nicht zu erkennen, ob der Arbeitgeber seine Rücksichtnahmepflicht aus § 241 Abs 2 BGB verletzt hat.[239] Versäumt der Arbeitnehmer diese Erklärung der Gewissensentscheidung oder lässt er erkennen, dass sie nicht ernsthaft ist, scheidet eine personenbedingte Kündigung aus. In Betracht kommt der verhaltensbedingte Kündigungsgrund einer unberechtigten **Arbeitsverweigerung**, der jedoch im Regelfall eine **Abmahnung** voraussetzt.[240]

Ein **Zurückbehaltungsrecht an seiner Arbeitsleistung aus § 273 Abs 1 BGB** 543
kommt dem Arbeitnehmer auch dann nicht zugute, wenn er schon bei Vertragsschluss damit rechnen musste, mit entsprechenden Arbeiten betraut zu werden.[241] Zu denken ist etwa an der Rüstung dienende Tätigkeiten in

---

234 BAG 24.2.2011 – 2 AZR 636/09 –; BAG 24.5.1989 – 2 AZR 285/88 – AP BGB § 611 Gewissensfreiheit Nr 1, wo die Frage der Weiterbeschäftigungsmöglichkeit der Interessenabwägung zugeordnet wird, während sie zutr bereits den objektiven Kündigungsgrund entfallen lässt; vgl zu der Arbeitsverweigerung aus Glaubens- und Gewissensgründen Raif ArbRAktuell 2011, 321 ff.
235 BAG 24.5.1989 – 2 AZR 285/88 – AP BGB § 611 Gewissensfreiheit Nr 1.
236 BVerfG 13.4.1978 – 2 BvF 1/77, 2 BvF 2/77, 2 BvF 4/77 und 2 BvF 5/77 – BVerfGE 48, 127, 173; BAG 24.5.1989 – 2 AZR 285/88 – AP BGB § 611 Gewissensfreiheit Nr 1; 20.12.1984 – 2 AZR 436/83 – AP BGB § 611 Direktionsrecht Nr 27.
237 vHH/L/Krause § 1 Rn 355.
238 BAG 24.5.1989 – 2 AZR 285/88 – AP BGB § 611 Gewissensfreiheit Nr 1; 20.12.1984 – 2 AZR 436/83 – AP BGB § 611 Direktionsrecht Nr 27.
239 BAG 13.3.2008 – 2 AZR 88/07 – Rn 44 AP KSchG 1969 § 1 Nr 87.
240 Ebenfalls für eine verhaltensbedingte Kündigung in diesen Fällen KR/Griebeling § 1 KSchG Rn 316; vHH/L/Krause § 1 Rn 359, **hinsichtlich des Abmahnungserfordernisses str**.
241 Vgl BAG 20.12.1984 – 2 AZR 436/83 – AP BGB § 611 Direktionsrecht Nr 27 noch mit der Begrifflichkeit des Leistungsverweigerungsrechts. Neuere Entscheidungen des Zweiten Senats verwenden die Terminologie des Zurückbehaltungsrechts aus § 273 Abs 1 BGB, vgl zB BAG 13.3.2008 – 2 AZR 88/07 – Rn 40 ff AP KSchG 1969 § 1 Nr 87.

einem Rüstungsbetrieb oder eine Situation, in der Arbeiten nur übergangsweise anfallen und dringend geboten sind.[242]

14. Haft (Straf- und Untersuchungshaft)

544 Auch schon die **Untersuchungshaft** kann eine personenbedingte Kündigung rechtfertigen, wenn eine negative Prognose zu bejahen ist sowie erhebliche und unzumutbare betriebliche Beeinträchtigungen bestehen.[243]

545 Hat der Arbeitnehmer mit der der **Strafhaft** zugrunde liegenden Straftat arbeitsvertragliche Pflichten, insbesondere seine Pflicht zur Rücksichtnahme aus § 241 Abs 2 BGB verletzt, ist das Delikt selbst ein **verhaltensbedingter Kündigungsgrund**.[244] Straf- und Untersuchungshaft,[245] die mit dem arbeitsvertraglichen Pflichtenkreis umgekehrt nicht in Zusammenhang stehen, hindern den Arbeitnehmer, die vertraglich geschuldete Arbeitsleistung zu erbringen, und können deshalb einen **personenbedingten Kündigungsgrund** bilden.[246] Zu den personenbedingten Kündigungsgründen gehört – anknüpfend an die Wertung des Gesetzgebers in § 72 Abs 1 Nr 3 HGB aF – auch eine Arbeitsverhinderung, die auf einer Straf- oder Untersuchungshaft beruht.[247] Die Verbüßung einer Strafhaft begründet uU nicht nur einen ordentlichen Kündigungsgrund, sondern ist „an sich" geeignet, eine außerordentliche – personenbedingte – Kündigung des Arbeitsverhältnisses nach § 626 Abs 1 BGB zu rechtfertigen. Voraussetzung ist, dass für den Arbeitgeber **keine zumutbaren Überbrückungsmöglichkeiten** bestehen und sich die Arbeitsverhinderung **konkret nachteilig auf das Arbeitsverhältnis** auswirkt, weil sie zu Störungen des Betriebsablaufs führt.[248] Diese Betrachtung lässt es zu, eine **mögliche Resozialisierung** des straffällig gewordenen Arbeitnehmers einzubeziehen.[249]

- Nicht jede Freiheitsstrafe führt ohne Rücksicht auf ihre Dauer und ihre Auswirkungen zum Verlust des Arbeitsplatzes.[250] Voraussetzung einer ordentlichen oder außerordentlichen Kündigung wegen haftbedingter Arbeitsverhinderung ist, dass der Arbeitnehmer für eine **verhältnismäßig erhebliche Zeit** nicht in der Lage sein wird, seine arbeitsvertraglichen Verpflichtungen zu erfüllen.[251]

---

242 BAG 24.5.1989 – 2 AZR 285/88 – AP BGB § 611 Gewissensfreiheit Nr 1; zu allem KR/Griebeling § 1 KSchG Rn 316.
243 BAG 23.5.2013 – 2 AZR 120/12 – Rn 26, NZA 2013, 1211; BAG 24.3.2011 – 2 AZR 790/09 – Rn 13 AP KSchG 1969 § 1 Personenbedingte Kündigung Nr 33; BAG 22.9.1994 – 2 AZR 719/93 – II 1 a und b AP KSchG 1969 § 1 Nr 25.
244 BAG 25.11.2010 – 2 AZR 984/08 – Rn 13.
245 Dazu Schrader ArbRAktuell 2011, 291 f.
246 BAG 23.5.2013 – 2 AZR 120/12 – Rn 26, NZA 2013, 1211; BAG 10.9.2009 – 2 AZR 257/08 – Rn 24 AP KSchG 1969 § 1 Verhaltensbedingte Kündigung Nr 60; BAG 22.9.1994 – 2 AZR 719/93 – II 1 AP KSchG 1969 § 1 Nr 25 zu einer ordentlichen Kündigung; indirekt auch BAG 9.3.1995 – 2 AZR 497/94 – II 3 und 4 AP BGB § 626 Nr 123 zu einer außerordentlichen Kündigung.
247 BAG 25.11.2010 – 2 AZR 984/08 – Rn 12 mwN.
248 BAG 23.5.2013 – 2 AZR 120/12 – Rn 26, NZA 2013, 1211; BAG 24.3.2011 – 2 AZR 790/09 – Rn 15 AP KSchG 1969 § 1 Personenbedingte Kündigung Nr 33.
249 BAG 25.11.2010 – 2 AZR 984/08 – Rn 14.
250 BAG 25.11.2010 – 2 AZR 984/08 – Rn 12.
251 BAG 23.5.2013 – 2 AZR 120/12 – Rn 26, NZA 2013, 1211; BAG 25.11.2010 – 2 AZR 984/08 – Rn 14.

- Die Nichterfüllung der Arbeitspflicht muss sich außerdem **nachteilig auf das Arbeitsverhältnis auswirken**. Betriebliche Störungen sind nur in der Ausprägung von Betriebsablaufstörungen – bspw der Fertigung oder des Personaleinsatzes – denkbar. Da der Arbeitgeber im Fall der haftbedingten Arbeitsunfähigkeit des Arbeitnehmers typischerweise von der Entgeltzahlungspflicht befreit ist (§ 616 Satz 1, § 275 Abs 1, § 326 Abs 1 BGB), hängt es von der **Dauer** sowie von **Art und Ausmaß der betrieblichen Auswirkungen** ab, ob die Inhaftierung geeignet ist, einen Grund zur Kündigung abzugeben.[252]
- Ist das Arbeitsverhältnis in erheblicher Weise gestört, muss abschließend im Einzelfall **abgewogen** werden, ob es dem Arbeitgeber unter Berücksichtigung der Interessen beider Vertragsteile unzumutbar war, das Arbeitsverhältnis bis zum Wegfall des Hinderungsgrundes fortzusetzen.[253]
- Sowohl bei der Frage, ob von einer erheblichen Störung des Austauschverhältnisses auszugehen ist, als auch bei der Interessenabwägung ist im Fall einer Kündigung wegen Verbüßung einer Freiheitsstrafe zu berücksichtigen, dass der Arbeitnehmer die Arbeitsverhinderung in aller Regel **zu vertreten hat**. Deshalb sind dem Arbeitgeber zur Überbrückung regelmäßig **nicht die gleichen Anstrengungen und Belastungen zuzumuten wie bei einer Krankheit**.[254]
- Der Arbeitgeber ist aufgrund seiner aus § 241 Abs 2 BGB folgenden Rücksichtnahmepflicht gehalten, dem Arbeitnehmer dabei behilflich zu sein, den **Freigängerstatus** zu erlangen, wenn die Straftat keinen Bezug zum Arbeitsverhältnis hat und auch keine anderen schutzwürdigen Interessen des Arbeitgebers einer solchen Bemühung entgegenstehen. Durch eine solche Maßnahme trägt der Arbeitgeber dazu bei zu verhindern, dass die künftige Arbeitsleistung unmöglich wird. Er darf dem Arbeitnehmer nicht grundlos Nachteile zufügen oder ihn der Gefahr eines Schadens aussetzen.[255]
- Jedenfalls dann, wenn der Arbeitnehmer im Zeitpunkt des Zugangs der Kündigung noch eine **Freiheitsstrafe von über zwei Jahren** zu verbüßen hat und ein Freigängerstatus oder eine vorzeitige Haftentlassung vor Ablauf von zwei Jahren nicht sicher zu erwarten sind, braucht der Arbeitgeber den Arbeitsplatz nicht für den inhaftierten Arbeitnehmer frei zu halten.[256] Überbrückungsmaßnahmen sind dem Arbeitgeber angesichts der Dauer der zu erwartenden Fehlzeit und der typischerweise zu vertretenden Arbeitsverhinderung nicht zuzumuten. Der Arbeitgeber muss in einem solchen Fall keine konkreten Betriebsablaufstörungen vortragen. Die betrieblichen Interessen sind schon deshalb erheblich

---

252 BAG 23.5.2013 – 2 AZR 120/12 – Rn 26, NZA 2013, 1211; BAG 25.11.2010 – 2 AZR 984/08 – Rn 14.
253 BAG 25.11.2010 – 2 AZR 984/08 – Rn 14.
254 BAG 25.11.2010 – 2 AZR 984/08 – Rn 14 mwN; BAG 6.10.1959 – 3 AZR 313/56 – AP SchwBeschG § 14 Nr 19.
255 BAG 9.3.1995 – 2 AZR 497/94 – II 4 AP BGB § 626 Nr 123 noch mit der Begründung einer allgemeinen Fürsorgepflicht aus § 242 BGB.
256 BAG 24.3.2011 – 2 AZR 790/09 – Rn 13 AP KSchG 1969 § 1 Personenbedingte Kündigung Nr 33.

beeinträchtigt, weil der Arbeitgeber sein Weisungsrecht dauerhaft nicht ausüben kann.[257]

15. Krankheit

546 a) Struktur, kein Verstoß der krankheitsbedingten Kündigung gegen Unionsrecht. Die krankheitsbedingte Kündigung ist die praktisch bedeutsamste Fallgruppe der personenbedingten Kündigung. Eine Kündigung ist nicht schon deswegen unwirksam, weil sie wegen Krankheit ausgesprochen wird, wie sich im deutschen Recht mittelbar aus § 8 Abs 1 Satz 1 EFZG ersehen lässt.[258] Unter Krankheit im medizinischen Sinn ist nach deutschem Rechtsverständnis ein regelwidriger körperlicher oder geistiger Zustand zu verstehen, der eine Heilbehandlung notwendig macht.[259] Der nationale arbeitsrechtliche Krankheitsbegriff knüpft hieran an.[260] Er umfasst sowohl physische als auch psychische Leiden.[261] Das **Unionsrecht** hindert eine **ausschließlich auf Krankheit** gestützte Kündigung nicht. Die Richtlinie 2000/78/EG des Rates zur Festlegung eines allgemeinen Rahmens für die Verwirklichung der Gleichbehandlung in Beschäftigung und Beruf vom 27.11.2000[262] steht einer krankheitsbedingten Kündigung ieS nicht entgegen.[263] Die Richtlinie gilt nach ihrem Art 3 Abs 1 Buchst c zwar auch für Entlassungsbedingungen und damit für Kündigungen. Die nötige autonome und einheitliche unionsrechtliche Auslegung des Begriffs der Behinderung iSv Art 1 der Richtlinie ergibt jedoch, dass der Richtliniengeber an Fälle gedacht hat, in denen die Teilhabe am Berufsleben über einen **langen Zeitraum** eingeschränkt ist. Damit die Einschränkung unter den Begriff der Behinderung fällt, muss deshalb **wahrscheinlich** sein, dass sie von langer Dauer ist. Die Richtlinie 2000/78/EG enthält dagegen keinen Hinweis darauf, dass Arbeitnehmer aufgrund des Verbots der Diskriminierung wegen einer Behinderung in den Schutzbereich der Richtlinie fallen, sobald sich irgendeine Krankheit manifestiert.[264] Mit dem Begriff der „Behinderung" hat der Richtliniengeber bewusst ein Wort gewählt, das sich von dem der „Krankheit" unterscheidet. Die Begriffe lassen sich nicht gleichsetzen.

In der Entscheidung **Ring vom 11.4.2013**[265] hat der EuGH den Begriff der **Behinderung** iSv Art 1 der Richtlinie nach seiner Entscheidung **Chacón**

---

257 BAG 25.11.2010 – 2 AZR 984/08 – Rn 21 ff, 25 ff.
258 SPV/Preis Rn 1245.
259 BAG 5.4.1976 – 5 AZR 397/75 – AP LohnFG § 1 Nr 40.
260 BAG 25.6.1981 – 6 AZR 940/78 – II 4 AP BGB § 616 Nr 52.
261 BAG 6.10.1959 – 3 AZR 313/56 – AP SchwBeschG § 14 Nr 19.
262 ABl EG Nr L 303, S 16.
263 EuGH 11.7.2006 – C-13/05 – Chacón Navas Rn 47 und 52 AP Richtlinie 2000/78/EG Nr 3 mit Besprechungen zB von Domröse NZA 2006, 1320 und Streinz JuS 2007, 65. Damit hat sich die nach der Vorlage geäußerte Befürchtung eines Paradigmenwechsels bei der krankheitsbedingten Kündigung nicht – jedenfalls nicht in vollem Umfang – bewahrheitet; vgl zB Thüsing/Wege NZA 2006, 136, 139.
264 EuGH 11.7.2006 – C-13/05 – Chacón Navas Rn 39, 45 und 46 AP Richtlinie 2000/78/EG Nr 3.
265 EuGH 11.4.2013 – C 335/11 und C-337/11 – Ring, Skouboe Werge Rn. 38, 41 AP Richtlinie 2000/78/EG Nr. 28; vgl auch EuGH 4.7.2013 – C 312/11 – [Kommission / Italien].

Navas vom 11.7.2006[266] unter Heranziehung der Definition aus **Art. 1 Abs. 2 des UN-Übereinkommens über die Rechte von Menschen mit Behinderung (UN-BRK)** erneut konkretisiert. Der Begriff der Behinderung im Sinne der Richtlinie ist dahin auszulegen, dass er einen Zustand einschließt, der durch eine ärztlich diagnostizierte heilbare oder unheilbare Krankheit verursacht wird, wenn diese Krankheit eine Einschränkung mit sich bringt, die insbesondere auf physische, geistige oder psychische Beeinträchtigungen zurückzuführen ist, die in Wechselwirkung mit verschiedenen Barrieren den Betreffenden an der vollen und wirksamen Teilhabe am Berufsleben, gleichberechtigt mit den anderen Arbeitnehmern, hindern können, und wenn diese Einschränkung von langer Dauer ist.[267] Damit fällt auch eine **längerfristige Erkrankung** unter den **Diskriminierungsschutz** der Richtlinie.[268] Wegen der erheblichen Anzahl chronisch erkrankter Personen hat dies erhebliche Auswirkungen.[269] Im Umkehrschluss bedeutet dies jedoch nicht, dass in diesen Fällen künftig Kündigungen ausgeschlossen sind. Bereits in der Entscheidung **Chacón Navas vom 11.7.2006**[270] hat der EuGH auf die 17. Begründungserwägung, Art 5 der Richtlinie 2000/78/EG sowie auf einen besonderen Rechtfertigungsgrund abgestellt. Danach hat der Arbeitgeber angemessene Vorkehrungen für Menschen mit Behinderung zu treffen. In der Entscheidung **Ring** hat der EuGH ausgeführt, dass Art. 5 der RL 2000/78/EG nach der Genehmigung der UN-BRK durch den Rat im Namen der Europäischen Gemeinschaft unter Beachtung und in Übereinstimmung mit der UN-BRK auszulegen ist.[271] Der Begriff der „**angemessenen Vorkehrungen**" sei weit zu verstehen; erfasst seien nicht nur materielle, sondern auch organisatorische Maßnahmen wie etwa eine Teilzeittätigkeit.[272] War das Unterlassen solcher Maßnahmen kausal für die Fehlzeiten des Arbeitnehmers, ist eine Kündigung unwirksam.[273] Diese Entscheidungen zeigen, dass die Prüfung der **Verhältnismäßigkeit** einer krankheitsbedingten Kündigung durch das nationale Gericht eine **noch größere Bedeutung** bekommt.[274]

Die krankheitsbedingte Kündigung wird wie jede personenbedingte Kündigung[275] in **vier Stufen** geprüft: 547

---

266 EuGH 11.7.2006 – C-13/05 – Chacón Navas Rn 43, 44 AP Richtlinie 2000/78/EG Nr 3.
267 EuGH 11.4.2013 – C 335/11 und C-337/11 – Ring, Skouboe Werge Rn 41 AP Richtlinie 2000/78/EG Nr. 28; hieran anknüpfend BAG 19.12.2013 – 6 AZR 190/12 – Rn 59 NZA 2014, 372.
268 Zu den Folgen für das nationale Recht BAG 19.12.2013 – 6 AZR 190/12 – Rn 63 NZA 2014, 372.
269 Fuhlrott ArbR 2014, 309.
270 EuGH 11.7.2006 – C-13/05 – Chacón Navas Rn 49 bis 52 AP Richtlinie 2000/78/EG Nr 3.
271 EuGH 11.04.2013 – C 335/11 und C-337/11 – Ring, Skouboe Werge Rn 53 bis 56 AP Richtlinie 2000/78/EG Nr. 28.
272 EuGH 11.04.2013 – C 335/11 und C-337/11 – Ring, Skouboe Werge Rn 53 bis 56 AP Richtlinie 2000/78/EG Nr. 28; hieran anknüpfend BAG 19.12.2013 – 6 AZR 190/12 – Rn 52 NZA 2014, 372.
273 EuGH 11.4.2013 – C 335/11 und C-337/11 – Ring, Skouboe Werge Rn 66 AP Richtlinie 2000/78/EG Nr. 28.
274 Fuhlrott, ArbR 2014, 307; Heuschmid, ArbuR 2013, 411
275 Rn 469 ff.

548 **aa) Negative Gesundheitsprognose.** Zunächst ist eine negative Prognose hinsichtlich des weiteren Gesundheitszustands erforderlich, die im Zeitpunkt des Zugangs der Kündigung objektiv die Besorgnis weiterer Erkrankung(en) im bisherigen Umfang rechtfertigt (Prognose fehlender Eignung).

549 **bb) Erhebliche Beeinträchtigung betrieblicher oder wirtschaftlicher Interessen.** In der Folge ist festzustellen, ob die prognostizierten Fehlzeiten zu einer erheblichen Beeinträchtigung betrieblicher oder wirtschaftlicher Interessen (Betriebsablaufstörungen, Entgeltfortzahlungskosten usw) führen.

550 **cc) Fehlen eines milderen Mittels, mangelnde Weiterbeschäftigungsmöglichkeit.** Die erheblichen Störungen dürfen nicht durch mildere Mittel zu beheben sein, etwa durch Überbrückungsmaßnahmen oder die Weiterbeschäftigung zu geänderten Bedingungen auf einem anderen Arbeitsplatz. Nach der Entscheidung **Ring** des EuGH vom 11.4.2013[276] sind, soweit eine Behinderung vorliegt,[277] „angemessene Vorkehrungen" zu treffen. Dieser Begriff ist weit zu verstehen und umfasst die Beseitigung der verschiedenen Barrieren, die die volle und wirksame, gleichberechtigte Teilhabe der Menschen mit Behinderung am Berufsleben behindern. Gemeint sind **nicht nur materielle, sondern auch organisatorische Maßnahmen**, wobei die Aufzählung der möglichen Vorkehrungen im 20. Erwägungsgrund der RL 2000/78/EG nicht abschließend ist.[278] Denkbar ist insoweit auch eine **Teilzeitbeschäftigung**.[279] § 81 Abs 5 SGB IX wird in richtlinienkonformer Auslegung auch auf Arbeitnehmer anzuwenden sein, die als behindert iSd RL 2000/78/EG gelten.[280] Allerdings dürfen die Maßnahmen nicht zu **unverhältnismäßigen Belastungen des Arbeitgebers** führen.[281] Ob die jeweiligen Vorkehrungen den Arbeitgeber unverhältnismäßig belasten, haben die nationalen Gerichte zu prüfen. Hierbei ist der mit den Maßnahmen verbundene finanzielle und sonstige Aufwand unter Berücksichtigung der Größe und der Finanzkraft des Arbeitgebers sowie die Möglichkeit, öffentliche Mittel oder andere Unterstützungen in Anspruch zu nehmen, in die Abwägung mit einzubeziehen.[282] Die **Pflicht** des Arbeitgebers, diese Maßnahmen zu treffen, ergibt sich aus **unionsrechtskonformer Auslegung von § 241 Abs 2 BGB**.[283]

551 **dd) Interessenabwägung.** Zuletzt ist zu prüfen, ob die erheblichen Beeinträchtigungen ein solches Ausmaß erreicht haben, dass der Arbeitgeber die Belastung billigerweise nicht mehr hinnehmen muss.[284]

---

276 EuGH 11.4.2013 – C 335/11 und C-337/11 – Ring, Skouboe Werge AP Richtlinie 2000/78/EG Nr. 28.
277 Zum Begriff der Behinderung vgl Rn 546.
278 EuGH 11.4.2013 – C 335/11 und C-337/11 – Ring, Skouboe Werge Rn 53 bis 56 AP Richtlinie 2000/78/EG Nr 28.
279 EuGH 11.4.2013 – C 335/11 und C-337/11 – Ring, Skouboe Werge Rn 62 AP Richtlinie 2000/78/EG Nr 28.
280 Heuschmid ArbuR 2013, 411.
281 EuGH 11.4.2013 – C 335/11 und C-337/11 – Ring, Skouboe Werge Rn 62 AP Richtlinie 2000/78/EG Nr 28.
282 EuGH 11.4.2013 – C 335/11 und C-337/11 – Ring, Skouboe Werge Rn 59 f AP Richtlinie 2000/78/EG Nr 28; BAG 19.12.2013 – 6 AZR 190/12 – Rn 52 NZA 2014, 372.
283 BAG 19.12.2013 – 6 AZR 190/12 – Rn 53 NZA 2014, 372.
284 BAG 21.5.1992 – 2 AZR 399/91 – III 1 c AP KSchG 1969 § 1 Krankheit Nr 30.

Der **Zweite Senat** prüft die krankheitsbedingte Kündigung in nur **drei Stufen:**[285]

- Danach ist zunächst eine **negative Prognose** hinsichtlich des voraussichtlichen künftigen Gesundheitszustands des Arbeitnehmers erforderlich (**erste Stufe**).
- Die bisherigen und nach der Prognose zu erwartenden Auswirkungen des Gesundheitszustands des Arbeitnehmers müssen zu einer **erheblichen Beeinträchtigung der betrieblichen Interessen** führen. Sie können durch Störungen im Betriebsablauf oder durch eine erhebliche wirtschaftliche Belastung hervorgerufen werden (**zweite Stufe**).
- Schließlich ist zu prüfen, ob die erheblichen betrieblichen Beeinträchtigungen zu einer **billigerweise nicht mehr hinzunehmenden Belastung des Arbeitgebers** geführt haben (**dritte Stufe**).

Das BAG ordnet das Problem des milderen Mittels teils den erheblichen betrieblichen Beeinträchtigungen – also der Stufe 2 – und andernteils der Interessenabwägung – der hier vorgestellten Stufe 4 – zu.[286] Die Krankheit führt aus Sicht des BAG insbesondere dann nicht zu einer erheblichen Beeinträchtigung betrieblicher Interessen, wenn eine Weiterbeschäftigungsmöglichkeit besteht.[287]

b) Fallgruppen[288] **aa) Übersicht.** Zu unterscheiden sind Kündigungen

- wegen **häufiger Kurzerkrankungen,**
- aufgrund einer **lang andauernden Erkrankung,**
- wegen krankheitsbedingter **dauernder Leistungsunfähigkeit,**
- aufgrund völliger **Ungewissheit der Wiederherstellung der Arbeitsfähigkeit** und
- wegen **krankheitsbedingter Leistungsminderung.**

- Bei der in der Praxis häufigsten Kündigung wegen **Kurzerkrankungen** liegt das Schwergewicht des Kündigungsgrundes in den durch sie hervorgerufenen betrieblichen oder wirtschaftlichen Belastungen und der dadurch begründeten Gefahr der Wiederholung von krankheitsbedingten Ausfällen im bisherigen Umfang.
- Die **lang anhaltende Krankheit** berechtigt den Arbeitgeber zur Kündigung, weil die Wiederherstellung der Arbeitsfähigkeit im Zeitpunkt des Zugangs der Kündigung objektiv nicht absehbar ist und gerade diese Ungewissheit unzumutbare betriebliche Auswirkungen zur Folge hat.[289]
- Bei der **permanenten Arbeitsunfähigkeit** steht fest, dass der Arbeitnehmer die geschuldete Arbeitsleistung auf Dauer nicht mehr erbringen kann. Das hindert den Arbeitgeber daran, sein Direktionsrecht auszuüben.

---

285 Vgl zB BAG 8.11.2007 – 2 AZR 292/06 – Rn 13 AP KSchG 1969 § 1 Personenbedingte Kündigung Nr 29; BAG 1.3.2007 – 2 AZR 217/06 – Rn 15 AP SGB IX § 90 Nr 2.
286 Vgl zu dem gewählten Stufenmodell auch SPV/Preis Rn 1247 ff.
287 BAG 19.4.2007 – 2 AZR 239/06 – Rn 24 AP KSchG 1969 § 1 Krankheit Nr 45.
288 Zur unionsrechtlichen Zulässigkeit der krankheitsbedingten Kündigung Rn 546.
289 BAG 25.11.1982 – 2 AZR 140/81 – B I 2 AP KSchG 1969 § 1 Krankheit Nr 7.

- Dieser unstreitigen oder erwiesenen Leistungsunfähigkeit steht die **völlige Ungewissheit der Wiederherstellung der Arbeitsfähigkeit** gleich.
- In der Konstellation der **krankheitsbedingten Leistungsminderung** ist der Arbeitnehmer nur noch imstande, einen Teil seiner Aufgaben zu erfüllen. Hier stellt sich ein Abgrenzungsproblem von der dauernden Arbeitsunfähigkeit.[290]

bb) Häufige Kurzerkrankungen
(1) Negative Prognose

555 ■ Zum Zeitpunkt des Zugangs der Kündigung müssen **objektive Tatsachen** bestehen, die die **Besorgnis** weiterer **Erkrankungen im bisherigen Umfang** rechtfertigen. Häufige Kurzerkrankungen in der Vergangenheit können **indiziell** für eine entsprechende Entwicklung des Krankheitsbilds sprechen.[291] Das gilt **nicht**, wenn die Krankheiten **ausgeheilt** sind.[292] Krankheitsbedingte Fehlzeiten in der Vergangenheit sind deshalb nur insofern bedeutsam, als sie die Gefahr künftiger Erkrankungen indizieren können. Die krankheitsbedingte Kündigung ist **keine Sanktion** für frühere Ausfallzeiten.[293] Die für eine negative Prognose erforderliche **Dauer des Prognosezeitraums** und die Häufigkeit der in diesem Zeitraum auftretenden Fehlzeiten lassen sich **nicht schematisch präzisieren**.[294] Das **BAG** hat in einer älteren Entscheidung vom 19.5.1993[295] bereits aus Kurzerkrankungen, die in einem Zeitraum von **15 Monaten** auftraten, eine Indizwirkung für die negative Gesundheitsprognose hergeleitet. Den vorangegangenen Entscheidungen, die sich mit dieser Frage zu befassen hatten, lagen zurückliegende Fehlzeiten während mindestens vierer Jahre zugrunde, die die negative Prognose indizierten.[296] Ein Zeitraum von **unter zwei Jahren** dürfte allerdings **zu kurz** sein, um eine fundierte, Zufälligkeiten ausschließende Prognose ziehen zu können.[297] Auch im Übrigen gesunde Menschen können nacheinander von mehreren kurzfristigen Erkrankungen ereilt werden. Im Umkehrschluss darf daraus aber nicht gefolgert werden, dass eine **negative Gesundheitsprognose** erst nach zweijährigem Ar-

---

290 Zu allem SPV/Preis Rn 1271.
291 BAG 23.4.2008 – 2 AZR 1012/06 – Rn 18 EzA KSchG § 1 Krankheit Nr 55; BAG 8.11.2007 – 2 AZR 292/06 – Rn 13 und 19 AP KSchG 1969 § 1 Personenbedingte Kündigung Nr 29; BAG 10.11.2005 – 2 AZR 44/05 – B I 2 a AP KSchG 1969 § 1 Krankheit Nr 42.
292 St Rspr, etwa BAG 8.11.2007 – 2 AZR 292/06 – Rn 13 AP KSchG 1969 § 1 Personenbedingte Kündigung Nr 29.
293 BAG 23.6.1983 – 2 AZR 15/82 – B III 4 b aa AP KSchG 1969 § 1 Krankheit Nr 10.
294 KR/Griebeling § 1 KSchG Rn 330.
295 BAG 9.5.1993 2 AZR 598/92 – RzK I 5 g Nr 54.
296 BAG 29.7.1993 – 2 AZR 155/93 – II 1 AP KSchG 1969 § 1 Krankheit Nr 27; BAG 5.7.1990 – 2 AZR 154/90 – II 1 a AP KSchG 1969 § 1 Krankheit Nr 26; BAG 6.9.1989 – 2 AZR 19/89 – B I 1 a, II 1 AP KSchG 1969 § 1 Krankheit Nr 21; BAG 6.9.1989 – 2 AZR 118/89 – B II 1 a AP KSchG 1969 § 1 Krankheit Nr 22; BAG 6.9.1989 – 2 AZR 224/89 – II 1 AP KSchG 1969 § 1 Krankheit Nr 20; BAG 16.2.1989 – 2 AZR 299/88 – B I 1 AP KSchG 1969 § 1 Krankheit Nr 20; BAG 23.6.1983 – 2 AZR 15/82 – B II 2 AP KSchG 1969 § 1 Krankheit Nr 10.
297 Ähnl auch KR/Griebeling § 1 KSchG Rn 330.

beitsverhältnis getroffen werden könnte. Vielmehr ist sie auch möglich, wenn in der Vergangenheit Ausfallzeiten von weniger als 30 Arbeitstagen jährlich aufgetreten sind. Die negative Prognose wird dann allerdings **nicht indiziert**. Das hat Auswirkungen auf die **Darlegungslast**.[298] Der **Zweite Senat** hat die Fragen der **Indizwirkung**der nötigen **Einzelfallbetrachtung** unterworfen und ausgeführt, es sei **nicht** auf einen **starren Zeitraum** innerhalb der **letzten drei Jahre** abzustellen.[299] Ausreichend für eine Indizwirkung sind nach diesem Urteil hinreichende **prognosefähige Fehlzeiträume**. Das können die letzten drei Jahre sein. Ein solches Ergebnis ist aber nicht zwingend. Ausreichend, um eine negative Prognose zu rechtfertigen, kann sowohl ein kürzerer als auch – erst recht – ein längerer Zeitraum sein. Entsprechendes gilt für die Art und Häufigkeit der Erkrankungen. Es steht einer negativen Prognose auch nicht entgegen, dass die Fehlzeiten auf unterschiedlichen prognosefähigen Erkrankungen beruhen. Derartige unterschiedliche Erkrankungen können den Schluss auf eine gewisse Krankheitsanfälligkeit des Arbeitnehmers zulassen und damit eine negative Prognose begründen.[300]

Hinweise:
- Eine **Indizwirkung** darf nur für Krankheitszeiten in der Vergangenheit angenommen werden, für die eine **Wiederholungsgefahr** besteht.[301] Das Gericht muss feststellen, ob und in welchem Umfang sie gegeben ist. Der Arbeitnehmer erschüttert die Indizwirkung in ausreichendem Maß, wenn er die Behauptung des Arbeitgebers bestreitet und die behandelnden Ärzte von der Schweigepflicht entbindet. Aus seinem Vortrag muss sich zumindest ergeben, dass die behandelnden Ärzte seine künftige gesundheitliche Entwicklung ihm gegenüber als günstig beurteilt haben. Nicht ausreichend ist dagegen ein Vorbringen des Arbeitnehmers, mit dem er sich erst durch die Berufung auf die behandelnden Ärzte die fehlende Kenntnis über den weiteren Verlauf seiner Erkrankung verschaffen will.[302]
- Unabhängig von der Indizwirkung ist die **Wiederherstellung der Arbeitsfähigkeit** aus Sicht des BAG völlig **ungewiss**, wenn in den nächsten **24 Monaten nicht** mit einer anderen Prognose **gerechnet** werden kann.[303]
- **Von Bedeutung** ist weiter,

---

298 IE Rn 613.
299 BAG 10.11.2005 – 2 AZR 44/05 – B I 2 b aa (2) AP KSchG 1969 § 1 Krankheit Nr 42.
300 BAG 10.11.2005 – 2 AZR 44/05 – B I 2 b aa (2) AP KSchG 1969 § 1 Krankheit Nr 42; im konkreten Fall ging es um eine Neigung zu Erkältungs- und Entzündungskrankheiten sowie Erkrankungen des Bewegungsapparats.
301 Erneut bestätigt von BAG 7.11.2002 – 2 AZR 599/01 – B I 2 c aa AP KSchG 1969 § 1 Krankheit Nr 40.
302 BAG 10.11.2005 – 2 AZR 44/05 – B I 2 b bb mwN AP KSchG 1969 § 1 Krankheit Nr 42; 7.11.2002 – 2 AZR 599/01 – B I 2 c aa und bb AP KSchG 1969 § 1 Krankheit Nr 40.
303 BAG 29.4.1999 – 2 AZR 431/98 – AP KSchG 1969 § 1 Krankheit Nr 36, dazu auch Rn 580.

- ob sich die Fehlzeiten in der Vergangenheit steigerten, gleich blieben oder von Jahr zu Jahr fielen,
- ob sie im Hinblick auf die Anzahl der Krankheitsperioden mit gewisser Häufigkeit und Regelmäßigkeit auftraten, was den zeitlichen Abstand zwischen den Ausfällen betrifft.[304]

■ Die Dauer der Fehlzeiten, mit der für die Zukunft zu rechnen ist, ist für die Prognose dagegen bedeutungslos. Dabei handelt es sich um eine Frage der erheblichen betrieblichen oder wirtschaftlichen Belastung oder ihrer Unzumutbarkeit.[305]

556 Da Kündigungsgrund nur ein Umstand sein kann, der **objektiv** geeignet ist, die Kündigung sozial zu rechtfertigen, kommt es auf die Kenntnis des Arbeitgebers von dem Verlauf der Krankheit nicht an. Erkundigt er sich vor Ausspruch der Kündigung nicht nach dem Gesundheitszustand des Arbeitnehmers und verletzt damit nach Ansicht des BAG seine **nebenvertragliche Erkundigungspflicht**, führt das dennoch nicht zur Sozialwidrigkeit der Kündigung.[306] Mangels Rechtsgrundlage besteht auch **keine außerprozessuale Auskunftspflicht des Arbeitnehmers über seinen Gesundheitszustand**.[307] Hat der **Arbeitgeber** im Kündigungsschutzprozess die vergangenen Fehlzeiten vorgetragen und indizieren sie eine **negative Prognose**, muss der **Arbeitnehmer** jedoch darlegen, weshalb mit seiner **baldigen Genesung** zu rechnen ist. An seine **prozessuale Mitwirkungspflicht** darf kein zu strenger Maßstab angelegt werden. Der Arbeitnehmer weiß selbst nicht immer, an welcher Krankheit er leidet und wann damit zu rechnen ist, dass seine Arbeitsfähigkeit aufgrund der vom Arzt angewandten Therapie wiederhergestellt ist.[308]

557 Maßgeblich für die Beurteilung der Rechtmäßigkeit der Kündigung sind nach den allgemeinen Grundsätzen grundsätzlich die **objektiven Verhältnisse** zum Zeitpunkt des **Zugangs** der **Kündigungserklärung**.[309] Wird kein **neuer Kausalverlauf** in Gang gesetzt, kann dieser die vorher **erstellte Prognose nicht beeinträchtigen**; ihre nachträgliche Korrektur durch einen neuen Sachverhalt ist nicht möglich.[310]

Ein neuer Kausalverlauf ist etwa dann anzunehmen,
■ wenn der Arbeitnehmer nach Zugang der Kündigung den **Arzt wechselt** oder
■ sein Arzt eine **neue**, größeren Erfolg versprechende **Behandlung** anwendet,[311]

---

304 BAG 6.9.1989 – 2 AZR 19/89 – B II 2 a AP KSchG 1969 § 1 Krankheit Nr 21.
305 KR/Griebeling § 1 KSchG Rn 332 mwN.
306 BAG 25.11.1982 – 2 AZR 21/81 – B I 1 AP KSchG 1969 § 1 Krankheit Nr 7; im Ergebnis ebenso vHH/L/Krause § 1 Rn 381.
307 vHH/L/Krause § 1 Rn 381.
308 BAG 25.11.1982 – 2 AZR 21/81 – B II 2 a und b AP KSchG 1969 § 1 Krankheit Nr 7; zur Behauptungslast näher Rn 613; aA mit detaillierter Begründung vHH/L/Krause § 1 Rn 393 ff.
309 BAG 15.8.1984 – 7 AZR 536/82 – III 2 AP KSchG 1969 § 1 Krankheit Nr 16.
310 BAG 7.11.2002 – 2 AZR 599/01 – III 1 a AP KSchG 1969 § 1 Krankheit Nr 40; BAG 29.4.1999– 2 AZR 431/98 – II 3 b AP KSchG 1969 § 1 Krankheit Nr 36.
311 BAG 27.11.1991 – 2 AZR 309/91 – B III 2 EEK II/205.

- der Arbeitnehmer nun **bereit** ist, eine zuvor abgelehnte **Operation**, stationäre Behandlung oder **Entziehungskur** durchzuführen,[312]
- er seine **Lebensführung** erheblich **ändert**, zB regelmäßig Sport treibt, und dadurch eine Verbesserung der körperlichen Gesamtverfassung eintritt[313] oder
- der Arbeitnehmer es **aufgibt** zu rauchen.

In der Vergangenheit aufgetretene Krankheiten, die **keine Wiederholungsgefahr** in sich bergen, können für eine negative Gesundheitsprognose nicht herangezogen werden.[314]

- Einmalige Ausfallzeiten aufgrund eines **Unfalls** scheiden daher als Grundlage der Prognose aus.[315]
- Entsprechendes gilt für **erfolgreiche Operationen** wie bspw die Entfernung des Blinddarms oder der Mandeln, Zahnextraktionen usw.
- Auch **ausgeheilte Erkrankungen**,[316] etwa abgeklungene grippale Infekte, sind nicht wiederholungsträchtig, wenn keine ungewöhnliche chronische Krankheitsneigung besteht.
- **Fehlzeiten**, die bereits zur Begründung einer früheren krankheitsbedingten Kündigung herangezogen wurden und die die notwendige negative Gesundheitsprognose in einem **Vorprozess** noch nicht belegen konnten, können grundsätzlich berücksichtigt werden, um die negative Prognose einer späteren krankheitsbedingten Kündigung zu stützen.[317]
- Andererseits lassen sich häufende **Sportunfälle** ggf eine negative Prognose zu, wenn sich der Arbeitnehmer als besonders unvorsichtig oder verletzungsanfällig gezeigt hat.[318]

Wird die **negative Prognose nicht** bereits durch die in der Vergangenheit aufgetretenen und vom Arbeitnehmer unbestrittenen Fehlzeiten **indiziert** oder sind die Erkrankungen ihrer Art nach einmalig oder ausgeheilt, wird idR ein **medizinisches Sachverständigengutachten** nötig sein, um die negative Prognose festzustellen.[319] Grundlage des Beweisthemas sind dabei alle zurückliegenden Erkrankungen, die medizinische Rückschlüsse auf die künftige Gesundheitsentwicklung zulassen.[320]

(2) Erhebliche Beeinträchtigung betrieblicher oder wirtschaftlicher Interessen. Die Beeinträchtigungen werden in **Betriebsablaufstörungen** und wirt-

---

312 BAG 9.4.1987 – 2 AZR 210/86 – B III 3 AP KSchG 1969 § 1 Krankheit Nr 18.
313 BAG 6.9.1989 – 2 AZR 118/89 – B II 2 b bb AP KSchG 1969 § 1 Krankheit Nr 22.
314 BAG 8.11.2007 – 2 AZR 292/06 – Rn 13 AP KSchG 1969 § 1 Personenbedingte Kündigung Nr 29.
315 BAG 7.12.1989 – 2 AZR 225/89 – 2 b EzA KSchG § 1 Krankheit Nr 30.
316 BAG 14.1.1993 – 2 AZR 343/92 – II 2 c EzA KSchG § 1 Krankheit Nr 39.
317 BAG 10.11.2005 – 2 AZR 44/05 – B I 2 b aa (4) AP KSchG 1969 § 1 Krankheit Nr 42.
318 BAG 7.12.1989 – 2 AZR 225/89 – 2 d EzA KSchG § 1 Krankheit Nr 30; BAG 2.11.1989 – 2 AZR 335/89 – B II 2 b cc.
319 Zu der Abgrenzung von Beweiserheblichkeit und Würdigung des Beweisergebnisses BAG 8.11.2007 – 2 AZR 292/06 – Rn 19 AP KSchG 1969 § 1 Personenbedingte Kündigung Nr 29.
320 **Str**, wie hier vHH/L/Krause § 1 Rn 396; aA Herbst/Wohlfarth DB 1990, 1816, 1820, die aus dem Verhältnismäßigkeitsgrundsatz eine Beschränkung auf das letzte Jahr vor Ausspruch der Kündigung folgern.

schaftliche Belastungen unterschieden.[321] Beide Arten von Beeinträchtigungen sind wie die negative Prognose Teil des Kündigungsgrundes.[322]

561 **(a) Betriebsablaufstörungen.** Wiederholte kurzfristige Ausfallzeiten des Arbeitnehmers können zu schwerwiegenden Störungen im Fertigungsprozess führen, sei es,
- dass Maschinen stillstehen,
- die Produktion wegen noch einzuarbeitenden Ersatzpersonals zurückgeht,
- die verbliebene Belegschaft überlastet ist oder in anderen Arbeitsbereichen benötigte Arbeitnehmer abgezogen werden müssen.

Betriebsablaufstörungen sind allerdings nur dann als Kündigungsgrund geeignet, wenn sie nicht durch **mögliche Überbrückungsmaßnahmen** vermieden werden können. Dazu gehören Maßnahmen, die anlässlich des konkreten Ausfalls des erkrankten Arbeitnehmers ergriffen werden, wie die Neueinstellung einer Aushilfskraft, aber auch der Einsatz eines Arbeitnehmers aus einer Personalreserve. Die Möglichkeit der Einstellung von Aushilfen ist bei Kurzerkrankungen gegenüber Langzeiterkrankungen eingeschränkt. Werden auf diese Weise Ausfälle überbrückt, liegen dagegen unabhängig von der Betriebsgröße schon objektiv keine Betriebsablaufstörung und damit kein zur sozialen Rechtfertigung geeigneter Grund vor.[323] Es kommt dann auf die wirtschaftlichen Belastungen an.

562 Ist eine Betriebsablaufstörung mit den geschilderten Mitteln nicht zu vermeiden, gehört zum Kündigungsgrund, dass die **Störung erheblich** ist.[324] Überschreitet die Beeinträchtigung nicht die Erheblichkeitsgrenze, muss der Arbeitgeber sie hinnehmen. Dieses Erfordernis folgt aus dem für die Sozialwidrigkeit einer Kündigung nach § 1 Abs 2 KSchG geltenden Maßstab. Ein sozial denkender Arbeitgeber spricht eine Kündigung bei krankheitsbedingter Arbeitsunfähigkeit nicht schon bei jeder geringfügigen Störung aus, die ein krankheitsbedingter Ausfall regelmäßig mit sich bringt, sondern erst dann, wenn die betrieblichen Interessen die Kündigung wirklich notwendig machen. Eine krankheitsbedingte Arbeitsunfähigkeit, die zu keiner oder keiner erheblichen betrieblichen Beeinträchtigung führt, ist von vornherein ungeeignet, eine Kündigung sozial zu rechtfertigen. Sie ist kein objektiver Kündigungsgrund.

563 Welche eingetretene **erhebliche** Störung zu **unzumutbaren** Beeinträchtigungen führt, ist unter Berücksichtigung der Besonderheiten des Einzelfalls festzustellen. Die Frage ist Teil des Prüfungsschritts der **Interessenabwägung**.[325] Gelegentliche Überstunden von anderen Arbeitnehmern werden

---

321 St Rspr, etwa BAG 6.9.1989 – 2 AZR 224/89 – II 2 a und b AP KSchG 1969 § 1 Krankheit Nr 23.
322 ZB BAG 23.4.2008 – 2 AZR 1012/06 – Rn 18 EzA KSchG § 1 Krankheit Nr 55; BAG 8.11.2007 – 2 AZR 292/06 – Rn 13 AP KSchG 1969 § 1 Personenbedingte Kündigung Nr 29.
323 BAG 17.6.1999 – 2 AZR 574/98 – II 3 EEK II/244.
324 Zu allem BAG 16.2.1989 – 2 AZR 299/88 – B I 2 a AP KSchG 1969 § 1 Krankheit Nr 20.
325 Zu dieser Unterscheidung BAG 7.11.1985 – 2 AZR 657/84 – B II 4 AP KSchG 1969 § 1 Krankheit Nr 17; vgl auch BAG 15.2.1984 – 2 AZR 573/82 – B II 2 AP KSchG 1969 § 1 Krankheit Nr 14.

idR bereits nicht die Erheblichkeitsgrenze überschreiten. Wenn der Arbeitgeber Ausfallzeiten bislang durch eine Personalreserve überbrückt hat und er hierzu auch künftig in der Lage ist, fehlt ebenfalls eine relevante Betriebsablaufstörung.[326] Treten trotz einer vorgehaltenen Personalreserve erhebliche Betriebsablaufstörungen auf, kann das für die Lösung des Arbeitsverhältnisses sprechen. Ob der Arbeitgeber allerdings überhaupt eine Personalreserve vorhält oder wie er sie bemisst, stellt eine freie unternehmerische Entscheidung dar, die nur einer beschränkten gerichtlichen Kontrolle dahin unterliegt, ob sie offenbar unsachlich, unvernünftig oder willkürlich ist. Es handelte sich um einen indirekten Eingriff in die unternehmerische Gestaltungsfreiheit, wollte man dem Arbeitgeber, der keine Personalreserve vorhält, eine krankheitsbedingte Kündigung aufgrund erheblicher Entgeltfortzahlungskosten grundsätzlich verwehren, während die Kündigung des Arbeitgebers, der eine noch so geringe Personalreserve vorhält, allein aufgrund der Entgeltfortzahlungskosten sozial gerechtfertigt wäre.[327]

Eine Betriebsablaufstörung kann auch eingetreten sein, wenn der Arbeitgeber während der Fehlzeiten nicht entgeltfortzahlungspflichtig ist.[328]

(b) Wirtschaftliche Belastungen. Neben den Kosten für die Beschäftigung von Aushilfskräften gehören dazu auch die **Entgeltfortzahlungskosten**, die den gesetzlichen Entgeltfortzahlungszeitraum von sechs Wochen oder – in der Fünftagewoche – 30 Arbeitstagen übersteigen.[329] Obwohl häufige Kurzerkrankungen von jährlich mehr als sechs Wochen abgesehen von den Entgeltfortzahlungskosten regelmäßig mit weiteren betrieblichen Beeinträchtigungen verbunden sein werden, kann allein die zu erwartende wirtschaftliche Belastung des Arbeitgebers mit Entgeltfortzahlungskosten billigerweise nicht mehr hinzunehmen sein, ohne dass Betriebsablaufstörungen oder Vorhaltekosten hinzutreten müssten.[330] Auch außergewöhnlich hohe Entgeltfortzahlungskosten können den Arbeitgeber erheblich beeinträchtigen, wenn durch sie das Austauschverhältnis auf unbestimmte Zeit schwer-

---

326 BAG 7.12.1989 – 2 AZR 225/89 – 2 b EzA KSchG § 1 Krankheit Nr 30.
327 Umstr, die hier vertretene Ansicht entspricht BAG 29.7.1993 – 2 AZR 155/93 – III 3 AP KSchG 1969 § 1 Krankheit Nr 27; idS auch vHH/L/Krause § 1 Rn 401; aA KR/Griebeling § 1 KSchG Rn 339 und Herbst/Wohlfarth DB 1990, 1816, 1823, die eine Betriebsablaufstörung verneinen, wenn der Arbeitgeber für Arbeitnehmer, die durch einen Springer ersetzt werden könnten, keine Personalreserve iR der durchschnittlichen Krankheitsquote vorhält, obwohl ihm dies zumutbar ist.
328 BAG 7.12.1989 – 2 AZR 225/89 – 2 b EzA KSchG § 1 Krankheit Nr 30.
329 St Rspr, grundlegend BAG 23.6.1983 – 2 AZR 15/82 – B III 4 c AP KSchG 1969 § 1 Krankheit Nr 10;S auch BAG 10.11.2005 – 2 AZR 44/05 – B I 2 b aa AP KSchG 1969 § 1 Krankheit Nr 42; BAG 29.7.1993 – 2 AZR 155/93 – II 2, III 2 und 3 AP KSchG 1969 § 1 Krankheit Nr 27; **umstr, aA** etwa Popp DB 1981, 2611; derselbe DB 1986, 1461, 1464 ff; Preis DB 1988, 1444, 1445; derselbe in SPV Rn 1255 mit dem Argument, die gesetzlich vorgesehene Entgeltfortzahlung könne den Arbeitnehmer das Arbeitsverhältnis kosten, wegen § 612 a BGB dürfe aber niemand, der gesetzliche Rechte in Anspruch nehme, deshalb benachteiligt werden („Paradoxie des Sozialstaats", die auch verfassungsrechtlich wegen Art 12 Abs 1 GG bedenklich sei). Preis macht aaO zu Recht darauf aufmerksam, dass die nachhaltige Störung des Austauschverhältnisses die „gemeinsame Klammer" für die Rechtfertigung der krankheitsbedingten Kündigung ist.
330 BAG 29.7.1993 – 2 AZR 155/93 – III 2 und 3 AP KSchG 1969 § 1 Krankheit Nr 27.

wiegend gestört wird. Von einer solchen **gravierenden Äquivalenzstörung** ist auszugehen, wenn für die Zukunft mit immer neuen, außergewöhnlich hohen Entgeltfortzahlungskosten zu rechnen ist, die pro Jahr jeweils für einen Zeitraum von mehr als sechs Wochen aufzuwenden sind. Dabei ist nur auf die Kosten des einzelnen Arbeitsverhältnisses – nicht auf die Gesamtbelastung des Betriebs mit Entgeltfortzahlungskosten – abzustellen.[331] Entscheidend ist nicht die wirtschaftliche Gesamtlage des Arbeitgebers mit Entgeltfortzahlungskosten, sondern die Belastung im einzelnen Arbeitsverhältnis.[332]

566 Dass eine gesetzlich geregelte Sozialleistung zum Kündigungsgrund werden kann, begründet keinen dogmatischen Widerspruch. Der Anspruch des Arbeitnehmers auf Entgeltfortzahlung im Krankheitsfall ist nur eine Berechnungsgröße für den Umfang der von ihm wegen der Krankheit nicht erbrachten Gegenleistung. Ein Verbot, Entgeltfortzahlungskosten bei der Prüfung der sozialen Rechtfertigung der Kündigung als erhebliche und unzumutbare Störung des Austauschverhältnisses zu berücksichtigen, lässt sich aus ihm im Weg der Gesetzesauslegung nicht herleiten.

567 **Wortlaut und systematischer Zusammenhang** des Entgeltfortzahlungsgesetzes ergeben hierfür keine ausreichenden Anhaltspunkte. § 8 Abs 1 Satz 1 EFZG, nach dem der Anspruch auf Fortzahlung des Arbeitsentgelts nicht dadurch berührt wird, dass der Arbeitgeber das Arbeitsverhältnis aus Anlass der Arbeitsunfähigkeit kündigt, lässt die Vorstellung des Gesetzgebers erkennen, eine Kündigung wegen Krankheit könne auch im Geltungsbereich des KSchG wirksam sein. Aus der **Entstehungsgeschichte** des § 3 EFZG lässt sich ebenfalls kein hinreichender Anhaltspunkt für ein „Verwertungsverbot" herleiten. Wenn § 3 Abs 1 Satz 1 EFZG für den gewöhnlichen Fall eine Ausfallzeit von sechs Wochen mit entsprechender Entgeltfortzahlungspflicht normiert, kann daraus entnommen werden, der Gesetzgeber habe die einmalige volle Inanspruchnahme des Gesetzes in diesem Umfang durch den Arbeitnehmer als zumutbare Belastung des Arbeitgebers angesehen. Obwohl eine Kündigung eine Maßnahme iSd Maßregelungsverbots in § 612 a BGB sein kann und diese Vorschrift ein allgemeines Diskriminierungsverbot enthält, ist sie nach ihrem Regelungsgehalt jedenfalls deswegen nicht unmittelbar oder entsprechend anwendbar, weil der Arbeitgeber den Arbeitnehmer mit einer auf die Belastung mit unzumutbaren Entgeltfortzahlungskosten gestützten Kündigung nicht wegen zulässiger Ausübung seiner Rechte benachteiligt. Die Maßnahme – hier also die Kündigung – muss eine unmittelbare Reaktion gerade darauf darstellen, dass der Arbeitnehmer seine Rechte wahrnimmt. Daran fehlt es, wenn der Arbeitgeber eine Kündigung auf eine unzumutbare Belastung mit Entgeltfortzahlungskosten stützt. Diese Belastung ist nicht die Reaktion des Arbeitgebers, sondern eine ihn treffende Konsequenz der Erkrankung des Arbeitnehmers, aus der in diesen Fällen der Kündigungsentschluss her-

---

331 BAG 29.7.1993 – 2 AZR 155/93 – II 2 AP KSchG 1969 § 1 Krankheit Nr 27; BAG 16.2.1989 – 2 AZR 299/88 – B I 2 b AP KSchG 1969 § 1 Krankheit Nr 20.
332 Der Zweite Senat spricht von der vertragsrechtlich bestimmten Zuordnung der gegenseitigen Ansprüche: BAG 8.11.2007 – 2 AZR 292/06 – Rn 26 AP KSchG 1969 § 1 Personenbedingte Kündigung Nr 29.

geleitet wird. Darüber hinaus setzt das Maßregelungsverbot des § 612a BGB voraus, dass die Rechtsausübung für die Kündigung nicht nur in irgendeiner Weise auch ursächlich und ihr äußerer Anlass war, sondern der für den Kündigenden tragende Beweggrund. Ein solcher Zusammenhang zwischen Entgeltfortzahlungskosten und Kündigung ist jedenfalls dann ausgeschlossen, wenn sich der Arbeitgeber neben Entgeltfortzahlungskosten auch auf Betriebsablaufstörungen beruft.[333]

Zu einer erheblichen Belastung des Arbeitgebers mit Entgeltfortzahlungskosten kann es auch kommen, wenn der Arbeitgeber einen Teil der Entgeltfortzahlung aus einem sog **Spielbank-Tronc** entnimmt. Der Arbeitgeber kann in einem solchen Fall Leistungen, die er trotz fehlender Gegenleistung zu erbringen hat, teilweise auf eine Gruppe von Arbeitnehmern abwälzen. Die Vergütungen anderer Arbeitnehmer werden geringer. Der Arbeitgeber bleibt gleichwohl Schuldner der Entgeltfortzahlungsansprüche und Gläubiger der unvollkommenen Gegenleistung.[334]

568

Daraus darf nicht geschlossen werden, dass Entgeltfortzahlungskosten von mehr als sechs Wochen jährlich stets eine Kündigung sozial rechtfertigen. Zwischen der für den **zweiten** Prüfungsschritt erforderlichen, aber auch ausreichenden **Erheblichkeit** und der für die **vierte** (bzw nach Auffassung des BAG **dritte**) Prüfungsebene der **Interessenabwägung** nötigen **Unzumutbarkeit** der wirtschaftlichen Belastung des Arbeitgebers mit Entgeltfortzahlungskosten ist daher zu unterscheiden. **Erheblich** und damit **objektiv** geeignet, einen Kündigungsgrund abzugeben, sind zu erwartende Entgeltfortzahlungskosten bereits dann, wenn sie jeweils für mehr als sechs Wochen im Jahr aufzuwenden sind. Alle anderen Umstände – wie die Höhe der diese Grenze überschreitenden Kosten und das Fehlen oder Hinzutreten weiterer den Arbeitgeber belastender Umstände wie zB Betriebsablaufstörungen – sind kumuliert im vierten (dritten) Prüfungsabschnitt von Bedeutung. Erst im Rahmen der Interessenabwägung ist daher zu prüfen, ob allein die Belastung mit Entgeltfortzahlungskosten für den Arbeitgeber zu einer **unzumutbaren** wirtschaftlichen Beeinträchtigung seiner betrieblichen Interessen führt und die Kündigung deshalb sozial gerechtfertigt ist.[335] Treten zugleich Betriebsablaufstörungen auf, können demgegenüber schon jährliche Ausfallzeiten von weniger als sechs Wochen kündigungsrelevant sein.[336] Eine erhebliche Beeinträchtigung wirtschaftlicher Interessen ist nicht erst dann anzunehmen, wenn die zu erwartenden Entgeltfortzahlungskosten einen bestimmten Prozentsatz des für sechs Wochen Entgeltfortzahlung aufzuwendenden Betrags überschreiten.[337] Die Entgeltfortzahlungskosten müssen auch nicht – bezogen auf die Gesamtdauer des Arbeitsverhältnisses – für **durchschnittlich** mehr als sechs Wochen jährlich anfallen.[338] Sehen tarifliche Regelungen einen Entgeltfortzahlungsanspruch des Arbeitneh-

569

---

333 Zu allem BAG 16.2.1989 – 2 AZR 299/88 – B III 1 bis 3 AP KSchG 1969 § 1 Krankheit Nr 20.
334 Zu allem BAG 8.11.2007 – 2 AZR 292/06 – Rn 26 AP KSchG 1969 § 1 Personenbedingte Kündigung Nr 29.
335 BAG 5.7.1990 – 2 AZR 154/90 – II 2 a AP KSchG 1969 § 1 Krankheit Nr 26.
336 BAG 6.9.1989 – 2 AZR 224/89 – II 2 b aE AP KSchG 1969 § 1 Krankheit Nr 23.
337 BAG 13.12.1990 – 2 AZR 336/90 – AP KSchG 1969 § 1 Krankheit Nr 26.
338 BAG 13.8.1992 – 2 AZN 231/92 – EzA KSchG § 1 Krankheit Nr 36.

mers für einen längeren Zeitraum als sechs Wochen vor, heißt das nicht, dass Entgeltfortzahlungskosten erst dann geeignet wären, eine Kündigung objektiv zu begründen, wenn der tarifliche Zeitraum überschritten ist. Tarifliche Entgeltfortzahlungsbestimmungen haben keinen Einfluss auf die gesetzliche Wertung für die soziale Rechtfertigung einer Kündigung. Anderes gilt nur, wenn sich aus dem Tarifvertrag hinreichend deutlich ergibt, dass mit der ausgedehnten Entgeltfortzahlungspflicht erhöhter Kündigungsschutz einhergehen soll.[339]

570 Auf der **zweiten Stufe** der erheblichen wirtschaftlichen Belastung bleiben solche Entgeltfortzahlungskosten außer Betracht, bei denen **keine Wiederholungsgefahr** besteht, weil die Krankheit bspw ausgeheilt ist. Damit wird die Wertung der ersten Stufe konsequent weitergeführt, dass hier auch keine negative Prognose anzunehmen ist. Den wirtschaftlichen Belastungen sind auch Mehrkosten für eine Ersatzkraft zuzuordnen.

571 Ob tarifliche Leistungen wie **Urlaubsabgeltung** und **Jahressonderzahlungen**, die trotz fortdauernder Arbeitsunfähigkeit zu gewähren sind, als erhebliche Belastung wirtschaftlicher Interessen angesehen werden können, hat das BAG bisher offengelassen. Da Urlaubsabgeltung und Sonderleistungen mit (teilweisem) Entgeltcharakter den Arbeitgeber tatsächlich wirtschaftlich belasten, bestehen keine Bedenken, diese auch im Rahmen der Interessenabwägung zu berücksichtigen.[340]

572 **(3) Weiterbeschäftigungsmöglichkeit.** Besteht die Möglichkeit einer Weiterbeschäftigung auf einem **freien leidensgerechten Arbeitsplatz**, führt die Erkrankung aus Sicht des Zweiten Senats schon nicht zu einer erheblichen Beeinträchtigung betrieblicher Interessen.[341] Jedenfalls schließt der Verhältnismäßigkeitsgrundsatz eine krankheitsbedingte Kündigung aus.[342] Es kommen nur anderweitige Beschäftigungsmöglichkeiten in Betracht, die **gleichwertig** mit der bisherigen Tätigkeit sind oder geringer bewertet sind als sie. Das KSchG schützt das Vertragsverhältnis in seinem Bestand und seinem bisherigen Inhalt. Es verschafft **keinen Beförderungsanspruch**.[343] Der Arbeitgeber braucht keinen zusätzlichen Arbeitsplatz einzurichten, um eine Weiterbeschäftigungsmöglichkeit zu schaffen. Er darf eine von einem anderen Arbeitnehmer **besetzte leidensgerechte Position** auch nicht in Analogie zu den Regeln der sozialen Auswahl nach § 1 Abs 3 KSchG frei kündigen. Der Arbeitgeber muss eine vorhandene Stelle ferner nicht entgegen ihrem aufgabenbezogenen Anforderungsprofil umgestalten, indem er Tätigkeiten umverteilt.[344] Er hat aber dann einen besetzten Arbeitsplatz frei

---

339 KR/Griebeling § 1 KSchG Rn 343.
340 vHH/L/Krause § 1 Rn 408.
341 BAG 19.4.2007 – 2 AZR 239/06 – Rn 24 AP KSchG 1969 § 1 Krankheit Nr 45.
342 BAG 29.1.1997 – 2 AZR 9/96 – II 1 c AP KSchG 1969 § 1 Krankheit Nr 32; KR/Griebeling § 1 KSchG Rn 346 und 376 mwN.
343 BAG 19.4.2007 – 2 AZR 239/06 – Rn 25 AP KSchG 1969 § 1 Krankheit Nr 45.
344 KR/Griebeling § 1 KSchG Rn 376 aE unter Bezug auf LAG Köln 19.12.1995 – 13 Sa 928/95 – LAGE KSchG § 1 Krankheit Nr 22, wenn es sich nicht um eine geringfügige Änderung der Arbeitsorganisation handle. Ist der Arbeitnehmer in schwerwiegenden Ausnahmefällen, zB wegen eines vom Arbeitgeber verschuldeten Arbeitsunfalls, besonders schutzbedürftig, liegt meines Erachtens statt der Schaffung eines neuen Arbeitsplatzes ein Schadensersatzanspruch aus § 280

zu machen, wenn er den anderen Arbeitnehmer durch Wahrnehmung seines **Direktionsrechts** (in gesetzlichem Umfang geregelt in § 106 Satz 1 GewO) um- oder versetzen kann.[345] Eine nach dem aufgabenbezogenen Anforderungsprofil mögliche Umverteilung von Tätigkeiten und eine damit verbundene, vom Weisungsrecht gegenüber dem anderen Arbeitnehmer gedeckte Änderung der Aufgabenstellung muss der Arbeitgeber vornehmen, um einen leidensgerechten Arbeitsplatz zur Verfügung zu stellen.[346] Die Pflicht des Arbeitgebers, einem **schwerbehinderten Arbeitnehmer** nach § 81 Abs 4 Satz 1 Nr 1 SGB IX einen seinen Fähigkeiten und Kenntnissen entsprechenden Arbeitsplatz zuzuweisen, ist bei der Prüfung zu berücksichtigen, ob eine Beendigungskündigung durch eine mit einer Änderungskündigung einhergehende Versetzung vermieden werden kann. Widerspricht der Betriebsrat der Versetzung, ist idR davon auszugehen, dass keine dem Arbeitgeber zumutbare Weiterbeschäftigungsmöglichkeit besteht. Im Regelfall kann dem Arbeitgeber kein Zustimmungsersetzungsverfahren nach § 99 Abs 4 BetrVG zugemutet werden, weil es zu einer erheblichen Verzögerung des Kündigungsausspruchs nach erteilter Zustimmung des Integrationsamts und damit zu unverhältnismäßigen Aufwendungen nach § 81 Abs 4 Satz 3 SGB IX führte.[347] Ist der Arbeitnehmer zwar nicht schwerbehindert iSd SGB IX, jedoch behindert iSd RL 2000/78/EG, wird der Arbeitgeber in unionsrechtskonformer Auslegung des § 81 Abs 5 SGB IX auch eine Teilzeitbeschäftigung des Arbeitnehmers zu prüfen haben.

(4) Interessenabwägung. Sind eine negative Gesundheitsprognose sowie erhebliche betriebliche oder wirtschaftliche Belastungen zu bejahen und scheidet eine Weiterbeschäftigungsmöglichkeit aus, ist auf der **vierten** (nach Ansicht des BAG **dritten**) Stufe zu prüfen, ob dem Arbeitgeber die Beeinträchtigungen aufgrund der Besonderheiten des Einzelfalls noch zuzumuten sind.[348] Feste Maßstäbe dafür, was der Arbeitgeber noch hinnehmen muss, gibt es nicht. Insbesondere rechtfertigen bestimmte Fehlquoten die Kündigung nicht.[349] Vielmehr muss im konkreten Einzelfall festgestellt werden, ob das Lösungsinteresse des Arbeitgebers die Bestandsschutzbelange des Arbeitnehmers überwiegt. In der Interessenabwägung ist ua zu berücksichtigen, ob die Erkrankungen auf betriebliche Ursachen zurückzuführen sind und ob und wie lange das Arbeitsverhältnis zunächst ungestört verlaufen ist. Das Alter, der Familienstand, die Unterhaltspflichten und ggf

573

Abs 1 BGB oder §§ 823 Abs 1 oder Abs 2, 842, 843 BGB nahe; vgl zu einem möglichen Schadensersatzanspruch aus § 280 Abs 1 BGB wegen Verletzung der Beschäftigungspflicht (allerdings im bestehenden Arbeitsverhältnis) BAG 27.8.2008 – 5 AZR 16/08 – Rn 19 mwN AP BGB § 615 Nr 124.
345 Grundlegend BAG 29.1.1997 – 2 AZR 9/96 – AP KSchG 1969 § 1 Krankheit Nr 32.
346 Vgl nur BAG 23.4.2008 – 2 AZR 1012/06 – Rn 26 EzA KSchG § 1 Krankheit Nr 55; zu den Fragen des **betrieblichen Eingliederungsmanagements** nach § 84 Abs 2 SGB IX Rn 606 ff.
347 BAG 22.9.2005 – 2 AZR 519/04 – II 2 AP SGB IX § 81 Nr 10 in der Konstellation einer krankheitsbedingten Kündigung.
348 St Rspr, zB BAG 6.1.1989 – 2 AZR 224/89 – II 2 c AP KSchG 1969 § 1 Krankheit Nr 23.
349 **Str**, wie hier APS/Dörner/Vossen § 1 KSchG Rn 170; KR/Griebeling § 1 KSchG Rn 347, jeweils mwN zur Kontroverse.

eine Schwerbehinderung des Arbeitnehmers sind in die Abwägung einzubeziehen.[350]

574 Aufseiten des **Arbeitnehmers** sind folgende Umstände zu berücksichtigen:
- Beruht die Erkrankung auf **betrieblichen Ursachen**, spricht das zu seinen Gunsten.[351] Hierfür kann die Fehlquote vergleichbar beanspruchter Arbeitnehmer ein Indiz sein.[352] Der Anteil der betrieblichen Verhältnisse an den akuten Ausfällen eines Arbeitnehmers ist geringer, wenn er bereits eine negative gesundheitliche Disposition aufweist und ein betrieblicher Umstand nur als einer von mehreren zusätzlichen Faktoren für die Erkrankungen in Betracht kommt.[353] Zulasten des Arbeitnehmers wirkt, wenn er die Krankheiten – etwa aufgrund unvorsichtigen Verhaltens – verschuldet hat oder sie darauf beruhen, dass ihn Umstände außerhalb des Arbeitsverhältnisses – zB eine Nebentätigkeit – außergewöhnlich beanspruchen.[354]
- Unterschreiten die Fehlzeiten des Arbeitnehmers die **durchschnittliche betriebliche Ausfallquote**, ist das zugunsten des Arbeitnehmers zu berücksichtigen.[355]
- Ob die zu erwartenden betrieblichen oder wirtschaftlichen Belastungen seitens des Arbeitgebers noch hinzunehmen sind, hängt maßgeblich vom **Alter** des Arbeitnehmers, von seiner **Betriebszugehörigkeit** und der **Dauer des ungestörten Verlaufs des Arbeitsverhältnisses** ab. Je länger das Arbeitsverhältnis ungestört bestanden hat, desto mehr Rücksichtnahme ist vom Arbeitgeber zu erwarten. Einem Arbeitnehmer, der 20 Jahre zufriedenstellend gearbeitet hat und dann häufig erkrankt, schuldet der Arbeitgeber deutlich mehr Rücksichtnahme als einem Arbeitnehmer, der seit dem ersten Jahr der Betriebszugehörigkeit erhebliche und steigende krankheitsbedingte Ausfälle aufgewiesen hat.[356] Im Rahmen der Interessenabwägung sind jedoch auch Ausfallzeiten von unter sechs Wochen oder 30 Arbeitstagen (in der Fünftagewoche) im Jahr zu berücksichtigen, die also nicht für den objektiven Kündigungsgrund herangezogen werden können. Das gilt jedenfalls dann, wenn sie nicht geringfügig waren, sondern die Sechswochengrenze nahezu erreichten. Mögen sie für sich betrachtet auch nicht geeignet gewesen sein, einen Kündigungsgrund abzugeben, sind sie doch eine Belastung des Arbeitsverhältnisses, die den späteren kündigungsrelevanten Ausfallzeiten größeres Gewicht verleiht.[357]
- **Je jünger** der Arbeitnehmer ist, desto größer ist die zu erwartende Belastung des Arbeitsverhältnisses mit krankheitsbedingten Ausfällen und Entgeltfortzahlungskosten.[358] Der Auffassung, das Alter könne bei der

---

350 Für die st Rspr BAG 8.11.2007 – 2 AZR 292/06 – Rn 13 AP KSchG 1969 § 1 Personenbedingte Kündigung Nr 29.
351 BAG 6.9.1989 – 2 AZR 224/89 – II 2 c AP KSchG 1969 § 1 Krankheit Nr 23.
352 KR/Griebeling § 1 KSchG Rn 348 a.
353 BAG 5.7.1990 – 2 AZR 154/90 – II 3 b dd AP KSchG 1969 § 1 Krankheit Nr 26.
354 KR/Griebeling § 1 KSchG Rn 351.
355 KR/Griebeling § 1 KSchG Rn 352.
356 BAG 6.9.1989 – 2 AZR 224/89 – IV 1 AP KSchG 1969 § 1 Krankheit Nr 23.
357 BAG 6.9.1989 – 2 AZR 224/89 – IV 2 AP KSchG 1969 § 1 Krankheit Nr 23.
358 BAG 27.11.1991 – 2 AZR 309/91 – RzK I 5 g Nr 45; zu den Fragen der Altersdiskriminierung Rn 506 und 509.

Interessenabwägung nicht berücksichtigt werden, weil insoweit ein konkreter Bezug zu der Vertragsbeziehung fehle, kann nicht zugestimmt werden. Mit der einzelfallbezogenen Interessenabwägung sollen gerade auch Umstände in die Prüfung einbezogen werden, die über die Störung des Vertrags, den objektiven Kündigungsgrund, hinausgehen.[359] Darüber hinaus treten Abgrenzungsschwierigkeiten bei der Frage auf, welche Interessen als vertragsbezogen und welche Belange als privat einzuordnen sind.

- Aus denselben Gründen müssen stets auch die **familiären Verhältnisse** des Arbeitnehmers – insbesondere seine **Unterhaltspflichten** – bewertet werden.[360] Vertragsferneren Interessen kann in der Interessenabwägung geringeres Gewicht beigemessen werden, ohne sie gänzlich zu vernachlässigen.[361] Je mehr Unterhaltspflichten der Arbeitnehmer unterliegt, desto schutzbedürftiger ist er grundsätzlich in sozialer Hinsicht.[362]
- Auch eine **Schwerbehinderung** ist in der Abwägung immer zu berücksichtigen. IdR ist es zwar schwerlich vorstellbar, dass die Arbeitsgerichte bei einer §§ 85 ff SGB IX vergleichbaren Interessenabwägung im Rahmen des § 1 Abs 2 KSchG zu dem Ergebnis kommen, der Schwerbehinderteneigenschaft komme nun doch entscheidendes Gewicht zu, das zur Sozialwidrigkeit der Kündigung führe. Das rechtfertigt es aber nicht, die Schwerbehinderteneigenschaft nach Zustimmung des Integrationsamts von vornherein überhaupt nicht mehr in die Interessenabwägung einzustellen.[363]
- Entsprechendes gilt für die **Situation auf dem Arbeitsmarkt.**

Aufseiten des **Arbeitgebers** sind folgende Umstände in der Interessenabwägung zu berücksichtigen: 575

- Hält der Arbeitgeber eine **Personalreserve** vor, sind die Kosten zwar nicht konkret anteilig auf die Ausfallzeiten bestimmter Arbeitnehmer umzurechnen und ihnen unmittelbar (innerhalb des objektiven Kündigungsgrundes) anzulasten. Sie sind aber bei der Ermittlung der krankheitsbedingten wirtschaftlichen Belastungen in der Interessenabwägung zugunsten des Arbeitgebers **zu berücksichtigen**, weil die Vorhaltereserve auch dazu dient, zusätzliche Störungen des Betriebsablaufs aufgrund der Fehlzeiten zu vermeiden.[364] Unterhält der Arbeitgeber dagegen keine Personalreserve, ist festzustellen, ob ihm weitere **Überbrückungsmaßnahmen** – wie die Einstellung von Aushilfskräften oder Überstun-

---

359 Etwas abgeschwächt inzwischen auch SPV/Preis Rn 1263, der nun jedenfalls die Betriebszugehörigkeit und den bisherigen Verlauf des Arbeitsverhältnisses einbeziehen will.
360 BAG 20.1.2000 – 2 AZR 378/99 – B III 5 AP KSchG 1969 § 1 Krankheit Nr 38; dort setzt sich der Zweite Senat eingehend mit der über den Vertragsbezug geführten Kontroverse auseinander.
361 BAG 20.1.2000 – 2 AZR 378/99 – B III 5 a dd AP KSchG 1969 § 1 Krankheit Nr 38.
362 BAG 20.1.2000 – 2 AZR 378/99 – B III 5 a dd AP KSchG 1969 § 1 Krankheit Nr 38.
363 BAG 20.1.2000 – 2 AZR 378/99 – B III 5 b bb AP KSchG 1969 § 1 Krankheit Nr 38 noch zu §§ 15 ff. SchwbG.
364 BAG 6.9.1989 – 2 AZR 19/89 – B IV 2 c AP KSchG 1969 § 1 Krankheit Nr 21.

den – abzuverlangen gewesen wären. Das scheidet in kleineren Betrieben häufig aus.³⁶⁵ Hält der Arbeitgeber eine Personalreserve vor, kann seine Belastung mit Entgeltfortzahlungskosten genügen, um die Fortsetzung des Arbeitsverhältnisses unzumutbar zu machen, ohne dass daneben noch Betriebsablaufstörungen oder weitere den Betrieb belastende Auswirkungen vorliegen müssten.³⁶⁶ Längerfristige Überbrückungsmaßnahmen können dann nicht gefordert werden, wenn der betreffende Arbeitnehmer eine Schlüsselposition besetzt oder er ausschließlich mit bestimmten Aufgaben betraut – etwa der einzige CNC-Dreher oder Fremdsprachenkundige – ist. Anderes wird idR gelten, wenn die Aufgaben des erkrankten Arbeitnehmers von mehreren vergleichbaren Kollegen übernommen werden können.

- Überschreiten die Entgeltfortzahlungskosten des gekündigten Arbeitsverhältnisses deutlich die vergleichbarer Arbeitnehmer, spricht das zulasten des Arbeitnehmers.³⁶⁷ Ist die **Ausfallquote** bei den anderen Arbeitnehmern dagegen ebenfalls besonders hoch, kann nur eine erheblich überdurchschnittliche Ausfallquote die Kündigung rechtfertigen.³⁶⁸
- **Stellt der Arbeitgeber einen Arbeitnehmer ein, obwohl er dessen chronische Erkrankung kennt,** muss er längere Fehlzeiten hinnehmen als bei anderen Arbeitnehmern.³⁶⁹ Denn der Arbeitgeber konnte und musste sich seit Vertragsbeginn auf eine höhere Abwesenheitsquote einstellen und die betrieblichen Verhältnisse darauf ausrichten. Dieser Umstand beseitigt zwar nicht die erheblichen betrieblichen oder wirtschaftlichen Beeinträchtigungen, also den objektiven Kündigungsgrund, wirkt aber innerhalb der einzelfallbezogenen Interessenabwägung zugunsten des Arbeitnehmers.

576 cc) **Langzeiterkrankung.** Auch im Fall der lang andauernden Krankheit ist eine **vierstufige** Prüfung der negativen Prognose, der erheblichen betrieblichen Beeinträchtigung, der Weiterbeschäftigungsmöglichkeit und der unzumutbaren Belastung vorzunehmen.³⁷⁰ Der **Zweite Senat** prüft demgegenüber nur **dreistufig**: Eine Kündigung wegen lang anhaltender Krankheit ist danach sozial gerechtfertigt, wenn

- eine **negative Prognose** hinsichtlich des voraussichtlichen Gesundheitszustands zu stellen ist,
- eine darauf beruhende **erhebliche Beeinträchtigung betrieblicher Interessen** festzustellen ist und
- eine **Interessenabwägung** ergibt, dass die betrieblichen Beeinträchtigungen zu einer billigerweise nicht mehr hinzunehmenden Belastung des Arbeitgebers führen.³⁷¹

---

365 KR/Griebeling § 1 KSchG Rn 359.
366 BAG 6.9.1989 – 2 AZR 118/89 – B II 1c cc AP KSchG 1969 § 1 Krankheit Nr 22.
367 BAG 15.2.1984 – 2 AZR 573/82 – B II 3 b AP KSchG 1969 § 1 Krankheit Nr 14.
368 BAG 16.2.1989 – 2 AZR 299/88 – B IV 2 AP KSchG 1969 § 1 Krankheit Nr 20.
369 BAG 10.6.1969 – 2 AZR 94/68 – AP KSchG § 1 Krankheit Nr 2; aA vHH/L/ Krause § 1 Rn 414.
370 Rn 547 ff.
371 BAG 8.11.2007 – 2 AZR 425/06 – Rn 13 AP KSchG 1969 § 1 Personenbedingte Kündigung Nr 30; BAG 19.4.2007 – 2 AZR 239/06 – Rn 18 AP KSchG 1969 § 1 Krankheit Nr 45.

(1) Negative Prognose. Sie ist zu bejahen, wenn die 577
- Arbeitsunfähigkeit bei Zugang der Kündigung **noch andauert** und
- der Zeitpunkt der Wiederherstellung der Leistungsfähigkeit **objektiv nicht absehbar ist**.[372]

Ist der Arbeitnehmer im maßgeblichen Zeitpunkt des Zugangs der Kündigung arbeitsfähig, kann keine negative Gesundheitsprognose gestellt werden.[373] Die **bisherige Dauer** der Arbeitsunfähigkeit in der Vergangenheit ist nicht entscheidend, sondern nur für die Darlegungslast erheblich.[374] Bei einer Kündigung wegen häufiger Kurzerkrankungen beruht die negative Prognose nicht auf den zurückliegenden Ausfallzeiten. Sie wird durch ihr Ausmaß allenfalls indiziert.[375] Auch bei einer Kündigung aufgrund einer lang andauernden Erkrankung liegt der Schwerpunkt des Kündigungsgrundes nicht auf der bisherigen Abwesenheit und den mit ihr verbundenen Belastungen, sondern auf den **betrieblichen Beeinträchtigungen durch künftige lange Arbeitsunfähigkeit**.[376] Eine Kündigung kann deshalb, wenn eine negative Prognose zu stellen ist, bereits ausgesprochen werden, bevor der sechswöchige Entgeltfortzahlungszeitraum verstrichen ist, ohne dass sie notwendig sozialwidrig wäre.[377] Der objektive Kündigungsgrund setzt dann jedoch auf der **zweiten Stufe** der erheblichen betrieblichen Beeinträchtigungen voraus, dass **nicht nur Entgeltfortzahlungskosten anfallen, sondern auch Betriebsablaufstörungen auftreten**. 578

Das KSchG schützt Bestand und Inhalt des Arbeitsvertrags in dem Zustand, der bei Zugang der Kündigung besteht. Bei der personenbedingten Kündigung kommt es deshalb darauf an, ob der Arbeitnehmer zur vertraglich vereinbarten Leistung imstande ist oder eine **Äquivalenzstörung** eingetreten ist.[378] 579

Neben der Arbeitsunfähigkeit bei Zugang der Kündigung ist nötig, dass der Zeitpunkt der Wiederherstellung der Arbeitsfähigkeit **objektiv nicht vorhersehbar ist** und gerade diese Ungewissheit unzumutbare betriebliche Auswirkungen hat.[379] Entscheidend hierfür sind die objektiven Verhältnisse im Zeitpunkt des Zugangs der Kündigung.[380] Der subjektive Kenntnis- 580

---

372 BAG 25.11.1982 – 2 AZR 140/81 – B I 2 AP KSchG 1969 § 1 Krankheit Nr 7.
373 Hueck Anm zu BAG 22.2.1980 – 7 AZR 295/78 – AP KSchG 1969 § 1 Krankheit Nr 6.
374 BAG 12.4.2002 – 2 AZR 148/01 – II 3 d aa AP KSchG 1969 § 1 Nr 65.
375 KR/Griebeling § 1 KSchG Rn 366.
376 Wie hier bspw KR/Griebeling § 1 KSchG Rn 366; vHH/L/Krause § 1 Rn 425 f; Popp DB 1981, 2611, 2615.
377 AA Löwisch/Spinner § 1 Rn 201.
378 BAG 19.4.2007 – 2 AZR 239/06 – Rn 20 AP KSchG 1969 § 1 Krankheit Nr 45; Greiner RdA 2007, 22.
379 St Rspr, etwa BAG 15.8.1984 – 7 AZR 536/82 – I AP KSchG 1969 § 1 Krankheit Nr 16; BAG 25.11.1982 – 2 AZR 140/81 – B I 2 AP KSchG 1969 § 1 Krankheit Nr 7.
380 Insoweit missverständlich BAG 10.11.1983 – 2 AZR 291/82 – AP KSchG 1969 § 1 Krankheit Nr 11, allerdings zu einer Kündigung wegen häufiger Fehlzeiten, wo unter B II 3 c ausgeführt wird, zur Bestätigung oder Korrektur mehr oder weniger unsicherer Prognosen könne die spätere tatsächliche Entwicklung einer Erkrankung nach Zugang der Kündigung bis zum Schluss der mündlichen Verhandlung in der Tatsacheninstanz herangezogen werden; dazu iE Rn 557.

stand des Arbeitgebers ist nicht maßgeblich.[381] Der Wunsch des Arbeitnehmers, seinen Arbeitsplatz zu erhalten und nach seiner Gesundung in den Betrieb zurückzukehren, genügt nicht, um eine objektiv zu stellende negative Prognose zu verneinen.[382] Für die Prognose kommt es auf den **wissenschaftlichen Erkenntnisstand im Zeitpunkt der Kündigung** an. Ändert er sich, darf er bei der Beurteilung der Prognose nicht berücksichtigt werden. Neue Forschungsergebnisse oder Behandlungsmethoden bleiben außer Acht. Die Kündigung ist dann, wenn die übrigen Voraussetzungen erfüllt sind, sozial gerechtfertigt. Stellt der Arbeitgeber abweichend von dem im Zeitpunkt der Kündigung maßgeblichen wissenschaftlichen Erkenntnisstand subjektiv eine ungünstige Prognose, etwa weil er auf die unrichtige Auskunft eines Arztes vertraut, ist die Kündigung sozialwidrig. Gleiches gilt, wenn nach Zugang der Kündigung ein **neuer Kausalverlauf** in Gang gesetzt wird.[383] Der Arbeitnehmer trägt zwar grundsätzlich das Risiko einer Fehldiagnose des behandelnden Arztes. Sprechen bei einer Kündigung wegen lang anhaltender Erkrankung aber schon im Zeitpunkt der Kündigung objektive Umstände dafür, dass die Arbeitsunfähigkeit von absehbarer Dauer sein wird, fehlt die nötige Negativprognose.[384] Die bloße Besorgnis, dass sich eine lang andauernde Krankheit wiederholt, genügt nicht. Entscheidend ist die **Ungewissheit der Wiederherstellung der Arbeitsfähigkeit**, nicht die Unsicherheit der Krankheitsdauer. Die Ungewissheit der Krankheitsdauer ist nur für die Fragen der erheblichen betrieblichen Beeinträchtigung auf der zweiten Stufe und der Zumutbarkeit von Überbrückungsmaßnahmen in der Interessenabwägung zu berücksichtigen.[385] Ist demgegenüber nicht nur die Krankheitsdauer, sondern das „Ob" der Wiederherstellung der Arbeitsfähigkeit unsicher, kann das dazu führen, dass die Kündigung nicht nach den Maßstäben der lang andauernden Erkrankung, sondern unter dem Gesichtspunkt der **völligen Ungewissheit der Wiederherstellung der Leistungsfähigkeit** zu überprüfen ist.[386] Bei völliger Unsicherheit der Wiederherstellung der Arbeitsfähigkeit kann es dem Arbeitgeber zuzumuten sein, den Arbeitsbedarf während der **Zweijahresfrist des § 14 Abs 2 Satz 1 TzBfG** mit einer Vertretungskraft zu überbrücken.[387]

---

381 Problematisch ist daher die Formulierung des Siebten Senats im Urt v 15.8.1984 – 7 AZR 536/82 – I AP KSchG 1969 § 1 Krankheit Nr 16, die sich mit der letztgenannten Entscheidung des Zweiten Senats krit auseinandersetzt, wo eine Einschätzung der Prognose anhand der vom Arbeitgeber herangezogenen und sonst erkennbaren objektiven Beurteilungskriterien gefordert wird.
382 BAG 8.11.2007 – 2 AZR 425/06 – Rn 16 AP KSchG 1969 § 1 Personenbedingte Kündigung Nr 30.
383 BAG 9.4.1987 – 2 AZR 210/86 – B III 3 AP KSchG 1969 § 1 Krankheit Nr 18 (Klarstellung von BAG 10.11.1983 – 2 AZR 291/82 – AP KSchG 1969 § 1 Krankheit Nr 11); vgl auch KR/Griebeling § 1 KSchG Rn 369.
384 BAG 21.2.2001 – 2 AZR 558/99 – II 2 b NZA 2001, 1071. Im konkreten Fall war der nach Zugang der Kündigung aufgrund der Tätigkeit des Medizinischen Dienstes ausgeübte therapeutische Druck, durch den die psychische Erkrankung des Arbeitnehmers positiv beeinflusst wurde, schon im Kündigungszeitpunkt objektiv angelegt. Das BAG verneinte deshalb einen neuen Kausalverlauf.
385 vHH/L/Krause § 1 Rn 426.
386 Rn 593 ff.
387 BAG 19.4.2007 – 2 AZR 239/06 – Rn 22 AP KSchG 1969 § 1 Krankheit Nr 45; vgl auch schon BAG 29.4.1999 – 2 AZR 431/98 – AP KSchG 1969 § 1 Krankheit Nr 36; s auch Rn 587 und 593.

Ein **Abgrenzungsproblem** stellt sich, wenn nicht nur ungewiss ist, ob und wann die Arbeitsfähigkeit wiederhergestellt wird, sondern beides völlig unsicher ist.[388] Die **gänzliche Ungewissheit der Wiederherstellung** der **Leistungsfähigkeit** steht der **dauernden Arbeitsunfähigkeit** gleich. Der Arbeitgeber muss über diese völlige Unsicherheit hinaus auf der zweiten Stufe keine weiteren betrieblichen oder wirtschaftlichen Störungen vortragen.[389] Das bedeutet, betriebliche und wirtschaftliche Belastungen werden indiziert.

(2) Erhebliche Beeinträchtigung wirtschaftlicher Interessen. Bei lang anhaltender Erkrankung, bei der die wirtschaftlichen Auswirkungen des Ausfalls in den Hintergrund treten, wenn keine tariflichen Regelungen die Entgeltfortzahlungspflicht verlängern, beurteilt sich die **Erheblichkeit** der betrieblichen Störungen vor allem nach der voraussichtlichen weiteren Dauer der Leistungsunfähigkeit und der Ungewissheit der Wiederherstellung der Arbeitsfähigkeit.[390] Dabei ist die erhebliche Beeinträchtigung der betrieblichen Interessen, die im Rahmen des zweiten Prüfungsschritts dem **Kündigungsgrund** angehört, von dem Problem der **unzumutbaren** Belastung des Betriebs zu unterscheiden, das der **vierten** (nach Ansicht des BAG **dritten**) Stufe der einzelfallbezogenen **Interessenabwägung** zuzuordnen ist.[391] Unerheblich ist eine völlig geringfügige betriebliche Beeinträchtigung, die einen vernünftigen Arbeitgeber nicht zur Kündigung veranlasst hätte.

Bei einer lang andauernden Erkrankung kommt als Überbrückungsmaßnahme eher als bei häufigen Kurzerkrankungen die **Einstellung** einer **Aushilfskraft** in Betracht. Das hängt allerdings von der bekleideten Stellung ab. Arbeitnehmer in Schlüsselpositionen oder solche mit besonderen Kenntnissen sind schwieriger zu ersetzen als Hilfskräfte.[392]

Die relevante **Dauer der Arbeitsunfähigkeit** kann **nicht** generalisierend und **schematisierend** festgestellt werden, sondern ist aufgrund der jeweiligen **Umstände des Einzelfalls** zu bestimmen. Weder eine weitere sechswöchige Arbeitsunfähigkeit (in Anlehnung an § 3 Abs 1 Satz 1 EFZG) noch ein prognostizierter Zeitraum von einem halben Jahr (entsprechend § 1 Abs 1 Satz 1 KSchG) bedingen notwendig eine erhebliche betriebliche Beeinträchtigung. Gleiches gilt für die Dauer der Kündigungsfrist.[393] Auch diese Zeitspannen können uU – je nach der Art der vom Arbeitnehmer ausgeübten Tätigkeit – zu überbrücken sein. Sachgrundlose Befristungen nach § 14 Abs 2 Satz 1 TzBfG insbesondere können die Halbjahresgrenze des § 1 Abs 1 Satz 1 KSchG bis zu der regelmäßigen Dauer von zwei Jahren über-

---

388 Vgl Rn 593; zu der Abgrenzung der Fallgruppen der feststehenden Leistungsunfähigkeit und der völligen Ungewissheit der Wiederherstellung der Arbeitsfähigkeit auch Rn 587.
389 BAG 21.5.1992 – 2 AZR 399/91 – III 3 b AP KSchG 1969 § 1 Krankheit Nr 30; ausf Rn 623.
390 BAG 21.5.1992 – 2 AZR 399/91 – III 3 b AP KSchG 1969 § 1 Krankheit Nr 30.
391 BAG 7.11.1985 – 2 AZR 657/84 – B II 4 AP KSchG 1969 § 1 Krankheit Nr 17.
392 vHH/L/Krause § 1 Rn 426.
393 Vgl iE BAG 25.11.1982 – 2 AZR 140/81 – B I 2 AP KSchG 1969 § 1 Krankheit Nr 7.

schreiten.³⁹⁴ Erfordert die Einstellung der Aushilfskraft eine längere Einarbeitungszeit, ist sie als Überbrückungsmaßnahme ungeeignet, die betriebliche Beeinträchtigung erheblich. Solange der Ausfall des Arbeitnehmers durch Über- oder Mehrarbeit ausgeglichen werden kann, scheidet eine relevante betriebliche Störung dagegen aus. Daran zeigt sich, dass schon in die Erheblichkeitsprüfung Einzelfallerwägungen einbezogen werden. Eine klarere Unterscheidung der erheblichen von der unzumutbaren Belastung ist auch hier geboten.³⁹⁵

585 Obwohl Entgeltfortzahlungskosten im Fall der Langzeiterkrankung selten zu erheblichen wirtschaftlichen Belastungen führen werden, können sie doch daraus herrühren, dass die Vergütung der notwendig werdenden Aushilfskräfte die des erkrankten Arbeitnehmers deutlich übersteigt.

586 **(3) Weiterbeschäftigungsmöglichkeit und Interessenabwägung.** Hinsichtlich der dritten und vierten Stufe der Prüfung sind keine Besonderheiten gegenüber der Kündigung wegen häufiger Kurzerkrankungen zu beachten. Insoweit wird auf Rn 572 bis 575 verwiesen. Wegen eines möglichen sog **Wiedereinstellungsanspruchs** wird auf Rn 597 Bezug genommen.

587 **dd) Dauernde Leistungsunfähigkeit.** Bei dauernder Leistungsunfähigkeit steht fest, dass das unternehmerische Ziel, mit einer Einstellung einen bestimmten Arbeitsbedarf zu decken, nicht mehr erreicht werden kann. Der Arbeitgeber braucht den Ausfall des leistungsunfähigen Arbeitnehmers **nicht mit Vertretungskräften** aufzufangen. Die dem Arbeitnehmer erkennbare wirtschaftliche Erwartung, mit der der Arbeitgeber den Arbeitsvertrag eingegangen ist, ist endgültig gescheitert.³⁹⁶ Die Fälle der Leistungsunfähigkeit und der völligen Ungewissheit der Wiederherstellung der Arbeitsfähigkeit³⁹⁷ unterscheiden sich.³⁹⁸ Eine für mindestens **24 Monate** zu stellende negative Prognose fordert der Zweite Senat nur, wenn die Leistungsunfähigkeit **nicht feststeht**, sondern **ungewiss** ist. Bei ungewisser Wiederherstellung der Arbeitsfähigkeit steht im Unterschied zur Leistungsunfähigkeit noch nicht fest, dass der vertraglich vorgesehene Leistungsaustausch endgültig gescheitert ist. Im Hinblick auf die Ungewissheit kann es dem Arbeitgeber abzuverlangen sein, dass er sich mit einer vorübergehenden Vertretung behilft³⁹⁹ und dabei die Zweijahresfrist des § 14 Abs 2 Satz 1 TzBfG für sachgrundlose Befristungen ausschöpft. Eine vorübergehende Vertretung ist bei feststehender Leistungsunfähigkeit wegen der endgültig fehlgeschlagenen Leistungserwartung dagegen sinnlos. Auch die **dauernde Leistungsunfähigkeit** ist grundsätzlich in den **vier Stufen** der negativen Prognose, der erheblichen betrieblichen oder wirtschaftlichen Störung, der feh-

---

394 Vgl dazu aber die in Rn 580 erwähnte Entscheidung des BAG vom 29.4.1999 – 2 AZR 431/98 – AP KSchG 1969 § 1 Krankheit Nr 36: 24 Monate als absehbare Krankheitsdauer.
395 Dazu schon Rn 582.
396 BAG 19.4.2007 – 2 AZR 239/06 – Rn 22 AP KSchG 1969 § 1 Krankheit Nr 45.
397 Zu der Unterscheidung der Fallgruppen der feststehenden Leistungsunfähigkeit und der völligen Ungewissheit der Wiederherstellung der Arbeitsfähigkeit auch Rn 593; zu der Abgrenzung der Konstellationen der Langzeiterkrankung und der völligen Unsicherheit der Wiederherstellung der Arbeitsfähigkeit Rn 580.
398 BAG 19.4.2007 – 2 AZR 239/06 – Rn 22 AP KSchG 1969 § 1 Krankheit Nr 45.
399 BAG 19.4.2007 – 2 AZR 239/06 – Rn 22 AP KSchG 1969 § 1 Krankheit Nr 45.

lenden Weiterbeschäftigungsmöglichkeit und der Interessenabwägung zu prüfen. Mit der Störung des Arbeitsverhältnisses durch die dauerhafte und feststehende Leistungsunfähigkeit ist aber in aller Regel eine erhebliche betriebliche Beeinträchtigung verbunden.[400] Der Arbeitgeber braucht deshalb daneben keine weiteren Störungen vorzutragen.

Der **rentenversicherungsrechtliche Begriff der Erwerbsminderung** und der arbeitsrechtliche der Arbeitsunfähigkeit decken sich nicht.[401] Die Bewilligung einer vor Inkrafttreten des § 243 SGB VI nF existenten nur befristeten Erwerbsunfähigkeitsrente begründete keine unwiderlegliche Vermutung einer bloßen vorübergehenden Arbeitsunfähigkeit.[402] Die Arbeitsunfähigkeit konnte dennoch von Dauer sein. **588**

Ist es dem Arbeitnehmer auf Dauer unmöglich, die geschuldete Arbeitsleistung zu erbringen, ist er also nicht nur in seiner Leistung gemindert, ist das Arbeitsverhältnis als Austauschverhältnis erheblich gestört, weil mit immer neuen beträchtlichen Fehlzeiten und entsprechenden Entgeltfortzahlungskosten zu rechnen ist. Die **negative Prognose** ist ohne Weiteres zu stellen.[403] Neben den zu erwartenden wirtschaftlichen Belastungen besteht die relevante **betriebliche Belastung** darin, dass der Arbeitgeber auf unabsehbare Zeit gehindert wird, sein Direktionsrecht auszuüben. Er kann den Arbeitnehmer schon bei der Bestimmung von Zeit und Reihenfolge der Arbeit nicht mehr frei einsetzen. Eine irgendwie geartete Planung seines Einsatzes ist ebenso wenig möglich wie die Feststellung des Bedarfs an Vertretungskräften. Dem Arbeitgeber steht es frei, mit der Tätigkeit des erkrankten Arbeitnehmers dauerhaft einen anderen Arbeitnehmer zu beauftragen.[404] Vom Fehlen einer betrieblichen Beeinträchtigung kann nur ausgegangen werden, wenn die Arbeitsleistung des Arbeitnehmers überhaupt keinen Wert hat. Einen solch ungewöhnlichen Ausnahmetatbestand, der die Beschäftigung überflüssiger Arbeitnehmer voraussetzt, muss der Arbeitnehmer darlegen und beweisen.[405] **589**

Besonders sorgfältig ist zu prüfen, ob eine **Weiterbeschäftigungsmöglichkeit** auf einem unbesetzten Arbeitsplatz besteht oder es dem Arbeitgeber im Rahmen seines Weisungsrechts möglich ist, eine leidensgerechte Position für den kranken Arbeitnehmer frei zu machen, indem er einen anderen Arbeitnehmer um- oder versetzt.[406] Denkbar ist auch die Beschäftigung in Teilzeit, soweit der Arbeitnehmer als behindert iSd RL 2000/78/EG ist und dies nicht zu unverhältnismäßigen Belastungen des Arbeitgebers führt.[407] **590**

---

400 BAG 19.4.2007 – 2 AZR 239/06 – Rn 18 AP KSchG 1969 § 1 Krankheit Nr 45.
401 Vgl zu der Unterscheidung näher Rn 522.
402 BAG 3.12.1998 – 2 AZR 773/97 – II 1 und 2 d AP KSchG 1969 § 1 Krankheit Nr 33.
403 BAG 18.1.2007 – 2 AZR 759/05 – Rn 23 EEK 3293.
404 Vgl schon BAG 28.2.1990 – 2 AZR 401/89 – II 1 b bb AP KSchG 1969 § 1 Krankheit Nr 25; BAG 21.5.1992 – 2 AZR 399/91 – III 3 a AP KSchG 1969 § 1 Krankheit Nr 30; näher Rn 587.
405 BAG 28.2.1990 – 2 AZR 401/89 – II 1 b bb AP KSchG 1969 § 1 Krankheit Nr 25.
406 Dazu näher Rn 572; grundlegend BAG 29.1.1997 – 2 AZR 9/96 – II 1 c und d AP KSchG 1969 § 1 Krankheit Nr 32.
407 EuGH 11.4.2013 – C 335/11 und C-337/11 – Ring, Skouboe Werge Rn 62 AP Richtlinie 2000/78/EG Nr. 28.

591 Ist eine solche Weiterbeschäftigungsmöglichkeit nicht vorhanden, kann die **Interessenabwägung** nur in seltenen Ausnahmefällen zugunsten des Arbeitnehmers ausgehen. Bei dauerhafter Arbeitsunfähigkeit ist in aller Regel davon auszugehen, dass der Arbeitgeber eine weitere unabsehbare Zeit der Leistungsunfähigkeit billigerweise nicht hinzunehmen braucht.[408] Griebeling[409] erwägt in der Konstellation, in der die dauernde Leistungsunfähigkeit auf einen vom Arbeitgeber verschuldeten **Arbeitsunfall** zurückgeht, eine **Pflicht** des Arbeitgebers, einen **neuen Arbeitsplatz zu schaffen**. Dem ist nicht zuzustimmen. Der Arbeitgeber ist als Unternehmer frei darin zu entscheiden, mit welcher Anzahl von Arbeitskräften er die Arbeitsmenge bewältigen möchte. Das gilt auch im letzten Prüfungsschritt der einzelfallbezogenen Interessenabwägung. Diese Stufe kann zudem nur erreicht sein, wenn die erhebliche Betriebsstörung auf der vorgelagerten Prüfungsebene nicht durch die Möglichkeit anderweitiger Beschäftigung auf einem vorhandenen – freien oder durch Weisung frei zu machenden – leidensgerechten Arbeitsplatz ausgeschlossen wurde. Das Problem einer Schädigung des Körpers und der Gesundheit durch ein Verhalten des Arbeitgebers ist unfallversicherungsrechtlich und uU – bei fehlendem Vorrang des Unfallversicherungsrechts – schadensersatzrechtlich zu lösen. Dem Arbeitnehmer steht in einem solchen Ausnahmefall Geldersatz und – ggf – eine Entschädigung, eine Geldrente oder eine Kapitalabfindung zu. Eine **Pflicht** zur Schaffung eines Arbeitsplatzes lässt sich **weder kündigungsschutzrechtlich** noch **schadensersatzrechtlich herleiten**.

592 Hinsichtlich der außerordentlichen Kündigung ordentlich unkündbarer Arbeitnehmer wird auf Rn 485 ff verwiesen. Die Regelung in § 33 Abs 2 Satz 5 und 6 TVöD/TV-L, wonach das Arbeitsverhältnis ruht, wenn nach dem Bescheid des Rentenversicherungsträgers eine Rente auf Zeit wegen teilweiser Erwerbsminderung gewährt wird, schließt eine Kündigung wegen dauerhafter Arbeitsunfähigkeit des Arbeitnehmers nicht aus.[410]

593 **ee) Völlige Ungewissheit der Wiederherstellung der Arbeitsfähigkeit, Wiedereinstellungsanspruch.** Die Ungewissheit der Wiederherstellung der Arbeitsfähigkeit steht einer krankheitsbedingten dauernden Leistungsunfähigkeit gleich, wenn in den nächsten **24 Monaten** nicht mit einer anderen Prognose gerechnet werden kann.[411] Eine für mindestens 24 Monate zu stellende negative Prognose fordert der Zweite Senat nur, wenn die Leistungsunfähigkeit nicht feststeht, sondern **ungewiss** ist. Bei ungewisser Wiederherstellung der Arbeitsfähigkeit steht im Unterschied zur Leistungsunfähigkeit noch nicht fest, dass der vertraglich vorgesehene Leistungsaustausch

---

408 BAG 19.4.2007 – 2 AZR 239/06 – Rn 36 AP KSchG 1969 § 1 Krankheit Nr 45; BAG 18.1.2007 – 2 AZR 759/05 – Rn 23 und 33 (mögliche Giftstoffintoxikation) EEK 3293.
409 In KR § 1 KSchG Rn 377 mwN.
410 Vgl noch zu § 59 Abs 1 Satz 4 und 5 BAT BAG 3.12.1998 – 2 AZR 773/97 – II 2 a bis c AP KSchG 1969 § 1 Krankheit Nr 33.
411 BAG 19.4.2007 – 2 AZR 239/06 – Rn 18 mwN AP KSchG 1969 § 1 Krankheit Nr 45; schon Rn 555.

endgültig gescheitert ist.[412] Dem Arbeitgeber kann es deswegen zuzumuten sein, dass er für zwei Jahre (§ 14 Abs 2 Satz 1 HS 1 TzBfG) eine Vertretungskraft einstellt.[413] Ist innerhalb von 24 Monaten nicht mit einer Besserung des Gesundheitszustands des Arbeitnehmers zu rechnen, ist der Arbeitgeber in einer der feststehenden Leistungsunfähigkeit vergleichbaren Situation. Er kann nicht erkennen, ob er sein Direktionsrecht wieder wird ausüben können. Die bloße – gewöhnliche – Ungewissheit der Wiederherstellung der Leistungsfähigkeit, die mit jeder Krankheit verbunden ist, und die **völlige Unsicherheit** der Wiederherstellung der Arbeitsfähigkeit sind zu unterscheiden. Die **gewöhnliche Ungewissheit** ist die Regel, die völlige Unsicherheit die Ausnahme. Die nur vorübergehende Unmöglichkeit ist im Schuldrecht wie die dauernde zu behandeln, wenn die vorübergehende Unmöglichkeit infrage stellt, dass der Vertragszweck erreicht werden kann. Auch das Arbeitsverhältnis ist ein – durch einen besonderen Arbeitnehmerschutz geprägtes – Austauschverhältnis. Das Äquivalenzverhältnis muss gravierend gestört sein. Dem Arbeitgeber muss es unzumutbar sein, den Vertrag einzuhalten, bis das Leistungshindernis entfällt. Darüber, ob das zutrifft, ist unter Berücksichtigung aller Umstände und der Interessen beider Parteien nach Treu und Glauben zu entscheiden. Bedeutsam sind **Art** und **Ursache** der Erkrankung. Nach älterer Rechtsprechung ist es für eine Kündigung wegen völliger Ungewissheit der Wiederherstellung der Arbeitsfähigkeit unerheblich, ob der Arbeitnehmer in der Vergangenheit verhältnismäßig lange erkrankt war.[414] Es kann auch ausreichen, wenn die Krankheit erst kurze Zeit vor Zugang der Kündigung eingetreten ist, wie das zB bei einem Komapatienten denkbar ist. Auf die **Dauer** der zurückliegenden Arbeitsunfähigkeit **kommt es nicht an**.[415] Das BAG legt der bisherigen Dauer der Arbeitsunfähigkeit hinsichtlich der Darlegungslast **jedoch** gewisses **indizielles Gewicht** bei.[416]

Ist es **völlig ungewiss**, dass die Arbeitsfähigkeit wiederhergestellt wird, ist damit regelmäßig eine **erhebliche Störung betrieblicher Interessen** verbunden, weil nicht absehbar ist, ob und wann der Arbeitgeber sein Direktionsrecht wieder ausüben kann. Es ist ihm in der **Interessenabwägung** aber erst dann **unzumutbar**, die völlige Ungewissheit länger hinzunehmen, wenn keine Überbrückungsmaßnahmen mehr möglich sind. Damit wird dem Erfordernis, dass dem anderen Partner die Einhaltung des Vertrags bis zum Wegfall des Leistungshindernisses nicht zuzumuten sein darf, genügt. Hier kann sich ein **Unterschied** zu der Fallgruppe der **dauernden Leistungsunfähigkeit** ergeben. Steht fest, dass der Arbeitnehmer seine Vertragspflichten nicht wieder wird erfüllen können, sind dem Arbeitgeber Überbrückungsmaßnahmen – insbesondere der Einsatz von Aushilfskräften – nicht abzu-

594

---

412 Zu der Unterscheidung der Fallgruppen der feststehenden Leistungsunfähigkeit und der völligen Ungewissheit der Wiederherstellung der Arbeitsfähigkeit auch Rn 587; zu der Abgrenzung der Konstellationen der Langzeiterkrankung und der völligen Unsicherheit der Wiederherstellung der Arbeitsfähigkeit Rn 580.
413 BAG 19.4.2007 – 2 AZR 239/06 – Rn 22 AP KSchG 1969 § 1 Krankheit Nr 45.
414 21.5.1992 – 2 AZR 399/91 – AP KSchG 1969 § 1 Nr 30; im dortigen Fall waren dies bereits eineinhalb Jahre.
415 Zur lang andauernden Erkrankung Rn 580.
416 BAG 29.4.1999 – 2 AZR 431/98 – II 3 a AP KSchG 1969 § 1 Krankheit Nr 36.

verlangen. Es ist sicher, dass der Austauschzweck des Vertrags nicht mehr erreicht werden kann. Ist die Wiederherstellung der Arbeitsfähigkeit dagegen ungewiss, scheidet eine befristete Einstellung von Aushilfen nicht von vornherein aus. Die in Rn 573 ff genannten Gesichtspunkte sind gegeneinander abzuwägen.

595 Ob die Betonung der Verhältnisse des Einzelfalls der älteren BAG-Rechtsprechung entspricht, ist nicht sicher. Der Zweite Senat hat zwar das Erfordernis einer einzelfallbezogenen Interessenabwägung auch in einer derartigen Konstellation grundsätzlich anerkannt.[417] Neben der von ihm selbst durchgeführten Zumutbarkeitsprüfung, die das vorübergehende dem dauernden Unvermögen gleichstellt, hat es aber keine weitere ausdrückliche – revisionsrechtlich allerdings auch nur sehr beschränkt mögliche – Überprüfung der Interessenabwägung des Berufungsgerichts vorgenommen.

596 **Hinweis: Vorsicht ist bei vorgelegten Attesten und Äußerungen des Arbeitnehmers geboten.** Bescheinigt eine ärztliche Stellungnahme, der Arbeitnehmer sei voraussichtlich auf Dauer außerstande, die bisher verrichteten Tätigkeiten auszuführen, oder erklärt der Arbeitnehmer das selbst, ist im Zeitpunkt des Zugangs der Kündigung nur dann völlig ungewiss, ob und wann die Arbeitsfähigkeit wiederhergestellt werden kann, wenn die subjektive Annahme objektiv tatsächlich zutrifft. **Entscheidend** sind nicht die subjektiven Kenntnisse des Arbeitgebers, sondern die **objektiven Verhältnisse** bei Zugang der Kündigung.[418]

597 - Ist die **Wiederherstellung der Arbeitsfähigkeit** bei Zugang der Kündigung gänzlich **unsicher**, was regelmäßig mit **erheblichen betrieblichen Beeinträchtigungen** verbunden ist,
- besteht auch **keine Weiterbeschäftigungsmöglichkeit** und
- sind dem Arbeitgeber weitere **Überbrückungsmaßnahmen nicht zuzumuten,**

ist die Kündigung **sozial gerechtfertigt.**

Verändert sich die **Prognose** während des Laufs der Kündigungsfrist dagegen positiv, dh ist sie nicht nur nicht länger negativ,[419] beseitigt das die soziale Rechtfertigung der Kündigung nicht. Der Arbeitnehmer hat aber einen **Anspruch auf Neubegründung eines Arbeitsverhältnisses** unmittelbar nach Ablauf der Kündigungsfrist, wenn der Arbeitgeber mit Rücksicht auf die Wirksamkeit der Kündigung noch keine Dispositionen getroffen hat und ihm die unveränderte „Fortsetzung" des Arbeitsverhältnisses zuzumuten ist.[420] Damit wird auch im Fall der krankheitsbedingten Kündigung ein notwendiges Korrektiv dafür geschaffen, dass die Rechtsprechung allein aus Gründen der Rechtssicherheit, Verlässlichkeit und Klarheit bei der Prüfung des Kündigungsgrundes auf den Zugang der Kündigung abstellt und

---

417 BAG 21.5.1992 – 2 AZR 399/91 – III 1 c AP KSchG 1969 § 1 Nr 30.
418 Detailliert Rn 580.
419 Rn 503.
420 Offengelassen sowohl von BAG 17.6.1999 – 2 AZR 639/98 – II 3 AP KSchG 1969 § 1 Krankheit Nr 37 als auch von BAG 27.6.2001 – 7 AZR 662/99 – B II 1 AP KSchG 1969 § 1 Wiedereinstellung Nr 10; im letzten Fall war erst nach Ablauf der Kündigungsfrist eine überraschende grundlegende Besserung des Gesund-

schon eine Kündigung aufgrund einer Prognoseentscheidung zulässt, obwohl der Verlust des Arbeitsplatzes, vor dem der Arbeitnehmer durch § 1 KSchG geschützt werden soll, erst mit Ablauf der Kündigungsfrist eintritt.[421] Dass der Kündigungsgrund bei der personenbedingten Kündigung allein aus der Sphäre des Arbeitnehmers stammt, während er bei der betriebsbedingten Kündigung ausschließlich im betrieblichen Bereich fußt, lässt kein anderes Ergebnis zu. In beiden Fällen wird eine Kündigung aufgrund einer bloßen Prognose erlaubt, die sich noch während des Bestands des Arbeitsverhältnisses zwar nicht als unzutreffend herausstellt, sich wegen eines neuen Kausalverlaufs jedoch im Ergebnis nicht bewahrheitet. Hat der Arbeitgeber im Vertrauen auf die Wirksamkeit der Kündigung noch nichts veranlasst, verhält er sich deshalb rechtsmissbräuchlich iSv § 242 BGB, wenn er den veränderten Umständen nicht Rechnung trägt, indem er dem Arbeitnehmer die Neubegründung eines Arbeitsverhältnisses zu den bisherigen Bedingungen nach dem Kündigungszeitpunkt anbietet bzw sich mit dem regelmäßig in der sog Wiedereinstellungsklage liegenden Vertragsangebot des Arbeitnehmers einverstanden erklärt.[422] Entsprechendes gilt für alle Fallgruppen der krankheitsbedingten Kündigung.

ff) Leistungsminderung ("Low Performer"). Auch die Minderung der Leistungsfähigkeit ist geeignet, einen in der Person des Arbeitnehmers liegenden Kündigungsgrund zu bilden.[423] Sie verlangt – wie stets – eine **vierstufige**[424] **Überprüfung.**

Bei Zugang der Kündigung muss zu prognostizieren sein, dass der Arbeitnehmer auch künftig dauernd und in erheblichem Umfang **Minderleistungen** erbringen wird.[425] Ebenso wie bei einer Kündigung aufgrund dauernder Arbeitsunfähigkeit steht bei einer solchen krankheitsbedingten permanenten Minderung der Leistungsfähigkeit innerhalb der ersten Stufe fest, dass das **Äquivalenzverhältnis** gestört ist.[426] Die bei Zugang der Kündi-

---

heitszustands eingetreten; grundsätzlich bejahend Preis, Prinzipien des Kündigungsrechts bei Arbeitsverhältnissen, S 347 ff; vom Stein, Fehleinschätzungen bei der Kündigung von Arbeitsverhältnissen, S 239 ff, insb S 256; zweifelnd Gentges, Prognoseprobleme im Kündigungsschutzrecht, S 342 ff, 374 f.
421 So zur betriebsbedingten Kündigung – im konkreten Fall einer beabsichtigten Betriebsstilllegung – BAG 4.12.1997 – 2 AZR 140/97 – B II 2 und 5 a AP KSchG 1969 § 1 Wiedereinstellung Nr 4.
422 Zu der parallelen Gestaltung einer geplanten Betriebsschließung BAG 4.12.1997 – 2 AZR 140/ 97 – B II 2 AP KSchG 1969 § 1 Wiedereinstellung Nr 4. Griebeling bejaht in KR § 1 KSchG Rn 739 grundsätzlich auch bei krankheitsbedingter Kündigung unter der Voraussetzung einer positiven Prognose einen Wiedereinstellungsanspruch; aA Zwanziger BB 1997, 43.
423 BAG 11.12.2003 – 2 AZR 667/02 – B III 2 AP KSchG 1969 § 1 Verhaltensbedingte Kündigung Nr 48, vgl dort auch zu der Abgrenzung von der schuldhaften Minderleistung und damit der verhaltensbedingten Kündigung zu B I 2, II und III 1; BAG 26.9.1991 – 2 AZR 132/91 – A III 3 b AP KSchG 1969 § 1 Krankheit Nr 28.
424 Oder nach Auffassung des BAG eine **dreistufige** Untersuchung, vgl nur BAG 8.11.2007 – 2 AZR 292/06 – Rn 13 AP KSchG 1969 § 1 Personenbedingte Kündigung Nr 29; BAG 1.3.2007 – 2 AZR 217/06 – Rn 15 AP SGB IX § 90 Nr 2; BAG 18.1.2007 – 2 AZR 759/05 – Rn 22 EEK 3293.
425 BAG 11.12.2003 – 2 AZR 667/02 – B III 2 d und e AP KSchG 1969 § 1 Verhaltensbedingte Kündigung Nr 48; vHH/L/Krause § 1 Rn 436.
426 KR/Griebeling § 1 KSchG Rn 379.

gung feststehende Minderung der Leistungsfähigkeit indiziert, dass sie fortdauern wird.[427] Steht aber nach dem maßgeblichen wissenschaftlichen Erkenntnisstand im Zeitpunkt des Zugangs der Kündigung eine Wiederherstellung der Leistungsfähigkeit unmittelbar bevor – und sei es auch erst kurze Zeit nach Ablauf der Kündigungsfrist –, fehlen auf der zweiten Stufe die erforderlichen **erheblichen betrieblichen** oder **wirtschaftlichen Beeinträchtigungen**. Zumindest ist es dem Arbeitgeber innerhalb des vierten oder nach Ansicht des BAG dritten Prüfungsschritts zuzumuten, die Belastungen hinzunehmen.[428]

600 Auf der **zweiten Ebene** tritt bei eingeschränkter Leistungsfähigkeit in erster Linie eine wirtschaftliche Belastung des Arbeitgebers ein, weil der Vergütung nicht länger eine adäquate Arbeitsleistung gegenübersteht.[429] Da die Beeinträchtigung betrieblicher Interessen **erheblich** sein muss, genügt hierfür nicht jede geringfügige Minderleistung.[430] Betriebsablaufstörungen sind auch denkbar, wenn die Aufgaben, zu denen der Arbeitnehmer nicht länger in der Lage ist, nicht auf Dauer von Kollegen übernommen werden können. Sofern der **Arbeitnehmer nur zu einem Teil der von ihm geschuldeten Arbeiten außerstande ist,** handelt es sich nicht um einen Fall der krankheitsbedingten Leistungsminderung, sondern um Leistungsunfähigkeit.[431] Arbeitsunfähigkeit iSd Arbeitsrechts wird nicht dadurch ausgeschlossen, dass der Arbeitnehmer seine geschuldeten Vertragspflichten teilweise erbringen kann. Arbeitsrechtlich ist es gleichbedeutend, ob der Arbeitnehmer durch die Krankheit ganz oder teilweise arbeitsunfähig wird, weil der Arbeitsvertrag Teilleistungen nicht vorsieht.[432] Allerdings kommt in einer solchen Konstellation als milderes Mittel gegenüber der Beendigungskündigung eine **Änderungskündigung** mit dem Ziel einer Teilzeitbeschäftigung in Betracht. Das ist allerdings nur anzunehmen, wenn die übrigen Arbeiten, die der Arbeitnehmer noch versehen kann, von den Tätigkeiten gelöst werden können, zu denen er nicht mehr fähig ist. Hängen die Tätigkeitsanteile untrennbar voneinander ab, liegt ohnehin völlige Leistungsunfähigkeit vor.

601 Was die Notwendigkeit einer Um- oder Versetzung auf einen anderen leidensgerechten Arbeitsplatz betrifft, ergeben sich keine Besonderheiten. Gleiches gilt für die Interessenabwägung.

602 Unabhängig von krankheitsbedingten Ursachen kann bei **quantitativen Minderleistungen** eine personenbedingte Kündigung in ihrem allgemeineren Sinn gerechtfertigt sein, ohne dass dem Arbeitnehmer eine Vertragsver-

---

427 KR/Griebeling § 1 KSchG Rn 379.
428 Ähnl KR/Griebeling § 1 KSchG Rn 379, 375 ff; das **BAG** (21.2.2001 – 2 AZR 558/99 – II 2 NZA 2001, 1071) wählt allerdings eine Lösung auf der ersten Ebene und lässt bei einer im Kündigungszeitpunkt absehbaren Dauer der Arbeitsunfähigkeit die negative Gesundheitsprognose entfallen.
429 BAG 26.9.1991 – 2 AZR 132/91 – A III 3 c cc AP KSchG 1969 § 1 Krankheit Nr 28, im konkreten Fall konnte der Arbeitnehmer nicht mehr im Leistungslohn eingesetzt werden.
430 BAG 26.9.1991 – 2 AZR 132/91 – A III 3 c cc AP KSchG 1969 § 1 Krankheit Nr 28, dort wurden zwei Drittel der Normalleistung für ausreichend gehalten, um erhebliche betriebliche Störungen anzunehmen.
431 IE Rn 587 ff.
432 BAG 25.6.1981 – 6 AZR 940/78 – II 4 AP BGB § 616 Nr 52.

letzung vorzuwerfen wäre. Die konkrete Vertragspflicht ist dabei **individuell zu bestimmen**. Der Arbeitnehmer schuldet keine „objektive Normalleistung". Der Arbeitsvertrag kennt als Dienstvertrag keine „Erfolgshaftung" des Arbeitnehmers. **Der Dienstverpflichtete schuldet das „Wirken", nicht das „Werk".**[433] Er ist nicht verpflichtet, bestimmte Arbeitserfolge zu erzielen.[434] Der Arbeitnehmer muss **unter angemessener Ausschöpfung seiner persönlichen Leistungsfähigkeit** arbeiten. Der Umstand, dass er unterdurchschnittliche Leistungen erbringt, muss aber nicht zwangsläufig bedeuten, dass er seine persönliche Leistungsfähigkeit nicht ausschöpft.[435] Der Arbeitnehmer, der trotz angemessener Bemühung die Normalleistung unterschreitet oder nicht erbringt, verstößt nicht gegen den Vertrag, sondern unterschreitet die nicht zur Vertragsbedingung erhobene berechtigte Erwartung eines ausgewogenen Verhältnisses von Leistung und Gegenleistung. Das ist zB bei krankheitsbedingten Ursachen denkbar, aber auch bei dem Ausfall eines Arbeitnehmers, der aus keinem Mitgliedstaat der Europäischen Union, keinem Assoziations- oder Kooperationsstaat stammt und seinen Wehrdienst leisten muss, bei der durch Gewissensnot verursachten Arbeitsunfähigkeit, bei Sicherheitsbedenken oder auch bei unverschuldet fehlender Aufenthaltserlaubnis zur Ausübung einer Beschäftigung.[436] Die Arbeitsvertragspartner gehen wie die Parteien jedes gegenseitigen Vertrags davon aus, dass die Leistung des anderen Teils der eigenen Leistung zumindest annähernd gleichwertig ist. Die Vorstellung von dieser **Äquivalenz** ist bei synallagmatischen Verträgen idR Geschäftsgrundlage. Als kündigungsschutzrechtliches Instrument steht **anstelle eines Rücktritts- oder anderen Anpassungsrechts die personenbedingte Kündigung** zur Verfügung.[437] Für ihre soziale Rechtfertigung kommt es darauf an, ob die Arbeitsleistung die berechtigte Gleichwertigkeitserwartung des Arbeitgebers **in einem Maß unterschreitet**, das es ihm nicht länger zumutbar erscheinen lässt, an dem unveränderten Arbeitsvertrag festzuhalten. Der Zweite Senat bezieht sich insoweit auf die in Rn 598 ff wiedergegebene Rechtsprechung zur krankheitsbedingten Minderleistung, in der die schwerbehinderte Arbeitnehmerin **die unstreitige Normalleistung dauerhaft um ein Drittel unterschritt**.[438] Zugleich macht der Zweite Senat auf die weiteren Voraussetzungen der personenbedingten Kündigung aufmerksam. Es darf daher auch **für die Zukunft** nicht mit einer Wiederherstellung des Gleichgewichts

---

433   BAG 17.1.2008 – 2 AZR 536/06 – Rn 15 AP KSchG 1969 § 1 Nr 85 mit Anm Brötzmann BB 2008, 1457, Hunold NJW 2008, 3022, Schmitt-Rolfes AuA 2008, 518, Tillmanns RdA 2009, 391 ff, Verstege AP KSchG 1969 § 1 Nr 85; BAG 17.1.2008 – 2 AZR 752/06 – Rn 15.
434   BAG 27.11.2008 – 2 AZR 675/07 – Rn 24 AP BGB § 611 Abmahnung Nr 33.
435   BAG 17.1.2008 – 2 AZR 536/06 – Rn 16 AP KSchG 1969 § 1 Nr 85; BAG 17.1.2008 – 2 AZR 752/06 – Rn 16.
436   Zu allem BAG 11.12.2003 – 2 AZR 667/02 – B III 2 b AP KSchG 1969 § 1 Verhaltensbedingte Kündigung Nr 48.
437   BAG 11.12.2003 – 2 AZR 667/02 – B III 2 c und d AP KSchG 1969 § 1 Verhaltensbedingte Kündigung Nr 48, zu der Abgrenzung von der schuldhaft herbeigeführten Minderleistung und damit der verhaltensbedingten Kündigung dort zu B I 2, II und III 1.
438   BAG 11.12.2003 – 2 AZR 667/02 – B III 2 d AP KSchG 1969 § 1 Verhaltensbedingte Kündigung Nr 48; BAG 26.9.1991 – 2 AZR 132/91 – A III 3 c cc AP KSchG 1969 § 1 Krankheit Nr 28.

von Leistung und Gegenleistung zu rechnen sein. Ein **milderes Mittel** zur Herstellung des Vertragsgleichgewichts darf nicht zur Verfügung stehen. Ein solches milderes Mittel kann in einer zumutbaren Beschäftigung zu geänderten Vertragsbedingungen bestehen, möglicherweise auch in einer Vergütungsverringerung. Schließlich ist wie bei jeder personenbedingten Kündigung eine Interessenabwägung vorzunehmen.[439]

603 Der Konflikt der widerstreitenden Interessen des **quantitativ leistungsgeminderten Arbeitnehmers** und des Arbeitgebers ist nach den Regeln der **gestuften Darlegungslast** zu lösen:[440]

- Zunächst muss der **Arbeitgeber** zu den Leistungsmängeln das vortragen, was er wissen kann. Kennt er lediglich die objektiv messbaren Arbeitsergebnisse, genügt er seiner Darlegungslast, wenn er Tatsachen vorträgt, aus denen ersichtlich ist, dass die Leistungen des betreffenden Arbeitnehmers deutlich hinter denen vergleichbarer Arbeitnehmer zurückbleiben, also die **Durchschnittsleistung erheblich unterschreiten**. Davon kann dann gesprochen werden, wenn, gemessen an der durchschnittlichen Leistung der vergleichbaren Arbeitnehmer, das Verhältnis von Leistung und Gegenleistung stark beeinträchtigt ist.[441]

- Hat der Arbeitgeber vorgetragen, dass die Leistungen des Arbeitnehmers über einen längeren Zeitraum den Durchschnitt unterschritten haben, hat der **Arbeitnehmer** darauf zu entgegnen, ggf das Zahlenwerk und seine Aussagefähigkeit im Einzelnen zu **bestreiten** und/oder darzulegen, weshalb er mit seiner deutlich unterdurchschnittlichen Leistung dennoch seine **persönliche Leistungsfähigkeit ausschöpft**. Dabei können altersbedingte Leistungsdefizite, Beeinträchtigungen durch Krankheit, aber auch betriebliche Umstände eine Rolle spielen.[442]

- Legt der Arbeitnehmer solche Umstände plausibel dar, muss der **Arbeitgeber** sie **widerlegen**. Trägt der Arbeitnehmer derartige Umstände dagegen **nicht vor**, gilt das schlüssige Vorbringen des Arbeitgebers als **zugestanden** (§ 138 Abs 3 ZPO). Dann ist davon auszugehen, dass der Arbeitnehmer seine Leistungsfähigkeit nicht ausschöpft.[443]

604 Bei **qualitativen Minderleistungen** sind Grenzen, die auf die Fehlerhäufigkeit abstellen, nicht geeignet, die Kündigungsrelevanz der dem Arbeitnehmer konkret vorgeworfenen Pflichtverletzungen hinreichend sicher einzugrenzen. Absolute Bezugsgrößen berücksichtigen nicht ausreichend, dass je nach Art der Tätigkeit und der dabei möglicherweise auftretenden Fehler diesen ein sehr unterschiedliches kündigungsrelevantes Gewicht beizumes-

---

439 BAG 11.12.2003 – 2 AZR 667/02 – B III 2 d AP KSchG 1969 § 1 Verhaltensbedingte Kündigung Nr 48; zu den sog „Low Performers" auch Bayreuther NZA Beilage 1/2006 zu Heft 10/2006, 1 ff; Maschmann NZA Beilage 1/2006 zu Heft 10/2006, 13 ff und Greiner RdA 2007, 22 ff.
440 Zur Darlegungs- und Beweislast bei Minder- und Schlechtleistungen auch Sasse ZTR 2009, 186, 187 f.
441 BAG 17.1.2008 – 2 AZR 536/06 – Rn 18 AP KSchG 1969 § 1 Nr 85; BAG 17.1.2008 – 2 AZR 752/06 – Rn 18.
442 BAG 17.1.2008 – 2 AZR 536/06 – Rn 19 AP KSchG 1969 § 1 Nr 85; BAG 17.1.2008 – 2 AZR 752/06 – Rn 19.
443 BAG 17.1.2008 – 2 AZR 536/06 – Rn 19 AP KSchG 1969 § 1 Nr 85; BAG 17.1.2008 – 2 AZR 752/06 – Rn 19.

sen ist. Es sind Tätigkeiten denkbar, bei denen bereits ein einmaliger Fehler derart weitreichende Konsequenzen hat (zB Sorgfaltspflichten eines Piloten). Andererseits gibt es Tätigkeiten, bei denen Fehler nach der Art der Tätigkeit vom Arbeitnehmer kaum zu vermeiden und vom Arbeitgeber eher hinzunehmen sind, weil ihre Folgen das Arbeitsverhältnis nicht allzu stark belasten.[444]

Bei Kündigungen wegen **qualitativer Minderleistungen** des Arbeitnehmers gilt die gestufte Behauptungslast:[445] 605

- Zunächst muss der **Arbeitgeber** zu den aufgetretenen **Leistungsmängeln** das vortragen, was er über die Fehlerzahl, die Art und Schwere sowie die Folgen der fehlerhaften Arbeitsleistung des Arbeitnehmers wissen kann. Kann der Arbeitgeber darlegen, dass der Arbeitnehmer längerfristig die durchschnittliche Fehlerhäufigkeit aller mit vergleichbaren Arbeiten beschäftigten Arbeitnehmer erheblich überschreitet, kann das ein Anhaltspunkt dafür sein, dass der Arbeitnehmer vorwerfbar seine vertraglichen Pflichten verletzt. Da der Vergleich durchschnittlicher Fehlerquoten isoliert betrachtet keinen hinreichenden Aufschluss darüber gibt, ob durch die fehlerhafte Arbeit des gekündigten Arbeitnehmers das Verhältnis von Leistung und Gegenleistung stark beeinträchtigt ist, muss der Arbeitgeber **weitere Umstände** darlegen. Anhand der tatsächlichen Fehlerzahl, der Art, Schwere und Folgen der fehlerhaften Arbeitsleistung des betreffenden Arbeitnehmers ist näher vorzubringen, dass die längerfristige deutliche Überschreitung der durchschnittlichen Fehlerquoten nach den Gesamtumständen darauf hinweist, dass der Arbeitnehmer vorwerfbar seine vertraglichen Pflichten verletzt.[446]
- Genügt der Arbeitgeber diesen Darlegungsanforderungen, muss der **Arbeitnehmer** erläutern, weshalb er trotz erheblich unterdurchschnittlicher Leistungen seine **Leistungsfähigkeit ausschöpft**.[447]

gg) Betriebliches Eingliederungsmanagement. Sind Beschäftigte innerhalb 606 eines Jahres länger als sechs Wochen ununterbrochen oder wiederholt arbeitsunfähig, sieht § 84 Abs 2 Satz 1 SGB IX vor, dass der Arbeitgeber mit der zuständigen Interessenvertretung iSv § 93 SGB IX, bei schwerbehinderten Menschen außerdem mit der Schwerbehindertenvertretung, mit Zustimmung und Beteiligung der betroffenen Person die Möglichkeiten klärt, wie die Arbeitsunfähigkeit möglichst überwunden werden und mit welchen Leistungen oder Hilfen erneuter Arbeitsunfähigkeit vorgebeugt und der Arbeitsplatz erhalten werden kann. Durch das betriebliche Eingliederungsmanagement (bEM) soll ein verlaufs- und **ergebnisoffener „Suchprozess"** in Gang gesetzt werden, um **individuelle Lösungen** zur Stabilisierung von durch gesundheitliche Probleme **bestandsgefährdeten Arbeitsverhältnissen** zu ermitteln.[448]

---

444 BAG 17.1.2008 – 2 AZR 536/06 – Rn 21 AP KSchG 1969 § 1 Nr 85; BAG 17.1.2008 – 2 AZR 752/06 – Rn 22.
445 Zur Darlegungs- und Beweislast bei Minder- und Schlechtleistungen auch Sasse ZTR 2009, 186, 187 f.
446 BAG 17.1.2008 – 2 AZR 536/06 – Rn 22 AP KSchG 1969 § 1 Nr 85.
447 BAG 17.1.2008 – 2 AZR 536/06 – Rn 22 AP KSchG 1969 § 1 Nr 85.
448 Kothe DB 2008, 582, 583.

607 Die Durchführung eines bEM setzt zunächst voraus, dass der Beschäftigte **innerhalb eines Jahres** länger als **sechs Wochen** ununterbrochen oder wiederholt **arbeitsunfähig** ist. Andernfalls besteht die Verpflichtung eines bEM nicht.[449] Abzustellen ist hierbei nach dem Gesetzeswortlaut auf das „**Jahr**" iSv § 191 BGB mit 365 Tagen, **nicht** auf das **Kalenderjahr**.[450] Das Erfordernis eines bEM besteht **unabhängig** davon, ob ein **Betriebsrat** besteht oder keine **Interessenvertretung** nach § 93 Abs SGB IX gebildet ist.[451]

608 Die Durchführung eines bEM ist bei sonst gegebenen Voraussetzungen nach nun hA bei **allen Arbeitnehmern**, nicht nur bei schwerbehinderten Menschen erforderlich.[452] Dies ergibt sich bereits aus der **Gesetzesbegründung**.[453] Danach sollen krankheitsbedingte Kündigungen bei allen Arbeitnehmern durch das bEM verhindert werden. Im Verhältnis zum **Präventionsverfahren** nach § 84 Abs 1 SGB IX ist das bEM nach Abs 2 teilweise spezieller, weil es sich nur auf personenbedingte Fälle länger andauernder Arbeitsunfähigkeit bezieht. Teilweise ist es auch allgemeiner, weil es sämtliche Arbeitnehmer erfasst.[454]

609 Höchstrichterlich geklärt und mittlerweile anerkannt ist, dass die Durchführung des bEM nach § 84 Abs 2 SGB IX **keine Wirksamkeitsvoraussetzung** für eine Kündigung ist.[455] Andererseits ist die Norm **kein bloßer Programmsatz**. Vielmehr ist das **bEM** eine **Konkretisierung des Verhältnismäßigkeitsgrundsatzes**. Es dient dazu, mildere Mittel zu ermitteln, durch die eine Kündigung letztlich vermieden werden kann.[456] § 84 Abs 2 SGB IX dient unmittelbar nur der Gesundheits-, nicht der Kündigungsprävention.[457] Das bEM ist im Verhältnis zur Kündigung also nicht selbst ein milderes Mittel, sondern nur Mittel zum Zweck.[458] **Unterbleibt** das bEM, können sich daraus **gesteigerte Anforderungen an die Darlegungslast** des Arbeitgebers im Rahmen der Weiterbeschäftigungsmöglichkeit auf einem freien oder frei zu machenden Arbeitsplatz ergeben.[459]

610 Bei der **Bestimmung der Folgen für die Darlegungs- und Beweislast** im Kündigungsschutzprozess ist danach zu differenzieren, ob ein bEM **stattgefunden** hat und welches **Ergebnis** dies hatte.

- Hat **kein bEM stattgefunden**, ist zu prüfen, ob es dazu hätte beitragen können, ein milderes Mittel gegenüber der Kündigung zu erkennen.

---

449 BAG 20.12.2012 – 2 AZR 32/11 – Rn 31 DB 2013, 882.
450 vHH/L/Krause § 1 Rn 371.
451 BAG 30.9.2010 – 2 AZR 88/09 – Rn 34 ff NZA 2011, 39.
452 BAG 12.7.2007 – 2 AZR 716/06 – Rn 36 ff AP KSchG 1969 § 1 Personenbedingte Kündigung Nr 28; BAG 30.9.2010 – 2 AZR 88/09 – Rn 34 ff NZA 2011, 39; aA Brose DB 2005, 390.
453 Vgl BT-Drucks 15/1783 S 15.
454 Vgl zum Ganzen vHH/L/Krause § 1 Rn 370.
455 BAG 12.7.2007 – 2 AZR 716/06 – Rn 36 ff AP KSchG 1969 § 1 Personenbedingte Kündigung Nr 28; anders sieht dies Heuschmid nach der Entscheidung Ring des EuGH vom 11.4.2013, vgl Heuschmid ArbuR 2013, 411.
456 vHH/L/Krause § 1 Rn 372.
457 Rolfs/de Groot Anm AP KSchG 1969 § 1 Personenbedingte Kündigung Nr 28 II.
458 Düwell, JbArbR, Bd. 43, S 91, 103; ders, FS Küttner, S 139, 150.
459 BAG 12.7.2007 – 2 AZR 716/06 – Rn 43 f AP KSchG 1969 § 1 Personenbedingte Kündigung Nr 28; dem folgend BAG 28.4.2011 – 8 AZR 515/10 – Rn 39.

Trifft das nicht zu, bringt das unterbliebene bEM für den Arbeitgeber keine kündigungsrechtlichen Nachteile mit sich.

- Hat kein bEM stattgefunden, hätte es aber ein solches positives Ergebnis haben können, kommt es zu einer **Verschiebung der Darlegungslast**.[460] Abweichend vom Regelfall der krankheitsbedingten Kündigung darf sich der Arbeitgeber dann nicht darauf beschränken, pauschal vorzutragen, er kenne keine Einsatzmöglichkeiten für den erkrankten Arbeitnehmer. Er muss vielmehr **konkret darlegen**, weshalb der Arbeitnehmer **nicht mehr** auf seinem **bisherigen Arbeitsplatz** eingesetzt werden kann und aus welchem Grund eine **leidensgerechte Veränderung** dieses Arbeitsplatzes oder ein Einsatz in einer anderen freien oder frei zu machenden Position **ausgeschlossen** ist. Erst dann ist es Sache des Arbeitnehmers, sich hierauf substantiiert einzulassen und darzulegen, wie sich aus seiner Sicht eine leidensgerechte Beschäftigung realisieren lässt.[461] Diese Verschiebung der Darlegungslast gewährleistet einen angemessenen Ausgleich von Arbeitnehmer- und Arbeitgeberinteressen.[462]

- Scheidet ein **positives Ergebnis** des bEM dagegen von vornherein **aus**, verschiebt sich die Darlegungslast nicht. Der Arbeitgeber hat **keine kündigungsrechtlichen Nachteile**.[463]

Ein bEM kann nur durchgeführt werden, wenn der Arbeitnehmer dem zustimmt. **Verweigert der Arbeitnehmer** seine **Zustimmung** oder Mitwirkung am Verfahren, so entfallen die Verpflichtungen des Arbeitgebers. Zuvor hat der **Arbeitgeber** den Arbeitnehmer aber über die **Ziele** des Verfahrens und über Art und Umfang der in diesem **erhobenen Daten** zu **unterrichten**, § 84 Abs 2 Satz 3 SGB IX. Soweit der Arbeitgeber dies unterlässt, kann er sich im Prozess nicht darauf berufen, der Arbeitnehmer hätte der Durchführung des bEM ohnehin nicht zugestimmt.[464]

611

§ 84 Abs 2 SGB IX hat auch Auswirkungen auf Kündigungen von **Arbeitsverhältnissen ohne allgemeinen Kündigungsschutz**. Der **Sechste Senat**

612

---

460 Vgl zum Ganzen BAG 12.7.2007 – 2 AZR 716/06 – Rn 44 AP KSchG 1969 § 1 Personenbedingte Kündigung Nr 28; 23.4.2008 – 2 AZR 1012/06 – Rn 26 und 29 NZA-RR 2008, 515; fortgeführt von BAG 10.12.2009 – 2 AZR 400/08 – Rn 17 ff AP KSchG 1969 § 1 Krankheit Nr 48 und BAG 30.9.2010 – 2 AZR 88/09 – Rn 34 ff NZA 2011, 39; die ersten beiden Entscheidungen jeweils mit Hinweis auf die Rspr des Neunten Senats zu § 81 SGB IX in BAG 4.10.2005 – 9 AZR 632/04 – II 1 c cc (1) NZA 2006, 442: Habe der Arbeitgeber kein betriebliches Eingliederungsmanagement durchgeführt, dürfe er sich durch seine dem Gesetz widersprechende Untätigkeit keine darlegungs- und beweisrechtlichen Vorteile verschaffen; krit zu der Übertragbarkeit dieser Überlegung Rolfs/de Groot Anm AP KSchG 1969 § 1 Personenbedingte Kündigung Nr 28 III 2 a und b.
461 BAG 10.12.2009 – 2 AZR 400/08 – Rn 17 ff AP KSchG 1969 § 1 Krankheit Nr 48.
462 AA Rolfs/de Groot Anm AP KSchG 1969 § 1 Personenbedingte Kündigung Nr 28 III 2.
463 vHH/L/Krause § 1 Rn 372.
464 BAG 12.7.2007 – 2 AZR 716/06 – B II 2 d AP KSchG 1969 § 1 Personenbedingte Kündigung Nr 28.

knüpft insoweit an die Rechtsprechung des Zweiten Senats an.[465] Da der Verhältnismäßigkeitsmäßigkeitsgrundsatz außerhalb des Geltungsbereichs des Kündigungsschutzgesetzes keine Anwendung finde und § 84 Abs 1 und 2 SGB IX den Verhältnismäßigkeitsgrundsatz konkretisiere, habe die unterbliebene Durchführung der beiden Verfahren **keine kündigungsrechtlichen Folgen für Kündigungen in der Wartezeit.** Dieser Obersatz ist auf Kritik gestoßen. Deinert[466] zB weist neben methodischen Bedenken darauf hin, dass § 84 SGB IX in seinen Absätzen 1 und 2 keinerlei Hinweis auf eine Mindestdauer des Arbeitsverhältnisses enthalte. Die beiden Verfahren – Präventionsverfahren und betriebliches Eingliederungsmanagement – sollten unabhängig von der Vertragsdauer Probleme im Arbeitsverhältnis lösen, um eine Kündigung abzuwenden.

613 **c) Darlegungs- und Beweislast. aa) Häufige Kurzerkrankungen. (1) Negative Prognose.** Für sie ist der **Arbeitgeber** letztlich beweispflichtig, § 1 Abs 2 Satz 4 KSchG, die Behauptungslast ist **abgestuft:**

- Traten während mindestens zweier Jahre vor Zugang der Kündigung[467] häufige Kurzerkrankungen auf, sprechen sie für ein entsprechendes Erscheinungsbild in der Zukunft. Der Arbeitgeber darf sich hier zunächst darauf **beschränken,** die Fehlzeiten, die die **Indizwirkung in der Vergangenheit begründen,** darzulegen, und behaupten, in Zukunft seien **Fehlzeiten in entsprechendem Umfang** zu erwarten.[468] Allerdings muss er die aufgetretenen **Ausfallzeiten** nach Zahl, Dauer und zeitlicher Abfolge **präzisieren.** Unzureichend ist es, wenn er nur eine bestimmte Anzahl von Fehltagen pro Jahr angibt. Nennt er selbst ihm bekannte Krankheitsursachen, die keine Wiederholungsgefahr in sich bergen, begründen diese Fehlzeiten keine negative Prognose.[469]
- Daraufhin muss sich der **Arbeitnehmer** nach § 138 Abs 2 ZPO dazu erklären, weshalb mit seiner baldigen Gesundung zu rechnen ist. Dieser **prozessualen Mitwirkungspflicht** genügt er bei unzureichender ärztlicher Aufklärung oder Kenntnis von seinem Gesundheitszustand schon dann, wenn er die Behauptung des Arbeitgebers **bestreitet** und die be-

---

465 BAG 28.6.2007 – 6 AZR 750/06 – Rn 38 AP BGB § 307 Nr 27; BAG 24.1.2008 – 6 AZR 96/07 – Rn 34 NZA-RR 2008, 405 (Verfassungsbeschwerde nicht zur Entscheidung angenommen durch BVerfG 30.5.2008 – 1 BvR 867/08 –); jeweils unter Hinweis auf BAG 22.5.2003 – 2 AZR 426/02 – AP KSchG 1969 § 1 Wartezeit Nr 18; BAG 28.8.2003 – 2 AZR 333/02 – AP BGB § 242 Kündigung Nr 17.
466 Deinert Anm AP BGB § 307 Nr 27 II 2.
467 Dazu näher Rn 555.
468 BAG 6.9.1989 – 2 AZR 19/89 – B I 1 a AP KSchG 1969 § 1 Krankheit Nr 21; BAG 16.2.1989 – 2 AZR 299/88 – B I 1 AP KSchG 1969 § 1 Krankheit Nr 20.
469 Zu allem KR/Griebeling § 1 KSchG Rn 329. Nach BAG 7.11.2002 – 2 AZR 493/01 – II 2 c und d AP BGB § 620 Kündigungserklärung Nr 18 genügt es zwar, dass der Arbeitgeber nach Jahren gestaffelt die überdurchschnittlichen Krankheitshäufigkeit darlegt und die Entgeltfortzahlungskosten der letzten Jahre in einem Gesamtbetrag mitteilt, wenn in jedem Jahr fortlaufend überdurchschnittliche Krankheitszeiten auftraten und hohe Entgeltfortzahlungskosten verursacht wurden. Die Entscheidung betrifft aber nicht die Darlegungslast im Kündigungsschutzprozess, sondern die Mitteilungspflichten des Arbeitgebers gegenüber dem Personalrat. Sie beruht maßgeblich auf der Nachfragemöglichkeit der Arbeitnehmervertretung vor Ausspruch der Kündigung.

handelnden Ärzte von der Schweigepflicht entbindet, soweit darin die durch Auslegung seines Vorbringens unter Berücksichtigung der richterlichen Aufklärungspflicht nach § 139 ZPO zu ermittelnde Darstellung liegt, die Ärzte hätten die **künftige gesundheitliche Entwicklung** ihm gegenüber **günstig beurteilt**. „Unsubstantiiert", dh nicht mit ausreichenden tatsächlichen Einzelheiten versehen ist die Einlassung des Arbeitnehmers nur dann, wenn die Berufung auf die behandelnden Ärzte erkennen lässt, dass auch er sich erst durch deren Zeugnis die fehlende Kenntnis über den weiteren Verlauf seiner Erkrankung verschaffen will.[470] Ein Arbeitnehmer, der sich auf die Auskunft seines Arztes beruft, bringt damit im zuerst genannten Regelfall hinreichend zum Ausdruck, dass ihm eigene Kenntnisse fehlen. Ein „Zwischenbeweisverfahren" über die vom Arbeitnehmer behauptete Unkenntnis ist allenfalls dann zu erwägen, wenn er selbst Arzt ist. In allen übrigen Konstellationen ersetzt die Entbindung der behandelnden Ärzte von der Schweigepflicht ein substantiiertes Bestreiten der vom Arbeitgeber dargelegten negativen Prognose.[471] VHH/L/Krause[472] lehnen das mit dem Argument ab, einem Arbeitnehmer sei es stets möglich, Informationen über die Krankheitsbefunde zu erlangen, indem er den behandelnden Arzt und die Krankenkasse befrage. Die gegenteilige Auffassung des Zweiten Senats missachte die Grundsätze der Einlassungspflicht aus § 138 Abs 2 ZPO und führe zu unzulässigen Ausforschungsbeweisen. Die Ansicht des Zweiten Senats,[473] wonach in der Praxis davon auszugehen sei, dass ein Arbeitnehmer regelmäßig nicht in der Lage sei, den Krankheitsbefund und die vermutliche Entwicklung hinreichend genau zu schildern, verdient den Vorzug. Die Gefahr von Missverständnissen und Übermittlungsfehlern ist bei einem medizinischen Laien zu groß. Die Einlassungspflicht des Arbeitnehmers korrespondiert dem ihm zumutbaren Kenntnisstand. Der Arbeitnehmer kann seinen Arzt sowohl durch Erklärung diesem sachverständigen Zeugen gegenüber als auch gegenüber dem Gericht oder dem Gegner von seiner Schweigepflicht entbinden.[474]

- Trägt der Arbeitnehmer selbst konkrete Umstände für seine Beschwerden, ihre Ausheilung oder ihr Abklingen vor, müssen sie geeignet sein, die **Indizwirkung** der bisherigen Ausfallzeiten zu **erschüttern**. Er muss jedoch nicht den Gegenbeweis führen, dass nicht mit weiteren häufigen Erkrankungen zu rechnen ist.[475] Die Indizwirkung ist vor allem dann erschüttert, wenn Art und Ursache der vom Arbeitnehmer vorgetragenen Erkrankungen ergeben, dass sie auf einem einmaligen Vorfall – zB einem Unfall – beruhen oder ausgeheilt sind, oder wenn sich aus den

---

470 BAG 17.6.1999 – 2 AZR 639/98 – II 2 b aa AP KSchG 1969 § 1 Krankheit Nr 37.
471 Zu allem BAG 6.9.1989 – 2 AZR 299/88 – B I 1 b AP KSchG 1969 § 1 Krankheit Nr 20.
472 Rn 393 f.
473 16.2.1989 – 2 AZR 299/88 – B I 1 AP KSchG 1969 § 1 Krankheit Nr 20.
474 BAG 12.1.1995 – 2 AZR 366/94.
475 BAG 6.9.1989 – 2 AZR 299/88 – B I 1 d AP KSchG 1969 § 1 Krankheit Nr 20.

Auskünften der behandelnden Ärzte Zweifel an der Negativprognose ergeben.[476]
- **Weigert sich der Arbeitnehmer** dagegen, die ihn behandelnden Ärzte von der **Schweigepflicht zu entbinden**, und bringt er auch im Übrigen nicht vor, weshalb mit seiner **baldigen Genesung** zu rechnen ist, gilt die Behauptung des Arbeitgebers, dass künftige Ausfälle in entsprechendem Umfang zu erwarten seien, nach § 138 Abs 3 ZPO als **zugestanden**.[477]
- Auch dann, wenn der Arbeitnehmer selbst mit tatsächlichen Einzelheiten versehenen Vortrag hält, um die Indizwirkung zu erschüttern, muss er die behandelnden Ärzte von ihrer Schweigepflicht entbinden. Da die seitens des Arbeitgebers erhobene Behauptung der ungünstigen Gesundheitsprognose nur bewiesen werden kann, wenn die behandelnden Ärzte vernommen werden oder ein medizinisches Sachverständigengutachten eingeholt wird, darf sich der Arbeitnehmer nicht weigern, die Ärzte von der Schweigepflicht zu entbinden. Er **vereitelt** sonst den **Beweis** des Arbeitgebers.[478]
- Stehen die in der Vergangenheit angefallenen krankheitsbedingten Fehlzeiten des Arbeitnehmers, ihre jeweilige Dauer und Ursache fest, hat der Tatrichter nach § 286 Abs 1 Satz 1 ZPO zu entscheiden, ob diese Umstände die Annahme entsprechender Ausfälle in der Zukunft erlauben. Beantragt der Arbeitnehmer die Vernehmung seiner behandelnden Ärzte als sachverständige Zeugen nur für die Krankheitsursache und nicht auch für die von ihm behauptete positive Gesundheitsprognose, ist der Tatrichter im Rahmen seines Ermessens nach § 144 Abs 1 Satz 1 Alt 2 ZPO nur dann verpflichtet, Sachverständigenbeweis zu erheben, **wenn ihm die Sachkunde zur Prüfung fehlt**, ob der bisherige Krankheitsverlauf ausreichende Indizien für eine negative Prognose enthält.[479]

614 In dem Sonderfall einer **Vielzahl von sportunfallbedingten Fehlzeiten** muss der Arbeitnehmer vorbringen – etwa indem er die Unfallhergänge schildert –, weshalb es in Zukunft zu keinen weiteren unfallbedingten Ausfällen mehr kommen wird.[480]

615 **(2) Erhebliche Beeinträchtigung betrieblicher oder wirtschaftlicher Interessen.** Es ist Sache des **Arbeitgebers**, im Einzelnen konkret darzulegen und ggf zu beweisen, welche erheblichen Betriebsstörungen durch die krankheitsbedingten Ausfallzeiten eingetreten sind (Indizwirkung) und durch die zu erwartenden Fehlzeiten voraussichtlich auftreten werden (eigentliche negative Prognose).[481]

---

476 BAG 7.11.2002 – 2 AZR 599/01 – B I 2 c aa und bb AP KSchG 1969 § 1 Krankheit Nr 40.
477 BAG 6.9.1989 – 2 AZR 299/88 – B II 2 b aa AP KSchG 1969 § 1 Krankheit Nr 20.
478 vHH/L/Krause § 1 Rn 395.
479 BAG 6.9.1989 – 2 AZR 19/89 – B II 1 und 2 a AP KSchG 1969 § 1 Krankheit Nr 21.
480 BAG 2.11.1989 – 2 AZR 335/89 – II 2 b cc.
481 KR/Griebeling § 1 KSchG Rn 340 und 345; vHHL/Krause § 1 Rn 401.

(a) Betriebsablaufstörungen. Der Arbeitgeber muss neben dem Vortrag der jeweiligen Betriebsablaufstörung darüber hinaus darlegen, dass schwerwiegende **Beeinträchtigungen des Fertigungsprozesses nicht** durch mögliche **Überbrückungsmaßnahmen vermieden** werden können. Beruft er sich darauf, der krankheitsbedingte Ausfall habe bislang nicht durch eine Personalreserve überbrückt werden können, hat er detailliert vorzubringen, welche Fehlzeiten bisher durch die Personalreserve und welche Ausfallzeiten durch Überstunden des Stammpersonals ausgeglichen werden konnten.[482] Pauschale schlagwort- oder stichwortartige Angaben des Arbeitgebers genügen idR nicht, um die **eingetretene und zu erwartende unzumutbare Beeinträchtigung betrieblicher Interessen** darzulegen. Die Darstellung der mit Fehlzeiten verbundenen betrieblichen Auswirkungen muss so konkret wie möglich erfolgen, damit der Arbeitnehmer in die Lage versetzt wird, den Vortrag des Arbeitgebers näher zu bestreiten. Es genügt daher nicht, wenn der Arbeitgeber die aufgetretenen und zu erwartenden unzumutbaren betrieblichen Beeinträchtigungen lediglich in Form eines Werturteils umschreibt, ohne die für seine Bewertung notwendigen Tatsachen mitzuteilen. Wegen der unterschiedlichen betrieblichen Verhältnisse stellt der Hinweis eines Arbeitgebers auf eine überdurchschnittlich hohe Krankheitsquote für sich allein noch keinen ausreichenden Vortrag der eingetretenen und zu erwartenden unzumutbaren Betriebsbeeinträchtigungen dar.[483] Er muss vielmehr darlegen, dass die an Durchschnittswerten ausgerichtete Planung der Personalreserve nicht ausreicht, um die erwarteten Ausfallzeiten des gekündigten Arbeitnehmers zu überbrücken.[484]

616

(b) Wirtschaftliche Belastungen. Der **Arbeitgeber** hat vorzubringen, dass die von ihm in der Vergangenheit aufgewandten **Entgeltfortzahlungskosten** einen Zeitraum von **jährlich mehr als sechs Wochen überschritten** haben und sie auch künftig zu besorgen sind. Dem Arbeitgeber kann dagegen nicht abverlangt werden zu spezifizieren, wie hoch der die Zeitspanne von sechs Wochen übersteigende Entgeltfortzahlungsanteil ist.[485]

617

(3) Weiterbeschäftigungsmöglichkeit. Auch dafür, dass die Möglichkeit einer Weiterbeschäftigung fehlt, trifft den **Arbeitgeber** letztendlich die **Beweislast**. Die **Behauptungslast** ist **gestuft**:

618

- Bestreitet der Arbeitnehmer nur die negative Gesundheitsprognose, **genügt** zunächst das **Vorbringen des Arbeitgebers**, die Weiterbeschäftigung zu gleichen Bedingungen führe zu einer erheblichen Beeinträchtigung betrieblicher Interessen.
- Der **Arbeitnehmer** muss dann darlegen, wie er sich eine anderweitige Beschäftigung vorstellt, falls eine Weiterbeschäftigung zu den bisherigen Bedingungen zu einer erheblichen Betriebsstörung führen sollte.

---

482 BAG 2.11.1989 – 2 AZR 335/89 – II 2 b cc.
483 BAG 2.11.1983 – 7 AZR 272/82 – I 2 b und c AP KSchG 1969 § 1 Krankheit Nr 12.
484 BAG 7.12.1989 – 2 AZR 225/89 – II 4 b und c RzK I 5 g Nr 34.
485 BAG 13.12.1990 – 2 AZR 342/90 – B II 2 c aa RzK I 5 g Nr 42.

- Erst dann muss der **Arbeitgeber** eingehend vorbringen, aus welchen Gründen eine **Um- oder Versetzung nicht möglich ist**.[486]

619 (4) Interessenabwägung. Da der **Arbeitgeber** nach § 1 Abs 2 Satz 4 KSchG die Tatsachen zu beweisen hat, die die Kündigung bedingen, trägt er die objektive Beweislast für die Umstände, die der vorzunehmenden **Interessenabwägung** zugrunde zu legen sind. Zu den hierfür maßgeblichen Tatsachen gehören auch alle dem Arbeitnehmer günstigen Umstände. Der Arbeitgeber hat deshalb vom Arbeitnehmer behauptete, diesem günstige Tatsachen zu widerlegen. Soweit es sich um Umstände handelt, die der Arbeitgeber nicht kennt, richtet sich der Umfang seiner Darlegungslast nach dem Vortrag des Arbeitnehmers. Der Arbeitnehmer muss die ihn betreffenden und nur ihm bekannten Tatsachen so in den Prozess einführen, dass sich der Arbeitgeber sachlich auf sie einlassen kann.[487]

620 Die **Vortragslast** ist gestuft:
- Behauptet der Arbeitnehmer **betriebliche Ursachen** für seine Erkrankung, genügt der Arbeitgeber seiner Darlegungslast zunächst, wenn er die Tätigkeit des Arbeitnehmers vorträgt und einen ursächlichen Zusammenhang mit den Fehlzeiten bestreitet.
- Der Arbeitnehmer muss dann, ähnlich wie bei der Gesundheitsprognose, in seiner Einlassung nach § 138 Abs 2 ZPO ausführen, weshalb ein **Kausalzusammenhang** bestehen soll. Da es sich hierbei vorwiegend um medizinische Fragen handelt, reicht es aus, wenn er den behandelnden Arzt von der Schweigepflicht entbindet.
- Schließlich muss der Arbeitgeber beweisen, dass **keine betriebliche Ursache** für die Krankheit gegeben ist. Der Beweis wird wegen der erforderlichen Sachkenntnis idR nur durch den behandelnden Arzt – sofern sich der Arbeitgeber auf ihn als sachverständigen Zeugen beruft – oder durch einen medizinischen Sachverständigen erbracht werden können. Bleibt die Frage auch nach Beweiserhebung ungeklärt, geht das zulasten des Arbeitgebers.[488]

621 bb) **Negative Prognose im Rahmen der lang andauernden Krankheit.** Die darlegungspflichtige Partei muss nicht von vornherein damit rechnen, dass ihr Vortrag bestritten wird. Sie darf sich deshalb **zunächst** mit **pauschalem Vorbringen** begnügen, das sie erst bei zulässigem Bestreiten ergänzen muss. Es ergibt sich folgende gestufte Behauptungslast:
- Der **Arbeitgeber** braucht bei einer Kündigung aus Anlass einer lang anhaltenden Krankheit zunächst nur darzutun, dass der Arbeitnehmer noch auf **nicht absehbare Zeit arbeitsunfähig erkrankt** ist und **unzumutbare betriebliche Störungen** eintreten.[489] Aus der bisherigen Dauer

---

486 Zu allem BAG 2.11.1989 – 2 AZR 366/89 – IV 3 c RzK I 5 g Nr 33; zu den Besonderheiten der Darlegungslast für eine fehlende Weiterbeschäftigungsmöglichkeit bei nicht durchgeführtem betrieblichen Eingliederungsmanagement Rn 610 ff.
487 BAG 6.9.1989 – 2 AZR 118/89 – B II 3 d cc AP KSchG 1969 § 1 Krankheit Nr 22.
488 Zu allem BAG 6.9.1989 – 2 AZR 118/89 – B II 3 d cc AP KSchG 1969 § 1 Krankheit Nr 22.
489 BAG 25.11.1982 – 2 AZR 140/81 – B II 2 AP KSchG 1969 § 1 Krankheit Nr 7.

der Arbeitsunfähigkeit sind bei lang andauernder Krankheit – anders als bei häufigen Kurzerkrankungen – nur begrenzt Folgerungen für die Zukunft zu ziehen. Die Darlegungslast des Arbeitgebers darf auf der ersten Stufe jedoch nicht überspannt werden. Die bisherige Arbeitsunfähigkeitsdauer allein muss zwar noch nichts darüber aussagen, ob der Arbeitnehmer auch künftig auf nicht absehbare Zeit arbeitsunfähig krank sein wird. Ihr kann aber uU eine gewisse Indizwirkung entnommen werden.[490] Dem Arbeitgeber fehlen für die Prognose der nicht absehbaren Fortdauer der Arbeitsunfähigkeit idR konkrete Anhaltspunkte. Er selbst wird zudem weder einen Krankheitsbefund noch Auskünfte über den Genesungsverlauf vom Arzt erhalten. Der Arbeitgeber darf sich daher nach Auffassung des Zweiten Senats zunächst darauf beschränken, die **Dauer der bisherigen Arbeitsunfähigkeit zu nennen.** Dieser Ansicht ist auf der ersten Ebene der Behauptungslast zumindest dann zuzustimmen, wenn der Arbeitgeber zusätzlich zu dem längeren Ausfall pauschal einen ungünstigen Befund für die Zukunft behauptet.

- Der **Arbeitnehmer** muss daraufhin nach § 138 Abs 2 ZPO vortragen, **weshalb mit seiner baldigen Gesundung zu rechnen ist.** Aber auch an seine prozessuale Mitwirkungspflicht dürfen keine zu strengen Anforderungen gestellt werden, weil selbst er nicht immer weiß, an welcher Krankheit er leidet und wann von der Wiederherstellung seiner Arbeitsfähigkeit aufgrund der vom Arzt angewandten Therapie auszugehen ist.[491] Seiner Mitwirkungspflicht genügt der Arbeitnehmer bei unzureichender ärztlicher Aufklärung oder Kenntnis von seinem Gesundheitszustand schon dann, wenn er die Behauptung des Arbeitgebers, die Arbeitsunfähigkeit werde auf unabsehbare Zeit andauern, bestreitet und die ihn **behandelnden Ärzte von der Schweigepflicht entbindet,** soweit darin die Darstellung liegt, die Ärzte hätten die künftige gesundheitliche Entwicklung ihm gegenüber positiv beurteilt. Sein Vorbringen ist auszulegen. Dabei ist das richterliche Fragerecht nach § 139 Abs 1 Satz 1 ZPO zu nutzen, ohne der Gefahr der Amtsermittlung zu erliegen. Unsubstantiiert ist die Einlassung des Arbeitnehmers nur, wenn zu erkennen ist, dass er sich lediglich auf das Zeugnis der behandelnden Ärzte beruft, um sich die noch fehlende Kenntnis über den weiteren Verlauf seiner Erkrankung zu verschaffen.[492]

- Hat der Arbeitnehmer seiner sekundären Behauptungslast innerhalb der gestuften Darlegungslast genügt, gibt es **keinen Anscheinsbeweis** für die Besorgnis weiterer lang anhaltender Arbeitsunfähigkeit. Da weder der Arbeitgeber, der Arbeitnehmer noch das Gericht die erforderliche Fachkompetenz zur Feststellung der Entwicklung bestehender lang andauernder Krankheiten haben, wird zwar versucht, die Beweisanforderungen mithilfe eines Anscheinsbeweises – gestützt auf Erfahrungssätze – zu erleichtern. Von einem Erfahrungssatz kann aber erst ge-

---

490 BAG 25.11.1982 – 2 AZR 140/81 – B II 2 a AP KSchG 1969 § 1 Krankheit Nr 7.
491 BAG 25.11.1982 – 2 AZR 140/81 – B II 2 b AP KSchG 1969 § 1 Krankheit Nr 7.
492 BAG 17.6.1999 – 2 AZR 639/98 – II 2 b aa AP KSchG 1969 § 1 Krankheit Nr 37; BAG 6.9.1989 – 2 AZR 19/89 – B I 1 b AP KSchG 1969 § 1 Krankheit Nr 21, allerdings zu Kündigungen wegen häufiger Kurzerkrankungen; detailliert schon Rn 613.

sprochen werden, wenn eine Erkenntnis objektiv gesichert ist. Sie fehlt bei der angeblichen Lebenserfahrung, aus der Dauer der Arbeitsunfähigkeit in der Vergangenheit könne auf einen negativen Gesundheitszustand in der Zukunft geschlossen werden. Ob das zutrifft, ist von Fall zu Fall unterschiedlich, je nach Art der Krankheit, persönlicher Konstitution, Therapie und Entwicklungsstand der Medizin. Die ungünstige Prognose kann deshalb regelmäßig nur durch einen **ärztlichen Befund** oder ein **medizinisches Sachverständigengutachten** bewiesen werden.[493]

- Rechtfertigt der Krankheitsbefund nach ärztlichem Gutachten die negative Prognose, reicht der allgemeine Vortrag des Arbeitnehmers, bei der derzeitigen oder auch schon bei Zugang der Kündigung begonnenen Behandlung bestehe eine konkrete Heilungschance, nicht, um die negative Indizwirkung des bisherigen Krankheitsverlaufs zu erschüttern. Der Arbeitnehmer muss **konkrete Tatsachen** vorbringen, die nicht nur eine allgemeine Besserung des Krankheitszustands erwarten lassen, sondern eine Wiederherstellung der Arbeitsfähigkeit für die vertragsgemäß geschuldete Arbeit.[494]

622 **cc) Erhebliche und unzumutbare betriebliche Beeinträchtigung.** Der **Arbeitgeber** hat die nötige Sachnähe und -kenntnis, um die zu erwartenden unzumutbaren betrieblichen Störungen vorzutragen. An seine Darlegung sind **strenge Anforderungen** zu stellen. Das Ausmaß der Erklärungspflicht des Arbeitnehmers aus § 138 Abs 2 ZPO hängt davon ab, mit welchen tatsächlichen Einzelheiten der Arbeitgeber seinen Vortrag versieht und inwieweit der Arbeitnehmer ihm aus eigener Erfahrung und Kenntnis des Betriebsablaufs entgegentreten kann.[495]

623 **dd) Dauernde Arbeitsunfähigkeit und völlige Ungewissheit der Wiederherstellung der Arbeitsfähigkeit.** Ist auf der ersten Prüfungsstufe dauernde Arbeitsunfähigkeit oder die völlige Ungewissheit der Wiederherstellung der Arbeitsfähigkeit zu bejahen, geht damit idR die für den zweiten Schritt erforderliche erhebliche Betriebsstörung einher. Der Arbeitgeber braucht keine darüber hinausgehenden betrieblichen Beeinträchtigungen vorzubringen.[496] Eine erhebliche betriebliche Störung ist nur dann zu verneinen, wenn die Arbeitsleistung des Arbeitnehmers, dessen Arbeitsverhältnis gekündigt wurde, für den Arbeitgeber überhaupt keinen Wert hat. Für einen solch ungewöhnlichen Ausnahmefall, der die Beschäftigung überflüssiger Arbeitnehmer voraussetzt, ist der Arbeitnehmer darlegungs- und beweispflichtig.[497]

624 **ee) Weiterbeschäftigungsmöglichkeit innerhalb der krankheitsbedingten Leistungsminderung.** Die Behauptungslast für die Weiterbeschäftigungsmöglichkeit in der Fallgruppe der krankheitsbedingten Leistungsminderung ist **gestuft**:

---

493 Zu allem BAG 25.11.1982 – 2 AZR 140/81 – B II 3 AP KSchG 1969 § 1 Krankheit Nr 7; aA wohl Meisel DB 1981, 1722.
494 BAG 19.5.1993 – 2 AZR 598/92 – RzK I 5 g Nr 53.
495 BAG 25.11.1982 – 2 AZR 140/81 – B II 2 c AP KSchG 1969 § 1 Krankheit Nr 7.
496 BAG 29.4.1999 – 2 AZR 431/98 – II 4 AP KSchG 1969 § 1 Krankheit Nr 36.
497 BAG 28.2.1990 – 2 AZR 401/89 – II 1 b bb AP KSchG 1969 § 1 Krankheit Nr 25.

- Zunächst hat der **Arbeitgeber** darzulegen, dass eine anderweitige Beschäftigung nicht möglich oder nicht zumutbar ist.
- Dazu muss der **Arbeitnehmer** im Einzelnen Stellung nehmen. Es genügt im Allgemeinen nicht, dass er eine anderweitige Beschäftigung fordert und auf die Gesamtzahl der Arbeitsplätze des Betriebs verweist. Vielmehr muss wenigstens deutlich werden, wie er sich seine weitere Tätigkeit vorstellt, an **welche Art der Beschäftigung** er denkt.
- Letztlich hat der **Arbeitgeber** vorzutragen und zu beweisen, dass ein entsprechender Arbeitsplatz nicht vorhanden ist.[498]

16. Kuraufenthalt

Ein Kuraufenthalt erhält die Arbeitsfähigkeit des Arbeitnehmers, bessert sie oder stellt sie wieder her. Die mit ihm verbundene Abwesenheit begründet daher weder einen personen- noch einen verhaltensbedingten Kündigungsgrund. War der Arbeitnehmer, bevor er sich der Kur unterzog, arbeitsunfähig erkrankt, hat der Arbeitgeber vor Ausspruch einer Kündigung den **Ausgang der Kur abzuwarten**. Das gilt vor allem dann, wenn der behandelnde Arzt einen Erfolg der Behandlung erwartet.[499] Im Hinblick auf Entziehungskuren bei Alkohol- und Drogenabhängigkeit wird auf Rn 500 ff verwiesen.

625

17. Sonntagsarbeit bei Doppelarbeitsverhältnis

Das Arbeitsverhältnis eines in **Sonntagsarbeit** beschäftigten Arbeitnehmers kann **personenbedingt** gekündigt werden, wenn er zugleich in einem **anderen Arbeitsverhältnis** steht, das ihn von montags bis samstags zur Arbeit verpflichtet.[500] Ihm kann kein Ersatzruhetag nach § 11 Abs 3 Satz 1 ArbZG gewährt werden. Das BAG hat offengelassen, ob der die Sonntagsarbeit betreffende Arbeitsvertrag nach § 134 BGB nichtig ist. Gegen Nichtigkeit spricht, dass die nach dem Vertrag geschuldete Tätigkeit als solche nicht gegen das grundsätzliche Verbot der Sonntagsarbeit in § 9 Abs 1 ArbZG verstößt.[501] Jedenfalls besteht in einer solchen Konstellation ein personenbedingter Kündigungsgrund. Wie bei einem Beschäftigungsverbot verletzt zwar nicht die Beschäftigung mit der vertraglich geschuldeten Tätigkeit ein gesetzliches Verbot. Der Arbeitgeber kann aber aus Gründen, die er nicht zu vertreten hat und die in der Sphäre des Arbeitnehmers liegen, seine gesetzliche Verpflichtung zur Gewährung eines Ersatzruhetags

626

---

498 BAG 5.8.1976 – 2 AZR 110/75 – II 3 b AP KSchG 1969 § 1 Krankheit Nr 1.
499 KR/Griebeling § 1 KSchG Rn 383.
500 BAG 24.2.2005 – 2 AZR 211/04 – AP KSchG 1969 § 1 Verhaltensbedingte Kündigung Nr 51; dazu auch ErfK/Oetker § 1 KSchG Rn 155.
501 BAG 24.2.2005 – 2 AZR 211/04 – B I 2 AP KSchG 1969 § 1 Verhaltensbedingte Kündigung Nr 51; ähnl schon die vom BAG überprüfte Entscheidung des LAG Nürnberg vom 15.4.2004 – 5 Sa 667/03 – AuR 2004, 470 mit Anm Ulber, der sich für eine Nichtigkeit des Arbeitsverhältnisses und im konkreten Fall für ein sofortiges Lösungsrecht ohne Einhaltung der ordentlichen Kündigungsfrist ausspricht.

aus § 11 Abs 3 Satz 1 ArbZG nicht erfüllen. Auch in diesem Fall besteht ein **Beschäftigungshindernis**.[502]

18. Straftaten

627 Zu differenzieren ist zwischen Delikten im **vertraglichen Bereich** (zB Spesen- oder Stempelkartenbetrug) und solchen im **außervertraglichen Bereich**. Während **Straftaten mit konkretem Arbeitsplatzbezug** gegen den Arbeitsvertrag verstoßen und deswegen eine verhaltensbedingte Kündigung rechtfertigen können, verletzen **Delikte ohne Arbeitsplatzbezug** die vertraglichen Pflichten des Arbeitnehmers nicht. Sie können aber seine **Eignung** für die vertraglich geschuldete Tätigkeit beeinträchtigen,[503] weil sie Zweifel an seiner Zuverlässigkeit und Vertrauenswürdigkeit begründen können. Ob ein personenbedingt kündigungsrelevanter Eignungsmangel anzunehmen ist, hängt von der **Art des Delikts**, den **konkreten Arbeitspflichten des Arbeitnehmers** und seiner **Stellung im Betrieb** ab. Straftaten eines im **öffentlichen Dienst** mit **hoheitlichen Aufgaben** betrauten Arbeitnehmers können auch dann zu einem Eignungsmangel führen, wenn sie außerdienstlich begangen werden und kein unmittelbarer Bezug zum Arbeitsverhältnis besteht.[504] Generelle Wertungen lassen sich nicht treffen. Entscheidend sind die Umstände des Einzelfalls.[505] Entscheidend ist auch, ob es eine andere zumutbare Witerbeschäftigungsmöglichkeit gibt, die nicht in gleichem Maße Anforderungen an die Zuverlässigkeit und Vertrauenswürdigkeit des Arbeitnehmers stellt.[506]

628 In der Rechtsprechung finden sich folgende **Beispiele** für Kündigungsgründe aufgrund einer Straftat außerhalb des vertraglichen Bereichs, die allerdings teils ausdrücklich dem **verhaltensbedingten** Bereich zugeordnet wurden:

---

502 Näher BAG 24.2.2005 – 2 AZR 211/04 – B II 2 mwN AP KSchG 1969 § 1 Verhaltensbedingte Kündigung Nr 51 mit detaillierten Erwägungen zum damals noch gemeinschaftsrechtlichen (heute unionsrechtlichen), verfassungsrechtlichen und einfachgesetzlichen Schutzzweck des regelmäßigen Beschäftigungsverbots an Sonntagen und zum Ausnahmecharakter seiner Durchbrechungen (B II 2 b); zu ausnahmsweise zulässiger Sonntagsarbeit BAG 15.9.2009 – 9 AZR 757/08 – Rn 33 ff AP GewO § 106 Nr 7.
503 BAG 20.6.2013 – 2 AZR 583/12 – NZA 2013, 1345; BAG 10.9.2009 – 2 AZR 257/08 – Rn 24 AP KSchG 1969 § 1 Verhaltensbedingte Kündigung Nr 60; KR/Griebeling § 1 KSchG Rn 390.
504 BAG 20.6.2013 – 2 AZR 583/12 – NZA 2013, 1345.
505 BAG 10.9.2009 – 2 AZR 257/08 – Rn 24 AP KSchG 1969 § 1 Verhaltensbedingte Kündigung Nr 60: Im konkreten Fall (Rn 25) verneinter Eignungsmangel eines gewerblichen, nicht hoheitlich tätigen Arbeitnehmers bei unerlaubtem Handeltreiben mit Betäubungsmitteln in 20 Fällen, kein besonderes öffentliches Interesse an einem rechtlich korrekten außerdienstlichen Verhalten. Der Zweite Senat lehnt in dieser Entscheidung in den Rn 11 ff auch einen verhaltensbedingten Kündigungsgrund ab. Über das in § 41 Satz 2 TVöD-BT-V enthaltene Bekenntnis zur freiheitlich demokratischen Grundordnung des GG hinaus enthalte der TVöD anders als § 8 Abs 1 Satz 1 BAT und § 8 Abs 8 Satz 1 MTArb keine weitergehenden Anforderungen an die private Lebensführung.
506 BAG 20.6.2013 – 2 AZR 583/12 – NZA 2013, 1345.

- Ladendiebstahl in der Freizeit zum Nachteil einer Konzernschwester der Arbeitgeberin[507]
- Ladendiebstahl einer als Gerichtshelferin Angestellten der Staatsanwaltschaft[508]
- Verstöße gegen das Betäubungsmittelgesetz[509]
- Private Trunkenheitsfahrt eines Berufskraftfahrers, Entzug der Fahrerlaubnis[510]
- Trunkenheitsfahrt und unerlaubtes Entfernen vom Unfallort durch den Leiter einer Kraftfahrzeugprüfstelle[511]
- Fortgesetzte erhebliche Steuerhinterziehung eines Angestellten der Finanzverwaltung[512]
- Mehrfacher Ladendiebstahl sowie Vergehen gegen das Betäubungsmittelgesetz durch eine Erzieherin und spätere Lehrerin[513]

Hinweis: Bei **Alkoholisierungen von Berufsfahrzeugführern im Privatbereich** ist Vorsicht bei voreiligen Kündigungen geboten. Maßgeblich sind stets die **Umstände des Einzelfalls**. Ob eine – nach den Feststellungen der Tatsacheninstanzen einmalige – hochgradige Alkoholisierung im Privatbereich ohne festgestellte Alkohollabilität Rückschlüsse auf die Zuverlässigkeit eines Berufsfahrzeugführers zulässt, liegt weitgehend im Beurteilungsspielraum der Tatsachengerichte.[514] Im zu entscheidenden Fall war gegen den Arbeitnehmer, einen **Zugfahrer bei der U-Bahn**, bei einer Blutalkoholkonzentration von 2,73 Promille eine Geldstrafe von 50 Tagessätzen verhängt worden. Die Fahrerlaubnis war für mindestens zehn Monate entzogen worden. Der Einsatz als U-Bahn-Führer setzte jedoch keine Fahrerlaubnis für den Straßenverkehr voraus. Als Fahrbediensteter musste er nach den einschlägigen Vorschriften nur hinreichend zuverlässig für die Tätigkeit sein. Der Zweite Senat betonte, dass die private Alkoholisierung aufgrund der Trunkenheitsfahrt in den dienstlichen Bereich hineinwirke. Wegen der Einmaligkeit des Vorfalls, des privaten Zusammenhangs und des Umstands, dass der Entzug der Fahrerlaubnis den weiteren Einsatz als U-Bahn-Fahrer anders als bei einem Berufskraftfahrer nicht unmöglich mache, sei es aber vom Beurteilungsspielraum der Tatsacheninstanzen gedeckt, die Weiterbeschäftigung nicht für unzumutbar zu halten. Sowohl die außerordentliche als auch die hilfsweise ordentliche Kündigung konnten das Arbeitsverhältnis deshalb im konkreten Fall nicht auflösen.

629

---

507 BAG 20.9.1984 – 2 AZR 233/83 – II 4 AP KSchG 1969 § 1 Verhaltensbedingte Kündigung Nr 13.
508 LAG Frankfurt 4.7.1985 – 12 Sa 1329/84 – 2 b LAGE BGB § 626 Nr 22.
509 BAG 20.6.2013 – 2 AZR 583/12 – NZA 2013, 1345; BAG 10.9.2009 – 2 AZR 257/08 – Rn 3 f AP KSchG 1969 § 1 Verhaltensbedingte Kündigung Nr 60.
510 BAG 30.5.1978 – 2 AZR 630/76 – III 1 AP BGB § 626 Nr 70 (Omnibusfahrer); die Entscheidung ist allerdings nicht ohne Weiteres auf alle Alkoholisierungen von Berufsfahrzeugführern im Privatbereich übertragbar; vgl insb BAG 4.6.1997 – 2 AZR 526/96 – II 1 a und 2 b AP BGB § 626 Nr 137.
511 LAG Köln 25.8.1988 – 8 Sa 1334/87 – 1 LAGE BGB § 626 Nr 34.
512 LAG Düsseldorf 20.5.1980 – 19 Sa 624/79 – Beginn der Gründe EzA BGB § 626 nF Nr 72.
513 BAG 23.9.1976 – 2 AZR 309/75 – III 4 AP KSchG 1969 § 1 Wartezeit Nr 1.
514 BAG 4.6.1997 – 2 AZR 526/96 – II 1 a und 2 b AP BGB § 626 Nr 137.

19. Verdachtskündigung

630 **a) Dogmatische Einordnung, allgemeine Wirksamkeitsfragen.** Nicht nur eine unstreitige oder erwiesene Vertragsverletzung, sondern auch schon der **dringende Verdacht** einer strafbaren Handlung oder sonstigen schwerwiegenden Verfehlung gegenüber dem Arbeitgeber kann eine ordentliche oder sogar eine außerordentliche Kündigung rechtfertigen.[515] Die Verdachtskündigung[516] ist deshalb von der Kündigung aufgrund einer bewiesenen oder für sicher gehaltenen Pflichtverletzung oder Straftat abzugrenzen. Es handelt sich um **zwei verschiedene Kündigungssachverhalte**.

- Um eine **Verdachtskündigung** geht es, wenn und soweit der Arbeitgeber seine Kündigung damit begründet, gerade der Verdacht eines (nicht erwiesenen) strafbaren oder vertragswidrigen Verhaltens habe das für die Fortsetzung des Arbeitsverhältnisses nötige Vertrauen zerstört. Dieser Verdacht ist in dem eigenständigen Kündigungsgrund der zumindest als erwiesen behaupteten Tat nicht enthalten.

- Bei der **Tatkündigung** ist für den Kündigungsentschluss entscheidend, dass der Arbeitnehmer nach Überzeugung des Arbeitgebers die strafbare Handlung oder Pflichtverletzung tatsächlich begangen hat und dem Arbeitgeber aus diesem Grund die Fortführung des Arbeitsverhältnisses unzumutbar ist.[517] Dabei ist eine Kündigung wegen behaupteter Pflichtverletzung auch dann nicht als Verdachtskündigung zu behandeln, wenn der Vorwurf auf **bloßen Schlussfolgerungen** des Arbeitgebers beruht – wie das bis zu einem rechtskräftigen Urteil im Kündigungsschutzprozess meistens der Fall ist – oder dem Arbeitgeber auch nach einer Beweisaufnahme im Kündigungsrechtsstreit nicht der volle

---

515 Für die st Rspr zB BAG 25.11.2010 – 2 AZR 801/09 – Rn 16 DB 2011, 880; BAG 23.6.2009 – 2 AZR 474/07 – Rn 55 AP BGB § 626 Verdacht strafbarer Handlung Nr 47; BAG 27.11.2008 – 2 AZR 98/07 – Rn 20 AP KSchG 1969 § 1 Nr 90; BAG 29.11.2007 – 2 AZR 724/06 – Rn 29 f AP BGB § 626 Verdacht strafbarer Handlung Nr 40; BAG 28.11.2007 – 5 AZR 952/06 – Rn 18 NZA-RR 2008, 344; grundlegend BAG 4.11.1957 – 2 AZR 57/56 – AP KSchG § 1 Nr 39; verfassungsrechtlich mittelbar über einen Auflösungsfall nach § 9 KSchG unter den strengen Kautelen der Rspr des BAG gebilligt von BVerfG 15.12.2008 – 1 BvR 347/08 – Rn 11 f BVerfGK 14, 507.

516 Dazu zB Brachmann/Diepold AuA 2011, 72 ff; Pawlak/Geißler öAT 2011, 129 ff; Seeling/Zwickel MDR 2008, 1020 ff.

517 Für die st Rspr BAG 10.2.2005 – 2 AZR 189/04 – B I 4 a AP KSchG 1969 § 1 Nr 79; S zu dem Fall einer Tatkündigung in jüngerer Vergangenheit bspw BAG 16.12.2010 – 2 AZR 485/08 – Rn 18 NZA 2011, 571; als Tatkündigung behandelt: BAG 27.1.2011 – 2 AZR 825/09 – Rn 26 NZA 2011, 798; BAG 10.6.2010 – 2 AZR 541/09 – **Emmely** Rn 23 NZA 2010, 1227 (vgl zu **Emmely** und sog Bagatellkündigungen iE die Ausführungen zu § 626 BGB und zur verhaltensbedingten Kündigung; der Fall Emmely hat eine wahre Aufsatzlawine ausgelöst; vgl nur beispielhaft Bartels EWiR 2011, 75 f; Bengelsdorf FA 2011, 194 ff; derselbe SAE 2011, 122 ff; Dreßler/Thüsing ZRP 2009, 127 ff; Fandel/Kock BB 2011, 61 f; Ferme AuA 2011, 80 ff; Klueß NZA 2009, 337 ff; Kreft, FS Etzel, S 225 ff; Mittag/Wroblewski AuR 2011, 60 f; Rieble NJW 2009, 2101 ff; Schrader/Straube ArbR 2009, 7 ff; Stoffels NJW 2011, 118 ff; Tiedemann ArbRB 2011, 93 ff; derselbe ArbRB 2011, 157 ff; Wagner FA 2011, 199 f; Walker NZA 2009, 921 ff; derselbe NZA 2011, 1 ff; Weber RdA 2011, 108 ff); grundlegend zur Behandlung als Tatkündigung: BAG 23.6.2009 – 2 AZR 474/07 – Rn 55 AP BGB § 626 Verdacht strafbarer Handlung Nr 47.

Beweis für seine Behauptung gelingt.[518] Diese Aussage ist für die Differenzierung zwischen Tat- und Verdachtskündigung inzwischen insofern **relativiert**, als der Zweite Senat in seiner **neueren Rechtsprechung** davon ausgeht, dass der Verdacht eines pflichtwidrigen Verhaltens gegenüber dem Tatvorwurf zwar einen eigenständigen Kündigungsgrund darstellt. Beide Gründe stehen jedoch **nicht beziehungslos nebeneinander**.[519] Wird die Kündigung mit dem Verdacht pflichtwidrigen Verhaltens begründet, steht aber **zur Überzeugung des Gerichts die Pflichtwidrigkeit tatsächlich fest**, lässt das die materiell-rechtliche Wirksamkeit der Kündigung unberührt. Maßgebend ist allein der objektive Sachverhalt, wie er sich dem Gericht nach dem Parteivorbringen und ggf einer Beweisaufnahme darstellt. Ergibt sich daraus nach tatrichterlicher Würdigung eine Pflichtwidrigkeit, ist das Gericht nicht gehindert, sie seiner Entscheidung zugrunde zu legen. Es ist nicht erforderlich, dass sich der Arbeitgeber während des Prozesses darauf beruft, er stütze die Kündigung auch auf die erwiesene Tat.[520]

- Die Arbeitsgerichte dürfen eine Kündigung jedenfalls nur dann unter dem Gesichtspunkt der **Verdachtskündigung** beurteilen, wenn der Arbeitgeber die Kündigung auch – zumindest hilfsweise – auf den entsprechenden Verdacht stützt.[521] Das kann sowohl vor dem Prozess, bspw im Kündigungsschreiben, als auch später in den Tatsacheninstanzen geschehen. Begründet der Arbeitgeber die Kündigung erst nach ihrem Ausspruch mit dem Verdacht einer strafbaren Handlung, „schiebt" er damit einen andersartigen Kündigungsgrund „nach". Besteht im Betrieb ein **Betriebsrat**, kann das nachgeschobene Vorbringen zum Verdacht im Rechtsstreit auch bei unverändert gebliebenem Sachverhalt nicht berücksichtigt werden, wenn dem Betriebsrat dieser Kündigungsgrund nicht mitgeteilt worden ist.[522] Um Missverständnisse zu vermeiden: Schiebt der Arbeitgeber den Kündigungsgrund des Verdachts nach, ohne dass der Betriebsrat zuvor über ihn unterrichtet worden wäre, beeinträchtigt das **nicht die formell ordnungsgemäße Anhörung nach § 102 BetrVG**. Vielmehr kann der nachgeschobene Sachverhalt **lediglich materiell** nicht zur sozialen Rechtfertigung (§ 1 Abs 2 KSchG) der ausgesprochenen ordentlichen Kündigung beitragen

---

518 KR/Griebeling § 1 KSchG Rn 393 b.
519 BAG 27.1.2011 – 2 AZR 825/09 – Rn 26 NZA 2011, 798.
520 BAG 27.1.2011 – 2 AZR 825/09 – Rn 26 NZA 2011, 798; BAG 10.6.2010 – 2 AZR 541/09 – Emmely Rn 23 NZA 2010, 1227; BAG 23.6.2009 – 2 AZR 474/07 – Rn 55 AP BGB § 626 Verdacht strafbarer Handlung Nr 47.
521 St Rspr, vgl nur BAG 8.6.2000 – 2 ABR 1/00 – B II 1 und 3 c AP BeschSchG § 2 Nr 3; dort hatte sich der Arbeitgeber gerade nicht nur auf einen Verdacht, sondern auf eine für sicher gehaltene sexuelle Belästigung berufen. Vgl für den besonderen Fall eines nach einem früheren rechtskräftig zurückgewiesenen Zustimmungsersetzungsantrag nach § 103 BetrVG eingeleiteten weiteren Zustimmungsersetzungsverfahrens wegen der mittlerweile eingetretenen rechtskräftigen Verurteilung im Strafverfahren die dort zu B II 2 erörterten Fragen der Bindungswirkung des § 322 Abs 1 ZPO.
522 BAG 20.8.1997 – 2 AZR 620/96 – II 1 b AP BGB § 626 Verdacht strafbarer Handlung Nr 27; **str, aA** Dörner NZA 1992, 865, 868 f; derselbe NZA 1993, 873, 876, der jede Kündigung wegen einer Straftat bis zur rechtskräftigen Entscheidung über die Kündigungsschutzklage als Verdachtskündigung betrachtet.

oder keinen wichtigen Grund (§ 626 Abs 1 BGB) für die erklärte außerordentliche Kündigung bilden.[523] Auch in materieller Hinsicht stehen die beiden Kündigungsgründe des Verdachts und des Vorwurfs einer Pflichtwidrigkeit nicht beziehungslos nebeneinander. Wird die Kündigung nur mit dem Verdacht eines pflichtwidrigen Handelns begründet, steht der Pflichtverstoß aber zur Überzeugung des Gerichts nach § 286 Abs 1 Satz 1 ZPO – etwa aufgrund einer Beweisaufnahme – fest, lässt das die Wirksamkeit der Kündigung aus materiell-rechtlichen Gründen unberührt. Obwohl der Verdacht und die Tat zwei eigenständige Kündigungsgründe sind, ist das Gericht selbstverständlich nicht gehindert, den aus seiner Sicht nachgewiesenen Pflichtverstoß als wichtigen Grund anzuerkennen.[524] Der Unterschied besteht ausschließlich im Grad der Wahrscheinlichkeit, von dem das Gericht – nicht der Arbeitgeber – ausgeht: der vollen Überzeugung im Fall der Tatkündigung und der großen oder auch überwiegenden Wahrscheinlichkeit bei einer Verdachtskündigung. Der Arbeitgeber kann den **Tatvorwurf** deshalb nach neuerer Rechtsprechung des Zweiten Senats **nachschieben**, wenn er **lediglich zu einer Verdachtskündigung** angehört hat, die Kündigung aber unter dem Gesichtspunkt einer **nachgewiesenen Pflichtwidrigkeit** gerechtfertigt ist und der Arbeitgeber dem Betriebsrat zuvor alle Tatsachen mitgeteilt hat, die **nicht nur den Verdacht**, sondern den **Tatvorwurf selbst** begründen.[525]

631 Jedes Arbeitsverhältnis setzt als personenbezogenes Dauerschuldverhältnis ein gewisses gegenseitiges Vertrauen der Vertragspartner voraus. Der Verlust dieses Vertrauens kann deshalb einen **ordentlichen** Kündigungsgrund oder aber einen **wichtigen Grund** iSv § 626 Abs 1 BGB darstellen.[526]

632 Daran wird deutlich, dass es sich bei der Verdachtskündigung um einen **personen- und keinen verhaltensbedingten Kündigungsgrund** handelt.[527] Da der Kündigungsgrund der Verlust des für die Fortsetzung des Arbeitsverhältnisses erforderlichen **Vertrauens** des Arbeitgebers wegen des **dringenden Verdachts** ist, braucht das Verhalten des Arbeitnehmers damit nicht notwendig in Zusammenhang zu stehen. Das kann der Fall sein, wenn sich der Arbeitnehmer durch sein eigenes Handeln verdächtig macht. Es sind aber auch Konstellationen denkbar, in denen er völlig ohne eigenes Zutun durch Indizien unter dringenden Verdacht gerät. Aus der für die

---

523 BAG 2.3.1989 – 2 AZR 280/88 – I 2 a ee AP BGB § 626 Nr 101.
524 BAG 6.12.2001 – 2 AZR 496/00 – B II AP BGB § 626 Verdacht strafbarer Handlung Nr 36; vgl auch LAG Baden-Württemberg 29.3.2006 – 12 Sa 135/04 – 1 f. AuA 2006, 678 (Kurzwiedergabe).
525 BAG 23.6.2009 – 2 AZR 474/07 – Rn 59 AP BGB § 626 Verdacht strafbarer Handlung Nr 47.
526 BAG 14.9.1994 – 2 AZR 164/94 – II 3 c AP BGB § 626 Verdacht strafbarer Handlung Nr 24; weiterführend zu der fristlosen Kündigung des Arbeitgebers wegen der Entwendung geringwertiger Sachen Schlachter NZA 2005, 433.
527 Das BAG hat die Frage bislang offengelassen, scheint jedoch nunmehr auch einem personenbedingten Kündigungsgrund zuzusprechen, vgl BAG 29.9.2013 – 2 AZR 721/12 – BB 2014, 628; überwiegende Ansicht der Lit mittlerweile wie hier KR/Griebeling § 1 KSchG Rn 393a; vHH/L/Krause § 1 Rn 465; Löwisch/Spinner § 1 Rn 232 und 229 ff; SPV/Preis Rn 703; differenzierend KR/Fischermeier § 626 BGB Rn 211.

Entscheidung maßgeblichen Sicht des Arbeitgebers ist der Kündigungsgrund bei der **Tatkündigung der Schuldvorwurf**, der ein Verhalten des Arbeitnehmers voraussetzt, bei der **Verdachtskündigung** dagegen der **bloße Verdacht** einer strafbaren Handlung oder anderen schweren Pflichtverletzung. Es handelt sich – wie häufig – um eine Abgrenzungsfrage zwischen verhaltens- und personenbedingtem Kündigungsgrund, die danach zu beantworten ist, woher die direkte Beeinträchtigung rührt.[528] Dabei kommt es in diesem speziellen Fall auf die **Begründung des Arbeitgebers** oder – nach neuerer Rechtsprechung des Zweiten Senats – auf die **Überzeugung des Tatsachengerichts**[529] an. Die Störung des Arbeitsverhältnisses durch den Verdacht und die erhebliche betriebliche Auswirkung des Vertrauensverlusts sind bei der Verdachtskündigung in besonderer Weise verschränkt. Erst beide Umstände gemeinsam lassen die persönliche Eignung des Arbeitnehmers für die geschuldete Tätigkeit entfallen. Die **dogmatische Einordnung** ist über die **Verteilung der Beweislast** hinaus praktisch bedeutsam, weil sie den **Prüfungsmaßstab** bestimmt.[530] Wegen des **personenbedingten Charakters der Verdachtskündigung** scheidet ein Abmahnungserfordernis von vornherein aus.

Die Verdachtskündigung verstößt nicht gegen die in Art 6 Abs 2 EMRK verankerte **Unschuldsvermutung**. Danach gilt jede Person, die einer Straftat angeklagt ist, bis zum gesetzlichen Beweis ihrer Schuld als unschuldig. Die Unschuldsvermutung bindet unmittelbar nur den Richter, der darüber zu befinden hat, ob die Anklage begründet ist,[531] während die Verdachtskündigung allein die Privatrechtsbeziehung des Arbeitsverhältnisses beenden soll.[532]

633

Die durch **Art 12 und 20 GG** geschützten Rechte des Arbeitnehmers stehen einer Verdachtskündigung gleichfalls **nicht entgegen**. Bei der Auslegung von § 1 Abs 2 KSchG oder auch § 626 Abs 1 BGB als dem einfachen Recht müssen wegen ihrer mittelbaren (nach aA sogar unmittelbaren) Drittwirkung innerhalb der objektiven Werteordnung zwar auch im Privatrecht Grundrechtspositionen Berücksichtigung finden. Würden etwa §§ 1 Abs 2 KSchG oder 626 Abs 1 BGB so verstanden, dass schon der rein subjektive Verlust des Vertrauens eines Arbeitgebers in die Redlichkeit eines Arbeitnehmers als Kündigungsgrund anzuerkennen wäre, trüge dies dem Freiheitsrecht aus Art 12 Abs 1 GG, das auch die Beibehaltung des gewählten

634

---

528 IE Rn 467.
529 BAG 10.6.2010 – 2 AZR 541/09 – Emmely Rn 23 NZA 2010, 1227; BAG 23.6.2009 – 2 AZR 474/07 – Rn 55 AP BGB § 626 Verdacht strafbarer Handlung Nr 47.
530 Str, wie hier vHH/L/Krause § 1 Rn 465 mwN zum Streitstand.
531 BAG 14.9.1994 – 2 AZR 164/94 – II 3 c AP BGB § 626 Verdacht strafbarer Handlung Nr 24.
532 Ohne diese Ableitung einen Verstoß gegen Art 6 Abs 2 EMRK verneinend BAG 6.12.2001 – 2 AZR 496/00 – B I 1 mwN AP BGB § 626 Verdacht strafbarer Handlung Nr 36; vHH/L/Krause § 1 Rn 466; in den Neunzigerjahren **heftig umstr**, aA zB Dörner NZA 1992, 865; derselbe NZA 1993, 873, der einen Verstoß gegen die Unschuldsvermutung und das GG annimmt; vgl auch die eingehende Kritik von Naujok AuR 1998, 398, 399 ff mwN zum Streitstand, der der Kündigung des Arbeitsverhältnisses wegen Verdachts einen der Strafe entsprechenden Sanktionscharakter beimisst.

Arbeitsplatzes umfasst, nicht ausreichend Rechnung. Andererseits fällt auch die unternehmerische Freiheit des Arbeitgebers einschließlich seiner Entscheidung darüber, welche Arbeitnehmer er wie lange beschäftigt, unter den Schutz der Grundrechte aus Art 12 Abs 1, 14 Abs 1 und 2 Abs 1 GG. Wo der Gesetzgeber – wie in §§ 1 Abs 2 KSchG und 626 BGB – im Interesse der Einzelfallgerechtigkeit Generalklauseln verwendet, ist es Sache der Rechtsprechung, den konkurrierenden Grundrechtspositionen zum Ausgleich zu verhelfen.[533] Ein ordentlicher Kündigungsgrund iSv § 1 Abs 2 KSchG oder ein wichtiger Grund iSv § 626 Abs 1 BGB ist deshalb zu bejahen, wenn die Verdachtskündigung an **strenge Voraussetzungen** geknüpft wird,[534]

- dh sich **starke Verdachtsmomente** auf **objektive Tatsachen** gründen,[535]
- diese Verdachtsmomente geeignet sind, das für die Fortsetzung des Arbeitsverhältnisses erforderliche **Vertrauen zu zerstören,** und
- der Arbeitgeber alle zumutbaren Anstrengungen zur Aufklärung des Sachverhalts unternommen hat, insbesondere dem Arbeitnehmer **Gelegenheit zur Stellungnahme** gegeben hat.[536]
- Strafbare Handlungen des Arbeitnehmers oder ein entsprechender Verdacht des Arbeitgebers sind nicht schlechthin kündigungsrelevant. Die angenommenen Delikte oder der Verdacht müssen in irgendeiner Form Bezug zum Arbeitsverhältnis haben.[537] Als erschwerend ist es zu werten, wenn die Straftat **mit der vertraglich geschuldeten Tätigkeit des Arbeitnehmers zusammenhängt,** der Arbeitnehmer eine sich aus dem Arbeitsvertrag ergebende Obhuts- oder Rücksichtnahmepflicht verletzt und das Delikt innerhalb seines konkreten Aufgabenbereichs bei Gelegenheit der Arbeitsleistung verübt. Nutzt der Arbeitnehmer betriebliche Gegebenheiten, um Straftaten zu begehen, liegt darin regelmäßig eine beachtliche Nebenpflichtverletzung. Kein Arbeitgeber braucht es zu dulden, dass seine Räume für strafbare Privatgeschäfte von Arbeitnehmern benutzt werden.[538]

---

533 Wechselwirkungstheorie oder praktische Konkordanz.
534 Näher Rn 635 ff.
535 BVerfG 15.12.2008 – 1 BvR 347/08 – Rn 12 BVerfGK 14, 507.
536 BVerfG 15.12.2008 – 1 BvR 347/08 – Rn 12 BVerfGK 14, 507; für die st Rspr des BAG zB BAG 25.11.2010 – 2 AZR 801/09 – Rn 16 DB 2011, 880; BAG 23.6.2009 – 2 AZR 474/07 – Rn 55 AP BGB § 626 Verdacht strafbarer Handlung Nr 47; BAG 27.11.2008 – 2 AZR 98/07 – Rn 20 AP KSchG 1969 § 1 Nr 90; BAG 29.11.2007 – 2 AZR 724/06 – Rn 29 f AP BGB § 626 Verdacht strafbarer Handlung Nr 40; BAG 28.11.2007 – 5 AZR 952/06 – Rn 18 NZA-RR 2008, 344; **aA** etwa Naujok AuR 1998, 398, 400 ff, der das Instrument der Verdachtskündigung für entbehrlich hält und stattdessen auf die Auflösungsmöglichkeit des § 9 Abs 1 Satz 2 KSchG verweist, bei dem Kündigungsgrund des Verdachts mit Blick auf die Unschuldsvermutung die Aussetzung der Verhandlung nach § 149 ZPO wegen einer Ermessensreduzierung auf Null für zwingend hält und ua im Anhörungserfordernis eine reduzierte Billigkeitsrspr sieht, in der Aspekte der Unschuldsvermutung sichtbar würden.
537 BAG 6.11.2003 – 2 AZR 631/02 – B II 1 a bb AP BGB § 626 Verdacht strafbarer Handlung Nr 39.
538 BAG 10.2.2005 – 2 AZR 189/04 – B I 3 mwN AP KSchG 1969 § 1 Nr 79; BAG 6.11.2003 – 2 AZR 631/02 – B II 2 b AP BGB § 626 Verdacht strafbarer Handlung Nr 39 (Verdacht der Hehlerei in den Räumlichkeiten des Arbeitgebers durch Verkauf von Handys ua an Kollegen).

b) **Voraussetzungen.** Der **objektive Kündigungsgrund** der Verdachtskündigung setzt wegen des nötigen Grundrechtsausgleichs voraus, dass 635
- der Arbeitgeber die Kündigung **gerade auf den Verdacht** einer schwerwiegenden Vertragsverletzung oder strafbaren Handlung stützt,
- dieser Verdacht **aufgrund objektiver Umstände dringend** ist und
- der Arbeitgeber alles ihm Zumutbare zur Aufklärung des Sachverhalts getan hat, insbesondere den Arbeitnehmer **angehört** hat, sofern der Arbeitnehmer bereit ist, sich zu den Verdachtsgründen zu äußern.
- Eine **Abmahnung ist entbehrlich**, weil sie nicht geeignet ist, das verlorene Vertrauen des Arbeitgebers wiederherzustellen.[539]

Ob es dem Arbeitgeber zuzumuten ist, das Arbeitsverhältnis über den Ablauf der Kündigungsfrist – im Fall der ordentlichen Kündigung – oder den Zugang der fristlosen Kündigung hinaus fortzuführen, lässt sich erst nach einer **umfassenden und einzelfallbezogenen Abwägung** der (sofortigen oder befristeten) Lösungsinteressen des Arbeitgebers und der Bestandsschutzbelange des Arbeitnehmers beantworten. In der **Interessenabwägung** ist zu beachten, dass gegenüber dem dringenden Verdacht eines Vermögensdelikts zulasten des Arbeitgebers die aus der privaten Sphäre herrührenden Unterhaltspflichten des Arbeitnehmers nur eine untergeordnete Rolle spielen. Sie dürfen bei der Prüfung nicht von vornherein unberücksichtigt bleiben. Unterhaltsverpflichtungen können aber nur in Grenzfällen den Ausschlag geben, wenn keine durch die Unterhaltsverpflichtungen bedingte Notlage das Motiv für die Unredlichkeit war.[540] 636

aa) **Verdacht.** Der Arbeitgeber muss die Kündigung **mindestens hilfsweise** mit dem Verdacht begründen.[541] Um eine Verdachtskündigung handelt es sich daher nicht, wenn der Arbeitgeber die Pflichtwidrigkeit des Arbeitnehmers für sicher hält und mit dieser Begründung die Kündigung erklärt, obwohl er objektiv nur einen Verdacht hegt. Stützt er die Kündigung nicht jedenfalls hilfsweise auch auf den bloßen Verdacht, unterliegt der Arbeitgeber im Kündigungsrechtsstreit, wenn der Vorwurf, bestimmte Pflichtverletzungen begangen zu haben, auf bloßen Schlussfolgerungen beruht oder ihm nach dem Ergebnis der Beweisaufnahme nicht der volle Beweis für seine Behauptung gelingt, sondern nur ein begründeter Verdacht nicht auszuschließen ist.[542] 637

---

539 BAG 21.6.2012 – 2 AZR 694/11 – Rn 21 AP KSchG 1969 § 9 Nr 68; BAG 25.11.2010 – 2 AZR 801/09 – Rn 16 DB 2011, 880; BAG 23.6.2009 – 2 AZR 474/07 – Rn 55 AP BGB § 626 Verdacht strafbarer Handlung Nr 47; BAG 27.11.2008 – 2 AZR 98/07 – Rn 20 AP KSchG 1969 § 1 Nr 90; BAG 29.11.2007 – 2 AZR 724/06 – Rn 29 f AP BGB § 626 Verdacht strafbarer Handlung Nr 40; BAG 28.11.2007 – 5 AZR 952/06 – Rn 18 NZA-RR 2008, 344.
540 BAG 6.7.2000 – 2 AZR 454/99 – II 2 c cc RzK I 8 c Nr 54; gelöst von den Erfordernissen der Verdachtskündigung auch BAG 27.4.2006 – 2 AZR 415/05 – Rn 19 BGB § 626 Nr 203; KR/Fischermeier § 626 BGB Rn 241; weiterführend zu der fristlosen Kündigung des Arbeitgebers wegen der Entwendung geringwertiger Sachen Schlachter NZA 2005, 433 ff.
541 Detailliert BAG 20.8.1997 – 2 AZR 620/96 – II 1 b AP BGB § 626 Verdacht strafbarer Handlung Nr 27; Rn 630.
542 BAG 3.4.1986 – 2 AZR 324/85 – II 1 a AP BGB § 626 Verdacht strafbarer Handlung Nr 18.

- Im Fall der **Tatkündigung** muss das Gericht davon **überzeugt** sein, dass der Arbeitnehmer die Tat begangen hat. Das bedeutet nach § 286 Abs 1 Satz 1 ZPO, dass keine vernünftigen Zweifel mehr bestehen.[543]
- Bei der **Verdachtskündigung** genügt der dringende Verdacht, also die überwiegende Wahrscheinlichkeit, dass der Arbeitnehmer die Tat verübt hat.

638 Kündigt der Arbeitgeber **nach einer rechtskräftigen Verurteilung des Arbeitnehmers im Strafverfahren** mit der Begründung, der Arbeitnehmer habe die ihm vorgeworfene Straftat tatsächlich begangen, handelt es sich um keine Verdachts-, sondern um eine **Tatkündigung**.[544] Bestreitet der Arbeitnehmer im arbeitsgerichtlichen Kündigungsschutzprozess aber nach wie vor, die Tat begangen zu haben, sind die Arbeitsgerichte nicht an die tatsächlichen Feststellungen des strafgerichtlichen Urteils gebunden.[545] Zivil- und Arbeitsgerichte müssen sich eine eigene Überzeugung bilden. Das gilt auch für den umgekehrten Fall des Freispruchs des Arbeitnehmers im Strafverfahren. Dieses Ergebnis wurde früher aus dem inzwischen aufgehobenen § 14 Abs 2 Nr 1 EGZPO abgeleitet. Der Zweite Senat verneinte eine Bindung in Restitutionsprozessen auf der Grundlage von § 580 Nr 7 Buchst b ZPO aber auch schon während der Geltung des § 14 Abs 2 Nr 1 EGZPO ohne Rückgriff auf diese Norm.[546] Die mangelnde Bindungswirkung folgt bereits aus der Unterschiedlichkeit der Rechtswege und aus § 322 Abs 1 ZPO. Das Strafurteil befindet nicht über den Streitgegenstand der Kündigungsschutzklage. Trotz des identischen „Versatzstücks" der dem Arbeitnehmer nicht nur strafrechtlich, sondern auch arbeitsrechtlich zur Last gelegten Tat ist die Frage der Auflösung des Arbeitsverhältnisses durch die konkrete Kündigung nicht Gegenstand des strafgerichtlichen Urteils. Ihm kann also auch **keine Tatbestandswirkung** zukommen. Deshalb ist noch immer der Lösungsweg der Entscheidung des Zweiten Senats vom 8.6.2000 heranzuziehen, die allerdings ausdrücklich mit § 14 Abs 2 Nr 1 EGZPO argumentiert.[547] Ein Strafurteil ist ohne Rückkopplung an die eigentlichen Tatvorwürfe nicht geeignet, ein persönliches Defizit des Arbeitnehmers – in Form fehlender Zuverlässigkeit, Vertrauenswürdigkeit oder Eignung – zu belegen, das als personenbedingter Grund zur Kündigung berechtigte. Sowohl für verhaltensbedingte Gründe – bei Tatkündigungen – als auch für personenbedingte Gründe – bei Verdachtskündigungen – ist immer auch auf die der Verurteilung zugrunde liegenden Taten abzustel-

---

543 BAG 10.6.2010 – 2 AZR 541/09 – Emmely Rn 23 NZA 2010, 1227; BAG 23.6.2009 – 2 AZR 474/07 – Rn 55 AP BGB § 626 Verdacht strafbarer Handlung Nr 47.
544 BAG 26.3.1992 – 2 AZR 519/91 – B II 3 und 4 AP BGB § 626 Verdacht strafbarer Handlung Nr 23.
545 BAG 23.4.1998 – 2 AZR 442/97 – II 2 c; 20.8.1997 – 2 AZR 620/96 – II 1 c mwN AP BGB § 626 Verdacht strafbarer Handlung Nr 27; ohne Bezug auf den aufgehobenen § 14 Abs 2 Nr 1 EGZPO iR der Prüfung des Restitutionsgrundes des § 580 Nr 7 Buchst b ZPO eine Bindung der Zivil- und Arbeitsgerichte an strafgerichtliche Urteile verneinend BAG 22.1.1998 – 2 AZR 455/97 – II 2 e aa AP ArbGG 1979 § 79 Nr 3.
546 BAG 22.1.1998 – 2 AZR 455/97 – II 2 e aa AP ArbGG 1979 § 79 Nr 3; dazu auch Rn 648.
547 BAG 8.6.2000 – 2 ABR 1/00 – B II 2 und 3 AP BeschSchG § 2 Nr 3.

len.[548] Macht der Arbeitnehmer nach einer rechtskräftigen strafgerichtlichen Verurteilung weiter seine Unschuld geltend, sind im noch anhängigen Kündigungsschutz- oder Wiedereinstellungsprozess **weitere Tatsachenfeststellungen** erforderlich. Auch nach Rechtskraft des Strafurteils kann der Arbeitnehmer durch substantiierten Vortrag seine Unschuld geltend machen. Ggf muss (erneut) Beweis erhoben werden. Um die Beweisstation zu erreichen, genügt eine bloße pauschale Behauptung der Unschuld jedoch nicht. Die Darlegungslast ist gestuft:[549] Es ist deshalb auch regelmäßig nicht gerechtfertigt, den Kündigungsschutzprozess bis zur Erledigung des Strafverfahrens auszusetzen.[550]

- Der Arbeitnehmer muss auf den Sachverhalt, der Grundlage der Tatvorwürfe ist, zunächst konkret eingehen und ihn aus seiner Sicht im Einzelnen schildern.
- Danach ist es Sache des Arbeitgebers, seinerseits substantiiert zu erwidern. Dabei kann er sich idR auf die Feststellungen der Strafgerichte stützen.
- Ist der Vorwurf auf der Grundlage der Darstellung des Arbeitnehmers unberechtigt, während die strafgerichtliche Schuldfeststellung nach der Schilderung des Arbeitgebers zutrifft, ist Beweis zu erheben. Letztendlich beweisbelastet ist der Arbeitgeber. Das folgt bei einer ordentlichen Kündigung aus § 1 Abs 2 Satz 4 KSchG, im Fall einer außerordentlichen Kündigung aus den allgemeinen Beweislastregeln, weil sich der Arbeitgeber auf die Wirksamkeit der Kündigung beruft. Allerdings können die Arbeitsgerichte die Beweisergebnisse des Strafverfahrens und die tatsächlichen Feststellungen im Strafurteil nach den allgemeinen Grundsätzen der Verwertbarkeit von Beweiserhebungen anderer Gerichte im Weg des Urkundenbeweises zB durch Verlesung von Protokollen über Zeugenvernehmungen verwerten. Die Parteien haben aber das Recht, anstelle des Urkundenbeweises unmittelbare Zeugen- und Sachverständigenbeweise oder Gegenbeweise anzutreten und eine erneute Beweiserhebung zu verlangen. Der persönliche Eindruck, die persönliche Anwesenheit, die Ausübung des Fragerechts und die Möglichkeit der Gegenüberstellung bieten eine dem Urkundenbeweis überlegene Richtigkeitsgewähr.[551]

Kündigt der Arbeitgeber zunächst wegen des **dringenden Verdachts einer Straftat** und obsiegt der Arbeitnehmer daraufhin rechtskräftig in dem von ihm angestrengten Kündigungsprozess, ist der Arbeitgeber gleichwohl nicht daran gehindert, **später** – etwa nach einer rechtskräftigen Verurteilung des Arbeitnehmers im Strafverfahren – eine **ordentliche Kündigung aufgrund einer begangenen Tat** zu erklären.[552] Mit dem Kündigungsgrund

639

---

548 BAG 8.6.2000 – 2 ABR 1/00 – B II 2c AP BeschSchG § 2 Nr 3, allerdings ohne die von mir vorgenommene Kategorisierung der Verdachtskündigung als personenbedingte Kündigung.
549 BAG 8.6.2000 – 2 ABR 1/00 – B II 3a AP BeschSchG § 2 Nr 3.
550 BAG 25.11.2010 – 2 AZR 801/09 – Rn 17 DB 2011, 880.
551 BAG 8.6.2000 – 2 ABR 1/00 – B II 3a AP BeschSchG § 2 Nr 3; BAG 26.3.1992 – 2 AZR 519/91 – B II 4a AP BGB § 626 Verdacht strafbarer Handlung Nr 23.
552 Ohne dass das Arbeitsgericht an den strafgerichtlichen Schuldspruch gebunden wäre, Rn 638.

der verübten Tat ist der Arbeitgeber nicht infolge der Präklusionswirkung der rechtskräftigen Entscheidung darüber, dass die Verdachtskündigung das Arbeitsverhältnis nicht aufgelöst hat, ausgeschlossen. Es handelt sich **nicht** um eine **unzulässige Wiederholungskündigung**. Vielmehr ist der **Streitgegenstand** des Folgeprozesses **ein anderer** als der des rechtskräftig entschiedenen Rechtsstreits zur Verdachtskündigung.[553] In dem rechtskräftigen, die Verdachtskündigung betreffenden Vorprozess war punktueller Streitgegenstand iSd § 4 Satz 1 KSchG die Frage, ob das Arbeitsverhältnis der Parteien durch eine bestimmte Kündigung aufgrund eines bestimmten Sachverhalts beendet wurde. In dem Rechtsstreit, der die Tatkündigung zum Gegenstand hat, geht es dagegen – wieder punktuell – darum, ob eine **andere, zu einem abweichenden Zeitpunkt zugegangene und auf einem anderen Sachverhalt beruhende erneute Kündigungserklärung** das Arbeitsverhältnis der Parteien zu einem späteren Zeitpunkt aufgelöst hat.

640 Dem Arbeitgeber ist es auch nicht verwehrt, eine **weitere Verdachtskündigung** auszusprechen. Voraussetzung ist, dass **neue**, den Verdacht der Tatbegehung verstärkende **Tatsachen** – wie **etwa** eine **Anklageerhebung** – eintreten. Weil es sich um neue Tatsachen handelt, die einen anderen Streitgegenstand begründen, handelt es sich nicht um eine unzulässige Wiederholungskündigung. Das Recht des Arbeitgebers zum Ausspruch einer (weiteren) Verdachtskündigung ist auch nicht durch die Erklärung der ersten Verdachtskündigung „verbraucht".[554] Dies gilt jedenfalls dann, wenn der zur Kündigung führend Sachverhalt nicht mit dem ersten Kündigungssachverhalt identisch ist. In diesem Fall beginnt auch die Frist des § 626 Abs 2 BGB erneut zu laufen.

641 **bb) Objektivität und Dringlichkeit des Verdachts.** Es genügt nicht, dass der Arbeitgeber den Arbeitnehmer aufgrund seiner bloßen subjektiven Einschätzung einer Straftat oder schweren Vertragsverletzung verdächtigt. Der notwendige Grundrechtsausgleich[555] gebietet vielmehr, dass der Verdacht auf **objektiven und konkreten** Tatsachen beruht.[556] Darüber hinaus muss er **dringend** sein.[557] Für ihn muss eine **große**,[558] maW überwiegende[559] **Wahrscheinlichkeit** sprechen. Das bedeutet: Bloße, auf mehr oder weniger haltbare Vermutungen gestützte Verdächtigungen des Arbeitgebers iSv Spekulationen genügen nicht, um einen dringenden Verdacht zu rechtfertigen. Dem Verdacht müssen konkrete Tatsachen zugrunde liegen. Er muss sich aus Umständen ergeben, die einen verständigen und gerecht abwägen-

---

553 Zu allem BAG 12.12.1984 – 7 AZR 575/83 – II 1 AP BGB § 626 Ausschlussfrist Nr 19.
554 BAG 27.1.2011 – 2 AZR 825/09 – Rn 19 NZA 2011, 798.
555 Näher Rn 634.
556 BVerfG 15.12.2008 – 1 BvR 347/08 – Rn 12 BVerfGK 14, 507.
557 Dazu iE BAG 27.1.2011 – 2 AZR 825/09 – Rn 17ff NZA 2011, 798 iR der Prüfung der Zweiwochenfrist des § 626 Abs 2 Satz 1 BGB.
558 BAG 4.6.1964 – 2 AZR 310/63 – AP BGB § 626 Verdacht strafbarer Handlung Nr 13.
559 Das BAG verwendet den Begriff der überwiegenden Wahrscheinlichkeit nicht, sondern belässt es in st Rspr bei der großen Wahrscheinlichkeit, zB BAG 10.2.2005 – 2 AZR 189/04 – B II 2 b mwN AP KSchG 1969 § 1 Nr 79; zu den nötigen, den Verdacht stützenden objektiven Tatsachen zB BAG 25.11.2010 – 2 AZR 801/09 – Rn 16 DB 2011, 880.

den Arbeitgeber zum Ausspruch der Kündigung veranlassen können.[560] Eine Täterschaftswahrscheinlichkeit von einem Drittel reicht nicht aus, um eine Verdachtskündigung zu begründen. Es gibt jedoch **keine mathematischen Wahrscheinlichkeitsgrade** des Verdachts.[561] Ein Ermittlungsverfahren der Staatsanwaltschaft und eine richterliche Durchsuchungsanordnung allein begründen keinen dringenden Tatverdacht.[562] Die Erfordernisse der Objektivität und der Dringlichkeit des Verdachts erlauben es dem Gericht aber nicht, allein aus dem Umstand, dass die Tat nicht erwiesen ist, zu schließen, dass keine hinreichenden Anhaltspunkte für einen dringenden Verdacht bestehen. Ein solches Vorgehen konterkarierte das Institut der Verdachtskündigung. Entscheidend ist, ob die den dringenden Verdacht begründenden **Indizien zutreffen**, dh entweder unstreitig sind oder vom Arbeitgeber bewiesen werden. Genauer ausgedrückt kommt es nicht darauf an, ob der Tatvorwurf erwiesen ist, sondern darauf, ob die vom Arbeitgeber zur Begründung des Verdachts vorgebrachten Tatsachen einen dringenden Verdacht – eine große Wahrscheinlichkeit der Begehung der Tat oder Pflichtwidrigkeit – rechtfertigen (Schlüssigkeit des Vortrags, Rechtsfrage) und – wenn das der Fall ist – ob sie tatsächlich zutreffen (Tatfrage, ggf Beweiserhebung und Beweiswürdigung).[563] Im Strafverfahren gewonnene Erkenntnisse können die Annahme verstärken, der Arbeitnehmer habe eine Pflichtverletzung begangen.[564] Der **Arbeitgeber** hat diese Indizien vorzutragen. Es ist ihm unbenommen, sich hierbei die **Ermittlungsergebnisse der Strafverfolgungsbehörden** zu eigen zu machen und sie im Arbeitsgerichtsprozess – zumindest durch Bezugnahme – als **eigene Behauptungen vorzutragen**. Es ist aber nicht ausreichend, anstelle von unmittelbar verdachtsbegründenden Tatsachen lediglich den Umstand vorzutragen, auch die Strafverfolgungsbehörden gingen von einem Tatverdacht aus.[565]

Sind diese Voraussetzungen erfüllt und hat der Arbeitgeber die ihm zumutbaren **Aufklärungsbemühungen** unternommen,[566] liegt nach Auffassung des BAG der objektive Kündigungsgrund einer Verdachtskündigung vor. Indem der Arbeitgeber „an sich" auch berechtigt ist, das Arbeitsverhältnis fristlos zu lösen, wenn der Verdacht objektiv begründet und dringlich ist, führt das in gewisser Weise dazu, dass die Erfordernisse der außerordentlichen und der ordentlichen Kündigung auf der objektiven Ebene – einerseits des wichtigen Grundes und andererseits der sozialen Rechtfertigung – **vermengt werden**. Der Arbeitgeber kann sich aber selbstverständlich damit begnügen, eine ordentliche Kündigung zu erklären.[567] Die Unterscheidung vollzieht sich demnach im Prüfungsschritt der **einzelfallbezogenen Interessenabwägung**.

642

---

560 BAG 10.2.2005 – 2 AZR 189/04 – B II 2 a AP KSchG 1969 § 1 Nr 79.
561 BAG 6.9.2007 – 2 AZR 722/06 – Rn 43 und 46 AP KSchG 1969 § 4 Nr 62.
562 BAG 29.11.2007 – 2 AZR 724/06 – Rn 38 AP BGB § 626 Verdacht strafbarer Handlung Nr 40.
563 BAG 10.2.2005 – 2 AZR 189/04 – B I 4 a AP KSchG 1969 § 1 Nr 79.
564 BAG 24.5.2012 – 2 AZR 206/11 – Rn 25 NZA 2013, 137.
565 BAG 25.10.2012 – 2 AZR 700/11 – Rn 16 NZA 2013, 371.
566 Dazu Rn 644 f.
567 IdS zB vHH/L/Krause § 1 Rn 470.

643 Für die Dringlichkeit des Verdachts kommt es – wie stets – auf die objektiven Verhältnisse im Zeitpunkt des Zugangs der Kündigungserklärung an. Nach der Rechtsprechung des Zweiten Senats können auch weitere, dem Arbeitgeber bei Ausspruch der Kündigung noch unbekannte und erst **bis zum Schluss der mündlichen Verhandlung in den Tatsacheninstanzen zutage getretene Umstände** zur Rechtfertigung der Kündigung oder umgekehrt zur Entlastung des Arbeitnehmers **herangezogen werden**, soweit sie bei Kündigungszugang objektiv bereits vorlagen.[568] Außer Acht bleiben nur Umstände, die erst **nach der Kündigung entstanden** sind. Kündigungsgrund der Verdachtskündigung ist die auf dem Verdacht beruhende Beeinträchtigung der Vertrauenswürdigkeit des Arbeitnehmers, wobei sich der Verdacht aus objektiven, im Zeitpunkt der Kündigung vorliegenden (Indiz-)Tatsachen ergeben muss.[569] Hierfür spricht, dass allein die **objektiven Momente** die Tat oder Pflichtwidrigkeit bei Zugang der Kündigung überwiegend wahrscheinlich machten, der Vertrauensverlust also objektiv berechtigt war. Folglich besteht kein Grund, von dem **allgemeinen Prinzip** abzuweichen, dass die objektiven, nicht die subjektiven Verhältnisse bei Zugang der Kündigung maßgeblich sind. Es handelt sich um eine Frage, die immer dann auftritt, wenn **Kündigungsgründe nachgeschoben** werden.[570] Das wird nicht nur mit dem soeben genannten Argument, sondern auch aus Gründen der Prozessökonomie in Kauf genommen. Obwohl die Arbeitsgerichte nicht an strafgerichtliche Erkenntnisse gebunden sind, müssen eine bei Schluss der mündlichen Verhandlung im Berufungsrechtszug erhobene Anklage, eine Eröffnung der Hauptverhandlung oder ein Freispruch bei der Überzeugungsbildung des Gerichts berücksichtigt werden.[571] Die Arbeitsgerichte können die Erkenntnisse des anderen Rechtswegs nicht ohne eigene Würdigung übernehmen, dürfen sie aber nicht einfach außer Acht lassen. Die Grenze der verwertbaren nachgeschobenen Verdachtsmomente sind die dem **Betriebsrat** mitgeteilten Umstände. Ist der Betriebsrat zumindest hilfsweise zu einer beabsichtigten Verdachtskündigung und nicht ausschließlich zu einer Tatkündigung angehört, können die weiteren, erst später aufgedeckten Verdachtsmomente in den Prozess eingeführt und damit nachgeschoben werden, wenn der Arbeitgeber den Betriebsrat zuvor **entsprechend § 102 BetrVG unterrichtet hat**. Sonst kennt

---

568 BAG 24.5.2012 – 2 AZR 206/11 – Rn 41 NZA 2013 137.
569 St Rspr, vgl etwa BAG 6.11.2003 – 2 AZR 631/02 – B II 1 c AP BGB § 626 Verdacht strafbarer Handlung Nr 39; KR/Fischermeier § 626 BGB Rn 233; aA vHH/L/Krause § 1 Rn 480 mwN zu den abweichenden Ansichten, die sich auf das Argument stützen, später bekannt gewordene Entlastungsmomente änderten nichts daran, dass der Arbeitgeber im Zeitpunkt der Kündigung kein Vertrauen mehr in den Arbeitnehmer gehabt habe. Als Korrektiv einer unrichtigen Prognose komme nur ein Wiedereinstellungsanspruch in Betracht.
570 KR/Etzel § 102 BetrVG Rn 187 ff; KR/Fischermeier § 626 BGB Rn 178 f.
571 BAG 6.11.2003 – 2 AZR 631/02 – B II 2 a AP BGB § 626 Verdacht strafbarer Handlung Nr 39 mit dem Hinweis, dass ein dringender Verdacht nicht allein deshalb abgelehnt werden könne, weil der Arbeitnehmer schon nach einem Tag wieder aus der Untersuchungshaft entlassen worden sei. Da Untersuchungshaft nach § 112 Abs 1 Satz 1 StPO nur angeordnet werden könne, wenn neben einem dringenden Tatverdacht ein Haftgrund bestehe, könne aus der Tatsache der bloßen Entlassung keine entfallene Dringlichkeit des Verdachts geschlossen werden.

der Betriebsrat den Kündigungsgrund nicht.[572] Umgekehrt kann der Arbeitgeber den **Tatvorwurf auch ohne Anhörung des Betriebsrats entsprechend § 102 BetrVG nachschieben**, wenn er den Betriebsrat **lediglich zu einer Verdachtskündigung** angehört hat, die Kündigung aber unter dem Aspekt einer **nachgewiesenen Pflichtwidrigkeit** gerechtfertigt ist und der Arbeitgeber dem Betriebsrat zuvor alle Tatsachen mitgeteilt hat, die **nicht nur den Verdacht**, sondern den **Tatvorwurf selbst** begründen.[573] Der Arbeitgeber hat bei einer ordentlichen Kündigung die **Wochenfrist des § 102 Abs 2 Satz 1 BetrVG** zu wahren. Das Nachschieben steht hierfür dem Ausspruch der Kündigung gleich.[574]

cc) **Notwendige Aufklärungsbemühungen.** Der Arbeitgeber ist gehalten, alles ihm Zumutbare zur Aufklärung des Sachverhalts zu unternehmen, den Arbeitnehmer vor allem zu den Verdachtsmomenten **anzuhören**. Die Anhörung des Arbeitnehmers ist **formelle Wirksamkeitsvoraussetzung** der Verdachtskündigung. Bei ihr besteht im Unterschied zu einem bewiesenen Sachverhalt stets die Gefahr, dass ein „Unschuldiger" betroffen ist. Würde dem Arbeitgeber die Aufklärung des Sachverhalts nicht abverlangt, verstieße die Kündigung gegen den Verhältnismäßigkeitsgrundsatz. Der Arbeitnehmer muss die Möglichkeit erhalten, die Verdachtsgründe zu beseitigen oder zu entkräften und ggf Entlastungstatsachen geltend zu machen. Der Arbeitgeber muss den Arbeitnehmer im Rahmen der Anhörung aber **nicht mit Belastungszeugen konfrontieren** oder ihm Gelegenheit geben, an den Befragungen teilzunehmen.[575] Verletzt der Arbeitgeber schuldhaft die aus der Aufklärungspflicht folgende Anhörungspflicht, kann er sich im Prozess nicht auf den Verdacht einer Straftat oder Pflichtverletzung berufen. Die Verdachtskündigung ist unwirksam.[576]

644

Der **Umfang der Anhörungspflicht** des Arbeitgebers richtet sich nach den Umständen des **Einzelfalls**. Sie muss nicht die Anforderungen wahren, die

645

---

572 BAG 23.4.2008 – 2 ABR 71/07 – Rn 24 AP BetrVG § 103 Nr 56.
573 BAG 23.6.2009 – 2 AZR 474/07 – Rn 59 AP BGB § 626 Verdacht strafbarer Handlung Nr 47.
574 Allg hierzu, nicht im Besonderen zur Verdachtskündigung BAG 6.9.2007 – 2 AZR 264/06 – Rn 21 mwN AP BGB § 626 Nr 208; KR/Etzel § 102 BetrVG Rn 188; vgl zu der sich anschließenden Frage, ob eine Anhörung des Betriebsrats zu den nachgeschobenen Verdachtsgründen ausnahmsweise entbehrlich ist, wenn der Betriebsrat der Kündigung zuvor ausdrücklich zugestimmt hatte, einerseits KR/Etzel § 102 BetrVG Rn 189 und andererseits – davon abweichend – KR/Fischermeier § 626 BGB Rn 184.
575 BAG 27.11.2008 – 2 AZR 98/07 – Rn 23 AP KSchG 1969 § 1 Nr 90.
576 BVerfG 15.12.2008 – 1 BvR 347/08 – Rn 11f BVerfGK 14, 507; BAG 25.11.2010 – 2 AZR 801/09 – Rn 16 DB 2011, 880; BAG 23.6.2009 – 2 AZR 474/07 – Rn 55 AP BGB § 626 Verdacht strafbarer Handlung Nr 47; BAG 27.11.2008 – 2 AZR 98/07 – Rn 23 AP KSchG 1969 § 1 Nr 90; BAG 13.3.2008 – 2 AZR 724/06 – Rn 29f AP BGB § 626 Verdacht strafbarer Handlung Nr 40; BAG 28.11.2007 – 5 AZR 952/06 – Rn 18 NZA-RR 2008, 344; BAG 26.9.2002 – 2 AZR 424/01 – B I 1 b aa und cc AP BGB § 626 Verdacht strafbarer Handlung Nr 37; weiterführend zu den Auswirkungen des Fernbleibens des Arbeitnehmers vom Anhörungstermin, seiner Erkrankung oder sonstigen Hindernissen, die einer Anhörung entgegenstehen können, und der Zweiwochenfrist des § 626 Abs 2 Satz 1 BGB Mennemeyer/Dreymüller NZA 2005, 382.

an die Information des Betriebsrats nach § 102 BetrVG gestellt werden.[577] Die Erfordernisse einer ordnungsgemäßen Betriebsratsanhörung und die der Anhörung des Arbeitnehmers im Rahmen einer Verdachtskündigung dienen unterschiedlichen Zwecken und sind deshalb schon im Ansatz nicht vergleichbar.[578] Es reicht allerdings nicht aus, dass der Arbeitnehmer mit einer bloßen Wertung konfrontiert wird, die mit keinerlei tatsächlichen Einzelheiten versehen ist. Die Anhörung muss sich vielmehr auf einen Sachverhalt beziehen, der dem Arbeitnehmer **eine konkrete Einlassung erlaubt**. Der Arbeitgeber darf dem Arbeitnehmer auch keine wesentlichen Erkenntnisse vorenthalten, die er im Anhörungszeitpunkt schon gewonnen hatte. Sonst würden die Verteidigungsmöglichkeiten des Arbeitnehmers unzulässig beschnitten.[579] **Verweigert der Arbeitnehmer** dagegen von vornherein jegliche Stellungnahme zu den ihm vorgehaltenen Verdachtsgründen, **ist der Pflicht zur Anhörung genügt**. Eine schuldhafte Verletzung der Anhörungspflicht scheidet aus.[580] Ist der Arbeitnehmer nicht bereit, sich substantiiert zu den gegen ihn erhobenen Vorwürfen zu äußern, ist die (weitere) Anhörung überflüssig, weil sie zur Aufklärung des Sachverhalts und zur Willensbildung des Arbeitgebers nichts beitragen kann.[581] Der Arbeitnehmer muss sich aber nicht selbst belasten.[582]

Hinweise: Bei der vorschnellen Annahme einer **mangelnden Mitwirkung des Arbeitnehmers** ist für den Arbeitgeber Vorsicht geboten.

- Die Verweigerungshaltung des Arbeitnehmers muss sich als **abschließende Stellungnahme** darstellen.[583] Das ist anzunehmen, wenn der Arbeitnehmer erklärt, er werde sich zu den erhobenen Vorwürfen nicht äußern, und hierfür auch keine plausiblen Gründe nennt (zB die nötige Überprüfung von Unterlagen). In einem solchen Fall muss der Arbeitgeber den Arbeitnehmer in der – versuchten – Anhörung nicht näher über die Verdachtsmomente informieren. Die weitere Anhörung wäre überflüssig, weil sie nicht zur Aufklärung des Sachverhalts und zur Willensbildung des Arbeitgebers beitragen könnte.[584]
- Lässt sich der Arbeitnehmer demgegenüber zu den vorgehaltenen Verdachtsmomenten konkret ein, sodass der Verdacht zerstreut wird oder aus Sicht des Arbeitgebers für eine Kündigung nicht mehr genügt, und führen erst die anschließend vorgenommenen weiteren Ermittlungen dazu, dass das Entlastungsvorbringen aus Sicht des Arbeitgebers wider-

---

577 BAG 26.9.2002 – 2 AZR 424/01 – B I 1 b bb AP BGB § 626 Verdacht strafbarer Handlung Nr 37; Hoefs, Die Verdachtskündigung, S 196.
578 BAG 26.9.2002 – 2 AZR 424/01 – B I 1 b bb AP BGB § 626 Verdacht strafbarer Handlung Nr 37.
579 BAG 26.9.2002 – 2 AZR 424/01 – B I 1 b bb AP BGB § 626 Verdacht strafbarer Handlung Nr 37; Busch MDR 1995, 217, 218; Hoefs, Die Verdachtskündigung, S 199; Schönfeld NZA 1999, 299, 300.
580 BAG 26.9.2002 – 2 AZR 424/01 – B I 1 b bb AP BGB § 626 Verdacht strafbarer Handlung Nr 37.
581 BAG 28.11.2007 – 5 AZR 952/06 – Rn 20 NZA-RR 2008, 344.
582 BAG 23.10.2008 – 2 AZR 483/07 – Rn 32 AP BGB § 626 Nr 218.
583 BAG 26.9.2002 – 2 AZR 424/01 – B I 1 c AP BGB § 626 Verdacht strafbarer Handlung Nr 37.
584 BAG 26.9.2002 – 2 AZR 424/01 – B I 1 b cc AP BGB § 626 Verdacht strafbarer Handlung Nr 37; KR/Fischermeier § 626 BGB Rn 231.

legt ist, ist der Arbeitnehmer vor Ausspruch der Verdachtskündigung ein weiteres Mal anzuhören.[585]
- In **Zweifelsfällen** sollte der Arbeitgeber den Arbeitnehmer zu möglichst präzise ermittelten Belastungstatsachen anhören, um sich das Mittel der Verdachtskündigung nicht von vornherein abzuschneiden, weil die Wirksamkeitsvoraussetzung der Anhörung fehlt.

dd) Erhebliche Beeinträchtigung betrieblicher Interessen, fehlende Weiterbeschäftigungsmöglichkeit. Nach hier vertretener Ansicht setzt der objektive Kündigungsgrund der Verdachtskündigung grundsätzlich **zwei weitere Gegebenheiten** voraus:

- Da die Verdachtskündigung der **personenbedingten** Kündigung zuzuordnen ist, muss der durch objektive Umstände gestützte dringende Verdacht **erhebliche betriebliche Auswirkungen** haben. Diesem Erfordernis ist jedoch durch den **Verlust des Vertrauens** des Arbeitgebers genügt, der herkömmlich innerhalb der Dringlichkeit des Verdachts mitgeprüft wird.[586]
- Schließlich darf – unabhängig davon, ob man die Verdachtskündigung als personen- oder als verhaltensbedingte Kündigung versteht – **keine Möglichkeit** bestehen, den Arbeitnehmer auf einem anderen freien Arbeitsplatz **weiterzubeschäftigen**. Es kommt nur eine Weiterbeschäftigung zu geänderten Arbeitsbedingungen in Betracht, die das bisherige Vertrauen des Arbeitgebers nicht verlangt. Denkbar ist etwa, dass ein Kassierer, der dem dringenden Verdacht des Diebstahls zulasten seines Arbeitgebers ausgesetzt ist, künftig in der Position eines Sachbearbeiters beschäftigt werden kann, dem weder unmittelbar noch mittelbar Vermögenswerte des Arbeitgebers anvertraut sind. Nur dann, wenn das Vertrauen des Arbeitgebers in die Redlichkeit des Arbeitnehmers trotz der (angenommenen) bisherigen Einmaligkeit des Vorfalls zu Recht völlig zerstört ist, scheidet dieses mildere Mittel aus, das im Regelfall durch Änderungsvereinbarung oder Änderungskündigung durchgesetzt werden muss. Beruft sich der Arbeitnehmer im Kündigungsschutzprozess dagegen nicht auf eine Weiterbeschäftigungsmöglichkeit, hat der Arbeitgeber keinen Anlass vorzutragen, weshalb eine solche fehlt. Machte der Arbeitnehmer jedoch geltend, es sei eine Beschäftigung an anderer Stelle möglich, obliegt es ihm darzulegen, wie er sich eine anderweitige Beschäftigung vorstellt. Erst daraufhin muss der Arbeitgeber erläutern, aus welchen Gründen eine solche Beschäftigung nicht möglich ist (Abgestufte Darlegungslast).[587]

c) Wiedereinstellungsanspruch, Restitutionsklage. Ein Wiedereinstellungsanspruch kann in Betracht kommen, wenn das Arbeitsverhältnis wegen des Verdachts einer strafbaren Handlung oder Vertragsverletzung gekündigt wurde, sich später aber die **Unschuld des Arbeitnehmers** herausstellt oder zumindest nachträglich Umstände bekannt werden, die den **bestehenden**

---

585 BAG 13.9.1995 – 2 AZR 587/94 – II 4a AP BGB § 626 Verdacht strafbarer Handlung Nr 25.
586 Dazu iE Rn 632 und 641 ff.
587 BAG 29.8.2013 – 2 AZR 721/12 – DB 2014, 666.

Verdacht beseitigen.[588] Die bloße Einstellung des staatsanwaltschaftlichen Ermittlungsverfahrens nach § 170 Abs 2 Satz 1 StPO begründet jedoch noch keinen Wiedereinstellungsanspruch. Die Einstellungsverfügung ist nur eine vorläufige Beurteilung der Staatsanwaltschaft, der keine Bindungswirkung für einen arbeitsgerichtlichen Rechtsstreit zukommt. Gelingt es dem Arbeitgeber, die Voraussetzungen einer Verdachtskündigung darzulegen und im Bestreitensfall zu beweisen, ist kein schutzwürdiges Interesse des Arbeitnehmers verletzt, wenn der Arbeitgeber trotz der Einstellung des Ermittlungsverfahrens auf dem Ergebnis der wirksam ausgesprochenen Verdachtskündigung beharrt und den Arbeitnehmer nicht mit Wirkung der Einstellungsverfügung erneut einstellt.[589]

648 Wird der Arbeitnehmer im Strafverfahren **rechtskräftig freigesprochen**, sind die Arbeitsgerichte an den Freispruch selbst dann nicht gebunden, wenn die gegen eine Verdachtskündigung gerichtete Kündigungsschutzklage noch nicht rechtskräftig abgewiesen, sondern noch anhängig ist. Hierfür wurde früher der mittlerweile aufgehobene § 14 Abs 2 Nr 1 EGZPO herangezogen. Der Zweite Senat lehnte eine Bindung aber auch schon während der Geltung des § 14 Abs 2 Nr 1 EGZPO ohne Rückgriff auf diese Bestimmung ab.[590] Der Freispruch führt nicht zwingend zum Erfolg einer sog Wiedereinstellungsklage. Entscheidend für deren Ausgang ist die **eigene Würdigung der Arbeitsgerichte**.

649 Weder ein nachträglich ergangener Strafbefehl noch ein späterer Freispruch des Arbeitnehmers oder die Ablehnung der Eröffnung der Hauptverhandlung sind die **Restitution** begründende Tatsachen iS § 580 Nr 7 Buchst b ZPO. Ein freisprechendes Urteil oder ein Strafbefehl binden ein anschließend befindendes Zivil- oder Arbeitsgericht gerade nicht. Selbst bei rechtzeitiger Einbringung einer strafgerichtlichen Urkunde – etwa eines freisprechenden Urteils – in den laufenden Kündigungsschutzprozess müssen die (Tatsachen-)Gerichte für Arbeitssachen alle relevanten Verdachtsumstände selbst würdigen.[591]

---

588 Schon BAG 14.12.1956 – 1 AZR 29/55 – AP BGB § 611 Fürsorgepflicht Nr 3; vgl auch LAG Baden-Württemberg 29.3.2006 – 12 Sa 135/04 – 1 AuA 2006, 678 (Kurzwiedergabe).
589 BAG 20.8.1997 – 2 AZR 620/96 – II 4a AP BGB § 626 Verdacht strafbarer Handlung Nr 27.
590 BAG 22.1.1998 – 2 AZR 455/97 – II 2e aa AP ArbGG 1979 § 79 Nr 3; näher Rn 638.
591 BAG 22.1.1998 – 2 AZR 455/97 – II 2e aa AP ArbGG 1979 § 79 Nr 3. Die Entscheidung des LAG Schleswig-Holstein vom 21.4.2004 – 3 Sa 548/03 – II 1 NZA-RR 2004, 666 geht etwas weiter, indem sie ausführt, aus der Tatsache der Anklageerhebung und der anschließenden Eröffnung der Hauptverhandlung folge idR, dass auch ein verständiger Arbeitgeber vom Vorliegen eines objektiven und schwerwiegenden Tatverdachts ausgehen und bei einem Bezug zum Arbeitsverhältnis eine Verdachtskündigung aussprechen dürfe. In einem demokratischen Rechtsstaat habe das Handeln seiner Behörden die Vermutung der Rechtmäßigkeit für sich. Der Arbeitgeber könne nicht verpflichtet sein, in seinen Bewertungen kritischer und zurückhaltender als die Behörden zu sein.

20. Verschuldung, Entgeltpfändungen

Ist der Arbeitnehmer in hohem Maß verschuldet oder Entgeltpfändungen ausgesetzt, kann beides nur unter engen Voraussetzungen eine ordentliche Kündigung rechtfertigen. Hier stellt sich ein **Abgrenzungsproblem** zwischen personenbedingter und verhaltensbedingter Kündigung. Auch die Kündigung wegen zahlreicher Entgeltpfändungen soll deshalb an dieser Stelle behandelt werden.

650

Regelmäßig lässt die **private Vermögenssituation** des Arbeitnehmers sowohl seine persönliche Eignung für die geschuldete Arbeitsleistung als auch seine **arbeitsvertraglichen Pflichten unberührt**. Ein Verlust der persönlichen Eignung kann nur ausnahmsweise im Einzelfall angenommen werden, wenn

651

- der Arbeitnehmer eine **Vertrauensstellung** – etwa als Einkäufer – bekleidet,
- in der ihm **Vermögenswerte** des Arbeitgebers unmittelbar oder mittelbar anvertraut sind,
- er sich ohne Notlage **hoch verschuldet**,
- dieser Umstand in relativ kurzer Zeit zu **häufigen Vergütungspfändungen** führt und
- der Arbeitnehmer nach Art und Höhe der Schulden voraussichtlich noch längere Zeit in **ungeordneten wirtschaftlichen Verhältnissen** leben wird.

Hier kann die begründete Besorgnis des Arbeitgebers bestehen, der Arbeitnehmer werde sich gegen Vergünstigungen zulasten des Arbeitgebers finanzielle Vorteile von Lieferanten gewähren lassen.[592]

Die **Entgeltpfändungen** selbst beeinträchtigen die persönliche Eignung – von dem soeben genannten Ausnahmefall abgesehen – nicht. Sie können eine Kündigung allenfalls dann sozial rechtfertigen, wenn sie über einen längeren Zeitraum hinweg **ständig vorkommen** und dem Arbeitgeber durch sie ein solcher **Verwaltungsaufwand** entsteht, dass es objektiv zu wesentlichen Störungen des Arbeitsablaufs – bspw in der Entgeltbuchhaltung oder Rechtsabteilung – oder der betrieblichen Organisation kommt.[593] Das BAG[594] nimmt in einer solchen Konstellation zutreffend einen **verhaltensbedingten** Grund an. Die für ihn erforderliche Vertragsstörung beruht darauf, dass das außerdienstliche Verhalten des Arbeitnehmers, das zu den Pfändungen geführt hat, die berechtigten betrieblichen und unternehmerischen Interessen des Arbeitgebers an geringem Arbeitsaufwand sowie niedrigen Kosten beeinträchtigt und das Arbeitsverhältnis deshalb konkret berührt. Das außerdienstliche Handeln ist allein wegen der **wesentlichen Stö-**

652

---

592 KR/Griebeling § 1 KSchG Rn 459 ff.
593 **Str,** wie hier BAG 4.11.1981 – 7 AZR 264/79 – II 2 a und b AP KSchG 1969 § 1 Verhaltensbedingte Kündigung Nr 4; vHH/L/Krause § 1 Rn 672; aA KR/Griebeling § 1 KSchG Rn 460 mit dem Argument, die Bearbeitung von Vollstreckungsmaßnahmen durch den Arbeitgeber sei keine Leistung zugunsten des Arbeitnehmers, sondern die Erfüllung einer staatsbürgerlichen Pflicht gegenüber den Vollstreckungsgläubigern.
594 BAG 4.11.1981 – 7 AZR 264/79 – II 2 b aa AP KSchG 1969 § 1 Verhaltensbedingte Kündigung Nr 4.

rung des betrieblichen **Ablaufs oder der betrieblichen Organisation** ausnahmsweise kündigungsrelevant, nicht weil dem Arbeitnehmer die Verletzung arbeitsvertraglicher Nebenpflichten vorgeworfen werden könnte. In der Gestaltung seiner eigenen Vermögenssphäre ist der Arbeitnehmer frei. Schon auf der Ebene des objektiven Kündigungsgrundes verbietet sich jede schematische, allein auf die Zahl der Pfändungen abstellende Betrachtungsweise, zumal Art und Ausmaß der betrieblichen Beeinträchtigungen auch von der Größe und Struktur des Betriebs abhängen werden.[595] Nach Ansicht des BAG[596] ist das Verhalten des Arbeitnehmers keiner Abmahnung zugänglich, weil er gerade keine arbeitsvertragliche Nebenpflicht verletze. Dem ist nicht zuzustimmen. Denn ohne eine Abmahnung ist es dem Arbeitnehmer nicht erkennbar, wann die Störungen für den Arbeitgeber kündigungserheblich werden.[597] Abschließend ist stets noch eine **individuelle Abwägung der Interessen beider Vertragsteile** nötig, in die aufseiten des Arbeitnehmers ua die Zahl der Pfändungen im Verhältnis zur Dauer seiner Betriebszugehörigkeit, sein Lebensalter, seine Unterhaltspflichten, Wiedereinstellungschancen und eine mögliche finanzielle Notlage eingestellt werden können.[598]

21. Wehrdienst

653 Hier ist zwischen

- **deutschen Arbeitnehmern** und Angehörigen **eines Mitgliedstaats der Europäischen Union**
- sowie **ausländischen Arbeitnehmern, die keinem EU-Mitgliedstaat angehören**, zu differenzieren.

654 Für deutsche Arbeitnehmer, die freiwilligen Wehrdienst leisten oder zu einer Wehrübung einberufen werden, gelten das Verbot der ordentlichen Kündigung in § 2 Abs 1 ArbPlSchG (von der Zustellung des Einberufungsbescheids bis zur Beendigung des Grundwehrdienstes sowie während einer Wehrübung) und die Kündigungseinschränkungen nach § 2 Abs 2 Satz 1 und 2 ArbPlSchG. Die praktische Bedeutung des ArbPlSchG nimmt ab, weil die Wehrpflicht und ihr Ersatz, der Zivildienst, seit 1.7.2011 „ausgesetzt" sind.[599] Die Wehrpflicht bleibt im GG verankert und kann im Spannungs- oder Verteidigungsfall mit einfacher Mehrheit wieder in Kraft gesetzt werden. Taugliche Frauen und Männer, die Deutsche iSd GG sind, können sich nach § 54 WPflG verpflichten, freiwilligen Wehrdienst nach Abschnitt 7 WPflG zu leisten. Der freiwillige Wehrdienst besteht aus sechs Monaten Probezeit und bis zu 17 Monaten zusätzlicher Verpflichtung. Nach § 16 Abs 7 idF von Art. 6 WehrRÄndG 2011 gilt das ArbPlSchG

---

595 BAG 4.11.1981 – 7 AZR 264/79 – II 2 b aa AP KSchG 1969 § 1 Verhaltensbedingte Kündigung Nr 4.
596 BAG 4.11.1981 – 7 AZR 264/79 – II 2 b aa AP KSchG 1969 § 1 Verhaltensbedingte Kündigung Nr 4.
597 vHH/L/Krause § 1 Rn 674; so auch KR/Griebeling § 1 KSchG Rn 461 in einem Hilfsansatz.
598 BAG 4.11.1981 – 7 AZR 264/79 – II 2 b cc AP KSchG 1969 § 1 Verhaltensbedingte Kündigung Nr 4.
599 Art 1 WehrRÄndG 2011 vom 28.4.2011, BGBl I S 678.

auch im Fall des freiwilligen Wehrdienstes mit der Maßgabe, dass die Vorschriften über den Grundwehrdienst anzuwenden sind.

Auf Bürger eines **Mitgliedstaats der Europäischen Union**, die in der Bundesrepublik Deutschland beschäftigt sind, finden nach Art 7 der Verordnung des Rats über die Freizügigkeit der Arbeitnehmer innerhalb der Gemeinschaft[600] die Kündigungsschutzregeln für deutsche Arbeitnehmer, also auch die genannten Bestimmungen des ArbPlSchG Anwendung. Sie sind mit Inländern gleichzubehandeln.[601] 655

Personen, die in Deutschland beschäftigt und **nicht Staatsangehörige eines Mitgliedstaats der EU** sind sowie nach außerdeutschem Recht zum Militärdienst in einem ausländischen Staat herangezogen werden, unterfallen dem ArbPlSchG nach bisheriger Rechtsprechung dagegen nicht.[602] Führt der wehrdienstbedingte Arbeitsausfall bei ihnen zu einer erheblichen Beeinträchtigung der betrieblichen Interessen, kann eine personenbedingte Kündigung sozial gerechtfertigt sein.[603] 656

Etwas anderes gilt nach **§ 16 Abs 6 ArbPlSchG nF**[604] nur für in Deutschland beschäftigte Ausländer, wenn diese in ihrem Heimatstaat zur Erfüllung ihrer dort bestehenden Wehrpflicht zum Wehrdienst herangezogen werden, soweit sie die Staatsangehörige der Vertragsparteien der Europäischen Sozialcharta (ESC) in ihrer Ursprungsfassung vom 18.10.1961[605] – nicht der revidierten Fassung vom 3.5.1996 – sind und ihren rechtmäßigen Aufenthalt in Deutschland haben. Zu den Mitgliedstaaten der ursprünglichen Fassung der ESC gehört zB die **Türkei**. Für türkische AN war schon zuvor eine Änderung der nationalen Rechtsprechung geboten. Art 10 Abs 1 des Beschlusses des Assoziationsrats Nr 1/80 über die Entwicklung der Assoziation vom 19.9.1980 verbietet eine Benachteiligung türkischer AN, die dem regulären Arbeitsmarkt angehören, wegen ihrer Staatsangehörigkeit. Der Assoziationsrat wurde aufgrund von Art 6 des Assoziations-Abk EWG-Türkei gebildet.[606] Das Benachteiligungsverbot hat in den EU-Mitgliedstaaten unmittelbare Wirkung.[607] Entsprechendes gilt für Art 41 Abs 1 des Kooperationsabkommens zwischen der EWG und **Marokko**.[608]

---

600 Verordnung 1612/68/EWG vom 15.10.1968 (ABl EG Nr L 257, S 1), geändert durch die Verordnung 312/76/EWG vom 9.2.1976 (ABl EG Nr L 39, S 2).
601 EuGH 15.10.1969 – Rechtssache 15/69 – AP EWG-Vertrag Art 177 Nr 2.
602 EuGH 15.10.1969 – Rechtssache 15/69 – AP EWG-Vertrag Art 177 Nr 2; BAG 20.5.1988 – 2 AZR 682/87 – C II AP KSchG 1969 § 1 Personenbedingte Kündigung Nr 9; BAG 30. 7.1986 – 8 AZR 475/84 – AP BUrlG § 13 Nr 22; BAG 22.12.1982 – 2 AZR 282/82 – B II 2 a aa AP BGB § 123 Nr 23; BAG 22.12.1982 – 2 AZR 350/82 – AP BGB § 123 Nr 23; APS/Dörner § 1 ArbPlSchG Rn 3; KR/Weigand § 2 ArbPlSchG Rn 5.
603 BAG 20.5.1988 – 2 AZR 682/87 – AP KSchG 1969 § 1 Personenbedingte Kündigung Nr 9.
604 § 16 ArbPlSchG idF vom 13.4.2013.
605 BGBl 1964 II S 1262.
606 Zu Zusammensetzung und Kompetenzen des Gremiums Fehrenbacher ZAR 2008, 335, 336 ff.
607 EuGH 8.5.2003 – C-171/01 – Zajedno/Birlikte Rn 53 f, 56 und 66 Slg 2003, I-4301; Däubler NZA 1992, 577, 581; Lörcher EuZW 1991, 395, 397.
608 EuGH 31.1.1991 – C-18/90 – Kziber Rn 23 Slg 1991, I-199.

657 Die Unanwendbarkeit des Arbeitsplatzschutzgesetzes hat im Geltungsbereich des KSchG in der Bundesrepublik zur Folge, dass eine ordentliche Kündigung des Arbeitsverhältnisses von Arbeitnehmern, die nicht Bürger eines EU-Mitgliedstaats, eines Assoziations- oder Kooperationsstaats sind, im Regelfall nur während der Dauer eines **verkürzten** Grundwehrdienstes nicht gerechtfertigt ist. Während dieser Zeit besteht in Rechtsanalogie zu §§ 616, 228, 904 BGB (und früher § 72 HGB idF vom 18.4.1950) ein durch einen Ausgleich der beiderseitigen schutzwürdigen Interessen begrenztes **Leistungsverweigerungsrecht** iSv § 273 Abs 1 BGB. Dieses Leistungsverweigerungsrecht entfällt lediglich in einer betrieblichen Zwangslage.[609] Der Siebte Senat nimmt an, der Arbeitgeber verstoße gegen **Treu und Glauben** (§ 242 BGB), wenn er während der genannten zwei Monate auf der Erfüllung der Arbeitspflicht beharre.[610] Um den Lösungsweg des BAG zu verdeutlichen: Da die Leistungsverweigerung berechtigt ist, scheidet ein verhaltensbedingter Grund aus. Auch ein personenbedingter Kündigungsgrund kommt regelmäßig – mit Ausnahme einer betrieblichen Zwangslage – nicht in Betracht, obwohl dem Arbeitnehmer die Arbeitsleistung unmöglich ist.

658 Leistet der Arbeitnehmer, **der keinem Mitgliedstaat der Europäischen Union und keinem Assoziations- oder Kooperationsstaat angehört**, seinen vollen Wehrdienst, macht ihm dies die arbeitsvertraglich geschuldete Leistung für einen noch längeren Zeitraum unmöglich (Prognose fehlender Eignung, erster Prüfungsschritt der personenbedingten Kündigung). Der Zweite Senat[611] nahm im Fall eines Staatsangehörigen des früheren Jugoslawien, der einen **Wehrdienst von zwölf Monaten** zu leisten hatte, an, dem Arbeitnehmer sei die Arbeitsleistung wegen der unvermeidlichen Pflichtenkollision unzumutbar. Das stehe ihrer Unmöglichkeit gleich.[612] Ein verhaltensbedingter Kündigungsgrund kam deshalb auch hier nicht in Betracht, sondern allein ein personenbedingter. Ob eine **personenbedingte Kündigung** sozial gerechtfertigt ist, richtet sich in einer solchen Konstellation danach,

---

609 BAG 20.5.1988 – 2 AZR 682/87 – C III b und c AP KSchG 1969 § 1 Personenbedingte Kündigung Nr 9 (damals noch Türkei) unter Hinweis auf den aufgehobenen § 72 Abs 3 HGB mit den beiden Anm Rüthers/Henssler und Kothe, die sich ua krit damit auseinandersetzen, dass die Fragen des Leistungsverweigerungsrechts und des Kündigungsrechts nicht unterschieden würden; BAG 22.12.1982 – 2 AZR 282/82 – AP BGB § 123 Nr 23.
610 BAG 7.9.1983 – 7 AZR 433/82 – III 2 AP KSchG 1969 § 1 Verhaltensbedingte Kündigung Nr 7.
611 20.5.1988 – 2 AZR 682/87 – C III 2 b bb AP KSchG 1969 § 1 Personenbedingte Kündigung Nr 9.
612 Zu der rechtssystematischen Kritik daran, dass die rechtshemmende Einrede des Leistungsverweigerungsrechts vor der rechtsvernichtenden Einwendung der Unmöglichkeit geprüft werde, Kohte in seiner Anm zu dieser Entscheidung I 1.

ob die Abwesenheit des Arbeitnehmers betriebliche oder wirtschaftliche Interessen erheblich beeinträchtigt[613] und diese erhebliche Beeinträchtigung nicht durch zumutbare personelle oder organisatorische Maßnahmen überbrückt werden kann.[614]

---

613 **Zweite Stufe**; vom BAG wurde in der Entscheidung vom 20.5.1988 – 2 AZR 682/87 – C III 3 b AP KSchG 1969 § 1 Personenbedingte Kündigung Nr 9 eine erhebliche Betriebsstörung für eine Tätigkeit angenommen, bei der zwingend zwei Arbeitnehmer eingesetzt werden mussten.
614 **Vierte** bzw nach Ansicht des BAG **dritte** Ebene der Prüfung; BAG 20.5.1988 – 2 AZR 682/87 – C III 3 a bis c AP KSchG 1969 § 1 Personenbedingte Kündigung Nr 9; vgl auch KR/Griebeling § 1 KSchG Rn 394; vHH/L//Krause § 1 Rn 487.

F. Betriebsbedingte Kündigung

- I. Allgemeines... 659
- II. Die Unternehmerentscheidung... 663
  - 1. Inhalt der unternehmerischen Entscheidung... 663
    - a) Gebundene und ungebundene Unternehmerentscheidung, außer- und innerbetriebliche Umstände... 663
    - b) Grundsatz der freien Unternehmerentscheidung, bloße Willkür-, keine Inhaltskontrolle... 667
      - aa) Allgemeines... 667
      - bb) Entscheidung zur dauerhaften Reduzierung des Personalbestands... 672
        - (1) Inner- oder außerbetrieblicher Grund... 673
        - (2) Personalreduzierung als unternehmerische Maßnahme... 674
        - (3) Erforderlichkeit eines Konzepts... 677
          - (a) Freie Beurteilung des wirtschaftlichen Bedürfnisses... 678
          - (b) Notwendigkeit des Vortrags eines Konzepts, um die sachliche Begründung der unternehmerischen Entscheidung überprüfen zu können... 679
        - (4) Umsetzung der Entscheidung zur Personalverringerung... 681
        - (5) Dringlichkeit des betrieblichen Erfordernisses... 682
  - 2. Durchführung der unternehmerischen Entscheidung: ursächlicher Wegfall der Beschäftigungsmöglichkeit... 683
- III. Vorrang des milderen Mittels (ultima ratio)... 687
  - 1. Dringlichkeit... 687
  - 2. Weiterbeschäftigungsmöglichkeit auf einem freien Arbeitsplatz... 691
    - a) Exkurs... 692
      - aa) Grundsätzliche Betriebsbezogenheit des Kündigungsschutzes... 693
      - bb) Durchbrechungen der Anknüpfung an den Betrieb durch Unternehmensbezug... 694
      - cc) Kündigungsschutz im Konzern... 696
    - b) Freier Arbeitsplatz und Notwendigkeit eines Änderungsangebots... 703
      - aa) Freier Arbeitsplatz... 703
      - bb) Notwendigkeit eines Änderungsangebots... 707
    - c) (Sozial)Auswahl bei Weiterbeschäftigung... 717
  - 3. Interessenabwägung... 721
- IV. § 1 Abs 5 KSchG... 722
  - 1. Übersicht... 725
  - 2. Vermutung des § 1 Abs 5 Satz 1 KSchG... 726
    - a) Vermutungsbasis... 726
      - aa) Kündigung aufgrund einer Betriebsänderung... 727
      - bb) Qualifizierter Interessenausgleich... 729
      - cc) Schriftform des Interessenausgleichs... 733
    - b) Reichweite der Vermutung... 736
    - c) Darlegungs- und Beweislast im Rahmen des § 1 Abs 5 Satz 1 KSchG... 737
  - 3. § 1 Abs 5 Satz 3 KSchG... 743
- V. Sonderfall: betriebsbedingte außerordentliche Kündigung ordentlich Unkündbarer... 744
  - 1. Allgemeines... 744
  - 2. Übersicht... 751
  - 3. Voraussetzungen... 753
    - a) Wichtiger Grund an sich... 753
    - b) Interessenabwägung... 755
    - c) Zweiwochenfrist, § 626 Abs 2 BGB... 757
  - 4. Rechtsfolge... 758
- VI. Einzelfälle... 759
  - 1. Abkehrwille... 760
  - 2. Arbeitsmangel... 761
  - 3. Auftrags- und Umsatzrückgang... 764
  - 4. Austauschkündigung... 768

5. Betriebsänderung/Betriebseinschränkung/Änderung des Arbeitsablaufs 774
6. Betriebsstilllegung und Wiedereinstellungsanspruch 779
7. Betriebsübergang 794
8. Druckkündigung 796
9. Insolvenz 799
10. Öffentlicher Dienst 804
11. Rationalisierung 808
12. Rentabilitätssteigerung 811
VII. Soziale Auswahl 812
 1. Änderungen der Sozialauswahl durch Gesetz zu Reformen am Arbeitsmarkt 812
 2. Allgemeines 813
 3. Betriebsbezug 820
 4. Abgrenzung zu der anderweitigen Beschäftigungsmöglichkeit auf einem freien Arbeitsplatz 827
 5. Prüfungsschritte 828
   a) Vergleichbarkeit (auswahlrelevanter Personenkreis) 828
   b) Vergleich der Sozialindikatoren 858
   c) Herausnahme einzelner Arbeitnehmer aus der Vergleichsgruppe aufgrund berechtigten betrieblichen Interesses 880
 6. Auswahlrichtlinie nach § 1 Abs 4 KSchG 899
 7. Sozialauswahl bei namentlicher Benennung in einem Interessenausgleich nach § 1 Abs 5 Satz 2 KSchG ... 908
   a) Prüfungsmaßstab der groben Fehlerhaftigkeit 908
   b) Darlegungs- und Beweislast nach § 1 Abs 5 Satz 2 KSchG ... 913
VIII. Verteilung der Darlegungs- und Beweislast im Rahmen betriebsbedingter Kündigungen 914
 1. Dringendes betriebliches Erfordernis 915
   a) Dringendes betriebliches Erfordernis ieS, § 1 Abs 2 Satz 1 Var 3 KSchG 915
   b) Weiterbeschäftigungsmöglichkeit auf einem freien Arbeitsplatz 920
 2. Sozialauswahl 921
   a) § 1 Abs 3 KSchG 921
   b) § 1 Abs 4 KSchG 924
 3. Sonderfall: § 1 Abs 5 KSchG 925
   a) § 1 Abs 5 Satz 1 KSchG 925
   b) § 1 Abs 5 Satz 2 KSchG 926
   c) § 1 Abs 5 Satz 3 KSchG 927

I. Allgemeines

Unabhängig von Person oder Verhalten des Arbeitnehmers begründet auch ein **dringendes betriebliches Erfordernis**, das seiner Weiterbeschäftigung entgegensteht, die soziale Rechtfertigung einer Kündigung. Die Bestandsschutzbelange des Arbeitnehmers treten hier gegenüber dem Interesse des Arbeitgebers, den Personalbestand an einen veränderten Arbeitskräftebedarf anzupassen, zurück. 659

Eine Kündigung ist betriebsbedingt sozial gerechtfertigt, wenn drei **Voraussetzungen** erfüllt sind: 660

- Der Arbeitsplatz entfällt aufgrund einer gerichtlich grundsätzlich nicht überprüfbaren **unternehmerischen Entscheidung**.[1]
- Eine **Weiterbeschäftigungsmöglichkeit auf einem freien Arbeitsplatz** fehlt.[2]

---

1 Rn 663 ff.
2 Rn 691 ff.

- Sind mehrere vergleichbare Arbeitnehmer vorhanden, die für den Arbeitsplatzverlust in Betracht kommen, ist unter ihnen eine soziale Auswahl zu treffen.[3]

661 Liegen die vorgenannten Voraussetzungen vor, bedarf es **keiner abschließenden Interessensabwägung**.[4] Nachdem das BAG in älterer Rechtsprechung noch eine Abwägung der betrieblichen Gründe gegen das Bestandsschutzinteresses des Arbeitnehmers vorgenommen hat,[5] ist es in späterer Rechtsprechung davon ausgegangen, dass sich nur in seltenen Ausnahmefällen die Abwägung zugunsten des Arbeitnehmers auswirken kann.[6] In jüngster Rechtsprechung lässt der 2. Senat erkennen, dass er an dem Erfordernis einer abschließenden Abwägung der Interessen nicht mehr festhält.[7] Tatsächlich wird in der jüngeren Rechtsprechung ein solcher Prüfungsschritt nicht mehr vollzogen.

662 Im Gegensatz zur verhaltens- und personenbedingten Kündigung bedarf es einer abschließenden Abwägung der wechselseitigen Interessen nicht,[8] weil die betriebsbedingte Kündigung ausschließlich an betriebliche Verhältnisse und nicht an Umstände im Bereich der Arbeitnehmer anknüpft. Deren sozialen Interessen fließen im Rahmen der Erforderlichkeit der Kündigung und der sozialen Auswahl in die Prüfung der Wirksamkeit der betriebsbedingten Kündigung ein. Ist der Beschäftigungsbedarf entfallen und eine Auswahl der zu kündigenden Arbeitnehmer nach sozialen Kriterien erfolgt, darf das Kündigungsrecht erforderliche Kündigungen nicht verhindern.[9]

II. Die Unternehmerentscheidung[10]
1. Inhalt der unternehmerischen Entscheidung

663 a) **Gebundene und ungebundene Unternehmerentscheidung, außer- und innerbetriebliche Umstände.** Dringende betriebliche Erfordernisse für eine Kündigung iSd § 1 Abs 2 Satz 1 Var 3 KSchG können sich aus **inner- oder außerbetrieblichen Gründen** ergeben.[11] Zwingende Voraussetzung eines dringenden betrieblichen Erfordernisses ist – je nach Art des Grundes – eine gebundene oder ungebundene **unternehmerische Entscheidung**.

- Setzt der Arbeitgeber lediglich äußere Vorgaben innerbetrieblich um – zB durch eine Produktionsverringerung entsprechend dem Auftrags- oder Umsatzrückgang –, liegt eine **gebundene**, auf **außerbetrieblichen** Umständen beruhende Entschließung vor. Er trifft dann keine gestaltende unternehmerische Entscheidung, sondern will lediglich die An-

---

3 Rn 812 ff.
4 Einschränkend die Vorauﬂ § 1 KSchG Rn 624, bereits dort aber eine Interessenabwägung abl Rn 670.
5 BAG 4.2.1960 – 3 AZR 25/58 – AP § 1 Betriebsbedingte Kündigung Nr 5.
6 BAG 24.10.1979 – 2 AZR 940/77 – BAGE 32, 150.
7 BAG 20.1.2005 – 2 AZR 500/03.
8 Bitter/Kiel RdA 1994, 346; APS/Kiel § 1 KSchG Rn 651; vHH/L/Krause § 1 KSchG Rn 735; aA KR/Griebeling § 1 KSchG Rn 549.
9 APS/Kiel § 1 KSchG Rn 651.
10 Vgl zu den Fragen der Unternehmerentscheidung Rost NZA Sonderbeilage 1/2004, 34.
11 St Rspr, zB BAG 23.2.2012 – 2 AZR 548/10 – NZA 2012, 852; 27.6.2002 – 2 AZR 489/01 – EzA KSchG § 1 Betriebsbedingte Kündigung Nr 119 II 1 a.

zahl der benötigten Arbeitnehmer unmittelbar der Arbeitsmenge anpassen, die sich aus dem verringerten Auftragsbestand bzw Umsatz ergibt. Bindet sich der Arbeitgeber selbst an die von ihm angenommenen Sachzwänge, hat das Gericht nachzuprüfen, ob zum Zeitpunkt des Kündigungsausspruchs feststand, bei Ablauf der Kündigungsfrist werde nicht länger eine Beschäftigungsmöglichkeit für den gekündigten Arbeitnehmer bestehen.[12]

- Plant der Arbeitgeber dagegen frei – rationalisiert etwa in einem bereits rentablen Unternehmen – handelt es sich um einen **ungebundenen**, aus **innerbetrieblichen** Gründen herrührenden Entschluss.[13]

Weder außer- noch innerbetriebliche Faktoren führen als solche zu einem Wegfall von Beschäftigungsmöglichkeiten. Hinzu kommen muss ein Willensakt des Arbeitgebers.

Außerbetriebliche Gründe sind bspw Auftragsmangel, -rückgang oder -verlust,[14] Preisverfall und Umsatzrückgang.[15] Zu denken ist aber auch an Konstellationen wie die unterbleibende Gewährung von Drittmitteln.[16] Durch einen außerbetrieblichen Faktor bedingt ist eine Kündigung nur, wenn der geltend gemachte Umstand einen Überhang an Arbeitskräften bewirkt, durch den unmittelbar oder mittelbar das Bedürfnis zur Weiterbeschäftigung eines oder mehrerer Arbeitnehmer entfällt. Der konkrete Arbeitsplatz des betroffenen Arbeitnehmers braucht nicht verloren zu gehen. **Kündigungsschutzrechtlich relevant ist nur ein außerbetrieblicher Grund mit Betriebsbezug.**[17] Der Arbeitgeber muss sich deshalb dazu entschließen, die Anzahl der zur Verfügung gestellten Arbeitsplätze an die objektiv vorhandenen Beschäftigungsmöglichkeiten anzupassen. Damit bindet er sich selbst.[18] Auch bei einer Kündigung, die auf außerbetriebliche Gründe gestützt wird, kommt es darauf an, ob der Arbeitnehmer im Kündigungstermin voraussichtlich entbehrt werden kann. Davon ist auszugehen, wenn der Eintritt des Kündigungsgrundes bei Ablauf der Kündigungsfrist im Zeitpunkt des Ausspruchs der Kündigung aufgrund einer vernünftigen und betriebswirtschaftlichen Betrachtung mit einiger Sicherheit zu erwarten

664

---

12 BAG 7.7.2005 – 2 AZR 399/04 – AP § 1 KSchG Betriebsbedingte Kündigung Nr 138; 15.6.1989 – 2 AZR 600/88 – AP KSchG 1969 § 1 Betriebsbedingte Kündigung Nr 45 II 1 a und b; KR/Griebeling § 1 KSchG Rn 534.
13 Zu der Abgrenzung etwa BAG 30.5.1985 – 2 AZR 321/84 – AP KSchG 1969 § 1 Betriebsbedingte Kündigung Nr 24 B III 1; vgl zu den Beispielen auch Zwanziger AuR 1987, 427, 428.
14 BAG 23.2.2012 – 2 AZR 548/10 – NZA 2012, 852; vgl zur unterbleibenden Neuerteilung eines Bewachungs- oder Reinigungsauftrags, BAG 12.4.2002 – 2 AZR 256/01 – AP KSchG 1969 § 1 Betriebsbedingte Kündigung Nr 120 II 2 a mit krit Bspr Bauers in Sonderbeilage zu NZA Heft 18/2004, 38, 39 f; zu Auftrags- und Umsatzrückgang auch Rn 764 ff.
15 Vgl ie KR/Griebeling § 1 KSchG Rn 517 f; APS/Kiel § 1 KSchG Rn 473 ff.
16 BAG 12.4.2002 – 2 AZR 256/01 – AP KSchG 1969 § 1 Betriebsbedingte Kündigung Nr 120 II 2 a.
17 BAG 13.3.1987 – 7 AZR 724/85 – AP KSchG 1969 § 1 Betriebsbedingte Kündigung Nr 37 III 2 a.
18 BAG 15.6.1989 – 2 AZR 600/88 – AP KSchG 1969 § 1 Betriebsbedingte Kündigung Nr 45 II 1 a.

ist.[19] Diese Zukunftsprognose muss ergeben, dass zukünftig auf Dauer mit einem reduzierten Arbeitsvolumen und Beschäftigungsbedarf zu rechnen ist; nur kurzfristige Produktions- oder Auftragsschwankungen müssen ausgeschlossen sein.[20] Der Zweite Senat mildert den Prognosemaßstab auch bei längeren Kündigungsfristen älterer Arbeitnehmer nicht. Er begründet dieses Ergebnis zu Recht mit der Überlegung, der Zweck der nach der Dauer des Arbeitsverhältnisses und dem Alter des Arbeitnehmers gestaffelten beruflichen Existenzsicherung der längeren Kündigungsfrist werde verfehlt, wenn für die soziale Rechtfertigung einer ordentlichen Kündigung wegen eines dringenden betrieblichen Erfordernisses schon jede Ungewissheit über die Erteilung der für die Weiterbeschäftigung eines Arbeitnehmers oder mehrerer Arbeitnehmer erforderlichen Aufträge ausreiche. Es genügt also nicht, wenn die Neuvergabe noch offen ist.[21] Auch in einem **Leiharbeitsverhältnis** muss der Arbeitgeber den – dauerhaften – Rückgang des Beschäftigungsvolumens im Kündigungsschutzprozess nachvollziehbar darstellen. Dazu reicht bei einer Arbeitnehmerüberlassung der Hinweis des Verleihers regelmäßig nicht aus, der bisherige Auftrag, in dessen Rahmen der Leiharbeitnehmer eingesetzt worden sei, sei beendet, es lägen keine Anschlussaufträge vor. Kurzfristige Auftragslücken gehören zum typischen Wirtschaftsrisiko eines Leiharbeitgebers und sind nicht geeignet, eine betriebsbedingte Kündigung zu rechtfertigen. Der Arbeitgeber muss vielmehr anhand seiner Auftrags- und Personalplanung darstellen, weshalb es sich nicht nur um eine kurzfristige Auftragsschwankung, sondern um einen dauerhaften Auftragsrückgang handelt und aus welchem Grund ein Einsatz des Arbeitnehmers bei einem anderen Kunden bzw in einem anderen Auftrag – ggf auch nach entsprechenden Anpassungsfortbildungen – nicht in Betracht kommt.[22]

665 **Innerbetriebliche Umstände** sind dagegen alle betrieblichen Maßnahmen auf technischem, organisatorischem oder wirtschaftlichem Gebiet. ZB können Hierarchieebenen aufgelöst,[23] Produktionsprozesse rationalisiert oder Betriebsstätten stillgelegt werden.[24] Bei ihnen trifft der Arbeitgeber eine **gestaltende Unternehmerentscheidung**, die ebenfalls zu einem Überhang an Arbeitskräften führt.[25] Eine Kündigung ist aus innerbetrieblichen Gründen gerechtfertigt, wenn sich der Arbeitgeber im Unternehmensbereich zu einer organisatorischen Maßnahme entschließt, bei deren innerbetrieblicher Umsetzung das Bedürfnis für die Weiterbeschäftigung eines oder mehrerer Ar-

---

19 BAG 12.4.2002 – 2 AZR 256/01 – AP KSchG 1969 § 1 Betriebsbedingte Kündigung Nr 120 II 2 a.
20 BAG 23.2.2012 – 2 AZR 548/10 – NZA 2012, 852.
21 BAG 12.4.2002 – 2 AZR 256/01 – AP KSchG 1969 § 1 Betriebsbedingte Kündigung Nr 120 II 2 c (noch offene Neuvergabe eines Reinigungsauftrags) mit krit Bspr Bauers in Sonderbeilage zu NZA Heft 18/2004, 38, 39 f.
22 BAG 18.5.2006 – 2 AZR 412/05 – AP AÜG § 9 Nr 7 B II 1 mwN und im Ergebnis zust Bspr Hamanns in jurisPR-ArbR 38/2006 Anm 4; Dahl BB 2003, 1626, 1627.
23 Vgl dazu aber Rn 672 ff.
24 Vgl etwa BAG 27.6.2002 – 2 AZR 489/01 – EzA KSchG § 1 Betriebsbedingte Kündigung Nr 119 II 1 a mit Beispielen sowohl für inner- als auch für außerbetriebliche Gründe.
25 Vgl BAG 30.5.1985 – 2 AZR 321/84 – AP KSchG 1969 § 1 Betriebsbedingte Kündigung Nr 24 B II 1.

beitnehmer entfällt.²⁶ Dabei kann eine unternehmerische Organisationsentscheidung nicht nur in einer **Umgestaltung der Arbeitsabläufe**, sondern auch in einer **Festlegung von Anforderungsprofilen und Qualifikationsanforderungen**²⁷ oder der Entscheidung liegen, mit welcher Stärke der Belegschaft des Betriebs künftig das Unternehmensziel erreicht werden soll bzw welche **Kapazität an einzusetzenden Arbeitskräften** und ihrer Arbeitszeit vorgehalten werden muss.²⁸

Die Art der betrieblichen Gründe bestimmt die **Darlegungslast** des Arbeitgebers im Kündigungsschutzprozess. 666

- Beruft er sich auf **außerbetriebliche Faktoren**, muss er im Einzelnen vortragen und im Bestreitensfall beweisen, dass
  - die geltend gemachten außerbetrieblichen Umstände vorliegen und
  - ihretwegen die Beschäftigungsmöglichkeit für den von der Kündigung betroffenen Arbeitnehmer – dauerhaft – nicht mehr vorhanden ist.²⁹
- Stützt sich der Arbeitgeber auf **innerbetriebliche Umstände**, muss er
  - die Bestandteile der geplanten Umorganisation benennen und
  - den daraus folgenden – dauerhaften – Wegfall von Beschäftigungsmöglichkeiten darlegen.³⁰

MaW: Bei Kündigungen aus innerbetrieblichen Gründen muss der Arbeitgeber – nicht auf Schlagworte beschränkt³¹ – vortragen, welche organisatorischen oder technischen Maßnahmen er angeordnet hat und wie sich die von ihm behaupteten Umstände unmittelbar oder mittelbar auf die Beschäftigungsmöglichkeit des gekündigten Arbeitnehmers auswirken.³²

b) Grundsatz der freien Unternehmerentscheidung, bloße Willkür-, keine Inhaltskontrolle. aa) Allgemeines. Durch die Entscheidung muss der Ar- 667

---

26 St Rspr zB BAG 27.6.2002 – 2 AZR 489/01 – EzA KSchG § 1. Betriebsbedingte Kündigung Nr 119 II 1 a; BAG 4.5.2006 – 8 AZR 299/05 – AP BGB § 613 a Nr 304 II 1 a.
27 BAG 7.7.2005 – 2 AZR 399/04.
28 Grundlegend BAG 24.4.1997 – 2 AZR 352/96 – AP KSchG 1969 § 2 Nr 42, allerdings zu einer Änderungskündigung; inzwischen auch für Beendigungskündigungen st Rspr: BAG 7.5.1998 – 2 AZR 536/97 – AP KSchG 1969 § 1 Betriebsbedingte Kündigung Nr 94(Stilllegung von Betriebsteilen); BAG 22.5.2003 – 2 AZR 326/02 – AP KSchG 1969 § 1 Betriebsbedingte Kündigung Nr 128 B I 2 a mit Anm Kloppenburg in jurisPR-ArbR 10/2003 Anm 6 (Stellenstreichung im Haushaltsplan oder Personalbedarfsplan/kw-Vermerk); BAG 2.6.2005 – 2 AZR 480/04 – AP KSchG 1969 § 1 Soziale Auswahl Nr 75 B I 2 a (Personalschlüsselzahlen); BAG 22.9.2005 – 2 AZR 155/05 – nv bzw nur im Kurztext in juris veröffentlicht B I 2 c bb (2) (Personalbedarfsschlüssel); BAG 18.5.2006 – 2 AZR 245/05 – nvB II 2 c bb; dazu näher Rn 672, 674 ff.
29 BAG 23.2.2012 – 2 AZR 548/10 – NZA 2012, 852; 18.5.2006 – 2 AZR 412/05 – DB 2006, 1962.
30 BAG 16.12.2010 – 2 AZR 770/09 – NZA 2011, 505; APS/Kiel § 1 KSchG Rn 483; Hümmerich/Spirolke NZA 1998, 797.
31 BAG 12.4.2002 – 2 AZR 256/01 – AP KSchG 1969 § 1 Betriebsbedingte Kündigung Nr 120 II 2 sowohl für inner- als auch für außerbetriebliche Gründe; BAG 13.6.2002 – 2 AZR 589/01 – AP ZPO § 284 Nr 4 II 2 a.
32 BAG 16.12.2010 – 2 AZR 770/09 – NZA 2011, 505; 13.2.2008 – 2 AZR 1041/06; 13.6.2002 – 2 AZR 589/01 – AP ZPO § 284 Nr 4 II 2 a; BAG 27.6.2002 – 2 AZR 489/01 – EzA KSchG § 1 Betriebsbedingte Kündigung Nr 119 II 1 a mwN.

beitsplatz nach einer vernünftigen, betriebswirtschaftlichen Betrachtungsweise zum Zeitpunkt des Kündigungstermins mit einiger Sicherheit entfallen sein.[33] Das BAG geht in ständiger Rechtsprechung von dem aus Art 2 Abs 1, 12 und 14 GG hergeleiteten **Grundsatz der freien Unternehmerentscheidung** aus. Danach ist von den Arbeitsgerichten nicht zu überprüfen, ob die Entscheidung (betriebswirtschaftlich) notwendig und zweckmäßig ist.[34] Die Freiheit des unternehmerischen Entschlusses beruht darauf, dass der Arbeitgeber nach der gegenwärtigen Wirtschafts- und Sozialordnung das wirtschaftliche Risiko für die zweckmäßige Einrichtung und Gestaltung seines Betriebs trägt.[35]

668 Allerdings kann die Unternehmerentscheidung darauf überprüft werden, ob sie **offenbar unsachlich, unvernünftig** oder **willkürlich** ist. Bei Willkür ist sie ausnahmsweise nicht bindend. Da es sich um eine Ausnahme handelt, war bisher gefestigte Rechtsprechung, dass der sich auf Willkür berufende Arbeitnehmer hierfür die **Behauptungs- und Beweislast** trägt.[36] In zwei Urteilen vom 17.6.1999[37] nimmt der Zweite Senat für den Sonderfall der Entschließung zur Personalreduzierung, in dem sich die Organisationsentscheidung dem Kündigungsentschluss annähert,[38] aber eine auf **drei Stufen** zwischen Arbeitgeber und Arbeitnehmer verteilte Darlegungslast für die offenbare Unsachlichkeit, Unvernunft oder Willkür an und lässt die Frage der Beweislast ausdrücklich offen.

669 Im Normalfall – der nicht auf die bloße Personalreduzierung beschränkten Unternehmerentscheidung – gilt Folgendes: Voll nachzuprüfen ist immer,

- ob die zur Begründung dringender betrieblicher Erfordernisse angeführten inner- oder außerbetrieblichen Gründe tatsächlich vorliegen und
- wie sie sich im betrieblichen Bereich auswirken, dh in welchem Umfang durch sie eine Beschäftigungsmöglichkeit ganz oder teilweise ent-

---

33 Schon Rn 664 für den Prognosemaßstab bei außerbetrieblichen Gründen, BAG 12.4.2002 – 2 AZR 256/01 – AP KSchG 1969 § 1 Betriebsbedingte Kündigung Nr 120 II 2c für inner- und außerbetriebliche Gründe; BAG 10.10.1996 – 2 AZR 477/95 – AP KSchG 1969 § 1 Betriebsbedingte Kündigung Nr 81 II 1b (1).
34 Vgl BAG 27.1.2011 – 2 AZR 9/10 – AP KSchG 1969 § 1 Nr 187 (Kündigung eines Hornisten wegen der Verkleinerung eines Orchesters).
35 Vgl BAG vom 17.6.1999 – 2 AZR 522/98 – AP KSchG 1969 § 1 Betriebsbedingte Kündigung Nr 102 II 1b aa; der Beschluss des BAG vom 21.6.1995 – 2 ABR 28/94 – AP KSchG 1969 § 15 Nr 36 B II 2a bb stützt sich auf das weitere Argument, die Gerichte wären überfordert, wenn sie dem Arbeitgeber eine „bessere" oder „richtigere" betriebliche Organisation zumuten wollten. Zu den nach nationalem Verfassungsrecht auszugleichenden Grundrechtspositionen von Arbeitgeber und Arbeitnehmer iE Kamanabrou RdA 2004, 333.
36 BAG 18.1.1990 – 2 AZR 357/89 – AP KSchG 1969 § 1 Soziale Auswahl Nr 19 II 2b.
37 BAG 17.6.1999 – 2 AZR 522/98 – AP KSchG 1969 § 1 Betriebsbedingte Kündigung Nr 102 II 1c am Anfang und cc, ee, ff sowie e; BAG 17.6.1999 – 2 AZR 141/99 – AP KSchG 1969 § 1 Betriebsbedingte Kündigung Nr 101 II 2e und f.
38 Dazu detailliert Rn 672 ff.

fällt.[39] Es genügt, dass die Planung der Durchführung greifbare Formen angenommen hat. Beruft sich der Arbeitgeber auf eine Unternehmerentscheidung, unterliegt es daneben der vollen gerichtlichen Kontrolle, ob

- eine unternehmerische Entscheidung tatsächlich getroffen wurde und
- durch ihre Umsetzung das Beschäftigungsbedürfnis für einzelne Arbeitnehmer dauerhaft entfallen ist.[40]

Dagegen ist die Unternehmerentscheidung selbst nicht auf ihre sachliche Rechtfertigung oder ihre Zweckmäßigkeit zu überprüfen, sondern nur darauf, ob sie offenbar unsachlich, unvernünftig oder willkürlich ist.[41] Für eine beschlossene und tatsächlich durchgeführte unternehmerische Organisationsentscheidung spricht – mit Ausnahme der bloßen Entscheidung zur Personalverringerung[42] – die Vermutung, dass sie aus sachlichen Gründen erfolgt ist.[43] Sind Organisationsentscheidung und Kündigungsentschluss aber praktisch deckungsgleich, greift die Vermutung nur dann, wenn der Arbeitgeber konkret darlegen kann, wie sich die behauptete Organisationsentscheidung auf die Einsatzmöglichkeit ausgewirkt hat und dass – etwa beim Abbau einer Hierarchieebene – die Arbeiten vom verbliebenen Personal ohne überobligationsmäßige Leistungen erledigt werden können.[44] Da Rechtsmissbrauch die Ausnahme ist, hat im Kündigungsschutzprozess sonst grundsätzlich der Arbeitnehmer die Umstände darzulegen und im Streitfall zu beweisen, aus denen sich ergeben soll, dass die getroffene innerbetriebliche Strukturmaßnahme offensichtlich unsachlich, unvernünftig oder willkürlich ist.[45] Mithilfe dieser Missbrauchskontrolle soll verhindert werden, dass der verfassungsrechtlich gebotene Mindestbestandsschutz unangemessen zurückgedrängt wird. Ein Rechtsmissbrauch ist neben Verstößen gegen gesetzliche oder tarifliche Bestimmungen insbesondere bei Um-

---

39 BAG 16.12.2010 – 2 AZR 770/09 – NZA 2011, 505; 10.7.2008 – 2 AZR 1111/06; 26.6.1997 – 2 AZR 494/96 – AP KSchG 1969 § 1 Betriebsbedingte Kündigung Nr 86 II 1.
40 BAG 16.12.2010 – 2 AZR 770/09 – NZA 2011, 505; 13.3.2008 – 2 AZR 1037/06 – AP § 1 KSchG 1969 Betriebsbedingte Kündigung Nr 176; 12.4.2002 – 2 AZR 740/00 – EzA KSchG § 1 Betriebsbedingte Kündigung Nr 117 II 2 b aa; BAG 4.5.2006 – 8 AZR 299/05 – AP BGB § 613 a Nr 304 II 1 c.
41 St Rspr, zB BAG 12.4.2002 – 2 AZR 740/00 – EzA KSchG § 1 Betriebsbedingte Kündigung Nr 117 II 2 b aa; BAG 4.5.2006 – 8 AZR 299/05 – AP BGB § 613 a Nr 304 II 1 c mwN; zu der Besonderheit von Organisationsentscheidungen zur Personalreduzierung Rn 672 ff.
42 Zu diesem Sonderfall näher Rn 672 ff.
43 BAG 27.1.2011 – 2 AZR 9/10 – AP KSchG 1969 § 1 Nr 187; 23.4.2008 – 2 AZR 1110/06 – NZA 2008, 939.
44 BAG 24.5.2012 – 2 AZR 124/11 – NZA 2012, 1223; 16.12.2010 – 2 AZR 770/09 – NZA 2011, 505.
45 BAG 27.1.2011 – 2 AZR 9/10 – AP KSchG 1969 § 1 Nr 187; 23.4.2008 – 2 AZR 1110/06 – NZA 2008, 939; 13.3.2008 – 2 AZR 1037/06 – AP § 1 KSchG 1969 Betriebsbedingte Kündigung Nr 176; 22.4.2004 – 2 AZR 385/03 – AP KSchG 1969 § 2 Nr 74 B I 3; BAG 4.5.2006 – 8 AZR 299/05 – AP BGB § 613 a Nr 304 II 1 c mwN.

gehungsfällen anzunehmen.[46] Missbräuchlich ist es, einen Arbeitnehmer durch die Bildung separater betrieblicher Organisationsstrukturen bei unverändertem Beschäftigungsbedarf aus dem Unternehmen zu drängen oder abstrakte Änderungen von Organisationsstrukturen ohne Änderung von realen Abläufen zu nutzen, um den Inhalt von Arbeitsverhältnissen zum Nachteil von Arbeitnehmern zu ändern.[47] Die Entscheidung, die Bestückung von Plakatwänden nicht mehr durch eigene Arbeitnehmer sondern durch Dritte durchführen zu lassen, ist rechtlich nicht zu beanstanden.[48]

670 Der Entschluss zur Kündigung selbst ist zwar auch eine Unternehmerentscheidung. Er ist aber nicht frei, sondern muss sich an den Vorschriften des Kündigungsschutzgesetzes messen lassen. Der Kündigungsentschluss kann deshalb nur Folge der nach § 1 Abs 2 Satz 1 Var 3 KSchG bindenden unternehmerischen Entscheidung sein. § 1 KSchG könnte sonst keinen Bestandsschutz gewährleisten, weil der Arbeitgeber jede Kündigung erfolgreich mit dem Hinweis verteidigen könnte, sie sei eine nicht zu kontrollierende unternehmerische Entscheidung.[49]

671 Auch bei einem außerbetrieblichen Grund muss als Unternehmerentscheidung zumindest der Entschluss hinzukommen, das Arbeitsverhältnis nicht ungeachtet der fehlenden Beschäftigungsmöglichkeit aufrechtzuerhalten. Nur in dieser Konstellation kann sich die – gebundene – unternehmerische Entscheidung auf den bloßen Kündigungsentschluss beschränken, der sonst kein dringendes betriebliches Erfordernis iSd § 1 Abs 2 Satz 1 Var 3 KSchG darstellt.[50] Da der Arbeitgeber seine Entscheidung hier an den externen Faktor zB des Auftragsrückgangs bindet, muss er sie hinsichtlich ihrer organisatorischen Durchführbarkeit und zeitlichen Nachhaltigkeit verdeutlichen. Dazu hat er den dauerhaften Rückgang des Arbeitsvolumens nachvollziehbar darzustellen, bspw durch eine Schilderung der Entwicklung und einen Vergleich des Auftrags- und Beschäftigungsvolumens in repräsentativen Referenzperioden.[51] Diese Voraussetzungen erfüllt der Arbeitgeber, indem er die nach Ablauf der Kündigungsfrist zu erwartenden Aufträge ihrem Umfang nach aufschlüsselt („quantifizieren") und darlegt,

---

46 BAG 26.9.2002 – 2 AZR 636/01 – AP KSchG 1969 Betriebsbedingte Kündigung Nr 124 II 1 c (bejahte rechtsmissbräuchliche Unternehmerentscheidung im „Rheumaklinikfall"); BAG 4.5.2006 – 8 AZR 299/05 – AP BGB § 613 a Nr 304 II 1 c und d; Rost, Jahrbuch des Arbeitsrechts, Bd. 39, 87.
47 BAG 23.4.2008 – 2 AZR 1110/06 – NZA 2008, 939.
48 BAG 13.3.2008 – 2 AZR 1037/06 – AP § 1 KSchG 1969 Betriebsbedingte Kündigung Nr 176.
49 BAG 17.6.1999 – 2 AZR 141/99 – AP KSchG 1969 § 1 Betriebsbedingte Kündigung Nr 101 II 2 b; BAG 26.9.1996 – 2 AZR 200/96 – AP KSchG 1969 § 1 Betriebsbedingte Kündigung Nr 80 II 3 b; BAG 20.3.1986 – 2 AZR 294/85 – AP KSchG 1969 § 2 Nr 14 B IV 2 a; BAG 20.2.1986 – 2 AZR 212/85 – AP KSchG 1969 § 1 Nr 11 B II 2 b; vgl auch schon den Beschl des Großen Senats v 28.11.1956 – GS 3/56 – AP KSchG § 1 Nr 20 III und das ihn umsetzende Urt des Dritten Senats v 21.5.1957 – 3 AZR 79/55 – AP KSchG § 1 Nr 31 I.
50 Fischermeier NZA 1997, 1089, 1091.
51 BAG 23.2.2012 – 2 AZR 548/10 – NZA 2012, 852; 18.5.2006 – 2 AZR 412/05 – AP AÜG § 9 Nr 7 B II 1 mwN; Dahl BB 2003, 1626,1628.

- mit welchen Arbeitsstunden zu rechnen und
- mit welcher Zahl von Arbeitnehmern die angenommene Arbeitsmenge zu bewältigen ist.

Erst aus dieser Kalkulation ergibt sich bei Zugang der Kündigung die Prognose, in welchem Ausmaß bei Ablauf der Kündigungsfrist ein Personalüberhang bestehen und damit die Beschäftigungsmöglichkeit zurückgehen wird.[52]

bb) Entscheidung zur dauerhaften Reduzierung des Personalbestands. Im Bereich autonomer innerbetrieblicher Organisationsentscheidungen stellt sich die Frage, ob bspw der für den Betrieb getroffene Entschluss, **einen einzigen Arbeitsplatz abzubauen**, identisch mit der Entscheidung zur Kündigung und deshalb innerhalb der Überprüfung der sozialen Rechtfertigung der Kündigung nach § 1 Abs 2 Satz 1 Var 3 KSchG nicht als bindend hinzunehmen ist.[53] Ein ähnliches Problem tritt auf, wenn auf jeder Hierarchieebene auf Dauer eine Stelle entfallen soll. 672

(1) Inner- oder außerbetrieblicher Grund. In einer[54] solchen Konstellation ist zunächst zu klären, 673

- ob sich der Arbeitgeber auf eine an außerbetriebliche Umstände gebundene Entscheidung beruft[55]
- oder auf eine von äußeren Faktoren unabhängige, wenn auch möglicherweise von ihnen veranlasste Entschließung.[56]

Nur für die autonome Entscheidung gelten die folgenden Überlegungen.

(2) Personalreduzierung als unternehmerische Maßnahme. Ein hinzunehmender unternehmerischer Entschluss, der Arbeitsplätze und den ihnen entsprechenden Beschäftigungsbedarf entfallen lassen kann, ist zu bejahen, wenn 674

- eine Entscheidung, den Personalbestand auf Dauer zu verringern,
- nach der tatrichterlichen Überzeugung (§ 286 Abs 1 Satz 1 ZPO) und den auf ihr beruhenden Feststellungen **tatsächlich getroffen** und

---

52 Vgl indirekt BAG 24.8.1989 – 2 AZR 653/88 – RzK I 5 c Nr 32 II 1.
53 Vgl zu verschiedenen Sachverhaltsgestaltungen die beiden genannten Urteile des BAG vom 17.6.1999 – 2 AZR 522/98 – AP KSchG 1969 § 1 Betriebsbedingte Kündigung Nr 102 (Entscheidung eines Arbeitgebers der privaten Bauwirtschaft, den Personalbestand um drei sog Planstellen, die jeweils unterschiedlichen Berufsgruppen angehörten – Werkpolier, Vorarbeiter und Baufacharbeiter – zu reduzieren); 2 AZR 141/99 – AP KSchG 1969 § 1 Betriebsbedingte Kündigung Nr 101 (ebenfalls im Baugewerbe gefasster Beschluss, alle Mitarbeiter ohne abgeschlossene Berufsausbildung zu entlassen, soweit sie keine angelernten Spezialtätigkeiten versahen, und die von ihnen
54 verrichteten Arbeiten teils den Facharbeitern und anderteils Subunternehmen zu übertragen) sowie eine weitere Entscheidung vom 17.6.1999 – 2 AZR 456/98 – AP KSchG 1969 § 1 Betriebsbedingte Kündigung Nr 103 (Entschluss in der Druckindustrie, den Arbeitsplatz einer Hilfskraft einzusparen).
55 Dazu Rn 663 f, 666.
56 BAG 17.6.1999 – 2 AZR 522/98 – AP KSchG 1969 § 1 Betriebsbedingte Kündigung Nr 102 II 1 b aa; BAG 17.6.1999 – 2 AZR 141/99 – AP KSchG 1969 § 1 Betriebsbedingte Kündigung Nr 101 II 2.

- ihre Umsetzung ernstlich gewollt ist.[57]

Die in den Entscheidungen vom 17.6.1999[58] begonnene Konzeption der Voraussetzungen der Bindungswirkung einer Unternehmerentscheidung zur Personalverringerung hat der Zweite Senat in der Folge weiter ausdifferenziert. Beschränkt sich die Organisationsentscheidung zur Personalreduzierung praktisch auf die Kündigung als solche, kommt die Organisationsentscheidung dem Kündigungsentschluss also nahe oder deckt sich mit ihm, sind diese beiden Entscheidungen ohne nähere Konkretisierung nicht voneinander zu unterscheiden. Wegen der Nähe zum bloßen Kündigungsentschluss sind an die Darlegungslast des Arbeitgebers in diesen Fällen gesteigerte Anforderungen zu stellen.

- Es wird nicht von vornherein vermutet, dass die unternehmerische Entscheidung aus sachlichen Gründen erfolgt ist.
- **Der Arbeitgeber muss im Prozess konkrete Angaben dazu machen, wie sich die Organisationsentscheidung auswirkt; dh er hat sie hinsichtlich ihrer organisatorischen Durchführbarkeit und zeitlichen Nachhaltigkeit zu verdeutlichen.**[59] Läuft die unternehmerische Entscheidung zB auf den bloßen **Abbau einer Hierarchieebene** hinaus und werden die dem gekündigten Arbeitnehmer bisher zugewiesenen Arbeiten umverteilt, muss die Organisationsentscheidung konkretisiert werden, damit geprüft werden kann, ob die Entscheidung nicht offensichtlich unsachlich oder willkürlich ist. Der Arbeitgeber hat insbesondere vorzutragen, in welchem Umfang die durch den Gekündigten versehenen Tätigkeiten künftig im Vergleich zum bisherigen Zustand anfallen. Auf der Grundlage seiner unternehmerischen Vorgaben muss er – ähnlich wie bei der Kündigung aufgrund außerbetrieblicher Umstände – die zukünftige Entwicklung der Arbeitsmenge anhand einer konkreten Prognose darstellen und angeben, wie die anfallenden Arbeiten vom verbliebenen Personal ohne überobligatorische Leistungen, dh innerhalb ihrer arbeitsvertraglichen regelmäßigen Arbeitszeit erledigt werden können.[60]
- **Bestreitet der Arbeitnehmer Ort, Zeit, Umstände und beteiligte Personen der vom Arbeitgeber behaupteten Entscheidung, muss der Arbeitgeber mit Einzelheiten versehenen Sachvortrag halten.**[61] Dabei ist be-

---

57 Vgl BAG 17.6.1999 – 2 AZR 522/98 – AP KSchG 1969 § 1 Betriebsbedingte Kündigung Nr 102 II 1 c; BAG 17.6.1999 – 2 AZR 141/99 – AP KSchG 1969 § 1 Betriebsbedingte Kündigung Nr 101 II 2 b.
58 BAG 17.6.1999 – 2 AZR 522/98 – AP KSchG 1969 § 1 Betriebsbedingte Kündigung Nr 102 II 1 c; BAG 17.6.1999 – 2 AZR 141/99 – AP KSchG 1969 § 1 Betriebsbedingte Kündigung Nr 101 II 2 b.
59 BAG 24.5.2012 – 2 AZR 124/11 – NZA 2012, 1223; 16.12.2010 – 2 AZR 770/09; 12.4.2002 – 2 AZR 740/00 – EzA KSchG § 1 Betriebsbedingte Kündigung Nr 117 II 2 b bb; BAG 22.4.2004 – 2 AZR 385/03 – AP KSchG 1969 § 2 Nr 74 B I 3, 4, 5 und 6.
60 St Rspr BAG 16.12.2010 – 2 AZR 770/09 – NZA 2011, 505; 13.2.2008 – 2 AZR 1041/06 – AP KSchG 1969 § 1 Betriebsbedingte Kündigung Nr 174; 10.10.2002 – 2 AZR 598/01 – AP KSchG 1969 § 1 Betriebsbedingte Kündigung Nr 123 C I 4 mwN.
61 IdS wohl BAG 17.6.1999 – 2 AZR 141/99 – AP KSchG 1969 § 1 Betriebsbedingte Kündigung Nr 101 II 2 am Anfang.

sondere Sorgfalt an den Tag zu legen. Es muss deutlich werden, dass die bisherigen Aufgaben und der damit verbundene Arbeitszeitaufwand in der neuen Struktur ohne Mehrarbeit erbracht werden können[62].

- Erhöhte Anforderungen an die Darlegungslast des Arbeitgebers sind insbesondere dann zu stellen, wenn der Arbeitgeber durch eine unternehmerische Entscheidung **das Anforderungsprofil für Arbeitsplätze ändert, die bereits mit langjährig beschäftigten Arbeitnehmern besetzt sind.** Sonst hätte der Arbeitgeber die naheliegende Möglichkeit, den Kündigungsschutz des betroffenen Arbeitnehmers unter Berufung auf eine gerichtlich nur beschränkt überprüfbare Unternehmerentscheidung rechtsmissbräuchlich dadurch zu umgehen, dass er in sachlich nicht gebotener Weise die Anforderungen an die Vorbildung des Arbeitsplatzinhabers verschärft. Der Zweite Senat nennt insoweit perfekte französische Sprachkenntnisse, die nur dazu dienen sollten, mit ein oder zwei Kunden zu korrespondieren.[63] In einem solchen Fall hat der Arbeitgeber darzulegen, dass es sich bei der zusätzlich geforderten Qualifikation nicht nur um eine wünschenswerte Voraussetzung der Tätigkeit handelt, sondern um ein **nachvollziehbares, arbeitspatzbezogenes Kriterium für die Stellenprofilierung.**[64] Außerdem hat der Arbeitgeber bei einer betrieblich erforderlichen Anhebung des Stellenprofils konkret auszuführen, dass die Kündigung nicht durch mildere Mittel – insbesondere durch Umschulung und Fortbildung des Arbeitnehmers – zu vermeiden war. Welche zeitliche Dauer für eine Fortbildung des bisherigen Arbeitsplatzinhabers im Hinblick auf die nun gesteigerten Anforderungen des Arbeitsplatzes zumutbar ist, hängt dabei vom Einzelfall ab und ist bei Führungspositionen und demgegenüber eher untergeordneten Tätigkeiten ggf unterschiedlich zu bewerten.[65]

Aufgabe der richterlichen Überzeugungsbildung ist es vor allem, eine unter den genannten Voraussetzungen grundsätzlich zu akzeptierende Entschließung von dem **offenbar unsachlichen Missbrauch** der unternehmerischen Entscheidungsfreiheit abzugrenzen. Der Sinn des Erfordernisses, wonach der Arbeitgeber die organisatorische Durchführbarkeit und Dauerhaftigkeit der unternehmerischen Entscheidung darzulegen hat, besteht darin, Missbräuche des Kündigungsrechts auszuschließen. Zum einen sollen Überforderungen oder Benachteiligungen des verbleibenden Personals vermieden werden. Zum anderen soll ausgeschlossen werden, dass der Arbeitgeber die Unternehmerentscheidung lediglich als Vorwand benutzt, um den Arbeitnehmer trotz eines fortbestehenden Beschäftigungsbedürfnisses aus dem Betrieb zu drängen, weil die Arbeitsvertragsinhalte oder Kündigungs-

---

62 Vgl anschaulich BAG 24.5.2012 – 2 AZR 124/11 – NZA 2012, 1223; 16.12.2010 – 2 AZR 770/09 – NZA 2011, 505 (Streichung einer Hierarchieebene).
63 BAG 7.7.2005 – 2 AZR 399/04 – AP KSchG 1969 § 1 Betriebsbedingte Kündigung Nr 138 II 4 c.
64 BAG 24.5.2012 – 2 AZR 124/11 – NZA 2012, 1223; 10.7.2008 – 2 AZR 1111/06 – NZA 2009, 312.
65 BAG 7.7.2005 – 2 AZR 399/04 – AP KSchG 1969 § 1 Betriebsbedingte Kündigung Nr 138 II 4 c.

schutzbestimmungen als zu einengend empfunden werden.⁶⁶ Der Zweite Senat formuliert den Sinn der Darlegungsanforderungen in jüngerer Vergangenheit plastisch: „Die Missbrauchskontrolle bei der unternehmerischen Entscheidung zielt weder darauf, dem Arbeitgeber organisatorische Vorgaben zu machen, noch darf sie dazu dienen, die Stichhaltigkeit der Erwägungen zu prüfen, die den Arbeitgeber gerade zu dem von ihm gewählten und keinem anderen Konzept geführt haben. Es geht vielmehr um die Verhinderung von Missbrauch. Verstöße gegen gesetzliche und tarifliche Normen sollen verhindert und Diskriminierungen und Umgehungsfälle vermieden werden."⁶⁷

675 Liegt eine kündigungsschutzrechtlich relevante Organisationsentscheidung vor, gehört es zur Verantwortung des Arbeitgebers für die Organisation des Betriebs, neben der Anschaffung von Maschinen, Geräten und Vorrichtungen und der Gestaltung der Arbeitsabläufe die Stärke der Belegschaft, mit der das Betriebsziel erreicht werden soll, festzulegen. Dazu gehört auch die **Entscheidung über die Kapazitäten an Arbeitskräften und Arbeitszeit** und die Vorgabe, wie diese Kapazitäten verteilt werden sollen. Soweit die Organisationsentscheidung zu einer **Leistungsverdichtung** führt, sind dadurch notwendig werdende Änderungen in Kauf zu nehmen. Es liegt in der unternehmerischen Entscheidungsfreiheit, mit welcher Anzahl von Arbeitskräften der Arbeitgeber die verbleibende Arbeitsmenge nach Durchführung des innerbetrieblichen Organisationsakts durchführen lässt und wie er den rationellen Einsatz des Personals gestaltet.⁶⁸

676 Selbst⁶⁹ die **Entscheidung, einen einzigen Arbeitsplatz abzubauen**, deckt sich unter den in den Rn 674 und 675 genannten Voraussetzungen nicht mit dem Kündigungsentschluss. Sie ist nur die Grundlage der betriebsorganisatorischen Maßnahme, die vorhandene Arbeitsmenge künftig ohne diese Position, also mit weniger Personal zu bewältigen. Die Entscheidung, den Arbeitsplatz zu streichen, ist der Kündigung als der auf die Beendigung des

---

66 BAG 24.5.2012 – 2 AZR 124/11 – NZA 2012, 1223; 23.2.2012 – 2 AZR 548/10 – NZA 2012, 852; 22.5.2003 – 2 AZR 326/02 – AP KSchG 1969 § 1 Betriebsbedingte Kündigung Nr 128 B I 2 d (1); Rost, Jahrbuch des Arbeitsrechts, Bd. 39, 83; zu den Besonderheiten der unternehmerischen Entscheidung im öffentlichen Dienst Rn 804 ff.
67 BAG 22.5.2003 – 2 AZR 326/02 – AP KSchG 1969 Betriebsbedingte Kündigung Nr 128 B I3 d (1) mwN; BAG 22.4.2004 – 2 AZR 385/03 – AP KSchG 1969 § 2 Nr 74 B I 4; BAG 4.5.2006 – 8 AZR 299/05 – AP BGB § 613 a Nr 304 II 1 c; Rost, Jahrbuch des Arbeitsrechts, Bd. 39, 83.
68 Grundlegend BAG 24.4.1997 – 2 AZR 352/96 – AP KSchG 1969 § 2 Nr 42, allerdings zu einer Änderungskündigung; inzwischen auch für Beendigungskündigungen st Rspr: BAG 7.5.1998 – 2 AZR 536/97 – AP KSchG 1969 § 1 Betriebsbedingte Kündigung Nr 94 (Stilllegung von Betriebsteilen); BAG 22.5.2003 – 2 AZR 326/02 – AP KSchG 1969 § 1 Betriebsbedingte Kündigung Nr 128 B I 2 a mit Bspr Kloppenburg in jurisPR-ArbR 10/2003 Anm 6 (Stellenstreichung im Haushaltsplan oder Personalbedarfsplan/kw-Vermerk).
69 BAG 2.6.2005 – 2 AZR 480/04 – AP KSchG 1969 § 1 Soziale Auswahl Nr 75 B I 2 a (Personalschlüsselzahlen); BAG 22.9.2005 – 2 AZR 155/05 – nv bzw nur im Kurztext in juris veröffentlicht B I 2 c bb (2) (Personalbedarfsschlüssel); BAG 18.5.2006 – 2 AZR 245/05 – nv B II 2 c bb; früher sehr ir, ähnl KR/Griebeling § 1 KSchG Rn 519 f, 534 ff; APS/Kiel § 1 KSchG Rn 474, 549 f; Hümmerich/Spirolke NZA 1998, 797; aA bspw noch ArbG Köln 23.9.1997 – 17 Ca 1930/97 – DB 1998, 626.

konkreten Arbeitsverhältnisses gerichteten Willenserklärung **vorgelagert.** Dem stehen weder der Beschluss des Großen Senats vom 28.11.1956[70] noch das ihn umsetzende Urteil des Dritten Senats vom 21.5.1957[71] entgegen. Dabei sind die beiden Ebenen der Entscheidung und ihrer Umsetzung zu unterscheiden: Die Beurteilung des wirtschaftlichen Bedürfnisses des Unternehmens – etwa die abstrakt erkannte Notwendigkeit, den Personalstamm zu verkleinern – ist als bindend zu akzeptieren. Sie begründet aber nur dann ein betriebliches Erfordernis, wenn sie durch eine Organisationsentscheidung auf der arbeitstechnischen Ebene des Betriebs umgesetzt wird. Erst diese **betriebliche Organisationsentscheidung** – die hier darin besteht, eine bestimmte Stelle abzubauen – bildet die Grundlage des dringenden betrieblichen Erfordernisses. Sie ist mit der Unternehmerentscheidung im kündigungsschutzrechtlichen Sinne gemeint. Die **Umsetzung des wirtschaftlichen Bedürfnisses** durch die organisatorische Entschließung, die ebenso wie das wirtschaftliche Bedürfnis selbst frei ist, darf deswegen nicht mit der **Durchführung der betriebsorganisatorischen Entscheidung und deren zeitlichen Nachhaltigkeit verwechselt** werden, die in vollem Umfang gerichtlich zu überprüfen sind.[72]

Im Unterschied zu der Konstellation, die den Entscheidungen des Großen und des Dritten Senats[73] zugrunde lag, wird die organisatorische Entscheidung im Beispielsfall im **Betrieb** getroffen und wirkt sich auf seiner **arbeitstechnischen Ebene unmittelbar** aus.

(3) Erforderlichkeit eines Konzepts. Weiterer Streit entzündet sich an der Frage, ob ein solcher Entschluss zum Arbeitsplatzabbau ein Konzept beinhalten muss, um kündigungsschutzrechtlich bedeutsam zu sein.[74] Mit der Forderung nach einem Konzept darf jedenfalls kein Eingriff in die unternehmerische Organisationsfreiheit verbunden sein, Zweckmäßigkeitsüberlegungen bleiben dem Arbeitgeber überlassen. Um Missbräuche auszuschließen, trifft den Arbeitgeber bei einer Entscheidung zur Personalreduzierung wegen ihrer Nähe zum Kündigungsentschluss allerdings eine gesteigerte Vortragslast dazu, ob die Unternehmerentscheidung tatsächlich getroffen wurde und sie das Beschäftigungsbedürfnis entfallen lässt.[75]

(a) Freie Beurteilung des wirtschaftlichen Bedürfnisses. Wird in diesem Sinn der Vortrag eines Konzepts verlangt, hat der Arbeitgeber darzulegen, welche auf dem betreffenden Arbeitsplatz verrichteten Tätigkeiten nicht länger anfallen und wie die noch vorhandenen Arbeiten umverteilt werden

---

70 GS 3/56 – AP KSchG § 1 Nr 20 III.
71 3 AZR 79/55 – AP KSchG § 1 Nr 31 I.
72 BAG 23.2.2012 – 2 AZR 548/10 – NZA 2012, 852.
73 BAG 28.11.1956 – GS 3/56 – AP KSchG § 1 Nr 20 III und BAG 21.5.1957 – 3 AZR 79/55 – AP KSchG § 1 Nr 31 I.
74 IdS mittelbar BAG 21.5.1957 – 3 AZR 79/55 – AP KSchG § 1 Nr 31 I, wo in Abgrenzung zu einer Unternehmerentscheidung ieS ausgeführt wird, die Kündigung umgekehrt lasse die Frage offen, in welcher Weise die bisher vom entlassenen Arbeitnehmer geleistete Arbeit künftig bewältigt werden solle; vgl auch BAG 24.4.1997 – 2 AZR 352/96 – AP KSchG 1969 § 2 Nr 42 II 2 a und b, die Entscheidung bezeichnet das Konzept, wie die Kapazitäten an Arbeitskräften und Arbeitszeit für die betrieblichen Aufgaben eingeteilt werden, als nur beschränkt überprüfbare unternehmerische Entscheidung.
75 Rn 674 mwN.

sollen, obwohl er seine Entscheidung nicht an außerbetriebliche Gründe bindet.[76] Allerdings führt die Behauptungslast des Arbeitgebers nicht dazu, dass sich die wirtschaftliche Prognose, auf der seine organisatorische Entscheidung beruht, letztendlich bewahrheiten oder durch den betroffenen Arbeitnehmer oder das Gericht geteilt werden muss. Das ist eine Folge der nötigen Unterscheidung von wirtschaftlichem Bedürfnis und betrieblicher Organisation.[77] Der Arbeitgeber darf sich nur nicht auf eine schlagwortartige Umschreibung der innerbetrieblichen Umstände beschränken, sondern muss dem Arbeitnehmer Gegenvortrag und dem Gericht eine Überprüfung seiner Darlegungen ermöglichen.[78] Das Gericht hat jedoch in vollem Umfang zu kontrollieren, ob die Entscheidung zu einer innerbetrieblichen organisatorischen Maßnahme tatsächlich getroffen ist und aufgrund ihrer Umsetzung das Beschäftigungsbedürfnis für einzelne Arbeitnehmer entfällt.[79] Entschließt sich der Arbeitgeber aber, einen Arbeitsplatz dauerhaft abzubauen, macht er seine Organisationsentscheidung gerade nicht ausschließlich von einem durch bestimmte äußere Umstände herbeigeführten Arbeitsmangel abhängig. Vielmehr trifft er seine organisatorische Entscheidung ungebunden auf der Grundlage seiner subjektiven Sicht des bestehenden Arbeitsanfalls, seiner Erwartung des künftigen Arbeitsvolumens und ggf der von ihm angenommenen Möglichkeit, Tätigkeiten umzuverteilen. Wegen seiner wirtschaftlichen Einschätzungsprärogative kommt es nicht darauf an, ob sich diese wertende Prognose objektiv realisiert, sofern sie nicht völlig fernliegend ist.[80] Die Organisationsentscheidung, einen Arbeitsplatz abzubauen, muss allerdings darauf überprüft werden, ob sie offenbar unsachlich oder unvernünftig ist. Das ist sie aber nicht schon dann, wenn ein Dritter das ihr zugrunde liegende wirtschaftliche Bedürfnis abweichend beurteilt. Würde die Bewertung der Rationalisierungs- oder Einsparungseffekte, die den Arbeitgeber als Unternehmer dazu bewegt, einen Arbeitsplatz abzubauen, einer Richtigkeits- und nicht nur einer **Plausibilitätskontrolle** unterzogen, führte das zu dem gerade zu vermeidenden Eingriff in die Beurteilung des wirtschaftlichen Bedürfnisses und mit ihm in seine Umsetzung, die Organisationsentscheidung.

679 **(b) Notwendigkeit des Vortrags eines Konzepts, um die sachliche Begründung der unternehmerischen Entscheidung überprüfen zu können.** Beginnend mit den Entscheidungen vom 17.6.1999[81] hat der Zweite Senat seine Rechtsprechung zur Unternehmerentscheidung weiter ausgestaltet und in

---

76 BAG 24.5.2012 – 2 AZR 124/11 – NZA 2012; 13.2.2008 – 2 AZR 1041/06 – NZA 2008, 819.
77 Rn 676.
78 BAG 20.2.1986 – 2 AZR 212/85 – AP KSchG 1969 § 1 Nr 11 B II 1; BAG 7.12.1978 – 2AZR 155/77 – AP KSchG 1969 § 1 Betriebsbedingte Kündigung Nr 6 II 1 c.
79 BAG 29.3.1990 – 2 AZR 369/89 – AP KSchG 1969 § 1 Betriebsbedingte Kündigung Nr 50 BII 1; BAG 7.12.1978 – 2 AZR 155/77 – AP KSchG 1969 § 1 Betriebsbedingte Kündigung Nr 6 II 1 b; schon Rn 674, 675 und 677.
80 Vgl die in Rn 667 genannten Argumente.
81 2 AZR 522/98 – AP KSchG 1969 § 1 Betriebsbedingte Kündigung Nr 102 II 1 c cc, ee, ff und e sowie – 2 AZR 141/99 – AP KSchG 1969 § 1 Betriebsbedingte Kündigung Nr 101 II 2 e und f.

der Folge fortentwickelt.[82] Nähert sich die dem Kündigungsentschluss vorgelagerte Organisationsentscheidung dem Entschluss zur Kündigung stark an, wie es der Zweite Senat bei der Entscheidung zur Personalreduzierung annimmt, gilt die bisher angenommene Vermutung, die Unternehmerentscheidung sei aus sachlichen Gründen erfolgt,[83] nicht (**von vornherein**). **Die Darlegungslast der Parteien im Kündigungsschutzprozess ist hier abgestuft.** Das wird aus § 1 Abs 2 Satz 4 KSchG gefolgert:[84]

- Zunächst muss der **Arbeitgeber vortragen**, ob künftig überhaupt noch Arbeiten anfallen sollen, die bisher der gekündigte Arbeitnehmer ausgeführt hat. Wenn das zutrifft, hat der Arbeitgeber darzulegen, in welchem Umfang die Tätigkeiten im Vergleich zum bisherigen Zustand fortgeführt werden sollen; dh, der Arbeitgeber muss seine **Prognose der weiteren Entwicklung** – auch im Fall der autonomen und gestaltenden unternehmerischen Entschließung – anhand außerbetrieblicher Faktoren oder unternehmerischer Vorgaben konkretisieren. Diesem Erfordernis genügt er zB, wenn er vorbringt, nur noch eine geringere Zahl von Aufträgen annehmen zu wollen. Daneben hat der Arbeitgeber darzulegen, **wie die verbleibenden Arbeiten ohne überobligatorische Leistungen erledigt werden können.**[85] Solange solche unzumutbaren Anstrengungen nicht **verlangt werden und das unternehmerische Konzept nicht gesetz-, tarif- oder vertragswidrig ist**, liegt eine **bindende Unternehmerentscheidung** als Voraussetzung einer auf betriebliche Erfordernisse gestützten Kündigung vor.[86]
- Erfüllt der Arbeitgeber die Anforderungen der ersten Stufe seiner Vortragslast, muss der **Arbeitnehmer** darauf näher entgegnen und ausführen, **weshalb die in Aussicht genommene Umverteilung nicht möglich ist**. Der Arbeitnehmer kann sich nur dann auf ein Bestreiten mit Nichtwissen iSv § 138 Abs 4 ZPO zurückziehen, wenn er über einen solchen Einblick, der ihm eigene Ausführungen erlaubt, aus seiner bisherigen Tätigkeit nicht verfügt. Die allgemeinen Behauptungen, der Arbeitgeber habe noch kurz vor der Kündigung von Gewinnen für das Vorjahr gesprochen, für das Jahr der Kündigung seien genügende Aufträge vorhanden, reichen nicht aus.[87]
- Gelingt dem Arbeitnehmer eine mit Einzelheiten versehene Erwiderung, die die neue Arbeitsstruktur als offensichtlich unsachlich, unvernünftig oder willkürlich erscheinen lässt, muss sich der **Arbeitgeber** darauf wei-

---

82 Dazu schon Rn 674 und 675.
83 BAG 30.4.1987 – 2 AZR 184/86 – AP KSchG 1969 § 1 Betriebsbedingte Kündigung Nr 42 III 2 c.
84 Vgl die beiden letztgenannten Entscheidungen vom 17.6.1999 – 2 AZR 522/98 – AP KSchG 1969 § 1 Betriebsbedingte Kündigung Nr 102 II 1 c cc, ee, ff und e sowie – 2 AZR 141/99 – AP KSchG 1969 § 1 Betriebsbedingte Kündigung Nr 101 II 2 e und f; ähnl Bitter DB 1999, 1214, 1217.
85 BAG 16.12.2010 – 2 AZR 770/09; Urteile vom 17.6.1999 – 2 AZR 522/98 – AP KSchG 1969 § 1 Betriebsbedingte Kündigung Nr 102 II 1 c und – 2 AZR 141/99 – AP KSchG 1969 § 1 Betriebsbedingte Kündigung Nr 101 II 2 d.
86 BAG 17.6.1999 – 2 AZR 522/98 – AP KSchG 1969 § 1 Betriebsbedingte Kündigung Nr 102 II 1 c cc und ee.
87 BAG 17.6.1999 – 2 AZR 522/98 – AP KSchG 1969 § 1 Betriebsbedingte Kündigung Nr 102 II 1 c ee.

ter einlassen und **präzisere Prognosen für den von ihm angenommenen Beschäftigungsbedarf stellen**. Es bleibt aber ihm überlassen, ob er zB eine langsamere Fertigung und eine Arbeitsstreckung in Kauf nimmt.[88]

680 Das BAG hat ausdrücklich unentschieden gelassen, ob der Arbeitnehmer auch in dem erörterten Sonderfall und trotz der abgestuften Darlegungslast – wie bisher überwiegend angenommen[89] – die **Beweislast für die evidente Unsachlichkeit der Unternehmerentscheidung** trägt oder umgekehrt der Arbeitgeber für ihre sachliche Berechtigung, wenn die drei Ebenen der Behauptungslast durchlaufen sind.[90] Obwohl dem Arbeitgeber die erste und die dritte Stufe der Vortragslast aufgebürdet werden, ist die Konsequenz seiner Beweislast zumindest nach dem Wortlaut des dritten Leitsatzes einer der Entscheidungen vom 17.6.1999[91] nicht zwingend. Dort wird der Arbeitnehmer auf der zweiten Ebene für verpflichtet gehalten, die Ausnahme der offenbaren Unsachlichkeit vorzutragen. Der Arbeitnehmer kann sich also nicht damit begnügen, sich auf das durch den Arbeitgeber auf der ersten Stufe dargelegte Konzept nach § 138 Abs 2 ZPO einzulassen. Vielmehr beschränkt sich die Pflicht des Arbeitgebers seinerseits auf der dritten Ebene auf die weitere Einlassung zu den tatsächlichen Umständen der Unsachlichkeit. Dennoch ist es folgerichtig, dem **Arbeitgeber** hier die **Beweislast** aufzuerlegen. Auch die gestufte Behauptungslast wird aus § 1 Abs 2 Satz 4 KSchG hergeleitet. Vor dem Hintergrund des mit der Abstufung der Darlegungslast verbundenen Schutzes wird dem Arbeitgeber mit dem letztendlichen Beweis der Sachlichkeit der unternehmerischen Entscheidung ebenso wenig etwas Unmögliches abverlangt wie im Fall einer verhaltensbedingten Kündigung, gegen die sich der Arbeitnehmer mit der Ausnahme „substantiiert" vorgebrachter Rechtfertigungs- oder Entschuldigungsgründe bzw sonstiger Entlastungstatsachen verteidigt. Dafür, dass die Beweislast hier – wie im Regelfall – der Darlegungslast folgt, spricht inzwischen auch jüngere Entscheidungen des BAG, wonach bei der Entscheidung zur Personalreduzierung nicht von vornherein vermutet wird, dass die unternehmerische Entscheidung aus sachlichen Gründen erfolgt ist.[92]

681 **(4) Umsetzung der Entscheidung zur Personalverringerung.** Die Art der getroffenen Organisationsentscheidung, wonach die Kapazität an Arbeitskräften um einen Arbeitsplatz verringert werden soll, bringt es mit sich, dass sie bei Zugang der Kündigung noch nicht vollzogen sein kann. Die Durchführung hat zu dieser Zeit jedoch **greifbare Formen** angenommen, weil nur das Ende der Kündigungsfrist des von dem Arbeitsplatzverlust betroffenen Arbeitnehmers abgewartet werden muss. Dass der Vollzug des

---

88 BAG 17.6.1999 – 2 AZR 522/98 – AP KSchG 1969 § 1 Betriebsbedingte Kündigung Nr 102 II 1 c ff.
89 BAG 18.1.1990 – 2 AZR 357/89 – AP KSchG 1969 § 1 Soziale Auswahl Nr 19 II 2 b.
90 BAG Urt v 17.6.1999 – 2 AZR 522/98 – AP KSchG 1969 § 1 Betriebsbedingte Kündigung Nr 102 II 1 e und – 2 AZR 141/99 – AP KSchG 1969 § 1 Betriebsbedingte Kündigung Nr 101 II 2 f.
91 2 AZR 522/98 – AP KSchG 1969 § 1 Betriebsbedingte Kündigung Nr 102.
92 BAG 16.12.2010 – 2 AZR 770/09 – NZA 2011, 505; 18.3.2010 – 2 AZR 337/08 – NZA-RR 2011, 18; 10.10.2002 – 2 AZR 598/01 – AP KSchG 1969 § 1 Betriebsbedingte Kündigung Nr 123 C I 4 mwN; iE Rn 674.

unternehmerischen Entschlusses von der Kündigung abhängt, bedeutet im Umkehrschluss nicht, dass die organisatorische Entscheidung in Wahrheit mit der Kündigung zusammenfiele. Das gilt nicht nur für den Fall, in dem sich der Arbeitgeber entschließt, einen von mehreren gleichgearteten Arbeitsplätzen – zB den eines Industriemechanikers – einzusparen. In dieser Konstellation konkretisiert sich das betriebliche Erfordernis personell ohnehin erst nach der gem § 1 Abs 3 KSchG zu treffenden **Sozialauswahl** auf einen bestimmten Arbeitnehmer. Es gilt aber auch dann nichts anderes, wenn sich ein Arbeitgeber etwa entschließt, die Position seiner **einzigen** Sekretärin nicht länger aufrechtzuerhalten, weil er die anfallenden Schreibarbeiten selbst am Computer ausführen möchte. Der Kündigung geht ein organisatorischer Entschluss voran, der hier auch von einem Konzept getragen ist. Nach der hinzunehmenden Entscheidung besteht nach ihrer Umsetzung ein Überhang an der Arbeitskraft der Sekretärin.

(5) Dringlichkeit des betrieblichen Erfordernisses. Aus dem Arbeitskraftüberhang folgt zugleich die Dringlichkeit des betrieblichen Erfordernisses, die Kündigung ist maW notwendig. Nicht die Unternehmerentscheidung selbst muss dringlich sein. Entscheidend ist ausschließlich, ob die Umsetzung der Entscheidung die Kündigung betrieblich dringend erforderlich macht, ob nur der Entschluss zur Beendigungskündigung in den Rahmen der umgestalteten Betriebsorganisation passt, ohne dass der betrieblichen Lage durch andere Maßnahmen auf technischem, organisatorischem oder wirtschaftlichem Gebiet genügt werden könnte.[93]

2. Durchführung der unternehmerischen Entscheidung: ursächlicher Wegfall der Beschäftigungsmöglichkeit

Da die tatsächliche Umsetzung der unternehmerischen Entscheidung in vollem Umfang gerichtlich überprüfbar ist, ist entscheidend, ob sich die durch den Arbeitgeber behaupteten Kündigungsgründe im Betrieb dahin auswirken, dass für die Weiterbeschäftigung des gekündigten Arbeitnehmers kein Bedürfnis mehr besteht.[94] Dies gilt auch in Bezug auf die Kündigung eines ruhenden Arbeitsverhältnisses; insoweit ist der Arbeitgeber nicht verpflichtet, die Umsetzung einer unternehmerischen Entscheidung zu verschieben, wenn das Arbeitsverhältnis derzeit nicht belastet.[95]

Dass die Durchführung der unternehmerischen Entscheidung gerade den Arbeitsplatz des von der Kündigung betroffenen Arbeitnehmers entfallen lässt, ist aber nicht erforderlich. Die unternehmerische Organisationsentscheidung muss – zB bei einer inhaltlichen Umgestaltung von Arbeitsplät-

---

93 BAG 8.11.2007 – 2 AZR 418/06 – EzA KSchG § 1 Betriebsbedingte Kündigung Nr 157; 20.2.1986 – 2 AZR 212/85 – AP KSchG 1969 § 1 Nr 11; BAG 7.12.1978 – 2 AZR 155/77 – AP KSchG 1969 § 1 Betriebsbedingte Kündigung Nr 6; dazu iE Rn 687 ff; die Entscheidung des BAG vom 17.6.1999 – 2 AZR 141/99 – AP KSchG 1969 § 1 Betriebsbedingte Kündigung Nr 101 II 2 b verwendet das Merkmal der Dringlichkeit dagegen, um die Kündigungsentscheidung vom betrieblichen Erfordernis abzugrenzen.
94 St Rspr des BAG, zB 5.10.1995 – 2 AZR 269/95 – AP KSchG 1969 § 1 Betriebsbedingte Kündigung Nr 71 II 1.
95 BAG 9.9.2010 – 2 AZR 493/09 – AP KSchG 1969 Betriebsbedingte Kündigung Nr 164.

zen – keinen bestimmten Arbeitsplatz entfallen lassen. Erforderlich ist aber, dass die **Entscheidung kausal für den Wegfall des Beschäftigungsbedürfnisses ist.**[96] Nach Umsetzung der Unternehmerentscheidung muss rechnerisch ein Überhang an Arbeitskräften vorhanden sein, durch den unmittelbar oder mittelbar das Bedürfnis für die Weiterbeschäftigung eines oder mehrerer Arbeitnehmer wegfällt.[97] Die umgesetzte Organisationsentscheidung muss sich auf die Einsatzmöglichkeit des gekündigten Arbeitnehmers auswirken.[98] Die bisherige Beschäftigungsmöglichkeit ist nicht mehr gegeben, **wenn Identität und Kontinuität des bisherigen Arbeitsplatzes nicht länger erhalten bleiben.**[99] Es kommt deshalb nicht darauf an, ob an der bisher von dem gekündigten Arbeitnehmer besetzten Stelle noch irgendeine Tätigkeit versehen werden kann. Maßgeblich ist, ob die nach der unternehmerischen Entscheidung an dem Arbeitsplatz zu verrichtende Arbeit weitgehend identisch ist mit der früheren.[100]

685 Wird eine Betriebsabteilung geschlossen, in der 20 Arbeitnehmer beschäftigt sind, und schafft der Arbeitgeber zugleich in einer anderen Betriebsabteilung neue Beschäftigungsmöglichkeiten für zehn Arbeitnehmer, lassen die betrieblichen Erfordernisse die Weiterbeschäftigung aller 20 Arbeitnehmer nicht zu. Betriebsbedingt sind aber nur zehn Kündigungen. Das **dringende betriebliche Erfordernis** ist hier einerseits mit der **Weiterbeschäftigungsmöglichkeit auf einem freien Arbeitsplatz**[101] und **andererseits der sozialen Auswahl** nach § 1 Abs 3 KSchG verschränkt.

Zu unterscheiden sind folgende Konstellationen:

- **Schafft der Arbeitnehmer in der anderen Abteilung wie im Beispielsfall neue, dh freie Stellen, konkurrieren mehrere Arbeitnehmer des Betriebs um einen unbesetzten Arbeitsplatz.** Für sich betrachtet ist keine der Kündigungen der 20 Arbeitsverhältnisse in der geschlossenen Abteilung durch dringende betriebliche Erfordernisse bedingt, es besteht eine Weiterbeschäftigungsmöglichkeit im Betrieb. Welche der Kündigungen der Arbeitsverhältnisse in der stillgelegten Abteilung betriebsbedingt ist, lässt sich erst nach einer **Auswahlentscheidung** bestimmen, die entsprechend § 1 Abs 3 KSchG zu treffen ist.[102]

---

96 BAG 24.6.2004 – 2 AZR 326/03 – NZA 2004, 1268.
97 Bspw BAG 15.6.1989 – 2 AZR 600/88 – AP KSchG 1969 § 1 Betriebsbedingte Kündigung Nr 45 II 1 b für den Fall einer an außerbetriebliche Umstände – Umsatzrückgang – gebundenen Unternehmerentscheidung, bei der sich die Frage der Quantität der entfallenden Arbeitsmenge in besonderem Maß stellt, vgl Rn 666.
98 BAG 24.6.2004 – 2 AZR 326/03 – NZA 2004, 1268.
99 v. Hoyningen-Huene NZA 1994, 1009, 1011.
100 APS/Kiel § 1 KSchG Rn 480; vHH/L/Krause § 1 Rn 753 ff und sinngemäß BAG 10.11.1994 – 2 AZR 242/94 – AP KSchG 1969 § 1 Betriebsbedingte Kündigung Nr 65 B I 4 und 5.
101 Der Vorrang der Weiterbeschäftigung auf einem freien Arbeitsplatz vor der Kündigung beruht auf dem Verhältnismäßigkeitsgrundsatz, der ungeschriebener Teil der Generalklausel des § 1 Abs 2 Satz 1 KSchG ist. Die Fälle des § 1 Abs 2 Satz 2 Nrn 1 b und 2 b KSchG sind bloße positiv-gesetzliche Ausformungen des Verhältnismäßigkeitsprinzips.
102 BAG 10.11.1994 – 2 AZR 242/94 – AP KSchG 1969 § 1 Betriebsbedingte Kündigung Nr 65 B I 4.

- Handelt es sich dagegen bei den vergleichbaren, dh weitgehend identischen[103] Arbeitsplätzen der anderen Abteilung(en) um besetzte Stellen, stellt sich unmittelbar das Problem der Sozialauswahl nach § 1 Abs 3 KSchG.
- **Entschließt sich der Arbeitgeber, eine Abteilung des Betriebs zu schließen und die dort bisher verrichteten Tätigkeiten** nach einer Umorganisation des Arbeitsablaufs einer anderen Abteilung zuzuordnen, bleibt damit die Identität des Arbeitsplatzes und der Beschäftigungsbedarf für die in der stillgelegten Abteilung Arbeitenden dennoch erhalten. Das dringende betriebliche Erfordernis ist **betriebs-, nicht abteilungs- oder betriebsteilbezogen**.[104] Auch hier ist eine Sozialauswahl zu treffen, wenn mit der veränderten Zuordnung eine Leistungsverdichtung verbunden ist.
- **Anderes gilt, wenn der Arbeitgeber die bislang auf dem Arbeitsplatz verrichtete Tätigkeit inhaltlich umgestaltet**, zB um weitere Aufgaben anreichert. Ob Identität und Kontinuität des Arbeitsplatzes erhalten bleiben, bestimmt sich ua nach der Stellenbeschreibung. Auch die tarifliche Bewertung kann ein wichtiges Indiz sein.
- Allerdings kann der Arbeitgeber kein dringendes betriebliches Erfordernis dadurch begründen, dass er den bisherigen **Arbeitsplatz in eine Beförderungsposition umgestaltet** oder auch nur umbenennt, wenn dem Arbeitnehmer, der diese Stelle besetzt, die nun höher zu bewertenden Tätigkeiten zugewiesen werden können.[105]
- Ergibt die tätigkeitsbezogene Prüfung, dass der umgestaltete Arbeitsplatz nach Bedeutung und Verantwortung in erheblichem Maße anspruchsvoller ist, ist die bisherige Beschäftigungsmöglichkeit mangels Identität von altem und neuem Arbeitsplatz entfallen. Dies ist bspw anzunehmen, wenn die Stelle mit Leitungsbefugnissen ausgestattet wird.[106] Eine Kündigung ist in diesem Fall nur dann durch dringende betriebliche Erfordernisse bedingt, wenn der Beschäftigte aufgrund seiner Fähigkeiten und seiner Kenntnisse sowie persönlich **nicht geeignet** ist, die Arbeitsleistung auf dem umgestalteten Arbeitsplatz zu erbringen. Es unterliegt dabei der zu respektierenden freien unternehmerischen Entscheidung, das **Anforderungsprofil** für einen eingerichteten Arbeitsplatz festzulegen.[107] Soweit die Erfüllung bestimmter Voraussetzungen für die sachgerechte Erledigung der Arbeitsaufgaben notwendig

---

103 Dazu Rn 684.
104 Rn 693 ff.
105 BAG 24.5.2012 – 2 AZR 124/11 – NZA 2012; 10.7.2008 – 2 AZR 1111/06 – NZA 2009, 312.
106 BAG 30.8.1995 – 1 ABR 11/95 – NZA 1996, 496.
107 BAG 7.7.2005 – 2 AZR 399/04; zu der Festlegung des Anforderungsprofils bei drittfinanziertem Arbeitsplatz BAG 7.11.1996 – 2 AZR 811/95 – AP KSchG 1969 § 1 Betriebsbedingte Kündigung Nr 82 II 2 c; zum Anforderungsprofil außerhalb des öffentlichen Dienstes auch BAG 16.12.2004 – 2 AZR 66/04 – NZA 2005, 761 B II 4 a mwN und Rn 777.

ist, kann die Unternehmerentscheidung nur darauf überprüft werden, ob sie **offenbar unsachlich** ist.[108]

686 Es genügt, dass die durch den Arbeitgeber geplante Maßnahme **greifbare Formen** angenommen hat. Dies ist der Fall, wenn eine vernünftige betriebswirtschaftliche Prognose ergibt, dass die Maßnahme bei Verstreichen der Kündigungsfrist durchgeführt sein wird, also die Beschäftigung des Arbeitnehmers entbehrlich sein wird.[109] Die unternehmerische Entscheidung muss bei Ausspruch der Kündigung noch nicht vollzogen, aber bereits im Kündigungszeitpunkt endgültig getroffen worden sein.[110] Für die Beurteilung der sozialen Rechtfertigung der Kündigung kommt es dabei zwar auf den Zeitpunkt des Zugangs der Kündigung an.[111] Dennoch kann der **tatsächliche Eintritt der prognostizierten Entwicklung Rückschlüsse auf die Ernsthaftigkeit und Plausibilität der Prognose zulassen**.[112]

III. Vorrang des milderen Mittels (ultima ratio)

1. Dringlichkeit

687 Nicht die unternehmerische Entscheidung selbst muss dringlich sein, sie ist bis zur Grenze der Willkür frei.[113] Entscheidend ist vielmehr, ob ihre **Umsetzung** die Kündigung betrieblich dringend erforderlich macht.[114] Die Überprüfung der Verhältnismäßigkeit wird herkömmlich in den drei Stufen der **Geeignetheit**, **Erforderlichkeit** und **Angemessenheit** (oder auch Verhältnismäßigkeit im engeren Sinn) vollzogen. Sie ist bei einer auf dringende betriebliche Erfordernisse gestützten Kündigung beschränkt auf die beiden ersten Stufen.

- Zunächst ist zu prüfen, ob die **Kündigung geeignet** ist, die Unternehmerentscheidung umzusetzen.
- Auf der zweiten Ebene stellt sich die Frage, ob die **Kündigung bei Umsetzung der hinzunehmenden unternehmerischen Entscheidung erforderlich** ist.

688 Das BAG führt zu den beiden ersten Ebenen der Verhältnismäßigkeit sinngemäß aus:[115] Aus inner- oder außerbetrieblichen Gründen resultierende

---

108 Vgl zu allem BAG BAG 24.6.2004 – 2 AZR 326/03 – NZA 2004, 1268; 10.11.1994 – 2 AZR 242/94 – AP KSchG 1969 § 1 Betriebsbedingte Kündigung Nr 65; in jüngerer Vergangenheit BAG 24.5.2012 – 2 AZR 124/11 – NZA 2012 mwN und näher Rn 708.
109 St Rspr des BAG, exemplarisch für den Fall der beabsichtigten Betriebsstilllegung grundlegend BAG 27.2.1958 – 2 AZR 445/55 – AP KSchG § 1 Betriebsbedingte Kündigung Nr 1; in jüngerer Vergangenheit wiederholt zB in BAG 23.2.2012 – 2 AZR 548/10 – NZA 2012, 852; 23.10.2010 – 2 AZR 268/08 – NZA 2010, 944; 7.7.2005 – 2 AZR 447/04 – AP KSchG 1969 § 1 Betriebsbedingte Kündigung Nr 136; 18.9.2003 – 2 AZR 79/02 – DB 2004, 2817.
110 BAG 23.2.2012 – 2 AZR 548/10 – NZA 2012, 852.
111 BAG 9.9.2010 – 2 AZR 493/09 – AP KSchG 1969 § 1 Betriebsbedingte Kündigung Nr 185.
112 BAG 18.5.2006 – 2 AZR 245/05; 7.7.2005 – 2 AZR 447/04 – AP KSchG 1969 § 1 Betriebsbedingte Kündigung Nr 136; 27.11.2003 – 2 AZR 48/03 – AP KSchG 1969 Soziale Auswahl Nr 64 B I 1 a; iE Rn 784.
113 Vgl Rn 667.
114 APS/Kiel § 1 KSchG Rn 561; vHH/L/Krause § 1 Rn 758.
115 BAG 27.1.2001 – 2 AZR 246/00 – NZA 2002, 696; 18.1.1990 – 2 AZR 183/89 – AP KSchG 1969 § 2 Nr 27 B I 2 b; APS/Kiel § 1 KSchG Rn 562 f.

betriebliche Erfordernisse sind **nur dringend**, wenn es dem Arbeitgeber nicht möglich ist, der betrieblichen Lage durch andere Maßnahmen auf technischem, organisatorischem oder wirtschaftlichem Gebiet als durch die Entlassung zu entsprechen. Darin liegt keine verdeckte Überprüfung der hinzunehmenden freien unternehmerischen Organisationsentscheidung. Das Erfordernis der Dringlichkeit ist Ausdruck des Verhältnismäßigkeitsgrundsatzes. Trotz der Bindung an den getroffenen unternehmerischen Entschluss muss das Gericht überprüfen, ob nur die Entscheidung zur Kündigung in den Rahmen der umgestalteten Betriebsorganisation passt oder ob die Veränderung nicht auch ohne Kündigung realisiert werden kann. Nicht ausreichend ist demnach, dass die dem unternehmerischen Grundkonzept entsprechende Maßnahme an sich geeignet ist, den erstrebten Zweck zu erreichen. Unter mehreren Mitteln muss das gewählt werden, welches den Betroffenen am wenigsten belastet.

Die Erforderlichkeit ist zB zu verneinen, wenn zunächst Überstunden oder Leiharbeitsverhältnisse, mit denen der Arbeitgeber ein nicht schwankendes, ständig vorhandenes (Sockel-)Arbeitsvolumen abdeckt,[116] abgebaut werden können, soweit dadurch die Umsetzung der Unternehmerentscheidung nicht beeinträchtigt wird.[117] Jedenfalls dann, wenn einem festgestellten dauernden Arbeitsmangel mit Kurzarbeit begegnet werden kann, ist die Personalreduzierung dringlich.[118] Sofern der Beschäftigungsbedarf nicht auf Dauer weggefallen ist, besteht kein dringendes betriebliches Erfordernis zur Beendigung eines Arbeitsverhältnisses iSv § 1 Abs 2 KSchG. Kurzarbeit kann in diesem Fall das gegenüber einer Kündigung mildere Mittel sein.[119] Bei der Frage des **Vorrangs der Einführung von Kurzarbeit** ist danach zu unterscheiden, ob der Arbeitsmangel nur vorübergehend oder dauernd ist. 689

Nur im ersten Fall kommt Kurzarbeit in Betracht.

Andererseits darf nicht überprüft werden, ob die seitens des Arbeitgebers erwarteten Vorteile in einem vernünftigen Verhältnis zu den Nachteilen stehen, die der Arbeitnehmer durch die Kündigung erleidet.[120] Ob die Kündigung im Verhältnis zum erstrebten Ziel, das die unternehmerische Ent- 690

---

116 Vgl BAG 18.10.2012 – 6 AZR 289/11 – NZA-RR 2013, 68; 15.12.2011 – 2 AZR 42/10 – NZA 2012, 1044.
117 Zu dem Problem der Leistungsverdichtung Rn 675.
118 BAG 15.6.1989 – 2 AZR 600/88 – AP KSchG 1969 § 1 Betriebsbedingte Kündigung Nr 45 II 1 b cc; vgl iÜ zu der Entwicklung der höchstrichterlichen Rspr zu der Frage des milderen Mittels der Einführung von Kurzarbeit gegenüber der betriebsbedingten Kündigung BAG 8.11.1956 – 2 AZR 302/54 – AP KSchG § 1 Nr 19; BAG 25.6.1964 – 2 AZR 382/63 – AP KSchG § 1 Nr 14; offengelassen von BAG 7.2.1985 – 2 AZR 91/84 – AP KSchG 1969 § 1 Soziale Auswahl Nr 9; BAG 4.3.1986 – 1 ABR 15/84 – AP BetrVG 1972 § 87 Kurzarbeit Nr 3 und BAG 11.9.1986 – 2 AZR 564/85 – RzK I 5 c Nr 13; die beiden letzten Entscheidungen weichen von der vom 15.6.1989 – 2 AZR 600/88 – AP KSchG 1969 § 1 Betriebsbedingte Kündigung Nr 45 ab.
119 Vgl BAG 23.2.2012 – 2 AZR 548/10 – NZA 2012, 852; 26.6.1997 – 2 AZR 494/96 – NZA 1997, 1286; vgl ausf zum Meinungsstand: APS/Kiel § 1 KSchG Rn 570 ff.
120 BAG 30.4.1987 – 2 AZR 184/86 – AP KSchG 1969 § 1 Betriebsbedingte Kündigung Nr 42 IV 1.

scheidung erreichen will, angemessen, dh verhältnismäßig im engeren Sinn ist, unterliegt nicht der gerichtlichen Kontrolle.

2. Weiterbeschäftigungsmöglichkeit auf einem freien Arbeitsplatz

691 Kann der Arbeitnehmer an einem **anderen Arbeitsplatz desselben Betriebs** oder in einem **anderen Betrieb des Unternehmens** weiterbeschäftigt werden, ist die Kündigung sozial ungerechtfertigt.[121] Das geltend gemachte betriebliche Erfordernis ist dann **nicht dringend** iSv § 1 Abs 2 Satz 1 KSchG.[122] Der Vorrang der Weiterbeschäftigung auf einem **freien**[123] Arbeitsplatz vor der Kündigung beruht auf dem Verhältnismäßigkeitsgrundsatz, der ungeschriebener Bestandteil der Generalklausel des § 1 Abs 2 Satz 1 KSchG ist. Die Fälle des § 1 Abs 2 Satz 2 Nrn 1 b und 2 b KSchG sind bloße positiv-gesetzliche Ausprägungen des Verhältnismäßigkeitsgebots. Wenn die Voraussetzungen dieser Bestimmungen erfüllt sind, handelt es sich um einen Fall der **absoluten Sozialwidrigkeit** nach § 1 Abs 2 Satz 2 Nr 1 b KSchG für Betriebe des privaten Rechts oder nach § 1 Abs 2 Satz 2 Nr 2 b KSchG für Betriebe und Verwaltungen des öffentlichen Rechts.[124] Die Dringlichkeit des betrieblichen Erfordernisses entfällt bei einer Weiterbeschäftigungsmöglichkeit auf einem freien Arbeitsplatz aber auch dann, wenn kein Betriebsrat besteht oder er der Kündigung nicht widersprochen hat. Die für Arbeitnehmervertretungen nachträglich in das Kündigungsschutzgesetz eingefügten Widerspruchstatbestände sollten zugleich eine Verbesserung des individuellen Kündigungsschutzes bewirken. Die Weiterbeschäftigungsmöglichkeit auf einem freien Arbeitsplatz ist deshalb auch ohne einen Widerspruch im Rahmen der Generalklausel des § 1 Abs 2 Satz 1 Var 3 KSchG zu berücksichtigen.[125] Als frei sind grundsätzlich solche Arbeitsplätze zu betrachten, die zum Zeitpunkt des Zugangs der Kündigung als dem maßgeblichen Überprüfungszeitpunkt für die soziale Recht-

---

121 BAG 18.10.2012 – 6 AZR 41/12 – DB 2013, 586; 15.12.2011 – 2 AZR 42/10 – NZA 2012, 1044; 5.6.2008 – 2 AZR 107/07 – NZA 2008, 1180.
122 BAG 21.4.2005 – 2 AZR 132/04 – NZA 2005, 1289 B II 2 und BAG 21.4.2005 – 2 AZR244/04 – NZA 2005, 1294 II 2.
123 St Rspr seit BAG 13.9.1973 – 2 AZR 601/72 – BAGE 25, 278; in jüngerer Vergangenheit zB BAG 23.11.2004 – 2 AZR 38/04 – AP KSchG 1969 § 1 Soziale Auswahl Nr 70 B I 2 a und b bb mit zust Anm Ehrich in BAGReport 2005, 178 und erl Bspr Bertzbach in jurisPR-ArbR 27/2005 Anm 5 sowie Hantel in NJ 2005, 334.
124 IE Rn 936 ff.
125 Grundlegend BAG 17.5.1984 – 2 AZR 109/83 – AP KSchG 1969 § 1 Betriebsbedingte Kündigung Nr 21 C III 3 d cc; vgl auch BAG 15.12.1994 – 2 AZR 320/94 – AP KSchG 1969 § 1 Betriebsbedingte Kündigung Nr 66 B III 3 d (1). Mittlerweile bezieht sich der Zweite Senat häufig unmittelbar auf den in der Generalklausel des § 1 Abs 2 Satz 1 KSchG enthaltenen Verhältnismäßigkeitsgrundsatz: Während BAG 24.6.2004 – 2 AZR 326/03 – AP KSchG 1969 § 1 Nr 76 B II 2 a das Verhältnis von § 1 Abs 2 Satz 2 Nr 1 b KSchG und dem ultima-ratio-Prinzip noch ausdrücklich abschichtet, begnügen sich BAG 21.4.2005 – 2 AZR 132/04 – NZA 2005, 1289 B II 2 und BAG 21.4.2005 – 2 AZR 244/04 – NZA 2005, 1294 II 2 mit dem Hinweis auf den Verhältnismäßigkeitsgrundsatz.

fertigung einer Kündigung unbesetzt sind.[126] Hierzu zählen aber grundsätzlich nicht freie **Arbeitsplätze in einem im Ausland gelegenen Betrieb des Unternehmens.**[127]

a) Exkurs. Da nicht nur die Weiterbeschäftigungsmöglichkeit auf einem freien Arbeitsplatz des Betriebs, sondern auch die Weiterbeschäftigungsmöglichkeit innerhalb des **Unternehmens** die Dringlichkeit des betrieblichen Erfordernisses ausschließt, sind die drei Begriffe 692

- des Betriebs,
- des Unternehmens und
- des Konzerns

voneinander zu trennen.

aa) Grundsätzliche Betriebsbezogenheit des Kündigungsschutzes. Die Unternehmerentscheidung muss nach § 1 Abs 2 Satz 1 KSchG an die Verhältnisse des – gesamten – Betriebs anknüpfen. Der **Kündigungsschutz ist grundsätzlich betriebsbezogen ausgestaltet.**[128] Dabei wird unter Betrieb – auch im kündigungsschutzrechtlichen, nicht nur im betriebsverfassungsrechtlichen Sinne – die organisatorische Einheit verstanden, innerhalb derer ein Arbeitgeber mit seinen Arbeitnehmern durch Einsatz technischer und immaterieller Mittel bestimmte arbeitstechnische Zwecke fortgesetzt verfolgt, die sich nicht in der Befriedigung von Eigenbedarf erschöpfen.[129] Es reicht deshalb nicht aus, dass nur in einer Betriebsabteilung ein Arbeitsplatz entfällt oder sie völlig geschlossen wird,[130] sondern es darf im gesamten Betrieb – und wegen des Unternehmensbezugs des § 1 Abs 2 Satz 2 Nr 1 b KSchG darüber hinaus im Unternehmen – keine Weiterbeschäftigungsmöglichkeit mehr bestehen.[131] Auch auf einen Betriebsteil, der eine zwar abgrenzbare, aber organisatorisch nicht von anderen Bereichen zu unterscheidende Aufgabe wahrnimmt, die idR dem arbeitstechnischen Zweck des Gesamtbetriebs dient, kann die Kontrolle nicht beschränkt werden.[132] Im Rahmen der Sozialauswahl nach § 1 Abs 3 KSchG[133] hat der Betriebsbezug zur Folge, dass das Arbeitsverhältnis eines sozial weniger 693

---

126 St Rspr BAG 5.6.2008 – 2 AZR 107/07 – NZA 2008, 1180; 23.11.2004 – 2 AZR 38/04 – AP KSchG 1969 § 1 Soziale Auswahl Nr 70 B I 2 b bb mit zust Anm Ehrich in BAG Report 2005, 178 und erl Anm Bertzbach in jurisPR-ArbR 27/2005 Anm 5 sowie Hantel in NJ 2005, 334.
127 BAG 29.8.2013 – 2 AZR 809/12 – DB 2014, 663.
128 Vgl BAG 23.4.2008 – 2 AZR 1111/06 – NZA 2009, 312.
129 BAG 31.5.2007 – 2 AZR 276/06 – AP KSchG § 1 Soziale Auswahl Nr 94; 9.4.1987 – 2 AZR 279/86 – AP KSchG 1969 § 15 Nr 28 B II 2 a.
130 Vgl Rn 685.
131 BAG 1.7.1976 – 2 AZR 322/75 – AP KSchG 1969 § 1 Betriebsbedingte Kündigung Nr 2 II 2.
132 BAG 11.10.1989 – 2 AZR 61/89 – AP KSchG 1969 § 1 Betriebsbedingte Kündigung Nr 47 II 2.
133 Die soziale Auswahl ist von der Frage der Weiterbeschäftigungsmöglichkeit auf einem freien Arbeitsplatz zu trennen. Die Weiterbeschäftigungsmöglichkeit lässt bereits das objektiv zur Kündigung geeignete dringende betriebliche Erfordernis entfallen, vgl auch Rn 717.

schutzbedürftigen vergleichbaren Arbeitnehmers der anderen Abteilung oder des anderen Betriebsteils gekündigt werden muss.[134]

694 bb) **Durchbrechungen der Anknüpfung an den Betrieb durch Unternehmensbezug.** Ausnahmsweise nicht auf den Betrieb bezogen sind
- die **Wartefrist** des § 1 Abs 1 KSchG[135] und
- die **Weiterbeschäftigungsmöglichkeit auf einem freien Arbeitsplatz** des Unternehmens nach § 1 Abs 2 Satz 2 Nr 1 b KSchG, dem im Bereich des öffentlichen Dienstes § 1 Abs 2 Satz 2 Nr 2 b KSchG entspricht.[136]

Es kommt nicht darauf an, in welchem Betrieb des Unternehmens die Wartezeit vollendet wird oder der freie Arbeitsplatz vorhanden ist.

695 **Unternehmen** bedeutet dabei in Abgrenzung vom Betrieb die organisatorische Einheit, innerhalb derer ein Unternehmer allein oder in Gemeinschaft mit seinen Mitarbeitern mithilfe sachlicher und immaterieller Mittel bestimmte, hinter dem arbeitstechnischen Zweck des Betriebs stehende wirtschaftliche oder ideelle Zwecke verfolgt.[137] Der Unternehmensbegriff ist demnach weiter gefasst als der des Betriebs. Allerdings können auch mehrere Unternehmen – zB zwei Gesellschaften mit beschränkter Haftung – einen **einheitlichen, gemeinsamen Betrieb** bilden, sofern sie mit ihren Arbeitnehmern arbeitstechnische Zwecke innerhalb einer organisatorischen Einheit fortgesetzt verfolgen. Eine solche **Einheit der Organisation** ist anzunehmen,
- wenn die in einer Betriebsstätte vorhandenen materiellen und immateriellen Betriebsmittel für einen einheitlichen arbeitstechnischen Zweck zusammengefasst, geordnet und gezielt eingesetzt werden, und
- der Einsatz der menschlichen Arbeitskraft von einem einheitlichen Leitungsapparat gesteuert wird.[138]

Eine Organisationseinheit setzt dabei voraus, dass sich die beteiligten Unternehmen zu der gemeinsamen Führung des Betriebs rechtlich – ausdrücklich oder schlüssig – verbunden haben.[139] Das BAG folgert eine einheitliche Leitungsmacht aus Indizien vor allem innerhalb der personellen und sozialen Angelegenheiten, wie zB einer Personenidentität der gesetzlichen Vertreter, einer gemeinsamen Lohn- und Gehaltsbuchhaltung, gemeinschaftlichen sozialen Einrichtungen (Kantine, Kinderbetreuungseinrichtung uÄm), dem Austausch von Arbeitnehmern, materiellen Arbeitsmitteln usw. Eine unternehmensübergreifende Weiterbeschäftigungspflicht im Gemeinschaftsbetrieb kommt allerdings nicht mehr in Betracht, wenn der gemein-

---

134 BAG 5.5.1994 – 2 AZR 917/93 – AP KSchG 1969 § 1 Soziale Auswahl Nr 23 II 3 a.
135 Es genügt, dass das Arbeitsverhältnis in demselben Unternehmen sechs Monate bestanden hat.
136 Der Rechtsgedanke dieser Normen füllt auch die Generalklausel des § 1 Abs 2 Satz 1 KSchG aus.
137 KR/Griebeling § 1 KSchG Rn 143; zum Arbeitgeberbezug der Weiterbeschäftigungsmöglichkeit APS/Kiel § 1 KSchG Rn 588 f; Arbeitgeber sind dabei alle Rechtsträger ungeachtet ihrer Rechtsform, die sich im Arbeitsvertrag verpflichtet haben.
138 BAG 9.6.2011 – 6 AZR 132/10 – AP BetrVG 1972 § 102 BetrVG Nr 164.
139 BAG 9.6.2011 – 6 AZR 132/10 – AP BetrVG 1972 § 102 BetrVG Nr 164; 5.3.1987 – 2 AZR 623/85 – AP KSchG 1969 § 15 Nr 30 B II 2 a.

same Betrieb im Zeitpunkt der Kündigung nicht mehr besteht. Gleiches gilt, wenn einer der Betriebe des früheren Gemeinschaftsbetriebs bei Zugang der Kündigung zwar noch nicht stillgelegt ist, aufgrund einer unternehmerischen Entscheidung, die bereits greifbare Formen angenommen hat, aber feststeht, dass er bei Ablauf der Kündigungsfrist des Arbeitnehmers stillgelegt sein wird. Regelmäßig wird mit der Stilllegung des einen Betriebs die gemeinsame Leitungsstruktur beseitigt. Mit der Stilllegung besteht nur noch ein Betrieb fort, in dessen Führung der Unternehmer, dessen Betrieb stillgelegt wurde bzw werden wird, nicht mehr eingreifen kann. Er kann die Weiterbeschäftigung der aufgrund der Stilllegung gekündigten Arbeitnehmer in dem fortgeführten Betrieb des anderen Unternehmers daher rechtlich nicht mehr durchsetzen.[140] Auch eine unternehmensweite soziale Auswahl ist in dem noch fortbestehenden Betrieb des früheren Gemeinschaftsbetriebs dann nicht mehr durchzuführen. Die Arbeitnehmer des fortbestehenden Betriebs sind mit den Arbeitnehmern des Betriebs, der spätestens bis zum Ablauf der Kündigungsfrist stillgelegt sein wird, auch dann nicht länger vergleichbar, wenn ihre Arbeitsverträge eine sog Konzernversetzungsklausel aufweisen.[141]

cc) **Kündigungsschutz im Konzern**[142] Der allgemeine Kündigungsschutz erstreckt sich trotz der Besonderheiten des modernen Wirtschaftslebens regelmäßig nicht auf den Konzern.[143] Dem stehen der klare Wortlaut und Zweck des § 1 Abs 2 KSchG entgegen.[144] Dieses Problem stellt sich bspw dann, wenn ein Arbeitnehmer von seinem eigentlichen Arbeitgeber zu einer anderen Konzerngesellschaft abgeordnet wird. Denkbar ist aber auch, dass zugleich mehrere Arbeitsverträge mit verschiedenen Konzernunternehmen bestehen.[145]

696

---

140 Zu allem BAG 23.3.2006 – 2 AZR 162/05 – DB 2006, 2351 B III 2 f aa; BAG 24.2.2005 – 2 AZR 214/04 – DB 2005, 1523 B I 2 (im konkreten Fall aufrechterhaltene einheitliche Leitung); mittelbar auch BAG 18.9.2003 – 2 AZR 79/02 – DB 2004, 2817 B II 3; vgl zu dem Problem der betriebsübergreifenden Sozialauswahl und der Bedeutung von Versetzungsklauseln allgemeiner auch Gaul/Bonanni NZA 2006, 289.
141 BAG 23.3.2006 – 2 AZR 162/05 – DB 2006, 2351 B III 2 f bb; BAG 24.2.2005 – 2 AZR 214/04 – DB 2005, 1523 B II 2a; BAG 27.11.2003 – 2 AZR 48/03 – AP KSchG 1969 Soziale Auswahl Nr 64 B I 3 a, b und c mit erl Anm Ziemann in jurisPR-ArbR 19/2004 Anm 3; BAG 18.9.2003 – 2 AZR 79/02 – DB 2004, 2817 B I 4c, jeweils mwN; im Ausgangspunkt aA Annuß/Hohenstatt NZA 2004, 420, die eine unternehmensweite Sozialauswahl auch im Gemeinschaftsbetrieb ablehnen.
142 Zu der Durchsetzbarkeit eines sog konzernweiten Kündigungsschutzes instruktiv Bayreuther NZA 2006, 819; Lingemann FS Bauer 2010, S 661.
143 BAG 18.10.2012 – 6 AZR 41/12 – DB 2013, 586; 23.4.2008 – 2 AZR 1110/06 – NZA 2008, 939.
144 BAG 14.10.1982 – 2 AZR 568/80 – AP KSchG 1969 § 1 Konzern Nr 1 B II 3; vgl zum Begriff des Konzerns § 18 Abs 1 AktG; im Hinblick auf die verschiedenen Ausgestaltungsmöglichkeiten eines Konzerns wird auf die entsprechenden Kommentierungen zu § 54 BetrVG verwiesen.
145 Zu der Konstruktion eines sog einheitlichen, nur gleichzeitig kündbaren Arbeitsverhältnisses, das einen Einheitlichkeitswillen voraussetzt, BAG 27.3.1981 – 7 AZR 523/78 – AP BGB § 611 Arbeitgebergruppe Nr 1; krit hierzu mit im Lösungsweg abweichenden Vorschlägen zB Schulin in einer Anm zu der genannten Entscheidung in SAE 1983, 294, 296 – einerseits echte Parallelverträge, andererseits ein Grund- bzw Rahmenvertrag und ein Ausführungsvertrag; Schwerdtner

697 Ein **konzerndimensionaler Kündigungsschutz** kommt nur in Ausnahmefällen in Betracht,[146] wenn ein **anderes Konzernunternehmen** sich **ausdrücklich zur Übernahme des Arbeitnehmers** bereit erklärt oder eine Übernahmeverpflichtung sich unmittelbar aus dem **Arbeitsvertrag** ergibt.[147] Dies kann der Fall sein, wenn der Arbeitnehmer **von vornherein für den Unternehmens- oder Konzernbereich eingestellt** wurde oder die Einstellung für einen bestimmten Betrieb erfolgte und der Arbeitnehmer sich aber arbeitsvertraglich mit einer Versetzung innerhalb der Unternehmens- bzw. Konzerngruppe einverstanden erklärt hat. Erforderlich ist weiter ein bestimmender Einfluss des vertragsschließenden Unternehmens auf die „Versetzung".[148] In einer solchen Konstellation kann der Arbeitnehmer gegen seinen Vertragsarbeitgeber einen vertraglichen Anspruch auf Verschaffung eines Arbeitsvertrags haben[149] bzw ist dem Arbeitgeber der Versuch zuzumuten, den Arbeitnehmer in einem anderen Unternehmens- oder Konzernbetrieb „unterzubringen".

698 Beruft sich der **Arbeitnehmer** auf einen solchen konzernweiten Kündigungsschutz, **muss er konkret aufzeigen**, aus welchen vertraglichen Regelungen sich die Möglichkeit einer konzernweiten Beschäftigung ableitet und wie er sich eine anderweitige Beschäftigung – etwa auf einem freien Arbeitsplatz eines Tochterunternehmens – vorstellt.[150] Sofern er keinen Einblick in die Verhältnisse des anderen Konzernunternehmens hat, treffen den Arbeitgeber im Rahmen der gestuften Darlegungslast zu den Weiterbeschäftigungsmöglichkeiten in anderen Konzernunternehmen, soweit eine konzernweite Beschäftigungsmöglichkeit vom Arbeitnehmer dargelegt wird, aber weitergehende Vortragspflichten als innerhalb der bloßen Weiterbeschäftigung in Betrieb oder Unternehmen.[151] Die Anforderungen an die Erklärungspflicht des Arbeitnehmers nach § 138 Abs 2 ZPO sind inso-

---

ZIP 1982, 900; vgl auch Wiedemann in einer anderen Anm zu diesem Urteil in AP BGB § 611 Nr 1 Arbeitgebergruppe, dort 1 b aE; zu vertraglichen Verbindungen mit zwei Konzerngesellschaften BAG 21.1.1999 – 2 AZR 648/97 – AP KSchG 1969 § 1 Konzern Nr 9 II 3, wo die Frage des einheitlichen Arbeitsverhältnisses offenbleibt; vom einheitlichen Arbeitsverhältnis abzugrenzen ist das gespaltene Arbeitsverhältnis, bei dem nur ein Arbeitsvertrag gegeben ist, der auf Arbeitgeberseite von mehreren Rechtspersönlichkeiten geschlossen wird; vgl zu den möglichen arbeitsvertraglichen Gestaltungen im Konzern die Übersicht von KR/Griebeling § 1 KSchG Rn 590 bis 592; zum Konzernbezug KR/Griebeling § 1 KSchG Rn 539 ff und APS/Kiel § 1 KSchG Rn 590 ff.
146 BAG 23.4.2008 – 2 AZR 1110/06 – NZA 2008, 939; schon BAG 14.10.1982 – 2 AZR 568/80 – AP KSchG 1969 § 1 Konzern Nr 1 B III 1; bestätigt durch BAG 27.11.1991 – 2 AZR 255/91 – AP KSchG 1969 § 1 Konzern Nr 6 B III 1.
147 BAG 23.4.2008 – 2 AZR 1110/06 – NZA 2008, 939.
148 BAG 23.4.2008 – 2 AZR 1110/06 – NZA 2008, 939.
149 BAG 23.3.2006 – 2 AZR 162/05 – DB 2006, 2351 B III 2 b; BAG 23.11.2004 – 2 AZR 24/04 – NZA 2005, 929 B III 2 b bb.
150 BAG 18.10.2012 – 6 AZR 41/12 – DB 2013, 586; 10.1.1994 – 2 AZR 489/93 – AP KSchG 1969 § 1 Konzern Nr 8 B III 2 d, allerdings für den Fall, dass der Arbeitnehmer schon längere Zeit für das andere Konzernunternehmen gearbeitet hatte und mit ihm in Einstellungsverhandlungen stand; ausdrücklich offengelassen für die Konstellation, dass der Arbeitnehmer über keine hinreichenden Kenntnisse über das andere Konzernunternehmen verfügt und sie sich auch nicht durch einen der Betriebsräte verschaffen kann.
151 Nach § 1 Abs 2 Satz 2 Nr 1 b KSchG oder der Generalklausel des § 1 Abs 2 Satz 1 Var 3 KSchG.

weit gemindert. Die Konzerngesellschaft mit ursprünglicher Arbeitgeberstellung muss in einem solchen Fall das jeweilige Innenverhältnis zu den infrage kommenden anderen Konzernunternehmen und ihre **Möglichkeiten der Einflussnahme** erläutern, wobei auch ein **faktischer Einfluss** genügen kann, ohne dass zwingend eine konzernrechtliche Abhängigkeit der anderen Konzerngesellschaft, bspw durch einen Beherrschungs- oder Gewinnabführungsvertrag nach § 291 Abs 1 Satz 1 AktG, erforderlich wäre. Dem Arbeitgeber obliegt mithin im Bestreitensfall eine gesteigerte und dem Arbeitnehmer eine geringere Darlegungslast hinsichtlich der Einsatzmöglichkeiten bei anderen zum Konzern gehörenden Unternehmen, bei denen der Arbeitnehmer vereinbarungsgemäß beschäftigt werden könnte. Die sich aus den Umständen des Einzelfalls ergebende abgestufte Darlegungs- und Beweislast ändert aber nichts an dem grundsätzlichen Erfordernis, dass der Arbeitnehmer anzugeben hat, wie er sich seine anderweitige konzernweite Beschäftigung auf einem freien Arbeitsplatz vorstellt.[152] Der Arbeitgeber muss in diesem Zusammenhang auch darlegen, inwieweit ein **bestimmender Einfluss des Beschäftigungsbetriebs bzw des Vertragsarbeitgebers** auf die „Versetzung" ggf nicht besteht[153] oder die Entscheidung darüber ausschließlich dem zur Übernahme bereiten Unternehmen vorbehalten ist.[154]

Der **Verschaffungsanspruch** folgt aus einer **ausdrücklichen oder formlosen Zusage** oder einem vorangegangenen **Verhalten des Arbeitgebers**, mit dem bzw dem er dem Arbeitnehmer eine Übernahme durch einen anderen Unternehmens- oder Konzernbetrieb in Aussicht gestellt hat.[155] Die dadurch erzeugte Selbstbindung verpflichtet den Arbeitgeber zu einem Unterbringungsversuch in einem anderen Konzernbetrieb. Gründe der Fürsorge und Gleichbehandlung erweitern die „Versetzungspflicht", wenn dem Beschäftigungsbetrieb aufgrund einer Abstimmung mit dem beherrschenden Unternehmen oder dem anderen Konzernbetrieb ein bestimmender Einfluss auf die „Versetzung" eingeräumt worden und die Entscheidung darüber nicht dem grundsätzlich zur Übernahme bereiten Unternehmen vorbehalten worden ist.

699

Es besteht noch kein kündigungsschutzrechtlich erheblicher Konzernbezug, wenn ein Arbeitnehmer in einem Konzernunternehmen, ohne „versetzt" oder abgeordnet zu sein, fachlichen Weisungen eines anderen Konzernunternehmens unterliegt aber kein Vertrauenstatbestand begründet wird, der einem ausdrücklich begründeten oder konkludent durchgeführten „Verset-

700

---

152 BAG 10.5.2007 – 2 AZR 626/05 – NZA 2007, 1278; vgl auch BAG 21.1.1999 – 2 AZR 648/97 – AP KSchG 1969 § 1 Konzern Nr 9 II 4; vgl zu den anwendbaren Rechtsnormen bei der Kündigung in das Ausland entsandter Arbeitnehmer Rn 96.
153 BAG 23.4.2008 – 2 AZR 1110/06; krit gegenüber dem jedenfalls bisher noch aufrechterhaltenen Durchsetzbarkeitskriterium des Zweiten Senats Bayreuther NZA 2006, 819, 821 mwN.
154 BAG 23.3.2006 – 2 AZR 162/05 – DB 2006, 2351 B III 2c; BAG 18.9.2003 – 2 AZR 79/02 DB 2004, 2817 B II 2; BAG 21.2.2002 – 2 AZR 749/00 – DB 2002, 2172 B I 4a; Rost FS Schwerdtner S 169, 171.
155 18.10.2012 – 6 AZR 41/12 – DB 2013, 586; 23.4.2008 – 2 AZR 1110/06 – NZA 2008, 939.

zungsvorbehalt" gleichkäme.[156] Ein Vertrauenstatbestand des gekündigten Arbeitnehmers, der eine Selbstbindung des anderen Konzernunternehmens, das Arbeitsverhältnis zu „übernehmen", bewirkt, kommt allenfalls bei wiederholter Beschäftigung des Arbeitnehmers im Wege der Abordnung an das andere Konzernunternehmen in Betracht.[157] Berechtigtes Vertrauen auf Übernahme durch ein rechtlich selbstständiges Unternehmen wird der Arbeitnehmer umso weniger haben, als er weiß, dass sein Vertragsarbeitgeber nicht die rechtliche Möglichkeit hat, die Übernahme gegenüber einem anderen Konzernunternehmen durchzusetzen.[158]

701 In der Entscheidung vom 23.3.2006 hat das BAG offengelassen,[159] ob ein konzernbezogener Kündigungsschutz" anzuerkennen ist, wenn mit konzerninternen Entscheidungen der Beschäftigungsbedarf für den betroffenen Arbeitnehmer bei konzernbezogener Betrachtungsweise nicht entfällt. In der Entscheidung vom 23.4.2008[160] wird dieser Ansatz nicht aufgegriffen, obwohl nach dem Sachverhalt ein wesentlicher Teil der Arbeiten des Klägers in anderen Konzernunternehmen wahrgenommen wurde. Dies weist darauf hin, dass **nur rechtsmissbräuchliche Verlagerungen von Beschäftigung in der Absicht, sich von einem Teil der Arbeitnehmer frei trennen zu können, zur Unwirksamkeit der Kündigung führen.**[161] Im Übrigen ist die Verlagerung von Beschäftigungskapazitäten im Rahmen eines Konzerns Teil der unternehmerischen Gestaltungsfreiheit.

702 Eine **Sozialauswahl** mit Arbeitnehmern anderer Betriebe des Unternehmens oder des Konzerns haben der Zweite und der Sechste Senat in ihren Entscheidungen vom 2.6.2005[162] und 15.12.2005[163] einhellig abgelehnt.[164]

703 **b) Freier Arbeitsplatz und Notwendigkeit eines Änderungsangebots. aa) Freier Arbeitsplatz.** Eine Weiterbeschäftigungsmöglichkeit besteht nur, wenn ein **freier, dh unbesetzter Arbeitsplatz** vergleichbaren (gleichwertigen) oder zu geänderten (schlechteren) Arbeitsbedingungen[165] vorhanden ist.[166] Als frei sind regelmäßig solche Arbeitsplätze anzusehen, die zum Zeitpunkt des Zugangs der Kündigung als dem maßgeblichen Überprü-

---

156 BAG 27.11.1991 – 2 AZR 255/91 – AP KSchG 1969 § 1 Konzern Nr 6 B III 3 b bb bis ff.
157 Erörtert, aber offengelassen von BAG 23.3.2006 – 2 AZR 162/05 – DB 2006, 2351 B III 2 d bb mwN.
158 BAG 23.3.2006 – 2 AZR 162/05 – DB 2006, 2351 B III 2 d bb mwN.
159 BAG 23.3.2006 – 2 AZR 162/05 – DB 2006, 2351 B III 2 e aa mwN.
160 BAG 23.4.2008 – 2 AZR 1110/06 – NZA 2008, 939.
161 Zutr APS/Kiel § 1 KSchG Rn 595; Lingemann FS Bauer 2010, S 661, 669.
162 BAG 2.6.2005 – 2 AZR 158/04 – AP KSchG 1969 § 1 Soziale Auswahl Nr 73 II 2 mit grammatischen, teleologischen und systematischen Erwägungen zum Betriebsbegriff des § 1 Abs 2 Satz 1 und Abs 3 Satz 2 KSchG; zu II 2 b der Gründe lässt der Zweite Senat es allerdings offen, ob in Ausnahmefällen eine betriebsübergreifende soziale Auswahl durchzuführen ist.
163 BAG 15.12.2005 – 6 AZR 199/05 – AP KSchG 1969 § 1 Soziale Auswahl Nr 76 II 2 und 3.
164 Dazu auch Rn 820.
165 BAG 29.8.2013 – 2 AZR 721/12; 25.10.2012 – 2 AZR 552/11 – NZA-RR 2013, 632.
166 Die ausdrücklich normierten Gründe der absoluten Sozialwidrigkeit nach § 1 Abs 2 Satz 2 Nr 1 b bzw Nr 2 b KSchG sind gedanklich um den Zusatz des freien Arbeitsplatzes zu ergänzen.

fungszeitpunkt für die soziale Rechtfertigung einer Kündigung unbesetzt sind oder absehbar bis zum Ablauf der Kündigungsfrist frei werden.[167] Der Arbeitgeber braucht aber weder eine neue Planstelle zu schaffen noch eine mit einem nicht vergleichbaren Arbeitnehmer besetzte Position – außerhalb der Grenzen der Sozialauswahl[168] – „freizukündigen". Deckt der Arbeitgeber Vertretungsbedarf durch rechtlich zulässig gestaltete Arbeitsverträge mit Arbeitnehmern ab, denen er durch „Rahmenverträge" verbunden ist, so ist das durch den Vertretungsbedarf beschriebene Beschäftigungsvolumen nicht „frei".[169] Auch der Arbeitsplatz eines erkrankten Arbeitnehmers ist selbst dann nicht „frei", wenn es wahrscheinlich ist oder gar feststeht, dass der erkrankte Arbeitnehmer nicht zurückkehren wird.[170]

Bei einer Beschäftigung von **Leiharbeitnehmern** im Betrieb oder Unternehmen des Arbeitgebers hängt es von den Umständen des Einzelfalls ab, ob diese „freie Arbeitsplätze" iSv § 1 Abs 2 KSchG besetzen. Setzt der Arbeitgeber Leiharbeitnehmer zur Abdeckung eines nicht schwankenden, ständig vorhandenen (Sockel-)Arbeitsvolumens ein, liegt darin regelmäßig eine anderweitige Beschäftigungsmöglichkeit für ansonsten zu kündigende Stammarbeitnehmer.[171] Verrichten also Leiharbeitnehmer im Unternehmen bestehende Daueraufgaben, so sind diese vorrangig der Stammbelegschaft zu übertragen.[172] Dies gilt auch dann, wenn der Arbeitgeber bereits vor Ausspruch der Kündigung die organisatorische Entscheidung getroffen hat, auf bestimmten Stellen dauerhaft nur Leiharbeitnehmer einzusetzen.[173] Ein solches organisatorisches Konzept verstößt bereits gegen § 1 Abs 1 Satz 2 AÜG nF, der die Arbeitnehmerüberlassung als nur vorübergehendes Institut ausgestaltet hat.[174] Anders verhält es sich dagegen, wenn der Leiharbeitnehmereinsatz nur vorübergehend erfolgt oder Vertretungszwecken dient. Deckt der Arbeitgeber einen kurzfristigen Beschäftigungsmehrbedarf (sog. „Auftragsspitzen") durch den Einsatz von Leiharbeitnehmern ab, liegt kein dauerhafter Personalbedarf und damit kein freier Arbeitsplatz vor. Der Arbeitgeber ist nicht gehalten, hierfür eine eigene Personalreserve

704

---

167 St Rspr BAG 29.8.2013 – 2 AZR 721/12; 25.10.2012 – 2 AZR 552/11-– NZA-RR 2013, 632; 5.6.2008 – 2 AZR 107/07 – NZA 2008, 1180; zu indiziellen Korrekturen des Zugangszeitpunkts Rn 706; zu dem Problem von zeitgleich oder in unmittelbarem zeitlichem Zusammenhang mit der Kündigung erfolgten Stellenausschreibungen zB im Internet Hümmerich/Mauer NZA 2004, 1135.
168 Dazu Rn 812 ff.
169 BAG 1.3.2007 – 2 AZR 650/05 – AP KSchG 1969 § 1 Betriebsbedingte Kündigung Nr 164.
170 BAG 2.2.2006 – 2 AZR 38/05 – AP KSchG 1969 § 1 Betriebsbedingte Kündigung Nr 142.
171 BAG 15.12.2011 – 2 AZR 42/10 – NZA 2012, 1044.
172 APS/Kiel § 1 KSchG Rn 568; Gaul/Ludwig DB 2010, 2334 ff; Hamann NZA 2010, 1211, 1214 f.
173 LAG Hamm 7.4.2008 – 8 (19) Sa 1151/06; LAG Berlin-Brandenburg 3.3.2009 – 12 Sa 2468/08; Düwell/Dahl NZA 2007, 889; ErfK/Oetker § 1 KSchG Rn 256, KR/Griebeling § 1 KSchG Rn 219 a; aAMoll/Ittmann RdA 2008, 321, 327 f; differenzierend Kiel FS Reuter S 597, danach soll bei einer langfristigen Bindung an ein gewerbliches Arbeitnehmerüberlassungsunternehmen und bei einer nachvollziehbaren unternehmerischen Konzeption der Bestandsschutz der Stammarbeitnehmer Leiharbeitnehmer nicht verdrängen.
174 BAG 10.7.2013 – 7 ABR 91/11 – NZA 2013, 1296.

vorzuhalten.[175] An einem freien Arbeitsplatz mangelt es regemäßig auch, soweit der Arbeitgeber Leiharbeitnehmer als Personalreserve zur Abdeckung eines Vertretungsbedarfs beschäftigt. Dies gilt sowohl für krankheits- oder urlaubsbedingte Vertretungsfälle als auch für längerfristig bestehende Vertretungszeiten wie die Elternzeit. Auch wenn der Vertretungsbedarf regelmäßig anfällt, ist kein freier Arbeitsplatz anzunehmen.[176]

705 Im Fall eines bevorstehenden Betriebsteilübergangs muss der Arbeitgeber einem davon betroffenen Arbeitnehmer die Weiterbeschäftigung auf einem freien Arbeitsplatz anbieten, sobald er damit rechnen muss, der Arbeitnehmer werde dem Übergang seines Arbeitsverhältnisses widersprechen.[177]

706 Obwohl bei der Prüfung des freien Arbeitsplatzes grundsätzlich auf den Kündigungszeitpunkt abzustellen ist, bedeutet das nicht, dass bei einer **vorweggenommenen Stellenbesetzung** durch den Arbeitgeber der Kündigungsschutz des nicht versetzten oder umgesetzten Arbeitnehmers entfiele. Ist im Zeitpunkt des Kündigungszugangs eine Beschäftigungsmöglichkeit nicht mehr vorhanden, weil ein freier Arbeitsplatz vor dem Zugang der Kündigung besetzt wurde, so ist es dem Arbeitgeber gleichwohl nach dem Rechtsgedanken des § 162 BGB verwehrt, sich auf den Wegfall von Beschäftigungsmöglichkeiten im Kündigungszeitpunkt zu berufen, wenn dieser Wegfall treuwidrig herbeigeführt wurde. Der Arbeitgeber hat es nicht in der Hand den Kündigungsschutz dadurch leerlaufen zu lassen, dass er zunächst einen freien Arbeitsplatz besetzt und erst später eine Beendigungskündigung wegen einer fehlenden Weiterbeschäftigungsmöglichkeit ausspricht. Eine treuwidrige Vereitelung der Weiterbeschäftigungsmöglichkeit kann dem Arbeitgeber aber nur dann vorgehalten werden, wenn sich ihm die Möglichkeit der Weiterbeschäftigung aufdrängen musste.[178]

707 **bb) Notwendigkeit eines Änderungsangebots.** Kann der Arbeitgeber den Arbeitnehmer **nicht einseitig kraft Direktionsrechts** auf einen freien Arbeitsplatz **versetzen oder umsetzen**, muss er ihm dennoch einen **Änderungsantrag** unterbreiten. Ein solcher Fall kann auftreten, wenn zwar ein vergleichbarer Arbeitsplatz vorhanden ist, das Aufgabengebiet des Arbeitnehmers arbeitsvertraglich jedoch genau umschrieben ist und der Vertrag keine entsprechende Versetzungsklausel enthält. Daneben ist denkbar, dass eine Weiterbeschäftigung nur zu geänderten, für den Arbeitnehmer weniger günstigen Bedingungen möglich ist. In beiden Fällen ist der Arbeitgeber verpflichtet, dem Arbeitnehmer die Weiterbeschäftigung zu geänderten Arbeitsbedingungen von sich aus vor Ausspruch der Beendigungskündigung anzubieten.[179]

---

175 BAG 15.12.2011 – 2 AZR 42/10 – NZA 2012, 1044.
176 BAG 15.12.2011 – 2 AZR 42/10 – NZA 2012, 1044.
177 BAG 15.8.2002 – 2 AZR 195/01 – AP BGB § 613a Nr 241 II 1 c und d.
178 BAG 5.6.2008 – 2 AZR 107/07 – NZA 2008, 1180.
179 Zunächst BAG 27.9.1984 – 2 AZR 62/83 – AP KSchG 1969 § 2 Nr 8 B II 3; jetzt modifizierend BAG 21.4.2005 – 2 AZR 132/04 – NZA 2005, 1289 B II 2 und BAG 21.4.2005 – 2 AZR 244/04 – NZA 2005, 1294 II 2; BAG 13.2.2008 – 2 AZR 1041/06 – NZA 2008, 819; zu den besonderen Problemen des Vorrangs der Änderungskündigung bei einer insolvenzbedingten Beendigungskündigung wegen Betriebsstilllegung BAG 16.6.2005 – 6 AZR 476/04 – AP ATG § 3 Nr 13 II 3 mit krit Bspr Decruppe in jurisPR-ArbR 2/2006 Anm 6; näher Rn 780.

Der Arbeitgeber muss grundsätzlich eine Änderungskündigung ausspre- 708
chen, wenn es eine geeignete Beschäftigungsalternative für den von einer
Kündigung bedrohten Arbeitnehmer gibt.[180] Ob es sich bei dem freien Arbeitsplatz nach § 1 Abs 2 Satz 2 Nr 1 b KSchG um eine **gleichwertige** Position oder eine Stelle mit **schlechteren Arbeitsbedingungen** handelt, ist für die Weiterbeschäftigungspflicht unerheblich.[181] Voraussetzung ist aber, dass die Weiterbeschäftigung für den Arbeitgeber objektiv möglich[182] und sie dem Arbeitnehmer zumutbar[183] ist. Der Arbeitnehmer muss über die für den anderen Arbeitsplatz erforderlichen Kenntnisse verfügen.[184] Dabei unterliegt die Gestaltung des **Anforderungsprofils** für den freien Arbeitsplatz der unternehmerischen Disposition des Arbeitgebers. Sie kann gerichtlich nur auf offenbare Unsachlichkeit überprüft werden. Die unternehmerische Entscheidung, welche persönlichen oder sachlichen Anforderungen an den Arbeitsplatzinhaber zu stellen sind, um die Aufgabe sachgerecht erledigen zu können, kann von den Arbeitsgerichten lediglich auf offenbare Unsachlichkeit überprüft werden. Die Entscheidung des Arbeitgebers, bestimmte Tätigkeiten nur von Arbeitnehmern mit bestimmten Qualifikationen ausführen zu lassen, ist jedenfalls dann zu respektieren, wenn die Qualifikationsmerkmale einen nachvollziehbaren Bezug zur Organisation der auszuführenden Arbeiten haben.[185] In seiner Disposition frei ist der Arbeitgeber aber dann nicht, wenn er rein persönliche Merkmale festlegt, die keinen hinreichenden Bezug zur konkreten Arbeitsaufgabe haben.[186]

---

180 Eingehend Kiel FS Kreutz s 217 ff.
181 Mit jeglicher Weiterbeschäftigungsmöglichkeit entfällt das dringende betriebliche Erfordernis iSv § 1 Abs 2 Satz 1 KSchG, wie der positiv-gesetzlich normierte absolute Sozialwidrigkeitstatbestand des § 1 Abs 2 Satz 2 Nr 1 b/Nr 2 b KSchG zeigt, vgl schon v. Hoyningen-Huene, Anm zu der genannten Entscheidung des BAG vom 27.9.1984 – 2 AZR 62/83 – AP KSchG 1969 § 2 Nr 8; st Rspr BAG 5.6.2008 – 2 AZR 107/07 – NZA 2008, 1180; 24.6.2004 – 2 AZR 326/03 – AP KSchG 1969 § 1 Nr 76 B II 2 a mwN.
182 BAG 21.4.2005 – 2 AZR 132/04 – NZA 2005, 1289 B II 4 a und BAG 21.4.2005 – 2 AZR 244/04 – NZA 2005, 1294 II 4 a.
183 BAG 21.4.2005 – 2 AZR 132/04 – NZA 2005, 1289 B II 4 b und BAG 21.4.2005 – 2 AZR 244/04 – NZA 2005, 1294 II 4 b.
184 BAG 5.6.2008 – 2 AZR 107/07 – NZA 2008, 1180; 21.9.2000 – 2 AZR 385/99 – AP KSchG 1969 § 1 Betriebsbedingte Kündigung Nr 111; BAG 21.9.2000 – 2 AZR 440/99 – AP KSchG 1969 § 1 Nr 112; BAG 18.10.2000 – 2 AZR 465/99 – AP KSchG 1969 § 9 Nr 39; BAG 6.12.2001 – 2 AZR 695/00 – EzA KSchG § 1 Betriebsbedingte Kündigung Nr 115; BAG 25.4.2002 – 2 AZR 260/01 – AP KSchG 1969 § 1 Betriebsbedingte Kündigung Nr 121.
185 BAG 10.11.1994 – 2 AZR 242/94 – AP KSchG 1969 § 1 Betriebsbedingte Kündigung Nr 65; BAG 5.10.1995 – 2 AZR 269/95 – AP KSchG 1969 § 1 Betriebsbedingte Kündigung Nr 71; BAG 7.11.1996 – 2 AZR 811/95 – AP KSchG 1969 § 1 Betriebsbedingte Kündigung Nr 82; BAG 21.9.2000 – 2 AZR 385/99 – AP KSchG 1969 § 1 Betriebsbedingte Kündigung Nr 111; BAG 21.9.2000 – 2 AZR 440/99 – AP KSchG 1969 § 1 Nr 112; BAG 24.6.2004 – 2 AZR 326/03 – AP KSchG 1969 § 1 Nr 76 = NZA 2004, 1268 B II 2 a; BAG 16.12.2004 – 2 AZR 66/04 – NZA 2005, 761 B II 4 a.
186 BAG 24.6.2004 – 2 AZR 326/03 – AP KSchG 1969 § 1 Nr 76 = NZA 2004, 1268 B II 2 a bis c unter Hinweis auf Bernd Preis AuR 1997, 60, 64; BAG 7.7.2005 – 2 AZR 399/04 – AP KSchG 1969 § 1 Betriebsbedingte Kündigung Nr 138 II 3 b. In der Entscheidung vom 24.6.2004 bejahte der Zweite Senat eine Weiterbeschäftigungsmöglichkeit und damit die Sozialwidrigkeit der Kündigung, obwohl der Arbeitnehmer die in der Stellenbeschreibung des Arbeitgebers gefor-

709 Bei **zumutbarer Weiterbeschäftigung** ist ein Änderungsantrag nötig. Den Arbeitgeber trifft insoweit die Initiativlast. Dabei muss er dem Arbeitnehmer bei mehreren in Betracht kommenden Weiterbeschäftigungsmöglichkeiten aus Gründen der Verhältnismäßigkeit diejenige anbieten, die den bisherigen Arbeitsbedingungen am nächsten kommt.[187]

710 Eine **unzumutbare** Änderung, die das Erfordernis eines Änderungsangebots entfallen lässt, ist nur in **extremen Ausnahmefällen** denkbar, etwa bei völlig unterwertiger Beschäftigung. Der Zweite Senat nennt insoweit beispielhaft das Angebot einer Pförtnerstelle an den bisherigen Personalleiter.[188] Eine solche Extremsituation liegt vor, wenn das Weiterbeschäftigungsverhältnis einen „beleidigender Charakter" hat, der betroffene Arbeitnehmer zB so weit in der Personalhierarchie zurückgestuft würde, dass viele seiner bisher Untergebenen ihm nunmehr Weisungen erteilen könnten und deshalb erhebliche Konflikte zu erwarten sind.[189] Eine geringere Vergütung oder eine längere bzw kürzere Arbeitszeit rechtfertigen die sofortige Beendigungskündigung dagegen nicht; eine Weiterbeschäftigungsmöglichkeit auch zu schlechteren Bedingungen lässt die Dringlichkeit des betrieblichen Erfordernisses für eine Beendigungskündigung nach dem Verhältnismäßigkeitsgrundsatz entfallen.[190]

711 **Der Arbeitnehmer hat selbst zu entscheiden**, ob er eine Weiterbeschäftigung unter möglicherweise erheblich verschlechterten Arbeitsbedingungen für zumutbar hält oder nicht.[191] Der Arbeitgeber darf daher nicht ohne weitere Handlungen eines zum Familienunterhalt verpflichteten Arbeitnehmers davon ausgehen, ihm sei eine Weiterbeschäftigung in Teilzeit gegen eine geringere Vergütung unzumutbar.[192]

712 Der im **Regelfall notwendige Änderungsantrag** kann sowohl in Form eines auf einvernehmliche Änderung gerichteten Angebots als auch durch Änderungskündigung ohne vorherigen Versuch einer einvernehmlichen Ände-

---

derte mehrjährige Berufserfahrung im Vertrieb nicht aufwies. Der Senat nahm widersprüchliches Verhalten iSv § 242 BGB an, weil sich der Arbeitgeber selbst nicht an seine Vorgabe gehalten hatte. Er hatte die Stelle mit zwei Arbeitnehmerinnen besetzt, die über die entsprechende Berufserfahrung ebenfalls nicht verfügten. Die weiteren Behauptungen des Arbeitgebers, die Persönlichkeitsstruktur des Klägers – insb seine fehlende ausgeprägte Kontaktfähigkeit und sein mangelndes Verkaufstalent – ließen die Besetzung des Arbeitsplatzes mit ihm nicht zu, bewertete das BAG als unerheblich. Dabei stützte sich der Senat auf den durch das LAG festgestellten, von ihm als unsubstantiiert qualifizierten und nicht mit einer beachtlichen Verfahrensrüge angegriffenen Sachverhalt. Aus dem festgestellten Sachverhalt werde nicht deutlich, welche persönlichen Defizite des Klägers angeblich bestünden. Obwohl es sich um eine Einzelfallentscheidung handelt, dürfte sie insoweit zu verallgemeinern sein, als der Arbeitgeber sich nicht darauf beschränken kann, (fehlende) Eigenschaften des Arbeitnehmers pauschal zu behaupten, ohne diese Wertungen mit Tatsachen zu belegen.

187 BAG 21.4.2005 – 2 AZR 132/04 – NZA 2005, 1289 B II 4 b und BAG 21.4.2005 – 2 AZR244/04 – NZA 2005, 1294 II 4 b.
188 BAG 5.6.2008 – 2 AZR 107/07 – NZA 2008, 1180; 21.4.2005 – 2 AZR 132/04 – NZA 2005, 1289 B II 4 b; BAG 21.4.2005 – 2 AZR244/04 – NZA 2005, 1294 II 4 b.
189 BAG 21.9.2006 – 2 AZR 607/05 – NZA 2007, 431.
190 Dazu zB LAG Köln 26.8.2004 – 5 (9) Sa 417/04 – NZA-RR 2005, 300.
191 BAG 21.4.2005 – 2 AZR 244/04 – NZA 2005, 1294 II 4 b.
192 BAG 21.4.2005 – 2 AZR 132/04 – NZA 2005, 1289 B II 4 b.

rung an den Arbeitnehmer herangetragen werden. Der Arbeitgeber ist nicht verpflichtet, eine einvernehmliche Lösung mit dem Arbeitnehmer zu suchen.[193]

Auf das Änderungsangebot kann der Arbeitnehmer in unterschiedlicher Weise reagieren: 713

- **Er nimmt das Angebot vorbehaltlos an.** Es kommt ein Änderungsvertrag zustande. Eine Änderungskündigung ist nicht mehr nötig.
- **Der Arbeitnehmer nimmt den Antrag bei Ausspruch einer Änderungskündigung fristgerecht unter dem Vorbehalt der sozialen Rechtfertigung bzw Wirksamkeit der Änderung der Arbeitsbedingungen an.**[194]
- **Er behält sich bei einem auf eine einvernehmliche Änderung gerichteten Vertragsangebot vor, Änderungsschutzklage zu erheben, sofern der Arbeitgeber nun eine Änderungskündigung aussprechen sollte.** Darin liegt die Ankündigung einer Änderungsschutzklage.[195] In Wirklichkeit lehnt der Arbeitnehmer den Antrag des Arbeitgebers in dieser Konstellation ab. Ein Änderungsvertrag kommt nicht zustande. Hier kommt es darauf an, ob der Arbeitgeber das Verhalten des Arbeitnehmers dahin verstehen durfte, dass der Arbeitnehmer die vorgeschlagene Änderung **vorbehaltlos und endgültig ablehnt**, sie also in keinem Fall – auch nicht bei gerichtlicher Bestätigung ihrer Wirksamkeit nach einer später erklärten Änderungskündigung – akzeptiert.

Von der Reaktion des Arbeitnehmers hängt das weitere Vorgehen des Arbeitgebers ab: 714

- **Lehnt der Arbeitnehmer eine einvernehmliche Vertragsänderung ab, behält er sich aber vor, eine noch auszusprechende Änderungskündigung zumindest unter dem Vorbehalt ihrer sozialen Rechtfertigung bzw Wirksamkeit zu akzeptieren, genießt die Änderungskündigung** nach dem Grundsatz der **Verhältnismäßigkeit** regelmäßig Vorrang vor der Beendigungskündigung.[196] Diese Änderungskündigung kann der Arbeitnehmer mit der Änderungsschutzklage der §§ 4 Satz 2, 2 KSchG angreifen. Entsprechendes gilt, wenn der Arbeitnehmer sich zu dem einvernehmlichen Änderungsangebot nicht eindeutig – ausdrücklich

---

193 Gegenüber BAG 27.9.1984 – 2 AZR 62/83 – AP KSchG 1969 § 2 Nr 8 klargestellt durch BAG 21.4.2005 – 2 AZR 132/04 – NZA 2005, 1289 B II 4c bb und BAG 21.4.2005 – 2 AZR 244/04 – NZA 2005, 1294 II 4c bb; im Hinblick auf ein obligatorisches Gespräch vor Ausspruch der Änderungskündigung abgeschwächt schon BAG 7.12.2000 – 2 AZR 391/99 – AP KSchG 1969 § 1 Betriebsbedingte Kündigung Nr 113 B III 5 („Macht der Arbeitgeber von der Möglichkeit Gebrauch, dem Arbeitnehmer das Änderungsangebot bereits vor der Kündigung zu unterbreiten, ..."); APS/Kiel § 1 KSchG Rn 628; KR/Kreft/Rost § 2 KSchG Rn 18c ff.
194 Vgl zu den Problemen der Vorbehaltsannahme § 2 KSchG Rn 31 ff, zu ihren prozessualen Besonderheiten § 4 KSchG Rn 4 und 66 mwN.
195 BAG 21.4.2005 – 2 AZR 132/04 – NZA 2005, 1289 B II 4c dd und BAG 21.4.2005 – 2AZR 244/04 – NZA 2005, 1294 II 4c dd; APS/Kiel § 1 KSchG Rn 629.
196 Unter Aufgabe von BAG 27.9.1984 – 2 AZR 62/83 – AP KSchG 1969 § 2 Nr 8 nun BAG 21.4.2005 – 2 AZR 132/04 – NZA 2005, 1289; BAG 21.4.2005 – 2 AZR 244/04 – NZA 2005, 1294, BAG 13.2.2008 – 2 AZR 1041/06 – NZA 2008, 819.

oder schlüssig – äußert, seine Haltung aber keine unmissverständliche und definitive Ablehnung der angebotenen Änderung im Wege einer ggf auszusprechenden Änderungskündigung erkennen lässt.[197]

- Der Arbeitgeber kann Angebot und Kündigung auch miteinander verbinden, indem er ohne vorherige Verhandlungen mit dem Arbeitnehmer **sofort eine Änderungskündigung ausspricht**. Er ist nicht verpflichtet, zunächst eine einvernehmliche Lösung zu suchen. Erklärt der Arbeitgeber aber sofort eine Beendigungskündigung, ist diese regelmäßig sozialwidrig.[198] Will der Arbeitgeber eine Änderungs- und keine Beendigungskündigung erklären, muss dies unmissverständlich und in der Schriftform des § 623 BGB zum Ausdruck bringen.[199]

- **Nur dann, wenn** der Arbeitnehmer sein Einverständnis in den geführten Verhandlungen **endgültig und vorbehaltlos verweigert**, ist der Arbeitgeber frei, eine **Beendigungskündigung** zu erklären. Der Arbeitnehmer muss **unmissverständlich** zum Ausdruck gebracht haben, er werde die geänderten Arbeitsbedingungen nicht – auch nicht unter dem Vorbehalt ihrer sozialen Rechtfertigung – annehmen.[200] Die bloße Ablehnung einer einvernehmlichen Änderung schließt es nicht aus, dass der Arbeitnehmer bereit ist, zu den geänderten Bedingungen weiterzuarbeiten, wenn sich in einem Änderungsschutzrechtsstreit die Berechtigung der Änderung herausstellt. Hat er dagegen zu erkennen gegeben, dass er das Änderungsangebot in keinem Fall annehmen werde, ist sein Verhalten widersprüchlich, wenn er sich später auf eine mögliche Änderungskündigung beruft.[201] Für eine vorbehaltlose und endgültige Ablehnung in diesem Sinn muss der Arbeitnehmer bei der Ablehnung des Änderungsangebots unmissverständlich zum Ausdruck bringen, dass er unter keinen Umständen bereit ist, zu den geänderten Arbeitsbedingungen zu arbeiten.[202] Dass er nur eine einvernehmliche Lösung endgültig ablehnt, eröffnet dem Arbeitgeber dagegen noch nicht die Möglichkeit einer Beendigungskündigung. Es ist gerade Sinn eines Änderungsschutzprozesses nach § 2 KSchG, die Frage der Zumutbarkeit der geänderten Arbeitsbedingungen zu überprüfen.[203] Im Beendigungsrechtsstreit trägt der Arbeitgeber die **Darlegungs- und Beweislast** dafür, dass der Arbeitnehmer das Änderungsangebot definitiv abgelehnt hat, dh

---

[197] BAG 21.4.2005 – 2 AZR 132/04 – NZA 2005, 1289 B II 4 c ee; BAG 21.4.2005 – 2 AZR 244/04 – NZA 2005, 1294 II 4 c ee.
[198] BAG 21.4.2005 – 2 AZR 132/04 – NZA 2005, 1289 B II 4 c ee; BAG 21.4.2005 – 2 AZR 244/04 – NZA 2005, 1294 II 4 c ee.
[199] Zu möglichen Auslegungsproblemen bei der Ermittlung des auf eine bloße Änderung gerichteten rechtsgeschäftlichen Willens des Arbeitgebers zB BAG 21.4.2005 – 2 AZR 132/04 – NZA 2005, 1289 B I.
[200] KR/Griebeling § 1 KSchG Rn 227; KR/Rost § 2 KSchG Rn 18 g und 105, jeweils mwN.
[201] BAG 21.4.2005 – 2 AZR 132/04 – NZA 2005, 1289 B II 4 c ee; BAG 21.4.2005 – 2 AZR 244/04 – NZA 2005, 1294 II 4 c ee; KR/Rost § 2 KSchG Rn 19; APS/Kiel § 1 KSchG Rn 628; Kiel, Die anderweitige Beschäftigungsmöglichkeit im Kündigungsschutz, S 114 f; Preis, Prinzipien des Kündigungsrechts bei Arbeitsverhältnissen, S 302; Preis NZA 1997, 1077.
[202] BAG 21.4.2005 – 2 AZR 132/04 – NZA 2005, 1289 B II 4 c ee; BAG 21.4.2005 – 2 AZR 244/04 – NZA 2005, 1294 II 4 c ee.
[203] BAG 21.4.2005 – 2 AZR 132/04 – NZA 2005, 1289 B II 4 c ff.

dass er weder einvernehmlich noch unter dem Vorbehalt der Prüfung der sozialen Rechtfertigung iSv § 2 KSchG bereit war, zu den geänderten Bedingungen zu arbeiten.[204]

- Sozialwidrig ist die Beendigungskündigung nach § 1 Abs 2 **Satz 3** KSchG auch, wenn die Weiterbeschäftigung des Arbeitnehmers **nach zumutbaren Umschulungs- oder Fortbildungsmaßnahmen** möglich ist und der Arbeitnehmer sein **Einverständnis** hiermit erklärt hat. Entscheidend ist, ob bei Beendigung der Umschulungs- oder Fortbildungsmaßnahme ein freier Arbeitsplatz bestehen wird. Einen Arbeitsplatz zu schaffen, kann dem Arbeitgeber nicht zugemutet werden.[205]

Für die Weiterbeschäftigungsmöglichkeit auf einem freien Arbeitsplatz ergibt sich im **Beendigungsschutzrechtsstreit**[206] folgende Verteilung der **Darlegungs- und Beweislast**: Die **Behauptungslast** dafür, dass eine Kündigung wegen Wegfalls des bisherigen Arbeitsplatzes durch dringende betriebliche Erfordernisse bedingt ist, ohne dass eine andere Beschäftigung möglich oder zumutbar wäre, trifft nach § 1 Abs 2 Satz 4 KSchG den **Arbeitgeber**. Der **Umfang** seiner Darlegungslast ist aber davon abhängig, wie sich der Arbeitnehmer auf die Begründung der Kündigung einlässt.[207]

715

- Bestreitet der Arbeitnehmer nur den Wegfall des Arbeitsplatzes, genügt der allgemeine Vortrag des Arbeitgebers, wegen der betrieblichen Notwendigkeit sei eine Weiterbeschäftigung zu gleichen Bedingungen nicht möglich.
- Es obliegt dann dem Arbeitnehmer vorzubringen, wie er sich eine anderweitige Beschäftigung vorstellt, falls sein bisheriger Arbeitsplatz tatsächlich weggefallen sein sollte. Erst dann muss der Arbeitgeber eingehend erläutern, aus welchen Gründen eine Umsetzung nicht möglich gewesen wäre.
- Auf die Möglichkeit einer Weiterbeschäftigung zu geänderten Bedingungen braucht der Arbeitgeber erst einzugehen, wenn sich aus dem Vorbringen des Arbeitnehmers im Prozess ergibt, an welche Art der anderweitigen Beschäftigung er denkt.

Hinweise: Bei den Verhandlungen mit dem Arbeitnehmer über das Änderungsangebot muss der Arbeitgeber wegen des Schutzzwecks des § 2 KSchG

716

- ein eindeutiges, vollständiges – dh annahmefähiges – und schriftformgerechtes Änderungsangebot unterbreiten.[208]
- im Beendigungsrechtsstreit darlegen und beweisen, dass der Arbeitnehmer das Änderungsangebot endgültig und vorbehaltlos abgelehnt hat,

---

204 BAG 21.4.2005 – 2 AZR 132/04 – NZA 2005, 1289 B II 4 c ee; BAG 21.4.2005 – 2 AZR 244/04 – NZA 2005, 1294 II 4 c ee.
205 Sinngemäß BAG 7.2.1991 – 2 AZR 205/90 – AP KSchG 1969 § 1 Umschulung Nr 1 B II 2 a.
206 Zum Änderungsschutzprozess (im konkreten Fall bei abgelehntem Änderungsangebot) zB BAG 23.6.2005 – 2 AZR 642/04 – AP KSchG 1969 § 2 Nr 81 B I 1 b.
207 BAG 29.8.2013 – 2 AZR 721/12; 25.10.2012 – 2 AZR 552/11 – NZA-RR 2013, 632.
208 Zu möglichen Interpretationsproblemen bei der Ermittlung des auf eine bloße Änderung gerichteten rechtsgeschäftlichen Willens des Arbeitgebers zB BAG 21.4.2005 – 2 AZR 132/04 – NZA 2005, 1289 B I.

dh dass er weder einvernehmlich noch unter dem Vorbehalt der Prüfung der sozialen Rechtfertigung bzw Wirksamkeit iSv § 2 KSchG bereit war, zu den geänderten Bedingungen zu arbeiten.[209] Für den Arbeitgeber ist hier eine sorgfältige Dokumentation geboten.

717 c) (Sozial)Auswahl bei Weiterbeschäftigung. Anderweitige Weiterbeschäftigungsmöglichkeiten im Betrieb oder Unternehmen bestehen nur auf **freien Arbeitsplätzen**. Sollen mehrere Arbeitsverhältnisse gekündigt werden, bestehen aber nur eine geringere Anzahl an anderweitigen Beschäftigungsmöglichkeiten, treten die betroffenen Arbeitnehmer in Konkurrenz um die verfügbaren Arbeitsplätze. Zu unterscheiden sind drei Konstellationen:

- Bestehen in **demselben Betrieb** freie Arbeitsplätze, auf denen aber nicht alle Arbeitnehmer, deren Arbeitsplätze entfallen, weiterbeschäftigt werden können, ist zwischen ihnen **entsprechend § 1 Abs 3 KSchG eine soziale Auswahl** vorzunehmen.[210]
- Bestehen in einem **anderen Betrieb des Unternehmens** Weiterbeschäftigungsmöglichkeiten, die nicht für die gesamte Zahl der Arbeitnehmer ausreichen, deren Positionen **alle in demselben Betrieb wegfallen**, ist der Arbeitgeber ebenfalls verpflichtet, **in Analogie zu § 1 Abs 3 KSchG eine Sozialauswahl** unter den zur Kündigung anstehenden Arbeitnehmern durchzuführen.[211]
- Konkurrieren dagegen zwei Arbeitnehmer aus **verschiedenen Betrieben des Unternehmens um eine freie Position in einem dritten Betrieb** des Unternehmens, dem sie beide nicht angehören, ist der Arbeitgeber jedenfalls gehalten, eine Auswahlentscheidung nicht nach freiem Belieben, sondern **nach billigem Ermessen iSv § 315 Abs 3 Satz 1 BGB** zu treffen.[212] Dieser Fall unterfällt der sozialen Auswahl des § 1 Abs 3 KSchG nicht unmittelbar, weil § 1 Abs 3 KSchG nach seinem Wortlaut und dem Gesamtzusammenhang des Kündigungsschutzgesetzes ausschließlich **betriebsbezogen** ausgerichtet ist.[213] Dass eine Auswahlentscheidung zu treffen ist, ergibt sich daraus, dass bei isolierter Betrachtung keine der Kündigungen der zur Entlassung anstehenden Arbeitnehmer durch dringende betriebliche Erfordernisse iSv § 1 Abs 2 KSchG bedingt wäre. Erst nach einer Auswahlentscheidung des Arbeitgebers lässt sich die soziale Rechtfertigung der Kündigungen beurteilen.[214] Das BAG geht davon aus, dass die Kriterien dieser Auswahlentscheidung aufgrund einer planwidrigen Regelungslücke im Kündi-

---

209 BAG 21.4.2005 – 2 AZR 132/04 – NZA 2005, 1289 B II 4c ee; BAG 21.4.2005 – 2 AZR 244/04 – NZA 2005, 1294 II 4c ee.
210 BAG 23.2.2012 – 2 AZR 45/11; 12.8.2010 – 2 AZR 945/08 – NZA 2011, 460; zutr APS/Kiel § 1 KSchG Rn 641.
211 KR/Griebeling § 1 KSchG Rn 613.
212 BAG 15.12.1994 – 2 AZR 320/94 – AP KSchG 1969 § 1 Betriebsbedingte Kündigung Nr 66 B III 4a; bestätigt durch BAG 21.9.2000 – 2 AZR 385/99 – AP KSchG 1969 § 1 Betriebsbedingte Kündigung Nr 111 B IV 2b, wo sich die Tendenz des Zweiten Senats zu einer Sozialauswahl entsprechend § 1 Abs 3 KSchG immer deutlicher abzeichnet, aber im Ergebnis immer noch offenbleibt.
213 BAG 15.12.1994 – 2 AZR 320/94 – AP KSchG 1969 § 1 Betriebsbedingte Kündigung Nr 66 B III 3a.
214 BAG 15.12.1994 – 2 AZR 320/94 – AP KSchG 1969 § 1 Betriebsbedingte Kündigung Nr 66 B III 3b.

gungsschutzgesetz nicht geregelt sind. Sie müssten deswegen entsprechend den allgemeinen Gerechtigkeitsvorstellungen in möglichst enger Anlehnung an das geltende Recht gebildet werden, was idR durch Analogie geschehe.[215] Ob eine **entsprechende Anwendung des § 1 Abs 3 KSchG** in Betracht kommt, konnte das BAG in der Entscheidung vom 15.12.1994[216] letztlich offenlassen, weil die Auswahlentscheidung des Arbeitgebers in der konkreten Konstellation bereits nicht billigem Ermessen entsprach.

Der Zweite Senat hat Bedenken an einer analogen Anwendung geäußert, weil nach der ursprünglichen Konzeption des Kündigungsschutzgesetzes nur die Interessen von Arbeitnehmer und Arbeitgeber in einem Betrieb gegeneinander abzuwägen seien, während dem Beschäftigungsinteresse des Arbeitnehmers bei einer betriebsübergreifenden Sozialauswahl möglicherweise unterschiedliche Interessen der betroffenen Betriebe und des Gesamtunternehmens gegenüberstünden, die nur schwer in Einklang zu bringen sein könnten. Zudem habe der Unternehmer bei seiner Entscheidung dann nicht nur die Mitbestimmungsrechte eines Betriebs- oder Personalrats zu beachten, sondern müsse damit rechnen, dass die Betriebsräte der verschiedenen Betriebe unterschiedliche Interessen verträten. 718

Teile des Schrifttums[217] halten die gegen eine entsprechende Anwendung der Regeln über die soziale Auswahl vorgebrachten Argumente für nicht stichhaltig. Dass der Wortlaut des § 1 Abs 3 KSchG die beschriebene Konstellation nicht erfasse, entspreche dem Wesen einer Analogie. Das Mitbestimmungsrecht des § 99 Abs 1 BetrVG bestehe unabhängig davon, ob die Auswahl durch entsprechende Anwendung des § 1 Abs 3 KSchG oder nach § 315 Abs 3 BGB erfolge. Der Zweite Senat mache auch nicht deutlich, in welcher Weise sich die Prüfungsmaßstäbe der §§ 315 Abs 3 Satz 2 BGB und 1 Abs 3 KSchG unterschieden. 719

Diese Einwände überzeugen trotz der durch das BAG gegen eine Analogie geltend gemachter Bedenken. Letztlich deuten die eigenen Ausführungen des Zweiten Senats[218] darauf hin, dass er § 1 Abs 3 KSchG faktisch entsprechend anwendet. Er betont zwar den eingeschränkten Maßstab des § 315 Abs 3 Satz 2 BGB, führt aber unmittelbar zuvor aus, die gesetzliche Wertung in § 1 Abs 3 KSchG zeige, dass die sozialen Belange der von einer Kündigung betroffenen Arbeitnehmer nicht unberücksichtigt bleiben dürften. Jedenfalls sind die Prüfungsmaßstäbe deutlicher zu differenzieren. Dabei stellt sich die Frage, ob § 315 BGB ggf nur eine Prüfung ermöglicht, die sich der Kontrolle der groben Fehlerhaftigkeit nach § 1 Abs 4 oder § 1 Abs 5 Satz 2 KSchG annähert. In seiner Entscheidung vom 4.12.1997[219] 720

---

215 BAG 15.12.1994 – 2 AZR 320/94 – AP KSchG 1969 § 1 Betriebsbedingte Kündigung Nr 66 B III 3 d (3).
216 2 AZR 320/94 – AP KSchG 1969 § 1 Betriebsbedingte Kündigung Nr 66.
217 APS/Kiel § 1 KSchG Rn 643 mwH zum Streitstand; vHH/L/Krause § 1 KSchG Rn 805 f; Schmitt Sozialauswahl bei Konkurrenz um anderweitige Beschäftigung S. 92 ff.
218 BAG 15.12.1994 – 2 AZR 320/94 – AP KSchG 1969 § 1 Betriebsbedingte Kündigung Nr 66 B II 4 a und b.
219 BAG 4.12.1997 – 2 AZR 140/97 – AP KSchG 1969 § 1 Wiedereinstellung Nr 4 B II 5 b bis d.

hat das BAG im Rahmen eines **Wiedereinstellungsanspruchs**[220] allerdings wieder nur eine Auswahlentscheidung mindestens nach billigem Ermessen iSv § 315 Abs 3 BGB verlangt und das Problem der Analogie zu § 1 Abs 3 KSchG erneut offengelassen. Mit seinen Entscheidungen vom 21.9.2000[221] und 22.9.2005[222] wird aber immer deutlicher, dass der Zweite Senat zunehmend in Richtung einer Sozialauswahl entsprechend § 1 Abs 3 KSchG tendiert, obwohl er die Frage nach wie vor auf sich beruhen lässt.[223]

3. Interessenabwägung

721 Für eine einzelfallbezogene Abwägung zwischen dem Lösungsinteresse des Arbeitgebers und dem Bestandsschutzinteresse des Arbeitnehmers ist dann, wenn ein dringendes betriebliches Erfordernis vorliegt, eine Weiterbeschäftigungsmöglichkeit fehlt und die soziale Auswahl ordnungsgemäß getroffen ist, kein Raum mehr.[224] Die betriebsbedingte Kündigung knüpft nicht an Umstände im Bereich des Arbeitnehmers sondern nur an den betrieblichen Verhältnissen an. Der individuelle Schutz wird in ausreichendem Maß durch die Missbrauchskontrolle der unternehmerischen Entscheidung, der Verpflichtung zum Angebot einer anderweitigen Beschäftigung und die Sozialauswahl gewährleistet, mit der das dringende betriebliche Erfordernis personell konkretisiert wird.[225] Während die Interessenabwägung bei der personen- und verhaltensbedingten Kündigung zum Kündigungsgrund gehört, weil nur auf diese Weise beurteilt werden kann, ob das Gewicht einer Vertragsbeeinträchtigung die Kündigung rechtfertigt, ist mit der Feststellung des dringenden betrieblichen Erfordernisses sowie der fehlenden Weiterbeschäftigungsmöglichkeit der gesetzliche Kündigungsgrund gegeben, sofern die Sozialauswahl fehlerfrei ist.[226]

IV. § 1 Abs 5 KSchG

722 § 1 Abs 5 KSchG idF des Gesetzes zu Reformen am Arbeitsmarkt[227] entspricht der Gesetzeslage aus der Zeit des Gesetzes zur Förderung von Wachstum und Beschäftigung, das vom 1.10.1996 bis zum 31.12.1998

---

220 Rn 787 ff.
221 BAG 21.9.2000 – 2 AZR 385/99 – AP KSchG 1969 § 1 Betriebsbedingte Kündigung Nr 111 B IV 2 b.
222 BAG 22.9.2005 – 2 AZR 244/04 – NZA 2006, 558.
223 Zu dem nötigen Inhalt der Betriebsratsanhörung bei (fehlenden) Weiterbeschäftigungsmöglichkeiten BAG 17.2.2000 – 2 AZR 913/98 – AP BetrVG 1972 § 102 Nr 113.
224 In den Entscheidungen des Zweiten Senats wird die Interessenabwägung nicht mehr erwähnt, vgl BAG 9.9.2010 – 2 AZR 493/09 – AP KSchG 1969 § 1 Betriebsbedingte Kündigung Nr 185 (Kündigung eines ruhenden Arbeitsverhältnisses, welches den Arbeitgeber wirtschaftlich nicht belastet hat); 2.2.2006 – 2 AZR 38/05 – AP KSchG 1969 § 1 Betriebsbedingte Kündigung Nr 142; 22.9.2005 – 2 AZR 155/05. Auch der Sechste Senat lässt es offen, ob an dem Erfordernis einer Interessenabwägung bei betriebsbedingter Kündigung festzuhalten ist: BAG 16.6.2005 – 6 AZR 476/04 – AP ATG § 3 Nr 13 II 2 c II 2 c.
225 Vgl Bitter/Kiel RdA 1994, 346; APS/Kiel § 1 KSchG Rn 651 ff (mit detaillierter Argumentation); vHH/L/Krause § 1 Rn 735; aA Kühling RdA 2003, 92, 97 und KR/Griebeling § 1 KSchG Rn 549.
226 APS/Kiel § 1 KSchG Rn 651.
227 Gesetz vom 24.12.2003, BGBl I S 3002.

galt.[228] Der vom 1.1.1999 bis 31.12.2003 durch Art 6 des Gesetzes zu Korrekturen in der Sozialversicherung und zur Sicherung der Arbeitnehmerrechte[229] wieder aufgehobene Absatz 5 des § 1 erleichterte betriebsbedingte Kündigungen in Fällen von **Betriebsänderungen** nach § 111 BetrVG schon während seiner ersten Geltungsphase erheblich.

Das trifft für die seit dem 1.1.2004 anzuwendende wortgleiche Neufassung des § 1 Abs 5 KSchG ebenso zu. Die unter Geltung des Arbeitsrechtlichen Beschäftigungsförderungsgesetzes in Lit[230] und die von der Rechtsprechung gefundenen Ergebnisse[231] können in vollem Umfang auf § 1 Abs 5 KSchG idF des Arbeitsmarktreformgesetzes übertragen werden.[232] 723

§ 1 Abs 5 KSchG gilt für seit dem 1.1.2004 zugegangene Kündigungen und wirkt nicht auf Kündigungen zurück, die während der Geltung des Korrekturgesetzes vom 1.1.1999 bis 31.12.2003 zugingen. 724

1. Übersicht

- § 1 Abs 5 **Satz 1** KSchG verteilt die Beweislast abweichend von § 1 Abs 2 letzter Satz KSchG.[233] Die Norm ist verfassungsgemäß.[234] Sie 725

---

228 Sog Arbeitsrechtliches Beschäftigungsförderungsgesetz vom 25.9.1996, BGBl I S 1476. Zu der „Renaissance der Listenkündigung" und der von ihm konstatierten Machtverschiebung in Richtung der Arbeitgeberseite Nassauer NZA Beilage 1/2005 zu Heft 10, 49, 50 f.

229 Sog Korrekturgesetz vom 19.12.1998, BGBl I S 3843.

230 Ascheid RdA 1997, 333, 342 f; Bader NZA 1996, 1125, 1133 f; Fischermeier NZA 1997, 1089, 1096 bis 1098; Giesen ZfA 1997, 145; v. Hoyningen-Huene/Linck DB 1997, 41, 45; Kappenhagen NZA 1998, 968; Kittner/Trittin § 1 KSchG Rn 495 j bis 495 l; Kohte BB 1998, 946 ff; Künzl ZTR 1999, 3; Löwisch NZA 1996, 1009, 1011 f; Löwisch RdA 1997, 80 bis 82; Lorenz DB 1996, 1973, 1974 f; Moll MDR 1997, 1038 bis 1040; Neef NZA 1997, 66, 69; Piehler NZA 1998, 970; Preis NJW 1996, 3369, 3372; Richardi in FS für Wiese, S 441 ff; Schiefer NZA 1997, 915 bis 919; Zwanziger AuR 1997, 427 bis 434.

231 In der Rspr sind neben einem Urt v 10.2.1999 – 2 AZR 716/98 – AP KSchG 1969 § 1 Soziale Auswahl Nr 40, das die Auskunftspflicht des Arbeitgebers nach § 1 Abs 3 Satz 1 HS 2 KSchG ausdrücklich auch im Anwendungsbereich des § 1 Abs 5 KSchG aF bejaht, nicht zuletzt zwei Entscheidungen des Zweiten Senats von Bedeutung: Das Urt v 7.5.1998 (2 AZR 536/97 – AP KSchG 1969 § 1 Betriebsbedingte Kündigung Nr 94 mit Anm Schiefer und weiteren Anm v. Hoyningen-Huene in EzA Nr 5 zu § 1 KSchG Interessenausgleich sowie Meyer in BB 1998, 2417) behandelt die Darlegungs- und Beweislast iR der Vermutung des § 1 Abs 5 Satz 1 KSchG aF, die Reichweite der Vermutung und die eingeschränkte Überprüfbarkeit der Sozialauswahl nach § 1 Abs 5 Satz 2 KSchG aF. Es handelt sich um die Revisionsentscheidung zum Urt des LAG Köln v 1.8.1997 – 11 Sa 355/97 – NZA-RR 1998, 160. Eine weitere Entscheidung des BAG, die ebenfalls vom 7.5.1998 stammt (2 AZR 55/98 – AP KSchG 1969 § 1 Namensliste Nr 1 mit Anm Schiefer sowie weiteren Anm Kraft in EzA KSchG § 1 Interessenausgleich Nr 6 und Plander in EWiR 1998, 1041) befasst sich mit den Voraussetzungen der Formwirksamkeit eines qualifizierten Interessenausgleichs nach § 1 Abs 5 Satz 1 KSchG aF; hierzu auch BAG 20.5.1999 – 2 AZR 278/98 – ZInsO 2000, 351 LS IV 1 und BAG 6.12.2001 – 2 AZR 422/00 – EzA KSchG § 1 Interessenausgleich Nr 9 B I 2 b bb.

232 Ebenso Willemsen/Annuß NJW 2004, 177, 180 f.

233 Zu den Details Rn 738.

234 BAG 6.9.2007 – 2 AZR 715/06 – NZA 2008, 633.

enthält eine – **widerlegbare** – **gesetzliche Vermutung**[235] dafür, dass die Kündigung durch dringende betriebliche Erfordernisse iSd § 1 Abs 2 KSchG bedingt ist.

- § 1 Abs 5 Satz 2 KSchG begründet dagegen **keine Vermutung** und deshalb auch **keine Beweislastumkehr**. Die soziale Auswahl wird aber einem für den Arbeitgeber gemilderten Prüfungsmaßstab unterworfen. Sie kann unter den Voraussetzungen des § 1 Abs 5 Satz 1 KSchG nur noch auf **grobe Fehlerhaftigkeit** überprüft werden.
- § 1 Abs 5 Satz 3 KSchG ist eine gesetzlich geregelte Konstellation des **Wegfalls der Geschäftsgrundlage**.

2. Vermutung des § 1 Abs 5 Satz 1 KSchG

726 a) **Vermutungsbasis.** Damit es zu der **Beweislastumkehr** des § 1 Abs 5 Satz 1 KSchG kommen kann, müssen **drei Voraussetzungen** erfüllt sein:[236]

- Erforderlich ist eine Betriebsänderung iSd § 111 BetrVG, die für die Kündigung ursächlich ist.
- Der gekündigte Arbeitnehmer muss
  – vor Ausspruch der Kündigung
  – namentlich
  – in einem Interessenausgleich iSv § 112 Abs 1 Satz 1 BetrVG
  – von Arbeitgeber und zuständigem Betriebsrat

  bezeichnet worden sein.
- Der Interessenausgleich ist schriftformbedürftig, § 112 Abs 1 Satz 1 BetrVG.

727 aa) **Kündigung aufgrund einer Betriebsänderung.** Die Betriebsänderung braucht im Interessenausgleich nicht beschrieben zu werden, weil die Betriebspartner berechtigt sind, in einen Interessenausgleich nur das aufzunehmen, worüber sie wirklich einig sind.[237] Zum Begriff der Betriebsänderung wird auf die Kommentierungen zu § 111 BetrVG verwiesen. Eine Betriebseinschränkung iSv § 111 Satz 3 Nr 1 Var 1 BetrVG kann auch durch bloßen Personalabbau erfolgen. Voraussetzung einer wesentlichen Betriebseinschränkung ist, dass der Personalabbau eine relevante Anzahl von Arbeitnehmern erfasst. Maßgeblich sind hier die Zahlen des § 17 Abs 1 KSchG.[238]

728 - Kündigungen iSd § 1 Abs 5 KSchG sind auch durch die Betriebsänderung bedingte **Änderungskündigungen**.[239]

---

235 BAG 12.3.2009 – 2 AZR 418/07 – NZA 2009, 1023; APS/Kiel § 1 KSchG Rn 809.
236 Vgl BAG 27.9.2012 – 2 AZR 516/11 – NZA 2013, 559; 12.5.2010 – 2 AZR 551/08 – NZA 2011, 114.
237 Zwanziger AuR 1997, 427, 428.
238 BAG 23.2.2012 – 2 AZR 773/10 – NZA 2012, 992; 22.1.2004 – 2 AZR 111/02 – AP BetrVG 1972 § 112 Namensliste Nr 1; BAG 21.2.2002 – 2 AZR 581/00 – EzA KSchG § 1 Interessenausgleich Nr 10.
239 BAG 23.2.2012 – 2 AZR 45/11; 19.6.2007 – 2 AZR 304/06, Ascheid RdA 1997, 333, 343; Giesen ZfA 1997, 145, 161 f; Löwisch RdA 1997, 80, 81; Zwanziger BB 1997, 626 f; aA Kittner AuR 1997, 182, 190; Preis NZA 1997, 1073, 1087.

- Die **außerordentliche betriebsbedingte (Änderungs- und Beendigungs-)Kündigung** unterfällt nicht dem Begriff der Kündigung des § 1 Abs 5 Satz 1 KSchG.[240] Prüfungsmaßstab ist in einem solchen Fall gerade nicht § 1 KSchG, sondern **§ 626 BGB**.[241] § 626 BGB steht in keinem Zusammenhang mit der Verweisung des § 1 Abs 5 Satz 1 KSchG auf § 1 Abs 2 KSchG, außerordentliche Kündigungen werden von der eng auszulegenden Ausnahmevorschrift des § 1 Abs 5 KSchG demnach nicht erfasst.
- Auf **Dienstvereinbarungen im öffentlichen Dienst** findet § 1 Abs 5 KSchG keine Anwendung. Der Annahme einer planwidrigen Regelungslücke stehen zum einen die ausdrückliche Beschränkung des § 1 Abs 5 Satz 1 KSchG auf § 111 BetrVG und zum anderen § 130 BetrVG entgegen. Danach findet das BetrVG – und mit ihm seine Regelungen über Betriebsänderung und Interessenausgleich nach §§ 111 und 112 – in Verwaltungen und Betrieben des Bundes, der Länder, der Gemeinden und sonstiger Körperschaften, Anstalten und Stiftungen des öffentlichen Rechts keine Anwendung.[242] Entsprechendes gilt im Geltungsbereich des **kirchlichen Mitbestimmungsrechts** und in **Tendenzbetrieben** (§ 118 Abs 2 BetrVG).[243]
- Einem Arbeitnehmer soll auch dann iSv § 1 Abs 5 Satz 1 KSchG gekündigt werden, wenn die Kündigung im Interessenausgleich von dem Widerspruch des Arbeitnehmers gegen den Übergang seines Arbeitsverhältnisses nach § 613a BGB abhängig gemacht wird.[244]

bb) Qualifizierter Interessenausgleich. Der Interessenausgleich muss bei Zugang der Kündigung bereits vorliegen.[245] Schon der Wortlaut des § 1 Abs 5 Satz 1 KSchG verlangt, dass „die Arbeitnehmer, denen gekündigt werden soll, in einem Interessenausgleich... namentlich bezeichnet sind". 729

Der Interessenausgleich muss grundsätzlich durch den Arbeitgeber und den **Einzelbetriebsrat** geschlossen werden, der für den von der Betriebsänderung betroffenen Betrieb zuständig ist. Nimmt ein Arbeitgeber auf der Grundlage eines unternehmenseinheitlichen Konzepts einen **unternehmensweiten Personalabbau** vor und sind mehrere Betriebe betroffen, so dass eine betriebsübergreifende Entscheidung über das Verteilungsproblem, welche Arbeitnehmer entlassen und welche Arbeitnehmer in welchem Betrieb weiterbeschäftigt werden, notwendig ist, so ist gem § 50 Abs 1 BetrVG der Gesamtbetriebsrat für den Abschluss des Interessenausgleichs zuständig. Hieraus ergibt sich zugleich seine Zuständigkeit auch für die 730

---

240 BAG 28.5.2009 – 2 AZR 844/07 – NZA 2009, 954.
241 Näher zu dem Sonderfall der außerordentlichen Kündigung ordentlich Unkündbarer außerhalb von § 1 Abs 5 KSchG HaKo/Gieseler § 626 BGB Rn 38 ff und im Besonderen zur außerordentlichen betriebsbedingten Kündigung Rn 744 ff.
242 Wie hier KR/Griebeling § 1 KSchG Rn 703a.
243 APS/Kiel § 1 KSchG Rn 798.
244 BAG 24.2.2000 – 8 AZR 180/99 – AP KSchG 1969 § 1 Namensliste Nr 7 II 3c bb.
245 BAG 22.1.2004 – 2 AZR 111/02; KR/Griebeling § 1 KSchG Rn 703h.

Vereinbarung der Namensliste.[246] Die Vermutungswirkung des § 1 Abs 5 Satz 1 KSchG erstreckt sich in diesem Fall aber nur auf die Kündigungen solcher in der Namensliste bezeichneter Arbeitnehmer, in deren Beschäftigungsbetrieb eine Betriebsänderung iSv § 111 BetrVG durchgeführt wird. Bezieht sich die in der Namensliste zum Ausdruck gekommene Auswahlentscheidung bei einer mehrere Betriebe erfassenden Betriebsänderung auf Arbeitnehmer, in deren Betrieb die Voraussetzungen für eine Betriebsänderung nicht vorliegen, gelten für diese die in § 1 Abs 5 Satz 1, Satz 2 KSchG bezeichneten Rechtsfolgen nicht. Ihre Nennung in der Namensliste lässt die Rechtsfolgen des § 1 Abs 5 KSchG auch nicht für die Arbeitnehmer entfallen, denen aufgrund einer in deren Betrieb stattfindenden Betriebsänderung gekündigt wurde.[247]

731 Der zur Kündigung anstehende Arbeitnehmer muss **nicht notwendig im Text** des Interessenausgleichs benannt sein, es genügt auch eine beigefügte Namensliste.[248] Die **Individualisierung** des betroffenen Arbeitnehmers muss aber zweifelsfrei möglich sein. Es reicht allerdings aus, wenn nur der Vor- oder der Nachname des betroffenen Arbeitnehmers genannt wird, sofern keine Verwechslungsmöglichkeit, insbesondere keine Namensgleichheit mit einem anderen Arbeitnehmer besteht.[249] Eine **Teil-Namensliste** genügt grundsätzlich nicht den gesetzlichen Anforderungen.[250] Wird die Betriebsänderung zeitlich gestaffelt (in „Wellen") durchgeführt, können die Betriebsparteien für jede Entlassungsstufe eine Namensliste über sämtliche im maßgeblichen Abschnitt zu kündigende Arbeitnehmer vereinbaren. Eine solche Teil-Namensliste erzeugt die Wirkungen des § 1 Abs 5 Satz 1 KSchG.[251] Dies gilt auch für eine Teil-Namensliste, die die Umsetzung eines in der Betriebsänderung angelegten, in sich geschlossenen unternehmerischen Regelungskomplexes zum Gegenstand hat.[252] Der Gesetzeszweck und die an die Namensliste geknüpften Rechtsfolgen verlangen in jedem Fall, dass in der Namensliste **ausschließlich Arbeitnehmer bezeichnet sind, die aus der eigenen Sicht der Betriebsparteien aufgrund der dem Interessenausgleich zugrunde liegenden Betriebsänderung zu kündigen sind.** Liegen sonstige Erwägungen der Aufnahme zugrunde wie zB die sozialversicherungsrechtliche Erleichterung eines beabsichtigten freiwilligen Ausschei-

---

246 BAG 19.7.2012 – 2 AZR 286/11 – NZA 2013, 333; 7.7.2011 – 6 AZR 248/10 – NZA 2011, 1108; aA KDZ/Deinert KSchR § 1 KSchG Rn 715; Fischer BB 2004, 1001, 1003, wonach die Zuständigkeit stets bei dem örtlichen Betriebsrat liegen soll.
247 BAG 19.7.2012 – 2 AZR 286/11 – NZA 2013, 333.
248 BAG 12.5.2010 – 2 AZR 550/08 – NZA 2011, 114; 6.7.2006 – 2 AZR 520/05 – NZA 2007, 266.
249 Wie hier KR/Griebeling § 1 KSchG Rn 703i, der bei zweifelsfrei möglicher Identifikation auch den Spitznamen oder eine sog Negativliste genügen lässt; Löwisch BB 2004, 156; aA Zwanziger AuR 1997, 427, der forderte, dass Vor- und Nachname festzuhalten seien.
250 APS/Kiel § 1 KSchG Rn 797a; Gaul BB 2004, 2686, 2688; so in der Tendenz BAG 26.3.2009 – 2 AZR 296/07 – NZA 2009, 1151; aA Annuß FA 2009, 344, 345 f; Matthes RdA 1999, 178; Piehler NZA 1998, 970, 972.
251 BAG 19.7.2012 – 2 AZR 352/11 – NZA 2013, 86; 22.1.2004 – 2 AZR 111/02 – AP BetrVG 1972 § 112 Namensliste Nr 1.
252 BAG 26.3.2009 – 2 AZR 296/07 – NZA 2009, 1151; Gaul BB 2004, 2686, 2688.

dens von Arbeitnehmern, die nicht von der Betriebsänderung betroffen sind, **wird die Vermutungswirkung nicht ausgelöst.**[253]

Da das Gesetz ausdrücklich verlangt, dass es sich um eine „Kündigung aufgrund einer Betriebsänderung nach § 111 BetrVG" handelt, kann ein **freiwilliger Interessenausgleich** außerhalb einer Betriebsänderung die Rechtsfolgen des § 1 Abs 5 KSchG nicht auslösen.[254] Die gesetzliche Systematik zeigt, dass nicht jede Einigung zwischen Arbeitgeber und Betriebsrat als Vermutungsbasis ausreichen soll.[255] Es ist jedoch unschädlich, wenn eine Betriebsänderung tatsächlich vorliegt, die zur Entlassung anstehenden Arbeitnehmer aber in einem **freiwilligen Sozialplan** genannt werden.[256] Jedenfalls genügt es nicht, dass die Arbeitnehmer, deren Arbeitsverhältnisse gekündigt werden sollen, in einem durch Spruch der Einigungsstelle zustande gekommenen Sozialplan bezeichnet sind oder nur zu dem Zweck der Ermittlung oder Zuordnung von Leistungen zum Ausgleich oder zur Milderung der wirtschaftlichen Nachteile benannt werden. Arbeitgeber und Betriebsrat müssen sich **darin einig geworden sein, dass die bezeichneten Arbeitnehmer zu entlassen sind.**[257] Die Namensliste kann dabei auch zeitlich nach Vereinbarung des Interessenausgleichs vereinbart werden.[258]

732

cc) Schriftform des Interessenausgleichs. Ein Interessenausgleich über eine geplante Betriebsänderung ist schriftlich niederzulegen und vom Unternehmer und vom Betriebsrat zu unterschreiben. Auf das gesetzliche Schriftformerfordernis sind die §§ 125, 126 BGB anwendbar.

733

Nach § 126 Abs 2 iVm Abs 1 BGB muss bei einem Vertrag die Unterzeichnung der Parteien eigenhändig durch Namensunterschrift auf derselben Urkunde erfolgen. Das Schriftformerfordernis erstreckt sich auch auf die Namensliste. Die Namensliste muss nicht im Interessenausgleich selbst enthalten sein, sondern kann sich in einer Anlage befinden, wenn Interessenausgleich und Namensliste eine einheitliche Urkunde bilden.[259] Eine einheitliche Urkunde liegt vor, wenn sowohl Interessenausgleich als auch Namensliste unterschrieben und körperlich miteinander verbunden sind.

734

Eine einheitliche Urkunde kann aber auch dann vorliegen, wenn die **Namensliste getrennt vom Interessenausgleich** erstellt worden ist. Voraussetzung ist, dass im Interessenausgleich auf die zu erstellende Namensliste verwiesen wird, die erstellte Namensliste – ebenso wie zuvor der Interessenausgleich – von den Betriebsparteien unterschrieben worden ist und die

735

---

253 BAG 26.3.2009 – 2 AZR 296/07 – NZA 2009, 1151.
254 APS/Kiel § 1 KSchG Rn 794; SES/Eylert Rn 516.
255 Kohte BB 1998, 946, 949; Zwanziger DB 1997, 2174, 2175; aA Kappenhagen NZA 1998, 968, 969; Schiefer DB 1997, 1518, 1519.
256 Ascheid RdA 1997, 333, 342; Künzl ZTR 1999, 3, 8; Preis NJW 1996, 3369, 3372; Sowka/Meisel § 1 Rn 549 und 560; Zwanziger AuR 1997, 427, 428 unter Hinweis auf BAG 20.4.1994 – 10 AZR 186/93 – AP BetrVG 1972 § 113 Nr 27; aA Lakies NJ 1997, 121, 125; offengelassen von Fischermeier NZA 1997, 1089, 1097.
257 Fischermeier NZA 1997, 1089, 1097; APS/Kiel § 1 KSchG Rn 795; Künzl ZTR 1999, 3.
258 BAG 26.3.2009 – 2 AZR 296/07 – NZA 2009, 1151.
259 BAG 12.5.2010 – 2 AZR 551/08 – NZA 2011, 114.

Liste ihrerseits eindeutig auf den Interessenausgleich Bezug nimmt.[260] Auch eine **nicht unterschriebene Namensliste als Anlage** wahrt die Schriftform noch, wenn die Unterschrift unter dem Interessenausgleich sie als dessen Teil noch deckt. Das ist der Fall, wenn der Interessenausgleich selbst unterschrieben ist, in ihm auf die Anlage ausdrücklich Bezug genommen wird und Interessenausgleich und Anlage schon bei dessen Unterzeichnung mit einer Heftmaschine körperlich derart miteinander verbunden waren, dass eine Lösung nur durch Gewaltanwendung möglich ist.[261]

736 **b) Reichweite der Vermutung.** Sind die Voraussetzungen der Vermutungsgrundlage – Kündigung aufgrund einer Betriebsänderung, namentliche Bezeichnung in einem Interessenausgleich und Schriftform – erfüllt, wird **widerleglich vermutet, dass die Kündigung betriebsbedingt ist.** Das bedeutet nicht nur,

– dass ein **dringendes betriebliches Erfordernis** indiziert wird, sondern auch,
– dass **keine anderweitige Beschäftigungsmöglichkeit**[262] besteht. Der ausdrückliche Wortlaut des § 1 Abs 5 Satz 1 KSchG begründet, wenn die Vermutungsbasis vorhanden ist, die Rechtsfolge, dass die Kündigung durch dringende betriebliche Erfordernisse iSd § 1 Abs 2 KSchG bedingt ist.[263] Die nach § 1 Abs 5 Satz 1 KSchG eingreifende Vermutung der Betriebsbedingtheit ist nicht nur auf fehlende Weiterbeschäftigungsmöglichkeiten auf freien Arbeitsplätzen im Beschäftigungsbetrieb anzuwenden. Sie umfasst grundsätzlich auch das **Fehlen einer anderweitigen Beschäftigungsmöglichkeit in einem anderen Betrieb des Unternehmens.**[264] Dies liegt wegen des betriebsübergreifenden Mandats auf der Hand, wenn der Gesamt- oder Konzernbetriebsrat zuständig war und den Interessenausgleich vereinbart hat. Nach zutreffender Auffassung des BAG[265] erzeugt auch ein mit dem örtlichen Betriebsrat geschlossener Interessenausgleich mit Namensliste die betriebsübergreifende Vermutungswirkung. Dieser Eingriff in die prozessualen Rechte des gekündigten Arbeitnehmers sei aber nur gerechtfertigt, wenn sich die Betriebsparteien mit möglichen anderweitigen Beschäftigungsmöglichkeiten in anderen Betrieben befasst hätten. Hiervon sei aber auch ohne ausdrückliche Erwähnung im Interessenausgleich regelmäßig auszugehen. Erst bei einem substantiierten Bestreiten des Arbeitnehmers in Bezug auf die Befassung mit solchen Beschäftigungsmöglichkeiten und weiterem Vortrag konkreter Anhaltspunkte für das Bestehen von freien Arbeitsplätzen sei es Sache des Arbeitgebers, die Prüfung von Beschäf-

---

260 St Rspr BAG 12.5.2010 – 2 AZR 551/08 – NZA 2011, 114.
261 BAG 6.7.2006 – 2 AZR 520/05.
262 Nach § 1 Abs 2 Satz 2 Nr 1 b KSchG, wenn seine Voraussetzungen erfüllt sind, oder sonst iSd Generalklausel des § 1 Abs 2 Satz 1 Var 3 KSchG.
263 BAG 22.1.2004 – 2 AZR 111/02 – AP BetrVG 1972 § 112 Namensliste Nr 1 C III 8; BAG 7.5.1998 – 2 AZR 536/97 – AP KSchG 1969 § 1 Betriebsbedingte Kündigung Nr 94 II 1 f; vgl auch schon die Gesetzesbegründung des Arbeitsrechtlichen Beschäftigungsförderungsgesetzes in BT-Drucks 13/4612 S 9 A I 3; aA Etzel Frankfurter Allgemeine Zeitung 21.10.1996 Blick durch die Wirtschaft.
264 BAG 6.9.2007 – 2 AZR 715/06 – NZA 2008, 633; APS/Kiel § 1 KSchG Rn 799; aA KR/Griebeling § 1 KSchG Rn 703 m; Hako/Gallner 3. Aufl Rn 679, 683.
265 BAG 6.9.2007 – 2 AZR 715/06 – NZA 2008, 633.

tigungsmöglichkeiten in anderen Betrieben durch die Betriebsparteien darzulegen und zu beweisen. Griebeling[266] wendet dagegen ein, dass es wegen fehlender Kenntnisse des örtlichen Betriebsrats an der betriebsverfassungsrechtlichen Legitimation für eine betriebsübergreifende Vermutungswirkung fehle. Dieser Ansicht stehen sowohl der Wortlaut des § 1 Abs 5 KSchG, der uneingeschränkt auf § 1 Abs 2 KSchG verweist, als auch die gesetzgeberische Intention, Kündigungen, die auf Grund von Betriebsänderungen notwendig werden, einfach, rechtssicher und zugleich sozial ausgewogen zu gestalten, entgegen.[267]

Abweichend von § 125 Abs 1 Satz 1 Nr 1, 128 Abs 2 InsO erstreckt sich die Vermutung des § 1 Abs 5 Satz 1 KSchG im Fall eines Betriebsübergangs nicht darauf, dass die Kündigung nicht wegen des Betriebsübergangs erfolgt.[268]

c) Darlegungs- und Beweislast im Rahmen des § 1 Abs 5 Satz 1 KSchG. 737
Die **Darlegungs- und Beweislast für die Vermutungsbasis**, dass eine Betriebsänderung nach § 111 BetrVG vorlag, für die Kündigung des Arbeitnehmers kausal war und dass der Arbeitnehmer ordnungsgemäß in einem Interessenausgleich benannt ist, **obliegt dem Arbeitgeber**.[269] Der Arbeitgeber hat auch substantiiert darzulegen und ggf zu beweisen, dass die Maßnahme, die zur Kündigung geführt hat, erhebliche Teile der Belegschaft betroffen hat, wenn die Betriebsänderung nach § 111 BetrVG durch bloßen Personalabbau begründet sein soll.[270]

Wenn nach §§ 1 Abs 5 Satz 1 KSchG, 46 Abs 2 Satz 1 ArbGG, 292 ZPO 738
vermutet wird, dass die Kündigung betriebsbedingt ist, obliegt dem Arbeitnehmer der volle Beweis des Gegenteils. Er ist als Hauptbeweis erst dann geführt, wenn in vollem Umfang bewiesen ist, dass die vermutete Tatsache unwahr ist. Der Arbeitnehmer hat somit darzulegen und im Bestreitensfall zu beweisen, dass in Wirklichkeit eine Beschäftigungsmöglichkeit für ihn weiterhin besteht. Die bloße Erschütterung der Vermutung genügt nicht.[271]

Dem Arbeitnehmer können dabei aber Erleichterungen durch eine abge- 739
stufte Darlegungs- und Beweislast zugutekommen. Nach allgemeinen zivilprozessualen Grundsätzen trifft die Gegenseite eine sekundäre Behauptungslast, wenn die primär darlegungs- und beweisbelastete Partei außerhalb eines für ihren Anspruch erheblichen Geschehensablaufs steht, während die Gegenseite alle erforderlichen Tatsachen kennt und es ihr zumut-

---

266 KR/Griebeling § 1 KSchG Rn 703 m.
267 BAG 6.9.2007 – 2 AZR 715/06 – NZA 2008, 633.
268 Zu dem anderen Fall des § 128 Abs 2 InsO BAG 29.9.2005 – 8 AZR 647/04 – NZA 2006,720 II 2 c. Allerdings besteht nach dieser Entscheidung für eine aus §§ 125, 128 InsO folgende Vermutung dann kein Raum mehr, wenn feststeht, dass die Kündigung mangels endgültiger Stilllegungsabsicht nicht aus betriebsbedingten Gründen gerechtfertigt ist.
269 BAG 27.9.2012 – 2 AZR 516/11 – NZA 2013, 559; 31.5.2007 – 2 AZR 254/06 – NZA 2007, 1307.
270 BAG 19.7.2012 – 2 AZR 386/11 – NZA 2013, 333; 31.5.2007 – 2 AZR 254/06 – NZA 2007, 1307.
271 BAG 27.9.2012 – 2 AZR 516/11 – NZA 2013, 559; 5.11.2009 – 2 AZR 676/08 – NZA 2010, 457.

bar ist, nähere Angaben zu machen.[272] Danach kann dem **Arbeitgeber im Anwendungsbereich des § 1 Abs 5 KSchG eine sekundäre Behauptungslast** obliegen, wenn der darlegungspflichtige Arbeitnehmer keine nähere Kenntnis über die unternehmerische Entscheidung bzw die Möglichkeiten einer anderweitigen Beschäftigung besitzt, während der Arbeitgeber sie hat und ihm nähere Angaben zumutbar sind.[273] Die sekundäre Darlegungslast des Arbeitgebers, das unternehmerische Konzept und die Auswirkungen auf die Beschäftigungsmöglichkeiten vorzutragen, wird jedoch nicht bereits durch ein bloßes Bestreiten der Betriebsbedingtheit durch den Arbeitnehmer ausgelöst. Die Darlegungslast würde in diesem Fall zu sehr an die regelmäßige Verteilung der Darlegungslast außerhalb von § 1 Abs 5 KSchG angenähert werden.[274]

740 Der mit der (Wieder-)Einführung von § 1 Abs 5 KSchG verbundenen gesetzlichen Intention muss bei der Verteilung der Darlegungs- und Beweislast Rechnung getragen werden. Der Gesetzgeber wollte mit der gesetzlichen Vermutung in § 1 Abs 5 KSchG Wachstumsdynamik und eine beschäftigungsfreundliche Flexibilisierung des Arbeitsrechts ermöglichen und in diesem Zusammenhang dem Betriebsrat zusätzlich Verantwortung übertragen. Dieser Zweck darf nicht durch eine zu extensive Anwendung der Regeln über die abgestufte Darlegungs- und Beweislast gefährdet werden. Obwohl die getroffene unternehmerische Entscheidung der originären Sphäre des Arbeitgebers entstammt und der Arbeitnehmer sie aus eigener Anschauung nicht kennen kann, bedingt dies nicht die Notwendigkeit einer abgestuften Behauptungslast, wonach bereits schlichtes Bestreiten der Betriebsbedingtheit durch den Arbeitnehmer eingehende Substantiierungspflichten auslöst.[275] Es widerspräche dem Sinn einer gesetzlichen Vermutung, wenn bei fehlendem weiterem Vortrag des Arbeitgebers der Arbeitnehmer mit schlichtem Bestreiten obsiegen würde.

741 Die Anforderungen an das die sekundäre Behauptungslast erzeugende Erstvorbringen des Arbeitnehmers bestimmen sich nach seiner konkreten Kenntnis und Kenntnismöglichkeit. Dem Arbeitnehmer ist es grundsätzlich möglich und zumutbar, zumindest greifbare Anhaltspunkte für die Unrichtigkeit der nach § 1 Abs 5 Satz 1 KSchG vermuteten Tatsache darzulegen.[276] Der Arbeitgeber ist nach allgemeinen Regeln für die Voraussetzungen der Anwendbarkeit des § 1 Abs 5 Satz 1 KSchG als der ihm günstigen Norm behauptungs- und beweisbelastet. Deshalb muss er die Betriebsänderung durch Vorlage des Interessenausgleichs belegen. Regelmäßig ergibt sich aus dem Interessenausgleich die unternehmerische Entscheidung, die zum Arbeitsplatzabbau geführt hat. Genügt der Text des Interessenausgleichs nicht, um den Inhalt der Betriebsänderung zu verdeutlichen, hat der Arbeitgeber den Inhalt im Prozess vorzutragen. Damit substantiiert er re-

---

272 BAG 27.9.2012 – 2 AZR 516/11 – NZA 2013, 559; 26.6.2008 – 2 AZR 264/07 – AP KSchG 1969 § 23 NR 42.
273 BAG 6.9.2007 – 2 AZR 715/06; APS/Kiel § 1 KSchG Rn 810.
274 BAG 27.9.2012 – 2 AZR 516/11 – NZA 2013, 559; KR/Griebeling § 1 KSchG Rn 703 ff.
275 So aber ArbG Bonn 5.2.1997 – 2 Ca 3268/96 – DB 1997, 1517; ähnl APS/Kiel § 1 KSchG Rn 810.
276 BAG 27.9.2012 – 2 AZR 516/11 – NZA 2013, 559.

gelmäßig auch die unternehmerische Entscheidung. Dies ist idR ein ausreichender Ansatzpunkt für einen weitergehenden Prozessvortrag, zumindest aber für weitere Nachforschungen. Der Arbeitnehmer hat zur Führung des Beweises des Gegenteils sämtliche ihm zur Verfügung stehenden Informationsmöglichkeiten auszuschöpfen. Hierzu zählt auch eine Nachfrage beim Betriebsrat. Stellt der Arbeitnehmer auf der Grundlage dieser Erkenntnisse Tatsachen unter Beweis, die er aufgrund greifbarer Anhaltspunkte nur vermuten kann, liegt darin kein Ausforschungsbeweis, es sei denn, er stellt Behauptungen „aufs Geratewohl" oder „ins Blaue hinein" auf.[277] Der Arbeitnehmer hat dabei einen mit tatsächlichen Einzelheiten versehenen Sachvortrag unter Beweis zu stellen, der den gesetzlich vermuteten Umstand, dass die Kündigung betriebsbedingt ist, **nicht nur in Zweifel zieht, sondern ausschließt**.[278] Kann der Arbeitnehmer dagegen weder dem Interessenausgleich Gründe für den Wegfall der Beschäftigungsmöglichkeit entnehmen noch sich aus sonstigen Quellen über diese Gründe informieren, kann die sekundäre Behauptungslast des Arbeitgebers ausgelöst werden. Diese ist jedoch begrenzt. Sie begründet nicht eine § 1 Abs 2 Satz 4 KSchG entsprechende Darlegungslast, sondern reicht nur so weit, wie dem Arbeitnehmer die erforderliche Kenntnismöglichkeit fehlt. Der Arbeitgeber braucht dem Arbeitnehmer lediglich die dem Interessenausgleich zugrunde liegende Betriebsänderung so weit zu verdeutlichen, dass es diesem – ggf auch nur nach weiteren Nachforschungen – möglich ist, seine primäre Darlegungs- und Beweislast zu erfüllen.[279]

Zu der auf grobe Fehlerhaftigkeit beschränkten Überprüfbarkeit der Sozialauswahl bei namentlicher Benennung der zur Kündigung anstehenden Arbeitnehmer in einem Interessenausgleich nach § 1 Abs 5 Satz 2 KSchG wird auf die zusammenhängende Darstellung innerhalb der sozialen Auswahl verwiesen.[280]

3. § 1 Abs 5 Satz 3 KSchG

Wenn sich die Sachlage nach Zustandekommen des Interessenausgleichs so wesentlich geändert hat, dass von einem Wegfall der Geschäftsgrundlage auszugehen ist,[281] gelten weder die Vermutung des § 1 Abs 5 Satz 1 KSchG noch der bezüglich der sozialen Auswahl eingeschränkte Prüfungsumfang des § 1 Abs 5 Satz 2 KSchG. Dies ist der Fall, wenn nicht ernsthaft bezweifelt werden kann, dass beide Betriebspartner oder einer von ihnen den Interessenausgleich in Kenntnis der späteren Änderung nicht oder mit anderem Inhalt geschlossen hätten.[282] Eine solche Änderung ist bspw anzunehmen, wenn die beabsichtigte Betriebsänderung nicht bzw eine andere Betriebsänderung durchgeführt oder die Anzahl der Kündigungen wesentlich

---

277 BAG 27.9.2012 – 2 AZR 516/11 – NZA 2013, 559.
278 BAG 22.1.2004 – 2 AZR 111/02 – AP BetrVG 1972 § 112 Namensliste Nr 1 C III 1 a; BAG 21.2.2002 – 2 AZR 581/00 – EzA KSchG § 1 Interessenausgleich Nr 10 B I 3 a.
279 BAG 27.9.2012 – 2 AZR 516/11 – NZA 2013, 559; 7.5.1998 – 2 AZR 536/97 – AP KSchG 1969 § 1 Betriebsbedingte Kündigung Nr 94 II 1 c.
280 Rn 908 ff.
281 BAG 21.2.2001 – 2 AZR 39/00 – EzA KSchG § 1 Interessenausgleich Nr 8 II 3.
282 BAG 28.6.2012 – 6 AZR 780/10 – NZA 2012, 1029.

reduziert wird.²⁸³ Eine geringfügige Veränderung ist nicht ausreichend.²⁸⁴ Maßgeblich für die Beurteilung ist der **Zeitpunkt des Zugangs der Kündigung.**²⁸⁵ Ändert sich die Sachlage erst danach, kommt **nur ein Wiedereinstellungsanspruch** in Betracht.²⁸⁶ Die Vortrags- und Beweislast für den ihm günstigen Ausnahmefall des Wegfalls der Geschäftsgrundlage trägt der Arbeitnehmer. Erfüllt er sie, finden die Wirkungen des § 1 Abs 5 KSchG (Vermutungswirkung und der Prüfungsmaßstab der groben Fehlerhaftigkeit bei Sozialauswahl) keine Anwendung. Es gelten dann die allgemeinen Regeln zur Darlegungs- und Beweislast nach § 1 Abs 2 Satz 4, Abs 3 Satz 3 KSchG.

V. Sonderfall: betriebsbedingte außerordentliche Kündigung ordentlich Unkündbarer

1. Allgemeines²⁸⁷

744 In Tarifverträgen – seltener auch in Einzelarbeitsverträgen – sind oft Regelungen enthalten, die dem Arbeitgeber das Recht nehmen, ordentlich zu kündigen.²⁸⁸ Sie dienen vor allem der Alterssicherung. Mittlerweile findet sich in bestimmten Tarifverträgen aber auch das „umgekehrte" Ziel zu verhindern, dass Auszubildende unmittelbar nach Abschluss ihrer Ausbildung arbeitslos werden und Berufspraxis gewinnen, um ihre Chancen auf dem Arbeitsmarkt zu verbessern. So sieht § 8 des Tarifvertrags zur Beschäftigungsbrücke in der Metall- und Elektroindustrie in Nordrhein-Westfalen zB vor, dass der Arbeitgeber Auszubildende – von bestimmten Ausnahmefällen abgesehen – nach erfolgreich bestandener Abschlussprüfung für mindestens zwölf Monate in ein Arbeitsverhältnis übernehmen muss. Dabei handelt es sich um den tariflichen Ausschluss der ordentlichen Kündbarkeit während dieses Zeitraums. Entgegenstehende einzelvertragliche Abreden zwischen Arbeitgeber und Übernommenem sind nach § 4

---

283 BAG 28.6.2012 – 6 AZR 780/10 – NZA 2012, 1029; 12.3.2009 – 2 AZR 418/07 – NZA 2009, 1023.
284 BAG 12.3.2009 – 2 AZR 418/07 – NZA 2009, 1023; 23.10.2008 – 2 AZR 163/07 – BB 2009, 1758.
285 BAG 28.6.2012 – 6 AZR 780/10 – NZA 2012, 1029; 12.3.2009 – 2 AZR 418/07 – NZA 2009, 1023.
286 BAG 21.2.2001 – 2 AZR 39/00 – EzA KSchG § 1 Interessenausgleich Nr 8; Fischermeier NZA 1997, 1089, 1097; aA Künzl ZTR 1999, 3, 7 f, der mit dem Argument, es handle sich nicht unmittelbar um die Wirksamkeit der Kündigungserklärung, sondern um den Prüfungsumfang, auch eine Änderung der Sachlage nach Kündigungsausspruch ausreichen ließ.
287 Vgl zur außerordentlichen Kündigung ordentlich Unkündbarer iE HaKo/Gieseler § 626 BGB Rn 38 ff; zu der Kündigung ordentlich unkündbarer Arbeitnehmer empfiehlt sich ua der Beitrag Kiels in NZA Beilage 1 zu Heft 10/2005, 18.
288 Bspw in § 4 Ziff. 4.4 des Manteltarifvertrags für Arbeiter und Angestellte in der Metallindustrie in Nordwürttemberg/Nordbaden. Vgl zu der Kündigung „unkündbarer" Arbeitnehmer bei tarif- oder einzelvertraglichen Kündigungsausschlüssen auch den instruktiven Beitrag Kiels in NZA Beilage 2005 Nr 1 zu Heft 10, 18. Von den Altersschutzregelungen abzugrenzen sind tarifliche Beschäftigungssicherungsbestimmungen; zu den arbeitsrechtlichen Problemen des zwischen der Deutschen Telekom AG und ver.di geschlossenen „TV-Ratio-neu" etwa Hümmerich/Welslau NZA 2005, 610.

Abs 1 und 3 TVG unwirksam.[289] Ist die ordentliche Arbeitgeberkündigung ausgeschlossen, unterfällt der geschützte Arbeitnehmer im Fall einer betriebsbedingten Kündigung nicht dem Regelungsbereich des § 1 KSchG. Sein Arbeitsverhältnis ist nur **außerordentlich** kündbar, Prüfungsmaßstab ist **§ 626 BGB**.[290]

Tarifliche und einzelvertragliche Kündigungsverbote sind vor dem Hintergrund des in der **Richtlinie 2000/78/EG**[291] enthaltenen Verbots der Altersdiskriminierung nicht unproblematisch, weil sie in der sozialen Auswahl für jüngere bzw – im Fall der genannten „Beschäftigungsbrücke" – ältere Arbeitnehmer benachteiligend wirken. Sie dienen aber dem Schutz älterer oder – seltener – jüngerer Arbeitnehmer und können deshalb nach Art 2 Abs 2 lit. b und Art 6 Abs 1 Satz 2 lit. a der Richtlinie und dem die Richtlinie umsetzenden § 1 AGG[292] durch den nationalen Gesetzgeber zugelassen werden.[293] Sie sind jedenfalls dann zulässig, wenn sie in Fällen der Alterssicherung im bisherigen Sinn – also des Schutzes älterer Arbeitnehmer – Lebensalter und Betriebszugehörigkeit ausgewogen berücksichtigen.[294] Sie wirken zwar im Rahmen der Sozialauswahl der betriebsbedingten Kündigung diskriminierend für jüngere Arbeitnehmer. Der Begriff des Alters des § 1 AGG meint aber jedes Lebensalter. Auch die umgesetzte Richtlinie nennt weder Mindest- noch Höchstaltersgrenzen für die Anwendung des Diskriminierungsverbots,[295] obwohl es vorrangiges Regelungsmotiv des in der Richtlinie enthaltenen Altersdiskriminierungsverbots, ältere Menschen im Interesse der Funktionsfähigkeit der sozialen Sicherungssysteme länger im Arbeitsleben zu halten.[296] Die tariflichen Kündigungsausschlüsse sind

745

---

289 BAG 6.7.2006 – 2 AZR 587/05 – NZA 2007, 167.
290 Zu der Anrechnung von Zeiten geringfügiger Beschäftigung auf die Beschäftigungszeit iSd § 53 Abs 3 BAT: BAG 25.4.2007 – 6 AZR 746/06 – NZA 2007, 881..
291 Richtlinie des Rats vom 27.11.2000 zur Festlegung eines allgemeinen Rahmens für die Verwirklichung der Gleichbehandlung in Beschäftigung und Beruf, ABl Nr L 303, 16.
292 Instruktiv zu den arbeitsrechtlichen Vorschriften des AGG Kamanabrou RdA 2006, 321.
293 Näher Kuras in RdA 2003 Sonderbeilage Heft 5, 11 „Verbot der Diskriminierung wegen des Alters"; Linsenmaier in RdA 2003 Sonderbeilage Heft 5, 22 „Das Verbot der Diskriminierung wegen des Alters" und Schlachter in RdA 2004, 352 „Gemeinschaftsrechtliche Grenzen der Altersbefristung". In dem allgemeineren Zusammenhang der Kündigung wegen des Alters Rn 506, zu tariflichen Kündigungsausschlüssen vertiefend auch Rn 509 und 854, zum dem Kriterium des Alters in § 1 Abs 3 Satz 1 KSchG Rn 864, zu den Fragen der Aufrechterhaltung einer bestimmten Altersstruktur iRv § 1 Abs 3 Satz 2 KSchG Rn 893.
294 BAG 5.6.2008 – 2 AZR 907/06 – NZA 2008, 1120; Eylert PersR 2007, 92; Wendeling-Schröder NZA 2007, 1399.
295 Vgl zum gemeinschaftsrechtlichen Verbot der Altersdiskriminierung, die Entscheidung Mangold des EuGH vom 22.11.2005 – C-144/04 – NZA 2005, 1345 zu § 14 Abs 3 TzBfG, die ausdrücklich einen Unanwendbarkeitsausspruch enthält, die Folgeentscheidung des Siebten Senats des Bundesarbeitsgerichts vom 26.4.2006 – 7 AZR 500/04 – NZA 2006, 1162 sowie die Entscheidung des BVerfG vom 6.7.2010 – 2 BvR 2661/06 – NZA 2010, 1711 (Honeywell).
296 KOM (1999) 565 endg, S 3; zu allem ErfK/Schlachter § 1 AGG Rn 9.

aus Gründen des Altersschutzes daher im Regelfall richtlinien-, verfassungs- und gesetzeskonform.[297]

746 Zweifelhaft ist das aber bei einer Regelung wie § 4.4 des Manteltarifvertrags für Beschäftigte in der Metallindustrie Nordwürttemberg/Nordbaden, der auf die Vollendung des 53. Lebensjahrs abstellt und daneben nur eine Betriebszugehörigkeit von drei Jahren verlangt.[298] In einem solchen Extremfall muss eine solche Regelung im Hinblick auf die Grundrechte des ordentlich kündbaren Mitarbeiters (**Art. 12 Abs 1 GG, Art. 3 Abs 1 GG, Art. 9 Abs 3 GG** in Form der negativen Koalitionsfreiheit) verfassungskonform bzw im Hinblick auf die Regelungen zur Altersdiskriminierung unionsrechtskonform einzuschränken bzw für den Einzelfall durch einen ungeschriebenen Ausnahmetatbestand innerhalb der Tarifnorm anzupassen.[299]

747 Bei der Prüfung, ob ein wichtiger – betriebsbedingter – Grund vorliegt, ist bei einem ordentlich unkündbaren Arbeitnehmer grundsätzlich ein **besonders strenger Maßstab** anzulegen.[300]

748 Die nur in Form einer außerordentlichen Kündigung mögliche Kündigung des Arbeitsverhältnisses eines Altersgeschützten ist eine Ausnahme von dem Grundsatz, dass betriebliche Gründe eine außerordentliche Kündigung regelmäßig nicht rechtfertigen können. Im Regelfall können sich weder Arbeitnehmer noch Arbeitgeber ohne Einhaltung einer Kündigungsfrist von dem Arbeitsverhältnis lösen, weil es für sie wirtschaftlich vorteilhaft ist, etwa weil der Arbeitnehmer eine besser bezahlte Stelle antreten will oder der Arbeitgeber in Zahlungsschwierigkeiten ist.[301]

749 Ist in einem Tarif- oder Einzelarbeitsvertrag die ordentliche Kündigung ohne Unterscheidung ausgeschlossen, unterfallen ihm sowohl die **Beendigungs-** als auch die **Änderungskündigung**. Die außerordentliche Kündigung kann nicht wirksam abbedungen werden, weil § 626 BGB für beide Vertragsteile zwingendes Recht enthält. Zu den Freiheitsrechten privatautonomen Handelns gehört das der Berufsfreiheit des Artikels 12 Abs 1 GG immanente Grundrecht des Arbeitgebers, Arbeitsverhältnisse privatautonom zu begründen, aber auch zu beenden. Da er prinzipiell die Möglichkeit haben muss, sein Unternehmen aufzugeben, muss er wirksam kündigen können. Er muss ferner das Recht haben, darüber zu entscheiden, welche Größenordnung sein Unternehmen haben soll. In gleicher Weise schließen es Art 12 Abs 1, 14 Abs 1, 2 Abs 1 GG aus, vom Arbeitgeber zu verlangen, ein unzumutbares Arbeitsverhältnis aufrechtzuerhalten. Unverzichtbar sind etwa Beendigungsmöglichkeiten, die der Anpassung des Ar-

---

297 Vgl BAG 5.6.2008 – 2 AZR 907/06 – NZA 2008, 1120; vgl iÜ zur Wirksamkeit vor dem Hintergrund der Richtlinie 2000/78/EG des Rates vom 27. November 2000 und des § 1 AGG im Zusammenhang mit der Sozialauswahl in Rn 854; zur Altersdiskriminierung iR der personenbedingten Kündigung auch Rn 506 in dem allgemeinen Zusammenhang der Kündigung wegen des Alters.
298 Eingehend APS/Kiel § 1 KSchG Rn 706.
299 BAG 5.6.2008 – 2 AZR 907/06 – NZA 2008, 1120.
300 BAG 3.11.1955 – 2 AZR 39/54 – EzA BGB § 626 Nr 1.
301 Löwisch in Löwisch/Spinner/Wertheimer § 1 Rn 376.

beitnehmerbestands an die Entwicklung des Unternehmens dienen.³⁰² Dies schließt auch die Fremdvergabe von Tätigkeiten ein, selbst wenn dadurch einem ordentlich nicht mehr kündbaren Arbeitsverhältnis die Grundlage entzogen wird.³⁰³ Eine Tarifnorm, die vom Arbeitgeber Unmögliches bzw evident Unzumutbares verlangt und damit in seine unternehmerische Freiheit eingreift, ist verfassungswidrig und schon durch geltungserhaltende Reduktion dahin einzuschränken, dass sie für derartige Ausnahmefälle nicht gilt.³⁰⁴

Wird eine ordentliche Kündigung erklärt, obwohl sie ausgeschlossen ist, ist sie nach § 134 BGB nichtig (im Fall eines tariflichen Ausschlusses iVm § 4 TVG). Nach § 4 Satz 1 KSchG gilt die **dreiwöchige Klagefrist** allerdings auch für diesen sonstigen Unwirksamkeitsgrund iSd § 13 Abs 3 KSchG. 750

2. Übersicht

Eine außerordentliche Kündigung des Arbeitgebers setzt nach § 626 BGB voraus: 751

- einen objektiv zur außerordentlichen Kündigung geeigneten wichtigen Grund „an sich",
- ein das Bestandsschutzinteresse des Arbeitnehmers überwiegendes Lösungsinteresse des Arbeitgebers, wobei innerhalb der Interessenabwägung nicht auf die fiktive ordentliche Kündigungsfrist, sondern auf die tatsächliche künftige Vertragsbindung abzustellen ist.
- **grundsätzlich die Wahrung der zweiwöchigen Kündigungserklärungsfrist des § 626 Abs 2 BGB.**³⁰⁵

Sind diese Kriterien erfüllt, hat der Arbeitgeber auf der **Rechtsfolgeseite** die Kündigungsfrist einzuhalten, die anzuwenden wäre, bestünde ein ordentliches Kündigungsrecht. 752

3. Voraussetzungen

a) **Wichtiger Grund an sich.** Eine auf betriebliche Gründe gestützte außerordentliche Kündigung mit einer – notwendig einzuhaltenden – Auslauffrist kommt in Betracht, wenn andernfalls der Ausschluss der ordentlichen Kündigung dazu führt, dass der Arbeitgeber den Arbeitnehmer trotz Wegfalls der Beschäftigungsmöglichkeit ggf noch über Jahre weiterbeschäftigen müsste und ihm dies unzumutbar ist.³⁰⁶ Das kann ausnahmsweise der Fall sein, wenn der Arbeitgeber gezwungen wäre, ein sinnentleertes Arbeitsverhältnis über Jahre hinweg allein durch Gehaltszahlungen, denen keine entsprechende Arbeitsleistung gegenübersteht, aufrechtzuerhalten.³⁰⁷ Diese Voraussetzungen sind nicht bereits bei Vorliegen einer schlechten wirt- 753

---

302 Vgl BAG 22.11.2012 – 2 AZR 673/11 – NZA 2013, 730; 26.9.2002 – 2 AZR 636/01 – NZA 2003, 549.
303 BAG 22.11.2012 – 2 AZR 673/11 – NZA 2013, 730.
304 BAG 5.2.1998 – 2 AZR 227/97 – AP BGB § 626 Nr 143 II 2 b mwN.
305 Einschränkend Rn 757.
306 BAG 18.3.2010 – 2 AZR 337/08 – NZA-RR 2011, 18; 10.5.2007 – 2 AZR 626/05 – NZA 2007, 1278.
307 BAG 24.1.2013 – 2 AZR 453/11 – DB 2013, 1365; 18.3.2010 – 2 AZR 337/08 – NZA-RR 2011, 18.

schaftlichen Lage oder (drohender) Insolvenz des Arbeitgebers als solcher erfüllt. Auch der Insolvenzverwalter ist gem § 113 Satz 1 und 2 InsO bei betrieblichen Gründen nur zur ordentlichen Kündigung mit einer Frist von bis zu drei Monaten berechtigt.[308] Der Arbeitgeber ist wegen des Ausschlusses der ordentlichen Kündbarkeit in einem besonderen Maß verpflichtet, die Kündigung durch geeignete andere Maßnahmen zu vermeiden. Besteht noch irgendeine Möglichkeit, das Arbeitsverhältnis sinnvoll fortzusetzen, wird es ihm regelmäßig zumutbar sein, den Arbeitnehmer entsprechend einzusetzen. Erst wenn alle denkbaren Lösungsversuche ausscheiden, kann – ausnahmsweise – ein wichtiger Grund zur außerordentlichen Kündigung mit Auslauffrist vorliegen[309] **Das Fehlen jeglicher anderweitiger Weiterbeschäftigungsmöglichkeiten gehört bei einer außerordentlichen betrieblichen Kündigung schon zum wichtigen Grund iSv § 626 BGB und ist deshalb vom Arbeitgeber darzulegen.**[310] Es genügt nicht, dass der Arbeitgeber wie bei der ordentlichen betriebsbedingten Kündigung zunächst nur darlegt, die Weiterbeschäftigung des Arbeitnehmers sei infolge des Wegfalls seines Arbeitsplatzes nicht mehr möglich, und dann die Darlegung des Arbeitnehmers abwartet, wie er sich seine Weiterbeschäftigung an anderer Stelle in Betrieb oder Unternehmen vorstellt.[311]

754 Obwohl § 1 Abs 3 KSchG bei der nur ausnahmsweise zulässigen außerordentlichen Kündigung ordentlich unkündbarer Arbeitnehmer unmittelbar nicht gilt, weil der Prüfungsmaßstab des § 626 BGB anzuwenden ist, ist der Arbeitgeber zu einer **sozialen Auswahl entsprechend § 1 Abs 3 KSchG** verpflichtet. Da die außerordentliche Kündigung in solchen Konstellationen nur die tariflich bzw vertraglich ausgeschlossene ordentliche Kündigung ersetzt, träte ein **Wertungswiderspruch** auf, wenn zugunsten des besonders gesicherten Arbeitnehmers nicht zumindest die Kündigungsschranken beachtet würden, die ihn bei einer ordentlichen Kündigung schützten.[312]

755 **b) Interessenabwägung.** Innerhalb der Interessenabwägung ist auf die **tatsächliche künftige Vertragsbindung** abzustellen.[313] Dies ist regelmäßig der Zeitpunkt des vorgesehenen Eintritts in den Ruhestand. Als Prüfungsmaßstab ist in solchen Fällen nicht die fiktive Kündigungsfrist zugrunde gelegt werden.[314] Dies hätte zur Folge, dass sich die anhand der tatsächlichen

---

308 BAG 24.1.2013 – 2 AZR 453/11 – DB 2013, 1365.
309 St Rspr, zB BAG 22.11.2012 – 2 AZR 673/11 – NZA 2013, 730; 18.3.2010 – 2 AZR 337/08 – NZA-RR 2011, 18.
310 BAG 18.3.2010 – 2 AZR 337/08 – NZA-RR 2011, 18.
311 BAG 8.4.2003 – 2 AZR 355/02 – AP BGB § 626 Nr 181 II 3 d.
312 BAG 5.2.1998 – 2 AZR 227/97 – AP BGB § 626 Nr 143 II 3 e; zu der fehlenden Vergleichbarkeit von nach § 15 Abs 1 KSchG besonders geschützten Betriebsratsmitgliedern mit ordentlich kündbaren Arbeitnehmern zB BAG 23.11.2004 – 2 AZR 38/04 – AP KSchG 1969 § 1Soziale Auswahl Nr 70 B I 3 a cc (1) mit zust Anm Ehrich in BAG Report 2005, 178 und erl Anm Bertzbach in jurisPR-ArbR 27/2005 Anm 5 sowie Hantel in NJ 2005, 334.
313 BAG 5.2.1998 – 2 AZR 227/97 – AP BGB § 626 Nr 143 II 3 g zu einer außerordentlichen betriebsbedingten Kündigung.
314 Anderes gilt bei der fristlosen verhaltensbedingten Kündigung eines gegen ordentliche Kündigungen tariflich geschützten Arbeitnehmers. Bei der Prüfung der Frage, ob ein wichtiger Grund zur fristlosen verhaltensbedingten Kündigung vorliegt, muss ausschließlich abgewogen werden, ob dem Arbeitgeber die Fortset-

Umstände des Einzelfalls vorzunehmende Interessenabwägung auf einen Zeitraum bezöge, der für den Arbeitgeber kündigungsschutzrechtlich – wegen des Ausschlusses der ordentlichen Kündigung – ohne Bedeutung ist.[315] Auch die Rechtsprechung zu der außerordentlichen Kündigung des Arbeitsverhältnisses eines Betriebsratsmitglieds nach § 15 Abs 1 KSchG ist wegen der anderen Interessenlage des Sonderkündigungsschutzes nicht auf die außerordentliche Kündigung eines Altersgeschützten übertragbar. Entscheidend ist vielmehr immer, wie der tarifliche oder einzelvertragliche Sonderkündigungsschutz konkret ausgestaltet ist.[316] Selbst im Fall des § 55 BAT sind Extremfälle denkbar, in denen einem tariflich unkündbaren Angestellten des öffentlichen Dienstes nach § 626 BGB unter Einhaltung einer Auslauffrist außerordentlich betriebsbedingt gekündigt werden kann.[317] Kündigt jedoch der Insolvenzverwalter, wird ein tariflicher Ausschluss der ordentlichen Kündigung durch die in § 113 Satz 2 InsO vorgegebene Höchstfrist von drei Monaten zum Monatsende verdrängt. Diese Bestimmung verstößt nicht gegen Art 9 Abs 3 GG.[318]

Da es bei der außerordentlichen betriebsbedingten Kündigung des Arbeitsverhältnisses eines ordentlich Unkündbaren auf die tatsächliche künftige Vertragsbindung ankommt, ist entscheidend, ob **Umstände vorliegen, die es für den Arbeitgeber zumutbar erscheinen lassen, ein inhaltsleeres Arbeitsverhältnis möglicherweise über mehrere Jahre hinweg aufrechtzuerhalten.** Es ist ein besonders strenger Prüfungsmaßstab anzulegen, um dem besonderen Kündigungsschutz Rechnung zu tragen. Unzumutbar ist es aber, wenn der Arbeitgeber jahrelang das Entgelt zu entrichten hätte, während der Arbeitnehmer mangels Beschäftigungsmöglichkeit nicht zur Arbeitsleistung verpflichtet bliebe.[319] Daran zeigt sich, dass dem Arbeitgeber die Fortsetzung des Arbeitsverhältnisses bei Dauertatbeständen wegen des Ausschlusses der ordentlichen Kündigung eher unzumutbar sein kann als

756

---

zung des Arbeitsverhältnisses bis zum Ablauf der bei einem ordentlich unkündbaren Arbeitnehmer „fiktiven" Kündigungsfrist noch zugemutet werden kann. Die Interessenabwägung orientiert sich in einem solchen Fall allein daran, ob bei einem vergleichbaren Arbeitnehmer ohne den tariflichen Sonderkündigungsschutz unter denselben Umständen und bei entsprechender Interessenlage ein wichtiger Grund zur außerordentlichen Kündigung ohne Einhaltung der ordentlichen Kündigungsfrist anzunehmen wäre. Neben dem Alter und der Beschäftigungsdauer ist die ordentliche Unkündbarkeit in der Interessenabwägung deshalb nicht erneut zugunsten des ordentlich Unkündbaren zu berücksichtigen. Er darf nicht bessergestellt werden als ein Arbeitnehmer ohne Sonderkündigungsschutz. Zum Ganzen BAG 27.4.2006 – 2 AZR 386/05 – AP BGB § 626 Nr 202 B II 3 a und c mwN zu einer fristlosen verhaltensbedingten Kündigung unter Geltung der §§ 53 Abs 3, 55 BAT.
315 Vgl BAG 14.11.1984 – 7 AZR 474/83 – AP BGB § 626 Nr 83 II 1 a.
316 BAG 27.6.2002 – 2 AZR 367/01 – AP BAT § 55 Nr 4 II; BAG 8.4.2003 – 2 AZR 355/02 – AP BGB § 626 Nr 181 II 3 c.
317 BAG 27.6.2002 – 2 AZR 367/01 – AP BAT § 55 Nr 4 II 2, 3, 4 und 5.
318 BAG 19.1.2000 – 4 AZR 70/99 – AP InsO § 113 Nr 5 II 5 mwN noch zu § 113 Abs 1 Satz 2 InsO aF.
319 BAG 5.2.1998 – 2 AZR 227/97 – AP BGB § 626 Nr 143 II 3 g.

bei einem ordentlich kündbaren Arbeitnehmer; die längere Vertragsbindung wirkt sich zuungunsten des Altersgesicherten aus.[320]

757 c) **Zweiwochenfrist, § 626 Abs 2 BGB.** Für sie gelten Besonderheiten: Sie **beginnt nicht bereits mit dem Zeitpunkt, in dem die Beschäftigungsmöglichkeit tatsächlich erstmals entfällt** (und erst recht nicht mit der unternehmerischen Entscheidung). Sonst entstünde ebenfalls ein Wertungswiderspruch, weil der Arbeitgeber das Arbeitsverhältnis des tariflich oder einzelvertraglich besonders geschützten Arbeitnehmers früher kündigen müsste als die Arbeitsverhältnisse der ordentlich kündbaren Arbeitnehmer.[321] Das BAG geht von folgenden Grundsätzen aus: Würde der Arbeitgeber, weil er die zweiwöchige Frist nach Wegfall der Beschäftigungsmöglichkeit **versäumt hat**, gezwungen, jahrelang ein sinnentleertes Arbeitsverhältnis fortzuführen, wäre das unzumutbar und verletzte ihn in seinen von der Verfassung geschützten Rechten. Je länger der Zustand andauert, währenddessen der Arbeitgeber zu Vergütungszahlungen verpflichtet bliebe, ohne den Arbeitnehmer einsetzen zu können, desto weniger zumutbar würde die Fortsetzung des Arbeitsverhältnisses. Es ist deshalb wie bei einer auf dauernde krankheitsbedingte Arbeitsunfähigkeit des Arbeitnehmers gestützten personenbedingten Kündigung von einem **Dauerstörtatbestand** auszugehen.[322] Die Zweiwochenfrist gilt zwar dem Grunde nach auch in diesem Fall, sie verstreicht aber nicht zwei Wochen nach dem Zeitpunkt, in dem die Beschäftigungsmöglichkeit erstmals entfällt. Der Kündigungsgrund aktualisiert sich nur stetig durch die Fortführung des sinnentleerten Arbeitsverhältnisses. Faktisch ist in solchen Fällen für die Anwendung der Ausschlussfrist des § 626 Abs 2 BGB kein Raum.[323]

4. Rechtsfolge

758 Um einen Wertungswiderspruch zu vermeiden, ist dem ordentlich Unkündbaren eine **Auslauffrist** einzuräumen, die der fiktiven Kündigungsfrist entspricht.[324] Der Arbeitnehmer mit besonderem tariflichem oder individualvertraglichem Kündigungsschutz darf durch eine fristlose Kündigung nicht schlechter gestellt werden als ein Arbeitnehmer, dessen Arbeitsverhältnis aufgrund desselben Kündigungsgrundes – zB einer Betriebsstilllegung – nur ordentlich gekündigt werden kann. Die Auslauffrist ist kein besonderes soziales Entgegenkommen des Arbeitgebers,[325] sie betrifft nur die Rechtsfolge und darf nicht mit der Zumutbarkeitsprüfung innerhalb der Interessenabwägung verwechselt werden, die der Tatbestandsseite angehört.[326] Auch bei der **Beendigungskündigung** des Arbeitsverhältnisses eines ordentlich

---

320 Bereits BAG 14.11.1984 – 7 AZR 474/83 – AP BGB § 626 Nr 83 II 1 a, das nach der Art des Kündigungsgrundes – auf der einen Seite einmaligen Vorfällen ohne Wiederholungsgefahr und auf der anderen Seite Dauertatbeständen sowie Vorfällen mit Wiederholungsgefahr – unterscheidet.
321 BAG 5.2.1998 – 2 AZR 227/97 – AP BGB § 626 Nr 143 II 4 a und c.
322 BAG 5.2.1998 – 2 AZR 227/97 – AP BGB § 626 Nr 143 II 4 c und d.
323 BAG 5.2.1998 – 2 AZR 227/97 – AP BGB § 626 Nr 143.
324 BAG 22.11.2012 – 2 AZR 673/11 – NZA 2013, 730; 21.6.2012 – 2 AZR 343/11 – NZA 2013, 224 mwN.
325 BAG 5.2.1998 – 2 AZR 227/97 – AP BGB § 626 Nr 143 II 3 c.
326 Dies entspricht der von KR/Fischermeier § 626 BGB in Rn 302, 304 ff entwickelten Lösung; vgl dazu iR der personenbedingten Kündigung Rn 493 ff.

Unkündbaren muss deshalb die fiktive Frist für die ausgeschlossene ordentliche Kündigung gewahrt werden. Auf die jüngere Rechtsprechung des BAG zu einer Änderungskündigung im Rahmen von § 15 KSchG kann insoweit nur begrenzt zurückgegriffen werden.[327] Zum einen unterscheiden sich die Sachverhalte. In der Entscheidung des BAG vom 5.2.1998[328] war dem besonderen Kündigungsschutz des § 15 KSchG Rechnung getragen, weil der Fortbestand und die Stetigkeit der jeweiligen Arbeitnehmervertretung bei einer bloßen Änderungskündigung gesichert waren. Da es nicht um die Beendigung des Arbeitsverhältnisses, sondern nur um seine inhaltliche Umgestaltung ging, relativierte sich die dennoch anzustellende Zumutbarkeitsprüfung. Zum anderen soll die Rechtsfolge der einzuhaltenden Auslauffrist nur die Schlechterstellung des ordentlich unkündbaren Arbeitnehmers abwenden. Auf der Tatbestandsseite ist das Kriterium der fiktiven Kündigungsfrist dagegen nicht als Prüfungsmaßstab geeignet, weil die ordentliche Kündigung für den Arbeitgeber gerade ausgeschlossen ist. Auf der Rechtsfolgeseite ist dem Arbeitgeber dagegen abzuverlangen, das Arbeitsverhältnis während der fiktiven Kündigungsfrist fortzuführen. Während dieser Zeitspanne bleibt er auch an die ordentlich kündbaren Arbeitsverhältnisse gebunden. Der Arbeitsplatz des ordentlich Unkündbaren soll ihm nur nicht aufgrund seines Altersschutzes früher verloren gehen.

VI. Einzelfälle

Die folgenden Fallgruppen sollen dazu beitragen, den unbestimmten Rechtsbegriff des dringenden betrieblichen Erfordernisses zu systematisieren. Die Übersicht darf aber nicht darüber hinwegtäuschen, dass die Umstände des Einzelfalls maßgeblich sind. 759

1. Abkehrwille

Die Notwendigkeit, für einen Arbeitnehmer, der sich ernsthaft aus dem Arbeitsverhältnis lösen will, einen sonst schwer zu findenden Nachfolger einstellen zu müssen, soll nach einer älteren Rechtsprechung ein dringendes betriebliches Erfordernis begründen können.[329] Da in einem solchen Fall die Beschäftigungsmenge unverändert bleibt und sich die unternehmerische Entscheidung in einem Austausch eines (wechselwilligen) Arbeitnehmers gegen einen neuen Arbeitnehmer erschöpft, kann ein dringendes betriebliches Erfordernis in diesem Fall nicht bestehen. Dem steht auch der Schutz der Berufswahlfreiheit nach Art. 12 GG entgegen. 760

2. Arbeitsmangel

Arbeitsmangel kann sowohl auf einer von außerbetrieblichen Umständen abhängigen gebundenen Unternehmerentscheidung beruhen als auch auf einer ungebundenen Organisationsentschließung. Bei einer autonomen Organisationsentscheidung ist Arbeitsmangel ein innerbetrieblicher Grund. 761

---

327 Zu der besonderen Konstellation einer sog Massenänderungskündigung und der uneingeschränkten Geltung des § 15 KSchG auch in einem solchen Fall BAG 7.10.2004 – 2 AZR 81/04 – AP KSchG 1969 § 15 Nr 56 II 2 bis 7.
328 2 AZR 227/97 – AP BGB § 626 Nr 143.
329 BAG 22.10.1964 – 2 AZR 515/63 – EzA KSchG § 1 Nr 2.

762 Als außerbetriebliche Faktoren sind zB **Absatzschwierigkeiten oder Rohstoffknappheit** denkbar. Diese Faktoren sind dann kündigungsrelevant, wenn sie zu einer Verringerung des Arbeitsvolumens im Zeitpunkt des Ablaufs der Kündigungsfrist führen.[330] **Technische oder organisatorische Rationalisierungsmaßnahmen** können einen innerbetrieblichen Umstand begründen, wenn sie ein verringertes Arbeitsvolumen zur Folge haben.

Die auf Arbeitsmangel gestützte Kündigung ist nur dann grundsätzlich betriebsbedingt, wenn die außerbetrieblichen Ursachen oder innerbetrieblichen Maßnahmen **greifbare Formen** angenommen haben. Nach einer vernünftigen, betriebswirtschaftlichen Betrachtung muss deshalb davon auszugehen sein, dass für die Beschäftigung eines oder mehrerer Arbeitnehmer bei Ablauf der Kündigungsfrist kein Bedarf mehr bestehen wird.[331]

763 Solange die Arbeit – bspw durch Abbau von Überstunden – gestreckt werden kann, besteht gegenüber der Kündigung ein **milderes Mittel**. Das betriebliche Erfordernis ist nicht dringlich,[332] wenn durch die Arbeitsstreckung der Inhalt **der Unternehmerentscheidung** unberührt bleibt.[333] Eine auf Dauer ausgerichtete Arbeitszeitverkürzung der übrigen Arbeitnehmer ist dagegen keine aus Verhältnismäßigkeitsgründen gebotene Arbeitsstreckungsmaßnahme.[334] Eine solche Verkürzung zu unterlassen, ist Gegenstand freier unternehmerischer Entschließung, zumal sie nur durch Änderung der Arbeitsverträge der übrigen Arbeitnehmer zu erreichen ist.

3. Auftrags- und Umsatzrückgang

764 Beruft sich der Arbeitgeber auf Umsatz- oder Auftragsrückgang, muss er die nach Ablauf der Kündigungsfrist zu erwartenden Aufträge bzw den prognostizierten Umsatz ihrem/seinem Umfang nach vortragen („quantifizieren") und darlegen, mit welchen Arbeitsstunden zu rechnen und mit welcher Anzahl von Arbeitnehmern die angenommene Arbeitsmenge zu bewältigen ist.[335] Da eine Reduzierung des Umsatzes oder eine Verminderung des Auftragseingangs nur dann Grundlage einer betriebsbedingten Kündigung sein kann, wenn durch ihn für einen oder mehrere Arbeitnehmer das Bedürfnis zur Weiterbeschäftigung entfällt, muss der Arbeitgeber sowohl die Entwicklung der Umsatzzahlen oder der Auftragsbestände als auch ihre unmittelbare Auswirkung auf den Arbeitsplatz im Einzelnen vortragen.[336]

---

330 Wegen der notwendigen Konkretisierung („Quantifizierung") Rn 764.
331 Vgl Rn 683.
332 S auch Rn 689.
333 Vgl zu dem Problem der Arbeitsverdichtung Rn 675.
334 LAG Hamm 15.12.1982 – 12 Sa 1993/82 – BB 1983, 253.
335 BAG 18.5.2006 – 2 AZR 412/05 – AP AÜG § 9 Nr 7 B II 1 mwN und jedenfalls im Ergebnis zust Bspr Hamanns in jurisPR-ArbR 38/2006 Anm 4; LAG Berlin 20.5.1997 – 2 Sa 1/97 – LAGE KSchG § 1 Betriebsbedingte Kündigung Nr 45 verlangt die Darstellung der Relation von Auftragsmenge und Arbeitszeit; KR/Griebeling § 1 KSchG Rn 569; APS/Kiel § 1 KSchG Rn 486; mittelbar auch BAG 24.8.1989 – 2 AZR 653/88 – RzK I 5c 32 II 1; vgl zum Auftragsrückgang im Leiharbeitsverhältnis schon Rn 664.
336 BAG 24.10.1979 – 2 AZR 940/77 – AP KSchG 1969 § 1 Betriebsbedingte Kündigung Nr 8 II 1 a; vgl auch BAG 18.5.2006 – 2 AZR 412/05 – AP AÜG § 9 Nr 7 B II 1 mwN.

Hinweis: Im Prozess genügen **schlagwortartige Umschreibungen wie „Umsatz- oder Auftragsrückgang" bzw „Gewinnverfall" den Darlegungsanforderungen des Arbeitgebers nicht.** Auch wenn die Vortragserfordernisse nicht überspannt werden dürfen, muss der Vortrag die Relation zwischen Auftragsmenge und Beschäftigungsvolumen erkennen lassen.

Der Arbeitgeber kann eine Auftrags- oder Umsatzverringerung auch zum bloßen Anlass nehmen, eine technische oder organisatorische Rationalisierungsmaßnahme zu treffen. Hier handelt es sich nicht um eine an außerbetriebliche Umstände geknüpfte unternehmerische Entscheidung, sondern um eine ungebundene Entschließung, die einen innerbetrieblichen Faktor begründet. 765

Eine gestaltende Unternehmerentscheidung ist nicht erforderlich, wenn der Arbeitgeber seinen Betrieb nicht umorganisiert, sondern die Anzahl der benötigten Arbeitnehmer unmittelbar der Arbeitsmenge anpassen will, die sich aus dem verminderten Umsatz ergibt. Wenn sich der Umfang der Tätigkeit einer Gruppe oder einer bestimmten Anzahl von Arbeitnehmern proportional zum Absatz der gefertigten Erzeugnisse verhält, genügt der Arbeitgeber in dieser Konstellation seiner Behauptungslast, wenn er die Richtigkeit der Berechnungen in einer Weise darlegt, die aus der Verringerung des Umsatzes auf die Veränderung der Beschäftigungsmöglichkeiten schließen lässt.[337] Der Arbeitgeber hat in einem solchen Fall eine gebundene, aber nicht gestaltende unternehmerische Entscheidung getroffen. Ausnahmsweise reduziert sich hier die unternehmerische Entscheidung auf den **bloßen Kündigungsentschluss**, der für sich genommen noch kein dringendes betriebliches Erfordernis iSd § 1 Abs 2 Satz 1 Var 3 KSchG darstellt.[338] 766

Die organisatorischen Maßnahmen, die der Arbeitgeber trifft, um seinen Betrieb der veränderten Umsatz- bzw Auftragslage anzupassen, unterliegen nur der eingeschränkten **Missbrauchskontrolle**. Da für die beschlossene und tatsächlich durchgeführte Unternehmerentscheidung die **Vermutung** spricht, dass sie aus sachlichen Gründen erfolgt ist, Rechtsmissbrauch also die Ausnahme ist, hat der **Arbeitnehmer** im Kündigungsschutzprozess die Umstände darzulegen und bei Bestreiten zu beweisen, aus denen sich ergeben soll, dass die getroffene innerbetriebliche Strukturmaßnahme offenbar unsachlich, unvernünftig oder willkürlich ist.[339] Das gilt selbst in einem Fall, in dem sich der Arbeitgeber dazu entschließt, bisher abhängig beschäftigte Vertriebsbeauftragte durch selbstständige Vertragspartner zu ersetzen.[340] Mit dem Vorbringen, es liege kein wirtschaftlicher Verlust vor, genügt der Arbeitnehmer seiner Behauptungslast nicht, weil die Notwendigkeit und Zweckmäßigkeit der unternehmerischen Entscheidung von den Arbeitsgerichten inhaltlich nicht überprüft werden dürfen. Bei einer Umstellung der Produktion, der Einführung eines neuen Vertriebssystems oder 767

---

337 BAG 15.6.1989 – 2 AZR 600/88 – AP KSchG 1969 § 1 Betriebsbedingte Kündigung Nr 45 II 1 b.
338 Fischermeier NZA 1997, 1089, 1091 und schon Rn 670.
339 BAG 13.3.2008 – 2 AZR 1037/06 – NZA 2008, 878; 9.5.1996 – 2 AZR 438/95 – AP KSchG 1969 § 1 Betriebsbedingte Kündigung Nr 79 B I 2 c bb „Weight Watchers"; vgl aber auch Rn 681 ff.
340 BAG 9.5.1996 – 2 AZR 438/95 – AP KSchG 1969 § 1 Betriebsbedingte Kündigung Nr 79 B I 2 c bb.

Rationalisierungsmaßnahmen usw bleibt es dem Arbeitgeber immer überlassen, sein Unternehmensziel möglichst kostengünstig am Markt zu verfolgen.[341]

4. Austauschkündigung

768 **Austauschkündigungen sind grundsätzlich unzulässig.** Will der Arbeitgeber auf den bislang mit Vollzeitkräften besetzten Arbeitsplätzen zB eine doppelte Anzahl von Teilzeitbeschäftigten einsetzen, begründen solche arbeitsmarkt- oder sozialpolitisch motivierten Entscheidungen kein dringendes betriebliches Erfordernis. Zweck der betriebsbedingten Kündigung ist es, den Personalbestand dem verringerten bzw veränderten[342] Arbeitskräftebedarf anzupassen. Auch ein nicht schwerbehinderter Arbeitnehmer darf nicht durch einen schwerbehinderten Menschen ersetzt werden, damit der Arbeitgeber der Pflichtplatzquote der §§ 71, 77 SGB IX genügt.[343] Anderes gilt auch nicht mit Blick auf § 1 Abs 3 Satz 1 KSchG in seiner durch das Arbeitsmarktreformgesetz geänderten Fassung. Die Schwerbehinderung ist ein Kriterium für den Schutz eines bereits beschäftigten Arbeitnehmers in der Sozialauswahl, sie soll aber nicht die Neueinstellung eines schwerbehinderten Menschen um den Preis der Verdrängung des Arbeitsplatzinhabers ermöglichen.

769 Obwohl der Arbeitgeber ein Stellenprofil inhaltlich verändern kann,[344] ist ein dringendes betriebliches Erfordernis in einem solchen Fall nur anzunehmen, wenn die Position tatsächlich inhaltlich umgestaltet wird. Vergibt der Arbeitgeber etwa Tätigkeiten, die bisher von seinen eigenen Arbeitnehmern versehen wurden, an einen Unternehmer zur selbstständigen Durchführung,[345] kann das eine betriebsbedingte Kündigung rechtfertigen. Werden die Arbeiten dem Dritten dagegen nicht zur selbstständigen Erledigung übertragen, führt eine solche organisatorische Gestaltung noch nicht zum Wegfall der bisherigen Arbeitsplätze des Betriebs. Vielmehr ist eine **Austauschkündigung** anzunehmen.[346]

770 Ein dringendes betriebliches Erfordernis ist im Unterschied hierzu gegeben, wenn der Arbeitgeber die bislang von seinen Arbeitnehmern verrichteten Arbeiten **nur noch zu den Bedingungen einer** selbstständigen **Tätigkeit freien Mitarbeitern übertragen will.**[347] In beiden Fällen verbleibt dem früheren Arbeitgeber **keinerlei Arbeitgeberfunktion, insbesondere nicht das Direktionsrecht.**

---

341 BAG 9.5.1996 – 2 AZR 438/95 – AP KSchG 1969 § 1 Betriebsbedingte Kündigung Nr 79 B I 2 c bb.
342 IE Rn 663 ff.
343 KR/Griebeling § 1 KSchG Rn 660.
344 BAG 16.12.2004 – 2 AZR 66/04 – NZA 2005, 761 B II 4 a.
345 Sog Outsourcing oder Fremdvergabe, BAG 30.4.1987 – 2 AZR 184/86 – AP KSchG 1969 § 1 Betriebsbedingte Kündigung Nr 42; BAG 16.12.2004 – 2 AZR 66/04 – NZA 2005, 761 B II 2 b aa; zu Ausgliederung und unternehmerischer Entscheidungsfreiheit auch Schrader/Schubert NZA-RR 2004, 393.
346 BAG 16.12.2004 – 2 AZR 66/04 – NZA 2005, 761 B II 2 b aa.
347 BAG 13.3.2008 – 2 AZR 1037/06; 9.5.1996 – 2 AZR 438/95 – AP KSchG 1969 § 1 Betriebsbedingte Kündigung Nr 79 „Weight Watchers".

Besteht nach der unternehmerischen Entscheidung der Beschäftigungsbedarf für Arbeitnehmer hingegen fort, so ist die Kündigung nicht durch dringende betriebliche Erfordernisse bedingt.[348] Entschließt sich deshalb der Arbeitgeber, künftig **statt seiner eigenen Belegschaft ausschließlich Leiharbeitnehmer** einzusetzen, ist diese Unternehmerentscheidung nicht bindend.[349] Sie erschöpft sich darin, die formale Arbeitgeberstellung aufzugeben. Da der Arbeitgeber die betriebliche Organisation nach wie vor steuert und das Weisungsrecht innehat, begründet ein solcher Entschluss kein betriebliches Erfordernis. Auf die Rechtsnatur des Verhältnisses zwischen dem Arbeitgeber als Entleiher und den eingesetzten Leiharbeitnehmern kommt es nicht an. Auch die beabsichtigte langfristige Bindung an ein gewerbliches Zeitarbeitsunternehmen[350] oder ein beabsichtigter häufiger Wechsel der Person des Arbeitnehmers[351] dienen als vermeintliches unternehmerisches Konzept letztlich nur dem Austausch der Arbeitnehmer unter Beibehaltung des arbeitgeberseitigen Direktionsrechts. Zutreffend ist deshalb die Entscheidung des LAG Bremen vom 2.12.1997,[352] welches eine unwirksame Austauschkündigung in einem Fall angenommen hat, in dem ein Arbeitgeber mit nahezu allen seiner Arbeitnehmer sog dreiseitige Verträge geschlossen hatte, deren dritte Partei eine **Beschäftigungs- und Qualifizierungsgesellschaft** und in denen das ursprüngliche Arbeitsverhältnis mit dem Arbeitgeber aufgehoben und ein neues mit der Beschäftigungsgesellschaft begründet. Die jetzt bei der Beschäftigungsgesellschaft unter Vertrag stehenden Arbeitnehmer wurden von ihr an eine weitere Rechtspersönlichkeit verliehen und von dieser an den ersten Arbeitgeber weiterverliehen, der sie auf den bisherigen Arbeitsplätzen einsetzte. Das LAG hielt die unternehmerische Entscheidung, den Betrieb ausschließlich mit Leiharbeitnehmern führen zu wollen, wegen Umgehung des § 1 Abs 2 Satz 1 Var 3 KSchG für nicht bindend, weil Arbeitsmenge und -inhalt identisch blieben und der frühere Arbeitgeber das Direktionsrecht behielt. 771

Auch die Entscheidung des Unternehmers, **einen Betriebsteil durch eine noch zu gründende, finanziell, wirtschaftlich und organisatorisch in sein Unternehmen voll eingegliederte Organgesellschaft mit von dieser neu einzustellenden Arbeitnehmern weiterführen zu lassen,** ist kein dringendes betriebliches Erfordernis iSv § 1 Abs 2 KSchG, das es rechtfertigt, die Arbeitsverhältnisse der bisher in diesem Betriebsteil beschäftigten Arbeitnehmer zu kündigen. Die unternehmerische Entscheidung ist **rechtsmissbräuchlich**.[353] 772

---

348 BAG 1.3.2007 – 2 AZR 650/05 – AP KSchG 1969 § 1 Betriebsbedingte Kündigung Nr 164.
349 Vgl die nicht tragende Erwägung in der sog Crewing-Entscheidung des BAG vom 26.9.1996 – 2 AZR 200/96 – AP KSchG 1969 § 1 Betriebsbedingte Kündigung Nr 80 II 2 d. In diesem Urteil kam der Zweite Senat abw von „Weight Watchers" wegen der Besonderheiten des konkreten Falls zu dem Ergebnis, dass den Dritten die Aufgaben nicht zur selbstständigen Erledigung übertragen werden sollten.
350 Vgl eingehend Kiel in FS Reuter S 597.
351 KR/Griebeling § 1 KSchG Rn 219 a.
352 1 (2) Sa 340/96 – LAGE KSchG § 1 Betriebsbedingte Kündigung Nr 47.
353 BAG 26.9.2002 – 2 AZR 636/01 – AP KSchG 1969 § 1 Betriebsbedingte Kündigung Nr 124 II 1.

773 Von solchen Konstellationen zu unterscheiden sind Fallgestaltungen, in denen unter dem Schlagwort der Unzulässigkeit der betriebsübergreifenden „Austauschkündigung" eine betriebsübergreifende Sozialauswahl nach § 1 Abs 3 KSchG abgelehnt wird.[354]

5. Betriebsänderung/Betriebseinschränkung/Änderung des Arbeitsablaufs

774 Der Entschluss des Arbeitgebers, den Betrieb zu ändern, einzuschränken oder den Arbeitsablauf zu ändern, ist der gerichtlichen Überprüfung bis zur Grenze des Rechtsmissbrauchs entzogen.[355]

775 Eine Einschränkung des ganzen Betriebs oder wesentlicher Betriebsteile, die wesentliche Nachteile für die Belegschaft oder erhebliche Teile des Betriebs zur Folge haben kann, stellt eine mitwirkungsbedürftige Betriebsänderung iSv § 111 Satz 3 Nr 1 BetrVG dar. Auch diesem Begriff genügt ein **bloßer Personalabbau,** von dem die sachlichen Betriebsmittel unberührt bleiben. Allerdings müssen die Arbeitskräfte deutlich verringert werden. Dabei sind die Zahlen- und Prozentangaben des § 17 Abs 1 KSchG für die Anzeigepflicht bei Massenentlassungen heranzuziehen.[356]

776 Die **Schließung einer Niederlassung oder Abteilung** oder die **Stilllegung von Betriebsanlagen** können eine Betriebseinschränkung iSd § 111 Satz 3 Nr 1 BetrVG sein. Für eine

- beschlossene und
- tatsächlich durchgeführte Betriebsänderung

spricht die **Vermutung,** dass sie aus sachlichen Gründen erfolgt ist.[357] Wenn der Arbeitgeber Teile seiner unternehmerischen Tätigkeit einstellt oder Arbeitsgebiete zusammenlegt, sind diese Organisationsentscheidungen

---

354 Vgl hierzu BAG 15.12.1994 – 2 AZR 320/94 – AP KSchG 1969 § 1 Betriebsbedingte Kündigung Nr 66 B III 3 a; BAG 2.6.2005 – 2 AZR 158/04 – AP KSchG 1969 § 1 Soziale Auswahl Nr 73 II 2 mit grammatischen, teleologischen und systematischen Erwägungen zum Betriebsbegriff des § 1 Abs 2 Satz 1 und Abs 3 Satz 2 KSchG; zu II 2 b der Gründe lässt der Zweite Senat es offen, ob in Ausnahmefällen eine betriebsübergreifende soziale Auswahl durchzuführen ist. Der Sechste Senat folgt der Entscheidung des Zweiten Senats vom 2.6.2005 aaO in seinem Urt v 15.12.2005 – 6 AZR 199/05 – AP KSchG 1969 § 1 Soziale Auswahl Nr 76 II 2 und 3 ausdrücklich und lehnt eine betriebsübergreifende Sozialauswahl ebenfalls ab.
355 BAG 18.1.1990 – 2 AZR 357/89 – AP KSchG 1969 § 1 Soziale Auswahl Nr 19 II 2 a und b.
356 St Rspr des BAG, grundlegend BAG 2.8.1983 – 1 AZR 516/81 – AP BetrVG 1972 § 111 Nr 12, in jüngerer Vergangenheit zB BAG 23.2.2012 – 2 AZR 773/10 – NZA 2012, 992; 22.1.2004 – 2 AZR 111/02 – AP BetrVG 1972 § 112 Namensliste Nr 1. Die Entscheidung Junk des EuGH vom 27.1.2005 – C-188/03 – AP KSchG 1969 § 17 Nr 18 und die Folgeentscheidung des Zweiten Senats vom 23.3.2006 – 2 AZR 343/05 – AP KSchG 1969 § 17 Nr 22 zur richtlinienkonform gebotenen Gleichsetzung von Kündigungs- und Entlassungszeitpunkt (mit Bspr Ferme/Lipinski NZA 2006, 937 und Franzen ZfA 2006, 437) ändern an der Zahlenstaffel des § 17 Abs 1 KSchG als solcher nichts.
357 BAG 27.4.2011 – 2 AZR 9/10 – AP KSchG 1969 § 1 Betriebsbedingte Kündigung Nr 187; 23.4.2008 – 2 AZR 1110/06 – NZA 2008, 939; 30.4.1987 – 2 AZR 184/86 – AP KSchG 1969 § 1 Betriebsbedingte Kündigung Nr 42; vgl aber Rn 679.

hinzunehmen. Eine Betriebseinschränkung kann ferner bei der Verlagerung bisheriger betriebseigener Aktivitäten auf Fremdfirmen[358] oder bei der unternehmerischen Entscheidung vorliegen, im Betrieb anfallende Arbeiten zu reduzieren oder darauf zu verzichten (zB Umstellung vom Drei-Schicht-Betrieb auf einen Zwei-Schicht-Betrieb[359] oder von Vollbedienung auf SB-Auswahl; Verkleinerung eines Orchesters auf ein Rumpforchester aus festangestellten Instrumentalisten, das nur im Bedarfsfall um zusätzlich zu engagierende Musiker erweitert wird[360]).

Durch die Betriebsänderung oder Änderung der Arbeitsorganisation müssen tatsächlich Arbeitsplätze entfallen. Gestaltet der Arbeitgeber den Arbeitsablauf lediglich um, ohne dass sich die Arbeitsmenge verändert, ist die Kündigung nicht betriebsbedingt. Solange der Arbeitgeber das Anforderungsprofil des Arbeitsplatzes nicht in der Weise verändert, dass der bisherige Arbeitsplatzinhaber die Position nicht länger ausfüllen kann, ist ein dringendes betriebliches Erfordernis nicht gegeben, wenn die Stelle als Beförderungsposition deklariert wird.[361] Allerdings unterliegt es der freien unternehmerischen Entscheidung, das Anforderungsprofil für einen neu eingerichteten oder veränderten Arbeitsplatz festzulegen. Soweit die Erfüllung bestimmter Voraussetzungen für die sachgerechte Erledigung der Aufgaben erforderlich ist, kann die unternehmerische Entscheidung nur darauf überprüft werden, ob sie offenbar unsachlich ist. Die Entscheidung des Arbeitgebers, bestimmte Tätigkeiten nur von Arbeitnehmern mit besonderer Qualifikation ausführen zu lassen, ist grundsätzlich zu akzeptieren.[362]

777

Auch die aus arbeitsorganisatorischen Gründen vorgenommene Umwandlung eines **Teilzeitarbeitsplatzes** in eine Vollzeitstelle und umgekehrt sind grundsätzlich zu akzeptierende Organisationsentscheidungen.[363]

778

Die Entlassung des Teilzeitbeschäftigten kann bei der Umwandlung einer Teilzeitstelle in einen Vollzeitarbeitsplatz aber nur gerechtfertigt sein, wenn er selbst nicht ganztägig zu arbeiten bereit ist. Die Einstellung einer weiteren Teilzeitkraft zur Befriedigung des Personalbedarfs ist dem Arbeitgeber dagegen nicht abzuverlangen. **Ob er die Arbeitsmenge mit zwei Teilzeitbeschäftigten oder aber mit einem Vollzeitarbeitnehmer bewältigt, unterliegt seiner freien und bindenden Unternehmerentscheidung**, ohne dass es auf

---

358 Sog Fremdvergabe oder auch „Outsourcing", BAG 13.3.2008 – 2 AZR 1037/06 – NZA 2008, 878; LAG Köln 28.1.1994 – 13 Sa 453/93 – LAGE KSchG § 1 Betriebsbedingte Kündigung Nr 25.
359 LAG Köln 24.2.2011 – 13 Sa 1367/10.
360 BAG 27.4.2011 – 2 AZR 9/10 – AP KSchG 1969 § 1 Betriebsbedingte Kündigung Nr 187.
361 BAG 24.5.2012 – 2 AZR 124/11 – NZA 2012; 10.7.2008 – 2 AZR 1111/06 – NZA 2009, 312; 10.11.1994 – 2 AZR 242/94 – AP KSchG 1969 § 1 Betriebsbedingte Kündigung Nr 65, vgl schon Rn 683 ff.
362 Zum Ganzen BAG 16.12.2004 – 2 AZR 66/04 – NZA 2005, 761 B II 4 a mwN.
363 BAG 26.11.2009 – 2 AZR 658/08 – AP § 2 KSchG 1969 Nr 144; 22.4.2004 – 2 AZR 385/03 – AP KSchG 1969 § 2 Nr 74: „Die Bestimmung, ob ein umfangmäßig konkretisierter Dienstleistungsbedarf nur mit Volltags- oder teilweise auch mit Halbtagsbeschäftigten abgedeckt werden soll, gehört zum Bereich der von den Arbeitsgerichten nur beschränkt überprüfbaren Unternehmenspolitik. Dem Arbeitgeber steht es deshalb frei, auf einen Rückgang des Beschäftigungsvolumens statt mit Beendigungskündigungen mit einer entsprechend größeren Zahl an Änderungskündigungen zu reagieren."

die mit zwei Teilzeitbeschäftigungen verbundenen etwaigen höheren Kosten ankäme.[364] Diese unterliegt aber einer eingeschränkten Missbrauchskontrolle darauf hin, ob sie offenbar unvernünftig oder willkürlich ist. Deshalb müssen plausible technische, wirtschaftliche oder organisatorische Gründe für die Umwandlung vorliegen.[365] Wertungswidersprüche zu dem in § 8 Abs 1 TzBfG geregelten Anspruch auf Verringerung der Arbeitszeitdauer und Änderung der Lage der Arbeitszeit lassen sich durch diese Missbrauchskontrolle ebenfalls vermeiden. Die Berechtigung des Änderungswunschs des Arbeitnehmers hängt davon ab, ob die Änderung in das durch den Arbeitgeber vorgegebene Organisationskonzept passt. Denn § 8 Abs 4 Satz 1 und 2 Var 1 und 2 TzBfG verlangt dem Arbeitgeber nur dann die Zustimmung zu der geänderten Arbeitszeit ab, wenn betriebliche Gründe nicht entgegenstehen.[366] Es steht dem Arbeitgeber umgekehrt frei, bei reduziertem Arbeitsanfall **Vollzeitarbeitsplätze in Teilzeitarbeitsplätze** umzugestalten und zu diesem Zweck mehrere Änderungskündigungen zu erklären statt einer geringeren Anzahl von Beendigungskündigungen.[367] Fallen nur Teile der von einem Arbeitnehmer versehenen Aufgaben weg, ist der Arbeitgeber aus Verhältnismäßigkeitsgründen verpflichtet, dem betroffenen Arbeitnehmer die Weiterbeschäftigung in Form eines Teilzeitarbeitsverhältnisses anzutragen.[368] Der Arbeitgeber muss sich deshalb – sofern sich der Arbeitnehmer nicht mit einer Erhöhung oder Verminderung der Arbeitszeit einverstanden erklärt, die Änderung aber nicht vorbehaltlos und endgültig ablehnt – des milderen Mittels der Änderungskündigung bedienen.[369]

6. Betriebsstilllegung und Wiedereinstellungsanspruch

779 Die **Betriebsstilllegung** ist der klassische Fall der betriebsbedingten Kündigung. Darunter ist die Auflösung der zwischen Arbeitgeber und Arbeitnehmer bestehenden Betriebs- und Produktionsgemeinschaft zu verstehen, die ihre Veranlassung und zugleich ihren unmittelbaren Ausdruck darin findet, dass der Unternehmer die bisherige wirtschaftliche Betätigung in der ernstlichen Absicht einstellt, die Verfolgung des bisherigen Betriebszwecks dauernd oder für eine ihrer Dauer nach unbestimmte, wirtschaftlich nicht unerhebliche Zeitspanne nicht weiter zu verfolgen.[370] Beruft sich der Arbeit-

---

364 APS/Kiel § 1 KSchG Rn 553; SPV/Preis Rn 954; KR/Griebeling § 1 KSchG Rn 562; aA LAG Rheinland-Pfalz 10.5.1988 – 9 Sa 21/88 – NZA 1989, 273.
365 APS/Kiel § 1 KSchG Rn 553; SPV/Preis Rn 954; KR/Griebeling § 1 KSchG Rn 562.
366 Vgl hierzu SPV/Preis Rn 954 und LAG Nürnberg 23.2.2006 – 5 Sa 224/05 – NZA-RR 2006, 294, die das Vorliegen betrieblicher Gründe iSd § 8 Abs 4 Satz 1 TzBfG verlangen.
367 BAG 26.11.2009 – 2 AZR 658/08; 19.5.1993 – 2 AZR 584/92 – AP KSchG 1969 § 2 Nr 31.
368 LAG Düsseldorf 6.5.1977 – 16 Sa 173/77 – DB 1977, 1370.
369 Mittelbar KR/Kreft/Rost § 2 KSchG Rn 112, der aber zu Recht darauf aufmerksam macht, dass eine Kündigung wegen der bloßen Weigerung des Arbeitnehmers, von einem Vollzeit- in ein Teilzeitarbeitsverhältnis zu wechseln, gegen das Benachteiligungsverbot des § 11 Satz 1 TzBfG verstoße. Maßgeblich ist also das unternehmerische Konzept iSe betrieblichen Grundes nach § 8 Abs 4 Satz 1 TzBfG. Vgl auch Rn 703 ff.
370 St Rspr BAG vgl nur 22.10.2009 – 8 AZR 766/08 – AP SGB X § 115 Nr 16.

geber auf eine beschlossene Stilllegung, haben die Arbeitsgerichte – wie bei jeder autonomen Unternehmerentscheidung – zu prüfen, ob eine solche unternehmerische Entscheidung tatsächlich getroffen wurde und durch ihre Umsetzung das Beschäftigungsbedürfnis für einzelne Arbeitnehmer entfällt. Dagegen ist die Stilllegungsentscheidung selbst nicht auf ihre sachliche Rechtfertigung oder Zweckmäßigkeit zu überprüfen, sondern nur darauf, ob sie offenbar unsachlich, unvernünftig oder willkürlich ist.[371] Insbesondere ist unerheblich, ob die vom Arbeitgeber erwarteten Vorteile in einem vernünftigen Verhältnis zu den Nachteilen stehen, die der Arbeitnehmer durch die Kündigung erleidet.[372] Die unternehmerische Entscheidung zur Betriebsstilllegung kann eine Kündigung grundsätzlich auch sozial rechtfertigen, wenn ihr **kein wirksamer Gesellschafterbeschluss** zugrunde liegt.[373] Es bedarf auch keines Beschlusses des für die Auflösung der Gesellschaft zuständigen Organs. Kündigungsrechtlich ist nur entscheidend,

- ob der Handelnde die Stilllegungsentscheidung getroffen hat und
- **ob im Zeitpunkt der darauf gestützten Kündigung des Arbeitsverhältnisses die Prognose gerechtfertigt war, dass es gemäß dieser Entscheidung planmäßig zur Betriebsstilllegung kommen wird.**[374]

Der Annahme einer Betriebsstilllegung steht ferner nicht entgegen, dass die anderen konzernzugehörigen Unternehmen ihre betrieblichen Aktivitäten fortsetzen, sofern kein Gemeinschaftsbetrieb besteht.[375] Eine Betriebsstilllegung kann auch anzunehmen sein, wenn sich der Unternehmer ernstlich entschließt, die bisher von seinen Arbeitnehmern versehenen Tätigkeiten an Subunternehmer zu vergeben.[376]

Hinweis: Die unternehmerische Entscheidung, den Betrieb stillzulegen oder durch Personalabbau einzuschränken, hat bei einem Betrieb, der bislang die Mindestbeschäftigtenzahlen des § 23 Abs 1 Satz 2 bzw 3 KSchG erreicht, nicht zur Folge, dass der Betrieb aus dem Geltungsbereich des Kündigungsschutzgesetzes fällt. Die geplante Betriebsstilllegung oder -einschränkung führt nur dazu, dass in Zukunft eine andere regelmäßige Arbeitnehmerzahl gegeben sein soll. Im Kündigungszeitpunkt ist für den Betrieb dagegen noch die bisherige Belegschaftsstärke kennzeichnend. Bei der Berechnung des Schwellenwerts nach § 23 Abs 1 Satz 2 bzw 3 KSchG ist der gekündigte Arbeitnehmer insbesondere auch dann mit zu berücksichti-

---

371 Für die st Rspr BAG 4.5.2006 – 8 AZR 299/05 – AP BGB § 613 a Nr 304 II 1 c mwN.
372 BAG 30.4.1987 – 2 AZR 184/86 – AP KSchG 1969 § 1 Betriebsbedingte Kündigung Nr 42 IV 1 und bereits Rn 721.
373 BAG 5.4.2001 – 2 AZR 696/99 – AP KSchG 1969 § 1 Betriebsbedingte Kündigung Nr 117 II 2 und 3; zu dem Sonderproblem der Unternehmensstilllegung des vorläufigen „starken" Insolvenzverwalters ohne Zustimmung des Insolvenzgerichts Rn 802.
374 BAG 8.4.2003 – 2 AZR 15/02 – AP BetrVG 1972 § 113 Nr 40 II 1 b.
375 BAG 18.1.2001 – 2 AZR 239/00 – AiB 2002, 318 ff 2 a mit Anm Peter.
376 BAG 13.3.2008 – 2 AZR 1037/06 – NZA 2008, 878; 18.1.2001 – 2 AZR 668/00 – EzA KSchG § 1 Betriebsbedingte Kündigung Nr 111 2 c.

gen, wenn Kündigungsgrund die unternehmerische Entscheidung ist, den betreffenden Arbeitsplatz nicht mehr neu zu besetzen.[377]

780 Für eine Betriebsstilllegung ist der **ernstliche und endgültige Entschluss** des Arbeitgebers zu fordern, die Betriebs- und Produktionsgemeinschaft zwischen ihm und seinen Arbeitnehmern für einen seiner Dauer nach unbestimmten, wirtschaftlich nicht unerheblichen Zeitraum aufzuheben.[378]

- Entscheidend für die soziale Rechtfertigung einer Kündigung im Fall der Betriebsstilllegung ist die auf einem ernstlichen Willensentschluss des Arbeitgebers beruhende **Aufgabe des Betriebszwecks**, die nach außen in der Auflösung der Betriebsorganisation zum Ausdruck kommt.
- Der Arbeitgeber muss **endgültig** entschlossen sein, den Betrieb stillzulegen. Es genügt nicht, dass der Arbeitgeber den Stilllegungsbeschluss lediglich erwogen, aber noch nicht endgültig gefasst hat oder wenn der Arbeitgeber im Kündigungszeitpunkt noch in ernsthaften Verhandlungen über die Veräußerung des Betriebs oder der Betriebsabteilung steht oder sich um neue Aufträge bemüht.[379]
- Die Schließung muss für eine **unbestimmte, nicht unerhebliche** Zeitspanne erfolgen, weil sonst nur eine irrelevante Betriebspause oder Betriebsunterbrechung vorliegt. Deshalb spricht bei alsbaldiger Wiedereröffnung des Betriebs eine **tatsächliche Vermutung** gegen eine ernsthafte Stilllegungsabsicht.[380] Indiziell deuten auf eine Stilllegung zB die Entscheidungen des Arbeitgebers hin, ab sofort keine neuen Aufträge mehr anzunehmen, alle Arbeitsverhältnisse zum nächstmöglichen Kündigungstermin zu kündigen und zur Abarbeitung der vorhandenen Aufträge eigene Arbeitnehmer nur noch während der Kündigungsfristen einzusetzen.[381] Der Achte Senat geht noch weiter und führt aus, es sei von einer Stilllegung auszugehen, wenn der Arbeitgeber seine Stilllegungsabsicht unmissverständlich äußere, alle Arbeitsverhältnisse kündige, etwaige Mietverträge zum nächstmöglichen Zeitpunkt auflöse, die Betriebsmittel, über die er verfügen könne, veräußere und die Betriebstätigkeit vollständig einstelle.[382]

---

377 BAG 22.1.2004 – 2 AZR 237/03 – AP KSchG 1969 § 23 Nr 31 II 1 b; zu der Frage der Ersatzeinstellungen iR des § 23 Abs 1 KSchG (gelöst von den Problemstellungen der betriebsbedingten Kündigung) BAG 21.9.2006 – 2 AZR 840/05 – NZA aktuell Heft 19/2006, VII mit Bspr Niklas in NZA 2006, 1395.
378 St Rspr, zB BAG 18.1.2001 – 2 AZR 167/00 – ZInsO 2001, 822 – 824 2 c; BAG 18.1.1999 – 2 AZR 514/99 – AP KSchG 1969 § 1 Betriebsbedingte Kündigung Nr 115 2; 21.6.2001 – 2 AZR 137/00 – AP KSchG 1969 § 15 Nr 50 II 1 a; BAG 27.11.2003 – 2 AZR 48/03 – AP KSchG 1969 § 1 Soziale Auswahl Nr 64 B I 1 mit erl Anm Ziemann in jurisPR-ArbR 19/2004 Anm 3; BAG 4.5.2006 – 8 AZR 299/05 – AP BGB § 613 a Nr 304 II 1 a.
379 BAG 13.2.2008 – 8 AZR 75/06.
380 BAG 21.6.2001 – 2 AZR 137/00 – NZA 2002, 212; 27.9.1984 – 2 AZR 309/83 – AP BGB § 613 a Nr 39.
381 BAG 18.1.2001 – 2 AZR 514/99 – AP KSchG 1969 § 1 Betriebsbedingte Kündigung Nr 115 2 b.
382 BAG 26.5.2011 – 8 AZR 37/10 – NZA 2011, 1143; 27.10.2005 – 8 AZR 568/04 NZA 2006, 668 II 2 b; BAG 6.4.2006 – 8 AZR 222/04 NZA 2006, 723 B I 2; BAG 4.5.2006 – 8 AZR 299/05 – AP BGB § 613 a Nr 304 II 1 a, jeweils mwN.

Werden nach Einstellung der Produktion die Arbeitsverhältnisse der im Betrieb beschäftigten Arbeitnehmer gekündigt, liegt idR eine Auflösung der Betriebs- und Produktionsgemeinschaft vor, wenn im Kündigungszeitpunkt davon auszugehen ist, dass eine mögliche Wiederaufnahme der Fertigung erst nach einem längeren, wirtschaftlich nicht unerheblichen Zeitraum erfolgen kann, dessen Überbrückung mit weiteren Vergütungszahlungen dem Arbeitgeber nicht zugemutet werden kann.[383] Umgekehrt stellt es die unternehmerische Entscheidung zur baldigen Stilllegung nicht infrage, wenn der Arbeitgeber die betriebsbedingt gekündigten Arbeitnehmer in ihrer jeweiligen Kündigungsfrist noch mit Abwicklungsarbeiten betraut, anstatt die Arbeiten sofort einzustellen.[384]

In der **Blockaltersteilzeit** gelten allerdings Besonderheiten: Eine Betriebsstilllegung ist ausnahmsweise kein dringendes betriebliches Erfordernis, wenn die Kündigung einen Arbeitnehmer betrifft, mit dem Blockaltersteilzeit vereinbart ist und der sich bereits in der **Freistellungsphase** befindet. Der mit einer Betriebsstilllegung verbundene Wegfall der Beschäftigungsmöglichkeiten hat für den Arbeitnehmer in Blockaltersteilzeit keine Bedeutung mehr.[385] Anderes gilt für eine **Kündigung wegen Betriebsschließung** in der **Arbeitsphase** der Altersteilzeit nach dem Blockmodell. In einem solchen Fall ist die Betriebsstilllegung ein dringendes betriebliches Erfordernis.[386] Das trifft auch im Insolvenzverfahren zu und selbst dann, wenn zwischen Kündigungstermin und Freistellungsphase nur ein Monat liegt. Die ohne ordentliche Kündigungsmöglichkeit vereinbarte Befristung des Altersteilzeitvertrags ist auf der Grundlage von § 113 Satz 1 InsO ebenso wenig insolvenzfest wie ein tariflicher Ausschluss der ordentlichen Kündbarkeit. Entsprechendes ist für den Ausschluss betriebsbedingter Kündigungen in einer Standortsicherungsvereinbarung anzunehmen.[387] Das an sich gegebene dringende betriebliche Erfordernis im engeren Sinn wird auch nicht durch eine vorrangig auszusprechende Änderungskündigung beseitigt. Ein Ruhen der gegenseitigen Hauptpflichten durch Änderungskündigung stellte das Altersteilzeitarbeitsverhältnis als solches infrage und entlastete die Insolvenzmasse zudem nicht nennenswert um die vereinbarten Aufstockungsbeträge und die zusätzlichen Rentenversicherungsbeiträge. Entsprechendes gilt für eine Verkürzung des Altersteilzeitarbeitsverhältnisses durch Änderungskündigung.[388] Selbst wenn eine Interessenabwägung durchgeführt wird, trifft eine betriebsbedingte Beendigungskündigung den Arbeitnehmer auch nicht unangemessen hart. Als Alternative zur Altersrente nach Altersteilzeit kann der Arbeitnehmer auch Altersrente wegen Arbeitslosigkeit beziehen. Ein solches Vorgehen ist ihm trotz der ihm entgehenden Aufstockungsbeträge und Rentenversicherungsbeiträge sowie der zu erwartenden

---

383 BAG 21.6.2001 – 2 AZR 137/00 – AP KSchG 1969 § 15 Nr 50 II 1 a und b.
384 BAG 7.3.2002 – 2 AZR 147/01 – EzA KSchG § 1 Betriebsbedingte Kündigung Nr 116 B II 2 a.
385 BAG 5.12.2002 – 2 AZR 571/01 – AP KSchG 1969 § 1 Betriebsbedingte Kündigung Nr 125 II 1.
386 BAG 16.6.2005 – 6 AZR 476/04 – AP ATG § 3 Nr 13 II 1, 2 und 3 mit krit Bspr Decruppes in jurisPR-ArbR 2/2006 Anm 6.
387 BAG 17.11.2005 – 6 AZR 107/05 – NZA 2006, 661 1 a und b.
388 BAG 16.6.2005 – 6 AZR 476/04 – AP ATG § 3 Nr 13 II 3 a und b.

Rentenabschläge zumutbar. Das in § 113 InsO ausgedrückte Interesse an Entlastung der Insolvenzmasse setzt sich durch.[389]

782 Die bloße **Veräußerung des Betriebs** ist, wie sich aus der Wertung des § 613a Abs 4 Satz 1 BGB ergibt, allein keine Betriebsstilllegung, weil die Identität des Betriebs gewahrt bleibt und lediglich ein **Betriebsinhaberwechsel** stattfindet. Betriebsveräußerung und Betriebsstilllegung schließen sich systematisch aus.[390]

783 **Hinweise:**[391] Auch **vorübergehende Betriebsunterbrechungen oder Teilschließungen können** eine Kündigung rechtfertigen, wenn im Kündigungszeitpunkt davon auszugehen ist, dass eine eventuelle Wiederaufnahme des Betriebs erst nach einem längeren, wirtschaftlich nicht unerheblichen Zeitraum erfolgen kann, dessen Überbrückung mit weiteren Vergütungszahlungen dem Arbeitgeber nicht zugemutet werden kann.[392] Die Abgrenzung, ob eine rechtserhebliche (vorübergehende) Betriebsstilllegung oder eine unerhebliche Betriebsunterbrechung vorliegt, deren Überbrückung dem Arbeitgeber zugemutet werden kann, lässt sich nicht nach allgemeingültigen Kriterien vornehmen. Sie richtet sich nach den jeweiligen betrieblichen Verhältnissen und den Besonderheiten des einzelnen Arbeitsverhältnisses.[393] Die Rechtsprechung hat in Einzelfällen Zeiträume von zehn Monaten,[394] neun Monaten (Neuverpachtung einer Gaststätte nach Sanierungs- und Umbauarbeiten)[395] bzw sechs Monaten (Produktionsstillstand während Modernisierung)[396] als erheblich erachtet. Demgegenüber liegt eine dem Arbeitgeber zumutbare und damit nicht kündigungserhebliche Betriebsunterbrechung vor, wenn die Zeit zwischen Verstreichen der Kündigungsfrist und Freiwerden des Arbeitsplatzes nur einen Zeitraum umfasst, den ein anderer Stellenbewerber zur Einarbeitung benötigt.[397] Das BAG hat in der Entscheidung vom 7.3.1996[398] offengelassen, ob der Entschluss eines Arbeitgebers, die Verlegung von Strom- und Fernmeldekabeln unter der Erde in den Monaten, in denen Frost vorkommen kann, einzustellen und den Betrieb zu schließen bzw einzuschränken, die Einstellung der Betriebstätigkeit für mehrere Monate dringend erforderlich machen kann.

---

389 BAG 16.6.2005 – 6 AZR 476/04 – AP ATG § 3 Nr 13 II 2c.
390 St Rspr BAG 20.5.2010 – 8 AZR 1011/08; 22.10.2009 – 8 AZR 766/08 – AP SGB X § 115 Nr 16; 13.6.2006 – 8 AZR 551/05 – II 1.
391 BAG 20.3.2003 – 8 AZR 97/02 – AP BGB § 613a Nr 250 II 1c mit zust Bspr Hiekel in BAG Report 2005, 161; zu den Fragen des Betriebsübergangs näher die Erl zu § 613a BGB und ergänzend Rn 787ff sowie 794f, zu den prozessualen Problemstellungen des Betriebsübergangs § 4 KSchG Rn 99ff.
392 BAG 21.6.2001 – 2 AZR 137/00 – NZA 2002, 212; 7.3.1996 – 2 AZR 180/95 – AP KSchG 1969 § 1 Betriebsbedingte Kündigung Nr 76.
393 BAG 21.6.2001 – 2 AZR 137/00 – NZA 2002, 212; 7.3.1996 – 2 AZR 180/95 – AP KSchG 1969 § 1 Betriebsbedingte Kündigung Nr 76.
394 LAG Berlin 17.11.1986 – 9 Sa 77/86 – LAGE KSchG § 1 Betriebsbedingte Kündigung Nr 9.
395 BAG 27.4.1995 – 8 AZR 200/94 – EzA KSchG § 1 Betriebsbedingte Kündigung Nr 83.
396 BAG 21.6.2001 – 2 AZR 137/00 – NZA 2002, 212.
397 BAG 7.3.1996 – 2 AZR 180/95 – AP KSchG 1969 § 1 Betriebsbedingte Kündigung Nr 76.
398 BAG 7.3.1996 – 2 AZR 180/95 – AP KSchG 1969 § 1 Betriebsbedingte Kündigung Nr 76.

Von der bei Zugang der Kündigung bereits durchgeführten Betriebsschließung ist die **beabsichtigte Stilllegung** zu unterscheiden. In einem solchen Fall muss der Arbeitgeber darlegen, 784

- dass der **Stilllegungsentschluss bei Zugang der Kündigung bereits gefasst war** und darüber hinaus
- dass die zur Betriebsschließung erforderlichen Maßnahmen zum Zeitpunkt des Kündigungszugangs schon **greifbare Formen angenommen** hatten.

Das ist zu bejahen, wenn eine vernünftige betriebswirtschaftliche Betrachtung die Prognose ergibt, dass die Maßnahmen bis zum Auslaufen der einzuhaltenden Kündigungsfrist durchgeführt sind und der Arbeitnehmer zu diesem Zeitpunkt entbehrt werden kann.[399] Das Urteil des Zweiten Senats vom 7.7.2005[400] nimmt eine beabsichtigte Betriebsstilllegung iS einer unternehmerischen Entscheidung zur schnellstmöglichen dauerhaften Aufhebung der Betriebs- und Produktionsgemeinschaft zwischen Arbeitgeber und Arbeitnehmer insbesondere bei einem Entschluss des Arbeitgebers an,

- ab sofort keine neuen Aufträge mehr anzunehmen,
- alle Arbeitsverhältnisse zum nächstmöglichen Kündigungstermin zu kündigen,
- zur Abarbeitung der vorhandenen Aufträge eigene Arbeitnehmer nur noch während der jeweiligen Kündigungsfristen einzusetzen und
- so den Betrieb schnellstmöglich stillzulegen.

Eine durch den Arbeitgeber mit einer Stilllegungsabsicht begründete Kündigung ist sozial gerechtfertigt, wenn sich die geplante Maßnahme im Zeitpunkt des Zugangs der Kündigung objektiv als Betriebsstilllegung und nicht als Betriebsveräußerung darstellt.[401] Betriebsveräußerung und Betriebsstilllegung schließen sich systematisch aus.[402]

Umgekehrt gibt es verschiedene höchstrichterlich entschiedene Konstellationen, in denen eine Stilllegungsabsicht auszuschließen ist oder in denen zumindest deutliche Indizien gegen sie sprechen: 785

- Die **Stilllegungsabsicht ist zu verneinen**, wenn der Arbeitgeber bei Zugang der Kündigung den endgültigen Stilllegungsbeschluss tatsächlich noch nicht endgültig gefasst hat,[403] sich noch um neue Aufträge bemüht oder noch in ernsthaften Verhandlungen über eine Betriebsver-

---

399 St Rspr des BAG, zB BAG 23.2.2010 – 2 AZR 268/08 – NZA 2010, 944; 28.5.2009 – 8 AZR 273/08 – NZA 2009, 1267; 29.9.2005 – 8 AZR 647/04 – NZA 2006, 720; 18.9.2003 – 2 AZR 79/02 – BB 2004, 2817; grundlegend BAG 27.2.1958 – 2 AZR 445/55 – AP KSchG § 1 Betriebsbedingte Kündigung Nr 1.
400 BAG 7.7.2005 – 2 AZR 447/04 – AP KSchG 1969 § 1 Betriebsbedingte Kündigung Nr 136 II 1.
401 BAG 24.8.2006 – 8 AZR 317/05 – AP KSchG 1969 § 1 Betriebsbedingte Kündigung Nr 152: Nach dieser Entscheidung begründet die bloße Fortführung der vereinigungsbedingten Aufgaben der Vermögenszuordnung durch die Treuhandanstalt und spätere Bundesanstalt für vereinigungsbedingte Sonderaufgaben keinen Betriebsübergang iSv § 613 a BGB.
402 BAG 14.3.2013 – 8 AZR 155/12 -; 16.2.2012 – 8 AZR 693/10 – NZA-RR 2012, 465.
403 BAG 23.2.2010 – 2 AZR 268/08 – NZA 2010, 944; 12.4.2002 – 2 AZR 256/01 – AP KSchG § 1 Betriebsbedingte Kündigung Nr 120.

äußerung steht und daher nur vorsorglich mit der Begründung kündigt, der Betrieb solle zu einem bestimmten Zeitpunkt stillgelegt werden, falls ein Verkauf scheitere.[404]
- Allerdings bleibt es dem Arbeitgeber bei einer endgültig geplanten und bereits eingeleiteten Betriebsstilllegung unbenommen, sich eine Betriebsveräußerung vorzubehalten, falls sich diese Möglichkeit wider Erwarten in der Folge der Kündigung ergibt.[405] Kommt es während der Kündigungsfrist zu einem Betriebsübergang, kommt ein Wiedereinstellungsanspruch in Betracht.[406]
- Gegen eine definitive Stilllegungsabsicht spricht es, wenn dem Insolvenzverwalter vor Ausspruch der Kündigung das Übernahmeangebot eines Interessenten vorliegt, das wenige Tage später zu konkreten Verhandlungen führt, die in eine teilweise Betriebsübernahme münden. Das gilt jedenfalls dann, wenn die Betriebspartner im vorangegangenen Interessenausgleich vereinbart hatten, ihn erneut zu verhandeln, wenn es zu einem Betriebsübergang auf einen dritten Interessenten kommt.[407]

786 Für eine **beabsichtigte Betriebsschließung ist der Arbeitgeber darlegungs- und beweisbelastet.** Der Arbeitnehmer muss sich zu dem Vorbringen des Arbeitgebers aber im Einzelnen erklären (§ 138 Abs 2 ZPO). Legt der Arbeitgeber im Prozess einen Gesellschafterbeschluss vor, der die Stilllegungsentscheidung dokumentiert, behauptet er damit zugleich die Echtheit dieses Schriftstücks. Solange die Einlassungen des Arbeitnehmers nicht darauf schließen lassen, dass er die Echtheit der Unterschriften der Gesellschafter unter dieser Entschließung und damit die Echtheit der Urkunde bestreiten möchte, ist prozessual vom Inhalt der Urkunde auszugehen (§§ 439, 138, 440 ZPO).[408] Für die Beurteilung der sozialen Rechtfertigung der Kündigung durch die Stilllegungsabsicht kommt es dabei zwar auf den Zeitpunkt des Zugangs der Kündigung an. Das schließt es aber – wenn der Kündigungsgrund wie im Fall der geplanten Betriebsstilllegung prognostisch ausgerichtet ist – nicht aus, dass der **tatsächliche Eintritt der prognostizierten Entwicklung Rückschlüsse auf die Ernsthaftigkeit und Plausibilität der Prognose zulässt.**[409] Ist der Betrieb bei Ablauf der Kündigungsfrist geschlossen, deutet das stark auf einen ernsthaften Stilllegungsentschluss hin, sofern keine bloße Betriebsunterbrechung erkennbar ist.[410]

---

404 BAG 14.3.2013 – 8 AZR 155/12; 13.2.2008 – 8 AZR 543/06 – NZA 2008, 821; 27.9.1984 – 2 AZR 309/83 – AP BGB § 613 a Nr 39.
405 BAG 16.2.2012 – 8 AZR 693/10 – NZA-RR 2012, 465; 7.3.1996 – 2 AZR 298/95 – RzK I 5 f Nr 22.
406 Dazu näher Rn 787 ff.
407 BAG 29.9.2005 – 8 AZR 647/04 – NZA 2006, 720.
408 BAG 7.7.2005 – 2 AZR 447/04 – AP KSchG 1969 § 1 Betriebsbedingte Kündigung Nr 136.
409 BAG 18.5.2006 – 2 AZR 245/05 – AP KSchG 1969 § 1 Betriebsbedingte Kündigung Nr 157; 7.7.2005 – 2 AZR 447/04 – AP KSchG 1969 § 1 Betriebsbedingte Kündigung Nr 136; 27.11.2003 – 2 AZR 48/03 – AP KSchG 1969 Soziale Auswahl Nr 64.
410 Der Zweite Senat formuliert das in BAG 27.11.2003 – 2 AZR 48/03 – AP KSchG 1969 Soziale Auswahl Nr 64 plastisch wie folgt: „Der Arbeitgeber habe eben getan, was er zuvor beschlossen habe." Vgl auch BAG 7.7.2005 – 2 AZR 447/04 – AP KSchG 1969 § 1Betriebsbedingte Kündigung Nr 136.

Wenn es in einem solchen Fall zu einer Betriebsveräußerung während des Laufs der Kündigungsfrist kommt oder der Betrieb unerwartet doch fortgeführt werden kann, steht den Arbeitnehmern, deren Arbeitsverhältnisse bereits gekündigt sind, ein **Wiedereinstellungsanspruch** zu.[411] Allgemeiner ausgedrückt kommt ein Wiedereinstellungsanspruch grundsätzlich in Betracht, wenn es trotz einer ursprünglich vorgesehenen Betriebsstilllegung oder eines Wegfalls der Beschäftigungsmöglichkeit aus anderen Gründen nach Zugang der Kündigung und während der Kündigungsfrist zu einem Betriebsübergang und damit zur Fortführung des Betriebs oder der Entstehung einer anderen Weiterbeschäftigungsmöglichkeit für den Arbeitnehmer kommt.[412] Die Kündigung ist dann zwar **sozial gerechtfertigt**, weil der Arbeitgeber bei Ausspruch der Kündigung ernsthaft zur endgültigen Betriebsschließung entschlossen war. Da sich die Prognose jedoch noch während des Laufs der Kündigungsfrist als falsch erwiesen hat, hat der Arbeitnehmer einen Anspruch auf Fortsetzung des Arbeitsverhältnisses, wenn der Arbeitgeber mit Rücksicht auf die Wirksamkeit der Kündigung **noch keine Dispositionen getroffen hat** und ihm die unveränderte Fortsetzung des Arbeitsverhältnisses **zumutbar ist**.[413] Ein solcher Wiedereinstellungsanspruch stellt das **notwendige Korrektiv** dafür dar, dass die Rechtsprechung aus Gründen der Rechtssicherheit, Verlässlichkeit und Klarheit bei der Prüfung des Kündigungsgrundes auf den Zeitpunkt des Kündigungsausspruchs abstellt und schon eine Kündigung aufgrund einer **Prognoseentscheidung** – bspw wegen beabsichtigter Betriebsstilllegung – zulässt, obwohl der Verlust des Arbeitsplatzes, vor dem die Arbeitnehmer durch § 1 KSchG geschützt werden sollen, erst mit dem Ablauf der Kündigungsfrist eintritt.[414]

787

---

411 St Rspr BAG 15.12.2011 – 8 AZR 197/11 – NZA-RR 2013, 179; 21.8.2008 – 8 AZR 201/07; 25.10.2007 – 8 AZR 989/06 – AP § 613 a BGB Wiedereinstellung Nr 2.
412 Grundlegend BAG 27.2.1997 – 2 AZR 160/96 – AP KSchG 1969 § 1 Wiedereinstellung Nr 1 II 4 a; BAG 4.12.1997 – 2 AZR 140/97 – AP KSchG 1969 § 1 Wiedereinstellung Nr 4; sich dem anschließend BAG 6.8.1997 – 7 AZR 557/96 – AP KSchG 1969 § 1 Wiedereinstellung Nr 2; BAG 13.11.1997 – 8 AZR 295/95 – AP BGB § 613 a Nr 169; BAG 12.11.1998 – 8 AZR265/97 – AP KSchG 1969 § 1 Wiedereinstellung Nr 5; BAG 10.12.1998 – 8 AZR 324/97 – APBGB § 613 a Nr 185; BAG 28.6.2000 – 7 AZR 904/98 – AP KSchG 1969 § 1 Wiedereinstellung Nr 6; BAG 16.5.2002 – 8 AZR 320/01 – AP InsO § 113 Nr 9; BAG 13.5.2004 – 8 AZR 198/03 – AP BGB § 613 a Nr 264 II 2 c aa; BAG 4.5.2006 – 8 AZR299/05 – AP BGB § 613 a Nr 304 II 3 a, 21.8.2008 – 8 AZR 201/07; 25.10.2007 – 8 AZR 989/06 – AP § 613 a BGB Wiedereinstellung Nr 2.
413 BAG 27.2.1997 – 2 AZR 160/96 – AP KSchG 1969 § 1 Wiedereinstellung Nr 1 II 4 a. Zu einem davon zu unterscheidenden, im Einzelfall abgelehnten tariflichen Wiedereinstellungsanspruch nach witterungsbedingter Kündigung gem § 46 Nr 3 des Rahmentarifvertrags für die gewerblichen Arbeitnehmer im Maler- und Lackiererhandwerk für die Bundesrepublik Deutschland (außer Saarland) BAG 1.12.2004 – 7 AZR 37/04 – AP TVG § 1 Tarifverträge: Maler Nr 12 I 1, 2 und 3.
414 BAG 27.2.1997 – 2 AZR 160/96 – AP KSchG 1969 § 1 Wiedereinstellung Nr 1 II 4 b. Zu der möglichen weiteren Grundlage eines Wiedereinstellungsanspruchs durch Wegfall der Geschäftsgrundlage näher BAG 14.3.2000 – 9 AZR 493/99 – DB 2000, 680 I 2. Folgerichtig besteht kein Wiedereinstellungsanspruch, wenn nach Ablauf der Frist einer insolvenzbedingten Kündigung ein Betriebsübergang stattfindet: BAG 28.10.2004 – 8 AZR 199/04 – NZA 2005, 405 II 2 b dd. Zu einer mit der Problematik der betriebsbedingten Kündigung nicht in Zusammenhang stehenden Wiedereinstellungszusage bei einer Probezeitkündigung BAG

Der Arbeitgeber verhält sich **rechtsmissbräuchlich** (§ 242 BGB), wenn er bei Wegfall des betriebsbedingten Kündigungsgrundes noch während der Kündigungsfrist den veränderten Umständen nicht Rechnung trägt und dem Arbeitnehmer nicht die Fortsetzung des Arbeitsverhältnisses über den Kündigungszeitpunkt hinaus anbietet bzw sich mit einem regelmäßig in der „Wiedereinstellungsklage" liegenden entsprechenden Vertragsangebot des Arbeitnehmers einverstanden erklärt.[415] Wenn der Kündigungsgrund der beabsichtigten Betriebsstilllegung durch eine bei Ausspruch der Kündigung nicht absehbare Betriebsübernahme überholt wird, kommt aus Sicht des BAG Folgendes hinzu: Entschließt sich der Arbeitgeber zunächst endgültig, seinen Betrieb stillzulegen, zeigt er sich aber nach wie vor Übernahmeangeboten gegenüber aufgeschlossen und kommt es dann noch während der Kündigungsfrist der gekündigten Arbeitnehmer zu einem Betriebsübergang, würde eine objektive Gesetzesumgehung des § 613a Abs 4 BGB zugelassen, wenn der Arbeitgeber nach § 613a BGB einen Betrieb übertragen könnte, dessen Arbeitsverhältnisse sämtlich wirksam gekündigt wären. Er könnte damit im Zweifel auf Kosten der gekündigten Arbeitnehmer einen höheren Kaufpreis erzielen.[416] Diese Hilfserwägung des Zweiten Senats ist problematisch, weil sich ein Betriebsübergang stets aus objektiven und subjektiven Momenten zusammensetzt. § 613a Abs 4 BGB wird gerade nicht umgangen, wenn bei Zugang der Kündigung (subjektiv) ein ernsthafter und endgültiger Stilllegungsentschluss getroffen war und die beabsichtigte Schließung (objektiv) bereits greifbare Formen angenommen hatte. Anderes gilt nur, wenn die Schließung nicht ernstlich beschlossen wurde. Dabei handelt es sich im Rechtsstreit um eine Frage der tatrichterlichen Überzeugungsbildung nach § 286 Abs 1 Satz 1 ZPO.

788 Beschließt der Arbeitgeber zB, eine Betriebsabteilung stillzulegen, und kündigt er deshalb die Arbeitsverhältnisse der dort beschäftigten Arbeitnehmer, ist er regelmäßig zur Wiedereinstellung verpflichtet, wenn er sich noch während der Kündigungsfrist entschließt, die Betriebsabteilung mit einer geringeren Anzahl von Arbeitnehmern fortzuführen. Bei der Auswahl der wieder einzustellenden Arbeitnehmer hat der Arbeitgeber soziale Gesichtspunkte (Alter, Betriebszugehörigkeit und Unterhaltspflichten der Arbeitnehmer) zu berücksichtigen.[417] Der Zweite Senat hat auch insoweit unentschieden gelassen, ob die **Auswahlentscheidung bei der Wiedereinstellung**

7.3.2002 – 2 AZR 93/01 – AP BGB § 620 Aufhebungsvertrag Nr 22 II. Zu dem regelmäßig nicht bestehenden Wiedereinstellungsanspruch nach dem Ende eines befristeten Arbeitsvertrags BAG 20.2.2002 – 7 AZR 600/00 – AP KSchG 1969 § 1 Wiedereinstellung Nr 11 B II.

415 BAG 27.2.1999 – 2 AZR 160/96 – AP KSchG 1969 § 1 Wiedereinstellung Nr 1 II 4c.
416 BAG 27.2.1999 – 2 AZR 160/96 – AP KSchG 1969 § 1 Wiedereinstellung Nr 1 II 4 d cc.
417 BAG 4.12.1997 – 2 AZR 140/97 – AP KSchG 1969 § 1 Wiedereinstellung Nr 4 B II 5.

- den Grundsätzen der sozialen Auswahl nach § 1 Abs 3 KSchG entsprechen oder
- **lediglich billigem Ermessen genügen muss, § 315 Abs 1 BGB.**[418]

Allerdings besteht ein Wiedereinstellungsanspruch dann nicht, wenn berechtigte Interessen des Arbeitgebers der Wiedereinstellung entgegenstehen.[419] Entgegenstehende Interessen des Arbeitgebers an der unterbleibenden Wiedereinstellung können insbesondere dann anzunehmen sein, wenn der Arbeitgeber bereits andere Dispositionen getroffen, den frei gewordenen Arbeitsplatz bspw schon wieder mit einem anderen Arbeitnehmer besetzt hat. Dadurch erlischt ein entstandener Wiedereinstellungsanspruch **grundsätzlich.**[420]

Ausnahmsweise besteht dennoch ein Wiedereinstellungsanspruch, wenn der Arbeitgeber den – erneuten – Wegfall der Beschäftigungsmöglichkeit treuwidrig herbeigeführt hat. Der in § 162 BGB ausgedrückte allgemeine Rechtsgedanke lässt es nicht zu, dass der Arbeitgeber aus dem von ihm selbst treuwidrig herbeigeführten Ereignis Vorteile herleitet. An ein solches treuwidriges Vorgehen ist vor allem dann zu denken, wenn der Arbeitgeber den Arbeitsplatz in Kenntnis und im Bewusstsein des im Übrigen berechtigten Wiedereinstellungsverlangens des gekündigten Arbeitnehmers mit einem anderen Arbeitnehmer besetzt hat.[421]

Daraus folgt weiter, dass der Arbeitgeber dann, wenn es für einen frei gewordenen Arbeitsplatz **mehrere Bewerber** gibt, unter diesen Bewerbern nicht willkürlich auswählen darf, sondern auf der Grundlage betrieblicher Belange und sozialer Gesichtspunkte eine §§ 242, 315 BGB genügende Auswahlentscheidung treffen muss.[422] Auch der Achte Senat wählt in der Entscheidung vom 4.5.2006 also noch immer nicht den Weg einer Analogie zu § 1 Abs 3 KSchG.[423] Eine **Auswahl nach §§ 242, 315 BGB ist entbehrlich, wenn der Arbeitnehmer, der den Wiedereinstellungsanspruch verfolgt, den Anforderungen des freien Arbeitsplatzes nicht gerecht werden kann.** Es unterliegt der freien unternehmerischen Entscheidung, das **Anforderungsprofil** eines eingerichteten Arbeitsplatzes festzulegen.[424] Die Entscheidung des Arbeitgebers, konkrete Tätigkeiten nur von Arbeitnehmern mit bestimmter Qualifikation ausüben zu lassen, ist von den Arbeitsgerichten jedenfalls dann zu akzeptieren, wenn die Qualifikationsmerkmale einen

---

418 BAG 4.12.1997 – 2 AZR 140/97 – AP KSchG 1969 § 1 Wiedereinstellung Nr 4 B II 5 b und c und Rn 717.
419 BAG 28.6.2000 – 7 AZR 904/98 – AP KSchG 1969 § 1 Wiedereinstellung Nr 6 II B 3 c; BAG 28.6.2000 – 7 AZR 904/98 – AP KSchG 1969 § 1 Wiedereinstellung Nr 6 II B 3 c aa; BAG 4.5.2006 – 8 AZR 299/05 – AP BGB § 613 a Nr 304 II 3 c aa.
420 BAG 4.5.2006 – 8 AZR 299/05 – AP BGB § 613 a Nr 304 II 3 c aa.
421 BAG 4.5.2006 – 8 AZR 299/05 – AP BGB § 613 a Nr 304 II 3 c aa mwN.
422 BAG 4.5.2006 – 8 AZR 299/05 – AP BGB § 613 a Nr 304 II 3 c aa.
423 Zu dem Parallelproblem iR der gegenüber einer betriebsbedingten Kündigung vorrangigen Weiterbeschäftigung auf einem freien Arbeitsplatz, um den mehrere Arbeitnehmer konkurrieren, Rn 683 f, 703 f, 708 und 717.
424 BAG 21.2.2001 – 2 AZR 39/00 – EzA KSchG § 1 Interessenausgleich Nr 8 II 6 d; BAG 24.6.2004 – 2 AZR 326/03 – KSchG 1969 § 1 Nr 76 B II 2 a; BAG 7.7.2005 – 2 AZR399/04 – AP KSchG 1969 § 1 Betriebsbedingte Kündigung Nr 138 II 4 b; BAG 4.5.2006 – 8AZR 299/05 – AP BGB § 613 a Nr 304 II 3 c aa.

nachvollziehbaren Bezug zu der Organisation der auszuführenden Arbeiten haben. Die bei der Sozialauswahl zu berücksichtigenden Grundsätze gelten auch bei einem Anspruch auf Neubegründung eines Arbeitsverhältnisses.[425]

789 **Auch kollektiv-rechtliche Regelungen unterhalb des einfachen Gesetzesrechts können Wiedereinstellungsansprüche begründen.** So können die Betriebspartner bspw in einer anlässlich eines Betriebs(teil-)übergangs – im konkreten Fall einer Ausgliederung eines Geschäftsfelds auf ein Tochterunternehmen – geschlossenen Betriebsvereinbarung vereinbaren, dass Arbeitnehmer einen Anspruch auf Abschluss eines Arbeitsvertrags mit dem Veräußerer – im Einzelfall der Konzernmutter – haben, wenn eine Beschäftigung beim Erwerber aus betrieblichen Gründen nicht mehr möglich ist. Eine solche Zusage kann allerdings dahin auszulegen sein, dass der Wiedereinstellungsanspruch nur bis zu dem Zeitpunkt besteht, in dem die Tochtergesellschaft aus dem Konzernverbund „herausgelöst" wird, wenn auch die anderen Ausgleichsregelungen in der Betriebsvereinbarung entweder befristet oder von einer Konzernzugehörigkeit der Konzerntochter abhängig sind.[426]

790 Der Arbeitnehmer muss, um seinen Wiedereinstellungsanspruch durchzusetzen, **auf Abgabe einer auf den Abschluss eines Arbeitsvertrags gerichteten Willenserklärung** – genauer auf die Annahme des in der Wiedereinstellungs-/Fortsetzungsklage liegenden Angebots – durch den Arbeitgeber klagen, § 894 ZPO.[427] Ggf ist der Antrag des Arbeitnehmers entsprechend auszulegen. In dem Antrag des Arbeitnehmers auf „Weiterbeschäftigung" bzw „Wiedereinstellung" liegt das Angebot des Arbeitnehmers auf Abschluss eines derartigen Vertrags, der das aufgrund der Kündigung wirksam endende Arbeitsverhältnis für die Zeit nach Ablauf der Kündigungsfrist erneut begründet.

Hinweise: Nach bisheriger Rechtsprechung bestand kein Anspruch auf Abschluss eines rückwirkenden Arbeitsvertrags. Die Verurteilung zur Abgabe einer in der Vergangenheit liegenden Annahmeerklärung sei nicht möglich, weil der Vertragsschluss in diesem Fall auf eine zumindest für den Arbeitnehmer unmögliche Leistung gerichtet sei.[428] Nach Auffassung des Zweiten Senats ist seit Inkrafttreten des § 311a Abs 1 BGB idF des Gesetzes zur Modernisierung des Schuldrechts vom 26.11.2001 (BGBl I S 3138) zum 1.1.2002 die Verurteilung zu einer rückwirkenden Wiedereinstellung des Arbeitnehmers zulässig.[429]

791 Uneinheitlich ist die Rechtsprechung der verschiedenen Senate des BAG zum Wiedereinstellungsanspruch **nach Ablauf der Kündigungsfrist**:[430] Der

---

425 BAG 4.5.2006 – 8AZR 299/05 – AP BGB § 613a Nr 304 II 3c aa.
426 Zum Ganzen BAG 19.10.2005 – 7 AZR 32/05 – NZA 2006, 393 II 3.
427 BAG 13.5.2004 – 8 AZR 198/03 – AP BGB § 613a Nr 264 II 1.
428 BAG 13.5.2004 – 8 AZR 198/03 – AP BGB § 613a Nr 264 BB II 2a; BAG 3.12.2002 – 9 AZR 457/01 – AP TVG § 1 Altersteilzeit Nr 2; BAG 14.11.2001 – 7 AZR 568/00 – AP MTA § 2 SR 2a Nr 1; BAG 28.6.2000 – 7 AZR 904/98 – AP KSchG 1969 § 1 Wiedereinstellung Nr 6.
429 BAG 9.11.2006 – 2 AZR 509/05 – BB 2007, 672 LS.
430 Vgl § 613a BGB Rn 133 ff.

Zweite Senat hat einen Wiedereinstellungsanspruch jedenfalls dann verneint, wenn nach Ablauf der Kündigungsfrist ein völlig neuer Kausalverlauf in Gang gesetzt wird. Er hat aber ausdrücklich offengelassen, ob und ggf unter welchen Voraussetzungen ein Wiedereinstellungsanspruch bei einer Aufhebung oder Änderung der Unternehmerentscheidung nach dem Ende der Kündigungsfrist entstehen kann.[431] Der **Siebte Senat** hat einen aus § 242 BGB abgeleiteten Wiedereinstellungsanspruch bei einer nach Ablauf der Kündigungsfrist eintretenden Änderung ausdrücklich abgelehnt.[432] Der Arbeitgeber habe seine Verpflichtungen zwar im bestehenden Arbeitsverhältnis so zu erfüllen, seine Rechte so auszuüben und die im Zusammenhang mit dem Arbeitsverhältnis stehenden Interessen des Arbeitnehmers so zu wahren, wie es unter Berücksichtigung der Belange des Betriebs und der Interessen der anderen Arbeitnehmer des Betriebs billigerweise verlangt werden könne. Diesen Verhaltenspflichten unterliege der Arbeitgeber nach rechtswirksamer Beendigung des Arbeitsverhältnisses aber nicht länger. Sofern der Arbeitgeber keinen besonderen Vertrauenstatbestand geschaffen habe, könne der Arbeitnehmer im Bereich der betriebsbedingten Kündigung eine Wiedereinstellung wegen erst nach Beendigung des Arbeitsverhältnisses eintretender Umstände nicht verlangen. Ein solcher Anspruch folge auch nicht aus der Fürsorgepflicht des Arbeitgebers, weil sie nur bestimmte Nebenpflichten über das Vertragsende hinaus aufrechterhalte, aber keinen Anspruch auf Neubegründung des Arbeitsverhältnisses rechtfertige.

Der **Achte Senat** hat demgegenüber mehrere Konstellationen unterschieden:

– Außerhalb eines Insolvenzverfahrens hat er ausnahmsweise einen Wiedereinstellungs- oder Fortsetzungsanspruch nach Ablauf der Kündigungsfrist bejaht.[433] Dieser komme im Fall eines durch **willentliche Übernahme der Hauptbelegschaft** eingetretenen Übergangs iSv § 613a BGB in Betracht aber auch bei einem nach Ablauf der Kündigungsfrist durch **Übernahme materieller oder immaterieller Betriebsmittel** vollzogenen Betriebsübergang; die Erstreckung des Fortsetzungsanspruchs in einer solchen Gestaltung ist danach ein wirksames, den gemeinschaftsrechtlichen Vorgaben genügendes Mittel, den Bestandsschutz bei Betriebsübergängen zu gewährleisten.[434]

– Nach einer **insolvenzbedingten Kündigung** hat der Achte Senat bei einem nach Ablauf der Kündigungsfrist vollzogenen Betriebsübergang einen Wiedereinstellungsanspruch verneint, weil ein solcher Anspruch

---

431 BAG 4.12.1997 – 2 AZR 140/97 – AP KSchG 1969 § 1 Wiedereinstellung Nr 4; ähnl Rost, Jahrbuch des Arbeitsrechts, Band 39, 92.

432 BAG 6.8.1997 – 7 AZR 557/96 – AP KSchG 1969 § 1 Wiedereinstellung Nr 2. In BAG 28.6.2000 – 7 AZR 904/98 – NZA 2000, 1097, benennt der Siebte Senat allerdings den vom Achten Senat entwickelten Sonderfall des Wiedereinstellungsanspruchs bei einem erst nach Ende des Arbeitsverhältnisses überraschend erfolgten Betriebsübergangs.

433 BAG 25.9.2008 – 8 AZR 697/07; 13.11.1997 – 8 AZR 295/95 – AP BGB § 613a Nr 169; BAG 12.11.1998 – 8 AZR 265/97 – AP KSchG 1969 § 1 Wiedereinstellung Nr 5.

434 BAG 12.11.1998 – 8 AZR 265/97 – AP KSchG 1969 § 1 Wiedereinstellung Nr 5; ebenso Müller-Glöge NZA 1999, 449, 455.

dem Konzept der Insolvenzordnung, eine schnelle Abwicklung und Sanierung zu ermöglichen, widerspreche.[435] **Maßgeblicher Zeitpunkt für den Übergang eines Betriebs** ist danach der Zeitpunkt, in dem die Inhaberschaft, mit der die Verantwortung für den Betrieb der übertragenen Einheit verbunden ist, vom Veräußerer auf den Erwerber übergeht.

792 Wird der Betrieb „etappenweise" stillgelegt, ist zunächst entscheidend, ob der Arbeitnehmer in dem bereits zu schließenden Betriebsteil oder der betreffenden Abteilung beschäftigt ist. Auch wenn das zutrifft, ist die Kündigung aber nur gerechtfertigt, wenn er bei Ablauf der Kündigungsfrist nicht noch an einem anderen Arbeitsplatz in demselben Betrieb – und sei es mit **Abwicklungsarbeiten** – weiterbeschäftigt werden kann. Steht der Zahl der Kündigungen eine geringere Anzahl von freien Stellen gegenüber, muss der Arbeitgeber im Weg der sozialen Auswahl nach § 1 Abs 3 KSchG entscheiden, welches Arbeitsverhältnis sofort gekündigt und wer mit Abwicklungsarbeiten beschäftigt werden muss.[436]

793 Ausnahmsweise kann die (beabsichtigte) Stilllegung eines Betriebs auch einen **außerordentlichen Kündigungsgrund** iSd § 626 Abs 1 BGB bilden.[437] Die fehlende Zustimmung des Betriebsrats zur Wiedereinstellung nach § 99 Abs 1 BetrVG begründet für den wiedereingestellten Arbeitnehmer nur dann ein Leistungsverweigerungsrecht, wenn sich der Betriebsrat auf die Verletzung seines Mitbestimmungsrechts beruft und die Aufhebung der Einstellung nach § 101 Satz 1 BetrVG verlangt.[438]

7. Betriebsübergang

794 Betriebsbedingte Kündigungen im zeitlichen Zusammenhang mit einem Betriebsübergang sind grundsätzlich zulässig, § 613a Abs 4 BGB steht nicht entgegen. Lediglich **Betriebsübergang und Betriebsstilllegung schließen sich systematisch aus,** weil die Identität des Betriebs gewahrt bleibt und lediglich ein Inhaberwechsel stattfindet.[439] Eine Kündigung ist nach § 613a Abs 4 Satz 1 BGB lediglich dann unwirksam, wenn der Betriebsübergang tragendes Motiv der Kündigung ist.[440] Rationalisierungsmaßnahmen sind zulässig, gleich ob sie auf einem unternehmerischen Konzept des Betriebsveräußerers oder des Erwerbers beruhen.[441] § 613a Abs 4 BGB findet auch keine Anwendung, wenn der Arbeitnehmer dem Übergang seines Arbeits-

---

435 BAG 13.5.2004 – 8 AZR 198/03 – AP BGB § 613a Nr 264 II 2d cc und dd; bestätigt von BAG 28.10.2004 – 8 AZR 199/04 – NZA 2005, 405 II 2b dd.
436 BAG 10.1.1994 – 2 AZR 489//93 – AP KSchG 1969 § 1 Konzern Nr 8 B III 3; zu der Frage der Weiterbeschäftigungsmöglichkeit auf einem freien Arbeitsplatz in einem anderen Betrieb des Unternehmens Rn 717.
437 BAG 22.7.1992 – 2 AZR 84/92 – EzA BGB § 626 nF Nr 141, zu den Einzelheiten der außerordentlichen betriebsbedingten Kündigung von Arbeitsverhältnissen ordentlich Unkündbarer § 626 BGB Rn 41ff und § 1 KSchG Rn 744ff.
438 BAG 5.4.2001 – 2 AZR 580/99 – AP BetrVG 1972 § 99 Einstellung Nr 32 II 2c, allerdings zu einer verhaltensbedingten Kündigung wegen beharrlicher Arbeitsverweigerung.
439 St Rspr BAG 14.3.2013 – 8 AZR 155/12; 16.2.2012 – 8 AZR 693/10 – NZA-RR 2012, 465; 22.10.2009 – 8 AZR 766/08; 26.5.2011 – 8 AZR 37/10.
440 Vgl § 613a BGB Rn 122ff.
441 Vgl iE § 613a BGB Rn 127ff.

verhältnisses widersprochen hat[442] und der Betriebsveräußerer das Fehlen einer Beschäftigungsmöglichkeit für den widersprechenden Arbeitnehmer wegen des Betriebsübergangs geltend macht.[443] Das auf Grund des Widerspruchs fortzuführende Arbeitsverhältnis kann betriebsbedingt gekündigt werden, wenn sich ein Personalüberhang ergibt und anderweitige freie Arbeitsplätze nicht vorhanden sind. Ist der Arbeitgeber allerdings noch nicht endgültig entschlossen, seinen Betrieb stillzulegen, und verhandelt er noch über mögliche Betriebsübernahme, ist die Kündigung bereits deshalb unwirksam, weil zum maßgeblichen Kündigungszeitpunkt die Betriebsstilllegung noch nicht beschlossen ist. § 613 a Abs 4 BGB ist in diesem Fall nicht einschlägig. Andererseits greift die Norm, wenn der Betriebsübergang zwar bis zum Ablauf der Kündigungsfrist

- noch nicht vollzogen,
- vom Arbeitgeber jedoch bereits bei Ausspruch der Kündigung geplant war,
- schon greifbare Formen der Verwirklichung angenommen hatte und
- die Kündigung nur erklärt wurde, um den beabsichtigten Betriebsübergang vorzubereiten und zu ermöglichen.

Obwohl die Wirksamkeit einer Kündigung nach den objektiven Verhältnissen zum Zeitpunkt des Kündigungszugangs beurteilt werden muss, sind zu diesem Termin bereits feststehende künftige Entwicklungen zu berücksichtigen, insbesondere ob ein entsprechender Plan des Arbeitgebers bei Ausspruch der Kündigung bereits greifbare Formen angenommen hatte.[444] Eine betriebsbedingte Kündigung ist auch ausgeschlossen, wenn organisatorisch abtrennbare Teile des Betriebs im Wege eines **Betriebsteilübergangs** veräußert werden. Wird ein Betriebsteil veräußert und der verbleibende Restbetrieb stillgelegt, kommt es für das Vorliegen eines Kündigungsgrundes darauf an, ob der gekündigte Arbeitnehmer dem auf einen Erwerber übergehenden Betriebsteil zugeordnet war. Ist dies nicht der Fall, so kann die Stilllegung des Restbetriebs einen betriebsbedingten Kündigungsgrund darstellen, wenn die Arbeitnehmer diesem Betriebsteil zugeordnet waren.[445]

---

442 Vgl zu der historischen Entwicklung, der gemeinschaftsrechtlichen „Einkleidung" des Widerspruchsrechts in der Richtlinie 2001/23/EG und den zahlreichen sich stellenden Fragen ua bei Form, Frist, Adressaten und Rechtsfolgen des Widerspruchs den Beitrag des Vorsitzenden des Achten Senats Hauck in NZA Sonderbeilage 1/2004, 43.
443 BAG 24.2.2000 – 8 AZR 145/99 – EzS 2/107 II 3 mwN. Zur Kündigung des Veräußerers aufgrund eines sog Erwerberkonzepts Rn 780, den bei einem Betriebsübergang auftretenden Fragen der sozialen Auswahl auch Rn 823 f.
444 BAG 19.5.1988 – 2 AZR 596/87 – AP BGB § 613a Nr 75 B V 2 b dd, ee und ff; vgl iE – vor allem zu dem Problem eines Wiedereinstellungsanspruchs – soeben Rn 787 ff; zu den „greifbaren Formen" auch allgemeiner Rn 686.
445 BAG 14.3.2013 – 8 AZR 155/12; 30.10.2008 – 8 AZR 397/07 – NZA 2009, 485.

795 Die **Darlegungs- und Beweislast** hängt davon ab, ob der Arbeitnehmer
- **die Betriebsstilllegung bestreitet**, also die Kündigung zumindest auch für sozialwidrig hält,[446] oder
- ob er ausschließlich den sonstigen Unwirksamkeitsgrund des § 613a Abs 4 BGB geltend macht. Macht der Arbeitnehmer geltend, der Betrieb sei von dem bisherigen Arbeitgeber nicht stillgelegt, sondern auf einen neuen Inhaber übertragen worden, und bestreitet er die Stilllegung, bedarf es keines Vortrags und Beweises, die Kündigung sei wegen des Betriebsübergangs erfolgt. Da der Arbeitgeber nach § 1 Abs 2 Satz 4 KSchG die Tatsachen zu beweisen hat, welche die Kündigung bedingen, obliegt ihm die Darlegungs- und Beweislast für die behauptete Stilllegung. Gelingt ihm das nicht, ist der Kündigungsschutzklage stattzugeben, ohne dass festgestellt werden müsste, die Kündigung beruhe tragend auf dem Betriebsübergang.
- Hängt die **Unwirksamkeit der Kündigung** dagegen nur davon ab, ob das Kündigungsverbot des § 613a Abs 4 Satz 1 BGB eingreift (etwa wenn das KSchG nicht zur Anwendung kommt), muss der **Arbeitnehmer die Voraussetzungen** dieser Vorschrift vorbringen und beweisen.[447]
- In beiden Fällen setzt ein **Erfolg im Kündigungsschutzprozess** nach der **punktuellen Streitgegenstandstheorie** voraus, dass zum Zeitpunkt des Zugangs der Kündigung ein Arbeitsverhältnis zwischen dem Arbeitgeber und dem Arbeitnehmer noch besteht. Diese Rechtsprechung ist auch bei Betriebsübergängen zu beachten.[448] Die Kündigung des Betriebsveräußerers nach einem Betriebsübergang geht deshalb „ins Leere", weil zwischen ihm und seinem früheren Arbeitnehmer nicht länger ein Arbeitsverhältnis besteht. Eine dennoch erhobene punktuelle Kündigungsschutzklage ist aus demselben Grund unbegründet. Ihr fehlt eine anspruchsbegründende Voraussetzung. Auf eine Kündigungsbefugnis des Veräußerers kommt es nicht an. Mit Aussicht auf Erfolg punktuell klagen kann der Arbeitnehmer im Unterschied hierzu, wenn er sich gegen eine Kündigung wehrt, die der Veräußerer erklärt, nachdem der Arbeitnehmer dem Übergang seines Arbeitsverhältnisses widersprochen hatte.[449]

---

446 Zu einer solchen Konstellation zB BAG 24.5.2005 – 8 AZR 398/04 – NZA 2005, 1302 II 1und III. Dort prüft der Achte Senat noch auf der Grundlage des früheren Rechtszustands vor Inkrafttreten des Gesetzes zu Reformen am Arbeitsmarkt am 1.1.2004 (Gesetz vom 24.12.2003, BGBl I S 3002) punktuell, weil der Arbeitnehmer bei einer Kündigung vom 9.5.2003 sowohl die Sozialwidrigkeit der Kündigung als auch sonstige Unwirksamkeitsgründe nach §§ 613a BGB und 102 BetrVG geltend gemacht hatte. An der punktuellen Prüfung hat sich in der derartigen Gestaltung seit Inkrafttreten des Arbeitsmarktreformgesetzes systematisch nichts geändert.
447 BAG 22.6.2011 – 8 AZR 107/10 – NZA-RR 2012, 119; 25.9.2008 – 8 AZR 607/07 – NZA-RR 2009, 469.
448 Vgl iE § 613a BGB Rn 131 ff, zu den prozessual denkbaren Klagekonstellationen eben dort Rn 213 ff.
449 Zu allem BAG 24.5.2005 – 8 AZR 398/04 – NZA 2005, 1302 II 1.

8. Druckkündigung[450]

Unter einer Druckkündigung wird verstanden, dass die Belegschaft, der Betriebsrat, eine Gewerkschaft, bei einem Leiharbeitsverhältnis der Entleiher oder Kunden des Arbeitgebers die Entlassung eines bestimmten Arbeitnehmers verlangen, wobei Nachteile angedroht werden, die zB in Kündigungen, der Verweigerung der Zusammenarbeit und dem Abbruch von Geschäftsbeziehungen bestehen können.[451] Denkbar ist sowohl eine außerordentliche als auch eine ordentliche Kündigung. Zwei verschiedene Konstellationen sind zu unterscheiden:

- Die Forderung nach der Kündigung ist objektiv **durch einen verhaltens- oder personenbedingten Grund iSd § 1 Abs 2 Satz 1 KSchG gerechtfertigt.** Da hier in der Sphäre des Arbeitnehmers ein Kündigungsgrund besteht, wird dieser Fall als unechte Druckkündigung bezeichnet.[452] Ob der Arbeitgeber kündigt, ist ausschließlich seine unbeeinflusste Entscheidung.

- Gibt es dagegen keinen verhaltens- oder personenbedingten Kündigungsgrund, handelt es sich um eine **Druckkündigung aus betriebsbedingten Gründen**, um eine sog echte Druckkündigung.[453] Hier muss sich der Arbeitgeber zunächst schützend vor den Arbeitnehmer stellen und alle zumutbaren Mittel einsetzen, um die Belegschaft oder diejenigen Personen, von denen der Druck ausgeht, von der Drohung abzubringen.[454] Seine Fürsorgepflicht verbietet ihm, Unannehmlichkeiten dadurch aus dem Weg zu gehen, dass er dem Verlangen der Belegschaft, der Kunden etc nachgibt. Liegt der Grund für den ausgeübten Druck in einem der in § 1 AGG aufgeführten Merkmale, muss der Arbeitgeber die nach § 12, § 19 AGG erforderlichen Maßnahmen zum Schutz des betroffenen Arbeitnehmers vor Benachteiligungen iSd § 3 AGG gegenüber den anderen Beschäftigten und Geschäftspartnern treffen.[455] Nur wenn die Vermittlungsversuche des Arbeitgebers gescheitert sind, der Dritte weiterhin auf dem in Aussicht gestellten Verhalten (zB Streik, Massenkündigung, Abbruch der Geschäftsbeziehungen) beharrt und dadurch schwere wirtschaftliche Schäden für den Arbeitgeber drohen, vielleicht sogar die Vernichtung seiner Existenz zu erwarten ist, kann die Kündigung betriebsbedingt gerechtfertigt sein. Unter Umständen ist eine außerordentliche Kündigung aus betrieblichen

---

450 Dazu iR der personenbedingten Kündigung näher Rn 498 f, 528 f und 540.
451 KR/Griebeling § 1 KSchG Rn 473 f mwN; APS/Kiel § 1 KSchG Rn 520; vgl BAG 18.7.2013 – 6 AZR 420/12 – NZA 2014, 109; 8.6.2000 – 1 ABR 1/00 – NZA 2001, 91; 31.1.1996 – 2 AZR 158/95 – NZA 1996, 581; 4.10.1990 – 2 AZR 201/90 – NZA 1991, 468.
452 Zu diesem Begriff KR/Griebeling § 1 KSchG Rn 473.
453 BAG 18.7.2013 – 6 AZR 420/12 - NZA 2014, 109; KR/Griebeling § 1 KSchG Rn 474 und 586; gegen den Begriff einer betriebsbedingten Druckkündigung APS/Kiel § 1 KSchG Rn 521 mit dem Argument, bei einer Druckkündigung entfielen keine Beschäftigungsmöglichkeiten. Außerdem sei der Kündigungsgrund nur dann der betrieblichen Sphäre zuzuordnen, wenn der Arbeitgeber selbst die Drucksituation in vorwerfbarer Weise herbeigeführt habe; diese Druckkündigung gänzlich ab: SPV/Preis Rn 970; KDZ/Deinert § 1 KSchG Rn 469.
454 BAG 18.7.2013 – 6 AZR 420/12 – NZA 2014, 109; 4.10.1990 – 2 AZR 201/90 – NZA 1991, 468; 19.6.1986 – 2 AZR 563/85 – NZA 1987, 21.
455 Deinert RdA 2007, 275, 280 f; KR/Griebeling § 1 Rn 586 a.

Gründen denkbar. Erforderlich ist immer, dass die Kündigung das einzig in Betracht kommende Mittel ist, um die Schäden abzuwenden.[456] Es widerspräche allerdings dem Schutzzweck des § 613a Abs 4 BGB, wenn sich der Veräußerer mit Erfolg auf eine betriebsbedingte Drucksituation berufen könnte, die dadurch entsteht, dass der Erwerber die Kündigung zur Bedingung des Erwerbs macht.[457] Bei Leiharbeitsverhältnissen kommt eine betriebsbedingte Druckkündigung nur in Betracht, wenn keine Einsatzmöglichkeiten in anderen Entleiherbetrieben bestehen.[458]

797 Die Auffassung, die die echte Druckkündigung als **personen**bedingte Kündigung versteht, weil die Person des Arbeitnehmers der eigentliche Anlass für den von Dritten ausgeübten Druck auf den Arbeitgeber sei,[459] lässt sich nicht mit der Regel in Einklang bringen, dass **entscheidend ist, aus welcher Sphäre die unmittelbare Störung herrührt.**[460] Die Person des zur Kündigung anstehenden Arbeitnehmers ist im Fall einer echten Druckkündigung nur mittelbarer Anlass für den eigentlichen Kündigungsgrund, dass von dritter Seite Druck auf den Arbeitgeber ausgeübt wird. Die Störung und ihre Auswirkung fallen hier zusammen. Nur die Einordnung der echten Druckkündigung als betriebsbedingte Kündigung gewährleistet auch eine präzise Unterscheidung von Druck- und Verdachtskündigung. Anders als bei der Verdachtskündigung stützt sich der Arbeitgeber bei einer echten Druckkündigung auf einen feststehenden Sachverhalt, die Drohung der Belegschaft oder Dritter.[461] Wird der Druck als betriebliches Erfordernis verstanden, kommt es nicht darauf an, ob die Forderung nach der Entlassung des Arbeitnehmers berechtigt oder unberechtigt ist. Der nötige Schutz des

---

456 BAG 4.10.1990 – 2 AZR 201/90 – NZA 1991, 468; 19.6.1986 – 2 AZR 563/85 – NZA 1987, 21; 18.9.1975 – 2 AZR 311/74 – AP BGB § 626 Druckkündigung Nr 10.
457 LAG Köln 11.12.2009 – 11 Sa 96/09.
458 KR/Griebeling § 1 KSchG Rn 586a; vgl zur Einsetzbarkeit eines Leiharbeitnehmers bei anderen Entleihern iR der Sozialauswahl BAG 20.6.2013 – 2 AZR 271/12; allg zur betriebsbedingten Kündigung im Leiharbeitsverhältnis nach Wegfall eines Auftrags (außerhalb einer Drucksituation) BAG 18.5.2006 – 2 AZR 412/05 – AP AÜG § 9 Nr 7 B II 1 mit jedenfalls im Ergebnis zust Bspr Hamann in jurisPR-ArbR 38/2006 Anm 4; dazu auch Schiefer DB 2007, 54, 55 und näher § 1 KSchGRn 664.
459 Bspw vHH/L/Krause § 1 Rn 346f mwN.
460 Rn 467.
461 BAG 4.10.1990 – 2 AZR 201/90 – AP BGB § 626 Druckkündigung Nr 12 III 1 b; dazu auch BAG 11.3.1998 – 2 AZR 497/97 – AP ZPO § 519 Nr 49 II; zu der ggf notwendigen Abgrenzung des dringenden betrieblichen Erfordernisses des angedrohten Abbruchs von Geschäftsbeziehungen von dem personenbedingten Grund der mangelnden Eignung des Arbeitnehmers für eine bestimmte Position BAG 26.6.1997 – 2 AZR 502/96 – RzK I 5i Nr 126 B I 3; zu der Maßgeblichkeit der außergerichtlichen und prozessualen Kündigungsbegründung des Arbeitgebers für die Einordnung der Störquelle als verhaltens- oder personenbedingter Grund oder aber als betriebliches Erfordernis der Druckausübung BAG 31.1.1996 – 2 AZR 158/95 – AP BGB § 626 Druckkündigung Nr 13 II 5. Das Arbeitsgericht Hamburg geht deshalb in seiner Entscheidung vom 23.2.2005 – 18 Ca 131/04 – NZA-RR 2005, 306, 308f 2 zu Recht davon aus, dass sich der Arbeitgeber bei einer echten Druckkündigung auch dann schützend vor den Arbeitnehmer stellen muss, wenn der Arbeitnehmer eine sexuelle Belästigung begangen haben soll. Zu einer durch das Landesarbeitsgericht gerade nicht festgestellten Druckausübung

Arbeitnehmers, dessen Entlassung verlangt wird, wird dadurch bewirkt, dass sich der Arbeitgeber zunächst schützend vor den Arbeitnehmer stellen und alles Zumutbare versuchen muss, um die Belegschaft oder die Dritten von ihrer Drohung abzubringen. Nur wenn sie trotzdem ein bestimmtes Verhalten in Aussicht stellen – zB einen Streik oder eine Massenkündigung – und dem Arbeitgeber dadurch schwere wirtschaftliche Schäden drohen, ist das betriebliche Erfordernis der Druckausübung dringend. Damit die Kündigung sozial gerechtfertigt ist, muss sie das einzige praktisch in Betracht kommende Mittel sein, um die Schäden abzuwenden.[462] Eines der wesentlichen Korrektive der Verdachtskündigung sind dagegen die nötigen Aufklärungsbemühungen des Arbeitgebers, insbesondere die Anhörung des Arbeitnehmers.[463] Das BAG folgt der soeben vorgenommenen Begriffsbildung allerdings nicht in vollem Umfang und hat[464] entschieden, eine Druckkündigung könne auch personenbedingt sein, wenn der Arbeitgeber sie auf eine Drucksituation stütze, die auf persönliche Umstände des Arbeitnehmers zurückzuführen sei, etwa autoritären Führungsstil und mangelnde Fähigkeit zur Menschenführung.[465]

Die **Unterscheidung zwischen echter betriebsbedingter und unechter verhaltens- bzw personenbedingter Druckkündigung** hängt vom außergerichtlichen und prozessualen Gesamtverhalten des Arbeitgebers ab. Maßgeblich ist, wie er die Kündigung begründet.[466] 798

- Steht der persönliche Umstand für den Arbeitgeber im Vordergrund, unterfällt die Kündigung der Fallgruppe der unechten personenbedingten Druckkündigung. Zu prüfen ist ein personenbedingter Grund nach § 1 Abs 2 Satz 1 Var 1 KSchG. Entsprechendes gilt, wenn sich der Arbeitgeber vorrangig auf ein Fehlverhalten des Arbeitnehmers stützt. In einem solchen Fall ist zu untersuchen, ob die Voraussetzungen einer verhaltensbedingten Kündigung nach § 1 Abs 2 Satz 1 Var 2 KSchG erfüllt sind.
- Beruft sich der Arbeitgeber dagegen in erster Linie auf den durch die Belegschaft oder durch Dritte ausgeübten Druck, macht er ein betrieb-

---

Dritter als Voraussetzung der Druckkündigung iR eines Zustimmungsersetzungsverfahrens nach § 103 Abs 2 Satz 1 BetrVG BAG 8.6.2000 – 2 ABR 1/00 – AP BeschSchG § 2 Nr 3 B II 1 (durch den Arbeitgeber angenommene sexuelle Belästigung).
462 Zu allem BAG 18.7.2013 – 6 AZR 420/12 – NZA 2014, 109; 19.6.1986 – 2 AZR 563/85 – AP KSchG 1969 § 1 Betriebsbedingte Kündigung Nr 33 B II 2 b aa.
463 BAG 4.10.1990 – 2 AZR 201/90 – AP BGB § 626 Druckkündigung Nr 12 III 1 b.
464 BAG 31.1.1996 – 2 AZR 158/95 – AP BGB § 626 Druckkündigung Nr 13 II 5.
465 Zu möglichen – im konkreten Fall allerdings verneinten – Schadensersatzansprüchen des Arbeitnehmers nach einer Druckkündigung und einem später geschlossenen Abfindungsvergleich aus §§ 826, 824, 823 Abs 2 iVm 185, 240 StGB oder 823 Abs 1 BGB s BAG 4.6.1998 – 8 AZR 786/96 – AP BGB § 823 Nr 7; dort wird ua die Frage eines – absoluten, durch § 823 Abs 1 BGB geschützten – sonstigen Rechts am Arbeitsplatz diskutiert, im Ergebnis aber offengelassen: Wegen der besonderen Bedeutung der Meinungsäußerungsfreiheit des Art 5 Abs 1 GG könne nicht jedes Entlassungsverlangen anderer Arbeitnehmer als rechtswidrig beurteilt werden, das nicht auf Gründe gestützt sei, die ihrerseits keine Kündigung iSv § 626 Abs 1 BGB oder § 1 Abs 2 KSchG rechtfertigen.
466 BAG 10.12.1992 – 2 AZR 271/92 – AP GG Art 140 Nr 41 III 3 c dd (1); BAG 31.1.1996 – 2 AZR 158/95 – AP BGB § 626 Druckkündigung Nr 13 II 5.

liches Erfordernis geltend. Entscheidend ist hier, ob dieses Erfordernis dringend ist.

9. Insolvenz

799 In der Insolvenz gelten grundsätzlich keine anderen Anforderungen an die soziale Rechtfertigung einer betriebsbedingten Kündigung. Auch von einer Betriebsstilllegung ist nicht ohne weiteres auszugehen, weil der Betrieb vom Verwalter fortgeführt werden kann. Besteht ein dringendes betriebliches Erfordernis isv § 1 Abs 2 Satz 1 Var 3 KSchG, scheidet eine Weiterbeschäftigungsmöglichkeit auf einem freien Arbeitsplatz aus und ist die Sozialauswahl ordnungsgemäß getroffen, ist die Kündigung sozial gerechtfertigt.

800 Für eine Kündigung in der **Arbeitsphase der Blockaltersteilzeit** ist eine Betriebsstilllegung ebenfalls ein dringendes betriebliches Erfordernis.[467] Das gilt auch im Insolvenzverfahren und selbst dann, wenn zwischen Kündigungstermin und Freistellungsphase nur ein Monat liegt. Die ohne ordentliche Kündigungsmöglichkeit vereinbarte Befristung des Altersteilzeitvertrags ist auf der Grundlage von § 113 Satz 1 InsO ebenso wenig insolvenzfest wie ein tariflicher Ausschluss der ordentlichen Kündbarkeit.[468] Entsprechendes ist für den Ausschluss betriebsbedingter Kündigungen in einer Standortsicherungsvereinbarung anzunehmen.[469] Nach der Rechtsprechung des Achten Senats besteht bei einer **insolvenzbedingten Kündigung** im Fall eines **nach Ablauf der Kündigungsfrist vollzogenen Betriebsübergangs kein Wiedereinstellungsanspruch**.[470]

801 Von der Kündigungsmöglichkeit nach **§ 113 Satz 1 InsO** kann der endgültig bestellte Insolvenzverwalter ab dem Zeitpunkt der Eröffnung des Insolvenzverfahrens Gebrauch machen.[471] Wenn der Arbeitgeber (ggf mit Zustimmung des vorläufigen Insolvenzverwalters) zuvor eine Kündigung erklärt hat, deren Kündigungsfrist noch läuft, kann der Insolvenzverwalter nach der Eröffnung der Insolvenz mit der kürzeren Frist des § 113 Satz 2 InsO nachkündigen.[472] Die Stilllegungs- und Kündigungsbefugnis des **vorläufigen Insolvenzverwalters** hängt davon ab, ob ihm bei Anordnung eines allgemeinen Veräußerungsverbots Verwaltungs- und Verfügungsbefugnis erteilt wurde (§§ 21 Abs 2 Nr 2 Alt 1, 22 Abs 1 InsO).

802 Nur im Fall des **allgemeinen Veräußerungsverbots** mit Verwaltungs- und Verfügungsbefugnis nach § 22 Abs 1 InsO erlangt der vorläufige „starke"

---

467 BAG 16.6.2005 – 6 AZR 476/04 – AP ATG § 3 Nr 13 II 1, 2 und 3 mit krit Bspr Decruppe in jurisPR-ArbR 2/2006 Anm 6.
468 Zu der nötigen Unterscheidung zwischen Kündigungen in der Arbeits- und der Freistellungsphase der Blockaltersteilzeit näher Rn 780; zu dem Problem von Wiedereinstellungsansprüchen in der Insolvenz Rn 791; zu den Fragen der groben Fehlerhaftigkeit der Sozialauswahl iR einer Namenslistenkündigung in der Insolvenz nach § 125 Abs 1 Satz 1 Nr 2 InsO Rn 911.
469 BAG 17.11.2005 – 6 AZR 107/05 – NZA 2006, 661 1 a und b.
470 BAG 13.5.2004 – 8 AZR 198/03 – AP BGB § 613a Nr 264 II 2 d cc und dd; näher Rn 791.
471 Vgl zB ErfK/Müller-Glöge § 113 InsO Rn 6 mwN.
472 BAG 26.7.2007 – 8 AZR 769/06 –NZA 2008, 112; 22.5.2003 – 2 AZR 255/02 – AP InsO § 113 Nr 12.

Insolvenzverwalter die Arbeitgeberstellung, die auch die Stilllegungs- und Kündigungsbefugnis umfasst.[473] Die Zustimmung des Insolvenzgerichts zu der Unternehmensstilllegung ist keine Wirksamkeitsvoraussetzung für eine Kündigung durch den vorläufigen „starken" Insolvenzverwalter wegen der von ihm beabsichtigten Betriebsstilllegung.[474] Zwar verpflichtet § 22 Abs 1 Satz 2 Nr 2 InsO den vorläufigen Insolvenzverwalter, die Zustimmung des Insolvenzgerichts zur Stilllegung des Unternehmens – wenn auch nicht unbedingt zur Stilllegung eines mehrerer Betriebe des Unternehmens – einzuholen. Die Folgen der fehlenden Zustimmung des Insolvenzgerichts führen aber nicht zur Unwirksamkeit der Kündigung wegen fehlender materieller Berechtigung des vorläufigen „starken" Insolvenzverwalters, eine solche Entscheidung zu treffen und durchzuführen. **§ 22 Abs 1 Satz 2 Nr 2 InsO ist keine Kündigungsschutznorm.** Zwischen der Rechtsmacht des vorläufigen „starken" Verwalters im Außenverhältnis und seiner Befugnis im Innenverhältnis ist zu unterscheiden. Sonst würde die Sicherheit des Rechtsverkehrs unzumutbar beeinträchtigt. Bei einem pflichtwidrigen und schuldhaften Unterlassen haftet der vorläufige „starke" Insolvenzverwalter allerdings nach §§ 60, 21 Abs 2 Nr 1 InsO, wenn sich seine Rechtshandlungen für Gläubiger und Schuldner nachteilig auswirken.[475] Kündigt der vorläufige „starke" Insolvenzverwalter, muss er die für den Arbeitgeber geltende Kündigungsfrist wahren. Die verkürzte Kündigungsfrist des § 113 Satz 2 InsO gilt weder unmittelbar noch entsprechend.[476] Die gerichtliche Prüfung erstreckt sich auch auf die Kündigungsbefugnis des vorläufigen Insolvenzverwalters.[477] Ist dem vorläufigen Insolvenzverwalter lediglich Zustimmungsbefugnis erteilt, kommen ihm die gleichen Befugnisse wie dem Schuldner zu. § 113 InsO ist hier nicht anzuwenden.[478] Der Arbeitgeber kann nur mit Zustimmung des vorläufigen Insolvenzverwalters kündigen. Fehlt die Zustimmung, ist die Kündigung unwirksam.[479] Hat der vorläufige Insolvenzverwalter dagegen zugestimmt, kann der Arbeitnehmer die Kündigung dennoch nach § 182 Abs 3 BGB zurückweisen, wenn ihm die Einwilligung nicht in schriftlicher Form vorgelegt wird.[480]

Ist zum Zeitpunkt der Klageerhebung ein Insolvenzverwalter bestellt, ist eine Kündigungsschutzklage gegen diesen in seiner Eigenschaft als Partei kraft Amtes zu erheben. Eine Klage gegen die Schuldnerin macht den Insolvenzverwalter nicht zur Partei des Rechtsstreits.[481]

---

473 BAG 18.4.2002 – 8 AZR 346/01 – AP BGB § 613a Nr 232; BAG 18.4.2002 – 8 AZR 347/01 – ZInsO 2002, 1198 II 1 a.
474 BAG 27.10.2005 – 6 AZR 5/05 – AP InsO § 22 Nr 4 B 3 B 1, 2 und 3 mwN zum Stand der darüber zuvor in der Lit geführten Kontroverse, vgl auch die zust Anm von Boehmke zu dieser Entscheidung in jurisPR-ArbR 21/2006 Anm 2.
475 BAG 27.10.2005 – 6 AZR 5/05 – AP InsO § 22 Nr 4 B 3 a mwN.
476 BAG 20.1.2005 – 2 AZR 134/04 – AP InsO § 113 Nr 18 B II.
477 BAG 29.6.2000 – 8 ABR 44/99 – AP InsO § 126 Nr 1 B IV 2 a, allerdings im Zusammenhang mit einem Beschlussverfahren nach § 126 InsO.
478 BAG 18.4.2002 – 8 AZR 346/01 – AP BGB § 613a Nr 232.
479 ErfK/Müller-Glöge § 620 BGB Rn 29.
480 BAG 10.10.2002 – 2 AZR 532/01 – AP InsO § 21 Nr 1; ErfK/Müller-Glöge § 620 BGB Rn 29.
481 BAG 21.9.2006 – 2 AZR 573/05 – NZA 2007, 404.

10. Öffentlicher Dienst[482]

804 Grundsätzlich gelten die gleichen Grundsätze wie in der Privatwirtschaft, dh:
- die Kündigung muss durch ein **dringendes betriebliches Erfordernis** bedingt sein.
- Es darf keine **Weiterbeschäftigungsmöglichkeit** auf einem freien Arbeitsplatz in derselben Dienststelle oder einer anderen Dienststelle desselben Verwaltungszweigs an demselben Dienstort einschließlich seines Einzugsgebiets bestehen. Der öffentliche Arbeitgeber ist nicht verpflichtet, den zur Kündigung anstehenden Arbeitnehmer auf einem freien Arbeitsplatz in einer Dienststelle eines anderen Verwaltungszweiges weiter zu beschäftigen.[483] Dabei kommt es nicht darauf an, ob die Personalvertretung Einwendungen gegen die beabsichtigte Kündigung erhoben hat.[484]
- Es ist eine soziale Auswahl vorzunehmen.

Im[485] öffentlichen Dienst gelten Besonderheiten, zu denen das BAG in den letzten Jahren eine differenzierte Kasuistik entwickelt hat:[486]

805 **Stelleneinsparungen im Haushaltsplan** einer Körperschaft des öffentlichen Rechts können eine betriebsbedingte Kündigung rechtfertigen,[487] die getroffene Entscheidung unterliegt bis zur Grenze des Rechtsmissbrauchs keiner gerichtlichen Kontrolle.[488] Im Einzelnen gilt Folgendes:

- **Stellenplanreduzierungen** in Haushaltsplänen, Einzelplänen und Personalbedarfsplänen lassen das Beschäftigungsbedürfnis mit der Anordnung des Stellenwegfalls zB bis zum Ende eines bestimmten Haushaltsjahrs entfallen. Die der Unternehmerentscheidung in der Privatwirtschaft vergleichbare Entscheidung im öffentlichen Dienst liegt darin, dass in einem Haushaltsplan eine Stelle gestrichen, ein mit einer bestimmten oder bestimmbaren Frist versehener sog kw-Vermerk angebracht („künftig wegfallend") oder aus einem Personalbedarfsplan der

---

482 Zur betriebsbedingten Kündigung im öffentlichen Dienst auch schon Lingemann/Grothe NZA1999, 1072.
483 BAG 12.8.2010 – 2 AZR 558/09 – NJW 2011, 251; 10.6.2010 – 2 AZR 1020/08 – NZA 2010, 1234, mit Einschränkung für den Fall, dass Verwaltungsaufgaben in einen anderen Verwaltungsbereich verlagert werden.
484 In der öffentlichen Verwaltung entspricht dem Begriff des Betriebs der der Dienststelle (BAG 25.9.1956 – 3 AZR 102/54 – AP KSchG § 1 Nr 18), dem Begriff des
485 Unternehmens der des Verwaltungszweigs, wie sich aus § 1 Abs 2 Satz 2 Nr 2 b KSchG entnehmen lässt. Verwaltungszweige sind bspw die Finanz-, Justiz-, Arbeits- oder Schulverwaltung desselben öffentlichen Arbeitgebers (KR/Griebeling § 1 KSchG Rn 145 (auch zu der räumlichen Beschränkung des § 1 Abs 2 Satz 2 Nr 2 KSchG); während unter Dienststellen die einzelnen Behörden, Verwaltungsstellen, Betriebe der öffentlichen Verwaltung und Gerichte iS organisatorischer Verwaltungseinheiten zu verstehen sind (KR/Griebeling § 1 KSchG Rn 137).
486 Instruktiv zu der Problematik der betriebsbedingten Kündigung im öffentlichen Dienst: Eylert PersR 2007, 92; Hamer PersR 2007, 100.
487 BAG GS 28.11.1956 – GS 3/56 – AP KSchG § 1 Nr 20; BAG 4.6.1957 – 3 AZR 49/ 55 – und BAG 21.5.1957 – 3 AZR 79/55 – AP KSchG § 1 Nrn 27 und 31.
488 Vgl Rn 683 ff.

Wegfall einer Stelle ersichtlich wird.[489] Die Streichung einer konkreten Stelle im Haushaltsplan oder die mit bestimmter oder bestimmbarer Frist versehene Anbringung eines kw-Vermerks sind von den Gerichten nicht nachprüfbare unternehmerische Entscheidungen, wonach die Stelle für die einzelne Dienststelle künftig entbehrlich ist. Allerdings ist immer eine nach sachlichen Merkmalen bestimmte Stelle erforderlich, weil sonst nicht festgestellt werden kann, ob der Kündigung im konkreten Fall ein dringendes betriebliches Erfordernis oder mangelnder Bedarf zugrunde liegt.[490]

- Auch hier müssen die Arbeitsgerichte nachprüfen, ob überhaupt eine unternehmerische Entscheidung getroffen wurde und ob sie sich betrieblich dahin auswirkt, dass der Beschäftigungsbedarf für den gekündigten Arbeitnehmer weggefallen ist.[491] Obwohl nicht ein konkreter Arbeitsplatz entfallen muss,[492] ist der nötige Wegfall des Beschäftigungsbedürfnisses nur anzunehmen, wenn sich die Kündigung auf eine nach sachlichen Merkmalen genauer bestimmte Stelle bezieht. Der allgemeine Beschluss, Personalkosten zu senken, erfüllt diese Voraussetzungen nicht.[493] Welchen Schlüssel der Arbeitgeber zur Berechnung des Personalbedarfs zugrunde legt, ist dagegen eine Zweckmäßigkeitsfrage, die in seine unternehmerische Entscheidungsfreiheit fällt, wenn nicht der Ausnahmefall eines willkürlich gegriffenen Personalbedarfsschlüssels anzunehmen ist.[494]

- **Wird eine konkrete Stelle im Haushaltsplan gestrichen**, braucht der öffentliche Arbeitgeber regelmäßig auch nicht mehr im Einzelnen zur organisatorischen Umsetzbarkeit – dh zur Durchsetzbarkeit und Dauerhaftigkeit – der Organisationsmaßnahme vorzutragen.[495] Grundsätzlich ist es Sache des öffentlichen Arbeitgebers, das Verhältnis zwischen Arbeitsvolumen (Menge der zu erledigenden Arbeit) und Arbeitskräftevolumen (Arbeitnehmerstunden) zu bestimmen.[496] Das gilt erst recht, wenn der demokratisch legitimierte Haushaltsgesetzgeber nur noch eine begrenzte Anzahl von Stellen zur Verfügung stellt, weil weitere Ar-

---

489 BAG 22.5.2003 – 2 AZR 326/02 – AP KSchG 1969 § 1 Betriebsbedingte Kündigung Nr 128 B I 2 a; BAG 12.2.2004 – 2 AZR 307/03 – AP KSchG 1969 § 1 Nr 75 B II 1 a; BAG 7.10.2004 – 2 AZR 122/04 – NZA 2005, 352 B I 2; BAG 23.11.2004 – 2 AZR 38/04 – AP KSchG 1969 § 1 Soziale Auswahl Nr 70 B I 1 a (Anbringung eines kw-Vermerks im Stellenplan des kommunalen Haushaltsplans zum 30.6.2002) mit zust Anm Ehrich BAGReport 2005, 178 und erl Anm Bertzbach jurisPR-ArbR 27/2005 Anm 5 sowie Hantel in NJ 2005, 334.
490 St Rspr des BAG seit BAG GS 28.11.1956 – GS 3/56 – BAGE 3, 245, 250 f; vgl nur BAG 17.2.2000 – 2 AZR 109/99 – nv II 1 b mwN; BAG 5.12.2002 – 2 AZR 522/01 – AP KSchG 1969 § 1 Betriebsbedingte Kündigung Nr 126 I 2.
491 BAG 7.10.2004 – 2 AZR 122/04 – NZA 2005, 352 B I 2.
492 BAG 7.10.2004 – 2 AZR 122/04 – NZA 2005, 352 B I 2.
493 BAG 22.5.2003 – 2 AZR 326/02 – AP KSchG 1969 § 1 Betriebsbedingte Kündigung Nr 128 B I 2 b.
494 BAG 22.5.2003 – 2 AZR 326/02 – AP KSchG 1969 § 1 Betriebsbedingte Kündigung Nr 128 B I 2 d (2).
495 BAG 23.11.2004 – 2 AZR 38/04 – AP KSchG 1969 § 1 Soziale Auswahl Nr 70 B I 1 d bb mit zust Anm Ehrich BAGReport 2005, 178 und erl Anm Bertzbach jurisPR-ArbR 27/2005 Anm 5 sowie Hantel NJ 2005, 334.
496 BAG 7.10.2004 – 2 AZR 122/04 – NZA 2005, 352 B I 2; BAG 23.11.2004 – 2 AZR 38/04 – AP KSchG 1969 § 1 Soziale Auswahl Nr 70 B I 1 d bb.

beitsplätze im öffentlichen Dienst nicht mehr finanzierbar sind. Es ist eine Zweckmäßigkeitsfrage und obliegt der politischen Einschätzungsprärogative des Haushaltsgesetzgebers, welchen Schlüssel er zur Berechnung des Personalbedarfs zugrunde legt, mit welchen personellen Mitteln und mit welcher Intensität er seine Pflichtaufgaben erfüllen will.

- Erhöhte Anforderungen an die Darlegung der organisatorischen Umsetzbarkeit der Stellenstreichung sind ausnahmsweise nur dann zu stellen, wenn Anhaltspunkte für einen Missbrauch des Kündigungsrechts bestehen. Daran ist zu denken, wenn es bestimmte Indizien dafür gibt, dass die Stelle in Wirklichkeit nicht dauerhaft gestrichen wird oder das verbleibende Personal kontinuierlich Mehrarbeit leisten muss. Allerdings steht es einem kündigungsrechtlich erheblichen Wegfall des Arbeitsvolumens nicht entgegen, wenn es aufgrund der Stellenstreichung zu einer konzeptionell gewollten inhaltlichen Intensivierung der Arbeit während der gewöhnlichen Arbeitszeit der verbleibenden Mitarbeiter kommt.[497]
- Voll überprüft werden kann auch, ob durch die Einsparungsmaßnahmen für einzelne Arbeitnehmer das Bedürfnis zur Weiterbeschäftigung entfällt. Hierbei darf nicht schematisch – zB nach Messziffernsystemen – vorgegangen werden, ohne den tatsächlichen Stellenüberhang festzustellen.[498] Das bedeutet jedoch nicht, dass die vorherige Streichung von Stellen im Haushaltsplan Wirksamkeitsvoraussetzung einer Kündigung wäre. Da die öffentliche Körperschaft auch Rationalisierungsmaßnahmen durchführen kann, ist sie nicht verpflichtet, alle im Haushalt ausgewiesenen Stellen zu besetzen.[499] Wird an einer Planstelle in einem Haushaltsplan ein sog kw-Vermerk angebracht, handelt es sich dabei aber jedenfalls dann um kein dringendes betriebliches Erfordernis, wenn eine bestimmte oder bestimmbare Frist nicht angegeben wird.[500]
- Die **Vortragslast des Arbeitgebers** korrespondiert der von ihm selbst vorgegebenen Organisation. Organisiert er einen Bereich – zB eine Kinderbetreuungseinrichtung – als Einheit und hält er für diese Einheit Arbeitskräfte vor, genügt es, wenn er den in der Einrichtung zurückgehenden Beschäftigungsbedarf darlegt. Er muss ihn nicht auf kleinere Untereinheiten „herunterbrechen", als er sie selbst bei seiner Planung und Organisation zugrunde legt. Sonst griffe das Gericht in Zweckmäßigkeitsüberlegungen des Arbeitgebers ein.[501]
- Bei einer betriebsbedingten Kündigung im öffentlichen Dienst beschränkt sich die **soziale Auswahl nach § 1 Abs 3 Satz 1 KSchG** grundsätzlich auf die Arbeitnehmer derselben Vergütungsgruppe.[502]

---

497 Zu allem BAG 23.11.2004 – 2 AZR 38/04 – AP KSchG 1969 § 1 Soziale Auswahl Nr 70 B I 1 d bb.
498 BAG 26.6.1975 – 2 AZR 499/74 – AP KSchG 1969 § 1 Betriebsbedingte Kündigung Nr 1.
499 vHH/L/Krause § 1 Rn 877.
500 BAG 6.8.1978 – 4 AZR 84/77 – BB 1979, 424.
501 BAG 22.5.2003 – 2 AZR 326/02 – AP KSchG 1969 § 1 Betriebsbedingte Kündigung Nr 128 B I 2 d (4).
502 BAG 23.11.2004 – 2 AZR 38/04 – AP KSchG 1969 § 1 Soziale Auswahl Nr 70 B I 3 a; dazu näher Rn 842.

Die Organisationsentscheidung des öffentlichen Arbeitgebers, eine **Angestelltenstelle, auf der hoheitliche Aufgaben erledigt werden, in eine Beamtenstelle umzuwandeln** und mit einem Beamten zu besetzen, kann ein dringendes betriebliches Erfordernis der Kündigung des Arbeitsverhältnisses des bisherigen Stelleninhabers begründen, wenn er die Voraussetzungen für die Übernahme in ein Beamtenverhältnis nicht erfüllt. Sind im Haushaltsplan bestimmte Positionen als Beamtenplanstellen ausgewiesen, werden dort aber bisher Angestellte beschäftigt, besteht nach Auffassung einer älteren Entscheidung des BAG im Allgemeinen ein dringendes betriebliches Erfordernis für die Kündigung ihrer Arbeitsverhältnisse, wenn der Arbeitsplatz nun mit einem Beamten besetzt und damit dem Gebot des Artikels 33 Abs 4 GG genügt werden soll.[503]

806

Allerdings geht der Zweite Senat mittlerweile zu Recht davon aus, dass kein dringendes betriebliches Erfordernis besteht, wenn der bisherige Angestellte oder Arbeiter das **Anforderungsprofil** der neuen Beamtenstelle erfüllt.[504] Der öffentliche Arbeitgeber kann sich nach dem Rechtsgedanken des § 162 Abs 1 und 2 BGB nicht darauf berufen, dass er die Stelle mit einem – aus seiner Sicht möglicherweise geeigneteren – externen Bewerber besetzt hat. Einer solchen Besetzung mit einem externen Bewerber steht es gleich, wenn der öffentliche Arbeitgeber gegenüber dem bisherigen Arbeitsplatzinhaber unwirksam gekündigt, danach eine Ersatzkraft eingestellt hat und die Ersatzkraft anstelle des bisherigen Stelleninhabers zum Beamten ernennt.[505] Art 33 Abs 2 GG gibt jedem Deutschen nach seiner Eignung, Befähigung und fachlichen Leistung einen Anspruch auf gleichen Zugang zu jedem öffentlichen Amt. Jede Bewerbung – und damit mittelbar auch das dringende betriebliche Erfordernis im Rahmen einer austauschenden Kündigung – muss also nach den genannten Kriterien beurteilt werden. Öffentliche Ämter in diesem Sinn sind nicht nur Beamtenstellen, sondern auch Positionen, die von Arbeitnehmern besetzt werden können. Art 33 Abs 2 GG gibt jedem Bewerber ein Recht auf chancengleiche Teilnahme am Bewerbungsverfahren.[506] Der öffentliche Arbeitgeber hat dabei ein Anforderungsprofil zu erstellen und festzustellen, welcher der Bewerber dem

807

---

503 BAG 26.2.1957 – 3 AZR 278/54 – AP KSchG § 1 Nr 23; differenzierend SPV/Preis Rn 976 mit dem Argument, allein der Hinweis auf Art 33 Abs 4 GG könne ein dringendes betriebliches Erfordernis nicht begründen, insb nicht in Dienststellen, in denen von Beamten und Angestellten gleiche Aufgaben wahrgenommen würden.
504 BAG 21.9.2000 – 2 AZR 440/99 – AP KSchG 1969 § 1 Betriebsbedingte Kündigung Nr 112; zum Anforderungsprofil außerhalb des öffentlichen Diensts auch BAG 16.12.2004 – 2 AZR 66/04 – NZA 2005, 761 B II 4 a mwN und Rn 777.
505 BAG 21.9.2000 – 2 AZR 440/99 – AP KSchG 1969 § 1 Betriebsbedingte Kündigung Nr 112 III 2 c und d mit ausf Begründung.
506 BAG 7.9.2004 – 9 AZR 537/03 – AP GG Art 33 Abs 2 Nr 61 B I 1 mwN und erl Anm von Roetteken in jurisPR-ArbR 36/2005 Anm 6 in einem Rechtsstreit auf Übertragung eines Dienstpostens bzw Neubescheidung einer Bewerbung; BAG 15.3.2005 – 9 AZR 142/04AP GG Art 33 Abs 2 Nr 62 III 2 d mit erl Anm von Roetteken in jurisPR-ArbR38/2005 Anm 6 in einer Klage auf Feststellung der Berechtigung zur Beteiligung an einemAusschreibungsverfahren ohne eine Mindestbeschäftigungszeit von fünf Jahren im aktiven Schuldienst.

Anforderungsprofil am besten entspricht.[507] Kann der Angestellte oder Arbeiter dagegen den Anforderungen der Beamtenstelle nicht gerecht werden, steht dem öffentlichen Arbeitgeber die unternehmerische Entscheidung, den Arbeitsplatz mit einem Beamten zu besetzen, im Licht des Art 33 Abs 4 GG frei. Sie ist bindend. Grundsätzlich hat ein öffentlicher Arbeitgeber ein betriebliches Interesse daran, einen Lehrer ohne Lehrbefähigung durch eine beamtete Lehrkraft mit Lehrbefähigung zu ersetzen.[508] Erfüllen zwei oder mehr Personen das Anforderungsprofil, steht dem öffentlichen Arbeitgeber bei der Personalauswahl ähnlich geeigneter und befähigter Bewerber nach Art 33 Abs 2 GG ein Beurteilungsspielraum zu, der nur eingeschränkter gerichtlicher Kontrolle unterliegt.[509]

11. Rationalisierung

808 Unter Rationalisierungsmaßnahmen werden **innerbetriebliche Veränderungen im technischen oder organisatorischen Bereich** verstanden, die mit dem Ziel durchgeführt werden, die betriebliche Ertragslage zu verbessern.[510] In technischer Hinsicht ist an die Einführung arbeitssparender Maschinen, die Umstellung auf neuartige Fertigungstechniken oder sonstige Änderungen der Arbeitsmethoden zu denken. Die Straffung des Arbeitsablaufs, die Bildung neuer oder die Auflösung bestehender Betriebsabteilungen und die Ausgliederung ganzer Funktionsbereiche weisen überwiegend betriebsorganisatorischen Charakter auf. Technische und organisatorische Maßnahmen können häufig ineinandergreifen. Die Rationalisierung muss bei Zugang der Kündigung bereits greifbare Formen angenommen haben.[511] Die Entscheidung zur Durchführung der Rationalisierungsmaßnahme kann nur auf Rechtsmissbrauch hin überprüft werden, während die personellen Folgewirkungen voller gerichtlicher Kontrolle unterliegen.[512] Dazu hat der Arbeitgeber die Entscheidung hinsichtlich ihrer organisatorischen Durchführbarkeit und zeitlichen Nachhaltigkeit verdeutlicht, indem er die Auswirkungen seiner unternehmerischen Vorgaben und Planungen auf das erwartete Arbeitsvolumen anhand einer schlüssigen Prognose im Einzelnen darstellt und wie die anfallenden Arbeiten vom verbliebenen Personal ohne überobligationsmäßige Leistungen erledigt werden können.[513]

809 Mit einer **Rationalisierungsmaßnahme muss keine Kostenersparnis** verbunden sein. Darin liegt ein anzuerkennendes Ziel,[514] aber auch sonstige wirtschaftliche oder unternehmenspolitische Ziele sind geeignete Zielsetzungen.[515] Führt die beabsichtigte Kostenersparnis nach dem unternehmeri-

---

507 BAG 7.9.2004 – 9 AZR 537/03 – AP GG Art 33 Abs 2 Nr 61 B I 1 mwN; vgl auch BAG 15.3.2005 – 9 AZR 142/04 – AP GG Art 33 Abs 2 Nr 62 III 2 b aa.
508 BAG 23.8.1984 – 2 AZR 390/83 – nv.
509 BAG 7.9.2004 – 9 AZR 537/03 – AP GG Art 33 Abs 2 Nr 61 B I 3 a mwN.
510 KR/Griebeling § 1 KSchG Rn 598; APS/Kiel § 1 KSchG Rn 547 f.
511 Vgl BAG 27.1.2011 – 2 AZR 9/10 – AP KSchG § 1 1969 Betriebsbedingte Kündigung Nr 187; 23.4.2008 – 2 AZR 1110/06 – NZA 2008, 939; SPV/Preis Rn 978.
512 IE Rn 683 ff.
513 St Rspr, zB BAG 20.12.2012 – 2 AZR 867/11; 24.5.2012 – 2 AZR 124/11 – NZA 2012, 1223.
514 SPV/Preis § 1 KSchG Rn 978.
515 APS/Kiel § 1 KSchG Rn 547.

schen Grundkonzept dazu, dass die Beschäftigungsmöglichkeit für den betroffenen Arbeitnehmer entfällt, und können nicht vorrangig bspw Leiharbeitsverhältnisse abgebaut werden, ist die getroffene – freie – Unternehmerentscheidung bindend und zu respektieren, die Entlassung zu ihrer Umsetzung geeignet und erforderlich. Ob sie in einem vernünftigen Verhältnis zu den Nachteilen steht, die der Arbeitnehmer durch die Kündigung erleidet, darf nicht bewertet werden.[516]

Die bloße **Absicht, Lohnkosten zu senken, ist nur unternehmerisches Motiv, nicht aber für sich genommen die unternehmerische Entscheidung**.[517] Dieses Motiv muss der Arbeitgeber durch unternehmerische Maßnahmen im Betriebsbereich konkretisieren. Diese Organisationsentscheidung kann aber auch darin bestehen, künftig auf Dauer mit weniger Personal zu arbeiten.[518] Soweit dadurch eine Leistungsverdichtung eintritt, wird sie als Konzept gewollt, notwendig werdende Änderungen sind in Kauf genommen.[519]

12. Rentabilitätssteigerung

Sie begründet nicht ohne weiteres ein dringendes betriebliches Erfordernis, weil sie sich nicht unmittelbar durch eine Verringerung der anfallenden Aufgaben auf die einzelnen Arbeitsplätze auswirkt. Allerdings kann sie aus innerbetrieblichen Gründen eine oder mehrere Kündigungen rechtfertigen, wenn der Arbeitgeber die Ertragslage **zum Anlass nimmt**, zur Kostenersparnis oder zur Verbesserung des Betriebsergebnisses durch technische oder organisatorische innerbetriebliche Maßnahmen **die Zahl der Arbeitsplätze zu verringern**. Bei solchen Kündigungen muss der Arbeitgeber darlegen, **welche organisatorischen oder technischen Maßnahmen** er angeordnet hat und **wie sie sich auf den Arbeitsplatz des Arbeitnehmers, dessen Arbeitsverhältnis gekündigt wurde, auswirken**. Der getroffene Entschluss ist wiederum nicht auf Notwendigkeit und Zweckmäßigkeit hin zu überprüfen, sondern als bindend hinzunehmen, wenn er nicht offenbar unsachlich oder willkürlich ist.[520]

VII. Soziale Auswahl

1. Änderungen der Sozialauswahl durch Gesetz zu Reformen am Arbeitsmarkt

Die Sozialauswahl ist einer der meistgeänderten Bereiche des allgemeinen Kündigungsschutzes.[521] Die am 1.1.2004 in Kraft getretene Novelle des Gesetzes zu Reformen am Arbeitsmarkt[522] hat im Bereich der sozialen Auswahl nicht nur § 1 Abs 3 KSchG, sondern insgesamt **vier Komplexe**

---

516 BAG 30.4.1987 – 2 AZR 184/86 – AP KSchG 1969 § 1 Betriebsbedingte Kündigung Nr 42 IV 1.
517 APS/Kiel § 1 KSchG Rn 546.
518 BAG 24.4.1997 – 2 AZR 352/96 – AP KSchG 1969 § 2 Nr 42.
519 Vgl schon Rn 675.
520 BAG 24.10.1979 – 2 AZR 940/77 – AP KSchG 1969 § 1 Betriebsbedingte Kündigung Nr 8 II 1 a; 26.1.1995 – 2 AZR 371/94 – AP KSchG 1969 § 2 Nr 36 II 4 a.
521 Vgl eingehend mit gegenüberstellender Synopse HaKo/Gallner 3. Aufl Rn 741.
522 Vom 24.12.2003, BGBl I S 3002.

verändert und sich deutlich der bis zum 31.12.1998 geltenden Fassung des **Arbeitsrechtlichen Beschäftigungsförderungsgesetzes**[523] angenähert:
- Begrenzung der Auswahlkriterien auf die vier Daten der Dauer der Betriebszugehörigkeit, des Lebensalters, der Unterhaltspflichten und der Schwerbehinderung[524]
- Kontrolle der Bewertung des Verhältnisses der vier sozialen Gesichtspunkte durch die Betriebspartner in einer Auswahlrichtlinie lediglich auf grobe Fehlerhaftigkeit[525]
- Überprüfung der sozialen Auswahl in einem Interessenausgleich mit Namensliste nur auf grobe Fehlerhaftigkeit[526]
- Abgesenkte Schwelle für die „Leistungsträgerregelung" des § 1 Abs 3 Satz 2 KSchG: Keine Einbeziehung von Arbeitnehmern in die Sozialauswahl, deren Weiterbeschäftigung, insbesondere wegen ihrer Kenntnisse, Fähigkeiten und Leistungen oder zur Sicherung einer ausgewogenen Personalstruktur des Betriebs, im berechtigten betrieblichen Interesse liegt.[527]

2. Allgemeines

813 Liegt ein dringendes betriebliches Erfordernis vor und fehlt eine Weiterbeschäftigungsmöglichkeit auf einem freien Arbeitsplatz in Betrieb oder Unternehmen, ist die Kündigung dennoch sozialwidrig, wenn der Arbeitgeber bei der Auswahl des Arbeitnehmers die Dauer der Betriebszugehörigkeit, das Lebensalter, die Unterhaltspflichten oder die Schwerbehinderung des Arbeitnehmers nicht oder nicht ausreichend berücksichtigt hat (§ 1 Abs 3 Satz 1 KSchG). Das Erfordernis der sozialen Auswahl ist auf die **betriebsbedingte Kündigung** beschränkt, eine entsprechende Anwendung von § 1 Abs 3 KSchG auf personen- oder verhaltensbedingte Kündigungen kommt nicht in Betracht. Nach dem eindeutigen Wortlaut der Norm ist Voraussetzung, dass die Kündigung „aus dringenden betrieblichen Erfordernissen iSd Absatzes 2" ausgesprochen worden ist. Eine Krankheit kann zwar betriebliche Ursachen haben, die Kündigung soll aber wegen der krankheitsbedingten Leistungsunfähigkeit bzw eingeschränkten Leistungsfähigkeit erfolgen. Bei personen- oder verhaltensbedingten Kündigungen steht der Arbeitnehmer, dessen Arbeitsverhältnis gekündigt werden soll, bereits aufgrund der kündigungsrelevanten fehlenden Eignung oder des zur Kündigung führenden Fehlverhaltens fest. Deshalb ist keine Auswahlentscheidung nötig. Würde der Arbeitgeber in solchen Fällen zu einer „**Austauschkündigung**" für berechtigt gehalten oder er hierzu verpflichtet, würde in die vertraglich begründete Rechtsposition eines anderen Arbeitnehmers eingegriffen, ohne dass der Dritte dafür einen Grund gesetzt hätte.[528]

---

523 Vom 25.9.1996, BGBl I S 1476.
524 Rn 858 ff; zu der Neuaufnahme des Kriteriums der Schwerbehinderung zB Brors in AuR 2005, 41, 43 und in Fischer in DB 2004, 2752.
525 Rn 899 ff.
526 Rn 908 ff.
527 Rn 880 ff.
528 Str, die hier vertretene Ansicht entspricht BAG 29.1.1997 – 2 AZR 9/96 – AP KSchG 1969 § 1 Krankheit Nr 32 II 1 c mwN zum Streitstand.

In mittlerweile gefestigter Rechtsprechung[529] prüft der zweite Senat die Sozialauswahl nach der jetzigen Gesetzeslage[530] in der **Reihenfolge** 814
- Bildung des Kreises der vergleichbaren Arbeitnehmer,
- **Sozialauswahl unter den vergleichbaren Arbeitnehmern** anhand der vier Sozialindikatoren Betriebszugehörigkeit, Lebensalter, Unterhaltspflichten und Schwerbehinderung innerhalb des verbleibenden Personenkreises, wobei der Arbeitgeber einen Wertungsspielraum hat
- **Herausnahme einzelner Arbeitnehmer wegen berechtigten betrieblichen Interesses.** Das Interesse des sozial schwächeren Arbeitnehmers ist im Rahmen von § 1 Abs 3 Satz 2 KSchG gegen das betriebliche Interesse an einer Herausnahme eines Leistungsträgers abzuwägen.[531] Je schwerer dabei das soziale Interesse wiegt, umso gewichtiger müssen die Gründe für die Ausklammerung des Leistungsträgers sein. Die Auswahl nach sozialen Gesichtspunkten stellt die Regel dar, die Ausklammerung sog. Leistungsträger nach Satz 2 der Norm ist die Ausnahme.[532]

Der Gesetzgeber lässt nicht das bloße **betriebliche Interesse** ausreichen; dieses **muss „berechtigt sein".** Daraus folgt der Zweite Senat, dass nach dem Gesetz gegenläufige Interessen denkbar und zu berücksichtigen sind, die einer Ausklammerung von sog. Leistungsträgern aus der Sozialauswahl auch dann entgegenstehen können, wenn sie bei einer isolierten Betrachtung des betrieblichen Interesses gerechtfertigt wären. 815

Diese Prüfungsabfolge des Zweiten Senats entspricht der bis zum 30.9.1996 und auch der während der Geltung des Korrekturgesetzes vom 1.1.1999 bis zum 31.12.2003 geltenden Rechtslage.[533] 816

Der Gegenauffassung, wonach der Kreis der vergleichbaren Arbeitnehmer zunächst durch Ausklammerung der Arbeitnehmer, deren Weiterbeschäftigung im berechtigten betrieblichen Interesse liegt, zu verengen und erst an- 817

---

529 BAG 10.6.2010 – 2 AZR 420/09 – NZA 2010, 1352; 5.6.2008 – 2 AZR 907/06 – NZA 2008, 1120; 31.5.2007 – 2 AZR 306/06 – AP KSchG § 1 Soziale Auswahl Nr 93.
530 Zu der Rechtslage unter Geltung des Korrekturgesetzes vom 1.1.1999 bis 31.12.2003 Bader NZA 1999, 64, 68.
531 BAG 10.6.2010 – 2 AZR 420/09 – NZA 2010, 1352; 5.6.2008 – 2 AZR 907/06 – NZA 2008, 1120; 31.5.2007 – 2 AZR 306/06 – AP KSchG § 1 Soziale Auswahl Nr 93.
532 Vgl BAG 5.6.2008 – 2 AZR 907/06 – NZA 2008, 1120; 31.5.2007 – 2 AZR 306/06 – AP KSchG § 1 Soziale Auswahl Nr 93; APS/Kiel § 1 KSchG Rn 757 ff; KR/Griebeling § 1 KSchG Rn 627; aA HaKo Gallner 3. Aufl § 1 KSchG Rn 743; Bader NZA 2004, 65, 73; Bauer Sonderbeilage zu NZA Heft 18/2004, 38, 41 ff; Lingemann/Rolf NZA 2005, 264, 265 f; SPV/Preis Rn 1105; detailliert Thüsing/Wege RdA 2005, 12, 13, 15 ff; Willemsen/Annuß NJW 2004, 177, 179; auch Wank lehnt in RdA 2006, 238, 241 f eine Abwägung der Arbeitnehmerbelange des § 1 Abs 3 Satz 1 KSchG und der betrieblichen Interessen des § 1 Abs 3 Satz 2 KSchG ab.
533 Zum bis zum 30.9.1996 anzuwendenden Recht etwa BAG 24.3.1983 – 2 AZR 21/82 – AP KSchG 1969 § 1 Betriebsbedingte Kündigung Nr 12 B V 2 d; BAG 18.10.1984 – 2 AZR 543/83 – AP KSchG 1969 § 1 Soziale Auswahl Nr 6 B II 4 b; BAG 25.4.1985 – 2 AZR 140/84 – AP KSchG 1969 § 1 Soziale Auswahl Nr 7 B II 3 und 4.

schließend die Auswahl nach Sozialkriterien durchzuführen ist,[534] ist zu konzedieren, dass die Prüfung sich danach rechtssicherer gestaltet, weil es keinen Abwägungsprozess gibt. Bei der Feststellung berechtigter betrieblicher Interessen wäre nach dieser Auffassung auf soziale Belange keine Rücksicht mehr zu nehmen. Die Streitfrage kann deshalb auch **Auswirkungen auf das Auswahlergebnis** haben.

818 Die Streitfrage ist für die Praxis nach den jetzt zum neuen Recht vorliegenden Entscheidungen des Zweiten Senats geklärt.

819 **Exkurs:** Auf der dem materiellen Kündigungsgrund vorgelagerten Ebene der Betriebsratsanhörung erfüllt der Arbeitgeber seine subjektiv determinierte Unterrichtungspflicht nach § 102 Abs 1 BetrVG, wenn er die Gesichtspunkte mitteilt, die nach seiner Auffassung die Auswahlentscheidung rechtfertigen. Hat der Arbeitgeber keine soziale Auswahl getroffen, weil er keine anderen Arbeitnehmer für vergleichbar hält, kann er sich darauf beschränken, den Betriebsrat darüber zu informieren.[535] Über eine abstrakt mögliche, tatsächlich aber unterbliebene Auswahl muss der Arbeitgeber den Betriebsrat nicht unterrichten, weil sie für seinen Kündigungsentschluss nicht maßgeblich ist. Dabei kommt es nicht darauf an, weshalb der Arbeitgeber eine Auswahl für entbehrlich hält. Die unterlassene Auswahl braucht er gegenüber dem Betriebsrat nicht zu begründen. Der nötige kollektivrechtliche Schutz des Arbeitnehmers wird schon dadurch bewirkt, dass der Betriebsrat der Kündigung in einem solchen Fall nach § 102 Abs 3 Nr 1 BetrVG mit der Begründung widersprechen kann, der Arbeitgeber habe den auswahlrelevanten Personenkreis zu eng gezogen oder eine soziale Auswahl zu Unrecht völlig unterlassen.[536] Allerdings verwehrt eine objektiv unvollständige Anhörung es dem Arbeitgeber, im Kündigungsschutzprozess Gründe „nachzuschieben", die über die Erläuterung des mitgeteilten Sachverhalts hinausgehen. Das gilt aber nur eingeschränkt für Tatsachen, die dem Betriebsrat bei der Anhörung schon bekannt waren.[537] Rügt der Arbeitnehmer im Kündigungsschutzprozess, der Arbeitgeber habe vergleichbare Arbeitnehmer nicht in seine Auswahlüberlegungen einbezogen, kann der Arbeitgeber darauf idR prozessual eingehen, ohne den Betriebsrat zuvor ergänzend nach schon bewirktem Zugang der Kündigung entsprechend § 102 BetrVG anzuhören. Ein gegen § 102 BetrVG verstoßendes Nachschieben von Kündigungsgründen ist darin nicht zu sehen. Bei der Erweiterung der Gründe für die – unterbliebene – soziale Auswahl auf Ar-

---

534 Noch HaKo/Gallner, 3. Aufl Rn 746; Bader NZA 1996, 1125; v. Hoyningen-Huene/Linck DB 1997, 41, 43 und zur neuen Rechtslage des Arbeitsmarktreformgesetzes Bauer Sonderbeilage zu NZA Heft 18/2004, 38, 41 ff; Lingemann/Rolf NZA 2005, 264, 265 f; detailliert Thüsing/Wege RdA 2005, 12, 13, 15 ff; Wank RdA 2006, 238, 241 f.
535 BAG 12.8.2010 – 2 AZR 945/08 – NZA 2011, 460; 11.12.2003 – 2 AZR 536/02 – AP KSchG 1969 § 1 Soziale Auswahl Nr 65; 27.9.2001 – 2 AZR 236/00 – AP TVG § 4 Nachwirkung Nr 40; 26.10.1995 – 2 AZR 1026/94 – AP Einigungsvertrag Art 20 Nr 35.
536 BAG 20.1.2000 – 2 ABR 19/99 – ZTR 2001, 89 B II 3; zur Erstreckung des Widerspruchsrechts auf die auswahlrelevante Gruppe auch nach Inkrafttreten des Gesetzes zu Reformen am Arbeitsmarkt am 1.1.2004 zB Fitting § 102 Rn 78.
537 BAG 11.12.2003 – 2 AZR 536/02 – AP KSchG 1969 § 1 Soziale Auswahl Nr 65 B II 3 a.

beitnehmer, die der Arbeitgeber nicht als vergleichbar eingeordnet hat, handelt es sich um eine bloße Konkretisierung des bisherigen Kündigungssachverhalts.[538] Der Kern des Kündigungsgrundes verändert sich dadurch nicht. Neu sind regelmäßig nur einzelne rechtliche Aspekte.[539] Sonst würde die prozessuale Förderungspflicht des Arbeitgebers, die vom Prozessverhalten des Arbeitnehmers abhängt, durch § 102 BetrVG unangemessen erschwert. Denn nach § 1 Abs 3 Satz 3 KSchG obliegt die primäre Darlegungslast und auch die letztendliche Beweislast für die Tatsachen, aus denen sich die Unrichtigkeit der Sozialauswahl ergibt, dem Arbeitnehmer. Der Arbeitgeber muss objektiv erhebliche Umstände, die er ursprünglich nicht mitgeteilt hat, weil er sie übersehen oder zu Unrecht für unerheblich gehalten hat, im Prozess erst auf entsprechende Rüge des Arbeitnehmers substantiiert vortragen.[540] Noch klarer ist die Annahme einer bloßen Konkretisierung, wenn der Arbeitgeber dem Betriebsrat ausdrücklich mitteilt, er halte bestimmte Arbeitnehmer – bspw CNC-Dreher – für nicht vergleichbar, und diese rechtliche Einschätzung im Prozess lediglich näher begründet. Schlüssig informiert der Arbeitgeber den Betriebsrat über die von ihm angenommene fehlende Vergleichbarkeit mit anderen Arbeitnehmern, wenn er mitteilt, er beziehe nur bestimmte Arbeitnehmer in die auswahlrelevante Gruppe ein. Die von Etzel[541] befürwortete nachträgliche Unterrichtungspflicht gegenüber dem Betriebsrat ist demgegenüber allenfalls dann zu bejahen, wenn das prozessuale Vorbringen des Arbeitgebers im Einzelfall über eine Konkretisierung der dem Betriebsrat mitgeteilten Gründe hinausgeht.[542] In diesem Zusammenhang sind die Konstellation, in der der Arbeitgeber andere Arbeitnehmer außerhalb der von ihm angenommenen Vergleichsgruppe für nicht vergleichbar hält und den Betriebsrat entsprechend informiert, und die Gestaltung zu unterscheiden, in der der Arbeitgeber tatsächlich eine Auswahlentscheidung unter mehreren Arbeitnehmern trifft, sie dem Betriebsrat aber nicht mitteilt. Während der Arbeitgeber den Betriebsrat im ersten Fall zutreffend, wenn auch nicht mit der im Kündigungsschutzprozess erforderlichen Präzision unterrichtet, teilt er dem Betriebsrat in der zweiten Konstellation einen auch aus seiner subjektiven Sicht unvollständigen und damit unrichtigen Kündigungssachverhalt mit.[543]

---

538 BAG 7.11.1996 – 2 AZR 720/95 – RzK III 1 b Nr 26; 15.6.1989 – 2 AZR 580/88 – AP KSchG 1969 § 1 Soziale Auswahl Nr 18.
539 Vgl BAG 11.12.2003 – 2 AZR 536/02 – AP KSchG 1969 § 1 Soziale Auswahl Nr 65 sowohl zu Fragen der Vergleichbarkeit als auch zu solchen der Leistungsträgerregelung nach § 1 Abs 3 Satz 2 KSchG.
540 BAG 7.11.1996 – 2 AZR 720/95 – RzK III 1 b Nr 26; 15.6.1989 – 2 AZR 580/88 – AP KSchG 1969 § 1 Soziale Auswahl Nr 18.
541 In KR § 102 BetrVG Rn 62 j.
542 BAG 15.6.1989 – 2 AZR 580/88 – AP KSchG 1969 § 1 Soziale Auswahl Nr 18; vgl auch BAG 7.11.1996 – 2 AZR 720/95 – RzK III 1 b Nr 26.
543 Zu dieser Differenzierung BAG 7.11.1996 – 2 AZR 720/95 – RzK III 1 b Nr 26 in Abgrenzung zu dem Sachverhalt, der BAG 26.10.1995 – 2 AZR 1026/94 – AP Einigungsvertrag Art 20 Nr 35 zugrunde lag; die nachträgliche Anhörungspflicht im Einzelfall offenlassend BAG 21.9.2000 – 2 AZR 385/99 – AP KSchG 1969 § 1 Betriebsbedingte Kündigung Nr 111 B IV 3 b, weil der Arbeitgeber den Betriebs-

3. Betriebsbezug

820 Da der allgemeine Kündigungsschutz grundsätzlich betriebsbezogen ausgestaltet ist und er innerhalb von § 1 Abs 3 KSchG – abweichend von § 1 Abs 2 Satz 2 Nr 1 b KSchG – keine Erweiterung auf das Unternehmen erfahren hat, erstreckt sich die soziale Auswahl nur auf den **Beschäftigungsbetrieb**. Ein Betrieb ist die organisatorische Einheit, innerhalb derer der Arbeitgeber allein oder mit seinen Arbeitnehmern durch Einsatz technischer und immaterieller Mittel bestimmte arbeitstechnische Zwecke fortgesetzt verfolgt, die sich nicht in der Befriedigung von Eigenbedarf erschöpfen. In Anbetracht der Möglichkeit, dass mit oder in einem Betrieb mehrere Zwecke verfolgt werden, kommt der Einheit der Organisation besondere Bedeutung zu. Diese erfordert einen Leitungsapparat, um insbesondere in personellen und sozialen Angelegenheiten wesentliche Entscheidungen selbständig treffen zu können.[544] Andere Betriebe des **Unternehmens** oder des **Konzerns** sind nicht in die Betrachtung einzubeziehen, wohl aber umfasst die soziale Auswahl alle **Abteilungen** und **Teile** des gesamten Betriebs.[545] Die Sozialauswahl ist grundsätzlich auch dann streng betriebsbezogen, wenn sich der Arbeitgeber ein betriebsübergreifendes Versetzungsrecht im Unternehmen vorbehalten hat.[546] In seiner Entscheidung vom 2.6.2005 hebt der Zweite Senat hervor, dass eine unternehmensweite Sozialauswahl auch durch rechtsmissbräuchliches Handeln nicht zu rechtfertigen sei. Ein solches Korrektiv sei entbehrlich, weil eine Unternehmerentscheidung, die lediglich das Ziel habe, die Sozialauswahl nach § 1 Abs 3 KSchG zu umgehen, nach dem Rechtsgedanken des § 162 BGB willkürlich

---

rat dort nachträglich unterrichtet hatte; etwas missverständlich formuliert BAG 24.2.2000 – 8 AZR 167/99 – APK SchG 1969 § 1 Soziale Auswahl Nr 47 I 2 b, weil die Entscheidung nicht ausdrücklich zwischen bloßer Konkretisierung und neuem Kündigungssachverhalt trennt.

544 St Rspr BAG 20.6.2013 – 2 AZR 271/12 – NZA 2013, 837 mwN: Bei der betriebsbedingten Kündigung eines **Leiharbeitnehmers** ist auf den Betrieb des Verleihers und nicht des Entleihers abzustellen. Zum Betrieb des Verleihers gehören alle unter einer einheitlichen Leitung zusammengefassten, zu dem Zweck ihrer Überlassung an Dritte beschäftigten Arbeitnehmer.

545 BAG 14.3.2013 – 8 AZR 154/12; 5.6.2008 – 2 AZR 907/06 – NZA 2008, 1120; iE Rn 693 und 696 ff. Zu dem Sonderproblem der Sozialauswahl bei unternehmens- oder konzernweiten Verlagerungs- und Konzentrationsmaßnahmen Bachner in NZA 2006, 1309.

546 BAG 14.3.2013 – 8 AZR 154/12; 31.5.2007 – 2 AZR 276/06 – NZA 2008, 33; 2.6.2005 – 2 AZR 158/04 – AP KSchG 1969 § 1 Soziale Auswahl Nr 73 II 2 mit grammatischen, teleologischen und systematischen Erwägungen zum Betriebsbegriff des § 1 Abs 2 Satz 1 und Abs 3 Satz 2 KSchG; zu II 2 b der Gründe lässt der Zweite Senat es offen, ob in Ausnahmefällen eine betriebsübergreifende soziale Auswahl durchzuführen ist. Der Sechste Senat folgt der Entscheidung des Zweiten Senats vom 2.6.2005 aaO in seinem Urt v 15.12.2005 – 6 AZR 199/05 – AP KSchG 1969 § 1 Soziale Auswahl Nr 76 II 2 und 3 ausdrücklich und lehnt eine betriebsübergreifende Sozialauswahl ebenfalls ab. Nach ihrer Tätigkeit vergleichbare Arbeitnehmer in anderen Betrieben des Unternehmens seien auch dann nicht in die Auswahl einzubeziehen, wenn der Arbeitgeber arbeitsvertraglich zu einer „Versetzung" des Arbeitnehmers in andere Betriebe des Unternehmens berechtigt sei. Dazu auch Rn 700.

und damit unbeachtlich sei. Sie könne deshalb schon kein dringendes betriebliches Erfordernis begründen.[547]

Auch ein **organisatorisch unselbstständiger Betriebsteil**, der vom Hauptbetrieb räumlich weit entfernt ist und daher nach § 4 Abs 1 Satz 1 Nr 1 BetrVG als selbstständiger Betrieb gilt, unterfällt dennoch dem betrieblichen Geltungsbereich des § 23 Abs 1 KSchG, selbst wenn er ohne den Hauptbetrieb nicht die erforderliche Arbeitnehmerzahl erreicht. § 23 Abs 1 KSchG differenziert nicht zwischen Betrieb und räumlich entferntem Betriebsteil. Die Vorschrift stellt entscheidend auf die organisatorische Einheit ab, innerhalb derer ein Unternehmer allein oder gemeinsam mit seinen Arbeitnehmern mithilfe sachlicher oder immaterieller Mittel bestimmte arbeitstechnische Zwecke fortgesetzt verfolgt. Die räumliche Einheit ist unerheblich. Es handelt sich **kündigungsschutzrechtlich – nicht betriebsverfassungsrechtlich – um einen Betrieb**. Da die Sozialauswahl **betriebsbezogen** durchzuführen und nicht auf Betriebsteile oder -abteilungen zu beschränken ist, steht ihrer Notwendigkeit nicht schon die räumlich weite Entfernung des Betriebsteils entgegen.[548] Auch bei Vorliegen einer betriebsverfassungsrechtlichen Eigenständigkeit einzelner Betriebsteile ist eine betriebsteilübergreifende Sozialauswahl durchzuführen.[549] Entsprechendes gilt, wenn ein Betriebsteil stillgelegt und ein anderer Betriebsteil auf einen Erwerber übertragen werden soll. Bei der betriebsbedingten Kündigung eines Arbeitnehmers des stillzulegenden Betriebsteils ist daher bei der Sozialauswahl auch ein vergleichbarer Arbeitnehmer zu berücksichtigen, der zurzeit der Kündigung dem später zu übertragenden Betriebsteil angehört.[550]

821

Im Fall der **Spaltung** oder **Teilübertragung** nach §§ 123 ff bzw 174 ff UmwG kann es ausnahmsweise zu einer **unternehmensübergreifenden** Sozialauswahl kommen. Nach § 323 Abs 1 UmwG verschlechtert sich die kündigungsrechtliche Stellung des von einer Umwandlung betroffenen Arbeitnehmers für die Dauer von zwei Jahren nach wirksam gewordener Spaltung oder Teilübertragung nicht. In erster Linie soll dadurch verhindert werden, dass der betroffene Arbeitnehmer aus dem betrieblichen Geltungsbereich des § 23 Abs 1 KSchG fällt. Daneben werden durch § 323 Abs 1 UmwG aber auch die in § 1 Abs 2 und 3 KSchG geregelten Voraussetzun-

822

---

547 BAG 2.6.2005 – 2 AZR 158/04 – AP KSchG 1969 § 1 Soziale Auswahl Nr 73 II 2 b.
548 BAG 31.5.2007 – 2 AZR 276/06 – NZA 2008, 33; 21.6.1995 – 2 AZR 693/94 – AP BetrVG 1972 § 1 Nr 16: Der Zweite Senat hat hier im Ergebnis die Notwendigkeit einer sozialen Auswahl verneint, weil die Klägerin nicht durch Ausübung des Direktionsrechts an den Ort des Hauptbetriebs hätte versetzt werden können; **im öffentlichen Dienst** entspricht idR die Dienststelle im personalvertretungsrechtlichen Sinne dem Betrieb im Bereich der Privatwirtschaft: BAG 25.10.2012 – 2 AZR 552/11 – EzA KSchG § 1 Betriebsbedingte Kündigung Nr 171; zu der Frage des betrieblichen Geltungsbereichs für evangelische Kirchengemeinden BAG 12.11.1998 – 2 AZR 459/97 – AP KSchG 1969 § 23 Nr 20 II 2 bis 5.
549 BAG 31.5.2007 – 2 AZR 276/06 – NZA 2008, 33; 3.6.2004 – 2 AZR 577/03 – AP BetrVG 1972 § 102 Nr 141.
550 BAG 14.3.2013 – 8 AZR 154/12; 28.10.2004 – 8 AZR 391/03 – AP KSchG 1969 § 1 Soziale Auswahl Nr 69 II 3 b mitüberwiegend zust Bspr v. Hoyningen-Huene RdA 2006, 44.

gen der sozialen Rechtfertigung einer Kündigung zeitweilig abgeändert.[551] Allerdings steht § 323 Abs 1 InsO einer Kündigung des neuen Rechtsträgers nicht entgegen. Die Regelung gilt nur für Verschlechterungen, die aufgrund der Spaltung eintreten. Das trifft zu, wenn sie sich als unmittelbare Folge der Spaltung darstellen. Spätere Entwicklungen werden von § 323 Abs 1 UmwG nicht erfasst und können sich nachteilig auf den Arbeitnehmer auswirken. Wird ein abgespaltener Betrieb von dem neuen Rechtsträger später stillgelegt, ist eine Kündigung aufgrund der Stilllegung möglich.[552] Zwar verschlechtert sich die kündigungsrechtliche Stellung aufgrund der Spaltung für die Dauer von zwei Jahren nicht. Das führt jedoch nicht dazu, dass hinsichtlich der Sozialauswahl auf die Verhältnisse vor der Spaltung abzustellen wäre. Bloße indirekte, reflexartige Vorteile, die ausschließlich aus der Situation des Ursprungsbetriebs herrühren, betreffen die rechtliche Stellung des Arbeitnehmers nicht. Um einen solchen mittelbaren Vorteil handelt es sich, wenn der gekündigte Arbeitnehmer bezogen auf den Ursprungsbetrieb mit weiteren Arbeitnehmern vergleichbar wäre und eine in diesem Rahmen durchgeführte Sozialauswahl zu seinen Gunsten ausfiele. Zu berücksichtigen ist auch, dass der Rechtsträger des abgespaltenen Unternehmens Arbeitnehmer des Ursprungsbetriebs idR nicht kündigen kann. Eine soziale Auswahl zwischen Arbeitnehmern des Betriebs des abgespaltenen Unternehmens und des Ursprungsbetriebs findet deswegen nur dann statt, wenn die Unternehmen **nach der Spaltung weiter einen gemeinsamen Betrieb** führen. Eine unternehmensübergreifende Sozialauswahl kommt auch dann nicht mehr in Betracht, wenn der Gemeinschaftsbetrieb im Zeitpunkt der Kündigung nicht mehr besteht. Gleiches gilt, wenn einer der Betriebe, die im Zeitpunkt der Kündigung einen Gemeinschaftsbetrieb bildeten, noch nicht stillgelegt ist, aufgrund einer unternehmerischen Entscheidung, die schon greifbare Formen angenommen hat, aber feststeht, dass der Betrieb mit Ablauf der Kündigungsfrist des betroffenen Arbeitnehmers stillgelegt sein wird. Kündigungsgrund ist in einem derartigen Fall das dringende betriebliche Erfordernis, das einer Weiterbeschäftigung des Arbeitnehmers in dem stillzulegenden Betrieb nach Ablauf der Kündigungsfrist entgegensteht.[553]

823 Im Zusammenhang mit einem Betriebsübergang[554] ist regelmäßig danach zu unterscheiden, ob der Betriebsveräußerer oder der Betriebserwerber kündigt:[555]

- Kündigt der Betriebsveräußerer vor dem Betriebsübergang, unterliegen im Regelfall nur die vergleichbaren Arbeitnehmer des übergehenden Betriebs der Sozialauswahl.

---

551 Vgl vHH/L/v. Hoyningen-Huene § 23 Rn 16 ff; zu der Verknüpfung des Problems mit dem des Gemeinschaftsbetriebs auch KR/Griebeling § 1 KSchG Rn 610.
552 BAG 22.9.2005 – 6 AZR 526/04 – AP UmwG § 323 Nr 1 II 1 b.
553 BAG 21.5.2008 – 8 AZR 84/07 – NZA 2008, 753; 22.9.2005 – 6 AZR 526/04 – AP UmwG § 323 Nr 1 II 3 a, b und c.
554 Vgl zu den Fragen des Betriebsübergangs im Allgemeinen die Erl zu § 613a BGB; zu der Abgrenzung von dringendem betrieblichem Erfordernis und Betriebsübergang Rn 794 f; zu den prozessualen Problemen eines Betriebsübergangs § 4 KSchG Rn 99 ff.
555 Vgl zu den folgenden Ausführungen KR/Griebeling § 1 KSchG Rn 611 und Löwisch in: Löwisch/Spinner/Wertheimer Vorbemerkungen zu § 1 Rn 90.

- Setzt der Veräußerer ein auf den künftigen Betrieb bezogenes unternehmerisches Konzept des Erwerbers um, sind ausnahmsweise alle Arbeitnehmer des künftig vereinten Betriebs in die Sozialauswahl einzubeziehen.[556] Der dem Arbeitnehmer zukommende Vorteil einer erweiterten sozialen Auswahl entspricht spiegelbildlich dem Privileg der Arbeitgeberseite, schon vor Vollzug des Betriebsübergangs einer unternehmerischen Entscheidung des Erwerbers – dem sog Erwerberkonzept – durch Ausspruch einer Kündigung durch den Veräußerer Ausdruck zu verleihen. Dabei kommt es nicht darauf an, ob die Kündigungsfrist erst nach dem Betriebsübergang auf den Erwerber endet. Der maßgebliche Zeitpunkt für die Sozialauswahl ist der Zugang der Kündigung.[557]
- Kündigt der Betriebserwerber, nachdem er den erworbenen Betrieb nach dem Betriebsübergang in einen seiner bisherigen Betriebe eingegliedert hat, sind alle Arbeitnehmer des auf diese Weise entstandenen neuen Betriebs – die bisherigen und die übernommenen – in die soziale Auswahl einzubeziehen.[558]

Widerspricht ein Arbeitnehmer bei einem Betriebs(teil-)übergang form- und fristgerecht dem Übergang seines Arbeitsverhältnisses, geht dieses nicht auf den Erwerber über. Bestehen in dem nicht übertragenen Betrieb oder Betriebsteil keine Beschäftigungsmöglichkeiten für den widersprechenden Arbeitnehmer, bedingen dringende betriebliche Erfordernisse die Kündigung des Arbeitsverhältnisses. Allerdings ist zwischen dem widersprechenden Arbeitnehmer eine **Sozialauswahl** mit den vergleichbaren Arbeitnehmern des nicht übergegangenen Betriebs(-teils) vorzunehmen. Auch die **Arbeitnehmer, die einem Übergang ihres Arbeitsverhältnisses auf einen Betriebserwerber nach § 613a Abs 6 BGB widersprochen haben,** können sich bei einer nachfolgenden, vom Betriebsveräußerer erklärten Kündigung auf eine mangelhafte Sozialauswahl nach § 1 Abs 3 Satz 1 KSchG berufen, ohne dass es darauf ankommt, ob es anerkennenswerte Gründe für die Ausübung des Widerspruchsrechts gegeben hat.[559] Mit der Entscheidung vom 31.5.2007 hat das BAG eine umfangreiche Diskussion darüber beendet, ob bei der Prüfung der sozialen Auswahlgesichtspunkte die **Gründe für den Widerspruch zu** berücksichtigen sind.[560] Nachdem der Gesetzgeber das Widerspruchsrecht nicht von berechtigten Gründen abhängig gemacht hat, obwohl ihm das Problem der Sozialauswahl bei nachfolgenden betriebsbedingten Kündigungen bekannt war, gibt es keine gesetzliche

824

---

556 APS/Kiel § 1 KSchG Rn 674.
557 BAG 21.4.2005 – 2 AZR 241/04 – AP KSchG 1969 § 1 Soziale Auswahl Nr 74 B I 4, 5 und 6 mwN mit Anm Brors in jurisPR-ArbR 20/2006 Anm 1; dazu näher Rn 706 und 850.
558 APS/Kiel § 1 KSchG Rn 675; KR/Griebeling § 1 KSchG Rn 611; aA Henckel ZTR 1984, 225, 235.
559 BAG 31.5.2007 – 2 AZR 276/06 – NZA 2008, 33; vgl § 613a BGB Rn 193 ff.
560 Vgl die uneinheitliche frühere Rspr BAG 7.4.1993 – 2 AZR 449/91 (B) – AP KSchG 1969 § 1 Soziale Auswahl Nr 22 II 5 b; BAG 18.3.1999 – 8 AZR 190/98 – AP KSchG 1969 § 1 Soziale Auswahl Nr 41 B II 2 a; BAG 24.2.2000 – 8 AZR 145/99 – EzS 2/107 II 4 c aa; BAG 5.12.2002 – 2 AZR 522/01 – AP KSchG 1969 § 1 Betriebsbedingte Kündigung Nr 126 B II 4 a; BAG 22.4.2004 – 2 AZR 244/03 – NZA 2004, 1389 B II 2; BAG 24.5.2005 – 8 AZR 398/04 – NZA 2005, 1302 III 2 b mwN.

Grundlage für eine Berücksichtigung der Widerspruchsgründe bei der Vornahme der Sozialauswahl.

825 Bilden **mehrere Unternehmen einen gemeinschaftlichen Betrieb**, erstreckt sich die Sozialauswahl bis zu einer etwaigen Auflösung des Gemeinschaftsbetriebs auf den gesamten Betrieb. Mehrere Unternehmen unterhalten einen gemeinsamen Betrieb, wenn die in einer Betriebsstätte vorhandenen materiellen und immateriellen Betriebsmittel für einen einheitlichen arbeitstechnischen Zweck zusammengefasst, geordnet und gezielt eingesetzt werden und der Einsatz der menschlichen Arbeitskraft von einem einheitlichen Leitungsapparat gesteuert wird. Dazu müssen sich die beteiligten Unternehmen zumindest stillschweigend zu einer gemeinsamen Führung rechtlich verbunden haben. Diese einheitliche Leitung muss sich auf die wesentlichen Funktionen eines Arbeitgebers in sozialen und personellen Angelegenheiten erstrecken (zB Einstellungen, Entlassungen, Versetzungen oder die Anordnung von Überstunden).[561] Eine unternehmensübergreifende Sozialauswahl ist allerdings dann nicht vorzunehmen, wenn der Gemeinschaftsbetrieb im Zeitpunkt der Kündigung nicht mehr besteht.[562]

826 Arbeitnehmer, deren **Arbeitsverhältnisse ruhen**, sind in die soziale Auswahl nicht einzubeziehen. Da das Arbeitsverhältnis fortbesteht, ist das zwar nicht bereits auf die Betriebsbezogenheit der sozialen Auswahl zurückzuführen. Für die Kündigung des ruhenden Arbeitsverhältnisses besteht aber kein **betriebliches** Erfordernis iSd § 1 Abs 2 Satz 1 Var 3 KSchG. Es handelt sich also nicht um eine Frage der Vergleichbarkeit innerhalb der sozialen Auswahl. Die betriebsbedingte Kündigung soll im Regelfall einem Beschäftigungsrückgang Rechnung tragen. Der Arbeitgeber braucht den Arbeitnehmer, dessen Arbeitsverhältnis suspendiert ist, aber nicht zu beschäftigen, und ist ihm gegenüber nicht mit Entgeltforderungen belastet; die gegenseitigen Hauptpflichten ruhen. Wäre der Arbeitgeber gezwungen, zunächst das ruhende Arbeitsverhältnis zu kündigen, stünde er nicht besser als vor der Kündigung. Er müsste ein weiteres Arbeitsverhältnis kündigen, um sein Ziel zu erreichen.[563] Steht vor Ausspruch der Kündigung die Rückkehr des Arbeitnehmers, dessen Arbeitsverhältnis ruht, unmittelbar bevor, ist ein betriebliches Erfordernis für die Kündigung seines Arbeitsverhältnisses anzunehmen und er in die soziale Auswahl einzubeziehen. Es gilt Entsprechendes wie in Konstellationen, in denen zur Zeit der Kündigungserklärung schon absehbar ist, dass bei Ablauf der Kündigungsfrist ein freier Arbeitsplatz vorhanden sein wird oder der Arbeitgeber eine vorweggenommene Stellenbesetzung vornimmt.[564] Bezieht der Arbeitgeber den

---

561 BAG 9.6.2011 – 6 AZR 132/10 – AP BetrVG 1972 § 102 Nr 164.
562 BAG 29.11.2007 – 2 AZR 763/06 – AP KSchG 1969 § 1 Soziale Auswahl Nr 95; Löwisch FS Bepler 2012 S 403, 408; vgl näher Rn 822.
563 Str, wie hier BAG 26.2.1987 – 2 AZR 177/86 – AP KSchG 1969 § 1 Soziale Auswahl Nr 15 B III 2 d bb; KR/Griebeling § 1 KSchG Rn 667; APS/Kiel § 1 KSchG Rn 698; aA SPV/Preis Rn 1067; vHH/L/Krause § 1 KSchG Rn 959 f, die den Gesichtspunkt der finanziellen Entlastung nur iR der berechtigten betrieblichen Interessen des § 1 Abs 3 Satz 2 KSchG berücksichtigen wollen, zumal hierdurch das unvertretbare Ergebnis vermieden werde, dass sozial weniger schutzwürdige Arbeitnehmer aus der Sozialauswahl ausgenommen blieben, obwohl die Wiederaufnahme der Arbeit unmittelbar bevorstehe.
564 Rn 706.

Rückkehrer in einem solchen Fall nicht in die soziale Auswahl ein, findet der Rechtsgedanke des § 162 BGB Anwendung.

4. Abgrenzung zu der anderweitigen Beschäftigungsmöglichkeit auf einem freien Arbeitsplatz

Wenn der Zahl der Entlassungen in **zwei Betrieben** eine geringere Zahl von Weiterbeschäftigungsmöglichkeiten auf freien Arbeitsplätzen eines **dritten Betriebs des Unternehmens** gegenübersteht, ist der Arbeitgeber jedenfalls nach § 315 BGB gehalten, eine Auswahlentscheidung nach sozialen Gesichtspunkten vorzunehmen. Gleiches ist für die Wiedereinstellung nach Ausspruch einer Kündigung anzunehmen. Ob in beiden Fällen eine **soziale Auswahl entsprechend § 1 Abs 3 KSchG** vorzunehmen ist, hat das BAG bislang offengelassen.[565]

827

5. Prüfungsschritte

a) **Vergleichbarkeit (auswahlrelevanter Personenkreis).** Die Sozialauswahl erstreckt sich innerhalb des Betriebs auf diejenigen Arbeitnehmer, die objektiv miteinander vergleichbar sind. Es können nur Arbeitnehmer verglichen werden, die – bezogen auf die Merkmale des Arbeitsplatzes – sowohl aufgrund ihrer Fähigkeiten und Kenntnisse als auch nach dem Inhalt der von ihnen vertraglich geschuldeten Aufgaben **austauschbar** sind.[566] Dazu muss der unmittelbar kündigungsbedrohte Arbeitnehmer den fortbestehenden Arbeitsplatz eines anderen Arbeitnehmers tatsächlich und rechtlich übernehmen können.[567] Es können auch nur Arbeitnehmer auf derselben Ebene der Betriebshierarchie in die Sozialauswahl einbezogen werden (**sog horizontale Vergleichbarkeit**). Bei einer teilweisen Identität der Aufgabenbereiche ist zu prüfen, ob der Arbeitnehmer, dessen Arbeitsplatz unmittelbar entfällt, Arbeitnehmer, die im Betrieb eine ähnliche Aufgabenstellung wahrnehmen, ersetzen kann.[568] Eine wechselseitige Austauschbarkeit ist nicht nötig.[569] Die Frage der Austauschbarkeit beantwortet sich in erster Linie **nach arbeitsplatzbezogenen** Merkmalen, also nach der ausgeübten Tätigkeit. Sie ist nicht nur bei völliger Identität der Arbeitsplätze zu bejahen, sondern auch dann, wenn der Arbeitnehmer aufgrund seiner bisherigen Aufgaben im Betrieb und angesichts seiner beruflichen Qualifikation in der Lage ist, die andersartige, aber gleichwertige Arbeit eines Kollegen zu verrichten.[570] Im letzten Fall sind **subjektive** Kriterien, etwa Qualifikati-

828

---

565 Zu den Details Rn 717.
566 St Rspr, vgl BAG 20.6.2013 – 2 AZR 271/12 – NZA 2013, 837; 22.3.2012 – 2 AZR 167/11 – NZA 2012, 1040 mwN.
567 BAG 15.12.2011 – 2 AZR 42/10 – NZA 2012, 1044; 23.10.2008 – 2 AZR 163/07 – AP KSchG 1969 § 1 Namensliste Nr 18; 24.5.2005 – 8 AZR 398/04 – NZA 2005, 1302; ebenso KR/Griebeling § 1 KSchG Rn 616.
568 BAG 10.6.2010 – 2 AZR 420/09 – NZA 2010, 1352; 24.5.2005 – 8 AZR 398/04 – NZA 2005, 1302.
569 APS/Kiel § 1 KSchG Rn 680; KR/Griebeling Rn 618; SPV/Preis Rn 1040.
570 St Rspr BAG 20.6.2013 – 2 AZR 271/12 – NZA 2013, 837; 10.6.2010 – 2 AZR 420/09 – NZA 2010, 1352; 2.6.2005 – 2 AZR 480/04 – BAGE 115, 92.

onsunterschiede von Bedeutung,[571] die Notwendigkeit einer kurzen Einarbeitungszeit steht der Vergleichbarkeit aber nicht entgegen (**qualifikationsmäßige Austauschbarkeit**).[572] Bei der Beurteilung, ob der kündigungsbedrohte Arbeitnehmer alsbald auf dem andersartigen, gleichwertigen Arbeitsplatz einsetzbar ist, ist insbesondere auf seine aktuellen Kenntnisse und Fähigkeiten abzustellen. Ein arbeitsplatzbezogener Routinevorsprung schließt eine Vergleichbarkeit nicht aus. Der dem Arbeitgeber zumutbare Einarbeitungszeitraum hängt von den Umständen des Einzelfalles ab.[573]

829 Darüber hinaus bestimmt sich der auswahlrelevante Personenkreis nach der Reichweite des arbeitgeberseitigen Direktionsrechts. Kann der Arbeitgeber den unmittelbar kündigungsbedrohten Arbeitnehmer nach den arbeitsvertraglichen Vorgaben nicht kraft seines Direktionsrechts auf den besetzten Arbeitsplatz um- oder versetzen (**arbeitsvertragliche Austauschbarkeit**), fehlt es an der nach § 1 Abs 3 KSchG notwendigen Vergleichbarkeit.[574] Dabei ist der Inhalt der nach dem Arbeitsvertrag geschuldeten Tätigkeit maßgeblich. Somit ist – ggf im Wege der Auslegung – zu ermitteln, ob der Arbeitsvertrag des Arbeitnehmers, dessen Arbeitsplatz weggefallen ist, einen Einsatz ohne Änderung des Arbeitsvertrags rechtlich zulässt.[575] Je genauer der Arbeitsvertrag Arbeitsplatz bzw Arbeitsbereich des Arbeitnehmers beschreibt, umso stärker wird die Reichweite der Sozialauswahl begrenzt. Eine allgemein gehaltene Tätigkeitsbeschreibung (zB Sachbearbeiter, gewerblicher Arbeitnehmer) erweitert demnach den Kreis der in die Sozialauswahl einzubeziehenden Arbeitnehmer, eine eng gefasste Vereinbarung über die zu leistende Tätigkeit führt demgegenüber zu einer kleineren Vergleichsgruppe. Bei einem Arbeitsvertrag mit konkreter Tätigkeitsbezeichnung und einer allgemeinen Bezugnahme auf einen Tarifvertrag, der eine weitreichende Versetzungsmöglichkeit regelt, kann eine Begrenzung des Direktionsrechts nur angenommen werden, wenn eindeutige, klar hierauf bezogene Zusagen oder Absprachen bestehen.[576] Die Vergleichbarkeit kann grundsätzlich nicht dadurch herbeigeführt werden, dass der Arbeitsvertrag eines von einem betrieblichen Ereignis betroffenen Arbeitnehmers erst anlässlich dieses Ereignisses entsprechend angepasst wird.[577]

---

571 Vgl nur BAG 22.4.2004 – 2 AZR 243/03; BAG 23.11.2004 – 2 AZR 38/04 – AP KSchG 1969 § 1 Soziale Auswahl Nr 70; BAG 24.5.2005 – 8 AZR 398/04 – NZA 2005, 1302; BAG 2.6.2005 – 2 AZR 480/04 – AP KSchG 1969 § 1 Soziale Auswahl Nr 75; zu dem gebotenen Mindestmaß an sozialer Rücksichtnahme bei der Auswahlentscheidung in einem Kleinbetrieb BAG 6.2.2003 – 2 AZR 672/01 – AP KSchG 1969 § 23 Nr 30.
572 BAG 10.6.2010 – 2 AZR 420/09 – NZA 2010, 1352; 2.6.2005 – 2 AZR 480/04 – BAGE 115, 92.
573 BAG 24.5.2005 – 8 AZR 398/04 – NZA 2005, 1302; vgl näher Rn 844.
574 BAG 10.6.2010 – 2 AZR 420/09 – NZA 2010, 1352; 18.10.2006 – 2 AZR 676/05 – NZA 2007, 798.
575 Vgl BAG 18.10.2006 – 2 AZR 676/05 – NZA 2007, 798: Kündigung einer sog Betriebsleiterin einer der Niederlassungen der Beklagten, durch den Betriebsleiter eines anderen Standorts ersetzt werden sollte. Der Rechtsstreit wurde an das Landesarbeitsgericht zurückverwiesen, um den Arbeitsvertrag des Betriebsleiters, der die gekündigte Arbeitnehmerin ersetzen sollte, im Hinblick auf eine Versetzbarkeit an deren Standort auszulegen.
576 BAG 2.3.2006 – 2 AZR 23/05 – NZA 2006, 1350.
577 BAG 31.5.2007 – 2 AZR 276/06 – NZA 2008, 33.

Das Erfordernis der arbeitsvertraglichen Versetzungsmöglichkeit trotz gleichwertiger Arbeitsplätze dient dem Schutz des Arbeitgebers. Sonst könnte die Situation auftreten, dass eine Position „freizukündigen" wäre, ohne dass sie mit dem von der Kündigung bedrohten, aber sozial schützenswerteren Arbeitnehmer besetzt werden könnte, weil das Direktionsrecht des Arbeitgebers die Um- oder Versetzung nicht bewirken könnte. Das widerspräche dem Sinn der Sozialauswahl, das dringende betriebliche Erfordernis zu konkretisieren. Die Rechtsfolge wäre nicht mit dem aus Art 12 GG folgenden Recht des verdrängten Arbeitnehmers in Einklang zu bringen, den gewählten Arbeitsplatz beizubehalten, sofern dem kein hinreichender sachlicher Grund entgegensteht.[578]

830

Arbeitnehmer, deren Aufgabengebiet **arbeitsvertraglich eingeengt ist,** sind deshalb in der Situation einer betriebsbedingten Kündigung in besonderem Maße kündigungsbedroht, weil sie trotz ev. stärkerer Sozialdaten aus der Sozialauswahl herausfallen. Die mit der besonderen vertraglichen Abrede einhergehende Begrenzung des auswahlrelevanten Personenkreises ist weder arbeitsvertraglich regelungsbedürftig noch schadet es, wenn sich die Vertragsparteien der rechtlichen Auswirkungen nicht bewusst sind. Vielmehr ist der partielle Verlust des allgemeinen Kündigungsschutzes nur die notwendige rechtliche Konsequenz der Vertragsgestaltung.[579]

831

Hinweis: Die Beschränkung der Ausübung des Direktionsrechts muss sich aus dem Arbeitsvertrag ergeben. Arbeitspflichten können sich grundsätzlich nach längerer Zeit auf bestimmte Arbeitsbedingungen konkretisieren. In diesem Fall wird das dem Arbeitgeber an sich nach § 106 GewO zustehende Direktionsrecht beschränkt; die Arbeitspflicht des Arbeitnehmers ist nur noch auf einen Arbeitsort, eine bestimmte Arbeitszeit oder einen konkreten Tätigkeitsinhalt gerichtet. Spiegelbildlich zur Reichweite des Direktionsrechts wird dadurch auch der auswahlrelevante Personenkreis beschnitten. Bei der Annahme einer „Konkretisierung" des Arbeitsverhältnisses mit der Folge der Beschränkung der Sozialauswahl ist jedoch Zurückhaltung geboten. Die bloße Nichtausübung des Direktionsrechts über einen längeren Zeitraum beinhaltet nicht den Erkärungswert, dass der Arbeitgeber von diesem vertraglich und/oder gesetzlich eingeräumten Recht keinen Gebrauch mehr machen will. Eine Beschränkung des Direktionsrechts setzt grundsätzlich eine vertragliche Vereinbarung der Arbeitsvertragsparteien voraus. Diese kann zwar auch konkludent erfolgen. Neben dem jahrelang nicht ausgeübten Direktionsrecht müssen aber weitere konkrete Umstände hinzutreten, die den Schluss rechtfertigen, die Arbeitsvertragsparteien hätten das Direktionsrecht beschränken wollen. Das wird nur im Ausnahmefall anzunehmen sein.[580] IdR wird das Vertrauen des Arbeitnehmers, bei Fortbestand seines bisherigen Arbeitsplatzes seine Tätigkeit auch künftig zu gleichbleibenden Bedingungen ausüben zu können, al-

---

578 Zu allem Oetker FS Wiese S 333, 346 f.
579 Vgl BAG 17.9.1998 – 2 AZR 725/97 – AP KSchG 1969 § 1 Soziale Auswahl Nr 36 II 2 a und b mit zust Anm Krasshöfer EWiR 1999, 271; bestätigt durch BAG 17.2.2000 – 2 AZR 142/99 – AP KSchG 1969 § 1 Soziale Auswahl Nr 46 II 1 a, b, c und d.
580 BAG 17.8.2011 – 10 AZR 202/10 – NZA 2012, 265.

lenfalls im Rahmen von §§ 106 GewO und 315 BGB zu berücksichtigen sein, ohne aber zu einer beiderseits bindenden Vertragsänderung zu führen. Damit wird die Sozialauswahl regelmäßig nicht beschränkt, wenn es keine klare Beschränkung von Ort und Inhalt der geschuldeten Tätigkeit gibt.

832 Den Vertragspartnern bleibt es unbenommen, dem **Arbeitgeber durch weit gefasste Weisungsklauseln einen flexiblen Personaleinsatz zu gestatten**[581] **und ihm hierfür im Gegenzug eine ausgedehnte Sozialauswahl aufzuerlegen.** Umgekehrt steht einer eingeschränkten Direktionsbefugnis – aus Sicht des Arbeitnehmers – der Nachteil einer nur begrenzten Austauschbarkeit im Rahmen des § 1 Abs 3 KSchG gegenüber. Verengt sich seine Leistungspflicht auf einen einzigen Arbeitsplatz, kann er ohne soziale Auswahl entlassen werden, wenn diese Position entfällt.[582]

833 Die Annahme einer Vergleichbarkeit von Arbeitnehmern mit einer vereinbarten Beschränkung des Direktionsrechts widerspräche Wortlaut und Zweck des § 1 Abs 3 KSchG. Sie hätte zur Konsequenz, dass die Grundsätze der Erforderlichkeit und Verhältnismäßigkeit auf die Beziehung der Arbeitnehmer zueinander übertragen würden, während das nach der Struktur der betriebsbedingten Kündigung nur im Verhältnis zwischen Arbeitnehmer und Arbeitgeber geschehen soll. Die erste Stufe der sozialen Rechtfertigung einer auf betriebsbedingte Gründe gestützten Kündigung – die des dringenden betrieblichen Erfordernisses einschließlich des Fehlens einer Weiterbeschäftigungsmöglichkeit auf einem freien Arbeitsplatz des Unternehmens – betrifft allein Umstände in der Sphäre des Arbeitgebers. Im Rahmen der zweiten Stufe lässt eine fehlerhafte Sozialauswahl dieses dringende betriebliche Erfordernis nicht entfallen, vielmehr hat die soziale Auswahl funktional die Aufgabe der **personellen Konkretisierung des dringenden betrieblichen Erfordernisses**. Zu prüfen ist nur, gegenüber welchem Arbeitnehmer der Arbeitgeber das ihm aus betrieblichen Gründen zustehende Kündigungsrecht ausüben darf.[583] Ausnahmen hiervon aufgrund von Umständen in der betrieblichen Sphäre lässt das Gesetz lediglich innerhalb von § 1 Abs 3 Satz 2 KSchG zu, wenn die Weiterbeschäftigung eines bestimmten Arbeitnehmers im berechtigten betrieblichen Interesse liegt.[584] Müsste zunächst das Einverständnis des von der Kündigung bedrohten Arbeitnehmers mit der Um- oder Versetzung eingeholt werden, bliebe der auswahlrelevante Personenkreis entgegen der gesetzlichen Konzeption nicht auf den von dem betrieblichen Erfordernis unmittelbar betroffenen betrieblichen Bereich beschränkt, sondern würde durch eine subjektive

---

581 Zur Inhaltskontrolle von Versetzungsklauseln vgl BAG 25.8.2010 – 10 AZR 275/09 – NZA 2010, 1355.
582 BAG 17.9.1998 – 2 AZR 725/97 – AP KSchG 1969 § 1 Soziale Auswahl Nr 36 II 2 c; Berkowsky NZA 1996, 290, 292 f; Gaul NZA 1992, 573, 676.
583 BAG 17.9.1998 – 2 AZR 725/97 – AP KSchG 1969 § 1 Soziale Auswahl Nr 36 II 2 c.
584 BAG 29.3.1990 – 2 AZR 369/89 – AP KSchG 1969 § 1 Betriebsbedingte Kündigung Nr 50 B III 3 b bb, allerdings zu § 1 Abs 3 Satz 2 KSchG in der bis zum 30.9.1996 geltenden Fassung unter Hinweis auf BAG 18.1.1990 – 2 AZR 357/89 – AP KSchG 1969 § 1 Soziale Auswahl Nr 19 IV 3 b bb (allerdings zum damals maßgeblichen berechtigten betrieblichen Bedürfnis). Dort wurde die Frage der Bereitschaft des Arbeitnehmers zu der Vertragsänderung noch offengelassen.

Entscheidung des Arbeitnehmers auf andere Bereiche ausgedehnt. Für den verdrängten Beschäftigten würde erst durch diese Entschließung und nicht durch den betrieblichen Umstand ein Kündigungsgrund geschaffen.[585]

Schließlich wäre mit einer Erweiterung des auswahlrelevanten Personenkreises auf Arbeitnehmer, die keine derartige verengte Vertragsgestaltung aufweisen, jede unternehmerische Entscheidung **mit einem** unkalkulierbaren Risikos einer Vielzahl von Kündigungsschutzprozessen für den Arbeitgeber verbunden. Die von einer Kündigung bedrohten Arbeitnehmer könnten durch ein entsprechendes Einverständnis über die Grenzen ihres eigenen Arbeitsvertrags hinaus partiell vergleichbare Beschäftigte auf geringerwertigen Arbeitsplätzen verdrängen. Das widerspricht ebenfalls der zweistufigen Konzeption von § 1 Abs 2 und 3 KSchG.[586]

834

Bei **vorformulierten arbeitsvertraglichen Versetzungsklauseln** sind die Besonderheiten des AGB-Rechts zu berücksichtigen.[587] Entspricht der Versetzungsvorbehalt materiell dem Inhalt der gesetzlichen Regelung des § 106 GewO oder weicht er zugunsten des Arbeitnehmers davon ab, unterliegt diese Klausel keiner Angemessenheitskontrolle iSv § 307 Abs 1 Satz 1 BGB, sondern allein einer Transparenzkontrolle nach § 307 Abs 1 Satz 2 BGB.[588] Behält sich Arbeitgeber dagegen mit dem Versetzungsvorbehalt über § 106 GewO hinaus ein Recht zur Vertragsänderung vor, ist eine Angemessenheitskontrolle durchzuführen.[589] Die Bestimmung der Art bzw eines Orts der Arbeitsleistung in Kombination mit einem vorformulierten Versetzungsvorbehalt verhindert regelmäßig die vertragliche Beschränkung der geschuldeten Tätigkeit.[590] Hält ein gegenüber der gesetzlichen Regelung des § 106 GewO erweiterter formularmäßiger Versetzungsvorbehalt einer AGB-Kontrolle nicht stand, so ist die Vertragsklausel unwirksam. Im bipolaren Verhältnis der Arbeitsvertragsparteien kann sich grundsätzlich nur der Arbeitnehmer, nicht aber der Arbeitgeber als Klauselverwender auf die Unwirksamkeit einer vorformulierten Vertragsklausel berufen.[591] Dieser Grundsatz lässt sich nicht auf die Festlegung der Vergleichsgruppe im Rahmen der Sozialauswahl anwenden.[592] Zwar erleidet der gekündigte Arbeitnehmer durch die infolge der Unwirksamkeit des Versetzungsvorbe-

835

---

585 BAG 17.9.1998 – 2 AZR 725/97 – AP KSchG 1969 § 1 Soziale Auswahl Nr 36 II 2 c; BAG 29.3.1990 – 2 AZR 369/89 – AP KSchG 1969 § 1 Betriebsbedingte Kündigung Nr 50 B III 3 a; vgl auch Jobs DB 1986, 538, 539; Gaul NZA 1992, 673, 675 und Oetker FS Wiese, 333, 347, die von einem Vertrag zulasten Dritter sprechen.
586 BAG 29.3.1990 – 2 AZR 369/89 – AP KSchG 1969 § 1 Betriebsbedingte Kündigung Nr 50 B III 3 b cc zu der verneinten Frage der vertikalen Vergleichbarkeit.
587 Zur Auslegung und Inhaltskontrolle von formularmäßigen Versetzungsklauseln BAG 25.8.2010 – 10 AZR 275/09 – NZA 2010, 1355; zur Transparenzkontrolle BAG 13.4.2010 – 9 AZR 36/09 – DB 2010, 2805.
588 BAG 25.8.2010 – 10 AZR 275/09 – NZA 2010, 1355.
589 BAG 19.1.2011 – 10 AZR 738/09 – NZA 2011, 631; 25.8.2010 – 10 AZR 275/09 – NZA 2010, 1355.
590 BAG 26.9.2012 – 10 AZR 412/11 – AP Nr 22 zu § 106 GewO; 19.1.2011 – 10 AZR 738/09 – NZA 2011, 631.
591 Vgl BAG 28.3.2007 – 10 AZR 261/06 – NZA 2007, 687.
592 APS/Kiel § 1 KSchG Rn 687; KR/Griebeling § 1 KSchG Rn 621 a; Gelhaar NJW 2010, 2550; Salamon RdA 2011, 266, 269 f; offen gelassen BAG 15.12.2005 – 6 AZR 199/05 – NZA 2006, 590.

halts eintretende Verkleinerung des auswahlrelevanten Personenkreises einen kündigungsrechtlichen Nachteil, wenn anderenfalls die Sozialauswahl nicht auf ihn entfallen wäre. Die Drittwirkung der Vergleichsgruppenbildung gebietet jedoch, dass sich der Arbeitgeber auf die objektive Unwirksamkeit einer Versetzungsklausel in dem Formulararbeitsvertrag nach §§ 305ff BGB berufen darf. Die Unwirksamkeit des Versetzungsvorbehalts stellt in diesem Zusammenhang keinen Vorteil des Arbeitgebers dar, sondern wirkt sich zugunsten des ansonsten in die Sozialauswahl einzubeziehenden sozial stärksten Arbeitnehmers aus.[593] Nach der Rechtsprechung des BAG soll der Arbeitgeber aber wegen eines Verstoßes gegen das Verbot widersprüchlichen Verhaltens gehindert sein, sich auf eine objektiv unwirksame Versetzungsklausel zu berufen, wenn er den Arbeitnehmer einerseits wiederholt unter Berufung auf die Klausel versetzt hat und andererseits bei der Vergleichsgruppenbildung deren Unwirksamkeit geltend macht.[594]

836 **Teilzeitbeschäftigte** können dann **nicht mit Vollzeitkräften (oder umgekehrt) verglichen werden, wenn der Arbeitgeber eine Organisationsentscheidung getroffen hat, aufgrund derer für bestimmte Arbeiten Vollzeitkräfte (bzw Teilzeitbeschäftigte) vorgesehen sind.** Diese Entschließung kann als freie unternehmerische Entscheidung nur darauf überprüft werden, ob sie offenbar unsachlich, unvernünftig oder willkürlich ist. Liegt eine entsprechende bindende Unternehmerentscheidung vor, sind bei der Kündigung einer Teilzeitkraft die Vollzeitkräfte nicht in die Sozialauswahl einzubeziehen.[595] Um die von ihm getroffene Organisationsentscheidung überprüfen zu können, muss der Arbeitgeber sein Arbeitszeitgestaltungskonzept konkret und nachvollziehbar darlegen und begründen.[596] Diese Organisationsentscheidung, die regelmäßig schon längere Zeit vor der Kündigung getroffen sein wird, bis auf eine logische Sekunde aber auch mit ihr – genauer der Abgabe **der Kündigungserklärung als dem Zeitpunkt, in dem sich der Arbeitgeber seines Einflusses auf sie begibt – zusammenfallen kann,** darf nicht mit der unternehmerischen Entscheidung verwechselt werden, die dem dringenden betrieblichen Erfordernis des § 1 Abs 2 Satz 1 Var 3 KSchG zugrunde liegt und die Verringerung des Beschäftigungsbedürfnisses bewirkt. Die Entscheidung über den Einsatz von Vollzeit- oder Teilzeitkräften bedingt lediglich, dass sich die Unternehmerentscheidung, die den Beschäftigungsbedarf reduziert, ausschließlich auf die eine der beiden Gruppen, die Vollzeit- oder die Teilzeitkräfte, beziehen kann. Ist eine Organisationsentschließung zugunsten von Vollzeit- bzw Teilzeitkräften

---

593 KR/Griebeling § 1 KSchG Rn 621a; Gelhaar NJW 2010, 2550; Salamon RdA 2011, 266, 269f; aA HaKo/Mestwerdt/Gallner 4. Aufl § 1 Rn 829; Repey BB 2009, 1245, 1247.
594 BAG 3.4.2008 – 2 AZR 879/06 – NZA 2008, 1060.
595 BAG 7.12.2006 – 2 AZR 748/05 – NZA-RR 2007, 460; 22.4.2004 – 2 AZR 244/03 – NZA 2004, 1389 mit zust Anm Kossens AiB 2005, 380; 22.4.2004 – 2 AZR 243/03; 12.8.1999 – 2 AZR 12/99 – AP KSchG 1969 § 1 Soziale Auswahl Nr 44; 3.12.1998 – 2 AZR 341/98 – AP KSchG 1969 § 1 Soziale Auswahl Nr 39; dazu grundlegend schon Oetker FS Wiese S 333, 349, wie hier auch KR/Griebeling § 1 KSchG Rn 625 f und vHH/L/Krause § 1 Rn 940 ff.
596 BAG 22.4.2004 – 2 AZR 243/03; 22.4.2004 – 2 AZR 244/03 – NZA 2004, 1389 mit zust Anm Kossens AiB 2005, 380.

für bestimmte Tätigkeiten getroffen, wäre, um die Arbeitnehmer mit höherem oder geringerem Beschäftigungsumfang in den Kreis der für eine Sozialauswahl in Betracht kommenden Personen einzubeziehen, jeweils eine Änderung ihrer Arbeitsbedingungen erforderlich, die allenfalls durch eine entsprechende **Bereitschaft** hergestellt werden könnte. Eine solche Ausweitung der Vergleichbarkeit widerspräche aufgrund der in Rn 833 genannten Überlegungen dem zweistufigen System der betriebsbedingten Kündigung. Die Sozialauswahl würde hier auf einen Bereich ausgedehnt, der durch das dringende betriebliche Erfordernis unmittelbar nicht betroffen ist. Damit würde sie vom objektiven Kündigungsgrund gelöst. Ob die Stundendifferenz die Hälfte derjenigen der vollzeitbeschäftigten Arbeitnehmer beträgt oder nur wenige Stunden ausmacht, ist nicht von Bedeutung, weil auch eine geringere Abweichung nur durch Änderungsvertrag oder Änderungskündigung erreicht werden kann. Anderes kann allenfalls gelten, wenn ein offenkundiger Fall von **Missbrauch** vorliegt,[597] zB der betroffene Arbeitnehmer zielgerichtet vor Ausspruch der Kündigung dazu veranlasst wurde, sich mit einer abweichenden Stundenzahl einverstanden zu erklären (§ 162 BGB entsprechend). Oetker[598] weist zu Recht darauf hin, dass es grundsätzlich der unternehmerischen Entscheidungsfreiheit des Arbeitgebers vorbehalten ist, die Zahl der eingerichteten Arbeitsplätze zu bestimmen. Entfällt deshalb eine Vollzeitstelle, kann der Vollzeitbeschäftigte nur dann gegen zwei oder mehr Teilzeitarbeitnehmer ausgetauscht werden, wenn keine entgegenstehende Organisationsentscheidung des Arbeitgebers getroffen und es ihm zuzumuten ist, die Teilzeitpositionen zusammenzulegen.[599]

Will der Arbeitgeber dagegen in einem bestimmten Bereich nur die Zahl der insgesamt geleisteten Arbeitsstunden abbauen, ohne dass eine Organisationsentscheidung zugunsten von Vollzeitkräften vorliegt, sind vor dem Hintergrund des Benachteiligungsverbots des § 4 Abs 1 Satz 1 TzBfG sämtliche in diesem Bereich beschäftigten Arbeitnehmer ohne Rücksicht auf ihr Arbeitszeitvolumen in die Sozialauswahl einzubeziehen.[600] Das bedeutet, dass dann, wenn spätestens eine logische Sekunde vor Abgabe der Kündigungserklärung keine Organisationsentscheidung zugunsten der Beschäftigung von Vollzeitkräften getroffen ist, die bloße Entschließung zur Reduzierung des (Gesamt-)Beschäftigungsumfangs von Bedeutung ist, die auf der ersten Stufe der betriebsbedingten Kündigung das dringende betriebliche Erfordernis begründet. Diese Entscheidung wirkt sich auf Voll-

837

---

597 BAG 7.12.2006 – 2 AZR 748/05 – NZA-RR 2007, 460.
598 In FS Wiese S 333, 349.
599 Andererseits leidet eine Kündigung an dem sonstigen Unwirksamkeitsgrund iSv § 13 Abs 3 KSchG des § 11 Satz 1 TzBfG, wenn sie darauf gestützt wird, dass sich der Arbeitnehmer weigert, von einem Teilzeit- in ein Vollzeitarbeitsverhältnis zu wechseln und umgekehrt, KR/Rost § 2 KSchG Rn 112.
600 BAG 7.12.2006 – 2 AZR 748/05 – NZA-RR 2007, 460; 22.4.2004 – 2 AZR 244/03 – NZA 2004, 1389 mit zust Anm Kossens AiB 2005, 380; 22.4.2004 – 2 AZR 243/03; 12.8.1999 – 2 AZR 12/99 – AP KSchG 1969 § 1 Soziale Auswahl Nr 44; 3.12.1998 – 2 AZR 341/98 – AP KSchG 1969 § 1 Soziale Auswahl Nr 39 mit abl Anm Schüren in EzA KSchG § 1 Soziale Auswahl Nr 37; mit abl Anm Preis/Bütefisch SAE 1999, 274; mit zust Anm Kort RdA 1999, 264; mit zust Anm Oetker NJ 1999, 333; wie hier KR/Griebeling § 1 KSchG Rn 625 f; vgl auch APS/ Kiel § 1 KSchG Rn 689 ff.

zeit- und Teilzeitbeschäftigte gleichermaßen aus, beide Gruppen sind daher in einer derartigen Gestaltung auf der zweiten Ebene – innerhalb der sozialen Auswahl, die das dringende betriebliche Erfordernis konkretisiert – vergleichbar. Der Arbeitgeber muss deshalb gegenüber einer Vollzeitkraft, deren Weiterbeschäftigung (in Vollzeit) im berechtigten betrieblichen Interesse des § 1 Abs 3 Satz 2 KSchG liegt und die nach Bewertung ihrer Sozialdaten weniger schutzwürdig ist, eine Änderungskündigung aussprechen, um ihre Stundenzahl zu verringern. Er hat ihr also eine Teilzeitbeschäftigung anzubieten, anstatt gegenüber der Teilzeitkraft eine Beendigungskündigung zu erklären.[601] Die vorstehenden Grundsätze gelten auch beim **Wegfall von Planstellen im öffentlichen Dienst**.[602]

838 Die durch das BAG mit seiner Entscheidung vom 3.12.1998[603] gewählte differenzierende Lösung **entspricht Unionsrecht**.[604] Es verstößt nicht gegen die sog Gleichbehandlungsrichtlinie 76/207/EWG,[605] wenn teilzeit- und vollzeitbeschäftigte Arbeitnehmer im Einzelfall nicht vergleichbar sind. Genauer stehen Art 2 Abs 1 und 5 Abs 1 der Richtlinie 76/207/EWG einer Auslegung des § 1 Abs 3 KSchG nicht entgegen, nach der teilzeit- und vollzeitbeschäftigte Arbeitnehmer bei der sozialen Auswahl generell nicht vergleichbar sind.[606] Der EuGH stützt sich dabei in der Entscheidung **Kachelmann** vor allem auf folgende Überlegungen:

- Die fehlende Vergleichbarkeit vollzeit- und teilzeitbeschäftigter Arbeitnehmer im Rahmen von § 1 Abs 3 KSchG beinhaltet für die Gruppe der Teilzeitbeschäftigten keinen unmittelbaren Nachteil. Beide Gruppen der Vollzeit- und Teilzeitbeschäftigten werden benachteiligt, je nachdem, ob im konkreten Fall ein Vollzeit- oder ein Teilzeitarbeitsplatz gestrichen wird.[607]
- Allerdings ist an einen mittelbaren Nachteil zu denken, weil es in der Bundesrepublik deutlich weniger Teilzeit- als Vollzeitbeschäftigte gibt. Teilzeitbeschäftigte finden also nur unter größeren Schwierigkeiten einen anderen Arbeitsplatz als Vollzeitbeschäftigte.[608]
- **Dennoch ist die unterschiedliche Behandlung durch objektive Faktoren** gerechtfertigt, die nichts mit einer Diskriminierung aufgrund des Ge-

---

601 BAG 3.12.1998 – 2 AZR 341/98 – AP KSchG 1969 § 1 Soziale Auswahl Nr 39 II 4 b mit einem Berechnungsbeispiel; Oetker FS Wiese, 333, 349.
602 BAG 12.8.1999 – 2 AZR 12/99 – AP KSchG 1969 § 1 Soziale Auswahl Nr 44 II 2 b.
603 2 AZR 341/98 – AP KSchG 1969 § 1 Soziale Auswahl Nr 39.
604 Klargestellt ua von BAG 22.4.2004 – 2 AZR 243/03 – nv B II 1 c mit Bezug auf EuGH Kachelmann 26.9.2000 – C-322/98 – AP KSchG 1969 § 1 Soziale Auswahl Nr 51.
605 Richtlinie des Rats vom 9.2.1976 zur Verwirklichung des Grundsatzes der Gleichbehandlung von Männern und Frauen hinsichtlich des Zugangs zur Beschäftigung, zur Berufsbildung und zum beruflichen Aufstieg sowie in Bezug auf die Arbeitsbedingungen, ABl Nr L 39, 40, geändert durch die Richtlinie 2002/73/EG vom 23.9.2002, ABl Nr L 269, 15.
606 EuGH Kachelmann 26.9.2000 – C-322/98 – AP KSchG 1969 § 1 Soziale Auswahl Nr 51 Rn 26 ff, insb Rn 35.
607 EuGH Kachelmann 26.9.2000 – C-322/98 – AP KSchG 1969 § 1 Soziale Auswahl Nr 51 Rn 26.
608 EuGH Kachelmann 26.9.2000 – C-322/98 – AP KSchG 1969 § 1 Soziale Auswahl Nr 51 Rn 27 f.

schlechts zu tun haben. Die Sozialpolitik fällt nach dem gegenwärtigen Stand des Gemeinschaftsrechts in die Zuständigkeit der Mitgliedstaaten, die hinsichtlich der Art der sozialen Schutzmaßnahmen und der konkreten Einzelheiten ihrer Durchführung über einen sachgerechten Gestaltungsspielraum verfügen. Solche Maßnahmen verletzen den Gleichbehandlungsgrundsatz nicht, wenn sie einem legitimen sozialpolitischen Ziel dienen, für die Erreichung dieses Ziels geeignet sind und deshalb aus Gründen, die nichts mit einer Diskriminierung aufgrund des Geschlechts zu tun haben, gerechtfertigt sind.[609]

- Würde innerhalb von § 1 Abs 3 KSchG die vom Geschlecht unabhängige Vergleichbarkeit vollzeit- und teilzeitbeschäftigter Arbeitnehmer angenommen, führte dies zu einer **Bevorzugung Teilzeitbeschäftigter** und damit zu einer Benachteiligung Vollzeitbeschäftigter. Denn Teilzeitbeschäftigten wäre bei einer Streichung ihres Arbeitsplatzes die Umsetzung auf einen Vollzeitarbeitsplatz anzubieten, obwohl sie darauf nach ihrem **Arbeitsvertrag** keinen Anspruch hätten. Eine solche Bevorzugung teilzeitbeschäftigter Arbeitnehmer obliegt dem nationalen Gesetzgeber, der einen billigen Ausgleich der Interessen beider Gruppen finden muss.[610]

Die dargestellten Grundsätze hinsichtlich der Einbeziehung von Vollzeit- und Teilzeitbeschäftigten in die Sozialauswahl gelten auch für die Frage der Vergleichbarkeit von **Teilzeitbeschäftigten mit unterschiedlichen Arbeitszeiten**.[611] Dafür spricht die nahezu identische Interessenlage. Auch in diesem Fall steht einer Sozialauswahl nichts entgegen, wenn der Arbeitgeber ausschließlich das Arbeitszeitvolumen verringern will. Liegt der Arbeitszeitgestaltung dagegen ein unternehmerisches Konzept zugrunde, griffe die Verpflichtung zur sozialen Auswahl entweder in dieses unternehmerische Konzept ein oder zwänge den Arbeitgeber zu einer kaum beherrschbaren „Kaskade" von Änderungskündigungen.[612]

839

Das Inkrafttreten des TzBfG am 1.1.2001 hat nichts daran geändert, dass der Teilzeitbeschäftigte im Einzelfall nicht mit einem Vollzeitbeschäftigten vergleichbar sein kann. Der Anspruch des Arbeitnehmers nach § 8 Abs 1 TzBfG auf Verringerung seiner Arbeitszeit besteht nur, wenn keine betrieblichen Gründe nach § 8 Abs 4 Satz 1 und 2 TzBfG entgegenstehen. Auch das TzBfG respektiert die Freiheit der Organisationsentscheidung des Arbeitgebers, wie § 8 Abs 4 Satz 2 TzBfG ausdrücklich festhält.[613] Die dem

840

---

609 EuGH Kachelmann 26.9.2000 – C-322/98 – AP KSchG 1969 § 1 Soziale Auswahl Nr 51 Rn 30 mwN.
610 EuGH Kachelmann 26.9.2000 – C-322/98 – AP KSchG 1969 § 1 Soziale Auswahl Nr 51 Rn 33 f.
611 BAG 15.7.2004 – 2 AZR 376/03 – AP KSchG 1969 § 1 Soziale Auswahl Nr 68.
612 Plastisch BAG 15.7.2004 – 2 AZR 376/03 – AP KSchG 1969 § 1 Soziale Auswahl Nr 6.
613 Ebenso vHH/L/Krause § 1 Rn 942, der allerdings zu Recht auf das Spannungsverhältnis zwischen der Rspr des Zweiten und Neunten Senats aufmerksam macht; vgl auch KR/Griebeling § 1 KSchG Rn 626; zu den betrieblichen Gründen des § 8 Abs 4 Satz 1 TzBfG zB näher Hans Hanau in RdA 2005, 301 und Hein/Meinel in ihrer Bspr der Urteile des Neunten Senats vom 18.5.2004 – 9 AZR 319/03; 20.7.2004 – 9 AZR 626/03 und 23.11.2004 – 9 AZR 644/03 – RdA 2005, 310, 313 f.

dringenden betrieblichen Erfordernis zugrunde liegende Unternehmerentscheidung – zB die beabsichtigte Schließung einer Betriebsabteilung – steht mit der Teilzeitbeschäftigung des betroffenen Arbeitnehmers in keinem Zusammenhang. Dass der Teilzeitbeschäftigte nicht gegen das Vollzeitpersonal ausgetauscht werden kann, das in dem von dem Stilllegungsbeschluss unberührten betrieblichen Bereich eingesetzt wird, ist – sofern eine Organisationsentscheidung zugunsten der Beschäftigung von Vollzeitkräften getroffen ist – nur auf diese Organisationsentscheidung und die Besonderheiten des Arbeitsvertrags des in Teilzeit beschäftigten Arbeitnehmers zurückzuführen. Der Betroffene wird nicht um der Dauer seiner Arbeitszeit willen benachteiligt, nicht sie ist das soziale Auswahlkriterium, sondern die **vorgelagerte Organisationsentscheidung des Arbeitgebers** und die **Konkretisierung des Arbeitsvertrags des Teilzeitbeschäftigten** schließen sie aus. Dieses Ergebnis wird durch eine parallele Kontrollüberlegung gestützt: Ein Vollzeitarbeitnehmer wäre ebenfalls nicht in den Genuss einer sozialen Auswahl gekommen, wenn die in den anderen Betriebsabteilungen oder Betriebsteilen eingesetzten Arbeitnehmer ihrerseits alle in Teilzeit beschäftigt würden und eine entsprechende Organisationsentschließung des Arbeitgebers getroffen wäre. Auch die Vollzeitkraft verlöre ihren Arbeitsplatz.

841 Der **tariflichen Eingruppierung** kann für die Vergleichbarkeit in der **Privatwirtschaft** nur ausnahmsweise – insbesondere bei einer ausgesprochenen Hilfstätigkeit – ein gewisser Indizwert zukommen.[614] Erfolgt die Vergütung streng nach einer tariflichen Vergütungsordnung, kann eine unterschiedliche Eingruppierung ein Indiz für eine mangelnde Vergleichbarkeit geben. In erster Linie ist jedoch eine tätigkeitsbezogene Prüfung durchzuführen.[615] Handelt es sich bei der anderen Stelle nach ihrem **Anforderungsprofil** um eine geringer- oder höherwertige, ist sie arbeitsplatzbezogen nicht vergleichbar.[616] Ist sie gleichwertig und wird der derzeitige Arbeitsplatzinhaber lediglich niedriger oder höher vergütet, liegt Austauschbarkeit vor, weil beide Positionen tätigkeitsbezogen derselben Ebene der Betriebshierarchie angehören. Beide Stellen sind ungeachtet der unterschiedlichen Vergütungsabreden sowohl von dem dringenden betrieblichen Erfordernis als auch von seiner Konkretisierung – der Sozialauswahl – betroffen.

842 Im **öffentlichen Dienst** gelten für das Verhältnis von Eingruppierung und Vergleichbarkeit andere Grundsätze. Dort kann der Arbeitgeber dem Arbeitnehmer im Rahmen seines Direktionsrechts nur solche Tätigkeiten zuweisen, die einerseits den Fähigkeiten und Kräften des Arbeitnehmers und andererseits den Merkmalen seiner im Arbeitsvertrag genannten Vergütungsgruppe entsprechen. Sein Weisungsrecht berechtigt den öffentlichen Arbeitgeber nicht, dem Arbeitnehmer auf Dauer die Tätigkeit einer niedrigen Vergütungsgruppe zu übertragen.[617] Vielmehr ist eine Änderungskün-

---

614 BAG 10.6.2010 – 2 AZR 420/09 – NZA 2010, 1352; 5.10.1995 – 2 AZR 269/95 – AP KSchG 1969 § 1 Betriebsbedingte Kündigung Nr 71; 25.4.1985 – 2 AZR 140/84 – AP KSchG 1969 § 1 Soziale Auswahl Nr 7.
615 BAG 10.6.2010 – 2 AZR 420/09 – NZA 2010, 1352; 10.2.1999 – 2 AZR 715/98 – RzK I 10 h Nr 49.
616 S zu der Frage der Vergleichbarkeit zweier Arbeitsplätze auch BAG 24.6.2004 – 2 AZR 326/03 – AP KSchG 1969 § 1 Nr 76 II 2 a mwN und Rn 670.
617 BAG 17.8.2011 – 10 AZR 322/10 – NZA-RR 2012, 106.

digung erforderlich. Im öffentlichen Dienst kommt der im Arbeitsvertrag genannten Vergütungsgruppe für die Bildung der auswahlrelevanten Gruppe deshalb entscheidende Bedeutung zu. Handelt es sich um keinen Fall des Bewährungsaufstiegs, sind grundsätzlich **nur die Arbeitnehmer derselben Vergütungsgruppe miteinander vergleichbar.**[618]

Gesundheitliche Leistungsmängel des betroffenen Arbeitnehmers hindern seine Austauschbarkeit mit anderen Arbeitnehmern nicht, es sei denn der Arbeitnehmer ist deswegen nicht für einen anderen Arbeitsplatz geeignet.[619] Erreichen sie nicht die für eine personenbedingte Kündigung erforderlichen Grenzen, würde ihre Berücksichtigung bei der Vergleichbarkeit sonst zur Aushöhlung des Kündigungsschutzes vor personenbedingten Kündigungen führen. Auf Erkrankungen beruhende Leistungsmängel können allerdings, auch wenn sie für eine personenbedingte Kündigung nicht genügen, im Rahmen der Abwägung zwischen den sozialen Gesichtspunkten nach § 1 Abs 3 Satz 1 und den berechtigten betrieblichen Interessen nach § 1 Abs 3 Satz 2 KSchG zu beachten sein.[620] Erreicht die gesundheitliche Beeinträchtigung den Grad einer Schwerbehinderung, ist der schwerbehinderte Arbeitnehmer dennoch vergleichbar, sofern das Integrationsamt der Kündigung nach § 85 SGB IX zugestimmt hat.[621] Allerdings begründet die Schwerbehinderteneigenschaft auf der dritten Ebene der sozialen Auswahl – dem Vergleich der Sozialindikatoren nach § 1 Abs 3 Satz 1 KSchG – seit Inkrafttreten des Arbeitsmarktreformgesetzes am 1.1.2004 regelmäßig einen höheren Schutz des von ihr betroffenen Arbeitnehmers. 843

Sind die **Arbeitsplätze der beiden verglichenen Arbeitnehmer nicht völlig identisch**, ist zunächst der **arbeitsvertraglich bestimmte Tätigkeitsbereich** zu ermitteln, der die Reichweite des Direktionsrechts bestimmt. Sodann ist zu überprüfen, ob der von der Kündigung bedrohte Arbeitnehmer auf Grund seiner fachlichen Qualifikation oder auf Grund der Art des Arbeitsplatzes alsbald auf dem andersartigen, aber gleichwertigen Arbeitsplatz eingesetzt werden kann. Hierbei ist dem aktuellen Stand von Kenntnissen und Fähigkeiten besondere Bedeutung beizumessen.[622] In die Beurteilung einzubeziehen sind somit die **Berufsausbildung**, die **berufliche Vorbildung** und die im Lauf der Beschäftigung gewonnenen **beruflichen Erfahrungen** und **betrieblichen Spezialisierungen**. Der Achte Senat berücksichtigt zudem **Lebensalter** und **Betriebszugehörigkeit**.[623] Arbeitsplatzbezogene Routinevorsprünge bleiben insoweit unberücksichtigt, als dem neuen Stelleninhaber bei einem Arbeitsplatzwechsel stets ein gewisser – (relativ) kurzer – 844

---

618 BAG 10.6.2010 – 2 AZR 420/09 – NZA 2010, 1352; 2.2.2006 – 2 AZR 38/05; 23.11.2004 – 2 AZR 38/04 – AP KSchG 1969 § 1 Soziale Auswahl Nr 70 B mwN.
619 BAG 6.11.1997 – 2 AZR 94/97 – AP § 1 KSchG 1969 Nr 42; vgl APS/Kiel § 1 KSchG Rn 683.
620 KR/Griebeling § 1 KSchG Rn 619.
621 Näher Rn 848.
622 BAG 24.5.2005 – 8 AZR 398/04 – NZA 2005, 1302.
623 BAG 24.5.2005 – 8 AZR 398/04 – NZA 2005, 1302.

Einarbeitungszeitraum zuzugestehen ist.[624] Welcher Einarbeitungszeitraum dem Arbeitgeber abverlangt werden kann, hängt von den Umständen des Einzelfalls ab.[625] Jedenfalls ist der Arbeitgeber nicht verpflichtet, den Arbeitnehmer umzuschulen.[626] Die mit den fehlenden festen zeitlichen Grenzen verbundene Rechtsunsicherheit lässt sich angesichts der Besonderheiten jedes Arbeitsplatzes nicht vermeiden. Zutreffend lehnt Oetker[627] es ab, die Dauer der zumutbaren Einarbeitung mithilfe der – notwendig verallgemeinernden – tariflichen oder arbeitsvertraglichen **Probezeit**[628] bzw der **Kündigungsfrist**[629] zu konkretisieren. Der Erprobungszweck der Probezeit erfordert regelmäßig einen längeren Zeitraum als die Einarbeitung, die dem (zeitlich begrenzten) Bestandsschutz dienende Kündigungsfrist steht in keinem Zusammenhang mit dem Problem der Vergleichbarkeit. Dem Arbeitgeber ist eine bei Einstellungen oder vergleichbaren Um- bzw Versetzungen im Betrieb übliche Einarbeitungszeit zumutbar.[630] Sind die Kenntnisse und Fertigkeiten des von der Kündigung bedrohten Arbeitnehmers, die für den verglichenen Arbeitsplatz benötigt werden, derart gering, dass ihn ein verständiger Arbeitgeber für diese Position nicht einstellen würde, ist eine Vergleichbarkeit regelmäßig zu verneinen.[631]

845 Probleme stellen sich auch dann, wenn Arbeitsplätze von Arbeitnehmern **ohne Kündigungsschutz** oder aber von Arbeitnehmern **mit gesetzlich, tariflich bzw einzelvertraglich erweitertem Bestandsschutz** verglichen werden sollen.

846 Arbeitnehmer, die die **Wartefrist des § 1 Abs 1 KSchG noch nicht erfüllt haben,** sind grundsätzlich nicht in die Sozialauswahl einzubeziehen. Der Arbeitgeber muss einen Arbeitnehmer mit einer geringeren Betriebszugehörigkeit von sechs Monaten vorrangig vor einem Arbeitnehmer, der dem KSchG unterfällt, entlassen.[632] Dies folgt aus der gesetzgeberischen Wertung in § 1 KSchG. Das dringende betriebliche Erfordernis iSv § 1 Abs 2 KSchG und die Sozialauswahl iSv § 1 Abs 3 KSchG bilden einen einheitlichen Kündigungsgrund. Deshalb kann sich ein Arbeitnehmer ohne Kündigungsschutz nicht auf die fehlerhafte soziale Auswahl berufen. Der Arbeitgeber darf diesen deshalb innerhalb der Sozialauswahl nicht gegenüber einem Arbeitnehmer mit Kündigungsschutz vorziehen, es sei denn, die Voraussetzungen des § 1 Abs 3 Satz 2 KSchG sind erfüllt.[633] Diese Grundsätze

---

624 BAG 18.10.2006 – 2 AZR 676/05; 25.4.1985 – 2 AZR 140/84 – AP KSchG 1969 § 1 Soziale Auswahl Nr 7; 5.5.1994 – 2 AZR 917/93 – AP KSchG 1969 § 1 Soziale Auswahl Nr 23; in der letzten Entscheidung wurde eine Einarbeitungszeit von drei Monaten in der konkreten Sachverhaltsgestaltung als zu lang betrachtet.
625 BAG 24.5.2005 – 8 AZR 398/04 – NZA 2005,1302.
626 KR/Griebeling § 1 KSchG Rn 620.
627 FS Wiese S 333, 344 f mwN zu den Gegenmeinungen.
628 Vgl APS/Kiel § 1 KSchG Rn 683 („als äußerste Grenze").
629 So zB SES/Eylert § 1 Rn 384; Spinner RdA 2008, 153, 154.
630 APS/Kiel § 1 KSchG Rn 683; ErfK/Oetker § 1 KSchG Rn 325; KR/Griebeling § 1 KSchG Rn 620.
631 FS Wiese, 344 f und 351.
632 BAG 18.10.2000 – 2 AZR 494/99 – AP § 15 KSchG 1969 Nr 49 B I 1c; 25.4.1985 – 2 AZR 140/84 – AP KSchG 1969 § 1 Soziale Auswahl Nr 7.
633 BAG 25.4.1985 – 2 AZR 140/84 – AP KSchG 1969 § 1 Soziale Auswahl Nr 7 B II 5; KR/Griebeling § 1 KSchG Rn 662; ohne die Ausnahme des § 1 Abs 3 Satz 2 KSchG SPV/Preis Rn 1068.

sind auf die Sozialauswahl zwischen sog Alt- und Neuarbeitnehmern[634] in Betrieben anzuwenden, die mehr als fünf Vollzeitarbeitnehmer, die vor dem 1.1.2004 beschäftigt waren, aber nicht mehr als insgesamt zehn Arbeitnehmer in Vollzeit beschäftigen.[635]

Arbeitnehmer, deren Arbeitsverhältnisse **kraft Gesetzes** – etwa nach § 15 Abs 1 Satz 1 KSchG,[636] § 96 Abs 3 SGB IX, § 2 Abs 1 ArbPlSchG; §§ 78 Abs 1 Nr 1 ZDG, 2 Abs 1 ArbPlSchG oder § 22 Abs 2 BBiG – **nicht ordentlich gekündigt werden können, sind nicht in die soziale Auswahl einzubeziehen**.[637] Die Spezialregelungen haben Vorrang vor dem allgemeinen Kündigungsschutz nach § 1 KSchG. Maßgeblich ist dabei, ob der Sonderkündigungsschutz im Zeitpunkt des Zugangs der Kündigung besteht. Dies gilt auch dann, wenn im Zeitpunkt der beabsichtigten Kündigung der Sonderkündigungsschutz voraussichtlich alsbald auslaufen wird und auf Grund der kurzen Kündigungsfrist das Arbeitsverhältnis des besonders geschützten Arbeitnehmers zu demselben Termin beendet werden könnte, zu dem auch das Arbeitsverhältnis des konkurrierenden, sozial schwächeren Arbeitnehmers gekündigt werden kann.[638] Bei **echten Befristungsvereinbarungen**, die arbeitsvertraglich das Recht der ordentlichen Kündigung nicht vorsehen, sind die befristet Beschäftigten ebenfalls nicht in die Sozialauswahl einzubeziehen, weil das kalendermäßig befristete Arbeitsverhältnis nach §§ 620 Abs 1 BGB, 15 Abs 1 TzBfG durch Zeitablauf endet. Der Arbeitsvertrag des befristet Beschäftigten lässt einen Vergleich nicht zu.[639]

847

Sofern die ordentliche Kündigung gesetzlich an die **Zustimmung einer Behörde gebunden ist**, wie das bei §§ 9 Abs 1 und 3 MuSchG,[640] 18 Abs 1 Satz 1 und 2 BEEG und 85 SGB IX[641] der Fall ist, hängt die Vergleichbarkeit davon ab, ob die Zustimmung erteilt ist oder nicht. Nur wenn die Zustimmung erteilt ist, sind die Arbeitsverhältnisse ordentlich kündbar und die geschützten Arbeitnehmer daher in die Sozialauswahl einzubeziehen.[642] Der gekündigte Arbeitnehmer kann sich deshalb im Prozess nicht auf eine fehlerhafte Sozialauswahl mit der Begründung berufen, der Arbeitgeber habe die Einholung der Zustimmung zur Kündigung eines sozial weniger schutzbedürftigen Arbeitnehmers versäumt. Der zur Kündigung anstehende Arbeitnehmer kann den Schwerbehinderten nicht ersetzen, weil dem Ar-

848

---

634 Vgl HaKo/Pfeiffer § 23 KSchG Rn 18.
635 Horcher NZA-RR 2006, 393, 396.
636 Zu der fehlenden Vergleichbarkeit von Betriebsräten wegen ihres Sonderkündigungsschutzes nach § 15 Abs 1 KSchG zB BAG 23.11.2004 – 2 AZR 38/04 – AP KSchG 1969 § 1 Soziale Auswahl Nr 70 B I 3 a cc (1).
637 BAG 21.4.2005 – 2 AZR 241/94 – AP KSchG 1969 § 1 Soziale Auswahl Nr 74; KR/Griebeling § 1 KSchG Rn 664a; APS/Kiel § 1 KSchG Rn 700; Oetker FS Wiese, 338, jeweils mwN.
638 BAG 21.4.2005 – 2 AZR 241/94 – AP KSchG 1969 § 1 Soziale Auswahl Nr 74.
639 HM vHH/L/Krause § 1 KSchG Rn 949; SPV/Preis Rn 1063.
640 Zu der nicht anzunehmenden Verpflichtung des Arbeitgebers, vor Ausspruch der Kündigung einer Schwangeren die sofortige Vollziehbarkeit des Zulässigkeitsbescheids zu erwirken, BAG 25.3.2004 – 2 AZR 295/03 – AP MuSchG 1968 § 9 Nr 36 II 2.
641 Vgl auch die Gesamtdarstellung des besonderen Kündigungsschutzes Eylert/Sänger RdA 2010, 24.
642 KR/Griebeling § 1 KSchG Rn 664; APS/Kiel § 1 KSchG Rn 700; Oetker in FS Wiese, 339; differenzierend Bütefisch Die Sozialauswahl, 133 ff.

beitgeber nichts Unmögliches – die betriebsbedingte Kündigung ohne behördliche Zustimmung, auf die er mit Ausnahme des Antrags und etwaiger Rechtsbehelfe sowie Rechtsmittel keinen Einfluss hat – abverlangt werden kann. Der Arbeitgeber ist nicht verpflichtet, die Zustimmung zu beantragen und ggf gerichtlich zu erstreiten, um den Kreis der vergleichbaren Arbeitnehmer zu erweitern.[643] Stehen nach arbeitsplatzbezogenen Kriterien ausschließlich Arbeitnehmer mit einem besonderen gesetzlichen Kündigungsschutz zur Kündigung an, hat der Arbeitgeber vorab zu prüfen, ob die Schutzintensität des jeweiligen Sonderkündigungsschutzes einer Vergleichbarkeit entgegensteht. Arbeitnehmer, denen gegenüber eine ordentliche Kündigung (ohne Zustimmungsmöglichkeit) ausgeschlossen ist, genießen bei wertender Betrachtung regelmäßig einen größeren Schutz als Inhaber eines besonderen Kündigungsschutzes mit Zustimmungsmöglichkeit.[644] Sie sind aus der Sozialauswahl auszuklammern. Die Auswahl nach sozialen Kriterien vollzieht sich in diesem Fall deshalb vorrangig unter den Arbeitnehmern, denen mit behördlicher Zustimmung gekündigt werden kann.

849 Arbeitnehmer, bei denen die **ordentliche Kündigung durch Tarifvertrag ausgeschlossen** ist, sind in die Sozialauswahl nicht einzubeziehen. Unkündbarkeitsvereinbarungen sind grundsätzlich zulässig.[645] Den Tarifvertragsparteien steht im Rahmen ihrer durch Art. 9 Abs 3 GG geschützten Tarifautonomie das Recht zu, branchenspezifische Regelungen zu treffen und in diesem Zusammenhang auch besondere Kündigungsschutzvorschriften zu vereinbaren. Solche Bestimmungen dienen dem zulässigen Regelungszweck, Schutz vor ordentlichen Kündigungen zu bieten. Soweit dadurch zu Lasten Dritter der gesetzliche Kündigungsschutz beeinflusst wird, liegt darin ein grundsätzlich unbeachtlicher Reflex, der die Wirksamkeit der Regelung für sich genommen nicht in Frage stellt.[646]

850 **Entsprechende tarifvertragliche Vorschriften müssen jedoch ihrerseits den Grundrechten der ordentlich kündbaren Mitarbeiter aus Art. 12 Abs 1 GG, Art. 3 Abs 1 GG, Art. 9 Abs 3 GG** (negative Koalitionsfreiheit) sowie den gesetzlichen und unionsrechtlichen Vorschriften zur Altersdiskriminierung **Rechnung tragen.** Im Hinblick auf Art 2 Abs 2 lit. b und Art 6 Abs 1

---

[643] Wie hier Bauer/Powietzka NZA-RR 2004, 505, 510; Bitter/Kiel RdA 1994, 333, 354 f; KR/Griebeling § 1 KSchG Rn 664; APS/Kiel § 1 KSchG Rn 701; Oetker FS Wiese, 339 f; aA Berkowsky MünchArbR Bd. I § 113 Rn 87, der zwar eine Antragsobliegenheit annimmt, es dem Arbeitgeber aber nicht auferlegt, den Rechtsweg nach Ablehnung zu beschreiten; krit zu diesem Ansatz Bitter/Kiel RdA 1994, 333, 354 f.
[644] Vgl APS/Kiel § 1 KSchG Rn 702; ErfK/Kiel § 15 KSchG Rn 45.
[645] BAG 5.6.2008 – 2 AZR 907/06 – NZA 2008, 1120; MünchKommBGB/Thüsing § 10 AGG Rn 41; Bauer/Göpfert/Krieger § 10 Rn 46 ff; Eylert PersR 2007, 92; Wendeling-Schröder NZA 2007, 1399.
[646] KR/Griebeling § 1 KSchG Rn 666; APS/Kiel § 1 KSchG Rn 703; LAG Niedersachsen 11.6.2001 – 5 Sa 1832/00 – LAGE § 1 KSchG Soziale Auswahl Nr 37; zum dem Problem tariflicher Kündigungsausschlüsse auch schon Rn 745 und – iR der personenbedingten Kündigung – Rn 509. In dem allgemeineren Zusammenhang der Kündigung wegen des Alters Rn 506, zu dem Kriterium des Alters in § 1 Abs 3 Satz 1 KSchG Rn 864, zu den Fragen der Aufrechterhaltung einer bestimmten Altersstruktur innerhalb von § 1 Abs 3 Satz 2 KSchG Rn 892 und 893.

Satz 2 lit. a der Richtlinie 2000/78/EG[647] und des diese unionsrechtlichen Regelungen umsetzenden § 1 AGG[648] sind tarifliche Kündigungsschutzvorschriften, die ausschließlich das Lebensalter berücksichtigen, ohne daneben in angemessener Weise zumindest die Betriebszugehörigkeit einzubeziehen, nicht unproblematisch. Auch die Entscheidung **Mangold** des EuGH vom 22.11.2005[649] und die Folgeentscheidung des Siebten Senats vom 26.4.2006[650] lassen Zweifel an der Richtlinienkonformität von (nahezu) ausschließlich auf das Alter bezogenen Grenzen in tariflichen Kündigungsverboten aufkommen.[651] Die nur oder ganz überwiegend auf das Alter abstellenden tariflichen Kündigungsschutzbestimmungen wirken im Rahmen der Sozialauswahl diskriminierend für jüngere Arbeitnehmer. Denn der Begriff des Alters des § 1 AGG meint jedes Lebensalter. Auch die umgesetzte Richtlinie nennt weder Mindest- noch Höchstaltersgrenzen für die Anwendung des Diskriminierungsverbots.

So kann eine tarifliche Kündigungsschutzvorschrift wie § 4.4 MTV Metallindustrie Nordwürttemberg/Nordbaden zu Ergebnissen führen, die die gesetzlichen Wertungen der sozialen Auswahl ad absurdum führen. Bei konsequenter Anwendung müsste ein 53-jähriger seit drei Jahren beschäftigter Arbeitnehmer ohne Unterhaltspflichten auf Grund der tarifvertraglichen Regelung aus der Sozialauswahl ausscheiden, während ein 52-jähriger seit 35 Jahren im Betrieb beschäftigter Arbeitnehmer mit mehrfachen Unterhaltspflichten zur Kündigung anstehen würde.[652] In einem solchen Fall muss die **tarifliche Regelung verfassungs- bzw unionsrechtskonform eingeschränkt oder angepasst werden**.[653] Der Zweite Senat zieht die gebotene Grenze überzeugend da, wo die Fehlgewichtung durch den durch die ordentliche Unkündbarkeit eingeschränkten Auswahlpool zu einer grob fehlerhaften Auswahl führen würde. Dieser Maßstab entspricht der zeitweise geltenden (18.8.2006 bis 12.12.2006) Vorschrift des § 10 Satz 3 Nr 7 AGG und sah vor, dass individual- oder kollektivvertragliche Regelungen der Unkündbarkeit von Arbeitnehmern wegen des Erreichens eines bestimmten Alters oder einer bestimmten Betriebszugehörigkeit zulässig sein sollten, sofern dadurch nicht der Kündigungsschutz anderer Beschäftigter in der Sozialauswahl grob fehlerhaft gemindert wird. Mit diesem Vorbehalt wird bei einem Vergleich der Schutzbedürftigkeit von Arbeitnehmern, die im Übrigen vergleichbar sind, verhindert, dass ein nicht besonders geschützter Arbeitnehmer entlassen wird, obwohl nach den Wertungen von § 1 Abs 3 KSchG die Sozialauswahl grob fehlerhaft wäre. Die Aufhebung der Bestim-

851

---

647 Vgl hierzu Kuras in RdA 2003 Sonderbeilage Heft 5, 11 „Verbot der Diskriminierung wegen des Alters"; Linsenmaier in RdA 2003 Sonderbeilage Heft 5, 22 „Das Verbot der Diskriminierung wegen des Alters" und Schlachter in RdA 2004, 352 „Gemeinschaftsrechtliche Grenzen der Altersbefristung"; in dem allgemeineren Zusammenhang der Kündigung wegen des Alters iR der personenbedingten Kündigung Rn 506 und 509.
648 BGBl I S 1897.
649 EuGH 22.11.2005 – C-144/04 – NZA 2005, 1345; aA zB noch Koberski in NZA 2005, 79.
650 BAG 26.4.2006 – 7 AZR 500/04 – NZA 2006, 1162.
651 Zu der Entscheidung Mangold schon Rn 506.
652 Hierzu eingehend APS/Kiel § 1 KSchG 704 f.
653 BAG 5.6.2008 – 2 AZR 907/06 – NZA 2008, 1120.

mung des § 10 Satz 3 Nr 7 AGG ändert an diesem Maßstab nichts, da er dem Gebot der verfassungs- und unionsrechtskonformen Auslegung entspricht.[654]

852 Umgekehrt sind aber **zugunsten tariflich ordentlich** unkündbarer Arbeitnehmer die ordentlich kündbaren vergleichbaren Arbeitnehmer in eine soziale Auswahl analog § 1 Abs 3 KSchG einzubeziehen.[655] Bei besonders gesicherten Arbeitnehmern sind zumindest die Kündigungsschranken zu beachten, die sie im Fall einer ordentlichen Kündigung schützten.[656]

853 Für den **einzelvertraglich vereinbarten Ausschluss der ordentlichen Kündigung** gilt Entsprechendes in Bezug auf die Vergleichbarkeit mit einem vertraglich nicht geschützten Arbeitnehmer. Eine solche Vereinbarung kann darin liegen, dass tatsächlich vertraglich eine ordentliche Kündigung ausgeschlossen wird. Die Sozialauswahl kann aber auch dadurch determiniert werden, dass Betriebszugehörigkeiten anerkannt oder angerechnet werden oder Beschäftigungsgarantien vereinbart werden. Grundsätzlich sind solche Vereinbarungen zulässig, solange sie (nur) dem Zweck dienen, einem Arbeitnehmer einen besonderen Schutz einzuräumen und keine Auswirkungen für die Arbeitsverhältnisse anderer Arbeitnehmer beabsichtigt sind. Auf einzelvertraglicher Grundlage ordentlich nicht kündbare Arbeitnehmer sind im Fall einer dem ordentlich kündbaren Arbeitnehmer drohenden Kündigung mit diesem regelmäßig deshalb nicht vergleichbar.

854 Auch insoweit bedarf es aber der Prüfung, ob der Kündigungsschutz anderer Beschäftigter in der Sozialauswahl grob fehlerhaft gemindert wird.[657] **Bei einzelvertraglichen Kündigungsbeschränkungen bedarf es insbesondere der Prüfung, ob hinsichtlich des besonderen Kündigungsschutzes Anhaltspunkte für eine Gesetzesumgehung iS einer objektiven Funktionswidrigkeit des Rechtsgeschäfts bestehen.**[658] Daran ist bspw zu denken, wenn die Kündigungsbeschränkung im zeitlichen Zusammenhang mit einer Massenentlassung vereinbart wird. Hier liegt der Schluss nahe, der begünstigte Arbeitnehmer habe lediglich der sozialen Auswahl entzogen werden sollen.[659] Beruft sich der gekündigte Arbeitnehmer im Prozess auf eine fehlerhafte Sozialauswahl und erweist diese sich ohne den im zeitlichen Zusammenhang mit der Kündigung vereinbarten Kündigungsschutz als fehlerhaft, so ist der Arbeitgeber darlegungs- und beweisverpflichtet dafür, dass die Kündigungsbeschränkung nicht in Benachteiligungsabsicht vereinbart wurde, sondern aus sachlichen Gründen geboten war.

---

654 BAG 5.6.2008 – 2 AZR 907/06 – NZA 2008, 1120; KR/Griebeling § 1 KSchG Rn 665 d.
655 BAG 5.2.1998 – 2 AZR 227/97 – AP BGB § 626 Nr 143 II 3 e.
656 BAG 5.2.1998 – 2 AZR 227/97 – AP BGB § 626 Nr 143 II 3 e; instruktiv APS/Kiel § 1 KSchG Rn 703 ff.
657 Zutr APS/Kiel § 1 KSchG Rn 708.
658 Ascheid RdA 1997, 333, 335; KR/Griebeling § 1 KSchG Rn 666; APS/Kiel § 1 KSchG Rn 709.
659 Vgl – gelöst von den Fragen der sozialen Auswahl – zu der nicht anzunehmenden Sittenwidrigkeit eines Arbeitsvertrags auf Lebenszeit und dem damit verbundenen vertraglichen Ausschluss der ordentlichen Kündigung BAG 25.3.2004 – 2 AZR 153/03 – APBGB § 138 Nr 60.

Steht ein auf Grund einer einzelvertraglichen Vereinbarung ordentlich nicht kündbarer Arbeitnehmer zur außerordentlichen betriebsbedingten Kündigung an, sind in die auswahlrelevante Gruppe auch die ordentlich kündbaren Mitarbeiter einzubeziehen.

855

Arbeitnehmer, die nach einer ausgesprochenen Arbeitgeberkündigung wegen eines Widerspruchs des Betriebsrats nach § 102 Abs 5 BetrVG oder eines erstinstanzlichen Vollstreckungstitels aufgrund des allgemeinen **Weiterbeschäftigungsanspruchs** weiterbeschäftigt werden, nehmen an der Sozialauswahl teil. Unabhängig von der Rechtsnatur des Weiterbeschäftigungsverhältnisses und davon, ob später die rechtliche Beendigung des Arbeitsverhältnisses durch die Kündigung festgestellt wird, gehören sie im Zeitpunkt der durchzuführenden Sozialauswahl faktisch dem Betrieb an und dürfen nicht bessergestellt werden als Arbeitnehmer in einem ungekündigten Arbeitsverhältnis.[660] Sie können demnach verdrängt werden.

856

Bei einer betriebsbedingten Kündigung von Leiharbeitnehmern sind grundsätzlich sämtliche nach arbeitsplatzbezogenen Kriterien vergleichbaren **Leiharbeitnehmer** des Verleiherbetriebs in die Sozialauswahl einzubeziehen, unabhängig davon, ob sie einsatzfrei sind oder sich in einem Einsatz befinden.[661] Allein der Umstand, dass der Entleiher einen Leiharbeitnehmer abgemeldet hat, steht einer Vergleichbarkeit nicht entgegen. Ohne eine anderslautende Vereinbarung ist die Vertragspflicht des Verleihers darauf gerichtet, dem Entleiher einen fachlich geeigneten, nicht aber einen bestimmten Arbeitnehmer zur Verfügung zu stellen.[662] Sind dagegen Leiharbeitnehmer in einem Verleihvertrag mit dem Entleiher namentlich benannt und können sie ohne Zustimmung des Entleihers nicht durch Ausübung des Direktionsrechts ausgetauscht werden, indem anstelle des verliehenen Arbeitnehmers dem Kunden ein anderer Arbeitnehmer zur Verfügung gestellt wird, so sind beide Arbeitnehmer grundsätzlich nicht vergleichbar; eine Sozialauswahl scheidet in diesem Fall aus.[663] Der Arbeitgeber hat im Prozess auf eine entsprechende Rüge des Arbeitnehmers darzulegen, dass ihm der Austausch rechtlich nicht möglich gewesen ist.

857

b) Vergleich der Sozialindikatoren. Nach der Bestimmung des auswahlrelevanten Personenkreises sind im zweiten Prüfungsschritt durch Abwägung der sozialen Auswahlkriterien die zu konkret zu kündigenden Personen zu ermitteln.

858

Die Neufassung des § 1 Abs 3 Satz 1 KSchG zum 1.1.2004 verengt die nach dem Korrekturgesetz umfassend zu berücksichtigenden sozialen Gesichtspunkte auf die vier Kriterien

859

- **Dauer der Betriebszugehörigkeit,**
- **Lebensalter,**

---

660 KR/Griebeling § 1 KSchG Rn 668.
661 BAG 20.6.2013 – 2 AZR 271/12 – NZA 2013, 837.
662 BAG 20.6.2013 – 2 AZR 271/12 – NZA 2013, 837.
663 Dahl DB 2003, 1626, 1629; Schiefer NZA-RR 2005, 1,9; Schüren/Behrend NZA 2003, 521, 524; Fuhlrott/Fabritius NZA 2014, 122, 125; offengelassen BAG 20.6.2013 – 2 AZR 271/12 – NZA 2013, 837.

- Unterhaltspflichten und
- Schwerbehinderung.

Konsequenz der Aufnahme einer nach dem SGB IX anerkannten[664] **Schwerbehinderung** in den Katalog ist, dass der schwerbehinderte Arbeitnehmer dann, wenn die Zustimmung des Integrationsamts zur Kündigung nach § 85 SGB IX erteilt ist, zwar vergleichbar mit nicht schwerbehinderten Arbeitnehmern ist, aber im Rahmen des Vergleichs der Sozialdaten erhöhten Schutz genießt.

860 Die **Auswahlkriterien sind vom Gesetzgeber nunmehr abschließend benannt** und damit allein maßgeblich für die Durchführung der Sozialauswahl.[665] Dies folgt aus dem erkennbaren Willen des Gesetzgebers nach umfassender Rechtssicherheit. Eine **Gesamtabwägung unter Einbeziehung anderer Gesichtspunkte hat nicht mehr stattzufinden.**

861 Nach dem Wortlaut von § 1 Abs 3 KSchG gibt es **keine gesetzliche Grundlage für die separate Berücksichtigung weiterer sozialer Gesichtspunkte** wie des Gesundheitszustands, der Vermögensverhältnisse des Arbeitnehmers sowie seiner Angehörigen, einer Schwangerschaft etc.[666] Auch die Gründe für den Widerspruch gegen den Übergang des Arbeitsverhältnisses sind bei einer nachfolgenden Auswahlentscheidung nach einem durch den Widerspruch entstandenen Überhang an Arbeitsplätzen im Rahmen der Sozialauswahl nicht berücksichtigungsfähig.[667] Allenfalls solche Aspekte sind noch berücksichtigungsfähig, die einen unmittelbaren Bezug zu den vier gesetzlichen Kriterien haben und im Rahmen deren Bewertung und Gewichtung eine Rolle spielen können (zB Eigenschaft der Alleinerziehung, die die Bedeutung der Unterhaltspflicht determinieren kann).[668] Soweit nach spezialgesetzlichen Vorschriften wie ua § 2 Abs 2 Satz 2 ArbPlSchG und § 8 Abs 1 HS 2 ATG Wehrdienst und die Inanspruchnahme von Altersteilzeit innerhalb der Sozialauswahl nicht zuungunsten eines Arbeitnehmers berücksichtigt werden dürfen, lässt sich daraus nicht ableiten, der Gesetzgeber lasse die Berücksichtigung weiterer Sozialkriterien im Übrigen zu. Die Benachteiligungsverbote bestätigen lediglich und stellen klar, dass die Sozialauswahl sich nur an den Kriterien des § 1 Abs 3 KSchG zu orientieren hat.

862 **Hinweis:** Will der Arbeitgeber weitere im Gesetz nicht angelegte Sozialfaktoren bei der Sozialauswahl berücksichtigen, so sind damit erhebliche Risi-

---

664 Unter Geltung des Korrekturgesetzes weitergehend BAG 17.3.2005 – 2 AZR 4/04 – AP KSchG 1969 § 1 Soziale Auswahl Nr 71 B IV 3 a aa und bb im Hinblick auf die Berücksichtigung von besonderen Behinderungen unterhalb einer festgestellten Schwerbehinderung.
665 BAG 31.5.2007 – 2 AZR 276/06 – NZA 2008, 33.
666 BAG 12.8.2010 – 2 AZR 945/08 – NZA 2011, 460; 31.5.2007 – 2 AZR 276/06 – NZA 2008, 33; aA KR/Griebeling § 1 KSchG Rn 678 l mit Hinweis darauf, dass anderenfalls die Bestimmungen des § 2 Abs 2 Satz 1 ArbPlSchG oder § 8 Abs 1 ATG überflüssig wären; offen noch HaKo/Gallner 3. Aufl § 1 KSchG Rn 782.
667 BAG 31.5.2007 – 2 AZR 276/06 – BAGE 123, 1.
668 BAG 12.8.2010 – 2 AZR 945/08 – NZA 2011, 460; 7.7.2011 – 2 AZR 476/10, wonach die aufgrund der deutschen Staatsangehörigkeit und einer im Inland absolvierten Ausbildung besseren Vermittlungschancen wegen Fehlens eines Zusammenhangs mit den Auswahlkriterien des § 1 Abs 3 Satz 1 KSchG nicht berücksichtigt werden dürfen; APS/Kiel § 1 KSchG Rn 732.

ken verbunden. In diesem Fall sollte im Rahmen einer Kontrollüberlegung ein Ergebnisabgleich mit einer Sozialauswahl ausschließlich nach den gesetzlichen Kriterien erfolgen. Ergibt sich bei der Berücksichtigung anderer Kriterien ein abweichendes Ergebnis, sollte von einer Berücksichtigung Abstand genommen werden.

Die **Dauer der Betriebszugehörigkeit** bestimmt sich nicht nur nach der Zugehörigkeit zum Beschäftigungsbetrieb. **Entscheidend ist der ununterbrochene rechtliche Bestand des Arbeitsverhältnisses bei demselben Arbeitgeber, auch wenn der Arbeitnehmer in unterschiedlichen Betrieben beschäftigt wurde.** Es können die Grundsätze herangezogen werden, die auch bei der Berechnung der **Wartezeit** nach § 1 Abs 1 KSchG gelten. Für den nötigen ununterbrochenen rechtlichen Bestand des Arbeitsverhältnisses ist es unschädlich, wenn ein früheres Arbeitsverhältnis beendet wurde, ein kurz danach begründetes Arbeitsverhältnis mit demselben Arbeitgeber aber in engem sachlichem Zusammenhang mit dem ersten Arbeitsverhältnis steht. Die Zeiten der beiden Arbeitsverhältnisse sind hier zu addieren.[669] Spezielle gesetzliche Anrechnungsregelungen – bspw § 10 Abs 2 MuSchG – finden auch im Rahmen von § 1 Abs 3 Satz 1 KSchG alter und neuer Fassung Anwendung. Gleiches gilt für tarifliche oder individualvertragliche Anrechnungsbestimmungen.[670] Die Zeiten, die der Arbeitnehmer vor einem Betriebsübergang beim Betriebsveräußerer verbrachte, und die Perioden, während derer das Arbeitsverhältnis ruhte, sind zu berücksichtigen.[671] **An sich nicht anrechnungsfähige frühere Beschäftigungszeiten bei demselben Arbeitgeber oder einem anderen Unternehmen können bei der Dauer der Betriebszugehörigkeit nach § 1 Abs 3 Satz 1 KSchG berücksichtigt werden, wenn die Arbeitsvertragsparteien das vereinbaren.** Allerdings darf die sich zulasten anderer Arbeitnehmer auswirkende Abrede nicht rechtsmissbräuchlich sein und nur die Umgehung der sozialen Auswahl zum Ziel haben. Vielmehr muss für eine Berücksichtigung der vertraglich vereinbarten Betriebszugehörigkeitszeiten in Anbetracht des Spannungsverhältnisses zwischen dem verfassungsrechtlich gebotenen Kündigungsschutz nach Art 12 Abs 1 GG einerseits und der Vertragsfreiheit andererseits regelmäßig ein sachlicher Grund bestehen. Ein solcher Sachgrund ist ohne weiteres anzunehmen, wenn der **Anrechnungsvereinbarung** ein arbeitsgerichtlicher Vergleich wegen eines streitigen Betriebsübergangs zugrunde liegt.[672]

Die Schutzbedürftigkeit des Arbeitnehmers nimmt mit zunehmendem Alter wegen der schlechter werdenden Möglichkeiten einer Anschlussbeschäftigung zu. Die **Berücksichtigung des Lebensalters als Sozialkriterium** stellt dabei zwar eine an das Alter anknüpfende unterschiedliche Behandlung dar. § 1 Abs 3 KSchG verstößt aber nicht gegen Art 2 Abs 2 lit. b und Art 6 Abs 1 Satz 2 lit. a der Richtlinie 2000/78/EG und des diese gemeinschaftsrechtlichen Regelungen umsetzenden § 1 des am 18.8.2006 in Kraft

---

669 Vgl zu allem BAG 6.2.2003 – 2 AZR 623/01 – EzA KSchG § 1 Soziale Auswahl Nr 51 II 1 b bb (1) mwN.
670 Bader NZA 1996, 1125, 1128.
671 KR/Griebeling § 1 KSchG Rn 672; APS/Kiel § 1 KSchG Rn 708.
672 BAG 2.6.2005 – 2 AZR 480/04 – AP KSchG 1969 § 1 Soziale Auswahl Nr 74 B I 4 b aa.

getretenen **Allgemeinen Gleichbehandlungsgesetzes** (AGG), weil die unterschiedliche Behandlung sowohl nach § 10 Satz 1, 2 AGG als auch durch Art. 6 Abs 1 Unterabs 1, Unterabs 2 Buchst a der Richtlinie 2000/78/EG gerechtfertigt ist.[673]

865 Grundsätzlich ist das **wirkliche Lebensalter** maßgeblich. Sofern sich das Geburtsdatum allerdings auch nach Rückfragen beim betroffenen Arbeitnehmer nicht exakt feststellen lässt, ist das Alter entscheidend, das der Arbeitnehmer zu seiner Personalakte mitgeteilt hat.[674]

866 Je stärker ein Arbeitnehmer durch Unterhaltspflichten finanziell beansprucht wird, desto größer ist seine Schutzbedürftigkeit vor einer Beendigung des Arbeitsverhältnisses. Maßgeblich sind die **familienrechtlichen Unterhaltspflichten**. Diese ergeben sich aus §§ 1360 ff (Ehegatten), 1569 ff (geschiedene Ehegatten), 1601 ff BGB (eheliche Kinder und unterhaltsbedürftige Eltern), § 1615 a (nicht eheliche Kinder), und § 1754 (adoptierte Kinder) BGB. Auch im Rahmen einer gleichgeschlechtlichen Lebenspartnerschaft nach §§ 5, 12, 16 LPartG entstehenden Unterhaltspflichten sind zu berücksichtigen. Dabei ist auf die zum Zeitpunkt des Zugangs der Kündigung bestehenden Unterhaltspflichten abzustellen. Aufgrund konkreter Tatsachen erkennbar bevorstehende Unterhaltspflichten[675] (zB bevorstehende Geburt oder beabsichtigte Adoption) sind ebenso unbeachtlich wie solche, die in einem überschaubaren Zeitraum mit großer Wahrscheinlichkeit entfallen (zB bevorstehendes Ausbildungsende eines Kindes).[676]

867 **Familienrechtlich bestehende, tatsächlich aber nicht erfüllte Unterhaltspflichten** sind in der Sozialauswahl zu berücksichtigen; ein gesetzwidriges Verhalten darf keine Auswirkungen auf die Sozialauswahl haben darf.[677] Gegen die Berücksichtigung der tatsächlichen Unterhaltslast durch Erfüllung der bestehenden Verbindlichkeit spricht auch der erklärte Gesetzeszweck sowohl des früheren Arbeitsrechtlichen Beschäftigungsförderungsgesetzes als auch des jetzigen Arbeitsmarktreformgesetzes, die Sozialauswahl zu vereinfachen. Dieses Ergebnis wird daneben von dem Umstand gestützt, dass der den Ausschussberatungen zum Arbeitsrechtlichen Beschäftigungsförderungsgesetz entstammende Vorschlag, den Begriff der „Unterhaltspflichten" durch den der „Unterhaltslasten" zu ersetzen, nicht verwirklicht wurde. § 1 Abs 3 KSchG dient dem Ziel, die soziale Auswahl rechtssicherer zu gestalten.[678]

---

673 BAG 18.3.2010 – 2 AZR 468/08 – NZA 2010, 1059; 12.3.2009 – 2 AZR 418/07; 6.11.2008 – 2 AZR 523/07.
674 Bader NZA 1996, 1125, 1128.
675 APS/Kiel § 1 KSchG Rn 723; Gaul/Lunk NZA 2004, 184, 185; vHH/L/Krause § 1 KSchG Rn 979; aA ErfK/Oetker § 1 KSchG Rn 333; HaKo/Gallner/Mestwerdt 4. Aufl § 1 Rn 866.
676 APS/Kiel § 1 KSchG Rn 723; SES/Eylert § 1 KSchG Rn 411; Kaiser FS Birk S 283, 307; vHH/L/Krause § 1 KSchG Rn 979; aA HaKo/Gallner/Mestwerdt 4. Aufl § 1 Rn 866; KR/Griebeling Rn 677 c).
677 APS/Kiel § 1 KSchG Rn 723; Fischermeier NZA 1997, 1089, 1094; SES/Eylert § 1 KSchG Rn 411.
678 Fischermeier NZA 1997, 1089, 1094 zum Arbeitsrechtlichen Beschäftigungsförderungsgesetz.

Die Unterhaltspflicht gegenüber einem Ehegatten ist in der Sozialauswahl auch dann zu berücksichtigen, wenn dieser über ein **eigenes Arbeitseinkommen** verfügt. Die Verpflichtung zur Gewährung von Unterhalt an den mit dem Arbeitnehmer in ehelicher Lebensgemeinschaft lebenden Ehegatten gem § 1360 BGB besteht unabhängig davon, ob er sich selbst (finanziell) unterhalten kann. Der sog Naturalunterhalt darf nicht gänzlich außer Betracht bleiben.[679] Der Arbeitgeber kann den Doppelverdienst jedoch bei der Gewichtung der Unterhaltspflichten berücksichtigen, weil er in einem unmittelbaren spezifischen Zusammenhang zu dem Auswahlkriterium „Unterhaltspflicht" steht.[680]

868

Außerhalb des Sozialkriteriums der Unterhaltspflichten ist ein Doppelverdienst dagegen nicht als eigenständiger sozialer Gesichtspunkt zu berücksichtigen. Darin läge eine sachlich nicht gerechtfertigte mittelbare Diskriminierung von Frauen nach § 611a BGB und Art 1 der Richtlinie 76/207/EWG,[681] weil das Entgeltniveau von Frauen in der Bundesrepublik und erst recht im Durchschnitt der Europäischen Union deutlich unter dem ihrer männlichen Kollegen liegt. Frauen sähen sich sonst häufiger als Männer dem Einwand ausgesetzt, ihr Ehepartner könne sie versorgen.[682] Deshalb ist dem Arbeitgeber gestattet, den Doppelverdienst als Gewichtungskriterium innerhalb der Unterhaltspflichten auch gänzlich unberücksichtigt zu lassen.[683]

869

Schwerbehinderte Arbeitnehmer sind besonders schutzbedürftig, die Kündigung bedarf deshalb der Zustimmung nach § 85 SGB IX. Eine eigenständige Definition enthält § 1 Abs 3 KSchG nicht, so dass auf § 2 Abs 2 und 3 SGB IX zurückgegriffen werden muss. Danach ist das Kriterium der Schwerbehinderung bei schwerbehinderten Arbeitnehmern mit einem GdB von 50 und bei den Gleichgestellten mit einem GdB von wenigstens 30 zu berücksichtigen. Behinderungen, die nicht in diesem Umfang anerkannt sind, sind deshalb nicht mehr abwägungsrelevant.[684] **Maßgeblich ist der Status zum Zeitpunkt des Zugangs der Kündigung.** Wird auf einen vor Ausspruch der Kündigung gestellten Antrag nachträglich rückwirkend eine Schwerbehinderung iSv § 2 Abs 2, 3 SGB IX festgestellt, so ist die Kündigung mangels Zustimmung des Integrationsamts rechtsunwirksam. Der Arbeitgeber trägt in dieser Situation das Risiko einer Fehlabwägung. Berücksichtigt er eine fiktive Schwerbehinderung, so kann die Sozialauswahl sich als fehlerhaft erweisen, wenn diese nicht festgestellt wird. Auch im umgekehrten Fall wird eine „Nachsteuerung" erforderlich, wenn nach fest-

870

---

679 BAG 28.6.2012 – 6 AZR 682/10 – NZA 2012, 1090.
680 Vgl näher APS/Kiel § 1 KSchG Rn 724 mwN.
681 Richtlinie des Rats vom 9.2.1976 zur Verwirklichung des Grundsatzes der Gleichbehandlung von Männern und Frauen hinsichtlich des Zugangs zur Beschäftigung, zur Berufsbildung und zum beruflichen Aufstieg sowie in Bezug auf die Arbeitsbedingungen (ABl Nr L 39, 40) in der geänderten Fassung der Richtlinie 2002/73/EG vom 23.9.2002 (ABl Nr L 269, 15).
682 APS/Kiel § 1 KSchG Rn 724.
683 APS/Kiel § 1 KSchG Rn 724.
684 Zutr APS/Kiel § 1 KSchG Rn 730; SES/Eylert § 1 KSchG Rn 417; KR/Griebeling § 1 KSchG Rn 678 a; anders zur Altfassung des Gesetzes BAG 17.3.2005 – 2 AZR 4/04.

gestellter Schwerbehinderung die Kündigung mangels Zustimmung rechtsunwirksam ist.[685]

871 Grundsätzlich darf sich der Arbeitgeber bei der **Ermittlung der Sozialdaten auf die zu der Personalakte mitgeteilten Angaben des Arbeitnehmers verlassen.** § 1 Abs 3 Satz 1 KSchG hebt zwar an sich nicht auf die in die Lohnsteuerkarte eingetragenen Kinderfreibeträge ab; vielmehr kommt es auf die tatsächlichen, nicht aber auf die in die Lohnsteuerkarte eingetragenen Daten an. Nach der Rechtsprechung des Zweiten Senats gebietet aber der **Vertrauensschutz, dass der Arbeitgeber auf die ihm bekannten Daten vertrauen kann, wenn er keinen Anlass zu der Annahme hat, sie könnten nicht zutreffen.** Dabei bietet die Lohnsteuerkarte einen wichtigen Anhaltspunkt.[686] Bestehen seitens des Arbeitgebers aber Zweifel, ob sie zutreffen, muss er sich beim Arbeitnehmer Klarheit verschaffen.

872 Verlässt sich deshalb der Arbeitgeber bei der Gewichtung der Auswahlgesichtspunkte zu Recht auf die Angaben in Personalakte und Lohnsteuerkarte und kündigt er das Arbeitsverhältnis des Arbeitnehmers, dem die unzutreffenden Angaben zuzurechnen sind, so kann sich der Gekündigte im Rahmen der Sozialauswahl nicht auf verschwiegene Auswahlkriterien berufen. Dem steht der Einwand unzulässiger Rechtsausübung (§ 242 BGB) entgegen.

873 **Beispiel:** Spricht der Arbeitgeber aufgrund fehlerhafter Auskünfte eines Arbeitnehmers gegenüber einem anderen Arbeitnehmer eine Kündigung aus, so ist diese Kündigung sozial nicht gerechtfertigt. Der Arbeitnehmer, der die unzutreffenden Angaben gemacht hat, ist wegen einer Treue- und damit Nebenpflichtverletzung schadensersatzpflichtig. Der Schaden kann die Kosten des verlorenen Kündigungsschutzrechtsstreits und das zu entrichtende Annahmeverzugsentgelt umfassen.

874 Bei der unter vergleichbaren Arbeitnehmern nach § 1 Abs 3 Satz 1 KSchG durchzuführenden Auswahl hat der Arbeitgeber einen **Beurteilungsspielraum.**[687] Inhaltlich hebt der Zweite Senat[688] hervor, dass der Arbeitgeber **gesetzlich nur zu einer ausreichenden Sozialauswahl verpflichtet** ist und ihm bei der Gewichtung der Auswahlkriterien deswegen ein Beurteilungsspielraum zukommt. Die Auswahlentscheidung muss demnach nur vertretbar sein und nicht unbedingt der Entscheidung entsprechen, die das Gericht getroffen hätte, wenn es eigenverantwortlich soziale Erwägungen hätte anstellen müssen. Der dem Arbeitgeber gesetzlich eingeräumte Beurteilungsspielraum führt dazu, dass nur deutlich schutzwürdigere Arbeitnehmer mit Erfolg die Fehlerhaftigkeit der sozialen Auswahl rügen können.[689]

875 **Keinem der in § 1 Abs 3 Satz 1 KSchG genannten Kriterien der Dauer der Betriebszugehörigkeit, des Lebensalters, der Unterhaltspflichten und der**

---

685 Eingehend und zutr zu den Konsequenzen APS/Kiel § 1 KSchG Rn 731.
686 BAG 17.1.2008 – 2 AZR 405/06; 5.11.2009 – 2 AZR 676/08.
687 BAG 7.7.2011 – 2 AZR 476/10;18.3.2010 – 2 AZR 468/08 – NZA 2010, 1352; 5.6.2008 – 2 AZR 907/06 – NZA 2008, 1120.
688 BAG 20.6.2013 – 2 AZR 271/12 – NZA 2013, 837; 18.1.2007 – 2 AZR 796/05; 2.6.2005 – 2 AZR 480/04 – NZA 2006, 207.
689 BAG 2.6.2005 – 2 AZR 480/04 – NZA 2006, 207.

Schwerbehinderung kommt ein absoluter Vorrang zu.[690] Ein Hinweis auf die besondere Bedeutung der Betriebszugehörigkeit lässt sich auch dem Rechtsgedanken des § 10 KSchG jedenfalls seit Inkrafttreten des Arbeitsmarktreformgesetzes am 1.1.2004 im Hinblick auf den Wortlaut des § 1 Abs 3 Satz 1 1. HS KSchG nicht mehr entnehmen. Auch die Begründung des Gesetzes lässt nicht erkennen, dass einem der heutigen vier Sozialindikatoren Vorrang eingeräumt werden sollte.[691] Der Zweite Senat nahm allerdings auch während der Geltung des Korrekturgesetzes keine Priorität der Betriebszugehörigkeit gegenüber den anderen, damals nicht abschließend genannten Kriterien an.[692]

Der **Arbeitgeber kann sich zur Durchführung einer Sozialauswahl eines Punkteschemas bedienen**, in denen er durch die Verteilung von Punkten die vier gesetzlichen Kriterien einer Gewichtung zuführt. In älterer Rechtsprechung hat der Zweite Senat die Auffassung vertreten, ein Punkteschema könne nur ein Hilfsmittel sein und es bedürfe immer einer einzelfallbezogenen Abschlussprüfung.[693] Daran ist nicht festzuhalten. Nach der Neufassung des § 1 Abs 3 KSchG muss der Arbeitgeber nur die im Gesetz ausdrücklich bezeichneten Grunddaten berücksichtigen. Ein Punktesystem muss deshalb auch keine individuelle Abschlussprüfung mehr vorsehen.[694] Daraus folgt nicht, dass es dem Arbeitgeber verwehrt ist, sich eine solche Abschlussprüfung vorzubehalten. Gesetzlicher Maßstab ist eine ausreichende soziale Auswahl. Es obliegt dem Arbeitgeber, ob er ein Punkteschema exakt umsetzt oder er ein solches nur zur Vorauswahl heranzieht.

876

Ein **Punkteschema zur Durchführung einer sozialen Auswahl ist eine Auswahlrichtlinie nach § 95 BetrVG** und unterliegt deshalb der Mitbestimmung des Betriebsrats. Dies gilt auch dann, wenn das Schema keine Geltung für alle künftig auszusprechenden Kündigungen beansprucht, sondern lediglich für konkret anstehende Kündigungen bestimmt ist.[695] Daraus folgt, dass der Betriebsrat Unterlassung der Anwendung einer mitbestimmungswidrig erstellten Auswahlrichtlinie begehren kann. Dies führt allerdings nicht zur Unwirksamkeit der Sozialauswahl, wenn sie anhand eines ohne Mitwirkung des Betriebsrats erstellten Punkteschemas erstellt wurde.

877

Mit der Entscheidungen vom 9.11.2006 hat der Zweite Senat **die sog Dominotheorie aufgegeben**,[696] **die bei einer fehlerhaften Sozialauswahl zu untragbaren Ergebnissen führte**. Entfallen zB 50 von 500 Arbeitsplätzen, sind bei der Anwendung eines solchen Punktesystems **grundsätzlich die 50 Arbeitnehmer mit den geringsten Punktzahlen zu kündigen**. Nach der vorhe-

878

---

690 BAG 5.11.2009 – 2 AZR 676/08 – NZA 2010, 457; 2.6.2005 – 2 AZR 480/04 – NZA 2006, 207.
691 Zum Arbeitsrechtlichen Beschäftigungsförderungsgesetz Ascheid RdA 1997, 333, 335; Bader NZA 1996, 1125, 1128; v. Hoyningen-Huene/Linck DB 1997, 41, 42 aA Löwisch NZA 1996, 1009, 1010, der nach wie vor das besondere Gewicht der Betriebszugehörigkeit hervorhob.
692 BAG 5.12.2002 – 2 AZR 549/01 – AP KSchG 1969 § 1 Soziale Auswahl Nr 59 B III 4.
693 BAG 5.12.2002 – 2 AZR 549/01 – NZA 2003, 791.
694 BAG 9.11.2006 – 2 AZR 812/05 – NZA 2007, 549; aA TLL/Thüsing § 1 KSchG Rn 867.
695 BAG 26.7.2005 – 1 ABR 29/04 – NZA 2005, 1372.
696 BAG 9.11.2006 – 2 AZR 812/05 – NZA 2007, 549.

rigen Rechtsprechung des Zweiten Senats wurden **alle** Kündigungen als unwirksam betrachtet, wenn dem Arbeitgeber bei der Ermittlung der Punktzahlen ein Fehler mit der Folge unterlief, dass auch nur das Arbeitsverhältnis **eines Arbeitnehmers**, der bei richtiger Ermittlung der Punktzahlen zur Kündigung angestanden hätte, nicht gekündigt wurde. Daran wird mit Recht nicht festgehalten. **Die betreffende Kündigung ist nicht wegen fehlerhafter Sozialauswahl unwirksam, wenn der Arbeitgeber im Kündigungsschutzprozess verdeutlichen kann, dass der gekündigte Arbeitnehmer auch bei richtiger Erstellung der Rangliste anhand des Punktesystems zur Kündigung angestanden hätte.** In diesen Fällen ist der **Fehler für die Auswahl des gekündigten Arbeitnehmers nicht ursächlich geworden** und die Sozialauswahl jedenfalls im Ergebnis ausreichend.[697] Die Aufgabe der Dominotheorie beschränkt sich nicht auf Punktsysteme. Auch wenn eine Sozialauswahl gar nicht oder methodisch fehlerhaft durchgeführt wurde, ist die Kündigung nicht aus diesem Grund unwirksam, wenn mit der Person des Gekündigten gleichwohl – und sei es zufällig – eine objektiv vertretbare Auswahl getroffen wurde.[698]

879 Dem Gericht bleibt ist es versagt, bei Massenkündigungen ein eigenes Punkteschemata anzuwenden. Auch eine bloße Vorauswahl mittels eines Punktesystems kommt nicht in Betracht, weil bereits keine Rechtsgrundlage dafür besteht, ein Punkteschema zu schaffen. Eine gerichtliche Gesamtwürdigung aller auswahlrelevanten Umstände ist deshalb unabdingbar.[699]

880 **c) Herausnahme einzelner Arbeitnehmer aus der Vergleichsgruppe aufgrund berechtigten betrieblichen Interesses.** Nach § 1 Abs 3 Satz 2 KSchG sind in die Sozialauswahl solche Arbeitnehmer nicht einzubeziehen, deren Weiterbeschäftigung, insbesondere wegen ihrer Kenntnisse, Fähigkeiten und Leistungen oder zur Sicherung einer ausgewogenen Personalstruktur des Betriebes, im berechtigten betrieblichen Interesse liegt. Der Gesetzgeber des Arbeitsmarktreformgesetzes ist damit zu der Regelung des Arbeitsrechtlichen Beschäftigungsförderungsgesetzes zurückgekehrt, die in der Zeit vom 1.10.1996 bis zum 21.12.1998 galt. Nach den bis zum 30.9.1996 und vom 1.1.1999 bis zum 31.12.2003 geltenden Fassungen des § 1 Abs 3 Satz 2 KSchG konnten demgegenüber betriebstechnische, wirtschaftliche oder sonstige berechtigte betriebliche **Bedürfnisse**, welche die Weiterbeschäftigung eines oder mehrerer bestimmter Arbeitnehmer bedingten, der Sozialauswahl entgegenstehen. **Indem das Gesetz jetzt ein berechtigtes Interesse an der Weiterbeschäftigung eines Leistungsträgers ausreichen lässt, zeigt sich, dass die Voraussetzungen für die Herausnahme vergleichbarer Arbeitnehmer geringer geworden sind.**[700]

---

[697] Zum Ganzen grundlegend BAG 9.11.2006 – 2 AZR 812/05 –ZA 2007, 549; seither st Rspr, zB BAG 20.6.2013 – 2 AZR 271/12 – NZA 2013, 837; 28.6.2012 – 6 AZR 682/10 – NZA 2012, 1090; 10.6.2010 – 2 AZR 420/09 – NZA 2010, 1352.
[698] Vgl BAG 20.6.2013 – 2 AZR 271/12 – NZA 2013, 837; 28.6.2012 – 6 AZR 682/10 – NZA 2012, 1090; 10.6.2010 – 2 AZR 420/09 – NZA 2010, 1352.
[699] Schon BAG 24.3.1983 – 2 AZR 21/82 – AP KSchG 1969 § 1 Betriebsbedingte Kündigung Nr 12 B IV 2 zur „Hammer Tabelle".
[700] TLL-Thüsing § 1 KSchG 872.

§ 1 Abs 3 Satz 2 KSchG ermöglicht dem Arbeitgeber die Herausnahme sog **Leistungsträger** aus der Sozialauswahl, wenn deren Weiterbeschäftigung im berechtigten betrieblichen Interesse liegt. Dies setzt voraus, dass der gekündigte und sozial schwächere Arbeitnehmer mit dem sozial stärkeren Arbeitnehmer vergleichbar ist, letzterer sich aber durch bestimmte Merkmale hervorhebt.[701] Anderenfalls könnte der Leistungsträger mangels Zugehörigkeit zur Vergleichsgruppe nicht von der Kündigung betroffen sein; seine Ausklammerung aus der Sozialauswahl wäre überflüssig. Die individuellen Merkmale dürfen somit nicht von derart großem Gewicht sein, dass sie bereits einer qualifikationsmäßigen Austauschbarkeit entgegenstehen. Als Ausnahme vom Gebot der Sozialauswahl müssen die vom Arbeitgeber mit der Herausnahme verfolgten Interessen auch im Kontext der Sozialauswahl berechtigt sein.[702] Deshalb ist das **Interesse des sozial schwächeren Arbeitnehmers im Rahmen von § 1 Abs 3 Satz 2 KSchG gegen das betriebliche Interesse an einer Herausnahme eines Leistungsträgers abzuwägen**.[703] Die Prüfung der Herausnahme der Leistungsträger wird erst nach Durchführung der sozialen Auswahl auf der dritten Stufe der Sozialauswahl vollzogen. Umso schwerer dabei das soziale Interesse wiegt, umso gewichtiger müssen die Gründe für die Ausklammerung des Leistungsträgers sein. Diese Abwägung darf nicht abstrakt erfolgen, sondern ist stets anhand eines konkreten Vergleichs vorzunehmen.[704] Die Auswahl nach sozialen Gesichtspunkten stellt die Regel dar, die Ausklammerung sog. Leistungsträger nach Satz 2 der Norm ist die Ausnahme.[705]

881

Bei der Frage, ob das betriebliche Interesse an der Herausnahme eines Leistungsträgers aus der Sozialauswahl berechtigt ist, ist eine **objektive, an dem Gewicht des angeführten Ausnahmegrunds orientierte Überprüfung und keine bloße Willkürkontrolle vorzunehmen**.[706] Der behauptungs- und beweisbelastete Arbeitgeber muss zumindest darlegen, dass die Weiterbeschäftigung des sozial stärkeren Arbeitnehmers für den Betrieb – nicht das Unternehmen – von besonderer Bedeutung ist, mithin **einen nicht unerheblichen Vorteil bedeutet, der bei einer nur die Vorgaben von § 1 Abs 3 Satz 1 KSchG berücksichtigenden Sozialauswahl entfiele**.[707] Die Weiterbeschäftigung muss aber nicht erforderlich, der leistungsstärkere Arbeitnehmer erst recht nicht für den geordneten Betriebsablauf unverzichtbar sein.[708]

882

---

701 BAG 10.6.2010 – 2 AZR 420/09 – NZA 2010, 1352.
702 BAG 19.7.2012 – 2 AZR 352/11– NZA 2013, 86.
703 BAG 19.7.2012 – 2 AZR 352/11– NZA 2013, 86; 10.6.2010 – 2 AZR 420/09 – NZA 2010, 1352; 5.6.2008 – 2 AZR 907/06 – NZA 2008, 1120; 31.5.2007 – 2 AZR 306/06 – AP KSchG § 1 Soziale Auswahl Nr 93; vgl auch Rn 814 ff.
704 BAG 19.7.2012 – 2 AZR 352/11– NZA 2013, 86; 10.6.2010 – 2 AZR 420/09 – NZA 2010, 1352.
705 BAG 10.6.2010 – 2 AZR 420/09 – NZA 2010, 1352; 5.6.2008 – 2 AZR 907/06 – NZA 2008, 1120; 31.5.2007 – 2 AZR 306/06 – AP KSchG § 1 Soziale Auswahl Nr 93, vgl Rn 814 ff.
706 Vgl BAG 19.7.2012 – 2 AZR 352/11– NZA 2013, 86; 10.6.2010 – 2 AZR 420/09 – NZA 2010, 1352.
707 BAG 31.5.2007– 2 AZR 306/06 – NZA 2007, 1362.
708 v. Hoyningen-Huene/Linck DB 1997, 41, 43.

883 Nur der Arbeitgeber kann sich auf die Bestimmung des § 1 Abs 3 Satz 2 KSchG berufen, nicht der Arbeitnehmer, der sich selbst für einen Leistungsträger hält; das betriebliche Interesse steht nicht zur Disposition des Arbeitnehmers.[709] Lediglich in Einzelfällen kommt eine Selbstbindung des Arbeitgebers in Betracht, etwa wenn er überdurchschnittlich leistungsstarke Akkordarbeiter aus der Sozialauswahl herausnimmt.[710] In einer solchen Konstellation kann sich auch ein anderer Arbeitnehmer, der sie zu erfüllen glaubt, auf die Herausnahme berufen.

884 Berechtigte betriebliche Interessen, die die Herausnahme von Leistungsträgern bedingen, sind nicht nur arbeitsplatzbezogen, sondern können auch solche Merkmale sein, die nicht unbedingt zur Erfüllung der vertraglichen Pflichten erforderlich sind, die aber im Betrieb gebraucht werden, wie besondere soziale Kompetenzen oder sonstige soft skills,[711] nicht aber außerbetriebliche persönliche oder familiäre Umstände.[712]

885 **Kenntnisse** bezeichnen das Wissen, das der Arbeitnehmer durch seine Ausbildung, bisherige berufliche Tätigkeit, Fortbildung oder sonstige Lebensführung erlangt hat[713], zB besondere Kundenkontakte, Ausbildungsberechtigung, Sprach- oder EDV-Kenntnisse. Gezielte Qualifikationen einzelner Arbeitnehmer sind zulässig, stehen der Herausnahme aus der Sozialauswahl aber dann entgegen, wenn sie im Zusammenhang mit der Vorbereitung einer Sozialauswahl veranlasst werden, um die Herausnahme bestimmter Arbeitnehmer zu erreichen.[714] Auf § 1 Abs 3 Satz 2 KSchG kommt es allerdings nur an, soweit nicht schon die Vergleichbarkeit zu verneinen ist, weil der von der Kündigung bedrohte Arbeitnehmer nicht aufgrund des Direktionsrechts des Arbeitgebers auf den Arbeitsplatz bspw einer Schreibkraft mit Fremdsprachenkenntnissen um- oder versetzt werden kann bzw der Erwerb der Fremdsprachenkenntnisse einer längeren unzumutbaren Einarbeitungszeit bedarf. Die Mitgliedschaft in einer Freiwilligen Feuerwehr und die damit verbundenen Kenntnisse rechtfertigen die Herausnahme eines Arbeitnehmers aus der Sozialauswahl nach § 1 Abs 3 Satz 2 KSchG bei einer Gemeinde, die gesetzlich zum Brandschutz verpflichtet ist.[715]

886 Unter **Fähigkeiten sind** die Eignung des Arbeitnehmers, die vertraglich geschuldeten Aufgaben zu erfüllen, zu verstehen[716] wie bspw eine vielseitige Verwendbarkeit, Führungsqualifikation, Befähigung zur Streitschlichtung oder besondere fachliche Eignung für spezielle Aufgaben.[717]

---

709 KR/Griebeling § 1 KSchG Rn 631; TLL-Thüsing § 1 KSchG Rn 875; detailliert Thüsing/Wege RdA 2005, 12, 13 f; aA Buschmann AuR 2004, 1, 2.
710 SES/Eylert § 1 KSchG Rn 436; KR/Griebeling § 1 KSchG Rn 633; vHH/L/Krause § 1 KSchG Rn 990.
711 Zutr TLL-Thüsing § 1 KSchG Rn 876; Thüsing/Wege RdA 2005, 12, 14.
712 KR/Griebeling § 1 KSchG Rn 630; vHH/L/Krause § 1 KSchG Rn 993.
713 KR/Griebeling § 1 KSchG Rn 635 a; vHH/L/Krause § 1 KSchG Rn 991.
714 Thüsing/Wege RdA 2005, 12.
715 BAG 7.12.2006 – 2 AZR 748/05 – NZA-RR 2007, 460.
716 KR/Griebeling § 1 KSchG Rn 635 b.
717 KR/Griebeling § 1 KSchG Rn 635 b; Löwisch in: Löwisch/Spinner/Wertheimer § 1 KSchG Rn 472.

Der Begriff der **Leistungen** umfasst die Qualität und die Quantität der verrichteten Arbeit. Als Leistungskriterien kommen dabei zB Arbeitsgeschwindigkeit, Genauigkeit, Fehlerquoten oder Verkaufszahlen in Betracht. Solche Leistungen berechtigen nur dann zur Herausnahme aus der Sozialauswahl nach § 1 Abs 3 Satz 2 KSchG, wenn der Mitarbeiter **deutlich leistungsstärker** ist als der gekündigte Arbeitnehmer.[718] Im Einzelfall hat eine Abwägung zwischen der sozialen Schutzbedürftigkeit und dem betrieblichen Nutzen aus der Weiterbeschäftigung des Leistungsträgers stattzufinden. 887

§ 1 Abs 3 Satz KSchG enthält seinem Wortlaut nach („insbesondere") **keine abschließende Aufzählung** der möglichen Gründe für eine Herausnahme aus der Sozialauswahl. Der Arbeitgeber kann die Herausnahme eines Arbeitnehmers aus der Sozialauswahl deshalb auch auf andere Aspekte stützen.[719] Eine nachteilige Eigenschaft des sozial schwächeren Arbeitnehmers rechtfertigt jedoch nicht die Herausnahme eines sozial stärkeren Arbeitnehmers aus der Sozialauswahl. Eine „Negativauswahl" ist rechtlich nicht möglich. Die **besonders hohe Krankheitsanfälligkeit** eines Arbeitnehmers begründet bei der Sozialauswahl deshalb für sich noch **kein berechtigtes betriebliches Interesse** iSv § 1 Abs 3 Satz 2 KSchG, einen anderen vergleichbaren und weniger schutzbedürftigen Arbeitnehmer weiterzubeschäftigen.[720] Etwas anderes gilt, wenn bspw bei Schlüsselpositionen mit Schlüsselqualifikationen ein kurzfristiger Ersatz anderer Arbeitnehmer nicht oder nur mit sehr großen Schwierigkeiten organisiert werden kann, zB weil die zu vertretende Tätigkeit äußerst komplex ist bzw eine hohe Einarbeitungsintensität erfordert oder aufgrund der Bedeutung des Arbeitsplatzes, zB bei einer bestimmten Kundenbindung, ein häufiger Einsatz von Vertretungskräften zur konkreten Gefahr eines Auftragsverlustes führen könnte. Die Weiterbeschäftigung bestimmter sozial stärkerer Arbeitnehmer kann auch dann erforderlich sein, wenn im Betrieb nach einer Sozialauswahl nach allein sozialen Kriterien sonst nur noch bzw im Wesentlichen nur noch Arbeitnehmer mit hohen Fehlzeiten verbleiben würden.[721] 888

Nach § 1 Abs 3 Satz 2 KSchG sind weiterhin Arbeitnehmer nicht mit in die Sozialauswahl einzubeziehen, deren Weiterbeschäftigung zur Sicherung einer ausgewogenen Personalstruktur des Betriebes im berechtigten betrieblichen Interesse liegt. Anders als bei der auf individuelle Merkmale abstellenden Leistungsträgerklausel bezieht sich das betriebliche Interesse an der Erhaltung einer bestimmten Personalstruktur nicht auf die betrieblichen Vorteile der Weiterbeschäftigung eines einzelnen Arbeitnehmers. Es geht stattdessen um die Vermeidung struktureller Nachteile, die sich bei Vornahme einer Sozialauswahl allein nach Maßgabe des § 1 Abs 3 Satz 1 KSchG für die Zusammensetzung der Belegschaft ergäben. „**Personalstruktur**" meint die Zusammensetzung der Belegschaft – also einer Mehrzahl 889

---

718 Zutr KR/Griebeling § 1 KSchG Rn 638; BAG 5.6.2008 – 2 AZR 907/06 – NZA 2008, 1120; 31.5.2007 – 2 AZR 306/06 – NZA 2007, 1362.
719 BAG 31.5.2007 – 2 AZR 306/06 – NZA 2007, 1362.
720 BAG 31.5.2007 – 2 AZR 306/06 – NZA 2007, 1362.
721 BAG 31.5.2007 – 2 AZR 306/06 – NZA 2007, 1362; aA Bär AuR 2004, 169, 171; KR/Griebeling § 1 KSchG Rn 636, jeweils unter Hinweis auf einen Widerspruch zu den Erfordernissen einer krankheitsbedingten Kündigung.

von Personen – nach bestimmten Eigenschaften. Hierzu zählt insbesondere das **Alter**. Der Begriff ist aber umfassender und lässt auf einen Willen des Gesetzgebers schließen, auch nach anderen Ordnungsmerkmalen die Personalstruktur erhalten zu können. Auch das BAG tendiert zu einer weiten Auslegung. Eine **Personalstruktur kann sich auch nach Ausbildung und Qualifikation im Betrieb gliedern**, so dass die Bildung entsprechender Qualifikationsgruppen- und -bereiche in Betracht kommt.[722] Kriterien wie **Gewerkschaftsmitgliedschaft, Schwerbehinderung** und **Staatsangehörigkeit** sind wegen der bestehenden **Diskriminierungsverbote** nach Art 3 Abs 3 Satz 2, 9 Abs 3 Satz 2 GG bzw aus dem AGG oder unionsrechtlichen Vorgaben folgenden Diskriminierungsverboten nicht berücksichtigungsfähig,[723] sofern kein sachlicher Grund für die Ungleichbehandlung anzunehmen ist.[724] Beruft sich der Arbeitgeber auf ein betriebliches Interesse, die Zusammensetzung der Belegschaft nach dem Geschlecht zu erhalten, so ist dieses an den Vorgaben der Gleichbehandlungsrichtlinie 2006/54/EG zu messen.[725] Das Geschlecht muss wegen der Art der auszuübenden Tätigkeit oder der Bedingungen ihrer Ausübung eine wesentliche und entscheidende berufliche Anforderung darstellen. Dies kann der Fall sein, wenn in einem Betrieb aufgrund seines Geschäftszwecks weibliche und männliche Arbeitnehmer[726] (zB Sicherheitsdienst mit Personenkontrolle)[727] oder aber jedenfalls eine Mindestanzahl von Arbeitnehmern eines Geschlechts beschäftigt werden müssen (zB Modehaus mit angeschlossener Damenmiederabteilung, in der die Beratung wegen des Schamgefühls der Kundinnen nur von Arbeitnehmerinnen durchgeführt werden kann).

890 Kein im Rahmen von § 1 Abs 3 Satz 2 KSchG anerkennenswertes **Strukturmerkmal sind individuelle Verhaltensweisen** der Arbeitnehmer (Pflichtverstöße, Abmahnungen)[728] oder **krankheitsbedingte Fehlzeiten**.[729] Dabei handelt es sich um eigenständige Kündigungssachverhalte, die unterhalb der kündigungsrelevanten Schwelle nicht über § 1 Abs 3 Satz 2 KSchG und den Begriff der Personalstruktur zu einem betriebsbedingten Kündigungsgrund aufgewertet werden dürfen.

891 § 1 Abs 3 Satz 2 KSchG begünstigt nur die **Sicherung, nicht die Schaffung einer ausgewogenen Personalstruktur**. Es soll dem Arbeitgeber – abweichend von § 125 Abs 1 Nr 2 InsO, der auch Verbesserungen erlaubt – nur

---

722 BAG 28.8.2003 – 2 AZR 368/02 – AP § 125 InsO Nr 1.
723 APS/Kiel § 1 KSchG Rn 766; Fischermeier NZA 1997, 1089, 1093.
724 Innerhalb mancher Branchen – etwa im Modeeinzelhandel oder in einer Theaterbelegschaft – kann ein berechtigtes betriebliches Interesse daran bestehen könne, eine bestimmte Zusammensetzung der Belegschaft nach dem Geschlecht aufrechtzuerhalten, vgl KR/Griebeling § 1 KSchG Rn 649.
725 KR/Griebeling § 1 KSchG Rn 649; vHH/L/Krause § 1 Rn 1004.
726 APS/Kiel § 1 KSchG Rn 766.
727 vHH/L/Krause § 1 KSchG Rn 1004.
728 Detailliert KR/Griebeling Rn 647.
729 Zutr APS/Kiel § 1 KSchG Rn 767; SES/Eylert § 1 KSchG Rn 455, jeweils unter Hinweis darauf, dass diese Kriterien wegen der ungewissen künftigen Entwicklung nicht typsierbar seien; aA KR/Griebeling § 1 KSchG Rn 648; vHH/L/Krause § 1 KSchG Rn 1004.

ermöglicht werden, eine gleichwertige Leistungsstärke und Altersstruktur[730] der Belegschaft zu erhalten. Lediglich eine Verschlechterung soll verhindert werden.[731] Besteht im Zeitpunkt der Kündigung(en) keine ausgewogene Personalstruktur, kann es trotz des missverständlichen Wortlauts nach dem Gesetzeszweck auch im berechtigten betrieblichen Interesse liegen, auch diese Personalstruktur zu sichern, weil jedenfalls eine Verschlechterung der schon unausgewogenen Personalstruktur abgewandt werden soll.[732]

Hauptanwendungsfall der Sicherung der Personalstruktur ist die **Erhaltung einer ausgewogenen Altersstruktur**. Damit soll der Überalterung eines Betriebs als regelmäßige Folge einer Sozialauswahl nach § 1 Abs 3 Satz 1 KSchG entgegengewirkt werden. Dies geschieht typischerweise durch Bildung von Altersgruppen, innerhalb derer die Auswahl der zu kündigenden Arbeitnehmer durchgeführt wird mit dem Ziel, das proportionale Verhältnis dieser Belegschaftsgruppen zueinander aufrechtzuerhalten. Eine nur der Erhaltung der vorhandenen Altersstruktur dienende Altersgruppenbildung als solche stellt **keine unzulässige Altersdiskriminierung** dar. Sie verstößt nicht gegen das unionsrechtliche Verbot der Altersdiskriminierung und dessen Ausgestaltung durch die Richtlinie 2000/78/EG.[733] Zutreffend nimmt das BAG an, dass die die Berücksichtigung des Alters in der Sozialwahl bedingende unmittelbare Benachteiligung jüngerer Arbeitnehmer sowohl durch § 10 Satz 1, Satz 2 AGG als auch durch Art 6 Abs 1 Unterabs 1, Unterabs 2 Buchst a der Richtlinie 2000/78/EG gerechtfertigt ist. Hierdurch verfolgt der Gesetzgeber ein im Allgemeininteresse liegendes legitimes Ziel aus dem Bereich der Sozialpolitik iSv Art 6 Abs 1 Unterabs 1 der Richtlinie 2000/78/EG. Ältere Arbeitnehmer, die wegen ihres Alters typischerweise schlechtere Chancen auf dem Arbeitsmarkt haben, sollen bei einer betrieblich veranlassten Kündigung stärker geschützt werden.[734] Die Heranziehung eines typisierenden, abstrakten Maßstabs für die Vermittlungschancen älterer Arbeitnehmer ist unvermeidbar, eine individuelle Chancenbewertung nicht geboten.[735] Für die Altersgruppenbildung gilt dies entsprechend. Durch sie wird die andernfalls linear ansteigende Gewichtung des Lebensalters durchbrochen. Dadurch relativiert sie diese Gewichtung zugunsten jüngerer Arbeitnehmer. Die Altersgruppenbildung dient damit nicht nur der Erhaltung einer ausgewogenen Altersstruktur im Betrieb, sondern beteiligt alle Lebensalter an den notwendigen Kündigungen und mildert im Interesse der Generationengerechtigkeit die in § 1 Abs

---

730 Zu der Frage der Altersstruktur unter Geltung des Korrekturgesetzes BAG 20.4.2005 – 2 AZR 201/04 – NZA 2005, 877.
731 KR/Griebeling § 1 KSchG Rn 641 mwN zum Streitstand.
732 Wie hier TLL/Thüsing § 1 KSchG Rn 898; KR/Griebeling § 1 KSchG Rn 641; Quecke RdA 2004, 86, 88.
733 Grundlegend BAG 15.12.2011 – 2 AZR 42/10 – NZA 2012, 1044; in der Folge: BAG 19.7.2012 – 2 AZR 352/11 – NZA 2013, 86; 28.6.2012 – 6 AZR 682/10 – NZA 2012, 1090; aA Brors AuR 2005, 41, 44 f; dieselbe jurisPR-ArbR 16/2010 Anm 1 als Anm zu ArbG Siegburg 27.1.2010 – 2 Ca 2144/09-; vgl auch HaKo/ Gallner 3. Aufl § 1 KSchG Rn 798 b; s auch KR/Griebeling § 1 KSchG Rn 645 a ff mit eigenem Lösungsansatz.
734 BAG 15.12.2011 – 2 AZR 42/10 – NZA 2012, 1044.
735 BAG 15.12.2011 – 2 AZR 42/10 – NZA 2012, 1044.

3 KSchG angelegte Bevorzugung älterer Arbeitnehmer.[736] Solange der EuGH über die unionsrechtliche Zulässigkeit einer Altersgruppenbildung jedoch noch nicht entschieden hat, darf die Rechtsfrage aber noch nicht als abschließend geklärt aufgefasst werden. Ein Vorabentscheidungsersuchen des ArbG Siegburg[737] hat sich nach Vergleichsschluss erledigt.

893 Der Arbeitgeber darf danach **Altersgruppen nach einem abstrakten Schema** bilden und innerhalb der jeweiligen Altersgruppe eine Auswahl nach den in § 1 Abs 3 Satz 1 KSchG aufgeführten Kriterien vornehmen. Das KSchG macht dem Arbeitgeber für die Bildung der Altersgruppen keine inhaltlichen oder zeitlichen Vorgaben. Die konkreten Auswirkungen von Kündigungen auf die Altersstruktur des Betriebs und die sich daraus ergebenden Nachteile hängen von den betrieblichen Verhältnissen ab. Da sie nicht abstrakt für alle denkbaren Fälle beschrieben werden können, steht dem Arbeitgeber – ggf zusammen mit dem Betriebsrat – bei der Bildung der Altersgruppen ein Beurteilungs- und Gestaltungsspielraum zu.[738] **Eine Gruppenbildung nach 10-[739] bzw auch nach 5-Jahres-Schritten[740] ist von diesem Beurteilungsspielraum gedeckt.** Der Zuschnitt der Altersgrenzen darf aber nicht willkürlich sein (zB durch unsystematischen Altersgruppen mit wechselnden oder willkürlichen Zeitsprüngen).[741] Der Arbeitgeber trägt im Prozess die Darlegungs- und Beweislast für das Vorliegen der gesetzlichen Voraussetzungen einer Altersgruppenbildung.[742] Dazu hat er die konkreten Nachteile darzustellen, die aus einer allein nach § 1 Abs 3 Satz 1 KSchG durchgeführten Sozialauswahl folgten. Dazu ist zunächst aufzuzeigen, dass sich die Altersstruktur überhaupt in nennenswertem Ausmaß nachteilig verändern würde.[743] Diese Vorgabe ist anhand einer Darstellung von Durchführung und Ergebnis einer nach § 1 Abs 3 Satz 1 KSchG vorzunehmenden Sozialauswahl zu erfüllen. Sodann sind die sich daraus ergebenden konkreten Nachteile – bspw im Hinblick auf die Verwirklichung des Betriebszwecks – zu beschreiben.[744] Ob anzuerkennende Sachgründe ein Interesse an der Beibehaltung der bestehenden Altersstruktur begründen, unterliegt nicht nur einer Plausibilitäts-, sondern einer uneingeschränkten gerichtlichen Kontrolle. **Je geringer die Anzahl der auszusprechenden Kündigungen ist und je geringer deshalb eine Auswirkung auf die Altersstruktur zu gewärtigen ist, desto höher ist dabei die Darlegungslast des Arbeitgebers, um die Gefahr missbräuchlicher Gruppengestaltungen auszuschließen.**[745] Auch eine nicht stringente Durchführung eines Konzepts – zB durch Verschiebungen zulasten einer Altersgruppe – führt zur

---

736 BAG 15.12.2011 – 2 AZR 42/10 – NZA 2012, 1044; 28.6.2012 – 6 AZR 682/10 – NZA 2012, 1090.
737 ArbG Siegburg 27.1.2010 – 2 Ca 2144/09 – DB 2010, 1466.
738 BAG 15.12.2011 – 2 AZR 42/10 – NZA 2012, 1044.
739 BAG 6.11.2008 – 2 AZR 523/07 – NZA 2009, 361.
740 BAG 20.4.2005 – 2 AZR 201/04 – NZA 2005, 877.
741 BAG 28.6.2012 – 6 AZR 682/10 – NZA 2012, 1090.
742 BAG 18.3.2010 – 2 AZR 468/08 – NZA 2010, 1059; 6.11.2008 – 2 AZR 523/07 – NZA 2009, 361.
743 BAG 18.3.2010 – 2 AZR 468/08 – NZA 2010, 1059.
744 BAG 18.3.2010 – 2 AZR 468/08 – NZA 2010, 1059.
745 Zu dem Vorstehenden BAG 18.3.2010 – 2 AZR 468/08 – NZA 2010, 1059.

Unwirksamkeit von Kündigungen wegen fehlerhafter Sozialauswahl.[746] Spricht der **Arbeitgeber Massenkündigungen aufgrund einer Betriebsänderung iSv § 111 Satz 3 Nr 1 BetrVG** aus, räumt das BAG dem Arbeitgeber Erleichterungen bei dieser Darlegung ein. In diesem Fall ist regelmäßig vom Vorliegen berechtigter betrieblicher Interessen an einer Abweichung von der Sozialauswahl nach § 1 Abs 3 Satz 1 KSchG auszugehen. Die bestehende Altersstruktur der Belegschaft ist typischerweise gefährdet.[747] Jedenfalls dann, wenn die Anzahl der Entlassungen innerhalb einer Gruppe vergleichbarer Arbeitnehmer im Verhältnis zur Anzahl aller Arbeitnehmer des Betriebs die Schwellenwerte des § 17 KSchG erreicht, ist ein berechtigtes betriebliches Interesse an der Beibehaltung der Altersstruktur – widerlegbar – indiziert.[748] Ob dies auch dann gilt, wenn der maßgebliche Schwellenwert gem § 17 KSchG zwar bezogen auf die insgesamt zu entlassenden Arbeitnehmer überschritten, jedoch bezogen auf die Anzahl der in der Vergleichsgruppe zu Kündigenden nicht erreicht wird, hat das BAG offen gelassen.[749]

Die **konkrete Ausgestaltung der Altersgruppen muss** in dem zu beurteilenden Einzelfall **zur Sicherung einer ausgewogenen Personalstruktur geeignet sein.**[750] Dies ist der Fall, wenn durch die Altersgruppenbildung die im Betrieb bestehende Struktur der Gesamtbelegschaft erhalten bleibt. Dazu muss die bisherige Verteilung der Beschäftigten auf die Altersgruppen ihre prozentuale Entsprechung in der Anzahl der in der jeweiligen Altersgruppe zu Kündigenden finden.[751] Ergebnis der Sozialauswahl muss also sein, dass das proportionale Verhältnis der Altersgruppen in Bezug auf die Anzahl der ihnen zugeordneten Arbeitnehmer (im Wesentlichen) unverändert bleibt. Sind **mehrere Gruppen vergleichbarer Arbeitnehmer** von den Entlassungen betroffen, muss deshalb eine proportionale Berücksichtigung aller Altersgruppen auch innerhalb der jeweiligen Vergleichsgruppen möglich sein. Die betriebsweite Sicherung der Altersstruktur muss die Folge der proportionalen Beteiligung sämtlicher Altersgruppen auch innerhalb der einzelnen Vergleichsgruppen sein.[752] Eine vergleichsgruppenübergreifende Anwendung des Altersgruppenschemas ist rechtlich ausgeschlossen.[753] Ist in einer Vergleichsgruppe eine proportionale Beteiligung der Altersgruppen an den Kündigungen nicht möglich, weil der Zuschnitt der Altersgruppen

894

---

746 Unter Geltung des Korrekturgesetzes, aber übertragbar auf das Arbeitsmarktreformgesetz BAG 20.4.2005 – 2 AZR 201/04 – NZA 2005, 877 mit abl Bspr Wank in RdA 2006, 238.
747 BAG 22.3.2012 – 2 AZR 167/11 – NZA 2012, 1040; 15.12.2011 – 2 AZR 42/10 – NZA 2012, 1044; 18.3.2010 – 2 AZR 468/08 – NZA 2010, 1059.
748 BAG 19.7.2012 – 2 AZR 352/11 – NZA 2013, 86; 22.3.2012 – 2 AZR 167/11 – NZA 2012, 1040; 15.12.2011 – 2 AZR 42/10 – NZA 2012, 1044; abw SPV/Preis Rn 1128; vHH/L/Krause, die auf die Zahlenstaffel des § 112a BetrVG abstellen.
749 Vgl BAG 19.7.2012 – 2 AZR 352/11 – NZA 2013, 86; 22.3.2012 – 2 AZR 167/11 – NZA 2012, 1040.
750 BAG 19.7.2012 – 2 AZR 352/11 – NZA 2013, 86; 22.3.2012 – 2 AZR 167/11 – NZA 2012, 1040.
751 BAG 19.7.2012 – 2 AZR 352/11 – NZA 2013, 86.
752 BAG 19.7.2012 – 2 AZR 352/11 – NZA 2013, 86; 22.3.2012 – 2 AZR 167/11 – NZA 2012, 1040.
753 BAG 22.3.2012 – 2 AZR 167/11 – NZA 2012, 1040.

notwendig zu einer Verschiebung der Altersstruktur führt, ist eine Abweichung von den Grundsätzen des § 1 Abs 3 Satz 1 KSchG nicht gerechtfertigt. Dies ist bspw der Fall, wenn in einer Vergleichsgruppe bei drei Altersgruppen nur zwei Arbeitnehmer zur Kündigung anstanden.[754] Gleiches gilt, wenn aus einer Vergleichsgruppe aus insgesamt elf Personen insgesamt fünf Arbeitnehmer zur Kündigung anstehen, wobei aus den drei mittleren Altersgruppen insgesamt vier Arbeitnehmer und aus den Altersgruppen 1 und 5 rechnerisch gleichermaßen je 0,45 Arbeitnehmer zu entlassen gewesen wären.[755]

895 Besteht ein berechtigtes betriebliches Interesse daran, dass ein Arbeitnehmer mit einer bestimmten Qualifikation im Betrieb verbleibt, kommen hierfür aber drei in gleicher Weise befähigte Arbeitnehmer in Betracht, sind unmittelbar die Regeln des § 1 Abs 3 KSchG und nicht die des § 315 BGB anzuwenden.[756]

896 **d) Auskunftsanspruch des Arbeitnehmers.** Nach § 1 Abs 3 Satz 1 HS 2 KSchG hat der Arbeitgeber dem Arbeitnehmer auf Verlangen die Gründe für die getroffene soziale Auswahl mitzuteilen, mithin die tatsächlich vom Arbeitgeber angestellten Auswahlüberlegungen. Der Arbeitnehmer soll die Erfolgschancen einer Kündigungsschutzklage abschätzen können. Der Arbeitgeber muss deshalb angeben, welche Arbeitnehmer aus seiner Sicht zum auswahlrelevanten Personenkreis gehören.[757]

897 Auf die Wirksamkeit der Kündigung hat die Verletzung der Auskunftspflicht keine Auswirkungen, wohl aber macht sich der Arbeitgeber bei einer fehlerhaften oder unvollständigen Auskunft schadensersatzpflichtig.

898 Die Norm hat außerhalb eines Kündigungsschutzprozesses aus tatrichterlicher Sicht keine eigenständige Bedeutung, da der Arbeitnehmer gehalten ist, innerhalb von drei Wochen nach Zugang der Kündigung zu klagen. Seine Bedeutung hat der Auskunftsanspruch im Rahmen des Kündigungsschutzprozesses, da er die Verteilung der Darlegungslast im Rahmen der Prüfung der sozialen Auswahl determiniert.[758]

6. Auswahlrichtlinie nach § 1 Abs 4 KSchG

899 Ist in einem **Tarifvertrag, in einer Betriebsvereinbarung** nach § 95 des Betriebsverfassungsgesetzes oder in einer entsprechenden **Auswahlrichtlinie** nach den **Personalvertretungsgesetzen**[759] festgelegt, wie die sozialen Gesichtspunkte nach Absatz 3 Satz 1 im Verhältnis zueinander zu bewerten sind, so kann die **Bewertung nur auf grobe Fehlerhaftigkeit** überprüft werden. Seit Inkrafttreten des Arbeitsmarktreformgesetzes am 1.1.2004 kehrt der Gesetzeswortlaut zu der bis zum 31.12.1998 geltenden gesetzlichen

---

754 BAG 19.7.2012 – 2 AZR 352/11 – NZA 2013, 86.
755 BAG 22.3.2012 – 2 AZR 167/11 – NZA 2012, 1040.
756 Ascheid RdA 1997, 333, 339.
757 BAG 21.7.1988 – 2 AZR 81/88.
758 Vgl Rn 924 ff.
759 Vgl APS/Kiel § 1 KSchG Rn 777; sofern eine schriftliche Dienstvereinbarung vorliegt; Auswahlrichtlinien des obersten Dienstherrn (vgl §§ 76 Abs 2, 70 Abs 2, 69 Abs 3, Abs 4 BpersVG) erfüllen dieses Formerfordernis nicht (aA KR/Griebeling § 1 KSchG Rn 695).

Regelung zurück. Der jetzige Text unterscheidet sich von der Fassung des Korrekturgesetzes durch **zwei Punkte:** Bezugspunkt der groben Fehlerhaftigkeit ist nicht länger die soziale Auswahl, sondern allein die **Bewertung der Grunddaten durch die Betriebspartner.**

§ 1 Abs 4 KSchG privilegiert **kollektivrechtliche Vereinbarungen** über die Gewichtung der Sozialkriterien und beruht auf einer **Richtigkeitsvermutung.**[760] Ist in einer Betriebsvereinbarung nach § 95 BetrVG festgelegt, wie die sozialen Gesichtspunkte im Verhältnis zueinander zu bewerten sind, kann diese Gewichtung nach § 1 Abs 4 KSchG nur auf grobe Fehlerhaftigkeit überprüft werden. 900

Die Rechtsfolgen des § 1 Abs 4 KSchG gelten **nicht bezüglich einer Festlegung des Kreises der vergleichbaren Arbeitnehmer** sondern **nur in Bezug auf die Gewichtung der Kriterien.** Auch Richtlinien zur Feststellung berechtigter betrieblicher Interessen iSv § 1 Abs 3 Satz 2 KSchG werden durch § 1 Abs 4 KSchG nicht privilegiert.[761] 901

Berücksichtigungsfähig sind ausschließlich die gesetzlichen sozialen Kriterien des § 1 Abs 3 KSchG.[762] Insoweit gelten dieselben Rechtsgrundsätze wie bei § 1 Abs 3 Satz 1 KSchG.[763] Weitere Sozialkriterien dürfen nur dann in Auswahlrichtlinien einfließen, wenn sie einen unmittelbaren Bezug zu den gesetzlichen Kriterien haben. Bei der Gewichtung der gesetzlichen Kriterien haben die Betriebsparteien im Rahmen von § 1 Abs 4 KSchG den weiten **Beurteilungsspielraum,** der auch dem Arbeitgeber im Rahmen von § 1 Abs 3 KSchG zusteht.[764] 902

Wird die Sozialauswahl einer Kündigung überprüft, die auf der Grundlage einer **Auswahlrichtlinie** nach § 1 Abs 4 KSchG ausgesprochen wurde, so erfolgt die **Prüfung auf zwei Stufen;** insoweit ist eine scharfe **Trennung zwischen Rechtmäßigkeits- und Bewertungskontrolle** nötig.[765] Tarifverträge, Betriebs- und Dienstvereinbarungen müssen zunächst darauf überprüft werden, ob sie mit höherrangigem Gesetzes- oder Verfassungsrecht in Einklang stehen. Trifft das nicht zu, sind sie unwirksam, ein Mehr oder Weniger an Unwirksamkeit gibt es nicht.[766] Das hat allerdings nicht notwendig die Unwirksamkeit der Kündigung zur Folge, weil die Sozialauswahl nach § 1 Abs 3 KSchG dennoch im Ergebnis richtig sein kann.[767] Insofern kommt es darauf an, ob das Auswahlergebnis objektiv zu beanstanden ist. Bei der Beurteilung gilt dann aber der engere Maßstab des § 1 Abs, 3 KSchG. 903

Die **Bewertungskontrolle** der Pflichtkriterien des § 1 Abs 3 Satz 1 KSchG in ihrem Verhältnis zueinander erfolgt im Anwendungsbereich einer Aus- 904

---

760 TLL-Thüsing § 1 KSchG Rn 913.
761 BAG 5.6.2008 – 2 AZR 907/06 – NZA 2008, 1120.
762 SES/Eylert § 1 KSchG Rn 489; vHH/L/Krause § 1 KSchG Rn 1033; aA KR/Griebeling § 1 KSchG Rn 699; einschränkend TLL-Thüsing § 1 KSchG Rn 932.
763 Vgl Rn 859 ff.
764 BAG 18.3.2010 – 2 AZR 468/08 – NZA 2010, 1059; 5.6.2008 – 2 AZR 907/06 – NZA 2008, 1120.
765 Ascheid RdA 1997, 333, 342.
766 Ascheid RdA 1997, 333, 341; Fischermeier NZA 1997, 1089, 1096.
767 KR/Griebeling § 1 KSchG Rn 700.

wahlrichtlinie demgegenüber nur auf grobe Fehlerhaftigkeit. Grob fehlerhaft ist eine Richtlinie nur, wenn sie jede Ausgewogenheit vermissen lässt, wenn also einzelne Sozialdaten überhaupt nicht, eindeutig unzureichend oder mit eindeutig überhöhter Bedeutung berücksichtigt wurden.[768] Eindeutig unzureichend ist die Gewichtung eines Sozialkriteriums dann, wenn es keinen nennenswerten Einfluss auf die Sozialauswahl mehr hat. Eine eindeutig überhöhte Bedeutung liegt vor, wenn das Kriterium so stark gewichtet wird, dass andere Kriterien verdrängt werden bzw. diesen kein auswahlrelevanter Einfluss mehr zukommt.

905 Mit einer Auswahlrichtlinie bindet sich der Arbeitgeber an die dort getroffene Bewertung der Sozialkriterien.[769] Ob darüber hinaus die Regelung des § 1 Abs 4 (Satz 1) KSchG noch **Raum für eine abschließende Einzelfallabwägung des Arbeitgebers** lassen kann (oder muss), war schon während der Geltung des Arbeitsrechtlichen Beschäftigungsförderungsgesetzes **umstritten**.[770] Legt eine Auswahlrichtlinie die Gewichtung der gesetzlichen Sozialkriterien fest, ohne eine individuelle Abschlussprüfung vorzusehen, so ist der Arbeitgeber grundsätzlich daran gebunden,[771] sofern er die Überprüfung der Sozialauswahl nur an dem Maßstab der groben Fehlerhaftigkeit messen lassen will. Nimmt er dennoch abweichend eine individuelle Abschlussprüfung vor, die zu einem anderen Ergebnis als bei strikter Anwendung der Auswahlrichtlinie, so handelt er zwar mitbestimmungswidrig[772] und kann die Kündigung nicht am Maßstab des § 1 Abs 4 KSchG geprüft werden; die Kündigung kann sich aber bei Anlegung des engeren Maßstabs des § 1 Abs 3 KSchG als rechtmäßig erweisen. Die Betriebsparteien können sich im Rahmen ihres Gestaltungsspielraums auch darauf beschränken, in einer **Richtlinie nur Regeln für eine Vorauswahl zu treffen** und dem Arbeitgeber die abschließende Entscheidung zu belassen.[773] Dies ist schon deshalb sinnvoll, um Pattsituationen aufzulösen.

906 Hält sich der Arbeitgeber an die vereinbarte – nicht grob fehlerhafte – Gewichtung der Sozialkriterien, kann die Kündigung nicht wegen fehlerhafter Sozialauswahl rechtsunwirksam sein. Vereinbarungen über die personelle Auswahl können bei späterer oder schon bei zeitgleicher Gelegenheit geändert werden. Dies kann etwa durch Abschluss eines Interessenausgleichs mit Namensliste geschehen. Setzen die Betriebsparteien sich darin gemeinsam über die Auswahlrichtlinie hinweg, ist die Namensliste zumindest dann maßgeblich, wenn Interessenausgleich und Auswahlrichtlinie von denselben Betriebsparteien stammen.[774]

---

768 BAG 18.3.2010 – 2 AZR 468/08 – NZA 2010, 1059; 5.12.2002 – 2 AZR 697/01.
769 BAG 18.3.2010 – 2 AZR 468/08 – NZA 2010, 1059.
770 Bejahend zB Bader NZA 1996, 1125, 1133; Lakies NJ 1997, 121, 125; verneinend etwa v. Hoyningen-Huene/Linck DB 1997, 41, 42; Löwisch NZA 1996, 1009, 1011; Lorenz DB 1996, 1973, 1974; offengelassen von BAG 26.7.2005 – 1 ABR 29/04 – NZA 2005, 1372.
771 BAG 18.3.2010 – 2 AZR 468/08 – NZA 2010, 1059; APS/Kiel § 1 KSchG Rn 781; vHH/L/Krause § 1 KSchG Rn 1038.
772 BAG 29.7.2005 – 1 ABR 29/04 – NZA 2005, 1372.
773 KR/Griebeling § 1 KSchG Rn 699.
774 BAG 24.10.2013 – 6 AZR 854/11 – NZA 2014, 46; 15.12.2011 – 2 AZR 42/10 – NZA 2012, 1044.

Auch **Tarifverträge** können die Bewertungskriterien für die Sozialauswahl 907
festlegen. Ob sie auch Arbeitnehmer erfassen, die nicht kraft beiderseitiger
Organisationszugehörigkeit an sie gebunden sind, ist zweifelhaft.[775] Fischermeier[776] vertritt aber zu Recht die Ansicht, es spreche einiges dafür,
sie (auch) als Betriebsnormen anzusehen, die eine einheitliche Verfahrensweise im Betrieb gewährleisteten und nach §§ 3 Abs 2, 4 Abs 1 Satz 2 TVG
schon bei Tarifbindung des Arbeitgebers auch für nicht tarifgebundene Arbeitnehmer zwingend gelten sollten.[777]

7. Sozialauswahl bei namentlicher Benennung in einem Interessenausgleich nach § 1 Abs 5 Satz 2 KSchG

a) Prüfungsmaßstab der groben Fehlerhaftigkeit. Sind bei einer Kündigung 908
auf Grund einer Betriebsänderung nach § 111 BetrVG die Arbeitnehmer,
denen gekündigt werden soll, in einem Interessenausgleich zwischen Arbeitgeber und Betriebsrat namentlich bezeichnet,[778] so kann soziale Auswahl der Arbeitnehmer gem § 1 Abs 5 Satz 2 KSchG nur auf grobe Fehlerhaftigkeit überprüft werden. Im Gegensatz zur Auswahlrichtlinie iSv § 1
Abs 4 KSchG[779] erstreckt sich dieser Prüfungsmaßstab im Anwendungsbereich des § 1 Abs 5 KSchG auf die gesamte Sozialauswahl. Er gilt nicht nur
für die Auswahlkriterien und deren relative Gewichtung selbst, sondern
auch für die Bildung der auswahlrelevanten Arbeitnehmergruppen[780] und
die Herausnahme einzelner Arbeitnehmer aus der Sozialauswahl gem § 1
Abs 3 Satz 2 KSchG.[781] **Grob fehlerhaft ist die Sozialauswahl, wenn eine
evidente, ins Auge springende erhebliche Abweichung von den Grundsätzen des § 1 Abs 3 KSchG vorliegt und der Interessenausgleich jede soziale
Ausgewogenheit vermissen lässt.**[782] Maßgeblich ist dabei, ob die getroffene
Auswahl bezogen auf den von der Kündigung betroffenen Arbeitnehmer
im Ergebnis grob fehlerhaft ist. Ist also nur das gewählte Auswahlverfahren als solches zu beanstanden, die Auswahl des gekündigten Arbeitnehmers im Ergebnis aber nicht evident unausgewogen, so ist die soziale Auswahl nicht mit groben Fehlern behaftet. Die Feststellung der groben Fehlerhaftigkeit setzt somit voraus, dass ein bestimmter mit dem Gekündigten
vergleichbarer Arbeitnehmer – evident – weniger schutzbedürftig ist.[783]
Dies gilt selbst dann, wenn die Betriebspartner bei ihrer Auswahlentscheidung die Unterhaltspflichten des Gekündigten unberücksichtigt gelassen[784]
oder sogar vollständig auf die Einbeziehung des Sozialauswahlkriteriums

---

775 Vgl Buschmann AuR 1996, 285, 288; Schiefer/Worzalla Das Arbeitsrechtliche Beschäftigungsförderungsgesetz 1996 Rn 82.
776 NZA 1997, 1089, 1095.
777 IdS auch Lakies NJ 1997, 121, 125; aA Heise/Lessenich/Merten Das neue Arbeitsrecht auf einen Blick 1996 Rn 62.
778 Dazu Rn 726 ff.
779 Vgl Rn 899 ff.
780 St Rspr BAG 19.7.2012 – 2 AZR 386/11 – NZA 2013, 333; 12.5.2010 – 2 AZR 551/08 – NZA 2011, 114; 3.4.2008 – 2 AZR 879/06 – NZA 2008, 1060.
781 BAG 10.6.2010 – 2 AZR 420/09 – NZA 2010, 1352.
782 BAG 19.7.2012 – 2 AZR 352/11 – NZA 2013, 86; 10.6.2010 – 2 AZR 420/09 – NZA 2010, 1352.
783 BAG 19.7.2012 – 2 AZR 386/11 – NZA 2013, 333; 10.6.2010 – 2 AZR 420/09 – NZA 2010, 1352.
784 BAG 5.11.2009 – 2 AZR 676/08 – NZA 2010, 457.

„Schwerbehinderung" verzichtet[785] haben. Damit ist mit der Erstellung einer Namensliste im Bereich der sozialen Auswahl eine weitestgehende Rechtssicherheit für den Arbeitgeber verbunden. Der Arbeitgeber hat aber auch im Geltungsbereich des § 1 Abs 5 KSchG weiterhin die Darlegungs- und Beweislast dafür, weshalb die Weiterbeschäftigung bestimmter Arbeitnehmer nach § 1 Abs 3 Satz 2 KSchG im berechtigten betrieblichen Interesse liegt.[786]

909 Der Gesetzgeber hat den Betriebspartnern mit § 1 Abs 5 KSchG einen weiten Spielraum bei der Sozialauswahl eingeräumt. Dem liegt die Annahme zugrunde, dass durch die gegensätzlichen Interessen der Betriebspartner und deren besondere Kenntnis der betrieblichen Verhältnisse gewährleistet ist, dass dieser Spielraum angemessen und vernünftig genutzt wird.[787] Die Festlegung des auswahlrelevanten Personenkreises ist danach nicht grob fehlerhaft, wenn er auf gut nachvollziehbaren und ersichtlich nicht auf Missbrauch zielenden Überlegungen beruht.[788] Dieser Maßstab gilt auch, wenn die Betriebsparteien den **Betriebsbegriff des § 23 KSchG verkennen**.[789] Setzen sich die Betriebspartner dagegen bewusst über die nicht zu ihrer Disposition stehenden gesetzlichen Grundbedingungen der sozialen Auswahl hinweg, entfaltet der Interessenausgleich mit Namensliste nicht mehr die Wirkungen des § 1 Abs 5 KSchG.[790] Entsprechendes gilt, wenn infolge der Verkennung des Betriebsbegriffs bereits keine Betriebsänderung iSv § 111 BetrVG vorliegt und damit die tatbestandlichen Voraussetzungen des § 1 Abs 5 KSchG nicht erfüllt sind.[791] Die in diese Fällen am Maßstab des § 1 Abs 3 KSchG vorzunehmende Sozialauswahl ist jedoch nur fehlerhaft, wenn die Verkennung des Betriebsbegriffs auf das Auswahlergebnis durchschlägt. Eine willkürliche, zB auf unzulässiger Maßregelung (§ 612a BGB) oder Diskriminierung nach dem AGG beruhende Einbeziehung[792] des Gekündigten in die Vergleichsgruppe ist ebenso evident fehlerhaft wie die gezielte, deutlich nicht durch § 1 Abs 3 Satz 2 KSchG gerechtfertigte Herausnahme sozial stärkerer Arbeitnehmer (zB die gegen § 75 BetrVG verstoßende Ausklammerung von Gewerkschaftsmitgliedern).[793] Erfolgt die Auswahl der in der Namensliste aufgeführten Arbeitnehmer nach Maßgabe eines Punkteschemas, so genügt ein marginaler Punkteabstand nicht für die Annahme von grober Fehlerhaftigkeit.[794] Der weit gefasste Beurteilungsspielraum der Betriebspartner lässt es auch zu, bei der Gewichtung der Sozialkriterien in gewissem Umfang ein Schwergewicht auf die Unter-

---

785 BAG 28.6.2012 – 6 AZR 780/10 – NZA 2012, 1029.
786 BAG 10.6.2010 – 2 AZR 420/09 – NZA 2010, 1352; 12.4.2002 – 2 AZR 706/00 – AP KSchG 1969 § 1 Soziale Auswahl Nr 56; BAG 21.2.2002 – 2 AZR 581/00 – EzA KSchG § 1 Interessenausgleich Nr 10.
787 BAG 17.1.2008 – 2 AZR 405/06 – NZA-RR 2008, 571.
788 BAG 21.9.2006 – 2 AZR 284/06.
789 BAG 3.4.2008 – 2 AZR 879/06 – NZA 2008, 1060; zu § 125 InsO: BAG 20.9.2012 – 6 AZR 483/11 – NZA 2013, 94.
790 Zu § 125 InsO: BAG 20.9.2012 – 6 AZR 483/11 – NZA 2013, 94.
791 Vgl BAG 3.4.2008 – 2 AZR 879/06 – NZA 2008, 1060.
792 APS/Kiel § 1 KSchG Rn 802.
793 LAG Köln 29.7.2004 – 5 Sa 63/04 – LAGE § 1 KSchG Soziale Auswahl Nr 45 a.
794 BAG 18.10.2012 – 6 AZR 289/11 – NZA-RR 2013, 68; 17.1.2008 – 2 AZR 405/06 – NZA-RR 2008, 571.

haltspflichten der betroffenen Arbeitnehmer zu legen und dementsprechend Lebensalter und Betriebszugehörigkeit etwas geringer zu bewerten.[795] Das BAG hat einen evidenten Auswahlfehler bei der Kündigung eines 53-jährigen Arbeitnehmers mit einer Betriebszugehörigkeit von 24 Jahren verneint bei einer Vergleichbarkeit mit zwei Arbeitnehmern (32 und 36 Jahre), die über eine Beschäftigungszeit von nur fünf und acht Jahren verfügten, aber Unterhaltspflichten gegenüber drei bzw vier Kindern hatten.[796]

Der Prüfungsmaßstab des § 1 Abs 5 KSchG findet **keine Anwendung auf außerordentliche betriebsbedingte Kündigungen**.[797] Das Gesetz räumt den Betriebsparteien nicht die Möglichkeit ein, außerhalb der Insolvenz durch die Vereinbarung eines Interessenausgleichs mit Namensliste den tariflichen Sonderkündigungsschutz ordentlich Unkündbarer in erheblichem Umfang zu entwerten. Dies zeigt ein Vergleich mit den besonderen arbeitsrechtlichen Regelungen in der Insolvenzordnung, die wie § 113 Satz 1 InsO im Insolvenzverfahren die tarifliche Unkündbarkeit aufheben und daher bei einem Interessenausgleich mit Namensliste gem § 125 InsO eine ordentliche Kündigung unter den erleichterten Voraussetzungen dieser Vorschrift ermöglichen.[798]

910

Auch der ebenfalls auf grobe Fehlerhaftigkeit beschränkte Prüfungsmaßstab des **§ 125 Abs 1 Satz 1 Nr 2 InsO** bezieht sich nicht nur auf die sozialen Indikatoren und ihre Gewichtung, sondern auf die gesamte Sozialauswahl, insbesondere auf die Bildung der auswahlrelevanten Gruppen.[799] Das gilt jedenfalls dann auch für die Herausnahme von Arbeitnehmern aus der Vergleichsgruppe, wenn die Herausnahme nach § 125 Abs 1 Satz 1 Nr 2 2. HS InsO dem Erhalt oder der Schaffung einer ausgewogenen Personalstruktur dient.[800] Diese Auslegung lässt sich zwar nicht zwingend dem Wortlaut des § 125 Abs 1 Satz 1 Nr 2 InsO und der Gesetzessystematik entnehmen. Beides spricht aber auch nicht gegen eine solche Interpretation. Sinn und Zweck der Norm verlangen eine weite Anwendung des eingeschränkten Prüfungsmaßstabs § 125 InsO dient der **Sanierung insolventer Unternehmen**. Gerade in der Insolvenz besteht aber oft ein Bedürfnis nach einer zügigen Durchführung einer Betriebsänderung und eines größeren Personalabbaus.[801] Der Gesetzgeber hat deshalb mit der Schaffung des § 125 InsO versucht, dem Sanierungsbedürfnis insolventer Unternehmen durch eine **Kollektivierung des Kündigungsschutzes** Rechnung zu tragen. Für den Regelfall geht er davon aus, dass der Betriebsrat der Verantwortung für die von ihm repräsentierten Arbeitnehmer gerecht wird und nur unvermeidlichen Kündigungen zustimmt. Eine durch den Insolvenzverwalter in Anwendung der Namensliste erklärte Kündigung soll daher nur noch

911

---

795 BAG 2.12.1999 – 2 AZR 757/98 – NZA 2000, 531.
796 BAG 2.12.1999 – 2 AZR 757/98 – NZA 2000, 531.
797 BAG 28.5.2009 – 2 AZR 844/07 – NZA 2009, 954; vgl Rn 728.
798 BAG 28.5.2009 – 2 AZR 844/07 – NZA 2009, 954.
799 BAG 17.11.2005 – 6 AZR 107/05 – NZA 2006, 661 2.
800 BAG 28.8.2003 – 2 AZR 368/02 – BB 2004, 2692 B II 2 a mwN; zu § 125 Abs 1 Satz 1 Nr 2 InsO näher Pakirnus DB 2006, 2742.
801 BAG 17.11.2005 – 6 AZR 107/05 – NZA 2006, 661; 28.8.2003 – 2 AZR 368/02 – BB 2004, 2692, jeweils mwN.

in Ausnahmefällen infrage gestellt werden können. Grob fehlerhaft ist eine soziale Auswahl wie im Geltungsbereich des § 1 Abs 5 Satz 2 KSchG, wenn ein evidenter Fehler vorliegt und der Interessenausgleich – insbesondere bei der Gewichtung der Auswahlkriterien – jede Ausgewogenheit vermissen lässt.[802] Grob fehlerhaft ist die soziale Auswahl aber dann nicht, wenn ihre Beschränkung auf Mitarbeiter einer bestimmten Abteilung der Erhaltung oder Schaffung einer ausgewogenen Personalstruktur iSv § 125 Abs 1 Satz 1 Nr 2 2. Hs InsO dient. Die besondere insolvenzrechtliche Regelung ermöglicht eine Ausnahme von der sozialen Auswahl anders als § 1 Abs 3 Satz 2 und Abs 5 Satz 2 KSchG auch dann, wenn **erstmals** eine ausgewogene Personalstruktur geschaffen werden soll. Sie erlaubt also auch aktive Eingriffe in die bestehenden Betriebsstrukturen zur Steigerung der Leistungsfähigkeit des Betriebs.[803] Dabei ist der Begriff der Personalstruktur nicht mit dem der Altersstruktur gleichzusetzen, sondern in umfassenderem Sinn zu verstehen, weil dem Schuldner oder Übernehmer nach der Gesetzesbegründung ein funktions- und wettbewerbsfähiges Arbeitnehmerteam zur Verfügung stehen soll.[804] Es ist aber zu berücksichtigen, dass auch in der Insolvenz grundsätzlich eine auf den gesamten Betrieb bezogene Sozialauswahl durchgeführt werden muss.[805] Eine unter **Verkennung des Betriebsbegriffs** vorgenommene Sozialauswahl ist aber nicht stets als grob fehlerhaft anzusehen. Die Entscheidungen der Betriebspartner im Rahmen von Sanierungen in der Insolvenz werden regelmäßig unter Zeitdruck getroffen. Beruht die Verkennung des Betriebsbegriffs dabei auf einer nachvollziehbaren und ersichtlich nicht auf Missbrauch zielenden – fehlerhaften – Bewertung der tatsächlichen Verhältnisse, ist eine auf einzelnen Filialen beschränkte Sozialauswahl noch nicht grob fehlerhaft. Denn bei einer Vielzahl von Filialen können die Personalkompetenzen der Filialleiter unterscheiden und eine Beurteilung der Filiale als eigenständiger Betrieb iSv § 23 KSchG noch vertretbar erscheinen lassen.[806] Haben die Betriebspartner dagegen die Vergleichsgruppen über die Definition des Betriebsbegriffs im Interessenausgleich bewusst enger oder weiter gezogen, greifen die Wirkungen des § 1 Abs 5 KSchG nicht. Selbst in der Insolvenz können die Betriebspartner nicht so weitreichende Dispositionen treffen.[807] Eine insolvenzbedingte Kündigung in der Folge eines Interessenausgleichs mit Namensliste ist demgemäß auch weiterhin nicht wegen grob fehlerhafter Sozialauswahl sozialwidrig, wenn die Betriebspartner die soziale Auswahl im Interessenausgleich auf einen der Geschäftsbereiche des Betriebs beschränkt hätten, weil die Arbeitnehmer anderer Geschäftsbereiche in dem betroffenen Bereich nicht ohne Einarbeitungszeit hätten beschäftigt werden können.[808]

---

802 BAG 28.8.2003 – 2 AZR 368/02 – BB 2004, 2692.
803 BAG 28.8.2003 – 2 AZR 368/02 – BB 2004, 2692.
804 BAG 28.8.2003 – 2 AZR 368/02 – BB 2004, 2692 unter Hinweis auf BT-Drucks 12/7302, 172 und entgegen Preis in NZA1997, 1073, 1084.
805 BAG 28.10.2004 – 8 AZR 391/03 – AP KSchG 1969 § 1 Soziale Auswahl Nr 69.
806 Vgl zum Betriebsbegriff Rn 820 ff.
807 BAG 20.9.2012 – 6 AZR 483/11 – NZA 2013, 94, vgl auch Rn 909.
808 BAG 17.11.2005 – 6 AZR 107/05 – NZA 2006, 661.

Sowohl das BAG als auch Fischermeier und Preis weisen unter Geltung des 912
Arbeitsrechtlichen Beschäftigungsförderungsgesetzes darauf hin, dass die
Frage der groben Fehlerhaftigkeit erst dann akut werden konnte, wenn der
Arbeitnehmer, dessen Arbeitsverhältnis gekündigt war, darlegen und ggf
beweisen konnte, dass ein vergleichbarer Arbeitnehmer nach den Sozialkriterien ganz erheblich weniger schutzwürdig war. Das gilt nach Inkrafttreten des § 1 Abs 5 Satz 2 KSchG idF des Arbeitsmarktreformgesetzes in gleicher Weise.

b) Darlegungs- und Beweislast nach § 1 Abs 5 Satz 2 KSchG. § 1 Abs 5 913
Satz 2 KSchG enthält anders als § 1 Abs 5 Satz 1 KSchG keine Vermutung
und damit auch **keine Beweislastumkehr.**[809] Hätte der Gesetzgeber die –
widerlegliche – Vermutung auf die Richtigkeit der sozialen Auswahl erstrecken wollen, hätte dies im Wortlaut von § 1 Abs 5 Satz 2 KSchG anklingen
müssen. Dies ist nicht der Fall. Deshalb ist auch unter Geltung des § 1
Abs 5 KSchG nF von einer abgestuften Darlegungslast auszugehen. Dem
Arbeitnehmer obliegt nach § 1 Abs 3 Satz 3 KSchG zwar letztlich die Be-
hauptungs- und Beweislast für die Tatsachen, die die Kündigung als sozial
ungerechtfertigt iSd § 1 Abs 3 Satz 1 KSchG erscheinen lassen. Ihm kommt
dabei aber die **Auskunftspflicht nach § 1 Abs 3 Satz 1 2. HS KSchG** zu Hilfe, die auch in den Fällen des § 1 Abs 5 KSchG gilt.[810] Es gilt eine abgestufte Darlegungslast:[811]

- **Es ist zunächst Sache des Arbeitnehmers, die grobe Fehlerhaftigkeit der**
  Sozialauswahl darzulegen, sofern er über die erforderlichen Informa-
  tionen verfügt. [812] Dabei genügt er auf der ersten Stufe seiner Darlegungslast, wenn er im Wege einer juristischen Behauptung die Vergleichbarkeit der von ihm zu benennenden Arbeitnehmer annimmt, die
  der Arbeitgeber nicht in den auswahlrelevanten Personenkreis einbezogen hat. Das beinhaltet den Vortrag der groben Fehlerhaftigkeit.
- **Beruft sich nun der Arbeitgeber darauf, die durch den Arbeitnehmer**
  genannten Arbeitnehmer hätten andere Aufgaben versehen als er, ist es
  wiederum Sache des Arbeitnehmers, Tatsachen dafür vorzutragen,
  weshalb dennoch Austauschbarkeit besteht. Der ersten Stufe seiner
  Darlegungslast genügt der Arbeitgeber nicht, wenn er nur ausführt, die
  durch den Arbeitnehmer bezeichneten Mitarbeiter seien höher qualifiziert. Anders als der Arbeitnehmer verfügt der Arbeitgeber über die Ar-
  beitsplatzbeschreibungen.
- **Kennt der Arbeitnehmer die Auswahlüberlegungen des Arbeitgebers**
  dagegen noch nicht, schließt sich die soeben dargestellte Abstufung der
  Darlegungslast erst an, wenn der Arbeitgeber das Auskunftsverlangen
  erfüllt hat. Seine Vortragslast ist grundsätzlich auf die subjektiven, von
  ihm tatsächlich angestellten Auswahlüberlegungen beschränkt. Der Arbeitnehmer hat keinen Anspruch auf die vollständige Auflistung der

---

809 Fischermeier NZA 1997, 1089, 1097.
810 BAG 15.12.2011 – 2 AZR 42/11 – NZA 2012, 1044; 12.3.2009 – 2 AZR 418/07 – NZA 2009, 1023; grundlegend: BAG 21.2.2002 – 2 AZR 581/00 – EzA KSchG § 1 Interessenausgleich Nr 10.
811 BAG 27.9.2012 – 2 AZR 516/11 – NZA 2013, 559.
812 BAG 27.9.2012 – 2 AZR 516/11 – NZA 2013, 559 mwN.

Sozialdaten aller objektiv vergleichbaren Arbeitnehmer.[813] Gibt der Arbeitgeber keine oder keine vollständige Auskunft, ist die nicht ordnungsgemäße soziale Auswahl – wie auch im gewöhnlichen Fall der sozialen Auswahl nach § 1 Abs 3 KSchG ohne qualifizierten Interessenausgleich – unstreitig.[814] Der den Betriebspartnern durch § 1 Abs 5 KSchG in höherem Maß als zuvor eingeräumte Beurteilungsspielraum wird durch diese Verteilung der Vortragslast nicht berührt. Vielmehr wirkt sich der Beurteilungsspielraum erst auf der zweiten Ebene der dem Arbeitnehmer obliegenden Behauptungslast aus. Das ist die Folge des Gesetzeswortlauts.

- Ist die zweite Ebene der Erklärungspflicht des Arbeitgebers erreicht, ist die Auswahlentscheidung grob fehlerhaft, wenn sie jede Ausgewogenheit vermissen lässt.[815]
- Für die Herausnahme von Arbeitnehmern aufgrund berechtigten betrieblichen Interesses nach § 1 Abs 3 Satz 2 KSchG ist der Arbeitgeber darlegungs- als auch beweisbelastet.[816]

VIII. Verteilung der Darlegungs- und Beweislast im Rahmen betriebsbedingter Kündigungen

914 Nachfolgend wird die Darlegungs- und Beweislastverteilung im Rahmen betriebsbedingter Kündigungen zusammengefasst. Soweit sie bereits innerhalb der vorangegangenen Erläuterungen behandelt wurde, beschränken sich die Ausführungen auf Verweisungen.

1. Dringendes betriebliches Erfordernis

915 a) **Dringendes betriebliches Erfordernis ieS, § 1 Abs 2 Satz 1 Var 3 KSchG.** Dies betrifft die Gründe, welche die Kündigung bedingen sollen; dafür trägt der **Arbeitgeber** nach § 1 Abs 2 Satz 4 KSchG die **Beweislast**. Seine Vortragslast richtet sich – wie stets im Zivilprozess (§ 138 Abs 2 ZPO) – danach, wie sich der Gegner – also der Arbeitnehmer – einlässt. Es sind verschiedene Ebenen der Darlegungs- und der Erklärungslast zu unterscheiden. Ob und in welchem Umfang die Erklärungspflicht des Arbeitnehmers besteht, hängt davon ab, was der behauptungsbelastete Arbeitgeber vorbringt.

- Fehlt bereits ein schlüssiger und damit erheblicher Tatsachenvortrag dazu, dass und welche unternehmerische Entscheidung getroffen wurde oder dass ihre Umsetzung im Betrieb zu einem Überhang an Arbeitskräften führt, braucht sich der Arbeitnehmer nicht weiter zu erklären.
- Bringt der Arbeitgeber diese Umstände dagegen vor, konkretisiert sie aber nicht näher, muss sich der Arbeitnehmer hierzu einlassen, braucht aber ebenfalls keine Details vorzubringen.
- Hat sich der Arbeitnehmer ausreichend erklärt, obliegt es wieder dem Arbeitgeber, tatsächliche Einzelheiten für den Kündigungsgrund vorzutragen.

---

813 BAG 27.9.2012 – 2 AZR 516/11 – NZA 2013, 559 mwN.
814 BAG 27.9.2012 – 2 AZR 516/11 – NZA 2013, 559 mwN; iE Rn 921.
815 Vgl die Gesetzesbegründung in BT-Drucks 13/4612 S 14.
816 BAG 10.6.2010 – 2 AZR 420/09 – NZA 2010, 1352.

Es ist sorgfältig zwischen schlüssigem (erste Stufe der Behauptungslast) und mit tatsächlichen Einzelheiten versehenem („substantiiertem") Vorbringen, der zweiten Ebene der Vortragslast) zu trennen.[817] Allerdings muss der Arbeitgeber auch im Rahmen der ersten Stufe seiner Behauptungslast Tatsachen darlegen, die es dem Gericht erlauben, ein dringendes betriebliches Erfordernis zu subsumieren. Die beizubringenden Umstände müssen das Tatbestandsmerkmal ausfüllen, der Arbeitgeber braucht sie nur noch nicht näher zu präzisieren. Je nachdem, ob sich der Arbeitgeber auf eine gebundene oder eine ungebundene Unternehmerentscheidung beruft, muss er sie und damit auch die innerbetrieblichen Gründe oder externen Faktoren im Einzelnen darstellen. Schlagwortartige Formulierungen – etwa Auftragsmangel, Umsatzrückgang, betriebliche Umorganisation – genügen nicht.[818] Für das Gericht muss erkennbar sein, ob und weshalb durch inner- oder außerbetriebliche Gründe das Bedürfnis für die Weiterbeschäftigung eines oder mehrerer Arbeitnehmer entfallen oder innerhalb einer Gruppe vergleichbarer Arbeitnehmer gesunken ist.

916

Ein Arbeitgeber, der ein Bauunternehmen betreibt und die Arbeitsverhältnisse dreier Maurer gekündigt hat, hat schlüssig dargelegt, die Kündigungen seien aus dringenden betrieblichen Gründen erfolgt, wenn er in nachvollziehbarer Weise ausgeführt hat, aus einem bestimmten Auftragsrückgang iVm dem Auslaufen einer bestimmten Zahl von Baustellen ergebe sich, dass für drei von zehn Maurern kein Beschäftigungsbedürfnis mehr bestehe. Ob gerade auf der Baustelle noch Arbeit vorhanden ist, auf der die drei gekündigten Maurer zuletzt eingesetzt wurden, ist unerheblich. Welche drei der zehn Arbeitsverhältnisse gekündigt werden können, ist eine Frage der **sozialen Auswahl** nach § 1 Abs 3 KSchG.[819]

917

Auch die **Dringlichkeit** des betrieblichen Erfordernisses muss der Arbeitgeber nach § 1 Abs 2 Satz 4 KSchG behaupten und beweisen, sie gehört zu den die Kündigung bedingenden Tatsachen:

918

- Auf der ersten Ebene seiner Vortragslast reicht es aus, wenn er behauptet, er habe die Kündigung durch andere Maßnahmen nicht vermeiden können.
- Sodann muss der Arbeitnehmer darlegen, dass seine Entlassung trotz der Umsetzung der hinzunehmenden Unternehmerentscheidung[820] durch eine bestimmte innerbetriebliche Maßnahme, die in den Rahmen der umgestalteten Betriebsorganisation gepasst hätte, vermieden worden wäre.
- Schließlich obliegt es dem Arbeitgeber, im Einzelnen vorzutragen und erforderlichenfalls zu beweisen, weshalb eine solche Maßnahme nicht möglich oder nicht zumutbar war.[821]

---

817 Vgl zu allem Zöller/Greger § 138 ZPO Rn 8 a.
818 Vgl iE Rn 666, 671, 674, 678 ff; BAG 20.2.1986 – 2 AZR 212/85 – AP KSchG 1969 § 1 Nr 11 B II 1.
819 BAG 30.5.1985 – 2 AZR 321/84 – AP KSchG 1969 § 1 Betriebsbedingte Kündigung Nr 24 B II 1.
820 Dazu Rn 683 ff.
821 KR/Griebeling § 1 KSchG Rn 555.

919 Die Darlegungs- und Beweislast für Umstände, aus denen sich ergeben soll, dass eine unternehmerische Entscheidung ausnahmsweise nicht bindend ist, also eine durch den Arbeitgeber vorgenommene organisatorische Maßnahme offenbar unsachlich, unvernünftig oder willkürlich ist, trägt der Arbeitnehmer, der sich darauf beruft.[822] Für den **Sonderfall des Entschlusses zur dauerhaften Personalverringerung** s Rn 679 ff.

920 **b) Weiterbeschäftigungsmöglichkeit auf einem freien Arbeitsplatz.** Das Fehlen einer Weiterbeschäftigungsmöglichkeit hat der Arbeitgeber zu beweisen. Da es zum Kündigungsgrund gehört, findet die Beweislastregel des § 1 Abs 2 Satz 4 KSchG Anwendung. Auch insoweit gilt allerdings eine abgestufte Behauptungslast. Ihr Umfang ist davon abhängig, wie sich der Arbeitnehmer auf die Begründung der Kündigung einlässt:

- Bestreitet der Arbeitnehmer nur den Wegfall des Arbeitsplatzes, genügt der allgemeine Vortrag des Arbeitgebers, wegen der betrieblichen Notwendigkeit sei eine Weiterbeschäftigung zu den gleichen Bedingungen nicht möglich.
- Der Arbeitnehmer ist sodann gehalten darzulegen, wie er sich eine anderweitige Beschäftigung vorstellt, falls sein bisheriger Arbeitsplatz tatsächlich weggefallen sein sollte.
- Erst dann muss der Arbeitgeber eingehend erklären, aus welchen Gründen eine Um- oder Versetzung nicht möglich war.[823]

2. Sozialauswahl

921 **a) § 1 Abs 3 KSchG.** Nach § 1 Abs 3 Satz 3 KSchG trifft den Arbeitnehmer die Darlegungslast und die objektive Beweislast für die Tatsachen, aus denen sich die Unrichtigkeit der sozialen Auswahl ergibt.[824] Im Rahmen der Beweisführungslast gilt aber auch hier eine **abgestufte Behauptungslast:**[825]

- Der Arbeitnehmer muss die Fehlerhaftigkeit der Sozialauswahl zunächst rügen. Sonst hat der Arbeitgeber keine Veranlassung, zur sozialen Auswahl Stellung zu nehmen.
- Sofern er über die hierzu erforderlichen Informationen verfügt, muss der Arbeitnehmer bereits die Fehlerhaftigkeit der Sozialauswahl darlegen.
- Ist er dazu nicht in der Lage und fordert er deshalb den Arbeitgeber auf, die Gründe mitzuteilen, die ihn zu der Auswahl veranlasst haben, hat der Arbeitgeber als Folge seiner materiellen Auskunftspflicht nach § 1 Abs 3 Satz 1 HS 2 KSchG mit tatsächlichen Einzelheiten versehenen Vortrag zu halten. Die aus der Mitteilungspflicht folgende Darlegungslast ist allerdings auf die subjektiven, vom Arbeitgeber tatsächlich angestellten Überlegungen beschränkt. Der Arbeitnehmer hat keinen An-

---

822 So jedenfalls die bisherige Rspr, BAG 18.1.1990 – 2 AZR 357/89 – AP KSchG 1969 § 1 Soziale Auswahl Nr 19; vgl näher Rn 667 ff.
823 BAG 25.10.2012 – 2 AZR 552/11 – EzA KSchG § 1 Betriebsbedingte Kündigung Nr 171; 1.3.2007 – 2 AZR 650/05 – AP KSchG 1969 § 1 Betriebsbedingte Kündigung Nr 164; iE Rn 715.
824 Aus § 1 Abs 3 Satz 3 KSchG entwickelte st Rspr des BAG, zB 15.6.1989 – 2 AZR 580/88 – AP KSchG 1969 § 1 Soziale Auswahl Nr 18 II 3 a aa.
825 BAG 18.1.2007 – 2 AZR 796/05 – AP § 1 KSchG 1969 § 1 Soziale Auswahl Nr 89; 24.5.2005 – 8 AZR 398/04 – NZA 2005, 1302.

spruch auf die vollständige Auflistung der Sozialdaten aller objektiv vergleichbaren Arbeitnehmer. An das Auskunftsverlangen des Arbeitnehmers sind keine überzogenen Anforderungen zu stellen, eines förmlichen Antrags bedarf es nicht. Es genügt vielmehr jeder Vortrag des Arbeitnehmers, der seine Erwartung erkennen lässt, zunächst möge der Arbeitgeber die von ihm für maßgeblich gehaltenen Gründe für die Auswahl nennen.[826]

- **Gibt der Arbeitgeber keine oder keine vollständige Auskunft über seine subjektiven Erwägungen, kann der Arbeitnehmer seiner aus § 1 Abs 3 Satz 3 KSchG iVm § 138 Abs 1 ZPO herzuleitenden Substanziierungspflicht, die Namen sozial stärkerer Arbeitnehmer zu nennen, aus eigener Kenntnis nicht genügen.** In einer solchen Gestaltung ist der dem fehlenden Wissen des Arbeitnehmers entsprechende Vortrag, es seien sozial stärkere Arbeitnehmer als er vorhanden, schlüssig und ausreichend. Die damit verbundene Behauptung, der Arbeitgeber habe soziale Gesichtspunkte nicht ausreichend beachtet, ist zugleich unstreitig, wenn der Arbeitgeber bei seiner die Auskunft verweigernden Haltung bleibt. Er hat hier nach § 138 Abs 2 ZPO nicht hinreichend bestritten und damit zugestanden iSv § 138 Abs 3 ZPO.

- **Entsprechendes gilt, wenn dem Vortrag des Arbeitgebers zu entnehmen ist, dass er die Sozialauswahl nicht unter Berücksichtigung der Darlegungen des Arbeitnehmers auf aus dessen Sicht vergleichbare Arbeitnehmer erstreckt hat, und wenn der Arbeitgeber es unterlässt, sein Vorbringen im Prozess zu ergänzen.** Die aus § 1 Abs 3 Satz 1 letzter HS KSchG folgende, subjektiv determinierte materielle Mitteilungspflicht des Arbeitgebers wird bei dieser Fallgestaltung ergänzt durch die prozessuale Erklärungspflicht nach § 138 ZPO. Ergibt sich aus der Auskunft des Arbeitgebers, dass er Tatsachen, die nach § 1 Abs 3 KSchG objektiv erheblich sein können, in seine subjektiven Erwägungen nicht einbezogen hat – etwa Arbeitnehmer einer bestimmten Betriebsabteilung nicht berücksichtigt hat –, und behauptet der Arbeitnehmer bei fehlender eigener Kenntnis, gerade aus diesen Tatsachen ergebe sich die Unrichtigkeit der sozialen Auswahl, muss der Arbeitgeber seine Behauptungen hinsichtlich der genannten Umstände ergänzen. Sonst ist der dem Kenntnisstand des Arbeitnehmers entsprechende und ihm konkreter nicht mögliche Vortrag, soziale Gesichtspunkte seien nicht ausreichend berücksichtigt, ebenfalls als unstreitig anzusehen. Hier kommt der Grundsatz zur Anwendung, dass die ZPO keine unerfüllbaren Anforderungen an die Behauptungslast einer Partei hinsichtlich solcher Tatsachen stellt, die in der Sphäre und im Erkenntnisbereich des Gegners liegen und dem Darlegungspflichtigen selbst verschlossen sind. Ein notwendig unsubstantiierter Hinweis des Arbeitnehmers zu den Sozialdaten anderer, objektiv vergleichbarer Arbeitnehmer, zu deren Sozialdaten sich der Arbeitgeber im Prozess nicht ergänzend erklärt, reicht nur dann nicht – als nicht hinreichend bestrittener Vortrag – aus, wenn

---

[826] BAG 21.7.1988 – 2 AZR 75/88 – AP KSchG 1969 § 1 Soziale Auswahl Nr 17 II 2 b.

der Arbeitnehmer die Zahl der vergleichbaren Arbeitnehmer sowie ihre Namen und Sozialdaten selbst kennt.[827]

922 Hat der Arbeitgeber den gesetzlichen Anforderungen der sozialen Auswahl nicht genügt, zB den auswahlrelevanten Personenkreis verkannt, oder einen der vier Sozialindikatoren Betriebszugehörigkeit, Lebensalter, Unterhaltspflichten und Schwerbehinderung nicht berücksichtigt, lässt sich daraus nicht bereits eine tatsächliche Vermutung dafür ableiten, dass auch die **Auswahlentscheidung selbst objektiv fehlerhaft und damit die Kündigung sozialwidrig ist**.[828] Es bleibt bei den allgemeinen Regeln über die Darlegungs- und Beweislast. Der Arbeitgeber hat in diesem Fall darzulegen, dass die auf den Gekündigten entfallende Auswahl trotz des Fehlers im Auswahlverfahren im Ergebnis vertretbar war.[829]

923 Für ein **berechtigtes betriebliches Interesse**, das es erlaubt, sozial stärkere Arbeitnehmer nach § 1 Abs 3 Satz 2 KSchG aus der Sozialauswahl zu entnehmen, trägt der **Arbeitgeber die Vortrags- und Beweislast**.[830]

924 **b) § 1 Abs 4 KSchG.** Bei einer Auswahlrichtlinie, die nicht nur die Anforderungen des § 95 BetrVG, sondern auch die des § 1 Abs 4 KSchG – also insbesondere das Schriftformerfordernis des § 77 Abs 2 BetrVG – erfüllt, besteht eine abgestufte Darlegungslast, die derjenigen im Rahmen von § 1 Abs 5 Satz 2 KSchG nahekommt.[831] Die Abstufung wird auch hier nur erreicht, wenn ein nach § 1 Abs 3 Satz 1 HS 2 KSchG gestelltes **Auskunftsverlangen** erfüllt ist, sofern der Arbeitnehmer nicht selbst über die Informationen verfügt. Der Arbeitgeber muss insbesondere mitteilen,

- welche Sozialdaten nach der Auswahlrichtlinie berücksichtigt und
- wie sie im Verhältnis zueinander bewertet wurden (§ 1 Abs 4 KSchG).

Kommt der Arbeitgeber dem nach, ist die Auswahlentscheidung im Hinblick auf die gewählten sozialen Gesichtspunkte und ihre Bewertung nur auf grobe Fehlerhaftigkeit zu überprüfen. Genügt der Arbeitnehmer seiner Vortragslast für die Tatsachen, die den Rechtsbegriff der groben Fehlerhaftigkeit ausfüllen, und erfüllt der Arbeitgeber im Gegenzug seine Erklärungspflicht, muss der Arbeitnehmer letztlich beweisen, dass die soziale Auswahl grob fehlerhaft ist, dh einzelne Gesichtspunkte **überhaupt nicht berücksichtigt wurden** oder die Gewichtung **jede Ausgewogenheit vermissen lässt**. Allerdings werden **Vergleichbarkeit** und **berechtigtes betriebliches Interesse** nicht vom Prüfungsmaßstab der groben Fehlerhaftigkeit erfasst. Für die auswahlrelevante Gruppe gelten keine Besonderheiten gegenüber der Rechtsprechung zur gestuften Behauptungslast.[832] Der Arbeitgeber ist weiterhin darlegungs- und beweisbelastet für den **Ausnahmefall der Her-

---

827 Zu allem BAG 15.6.1989 – 2 AZR 580/88 – AP KSchG 1969 § 1 Soziale Auswahl Nr 18.
828 BAG 20.6.2013 – 2 AZR 271/12 – NZA 2013, 837; aA HaKo/Gallner/Mestwerdt 4. Aufl § 1 KSchG Rn 922; KR/Griebeling § 1 KSchG Rn 687 mwN.
829 Zur Aufgabe der sog Dominotheorie grundlegend BAG 9.11.2006 – 2 AZR 812/05; seither st Rspr BAG 20.6.2013 – 2 AZR 271/12 – NZA 2013, 837; 28.6.2012 – 6 AZR 682/10 – NZA 2012, 1090; 10.6.2010 – 2 AZR 420/09 – NZA 2010, 1352; s auch Rn 878.
830 Vgl Rn 882.
831 Detailliert Rn 913 f.
832 Rn 921.

ausnahme aufgrund berechtigten betrieblichen Interesses – ggf entgegen der Richtlinie.

3. Sonderfall: § 1 Abs 5 KSchG

a) § 1 Abs 5 Satz 1 KSchG. Die Behauptungs- und Beweislast des Arbeitgebers erschöpft sich in derjenigen für die **Vermutungsgrundlage (Kündigung aufgrund einer Betriebsänderung, namentliche Bezeichnung in einem wirksamen Interessenausgleich, Schriftform)**. Genügt der Arbeitgeber diesen Anforderungen und wird damit unwiderleglich vermutet, dass ein dringendes betriebliches Erfordernis besteht und eine Weiterbeschäftigungsmöglichkeit im Beschäftigungs**betrieb**[833] fehlt, muss der Arbeitnehmer das Gegenteil darlegen und beweisen. Die Vortragslast ist nicht weiter abzustufen.[834]

925

b) § 1 Abs 5 Satz 2 KSchG. Da diese Norm – anders als § 1 Abs 5 Satz 1 KSchG – keine Beweislastumkehr enthält, ist der Arbeitnehmer abgestuft behauptungs- und letztendlich beweispflichtig dafür, dass die Sozialauswahl grob fehlerhaft ist.[835] Allerdings obliegt dem Arbeitgeber auch im Bereich des § 1 Abs 5 Satz 2 KSchG die Darlegungs- und Beweislast dafür, weshalb bestimmte Arbeitnehmer nicht in die Sozialauswahl einbezogen wurden, weil ihre Weiterbeschäftigung – insbesondere wegen ihrer Kenntnisse, Fähigkeiten und Leistungen oder zur Sicherung einer ausgewogenen Personalstruktur des Betriebs – nach § 1 Abs 3 Satz 2 KSchG im berechtigten betrieblichen Interesse liegt.[836]

926

c) § 1 Abs 5 Satz 3 KSchG. Die Vortrags- und Beweislast dafür, dass sich die Sachlage wesentlich geändert hat, nachdem der Interessenausgleich zustande gekommen ist, trägt der Arbeitnehmer.[837] Es handelt sich um einen ihm **günstigen Ausnahmefall**.

927

---

833 Vgl zu der Vermutung einer fehlenden Weiterbeschäftigungsmöglichkeit im Unternehmen Rn 730 und 736.
834 BAG 27.9.2012 – 2 AZR 516/11 – NZA 2013, 559; 22.1.2004 – 2 AZR 111/02 – AP BetrVG 1972 § 112 Namensliste Nr 1; iE Rn 738.
835 BAG 27.9.2012 – 2 AZR 516/11 – NZA 2013, 559; 21.2.2002 – 2 AZR 581/00 – EzA KSchG § 1 Interessenausgleich Nr 10; eingehend Rn 913 f.
836 BAG 10.6.2010 – 2 AZR 420/09 – NZA 2010, 1352; 21.2.2002 – 2 AZR 581/00 – EzA KSchG § 1 Interessenausgleich Nr 10.
837 BAG 21.2.2002 – 2 AZR 581/00 – EzA KSchG § 1 Interessenausgleich Nr 10 B I 4 d bb; BAG 21.2.2001 – 2 AZR 39/00 – EzA KSchG § 1 Interessenausgleich Nr 8 II 3; Fischermeier NZA 1997, 1089, 1097 f mwN.

G. Absolute Gründe für die Sozialwidrigkeit

I. Allgemeines.................... 928
II. Der Widerspruch des Betriebsrats und seine Folgen.......... 931
   1. Widerspruch als Voraussetzung.................... 931
   2. Folgen des Widerspruchs 933
III. Die Widerspruchsgründe...... 934
   1. Grundsatz................. 934
   2. Verstoß gegen eine Auswahlrichtlinie............. 935
   3. Weiterbeschäftigungsmöglichkeit.................... 936
IV. Darlegungs- und Beweislast... 940

I. Allgemeines

928 Mit der Einbeziehung der **Widerspruchstatbestände** in das KSchG wird der **individuelle Kündigungsschutz** durch die Berücksichtigung betriebsverfassungsrechtlicher Elemente verbessert.[1] Die Vorschrift des § 1 Abs 2 Satz 2 und 3 KSchG verweist **inhaltlich** auf § 102 Abs 3 Nr 2 bis 5 BetrVG, so dass **Voraussetzung für die Sozialwidrigkeit** der Kündigung ein nach § 102 Abs 3 Nr 2 bis 5 BetrVG form- und fristgerecht eingelegter **Widerspruch des Betriebsrats** ist. Der Widerspruch des Betriebsrats hat also eine Doppelfunktion.[2] Zum einen ist er Voraussetzung für die Begründung einer einstweiligen Weiterbeschäftigungspflicht. Zum anderen stellt er im Falle der Begründetheit des Widerspruchs einen **absoluten Grund** der Sozialwidrigkeit dar.[3] Nach § 1 Abs 2 Satz 2 KSchG ist nämlich die Kündigung auch sozial ungerechtfertigt, wenn ein begründeter Widerspruch des Betriebsrats vorliegt. Liegt ein solcher vor, bedarf es im Unterschied zu den Kündigungsgründen nach § 1 Abs 2 Satz 1 KSchG **keiner zusätzlichen Interessenabwägung**.[4] Die Sozialwidrigkeit ergibt sich unmittelbar aus dem begründeten Widerspruch des Betriebsrats.[5] Von daher kann von einem absoluten Grund der Sozialwidrigkeit gesprochen werden.[6]

929 Lange Zeit war das **Verhältnis** zwischen § 1 Abs 2 Satz 1 KSchG und den Widerspruchstatbeständen des § 1 Abs 2 Satz 2 und 3 KSchG und dabei insbesondere die Frage umstritten,[7] ob und ggf in welchem Umfang in den Fällen eines fehlenden Widerspruchs des Betriebsrats (zB in betriebsratslosen Betrieben, bei Untätigkeit des Betriebsrats oder bei nicht ordnungsgemäßem Widerspruch) die Widerspruchsgründe im Rahmen des § 1 Abs 2

---

1 KR/Griebeling § 1 KSchG Rn 706; ErfK/Oetker § 1 Rn 374; KDZ/Kittner/Deinert § 1 Rn 358; SPV/Preis Rn 1243; vHH/L/Krause § 1 Rn 1071.
2 BT-Drucks VI/2729 S 7; BT-Drucks VI/1786 S 32 f; ErfK/Oetker § 1 KSchG Rn 375; KR/Griebeling § 1 KSchG Rn 196 und 706.
3 KR/Griebeling § 1 KSchG Rn 195 u 706; KDZ/Kittner/Deinert § 1 Rn 355; SPV/Preis Rn 1244; BAG 13.9.1973 – 2 AZR 601/72 – AP KSchG 1969 § 1 Nr 2.
4 BAG 6.6.1984 – 7 AZR 451/82 – AP KSchG 1969 § 1 Betriebsbedingte Kündigung Nr 16; APS/Kiel § 1 KSchG Rn 583; BTM-Mayer § 1 KSchG Rn 361; KR/Griebeling § 1 KSchG Rn 195; Dornbusch/Wolff-Dornbusch/Volk § 1 KSchG Rn 442; BAG 13.9.1973 – 2 AZR 601/72 – AP KSchG 1969 § 1 Nr 2; ErfK/ Oetker § 1 Rn 375; KDZ/Deinert § 1 Rn 495; SPV/Preis Rn 1001; vHH/L/Krause § 1 Rn 1082.
5 APS/Dörner/Vossen § 1 KSchG Rn 93; HK-KSchG/Weyand § 1 KSchG Rn 1188 ff.
6 Dornbusch/Wolff-Dornbusch/Volk § 1 KSchG Rn 442; KDZ/Kittner/Deinert § 1 Rn 354; Thüsing/Laux/Lembke-Waas/Gabrys § 1 KSchG Rn 243; vHH/L/Krause § 1 Rn 1075.
7 S Löwisch DB 1975, 349; Preis S 97 ff.

Satz 1 KSchG zu berücksichtigen sind.[8] Nach der hier vertretenen Meinung sind sämtliche Widerspruchstatbestände des § 1 Abs 2 Satz 2 und 3 KSchG im Rahmen der allgemeinen Prüfung der Sozialwidrigkeit nach § 1 Abs 2 Satz 1 KSchG mit zu berücksichtigen. Dies entspricht auch der hM.[9] Methodologisch ist von einer teleologischen Reduktion der Sätze 2 und 3 des § 1 Abs 2 auszugehen.[10] Es wäre wohl mit Art 3 Abs 1 GG nicht zu vereinbaren, wollte man die zusätzlichen kündigungsschutzrechtlichen Gründe der Sozialwidrigkeit von der Existenz eines Betriebsrats bzw von dessen ordnungsgemäßem Tätigwerden abhängig machen.[11] **Die Bedeutung eines form- und fristgerechten Widerspruchs des Betriebsrats besteht also allein darin, dass damit absolute Gründe der Sozialwidrigkeit vorliegen können.**[12] Liegt ein solcher Widerspruch – aus welchen Gründen auch immer – nicht vor, sind die Tatbestände des § 1 Abs 2 Satz 2 und 3 KSchG im Rahmen der Prüfung der Sozialwidrigkeit nach § 1 Abs 2 Satz 1 KSchG im Prüfungsschritt „Verhältnismäßigkeitsprinzip"[13] als **relative Gründe der Sozialwidrigkeit** zu berücksichtigen.[14] Das folgt dogmatisch aus dem Tatbestandsmerkmal „bedingt" in § 1 Abs 2 Satz 1 KSchG.[15] Die Widerspruchsregelung erfasst nicht nur betriebsbedingte, sondern auch personen- und verhaltensbedingte Kündigungen.[16] § 1 Abs 2 Satz 2 und 3 KSchG beinhaltet keinen sonstigen Unwirksamkeitsgrund iSd § 13 Abs 3 KSchG.[17]

Da die Regelung für die Arbeitnehmer im **öffentlichen Dienst** („Einwendungen der Personalvertretung") inhaltlich derjenigen für Arbeitnehmer in privaten Betrieben weitgehend[18] entspricht,[19] wird im Folgenden der Einfachheit halber auf die Rechtslage in privaten Betrieben abgestellt. Soweit sich Unterschiede zwischen Betriebsverfassungsrecht und Personalvertretungsrecht ergeben, wird eigens darauf hingewiesen.

930

---

8 KR/Griebeling § 1 KSchG Rn 196 u 708; vHH/L/Krause § 1 Rn 1072 ff.
9 APS/Kiel § 1 KSchG Rn 582; APS/Dörner/Vossen § 1 KSchG Rn 94; v. Hoyningen-Huene/Linck 14. Aufl § 1 Rn 1023 ff; KR/Griebeling § 1 KSchG Rn 196 u 708; Löwisch/Spinner § 1 Rn 382; weitestgehend wohl auch BAG 13.9.1973 – 2 AZR 601/72 – AP KSchG 1969 § 1 Nr 2.
10 APS/Kiel § 1 KSchG Rn 582; DFL/Kaiser § 1 KSchG Rn 147.
11 Löwisch DB 1975, 350; KDZ/Kittner/Deinert § 1 Rn 357; krit KR/Griebeling § 1 KSchG Rn 198.
12 BAG 6.6.1984 – 7 AZR 451/82 – AP KSchG 1969 § 1 Betriebsbedingte Kündigung Nr 16.
13 BAG 17.5.1984 – 2 AZR 109/83 – AP KSchG 1969 § 1 Betriebsbedingte Kündigung Nr 21; Dornbusch/Wolff-Dornbusch/Volk § 1 KSchG Rn 442.
14 KR/Griebeling § 1 KSchG Rn 708; KDZ/Kittner/Deinert § 1 Rn 358.
15 KR/Griebeling § 1 KSchG Rn 196; SPV/Preis Rn 918.
16 BAG 22.7.1982 – 2 AZR 30/81 – AP KSchG 1969 § 1 Verhaltensbedingte Kündigung Nr 5; ErfK/Oetker § 1 Rn 374, 383; KDZ/Kittner/Deinert § 1 Rn 355; vHH/L/Krause § 1 Rn 1094.
17 ErfK/Oetker § 1 Rn 530.
18 § 1 Abs 2 Satz 2 Nr 1 a und Nr 2 a sind deckungsgleich, Nr 1 a und Nr 2 a unterscheiden sich insofern, als Grenze für die anderweitige Weiterbeschäftigung in der Privatwirtschaft der Vertragsarbeitgeber und im öffentlichen Dienst derselbe Verwaltungszweig ist; vgl BAG 12.8.2010 – 2 AZR 558/09 – NJW 2011, 251: Schutz vor staatsweitem Weiterbeschäftigungsanspruch.
19 ErfK/Oetker § 1 Rn 378; KDZ/Kittner/Deinert § 1 Rn 356.

II. Der Widerspruch des Betriebsrats und seine Folgen
1. Widerspruch als Voraussetzung

931 § 1 Abs 2 Satz 2 KSchG ist zu entnehmen, dass Voraussetzung für die Rechtsfolge der Sozialwidrigkeit ein **form- und fristgerecht** erhobener Widerspruch des Betriebsrats ist. Die Vorschrift verweist auf § 102 BetrVG und damit auf das Anhörungsverfahren vor Ausspruch einer Kündigung. **Zuständiges Organ für den Widerspruch** ist grundsätzlich das Betriebsratsgremium, es sei denn, es besteht aus neun oder mehr Mitgliedern, so dass dem dann zu bildenden Betriebsausschuss (§ 27 BetrVG) oder einem daneben gebildeten weiteren Ausschuss (§ 28 BetrVG; Personalausschuss) die Angelegenheit zur selbstständigen Erledigung übertragen sein kann. Besteht der Betriebsrat aus sieben Mitgliedern (101 bis 200 Arbeitnehmer iSd § 9 BetrVG) kann er zwar nach § 28 Ausschüsse bilden, jedoch ist es ihm verwehrt, den Ausschüssen Aufgaben zur selbstständigen Erledigung zu übertragen, § 28 Abs 1 Satz 3 BetrVG. Nach § 102 Abs 3 iVm Abs 2 Satz 1 BetrVG muss der Widerspruch **innerhalb einer Woche** erhoben werden. Die Wochenfrist beginnt mit der Einleitung des Anhörungsverfahrens grundsätzlich gegenüber dem Betriebsratsvorsitzenden (§ 26 Abs 3 Satz 2 BetrVG). Der Widerspruch bedarf der **Schriftform** (§ 1 Abs 2 Satz 2 KSchG), muss also schriftlich abgefasst und vom Betriebsratsvorsitzenden oder einer anderen zur Vertretung des Betriebsrats bzw des zuständigen Ausschusses berechtigten Person unterzeichnet sein. Ein **Fax** reicht aus.[20] Außerdem ist der Widerspruch nur dann formgerecht, wenn seine Begründung **erkennen lässt**, von welchem Widerspruchstatbestand iSd § 102 Abs 3 Nr 2 bis 5 BetrVG der Betriebsrat ausgeht[21] und auf welche tatsächlichen Umstände er sich dabei stützt.[22] Ein Widerspruch ist insbesondere dann nicht formgerecht, wenn er lediglich den Gesetzeswortlaut ohne Angabe von konkreten Tatsachen wiederholt.[23]

932 Abweichend vom Widerspruchsverfahren nach dem BetrVG beträgt im Rahmen des **Mitwirkungsverfahrens nach §§ 72, 79 BPersVG**, auf das hier auch stellvertretend für die Landespersonalvertretungsgesetze zurückgegriffen wird, die Frist zur Erhebung von Einwendungen (anstatt Widerspruch) gegen die beabsichtigte Kündigung nach § 72 Abs 2 BPersVG zehn Arbeitstage. Von daher zählen regelmäßig nur die Werktage von Montag bis Freitag. Bedarf es für den Widerspruch des Betriebsrats nach § 1 Abs 2 Satz 2 Nr 1 KSchG der Schriftform, so ist diese weder nach § 1 Abs 2 Satz 2 Nr 2 KSchG noch nach § 72 BPersVG ausdrücklich vorgesehen. Von einer konstitutiven Schriftform kann auch nicht deshalb ausgegangen werden, weil seitens des Personalrats gegenüber dem Arbeitnehmer die Verpflichtung zur abschriftlichen Mitteilung der Stellungnahme besteht.[24] Eine weitere Besonderheit des Personalvertretungsrechts besteht darin, dass im Hinblick

---

20 KR/Etzel § 102 BetrVG Rn 142; APS-Koch § 102 BetrVG Rn 188; Mareck BB 2000, 2043; Fitting ua § 102 BetrVG Rn 64, 71; vHH/L/Krause § 1 Rn 1080; aA Thannheiser AiB 1997, 498, 500; Rudolph AiB 1999, 668.
21 KR/Etzel § 102 BetrVG Rn 144 mwN.
22 KR/Etzel § 102 BetrVG Rn 143 mwN.
23 Fitting ua § 102 BetrVG Rn 71; KR/Etzel § 102 Rn 143 f; vHH/L/Krause § 1 Rn 1080 mwN.
24 vHH/L/Krause § 1 Rn 1088; abweichend KR/Etzel §§ 72, 79, 108 BPersVG Rn 60.

auf den meist dreigliedrigen Verwaltungsaufbau die Personalvertretungsgesetze die Bildung von Stufenvertretungen vorsehen. Je nach hierarchischer Zuordnung der Beschäftigungsdienststelle ist das Verfahren gegenüber Vertretungen auf bis zu drei Stufen durchzuführen (Personalrat, Bezirkspersonalrat und Hauptpersonalrat). Erst danach kann die beabsichtigte Kündigung ausgesprochen werden. Für die Widerspruchswirkung der Einwendungen des Personalrats ist es entscheidend, dass sie von der Stufenvertretung in der Verhandlung mit der übergeordneten Dienststelle aufrechterhalten worden sind.

2. Folgen des Widerspruchs

Ist der auf **mindestens einen der Tatbestände** des § 1 Abs 2 Satz 2 oder 3 KSchG gestützte Widerspruch des Betriebsrats begründet, **ist die Kündigung sozialwidrig**. Andernfalls ist die Kündigung nunmehr nach den allgemeinen Regeln des § 1 Abs 2 Satz 1 KSchG zu beurteilen und danach zu entscheiden, ob sie sozial gerechtfertigt ist. Die Unbegründetheit des Widerspruchs führt also lediglich dazu, dass sich die Sozialwidrigkeit der Kündigung nicht bereits aus den absoluten Gründen des § 1 Abs 2 Satz 2 oder 3 KSchG ergibt. Bei der Prüfung der Sozialwidrigkeit nach § 1 Abs 2 Satz 2 und 3 KSchG können nur diejenigen Gründe berücksichtigt werden, auf die der Betriebsrat seinen Widerspruch gegen die konkrete Kündigung gestützt hat.[25] Dem Betriebsrat bleibt es jedoch unbenommen, den **Widerspruch auf mehrere Widerspruchsgründe gleichzeitig zu stützen**, wenn er deren Voraussetzungen für gegeben hält.

933

III. Die Widerspruchsgründe
1. Grundsatz

Die in § 1 Abs 2 Satz 2 und 3 KSchG genannten Tatbestände entsprechen inhaltlich den Widerspruchsgründen des § 102 Abs 3 Nr 2 bis 5 BetrVG (§ 79 Abs 1 Nr 2 bis 5 BPersVG). Aus der inhaltlichen Übereinstimmung beider Vorschriften folgt auch der **Numerus clausus der Widerspruchsgründe**.[26] Ein auf die mangelhafte Berücksichtigung sozialer Gesichtspunkte bei der **Sozialauswahl** gestützter Widerspruch nach § 102 Abs 3 Nr 1 BetrVG ist kein Widerspruchsgrund iSd § 1 Abs 2 Satz 2 und 3 KSchG. Der Betriebsrat kann einer Kündigung gleichzeitig aus mehreren Gründen widersprechen.[27] Obgleich sich die Widerspruchsgründe des § 102 Abs 3 BetrVG (§ 79 Abs 1 Satz 3 BPersVG) in ihrer Ausgestaltung vornehmlich auf Fälle betriebsbedingter Kündigungen beziehen, wird die Möglichkeit eines solchen Widerspruchs auch bei personen- und verhaltensbedingten Kündigungen überwiegend anerkannt.[28] Aus der etwas unklaren Gesetzes-

934

---

25 BAG 6.6.1984 – 7 AZR 451/82 – AP KSchG 1969 § 1 Betriebsbedingte Kündigung Nr 16; vHH/L/Krause § 1 Rn 1086; aA Adomeit DB 1971, 2363.
26 KR/Etzel § 102 BetrVG Rn 148; DKK-Kittner § 102 BetrVG Rn 184.
27 S Rn 933.
28 BAG 22.7.1982 – 2 AZR 30/81 – AP KSchG 1969 § 1 Verhaltensbedingte Kündigung Nr 5; ErfK/Oetker § 1 Rn 374; KR/Etzel § 102 BetrVG Rn 146; vHH/L/Krause § 1 Rn 1094; s Rn 929.

formulierung folgt, dass der Betriebsrat/Personalrat nach § 1 Abs 2 Satz 2 und Satz 3 KSchG aus vier Gründen widersprechen kann:
- Die Kündigung verstößt gegen eine Auswahlrichtlinie nach § 95 BetrVG (§ 1 Abs 2 Satz 2 Nr 1 a; für Personalrat gilt § 1 Abs 2 Satz 2 Nr 2 a);
- Der Arbeitnehmer kann auf einem anderen Arbeitsplatz im Betrieb oder in einem anderen Betrieb des Unternehmens weiterbeschäftigt werden (§ 1 Abs 2 Satz 2 Nr 1 b; für Personalrat gilt § 1 Abs 2 Satz 2 Nr 2 b);
- Der Arbeitnehmer kann nach zumutbaren Umschulungs- oder Fortbildungsmaßnahmen im Betrieb oder in einem anderen Betrieb des Unternehmens weiterbeschäftigt werden, und er hat dazu sein Einverständnis erklärt[29] (§ 1 Abs 2 Satz 3 1. Alt; für Personalrat ebenso; „Satz 2 gilt entsprechend"!);
- Der Arbeitnehmer kann unter geänderten Arbeitsbedingungen im Betrieb oder in einem anderen Betrieb des Unternehmens weiterbeschäftigt werden, und er hat dazu sein Einverständnis erklärt (§ 1 Abs 2 Satz 3 2. Alt; für Personalrat ebenso).

2. Verstoß gegen eine Auswahlrichtlinie

935 Eine Kündigung ist dann nach § 1 Abs 2 Satz 2 Nr 1 a KSchG sozial ungerechtfertigt, wenn sie in Betrieben des privaten Rechts gegen eine **Auswahlrichtlinie nach § 95 BetrVG** verstößt und der Betriebsrat aus diesem Grund frist- und formgerecht der Kündigung widersprochen hat. Nach § 95 Abs 1 BetrVG ist die Aufstellung von Richtlinien über die personelle Auswahl bei Einstellungen, Versetzungen, Umgruppierungen und Kündigungen von der Zustimmung des Betriebsrats abhängig. Wird der Betriebsrat bei der Aufstellung der Auswahlrichtlinie nicht beteiligt, führt dieser Mitbestimmungsverstoß allein nicht zur Unwirksamkeit der ausgesprochenen Kündigung; die Mitbestimmung ist keine Wirksamkeitsvoraussetzung für die Kündigung.[30] Die Aufstellung einer solchen Richtlinie kann der Betriebsrat in Betrieben mit über 500 Arbeitnehmern erzwingen, § 95 Abs 2 BetrVG. Wegen der Auswirkungen der am 1.10.1996 in Kraft getretenen Neuregelung des § 1 Abs 4 KSchG auf Auswahlrichtlinien wird auf die Erläuterungen zu Rn 899 ff verwiesen. **Auswahlrichtlinien** idS kommt auf jeden Fall eine Bedeutung im Bereich der **betriebsbedingten Kündigung** zu.[31] Ob sie auch für personen- und verhaltensbedingte Kündigungen vereinbart werden können, ist umstritten.[32] Die Ausgestaltung der im Rahmen der betriebsbedingten Kündigung durchzuführenden Sozialauswahl kann Gegenstand einer solchen Auswahlrichtlinie sein, wobei nach der am 1.1.2004 in Kraft getretenen Neuregelung des § 1 Abs 4 KSchG die Kriterien der Sozialauswahl wegen des wohl enumerativen Charakters[33] der in Bezug genommenen Regelung des § 1 Abs 3 KSchG (Beschäftigungsdauer, Lebens-

---

29 APS/Kiel § 1 KSchG Rn 622; ErfK/Oetker § 1 KSchG Rn 388.
30 BAG 6.7.2006 – 2 AZR 43/05 – NZA 2007, 197; BAG 26.7.2005 – 1 ABR 29/04 – DB 2005, 2530; BTM-Mayer § 1 KSchG Rn 364.
31 Löwisch/Spinner § 1 Rn 386.
32 DKZ-Kittner/Deinert § 1 Rn 363 mwN.
33 S Rn 859.

alter, Unterhaltsverpflichtungen und Schwerbehinderung) nicht mehr Gegenstand der freien Vereinbarung sein können. Im Übrigen dürfen die Sozialdaten im Verhältnis zueinander nicht grob fehlerhaft bewertet sein. Von diesen dort genannten Vorgaben darf die Auswahlrichtlinie als Regelung auf Betriebsebene im Rang unter dem Gesetz wegen des zwingenden Charakters des Kündigungsschutzgesetzes nicht abweichen.[34] Neben den sozialen Auswahlkriterien als typischen Beispielsfall für den **materiellen Inhalt** einer Auswahlrichtlinie kann diese auch **Verfahrensregeln** zum Gegenstand haben. ZB kann in einer Auswahlrichtlinie vorgeschrieben sein, dass dem von einer betriebsbedingten Kündigung betroffenen Arbeitnehmer die Gründe für die Sozialauswahl auch ohne ein entsprechendes Verlangen mitzuteilen sind.[35] Hat der Arbeitgeber gegen diese Mitteilungspflicht verstoßen, kann sich der Arbeitnehmer im Kündigungsschutzprozess hierauf berufen mit der Folge, dass die Kündigung sozial ungerechtfertigt ist. Auf einen Widerspruch des Betriebsrats gegen den Richtlinienverstoß – der im Beispielsfall im Übrigen auch nicht möglich wäre, tritt doch der Verstoß erst nach der Anhörung des Betriebsrats ein – kommt es nach hM nicht an.[36] Ein insoweit erklärter Widerspruch des Betriebsrats erleichtert jedoch die Prozessführung des Arbeitnehmers, da er sich den Inhalt des Widerspruchs zu eigen machen kann.[37]

3. Weiterbeschäftigungsmöglichkeit

Die Kündigung ist **auch sozial ungerechtfertigt**, wenn der Widerspruch des Betriebsrats auf eine der folgenden – objektiv bestehenden – Weiterbeschäftigungsmöglichkeiten gestützt wird: 936

- auf einem **anderen Arbeitsplatz in demselben Betrieb** (§ 1 Abs 2 Satz 2 Nr 1 b KSchG);
- auf einem **anderen Arbeitsplatz in einem anderen Betrieb des Unternehmens** (§ 1 Abs 2 Satz 2 Nr 1 b KSchG);
- unter **geänderten Arbeitsbedingungen**, wenn der Arbeitnehmer sein **Einverständnis** erklärt hat (§ 1 Abs 2 Satz 3 KSchG);
- nach **zumutbaren Umschulungs- oder Fortbildungsmaßnahmen**, wenn der Arbeitnehmer sein Einverständnis erklärt hat[38] (§ 1 Abs 2 Satz 3 KSchG).

Die Weiterbeschäftigung auf einem **anderen Arbeitsplatz in demselben Betrieb** oder in einem **anderen Betrieb des Unternehmens** setzt voraus, dass ein anderer freier, vergleichbarer Arbeitsplatz vorhanden ist.[39] Der andere 937

---

34 BAG 11.3.1976 – 2 AZR 43/75 – AP BetrVG 1972 § 95 Nr 1; APS/Dörner/Vossen § 1 KSchG Rn 97; Dornbusch/Wolff-Dornbusch/Volk § 1 KSchG Rn 447; KR/Griebeling § 1 KSchG Rn 712; KR/Etzel § 102 BetrVG Rn 159 f; vHH/L/Krause § 1 Rn 1098; SPV/Preis Rn 1248.
35 Löwisch/Spinner § 1 Rn 386; weitere Inhalte bei vHH/L/Krause § 1 Rn 1100.
36 Dornbusch/Wolff/Volk 1. Aufl § 1 KSchG Rn 431; DKZ-Kittner/Deinert § 1 Rn 359; s Rn 929.
37 Dornbusch/Wolff/Volk § 1 KSchG Rn 446; KR/Griebeling § 1 KSchG Rn 199.
38 S Rn 934.
39 BAG 24.11.2005 – 2 AZR 514/04 – AP KSchG 1969 § 1 Krankheit Nr 43; BAG 29.3.1990 – 2 AZR 369/89 – AP KSchG 1969 § 1 Betriebsbedingte Kündigung Nr 50.

Arbeitsplatz in demselben Betrieb ist eine noch vom Direktionsrecht gedeckte Möglichkeit einer anderweitigen arbeitsvertragskonformen Beschäftigung,[40] es sei denn, der Arbeitsvertrag sieht einen „Ausschließlichkeitsarbeitsplatz" vor. Andernfalls greift § 1 Abs 2 Satz 3 HS 2. KSchG. Von einer **Vergleichbarkeit des Arbeitsplatzes** ist dann auszugehen, wenn der Arbeitnehmer dort die gleiche oder doch eine ähnliche Tätigkeit wie bisher zu im Wesentlichen gleichen Arbeitsbedingungen auszuüben hat. Der Betriebsrat kann nach hM nicht mit der Begründung widersprechen, der Arbeitnehmer könne auf dem bisherigen Arbeitsplatz weiterbeschäftigt werden („kein anderer Arbeitsplatz").[41] Denn andernfalls hätte der Betriebsrat ein Beteiligungsrecht bei der Frage, ob die Kündigung nach § 1 Abs 2 Satz 1 KSchG sozialwidrig ist. Im Übrigen würde dies gegen den eindeutigen Wortlaut verstoßen.[42] Eine Ausnahme kann insoweit nur dann bestehen, wenn es um eine Weiterbeschäftigung nach Umschulungs- oder Fortbildungsmaßnahmen geht und der bisherige Arbeitsplatz des betroffenen Arbeitnehmers entsprechend der Qualifizierung des Arbeitnehmers verändert ist.[43]

938 Der andere geeignete Arbeitsplatz muss **bereits vorhanden und unbesetzt** sein.[44] Als „frei" ist ein Arbeitsplatz auch dann anzusehen, wenn der Arbeitgeber bei Ausspruch der Kündigung mit hinreichender Sicherheit vorhersehen kann, dass ein Arbeitsplatz bis zum Ablauf der Kündigungsfrist (zB Ausscheiden eines Arbeitnehmers aus Altersgründen) zur Verfügung stehen wird. **Zum Zwecke der Weiterbeschäftigung muss der Arbeitgeber einen neuen Arbeitsplatz nicht schaffen.**[45] Jedoch ist der Arbeitgeber zur Vermeidung einer krankheitsbedingten Kündigung gehalten, einen leidensgerechten Arbeitsplatz durch Ausübung seines Direktionsrechts frei zu machen und sich auch um die evtl erforderliche Zustimmung des Betriebsrats zu bemühen.[46] **Die Weiterbeschäftigungsmöglichkeit ist unternehmensbezogen,**[47] **jedoch nicht konzernbezogen.**[48] Eine konzernbezogene Versetzungspflicht kommt nur in Betracht, wenn eine entsprechende vertragliche Vereinbarung über einen konzernweiten Einsatz besteht[49] oder aus einer permanenten Praxis eine Selbstbindung entstanden ist.[50] Widerspricht der

---

40 BAG 29.3.1990 – 2 AZR 369/89 – AP KSchG 1969 § 1 Betriebsbedingte Kündigung Nr 50; ErfK/Oetker § 1 Rn 386; DKZ-Kittner/Deinert § 1 Rn 367.
41 BAG 12.9.1985 – 2 AZR 324/84 – AP BetrVG 1972 § 102 Weiterbeschäftigung Nr 7; APS/Dörner/Vossen § 1 KSchG Rn 98 a; KDZ/Deinert § 1 Rn 512; vHH/L/Krause § 1 Rn 1106; aA KR/Griebeling § 1 KSchG Rn 719; KR/Etzel § 102 BetrVG Rn 163 ff.
42 vHH/L/Krause § 1 Rn 1106.
43 vHH/L/Krause § 1 Rn 1107.
44 BAG 7.2.1991 – 2 AZR 205/90 – AP KSchG 1969 § 1 Umschulung Nr 1; APS-Kiel § 1 Rn 600 ff; ErfK/Oetker § 1 Rn 384; vHH/L/Krause § 1 Rn 779, 1108; DKZ-Kittner/Deinert § 1 Rn 371.
45 BAG 3.2.1977 – 2 AZR 476/75 – AP KSchG 1969 § 1 Betriebsbedingte Kündigung Nr 4; APS/Dörner/Vossen § 1 KSchG Rn 98; vHH/L/Krause § 1 Rn 1108.
46 BAG 29.1.1997 – 2 AZR 9/96 – AP KSchG 1969 § 1 Krankheit Nr 32.
47 S Rn 694 f; APS/Dörner § 1 KSchG Rn 99 mwN.
48 BAG 23.4.2008 – 2 AZR 1110/06 – AP KSchG 1969 § 1 Betriebsbedingte Kündigung Nr 177; BAG 14.10.1982 – 2 AZR 568/80 – AP KSchG 1969 § 1 Nr 1; DFL/Kaiser § 1 KSchG Rn 150; vHH/L/Krause § 1 Rn 1110.
49 BAG 21.1.1999 – 2 AZR 648/97 – AP KSchG 1969 § 1 Konzern Nr 9.
50 BAG 22.5.1986 – 2 AZR 612/85 – AP KSchG 1969 § 1 Konzern Nr 4.

Betriebsrat mit der Begründung, der Arbeitnehmer könne auf einem anderen Arbeitsplatz in dem gleichen Betrieb oder in einem anderen Betrieb des Unternehmens beschäftigt werden, so ist darin zugleich der Vorschlag an den Arbeitgeber zu sehen, den Arbeitnehmer an einen anderen Arbeitsplatz zu versetzen. Entspricht der Arbeitgeber dem Vorschlag des Betriebsrats, so ist die Zustimmung nach § 99 BetrVG nicht mehr erforderlich, da der Betriebsrat bereits vorab seine Zustimmung gegeben hat.[51] Davon bleibt das Beteiligungsrecht des Betriebsrats des aufnehmenden Betriebs unter dem Gesichtspunkt der Einstellung nach § 99 BetrVG bei der Versetzung des Arbeitnehmers auf einen anderen Arbeitsplatz eines anderen Betriebs des gleichen Unternehmens unberührt. Eine Weiterbeschäftigung auf einer freien **„Beförderungsstelle"** kommt nicht in Betracht, da dies über den mit dem Kündigungsschutzgesetz bezweckten Bestandsschutz hinausgeht.[52] Sind mehrere freie Arbeitsplätze vorhanden, die durch unterschiedliche arbeitsrechtliche Instrumente realisiert werden könnten, geht das Direktionsrecht der Kündigung vor[53] und der Abänderungsvertrag der Änderungskündigung. Verweigert der Betriebsrat die Zustimmung zu einer Versetzung nach § 99 BetrVG, ist der Arbeitsplatz als blockiert anzusehen.[54]

Würde die Weiterbeschäftigung des Arbeitnehmers auf einem anderen Arbeitsplatz das **Direktionsrecht des Arbeitgebers überschreiten**, setzt ein beachtlicher Widerspruch des Betriebsrats das **Einverständnis des Arbeitnehmers** mit der beabsichtigten Vertragsänderung voraus. Der Betriebsrat hat dieses Einverständnis des betroffenen Arbeitnehmers dem Arbeitgeber mitzuteilen. Die Weiterbeschäftigung zu geänderten Bedingungen ist nicht auf den Betrieb beschränkt, sondern erstreckt sich auch auf das Unternehmen.

939

Eine Weiterbeschäftigung des Arbeitnehmers kommt auch nach **zumutbaren Umschulungs- oder Fortbildungsmaßnahmen** in Betracht. Auch diese Weiterbeschäftigungsmöglichkeit erstreckt sich auf das **ganze Unternehmen**. Wie bei der Weiterbeschäftigung zu geänderten Bedingungen ist diese Sichtweise auch hier darin begründet, dass § 1 Abs 2 Satz 3 KSchG auf die in § 1 Abs 2 Satz 2 KSchG enthaltenen Widerspruchstatbestände ausdrücklich Bezug nimmt („Satz 2 gilt entsprechend"). Da eine Begriffsbestimmung im KSchG fehlt, kann für die Begriffe der Umschulung und Fortbildung auf die Begriffsinhalte der §§ 1 Abs 5, 53 ff und 58 ff BBiG zurückgegriffen werden.[55] Die Umschulungs- oder Fortbildungsmaßnahmen müssen sowohl dem Arbeitnehmer als auch dem Arbeitgeber **zumutbar** sein.[56] Diesem Kriterium wird auf Seiten des Arbeitnehmers dadurch Rechnung ge-

---

51 Löwisch/Spinner § 1 Rn 389.
52 BAG 29.3.1990 – 2 AZR 369/89 – AP KSchG 1969 § 1 Betriebsbedingte Kündigung Nr 50; BAG 18.5.2006 – 2 AZR 207/05 – BB 2007, 668; APS/Dörner/Vossen § 1 KSchG Rn 98 a; BTM-Mayer § 1 KSchG Rn 369; ErfK/Oetker § 1 Rn 384; aA DKZ-Kittner/Deinert § 1 Rn 412.
53 DKZ-Kittner/Deinert § 1 Rn 384 b.
54 BAG 29.1.1997 – 2 AZR 9/96 – AP KSchG 1969 § 1 Krankheit Nr 32; DKZ-Kittner/Deinert § 1 Rn 384 b.
55 BTM-Mayer § 1 KSchG Rn 371; KR/Griebeling § 1 KSchG Rn 723; so wohl auch vHH/L/Krause § 1 Rn 1116; aA wohl ErfK/Oetker § 1 Rn 390.
56 BAG 7.2.1991 – 2 AZR 205/90 – AP KSchG 1969 § 1 Umschulung Nr 1; APS/Dörner/Vossen § 1 KSchG Rn 107; DFL/Kaiser § 1 KSchG Rn 156.

tragen, dass sie seine **Zustimmung** voraussetzen.[57] Für den Arbeitgeber sind diese Maßnahmen nur dann zumutbar, wenn der Arbeitnehmer nach Durchführung der Maßnahme auf einem der Umschulung oder Fortbildung entsprechenden vorhandenen freien Arbeitsplatz beschäftigt werden kann. Wegen dieser Voraussetzungen wird auf die Erläuterungen unter Rn 691, 703, 938 verwiesen.

IV. Darlegungs- und Beweislast

940 Beruft sich der Arbeitnehmer auf Gründe für die absolute Sozialwidrigkeit nach § 1 Abs 2 Satz 2 und 3 KSchG, muss er die Tatsachen für den form- und fristgerechten **Widerspruch** des Betriebsrats darlegen und ggf beweisen, sog **rechtsbegründende Tatsache**.[58] Ist von einem solchen Widerspruch auszugehen, obliegt es dem Arbeitgeber nach der allgemeinen Beweislastregel des § 1 Abs 2 Satz 4 KSchG, darzulegen und ggf zu beweisen, dass der Widerspruch nicht den vom Arbeitnehmer gewünschten Erfolg hat, zB die im Widerspruch behauptete Weiterbeschäftigungsmöglichkeit nicht besteht. Nach den dabei anzuwendenden Grundsätzen über die abgestufte Darlegungs- und Beweislast[59] reicht zunächst die allgemeine Behauptung des Arbeitgebers aus, eine Weiterbeschäftigungsmöglichkeit des Arbeitnehmers bestehe nicht. Der Arbeitnehmer ist dann gehalten, näher bestimmt darzulegen, wie er sich eine anderweitige Beschäftigung vorstellt. Nunmehr muss der Arbeitgeber substantiiert erklären, aus welchen Gründen die vom Arbeitnehmer aufgezeigte Weiterbeschäftigungsmöglichkeit nicht besteht bzw bestanden hat.[60]

---

57 APS/Kiel § 1 KSchG Rn 622; APS/Dörner/Vossen § 1 KSchG Rn 107 a; ErfK/ / Oetker § 1 KSchG Rn 392; vHH/L/Krause § 1 Rn 1116.
58 APS/Dörner/Vossen § 1 KSchG Rn 111; KR/Griebeling § 1 KSchG Rn 720 f; vHH/L/Krause § 1 Rn 1122.
59 BAG 24.3.1983 – 2 AZR 21/82 – AP KSchG 1969 § 1 Betriebsbedingte Kündigung Nr 12.
60 BAG 24.3.1983 – 2 AZR 21/82 – aaO.

§ 1a Abfindungsanspruch bei betriebsbedingter Kündigung

(1) ¹Kündigt der Arbeitgeber wegen dringender betrieblicher Erfordernisse nach § 1 Abs. 2 Satz 1 und erhebt der Arbeitnehmer bis zum Ablauf der Frist des § 4 Satz 1 keine Klage auf Feststellung, dass das Arbeitsverhältnis durch die Kündigung nicht aufgelöst ist, hat der Arbeitnehmer mit dem Ablauf der Kündigungsfrist Anspruch auf eine Abfindung. ²Der Anspruch setzt den Hinweis des Arbeitgebers in der Kündigungserklärung voraus, dass die Kündigung auf dringende betriebliche Erfordernisse gestützt ist und der Arbeitnehmer bei Verstreichenlassen der Klagefrist die Abfindung beanspruchen kann.

(2) ¹Die Höhe der Abfindung beträgt 0,5 Monatsverdienste für jedes Jahr des Bestehens des Arbeitsverhältnisses. ²§ 10 Abs. 3 gilt entsprechend. ³Bei der Ermittlung der Dauer des Arbeitsverhältnisses ist ein Zeitraum von mehr als sechs Monaten auf ein volles Jahr aufzurunden.

I. Zweck der Norm; Grundsätze	1
II. Voraussetzungen des gesetzlichen Abfindungsanspruchs ...	2
1. Betriebsbedingte Kündigung	2
2. Ordentliche Kündigung...	3
3. Außerordentliche Kündigung	4
4. Hinweis des Arbeitgebers	5
5. Schriftform der Kündigung, des Hinweises auf die Betriebsbedingtheit der Kündigung und des Hinweises auf den Abfindungsanspruch	6
6. Verstreichenlassen der Klagefrist durch den Arbeitnehmer	7
7. Zeitpunkt der Entstehung des gesetzlichen Abfindungsanspruchs	8
III. Höhe des Abfindungsanspruchs	9
1. Gesetzliche Regelung in Abs 2	9
a) Schematisierte Berechnungsformel	9
b) Monatsverdienst	10
c) Dauer des Arbeitsverhältnisses	11
2. Abweichende Vereinbarungen über die Abfindungshöhe	12
IV. Wegfall des entstandenen gesetzlichen Abfindungsanspruchs	13
1. Anfechtung nach §§ 119, 123 BGB	13
2. Nachträgliche Klageerhebung	14
3. Kollektivregelungen	15
V. Der gesetzliche Abfindungsanspruch im Privatrecht	16
VI. Sozialversicherungsrechtliche Folgen	17
1. Beiträge	17
2. Ruhen des Anspruchs auf Arbeitslosengeld	18

I. Zweck der Norm; Grundsätze

Das Kündigungsschutzgesetz ist kein Abfindungs- sondern ein Bestandsschutzgesetz. Deshalb befinden sich dort auch keine Bestimmungen, die anstelle des Bestandsschutzes einen Abfindungsanspruch gewähren (Ausnahme: §§ 9, 10 KSchG – Auflösungsantrag). Dennoch enden die Mehrzahl der auf den Fortbestand des Arbeitsverhältnisses gerichteten Kündigungsschutzklagen mit einem Abfindungsvergleich. Dieser Realität des Kündigungsschutzprozesses soll die durch das **Gesetz zu Reformen am Arbeitsmarkt** neu eingeführte, am 1.1.2004 in Kraft getretene Vorschrift des § 1 a KSchG Rechnung tragen. Der Gesetzgeber will den Arbeitsvertragsparteien

1

mit dem gesetzlichen Abfindungsanspruch „eine einfach zu handhabende, moderne und unbürokratische Alternative zum Kündigungsschutzprozess"[1] anbieten. Dadurch sollen ineffiziente und kostenträchtige Kündigungsschutzprozesse vermieden werden, wenn die Arbeitsvertragsparteien von vornherein nur an einer Beendigung des Arbeitsverhältnisses gegen eine angemessene Abfindungszahlung interessiert sind.[2] Als Vorteile des Abfindungsanspruchs nach § 1 a KSchG hebt die Gesetzesbegründung[3] insbesondere hervor:

- Der Arbeitnehmer muss nicht mehr den Weg über eine Kündigungsschutzklage gehen, um eine Abfindung zu erhalten.
- Für den Arbeitgeber wird das Kündigungsrecht transparenter und kalkulierbarer.
- Die außergerichtliche Streitbeilegung wird die Arbeitsgerichtsbarkeit entlasten.

Die mit dieser Neuregelung verknüpften Erwartungen haben sich bisher nicht erfüllt.[4] Dies ist durch die gesetzliche Konstruktion bedingt. Das Gesetz selbst begründet – entgegen der insoweit irreführenden Bezeichnung – keinen Abfindungsanspruch bei betriebsbedingter Kündigung. Geregelt ist nur eine **Abfindungsoption**. In der Praxis wird von dieser Gestaltungsmöglichkeit kaum Gebrauch gemacht.

Der Bestandsschutzcharakter des Kündigungsschutzgesetzes[5] wird durch die Abfindungsoption des § 1 a KSchG nicht infrage gestellt. Dem Arbeitnehmer bleibt der kündigungsschutzrechtliche Bestandsschutz auch bei betriebsbedingten Kündigungen erhalten. Wie bisher kann er Kündigungsschutzklage erheben und den Fortbestand seines Arbeitsverhältnisses gerichtlich geltend machen. Zudem schränkt die Vorschrift des § 1 a KSchG die Möglichkeit der Arbeitsvertragsparteien, Vereinbarungen mit – insbesondere hinsichtlich der Abfindungshöhe – abweichendem Inhalt zu schließen, nicht ein.[6] Der in § 1 a KSchG vorgesehene Abfindungsanspruch entspricht seinem Charakter nach einer einzelvertraglich zwischen Arbeitnehmer und Arbeitgeber für die Hinnahme einer Kündigung vereinbarten Abfindung.[7]

II. Voraussetzungen des gesetzlichen Abfindungsanspruchs
1. Betriebsbedingte Kündigung

2 Voraussetzung ist zunächst, dass der Arbeitgeber „wegen dringender betrieblicher Erfordernisse nach § 1 Abs 2 Satz 1" kündigt. Der **gesetzliche Abfindungsanspruch** des § 1 a KSchG kann deshalb nur entstehen, wenn der Arbeitgeber eine **betriebsbedingte** Kündigung erklärt. Ob dringende be-

---

1 Gesetzesbegründung, BT-Drucks 15/1204 S 12.
2 Gesetzesbegründung, BT-Drucks 15/1204 S 9.
3 Gesetzesbegründung, BT-Drucks 15/1204 S 9.
4 Der neue § 1 a KSchG wurde deshalb zu Recht schon nach Vorlage des RegE heftig kritisiert, zB durch Bauer in: Bauer, Preis, Schunder NZA 2003, 704, 705: „Die Regelung gehört ersatzlos gestrichen"; aA Löwisch NZA 2003, 689, 694.
5 Vgl § 1 KSchG Rn 3.
6 BAG 10.7.2008 – 2 AZR 209/07.
7 BAG 31.5.2005 – 1 AZR 254/04.

triebliche Erfordernisse tatsächlich vorliegen, ist unerheblich.[8] Lässt der Arbeitnehmer bei einer vom Arbeitgeber als betriebsbedingt bezeichneten Kündigung die Klagefrist verstreichen, gilt die Kündigung nach § 7 KSchG als von Anfang an wirksam. Der Kündigungsgrund als solcher unterliegt nicht mehr der gerichtlichen Überprüfung. Hat der Arbeitgeber die Kündigung aber als betriebsbedingt bezeichnet und darauf hingewiesen, dass der Arbeitnehmer bei Verstreichenlassen der Klagefrist „die Abfindung beanspruchen kann", kann er sich anschließend nicht mehr darauf berufen, es hätten in Wahrheit keine dringenden betrieblichen Erfordernisse vorgelegen, sondern personen- oder verhaltensbedingte Gründe. Entscheidend für die Entstehung des Anspruchs ist ausschließlich, dass der Arbeitgeber die Kündigung auf betriebsbedingte Gründe stützen wollte (subjektive Determination) und dies im Kündigungsschreiben mitgeteilt hat. Jedenfalls wäre die spätere Berufung des Arbeitgebers auf andere Kündigungsgründe als widersprüchliches Verhalten treuwidrig (§ 242 BGB).

Ein Abfindungsanspruch kann auch dann entstehen, wenn der Arbeitgeber die Kündigung aus **Gründen in der Person oder in dem Verhalten des Arbeitnehmers** erklärt und in der Kündigung darauf hinweist, dass der Arbeitnehmer bei Verstreichenlassen der Klagefrist eine Abfindung beanspruchen kann. In dieser Konstellation handelt es sich aber nicht um den gesetzlichen Abfindungsanspruch des § 1 a KSchG, sondern um einen **vertraglichen** Anspruch. Der Hinweis des Arbeitgebers auf die Abfindung in der Kündigungserklärung ist das Angebot, das der Arbeitnehmer durch Verstreichenlassen der Klagefrist stillschweigend annimmt (§ 151 Satz 1 BGB).[9] Enthält das Kündigungsschreiben zwar einen Hinweis auf § 1 a KSchG aber keine konkret benannte Abfindung, ist auf die Berechnungsvorschrift des Abs 2 zurück zu greifen, da der Arbeitgeber sich im Rahmen seines vertraglichen Angebots der Gesamtabwicklung des § 1 a hierdurch unterwirft.[10]

2. Ordentliche Kündigung

Der gesetzliche Abfindungsanspruch setzt eine ordentliche – betriebsbedingte – Kündigung voraus. Dies folgt zum einen aus dem Wortlaut des Abs 1 Satz 1 („wegen dringender betrieblicher Erfordernisse nach § 1 Abs 2 Satz 1" sowie „mit dem Ablauf der Kündigungsfrist"), zum anderen aus der systematischen Stellung der Norm in den §§ 1 ff KSchG, die sich auf die ordentliche Kündigung beziehen. Auch eine ordentliche betriebsbedingte **Änderungskündigung** kann, soweit die Voraussetzungen des § 1 a KSchG im Übrigen vorliegen, den gesetzlichen Abfindungsanspruch auslösen, da sie neben dem Änderungsangebot eine Kündigungserklärung enthält.[11] Ein Abfindungsanspruch kann aber nur entstehen, wenn der Arbeit-

3

---

8 LAG Hamm 7.6.2005 – 12 Sa 2165/04; KR/Spilger § 1 KSchG Rn 31; Bader NZA 2004, 65; Grobys DB 2003, 2174; Preis DB 2004, 70; Willemsen/Annuß NJW 2004, 177; Nägele ArbRB 2004, 80.
9 LAG Rheinland-Pfalz 18.10.2007 – 2 Sa 497/07.
10 Nägele ArbRB 2004, 80.
11 BAG 13.12.2007 – 2 AZR 663/06; zum Kündigungsschreiben: Nägele ArbRB 2004, 80.

nehmer das Änderungsangebot nicht annimmt, auch nicht unter Vorbehalt. Ob der Arbeitgeber die maßgebliche gesetzliche, tarifliche oder vertragliche **Kündigungsfrist** beachtet, ist ohne Belang.[12] Der Gesetzeswortlaut enthält für diese Vorgabe keinen Hinweis. Dort ist lediglich bezogen auf die Fälligkeit des Abfindungsanspruchs der Zeitpunkt genannt, der dem Ablauf der Kündigungsfrist entspricht. Deshalb kann sowohl eine ordentliche Kündigung unter Heranziehung einer zu kurzen, als auch zu langen Kündigungsfrist den Abfindungsanspruch rechtfertigen.

3. Außerordentliche Kündigung

4 § 1 a KSchG findet auf eine außerordentliche – betriebsbedingte – Kündigung grundsätzlich keine Anwendung. Diese Auslegung gebietet der Wortlaut und die systematische Stellung der Norm, ferner der Umstand, dass das Gesetz in § 13 Abs 1 KSchG nicht auf § 1 a KSchG verweist. Gleichwohl ist eine **Ausnahme** anzuerkennen für den Fall der **außerordentlichen betriebsbedingten Kündigung des Arbeitsverhältnisses eines tariflich** (oder einzelvertraglich) „**unkündbaren**" **Arbeitnehmers**. In dieser Konstellation sind die für die ordentliche Kündigung geltenden Vorschriften anzuwenden, wenn sich der Ausschluss der ordentlichen Kündigung ansonsten gegen den besonders geschützten Arbeitnehmer auswirken würde. Zur Vermeidung eines Wertungswiderspruchs hat der Arbeitgeber daher bei diesen besonders geschützten Arbeitnehmern eine der (fiktiven) ordentlichen Kündigung entsprechende Auslauffrist einzuhalten und die für die ordentliche Kündigung geltenden Vorschriften über die Beteiligung der Arbeitnehmervertretung zu beachten.[13] Konsequenterweise ist daher auch § 1 a KSchG bei einer außerordentlichen betriebsbedingten Kündigung eines „unkündbaren" Arbeitnehmers entsprechend anzuwenden.[14]

4. Hinweis des Arbeitgebers

5 Der Abfindungsanspruch setzt nach § 1 a Abs 1 Satz 2 KSchG den Hinweis des Arbeitgebers in der Kündigungserklärung voraus, dass die Kündigung auf dringende betriebliche Erfordernisse gestützt ist und der Arbeitnehmer bei Verstreichenlassen der Klagefrist die Abfindung beanspruchen kann.

Dieser Hinweis ist ein **bedingtes Abfindungsangebot**, hat daher rechtsgeschäftlichen Charakter.[15] Die Wiedergabe des Gesetzeswortlauts („dringende betriebliche Erfordernisse", „Verstreichenlassen der Klagefrist") ist nicht erforderlich. Es reicht nach dem Zweck der Vorschrift aus, wenn der Arbeitgeber sinngemäße Formulierungen verwendet.[16] Der gesetzlichen Hinweispflicht genügt zum **Beispiel** die folgende Fassung:

---

12 AA Bauer/Krieger, Kündigungsrechtreformen 2004, Rn 78.
13 BAG 5.2.1998 – 2 AZR 227/97; vgl dazu auch § 1 KSchG Rn 695 ff, 721.
14 KR/Spilger § 1 a KSchG Rn 25.
15 Vgl Grobys DB 2003, 2174; Löwisch NZA 2003, 689, 684.
16 So ausdrücklich die Gesetzesbegründung, BT-Drucks 15/1202 S 12: „Es reicht aus, dass der Arbeitgeber die Kündigung als betriebsbedingt bezeichnet.".

▶ Hiermit kündigen wir das mit Ihnen bestehende Arbeitsverhältnis betriebsbedingt zum 31.3.2006. Für den Fall, dass sie keine Kündigungsschutzklage erheben, haben Sie Anspruch auf eine Abfindung. ◀

Es reicht nicht aus, wenn der Arbeitgeber im Kündigungsschreiben mitteilt, dass der Arbeitnehmer „bei Rechtskraft der Kündigung" einen Anspruch auf eine Abfindung habe, da dieser Begriff weitergehender ist als das „Verstreichenlassen der Klagefrist". Der verwendete Begriff der Rechtskraft kann nicht nur bei Verstreichenlassen der Klagefrist mit der Folge des § 7 KSchG eintreten, sondern auch dann, wenn zunächst Klage erhoben wurde, diese aber zurückgenommen wird oder wenn das Kündigungsschutzverfahren bis zu dessen rechtskräftiger Entscheidung durchgeführt wird.[17]

Die Entstehung des Abfindungsanspruchs setzt nicht voraus, dass der Arbeitgeber in seinem Hinweis einen **Abfindungsbetrag** nennt.[18] Die Höhe der entstandenen Abfindung ergibt sich unmittelbar aus dem Gesetz (Abs 2). Schwierigkeiten entstehen, wenn der Arbeitgeber in das Kündigungsschreiben einen Abfindungsbetrag aufnimmt, der geringer oder höher ist als der nach § 1a Abs 2 KSchG errechnete, weil er zum Beispiel Ruhenszeiten (Elternzeit) nicht berücksichtigt oder von einem fehlerhaften Monatsverdienst ausgeht. Diese Fälle können nur im Wege der Auslegung gelöst werden.[19] Ergibt sich aus dem Kündigungsschreiben eindeutig, dass der Arbeitgeber ein Abfindungsangebot auf der Grundlage des § 1a KSchG unterbreiten wollte, schuldet er auch die nach § 1a Abs 2 KSchG richtig zu berechnende Abfindung. Eine solche Auslegung ist immer dann möglich, wenn der Arbeitgeber im Kündigungsschreiben auf § 1a KSchG Bezug nimmt oder sich die Bezugnahme aus anderen Unterlagen ergibt, so bspw der Betriebsratsanhörung, in der der Arbeitgeber dem Betriebsrat mitteilt, dass er dem Arbeitnehmer ein Abfindungsangebot nach § 1a KSchG unterbreiten möchte.

Ist im Kündigungsschreiben ein zu hoher Abfindungsbetrag benannt, sollte der Arbeitnehmer die Klagefrist nicht nur verstreichen lassen, sondern ausdrücklich das im Kündigungsschreiben enthaltene Abfindungsangebot annehmen. Damit ist nicht nur ein gesetzlicher, sondern auch ein vertraglicher Anspruch entstanden. Der Arbeitgeber ist dann mit der Einwendung ausgeschlossen, dass es sich bei der Ermittlung der Abfindungshöhe geirrt habe und nur eine nach § 1a Abs 2 KSchG zu errechnende (geringere) Abfindung geschuldet sei.

Ist die im Kündigungsschreiben genannte Abfindung niedriger, entsteht ein vertraglicher Anspruch auf die (nur) geringere Abfindung. Dies gilt jedoch nur dann, wenn erkennbar ist, dass der Arbeitgeber ein vertragliches Angebot mit einer von § 1a abweichenden Abfindungssumme unterbreiten möchte. Hiervon soll dann auszugehen sein, wenn der Arbeitgeber formuliert: „wir bieten an".[20] Auch der Hinweis des Arbeitgebers, er biete eine Abfindung „entsprechend § 1a KSchG" an, führt nicht zwingend zur Anwendung des § 1a KSchG, da „entsprechend" gerade keine vollständige

---

17 LAG Hamm 7.6.2005 – 12 Sa 2165/04.
18 BAG 13.12.2007 – 2 AZR 807/06.
19 LAG Baden-Württemberg 26.6.2006 – 4 Sa 24/06.
20 BAG 10.7.2008 – 2 AZR 209/07.

Gleichstellung bedeute.[21] Hierauf weist auch die Gesetzesbegründung hin.[22] Es wird klargestellt, dass die Arbeitsvertragsparteien auch nach geltendem Recht nicht gehindert seien, nach Ausspruch einer Kündigung des Arbeitgebers eine Vereinbarung zu treffen, nach welcher der Arbeitnehmer gegen Zahlung einer Abfindung auf die Erhebung einer Kündigungsschutzklage verzichtet.[23]

5. Schriftform der Kündigung, des Hinweises auf die Betriebsbedingtheit der Kündigung und des Hinweises auf den Abfindungsanspruch

6 Die Schriftform wird in § 1a KSchG nicht ausdrücklich erwähnt. Gleichwohl müssen **sowohl die Kündigung als auch der Hinweis auf die Betriebsbedingtheit und den Abfindungsanspruch schriftlich** erfolgen. Dies ergibt sich aus der Formulierung, dass der Hinweis „in der Kündigungserklärung" zu erfolgen hat. Diese unterliegt dem gesetzlichen Schriftformerfordernis nach §§ 623, 125 BGB. Zudem setzt das Verstreichenlassen der Klagefrist voraus, dass diese überhaupt in Gang gesetzt wurde. Der Lauf der Klagefrist beginnt erst mit Zugang der schriftlichen Kündigungserklärung (§ 4 Satz 1 KSchG). Auch in der Gesetzesbegründung[24] wird klargestellt, dass die Kündigung der Schriftform des § 623 BGB entsprechen und der Arbeitgeber beide Angaben – betriebsbedingter Kündigungsgrund und Hinweis auf den Abfindungsanspruch – schriftlich mitteilen muss. Dadurch werden irrtümliche Erklärungen vermieden.[25]

Erfolgt die Kündigung schriftlich, der **Hinweis** des Arbeitgebers **auf den betriebsbedingten Kündigungsgrund** oder **auf den Abfindungsanspruch** hingegen außerhalb der schriftlichen Kündigung lediglich **mündlich**, kann der gesetzliche Abfindungsanspruch nach § 1a KSchG nicht entstehen.[26] In Betracht kommt nur ein **vertraglicher Abfindungsanspruch**, wenn der Arbeitnehmer das Abfindungsangebot des Arbeitgebers nach allgemeinen rechtsgeschäftlichen Regeln annimmt (§§ 145 ff BGB). Dem kann aber § 623 BGB entgegenstehen, wenn die Einigung über die Abfindung in direktem Kontext steht zu der Beendigung des Arbeitsverhältnisses, da dann eine Vereinbarung in der Qualität eines Aufhebungsvertrages vorliegt, der hinsichtlich aller Regelungsbestandteile der Schriftform unterliegt.[27]

6. Verstreichenlassen der Klagefrist durch den Arbeitnehmer

7 Der gesetzliche Abfindungsanspruch setzt voraus, dass der Arbeitnehmer die Klagefrist des § 4 Satz 1 KSchG verstreichen lässt, er also keine fristgerechte Kündigungsschutzklage erhebt. Auch eine verspätete (Kündigungs-

---

21 BAG 13.12.2007 – 2 AZR 663/06.
22 BT-Drucks 15/1204 S 12.
23 So auch LAG Baden-Württemberg 26.6.2006 – 4 Sa 24/06.
24 BT-Drucks 15/1204 S 12.
25 So ausdrücklich die Gesetzesbegründung, BT-Drucks 15/1204 S 12; das Schriftformerfordernis für die Hinweise des Arbeitgebers hat also auch eine Warnfunktion.
26 Willemsen/Annuß NJW 2004, 177; Giesen/Besgen NJW 2004, 185.
27 KR/Spilger § 623 BGB Rn 153.

schutz-)Klage lässt den Anspruch nicht entstehen.[28] Dies gilt unabhängig davon, ob die Klage mit einem Antrag auf nachträgliche Zulassung verbunden ist. Das LAG Mecklenburg-Vorpommern[29] ist anderer Ansicht und stellt dar, dass die Auffassung, wonach jede Klageerhebung im Zusammenhang mit einer Kündigung abfindungsschädlich sei, sich zu weit vom Gesetzeswortlaut entfernt.

Eine Klage auf Einhaltung der Kündigungsfrist ist unschädlich, da hierdurch nicht die Rechtsunwirksamkeit der Kündigung geltend gemacht wird.[30] Das Verstreichenlassen der Klagefrist ist – anders als der Hinweis des Arbeitgebers zu Kündigungsgrund und Abfindungsanspruch[31] – **keine rechtsgeschäftliche Erklärung des Arbeitnehmers**, dh keine stillschweigende Annahme iSd §§ 145 ff BGB. Vielmehr handelt es sich um einen **Realakt**,[32] da die Rechtsfolge – Entstehung des gesetzlichen Abfindungsanspruchs – nach dem Wortlaut der Norm kraft Gesetzes eintritt. Sie ist nur davon abhängig, dass der Arbeitnehmer untätig bleibt und keine Kündigungsschutzklage erhebt. Aus welchen Gründen dies unterbleibt, ist unerheblich.[33] Insbesondere ist keine Willensentschließung des Arbeitnehmers erforderlich. Die für Rechtsgeschäfte geltenden Vorschriften sind auf das Verstreichenlassen der Klagefrist als Realakt daher nicht anwendbar.[34]

Im Fall der **Klagerücknahme** ist die Abfindungsoption verbraucht. Erhebt der Arbeitnehmer zunächst innerhalb der Frist des § 4 Satz 1 KSchG Kündigungsschutzklage, nimmt diese aber vor oder nach Ablauf der Klagefrist wieder zurück, entsteht der gesetzliche Abfindungsanspruch nach § 1a KSchG nicht. Der Arbeitnehmer hat in diesen Fällen die Klagefrist gerade nicht verstreichen lassen. Dies ist nach dem Wortlaut der Norm aber zwingende Voraussetzung des gesetzlichen Abfindungsanspruchs. Auch eine entsprechende Anwendung des § 1a KSchG kommt nicht in Betracht.[35] Es fehlt an einer planwidrigen Regelungslücke. Das Gesetz bezweckt die außergerichtliche Streitbeilegung und die Entlastung der Arbeitsgerichtsbarkeit. Dieser Intention widerspräche es, im Fall der Klagerücknahme, unabhängig ob vor oder nach Ablauf der Klagefrist, die Norm analog anzuwenden.

7. Zeitpunkt der Entstehung des gesetzlichen Abfindungsanspruchs

Nach der ausdrücklichen Regelung in § 1a Abs 1 Satz 1 KSchG entsteht der gesetzliche Abfindungsanspruch **mit dem Ablauf der Kündigungsfrist**.[36] Voraussetzung für die Entstehung des Anspruchs ist also, dass das Arbeits-

---

28 BAG 20.8.2009 – 2 AZR 267/08.
29 LAG Mecklenburg-Vorpommern 18.1.2011 – 5 Sa 239/10.
30 KR/Spilger § 1a KSchG Rn 63.
31 Vgl Rn 8 ff.
32 Zum Realakt vgl Palandt/Heinrichs, Überbl vor § 104 Rn 9.
33 Vgl Grobys DB 2003, 2174: Verhinderung an der Klageerhebung durch höhere Gewalt, zB einen Unfall; davon abweichend messen Löwisch NZA 2003, 689, 684 und wohl auch Thüsing BB 2003, 1673, 1677 dem Verstreichenlassen der Klagefrist rechtsgeschäftlichen Charakter zu.
34 Vgl Palandt/Heinrichs, Überbl vor § 104 Rn 10.
35 BAG 13.12.2007 – 2 AZR 971/06; Sächsisches LAG 20.2.2008 – 5 Sa 360/07.
36 BAG 10.5.2007 – 2 AZR 45/06.

verhältnis im Zeitpunkt des Kündigungstermins noch besteht. Ist es zuvor aus anderen Gründen beendet worden, kann der gesetzliche Abfindungsanspruch nicht mehr entstehen.[37] Als vorzeitige, die Entstehung des gesetzlichen Abfindungsanspruchs hindernde Beendigungstatbestände kommen insbesondere in Betracht:

- wirksame Anfechtung der zum Abschluss des Arbeitsvertrages führenden Willenserklärung (§§ 119, 123 BGB)
- wirksame außerordentliche, fristlose Kündigung (§ 626 BGB)
- Tod des Arbeitnehmers (§ 613 BGB).[38]

Anders als bei der Begründung eines Abfindungsanspruchs durch Aufhebungsvertrag oder gerichtlichen Vergleich, fehlt es bei dem Anspruch aus § 1a KSchG regelmäßig an einem zu Tage getretenen Parteiwillen, der Grundlage für eine Auslegung sein könnte. Ohne eine ergänzende Vereinbarung der Arbeitsvertragsparteien oder zumindest eine entsprechende Zusage des Arbeitgebers im Kündigungsschreiben kann daher nicht angenommen werden, dass der Abfindungsanspruch nach § 1a KSchG auch dann entsteht, wenn der begünstigte Arbeitnehmer vor Ablauf der Kündigungsfrist verstirbt. Schuldrechtliche Ansprüche entstehen hingegen mit Abschluss des Rechtsgeschäfts, durch das die Rechtsbeziehungen der Vertragschließenden geregelt wird.[39] Ein durch Vereinbarung zustande gekommener Abfindungsanspruch wird deshalb nicht hinfällig, wenn der Arbeitnehmer den Auflösungstermin nicht erlebt.[40]

Wegen dieser grundsätzlich unterschiedlichen Rechtslage beim Tod des Arbeitnehmers ist der Arbeitnehmer gut beraten, den Anspruch nach § 1a KSchG nicht nur dadurch herzustellen, dass er die Klagefrist des § 4 KSchG verstreichen lässt. Er sollte darüber hinaus noch eine vertragliche Abrede mit dem Arbeitgeber schließen.

Fällig wird der Abfindungsanspruch mit seiner Entstehung, also mit Ablauf der Kündigungsfrist. Das ist der folgende Tag. Bsp.: Ende Kündigungsfrist – 30.6., Fälligkeit – 1.7. Eine abweichende Fälligkeitsvereinbarung ist zulässig sobald der Anspruch entstanden ist.[41]

III. Höhe des Abfindungsanspruchs
1. Gesetzliche Regelung in Abs 2

9 **a) Schematisierte Berechnungsformel.** Nach § 1a Abs 2 KSchG beträgt die Höhe der Abfindung **0,5 Monatsverdienste für jedes Jahr des Bestehens des Arbeitsverhältnisses.** Im Gegensatz zur gerichtlichen Auflösung nach §§ 9, 10 KSchG, bei der das Arbeitsgericht die im Einzelfall angemessene

---

37 So ausdrücklich auch die Gesetzesbegründung, BT-Drucks 15/1204 S 12; KR/Spilger § 1a KSchG Rn 86.
38 BAG 10.5.2007 – 2 AZR 45/06.
39 BAG 13.11.1986 – 2 AZR 771/85.
40 BAG 22.5.2003 – 2 AZR 250/02: „Über allen von Menschen abgeschlossenen Verträgen liegt bei der stets vom Tode bedrohten Existenz des Menschen ohnehin eine gewisse Unsicherheit über die Lebensdauer des Vertragspartners; da es ein Erbrecht gibt, hängt grundsätzlich der Fortbestand der Verträge nicht davon ab, wie lange der Vertragspartner lebt.".
41 KR/Spilger § 1a KSchG Rn 99.

Abfindung im Rahmen vorgegebener Höchstgrenzen (§ 10 Abs 1 und 2 KSchG) festsetzt,[42] hat der Gesetzgeber für die Berechnung des gesetzlichen Abfindungsanspruch nach § 1 a KSchG aus Gründen der Vereinfachung[43] bewusst eine starre Regelung gewählt.[44] Sie entspricht der in der arbeitsgerichtlichen Praxis häufig angewandten „**Faustformel**".[45] Die Abfindung ist der Höhe nach nicht begrenzt. § 1 a Abs 2 KSchG verweist nur auf § 10 Abs 3 KSchG und nicht auf § 10 Abs 1 und 2 KSchG, so dass die dort geregelten Höchstgrenzen je nach Alter und Dauer des Arbeitsverhältnisses für den Abfindungsanspruch nach § 1 a Abs 1 KSchG nicht zur Anwendung kommen.

b) Monatsverdienst. § 1 a Abs 2 Satz 2 KSchG verweist auf § 10 Abs 3 KSchG. Als Monatsverdienst gilt demnach, was dem Arbeitnehmer bei der für ihn maßgebenden regelmäßigen Arbeitszeit in dem Monat an Geld und Sachbezügen zusteht, in dem das Arbeitsverhältnis endet. Die sich in diesem Zusammenhang stellenden Fragen werden bei § 10 KSchG Rn 6 bis 10 erläutert.

c) Dauer des Arbeitsverhältnisses. Die zu § 10 KSchG Rn 12 bis 18 dargestellten Grundsätze gelten entsprechend. Maßgeblicher Zeitpunkt für die Ermittlung der Dauer des Arbeitsverhältnisses im Rahmen des § 1 a Abs 2 KSchG ist nicht der Zugang der Kündigungserklärung, sondern der Ablauf der Kündigungsfrist. Als Besonderheit des gesetzlichen Abfindungsanspruchs ist die **Aufrundungsregel** des § 1 a Abs 2 Satz 3 KSchG zu beachten. Danach ist – anders als bei § 10 KSchG – ein Zeitraum von mehr als sechs Monaten auf ein volles Jahr aufzurunden. Die ausschließlich an die Betriebszugehörigkeit anknüpfende Regelung benachteiligt nicht wegen des Alters nach § 7 Abs 1 AGG. Zwar begünstigt dieses Kriterium tendenziell ältere Arbeitnehmer. Dies ist aber auf Grund des rechtmäßigen Ziels, die Betriebstreue des Arbeitnehmers zu honorieren, sachlich gerechtfertigt.[46] Zeiten, in denen sich Arbeitnehmer in Elternzeit befinden, sind bei der Ermittlung der Dauer des Arbeitsverhältnisses zu berücksichtigen,[47] ebenso Zeiten, die ein Arbeitnehmer in einem Betrieb seines Arbeitgebers verbracht hat, der sich in einem anderen Mitgliedsstaat befindet.[48]

Beispiel:

Betriebszugehörigkeit	Abfindungsjahr
< 6 Monate	
> 6 Monate < 12 Monate	1
15 Monate	1
19 Monate	2

---

42 Vgl § 10 KSchG Rn 19 ff.
43 Zum Gesetzeszweck vgl Rn 1.
44 Die Gesetzesbegründung sprich ausdrücklich von einem „Standardverfahren", vgl BT-Drucks 15/1204 S 9.
45 Vgl § 10 KSchG Rn 23.
46 BAG 15.12.2011 – 2 AZR 42/10.
47 BAG 21.10.2003 – 1 AZR 407/02.
48 EuGH 10.3.2011 – RS.C – 379/09.

2. Abweichende Vereinbarungen über die Abfindungshöhe

12 Auch nach der Einführung der Abfindungsoption gem § 1 a KSchG bleibt die Möglichkeit, außergerichtlich oder durch gerichtlichen Vergleich von § 1 a Abs 2 KSchG abweichende Vereinbarungen zu treffen. In diesen Fällen entsteht ein vertraglicher Abfindungsanspruch im Gegensatz zu der Vorgehensweise nach § 1 a KSchG, der einen gesetzlichen Abfindungsanspruch mit der in § 1 a Abs 2 KSchG festgelegten Abfindungssumme gewährt.[49]

Dies ist Folge des standardisierten Verfahrens und von der Zulässigkeit abweichender Vereinbarungen zu unterscheiden. Hat der Arbeitgeber im Kündigungsschreiben oder in einer erst später mitgeteilten Berechnung[50] einen von der gesetzlichen Höhe abweichenden niedrigeren oder auch höheren Betrag genannt, kann der Arbeitnehmer die Abfindung gleichwohl (nur) in der nach Absatz 2 zu berechnenden gesetzlichen Höhe beanspruchen. Nach diesen Grundsätzen können die Fälle einer falschen Berechnung des Abfindungsbetrages durch den Arbeitgeber ohne weiteres gelöst werden.

Ob es sich **im Einzelfall** um das standardisierte gesetzliche Verfahren nach § 1 a KSchG mit der Folge der gesetzlich festgelegten Abfindungshöhe handelt oder um eine davon abweichende zulässige vertragliche Abfindungsregelung, ist im Zweifel **durch Auslegung nach § 133 BGB zu ermitteln**.[51] Dies hängt davon ab, wie der Arbeitgeber die Abfindungsoption im Kündigungsschreiben formuliert. Der Arbeitgeber muss klarstellen, wenn er ein von § 1 a KSchG unabhängiges vertragliches Angebot unterbreiten will.

Um das **standardisierte gesetzliche Verfahren nach § 1 a KSchG** handelt es sich – aufgrund Bezugnahme auf die gesetzliche Regelung bzw mangels entgegenstehender Anhaltspunkte – in folgenden **Beispielen:**

▶ Hiermit kündigen wir das mit Ihnen bestehende Arbeitsverhältnis betriebsbedingt zum 31.3.2006. Für den Fall, dass sie keine Kündigungsschutzklage erheben, haben Sie Anspruch auf eine Abfindung. Die Höhe der Abfindung berechnet sich gem § 1a KSchG und beträgt 0,5 Monatsverdienste für jedes Jahr des Bestehens des Arbeitsverhältnisses. ◀

▶ Hiermit kündigen wir das mit Ihnen bestehende Arbeitsverhältnis betriebsbedingt zum 31.3.2006. Für den Fall, dass sie keine Kündigungsschutzklage erheben, haben Sie Anspruch auf eine Abfindung. ◀

▶ Hiermit kündigen wir das mit Ihnen bestehende Arbeitsverhältnis betriebsbedingt zum 31.3.2006. Für den Fall, dass sie keine Kündigungsschutzklage erheben, haben Sie Anspruch auf eine Abfindung in Höhe von EUR 5.000,–.[52] ◀

---

49 BAG 16.12.2010 – 6 AZR 433/09.
50 Der Abfindungsbetrag muss im Kündigungsschreiben nicht mitgeteilt werden, vgl Rn 10.
51 BAG 13.12.2007 – 2 AZR 807/06; BAG 13.12.2007– 2 AZR 663/06.
52 Liegt der angebotene Abfindungsbetrag in diesem Beispielsfall allerdings ganz offensichtlich unter dem „Faktor 0,5" (zB im Fall einer Beschäftigungsdauer von 15 Jahren und einem Monatsbrutto iHv EUR 3000, –), dürfte die Auslegung ergeben, dass es sich um ein von § 1 a KSchG unabhängiges Abfindungsangebot handelt.

Ein **vertragliches Abfindungsangebot** liegt demgegenüber – aufgrund erkennbarer Abweichungen vom standardisierten gesetzlichen Verfahren nach § 1 a KSchG oder dessen Rechtsfolgen – in folgenden **Beispielen** vor:

▶ Hiermit kündigen wir das mit Ihnen bestehende Arbeitsverhältnis betriebsbedingt zum 31.3.2006. Für den Fall, dass sie keine Kündigungsschutzklage erheben, bieten wir Ihnen ohne Bindung an gesetzliche Berechnungsvorschriften eine Abfindung in Höhe von EUR 5.000, – an. ◀

▶ Hiermit kündigen wir das mit Ihnen bestehende Arbeitsverhältnis betriebsbedingt zum 31.3.2006. Für den Fall, dass sie keine Kündigungsschutzklage erheben, haben Sie Anspruch auf eine frei vereinbarte Abfindung in Höhe von EUR 5.000,–. ◀

▶ Hiermit kündigen wir das mit Ihnen bestehende Arbeitsverhältnis betriebsbedingt zum 31.3.2006. Für den Fall, dass sie keine Kündigungsschutzklage erheben, haben Sie Anspruch auf eine Abfindung in Höhe von 0,25 Monatsverdiensten für jedes Jahr des Bestehens des Arbeitsverhältnisses. ◀

Auch im letztgenannten Beispiel[53] ist wegen des von § 1 a Abs 2 Satz 1 KSchG abweichenden Faktors nach der hier vertretenen Auffassung für den Arbeitnehmer nach § 133 BGB erkennbar, dass der Arbeitgeber gerade nicht die gesetzliche Abfindungsoption anbietet, sondern ein vertragliches Angebot unterbreitet. Nimmt der Arbeitnehmer dieses ausdrücklich oder konkludent durch Verstreichenlassen der Klagefrist an, entsteht der vertragliche Abfindungsanspruch in der angebotenen, unter der gesetzlichen Regelung des § 1 a Abs 2 KSchG liegenden Höhe.[54] Das BAG[55] kam durch Auslegung zu dem Ergebnis, dass nachfolgende Formulierung keine Abweichung erkennen lasse und deshalb von § 1 a erfasst sei: „Es handelt sich um eine Kündigung nach § 1 Abs 2 Satz 1 KSchG. Wir weisen Sie darauf hin, dass Sie eine Abfindung beanspruchen können, wenn Sie innerhalb der dreiwöchigen Frist für die Erhebung einer Kündigungsschutzklage nach § 4 Satz 1 KSchG keine Klage erheben."

IV. Wegfall des entstandenen gesetzlichen Abfindungsanspruchs
1. Anfechtung nach §§ 119, 123 BGB

Der Hinweis des Arbeitgebers nach § 1 a Abs 1 KSchG hat rechtsgeschäftlichen Charakter.[56] Dies eröffnet **für den Arbeitgeber** die Möglichkeit der Anfechtung nach den allgemeinen Regeln (§§ 119, 123 BGB). Ein Irrtum des Arbeitgebers über die Entstehung des gesetzlichen Abfindungsanspruchs dem Grunde nach dürfte aber schon angesichts der inhaltlichen Anforderungen an den Hinweis[57] ausscheiden. Eine Anfechtung wegen Irrtums über die Höhe des Abfindungsanspruchs ist nicht möglich. Es handelt sich in diesem Fall um einen nach § 119 Abs 1 BGB unbeachtlichen **Rechtsfolgenirrtum**, da sich die Abfindungshöhe aus dem Gesetz ergibt.[58] Eine Anfechtung wegen arglistiger Täuschung nach § 123 BGB wird, da

---

53 Dieses ist dem dritten Beispielsfall von Grobys DB 2003, 2174, 2176 nachgebildet.
54 Grobys DB 2003, 2174, 2176.
55 BAG 13.12.2007 – 2 AZR 807/06.
56 Vgl Rn 9.
57 Vgl Rn 8 ff.
58 Vgl Rn 16 ff.

ein Irrtum des Arbeitgebers nicht vorliegen wird, ebenfalls nicht zur Beseitigung des Abfindungsangebots führen können. Schließlich ist eine Anfechtung nach § 123 BGB wegen widerrechtlicher Drohung durch den Arbeitnehmer zwar denkbar, praktisch aber ohne Bedeutung. **Für den Arbeitnehmer** sind die §§ 119, 123 BGB nicht anwendbar, da es sich bei dem Verstreichenlassen der Klagefrist nach der gesetzlichen Ausgestaltung des § 1 a KSchG nicht um eine rechtsgeschäftliche Erklärung, sondern um einen Realakt handelt.[59] Lediglich im Fall der vertraglichen Entstehung des Abfindungsanspruchs[60] finden die Anfechtungsvorschriften Anwendung. Eine wirksame Anfechtung führt aber nur zur Beseitigung des Abwicklungsvertrages und zum Wegfall des vertraglichen Abfindungsanspruchs. Die durch Verstreichenlassen der Klagefrist des § 4 Satz 1 KSchG eingetretene Rechtsfolge des § 7 KSchG bleibt auch durch eine wirksame Anfechtung unberührt. Der Arbeitnehmer ist insoweit auf einen Antrag auf nachträgliche Klagezulassung nach § 5 KSchG[61] zu verweisen. Jedenfalls dann, wenn der Arbeitnehmer durch eine widerrechtliche Drohung des Arbeitgebers iSv § 123 BGB dazu veranlasst worden ist, die Klagefrist verstreichen zu lassen, dürfte die Klage nachträglich zuzulassen sein.

2. Nachträgliche Klageerhebung

14 Ist der gesetzliche Abfindungsanspruch nach § 1 a KSchG wegen Verstreichenlassens der Klagefrist des § 4 KSchG zunächst entstanden, erhebt der Arbeitnehmer aber danach – verspätet – eine Kündigungsschutzklage verbunden mit einem Antrag auf nachträgliche Zulassung nach § 5 KSchG, entfällt der gesetzliche Abfindungsanspruch. Dieser Fall wird ausdrücklich durch § 1 a Abs 1 KSchG nicht geregelt, ergibt sich aber aus Sinn und Zweck die gesetzliche Regelung. Der Arbeitgeber wird sich im Falle der nachträglichen Zulassung der Kündigungsschutzklage mit der Frage der wirksamen rechtlichen Beendigung des Arbeitsverhältnisses auseinander zu setzen haben, obgleich nach § 1 a Abs 1 KSchG ja die angebotene Abfindung gerade diese Auseinandersetzung vermeiden wollte.[62] Der einmal erhobenen Klage, verbunden mit dem Antrag auf nachträgliche Zulassung, kann der Arbeitnehmer, um seinen Abfindungsanspruch zu erhalten, nicht durch eine Rücknahme der Klage begegnen. Die Rücknahme der Klage kann die Voraussetzungen des § 1 a Abs 1 Satz 1 KSchG nicht mehr erfüllen bzw ihr Nichtvorliegen bewirken.[63] Erhebt der Kläger hingegen nach Ablauf der Frist des § 4 KSchG Klage gegen die Kündigung, ohne die Klage mit einem Antrag auf nachträgliche Zulassung zu verbinden, entfällt der Abfindungsanspruch nicht, da es nicht zu einer Fiktion einer rechtzeitigen Klageerhebung kommen kann.[64]

---

59 Vgl Rn 7.
60 Vgl die unter Rn 5, 12, 14 dargestellten Fälle.
61 Einzelheiten vgl die Kommentierung zu § 5 KSchG.
62 BAG 20.8.2009 – 2 AZR 267/08.
63 BAG 20.8.2009 – 2 AZR 267/08; BAG 13.12.2007 – 2 AZR 971/06.
64 KR/Spilger § 1 KSchG Rn 76; LAG Mecklenburg-Vorpommern 18.1.2011 – 5 Sa 239/10.

Hat der Arbeitgeber die **Abfindung bereits geleistet**, gilt Folgendes: Die Regeln über den Rücktritt (§§ 346 ff BGB) sind mangels gesetzlicher Anordnung nicht anwendbar. Der Arbeitnehmer hat die Abfindung vielmehr nach § 812 Abs 1 Satz 2 Alt 1 BGB zurückzuerstatten, da der Rechtsgrund für die Leistung weggefallen ist.[65] Gegenüber dem Rückforderungsanspruch des Arbeitgebers kann sich der Arbeitnehmer auf den Wegfall der Bereicherung[66] (§ 818 Abs 3 BGB) berufen.

3. Kollektivregelungen

Die Betriebspartner sind berechtigt, in einem Sozialplan zu regeln, dass eine Abfindung nach § 1 a KSchG auf die Ansprüche aus einem Sozialplan anzurechnen sind. Die Betriebspartner haben bei der Aufstellung eines Sozialplanes einen weiten Spielraum für die Bestimmung des angemessenen Ausgleichs der mit der Betriebsänderung verbundenen Nachteile. Sie können grundsätzlich frei darüber entscheiden, ob, in welchem Umfang und in welcher Weise sie die mit einer Betriebsänderung einhergehenden wirtschaftlichen Nachteile ausgleichen oder mildern wollen. Da Abfindungsansprüche nach § 1 a KSchG auch dazu dienen, die mit dem Verlust des Arbeitsverhältnisses einhergehenden wirtschaftlichen Nachteile auszugleichen oder zu mildern, ist es zulässig, solche Ansprüche auf diejenigen aus einem Sozialplan anzurechnen.[67] Das gilt auch dann, wenn der Sozialplan zu einem Zeitpunkt vereinbart wird, nach dem die Frist des § 4 Satz 1 KSchG abgelaufen ist und deshalb der Abfindungsanspruch schon entstanden ist.

Dagegen sind die Betriebsparteien nicht berechtigt, **Sozialplanleistungen** vom Verzicht auf die Erhebung einer Kündigungsschutzklage abhängig zu machen.[68] Das BAG hat an seiner Rechtsauffassung auch nach Inkrafttreten des § 1 a KSchG festgehalten. Die Unwirksamkeit einer solchen Regelung folgt aus § 75 Abs 1 Satz 1 BetrVG, dem wiederum der allgemeine Gleichheitssatz des Art. 3 Abs 1 GG zu Grunde liegt. Auch wenn Sozialplanleistungen nicht vom Verzicht des Arbeitnehmers auf die Erhebung einer Kündigungsschutzklage abhängig gemacht werden dürfen, ist den Betriebspartnern nicht jegliche Regelung verboten, durch die im Falle einer Betriebsänderung für die Arbeitnehmer ein finanzieller Anreiz geschaffen werden soll, eine Kündigung zu akzeptieren. Jedenfalls dann, wenn die Betriebsparteien ihrer Pflicht zur Aufstellung eines Sozialplanes nachgekommen sind, können sie freiwillig eine kollektivrechtliche Regelung treffen, die im Interesse des Arbeitgebers an alsbaldiger Planungssicherheit finanzielle Leistungen für den Fall vorsieht, dass der Arbeitnehmer von der Möglichkeit der Erhebung einer Kündigungsschutzklage keinen Gebrauch macht. Das Verbot, Sozialplanabfindungen von einem entsprechenden Verzicht abhängig zu machen, darf dadurch aber nicht umgangen werden.[69] In einem **Tarifsozialplan** soll es hingegen zulässig sein, den Abfindungsan-

---

65 Vgl Grobys DB 2003, 2174, 2175.
66 Einzelheiten hierzu vgl zB Palandt/Thomas § 818 Rn 27 ff.
67 BAG 16.12.2010 – 6 AZR 433/09; BAG 19.6.2007 – 1 AZR 340/06 (zur Dienstvereinbarung).
68 BAG 31.5.2005 – 1 AZR 254/04; BAG 20.6.1985 – 2 AZR 427/08.
69 BAG 31.5.2005 – 1 AZR 254/04.

spruch in entsprechender Anwendung von § 1 a KSchG davon abhängig zu machen, dass der Arbeitnehmer die Klagefrist verstreichen lässt.[70] Der 4. Senat begründet dies damit, dass der Gleichbehandlungsgrundsatz nach § 75 Abs 1 BetrVG schon deshalb nicht eingreife, da der Arbeitgeber beim Abschluss eines Tarifsozialplanes nicht gestaltend wirke, sondern nur Normvollzug betreibe. Die Erwägungen des 1. Senats im Urteil vom 31. Mai 2005,[71] wonach nur freiwillige Leistungen des Arbeitgebers an einen solchen Klageverzicht gekoppelt werden könnten, seien im Rahmen eines Tarifsozialplanes nicht anzustellen, da ein Tarifvertrag rechtlich nicht erzwingbar sei und deshalb eine in einem Tarifvertrag vereinbarte Leistung des Arbeitgebers stets als freiwillig anzusehen sei. Die Tarifparteien seien dann nicht an einer sozialplanähnlichen Regelung gehindert, in der Abfindungsansprüche unter die Bedingung gestellt sind, dass eine betriebsbedingte Kündigung klaglos hingenommen wird, wenn ein Sozialplan bestünde, in dem eine solche Regelung nicht wirksam vorgenommen werden kann. Ein Tarifvertrag, der ohne Weiteres nur für die bei der tarifschließenden Gewerkschaft organisierten Mitarbeiter des Betriebs gilt, und ein für alle betroffenen Arbeitnehmer des Betriebs, unabhängig von ihrer Gewerkschaftszugehörigkeit, geltender Sozialplan sind prinzipiell nebeneinander möglich.

V. Der gesetzliche Abfindungsanspruch im Privatrecht

16 Es kann an dieser Stelle zunächst allgemein auf die Erläuterungen zu § 10 KSchG Rn 28 bis 37 verwiesen werden. Soweit für den gesetzlichen Abfindungsanspruch nach § 1 a KSchG Besonderheiten gelten oder klarstellende Anmerkungen erforderlich erscheinen, werden diese nachstehend behandelt.

- Fälligkeit: Der gesetzliche Abfindungsanspruch ist nach der Auslegungsregel des § 271 Abs 1 BGB mit seiner Entstehung fällig, also mit Ablauf der Kündigungsfrist.[72]
- Verzugszinsen: Der Ablauf der Kündigungsfrist ist eine kalendarische Zeitbestimmung iSd § 286 Abs 2 Nr 1 BGB. Der Arbeitnehmer kann deshalb ab dem ersten dem Ablauf der Kündigungsfrist folgenden Tag Verzugszinsen nach § 288 Abs 1 BGB verlangen.
- Verjährung: Der gesetzliche Abfindungsanspruch unterliegt ebenso wie außergerichtliche Abfindungsvereinbarungen oder Sozialplanabfindungsansprüche der regelmäßigen Verjährungsfrist von drei Jahren gem § 195 BGB.
- Ausschlussfristen: Tarifliche oder einzelvertragliche Ausschlussfristen finden auf den gesetzlichen Abfindungsanspruch nach der hier vertretenen Auffassung Anwendung.[73] Es besteht kein sachlicher Unterschied zum Nachteilsausgleich, zu Sozialplanansprüchen oder zu tariflichen Abfindungsansprüchen.[74]

---

70 BAG 6.12.2006 – 4 AZR 798/05.
71 BAG 31.5.2005 – 1 AZR 254/04.
72 Vgl Rn 8.
73 AA KR/Spilger § 1 a KSchG Rn 110.
74 Vgl ergänzend § 10 KSchG Rn 316.

- Vererblichkeit: Der mit Ablauf der Kündigungsfrist[75] entstandene gesetzliche Abfindungsanspruch ist vererblich. Stirbt der Arbeitnehmer hingegen nach Verstreichenlassen der Klagefrist, aber noch vor Ablauf der Kündigungsfrist, ist das Arbeitsverhältnis mit dem Tod des Arbeitnehmers beendet. Der gesetzliche Abfindungsanspruch konnte überhaupt nicht entstehen.[76]
- Pfändbarkeit: Die gesetzliche Abfindung ist als Arbeitseinkommen iSd § 850 ZPO pfändbar, soweit er nicht nach § 850 i ZPO unpfändbar ist.[77] Dies hat zur Folge, dass ein auf die Pfändung des Arbeitseinkommens gerichteter Pfändungs- und Überweisungsbeschluss die Abfindung nach § 1 a KSchG erfasst.
- Abtretbarkeit: Der entstandene gesetzliche Abfindungsanspruch ist nach § 398 BGB abtretbar, soweit er nicht nach § 850 i ZPO unpfändbar ist (§ 400 BGB). Möglich ist auch eine Vorausabtretung des vor Ablauf der Kündigungsfrist noch nicht entstandenen Anspruchs.
- Insolvenzverfahren: Mangels anderslautender gesetzlicher Regelung ist der vor Eröffnung des Insolvenzverfahrens entstandene gesetzliche Abfindungsanspruch in der Insolvenz eine nicht bevorrechtigte Insolvenzforderung nach §§ 38, 108 Abs 2 InsO.[78] Entsteht der gesetzliche Abfindungsanspruch nach § 1 a KSchG aber erst nach Eröffnung des Insolvenzverfahrens aufgrund einer Kündigung des Insolvenzverwalters, handelt es sich um eine Masseverbindlichkeit nach § 55 Abs 1 Nr 1 InsO.

VI. Sozialversicherungsrechtliche Folgen
1. Beiträge

Die Abfindung nach § 1 a KSchG ist eine Entschädigung für den Verlust des Arbeitsplatzes und kein Arbeitsentgelt iSv § 14 Abs 1 SGB IV. Es entsteht deshalb kein Anspruch auf den Gesamtsozialversicherungsbeitrag.

2. Ruhen des Anspruchs auf Arbeitslosengeld

Nach § 144 Abs 1 SGB III tritt eine Sperrzeit wegen Arbeitsaufgabe ein, wenn der Arbeitslose des Beschäftigungsverhältnis gelöst hat, ohne hierfür einen wichtigen Grund zu haben.[79] Nach einer Entscheidung vom 12.6.2006 hat das BSG noch nicht abschließend zu der Frage Stellung genommen, ob auch ein Verstreichenlassen der Klagefrist bei einer Kündigung nach § 1 a KSchG eine Sperrzeit auslöst.[80] Schon in dieser Entscheidung hat das BSG den Hinweis darauf gegeben, dass eine Prüfung der Rechtmäßigkeit der Arbeitgeberkündigung nach § 1 a KSchG entfallen soll, wenn die angebotene Abfindung die Höchstgrenze nach § 1 a Abs 2 KSchG nicht überschreitet. Dieser Gedanke wurde mit Urteil des BSG vom

---

75 Vgl Rn 8.
76 BAG 10.5.2007– 2 AZR 45/06.
77 Vgl ergänzend § 10 KSchG Rn 33 und Anhang: Zwangsvollstreckung/Einstweiliger Rechtsschutz Rn 31 ff.
78 LAG Schleswig-Holstein 12.1.2011 – 6 Sa 341/10.
79 Zur Problematik: BSG 17.10.2007 – B 11 a AL 51/06 R.
80 BSG 12.7.2006 – B 11 a AL 47/05 R.

2.5.2012[81] fortgeführt im Zusammenhang mit dem Abschluss eines Aufhebungsvertrages unter Abwendung einer drohenden betriebsbedingten Kündigung. Wenn die im Rahmen des Aufhebungsvertrages vereinbarte Abfindung sich im Rahmen des § 1 a Abs 2 KSchG bewegt und keine offenkundige Rechtswidrigkeit der beabsichtigten Kündigung vorliegt, liegt ein wichtiger Grund zur Beendigung des Arbeitsverhältnisses vor, der eine Sperrzeit ausschließt. Diese für den Abschluss eines Aufhebungsvertrages gefundene Erkenntnis ist auf eine Arbeitgeberkündigung nach § 1 a KSchG beschränkt zu übertragen.

---

81 BSG 2.5.2012 – B 11 AL 6/11 R.

§ 2 Änderungskündigung

¹Kündigt der Arbeitgeber das Arbeitsverhältnis und bietet er dem Arbeitnehmer im Zusammenhang mit der Kündigung die Fortsetzung des Arbeitsverhältnisses zu geänderten Arbeitsbedingungen an, so kann der Arbeitnehmer dieses Angebot unter dem Vorbehalt annehmen, daß die Änderung der Arbeitsbedingungen nicht sozial ungerechtfertigt ist (§ 1 Abs. 2 Satz 1 bis 3, Abs. 3 Satz 1 und 2). ²Diesen Vorbehalt muß der Arbeitnehmer dem Arbeitgeber innerhalb der Kündigungsfrist, spätestens jedoch innerhalb von drei Wochen nach Zugang der Kündigung erklären.

I. Grundsätze	1
II. Begriff der Änderungskündigung	5
1. Allgemeines	5
2. Kündigung	7
3. Änderungsangebot	8
III. Änderung der Arbeitsbedingungen ohne Änderungskündigung	12
1. Änderungsvertrag	12
2. Direktionsrecht	14
a) Begriff	14
b) Verhältnis zur Änderungskündigung	15
c) Inhalt und Grenzen	16
d) Beispiele	19
3. Vorbehaltene Leistungsbestimmungsrechte	20
a) Allgemeines	20
b) Rechtsgrundlagen und Grenzen	21
4. Teilkündigung	25
5. Befristung einzelner Arbeitsbedingungen	26
6. Betriebsvereinbarung	27
IV. Änderungskündigung und Reaktionsmöglichkeiten des Arbeitnehmers	28
1. Allgemeines	28
2. Vorbehaltlose Annahme des Änderungsangebots	29
3. Vorbehaltlose Ablehnung des Änderungsangebots	30
4. Annahme unter Vorbehalt	31
a) Bedeutung des Vorbehalts	31
b) Rechtsnatur des Vorbehalts	32
c) Form und Adressat des Vorbehalts	33
d) Frist zur Erklärung des Vorbehalts	35
e) Rechtsfolge der Annahme unter Vorbehalt	36
V. Soziale Rechtfertigung der Änderungskündigung	38
1. Prüfungsmaßstab	38
a) Allgemeines	38
b) Zweistufige Prüfung	39
2. Verhältnismäßigkeitsgrundsatz	41
3. Kündigungsgründe	42
a) Dringende betriebliche Gründe	43
aa) Betriebsbedingtheit	43
bb) Beispiele. Arbeitszeit	45
cc) Soziale Auswahl	49
b) Personenbedingte Gründe	53
c) Verhaltensbedingte Gründe	54
4. Widerspruch des Betriebsrats	55
VI. Verfahren nach Annahme des Angebots unter Vorbehalt	56
1. Änderungsschutzklage	56
a) Streitgegenstand	56
b) Klagefrist	58
c) Darlegungs- und Beweislast	61
2. Beschäftigung während des Verfahrens	63
3. Streit über die Rechtzeitigkeit des Vorbehalts	65
4. Rücknahme der Änderungskündigung	66
5. Auflösung des Arbeitsverhältnisses nach § 9 KSchG	67
6. Urteilsfolgen	68
7. Streitwert	69
VII. Verfahren nach Ablehnung des Änderungsangebots	70
VIII. Beteiligung des Betriebsrats	71
1. Anhörung nach § 102 BetrVG	71
2. Zustimmung nach § 99 Abs 1 BetrVG	73
3. Mitbestimmung nach § 87 Abs 1 BetrVG	77

IX. Unwirksamkeit der Änderungskündigung aus sonstigen Gründen 78	2. Entsprechende Anwendung des Rechts der ordentlichen Änderungskündigung 82
1. Allgemeine Anforderungen 78	3. Prüfungsmaßstab 84
2. Sonderkündigungsschutz 80	
X. Besonderheiten der außerordentlichen Änderungskündigung 81	
1. Allgemeines 81	

I. Grundsätze

1 **Vertraglich vorbehaltlos vereinbarte Arbeitsbedingungen** sind sowohl für den Arbeitgeber als auch den Arbeitnehmer **bindend**. Will der Arbeitgeber eine **einseitige Änderung** einzelner Vertragsbestandteile erreichen, muss er eine Änderungskündigung aussprechen. Findet das KSchG Anwendung, so bedarf die **ordentliche Änderungskündigung** nach dessen § 2 zu ihrer Wirksamkeit der sozialen Rechtfertigung. § 2 KSchG **bezweckt** damit nach allgemeiner Ansicht den **Schutz des Vertragsinhalts**,[1] während § 1 KSchG dem **Schutz des Bestands des Arbeitsverhältnisses** dient. Mit Oetker ist richtigerweise der Zweck des § 2 allein darin zu sehen, dass der Gesetzgeber dem Arbeitnehmer ein Instrument zur Verfügung stellt, die angebotenen Ersatzbedingungen zu überprüfen zu lassen.[2] Denn der Inhaltsschutz besteht bei Verträgen darin, diese zu halten und das Vereinbarte zu erfüllen.

2 Die praktische Bedeutung der Änderungskündigung besteht nicht nur darin, den Vertragsinhalt einseitig anzupassen. Vielmehr beansprucht das Instrument der Änderungskündigung auch dort Geltung, wo der Arbeitgeber das Arbeitsverhältnis an sich beenden will, nach dem sich aus dem **Grundsatz der Verhältnismäßigkeit** abgeleiteten Prinzips des **Vorrangs der Änderungskündigung** aber gehalten ist, den Arbeitnehmer zu geänderten Arbeitsbedingungen weiter zu beschäftigen.[3] Von daher muss der Arbeitgeber **vor der Beendigungskündigung** von sich aus prüfen, ob eine **anderweitige Tätigkeit** in dem Beschäftigungsbetrieb des Arbeitnehmers oder in einem anderen Betrieb des Unternehmers möglich ist. Nach der bisherigen Auffassung des BAG vom 27.9.1984[4] musste der Arbeitgeber bei Wegfall des bisherigen Arbeitsplatzes vor jeder Beendigungskündigung dem Arbeitnehmer eine zumutbare Beschäftigung auf einem freien Arbeitsplatz auch zu geänderten Bedingungen anbieten. Dabei hatte der Arbeitgeber deutlich zu machen, dass bei Nichtannahme des Angebots eine Beendigungskündigung

---

1 BAG 23.6.2005 – 2 AZR 642/04 – AP KSchG 1969 § 2 Nr 81; BAG 19.5.1993 – 2 AZR 584/92 – AP KSchG 1969 § 2 Nr 31; BAG 7.6.1973 – 2 AZR 450/72 – AP BGB § 626 Änderungskündigung Nr 1; APS/Künzl § 2 KSchG Künzl; DFL/Kaiser § 2 KSchG Rn 2; Dornbusch/Wolff-Kappenhagen/Hess § 2 KSchG Rn 3 „vorrangig"; HK/KSchG-Weller/Hauck § 2 Rn 2; KR/Rost/Kreft § 2 KSchG Rn 7; aA ErfK/Oetker § 2 KSchG Rn 3, der den Zweck in der gerichtlichen Überprüfbarkeit des Inhaltseingriffs sieht.
2 ErfK/Oetker § 2 Rn 2; s auch Hromadka NZA 1996, 1, 3.
3 BAG 27.9.1984 – 2 AZR 62/83 – AP KSchG 1969 § 2 Nr 8; KDZ/Zwanziger § 2 KSchG Rn 5; Thüsing/Laux/Lembke-Rachor § 2 KSchG Rn 3.
4 2 AZR 62/83 – AP KSchG 1969 § 2 Nr 8.

droht. Das BAG[5] verlangte vom Arbeitgeber, dass er dem Arbeitnehmer entsprechend § 102 Abs 2 Satz 1 BetrVG eine **Überlegungsfrist** von einer Woche einräumt. Hierauf konnte der Arbeitnehmer derart reagieren, dass er das Änderungsangebot annimmt mit der Folge der einvernehmlichen Vertragsänderung. Lehnte es der Arbeitnehmer ab, konnte der Arbeitgeber eine Beendigungskündigung aussprechen. Nahm es der Arbeitnehmer entsprechend § 2 KSchG vorbehaltlich an, war der Weg für eine Änderungskündigung frei. Entsprach das Verhalten des Arbeitgebers nicht der vorstehenden Vorgehensweise, war die Kündigung des Arbeitgebers sozial ungerechtfertigt, wenn der Arbeitnehmer einem Änderungsvorschlag des Arbeitgebers zumindest vorbehaltlich zugestimmt hätte. Die Beantwortung dieser hypothetischen Frage unterfiel der tatrichterlichen Würdigung, wobei es Sache des Arbeitgebers war, Umstände aufzuzeigen, aus denen sich ergab, dass der Arbeitnehmer ein vorgehendes Änderungsangebot nicht angenommen hätte.[6] Schwieg der Arbeitnehmer innerhalb der Überlegungsfrist von einer Woche, musste der Arbeitgeber zur Realisierung seiner Änderungsziele eine Änderungskündigung aussprechen.[7] Im Hinblick auf die analog § 102 Abs 2 Satz 1 BetrVG anzuwendende einwöchige Überlegungsfrist galt gleichwohl des Schweigen des Arbeitnehmers nicht als Zustimmung.[8] Es gab allerdings nicht den Rechtssatz, es müsse der Änderungskündigung ein Änderungsangebot vorausgehen (Verhandlungslösung stets vor Änderungskündigung).[9] Nach den **Entscheidungen des BAG vom 21.4.2005**[10] gelten nunmehr folgende, die frühere Rechtsprechung des BAG[11] einschränkende Grundsätze im Verhältnis der beiden Kündigungsarten Beendigungs- und Änderungskündigung zueinander:

Eine **ordentliche Beendigungskündigung** ist nach dem Grundsatz der Verhältnismäßigkeit ausgeschlossen, wenn die Möglichkeit besteht, den Arbeitnehmer auf einem anderen freien Arbeitsplatz auch zu geänderten Arbeitsbedingungen weiter zu beschäftigen. Eine solche Weiterbeschäftigung hat der Arbeitgeber dem Arbeitnehmer anzubieten. Das Angebot kann lediglich in Extremfällen (zB offensichtlich völlig unterwertige Beschäftigung; Beispiel des BAG: Angebot einer Pförtnerstelle an den bisherigen Personalchef) unterbleiben. Der Arbeitgeber kann Angebot und Kündigung miteinander verbinden, indem er ohne vorherige Verhandlungen mit dem Arbeitnehmer sofort eine Änderungskündigung ausspricht. Macht der Arbeitgeber vor Ausspruch einer Kündigung dem Arbeitnehmer das Angebot, den Vertrag der bestehenden Weiterbeschäftigungsmöglichkeit anzupassen, und lehnt der Arbeitnehmer dieses Angebot ab, so ist der Arbeitgeber re-

---

5 2 AZR 62/83 – AP KSchG 1969 § 2 Nr 8.
6 HK/KSchG-Weller/Hauck § 2 KSchG Rn 25.
7 KDZ/Zwanziger § 2 KSchG Rn 5.
8 KR/Rost/Kreft § 2 KSchG Rn 18 d.
9 So wohl KDZ/Zwanziger § 2 KSchG Rn 5; aA APS/Künzl § 2 KSchG Rn 37; ErfK/Oetker § 2 KSchG Rn 3; HK/KSchG-Weller/Hauck § 2 Rn 26; vHH/L/Linck § 2 Rn 78; KR/Rost/Kreft § 2 KSchG Rn 18 f.
10 2 AZR 132/04 – AP KSchG 1969 § 2 Nr 79; vgl auch BAG 21.4.2005 – 2 AZR 244/04 § 2 AP KSchG 1969 § 2 Nr 80; vgl auch BAG 21.9.2006 – 2 AZR 607/05 – AP KSchG 1969 § 2 Nr 130.
11 BAG 27.9.1984 – 2 AZR 62/83 – AP KSchG 1969 § 2 Nr 8; vgl auch KR/Rost/Kreft § 2 KSchG Rn 18 f.

gelmäßig nach dem Verhältnismäßigkeitsgrundsatz verpflichtet, trotzdem eine Änderungskündigung auszusprechen. Eine Beendigungskündigung ist nur dann zulässig, wenn der Arbeitnehmer **unmissverständlich** zum Ausdruck gebracht hat, er werde die geänderten Arbeitsbedingungen im Fall des Ausspruchs einer Änderungskündigung nicht, auch nicht unter dem Vorbehalt ihrer sozialen Rechtfertigung annehmen. Spricht der Arbeitgeber ohne vorheriges oder gleichzeitiges Angebot der geänderten Arbeitsbedingungen sofort eine Beendigungskündigung aus, so ist diese Kündigung regelmäßig sozialwidrig. Das BAG hat insoweit ausgeführt, es unterliege Bedenken, in derartigen Fällen fiktiv zu prüfen, ob der Arbeitnehmer die geänderten Arbeitsbedingungen bei einem entsprechenden Angebot vor oder mit Ausspruch der Kündigung zumindest unter dem Vorbehalt angenommen hätte.[12] Daraus folgt, dass der Arbeitgeber vor Ausspruch der Kündigung nicht verpflichtet ist, eine einvernehmliche Lösung mit dem Arbeitnehmer anzustreben; er kann, muss aber einen solchen Weg nicht gehen. Sofern der Arbeitgeber eine **Konsenslösung** mit dem Arbeitnehmer versucht, ist die Einhaltung einer einwöchigen Überlegungsfrist nicht erforderlich. Für die Konsenslösung gelten die §§ 145 ff BGB. Danach ist ein unter Anwesenden unterbreiteter Antrag (Angebot) nur sofort, der unter Abwesenden unterbreitete Antrag nur bis zu dem Zeitpunkt annehmbar, in dem der Antragende den Eingang der Antwort unter regelmäßigen Umständen erwarten darf. Etwas anderes gilt dann, wenn der Antragende eine Frist für die Annahme des Antrags bestimmt hat. Des Weiteren gilt, dass der Arbeitgeber nur dann sofort eine Beendigungskündigung aussprechen darf, wenn der Arbeitnehmer **vorbehaltlos und endgültig** das Änderungsangebot abgelehnt hat. In diesem Fall wäre der Tatbestand des widersprüchlichen Verhaltens erfüllt, würde der Arbeitnehmer später auf den Ausspruch einer Änderungskündigung abstellen. Damit kommt es auch nicht auf eine hypothetische Bereitschaft des Arbeitnehmers an. Entscheidend alleine ist, ob eine geeignete Weiterbeschäftigungsmöglichkeit objektiv vorhanden war und sich der Arbeitnehmer im Kündigungsschutzverfahren hierauf widerspruchsfrei berufen hat.[13] Allerdings genügt die bloße Ablehnung des Angebots des Arbeitgebers nicht. Es ist nämlich nicht ausgeschlossen, dass der Arbeitnehmer nach Feststellung der Wirksamkeit der Änderungskündigung bereit ist, zu geänderten Bedingungen weiter zu arbeiten. Der Arbeitgeber ist für die vorbehaltlose und endgültige Ablehnung des Angebots darlegungs- und beweisbelastet. Ferner gilt im Grundsatz (Ausnahme Extremfall, was auch immer das im Einzelfall sein mag), dass der Arbeitnehmer selbst zu entscheiden hat, ob er eine Weiterbeschäftigung zu schlechteren Bedingungen für zumutbar hält oder nicht. Der Arbeitgeber hat also auch ein Teilzeitangebot zu unterbreiten, auch wenn er selbst dessen Existenz sichernde Wirkung verneint. Im Hinblick auf die vom BAG nunmehr vorgenommene Präzisierung des Verhältnismäßigkeitsgrundsatzes für die Änderungskündigung, soweit es um die Frage des Änderungsangebots geht, ist es insbesondere für den Arbeitgeber eines Unternehmens mit mehreren Betrieben unumgänglich die anderweitige Beschäftigungssituation sehr sorg-

---

12 21.4.2005 – 2 AZR 132/04 – AP KSchG 1969 § 2 Nr 79.
13 KR/Rost/Kreft § 2 KSchG Rn 19; Hillebrecht ZfA 1991, 87, 114.

fältig zu überprüfen. Insofern kommt nun auch dem vertrauensvollen Miteinander der Betriebsparteien wegen der Widerspruchsgründe nach § 102 Abs 3 Nr 3-5 BetrVG eine gesteigerte Bedeutung zu. Die Rechtsprechung des BAG ist insoweit zu kritisieren, als sie die Anforderungen an die Intensität der Ablehnungsbekundung durch den Arbeitnehmer überdehnt.[14] Das entspricht nicht den rechtsgeschäftlichen Grundsätzen von Antrag und Annahme nach §§ 145 ff BGB, die dem Szenario zu Grunde liegen. Lehnt der Arbeitnehmer ein Änderungsangebot des Arbeitgebers ab und unterbreitet seinerseits ein Gegenangebot, dann bringt er damit zum Ausdruck, das Angebot des Arbeitgebers nicht gerichtlich iSd § 2 KSchG überprüfen lassen zu wollen.[15] Bereits das Unterbreiten eines Gegenangebots ohne ausdrückliche Ablehnung des Angebots genügt, um die Ablehnung zu begründen (vgl § 150 Abs 2 BGB). Eine Differenzierung in „einfache[16] und qualifizierte Ablehnung" ist dogmatisch nicht begründbar und wirkt auch gekünstelt. Gleichwohl ist der Praxis im Falle der Ablehnung des Angebots durch den Arbeitnehmer anzuraten, eine ausdrückliche Erklärung vom Arbeitnehmer zu verlangen, das Angebot auch nicht unter Vorbehalt annehmen zu wollen.[17]

Spricht der Arbeitgeber eine Änderungskündigung aus, hat der Arbeitnehmer **drei Möglichkeiten** zu reagieren. Die **vorbehaltlose Annahme des Änderungsangebots** führt zu der vom Arbeitgeber nach Ablauf der Kündigungsfrist bezweckten Vertragsänderung.[18] Der Arbeitnehmer kann das Änderungsangebot aber auch unter dem **Vorbehalt annehmen**, dass die Änderung der Arbeitsbedingungen nicht sozial ungerechtfertigt ist.[19] Er kann jedoch auch das **Änderungsangebot** des Arbeitgebers von vornherein **ablehnen**. Die Kündigung führt dann nach Ablauf der Kündigungsfrist zur Beendigung des Arbeitsverhältnisses.[20]

§ 2 KSchG betrifft die **ordentliche Änderungskündigung**. Jedoch kann der Arbeitgeber auch eine **außerordentliche Änderungskündigung** aussprechen.[21] Wegen der Besonderheiten der außerordentlichen Änderungskündigung wird auf die Erläuterungen unter Rn 81 ff verwiesen.

II. Begriff der Änderungskündigung
1. Allgemeines

Nach der **Legaldefinition** des § 2 Satz 1 KSchG liegt eine Änderungskündigung vor, wenn der Arbeitgeber das **Arbeitsverhältnis kündigt** und dem Arbeitnehmer **im Zusammenhang mit der Kündigung die Fortsetzung des Arbeitsverhältnisses zu geänderten Arbeitsbedingungen anbietet**. Die Ände-

---

14 vHH/L/Linck § 2 Rn 82.
15 Annuß/Bartz NJW 2006, 2153, 2154; Bauer/Winzer BB 2006, 266, 268; vHH/L/Linck § 2 KSchG Rn 82.
16 Vgl KR/Rost/Kreft § 2 KSchG Rn 18 f.
17 Annuß/Bartz NJW 2006, 2153, 2154; Edenfeld RdA 2006, 177, 180; vHH/L/Linck § 2 KSchG Rn 82.
18 S Rn 29.
19 S Rn 31.
20 S Rn 30.
21 BAG 2.3.2006 – 2 AZR 64/05 – AP KSchG 1969 § 2 Nr 84; ErfK/Oetker § 2 KSchG Rn 8; KR/Rost/Kreft § 2 KSchG Rn 30.

rungskündigung besteht somit aus zwei **Willenserklärungen**. Sie enthält einmal eine Kündigungserklärung und zum anderen eine Angebotserklärung.[22] Von daher ist die Änderungskündigung ein **zweiaktiges Rechtsgeschäft**. Eine Änderungskündigung könnte wie folgt formuliert werden:

▶ Hiermit kündigen wir das mit Ihnen bestehende Arbeitsverhältnis fristgerecht zum XYZ (Datum). Gleichzeitig bieten wir Ihnen an, das Arbeitsverhältnis ab dem XYZ-1 (Datum nach Kündigungsfristablauf) zu folgenden Bedingungen fortzusetzen: ... ◀

6 § 2 KSchG bezieht sich nach seinem eindeutigen Wortlaut nur auf die Kündigung des Arbeitsverhältnisses durch den Arbeitgeber (vgl ebenso § 1 KSchG). Jedoch steht es auch dem Arbeitnehmer frei, eine Änderungskündigung auszusprechen. So ist zB denkbar aber praxisfremd, dass ein vollzeitbeschäftigter Arbeitnehmer eine ordentliche Änderungskündigung mit dem Ziel einer Teilzeitbeschäftigung anstrebt. Geht der Arbeitgeber auf das Änderungsangebot des Arbeitnehmers jedoch nicht ein, endet das Arbeitsverhältnis mit Ablauf der Kündigungsfrist.

2. Kündigung

7 Die Änderungskündigung iSd § 2 KSchG ist eine **echte ordentliche Kündigung**[23] des Arbeitsverhältnisses, die der gesetzlichen Schriftform bedarf, § 623 BGB. Wegen des Schriftformerfordernisses wird auf die Kommentierungen zu § 623 BGB verwiesen. Von daher bedarf es einer **eindeutig formulierten Kündigungserklärung** des Inhalts, dass das Arbeitsverhältnis enden soll, wenn das Fortsetzungsangebot nicht angenommen wird.[24] Ob eine Beendigungs- oder Änderungskündigung gewollt und erklärt wurde, ist im Zweifel durch Auslegung zu ermitteln (§§ 133, 157 BGB).[25] Daran fehlt es, wenn der Arbeitgeber dem Arbeitnehmer mitteilt, die Prämiensätze würden „gekündigt" und um 25 % gesenkt.[26] Kann auch nach Auslegung der Erklärung des Arbeitgebers von keiner Kündigung ausgegangen werden, so kann darin ein Angebot des Arbeitgebers zur einvernehmlichen Änderung des Arbeitsvertrags liegen. Da die Änderungskündigung eine echte Kündigung des Arbeitsverhältnisses ist, unterliegt sie auch den besonderen gesetzlichen Kündigungsschutzbestimmungen (zB MuSchG, SGB IX). Im Übrigen sind auch die sonstigen formellen und materiellen Rechtsgrundsätze für Kündigungen zu beachten (zB Anhörung des Betriebsrats). Das Schriftformgebot des § 623 BGB erstreckt sich bei der Änderungskündigung auch auf das Änderungsangebot.[27] IE wird auf die Erl unter Rn 78 ff verwiesen.

---

22 DFL/Kaiser § 2 KSchG Rn 6; Dornbusch/Wolff-Kappenhagen/Hess § 2 KSchG Rn 4; KR/Rost/Kreft § 2 KSchG Rn 12; HK/KSchG-Weller/Hauck § 2 Rn 4; ErfK/Oetker § 2 Rn 6; SPV/Preis Rn 1258; THüsing/Laux/Lembke-Rachor § 2 KSchG Rn 4.
23 ErfK/Oetker § 2 KSchG Rn 7.
24 BAG 12.1.1961 – 2 AZR 171/59 – AP BGB § 620 Änderungskündigung Nr 10; Dornbusch/Wolff-Kappenhagen/Hess § 2 KSchG Rn 5; ErfK/ Oetker § 2 KSchG Rn 7; KDZ/Zwanziger § 2 KSchG Rn 7; SPV/Preis Rn 1258, 1260.
25 BAG 21.4.2005 – 2 AZR 132/04 –AP KSchG 1969 § 2 Nr 79; vHH/L/Linck § 2 KSchG Rn 5.
26 Dornbusch/Wolff-Kappenhagen/Hess § 2 KSchG Rn 5; ErfK/Oetker § 2 KSchG Rn 7.
27 BAG 16.9.2004 – 2 AZR 638/03 – AP KSchG 1969 § 2 Nr 78; SPV/Preis Rn 1258.

3. Änderungsangebot

Neben der Kündigung des Arbeitsverhältnisses erfordert die Änderungskündigung ein **Angebot is von** § 145 BGB zur Fortsetzung des Arbeitsverhältnisses unter geänderten Bedingungen. Dieses Angebot muss inhaltlich so genau **bestimmt** oder zumindest nach §§ 133, 157 BGB so **bestimmbar** sein, dass es der Arbeitnehmer ohne weiteres annehmen kann.[28] Das Angebot der Fortsetzung des Arbeitsverhältnisses zB zu niedrigeren Akkordsätzen genügt dafür nicht. Die fehlende inhaltliche Bestimmtheit bzw Bestimmbarkeit des Änderungsangebots hat dessen **Unwirksamkeit** zur Folge. An der Bestimmbarkeit des Angebots fehlt es, wenn der Arbeitgeber dem Arbeitnehmer zwei Änderungsangebote unterbreitet und ihm die Wahl überlässt.[29] Erklärt der Arbeitgeber gegenüber einem Arbeitnehmer zur selben Zeit mehrere Änderungskündigungen, die je für sich das Angebot zur Fortsetzung des Arbeitsverhältnisses unter Änderung lediglich einer bestimmten – jeweils anderen- Vertragsbedingung und den Hinweis enthalten, der Arbeitnehmer erhalte zugleich weitere Änderungskündigungen, sind die Angebote nicht hinreichend bestimmt isv § 2 Satz 1 KSchG, § 145 BGB.[30] Da die Änderungskündigung ein zweiaktiges und auch teilbares Rechtsgeschäft ist, stellt sich die Frage, ob das Rechtsgeschäft der Kündigungserklärung von der Unwirksamkeit des Änderungsangebots unberührt bleibt. Nach dem auf diese Fallgestaltung anwendbaren § 139 BGB ist idR das **gesamte Rechtsgeschäft nichtig**.[31] Davon ist auszugehen, weil der Arbeitgeber gerade keine Beendigungskündigung, sondern eine Änderungskündigung ausgesprochen hat, die im Verhältnis zur Beendigungskündigung ein **Minus** darstellt.[32] Daraus folgt auch, dass bereits unter diesem Gesichtspunkt eine Umdeutung nach § 140 BGB nicht in Betracht kommt. Hat jedoch der Arbeitgeber ersichtlich keine von einem Änderungsangebot abhängige Beendigung des Arbeitsverhältnisses gewollt, liegt eine Beendigungskündigung vor.[33] Das ist letztlich im Wege der Auslegung zu ermitteln.[34]

Das Angebot muss nicht auf eine **unbefristete** Weiterbeschäftigung gerichtet sein.[35] Unter Aufgabe seiner früheren Rechtsprechung[36] geht das BAG

---

28 BAG 17.5.2001 – 2 AZR 460/00 – NZA 2002, 54; vHH/L/Linck § 2 Rn 18; DFL/Kaiser § 2 KSchG Rn 6; ErfK/Oetker § 2 KSchG Rn 10; KR/Rost/Kreft § 2 KSchG Rn 27 e.
29 BAG 15.1.2009 – 2 AZR 641/07 – AP KSchG 1969 § 2 Nr 141; ErfK/Oetker § 2 KSchG Rn 10; aA LAG Hamm 7.9.2007 – 4 Sa 423/07 – LAGE § 2 KSchG Nr 60; Wagner NZA 2008, 1333, 1334 f.
30 BAG 10.9.2009 – 2 AZR 822/07 – NZA 2010, 333 ff.
31 BAG 10.9.2009 – 2 AZR 822/07 – NZA 2010, 333 ff; BAG 16.9.2004 – 2 AZR 628/03 – AP KSchG 1969 § 2 Nr 78; Kündigung und Änderungsangebot bilden im Fall der Änderungskündigung eine innere Einheit; ErfK/Oetker § 2 KSchG Rn 10.
32 S Rn 38.
33 BAG 21.4.2005 – 2 AZR 132/04 – AP KSchG 1969 § 2 Nr 79; ErfK/Oetker § 2 KSchG Rn 10.
34 BAG 21.4.2005 – 2 AZR 132/04 – AP KSchG 1969 § 2 Nr 79; ErfK/Oetker § 2 KSchG Rn 10.
35 KR/Rost/Kreft § 2 KSchG Rn 10 b; HK/Zwanziger § 2 KSchG Rn 19; KDZ/Zwanziger § 2 KSchG Rn 161.
36 17.5.1984 – 2 AZR 109/83 – AP KSchG 1969 § 1 Betriebsbedingte Kündigung Nr 21.

in seiner Entscheidung vom 25.4.1996[37] nunmehr ebenso davon aus, dass auch die nachträgliche Befristung eines zunächst auf unbestimmte Zeit eingegangenen Arbeitsverhältnisses im Wege der Änderungskündigung erfolgen kann.[38] Die sachliche Rechtfertigung der angebotenen Befristung fließt dabei als Vorfrage in die Prüfung der sozialen Rechtfertigung der Änderung der Arbeitsbedingungen ein. Dem ist zuzustimmen, da sich aus § 2 KSchG keine Beschränkung auf eine unbefristete Weiterbeschäftigung ergibt. Entscheidungserheblich ist allein, ob die Änderung der Arbeitsbedingungen, wozu auch die Befristung gehört, sozial gerechtfertigt ist. Das ist nur dann der Fall, wenn die Befristung als solche durch einen sachlichen Grund iSd § 14 Abs 1 TzBfG getragen ist.[39] Dem Arbeitnehmer steht bei Annahme unter Vorbehalt das Wahlrecht zu, eine Änderungsschutzklage oder eine Befristungskontrollklage zu erheben.[40]

10 Nach § 2 Satz 1 KSchG muss der Arbeitgeber das **Änderungsangebot im Zusammenhang mit der Kündigungserklärung** abgeben. Dieser **Zusammenhang** bietet zum einen Anlass dafür, die Verknüpfung der Kündigung und des Änderungsangebots in seiner rechtlichen Konstruktion wie folgt zu bewerten: Es kann eine **unbedingte Kündigung** ausgesprochen werden, neben der die Fortsetzung des Arbeitsverhältnisses angeboten wird.[41] Ebenso wird es dem Begriffsinhalt der Änderungskündigung gerecht, darin eine durch das Einverständnis des Arbeitnehmers mit der vom Arbeitgeber gewünschten Änderung **auflösend bedingte Kündigung** zu sehen.[42] Außerdem kann die **Kündigung** als **aufschiebend bedingt** durch die Ablehnung des Änderungsangebots durch den Arbeitnehmer sein. Der **Sache nach** bestehen **keine** Unterschiede. Die verschiedenen rechtlichen Erklärungsversuche des Tatbestands der Änderungskündigung erscheinen insofern als sachgerecht, als ansonsten evtl vorhandene Formulierungskünste des Arbeitgebers über die Anwendbarkeit einer gesetzlichen Schutznorm entscheiden könnten.[43] Im Übrigen bestehen wegen der Bedingtheit der Kündigung keine Bedenken, weil der Eintritt der Bedingung ausschließlich vom Willen des Arbeitnehmers abhängt (sog **Potestativbedingung**).[44]

11 Zum anderen ergibt sich nach hM aus dem **Zusammenhang zwischen Kündigung und Angebot** des Arbeitgebers, dass Kündigung und Änderungsan-

---

37 2 AZR 609/95 – AP KSchG 1969 § 1 Betriebsbedingte Kündigung Nr 78.
38 BAG 16.12.2010 – 2 AZR 575/09 – NZA 2011, 1247; Thüsing/Laux/Lembke-Rachor § 2 KSchG Rn 13.
39 BAG 25.4.1996/25.4.1996 – 2 AZR 609/95 – AP KSchG 1969 § 1 Betriebsbedingte Kündigung Nr 78; Dornbusch/Wolff-Kappenhagen/Hess § 2 KSchG Rn 23; Thüsing/Laux/Lembke-Rachor § 2 KSchG Rn 13.
40 BAG 8.7.1999 – AP § 620 BGB Befristeter Arbeitsvertrag Nr 201; APS/Künzl § 2 KSchG Rn 21a; vHH/L/Linck § 2 KSchG Rn 22.
41 KR/Rost/Kreft § 2 KSchG Rn 13; HK/KSchG-Weller/Hauck § 2 Rn 8; KPK/Bengelsdorf Teil H § 2 Rn 11 ff.
42 Löwisch/Spinner § 2 Rn 16; HK/KSchG-Weller/Hauck § 2 Rn 9; KDZ/Zwanziger § 2 KSchG Rn 7.
43 Pauly DB 1997, 2378 f.
44 ErfK/Oetker § 2 KSchG Rn 11; KDZ/Zwanziger § 2 KSchG Rn 7; KR/Rost/Kreft § 2 KSchG Rn 15.

gebot begriffsnotwendig **gleichzeitig erfolgen** müssen.[45] Ein nach dem Zugang der Kündigungserklärung abgegebenes Änderungsangebot ist nicht zu berücksichtigen.[46] AA nach kann der Begriff des Zusammenhangs in § 2 KSchG statt in **zeitlichem** auch in **sachlichem Sinne** verstanden werden, so dass der unbedingt ausgesprochenen Kündigung das Änderungsangebot nachträglich folgen kann.[47] Der hM ist zu folgen, weil anderenfalls die Gefahr besteht, dass der Arbeitgeber durch einen vorzeitigen Ausspruch der Kündigung die dem Arbeitnehmer durch § 2 KSchG eingeräumte Überlegungsfrist einseitig verkürzt.[48] Für die hM spricht darüber hinaus, dass die nach § 2 Satz 2 KSchG bestehende Überlegungsfrist ab dem Zugang der Kündigung zu laufen beginnt. Wäre der nach § 2 Satz 1 KSchG erforderliche Zusammenhang auch bei einem der Kündigung nachfolgenden Änderungsangebot gegeben, hätte das Gesetz wegen des Charakters der Überlegungsfrist als Schutznorm zu Gunsten des Arbeitnehmers den Beginn des Laufs der Frist vom Zugang des Änderungsangebots abhängig gemacht. Nach alledem braucht sich der Arbeitnehmer auf ein verspätetes Angebot des Arbeitgebers nicht einzulassen, da es sich nicht um eine Änderungskündigung, sondern um eine am Maßstab des § 1 KSchG zu messende Beendigungskündigung handelt.[49] Jedoch hat der Arbeitnehmer zu prüfen, ob hierin eine neue Änderungskündigung liegt.[50] Der zeitliche Zusammenhang zwischen Kündigung und Änderungsangebot besteht jedoch dann, wenn der Arbeitgeber das Änderungsangebot bereits vor Zugang der Kündigung abgibt und im Zeitpunkt des Zugangs der Kündigungserklärung hinreichend deutlich zum Ausdruck bringt, dass das Änderungsangebot aufrechterhalten werden soll.[51] Mit seiner Entscheidung vom 17.5.2001[52] hat das BAG klargestellt, dass der erforderliche Zusammenhang zwischen Kündigung und Änderungsangebot nur dann bestehe, wenn das Änderungsangebot spätestens mit dem Zugang der Kündigungserklärung abgegeben werde. Ein nach diesem Zeitpunkt unterbreitetes Änderungsangebot sei nicht mehr zu berücksichtigen. Denn ansonsten würden in die Bewertung der Kündigung Umstände einbezogen, die im Zugangszeitpunkt noch gar nicht vorgelegen hätten.

---

45 BAG 10.12.1975 – 4 AZR 41/75 – AP BAT §§ 22, 23 BAT Nr 90; DFL/Kaiser § 2 KSchG Rn 7; vHH/L/Linck § 2 Rn 4; HK/KSchG-Weller/Hauck § 2 Rn 20; KDZ/Zwanziger § 2 KSchG Rn 120; ausf zu den denkbaren Fallgestaltungen KR/Rost/Kreft § 2 KSchG Rn 17 ff.
46 BAG 17.5.2001 – 2 AZR 460/00 – EzA § 620 BGB Kündigung Nr 3; DFL/Kaiser § 2 KSchG Rn 7; aA Löwisch/Spinner § 2 KSchG Rn 17.
47 Löwisch/Spinner § 2 Rn 17; ErfK/ Oetker § 2 KSchG Rn 11.
48 vHH/L/Linck § 2 Rn 25.
49 KR/Rost/Kreft § 2 KSchG Rn 22; KDZ/Zwanziger § 2 KSchG Rn 122; vHH/L/Linck § 2 Rn 25; SPV/Preis Rn 1258; ErfK/ Oetker § 2 KSchG Rn 11.
50 vHH/L/Linck § 2 KSchG Rn 26.
51 BAG 27.9.1984 – 2 AZR 62/83 – AP KSchG 1969 § 2 Nr 8; SPV/Preis Rn 1258; ErfK/ Oetker § 2 KSchG Rn 11; KR/Rost/Kreft § 2 KSchG Rn 18 b.
52 2 AZR 460/00 – NZA 2002, 54.

III. Änderung der Arbeitsbedingungen ohne Änderungskündigung
1. Änderungsvertrag

12 Neben dem **einseitigen Gestaltungsmittel der Änderungskündigung** können Arbeitgeber und Arbeitnehmer kraft ihrer Vertragsfreiheit (§ 311 Abs 1 BGB) die Arbeitsbedingungen durch Vertrag ändern.[53] Der Änderungsvertrag ist unter dem Gesichtspunkt des Kündigungsschutzes unproblematisch und kann sowohl Rand- als auch Kernbereiche des Arbeitsverhältnisses betreffen. Das Änderungsangebot des Arbeitgebers kann auch durch schlüssiges Verhalten des Arbeitnehmers angenommen werden. Davon ist vor allem dann auszugehen, wenn sich die Änderung unmittelbar auf seine Arbeit auswirkt und er in Kenntnis des Änderungsangebots widerspruchslos zu den neuen Bedingungen weiterarbeitet.[54] So verhält es sich zB bei einem Akkordarbeiter in einer Arbeitskolonne, dem bestimmte Arbeiten entzogen werden, jedoch gleichwohl mit der Arbeitsleistung weitermacht.[55]

13 Die einvernehmliche Abänderung des Arbeitsvertrages bedarf nicht der gesetzlichen Schriftform des § 623 BGB.[56] Sofern die Parteien die Schriftform vereinbart haben, bedarf die Änderung an sich der Schriftform §§ 127 Abs 1, 126, 125 Satz 2 BGB. Jedoch lässt die Rechtsprechung die mündliche Abbedingung der vereinbarten Schriftform zu. Dabei ist ausreichend, dass die Parteien das mündlich Vereinbarte gewollt haben, ohne dass sie an die Schriftform zu denken brauchen.[57] Dem kann mit der sog **doppelten Schriftformklausel** begegnet werden, die wie folgt lauten könnte:

▶ Die Aufhebung der Schriftform bedarf der Schriftform. ◀

2. Direktionsrecht

14 **a) Begriff.** Unter dem arbeitgeberseitigen **Direktions- oder Weisungsrecht** (vgl § 106 Satz 1 und 2 GewO) wird nach allgemeiner Ansicht das Recht des Arbeitgebers verstanden, die im Arbeitsvertrag nur rahmenmäßig umschriebene Leistungspflicht des Arbeitnehmers nach Art, Ort und Zeit einseitig näher zu bestimmen.[58] Kraft der dem Arbeitgeber zustehenden arbeitsrechtlichen Leitungsbefugnis ist er zur einseitigen Leistungsbestimmung durch **Direktion (Weisung)** berechtigt. Das Direktionsrecht ist **ohne ausdrückliche Vereinbarung ein wesensmäßiger Bestandteil** des Arbeitsvertrags, da sich der Arbeitnehmer mit der Begründung eines Arbeitsverhältnisses zu direktionsgebundener Arbeit verpflichtet.[59]

15 **b) Verhältnis zur Änderungskündigung.** Da das Direktionsrecht die Konkretisierung der vereinbarten Arbeitspflichten bezweckt, führt die Aus-

---

53 ErfK/Oetker § 2 KSchG Rn 13.
54 BAG 19.6.1986 – 2 AZR 565/85 – AP KSchG 1969 § 2 Nr 16; KDZ/Zwanziger § 2 KSchG Rn 59.
55 BAG 20.5.1976 – 2 AZR 202/75 – AP BGB § 305 BGB Nr 4.
56 KR/Spilger § 623 BGB Rn 47; ErfK/Müller-Glöge § 623 BGB Rn 13.
57 BAG 10.1.1989 – 3 AZR 308/87 – AP BetrAVG § 1 Hinterbliebenenversorgung Nr 5; KDZ/Zwanziger § 2 KSchG Rn 61.
58 ZB BAG 25.10.1989 – 2 AZR 633/88 – AP BGB § 611 BGB Direktionsrecht Nr 36; ErfK/Oetker § 2 KSchG Rn 14; HK/KSchG-Weller/Hauck § 2 Rn 31; KPK/Bengelsdorf Teil H § 2 Rn 20 ff; KR/Rost/Kreft § 2 KSchG Rn 36.
59 BAG 27.3.1980 – 2 AZR 506/78 – AP BGB § 611 BGB Direktionsrecht Nr 26.

übung des Direktionsrechts **nicht** zu einer **Änderung des Arbeitsvertrags**, sondern lässt diesen unberührt.[60] Von daher besteht zwischen den einseitigen Gestaltungsmitteln der Änderungskündigung und des Direktionsrechts ein **Ausschlussverhältnis**. Kann der Arbeitgeber sein angestrebtes Ziel der Veränderung der Arbeitsbedingungen mit der Ausübung seines Direktionsrechts herbeiführen,[61] bedarf es keiner Änderungskündigung. Die **Änderungskündigung** wäre wegen Verstoßes gegen den **Grundsatz der Verhältnismäßigkeit der Mittel** auch **unwirksam**.[62] Nunmehr hat jedoch das BAG entschieden,[63] dass die Möglichkeit, eine Änderung der aktuellen Arbeitsbedingungen durch Ausübung des Direktionsrechts zu bewirken, nicht zur Unwirksamkeit einer gleichwohl ausgesprochenen Änderungskündigung führe (sog überflüssige Änderungskündigung), wenn der Arbeitnehmer das Änderungsangebot **unter Vorbehalt** annehme.[64] Nach dieser Rechtsprechung ist zwar das Element der Kündigung unverhältnismäßig und damit unwirksam. Wirksam ist hingegen das Änderungsangebot. Infolge des erklärten Vorbehalts soll die Kündigung gegenstandslos sein. In seiner Entscheidung vom 24.8.2004,[65] in der Gegenstand eine Änderungskündigung war, **dessen Änderungsangebot der Arbeitnehmer vorbehaltlich angenommen hatte**, obgleich die mit der Änderungskündigung angestrebte Änderung der Arbeitsbedingungen bereits durch eine Betriebsvereinbarung – nichts anderes würde für die wirksame Ausübung des Direktionsrechts gelten – eingetreten war, führt das BAG aus, insofern könne eine Änderungsschutzklage keinen Erfolg haben. Zwar verstoße die (Änderungs-) Kündigung in **diesem Fall** gegen den das Kündigungsschutzrecht beherrschenden Grundsatz der Verhältnismäßigkeit und sei wegen der mit ihr verbundenen Bestandsgefährdung unwirksam. Dennoch könne eine Änderungsschutzklage nach § 4 Satz 2 KSchG (aF) in diesem Fall keinen Erfolg haben, weil ihre Begründetheit voraussetze, dass zu dem Termin, zu welchem die Änderungskündigung ausgesprochen wurde, das Arbeitsverhältnis noch zu den unveränderten Bedingungen bestehe. Das überzeugt nicht.[66] Die Änderungskündigung ist ein zweiaktiges Rechtsgeschäft; beide Elemente bilden eine Einheit. Unrichtig ist die Annahme, mit der vorbehaltlichen Annahme des Änderungsangebots werde das Element der Kündigung gegenstandslos. Richtig ist, die Änderungskündigung kann lediglich nicht mehr zur Beendigung führen. Zutreffend ist auch, dass sich die Streitgegenstände der Kündigungsschutz – und der Änderungsschutzklage unterscheiden, wenn der Gekündigte das Änderungsangebot unter Vorbehalt angenommen hat.[67] Gegen eine solche Unterscheidung spricht jedoch entscheidend, dass für die Beurteilung der Rechtmäßigkeit der Kündigung nicht der Zeitpunkt der Klageerhebung, sondern der des Zugangs ist.[68] Der Arbeitnehmer entschei-

---

60 BTM/Mayer § 2 KSchG Rn 15; vHH/L/Linck § 2 Rn 30.
61 Sein Umfang bestimmt sich insb nach dem Inhalt des Arbeitsvertrags; s Rn 15.
62 BAG 28.4.1982 – 7 AZR 1139/79 – AP KSchG 1969 § 2 Nr 3.
63 26.1.1995 – 2 AZR 371/94 – AP KSchG 1969 § 2 Nr 36; BAG 9.7.1997 – 4 AZR 635/95 – AP BAT §§ 22, 23 BAT 1975 Nr 233.
64 Abl hierzu vHH/L/Linck § 2 Rn 56.
65 1 AZR 419/03 – AP KSchG 1969 § 2 Nr 77.
66 APS/Künzl § 2 KSchG Rn 116 ff; KR/Rost/Kreft § 2 KSchG Rn 106 b.
67 APS/Künzl § 2 Rn 118.
68 APS/Künzl § 2 Rn 119; KR/Rost/Kreft § 2 KSchG Rn 106 c.

det sich nämlich erst nach Zugang der Kündigung, wie er verfahren will. Was ist, wenn der Arbeitnehmer das Angebot ablehnt? Lehnt man in diesem Fall die soziale Rechtfertigung ab, so ist die Beurteilung unterschiedlich, je nachdem wie sich der Arbeitnehmer nach Zugang der Kündigung verhält.[69] Nach der hier vertretenen Ansicht sind beide Kündigungen unverhältnismäßig. Der Arbeitgeber erklärt eine Änderungskündigung, obgleich er sein Ziel mit einem anderen Mittel erreichen konnte. Die Änderungskündigung war also nicht erforderlich. Der Initiator einer nicht erforderlichen Änderungskündigung hat dann in der Konsequenz auch das Kostenrisiko einer von ihm veranlassten Klage zu tragen.[70] Außerdem gilt, dass der Arbeitgeber die Darlegungs- und Beweislast dafür trägt, dass die Änderung der Arbeitsbedingungen nicht durch den Einsatz eines gegenüber der Änderungskündigung milderen geeigneten Mittels erreicht werden kann.[71]

16 c) **Inhalt und Grenzen.** Das Direktionsrecht dient der **Konkretisierung der vereinbarten Arbeitspflichten** nach Art, Ort und Zeit der Tätigkeit.[72] Die Konkretisierung der Arbeitsleistung ist jedoch nur **soweit möglich**, wie das Direktionsrecht des Arbeitgebers **sachlich reicht. Begrenzt** wird sein **Umfang** zunächst durch die **Vereinbarungen im Arbeitsvertrag.** Das Direktionsrecht muss sich weiterhin im Rahmen der **gesetzlichen Regelungen** bewegen. Die das Direktionsrecht einschränkenden Bestimmungen sind die allgemeinen Gesetze, die speziellen arbeitsrechtlichen Gesetze, wie zB das Arbeitszeitgesetz sowie die verschiedenen Unfallverhütungsvorschriften der Berufsgenossenschaften. Außerdem sind bei der Ausübung des Direktionsrechts mögliche **Beteiligungsrechte des Betriebsrats**, insbesondere bei Fragen der betrieblichen Ordnung und des Verhaltens der Arbeitnehmer im Betrieb (§ 87 Abs 1 Nr 1 BetrVG), bei der Lage der Arbeitszeit (§ 87 Abs 1 Nr 2 BetrVG) und bei Versetzungen iSv § 95 Abs 3 Satz 1 BetrVG zu beachten. Weisungen, die sich nicht an den gesetzlichen Vorgaben orientieren, sind unwirksam, § 134 BGB.[73] Weiterhin hat die einzelne Weisung **Regelungen in Tarifverträgen und Betriebsvereinbarungen** zu beachten. Sind die Grenzen beachtet, darf das Direktionsrecht vom Arbeitgeber nur nach billigem Ermessen (§ 106 GewO) ausgeübt werden.[74] Damit wird willkürlichen Weisungen des Arbeitgebers die Grundlage entzogen. Es müssen alle Umstände des Falls abgewogen und die beiderseitigen Interessen des Arbeitnehmers und des Arbeitgebers angemessen berücksichtigt werden (**Interessenabwägung**).[75] Ob dies geschehen ist, unterliegt der ge-

---

69 Dagegen auch vHH/L/Linck § 2 Rn 32 c.
70 ErfK/Oetker § 2 RZ 15 gesteht dem Arbeitnehmer jedenfalls das Recht zu, sich gegen „Missbrauch" auf Kosten des Arbeitgebers wehren zu können – Kündigungsschutzklage verbinden mit Feststellungsantrag.
71 BAG 26.1.1995 – 2 AZR 371/94 – AP KSchG 1969 § 2 Nr 36.
72 BAG 23.6.1993 – 5 AZR 337/92 – AP BGB § 611 BGB Direktionsrecht Nr 42; Dornbusch/Wolff-Kappenhagen/Hess § 2 KSchG Rn 27.
73 BAG 6.4.1989 – 6 AZR 622/87 – AP BAT SR 2 r Nr 2.
74 BAG 27.3.1980 – 2 AZR 506/78 – AP BGB § 611 BGB Direktionsrecht Nr 26; BAG 11.10.1995 – 5 AZR 802/94 – AP BGB § 611 BGB Arbeitszeit Nr 9.
75 BAG 28.11.1989 – 3 AZR 118/88 – AP BetrVG 1972 § 88 Nr 6; BAG 23.6.1993 – 5 AZR 337/92 – AP BGB § 611 Direktionsrecht Nr 42; HK/KSchG-Weller/Hauck § 2 Rn 35.

richtlichen Kontrolle, § 315 Abs 3 BGB. Die Maßstäbe des billigen Ermessens entsprechen aber nicht dem der sozialen Rechtfertigung iSd § 2 KSchG iVm § 1 KSchG.[76] Sofern die Weisungen des Arbeitgebers sich insbesondere auf das Arbeitsentgelt auswirken oder die persönliche Sphäre berühren, zB Anordnungen zur Arbeitszeit, des Arbeitsortes, muss der Betätigung des Direktionsrechts billigem Ermessen entsprechen.[77] Die **gerichtliche Überprüfung** der im Wege des Direktionsrechts getroffenen Anordnung des Arbeitgebers erfolgt auf der Grundlage einer **Feststellungsklage** des Arbeitnehmers nach § 256 ZPO, mit der die Feststellung begehrt wird, dass die einseitige Anordnung des Arbeitgebers den Inhalt des Arbeitsverhältnisses nicht geändert hat.[78] Das Begehren ist in ein feststellungsfähiges Rechtsverhältnis zu kleiden. Die Feststellung der Unwirksamkeit einer Weisung entspricht dem nicht. Regelmäßig wird sich das Begehren jedoch im Wege der Auslegung der Klagebegründung oder in Ausübung des § 139 ZPO ermitteln lassen. ZB könnte ein Klageantrag wie folgt lauten:

▶ Es wird festgestellt, dass der Arbeitnehmer X nicht verpflichtet ist, in der Abteilung Einkauf ab dem XYZ zu arbeiten. ◀

Diese Klage unterliegt insbesondere nicht der Klagefrist des § 4 KSchG. Ist sich der Arbeitnehmer nicht sicher, ob eine Anordnung des Arbeitgebers als Weisung oder Änderungskündigung anzusehen ist, sollte er vorsichtshalber rechtzeitig Änderungsschutzklage erheben, um zu verhindern, dass eine Änderungskündigung durch Versäumung der Klagefrist wirksam wird (§ 7 KSchG).

Das **Direktionsrecht kann nicht die beiderseitigen Hauptleistungen** – Vergütungs- und Arbeitspflicht – **zum Gegenstand** haben. Die beiderseitigen Hauptleistungspflichten gehören nämlich zum Kernbereich des Arbeitsverhältnisses, der nur durch Gesetz, Kollektivvereinbarung oder Einzelarbeitsvertrag, nicht aber durch das Direktionsrecht gestaltbar ist.[79] Von daher kann der Arbeitgeber im Wege des Direktionsrechts das **Arbeitsentgelt** weder erhöhen noch kürzen. Ebenso wenig kann er mit dem Mittel des Direktionsrechts über die **Dauer der Arbeitszeit** verfügen, da die Dauer der Arbeitszeit die Höhe der Arbeitsvergütung regelmäßig bestimmt.[80] Anders verhält es sich mit der **Lage der Arbeitszeit**.[81] Enthält der Arbeitsvertrag zB eine Bestimmung über die tägliche Arbeitszeit (08.00 Uhr bis 17.00 Uhr) und ist diese vereinbarte Arbeitszeit identisch mit der betriebsüblichen Arbeitszeit, liegt hierin regelmäßig keine konstitutive Bestimmung der Arbeitszeit von 08.00 Uhr bis 17.00 Uhr, sondern lediglich eine deklaratorische Bezugnahme auf die betriebsüblichen Arbeitszeiten mit der Folge, dass der Arbeitgeber nicht aufgrund des Arbeitsvertrags gehindert ist, kraft seines Weisungsrechts die Arbeitszeit anders zu bestimmen. Jedoch hat der

17

---

76 Löwisch/Spinner § 2 Rn 118.
77 HK/KSchG-Weller/Hauck § 2 Rn 32 a; Hromadka DB 1995, 1609, 1613.
78 BAG 27.3.1980 – 2 AZR 506/78 – AP BGB 611 BGB Direktionsrecht Nr 26.
79 BAG 12.12.1984 – 7 AZR 509/83 – AP KSchG 1969 § 2 Nr 6; HK/KSchG-Weller/Hauck § 2 Rn 38; KPK/Bengelsdorf Teil H § 2 Rn 21; KDZ/Zwanziger § 2 KSchG Rn 38; ErfK/Oetker § 2 KSchG Rn 15; vHH/L/Linck § 2 Rn 32.
80 HK/KSchG-Weller/Hauck § 2 Rn 55; KDZ/Zwanziger § 2 KSchG Rn 48.
81 BAG 23.6.1992 – 1 AZR 57/92 – AP BGB § 611 Arbeitszeit Nr 1.

Arbeitgeber das Mitbestimmungsrecht des Betriebsrats nach § 87 Abs 1 Nr 2 BetrVG zu beachten. Der **klassische Anwendungsbereich** des Direktionsrechts betrifft die im Arbeitsvertrag regelmäßig nur **rahmenmäßig umschriebene Leistungspflicht** des Arbeitnehmers in Bezug auf die Art, den Ort und die zeitliche Lage der Arbeitsleistung. Bei einer allgemein gehaltenen fachlichen Umschreibung der Tätigkeit des Arbeitnehmers (zB Buchhalter, Verkäufer) ist der Arbeitgeber berechtigt, dem Arbeitnehmer kraft seines Direktionsrechts alle Arbeiten zuzuweisen, die sich innerhalb des üblichen Berufsbilds bewegen. Zur Ermittlung des Inhalts des Berufsbilds kann dabei auf die nach § 25 Abs 2 BBiG ergangenen Ausbildungsordnungen zurückgegriffen werden. Ist der Arbeitsort des Arbeitnehmers im Arbeitsvertrag genau festgelegt (zB für die Filiale NX, Y-Straße), ist jede Zuweisung eines anderen Arbeitsorts nicht mehr vom Direktionsrecht gedeckt. Fehlt es an einer solchen Bestimmung des Arbeitsorts, ist der Arbeitgeber berechtigt, dem Arbeitnehmer nach billigem Ermessen eine andere Arbeitsstätte zuzuweisen. Zu beachten ist jedoch, dass auch bei einer nur generalisierenden Umschreibung von Art, Zeit und Ort der Tätigkeit ihre einseitige Veränderung durch den Arbeitgeber unzulässig ist, wenn und soweit hinsichtlich der Art, der Zeit und des Orts der Tätigkeit des Arbeitnehmers eine sog **Konkretisierung** (Erwirkung) eingetreten ist.[82] Der Arbeitnehmer kann umso stärker darauf **vertrauen**, der Arbeitgeber werde keine Änderungen von Art, Zeit und Ort der Tätigkeit vornehmen, je länger er eine bestimmte Tätigkeit, stets zu den gleichen Zeiten bzw stets am selben Ort verrichtet hat. Neben dem erforderlichen **Zeitmoment**, muss jedoch noch ein **Umstandsmoment** hinzukommen, das den Schluss rechtfertigt, der Arbeitnehmer solle künftig nur noch mit dieser Tätigkeit oder dieser Art von Tätigkeiten beschäftigt werden.[83] **Solche Umstände** sind etwa eine Ausbildung, Beförderung, die Gewöhnung an einen Rechtszustand, die Übertragung von Führungsaufgaben oder eine Zusage des Arbeitgebers.[84] Entsprechendes gilt für den Ort und für die Zeit der Tätigkeit. Soweit eine Konkretisierung der Arbeitspflicht eingetreten ist, kann der Arbeitgeber Veränderungen nicht einseitig aufgrund seines Direktionsrechts vornehmen. Er muss entweder eine einvernehmliche Änderung des Arbeitsvertrags mit dem Arbeitnehmer erreichen oder aber eine Änderungskündigung aussprechen. Eine Konkretisierung wurde zB verneint bei der Einführung von Wechselschicht statt fester Arbeitszeit in Normalschicht nach sieben Jahren[85] und bei der Neuregelung der Dienstzeit an Wochenenden von Teilzeitbeschäftigten nach zwölf Jahren.[86]

18 Neben dem **Leistungsverhalten** als typischem Gegenstand des Direktionsrechts unterliegt vor allem die **arbeitsbegleitende Ordnung im Betrieb** – das Ordnungsverhalten des Arbeitnehmers – dem Weisungsrecht des Arbeitge-

---

82 BAG 27.3.1980 – 2 AZR 506/78 – AP BGB § 611 Direktionsrecht Nr 26; Dornbusch/Wolff-Kappenhagen/Hess § 2 KSchG Rn 44-46; Thüsing/Laux/Lembke-Rachor § 2 KSchG Rn 18.
83 BAG 27.3.1980 – 2 AZR 506/78 – AP BGB § 611 Direktionsrecht Nr 26.
84 Schaub/Koch/Linck/Vogelsang, Arbeitsrechtshandbuch § 45 IV 1.
85 BAG 23.6.1992 – 1 AZR 57/92 – AP BGB § 611 Arbeitszeit Nr 1.
86 LAG Düsseldorf 23.6.1994 – 12 Sa 489/94 – LAGE § 611 BGB Direktionsrecht Nr 18.

bers. Vorbehaltlich bestehender Mitbestimmungsrechte des Betriebsrats kann der Arbeitgeber im Wege des Direktionsrechts Anordnungen über die Benutzung der Betriebseinrichtungen, das Tragen bestimmter Arbeitskleidung, die Einhaltung von Sicherheitsbestimmungen und die Einführung eines Rauch- und Alkoholverbots treffen.[87]

d) **Beispiele.** Vom **Direktionsrecht** waren folgende Fälle **gedeckt:**[88] 19
- Umsetzung in Tagschicht nach zehn Jahren ausschließlicher Nachtschicht bei arbeitsvertraglich vereinbartem Einsatz in Ein- bis Drei-Schicht-Betrieb;[89]
- einseitige anderweitige Festlegung der Arbeitszeit – Wechsel von Nacht- zu Tagarbeit;[90]
- Umsetzung einer Verkäuferin von der Kinderabteilung in die Herrenabteilung;[91]
- Wechsel von Zeitarbeit zu Akkordarbeit;[92]
- Bestimmung der Anzahl der in Folge zu leistenden Nachtschichten.[93]
- Folgende Fälle konnten **nicht Gegenstand des Direktionsrechts** sein:[94]
- Zuweisung einer anderen Tätigkeit bei gleichzeitiger Kürzung einer übertariflichen Zulage;[95]
- Versetzung eines Filialleiters in eine Verkaufsstelle mit etwa 30 % niedrigerem Einkommen;[96]
- Widerruf einer Umsatzbeteiligung;[97]
- Wegfall jahrelang gewährter Zusatzleistungen.[98]

3. Vorbehaltene Leistungsbestimmungsrechte

a) **Allgemeines.** Neben dem Direktionsrecht, das als wesensmäßiger Bestandteil des Arbeitsvertrags keiner ausdrücklichen Vereinbarung bedarf (vgl § 106 Satz 1 und Satz 2 GewO), können sich zB aus dem Arbeitsvertrag zusätzliche **Leistungsbestimmungsrechte** ergeben. Sie bedürfen der **besonderen Vereinbarung**, da sie die Rechte des Arbeitgebers erweitern. Diese Leistungsbestimmungsrechte können in zwei Fallgruppen eingeteilt werden. Die **erste Fallgruppe** kann als **Erweiterung des Direktionsrechts** bezeichnet werden, die **zweite Fallgruppe** betrifft die sog **Änderungs- bzw Widerrufsvorbehalte.** Als Erweiterungen des arbeitsvertraglichen Direktionsrechts sind zB die sog **Versetzungsklausel** und die sog **Mobilitätsklausel** zu nennen. Dabei sind folgende Formulierungen in Arbeitsverträgen üblich: 20

---

87 BAG 14.1.1986 – 1 ABR 75/83 – AP BetrVG 1972 § 87 Ordnung des Betriebes Nr 10.
88 S Beispiele in KR/Rost § 2 KSchG Rn 46.
89 LAG Düsseldorf 23.10.1991 – 4 Sa 789/91 – LAGE § 611 BGB Direktionsrecht Nr 10.
90 LAG Berlin 29.4.1991 – 9 Sa 9/91 – LAGE § 611 BGB Direktionsrecht Nr 9.
91 LAG Köln 26.10.1984 – 6 Sa 740/84 – NZA 1985, 258.
92 LAG Hamm 11.8.1959 – 2 Sa 391/59 – BB 1960, 824.
93 BAG 11.2.1998 – 5 AZR 472/97 – AP Nr 54 zu § 611 BGB Direktionsrecht.
94 S Beispiele in KR/Rost/Kreft § 2 KSchG Rn 45 f.
95 LAG Düsseldorf 31.1.1973 – 12 Sa 1030/72 – BB 1973, 1489.
96 LAG Schleswig-Holstein 23.11.1964 – 2 Sa 253/64 – BB 1965, 417.
97 LAG Düsseldorf 16.2.1962 – 1 Sa 521/61 – BB 1962, 759.
98 LAG Saarbrücken 19.9.1962 – DB 1962, 1343.

▶ Dem Mitarbeiter können – unter Berücksichtigung der Ausbildung und der Fähigkeiten – jederzeit (zusätzlich) auch andere zumutbare Tätigkeiten übertragen werden (sog **Versetzungsklausel**). Der Mitarbeiter kann auch in allen anderen Niederlassungen des Unternehmens (des Konzerns) innerhalb (und außerhalb) der Bundesrepublik Deutschland eingesetzt werden (sog **Mobilitätsklausel**). ◀

Ein Beispiel für einen Änderungsvorbehalt ist die Befugnis des Arbeitgebers, die zunächst fest vereinbarte Arbeitszeit bei Bedarf, zB Überstunden, abzuändern.[99] **Widerrufsvorbehalte** sollen es dem Arbeitgeber ermöglichen, bestimmte Leistungen, etwa übertarifliche Zulagen, Gratifikationen oder Ruhegeldzusagen, einseitig zu ändern oder anzupassen.[100] Ob ein solcher vorliegt, ist im Zweifel durch Auslegung zu ermitteln. **Leistungsbestimmungsrechte** unterliegen den sich aus der Betriebsverfassung, aus Tarifverträgen oder aus zwingendem Gesetzesrecht ergebenden **Schranken**. Führen Leistungsbestimmungsrechte zu einer **Umgehung des Kündigungsschutzes** nach § 2 KSchG, bedarf es einer Änderungskündigung. Andernfalls besteht zwischen einem Leistungsbestimmungsrecht und der Änderungskündigung ein **Ausschlussverhältnis**.[101]

21 **b) Rechtsgrundlagen und Grenzen.** Leistungsbestimmungsrechte des Arbeitgebers können sich aus Tarifvertrag, Betriebsvereinbarung oder aus dem Arbeitsvertrag der Parteien ergeben.[102] So gibt zB § 9 TV AL II dem Arbeitgeber das Recht, einseitig die Arbeitszeit über die tariflich festgelegte regelmäßige wöchentliche Arbeitszeit hinaus in einem tariflich vorgegebenen Rahmen zu verlängern und wieder entsprechend zu verkürzen. Soweit die Leistungsbestimmungsrechte dem Recht der Allgemeinen Geschäftsbedingungen unterfallen, richtet sich ihre Wirksamkeit nach den Regelungen über die Inhaltskontrolle nach §§ 305 ff BGB.[103] Daneben unterliegen Änderungs- und Widerrufsvorbehalte auch noch der sog. Ausübungskontrolle. Demgegenüber unterfallen in Tarifverträgen und in Betriebs- oder Dienstvereinbarungen geregelte Leistungsbestimmungsrechte nicht der Inhaltskontrolle gem §§ 305ff BGB iVm § 310 Abs 4 Satz 1 BGB.

22 Leistungsbestimmungsrechte, insbesondere die Erweiterung des Direktionsrechts, sind unwirksam, wenn dem Arbeitgeber damit das Recht zum einseitigen Eingriff in den **kündigungsschutzrechtlich geschützten Kernbereich** des Arbeitsverhältnisses eröffnet wird.[104] Dies ist zB dann anzunehmen, wenn dem Arbeitgeber bei arbeitszeitabhängiger Vergütung das Recht eingeräumt worden ist, die zunächst festgelegte Arbeitszeit später einseitig nach Bedarf zu reduzieren.[105] Der Auffassung des BAG ist zuzustimmen, weil anderenfalls eine **unzulässige Umgehung von** § 2 KSchG vorliegt. Ebenso kann der Arbeitgeber **Kurzarbeit** mit entsprechender Lohnminderung nicht auf der Grundlage eines erweiterten Direktionsrechts einführen.[106] Inkonsequent ist jedoch die Auffassung des BAG, soweit es tarifver-

---

99 Thüsing/Laux/Lembke-Rachor § 2 KSchG Rn 24.
100 HK/KSchG-Weller/Hauck § 2 Rn 75; KR/Rost/Kreft § 2 KSchG Rn 48.
101 S Rn 15.
102 BAG 22.5.1985 – 4 AZR 427/83 – AP TVG § 1 Tarifverträge: Bundesbahn Nr 7.
103 ErfK/Oetker § 2 KSchG Rn 16; Thüsing/Laux/Lembke-Rachor § 2 KSchG Rn 22.
104 BAG 12.12.1984 – 2 AZR 354/83 – AP KSchG 1969 § 2 Nr 6.
105 BAG 21.4.1993 – 7 AZR 297/92 – AP KSchG 1969 § 2 Nr 34.
106 BAG 14.2.1991 – 2 AZR 415/90 – AP BGB § 615 Kurzarbeit Nr 4.

tragliche Regelungen für rechtlich zulässig hält, die dem Arbeitgeber die Befugnis einräumen, einseitig die Arbeitsdauer in einem gewissen Rahmen festzulegen, die Höhe des Arbeitsentgelts zu bestimmen oder eine andere, niedriger zu vergütende Tätigkeit zuzuweisen.[107] Da § 2 KSchG nicht dispositiv ist,[108] können auch für diesen Bereich wie auch bei einzelvertraglichen Erweiterungen des Direktionsrechts keine anderen Rechtsgrundsätze gelten.[109] **Leistungsbestimmungsrechte in Form von Änderungs- und Widerrufsvorbehalten** darf ebenfalls nicht zur Umgehung des KSchG führen.[110] Entsprechende Vereinbarungen, die zu einer Ausschaltung des zwingenden Kündigungsschutzes führen, sind nach § 134 BGB nichtig.[111] Davon ist insbesondere dann auszugehen, wenn wesentliche Elemente des Arbeitsvertrags einer einseitigen Änderung unterliegen sollen, durch die das Gleichgewicht zwischen Leistung und Gegenleistung gestört werden würde.[112] Der Kernbereich des Arbeitsverhältnisses ist zB dann betroffen, wenn der Arbeitgeber nach dem Arbeitsvertrag bei arbeitszeitabhängiger Vergütung die Arbeitsdauer einseitig nach Bedarf reduzieren kann.[113] Kein Eingriff in den Kernbereich des Arbeitsverhältnisses liegt jedoch vor, wenn der Arbeitnehmer im Fall eines vertraglich wirksam vorbehaltenen Entzug einer Zusatzaufgabe gleichzeitig eine außertarifliche Zulage – ca. 15 % – verliert, weil es bei der vereinbarten Haupttätigkeit des Arbeitnehmers verbleibt.[114] Die Vereinbarung eines Widerrufsvorbehalts ist inhaltlich zulässig, soweit der im Gegenseitigkeitsverhältnis stehende widerrufliche Teil des Gesamtverdienstes unter 25 % liegt und der Tariflohn nicht unterschritten wird.[115]

Neben der Wirksamkeit der Vereinbarung der Leistungsbestimmungsrechte („**Grenzen der Vereinbarung**"), muss der Arbeitgeber bei der Ausübung des Leistungsbestimmungsrechts die Schranken beachten, die sich aus der Vereinbarung des Bestimmungsrechts selbst ergeben („**Grenzen der Ausübung**"). So kann zB die Ausübung eines Widerrufsvorbehalts an eine Ankündigungsfrist von zwei Wochen gebunden sein, die der Arbeitgeber einzuhalten hat. Darüber hinaus muss die Ausübung des Leistungsbestimmungsrechts billigem Ermessen iSd § 106 GewO entsprechen. Ebenso wie bei der Ausübung des Direktionsrechts kann der Arbeitnehmer im Wege der allgemeinen Feststellungsklage die gerichtliche Überprüfung der einseitigen Leistungsbestimmung verlangen.[116]

23

---

107 28.11.1984 – 5 AZR 123/83 – AP TVG § 4 Bestimmungsrecht Nr 1; 17.3.1988 – 6 AZR 268/85 – AP BAT § 15 Nr 11; 22.5.1985 – 4 AZR 427/83 – AP TVG § 1 Tarifverträge: Bundesbahn Nr 7.
108 vHH/L/Linck § 2 Rn 39.
109 vHH/L/Linck § 2 Rn 39.
110 HAS/Kramer 19 G Rn 22.
111 v. Hoyningen-Huene/Linck Voraufl § 2 Rn 30 a.
112 BAG 7.10.1982 – 2 AZR 455/80 – AP BGB § 620 Teilkündigung Nr 5; KR/Rost/Kreft § 17 KSchG Rn 48.
113 BAG 21.4.1993 – 7 AZR 297/92 – AP KSchG 1969 § 2 Nr 34.
114 BAG 15.11.1995 – 2 AZR 521/95 – AP TVG § 1 Tarifverträge: Lufthansa Nr 20.
115 BAG 7.12.2005 – 5 AZR 535/04 – AP TzBfG § 12 Nr 4; BAG 11.10.2006 – 5 AZR 721/05 – nv.
116 Einzelheiten s Rn 16.

24 Handelt es sich bei den Änderungs- und Widerrufsvorbehalten um **Allgemeine Geschäftsbedingungen** iSd §§ 305 ff BGB sind die sich danach ergebenden formellen und inhaltlichen Voraussetzungen zu beachten. Widerruft der Arbeitgeber zB eine arbeitstägliche Fahrtkostenerstattung auf der Grundlage eines in einem **Formulararbeitsvertrag** vorbehaltenen Widerrufsrechts, so richtet sich die Wirksamkeit eines solchen Widerrufsrechts nach § 308 Nr 4 BGB als der gegenüber § 307 BGB spezielleren Regelung.[117] Danach bedarf es dann im Einzelfall einer **Inhaltskontrolle** in formeller (die Maßstäbe von § 307 Abs 1 und 2, § 308 Nr 4 BGB müssen nach dem Text der Klausel zum Ausdruck kommen) und materieller Hinsicht (liegen die tatbestandlichen Voraussetzungen vor, ist ein Eingriff in den Kernbereich des Arbeitsvertrages gegeben, damit wird der Schutz der Änderungskündigung umgangen, s Rn 22) sowie einer sog **Ausübungskontrolle** (entspricht der Widerruf im Einzelfall billigem Ermessen, s Rn 23).

4. Teilkündigung

25 Von der Änderungskündigung ist die **Teilkündigung** zu unterscheiden. Ebenso wie die Änderungskündigung führt auch die Teilkündigung zu einer Änderung des Inhalts des Arbeitsvertrags.[118] Indes erfasst die Änderungskündigung das Arbeitsverhältnis in seinem ganzen Bestand, **während die Teilkündigung den Bestand des Arbeitsverhältnisses als solchen unberührt lässt** und **nur einzelne Vertragsbestimmungen betrifft**. Von daher unterfällt die Änderungskündigung dem KSchG, die Teilkündigung nicht.[119] Jedoch ist die Teilkündigung **grundsätzlich unzulässig**, weil sie einen einseitigen Eingriff in den Inhalt eines fortbestehenden Arbeitsverhältnisses bedeutet und deshalb mit dem Grundsatz der Vertragsfreiheit nicht vereinbar ist.[120] Durch sie wird das von den Parteien vereinbarte **Äquivalenz- und Ordnungsgefüge** gestört; sie lässt unberücksichtigt, dass die Rechte und Pflichten der Parteien in vielfachen inneren Beziehungen stehen.[121] Etwas anderes gilt nur dann, wenn die Teilkündigung ausdrücklich oder stillschweigend vereinbart ist.[122] ZB kann sich der Arbeitgeber bei Außendienstmitarbeitern eine Änderung des zugewiesenen Bezirks aus organisatorischen Gründen vorbehalten. Der **Sache nach** handelt es sich jedoch richtigerweise um einen **Änderungs- oder Widerrufsvorbehalt**.[123] Von daher gelten die **gleichen Rechtsgrundsätze** wie bei vorbehaltenen Leistungsbestimmungsrechten.[124]

---

117 BAG 12.1.2005 – 5 AZR 364/04 – NZA 2005, 465 ff; BAG 11.10.2006 – 5 AZR 721/05 – nv.
118 BAG 8.11.1957 – 1 AZR 123/56 – AP BGB § 242 Betriebliche Übung Nr 2.
119 Vgl auch dazu vHH/L/Linck § 2 Rn 59.
120 BAG 7.10.1982 – 2 AZR 455/80 – AP BGB § 620 Teilkündigung Nr 5; Dornbusch/Wolff-Kappenhagen/Hess § 2 Rn 56.
121 DLW/Dörner D Rn 1327; HK/KSchG-Weller/Hauck § 2 Rn 93; KR/Rost/Kreft § 2 KSchG Rn 51; KDZ/Zwanziger § 2 KSchG Rn 9.
122 BAG 14.11.1990 – 5 AZR 509/89 – AP BGB § 611 Arzt-Krankenhaus-Vertrag; DFL/Kaiser § 2 KSchG Rn 1.
123 ErfK/ Oetker § 2 KSchG Rn 9; HK/KSchG-Weller/Hauck § 2 Rn 94.
124 S Rn 20-23.

5. Befristung einzelner Arbeitsbedingungen

Kraft ihrer Vertragsfreiheit steht es den Arbeitsvertragsparteien frei, im Rahmen eines unbefristeten Arbeitsvertrags, sei es bei dessen Begründung oder sei es später, **einzelne Arbeitsbedingungen zu befristen**.[125] Gegenüber den einseitigen Leistungsbestimmungsrechten ist der Arbeitgeber bei der Befristung verpflichtet, für die Dauer der Befristung die Vertragsbedingung einzuhalten. Derartige Gestaltungen können bei Vertragsabschluss oder während des Bestands des Arbeitsverhältnisses verabredet werden. Als Beispiele seien die befristete Einführung bestimmter Arbeitszeitformen (zB von Teilzeit in Vollzeit)[126] und die befristete Gewährung von Entgeltzulagen und Sozialleistungen genannt.[127] Nach Ablauf der Befristung **gelten automatisch** wieder die vorherigen Arbeitsbedingungen.[128] Eine Änderungskündigung zur Rückkehr zu den alten Bedingungen ist nicht erforderlich.[129] Allerdings **bedarf** die Befristung einzelner Arbeitsbedingungen eines **sachlichen Grunds**, wenn bei unbefristeter Änderung die neuen Arbeitsbedingungen dem **gesetzlichen Änderungsschutz** unterliegen würden, weil ansonsten der mit dem KSchG ebenfalls bezweckte **Vertragsinhaltsschutz umgangen** würde.[130] Maßgeblicher Zeitpunkt für die Beurteilung der sachlichen Rechtfertigung ist derjenige der Festlegung der befristeten Arbeitsbedingung.[131] Bei der Klage zur Kontrolle der Befristung einzelner Vertragsbedingungen handelt es sich nicht um eine Klage nach § 17 TzBfG, sondern um eine allgemeine Feststellungsklage nach § 256 Abs 1 ZPO.[132] Der Klageantrag könnte wie folgt lauten:

▶ Es wird festgestellt, dass das Arbeitsverhältnis des/der XY als Vollzeitkraft mit 35 Wochenstunden unbefristet über den XYZ hinaus fortbesteht. ◀

6. Betriebsvereinbarung

Arbeitsbedingungen können auch durch Betriebsvereinbarung geändert werden. Während Änderungen zugunsten der Arbeitnehmer stets möglich sind, können wegen des Günstigkeitsprinzips zuungunsten der Arbeitnehmer nur **kollektiv** geregelte Arbeitsbedingungen verändert werden, dh Arbeitsbedingungen, die in arbeitsvertraglichen Einheitsregelungen, Gesamtzusagen oder einer bereits bestehenden Betriebsvereinbarung festgelegt sind.[133] Eine **ablösende Betriebsvereinbarung** ist jedoch nur dann wirksam, wenn die neue kollektive Regelung **insgesamt nicht ungünstiger** ist als die bisherige kollektive Rechtsgrundlage (**kollektiver Günstigkeitsvergleich**)

---

125 BAG 13.6.1986 – 7 AZR 650/84 – AP KSchG 1969 § 2 Nr 19; BAG 25.4.1996 – 2 AZR 609/95 – AP KSchG 1969 § 1 Betriebsbedingte Kündigung Nr 78; HK/KSchG-Weller/Hauck § 2 Rn 84.
126 BAG 23.1.2002 – 7 AZR 563/00 – AP BeschFG 1996 § 1 Nr 12.
127 Löwisch/Spinner § 2 Rn 132; vgl auch HK/KSchG-Weller/Hauck § 2 Rn 86.
128 Thüsing/Laux/Lembke-Rachor § 2 KSchG Rn 38.
129 BTM/Mayer § 2 KSchG Rn 29.
130 BAG 13.6.1986 – 7 AZR 650/84 – AP KSchG 1969 § 2 Nr 19; BAG 21.4.1993 – 7 AZR 297/92 – AP KSchG 1969 § 2 Nr 34; BAG 23.1.2002 – 7 AZR 563/00 – AP BeschFG 1996 § 1 Nr 12; BTM/Mayer § 2 KSchG Rn 28.
131 Löwisch/Spinner § 2 Rn 135; HK/KSchG-Weller/Hauck § 2 Rn 91; aA KDZ/Zwanziger § 2 KSchG Rn 104.
132 BAG 23.1.2002 – 7 AZR 563/00 – AP BeschFG 1996 § 1 Nr 12.
133 Löwisch/Spinner § 2 Rn 141; KDZ/Zwanziger § 2 KSchG Rn 106 mwN.

oder soweit der Arbeitgeber wegen eines entsprechenden Widerrufsvorbehalts oder wegen Wegfalls der Geschäftsgrundlage die Verschlechterung verlangen kann.[134] Beruhen die zu ändernden Arbeitsbedingungen jedoch auf einer Betriebsvereinbarung, kann sie durch eine neue Betriebsvereinbarung in den Grenzen von Recht und Billigkeit auch zu Lasten der Arbeitnehmer abgelöst werden.[135]

IV. Änderungskündigung und Reaktionsmöglichkeiten des Arbeitnehmers

1. Allgemeines

28 Der Arbeitnehmer hat **drei Möglichkeiten**, auf die Änderungskündigung des Arbeitgebers zu reagieren: Er kann das **Änderungsangebot ablehnen** und gegen die Kündigung Kündigungsschutzklage erheben. Im Prozess wird dann allein über die Wirksamkeit der Beendigung des Arbeitsverhältnisses gestritten. Er kann aber auch den Weg des § 2 KSchG beschreiten und das **Änderungsangebot unter dem Vorbehalt annehmen**, das die Änderung der Arbeitsbedingungen sozial gerechtfertigt ist. Gegenstand des Prozesses ist dann allein die Wirksamkeit der Änderung der Arbeitsbedingungen. Diese Vorgehensweise des Arbeitnehmers sichert ihm auf jeden Fall den Bestand des Arbeitsverhältnisses. Außerdem steht es dem Arbeitnehmer frei, das in der Änderungskündigung liegende **Angebot vorbehaltlos anzunehmen**. Das Arbeitsverhältnis besteht dann zu den geänderten Bedingungen fort.

2. Vorbehaltlose Annahme des Änderungsangebots

29 Durch die vorbehaltlose Annahme des Änderungsangebots durch den Arbeitnehmer werden die geänderten Arbeitsbedingungen mit Ablauf der maßgeblichen Kündigungsfrist **Vertragsinhalt**, sofern die Parteien den Änderungszeitpunkt nicht abweichend geändert haben. Will der Arbeitnehmer das Änderungsangebot annehmen, musste nach früher überwiegend vertretener Ansicht in Rechtsprechung und Literatur seine Annahmeerklärung dem Arbeitgeber innerhalb der Frist des § 2 Satz 2 KSchG zugehen.[136] Nach der neueren Rechtsprechung des BAG bestimmt sich die Frist zur Annahme des Angebots nach § 147 Abs 2 BGB.[137] Der Arbeitgeber kann die Annahme des Änderungsangebots auch ausdrücklich mit einer Frist versehen.[138] Innerhalb der die Rechtssicherheit bezweckenden Frist des § 2 Satz 2 KSchG soll sich der Arbeitnehmer entscheiden, ob er das Änderungsangebot vorbehaltlos, vorbehaltlich oder überhaupt nicht annehmen will. Die **Überlegungsfrist** des § 2 Satz 2 KSchG stellt daher für die Ände-

---

134 BAG GS 16.9.1986 – GS 1/82 – AP BetrVG 1972 § 77 Nr 17.
135 BAG 27.9.1983 – 3 AZR 297/81 – AP BetrAVG § 1 Nr 9.
136 LAG Baden-Württemberg 30.10.1990 – 8 Sa 39/90 – LAGE § 2 KSchG Nr 12; LAG Köln 10.2.2000 – 5 Sa 1371/99 – NZA-RR 2000, 303 f; APS/Künzl § 2 KSchG Rn 161; ErfK//Oetker § 2 KSchG Rn 36; KR/Rost/Kreft § 2 KSchG Rn 77a; Stahlhacke/Vossen Rn 2049; aA Löwisch/Spinner § 2 Rn 23.
137 BAG 6.2.2003 – 2 AZR 674/01 – AP KSchG 1969 § 2 Nr 71; BAG 18.5.2006 – 2 AZR 230/05 – AP KSchG 1969 § 2 Nr 83.
138 KR/Rost/Kreft § 2 KSchG Rn 77a; SPV/Preis Rn 2049; ErfK/Oetker § 2 KSchG Rn 30.

rungskündigung eine **gesetzliche Konkretisierung des § 147 Abs 2 BGB** dar.[139] Da die Annahmeerklärung innerhalb der Frist des § 2 Satz 2 KSchG[140] zugehen muss,[141] kommt auch eine stillschweigende Annahme durch vorbehaltlose Weiterarbeit zu den geänderten Arbeitsbedingungen **regelmäßig nicht** in Betracht.[142] Denn vor Ablauf der Vorbehaltserklärungsfrist kann in aller Regel nicht aus einem bloßen Verhalten des Arbeitnehmers auf eine vorbehaltlose Annahme geschlossen werden. In der Weiterarbeit des Arbeitnehmers kommt nämlich nur die arbeitsvertragliche Pflichterfüllung zum Ausdruck. Und nach Ablauf der Vorbehaltserklärungsfrist ist auch die Frist für eine vorbehaltlose Annahme versäumt.[143] Nimmt der Arbeitnehmer das Änderungsangebot innerhalb der Vorbehaltserklärungsfrist nicht und auch nicht ohne Vorbehalt an, kann er innerhalb von drei Wochen nach Zugang der Änderungskündigung Klage erheben. In dem Prozess geht es dann allein um die Beendigung des Arbeitsverhältnisses.[144] Von daher bleibt auch bei der Ablehnung des Änderungsangebots durch den Arbeitnehmer das **Änderungsangebot und seine soziale Rechtfertigung der gerichtliche Prüfungsmaßstab**.[145] Versäumt der Arbeitnehmer die Klagefrist des § 4 KSchG, gilt die in der Änderungskündigung liegende Beendigungskündigung von Anfang an als sozial gerechtfertigt, wenn sie nicht aus anderem Grunde rechtsunwirksam ist (§ 7 KSchG). Nimmt der Arbeitnehmer das Änderungsangebot des Arbeitgebers erst nach Ablauf der Vorbehaltserklärungsfrist an, liegt hierin eine verspätete Annahme, die nach § 150 Abs 1 BGB als neuer Antrag zu werten ist, den der Arbeitgeber nunmehr annehmen kann.[146] Das **BAG hat mit Urteil vom 6.2.2003**[147] entschieden, dass auf die vorbehaltlose Annahmeerklärung die in § 2 Satz 2 KSchG vorgesehene Dreiwochenfrist nicht entsprechend anzuwenden ist. Einschlägig sei § 147 Abs 2 BGB, wonach das Änderungsangebot bis zu dem Zeitpunkt angenommen werden könne, in dem der Arbeitgeber den Eingang der Antwort unter regelmäßigen Umständen erwarten dürfe. Das mit einer Änderungskündigung verbundene Angebot des Arbeitgebers, das Arbeitsverhältnis nach Ablauf der Kündigungsfrist zu geänderten Bedingungen fortzusetzen, könne von einem Arbeitnehmer, der keine Kündigungsschutzklage erhoben habe, regelmäßig jedenfalls bis zu dem Tag vorbehaltlos angenommen werden, an dem der Arbeitgeber letztmalig unter Einhaltung der ordentlichen Kündigungsfrist hätte kündigen können. Dabei hat es das BAG ausdrücklich offen gelassen, ob bei einem in einer Änderungskündigung enthaltenen Änderungsangebot dem Arbeitnehmer regelmäßig mangels Fristsetzung durch den Arbeitgeber, § 148 BGB, die volle Kündigungsfrist oder eine kürzere Regelfrist als Überlegungsfrist zur

---

139 LAG Baden-Württemberg 30.10.1990 – 8 Sa 39/90 – LAGE § 2 KSchG Nr 12.
140 Zur Dauer der Frist s Rn 35.
141 Zum Begriff Zugang s Einl 33 ff u § 1 Rn 103.
142 HAS/Kramer 19 G Rn 54.
143 HAS/Kramer 19 G Rn 54.
144 „Kündigungsschutzklage" und nicht etwa Änderungsschutzklage; vgl KR/Rost/Kreft § 2 KSchG Rn 89.
145 BAG 19.5.1993 – 2 AZR 584/92 – AP KSchG 1969 § 2 Nr 31; KR/Rost/Kreft § 2 KSchG Rn 92 mwN; zum Prüfungsmaßstab s Rn 36-38.
146 HAS/Kramer 19 G Rn 56.
147 2 AZR 674/01 – AP KSchG 1969 § 2 Nr 71.

Verfügung steht bzw ob dem Planungsinteresse des Arbeitgebers nicht stets dadurch Rechnung zu tragen ist, dass der Arbeitnehmer seine Entscheidung, ob er zu den neuen Arbeitsbedingungen weiterarbeiten will, eine angemessene Zeit vor Ablauf der Kündigungsfrist mitzuteilen hat. Im der Entscheidung zugrunde liegenden Sachverhalt hatte der Arbeitgeber dem Arbeitnehmer, dessen Kündigungsfrist mangels gegenteiliger Mitteilungen im Tatbestand des Urteils drei Monate betrug, mit Schreiben vom 30.11.1999 zum 30.6.2000 ordentlich betriebsbedingt änderungsgekündigt. Mit Schreiben vom 21.3.2000 nahm der Arbeitnehmer das Änderungsangebot an. Das BAG geht zutreffend davon aus, dass sich die Frist zur unbedingten Annahme des Änderungsangebots ausschließlich nach § 147 Abs 2 BGB richtet. Eine Regelungslücke, die Voraussetzung für eine analoge Anwendung des § 2 Satz 2 KSchG wäre, besteht nicht. Nach § 147 Abs 2 BGB kann der einem Abwesenden gemachte Antrag nur bis zu dem Zeitpunkt angenommen werden, in welchem der Antragende den Eingang der Antwort unter regelmäßigen Umständen erwarten darf. Die gesetzliche Annahmefrist beinhaltet die Zeit für die Übermittlung des Vertragsangebots an den Empfänger, dessen Bearbeitungs- und Überlegungsfrist und die Zeit für die Übermittlung der Antwort an den Antragenden. Daraus kann entnommen werden, dass auch derjenigen Ansicht nicht gefolgt werden kann, die die Frist des § 2 Satz 2 KSchG von drei Wochen als Konkretisierung der unbestimmten Frist des § 147 Abs 2 BGB annehmen. Der Ansicht des BAG kann dogmatisch nicht widersprochen werden. Da sich das BAG nicht festgelegt hat, ob dem Arbeitnehmer die volle Kündigungsfrist oder eine kürzere Regelfrist als Überlegungsfrist zur Verfügung steht, kann dem Arbeitgeber nur empfohlen werden, von seinem Recht, eine Annahmefrist zu bestimmen, § 148 BGB, Gebrauch zu machen. Damit kann er seinem Planungsinteresse Rechnung tragen. Hat der Arbeitgeber eine solche Annahmefrist bestimmt, so ist diese maßgebend. Die als rechtsgeschäftsähnliche Handlung zu beurteilende Fristsetzung erfolgt idR durch Festlegung eines Endtermins, der unmittelbar durch ein Datum oder mittelbar durch einen Zeitraum bestimmt werden kann.[148] Im Änderungskündigungsschreiben kann der Arbeitgeber zB folgende Fristsetzung erklären:

▶ Das Änderungsangebot kann der Arbeitnehmer X dem Personalleiter Y gegenüber bis zum XYZ einschließlich annehmen. ◀

Der Arbeitgeber kann die Annahmefrist jederzeit verlängern, nicht aber nachträglich einseitig verkürzen.[149] Der Antragende ist in der Bemessung der Frist an sich frei.[150] Im Lichte der vom BAG zwar aus dogmatischen Gründen abgelehnten Analogie zur dreiwöchigen Frist des § 2 Satz 2 KSchG erscheint in der Diktion des BAG eine vom Arbeitgeber gewählte Frist von bis zu drei Wochen als unangemessen. Sofern die Fristsetzung für die Annahme eines Änderungsangebots in einem Formulararbeitsvertrag enthalten sein sollte, ist § 308 Nr 1 BGB zu berücksichtigen. Ist vom Arbeitgeber keine Frist zur Annahme des Änderungsangebots bestimmt, hat sich nach der hier vertretenen Ansicht der Arbeitnehmer innerhalb der

---

148 Palandt/Heinrichs § 148 BGB Rn 2.
149 Palandt/Heinrichs § 148 BGB Rn 4.
150 Palandt/Heinrichs § 148 BGB Rn 4.

Kündigungsfrist, spätestens jedoch einen Monat vor dem vom Arbeitgeber gewünschten Beginn des Eintritts der geänderten Bedingungen über deren Annahme zu erklären. Die dem § 147 Abs 2 BGB zugrunde zu legende typisierte Annahmefrist entspricht der Frist des § 8 Abs 5 Satz 1 TzBfG, der eine vergleichbare Interessenlage zum Gegenstand hat. Hier wie da geht es um das Planungs- und Dispositionsinteresse. In seinem Urteil vom 18.5.2006[151] hat das BAG ausgeführt, zwar betreffe § 2 Satz 2 KSchG nach seinem Wortlaut lediglich die Vorbehaltserklärung, nicht jedoch die vorbehaltlose Annahme des Änderungsangebots. Indes sei diese Frist als Mindestfrist auch auf die vorbehaltlose Annahme des Änderungsangebots zu erstrecken. Die Frist zur Erklärung des Vorbehalts nach § 2 Satz 2 KSchG gelte als Mindestfrist auch für die Erklärung der vorbehaltlosen Annahme des Änderungsangebots. Die zu kurze Bestimmung der Annahmefrist durch den Arbeitgeber im Änderungsangebot (im Fall des BAG waren es zwei Wochen) führe nicht zur Unwirksamkeit der Kündigung. Sie setze vielmehr die gesetzliche Annahmefrist des § 2 Satz 2 KSchG in Lauf. Mit Urteil vom 1.2.2007 hat das BAG entschieden, dass die Vorbehaltserklärungsfrist des § 2 Satz 2 KSchG als Mindestfrist auch für die Möglichkeit einer vorbehaltslosen Annahme des Änderungsangebots gilt, und zwar auch dann, wenn der Arbeitgeber eine zu kurze Annahmefrist festgelegt hat.[152]

3. Vorbehaltlose Ablehnung des Änderungsangebots

Lehnt der Arbeitnehmer das Änderungsangebot vorbehaltlos ab, verbleibt es bei der Kündigungserklärung des Arbeitgebers. Dem Arbeitnehmer steht es frei, innerhalb der Dreiwochenfrist des § 4 Satz 1 KSchG eine (normale) Kündigungsschutzklage zu erheben. Unterliegt er im Prozess, verliert er seinen Arbeitsplatz. **Prüfungsmaßstab** ist die soziale Rechtfertigung der mit der Änderungskündigung verfolgten Änderung der Arbeitsbedingungen.[153]

4. Annahme unter Vorbehalt

a) **Bedeutung des Vorbehalts.** § 2 Satz 1 KSchG räumt dem Arbeitnehmer die Möglichkeit ein, das Angebot der Fortsetzung des Arbeitsverhältnisses zu geänderten Bedingungen **unter dem Vorbehalt anzunehmen, dass die Änderung der Arbeitsbedingungen nicht sozial ungerechtfertigt** ist. Damit wird dem Arbeitnehmer das Risiko abgenommen, im Falle einer für ihn negativ ausgehenden Überprüfung der Sozialwidrigkeit den Prozess und somit den Arbeitsplatz zu verlieren.[154] In der Vorbehaltsannahme des Arbeitnehmers ist jedoch kein Verzicht auf die Geltendmachung sonstiger Unwirksamkeitsgründe einschließlich der Nichteinhaltung der Kündigungsfrist zu sehen.[155]

---

151 2 AZR 230/05 – AP KSchG 1969 § 2 Nr 83.
152 BAG 1.2.2007 – 2 AZR 44/06 – AP KSchG 1969 § 2 Nr 132.
153 S Rn 38; ErfK/Oetker § 2 KSchG Rn 32; KDZ/Zwanziger § 2 KSchG Rn 126; HK/KSchG-Weller/Hauck § 2 Rn 139.
154 DFL/Kaiser § 2 KSchG Rn 14; Dornbusch/Wolff-Kappenhagen/Hess § 2 KSchG Rn 78; KR/Rost § 2 KSchG Rn 55; SPV/Preis Rn 1263.
155 BAG 28.5.1998 – 2 AZR 615/97 – AP KSchG 1969 § 2 Nr 48; KDZ/Zwanziger § 2 KSchG Rn 131 a.

32 **b) Rechtsnatur des Vorbehalts.** Die Erklärung des Vorbehalts ist eine **privatrechtsgestaltende Willenserklärung**, durch die der Arbeitnehmer kraft Gesetzes (§ 2 Satz 1 KSchG) abweichend von § 150 Abs 2 BGB ein Vertragsangebot unter einer Bedingung annehmen kann.[156] Der durch die Annahme des Änderungsangebots zustande gekommene **Änderungsvertrag** steht unter der **rückwirkenden** (§ 8 KSchG) **auflösenden Bedingung einer gerichtlich festzustellenden Sozialwidrigkeit** der Änderung der Arbeitsbedingungen.[157] Dem Vorbehalt kommt wegen seiner Rechtsfolgen[158] **materiell-rechtliche Bedeutung zu**[159] mit der Folge, dass die Klage nicht etwa als unzulässig, sondern als unbegründet abgewiesen wird, wenn der Vorbehalt nicht fristgerecht erklärt wird. Der Unterschied hat damit Auswirkungen auf den Inhalt der Rechtskraft der gerichtlichen Entscheidung.

33 **c) Form und Adressat des Vorbehalts.** Die Erklärung des Vorbehalts ist an **keine bestimmte Form** gebunden (zweckmäßigerweise aber schriftlich).[160] Er kann also auch mündlich ausdrücklich oder stillschweigend erfolgen. Eine Erklärung des Vorbehalts kann **allein in der Fortsetzung des Arbeitsverhältnisses** zu den geänderten Bedingungen während der Frist des § 2 Satz 2 KSchG **nicht gesehen** werden. Zum einen darf der Arbeitnehmer die Erklärungsfrist uneingeschränkt nutzen. Zum anderen kann darin je nach Sachlage[161] möglicherweise sogar eine vorbehaltlose Annahme des Änderungsangebots gesehen werden.[162] Einer Klage mit dem Antrag, die Sozialwidrigkeit der Änderung der Arbeitsbedingungen festzustellen (Änderungsschutzklage), ist regelmäßig eine konkludente Vorbehaltserklärung zu entnehmen.[163]

34 Der Vorbehalt ist dem **Arbeitgeber** gegenüber (nicht dem Arbeitsgericht) zu erklären (zweckmäßigerweise schriftlich). **Empfangszuständig** sind neben dem Arbeitgeber persönlich diejenigen Personen, die auf Arbeitgeberseite kündigungsberechtigt sind.[164] Unterliegt der Arbeitnehmer bei der Abgabe der Vorbehaltserklärung einem **Irrtum** (zB er verspricht sich oder irrt über die Wertung seines Verhaltens), kann er zur **Anfechtung** der von ihm abgegebenen **Willenserklärung** (Vorbehaltserklärung) nach § 119 BGB

---

156 BAG 27.9.1984 – 2 AZR 62/83 – AP KSchG 1969 § 2 Nr 8; APS/Künzl § 2 Rn 209; HK/KSchG-Weller/Hauck § 2 Rn 96; KR/Rost/Kreft § 2 KSchG Rn 58; ErfK/Oetker § 2 KSchG Rn 34.
157 LAG Rheinland-Pfalz 2.5.1994 – 10 Sa 68/94 – LAGE § 2 KSchG Nr 14; ErfK/Oetker § 2 KSchG Rn 39; HK/KSchG-Weller/Hauck § 2 Rn 96; SPV/Preis Rn 1263.
158 S § 8.
159 KR/Rost/Kreft § 2 KSchG Rn 58; SPV/Preis Rn 1238.
160 DFL/Kaiser § 2 KSchG Rn 16; HK/KSchG-Weller/Hauck § 2 Rn 101; ErfK/Oetker § 2 KSchG Rn 37.
161 Einzelheiten s Rn 29.
162 BAG 19.6.1986 – 2 AZR 565/85 – AP KSchG 1969 § 2 Nr 16; BAG 27.3.1987 – 7 AZR 790/85 – AP KSchG 1969 § 2 Nr 20; Dornbusch/Wolff-Kapenhagen/Hess § 2 KSchG Rn 81; ErfK/Oetker § 2 KSchG Rn 37; Thüsing/Laux/Lembke-Rachor § 2 KSchG Rn 58.
163 DFL/Kaiser § 2 KSchG Rn 16; vHH/L/Linck § 2 Rn 102; SPV/Preis Rn 1263; Löwisch/Spinner § 2 Rn 30; KR/Rost/Kreft § 2 KSchG Rn 66; ErfK/Oetker § 2 KSchG Rn 37; unklar Thüsing/Laux/Lembke-Rachor § 2 KSchG Rn 59.
164 KR/Rost/Kreft § 2 KSchG Rn 60.

berechtigt sein.[165] Da die Erklärung des Vorbehalts keinen höchstpersönlichen Charakter hat, kann sich der Erklärende der allgemeinen Vertretungsregelungen[166] nach §§ 164 ff BGB oder auch eines Boten bedienen.[167]

d) Frist zur Erklärung des Vorbehalts. Nach § 2 Satz 2 KSchG muss der Vorbehalt **innerhalb der Kündigungsfrist, spätestens jedoch innerhalb von drei Wochen nach Zugang der Kündigung** erklärt werden. Nach dem durch das **Gesetz zu Reformen am Arbeitsmarkt** vom 26.9.2003 unverändert gebliebenen Wortlaut des § 2 Satz 2 KSchG kommt es für den Beginn des Laufs der Vorbehaltserklärungsfrist nicht auf den Zugang einer **schriftlichen** Kündigung an (anders bei der Klagefrist nach § 4 Satz 1 KSchG, ebenso vgl §§ 5, 6 KSchG). Es fragt sich, ob es sich um eine redaktionelle Unschärfe des Gesetzgebers handelt oder ob er insoweit eine bewusste Entscheidung getroffen hat. Den Gesetzesbegründungen kann keine Aussage des Gesetzgebers entnommen werden (BT-Drucks. 15/1204, 15/1509, 15/1587). Geht man vom Wortlaut des § 2 Satz 2 KSchG aus, würde die Vorbehaltserklärungsfrist auch beim Zugang einer **mündlichen** Kündigung (Vernehmen) zu laufen beginnen, die Klagefrist des § 4 Satz 1 KSchG indessen nicht. Wegen des untrennbaren Sachzusammenhangs zwischen der vorbehaltlichen Annahme des Änderungsangebots und der gerichtlichen Überprüfung auf seine soziale Rechtfertigung kann eine Entkoppelung der Vorbehaltserklärungsfrist von der Klagefrist nicht gewollt sein. Das Schweigen des Gesetzgebers in den Gesetzesbegründungen sowie der sachliche Zusammenhang bedingen es, den aufgezeigten Wertungswiderspruch gesetzestechnisch in der Weise aufzulösen, dass § 2 Satz 2 KSchG den Zugang der Kündigung iSd § 4 Satz 1 KSchG, also den Zugang einer **schriftlichen Kündigung**, voraussetzt. Für die Fristwahrung ist der Zugang der Vorbehaltserklärung beim Arbeitgeber entscheidend, § 130 Abs 1 Satz 1 BGB. Auf den Zeitpunkt der Abgabe der Erklärung kommt es sonach nicht an. Die **Fristberechnung bestimmt sich nach** §§ 187 ff BGB. Fällt das Fristende auf einen Samstag, Sonntag oder Feiertag, läuft die Frist gem § 193 BGB erst am darauffolgenden Werktag ab. Nach dem eindeutigen Wortlaut des Gesetzes ist für die Erklärung des Vorbehalts die für den Arbeitnehmer geltende Kündigungsfrist maßgebend, wenn sie kürzer als drei Wochen ist (zB die Grundkündigungsfrist im Bauhauptgewerbe von 12 Werktagen).[168] Daran ändert nichts, dass dadurch die Überlegungsfrist des Arbeitnehmers verkürzt wird.[169] Bei längerer Kündigungsfrist (vgl die gesetzliche Frist nach § 622 BGB) verkürzt § 2 Satz 2 KSchG die Überlegungsfrist des Arbeitnehmers auf drei Wochen. **Versäumt** der Arbeitnehmer die Frist zur Erklärung des Vorbehalts, **verliert** er das Recht aus § 2 KSchG, das Angebot des Arbeitgebers unter Vorbehalt anzunehmen. Das Angebot ist nämlich mit Fristablauf erloschen, es sei denn, der Arbeitgeber hat dem Arbeitnehmer eine längere Annahmefrist eingeräumt, deren äußerste Grenze

---

165 DFL/Kaiser § 2 KSchG Rn 9.
166 Thüsing/Laux/Lembke-Rachor § 2 KSchG Rn 58.
167 APS/Künzl § 2 Rn 212.
168 BAG 19.6.1986 – 2 AZR 565/85 – AP KSchG 1969 § 2 Nr 16; HK/KSchG-Weller/Hauck § 2 Rn 98; ErfK/Oetker § 2 KSchG Rn 35; KDZ/Zwanziger § 2 KSchG Rn 131; KR/Rost/Kreft § 2 KSchG Rn 68; abweichend Wenzel MDR 1969, 976.
169 ErfK/Oetker § 2 KSchG Rn 35; HK/KSchG-Weller/Hauck § 2 Rn 98.

jedoch die **nicht disponible Dreiwochenfrist** des § 4 Satz 1 KSchG ist.[170] Von daher kommt eine Verlängerung der Vorbehaltserklärungsfrist, die im Übrigen eindeutig sein muss, nur bei einer Kündigungsfrist unter drei Wochen in Betracht. Die Vorbehaltserklärungsfrist ist einseitig zwingend, sie kann also weder einvernehmlich zum Nachteil des Arbeitnehmers verkürzt werden noch ist der Arbeitgeber einseitig zu einer Verkürzung berechtigt.[171] Eine nachträgliche Zulassung oder eine Wiedereinsetzung in den vorigen Stand wegen der Fristversäumung ist gesetzlich nicht vorgesehen[172] Wie bereits mitgeteilt,[173] ist einer Änderungsschutzklage nach § 4 Satz 2 KSchG (nicht dagegen einem Kündigungsschutzantrag nach § 4 Satz 1 KSchG, weil davon ausgegangen werden muss, dass der Arbeitnehmer das Änderungsangebot ablehnt und um den Bestand des Arbeitsverhältnisses streitet) eine stillschweigende Vorbehaltserklärung zu entnehmen.[174] Zu beachten ist jedoch, und das gilt auch für einen ausdrücklich in der Klageschrift der Änderungsschutzklage aufgenommenen Vorbehalt, dass die Klage dem **Arbeitgeber** innerhalb der Kündigungsfrist, spätestens jedoch innerhalb der Dreiwochenfrist des § 2 Satz 2 KSchG zugeht. Die Einreichung der Klage bei Gericht innerhalb dieser Fristen genügt nicht, da die Vorbehaltserklärung gegenüber dem Arbeitgeber und nicht gegenüber dem Gericht abzugeben ist. Die Vorschriften über die Klagezustellung (§ 46 Abs 2 ArbGG iVm §§ 495, 167 ZPO) finden auf die Vorbehaltsfrist des § 2 Satz 2 KSchG nach bisherigem Verständnis keine Anwendung.[175] Wird die Klageschrift dem Arbeitgeber nicht innerhalb der Frist des § 2 Satz 2 KSchG, sondern erst „demnächst" iSv § 167 ZPO, also innerhalb einer angemessenen Frist, zugestellt, entfaltet nach bisheriger Ansicht ein in ihr enthaltener Vorbehalt keine Rechtswirkungen. Von daher sollte die Annahme des Änderungsangebots vom Arbeitnehmer gegenüber dem Arbeitgeber stets außerhalb der Klageschrift erklärt werden. Nach Ansicht des BGH ist § 167 ZPO auch in den Fällen anwendbar, in denen durch die Zustellung eine frist gewahrt werden soll, die ebenfalls durch außergerichtliche Geltendmachung gewahrt werden kann. Dem ist zu folgen, da der Zweck der Annahmefrist kein anderer ist, als bei der Klagefrist nach § 4 Satz 1. Hat der Arbeitnehmer bereits eine Kündigungsschutzklage nach § 4 Satz 1 KSchG erhoben, kann er danach nicht mehr den Vorbehalt nach § 2 Satz 2 KSchG erklären.[176] Dies gilt auch dann, falls die Vorbehaltserklärungsfrist

---

170 ErfK/Oetker § 2 KSchG Rn 35; aA wohl HK/KSchG-Weller/Hauck § 2 Rn 109.
171 BAG 18.5.2006 – 2 AZR 230/05 – AP KSchG 1969 § 2 Nr 83; DFL/Kaiser § 2 KSchG Rn 15; ErfK/Oetker § 2 KSchG Rn 35.
172 DFL/Kaiser § 2 KSchG Rn 15; KR/Rost/Kreft § 2 KSchG Rn 70; auch keine „analoge Anwendung"; vHH/L/Linck § 2 KSchG Rn 106.
173 S Rn 33.
174 APS/Künzl § 2 KSchG Rn 218 f; Thüsing/Laux/Lembke-Rachor § 2 KSchG Rn 59.
175 BAG 17.6.1998 – 2 AZR 336/97 – AP KSchG 1969 § 2 Nr 49; Dornbusch/Wolff-Kappenhagen/Hess § 2 KSchG Rn 85; DFL/Kaiser § 2 KSchG Rn 15; KR/Rost/Kreft § 2 KSchG Rn 71; HK/KSchG-Weller/Hauck § 2 Rn 103; ErfK/Oetker § 2 KSchG Rn 35 f; Löwisch/Spinner § 2 Rn 30.
176 BGH 17.7.2008 – NJW 2009, 765; ebenso BAG 22.5.2014 – 8 AZR 662/13 – BB 2014, 1395 betr Frist des § 15 Abs 4 Satz 1 AGG; Nägele/Gertler NZA 2010, 1377, 1378; ErfK/Oetker § 2 KSchG Rn 35; aA Gelhaar NZA-RR 2011, 169, 171 ff; APS/Künzl § 2 Rn 228; KR/Rost/Kreft § 2 KSchG Rn 74.

noch nicht abgelaufen ist. Denn in der Erhebung einer Kündigungsschutzklage nach § 4 Satz 1 KSchG ist zugleich die stillschweigende Ablehnung des Änderungsangebots zu sehen.[177] Ein abgelehntes Angebot erlischt (§ 146 BGB), so dass kein Angebot mehr vorhanden ist. In der nachträglichen Erklärung des Vorbehalts ist jedoch nach § 150 Abs 1 BGB ein neuer Antrag zu sehen, den der Arbeitgeber nunmehr annehmen kann.[178]

e) Rechtsfolge der Annahme unter Vorbehalt. Hat der Arbeitnehmer das Änderungsangebot unter Vorbehalt angenommen, ist er **nach Ablauf der Kündigungsfrist** auch während der Dauer des Rechtsstreits **verpflichtet**, zu geänderten Bedingungen zu arbeiten.[179] Ein vorläufiger Weiterbeschäftigungsanspruch, zunächst zu den alten Arbeitsvertragsbedingungen weiter beschäftigt zu werden, besteht nicht.[180] Der Arbeitnehmer ist an den einmal erklärten Vorbehalt gebunden. Er kann die Erklärung des Vorbehalts **nicht mehr einseitig zurücknehmen**,[181] dh das ist nur mit Zustimmung des Arbeitgebers möglich.[182] Ein „Widerruf" des Vorbehalts ist nur ein Angebot des Arbeitnehmers an den Arbeitgeber, den unter Vorbehalt zustande gekommenen Änderungsvertrag wieder aufzuheben.[183] Mit dem Zugang der Vorbehaltserklärung ist ein Arbeitsvertrag entstanden, der unter der **auflösenden Bedingung des Obsiegens des Arbeitnehmers im Rechtsstreit steht.** Solange über die Änderungsschutzklage noch nicht rechtskräftig entschieden worden ist, ist der Vorbehalt noch nicht wirksam geworden. Der Arbeitnehmer muss also zunächst zB zu einem geringeren Lohn, im Akkordlohn statt im Zeitlohn oder umgekehrt, in einer anderen Betriebsabteilung, unter Änderung der Arbeitszeit etc weiterarbeiten.[184] Regelmäßig tritt die Änderung der Arbeitsbedingungen mit Ablauf der Kündigungsfrist ein. Davon kann jedoch **einvernehmlich** abgewichen werden. Die in der Änderungskündigung **enthaltene Kündigung** des Arbeitsverhältnisses wird mit Annahme des Änderungsangebots, und sei es auch unter dem Vorbehalt des § 2 KSchG, **hinfällig**, weil ihre Rechtsfolge nicht mehr eintreten kann. Hat die Änderungsschutzklage des Arbeitnehmers **Erfolg**, gilt die Änderung der Arbeitsbedingungen nach § 8 KSchG als **von Anfang an unwirksam**. Die früheren Arbeitsbedingungen sind insoweit wiederherzustellen, als die Rückwirkung tatsächlich auch durchführbar ist.[185] Hat der Arbeitnehmer zB aufgrund der geänderten Arbeitsbedingungen weniger Entgelt als zuvor erhalten, ist ihm die Entgeltdifferenz nachzuzahlen (§ 159

---

177 KR/Rost/Kreft § 2 KSchG Rn 74; HK/KSchG-Weller/Hauck § 2 Rn 108; KDZ/Zwanziger § 2 KSchG Rn 133.
178 Löwisch NZA 1988, 633 f.
179 BAG 18.1.1990 – 2 AZR 183/89 – AP KSchG 1969 § 2 Nr 27; DFL/Kaiser § 2 KSchG Rn 17; ErfK/Oetker § 2 KSchG Rn 38.
180 BAG 28.5.2009 – 2 AZR 844/07 – AP BGB § 626 Nr 222; BAG 18.1.1990 – 2 AZR 183/89 – AP KSchG 1969 § 2 Nr 27; ErfK/Oetker § 2 KSchG Rn 38; Thüsing/Laux/Lembke-Rachor § 2 KSchG Rn 56, 65.
181 DFL/Kaiser § 2 KSchG Rn 17; ErfK/Oetker § 2 KSchG Rn 37.
182 LAG Rheinland-Pfalz 2.5.1994 – 10 Sa 68/94 – LAGE § 2 KSchG Nr 14; zur Anfechtungsmöglichkeit s Rn 34; SPV/Preis Rn 1263; Löwisch/Spinner § 2 Rn 32.
183 LAG Rheinland-Pfalz 2.5.1994 – 10 Sa 68/94 – LAGE § 2 KSchG Nr 14; DFL/Kaiser § 2 KSchG Rn 17.
184 BAG 27.3.1987 – 7 AZR 790/85 – AP KSchG 1969 § 2 Nr 20; vHH/L/Linck § 2 Rn 103.
185 HAS/Kramer 19 G Rn 51; s die Kommentierungen zu § 8 KSchG.

BGB). Eine etwaige **tarifvertragliche Ausschlussfrist beginnt mit der Rechtskraft des Urteils**. War mit der Änderungskündigung eine Versetzung verbunden, ist der Arbeitnehmer auf dem ursprünglichen Arbeitsplatz weiterzubeschäftigen. **Eine Rückwirkung scheitert an der tatsächlichen Durchführbarkeit**. Wird die Änderungsschutzklage des Arbeitnehmers abgewiesen, verliert der von ihm ausgesprochene Vorbehalt seine Wirkung. Mit Rechtskraft der Entscheidung werden die geänderten Arbeitsbedingungen endgültig verbindlicher Vertragsinhalt.

37 Rechtsfragen im Zusammenhang mit der **Beschäftigung** des Arbeitnehmers während des Rechtsstreits werden unter Rn 63 f behandelt. Auf Rn 73 bis 76 wird verwiesen, soweit es sich bei der mit der Änderungskündigung angestrebten Beschäftigung zu geänderten Bedingungen um eine **Versetzung** iSd § 95 Abs 3 BetrVG handelt.

V. Soziale Rechtfertigung der Änderungskündigung
1. Prüfungsmaßstab

38 a) **Allgemeines.** Nach § 2 Satz 1 KSchG kann der Arbeitnehmer das Vertragsangebot unter dem Vorbehalt annehmen, dass die Änderung der Arbeitsbedingungen **nicht sozial ungerechtfertigt ist**. Nach § 4 Satz 2 KSchG ist die Klage dahin zu erheben, dass die Änderung der Arbeitsbedingungen sozial ungerechtfertigt ist. In diesen Gesetzesformulierungen kommt eindeutig zum Ausdruck, dass die **soziale Rechtfertigung des Änderungsvorschlags Gegenstand der gerichtlichen Prüfung ist**.[186] Auch dann, **wenn der Arbeitnehmer die Änderung der Arbeitsbedingungen abgelehnt hat**, also kein Rechtsstreit nach § 4 Satz 2 KSchG anhängig ist, sondern ein „normales" Bestandsschutzverfahren nach § 4 Satz 1 KSchG, ist Gegenstand der Überprüfung die soziale Rechtfertigung der Änderung der Arbeitsbedingungen und nicht etwa die Beendigung des Arbeitsverhältnisses als solches.[187] Dies rechtfertigt sich aus der Überlegung, dass durch die Ausübung des dem Arbeitnehmer nach § 2 KSchG eingeräumten **Wahlrechts** die **Einheit zwischen Kündigung und Änderungsangebot** auch dann unberührt bleibt, wenn der Arbeitnehmer das Angebot ablehnt.[188] Nach §§ 2, 4 Satz 2 KSchG darf die Änderung nicht sozial ungerechtfertigt sein. Der Maßstab für die Sozialwidrigkeit der Vertragsänderung ergibt sich aus § 1 KSchG, auf dessen Abs 2 Satz 1 bis 3 und Abs 3 Satz 1 und 2 § 2 Satz 1 KSchG verweist. Aus der Verweisung auf die ordentliche Beendigungskündigung folgt, dass die ordentliche Änderungskündigung **gleichsam als Minus** und **nicht etwa als Aliud** zu verstehen ist. Der **Verhältnismäßigkeitsgrundsatz** ist alleiniges rechtliches Kriterium dafür, ob eine ordentliche Beendigungskündigung oder eine ordentliche Änderungskündigung auszusprechen ist.[189] Diese Grundsätze hat das BAG in seiner Entscheidung vom

---

[186] BAG 21.6.1995 – 2 ABR 28/94 – AP KSchG 1969 § 15 Nr 36; BAG 1.7.1999 – 2 AZR 826/98 – AP KSchG 1969 § 2 Nr 53; KR/Rost/Kreft § 2 KSchG Rn 84 und 97 bis 98a; Löwisch/Spinner § 2 Rn 38; SPV/Preis Rn 1269; HK/KSchG-Weller/Hauck § 2 Rn 141.
[187] BAG 19.5.1993 – 2 AZR 584/92 – AP KSchG 1969 § 2 Nr 31; KR/Rost/Kreft § 2 KSchG Rn 92 mwN; s Rn 29.
[188] KR/Rost/Kreft § 2 KSchG Rn 90.
[189] S § 1 Rn 146 f.

12.11.1998[190] bestätigt. Danach ist eine betriebsbedingte Änderungskündigung möglich, die eine sonst erforderlich werdende Beendigungskündigung – zB wegen Stilllegung des Gesamtbetriebes oder einer Betriebsabteilung – vermeidet. Die Anforderungen an eine solche Änderungskündigung sind nicht geringer anzusetzen als die Anforderungen an eine Beendigungskündigung wegen beabsichtigter (Teil-) Betriebsstilllegung.

b) Zweistufige Prüfung. Nach der gesetzlichen Verweisung auf § 1 Abs 2 Satz 1 bis 3 KSchG ist die ordentliche Änderungskündigung sozial ungerechtfertigt, wenn die Änderung nicht durch Gründe, die in der Person oder dem Verhalten des Arbeitnehmers liegen oder durch dringende betriebliche Erfordernisse, die eine Weiterbeschäftigung zu unveränderten Bedingungen in diesem Betrieb entgegenstehen, bedingt ist. **An diesen Prüfungsschritt schließt sich eine zweite Prüfungsstufe an,** auf der zu fragen ist, ob der Arbeitgeber sich bei einem an sich anerkennenswerten Anlass zur Änderungskündigung darauf beschränkt hat, nur solche Änderungen vorzuschlagen, die der Arbeitnehmer billigerweise hinnehmen muss.[191] Ob der Arbeitnehmer die vorgeschlagenen Änderungen billigerweise hinnehmen muss, richtet sich nach dem Verhältnismäßigkeitsgrundsatz. Keine der angebotenen Änderungen darf sich weiter vom Inhalt des bisherigen Arbeitsverhältnisses entfernen, als zur Anpassung an die geänderten Beschäftigungsmöglichkeiten erforderlich ist.[192] Der zweite Prüfungsschritt hat seine rechtliche Grundlage im Prinzip der Verhältnismäßigkeit,[193] die ihrerseits ihre Berechtigung aus dem Kündigungsgrund an sich – Unzumutbarkeit der Fortsetzung des Arbeitsverhältnisses – ableitet.[194] Von daher besteht nach der Rechtsprechung und ganz hL[195] ein **zweistufiger Prüfungsaufbau,** der unabhängig davon Anwendung findet, ob der Arbeitnehmer das Änderungsangebot abgelehnt oder unter Vorbehalt angenommen hat. **Zusammengefasst gilt:**

- In einem ersten Schritt ist zu fragen, ob Person, Verhalten oder dringende betriebliche Erfordernisse iSd § 1 Abs 2 KSchG die Kündigung bedingen (Sozialwidrigkeitsprüfung; das „Ob" der Änderungskündigung).
- In einem zweiten Schritt wird geprüft, ob die vorgeschlagene Änderung von dem Arbeitnehmer billigerweise hingenommen werden muss (Zumutbarkeitsprüfung; das „Wie" der Änderungskündigung).

---

190 2 AZR 91/98 – AP KSchG 1969 § 2 Nr 51.
191 BAG 3.11.1977 – 2 AZR 277/76 – AP BPersVG § 75 Nr 1; BAG 15.3.1991 – 2 AZR 582/90 – AP KSchG 1969 § 2 Nr; BAG 1.7.1999 – 2 AZR 826/98 – AP KSchG 1969 § 2 Nr 53; BAG 22.11.2000 – 2 AZR 547/99 – AP KSchG 1969 § 2 Nr 52; BAG 23.6.2005 – 2 AZR 642/04 – AP KSchG 1969 § 2 Nr 81.
192 BAG 23.6.2005 – 2 AZR 642/04 – AP KSchG 1969 § 2 Nr 81.
193 Grundlegend BAG 20.10.1954 – 1 AZR 193/54 – AP KSchG § 1 Nr 6 zu § 1 KSchG; BAG 23.2.2012 – 2 AZR 44/11; KR/Rost/Kreft § 2 KSchG Rn 98; vHH/L/Linck § 1 Rn 129 a.
194 S § 1 Rn 142.
195 Dornbusch/Wolff-Kapenhagen/Hess § 2 KSchG Rn 96; ErfK/Oetker § 2 KSchG Rn 42; HK/KSchG-Weller/Hauck § 2 Rn 144; Löwisch/Spinner § 2 Rn 39; KPK/Bengelsdorf Teil H § 2 Rn 91 ff; KR/Rost/Kreft § 2 KSchG Rn 96; SPV/Preis Rn 1270.

40 Bezieht sich das Änderungsangebot des Arbeitgebers auf **mehrere Arbeitsbedingungen**, muss die soziale Rechtfertigung **für jeden einzelnen Grund** geprüft werden.[196] Ist eine der beabsichtigten Änderungen nicht sozial gerechtfertigt, hat dies die Unwirksamkeit der gesamten Änderungskündigung zur Folge. Eine gesonderte Rechtfertigung der Vergütungsänderung – neben anderen Änderungen – ist nur dann entbehrlich, wenn sich die geänderte Vergütung aus einem im Betrieb angewandten Vergütungssystem ergibt (Tarifautomatik).[197] Das Gericht kann die Änderungskündigung nicht teilweise für wirksam erklären.[198] Dem Arbeitgeber ist es jedoch nicht verwehrt, eine neue Änderungskündigung mit einem bereinigten Änderungsangebot auszusprechen.

2. Verhältnismäßigkeitsgrundsatz

41 Entsprechend dem Grundsatz der **Verhältnismäßigkeit**[199] hat der Arbeitgeber vor Ausspruch einer Änderungskündigung stets zu prüfen, ob er das mit der Änderungskündigung verfolgte Ziel der Änderung der Arbeitsbedingungen nicht mit weniger einschneidenden Maßnahmen erreichen kann.[200] Danach ist die **Kündigung**, also auch die Änderungskündigung, **ultima ratio** und kann nur dann wirksam sein, wenn sie zur Änderung der Arbeitsbedingungen **geeignet** und als mildestes Mittel **erforderlich** sowie im Verhältnis zu dem verfolgten Zweck **angemessen** ist. Ist die Änderungskündigung danach nicht gerechtfertigt, fehlt es bereits am Kündigungsgrund als erstem Prüfungsschritt; der Grundsatz der Verhältnismäßigkeit kommt also nicht erst bei der Interessenabwägung als zweitem Prüfungsschritt zum Tragen.

Aus dem Grundsatz der Verhältnismäßigkeit ergibt sich der **Vorrang der Änderungs- vor der Beendigungskündigung**.[201] Richtigerweise ergibt sich daraus weiter, dass eine Änderungskündigung dann unwirksam ist, wenn die Änderung der Arbeitsbedingungen durch Ausübung des Direktionsrechts bewirkt werden kann.[202] Um nicht gegen den zur ersten Prüfungsstufe gehörenden Verhältnismäßigkeitsgrundsatz zu verstoßen, muss der Arbeitgeber vor Ausspruch der Änderungskündigung als ultima ratio zB in Erwägung ziehen, ob ein Abbau von Überstunden oder von Leiharbeitnehmern möglich bzw ob eine Umstellung auf Teilzeit denkbar ist, eine Umsetzung mittels Direktionsrecht in Betracht kommt oder ob die Änderung von

---

196 BAG 6.3.1986 – 2 ABR 15/85 – AP KSchG 1969 § 15 Nr 19; BAG 23.6.2005 – 2 AZR 642/04 – AP KSchG 1969 § 2 Nr 81; Dornbusch/Wolff-Kappenhagen/Hess § 2 KSchG Rn 98; Löwisch § 2 Rn 28.
197 Vgl Fall nach BAG 23.6.2005 – 2 AZR 642/04 – AP KSchG 1969 § 2 Nr 81.
198 BAG 6.3.1986 – 2 ABR 15/85 – AP KSchG 1969 § 15 Nr 19; aA Löwisch/Spinner § 2 Rn 42, der eine Umdeutung seitens des Gerichts für zulässig hält.
199 Einzelheiten s § 1 Rn 146 ff.
200 KR/Rost/Kreft § 2 KSchG Rn 96; vHH/L/Linck § 2 Rn 129 b.
201 BAG 27.9.1984 – 2 AZR 62/83 – AP KSchG 1969 § 2 Nr 8; s § 1 Rn 144, 635, 637; s Rn 2.
202 vHH/L/Linck Vorauf § 2 Rn 32 b ff; s Rn 14; aA für den Fall, dass der Arbeitnehmer das Änderungsangebot unter Vorbehalt annimmt BAG 26.1.1995 – 2 AZR 371/94 – AP KSchG 1969 § 2 Nr 36; Einzelheiten s Rn 15.

Arbeitsbedingungen auch mittels eines vorbehaltenen Widerrufs bewirkt werden kann.[203]

3. Kündigungsgründe

Aus der Verweisung des § 2 Satz 1 KSchG insbesondere auf § 1 Abs 2 Satz 1 KSchG folgt, dass die **ordentliche Änderungskündigung auf betriebs-, personen- und verhaltensbedingte Gründe** gestützt werden kann. Begründet der Arbeitgeber die Änderungskündigung mit einem Sachverhalt, der sich auf mehrere der in § 1 Abs 2 Satz 1 KSchG genannten Gründe stützt (sog **Mischtatbestand**), bestimmt sich der Prüfungsmaßstab wie bei der Beendigungskündigung danach, aus welchem der im Gesetz genannten Bereiche die für die Kündigung auslösende Störung kommt.[204] Die von § 2 Satz 1 KSchG weiter in Bezug genommenen Tatbestände des § 1 Abs 2 Satz 2 KSchG werden unter Rn 55 behandelt.

42

a) Dringende betriebliche Gründe. aa) Betriebsbedingtheit. Nach dem sich aus der gesetzlichen Verweisung in § 2 Satz 1 KSchG auf § 1 Abs 2 Satz 1 KSchG ergebenden abstrakten Prüfungsmaßstab[205] gilt für die betriebsbedingte ordentliche Änderungskündigung hinsichtlich der Betriebsbedingtheit **kein anderes Prüfungsprogramm** als bei der ordentlichen Beendigungskündigung.[206] Es ist jeweils eine **unternehmerische Entscheidung** erforderlich, die strukturell in zwei Fallgruppen eingeteilt werden kann. Zum einen kann der Arbeitgeber eine sog **gestaltende Unternehmerentscheidung** treffen, die sich dadurch kennzeichnet, dass sie eine Umgestaltung der Betriebsorganisation zur Folge hat.[207] Zum anderen entscheidet sich der Arbeitgeber für eine Beibehaltung der Betriebsorganisation,[208] da außerbetriebliche unternehmensbezogene Marktfaktoren unmittelbar auf den Arbeitskräftebedarf (Arbeitsvolumen) durchschlagen.[209] Bei der Prüfung, ob ein dringendes betriebliches Erfordernis zu einer Änderung der Arbeitsbedingungen einzelner Arbeitnehmer besteht, ist auf die wirtschaftliche Situation des Gesamtbetriebes und nicht nur auf die eines unselbstständigen Betriebsteils abzustellen.[210] Während es bei der Beendigungskündigung infolge der Durchführung der unternehmerischen Entscheidung zum Wegfall von Beschäftigungsmöglichkeiten führt, ohne dass die Möglichkeit einer anderweitigen Beschäftigung an einem anderen Arbeitsplatz oder zu anderen Arbeitsbedingungen besteht, führt die Unternehmerentscheidung bei der Änderungskündigung entweder zu einer Veränderung der Arbeitsbedingungen bei einer Fortsetzung des Arbeitsverhältnisses auf dem gleichen Arbeitsplatz (zB Reduzierung der Arbeitszeit) oder zu einem Wegfall des bisherigen Arbeitsplatzes und einer Weiterbeschäftigung auf einem neuen

43

---

203 Pauly DB 1997, 2378, 2380 f.
204 BAG 21.11.1985 – 2 AZR 21/85 – AP KSchG 1969 § 1 Nr 12; Einzelheiten zum Mischtatbestand s § 1 Rn 154.
205 S Rn 39.
206 Einzelheiten s Rn 38.
207 Einzelheiten s § 1 Rn 630, 632.
208 Sog **belassende – selbstbindende – Unternehmerentscheidung**; zur Begriffsbildung Ascheid Rn 264 ff u 273 ff.
209 Einzelheiten s § 1 Rn 630 f.
210 BAG 12.11.1998 – 2 AZR 91/98 – AP KSchG 1969 § 2 Nr 51.

Arbeitsplatz.[211] Hier wie da ist die nur einer Missbrauchskontrolle unterliegende freie Unternehmerentscheidung Ausgangspunkt der Betriebsbedingtheit.[212] Der **Vorrang** für die grundsätzlich **unantastbare unternehmerische Entscheidungsfreiheit** findet seinen **gesetzlichen Ausdruck** in den einschlägigen Vorschriften des BetrVG über die Betriebsänderung (§§ 111 ff. BetrVG), die wiederum eine **grundgesetzliche Ausprägung** des unserem Wirtschaftssystems immanenten freien Unternehmertums sind (Art. 14 Abs 1 GG). So ist zB das personelle Konzept des Arbeitgebers, wann wie viele Arbeitskräfte zur Verfügung stehen sollen, unabhängig von seiner Zweckmäßigkeit bei der Überprüfung der Kündigung bindend. Der Arbeitgeber kann entscheiden, ob er Halb- oder Ganztagskräfte beschäftigt und ob er dementsprechend gegenüber einer größeren Anzahl von Arbeitnehmern Änderungskündigungen zur Arbeitszeitreduzierung erklärt oder eine geringere Anzahl von Beendigungskündigungen ausspricht.[213] Als Änderungsgrund für die Art und den Umfang der Tätigkeit kommen alle unternehmerischen Entscheidungen in Betracht, die zum **Wegfall** oder zur **Änderung der Tätigkeit** führen.[214] In diesem Zusammenhang ist jedoch zu beachten, dass allein die Absicht des Arbeitgebers, **Lohnkosten zu senken**, ebenso wenig wie die **Änderungskündigung selbst** eine unternehmerische Entscheidung iSd Betriebsbedingtheit ist. Denn anderenfalls wäre die arbeitgeberseitige Änderung der vertraglich vereinbarten Entgelte jeder Überprüfung entzogen.[215] Erst wenn der Arbeitgeber aufgrund seines Beweggrunds der Lohnkostensenkung konkrete Maßnahmen im betrieblichen Bereich beschließt, liegt eine unternehmerische Entscheidung im vorstehenden Sinne vor, die eine Weiterbeschäftigung zu unveränderten Bedingungen auszuschließen vermag.[216]

44 Der im Rahmen des **Gesetzes zu Reformen am Arbeitsmarkt** vom 26.9.2003 am 1.1.2004 in Kraft getretene wieder eingefügte, mit der Fassung im Arbeitsrechtlichen Beschäftigungsförderungsgesetz vom 25.9.1996 (BGBl I S 1476) wortlautidentische **§ 1 Abs 5 KSchG**, der unter bestimmten Voraussetzungen zugunsten des Arbeitgebers die **Vermutung** des Vorliegens eines dringenden betrieblichen Erfordernisses begründet,[217] **gilt nach der hier vertretenen Ansicht auch für Änderungskündigungen.**[218] Der Wortlaut des § 1 Abs 5 Satz 1 KSchG spricht allgemein von Kündigungen,

---

211 vHH/L/Linck Voraufl § 2 Rn 68.
212 S § 1 Rn 627, 630 ff.
213 BAG 19.5.1993 – 2 AZR 584/92 – AP KSchG 1969 § 2 Nr 31.
214 BAG 19.5.1993 – 2 AZR 584/92 – AP KSchG 1969 § 2 Nr 31.
215 BAG 20.3.1986 – 2 AZR 294/85 – AP KSchG 1969 § 2 Nr 14.
216 Zuletzt BAG 20.8.1998 – 2 AZR 84/98 – AP KSchG 1969 § 2 Nr 50.
217 Zur Geltung des wortgleichen § 1 Abs 5 KSchG idF des Arbeitsrechtlichen Beschäftigungsförderungsgesetzes vom 25.9.1996, s BAG 7.5.1998 – 2 AZR 536/97 – AP KSchG 1969 § 1 Nr 94.
218 Bejahend für die ordentliche Änderungskündigung BAG 19.6.2007 – 2 AZR 304/06 – AP KSchG 1969 § 1 Namensliste Nr 16; verneinend für die außerordentliche Änderungskündigung BAG 28.5.2009 – 2 AZR 844/07 – AP BGB § 626 Nr 222; zur Geltung des wortgleichen § 1 Abs 5 KSchG aF; dafür: Fischermeier NZA 1997, 1089, 1100; Löwisch RdA 1997, 80, 81; Schiefer DB 1998, 925, 927; Zwanziger BB 1997, 626 f; dagegen: Kittner AuR 1997, 182, 190; Preis NZA 1997, 1073, 1087; zweifelnd zur neuen Fassung Löwisch NZA 2003, 689, 692.

so dass sein Anwendungsbereich mangels Unterscheidung zwischen betriebsbedingter Beendigungs- und Änderungskündigung auch die Änderungskündigung erfasst.[219] Dem steht nach der hier vertretenen Ansicht auch der Wortlaut des § 125 Abs 1 InsO als argumentum e contrario nicht entgegen. Dort wird ausdrücklich durch die Formulierung „Weiterbeschäftigung zu unveränderten Arbeitsbedingungen" die Änderungskündigung einbezogen. Diese systematische Überlegung ist allerdings nicht zwingend, insbesondere wegen des beiden Bestimmungen zugrunde liegenden vergleichbaren Normzwecks auch nicht geboten. Da auch die Gesetzesbegründung zu dieser Frage schweigt, ist wohl von einer redaktionellen Unschärfe des Gesetzgebers auszugehen.[220] Als weitere Begründung für die hier vertretene Ansicht kann als argumentum a maiore ad minus angeführt werden: Wenn die Vermutungswirkung und die Beweiserleichterung zugunsten des Arbeitgebers sogar eingreifen, wenn das Arbeitsverhältnis insgesamt beendet wird, muss dies erst recht gelten, wenn es nur um die Änderung von Arbeitsbedingungen geht.[221]

bb) Beispiele. Arbeitszeit. Ausgehend von den vorgenannten allgemeinen Grundsätzen ist im Bereich der Arbeitszeit Grundlage einer betriebsbedingten Änderungskündigung die Unternehmerentscheidung zur Gestaltung der Arbeitsstrukturen mit der Folge, dass die Arbeitszeit den nunmehr gegebenen Erfordernissen regelmäßig anzupassen ist. In diesem Zusammenhang ist dann die Frage zu beantworten, ob im Hinblick auf die getroffene Organisationsentscheidung eine Beschäftigung der Arbeitnehmer mit ihren bisherigen Arbeitszeiten möglich ist. Falls dies hinsichtlich Dauer und/oder Lage der Arbeitszeit nicht möglich ist, kommt insoweit eine Änderungskündigung in Betracht. Dabei muss das Arbeitszeitkonzept rechtlich zulässig sein. Verstößt es gegen einen Tarifvertrag oder gegen eine Betriebsvereinbarung, ist die jeweilige Änderungskündigung unwirksam. Das BAG hat zB die Einführung einer tarifwidrigen Arbeitszeit[222] oder eine Arbeitszeit unter Verstoß gegen das Benachteiligungsverbot von Teilzeitbeschäftigten[223] als unzulässig angesehen. Das BAG hat mit Urteil vom 19.5.1993[224] entschieden, dass als Folge eines durch eine Organisationsentscheidung entstandenen Arbeitskräfteüberhangs eine Mehrzahl von Änderungskündigungen zur Verkürzung der Arbeitszeit anstelle einzelner Beendigungskündigungen ausgesprochen werden dürfen. Dringende betriebliche Erfordernisse für eine Änderung der arbeitsvertraglich festgelegten Arbeitszeit können außerdem sein: 45

---

219 Einzelheiten zu § 1 Abs 5 KSchG s § 1 Rn 722 ff.
220 BT-Drucks 15/1204, 15/1509 und 15/1587.
221 Dornbusch/Wolff-Kappenhagen/Hess § 2 Rn 108.
222 18.12.1997 – 2 AZR 709/96 – AP KSchG 1969 § 2 Nr 46.
223 24.4.1997 – 2 AZR 352/96 – AP KSchG 1969 § 2 Nr 42.
224 2 AZR 584/92 – AP KSchG 1969 § 2 Nr 31.

- die Einführung von Kurzarbeit, wenn der Arbeitskräftebedarf vorübergehend sinkt;[225]
- der Entschluss des Arbeitgebers, seine Musikschule während der allgemeinen Schulferien geschlossen zu halten und außerhalb der Ferien einen gleichmäßigen Unterricht anzubieten;[226]
- der Entschluss, von einem Einschicht- zu einem Zweischichtsystem überzugehen und in Folge dessen eine Änderungskündigung zur Umsetzung innerhalb dieses Systems bei Wegfall der bisherigen Beschäftigungsmöglichkeit auszusprechen;[227]
- die nachträgliche Befristung eines zunächst auf unbestimmte Zeit eingegangenen Arbeitsverhältnisses,[228] sofern die Möglichkeit einer unbefristeten Tätigkeit endgültig entfallen ist und für die Befristung ein sachlicher Grund vorliegt.

46 **Entgelt- bzw Kostensenkung:** Da die **Entgeltsenkung** allein nicht in einem unmittelbaren Zusammenhang mit dem Arbeitskräftebedarf[229] steht, stellt sie **kein betriebliches Erfordernis** dar.[230] Etwas anderes gilt jedoch dann, wenn die Entgeltsenkung mit konkreten betrieblichen Maßnahmen einhergeht (sog **Unternehmerentscheidung**). Abweichend von diesen Grundsätzen lässt das BAG jedoch dann eine Änderungskündigung zum Zweck der Entgeltsenkung zu, wenn ohne Entgeltkürzung der Betrieb stillgelegt oder die Belegschaft reduziert würde.[231] Die Auffassung des BAG,[232] erst die Gefährdung der Existenz stelle ein betriebliches Erfordernis für eine alleinige Kostensenkung dar, wird unterschiedlich bewertet.[233] Nach der hier vertretenen Ansicht ist dem BAG zu folgen. Dies rechtfertigt sich zum einen aus dem sich aus der Verweisung in § 2 Satz 1 KSchG auf § 1 Abs 2 KSchG ergebenden **Prüfungsmaßstab**.[234] Zum anderen hat es der Arbeitgeber selbst in der Hand, wirtschaftlichen Schwierigkeiten mit geeigneten unternehmerischen Entscheidungen zu begegnen, die im Ergebnis zur Kostensenkung führen. Grundsätzlich gilt, dass eine Entgeltminderung erst dann in Frage kommt, wenn alle Ressourcen ausgeschöpft sind und die Kosten nicht durch anderweitige Einnahmen gedeckt werden können.[235] Durch ein **Sanierungskonzept** muss nachvollziehbar belegt sein, dass die angestrebten Einsparungen unumgänglich sind.[236] Dabei ist stets maßgebend die wirtschaftliche Situation des gesamten Betriebs und nicht etwa nur einer Be-

---

225 Löwisch/Spinner § 2 Rn 52.
226 BAG 26.1.1995 – 2 AZR 371/94 – AP KSchG 1969 § 2 Nr 36.
227 BAG 18.1.1990 – 2 AZR 183/89 – AP KSchG 1969 § 2 Nr 27.
228 BAG 25.4.1996 – 2 AZR 609/95 – AP KSchG 1969 § 1 Betriebsbedingte Kündigung Nr 78.
229 „Geldmangel entlastet den Schuldner nicht", BAG 20.8.1998 – 2 AZR 84/98 – AP KSchG 1969 § 2 Nr 50 unter II 1 d der Gründe.
230 BAG 20.3.1986 – 2 AZR 294/85 – AP KSchG 1969 § 2 Nr 14; Einzelheiten s Rn 43.
231 BAG 11.10.1989 – 2 AZR 61/89 – AP KSchG 1969 § 1 Betriebsbedingte Kündigung Nr 47.
232 20.3.1986 – 2 AZR 294/85 – AP KSchG 1969 § 2 Nr 14; 11.10.1989 – 2 AZR 61/89 – AP KSchG 1969 § 1 Betriebsbedingte Kündigung Nr 47.
233 ZB Löwisch/Spinner § 2 Rn 56 f mwN.
234 Einzelheiten s Rn 38 f.
235 BAG 11.11.1993 – 2 AZR 454/93 – nv.
236 BAG 23.6.1993 – 2 AZR 615/92 – nv.

triebsabteilung.[237] Etwas anderes gilt nur dann, wenn die **Unrentabilität einer unselbstständigen Betriebsabteilung** auf das wirtschaftliche Ergebnis des Gesamtbetriebs durchschlägt und ohne Anpassung der Personalkosten Beendigungskündigungen nicht zu vermeiden wären.[238] Eine Änderungskündigung ist unwirksam, wenn das angestrebte Ziel, Einsparungen durchzusetzen mangels Erheblichkeit des Einspareffekts so gering ist, dass es letztendlich keine Verbesserung der wirtschaftlichen Lage bewirkt.[239] Eine Änderungskündigung kann nicht zur Herbeiführung einer Lohngleichheit unter Berufung auf den Gleichbehandlungsgrundsatz ausgesprochen werden.[240] Nach der Entscheidung des BAG vom 16.5.2002[241] ist eine Änderungskündigung nur dann begründet, wenn bei einer Aufrechterhaltung der bisherigen Personalkostenstruktur weitere, betrieblich nicht mehr auffangbare Verluste entstehen, die absehbar zu einer Reduzierung der Belegschaft oder sogar zu einer Schließung des Betriebes führen. Eine solche Situation setzt regelmäßig einen umfassenden Sanierungsplan voraus, der alle gegen über der beabsichtigten Änderungskündigung mildere Mittel ausschöpft. Diese Grundsätze gelten auch dann für eine Änderungskündigung zur Entgeltsenkung, wenn eine neue gesetzliche Regelung die Möglichkeit vorsieht, durch Parteivereinbarung ein geringeres (tarifliches) Entgelt festzulegen, als es dem Arbeitnehmer bisher gesetzlich oder vertraglich zustand.[242] Diese Grundsätze über die Entgelt- bzw Kostensenkung als Primärziel der Änderungskündigung gelten jedoch nicht für die Entgeltänderungen, die sich **mittelbar** aus einer Änderung der Tätigkeit ergeben.[243] Der Arbeitgeber ist nämlich berechtigt, ein Entgelt anzubieten, das der geänderten Tätigkeit entspricht (sog **Vergütungsautomatik im Eingruppierungsrecht**). Soweit es um die Kürzung oder Streichung von Vergütungsbestandteilen geht, die als Nebenleistungen nur Randbereiche der vertraglichen Vereinbarungen betreffen, gelten weniger strenge Maßstäbe.[244] Haben die Parteien in einer Nebenabrede an bestimmte Umstände angeknüpft, die erkennbar nicht während der gesamten Dauer des Arbeitsverhältnisses gleich bleiben, kann sich der Arbeitgeber nach Eintreten veränderter Umstände von einer solchen Nebenabrede im Wege der Änderungskündigung lösen. Dafür ist Voraussetzung, dass sich die der ursprünglichen Vereinbarung zu Grunde liegenden Umstände so stark geändert haben, dass sie eine Änderung der Arbeitsbedingungen erforderlich machen. Der Arbeitgeber hat sich entsprechend der zweiten Stufe der Prüfung der Änderungskündigung darauf zu beschränken, dem Arbeitnehmer nur solche Änderungen vorzuschlagen, die dieser billigerweise hinnehmen muss. Nebenabreden idS sind bspw kostenlose Busbeförderungen zum Betriebs-

---

237 BAG 20.3.1986 – 2 AZR 294/85 – AP KSchG 1969 § 2 Nr 14.
238 BAG 12.11.1998 – 2 AZR 91/98 – AP KSchG 1969 § 2 Nr 51.
239 BAG 12.1.1961 – 2 AZR 171/59 – AP BGB § 620 Änderungskündigung Nr 10.
240 BAG 28.4.1982 – 7 AZR 1139/79 – AP KSchG 1969 § 2 Nr 3.
241 2 AZR 292/01 – NZA 2003, 147-149.
242 BAG 12.1.2006 – 2 AZR 126/05 – AP KSchG 1969 § 2 Nr 82.
243 BAG 21.6.1995 – 2 ABR 28/94 – AP KSchG 1969 § 15 Nr 36.
244 BAG 27.3.2003 – 2 AZR 74/02 – AP KSchG 1969 § 2 Nr 72.

sitz, Abreden über Mietzuschüsse, Fahrtkostenzuschüsse.[245] In der Praxis ist es üblich, dass sich der Arbeitgeber hinsichtlich der Nebenabrede einen Widerrufsvorbehalt vertraglich einräumt;[246] eine Änderungskündigung ist dann grundsätzlich nicht erforderlich.

47 **Korrektur unzutreffender Eingruppierung:** Beabsichtigt der Arbeitgeber die zutreffende Eingruppierung zu ändern, kann dieses tarifwidrige Ziel nicht mit einer Änderungskündigung erreicht werden. Eine solche Änderungskündigung wäre rechtsunwirksam.[247] Die zutreffende Eingruppierung bestimmt sich nämlich nach der zu auszuübenden Arbeitsleistung (Tarifautomatik).[248] Die **irrtümliche Eingruppierung** (zB wegen Verkennung tariflicher Vorschriften) eines einzelnen Arbeitnehmers in eine zu hohe Vergütungsgruppe der für den öffentlichen Dienst geltenden Vergütungsordnung **kann** zu einem **dringenden betrieblichen Erfordernis** für eine Änderungskündigung zum Zwecke der Rückgruppierung in die tariflich richtige Vergütungsgruppe führen.[249] Richtigerweise muss danach unterschieden werden, ob die unzutreffende höhere Vergütungsgruppe einzelvertraglich zugesagt ist oder nicht. Diese Grundsätze gelten auch für den öffentlichen Dienst.[250] Falls eine solche Zusage vorliegt (Frage der Auslegung), kann die Änderung der unzutreffenden Vergütungsgruppe nur nach den für die Entgeltsenkung entwickelten Grundsätzen herbeigeführt werden.[251] Vor Ausspruch einer Änderungskündigung ist also zunächst zu prüfen, ob ein einzelvertraglicher Anspruch auf Zahlung der Vergütung nach der an sich unzutreffenden Vergütungsgruppe überhaupt besteht. In der **formularmäßigen Verweisung** auf eine bestimmte Vergütungsgruppe wird regelmäßig nur eine **deklaratorische Erklärung** gesehen, dass der Arbeitgeber dem Arbeitnehmer dasjenige zuweisen will, was ihm tariflich zusteht, hingegen nicht die **konstitutive einzelvertragliche Zusage** der Vergütung aus einer bestimmten Lohngruppe unabhängig von den tariflichen Voraussetzungen.[252] Handelt es sich also um eine deklaratorische Erklärung, kann der Arbeitgeber ohne weiteres aufgrund **einseitiger Entscheidung** die Vergütungsgruppe berichtigen.[253]

48 **Versetzung:** Von einem betrieblichen Erfordernis für die **Versetzung** eines Arbeitnehmers ist auszugehen, wenn sein Arbeitsplatz weggefallen ist und er auf einen anderen freien Arbeitsplatz im Betrieb oder Unternehmen um-

---

245 BAG 27.3.2003 – 2 AZR 74/02 – AP KSchG 1969 § 2 Nr 72; APS/Künzl § 2 Rn 266; ErfK/Oetker § 2 Rn 63; Kappelhoff ArbRB 2005, 244 f; Wallner Änderungskündigung Rn 480.
246 Dornbusch/Wolff-Kappenhagen/Hess § 2 Rn 120.
247 BAG 25.10.1073 – 5 AZR 141/73 – AP BGB § 616 Nr 42; vgl auch BAG 10.2.1999 – 2 AZR 422/98 – AP KSchG 1969 § 2 Nr 52.
248 APS/Künzl § 2 KSchG Rn 268.
249 BAG 19.10.1961 – 2 AZR 457/60 – AP KSchG § 1 Betriebsbedingte Kündigung Nr 13; BAG 15.3.1991 – 2 AZR 582/90 – AP KSchG 1969 § 2 Nr 38; ErfK/Oetker § 2 Rn 66.
250 BAG 16.5.2002 – 8 AZR 460/01 – AP BAT-O §§ 22, 23 Nr 21; APS/Künzl § 2 Rn 270.
251 S Rn 46; BAG 16.5.2002 – 8 AZR 460/01 – AP BAT-O §§ 22, 23 Nr 21; APS/Künzl § 2 Rn 270.
252 BAG 30.5.1990 – 4 AZR 74/90 – AP BPersVG § 75 Nr 31.
253 BAG 16.5.2002 – 8 AZR 460/01 – AP BAT-O §§ 22, 23 Nr 21 mwN; APS/Künzl § 2 Rn 273; KR/Rost § 2 KSchG Rn 108.

zusetzen ist. Ist die Ausübung einer Zusatzfunktion mit einem Widerrufsvorbehalt versehen, ist eine Änderungskündigung, die im Zusammenhang mit der Ausübung des Widerrufs erklärt wird und auf den Wegfall der Zusatzfunktion gerichtet ist, sozial gerechtfertigt, wenn die Ausübung des Widerrufsrechts billigem Ermessen entspricht.[254]

cc) **Soziale Auswahl.** Bei einer ordentlichen betriebsbedingten Änderungskündigung ist eine **Sozialauswahl durchzuführen**. Das folgt aus der in § 2 Satz 1 KSchG enthaltenen Verweisung auf § 1 Abs 3 Satz 1 und 2 KSchG.[255]

49

Da es bei der Änderungskündigung jedoch nicht um die Beendigung des Arbeitsverhältnisses, sondern um die Fortsetzung auf einem anderen Arbeitsplatz geht, **gelten die Grundsätze des § 1 Abs 3 KSchG im Lichte der besonderen Zielsetzung der Änderungskündigung in modifizierter Form**.[256] Der Gesetzgeber hat es erneut versäumt, im Gesetz vom 24.12.2003 den Besonderheiten der Änderungskündigung hinsichtlich der Sozialauswahl Rechnung zu tragen.[257] Denn die gesetzlichen Kriterien der Sozialauswahl stellen auf den Bestandsschutz ab, wohingegen es bei der betriebsbedingten Änderungskündigung um den Inhaltsschutz geht. Deswegen werden die sozialen Kriterien bei Änderungskündigungen anders bewertet.[258] Wegen der Grundsätze der Sozialauswahl wird auf die Erläuterungen zu § 1 Rn 768 ff verwiesen.

50

Anders als bei der Beendigungskündigung kommt es für die **Vergleichbarkeit** der Arbeitnehmer im Rahmen der Änderungskündigung also nicht allein darauf an, ob die betreffenden Arbeitnehmer nach ihrer bisherigen Tätigkeit miteinander verglichen werden können und hinsichtlich ihrer Arbeitsplätze austauschbar sind. In den **Auswahlkreis** werden vielmehr nur diejenigen Arbeitnehmer einbezogen, die zudem für die Tätigkeit, die sie nach Änderung der Arbeitsbedingungen ausführen sollen, wenigstens annähernd gleich geeignet sind, die also auch hinsichtlich der künftigen Arbeitsplätze austauschbar sind.[259] Die Austauschbarkeit bezieht sich also auf den innegehabten und den angebotenen neuen Arbeitsplatz.[260] Geht es zB um eine Versetzung, muss eine Vergleichbarkeit, dh eine Austauschbarkeit bezogen auf die bisherige Tätigkeit, und eine wenigstens annähernd gleiche Eignung für die neue Tätigkeit vorliegen.

51

Nach Feststellung des Auswahlkreises ist zu prüfen, welcher der vergleichbaren Arbeitnehmer durch die angebotenen neuen Arbeitsbedingungen

52

---

254 BAG 15.11.1995 – 2 AZR 521/95 – AP TVG § 1 Tarifverträge: Lufthansa Nr 20.
255 SPV/Preis Rn 1281; KDZ/Zwanziger § 2 KSchG Rn 181.
256 BAG 18.10.1984 – 2 AZR 543/83 – AP KSchG 1969 § 1 Soziale Auswahl Nr 6.
257 KR/Rost/Kreft § 2 KSchG Rn 103.
258 Vgl BAG 13.6.1986 – 7 AZR 623/84 – AP KSchG 1969 § 1 Soziale Auswahl Nr 13, für welchen Arbeitnehmer fällt die Umstellung auf die neue Aufgabe nach Vorbildung etc leichter oder schwerer; s auch SPV/Preis Rn 1281.
259 BAG 13.6.1986 – 7 AZR 623/84 – AP KSchG 1969 § 1 Soziale Auswahl Nr 13; KR/Rost/Kreft § 2 KSchG Rn 103; APS/Künzl § 2 Rn 286; SPV/Preis Rn 1281 a; Löwisch/Spinner § 2 Rn 45; KDZ/Zwanziger § 2 KSchG Rn 182; HK/KSchG-Weller/Hauck § 2 Rn 156.
260 KR/Rost/Kreft § 2 KSchG Rn 103; KDZ/Zwanziger § 2 Rn 184; Dornbusch/Wolff-Kappenhagen/Hess § 2 Rn 104.

schwerer belastet wird, dh wem die Änderung der Arbeitsbedingungen unter sozialen Aspekten am ehesten zumutbar ist.[261] Ausgangspunkt ist die Art der beabsichtigten Änderung. Nach der am 1.1.2004 in Kraft getretenen Neuregelung zur Sozialauswahl ist fraglich,[262] ob die bislang berücksichtigten Kriterien zB Vorbildung und persönliche Eigenschaften wie Wendigkeit, schnelle Auffassungsgabe, Anpassungsfähigkeit und Gesundheitszustand noch von Bedeutung sind.[263] Nach der hier vertretenen Ansicht ist der abschließende (str.)[264] Katalog des § 1 Abs 3 Satz 1 KSchG für die Änderungskündigung **teleologisch** insoweit zu **reduzieren**, als dem Zweck der Sozialauswahl für die Änderungskündigung entsprechend weitere Gesichtspunkte berücksichtigt werden können.[265] Die klassischen Kriterien (Betriebszugehörigkeit, Lebensalter, Unterhaltspflichten und nun auch Schwerbehinderung) sind für die anders gelagerte Situation bei einer Änderungskündigung wenig aussagefähig.[266] Der Gesetzgeber des am 1.1.2004 in Kraft getretenen Arbeitsmarktreformgesetzes kannte die herrschende Rechtsprechung und Literatur zu diesem Themenfeld, die auch schon während der nahezu inhaltsgleichen Geltung des Arbeitsrechtlichen Beschäftigungsförderungsgesetzes vom 1.10.1996 bis 31.12.1998 Bestand hatte, ohne ihr durch die Novellierung des § 1 Abs 3 KSchG ausdrücklich oder stillschweigend die Grundlage zu entziehen.

Da die Prüfung der sozialen Schutzwürdigkeit der Arbeitnehmer bei der Änderungskündigung also nicht bezogen auf die Beendigung des Arbeitsverhältnisses, sondern bezogen auf die Veränderung der Arbeitsbedingungen ist, sind zB Unterhaltsverpflichtungen unerheblich, wenn die Änderungskündigung nicht mit einer Einkommenseinbuße verbunden ist.[267] Anders verhält es sich, wenn es bei der Änderungskündigung um die Reduzierung von Arbeitszeiten und Entgelten geht.[268] Demgegenüber spielen das Lebensalter, die Schwerbehinderung und die Dauer der Betriebszugehörigkeit auch bei einer Veränderung der Arbeitsbedingungen ohne Einkommenseinbuße eine Rolle, weil der Arbeitnehmer durch die erwiesene Betriebstreue insgesamt einen erhöhten Besitzstand erworben hat und es ihm mit zunehmenden Alter und einer evtl Schwerbehinderung schwerer fällt, sich auf einen neuen Arbeitsplatz einzustellen.[269]

---

261 BAG 19.5.1993 – 2 AZR 584/92 – AP KSchG 1969 § 2 Nr 31; KR/Rost § 2 KSchG Rn 103a.
262 KR/Rost/Kreft § 2 KSchG Rn 103b.
263 BAG 18.10.1984 – 2 AZR 543/83 – AP KSchG 1969 § 1 Soziale Auswahl Nr 6; BAG 13.6.1986 – 2 AZR 623/84 – AP KSchG 1969 § 1 Soziale Auswahl Nr 13; APS/Künzl § 2 Rn 289; KR/Rost/Kreft § 2 KSchG Rn 103b; Kappelhoff ArbRB 2005, 244, 247.
264 ErfK/Oetker § 1 Rn 335.
265 KDZ/Zwanziger § 2 Rn 184; aA APS/Künzl § 2 Rn 298; Wallner Änderungskündigung Rn 552; Dornbusch/Wolff-Kappenhagen/Hess § 2 Rn 105; BTM/Mayer § 2 Rn 69.
266 KR/Rost/Kreft § 2 KSchG Rn 103b.
267 BAG 18.10.1984 – 2 AZR 543/83 – AP KSchG 1969 § 1 Soziale Auswahl Nr 6; BAG 19.5.1993 – 2 AZR 584/92 – AP KSchG 1969 § 2 Nr 31; vHH/L/Linck § 2 Rn 175; SPV/Preis Rn 1281; KDZ/Zwanziger § 2 KSchG Rn 183.
268 SPV/Preis Rn 1281; wohl auch KDZ/Zwanziger § 2 KSchG Rn 183.
269 vHH/L/Linck § 2 Rn 175.

b) Personenbedingte Gründe. Als **personenbedingte Gründe** für eine Änderungskündigung kommen insbesondere solche in Betracht, für die an sich eine personenbedingte Beendigungskündigung begründet wäre, aber die Umsetzung des Arbeitnehmers auf einen freien Arbeitsplatz im Betrieb oder Unternehmen möglich ist. So kommt eine personenbedingte Änderungskündigung zB dann in Betracht, wenn ein Arbeitnehmer aus gesundheitlichen Gründen nicht mehr in der Lage ist, seine bisherige Tätigkeit in der Gießerei auszuüben, aber mit körperlich leichten Tätigkeiten im Wareneingang eingesetzt werden kann. Ein weiteres Beispiel ist die Weiterbeschäftigung einer an Wollallergie leidenden Näherin als Küchenhilfe.[270]

c) Verhaltensbedingte Gründe. Eine **verhaltensbedingte Änderungskündigung** kann dann angezeigt sein, wenn etwa durch ein bestimmtes Verhalten des Arbeitnehmers das Vertrauen des Arbeitgebers nur hinsichtlich eines abgrenzbaren Teilbereichs zerstört ist und sich an einem anderen Arbeitsplatz voraussichtlich nicht wiederholt.[271]

4. Widerspruch des Betriebsrats

Aus der in § 2 Satz 1 KSchG angeordneten Verweisung auf § 1 Abs 2 Satz 2 und 3 KSchG folgt, dass sich die Sozialwidrigkeit der Änderungskündigung aus den dort iE aufgeführten Gründen ergeben kann. So kann zB die im Wege der Änderungskündigung vorzunehmende Versetzung gegen eine Auswahlrichtlinie nach § 95 Abs 1 BetrVG (§ 76 Abs 2 Nr 8 BPersVG) verstoßen.

VI. Verfahren nach Annahme des Angebots unter Vorbehalt
1. Änderungsschutzklage

a) Streitgegenstand. Nach § 2 Satz 1 KSchG ist für die **Änderungskündigung** die Klage auf die Feststellung zu richten, dass **die Änderung der Arbeitsbedingungen sozial ungerechtfertigt ist.** Demgegenüber fordert § 4 Satz 1 KSchG für die Beendigungskündigung die **Kündigungsschutzklage** auf Feststellung, dass das Arbeitsverhältnis durch die (bestimmte) Kündigung nicht gelöst ist. Die gesetzestreue Formulierung des Klageantrags lässt vorbehaltlich einer davon abweichenden Klagebegründung eindeutig erkennen, ob der Kläger eine Änderungsschutzklage iSd § 4 Satz 2 KSchG oder eine Kündigungsschutzklage iSd § 4 Satz 1 KSchG erheben will. Die gesetzlich vorgesehene Antragsformulierung für eine Änderungsschutzklage gem § 2 Satz 2 KSchG läuft jedoch im Gegensatz zur gesetzlichen Antragsformulierung für eine Kündigungsschutzklage auf eine **Beschränkung des Streitgegenstands** hinaus.[272] Denn nach den gesetzlichen Formulierungen des § 2 Abs 1 Satz 1KSchG ist lediglich zu prüfen, ob die Änderung der Arbeitsbedingungen sozial gerechtfertigt ist oder nicht. Die Beschränkung des Streitgegenstands auf die Sozialwidrigkeit hätte auch zur Folge, dass trotz abgewiesener rechtskräftiger Änderungsschutzklage es dem Arbeit-

---

270 BAG 3.11.1977 – 2 AZR 277/76 – AP BPersVG § 75 Nr 1.
271 ZB bei Störungen der Beziehung zwischen Arbeitnehmern untereinander; BAG 21.11.1985 – 2 AZR 21/85 – AP KSchG 1969 § 1 Nr 12.
272 KR/Rost/Kreft § 2 KSchG Rn 147; HK/KSchG-Weller/Hauck § 2 Rn 116.

nehmer nicht verwehrt wäre, die Unwirksamkeit der Änderungskündigung aus anderen Gründen ungehindert weiter zu verfolgen.[273] Demgegenüber ergibt sich jedoch aus § 4 Satz 2 KSchG. Dass die Änderungsschutzklage sowohl die souiale Unwirksamkeit als auch sonstige Unwirksamkeitsgründe innerhalb der Klagefrist zum Gegenstand zu machen hat. Da sowohl bei der Kündigungsschutzklage als auch bei der Änderungsschutzklage das materielle und ökonomische Bedürfnis nach einer umfassenden Klärung besteht, ist als Streitgegenstand der Änderungsschutzklage insgesamt die Wirksamkeit der Änderung der Arbeitsbedingungen anzusehen.[274] Mangels sachlicher Rechtfertigung der Beschränkung des Streitgegenstands auf die soziale Rechtfertigung der Änderung der Arbeitsbedingungen im Vergleich zum umfassenden Prüfungsgegenstand bei der Beendigungskündigung sind die Gesetzesformulierungen in §§ 2 Abs 1 Satz 1, 4 Satz 2 KSchG zwar sprachlich als missglückt, jedoch inhaltlich als übereinstimmend anzusehen.[275] Nach alledem ist **für die Änderungsschutzklage der Klageantrag wie folgt zu formulieren:**

▶ Es wird festgestellt, dass die Änderung der Arbeitsbedingungen durch die Kündigung vom ... unwirksam ist.[276] ◀

Dies hat jedoch dann zur Konsequenz, dass Streitgegenstand der Änderungsschutzklage die Unwirksamkeit der Änderung der Arbeitsbedingungen schlechthin ist, so dass der Arbeitnehmer auch alle Unwirksamkeitsgründe im Rahmen des Streitstreits geltend machen muss. Nach Rechtskraft einer die Klage abweisenden Entscheidung kann er sich nicht mehr klageweise auf weitere Unwirksamkeitsgründe berufen, die nicht Gegenstand des Rechtsstreits waren.

57 Angenommen ein Arbeitnehmer, dessen Arbeitsverhältnis mit einer Frist von sechs Wochen zum Quartalsende gekündigt werden kann, erhält zB am 25.11. eine Änderungskündigung, wonach er ab 1.1. eine durch ein erweitertes Direktionsrecht nicht abgedeckte andere Tätigkeit verrichten soll. Der Arbeitnehmer möchte sich letztlich **nur wegen der nicht eingehaltenen Kündigungsfrist** gegen die Änderungskündigung wehren. Nimmt er das Änderungsangebot an, ist er verpflichtet, die neue Tätigkeit bereits ab dem 1.1. auszuüben, obwohl der Arbeitgeber die Änderungskündigung erst zum 31.3. hätte aussprechen dürfen. Lehnt der Arbeitnehmer das Änderungsangebot ab, kann er eine Änderungsschutzklage nach § 4 Satz 1 KSchG erheben, wobei er allerdings Gefahr läuft, seinen Arbeitsplatz zu verlieren, auch wenn die Beendigung dann erst zum 31.3. eintreten sollte.[277] Dem Arbeitnehmer ist zu empfehlen, die Änderung der Arbeitsbedingungen vorbehaltlich ihrer sozialen Rechtfertigung anzunehmen und im Rahmen der anzustrebenden Änderungsschutzklage die Nichteinhaltung der Kündi-

---

273 KR/Rost/Kreft § 2 KSchG Rn 147; vHH/L/Linck § 4 Rn 44 u Rn 93.
274 BAG 23.3.1983 – 7 AZR 157/81 – AP KSchG 1969 § 6 Nr 1; Thüsing/Laux/Lembke-Rachor § 2 KSchG Rn 70; vHH/L/Linck § 4 Rn 207; KR/Rost/Kreft § 2 KSchG Rn 147.
275 KR/Rost Voraufl § 2 KSchG Rn 153.
276 Bader NZA 2004, 65, 68; ErfK/Oetker § 2 Rn 69; KR/Rost/Kreft § 2 KSchG Rn 147; HK/KSchG-Weller/Hauck § 2 Rn 117; SPV/Preis Rn 2056; KDZ/Zwanziger § 2 KSchG Rn 191; vHH/L/Linck § 2 KSchG Rn 207.
277 Einzelheiten s Rn 30.

gungsfrist zu rügen. Da sich die Vorbehaltserklärung nach dem eindeutigen Wortlaut des § 2 Satz 1 KSchG eindeutig und ausschließlich auf die soziale Rechtfertigung der Änderung der Arbeitsbedingungen bezieht, ist es dem Arbeitnehmer nicht möglich, die Erklärung des Vorbehalts wegen der Nichteinhaltung bzw Einhaltung der Kündigungsfrist auszusprechen. Andererseits ist in der Vorbehaltsannahme des Arbeitnehmers kein Verzicht auf die Geltendmachung sonstiger Unwirksamkeitsgründe einschließlich der Nichteinhaltung der Kündigungsfrist zu sehen.[278] Eine Annahme des Angebots des Arbeitgebers durch den Arbeitnehmer mit der Maßgabe, dass die Änderung erst mit Ablauf des 31.3. eintreten soll, gilt nach § 150 Abs 2 BGB als Ablehnung verbunden mit einem neuen Antrag. Von daher bleibt dem Arbeitnehmer nach der hier vertretenen Auffassung nur die vorstehend aufgezeigte Möglichkeit der Vorgehensweise. Eine analoge Anwendung der Vorbehaltserklärung allein auf die Kündigungsfrist scheidet wegen der eindeutigen und abschließenden Bestimmung des Bezugspunkts der Erklärung auf die soziale Rechtfertigung der Änderung der Arbeitsbedingungen aus. Ebenso ist zu verfahren, wenn sich der Arbeitnehmer nach Erhalt einer Änderungskündigung im Grunde nur wegen der seiner Ansicht nach **nicht ordnungsgemäß erfolgten Anhörung des Betriebsrats** gegen die Änderungskündigung wehren will.

b) Klagefrist. Nach § 4 Satz 2 iVm § 4 Satz 1 KSchG muss die **Änderungsschutzklage innerhalb von drei Wochen nach Zugang der schriftlichen Änderungskündigung erhoben werden.** Für die zu wahrende Klagefrist ist es unerheblich, ob die Änderungskündigung als unbedingte oder als bedingt ausgesprochene Kündigung erklärt worden ist. Macht der Arbeitnehmer bewusst nur die Unwirksamkeit aus anderen Gründen als der Sozialwidrigkeit geltend, ist er nunmehr nach der Neuregelung durch das **Gesetz zu Reformen am Arbeitsmarkt** vom 26.9.2003 auch insoweit an die Klagefrist gebunden (§ 13 Abs 3 KSchG iVm § 4 Satz 1 KSchG). In diesem Zusammenhang ist nochmals darauf hinzuweisen, dass die **Klagefrist** strikt von der **Frist zur Erklärung des Vorbehalts** nach § 2 Satz 1 KSchG zu unterscheiden ist.[279]

58

Stützt ein Arbeitnehmer seine Klage zunächst nur auf andere Unwirksamkeitsgründe als die Sozialwidrigkeit der Änderungskündigung, kann er bis zum Schluss der mündlichen Verhandlung erster Instanz zusätzlich die fehlende soziale Rechtfertigung in den Prozess einführen, sofern er seine Klage während der Klagefrist des § 4 KSchG erhoben hat, § 6 KSchG.

59

Weitergehende Erläuterungen zur Klagefrist § 4.

60

c) Darlegungs- und Beweislast. Obwohl § 2 KSchG weder auf § 1 Abs 2 Satz 4 KSchG noch auf dessen Abs 3 Satz 3 verweist, folgt aus den allgemeinen Grundsätzen zur Verteilung der Darlegungs- und Beweislast für rechtsvernichtende Einwendungen, dass diese dem Arbeitgeber für die Tatsachen obliegt, die die Kündigung bedingen.[280] **Der Arbeitgeber muss also**

61

---

278 BAG 28.5.1998 – 2 AZR 615/97 – AP KSchG 1969 § 2 Nr 48.
279 Einzelheiten s Rn 35.
280 Dornbusch/Wolff-Kappenhagen/Hess § 2 KSchG Rn 136; Löwisch/Spinner § 2 Rn 86; HK/KSchG-Weller/Hauck § 2 Rn 132; KDZ/Zwanziger § 2 KSchG Rn 194; ErfK/Oetker § 2 KSchG Rn 74.

die Erforderlichkeit der Kündigung und die Angemessenheit des Änderungsangebots darlegen und im Bestreitensfalle beweisen. Andererseits hat der Arbeitnehmer die Tatsachen darzulegen und im Bestreitensfalle zu beweisen, aus denen sich die Fehlerhaftigkeit der sozialen Auswahl bei betriebsbedingten Kündigungen ergeben soll.[281] Da sich diese Darlegungs- und Beweislastverteilung nach den für die Kündigungsschutzklage geltenden Regelungen richtet, kann iE auf die Erl zu § 1 KSchG verwiesen werden.

62 Besteht **Streit über die Rechtzeitigkeit der Erklärung des Vorbehalts**, muss dies der Arbeitnehmer darlegen und im Bestreitensfalle beweisen.

2. Beschäftigung während des Verfahrens

63 Der Arbeitnehmer ist **während des laufenden Änderungsschutzverfahrens** verpflichtet, nach Ablauf der Kündigungsfrist zu den unter Vorbehalt angenommenen neuen Arbeitsbedingungen weiterzuarbeiten.[282] Diese Verpflichtung besteht bis zur rechtskräftigen Feststellung der Unwirksamkeit der unter Vorbehalt angenommenen Änderungskündigung. Die vom Großen Senat des BAG zum **Weiterbeschäftigungsanspruch bei Beendigungskündigungen** während des Kündigungsrechtsstreits entwickelten Grundsätze[283] **gelten für das Änderungsschutzverfahren nicht**, weil es nach der vorbehaltlichen Annahme des Änderungsangebots nicht mehr um die Beendigung des Arbeitsverhältnisses geht.[284] Das Interesse des Arbeitnehmers am Erhalt der unveränderten Arbeitsvertragsbedingungen wird über die Vorschrift des § 8 KSchG geschützt. Danach gilt die Änderungskündigung als von Anfang an unwirksam, wenn die Unwirksamkeit der Änderung der Arbeitsbedingungen[285] festgestellt wird. Hierfür ist nach allgemeiner Ansicht eine **rechtskräftige Entscheidung** erforderlich.[286] Bis zum Ablauf der Kündigungsfrist ist der Arbeitnehmer berechtigt, zu den bisherigen Arbeitsvertragsbedingungen zu arbeiten.

64 Dem Arbeitnehmer steht im Rahmen des Änderungsschutzverfahrens (Annahme des Änderungsangebots unter Vorbehalt und Klageerhebung) **weder** auf der Grundlage des Instituts des **allgemeinen Weiterbeschäftigungsanspruchs**[287] noch auf der des **betriebsverfassungsrechtlichen Weiterbeschäftigungsanspruchs** (§ 102 Abs 5 iVm Abs 3 BetrVG) ein Anspruch auf Weiterbeschäftigung zu den bisherigen Arbeitsbedingungen zu.[288] Denn es geht nicht um die Beendigung des Arbeitsverhältnisses, sondern allein um die

---

281 ErfK/Oetker § 2 KSchG Rn 76; KR/RostKreft § 2 KSchG Rn 161; HK/KSchG-Weller/Hauck § 2 Rn 133; KDZ/Zwanziger § 2 KSchG Rn 194.
282 BAG 28.3.1985 – 2 AZR 548/83 – AP ZPO § 767 Nr 4; BAG 18.1.1990 – 2 AZR 183/89 – AP KSchG 1969 § 2 Nr 27; HK/KSchG-Weller/Hauck § 2 Rn 118; KDZ/Zwanziger § 2 KSchG Rn 193; KR/Rost § 2 KSchG Rn 76.
283 BAG GS 27.2.1985 – GS 1/84 – AP BGB § 611 Beschäftigungspflicht Nr 14.
284 KR/Rost/Kreft § 2 KSchG Rn 158 a; HK/KSchG-Weller/Hauck § 2 Rn 118.
285 Zur erweiterten Anwendung des § 8 KSchG s § 8 Rn 3.
286 BAG 18.1.1990 – 2 AZR 183/89 – AP KSchG 1969 § 2 Nr 27; vHH/L/Linck § 2 Rn 111, 112; KR/Rost/Kreft § 2 KSchG Rn 158 a; HK/KSchG-Weller/Hauck § 2 Rn 118.
287 S Rn 63.
288 BAG 18.1.1990 – 2 AZR 183/89 – AP KSchG 1969 § 2 Nr 27; HK/KSchG-Weller/Hauck § 2 Rn 119.

Feststellung der Unwirksamkeit der Änderung der Arbeitsbedingungen. Etwas anderes kann sich nur dann ergeben, wenn mit der Änderungskündigung eine Versetzung verbunden ist und der Betriebsrat die Zustimmung zur Versetzung nach § 99 Abs 2 BetrVG verweigert sowie das Arbeitsgericht diese nicht ersetzt hat und der Arbeitgeber die personelle Einzelmaßnahme auch nicht als vorläufige nach § 100 BetrVG durchführen darf. Dann kann der Arbeitnehmer nach wohl überwiegender Ansicht nicht nach § 102 Abs 5 BetrVG, wohl aber nach § 99 BetrVG verlangen, dass er vorläufig zu den bisherigen Arbeitsbedingungen weiterbeschäftigt wird.[289]

3. Streit über die Rechtzeitigkeit des Vorbehalts

Besteht zwischen den Arbeitsvertragsparteien Streit darüber, ob der Arbeitnehmer das **Änderungsangebot rechtzeitig**[290] unter Vorbehalt angenommen hat – die Wirksamkeit des Vorbehalts steht also in Frage –, wirkt sich dies nicht nur auf den Inhalt, sondern ggf auch auf den Bestand des Arbeitsverhältnisses aus.[291] Erhebt der Arbeitnehmer in dieser Fallgestaltung Kündigungsschutzklage nach § 4 Satz 1 KSchG, läuft er Gefahr, im Falle des Unterliegens im Kündigungsschutzprozess seinen Arbeitsplatz zu verlieren.[292] Erhebt der Arbeitnehmer dagegen Änderungsschutzklage, hat das Gericht zunächst zu prüfen, ob der Vorbehalt fristgerecht erklärt worden ist. Bejahendenfalls hat das Gericht alsdann die Wirksamkeit der Änderung zu überprüfen. Verneinendenfalls weist es die Klage ab. Von daher macht es bei einem Streit über die Wirksamkeit des Vorbehalts Sinn, von vornherein neben der Änderungsschutzklage **hilfsweise** Kündigungsschutzklage zu erheben.[293] In **entsprechender Anwendung des § 6 KSchG** kann die Kündigungsschutzklage auch noch hilfsweise bis zum Schluss der mündlichen Verhandlung erster Instanz erhoben werden, wenn innerhalb von drei Wochen nach Zugang der Änderungskündigung die Unwirksamkeit der Änderung der Arbeitsbedingungen im Wege der Änderungsschutzklage geltend gemacht worden ist.[294]

65

4. Rücknahme der Änderungskündigung

Da die Änderungskündigung eine **echte Kündigung** ist, kann sie als einseitige, empfangsbedürftige Willenserklärung **grundsätzlich nicht einseitig zurückgenommen** werden.[295] Nach Auffassung des BAG[296] kann in der Erhebung der Kündigungsschutzklage nicht die vorweggenommene Zustimmung des Arbeitnehmers zur Rücknahme der Kündigung liegen. Von daher kann der Arbeitnehmer trotz Rücknahme der Kündigung, die auch

66

---

289 BAG 26.1.1988 – 1 AZR 531/86 – AP BetrVG 1972 § 99 Nr 50; KDZ/Zwanziger § 2 KSchG Rn 138, 202; KR/Rost/Kreft § 2 Rn 158 c; Einzelheiten Rn 70 c; aA v. Hoyningen-Huene NZA 1993, 150.
290 S Rn 35.
291 BAG 28.3.1985 – 2 AZR 548/83 – AP ZPO § 767 Nr 4; HK/KSchG-Weller/Hauck § 2 Rn 128; SPV/Preis Rn 2058.
292 KR/Rost/Kreft § 2 KSchG Rn 163.
293 KR/Rost/Kreft § 2 Rn 164; HK/KSchG-Weller/Hauck § 2 Rn 130.
294 BAG 23.3.1983 – 7 AZR 157/81 – AP KSchG 1969 § 6 Nr 1; KR/Rost/Kreft § 2 KSchG Rn 165; HK/KSchG-Weller/Hauck § 2 Rn 131.
295 KR/Rost/Kreft § 2 KSchG Rn 159 a mwN.
296 19.8.1982 – 2 AZR 230/80 – AP KSchG 1969 § 9 Nr 9.

nicht grundsätzlich zu einem Wegfall des Rechtsschutzinteresses der Kündigungsschutzklage führt, weiterhin die Auflösung des Arbeitsverhältnisses nach § 9 KSchG begehren. **Entsprechendes** gilt bei einer Änderungskündigung, deren Änderungsangebot vom Arbeitnehmer **abgelehnt** wird. Anders verhält es sich jedoch bei einer Änderungskündigung, deren Änderungsangebot vom Arbeitnehmer **vorbehaltlich angenommen** worden ist. Daraus folgt nämlich, dass der Arbeitnehmer auf jedem Fall im Betrieb weiterarbeiten möchte. Eine Auflösungsmöglichkeit nach § 9 KSchG scheidet aus. Von daher ist **in der Erhebung der Änderungsschutzklage eine antizipierte Zustimmung** des Arbeitnehmers zur Rücknahme der Änderungskündigung zu sehen.[297] Die nach Erhebung der Änderungsschutzklage erklärte Rücknahme der Änderungskündigung durch den Arbeitgeber führt wegen der darin zu sehenden antizipierten Zustimmung des Arbeitnehmers zur einvernehmlichen Aufhebung der Änderungskündigung mit der Folge, dass der Rechtsstreit erledigt ist. Die Kosten des Rechtsstreits hat nach § 91a ZPO regelmäßig der Arbeitgeber zu tragen.[298] Der Grund für die Rücknahme der Änderungskündigung wird wohl überwiegend in deren Unwirksamkeit zu sehen sein.

5. Auflösung des Arbeitsverhältnisses nach § 9 KSchG

67 Da nach § 9 Abs 1 Satz 1 KSchG **Voraussetzung** für die Auflösung des Arbeitsverhältnisses die Feststellung ist, dass das Arbeitsverhältnis durch die Kündigung **nicht aufgelöst ist**, kommt eine solche gerichtliche Auflösung nicht in Betracht, wenn der Arbeitnehmer sich bereit erklärt hat, das Änderungsangebot unter Vorbehalt anzunehmen.[299] Eine entsprechende Anwendung des § 9 KSchG scheidet jedenfalls wegen der fehlenden Vergleichbarkeit der Interessenlagen, die jeweils der Beendigungskündigung und der Änderungskündigung zugrunde liegen, aus. Mit dem Ausspruch der Änderungskündigung und der vorbehaltlichen Annahme des Änderungsangebots haben sich nämlich beide Arbeitsvertragsparteien bereit erklärt, in jedem Fall weiter zusammenzuarbeiten.[300] Im Übrigen wäre eine aus Anlass einer Änderungskündigung gezahlte Abfindung sowieso **nicht steuerfrei** iSd § 3 Ziff. 9 EStG aF, da es an einer Auflösung des Arbeitsverhältnisses fehlt.[301]

6. Urteilsfolgen

68 **Obsiegt** der Arbeitnehmer mit seiner Änderungsschutzklage, gilt die Änderungskündigung nach § 8 KSchG als **von Anfang an unwirksam**. IE wird auf die Erl zu § 8 KSchG verwiesen. Weist das Gericht dagegen die **Klage rechtskräftig ab**, wird der Vorbehalt wirkungslos und für das Arbeitsverhältnis gelten endgültig die neuen Arbeitsbedingungen.

---

297 HK-Weller/Hauck § 2 Rn 124 f; ErfK/Oetker § 2 KSchG Rn 71.
298 ErfK/Oetker § 2 KSchG Rn 71.
299 BAG 24.10.2013 – 2 AZR 320/13 – NJW 2014, 1405; KR/Rost/Kreft § 2 KSchG Rn 166; HK-Weller/Hauck § 2 Rn 126; APS/Biebl § 9 KSchG Rn 14; ErfK/Oetker § 2 KSchG Rn 73; SPV/Preis Rn 2061.
300 HK-Weller/Hauck § 2 Rn 126.
301 BFH 10.10.1986 – VI R 178/83 – DB 1987, 515; KDZ/Zwanziger § 2 KSchG Rn 195.

7. Streitwert

Der Streitwert im Änderungsschutzverfahren entspricht nach § 17 Abs 3 GKG aF – nunmehr § 42 Abs 2 Satz 1 GKG – iVm § 48 Abs 1 GKG, § 3 ZPO grundsätzlich dem dreifachen Jahresbetrag des Werts der Änderungen. Das BAG zieht jedoch als **Höchstgrenzen** die Regelungen des § 12 Abs 7 Satz 1 und 2 ArbGG aF – nunmehr inhaltsgleich § 42 Abs 23 Satz 1 GKG – in der Weise entsprechend heran, dass der Streitwert den geringeren der dort genannten Beträge nicht übersteigen darf.[302] Nach dieser Ansicht ergibt sich in aller Regel bei der Änderungsschutzklage ein Streitwert von drei Monatsentgelten.[303]

69

VII. Verfahren nach Ablehnung des Änderungsangebots

Lehnt der Arbeitnehmer das Änderungsangebot ab, kann er unter den allgemeinen Voraussetzungen Kündigungsschutzklage nach § 4 Satz 1 KSchG erheben. Dabei geht es um den Bestand des Arbeitsverhältnisses. **Prüfungsmaßstab ist jedoch auch hier die soziale Rechtfertigung des Änderungsangebots.**[304] Der Arbeitnehmer kann jedoch – und muss es auch[305] – sonstige Unwirksamkeitsgründe im Rahmen dieses Kündigungsschutzverfahrens geltend machen. In diesem Verfahren ist er bis zum Ablauf der Kündigungsfrist und danach nach Maßgabe des § 102 Abs 5 iVm Abs 3 BetrVG (form- und fristgerechter Widerspruch des Betriebsrats) zu den bisherigen Arbeitsbedingungen bis zur Rechtskraft des Rechtsstreits **weiterzubeschäftigen.** Auch eine **Auflösung des Arbeitsverhältnisses nach § 9 KSchG** ist möglich, da nach Ablehnung des Änderungsangebots auch der Schutz des § 2 KSchG bei Annahme des Angebots entfällt.[306] Weist das Gericht die Klage ab, weil es die Änderungskündigung für sozial gerechtfertigt hält, ist das Arbeitsverhältnis mit Ablauf der Kündigungsfrist rechtskräftig beendet. Anderenfalls ist der Arbeitnehmer zu den unveränderten Arbeitsbedingungen weiterzubeschäftigen. Wurde er während des Rechtsstreits über den Ablauf der Kündigungsfrist hinaus nicht weiterbeschäftigt, so steht ihm ein Anspruch auf Entgeltzahlung nach Maßgabe der §§ 11 KSchG, 615 BGB zu. Da das Verfahren nach Ablehnung des Änderungsangebots im Grundsatz keine Besonderheiten gegenüber dem Kündigungsschutzverfahren aufweist, bemisst sich der **Streitwert** der Kündigungsschutzklage nach § 42 Abs 3 Satz 1 GKG (§ 12 Abs 7 Satz 1 ArbGG aF). Danach be-

70

---

302 BAG 23.3.1989 – 7 AZR 527/85 – AP GKG 1975 § 17 Nr 1; KR/Rost/Kreft § 2 KSchG Rn 174 a; aA wohl HK/KSchG-Weller/Hauck § 2 Rn 137, die von einem Höchstbetrag nach Maßgabe der dreimonatigen Differenz des Werts der alten und der neuen Bedingungen entsprechend § 12 Abs 7 Satz 1 ArbGG (nun: § 42 Abs 4 Satz 1 GKG) ausgehen.
303 LAG Baden-Württemberg 31.7.2009 – 5 Ta 35/09.
304 BAG 24.4.1997 – 2 AZR 352/96 – AP KSchG 1969 § 2 Nr 42; BAG 19.5.1993 – 2 AZR 584/92 – AP KSchG 1969 § 2 Nr 31; KR/Rost/Kreft § 2 KSchG Rn 92; HK/KSchG-Weller/Hauck § 2 Rn 140; Löwisch/Spinner § 2 Rn 97; SPV/Preis Rn 1269; s Rn 38.
305 S Rn 56.
306 BAG 29.1.1981 – 2 AZR 1055/78 – AP KSchG 1969 § 9 Nr 6; HK/KSchG-Weller/Hauck § 2 Rn 139; KR/Rost/Kreft § 2 KSchG Rn 178.

trägt der Streitwert höchstens den Betrag des für die Dauer eines Vierteljahres zu leistenden Arbeitsentgelts.[307]

VIII. Beteiligung des Betriebsrats

1. Anhörung nach § 102 BetrVG

71 Da der Betriebsrat nach § 102 Abs 1 Satz 1 BetrVG vor jeder Kündigung zu hören ist und die Änderungskündigung eine **echte Kündigung** idS ist, hat der Arbeitgeber vor Ausspruch einer Änderungskündigung das Verfahren nach § 102 BetrVG zu beachten. Dabei gelten im Wesentlichen die gleichen Grundsätze wie bei der Beendigungskündigung.[308] Eine Besonderheit bei der Anhörung zur beabsichtigen Änderungskündigung besteht darin, dass zu den mitzuteilenden Kündigungsgründen neben den für die Kündigung maßgebenden Gründen **zwingend** auch die **Unterrichtung über das Änderungsangebot** gehört.[309] Nur dadurch wird der Betriebsrat in die Lage versetzt, die Auswirkung der beabsichtigten Änderungskündigung für den betroffenen Arbeitnehmer beurteilen und auch dahin prüfen zu können, ob er der Kündigung nach § 102 Abs 3 BetrVG widersprechen will.[310] Beabsichtigt der Arbeitgeber eine betriebsbedingte Änderungskündigung auszusprechen, hat er die Gesichtspunkte dem Betriebsrat mitzuteilen, die für die **Auswahl** der zu Kündigenden ausschlaggebend gewesen sind.[311] Die **Kündigungsfrist** der betroffenen Arbeitnehmer ist jedenfalls dann anzugeben, wenn sich erst daraus die Tragweite der geplanten personellen Maßnahmen (zB die Reduzierung von Sozialleistungen), bezogen auf das laufende oder das nachfolgende Kalenderjahr ermitteln lässt.[312] Wegen der weiteren Einzelheiten sowohl der Anhörung des Betriebsrats als auch der Mitwirkung des Personalrats wird auf die Kommentierungen zu § 102 BetrVG, insbesondere Rn 40, und zu §§ 72, 79, 108 BPersVG verwiesen. Eine **nicht** oder **nicht ordnungsgemäß durchgeführte Anhörung** hat die Unwirksamkeit der Kündigung zur Folge, § 102 Abs 1 Satz 3 BetrVG. Das mit der Änderungskündigung verbundene Änderungsangebot wird von der Unwirksamkeit der Änderungskündigung nicht berührt, § 139 BGB.[313] Der Arbeitnehmer kann es noch annehmen; eine einvernehmliche Vertragsänderung wird begründet.[314] Aus der Zielrichtung der Änderungskündigung sind die individualrechtlichen Folgen der nicht erfolgten oder nicht ordnungsgemäß erfolgten Anhörung des Betriebsrats jedoch unterschiedlich zu

---

307 Ebenso KR/Rost/Kreft § 2 KSchG Rn 178.
308 BAG 30.11.1989 – 2 AZR 197/89 – AP BetrVG 1972 § 102 Nr 53; BAG 30.9.1993 – 2 AZR 283/93 – AP KSchG 1969 § 2 Nr 33; ErfK/Oetker § 2 KSchG Rn 17; KR/Rost/Kreft § 2 KSchG Rn 113 bis 115; KR/Etzel § 102 BetrVG Rn 30.
309 BAG 30.11.1989 – 2 AZR 197/89 – AP BetrVG 1972 § 102 Nr 53; BAG 19.5.1993 – 2 AZR 584/92 – AP KSchG 1969 § 2 Nr 31; APS/Künzl § 2 Rn 120; Dornbusch/Wolff-Kappenhagen/Hess § 2 Rn 61; KR/Rost/Kreft § 2 KSchG Rn 115; KDZ/Zwanziger § 2 KSchG Rn 187; Löwisch/Spinner § 2 Rn 108.
310 BAG 29.3.1990 – 2 AZR 420/89 – AP BetrVG 1972 § 102 Nr 56; KR/Rost/Kreft § 2 KSchG Rn 115.
311 BAG 13.6.1986 – 7 AZR 623/84 – AP KSchG 1969 § 1 Soziale Auswahl Nr 13.
312 BAG 29.3.1990 – 2 AZR 420/89 – AP BetrVG 1972 § 102 Nr 56; KR/Rost/Kreft § 2 KSchG Rn 115; vHH/L/Linck § 2 KSchG Rn 188.
313 APS/Künzl § 2 Rn 135; KR/Rost/Kreft § 2 KSchG Rn 121.
314 APS/Künzl § 2 Rn 135; KR/Rost/Kreft § 2 KSchG Rn 121.

bewerten, je nachdem wie der Arbeitnehmer auf die Änderungskündigung reagiert. Sofern der Arbeitnehmer das Änderungsangebot ablehnt und der Betriebsrat nicht oder nicht ordnungsgemäß angehört war, ist die Änderungskündigung gem § 102 Abs 1 Satz 3 BetrVG unwirksam.[315] Nach der Neufassung der §§ 4 Satz 1, 13 Abs 3 KSchG (für die außerordentliche Änderungskündigung) mit Wirkung ab 1.1.2004 ist der Arbeitnehmer nunmehr gehalten diesen Unwirksamkeitsgrund im Rahmen der dreiwöchigen Klagefrist geltend zu machen. Auf die Kommentierungen zu §§ 4 und 13 KSchG wird verwiesen. Nimmt der Arbeitnehmer die Änderungskündigung unter dem Vorbehalt an, dass die Änderung nicht sozial ungerechtfertigt[316] ist, ist der dadurch zustande gekommene Änderungsvertrag auflösend bedingt durch die rechtskräftige Feststellung der Unwirksamkeit oder Sozialwidrigkeit der Kündigung.[317] Die Unwirksamkeit kann dabei seinen Grund in der nicht oder nicht ordnungsgemäßen Anhörung des Betriebsrats haben.[318] Hat jedoch der Arbeitnehmer das Änderungsangebot vorbehaltlos angenommen, kommt der nicht oder nicht ordnungsgemäßen Anhörung des Betriebsrats nach überwiegender Ansicht keine Bedeutung zu.[319] Denn die verabredete Änderung des Arbeitsvertrages ist wirksam. Zwar ist die Kündigung als erster Teil des zweiaktigen Rechtsgeschäfts[320] der Änderungskündigung wegen Verstoßes gegen § 102 Abs 1 BetrVG unwirksam. Jedoch ist das angenommene Änderungsangebot davon unberührt und damit wirksam, kommt es doch dem Arbeitgeber entscheidend auf die Fortsetzung des Arbeitsverhältnisses zu geänderten Arbeitsbedingungen an, weswegen entgegen § 139 BGB (kein Zweifel) die Teilnichtigkeit nicht zur Vollnichtigkeit führt.[321]

Wie vorstehend muss auch im Zusammenhang mit der Ausübung des **Widerspruchsrechts** des Betriebsrats gem § 102 Abs 5 BetrVG und der entsprechenden personalvertretungsrechtlichen Regelungen danach unterschieden werden, wie sich der Arbeitnehmer zur Änderungskündigung verhalten hat. Der Widerspruch des Betriebsrats löst den **Weiterbeschäftigungsanspruch** dann aus, sofern der Arbeitnehmer das Änderungsangebot abgelehnt hat.[322] Anders verhält es sich, wenn der Arbeitnehmer das Änderungsangebot unter Vorbehalt angenommen hat. Ein vom Betriebsrat gel-

72

---

315 ErfK/Oetker § 2 KSchG Rn 20; KDZ/Zwanziger § 2 KSchG Rn 187; SPV/Preis Rn 2044.
316 S dazu unter Rn 57.
317 APS/Künzl § 2 Rn 138; Boewer BB 1996, 2618, 2620; ErfK/Oetker § 2 KSchG Rn 21; SPV/Preis Rn 2046; vHH/L/Linck § 2 Rn 191.
318 BAG 23.11.2000 – 2 AZR 547/99 – AP KSchG 1969 § 2 Nr 62; APS/Künzl § 2 KSchG Rn 126; ErfK/Oetker § 2 KSchG Rn 21; vHH/L/Linck § 2 Rn 191; SPV/Preis Rn 2046.
319 APS/Künzl § 2 KSchG Rn 125; APS/Koch § 102 BetrVG Rn 27; ErfK/Oetker § 2 KSchG Rn 19; KR/SPV/Preis Rn 2045; vHH/L/Linck § 2 Rn 190; wohl aA KDZ/Zwanziger § 2 KSchG Rn 187.
320 Vgl Rn 5.
321 APS/Künzl § 2 Rn 137; Dornbusch/Wolff-Kappenhagen/Hess § 2 Rn 62; ErfKOetker § 2 KSchG Rn 19; KR/Rost/Kreft § 2 Rn 121; SPV/Preis Rn 2045; vHH/L/Linck § 2 Rn 190.
322 ErfK/Oetker § 2 KSchG Rn 22; KR/Rost/Kreft § 2 Rn 118; KDZ/Zwanziger § 2 KSchG Rn 187 a; vHH/L/Linck § 2 Rn 209 a.

tend gemachter Widerspruch zeitigt keine Rechtswirkung.[323] Kraft seiner Annahme des Änderungsangebots ist der Arbeitnehmer verpflichtet, einstweilen zu den geänderten Bedingungen weiter zu arbeiten. Es wäre widersprüchlich wollte er gem § 102 Abs 5 BetrVG die Weiterbeschäftigung zu den alten Arbeitsbedingungen verlangen.[324] Im Übrigen ist der Arbeitnehmer gem § 8 KSchG zureichend geschützt.[325]

2. Zustimmung nach § 99 Abs 1 BetrVG

73 Die Umsetzung der Änderung der Arbeitsbedingungen kann zugleich eine **Versetzung iSv § 95 Abs 3 BetrVG darstellen oder** mit einer **Umgruppierung** einhergehen. Dann muss der Arbeitgeber die Zustimmung des Betriebsrats zu der personellen Einzelmaßnahme nach § 99 Abs 1 BetrVG einholen,[326] sofern das Unternehmen idR mehr als 20 wahlberechtigte Arbeitnehmer beschäftigt. **Neben der Anhörung des Betriebsrats nach § 102 BetrVG ist das Beteiligungsverfahren nach § 99 BetrVG durchzuführen.**[327] Beide Verfahren können praktischerweise miteinander verbunden werden. In diesem Fall hat sich jedoch der Arbeitgeber gegenüber dem Betriebsrat bzw Personalrat eindeutig zu erklären, dass er sowohl das Verfahren nach § 102 BetrVG als auch das nach § 99 BetrVG einleitet.[328] Die Rechtsfolgen der Verfahren sind unterschiedlich. Die Zustimmungsverweigerung des Betriebsrats gem § 99 Abs 2 BetrVG verhindert die Vollziehung der personellen Maßnahme. Hingegen hindert ein Widerspruch des Betriebsrats nach 102 Abs 3 BetrVG den Arbeitgeber nicht, die Änderungskündigung auszusprechen. Trotz der Unterschiede in den Rechtsfolgen oder gerade wegen dieses Unterschieds hat keines der beiden Verfahren Vorrang iSd Spezialitätsgrundsatzes. Berücksichtigt man zudem die unterschiedlichen Normzwecke wird klar, dass beide Verfahren rechtlich selbstständig und unabhängig voneinander sind. Das Nebeneinander beider Beteiligungsrechte führt aber zu **Konkurrenzproblemen.**[329]

74 Stimmt der Betriebsrat sowohl der Maßnahme nach § 99 BetrVG als auch der Änderungskündigung gem § 102 Abs 2 BetrVG zu oder gilt jeweils die Zustimmung als erteilt (nach Ablauf der jeweiligen Wochenfrist), kann der Arbeitgeber die Änderungskündigung aussprechen und den Arbeitnehmer bei Annahme des Änderungsangebots (unbedingt wie vorbehaltlich) auf dem beabsichtigten neuen Arbeitsplatz einsetzen. Nimmt jedoch der Arbeitnehmer das Änderungsangebot nicht an, entfällt mangels Widerspruch

---

323 ErfK/Oetker § 2 KSchG Rn 22; KR/Etzel § 102 BetrVG Rn 199 c; KR/Rost/Kreft § 2 KSchG Rn 119; aA KDZ/Zwanziger § 2 KSchG Rn 187 a.
324 Vgl BAG 28.3.1985 – 2 AZR 548/93 – AP ZPO § 767 Nr 4; ErfK/Oetker § 2 KSchG Rn 22; KR/Rost/Kreft § 2 KSchG Rn 119; Löwisch/Spinner § 2 Rn 109.
325 Vgl Kommentierungen zu § 8 KSchG.
326 BAG 30.9.1993 – 2 AZR 283/93 – AP KSchG 1969 § 2 Nr 33.
327 BAG 30.9.1993 – 2 AZR 283/93 – AP KSchG 1969 § 2 Nr 33; APS/Künzl § 2 Rn 139; ErfK/Oetker § 2 KSchG Rn 18; HK/KSchG-Weller/Hauck § 2 Rn 172; KDZ/Zwanziger § 2 KSchG Rn 186; KR/Rost/Kreft § 2 KSchG Rn 130; Löwisch/Spinner § 2 Rn 111; vHH/L/Linck § 2 KSchG Rn 192.
328 BAG 3.11.1977 – 2 AZR 277/76 – AP BPerVG § 75 Nr 1; APS/Künzl § 2 Rn 141; Löwisch/Spinner § 2 Rn Nr 111.
329 KR/Rost § 2 KSchG Rn 124.

des Betriebsrats eine vorläufige Weiterbeschäftigung nach § 102 Abs 5 BetrVG.[330]

Sofern der Betriebsrat die Zustimmung im Verfahren nach § 99 BetrVG erteilt oder die Zustimmung als erteilt gilt, hingegen der Änderungskündigung aus Gründen iSd § 102 Abs 3 BetrVG widerspricht, kann der Arbeitgeber gleichwohl die Kündigung aussprechen. Hat der Arbeitnehmer das Änderungsangebot abgelehnt, kann er nunmehr unter den Voraussetzungen des § 102 Abs 5 BetrVG die vorläufige Weiterbeschäftigung zu den bisherigen Arbeitsbedingungen verlangen.[331] Nimmt der Arbeitnehmer das Änderungsangebot vorbehaltlich oder unbedingt an, ist er im ersten Fall vorläufig im anderen Fall endgültig verpflichtet, zu den neuen Bedingungen zu arbeiten.[332]

75

Verweigert der Betriebsrat die Zustimmung zur Versetzung nach § 99 Abs 2 BetrVG, gilt Folgendes: Einerseits hat die **fehlende Zustimmung** des Betriebsrats zur Versetzung nach § 99 BetrVG keine Auswirkungen auf die Wirksamkeit der Änderungskündigung (keine Wirksamkeitsvoraussetzung für die Änderungskündigung).[333] Der Arbeitgeber kann unabhängig von der Stellungnahme des Betriebsrats nach § 102 BetrVG die Änderungskündigung aussprechen. Lehnt der Arbeitnehmer das Änderungsangebot ab, scheidet eine Weiterbeschäftigung zu geänderten Vertragsbedingungen endgültig aus.[334] Denn Folge eines Prozesses kann nur die Beendigung des Arbeitsverhältnisses oder die Weiterbeschäftigung zu den alten Bedingungen sein. Das Zustimmungsersetzungsverfahren nach § 99 Abs 4 BetrVG wird gegenstandslos.[335] Nimmt im Falle der verweigerten Zustimmung des Betriebsrats nach § 99 Abs 2 und 3 BetrVG der Arbeitnehmer das Änderungsangebot zumindest vorbehaltlich an, wird die Änderungskündigung wirksam.[336] Die Umsetzung der Versetzung, dh. die tatsächliche Zuweisung eines anderen Arbeitsplatzes nach dem Ablauf der Kündigungsfrist ist aber ausgeschlossen, solange weder die Zustimmung des Betriebsrats vor-

76

---

330 APS/Künzl § 2 Rn 146; BTM/Mayer § 2 Rn 36; Dornbusch/Wolff-Kappenhagen/Hess § 2 Rn 68; KR/Rost/Kreft § 2 KSchG Rn 132.
331 Dornbusch/Wolff-Kappenhagen/Hess § 2 Rn 69; ErfK/Oetker § 2 KSchG Rn 22; KR/Rost/Kreft § 2 KSchG Rn 135.
332 S Rn 72; APS/Künzl § 2 Rn 161; Dornbusch/Wolff-Kappenhagen/Hess § 2 Rn 69; KR/Rost/Kreft § 2 KSchG Rn 135.
333 BAG 22.4.2010 – 2 AZR 491/09 – AP KSchG 1969 § 2 Nr 145; BAG 30.9.1993 – 2 AZR 283/93 – AP KSchG 1969 § 2 Nr 33; APS/Künzl § 2 KSchG Rn 140; ErfK/Oetker § 2 KSchG Rn 26; HK/KSchG-Weller/Hauck Rn 173; KDZ/Zwanziger § 2 KSchG Rn 188; KR/Rost/Kreft § 2 KSchG Rn 140; aA LAG Baden-Württemberg 10.1.1985 – 11 Sa 104/84 – NZA 1985, 326; Kanz ZTR 1989, 225.
334 APS/Künzl § 2 Rn 149; Dornbusch/Wolff-Kappenhagen/Hess § 2 Rn 70; KR/Rost § 2 KSchG Rn 136.
335 APS/Künzl § 2 Rn 149; Dornbusch/Wolff-Kappenhagen/Hess § 2 Rn 70; wohl auch Löwisch/Spinner § 2 Rn 113.
336 BAG 7.11.2002 – 2 AZR 650/00 – AP BGB § 615 Nr 98; BAG 30.9.1993 – 2 AZR 283/93 – AP KSchG 1969 § 2 Nr 33; APS/Künzl § 2 Rn 150; Dornbusch/Wolff-Kappenhagen/Hess § 2 Rn 71; ErfK/Oetker § 2 KSchG Rn 26; HK-KSchG/Weller/Hauck § 2 Rn 173.

liegt noch die gerichtliche Ersetzung rechtskräftig erlangt ist.[337] Der Arbeitnehmer muss daher zu seinen alten Arbeitsvertragsbedingungen weiterbeschäftigt werden.[338] Der Arbeitnehmer braucht eine anders lautende Weisung nicht zu befolgen.[339] Die mitbestimmungswidrige Versetzungsanordnung ist unwirksam und nach § 134 BGB nichtig.[340] Kommt der Arbeitnehmer einer mitbestimmungswidrigen Direktion des Arbeitgebers nicht nach, begründet dies weder einen Vertragsverstoß[341] noch führt es zur Böswilligkeit isd § 615 Satz 2 BGB; Annahmeverzugsansprüche bleiben erhalten.[342] Sofern der Arbeitnehmer das Änderungsangebot vorbehaltlich oder endgültig annimmt, kann der Arbeitgeber jedoch ausnahmsweise die Versetzung als vorläufige Maßnahme durchführen, wenn dies aus sachlichen Gründen dringend erforderlich ist, § 100 Abs 1 Satz 1 BetrVG.[343] Ist die **Änderungskündigung individualrechtlich wirksam**, die **Zustimmungsverweigerung** des Betriebsrats jedoch von Rechts wegen **nicht zu beanstanden** (das Ersetzungsverfahren des Arbeitgebers wird rechtskräftig zurückgewiesen), darf der Arbeitgeber die individualrechtlich zulässige Änderung der Arbeitsbedingungen nicht durchführen, weil die Versetzung nicht vollzogen werden darf.[344] In diesem Fall hat der Arbeitgeber mit dem Arbeitnehmer die früheren Arbeitsbedingungen zu vereinbaren, da die Parteien in entsprechender Anwendung von § 275 Abs 1 BGB von den geänderten Verpflichtungen frei werden.[345] Ist eine Beschäftigung zu den alten Arbeitsvertragsbedingungen nicht mehr möglich, mag an eine Beendigungskündigung gedacht werden.[346] Mit Urteil vom 22.4.2010[347] hat das BAG entschieden, dass durch die rechtskräftige Abweisung eines Antrags auf Ersetzung der vom Betriebsrat verweigerten Zustimmung die Ausführung der mit der Änderungskündigung beabsichtigten Vertragsänderung nicht dauernd unmöglich iSv § 275 Abs 1 BGB wird. Der Arbeitgeber könne ggf mehrmals hintereinander um Zustimmung zur Versetzung auf denselben

---

337 BAG 5.4.2001 – 2 AZR 580/99 – AP BetrVG 1972 § 99 Einstellung Nr 32; BAG 30.9.1993 – 2 AZR 283/93 – AP KSchG 1969 § 2 Nr 33; ErfK/Oetker § 2 Rn 26; DKK/Kittner § 99 BetrVG Rn 218; Hoß MDR 2000, 562, 569; KR/Rost/Kreft § 2 KSchG Rn 140; KDZ/Zwanziger § 2 Rn 188; SPV/Preis Rn 2047.
338 BAG 7.11.2002 – 2 AZR 650/00 – AP BGB § 615 Nr 98; BAG 30.9.1993 – 2 AZR 283/93 – AP KSchG 1969 § 2 Nr 33; APS/Künzl § 2 Rn 150; HK-KSchG/Weller/Hauck § 2 Rn 174; KDZ/Zwanziger § 2 Rn 188; aA ErfK/Oetker § 2 Rn 26, der dies als unrichtig ansieht, da der alte Arbeitsvertrag nicht mehr existiere.
339 BAG 30.9.1993 – 2 AZR 283/93 – AP KSchG 1969 § 2 Nr 33; BAG 8.0.1995 – 2 AZR 739/94 – RzK I 7 a Nr 30; HK/KSchG-Weller/Hauck § 2 Rn 174; KR/Rost/Kreft § 2 KSchG Rn 140; aA KPK/Bengelsdorf Teil H § 2 Rn 79; Waltermann SAE 1995, 367, 372.
340 BAG 30.9.1993 – 2 AZR 283/93 – AP KSchG 1969 § 2 Nr 33; APS/Künzl § 2 Rn 152; Dornbusch/Wolff-Kappenhagen/Hess § 2 Rn 71; KR/Rost/Kreft § 2 KSchG Rn 140; KDZ/Zwanziger § 2 Rn 188.
341 BAG 30.9.1993 – 2 Az R 283/93 – AP KSchG 1969 § 2 Nr 33; BAG 8.6.1995 – 2 AZR 793/94 – RzK I 7 a Nr 30.
342 BAG 7.11.2002 – 2 AZR 650/00 – AP BGB § 615 Nr 98; APS/Künzl § 2 Rn 150.
343 HK/KSchG-Weller/Hauck § 2 Rn 174.
344 Löwisch § 2 Rn 77; ErfK/Oetker § 2 KSchG Rn 26.
345 KR/Rost/Kreft § 2 KSchG Rn 141 b; ErfK/Oetker § 2 KSchG Rn 26; KDZ/Zwanziger § 2 KSchG Rn 188.
346 ErfK/Oetker § 2 KSchG Rn 27; KR/Rost/Kreft § 2 KSchG Rn 141 b.
347 BAG 22.4.2010 – 2 AZR 491/09 – AP KSchG 1969 § 2 Nr 145.

(neuen) Arbeitsplatz ersuchen. Er könne dementsprechend mehrere Zustimmungsersetzungsverfahren – nacheinander oder auch zeitlich parallel, also schon vor dem rechtskräftigen Abschluss des zunächst eingeleiteten – bei Gericht anhängig machen. Diese hätten trotz des gleichen Rechtsschutzziels prozessual unterschiedliche Gegenstände.[348] Zur Vermeidung sich widersprechender Entscheidungen im Änderungskündigungsschutzverfahren und im Zustimmungsersetzungsverfahren nach § 99 Abs 4 BetrVG sollte das Änderungskündigungsschutzverfahren analog § 148 ZPO bis zur rechtskräftigen Entscheidung über das Verfahren nach § 99 Abs 4 BetrVG ausgesetzt werden.[349] Wegen der unterschiedlichen Streitgegenstände beider Verfahren kommt dem Verfahren nach § 99 Abs 4 BetrVG jedoch keine präjudizielle Wirkung für das Änderungskündigungsschutzverfahren zu.[350] Besteht die Änderung der Arbeitsbedingungen in einer Umgruppierung gilt Vorstehendes entsprechend. Da das Mitbestimmungsrecht bei Umgruppierungen kein Gestaltungsrecht ist, sondern lediglich als Akt der Mitbeurteilung zu verstehen ist, ist es erst recht keine Wirksamkeitsvoraussetzung für die Änderungskündigung.[351]

3. Mitbestimmung nach § 87 Abs 1 BetrVG

Die mit der Änderungskündigung bezweckte Veränderung der Arbeitsbedingungen kann zugleich eine **mitbestimmungspflichtige Maßnahme** nach § 87 Abs 1 BetrVG sein. So kann der Arbeitgeber mit seiner gegenüber mehreren Arbeitnehmern ausgesprochenen Änderungskündigung beabsichtigen, den arbeitsvertraglich festgelegten Beginn der Arbeitszeit zu verändern. Diese Änderung des Beginns der Arbeitszeit löst das Mitbestimmungsrecht des Betriebsrats nach § 87 Abs 1 Nr 2 BetrVG aus. Nach der im Anwendungsbereich des § 87 BetrVG geltenden **Theorie der Wirksamkeitsvoraussetzung**[352] ist eine mit einer Maßnahme nach § 87 Abs 1 BetrVG verbundene Änderungskündigung ohne vorherige Zustimmung des Betriebsrats unwirksam. Im Anschluss an sein Urteil vom 30.9.1993[353] hat der für Kündigungen nach §§ 1, 2 KSchG zuständige Zweite Senat des BAG am 17.6.1998[354] entschieden, dass nicht nur im Anwendungsbereich des § 99 BetrVG, sondern auch in dem des § 87 BetrVG von einem **Nebeneinander von betriebsverfassungsrechtlicher Mitbestimmung und individualrechtlichem Ausspruch einer Änderungskündigung** auszugehen sei. Unbeschadet der vom BAG vertretenen „Theorie der Wirksamkeitsvoraussetzung", wonach die tatsächlich durchgeführte Mitbestimmung Wirksamkeitsvoraussetzung für Maßnahmen zum Nachteil des Arbeitnehmers ist,[355] genüge nunmehr beim Fehlen einer mitbestimmten kollektivrechtli-

---

348 BAG 22.4.2010 – 2 AZR 491/09 – AP KSchG 1969 § 2 Nr 145.
349 APS/Künzl § 2 Rn 157; KR/Rost § 2 KSchG Rn 141.
350 BAG 13.5.1981 – 4 AZR 1076/78 – AP HGB § 59 Nr 24; APS/Künzl § 2 Rn 157; differenzierend BTM/Mayer § 2 Rn 40.
351 KR/Rost/Kreft § 2 KSchG Rn 142; Löwisch/Spinner § 2 Rn 114.
352 BAG 31.1.1984 – 1 AZR 174/81 – AP BetrVG 1972 § 87 Lohngestaltung Nr 15; KR/Rost § 2 KSchG Rn 143 mwN.
353 2 AZR 283/93 – AP KSchG 1969 § 2 Nr 33.
354 2 AZR 336/97 – AP KSchG 1969 § 2 Nr 49.
355 BAG 3.12.1991 – GS 2/90 – AP BetrVG 1972 § 87 Lohngestaltung Nr 51.

chen Regelung die Folgerung, dass die Änderung der Arbeitsbedingungen unter dem Vorbehalt einer Mitbestimmung des Betriebsrats stehe und – solange dies noch nicht erfolgt sei (im Einigungsstellenverfahren)- nicht durchgesetzt werden könne.[356] Im Ergebnis steht die Entscheidung des BAG vom 17.6.1998[357] im Widerspruch zu der von ihm selbst vertretenen Ansicht der Theorie der Wirksamkeitsvoraussetzung, da nach dieser Entscheidung die Maßnahme nicht unwirksam ist.[358] Eine nachträgliche Zustimmung des Betriebsrats heilt jedoch ein mitbestimmungswidriges Verhalten nicht.[359] Eine Anrufung des Großen Senats des BAG hätte wohl nahe gelegen.[360]

IX. Unwirksamkeit der Änderungskündigung aus sonstigen Gründen
1. Allgemeine Anforderungen

78 Als **echte Kündigung** unterliegt die Änderungskündigung grundsätzlich den **allgemeinen Vorschriften für Beendigungskündigungen**. Danach kann sich zB die Unwirksamkeit der Änderungskündigung aus der Verletzung von Formvorschriften, des Bestimmtheitsgrundsatzes, der fehlenden Vollmacht des Kündigenden oder wegen Verstoßes gegen § 613a Abs 4 BGB ergeben.[361] Ebenso kann die Änderungskündigung gegen die guten Sitten (§ 138 BGB) oder gegen den Grundsatz von Treu und Glauben (§ 242 BGB) verstoßen. Darüber hinaus kann die Unwirksamkeit der Änderungskündigung aus der fehlenden oder fehlerhaften Anhörung des Betriebsrats nach § 102 BetrVG folgen.[362] Daneben kann die ordentliche Änderungskündigung tarifvertraglichen oder einzelvertraglichen Beschränkungen unterworfen sein, insbesondere kann sie ausgeschlossen und damit unzulässig sein.[363]

Aufgrund der am 1.1.2004 in Kraft getretenen Änderung des § 4 Satz 2 KSchG sind nunmehr alle Unwirksamkeitsgründe innerhalb der dreiwöchigen Klagefrist durch die Änderungskündigungsschutzklage geltend zu machen.

79 So hat zB das Landesarbeitsgericht Bad-Württ[364] eine **vorsorglich ausgesprochene Änderungskündigung** als mit dem Bestimmtheitsgrundsatz nicht vereinbar angesehen. Der Wille, das Arbeitsverhältnis aufzulösen, müsse eindeutig sein. Diesen Anforderungen genüge der Text des Kündigungsschreibens wegen der Benutzung des Worts „vorsorglich" nicht. Dem ist

---

356 BAG 17.6.1998 – 2 AZR 336/97 – AP KSchG 1969 § 2 Nr 49; zust APS/Künzl § 2 KSchG Rn 171; ErfK/Oetker § 2 KSchG Rn 23; HK/KSchG-Weller/Hauck § 2 Rn 176; KR/Rost/Kreft § 2 KSchG Rn 144; aA KDZ/Zwanziger § 2 KSchG Rn 189a.
357 2 AZR 336/97 – AP KSchG 1969 § 2 Nr 49.
358 Löwisch/Spinner § 2 Rn 115; wohl auch KR/Rost/Kreft § 2 KSchG Rn 145 ff.
359 Fitting ua § 87 BetrVG Rn 569; KR/Rost § 2 KSchG Rn 145a; HK/KSchG-Weller/Hauck § 2 Rn 176.
360 DKZ-Zwanziger § 2 KSchG Rn 189a.
361 APS/Künzl § 2 Rn 301; KR/Rost/Kreft § 2 KSchG Rn 179 f.
362 S Rn 71.
363 BAG 10.3.1982 – 4 AZR 158/59 – AP KSchG 1969 § 2 Nr 2; KR/Rost/Kreft § 2 KSchG Rn 179a.
364 8.4.1997 – 7 Sa 81/96 – vgl jedoch BAG 11.3.1998 – 2 AZR 325/97 – nv.

das BAG nicht gefolgt.³⁶⁵ Vorsorglich in diesem Zusammenhange bedeute, dass die Erklärung nur für den Fall Rechtswirkungen entfallen solle, dass die erstrebte Änderung nicht schon aus anderen Rechtsgründen folge.

2. Sonderkündigungsschutz

Gesetzliche Kündigungsbeschränkungen sind auch bei der Änderungskündigung zu beachten. Dazu gehören insbesondere der Schutz von betriebsverfassungsrechtlichen Funktionsträgern (§ 15 KSchG), von Arbeitnehmern im Erziehungsurlaub (§ 18 BErzGG), von werdenden Müttern (§ 9 MuSchG), von Schwerbehinderten (§§ 85 ff SGB IX) sowie von wehrdienstleistenden Arbeitnehmern (§§ 2, 10 ArbPlSchG). Hierzu wird iE auf die Erl zu § 15 KSchG verwiesen. 80

X. Besonderheiten der außerordentlichen Änderungskündigung

1. Allgemeines

Da § 626 Abs 1 BGB nur von Kündigung spricht und die Änderungskündigung eine **echte Kündigung** ist, kann insbesondere der Arbeitgeber auch eine **außerordentliche Änderungskündigung** aussprechen.³⁶⁶ An eine außerordentliche Änderungskündigung ist zum einen dann zu denken, wenn die ordentliche Kündigung und damit regelmäßig auch die ordentliche Änderungskündigung tarifvertraglich oder einzelvertraglich ausgeschlossen sind. Auch im Anwendungsbereich des gesetzlichen Sonderkündigungsschutzes nach § 15 KSchG ist eine ordentliche Änderungskündigung gegenüber betriebsverfassungsrechtlichen Funktionsträgern ausgeschlossen, so dass dem Arbeitgeber neben der außerordentlichen Kündigung nur noch die außerordentliche Änderungskündigung verbleibt.³⁶⁷ Zum anderen besteht häufig ein praktisches Bedürfnis für den Ausspruch einer außerordentlichen Änderungskündigung, wenn lange gesetzliche oder vertragliche Kündigungsfristen laufen, aber eine zeitnahe Änderung der Arbeitsbedingungen unumgänglich erscheint.³⁶⁸ 81

2. Entsprechende Anwendung des Rechts der ordentlichen Änderungskündigung

Nach allgemeiner Ansicht sind auf die außerordentliche Änderungskündigung die **Vorschriften der §§ 2, 4 Satz 2 und 8 KSchG** entsprechend anzuwenden.³⁶⁹ Der Gesetzgeber hat nämlich offensichtlich übersehen, dass die Fragestellungen des § 2 KSchG auch im Rahmen einer außerordentlichen 82

---

365 11.3.1998 – 2 AZR 325/97 – nv.
366 BAG 7.6.1973 – 2 AZR 450/72 – AP BGB § 626 Änderungskündigung Nr 1; BAG 21.6.1995 – 2 ABR 28/94 – AP KSchG 1969 § 15 Nr 36; APS/Künzl § 2 Rn 41; ErfK/Oetker § 2 Rn 8; Löwisch/Spinner § 2 Rn 98.
367 BAG 6.3.1986 – 2 ABR 15/85 – AP KSchG 1969 § 15 Nr 19; APS/Künzl § 2 Rn 41; Löwisch/Spinner § 2 Rn 99.
368 APS/Künzl § 2 Rn 41; Wallner, Änderungskündigung Rn 567.
369 BAG 7.6.1973 – 2 AZR 450/72 – AP BGB § 626 Änderungskündigung Nr 1; BAG 19.6.1986 – 2 AZR 565/85 – AP KSchG 1969 § 2 Nr 16; KR/Rost/Kreft § 2 KSchG Rn 32; HK/KSchG-Weller/Hauck § 2 Rn 12; SPV/Preis Rn 593; vHH/L/ Linck § 2 Rn 15; ErfK/Oetker § 2 Rn 8; KDZ/Zwanziger § 2 KSchG Rn 8; krit dazu Löwisch/Spinner § 2 Rn 100.

Kündigung auftreten können (Regelungslücke).[370] Dem steht nicht entgegen, dass die außerordentliche Änderungskündigung schon vor dem ersten Arbeitsrechtsbereinigungsgesetz praktische Relevanz hatte und der Gesetzgeber dieses Bedürfnis der Praxis hätte bedenken können. Aus dem Schweigen des Gesetzgebers ist zu entnehmen, dass er das Praxisanliegen nicht verarbeitet hat.[371]

83 Daraus ergibt sich für die Anwendbarkeit der **Vorbehaltserklärungsfrist** auf die außerordentliche Änderungskündigung Folgendes: Hat der Arbeitgeber eine außerordentliche Änderungskündigung ausgesprochen, ist in der Fortsetzung des Arbeitsverhältnisses zu den geänderten Arbeitsbedingungen regelmäßig die bedingungslose Annahme des Änderungsangebots zu sehen, wenn sich die neuen Arbeitsbedingungen alsbald auf das Arbeitsverhältnis auswirken und der Arbeitnehmer sich nicht **unverzüglich**, also ohne schuldhaftes Zögern (§ 121 Abs 1 Satz 1 BGB), zu dem Änderungsangebot geäußert hat,[372] dh allein die widerspruchslose Weiterarbeit des Arbeitnehmers auf dem ihm mit der außerordentlichen, fristlosen Änderungskündigung angebotenen neuen Arbeitsplatz ist noch keine vorbehaltlose Annahme des Änderungsangebots. Dies ist erst dann der Fall, wenn die Frist für eine Vorbehaltserklärung abgelaufen ist.[373] Ein **kurzfristiges Aufsuchen eines Rechtsanwalts**[374] dürfte regelmäßig noch kein schuldhaftes Zögern des Arbeitnehmers darstellen; eine Überlegungsfrist ist dem Arbeitnehmer zuzubilligen.[375] Die sich aus der Anwendung des § 121 BGB ergebende Frist kann der Arbeitgeber nicht verkürzen.[376] Im Hinblick auf die nach § 121 Abs 1 Satz 1 BGB interessengerecht zu beurteilende Annahmeerklärungsfrist erscheint es auch aus Gründen der Rechtssicherheit angemessen, dem Arbeitnehmer eine solche Überlegungsfrist von ein paar Tagen zuzubilligen.[377] Sofern der Arbeitgeber die **außerordentliche Änderungskündigung mit einer Auslauffrist** versieht, reicht es für die vorbehaltliche Annahme aus, wenn sich der Arbeitnehmer bis zum Ende der Frist, spätestens jedoch innerhalb von drei Wochen nach dem Zugang der Kündigung erklärt.[378]

---

370 APS/Künzl § 2 Rn 42;BTM/Mayer § 2 Rn 12.
371 APS/Künzl § 2 Rn 222; aA Löwisch/Spinner § 2 Rn 100, der jedoch der Praxis ausdrücklich empfiehlt, von der Rspr des BAG auszugehen.
372 BAG 19.6.1986 – 2 AZR 565/85 – AP KSchG 1969 § 2 Nr 16; BAG 27.3.1987 – 7 AZR 790/85 – AP KSchG 1969 § 2 Nr 20; HK/KSchG-Weller/Hauck § 2 Rn 15; KR/Rost/Kreft § 2 KSchG Rn 33; SPV/Preis Rn 2063.
373 BAG 27.3.1987 – 7 AZR 790/85 – AP KSchG 1969 § 2 Nr 20; Löwisch/Spinner § 2 Rn 101.
374 Vgl ErfK/Müller-Glöge § 626 BGB Rn 232.
375 BAG 27.3.1987 – 7 AZR 790/85 – AP KSchG 1969 § 2 Nr 20, das BAG sah sechs Tage noch als unverzüglich an.
376 BAG 27.3.1987 – 7 AZR 790/85 – AP KSchG 1969 § 2 Nr 20; Löwisch/Spinner § 2 Rn 101.
377 Vgl KR/Rost/Kreft § 2 KSchG Rn 33; weitere Nachweise ebenfalls dort; APS/Künzl § 2 KSchG Rn 216, der höchstens eine Woche vorsieht.
378 KR/Rost/Kreft § 2 KSchG Rn 33; KPK/Bengelsdorf Teil H § 2 Rn 65; Löwisch/Spinner § 2 Rn 101; Wallner, Änderungskündigung Rn 602, der für die Dauer der Überlegungsfrist danach abstellt, wie gravierend das Angebot in die persönlichen Lebensumstände einschneidet; SPV/Preis Rn 593, die auf die allgemeinen Grundsätze zum Begriff der Unverzüglichkeit abstellen.

3. Prüfungsmaßstab

Nach § 626 Abs 1 BGB erfordert die außerordentliche Änderungskündigung einen **wichtigen Grund** für die Änderung der Arbeitsbedingungen. Ebenso wie bei der ordentlichen Änderungskündigung nimmt auch hier das BAG eine **zweistufige Prüfung** vor.[379] In der **ersten Stufe** ist bei der außerordentlichen Änderungskündigung zu prüfen, ob dem Arbeitgeber die Fortsetzung des Arbeitsverhältnisses zu den bisherigen Arbeitsbedingungen unzumutbar (Unzumutbarkeit für den Kündigenden), dh die alsbaldige Änderung der Arbeitsbedingungen für ihn unabweisbar notwendig ist.[380] In der **zweiten Stufe** ist zu fragen, ob die neuen Arbeitsbedingungen dem Arbeitnehmer zumutbar (Zumutbarkeit für den Gekündigten) sind. Der erste Prüfungsschritt stellt also auf die Erforderlichkeit der außerordentlichen Änderungskündigung (**das „Ob"**), der zweite Prüfungsschritt auf die Erforderlichkeit des Ausmaßes (**das „Wie"**) ab. Hierbei ist zu beachten, dass die Änderungskündigung weniger einschneidend wirkt als die Beendigungskündigung. Hat die Änderungskündigung die Zielrichtung, eine ansonsten wirksame Beendigungskündigung zu vermeiden, ist die Änderungskündigung an sich rechtswirksam. Im Fall eines tariflich unkündbaren Arbeitnehmers kommt der Verpflichtung des Arbeitgebers, die Kündigung – wenn möglich – durch andere Maßnahmen abzuwenden, eine besondere Bedeutung zu. Der Arbeitgeber hat zur Vermeidung einer Kündigung alle in Betracht kommenden Beschäftigungs- und Einsatzmöglichkeiten von sich aus umfassend zu prüfen und eingehend zu sondieren. Aus dem Vorbringen des Arbeitgebers muss erkennbar sein, dass er auch unter Berücksichtigung der besonderen Verpflichtungen alles Zumutbare unternommen hat, um eine Kündigung zu vermeiden. Ist der Arbeitnehmer ordentlich unkündbar, kann der Arbeitgeber im Einzelfall verpflichtet sein, zur Vermeidung einer außerordentlichen Änderungskündigung einen gleichwertigen Arbeitsplatz freizukündigen. Hingegen muss auch der öffentliche Arbeitgeber grundsätzlich nicht versuchen, zur Vermeidung einer Änderungskündigung eine Weiterbeschäftigung des Arbeitnehmers bei einem anderen Arbeitgeber des öffentlichen Dienstes zu erreichen.[381]

84

Wegen der näheren Einzelheiten wird auf die Kommentierungen zu § 626 BGB, insbesondere Rn 35 bis 37, verwiesen. Wie schon bei der ordentlichen Änderungskündigung ist die Reaktion des Arbeitnehmers auf die außerordentliche Änderungskündigung für den Prüfungsmaßstab unerheblich.[382] Prüfungsmaßstab ist also die Rechtswirksamkeit der mit der außerordentlichen Änderungskündigung verfolgten Änderung der Arbeitsbedin-

---

379 BAG 6.3.1986 – 2 ABR 15/85 – AP KSchG 1969 § 15 Nr 19; BAG 21.6.1995 – 2 ABR 28/94 – AP KSchG 1969 § 15 Nr 36; BAG 27.9.2001 – 2 AZR 487/00 – EzA § 15 KSchG nF Nr 54; krit dazu Löwisch/Spinner § 2 Rn 103; Löwisch NZA 1988, 640; Wallner, Änderungskündigung, der einen dreistufigen Prüfungsaufbau zu Grunde legt, Rn 606.
380 BAG 21.6.1995 – 2 ABR 28/94 – AP KSchG 1969 § 15 Nr 36; Löwisch/Spinner § 2 Rn 103.
381 BAG 28.10.2010 – 2 AZR 688/09 – NZA-RR 2011, 155ff.
382 BAG 7.6.1973 – 2 AZR 450/72 – AP BGB § 626 Änderungskündigung Nr 1; APS/Künzl § 2 Rn 198; KR/Fischermeier § 626 BGB Rn 200; SPV/Preis Rn 592; Wallner, Änderungskündigung, Rn 605; s Rn 30 und 38; aA Popp HAS § 19 B Rn 405; Schwerdtner FS 25 Jahre BAG S 566 ff.

gungen. § 1 Abs 5 findet keine Anwendung auf außerordentliche betriebsbedingte Änderungskündigungen.[383]

85 Das **Ob** der außerordentlichen betriebsbedingten Änderungskündigung hängt bei **ordentlichen unkündbaren Arbeitnehmern** (§ 15 KSchG) nicht davon ab, ob dem Arbeitgeber die Fortsetzung des Arbeitsverhältnisses während der fiktiven Frist, die ohne den besonderen Kündigungsschutz für eine ordentliche Änderungskündigung gelten würde, zumutbar ist.[384] Von der Zulässigkeit der außerordentlichen Änderungskündigung ist auch dann auszugehen, wenn dem Arbeitgeber die Wahrung der fiktiven Kündigungsfrist zugemutet werden könnte. Vom Schutzzweck der Bestimmungen der §§ 2, 15 KSchG ist die Einhaltung einer hypothetisch zu veranschlagenden Kündigungsfrist nicht geboten. Der Arbeitsplatz bei einer außerordentlichen betriebsbedingten Änderungskündigung ist als solcher gesichert.[385]

86 Der **Kündigende** (idR Arbeitgeber, aber auch Arbeitnehmer denkbar) muss die außerordentliche Änderungskündigung **binnen zwei Wochen** ab dem Zeitpunkt, zu dem er von den kündigungserheblichen Tatsachen Kenntnis erlangt, erklären, § 626 Abs 2 BGB.[386] Bei **betriebsbedingten außerordentlichen Änderungskündigungen** beginnt diese Ausschlussfrist erst, wenn feststeht, welche konkreten Arbeitnehmer nicht mehr auf ihrem bisherigen Arbeitsplatz oder nicht mehr zu den bisherigen Arbeitsbedingungen weiterbeschäftigt werden können und dass deshalb Änderungskündigungen notwendig sind.[387]

---

383 BAG 28.5.2009 – 2 AZR 844/07 – AP BGB § 626 Nr 222.
384 BAG 21.6.1995 – 2 ABR 28/94 – AP KSchG 1969 § 15 Nr 36; anders noch BAG 6.3.1986 – 2 ABR 15/85 – AP KSchG 1969 § 15 Nr 19.
385 BAG 21.6.1995 – 2 AZB 28/94 – AP KSchG 1969 § 15 Nr 36.
386 BAG 25.3.1976 – 2 AZR 127/75 – AP BGB § 626 Ausschlussfrist Nr 10; SPV/Preis Rn 594.
387 BAG 25.3.1976 – 2 AZR 127/75 – AP BGB § 626 Ausschlussfrist Nr 10.

§ 3 Kündigungseinspruch

¹Hält der Arbeitnehmer eine Kündigung für sozial ungerechtfertigt, so kann er binnen einer Woche nach der Kündigung Einspruch beim Betriebsrat einlegen. ²Erachtet der Betriebsrat den Einspruch für begründet, so hat er zu versuchen, eine Verständigung mit dem Arbeitgeber herbeizuführen. ³Er hat seine Stellungnahme zu dem Einspruch dem Arbeitnehmer und dem Arbeitgeber auf Verlangen schriftlich mitzuteilen.

I. Geschichte und Bedeutung.... 1	4. Konsequenzen der Entscheidung des Betriebsrats 17
II. Selbständiges Beteiligungsverfahren neben § 102 BetrVG... 4	a) Aus Sicht des Betriebsrats unbegründeter Einspruch............. 18
III. Geltungsbereich............... 5	b) Für begründet erachteter Einspruch.......... 19
1. Gegenständlicher Anwendungsbereich.............. 5	5. Stellungnahme des Betriebsrats................ 22
2. Öffentlicher Dienst........ 7	V. Schadensersatzpflicht des Betriebsrats nach § 823 Abs 2 BGB?............ 25
3. Persönlicher Geltungsbereich...................... 8	
IV. Einspruchsverfahren 10	
1. Adressat................... 10	
2. Form..................... 12	
3. Frist..................... 13	

I. Geschichte und Bedeutung

Die Bestimmung erklärt sich vorwiegend aus ihrer Entstehungsgeschichte. Sie blieb durch das am 1.1.2004 in Kraft getretene Gesetz zu Reformen am Arbeitsmarkt[1] unangetastet. Anders als die jetzige Klagefrist bezieht sich der Einspruch deshalb noch immer nur auf die Sozialwidrigkeit der Kündigung, nicht auf ihre Unwirksamkeit im Übrigen.

Das **Betriebsrätegesetz** vom 4.2.1920[2] bildete die erste gesetzliche Grundlage des Kündigungsschutzes. Allerdings konnte der Arbeitnehmer die Unwirksamkeit einer Kündigung gerichtlich nur geltend machen, wenn er zunächst den als Arbeiter- oder Angestelltenrat errichteten Gruppenrat anrief und das Gremium den Einspruch für begründet erklärte. Dabei waren mehrere Fristen und Begründungserfordernisse einzuhalten. Der Arbeitnehmer musste den Gruppenrat binnen fünf Tagen nach Zugang der Kündigung anrufen,[3] die Gründe seines Einspruchs darlegen und unter Beweis stellen.[4] Hielt der Gruppenrat den Einspruch für begründet, gelang ihm aber innerhalb einer Woche keine Verständigung zwischen Arbeitnehmer und Arbeitgeber, konnten entweder der Rat selbst oder der betroffene Arbeitnehmer binnen weiterer fünf Tage das Arbeitsgericht anrufen.[5] Dagegen war es dem Arbeitnehmer verwehrt, Kündigungsschutzklage zu erheben, wenn kein Gruppenrat bestand oder der Rat den Einspruch für unbegründet erachtete.[6]

---

1 Kurz Arbeitsmarktreformgesetz vom 24.12.2003 (BGBl I S 3002), vgl insb die Begründung des ursprünglichen Regierungsentwurfs in BT-Drucks 15/1204.
2 BRG 1920.
3 § 84 BRG 1920.
4 § 86 Abs 1 Satz 1 BRG 1920.
5 § 86 Abs 1 Satz 3 BRG 1920.
6 Sog Sperrfunktion.

2 Bereits das **nationalsozialistische Gesetz zur Ordnung der nationalen Arbeit** vom 20.1.1934[7] schwächte diese starke Stellung der Betriebsvertretung. Die Kündigungsschutzklage des Arbeitnehmers war nicht länger daran gebunden, dass ein Vertrauensrat, der an die Stelle des Betriebsrats getreten war, gebildet war. War jedoch ein Vertrauensrat vorhanden, musste der Arbeitnehmer zwei alternative Prozessvoraussetzungen beachten. Grundsätzlich hatte er eine Bescheinigung des Gremiums beizubringen, aus der sich ergab, dass die Frage der Weiterbeschäftigung im Vertrauensrat erfolglos beraten worden war.[8] Ausnahmsweise war sie entbehrlich, wenn der Arbeitnehmer nachwies, dass er den Vertrauensrat innerhalb von fünf Tagen nach Zugang der Kündigung angerufen, dieser die Bescheinigung fünf Tage danach aber nicht erteilt hatte.[9]

3 Die heute in § 3 KSchG enthaltene Regelung, die inhaltlich seit Inkrafttreten des KSchG am 13.8.1951 unverändert geblieben ist, verringert die Beteiligungsrechte des Betriebsrats nach Ausspruch der Kündigung noch weiter. Will sich der Arbeitnehmer auf die Sozialwidrigkeit der Kündigung berufen, braucht er den Erfolg seines Einspruchs beim Betriebsrat nicht abzuwarten. Weder muss im Betrieb überhaupt ein Betriebsrat bestehen, noch muss er erfolglos angerufen worden sein. Es bleibt dem Arbeitnehmer überlassen, ob er vor oder während der Rechtshängigkeit der Kündigungsschutzklage (zusätzlich) den Weg des § 3 KSchG beschreitet.[10] Der Einspruch des Betriebsrats nach § 3 KSchG stellt **keine Prozessvoraussetzung** dar, seine praktische Bedeutung ist deshalb gering. Größere rechtliche und tatsächliche Relevanz kommt der Anhörung des Betriebsrats vor Ausspruch der Kündigung nach § 102 BetrVG zu.

II. Selbständiges Beteiligungsverfahren neben § 102 BetrVG

4 Während § 102 BetrVG die Beteiligung des Betriebsrats vor Ausspruch der Kündigung regelt, stellt § 3 KSchG die Mitwirkung des Gremiums nach ihrem Zugang sicher. **Die beiden Verfahren sind voneinander getrennt**, wie § 102 Abs 7 BetrVG ausdrücklich klarstellt. Das bedeutet, dass sich der Betriebsrat durch seine Stellungnahme in der Anhörung nach § 102 Abs 2 und 3 BetrVG nicht für das spätere Einspruchsverfahren bindet, zumal neue Gesichtspunkte auftreten können. Auch wenn er der beabsichtigten Kündigung ausdrücklich zugestimmt hat, kann er den Einspruch gegen die erklärte Kündigung für begründet erachten. Umgekehrt zwingt ihn der Widerspruch gegen die geplante Kündigung nach § 102 Abs 3 BetrVG nicht, den Einspruch für begründet zu halten. Selbst wenn ein erweitertes Beteiligungsrecht des Betriebsrats nach § 102 Abs 6 BetrVG besteht und die Kündigung aufgrund einer Betriebsvereinbarung von seiner Zustimmung abhängig ist, hindert ihn die vor Ausspruch der Kündigung erteilte Zustim-

---

7 AOG.
8 § 56 Abs 2 Satz 1 AOG.
9 § 56 Abs 2 Satz 2 AOG; zu allem KR/Rost § 3 KSchG Rn 2 bis 4; vgl auch vHH/L/Linck § 3 Rn 2 und 3.
10 Vgl LAG Sachsen-Anhalt 9.3.2010 – 2 Sa 369/09.

mung nicht, den Einspruch nach ihrem Zugang für begründet zu erklären.[11]

III. Geltungsbereich

1. Gegenständlicher Anwendungsbereich

§ 3 KSchG gilt lediglich für **ordentliche Beendigungs- und Änderungskündigungen**[12] im Geltungsbereich des KSchG. Die sechsmonatige Wartezeit des § 1 Abs 1 KSchG muss daher vollendet und die Mindestbeschäftigtenzahl des § 23 Abs 1 Satz 2 oder 3 KSchG erreicht sein. Daran zeigt sich ein weiterer Unterschied zu dem Anhörungsverfahren des § 102 BetrVG. Ist ein Betriebsrat gebildet, ist er auch innerhalb der Wartefrist und bei einer Beschäftigtenzahl von nur fünf ständigen wahlberechtigten Arbeitnehmern, von denen drei wählbar sind,[13] zu beteiligen.

Außerordentliche Kündigungen umfasst § 3 KSchG demgegenüber – ebenfalls abweichend von § 102 Abs 1 Satz 1 BetrVG – **nicht**, weil § 13 Abs 1 Satz 2 KSchG nur auf § 4 Satz 1 und §§ 5 bis 7 KSchG verweist. Ungeachtet des Problems der bewussten Regelungslücke wird wegen der geringen praktischen und rechtlichen Bedeutung der Norm und der dem Betriebsrat stets eröffneten Möglichkeit, die Verständigung zwischen Arbeitnehmer und Arbeitgeber zu unterstützen, ein Bedürfnis für ihre entsprechende Anwendung auf außerordentliche Kündigungen verneint.[14] Das gilt auch für außerordentliche Kündigungen ordentlich unkündbarer Arbeitnehmer, die hinsichtlich der Betriebsratsanhörung nach § 102 BetrVG wie ordentliche Kündigungen zu behandeln sind.

2. Öffentlicher Dienst

Für Verwaltungen und Betriebe des Bundes, der Länder, der Gemeinden und sonstiger Körperschaften, Anstalten und Stiftungen des öffentlichen Rechts gilt das BetrVG nach seinem § 130 nicht. Folglich kann gem § 1 BetrVG kein Betriebsrat gebildet und § 3 KSchG unmittelbar nicht angewandt werden. Vor dem **Personalrat** dieser Rechtspersönlichkeiten kann aber **auch nicht in Analogie zu § 3 KSchG** Einspruch erhoben werden.[15] Der Gesetzgeber hat die Frage mit dem heutigen BPersVG vom 15.3.1974,[16] das in seinen §§ 94 ff Rahmenbestimmungen für die Angehörigen des öffentlichen Dienstes der Länder enthält, bewusst abweichend von der früheren Rechtslage geregelt. § 98 BPersVG 1955 hatte noch eine entsprechende Anwendung der dem Betriebsrat verliehenen Rechte und Pflichten und damit auch des § 3 KSchG auf die Personalvertretung vorgesehen.

---

11 KR/Rost § 3 KSchG Rn 31 und 32.
12 APS/Künzl § 3 KSchG Rn 17 und 18; KR/Rost § 3 KSchG Rn 27 bis 28 a.
13 § 1 BetrVG.
14 APS/Künzl § 3 KSchG Rn 17; KR/Rost § 3 KSchG Rn 28 mwN.
15 APS/Künzl § 3 KSchG Rn 19; KR/Rost § 3 KSchG Rn 30.
16 BGBl I S 693, zuletzt geändert durch Art 3 Abs 2 des Gesetzes vom 3.7.2013 (BGBl I S 1978).

3. Persönlicher Geltungsbereich

8 Auf Geschäftsführer, Betriebsleiter und ähnliche **leitende Angestellte**, soweit sie zur selbständigen Einstellung oder Entlassung von Arbeitnehmern berechtigt sind, ist § 3 KSchG nicht anzuwenden.[17] Die Begriffe des leitenden Angestellten des § 14 Abs 2 Satz 1 KSchG und des § 5 Abs 3 Satz 2 BetrVG stimmen allerdings nicht überein.[18] Während § 14 Abs 2 Satz 1 KSchG die alternative Berechtigung zu Einstellung oder Entlassung genügen lässt, verlangt § 5 Abs 3 Satz 2 Nr 1 BetrVG kumulativ beide Kompetenzen. Die zwei weiteren Fallgruppen des § 5 Abs 3 Satz 2 Nrn 2 und 3 BetrVG sind ebenfalls nicht identisch mit dem von § 14 Abs 2 Satz 1 KSchG bezeichneten Personenkreis. Unproblematisch ist das fehlende Einspruchsrecht deswegen für leitende Angestellte iSd § 5 Abs 3 Satz 2 BetrVG, die nach § 5 Abs 3 Satz 1 BetrVG nicht der betrieblich verfassten Belegschaft angehören. Soweit der Arbeitnehmer demgegenüber den Begriff des leitenden Angestellten des § 14 Abs 2 Satz 1 KSchG, nicht aber den des § 5 Abs 3 Satz 2 BetrVG erfüllt, wird § 14 Abs 2 Satz 1 KSchG von der hM **berichtigend und einschränkend** dahin ausgelegt, er könne dennoch den Kündigungseinspruch des § 3 KSchG beim Betriebsrat einlegen.[19] Das entspricht dem Gesetzeszweck, der den Arbeitnehmer von einem Recht gegenüber einem Gremium ausnehmen will, das er weder gewählt hat, noch das für ihn zuständig ist. Wird er umgekehrt vom Betriebsrat repräsentiert, soll ihm auch die Einspruchsbefugnis zustehen. Sonst träte die eigentümliche Folge auf, dass der Betriebsrat vor Ausspruch der Kündigung nach § 102 Abs 1 Satz 1 BetrVG zu hören wäre, der Arbeitnehmer ihn jedoch seinerseits nach ihrem Zugang nicht nach § 3 KSchG anrufen könnte.

9 Die wohl überwiegende Auffassung lehnt ua angesichts seiner geringen praktischen Bedeutung ein dem § 3 KSchG entsprechendes Einspruchsrecht des leitenden Angestellten, der dem Begriff des § 5 Abs 3 Satz 2 BetrVG genügt, vor dem **Sprecherausschuss** ab.[20]

IV. Einspruchsverfahren
1. Adressat

10 Betriebsrat iSd § 3 KSchG ist auch der Betriebsobmann als einköpfiger Betriebsrat in Betrieben zwischen fünf und 20 wahlberechtigten Arbeitnehmern.[21] Das Einspruchsrecht kommt dem Arbeitnehmer aber lediglich zu, wenn sein Arbeitsverhältnis dem betrieblichen **Geltungsbereich des § 23 Abs 1 Satz 2 und 3 KSchG** unterfällt. Hat sein Arbeitsverhältnis erst nach

---

17 § 14 Abs 2 Satz 1 KSchG.
18 BAG 1.6.1976 – 1 ABR 118/74 – AP BetrVG 1972 § 5 Nr 15; aA Jobs/Bader AR-Blattei Kündigungsschutz I D I 5 b.
19 APS/Künzl § 3 KSchG Rn 16; KR/Rost § 3 KSchG Rn 29 und § 14 KSchG Rn 36, jeweils mwN.
20 ZB KR/Rost § 3 KSchG Rn 29 und § 14 KSchG Rn 36 mwN; Oetker ZfA 1990, 43, 77; aA APS/Künzl § 3 KSchG Rn 16.
21 § 9 Satz 1 Var 1 BetrVG; zu der früheren Diskrepanz zwischen der einerseits eröffneten Einspruchsbefugnis vor dem Betriebsobmann und seiner andererseits nach dem BetrVG 1952 nicht zwingenden Anhörung vor Ausspruch der Kündigung iE KR/Rost § 3 KSchG Rn 12.

dem 31.12.2003 begonnen, müssen in dem Betrieb regelmäßig über zehn Arbeitnehmer beschäftigt werden. Bei bis zum 31.12.2003 vereinbarter Arbeitsaufnahme genügen dagegen 5,25 Arbeitnehmer, die ihre Arbeit vor dem 31.12.2003 aufnehmen sollten. Sonst ist der betriebliche Geltungsbereich des ersten Abschnitts des KSchG nach § 23 Abs 1 Satz 2 und 3 KSchG nicht eröffnet.[22]

Für die Entgegennahme des Einspruchs gelten die §§ 26 ff BetrVG. IdR ist der Vorsitzende oder im Fall seiner Verhinderung sein Stellvertreter berechtigt, den Einspruch entgegenzunehmen. § 26 Abs 2 Satz 2 BetrVG erfasst nicht nur rechtsgeschäftliche Erklärungen, sondern auch andere gegenüber dem Betriebsrat abzugebende Äußerungen wie den Einspruch.[23] Die Befugnis, den Einspruch entgegenzunehmen, kann aber auch auf den Betriebs- oder Personalausschuss des Betriebsrats übertragen werden.[24] Wird der Einspruch nicht gegenüber den erwähnten, für den Empfang zuständigen Personen, sondern gegenüber einem anderen Betriebsratsmitglied erklärt, wird das Mitglied als Erklärungsbote tätig. Der Arbeitnehmer trägt das Übermittlungsrisiko. Solange der Einspruch nicht – im Regelfall – dem Betriebsratsvorsitzenden oder im Fall seiner Verhinderung dem stellvertretenden Vorsitzenden zur Kenntnis gelangt ist, ist er nicht zugegangen.[25] Für die Wochenfrist des § 3 Satz 1 KSchG ist der Zeitpunkt des Zugangs bei der empfangsberechtigten Person maßgeblich.[26] Sind sowohl der Vorsitzende als auch sein Stellvertreter verhindert und hat es der Betriebsrat versäumt, für einen solchen Fall Vorkehrungen zu treffen, kann der gekündigte Arbeitnehmer innerhalb der Wochenfrist grundsätzlich gegenüber jedem Betriebsratsmitglied Einspruch erheben.[27]

2. Form

Der Einspruch ist an **keine Form** gebunden, er kann deshalb auch mündlich oder sogar konkludent eingelegt werden. Abweichend von der Regelung des § 86 Satz 1 BRG 1920 muss er nicht begründet werden. Eine Begründung erleichtert in der Praxis aber die Entscheidung des Betriebsrats, wenn dem Arbeitnehmer die Kündigungsgründe bekannt sind.

3. Frist

§ 3 Satz 1 KSchG bestimmt, dass der Einspruch binnen **einer Woche** einzulegen ist. Die Frist beginnt mit dem Zugang der Kündigung, wobei der Tag des Zugangs nach § 187 Abs 1 BGB nicht mitgerechnet wird. Sie ver-

---

22 Rn 5.
23 Fitting § 26 BetrVG Rn 38; KR/Rost § 3 KSchG Rn 13.
24 §§ 27 Abs 2 Satz 2, 28 Abs 1 Satz 1 BetrVG.
25 KR/Rost § 3 KSchG Rn 14; vgl zu der Anhörung vor Ausspruch der Kündigung BAG 27.6.1985 – 2 AZR 412/84 – AP BetrVG 1972 § 102 Nr 37; allgemein Fitting § 26 BetrVG Rn 39.
26 Fitting § 26 BetrVG Rn 39; zu der Frist detailliert Rn 13 ff.
27 Zu der anderen Konstellation der Anhörung des Betriebsrats durch den Arbeitgeber zu einer beabsichtigten Kündigung BAG 27.6.1985 – 2 AZR 412/84 – AP BetrVG 1972 § 102 Nr 37.

streicht nach § 188 Abs 2 Alt 1 BGB mit dem Ablauf des Tages, der dem Tag des Zugangs entsprechend benannt ist.[28]
Geht die Kündigung zB am Donnerstag zu, endet die Frist am Donnerstag der Folgewoche, 24:00 Uhr.

14 Der Betriebsrat ist jedoch nicht gehindert, sich mit einem **verspäteten Einspruch** zu befassen. Er ist hierzu nur nicht länger unmittelbar rechtlich verpflichtet.[29] Auch der Arbeitgeber, der mit dem Betriebsrat nach § 2 Abs 1 BetrVG vertrauensvoll zusammenzuarbeiten hat, kann dessen Vermittlungsbemühungen nicht mit der Begründung ablehnen, die Wochenfrist sei abgelaufen.[30]

15 An die Versäumung der Frist sind im Übrigen **keine rechtlichen Auswirkungen** geknüpft. Die Kündigungsschutzklage kann im Unterschied zu der Regelung des § 86 Abs 1 Satz 3 BRG 1920 unabhängig von der Stellungnahme des Betriebsrats erhoben werden.[31] Daraus folgt umgekehrt, dass der Arbeitnehmer die dreiwöchige Klagefrist des § 4 Satz 1 KSchG auch einhalten muss, wenn er Einspruch beim Betriebsrat einlegt. Die Klagefrist wird durch den Einspruch nicht gehemmt, dh sie verlängert sich nicht entsprechend § 209 BGB um den Zeitraum des Einspruchsverfahrens.[32] Erst recht beginnt die Dreiwochenfrist nicht erneut nach dem Ende des Einspruchsverfahrens in Analogie zu § 212 BGB.[33] Irrt sich der Arbeitnehmer insoweit und erhebt deshalb verspätet Kündigungsschutzklage, rechtfertigt dieser Irrtum für sich allein betrachtet nicht die nachträgliche Zulassung der Klage nach § 5 KSchG.[34] Treten keine weiteren Umstände hinzu, ist die Fristversäumung verschuldet. Anderes gilt, wenn sich der Arbeitnehmer an zuständiger Stelle erkundigt, dort eine unzutreffende Auskunft erhält[35] und ihm dieses Verschulden nicht – bspw nach § 85 Abs 2 ZPO – zuzurechnen ist.[36]

16 Erhebt der Arbeitnehmer bereits kurz nach Zugang der Kündigung Klage und erst danach innerhalb der Wochenfrist Einspruch vor dem Betriebsrat, steht das seinem Einspruchsrecht nicht entgegen. Sinn des Einspruchsverfahrens ist es zwar, eine gütliche Einigung zwischen Arbeitnehmer und Arbeitgeber herbeizuführen. Sie ist aber auch noch möglich, wenn die Klage schon rechtshängig ist. Der weitere Zweck des Einspruchs, dem Arbeitnehmer die Entscheidung für oder gegen den Kündigungsschutzprozess zu erleichtern, steht demgegenüber nicht im Vordergrund. Auch die **Sollvorschrift des § 4 Satz 3 KSchG**, wonach der Kündigungsschutzklage die Stellungnahme des Betriebsrats zu dem Einspruch beigefügt werden soll, hat nur den Regelfall des vorangegangenen Einspruchsverfahrens im Blick. Aus

---

28 KR/Rost § 3 KSchG Rn 15.
29 vHH/L/Linck § 3 Rn 5.
30 KR/Rost § 3 KSchG Rn 17.
31 Rn 3.
32 AA Möhn NZA 1995, 113, 114.
33 Wie hier KR/Rost § 3 KSchG Rn 26: weder Hemmung noch Unterbrechung.
34 KR/Friedrich § 5 KSchG Rn 38 mwN; APS/Künzl § 3 KSchG Rn 10; Löwisch in Löwisch/Spinner/Wertheimer § 3 Rn 4; KR/Rost § 3 KSchG Rn 26.
35 KR/Friedrich § 5 KSchG Rn 38 mwN.
36 Näher § 5 KSchG Rn 13 ff.

ihr lässt sich nicht ableiten, dass die Stellungnahme nicht auch nachgereicht werden könnte.[37]

4. Konsequenzen der Entscheidung des Betriebsrats
Der Betriebsrat entscheidet über den Einspruch durch Beschluss.[38]
a) **Aus Sicht des Betriebsrats unbegründeter Einspruch.** Hält der Betriebsrat den Einspruch für unbegründet, die Kündigung also für sozial gerechtfertigt, ist er rechtlich nicht verpflichtet, zwischen Arbeitnehmer und Arbeitgeber zu vermitteln. Er kann dennoch eine Verständigung suchen.[39]
b) **Für begründet erachteter Einspruch.** Ist der Betriebsrat dagegen der Ansicht, die Kündigung sei sozialwidrig, muss er versuchen, zwischen den Arbeitsvertragsparteien zu vermitteln.[40] Dabei braucht er nicht zwingend die Fortsetzung des Arbeitsverhältnisses anzustreben. Denkbar ist zB auch, dass die Kündigungsfrist verlängert oder eine Abfindung gezahlt wird. Der Arbeitnehmer kann nicht beanspruchen, an den Verhandlungen zwischen Arbeitgeber und Betriebsrat teilzunehmen.[41] Eine § 102 Abs 2 Satz 4 BetrVG entsprechende Bestimmung, wonach der Arbeitnehmer, soweit erforderlich, angehört werden soll, ist entbehrlich. Der Arbeitnehmer muss den Einspruch selbst führen und kann ihn begründen, wenn er das auch nicht muss.

Der Betriebsrat ist **bloßer Vermittler** und ohne besondere – ausdrückliche oder konkludente – Bevollmächtigung nicht für den Arbeitnehmer vertretungsberechtigt. Mit dem Einspruch selbst bevollmächtigt der Arbeitnehmer den Betriebsrat nicht schlüssig, ihn gegenüber dem Arbeitgeber zu vertreten. Der Betriebsrat kann daher ein in den Verhandlungen unterbreitetes Angebot des Arbeitgebers idR nicht rechtsverbindlich für den Arbeitnehmer annehmen.[42] Er ist aber Empfangsbote des Arbeitnehmers. Der Arbeitgeber bleibt deshalb mit Zugang des Antrags beim Betriebsrat an seine Erklärung gebunden.[43]

Im Unterschied zu der nach § 120 Abs 2 BetrVG strafbewehrten Vorschrift des § 102 Abs 2 Satz 5 BetrVG begründet § 3 KSchG keine Pflicht des Betriebsrats zur Verschwiegenheit über die ihm in den Verhandlungen bekannt gewordenen persönlichen Verhältnisse und Angelegenheiten des Arbeitnehmers. Offenbart ein Betriebsratsmitglied die im Einspruchsverfahren erlangten Kenntnisse unbefugt, verstößt es aber gegen eine **betriebsverfassungsrechtliche Amtspflicht**. Zudem verletzt das Betriebsratsmitglied uU das Persönlichkeitsrecht des Arbeitnehmers und kann dadurch nach § 823 Abs 1 BGB iVm Art 1 und 2 GG zum Schadensersatz verpflichtet sein.[44]

---

37 KR/Rost § 3 KSchG Rn 18.
38 § 33 BetrVG.
39 Vgl auch Rn 14.
40 Vgl § 3 Satz 2 KSchG.
41 KR/Rost § 3 KSchG Rn 20.
42 vHH/L/Linck § 3 Rn 8; Löwisch in: Löwisch/Spinner/Wertheimer § 3 Rn 6; KR/Rost § 3 KSchG Rn 21.
43 KR/Rost § 3 KSchG Rn 22.
44 Löwisch/Spinner/Wertheimer § 3 Rn 9.

5. Stellungnahme des Betriebsrats

22 Unabhängig davon, ob der Betriebsrat die Kündigung für sozial gerechtfertigt oder umgekehrt den Einspruch für begründet hält, seine Vermittlung jedoch gescheitert ist, hat er seine Stellungnahme zu dem Einspruch auf Verlangen des Arbeitnehmers oder des Arbeitgebers nach § 3 Satz 3 KSchG schriftlich mitzuteilen. Da der Arbeitgeber der Kündigung in der Folge des Anhörungsverfahrens nur dann eine Abschrift der Stellungnahme des Betriebsrats beifügen muss, wenn der Betriebsrat der Kündigung vor ihrem Ausspruch widersprochen hat,[45] ist das häufig die **erste Möglichkeit** des Arbeitnehmers, eine Stellungnahme des Betriebsrats zu erhalten.

23 Die **Zwecke des Einspruchsverfahrens**,

- eine Verständigung der Vertragspartner herbeizuführen oder
- dem Arbeitnehmer die Entscheidung für oder gegen einen Kündigungsschutzprozess zu erleichtern,

fordern, dass der Betriebsrat **seine Stellungnahme im Einzelnen begründet**.[46] Dabei ist er an seine Stellungnahme im Anhörungsverfahren nicht gebunden.[47] Allerdings darf er bei unverändertem Sachverhalt auf eine vor Ausspruch der Kündigung abgegebene schriftliche Stellungnahme verweisen.[48]

24 Der Arbeitnehmer soll die Stellungnahme des Betriebsrats der Kündigungsschutzklage nach **§ 4 Satz 3 KSchG** beifügen. Das Gericht ist an sie aber nicht gebunden. Schon wegen des im arbeitsgerichtlichen Urteilsverfahren geltenden Beibringungsgrundsatzes sollten Arbeitnehmer und Arbeitgeber ihr auch keine Indizwirkung für den Ausgang des Rechtsstreits beilegen.[49] Da § 4 Satz 3 KSchG eine **bloße Sollvorschrift und keine Prozessvoraussetzung** enthält, ist die Klagefrist des § 4 Satz 1 KSchG nicht gehemmt, bis der Betriebsrat seine Stellungnahme abgibt.[50]

V. Schadensersatzpflicht des Betriebsrats nach § 823 Abs 2 BGB?

25 Den Bestimmungen der §§ 84 bis 87 BRG 1920 wurde vor allem wegen ihrer Sperrfunktion[51] überwiegend nicht nur die Belegschaft kollektiv schützende, sondern auch den Arbeitnehmer individuell schützende Wirkung zugeordnet. Verstieß der Betriebsrat gegen seine durch sie begründeten Pflichten, verletzte er ein Schutzgesetz zugunsten des betroffenen Arbeitnehmers. Die einzelnen Betriebsratsmitglieder konnten sich ihm gegenüber nach § 823 Abs 2 BGB schadensersatzpflichtig machen.[52]

---

45 § 102 Abs 4 BetrVG.
46 vHH/L/Linck § 3 Rn 10; Löwisch in: Löwisch/Spinner/Wertheimer § 3 Rn 5; KR/Rost § 3 KSchG Rn 24.
47 Rn 4.
48 KR/Rost § 3 KSchG Rn 24.
49 KR/Rost § 3 KSchG Rn 25 macht zu Recht darauf aufmerksam, trotz des anzunehmenden Überblicks des Betriebsrats komme seiner Stellungnahme nur tatsächliche Bedeutung zu; vgl auch vHH/L/Linck § 3 Rn 10.
50 KR/Rost § 3 KSchG Rn 26; iE Rn 15.
51 Rn 1 und Fn 6.
52 KR/Rost § 3 KSchG Rn 33 mwN.

Heute kommt § 3 KSchG dagegen **nicht der Charakter eines Schutzgesetzes** 26
zu.[53] § 3 KSchG begründet drei Pflichten des Betriebsrats:
- den Einspruch entgegenzunehmen,
- bei seinem Erfolg einen Verständigungsversuch zu unternehmen und
- in jedem Fall auf Verlangen schriftlich Stellung zu nehmen.

Um ein Schutzgesetz annehmen zu können, genügt es aber nicht, dass Pflichten begründet werden. Hinzu kommen muss ein **besonderer Schutzzweck** zugunsten einzelner Personen vor der Verletzung bestimmter Rechtsgüter. Diesen Schutz gewährt § 3 KSchG nicht, beeinflusst er den Kündigungsschutzprozess rechtlich doch nicht. Ein Pflichtverstoß der Mitglieder des Betriebsrats kann deswegen zu keinem Schadensersatzanspruch des Arbeitnehmers nach § 823 Abs 2 BGB führen.[54] Dem Betroffenen bleiben lediglich die betriebsverfassungsrechtlichen Möglichkeiten. Insbesondere kann er nach § 23 Abs 1 Satz 1 BetrVG versuchen, mithilfe eines Viertels der wahlberechtigten Arbeitnehmer oder durch eine im Betrieb vertretene Gewerkschaft die gerichtliche Auflösung des Betriebsrats aufgrund grober Pflichtverletzung zu erwirken.[55]

---

[53] Wie hier APS/Künzl § 3 KSchG Rn 11 ff; vHH/L/Linck § 3 Rn 11; Löwisch in: Löwisch/Spinner/Wertheimer § 3 Rn 8; KR/Rost § 3 KSchG Rn 35 ff; aA Oemann RdA 1953, 20, 21, der allerdings einräumt, wegen des von § 3 KSchG unabhängigen Klagerechts werde die schuldhafte Pflichtverletzung des Betriebsratsmitglieds regelmäßig nicht den Schaden des Arbeitnehmers verursachen.
[54] Zu allem ausf KR/Rost § 3 KSchG Rn 35 ff, insb Rn 37 f, der darauf hinweist, auch § 1 KSchG sei nicht als Schutzgesetz zu verstehen; vgl auch KR/Griebeling § 1 KSchG Rn 37; ErfK/Kiel § 3 KSchG Rn 6 und APS/Künzl § 3 KSchG Rn 11 ff.
[55] Löwisch in: Löwisch/Spinner/Wertheimer § 3 Rn 8.

§ 4 Anrufung des Arbeitsgerichtes

¹Will ein Arbeitnehmer geltend machen, dass eine Kündigung sozial ungerechtfertigt oder aus anderen Gründen rechtsunwirksam ist, so muss er innerhalb von drei Wochen nach Zugang der schriftlichen Kündigung Klage beim Arbeitsgericht auf Feststellung erheben, dass das Arbeitsverhältnis durch die Kündigung nicht aufgelöst ist. ²Im Falle des § 2 ist die Klage auf Feststellung zu erheben, daß die Änderung der Arbeitsbedingungen sozial ungerechtfertigt oder aus anderen Gründen rechtsunwirksam ist. ³Hat der Arbeitnehmer Einspruch beim Betriebsrat eingelegt (§ 3), so soll er der Klage die Stellungnahme des Betriebsrates beifügen. ⁴Soweit die Kündigung der Zustimmung einer Behörde bedarf, läuft die Frist zur Anrufung des Arbeitsgerichtes erst von der Bekanntgabe der Entscheidung der Behörde an den Arbeitnehmer ab.

A. Allgemeines	1
I. Gesetzeszweck	1
1. Gesetzeszweck seit dem Arbeitsmarktreformgesetz	1
2. Problem: Formnichtige und zugleich sozialwidrige Kündigung	3
3. Bilanz	4
II. Gegenständlicher Geltungsbereich	5
1. Anwendbarkeit des § 4 KSchG	5
2. Fälle außerhalb des Geltungsbereichs des § 4 KSchG	9
3. Sondernormen	11
B. Kündigungsschutzklage	13
I. Prozessvoraussetzungen	13
1. Zuständiges Gericht	13
a) Rechtsweg	14
b) Örtliche Zuständigkeit	15
2. Klageart	19
a) Rechtsnatur der Kündigungsschutzklage	19
b) Auslegung des Klagevorbringens und Einzelheiten	20
aa) Auflösungs- oder Abfindungsklage	20
bb) Weiterbeschäftigungsklage	21
cc) Andere Arten der Leistungsklage	23
dd) Klageänderung und Klageerweiterung	25
ee) Widerklage	27
ff) Hilfsantrag	29
gg) Einwendungen	32
3. Inhalt, Antrag und Form der Klage	33
a) Mindestinhalt der Klage	33
aa) Parteibezeichnung	34
bb) Klagegegenstand und -grund	39
cc) Klageantrag	43
(1) Beendigungskündigung	44
(a) Grundsatz, punktueller Streitgegenstand und allgemeine Feststellungsklage	44
(b) Problemfälle	56
(aa) Isolierte Kündigungsschutzklage und weitere Kündigung, Verbindung von Kündigungsschutzklage und allgemeinem Feststellungsantrag iSv § 256 Abs 1 ZPO	56
(bb) Außerordentliche und vorsorgliche ordentliche Kündigung	64
(2) Änderungskündigung	65
(a) Annahme unter Vorbehalt	66
(b) Ablehnung des Änderungsangebots	67
b) Form der Klage	68
4. Feststellungsinteresse	75
a) Grundsatz	75
b) Besonderheiten	79
aa) Die sog Rücknahme der Kündigung	79
(1) Rücknahme der Kündigung nach Rechtshängigkeit	79

(2) Rücknahme der Kündigung vor Rechtshängigkeit 83
bb) Vertragliche Verpflichtung zur Rücknahme der Kündigungsschutzklage 84
5. Besondere Prozessvoraussetzungen und Prozesshindernisse 85
  a) Schlichtungsausschuss 85
  b) Schiedsgericht 86
6. Prozessbeendende Erklärungen 88
  a) Klagerücknahme 88
  b) Klageverzicht 89
  c) Vertraglicher Verzicht auf Kündigungsschutz 90
II. Begründetheit der Klage 91
1. Die Parteien der Kündigungsschutzklage, Aktiv- und Passivlegitimation 91
  a) Kläger 91
    aa) Pfändungsgläubiger und Zessionare 92
    bb) Erben 97
  b) Beklagter 98
    aa) Grundsätze 98
    bb) Problem: Betriebsübergang 99
    (1) Übersicht 99
    (2) Kündigung des Veräußerers vor dem Betriebsübergang 100
    (a) Prozessführungsbefugnis und Rechtskrafterstreckung 101
    (b) Auflösungsantrag bei einer Betriebsveräußerung in der Kündigungsfrist 104
    (3) Ungewisser Betriebsübergang 106
    (4) Kündigung des Veräußerers nach der Betriebsübernahme ... 108
  c) Arbeitgeber als Kläger? 109
  d) Streithelfer? 110
2. Klagefrist 111
  a) Rechtsnatur und Konsequenzen der Versäumung 111
  b) Lauf der Frist 113
    aa) Beginn 113
    bb) Sonderfälle 114
    (1) Behördliche Zustimmung 114

(2) Freiwilliger Wehrdienst, Wehrübung und Bundesfreiwilligendienst 122
(3) Andere Kündigungsverbote 123
  (a) § 15 Abs 3 TzBfG 123
  (b) Tarifliche oder einzelvertragliche Ausschlüsse der ordentlichen Kündigung 124
    cc) Fristberechnung 125
    dd) Fristwahrung 126
    ee) Darlegungs- und Beweislast 131
  c) Folgen der Anrufung eines unzuständigen Gerichts für die Klagefrist 132
    aa) Rechtsweg 133
    bb) Örtlich unzuständiges Arbeitsgericht 136
  d) Ausnahmen von der Klagefrist 139
    aa) Unbestimmte und bedingte Kündigungen 140
    bb) Geschäftsunfähigkeit und beschränkte Geschäftsfähigkeit ... 141
    cc) Vertretungsmängel ... 142
    dd) Spätere Kenntniserlangung des Gekündigten von während der Klagefrist unerkannten Unwirksamkeitsgründen 143
    ee) Vor Zugang der Kündigung unterbliebene oder fehlerhafte Massenentlassungsanzeige nach §§ 17, 18 KSchG 144
C. Rechtswirkungen der Kündigungsschutzklage 145
  I. Verjährung 145
  II. Ausschlussfristen 149
    1. Einstufige Verfallfristen und erste Stufen zweistufiger Ausschlussfristen 151
    2. Zweistufige Verfallklauseln 156
    3. Änderungskündigung 160
  III. Urlaubsansprüche 161
  IV. Wählbarkeit gekündigter Arbeitnehmer in den Betriebsrat 162

Gallner

D. Rechtskraft des Urteils im Kündigungsschutzrechtsstreit 163
I. Abweisendes Urteil 163
II. Feststellungsurteil 167
III. Präklusionsprinzip 169
IV. Änderungskündigung 173

A. Allgemeines
I. Gesetzeszweck
1. Gesetzeszweck seit dem Arbeitsmarktreformgesetz

1 Eine sozial ungerechtfertigte Kündigung ist nach § 1 Abs 1 KSchG rechtsunwirksam. Sie gilt aber nach § 7 HS 1 KSchG als von Anfang an wirksam, wenn der Arbeitnehmer ihre **Sozialwidrigkeit** nicht binnen der **dreiwöchigen Frist** des § 4 Satz 1 KSchG gerichtlich geltend macht. Entsprechendes gilt seit der Neufassung der §§ 4 ff KSchG durch das am 1.1.2004 in Kraft getretene Gesetz zu Reformen am Arbeitsmarkt[1] für eine **aus anderen Gründen iSv § 13 Abs 3 KSchG unwirksame Kündigung**.[2] Voraussetzung der Wirksamkeitsfiktion ist seit der Neufassung in beiden Fällen – dem der Sozialwidrigkeit und dem der Unwirksamkeit aus sonstigen Gründen –, dass der Arbeitgeber eine **schriftliche Kündigung** erklärt.[3] Abweichend von der sog Einspruchsklage nach § 86 Abs 1 des Betriebsrätegesetzes vom 4.2.1920 und der „Kündigungswiderrufsklage" nach § 56 des Gesetzes zur Ordnung der nationalen Arbeit vom 20.1.1934[4] wählt das KSchG den Weg der anfänglichen, aber durch Zeitablauf heilbaren Nichtigkeit der sozial ungerechtfertigten und seit Inkrafttreten des Arbeitsmarktreformgesetzes auch der aus anderen Gründen rechtsunwirksamen schriftlichen Kündigung. Die Klage begründet die Unwirksamkeit zwar nicht erst, sie ist jedoch notwendig, um die Nichtigkeit aufrechtzuerhalten.[5] Das Urteil, das die unterbliebene Auflösung des Arbeitsverhältnisses durch die Kündigung ausspricht, hat daher nur negativ feststellende,[6] nicht gestaltende Wirkung.[7] Es verändert die Rechtslage nicht, sondern stellt die objektiv bereits bestehende Rechtslage mit bindender Wirkung für die Parteien fest.[8]

2 Klagefrist und Wirksamkeitsfiktion sollen dem Arbeitgeber möglichst rasch **Klarheit** darüber verschaffen, ob der Arbeitnehmer eine schriftliche

---

1 Gesetz zu Reformen am Arbeitsmarkt vom 24.12.2003 (BGBl I S 3002), kurz Arbeitsmarktreformgesetz, vgl vor allem die Begründung des ursprünglichen Regierungsentwurfs in BT-Drucks 15/1204 vor seiner Änderung im Vermittlungsausschuss, die die Novelle der §§ 4 ff KSchG allerdings nicht betraf.
2 Vgl nur BAG 18.1.2012 – 6 AZR 407/10 – Rn 13 AP KSchG 1969 § 6 Nr 6; krit zu der früheren Gesetzeslage, die punktuellen Streitgegenstand und Dreiwochenfrist der Frage der sozialen Rechtfertigung vorbehielt, Francken NZA 1999, 796 ff.
3 Zu den Anforderungen an eine schriftformgerechte Kündigung nach §§ 623, 126 Abs 1, 125 Satz 1 BGB näher § 623 BGB Rn 14 ff.
4 § 3 KSchG Rn 1 und 2.
5 Plastisch vHH/L/Linck § 4 Rn 1; KR/Friedrich § 4 Rn 10 spricht von schwebender Unwirksamkeit.
6 Schwab RdA 2013, 357, 358 mwN.
7 BAG 17.7.2012 – 1 AZR 563/11 – Rn 16 AP GG Art 9 Arbeitskampf Nr 178.
8 Statt vieler BAG 7.11.1991 – 2 AZR 159/91 – B II 1 b mwN AP BGB § 209 Nr 6.

Kündigung hinnimmt oder nicht.[9] Für den Arbeitgeber muss hinreichend erkennbar werden, dass der Arbeitnehmer die Kündigung angreifen will. Unter dieser Voraussetzung kommt es nicht darauf an, wie der Arbeitnehmer seinen Antrag formuliert. Er braucht den Wortlaut des § 4 Satz 1 KSchG nicht zu wiederholen, obwohl sich eine entsprechende Formulierung anbietet. Entscheidend ist, dass sich aus dem ggf auszulegenden Klageantrag ergibt, dass der Arbeitnehmer inhaltlich die von der Fiktionswirkung der §§ 4 Satz 1, 7 HS 1 KSchG erfassten Unwirksamkeitsgründe geltend machen will und damit das Ziel einer auf § 4 Satz 1 KSchG gestützten Klage verfolgt. In einem solchen Fall ist der Arbeitgeber gewarnt und kann nicht auf den Eintritt der Fiktion des § 7 HS 1 KSchG vertrauen.[10] Der Gesetzgeber mutet dem Arbeitnehmer allerdings zu, überhaupt im Weg der Klage nach §§ 4, 7 KSchG gegen die Kündigung vorzugehen.[11] Die frühere Beschränkung des punktuellen Streitgegenstands und der Dreiwochenfrist auf die soziale Rechtfertigung einer ordentlichen Kündigung[12] hat der Gesetzgeber des Arbeitsmarktreformgesetzes aufgegeben. Schriftformgerechte Beendigungs- und Änderungskündigungen, die seit dem 1.1.2004 zugegangen sind, müssen in den **punktuellen Fassungen des § 4 KSchG** und **binnen drei Wochen nach ihrem Zugang** angegriffen werden.[13] Vor Inkrafttreten des Arbeitsmarktreformgesetzes dienten Klagefrist und Wirksamkeitsfiktion demgegenüber dem begrenzteren Zweck, frühestmöglich die Frage der **sozialen Rechtfertigung** zu klären. Das zeigten sowohl der bis zum 31.12.2003 geltende Wortlaut des § 4 Satz 1 KSchG aF – „dass eine Kündigung sozial ungerechtfertigt ist" – als auch die Einschränkung des § 7 HS 1 KSchG aF („wenn sie nicht aus anderem Grunde rechtsunwirksam ist").[14] Prüfungsgegenstand des punktuellen Antrags war jedoch schon vor

---

9   Vgl BAG 23.6.2009 – 2 AZR 474/07 – Rn 28 mwN AP BGB § 626 Verdacht strafbarer Handlung Nr 47; BAG 28.8.2008 – 2 AZR 63/07 – Rn 35 NZA 2009, 275; BAG 12.5.2005 – 2 AZR 426/04 – B I 2, 5 und II 1 b AP KSchG 1969 § 4 Nr 53; vgl im Bedingungskontrollrecht zu §§ 21, 17 Satz 1 TzBfG auch BAG 6.4.2011 – 7 AZR 704/09 – Rn 21 AP TzBfG § 21 Nr 7; zust Kokemoor jurisPR-ArbR 41/2011 Anm 1; BAG 9.2.2011 – 7 AZR 221/10 – Rn 21 und 25 AP TzBfG § 17 Nr 10; im Befristungskontrollrecht BAG 4.5.2011 – 7 AZR 252/10 – Rn 17 AP TzBfG § 17 Nr 11; zum Zweck der Klagefrist auch Rn 39.
10 BAG 13.12.2007 – 2 AZR 818/06 – Rn 17 ff AP KSchG 1969 § 4 Nr 64; BAG 12.5.2005 – 2 AZR 426/04 – B I 2, 5 und II 1 b AP KSchG 1969 § 4 Nr 53.
11 BAG 23.11.2006 – 6 AZR 394/06 – Rn 47 AP BGB § 623 Nr 8.
12 Und über § 13 Abs 1 Satz 2 KSchG auf die Voraussetzungen des § 626 BGB bei einer außerordentlichen Kündigung.
13 Instruktiv zur Prozesstaktik im Kündigungsschutzprozess Vetter NZA Beilage 2005 Nr 1 zu Heft 10, 64 ff. Der Zugang kann auch bei einem Empfangsboten bewirkt werden, zB bei dem Ehegatten oder einem anderen in der Wohnung des Gekündigten lebenden erwachsenen Haushaltsmitglied: BAG 9.6.2011 – 6 AZR 687/09 – Rn 11 ff, insb Rn 16 AP BGB § 130 Nr 25.
14 Weiter gehend schon zu der Rechtslage vor Inkrafttreten des Arbeitsmarktreformgesetzes am 1.1.2004 KR/Friedrich 8. Aufl § 4 KSchG Rn 10; vHH/L/Linck 13. Aufl § 4 Rn 2; Löwisch 8. Aufl § 4 Rn 1, die den Sinn des § 4 Satz 1 KSchG aF in der möglichst frühzeitigen Klärung des (gesamten) Fortbestands des Arbeitsverhältnisses sahen; vgl auch BAG 14.9.1994 – 2 AZR 182/94 – II 3 AP KSchG 1969 § 4 Nr 32, das die Unterrichtung des Arbeitgebers darüber, ob der Arbeitnehmer die Kündigung hinnahm oder ihre Unwirksamkeit gerichtlich geltend machte, bereits nach bisherigem Recht in den Vordergrund rückte; wie hier Boehmke RdA 1995, 211, 220.

dem 1.1.2004 nicht nur die soziale Rechtfertigung der Kündigung, sondern auch die Frage, ob die Kündigung aus sonstigen Gründen unwirksam war.[15] Das Problem des Prüfungsgegenstands betraf lediglich die mit dem rechtskräftigen Urteil über den erweiterten punktuellen Streitgegenstand[16] verbundene **Präklusion,**[17] sagte aber nichts über den Gesetzeszweck der Dreiwochenfrist aus, der aus der damaligen Fassung von § 7 HS 1 KSchG zu erschließen war.

2. Problem: Formnichtige und zugleich sozialwidrige Kündigung

3 **Mündliche oder in anderer Weise nach §§ 623, 126 Abs 1, 125 Satz 1 BGB formnichtige Kündigungen** sind dagegen sowohl von der punktuellen Antragsfassung als auch vom Fristerfordernis ausgenommen.[18] Ihre Nichtigkeit kann **noch später als drei Wochen nach Zugang der Kündigung gerichtlich geltend gemacht werden.** Möglich ist eine **allgemeine Feststellungsklage,** aber auch eine **Leistungsklage,** mit der die Unwirksamkeit der Kündigung inzident festgestellt wird.[19] Der punktuellen Antragsfassung und der Klagefrist unterfallen daher weder

- mündliche noch
- schlüssige Kündigungen und auch keine
- formnichtigen Kündigungen.[20]

Formnichtig ist eine Kündigung, die nicht der gesetzlichen Schriftform der §§ 623, 126 Abs 1, 125 Satz 1 BGB genügt.[21] Während Textform nach § 126 b BGB gegen das Schriftformerfordernis verstößt, reicht die elektronische Form des § 126 a BGB nach § 126 Abs 3 BGB aus, wenn der Aussteller der Erklärung seinen Namen hinzufügt und das Dokument mit einer qualifizierten elektronischen Signatur versieht.[22] Im Unterschied zu Prozesshandlungen wird ein Telefax, das die Originalunterschrift nur abbildet, der von § 126 Abs 1 Alt 1 BGB vorausgesetzten Eigenhändigkeit nicht ge-

---

15 Rn 46.
16 Rn 46 ff.
17 Rn 164.
18 Detailliert § 623 BGB Rn 14 ff; wie hier Stiebert NZA 2013, 657, 658; aA Schwab RdA 2013, 357, 3361 f, der dem Arbeitnehmer auch im Fall eines Arbeitnehmers, der sich nur auf die Formnichtigkeit der Kündigung stützt, die Wahl zwischen Kündigungsschutzklage und allgemeiner Feststellungsklage überlässt. Zu der Frage der Wahrung der Schriftform durch eine Kündigung „im Auftrag" („iA") Klein NZA 2004, 1198 ff; zu dem Problem im Befristungskontrollrecht BAG 4.5.2011 – 7 AZR 252/10 – Rn 31 ff AP TzBfG § 17 Nr 11; zu den Einzelheiten des Verstoßes gegen die Schriftform auch Laws AuR 2013, 431, 432 f.
19 Näher und mit Antragsformulierung § 623 BGB Rn 40 und 41.
20 Quecke macht in RdA 2004, 86, 99 mwN aus meiner Sicht zu Recht darauf aufmerksam, dass die Bindung des § 4 Satz 1 KSchG an die schriftformgerechte Kündigung eine Inkongruenz gegenüber der Befristungskontrollklage mit sich bringt: Während § 4 Satz 1 KSchG an den Zugang einer schriftlichen Kündigung anknüpft, gilt die Klagefrist des § 17 Satz 1 TzBfG nach allgM auch für formunwirksame Befristungen; so ausdrücklich BAG 4.5.2011 – 7 AZR 252/10 – Rn 18 mwN AP TzBfG § 17 Nr 11; ebenso Laws AuR 2013, 431, 432.
21 Zu der Frage der Wahrung der Schriftform durch eine Kündigung „iA" Klein NZA 2004, 1198 ff; zu dem Problem im Befristungskontrollrecht BAG 4.5.2011 – 7 AZR 252/10 – Rn 31 ff AP TzBfG § 17 Nr 11.
22 Zu allem Düwell in: Weyand/Düwell Das neue Arbeitsrecht S 222; ebenso Löwisch BB 2004, 154, 159 und Raab RdA 2004, 321, 322 f.

recht. Entsprechendes gilt für Faksimiles, Matrizenabzüge und Stempel.[23] Der ursprüngliche Regierungsentwurf des Arbeitsmarktreformgesetzes vom 18.6.2003[24] hatte dagegen auch den Schriftformverstoß nach §§ 623, 125 Satz 1, 126 Abs 1 BGB der Klagefrist unterworfen. Die Änderung wurde auf Anraten einer Mehrheit der im Rechtsausschuss des Bundestags angehörten Sachverständigen vorgenommen.[25]

Eine **formnichtige Kündigung** kann noch nach Verstreichen der Klagefrist auch auf andere Unwirksamkeitsgründe überprüft werden. Dieser Mangel ist nicht nach § 7 HS 1 KSchG geheilt.[26] Ich halte folgende Lösung für richtig:[27] Innerhalb der allgemeinen Feststellungs- oder Leistungsklage können sowohl der Schriftformverstoß als auch sonstige Unwirksamkeitsgründe – vor allem die Sozialwidrigkeit – überprüft werden. Das beeinträchtigt den Gesetzeszweck – das Interesse der seit 1.1.2004 neu gefassten §§ 4 ff KSchG an früher Rechtssicherheit bei fast allen Unwirksamkeitsgründen – nicht, weil die noch nach Verstreichen der Dreiwochenfrist ermöglichte Prüfung der Sozialwidrigkeit oder Unwirksamkeit aus anderen Gründen die Formnichtigkeit voraussetzt.[28] Daneben steht lediglich ein zusätzlicher Unwirksamkeitsgrund in Rede. Die entscheidende Frage ist allerdings, ob dem Arbeitnehmer die außerhalb der punktuellen Kündigungsschutzklage festgestellte Sozialwidrigkeit der Kündigung in diesen Fällen einen **späteren Auflösungsantrag** nach § 9 Abs 1 Satz 1 KSchG oder eine spätere Verweigerung der Fortsetzung des Arbeitsverhältnisses nach § 12 Satz 1 KSchG erlaubt. Insoweit kommt nur eine **allgemeine Feststellungsklage** iSv § 256 Abs 1 ZPO in Betracht, weil die genannten Bestimmungen eine der Rechtskraft fähige Feststellung des Fortbestands des Arbeitsverhältnisses erfordern, während der Bestand des Arbeitsverhältnisses bei einem stattgebenden Leistungsurteil ein bloßes Begründungselement ist. Der Gesetzeszweck rascher Herstellung von Rechtssicherheit und die Privilegierung der mündlichen Kündigung stehen hier in einem Spannungsverhältnis, das auszugleichen ist. Der Wortlaut des § 9 Abs 1 Satz 1 KSchG und auch der des § 7 HS 1 KSchG scheinen den besonderen Rechten aus §§ 9 und 12 KSchG bei einer Berufung auf die Sozialwidrigkeit nach Ablauf der Klagefrist entgegenzustehen und sie an den fristgerechten punktuellen Antrag zu binden. § 9 Abs 1 Satz 1 KSchG verlangt die Feststellung der unterbliebenen Auflösung des Arbeitsverhältnisses. Die Wirksamkeitsfiktion des § 7 HS 1 KSchG setzt die nicht rechtzeitige Geltendmachung der unwirksamen Kündigung nach §§ 4 Satz 1, 5 und 6 KSchG voraus. Weniger klar ist bereits der Wortlaut des § 12 Satz 1 KSchG, der eine Entscheidung des Gerichts über den Fortbestand des Arbeitsverhältnisses for-

---

23 Näher Düwell in: Weyand/Düwell Das neue Arbeitsrecht S 222 f.
24 BT-Drucks 15/1204.
25 Vgl zB die Forderung Bauers in Bauer/Preis/Schunder NZA 2003, 704, 706; rechtspolitisch aA mit detaillierter Begründung Eberle NZA 2003, 1121 ff; zum Schriftformerfordernis bei Änderungskündigungen Rn 6.
26 Zu der Geltendmachung der Formnichtigkeit der Kündigung nach rechtskräftiger Abweisung der Kündigungsschutzklage Rn 169.
27 Dazu auch Rn 9.
28 **AA** Schwab RdA 2013, 357, 361 f.

dert.[29] Für § 12 KSchG stellt sich das Problem ohnehin nicht, wenn einer älteren Rechtsprechung des BAG gefolgt wird. Nach seiner Entscheidung vom 19.7.1978[30] kann der Arbeitnehmer die Zahlung des entgangenen Verdienstes nach § 12 Satz 4 KSchG bei einer Verweigerung der Fortsetzung des bisherigen Arbeitsverhältnisses nur bis zum Eintritt in das neue Arbeitsverhältnis verlangen, auch wenn die Kündigung wegen Verstoßes gegen ein Gesetz unwirksam ist, auf das nach § 13 Abs 3 KSchG der erste Abschnitt des KSchG keine Anwendung findet. § 12 Satz 4 KSchG soll nach Auffassung des Fünften Senats einen allgemeinen Rechtsgrundsatz enthalten.[31] Unabhängig davon, ob diese Rechtsprechung für richtig gehalten wird, kann der Arbeitnehmer bei einer zugleich formnichtigen und sozialwidrigen Kündigung noch nach Ablauf der Klagefrist den Auflösungsantrag stellen. Der Wortlaut der §§ 4 Satz 1, 5 Abs 1 und 6 Satz 1 KSchG privilegiert im Umkehrschluss die „nicht schriftliche" Kündigung als solche, nicht die formnichtige Kündigung, maW nicht nur die Kündigung, soweit sie an einem Schriftformverstoß leidet. Sowohl der punktuelle Antrag als auch die Einhaltung der Klagefrist werden in § 4 Satz 1 KSchG im Fall der sozialwidrigen Kündigung ebenso wie bei einem sonstigen Mangel vom Zugang einer schriftlichen Kündigung abhängig gemacht. Selbst die echte Durchbrechung des Rechtssicherheitsgedankens in § 5 Abs 1 KSchG[32] wird an den Zugang der schriftlichen Kündigung geknüpft. In Wortlaut und systematischem Zusammenspiel dieser Normen kommt der **Gesetzeszweck** aus meiner Sicht zum Ausdruck. Er spricht dafür, dass die soziale Rechtfertigung der Kündigung und ihre Wirksamkeit im Übrigen (neben dem Formmangel) bei einer schriftformwidrigen Kündigung nicht nach § 7 HS 1 KSchG fingiert werden. Wird die Dreiwochenfrist bei einer mündlichen oder in anderer Weise schriftformwidrigen Kündigung nicht in Lauf gesetzt, kann auch die Konsequenz ihrer Versäumung, die Heilung des Mangels nach § 7 HS 1 KSchG, nicht eintreten. Da die Kontrolle der Sozialwidrigkeit selbst an eine besondere Form der Kündigung – ihre schriftliche Erklärung – gebunden wird, widerspricht die vorgestellte Lösung meines Erachtens auch nicht § 13 Abs 3 KSchG, der die Vorschriften des ers-

---

29 Zu den möglichen Fassungen des Feststellungsurteils im Fall des § 12 KSchG § 12 KSchG Rn 8 bis 10.
30 BAG 19.7.1978 – 5 AZR 748/77 – AP BGB § 242 Auskunftspflicht Nr 16.
31 Diese Rspr wird zu Recht abgelehnt in § 12 KSchG Rn 2, § 13 KSchG Rn 94 mit den Argumenten des klaren Wortlauts des § 13 Abs 3 KSchG und der mangelnden Analogiefähigkeit des § 12 Satz 4 KSchG in seiner Funktion als Ausnahme von § 615 BGB. Inwieweit die Auffassung des Fünften Senats nach der Neufassung des § 13 KSchG durch das Arbeitsmarktreformgesetz aufrechterhalten wird, bleibt abzuwarten. Für die in § 13 Abs 2 KSchG geregelte sittenwidrige Kündigung wird nach wie vor auf § 12 verwiesen (nach der Novelle konsequenterweise ohne Einschränkung auf eine Geltendmachung in der Klagefrist, weil die Dreiwochenfrist nach § 4 Satz 1 KSchG nun ohnehin einzuhalten ist). Die Vorschriften des ersten Abschnitts des KSchG finden nach dem geäußerten Willen des Reformgesetzgebers dagegen – mit den einzigen Ausnahmen der §§ 4 bis 7 KSchG – keine Anwendung auf eine aus anderen als den in § 1 Abs 2 und 3 KSchG bezeichneten Gründen rechtsunwirksame Kündigung. Da das Problem bekannt war, könnte die in § 13 Abs 3 KSchG unterbliebene Verweisung auf § 12 KSchG für die ausschließlich aus sonstigen Gründen unwirksame Kündigung eine bewusste gesetzgeberische Entscheidung und nicht lediglich eine versehentlich versäumte Anpassung sein.
32 § 5 KSchG Rn 1.

ten Abschnitts des KSchG mit Ausnahme der §§ 4 bis 7 KSchG nicht auf eine Kündigung zur Anwendung kommen lässt, die aus anderen als den in § 1 Abs 2 und 3 KSchG bezeichneten Gründen rechtsunwirksam ist.[33] Auf den sonstigen Unwirksamkeitsgrund kommt es für § 9 KSchG und auch für § 12 KSchG[34] nicht an. Maßgeblich ist die Sozialwidrigkeit der Kündigung, die der Arbeitnehmer bei einer formnichtigen Kündigung ausnahmsweise noch später als drei Wochen nach ihrem Zugang rügen kann. Die auf die Sachverständigenanhörung im Rechtsausschuss des Bundestags zurückgehende, erst nachträglich in den Regierungsentwurf eingefügte Ausnahme der nicht schriftformgerechten Kündigung trägt dem Umstand Rechnung, dass bei mündlichen und erst recht bei schlüssigen Äußerungen des Arbeitgebers häufig unklar ist, ob überhaupt eine Kündigung erklärt wurde, ob dem Verhalten des Arbeitgebers ein solcher Erklärungswert zukommt.[35] § 623 BGB dient in seiner Warnfunktion gerade dem Schutz vor Übereilung sowie in seiner Klarstellungs- und Beweisfunktion der Rechtssicherheit.[36] Der einer mündlichen Äußerung oder schlüssigen Erklärung ausgesetzte Arbeitnehmer **soll unabhängig von der Art des Unwirksamkeitsgrundes frei von den Beschränkungen des § 4 Satz 1 KSchG bleiben.** Ihm die spätere Ausübung der Rechte der §§ 9 und 12 KSchG zu verwehren, hieße, dem Arbeitnehmer dennoch eine prophylaktische punktuelle Klage innerhalb der Dreiwochenfrist abzuverlangen, um seine Folgerechte aus §§ 9 und 12 KSchG zu erhalten. Da eine solche Auslegung seiner bewussten Privilegierung widerspricht, meine ich, dass der Arbeitnehmer diese Rechte im Fall einer **mündlichen oder in anderer Weise formnichtigen und zugleich sozialwidrigen Kündigung** auch noch ausüben kann, wenn er mit einer später als drei Wochen nach Zugang der Kündigung erhobenen **allgemeinen Feststellungsklage** obsiegt.

Muster: Antrag und Tenor

▶ Es wird festgestellt, dass das Arbeitsverhältnis der Parteien fortbesteht. ◀

Klarstellend kann zB fakultativ formuliert werden:

▶ Es wird festgestellt, dass das Arbeitsverhältnis der Parteien über den ... hinaus fortbesteht. ◀

---

33 Ebenso § 623 BGB Rn 40.
34 **AA** BAG 19.7.1978 – 5 AZR 748/77 – AP BGB § 242 Auskunftspflicht Nr 16.
35 Schon Rn 3 und § 6 KSchG Rn 2.
36 BAG 16.9.2004 – 2 AZR 659/03 – B I 1 und 2 c AP BGB § 623 Nr 1, allerdings im konkreten Fall zu der formwidrigen Kündigung eines Arbeitnehmers. Vgl zur Ratio des § 623 BGB auch die Gesetzesbegründung in BT-Drucks 14/626 S 11; näher zum Gesetzeszweck Preis/Gotthardt NZA 2000, 348.

3. Bilanz

4 Die **prozessualen** Änderungen des Arbeitsmarktreformgesetzes finden seit 2004 – noch immer –[37] erheblichen Widerhall in der Literatur.[38] Die im Bestandsschutzrecht eingetretene[39] Reformmüdigkeit ist spürbar.[40] Um die Ausdehnung der punktuellen Klage und der Dreiwochenfrist zu ermöglichen, musste mit dem Arbeitsmarktreformgesetz der Wortlaut des gesamten prozessualen Regelungsgefüges der §§ **4, 5, 6 und 7 KSchG** angepasst werden.[41] Die Rechtsprechung des BAG hat inzwischen wesentliche Probleme der Neuregelungen aufgearbeitet.[42] Die Änderung der §§ 4 ff KSchG birgt dennoch nach wie vor gewisse Tücken im Detail.[43] Die praktischen **Hauptprobleme** treten im **Bereich der Klagefrist auf.**[44] Das spiegelt sich

---

37 Vgl zur Klagefrist instruktiv etwa Genenger RdA 2010, 274; Ulrici FS v. Hoyningen-Huene S 501, 517 ff mit voneinander abweichenden Lösungsansätzen; Genenger wählt ein Drei-Stufen-Modell zur Unterscheidung von Unwirksamkeitsgründen, die der Klagefrist (nicht) unterfallen. Ulrici unterscheidet zwischen Unwirksamkeitsgründen, die nur vom Arbeitnehmer geltend gemacht werden können, und Unwirksamkeitsgründen, auf die sich auch der Arbeitgeber berufen kann. Die zweite Gruppe soll sowohl für den Arbeitnehmer als auch für den Arbeitgeber nicht fristgebunden sein.

38 S in jüngerer Vergangenheit zB Ulrici FS v. Hoyningen-Huene S 501, 504 ff mwN; ohne jeglichen Anspruch auf Vollständigkeit möchte ich ferner folgende Beiträge hervorheben: Bader NZA 2004, 65; Bender/Schmidt NZA 2004, 358; Bauer/Krieger NZA 2004, 77; Bauer/Preis/Schunder NZA 2004, 195; Buschmann AuR 2004, 1; Dewender DB 2005, 337; Gaul/Lunk NZA 2004, 185; Genenger RdA 2010, 274; Hanau ZIP 2004, 1169; Kamanabrou NZA 2004, 950; Löwisch BB 2004, 154; Preis DB 2004, 70; Quecke RdA 2004, 86; Raab RdA 2004, 321; Richardi NZA 2003, 764; derselbe DB 2004, 486; Rolfs ZIP 2004, 337; Schiefer/Worzalla NZA 2004, 345 mit synoptischen Darstellungen der Alt- und Neufassungen des Gesetzes; Schmidt NZA 2004, 79; Sprenger AuR 2005, 175; Ulrici DB 2004, 250; Willemsen/Annuß NJW 2004, 177 und Zimmer FA 2004, 34.

39 Kamanabrou erhebt gewichtige unionsrechtliche Bedenken gegen die Klagefrist und vor allem gegen § 5 Abs 3 Satz 2 KSchG bei Kündigungen wegen Betriebsübergangs. Sprenger kommt in diesem Zusammenhang teilweise zu anderen Ergebnissen. Er hält eine unionsrechtskonforme Auslegung des § 13 Abs 3 KSchG auch bei Betriebsübergängen für möglich. Dabei befürwortet er eine Ergänzung des § 13 Abs 3 KSchG um einen Satz 2: *„Soweit der Arbeitnehmer die Klage gegen die Kündigung des Veräußerers auf den Unwirksamkeitsgrund in § 613 a Abs. 4 Satz 1 BGB stützt, ist § 4 Satz 1 mit der Maßgabe anzuwenden, dass die Frist erst mit dem Übergang des Betriebs oder Betriebsteils zu laufen beginnt."* Raab befasst sich mit dem erweiterten Anwendungsbereich der Dreiwochenfrist. Richardi spricht in seinem vor Inkrafttreten des Arbeitsmarktreformgesetzes in NZA 2003, 764 veröffentlichten Aufsatz insb die Wartezeitproblematik in der Klagefrist an. Schmidt erörtert in seinem Einzelbeitrag das Verhältnis von § 4 Satz 1 und § 4 Satz 4 KSchG.

40 Richardi beklagt in DB 2004, 486, 490 unter dem Titel „Misslungene Reformen des Kündigungsschutzes durch das Gesetz zu Reformen am Arbeitsmarkt" zu Recht die gesetzestechnisch und wissenschaftlich teils wenig ausgereiften „Weihnachtsgeschenke" der verschiedenen Reformgesetzgeber.

41 Vgl dazu iE die 3. Aufl § 4 KSchG Rn 2 b; s auch KR/Friedrich § 4 KSchG Rn 9 a; APS/Hesse § 4 KSchG Rn 2.

42 S auch das jeweilige Fazit zu den gelösten und den ungelösten Fragen von Genenger in RdA 2010, 274 f und 280 und Ulrici FS v. Hoyningen-Huene S 501, 504 ff.

43 Auf die komplexen Einzelfragen allein im Zusammenhang mit § 4 Satz 4 KSchG machen Bauer und Preis in Bauer/Preis/Schunder NZA 2004, 195, 196 zu Recht aufmerksam.

44 Zu den Ausnahmen von der Klagefrist Rn 139 ff.

auch in der jüngeren Aufsatzliteratur.[45] Breiten Raum nimmt insbesondere die Kontroverse über die Rüge der Kündigungsfrist ein.[46]

- Hier haben insbesondere die Entscheidungen des **Zweiten Senats vom 15.12.2005**,[47] **6.7.2006 und 9.9.2010**,[48] des **Fünften Senats vom 1.9.2010**[49] **und 15.5.2013**[50] sowie des **Sechsten Senats vom 9.2.2006**[51] **und 20.6.2013**[52] Bedeutung für die Praxis: Nimmt der Arbeitnehmer die Auflösung des Arbeitsverhältnisses als solche hin, kann die **nicht eingehaltene Kündigungsfrist**[53] nach den Entscheidungen des Zweiten Senats vom 15.12.2005,[54] 6.7.2006 und 9.9.2010[55] sowie des **Sechsten Senats vom 9.2.2006 regelmäßig außerhalb der Klagefrist** gerügt werden.[56] Der Arbeitnehmer kann also auch in einer späteren allgemeinen Feststellungs- oder Leistungsklage den längeren Fortbestand seines Ar-

---

45 ZB Laws AuR 2013, 431; Lingemann/Groneberg NJW 2013, 2809; Muthers RdA 2012, 172; Schmitt-Rolfes AuA 2013, 679; Schwab RdA 2013, 357; Schwarze Anm AP KSchG 1969 § 4 Nr 71; Stiebert NZA 2013, 657.
46 Vgl dazu die nicht völlig kongruenten Entscheidungen des Fünften und des Zweiten Senats vom September 2010: BAG 1.9.2010 – 5 AZR 700/09 – Rn 20 bis 30 AP KSchG 1969 § 4 Nr 71 (fortgeführt von BAG 15.5.2013 – 5 AZR 130/12 – Rn 15 ff NZA 2013, 1076) einerseits und BAG 9.9.2010 – 2 AZR 714/08 – Rn 13 f AP BGB § 622 Nr 66 mit zust Anm Oetker EWiR 2011, 243 andererseits; s auch Arendt jurisPR-ArbR 17/2011 Anm 2; zu den Unterschieden zB Fleddermann ArbR 2011, 347; Laws AuR 2013, 431, 433 ff; Eisemann hält den Sachverhalt der Entscheidung des Fünften Senats vom 1.9.2010 in NZA 2011, 601, 608 für einen Ausnahmefall („Querschuss"); dem Urteil des Fünften Senats zust Laws AuR 2013, 431, 433 ff; Lingemann/Groneberg NJW 2013, 2809, 2810; krit bspw Bell AiB 2011, 337; Schwarze Anm AP KSchG 1969 § 4 Nr 71; abl Muthers RdA 2012, 172, 177; teils zust, teils abl Nord EzA KSchG § 4 nF Nr 90; darstellend Boemke JuS 2011, 460; zu dem Problem der Auslegung oder Umdeutung von Kündigungen mit unzutreffend berechneten Kündigungsfristen iE § 6 Rn 18 ff.
47 BAG 15.12.2005 – 2 AZR 148/05 – AP KSchG 1969 § 4 Nr 55; fortgeführt von BAG 6.7.2006 – 2 AZR 215/05 – Rn 12 ff AP KSchG 1969 § 4 Nr 57 mit näherer Abgrenzung von Auslegung (§ 133 BGB) und Umdeutung (§ 140 BGB) der Kündigungserklärung.
48 BAG 9.9.2010 – 2 AZR 714/08 – Rn 13 f AP BGB § 622 Nr 66 mit zust Anm Oetker EWiR 2011, 243; etwas anders BAG 1.9.2010 – 5 AZR 700/09 – Rn 20 bis 30 AP KSchG 1969 § 4 Nr 71 und fortgeführt von BAG 15.5.2013 – 5 AZR 130/12 – Rn 15 ff NZA 2013, 1076.
49 BAG 1.9.2010 – 5 AZR 700/09 – Rn 20 bis 30 AP KSchG 1969 § 4 Nr 71; fortgeführt von BAG 15.5.2013 – 5 AZR 130/12 – Rn 15 ff NZA 2013, 1076.
50 BAG 15.5.2013 – 5 AZR 130/12 – Rn 15 ff NZA 2013, 1076; zu der Frage der hinreichenden Bestimmtheit einer ordentlichen Kündigung ohne datierte Angabe der Kündigungsfrist auch BAG 20.6.2013 – 6 AZR 805/11 – Rn 13 ff NZA 2013, 1137; zu den Unterschieden in der Rspr des Zweiten, Fünften und Sechsten Senats zu der Frage der Auslegung und Umdeutung von Kündigungen hinsichtlich ihrer Frist Schmitt-Rolfes AuA 2013, 679.
51 BAG 9.2.2006 – 6 AZR 283/05 – AP KSchG 1969 § 4 Nr 56.
52 BAG 20.6.2013 – 6 AZR 805/11 – Rn 13 ff NZA 2013, 1137.
53 Dazu auch Genenger RdA 2010, 274, 279 f: Abgrenzung der Kündigungsfrist als Ausprägung der Wirkungen der Kündigung von der Wirksamkeit der Kündigung.
54 BAG 15.12.2005 – 2 AZR 148/05 – AP KSchG 1969 § 4 Nr 55; fortgeführt von BAG 6.7.2006 – 2 AZR 215/05 – Rn 12 ff AP KSchG 1969 § 4 Nr 57 mit näherer Abgrenzung von Auslegung (§ 133 BGB) und Umdeutung (§ 140 BGB) der Kündigungserklärung.
55 BAG 9.9.2010 – 2 AZR 714/08 – Rn 13 f NZA 2011, 343.
56 Ebenso schon vor den Urteilen des Zweiten und des Sechsten Senats zB Kampen/Winkler AuR 2005, 171 ff; in jüngerer Vergangenheit ebenso: Muthers RdA 2012, 172, 177.

beitsverhältnisses geltend machen.[57] Anderes gilt nach dem **Urteil des Fünften Senats vom 1.9.2010**, das die Entscheidung **Kücükdeveci** des EuGH vom 19.1.2010[58] rezipiert, **jedenfalls dann**, wenn die Kündigung nicht als eine Kündigung zum richtigen Termin ausgelegt werden kann.[59] Diesen Befund hat der Fünfte Senat mit Urteil vom 15.5.2013 erneut bestätigt.[60] Der Fünfte Senat lässt offen, ob dem Zweiten und dem Sechsten Senat darin zuzustimmen ist, dass eine ordentliche Kündigung mit objektiv fehlerhafter Kündigungsfrist im Regelfall als solche mit rechtlich zutreffender Kündigungsfrist ausgelegt werden kann.[61] Sei eine **Umdeutung** iSv § 140 BGB erforderlich, müsse der Arbeitnehmer die fehlerhafte Kündigungsfrist mit der fristgebundenen Klage des § 4 Satz 1 KSchG angreifen, um die Fiktion des § 7 HS 1 KSchG abzuwenden. § 140 BGB erfordere ein **nichtiges Rechtsgeschäft** und damit die Unwirksamkeit der erklärten Kündigung.[62] Das bedeutet: **§ 622 Abs 2 Satz 2 BGB** ist nach der Entscheidung des EuGH in der Sache Kücükdeveci wegen des Verstoßes gegen den unionsrechtlichen Grundsatz des Verbots der Altersdiskriminierung nicht anzuwenden. Unionsrechtlicher Vertrauensschutz des Arbeitgebers besteht nicht. Nationaler

---

57 BAG 15.12.2005 – 2 AZR 148/05 – Rn 14 ff AP KSchG 1969 § 4 Nr 55 mit detaillierten grammatischen, systematischen, teleologischen und historischen Erwägungen und zahlreichen Nachweisen; BAG 9.2.2006 – 6 AZR 283/05 – Rn 32 AP KSchG 1969 § 4 Nr 56. Die Entscheidungen des Zweiten und des Sechsten Senats vorwegnehmend Düwell in: Weyand/Düwell Das neue Arbeitsrecht S 225 f, KR/Friedrich 7. Aufl § 13 KSchG Rn 225; Quecke RdA 2004, 86, 100 und KR/Rost 7. Aufl § 7 Rn 3 b mwN. Düwell führt aaO aus: Ein Arbeitgeber gebe mit dem Enddatum der Kündigungsfrist regelmäßig nur eine Wissenserklärung über die aus seiner Sicht anwendbare Frist ab. Sei die angegebene Frist falsch, solle an ihre Stelle die richtige treten. Zumindest sei eine teleologische Reduktion des § 4 Satz 1 KSchG geboten. Ein weiterer Vorteil sei, dass die fehlerhaft zu kurz bemessene Kündigungsfrist auch iR einer Leistungs- oder allgemeinen Feststellungsklage korrigiert werden könne. AA Bader NZA 2004, 66, 68; Dewender DB 2005, 337, 339; Löwisch BB 2004, 154, 158 f und sich in selbst in § 6 KSchG Rn 19. Raab RdA 2004, 321, 325 f differenziere je nach bekundetem rechtsgeschäftlichen Willen und damit Auslegungsergebnis: Im Regelfall meine der Arbeitgeber die zutreffende Kündigungsfrist und teile mit einem bestimmten Kündigungstermin lediglich seine Rechtsansicht mit. Sei ein früherer Termin angegeben, sei grundsätzlich eine Kündigung zum nächstzulässigen Termin gemeint. Anderes sei nur anzunehmen, wenn es Hinweise auf einen entgegenstehenden Willen des Arbeitgebers gebe, er zB einen späteren Kündigungstermin nenne. Da eine Auslegung regelmäßig möglich sei, bedürfe es keiner Umdeutung nach § 140 BGB. Ähnl wie Raab argumentieren auch Bender/Schmidt NZA 2004, 358, 362 f („Auslegung vor Umdeutung"). Zu weiteren Ausnahmen von der Klagefrist Rn 139 ff.
58 EuGH 19.1.2010 – C-555/07 – (Kücükdeveci) AP Richtlinie 2008/78/EG Nr 14 mit zust Bspr Boemke jurisPR-ArbR 43/2010 Anm 2 zu C; abl Bauer ArbR 2010, 498 sowie krit Beratungstipps; Arnold ArbR 2010, 499, Fuhlrott ArbR 2010, 518, 520 und Fuhlrott BB 2011, 63,; vgl zu EuGH Mangold und Kücükdeveci auch BVerfG 6.7.2010 – 2 BvR 2661/06 – (Honeywell) NZA 2010, 995.
59 BAG 1.9.2010 – 5 AZR 700/09 – Rn 23 ff AP KSchG 1969 § 4 Nr 71; fortgeführt von BAG 15.5.2013 – 5 AZR 130/12 – Rn 15 ff NZA 2013, 1076.
60 BAG 15.5.2013 – 5 AZR 130/12 – Rn 15 ff NZA 2013, 1076.
61 BAG 1.9.2010 – 5 AZR 700/09 – Rn 23 AP KSchG 1969 § 4 Nr 71; BAG 15.5.2013 – 5 AZR 130/12 – Rn 17 NZA 2013, 1076; ebenso schon früher BAG 21.8.2008 – 8 AZR 201/07 – Rn 31 AP BGB § 613 a Nr 353.
62 BAG 1.9.2010 – 5 AZR 700/09 – Rn 30 AP KSchG 1969 § 4 Nr 71; s auch BAG 15.5.2013 – 5 AZR 130/12 – Rn 15 ff NZA 2013, 1076.

Vertrauensschutz scheidet wegen des Anwendungsvorrangs des primären Unionsrechts aus. Dennoch hat der Arbeitnehmer im Fall der nötigen Umdeutung aus rechtsgeschäftlichen Gründen keinen Anspruch auf Entgelt aus Annahmeverzug. Damit kommt es im Ergebnis – untechnisch gesprochen – doch zu einer Art von Vertrauensschutz für den Arbeitgeber.[63]

- Die Klagefrist des § 4 Satz 1 KSchG gilt seit 1.1.2004 auch für **Arbeitnehmer ohne allgemeinen Kündigungsschutz**. Die durch das Arbeitsmarktreformgesetz vorgenommene **Änderung des § 23 Abs 1 Satz 2 KSchG** erstreckt die Dreiwochenfrist mit der Folge der Wirksamkeitsfiktion abweichend von der früheren Rechtslage auch auf ordentliche und außerordentliche schriftliche Kündigungen in **Kleinbetrieben**.[64]

- Die Klagefrist ist auch auf Kündigungen **vor und in der Wartezeit** anzuwenden, obwohl eine ausdrückliche gesetzliche Regelung fehlt.[65] Damit werden Wertungswidersprüche, also Besserstellungen gegenüber Arbeitnehmern mit allgemeinem Kündigungsschutz vermieden. Die Dreiwochenfrist ist demnach **ab Vertragsschluss – schon vor Arbeitsantritt** – zu beachten.[66]

- Die Klagefrist gilt für das gesetzliche Verbot der ordentlichen Kündigung in **§ 15 Abs 3 TzBfG**[67] und für **tarifliche oder einzelvertragliche Ausschlüsse der ordentlichen Kündigung**.[68]

- Die Abgrenzung von **§ 4 Satz 1 KSchG und § 4 Satz 4 KSchG** für **behördliche Zustimmungserfordernisse** vor Ausspruch der Kündigung ist von der Rechtsprechung mittlerweile aufbereitet. Kennt der Arbeitgeber den besonderen Kündigungsschutz bei Ausspruch der Kündigung **nicht**, gilt § 4 **Satz 1** KSchG, nicht § 4 Satz 4 KSchG.[69] Lässt der Arbeitnehmer die Dreiwochenfrist des § 4 Satz 1 KSchG in einem solchen Fall

---

63 In der Analyse ähnl: Muthers RdA 2012, 172, 177.
64 Düwell in: Weyand/Düwell Das neue Arbeitsrecht S 223; Richardi NZA 2003, 764, 765. Bender/Schmidt leiten die Geltung der Klagefrist in Kleinbetrieben in NZA 2004, 358, 361 schon aus § 23 Abs 1 Satz 1 KSchG her: Mit der in § 23 Abs 1 Satz 2 KSchG inkorporierten „Ausnahme von der Ausnahme" hinsichtlich der §§ 4 bis 7 sowie § 13 Abs 1 Satz 1 und 2 KSchG werde die bereits in § 23 Abs 1 Satz 1 KSchG ausgesprochene Geltungsanordnung des Gesetzes für Betriebe und Verwaltungen des privaten und öffentlichen Rechts wiederhergestellt. § 23 Abs 1 Satz 2 KSchG ordne die Geltung der einheitlichen Klagefrist deshalb nicht konstitutiv an, sondern lasse ihre Geltung nach § 23 Abs 1 Satz 1 KSchG unberührt.
65 BAG 28.6.2007 – 6 AZR 873/06 – Rn 9 ff AP KSchG 1969 § 4 Nr 61; BAG 9.2.2006 – 6 AZR 283/05 – Rn 17 f AP KSchG 1969 § 4 Nr 56.
66 Bender/Schmidt NZA 2004, 358, 361.
67 BAG 22.7.2010 – 6 AZR 480/09 – Rn 8 mwN AP TzBfG § 15 Nr 5; zust Arnold ArbR 2010, 499; Boemke jurisPR-ArbR 43/2010 Anm 2; vgl näher Rn 123.
68 BAG 8.11.2007 – 2 AZR 314/06 – Rn 17 ff mwN AP KSchG 1969 § 4 Nr 63; zu den Einzelheiten Rn 124.
69 Vgl BAG 19.2.2009 – 2 AZR 286/07 – Rn 23 und 27 AP MuSchG 1968 § 9 Nr 38; BAG 13.2.2008 – 2 AZR 864/06 – Rn 46 und 48 AP SGB IX § 85 Nr 5; Anschluss an diese Rspr für das Bedingungskontrollrecht durch BAG 9.2.2011 – 7 AZR 221/10 – Rn 21 ff AP TzBfG § 17 Nr 10; Lingemann/Groneberg NJW 2013, 2809, 2810 f; Löwisch BB 2004, 154, 159; Schmidt NZA 2004, 79, 81 f Schmidt zust Preis in Bauer/Preis/Schunder NZA 2004, 195, 196; Quecke RdA 2004, 86, 99 f und wohl auch Richardi DB 2004, 486, 489.

verstreichen, ist die Nichtigkeit der Kündigung nach § 7 HS 1 KSchG geheilt.[70]
- Der **Zweite Senat** hat auch in einem Teilbereich der rechtsgeschäftlichen Mängel für Klarheit gesorgt. Kündigungen, die ein **Vertreter ohne Vertretungsmacht** oder ein **Nichtberechtigter** erklärt haben, sind dem Arbeitgeber nicht zuzurechnen. Für sie gilt die Klagefrist nicht.[71] Sie beginnt bei einer formwirksamen Kündigung erst mit Zugang der Genehmigung des Arbeitgebers beim Arbeitnehmer.[72] Zuvor ist sie dem Arbeitgeber nicht zuzurechnen.[73]
- Kündigt der Arbeitgeber wegen dringender betrieblicher Erfordernisse nach § 1 Abs 2 Satz 1 Var 3 KSchG und erhebt der Arbeitnehmer bis zum Ablauf der Klagefrist des § 4 Satz 1 KSchG keine Kündigungsschutzklage, hat der Arbeitnehmer mit dem Ende der Kündigungsfrist **nach § 1 a Abs 1 Satz 1 KSchG einen gesetzlichen Abfindungsanspruch.**[74] Der Abfindungsanspruch entsteht nicht mit dem Ende der Kündigungsfrist, wenn der Arbeitnehmer nach objektivem Ablauf der Klagefrist Kündigungsschutzklage erhebt, weil er annimmt, die Dreiwochenfrist sei noch nicht verstrichen.[75] Gleiches gilt, wenn der Arbeitnehmer einen Antrag auf nachträgliche Zulassung der Klage stellt, nachdem die Klagefrist verstrichen ist.[76] Der Zweite Senat stellt auf den Gesetzeszweck ab, der dem Arbeitgeber eine gerichtliche Auseinandersetzung über die Sozialwidrigkeit der Kündigung ersparen wolle.[77] Er vermeidet das **dogmatische Problem** des offenbleibenden Zeitpunkts der Anspruchsentstehung oder des entfallenden bereits entstandenen Anspruchs, indem er davon ausgeht, der Abfindungsanspruch entstehe erst mit Ablauf der Kündigungsfrist. Dieser Zeitpunkt liegt in aller Regel nach Verstreichen der Klagefrist. Die Frage des Fortbestands des Abfindungsanspruchs bei einer Klage nach Ablauf der Kündigungsfrist lässt der Zweite Senat offen.[78]

---

70 Zu den Details Rn 116 ff.
71 BAG 26.3.2009 – 2 AZR 403/07 – Rn 18 f AP KSchG 1969 § 4 Nr 70; zu den sog rechtsgeschäftlichen Mängeln iE Rn 139 ff; Genenger RdA 2010, 274, 276 ff mit differenzierender Terminologie; Ulrici FS v. Hoyningen-Huene S 501, 504 ff.
72 BAG 6.9.2012 – 2 AZR 858/11 – Rn 14 NZA 2013, 524; abl Stiebert NZA 2013, 657, 658 ff, der den Beginn der Klagefrist nicht an den Zugang der Genehmigung, sondern an den der Kündigung knüpft. Zu den Folgen der Beschränkung des Beginns der Klagefrist auf den Zugang der Genehmigung beim Arbeitgeber derselbe NZA 2013, 657, 660 f, der die Lösung des Zweiten Senats in Richtung eines Schriftformerfordernisses für die Genehmigung weiterdenkt.
73 BAG 6.9.2012 – 2 AZR 858/11 – Rn 14 NZA 2013, 524.
74 Vgl zu der von der Rechtsordnung gebilligten Verknüpfung des individuellen Abfindungsanspruchs mit der unterbleibenden Wahrnehmung des Klagerechts BAG 31.5.2005 – 1 AZR 254/04 – II 1 a, b cc AP BetrVG 1972 § 112 Nr 175; zu der Voraussetzung des Verstreichenlassens der Dreiwochenfrist § 1 a KSchG Rn 7, zu den Auswirkungen einer nachträglichen Zulassung der Kündigungsschutzklage § 1 a KSchG Rn 13 und 14.
75 BAG 10.5.2007 – 2 AZR 45/06 – Rn 17 AP KSchG 1969 § 1 a Nr 3.
76 BAG 20.8.2009 – 2 AZR 267/08 – Rn 14 bis 17 mwN zum Meinungsstand in der Lit AP KSchG 1969 § 1 a Nr 9.
77 BAG 20.8.2009 – 2 AZR 267/08 – Rn 15 AP KSchG 1969 § 1 a Nr 9.
78 BAG 20.8.2009 – 2 AZR 267/08 – Rn 17 mwN AP KSchG 1969 § 1 a Nr 9.

II. Gegenständlicher Geltungsbereich
1. Anwendbarkeit des § 4 KSchG

Der punktuelle Streitgegenstand[79] und die Klagefrist des § 4 **Satz 1** KSchG umfassen unmittelbar 5

- die **ordentliche Beendigungskündigung** und
- die **ordentliche Änderungskündigung,**[80]

über die Verweisung des **§ 13 Abs 1 Satz 2** KSchG außerdem

- die **außerordentliche Beendigungskündigung** und
- die **außerordentliche Änderungskündigung.**[81]

Voraussetzung für die Geltung des § 4 KSchG ist seit Inkrafttreten des Arbeitsmarktreformgesetzes am 1.1.2004 nur der Bestand eines Arbeitsverhältnisses,[82] also der Arbeitnehmereigenschaft des Gekündigten. Auch Arbeitnehmer ohne allgemeinen Kündigungsschutz – in der Wartezeit oder in Kleinbetrieben – sind an den punktuellen Antrag und die Dreiwochenfrist gebunden.[83] Dagegen ist für die analoge Anwendung der §§ 4, 7 KSchG nach dem eindeutigen Wortlaut des § 4 Satz 1 KSchG und dem damit ausgedrückten Gesetzeszweck und gesetzgeberischen Willen **kein Raum,** wenn **keine Kündigungserklärung** vorliegt. Die Änderung des Inhalts des Arbeitsverhältnisses (ohne Änderungskündigung) oder die Beendigung in anderer Weise als durch Kündigung können nicht mit der punktuellen Kündigungsschutzklage angegriffen werden und unterliegen nicht der Klagefrist des § 4 Satz 1 KSchG.[84] Eine Änderungsschutzklage iSv § 4 Satz 2 KSchG ist im Fall einer Änderung, die durch das Direktionsrecht aus § 106 Satz 1 GewO gedeckt wäre, notwendig unbegründet. Dabei kommt es nicht darauf an, ob der Arbeitgeber sein Weisungsrecht tatsächlich schon ausgeübt hat. Es genügt, dass er es wahrnehmen könnte.[85] Eine Bestimmung, mit der sich der Arbeitgeber in Anlehnung an das Beamtenrecht die **einseitige Versetzung des Arbeitnehmers in den einstweiligen Ruhestand** vorbehält, ist jedoch nichtig. Sie umgeht zwingende Vorschriften des Kündigungsschutzrechts.[86]

Für **schriftliche ordentliche und außerordentliche Änderungskündigungen** 6
gilt die Antragsfassung des § 4 **Satz 1** KSchG allerdings nur, wenn der Arbeitnehmer das Änderungsangebot abgelehnt hat.[87] Hat er es unter dem Vorbehalt der sozialen Rechtfertigung oder Unwirksamkeit der Änderung der Arbeitsbedingungen angenommen, muss er nach § 4 **Satz 2** KSchG Än-

---

79 IE Rn 44 ff.
80 S aber gleich Rn 6.
81 Vgl Rn 6.
82 BAG 24.10.2013 – 2 AZR 1078/12 – Rn 20 NZA 2014, 540.
83 Rn 4.
84 BAG 5.2.2009 – 6 AZR 151/08 – Rn 42 AP KSchG 1969 § 4 Nr 69; s auch Rn 10.
85 Sog überflüssige Änderungskündigung: BAG 19.7.2012 – 2 AZR 25/11 – Rn 21 AP KSchG 1969 § 2 Nr 155; 26.1.2012 – 2 AZR 102/11 – Rn 14 AP KSchG 1969 § 2 Nr 153; abl hinsichtlich der Begründung und des Ergebnisses der Abweisung der Änderungsschutzklage Reuter/Sagan/Witschen NZA 2013, 935, 936 ff; Verstege Anm AP KSchG 1969 § 2 Nr 153.
86 BAG 5.2.2009 – 6 AZR 151/08 – Rn 48 AP KSchG 1969 § 4 Nr 69.
87 BAG 10.4.2014 – 2 AZR 812/12 – Rn 19 NZA 2014, 653; vgl zu den prozessualen Fragen der Änderungskündigung auch Rn 65 ff, 160 und 173 ff mwN.

derungsschutzklage erheben. Wehrt sich der Arbeitnehmer gegen eine **ordentliche Änderungskündigung**, ist folgender **Antrag** zu empfehlen:

▶ Es wird festgestellt, dass die Änderung der Arbeitsbedingungen durch die ordentliche Änderungskündigung des/der Beklagten vom ... sozial ungerechtfertigt oder aus anderen Gründen rechtsunwirksam ist.[88] ◀

Denkbar ist auch folgende Formulierung:

▶ Es wird festgestellt, dass das Arbeitsverhältnis der Parteien durch die ordentliche Änderungskündigung des/der Beklagten vom ... inhaltlich nicht geändert worden ist.[89] ◀

Hinweis: Bei **Änderungskündigungen** ist zu beachten, dass sich das Schriftformerfordernis des § 623 BGB nicht nur auf den Kündigungsteil des einheitlichen – wenn auch zusammengesetzten – Rechtsgeschäfts, sondern auch auf das **Änderungsangebot** erstreckt. Das Änderungsangebot ist Bestandteil der Kündigung.[90] Eine hinsichtlich des Änderungsangebots formwidrige Änderungskündigung kann deshalb meines Erachtens **außerhalb der Dreiwochenfrist** mithilfe einer allgemeinen Feststellungsklage iSv § 256 Abs 1 ZPO oder auch inzident in einer auf Vergütung gerichteten Leistungsklage angegriffen werden. Dieses Vorgehen ist aber riskant, weil es der Schriftform genügt, wenn der Inhalt des Änderungsangebots im Kündigungsschreiben hinreichenden Anklang gefunden hat.[91] Um diesen **Auslegungsunwägbarkeiten** zu begegnen, sollte der Arbeitnehmer immer dann, wenn ihm überhaupt eine schriftlich abgefasste Erklärung zugeht, eine **fristgerechte punktuelle Kündigungsschutzklage** – entweder eine Beendigungsschutzklage nach § 4 Satz 1 KSchG oder eine Änderungsschutzklage nach § 4 Satz 2 KSchG – erheben.

Die Änderungsschutzklage hat in § 13 Abs 1 Satz 2 KSchG hinsichtlich **außerordentlicher Änderungskündigungen** schon vor Inkrafttreten des Arbeitsmarktreformgesetzes am 1.1.2004 eine nur unvollständige Regelung erfahren, weil die Bestimmung zwar auf § 4 Satz 1 KSchG, aber nicht auch auf § 4 Satz 2 KSchG verweist.[92] Daran hat sich weder durch das Erste Arbeitsrechtsbereinigungsgesetz vom 14.8.1969 noch durch die späteren Novellen des KSchG[93] etwas geändert, auch nicht durch das Arbeitsmarktre-

---

88 Damit nehme ich die von Wallner in: Die Änderungskündigung, 1. Aufl Rn 640 bis 643 geübte Kritik an der in der zweiten Aufl empfohlenen Formulierung auf, die wie folgt lautete: „Es wird festgestellt, dass die Änderung der Arbeitsbedingungen durch die Kündigung vom ... unwirksam ist." Wallner ist darin zuzustimmen, dass die frühere Formulierung unscharf ist, weil die Änderung der Arbeitsbedingungen im Fall der Annahme unter Vorbehalt nicht durch das Kündigungselement herbeigeführt wird. Vgl auch APS/Künzl § 2 KSchG Rn 327 ff.
89 APS/Künzl § 2 KSchG Rn 330.
90 BAG 16.9.2004 – 2 AZR 628/03 – B I 2 AP KSchG 1969 § 2 Nr 78 mit zahlreichen Nachweisen zu der in der Lit geführten Kontroverse.
91 BAG 16.9.2004 – 2 AZR 628/03 – B I 2 AP KSchG 1969 § 2 Nr 78.
92 Die ordentliche, unter Vorbehalt angenommene Änderungskündigung ist prozessual ebenfalls nicht erschöpfend geregelt. § 7 HS 1 KSchG sieht lediglich vor, dass ein vom Arbeitnehmer nach § 2 KSchG erklärter Vorbehalt bei verspäteter Klageerhebung erlischt.
93 ZB das am 1.10.1996 in Kraft getretene Arbeitsrechtliche Beschäftigungsförderungsgesetz vom 25.9.1996 (BGBl I S 1476) und das am 1.1.1999 in Kraft getretene sog Korrekturgesetz vom 19.12.1998 (BGBl I S 3843).

formgesetzt.[94] Die ständige Rechtsprechung des BAG und die hM nehmen zu Recht eine unbewusste Regelungslücke an und wenden § 4 Satz 2 KSchG über eine Analogie zu § 13 Abs 1 Satz 2 KSchG auf die unter Vorbehalt angenommene außerordentliche Änderungskündigung an.[95] Diese Lösung ist interessengerecht. Es besteht kein Grund, den Arbeitnehmer, der einer außerordentlichen Änderungskündigung ausgesetzt ist, schlechterzustellen als bei einer ordentlichen Änderungskündigung und ihm die Annahme unter Vorbehalt sowie die Änderungsschutzklage zu versagen.[96] Für eine versehentlich unterbliebene Anpassung sprechen auch die umfassenden Verweisungen der §§ 13 Abs 3 und 23 Abs 1 Satz 2 KSchG auf §§ 4 bis 7 KSchG. Obwohl § 13 Abs 1 Satz 2 KSchG durch das Arbeitsmarktreformgesetz selbst nicht geändert wurde, wäre eine planvolle Lücke vor dem Hintergrund der beiden parallelen Regelungen nur anzunehmen, wenn die Gesetzesbegründung die Ausnahme des § 4 Satz 2 KSchG von der Verweisung thematisierte. Das trifft nicht zu. Auch ein Arbeitnehmer, dem eine **schriftliche außerordentliche Änderungskündigung** zugeht, kann das Änderungsangebot deshalb unter dem Vorbehalt der Unwirksamkeit der Änderung annehmen.[97] Will er die Wirksamkeit der Vertragsänderung gerichtlich überprüfen lassen, muss er in entsprechender Anwendung des § 4 Satz 2 KSchG binnen drei Wochen nach Zugang der Kündigung Klage erheben, wobei der **Antrag** alternativ lauten könnte:

▶ Es wird festgestellt, dass die Änderung der Arbeitsbedingungen durch die außerordentliche Änderungskündigung des/der Beklagten vom ... rechtsunwirksam ist. ◀

▶ Es wird festgestellt, dass das Arbeitsverhältnis der Parteien durch die außerordentliche Änderungskündigung des/der Beklagten vom ... inhaltlich nicht geändert worden ist.[98] ◀

Von der Änderungskündigung abzugrenzen ist eine aufgrund des **Direktionsrechts** des Arbeitgebers aus § 106 Satz 1 GewO vorgenommene Änderung der Arbeitsbedingungen, auf die § 4 KSchG nach dem sachlichen Gel- 7

---

94 Vgl dazu iE § 2 KSchG Rn 82 f und § 13 KSchG Rn 10. Gieseler macht in § 13 KSchG Fn 19 darauf aufmerksam, dass sich die Begründung des Regierungsentwurfs für das Arbeitsmarktreformgesetz (BT-Drucks 15/1204 S 13) nicht mit der außerordentlichen Änderungskündigung auseinandersetzt, sondern sich nur mit der einheitlichen Klagefrist für alle Kündigungen befasst. §§ 2, 4, 7, 8 und 13 KSchG waren von den Änderungen im Vermittlungsausschuss nicht betroffen.
95 Das ist mittlerweile eine nicht mehr begründete Selbstverständlichkeit, vgl zB BAG 25.4.2013 – 2 AZR 960/11 – Rn 7, 23 ff EzA GVG § 20 Nr 8; grundlegend BAG 7.6.1973 – 2 AZR 450/72 – II 3 AP BGB § 626 Änderungskündigung Nr 1; BAG 17.5.1984 – 2 AZR 161/83 – II 4 AP BAT § 55 Nr 3; BAG 19.6.1986 – 2 AZR 565/85 – B III AP KSchG 1969 § 2 Nr 16; BAG 27.3.1987 – 7 AZR 790/85 – II AP KSchG 1969 § 2 Nr 20; zuletzt ausdrücklich BAG 29.9.2011 – 2 AZR 613/10 – Rn 14; BAG 28.10.2010 – 2 AZR 688/09 – Rn 12 AP KSchG 1969 § 2 Nr 148; s auch APS/Künzl § 2 KSchG Rn 41; vHH/L/Linck § 2 Rn 15; ErfK/Oetker § 2 KSchG Rn 8; KR/Rost/Kreft § 2 KSchG Rn 32.
96 Ebenso KR/Rost/Kreft § 2 KSchG Rn 32.
97 Zu der Änderungsschutzklage bei außerordentlichen und ordentlichen Kündigungen von Arbeitsverhältnissen ohne allgemeinen Kündigungsschutz Rn 66.
98 APS/Künzl § 2 KSchG Rn 330.

tungsbereich des Gesetzes nicht anzuwenden ist.[99] Entsprechendes gilt für die ausnahmsweise zulässige Teilkündigung und den vorbehaltenen Widerruf.[100] Allerdings kann es im Einzelfall schwierig sein zu bestimmen, ob die Änderung schon durch das Weisungsrecht gedeckt ist oder nur mithilfe einer Änderungskündigung durchgesetzt werden kann.[101] Auf die vertragliche, tarifliche oder durch Betriebsvereinbarung eingeräumte einseitige Befugnis des Arbeitgebers kommt es für § 4 KSchG nicht an, wenn er eine Änderungskündigung erklärt. Weist seine Handlung den objektiven Erklärungswert einer Änderungskündigung auf, obwohl er sich zB auf eine Versetzung durch Weisung hätte beschränken können, finden eine der beiden Alternativen des § 4 Satz 1 oder 2 KSchG und § 7 KSchG Anwendung. Der Arbeitnehmer muss die Willenserklärung innerhalb der Dreiwochenfrist angreifen, um die Wirksamkeitsfiktion abzuwenden, obwohl die Änderungskündigung unverhältnismäßig sein kann.[102] Die Notwendigkeit der fristgerechten Klage besteht nicht erst seit 1.1.2004 unter Geltung des Arbeitsmarktreformgesetzes, das auch sonstige Unwirksamkeitsgründe iSv § 13 Abs 3 KSchG der Dreiwochenfrist unterwirft. Der Vorrang des milderen Mittels wird aus der Generalklausel des § 1 Abs 2 Satz 1 KSchG abgeleitet. Bei einem Verstoß gegen das Verhältnismäßigkeitsprinzip handelt es sich deshalb nicht um einen anderen Unwirksamkeitsgrund, sondern um einen Bestandteil der Sozialwidrigkeit der Kündigung.

8 § 4 KSchG galt ferner für Kündigungen, die auf die Sonderkündigungsregeln des **Einigungsvertrags** gestützt wurden.[103]

2. Fälle außerhalb des Geltungsbereichs des § 4 KSchG

9 § 4 Satz 1 und 2 KSchG sind seit Inkrafttreten des Arbeitsmarktreformgesetzes am 1.1.2004 nur **nicht anzuwenden**, wenn
- der Gekündigte **kein Arbeitnehmer** iSv § 1 Abs 1 KSchG ist,[104]
- bei Zugang der Kündigung wegen eines anderen Beendigungstatbestands kein Arbeitsverhältnis mehr besteht,[105]
- der Arbeitgeber **mündlich oder in anderer Weise schriftformwidrig** kündigt[106] oder
- die Beendigungs- oder Änderungskündigung an bestimmten rechtsgeschäftlichen Mängeln leidet.[107]

---

99 Sog überflüssige Änderungskündigung: BAG 19.7.2012 – 2 AZR 25/11 – Rn 21 AP KSchG 1969 § 2 Nr 155; 26.1.2012 – 2 AZR 102/11 – Rn 14 AP KSchG 1969 § 2 Nr 153; oben Rn 5; vgl schon BAG 27.3.1980 – 2 AZR 506/78 – II AP BGB § 611 Direktionsrecht Nr 26.
100 BAG 7.10.1982 – 2 AZR 455/80 – IV AP BGB § 620 Teilkündigung Nr 5.
101 Detailliert § 2 Rn 14 ff.
102 Zu dem Ausschlussverhältnis von Direktionsrecht und Änderungskündigung iE Rn 5, 7 und HaKo/Pfeiffer § 2 KSchG Rn 15.
103 BAG 24.9.1992 – 8 AZR 557/91 – AP Einigungsvertrag Anlage I Kap XIX Nr 3.
104 BAG 20.9.2000 – 5 AZR 271/99 – III AP ArbGG 1979 § 2 Zuständigkeitsprüfung Nr 8 (verneinte Arbeitnehmereigenschaft).
105 BAG 24.10.2013 – 2 AZR 1078/12 – Rn 20 NZA 2014, 540.
106 Rn 1, 2 und 3; zur Abgrenzung der mündlichen Kündigung von der nach § 15 Abs 3 TzBfG ausgeschlossenen Kündigung BAG 22.7.2010 – 6 AZR 480/09 – Rn 13 NZA 2010, 1142.
107 Rn 4, 139 ff.

Nach früherem Recht galten der punktuelle Streitgegenstand und die Klagefrist des § 4 KSchG dagegen auch dann nicht, wenn
- der Arbeitnehmer die Wartefrist des § 1 Abs 1 KSchG noch nicht vollendet hatte,[108]
- die Betriebsgröße nicht die Mindestbeschäftigtenzahl des § 23 Abs 1 Satz 2 KSchG erreichte[109] oder
- nicht die Sozialwidrigkeit der Kündigung, sondern ausschließlich ein sonstiger Unwirksamkeitsgrund iSv § 13 Abs 3 KSchG – zB eine fehlerhafte Betriebsratsanhörung (§ 102 BetrVG) – im Streit stand.[110]

Die mündliche Kündigung war bis 31.12.2003 zwar nicht der punktuellen Antragsfassung und der Dreiwochenfrist unterworfen, soweit nur der sonstige Mangel des Schriftformverstoßes nach §§ 623, 126 Abs 1, 125 Satz 1 BGB geltend gemacht wurde.[111] Allerdings musste sich der klagende Arbeitnehmer an die Antragsform und -frist des § 4 Satz 1 oder 2 KSchG halten, wenn er sich neben der Formnichtigkeit auf die Sozialwidrigkeit der Kündigung stützen und ihre Heilung nach § 7 HS 1 KSchG abwenden wollte. Die jetzige Gesetzesfassung privilegiert den einer mündlichen oder nicht schriftformgerechten Kündigung ausgesetzten Arbeitnehmer aus meiner Sicht in weiterem Umfang. Er kann sich noch nach Ablauf der Dreiwochenfrist sowohl auf den Schriftformverstoß als auch auf die Sozialwidrigkeit und alle anderen Unwirksamkeitsgründe berufen.[112]

Ist der Arbeitnehmer von einer mündlichen oder in anderer Weise schriftformwidrigen Kündigung[113] betroffen, muss er sich der **allgemeinen Feststellungsklage des § 256 Abs 1 ZPO** bedienen. Er kann also nicht die Feststellung der unterbliebenen Auflösung des Arbeitsverhältnisses durch den bestimmten Beendigungsgrund einer Kündigung beantragen, sondern nur die des weiter gehenden Fortbestands des Arbeitsverhältnisses insgesamt. („Es wird festgestellt, dass das Arbeitsverhältnis der Parteien fortbesteht.") Gleiches gilt, wenn nicht die Wirksamkeit einer Kündigung, vielmehr die

---

108 HM, vgl zB BAG 17.8.1972 – 2 AZR 415/71 – I AP BGB § 626 Nr 65 und § 13 KSchG Rn 12 mwN. Der Gesetzgeber hat zwar auch heute nicht ausdrücklich geregelt, dass der punktuelle Streitgegenstand und die Dreiwochenfrist für Arbeitnehmer in der Wartezeit gelten. Aus der Neufassung des § 23 Abs 1 Satz 2 KSchG, die §§ 4 bis 7 KSchG auf Arbeitnehmer in Kleinbetrieben zur Anwendung bringt, lässt sich aber der gesetzgeberische Wille entnehmen, auch Arbeitnehmer ohne allgemeinen Kündigungsschutz sowohl im Fall der ordentlichen als auch in dem der außerordentlichen Kündigung an die Voraussetzungen des § 4 Satz 1 oder 2 KSchG zu binden, um frühzeitig Rechtssicherheit zu schaffen. Im Ergebnis ebenso BAG 9.2.2006 – 6 AZR 283/05 – Rn 17 f AP KSchG 1969 § 4 Nr 56. Vgl dazu auch Rn 4 mwN.
109 Nach § 23 Abs 1 Satz 2 KSchG gelten seit 1.1.2004 die Erfordernisse des § 4 KSchG, die Wirksamkeitsfiktion des § 7 HS 1 KSchG sowie spiegelbildlich die Möglichkeiten der nachträglichen Zulassung und der verlängerten Anrufungsfrist der §§ 5 und 6 KSchG auch für Arbeitnehmer in Kleinbetrieben, dazu näher § 23 KSchG Rn 2 und 37.
110 Zu der gleichzeitigen Geltendmachung der Sozialwidrigkeit und eines anderen Unwirksamkeitsgrundes vor Inkrafttreten des Arbeitsmarktreformgesetzes am 1.1.2004 Rn 46 und 52.
111 Zu den Fragen der Schriftform Rn 3.
112 Näher Rn 3.
113 Zu den Voraussetzungen einer schriftformgerechten Kündigung nach §§ 623, 126 Abs 1, 125 Satz 1 BGB § 623 BGB Rn 14 ff und § 4 KSchG Rn 3.

eines anderen Beendigungstatbestands – etwa eines Aufhebungsvertrags oder einer Eigenkündigung des Arbeitnehmers – umstritten ist.[114] Für die analoge Anwendung der §§ 4, 7 KSchG ist nach dem eindeutigen Wortlaut des § 4 Satz 1 KSchG und der mit der Bestimmung verfolgten Intention des Gesetzgebers kein Raum, wenn keine Kündigungserklärung vorliegt, sondern die Parteien über die Änderung des **Inhalts des Arbeitsverhältnisses (ohne Änderungskündigung)** oder **seine Beendigung in anderer Weise als durch Kündigung** streiten.[115] Auch im Rahmen der Novelle des Arbeitsmarktreformgesetzes hat der Gesetzgeber davon abgesehen, alle Beendigungstatbestände an die punktuellen Antragsfassungen und die Klagefrist des § 4 Satz 1 und 2 KSchG zu binden. Er hat sich mit der Ausdehnung dieser Erfordernisse auf sämtliche Unwirksamkeitsgründe einer schriftlichen Kündigung begnügt. Das Gericht hat ein unzutreffend punktuell gefasstes prozessuales Begehren nach dem erkennbaren wirklichen Willen des Klägers bei einer nicht schriftformgerechten Kündigung aber als allgemeine Feststellungsklage iSv § 256 Abs 1 ZPO auszulegen und darf nicht etwa von einem unzulässigen Antrag auf Feststellung eines Teilrechtsverhältnisses ausgehen.[116]

3. Sondernormen

11 Schon das Arbeitsrechtliche Beschäftigungsförderungsgesetz vom 25.9.1996[117] hatte neben der Dreiwochenfrist des § 4 Satz 1 KSchG dreiwöchige Klagefristen in zwei weiteren Bereichen geschaffen oder in Kraft gesetzt.

■ Für Befristungskontrollklagen und Klagen gegen auflösende Bedingungen[118] findet sich das Fristerfordernis mittlerweile in § 17 Satz 1 TzBfG (ggf iVm § 21 TzBfG).[119]

---

114 Zu der Abgrenzung der Kündigung von sonstigen Beendigungsgründen iE Einl Rn 6 ff.
115 BAG 5.2.2009 – 6 AZR 151/08 – Rn 42 AP KSchG 1969 § 4 Nr 69; vgl auch Rn 5.
116 Zu der möglichen und nötigen Auslegung etwa BAG 22.9.2005 – 6 AZR 607/04 – I AP KSchG 1969 § 1 Wartezeit Nr 20 in dem Fall einer Kündigung in der Wartezeit, also außerhalb des Geltungsbereichs des Kündigungsschutzgesetzes, die vor Inkrafttreten des Arbeitsmarktreformgesetzes am 1.1.2004 zuging und auch zuvor gerichtlich angegriffen wurde.
117 BGBl I S 1476.
118 Dazu zB BAG 10.10.2012 – 7 AZR 602/11 – Rn 13 ff AP TzBfG § 21 Nr 10; BAG 15.8.2012 – 7 AZN 956/12 – Rn 3 NZA 2012, 1116; BAG 27.7.2011 – 7 AZR 402/10 – Rn 25 ff AP TzBfG § 21 Nr 9; BAG 4.5.2011 – 7 AZR 252/10 – Rn 17 AP TzBfG § 17 Nr 11; BAG 6.4.2011 – 7 AZR 704/09 – Rn 21 AP TzBfG § 21 Nr 7; BAG 9.2.2011 – 7 AZR 221/10 – Rn 21 und 25 AP TzBfG § 17 Nr 10.
119 Zunächst war die Klagefrist in der wortgleichen Vorschrift des § 1 Abs 5 Satz 1 BeschFG enthalten, vgl zu der Vorgängerbestimmung iE BAG 9.2.2000 – 7 AZR 730/98 – AP BeschFG 1985 § 1 Nr 22; BAG 22.3.2000 – 7 AZR 581/96 – AP BeschFG 1996 § 1 Nr 1; BAG 28.6.2000 – 7 AZR 920/98 – AP BeschFG 1996 § 1 Nr 2; BAG 26.7.2000 – 7 AZR 51/99 – AP BeschFG 1996 § 1 Nr 4; BAG 26.7.2000 – 7 AZR 43/99 – AP BeschFG 1985 § 1 Nr 26; BAG 26.7.2000 – 7 AZR 546/99 – AP BeschFG 1996 § 1 Nr 5; BAG 27.9.2000 – 7 AZR 390/99 – AP BAT SR 2 y § 2 Nr 20; BAG 25.10.2000 – 7 AZR 537/99 – AP BeschFG 1996 § 1 Nr 7 und BAG 19.9.2001 – 7 AZR 574/00 – EzA BeschFG 1985 § 1 Klagefrist Nr 7; s zu der jetzigen Rechtslage die Kommentierung zu § 17 TzBfG.

- Für Kündigungen durch den Insolvenzverwalter oder bis 31.12.1998 Konkursverwalter war bis 31.12.2003 § 113 Abs 2 InsO anzuwenden.[120]

Während § 113 Abs 2 InsO durch Art 4 des Arbeitsmarktreformgesetzes aufgehoben wurde, gilt § 17 Satz 1 TzBfG weiter.[121] Da § 4 KSchG in Satz 1 und 2 seit Inkrafttreten des Arbeitsmarktreformgesetzes am 1.1.2004 (fast) alle[122] Mängel einer schriftlichen Kündigung erfasst, wurde der im Hinblick auf sonstige Unwirksamkeitsgründe iSv § 13 Abs 3 KSchG etwas weiterreichende § 113 Abs 2 InsO entbehrlich. Um die gesetzgeberische Wertung der Ausnahme schriftformwidriger Kündigungen von den Beschränkungen des punktuellen Streitgegenstands und der Klagefrist in der Solvenz und der Insolvenz einheitlich zu vollziehen, musste die Regelung aufgehoben werden.

Hinweis: Ist ein Arbeitsverhältnis „unecht" befristet oder bedingt, sieht der Arbeitsvertrag also ein ordentliches Kündigungsrecht des Arbeitgebers vor, darf der Arbeitnehmer das vereinbarte Ende des befristeten oder bedingten Arbeitsvertrags und die Klagefrist des § 17 Satz 1 TzBfG nicht abwarten, wenn der Arbeitgeber zuvor kündigt. Vielmehr muss er die vor Zeitablauf erklärte Kündigung nach § 4 Satz 1 KSchG binnen drei Wochen nach ihrem Zugang gerichtlich angreifen. Die Klagefrist ist auch einzuhalten, wenn die Kündigung gegen das Kündigungsverbot des § 15 Abs 3 TzBfG verstößt, weil der befristete Arbeitsvertrag kein ordentliches Kündigungsrecht vorsieht.[123] 12

B. Kündigungsschutzklage

I. Prozessvoraussetzungen

1. Zuständiges Gericht

Nach § 4 Satz 1 KSchG ist die Kündigungsschutzklage vor dem **Arbeitsgericht** zu erheben.[124] 13

a) **Rechtsweg.** § 2 Abs 1 Nr 3 Buchst b ArbGG eröffnet den Rechtsweg zu den Gerichten für **Arbeitssachen**. 14

b) **Örtliche Zuständigkeit.** Das örtlich zuständige Gericht bestimmt sich über die Verweisung des § 46 Abs 2 Satz 1 ArbGG nach §§ 12 ff ZPO. 15

---

120 Dazu zB BAG 17.1.2002 – 2 AZR 57/01 – B I 4 EzA KSchG § 4 nF Nr 62 und BAG 16.6.2005 – 6 AZR 451/04 – II 2 AP KSchG 1969 § 17 Nr 21.
121 Vgl zu den Folgen der Rücknahme einer Befristungskontrollklage unter Geltung des früheren § 1 Abs 5 BeschFG 1996 bspw BAG 26.6.2002 – 7 AZR 122/01 – I 2 b AP BeschFG 1996 § 1 Nr 14; zu der Wirksamkeitsfiktion des § 17 Satz 2 TzBfG iVm § 7 HS 1 KSchG BAG 12.12.2012 – 5 AZR 93/12 – Rn 52 EzA BGB 2002 § 818 Nr 3; zu der Verschiedenheit der Streitgegenstände der Befristungskontrollklage und der Klage auf Feststellung der Unwirksamkeit einer Nichtverlängerungsmitteilung nach dem Bühnentarifrecht BAG 15.5.2013 – 7 AZR 665/11 – Rn 21 ff ZTR 2014, 40.
122 Näher Rn 139 ff.
123 BAG 22.7.2010 – 6 AZR 480/09 – Rn 8 mwN AP TzBfG § 15 Nr 5.
124 Zu den Folgen der Anrufung eines unzuständigen Gerichts für die Klagefrist s Rn 132 ff.

- **Allgemeiner** Gerichtsstand für die Kündigungsschutzklage ist bei natürlichen Personen der **Wohnsitz** des Arbeitgebers (§§ **12, 13** ZPO), bei juristischen Personen und Personenhandelsgesellschaften ihr **Sitz** (§§ **12, 17 Abs 1 ZPO**).
- Als **besondere** Gerichtsstände kommen insbesondere die
    - der **Niederlassung** (§ 21 Abs 1 ZPO) und
    - des **Erfüllungsorts** (§ 29 Abs 1 ZPO) in Betracht.

Sind mehrere Gerichtsstände begründet, hat der klagende Arbeitnehmer unter ihnen nach § 35 ZPO die Wahl.

16 Wann der Gerichtsstand der **Niederlassung** nach § 21 Abs 1 ZPO eröffnet ist, ist **umstritten**.

- Hesse[125] und Friedrich[126] bejahen diesen Gerichtsstand nur, wenn der Arbeitsvertrag von der Niederlassung aus oder in ihr geschlossen wurde.
- **Germelmann**[127] begründet eine weitere Voraussetzung und verlangt, dass der Arbeitsvertrag von der Niederlassung abgeschlossen wurde und das Arbeitsverhältnis von ihr aus – wenn auch nur mittelbar durch einen Betrieb oder eine Außenstelle – gelenkt wird. Er macht zu Recht darauf aufmerksam, dass es sich bei der Niederlassung nicht um eine Zweigniederlassung iSv § 13 HGB handeln muss. Ein nach außen gerichteter Geschäftsbetrieb genügt.[128]
- **Hüßtege**[129] fordert demgegenüber, **dass sich der Arbeitsvertrag gerade auf die Niederlassung bezieht**, der Arbeitnehmer also für eine selbständige Niederlassung eingestellt und am Ort der Niederlassung beschäftigt wird.
- Ich halte es entgegen meiner in der ersten Aufl geäußerten Ansicht inzwischen für ausreichend, wenn der Arbeitsvertrag mit Rücksicht auf den Geschäftsbetrieb der Niederlassung geschlossen wurde oder Folge dieses Geschäftsbetriebs ist. Dagegen braucht der Arbeitsvertrag weder am Ort der Niederlassung selbst noch von ihr aus geschlossen worden zu sein. Die Klage muss auch nicht unmittelbar aus dem Geschäftsbetrieb der Niederlassung selbst hervorgehen. Es genügt eine **Beziehung zum Geschäftsbetrieb der Niederlassung**. Soweit sich Überschneidungen zwischen den besonderen Gerichtsständen der Niederlassung und des Erfüllungsorts oder zwischen mehreren Niederlassungen iSv § 21 ZPO ergeben, kommt dem Kläger das Wahlrecht des § 35 ZPO zu.[130]

17 Wenn der Arbeitnehmer seine Tätigkeit an verschiedenen Orten versieht, stellt sich das Problem, wo der **Erfüllungsort iSv § 29 Abs 1 ZPO** für die Arbeitsleistung liegt. Hier deckt sich der Ort, an dem die Arbeitsleistung zu

---

125 In APS § 4 KSchG Rn 56.
126 In KR § 4 KSchG Rn 174 mwN.
127 In GMP/Germelmann § 48 Rn 46.
128 GMP/Germelmann § 48 Rn 46; ebenso LAG Frankfurt 31.7.1987 – 13 Sa 1664/86.
129 In Thomas/Putzo § 21 ZPO Rn 4.
130 Diese Auffassung dürfte in Einklang mit der Rspr der ordentlichen Gerichte stehen, zB BGH 22.11.1994 – XI ZR 45/91 – II 4 NJW 1995, 1225; BGH 10.8.1975 – II ZR 56/74 – II 2 NJW 1975, 2142; vgl auch Zöller/Vollkommer ZPO § 21 ZPO Rn 11 mwN.

erbringen ist, nicht mit dem Wohnsitz oder Sitz des Arbeitgebers und damit dem allgemeinen Gerichtsstand für die Kündigungsschutzklage. Es gibt auch keinen einheitlichen Arbeitsort. Wird das Arbeitsverhältnis im Bezirk mehrerer Arbeitsgerichte durchgeführt, kommt es aus Sicht verschiedener Instanzgerichte darauf an, ob ein **Schwerpunkt der Arbeitstätigkeit** zu ermitteln ist. Trifft das zu, bestimmt sich nach diesem Schwerpunkt der Erfüllungsort.[131] Entscheidend sind die Umstände des Einzelfalls. Bedeutsam kann zB sein, an welchem Ort Berichtspflichten zu erfüllen sind, wo der Arbeitnehmer Kunden aufsucht oder Verkaufsgespräche führt.[132] Lässt sich kein solcher Schwerpunkt feststellen, hat der Arbeitnehmer unter den verschiedenen Gerichtsorten allerdings kein Wahlrecht nach § 35 ZPO. Ein besonderer Gerichtsstand des Erfüllungsorts besteht gerade nicht, es bleibt beim allgemeinen Gerichtsstand der §§ 12, 13 ZPO oder §§ 12, 17 ZPO. Für **Montagearbeiter** wird die Ansicht vertreten, der Erfüllungsort richte sich nach dem Ort des Betriebs, von dem aus der Arbeitnehmer seine Anweisungen erhalte.[133] Nach einer Entscheidung des **BAG vom 12.6.1986**[134] ist der für den internationalen Gerichtsstand maßgebliche Erfüllungsort für die Arbeitsleistung eines **angestellten Handelsreisenden** sein **Wohnsitz**,

- wenn er von dort aus seine Reisetätigkeit ausübt und
- der von ihm betreute Bereich in den Bezirken mehrerer Arbeitsgerichte liegt.

Es kommt dann nicht darauf an,

- ob er täglich an seinen Wohnort zurückkehrt und
- inwieweit er Weisungen aus dem Betrieb erhält.

Die Entscheidung des **BAG vom 3.11.1993**[135] überträgt diese Grundsätze auf den nationalen Gerichtsstand des § 29 Abs 1 ZPO. Im Hinblick auf die **heftige Kontroverse**, die beide Entscheidungen sowohl in der Instanzrechtsprechung als auch in der Literatur ausgelöst haben,[136] kann sich der Arbeitnehmer nicht darauf verlassen, dass die höchstrichterliche Sicht von dem angerufenen Eingangsgericht geteilt wird. Beschlüsse über die örtliche Zuständigkeit sind unanfechtbar (§ 48 Abs 1 Nr 1 ArbGG). Im Interesse der Rechtsuchenden ist zu hoffen, dass der Gerichtsstand des Erfüllungsorts von den Instanzgerichten weit ausgelegt wird, um langwierige Verweisungen zu vermeiden.[137]

Gerichtsstandsvereinbarungen, die **vor Rechtshängigkeit** – häufig im Arbeitsvertrag – getroffen werden, sind regelmäßig unwirksam (§ 46 Abs 2 Satz 1 ArbGG, § 38 ZPO; vgl jedoch die Ausnahmen des § 38 Abs 2 und 3

18

---

131 Sog **Schwerpunkttheorie**, bspw BAG 29.5.2002 – 5 AZR 141/01 – I 3 AP ZPO § 38 Internationale Zuständigkeit Nr 17; LAG Düsseldorf 19.12.1980 – 16 Sa 565/80; vgl auch die weiteren von KR/Friedrich § 4 KSchG Rn 175 angegebenen Nachweise; ebenso APS/Hesse § 4 KSchG Rn 56.
132 Arbeitsgericht Bamberg 8.11.1994 – 3 Ca 741/94 – NZA 1995, 864 LS.
133 Ausf ArbG Stendal 24.3.2010 – 1 Ca 165/10 – II 2; KR/Friedrich § 4 KSchG Rn 175.
134 2 AZR 398/85 – B V 3 a AP Brüsseler Abkommen Art 5 Nr 1.
135 BAG 3.11.1993 – 5 AS 20/93 – II 3 AP GVG § 17 a Nr 11.
136 Vgl die von KR/Friedrich § 4 KSchG Rn 175 angegebenen Nachweise.
137 KR/Friedrich § 4 KSchG Rn 175 aE äußert dieselbe Hoffnung.

Nr 2 ZPO). Das gilt sowohl für den Fall, dass die Zuständigkeit eines sonst unzuständigen Gerichts vereinbart wird (sog Prorogation) als auch für den, dass der allgemeine oder ein besonderer Gerichtsstand abbedungen wird (sog Derogation). Für die Auswirkungen einer materiellrechtlichen Vereinbarung über den Erfüllungsort (§ 269 BGB) auf den besonderen Gerichtsstand des § 29 Abs 1 ZPO findet sich eine Sondernorm zu § 38 Abs 1 ZPO in § 29 Abs 2 ZPO, die für Arbeitnehmer ausscheidet. Eine Vereinbarung über den Erfüllungsort begründet den Gerichtsstand des Erfüllungsorts nur, wenn die Vertragsparteien Kaufleute, juristische Personen des öffentlichen Rechts oder öffentlich-rechtliche Sondervermögen sind.[138] Weitere Ausnahmen vom Verbot der Gerichtsstandsvereinbarung enthält § 48 Abs 2 Satz 1 ArbGG. Die **Tarifpartner** können tariflich einen Gerichtsstand begründen. Diese Gerichtsstandsvereinbarungen finden für die Mitglieder der Tarifvertragsparteien Anwendung (§ 3 Abs 1 TVG). Für Außenseiter gelten sie, wenn der Tarifvertrag für allgemeinverbindlich erklärt ist (§ 5 Abs 4 TVG) oder wenn die Arbeitsvertragsparteien in der Gestaltung des § 48 Abs 2 Satz 1 Nr 1 ArbGG die Anwendung des **gesamten** Tarifvertrags vereinbart haben (§ 48 Abs 2 Satz 2 ArbGG). Ein in einem Tarifvertrag festgelegter Gerichtsstand ist ein **ausschließlicher**, der den allgemeinen und besonderen Gerichtsständen entgegensteht (§ 12 ZPO aE), wenn aus dem Tarifvertrag keine Anhaltspunkte für eine abweichende Auslegung zu entnehmen sind.

2. Klageart

19 a) **Rechtsnatur der Kündigungsschutzklage.** Der von § 4 Satz 1 KSchG vorgesehene punktuelle Antrag ist eine von § 256 Abs 1 ZPO verschiedene, **besondere Feststellungsklage**. Ist die Kündigung sozialwidrig oder aus anderen Gründen rechtsunwirksam, hat das Gericht nach dem Wortlaut der Norm den **schon bestehenden Zustand** festzustellen, dass das Arbeitsverhältnis durch sie nicht aufgelöst ist. Obwohl der Arbeitnehmer die Klagefrist wahren muss, um die ursprüngliche Unwirksamkeit der Kündigung aufgrund ihrer fehlenden sozialen Rechtfertigung oder Unwirksamkeit aus sonstigen Gründen aufrechtzuerhalten,[139] wirkt das stattgebende Urteil nicht unmittelbar rechtsgestaltend. Es führt die Nichtigkeit der Kündigung nicht erst herbei.[140] Die Kündigungsschutzklage ist nach der neueren Rechtsprechung des Zweiten Senats allerdings eine „Gestaltungsgegenklage". Der Arbeitnehmer wendet sich mit der erstrebten Feststellung gegen das ausgeübte Gestaltungsrecht.[141]

20 b) **Auslegung des Klagevorbringens und Einzelheiten. aa) Auflösungs- oder Abfindungsklage.** Erstrebt der klagende Arbeitnehmer innerhalb der Dreiwochenfrist ausschließlich die Auflösung des Arbeitsverhältnisses, ohne zu-

---

138 Zu der Unwirksamkeit einer Gerichtsstandsvereinbarung nach Art 23 Abs 5 EuGVVO BAG 20.12.2012 – 2 AZR 481/11 – Rn 17 ff NZA 2013, 925.
139 Rn 1.
140 Heute überwiegende Ansicht, bspw schon BAG 2.4.1987 – 2 AZR 418/86 – B II 2 AP BGB § 626 Nr 96; KR/Friedrich § 4 KSchG Rn 17 ff; APS/Hesse § 4 KSchG Rn 19; vHH/L/Linck § 4 Rn 1.
141 Zu allem BAG 20.12.2012 – 2 AZR 867/11 – Rn 27 AP KSchG § 1 Betriebsbedingte Kündigung Nr 198; näher Rn 170.

gleich einen Feststellungsantrag nach § 4 Satz 1 KSchG zu stellen, oder bringt er den Kündigungsschutzantrag nur hilfsweise neben dem Auflösungsantrag an, ist sein Begehren **auszulegen**.[142] Regelmäßig erhebt er dennoch eine fristgerechte Kündigungsschutzklage, weil der Auflösungsantrag notwendig voraussetzt, dass die Unwirksamkeit der Kündigung festgestellt wird (§ 9 Abs 1 Satz 1 KSchG).[143] Gleiches gilt, wenn der Arbeitnehmer mit seiner Klage lediglich eine Abfindung verlangt, was grundsätzlich als Auflösungsantrag zu verstehen sein wird. Es genügt deshalb auch, wenn das Gericht in den Entscheidungsgründen die Sozialwidrigkeit der Kündigung[144] feststellt und in der Urteilsformel lediglich die Auflösung des Arbeitsverhältnisses gegen Zahlung einer Abfindung ausspricht.[145] Ändert der Arbeitnehmer das Eventualverhältnis während des Rechtsstreits und bezeichnet er den früher **hilfsweise** angekündigten Feststellungsantrag nun als Hauptantrag, scheidet die Möglichkeit aus, die Auflösungsklage als **echten Hilfsantrag** für den Fall, dass der Kläger mit dem Kündigungsschutzbegehren nicht durchdringt, zu interpretieren. Ein solcher Antrag wäre sinnlos, da er beim Unterliegen mit dem Hauptbegehren unbegründet und beim Obsiegen mit dem Hauptantrag gegenstandslos, weil nicht angefallen wäre.[146] Es kommt allein ein **unechter Hilfsantrag**[147] für den Fall des Obsiegens mit dem vorrangig zur Entscheidung gestellten Kündigungsschutzantrag in Betracht.

bb) Weiterbeschäftigungsklage. Sofern sich die Wirksamkeit einer Kündigung nach den Vorschriften des KSchG beurteilt, kann dem Antrag auf Weiterbeschäftigung über die Kündigungsfrist hinaus, der auf den allgemeinen Weiterbeschäftigungsanspruch aus dem Arbeitsvertrag iVm §§ 611, 613, 242 BGB und Art 1, 2 GG gestützt wird, nur stattgegeben werden, wenn das Arbeitsgericht auf eine entsprechende Kündigungsschutzklage des Arbeitnehmers festgestellt hat oder gleichzeitig feststellt, dass das Arbeitsverhältnis durch die Kündigung nicht aufgelöst ist.[148] Dennoch genügt die nach ihrem ausdrücklichen Antrag isolierte (Leistungs-)Klage auf Weiterbeschäftigung nach hM den Anforderungen des § 4

21

---

142 Zu den Interpretationserfordernissen im Allgemeinen – gelöst von dem Problem der vermeintlich isolierten Auflösungsklage – BAG 12.5.2005 – 2 AZR 426/04 – B I 2, 5 und II 1 b AP KSchG 1969 § 4 Nr 53; dazu schon Rn 2.
143 BAG 13.12.1956 – 2 AZR 353/54 – 1 AP KSchG § 7 Nr 5; BAG 23.6.1993 – 2 AZR 56/93 – II 2 c AP KSchG 1969 § 9 Nr 23.
144 Die Geltendmachung einer Unwirksamkeit aus sonstigen Gründen verlangt seit 1.1.2004 zwar ebenfalls den punktuellen Streitgegenstand und die Klagefrist, ein Auflösungsantrag des Arbeitnehmers setzt jedoch – zumindest daneben – die Sozialwidrigkeit der Kündigung voraus; vgl iE § 9 KSchG Rn 27 ff.
145 BAG 19.8.1982 – 2 AZR 230/80 – III AP KSchG 1969 § 9 Nr 9.
146 BAG 23.6.1993 – 2 AZR 56/93 – II 2 c bb AP KSchG 1969 § 9 Nr 23.
147 Dazu zB BAG 21.11.2013 – 2 AZR 474/12 – Rn 18 ff.
148 BAG GS 27.2.1985 – GS 1/84 – C II AP BGB § 611 Beschäftigungspflicht Nr 14.

KSchG nicht.[149] Die hM behilft sich allerdings mit einer entsprechenden Anwendung von § 6 KSchG.[150]

22 Führt der Arbeitnehmer in der binnen drei Wochen nach Zugang der schriftlichen Kündigung bei Gericht eingereichten Begründung der Weiterbeschäftigungsklage aus, (auch) aufgrund der Sozialwidrigkeit der Kündigung oder ihrer Unwirksamkeit aus sonstigen Gründen verlange er, vorläufig weiterbeschäftigt zu werden, nimmt er in Wirklichkeit eine **eventuelle Klagehäufung von Kündigungsschutz- und Weiterbeschäftigungsantrag** vor. Vorrangig erstrebt er die Feststellung der unterbliebenen Auflösung des Arbeitsverhältnisses durch die Kündigung nach § 4 Satz 1 KSchG und knüpft sein Weiterbeschäftigungsverlangen als unechten Hilfsantrag daran, dass die Feststellung in erster Instanz getroffen wird. Dem dagegen vorgebrachten Argument,[151] das auf die Weiterbeschäftigungsklage ergehende Leistungsurteil setze nicht zwingend die Feststellung der fehlenden sozialen Rechtfertigung der Kündigung (oder heute auch ihrer Unwirksamkeit aus anderen Gründen) voraus, ist in dieser Konstellation zu entgegnen, dass nicht die Voraussetzungen und die Reichweite der Rechtskraft des Weiterbeschäftigungsurteils in Rede stehen, sondern die Auslegung des Klagevortrags. Hält der Arbeitnehmer die schriftliche Kündigung für sozialwidrig oder aus sonstigen Gründen für unwirksam und erstrebt er auf dieser Grundlage die lediglich vorläufige Weiterbeschäftigung (bis zum Abschluss des Kündigungsrechtsstreits), meint er neben dem Weiterbeschäftigungsbegehren ersichtlich einen Hauptantrag nach § 4 Satz 1 KSchG.[152] Hier besteht kein Grund, das Problem abweichend von dem des vermeintlich isolierten Auflösungsantrags zu lösen.

23 cc) **Andere Arten der Leistungsklage.** Erhebt der Arbeitnehmer innerhalb der Dreiwochenfrist eine andere Leistungsklage – etwa auf Vergütung –, die Ansprüche zum Gegenstand hat, die erst nach Zugang der außerordentlichen Kündigung oder nach Ablauf der Kündigungsfrist entstehen, wahrt das die Klagefrist nach hM gleichwohl nicht.[153] Die im Rahmen der auf Entgelt gerichteten Klage nötige inzidente Prüfung der Wirksamkeit der Kündigung ändere nichts daran, dass sich die Rechtskraft des Leistungsurteils nicht auf die Entscheidungsgründe erstrecke.[154] Als Korrektiv bedient sich die überwiegende Auffassung auch hier einer **entsprechenden**

---

149 Wolf/Pfeiffer AuR 1985, 33, 37 f; dem folgend KR/Friedrich § 4 KSchG Rn 20; APS/Hesse § 4 KSchG Rn 22; vHH/L/Linck § 4 Rn 27; offengelassen von BAG 26.9.2013 – 2 AZR 682/12 – Rn 41 NZA 2014, 443.
150 BAG 26.9.2013 – 2 AZR 682/12 – Rn 35 NZA 2014, 443; BAG 23.4.2008 – 2 AZR 699/06 – Rn 21 ff AP KSchG 1969 § 4 Nr 65; s auch BAG 15.5.2012 – 7 AZR 6/11 – Rn 20 ff.
151 vHH/L/Linck § 4 Rn 27.
152 Offengelassen von BAG 26.9.2013 – 2 AZR 682/12 – Rn 41 NZA 2014, 443; zu den Möglichkeiten und Notwendigkeiten der Auslegung außerhalb der Weiterbeschäftigungsproblematik BAG 12.5.2005 – 2 AZR 426/04 – B I 2, 5 und II 1 b AP KSchG 1969 § 4 Nr 53 sowie Rn 2 und 20.
153 Vgl statt vieler BAG 25.3.1976 – 2 AZR 127/75 – II 2 AP BGB § 626 Ausschlussfrist Nr 10; BAG 21.7.2005 – 6 AZR 592/04 – II 1 a bb AP BetrVG 1972 § 113 Nr 50; KR/Friedrich § 4 KSchG Rn 20; APS/Hesse § 4 KSchG Rn 22; vHH/L/Linck § 4 Rn 27.
154 KR/Friedrich § 4 KSchG Rn 20; vgl auch BAG 21.7.2005 – 6 AZR 592/04 – II 1 a bb AP BetrVG 1972 § 113 Nr 50.

Anwendung des § 6 Satz 1 KSchG, wenn der Arbeitnehmer die Vergütungsklage damit begründet, die Kündigung sei unwirksam.[155] Der Kündigungsschutzantrag konnte deswegen nach der älteren Rechtsprechung nur bis zum Ende der mündlichen Verhandlung im ersten Rechtszug gestellt werden.[156] Darauf hat das Arbeitsgericht in Analogie zu § 6 Satz 2 KSchG hinzuweisen. Verletzt es seine Hinweispflicht, konnte der Antrag nach früher hM in zweiter Instanz nicht nachgeholt werden.[157] Das Berufungsgericht konnte den Rechtsstreit dann trotz § 68 ArbGG an das Arbeitsgericht zurückverweisen.[158] Diese Rechtsprechung ist überholt. Das Berufungsgericht muss den Hinweis in zweiter Instanz nachholen und selbst entscheiden, wie der Siebte Senat für das Befristungs- und Bedingungskontrollrecht klargestellt hat.[159] Der Zweite Senat hat sich dem für das Kündigungsschutzrecht angeschlossen.[160] Die entsprechende Anwendung von § 6 KSchG in Fällen von Leistungsklagen, deren Ausgang von der Frage der Wirksamkeit einer Kündigung abhängt, ist nicht vollständig kongruent mit einer anderen Rechtsprechungslinie. So macht der Zweite Senat in seiner **jüngeren Rechtsprechung** deutlich darauf aufmerksam, dass der **Auslegung** des Klageantrags und der Klagebegründung Vorrang vor einer entsprechenden Anwendung des § 6 KSchG zukommt.[161] Nur wenn für den Arbeitgeber in keiner Weise ersichtlich ist, dass der Arbeitnehmer eine bestimmte Kündigung bekämpfen oder den Bestand des Arbeitsverhältnisses als solchen festgestellt wissen will, ist die Auslegung in Richtung einer Klage nach § 4 Satz 1 KSchG nicht möglich und die Analogie zu § 6 KSchG zu erwägen.

Zumindest wenn der Arbeitnehmer in der innerhalb von drei Wochen nach Zugang der schriftlichen Kündigung erhobenen Leistungsklage geltend macht, die Kündigung sei sozial ungerechtfertigt oder aus anderen Gründen unwirksam, kann der Rückgriff auf eine entsprechende Anwendung des § 6 Satz 1 KSchG ebenso wie im Fall der vermeintlich isolierten Weiterbeschäftigungsklage durch eine **Auslegung der Klagebegründung** vermie-

---

155 BAG 26.9.2013 – 2 AZR 682/12 – Rn 35 NZA 2014, 443.
156 Grundlegend BAG 30.11.1961 – 2 AZR 295/61 – 4 AP KSchG § 5 Nr 3; st Rspr, vgl BAG 28.6.1973 – 2 AZR 378/72 – 2 a AP KSchG 1969 § 13 Nr 2; BAG 23.4.2008 – 2 AZR 699/06 – Rn 21 ff AP KSchG 1969 § 4 Nr 65; s auch BAG 15.5.2012 – 7 AZR 6/11 – Rn 20 ff.
157 BAG 30.11.1961 – 2 AZR 295/61 – 4 AP KSchG § 5 Nr 3, vgl aber auch Rn 52.
158 BAG 30.11.1961 – 2 AZR 295/61 – 5 AP KSchG § 5 Nr 3. Teilweise wird nun auch in der Rspr eine eigene Entscheidungsbefugnis des LAG angenommen. Wegen des Vorrangs der Auslegung des Klageantrags ist bei einer Zurückverweisung jedenfalls Vorsicht geboten; vgl dazu eindrücklich BAG 12.5.2005 – 2 AZR 426/04 – B I 2, 5 und II 1 b AP KSchG 1969 § 4 Nr 53.
159 BAG 4.5.2011 – 7 AZR 252/10 – Rn 21 ff AP TzBfG § 17 Nr 11; näher § 6 KSchG Rn 31.
160 BAG 25.10.2012 – 2 AZR 845/11 – Rn 34 ff NZA 2013, 900.
161 Zu den Interpretationserfordernissen iE BAG 12.5.2005 – 2 AZR 426/04 – B I 2, 5 und II 1 b AP KSchG 1969 § 4 Nr 53 (allerdings nicht zu der Frage eines Leistungsantrags, sondern zum Problem der Reichweite eines Feststellungsantrags); s auch Rn 2.

den werden.¹⁶² Führt der Arbeitnehmer in der binnen drei Wochen nach Zugang der schriftlichen Kündigung bei Gericht eingereichten Begründung der Weiterbeschäftigungsklage oder der von der Unwirksamkeit der Kündigung abhängigen Vergütungsklage aus, er verlange die Leistung aufgrund der unwirksamen Kündigung, nimmt er in Wirklichkeit eine objektive bedingte Klagehäufung von Kündigungsschutz- und Weiterbeschäftigungs- oder anderem Leistungsantrag vor (§ 260 ZPO). Vorrangig will er die unterbliebene Auflösung des Arbeitsverhältnisses durch die Kündigung nach § 4 Satz 1 KSchG festgestellt wissen. Sein Leistungsverlangen knüpft er als unechten Hilfsantrag daran, dass die Feststellung in erster Instanz getroffen wird. Dem dagegen vorgebrachten Argument,¹⁶³ das auf die Weiterbeschäftigungsklage ergehende Leistungsurteil setze nicht zwingend die Feststellung der Unwirksamkeit der Kündigung voraus, ist zu entgegnen, dass nicht die Voraussetzungen und die Reichweite der Rechtskraft des Leistungsurteils in Rede stehen, sondern die Auslegung des Klagevortrags. Hält der Arbeitnehmer die schriftliche Kündigung für unwirksam und erstrebt er auf dieser Grundlage die lediglich vorläufige Weiterbeschäftigung (bis zum Abschluss des Kündigungsrechtsstreits) oder Vergütung aus Annahmeverzug, meint er aus Sicht eines objektiven Dritten neben dem Weiterbeschäftigungs- oder Vergütungsbegehren ersichtlich einen Hauptantrag iSv § 4 Satz 1 KSchG.¹⁶⁴ Für diese Fragestellung besteht kein Grund, das Problem abweichend von dem des vermeintlich isolierten Auflösungsantrags zu lösen.¹⁶⁵

25 **dd) Klageänderung und Klageerweiterung.** Erweitert der Arbeitnehmer eine bereits anhängige Klage innerhalb der Dreiwochenfrist um einen Kündigungsschutzantrag, genügt er damit den Erfordernissen des § 4 Satz 1 KSchG. Das trifft für eine Klageänderung iSv § 263 ZPO ebenso zu.¹⁶⁶ Sowohl Klageerweiterung als auch Klageänderung können trotz des Wortlauts des § 4 Satz 1 KSchG („Arbeitsgericht") auch noch im Berufungsrechtszug vorgenommen werden.¹⁶⁷ Willigt der Beklagte in die Klageänderung nicht ein (§ 263 Alt 1 ZPO) und wird sie auch nicht für sachdienlich erachtet (§ 263 Alt 2 ZPO), muss die in den Kündigungsschutzantrag geänderte Klage als unzulässig abgewiesen werden. Das BAG erlaubt es dem Arbeitnehmer hier, innerhalb eines angemessenen Zeitraums nach dem abweisenden Urteil erneut Kündigungsschutzklage zu erheben.¹⁶⁸

---

162 In der Tendenz ähnl BAG 12.5.2005 – 2 AZR 426/04 – B I 2, 5 und II 1 b AP KSchG 1969 § 4 Nr 53. BAG 21.7.2005 – 6 AZR 592/04 – II 1 a bb AP BetrVG 1972 § 113 Nr 50 hebt das Auslegungserfordernis bei einem Leistungsantrag demgegenüber nicht in dieser Weise hervor.
163 vHH/L/Linck § 4 Rn 27.
164 Zu den Möglichkeiten und Notwendigkeiten der Auslegung außerhalb der Weiterbeschäftigungs- und Annahmeverzugsproblematik BAG 12.5.2005 – 2 AZR 426/04 – B I 2, 5, II 1 b NZA 2005, 1259.
165 Dazu BAG 23.6.1993 – 2 AZR 56/93 – II 2 c NZA 1994, 264; BAG 13.12.1956 – 2 AZR 353/54 1 – AP KSchG § 7 Nr 5.
166 BAG 9.3.1961 – 2 AZR 502/59 – II AP KSchG § 3 Nr 31.
167 BAG 10.12.1970 – 2 AZR 82/70 – I 1 AP KSchG § 3 Nr 40.
168 BAG 10.12.1970 – 2 AZR 82/70 – I 2 c AP KSchG § 3 Nr 40.

Linck[169] sieht darin einen Fall der nachträglichen Zulassung der Klage nach § 5 KSchG. Dieser Ansatz bietet einerseits den Vorteil der klaren Zweiwochenfrist des § 5 Abs 3 Satz 1 KSchG. Andererseits führt auch leichtestes eigenes oder ihm zuzurechnendes Verschulden des Arbeitnehmers an der Versäumung der dreiwöchigen Klagefrist des § 4 Satz 1 KSchG dazu, dass der Zulassungsantrag als unbegründet zurückgewiesen werden muss. Der Arbeitnehmer handelt fahrlässig, wenn er oder sein Prozessbevollmächtigter[170] erkennen konnten und mussten, dass die Klageänderung nicht sachdienlich war. Wegen des dem Gericht eingeräumten pflichtgebundenen Ermessens in der Frage der Sachdienlichkeit und des subjektiv-individuellen Sorgfaltsmaßstabs des § 5 Abs 1 Satz 1 KSchG kann Fahrlässigkeit allerdings nicht ohne Weiteres angenommen werden.

26

ee) **Widerklage.** Auch eine binnen drei Wochen nach Zugang der Kündigung erhobene Widerklage des Arbeitnehmers auf Feststellung, dass das Arbeitsverhältnis durch die Kündigung des Arbeitgebers nicht aufgelöst ist, ist eine Kündigungsschutzklage nach § 4 Satz 1 KSchG.[171]

27

Der älteren Entscheidung des BAG vom 21.12.1967[172] lag ein besonderer Sachverhalt zugrunde: Der Arbeitnehmer hatte mit dem Ziel Klage erhoben, die Wirksamkeit einer eigenen Kündigung feststellen zu lassen. Zugleich hatte er mit der Klageschrift einen Hilfsantrag angekündigt, der die Feststellung der Unwirksamkeit einer vom Arbeitgeber ausgesprochenen fristlosen Kündigung zum Gegenstand hatte. Der Arbeitgeber hatte sich gegen die Klage mit einer Widerklage gewandt und die Feststellung der Wirksamkeit seiner fristlosen Kündigung begehrt. In der mündlichen Verhandlung stellte der Arbeitnehmer lediglich seinen Hauptantrag, nicht auch den Hilfsantrag. Er beantragte aber, die Widerklage des Arbeitgebers abzuweisen. Obwohl § 4 Satz 1 KSchG verlangt, dass die Sozialwidrigkeit der (schriftlichen) Kündigung oder heute auch ihre Unwirksamkeit aus anderen Gründen klageweise geltend gemacht wird,[173] betrachtete das BAG den Antrag auf Abweisung der Widerklage hier als ausreichend. Er habe die Funktion des Hilfsbegehrens und damit eines Sachantrags übernommen. Das trifft nach dem Gesetzeszweck zu, weil der Arbeitgeber bereits mit der Klageschrift durch einen angekündigten Sachantrag davon erfahren hatte, dass der Arbeitnehmer die außerordentliche Kündigung für unwirksam hielt. Aufgrund der bei Schluss der mündlichen Verhandlung beantragten Abweisung der Widerklage konnte er zu keinem Zeitpunkt davon ausgehen, der Kläger halte an diesem Begehren nicht länger fest.

28

ff) **Hilfsantrag.** Ein hilfsweise innerhalb der Klagefrist angekündigter Kündigungsschutzantrag erfüllt die Voraussetzungen des § 4 Satz 1 KSchG ebenfalls.[174]

29

---

169 § 4 Rn 9 a.
170 § 85 Abs 2 ZPO, umstr, s auch Rn 127.
171 KR/Friedrich § 4 KSchG Rn 23 mwN.
172 BAG 21.12.1967 – 2 AZR 105/67 – AP KSchG § 3 Nr 33 mit zust Anm Hueck.
173 Rn 32.
174 BAG 21.12.1967 – 2 AZR 105/67 – II AP KSchG § 3 Nr 33; zu der parallelen Problematik im Befristungskontrollrecht BAG 24.8.2011 – 7 AZR 228/10 – Rn 48 AP WissZeitVG § 2 Nr 1.

30 Probleme treten auf, wenn der Arbeitnehmer **zwei mögliche Arbeitgeber** während der Dreiwochenfrist in einem **Hilfsverhältnis** verklagt.[175] Eine solche eventuelle subjektive Klagehäufung ist zwar unzulässig, sie führt aber nicht notwendig zu einer Versäumung der Klagefrist.[176] Hier zeigt sich besonders augenfällig die Verschränkung der Frage der zulässigen Klageerhebung mit dem Problem der einzuhaltenden Klagefrist, das der Begründetheit der Klage zuzuordnen ist.[177] Auch unzulässige Klagen können die Frist des § 4 Satz 1 KSchG wahren, wenn sie dem Sinn der §§ 4 ff KSchG gerecht werden, dem Arbeitgeber möglichst schnell Klarheit darüber zu verschaffen, ob der Arbeitnehmer die Kündigung hinnimmt oder ihre Unwirksamkeit gerichtlich geltend machen will.[178] Im entschiedenen Sachverhalt hatte der Kläger mit seiner ursprünglich in einem unzulässigen Eventualverhältnis erhobenen Klage von Anfang an unmissverständlich zum Ausdruck gebracht, gegen welche Kündigung er sich wandte. Wenngleich er zunächst daran zweifelte, mit der später ausschließlich Beklagten in einem Arbeitsverhältnis zu stehen, wurde dieser die Klage auf seinen Hilfsantrag hin zugestellt, also ein – wenn auch unzulässiges – Prozessrechtsverhältnis begründet. Sie hatte Gelegenheit, sich zu verteidigen. Obwohl der Kläger den prozessualen Mangel erst nach Ablauf der Dreiwochenfrist behob, indem er von der anfänglich bedingten Klage bei Schluss der mündlichen Verhandlung auf eine unbedingte überging, schloss das BAG aus den genannten Umständen, dem Zweck des § 4 Satz 1 KSchG sei genügt.[179]

31 Die Änderung einer hilfsweisen Kündigungsschutzklage in eine unbedingte ist von einem **gewillkürten Parteiwechsel** zu unterscheiden. Wird die Partei gewechselt, wird die Klage gegen den ersten Beklagten nach § 269 Abs 1 ZPO zurückgenommen und zugleich entsprechend § 263 ZPO auf einen neuen Beklagten „geändert", der Beklagte wird also ausgetauscht. Da gegen den letzten Beklagten ursprünglich keine Kündigungsschutzklage erhoben war, erlangt er erst durch den Parteiwechsel Gewissheit, dass der Arbeitnehmer gegen ihn vorgehen will. Deshalb kommt es hier nicht auf den Prozessbeginn – die Zustellung der Klage an den ersten Beklagten oder unter Berücksichtigung der Vorwirkung des § 167 ZPO auf die Anhängigkeit bei Gericht – an, sondern auf den **Zeitpunkt des Parteiwechsels**. Maßgeblich ist grundsätzlich auch hier die Zustellung der geänderten Klage an den neuen Beklagten. Dem Kläger kommt aber ebenfalls § 167 ZPO zugute. Die Klagefrist ist eingehalten, wenn die geänderte Klage spätestens drei

---

175 Zu den Fragen der Passivlegitimation und damit der Begründetheit der Klage iE Rn 98 ff.
176 BAG 31.3.1993 – 2 AZR 467/92 – B II 2 b mwN AP KSchG 1969 § 4 Nr 27; s auch BAG 13.12.2012 – 6 AZR 348/11 – Rn 39 AP BetrVG 1972 § 102 Nr 166.
177 Detailliert Rn 111.
178 BAG 31.3.1993 – 2 AZR 467/92 – B II 2 b bb und cc AP KSchG 1969 § 4 Nr 27.
179 BAG 31.3.1993 – 2 AZR 467/92 – B II 2 cc (2) AP KSchG 1969 § 4 Nr 27; höchst str, aA zB Bakker Anm zu BAG 31.3.1993 – 2 AZR 467/92 – EzA KSchG § 4 nF Nr 46, der die bedingte Klage als Streitverkündung auslegt, die die Klagefrist wahre; vHH/L/Linck § 4 Rn 31 befürwortet zwar gleichfalls die Möglichkeit, dem eventuellen anderen oder zweiten Arbeitgeber den Streit zu verkünden, fordert jedoch eine unbedingte Klage; vgl ferner die von KR/Friedrich § 4 KSchG Rn 24 angegebenen weiteren Nachweise zum Meinungsstand.

Wochen nach Zugang der Kündigung bei Gericht eingeht und dem neuen Beklagten demnächst zugestellt wird. Bei der bedingten subjektiven Klagehäufung hat der Arbeitnehmer gegen den zweiten Beklagten dagegen schon eine, wenn auch unzulässige Klage erhoben.[180] Ist der Parteiwechsel zulässig, wird die Klage aber erst nach Ablauf der Klagefrist gegen den neuen Beklagten gerichtet, ist die Klage **unbegründet**.

gg) Einwendungen. Es genügt nicht, wenn der Arbeitnehmer die Sozialwidrigkeit der Kündigung oder ihre Unwirksamkeit aus anderen Gründen gegenüber einer Klage des Arbeitgebers auf Feststellung der Beendigung des Arbeitsverhältnisses lediglich einwendet. § 4 Satz 1 KSchG verlangt es dem Arbeitnehmer aus Gründen der Rechtssicherheit ab, selbst **Klage** zu erheben, um ein der **Rechtskraft** fähiges Feststellungsurteil zu erwirken.[181] Während die Widerklage eine solche eigene Klage darstellt, reicht die bloße Rechtsverteidigung nicht aus.[182] 32

3. Inhalt, Antrag und Form der Klage

a) Mindestinhalt der Klage. § **253 Abs 2 ZPO** verlangt, dass die Klageschrift 33

- die **Parteien,**
- das **Gericht,**
- **Gegenstand** und
- **Grund** des Anspruchs sowie
- einen **bestimmten Antrag**

enthält.

aa) Parteibezeichnung. Die Parteien sollten möglichst **genau und vollständig** bezeichnet werden. Bei juristischen Personen und Personenhandelsgesellschaften sollten ihre gesetzlichen Vertreter oder persönlich haftenden Gesellschafter genannt werden. Kann die beklagte Partei auch nach sorgfältiger **Auslegung** des Vorbringens des Klägers[183] nicht ermittelt werden, ist die Klage (zunächst) unzulässig. Darauf muss das Gericht nach § 139 ZPO hinweisen, um dem Kläger Gelegenheit zu geben, seine Angaben zu ergänzen. Das ist nicht möglich, wenn bereits die Person des Klägers nicht erkennbar ist. 34

Können die Parteien dagegen durch Auslegung ermittelt werden, obwohl sie unzutreffend benannt sind, muss das Gericht die **Parteibezeichnung richtigstellen**. Eine ungenaue oder falsche Parteibezeichnung, die interpretiert werden kann, ist unschädlich und kann jederzeit von Amts wegen richtiggestellt werden.[184] Einer solchen „berichtigenden" – in Wirklichkeit 35

---

180 Vgl zu allem BAG 31.3.1993 – 2 AZR 467/92 – B II 2 b dd AP KSchG 1969 § 4 Nr 27.
181 Näher vHH/L/Linck § 4 Rn 28.
182 Zu dem Ausnahmefall eines Antrags auf Abweisung einer Widerklage des Arbeitgebers Rn 28.
183 Zu den Interpretationsnotwendigkeiten ausf BAG 27.11.2003 – 2 AZR 692/02 – B I 1 a und b AP ZPO § 319 Nr 27; BAG 12.2.2004 – 2 AZR 136/03 – B I 1 a, b und c mwN aus der Rspr des BVerfG und des BGH AP KSchG 1969 § 4 Nr 50.
184 St Rspr, vgl nur BAG 24.10.2013 – 2 AZR 1057/12 – Rn 19 ff NZA 2014, 725; BAG 17.7.2007 – 9 AZR 819/06 – Rn 14 AP ZPO § 50 Nr 17.

auslegenden – prozessleitenden Verfügung kommt keine Bindungswirkung nach § 319 ZPO zu. Es handelt sich nicht um eine Berichtigung des Urteils. Auch eine Berichtigung der Klageschrift scheidet aus. Die Klageschrift ist ein von der Partei zu verantwortender Schriftsatz, den das Gericht nicht berichtigen kann. Das Revisionsgericht ist an die Auslegung der Tatsacheninstanzen deshalb nicht gebunden[185] und hat die richtige beklagte Partei selbst durch Interpretation zu ermitteln.[186] Kann durch Auslegung ein Beklagter herausgefunden werden, ist die Klage in diesem Punkt zulässig. Auf der Ebene der **Begründetheit** ist die Klagefrist unabhängig davon gewahrt, ob die Berichtigung **vor oder nach** ihrem Ablauf vorgenommen wurde, sofern die der Auslegung fähige Klage höchstens drei Wochen nach Zugang der Kündigung bei Gericht einging, § 167 ZPO.[187] Zwischen der sog **Berichtigung des Passivrubrums** und dem **gewillkürten Parteiwechsel** verläuft eine **prekäre Grenze**. Entscheidend ist die **Wahrung der rechtlichen Identität**. Bleibt die Partei nicht dieselbe, kann nicht „berichtigt" werden. Vielmehr wird durch Parteiänderung eine andere Partei in den Prozess eingeführt. Eine ungenaue oder erkennbar falsche Parteibezeichnung ist dagegen unschädlich und kann jederzeit von Amts wegen richtiggestellt werden.[188] Ergibt die Auslegung, dass der Arbeitnehmer eine andere Person als den wirklichen Arbeitgeber verklagt, ist die Klage zwar nach § 253 Abs 2 Nr 1 ZPO zulässig, aber (jedenfalls zunächst) nach § 4 Satz 1 KSchG unbegründet.[189] Eine Richtigstellung der Parteibezeichnung ist nicht möglich, weil genannte und gemeinte Partei **identisch** sind. Richtet der Arbeitnehmer die Klage, nachdem er seinen Irrtum erkannt hat, während des Prozessverlaufs gegen den wahren Arbeitgeber, tauscht er die beklagte Partei aus. Ob die Dreiwochenfrist des § 4 Satz 1 KSchG eingehalten ist, beurteilt sich dann nicht nach dem Zeitpunkt, in dem die Klage gegen den ursprünglichen Beklagten eingereicht wurde, sondern danach, wann die auf den neuen Beklagten geänderte Klage einging.[190]

36 Problematisch sind deshalb vor allem Konstellationen, in denen eine **existente Rechtspersönlichkeit** verklagt wird, die nicht Arbeitgeber und damit richtiger Beklagter ist.[191] Hier kann das Passivrubrum nur ausgelegt wer-

---

185 ZB BAG 13.12.2012 – 6 AZR 348/11 – Rn 40 AP BetrVG 1972 § 102 Nr 166.
186 BAG 12.2.2004 – 2 AZR 136/03 – B I 1 a bb (1) und (2) AP KSchG 1969 § 4 Nr 50.
187 Jeweils noch zu § 270 Abs 3 ZPO: BAG 18.10.1979 – 2 AZR 110/79; BAG 15.3.2001 – 2 AZR 141/00 – B III 1 c AP KSchG 1969 § 4 Nr 46; BAG 17.1.2002 – 2 AZR 57/01 – B I 2 und 3 EzA KSchG § 4 nF Nr 62; BAG 21.2.2002 – 2 AZR 55/01 – II 1 a bis c EzA KSchG § 4 nF Nr 63; BAG 18.4.2002 – 8 AZR 346/01 – II 2 AP BGB § 613 a Nr 232; KR/Friedrich § 4 KSchG Rn 155.
188 BAG 21.9.2006 – 2 AZR 573/05 – Rn 24 AP KSchG 1969 § 4 Nr 58.
189 Zu den Einzelfragen der Passivlegitimation Rn 98 ff.
190 Vgl BAG 31.3.1993 – 2 AZR 467/92 – B II 2 b dd AP KSchG 1969 § 4 Nr 27; iE Rn 31.
191 BAG 15.3.2001 – 2 AZR 141/00 – B III 1 AP KSchG 1969 § 4 Nr 46: Die Parteistellung im Prozess bestimmt sich nicht allein nach der formellen Bezeichnung der Partei in der Klageschrift; die mögliche Ermittlung der in Wirklichkeit gemeinten beklagten Partei zB aus einem der Klageschrift beigefügten Kündigungsschreiben führt zur Richtigstellung des Rubrums, auch wenn der Kläger im Rubrum irrtümlich nicht seinen Arbeitgeber, sondern dessen Bevollmächtigten als Beklagten benannt hat; BAG 17.1.2002 – 2 AZR 57/01 – B I 2 und 3 EzA KSchG § 4 nF

den, wenn der Arbeitnehmer – für einen objektiven Dritten erkennbar – den wirklichen Arbeitgeber verklagen möchte. Entscheidend ist, ob bei objektiver Würdigung des Erklärungsinhalts die rechtliche Identität gewahrt bleibt.[192] Die Klage ist zB gegen die richtige Beklagte gerichtet, wenn der Arbeitnehmer die Klage vermeintlich gegen die natürliche Person des Geschäftsführers einer GmbH richtet, in Wahrheit aber seine Arbeitgeberin – die GmbH – meint, was sich aus dem der Klage beigefügten Kündigungsschreiben ergibt.[193] Bestehen keine solchen Anhaltspunkte, kommt eine „Berichtigung" nicht in Betracht, weil der Arbeitgeber und sein gesetzlicher Vertreter nicht identisch sind.[194] Größere Interpretationsschwierigkeiten treten auf, wenn sich der Arbeitnehmer mit seiner Klage gegen eine von zwei Schwestergesellschaften wendet, die nicht seine Arbeitgeberin ist. Fügt er in einer derartigen Gestaltung das **Kündigungsschreiben der wirklichen Arbeitgeberin bei** oder **nennt er deren Adresse**, wird auch hier „berichtigt" werden müssen. Der Kläger meint ersichtlich die richtige Arbeitgeberin, wenn die Klagebegründung keine abweichenden Anhaltspunkte enthält. Bei der Auslegung ist der **gesamte Inhalt der Klageschrift einschließlich der Anlagen** zu berücksichtigen. Wird daraus unzweifelhaft deutlich, welche Partei wirklich gemeint ist, steht der Auslegung noch nicht einmal entgegen, dass der Kläger irrtümlich die Bezeichnung einer tatsächlich existierenden, am materiellen Rechtsverhältnis nicht beteiligten Person wählt.[195] Geboten ist eine **großzügige, rechtsschutzgewährende Auslegung**.[196] Die Vorschriften des Verfahrensrechts sind kein Selbstzweck. Art 19 Abs 4 GG verbietet, den Zugang zu den Gerichten in einer aus Sachgründen nicht zu rechtfertigenden Weise zu erschweren.[197] Bei objektiv unrichtiger oder mehrdeutiger Bezeichnung ist die Person als beklagte Partei anzusehen, die durch die fehlerhafte Bezeichnung erkennbar betroffen sein soll. Die Klageerhebung gegen die in Wirklichkeit gemeinte Partei darf nicht an ihrer fehlerhaften Bezeichnung scheitern, wenn nach den jeweiligen Umständen keine vernünftigen Zweifel an dem wirklich Gewollten bestehen.[198] Entschei-

---

Nr 62; BAG 21.2.2002 – 2 AZR 55/01 – II 1 a bis c EzA KSchG § 4 nF Nr 63: Auseinanderfallen der Beklagtenbezeichnung und der im beigefügten Kündigungsschreiben genannten Person der Beklagten mit weiteren Anhaltspunkten für die richtige Beklagte in der Klageschrift, im konkreten Fall bejahte „Berichtigung"; BAG 18.4.2002 – 8 AZR 346/01 – II 2 AP BGB § 613 a Nr 232.
192 BAG 27.11.2003 – 2 AZR 692/02 – B I 1 a cc (1) AP ZPO § 319 Nr 27.
193 Von KR/Friedrich § 4 KSchG Rn 154 gebildetes Bsp; vgl auch LAG Hamm 21.8.1980 – 8 Ta 93/80 – EzA KSchG § 4 nF Nr 18 Kurzwiedergabe, wo der Geschäftsführer einer GmbH als „Unternehmer" unter der Anschrift der GmbH verklagt wurde.
194 Vgl für den umgekehrten Fall einer möglichen Auslegung BAG 9.3.1961 – 2 AZR 502/59 – II AP KSchG § 3 Nr 31; KR/Friedrich § 4 KSchG Rn 153 erörtert die gegen die Komplementär-GmbH einer GmbH & Co KG angebrachte Klage gegen die Kündigung der KG.
195 BGH 23.9.2008 – X ZR 135/04 – Rn 9 NJW-RR 2009, 539.
196 BAG 13.12.2012 – 6 AZR 348/11 – Rn 41 mwN AP BetrVG 1972 § 102 Nr 166.
197 BVerfG 9.8.1991 – 1 BvR 630/91 – II 1 NJW 1991, 3140; BAG 13.12.2012 – 6 AZR 348/11 – Rn 41 mwN AP BetrVG 1972 § 102 Nr 166.
198 St Rspr, zB BAG 13.12.2012 – 6 AZR 348/11 – Rn 41 mwN AP BetrVG 1972 § 102 Nr 166; BAG 13.12.2012 – 6 AZR 5/12 – Rn 34 EzA KSchG § 17 Nr 29; BAG 18.10.2012 – 6 AZR 41/11 – Rn 18 NZA 2013, 1007; BGH 24.1.2013 – VII ZR 128/12 – Rn 13 NJW-RR 2013, 394.

dend ist, welchen Sinn die Erklärung aus Sicht des Gerichts und des Prozessgegners hat. Ergibt sich aus dem Gesamtzusammenhang der Prozesserklärung des Arbeitnehmers, wer als beklagte Partei gemeint ist, schadet es nicht, wenn der Arbeitnehmer im Prozess zunächst vorrangig die Auffassung vertritt, die nominell bezeichnete Partei sei die richtige Beklagte, und sich **nur hilfsweise auf eine Rubrumsklarstellung** beruft.[199] Der Entscheidung vom 27.11.2003[200] lag zB ein Sachverhalt zugrunde, in dem der Kläger nicht seine Arbeitgeberin – eine OHG – als Beklagte bezeichnet hatte, sondern eine ihrer **persönlich haftenden Gesellschafterinnen**, eine GmbH. Der Geschäftsführer der GmbH war zugleich Organ der OHG. Der Klage waren das Kündigungsschreiben der OHG und die Stellungnahme ihres Betriebsrats beigefügt. Die Klage wurde der GmbH zugestellt, nachdem sie innerhalb der Dreiwochenfrist bei Gericht eingegangen war. Hier legte das BAG die Klage insbesondere anhand des beigefügten **Kündigungsschreibens** dahin aus, dass sie gegen die OHG gerichtet sei.[201] Da der Geschäftsführer der persönlich haftenden Gesellschafterin – der GmbH – zugleich Organ der OHG sei, sei es im Rahmen des durch § 167 ZPO ersetzten § 270 Abs 3 ZPO auch unschädlich, dass die Klage der GmbH zugestellt worden sei.[202] In eine ähnliche Richtung weist das Urteil des Zweiten Senats vom 12.2.2004.[203] Dort hatte die Klägerin die Klage nominell gegen eine GmbH gerichtet, die als **Schwestergesellschaft ihrer Arbeitgeberin** – einer KG – existierte. Der Geschäftsführer der GmbH war zugleich persönlich haftender und geschäftsführender Gesellschafter der KG. Der Klage beigefügt waren eine Vollmacht in Sachen der Klägerin gegen die KG sowie Fotokopien der die KG ausweisenden Kündigung und eines Teils des Arbeitsvertrags mit der KG. Auch hier ermittelte das BAG aufgrund der Dokumente, die der Klageschrift beilagen, von vornherein die KG als in Wahrheit gemeinte Beklagte und überwand das Zustellungsproblem mithilfe der Personenidentität der gesetzlichen Vertreter.[204] Umgekehrt kann aufgrund des erklärten entgegenstehenden Parteiwillens nicht „berichtigt" werden, wenn der Arbeitnehmer mit der Kündigungsschutzklage mitteilt, eine – existente – GmbH habe die Kündigung erklärt, er aber dennoch eine – gleichfalls bestehende – AG verklagt.[205]

37 Obwohl die **Stationierungsstreitkräfte** Arbeitgeber iSv Art 56 Abs 8 Satz 1 des NATO-Zusatzabkommens (ZA-NTS) sind,[206] können Klagen nicht gegen sie, sondern ausschließlich gegen ihre gesetzliche Prozessstandschafte-

---

199 BAG 28.8.2008 – 2 AZR 279/07 – Rn 16 AP KSchG 1969 § 4 Nr 67; vgl auch BAG 1.3.2007 – 2 AZR 525/05 – Rn 12 f AP KSchG 1969 § 4 Nr 60; BAG 21.9.2006 – 2 AZR 573/05 – Rn 24 f AP KSchG 1969 § 4 Nr 58.
200 BAG 27.11.2003 – 2 AZR 692/02 – AP ZPO § 319 Nr 27.
201 BAG 27.11.2003 – 2 AZR 692/02 – B I 1 a cc (1) und (2) AP ZPO § 319 Nr 27.
202 BAG 27.11.2003 – 2 AZR 692/02 – B I 1 b AP ZPO § 319 Nr 27.
203 BAG 12.2.2004 – 2 AZR 136/03 – AP KSchG 1969 § 4 Nr 50.
204 BAG 12.2.2004 – 2 AZR 136/03 – B I 1 und 2 AP KSchG 1969 § 4 Nr 50; Entsprechendes gilt für eine Kündigungsschutzklage, die nominell gegen die einzelnen Partner einer Partnerschaftsgesellschaft gerichtet ist, der aber das Kündigungsschreiben der Gesellschaft beiliegt: BAG 1.3.2007 – 2 AZR 525/05 – Rn 13 ff AP KSchG 1969 § 4 Nr 60.
205 LAG Köln 19.5.1995 – 4 Ta 86/95 – LAGE KSchG § 4 Nr 27.
206 BAG 20.12.1957 – 1 AZR 87/57 – AP Truppenvertrag Art 44 Nr 11.

rin, die Bundesrepublik Deutschland, gerichtet werden.[207] An der Prozessstandschaft hat die Wiedervereinigung nichts geändert.[208] Da den Stationierungsstreitkräften selbst die Prozessführungsbefugnis fehlt, ist die Klage gegen sie **unzulässig**. Wird sie aus diesem Grund auf den Prozessstandschafter umgestellt, stellt sich die Frage, ob die Beklagtenbezeichnung interpretiert werden kann, mit der Konsequenz, dass die Klagefrist gewahrt bleibt. **Die hM verneint die Möglichkeit der sog Berichtigung bisher und ging von der Versäumung der Klagefrist aus.**[209] Das BAG erkennt die Möglichkeit der Klarstellung inzwischen an.[210]

Hier besteht ein Berührungspunkt zu der Kündigung des **Insolvenzverwalters**,[211] wenn der Arbeitnehmer trotz eröffneter Insolvenz den Schuldner anstelle des Verwalters verklagt. Allerdings übernimmt der Insolvenzverwalter – anders als die Bundesrepublik Deutschland im Fall der Stationierungsstreitkräfte – nicht nur die Prozessführungsbefugnis, sondern tritt in die Arbeitgeberstellung des Schuldners ein.[212] Er hat die das Arbeitsverhältnis betreffenden Rechtshandlungen vorzunehmen[213] und ist Partei

38

---

207 Art 56 Abs 8 Satz 2 des Zusatzabkommens vom 3.8.1959 zu dem Abkommen zwischen den Parteien des Nordatlantikvertrags über die Rechtsstellung ihrer Truppen hinsichtlich der in der Bundesrepublik Deutschland stationierten ausländischen Truppen (NATO-Zusatzabkommen, BGBl II S 1218, 1278) idF des Änderungsabkommens vom 18.3.1993 (BGBl II S 2598); BAG 25.10.2012 – 2 AZR 552/11 – Rn 17 NZA-RR 2013, 632; BAG 29.1.1986 – 4 AZR 479/84 – AP TVAL II § 48 Nr 2; zu der Rechtslage in den neuen Ländern und Berlin KR/Weigand Art 56 NATO-ZusAbk Rn 2 bis 4 und bis 2.10.1990 für die in Berlin stationierten Truppen Nr 8 a der Anordnung der Alliierten Kommandantur Berlin vom 30.12.1980 (BK/O (80) 13), GVBl 1981 S 230. Die Bundesrepublik hat die Prozessvertretung den einzelnen Ländern übertragen, die sich ihrerseits regelmäßig durch den Präsidenten der Oberfinanzdirektion oder den Regierungspräsidenten oder ihnen nachgeordnete Dienststellen vertreten lassen; vgl KR/Friedrich § 4 KSchG Rn 157 a.
208 BAG 15.5.1991 – 5 AZR 115/90 – I AP BGB § 611 Persönlichkeitsrecht Nr 23 I unter Hinweis auf BGBl II S 1250; KR/Friedrich § 4 KSchG Rn 157 a.
209 BAG 13.7.1989 – 2 AZR 509/88 – II 1, das verschiedene Prozessverhältnisse annimmt; LAG Rheinland-Pfalz 25.2.2005 – 8 Ta 6/05 – II; LAG Rheinland-Pfalz 27.4.1990 – 9 Ta 65/90 – LAGE KSchG § 4 Nr 17; ArbG Berlin 10.3.1988 – 19 Ca 128/87 – DB 1988, 1608; KR/Friedrich § 4 KSchG Rn 157 a; aA LAG Rheinland-Pfalz 27.3.2009 – 9 Sa 737/08 – II 3, Revision unter – 2 AZR 352/09 – durch Vergleich erledigt; LAG Köln 29.8.1986 – 6 Ta 200/86; inzwischen auch KR/Weigand Art 56 NATO-ZusAbk Rn 48.
210 BAG 20.2.2014 – 2 AZR 248/13 – Rn 10 ff EzA-SD 2014 Nr 17, 14.
211 Vgl zu Fragen der Insolvenz auch § 1 KSchG Rn 110 ff.
212 BAG 20.2.2014 – 2 AZR 248/13 – Rn 22 EzA-SD 2014 Nr 17, 14; BAG 21.9.2006 – 2 AZR 573/05 – Rn 20 AP KSchG 1969 § 4 Nr 58.
213 BAG 17.9.1974 – 1 AZR 16/74 – 1 AP BetrVG 1972 § 113 Nr 1.

kraft Amtes,[214] ohne Rechtsnachfolger des Schuldners zu sein.[215] Richtet der Arbeitnehmer die Kündigungsschutzklage gegen den Schuldner, fügt ihr aber das Kündigungsschreiben des Verwalters bei, sprechen auch hier gute Gründe dafür, dass er tatsächlich und erkennbar **den Verwalter meint**, wenn keine Anhaltspunkte für eine abweichende Auslegung sprechen.[216] Ein solches Auslegungsmittel steht jedoch nicht zur Verfügung, wenn die Kündigung noch vor Eröffnung der Insolvenz durch den Schuldner erklärt wurde. Eine sog Rubrumsberichtigung scheidet auch aus, wenn die Klageschrift keinen Hinweis auf ein eröffnetes Insolvenzverfahren und die Bestellung eines Insolvenzverwalters enthält, der Schuldner vielmehr eindeutig als Beklagter bezeichnet wird.[217] Eine Kündigungsschutzklage ist dagegen auch nach Eröffnung des Insolvenzverfahrens gegen den Schuldner zu richten, wenn er eine selbständige Tätigkeit ausübt und der Insolvenzverwalter das Vermögen aus dieser Tätigkeit nach § 35 Abs 2 InsO aus der Insolvenzmasse freigegeben hat. Mit Zugang der Freigabeerklärung beim Schuldner fällt die Verwaltungs- und Verfügungsbefugnis an den Schuldner zurück.[218] Von der der Klage beigefügten Kündigung des Insolvenzverwalters unterscheidet sich die Klage, die sich **statt gegen die Bundesrepublik Deutschland gegen die Stationierungsstreitkräfte** wendet, dadurch, dass sich in der Klagebegründung keinerlei Hinweis auf die Bundesrepublik finden wird, weil sie nicht gekündigt hat. Wird deshalb eine Auslegung der Klage wegen der eindeutigen Bezeichnung des Beklagten mit der Entscheidung des BAG vom 13.7.1989[219] von vornherein abgelehnt, trifft den Arbeitnehmer seine Rechtsunkenntnis härter als in der Konstellation der in der Insolvenz gegen den Schuldner gerichteten Klage, zumal einer nachträglichen Zulassung der Klage nach § 5 KSchG auch leichteste Fahrlässigkeit schadet. Dieser **Wertungswiderspruch** wird durch die jüngere Rspr des BAG vermieden.[220] Da der Arbeitnehmer zulässig nur die Prozessstandschafterin verklagen kann, ist davon auszugehen, dass er sie trotz

---

214 BAG 21.9.2006 – 2 AZR 573/05 – Rn 20 AP KSchG 1969 § 4 Nr 58 (im Einzelfall nicht auslegungsfähig, Parteiwechsel); jeweils noch zu § 113 Abs 2 InsO aF: BAG 17.1.2002 – 2 AZR 57/01 – B I 2 und 3 EzA KSchG § 4 nF Nr 62: Statt des Insolvenzverwalters vermeintlich beklagte Schuldnerin, grundsätzlich auch in einer solchen Konstellation bejahte Möglichkeit der sog Rubrumsberichtigung bei entsprechenden Anhaltspunkten, im Einzelfall aber Annahme eines Parteiwechsels; BAG 18.4.2002 – 8 AZR 346/01 – II 2 AP BGB § 613 a Nr 232: Anschluss des Achten Senats an die Rspr des Zweiten Senats hinsichtlich der Möglichkeit der „Rubrumsberichtigung" bei nomineller Klage gegen den Schuldner in der Insolvenz, aber der Klage beigefügtem Kündigungsschreiben des Insolvenzverwalters, im Einzelfall bejahte sog Rubrumsberichtigung.
215 Zu der früheren Rechtslage § 6 Abs 1 und 2 KO; KR/Weigand **5. Aufl** KO Rn 1.
216 BAG 18.10.2012 – 6 AZR 41/11 – Rn 19 NZA 2013, 1007; BAG 21.9.2006 – 2 AZR 573/05 – Rn 25 AP KSchG 1969 § 4 Nr 58; BAG 17.1.2002 – 2 AZR 57/01 – B I 2 und 3 EzA KSchG § 4 nF Nr 62; BAG 18.4.2002 – 8 AZR 346/01 – II 2 AP BGB § 613 a Nr 232; vgl in anderem Zusammenhang Rn 36.
217 BAG 21.9.2006 – 2 AZR 573/05 – Rn 23 ff, vor allem 26 AP KSchG 1969 § 4 Nr 58.
218 BAG 21.11.2013 – 6 AZR 979/11 – Rn 13 ff NZA 2014, 276 mit Bespr Lindemann ZInsO 2014, 695.
219 BAG 13.7.1989 – 2 AZR 509/88 – II 1 c aa.
220 BAG 20.2.2014 – 2 AZR 248/13 – Rn 10 ff EzA-SD 2014 Nr 17, 14.

der fehlerhaften Bezeichnung der Streitkräfte meint.[221] Der älteren Rechtsprechung des **BAG**[222] ist zwar zuzugeben, dass die gegenüber einem nicht Prozessführungsbefugten vorgenommen Prozesshandlungen im Regelfall nicht gegenüber dem Prozessführungsbefugten wirken. Richtig ist auch, dass Prozessstandschaft die Befugnis bedeutet, ein fremdes Recht in eigenem Namen einzuklagen, und die ZPO es nicht vorsieht, dass der Prozessstandschafter, ohne selbst verklagt zu sein, mit Klageerhebung automatisch in die Position des materiell Berechtigten einrückt.[223] Da Arbeitgeberstellung und Prozessführungsbefugnis hier aber nur wegen der Besonderheiten des NATO-Zusatzabkommens und der früheren Alliiertenstellung der Stationierungsstreitkräfte auseinanderfallen, trifft die formal wertende Argumentation der **älteren Entscheidung des BAG** nicht zu, die Beklagtenbezeichnung sei eindeutig und lasse keinen Raum für eine Interpretation. Die Bundesrepublik – vertreten durch das Amt für Verteidigungslasten – muss aus demselben Grund auch nicht davor geschützt werden, mit ihr zunächst unbekannten Klagen überzogen zu werden. Das BAG hat die ältere Entscheidung in seiner jüngeren Rspr allerdings nicht aufgegeben. Es nimmt an, aus der dortigen Klageschrift und ihren Anlagen sei kein Umstand hervorgegangen, der darauf habe schließen lassen, dass der Kläger zivile Arbeitskraft iSv Art 56 Abs 1 a, Abs 8 ZA-NTS gewesen sei.[224]

bb) Klagegegenstand und -grund. An die nach § 253 Abs 2 Nr 2 ZPO nötige Angabe des Klagegegenstands und -grundes dürfen keine zu strengen Anforderungen gestellt werden. Um die Klagefrist zu wahren, genügt es, wenn aus der Klageschrift

- der **Arbeitgeber,**
- (regelmäßig) das **Datum der Kündigung** und
- der **Wille** hervorgehen, **die Unwirksamkeit der Kündigung gerichtlich feststellen zu lassen.**[225]

Dabei wird das der Begründetheit der Klage zugehörige Problem der Einhaltung der Klagefrist des § 4 Satz 1 KSchG mit dem ihrer ordnungsgemäßen Erhebung nach § 253 Abs 2 Nr 2 ZPO vermischt. Das ist insofern zutreffend, als eine ursprünglich unzulässige Klage die Dreiwochenfrist nur wahren kann, wenn sie dem Gesetzeszweck des § 4 Satz 1 KSchG gerecht wird, dem Arbeitgeber möglichst schnell Gewissheit darüber zu verschaffen, ob der Arbeitnehmer eine (hinlänglich erkennbare) Kündigung hinnimmt oder ihre Unwirksamkeit gerichtlich geltend machen will.[226] Erfüllt das prozessuale Vorgehen des Arbeitnehmers diesen Zweck, soll er nicht aus formalen Gründen den Kündigungsschutz verlieren. Das wird durch

39

---

221 Wie hier LAG Rheinland-Pfalz 27.3.2009 – 9 Sa 737/08 – II 3, Revision unter – 2 AZR 352/09 – durch Vergleich erledigt.
222 BAG 13.7.1989 – 2 AZR 509/88 – II 1 b.
223 BAG 13.7.1989 – 2 AZR 509/88 – II 1 b und c bb.
224 BAG 20.2.2014 – 2 AZR 248/13 – Rn 24 EzA-SD 2014 Nr 17, 14.
225 St Rspr, zB BAG 18.7.2013 – 6 AZR 420/12 – Rn 19 NZA 2014, 109; BAG 23.4.2008 – 2 AZR 699/06 – Rn 24 AP KSchG 1969 § 4 Nr 65.
226 BAG 15.5.2012 – 7 AZR 6/11 – Rn 23 AP TzBfG § 17 Nr 12; BAG 28.8.2008 – 2 AZR 63/07 – Rn 35 AP KSchG 1969 § 9 Nr 62; BAG 23.4.2008 – 2 AZR 699/06 – Rn 24 AP KSchG 1969 § 4 Nr 65; BAG 13.12.2007 – 2 AZR 818/06 – Rn 19 f AP KSchG 1969 § 4 Nr 64.

die weit auszulegende Vorschrift des § 6 KSchG unterstrichen. Demnach sind an Inhalt und Form der Kündigungsschutzklage keine hohen Anforderungen zu stellen.[227]

40 Der **Klagegegenstand** ist ausreichend bezeichnet, wenn der Arbeitnehmer die Kündigung nennt, gegen die er sich wenden will. Er braucht nicht auszuführen, ob es sich um eine außerordentliche oder ordentliche Kündigung handelt. Hat der Arbeitgeber lediglich eine Kündigung ausgesprochen und will der Arbeitnehmer ersichtlich diese Kündigung angreifen, ist es sogar unschädlich, wenn der Arbeitnehmer das Datum der Kündigung nicht mitteilt oder ein unrichtiges Datum nennt. Strengere Anforderungen sind nur zu stellen, wenn der Arbeitgeber **mehrere Kündigungen** erklärt hat und unklar ist, gegen welche Kündigung sich die Klage richtet.[228] Dafür kommt es auf den Einzelfall an. Es kann sich um mehrere Kündigungen oder eine einzige, doppelt verlautbarte Kündigung handeln.[229] Der Zweite Senat hat es für eine fristgemäße Kündigungsschutzklage bspw genügen lassen, dass dem Arbeitnehmer am selben Tag eine Verdachts- und eine Tatkündigung zugegangen waren, er in der (ersten) Klagebegründung aber nicht ausdrücklich zwischen den beiden Kündigungen unterschied.[230] Der Arbeitgeber konnte dort aufgrund der Umstände erkennen, dass der Arbeitnehmer **beide Kündigungen** angreifen wollte. Wird zB durch einen Weiterbeschäftigungsantrag deutlich, dass der Arbeitnehmer die Beendigung des Arbeitsverhältnisses abwenden will, kann es unschädlich sein, wenn er sich ausdrücklich nur gegen eine außerordentliche Kündigung wendet, obwohl im selben Schreiben auch eine hilfsweise ordentliche Kündigung erklärt wurde.[231] Entscheidend sind die Sicht eines objektiven Erklärungsempfängers und das tatsächliche Vorbringen des Klägers, nicht seine Rechtsauffassung. Im Zweifel ist das gewollt, was nach den Maßstäben der Rechtsordnung vernünftig ist und der richtig verstandenen Interessenlage entspricht. Die Prozesshandlung ist aus der Sicht eines objektiven Erklärungsempfängers auszulegen. Entscheidend ist, welchen Inhalt die Erklärung nach ihrem Wortlaut, Zusammenhang, einer ggf beigefügten Erläuterung aus der Perspektive des Prozessgegners und des Gerichts hat. Im Zweifel ist der Inhalt gewollt, der nach den Maßstäben der Rechtsordnung „vernünftig" ist und der richtig verstandenen Interessenlage des Erklärenden entspricht.[232]

---

227 BAG 18.7.2013 – 6 AZR 420/12 – Rn 19 NZA 2014, 109; BAG 23.6.2009 – 2 AZR 474/07 – Rn 28 mwN AP BGB § 626 Verdacht strafbarer Handlung Nr 47; BAG 13.12.2007 – 2 AZR 818/06 – Rn 17 ff AP KSchG 1969 § 4 Nr 64; BAG 12.5.2005 – 2 AZR 426/04 – B I 2, 5 und II 1 b AP KSchG 1969 § 4 Nr 53; zum Antragserfordernis Rn 43.
228 BAG 21.5.1981 – 2 AZR 133/79 – B I 2 AP KSchG 1969 § 4 Nr 7; vgl zu den Auslegungsnotwendigkeiten auch BAG 12.5.2005 – 2 AZR 426/04 – B I 2, 5 und II 1 b AP KSchG 1969 § 4 Nr 53.
229 BAG 22.3.2012 – 2 AZR 224/11 – Rn 38 AP KSchG 1969 § 5 Nr 19; 9.6.2011 – 2 AZR 284/10 – Rn 17 AP KSchG 1969 § 1 Verhaltensbedingte Kündigung Nr 64; 6.9.2007 – 2 AZR 264/06 – Rn 38 AP BGB § 626 Nr 208.
230 BAG 23.6.2009 – 2 AZR 474/07 – Rn 29 ff AP BGB § 626 Verdacht strafbarer Handlung Nr 47.
231 BAG 11.7.2013 – 2 AZR 597/12 – Rn 18 f NZA 2014, 331.
232 Vgl nur BAG 11.7.2013 – 2 AZR 597/12 – Rn 16 NZA 2014, 331.

Schutzwürdige Belange des Erklärungsempfängers dürfen jedoch nicht vernachlässigt werden.[233]

41 Kündigt der Arbeitgeber am selben Tag sowohl mündlich als auch schriftlich, hat das Gericht dieses Verhalten auszulegen. Es liegt nur eine Willenserklärung vor, wenn die beiden Handlungen nach dem objektivierten Empfängerhorizont auf demselben Kündigungsentschluss beruhen. Regelmäßig stellen sie natürlich betrachtet einen **einheitlichen Lebensvorgang** dar, zumal eine mündliche Kündigung nach § 623 BGB formnichtig ist. Das spätere Schreiben fixiert das bereits früher mündlich – und formnichtig – ausgeübte Gestaltungsrecht. Um Gegenstand und Grund der Klage zu bestimmen, genügt es dann, wenn sich der Arbeitnehmer gerichtlich ausschließlich gegen eine Kündigung des entsprechenden Datums – die mündliche oder die schriftliche Handlung – wehrt.[234] Liegen den beiden Erklärungen dagegen unterschiedliche Vorkommnisse zugrunde, muss der Arbeitnehmer deutlich machen, ob beide Kündigungen Gegenstand seiner Klage(-häufung) sein sollen.[235] Die Nichtigkeit der mündlichen Kündigung kann er mit einem allgemeinen Feststellungsantrag nach § 256 Abs 1 ZPO auch noch nach Verstreichen der dreiwöchigen Klagefrist geltend machen.

42 Von der ausreichenden Individualisierung des der Klage zugrunde liegenden Lebenssachverhalts nach **§ 253 Abs 2 Nr 2 ZPO** zu trennen ist die **Schlüssigkeit der Klage.** Der Grund der Klage und zugleich ihr Gegenstand sind nicht hinreichend bezeichnet, wenn nicht zu erkennen ist, welche Kündigung der Kläger angreifen möchte. Die Klage ist **unzulässig.** Zulässig ist sie demgegenüber auch, wenn der Arbeitnehmer die Sozialwidrigkeit der Kündigung oder ihre Unwirksamkeit aus anderen Gründen nicht ausdrücklich behauptet oder näher erläutert oder nicht vorbringt, der außerordentlichen Kündigung fehle ein wichtiger Grund. **Um den Klagegrund zu bestimmen, genügt es, wenn er die Kündigung ersichtlich nicht gegen sich gelten lassen will.**[236] Da die punktuelle Klage und die Dreiwochenfrist seit dem Inkrafttreten des Arbeitsmarktreformgesetzes am 1.1.2004 bei einer schriftlichen Kündigung auch zu beachten sind, wenn (noch) kein allgemeiner Kündigungsschutz besteht[237] und ausschließlich sonstige Unwirksamkeitsgründe iSv § 13 Abs 2 und 3 KSchG geltend gemacht werden, treten im Rahmen der **Schlüssigkeit und damit Begründetheit** der Klage zwei verschiedene Konstellationen auf:

- Die Klage ist unschlüssig, wenn der Arbeitnehmer die Voraussetzungen des **allgemeinen Kündigungsschutzes** nicht darlegt, sofern er sich auf ihn beruft.[238] Obwohl der punktuelle Streitgegenstand und die Klage-

---

233 BAG 23.6.2009 – 2 AZR 474/07 – Rn 27 AP BGB § 626 Verdacht strafbarer Handlung Nr 47.
234 Zu allem BAG 14.9.1994 – 2 AZR 182/94 – II 2 und 3 b AP KSchG 1969 § 4 Nr 32, allerdings vor Inkrafttreten des § 623 BGB am 1.5.2000.
235 Zum gesetzlichen Schriftformerfordernis der Kündigung Rn 1.
236 Zu dem mit der Individualisierung des Klagegrundes verschränkten Problem der Auslegung des Klagevorbringens BAG 12.5.2005 – 2 AZR 426/04 – B I 2, 5 und II 1 b AP KSchG 1969 § 4 Nr 53, allerdings nicht unter dem Gesichtspunkt des § 253 Abs 2 Nr 2 ZPO.
237 Rn 4 mwN.
238 St Rspr, zB BAG 18.7.2013 – 6 AZR 420/12 – Rn 20 NZA 2014, 109.

frist mittlerweile auch gelten, wenn der Arbeitnehmer keinen allgemeinen Kündigungsschutz genießt, kann die Kündigung nach § 1 Abs 2 und 3 KSchG nur sozialwidrig sein, wenn die Wartezeit des § 1 Abs 1 KSchG vollendet und die Mindestbeschäftigtenzahl des § 23 Abs 1 Satz 2 und 3 KSchG erreicht ist. Nach der Rechtsprechung des Zweiten Senats trägt grundsätzlich der Arbeitnehmer die – wenn auch gestufte – Darlegungslast und letztendliche Beweislast für die betrieblichen Voraussetzungen des Kündigungsschutzgesetzes.[239] Schwierigkeiten, die sich aus fehlender eigener Kenntnis ergeben können, ist mithilfe der Grundsätze der gestuften Darlegungslast Rechnung zu tragen.[240] Will sich der Arbeitnehmer auf den abgesenkten Schwellenwert des § 23 Abs 1 Satz 2 KSchG berufen, genügt er seiner Darlegungslast regelmäßig zunächst dadurch, dass er schlüssige Anhaltspunkte für die Beschäftigung der erforderlichen Anzahl von „Alt-Arbeitnehmern" aufzeigt. Auf entsprechenden Vortrag muss sich der Arbeitgeber nach § 138 Abs 2 ZPO im Einzelnen erklären und ggf darlegen, welche rechtserheblichen Tatsachen der Behauptung des Arbeitnehmers entgegenstehen sollen. Kommt er dem nach, ist es wieder Sache des Arbeitnehmers darzulegen, dass der abgesenkte Wert maßgeblich ist. Diesen Vortrag hat der Arbeitnehmer zu beweisen, wenn der Arbeitgeber ihn bestreitet.[241]

- Rügt der Arbeitnehmer dagegen ausschließlich einen **sonstigen Unwirksamkeitsgrund** iSv § 13 Abs 2 oder 3 KSchG, müssen lediglich die tatsächlichen Voraussetzungen dieses Mangels dargelegt und durch den beklagten Arbeitgeber – gestuft nach dem Tatsachengehalt des klägerischen Vorbringens – widerlegt werden (§ 138 ZPO). Die Beweislast dafür, dass die tatsächlichen Umstände nicht zur Unwirksamkeit der Kündigung führen, trifft den Arbeitgeber.

43 cc) **Klageantrag.** Das Gesetz gibt den zutreffenden Klageantrag vor.
- Für die **Beendigungs**kündigung und die **Änderungs**kündigung, deren **Angebotsteil abgelehnt** wird, gilt § 4 **Satz 1** KSchG.
- Wird das Änderungsangebot einer Änderungskündigung **unter Vorbehalt angenommen**, findet § 4 **Satz 2** KSchG Anwendung.

Lässt sich das Rechtsschutzziel des Klägers – die Feststellung, dass die Kündigung das Arbeitsverhältnis nicht aufgelöst hat – nach Auslegung erkennen, ist es unschädlich, wenn die Klageschrift keinen abgegrenzt formulierten Klageantrag enthält.[242] Das Erfordernis eines bestimmten Antrags ist zwar eine notwendige Prozessvoraussetzung auch für Feststellungsklagen. Es dient in erster Linie dazu, die Grenzen der Rechtskraft des angestrebten Urteils iSv § 322 Abs 1 ZPO zu bestimmen.[243] Der Kläger muss in seinem Antrag das Rechtsverhältnis, dessen Bestehen oder Nichtbestehen

---

239 Vgl die von BAG 24.2.2005 – 2 AZR 373/03 – B I 2 AP KSchG 1969 § 23 Nr 34 angegebenen Nachweise.
240 BAG 24.1.2013 – 2 AZR 140/12 – Rn 27 NZA 2013, 726; BAG 23.10.2008 – 2 AZR 131/07 – Rn 29 f AP KSchG 1969 § 23 Nr 43; 26.6.2008 – 2 AZR 264/07 – Rn 17, 20, 26 AP KSchG 1969 § 23 Nr 42.
241 BAG 23.5.2013 – 2 AZR 54/12 – Rn 35 mwN NZA 2013, 1197.
242 BAG 13.12.2007 – 2 AZR 818/06 – Rn 19 f und 27 AP KSchG 1969 § 4 Nr 64.
243 Vgl BAG 13.12.2007 – 2 AZR 818/06 – Rn 27 AP KSchG 1969 § 4 Nr 64.

festgestellt werden soll, so genau bezeichnen, dass über dessen Identität und damit den Umfang der Rechtskraft des begehrten Feststellungsanspruchs keinerlei Ungewissheit bestehen kann. Ein Feststellungsantrag, der diesem Erfordernis nicht genügt, ist unzulässig.[244] Als Prozesshandlung ist eine Klageschrift aber ebenso wie eine private Willenserklärung auslegungsfähig. Der Wortlaut tritt hinter dem Sinn und Zweck der Erklärung zurück. Entscheidend ist der geäußerte Parteiwille, wie er aus der Klageschrift und den sonstigen Umständen erkennbar wird. Dabei ist gerade im arbeitsgerichtlichen Verfahren ein großzügiger Maßstab anzulegen.[245] Von einem rechtsunkundigen Kläger, der seinen Prozess selbst führt, kann insbesondere nicht erwartet werden, dass er hinreichende Kenntnisse von den juristischen Fachbegriffen hat und die Bedeutung der entsprechenden Willensbetätigungen erkennt.[246] Die von einem Rechtsanwalt und Fachanwalt für Arbeitsrecht formulierte Klage muss jedoch nach den gleichen Grundsätzen ausgelegt werden wie die Klage einer sog. Natur(al)partei. Dafür spricht schon, dass die Hinweispflicht nach § 139 ZPO auch dann besteht, wenn die Partei anwaltlich vertreten ist.[247] Entscheidend ist, dass der Wille zur Erhebung einer Kündigungsschutzklage aus der Klageschrift hinreichend deutlich hervorgeht. Es genügt, dass aus der Klage ersichtlich ist, gegen wen sie sich richtet, wo der Kläger tätig war und vor allem, dass er seine Kündigung nicht als berechtigt anerkennen will.[248]

(1) Beendigungskündigung. (a) Grundsatz, punktueller Streitgegenstand und allgemeine Feststellungsklage. Im Hinblick auf den Gesetzeswortlaut empfiehlt es sich, den **Antrag** wie folgt zu formulieren: 44

▶ Es wird festgestellt, dass das Arbeitsverhältnis der Parteien durch die Kündigung des/der Beklagten vom ... nicht aufgelöst ist. ◀

Das BAG stellt jedoch zutreffend keine hohen Anforderungen an die Formulierung eines Antrags, der sowohl dem Zulässigkeitserfordernis des § 253 Abs 2 Nr 2 ZPO genügt als auch die Klagefrist des § 4 Satz 1 KSchG wahrt.[249] Insbesondere darf die Klage nicht als unzulässig abgewiesen werden, wenn der Kläger beantragt festzustellen, dass die erklärte Kündigung rechtsunwirksam ist. Er will die erstrebte Feststellung damit nicht iS eines Rechtsgutachtens von dem konkreten Sachverhalt lösen, sondern in Wahrheit die unterbliebene Auflösung des Arbeitsverhältnisses durch die Kündigung festgestellt wissen. Einen solchen durch Auslegung gewonnenen Antrag, der im Unterschied zu einer allgemeinen Bestandsklage iSv § 256 Abs 1 ZPO auf die Feststellung eines bloßen Teils des Rechtsverhältnisses und nicht auf die seines gesamten Bestands gerichtet ist, erlaubt ihm § 4 Satz 1 KSchG.

---

244 BAG 13.12.2007 – 2 AZR 818/06 – Rn 18 AP KSchG 1969 § 4 Nr 64.
245 BAG 18.7.2013 – 6 AZR 420/12 – Rn 19 mwN NZA 2014, 109.
246 BAG 13.12.2007 – 2 AZR 818/06 – Rn 20 mwN AP KSchG 1969 § 4 Nr 64.
247 BAG 13.12.2007 – 2 AZR 818/06 – Rn 31 f mwN AP KSchG 1969 § 4 Nr 64.
248 BAG 13.12.2007 – 2 AZR 818/06 – Rn 20 AP KSchG 1969 § 4 Nr 64.
249 Vgl zB BAG 13.12.2007 – 2 AZR 818/06 – Rn 17 ff AP KSchG 1969 § 4 Nr 64; BAG 12.5.2005 – 2 AZR 426/04 – B I 2, 5 und II 1 b AP KSchG 1969 § 4 Nr 53; zu den Mindestanforderungen auch Rn 2 und 39 ff, zu der möglichen Auslegung des Antrags anhand der Klagebegründung Rn 20 ff.

45 Der Streitgegenstand der Kündigungsschutzklage, der sich wie stets zweigliedrig aus Antrag und Grund zusammensetzt, ist wegen des klaren Wortlauts des Gesetzes **punktuell zu verstehen.** Zu beantworten ist die Frage, ob das Arbeitsverhältnis **durch eine bestimmte Kündigung zu dem von ihr gewollten Zeitpunkt aufgelöst wird.**[250] Mit der Rechtskraft eines Urteils im Kündigungsschutzprozess steht deshalb fest, ob im Zeitpunkt des Zugangs einer Kündigung ein Arbeitsverhältnis zwischen den Parteien bestanden hat oder nicht.[251]

46 Einer Kündigungsschutzklage kann deshalb im Ausgangspunkt nur stattgegeben werden, wenn das Arbeitsverhältnis zum Zeitpunkt des Zugangs der Kündigung nicht bereits aufgrund anderer Beendigungstatbestände aufgelöst ist. Der Bestand des Arbeitsverhältnisses im Zeitpunkt des Zugangs der Kündigung ist Voraussetzung für die Feststellung, dass das Arbeitsverhältnis durch die Kündigung nicht aufgelöst wurde.[252] Allerdings **erweiterte** das BAG den Gegenstand der Rechtskraft des Kündigungsschutzklage stattgebenden Urteils regelmäßig auf die Feststellung, **dass im Zeitpunkt des Zugangs der Kündigung und darüber hinaus im Kündigungstermin (dem in der Kündigung bestimmten Termin) ein Arbeitsverhältnis zwischen den Parteien bestand.**[253] Der Zweite Senat relativiert diese Aussage inzwischen aber in bestimmten (Ausklammerungs-)Fällen. Die Rechtskraft einer Entscheidung nach § 322 Abs 1 ZPO schließe im Verhältnis der Par-

---

250 HM und st Rspr; ausf BAG 12.6.1986 – 2 AZR 426/85 – B II AP KSchG 1969 § 4 Nr 17; fortgeführt zB von BAG 27.1.1994 – 2 AZR 484/93 – B II 2 b AP KSchG 1969 § 4 Nr 28; BAG 13.3.1997 – 2 AZR 512/96 – II 1 AP KSchG 1969 § 4 Nr 38; BAG 25.3.2004 – 2 AZR 399/03 – B II 1 AP BMT-G II § 54 Nr 5; BAG 12.5.2005 – 2 AZR 426/04 – B I 2 AP KSchG 1969 § 4 Nr 53; BAG 10.11.2005 – 2 AZR 623/04 – Rn 30 mwN; BAG 16.2.2006 – 8 AZR 211/05 – Rn 16 AP BGB § 613 a Nr 301; BAG 27.4.2006 – 2 AZR 360/05 – Rn 17 AP KSchG 1969 § 9 Nr 55; BAG 26.6.2008 – 6 AZN 648/07 – Rn 12 AP KSchG 1969 § 4 Nr 66; BAG 23.10.2008 – 2 AZR 131/07 – Rn 17 AP KSchG 1969 § 23 Nr 43; BAG 27.1.2011 – 2 AZR 826/09 – Rn 13 AP KSchG 1969 § 4 Nr 73; aA der sog **weite bestandsrechtliche Streitgegenstandsbegriff,** der den Streitgegenstand der Kündigungsschutzklage im Bestand des Arbeitsverhältnisses zur Zeit der letzten mündlichen (Tatsachen-)Verhandlung sieht (zB Böttcher FS Herschel S 181 ff), den das BAG nur der allgemeinen Feststellungsklage iSv § 256 Abs 1 ZPO zuschreibt, wenn diese nicht zeitlich begrenzt wird, BAG 27.1.1994 – 2 AZR 484/93 – B II 2 b (1) AP KSchG 1969 § 4 Nr 28.
251 BAG 27.1.2011 – 2 AZR 826/09 – Rn 13 AP KSchG 1969 § 4 Nr 73.
252 BAG 27.1.2011 – 2 AZR 826/09 – Rn 13 AP KSchG 1969 § 4 Nr 73; BAG 26.9.2013 – 2 AZR 682/12 – Rn 18 NZA 2014, 443.
253 Lange Zeit st Rspr, vgl nur BAG 12.6.1986 – 2 AZR 426/85 – B II 2 AP KSchG 1969 § 4 Nr 17; BAG 30.8.1993 – 2 AZB 6/93 – III 3 a aa AP GVG § 17 a Nr 6; dem folgend BAG 28.10.1993 – 2 AZR 12/93 – III 2 a aa AP ArbGG 1979 § 2 Nr 19; BAG 27.1.1994 – 2 AZR 484/93 – B II 2 b (1) AP KSchG 1969 § 4 Nr 28; BAG 28.2.1995 – 5 AZB 24/94 – B II 2 a AP GVG § 17 a Nr 17; BAG 5.10.1995 – 2 AZR 909/94 – II 1 AP ZPO § 519 Nr 48; BAG 12.5.2005 – 2 AZR 426/04 – B I 2 AP KSchG 1969 § 4 Nr 53; BAG 24.5.2005 – 8 AZR 398/04 – II 1 a AP BGB § 613 a Nr 284; BAG 10.11.2005 – 2 AZR 623/04 – Rn 30 AP BGB § 626 Nr 196; BAG 27.4.2006 – 2 AZR 360/05 – Rn 17 AP KSchG 1969 § 9 Nr 55; BAG 23.10.2008 – 2 AZR 131/07 – Rn 17 AP KSchG 1969 § 23 Nr 43; **enger der Fünfte Senat:** BAG 28.11.2007 – 5 AZR 952/06 – Rn 12 NZA-RR 2008, 344 (Bestand des Arbeitsverhältnisses zum **Zeitpunkt des Zugangs der Kündigung**); für die fristlose außerordentliche Kündigung, bei der Zugang und Wirksamwerden der Kündigung zusammenfallen, BAG 26.6.2008 – 6 AZN 648/07 – Rn 12

teien zueinander zwar grundsätzlich eine von ihr abweichende gerichtliche Feststellung in einem späteren Verfahren aus.[254] Eine solche Kollision trete aber nicht ein, wenn der Gegenstand der Kündigungsschutzklage auf die Auflösung des Arbeitsverhältnisses durch die konkret angegriffene Kündigung beschränkt worden sei. Damit sei die Frage, ob auch noch im Zeitpunkt des Wirksamwerdens der Kündigung ein Arbeitsverhältnis bestanden habe, gerade nicht Streitgegenstand dieser Klage gewesen.[255] Die auf den Bestand des Arbeitsverhältnisses bei Zugang der Kündigung und ggf auf den Ablauf der Kündigungsfrist erweiterte punktuelle Streitgegenstandstheorie bleibt im Kernbereich des § 4 Satz 1 KSchG von den Neuregelungen des Arbeitsmarktreformgesetzes unberührt.[256] Die Parteien streiten deshalb nicht losgelöst über die Frage der Wirksamkeit der Kündigung, sondern auch darüber, ob zwischen ihnen überhaupt (noch) ein Arbeitsverhältnis besteht oder zumindest in den Zeitpunkten des Zugangs der Kündigung und regelmäßig auch des Kündigungstermins bestand.[257] Die Fortdauer des Arbeitsverhältnisses bei Zugang der Kündigung und (idR – von Fällen der Ausklammerung abgesehen –) bei Ablauf der Kündigungsfrist wird also nicht hypothetisch unterstellt, um die Wirksamkeit der Kündigung überprüfen zu können. Aus Sicht des BAG kann vielmehr lediglich dann, wenn das Arbeitsverhältnis bei Zugang der Kündigung noch bestand, darüber gestritten werden, ob es durch die Kündigung aufgelöst ist.[258] Gegenstand der Prüfung innerhalb des **erweiterten punktuellen Streitgegenstands** ist aus diesem Grund zugleich, **ob das Arbeitsverhältnis nicht schon zuvor durch andere Kündigungen oder sonstige Auflösungstat-**

AP KSchG 1969 § 4 Nr 66 mit zust Bspr Berkowsky AA 2009, 10: Bestand des Arbeitsverhältnisses zum Zeitpunkt des Zugangs der Kündigung als dem Wirksamwerden der fristlosen außerordentlichen Kündigung **und** im Zeitpunkt der mit dieser Kündigung beabsichtigten Beendigung des Arbeitsverhältnisses.
254 BAG 23.5.2013 – 2 AZR 102/12 – Rn 14 mwN NZA 2013, 1416; 22.11.2012 – 2 AZR 732/11 – Rn 19 NZA 2013, 665.
255 BAG 26.9.2013 – 2 AZR 682/12 – Rn 18 NZA 2014, 443; BAG 23.5.2013 – 2 AZR 102/12 – Rn 14 mwN NZA 2013, 1416; BAG 26.3.2009 – 2 AZR 633/07 – Rn 16 NZA 2011, 166.
256 Düwell in: Weyand/Düwell Das neue Arbeitsrecht S 228; vgl zu § 6 KSchG die dortige Kommentierung Rn 1 ff, 10 ff, 13 ff.
257 BAG 30.8.1993 – 2 AZB 6/93 – III 3 a aa AP GVG § 17 a Nr 6; BAG 28.10.1993 – 2 AZR 12/93 – III 2 a aa AP ArbGG 1979 § 2 Nr 19; BAG 20.9.2000 – 5 AZR 271/99 – III AP ArbGG 1979 § 2 Zuständigkeitsprüfung Nr 8 (verneinte Arbeitnehmereigenschaft); BAG 24.5.2005 – 8 AZR 398/04 – II 1 a AP BGB § 613 a Nr 284; BAG 10.11.2005 – 2 AZR 623/04 – Rn 30 AP BGB § 626 Nr 196 (bejahte Arbeitnehmereigenschaft im Vorprozess); BAG 27.4.2006 – 2 AZR 360/05 – Rn 17 AP KSchG 1969 § 9 Nr 55; ausdrücklich nur für den Zugangszeitpunkt BAG 25.3.2004 – 2 AZR 399/03 – B II 1 AP BMT-G II § 54 Nr 5; ebenso inzwischen Spinner in: Löwisch/Spinner/Wertheimer 10. Aufl § 4 Rn 14; aA noch Löwisch/Spinner 9. Aufl § 4 Rn 14 mwN: Es sei eine **bloße Vorfrage**, ob zum Zeitpunkt des Zugangs der Kündigung ein Arbeitsverhältnis bestanden habe, über die – weil nicht Teil des Streitgegenstands – keine der Rechtskraft fähige Entscheidung ergehe; aA in jüngerer Vergangenheit auch Schwab RdA 2013, 357, 359 ff mwN zu der Kontroverse, das Korrektiv des BAG – die sog Ausklammerung von Streitgegenständen – allerdings nicht erwähnt.
258 BAG 26.9.2013 – 2 AZR 682/12 – Rn 18 NZA 2014, 443; 23.5.2013 – 2 AZR 102/12 – Rn 13 NZA 2013, 1416.

bestände beendet wurde.²⁵⁹ Wurde in einem Vorprozess rechtskräftig festgestellt, dass das Arbeitsverhältnis durch eine bestimmte Kündigung nicht aufgelöst wurde, ist der Arbeitgeber in einem Folgeprozess dafür darlegungsbelastet, dass das Arbeitsverhältnis nach Zugang der (fristlosen) Kündigung oder (ggf, wenn die Frage des Bestands bei Ablauf der Kündigungs- oder Auslauffrist nicht ausgeklammert ist) nach dem Ende der Kündigungs- oder Auslauffrist aufgrund eines anderen Beendigungstatbestands endete.²⁶⁰ Auch schon vor Inkrafttreten des Arbeitsmarktreformgesetzes am 1.1.2004 hatten die Arbeitsgerichte die Kündigung nicht allein auf ihre soziale Rechtfertigung zu überprüfen. Sie mussten daneben ebenso wie heute **alle anderen Unwirksamkeitsgründe** untersuchen, die nach dem vorgetragenen Sachverhalt in Betracht kamen. Wurde die Klage abgewiesen, konnte das auch bis 31.12.2003 nicht nur damit begründet werden, die Kündigung sei aus keinem Gesichtspunkt heraus unwirksam, sondern auch damit, es habe kein Arbeitsverhältnis (mehr) bestanden.²⁶¹ An diesen Grundsätzen ändert die Ausdehnung des Anwendungsbereichs der punktuellen Klage auf alle Unwirksamkeitsgründe einer schriftlichen Kündigung durch das Arbeitsmarktreformgesetz nichts. Der ausgeweitete Geltungsbereich des § 4 KSchG bedingt aber eine noch weiter gehende Abkehr von der allgemeinen Feststellungsklage des § 256 Abs 1 ZPO.²⁶²

47 Löwisch/Spinner²⁶³ waren bis zur 9. Aufl der Ansicht, der erweiterte punktuelle Streitgegenstand führe zu unvertretbaren Ergebnissen, wenn verschiedene Kündigungen in mehreren Prozessen angegriffen würden. Werde dieser Streitgegenstandsbegriff angewandt, habe die rechtskräftige Entscheidung über den die spätere Kündigung betreffenden Rechtsstreit zur Folge, dass über die früher wirkende Kündigung nicht mehr entschieden werden könne. Das ist jedoch nur die sich aus § 322 Abs 1 ZPO ergebende Konsequenz. Die Kritik sollte nicht an der **Rechtsfolge** der Rechtskraft – ihrer Bindungswirkung – ansetzen, sondern an ihrer hier problematischen **Voraussetzung,** der Identität des Streitgegenstands als objektiver Grenze der Rechtskraft. An der Argumentation von Löwisch/Spinner zeigt sich al-

---

259 Etwa BAG 26.9.2013 – 2 AZR 682/12 – Rn 18 NZA 2014, 443; BAG 23.5.2013 – 2 AZR 102/12 – Rn 14 mwN NZA 2013, 1416; BAG 5.10.1995 – 2 AZR 909/94 – II 1 AP ZPO § 519 Nr 48; BAG 21.1.1999 – 2 AZR 648/97 – AP KSchG 1969 § 1 Konzern Nr 9; BAG 18.3.1999 – 8 AZR 306/98 – B IV AP KSchG 1969 § 4 Nr 44; BAG 20.5.1999 – 2 AZR 278/98 –; BAG 26.6.2008 – 6 AZN 648/07 – Rn 12 ff AP KSchG 1969 § 4 Nr 66 mit Ausführungen zur sog Ausklammerung der möglichen früheren Auflösung des Arbeitsverhältnisses durch eine andere Kündigung in Rn 16; vgl auch die dem Beschluss des Sechsten Senats zust Bspr Berkowskys in AA 2009, 10.
260 BAG 10.11.2005 – 2 AZR 623/04 – Rn 30 AP BGB § 626 Nr 196; vgl auch BAG 12.5.2005 – 2 AZR 426/04 – B I 2 AP KSchG 1969 § 4 Nr 53.
261 BAG 18.3.1999 – 8 AZR 306/98 – B IV AP KSchG 1969 § 4 Nr 44; zu den Auswirkungen des erweiterten punktuellen Streitgegenstands auf Rechtskraft und sog Präklusionswirkung eines stattgebenden oder klageabweisenden Urteils Rn 47 und Rn 163 ff.
262 Preis zieht in Bauer/Preis/Schunder NZA 2004, 195, 196 einen ähnlichen Schluss: Für die allgemeine Feststellungsklage verblieben etwa der Schriftformverstoß oder die Kündigung durch einen nicht Kündigungsberechtigten, zB den falschen Arbeitgeber.
263 Löwisch/Spinner 9. Aufl § 4 Rn 14. Die Argumentation wird in der 10. Aufl nicht mehr aufgegriffen.

lerdings, dass das Problem des Streitgegenstands nicht von dem der **Bindungswirkung in einem Zweitprozess** gelöst werden kann. Die Fragen der Rechtskraft werden deshalb zT schon hier behandelt. Das BAG trägt dem ergebnisorientierten Einwand von Löwisch/Spinner in seiner Entscheidung vom 20.5.1999[264] dadurch Rechnung, dass es annimmt, **die Auflösung durch eine Kündigung, die früher als die streitgegenständliche wirke, könne ausgeklammert werden**.[265] Der Zweite Senat geht davon aus, dass der punktuelle Streitgegenstand auf die Frage der Auflösung des Arbeitsverhältnisses – das „Ob" der Beendigung – beschränkt werden könne, ohne die Frage zu umfassen, ob noch im Zeitpunkt des beabsichtigten Wirksamwerdens der Kündigung ein Arbeitsverhältnis bestanden habe.[266] Die Ausklammerungsthese war auch schon früher mit Urteilen vom 25.3.2004,[267] BAG 26.3.2009[268] und 22.11.2012[269] bestätigt worden. Der Entscheidung des Zweiten Senats vom **20.5.1999**[270] lag ein Sachverhalt zugrunde, in dem ein Arbeitgeber (ua) zwei Kündigungen erklärt hatte. Die später ausgesprochene Kündigung wurde mit einer kürzeren Frist versehen (Kündigungstermin: 31. 1.) und sollte demzufolge vor der früher erklärten, aber länger befristeten Kündigung (Kündigungstermin: 31.3.) wirken. Der Arbeitnehmer griff die beiden Kündigungen in zwei getrennten Prozessen vor derselben Kammer des Arbeitsgerichts an. Diese fällte am selben Tag zwei Urteile, die feststellten, dass beide Kündigungen das Arbeitsverhältnis nicht aufgelöst hatten. Die gegen beide Urteile eingelegten Berufungen fielen in die Zuständigkeit zweier verschiedener Kammern des Landesarbeitsgerichts:

- Die eine Berufungskammer wies die Berufung, deren Gegenstand die früher ausgesprochene Kündigung mit **späterem Beendigungsdatum** (31. 3.) war, zurück. Dieses Urteil wurde **rechtskräftig**.
- Die später verhandelte und entschiedene Berufung in dem Rechtsstreit über die später erklärte, aber (ggf) **früher wirkende** Kündigung (31.1.) wurde danach ebenfalls zurückgewiesen. Die für sie zuständige Kammer des Landesarbeitsgerichts **ließ die Revision zu**.

Das BAG[271] nahm an, da die beiden Kündigungen Gegenstand getrennter Kündigungsschutzklagen gewesen seien, über die dieselbe Kammer des Ar-

---

264 BAG 20.5.1999 – 2 AZR 278/98.
265 Unmittelbar BAG 20.5.1999 – 2 AZR 278/98 – I mwN; mittelbar schon BAG 27.1.1994 – 2 AZR 484/93 – B II 2c AP KSchG 1969 § 4 Nr 28; s auch BAG 17.5.1984 – 2 AZR 109/83 – A II AP BGB § 620 Befristeter Arbeitsvertrag Nr 86.
266 ZB BAG 26.9.2013 – 2 AZR 682/12 – Rn 19 mwN NZA 2014, 443; 23.5.2013 – 2 AZR 102/12 – Rn 14 NZA 2013, 1416; 26.3.2009 – 2 AZR 633/07 – Rn 16 NZA 2011, 166.
267 BAG 25.3.2004 – 2 AZR 399/03 – B II 2 AP BMT-G II § 54 Nr 5.
268 BAG 26.3.2009 – 2 AZR 633/07 – Rn 16 AP BImSchG § 58 Nr 2: Ausklammerung durch den Kläger selbst schon mit der Klageschrift.
269 BAG 22.11.2012 – 2 AZR 732/11 – Rn 20 NZA 2013, 665; BAG 22.11.2012 – 2 AZR 738/11 – Rn 10: Ausklammerung einer früheren außerordentlichen Kündigung durch die Parteien und das Gericht (getrennte Prozesse, Hinweis im Tatbestand auf die zeitlich vorgehende Kündigung); zust Sievers jurisPR-ArbR 30/2013 Anm 3.
270 BAG 20.5.1999 – 2 AZR 278/98 – ZInsO 2000, 351 (LS).
271 BAG 20.5.1999 – 2 AZR 278/98 – ZInsO 2000, 351 (LS).

beitsgerichts am selben Tag entschieden habe, sei sowohl den Parteien als auch dem Gericht klar gewesen, dass die vor dem Revisionsgericht streitbefangene Kündigung, die früher habe wirken sollen (31.1.), nicht zugleich Gegenstand des Rechtsstreits über die Kündigung mit späterem Beendigungstermin (31.3.) habe sein sollen. Demnach sei das Revisionsgericht hinsichtlich der möglicherweise früher wirkenden Kündigung **nicht an eine rechtskräftige Feststellung des Landesarbeitsgerichts gebunden, dass das Arbeitsverhältnis nach dem Kündigungstermin (31. 1.) der in der Revision befindlichen Kündigung noch bestanden habe.** Eine solche Feststellung sei hier gerade nicht getroffen.

48 Dadurch tritt ein **Bruch in der erweiterten punktuellen Streitgegenstandstheorie** auf. Ihre Prämisse kann akzeptiert werden. Die Frage der Wirksamkeit der Kündigung ist innerhalb des Streitgegenstands der unterbliebenen Auflösung des Arbeitsverhältnisses untrennbar mit dem Bestand des Arbeitsverhältnisses verknüpft. Die Fortdauer des Arbeitsverhältnisses ist damit kein bloßes von der Rechtskraft nicht erfasstes präjudizielles Rechtsverhältnis. Nach diesen Maßgaben kommt es jedenfalls nur dann darauf an, ob die Parteien und/oder das Gericht die Streit- und Urteilsgegenstände isolieren wollen, wenn das über die eine Kündigung rechtskräftig entscheidende Gericht beide Kündigungen kennt. Voraussetzung einer noch möglichen abweichenden Entscheidung über die früher wirkende Kündigung ist, dass nicht bereits feststeht, dass das Arbeitsverhältnis über deren Beendigungstermin – hier den 31. 1. – hinaus bei Ablauf der Kündigungsfrist der später wirkenden Kündigung – am 31.3. – noch fortdauerte. Die Antwort auf die Frage des Urteilsgegenstands mag in der Entscheidung des BAG vom **12.6.1986**[272] noch missverständlich formuliert gewesen sein. Dort wurde ausgeführt, Gegenstand der Rechtskraft des der Kündigungsschutzklage stattgebenden Urteils sei zunächst die Feststellung, dass das Arbeitsverhältnis durch die Kündigung zu einem bestimmten Zeitpunkt (Ablauf der Kündigungsfrist, Kündigungstermin) nicht aufgelöst sei. Mit der Rechtskraft des Urteils im Kündigungsschutzprozess stehe außerdem fest, dass im Zeitpunkt des Zugangs der Kündigung ein Arbeitsverhältnis zwischen den streitenden Parteien bestanden habe. Das sei der Fall, weil der Bestand des Arbeitsverhältnisses im **Kündigungstermin** Voraussetzung für die Feststellung sei, dass das Arbeitsverhältnis durch die Kündigung nicht aufgelöst worden sei. Selbst wenn angenommen wird, das BAG habe mit diesem „Kündigungstermin" entgegen seiner unmittelbar vorangegangenen eigenen Definition nicht den Ablauf der Kündigungsfrist, sondern den Zugang der Kündigung gemeint,[273] ist der Urteilsgegenstand in späteren Entscheidungen klargestellt worden. Im Urteil vom **5.10.1995**[274] wird festgehalten, nach ständiger Rechtsprechung des BAG beinhalte die stattgebende rechtskräftige Entscheidung über einen Antrag nach § 4 Satz 1 KSchG zu-

---

272 BAG 12.6.1986 – 2 AZR 426/85 – B II 2 AP KSchG 1969 § 4 Nr 17.
273 Deutlicher aber schon BAG 12.1.1977 – 5 AZR 593/75 – 2 AP KSchG 1969 § 4 Nr 3, das als maßgeblichen Zeitpunkt ausschließlich den Kündigungstermin nennt.
274 BAG 5.10.1995 – 2 AZR 909/94 – II 1 mwN AP ZPO § 519 Nr 48.

gleich die Feststellung, dass zum vorgesehenen Auflösungszeitpunkt zwischen den Parteien ein Arbeitsverhältnis bestanden habe.[275]

Das **stattgebende Urteil** befindet deshalb regelmäßig[276] nicht nur der Rechtskraft fähig darüber, dass das Arbeitsverhältnis bei Zugang der Kündigung bestand,[277] sondern darüber hinaus noch bei **Ablauf der Kündigungsfrist**,[278] dh im von der Kündigung bestimmten Zeitpunkt.[279] Obwohl ausschließlich der Kläger den Streitgegenstand bestimmt,[280] kann die Frage der Wirksamkeit der Kündigung aus den genannten Gründen nicht von der des Bestands des Arbeitsverhältnisses im beabsichtigten Auflösungszeitpunkt getrennt werden. Jedenfalls dann, wenn die streitige Rechtsfolge – der unterbliebenen Auflösung – im Fall des stattgebenden Urteils bejaht wird, **decken sich der Streitgegenstand und der die Reichweite der Bindungswirkung der Rechtskraft bestimmende Urteilsgegenstand in aller Regel.**[281] Die Bindungswirkung für den Bestand des Arbeitsverhältnisses auch im Auflösungszeitpunkt tritt nur in einem **Ausnahmefall** nicht ein. Von einer Ausklammerung und damit fehlenden Bindungswirkung des Ersturteils ist auszugehen,

- wenn es sich um mehrere, auf verschiedene Gründe gestützte Kündigungen
- mit identischem Kündigungstermin handelt,
- die im Zeitpunkt des Schlusses der mündlichen Verhandlung des rechtskräftig entschiedenen Erstprozesses jeweils schon zugegangen waren
- und dem in Rechtskraft befindenden Gericht bekannt waren.

Deshalb ist dem Urteil des Zweiten Senats vom **25.3.2004**[282] uneingeschränkt zuzustimmen. Dieser Entscheidung lag ein – mit Blick auf den erweiterten punktuellen Streitgegenstand und die Bindungswirkung – weniger brisanter Sachverhalt als dem Urteil vom 20.5.1999 zugrunde. In der dem Urteil vom 25.3.2004 zugrunde liegenden Gestaltung waren zwei au-

---

275 Dazu BAG 10.11.2005 – 2 AZR 623/05 – Rn 30 mwN AP BGB § 626 Nr 196; vgl auch BAG 12.5.2005 – 2 AZR 426/04 – B I 2 AP KSchG 1969 § 4 Nr 53 und BAG 16.6.2005 – 6 AZR 451/04 – II 3 a AP KSchG 1969 § 17 Nr 21.
276 Zu den Voraussetzungen der sog Ausklammerung der möglichen früheren Auflösung des Arbeitsverhältnisses durch eine andere Kündigung Rn 47; BAG 26.6.2008 – 6 AZN 648/07 – Rn 16 AP KSchG 1969 § 4 Nr 66; vgl auch die dem Beschluss des Sechsten Senats zust Bspr Berkowskys in AA 2009, 10.
277 BAG 27.1.2011 – 2 AZR 826/09 – Rn 13 AP KSchG 1969 § 4 Nr 73. Der Fünfte Senat stellt ohne Problematisierung des Kündigungstermins nur auf den Bestand des Arbeitsverhältnisses zum Zeitpunkt des Zugangs der Kündigung ab: BAG 28.11.2007 – 5 AZR 952/06 – Rn 12 NZA-RR 2008, 344.
278 BAG 25.3.2004 – 2 AZR 399/03 – B II 1 AP BMT-G II § 54 Nr 5 formuliert allerdings vorsichtiger: Mit der Rechtskraft der Klage stattgebenden Urteils stehe zugleich fest, dass zumindest im Zeitpunkt des **Zugangs der Kündigung** ein Arbeitsverhältnis zwischen den streitenden Parteien bestanden habe; vgl auch BAG 27.1.2011 – 2 AZR 826/09 – Rn 13 AP KSchG 1969 § 4 Nr 73.
279 BAG 26.9.2013 – 2 AZR 682/12 – Rn 29 mwN NZA 2014, 443; BAG 23.10.2008 – 2 AZR 131/07 – Rn 17 AP KSchG 1969 § 23 Nr 43; zu den Fragen der Ausklammerung auch Rn 47 f.
280 BAG 30.8.2013 – 2 AZB 6/93 – III 3 a aa AP GVG § 17 a Nr 6; BAG 28.10.1993 – 2 AZB 12/93 – III 2 a aa AP ArbGG 1979 § 2 Nr 19.
281 Zöller/Vollkommer ZPO Vor § 322 ZPO Rn 38.
282 BAG 25.3.2004 – 2 AZR 399/03 – B II 2 AP BMT-G II § 54 Nr 5.

ßerordentliche Kündigungserklärungen zu verschiedenen Zeitpunkten – am 24.4.2001 und 28.6.2001 – abgegeben worden und folglich auch zu unterschiedlichen Zeitpunkten zugegangen, aber mit dem gleichen Kündigungstermin – dem 31.12.2001 – versehen worden. Das stattgebende, auf eine fehlerhafte Personalratsbeteiligung gestützte Urteil des **Arbeitsgerichts** in dem einen Rechtsstreit wurde **rechtskräftig**. Die Revision richtete sich gegen die Entscheidung des **Landesarbeitsgerichts**, die im Unterschied zum Arbeitsgericht auch der zweiten Klage mit dem Argument des rechtskräftig festgestellten Bestands des Arbeitsverhältnisses im beabsichtigten Auflösungszeitpunkt stattgegeben hatte. Das **BAG** nahm hier **verschiedene Urteils- und Streitgegenstände** an, eröffnete damit die erneute Sachprüfung hinsichtlich der zweiten Kündigung und verneinte angesichts des auf einen bloßen formellen Mangel gestützten rechtskräftigen Ersturteils auch eine sog Wiederholungskündigung.[283] In diesem Fall war der Kündigungstermin demnach als Differenzierungskriterium verschlossen. Die Kündigungserklärungen unterschieden sich nur bzgl ihres Datums, ihrer Abgabe und ihres Zugangs. Im Urteil vom 20.5.1999[284] wichen die Kündigungen dagegen auch im Kündigungstermin voneinander ab. Das im Ersturteil in Rechtskraft befindende Arbeitsgericht der Entscheidung des BAG vom 25.3.2004, **das über beide Kündigungen entschied und folglich beide Kündigungen kannte**, konnte der punktuellen Rechtsnatur der Streitgegenstände also nur mithilfe einer Ausklammerung Rechnung tragen. Dieser Umstand kann bei der Auslegung des Urteilsgegenstands und der daraus abzuleitenden Bindungswirkung der rechtskräftigen Entscheidung berücksichtigt werden. Im Urteil vom 20.5.1999[285] war die Entscheidung über die erste Kündigung demgegenüber erst auf der Ebene des Landesarbeitsgerichts rechtskräftig geworden, das über die zweite Kündigung nicht zu befinden hatte und sie nach den Urteilsgründen auch nicht zwingend kannte. Die Gründe konnten in diesem Punkt daher nur begrenzt herangezogen werden, um die Reichweite der Rechtskraft der Urteilsformel zu bestimmen.

50 Wird die Klage im Unterschied zu den soeben behandelten Konstellationen stattgebender Feststellungsurteile **abgewiesen** und die begehrte Rechtsfolge der Feststellung damit verneint, ist **umstritten**, ob dieses Urteil ausnahmslos bindet oder in einem Folgeprozess wenigstens solche rechtlichen Gesichtspunkte erneut geprüft werden dürfen, die das Urteil des ersten Rechtsstreits nicht behandelt hat.[286] **Die ausnahmslose Bindung ist zu bejahen.** Das eine Kündigungsschutzklage abweisende Urteil stellt fest, dass die streitige Rechtsfolge – die unterbliebene Auflösung des im vorgesehenen Beendigungszeitpunkt bestehenden Arbeitsverhältnisses – unter keinem denkbaren rechtlichen Gesichtspunkt aus dem Lebenssachverhalt hergeleitet werden kann, mag das Gericht auch nicht alle rechtlichen Aspekte

---

283 Dazu näher Rn 167 ff.
284 BAG 20.5.1999 – 2 AZR 278/98.
285 BAG 20.5.1999 – 2 AZR 278/98.
286 Zöller/Vollkommer ZPO Vor § 322 ZPO Rn 38.

überprüft haben.[287] Das Urteil des Zweiten Senats vom 23.10.2008[288] steht dem nicht entgegen. Danach steht mit der Rechtskraft einer klageabweisenden Entscheidung im Kündigungsrechtsstreit fest, dass über den von der Kündigung bestimmten Zeitpunkt hinaus kein Arbeitsverhältnis besteht.[289] Die Begründungselemente nehmen an der Rechtskraftwirkung des klageabweisenden Urteils jedoch nicht teil. Dazu gehört auch die Beurteilung der Vorfrage, ob das Arbeitsverhältnis durch eine frühere Kündigung zu einem Termin vor dem Zeitpunkt, der in der streitgegenständlichen Kündigung bestimmt ist, aufgelöst worden ist.[290]

Die Klagefrist ist ferner beachtet, wenn der Arbeitnehmer binnen drei Wochen nach Zugang der Kündigung keinen punktuellen Antrag ankündigt, sondern stattdessen die **allgemeine Feststellung iSv § 256 Abs 1 ZPO** erstrebt, dass sein Arbeitsverhältnis fortbesteht.[291] Gegenstand der begehrten Feststellung ist regelmäßig, dass das Arbeitsverhältnis noch im Zeitpunkt der letzten mündlichen Verhandlung in der Tatsacheninstanz fortbesteht.[292] Der Schluss der mündlichen Verhandlung zweiter Instanz wird aber nur erreicht, wenn der allgemeine Feststellungsantrag in den Berufungsrechtszug gelangt.[293] Von der allgemeinen Bestandsklage werden alle nach dem Vortrag der Parteien in Betracht kommenden Beendigungsgründe erfasst. Die Rechtskraft eines positiven Feststellungsurteils schließt eine auf ihnen beruhende Beendigung aus.[294] Für die allgemeine Feststellungsklage ist im Unterschied zur punktuellen Kündigungsschutzklage zwar ein besonderes Feststellungsinteresse erforderlich.[295] Sie erfüllt wegen ihres weiter gehenden Streitgegenstands aber zugleich die Anforderungen, die an eine Kündigungsschutzklage nach § 4 Satz 1 KSchG zu stellen sind. Eine allgemeine Feststellungsklage, die die Dreiwochenfrist wahrt, verhindert selbst dann, wenn sie (zunächst) nicht von einem besonderen Feststellungsinteresse getragen ist, dass die Unwirksamkeit der Kündigung nach § 7 HS 1 KSchG geheilt wird. Der Arbeitgeber kann ihr entsprechend dem Zweck des § 4 Satz 1 KSchG entnehmen, dass sich der Arbeitnehmer gegen jegliche Beendigung des Arbeitsverhältnisses wehren will.[296] Der Arbeitgeber ist gewarnt.

51

---

287 Zöller/Vollkommer ZPO Vor § 322 ZPO Rn 41 ff mwN zum Streitstand. Das Problem der **Mehrfachkündigung** ist durch die Novelle des § 4 Satz 1 KSchG nicht gelöst, weil sie am punktuellen Streitgegenstand festhält. Zu demselben Befund kommen Preis in Bauer/Preis/Schunder NZA 2004, 195, 196 und Richardi in DB 2004, 486, 489 f; s auch BAG 27.1.2011 – 2 AZR 826/09 – Rn 13 AP KSchG 1969 § 4 Nr 73.
288 BAG 23.10.2008 – 2 AZR 131/07 – Rn 18 AP KSchG 1969 § 23 Nr 43.
289 BAG 23.10.2008 – 2 AZR 131/07 – Rn 18 AP KSchG 1969 § 23 Nr 43; ähnl der Achte Senat: BAG 16.2.2006 – 8 AZR 211/05 – Rn 16 AP BGB § 613a Nr 301; vgl für den Zeitpunkt des Zugangs der Kündigung BAG 27.1.2011 – 2 AZR 826/09 – Rn 13 AP KSchG 1969 § 4 Nr 73.
290 BAG 23.10.2008 – 2 AZR 131/07 – Rn 18 AP KSchG 1969 § 23 Nr 43.
291 BAG in st Rspr, bspw BAG 12.5.2005 – 2 AZR 426/04 – B II 1 b mwN AP KSchG 1969 § 4 Nr 53.
292 BAG in st Rspr, zB 26.9.2013 – 2 AZR 682/12 – Rn 31 mwN NZA 2014, 443.
293 BAG 26.9.2013 – 2 AZR 682/12 – Rn 33 NZA 2014, 443.
294 BAG 26.9.2013 – 2 AZR 682/12 – Rn 31 mwN NZA 2014, 443.
295 S nur BAG 26.9.2013 – 2 AZR 682/12 – Rn 32 NZA 2014, 443; Lingemann/Groneberg NJW 2013, 2809, 2810.
296 BAG 26.9.2013 – 2 AZR 682/12 – Rn 33 NZA 2014, 443.

- Das gilt nicht nur in Konstellationen, in denen der Arbeitnehmer eine erste Kündigung mit einer **punktuellen Kündigungsschutzklage** angreift und daneben einen allgemeinen Feststellungsantrag anbringt (objektive Häufung, § 260 ZPO), sich aber gegen eine zweite Kündigung innerhalb der Klagefrist nicht gesondert mit einem punktuellen Begehren wendet.[297]
- Vielmehr reicht auch eine **von vornherein ausschließlich erhobene allgemeine Feststellungsklage** aus.[298]

Das BAG[299] argumentiert insoweit ua mit der Darlegungslast. Während diese bei einer **Kündigungsschutzklage** nach § 4 Satz 1 KSchG den Arbeitnehmer treffe, wenn es streitig sei, ob der Arbeitgeber eine Kündigung ausgesprochen habe, obliege die Behauptungslast für die Beendigung des Arbeitsverhältnisses bei der **allgemeinen Feststellungsklage** des § 256 Abs 1 ZPO dem Arbeitgeber. Das BAG sieht in der Umstellung des allgemeinen Feststellungsantrags auf das Kündigungsschutzbegehren keine Klageänderung, sondern eine Klagebeschränkung iSv § 264 Nr 2 ZPO. Gehe der Kläger von dem weiteren Streitgegenstand des allgemeinen Feststellungsantrags – dem Fortbestand des Arbeitsverhältnisses bis zum Schluss der mündlichen Verhandlung in der Tatsacheninstanz – auf den engeren und spezielleren Gegenstand der Kündigungsschutzklage – die unterbliebene Beendigung des Arbeitsverhältnisses durch die konkrete Kündigung zu dem von ihr vorgesehenen Termin – über, ändere er den Klagegrund nicht, sondern schränke ihn lediglich ein.[300] Der Arbeitnehmer kann im Rahmen eines solchen Feststellungsantrags weitere Kündigungen jedenfalls im ersten Rechtszug noch nach dem Ende der Dreiwochenfrist in den Prozess einführen und sich auf ihre Unwirksamkeit berufen.[301] Das folgt aus Sicht des BAG aus dem Rechtsgedanken des § 6 KSchG und ist für die erste Instanz unproblematisch.[302] Erfährt der Arbeitnehmer von einer weiteren Kündigung, hat er nach einer Entscheidung des BAG vom 13.3.1997 den allgemeinen Feststellungsantrag iSv § 264 Nr 2 ZPO zu beschränken und einen dem Wortlaut des § 4 Satz 1 KSchG angepassten punktuellen Antrag zu stellen.[303] Inzwischen lässt der Zweite Senat offen, ob diese Beschränkung zwingend erforderlich ist.[304]

52 Gelangte der allgemeine Feststellungsantrag in die Berufungsinstanz, konnte der Arbeitnehmer ihn zumindest bis zum Inkrafttreten des Gesetzes zu Reformen am Arbeitsmarkt am 1.1.2004 noch bis zum Schluss der mündlichen Verhandlung zweiter Instanz auf einen punktuellen Kündigungs-

---

297 Zu der zulässigen Verbindung (§ 260 ZPO) des punktuellen Streitgegenstands mit dem allgemeinen Feststellungsantrag zB BAG 12.5.2005 – 2 AZR 426/04 – B I 2 mwN AP KSchG 1969 § 4 Nr 53.
298 BAG 26.9.2013 – 2 AZR 682/12 – Rn 33 NZA 2014, 443; BAG 12.5.2005 – 2 AZR 426/04 – B II 1 b mwN AP KSchG 1969 § 4 Nr 53; BAG 21.1.1988 – 2 AZR 581/86 – B II 2 a und c AP KSchG 1969 § 4 Nr 19.
299 BAG 21.1.1988 – 2 AZR 581/86 – B II 2 a und c AP KSchG 1969 § 4 Nr 19.
300 BAG 26.9.2013 – 2 AZR 682/12 – Rn 33 NZA 2014, 443.
301 BAG 26.9.2013 – 2 AZR 682/12 – Rn 33 NZA 2014, 443; BAG 12.5.2005 – 2 AZR 426/04 – B II 1 b NZA 2005, 1259.
302 BAG 13.3.1997 – 2 AZR 512/96 – II 1 b, c NZA 1997, 844.
303 BAG 26.9.2013 – 2 AZR 682/12 – Rn 33 NZA 2014, 443.
304 BAG 26.9.2013 – 2 AZR 682/12 – Rn 34 NZA 2014, 443.

schutzantrag beschränken.[305] Der Zweite Senat lässt derzeit offen, ob an dieser Rechtsprechung für den novellierten Rechtszustand festgehalten werden kann.[306] Daher stellt sich die Frage, ob der Arbeitnehmer Kündigungen, die schon bis zum Schluss der mündlichen Verhandlung erster Instanz erklärt wurden, noch nach Inkrafttreten des Gesetzes zu Reformen am Arbeitsmarkt erstmals im zweiten Rechtszug in den Rechtsstreit einführen kann.[307] Das BAG übertrug damit den Gedanken des § 6 KSchG nicht nur auf eine andere Konstellation, als sie bis 31.12.2003 unmittelbar gesetzlich geregelt war, sondern es zog darüber hinaus eine **andere zeitliche Grenze**. Das Problem stellt sich deshalb heute noch in gleicher Weise. Der direkte Anwendungsbereich des § 6 Satz 1 KSchG wurde durch das Arbeitsmarktreformgesetz zwar geändert. Die Norm regelt unmittelbar den Sachverhalt, in dem der Arbeitnehmer die Unwirksamkeit einer **schriftlichen** Kündigung binnen drei Wochen im Klageweg geltend gemacht hat und sich erst nach dem Ende der Klagefrist auf andere Mängel als die bisher geltend gemachten beruft.[308] § 6 Satz 1 KSchG aF fand dagegen direkte Anwendung, wenn der Arbeitnehmer die Unwirksamkeit der Kündigung aus einem sonstigen Grund – zB aufgrund einer fehlerhaften Betriebsratsanhörung – gerichtlich geltend gemacht und sich erst nach Ablauf der Dreiwochenfrist darauf berufen hatte, diese Kündigung sei auch sozialwidrig.[309] Die zeitliche Grenze der ersten Instanz und die Hinweispflicht des § 6 Satz 2 KSchG blieben durch das Arbeitsmarktreformgesetz aber unberührt, zumal der direkte Anwendungsbereich lediglich in einer Weise ausgeweitet wurde, die eine der früheren Analogien entbehrlich macht. Die zu dem Rechtsgedanken des § 6 KSchG aF entwickelten Grundsätze sind also übertragbar.[310] Wendet sich der Arbeitnehmer gegen die (erste) Kündigung allein mit einem allgemeinen Feststellungsantrag oder verbindet er diesen allgemeinen Bestandsantrag mit einer punktuellen Kündigungsschutzklage, bezieht er nach Auffassung des BAG, das den Rechtsgedanken des § 6 KSchG anwendet, – zunächst ggf unzulässig[311] – andere Kündigungen (oder Auflösungstatbestände) in sein Begehren ein. Auf die Sozialwidrigkeit einer später erklärten weiteren Kündigung und seit Inkrafttreten des Arbeitsmarktreformgesetzes am 1.1.2004 auch ihre Unwirksamkeit aus anderen Gründen kann sich der Arbeitnehmer noch nach Ablauf der Klagefrist berufen. Das ist ihm jedoch abweichend von § 6 Satz 1 KSchG aE nicht nur bis zum Schluss der mündlichen Verhandlung **erster Instanz** möglich, sondern bis zum Ende der **Berufungsverhandlung**.[312] In Wahrheit

---

305 BAG 13.3.1997 – 2 AZR 512/96 – II 1 b, c AP KSchG 1969 § 4 Nr 38.
306 BAG 26.9.2013 – 2 AZR 682/12 – Rn 34 NZA 2014, 443.
307 Befürwortend Spinner in: Löwisch/Spinner/Wertheimer § 4 Rn 105 ff; Lingemann/Groneberg NJW 2013, 2809 f; abl Bayreuther ZfA 2005, 391; vHH/L/ Linck § 4 Rn 127 ff.
308 § 6 KSchG Rn 7.
309 Vgl die Erl zu § 6 KSchG.
310 BAG 26.9.2013 – 2 AZR 682/12 – Rn 35 f NZA 2014, 443.
311 Dazu Rn 53.
312 BAG 26.9.2013 – 2 AZR 682/12 – Rn 31 NZA 2014, 443; zu dem Problem der Klageerweiterung im Berufungsrechtszug iE Rn 54; vgl zu der Anwendung von §§ 17 Satz 2 TzBfG, 6 KSchG in zweiter Instanz im Befristungskontrollrecht BAG 4.5.2011 – 7 AZR 252/10 – Rn 15 ff AP TzBfG § 17 Nr 11.

nahm das BAG nicht nur eine Analogie zu § 6 KSchG alter wie neuer Fassung vor, es bildete die Bestimmung vielmehr fort. Dadurch wurden die unmittelbare Anwendung der Norm mit der zeitlichen Begrenzung auf den ersten Rechtszug weitgehend infrage gestellt. Hat der Arbeitnehmer statt mit einer Feststellungsklage durch eine Leistungsklage zu erkennen gegeben, dass er die Kündigung für unwirksam hält, ist – wenn der Argumentation des BAG gefolgt wird – nicht einzusehen, weshalb es dem Arbeitnehmer versagt sein soll, die Unwirksamkeit dieser Kündigung noch in der Berufungsinstanz zu rügen.[313] Der Arbeitgeber kann sich hier ebenfalls von vornherein darauf einstellen, dass der Arbeitnehmer die Kündigung als unwirksam betrachtet und sie deswegen aus Sicht des Arbeitnehmers das Arbeitsverhältnis nicht beenden kann. Allerdings hat sich eine Abgrenzungsfrage durch die Neufassung des Gesetzes erledigt. Auch die Konstellation, in der der Arbeitnehmer die Unwirksamkeit der Kündigung aus sonstigen Gründen iSv § 13 Abs 3 KSchG bisher im Weg einer Feststellungsklage geltend machen musste, wenn er sich nicht zugleich auf die Sozialwidrigkeit berief, ist mittlerweile im Regelfall an die punktuelle und befristete Klage gebunden. Sie kann aber ebenso wie die Sozialwidrigkeit in einer allgemeinen Feststellungsklage geltend gemacht werden, die bei ihrer Erhebung noch nicht notwendig zulässig sein muss, um fristwahrend zu wirken. Das Problem muss aus meiner Sicht nicht mithilfe einer Analogie zu § 6 KSchG gelöst werden. Dem BAG ist in seiner aktuellen Rechtsprechung darin zuzustimmen, dass § 6 KSchG auch nach seiner Novellierung durch das Gesetz zu Reformen am Arbeitsmarkt zum Ziel hat, den Arbeitnehmer davor zu bewahren, dass er seinen Kündigungsschutz aus formalen Gründen verliert. Zugleich soll der Prozessstoff durch die Präklusionswirkung des § 6 Satz 1 KSchG in erster Instanz gebündelt werden.[314] Die nach ihrem Wortlaut zu enge Neufassung der Bestimmung soll nach dem gesetzgeberischen Willen der früheren Regelung entsprechen und in ihrem Regelungsgehalt lediglich an die Änderung des § 13 Abs 1 Satz 2 KSchG angepasst werden.[315] Für die allgemeine Feststellungsklage ist aber keine Analogie zu § 6 KSchG geboten. Der Arbeitgeber weiß, dass der Arbeitnehmer mit ihm den Bestand des Arbeitsverhältnisses als solchen verteidigt. Der allgemeine Feststellungsantrag kann sowohl in erster als auch in zweiter Instanz auf den Kündigungsschutzantrag verengt werden. Er muss aber nicht zwangsläufig beschränkt werden. Der **Zweite Senat hat in seiner nun schon etwas wieder etwas älteren Rechtsprechung im Jahr 2005** deswegen den **Vorrang der Auslegung vor der Analogie zu § 6 KSchG** hervorgehoben. Nur wenn für den Arbeitgeber innerhalb der dreiwöchigen Klagefrist nicht erkennbar ist, dass sich der Arbeitnehmer gegen eine bestimmte Kündigung wenden oder den Bestand des Arbeitsverhältnisses als solchen festgestellt wissen

---

313 In einer Konstellation, in der der Arbeitnehmer abweichend hiervon den Kündigungsschutzantrag in erster Instanz gestellt, im zweiten Rechtszug aber nicht ausdrücklich in Bezug genommen hatte, BAG 21.7.2005 – 6 AZR 592/04 – II 1 a aa und bb AP BetrVG 1972 § 113 Nr 50.
314 BAG 18.1.2012 – 6 AZR 407/10 – Rn 13 NZA 2012, 817.
315 BT-Drucks 15/1509, 15/1204 S 13; BAG 26.9.2013 – 2 AZR 682/12 – Rn 35 mwN NZA 2014, 443.

will, stellt sich die Frage der entsprechenden Anwendung des § 6 KSchG.[316]

Stellt der Arbeitnehmer die allgemeine Bestands- auf eine Kündigungsschutzklage um, kommt es nicht darauf an, ob der allgemeine Feststellungsantrag ursprünglich zulässig, insbesondere von einem besonderen Feststellungsinteresse getragen war, als er rechtshängig wurde. Das BAG begründete dies nach altem Recht damit, dass die Bestimmung des § 6 Satz 1 KSchG aF gerade eine nachträgliche Berufung darauf habe zulassen wollen, eine Kündigung sei sozial nicht gerechtfertigt (heute: unwirksam). Das Arbeitsgericht werde selbst durch eine (zunächst) unzulässige Klage rechtzeitig angerufen.[317] Folgt man dem BAG darin, dass Streitgegenstand der Kündigungsschutzklage nur ein gegenüber dem Streitgegenstand der allgemeinen Feststellungsklage engerer ist, ist der Rückgriff auf den Gedanken des § 6 Satz 1 KSchG entbehrlich,[318] zumal das BAG die Anwendung seines Rechtsgedankens im Einzelfall bis zum Schluss der Berufungsverhandlung erstreckt.[319] Dem Sinn des § 4 Satz 1 KSchG ist auch durch die ursprünglich unzulässige Klage – den allgemeinen Feststellungsantrag – genügt.[320] Der Arbeitgeber ist durch sie darüber unterrichtet, dass der Arbeitnehmer jegliche – auch künftige – Kündigung während der Prozessdauer nicht gegen sich gelten lassen will. Wollte man den allgemeinen Feststellungsantrag dahin verstehen, er solle ausschließlich den vergangenen Bestand des Arbeitsverhältnisses bis zum Eingang der Klage umfassen, wäre er zum einen teils überflüssig und zum anderen nicht zwingend von dem erforderlichen besonderen Feststellungsinteresse gedeckt. Im Hinblick auf bei Einreichung der Klage bereits bekannte, nach Zugang der ersten Kündigung erklärte Kündigungen kann sich der Arbeitnehmer von vornherein punktueller Kündigungsschutzanträge bedienen.[321] Ziel des neben der Kündigungsschutzklage angebrachten weiteren Begehrens wird es daher regelmäßig sein, den künftigen Fortbestand des Arbeitsverhältnisses präventiv zu sichern. Der Zeitraum bis zum Ende des Rechtsstreits soll gewissermaßen unter den Schutz des „Dachs" der allgemeinen Bestandsklage gestellt werden. Das Problem der Fristwahrung durch den allgemeinen Feststellungsantrag träte nicht auf, wenn nicht auch in der Zukunft liegende Beendigungstatbestände einbezogen werden sollten. In dieser Weise interpretiert, bleibt der Streitgegenstand der allgemeinen Feststellungsklage – wenn auch nach Umstellung eingeengt auf den des Kündigungsschutzantrags – durchgehend bis zur letzten mündlichen Verhandlung in der ersten und ggf zweiten Instanz erhalten.[322]

---

316 BAG 12.5.2005 – 2 AZR 426/04 – B I 2, 5 und II 1 b mwN AP KSchG 1969 § 4 Nr 53; dazu schon Rn 2 und 23.
317 BAG 13.3.1997 – 2 AZR 512/96 – II 1 c AP KSchG 1969 § 4 Nr 38.
318 AA zB BAG 26.9.2013 – 2 AZR 682/12 – Rn 36 NZA 2014, 443; BAG 26.9.2013 – 2 AZR 843/12 – Rn 16 ff NZA-RR 2014, 236.
319 BAG 26.9.2013 – 2 AZR 682/12 – Rn 31 NZA 2014, 443; BAG 26.9.2013 – 2 AZR 843/12 – Rn 16 NZA-RR 2014, 236; vgl aber die Einschränkungen in Rn 54 aE.
320 In anderem Zusammenhang Rn 30.
321 Vgl zu einer solchen Konstellation BAG 10.10.2002 – 2 AZR 622/01 – B I 2 AP KSchG 1969 § 4 Nr 49.
322 Einschränkend jedoch Rn 54 aE.

54 **Allgemeiner Feststellungsantrag und Berufung:** Soweit der Arbeitnehmer mit dem allgemeinen Feststellungsantrag im ersten Rechtszug – nicht rechtskräftig – obsiegt, stellt sich allerdings die weitere Auslegungsfrage, ob sein Begehren auch den Zeitraum nach Verkündung des Urteils des Arbeitsgerichts umfasst oder durch das arbeitsgerichtliche Urteil eine zeitliche Zäsur eintritt.[323] Da Gegenstand des erstinstanzlichen Urteils nur der Bestand des Arbeitsverhältnisses bis zum Schluss der mündlichen Verhandlung vor dem Arbeitsgericht sein kann, kann der Antrag des Arbeitnehmers unabhängig von einem darüber hinausgehenden Willen auch nicht weiter reichen. Legt der Arbeitgeber Berufung gegen das Urteil ein, hat das Landesarbeitsgericht deshalb zu prüfen, ob das Vorbringen des Arbeitnehmers im Berufungsrechtszug dahin zu deuten ist, dass er seine Klage im Weg der **Anschlussberufung nach § 524 ZPO** auf die Feststellung der Fortdauer des Arbeitsverhältnisses bis zum Ende der Berufungsverhandlung erweitern und damit das sonst zugunsten des Arbeitgebers wirkende Verschlechterungsverbot „ausschalten" will. Nur unter dieser Prämisse trifft die gebräuchliche Formel zu, Gegenstand des allgemeinen Bestandsantrags sei idR die Feststellung der Fortdauer des Arbeitsverhältnisses bis zur letzten mündlichen Tatsachenverhandlung.[324] Beschränkt der Arbeitnehmer sein im ersten Rechtszug ursprünglich als Feststellungsantrag angebrachtes Begehren bzgl der späteren Kündigung im Zeitpunkt des Schlusses der mündlichen Verhandlung vor dem Arbeitsgericht auf gerichtlichen Hinweis entsprechend der höchstrichterlichen Auffassung auf einen Kündigungsschutzantrag, ohne daneben als dritten Antrag eine allgemeine Bestandsklage zu belassen, scheidet eine Auslegung seines Vortrags in Richtung einer Klageerweiterung und Anschlussberufung im Berufungsrechtszug zwar nicht notwendig aus. Der Gegenstand des erstinstanzlichen Urteils ist ohnehin – wie soeben ausgeführt – begrenzt durch das Ende der mündlichen Verhandlung, auf der es beruht. Dennoch sind bei dieser Gestaltung eindeutige Anhaltspunkte im Berufungsvorbringen des Arbeitnehmers nötig, um eine zeitliche Erweiterung des Bestandsantrags annehmen zu können. Der Zweite Senat hat mit seiner Entscheidung vom **10.10.2002**[325] verdeutlicht, dass sich der mit dem Streitgegenstand identische Urteilsgegenstand **nicht auf Sachverhalte beziehen kann, die sich erst nach Schluss der mündlichen Verhandlung im ersten Rechtszug zutragen und deshalb auch nicht von den Parteien vorgetragen werden können, um ihren Antrag zu stützen.** Möchte der Kläger weitere Beendigungstatbestände zum Gegenstand seines allgemeinen Feststellungsantrags machen, muss er sie zumindest durch ergänzenden Tatsachenvortrag in den Rechtsstreit einführen. Der Streitgegenstand kann sich zwischen der Verkündung des erstinstanzlichen Urteils und der Einlegung der Berufung nicht ohne späteren neuen Vortrag (in der Berufungsinstanz) ändern. Das BAG weist zu Recht darauf hin, dass der Arbeitgeber, der während der Berufungsfrist eine weitere Kündigung aus-

---

323 Das wird bspw von BAG 26.9.2013 – 2 AZR 682/12 – Rn 31 NZA 2014, 443 nicht problematisiert.
324 Bspw BAG 26.9.2013 – 2 AZR 682/12 – Rn 31 NZA 2014, 443; BAG 27.1.1994 – 2 AZR 484/93 – B II 2 b (1) AP KSchG 1969 § 4 Nr 28.
325 BAG 10.10.2002 – 2 AZR 622/01 – B I 2 AP KSchG 1969 § 4 Nr 49; ebenso Düwell in: Weyand/Düwell Das neue Arbeitsrecht S 231.

spricht, sonst bei einem positiv beschiedenen allgemeinen Feststellungsantrag gezwungen wäre, die Wirksamkeit der zweiten Kündigung durch Einlegung der Berufung geltend zu machen. Nur der Vortrag der Parteien kann eine weitere Kündigung zum Gegenstand des in der Berufung angefallenen allgemeinen Feststellungsantrags machen. Wird diese Notwendigkeit nicht beachtet, kommt es zu dem aberwitzigen Ergebnis, dass die erstinstanzliche Feststellung alle Nachkündigungen erfasst, auch wenn der Arbeitnehmer sie nicht angreifen will.[326]

Hinweis: Wenn der im ersten Rechtszug obsiegende Arbeitnehmer den weiteren Fortbestand seines Arbeitsverhältnisses bis zum Schluss der Berufungsverhandlung durch eine Anschlussberufung nach § 524 ZPO sichern will, muss er seinen über den Schluss der mündlichen Verhandlung des Arbeitsgerichts hinausreichenden allgemeinen Feststellungsantrag **innerhalb der Berufungserwiderungsfrist des § 524 Abs 2 Satz 2 ZPO beim Landesarbeitsgericht anbringen.**

Unschädlich ist es, wenn der Arbeitnehmer sein beim Arbeitsgericht eingereichtes Begehren nicht als Klage, sondern als Einspruch gegen die Kündigung bezeichnet, mit dem er die „Einspruchsfrist" wahren möchte.[327] Da er sich an das Arbeitsgericht und nicht an den Betriebsrat wendet, kann er keinen Kündigungseinspruch nach § 3 KSchG meinen, sondern nur eine Kündigungsschutzklage nach § 4 Satz 1 KSchG, deren Frist er einhalten will.

(b) Problemfälle. (aa) Isolierte Kündigungsschutzklage und weitere Kündigung, Verbindung von Kündigungsschutzklage und allgemeinem Feststellungsantrag iSv § 256 Abs 1 ZPO. Erhebt der Arbeitnehmer – auch nach Auslegung seines Begehrens mithilfe der Klagebegründung – keine allgemeine Feststellungsklage,[328] sondern einen punktuellen Kündigungsschutzantrag, der sich auf eine **bestimmte** Kündigung bezieht, wahrte dieser die Klagefrist nach bisheriger Auffassung nur für die betreffende Kündigung, nicht auch für spätere Kündigungen. Anderes galt dann, wenn er binnen drei Wochen nach Zugang der weiteren Kündigung klarstellt, er wolle (auch) eine allgemeine Bestandsklage erheben. Bei **fristgebundenen** Klagen muss innerhalb der Frist erkennbar sein, dass eine fristwahrende Klage gemeint ist. Das BAG nahm bisher an, der Streitgegenstand würde geändert und nicht nur verdeutlicht, wenn der Arbeitnehmer nach Fristablauf die fristwahrende Wirkung herbeiführen könnte, indem er weiteren Auslegungsstoff beibringt. Die Änderung des Streitgegenstands könne die Versäumung der Klagefrist aber nicht rückwirkend heilen.[329]

Der klassische Problemfall auf der Schnittstelle zwischen dem erweiterten punktuellen Streitgegenstand der Kündigungsschutzklage und dem Streit-

---

326 Vgl zu allem BAG 10.10.2002 – 2 AZR 622/01 – B I 2 AP KSchG 1969 § 4 Nr 49.
327 BAG 4.7.1974 – 2 AZR 458/73.
328 Vgl zu einem solchen Fall zB BAG 16.5.2002 – 8 AZR 320/01 – B II 2 AP InsO § 113 Nr 9; zur umgekehrten Konstellation einer möglichen Auslegung BAG 12.5.2005 – 2 AZR 426/04 – B II 1 b mwN AP KSchG 1969 § 4 Nr 53.
329 Zu allem BAG 16.3.1994 – 8 AZR 97/93 – III 3 b und 4 AP KSchG 1969 § 4 Nr 29.

gegenstand der allgemeinen Feststellungsklage ist die **sog überholende Kündigung**. Der Arbeitgeber erklärt zB eine am 15.1. zugegangene ordentliche Kündigung, die zum 31.3. wirken soll. Der Arbeitnehmer reicht am 20.1. eine punktuelle Klage gegen diese Kündigung beim Arbeitsgericht ein, die dem Arbeitgeber am 23.1. zugestellt wird. Am 31.1. geht dem Arbeitnehmer eine zweite – nun außerordentliche – Kündigung des Arbeitgebers zu, die das Arbeitsverhältnis mit sofortiger Wirkung beenden soll. Der Arbeitnehmer wendet sich nicht mit einem gesonderten punktuellen Kündigungsschutzantrag gegen die außerordentliche Kündigung. Er führt die außerordentliche Kündigung entweder überhaupt nicht oder erst nach dem 21.2., dem Ende der Dreiwochenfrist für die außerordentliche Kündigung, in den Prozess ein.

57a Der Zweite Senat hält auch in seiner Entscheidung vom 26.9.2013[330] für den Regelfall an den beschriebenen Rechtsprechungslinien zum Urteilsgegenstand des stattgebenden Urteils im Kündigungsschutzprozess und zu seiner Bindungswirkung fest: Die der Kündigungsschutzklage stattgebende Entscheidung enthält demnach idR zugleich die Feststellung, dass im Kündigungstermin ein Arbeitsverhältnis bestand. Der Arbeitgeber kann sich hier in einem späteren Rechtsstreit nicht darauf berufen, das Arbeitsverhältnis sei bereits zuvor aufgrund anderer Beendigungstatbestände aufgelöst worden. Will der Arbeitgeber diese Rechtsfolge vermeiden, ist er gehalten, den anderen in den Lauf der Kündigungsfrist fallenden Beendigungstatbestand von sich aus in den Kündigungsrechtsstreit einzuführen. Der Zweite Senat zieht darüber hinaus jedoch in Betracht, auf der Grundlage der regelmäßigen Bindungswirkung des stattgebenden Urteils (§ 322 Abs 1 ZPO) einen Rückschluss auf den Streitgegenstand der (einzigen) erhobenen Klage gegen die früher zugegangene, nach dem Willen des Arbeitgebers aber später wirkende ordentliche Kündigung zu ziehen. Dem Urteilsgegenstand der stattgebenden Entscheidung entspreche es, in der Klage gegen eine erste Kündigung zugleich den fristwahrenden Angriff gegen spätere Kündigungen, die vor Ablauf der Kündigungsfrist wirken sollten, zu sehen. Das BAG geht diesen Schritt bisher aber noch nicht, weil im konkreten Einzelfall ein allgemeiner Feststellungsantrag gestellt war.[331]

57b Für das vom Zweiten Senat erwogene schützende „Schleppnetz" des erweiterten punktuellen Streitgegenstands spricht die regelmäßige Parallelität von stattgebendem, der materiellen Rechtskraft fähigem Urteilsgegenstand und Streitgegenstand. Prozessziel des Arbeitnehmers im Rahmen des erweiterten punktuellen Streitgegenstands ist es, feststellen zu lassen, dass das Arbeitsverhältnis nicht aufgrund der ordentlichen Kündigung mit Ablauf ihrer Frist aufgelöst wurde. Der Arbeitnehmer will damit regelmäßig einen „schützenden Mantel" über die Zeit vom Zugang der Kündigung bis zum Ablauf der Kündigungsfrist „breiten" und in dieser Zeit vor Beendigungs-

---

330 BAG 26.9.2013 – 2 AZR 682/12 – Rn 29 NZA 2014, 443.
331 BAG 26.9.2013 – 2 AZR 682/12 – Rn 30 NZA 2014, 443; die davon abweichende Frage, ob die Rechtskraft eines Urteils, das der Kündigungsschutzklage stattgibt, auch andere Beendigungstatbestände erfasst, die in demselben Termin wie die angegriffene Kündigung wirken sollen, lässt BAG 23.6.2009 – 2 AZR 474/07 – Rn 46 f NZA 2009, 1136 offen.

tatbeständen bewahrt sein, wenn er sich nicht ausnahmsweise auf das „Ob" der unterbliebenen Auflösung des Arbeitsverhältnisses beschränkt.[332] Der erweiternde Teil des punktuellen Streitgegenstands hat damit ähnlich wie der Streitgegenstand des allgemeinen Feststellungsantrags prophylaktische Funktion. Er schneidet gewissermaßen einen Teil der Zeitachse aus dem allgemeinen Feststellungsantrag heraus. Während der allgemeine Bestandsantrag idR zum Gegenstand hat, dass das Arbeitsverhältnis bis zum Schluss der mündlichen Verhandlung in der Tatsacheninstanz (zunächst erster Instanz) fortbesteht, beschränkt sich der erweiterte punktuelle Streitgegenstand auf die Zeit vom Zugang der Kündigung bis zum Ende der Kündigungsfrist. Der punktuelle Streitgegenstand ist damit in seiner Erweiterung auf der Zeitachse über den Zugang der Kündigung hinaus der „kleine Bruder" des allgemeinen Feststellungsantrags. Der der Klage zugrunde liegende Lebenssachverhalt iSv § 253 Abs 2 Nr 2 ZPO ist – wie beim allgemeinen Feststellungsantrag – das bei Erhebung der Klage noch zT in der Zukunft liegende Geschehen im Arbeitsverhältnis, wenn auch mit einer anderen zeitlichen Begrenzung.

Der Arbeitnehmer muss die überholende außerordentliche Kündigung im Prozess aus meiner Sicht wegen des Schutzzwecks des erweiterten punktuellen Antrags, der der Funktion des allgemeinen Feststellungsantrags ähnelt, nicht gesondert punktuell angreifen. Hierfür kann auf das System zurückgegriffen werden, das für das Verhältnis von Kündigungsschutzantrag und allgemeinem Feststellungsantrag entwickelt wurde. Die weitere, innerhalb der Kündigungsfrist zugegangene und nach dem Willen des Arbeitgebers vor dem Ende der Kündigungsfrist wirkende Kündigung ist vom Klagegrund des gegen die ordentliche Kündigung gerichteten erweiterten punktuellen Antrags erfasst, dem festzustellenden Bestand des Arbeitsverhältnisses bis zum Ablauf der Kündigungsfrist. Der Arbeitgeber ist gewarnt. Er muss wissen, dass der Arbeitnehmer den Bestand des Arbeitsverhältnisses bis zu diesem Zeitpunkt sichern will. Der Arbeitnehmer hält nach Zugang der überholenden außerordentlichen Kündigung weiter an diesem erweiterten punktuellen Antrag fest. 57c

Der Arbeitnehmer braucht die überholende Kündigung nicht in den Rechtsstreit einzuführen. Dafür gilt Entsprechendes wie für den allgemeinen Feststellungsantrag, dem der Kündigungsschutzantrag in seiner Erweiterung auf den Ablauf der Kündigungsfrist ähnelt. Der Arbeitgeber ist im Fall einer allgemeinen Bestandsklage iSv § 256 Abs 1 ZPO darlegungsbelastet für die Beendigung des Arbeitsverhältnisses.[333] Er muss sich dementsprechend auch im Rahmen einer erweiterten punktuellen Kündigungsschutzklage auf den weiteren Beendigungstatbestand berufen. Unterlässt der Arbeitgeber es, die überholende Kündigung in den Prozess einzuführen, und wird das stattgebende Urteil rechtskräftig, kann sich der Arbeitgeber in einem Folgeprozess wegen der Bindungswirkung der Erstentscheidung hinsichtlich des Bestands des Arbeitsverhältnisses noch bei Ablauf der 57d

---

332 Zu dieser Möglichkeit BAG 26.9.2013 – 2 AZR 682/12 – Rn 19 NZA 2014, 443; BAG 23.5.2013 – 2 AZR 102/12 – Rn 14 NZA 2013, 1416; BAG 26.3.2009 – 2 AZR 633/07 – Rn 16 NZA 2011, 166.
333 BAG 13.3.1997 – 2 AZR 512/96 – II 1 c AP KSchG 1969 § 4 Nr 38.

Kündigungsfrist (§ 322 Abs 1 ZPO) nicht auf eine Beendigung aufgrund der überholenden außerordentlichen Kündigung berufen.

57e Dem Arbeitnehmer kann es schon mit Blick auf den Wortlaut des § 4 Satz 1 KSchG nicht verwehrt werden, neben dem bereits erhobenen, gegen die ordentliche Kündigung gerichteten Antrag einen weiteren punktuellen Antrag zu stellen, der sich gegen die überholende außerordentliche Kündigung wendet. Dadurch tritt keine doppelte Rechtshängigkeit iSv § 261 Abs 3 Nr 1 ZPO ein, wenn mit dem Zweiten Senat angenommen wird, die Überprüfung könne sich nach dem Willen des Arbeitnehmers, selbst im Fall einer ordentlichen Kündigung, auf das „Ob" der Auflösung durch die Kündigung beschränken.[334] Mit dem gesonderten Angriff auf die überholende Kündigung löst der Arbeitnehmer diesen Überprüfungsgegenstand aus dem Grund iSd Lebenssachverhalts der erweiterten punktuellen Klage gegen die ordentliche Kündigung heraus. Der Arbeitnehmer braucht den gesonderten punktuellen Antrag nicht innerhalb der Dreiwochenfrist für die überholende außerordentliche Kündigung zu stellen, solange er den erweiterten Kündigungsschutzantrag gegen die ordentliche Kündigung aufrechterhält. Durch die Erweiterung des punktuellen Antrags gegen die ordentliche Kündigung ist der Arbeitgeber – ähnlich wie im Fall der isolierten oder kumulierten Feststellungsklage – gewarnt. Er muss wissen, dass sich der Arbeitnehmer bis zum Ende der Kündigungsfrist gegen jegliche Beendigung des Arbeitsverhältnisses wehren will.[335] Dafür spricht mittelbar auch die seit geraumer Zeit vertretene Ausklammerungsthese des Zweiten Senats. Danach ist jedenfalls bei hinreichenden Anhaltspunkten im Vortrag des Arbeitnehmers in Fällen, in denen der Arbeitgeber mehrere Kündigungen erklärt hat, davon auszugehen, der Arbeitnehmer habe die Frage, ob bei Zugang der nach dem Willen des Arbeitgebers später wirkenden Kündigung noch ein Arbeitsverhältnis zwischen den Parteien bestanden habe, aus dem Streitgegenstand dieses Kündigungsschutzantrags „ausgeklammert".[336] Auch im umgekehrten Fall der zeitlich früher wirkenden überholenden Kündigung muss es dem Arbeitnehmer möglich sein, dieses „punktuelle Sachverhaltsversatzstück" aus dem auf der Zeitschiene weiterreichenden und damit erweiterten Streitgegenstand herauszulösen, mit dem er die ordentliche Kündigung angreift.

57f Will der Arbeitnehmer demgegenüber neben der punktuellen Klage eine allgemeine Feststellungsklage erheben, um sich zB gegen Kündigungen nach Ablauf der Kündigungsfrist der bisher erklärten Kündigung zu schützen, muss das ursprünglich angebrachte Begehren sorgfältig ausgelegt wer-

---

334 BAG 26.9.2013 – 2 AZR 682/12 – Rn 19 NZA 2014, 443; BAG 23.5.2013 – 2 AZR 102/12 – Rn 14 NZA 2013, 1416; BAG 26.3.2009 – 2 AZR 633/07 – Rn 16 NZA 2011, 166.
335 Vgl für den Übergang von der allgemeinen Feststellungsklage auf den Kündigungsschutzantrag BAG 26.9.2013 – 2 AZR 682/12 – Rn 33 NZA 2014, 443; BAG 12.5.2005 – 2 AZR 426/04 – B II 1 b NZA 2005, 1259; BAG 13.3.1997 – 2 AZR 512/96 – II 1 AP KSchG 1969 § 4 Nr 38; BAG 21.1.1988 – 2 AZR 581/86 – B II 2 ff AP KSchG 1969 § 4 Nr 19.
336 Vgl nur BAG 23.5.2013 – 2 AZR 102/12 – Rn 14 ff NZA 2013, 1416; BAG 22.11.2012 – 2 AZR 732/11 – Rn 20 f NZA 2013, 665.

den. Dem BAG[337] ist darin zuzustimmen, dass eine selbständige allgemeine Bestandsklage neben der Kündigungsschutzklage idR nicht anzunehmen ist, wenn sich der Arbeitnehmer in der Antragsbegründung ausschließlich mit der Frage auseinandersetzt, ob eine konkrete Kündigung des Arbeitgebers wirksam ist, ohne den (künftigen) Fortbestand des Arbeitsverhältnisses – und sei es floskelhaft – zu erörtern. Bedenken begegnet jedoch die Folgeargumentation des Achten Senats,[338] dem Arbeitnehmer könne nicht unterstellt werden, eine ohne Darlegung eines besonderen Feststellungsinteresses[339] unzulässige allgemeine Feststellungsklage erheben zu wollen. Hier sind **zwei Sachverhaltsgestaltungen** zu trennen:[340]

- Der Arbeitnehmer beantragt im Hinblick auf die **erste** Kündigung festzustellen, dass das Arbeitsverhältnis durch sie nicht aufgelöst sei, sondern fortbestehe. Seine Klagebegründung lässt nicht erkennen, ob er befürchtet, der Arbeitgeber werde weitere Beendigungsgründe geltend machen. In diesem Fall ergibt die Auslegung des Vortrags, dass neben dem Kündigungsschutzbegehren kein weiterer Antrag gewollt ist. Der letzte Halbsatz des ausformulierten Antrags soll den Kündigungsschutzantrag nur bekräftigen, indem er die regelmäßigen Folgen einer erfolgreichen Kündigungsschutzklage ausdrückt. Ihm kommt keine selbständige prozessuale Bedeutung zu. Die zunächst ausschließlich punktuell erhobene Klage informiert den Arbeitgeber aus der Sicht eines objektiven Dritten nicht darüber, dass (erweiterter) Gegenstand des Streits der Fortbestand des Arbeitsverhältnisses bis zum Schluss der mündlichen Verhandlung in den Tatsacheninstanzen sein soll. Würde in einer derartigen Konstellation nach Ablauf der Dreiwochenfrist für die spätere Kündigung der Zweck des § 4 Satz 1 KSchG für gewahrt gehalten oder der Rechtsgedanke des § 6 Satz 1 KSchG entsprechend angewandt, würde der Gesetzeszweck des § 4 Satz 1 KSchG verfehlt. Da überhaupt keine weitere Klage gegeben ist, kommt es nicht darauf an, ob sie mangels Feststellungsinteresses unzulässig wäre. Der Rückschluss von der Zulässigkeit auf die Auslegung ist unnötig, zumal auch unzulässige Klagen die Dreiwochenfrist wahren können.[341] 58

- Abweichend ist die Klage zu interpretieren, wenn der Arbeitnehmer die oben genannte Antragsfassung wählt, neben dem Kündigungsschutzbegehren also die Feststellung des Fortbestands des Arbeitsverhältnisses anstrebt und in der Begründung der Klage zudem geltend macht, **er fürchte weitere Kündigungen oder der Gegenstand seines Begehrens sei umfassend**. Damit bringt er zum Ausdruck, dass es ihm um den Fortbestand des Arbeitsverhältnisses und nicht nur um die unterbliebene Auflösung durch die bestimmt bezeichnete Kündigung geht. Er verbindet die Kündigungsschutzklage des § 4 Satz 1 KSchG nach § 260 ZPO 59

---

337 BAG 16.3.1994 – 8 AZR 97/93 – III 2 b AP KSchG 1969 § 4 Nr 29.
338 BAG 16.3.1994 – 8 AZR 97/93 – III 2 b AP KSchG 1969 § 4 Nr 29.
339 IE Rn 75 ff.
340 Der **Zweite Senat** mahnt ebenfalls eine sorgfältige Auslegung im Einzelfall an, vgl insb BAG 12.5.2005 – 2 AZR 426/04 – B I 2, 5 und II 1 b AP KSchG 1969 § 4 Nr 53; dazu schon Rn 2, 23 und 52.
341 BAG 26.9.2013 – 2 AZR 682/12 – Rn 40 NZA 2014, 443; s auch Rn 30.

mit der allgemeinen Feststellungsklage. Obwohl der allgemeinen Bestandsklage (zunächst) das besondere Feststellungsinteresse des § 256 Abs 1 ZPO fehlt, weil sich der Kläger darauf beschränkt, die bloße abstrakte Gefahr weiterer Beendigungstatbestände mitzuteilen,[342] wahrt sie die dreiwöchige Klagefrist für die spätere Kündigung auch dann, wenn der Arbeitnehmer diese erst nach dem Ende der Frist in den Prozess einführt.[343] Nichts anderes kann gelten, wenn der Arbeitnehmer nach dem Wortlaut seines Antrags ausschließlich eine Kündigungsschutzklage erhebt, maW den letzten Halbsatz „sondern fortbesteht" nicht anbringt, aber in der Klagebegründung (floskelhaft) die Befürchtung ausdrückt, der Arbeitgeber werde sich weiterer Beendigungsgründe berühmen, es gehe ihm deswegen um die Feststellung des Fortbestands des Arbeitsverhältnisses. Dann ist der Arbeitgeber gewarnt, der Zweck des § 4 Satz 1 KSchG gewahrt. Für die Auslegung, welche Art von Antrag vorliegt, ist die Klagebegründung heranzuziehen. Der wirkliche Wille des Klägers ist zu erforschen, es ist nicht an dem buchstäblichen Sinn des Ausdrucks zu haften. Der Antragswortlaut hat hinter dem erkennbaren Sinn und Zweck des Antrags zurückzutreten.[344]

60 Daran zeigt sich, dass im Zusammenhang mit der Verbindung von Kündigungsschutz- und allgemeiner Feststellungsklage **auch seit Inkrafttreten des Arbeitsmarktreformgesetzes am 1.1.2004 noch immer drei verschiedene Fallgestaltungen** auftreten können:

61 ▪ Der Arbeitnehmer erhebt nach seinem in der Klagebegründung ausgedrückten wirklichen Willen **lediglich eine punktuelle Kündigungsschutzklage hinsichtlich einer ersten Kündigung**. Die Klagefrist für die zweite Kündigung ist versäumt, wenn er innerhalb von drei Wochen nach deren Zugang weder einen weiteren punktuellen Kündigungsschutzantrag noch einen allgemeinen Feststellungsantrag ankündigt noch binnen der Dreiwochenfrist zumindest klarstellt, er habe mit seinem früheren punktuell auszulegenden Antrag zugleich eine allgemeine Bestandsklage gemeint. Wählt er keine der drei Möglichkeiten, ist weder dem Zweck des § 4 Satz 1 KSchG genügt, noch kann § 6 Satz 1 KSchG analog angewandt werden.[345]

62 ▪ Der Arbeitnehmer verbindet in der aufgrund einer ersten Kündigung angebrachten Kündigungsschutzklage nach seinem ausdrücklich bekundeten oder schlüssig zum Ausdruck gebrachten Willen **eine Kündigungsschutzklage mit einer allgemeinen Feststellungsklage**. Er kann die zweite Kündigung unabhängig davon, ob die allgemeine Bestandsklage ursprünglich zulässig war, auch noch später als drei Wochen nach ihrem Zugang in den Rechtsstreit einführen. Das BAG hat das bisher mit dem Zweck des § 4 Satz 1 KSchG und dem Rechtsgedanken des § 6

---

342 Vgl BAG 27.1.1994 – 2 AZR 484/93 – B II 2 b (1) AP KSchG 1969 § 4 Nr 28.
343 BAG 26.9.2013 – 2 AZR 682/12 – Rn 40 NZA 2014, 443; s auch Rn 51 und 53.
344 St Rspr, vgl nur BAG 11.7.2013 – 2 AZR 597/12 – Rn 16 und für die konkrete Konstellation schon BAG 16.3.1994 – 8 AZR 97/93 – III 2 a AP KSchG 1969 § 4 Nr 29; fortgeführt von BAG 12.5.2005 – 2 AZR 426/04 – B I 2, 5 und II 1 b AP KSchG 1969 § 4 Nr 53.
345 Rn 56 ff.

Satz 1 KSchG begründet. Allerdings betont der Zweite Senat mittlerweile noch deutlicher den **Vorrang der Auslegung vor der Analogie** zu § 6 KSchG.[346] In jedem Fall handelt es sich beim Übergang von einem allgemeinen Feststellungsbegehren auf einen weiteren Kündigungsschutzantrag um keine Änderung des Klagegrundes, vielmehr um eine bloße Klagebeschränkung nach § 264 Nr 2 ZPO.[347]

■ Erhebt der Arbeitnehmer wegen der ersten Kündigung **ausschließlich eine allgemeine Bestandsklage** und nicht auch einen Kündigungsschutzantrag, gilt das soeben Gesagte entsprechend. Er kann die Klage sowohl bzgl der ersten als auch hinsichtlich der späteren Kündigung(en) noch nach Ablauf der jeweiligen Dreiwochenfrist auf punktuelle Anträge nach § 4 Satz 1 KSchG umstellen.[348] 63

(bb) **Außerordentliche und vorsorgliche ordentliche Kündigung.** Wenn der Arbeitgeber außerordentlich und vorsorglich ordentlich kündigt, erklärt er damit zwei voneinander zu unterscheidende Kündigungen. Die vorsorgliche ordentliche Kündigung steht nicht unter einer Bedingung,[349] sondern wird regelmäßig für den Fall erklärt, dass die außerordentliche Kündigung unwirksam ist. Der Arbeitnehmer muss hinsichtlich beider Kündigungserklärungen die Klagefrist einhalten, um die Fiktion des § 7 HS 1 KSchG abzuwenden.[350] Sein Begehren ist mithilfe der Klagebegründung auszulegen. Wendet er sich innerhalb der Dreiwochenfrist nur gegen die außerordentliche und nicht auch gegen die ordentliche Kündigung, gilt die ordentliche Kündigung als wirksam. Allerdings wahrt grundsätzlich auch ein lediglich auf die außerordentliche Kündigung bezogener punktueller Kündigungsschutzantrag nach einer älteren Entscheidung des BAG[351] die Dreiwochenfrist für die ordentliche Kündigung, sofern der Arbeitnehmer bis zum Ende der mündlichen Verhandlung erklärt, seine Klage umfasse auch die vorsorgliche ordentliche Kündigung. Dem ist nicht zuzustimmen, wenn die Interpretation der Klage ergibt, dass ursprünglich ein isoliertes Kündigungsschutzbegehren angebracht wurde. Dann verbietet der Gesetzeszweck des § 4 Satz 1 KSchG eine entsprechende Anwendung des § 6 Satz 1 KSchG.[352] Hat der Arbeitnehmer seine punktuelle, die außerordentliche Kündigung betreffende Klage dagegen innerhalb von drei Wochen nach Zugang der ordentlichen Kündigung mit einer allgemeinen Feststellungsklage verbunden, wahrt diese die Klagefrist auch dann, wenn er die Bestandsklage erst nach Fristablauf auf einen zweiten Kündigungsschutzantrag umstellt.[353] Entsprechendes ist anzunehmen, wenn er zunächst nur einen allgemeinen Feststellungsantrag ankündigt und von ihm nach dem Ende der beiden Klagefristen auf punktuelle Kündigungsschutzbegehren übergeht.[354] Erhebt 64

---

346 BAG 12.5.2005 – 2 AZR 426/04 – B I 2, 5 und II 1 b mwN AP KSchG 1969 § 4 Nr 53; Rn 2, 23 und 52.
347 BAG 26.9.2013 – 2 AZR 682/12 – Rn 33 NZA 2014, 443; s auch Rn 51 und 53.
348 Rn 51.
349 HM.
350 BAG 12.10.1954 – 2 AZR 36/53 – AP KSchG § 3 Nr 5.
351 16.10.1970 – 2 AZR 33/70 – AP KSchG § 3 Nr 38.
352 Detailliert Rn 56 ff und 61.
353 Rn 51, 59 und 62.
354 Rn 51 und 63.

der Arbeitnehmer zwei Kündigungsschutzanträge, ist das Begehren, das die ordentliche Kündigung betrifft, ein unechter Hilfsantrag[355] für den Fall, dass der Arbeitnehmer mit dem Antrag obsiegt, der sich auf die außerordentliche Kündigung bezieht. Entsprechendes gilt auch für den Fall, dass sich der Arbeitnehmer vorrangig gegen eine vom Arbeitgeber geltend gemachte Beendigung des Arbeitsverhältnisses kraft Gesetzes wehrt und erst in zweiter Linie eine vorsorglich erklärte Kündigung angreift.[356]

65 **(2) Änderungskündigung.** Eine Änderungskündigung ist eine „echte" Kündigung, die die Beendigung des gesamten Arbeitsverhältnisses bewirken kann.[357] Das Rechtsgeschäft setzt sich jedoch aus einem Beendigungs- und einem Angebotsteil zusammen. Zu der Kündigung tritt das Angebot der Fortsetzung des Arbeitsverhältnisses zu geänderten Bedingungen hinzu.[358]

66 **(a) Annahme unter Vorbehalt.** Nimmt der Arbeitnehmer das Änderungsangebot innerhalb der Kündigungsfrist oder spätestens binnen drei Wochen nach Zugang der Kündigung unter dem Vorbehalt an, dass die Änderung der Arbeitsbedingungen nicht sozial ungerechtfertigt ist (§ 2 Satz 1 und 2 KSchG), muss er nach dem jetzigen Gesetzeswortlaut bei einer schriftlichen Änderungskündigung Klage auf Feststellung erheben, dass die Änderung der Arbeitsbedingungen sozial ungerechtfertigt oder aus anderen Gründen rechtsunwirksam ist (§ 4 Satz 2 KSchG).[359] **Der Vorbehalt des § 2 Satz 1 KSchG ist allerdings immer noch verengt auf die sozialwidrige Änderung der Arbeitsbedingungen.** Meines Erachtens wurde § 2 Satz 1 KSchG versehentlich nicht angepasst, indem dem Arbeitnehmer nicht ausdrücklich eine Annahme des Änderungsangebots unter dem Vorbehalt der sozialen Rechtfertigung und ihrer Wirksamkeit im Übrigen ermöglicht wurde. Bereits vor Inkrafttreten des Arbeitsmarktreformgesetzes am 1.1.2004 wurde überwiegend die Auffassung vertreten, Streitgegenstand der Änderungsschutzklage sei nicht nur die soziale Rechtfertigung der Änderung der Arbeitsbedingungen, sondern ihre Wirksamkeit insgesamt.[360]

---

355 Dazu zB BAG 21.11.2013 – 2 AZR 474/12 – Rn 18 ff.
356 BAG 21.11.2013 – 2 AZR 474/12 – Rn 18 ff EzA-SD 2014 Nr 13, 3; BAG 21.11.2013 – 2 AZR 495/12 – Rn 20 ff ZTR 2014, 425; BAG 21.11.2013 – 2 AZR 598/12 – Rn 18 ff ZTR 2014, 490.
357 Vgl zu den prozessualen Fragen der Änderungskündigung auch Rn 5, 6, 7, 97, 160 und 173 ff mwN.
358 BAG 17.5. 2001 – 2 AZR 460/00 – II 2 b bb EzA BGB § 620 Kündigung Nr 3; KR/Rost/Kreft § 2 KSchG Rn 12, der aber zu Recht darauf hinweist, es dürfe nicht aus den Augen verloren werden, dass es sich um einen im tatsächlichen und rechtlichen Sinn einheitlichen Tatbestand handle; vgl zu den Details der Rechtsnatur der Änderungskündigung § 2 KSchG Rn 5 ff.
359 Dazu Rn 6 und 66 mit den empfohlenen Antragsformulierungen und weiteren Nachweisen.
360 In der Rspr zB BAG 23.3.1983 – 7 AZR 157/83 – I 3 AP KSchG 1969 § 6 Nr 1; BAG 21.1.1993 – 2 AZR 330/92 – A AP MitbestG Schleswig-Holstein § 52 Nr 1. In der zweiten Entscheidung wird jedoch offengelassen, ob der Streitgegenstand einer Änderungsschutzklage stets die generelle Unwirksamkeit der Änderung der Arbeitsbedingungen ist. Das Problem wird über eine Auslegung des Klägervortrags gelöst, weil der Arbeitnehmer im konkreten Fall auch und vorrangig andere Unwirksamkeitsgründe gerügt hatte. In der Lit wie hier KR/Friedrich 6. Aufl § 4 KSchG Rn 290; KR/Rost 6. Aufl § 2 KSchG Rn 155 ff; v. Hoynigen-Huene/Linck 13. Aufl § 4 Rn 93; Löwisch 8. Aufl § 2 KSchG Rn 56; Richardi ZfA 1971, 102; aA Schreiber SAE 1989, 136, 137.

Der Erste Senat formuliert in seiner Entscheidung vom 24.8.2004,[361] die nach Inkrafttreten des Arbeitsmarktreformgesetzes, aber noch zu § 4 Satz 2 KSchG aF erging, allerdings präziser:[362] Gegenstand einer Änderungsschutzklage nach § 4 Satz 2 KSchG aF sei nicht der Bestand des Arbeitsverhältnisses insgesamt, sondern – aufgrund der unter Vorbehalt erklärten Annahme nach § 2 Satz 1 KSchG – lediglich die Änderung der Arbeitsbedingungen. Die Wirksamkeit der (Änderungs-)Kündigung – also des Kündigungselements – sei demgegenüber nicht Gegenstand der Änderungsschutzklage iSv § 4 Satz 2 KSchG aF. Habe der Arbeitnehmer die Änderungskündigung unter Vorbehalt angenommen, gehe es nicht um den Bestand des Arbeitsverhältnisses, sondern um dessen Inhalt, die geltenden Vertragsbedingungen. Die Änderungsschutzklage ziele dementsprechend auf die Feststellung, dass für das Arbeitsverhältnis nicht die Arbeitsbedingungen gälten, die in dem mit der Kündigung verbundenen Änderungsangebot des Arbeitgebers enthalten seien.[363] Dem hat sich der Zweite Senat angeschlossen.[364] Der Überprüfung der Wirksamkeit und nicht nur der Sozialwidrigkeit der Änderung der Arbeitsbedingungen liegt ungeachtet dieser Klarstellung die Überlegung zugrunde, dass Beendigungsschutzklage und Änderungsschutzklage im Hinblick auf die zu überprüfenden Unwirksamkeitsgründe parallel behandelt werden sollen. Ebenso wie der Arbeitnehmer in einem Folgeprozess nach Rechtskraft des klageabweisenden Urteils in der Beendigungsschutzklage nicht auf andere Unwirksamkeitsgründe der Beendigungskündigung iSv § 13 Abs 3 KSchG berufen kann und konnte,[365] soll er nach Rechtskraft der Klageabweisung in der Änderungsschutzklage keine sonstigen Mängel der Änderung mehr geltend machen können.[366] Das seit 1.1.2004 erweiterte punktuelle Begehren des § 4 Satz 2 KSchG erlaubt es dem Gericht mittlerweile ohne die früheren Auslegungsschwierigkeiten, die Änderung nicht allein auf ihre soziale Rechtfertigung, sondern auch auf andere Unwirksamkeitsgründe zu überprüfen. Mit der bisherigen Rechtsprechung und erst recht vor dem Hintergrund der Änderung des § 4 Satz 2 KSchG meine ich, **dass der Arbeitnehmer das Än-**

---

361 BAG 24.8.2004 – 1 AZR 419/03 – A I 2 und B I zu dem Problem der sog überflüssigen Kündigung mwN aus der Rspr des Zweiten Senats AP KSchG 1969 § 2 Nr 77; s auch Rn 5.
362 Diese Klarstellung soll der von Wallner in: Die Änderungskündigung 1. Aufl Rn 640 ff geäußerten berechtigten Kritik an der Ungenauigkeit meiner Ausführungen zum Streitgegenstand der Änderungsschutzklage in der 2. Aufl Rechnung tragen.
363 Zu allem BAG 24.8.2004 – 1 AZR 419/03 – A I 2 und B I AP KSchG 1969 § 2 Nr 77.
364 BAG 19.7.2012 – 2 AZR 25/11 – Rn 20 AP KSchG 1969 § 2 Nr 155; 26.1.2012 – 2 AZR 102/11 – Rn 13 AP KSchG 1969 § 2 Nr 153.
365 Rn 169 f.
366 Rn 173 f. Vgl zu dem davon zu unterscheidenden Fall der nicht fristgerechten Erhebung einer Änderungsschutzklage, in dem es dem Arbeitnehmer nach umstrittener Auffassung des BAG unter Geltung des alten Rechts auch noch nach Ablauf der Dreiwochenfrist möglich sein sollte, iR einer allgemeinen Feststellungsklage oder einer Leistungsklage sonstige Unwirksamkeitsgründe geltend zu machen, Rn 175 f.

derungsangebot spiegelbildlich auch unter dem Vorbehalt sonstiger Unwirksamkeitsgründe annehmen kann.[367]

- Das gilt jedenfalls, wenn allgemeiner Kündigungsschutz besteht, also die Wartezeit des § 1 Abs 1 KSchG vollendet und die Mindestbeschäftigtenzahl des § 23 Abs 1 Satz 2 und 3 KSchG erreicht ist.

- Ob die Annahme unter dem Vorbehalt der Wirksamkeit der Änderung der Arbeitsbedingungen auch dem Arbeitnehmer ermöglicht werden soll, der **keinen allgemeinen Kündigungsschutz genießt**, sich auf die Sozialwidrigkeit der Änderung also nicht berufen kann, ist dagegen schwieriger zu beantworten. Obwohl § 23 Abs 1 Satz 2 KSchG nF ebenso wie § 13 Abs 3 KSchG umfassend auf §§ 4 bis 7 KSchG – dh auch auf § 4 Satz 2 KSchG – verweist, wird § 2 KSchG als Bestandteil des ersten Abschnitts des KSchG von der Bestimmung gerade nicht in Bezug genommen.[368] Aus meiner Sicht muss einem Arbeitnehmer, der nicht unter dem Schutz des ersten Abschnitts des KSchG steht, die privatrechtsgestaltende Annahme der angebotenen Änderung unter Vorbehalt dennoch offenstehen. Sonst träte ein Wertungswiderspruch gegenüber der außerordentlichen Änderungskündigung auf, deren Unwirksamkeit mit einer Änderungsschutzklage entsprechend §§ 13 Abs 1 Satz 2, 4 Satz 2 KSchG geltend gemacht werden kann.[369] Auch bei ihr ist ein anderer Prüfungsmaßstab als die soziale Rechtfertigung der Änderung der Arbeitsbedingungen anzulegen. Dieser Schluss ist allerdings nicht zwingend. Die Geltung der §§ 4 bis 7 KSchG auch für Arbeitnehmer ohne allgemeinen Kündigungsschutz wurde erst mit der Neufassung des § 23 Abs 1 Satz 2 KSchG durch das Arbeitsmarktreformgesetz eingeführt. §§ 4 Satz 1 (und entsprechend auch Satz 2) bis 7 KSchG fanden auf die außerordentliche Änderungs- und Beendigungskündigung nach dem bis 31.12.2003 maßgeblichen Recht demgegenüber nur Anwendung, wenn die Voraussetzungen der §§ 1 Abs 1 und 23 Abs 1 Satz 2 KSchG erfüllt waren. Daraus könnte gefolgert werden, dass die Änderungsschutzklage nach neuem Recht sowohl für die außerordentliche als auch für die ordentliche Änderungskündigung verschlossen ist, wenn kein allgemeiner Kündigungsschutz besteht. Mir scheint der umgekehrte Gesetzeszweck angesichts der umfassenden Verweisung des § 23 Abs 1 Satz 2 KSchG auf §§ 4 bis 7 KSchG näherzuliegen. **Die Bezugnahme auf die Änderungsschutzklage des § 4 Satz 2 KSchG auch für Arbeitnehmer ohne allgemeinen Kündigungsschutz ist nur sinnvoll, wenn der Kläger die materiellrechtliche Möglichkeit hat, die Änderung unter Vorbehalt anzunehmen.** § 4 Satz 2 KSchG gilt über § 23 Abs 1 Satz 2 KSchG unmittelbar, § 2 KSchG entsprechend. Kleinbetriebe werden durch eine solche Auslegung und Analogie nicht über Gebühr belastet. Leidet die Änderungskündigung an einem sonstigen

---

367 Ebenso schon BAG 28.5.1998 – 2 AZR 615/97 – II 2 und 3 zu der früheren Rechtslage AP KSchG 1969 § 2 Nr 48; wie hier nach jetzigem Recht § 8 KSchG Rn 2 f.
368 Zu der Anwendbarkeit der §§ 4 bis 7 KSchG nicht nur auf Arbeitnehmer in Kleinbetrieben, sondern auch auf Arbeitnehmer in der Wartezeit Rn 4 und BAG 9.2.2006 – 6 AZR 283/05 – Rn 17 f AP KSchG 1969 § 4 Nr 56.
369 Rn 6 mwN.

Mangel, kann ihre Unwirksamkeit auch in einem Kleinbetrieb im Rahmen einer Beendigungsschutzklage nach §§ 4 Satz 1, 13 Abs 3 KSchG geltend gemacht werden. Die Beeinträchtigung des bei der Änderungsschutzklage in jedem Fall fortbestehenden Arbeitsverhältnisses durch eine gerichtliche Auseinandersetzung ist aufgrund des erkennbaren Gesetzeszwecks trotz der engen Gemeinschaft in einem Kleinbetrieb hinzunehmen.

Für die Änderungsschutzklage sind in diesem Fall alternativ die **Antragsfassungen** zu empfehlen:

▶ Es wird festgestellt, dass die Änderung der Arbeitsbedingungen durch die Änderungskündigung des/der Beklagten vom ... rechtsunwirksam ist.[370]

Es wird festgestellt, dass das Arbeitsverhältnis der Parteien durch die Änderungskündigung des/der Beklagten vom ... inhaltlich nicht geändert worden ist.[371] ◀

(b) **Ablehnung des Änderungsangebots.** Der Arbeitgeber kann den Änderungsantrag auf zwei Weisen mit der Kündigung verbinden:

- Entweder spricht er die Kündigung **unbedingt** aus und bietet daneben die veränderte Fortsetzung des Arbeitsverhältnisses an oder
- er erklärt die Kündigung unter der **aufschiebenden Bedingung**, dass der Arbeitnehmer das Änderungsangebot ablehnt. Diese bedingte Kündigung ist ausnahmsweise zulässig, weil der Eintritt der Bedingung vom Willen des Kündigungsempfängers abhängt.[372]

Lehnt der Arbeitnehmer den Änderungsantrag ab, muss er ungeachtet dessen, wie der Arbeitgeber die beiden Teile des Rechtsgeschäfts verknüpft, den Antrag nach § 4 **Satz 1** KSchG stellen. (Es wird festgestellt, dass das Arbeitsverhältnis der Parteien durch die Kündigung des/der Beklagten vom ... nicht aufgelöst ist.) Dann steht die **Beendigung des Arbeitsverhältnisses** im Streit. **Prüfungsmaßstab** der Wirksamkeit der erklärten Kündigung ist dennoch die Wirksamkeit der mit der Änderungskündigung verfolgten **Änderung der Arbeitsbedingungen**.[373]

b) **Form der Klage.** Die Klage muss in deutscher Sprache verfasst werden, weil die Gerichtssprache nach § 184 Satz 1 GVG deutsch ist. Das Gericht darf in anderen Sprachen abgefasste Schriftsätze unabhängig davon nicht zur Kenntnis nehmen, ob es der fremden Sprache selbst mächtig ist oder sich den Schriftsatz übersetzen lassen kann.[374] Eine nicht in deutscher Sprache formulierte Kündigungsschutzklage wahrt deswegen aus Gründen der Rechtssicherheit nicht die Klagefrist des § 4 Satz 1 KSchG.[375]

Nach §§ **253 Abs 4, 130 Nr 6 ZPO sollen** die vorbereitenden Schriftsätze die Unterschrift der Person enthalten, die den Schriftsatz verantwortet, bei

---

370 Zu der berechtigten Kritik Wallners in: Die Änderungskündigung Rn 640 ff an der in der 2. Aufl empfohlenen Formulierung Rn 6.
371 APS/Künzl § 2 KSchG Rn 330.
372 Sog Potestativbedingung, vgl Rn 140.
373 Detailliert Rn 5 und § 2 KSchG Rn 30 und 38.
374 BAG 17.2.1982 – 7 AZR 846/79 – II 2 b AP SchwbG § 15 Nr 1.
375 KR/Friedrich § 4 KSchG Rn 167 b; APS/Hesse § 4 KSchG Rn 112. Der Mangel wird idR nicht durch eine nachträgliche Zulassung der Klage nach § 5 KSchG behoben werden können, er ist verschuldet. vHH/L/Linck § 4 Rn 36 und Zöller/Lückemann ZPO § 184 GVG Rn 7 weisen darauf hin, dass nach § 184 Satz 2

Gallner

Übermittlung durch einen Telefaxdienst (Telekopie) die Wiedergabe der Unterschrift in der Kopie. Trotz der Sollvorschrift hält die Rechtsprechung die Unterschrift der Partei oder ihres Prozessbevollmächtigten bei bestimmenden Schriftsätzen – also insbesondere der Klageschrift – immer noch für ein zwingendes Wirksamkeitserfordernis.[376] Die Klage ist deshalb grundsätzlich vom Kläger oder seinem Prozessbevollmächtigten **eigenhändig zu unterzeichnen**, wenn sie nicht zu Protokoll der Geschäftsstelle des Arbeitsgerichts erklärt wird. Die Unterschrift muss durch ein **individuelles Schriftbild** gekennzeichnet sein, eine sog Paraphe reicht nicht aus.[377] Ist der als Klage bezeichnete Schriftsatz nicht unterschrieben, handelt es sich idR um einen **bloßen Klageentwurf**, der die Dreiwochenfrist nicht einhalten kann.[378]

Hinweise:

- Wenn die Klage nicht unterzeichnet ist, genügt es der Schriftform allerdings, wenn sich aus einem dem Klageentwurf **beigefügten Schriftstück** – bspw einer mit der Unterschrift des Rechtsanwalts versehenen Abschrift – ersehen lässt, dass die Klage mit Wissen und Wollen des Verfassers bei Gericht eingegangen ist.[379]
- Um das annehmen zu können, reicht eine dem Klageentwurf beiliegende, vom Kläger eigenhändig unterschriebene Prozessvollmacht aber nicht aus.[380]
- Umgekehrt genügt es, wenn sich aus einem innerhalb der Klagefrist eingereichten Schriftsatz desselben Rechtsanwalts, von dem der Klageentwurf stammt, entnehmen lässt, dass die nicht unterzeichnete Klage mit seinem Wissen und Wollen eingereicht wurde.[381]
- Bei **Massenverfahren** betrachtet es das BAG als ausreichend, wenn nur einzelne und nicht alle Klageschriften eigenhändig durch den Prozessbevollmächtigten unterschrieben werden, seine Unterschrift vielmehr durch Matrizen vervielfältigt wird, beim Arbeitsgericht aber innerhalb der jeweiligen Klagefrist in sämtlichen Rechtsstreitigkeiten ein unterzeichneter Schriftsatz des Prozessbevollmächtigten eingeht.[382]

GVG für Sorben in ihren Heimatkreisen in der Lausitz (Brandenburg und Sachsen) eine Ausnahme von der deutschen Gerichtssprache gilt. Sie können dort fristwahrend Schriftsätze **in sorbischer Sprache** bei Gericht einreichen, die von Amts wegen zu übersetzen sind.
376 Vgl zB BAG 24.11.2011 – 2 AZR 614/10 – Rn 12 NZA 2012, 413; Zöller/Greger ZPO § 130 ZPO Rn 7 mwN und einer sehr krit Stellungnahme hierzu in Rn 21, der zu Recht auf denkbare Wertungswidersprüche bei zu hohen formalen Anforderungen an die „traditionellen" Übermittlungsformen gegenüber den künftig sehr weitgehenden Möglichkeiten der Übermittlung elektronischer Dokumente aufmerksam macht; vgl auch den Lösungsvorschlag von Zöller/Greger ZPO § 130 ZPO Rn 22 f.
377 BAG 27.3.1996 – 5 AZR 576/94 – AP ZPO § 518 Nr 67 für die Revisionsbegründung (Paraphe in einem Telefax).
378 BAG 26.1.1976 – 2 AZR 506/74 – AP KSchG 1969 § 4 Nr 1.
379 BAG 26.1.1976 – 2 AZR 506/74 – AP KSchG 1969 § 4 Nr 1; BAG 26.6.1986 – 2 AZR 358/ 85 – AP KSchG 1969 § 4 Nr 14.
380 BAG 26.1.1976 – 2 AZR 506/74 – AP KSchG 1969 § 4 Nr 1 und BAG 26.6.1986 – 2 AZR 358/85 – AP KSchG 1969 § 4 Nr 14.
381 LAG Hamm 20.7.1990 – 8 Ta 314/89 – LAGE KSchG § 4 Nr 18.
382 BAG 14.2.1978 – 1 AZR 154/76 – AP GG Art 9 Arbeitskampf Nr 60.

- Die bevollmächtigten Rechtsanwälte können die durch einen nicht bevollmächtigten Anwalt erhobene Klage noch nach Ablauf der Klagefrist nach § 89 Abs 2 ZPO **genehmigen**.[383]
- Wird die Klage durch den Prozessbevollmächtigten unterzeichnet, **die Prozessvollmacht jedoch erst nach Ablauf der Dreiwochenfrist nachgereicht**, ist das unschädlich.[384]
- Ergibt eine Auslegung des Begehrens, dass eine Kündigungsschutzklage nur unter der **Bedingung** erhoben werden soll, dass **Prozesskostenhilfe** gewährt wird, und kann die Prozesskostenhilfe erst nach dem Ende der Dreiwochenfrist bewilligt werden, weil die erforderlichen Unterlagen nach diesem Zeitpunkt eingereicht werden, ist die Klagefrist versäumt.[385]
- Die Klagefrist des § 4 KSchG führt nicht dazu, dass **Prozesskostenhilfe** rückwirkend auf einen Zeitpunkt bewilligt werden kann, in dem der Antrag und/oder die nach § 117 Abs 2 Satz 1 und Abs 4 ZPO beizufügenden Unterlagen noch unvollständig sind. Die Mittellosigkeit ist kein Hindernis für eine rechtzeitige Klageerhebung, weil an eine Kündigungsschutzklage nur geringe Anforderungen zu stellen sind, zumal dem Arbeitnehmer die Rechtsantragsstelle des Arbeitsgerichts zur Verfügung steht und Kostenvorschüsse nicht erhoben werden.[386]

Dem Schriftformerfordernis war bereits nach der ständigen bisherigen Rechtsprechung vor der Neufassung des § 130 Nr 6 ZPO genügt, wenn der Kläger oder sein Prozessbevollmächtigter die Klage per **Telefax/Telekopie** einreichte, sofern

- die Vorlage unterzeichnet und
- die Unterschrift auf der Kopie wiedergegeben war.[387]

Das **BVerwG** ließ eine per **Bildschirmtext** erhobene Klage genügen, bei der eine Unterschrift nicht abgebildet werden kann.[388] Entscheidend war aus seiner Sicht, ob sich aus dem bestimmenden Schriftsatz allein oder iVm den Begleitumständen die Urheberschaft und der Wille, das Schreiben in Verkehr zu bringen, hinreichend sicher ergaben, ohne dass darüber Beweis erhoben werden musste. Das **BSG**[389] und der **BFH**[390] hatten für sog **Computerfaxe** ähnliche Standpunkte eingenommen. Der **BGH** hielt dagegen eine durch Computerfax übermittelte Rechtsmittelbegründung wegen fehlender

---

383 ArbG Berlin 20.3.1990 – 27 Ca 14/90 – EzA KSchG § 1 Personenbedingte Kündigung Nr 4.
384 BAG 7.2.1958 – 1 AZR 576/56 – AP PersVG § 70 Kündigung Nr 1.
385 LAG Köln 11.3.1996 – 10 Sa 22/96 – LAGE KSchG § 4 Nr 34; dazu auch § 5 KSchG Rn 52; ArbG Herne 27.2.2013 – 5 Ca 2866/12 – II 1; abl Gravenhorst jurisPR-ArbR 20/2013 Anm 3.
386 BAG 8.11.2004 – 3 AZB 54/03 – II 2 b cc BAGReport 2005, 379 mit Anm Schwab.
387 BAG 14.1.1986 – 1 ABR 86/83 – AP ArbGG 1979 § 94 Nr 2.
388 BVerwG 19.12.1994 – 5 B 79.94 – NJW 1995, 2121.
389 BSG 15.10.1996 – 14 Beg 9/96 – MDR 1997, 374: Das Computerfax war auf einem PC erstellt und mithilfe eines Computermodems an das Telefaxgerät des LSG übermittelt worden. Der dort entstandene Ausdruck endete mit dem Namen und der Anschrift der Klägerin sowie dem Hinweis „Dieser Brief wurde maschinell erstellt, wird nicht eigenhändig unterschrieben."
390 BFH 11.11.1997 – VII B 108/97 – BFH/NV 1998, 604.

Unterzeichnung des Prozessbevollmächtigten für unwirksam und legte die Rechtsfrage deshalb dem **Gemeinsamen Senat der obersten Gerichtshöfe des Bundes** zur Entscheidung vor.[391] Für Computerfaxe stellte der Gemeinsame Senat am 5.4.2000 folgende Grundsätze auf:[392]

In Prozessen **mit Vertretungszwang** können bestimmende Schriftsätze formwirksam

- durch elektronische Übertragung einer Textdatei
- auf ein Faxgerät des Gerichts

übermittelt werden. Da Verfahrensvorschriften kein Selbstzweck sind, sondern die materiellen Rechte der Prozessbeteiligten sichern sollen, ist maßgeblich, dass

- dem Schriftstück der Inhalt der Erklärung und
- die Person, von der diese Erklärung ausgehen soll, hinreichend deutlich entnommen werden können.

Daneben muss feststehen, dass es sich nicht nur um einen Entwurf handelt, sondern das Schriftstück dem Gericht mit Wissen und Wollen des Berechtigten zugeleitet worden ist.[393]

Auch **Telegramme**[394] oder **Fernschreiben** wahren das Schriftformerfordernis.[395] Demnach besteht nach Ansicht des Gemeinsamen Senats kein Grund, einem elektronisch übermittelten Computerfax die Schriftformqualität abzusprechen, wenn die oben genannten Voraussetzungen erfüllt sind. Die Person des Erklärenden kann idR dadurch eindeutig bestimmt werden, dass

- seine Unterschrift eingescannt oder
- der Hinweis angebracht ist, dass der benannte Urheber wegen der gewählten Übertragungsform nicht unterzeichnen kann.

Der Gemeinsame Senat vertritt die Auffassung, in einer solchen Situation könne der Wille, dem Gericht den Schriftsatz zuzuleiten, in Prozessen **mit Vertretungszwang** nicht ernsthaft bezweifelt werden.[396] Da vor den Arbeitsgerichten im ersten Rechtszug kein Vertretungszwang besteht, hätten hier höhere Anforderungen an die Individualisierbarkeit des Urhebers angenommen werden können. Neben der eingescannten Unterschrift oder dem Hinweis auf die unterbleibende Unterzeichnung hätten ggf weitere Umstände hinzutreten müssen, um den Verantwortenden erkennen zu lassen. Das Problem ist aber mittlerweile durch die **Neufassung des § 130 Nr 6 ZPO** teilweise kodifikatorisch gelöst, der über § 46 Abs 2 Satz 1 ArbGG auch auf das arbeitsgerichtliche Verfahren des ersten Rechtszugs anzuwenden ist. Allerdings ist die Bedeutung der erst im Vermittlungsausschuss eingefügten Legaldefinition des § 130 Nr 6 HS 2 ZPO nicht ganz

---

391 BGH 29.9.1998 – XI ZR 367/97 – NJW 1998, 3649.
392 GmSOGB 5.4.2000 – GmS-OGB 1/98 – III 3 AP ZPO § 129 Nr 2.
393 GmSOGB 5.4.2000 – GmS-OGB 1/98 – III 1 AP ZPO § 129 Nr 2.
394 Selbst auf das telefonisch aufgegebene Telegramm trifft das zu, bei dem keine vom Absender unterzeichnete Urschrift vorhanden ist, vgl GmSOGB 5.4.2000 – GmS-OGB 1/98 – III 3 AP ZPO § 129 Nr 2.
395 GmSOGB 5.4.2000 – GmS-OGB 1/98 – III 2 mvwN AP ZPO § 129 Nr 2.
396 GmSOGB 5.4.2000 – GmS-OGB 1/98 – III 3 AP ZPO § 129 Nr 2.

klar. Soweit ersichtlich, war beabsichtigt, das durch den Gemeinsamen Senat als schriftformgerecht anerkannte Computerfax den Telefaxdiensten und nicht den elektronischen Dokumenten des § 130 a ZPO oder des § 46 c ArbGG[397] zuzuordnen.[398] Beim Computerfax ist die Textdatei im PC des Absenders zwar ein elektronisches Dokument. Bei Gericht wird die Datei aber als papierförmige Telekopie durch das Faxgerät ausgedruckt.[399] Die Übermittlung bestimmender Schriftsätze durch „traditionelles" Telefax bleibt jedenfalls uneingeschränkt zulässig.[400] Bei Telefax und Telebrief muss die Aufgabeurschrift unterschrieben sein, ein Faksimilestempel genügt bspw nicht. Auf die Handschriftlichkeit wird nur für den Ausdruck bei Gericht verzichtet. Es läge deshalb nahe, beim Computerfax eine eingescannte Unterschrift zu verlangen. Allerdings geht § 130 Nr 6 HS 2 ZPO erkennbar auf die **Entscheidung des Gemeinsamen Senats vom 5.4.2000**[401] zurück. Der Gemeinsame Senat hat eine eingescannte Unterschrift aber gerade nicht ausschließlich verlangt. Deshalb befürworteten es Teile von Rechtsprechung und Literatur, die Vorschrift dahin auszulegen, dass der Hinweis auf die nicht mögliche Unterzeichnung des benannten Urhebers wegen der gewählten Übertragungsform genügt.[402] Über die Kontroverse ist noch immer nicht in allen Facetten entschieden. Der **BGH** geht mit Billigung des **BVerfG** davon aus, dass eine eingescannte Unterschrift für das Computerfax ausreicht, während sie für das gewöhnliche Telefax nicht genügt.[403] Der **BFH** nimmt jedoch an, eine mit eingescannter Unterschrift des Prozessbevollmächtigten durch Telefax eingelegte Klage entspreche jedenfalls dann den Schriftformanforderungen des § 64 Abs 1 FGO, wenn der Bevollmächtigte sie an einen Dritten mit der tatsächlich ausgeführten Weisung „maile", sie auszudrucken und per Telefax an das Gericht zu senden.[404]

Mit Wirkung vom 1.8.2001 wurde in das ArbGG durch das Gesetz zur Anpassung der Formvorschriften des Privatrechts und anderer Vorschriften

71

---

397 Dazu Rn 71.
398 BT-Drucks 14/6044 S 2.
399 Näher Zöller/Greger ZPO § 130 ZPO Rn 18 a, § 130 a Rn 1 und GK-ArbGG/Schütz Stand Juli 2011 § 46 c Rn 16.
400 ZB BAG 18.7.2013 – 6 AZR 420/12 – Rn 22 NZA 2014, 109.
401 GmS-OGB 1/98 – AP ZPO § 129 Nr 2.
402 BGH 14.3.2001 – XII ZR 51/99 – 2 a NJW 2001, 1581 interpretiert die Entscheidung des Gemeinsamen Senats in einem obiter dictum dahin, dass die Urheberschaft ggf auch auf andere Weise als durch eine eingescannte Unterschrift kenntlich gemacht werden könne. Der BGH ließ die Frage offen, weil es sich im konkreten Fall um eine Telekopie und kein Computerfax handelte. Auch BGH 10.5.2005 – XI ZR 128/04 – B II 1 c NJW 2005, 2086 lässt das Problem auf sich beruhen; weiter gehend BVerwG 30.3.2006 – 8 B 8/06 – 2 NJW 2006, 1989 zum Funkfax. Für die Telekopie wird in der Entscheidung des BGH vom 14.3.2001 am Erfordernis der Wiedergabe der Unterschrift festgehalten. Vgl zu der Kontroverse auch Zöller/Greger ZPO § 130 ZPO Rn 18 a mwN.
403 BGH 10.10.2006 – XI ZB 40/05 – Rn 6 ff NJW 2006, 3784; verfassungsrechtlich „bestätigt" durch BVerfG 18.4.2007 – 1 BvR 110/07 – Rn 8 ff NJW 2007, 3117; s auch BGH 15.7.2008 – X ZB 8/08 – Rn 11 NJW 2008, 2649.
404 BFH 22.6.2010 – VIII R 38/08 – Rn 24 ff DB 2010, 2034 mit darstellender Bspr Köbler FA 2010, 365.

an den modernen Rechtsgeschäftsverkehr (FormVAnpG)[405] § 46b aF eingefügt. Die Bestimmung wurde durch Art. 4 Nr 3 des Gesetzes zur Verbesserung der grenzüberschreitenden Forderungsdurchsetzung und Zustellung[406] in § 46c ArbGG umnummeriert. Sie entspricht weitgehend § 130a ZPO, geht dieser Norm aber spezialgesetzlich vor.[407] Die Vorschrift ist im arbeitsgerichtlichen Verfahren die prozessuale Folge der Änderung der Schriftformregelungen des BGB, vor allem der §§ 126 Abs 3 und 127 BGB sowie der neu eingefügten §§ 126a[408] und 126b[409] BGB.[410] Ein **elektronisches Dokument** wird mithilfe von Mitteln der Informatik elektronisch hergestellt und besteht aus

- Codierung,
- Struktur,
- Daten und
- Format.[411]

Die **Art der Übermittlung** ist gesetzlich nicht vorgegeben, denkbar sind Datenträgeraustausch (zB durch CD-ROMs) oder elektronische Fernübermittlung (etwa durch E-Mails). Die Versendung per Telefax oder Computerfax gehört nicht dazu, sie unterfällt § 130 Nr 6 ZPO.[412] § 46c ArbGG gilt für **alle vorbereitenden Schriftsätze, insbesondere auch für bestimmende Schriftsätze** wie die Klageschrift oder Rechtsmittel- und Rechtsmittelbegründungsschriften.[413] Nach § 46c Abs 1 Satz 2 ArbGG soll die verantwortende Person das Dokument mit einer **qualifizierten elektronischen Signatur** nach dem Signaturgesetz[414] versehen.[415] Sie soll sicherstellen, dass

---

405 Vom 13.7.2001 BGBl I S 1542. Das Gesetz setzte zwei Richtlinien um, die Richtlinie über die gemeinschaftlichen Rahmenbedingungen für elektronische Signaturen vom 13.12.1999 (1999/93/EG) und die Richtlinie über den elektronischen Geschäftsverkehr vom 8.6.2000 (2000/31/EG). Die Richtlinien fordern eine Gleichstellung der elektronischen Signatur mit der Unterschrift. Daneben sollen die Beweismöglichkeiten des Gerichtsverfahrens der elektronischen Übermittlung zugänglich gemacht werden (vgl zum Anscheinsbeweis bei qualifizierter elektronischer Signatur § 371 a BGB iVm § 415 Satz 2 ZPO, zu der Akteneinsicht bei elektronischen Prozessakten § 299 Abs 3 ZPO und zum Datenträgerarchiv elektronischer Prozessakten § 299 a ZPO); näher GMP/Germelmann § 46 c Rn 1 und GK-ArbGG/Schütz Stand Juli 2011 § 46 c Rn 7 und 12.
406 Vom 30.10.2008 BGBl I S 2122.
407 Näher GMP/Germelmann § 46 c Rn 1; GK-ArbGG/Schütz Stand Juli 2011 § 46 c Rn 3 bis 5, 12.
408 Nach § 126 a Abs 1 BGB muss der Aussteller der Erklärung seinen Namen hinzufügen und das elektronische Dokument mit einer qualifizierten elektronischen Signatur nach dem Signaturgesetz versehen, wenn die gesetzlich vorgeschriebene Form durch die **elektronische Form** ersetzt werden soll.
409 Ist durch eine gesetzliche Bestimmung **Textform** vorgeschrieben, muss die Erklärung nach § 126 b BGB in einer Urkunde oder auf andere zur dauerhaften Wiedergabe in Schriftzeichen geeignete Weise abgegeben, die Person des Erklärenden genannt und der Abschluss der Erklärung durch Nachbildung der Namensunterschrift oder anders erkennbar gemacht werden.
410 GMP/Germelmann § 46 c Rn 2; GK-ArbGG/Schütz Stand Juli 2011 § 46 c Rn 4.
411 GMP/Germelmann § 46 c Rn 5.
412 Rn 70.
413 GMP/Germelmann § 46 c Rn 7.
414 Vom 16.5.2001 BGBl I S 876.
415 Dazu iE GMP/Germelmann § 46 c Rn 10 ff; GK-ArbGG/Schütz § 46 c Stand Juli 2011 Rn 26.

das Dokument authentisch ist. Elektronische Dokumente können bei Gericht nur eingereicht werden, wenn es über die technischen Einrichtungen verfügt, um sie weiterbearbeiten zu können. Um sicherzustellen, dass solche Einrichtungen vorhanden sind, sieht § 46 c Abs 2 ArbGG vor, dass die Bundesregierung und die Landesregierungen für ihren Bereich[416] durch **Rechtsverordnung** den Zeitpunkt bestimmen, von dem an elektronische Dokumente bei den Gerichten eingereicht werden können, sowie die für die Bearbeitung der Dokumente geeignete Form. Seit 1.4.2006 kann der Rechtsverkehr mit dem **BAG** in elektronischer Form abgewickelt werden.[417] **Das Übermittlungsrisiko für das elektronische Dokument trägt die Partei,** sie muss also dafür sorgen, dass die Datei lesbar ist.[418] Wird eine CD-ROM mit der Post versandt, ist das elektronische Dokument noch nicht mit Eingang des Datenträgers bei Gericht „eingereicht" iSv § 46 c Abs 3 ArbGG. **Eingereicht in diesem Sinn ist es erst, wenn die für den Empfang bestimmte Einrichtung des Gerichts es aufgezeichnet hat.**

Die Klagefrist ist eingehalten, wenn ein **Rechtsbeistand,** der nach § 11 Abs 3 ArbGG von der mündlichen Verhandlung ausgeschlossen ist, die Klage unterzeichnet. Der Ausschluss betrifft nur die mündliche Verhandlung, schriftliche Prozesshandlungen werden nicht erfasst.[419]

Der prozessuale Mangel der **fehlenden Unterschrift** (§§ 253 Abs 4, 130 Nr 6 ZPO) kann nach § 295 Abs 1 ZPO durch **Verzicht oder rügelose Einlassung** des Gegners geheilt werden. Die hinsichtlich der Versäumung der Klagefrist **rückwirkende** Heilung setzt

- zum einen voraus, dass beim Arbeitsgericht **innerhalb der Dreiwochenfrist** ein nicht unterzeichneter, aber im Übrigen den Erfordernissen einer Klageschrift entsprechender Schriftsatz eingegangen ist.
- Zum anderen muss der beklagte Arbeitgeber auf das Unterschriftserfordernis entweder verzichten oder den Mangel in der nächsten mündlichen Verhandlung nicht gerügt haben, obwohl er erschienen und ihm der Mangel bekannt ist oder bekannt sein muss.[420] Das **Kennenmüssen** der fehlenden Unterschrift oder des unleserlichen Schriftzugs kann zB daraus geschlossen werden, dass die dem Arbeitgeber zugestellten Abschriften der Klage nicht unterschrieben sind oder keinen unterzeichneten Beglaubigungsvermerk enthalten.[421]

---

416 Mit Delegationsbefugnis für die Landesregierungen auf die zuständige oberste Landesbehörde.
417 Verordnung über den elektronischen Rechtsverkehr beim Bundesarbeitsgericht vom 9.3.2006 (BGBl I S 519). Für den Eingang der elektronischen Post hat das BAG ein elektronisches Gerichtspostfach eingerichtet. Die erforderliche Zugangs- und Übertragungssoftware steht seit 1.4.2006 auf der Homepage des BAG unter www.bundesarbeitsgericht.de zur Verfügung (Verknüpfung mit www.egvp.de); krit zur „Justiz-Elektronifizierung" Fischer KJ 2005, 152 ff.
418 GMP/Germelmann § 46 c Rn 21 f; GK-ArbGG/Schütz Stand Juli 2011 § 46 c Rn 23.
419 BAG 26.9.1996 – 2 AZR 661/95 – AP ArbGG 1979 § 11 Nr 2.
420 BAG 26.6.1986 – 2 AZR 358/85 – B II 3 AP KSchG 1969 § 4 Nr 14 unter Aufgabe der bisherigen Rspr im BAG 27.1.1955 – 2 AZR 418/54 – AP KSchG § 11 Nr 5 und BAG 26.1.1976 – 2 AZR 506/74 – AP KSchG 1969 § 4 Nr 1; bestätigt von BAG 6.8.1987 – 2 AZR 553/86 – II 2 d: unleserliche Unterschrift.
421 BAG 26.6.1986 – 2 AZR 358/85 – B II 3 d AP KSchG 1969 § 4 Nr 14.

In diesen Fällen ist die Klagefrist nicht versäumt. Die Rüge der Verfahrensverletzung ist nicht unverzichtbar nach § 295 Abs 2 ZPO.[422] Ein besonderer Verzichtswille ist nicht erforderlich.[423] Der Gegner kann auch ohne Unterschrift erkennen, dass eine gerichtliche Entscheidung begehrt wird,[424] sodass dem Zweck der Klagefrist trotz des Mangels genügt ist.

74 Fügt der Arbeitnehmer die Stellungnahme des Betriebsrats zu seinem Einspruch der Klage entgegen § 4 Satz 3 KSchG nicht bei, ist die Klage dennoch formgerecht erhoben. Die Norm ist nur eine Sollvorschrift.

4. Feststellungsinteresse

75 **a) Grundsatz.** Abweichend von der allgemeinen Feststellungsklage des § 256 Abs 1 ZPO ist für die in ihrem Anwendungsbereich seit Inkrafttreten des Arbeitsmarktreformgesetzes am 1.1.2004 auf alle Unwirksamkeitsgründe einer schriftlichen Kündigung ausgedehnte punktuelle Kündigungsschutzklage **kein besonderes Feststellungsinteresse** erforderlich. Das Feststellungsinteresse für sie ergibt sich schon daraus, dass der Arbeitnehmer, dem eine schriftliche Kündigung zugeht, nach § 4 Satz 1 KSchG Klage erheben und aufrechterhalten muss, um zu verhindern, dass die Kündigung nach § 7 HS 1 KSchG als wirksam gilt.[425] Die Unwirksamkeitsgründe der Kündigung müssen bei ihrem Zugang feststehen, damit der Arbeitnehmer sein Klagerisiko einschätzen kann.[426] Das Feststellungsinteresse fehlt nur ausnahmsweise und muss vom Arbeitnehmer nicht gesondert dargelegt werden. Entscheidend ist, ob ihm objektiv betrachtet Nachteile aus der Wirkung des § 7 HS 1 KSchG drohen, wenn er die Kündigungsschutzklage unterlässt. Solange das der Fall ist und der Arbeitnehmer nicht ausdrücklich erklärt, einen solchen Nachteil hinnehmen zu wollen, hat er ein objektiv schutzwürdiges Interesse, die Heilung der unwirksamen Kündigung abzuwenden.[427] Eine isoliert auf das Annahmeverzugsentgelt gerichtete Leistungsklage reicht hierzu aus Sicht des BAG nicht aus.[428] Sie ist also nicht vorrangig, obwohl das Leistungsurteil im Unterschied zum Feststellungsurteil vollstreckt werden kann. Allerdings fehlt der Kündigungsschutzklage von vornherein das Feststellungsinteresse, wenn dem Verhalten des Arbeitgebers objektiv nicht der Erklärungswert einer Kündigung zukommt.[429]

76 Das Feststellungsinteresse entfällt nicht, wenn der Arbeitnehmer ein **anderes Arbeitsverhältnis** eingeht und deswegen nicht in sein bisheriges Arbeitsverhältnis zurückkehren will. Er kann von seinem Verweigerungsrecht nach § 12 Satz 1 KSchG nur Gebrauch machen und dennoch seinen An-

---

422 BAG 26.6.1986 – 2 AZR 358/85 – B II 3 a mit detaillierter Begründung AP KSchG 1969 § 4 Nr 14.
423 BAG 26.6.1986 – 2 AZR 358/85 – B II 3 d AP KSchG 1969 § 4 Nr 14.
424 BAG 26.6.1986 – 2 AZR 358/85 – B II 3 c cc AP KSchG 1969 § 4 Nr 14.
425 BAG 24.1.2013 – 2 AZR 453/11 – Rn 11 NZA 2013, 959; BAG 21.3.2012 – 6 AZR 596/10 – Rn 10 AP KSchG 1969 § 17 Nr 39; vgl für die Befristungskontrollklage zB BAG 12.12.2012 – 5 AZR 93/12 – Rn 52 EzA BGB 2002 § 818 Nr 3.
426 BAG 24.2.2011 – 2 AZR 830/09 – Rn 18 AP KSchG 1969 § 1 Nr 91.
427 Zu allem BAG 11.2.1981 – 7 AZR 12/79 – B II 2 AP KSchG 1969 § 4 Nr 8.
428 Zu der entsprechenden Auslegungsfrage Rn 23 f.
429 Vgl BAG 22.5.1980 – 2 AZR 613/78.

spruch auf Vergütung aus Annahmeverzug für die Zeit zwischen der Entlassung (iSv § 12 Satz 4 KSchG) aufgrund einer sozialwidrigen und ggf zugleich in anderer Weise unwirksamen Kündigung und dem Eintritt in das neue Arbeitsverhältnis erhalten (§§ 611, 615 Satz 1, §§ 293 ff BGB, § 12 Satz 4 KSchG), wenn das Arbeitsverhältnis nach der Entscheidung des Gerichts fortbesteht (§ 12 Satz 1 KSchG). Das scheidet aus, wenn die Unwirksamkeit der Kündigung nach § 7 HS 1 KSchG geheilt ist.[430] Das Recht aus § 12 KSchG steht dem Arbeitnehmer aber nach meiner Ansicht grundsätzlich nur offen, sofern die ordentliche Kündigung ausschließlich sozialwidrig oder gleichzeitig sozial ungerechtfertigt und mit einem anderen Mangel behaftet ist.[431] Für die unwirksame außerordentliche Kündigung sowie die (ordentliche und außerordentliche) sittenwidrige Kündigung gilt § 12 KSchG über § 13 Abs 1 Satz 5 und Abs 2 KSchG.[432] Eine ältere Entscheidung des BAG vom **19.7.1978**[433] wendet § 12 Satz 4 und 5 KSchG allerdings auch im Fall einer aus sonstigen Gründen unwirksamen Kündigung an. Nach Ansicht des Fünften Senats kann der Arbeitnehmer die Zahlung des entgangenen Verdienstes nach § 12 Satz 4 KSchG bei einer Verweigerung der Fortsetzung des bisherigen Arbeitsverhältnisses nur bis zum Eintritt in das neue Arbeitsverhältnis verlangen, auch wenn die Kündigung wegen Verstoßes gegen ein Gesetz unwirksam ist, auf das nach § 13 Abs 3 KSchG der erste Abschnitt des KSchG keine Anwendung findet. § 12 Satz 4 KSchG enthält nach dieser Auffassung einen allgemeinen Rechtsgrundsatz.[434]

Selbst wenn sich der Arbeitgeber auf einen **anderen Beendigungstatbestand** 77 beruft, der vor oder gleichzeitig mit Ablauf der Kündigungsfrist der streitgegenständlichen Kündigung wirksam werden soll – bspw eine Eigenkündigung des Arbeitnehmers oder einen Aufhebungsvertrag –, fehlt das Interesse an der Feststellung der unterbliebenen Auflösung des Arbeitsverhältnisses durch die streitige Kündigung regelmäßig nicht. Anderes gilt nur dann, wenn die Wirksamkeit des anderen Beendigungsgrundes zwischen den Parteien unstreitig oder rechtskräftig festgestellt ist. Sonst ist sie im Rahmen der Sachprüfung des Kündigungsschutzprozesses als Vorfrage zu klären.[435]

Das Rechtsschutzinteresse für die Kündigungsschutzklage wird nicht allein 78 dadurch beseitigt, dass der Arbeitnehmer neben der Feststellung **Schadensersatz wegen Auflösungsverschuldens des Arbeitgebers nach § 628 Abs 2 BGB** fordert. Allenfalls dann, wenn der Arbeitnehmer erklärt, auch im Fall seines Unterliegens mit der auf Schadensersatz gerichteten Leistungsklage weder das Arbeitsverhältnis fortsetzen noch dessen Auflösung nach §§ 9,

---

430 Vgl BAG 14.1.1993 – 2 AZR 387/92 – B 2 AP ZA-NATO-Truppenstatut Art 56 Nr 14.
431 AA BAG 19.7.1978 – 5 AZR 748/77 – AP BGB § 242 Auskunftspflicht Nr 16 für § 12 Satz 4 und 5 KSchG.
432 § 12 KSchG Rn 1, wo auch auf das § 12 Satz 1 KSchG nachgebildete Wahlrecht des § 16 KSchG und die dortige Verweisung auf § 12 Satz 2 bis 4 KSchG aufmerksam gemacht wird; vgl außerdem Rn 3.
433 BAG 19.7.1978 – 5 AZR 748/77 – AP BGB § 242 Auskunftspflicht Nr 16.
434 Zu der Kritik an dieser Rspr § 12 KSchG Rn 2, § 13 Rn 94 und § 4 KSchG Rn 3.
435 BAG 11.2.1981 – 7 AZR 12/79 – erster LS und B II 1 AP KSchG 1969 § 4 Nr 8.

10 KSchG verlangen zu wollen, fehlt das Rechtsschutzinteresse für die Klage nach § 4 Satz 1 KSchG.[436]

79 **b) Besonderheiten. aa) Die sog Rücknahme der Kündigung.** (1) Rücknahme der Kündigung nach Rechtshängigkeit. Auch eine „Rücknahme" der Kündigung[437] während des Rechtsstreits lässt das Rechtsschutzinteresse des Arbeitnehmers idR unberührt.[438] Anderes ist nur aufgrund besonderer Umstände im Einzelfall denkbar.[439] Eine Kündigung wird als einseitige, empfangsbedürftige Willenserklärung mit ihrem Zugang wirksam, sofern dem Empfänger nicht zuvor oder gleichzeitig ein Widerruf zugeht (§ 130 Abs 1 Satz 2 BGB). Der Kündigende kann die Gestaltungswirkung des ausgeübten Rechts nicht einseitig aus der Welt schaffen.[440] Nimmt der Arbeitgeber während des Prozessverlaufs die Kündigung „zurück", bietet er damit in Wirklichkeit an, das Arbeitsverhältnis durch die Kündigung als nicht beendet anzusehen, es also ohne die Wirkungen der Kündigung – im Zweifel zu unveränderten Bedingungen – über den Ablauf der Kündigungsfrist hinaus fortzusetzen.[441] Ist die Kündigungsfrist bereits verstrichen, soll nicht erst mit der Annahme des Angebots ein neues Arbeitsverhältnis begründet, sondern das bisherige rückwirkend über das Ende der Kündigungsfrist hinaus fortgesetzt werden, wenn Inhalt und Umstände der Erklärung keine andere Auslegung gebieten.

Hinweis: Erklärungen des Arbeitgebers, die die Kündigung nicht ausdrücklich zurücknehmen, sind sorgfältig zu interpretieren. Die Aufforderung, die Arbeit wieder aufzunehmen, braucht nicht notwendig ein Fortsetzungsangebot zu enthalten. Sie kann auch nur dazu dienen, den Arbeitnehmer für die Dauer des Kündigungsschutzprozesses weiterzubeschäftigen, um das Annahmeverzugsrisiko des Arbeitgebers abzuwenden oder zu mindern.[442]

80 Die **Rechtsfolgen der sog Rücknahme der Kündigung** hängen davon ab, wie sich der Arbeitnehmer gegenüber dem Angebot des Arbeitgebers verhält. Der Arbeitnehmer kann den Antrag nach §§ 145 ff BGB annehmen oder ablehnen.[443] Indem er die Kündigungsschutzklage erhebt, stimmt er einer späteren Rücknahme der Kündigung nicht im Vorhinein zu.[444] Von Ausnahmen abgesehen, wird der Arbeitnehmer nicht daran denken, mit

---

436 BAG 11.2.1981 – 7 AZR 12/79 – B II 2 AP KSchG 1969 § 4 Nr 8.
437 Dazu Einl Rn 90 f.
438 BAG 19.8.1982 – 2 AZR 230/80 – II 1 AP KSchG 1969 § 9 Nr 9.
439 BAG 19.8.1982 – 2 AZR 230/80 – II 1 AP KSchG 1969 § 9 Nr 9.
440 BAG 19.8.1982 – 2 AZR 230/80 – II 2 a AP KSchG 1969 § 9 Nr 9.
441 KR/Friedrich § 4 KSchG Rn 63; APS/Hesse § 4 KSchG Rn 130; vHH/L/Linck § 4 Rn 57.
442 Vgl zu diesem Problem KR/Friedrich § 4 KSchG Rn 66, der das Ende des Annahmeverzugs aber nur bei einem vorbehaltlosen Fortsetzungsangebot annimmt und die Ablehnung der Fortsetzung unter Vorbehalt allenfalls als böswilliges Unterlassen nach § 615 Satz 2 BGB oder § 11 Abs 1 Nr 2 KSchG wertet.
443 Dazu auch BAG 19.8.1982 – 2 AZR 230/80 – II 2 c AP KSchG 1969 § 9 Nr 9.
444 Zu allem BAG 19.8.1982 – 2 AZR 230/80 – II 2 c AP KSchG 1969 § 9 Nr 9, wo die antizipierte Annahme des Angebots durch die Erhebung der Kündigungsschutzklage ausdrücklich verneint wird und damit zwei frühere Entscheidungen vom 29.1.1981 – 2 AZR 1055/78 – AP KSchG 1969 § 9 Nr 6 und 26.11.1981 – 2 AZR 509/79 – AP KSchG 1969 § 9 Nr 8 richtiggestellt oder verdeutlicht werden.

der Klageerhebung sein Einverständnis mit einer späteren Rücknahme der Kündigung zu bekunden und sich damit seiner Rechte auf Auflösung des Arbeitsverhältnisses aus § 9 Abs 1 Satz 1 KSchG oder Verweigerung seiner Fortsetzung aus § 12 Satz 1 KSchG[445] zu begeben.[446] Trotz der Rücknahme der Kündigung besteht sein Interesse an der gerichtlichen Feststellung, dass die Kündigung unwirksam ist und das Arbeitsverhältnis nicht aufgelöst hat, deshalb fort, wenn er das Angebot ausdrücklich oder schlüssig ablehnt.[447] Er ist nicht gehalten, die Kündigungsschutzklage zurückzunehmen oder die Hauptsache für erledigt zu erklären, zumal er den Erlass eines Anerkenntnisurteils nach § 307 Satz 1 ZPO beantragen kann, wenn dessen Voraussetzungen erfüllt sind.[448]

Hinweise:

- Die Rücknahme der Kündigung selbst beinhaltet **grundsätzlich noch kein förmliches prozessuales Anerkenntnis isv § 307 Satz 1 ZPO**.[449]
- Ein Anerkenntnisurteil hindert den Arbeitnehmer nicht daran, gegenüber dem Arbeitgeber die Fortsetzung der Arbeit nach § 12 Satz 1 KSchG zu verweigern.[450]

Die Rücknahme der Kündigung nimmt dem Arbeitnehmer ferner nicht das Recht, **die Auflösung des Arbeitsverhältnisses zu verlangen**. Das gilt unabhängig davon, ob der Auflösungsantrag dem Gegner schon vor der Rücknahme oder erst danach zugestellt wird.[451] Allerdings wird es unterschiedlich gedeutet, wenn der Arbeitnehmer nicht unverzüglich nach der Rücknahme der Kündigung den Auflösungsantrag ankündigt. **Friedrich** bspw[452] betrachtet das Fortsetzungsangebot in diesem Fall als angenommen. **Hesse**[453] und **Linck**[454] sehen dagegen in dem bloßen Umstand, dass der Arbeitnehmer den Kündigungsschutzprozess fortführt, ebenso wenig eine Annahme des Fortsetzungsantrags wie in der früheren Erhebung der Kündigungsschutzklage. Diese Meinung verdient den Vorzug.[455] Um eine schlüssige Annahmeerklärung bejahen zu können, muss das Verhalten des Arbeitnehmers einen derartigen Erklärungswert aufweisen. Das trifft nicht zu, wenn der Arbeitnehmer lediglich die bereits eingeleitete Klage aufrechterhält, ohne zusätzliche inner- oder außerprozessuale Handlungen vorzunehmen.

---

445 Vgl die Erl zu § 12 KSchG.
446 BAG 19.8.1982 – 2 AZR 230/80 – II 2 b AP KSchG 1969 § 9 Nr 9.
447 BAG 26.3.2009 – 2 AZR 633/07 – Rn 14 AP BImSchG § 58 Nr 2, das diese Aussage allerdings unter dem Gesichtspunkt des Rechtsschutzbedürfnisses, nicht unter des Feststellungsinteresses trifft.
448 BAG 19.8.1982 – 2 AZR 230/80 – II 1 AP KSchG 1969 § 9 Nr 9.
449 KR/Friedrich § 4 KSchG Rn 63 mwN; mittelbar auch BAG 29.1.1981 – 2 AZR 1055/78 – II 2 a AP KSchG 1969 § 9 Nr 6.
450 Ob ein Anerkenntnis im arbeitsgerichtlichen Verfahren schriftsätzlich erklärt werden kann, ist unter Geltung des § 55 Abs 1 Nr 3 ArbGG inzwischen wohl nicht mehr umstr; dafür Schwab/Weth/Korinth ArbGG § 55 Rn 23; GMP/Germelmann § 55 Rn 14 und GK-ArbGG/Schütz § 55 Stand Juli 2011 Rn 26 f.
451 BAG 19.8.1982 – 2 AZR 230/80 – II 2 d AP KSchG 1969 § 9 Nr 9.
452 KR/Friedrich § 4 KSchG Rn 64, 72 und mit ihm die wohl überwiegende Ansicht, vgl die dort angegebenen Nachweise zum Streitstand.
453 APS/Hesse § 4 KSchG Rn 131.
454 vHH/L/Linck § 4 Rn 59.
455 Ebenso § 9 KSchG Rn 19.

82 Von einer konkludenten Annahme des Fortsetzungsangebots kann dagegen regelmäßig ausgegangen werden, wenn der Arbeitnehmer die Hauptsache nach der sog Rücknahme der Kündigung für erledigt erklärt[456] oder die Klage zurücknimmt. Wenn der Arbeitnehmer nicht für erledigt erklärt, den Fortsetzungsantrag aber ausdrücklich oder auf andere Weise schlüssig annimmt, etwa indem er die Arbeit wieder aufnimmt, ist der Rechtsstreit dennoch in der Hauptsache erledigt. Das Interesse des Arbeitnehmers an der Feststellung des § 4 Satz 1 KSchG erlischt. Der Kläger braucht die gerichtliche Feststellung der unterbliebenen Auflösung nicht mehr, wenn er sich mit dem Arbeitgeber auf die ununterbrochene und unveränderte Fortsetzung des Arbeitsverhältnisses geeinigt hat.[457] Allerdings trifft das nur zu, wenn der Arbeitgeber die Unwirksamkeit der Kündigung einräumt.[458] Beharrt er auf ihrer Wirksamkeit, besteht das Rechtsschutzinteresse fort. Der Arbeitnehmer hat sonst zu befürchten, der Arbeitgeber werde den der Kündigung zugrunde liegenden Sachverhalt zum Gegenstand einer neuen Kündigung machen.

83 **(2) Rücknahme der Kündigung vor Rechtshängigkeit.** Bietet der Arbeitgeber schon vor Rechtshängigkeit der Kündigungsschutzklage an, das Arbeitsverhältnis fortzusetzen, indem er die Kündigung zurücknimmt, braucht sich der Arbeitnehmer darauf ebenfalls nicht einzulassen. Die etwaige Unwirksamkeit der Kündigung wird nach § 7 HS 1 KSchG geheilt, wenn der Arbeitnehmer die Klagefrist verstreichen lässt, ohne den Fortsetzungsantrag ausdrücklich oder schlüssig anzunehmen.[459] Nimmt der Arbeitnehmer das Fortsetzungsangebot stattdessen an, besteht das Arbeitsverhältnis mit dem bisherigen Inhalt fort, ungeachtet dessen, ob die Kündigung wirksam war oder nicht.[460]

84 **bb) Vertragliche Verpflichtung zur Rücknahme der Kündigungsschutzklage.** Verpflichtet sich der Arbeitnehmer außergerichtlich wirksam, die Kün-

---

456 BAG 17.4.1986 – 2 AZR 308/85 – AP BGB § 615 Nr 40.
457 Vgl LAG Frankfurt 24.5.1991 – 15 Sa 41/90 – LAGE KSchG § 4 Nr 21.
458 KR/Friedrich § 4 KSchG Rn 64; vgl für den umgekehrten Fall der nicht eingeräumten Unwirksamkeit der Kündigung BAG 21.5.1981 – 2 AZR 95/79 – B II 1 c und 2 AP BGB § 615 Nr 32, allerdings zu den **materiellen Fragen** des Endes des Annahmeverzugs und des böswilligen Unterlassens nach § 615 Satz 2 BGB oder § 11 Nr 2 KSchG: Mit einem nur „einstweiligen" Fortsetzungsangebot bis zur Beendigung des Rechtsstreits kündigt der Arbeitgeber nach dieser Entscheidung an, die Arbeitsleistung nicht als vertragsgemäße Leistung anzunehmen. Befindet sich der Arbeitgeber nach der Kündigung in Annahmeverzug, kann er den Gläubigerverzug nur dadurch beenden, dass er die Folgen der unwirksamen Kündigung – soweit möglich – beseitigt. Er muss also erklären, er nehme die Arbeitsleistung des Arbeitnehmers aufgrund des noch bestehenden Arbeitsverhältnisses an. Zugleich hat er klarzustellen, dass die Kündigung zu Unrecht erklärt wurde. Vgl zu der Problematik der einzuräumenden Unwirksamkeit der Kündigung auch BAG 19.8.1982 – 2 AZR 230/80 – II 1 AP KSchG 1969 § 9 Nr 9; in dem etwas anderen Zusammenhang des Endes des Annahmeverzugs und der Böswilligkeit unterlassenen anderweitigen Erwerbs zB BAG 7.11.2002 – 2 AZR 650/00 – B I 1 b und 2 b bb AP BGB § 615 Nr 98.
459 vHH/L/Linck § 4 Rn 569.
460 KR/Friedrich § 4 KSchG Rn 58 f; APS/Hesse § 4 KSchG Rn 129; vHH/L/Linck § 4 Rn 56.

digungsschutzklage zurückzunehmen,[461] **entfällt sein Feststellungsinteresse für sie, sobald sich der Arbeitgeber im Rechtsstreit auf die Vereinbarung beruft.**[462] Der außergerichtliche Vergleich hat zwar keine unmittelbaren Auswirkungen auf den Prozess, der Arbeitnehmer verhält sich aber widersprüchlich, wenn er an seinem Klagerecht festhält.

5. Besondere Prozessvoraussetzungen und Prozesshindernisse

a) **Schlichtungsausschuss.** Nach § 111 Abs 2 Satz 5 ArbGG muss der Klage des Auszubildenden gegen seinen Ausbildenden die Verhandlung vor einem Schlichtungsausschuss (§ 111 Abs 2 Satz 1 ArbGG) vorangegangen sein, wenn ein solcher Ausschuss gebildet ist.[463] Es handelt sich nach zutreffender Ansicht um eine **unverzichtbare besondere Prozessvoraussetzung.**[464] Die Klage ist unzulässig, solange das Schlichtungsverfahren nicht durchgeführt wurde.[465] Allerdings ist das BAG ursprünglich einer in Teilen der Literatur vertretenen Auffassung, die Sachurteilsvoraussetzung sei verzichtbar, gefolgt. Nach seiner Entscheidung vom **17.9.1987** kann ein Verstoß gegen das Anrufungserfordernis durch rügelose Einlassung entsprechend § 295 Abs 1 ZPO geheilt werden.[466] In seinem Urteil vom **13.4.1989** hat das BAG diese Rechtsprechung zwar nicht ausdrücklich aufgegeben, aber unmissverständlich den gegenteiligen Standpunkt eingenommen und sowohl eine direkte als auch eine analoge Anwendung von § 295 Abs 1 ZPO abgelehnt.[467] Danach soll das Schlichtungsverfahren das besondere Vertrauensverhältnis von Auszubildendem und Ausbildendem schützen und möglichst vermeiden, dass sich die Vertragspartner streitend vor Gericht gegenüberstehen. Die Vermittlungsfunktion des aufgrund seiner Sachkunde und Sachnähe zur Streitschlichtung besonders geeigneten paritätisch besetzten Ausschusses und mit ihr der Gesetzeszweck würden vereitelt, wenn die Parteien es in der Hand hätten, die Anrufung des Ausschusses durch ausdrücklichen Verzicht oder rügeloses Verhandeln vor dem Arbeitsgericht völlig auszuschalten. Eine Prozessvoraussetzung sei nicht notwendig verzichtbar, wenn sie noch nach Klageerhebung erfüllt werden könne.[468] Die jüngere Rechtsprechung verdient aus den in der Entscheidung selbst genannten Gründen den Vorzug. Die Praxis behilft sich, wenn die Klage eingereicht wird, bevor der Schlichtungsausschuss angerufen wurde, im Hinblick auf § 216 Abs 2 ZPO nicht ganz prozessordnungsgemäß damit, den Rechtsstreit terminlos zu stellen. Dadurch erhält der Auszubildende Gelegenheit, der Sachurteilsvoraussetzung vor Schluss der

85

---

461 Zu der Problematik des Verzichts auf Kündigungsschutz insb durch sog Ausgleichsquittungen detailliert § 1 KSchG Rn 16 ff.
462 LAG Berlin 18.1.1982 – 9 Sa 98/81 – EzA KSchG § 4 Nr 21.
463 Vgl dazu auch § 1 KSchG Rn 29 f.
464 Ebenso mit näherer Begründung GMP/Prütting § 111 Rn 20 mit Nachweisen zur Gegenmeinung.
465 Grundlegend BAG 25.11.1976 – 2 AZR 751/75 – AP BBiG § 15 Nr 4.
466 BAG 17.9.1987 – 2 AZR 654/86 – II 1 AP BBiG § 15 Nr 7; es handelt sich allerdings um ein obiter dictum; dem zust zB Grunsky § 111 ArbGG Rn 3; abl GMP/Prütting § 111 Rn 20 mwN zur Kontroverse.
467 BAG 13.4.1989 – 2 AZR 441/88 – II 1 b AP KSchG 1969 § 4 Nr 21.
468 BAG 13.4.1989 – 2 AZR 441/88 – II 1 b cc AP KSchG 1969 § 4 Nr 21 mit einer Parallele ua zu der während des Prozessverlaufs erlangten Prozessfähigkeit.

mündlichen Verhandlung zu genügen. Das Schlichtungsverfahren erfüllt auch dann seinen Zweck, wenn es nach Klageerhebung, aber vor streitiger Verhandlung vor dem Arbeitsgericht stattfindet.[469]

Hinweise: Die Prozessvoraussetzung der Schlichtung ist mit der Begründetheitsfrage, ob die Dreiwochenfrist des § 4 Satz 1 KSchG (bei der außerordentlichen Kündigung iVm § 13 Abs 1 Satz 2 KSchG) zu wahren ist, verschränkt:

- **Die Klagefrist ist grundsätzlich nur einzuhalten, wenn kein Schlichtungsausschuss gebildet ist.**[470] Außerdem muss die Klage auch dann nicht binnen drei Wochen erhoben werden, **wenn ein Ausschuss besteht, er es aber ablehnt, das Schlichtungsverfahren durchzuführen.** Der Auszubildende kann hier unmittelbar Klage zum Arbeitsgericht erheben.[471]
- Gibt es einen Schlichtungsausschuss, gilt nach gefälltem Spruch die zweiwöchige Frist des § 111 Abs 2 Satz 3 ArbGG.[472]

Seit Inkrafttreten des Arbeitsmarktreformgesetzes am 1.1.2004 kann das Problem der Klagefrist des § 4 Satz 1 KSchG selbst dann auftreten, wenn der Auszubildende die Wartezeit des § 1 Abs 1 KSchG noch nicht vollendet hat. Auch Arbeitnehmer in der Wartefrist müssen die Dreiwochenfrist einhalten, wenn sie sich gegen eine schriftliche – ordentliche oder außerordentliche – Kündigung wenden wollen.[473] Auszubildende unterfallen dem Arbeitnehmerbegriff des § 1 KSchG.[474]

- Bei ihnen kann Gegenstand des Streits vor Ablauf der höchstens viermonatigen Probezeit des § 20 Satz 2 BBiG eine entfristete oder befristete ordentliche Kündigung nach § 22 Abs 1 BBiG sein.
- Nach Verstreichen der Probezeit kann nur eine außerordentliche Kündigung erklärt werden (§ 22 Abs 2 Nr 1 BBiG).

Der Prozessverlauf richtet sich seit 1.5.2000 nicht mehr danach, ob ein Schlichtungsausschuss eingerichtet ist. Zuvor hatte das Schlichtungsverfahren das arbeitsgerichtliche Güteverfahren ersetzt.[475] Inzwischen findet auch nach durchgeführter Schlichtung zunächst ein Gütetermin statt, der regelmäßig früher als ein Kammertermin bestimmt werden kann.

86 **b) Schiedsgericht.** § 101 Abs 2 Satz 1 ArbGG sieht vor, dass die Tarifvertragsparteien die Arbeitsgerichtsbarkeit für bürgerliche Rechtsstreitigkeiten aus einem Arbeitsverhältnis, das sich nach dem Tarifvertrag bestimmt, durch die ausdrückliche Vereinbarung ausschließen können, dass die Entscheidung durch ein Schiedsgericht erfolgen soll. Möglich ist das aber nur,

---

469 BAG 25.11.1976 – 2 AZR 751/75 – AP BBiG § 15 Nr 4.
470 BAG 26.1.1999 – 2 AZR 134/98 – II 2 mit ausf Begründung AP KSchG 1969 § 4 Nr 43.
471 BAG 17.9.1987 – 2 AZR 654/86 – II 1 AP BBiG § 15 Nr 7; LAG Köln 21.5.2014 – 5 Sa 76/14.
472 IE § 1 KSchG Rn 30.
473 Rn 4 und 9.
474 Vgl auch Bender/Schmidt NZA 2004, 358, 361 f und Quecke RdA 2004, 86, 100 f.
475 Vgl den durch das Arbeitsgerichtsbeschleunigungsgesetz gestrichenen § 111 Abs 2 Satz 8 ArbGG.

wenn der persönliche Geltungsbereich des Tarifvertrags überwiegend Bühnenkünstler, Filmschaffende oder Artisten umfasst. Die Norm ist im Zusammenhang mit § 4 ArbGG zu lesen, wonach die Arbeitsgerichtsbarkeit in den Fällen des § 2 Abs 1 und 2 ArbGG nach Maßgabe der §§ 101 bis 110 ArbGG ausgeschlossen werden kann. Ist eine gültige tarifliche Schiedsabrede getroffen, tritt das Schiedsgericht an die Stelle des Arbeitsgerichts.[476] Die Kündigungsschutzklage, die § 2 Abs 1 Nr 3 Buchst b ArbGG und damit auch § 4 ArbGG unterfällt, ist binnen drei Wochen nach Zugang der Kündigung beim Schiedsgericht einzureichen.[477] Wird statt des Schiedsgerichts das Arbeitsgericht angerufen, ist die Klage **unzulässig**, sofern sich der Arbeitgeber auf den tariflichen Schiedsvertrag beruft (§ 102 Abs 1 ArbGG). Von Amts wegen ist die Schiedsabrede nicht zu berücksichtigen. § 101 Abs 2 ArbGG enthält eine **prozesshindernde Einrede**, wie der Wortlaut des § 102 Abs 1 ArbGG aE und dessen amtliche Überschrift zeigen. Die Möglichkeit einer Verweisung des Rechtsstreits durch das Arbeitsgericht an das Schiedsgericht wird abgelehnt.[478] Weist das Arbeitsgericht die Klage nach erhobener Einrede als unzulässig ab oder nimmt der Arbeitnehmer sie zurück, um dem zuvorzukommen, erlaubt das BAG ihm, das Schiedsgericht innerhalb eines angemessenen Zeitraums nach der Rücknahme oder dem Prozessurteil anzurufen, obwohl die Dreiwochenfrist bereits versäumt ist.[479]

Nach **§ 101 Abs 2 Satz 3 HS 1 ArbGG** erstreckt sich eine Schiedsabrede 87 auf nicht (originär) tarifgebundene Personen, deren Verhältnisse sich aus anderen Gründen nach dem Tarifvertrag regeln, wenn die Parteien dies ausdrücklich und schriftlich vereinbart haben. Die dadurch eröffnete Möglichkeit einer einzelvertraglichen Schiedsklausel ist aber nur für solche Arbeitsverhältnisse zulässig, die nach dem konkreten Inhalt der ausgeübten Tätigkeit einer Berufsgruppe zuzuordnen sind, für die nach § 101 Abs 2 Satz 1 ArbGG der Vorrang der Schiedsgerichtsbarkeit bei Tarifbindung wirksam geregelt werden kann. Die den Tarifparteien durch § 101 Abs 2 Satz 1 ArbGG eröffnete Regelungsbefugnis ist abschließend. Für andere Berufsgruppen können auch Tarifvertragsparteien keine tariflichen Schiedsvereinbarungen treffen. § 101 Abs 2 Satz 3 ArbGG gestattet es lediglich, die fehlende Tarifbindung durch einzelvertragliche Bezugnahme zu ersetzen. Die Regelungsmacht der Arbeitsvertragsparteien reicht nicht weiter als die der Tarifpartner.[480]

6. Prozessbeendende Erklärungen

a) **Klagerücknahme.** Nimmt der Arbeitnehmer die Klage zurück, was ohne 88 Einwilligung des Arbeitgebers möglich ist, solange die Anträge nicht gestellt sind (§ 54 Abs 2 Satz 1 ArbGG), ist der Rechtsstreit als nicht anhängig geworden anzusehen (§ 269 Abs 3 Satz 1 HS 1 ZPO). Geschieht das

---

476 BAG 24.9.1970 – 5 AZR 54/70 – AP KSchG § 3 Nr 37.
477 ZB KR/Friedrich § 4 KSchG Rn 189.
478 BAG 24.9.1970 – 5 AZR 54/70 – AP KSchG § 3 Nr 37, str.
479 BAG 24.9.1970 – 5 AZR 54/70 – AP KSchG § 3 Nr 37; KR/Friedrich § 4 KSchG Rn 192.
480 BAG 6.8.1997 – 7 AZR 156/96 – I 2 b und c AP ArbGG 1979 § 101 Nr 5.

nach Ablauf der Dreiwochenfrist, gilt die schriftliche Kündigung als von Anfang an wirksam (§ 7 HS 1 KSchG).[481] Die gleiche Folge tritt ein, wenn beide Parteien im Gütetermin nicht erscheinen oder nicht verhandeln, der Rechtsstreit deswegen ruht (§ 54 Abs 5 Satz 1 ArbGG) und weder die eine noch die andere Partei entgegen § 54 Abs 5 Satz 3 ArbGG binnen sechs Monaten beantragt, Termin anzuberaumen. § 54 Abs 5 Satz 4 ArbGG fingiert in diesem Fall die Rücknahme der Klage, wodurch die weitere Fiktion der Rechtswirksamkeit der schriftlichen Kündigung ausgelöst wird.

89 b) **Klageverzicht.** Verzichtet der Kläger förmlich nach § 306 ZPO auf den Klageanspruch – die begehrte punktuelle Feststellung –, ist die Klage auf Antrag des Beklagten als unbegründet abzuweisen.[482] Gegen dieses Verzichtsurteil ist das gewöhnliche Rechtsmittel der Berufung statthaft, der Kläger ist durch die Klageabweisung beschwert. Allerdings wirkt der Verzicht auch im zweiten Rechtszug bindend. Die Berufung ist nur aussichtsreich, wenn der Verzicht (durch sehr eingeschränkt möglichen Widerruf) beseitigt werden kann. Ein Widerruf ist möglich, wenn ein Abänderungsgrund iSv § 323 Abs 1 ZPO vorliegt oder der Kläger durch ein Verhalten zum Verzicht veranlasst wurde, das nach Rechtskraft einen Restitutionsgrund nach § 580 Nr 2 bis 4 und 7 Buchst b ZPO bildete.[483] Der Verzicht bewirkt während des Laufs der Berufungsfrist keine § 269 Abs 3 Satz 1 HS 1 ZPO entsprechende Folge. Die Kündigungsschutzklage ist nach wie vor anhängig. Die Wirksamkeitsfiktion des § 7 HS 1 KSchG findet daher keine Anwendung.

90 c) **Vertraglicher Verzicht auf Kündigungsschutz**[484] Der Arbeitnehmer kann **nach Ausspruch einer Kündigung** durch den Arbeitgeber wirksam darauf verzichten, Kündigungsschutzklage zu erheben oder sie durchzuführen.[485] Abweichend von anderen Gesetzen – zB § 4 Abs 4 Satz 1 TVG, § 77 Abs 4 Satz 2 BetrVG, § 13 Abs 1 Satz 3 BUrlG oder § 12 EFZG – wird der allgemeine Kündigungsschutz nach dem KSchG nicht ausdrücklich für unverzichtbar erklärt. Auch der Gesetzeszweck spricht nicht für eine Unzulässigkeit des Verzichts. Der Arbeitnehmer kann eine ausgesprochene Kündigung hinnehmen und sie damit nach § 7 HS 1 KSchG wirksam werden lassen. Ein Aufhebungsvertrag ist jederzeit möglich.[486] Handelt es sich bei dem Verzicht um eine vom Arbeitgeber gestellte **Allgemeine Geschäftsbedingung** iSv § 305 Abs 1 Satz 1 BGB, ist bei einer **Nebenabrede** zum Arbeitsvertrag zu prüfen, ob die Klausel den Arbeitnehmer unangemessen benachteiligt iSv § 307 Abs 1 Satz 1 BGB. Der bloße Verzicht des Arbeitnehmers auf eine Kündigungsschutzklage ohne kompensatorische Gegenleis-

---

481 Vgl BAG 21.8.2008 – 8 AZR 201/07 – Rn 26 AP BGB § 613a Nr 353; BAG 18.5.2006 – 2 AZR 245/05 – Rn 20 AP KSchG 1969 § 1 Betriebsbedingte Kündigung Nr 157.
482 KR/*Friedrich* § 4 KSchG Rn 295.
483 Zu den Einzelheiten Zöller/Vollkommer ZPO § 306 ZPO Rn 12 und Vor §§ 306, 307 Rn 6 mwN.
484 Dazu iE KR/*Friedrich* § 4 KSchG Rn 296 ff und 302 ff.
485 BAG 6.9.2007 – 2 AZR 722/06 – Rn 14 bis 16 AP KSchG 1969 § 4 Nr 62; BAG 19.4.2007 – 2 AZR 208/06 – Rn 16 f AP BGB § 623 Nr 9.
486 Vgl BAG 19.4.2007 – 2 AZR 208/06 – Rn 16 AP BGB § 623 Nr 9.

tung ist lediglich eine Nebenabrede zum ursprünglichen Arbeitsvertrag.[487] Der formularmäßige Verzicht des Arbeitnehmers in einer solchen Nebenabrede benachteiligt ihn regelmäßig unangemessen iSv § 307 Abs 1 Satz 1 BGB. Die unangemessene Benachteiligung liegt in dem Versuch des Arbeitgebers, seine Rechtsposition ohne Rücksicht auf die Interessen des Arbeitnehmers zu verbessern, indem er dem Arbeitnehmer die Möglichkeit einer gerichtlichen Überprüfung der Kündigung nimmt.[488] Die **Hauptabrede** eines selbständigen Vertrags ist demgegenüber nur auf Transparenz zu kontrollieren (§ 307 Abs 1 Satz 2 BGB).[489] Dem außergerichtlich nach Klageerhebung erklärten Verzicht auf Kündigungsschutz gegen eine bestimmte Kündigung – bspw in einer Ausgleichsquittung – kommt keine prozessuale, vielmehr nur **materiellrechtliche Wirkung** zu. Hier ist durch Auslegung zu ermitteln, ob es sich um einen Aufhebungsvertrag, einen Vergleich (iSd Legaldefinition des § 779 Abs 1 BGB), ein Versprechen der Klagerücknahme oder einen Klageverzichtsvertrag („pactum de non petendo") handelt.[490] Ein wirksamer Verzicht auf Kündigungsschutz führt dazu, dass die Klage nicht als unzulässig, sondern als **unbegründet** abzuweisen ist. Die Erklärung wirkt ausschließlich materiellrechtlich.[491]

Hinweis: Bei der Annahme eines Verzichts auf den Kündigungsschutz und eines damit verbundenen Klagerücknahmeversprechens ist Vorsicht geboten. Der Verzicht muss in der vertraglichen Erklärung aus Gründen der Rechtsklarheit unmissverständlich zum Ausdruck kommen.[492]

II. Begründetheit der Klage

1. Die Parteien der Kündigungsschutzklage, Aktiv- und Passivlegitimation

a) **Kläger.** Die das Arbeitsverhältnis charakterisierende Pflicht – die Arbeitspflicht – obliegt dem Arbeitnehmer nach § 613 Satz 1 BGB im Zweifel in Person. Aus dieser **höchstpersönlichen Verpflichtung** folgt, dass es ihm überlassen bleiben muss, darüber zu entscheiden, ob er Kündigungsschutzklage erheben oder aber die Wirksamkeit der schriftlichen Kündigung herbeiführen will, indem er die Klagefrist verstreichen lässt.[493] Das gilt auch in der Insolvenz des Arbeitnehmers. Die Kündigung ist im Verbraucherinsolvenzverfahren gegen den Schuldner – den Arbeitnehmer – und nicht gegen den Treuhänder zu richten.[494] Dem Arbeitnehmer steht als einem der beiden Träger der durch das Arbeitsverhältnis begründeten Rechte und Pflichten das Klagerecht oder auch die Sachbefugnis in Form der Aktivlegi-

91

---

487 BAG 6.9.2007 – 2 AZR 722/06 – Rn 35 AP KSchG 1969 § 4 Nr 62.
488 BAG 6.9.2007 – 2 AZR 722/06 – Rn 37 AP KSchG 1969 § 4 Nr 62.
489 BAG 6.9.2007 – 2 AZR 722/06 – Rn 35 AP KSchG 1969 § 4 Nr 62.
490 BAG 3.5.1979 – 2 AZR 679/77 – II 2 b AP KSchG 1969 § 4 Nr 6; Spinner in: Löwisch/Spinner/Wertheimer § 4 Rn 94; s auch BAG 6.9.2007 – 2 AZR 308/85 – Rn 35 ff AP BGB § 615 Nr 40.
491 Für den Aufhebungsvertrag LAG Frankfurt 9.2.1995 – 3 Sa 1625/93 – LAGE KSchG § 4 Nr 28.
492 BAG 17.5.2001 – 2 AZR 460/00 – II 2 b aa EzA BGB § 620 Kündigung Nr 3.
493 BAG 20.6.2013 – 6 AZR 789/11 – Rn 25 NZA 2013, 1147; ErfK/Kiel § 4 KSchG Rn 17; vHH/L/Linck § 4 Rn 61; Mohn NZA-RR 2008, 617, 621.
494 BAG 20.6.2013 – 6 AZR 789/11 – Rn 25 NZA 2013, 1147; Schaub/Linck ArbRHdb § 93 Rn 68; Reinfelder NZA 2009, 124, 126.

timation zu, die unterbliebene Auflösung des Arbeitsverhältnisses durch die erklärte Kündigung gerichtlich geltend zu machen (§ 4 Satz 1 KSchG). Er allein kann ferner im Weg eines mit dem Kündigungsschutzantrag verbundenen Hilfsbegehrens die gerichtliche Auflösung des Arbeitsverhältnisses nach § 9 Abs 1 Satz 1 KSchG verlangen. Die **Sachbefugnis** als im Rahmen der Begründetheit der Klage zu prüfende Voraussetzung ist von der **Prozessführungsbefugnis** zu unterscheiden, die nach hM zu den allgemeinen Prozessvoraussetzungen innerhalb der Zulässigkeit der Klage gehört. Allerdings knüpft die Prozessführungsbefugnis insofern an die Aktivlegitimation an, als sie dem Träger des streitigen Rechtsverhältnisses zusteht, der aus ihm unmittelbar berechtigt und verpflichtet ist. Liegt daher kein Fall der – hier regelmäßig lediglich gewillkürt denkbaren – **Prozessstandschaft** vor, dh der Befugnis, ein fremdes Recht in eigenem Namen gerichtlich geltend zu machen, fallen Prozessführungs- und Sachbefugnis in einer Person zusammen. Steht das Recht oder Rechtsverhältnis nicht dem Kläger zu, ist die Klage als **unbegründet** abzuweisen.[495]

92 aa) **Pfändungsgläubiger und Zessionare.** In diesem Zusammenhang wird das Problem diskutiert, ob Gläubiger des Arbeitnehmers,
- die seine Entgeltansprüche gepfändet haben,
- denen seine Vergütungsforderungen abgetreten oder
- auf die seine Ansprüche durch einen gesetzlichen Forderungsübergang (etwa nach § 115 SGB X) übergegangen sind,

anstelle des Arbeitnehmers selbst berechtigt sind, Kündigungsschutzklage zu erheben, um die Vergütungsforderungen nach dem Ende der Kündigungsfrist aufrechtzuerhalten.

93 Soweit im Geltungsbereich des KSchG allein die Sozialwidrigkeit der ordentlichen Kündigung oder das Fehlen des wichtigen Grundes für eine außerordentliche Kündigung umstritten waren, wurde das vor Inkrafttreten des Arbeitsmarktreformgesetzes am 1.1.2004 nahezu einhellig verneint.[496] Hier waren zwei Konstellationen voneinander zu trennen:
- **Wollte der Pfändungsgläubiger oder Zessionar selbst Kündigungsschutzklage erheben,** fehlten ihm sowohl Prozessführungsbefugnis als auch Aktivlegitimation.[497] Wegen der Verschränkung der beiden Voraussetzungen war die Klage nicht als unzulässig, sondern als unbegründet abzuweisen.
- **Erhob der Dritte dagegen eine Leistungsklage,** um die gepfändeten, ihm abgetretenen oder kraft Gesetzes auf ihn übergegangenen Ansprüche auch noch für die Zeit nach dem Ende der Kündigungsfrist durchzusetzen, machte er (behauptete) eigene Rechte als ihr Träger geltend. Er war innerhalb der Zulässigkeit der Klage prozessführungsbefugt und im Rahmen ihrer Begründetheit aktiv legitimiert. Solange der Arbeitnehmer jedoch keine Kündigungsschutzklage erhob und die Dreiwochenfrist noch nicht verstrichen war, war die Leistungsklage des

---

495 Zu allem Thomas/Putzo/Hüßtege § 51 Rn 21 f.
496 Bspw KR/Friedrich § 4 KSchG 6. Aufl Rn 74 ff mwN; v. Hoyningen-Huene/Linck 13. Aufl § 4 Rn 34; Löwisch 8. Aufl § 4 Rn 28.
497 Rn 91.

Gläubigers dennoch als – derzeit – unbegründet abzuweisen. Ob der Entgeltanspruch aufgrund der Fortdauer des Arbeitsverhältnisses trotz der Kündigung entstehen oder ihre soziale Rechtfertigung fingiert werden würde, stand nicht fest. Gleiches galt in der Zeit, in der über die Kündigungsschutzklage noch nicht entschieden war. Hier konnte die Verhandlung des Leistungsprozesses aber auch nach § 148 ZPO bis zur Erledigung des Kündigungsschutzrechtsstreits ausgesetzt werden.[498] War die Dreiwochenfrist abgelaufen und weder ein Fall des § 5 KSchG gegeben noch § 6 KSchG unmittelbar oder entsprechend anzuwenden, war die Leistungsklage – endgültig – unbegründet.

Diese Grundsätze können auf die **heutige Rechtslage unter Geltung des Arbeitsmarktreformgesetzes** übertragen werden.[499] Allerdings ist ihre Anwendung erheblich auszuweiten, weil nach §§ 4 Satz 1 und 2, 13 Abs 3 und 23 Abs 1 Satz 2 KSchG mittlerweile (fast)[500] **alle schriftlichen Kündigungen** unabhängig von der Art des Kündigungsgrundes innerhalb von drei Wochen nach Zugang der Kündigung angegriffen werden müssen, auch Kündigungen außerhalb des zeitlichen und betrieblichen Geltungsbereichs des KSchG (in der Wartezeit und in Kleinbetrieben):[501]

94

- Die **eigene Kündigungsschutzklage** von Pfändungsgläubigern oder Zessionaren ist unbegründet, weil die Gläubiger nach wie vor nicht aktiv legitimiert sind (obwohl zugleich die Zulässigkeitsvoraussetzung der Prozessführungsbefugnis fehlt).[502]
- Für eine **Leistungsklage,** die die gepfändeten, abgetretenen oder kraft Gesetzes übergegangenen Ansprüche **nach dem Ende der Kündigungsfrist** geltend macht, sind Pfändungsgläubiger und Zessionare dagegen prozessführungsbefugt und aktiv legitimiert. Solange der Arbeitnehmer noch keine Kündigungsschutzklage erhoben hat und die Klagefrist nicht abgelaufen ist, ist die Leistungsklage des Gläubigers aber – derzeit – unbegründet. Ob das Arbeitsverhältnis fortdauert oder ggf die Wirksamkeitsfiktion des § 7 HS 1 KSchG eintritt, ist noch nicht sicher. Die Verhandlung des Leistungsprozesses kann bis zur Erledigung des Kündigungsschutzrechtsstreits ausgesetzt werden.[503] Ist die Dreiwochenfrist verstrichen und greifen §§ 5 und 6 KSchG nicht ein, ist die Leistungsklage – endgültig – unbegründet.

Fand das KSchG im Unterschied dazu keine Anwendung auf das Arbeitsverhältnis, vertraten das BAG und das BSG vor Inkrafttreten des Arbeitsmarktreformgesetzes die Auffassung, der Legalzessionar (in den Einzelfällen jeweils eine Krankenkasse) könne sich in der Leistungsklage gegen den Arbeitgeber auf die Unwirksamkeit einer – außerordentlichen – Kündigung berufen, solange sich der Arbeitnehmer mit der Beendigung nicht einverstanden erklärt oder sein Recht, gegen die Kündigung vorzugehen, nicht

95

---

498 V. Hoyningen-Huene/Linck 13. Aufl § 4 Rn 34.
499 Vgl nur KR/Friedrich § 4 KSchG Rn 74 ff; vHH/L/Linck § 4 Rn 61 ff.
500 Zu den Ausnahmen Rn 4 und 139 ff.
501 Rn 4.
502 Rn 91.
503 vHH/L/Linck § 4 Rn 62.

verwirkt habe.[504] Dieses Ergebnis allein mit der in solchen Gestaltungen fehlenden Fiktion der §§ 13 Abs 1 Satz 2, 7 HS 1 KSchG aF zu begründen, war schon bis 31.12.2003 wegen der in Rn 91 genannten höchstpersönlichen Natur der Arbeitspflicht problematisch. Die Frage der Wirksamkeit der Kündigung konnte auch für den auf den Dritten übergegangenen Leistungsanspruch **nicht von der Bereitschaft des Arbeitnehmers gelöst werden, den Fortbestand des Arbeitsverhältnisses trotz der ausgesprochenen Kündigung durchzusetzen.** Allerdings war nicht die Prozessführungsbefugnis des Legalzessionars für die Geltendmachung der außerordentlichen Kündigung zweifelhaft.[505] Er machte das (möglicherweise) kraft Gesetzes auf ihn übergegangene Recht als sein Träger geltend.[506] Die Frage der Wirksamkeit der Kündigung stellte sich nur auf der Ebene der Begründetheit der Klage, auf der zu prüfen war, ob der Entgeltfortzahlungsanspruch wegen der Fortdauer des Arbeitsverhältnisses entstehen, damit auf den Sozialversicherungsträger übergehen konnte und darüber hinaus nicht wieder erloschen war. Wurde die Kontrolle der Unwirksamkeit der Kündigung im Leistungsrechtsstreit nicht davon abhängig gemacht, dass sich der Arbeitnehmer selbst auf sie berief, konnten der Ausgang dieses Prozesses und der einer späteren Feststellungsklage oder eines Rechtsstreits, der andere als die (ggf) übergegangenen Leistungen betraf, auseinanderfallen. Trat der Arbeitnehmer dem Rechtsstreit des Legalzessionars nicht bei (§§ 66 ff ZPO), konnte es geschehen, dass die Kündigung dort für unwirksam, der Entgeltfortzahlungsanspruch also als begründet betrachtet wurde, während die Kündigung in dem Folgeprozess für wirksam gehalten oder es dem Arbeitnehmer verwehrt wurde, sich auf ihre Unwirksamkeit zu berufen. An der Bindungswirkung der Rechtskraft des ersten Leistungsurteils (§ 322 Abs 1 ZPO) nahm der Fortbestand des Arbeitsverhältnisses dann nicht teil. Zum einen war er ein bloßes vorgreifliches Rechtsverhältnis. Zum anderen bestand der spätere Streit zwischen anderen Parteien, nicht zwischen dem Arbeitgeber und dem Legalzessionar, sondern zwischen dem Arbeitgeber und dem Arbeitnehmer. Auch die subjektiven Grenzen der Rechtskraft waren daher überschritten, ohne dass es sich um einen Fall der Rechtskrafterstreckung (§ 325 ZPO) oder der Nebeninterventionswirkung (§ 68 ZPO) gehandelt hätte. Hiergegen konnte eingewandt werden, das sei gerade das Wesen der Rechtskraft oder der unterbliebenen Nebenintervention. Das mögliche unterschiedliche Ergebnis der beiden Prozesse macht aber deutlich, dass das Recht, den Fortbestand des Arbeitsverhältnisses geltend zu

---

504 BAG 2.12.1981 – 5 AZR 953/79 – AP LohnFG § 6 Nr 19; BAG 29.11.1978 – 5 AZR 457/77 – AP LohnFG § 6 Nr 7; BSG 23.2.1988 – 10 RAr 15/87 – NZA 1988, 557; vgl zur Prozessverwirkung zB auch BAG 19.2.2009 – 8 AZR 176/08 – Rn 17 AP BGB § 613 a Nr 368; nur zur materiellrechtlichen Verwirkung BAG 23.2.2010 – 2 AZR 659/08 – Rn 17 ff AP SGB IX § 85 Nr 8; zu der Abgrenzung der Verwirkung des Klagerechts mit der Folge der Unzulässigkeit der Klage und der Verwirkung des materiellen Rechts, sich auf den Bestand eines Arbeitsverhältnisses zu berufen, mit der Konsequenz der Unbegründetheit der Klage bspw BAG 9.2.2011 – 7 AZR 221/10 – Rn 12 ff, 30 ff mwN AP TzBfG § 17 Nr 10; BAG 25.10.2010 – 2 AZR 323/09 – Rn 19 ff AP KSchG 1969 § 4 Nr 72.
505 IdS aber KR/Friedrich § 4 KSchG Rn 79. Er weist darauf hin, es müsse abgewartet werden, ob die Rspr des BAG vor dem Hintergrund des Arbeitsmarktreformgesetzes aufrechterhalten werden könne.
506 Rn 93.

machen, zeitliche und subjektive Komponenten aufweist, die von einem anderen als dem Arbeitnehmer nicht beeinflusst werden können. Die Verwirkung dieses Rechts, die zugleich den Entgeltfortzahlungsanspruch untergehen lässt, setzt voraus, dass eine gewisse, je nach Sachverhalt unterschiedliche Zeit verstrichen sein (sog Zeitmoment) und der Arbeitnehmer ein schutzwürdiges Vertrauen des Arbeitgebers hervorgerufen haben muss, er werde sich nicht mehr auf die Unwirksamkeit der Kündigung berufen (sog Umstandsmoment).[507] Die umrissenen Fragen konnten im Rechtsstreit zwischen dem Dritten und dem Arbeitgeber nicht zuverlässig beantwortet werden. Vor allem hingen sie nicht allein von einem Verhalten des Arbeitgebers ab, der die Tatsachen vorbringen musste, die das Gericht zu dem Schluss auf den von Amts wegen zu berücksichtigenden rechtsvernichtenden Einwand der Verwirkung zwangen. Ob die Unwirksamkeit der Kündigung noch geltend gemacht werden konnte und der Entgeltfortzahlungsanspruch unvernichtet fortbestand, stand in diesem Prozessrechtsverhältnis also nicht fest.[508] Wird der Fall abgewandelt und angenommen, der Legalzessionar – damals die Bundesanstalt für Arbeit, heute die Bundesagentur für Arbeit – wolle auf ihn übergegangene Entgeltansprüche aus Annahmeverzug nach §§ 611, 615 Satz 1, 293 ff BGB gerichtlich durchsetzen, wurde das Problem noch deutlicher. Hier setzt bereits die Entstehung des Anspruchs voraus, dass der Arbeitnehmer leistungsbereit ist (§ 297 BGB). Allerdings kann der Arbeitgeber, der Partei des Prozesses mit dem Legalzessionar und für das Fehlen des Leistungswillens darlegungsbelastet ist, entsprechenden Vortrag halten. Dem Arbeitnehmer bleibt – wie in der Grundkonstellation – die Nebenintervention und mit ihr eigenes Vorbringen unbenommen. Es zeigt sich erneut, dass die Frage der Entstehung des Anspruchs auch unter Berücksichtigung des Beibringungsgrundsatzes letztlich nur beantwortet werden kann, wenn sich der Arbeitnehmer durch eine Prozesshandlung am Rechtsstreit beteiligt.

Die Konstellation, die das BAG und das BSG früher unter Rückgriff auf das **nicht anwendbare KSchG** gelöst haben, ist unter **Geltung des Arbeitsmarktreformgesetzes** die Ausnahme. Selbst wenn der erste Abschnitt des KSchG im Übrigen nicht gilt (bei Kündigungen in der Wartefrist oder in Kleinbetrieben und bei sonstigen Unwirksamkeitsgründen ordentlicher und außerordentlicher Kündigungen), finden §§ 4 bis 7 KSchG dennoch Anwendung. Wird die Ansicht der beiden Bundesgerichte für die jetzige Gesetzeslage fortgeführt, ist die Leistungsklage des Pfändungsgläubigers oder Legalzessionars auf den Fall der **schriftformwidrigen oder mit bestimmten**

96

---

507 Vgl zu Prozessverwirkung und materiellrechtlicher Verwirkung auch BAG 9.2.2011 – 7 AZR 221/10 – Rn 12 ff, 30 ff mwN AP TzBfG § 17 Nr 10; BAG 25.11.2010 – 2 AZR 323/09 – Rn 19 ff AP KSchG 1969 § 4 Nr 72.
508 AA Löwisch 8. Aufl § 4 Rn 29; Spinner in: Löwisch/Spinner/Wertheimer 10. Aufl § 4 Rn 32 hält die frühere Kontroverse mit Blick auf die Ausweitung der Klagefrist auf alle Unwirksamkeitsgründe einer schriftformgerechten Kündigung für erledigt: Durch die Neufassung sei klargestellt, dass Pfändungsgläubiger und Zessionare von Entgeltansprüchen des Arbeitnehmers immer davon abhängig seien, dass der Arbeitnehmer die Kündigung angreife. Nur wenn die Kündigung gegen § 623 BGB verstoße, blieben Pfändungsgläubiger und Zessionare berechtigt, die Unwirksamkeit der Kündigung geltend zu machen.

rechtsgeschäftlichen Mängeln[509] behafteten ordentlichen oder außerordentlichen Kündigung beschränkt, solange sich der Arbeitnehmer mit der Beendigung nicht einverstanden erklärt oder sein Recht, gegen die Kündigung vorzugehen, verwirkt hat.[510]

97 **bb) Erben.** Stirbt der Arbeitnehmer nach Zugang der Kündigung, ist zu differenzieren:

- Tritt der Tod **nach Ablauf der Kündigungsfrist oder** im Fall der fristlosen Kündigung nach deren **Zugang, aber vor dem Ende der dreiwöchigen Klagefrist** ein, ohne dass §§ 5 und 6 KSchG anzuwenden sind, können und müssen die Erben Kündigungsschutzklage nach § 4 Satz 1 KSchG erheben, um die Fiktion des § 7 HS 1 KSchG abzuwenden, wenn eine schriftliche Kündigung erklärt wurde.[511] Nur auf diese Weise kann die Leistungsklage vorbereitet werden, die das (Annahmeverzugs-)Entgelt für die Zeit seit dem Ende der Kündigungsfrist bis zum Tod des Arbeitnehmers durchsetzen soll. Hat der Arbeitnehmer selbst bereits Kündigungsschutzklage erhoben, können die Erben den durch den Tod unterbrochenen **Rechtsstreit** aufnehmen (§ 239 Abs 1 und 2 ZPO), wenn der Arbeitnehmer nicht durch einen Prozessbevollmächtigten vertreten war (Umkehrschluss aus § 246 Abs 1 HS 1 ZPO). War er dagegen vertreten und wird der Rechtsstreit deswegen durch seinen Tod nicht unterbrochen, kann der Arbeitgeber die zeitweilige Aussetzung des Verfahrens beantragen (§ 246 Abs 1 HS 2 ZPO). Für die **Änderungskündigung,** deren Änderungsantrag der Arbeitnehmer **schon vor seinem Tod unter dem Vorbehalt der sozialen Rechtfertigung oder Unwirksamkeit der Arbeitsbedingungen angenommen hatte** (vgl den allerdings auf die Sozialwidrigkeit verengten Wortlaut des § 2 KSchG),[512] gilt Entsprechendes.[513] Um eine etwaige Vergütungsdifferenz in der Zeit zwischen dem Ende der Kündigungsfrist und dem Tod geltend machen zu können, müssen die Erben auch insoweit die Wir-

---

509 Dazu Rn 3 f und 139 ff.
510 Ebenso Spinner in: Löwisch/Spinner/Wertheimer § 4 Rn 32; vgl zur Prozessverwirkung zB auch BAG 19.2.2009 – 8 AZR 176/08 – Rn 17 AP BGB § 613a Nr 368; nur zur materiellrechtlichen Verwirkung BAG 23.2.2010 – 2 AZR 659/08 –Rn 17 ff AP SGB IX § 85 Nr 8; zu der Abgrenzung der Verwirkung des Klagerechts mit der Folge der Unzulässigkeit der Klage und der Verwirkung des materiellen Rechts, sich auf den Bestand eines Arbeitsverhältnisses zu berufen, mit der Konsequenz der Unbegründetheit der Klage bspw BAG 9.2.2011 – 7 AZR 221/10 – Rn 12 ff, 30 ff mwN AP TzBfG § 17 Nr 10; BAG 25.11.2010 – 2 AZR 323/09 – Rn 19 ff AP KSchG 1969 § 4 Nr 72. Zu der Haltung von BAG und BSG nach früherem Recht BAG 29.11.1978 – 5 AZR 457/77 – AP LohnFG § 6 Nr 7; BAG 2.12.1981 – 5 AZR 953/79 – AP LohnFG § 6 Nr 19; BSG 23.2.1988 – 10 RAr 15/87 – NZA 1988, 557.
511 KR/Friedrich § 4 KSchG Rn 19; vHH/L/Linck § 4 Rn 63; Spinner in: Löwisch/Spinner/Wertheimer § 4 Rn 33; vgl zu der parallelen Problematik im Befristungskontrollrecht BAG 18.1.2012 – 7 AZR 112/08 – Rn 14 AP TzBfG § 14 Nr 91.
512 Zu der Möglichkeit einer Vorbehaltsannahme auch bei sonstigen Unwirksamkeitsgründen iSv § 13 Abs 3 KSchG und den Auswirkungen der Neufassung des § 4 Satz 2 KSchG durch das Arbeitsmarktreformgesetz Rn 66.
513 Vgl zu den prozessualen Fragen der Änderungskündigung auch Rn 5, 6, 65 ff, 160 und 173 ff mwN.

kung des § 7 HS 1 und 2 KSchG durch einen Feststellungsantrag nach § 4 Satz 2 KSchG verhindern.[514]

- Stirbt der Arbeitnehmer demgegenüber **vor Ablauf der Kündigungsfrist oder sozialen Auslauffrist**, kann die Wirkung der Kündigung nicht mehr eintreten. Das Arbeitsverhältnis endet zuvor mit seinem Tod. Führen seine Erben die von ihm erhobene Kündigungsschutzklage (und ggf mit ihr den auf Auflösung des Arbeitsverhältnisses gerichteten unechten Hilfsantrag nach § 9 Abs 1 Satz 1 KSchG) fort, ohne die Hauptsache iSv § 91 a ZPO für erledigt zu erklären, muss die Klage als **unbegründet** abgewiesen werden.[515] Sie ist unschlüssig, weil das stattgebende Urteil nach dem – von Fällen der Ausklammerung abgesehen – regelmäßig erweiterten punktuellen Streitgegenstand des § 4 Satz 1 KSchG voraussetzt, dass noch bei Ablauf der Kündigungsfrist (oder Auslauffrist) ein Arbeitsverhältnis besteht.[516] Der hilfsweise für den Fall des Obsiegens mit dem Kündigungsschutzbegehren angebrachte Auflösungsantrag fällt nicht zur Entscheidung an.

b) Beklagter. aa) Grundsätze. Gegner der Kündigungsschutzklage ist der Arbeitgeber. Die Frage ist im Kündigungsschutzprozess von eminenter Bedeutung. Wird die Klage innerhalb der Dreiwochenfrist auch nach sorgfältiger Auslegung ihrer Begründung[517] nicht gegen den richtigen Beklagten erhoben,[518] gilt die schriftliche Kündigung nach § 7 HS 1 KSchG als rechtswirksam, die Kündigungsschutzklage ist unbegründet. Wer Arbeitgeber ist, kann allerdings nicht immer einfach beantwortet werden.[519]

98

- Schließt für den Arbeitgeber ein **Dritter** den Arbeitsvertrag, ohne zu erkennen zu geben, dass er für einen anderen handelt, wird der Handelnde selbst Vertragspartner, dh Arbeitgeber (§ 164 Abs 2 BGB).
- Schließt eine **juristische Person** den Arbeitsvertrag – etwa ein rechtsfähiger Verein, eine GmbH[520] oder eine AG –, ist sie Arbeitgeberin und zu verklagen, § 50 Abs 1 ZPO.[521]

---

514 Spinner in: Löwisch/Spinner/Wertheimer § 4 Rn 34.
515 BAG 15.12.1960 – 2 AZR 79/59 – AP KSchG § 3 Nr 21.
516 Zu den Einzelheiten Rn 49.
517 Rn 20 ff, 34, 37 f.
518 Zu der Abgrenzung von Parteiwechsel und sog Rubrumsberichtigung Rn 31, 35 f; zu der gegen den Insolvenzverwalter zu richtenden Klage Rn 38.
519 Vgl zu den Gestaltungen des Gruppenarbeitsverhältnisses, des **einheitlichen Arbeitsverhältnisses** mit mehreren Arbeitgebern, des **mittelbaren Arbeitsverhältnisses** und des **Leiharbeitsverhältnisses** § 1 KSchG Rn 41 f, Rn 43 f, 46 f und 50; zum einheitlichen Arbeitsverhältnis auch BAG 20.6.2013 – 6 AZR 805/11 – Rn 33 ff NZA 2013, 1137; BAG 19.4.2012 – 2 AZR 186/11 – Rn 16 AP KSchG 1969 § 14 Nr 13; 15.12.2011 – 8 AZR 692/10 – Rn 30 AP BGB § 613 a Nr 424.
520 Vgl zu dem mit Wirkung vom 1.11.2008 aufgehobenen § 36 GmbHG die 3. Aufl in § 4 Rn 97.
521 Zu dem Problem der Existenz von Vorgesellschaften und Gründervereinigungen, ua von Gesellschaften mit beschränkter Haftung vor ihrer Gründung, nach nicht mehr aktivem Betreiben der Eintragung in das Handelsregister oder rechtskräftiger Ablehnung ihrer Eintragung, während ihrer Liquidation und nach ihrer Liquidation wird auf die Kommentierungen zu § 50 ZPO verwiesen, zB auf Zöller/Vollkommer ZPO § 50 ZPO Rn 4, 4a, 4b und 19. In EU-Mitgliedstaaten gegründete Gesellschaften behalten nach der sog europarechtlichen Gründungstheorie auch in der Bundesrepublik ihre Rechtspersönlichkeit und Parteifähigkeit

- **Nicht rechtsfähige Vereine** können Arbeitgeber sein und sind nach § 50 Abs 2 ZPO als solche zu verklagen.
- Bei **Gesellschaften bürgerlichen Rechts** (§§ 705 ff BGB, sog GbR) – bspw Arztpraxen, Rechtsanwaltskanzleien oder kleineren Bauunternehmen – und **Erbengemeinschaften** (§§ 2032 ff BGB) mussten nach der früheren Rechtsprechung des BAG alle Gesellschafter oder Miterben verklagt werden.[522] Dem lagen folgende Überlegungen zugrunde: Träger der Arbeitgeberrechte und -pflichten waren nach Auffassung des BAG die Gesellschafter, die die Arbeitgeberstellung gemeinschaftlich und verbunden gesamthänderisch einnahmen, auch wenn sie sich im Rechtsverkehr durch ein gemeinschaftlich geschaffenes Organ vertreten ließen.[523] Die GbR war nach diesem Verständnis nicht selbständiger Arbeitgeber, selbst wenn die Arbeitsverträge im Namen der Gesellschaft geschlossen wurden. Obwohl die Kündigungsschutzklage keine Gestaltungs-, sondern eine Feststellungsklage ist[524] und Feststellungsklagen idR isoliert gegen den einzelnen Gesamthänder gerichtet werden können, scheidet es aus, dass die Kündigung im Verhältnis zu einem der Gesamthänder unwirksam ist, während sie gegenüber einem anderen nach § 7 HS 1 KSchG als wirksam gilt. (Diese Erwägung gilt nach wie vor.) Die Kündigungsschutzklage war daher nach der mittlerweile aufgegebenen Auffassung des BAG nur gegen alle Gesamthänder gemeinsam zulässig.[525] Die Beklagten waren abweichend vom Regelfall der einfachen Streitgenossenschaft wegen der zwingend einheitlichen Sachentscheidung über den Bestand des Arbeitsverhältnisses bei Ablauf der Kündigungsfrist notwendige Streitgenossen (§ 62 ZPO). Demgegenüber gingen der **BGH**[526] und – ihm folgend – das **BVerfG**[527] sowie der **BFH**[528] schon seit einiger Zeit davon aus, dass **die Außengesellschaft bürgerlichen Rechts aktiv und passiv rechts- und parteifähig sei, also die Gesellschaft selbst klagen und verklagt werden könne.** Sie

---

(Zöller/Vollkommer ZPO § 50 ZPO Rn 9). Vgl zu Gesellschaften, die nicht aus Mitgliedstaaten der Europäischen Union stammen, Zöller/Vollkommer ZPO § 50 ZPO Rn 9, 9 a, 18, 21 a. Insoweit ist zwischen EFTA-Staaten, Staaten, mit denen zweiseitige Abkommen bestehen, und Drittstaaten zu differenzieren.
522 BAG 6.7.1989 – 6 AZR 771/87 – II 2, 3 und 4 AP BGB § 705 Nr 4 für Gesellschafter einer GbR in dem besonderen Fall einer aus juristischen Personen des öffentlichen Rechts gebildeten Gesellschaft.
523 BAG 6.7.1989 – 6 AZR 771/87 – II 2, 3 und 4 AP BGB § 705 Nr 4; KR/Friedrich § 4 KSchG Rn 94.
524 Rn 19.
525 Schlüssig aufgegeben durch BAG 1.12.2004 – 5 AZR 597/03 – II 1 AP ZPO § 50 Nr 14. Vgl zu dem Sonderfall eines Auflösungsantrags in einem einheitlichen Arbeitsverhältnis mit einer Arbeitgebergruppe BAG 27.3.1981 – 7 AZR 523/78 – II 4 AP BGB § 611 Arbeitgebergruppe Nr 1: Der Siebte Senat wollte seine Ausführungen dort aber bewusst nicht auf andere Konstellationen verallgemeinert wissen (II am Anfang). Zu der ausschließlichen Zulässigkeit der gegen alle Gesellschafter gerichteten Klage nach früherem Rechtsverständnis LAG Berlin 15.8.1997 – 6 Sa 51/97 – 1 LAGE KSchG § 4 Nr 37; v. Hoyningen-Huene/Linck 13. Aufl § 4 Rn 41; hM vor der Änderung oder Klarstellung der Rspr des BGH mit Urt v 29.1.2001 – II ZR 331/00 – AP ZPO § 50 Nr 9; zum alten und neuen Rechtsverständnis zB KR/Friedrich § 4 KSchG Rn 94.
526 BGH 29.1.2001 – II ZR 331/00 – AP ZPO § 50 Nr 9.
527 BVerfG 2.9.2002 – 1 BvR 1103/02 – 2 a NJW 2002, 3533.
528 BFH 18.5.2004 – IX R 83/00 – II 1 b DB 2004, 1705.

kann aus Sicht des BGH als Gesamthandsgemeinschaft jede Rechtsposition einnehmen, wenn keine speziellen Gesichtspunkte entgegenstehen. Soweit sie in diesem Rahmen eigene Rechte und Pflichten begründet, ist sie rechtsfähig, ohne juristische Person zu sein.[529] Dem hat sich das **BAG** mit Urteil vom **1.12.2004**[530] **und mittlerweile in ständiger Rechtsprechung**[531] angeschlossen, ohne die Frage der Außengesellschaft mit Gesamthandsvermögen zu thematisieren: Eine Gesellschaft bürgerlichen Rechts ist aktiv und passiv parteifähig. Die GbR kann selbst Arbeitgeberin sein.[532] Die Kündigungsschutzklage kann deshalb in zulässiger Weise – jedenfalls unter den vom BGH genannten Voraussetzungen – **unmittelbar gegen die GbR gerichtet werden**.[533]

Hinweise:

- Um Haftungsrisiken zu vermeiden, kann es im **Passivprozess zusätzlich** sinnvoll sein, **neben der GbR die einzelnen Gesellschafter zu verklagen**. Besonders wichtig ist die subjektive Klagehäufung dann, wenn **nicht feststeht, dass es sich um eine Außengesellschaft mit Gesamthandsvermögen handelt**. Besteht nur eine Innengesellschaft, sind die Gesellschafter nicht als Gesamthandsgemeinschaft verpflichtet, sondern haften einzeln als Gesamtschuldner einer gemeinschaftlichen Verpflichtung nach § 427 BGB.[534]

- Riskanter ist es dagegen, in der Klagefrist nur die einzelnen Gesellschafter und nicht auch die GbR als solche zu verklagen. Teile der Literatur äußern die Ansicht, die **Kündigungsschutzklage sei zwingend und ausschließlich unmittelbar gegen die GbR zu richten**.[535] **Friedrich** macht als Vertreter dieser Meinung allerdings zu Recht darauf aufmerksam, dass bei einer Umstellung auf die Gesellschaft kein Parteiwechsel, sondern eine sog Rubrumsberichtigung anzunehmen sei. Meines Erachtens wahrt deshalb auch die fristgerecht lediglich gegen die einzelnen Gesellschafter gerichtete Klage die Dreiwochenfrist des § 4 Satz 1 KSchG.[536]

- Liegt keine GbR, sondern eine **bloße Praxisgemeinschaft** vor, sind die einzelnen „Mitglieder" – zB Ärzte oder Psychotherapeuten – Arbeitgeber. Zu verklagen ist die Person, die die Arbeitskraft des Arbeitnehmers für ihre Zwecke verwertet und demnach weisungsbefugt ist.[537] Ist dagegen eine gemeinsame Arbeitgeberstellung an-

---

529 BGH 29.1.2001 – II ZR 331/00 – A I AP ZPO § 50 Nr 9 A I.
530 BAG 1.12.2004 – 5 AZR 597/03 – II 1 AP ZPO § 50 Nr 14; ebenso zB BAG 17.7.2007 – 9 AZR 819/06 – Rn 14 AP ZPO § 50 Nr 17.
531 ZB BAG 17.7.2007 – 9 AZR 819/06 – Rn 14 AP ZPO § 50 Nr 17.
532 BAG 30.10.2008 – 8 AZR 397/07 – Rn 24 f AP BGB § 613 a Nr 358.
533 KR/Friedrich in § 4 KSchG Rn 94 mwN nimmt darüber hinaus an, **die Kündigungsschutzklage sei zwingend und ausschließlich gegen die GbR zu richten**.
534 Ebenso KR/Friedrich § 4 KSchG Rn 94; aA möglicherweise BAG 1.12.2004 – 5 AZR 597/03 – II 1 AP ZPO § 50 Nr 14, das die aktive und passive Parteifähigkeit der GbR uneingeschränkt bejaht, ohne auf die Frage der Außengesellschaft mit Gesamthandsvermögen einzugehen, allerdings ausschließlich auf die Rspr des BGH rekurriert.
535 Vgl etwa KR/Friedrich § 4 KSchG Rn 94 mwN.
536 So auch KR/Friedrich § 4 KSchG Rn 94.
537 KR/Friedrich § 4 KSchG Rn 94.

zunehmen, weil dem Neben- oder Mitarbeitgeber Befugnisse oder Verpflichtungen zumindest auf Zeit zur selbständigen, eigenverantwortlichen und zumindest auch im eigenen Interesse liegenden Ausübung übertragen sind, müssen alle Mitglieder der Praxisgemeinschaft gemeinsam kündigen und können nur gemeinschaftlich verklagt werden.[538]

- Die Rechtsverhältnisse einer seit 1995 möglichen **Partnerschaft nach dem Gesetz über Partnerschaftsgesellschaften Angehöriger Freier Berufe** richten sich nach den Vorschriften des BGB über die Gesellschaft (§ 1 Abs 4 PartGG, §§ 705 ff BGB). § 7 Abs 2 PartGG, § 124 Abs 1 HGB sehen aber vor, dass die Partner unter dem Namen ihrer Partnerschaft nach § 2 PartGG verklagt werden können.[539] Die Partnerschaftsgesellschaft ist richtige Partei der erhobenen Kündigungsschutzklage, nicht ihre Gesellschafter.[540] Wie bei einer vermeintlich gegen die Gesellschafter einer GbR gerichteten Kündigungsschutzklage ist stets vorrangig zu prüfen, ob die Klage gegen die Gesellschafter nicht in Wahrheit gegen die Partnerschaftsgesellschaft selbst gerichtet sein soll. Für die Parteistellung in einem Prozess ist nicht allein die formelle Bezeichnung der Partei in der Klageschrift maßgeblich. Ergibt sich in einem Kündigungsrechtsstreit aus den gesamten erkennbaren Umständen, etwa aus dem der Klageschrift beigefügten Kündigungsschreiben, wer als beklagte Partei gemeint ist, ist eine sog Berichtigung – also eine Auslegung – des Passivrubrums unbedenklich möglich.[541]

- Schließt eine **Personenhandelsgesellschaft** – eine OHG oder KG – den Arbeitsvertrag, kann die Gesellschaft nach §§ 124 Abs 1, 161 Abs 2 HGB unter ihrer Firma verklagt werden. Sie ist Arbeitsvertragspartei und deshalb Arbeitgeberin.[542]

  Hinweis: Hier kann es sinnvoll sein, die Kündigungsschutzklage gegen die **Gesellschaft** im Weg einer subjektiven und eventuellen Klagehäufung mit einer gesamtschuldnerisch gegen die **Gesellschafter** gerichteten Leistungsklage auf Zahlung der Vergütung nach Ablauf der Kündigungsfrist zu verbinden, weil die Gesellschafter nach §§ 128, 161, 171 Abs 1 HGB für die Schulden der Gesellschaft persönlich haften. Nur auf diese Weise wird eine Vollstreckung in das

---

538 Nur sehr mittelbar ArbG Münster 26.11.1986 – 4 Ca 904/86 – BB 1987, 337: Dort handelte es sich um eine Arbeitnehmerkündigung.
539 BAG 23.10.2008 – 2 AZR 131/07 – Rn 19 mwN AP KSchG 1969 § 23 Nr 43; KR/Friedrich § 4 KSchG Rn 93; APS/Hesse § 4 KSchG Rn 46; ErfK/Kiel § 4 KSchG Rn 18; vHH/L/Linck § 4 KSchG Rn 73; zu der ggf möglichen und nötigen sog Rubrumsberichtigung BAG 1.3.2007 – 2 AZR 525/05 – Rn 14 f AP KSchG 1969 § 4 Nr 60; vgl dazu auch Rn 36.
540 BAG 23.10.2008 – 2 AZR 131/07 – Rn 19 AP KSchG 1969 § 23 Nr 43; BAG 1.3.2007 – 2 AZR 525/05 – Rn 14 AP KSchG 1969 § 4 Nr 60.
541 BAG 1.3.2007 – 2 AZR 525/05 – Rn 13 f AP KSchG 1969 § 4 Nr 60; zu der Abgrenzung von Rubrumsberichtigung und Parteiwechsel iE Rn 36.
542 KR/Friedrich § 4 KSchG Rn 90.

Privatvermögen der Gesellschafter ermöglicht, wie § 129 Abs 4 HGB zeigt.[543]

bb) Problem: Betriebsübergang[544] **(1) Übersicht.** Überträgt der bisherige Arbeitgeber seinen Betrieb iSv § 613a Abs 1 Satz 1 BGB auf eine andere Rechtspersönlichkeit, sind **vier verschiedene Konstellationen** denkbar:[545]

- Der Veräußerer kündigt das Arbeitsverhältnis **noch vor dem Betriebsübergang**, der Arbeitnehmer erhebt ebenfalls **vor der Betriebsübertragung** Kündigungsschutzklage.[546]
- Der Arbeitnehmer erhebt die Klage, die gegen die noch **vor dem Betriebsübergang** erklärte Kündigung des **Veräußerers** gerichtet wird, erst **nach der Betriebsübertragung**.[547]
- Der Veräußerer kündigt das Arbeitsverhältnis **nach dem Betriebsübergang**.[548]
- Der Erwerber kündigt das Arbeitsverhältnis **nach der Betriebsveräußerung**.

(2) Kündigung des Veräußerers vor dem Betriebsübergang. Nach Auffassung des BAG ist die Klage in den **beiden ersten Fällen** gegen den Veräußerer zu richten.[549] Das Arbeitsverhältnis gehe auf den Erwerber über, wie es im Zeitpunkt des Betriebsübergangs bestanden habe. Sei die Kündigung des Veräußerers unwirksam gewesen, gehe das Arbeitsverhältnis ungekündigt über. Diese Frage könne nur in einem Rechtsstreit zwischen Arbeit-

99

100

---

543 KR/Friedrich § 4 KSchG Rn 91 und vHH/L/Linck § 4 Rn 68, die sich jeweils für die Möglichkeit eines gegen die Gesellschafter gewandten Auflösungsantrags aussprechen, wodurch die Gesellschafter allerdings nicht nur in die Haftung für die Zahlung der Abfindung genommen, sondern auch bzgl der Auflösung des Arbeitsverhältnisses als Arbeitgeber behandelt werden.
544 Vgl zu den unionsrechtlichen Bedenken an der einheitlichen Klagefrist bei Kündigungen wegen Betriebsübergangs und vor allem an § 5 Abs 3 Satz 2 KSchG Kamanabrou NZA 2004, 950. Dazu auch Sprenger AuR 2005, 175, der eine richtlinienkonforme Auslegung des § 13 Abs 3 KSchG für möglich hält.
545 Die hier gewählte Struktur entspricht der von KR/Friedrich § 4 KSchG Rn 96 ff entwickelten. Vgl zu den prozessualen und materiellen Fragen von Betriebsübergängen detailliert die Erl zu § 613a BGB, besonders zum Prozessrecht § 613a BGB Rn 198 ff. Zu den empfehlenswerten Anträgen auch Düwell in: Weyand/Düwell Das neue Arbeitsrecht S 229.
546 Hierzu BAG 16.5.2002 – 8 AZR 320/01 – B III 1a AP InsO § 113 Nr 9.
547 Vgl BAG 18.3.1999 – 8 AZR 306/98 – AP KSchG 1969 § 4 Nr 44.
548 Dazu BAG 18.4.2002 – 8 AZR 346/01 – I 2a und b AP BGB § 613a Nr 232; BAG 18.4.2002 – 8 AZR 347/01 – I 1d, 2a und b ZInsO 2002, 1198; BAG 20.3.2002 – 8 AZR 312/ 02 – II 2 EzA BGB § 613a 2002 Nr 7.
549 Vgl zu der Konstellation des Betriebsübergangs nach fristgerecht erhobener Klage zB BAG 16.5.2002 – 8 AZR 320/01 – B III 1a AP InsO § 113 Nr 9: „Hat der Arbeitnehmer fristgemäß Kündigungsschutzklage erhoben und findet anschließend ein Betriebsübergang statt, so kann der Prozess gegen den bisherigen Beklagten fortgesetzt werden." S auch BAG 24.8.2006 – 8 AZR 574/05 – Rn 25 ff AP BGB § 613a Nr 314; LAG Köln 10.2.2012 – 10 Sa 1144/11 – II ZIP 2012, 1778 (Revision unter 8 AZR 425/12 – zurückgenommen). Verallgemeinernd für Kündigungen vor Betriebsübergängen zB BAG 24.5.2005 – 8 AZR 246/04 – II 3d AP BGB § 613a Nr 282.

nehmer und bisherigem Arbeitgeber geklärt werden.[550] Wird der Meinung des BAG gefolgt, kommt es bei der Kündigung des Veräußerers vor der Betriebsübertragung nicht darauf an, ob der Arbeitnehmer die Klage vor oder nach dem Betriebsübergang erhebt, obwohl der bisherige Arbeitgeber mit der Nachfolge des Erwerbers aus dem Arbeitsverhältnis scheidet und Arbeitgeberpflichten für den Veräußerer ab diesem Zeitpunkt nicht mehr entstehen.[551] Der Übernehmer wird neuer Arbeitgeber mit allen Rechten und Pflichten aus dem bisherigen Arbeitsverhältnis (§ 613a Abs 1 Satz 1 BGB). Die Betriebsveräußerung bewirkt eine gesetzlich vorgesehene Beendigung des Arbeitsverhältnisses, verbunden mit dem gesetzlichen Übergang des Arbeitsverhältnisses auf den neuen Betriebsinhaber.[552]

101 **(a) Prozessführungsbefugnis und Rechtskrafterstreckung.** Dennoch bleibt der kündigende Veräußerer prozessführungsbefugt und passiv legitimiert.[553] Kommt es nach Zugang der Kündigung und Klageerhebung zu einer Betriebsübernahme, sind §§ 265 Abs 2 Satz 1, 325 Abs 1 ZPO entsprechend anzuwenden. Die Analogie zu § 265 Abs 2 Satz 1 ZPO führt dazu, dass die Betriebsveräußerung keinen Einfluss auf den Prozess zwischen dem bisherigen Arbeitgeber und dem Arbeitnehmer hat.[554] Der Veräußerer bleibt als gesetzlicher Prozessstandschafter prozessführungsbefugt.[555] Der Übernehmer kann entsprechend § 265 Abs 2 Satz 2 ZPO mit Zustimmung des Arbeitnehmers anstelle des Veräußerers den Prozess übernehmen, nicht aber neben ihm als Hauptpartei in den Rechtsstreit eintreten.[556] Die Rechtskraft des Urteils über die Kündigungsschutzklage zwischen dem Arbeitnehmer und dem früheren Arbeitgeber wird entsprechend § 325 Abs 1

---

550 Schon BAG 14.2.1978 – 1 AZR 154/76 – 1 AP GG Art 9 Arbeitskampf Nr 60; BAG 26.5.1983 – 2 AZR 477/81 – B I AP BGB § 613a Nr 34; BAG 27.9.1984 – 2 AZR 309/83 – B I AP BGB § 613a Nr 39; BAG 20.3.1997 – 8 AZR 769/95 – B II 3 und 4d AP KSchG 1969 § 9 Nr 30; BAG 9.10.1997 – 2 AZR 586/96.
551 Vgl BAG 18.4.2002 – 8 AZR 347/01 – ZInsO 2002, 1198.
552 Zu allem BAG 20.3.1997 – 8 AZR 769/95 – B II 4c AP KSchG 1969 § 9 Nr 30.
553 BAG 18.3.1999 – 8 AZR 306/98 – AP KSchG 1969 § 4 Nr 44; dem BAG zust zB KR/Friedrich § 4 KSchG Rn 96a; APS/Hesse 4. Aufl § 4 KSchG Rn 48; Müller-Glöge NZA 1999, 449, 456; § 613a BGB Rn 199; aA APS/Ascheid 2. Aufl § 4 KSchG Rn 48: Halte der Arbeitnehmer die Kündigung für sozialwidrig nach § 1 Abs 2 KSchG, weil der Arbeitsplatz infolge des Betriebsübergangs nicht weggefallen sei, sei die Klage gegen die Rechtspersönlichkeit zu richten, die nach materiellem Recht Arbeitgeber sei. Erhebe der Arbeitnehmer nach einem dem Arbeitnehmer bekannten Betriebsübergang Klage, sei sie gegen die Rechtspersönlichkeit zu richten, die in die Rechte und Pflichten aus dem Arbeitsverhältnis eingetreten sei. Die Klage gegen den alten Arbeitgeber wahre die (Klage-)Frist, wenn der Arbeitnehmer die Tatsache des Betriebsübergangs bestreite oder ihm der Betriebsübergang nicht mitgeteilt worden sei; ähnl Kreitner FA 1998, 3; vgl auch Spinner in: Löwisch/Spinner/Wertheimer § 4 Rn 39, der die Passivlegitimation des bisherigen Arbeitgebers ebenfalls nur bei einer Klageerhebung vor dem Betriebsübergang bejaht, während die Klage nach diesem Zeitpunkt gegen den materiell sachlegitimierten Erwerber zu richten sei. Der Veräußerer sei nicht länger passiv legitimiert, die Klage gegen ihn deshalb unbegründet.
554 BAG 4.3.1993 – 2 AZR 507/92 – A 1b aa AP BGB § 613a Nr 101.
555 Spinner in: Löwisch/Spinner/Wertheimer § 4 Rn 38.
556 Vgl BAG 4.3.1993 – 2 AZR 507/92 – AP BGB § 613a Nr 101.

ZPO auf den Erwerber erstreckt,[557] allerdings schon vor Inkrafttreten des Arbeitsmarktreformgesetzes beschränkt auf die festgestellte Unwirksamkeit der angegriffenen Kündigung. Ob tatsächlich ein Betriebsübergang stattgefunden hat, kann in einem Folgeprozess mit dem neuen Betriebsinhaber abweichend beurteilt werden. Das gilt selbst dann, wenn die Kündigung des früheren Betriebsinhabers nach § 613 a Abs 4 Satz 1 BGB für unwirksam erklärt wurde.[558] Ereignet sich der Betriebsübergang schon vor der Klageerhebung, kann ohnehin keine Rechtskrafterstreckung eintreten, weil § 325 ZPO Rechtsnachfolge nach Rechtshängigkeit voraussetzt.[559]

Die Rechtskrafterstreckung hat auch nicht zur Folge, dass der Bestand eines Arbeitsverhältnisses zwischen dem Arbeitnehmer und dem Erwerber feststeht. Die Entscheidung des ersten Prozesses mit dem Veräußerer hängt davon ab,

- ob ein Betriebsübergang vorliegt und
- die Kündigung seinetwegen ausgesprochen wurde,

die Kündigung demnach gegen § 613 a Abs 4 Satz 1 BGB verstößt oder an einem anderen Mangel leidet. Der Bestand des Arbeitsverhältnisses von Veräußerer und Arbeitnehmer bei Zugang der Kündigung und Ablauf der Kündigungsfrist ist eine **bloße Vorfrage** der Feststellung des Bestands eines Arbeitsverhältnisses, die der Arbeitnehmer in dem Prozess mit dem Erwerber erreichen möchte. Durch die rechtskräftige Feststellung, dass die Kündigung des bisherigen Arbeitgebers das zwischen ihm und dem Arbeitnehmer bestehende Arbeitsverhältnis nicht beendet hat, ist noch nicht rechtskräftig geklärt, dass dieses Arbeitsverhältnis zwischen dem Arbeitnehmer und dem Erwerber fortbesteht.[560] Veräußerer und Übernehmer sind deshalb auch **keine notwendigen Streitgenossen nach § 62 Abs 1 Alt 1 ZPO**.[561] Die Konsequenz der auf die Unwirksamkeit beschränkten Feststellung wird nach der Änderung der §§ 4 und 13 Abs 3 KSchG durch das Arbeitsmarktreformgesetz noch deutlicher als bisher, weil auch das Kündigungsverbot des § 613 a Abs 4 Satz 1 KSchG seit 1.1.2004 dem punktuellen Streitgegenstand (und der Klagefrist) unterliegt.

Der zutreffende Antrag des Arbeitnehmers hängt bei der Kündigung des Veräußerers vor dem Betriebsübergang seit Inkrafttreten des Arbeitsmarktreformgesetzes deshalb nicht länger davon ab, ob der Arbeitnehmer ausschließlich einen Verstoß gegen § 613 a Abs 4 Satz 1 BGB geltend machen oder die Kündigung auch auf ihre Sozialwidrigkeit oder einen sonstigen Mangel überprüfen lassen möchte. Obwohl es sich bei dem Kündigungsverbot des § 613 a Abs 4 Satz 1 BGB um einen sonstigen Unwirksamkeits-

---

557 Vgl für den umgekehrten Fall der fehlenden Rechtskrafterstreckung bei einer Kündigung und einer Klage nach dem Betriebsübergang BAG 18.4.2002 – 8 AZR 347/01 – I 2 c ZInsO 2002, 1198; § 613 a BGB Rn 200.
558 § 613 a BGB Rn 202.
559 BAG 18.3.1999 – 8 AZR 306/98 – B IV aE AP KSchG 1969 § 4 Nr 44; § 613 a BGB Rn 203; zu den Fragen der Zwangsvollstreckung im Fall der Rechtsnachfolge § 613 a BGB Rn 201.
560 BAG 4.3.1993 – 2 AZR 507/92 – A 1 b bb AP BGB § 613 a Nr 101; KR/Friedrich § 4 KSchG Rn 96 b.
561 BAG 4.3.1993 – 2 AZR 507/92 – A 1 b aa AP BGB § 613 a Nr 101; näher § 613 a BGB Rn 202, vgl insb den prozesstaktischen Hinweis in Rn 204.

grund isv § 13 Abs 3 KSchG, § 134 BGB handelt,[562] kann der Arbeitnehmer auch diesen Mangel seit der Neufassung der §§ 4 Satz 1, 13 Abs 3 KSchG nur noch mit einer punktuellen und befristeten Klage nach § 4 Satz 1 KSchG geltend machen. Das gilt auch für Arbeitnehmer vor und in der Wartezeit und in Kleinbetrieben.[563]

Hinweise:

- In jedem Fall sollte der Arbeitnehmer neben der punktuellen Klage gegen den Veräußerer, der die Kündigung erklärt hat, einen unbedingten allgemeinen Feststellungsantrag gegen den (potenziellen) Erwerber richten.[564]
- Sofern der Arbeitnehmer gegen den Veräußerer nicht nur einen punktuellen Antrag nach § 4 Satz 1 KSchG, sondern auch einen allgemeinen Feststellungsantrag isv § 256 Abs 1 ZPO auf Fortbestand des Arbeitsverhältnisses mit dem bisherigen Betriebsinhaber stellen möchte, sollte er den bisherigen Arbeitgeber als Hauptpartei verklagen, dem Übernehmer aber nach §§ 72 ff ZPO den Streit verkünden.[565] Da eine subjektive und eventuelle Klagehäufung vom Zweiten Senat für unzulässig gehalten wird,[566] sind keine bedingten allgemeinen Bestandsklagen gegen den Veräußerer und den Erwerber möglich. Durch die Streitverkündung kann der Arbeitnehmer im Fall des Beitritts des Erwerbers den Eintritt der Nebeninterventionswirkung erreichen (§§ 74, 68 ZPO).

104 **(b) Auflösungsantrag[567] bei einer Betriebsveräußerung in der Kündigungsfrist.** Obwohl sich der Auflösungsantrag grundsätzlich gegen den Arbeitgeber richtet, der die Kündigung erklärt hat, kann ihn der **Arbeitnehmer**, wenn der Betriebsübergang in die Kündigungsfrist – also vor den Auflösungszeitpunkt des § 9 Abs 2 KSchG – fällt, nicht länger gegen den Veräußerer, sondern nur noch gegen den Erwerber anbringen. Der bisherige Arbeitgeber ist für ihn nicht passiv legitimiert, weil das Arbeitsverhältnis des Arbeitnehmers mit dem neuen Arbeitgeber im Zeitpunkt des Ablaufs der Kündigungsfrist (§ 9 Abs 2 KSchG) aufgelöst werden soll.[568] Das **BAG** lässt in seiner Entscheidung vom 20.3.1997[569] offen, ob eine Analogie zu §§ 265, 325 ZPO für den vor dem Betriebsübergang gestellten Auflösungs-

---

562 BAG 31.1.1985 – 2 AZR 530/83 – II 2 AP BGB § 613 a Nr 40.
563 BAG 9.2.2006 – 6 AZR 283/05 – Rn 17 f AP KSchG 1969 § 4 Nr 56 und § 4 KSchG Rn 4.
564 Vgl zu der früheren Rechtslage vor Inkrafttreten des Arbeitsmarktreformgesetzes BAG 31.1.1985 – 2 AZR 530/83 – AP BGB § 613 a Nr 40; zu den in allen vier Konstellationen zu empfehlenden Anträgen § 613 a BGB Rn 213 f, auch zu Leistungs-, Auflösungs-, Weiterbeschäftigungs-, Wiedereinstellungs- und Zeugnisträgern; zu dem gebotenen Vorgehen näher Rn 107.
565 KR/Friedrich § 4 KSchG Rn 96 b.
566 BAG 31.3.1993 – 2 AZR 467/92 – B II 2 b AP KSchG 1969 § 4 Nr 27; Rn 105; dazu näher Rn 30.
567 Zum Auflösungsantrag iR von Betriebsübergängen iE § 613 a BGB Rn 207 ff; Auflösungsanträge, die sich auf verschiedene Kündigungen beziehen, haben unterschiedliche Streitgegenstände: BAG 27.4.2006 – 2 AZR 360/05 – Rn 17 f, auch zu Fragen der Vorgreiflichkeit AP KSchG 1969 § 9 Nr 55.
568 BAG 20.3.1997 – 8 AZR 769/95 – B II 4 d aa und bb AP KSchG 1969 § 9 Nr 30.
569 BAG 20.3.1997 – 8 AZR 769/95 – B II 4 d bb AP KSchG 1969 § 9 Nr 30.

antrag in Betracht kommt. Bei einem Auflösungszeitpunkt nach der Betriebsübernahme könne selbst bei entsprechender Anwendung der §§ 265, 325 ZPO keine allgemeine Prozessstandschaft und damit Prozessführungsbefugnis des bisherigen Arbeitgebers für die mit der Kündigung zusammenhängenden Ansprüche anerkannt werden. Allerdings kann der nach dem Betriebsübergang und vor dem Auflösungszeitpunkt gegen den Veräußerer angekündigte Auflösungsantrag im Einzelfall als **Widerspruch** gegen den Übergang des Arbeitsverhältnisses ausgelegt werden. Seit 1.4.2002 unterliegt der Widerspruch allerdings dem Schriftformgebot des § 126 BGB. Ein schlüssiger Widerspruch, wie ihn das BAG vor der Einführung von § 613a Abs 5 und 6 BGB für möglich hielt, scheidet nun aus.[570] Kann der Auflösungsantrag als – formgerechter, weil unterschriebener – Widerspruch interpretiert werden, genügt es, wenn er innerhalb eines Monats nach Zugang der Unterrichtung des § 613a Abs 5 BGB bei Gericht eingeht. Er braucht dem Gegner in der Monatsfrist noch nicht zugestellt zu werden, wenn das demnächst geschieht. Die Vorwirkung des § 167 ZPO gilt trotz des Schriftformerfordernisses in § 613a Abs 6 Satz 1 BGB.[571] Der Arbeitnehmer ist berechtigt, dem Übergang seines Arbeitsverhältnisses noch nach der Betriebsübernahme zu widersprechen, wenn er nicht rechtzeitig darüber unterrichtet wurde, dass sie bevorstand.[572] Im Hinblick ua auf dieses Widerspruchsrecht gebietet es auch der Schutzzweck des § 613a BGB aus Sicht des BAG nicht, den Auflösungsantrag bei einem nach dem Betriebsübergang liegenden Auflösungszeitpunkt mit Wirkung gegen den Veräußerer zuzulassen.[573] Der Arbeitnehmer könne den Übergang seines Arbeitsverhältnisses hinnehmen und abwarten, ob der neue Arbeitgeber eine Kündigung ausspreche. Ggf könne er dann die Auflösung betreiben. Wolle er die Auflösung sofort in die Wege leiten, ohne zu widersprechen, müsse er den Erwerber in den Prozess (gegen den Veräußerer) einbeziehen.[574] An diesen Grundsätzen dürfte sich auch durch die Entscheidung des Achten Senats vom 24.5.2005 nichts geändert haben.[575] Danach ist der Veräußerer, der vor dem Betriebsübergang eine Kündigung ausgesprochen hat, trotz des Verlusts der Arbeitgeberstellung jedenfalls dann befugt, einen Auflösungsantrag zu stellen, wenn der Auflösungszeitpunkt zeitlich vor dem Betriebsübergang liegt. Der Veräußerer kann den Auflösungsantrag auch rückwirkend nach dem Auflösungszeitpunkt (und dem Betriebsübergang) stellen, § 9 Abs 1 Satz 3 KSchG.

Demnach ist anhand des **Auflösungszeitpunkts** und danach zu differenzieren, ob der **Arbeitnehmer oder der Arbeitgeber** den Auflösungsantrag stellt:

---

570 § 613a BGB Rn 184 ff.
571 BAG 22.5.2014 – 8 AZR 662/13 – Rn 11 ff NZA 2014, 924; BGH 17.7.2008 – I ZR 109/05 – Rn 23 ff mit detaillierter Argumentation NJW 2009, 765; dazu näher Rn 152.
572 BAG 20.3.1997 – 8 AZR 769/95 – B II 5c AP KSchG 1969 § 9 Nr 30 zu der Rechtslage vor der Einfügung von § 613a Abs 5 und 6 BGB.
573 BAG 20.3.1997 – 8 AZR 769/95 – B II 4d cc AP KSchG 1969 § 9 Nr 30; diese Überlegung dürfte sich auf die seit 1.4.2002 geltende Rechtslage übertragen lassen.
574 BAG 20.3.1997 – 8 AZR 769/95 – AP KSchG 1969 § 9 Nr 30.
575 BAG 24.5.2005 – 8 AZR 246/04 – II 3d AP BGB § 613a Nr 282.

- Fällt der Auflösungszeitpunkt in die Zeit **nach** dem Betriebsübergang, ist der Veräußerer gegenüber einem Auflösungsantrag des **Arbeitnehmers** nicht länger passiv legitimiert.
- Der veräußernde – frühere – **Arbeitgeber** bleibt aber zumindest dann – ggf rückwirkend und aus eigenem Recht – befugt, den Auflösungsantrag zu stellen, wenn der Betriebsübergang **nach dem Ende der Kündigungsfrist** und damit dem Auflösungszeitpunkt des § 9 Abs 2 KSchG liegt. In diesem Fall verfolgt der Veräußerer nicht die Rechte des Erwerbers, sondern die Auflösung des Arbeitsverhältnisses, das sonst bis zum Betriebsübergang mit ihm fortbestand.

105 Mit der zweiten Möglichkeit der Einbeziehung des Erwerbers in den Prozess gegen den bisherigen Betriebsinhaber scheint der Achte Senat – allerdings nicht tragend – eine **subjektive und eventuelle Häufung** des Kündigungsschutzantrags gegen den Veräußerer einerseits und des hilfsweise für den Fall des Obsiegens mit diesem Kündigungsschutzantrag gestellten Auflösungsantrags gegen den Erwerber andererseits zu erwägen. Eine solche subjektive und bedingte Klagehäufung hält der Zweite Senat in dem anderen Zusammenhang eines gegen den vermuteten Arbeitgeber gerichteten Kündigungsschutzantrags und einer weiteren Kündigungsschutzklage, mit der sich der Arbeitnehmer hilfsweise gegen einen möglichen anderen Arbeitgeber wendet, für unzulässig.[576]

106 **(3) Ungewisser Betriebsübergang.** Weiß der Arbeitnehmer nicht sicher, ob tatsächlich ein Betriebsübergang stattgefunden hat, kann er, um das Problem der subjektiven und eventuellen Klagehäufung zu umgehen, sowohl den früheren Arbeitgeber als auch den vermuteten neuen Arbeitgeber jeweils als Hauptpartei – im Wege der **unbedingten** sowohl subjektiven als auch objektiven Klagehäufung – verklagen.[577] Dadurch entsteht kein Widerspruch zu den Ausführungen in Rn 101 und 103. Der Arbeitnehmer kann den Übernehmer in der Konstellation einer vor dem Betriebsübergang erklärten Kündigung des Veräußerers nur nicht als zweiten Beklagten des bis auf die Person des Beklagten gleichen Begehrens, des Kündigungsschutzantrags, in den Rechtsstreit einbeziehen. Werden der Kündigungsschutzantrag gegen den Veräußerer und der allgemeine Feststellungsantrag gegen den Erwerber objektiv und unbedingt gehäuft, können früherer und (möglicher) neuer Arbeitgeber meines Erachtens trotz der Verwandtschaft der beiden Anträge auch subjektiv gehäuft verklagt werden.[578] Die auch auf andere Unwirksamkeitsgründe gestützte Kündigungsschutzklage gegen den Veräußerer ist selbst dann nicht unschlüssig, wenn der Arbeitnehmer behauptet, sein Arbeitsverhältnis sei bereits vor Zugang der Kündigung durch Betriebsübergang auf den Erwerber übergegangen. Der Arbeitnehmer kann sich den Vortrag von Erwerber und/oder Veräußerer, es sei nicht zu einem Betriebsübergang gekommen, hilfsweise zu eigen machen und die Kündigungsschutzklage auch darauf stützen. Damit ist die Kündigungs-

---

576 BAG 31.3.1993 – 2 AZR 467/92 – B II 2 b AP KSchG 1969 Nr 27.
577 Ebenso KR/Friedrich § 4 KSchG Rn 97; Kreitner FA 1998, 3.
578 Zu den Zulässigkeitsbedenken an einer subjektiven Eventualhäufung in der anderen Gestaltung einer Kündigung des bisherigen Betriebsinhabers nach einem Betriebsübergang § 613a BGB Rn 205; vgl zu dem Problem auch Rn 107.

schutzklage gegen den Veräußerer jedenfalls nach dem Hilfsvorbringen schlüssig.[579]

Hinweise:[580] Soweit

- der Veräußerer vor einer unstreitigen oder jedenfalls nach Auffassung des Arbeitnehmers gegebenen Betriebsübernahme kündigt oder
- der Erwerber die Kündigung nach einem aus Sicht des Arbeitnehmers feststehenden Betriebsübergang erklärt,

richten sich die nötigen Anträge danach, **wer die Kündigung erklärt hat**:

- Hat der bisherige Arbeitgeber die Kündigung ausgesprochen, sollte
- gegen ihn ein punktueller Kündigungsschutzantrag nach § 4 Satz 1 KSchG und
- gegen den möglichen neuen Arbeitgeber **unbedingt** ein allgemeiner Bestandsantrag iSv § 256 Abs 1 ZPO angebracht werden.[581]

Das gilt auch nach der Ausdehnung des punktuellen Streitgegenstands auf sonstige Unwirksamkeitsgründe durch das Arbeitsmarktreformgesetz seit 1.1.2004. Der Erwerber hat keine Kündigung erklärt, ein gegen ihn gerichteter punktueller Antrag ist deshalb nicht möglich.[582] Dabei sollte der Arbeitnehmer, wenn er sichergehen möchte, dass seine Klage zulässig ist, und eine subjektive Eventualhäufung deswegen vermeiden möchte, das (Kosten-)Risiko in Kauf nehmen, mit dem unbedingt gestellten allgemeinen Feststellungsantrag zu unterliegen, wenn in Wirklichkeit doch keine Betriebsübernahme vorliegt. Die unbedingte sowohl objektiv als auch subjektiv gehäufte Klage gegen den alten und den neuen Betriebsinhaber ist zulässig. Die Streitgegenstände des punktuellen Antrags gegen den Veräußerer und des allgemeinen Feststellungsantrags gegen den Erwerber sind nicht identisch iSv §§ 253 Abs 2 Nr 2, 261 Abs 3 Nr 1 ZPO.[583]

- Ist die Kündigung umgekehrt wegen des Betriebsübergangs erklärt und deshalb aufgrund des Kündigungsverbots in § 613a Abs 4 Satz 1 BGB unwirksam und
- ist das Arbeitsverhältnis infolge der Betriebsübernahme auf den Erwerber übergegangen,

sind beide Anträge begründet.

Gleiches gilt,

- wenn die Kündigung des bisherigen Arbeitgebers aus anderen Gründen als dem Kündigungsverbot des § 613a Abs 4 Satz 1 BGB unwirksam ist und
- das Arbeitsverhältnis wegen einer tatsächlich eingetretenen Betriebsnachfolge auf den Erwerber übergegangen ist.

---

579 BAG 13.12.2012 – 6 AZR 772/11 – Rn 34; BAG 15.12.2011 – 8 AZR 692/10 – Rn 20 EzA BGB 2002 § 613a Nr 132.
580 Vgl zu den empfohlenen Antragsformulierungen § 613a BGB Rn 213 f.
581 Schon Rn 106; zu der Kündigung des Veräußerers nach dem Betriebsübergang oder der Kündigung des Erwerbers vor der Betriebsübernahme aber gleich Rn 108.
582 Rn 99 f.
583 Vgl zu dem umgekehrten Fall einer wegen doppelter Rechtshängigkeit unzulässigen Klage BAG 10.10.2002 – 2 AZR 622/01 – B I AP KSchG 1969 § 4 Nr 49.

§ 4 Erster Abschnitt | Allgemeiner Kündigungsschutz

■ Hat im Unterschied dazu der **Übernehmer** die Kündigung **nach dem nach Einschätzung des Arbeitnehmers sicher vollzogenen Betriebsübergang** ausgesprochen, sollte gegen ihn ein Kündigungsschutzantrag gerichtet werden. Allerdings kann sich dennoch eine unbedingte subjektive Klagehäufung empfehlen. Wird in diesem Fall
– gegen den Erwerber ein Kündigungsschutzantrag und
– gegen den früheren Arbeitgeber ein allgemeiner Feststellungsantrag angebracht,

muss eine der Klagen aber notwendig (teilweise) abgewiesen werden, wenn der allgemeine Feststellungsantrag gegen den bisherigen Arbeitgeber nicht auf die Vergangenheit – bis zu dem möglichen Betriebsübergang – begrenzt wird.[584] Der zeitlich unbegrenzte allgemeine Bestandsantrag, der im Zweifel die Feststellung der Fortdauer des Arbeitsverhältnisses mit dem früheren Arbeitgeber bis zum Schluss der mündlichen Verhandlung erwirken soll, ist in der Sache (teils) abzuwei-

---

584 Obwohl die subjektive Eventualhäufung hier unbedingt ist und demnach insoweit kein prozessuales Problem auftritt, bestehen bei einem auf die Vergangenheit begrenzten allgemeinen Feststellungsantrag Zulässigkeitsrisiken im Hinblick auf das Rechtsverhältnis und das Feststellungsinteresse. Was das von § 256 Abs 1 ZPO grundsätzlich geforderte gegenwärtige Rechtsverhältnis betrifft, kann ein vergangenes Rechtsverhältnis allerdings Gegenstand einer Feststellungsklage sein, wenn sich aus ihm nach dem Klagevortrag noch Rechtsfolgen für Gegenwart oder Zukunft ergeben, vgl zB Zöller/Greger ZPO § 256 ZPO Rn 3 a mit Nachweisen aus der Rspr des BAG und des BGH. Ich selbst halte dieses Erfordernis für gewahrt, weil der ursprüngliche Bestand des Arbeitsverhältnisses mit dem bisherigen Betriebsinhaber Voraussetzung des Übergangs des Arbeitsverhältnisses auf den neuen Betriebsinhaber im Zeitpunkt der Betriebsübertragung ist. Der Bestand des Arbeitsverhältnisses mit dem Veräußerer ist aber nach der erweiterten punktuellen Streitgegenstandstheorie zugleich Vorfrage des Kündigungsschutzantrags gegen den Erwerber. Dem Arbeitnehmer dürfte dennoch nicht die weitere Prozessvoraussetzung des besonderen Feststellungsinteresses für den allgemeinen Bestandsantrag gegen den bisherigen Betriebsinhaber abzusprechen sein, weil er nur auf diese Weise eine der Rechtskraft fähige Feststellung dieses Rechtsverhältnisses im Urteilstenor erreichen kann. Dem steht die Präklusionswirkung des in Rechtskraft erwachsenen abweisenden Kündigungsschutzantrags gegen den Übernehmer nicht entgegen, zumal der klagende Arbeitnehmer die positive Feststellung des bis zum Betriebsübergang bestehenden Arbeitsverhältnisses mit dem alten Betriebsinhaber erwirken möchte. Da die Präklusion aus der Bindungswirkung des § 322 Abs 1 ZPO abgeleitet wird, besteht sie außerdem nur innerhalb der subjektiven Grenzen der Rechtskraft und erfasst deshalb lediglich das (mögliche) Arbeitsverhältnis mit dem Übernehmer. Bei einer rechtskräftigen Abweisung des Kündigungsschutzantrags gegen den Erwerber steht nur fest, dass mit ihm bei Zugang der Kündigung oder Ablauf der Kündigungsfrist entweder kein Arbeitsverhältnis bestand oder seine Kündigung das Arbeitsverhältnis dieser Parteien aufgelöst hat. Nach dem Betriebsübergang ist aber auch eine Vielfalt anderer Beendigungstatbestände in dem Rechtsverhältnis zwischen Arbeitnehmer und Erwerber möglich, zB ein Aufhebungsvertrag nach dem Zeitpunkt des Betriebsübergangs. Hier könnte das Gericht offenlassen, ob ursprünglich ein Arbeitsverhältnis mit dem Veräußerer bestand, das wegen des Betriebsübergangs auf den Erwerber überging und erst durch den Auflösungsvertrag beendet wurde. Wird der Kündigungsschutzklage gegen den Erwerber umgekehrt stattgegeben und erwächst diese Feststellung in Rechtskraft, wird der Bestand des möglichen früheren Arbeitsverhältnisses mit dem Dritten – dem alten Betriebsinhaber – von der Feststellung nicht erfasst. Da Kündigung und Betriebsübergang in einem solchen Fall vor Rechtshängigkeit der Klage(n) erfolgen, tritt gerade keine subjektive Rechtskrafterstreckung entsprechend § 325 Abs 1 ZPO ein (Rn 101).

sen, wenn das Arbeitsverhältnis im genannten Zeitpunkt in Wahrheit schon auf den Übernehmer übergegangen war.

- Besteht mangels Betriebsübergangs tatsächlich kein Arbeitsverhältnis mit dem kündigenden Übernehmer oder ist der Betriebsübergang bei seiner Kündigung noch nicht vollzogen, ist die gegen ihn gerichtete Kündigungsschutzklage wegen ihres erweiterten punktuellen Streitgegenstands unbegründet. Entsprechendes gilt, wenn der Veräußerer nach der Betriebsübertragung kündigt.[585]

(4) Kündigung des Veräußerers nach der Betriebsübernahme. Kündigt der alte Arbeitgeber nach der unstreitigen oder bewiesenen Betriebsübertragung, ist er lediglich dann passiv legitimiert für die Kündigungsschutzklage, wenn der Arbeitnehmer vorbringt, er habe dem Übergang seines Arbeitsverhältnisses **widersprochen**. Deshalb habe noch bei Ablauf der Kündigungsfrist ein Arbeitsverhältnis mit dem Veräußerer bestanden.[586] In allen anderen Fällen ist die Kündigungsschutzklage gegen den bisherigen Betriebsinhaber unschlüssig, weil der erweiterte punktuelle Streitgegenstand den Bestand eines Arbeitsverhältnisses bei Zugang der Kündigung voraussetzt.[587] Aus Sicht des Achten Senats muss der Arbeitnehmer stattdessen

- gegen den Erwerber eine allgemeine Bestandsklage auf Feststellung eines ungekündigt bestehenden Arbeitsverhältnisses und
- gegen den Veräußerer hilfsweise eine punktuelle Kündigungsschutzklage erheben.[588]

Kündigt der künftige Erwerber, bevor der Betriebsübergang vollzogen wird, gilt Entsprechendes. Die Kündigungsschutzklage gegen den zukünftigen Betriebsinhaber ist unschlüssig. Der Arbeitnehmer kann

- gegen den (möglichen) Veräußerer einen Antrag nach § 256 Abs 1 ZPO auf Feststellung eines ungekündigten Arbeitsverhältnisses und
- gegen den künftigen Betriebsinhaber einen hilfsweisen Kündigungsschutzantrag nach § 4 Satz 1 KSchG stellen.

Daran zeigt sich, dass der Achte Senat in diesen Konstellationen subjektive und bedingte Klagehäufungen für zulässig hält.

c) Arbeitgeber als Kläger? Der Wortlaut des § 4 Satz 1 KSchG behält dem Arbeitnehmer die Klage auf **negative und punktuelle** Feststellung vor, dass das Arbeitsverhältnis durch die Kündigung nicht aufgelöst ist. Dieser negative Feststellungsantrag weist allerdings, wenn dem erweiterten Streitge-

---

585 Vgl zu dieser Gestaltung Rn 108 mwN, zur erweiterten punktuellen Streitgegenstandstheorie Rn 46 ff.
586 BAG 9.10.1997 – 2 AZR 586/96 – II 2, allerdings zu der Rechtslage vor der Kodifikation der Unterrichtungspflicht und des Widerspruchsrechts in § 613a Abs 5 und 6 BGB; KR/Friedrich § 4 KSchG Rn 96c und 96d, der plastisch ausführt, bei unterbliebenem Widerspruch gehe der Kündigungsschutzantrag ins Leere.
587 BAG 18.4.2002 – 8 AZR 346/01 – I 2a und b AP BGB § 613a Nr 232; BAG 20.3.2003 – 8 AZR 312/02 – II 2 EzA BGB § 613a 2002 Nr 7.
588 Krit hierzu unter dem Gesichtspunkt der eventuellen subjektiven Klagehäufung § 613a BGB Rn 212 mwN und dem alternativen Lösungsvorschlag einer negativen allgemeinen Feststellungsklage gegen den kündigenden Veräußerer auf Feststellung, dass ein Arbeitsverhältnis der Parteien zum Zeitpunkt des Zugangs der Kündigung nicht bestanden hat. Vgl zu dem Problem der bedingten subjektiven Klagehäufung in anderen Zusammenhängen Rn 103 und 105.

genstandsbegriff des BAG gefolgt wird,[589] die positiv feststellenden Anteile auf, dass bei Zugang der Kündigung und – regelmäßig – im beabsichtigten Beendigungszeitpunkt ein Arbeitsverhältnis bestand. Der Arbeitgeber kann sich deshalb nur des **allgemeinen – hier negativen – Feststellungsantrags** bedienen:

▶ Es wird festgestellt, dass das Arbeitsverhältnis der Parteien über den (zB) 31.12.2014 (also den mit der Kündigung beabsichtigten Beendigungszeitpunkt) hinaus nicht fortbesteht. ◀

Für diesen Antrag fehlt aber das für § 256 Abs 1 ZPO erforderliche besondere Feststellungsinteresse[590] mittlerweile immer dann, wenn die Wirksamkeit einer unzweifelhaft schriftformgerechten Arbeitgeberkündigung umstritten ist. Verstreicht die Klagefrist des Arbeitnehmers für die Kündigungsschutzklage des § 4 Satz 1 KSchG ungenutzt, gilt die schriftliche Kündigung nach §§ 4 Satz 1, 7 HS 1 KSchG als wirksam. Das Ziel des Arbeitgebers wird allein durch Zeitablauf erreicht. Erhebt der Arbeitnehmer umgekehrt Kündigungsschutzklage, wird der Antrag des Arbeitgebers, die Klage abzuweisen, seinen Interessen in gleicher Weise gerecht wie ein eigenständiger allgemeiner Feststellungsantrag. Weist das Gericht die Kündigungsschutzklage des Arbeitnehmers rechtskräftig ab, steht damit fest, dass das Arbeitsverhältnis durch die Kündigung aufgelöst ist.[591] Ein Feststellungsinteresse kommt dem Arbeitgeber heute grundsätzlich auch dann nicht mehr zu, wenn sich der Arbeitnehmer nicht innerhalb der Dreiwochenfrist gegen eine mündliche oder in anderer Weise schriftformwidrige Kündigung wehrt.[592] Der Arbeitgeber müsste sich hier selbst auf die Formnichtigkeit der Kündigung berufen, um sein Feststellungsinteresse zu begründen. Seine negative Feststellungsklage hätte in der Sache aber keinerlei Aussicht auf Erfolg. Ein solch widersprüchliches Verhalten führte aus meiner Sicht nicht nur zur Sachabweisung, sondern wäre bereits nicht geeignet, die Zulässigkeitshürde des besonderen Feststellungsinteresses zu überwinden. Anderes kann nur angenommen werden, wenn der Schriftformverstoß nach §§ 623, 126 Abs 1, 125 Satz 1 BGB zweifelhaft ist, zB der Schriftzug möglicherweise keine individuellen Besonderheiten aufweist.[593] Hier kann das Feststellungsinteresse des Arbeitgebers anders als in den Fällen der mündlichen oder nicht unterschriebenen Kündigung nicht verneint

---

589 Rn 45 ff.
590 Rn 75.
591 Bis zum Inkrafttreten des Arbeitsmarktreformgesetzes am 1.1.2004 bestand nur dann kein Feststellungsinteresse des Arbeitgebers, wenn ausschließlich die Frage der Sozialwidrigkeit im Streit stand. Anderes galt damals, wenn der Arbeitnehmer während der Dreiwochenfrist keine Kündigungsschutzklage erhoben hatte und der Arbeitgeber zur Begründung seines negativen Feststellungsantrags vortrug, er fürchte, der Arbeitnehmer werde sich auf sonstige Unwirksamkeitsgründe iSv § 13 Abs 3 KSchG aF berufen. In dieser Gestaltung konnte dem Arbeitgeber das Feststellungsinteresse grundsätzlich nicht abgesprochen werden. Vgl zu der Feststellungsklage des Arbeitgebers auch vHH/L/Linck § 4 Rn 28; zu der anderen Konstellation der widerklagend gegen den fristgerecht erhobenen Kündigungsschutzantrag des Arbeitnehmers gerichteten negativen Bestandsklage des Arbeitgebers Rn 27 f.
592 Vgl zu der nicht schriftformgerechten Kündigung auch Rn 1, 3 und 9.
593 Dh nicht nur unleserlich ist, was unschädlich ist. Vgl zu den Erfordernissen der schriftformgerechten Kündigung § 623 BGB Rn 14 ff, insb Rn 17.

werden, wenn der Arbeitnehmer nicht binnen drei Wochen einen punktuellen Kündigungsschutzantrag erhebt. Dem Arbeitgeber ist nicht zuzumuten, eine bis zur Grenze der Verwirkung[594] mögliche allgemeine positive Feststellungsklage des Arbeitnehmers abzuwarten und dort auf den Klageabweisungsantrag verwiesen zu werden. In diesem Ausnahmefall muss es ihm ermöglicht werden, den Eintritt der Wirksamkeitsfiktion des § 7 HS 1 KSchG mit einer eigenen Klage überprüfen zu lassen.

d) Streithelfer? Ein vom klagenden Arbeitnehmer innerhalb der Sozialauswahl als weniger schutzbedürftig bezeichneter Kollege ist nicht zur Nebenintervention nach §§ 66 ff ZPO berechtigt.[595] Weder wird die Rechtskraft des Urteils im ersten Rechtsstreit auf ihn erstreckt – eine im Verhältnis zu ihm fehlerhafte soziale Auswahl ist lediglich ein Begründungselement des Urteils –, noch ist das im ersten Prozess streitige Rechtsverhältnis – die unterbliebene Auflösung des Arbeitsverhältnisses des schon gekündigten Arbeitnehmers – vorgreiflich für einen etwaigen Kündigungsschutzrechtsstreit des bislang noch nicht gekündigten Arbeitnehmers. Der Ungekündigte hat deshalb **kein rechtliches Interesse** daran, dass der Arbeitgeber oder der Arbeitnehmer obsiegt. Wenn der in § 66 Abs 1 ZPO verwandte Begriff des rechtlichen Interesses auch weit zu verstehen ist, genügt ihm doch kein **bloßes tatsächliches Interesse**.

110

2. Klagefrist

a) Rechtsnatur und Konsequenzen der Versäumung. Wird die Klage entgegen § 4 Satz 1 KSchG nicht binnen drei Wochen nach Zugang der Kündigung erhoben, führt das infolge der Regelung des § 7 HS 1 KSchG zwar dazu, dass die Klage als **unbegründet** abzuweisen ist.[596] Ein vom Arbeitnehmer nach § 2 KSchG erklärter Vorbehalt erlischt (§ 7 HS 2 KSchG). Dennoch ist die Dreiwochenfrist **keine materielle Frist**, sondern eine **prozessuale Klageerhebungsfrist**.[597] Die Fristbindung der Kündigungsschutzklage hat materiellrechtliche Folgen.[598] Der Achte Senat meint in der Sache wohl dasselbe wie der Zweite Senat, benutzt aber andere Begriffe: Bei den

111

---

594 Vgl zur Prozessverwirkung zB BAG 19.2.2009 – 8 AZR 176/08 – Rn 17 AP BGB § 613a Nr 368; zu der Abgrenzung der Verwirkung des Klagerechts mit der Folge der Unzulässigkeit der Klage und der Verwirkung des materiellen Rechts, sich auf den Bestand eines Arbeitsverhältnisses zu berufen, mit der Konsequenz der Unbegründetheit der Klage bspw BAG 9.2.2011 – 7 AZR 221/10 – Rn 12 ff, 30 ff mwN AP TzBfG § 17 Nr 10; BAG 25.11.2010 – 2 AZR 323/09 – Rn 19 ff AP KSchG 1969 § 4 Nr 72.
595 KR/Friedrich § 4 KSchG Rn 98.
596 BAG 6.9.2012 – 2 AZR 858/11 – Rn 10 NZA 2013, 524.
597 ZB BAG 24.6.2004 – 2 AZR 461/03 – B I 1 AP BGB § 620 Kündigungserklärung Nr 22; vgl auch Fuhlrott ArbR 2010, 518; Nägele/Gertler NZA 2010, 1377, 1378; aA una KR/Friedrich § 4 KSchG Rn 136 mwN, der zwar ebenfalls die Ausschlussfrist, aber eine materielle Frist befürwortet. Die Kontroverse über die Rechtsnatur der Klagefrist flammt wieder auf, vgl Menssen Aspekte der Beendigung von Arbeitsverhältnissen Jahrbuch des Rechtsschutzes 2010 S 361 ff mit dem Titel „Die Einhaltung der Dreiwochenfrist: Voraussetzung der Zulässigkeit oder der Begründetheit einer Kündigungsschutzklage – Ein längst vergessen geglaubter Streit".
598 BAG 11.12.2008 – 2 AZR 472/08 – Rn 28 AP KSchG 1969 § 4 Nr 68; Laws AuR 2013, 431.

in § 4 KSchG, § 17 Satz 1 TzBfG normierten Klagefristen handle es sich um materiellrechtliche Ausschlussfristen, deren Nichteinhaltung zur Abweisung der Klage als unbegründet führe, nicht um prozessuale Fristen, deren Versäumung die Unzulässigkeit der Klage zur Folge hätte.[599] § 4 Satz 1 KSchG regelt keinen Tatbestand der Prozessverwirkung.[600] Ob die Klage, die die Klagefrist einhalten soll, ordnungsgemäß erhoben ist, bestimmt sich nach dem Prozessrecht.[601] Es gelten also insbesondere die Vorschriften der §§ 253, 295 ZPO. Da die Kündigungsschutzklage weder eine Anfechtungs- noch eine Gestaltungs-, vielmehr eine Feststellungsklage ist,[602] wird bis zum Ablauf der Klagefrist oder während des Rechtsstreits nicht vermutet, die Kündigung sei wirksam. Dem von der Kündigung betroffenen Arbeitnehmer wird umgekehrt nur befristet ermöglicht, sich gerichtlich gegen die Kündigung – genauer die ggf mit ihr verbundene Beendigung des Arbeitsverhältnisses – zu wehren. Obwohl im Kündigungsschutzprozess die **materielle Wirksamkeit** der Kündigung geprüft wird, bewirkt die verstrichene **Ausschlussfrist** – nicht Verjährungsfrist, der beklagte Arbeitgeber braucht sich nicht auf ihre Versäumung zu berufen[603] – unmittelbar den **Verlust des Klagerechts**.[604] § 7 HS 1 KSchG steht dem nach Auffassung des BAG[605] nicht entgegen. Diese Bestimmung beinhaltet zwar eine **materiell zu qualifizierende unwiderlegliche Vermutung,** nach der eine schriftliche Kündigung als von vornherein wirksam gilt, wenn die Klagefrist versäumt ist. Tritt die Wirkung der Vermutung ein, kann die Klage daher **nicht als unzulässig** abgewiesen werden. Aus Sicht des BAG[606] zieht das Arbeitsgericht jedoch, wenn es die Klage in diesem Fall als unbegründet abweist, keine Folgerung aus § 4 Satz 1 KSchG, sondern legt seiner Entscheidung die positivrechtliche Regelung des § 7 HS 1 KSchG zugrunde. In seiner jüngeren Rechtsprechung formuliert der Zweite Senat diese Konsequenz – für eine Kündigung, für die das Arbeitsmarktreformgesetz noch nicht galt –: Die Versäumung der prozessualen Klageerhebungsfrist habe die materiellrechtliche Wirkung, dass die soziale Rechtfertigung einer Kündigung nicht weiter überprüft werden könne und mögliche Mängel der Sozialwidrigkeit geheilt würden.[607]

112 § 4 Satz 1 KSchG enthält **zwingendes Recht,** von dem nur in den Ausnahmefällen der §§ 5 und 6 KSchG abgewichen werden darf. Deswegen kann weder der Arbeitgeber auf die Wahrung der Klagefrist verzichten, noch

---

599 BAG 19.2.2009 – 8 AZR 176/08 – Rn 18 AP BGB § 613a Nr 368.
600 BAG 19.2.2009 – 8 AZR 176/08 – Rn 18 mwN AP BGB § 613a Nr 368.
601 Dazu detailliert Rn 20 ff und 68 ff.
602 Rn 19.
603 KR/Friedrich § 4 KSchG Rn 137 mwN zum Streitstand; vHH/L/Linck § 4 Rn 92.
604 Zu allem BAG 26.6.1986 – 2 AZR 358/85 – B II 3 b mwN AP KSchG 1969 § 4 Nr 14, das anschaulich ausführt, das materielle Recht werde seines Rechtsschutzes beraubt.
605 BAG 24.6.2004 – 2 AZR 461/03 – B I 1 AP BGB § 620 Kündigungserklärung Nr 22; BAG 26.6.1986 – 2 AZR 358/85 – B II 3 b AP KSchG 1969 § 4 Nr 14.
606 BAG 26.6.1986 – 2 AZR 358/85 – B II 3 b AP KSchG 1969 § 4 Nr 14.
607 BAG 24.6.2004 – 2 AZR 461/03 – B I 1 AP BGB § 620 Kündigungserklärung Nr 22.

können die Arbeitsvertrags-, Tarif- oder Betriebsparteien sie verkürzen oder verlängern.[608]

b) Lauf der Frist. aa) Beginn. Die Klagefrist beginnt im Regelfall des § 4 Satz 1 KSchG mit dem Zugang der Kündigung, der für Erklärungen gegenüber Abwesenden in § 130 Abs 1 BGB geregelt ist.[609] Eine schriftformgerechte Kündigung geht als verkörperte Willenserklärung zu, sobald sie in verkehrsüblicher Weise in die tatsächliche Verfügungsgewalt des Empfängers gelangt und es ihm unter gewöhnlichen Verhältnissen möglich ist, von dem Schreiben Kenntnis zu nehmen. Zum Bereich des Empfängers gehören auch von ihm vorgehaltene Empfangseinrichtungen wie zB ein Briefkasten. Der Einwurf in einen Briefkasten bewirkt den Zugang, sobald nach der Verkehrsanschauung mit der nächsten Entnahme zu rechnen ist. Dabei ist nicht auf die individuellen Verhältnisse des Empfängers abzustellen, sondern im Interesse der Rechtssicherheit zu generalisieren. Bei Hausbriefkästen ist im Allgemeinen mit einer Leerung im Zeitpunkt der üblichen Postzustellzeiten zu rechnen. Sie können stark variieren.[610] Mit einer Leerung kann zB noch bis 14:00 Uhr zu rechnen sein.[611]

113

bb) Sonderfälle. (1) Behördliche Zustimmung. Bedarf die Kündigung der Zustimmung einer Behörde,[612] beginnt die dreiwöchige Klagefrist nicht schon mit Zugang der Kündigung, sondern erst mit Bekanntgabe der Entscheidung der Behörde an den Arbeitnehmer (vgl § 4 Satz 4 KSchG).[613] Die durch das Arbeitsmarktreformgesetz unberührt gebliebene Bestimmung steht seit der Erstreckung der Klagefrist auf nahezu alle Unwirksamkeitsgründe in einem noch deutlicheren Spannungsverhältnis zu § 4 Satz 1 KSchG. § 4 Satz 1 KSchG will die Frage des Fortbestands des Arbeitsverhältnisses möglichst schnell klären. Demgegenüber schützt § 4 Satz 4 KSchG das Vertrauen des Arbeitnehmers darauf, dass die Kündigung bis zur erforderlichen behördlichen Zustimmung nicht für wirksam erklärt ist.[614]

114

---

608 KR/Friedrich § 4 KSchG Rn 138; vHH/L/Linck § 4 Rn 92.
609 Lingemann/Groneberg NJW 2013, 2809; zu den Fragen des Zugangs ausf Einl Rn 33 ff, zu denen der Stellvertretung bei Abgabe und Empfang der Erklärung Einl Rn 62 ff.
610 BAG 22.3.2012 – 2 AZR 224/11 – Rn 21 mwN AP KSchG 1969 § 5 Nr 19.
611 BAG 22.3.2012 – 2 AZR 224/11 – Rn 35 AP KSchG 1969 § 5 Nr 19.
612 Löwisch weist in BB 2004, 154, 159 zu Recht darauf hin, dass § 4 Satz 4 KSchG in den Fällen § 103 BetrVG und der §§ 47 iVm 108 BPersVG keine Anwendung findet. Betriebs- und Personalrat sind keine Behörden iSd Vorschrift.
613 Dass § 4 Satz 4 KSchG trotz der Ausdehnung der Klagefrist auf (fast) alle Unwirksamkeitsgründe einer schriftformgerechten Kündigung durch das Arbeitsmarktreformgesetz unberührt erhalten blieb, hat vor allem in der Aufsatzliteratur eine rege Kontroverse ausgelöst, die hier aus Gründen des Umfangs nicht wiedergegeben werden kann; dazu instruktiv KR/Friedrich 9. Aufl § 4 KSchG Rn 202a mit zahlreichen Nachweisen und differenzierten Lösungsvorschlägen in § 4 KSchG Rn 202b ff; s auch KR/Friedrich 10. Aufl § 4 KSchG Rn 198 und KR/Rost 10. Aufl § 7 KSchG Rn 3b sowie in der Aufsatzliteratur Bader NZA 2004, 65, 68; Bauer/Preis/Schunder NZA 2004, 195 f; Buschmann AuR 2004, 1, 3; Löwisch BB 2004, 154, 159; Quecke RdA 2004, 86, 99 f; Richardi DB 2004, 486, 489; Rolfs ZIP 2004, 337 f; Schmidt NZA 2004, 79 f und Zimmer FA 2004, 34, 36.
614 Einprägsam Schmidt NZA 2004, 79, 80 mwN.

Gallner

Der Wortlaut des § 4 Satz 4 KSchG scheint darauf hinzudeuten, dass die Norm nur für die nachträgliche Zustimmung zu einer schon erklärten Kündigung gelten soll.[615] Für die Anwendung des § 4 Satz 4 KSchG kommen aber **zwei verschiedene Grundkonstellationen** in Betracht:[616]

- Der **Regelfall** betrifft Kündigungen, deren Wirksamkeit von der **nachträglichen Zustimmung einer Behörde** abhängt.[617]
- § 4 Satz 4 KSchG ist aber auch dann anzuwenden, wenn die Behörde der Kündigung **bereits vor ihrem Ausspruch zustimmen muss**, dem Arbeitnehmer die behördliche Entscheidung jedoch erst nach Zugang der Kündigung oder überhaupt nicht[618] bekannt gegeben wird.[619]

115 Nach Landesrecht kann die Kündigung von Arbeitsverhältnissen **politisch Verfolgter** an eine behördliche Zustimmung gebunden sein, die auch erst nachträglich erteilt werden kann.[620] Gleiches kann für **Inhaber von Bergmannsversorgungsscheinen** gelten.[621] Darüber hinaus wird erwogen, § 4 Satz 4 KSchG entsprechend anzuwenden, wenn die Wirksamkeit einer Kündigung nach **kirchenrechtlichen Vorschriften** von der (nachträglichen) Zustimmung der Kirchenleitung abhängt, wobei die Kirchenleitung einer Behörde gleichgestellt wird.[622] Hier ist jedoch sorgfältig zu klären, ob es sich tatsächlich um ein im Außenverhältnis gegenüber dem Arbeitnehmer zu beachtendes Wirksamkeitserfordernis handelt oder nur um eine interne Verfahrensanweisung. Geht es um eine bloße Verfahrensanweisung, bleibt es bei der gewöhnlichen Regelung des § 4 Satz 1 KSchG. Die Dreiwochenfrist beginnt mit **Zugang der Kündigung**.

116 Hat die Behörde im Vorhinein einer noch auszusprechenden Kündigung zuzustimmen, wird die Klagefrist ebenfalls nach § 4 Satz 1 KSchG mit **Zugang der Kündigung** in Lauf gesetzt,[623] wenn die Behörde zuvor eine Entscheidung getroffen und sie dem Arbeitnehmer oder der Arbeitnehmerin bekannt gegeben hat. Zu denken ist insbesondere an Kündigungen

---

615 Offengelassen von BAG 17.2.1982 – 7 AZR 846/79 – II 3 mwN zum damaligen Streitstand AP SchwbG § 15 Nr 1.
616 In Wirklichkeit bestehen allerdings feine Unterschiede, vgl zu der nötigen Differenzierung KR/Friedrich § 4 KSchG Rn 202 c ff.
617 Rn 115.
618 Wie hier wohl Buschmann AuR 2004, 1, 3, der allerdings den fehlenden Antrag nennt.
619 BAG 3.7.2003 – 2 AZR 487/02 – II 2 b AP BErzGG § 18 Nr 7. Das iR von § 18 BEEG auftretende Problem der Dreiwochenfrist wurde hier schon vor Inkrafttreten des Arbeitsmarktreformgesetzes bei einer Insolvenzkündigung virulent, für die nach § 113 Abs 2 InsO aF bereits vor dem 1.1.2004 eine einheitliche Klagefrist für alle Unwirksamkeitsgründe galt. Vgl zur der Reichweite des § 4 Satz 4 KSchG auch Buschmann AuR 2004, 1, 3; Schmidt NZA 2004, 79, 80; s ferner Rn 120.
620 Vgl etwa für Baden-Württemberg Art 2 des Gesetzes Nr 707 über den Kündigungsschutz der politisch Verfolgten vom 8.10.1947 (RegBl 1947 S 101).
621 ZB § 11 des Gesetzes für Nordrhein-Westfalen vom 20.12.1983 (GVBl S 635) und des Gesetzes für das Saarland vom 11.7.1962/16.10.1981 (Amtsblatt S 605/825).
622 Herschel in seiner abl Anm zu LAG Schleswig-Holstein vom 16.12.1953 AP KSchG § 3 Nr 1, das die umgekehrte Ansicht vertritt; wie Herschel vHH/L/Linck § 4 Rn 102.
623 APS/Hesse § 4 KSchG Rn 102.

- während der **Schwangerschaft**,[624]
- in den auf die Entbindung folgenden vier Monaten,
- in der **Elternzeit**,
- in der **Pflegezeit** oder
- in der **Familienpflegezeit**,

die nach § 9 Abs 3 Satz 1 MuSchG, § 18 Abs 1 Satz 2 und 3 BEEG, § 5 Abs 2 Satz 1 PflegeZG, § 9 Abs 3 Satz 2 FPfZG vor ihrem Ausspruch von der zuständigen obersten Landesbehörde oder der von ihr bestimmten Stelle[625] für zulässig erklärt werden müssen.

Das Zusammenspiel von § 9 Abs 1 Satz 1 und Abs 3 Satz 1 MuSchG macht besonders deutlich, dass § 4 Satz 4 KSchG keine Anwendung finden kann, wenn der Arbeitgeber bei Abgabe der Kündigungserklärung nicht um die Voraussetzung des Sonderkündigungsschutzes – die Schwangerschaft oder Entbindung – wusste.[626] Die Kündigung der Arbeitnehmerin ist nach § 9 Abs 1 Satz 1 MuSchG ohne behördliche Zustimmung zulässig, wenn dem Arbeitgeber die Schwangerschaft oder Entbindung zur Zeit der Kündigung nicht bekannt war und sie ihm entweder nicht oder schuldhaft erst über zwei Wochen nach Zugang der Kündigung mitgeteilt wurde. § 4 Satz 4 KSchG lässt die Klagefrist nur dann mit der Bekanntgabe der Entscheidung der Behörde beginnen, **soweit** die Kündigung der Zustimmung einer Behörde bedarf.[627] Ein solches Zustimmungserfordernis besteht in der beschriebenen Fallgestaltung der Unkenntnis des Arbeitgebers gerade nicht. In diesen Fällen beginnt die Klagefrist nach § 4 Satz 1 KSchG mit Zugang der Kündigung.[628] Voraussetzung für die Anwendbarkeit der **Ausnahmeregelung des § 4 Satz 4 KSchG** ist die Kenntnis des Arbeitgebers von den Tatsachen, die den Sonderkündigungsschutz begründen, zum Zeitpunkt des Zugangs der Kündigung. Erlangt der Arbeitgeber erst nach Zugang der Kündigung Kenntnis von der Schwangerschaft oder Entbindung der Arbeitnehmerin, ist § 4 Satz 4 KSchG nicht anwendbar.[629] Dafür sprechen Gesetzeszusammenhang und -zweck. Der besondere Zulassungsgrund des **§ 5 Abs 1 Satz 2 KSchG** wäre überflüssig, wenn der Arbeitgeber immer – unabhängig

---

624 S aber auch BAG 17.10.2013 – 8 AZR 742/12 – Rn 31 NZA 2014, 303: Anwendung von § 4 Satz 1 KSchG auch bei nicht erteilter Zustimmung.
625 Die oberste Landesbehörde ist der zuständige Fachminister. Alle Länder haben aber von ihrer Delegationsbefugnis Gebrauch gemacht. Vgl iE zB § 9 MuSchG Rn 28 und § 18 BEEG Rn 34.
626 Vgl BAG 19.2.2009 – 2 AZR 286/07 – Rn 23 und 27 AP MuSchG 1968 § 9 Nr 38; BAG 13.2.2008 – 2 AZR 864/06 – Rn 46 und 48 AP SGB IX § 85 Nr 5; s auch BAG 23.2.2010 – 2 AZR 659/08 – Rn 16 AP SGB IX § 85 Nr 8; dem schließt sich BAG 9.2.2011 – 7 AZR 221/10 – Rn 21 ff AP TzBfG § 17 Nr 10 für das Bedingungskontrollrecht an; vgl auch Rn 118; Löwisch BB 2004, 154, 159; Schmidt NZA 2004, 79, 81 f; Schmidt zust Preis in Bauer/Preis/Schunder NZA 2004, 195, 196; Quecke in RdA 2004, 86, 99 f und wohl auch Richardi DB 2004, 486, 489.
627 Schmidt NZA 2004, 79, 81.
628 Schmidt NZA 2004, 79, 81.
629 Vgl BAG 19.2.2009 – 2 AZR 286/07 – Rn 23 und 27 AP MuSchG 1968 § 9 Nr 38; BAG 13.2.2008 – 2 AZR 864/06 – Rn 46 und 48 AP SGB IX § 85 Nr 5; s auch BAG 23.2.2010 – 2 AZR 659/08 – Rn 16 AP SGB IX § 85 Nr 8; dem schließt sich BAG 9.2.2011 – 7 AZR 221/10 – Rn 21 ff AP TzBfG § 17 Nr 10 für das Bedingungskontrollrecht an.

von seiner Kenntnis – ein behördliches Zulässigkeitserklärungsverfahren einleiten müsste, selbst wenn er erst nach Ausspruch der Kündigung von der Schwangerschaft Kenntnis erlangt.[630] Zweck der Regelung des § 4 Satz 4 KSchG ist es zudem, ein **Informationsdefizit** der Arbeitnehmerin im Hinblick auf die behördliche Zulässigkeitserklärung auszugleichen. Hat sie den Arbeitgeber bis zum Zugang der Kündigung **nicht von ihrer Schwangerschaft unterrichtet** und ist die Schwangerschaft **nicht offensichtlich**, muss der Arbeitnehmerin bewusst sein, dass der Arbeitgeber keinen Anlass hat, die behördliche Zulässigkeitserklärung zu beantragen.[631]

117 Auch **§ 85 SGB IX** verlangt für die Kündigung des Arbeitsverhältnisses eines **schwerbehinderten Menschen** die vorherige Zustimmung des Integrationsamts.[632] Bei der **außerordentlichen** Kündigung ist hier allerdings die Zustimmungsfiktion des **§ 91 Abs 3 Satz 2 SGB IX** zu beachten: Trifft das Integrationsamt seine Entscheidung nicht innerhalb von **zwei Wochen** vom Tag des Antragseingangs an, gilt seine Zustimmung als erteilt. Im Fall der **ordentlichen** Kündigung findet sich in **§ 88 Abs 5 Satz 2 SGB IX** eine Zustimmungsfiktion bei Auflösungen von Betrieben oder Dienststellen nach § 89 Abs 1 Satz 1 SGB IX oder Insolvenzen nach § 89 Abs 3 SGB IX. Die Fiktion tritt ein, wenn das Integrationsamt nicht binnen **eines Monats** ab Antragseingang entscheidet.

Düwell,[633] **Friedrich**[634] und **Preis**[635] ist darin zuzustimmen, **dass die Zustimmungsfiktionen nur dann an die Stelle der Bekanntgabe der Behördenentscheidungen treten können, wenn der Arbeitnehmer über den Zeitpunkt des Antragseingangs informiert wird**. Das Integrationsamt muss den schwerbehinderten Arbeitnehmer also über den Zeitpunkt des Antragseingangs bescheiden.[636] Solange der Arbeitnehmer über den Antragseingang nicht unterrichtet wird, ist er durch § 4 Satz 4 KSchG geschützt. Ihm bleibt auch dann eine volle dreiwöchige Klagefrist, wenn ihm das Integrationsamt erst nach über zwei Wochen oder nach über einem Monat den Antragseingang mitteilt.[637] Mit Bekanntgabe dieses Umstands beginnt die Dreiwochenfrist.

Für die Anwendbarkeit von § 4 Satz 1 oder 4 KSchG ist im **Regelfall** auch bei Kündigungen von schwerbehinderten Menschen die **Kenntnis des Arbeitgebers** entscheidend:

---

630 BAG 19.2.2009 – 2 AZR 286/07 – Rn 28 AP MuSchG 1968 § 9 Nr 38.
631 BAG 19.2.2009 – 2 AZR 286/07 – Rn 29 AP MuSchG 1968 § 9 Nr 38.
632 Näher SGB IX Rn 1, 30 ff.
633 Düwell in: Weyand/Düwell Das neue Arbeitsrecht S 235.
634 In KR § 4 KSchG Rn 210 a.
635 Preis in Bauer/Preis/Schunder NZA 2004, 195, 196; vgl auch Quecke RdA 2004, 86, 100.
636 Düwell in: Weyand/Düwell Das neue Arbeitsrecht S 235 begründet ausdrücklich eine Bekanntmachungsverpflichtung. Er meint allerdings in Übereinstimmung mit Quecke RdA 2004, 86, 100, im Fall des § 91 Abs 3 Satz 2 SGB IX greife § 4 Satz 4 KSchG nicht, weil § 13 Abs 1 Satz 2 KSchG nur auf § 4 Satz 1 KSchG verweise.
637 Preis in Bauer/Preis/Schunder NZA 2004, 195, 196; vgl auch Bauer in Bauer/Preis/Schunder NZA 2004, 195 f.

- **Wusste** der Arbeitgeber um die Schwerbehinderung oder ist sie offenkundig,[638] ist **§ 4 Satz 4 KSchG** anzuwenden.[639] Kündigt der Arbeitgeber in Kenntnis der Schwerbehinderteneigenschaft des Arbeitnehmers, kann sich der Arbeitnehmer jederzeit – bis zur Grenze der Verwirkung – darauf berufen, dass die nach § 85 SGB IX erforderliche Zustimmung des Integrationsamts fehlt, wenn ihm eine entsprechende **Entscheidung der zuständigen Behörde nicht bekannt gegeben worden ist**. Dafür sprechen der Wortlaut und der Gesetzeszweck des § 4 Satz 4 KSchG idF des Arbeitsmarktreformgesetzes.[640]
- War dem Arbeitgeber die Schwerbehinderung dagegen **unbekannt**, kann der Arbeitnehmer die Nichtigkeit einer ohne – ggf fiktive – Zustimmung erklärten Kündigung (§ 134 BGB) nur innerhalb der Frist des **§ 4 Satz 1 KSchG** geltend machen.[641] Teilt der Arbeitnehmer dem Arbeitgeber seinen Status als schwerbehinderter Mensch oder Gleichgestellter nicht **innerhalb von drei Wochen** nach Zugang der Kündigung mit, kann sich der Arbeitnehmer nicht mehr auf den Sonderkündigungsschutz berufen. Mit Ablauf der Klagefrist des § 4 Satz 1 KSchG ist der Nichtigkeitsgrund der § 85 SGB IX, § 134 BGB nach §§ 4 Satz 1, 7 HS 1 KSchG geheilt. § 4 Satz 4 KSchG ist nicht anzuwenden.[642]

§ 85 SGB IX stellt zwar nicht ausdrücklich auf die Kenntnis des Arbeitgebers von der Schwerbehinderteneigenschaft ab. Das BAG interpretiert die Bestimmung aber in ständiger Rechtsprechung restriktiv. Die Kündigung ist nur dann nichtig (§ 85 SGB IX, § 134 BGB),[643] wenn die Schwerbehinderteneigenschaft oder die Gleichstellung bei ihrem Zugang

- entweder durch Bescheid festgestellt war
- oder der Arbeitnehmer diese Feststellung beantragt hatte.

Kennt der Arbeitgeber die Anerkennung der Schwerbehinderung oder die Gleichstellung nicht, muss der Arbeitnehmer ihn binnen **drei Wochen nach Zugang der Kündigung** darüber unterrichten. Dann kann sich der Arbeitnehmer **auf den Sonderkündigungsschutz berufen**. Dazu muss er die **Klagefrist des § 4 Satz 1 KSchG** einhalten. Zum Zeitpunkt des Zugangs der Kündigung war dem Arbeitgeber der Sonderkündigungsschutz nicht bekannt. Er konnte keine Zustimmung des Integrationsamts beantragen. Die mit Zugang der Kündigung angelaufene Klagefrist des § 4 Satz 1 KSchG wird durch die Bekanntgabe der Schwerbehinderung oder Gleichstellung **nicht**

---

638 BAG 13.2.2008 – 2 AZR 864/06 – Rn 17 AP SGB IX § 85 Nr 5; s auch BAG 23.2.2010 – 2 AZR 659/08 – Rn 16 AP SGB IX § 85 Nr 8; ebenso BAG 9.2.2011 – 7 AZR 221/10 – Rn 21 ff AP TzBfG § 17 Nr 10 für das Bedingungskontrollrecht.
639 KR/Friedrich § 4 KSchG Rn 203, 208.
640 Vgl näher BAG 13.2.2008 – 2 AZR 864/06 – Rn 35 und 38 ff mwN zu der Kontroverse AP SGB IX § 85 Nr 5.
641 BAG 16.2.2012 – 6 AZR 553/10 – Rn AP SGB IX § 85 Nr 9; BAG 9.6.2011 – 2 AZR 703/09 – Rn 22 AP SGB IX § 85 Nr 11; BAG 13.2.2008 – 2 AZR 864/06 – Rn 45 ff AP SGB IX § 85 Nr 5; KR/Friedrich § 4 KSchG Rn 202 c, 207.
642 BAG 13.2.2008 – 2 AZR 864/06 – Rn 45 AP SGB IX § 85 Nr 5.
643 BAG 13.2.2008 – 2 AZR 864/06 – Rn 45 AP SGB IX § 85 Nr 5.

gehemmt. Wird nicht rechtzeitig Klage erhoben, ist der Verstoß gegen § 85 SGB IX, § 134 BGB nach § 7 HS 1 KSchG geheilt.[644] Darüber hinaus hat der Zweite Senat mittlerweile zu der Kontroverse über § 90 Abs 2 a SGB IX Stellung bezogen: Vom Zustimmungserfordernis werden nur Kündigungen gegenüber solchen Arbeitnehmern erfasst, die bei Zugang der Kündigung bereits als schwerbehinderte Menschen anerkannt sind oder den Antrag auf Anerkennung mindestens drei Wochen vor Zugang der Kündigung gestellt haben. Gleiches gilt für Arbeitnehmer, die einem schwerbehinderten Menschen gleichgestellt sind.[645]

118 Aus den Überlegungen zu § 9 MuSchG und § 85 SGB IX lässt sich verallgemeinernd ableiten, dass die Anwendbarkeit des § 4 Satz 4 KSchG vom **Wissen des Arbeitgebers um die tatsächlichen Voraussetzungen des Sonderkündigungsschutzes bei Zugang der Kündigung** abhängt.[646] Kennt der Arbeitnehmer das Informationsdefizit des Arbeitgebers und führt er erst durch die entsprechende Mitteilung die Nichtigkeit der Kündigung herbei, gilt § 4 Satz 1 KSchG, nicht § 4 Satz 4 KSchG. Voraussetzung für die Anwendbarkeit der Ausnahmeregelung des § 4 Satz 4 KSchG ist die Kenntnis des Arbeitgebers von den Tatsachen, die den Sonderkündigungsschutz begründen, zum Zeitpunkt des Zugangs der Kündigung.[647] Lässt der Arbeitnehmer die Dreiwochenfrist des § 4 Satz 1 KSchG verstreichen, ist die Nichtigkeit der Kündigung nach § 7 HS 1 KSchG geheilt. Für die § 4 **Satz 4** KSchG begründenden Umstände trägt der Arbeitnehmer nach allgemeinen Regeln die Darlegungs- und Beweislast.[648]

119 Für Zustimmungserfordernisse, deren tatsächliche Voraussetzungen **dem Arbeitgeber bekannt sind,** gilt dagegen, dass eine ohne Bekanntgabe der Zustimmung oder Zulässigkeitserklärung der Behörde ausgesprochene Kündigung den Lauf der Dreiwochenfrist wegen § 4 Satz 4 KSchG nicht in Lauf setzt. Der Arbeitnehmer kann die fehlende behördliche Zustimmung hier ohne die Begrenzung der Dreiwochenfrist bis zur Grenze der Verwirkung[649] jederzeit geltend machen, wenn ihm die – ablehnende oder zustimmende – Entscheidung der zuständigen Behörde nicht bekannt gegeben

---

644 BAG 13.2.2008 – 2 AZR 864/06 – Rn 46 AP SGB IX § 85 Nr 5.
645 BAG 1.3.2007 – 2 AZR 217/06 – Rn 21 ff, 29 ff AP SGB IX § 90 Nr 2.
646 Zusammenfassend Fuhlrott ArbR 2010, 518, 520.
647 Vgl BAG 19.2.2009 – 2 AZR 286/07 – Rn 23 und 27 AP MuSchG 1968 § 9 Nr 38; BAG 13.2.2008 – 2 AZR 864/06 – Rn 46 und 48 AP SGB IX § 85 Nr 5; s auch BAG 23.2.2010 – 2 AZR 659/08 – Rn 16 AP SGB IX § 85 Nr 8; ebenso BAG 9.2.2011 – 7 AZR 221/10 – Rn 21 ff AP TzBfG § 17 Nr 10 für das Bedingungskontrollrecht; Löwisch BB 2004, 154, 159; Schmidt NZA 2004, 79, 81 f; Schmidt zust Preis in Bauer/Preis/Schunder NZA 2004, 195, 196; Quecke RdA 2004, 86, 99 f und wohl auch Richardi DB 2004, 486, 489.
648 Bender/Schmidt NZA 2004, 358, 364; Schmidt NZA 2004, 79, 81.
649 Vgl zur Prozessverwirkung zB BAG 19.2.2009 – 8 AZR 176/08 – Rn 17 AP BGB § 613 a Nr 368; zu der Abgrenzung der Verwirkung des Klagerechts mit der Folge der Unzulässigkeit der Klage und der Verwirkung des materiellen Rechts, sich auf den Bestand eines Arbeitsverhältnisses zu berufen, mit der Konsequenz der Unbegründetheit der Klage bspw BAG 9.2.2011 – 7 AZR 221/10 – Rn 12 ff, 30 ff mwN AP TzBfG § 17 Nr 10; BAG 25.11.2010 – 2 AZR 323/09 – Rn 19 ff AP KSchG 1969 § 4 Nr 72.

worden ist.[650] Das gilt auch nach dem jetzigen Recht des Arbeitsmarktreformgesetzes.[651] Ein Verstoß gegen die genannten gesetzlichen Verbote, der zur Nichtigkeit der Kündigung nach § 134 BGB führt und demnach ein sonstiger Unwirksamkeitsgrund iSv § 13 Abs 3 KSchG ist, muss seit 1.1.2004 zwar grundsätzlich in der Frist des § 4 Satz 1 KSchG geltend gemacht werden.[652] **Fehlt die Bekanntgabe der behördlichen Entscheidung und weiß der Arbeitgeber um die Umstände des Sonderkündigungsschutzes**, beginnt die Klagefrist des § 4 Satz 1 KSchG wegen § 4 Satz 4 KSchG jedoch nicht.[653]

§ 4 Satz 4 KSchG findet außerdem Anwendung, wenn

- die Behörde der Kündigung vor ihrem Ausspruch gegenüber dem Arbeitgeber zustimmt,
- dem Arbeitnehmer der Zustimmungsbescheid aber erst nach Zugang der Kündigung bekannt gegeben wird.[654]

Auch hier ist es nach Sinn und Zweck des § 4 Satz 4 KSchG geboten, die Klagefrist erst mit **Bekanntgabe der behördlichen Entscheidung** beginnen zu lassen. Bis zu diesem Zeitpunkt kann der Arbeitnehmer auf eine mögliche Unwirksamkeit der Kündigung wegen Verletzung des Zustimmungserfordernisses vertrauen und deshalb davon absehen, Kündigungsschutzklage zu erheben. Einer Mitteilung des Arbeitgebers (bspw im Kündigungsschreiben), die Zustimmung sei erteilt, kann der Arbeitnehmer noch nicht mit letzter Gewissheit entnehmen, dass die behördliche Zustimmung wirklich vorliegt und aus welchen Gründen sie erfolgt ist.[655]

Im Zusammenhang mit **Rechtsbehelfen oder Rechtsmitteln** gegen den behördlichen Bescheid ist für die Frage des Beginns der Klagefrist danach zu differenzieren, ob die Zustimmung mit dem Ausgangsbescheid erteilt oder versagt wurde:

- Erhebt der Arbeitnehmer Widerspruch oder Anfechtungsklage gegen die **erteilte Zustimmung**, wird die Dreiwochenfrist gleichwohl durch die **Bekanntgabe des Erstbescheids** in Gang gesetzt. Ab diesem Zeitpunkt muss der Arbeitnehmer mit der Wirksamkeit der Kündigung rechnen. Das gebieten der Wortlaut des § 4 Satz 4 KSchG („Bekanntgabe der Entscheidung der Behörde") und vor allem der Zweck des § 4

---

650 BAG 3.7.2003 – 2 AZR 487/02 – II 2 b AP BErzGG § 18 Nr 7 zu § 18 Abs 1 Satz 2 BErzGG (seit 1.1.2007 BEEG) und dem aufgehobenen § 113 Abs 2 Satz 2 InsO; vgl zu der Rechtslage vor Inkrafttreten des Arbeitsmarktreformgesetzes auch BAG 31.3.1993 – 2 AZR 595/92 – II 4 AP MuSchG 1968 § 9 Nr 20; zu der jetzigen Rechtslage seit 1.1.2004 KR/Friedrich § 4 KSchG Rn 202 c, 203, 206, 206 a, 206 b, 208 und 209; ErfK/Kiel § 4 KSchG Rn 25.
651 BAG 13.2.2008 – 2 AZR 864/06 – Rn 35 ff und 38 ff AP SGB IX § 85 Nr 5; Düwell in: Weyand/Düwell Das neue Arbeitsrecht S 232 f.
652 BAG 19.2.2009 – 2 AZR 286/07 – Rn 22 f und 27 AP MuSchG 1968 § 9 Nr 38.
653 Vgl BAG 19.2.2009 – 2 AZR 286/07 – Rn 22 f und 27 AP MuSchG 1968 § 9 Nr 38; BAG 13.2.2008 – 2 AZR 864/06 – Rn 46 und 48 AP SGB IX § 85 Nr 5; KR/Friedrich § 4 KSchG Rn 202 c.
654 Düwell in: Weyand/Düwell Das neue Arbeitsrecht S 232 f; KR/Friedrich § 4 KSchG Rn 205.
655 Vgl BAG 17.2.1982 – 7 AZR 846/79 – II 3 AP SchwbG § 15 Nr 1 zu der Kündigung des Arbeitsverhältnisses eines schwerbehinderten Menschen.

KSchG in seinem Gesamtgefüge, wonach die Frage der Unwirksamkeit der Kündigung rasch geklärt werden soll.[656]

- Aus entsprechenden Gründen beginnt die Klagefrist dann, wenn die Behörde die **Zustimmung zunächst verweigert** und der Kündigung erst aufgrund eines Widerspruchs oder einer Klage des Arbeitgebers zugestimmt hat, mit der **Bekanntgabe der erteilten Zustimmung**.[657] Erst jetzt muss sich der Arbeitnehmer auf die Wirksamkeit der Kündigung – was das Zustimmungserfordernis betrifft – einstellen.

- Der Beginn der Klagefrist bereits mit Bekanntgabe des Erst- oder Widerspruchsbescheids stimmt – in einer Kontrollüberlegung – auch mit der materiellen Rechtslage hinsichtlich des Zustimmungserfordernisses überein. Die aufschiebende Wirkung des Widerspruchs oder der Anfechtungsklage bezieht sich nur auf die Vollziehbarkeit und nicht auf die Wirksamkeit der Zustimmung, die als privatrechtsgestaltender Verwaltungsakt mit Doppelwirkung zu verstehen ist. Der Suspensiveffekt des § 80 Abs 1 VwGO soll nur den Eintritt der Bestandskraft des Verwaltungsakts verhindern. Die Zustimmung oder Zulässigkeitserklärung ist deshalb zunächst eine ausreichende Grundlage, um die Kündigung erklären zu können. Sie kann allerdings erst endgültig wirksam werden, wenn der Bescheid bestandskräftig wird. Bis zu diesem Zeitpunkt ist sie schwebend wirksam.[658] Wegen ihrer schwebenden Wirksamkeit und des in § 4 KSchG ausgedrückten Bedürfnisses nach rascher Information des Arbeitgebers darüber, ob die schriftformgerechte Kündigung hingenommen wird, kommt es für den Lauf der Dreiwochenfrist auf die Zustimmung oder Zulässigkeitserklärung durch den Ausgangs- oder Widerspruchsbescheid an.

122 **(2) Freiwilliger Wehrdienst, Wehrübung und Bundesfreiwilligendienst.** § 2 ArbPlSchG enthält drei Verbotsgesetze iSd § 134 BGB. Werden sie verletzt, leidet die Kündigung an einem sonstigen Mangel iSv § 13 Abs 3 KSchG:

- § 2 Abs 1 ArbPlSchG begründet absoluten Schutz vor ordentlicher Kündigung während der Dauer der Dienstleistung in den Fällen der Einberufung zum freiwilligen Wehrdienst[659] und während einer Wehrübung.[660]

- § 2 Abs 2 Satz 1 ArbPlSchG verbietet, das Arbeitsverhältnis aus Anlass der Dienstleistung zu kündigen.[661]

---

656 Wie hier KR/Friedrich § 4 KSchG Rn 205, 210; vgl zur früheren Rechtslage schon die vom BAG mit Urt v 25.11.1971 – 2 AZR 44/71 – AP KSchG § 3 Nr 41 zum früheren Schwerbeschädigtengesetz entwickelten Grundsätze, die sowohl auf das außer Kraft getretene Schwerbehindertengesetz als auch auf die jetzigen §§ 85 ff SGB IX übertragbar sind.
657 KR/Friedrich § 4 KSchG Rn 210.
658 Zu allem BAG 17.6.2003 – 2 AZR 404/02 – B I 2 a, c und d AP MuSchG 1968 § 9 Nr 35 im Zusammenhang mit §§ 9 Abs 1 Satz 1 MuSchG, 134 BGB; vgl zur „schwebenden Wirksamkeit" von Kündigungen auch die Bspr von Schäfer NZA 2004, 833.
659 Die Wehrpflicht ist seit 1.7.2011 ausgesetzt; vgl dazu iE ErfK/Gallner 12. Aufl § 1 ArbPlSchG Rn 2 f.
660 Näher § 2 ArbPlSchG Rn 13.
661 § 2 ArbPlSchG Rn 14 f.

- Unwirksam ist auch die nur ausnahmsweise erlaubte außerordentliche Kündigung in einem Kleinbetrieb aus Anlass der Einberufung (§ 2 Abs 3 Satz 2 HS 2 ArbPlSchG),[662] wenn der Arbeitgeber die Kündigung nicht mit der von § 2 Abs 3 Satz 4 ArbPlSchG vorgeschriebenen Frist von zwei Monaten für den Zeitpunkt der Entlassung aus dem freiwilligen Wehrdienst versieht.[663]
- Der **Bundesfreiwilligendienst** ist nicht erfasst.[664]

Neben dem Sonderkündigungsschutz des § 2 ArbPlSchG ist für die geschützten Personengruppen der allgemeine Kündigungsschutz zu beachten:
- Bei ordentlichen Kündigungen ist § 1 KSchG anwendbar, wenn seine Voraussetzungen erfüllt sind (Arbeitnehmereigenschaft, vollendete Wartezeit und Mindestbetriebsgröße).
- Bei außerordentlichen Kündigungen müssen die Erfordernisse des § 626 BGB beachtet werden (wichtiger Grund, Zweiwochenfrist und Interessenabwägung). Die Einberufung zum freiwilligen Wehrdienst ist außer in Kleinbetrieben kein wichtiger Grund (§ 2 Abs 3 Satz 2 ArbPlSchG).[665]

Die Dreiwochenfrist des § 4 Satz 1 KSchG war schon in der Zeit bis 31.12.2003 für die Geltendmachung der Sozialwidrigkeit und – über § 13 Abs 1 Satz 2 KSchG aF – auch für die Rüge der fehlenden Voraussetzungen des § 626 BGB einzuhalten. Seit Inkrafttreten des Arbeitsmarktreformgesetzes am 1.1.2004 ist die Klagefrist bei schriftlichen Kündigungen nahezu immer zu wahren,
- sowohl im Rahmen des allgemeinen Kündigungsschutzes vor ordentlichen und außerordentlichen Kündigungen (§ 1 KSchG und § 626 BGB)
- als auch für (fast)[666] alle sonstigen Unwirksamkeitsgründe (§ 4 Satz 1, § 13 Abs 1 Satz 2, § 13 Abs 3 KSchG).
- Darüber hinaus müssen sich auch Arbeitnehmer vor und in der Wartefrist des § 1 Abs 1 KSchG oder in Kleinbetrieben iSv § 23 Abs 1 Satz 2 und 3 KSchG an die Dreiwochenfrist halten.[667]

§ 2 Abs 4 ArbPlSchG enthält wegen der mit der Dienstleistung verbundenen Ausnahmesituation eine Sonderregelung für den späteren Beginn der Klagefrist. Danach beginnt die Dreiwochenfrist erst zwei Wochen nach dem Ende des freiwilligen Wehrdienstes, wenn dem Arbeitnehmer
- nach der Zustellung des Einberufungsbescheids oder
- während des freiwilligen Wehrdienstes

eine Kündigung zugeht. Entsprechendes gilt, wenn die Kündigung

---

662 Die außerhalb eines Kleinbetriebs verboten ist.
663 § 2 ArbPlSchG Rn 18.
664 Näher ErfK/Gallner 12. Aufl § 1 ArbPlSchG Rn 3; vgl zu den weiteren geschützten Personengruppen § 2 ArbPlSchG Rn 3 ff.
665 IE § 2 ArbPlSchG Rn 16 ff.
666 Zu den Ausnahmen Rn 4 und 139 ff.
667 Rn 4; zu der Wartezeitproblematik BAG 9.2.2006 – 6 AZR 283/05 – Rn 17 f AP KSchG 1969 § 4 Nr 56.

- nach der Einberufung zu einer Wehrübung aufgrund freiwilliger Verpflichtung oder
- während der Wehrübung zugeht und
- diese allein oder zusammen mit anderen freiwilligen Wehrübungen im Kalenderjahr nicht länger als sechs Wochen dauert (§ 10 ArbPlSchG).[668]
- Nur in den genannten Fällen verzögert sich der Beginn der Klagefrist. Geht die Kündigung dagegen
- vor der Zustellung des Einberufungsbescheids oder
- nach dem Ende der Dienstleistung zu,

beginnt die Dreiwochenfrist mit dem **Zugang der Kündigung**.[669]

123 (3) **Andere Kündigungsverbote.** (a) **§ 15 Abs 3 TzBfG.** Die **Klagefrist** gilt für Kündigungen, die gegen das **Kündigungsverbot des § 15 Abs 3 TzBfG** verstoßen, weil der befristete Vertrag kein ordentliches Kündigungsrecht vorsieht. Dafür sprechen der klare Wortlaut des § 4 Satz 1 KSchG und vor allem die Gesetzesgeschichte.[670] Der Gesetzgeber wollte bis auf die schriftformwidrige Kündigung alle Unwirksamkeitsgründe an die Klagefrist binden, um schnell zu klären, ob das Arbeitsverhältnis beendet ist oder nicht.[671] Die Fallgestaltung des Kündigungsverbots ist nicht mit der nicht eingehaltenen Kündigungsfrist vergleichbar, die bei möglicher Auslegung in eine fristgerechte Kündigung noch außerhalb der Dreiwochenfrist geltend gemacht werden kann.[672] Der Arbeitnehmer, der sich gegen eine falsche Kündigungsfrist wehrt, stellt nicht infrage, dass das Arbeitsverhältnis durch die Kündigung überhaupt aufgelöst wird. Er strebt nur einen anderen Beendigungszeitpunkt an.[673]

124 (b) **Tarifliche oder einzelvertragliche Ausschlüsse der ordentlichen Kündigung.** Verstöße gegen den **tariflichen oder arbeitsvertraglichen Ausschluss einer ordentlichen Kündigung** zB aus Gründen des Alterskündigungsschutzes müssen innerhalb der Dreiwochenfrist des § 4 Satz 1 KSchG oder spätestens in der verlängerten Anrufungsfrist nach § 5 KSchG oder entsprechend § 6 Satz 1 KSchG geltend gemacht werden.[674] Der Verstoß gegen ein tarifliches Kündigungsverbot führt zur Nichtigkeit der Kündigung nach § 134 BGB[675] und ist ein sonstiger Unwirksamkeitsgrund iSv § 13 Abs 3 KSchG. Die Verletzung eines einzelvertraglichen Ausschlusses der ordentlichen Kündigung ist ein sonstiger Unwirksamkeitsgrund iSv § 13 Abs 3 KSchG.

---

668 Vgl zu den Fragen der Klagefrist bei Wehrdienst, Wehrübung und Zivildienst auch § 2 ArbPlSchG Rn 23 ff.
669 § 2 ArbPlSchG Rn 25.
670 BAG 22.7.2010 – 6 AZR 480/09 – Rn 8 mwN AP TzBfG § 15 Nr 5 mit Anm Arnold ArbR 2010, 499; Boemke jurisPR-ArbR 43/2010 Anm 2.
671 Vgl BT-Drucks 15/1204 S 9 f.
672 Vgl dazu die Entscheidungen des Fünften und des Zweiten Senats von September 2010: BAG 1.9.2010 – 5 AZR 700/09 – Rn 20 bis 30 AP KSchG 1969 § 4 Nr 71 (fortgeführt von BAG 15.5.2013 – 5 AZR 130/12 – Rn 15 ff NZA 2013, 1076) und BAG 9.9.2010 – 2 AZR 714/08 – Rn 13 f AP BGB § 622 Nr 66 und oben Rn 4 und § 6 KSchG Rn 18 f; s auch BAG 20.6.2013 – 6 AZR 805/11 – Rn 13 ff NZA 2013, 1137.
673 Vgl BAG 22.7.2010 – 6 AZR 480/09 – Rn 10 f mwN AP TzBfG § 15 Nr 5.
674 BAG 8.11.2007 – 2 AZR 314/06 – Rn 17 ff mwN AP KSchG 1969 § 4 Nr 63.
675 BAG 25. 04.2007 – 6 AZR 746/06 – Rn 13 mwN AP TzBfG § 4 Nr 14.

cc) **Fristberechnung.** Der Tag, an dem die Kündigung zugeht, wird bei der Berechnung der Frist nicht mitgezählt (§ 187 Abs 1 BGB). Die Frist beginnt deshalb mit dem Folgetag. Sie endet nach § 188 Abs 2 Alt 1 BGB mit dem Ablauf des Tags, der drei Wochen später entsprechend dem Tag des Zugangs der Kündigung benannt ist.[676] **125**

Beispiel: Geht die Kündigung am 1.12.2014 – einem Montag – zu, endet die Klagefrist am 22.12.2014, ebenfalls einem Montag, 24:00 Uhr. Fällt ihr letzter Tag auf einen **Sonntag**, einen am Erklärungsort staatlich anerkannten allgemeinen **Feiertag** oder einen **Sonnabend**, tritt an die Stelle dieses Tags der **nächste Werktag** (§ 193 BGB). Endet die Dreiwochenfrist also rechnerisch an einem Samstag, läuft die Frist erst am folgenden Montag, 24:00 Uhr, ab.

dd) **Fristwahrung.** § 4 Satz 1 KSchG bestimmt, dass die Kündigungsschutzklage innerhalb von drei Wochen beim Arbeitsgericht **zu erheben** ist. Die Erhebung der Klage erfolgt nach § 253 Abs 1 ZPO durch **Zustellung** der Klageschrift. Der Vorgang der Klageerhebung besteht aus **zwei Teilakten**: **126**

- Sobald die Klageschrift bei Gericht eingereicht wird, ist die Klage **anhängig**. Eingereicht ist sie, wenn sie zu Protokoll der Geschäftsstelle des Gerichts erklärt ist, in dessen (Nacht-)Briefkasten eingeworfen wird oder – an das richtige Gericht adressiert – bei der gemeinsamen Postannahmestelle mehrerer Gerichte oder Behörden eingeht.
- Erst wenn die Klage dem Gegner zugestellt wird, ist sie **rechtshängig** (§ 261 Abs 1 ZPO). Um die Dreiwochenfrist einzuhalten, genügt es aber regelmäßig, wenn die Klage am letzten Tag der Frist bei Gericht eingeht, sofern ihre Zustellung nach § 167 ZPO **demnächst** bewirkt wird.[677] Für die Frage, ob die Zustellung noch demnächst erfolgt ist, kommt es zunächst darauf an,
  – ob der Kläger die Verzögerung verschuldet hat
  – oder sie aus Gründen außerhalb seines Einflussbereichs, zB aus der Sphäre der Post oder des Gerichts herrührt. Auch eine längere Verzögerung – etwa eine notwendige Auslandszustellung – ist unschädlich, wenn der Kläger sie nicht schuldhaft verursacht hat.[678]

Obwohl er auch für leicht fahrlässiges Verhalten, das zu einer Verzögerung der Zustellung führt, einzutreten hat,[679] ist die Klagefrist dennoch gewahrt, wenn die Zustellung durch den Kläger oder das ihm nach § 85 **127**

---

676 Zu der Fristberechnung zB BAG 18.7.2013 – 6 AZR 420/12 – Rn 22 NZA 2014, 109; BAG 22.3.2012 – 2 AZR 224/11 – Rn 38 AP KSchG 1969 § 5 Nr 19.
677 § 167 ZPO findet über § 46 Abs 2 Satz 1 ArbGG, § 495 ZPO für die Klagefrist des § 4 Satz 1 KSchG Anwendung, vgl zB BAG 18.4.2002 – 8 AZR 346/01 – II 2 AP BGB § 613a Nr 232; BAG 21.2.2002 – 2 AZR 55/01 – II 2 c EzA KSchG § 4 nF Nr 63; BAG 17.1.2002 – 2 AZR 57/01 – B I 3 und 4 EzA KSchG § 4 nF Nr 62; BAG 18.10.1979 – 2 AZR 110/79; BAG 10.7.1989 – 2 AZR 571/88 – RzK I 8 h Nr 6, jeweils noch zu § 270 **Abs 3 ZPO;** schon Rn 35.
678 BAG 22.5.2014 – 8 AZR 662/13 – Rn 29 NZA 2014, 924; BAG 10.4.2014 – 2 AZR 741/13 – Rn 52.
679 BAG 8.4.1976 – 2 AZR 583/74 – I 3 AP KSchG 1969 § 4 Nr 2: Bloße Angabe des Postfachs und des Wohnorts der Beklagten ohne Straße.

Abs 2 ZPO zuzurechnende Handeln[680] seines Prozessbevollmächtigten lediglich geringfügig verzögert wird.[681] Ob das anzunehmen ist, beurteilt sich nicht nach dem Zeitraum zwischen der Einreichung der Klage und der verspäteten Zustellung. Es kommt vielmehr auf den Zeitraum zwischen dem Ablauf der Klagefrist und der Zustellung an.[682] Maßgeblich sind die **Umstände des Einzelfalls**. In dem vom BAG am 8.4.1976[683] entschiedenen Sachverhalt wurde eine Verzögerung von zehn Tagen zwischen dem Ablauf der Klagefrist und der Zustellung der Klage als geringfügig betrachtet. Das BAG wies schon damals auf die Rechtsprechung des BGH hin, die eine Zeitspanne von 14 Tagen für unschädlich hält. Inzwischen hat der Zweite Senat klargestellt, dass eine Zustellung zumindest dann noch demnächst erfolgt ist, wenn die vom Kläger zu vertretende Verzögerung den Zeitraum von **14 Tagen** nicht überschreitet. Bei der Berechnung der Zeitdauer ist auf die Zeitspanne abzustellen, um die sich die ohnehin erforderliche Zustellung der Klage als Folge der Nachlässigkeit des Klägers verzögert. Der auf vermeidbare Verzögerungen im Geschäftsablauf des Gerichts zurückzuführende Zeitraum wird dabei nicht angerechnet.[684]

128 Die Zustellung erfolgt nicht demnächst, wenn der Arbeitnehmer die Klage vor Fristende bei Gericht einreicht, aber zugleich darum bittet, sie zunächst nicht zuzustellen, bspw um das Arbeitsverhältnis vorerst nicht zu belasten oder Vergleichsverhandlungen nicht zu stören, und die dadurch herbeigeführte Verzögerung der letztlich bewirkten Zustellung nicht nur geringfügig ist.[685] Die Bitte des Klägers, zunächst von der Terminierung abzusehen, widerspricht zwar § 216 Abs 2 ZPO, wonach der Vorsitzende den Termin unverzüglich anzuberaumen hat. Selbst wenn das Gericht daraufhin jedoch keinen Termin bestimmt, sondern die Klage nur zustellt, ist die Dreiwochenfrist eingehalten, wenn die Zustellung demnächst in oben genanntem Sinn[686] bewirkt wird.[687]

129 Stellt das Gericht die Klage entgegen § 271 Abs 1 ZPO nicht zu, sondern übersendet sie dem Gegner versehentlich formlos, ist die unterlassene Zustellung nach § 189 ZPO geheilt, wenn die Klage dem Beklagten tatsächlich zugegangen ist. Die Heilung des Zustellungsmangels setzt

- den Zustellungswillen des zuständigen Organs – bei der Klage des Vorsitzenden des Arbeitsgerichts, nicht der Geschäftsstelle[688] – und
- den tatsächlichen Zugang beim Beklagten voraus.

---

680 BAG 25.4.2013 – 6 AZR 49/12 – Rn 95 ff EzA-SD 2013 Nr 14, 4; BAG 24.11.2011 – 2 AZR 614/10 – Rn 15 ff NZA 2012, 413; 28.5.2009 – 2 AZR 548/08 – Rn 18 ff AP KSchG 1969 § 5 Nr 15; BAG 11.12.2008 – 2 AZR 472/08 – Rn 20 ff AP KSchG 1969 § 4 Nr 68.
681 BAG 8.4.1976 – 2 AZR 583/74 – I 4 AP KSchG 1969 § 4 Nr 2.
682 BAG 8.4.1976 – 2 AZR 583/74 – I 4 a AP KSchG 1969 § 4 Nr 2.
683 BAG 8.4.1976 – 2 AZR 583/74 – I 4 AP KSchG 1969 § 4 Nr 2.
684 BAG 17.1.2002 – 2 AZR 57/01 – B I 3 und 4 EzA KSchG § 4 nF Nr 62.
685 ZB KR/Friedrich § 4 KSchG Rn 144; vHH/L/Linck § 4 Rn 96.
686 Rn 127.
687 KR/Friedrich § 4 KSchG Rn 145 f; vHH/L/Linck § 4 Rn 96, jeweils mwN.
688 Die Geschäftsstelle führt die Zustellung nach § 168 Abs 1 Satz 1 ZPO nur aus oder beauftragt die Post oder einen Justizbediensteten mit der Zustellung, § 168 Abs 1 Satz 2 und 3 ZPO.

Wegen des nötigen **Zustellungswillens** tritt die Heilung insbesondere dann nicht ein, wenn das Gericht nicht beabsichtigt, die Klage zuzustellen. Der Zustellungswille wird regelmäßig nur bejaht werden können, wenn der Vorsitzende die Zustellung nicht nur (innerlich) gewollt, sondern sie auch ausdrücklich verfügt hat.[689] **Tatsächlich zugegangen** ist die Klageschrift, wenn der Beklagte oder sein gesetzlicher Vertreter die Möglichkeit erlangt hat, von ihr Kenntnis zu nehmen. Der Adressat muss ungehindert auf das Schriftstück zugreifen können,[690] was zB bei einem Einwurfeinschreiben mit dem Einwurf im Briefkasten zu bejahen ist, nicht aber bei einem Übergabeeinschreiben, solange es noch nicht abgeholt ist. Bei der fristgebundenen Kündigungsschutzklage muss zudem der **Zeitpunkt** festgestellt werden, in dem dem Beklagten die Klageschrift tatsächlich spätestens zugegangen ist.[691] Sind der Zugang der Klage oder sein Zeitpunkt streitig, können sie mithilfe aller Beweismittel bewiesen werden. Anders als nach § 187 ZPO aF ist die Wirksamkeit der Zustellung nicht mehr in das Ermessen des Gerichts gestellt.[692] Soll durch die Zustellung nicht die Klagefrist, sondern eine Notfrist isd § 224 Abs 1 Satz 2 ZPO gewahrt werden – zB eine Rechtsmittelfrist[693] –, findet die Fiktion des § 189 ZPO ebenfalls Anwendung, während § 187 Satz 2 ZPO aF diese Möglichkeit nicht eröffnete. Da die Beurteilung der Wirksamkeit der Zustellung nicht mehr im Ermessen des Gerichts steht, ist der nach altem Recht bei einer Notfrist ausgeweitete Schutz des Adressaten nicht länger geboten.[694] Ist der Zustellungsmangel der Klage geheilt, wird die Zustellung und mit ihr die Rechtshängigkeit im Zeitpunkt des Zugangs der Klageschrift beim Gegner fingiert.

Auf die Rüge der nicht demnächst erfolgten Zustellung kann der Gegner **verzichten** (§ 295 Abs 1 Alt 1 und 2 ZPO). Das setzt voraus, dass er

- den Verzicht entweder **ausdrücklich erklärt** oder
- den Mangel in der nächsten mündlichen Verhandlung **nicht rügt**, obwohl er ihm zumindest bekannt sein muss.

Die Klage wird bei Verzicht und rügeloser Einlassung in dem Zeitpunkt rechtshängig, **in dem die Rüge nicht mehr rechtzeitig erhoben werden kann.** Die Dreiwochenfrist ist dann schon mit **Eingang der Klage bei Gericht** gewahrt.[695]

ee) Darlegungs- und Beweislast. Die Vortrags- und Beweislast für den **Zugang** der Kündigung und dessen **Zeitpunkt** obliegt dem Arbeit**geber**.[696] Für

130

131

---

689 KR/Friedrich § 4 KSchG Rn 143 a mwN; vgl auch Zöller/Stöber ZPO § 189 ZPO Rn 2 mwN insb aus der Rspr des BGH.
690 BGH 15.3.2007 – 5 StR 536/06 – Rn 14 NJW 2007, 1605; Zöller/Stöber ZPO § 189 ZPO Rn 4 mwN: Der Adressat muss das Schriftstück tatsächlich erhalten, es „in die Hand bekommen" haben.
691 Vgl Zöller/Stöber ZPO § 189 ZPO Rn 15 mwN.
692 Vgl Zöller/Stöber ZPO § 189 ZPO Rn 14 und 17.
693 Für Rechtsmittelbegründungsfristen stellte sich dieses Problem schon vor der Gesetzesänderung nicht, weil es sich bei ihnen nicht um Notfristen handelt. Sie können nicht verlängert werden. Vgl für die Berufungsbegründungsfrist zB GMP/Germelmann § 66 Rn 20.
694 Vgl Zöller/Stöber ZPO § 189 ZPO Rn 17.
695 KR/Friedrich § 4 KSchG Rn 143 a unter Hinweis auf BAG 11.1.1979 – 2 AZR 615/76 – II 2 b.
696 Näher Einl Rn 56 ff.

den **rechtzeitigen Eingang der Klage** – also etwa den Einwurf in den Gerichtsbriefkasten – ist dagegen der Arbeitnehmer darlegungs- und beweisbelastet.[697]

132 **c) Folgen der Anrufung eines unzuständigen Gerichts für die Klagefrist.** § 4 Satz 1 KSchG sieht vor, dass die Kündigungsschutzklage beim Arbeitsgericht zu erheben ist. Das bedeutet, dass der eröffnete Rechtsweg zu den Gerichten für Arbeitssachen zu beschreiten[698] und das örtlich zuständige Arbeitsgericht[699] anzurufen ist.

Hinweis: Die Klagefrist ist trotzdem gewahrt, wenn
- die Klage während ihrer Dauer bei dem Gericht eines anderen Rechtswegs[700] oder bei einem örtlich unzuständigen Arbeitsgericht eingeht,
- von diesem demnächst zugestellt und danach an das zuständige Arbeitsgericht verwiesen wird.

Dabei kommt es nicht darauf an, ob die Verweisung vor oder nach dem Ende der Dreiwochenfrist erfolgt.[701]

133 **aa) Rechtsweg.** Für die Verweisung eines Gerichts des **ordentlichen Rechtswegs** folgt die Fristwahrung aus § 48 Abs 1 Nr 2 ArbGG, § 17 a Abs 2 GVG. Nach § 17 b Abs 1 Satz 2 GVG bleiben die Wirkungen der Rechtshängigkeit bestehen, obwohl der Rechtsstreit erst nach Eintritt der Rechtskraft des Verweisungsbeschlusses mit Eingang der Akten bei dem im Beschluss bezeichneten Gericht anhängig wird (§ 17 b Abs 1 Satz 1 GVG). Das gilt auch dann, wenn die Dreiwochenfrist entgegen der Meinung des BAG nicht als Klageerhebungsfrist, sondern als materielle Frist eingeordnet wird.[702] Das zB nach Auffassung Friedrichs[703] in § 4 Satz 1 KSchG enthaltene materielle Recht knüpft an die Erhebung der Klage und damit an die Rechtshängigkeit an. Zudem erhält § 17 b Abs 1 Satz 2 GVG sowohl die prozessualen (§ 261 Abs 3 ZPO) als auch die materiellrechtlichen (vgl § 262 ZPO) Wirkungen der Rechtshängigkeit.[704] Die beim **Sozialgericht** oder **Verwaltungsgericht** eingereichte Kündigungsschutzklage wahrt die Klagefrist ebenfalls. § 202 SGG und § 173 Satz 1 VwGO verweisen auf § 17 a Abs 2 GVG.

134 Stellt das unzuständige Gericht die innerhalb der Klagefrist bei ihm eingegangene Kündigungsschutzklage erst nach Ablauf der Frist zu, gilt dennoch § 167 ZPO. Gegen dessen Anwendung könnte allerdings sprechen, dass seine sog Vorwirkung die Einreichung, maW die Anhängigkeit der Klage voraussetzt, § 17 b Abs 1 Satz 1 GVG aber gerade bestimmt, der Rechtsstreit werde erst mit Eingang der Akten bei dem im Beschluss bezeichneten Gericht anhängig. Der in dieser Regelung verwandte Begriff der Anhängig-

---

697 BAG 22.2.1980 – 7 AZR 295/78 – AP KSchG 1969 § 1 Krankheit Nr 6.
698 Rn 14.
699 Rn 15 ff.
700 Ebenso für die Klage vor einem ordentlichen Gericht Klimpe-Auerbach AuR 1992, 113 f.
701 Zu dem Gesamtkomplex KR/Friedrich § 4 KSchG Rn 181 bis 187 mwN zum Meinungsstand.
702 Dazu Rn 111.
703 KR/Friedrich § 4 KSchG Rn 186.
704 Zöller/Lückemann ZPO § 17 b GVG Rn 3.

keit meint jedoch nur die formelle prozessuale Zuordnung des Rechtsstreits an das aufnehmende Gericht nach rechtskräftiger Verweisung,[705] schließt die frühere Anhängigkeit bei dem unzuständigen Gericht dagegen nicht aus, zumal der zeitlich spätere zweite Teilakt der Klageerhebung – die Rechtshängigkeit – nicht erneut eintritt, sondern fortgilt.

Gibt das angerufene Gericht den Rechtsstreit formlos ab, ohne die Klage zunächst zugestellt zu haben, stellt sich das Problem, ob § 167 ZPO anwendbar ist, wenn die Kündigungsschutzklage bei dem unzuständigen Gericht innerhalb der Dreiwochenfrist eingereicht wurde und das aufnehmende Arbeitsgericht die Klage noch demnächst[706] zustellt.[707] Die Anwendung von § 167 ZPO bei lediglich geringfügiger Verzögerung der Zustellung nach dem Ablauf der Klagefrist[708] wird hier richtigerweise nur abgelehnt werden können, wenn die ursprüngliche Anhängigkeit der Klage bei dem angerufenen Gericht wegen dessen Unzuständigkeit verneint wird. Dann erscheint es allerdings fragwürdig, die Klage nachträglich zuzulassen, weil den Kläger nach dem strengen Maßstab des § 5 Abs 1 Satz 1 KSchG keinerlei Verschulden an der Fristversäumung treffen darf. Ihm wird aber regelmäßig zumindest leichte Fahrlässigkeit zur Last gelegt werden müssen, wenn er ein unzuständiges Gericht anruft. Wird umgekehrt angenommen, § 167 ZPO sei anzuwenden, tritt dessen den Kläger begünstigende Wirkung wegen der nur geringfügigen Verzögerung ein, obwohl der Kläger die Verzögerung verschuldet hat.[709] 135

bb) Örtlich unzuständiges Arbeitsgericht. Wird die Kündigungsschutzklage dem Arbeitgeber demnächst nach Ablauf der Klagefrist zugestellt, wahrt die bei einem örtlich unzuständigen Arbeitsgericht eingereichte und von ihm nach § 48 Abs 1 Nr 1 ArbGG und entsprechend § 17a Abs 2 GVG an das zuständige Gericht verwiesene Klage die Dreiwochenfrist. Auch eine Verweisung nach dem Ende der Dreiwochenfrist ist unschädlich.[710] 136

Nach einer frühen Entscheidung des BAG vom 16.4.1959[711] genügt die **formlose Abgabe** des Rechtsstreits durch das angerufene an das zuständige Gericht ebenfalls, um die Klagefrist einzuhalten.[712] Die Dreiwochenfrist ist in einer solchen Konstellation selbst dann gewahrt, wenn der Arbeitnehmer die Klage bei einem örtlich unzuständigen Gericht mit der **ausdrückli-** 137

---

705 Zöller/Lückemann ZPO § 17b GVG Rn 1.
706 Rn 126 ff.
707 Befürwortend zB KR/Friedrich § 4 KSchG Rn 186a; aA ua LAG Frankfurt 1.10.1996 – 15 Ta 279/96 – LAGE KSchG 1969 § 5 Nr 82, das Fristversäumung, aber zugleich die Möglichkeit der nachträglichen Zulassung der Klage annimmt, weil der Kläger damit habe rechnen können, dass die Klage rechtzeitig weitergeleitet werde.
708 Rn 127.
709 Rn 127.
710 BAG 31.3.1993 – 2 AZR 467/92 – B II 1 AP KSchG 1969 § 4 Nr 27, allerdings zu einer Verweisung nach § 281 ZPO; vgl ferner die bei KR/Friedrich § 4 KSchG Rn 181 angegebenen Nachweise zum Streitstand.
711 BAG 16.4.1959 – 2 AZR 227/58 – AP KSchG § 3 Nr 16.
712 Hierfür wird auf die entsprechenden Ausführungen zum Rechtsweg in Rn 135 verwiesen.

chen Bitte einreicht, sie an das zuständige Gericht weiterzuleiten.[713] Von diesem Fall ist derjenige abzugrenzen, in dem der Arbeitnehmer die Klage nicht bei dem unzuständigen Gericht einreicht, sondern sie lediglich von seinem Urkundsbeamten oder Rechtspfleger im Weg der Rechtshilfe aufnehmen und an das zuständige Gericht weiterleiten lässt. Die Klagefrist ist versäumt, wenn sie beim zuständigen Gericht drei Wochen nach Zugang der Kündigung noch nicht eingegangen ist.[714]

138 Bei dem **Stammgericht und seinen Außenkammern** handelt es sich um dasselbe Gericht iSd örtlichen Zuständigkeit der §§ 12 ff ZPO, obwohl die Außenkammern eine zweite Gerichtsstelle iSv § 219 Abs 1 ZPO bilden. Eine Gerichtsstelle ist jeder Raum, in dem üblicherweise und regelmäßig Sitzungen des Gerichts oder von Teilen des Gerichts stattfinden, wenn die Gerichtsverwaltung ihn zum regelmäßigen Verhandlungsort bestimmt hat.[715] Daran zeigt sich, dass der Begriff der Gerichtsstelle lediglich für den Verhandlungsbetrieb – den Terminsort – von Bedeutung ist. Welche Kammer des Gesamtgerichts berufen ist, um über den Rechtsstreit zu entscheiden, ist eine Frage der Geschäftsverteilung unter den Spruchkörpern.[716] Die beim Stammgericht eingereichte, in die funktionelle Zuständigkeit einer Außenkammer fallende Klage wahrt daher die Klagefrist ebenso wie die Klage, die bei den Außenkammern eingeht und eine der Kammern des Stammgerichts betrifft.[717]

139 d) **Ausnahmen von der Klagefrist.** In der Literatur bildete sich schon früh die Erkenntnis heraus, dass neben dem von § 4 Satz 1 KSchG ausdrücklich genannten Schriftformverstoß nach Systematik und Zweck der Norm weitere Ausnahmen von der Klagefrist existieren. Stützend wird die Begründung des Fraktionsentwurfs des Arbeitsmarktreformgesetzes (BT-Drucks 15/1204 S 13) angeführt, der eine beispielhafte Aufzählung sonstiger Unwirksamkeitsgründe enthält. Dort sind insbesondere § 102 Abs 1 Satz 3 BetrVG, § 613a Abs 4 BGB, § 9 MuSchG, § 18 BErzGG (heute: § 18 BEEG), § 85 SGB IX, §§ 138 und 242 BGB genannt. Daraus leiten **Bender/Schmidt** das historische Auslegungsargument ab, § 4 Satz 1 KSchG knüpfe nicht an die Wirksamkeit der eigentlichen Kündigungs**erklärung** an. Vielmehr werde auf Normen abgestellt, die eine wirksame Kündigungserklärung schon begrifflich voraussetzten oder sich auf ihren Inhalt bezögen. Willensmängel kämen dagegen nicht vor.[718] Im Bereich der Ausnahmen werden vor allem die folgenden Problemkomplexe diskutiert:[719]

---

713 KR/Friedrich § 4 KSchG Rn 184 unter Hinweis auf BAG 15.9.1977 – 2 AZR 333/76 -, das damit argumentiert, der Kläger habe mit der Einreichung der Klage bei dem örtlich unzuständigen Gericht ersichtlich den Zweck verfolgt, die Dreiwochenfrist einzuhalten.
714 LAG Hamm 5.6.2014 – 11 Sa 1484/13; KR/Friedrich § 4 KSchG Rn 185.
715 Zöller/Stöber ZPO § 219 ZPO Rn 1.
716 Vgl Zöller/Vollkommer ZPO § 1 ZPO Rn 4.
717 KR/Friedrich § 4 KSchG Rn 185 a.
718 Bender/Schmidt NZA 2004, 358, 362.
719 Vgl hierzu vor allem KR/Friedrich § 13 KSchG Rn 339 ff; Bender/Schmidt NZA 2004, 358, 361 ff; Quecke RdA 2004, 86, 100 f und Raab RdA 2004, 321, 322 ff; vgl aber auch KR/Rost § 7 KSchG Rn 3 b, der für den Einzelfall die Überlegung anmahnt, ob in Fällen verdeckter Kündigungsmängel nicht der Weg über die nachträgliche Zulassung der Klage nach § 5 KSchG systemgerechter sei.

- Schriftformverstöße nach §§ 623, 126 Abs 1, 125 Satz 1 BGB,[720]
- nötige Schlichtungsversuche im Rahmen von Berufsausbildungsverhältnissen nach § 111 Abs 2 ArbGG,[721]
- unrichtige Kündigungsfristen und -termine,[722]
- unbestimmte und bedingte Kündigungen,[723]
- Geschäftsunfähigkeit und beschränkte Geschäftsfähigkeit,[724]
- Vertretungsmängel,[725]
- spätere Kenntniserlangung des Gekündigten von während der Klagefrist unerkannten Unwirksamkeitsgründen[726] und
- vor Zugang der Kündigung unterbliebene oder fehlerhafte Massenentlassungsanzeigen nach §§ 17, 18 KSchG.[727]

Der **Zweite Senat** hat mittlerweile in einem Teilbereich der rechtsgeschäftlichen Mängel für Klarheit gesorgt. Die dreiwöchige Klagefrist findet trotz des zunächst eindeutig erscheinenden Wortlauts **nicht auf alle Unwirksamkeitsgründe** einer schriftlichen Kündigung Anwendung. Kündigungen, die ein **Vertreter ohne Vertretungsmacht**[728] oder ein **Nichtberechtigter** erklärt haben, sind **keine Kündigungen „des Arbeitgebers"**. Die Klagefrist gilt nur für Kündigungen, die dem Arbeitgeber **zuzurechnen** sind.[729] Dafür spricht nicht nur der **Wortlaut** des § 4 Satz 1 KSchG, sondern auch der **Gesetzeszweck**.[730] Die Dreiwochenfrist des § 4 Satz 1 KSchG dient – vor allem im Interesse des Arbeitgebers – dazu, rasch zu klären, ob eine Kündigung das Arbeitsverhältnis beendet hat oder nicht. Dieser Zweck kann nicht erreicht werden, wenn die Kündigung dem Arbeitgeber nicht zugerechnet werden kann. Sonst käme es auch zu einem nicht gerechtfertigten **Eingriff in die Privatautonomie**, weil es dem wirklichen Arbeitgeber nicht möglich wäre, den Eintritt der Wirksamkeitsfiktion des § 7 HS 1 KSchG zu verhindern.[731]

aa) **Unbestimmte und bedingte Kündigungen.** Das bei der Ausübung eines einseitigen Gestaltungsrechts besonders schützenswerte Interesse des Kündigungsempfängers an Rechtsklarheit und Rechtssicherheit verlangt, dass der kündigende Arbeitgeber – auch bei schriftlichen Bekundungen – eindeutig seinen Willen zum Ausdruck bringt, das Arbeitsverhältnis durch eine einseitige Gestaltungserklärung für die Zukunft lösen zu wollen.[732] Er braucht die Wörter „Kündigung" oder „kündigen" zwar nicht zu verwenden. Lässt sich der nötige Kündigungswille aber trotz gebotener Auslegung nach dem objektivierten Empfängerhorizont nicht ermitteln (§ 133 BGB), ist die Äußerung nicht bestimmt genug und kann deshalb **nicht als Kündi-**

140

---
720 Dazu Rn 3.
721 IE Rn 85.
722 Rn 4.
723 Rn 140.
724 Rn 141.
725 Rn 142.
726 Rn 143.
727 Rn 144.
728 Dazu auch Rn 142.
729 BAG 26.3.2009 – 2 AZR 403/07 – Rn 18 f AP KSchG 1969 § 4 Nr 70.
730 BAG 26.3.2009 – 2 AZR 403/07 – Rn 21 f AP KSchG 1969 § 4 Nr 70.
731 BAG 26.3.2009 – 2 AZR 403/07 – Rn 23 AP KSchG 1969 § 4 Nr 70.
732 KR/Griebeling § 1 KSchG Rn 151 mwN; s auch BAG 20.6.2013 – 6 AZR 805/11 – Rn 14 f NZA 2013, 1137.

gungserklärung gewertet werden. Die Klagefrist, die an den Zugang einer Kündigung gebunden ist, beginnt nicht.[733] Der Arbeitnehmer kann bis zur Grenze der Verwirkung[734] eine allgemeine Feststellungsklage iSv § 256 Abs 1 ZPO erheben.

Entsprechendes gilt für eine **unzulässig bedingte Kündigung**. Grundsätzlich ist die Kündigung eines Arbeitsverhältnisses als einseitiges Rechtsgeschäft bedingungsfeindlich.[735]

- Allerdings ist im Fall einer bedingten Kündigung sorgfältig zu prüfen, ob die Bedingung allein vom Willen des Kündigungsempfängers abhängt, der Gekündigte sich also bei Zugang der Kündigung sofort entschließen kann, ob er die Bedingung erfüllen will oder nicht. Da in diesem Fall der sog **Potestativbedingung** keine Ungewissheit für den Gekündigten entsteht, ist die Kündigung **zulässig bedingt**.[736] Die Klagefrist beginnt hier mit **Zugang der Erklärung**. Prototyp einer solchen zulässig bedingten Kündigung ist die **Änderungskündigung**, wenn der Kündigungsteil unter der aufschiebenden Bedingung der Ablehnung des Änderungsangebots oder der auflösenden Bedingung des Einverständnisses des Arbeitnehmers mit der Vertragsänderung steht.[737] Auch eine sog **Rechtsbedingung** ist zulässig. Bei ihr hängt die Wirksamkeit – bspw einer vorsorglichen zweiten Kündigung – von einer objektiv feststehenden, wenn auch subjektiv noch ungewissen Rechtslage ab.[738]
- **Unzulässig** ist eine bedingte Kündigung aber dann, wenn der Gekündigte durch die Bedingung in eine **ungewisse Lage** versetzt wird. Hängt der Eintritt der Bedingung von der Beurteilung des Kündigenden oder eines Dritten ab, ist die Kündigung nicht bestimmt und daher ebenso wie die unbestimmte – nicht mit einer Bedingung versehene – Kündigung unwirksam.[739] Auch hier setzt sich das Interesse des Arbeitnehmers an Rechtsklarheit gegenüber den Belangen des Arbeitgebers durch. Der Zweck der Klagefrist, dem Arbeitgeber nach kurzer Zeit Rechtssicherheit über die Wirksamkeit der Kündigung zu verschaffen,

---

733 Raab RdA 2004, 321, 323.
734 Dazu näher Raab RdA 2004, 321, 326 f; zu der Abgrenzung der Verwirkung des Klagerechts mit der Folge der Unzulässigkeit der Klage und der Verwirkung des materiellen Rechts, sich auf den Bestand eines Arbeitsverhältnisses zu berufen, mit der Konsequenz der Unbegründetheit der Klage bspw BAG 9.2.2011 – 7 AZR 221/10 – Rn 12 ff, 30 ff mwN AP TzBfG § 17 Nr 10 NZA 2011, 854; BAG 25.11.2010 – 2 AZR 323/09 – Rn 19 ff AP KSchG 1969 § 4 Nr 72.
735 BAG 15.3.2001 – 2 AZR 705/99 – AP BGB § 620 Bedingung LS.
736 Statt vieler BAG 15.3.2001 – 2 AZR 705/99 – 3 AP BGB § 620 Bedingung; LAG Köln 6.2.2002 – 8 Sa 1059/01 – II 1 NZA-RR 2003, 18; KR/Griebeling § 1 Rn 170; APS/Preis Grundlagen D Rn 14 mwN.
737 Dazu näher KR/Rost/Kreft § 2 KSchG Rn 8 ff, 13 ff; neben diesen Formen der bedingten Änderungskündigung gibt es aber auch die Möglichkeit des unbedingten Ausspruchs einer Kündigung und eines daneben abgegebenen Angebots auf Fortsetzung des Arbeitsverhältnisses zu geänderten Bedingungen; zu den dogmatischen Problemen der beiden Konstruktionen KR/Rost/Kreft § 2 KSchG Rn 15 a und 15 b. Vgl zu den prozessualen Fragen der Änderungskündigung auch Rn 5, 6, 66, 160 und 173 ff.
738 BAG 15.3.2001 – 2 AZR 705/99 – 3 AP BGB § 620 Bedingung.
739 BAG 15.3.2001 – 2 AZR 705/99 – 2, 3 und 4 AP BGB § 620 Bedingung.

kann nicht erreicht werden, wenn ein objektiver Dritter bereits nicht erkennen kann, unter welchen Voraussetzungen die Bedingung eintreten, die Erklärung maW die Rechtsnatur einer Kündigung erlangen soll. Die Klagefrist und der punktuelle Streitgegenstand des § 4 Satz 1 KSchG gelten nicht.[740]

bb) Geschäftsunfähigkeit und beschränkte Geschäftsfähigkeit. Innerhalb der Mängel der Geschäftsfähigkeit ist zwischen Arbeitnehmern und Arbeitgebern zu differenzieren:[741]

■ **Mängel der Geschäftsfähigkeit des Arbeitnehmers:**
  – Für die Kündigung gegenüber einem **geschäftsunfähigen Arbeitnehmer** tritt hinsichtlich der Klagefrist kein Problem auf. Die Kündigung wird nach § 131 Abs 1 BGB erst wirksam, wenn sie dem gesetzlichen Vertreter zugeht. Erst in diesem Zeitpunkt beginnt die Dreiwochenfrist. Der Zugang gegenüber dem gesetzlichen Vertreter wird nur dann bewirkt, wenn die Kündigungserklärung an ihn gerichtet oder zumindest für ihn bestimmt ist. Es genügt nicht, dass die Kündigung faktisch in den Herrschaftsbereich des gesetzlichen Vertreters gelangt.[742]
  – Regelmäßig gilt nach § 131 Abs 2 Satz 1 BGB das Gleiche, wenn die Kündigung gegenüber einem **beschränkt geschäftsfähigen Arbeitnehmer** erklärt wird. Die Kündigung bringt dem beschränkt Geschäftsfähigen nicht nur rechtliche Vorteile, § 131 Abs 2 Satz 2 Alt 1 BGB. Die der Kündigung vorausgehende Einwilligung des gesetzlichen Vertreters in die Kündigung (§ 131 Abs 2 Satz 2 Alt 2 BGB) wird in der Praxis selten anzutreffen sein.
  – Hat der gesetzliche Vertreter dem Abschluss des Arbeitsvertrags zugestimmt, ist zu prüfen, ob es sich dabei um eine **Ermächtigung iSv § 113 BGB** handelt. Trifft das zu, ist der Minderjährige im Hinblick auf die Entgegennahme der Kündigung als unbeschränkt geschäftsfähig zu betrachten. Die Klagefrist beginnt mit dem Zugang der Kündigung beim beschränkt Geschäftsfähigen.

■ **Mängel der Geschäftsfähigkeit des Arbeitgebers:**
  – Die Kündigung eines **geschäftsunfähigen Arbeitgebers** ist nach § 105 Abs 1 BGB nichtig. Ich spreche mich mit einem Teil der Literatur dafür aus, **dass die materielle Präklusion des § 7 HS 1 KSchG hier nicht eintritt,** die Klagefrist des § 4 Satz 1 KSchG also nicht mit Zugang der Kündigung beginnt.[743] Der Eintritt der Fiktion liefe dem Schutz des Geschäftsunfähigen zuwider, der vor den Folgen unbedachter Entscheidungen bewahrt werden soll. Mit **Raab**[744] ist eine gespaltene Heilung des Mangels nur zulasten des Arbeitnehmers abzulehnen. Die Nichtigkeit eines Rechtsgeschäfts wirkt

141

---

740 Raab RdA 2004, 321, 323; aA Hanau ZIP 2004, 1169, 1175.
741 Detailliert KR/Friedrich § 13 KSchG Rn 364 ff und Raab RdA 2004, 321, 323 f; vgl auch Bender/Schmidt NZA 2004, 358, 362 und Quecke RdA 2004, 86, 101.
742 BAG 28.10.2010 – 2 AZR 794/09 – Rn 24 ff AP BGB § 131 Nr 1.
743 Ebenso Bender/Schmidt NZA 2004, 358, 362; KR/Friedrich § 13 KSchG Rn 366, der auf § 112 BGB hinweist; Hanau ZIP 2004, 1169, 1175; wohl auch Raab RdA 2004, 321, 323 f.
744 In RdA 2004, 321, 323 f.

grundsätzlich gegenüber jedermann. Außerdem ist der mit einer einseitigen Heilung verbundene Schwebezustand für den Arbeitnehmer nicht hinzunehmen. Der gesetzliche Vertreter des geschäftsunfähigen Vertreters könnte bei einer solchen Lösung darauf bestehen, dass der Arbeitnehmer den Arbeitsvertrag erfüllt.

– Entsprechendes gilt für die Kündigung eines **beschränkt geschäftsfähigen Arbeitgebers,** die ohne Einwilligung – maW vorherige Zustimmung (§ 183 Satz 1 BGB) – seines gesetzlichen Vertreters erklärt wurde. Die Kündigung ist für den Minderjährigen nicht ausschließlich rechtlich vorteilhaft. Auch der Kündigungsempfänger – der Arbeitnehmer – kann den Fortbestand des Arbeitsverhältnisses deswegen in Form eines allgemeinen Feststellungsantrags außerhalb der Dreiwochenfrist geltend machen.

142 cc) **Vertretungsmängel.** Kündigt ein Dritter im Namen des Arbeitgebers, ist zwischen der mangelnden Vertretungsmacht, die bei einem einseitigen Rechtsgeschäft nach § **180 Satz 1 BGB** unzulässig ist, und der Rüge des fehlenden Vollmachtsnachweises nach § **174 Satz 1 BGB** zu unterscheiden.[745]

■ Fehlende Vertretungsmacht:[746]
– Beanstandet der Arbeitnehmer die **mangelnde Vertretungsmacht,** kann dieser Mangel gelöst von der Klagefrist und dem punktuellen Streitgegenstand des § 4 Satz 1 KSchG gerichtlich angegriffen werden. Ein solches Ergebnis widerspricht dem Zweck der Dreiwochenfrist nicht. **Bender/Schmidt**[747] formulieren treffend, die gesetzgeberische Intention, dem Arbeitgeber nach kurzer Zeit umfassende Rechtssicherheit zu verschaffen, gehe ins Leere, wenn dem Arbeitgeber die Kündigungserklärung nicht zuzurechnen sei.
– Rügt der Arbeitnehmer die fehlende Vertretungsmacht demgegenüber **nicht** (§ 180 Satz 2 Alt 1 BGB), tritt die Fiktion des § 7 HS 1 KSchG dennoch nicht ein. **Raab**[748] und **Ulrici**[749] ist darin zu folgen, dass das Verstreichen der Klagefrist und der Eintritt der materiellen Präklusion ohne Rücksicht auf die Genehmigung des Vertretenen und damit entgegen §§ 180 Satz 2, 177 Abs 1 BGB ein zu tief greifender Eingriff in die Privatautonomie des Arbeitgebers wäre. Für einen entsprechenden Willen des Gesetzgebers müssten deutlichere Anhaltspunkte bestehen. Genehmigt der Arbeitgeber die Kündigung des Vertreters ohne Vertretungsmacht, beginnt die Klagefrist

---

745 Dazu näher Einl Rn 63 ff und 69 ff.
746 Vgl hierzu BAG 6.9.2012 – 2 AZR 858/11 – Rn 14 NZA 2013, 524; BAG 26.3.2009 – 2 AZR 403/07 – Rn 18 ff mwN AP KSchG 1969 § 4 Nr 70; Rn 139; Bender/Schmidt NZA 2004, 358, 362; KR/Friedrich § 13 KSchG Rn 354 ff; Quecke RdA 2004, 86, 100 f und Raab RdA 2004, 321, 324 ; aA Stiebert NZA 2013, 657, 658 ff.
747 In NZA 2004, 358, 362.
748 In RdA 2004, 321, 324.
749 In DB 2004, 250, 251.

erst mit **Zugang der Genehmigung**. Zuvor steht nicht fest, dass die Kündigungserklärung dem Arbeitgeber zuzurechnen ist.[750]

■ **Der Zweite Senat** hat sich dieser Auffassung angeschlossen.[751] Eine Kündigung, die ein **Vertreter ohne Vertretungsmacht** erklärt hat, ist **keine Kündigung „des Arbeitgebers"**. Sie unterliegt deshalb nach Wortlaut und Gesetzeszweck nicht der Dreiwochenfrist des § 4 Satz 1 KSchG. Sie kann dem Arbeitgeber nicht zugerechnet werden.[752] Eine ohne Vollmacht des Arbeitgebers ausgesprochene Kündigung ist dem Arbeitgeber erst durch eine nachträglich erteilte Genehmigung zuzurechnen. Die Klagefrist beginnt dann mit **Zugang der Genehmigung**.[753]

■ Dagegen **gilt die Klagefrist** in Fällen, in denen der Arbeitnehmer die Kündigung mangels Vollmachtsnachweises und fehlender Kenntnis von der Bevollmächtigung unverzüglich zurückweist, **§ 174 Satz 1 BGB**. Ich schließe mich **Bender/Schmidt**[754], **Friedrich**[755] und **Stiebert**[756] an, die darauf hinweisen, dass § 174 Satz 1 BGB im Unterschied zu § 180 Satz 1 BGB keine mängelbehaftete Erklärung zum Inhalt hat. Regelungsgehalt ist nicht die Frage der wirksamen Bevollmächtigung, die § 174 Satz 1 BGB gerade voraussetzt, sondern ihr bloßer Nachweis durch Vorlage der Vollmachtsurkunde.[757] Der Arbeitnehmer kann die Kündigung auf den Arbeitgeber zurückführen.[758] Obwohl sich die Situationen in den Fällen der § 180 Satz 1 und § 174 Satz 1 BGB aus Sicht des Arbeitnehmers ähneln mögen, hat er bei fehlendem Vollmachtsnachweis selbst die Möglichkeit, die Kündigung unverzüglich zurückzuweisen und damit die Unwirksamkeit der Kündigung herbeizuführen. Dieses von § 174 Satz 1 BGB eröffnete, gegenüber der Dreiwochenfrist des § 4 Satz 1 KSchG kürzere „Zeitfenster" zeigt den gesteigerten Willen des Gesetzgebers, in diesem Punkt frühe Rechtssicherheit zu schaffen. Dem Arbeitnehmer über die unverzügliche Zurückweisung hinaus die fristgerechte Klageerhebung nach Zugang der Kündigung abzuverlangen, benachteiligt ihn deshalb nicht unbillig.[759]

dd) Spätere Kenntniserlangung des Gekündigten von während der Klagefrist unerkannten Unwirksamkeitsgründen. Der Eintritt der Fiktionswirkung des § 7 HS 1 KSchG ist nicht daran gebunden, dass der Arbeitnehmer

143

---

750 Ebenso mit näherer Begründung Bender/Schmidt NZA 2004, 358, 362 und Raab RdA 2004, 321, 324, die sich argumentativ an § 4 Satz 4 KSchG anlehnen; vgl auch KR/Friedrich § 13 KSchG Rn 358; Hanau ZIP 2004, 1169, 1175 und Ulrici DB 2004, 250, 251.
751 BAG 6.9.2012 – 2 AZR 858/11 – Rn 14 NZA 2013, 524; BAG 26.3.2009 – 2 AZR 403/07 – Rn 18 ff AP KSchG 1969 § 4 Nr 70; abl Stiebert NZA 2013, 657, 658 ff.
752 Vgl näher Rn 139.
753 BAG 6.9.2012 – 2 AZR 858/11 – Rn 14 NZA 2013, 524; BAG 26.3.2009 – 2 AZR 403/07 – Rn 21 AP KSchG 1969 § 4 Nr 70.
754 In NZA 2004, 358, 362.
755 In KR § 13 KSchG Rn 348.
756 In NZA 2013, 657, 658.
757 Ebenso neben den zitierten Autoren auch Preis in Bauer/Preis/Schunder NZA 2004, 195, 196; aA Raab RdA 2004, 321, 324 f und Ulrici DB 2004, 250, 251.
758 Stiebert NZA 2013, 657, 658.
759 Zutr Bender/Schmidt NZA 2004, 358, 362 Fn 33; aA Raab RdA 2004, 321, 324 f und Ulrici DB 2004, 250, 251.

im Zeitpunkt des Verstreichens der Dreiwochenfrist um alle Unwirksamkeitsgründe weiß. Insbesondere bei für den Arbeitnehmer schwer durchschaubaren Betriebsübergängen[760] oder sittenwidrigen Kündigungen können mit der Präklusion im Einzelfall zwar missliche Ergebnisse verbunden sein. Sinn der auf fast alle Unwirksamkeitsgründe erweiterten Klagefrist des Arbeitsmarktreformgesetzes ist es aber gerade, frühe Rechtssicherheit über die Wirksamkeit der Kündigung zu schaffen. Diesem deutlich erkennbaren gesetzgeberischen Willen liefe es zuwider, den klaren Zeitpunkt des Zugangs der Kündigung durch subjektive Momente aufzuweichen. § 5 Abs 1 Satz 2 KSchG, der der werdenden Mutter einen Grund für die nachträgliche Zulassung der Kündigungsschutzklage an die Hand gibt, wenn sie erst nach Ablauf der Dreiwochenfrist von ihrer Schwangerschaft erfährt, zeigt unmissverständlich, dass die subjektive Unkenntnis eines Unwirksamkeitsgrundes nur im Ausnahmefall zu einer Durchbrechung der materiellen Präklusion führen darf. Es besteht demnach keine Regelungslücke.[761] Über § 5 KSchG korrigiert werden kann die Fiktionswirkung allerdings dann, wenn der Arbeitgeber den Arbeitnehmer arglistig über die Erfolgsaussichten einer Klage getäuscht, insbesondere die wahren Gründe der Kündigung verschleiert hat.[762]

144 ee) **Vor Zugang der Kündigung unterbliebene oder fehlerhafte Massenentlassungsanzeige nach §§ 17, 18 KSchG.** Der EuGH hat in der Sache Junk[763] entschieden, dass die Massenentlassungsrichtlinie 98/59/EG nicht auf den Zeitpunkt des tatsächlichen Ausscheidens, der sog Entlassung, sondern auf den des Zugangs der Kündigung abstellt. Der Zweite, der Sechste und der Achte Senat haben dieses Urteil seit 2006 rezipiert.[764] § 17 Abs 1 Satz 1 KSchG kann danach **richtlinienkonform ausgelegt werden.** Die Massenentlassungsanzeige bei der Agentur für Arbeit muss entgegen der früheren Rechtsprechung des BAG rechtzeitig vor Erklärung der Kündigungen erfolgen. Inzwischen ist geklärt, dass die unterbliebene oder fehlerhafte

---

760 Vgl aber die unionsrechtlichen Bedenken Kamanabrous an der Klagefrist und der Sechsmonatsfrist des § 5 Abs 3 Satz 2 KSchG in NZA 2004, 950 ff und die abweichende Lösung Sprengers in AuR 2005, 175.
761 Bender/Schmidt NZA 2004, 358, 364; Raab RdA 2004, 321, 327; aA Richardi NZA 2003, 764, 766.
762 BAG 19.2.2009 – 2 AZR 286/07 – Rn 43 AP MuSchG 1968 § 9 Nr 38; Bender/Schmidt NZA 2004, 358, 364; APS/Hesse § 5 KSchG Rn 21; KR/Friedrich § 5 KSchG Rn 57; Raab RdA 2004, 321, 327; vgl auch § 5 KSchG Rn 51; einschränkend vHH/L/Linck § 5 Rn 7, der den Arbeitnehmer stattdessen – mit Ausnahme bestimmter Fälle des Betriebsübergangs zB bei zunächst vorgetäuschter Stilllegungsabsicht – auf Schadensersatzansprüche verweist.
763 EuGH 27.1.2005 – C-188/03 – (Junk) AP KSchG 1969 § 17 Nr 18.
764 Für die Anfänge der Rezeption grundlegend BAG 23.3. 2006 – 2 AZR 343/05 – Rn 32 ff, vor allem Rn 42 AP KSchG 1969 § 17 Nr 21; bestätigt zB von BAG 12.7.2007 – 2 AZR 619/05 – Rn 20 ff AP KSchG 1969 § 17 Nr 33; BAG 8.11.2007 – 2 AZR 554/05 – Rn 27 ff AP KSchG 1969 § 17 Nr 28; dem zust BAG 22.3.2007 – 6 AZR 499/05 – Rn 16 ff EzA KSchG § 17 Nr 19; BAG 26.7.2007 – 8 AZR 769/06 – Rn 66 f AP BGB § 613 a Nr 324; vgl auch die Besprechungen von Bauer/Krieger/Powietzka BB 2006, 2023 ff; Dzida/Hohenstatt DB 2006, 1897 ff; Ferme/Lipinski NZA 2006, 937 ff; Lembke BB 2007, 161 ff, vor der Verkündung der Urteile bspw auch schon Riesenhuber/Domröse NZA 2005, 568.

Massenentlassungsanzeige zur Unwirksamkeit der Kündigung führt.[765] § 17 Abs 2 und Abs 3 iVm Abs 1 KSchG sind Verbotsgesetze iSv § 134 BGB. Fehler im Anzeige-[766] oder im Konsultationsverfahren[767] sind Unwirksamkeitsgründe iSv § 13 Abs 3 KSchG. Ihre Rüge unterfällt deshalb der Klagefrist des § 4 Satz 1 KSchG bzw der verlängerten Anrufungsfrist des § 6 Satz 1 KSchG Hat der Arbeitnehmer fristgerecht Kündigungsschutzklage erhoben, kann er sich auch nach Ablauf der Dreiwochenfrist noch auf die unterbliebene oder verspätete Massenentlassungsanzeige berufen. Das folgt aus einer **direkten Anwendung von § 6 Satz 1 KSchG**. Nach der deutschen Rechtsprechung vor EuGH Junk, die eine bloße Entlassungssperre annahm, war § 6 Satz 1 KSchG entsprechend anzuwenden.[768]

C. Rechtswirkungen der Kündigungsschutzklage

I. Verjährung

Die Kündigungsschutzklage war nach der Rechtsprechung des BAG zu §§ 194 ff BGB aF weder geeignet, die Verjährung von Vergütungsansprüchen – etwa aus Annahmeverzug – zu **unterbrechen**[769] **noch sie zu hemmen**. Die richterrechtlich entwickelten Grundsätze können auf die mit dem Gesetz zur Modernisierung des Schuldrechts[770] neu gefassten Verjährungsregeln der §§ 194 ff BGB nF übertragen werden.[771]

145

Nach § 209 Abs 1 BGB aF wurde die Verjährung unterbrochen, wenn der Berechtigte ua auf Befriedigung oder auf Feststellung des Anspruchs Klage erhob. Heute ist für die Erhebung der Klage auf Leistung oder auf Feststellung des Anspruchs in § 204 Abs 1 Nr 1 BGB nF nur noch eine Hemmung vorgesehen. Mit dem Unterbrechungstatbestand des § 209 Abs 1 BGB aF war nicht der (erweiterte) Streitgegenstand der Kündigungsschutzklage[772] gemeint, der aus Sicht des BAG in aller Regel[773] in den erstrebten Feststellungen besteht, dass das Arbeitsverhältnis durch eine bestimmte Kündigung zu dem von ihr gewollten Zeitpunkt nicht aufgelöst ist und bei Zugang der Kündigung sowie im beabsichtigten Beendigungstermin ein Arbeitsverhältnis zwischen den Parteien bestand. Auch die allgemeine Bestandsklage soll lediglich die Feststellung der Fortdauer des Arbeitsverhält-

146

---

765 Grundlegend BAG 22.11.2012 – 2 AZR 371/11 – Rn 31 ff AP KSchG 1969 § 17 Nr 42; s zB auch BAG 21.3.2013 – 2 AZR 60/12 – Rn 19 ff NZA 2013, 966; BAG 13.12.2012 – 6 AZR 772/11 – Rn 61.
766 BAG 22.11.2012 – 2 AZR 371/11 – Rn 31 ff AP KSchG 1969 § 17 Nr 42.
767 BAG 21.3.2013 – 2 AZR 60/12 – Rn 19 ff NZA 2013, 966; BAG 13.12.2012 – 6 AZR 772/11 – Rn 61.
768 Zu § 113 Abs 2 InsO aF BAG 16.6.2005 – 6 AZR 451/04 – II 2 mwN NZA 2005, 1109.
769 Grundlegend BAG 1.2.1960 – 5 AZR 20/58 – AP BGB § 209 Nr 1; bestätigt von BAG 29.5.1961 – 5 AZR 162/59 – AP BGB § 209 Nr 2 und BAG 7.11.1991 – 2 AZR 159/91 – AP BGB § 209 Nr 6.
770 Vom 26.11.2001 BGBl I S 3138.
771 ErfK/Kiel § 4 KSchG Rn 41.
772 Rn 45 ff; zu der verneinten unmittelbaren oder entsprechenden Anwendung des § 209 Abs 1 BGB aF zB BAG 7.11.2002 – 2 AZR 297/01 – B I 2 und 3 AP ZPO § 580 Nr 13.
773 Vgl zu der Ausnahme Rn 47 f.

nisses durchsetzen. Über die Voraussetzungen des Annahmeverzugs (§§ 293 ff BGB) und die Höhe der nach § 615 Satz 1 BGB zu zahlenden Vergütung wird durch beide Feststellungsklagen nicht entschieden. Von § 209 Abs 1 BGB aF oder § 204 Abs 1 Nr 1 BGB nF werden demgegenüber nur Leistungs- oder Feststellungsklagen erfasst, die sich auf einen Anspruch im Sinn des von der Schuldrechtsreform unberührten § 194 Abs 1 BGB beziehen. Für sie genügt die bloße Vorgreiflichkeit des Kündigungsrechtsstreits nicht.[774] Soweit das BAG[775] insbesondere den Lösungsansatz von Larenz[776] abgelehnt hat, ist dem auch nach neuem Recht zu folgen. Larenz zog in Betracht, die Kündigungsschutzklage wegen § 7 HS 1 KSchG als Gestaltungsklage einzuordnen. Eine solche Auslegung widerspricht trotz der nicht zu verkennenden gestaltenden Anteile der Klage dem Wortlaut der Norm, der eine bloße Wirksamkeitsfiktion begründet.[777] Allerdings handelt es sich bei der Kündigungsschutzklage nach der neueren Rechtsprechung des Zweiten Senats inhaltlich um eine „Gestaltungsgegenklage". Der Arbeitnehmer wehrt sich mit der verlangten Feststellung gegen das ausgeübte Gestaltungsrecht.[778]

147 Die fristgerechte Erhebung der Kündigungsschutzklage verhindert lediglich, dass die Unwirksamkeit der schriftlichen Kündigung durch Fiktion geheilt wird. Die Klage verändert den materiellen Rechtszustand in der Zeit zwischen Kündigung und Urteil aber nicht. Die Fälligkeit der auf die Zeit nach dem beabsichtigten Beendigungszeitpunkt entfallenden Entgeltansprüche wird auch nicht bis zur Entscheidung des Kündigungsrechtsstreits aufgeschoben. Die Ansprüche werden vielmehr in dem Zeitpunkt fällig, in dem sie bei Leistung der Dienste fällig geworden wären.[779] In der Entscheidung vom 7.11.1991[780] **lehnte das BAG darüber hinaus mehrere Analogien ab**. Die zB von **Becker/Bader**[781] vorgeschlagene entsprechende Anwendung von § 209 Abs 1 BGB aF scheide mangels planwidriger Regelungslücke aus. Dieses Argument ist für die heute durch § 204 Abs 1 Nr 1 BGB begründete Hemmung nach wie vor stichhaltig, weil sich nicht die Voraussetzungen der Norm geändert haben, sondern nur ihre Rechtsfolge, die gegenüber der früheren Unterbrechung abgeschwächt wurde. Auch die ua von **Friedrich**[782] befürwortete entsprechende Anwendung der Ablaufhemmungsvorschriften der §§ 206, 207 BGB aF (heute §§ 210, 211 BGB) kam nach Auffassung des BAG nicht in Betracht. Die von Friedrich angenommene vergleichbare Interessenlage sei nicht gegeben, weil der Arbeitnehmer während des anhängigen Kündigungsschutzprozesses objektiv nicht gehindert sei, seine Vergütungsansprüche durchzusetzen. Die durch

---

774 BAG 7.11.1991 – 2 AZR 159/91 – B I 1, 2 und II AP BGB § 209 Nr 6 zu § 209 Abs 1 BGB aF mit ausf Auseinandersetzung mit den **Gegenansichten**.
775 BAG 7.11.1991 – 2 AZR 159/91 – B I 1, 2 und II AP BGB § 209 Nr 6.
776 Anm zu der Entscheidung vom 1.2.1960 – 5 AZR 20/58 – in SAE 1960, 80, 81.
777 Rn 1 und 111.
778 Zu allem BAG 20.12.2012 – 2 AZR 867/11 – Rn 27 AP KSchG § 1 Betriebsbedingte Kündigung Nr 198; näher Rn 170.
779 BAG 7.11.1991 – 2 AZR 159/91 – B II 1 c und 2 AP BGB § 209 Nr 6.
780 BAG 7.11.1991 – 2 AZR 159/91 – B II 2, 3 und 4 AP BGB § 209 Nr 6.
781 BB 1981, 1709, 1714.
782 Noch in KR 6. Aufl Rn 36; zum heutigen Rechtszustand KR/Friedrich 10. Aufl § 4 KSchG Rn 30 ff.

beide Bestimmungen begründete Ablaufhemmung beruhe dagegen auf der Überlegung, dass der Gläubiger nicht deswegen seinen Anspruch verlieren dürfe, weil er mangels Fähigkeit oder in Unkenntnis seiner Gläubigerstellung oder der Person des Anspruchsgegners nicht dafür sorgen könne, die Verjährung rechtzeitig zu unterbrechen. Auch diese Begründung kann auf die Neuregelung übertragen werden. Der Regelungsgehalt der früheren §§ 206, 207 BGB ist durch §§ 210, 211 BGB nF mit einer Ausnahme unverändert geblieben: Bei nicht voll Geschäftsfähigen tritt die Ablaufhemmung des § 210 Abs 1 Satz 1 BGB sowohl bei der für sie laufenden Verjährung als auch bei der gegen sie laufenden Verjährung ein, während § 206 Abs 1 Satz 1 BGB aF auf die gegen den nicht voll Geschäftsfähigen laufende Verjährung beschränkt war. Der Schutzzweck ist durch die gesetzliche Ausweitung noch verdeutlicht worden und kann auf die Konstellation der Kündigungsschutzklage gerade nicht übertragen werden. Eine entsprechende Anwendung des § 202 Abs 1 BGB aF schließlich scheiterte aus Sicht des BAG jedenfalls daran, dass der Arbeitnehmer nicht gehindert sei, seine Entgeltansprüche während des Kündigungsschutzprozesses rechtzeitig gerichtlich zu verfolgen. Selbst wenn das Gericht den Rechtsstreit nach § 148 ZPO aussetze und er die Ansprüche deshalb zeitweilig nicht durchsetzen könne, bewirke die Leistungsklage die für den Arbeitnehmer gegenüber der Hemmung der §§ 202, 205 BGB aF günstigere Unterbrechung der Verjährung nach §§ 209, 217 BGB aF. Der Sinngehalt des § 202 Abs 1 BGB aF ist mit dem heutigen § 205 BGB in dem hier interessierenden Zusammenhang nicht entscheidend verändert worden. Er betrifft nun die Hemmung der Verjährung durch ein vorübergehendes Leistungsverweigerungsrecht aufgrund einer Vereinbarung. Die Wirkung der Hemmung des § 205 BGB aF setzt sich wortgleich in § 209 BGB nF fort. Sie gilt mittlerweile auch für den früheren Unterbrechungstatbestand des § 209 Abs 1 BGB aF, der sich heute verändert in § 204 Abs 1 Nr 1 BGB wiederfindet. Eine Analogie zu den durch § 212 Abs 1 Nr 1 und 2 BGB nF eng gefassten Voraussetzungen des heutigen Neubeginns der Verjährung scheidet erst recht aus. Die Kündigungsschutzklage ist bereits kein der Abschlagszahlung, Zinszahlung, Sicherheitsleistung, einem anderen Anerkenntnis oder einer gerichtlichen oder behördlichen Vollstreckungshandlung vergleichbarer Sachverhalt.

Auch die vom BVerfG auf Verfassungsbeschwerde eines Arbeitnehmers aufgehobene – zunächst rechtskräftige – Abweisung einer Kündigungsschutzklage war als solche keine höhere Gewalt iSv § 203 Abs 2 BGB aF. Nichts anderes gilt für den heutigen inhaltsgleichen § 206 BGB. Die Abweisung der Kündigungsschutzklage hemmt die Verjährungsfrist für vom Ausgang des Kündigungsschutzprozesses abhängige Annahmeverzugsansprüche nicht, wenn der Kläger keinerlei Anstrengungen zur Wahrung der Verjährungsfrist unternommen hat, obwohl er dazu imstande gewesen wäre.[783]

---

[783] BAG 7.11.2002 – 2 AZR 297/01 – B I 4 AP ZPO § 580 Nr 13 zu § 203 BGB aF, dort wird auch die Anwendung von § 202 Abs 1 BGB aF abgelehnt; ErfK/Kiel § 4 KSchG Rn 41.

II. Ausschlussfristen

149 In der Praxis finden sich Ausschlussfristen vor allem in **Tarifverträgen**. Nach der Rechtsprechung des Fünften Senats kann anderes für die Auswirkungen einer Kündigungsschutzklage auf die Einhaltung von **Verfallfristen in allgemeinen Geschäftsbedingungen** gelten.[784] Verfallklauseln unterscheiden sich von den Verjährungsbestimmungen sowohl in ihrer **Rechtsnatur** als auch in ihrer **Wirkung**:

- **Tarifliche** Ausschlussfristen sind nicht nur dauernd rechtshemmende Einreden, sondern **rechtsvernichtende Einwendungen**, die das Gericht auch dann **von Amts wegen** zu berücksichtigen hat, wenn sich der Beklagte nicht auf sie beruft. Für individualvertragliche Verfallklauseln ist das umstr. Das BAG nimmt aber auch insoweit rechtsvernichtende Wirkung an.[785]
- Die Einordnung als rechtsvernichtende Einwendung bedingt, dass der Anspruch des Gläubigers nicht nur ständig undurchsetzbar wird, wenn er einer Ausschlussklausel unterfällt. Das Recht **erlischt**.

150 Verfallfristen treten regelmäßig in **zwei Formen** auf:

- Sog **einstufige** Ausschlussfristen sehen vor, dass ein Anspruch nach Eintritt bestimmter Ereignisse – häufig Fälligkeit oder Beendigung des Arbeitsverhältnisses – gegenüber dem Schuldner **mündlich** oder **schriftlich** geltend gemacht werden muss. Nur im Ausnahmefall kann die Ausschlussfrist so gefasst sein, dass auch eine schlüssige Geltendmachung ausreicht.
- **Zweistufige** Verfallklauseln begnügen sich damit nicht. Sie verlangen zusätzlich, dass die Forderung binnen einer bestimmten Frist **gerichtlich geltend gemacht wird**, wenn das frühere mündliche oder schriftliche (oder ggf konkludente) Verlangen erfolglos blieb. Regelmäßig beginnt die zweite Stufe entweder mit der ausdrücklichen oder schlüssigen Ablehnung des Schuldners oder aber mit dem Ende einer weiteren Frist, die ihrerseits mit der Geltendmachung des Anspruchs beginnt.

1. Einstufige Verfallfristen und erste Stufen zweistufiger Ausschlussfristen

151 Die Kündigungsschutzklage genügt im Bereich der **Privatwirtschaft** sowohl den Erfordernissen

---

784 BAG 19.5.2010 – 5 AZR 253/09 – Rn 17 ff mwN AP BGB § 310 Nr 13; BAG 19.3.2008 – 5 AZR 429/07 – Rn 27 AP BGB § 305 Nr 11; zu einer zweistufigen Ausschlussfrist im Arbeitsvertrag früher BAG 15.10.1981 – 2 AZR 548/79. Die fristwahrende Wirkung der Kündigungsschutzklage bleibt auch iR individuell vereinbarter Verfallfristen von den Entscheidungen des BAG vom 25.5.2005 – 5 AZR 572/04 – IV 1 und 7 AP BGB § 310 Nr 1 und 28.9.2005 – 5 AZR 52/05 – II 3, 4, 5 und 6 AP BGB § 307 Nr 7 unberührt. Danach benachteiligen kürzere als dreimonatige einzelvertragliche – in den konkreten Fällen einstufige oder zweistufige – Auslauffristen in Formulararbeitsverträgen den Vertragspartner des Verwenders entgegen den Geboten von Treu und Glauben unangemessen und sind deshalb nach § 307 Abs 1 Satz 1 BGB unwirksam. Die Frage der rechtzeitigen Geltendmachung stellt sich dabei erst, wenn die einzelvertragliche Klausel wirksam ist. Die vom Fünften Senat in den letztgenannten Entscheidungen behandelte Problemebene ist der Rechtzeitigkeitsfrage also vorgelagert.
785 BAG 28.9.2005 – 5 AZR 52/05 – II 5 a AP BGB § 307 Nr 7.

- formloser als auch
- schriftlicher Geltendmachung.[786]

Dieses von der Lösung des Problems der Verjährungsunterbrechung abweichende Ergebnis wurde damit begründet, dass § 209 Abs 1 BGB aF die Erhebung einer Leistungs- oder Feststellungsklage voraussetzte, die sich auf einen Anspruch iSd durch das Schuldrechtsmodernisierungsgesetz unverändert gebliebenen § 194 Abs 1 BGB bezog, der jedoch nicht Streitgegenstand der Kündigungsschutzklage war.[787] Um die einstufige Ausschlussklausel zu wahren, brauchte und braucht der Gläubiger dagegen keine Klage zu erheben. Es reicht aus, wenn der Anspruch mündlich oder schriftlich geltend gemacht wird und der Gläubiger damit erkennen kann, dass das Recht verfolgt werden soll. Diesen Zweck erfüllt die Kündigungsschutzklage oder auch Befristungskontrollklage (Bestandsschutzklage). Das bedeutet, dass der Arbeitnehmer mit einer Bestandsschutzklage die erste Stufe einer Ausschlussfrist für alle vom Ausgang dieses Rechtsstreits abhängigen Ansprüche wahrt. Mit einer solchen Klage will der Arbeitnehmer nicht nur seinen Arbeitsplatz erhalten. Er bezweckt darüber hinaus, sich ua die Vergütungsansprüche wegen Annahmeverzugs zu erhalten. Die Ansprüche müssen weder ausdrücklich bezeichnet noch beziffert werden.[788] Der Arbeitgeber kann aus ihr entnehmen, dass der Arbeitnehmer auch seine vom Ausgang des Rechtsstreits abhängigen Ansprüche sichern möchte. Er ist gewarnt. Diese Argumentation kann aus meiner Sicht auf den heutigen Hemmungstatbestand des § 204 Abs 1 Nr 1 BGB nF übertragen werden.

Hinweise: Nach der früheren Rechtsprechung musste die Kündigungsschutzklage im Fall der nötigen **schriftlichen Geltendmachung** innerhalb der Verfallfrist **zugestellt sein**. Sonst sollte die Sicherungs- und Warnfunktion der Schriftform nicht genügt sein, die erfordern sollte, dass der Arbeitgeber weiß oder wissen muss, dass der Anspruch geltend gemacht ist.[789] Die Kündigungsschutzklage war nach dieser Auffassung lediglich das „Beförderungsmittel" der schriftlichen Geltendmachung. Das bedeutete, die Kündigungsschutzklage musste innerhalb der Ausschlussfrist **rechtshängig** sein.

Diese Rechtsprechung dürfte **überholt** sein. **Die Vorwirkung des § 167 ZPO auf den Zeitpunkt der Anhängigkeit gilt nun meines Erachtens.** Der rechtzeitige Eingang bei Gericht genügt, um die Frist zur schriftlichen Geltendmachung zu wahren, wenn die Klage „demnächst" zugestellt wird. Der Achte Senat hat sich für die Schriftform zur Geltendmachung von Schadensersatz- und Entschädigungsansprüchen nach § 15 Abs 1 und 2 AGG abweichend von seiner früheren Ansicht[790] einer geänderten Recht-

---

786 St Rspr, für alle BAG 19.9.2012 – 5 AZR 627/11 – Rn 14 AP TVG § 4 Ausschlussfristen Nr 200; BAG 7.11.1991 – 2 AZR 34/91 – AP TVG § 4 Ausschlussfristen Nr 114; BAG 16.6.1976 – 5 AZR 224/75 – AP TVG § 4 Ausschlussfristen Nr 56.
787 Rn 146 f.
788 BAG 19.9.2012 – 5 AZR 627/11 – Rn 14 AP TVG § 4 Ausschlussfristen Nr 200 für erste Stufen tariflicher Ausschlussfristen.
789 BAG 8.3.1976 – 5 AZR 361/75 – AP ZPO § 496 Nr 4.
790 BAG 21.6.2012 – 8 AZR 188/11 – Rn 27 NZA 2012, 1211.

sprechung des BGH[791] angeschlossen.[792] Danach ist § 167 ZPO grundsätzlich auch anwendbar, wenn durch die Zustellung eine Frist gewahrt werden soll, die auch durch außergerichtliche Geltendmachung eingehalten werden könnte.[793] Diese Argumentation ist auf Ausschlussfristen, die an die schriftliche Geltendmachung der Ansprüche anknüpfen, zu übertragen.

153 Der Arbeitnehmer kann seine Ansprüche **schon vor ihrer Fälligkeit** mit der Kündigungsschutzklage geltend machen. Er muss sie nach rechtskräftigem Abschluss des Kündigungsschutzprozesses wegen der bereits erfolgten Warnung des Arbeitgebers nicht erneut innerhalb der tariflichen Ausschlussfrist geltend machen, wenn der Tarifvertrag das nicht ausdrücklich fordert.[794] Umgekehrt **reicht es jedenfalls nach der bisherigen Rechtsprechung nicht aus**, die Ansprüche mit der Kündigungsschutzklage geltend zu machen, wenn die Verfallklausel **erst mit rechtskräftigem Abschluss des Kündigungsrechtsstreits beginnt.**[795] Diese Rechtsprechung könnte überholt sein, weil der Fünfte Senat inzwischen annimmt, dass der Arbeitnehmer mit einer Bestandsschutzklage die erste Stufe einer tariflichen Ausschlussfrist für alle vom Ausgang dieses Rechtsstreits abhängigen Ansprüche wahrt.[796] Da die Fiktion des § 269 Abs 3 Satz 1 HS 1 ZPO, wonach die Klage als nicht anhängig geworden gilt, wenn sie zurückgenommen wird, die Kenntnis des Arbeitgebers von der mit der Kündigungsschutzklage verbundenen Geltendmachung unberührt lässt, ist die Klagerücknahme jedenfalls unschädlich. § 212 BGB aF war nicht entsprechend anzuwenden, zumal § 204 Abs 2 Satz 1 BGB nF eine davon abweichende Regelung für die jetzige Hemmung trifft. Die fristwahrende Wirkung der Kündigungsschutzklage wird ebenso wenig beeinträchtigt, wenn der Arbeitnehmer den Kündigungsschutzrechtsstreit nicht betreibt. Eine Analogie zu § 211 Abs 2 Satz 1 BGB aF oder dem ihn ablösenden § 204 Abs 2 Satz 2 BGB nF scheidet ebenfalls aus.[797]

154 **Hinweis:** Der Arbeitnehmer sollte sich dennoch nicht in Sicherheit wiegen, wenn er den Verlust des Anspruchs durch die Verfallklausel mithilfe der Kündigungsschutzklage abgewandt hat. **Alle Verjährungsfristen laufen dennoch.**[798] Er muss deshalb insbesondere die von der regelmäßigen dreijährigen Verjährung des § 195 BGB erfassten Ansprüche auf Vergütung aus Annahmeverzug[799] binnen drei Jahren nach Schluss des Jahres, in dem die Rechte entstanden sind (§ 199 Abs 1 Nr 1 BGB), durchsetzen oder zumindest die Hemmung der Verjährung – bspw durch eine Leistungsklage (§ 204 Abs 1 Nr 1 BGB) – herbeiführen.

---

791 BGH 17.7.2008 – I ZR 109/05 – Rn 20 f, 23 NJW 2009, 765.
792 BAG 22.5.2014 – 8 AZR 662/13.
793 BAG 22.5.2014 – 8 AZR 662/13; BGH 17.7.2008 – I ZR 109/05 – Rn 23 ff mit detaillierter Argumentation NJW 2009, 765.
794 BAG 9.8.1990 – 2 AZR 579/89 – AP BGB § 615 Nr 46.
795 BAG 22.10.1980 – 5 AZR 453/78 – AP TVG § 4 Ausschlussfristen Nr 69; vgl zu der Rechtsprechungsänderung im Bereich der zweiten Stufe Rn 156 f.
796 BAG 19.9.2012 – 5 AZR 627/11 – Rn 14 AP TVG § 4 Ausschlussfristen Nr 200.
797 Zu §§ 212 und 211 BGB aF BAG 7.11.1991 – 2 AZR 34/91 – AP TVG § 4 Ausschlussfristen Nr 114.
798 KR/Friedrich § 4 KSchG Rn 42.
799 ErfK/Preis §§ 194 – 218 BGB Rn 5.

Ob die soeben dargestellten Grundsätze aus Sicht des BAG auch im Bereich des **öffentlichen Dienstes** gelten, lässt sich nicht mit letzter Gewissheit und nicht einheitlich beantworten. In Bezug auf die von § 70 Abs 1 BAT[800] (vgl heute § 37 Abs 1 TVöD und TV-L) geforderte schriftliche Geltendmachung hat der Dritte Senat ausgeführt, auch im öffentlichen Dienst könne in der Kündigungsschutzklage die nach der Tarifnorm erforderliche schriftliche Geltendmachung von Gehaltsansprüchen liegen, wenn der Arbeitgeber die Klage nach den gesamten Umständen dahin verstehen müsse, dass sie auch Gehaltsansprüche geltend machen solle.[801] Der Fünfte Senat hat diese Linie mit Urteil vom 21.6.1978 grundsätzlich bestätigt und festgehalten, dass auch im öffentlichen Dienst in der Kündigungsschutzklage die nach § 70 Abs 1 BAT[802] nötige schriftliche Geltendmachung von Vergütungsansprüchen liegen könne, wenn der Arbeitgeber die Kündigungsschutzklage nach den gesamten Umständen zugleich als Geltendmachung von Entgeltforderungen verstehen müsse. Einschränkend hat der Fünfte Senat aber hervorgehoben, eine generalisierende Auffassung zu dieser Frage für alle erdenklichen Ausschlussklauseln halte er nicht für vertretbar. Jedenfalls wirke die Kündigungsschutzklage auch im öffentlichen Dienst fristwahrend, wenn die Ausschlussfrist eine formlose Geltendmachung genügen lasse.[803] **Friedrich**[804] hält die restriktivere Auslegung des Erklärungswerts einer Kündigungsschutzklage im öffentlichen Dienst für möglicherweise gerechtfertigt, weil die **besondere schriftliche Geltendmachung** von Ansprüchen für den Verwaltungsapparat des öffentlichen Dienstes unentbehrlich sein könne. Dafür spricht, dass es sich bei der Geltendmachung der Ansprüche zwar nicht um eine Willenserklärung handelt, bei der Interpretation der Handlung nach allgemeinen Auslegungsgrundsätzen aber auch die Verkehrssitte berücksichtigt werden muss. Es liegt demnach nicht völlig fern, in einer Kündigungsschutzklage innerhalb des öffentlichen Dienstes nicht notwendig zugleich die schriftliche Geltendmachung von Entgeltansprüchen zu sehen. Mir scheint die Tendenz der Rechtsprechung des BAG aber zu Recht eher dahin zu gehen, dass die Kündigungsschutzklage auch im öffentlichen Dienst unter den vom Fünften Senat genannten Voraussetzungen als schriftliche Geltendmachung gewertet wird.

2. Zweistufige Verfallklauseln

Sah der Tarif- oder Arbeitsvertrag auf der zweiten Stufe die gerichtliche Geltendmachung des Anspruchs vor, **konnte der Arbeitnehmer es nach der früheren Rechtsprechung im Regelfall nicht mit der Kündigungsschutzklage bewenden lassen.** Ihr Streitgegenstand ist kein Vergütungsanspruch iSv § 194 Abs 1 BGB.[805] Der Arbeitnehmer musste deswegen nach früherer Auffassung des BAG **Leistungsklage(n)** erheben, um vor allem seine Ansprüche auf Annahmeverzugsentgelt fristwahrend geltend zu machen.[806]

---

800 Damals § 20 Abs 1 BAT.
801 BAG 16.6.1976 – 3 AZR 36/75 – AP TVG § 4 Ausschlussfristen Nr 57.
802 S heute § 37 Abs 1 TVöD-AT und TV-L.
803 BAG 21.6.1978 – 5 AZR 144/77 – AP TVG § 4 Ausschlussfristen Nr 65.
804 In KR § 4 Rn 39.
805 Zu dem parallel gelagerten Problem der Verjährungshemmung Rn 146 f.
806 Statt vieler BAG 21.3.1991 – 2 AZR 577/90 – AP BGB § 615 Nr 49.

Das war mühevoll und kostenintensiv, zumal in aller Regel kein Fall einer zulässigen Klage auf künftige Leistung nach § 259 ZPO gegeben war, der Arbeitnehmer die Einzelansprüche also nur sukzessive nach Eintritt ihrer Fälligkeit einklagen konnte.[807] Die frühere Rechtsprechung ist für **Ausschlussfristen in Allgemeinen Geschäftsbedingungen** bereits seit einiger Zeit überholt. Das ist zu begrüßen. Für Ansprüche, die vom Ausgang der Kündigungsschutzklage abhängen – insbesondere Ansprüche auf Annahmeverzugsentgelt – gilt nun, dass mit der Erhebung der Kündigungsschutzklage oder allgemeinen Bestandsklage zugleich die davon abhängigen Zahlungsansprüche „gerichtlich geltend gemacht" werden. Dieses Auslegungsergebnis ist der von den Vertragsparteien typischerweise und redlicherweise verfolgte Regelungszweck. Von einem nicht rechtskundigen Arbeitnehmer oder auch GmbH-Geschäftsführer kann nicht erwartet werden, dass er den prozessualen Begriff des Streitgegenstands und dessen Bedeutung kennt.[808] Mittlerweile ist auch geklärt, dass das BAG es auch für **zweite Stufen tariflicher Verfallfristen** ausreichen lässt, wenn eine Kündigungsschutzklage oder allgemeine Bestandsklage erhoben wird.[809] Diese Rechtsprechungsänderung war aufgrund der jüngeren Rechtsprechung des **BVerfG** geboten. Danach darf dem Bürger der Rechtsweg zu den Arbeitsgerichten nicht durch Kostenbarrieren abgeschnitten werden (vgl § 4 Satz 1 KSchG, § 42 Abs 3 Satz 1 GKG). Der Streitwert von Bestandsschutzstreitigkeiten ist auf den Vierteljahresverdienst begrenzt. Die Gerichte müssen das Verfahrensrecht mit Blick auf das Gebot effektiven Rechtsschutzes so auslegen und anwenden, dass es nicht in Widerspruch zu Art 2 Abs 1, 20 Abs 3 GG gerät. Sie müssen prüfen, ob dem Kläger das zusätzliche Kostenrisiko eines Leistungsantrags in Form eines Hauptantrags oder unechten Hilfsantrags[810] zumutbar ist.[811] Um die zweite Stufe einer tariflichen Ausschlussfrist zu wahren, genügt es daher, Kündigungsschutzklage oder allgemeine Bestandsklage zu erheben, wenn der jeweilige Anspruch davon abhängt, dass das Arbeitsverhältnis nicht beendet ist. Tarifliche Ausschlussfristen, die eine rechtzeitige gerichtliche Geltendmachung vorsehen, sind **verfassungskonform** dahin auszulegen, dass die vom Erfolg einer Bestandsschutzstreitigkeit abhängigen Ansprüche schon mit der Bestandsschutzkla-

---

807 Dazu BAG 9.8.1990 – 2 AZR 579/89 – AP BGB § 615 Nr 46; KR/Friedrich § 4 KSchG Rn 45 f empfiehlt auch hier – ebenso wie in der Verjährungsfrage (Rn 147) – eine entsprechende Anwendung der früheren §§ 206, 207 BGB aF und heutigen §§ 210, 211 BGB nF.
808 BAG 19.5.2010 – 5 AZR 253/09 – Rn 29 ff mwN AP BGB § 310 Nr 13 mit zust Bspr Wank RdA 2011, 178; BAG 19.3.2008 – 5 AZR 429/07 – Rn 27 AP BGB § 305 Nr 11; vgl zu Ausschlussfristen und zwingendem Gesetzesrecht auch Ulber DB 2011, 1808.
809 BAG 19.9.2012 – 5 AZR 627/11 – Rn 15 ff AP TVG § 4 Ausschlussfristen Nr 200; BAG 19.9.2012 – 5 AZR 924/11 – Rn 17 ff NZA 2013,156; noch abweichend BAG 26.4.2006 – 5 AZR 403/05 – Rn 16 mwN AP TVG § 4 Ausschlussfristen Nr 188; durch BAG 19.5.2010 – 5 AZR 253/09 – Rn 32 AP BGB § 310 Nr 13 noch nicht eindeutig beantwortet.
810 Dazu zB BAG 21.11.2013 – 2 AZR 474/12 – Rn 18 ff.
811 BVerfG 1.12.2010 – 1 BvR 1682/07 – Rn 23 ff AP TVG § 4 Ausschlussfristen Nr 196 zu der zweiten Stufe einer tariflichen Ausschlussfrist unter Hinweis auf BAG 12.12.2006 – 1 AZR 96/06 – Rn 26 ff NZA 2007, 453, das die zweite Stufe der Verfallfrist in einer Betriebsvereinbarung behandelt; dem BVerfG im Ergebnis zust Temming jurisPR-ArbR 20/2011 Anm 2.

ge gerichtlich geltend gemacht sind.[812] Mit Blick auf andere Ansprüche ist für den Arbeitnehmer Vorsicht geboten. Durch die verfassungskonforme Auslegung bleibt das tarifliche Erfordernis der gerichtlichen Geltendmachung von Ansprüchen, die nicht vom Ausgang der Bestandsschutzstreitigkeit abhängen, erhalten.[813]

Manche Tarifverträge[814] haben von sich aus der früheren Sichtweise des BAG Rechnung getragen und den Beginn der Frist für die gerichtliche Geltendmachung an den rechtskräftigen Abschluss des Kündigungsschutzrechtsstreits geknüpft. **Durch eine vor diesem Zeitpunkt erhobene Leistungsklage konnte der Arbeitnehmer die zweite Stufe der Frist aus der früheren Perspektive des Fünften Senats nicht wahren.**[815] Die nach dem Ende der Ausschlussfrist von Neuem erhobene Zahlungsklage war nicht eingehalten. § 212 Abs 2 Satz 1 BGB aF konnte nicht entsprechend angewandt werden.[816] Diese Ergebnisse können mit den Überlegungen der neueren Rechtsprechung des BVerfG und des Fünften Senats jedenfalls nicht immer aufrechterhalten werden.[817] Es ist auch nicht zwingend davon auszugehen, dass die gerichtliche Geltendmachung rückwirkend entfällt, wenn der Arbeitnehmer die „verfrühte" Leistungsklage zurücknimmt, aber die Kündigungsschutzklage oder allgemeine Feststellungsklage aufrechterhält. Für die Lösung des Problems gelten die in Rn 156 angestellten Erwägungen. Es kommt darauf an, ob dem Arbeitnehmer das zusätzliche Kostenrisiko zumutbar ist, das mit der Leistungsklage verbunden ist,[818] zumal die Klage nach § 54 Abs 2 Satz 1 ArbGG, Nr 8210 Abs 2 der Anlage 1 zu § 3 Abs 2 GKG kostenprivilegiert zurückgenommen werden kann, bevor die Anträge gestellt sind. 157

Ausnahmsweise genügte die Kündigungsschutzklage schon nach der zumindest teilweise überholten älteren Rechtsprechung des Fünften Senats dem Erfordernis gerichtlicher Geltendmachung, **wenn die Verfallklausel selbst dies bestimmte.**[819] Wurde die Kündigungsschutzklage in einer solchen Konstellation zurückgenommen, war früher § 212 Abs 1 Alt 1 BGB aF entsprechend anzuwenden. Die Ausschlussfrist war endgültig versäumt.[820] Heute dürfte eine Analogie zu § 204 Abs 2 Satz 1 BGB nF geboten sein. 158

Das Problem der rechtzeitigen gerichtlichen Geltendmachung stellt sich nur dann, wenn die zweite Stufe der Verfallfrist überhaupt begonnen hat. Sofern der Tarifvertrag sie erst mit der **Ablehnung des Anspruchs** durch den Arbeitgeber oder Schuldner anfangen lässt, ist zu differenzieren: 159

---

812 IE BAG 19.9.2012 – 5 AZR 627/11 – Rn 15 ff, 18 ff mwN AP TVG § 4 Ausschlussfristen Nr 200; BAG 19.9.2012 – 5 AZR 924/11 – Rn 17 ff, 22 ff NZA 2013,156.
813 BAG 19.9.2012 – 5 AZR 627/11 – Rn 24 AP TVG § 4 Ausschlussfristen Nr 200; BAG 19.9.2012 – 5 AZR 924/11 – Rn 28 NZA 2013, 156.
814 ZB § 14 Nr 2 Satz 2 und 3 des Bundesrahmentarifvertrags für das Baugewerbe.
815 BAG 22.10.1980 – 5 AZR 453/78 – AP TVG § 4 Ausschlussfristen Nr 69; vgl für die erste Stufe schon Rn 153; ebenso KR/Friedrich § 4 KSchG Rn 47.
816 BAG 11.7.1990 – 5 AZR 609/89 – AP TVG § 4 Ausschlussfristen Nr 141.
817 Vgl Rn 156.
818 BVerfG 1.12.2010 – 1 BvR 1682/07 – Rn 26 NZA 2011, 354.
819 BAG 22.10.1980 – 5 AZR 453/78 – AP TVG § 4 Ausschlussfristen Nr 69.
820 BAG 11.7.1990 – 5 AZR 609/89 – AP TVG § 4 Ausschlussfristen Nr 141.

- Verlangt der Tarifvertrag die bloße Ablehnung des Anspruchs und lässt demnach die **konkludente Ablehnung** genügen, beginnt die zweite Stufe der Ausschlussfrist, **sobald der Arbeitgeber beantragt, die Kündigungsschutzklage abzuweisen**,[821] wenn er nicht bereits zuvor abgelehnt hat.
- Der Antrag, die Kündigungsschutzklage abzuweisen, setzt die zweite Stufe der Verfallfrist aber nicht in Gang, wenn der Tarifvertrag eine **ausdrückliche Ablehnung** vorsieht und damit nach seinem Sinn und Zweck eine gewisse „Signalwirkung" fordert.[822]

3. Änderungskündigung

160 Hat der Arbeitnehmer die ihm mit schriftlicher Änderungskündigung angebotenen geänderten Arbeitsbedingungen, die mit einer Entgeltminderung verbunden sind, **unter dem Vorbehalt ihrer sozialen Rechtfertigung oder ihrer Unwirksamkeit im Übrigen**[823] angenommen und obsiegt er mit der Änderungsschutzklage, werden seine Ansprüche auf die Differenzvergütung für die Zeit seit dem Ende der Kündigungsfrist erst mit Rechtskraft des Feststellungsurteils fällig.[824] Auch eine Ausschlussfrist kann daher vor diesem Zeitpunkt nicht beginnen.[825] Nach § 8 KSchG gilt die Änderungskündigung in diesem Fall zwar als von Anfang an rechtsunwirksam. Die früheren Arbeitsbedingungen werden jedoch lediglich durch eine **Fiktion** rückwirkend wiederhergestellt. Diese Fiktion ist neben § 7 HS 2 KSchG die Rechtsfolge des dem Arbeitnehmer durch § 2 Satz 1 KSchG eingeräumten Rechts, die Annahme des Änderungsangebots unter die auflösende Bedingung der Feststellung der Sozialwidrigkeit und/oder der Unwirksamkeit der Änderung der Arbeitsbedingungen aufgrund sonstiger Mängel[826] zu stellen. Darin besteht der maßgebliche Unterschied zu einer Beendigungskündigung: Ein Urteil, das die unterbliebene Auflösung des Arbeitsverhältnisses nach § 4 Satz 1 KSchG ausspricht, stellt nur die bereits objektiv bestehende Rechtslage fest.[827] Ansprüche aus Annahmeverzug werden aus diesem Grund während der Prozessdauer fällig. Die Entscheidung, dass die Änderung der Arbeitsbedingungen sozial ungerechtfertigt oder aus anderen Gründen rechtsunwirksam ist (§ 4 **Satz** 2 KSchG), bewirkt demgegenüber den Eintritt der auflösenden Bedingung, unter der die Annahmeerklärung des Arbeitnehmers steht. Die Fälligkeit der Vergütungsansprüche und die Frist(en) der Ausschlussklausel können hier nicht eintreten oder beginnen, bevor die Bedingung selbst eintritt.

---

821 Bspw BAG 13.9.1984 – 6 AZR 379/81 – AP TVG § 4 Ausschlussfristen Nr 86.
822 BAG 4.5.1977 – 5 AZR 187/76 – AP TVG § 4 Ausschlussfristen Nr 60.
823 Zu der Möglichkeit einer Vorbehaltsannahme auch bei sonstigen Unwirksamkeitsgründen iSv § 13 Abs 3 KSchG und den Auswirkungen der Neufassung des § 4 Satz 2 KSchG durch das Arbeitsmarktreformgesetz Rn 66.
824 Vgl zu den prozessualen Fragen der Änderungskündigung auch Rn 5, 6, 65 ff und 173 ff mwN.
825 vHH/L/Linck § 4 Rn 50; Spinner in: Löwisch/Spinner/Wertheimer § 4 Rn 84.
826 Rn 66 mwN.
827 Rn 1, 19 und 111.

III. Urlaubsansprüche

Gesetzliche Urlaubsansprüche sind mit Ausnahme der Übertragungstatbestände des § 7 Abs 3 Satz 2 und 4 BUrlG streng an das Kalenderjahr gebunden (§ 7 Abs 3 Satz 1 BUrlG). Obwohl der Arbeitnehmer weitere Urlaubsansprüche nach Ablauf der Kündigungsfrist nur erwerben kann, wenn das Arbeitsverhältnis durch die Kündigung nicht aufgelöst ist, macht er mit der Kündigungsschutzklage aus Sicht des BAG regelmäßig nicht zugleich diese Urlaubsansprüche geltend. Die Kündigungsschutzklage soll nicht verhindern, dass die Urlaubsansprüche durch Zeitablauf erlöschen.[828] Entsprechend sind auch **Urlaubsabgeltungsansprüche** als reine Geldansprüche[829] nicht hilfsweise für den Fall der Abweisung der Kündigungsschutzklage geltend gemacht. Der Anspruch auf Urlaubsabgeltung knüpft nicht an den Erfolg der Kündigungsschutzklage – die unterbliebene Auflösung des Arbeitsverhältnisses – an. Er setzt mit der Beendigung des Arbeitsverhältnisses das Gegenteil voraus. Mit der Erhebung der Kündigungsschutzklage wahrt der Arbeitnehmer für Urlaubsabgeltungsansprüche deshalb weder die erste noch die zweite Stufe einer tariflichen Ausschlussfrist.[830] Die Erhebung der Kündigungsschutzklage hat regelmäßig weder die Geltendmachung von Urlaubs- noch von Urlaubsabgeltungsansprüchen zum Inhalt. Der Arbeitnehmer muss den Arbeitgeber sowohl im ungekündigten als auch im gekündigten Arbeitsverhältnis durch die Forderung der Urlaubsgewährung im Urlaubsjahr oder spätestens im Übertragungszeitraum in Verzug setzen, wenn er den Arbeitgeber für den mit Fristablauf eintretenden Verfall des Urlaubsanspruchs haften lassen will.[831]

Hinweis: Der Arbeitnehmer sollte deshalb vorsorglich den ihm im Fall des Obsiegens zustehenden Urlaub verlangen, um den Arbeitgeber in Verzug zu setzen und sich damit einen **Urlaubsersatzanspruch** zu sichern, wenn der Urlaub am Ende des Rechtsstreits nicht mehr in Natur gewährt werden kann.

IV. Wählbarkeit gekündigter Arbeitnehmer in den Betriebsrat

Ordentlich gekündigte Arbeitnehmer, die Kündigungsschutzklage erheben, nach Ablauf der Kündigungsfrist aber **nicht** weiterbeschäftigt werden, sind nicht nach § 7 Satz 1 BetrVG **wahlberechtigt** bei der Betriebsratswahl.[832] Obwohl der Ausgang ihrer Kündigungsschutzprozesse noch offen ist, sind sie nicht tatsächlich eingegliedert in die betriebliche Organisation des Arbeitgebers. Sie bleiben für den Betriebsrat dennoch **wählbar** (§ 8 Abs 1 Satz 1 BetrVG). Die Unterscheidung zwischen Wählbarkeit nach § 8 BetrVG und Wahlberechtigung nach § 7 BetrVG bei gekündigten und nicht weiterbeschäftigten Arbeitnehmern beruht auf den voneinander abweichenden Schutzzwecken der beiden Normen über das aktive und das passi-

---

828 BAG 13.12.2011 – 9 AZR 420/10 – Rn 42; BAG 18.9.2001 – 9 AZR 571/00 – II 2 a aa; BAG 18.1.2000 – 9 AZR 803/98 – I 2 a; BAG 9.11.1999 – 9 AZR 915/98 – II 2 b aa; BAG 21.9.1999 – 9 AZR 705/98 – I 2 b, c; BAG 17.1.1995 – 9 AZR 664/93 – I 2 b AP BUrlG § 7 Urlaubsabgeltung Nrn 15 und 66.
829 BAG 21.2.2012 – 9 AZR 486/10 – Rn 19 AP BUrlG § 7 Abgeltung Nr 94.
830 Vgl BAG 21.2.2012 – 9 AZR 486/10 – Rn 24 AP BUrlG § 7 Abgeltung Nr 94.
831 BAG 21.9.1999 – 9 AZR 705/98 – I 2 b AP BUrlG § 7 Abgeltung Nr 77.
832 BAG 10.11.2004 – 7 ABR 12/04 – B II 1 b AP BetrVG 1972 § 8 Nr 11.

ve Wahlrecht. Zum Zeitpunkt der Wahl muss auf der Grundlage von § 7 BetrVG feststehen, ob ein Arbeitnehmer wählen darf oder nicht. Die Beteiligung nicht wahlberechtigter Arbeitnehmer kann nicht korrigiert werden. Dagegen kann die Wählbarkeit in der Schwebe bleiben. Der Ungewissheit über den Ausgang des Kündigungsschutzrechtsstreits wird dadurch begegnet, dass das Betriebsratsmitglied bis zum rechtskräftigen Abschluss des Prozesses an der Amtsausübung gehindert ist. Nach § 25 Abs 1 Satz 2 BetrVG tritt an seiner Stelle vorübergehend das Ersatzmitglied in das Amt ein. Obsiegt das Betriebsratsmitglied mit seiner Kündigungsschutzklage, entfällt der Hinderungsgrund. Wird die Kündigungsschutzklage umgekehrt abgewiesen, erlischt die Mitgliedschaft im Betriebsrat nach § 24 Nr 3 BetrVG. Das Ersatzmitglied rückt endgültig nach (§ 25 Abs 1 Satz 1 BetrVG). Mithilfe der Wählbarkeit wird ua vermieden, dass der Arbeitgeber die Zusammensetzung des Betriebsrats durch die Kündigung unliebsamer Kandidaten beeinflussen kann. Aus demselben Grund hängt die Wählbarkeit nicht von der Weiterbeschäftigung der Wahlbewerber ab.[833] Entsprechendes gilt für Arbeitnehmer, deren Arbeitsverhältnisse außerordentlich fristlos gekündigt sind und die Kündigungsschutzklage erhoben haben.[834]

D. Rechtskraft des Urteils im Kündigungsschutzrechtsstreit[835]

I. Abweisendes Urteil

163 Wird der Antrag des § 4 Satz 1 KSchG rechtskräftig abgewiesen, steht damit fest, dass das Arbeitsverhältnis durch die Kündigung aufgelöst ist. Über den mit der Kündigung beabsichtigten Beendigungszeitpunkt hinaus besteht kein Arbeitsverhältnis. Bestand schon im Zeitpunkt des Zugangs der Kündigung – zB wegen einer früher wirkenden und rechtskräftig für wirksam befundenen – Kündigung nicht länger ein Arbeitsverhältnis, ist die Klage gegen die später wirkende Kündigung schon wegen der Bindungswirkung des Ersturteils abzuweisen.[836] Die dem klageabweisenden Urteil innewohnende positive Feststellung der Beendigung ist die „Kehrseite", das sog kontradiktorische Gegenteil[837] der vom Arbeitnehmer erstrebten negativen Feststellung der unterbliebenen Auflösung des Arbeitsverhältnisses durch die Kündigung. Die Klageabweisung kann nicht nur damit begründet werden, die Kündigung sei aus keinem Grund unwirksam, sondern auch damit, es habe kein Arbeitsverhältnis (mehr) bestanden.[838] Da-

---

833 Zu allem BAG 10.11.2004 – 7 ABR 12/04 – B II 1 b bb bis dd AP BetrVG 1972 § 8 Nr 11.
834 BAG 14.5.1997 – 7 ABR 26/96 – B II 2 AP BetrVG 1972 § 8 Nr 6.
835 Zu den Fragen des Streitgegenstands iRv § 4 Satz 1 KSchG auch Rn 45 ff, zu denen der sog Ausklammerung Rn 48 ff.
836 BAG 27.1.2011 – 2 AZR 826/09 – Rn 13 AP KSchG 1969 § 4 Nr 73.
837 Schwab RdA 2013, 357, 359 mwN.
838 BAG 27.1.2011 – 2 AZR 826/09 – Rn 13 AP KSchG 1969 § 4 Nr 73; BAG 18.3.1999 – 8 AZR 306/98 – AP KSchG 1969 § 4 Nr 44; näher Rn 46. AA bspw Spinner in: Löwisch/Spinner/Wertheimer § 4 Rn 91, der davon ausgeht, durch die Abweisung der Klage stehe lediglich fest, dass über den Kündigungstermin hinaus kein Arbeitsverhältnis zwischen den Parteien bestanden habe. Ob ein Arbeitsverhältnis zu einem früheren Zeitpunkt bestanden habe, sei damit nicht entschieden. Deshalb bleibe dem Arbeitnehmer nach BAG 15.1.1991 – 1 AZR 94/90 – I 1 a

gegen entscheidet das abweisende Urteil nach Auffassung einer älteren Entscheidung des BAG vom 15.1.1991[839] nicht darüber, ob zu einem früheren Zeitpunkt ein Arbeitsverhältnis bestand.

Dem unterlegenen Arbeitnehmer war es auch schon vor der Ausdehnung des punktuellen Streitgegenstands auf fast alle Unwirksamkeitsgrunde einer schriftlichen Kündigung durch das am 1.1.2004 in Kraft getretene Arbeitsmarktreformgesetz verwehrt, sich in einem Folgeprozess darauf zu berufen, dass die Kündigung, die Streitgegenstand des ersten Rechtsstreits war, aus anderen Gründen als ihrer Sozialwidrigkeit – zB wegen nicht ordnungsgemäßer Unterrichtung des Betriebsrats (§ 102 BetrVG) – unwirksam war und das Arbeitsverhältnis nicht beenden konnte. Ob das Arbeitsverhältnis zu bestimmten Zeitpunkten bestand oder nicht, konnte und kann nur einheitlich beurteilt werden.[840] Das BAG[841] folgerte das bereits unter Geltung von § 4 KSchG aF zutreffend aus der Bindungswirkung des abweisenden Urteils nach § 322 Abs 1 ZPO[842] und dem mit ihr verbundenen sog **Präklusionsprinzip.** Schwab macht zu Recht aufmerksam, dass sich der Umfang der materiellen Rechtskraft nach den Antworten auf die Fragen der Identität des Streitgegenstands und der Präjudizialität bestimmt.[843] Im Einzelnen bedeutet das unabhängig davon, ob die Kündigung bis 31.12.2003 oder erst danach zuging: 164

- Mit der Rechtskraft des Urteils im Kündigungsschutzrechtsstreit steht fest, dass bei **Zugang der Kündigung** und **im Kündigungstermin** ein Arbeitsverhältnis zwischen den streitenden Parteien bestand oder nicht.[844] Es ist darüber entschieden, ob zu den genannten Zeitpunkten rechtliche Bindungen zwischen den Parteien vorhanden waren. Allerdings kann der (Fort-)Bestand eines (zweifelhaften) Arbeitsverhältnisses unterstellt werden und damit offenbleiben, wenn die Klage aus anderen Gründen abzuweisen ist.

AP BetrVG 1972 § 113 Nr 21 auch eine Abfindungsklage nach verlorenem Kündigungsschutzprozess unbenommen, in der er sich darauf berufe, das Arbeitsverhältnis habe zu einem früheren Zeitpunkt als dem Kündigungstermin bestanden. Vgl zu diesem Problem auch Rn 47 ff.
839 BAG 15.1.1991 – 1 AZR 94/90 – I 1 a AP Nr 21 zu § 113 BetrVG 1972.
840 BAG 12.1.1977 – 5 AZR 593/75 – 2 a AP KSchG 1969 § 4 Nr 3; ebenso ist die st Rspr für den umgekehrten Fall eines stattgebenden Urteils im Vorprozess, zB BAG 10.11.2005 – 2 AZR 623/04 – Rn 30 mwN; BAG 12.5.2005 – 2 AZR 426/04 – B I 2 AP KSchG 1969 § 4 Nr 53; s auch Schwab RdA 2013, 357, 361.
841 BAG 12.1.1977 – 5 AZR 593/75 – 2 a AP KSchG 1969 § 4 Nr 3.
842 § 322 Abs 1 ZPO, sog materielle oder auch innere Rechtskraft im Unterschied zu der formellen (äußeren) Rechtskraft, die eintritt, wenn die Entscheidung unanfechtbar ist; dazu zB Schwab RdA 2013, 357, 358.
843 Schwab RdA 2013, 357, 358: Über einen identischen Streitgegenstand darf kein weiterer Rechtsstreit geführt werden. Das rechtskräftig festgestellte Rechtsverhältnis darf von den Parteien und weiteren an die Rechtskraft gebundenen Personen (zB Nebenintervenienten) für andere Rechtsverhältnisse nicht mehr infrage gestellt werden, wenn das rechtskräftig festgestellte Rechtsverhältnis für die weiteren Rechtsverhältnisse vorgreiflich oder auch präjudiziell ist.
844 Vgl die Rn 46 bis 48 angegebenen Nachweise; bspw BAG 10.11.2005 – 2 AZR 623/04 – Rn 30 mwN AP BGB § 626 Nr 196; s auch BAG 12.5.2005 – 2 AZR 426/04 – B I 2 AP KSchG 1969 § 4 Nr 53.

- Die Wirkung der Rechtskraft schließt im Verhältnis der Parteien zueinander jede davon abweichende gerichtliche Feststellung in einem neuen Prozess aus.
- Die unterlegene Partei kann eine andere Feststellung nicht dadurch erreichen, dass sie in einem späteren Rechtsstreit hierfür geeignete neue – genauer bei Schluss der mündlichen Verhandlung des Vorprozesses bereits gegebene, ihr zu diesem Zeitpunkt aber unbekannte – Tatsachen vorbringt. Mit dem Vortrag solcher Umstände ist sie ebenso wie mit ihrem bisherigen Vorbringen ausgeschlossen, weil sonst das Ziel der Rechtskraft, Rechtsfrieden und Rechtsgewissheit zu schaffen, nicht erreicht werden könnte.[845]
- Auch eine Folgeklage, mit der der Arbeitnehmer **Vergütung** für die Zeit nach Ablauf der Kündigungsfrist verlangt, kann er nicht mit dem Vortrag gewinnen, die Kündigung sei aus Gründen unwirksam, die im Kündigungsschutzprozess nicht geltend gemacht oder nicht berücksichtigt worden seien.[846]

165 Wird die Klage rechtskräftig – als unbegründet[847] – abgewiesen, **weil die Klagefrist versäumt ist**, gilt nichts anderes. Es steht fest, dass das Arbeitsverhältnis durch die Kündigung aufgelöst ist.

Hinweis: Der Arbeitnehmer sollte deswegen alle Tatsachen vortragen, die auf jegliche Art von Unwirksamkeitsgründen schließen lassen. Allerdings gilt der vor Inkrafttreten des Arbeitsmarktreformgesetzes mitunter erteilte Rat nicht mehr, es könne sich empfehlen, die Klage zurückzunehmen, wenn die Dreiwochenfrist unzweifelhaft abgelaufen und die Kündigung deshalb sozial gerechtfertigt sei, während noch weitere Aufklärung hinsichtlich sonstiger Mängel erforderlich sei. Das war und ist nach § 54 Abs 2 Satz 1 ArbGG ohne Einwilligung des Beklagten möglich, solange die Anträge nicht gestellt sind. Band kein rechtskräftiges Urteil, konnte der Arbeitnehmer vor dem 1.1.2004 in einer späteren **allgemeinen Feststellungsklage** oder inzident im Rahmen einer **Leistungsklage** – bis zur Grenze der Verwirkung[848] – ihm später bekannt gewordene Umstände, die sonstige Unwirksamkeitstatbestände begründeten, erfolgreich darlegen.[849] Ein solches Vorgehen ist nach der Ausweitung der Klagefrist auf (fast)[850] alle

---

845 Sog Präklusionsprinzip; zu allem BAG 12.1.1977 – 5 AZR 593/75 – 2 und 2a AP KSchG 1969 § 4 Nr 3; schon Rn 48 aE.
846 Zum heutigen Rechtszustand KR/Friedrich § 4 KSchG Rn 250 f; vHH/L/Linck § 4 Rn 143.
847 Rn 111.
848 Vgl zur Prozessverwirkung zB BAG 19.2.2009 – 8 AZR 176/08 – Rn 17 AP BGB § 613a Nr 368; zu der Abgrenzung der Verwirkung des Klagerechts mit der Folge der Unzulässigkeit der Klage und der Verwirkung des materiellen Rechts, sich auf den Bestand eines Arbeitsverhältnisses zu berufen, mit der Konsequenz der Unbegründetheit der Klage BAG 10.10.2007 – 7 AZR 487/06 – Rn 9ff und 18ff; BAG 24.5.2006 – 7 AZR 365/05 – Rn 19ff und 30ff. EzAÜG AÜG § 10 Fiktion Nr 114; dazu auch BAG 12.12.2006 – 9 AZR 747/06 – Rn 13 und 15ff NZA 2007, 396.
849 Vgl v. Hoyningen-Huene/Linck 13. Aufl § 4 Rn 82ff, insb Rn 85, die sich näher mit der entgegenstehenden Ansicht Nikischs Arbeitsrecht Band 1 3. Aufl 1961 S 779 auseinandersetzten.
850 Zu den Ausnahmen Rn 4 und 139ff.

Mängel einer schriftlichen Kündigung durch §§ 4 Satz 1, 13 Abs 3 KSchG nF nicht länger sinnvoll.

War statt des Kündigungsschutzantrags oder neben ihm ein zeitlich nicht eingegrenzter **allgemeiner Feststellungsantrag** isV § 256 Abs 1 ZPO gestellt,[851] der rechtskräftig abgewiesen wurde, steht damit fest, dass **bei Schluss der mündlichen Tatsachenverhandlung kein Arbeitsverhältnis (mehr) zwischen den Parteien bestand.**[852]

166

II. Feststellungsurteil

- Wird dem Antrag des § 4 Satz 1 KSchG rechtskräftig stattgegeben, steht **negativ** fest, dass das Arbeitsverhältnis **durch eine bestimmte Kündigung zu dem von ihr gewollten Termin nicht aufgelöst ist.**[853]
- Nach Auffassung des BAG wird jedoch darüber hinaus **positiv** festgestellt, dass bei Zugang der Kündigung und im **Kündigungstermin ein Arbeitsverhältnis zwischen den Parteien bestand.** Der Arbeitgeber kann sich in einem späteren Rechtsstreit nicht darauf berufen, das Arbeitsverhältnis sei schon vor den genannten Zeitpunkten durch einen anderen Beendigungsgrund aufgelöst worden, sondern muss bereits im Erstprozess alle Tatsachen vorbringen, die für eine frühere Beendigung des Arbeitsverhältnisses sprechen.[854]
- Der Arbeitgeber kann zudem nicht geltend machen, ein Arbeitsverhältnis habe nie bestanden.
- Die Frage, ob der Arbeitnehmer für die Zeit nach Ablauf der Kündigungsfrist **Vergütung aus Annahmeverzug** beanspruchen kann, steht allerdings nicht fest.[855] Der Arbeitgeber kann sich im Annahmeverzugsprozess nur nicht damit verteidigen, in Wahrheit sei die Kündigung wirksam gewesen.[856]

167

Wird dagegen (auch) dem **allgemeinen Bestandsantrag** isV § 256 Abs 1 ZPO stattgegeben, steht fest, dass **im Zeitpunkt der letzten mündlichen Tatsachenverhandlung**[857] **ein Arbeitsverhältnis zwischen den Parteien bestand**, es also zuvor durch keinerlei Gründe aufgelöst wurde. Die Feststellung wird wegen der Prozessdauer zeitlich in aller Regel über die durch den punktuellen Kündigungsschutzantrag getroffene Feststellung des Bestands

168

---

851 IE Rn 44 ff und 56 ff.
852 Vgl zu der Problematik eines mit einem allgemeinen Feststellungsantrag durch zwei Instanzen geführten Prozesses Rn 54.
853 Zu den Einzelheiten Rn 45 mit Nachweisen; enger der Fünfte Senat: BAG 28.11.2007 – 5 AZR 952/06 – Rn 12 NZA-RR 2008, 344 (Bestand des Arbeitsverhältnisses zum *Zeitpunkt des Zugangs der Kündigung*).
854 Sog **erweiterter punktueller Streitgegenstandsbegriff**, schon BAG 12.1.1977 – 5 AZR 593/75 – 2 b AP KSchG 1969 § 4 Nr 3; in jüngerer Vergangenheit etwa BAG 10.11.2005 – 2 AZR 623/04 – Rn 30 mwN AP BGB § 626 Nr 196; BAG 12.5.2005 – 2 AZR 426/04 – B I 2 AP KSchG 1969 § 4 Nr 53 denen sich ua Friedrich in KR § 4 KSchG Rn 255 mwN zum Meinungsstand anschließt; so nun auch Spinner in: Löwisch/Spinner/Wertheimer § 4 Rn 14.
855 Rn 146.
856 Vgl weiter zu den mit dem obsiegenden Urteil einhergehenden Rechten des Arbeitnehmers auf Auflösung oder Verwerigung der Fortsetzung des Arbeitsverhältnisses die Erl zu § 9 KSchG Rn 12 ff und § 12 KSchG Rn 8 ff.
857 Dazu Rn 54.

des Arbeitsverhältnisses bei Ablauf der Kündigungsfrist hinausreichen. Wird die mündliche Verhandlung allerdings vor dem beabsichtigten Beendigungstermin geschlossen, kann über den Bestand des Arbeitsverhältnisses bei Ablauf der Kündigungsfrist nicht befunden werden. Das Gericht kann und darf nicht vorhersehen, ob zwischen dem Ende der mündlichen Verhandlung und dem von der Kündigung genannten Auflösungszeitpunkt weitere Beendigungsgründe auftreten und wirksam werden.

III. Präklusionsprinzip

169 Die Bindungswirkung der materiellen Rechtskraft des punktuellen Feststellungsurteils schließt jede abweichende Entscheidung über die Wirksamkeit der konkreten Kündigung aus. Grundsätzlich ist der Gegenstand der inneren Rechtskraft des § 322 Abs 1 ZPO aber, soweit die dem punktuellen Feststellungsurteil innewohnende negative Feststellung der unterbliebenen Auflösung des Arbeitsverhältnisses durch die Kündigung betroffen ist, beschränkt auf die Unwirksamkeitsgründe, die das Gericht behandelt hat. Um das mit der Rechtskraft verbundene Ziel der **Rechtssicherheit** zu erreichen, wird der Bindung aber eine Funktion beigelegt, die über ihre engere Wirkung hinausgeht. Das sog **Präklusionsprinzip** verwehrt es der unterlegenen Partei, sich innerhalb der durch den Streitgegenstand des Vorprozesses gezogenen Grenzen nachträglich auf Tatsachen zu berufen, die bereits bei Schluss der mündlichen Verhandlung vorlagen, unabhängig davon, ob sie ihr zu diesem Zeitpunkt bekannt waren.[858] Aus diesem Grund kann der Arbeitnehmer in einem Folgeprozess auch keinen Tatsachenvortrag halten, der darauf schließen lässt, dass die Kündigung formnichtig ist. Das gebietet die materielle Rechtskraft und die mit ihr verbundene befriedende Präjudizialität,[859] obwohl eine ausschließlich auf den Unwirksamkeitsgrund der Formnichtigkeit gestützte Klage aus meiner Sicht eine allgemeine Feststellungsklage sein muss.[860] Nur auf diese Weise wird ferner erreicht, dass die negative und die positive Feststellung des stattgebenden Urteils übereinstimmen. Positiv steht nach den Ausführungen in Rn 167 auch fest, dass das Arbeitsverhältnis im Kündigungstermin überhaupt und noch bestand.[861]

170 Von der inneren Rechtskraft des Urteils des Vorprozesses ist eine weitere Kündigung, die auf dieselben Gründe wie die Kündigung gestützt wird, die Gegenstand des Vorprozesses war, im Ausgangspunkt nicht erfasst. Es handelt sich im Hinblick auf ihre Zugangs- und Wirkungszeitpunkte um verschiedene Willenserklärungen, also andere Streitgegenstände iSv § 253 Abs 2 Nr 2 ZPO.[862] Der Arbeitnehmer muss deshalb **erneut Kündigungsschutzklage nach § 4 Satz 1 KSchG erheben**, wenn der Arbeitgeber eine weitere Kündigung ausspricht, die nach dem von der Erstkündigung beabsichtigten Beendigungstermin wirken soll. Unterlässt der Arbeitnehmer die Klage, ist die mögliche Unwirksamkeit der schriftlichen Kündigung nach

---

858 BAG 12.4.1956 – 2 AZR 247/54 – AP BGB § 626 Nr 11; Rn 164.
859 Im Ergebnis ebenso Schwab RdA 2013, 357, 361 f.
860 Rn 3; insoweit aA Schwab RdA 2013, 357, 361 f.
861 BAG 10.11.2005 – 2 AZR 623/04 – Rn 30 mwN AP BGB § 626 Nr 196.
862 Zu der Abgrenzung der Verdachts- von der Tatkündigung § 1 KSchG Rn 637 ff.

§ 7 HS 1 KSchG geheilt.[863] Strengt er umgekehrt die Kündigungsschutzklage an, ist ihr ohne Weiteres stattzugeben, wenn der Arbeitgeber die neue Kündigung ausschließlich auf dieselben Gründe stützt, die nicht für zureichend erachtet wurden, die erste Kündigung zu begründen.[864] Dh, das BAG leitet aus dem in Rn 169 dargestellten Präklusionsprinzip noch eine weiter gehende Wirkung ab: Die Kündigungsgründe, die die frühere Kündigung sachlich nicht trugen und durch das Urteil des Erstprozesses rechtskräftig aberkannt wurden, sind auch für die Begründung einer späteren Kündigung ausgeschlossen, maW präjudiziert.[865] Im Einzelnen bedeutet das mit den Worten des Zweiten Senats: Eine Kündigung kann nicht erfolgreich auf Gründe gestützt werden, die der Arbeitgeber schon zur Begründung einer vorhergehenden Kündigung vorgebracht hat und die in dem über diese geführten Prozess mit dem Ergebnis materiell geprüft worden sind, dass sie eine solche Kündigung nicht tragen. Mit einer Wiederholung der früheren Kündigung ist der Arbeitgeber in diesem Fall ausgeschlossen. Diese Präklusionswirkung entfaltet die Entscheidung über die frühere Kündigung allerdings nur bei identischem Kündigungssachverhalt. Hat sich dieser wesentlich geändert, darf der Arbeitgeber ein weiteres Mal kündigen.[866] Das gilt auch bei einem sog. Dauertatbestand.[867] Die Präklusionswirkung tritt auch dann nicht ein, wenn die frühere Kündigung bereits aus formellen Gründen, also etwa wegen der nicht ordnungsgemäßen Beteiligung der Mitarbeitervertretung für unwirksam erklärt worden ist. Handelt es sich demgegenüber um einen identischen Kündigungssachverhalt, ist der zweiten rechtzeitig erhobenen Klage ohne Weiteres stattzugeben. Das Urteil in dem ersten Prozess ist in der Weise präjudiziell für das zweite Verfahren, dass eine erneute materielle – möglicherweise von dem Ergebnis des ersten Prozesses abweichende – Nachprüfung des zur Stützung der ersten Kündigung verbrauchten Kündigungsgrundes in dem zwei-

---

863 Vgl schon BAG 26.8.1993 – 2 AZR 159/93 – II 1 d bb AP BGB § 626 Nr 113; aA Schwab RdA 2013, 357, 364, der die Fristbindung der weiteren Kündigungsschutzklage verneint.
864 Sog **Trotzkündigung**, BAG 26.8.1993 – 2 AZR 159/93 – II 1 AP BGB § 626 Nr 113; s auch BAG 8.11.2007 – 2 AZR 528/06 – Rn 21 f mwN EzA BGB 2002 § 626 Nr 19.
865 BAG 26.8.1993 – 2 AZR 159/93 – AP BGB § 626 Nr 113; fortgeführt von BAG 22.5.2003 – 2 AZR 485/ 02 – B I 1 AP KSchG 1969 § 1 Nr 71: Das Gestaltungsrecht sei außerdem nach einmaliger Ausübung verbraucht; die neuere Rspr spricht von **Wiederholungskündigung**: BAG 11.7.2013 – 2 AZR 994/12 – Rn 36 f NZA 2014, 250; BAG 20.12.2012 – 2 AZR 867/11 – Rn 26 ff AP KSchG § 1 Betriebsbedingte Kündigung Nr 198; BAG 6.9.2012 – 2 AZR 372/11 – Rn 13 AP KSchG 1969 § 1 Personenbedingte Kündigung Nr 35; BAG 18.5.2006 – 2 AZR 207/05 – Rn 14 AP BAT § 55 Nr 5; BAG 25.3.2004 – 2 AZR 399/03 – C I AP BMT-G II § 54 Nr 5; BAG 12.2.2004 – 2 AZR 307/03 – B II 2 c aa AP KSchG 1969 § 1 Nr 75 mit Bspr Gravenhorst in jurisPR-ArbR 29/2004 Anm 3; s auch BAG 8.11.2007 – 2 AZR 528/06 – Rn 21 f mwN EzA BGB 2002 § 626 Nr 19.
866 BAG 11.7.2013 – 2 AZR 994/12 – Rn 37 mwN NZA 2014, 250.
867 BAG 20.12.2012 – 2 AZR 867/11 – Rn 26 AP KSchG § 1 Betriebsbedingte Kündigung Nr 198; BAG 6.9.2012 – 2 AZR 372/11 – Rn 13 AP KSchG 1969 § 1 Personenbedingte Kündigung Nr 35.

ten Verfahren nicht erfolgen darf.[868] Der Senat hat diese Überlegungen mit Urteil vom 20.12.2012[869] unter Hinweis auf Bötticher[870] dogmatisch vertieft „unterfüttert." Danach ist die Würdigung, ein bestimmter Lebenssachverhalt stütze die Kündigung materiell nicht, kein bloßes Element der Begründung für die Feststellung, dass die Kündigung das Arbeitsverhältnis nicht aufgelöst hat. Die Würdigung nimmt vielmehr an der Rechtskraftwirkung selbst teil. Der Arbeitnehmer muss sich nach der Konzeption des Kündigungsschutzgesetzes zwar nach §§ 4, 7 KSchG mit einer Feststellungsklage gegen das Gestaltungsrecht der Arbeitgeberkündigung wehren. Der Sache nach handelt es sich jedoch um eine „Gestaltungsgegenklage". Die materielle Rechtskraft der stattgebenden Entscheidung umfasst die Untauglichkeit eines vorgetragenen Lebenssachverhalts als Kündigungsgrund, wenn er materiell geprüft wurde.[871] Damit knüpft der Senat dogmatisch an die grundlegende frühere Entscheidung vom 26.8.1993 an, in der er sich bereits auf Bötticher gestützt hatte.[872]

171 Ausgeschlossen sind die materiellen Gründe der ersten Kündigung folgerichtig nicht, wenn diese **nur aus formellen Gründen** für unwirksam befunden wurde.[873] Das trifft zu, wenn das Urteil die Unwirksamkeit bspw allein auf folgende Mängel stützt:

- eine nicht ordnungsgemäße Betriebsratsanhörung (§ 102 BetrVG) oder Personalratsbeteiligung,[874]
- Formnichtigkeit (§ 125 Satz 1 und 2 BGB),
- die fehlende Vertretungsmacht des Kündigenden,
- den mangelnden Vollmachtsnachweis (§ 174 Satz 1 BGB),
- die fehlende Zustimmung des Integrationsamts zu der Kündigung des Arbeitsverhältnisses eines schwerbehinderten Menschen (§ 85 SGB IX),
- die unterbliebene Zulässigkeitserklärung der Kündigung durch die oberste Landesbehörde oder die von ihr bestimmte Stelle in den Fällen der Schwangerschaft (§ 9 Abs 3 Satz 1 MuSchG), der Elternzeit (§ 18

---

868 BAG 12.2.2004 – 2 AZR 307/03 – B II 2 c aa mwN AP KSchG 1969 § 1 Nr 75, vgl dort auch ee. Im konkreten Fall war im Ersturteil eine bestimmte Weiterbeschäftigungsmöglichkeit bejaht worden, die die Arbeitgeberin im Zweitprozess erneut verneinte; insoweit zust Schwab RdA 2013, 357, 361, 362 ff, der ua den Rechtsgedanken des § 322 Abs 2 BGB fruchtbar machen will.
869 BAG 20.12.2012 – 2 AZR 867/11 – Rn 27 AP KSchG § 1 Betriebsbedingte Kündigung Nr 198.
870 Bötticher Gestaltungsrecht und Unterwerfung im Privatrecht S 4 f.
871 Zu allem BAG 20.12.2012 – 2 AZR 867/11 – Rn 27 AP KSchG § 1 Betriebsbedingte Kündigung Nr 198.
872 BAG 26.8.1993 – 2 AZR 159/93 – II 1 AP BGB § 626 Nr 113.
873 BAG 20.12.2012 – 2 AZR 867/11 – Rn 26 AP KSchG § 1 Betriebsbedingte Kündigung Nr 198; BAG 12.4.1956 – 2 AZR 247/54 – AP BGB § 626 Nr 11; vgl mittelbar auch BAG 8.11.2007 – 2 AZR 528/06 – Rn 21 f mwN. EzA BGB 2002 § 626 Nr 19.
874 BAG 25.3.2004 – 2 AZR 399/03 – C I. AP BMT-G II § 54 Nr 5 Bei einer **Doppelbegründung** ist für den Arbeitgeber aber Vorsicht geboten. In der Entscheidung vom 12.2.2004 – 2 AZR 307/03 – B II 2 c ee AP KSchG 1969 § 1 Nr 75 weist der Zweite Senat darauf hin, dass die materiellen Kündigungsgründe auch dann präjudiziert seien, wenn sich das Ersturteil tragend sowohl auf eine fehlerhafte Personalratsbeteiligung als auch auf die Sozialwidrigkeit der Kündigung wegen bestehender Weiterbeschäftigungsmöglichkeit stütze.

Abs 1 Satz 2 und 3 BEEG), der Pflegezeit (§ 5 Abs 2 Satz 1 PflegeZG) oder der Familienpflegezeit (§ 9 Abs 3 Satz 2 und 3 FPfZG). Entscheidet das Erstgericht bewusst lediglich über diese Gründe, können die schon der früheren Kündigung zugrunde liegenden Umstände die spätere Kündigung sachlich begründen. Sie sind nicht infolge der Rechtskraft des ersten Urteils präjudiziert.[875]

Auf Tatsachen, die erst nach Schluss der mündlichen Verhandlung des vorangegangenen Rechtsstreits entstanden sind und eine spätere Kündigung begründen sollen, kann sich der Arbeitgeber stets berufen.[876] Treten neue Umstände hinzu, können ferner Vorwürfe, die berechtigt waren, aber nicht schwer genug wogen, um die frühere Kündigung zu begründen, jedenfalls innerhalb der Interessenabwägung zu der späteren Kündigung – wenn nicht schon auf der Ebene des objektiven Kündigungsgrundes, sofern eine Gesamtbetrachtung geboten ist – ergänzend zulasten des Arbeitnehmers sprechen.[877]

IV. Änderungskündigung

Besonderheiten gelten für die Änderungsschutzklage nach § 4 Satz 2 KSchG. Erhebt der Arbeitnehmer innerhalb der Klagefrist weder eine Beendigungsschutz- noch eine Änderungsschutzklage und nimmt er das Änderungsangebot nicht innerhalb einer vom Arbeitgeber bestimmten angemessenen Annahmefrist nach § 148 BGB oder der Mindestfrist des § 2 Satz 2 KSchG[878] an, unterliegt er mit seiner allgemeinen Bestandsklage.[879] § 2 Satz 2 KSchG gilt trotz seines Wortlauts nicht nur für die Annahme unter Vorbehalt als einer bedingten Annahmeerklärung, sondern auch für die vorbehaltlose Annahme.[880] Nimmt der Arbeitnehmer die angebotenen geänderten Arbeitsbedingungen dagegen unter dem Vorbehalt ihrer sozialen Rechtfertigung (§ 2 Satz 1 KSchG)[881] oder ihrer Wirksamkeit im Übrigen[882] an, wird nach dem durch das Arbeitsmarktreformgesetz veränderten Wortlaut des § 4 Satz 2 KSchG überprüft, ob die Änderungskündigung sozialwidrig oder aufgrund anderer Mängel iSv § 13 Abs 3 KSchG unwirksam ist. Das war vor dem 1.1.2004 nicht unumstritten.[883] Nach dem damaligen Wortlaut bezog sich die gerichtliche Kontrolle nur auf die soziale Rechtfertigung der Änderung der Arbeitsbedingungen. Der Antrag des Arbeitnehmers konnte nach der Rechtsprechung des BAG und der hL aber regelmäßig so verstanden werden, dass sich die Überprüfung des Gerichts

---

875 BAG 12.6.1986 – 2 AZR 426/85 – C AP KSchG 1969 § 4 Nr 1; vgl auch BAG 31.3.1993 – 2 AZR 595/92 – AP MuSchG 1968 § 9 Nr 20.
876 BAG 10.11.2005 – 2 AZR 623/04 – Rn 30 mwN AP BGB § 626 Nr 196; indirekt – gelöst von der Frage der Bindungswirkung – auch BAG 12.5.2005 – 2 AZR 426/04 – B I 2 AP KSchG 1969 § 4 Nr 53.
877 vHH/L/Linck § 4 Rn 141.
878 BAG 18.5.2006 – 2 AZR 230/05 – Rn 20 AP KSchG 1969 § 2 Nr 83.
879 BAG 1.2.2007 – 2 AZR 44/06 – Rn 9 und 12 ff AP KSchG 1969 § 2 Nr 132.
880 Vgl BAG 18.5.2006 – 2 AZR 230/05 – Rn 18 AP KSchG 1969 § 2 Nr 83.
881 Näher § 2 KSchG Rn 31 ff.
882 Zu dieser erweiternden Auslegung des § 2 Satz 1 KSchG auf die Überprüfung sonstiger Unwirksamkeitsgründe iSv § 13 Abs 3 KSchG Rn 66.
883 Vgl zu den prozessualen Fragen der Änderungskündigung auch Rn 5, 6, 65 ff, 160 und 173 ff mwN.

auf **alle Unwirksamkeitsgründe der Änderung** erstrecken sollte. Der § 4 Satz 2 KSchG aF entsprechende, auf die soziale Rechtfertigung der Änderung der Arbeitsbedingungen verengte Antrag stand dem nicht entgegen.[884] Anderes war nur anzunehmen, wenn der Arbeitnehmer ausdrücklich die ausschließliche Überprüfung der sozialen Rechtfertigung verlangte.[885] Dieses Auslegungsergebnis trug schon damals sowohl der Rechtskraftwirkung des abweisenden Urteils als auch den Rechtsfolgen der durch das Arbeitsmarktreformgesetz unveränderten §§ 7 HS 2, 8 KSchG Rechnung.

174 Heute werden die von der Rechtsprechung des BAG und der überwiegenden Literaturmeinung vertretenen bisherigen Grundsätze aufgrund des klargestellten Gesetzeswortlauts des § 4 Satz 2 KSchG bestätigt:

- Beim Unterliegen des Arbeitnehmers ist grundsätzlich danach zu unterscheiden, ob seine Änderungsschutzklage **als unzulässig oder als unbegründet** abgewiesen wurde.
- Unterliegt der Arbeitnehmer rechtskräftig **in der Sache** mit dem Änderungsschutzantrag, bleibt es bei den mit Ablauf der Kündigungsfrist an die Stelle der bisherigen Modalitäten getretenen **neuen Arbeitsbedingungen**. Die Änderung der Arbeitsbedingungen ist endgültig wirksam, weil die auflösende Bedingung der Sozialwidrigkeit der Änderung oder ihrer Unwirksamkeit aus anderen Gründen iSv § 13 Abs 3 KSchG, unter der die Annahmeerklärung des Arbeitnehmers stand, ausgefallen ist. Sie kann nicht mehr eintreten. Der Arbeitnehmer ist wegen der Bindungswirkung des Ersturteils in einem Folgerechtsstreit daran gehindert, geltend zu machen, die Änderung der Arbeitsbedingungen sei zwar sozial gerechtfertigt oder unter dem Gesichtspunkt eines bestimmten sonstigen (entkräfteten) Mangels wirksam, aber aus anderen Gründen unwirksam.[886]
- Dieselbe Bindung tritt ein, wenn der Arbeitnehmer die Klagefrist versäumt hat und die Änderungsschutzklage deshalb (als unbegründet) abgewiesen wird.[887]
- Allerdings nimmt der **Fünfte Senat** in seiner Entscheidung vom **24.3.2004**[888] trotz der beschränkten Bindungswirkung eines Prozessurteils – ohne ausdrückliche Einschränkungen – an, auch mit der Abweisung der Änderungsschutzklage als **unzulässig** erlösche der Vorbehalt des § 2 Satz 1 KSchG. Die Vertragsänderung komme zustande. **Besonderheit des Falls** war jedoch, dass die Änderungsschutzklage mit **nicht eindeutigen Erwägungen** mangels Rechtsschutzbedürfnisses abgewiesen worden war. In den Gründen hatte das Erstgericht einerseits ausgeführt, die Änderungskündigung sei „obsolet". Damit meinte es wohl, die Änderungskündigung sei unwirksam, weil der Kläger ohnehin bekomme, was er durch die Klage erst habe erreichen wollen. Andererseits hatte das Erstgericht den weiteren Antrag des Klägers festzustel-

---

884 Zu der heute zu empfehlenden Antragsfassung Rn 6 und 66; vgl auch § 2 KSchG Rn 56.
885 Vgl mittelbar BAG 21.1.1993 – 2 AZR 330/92 – A AP MitbestG Schleswig-Holstein § 52 Nr 1; näher Rn 66.
886 vHH/L/Linck § 2 Rn 208, § 4 Rn 147.
887 Für die Beendigungskündigung Rn 165.
888 BAG 24.3.2004 – 5 AZR 355/03 – I 4 a aa AP EntgeltFG § 3 Nr 22.

len, dass das Arbeitsverhältnis unverändert fortbestehe, ebenfalls als unzulässig abgewiesen, weil der Kläger das Änderungsangebot angenommen habe. Der Fünfte Senat hielt diese Passagen für **insgesamt widersprüchlich**. **Berkowsky** will im Rahmen von als unzulässig abgewiesenen Änderungsschutzklagen differenzieren:[889] In einer Konstellation, in der auch die Feststellung, die Änderungskündigung sei unwirksam, an der Rechtskraftwirkung eines die Änderungsschutzklage als unzulässig abweisenden Urteils teilhabe, müsse es dennoch bei dem bislang geltenden Vertragsstatus bleiben. Obwohl dieses vermeintlich widersprüchliche Ergebnis befremdet, teile ich seine Auffassung, dass die **Reichweite der Bindungswirkung** eines über eine Änderungsschutzklage befindenden Ersturteils sorgfältig bestimmt werden muss. Insbesondere ist zu klären, ob es sich tatsächlich um eine Prozessabweisung handelt. Denkbar sind in bestimmten Gestaltungen auch verdeckte Sachabweisungen, wenn die Gründe ergeben, dass das Erstgericht die Änderung für wirksam hielt. Im Extremfall ist umgekehrt eine verbrämte Stattgabe in der Sache entgegen dem Tenor zu prüfen und auf die weitere Frage einzugehen, ob ein solcher Widerspruch zwischen Urteilsausspruch und Gründen der Rechtskraft überhaupt noch fähig ist.

■ Obsiegt der Arbeitnehmer, treten die **früheren Arbeitsbedingungen rückwirkend auf den Zeitpunkt des Ablaufs der Kündigungsfrist** an die Stelle der geänderten Modalitäten. Die auflösende Bedingung der Annahmeerklärung ist eingetreten. § 8 KSchG soll den Arbeitnehmer so stellen, als wäre die Änderungskündigung nicht erfolgt.[890]

Erhob der Arbeitnehmer nach bis zum 31.12.2003 geltendem Recht nicht fristgerecht Änderungsschutzklage (und wurde er auch nicht mit einer verspäteten Klage rechtskräftig abgewiesen),[891] galt die Änderung der Arbeitsbedingungen zwar als sozial gerechtfertigt. Er konnte sich jedoch nach Ansicht des **BAG** noch nach Ablauf der Dreiwochenfrist im Rahmen einer allgemeinen Feststellungsklage oder einer Leistungsklage darauf berufen, die Änderungskündigung leide an einem sonstigen Mangel.[892] Mit der Entscheidung vom 28.5.1998[893] hatte das BAG zu einer in der Literatur geführten Kontroverse Stellung genommen und die Änderungskündigung insoweit im Ergebnis den gleichen Grundsätzen unterworfen wie die Beendigungskündigung.[894] **Rost**[895] vertritt die Auffassung, § 2 KSchG sei die **Ausnahme** von dem allgemeinen Grundsatz, dass die Annahme eines Vertrags-

175

---

889 In NZA 2004, 1140, 1141.
890 § 2 KSchG Rn 68 und § 8 KSchG Rn 1; vgl auch Rn 160.
891 Dazu Rn 174.
892 BAG 28.5.1998 – 2 AZR 615/97 – II 3 AP KSchG 1969 § 2 Nr 48; bereits vorausgesetzt von BAG 11.3.1998 – 2 AZR 325/97 – und BAG 11.3.1998 – 2 AZR 390/97; vgl auch § 2 Rn 57.
893 BAG 28.5.1998 – 2 AZR 615/97 – AP KSchG 1969 § 2 Nr 48.
894 Rn 165.
895 Sowohl in KR 6. Aufl § 7 KSchG Rn 14 a bis 14 h (zu der Rechtslage vor Inkrafttreten des Arbeitsmarktreformgesetzes) als auch – an seiner bisherigen Meinung für das alte und das neue Recht festhaltend – in KR 7., 8., 9. und 10. Aufl § 7 KSchG Rn 14 a bis 14 h (mit Ausführungen zu der nötigen abweichenden Beurteilung bei **nachträglicher Klagezulassung** und der stets möglichen **Anfechtung** der Annahme des Änderungsangebots).

angebots unter Einschränkungen nach § 150 Abs 2 BGB als Ablehnung, verbunden mit einem neuen Antrag gelte. Dem Arbeitnehmer werde das atypische Recht der bedingten Annahme eines Vertragsangebots eingeräumt. Dieses Recht sei nach dem Wortlaut des § 7 HS 2 KSchG begrenzt: Die Bedingung entfalle, wenn nicht binnen dreiwöchiger Frist Kündigungsschutzklage erhoben werde. Aus der Annahme unter Vorbehalt werde dann eine unbedingte Annahme. Die Änderung sei **kraft Vertrags** – durch Angebot und nun unbedingte Annahme – vollzogen. Dem hielt das **BAG**[896] entgegen, die unter Vorbehalt erklärte Annahme sei für einen sorgfältigen Erklärungsempfänger regelmäßig nicht so zu verstehen, dass der Arbeitnehmer mit dem Vorbehalt darauf verzichte, sonstige Unwirksamkeitsgründe geltend zu machen. Ein solcher Verzicht müsse vielmehr ausdrücklich oder nach den Umständen eindeutig erklärt werden. Sonst bringe der Arbeitnehmer mit seiner Annahme unter Vorbehalt lediglich zum Ausdruck, seinen Arbeitsplatz auf jeden Fall behalten zu wollen. Das BAG verschränkte diese Auslegung mit seiner in Rn 174 wiedergegebenen Rechtsprechung, die andere Unwirksamkeitsgründe bereits vor Inkrafttreten des Arbeitsmarktreformgesetzes auf das unter Vorbehalt angenommene Änderungsangebot „durchschlagen" ließ. Aus § 8 KSchG, der nicht die rückwirkende Unwirksamkeit der Vertragsänderung, sondern die der Änderungskündigung anordne, folge zudem, dass es sich bei der Annahme unter dem Vorbehalt des § 2 KSchG nicht um eine von der Kündigung losgelöste und von ihrer Wirksamkeit unabhängige Annahme eines Vertragsangebots handle. Werde der Annahme unter Vorbehalt im Regelfall der schlüssige Zusatz beigelegt, der Arbeitsvertrag solle sich nur ändern, wenn die Änderungskündigung über ihre soziale Rechtfertigung nach § 1 KSchG hinaus mit der (übrigen) Rechtsordnung in Einklang stehe, sei darin keine Ablehnung des Änderungsantrags iSv § 150 Abs 2 BGB enthalten. Das Angebot werde nicht eingeschränkt, sondern unverändert akzeptiert. Der erweiterte Vorbehalt beziehe sich allein auf die bestehende Rechtslage und sei daher keine „echte" Bedingung. Das BAG[897] stützte das Ergebnis daneben mit dem von **Löwisch**[898] aufgebrachten **systematischen Argument**, das in § 7 HS 2 KSchG[899] bestimmte Erlöschen des Vorbehalts sei als angefügter Halbsatz der zuvor getroffenen Grundaussage zugeordnet. Sie versage es dem Arbeitnehmer gerade nicht, sich nach Ablauf der Klagefrist auf sonstige Unwirksamkeitsgründe zu berufen, klammere diese vielmehr aus der angeordneten Rechtsfolge der Wirksamkeit der Kündigung aus. Schließlich verwies das BAG auf die **Gesetzesgeschichte** des mit dem KSchG 1969 angefügten zweiten Halbsatzes des § 7 KSchG: Die Norm habe nur die Mög-

---

896 BAG 28.5.1998 – 2 AZR 615/97 – II 3 a und b AP KSchG 1969 § 2 Nr 48.
897 BAG 28.5.1998 – 2 AZR 615/97 – II 3 c AP KSchG 1969 § 2 Nr 48.
898 Löwisch 7. und 8. Aufl § 2 Rn 55.
899 § 7 KSchG war bis 31.12.2003 wie folgt gefasst: Wird die Rechtsunwirksamkeit einer sozial ungerechtfertigten Kündigung nicht rechtzeitig geltend gemacht (§ 4 Satz 1, §§ 5 und 6), so gilt die Kündigung, wenn sie nicht aus anderem Grunde rechtsunwirksam ist, als von Anfang an rechtswirksam; ein vom Arbeitnehmer nach § 2 erklärter Vorbehalt erlischt. Heute lautet § 7 KSchG: Wird die Rechtsunwirksamkeit einer Kündigung nicht rechtzeitig geltend gemacht (§ 4 Satz 1, §§ 5 und 6), so gilt die Kündigung als von Anfang an rechtswirksam; ein vom Arbeitnehmer nach § 2 erklärter Vorbehalt erlischt.

lichkeit des Arbeitnehmers, die Änderung der Arbeitsbedingungen ohne das Risiko des Arbeitsplatzverlusts gerichtlich überprüfen zu lassen, bestätigen wollen. Dagegen lasse sich den Gesetzesmaterialien nicht entnehmen, dass der Arbeitnehmer, der eine Änderungskündigung erhalten habe, schlechtergestellt werden solle als derjenige, der einer Beendigungskündigung ausgesetzt sei.

Diese Rechtsprechung kann **mit Rost**[900] jedenfalls nach der Änderung des § 7 HS 1 KSchG nicht aufrechterhalten werden.[901] Dafür sprechen die in der Entscheidung vom 28.5.1998[902] selbst genannten Argumente. Dem BAG ist darin zuzustimmen, dass der Arbeitnehmer mit seiner Vorbehaltsannahme iSv § 2 KSchG regelmäßig nur zum Ausdruck bringt, er wolle seinen Arbeitsplatz auf jeden Fall behalten und aus diesem Grund die ihm mit der Kündigung unfreiwillig vorgegebene Vertragsänderung akzeptieren, „wenn alle Stricke reißen sollten".[903] Er behält sich gewöhnlich die Geltendmachung sonstiger Unwirksamkeitsgründe iSv § 13 Abs 3 KSchG vor.[904] Andere Mängel als die Sozialwidrigkeit der Kündigung kann der Arbeitnehmer nach den Änderungen des § 4 Satz 1 und 2 KSchG sowie des § 7 HS 1 KSchG – mit wenigen Ausnahmen –[905] aber nur noch innerhalb der dreiwöchigen Klagefrist geltend machen. Das gilt für die Beendigungsschutzklage und – bezogen auf den Angebotsteil der Änderungskündigung – auch für die Änderungsschutzklage.[906] Obwohl der mit dem Arbeitsmarktreformgesetz geänderte § 7 HS 1 KSchG nur auf die Beendigungsschutzklage des § 4 Satz 1 KSchG verweist und § 7 HS 2 KSchG nicht modifiziert wurde, wird in den Änderungen des § 4 Satz 1 und 2 KSchG sowie den umfassenden Bezugnahmen der §§ 13 Abs 3 und 23 Abs 1 Satz 2 KSchG auf §§ 4 bis 7 KSchG der Wille des Gesetzgebers deutlich, alle Unwirksamkeitsgründe einer schriftlichen (Änderungs-)Kündigung der Klagefrist zu unterwerfen, also auch die Frage, ob die Arbeitsbedingungen wirksam geändert wurden. Das von Löwisch entwickelte und vom BAG übernommene rechtssystematische Argument führt deswegen jetzt zu der umgekehrten Lösung des Problems. Das in § 7 HS 2 KSchG angeordnete Erlöschen des Vorbehalts, das nach dem Willen des Gesetzgebers des KSchG 1969 lediglich eine rechtstechnische Folgerung der Kodifikation des bisher richterrechtlich begründeten Instituts der Änderungskündigung in §§ 2 und 4 Satz 2 KSchG sein sollte,[907] bezieht sich seit der Geltung des Arbeitsmarktreformgesetzes auf die neue Grundaussage des § 7 HS 1 KSchG. Mit ihr wollte der Reformgesetzgeber alle Mängel einer schriftlichen Kündigung an die Klagefrist binden.[908] Der das Änderungsangebot akzeptierende

176

---

900 In KR 7., 8., 9. und 10. Aufl § 7 KSchG Rn 14 c bis 14 f.
901 Ebenso zB vHH/L/Linck § 7 Rn 12.
902 BAG 28.5.1998 – 2 AZR 615/97 – II 2 und 3 AP KSchG 1969 § 2 Nr 48.
903 BAG 28.5.1998 – 2 AZR 615/97 – II 3 b AP KSchG 1969 § 2 Nr 48.
904 Rn 66.
905 Rn 4 und 139 ff.
906 Rn 66.
907 Vgl die in der Entscheidung des BAG vom 28.5.1998 – 2 AZR 615/97 – II 3 c AP KSchG 1969 § 2 Nr 48 zitierten Gesetzesmaterialien, das KSchG vom 25.8.1969 (BGBl I S 1317) und die Begründung des Regierungsentwurfs eines ersten Gesetzes zur Bereinigung arbeitsrechtlicher Vorschriften (BT-Drucks V/3913 S 9).
908 Rn 6 und 66.

Arbeitnehmer soll nicht schlechtergestellt werden als ein Arbeitnehmer, dem eine Beendigungskündigung zugeht,[909] aber auch nicht besser. Ist die **Klagefrist verstrichen, kann sich der Arbeitnehmer, der das mit der Änderungskündigung verbundene Änderungsangebot unter dem Vorbehalt des § 2 Satz 1 KSchG angenommen hat, deshalb seit 1.1.2004 in einer späteren allgemeinen Feststellungsklage oder einer Leistungsklage nicht mehr auf sonstige Mängel iSv § 13 Abs 3 KSchG berufen.** Das gilt selbst dann, wenn er in der Dreiwochenfrist keine punktuelle Kündigungsschutzklage erhoben hat, also keine Bindungswirkung eines klageabweisenden Urteils besteht.

---

909 BAG 28.5.1998 – 2 AZR 615/97 – II 3 c AP KSchG 1969 § 2 Nr 48.

§ 5 Zulassung verspäteter Klagen

(1) ¹War ein Arbeitnehmer nach erfolgter Kündigung trotz Anwendung aller ihm nach Lage der Umstände zuzumutenden Sorgfalt verhindert, die Klage innerhalb von drei Wochen nach Zugang der schriftlichen Kündigung zu erheben, so ist auf seinen Antrag die Klage nachträglich zuzulassen. ²Gleiches gilt, wenn eine Frau von ihrer Schwangerschaft aus einem von ihr nicht zu vertretenden Grund erst nach Ablauf der Frist des § 4 Satz 1 Kenntnis erlangt hat.

(2) ¹Mit dem Antrag ist die Klageerhebung zu verbinden; ist die Klage bereits eingereicht, so ist auf sie im Antrag Bezug zu nehmen. ²Der Antrag muß ferner die Angabe der die nachträgliche Zulassung begründenden Tatsachen und der Mittel für deren Glaubhaftmachung enthalten.

(3) ¹Der Antrag ist nur innerhalb von zwei Wochen nach Behebung des Hindernisses zulässig. ²Nach Ablauf von sechs Monaten, vom Ende der versäumten Frist an gerechnet, kann der Antrag nicht mehr gestellt werden.

(4) ¹Das Verfahren über den Antrag auf nachträgliche Zulassung ist mit dem Verfahren über die Klage zu verbinden. ²Das Arbeitsgericht kann das Verfahren zunächst auf die Verhandlung und Entscheidung über den Antrag beschränken. ³In diesem Fall ergeht die Entscheidung durch Zwischenurteil, das wie ein Endurteil angefochten werden kann.

(5) ¹Hat das Arbeitsgericht über einen Antrag auf nachträgliche Klagezulassung nicht entschieden oder wird ein solcher Antrag erstmals vor dem Landesarbeitsgericht gestellt, entscheidet hierüber die Kammer des Landesarbeitsgerichts. ²Absatz 4 gilt entsprechend.

I. Gesetzeszweck, Privilegierung werdender Mütter, Abgrenzung von §§ 233 ff ZPO 1	
II. Begründetheit des Antrags, § 5 Abs 1 KSchG 7	
1. Versäumung der Klagefrist des § 4 Satz 1 KSchG und andere Vorfragen als Voraussetzungen des Antrags? Bindungswirkung der Entscheidung über die Zulassung? 8	
2. Kein Verschulden 11	
a) Verschuldensmaßstab 12	
b) Zurechnung fremden Verschuldens von gesetzlichen Vertretern und Prozessbevollmächtigten............. 13	
aa) Zurechnung eigenen Handelns des Prozessbevollmächtigten 14	
bb) Zurechnung des Verhaltens seiner Hilfspersonen, insbesondere seines Personals 21	
III. Zulässigkeit des Antrags 23	
1. § 5 Abs 2 KSchG.......... 24	
a) Form................... 24	
b) Inhalt 25	
aa) Verbindung mit der Klageerhebung....... 25	
bb) Vortrag der Tatsachen, die die nachträgliche Zulassung begründen sollen, Angabe der Mittel ihrer Glaubhaftmachung 26	
2. § 5 Abs 3 KSchG.......... 31	
a) Antragsfrist, § 5 Abs 3 Satz 1 KSchG.......... 32	
aa) Beginn und Gegenstand 32	
bb) Problem: Anrufung eines unzuständigen Gerichts 35

Gallner

b) Absolute zeitliche Grenze der nachträglichen Zulassung, § 5 Abs 3 Satz 2 KSchG ... 36
c) Berechnung ... 37
d) Wiedereinsetzung in die Fristen des § 5 Abs 3 KSchG? ... 38
3. Rechtsschutzbedürfnis ... 39
IV. Übersicht über einzelne Sachverhaltsgestaltungen fehlenden Verschuldens ... 40
1. Übermittlungsschwierigkeiten bei der Anrufung des Gerichts ... 41
 a) Grundsatz ... 41
 b) Einzelheiten ... 42
 aa) Volle Ausschöpfung der Frist und Zugangserschwerungen aufseiten des Gerichts ... 43
 bb) Einwurf in den gewöhnlichen Briefkasten statt in den Nachtbriefkasten außerhalb der Dienstzeiten ... 44
 cc) Postlaufzeiten ... 45
2. Rechtsunkenntnis ... 46
 a) Unterscheidung ... 46
 aa) Zuverlässige und zur rechtlichen Beratung für eine Kündigungsschutzklage geeignete Ansprechpartner ... 47
 bb) Ungeeignete Stellen ... 49
 cc) Sonderfall ... 51
 b) Weitere Einzelfälle ... 52
 aa) Unter die Bedingung der Gewährung von Prozesskostenhilfe gestellte Kündigungsschutzklage ... 52
 bb) Abgewartete Deckungszusage einer Rechtsschutzversicherung ... 53
 cc) Rechtzeitig erhobene Klage, die den Erfordernissen des § 253 ZPO jedoch nicht genügt ... 54
 dd) Rücknahme der Kündigungsschutzklage ... 55

3. Tatsächliche Hindernisse, die aus der Sphäre des Arbeitnehmers herrühren ... 56
 a) Zugegangene, aber nicht tatsächlich zur Kenntnis genommene Kündigung ... 57
 aa) Ortsabwesenheit, Haft und Urlaub ... 58
  (1) Rückkehr nach Ablauf der Dreiwochenfrist des § 4 Satz 1 KSchG ... 59
  (2) Rückkehr innerhalb der Klagefrist ... 60
 bb) Durch Familienangehörige oder andere Mitbewohner nicht ausgehändigte Kündigung ... 61
 cc) Mangelnde Sprachkenntnis ... 62
 b) Krankheit ... 63
V. Entscheidung über den Antrag, § 5 Abs 4 und 5 KSchG ... 66
1. Form und Inhalt der Entscheidung ... 66
2. Besetzung und Entscheidung des Gerichts ... 68
3. Säumnis ... 71
 a) Säumnis des klagenden Arbeitnehmers ... 72
 b) Säumnis des Arbeitgebers ... 74
VI. Rechtsmittel ... 75
1. Berufung ... 75
2. Formal fehlerhafte Entscheidung des Arbeitsgerichts ... 77
VII. Bindungswirkung des Zwischenurteils ... 78
1. Fehlendes Verschulden und Versäumung der Klagefrist ... 79
2. Bindende Feststellung der Voraussetzungen des allgemeinen Kündigungsschutzes? ... 80
3. Bindende Zurückweisung des Zulassungsantrags ... 81
VIII. Kosten und Streitwert ... 83

I. Gesetzeszweck, Privilegierung werdender Mütter, Abgrenzung von §§ 233 ff ZPO

§ 5 KSchG setzt dem rein objektiven Zeitablauf der Klagefrist des § 4 Satz 1 KSchG ein Korrektiv entgegen. Die Norm ermöglicht die verspätete Kündigungsschutzklage aufgrund eines subjektiven Umstands, des **fehlenden Verschuldens** an der Versäumung der Dreiwochenfrist. Unter dieser Voraussetzung genießt die **Einzelfallgerechtigkeit** durch nachträglich ermöglichten Rechtsschutz Vorrang vor der durch die Klagefrist geschaffenen Rechtssicherheit. Individuelle Härten müssen ihrerseits wieder zugunsten der Rechtssicherheit zurücktreten, wenn zwischen dem Ende der Dreiwochenfrist und dem Antrag auf nachträgliche Zulassung über sechs Monate liegen (§ 5 Abs 3 Satz 2 KSchG). Danach soll sich der Arbeitgeber darauf verlassen können, dass die Unwirksamkeit der **schriftlichen** Kündigung nicht länger in Zweifel gezogen wird. Da die Klagefrist seit 1.1.2004 mit Ausnahme des Schriftformerfordernisses und einiger rechtsgeschäftlicher Mängel[1] **alle übrigen Unwirksamkeitsgründe** erfasst, beschränkt sich auch die nachträgliche Zulassung nicht länger auf die versäumte fristgerechte Geltendmachung der Sozialwidrigkeit der Kündigung. Die Verweisung auf § 5 KSchG in § 113 Abs 2 Satz 2 InsO wurde folgerichtig aufgehoben. 1

Der durch das Gesetz zu Reformen am Arbeitsmarkt[2] eingefügte **Satz 2 des Absatzes 1** berücksichtigt an der gesetzestechnisch richtigen Stelle den nach Art 6 Abs 4 GG gebotenen Vorrang des § 9 Abs 1 Satz 1 HS 2 MuSchG vor dem durch die Klagefrist geschützten Interesse an Rechtssicherheit.[3] Erfährt die **werdende Mutter** aus einem von ihr nicht zu vertretenden Grund erst nach Ablauf der Dreiwochenfrist von ihrer Schwangerschaft, rechtfertigt dieser subjektive Umstand die nachträgliche Zulassung der Klage.[4] Das Problem stellte sich bis 31.12.2003 nicht, weil § 9 Abs 1 Satz 1 HS 2 MuSchG als sonstiger Unwirksamkeitsgrund iSv § 13 Abs 3 KSchG bis zum Inkrafttreten des Arbeitsmarktreformgesetzes nicht der Klagefrist des § 4 Satz 1 KSchG unterfiel. § 5 Abs 1 Satz 2 KSchG ist im Zusammenhang mit **§ 4 Satz 4 KSchG** zu sehen. Damit ist die Frage aufgeworfen, ob die Klagefrist des § 4 Satz 1 KSchG schon mit Zugang der Kündigung oder erst mit Bekanntgabe des Zustimmungsbescheids beginnt.[5] Das Zusammenspiel von § 9 Abs 1 Satz 1 und Abs 3 Satz 1 MuSchG zeigt, dass § 4 Satz 4 KSchG nicht anzuwenden ist, wenn der Arbeitgeber bei Ab- 2

---

1 Zu den von punktuellem Streitgegenstand und Dreiwochenfrist ausgenommenen sonstigen Unwirksamkeitsgründen näher § 4 KSchG Rn 4 und 139 ff.
2 Gesetz vom 24.12.2003 BGBl I S 3002, in Kraft getreten am 1.1.2004.
3 Dazu zB auch KR/Friedrich § 5 KSchG Rn 7 unter Hinweis auf BT-Drucks 15/1587 S 31; Löwisch BB 2004, 154, 159 f, der zu Recht darauf hinweist, dass § 5 Abs 1 Satz 2 KSchG iVm der zweiwöchigen Antragsfrist des § 5 Abs 3 Satz 1 KSchG nichts an der aus § 9 Abs 1 Satz 1 letzter HS MuSchG folgenden Pflicht der Arbeitnehmerin ändert, dem Arbeitgeber die Schwangerschaft unverzüglich nach Kenntniserlangung mitzuteilen; Preis DB 2004, 70, 77; Schiefer/Worzalla NZA 2004, 345, 356; Spinner in: Löwisch/Spinner/Wertheimer § 5 Rn 20 f.
4 Vgl zu dieser Notwendigkeit schon im Gesetzgebungsverfahren der Novelle Löwisch NZA 2003, 689, 693 und Richardi NZA 2003, 764, 766.
5 Zu den im Zusammenhang mit § 9 MuSchG auftretenden Fragen des § 4 Satz 4 KSchG § 4 KSchG Rn 116 ff.

gabe der Kündigungserklärung **nicht wusste,** dass er eine behördliche Zustimmung einholen muss, weil er die Voraussetzung des Sonderkündigungsschutzes – die Schwangerschaft – nicht kannte.[6] Die Kündigung einer schwangeren Arbeitnehmerin ist nach § 9 Abs 1 Satz 1 MuSchG ohne behördliche Zustimmung zulässig, wenn dem Arbeitgeber die Schwangerschaft zur Zeit der Kündigung nicht bekannt war und sie ihm entweder nicht oder schuldhaft erst über zwei Wochen nach Zugang der Kündigung mitgeteilt wurde. **§ 4 Satz 4 KSchG** lässt die Klagefrist nur dann mit Bekanntgabe der Entscheidung der Behörde beginnen, wenn die Kündigung der Zustimmung einer Behörde bedarf.[7] Ein solches Zustimmungserfordernis besteht nicht, wenn der Arbeitgeber den Sonderkündigungsschutz des § 9 Abs 1 Satz 1 MuSchG nicht kennt. In diesen Fällen beginnt die Klagefrist nach § 4 Satz 1 KSchG mit **Zugang der Kündigung.**[8] Um Fallgestaltungen aufzufangen, in denen auch die Arbeitnehmerin bei Zugang der Kündigung und Ablauf der an den Zugangszeitpunkt gebundenen Dreiwochenfrist des § 4 Satz 1 KSchG nicht um ihre Schwangerschaft weiß, ist das **Korrektiv des § 5 Abs 1 Satz 2 KSchG** erforderlich. Von diesen Besonderheiten abgesehen, sind die zu § 5 KSchG entwickelten Grundsätze – insbesondere zu einer fehlerhaften rechtlichen Beratung – auch bei der Kündigung des Arbeitsverhältnisses einer schwangeren Arbeitnehmerin unverändert zu beachten.[9] Die bloße Unkenntnis der werdenden Mutter von der geänderten Gesetzeslage rechtfertigt eine nachträgliche Zulassung nicht.[10]

3 Das **Verfahren der nachträglichen Zulassung** der Kündigungsschutzklage wurde durch Art 3 des Gesetzes zur Änderung des Sozialgerichtsgesetzes und des Arbeitsgerichtsgesetzes vom 26.3.2008 mit Wirkung vom 1.4.2008 geändert (**nichtamtlich abgekürzt: SGGArbGGuaÄndG).**[11] Das Verfahren über den Antrag auf nachträgliche Zulassung ist nach § 5 Abs 4 Satz 1 KSchG mit dem Verfahren über die Kündigungsschutzklage zu verbinden. Damit verzichtet der Gesetzgeber auf das frühere obligatorische Zwischenverfahren. Regelfall ist nun das sog **Verbundverfahren.**[12] Das Arbeitsgericht kann das Verfahren aber zunächst auf die Verhandlung und Entscheidung über den Zulassungsantrag beschränken (§ 5 Abs 4 Satz 2 KSchG).[13] In diesem Fall ergeht nach § 5 Abs 4 Satz 3 KSchG ein **Zwischenurteil iSv § 303 ZPO** regelmäßig[14] in voller Kammerbesetzung, das wie ein Endurteil angefochten werden kann. Hat das Arbeitsgericht über einen Zulassungsantrag nicht entschieden oder wird ein solcher Antrag erst vor dem Landesarbeitsgericht gestellt, entscheidet das Landesarbeitsgericht idR in Kammerbesetzung über ihn (§ 5 Abs 5 Satz 1 KSchG). **Eine Zurückverweisung an das Arbeitsgericht scheidet aus.**[15] Damit soll das Verfahren

---

6 Vgl näher § 4 KSchG Rn 116.
7 Dazu detailliert § 4 KSchG Rn 114 ff; Schmidt NZA 2004, 79, 81.
8 Vgl iE § 4 KSchG Rn 113; Schmidt NZA 2004, 79, 81.
9 Dazu Rn 13 ff und 40 ff.
10 Bader NZA 2004, 65, 68 mwN.
11 BGBl I S 444, 448; dazu iE KR/Friedrich § 5 KSchG Rn 8.
12 Vgl BT-Drucks 16/7716 S 14; BAG 28.5.2009 – 2 AZR 732/08 – Rn 17 AP KSchG 1969 § 5 Nr 16; Francken/Natter/Rieker NZA 2008, 377, 380.
13 BAG 22.3.2012 – 2 AZR 224/11 – Rn 14 EzA KSchG § 5 Nr 41.
14 Vgl zu den Einzelheiten des Verfahrens Rn 66 ff.
15 BR-Drucks 820/07 S 35.

gestrafft und beschleunigt werden.[16] Das **Landesarbeitsgericht kann ohne mündliche Verhandlung** entscheiden, wenn die Parteien zustimmen. Der Übergang vom obligatorischen Zwischenverfahren im Beschlussweg auf das Urteils- oder Zwischenurteilsverfahren durch das **neue Recht** hat zur Folge, dass nun im Verfahren über die nachträgliche Zulassung unter den Voraussetzungen der §§ 72 ff ArbGG die **Revision** möglich ist.[17] Der Gesetzgeber wollte eine **bundeseinheitliche Rechtsanwendung** ermöglichen.[18] Damit sind alte Streitfragen im Zusammenhang mit der Zulassung der Rechtsbeschwerde bereinigt.[19] Das neue Recht gilt nach den Regeln des **intertemporalen Prozessrechts** auch schon für Rechtsstreitigkeiten, die bei seinem Inkrafttreten am 1.4.2008 bereits anhängig waren.[20]

Eine weitere **Kontroverse** konnte im Gesetzgebungsverfahren nicht ausgeräumt werden. Der **Bundesrat** hatte die Vorstellung geäußert, dem Antragsteller des Zulassungsverfahrens solle das Verschulden seines Prozessbevollmächtigten ausdrücklich nach **§ 85 Abs 2 ZPO** zugerechnet werden (BR-Drucks 820/07 S 20). Damit sollte eine aus Sicht des Bundesrats gegebene **Inkongruenz zu** § 233 ff ZPO beseitigt werden. Diese Vorstellung wurde nicht Gesetz. Der Zweite Senat hat § 5 KSchG nun aber aufgrund mehrerer nach Inkrafttreten des SGGArbGGuaÄndG zugelassener Revisionen so ausgelegt, dass dem Arbeitnehmer verschuldete Fehler seines Prozessbevollmächtigten bei der Versäumung der Klagefrist nach § 85 Abs 2 **ZPO zuzurechnen sind**.[21]

Auch die **Wiedereinsetzungsbestimmungen der** §§ 233 ff ZPO durchbrechen im Interesse der Einzelfallgerechtigkeit Fristerfordernisse. Ihre Regelungsgegenstände unterscheiden sich jedoch von denen des § 5 KSchG.[22] Während § 5 KSchG es erlaubt, die Kündigungsschutzklage verspätet zu erheben, beseitigt die Wiedereinsetzung die Folgen der Versäumung von Not- und Rechtsmittelbegründungsfristen, der Begründungsfristen der Nichtzulassungsbeschwerde und der Rechtsbeschwerde sowie der Wiedereinsetzungsfrist selbst. Unabhängig davon, ob die Dreiwochenfrist mit dem BAG als prozessuale Klageerhebungsfrist oder mit Teilen des Schrifttums wegen der Wirksamkeitsfiktion des § 7 HS 1 KSchG als materielle Frist eingeordnet wird,[23] verliert der Arbeitnehmer sein Klagerecht, wenn die Frist ungenutzt verstreicht und weder die Voraussetzungen des § 6 KSchG

---

16 BT-Drucks 16/7716 S 15.
17 BAG 11.12.2008 – 2 AZR 472/08 – Rn 18 AP KSchG 1969 § 4 Nr 68.
18 BT-Drucks 16/7716 Anlage 1 S 7, 25; vgl auch BAG 11.12.2008 – 2 AZR 472/08 – Rn 37 AP KSchG 1969 § 4 Nr 68.
19 Vgl dazu die 3. Aufl § 5 KSchG Rn 75 a f.
20 Näher BAG 11.12.2008 – 2 AZR 472/08 – Rn 12 ff AP KSchG 1969 § 4 Nr 68; bestätigt von BAG 28.5.2009 – 2 AZR 732/08 – Rn 12 AP KSchG 1969 § 5 Nr 16.
21 Grundlegend BAG 11.12.2008 – 2 AZR 472/08 – Rn 20 ff AP KSchG 1969 § 4 Nr 68 (Rechtsanwalt); fortgeführt von BAG 28.5.2009 – 2 AZR 548/08 – Rn 12 ff AP KSchG 1969 § 5 Nr 15 (Gewerkschafts- und später Rechtssekretär); BAG 24.11.2011 – 2 AZR 614/10 – Rn 15 NZA 2012, 413; BAG 22.3.2012 – 2 AZR 224/11 – Rn 41 EzA KSchG § 5 Nr 41; BAG 25.4.2013 – 6 AZR 49/12 – Rn 87, 96 EzA-SD 2013 Nr 14, 4; dazu näher Rn 13 ff.
22 Thüringer LAG 19.11.2013 – 1 Sa 82/13.
23 Zu der Kontroverse § 4 KSchG Rn 111 mit Nachweisen und KR/Friedrich § 4 KSchG Rn 136.

noch die des § 5 KSchG erfüllt sind. § 5 KSchG ermöglicht den **ersten Zugang** zu Gericht, während die Wiedereinsetzungsregeln die **Fortsetzung des Prozesses** gewährleisten.

6 Werden diese **verschiedenen Zwecke** bedacht, erstaunt die unterschiedliche historische Entwicklung von nachträglicher Zulassung und Wiedereinsetzung nicht. Der Wortlaut des jetzigen § 5 KSchG und früheren § 4 KSchG ist seit Inkrafttreten des KSchG am 13.8.1951 bis heute im Hinblick auf die jetzt in § 5 Abs 1 Satz 1 KSchG enthaltene **materielle Zulassungsvoraussetzung** („trotz Anwendung aller ihm nach Lage der Umstände zuzumutenden Sorgfalt verhindert") unverändert geblieben. Durch die Novelle vom 14.8.1969[24] änderte sich lediglich die Paragraphenfolge, weil die Änderungskündigung erstmals in § 2 KSchG geregelt wurde. Die **weiteren Änderungen** des § 5 KSchG durch das Arbeitsgerichtsbeschleunigungsgesetz,[25] das Gesetz zu Reformen am Arbeitsmarkt[26] und das SGGArbGGuaÄndG[27] berührten den materiellen Zulassungsgrund nicht.[28] § 233 ZPO aF gewährte dagegen ursprünglich nur dann Wiedereinsetzung, wenn die Partei durch Naturereignisse oder andere unabwendbare Zufälle gehindert worden war, eine Not- oder Rechtsmittelbegründungsfrist zu wahren. Der unabwendbare Zufall wurde als Ereignis verstanden, das die äußerste nach den Umständen angemessene und vernünftigerweise zu erwartende Sorgfalt weder abwehren noch in seinen schädlichen Folgen verhindern konnte, verlangte demnach mehr als bloßes fehlendes Verschulden.[29] Bis zu der Neufassung der Wiedereinsetzungsvorschriften durch die am 1.7.1977 in Kraft getretene sog Vereinfachungsnovelle[30] wurde in Rechtsprechung und Literatur die Auffassung vertreten, die für die Wiedereinsetzung entwickelten Grundsätze könnten auf die nachträgliche Zulassung der Kündigungsschutzklage übertragen werden.[31] Die aktuelle Fassung des § 233 ZPO („ohne ihr Verschulden") scheint demgegenüber weiter oder auch milder zu sein als die des § 5 Abs 1 Satz 1 KSchG („trotz Anwendung aller ihm nach Lage der Umstände zuzumutenden Sorgfalt"). Es kann offenbleiben, ob diese Einschätzung und die frühere Anwendung der Wiedereinsetzungsregeln auf die nachträgliche Zulassung zutreffen. Selbst wenn dem zugestimmt wird, entspricht die von § 233 ZPO „überholte" strengere Formulierung des § 5 Abs 1 Satz 1 KSchG dem hinter §§ 4 ff KSchG stehenden **Sinn**. Sie ist **system- und interessengerecht**. Der Arbeitgeber soll möglichst rasch Klarheit darüber gewinnen, ob der Arbeitnehmer die Kündigung hinnimmt oder ihre Unwirksamkeit gerichtlich geltend machen will.[32] Vor der verspäteten Erhebung der Kündigungsschutzklage weiß der Arbeitgeber

---

24 BGBl I S 1106, 1111.
25 Gesetz vom 30.3.2000, BGBl I S 333.
26 Gesetz vom 24.12.2003, BGBl I S 3002, in Kraft getreten am 1.1.2004.
27 Nichtamtliche Abkürzung des Gesetzes zur Änderung des Sozialgerichtsgesetzes und des Arbeitsgerichtsgesetzes vom 26.3.2008, in Kraft getreten am 1.4.2008, BGBl I S 444.
28 Zu der Gesetzesentwicklung des § 5 KSchG KR/Friedrich § 5 KSchG Rn 4 ff; s auch APS/Hesse § 5 KSchG Rn 2.
29 KR/Friedrich § 5 KSchG Rn 23 mwN.
30 Vom 3.12.1976, BGBl I S 3281.
31 KR/Friedrich § 5 KSchG Rn 22 mwN.
32 IE § 4 KSchG Rn 2, 34 ff; § 6 KSchG Rn 1.

nicht, dass der Arbeitnehmer die Kündigung nicht akzeptieren will. Es ist also gerechtfertigt, den **Zweck der frühen Kenntnis** nur unter engen Voraussetzungen zurücktreten zu lassen. Im Fall der Wiedereinsetzung ist der Gegner im Unterschied dazu durch den bereits angestrengten Rechtsstreit gewarnt. Die Grundsätze der heutigen Wiedereinsetzung können deshalb nicht auf die nachträgliche Zulassung übertragen werden.

II. Begründetheit des Antrags, § 5 Abs 1 KSchG

Da die Zulässigkeitsvoraussetzungen der Absätze 2 und 3 an das materielle Erfordernis **fehlenden Verschuldens** an der – gegebenen oder möglichen[33] – Versäumung der Klagefrist geknüpft und losgelöst von ihm betrachten unverständlich sind, muss systemwidrig mit der Erläuterung von § 5 Abs 1 KSchG begonnen werden.

1. Versäumung der Klagefrist des § 4 Satz 1 KSchG und andere Vorfragen als Voraussetzungen des Antrags? Bindungswirkung der Entscheidung über die Zulassung?

Begründet ist das Zulassungsgesuch nach § 5 Abs 1 Satz 1 KSchG, wenn ein Arbeitnehmer trotz Anwendung aller ihm nach Lage der Umstände zuzumutenden Sorgfalt **verhindert ist, die Klage innerhalb von drei Wochen nach Zugang der Kündigung zu erheben.** Der Wortlaut des Gesetzes legt es damit nahe, für die Zulassung nicht nur das fehlende Verschulden, sondern auch die Fristversäumung selbst zu verlangen. Darauf deutet außerdem § 5 Abs 3 Satz 2 KSchG hin, der den Beginn der Sechsmonatsfrist von dem Ende der versäumten Frist abhängig macht. Darüber hinaus scheint es – zumindest auf den ersten Blick – der Prozessökonomie zuwiderzulaufen, wenn das (subjektive) Verschulden an dem (objektiven) Umstand der verspäteten Klage geprüft wird. Die objektive Tatsache ist aber nicht selbst Gegenstand der Kontrolle. Auf diese Weise wird eine **hypothetische Prüfung** vorgenommen. Der Streit über die Beantwortung der Frage wurde früher – vor der Änderung durch das Gesetz zur Änderung des Sozialgerichtsgesetzes und des Arbeitsgerichtsgesetzes –[34] wegen ihrer Auswirkungen auf die der materiellen Rechtskraft gleichstehende Bindungswirkung der Entscheidung über die nachträgliche Zulassung ausgesprochen erbittert geführt.[35] Wurde angenommen, der die Zulassung zurückweisende Beschluss binde die Entscheidung des Kündigungsschutzprozesses nicht allein hinsichtlich der Feststellung, dass kein Zulassungsgrund bestehe, vielmehr auch insoweit, als die Klagefrist versäumt sei, konnte die Klage nur noch als **unbegründet** abgewiesen werden. Anderes galt lediglich dann, wenn die Kündigung an einem Schriftformverstoß oder bestimmten rechtsgeschäftli-

---

33 Dazu Rn 8 ff.
34 Gesetz vom 26.3.2008, in Kraft getreten am 1.4.2008, BGBl I S 444, nichtamtlich abgekürzt: SGGArbGGuaÄndG.
35 Vgl dazu KR/Friedrich § 5 KSchG Rn 169 c; s auch APS/Hesse § 5 KSchG Rn 7, 65 und 104.

chen Mängeln[36] litt und die Kündigungsschutzklage deshalb nach Ablehnung der Zulassung in Richtung einer allgemeinen Feststellungsklage umgestellt oder als solche ausgelegt wurde. Wurde der Meinung, die eine bindende Feststellung der Versäumung der Klagefrist annahm, gefolgt, präjudizierte das LAG als Beschwerdegericht des zweiten Rechtszugs durch seine endgültige Entscheidung über die Zulassung[37] zugleich das Urteil im Kündigungsschutzrechtsstreit, obwohl den Parteien für ihn unter den Voraussetzungen des § 72 ArbGG drei Rechtszüge offenstehen. Der Beschwerte verlor zwar keine Instanz, wohl aber die Möglichkeit, die Frage der Versäumung der Klagefrist außerhalb des Zulassungsverfahrens durch das Arbeitsgericht, die Berufungskammer und den Revisionssenat überprüfen zu lassen. **Das ist heute anders.** Das Zulassungsverfahren kann nach der **Novelle durch Art 3 des SGGArbGGuaÄndG**[38] in die Revision gelangen.[39] Das Zulassungsverfahren erleichtert zudem anders als das Hauptsacheverfahren die Beweisführung. § 5 Abs 2 Satz 2 KSchG erlaubt die bloße **Glaubhaftmachung**, die nach § 294 Abs 1 ZPO nicht nur mithilfe der fünf Mittel des Strengbeweises, sondern auch durch **eidesstattliche Versicherung** erfolgen kann. Daneben lässt die Bestimmung als Beweisergebnis einen geringeren Grad der Wahrscheinlichkeit als die volle Überzeugung nach § 286 Abs 1 Satz 1 ZPO genügen.[40]

9 Das **BAG** stand schon zu der Rechtslage vor dem SGGArbGGuaÄndG[41] auf dem Standpunkt, die Bindungswirkung des Beschlusses, mit dem die Beschwerdekammer den Antrag auf nachträgliche Zulassung zurückweise oder die entsprechende Entscheidung des Arbeitsgerichts bestätige, erstrecke sich auch auf die Feststellung, dass die Kündigungsschutzklage verspätet sei.[42] Das Ergebnis begründete es sowohl mit dem **Wortlaut** als auch mit dem **Zweck** des § 5 KSchG. Das BAG leitete die **Tatsache der Bindungswirkung** zunächst wie folgt her: Obgleich es sich bei dem Verfahren über die nachträgliche Zulassung einer Kündigungsschutzklage um einen von zwei materiellen Verfahrensabschnitten in ein und demselben Kündigungsschutzrechtsstreit handle, gelte § 318 ZPO **entsprechend** für den unabänderlichen und damit der formellen Rechtskraft fähigen Beschluss des

---

36 Zu den der punktuellen Antragsfassung und der Klagefrist des § 4 Satz 1 KSchG nicht unterfallenden rechtsgeschäftlichen Mängeln näher § 4 KSchG Rn 4 und 139 ff; zu der in diesem Fall zu wählenden allgemeinen Feststellungsklage iSv § 256 Abs 1 ZPO § 4 KSchG Rn 10.
37 § 5 Abs 4 Satz 2 KSchG, § 78 Satz 3 HS 1 ArbGG, §§ 567, 569 ff ZPO.
38 Gesetz zur Änderung des Sozialgerichtsgesetzes und des Arbeitsgerichtsgesetzes vom 26.3.2008, in Kraft getreten am 1.4.2008, BGBl I S 444, nichtamtlich abgekürzt: SGGArbGGuaÄndG.
39 Vgl iE Rn 3 und 66.
40 Rn 28.
41 Gesetz zur Änderung des Sozialgerichtsgesetzes und des Arbeitsgerichtsgesetzes vom 26.3.2008, in Kraft getreten am 1.4.2008, BGBl I S 444, nichtamtlich abgekürzt: SGGArbGGuaÄndG.
42 BAG 28.4.1983 – 2 AZR 438/81 – B II 2 und III AP KSchG 1969 § 5 Nr 4 mit insoweit abl Anm Grunsky; BAG 5.4.1984 – 2 AZR 67/83 – B I AP KSchG 1969 § 5 Nr 6; sich dem anschließend bspw LAG Hamm 7.11.1985 – 8 Ta 34/85 – A 2 a und b AP KSchG 1969 § 5 Nr 8; LAG Hamm 24.3.1988 – 8 Ta 35/88 – 2 AP KSchG 1969 § 5 Nr 9.

LAG über die Zulassung.⁴³ Dieser Obersatz ist mittlerweile insofern relativiert, als das BAG seine Meinung, die Klagefrist sei dem materiellen Bereich zuzuordnen, schon mit Urteil vom 26.6.1986⁴⁴ jedenfalls verdeutlicht oder sogar faktisch aufgegeben hat. Bei der Dreiwochenfrist handelt es sich um eine **prozessuale Klageerhebungsfrist**, mag die Klage infolge der Fristversäumung auch aufgrund der Fiktion des § 7 HS 1 KSchG als unbegründet abzuweisen sein. § 329 ZPO regelt – wie das BAG in der ebenfalls älteren Entscheidung vom 28.4.1983⁴⁵ erläutert – die Wirkungen von Beschlüssen nur unvollständig, indem er zB auf §§ 318 und 322 ZPO nicht verweist. In Analogie zu § 318 ZPO band der die Zulassung ablehnende Beschluss sowohl das Arbeitsgericht als auch die Berufungskammer. Dabei waren Beschwerde- und Berufungskammer als dasselbe Gericht iSd Vorschrift zu behandeln. Die Bindung beruhte zwar **nicht auf innerer Rechtskraft**, der auch ein Zwischenurteil nach § 303 ZPO nicht fähig ist, **hatte aber die gleiche Wirkung wie sie**. Wird dem BAG zugestimmt, ist das für die neue Rechtslage unter Geltung des SGGArbGGuaÄndG⁴⁶ erst recht anzunehmen. Soweit das **Zwischenurteil** iSv § 5 Abs 4 Satz 3 KSchG, § 303 ZPO der materiellen Rechtskraft nicht fähig ist, sind die bisherigen Erwägungen des BAG zugrunde zu legen. Sonst gilt § 322 Abs 1 ZPO. Der Zweite Senat hat seine Rechtsprechung aus den Achtzigerjahren zudem mit verschiedenen jüngeren **Urteilen** fortgeführt und angenommen, die Gerichte für Arbeitssachen dürften nur dann über den Zulassungsantrag entscheiden, **wenn sie die Klagefrist für versäumt hielten**.⁴⁷ Über einen (Hilfs-)Antrag auf nachträgliche Zulassung der Kündigungsschutzklage könne nur entschieden werden, wenn das Tatsachengericht zu der Ansicht gelangt sei, **dem Arbeitnehmer sei überhaupt eine Kündigungserklärung zugegangen** und **der Arbeitnehmer habe die Klagefrist nicht eingehalten**.⁴⁸ Ich bin nach wie vor anderer Meinung, halte es aber für unergiebig, dem Leser weiter eine **Mindermeinung** anzubieten, die die tägliche praktische Rechtsanwendung erschwert. Deshalb beziehe ich mich für meine abweichende Auffassung auf **Rn 7 bis 12 der 3. Auflage**. Wird dem Zweiten Senat gefolgt, umfasst die **Bindungswirkung** des Zwischen- oder Endurteils im Hinblick auf die Frage der Zulassung sowohl das **(fehlende) Verschulden an der Fristversäumnis** als auch die **(fehlende) Fristversäumnis** selbst.⁴⁹ Besonders in-

---

43 Um die Lesbarkeit nicht unnötig zu erschweren, gebe ich die Auffassung des BAG im Folgenden abweichend von der zweiten Aufl überwiegend im Indikativ wieder. Zugleich möchte ich aber schon an dieser Stelle darauf hinweisen, dass ich einigen seiner Thesen nicht folge.
44 2 AZR 358/85 – B II 3 b AP KSchG 1969 § 4 Nr 14; näher § 4 Rn 111.
45 2 AZR 438/81 – B II 2 und III AP KSchG 1969 § 5 Nr 4.
46 Gesetz zur Änderung des Sozialgerichtsgesetzes und des Arbeitsgerichtsgesetzes vom 26.3.2008, in Kraft getreten am 1.4.2008, BGBl I S 444, nichtamtlich abgekürzt: SGGArbGGuaÄndG.
47 BAG 28.5.2009 – 2 AZR 732/08 – Rn 17 AP KSchG 1969 § 5 Nr 16; fortgeführt von BAG 22.3.2012 – 2 AZR 224/11 – Rn 14 EzA KSchG § 5 Nr 41; Anschluss durch BAG 25.4.2013 – 6 AZR 49/12 – Rn 77 EzA-SD 2013 Nr 14, 4.
48 BAG 28.5.2009 – 2 AZR 732/08 – Rn 17 AP KSchG 1969 § 5 Nr 16; fortgeführt von BAG 22.3.2012 – 2 AZR 224/11 – Rn 14 EzA KSchG § 5 Nr 41; BAG 25.4.2013 – 6 AZR 49/12 – Rn 77 EzA-SD 2013 Nr 14, 4; so auch schon BAG 13.12.2007 – 2 AZR 818/06 – Rn 32, AP KSchG 1969 § 4 Nr 64.
49 KR/Friedrich § 5 KSchG Rn 169 c.

teressant erscheint mir, ob der Zweite Senat die **Voraussetzungen des Kündigungsschutzgesetzes** nach wie vor nicht in den **Prüfungsgegenstand** des **Zulassungsverfahrens** einbeziehen wird. In seiner Entscheidung vom 5.4.1984[50] hatte er den **Prüfungsgegenstand** des Zulassungsverfahrens noch begrenzt. Ihm unterfalle zwar die Versäumung der Klagefrist, **nicht aber die Anwendbarkeit des KSchG oder andere Vorfragen**. Nicht zu überprüfen waren deshalb zB die Fragen, ob die **Wartezeit** nach § 1 Abs 1 KSchG vollendet ist, die **Mindestbeschäftigtenzahl** des § 23 Abs 1 Satz 2 KSchG erreicht ist oder die Bestimmungen des ersten Abschnitts auf den gesetzlichen Vertreter einer juristischen Person iSv § 14 Abs 1 Nr 1 KSchG oder den zur Vertretung einer Personengesamtheit iSv § 14 Abs 1 Nr 2 KSchG berufenen Vertreter nicht anzuwenden sind. Hier ist **Vorsicht geboten**: Diese Aussagen hat der Zweite Senat in seiner Entscheidung vom 28.5.2009 **nicht wiederholt**.[51]

10   Obwohl die Anwendbarkeit des KSchG meines Erachtens nicht Prüfungsgegenstand des Zulassungsverfahrens ist und eine entsprechende Feststellung deshalb keine Bindungswirkung für die Entscheidung des Kündigungsschutzprozesses entfalten kann, war der Zulassungsantrag bis 31.12.2003 unstatthaft und damit **unzulässig**, wenn der **Arbeitnehmer selbst** Tatsachen vorbrachte, die die Geltung des KSchG ausschlossen.[52] Diese vermeintlich widersprüchliche Aussage erklärte sich aus dem seinerseits **widersprüchlichen Verhalten** des Arbeitnehmers. Ihm konnte das Recht, die punktuelle Kündigungsschutzklage des § 4 Satz 1 KSchG zu erheben, nach seinem eigenen Vortrag nicht zustehen. Die Klagefrist des § 4 Satz 1 KSchG war bis zum Inkrafttreten des Arbeitsmarktreformgesetzes im Bereich der ordentlichen Kündigung auf die Überprüfung der sozialen Rechtfertigung beschränkt. Nur dieses Recht sollte dem Arbeitnehmer die nachträgliche Zulassung des § 5 KSchG erhalten. Hinsichtlich anderer Unwirksamkeitsgründe war er auf den allgemeinen, nicht fristgebundenen Feststellungsantrag des § 256 Abs 1 ZPO verwiesen.[53] Heute stellt sich dieses Problem **nur noch sehr selten**, weil die nachträgliche Zulassung auch bei der verspäteten Geltendmachung der ganz überwiegenden Mehrzahl sonstiger Unwirksamkeitsgründe[54] einer schriftlichen Kündigung nötig ist. Der punktuelle Streitgegenstand der Kündigungsschutzklage erstreckt sich inzwischen auf diese Mehrzahl anderer Unwirksamkeitsgründe und daneben auf Arbeitnehmer in der Wartezeit und in Kleinbetrieben.[55] Die beschriebene frühere Konstellation der nach dem Vortrag des Arbeitnehmers definitiv auszuschließenden Geltung des KSchG war aber auch nach früherem Recht von dem Fall zu unterscheiden, in dem der Arbeitnehmer die Anwendbarkeit des KSchG nur inzident und ohne nähere tatsächliche Ein-

---

50   BAG 5.4.1984 – 2 AZR 67/83 – B II und III AP KSchG 1969 § 5 Nr 6.
51   BAG 28.5.2009 – 2 AZR 732/08 – Rn 17 AP KSchG 1969 § 5 Nr 16; vgl zu dem Problem § 5 KSchG Rn 9 der 3. Aufl.
52   LAG Nürnberg 23.7.1993 – 7 Ta 23/93 – LAGE KSchG § 5 Nr 64; KR/Friedrich § 5 KSchG Rn 175 mwN; wohl aA APS/Hesse § 5 KSchG Rn 9.
53   v. Hoyningen-Huene/Linck 13. Aufl § 5 Rn 27a; § 4 KSchG Rn 52 f.
54   Zu den Ausnahmen, in denen weder der punktuelle Streitgegenstand noch die Dreiwochenfrist gelten, § 4 KSchG Rn 4 und 139 ff.
55   § 4 KSchG Rn 4 mwN.

zelheiten behauptete. Ob die Aussage zutraf, war gerade nicht Gegenstand der Prüfung des Zulassungsverfahrens. Der Zulassungsantrag war statthaft und ist es auch unter Geltung des Arbeitsmarktreformgesetzes noch. Dagegen war und ist der Zulassungsantrag früher wie heute unzulässig, wenn der Arbeitnehmer selbst Tatsachen vorträgt, die die Versäumung der Klagefrist definitiv ausschließen, sie also nicht nur als zweifelhaft erscheinen lassen. Einen materiellen Zulassungsgrund iSv § 5 Abs 1 Satz 1 KSchG kann es hier nicht geben. Ob man in dieser Konstellation Unstatthaftigkeit oder fehlendes Rechtsschutzbedürfnis annehmen will, hat auf das Ergebnis der Unzulässigkeit des Antrags keinen Einfluss.[56]

2. Kein Verschulden

§ 5 KSchG erlaubt die nachträgliche Zulassung der Klage nur, wenn der Arbeitnehmer trotz Anwendung **aller** ihm nach Lage der Umstände zuzumutenden Sorgfalt verhindert war, die Klage innerhalb von drei Wochen nach Zugang der Kündigung zu erheben. Der Zulassungsgrund besteht in der möglichen, aber jedenfalls unverschuldeten Versäumung der Klagefrist. Herkömmlich wird wegen der vom Gesetz geforderten Anwendung „aller" Sorgfalt die Formulierung verwandt, es seien **strenge** Anforderungen zu stellen.[57] Dafür spricht die Funktion der Dreiwochenfrist, die frühzeitig Rechtsklarheit und -sicherheit schaffen soll.[58] Der Zulassung schadet also auch **leichte Fahrlässigkeit**.[59] 11

a) Verschuldensmaßstab. Der Wortlaut des § 5 Abs 1 Satz 1 KSchG erlegt dem Arbeitnehmer einerseits zwar alle, aber doch nur die ihm nach Lage der Umstände zuzumutende Sorgfalt auf. Fahrlässig idS handelt der **konkret** betroffene Arbeitnehmer, wenn er die ihm in seiner **individuellen** Situation und nach seinen **persönlichen Fähigkeiten** objektiv zuzumutende Sorgfalt außer Acht lässt.[60] Von einem höher qualifizierten Arbeitnehmer ist größere Sorgfalt zu erwarten als von einer angelernten Hilfskraft.[61] § 5 Abs 1 Satz 1 KSchG verlangt damit einerseits abweichend von dem Begriff des unabwendbaren Zufalls in § 233 ZPO in der bis 30.6.1977 geltenden Fassung **nicht die äußerste Sorgfalt einer besonders gewissenhaften Person**.[62] Andererseits begnügt sich die nachträgliche Zulassung nicht mit einem an § 276 BGB ausgerichteten objektiv-abstrakten Maßstab, den Tei- 12

---

56 Vgl auch APS/Hesse § 5 KSchG Rn 9, der von fehlendem Rechtsschutzinteresse ausgeht.
57 Bspw vHH/L/Linck § 5 Rn 4.
58 Vgl BAG 11.12.2008 – 2 AZR 472/08 – Rn 31 AP KSchG 1969 § 4 Nr 68.
59 Statt vieler LAG Rheinland-Pfalz 15.1.2007 – 8 Ta 258/06 – II 2; LAG Baden-Württemberg 5.8.2004 – 4 Ta 6/04 – B II 2; KR/Friedrich § 5 KSchG Rn 18 und APS/Hesse § 5 KSchG Rn 10 f. Auch LAG Baden-Württemberg 29.6.2004 – 12 Ta 11/04 – 1 a lässt im Regelfall leichte Fahrlässigkeit für das Verschulden iSv § 5 Abs 1 Satz 1 KSchG genügen, nimmt aber an, ausnahmsweise könne die Klage auch bei sehr geringer Sorgfaltspflichtverletzung nachträglich zugelassen werden.
60 Sog subjektiv-individueller Sorgfaltsmaßstab, zB LAG Köln vom 1.9.1993 – 10 Ta 118/93 – LAGE KSchG § 5 Nr 62; LAG Baden-Württemberg 29.6.2004 – 12 Ta 11/04 – 1 a; LAG Baden-Württemberg 5.8.2004 – 4 Ta 6/04 – B II 2; KR/Friedrich § 5 KSchG Rn 19 ff; APS/Hesse § 5 KSchG Rn 10, 11.
61 Vgl LAG Berlin 4.1.1982 – 9 Ta 5/81 – EzA KSchG § 5 Nr 13.
62 Rn 6.

le der Literatur für § 233 ZPO nF befürworten.⁶³ Daran wird erneut deutlich, dass die für die Wiedereinsetzungsbestimmungen der §§ 233 ff ZPO nF entwickelten Regeln überhaupt nicht oder nur mit großer Vorsicht auf die nachträgliche Zulassung der Kündigungsschutzklage übertragen werden können.⁶⁴

13 **b) Zurechnung fremden Verschuldens von gesetzlichen Vertretern und Prozessbevollmächtigten.** Der Arbeitnehmer muss sich die durch seinen Prozessbevollmächtigten oder gesetzlichen Vertreter verschuldete Versäumung der Klagefrist zurechnen lassen. Während die Zurechnung des Verschuldens gesetzlicher Vertreter wegen des Wortlauts des § 51 Abs 2 ZPO einhellig bejaht wird,⁶⁵ ist die Zurechnung des Verhaltens von Prozessbevollmächtigten nach oder entsprechend § 85 Abs 2 ZPO nach wie vor umstritten. Der Zweite Senat⁶⁶ sowie die wohl hM in der Instanzrechtsprechung und im Schrifttum befürworten sie zu Recht.⁶⁷ Der Zweite Senat zieht für die (unmittelbare) Anwendung des § 85 Abs 2 ZPO auf § 5 Abs 1 Satz 1 KSchG eine **Vielzahl von Argumenten** heran:

- den Wortlaut des § 5 KSchG,⁶⁸
- die grundsätzliche Anwendbarkeit des § 85 Abs 2 ZPO im arbeitsgerichtlichen Verfahren,⁶⁹
- die „Abkopplung" des § 85 Abs 2 ZPO aus dem Wiedereinsetzungsrecht,⁷⁰

---

63 Etwa Zöller/Greger ZPO § 233 Rn 12 f mwN: regelmäßig die Sorgfalt einer ordentlichen Prozesspartei. Greger nimmt allerdings an, das schließe es nicht aus, bei großen Unternehmen, Versicherungen, Behörden usw gesteigerte Anforderungen zu stellen. Deshalb sei bei einem Rechtsanwalt berufsbedingt eine größere Sorgfalt vorauszusetzen. Schon im Ansatz stärker individualisierend Stein/Jonas/Roth § 233 Rn 25 und 27, der im Bereich des Parteiverschuldens einen subjektiv-individuellen Maßstab anwenden will, sich iR des Anwaltsverschuldens aber – im Ergebnis ähnl wie Greger – für die übliche Sorgfalt eines ordentlichen Rechtsanwalts und damit einen objektiven Maßstab ausspricht, ohne dass es auf das konkret-individuelle Sorgfaltsvermögen oder die persönliche Rechtskunde des Anwalts ankomme.
64 Vgl auch vHH/L/Linck § 5 Rn 4.
65 Dazu LAG Frankfurt 15.11.1988 – 7 Ta 347/88 – LAGE KSchG § 5 Nr 4.
66 BAG 11.12.2008 – 2 AZR 472/08 – Rn 20 ff mit zahlreichen Nachweisen AP KSchG 1969 § 4 Nr 68 (Rechtsanwalt); fortgeführt von BAG 28.5.2009 – 2 AZR 548/08 – Rn 15 NZA 2009, 1052; BAG 24.11.2011 – 2 AZR 614/10 – Rn 15 ff NZA 2012, 413; BAG 25.4.2013 – 6 AZR 49/12 – Rn 87, 96 EzA-SD 2013 Nr 14, 4.
67 Bspw LAG Berlin 28.8.1978 – 9 Ta 7/78 – AP KSchG 1969 § 5 Nr 2; LAG Düsseldorf 20.11.1995 – 1 Ta 291/95 – EWiR 1996, 81, 82 mit Anm Kreitner; LAG Rheinland-Pfalz 28.5.1997 – 8 Ta 254/96 – II 4 NZA 1998, 55, 56; APS/Hesse § 5 KSchG Rn 28 und 28 a; grundlegend Francken Das Verschulden des Prozessbevollmächtigten S 13 ff, 92; vHH/L/Linck § 5 Rn 25 ff; Spinner in: Löwisch/Spinner/Wertheimer § 5 Rn 6 ff; aA insb der st Rechtsprechung des LAG Hamburg, bspw 24.1.1997 – 4 Ta 29/96 – LAGE KSchG § 5 Nr 85; die st Rechtsprechung des LAG Hamm, etwa 27.2.1996 – 5 Ta 106/95 – 2.3.2.a AP KSchG 1969 § 5 Nr 10; KR/Friedrich **1. bis 8.** Aufl § 5 KSchG Rn 70 mit ausf Begründung; s heute auch KR/Friedrich **9. und 10.** Aufl § 5 KSchG Rn 99; Vollkommer FS Stahlhacke S 614 f; Wenzel FS Egon Schneider S 325 ff.
68 Vgl BAG 11.12.2008 – 2 AZR 472/08 – Rn 24 AP KSchG 1969 § 4 Nr 68.
69 Vgl BAG 11.12.2008 – 2 AZR 472/08 – Rn 25 f AP KSchG 1969 § 4 Nr 68.
70 Vgl BAG 11.12.2008 – 2 AZR 472/08 – Rn 36 AP KSchG 1969 § 4 Nr 68.

- die fehlende Verengung des § 85 Abs 2 ZPO auf bestimmte Arten prozessualer Fristen[71] und die Anwendbarkeit des § 85 Abs 2 ZPO schon im Vorfeld der Klageerhebung,[72]
- den allgemeinen Rechtsgedanken der mit der Einschaltung eines Dritten im Rechtsverkehr verbundenen Erweiterung der Handlungsmöglichkeiten, aber auch des Risikos des Vertretenen (Erweiterung des Wirkungskreises, Repräsentationsprinzip),[73]
- das Interesse des Arbeitgebers und des Rechtsverkehrs an Rechtsklarheit, Rechtssicherheit und Rechtsfrieden,[74]
- den möglichen Regressanspruch des vertretenen Arbeitnehmers gegenüber dem Prozessbevollmächtigten[75] und
- die im Gesetzgebungsverfahren des SGGArbGGuaÄndG[76] mit dem Ziel der höchstrichterlichen Klärung offengelassene Frage der Zurechnung des Verschuldens des Prozessbevollmächtigten.[77]
- Dem stehen aus Gründen der Rechtskreiserweiterung nach Auffassung des Zweiten Senats auch keine verfassungsrechtlichen Bedenken aus der Rechtsweggarantie (Art 19 Abs 4 GG) und dem Rechtsstaatsprinzip (Art 20 Abs 3 GG) entgegen.[78]

aa) Zurechnung eigenen Handelns des Prozessbevollmächtigten. Zunächst 14 ist hervorzuheben, dass der Partei das Verschulden einer anderen Person auch aus Sicht der hM erst dann zugerechnet werden kann, wenn ihr rechtsgeschäftlich **Prozessvollmacht** erteilt ist. Das ergibt sich unmittelbar aus dem Wortlaut des § 85 Abs 1 Satz 1 ZPO, der sich ausschließlich auf bevorstehende[79] Prozesshandlungen oder Prozesshandlungen während eines schon anhängigen Rechtsstreits bezieht. Der für den Arbeitnehmer Handelnde muss bevollmächtigt sein, Kündigungsschutzklage zu erheben. Bevollmächtigter iSd § 85 Abs 2 ZPO ist derjenige, dem durch Rechtsgeschäft die Befugnis zur eigenverantwortlichen Vertretung der Partei erteilt wurde. Voraussetzung ist allein eine Mandatierung. Eine Vollmacht im Umfang der §§ 81 bis 83 ZPO ist nicht erforderlich. Auch wer von der Partei nur mit einzelnen Handlungen beauftragt wurde, ist Prozessbevollmächtigter iSv § 85 Abs 2 ZPO.[80] Kommt es im Fall eines **Rechtsanwalts, Gewerkschafts- oder Rechtssekretärs** nicht zu einem Mandat hierfür, sondern bleibt es bei einem Beratungsgespräch oder erfolglosen außergerichtlichen Vergleichsverhandlungen, kann ein Verschulden des Prozessbevollmächtigten, das zu einer verspäteten Klageerhebung führt, nicht zugerechnet werden. Es besteht keine andere Zurechnungsnorm. Die für den sog

---

71 Vgl BAG 11.12.2008 – 2 AZR 472/08 – Rn 27 f AP KSchG 1969 § 4 Nr 68.
72 Vgl BAG 11.12.2008 – 2 AZR 472/08 – Rn 27 f, 33 f AP KSchG 1969 § 4 Nr 68.
73 Vgl BAG 11.12.2008 – 2 AZR 472/08 – Rn 30 f, 35 AP KSchG 1969 § 4 Nr 68.
74 Vgl BAG 11.12.2008 – 2 AZR 472/08 – Rn 31 AP KSchG 1969 § 4 Nr 68.
75 Vgl BAG 11.12.2008 – 2 AZR 472/08 – Rn 32 AP KSchG 1969 § 4 Nr 68.
76 Gesetz zur Änderung des Sozialgerichtsgesetzes und des Arbeitsgerichtsgesetzes vom 26.3.2008, in Kraft getreten am 1.4.2008, BGBl I S 444, nichtamtlich abgekürzt: SGGArbGGuaÄndG.
77 Vgl BT-Drucks 16/7716 Anlage 1 S 7, 25; dazu BAG 11.12.2008 – 2 AZR 472/08 – Rn 37 AP KSchG 1969 § 4 Nr 68.
78 Vgl BAG 11.12.2008 – 2 AZR 472/08 – Rn 29 f AP KSchG 1969 § 4 Nr 68.
79 Vgl dazu BAG 11.12.2008 – 2 AZR 472/08 – Rn 33 AP KSchG 1969 § 4 Nr 68.
80 Vgl BAG 28.5.2009 – 2 AZR 548/08 – Rn 14 AP KSchG 1969 § 5 Nr 15.

Erfüllungsgehilfen geltende Bestimmung des § 278 BGB findet weder direkte noch analoge Anwendung, im Prozess gilt die **Spezialnorm des § 85 Abs 2 ZPO**. Indem der Arbeitnehmer die Klagefrist wahrt, erfüllt er zudem eine Obliegenheit gegen sich selbst, keine Verbindlichkeit iSv § 278 Satz 1 BGB (im Verhältnis zum Arbeitgeber). Für Obliegenheiten gilt § 278 BGB mangels unbewusster Regelungslücke und vergleichbarer Interessenlage auch nicht entsprechend.[81] Ist Prozessvollmacht erteilt, betrifft die Zurechnung nach § 85 Abs 2 ZPO für den Arbeitnehmer **alle Arten von Prozessbevollmächtigten**.[82] Auch der „Nichtanwalt" kann also Vertreter sein.[83] Die Vorschrift meint Rechtsanwälte einschließlich ihrer Untervertreter, allgemeinen Vertreter und Referendare[84] ebenso wie Rechtssekretäre einer Gewerkschaft usw.[85] Bei einem angestellten Rechtsanwalt kommt es zB nur darauf an, dass er den Rechtsstreit selbständig bearbeitet und nicht in einer bloßen untergeordneten Hilfsfunktion eingesetzt wird.[86]

15 Der am 1.7.1977 in Kraft getretene § 85 Abs 2 ZPO stellt das Verschulden des Prozessbevollmächtigten bei Prozesshandlungen allgemein[87] dem Verschulden des Vertretenen gleich.[88] Der **Wortlaut** des § 85 Abs 2 ZPO unterscheidet nicht danach, ob die Prozesshandlung den Rechtsstreit einleitet oder erst innerhalb eines bereits anhängigen Prozesses vorgenommen wird.[89] *Grunsky*[90] befürwortet deshalb, die Bestimmung bei verspäteter Erhebung der Kündigungsschutzklage nicht nur analog, sondern unmittelbar anzuwenden. Wird Grunsky gefolgt und § 85 Abs 2 ZPO auf den außergerichtlichen Zeitraum zwischen Vollmachtserteilung und Anhängigkeit der Klage erstreckt, braucht § 5 KSchG nicht ausdrücklich auf § 85 Abs 2 ZPO zu verweisen. Die Klageerhebung ist eine Prozesshandlung. Die allgemeine Verweisung des § 46 Abs 2 Satz 1 ArbGG genügt. Der Umstand, dass § 85 Abs 2 ZPO aus dem Kontext der Wiedereinsetzungsregeln gelöst worden ist, lässt zudem die Auslegung zu, dass er nicht notwendig aus-

---

81 Näher Grunsky Anm zu LAG Hamm 11.12.1980 – 8 Ta 173/80 – EzA KSchG § 5 Nr 8; für die Zurechnung des Verhaltens Prozessbevollmächtigter aA Rieble Anm zu LAG Hamm vom 27.1.1994 – 8 Ta 274/93 – LAGE KSchG § 5 Nr 65, der sie anstatt aus § 85 Abs 2 ZPO aus § 278 BGB herleitet.
82 Vgl BAG 28.5.2009 – 2 AZR 548/08 – Rn 14 f AP KSchG 1969 § 5 Nr 15; noch zu § 232 ZPO aF BAG 18.6.1954 – 2 AZR 54/54 – AP ZPO § 232 Nr 1.
83 BAG 28.5.2009 – 2 AZR 548/08 – Rn 14 f AP KSchG 1969 § 5 Nr 15; BGH 10.1.2002 – III ZR 62/01 – II 2 a AP ArbGG 1979 § 11 Prozessvertreter Nr 17; BGH 4.7.2000 – VI ZB 2/00 – II 1.
84 Thomas/Putzo/Hüßtege § 85 Rn 9.
85 BAG 28.5.2009 – 2 AZR 548/08 – Rn 14 f AP KSchG 1969 § 5 Nr 15 zu dem Sonderfall der Bevollmächtigung eines Rechtssekretärs der DGB Rechtsschutz GmbH und vorbereitenden Tätigkeiten eines Sekretärs der Einzelgewerkschaft; s auch schon LAG Mecklenburg-Vorpommern 18.3.1993 – 1 Ta 5/93 – AuA 1994, 86.
86 Für die st Rspr BGH 9.6.2004 – VIII ZR 86/04 – II NJW 2004, 2901.
87 Nicht nur in dem engeren Zusammenhang der Wiedereinsetzung, für den zuvor § 232 Abs 2 ZPO aF galt, der auf die nachträgliche Zulassung entsprechend angewandt wurde.
88 vHH/L/Linck § 5 Rn 25 f.
89 Ähnl BAG 11.12.2008 – 2 AZR 472/08 – Rn 27 f, 33 f AP KSchG 1969 § 4 Nr 68; s auch Rn 13.
90 Anm zu LAG Hamm 11.12.1980 – 8 Ta 173/80 – EzA KSchG § 5 Nr 8.

schließlich der Funktion sog Prozessfristen[91] dienen soll, die „Bestandskraft" bereits formell rechtskräftig gewordener Entscheidungen zu sichern.[92] Jedenfalls auf der Grundlage der Ansicht der Rechtsprechung, die die Dreiwochenfrist als **prozessuale Klageerhebungsfrist** einordnet,[93] ist es demnach folgerichtig, § 85 Abs 2 ZPO auf die nachträgliche Zulassung anzuwenden.[94] Nichts anderes gilt aber, wenn der Auffassung zugestimmt wird, wegen der Fiktion des § 7 HS 1 KSchG sei die Dreiwochenfrist als materielle Frist einzuordnen. Auch diese materielle Wirkung hängt davon ab, dass die **Prozesshandlung der Klageerhebung** vorgenommen wird.

Selbst wenn angenommen wird, § 85 Abs 2 ZPO regle unmittelbar nur die Versäumung von Prozessfristen und nicht auch die der Klagefrist, verbietet der **Zweck** des § 5 KSchG eine entsprechende Anwendung der Norm auf die Dreiwochenfrist des § 4 Satz 1 KSchG **nicht,** sondern gebietet sie. **Friedrich**[95] ist zuzugeben, dass der Arbeitnehmer, der bspw einen Rechtsanwalt beauftragt hat, Klage zu erheben, in gewisser Weise mehr getan hat als ein Arbeitnehmer, der sich lediglich hat anwaltlich beraten lassen. Obwohl dem Arbeitnehmer im letzten Fall das Verschulden des Beratenden mangels Zurechnungsnorm nicht angelastet werden kann und ein Zulassungsantrag häufig erfolgreich sein wird, weil er eine zur Rechtsberatung geeignete Stelle aufgesucht hat,[96] entsteht dennoch kein Wertungswiderspruch. Der Arbeitnehmer, der Prozessvollmacht erteilt hat, hat zugleich seinen **Wirkungskreis erweitert** und versucht, sein Klagerecht effektiv durchzusetzen. Mit der Vollmachtserteilung begibt er sich seiner **alleinigen** Verantwortung für die Erfüllung der Obliegenheit, die Klagefrist zu wahren, obwohl er weiter persönlich Klage erheben kann. Ebenso wie ihm das rechtzeitige Handeln seines Prozessbevollmächtigten zugutekommt, muss ihm dessen verspätetes Tätigwerden schaden. Ohne zu verkennen, dass Kausalität und Schaden nicht immer leicht darzulegen und zu beweisen sein werden, ist das im „Innenverhältnis" geeignete Instrument, ein Verschulden des Prozessbevollmächtigten an der Versäumung der Klagefrist zu kompensieren, ein **Schadensersatzanspruch.**[97] Der Arbeitnehmer, der sich lediglich beraten lässt, ist demgegenüber nach wie vor auf seine eigene Initiative verwiesen, die Klage rechtzeitig zu erheben. Für diesen nicht ausschließlich von der Beratung, sondern noch von anderen Zwischenursachen abhängigen Akt kann der Arbeitnehmer sich einerseits keinen Dritten zunutze, ihn andererseits aber auch nicht haftbar machen. Aus demselben

---

91 Dh Not-, Rechtsmittelbegründungs-, Rechtsbeschwerde- und Wiedereinsetzungsfristen; idS auch BAG 11.12.2008 – 2 AZR 472/08 – Rn 27, 36 AP KSchG 1969 § 4 Nr 68; näher Rn 13.
92 **AA** Vollkommer FS Stahlhacke S 599, 613.
93 Detailliert § 4 KSchG Rn 111 mit Nachweisen zu der Gegenmeinung.
94 BAG 11.12.2008 – 2 AZR 472/08 – Rn 20 ff mit zahlreichen Nachweisen AP KSchG 1969 § 4 Nr 68; fortgeführt von BAG 28.5.2009 – 2 AZR 548/08 – Rn 12 ff AP KSchG 1969 § 5 Nr 15; **aA** Vollkommer FS Stahlhacke S 599, 606, 613; dazu auch gleich Rn 16 f.
95 In KR **1. bis 8. Aufl** § 5 KSchG Rn 70 f; in KR **9. und 10. Aufl** § 5 KSchG Rn 99 gibt Friedrich die nun vorliegende Rspr des Zweiten Senats wieder, äußert aber noch immer Unbehagen.
96 Rn 47 ff.
97 IdS auch BAG 11.12.2008 – 2 AZR 472/08 – Rn 32 AP KSchG 1969 § 4 Nr 68.

Grund trifft es nicht zu, wenn gegen eine unmittelbare oder entsprechende Anwendung des § 85 Abs 2 ZPO auf die nachträgliche Zulassung eingewandt wird, sie verletze den Grundsatz, den ersten Zugang zu Gericht zu eröffnen und nicht unnötig zu erschweren, der aus dem Rechtsstaatsprinzip des Art 20 GG und seiner in Art 103 GG enthaltenen Ausprägung abgeleitet wird.[98] Der Zugang zu Gericht wird nicht erschwert, der Arbeitnehmer trägt lediglich das mit der Einschaltung eines Dritten im Rechtsverkehr verbundene Risiko. Dieser Nachteil ist nur die Kehrseite des Vorteils.[99] Der Dritte steht dem Arbeitnehmer als Haftender für Geldersatz zur Verfügung, wenn ihm auch keine Naturalrestitution möglich ist.

17 Die Anwendung des § 85 Abs 2 ZPO wird auch dem Sinn des Normengefüges der §§ 4 ff KSchG gerecht. Die Klagefrist des § 4 Satz 1 KSchG dient dazu, dem Arbeitgeber und dem Rechtsverkehr **möglichst rasch Klarheit darüber zu verschaffen, ob der Arbeitnehmer die Kündigung akzeptiert oder ihre Unwirksamkeit gerichtlich geltend machen will**.[100] Es mag zutreffen, dass der Arbeitgeber aufgrund der Vorwirkung des § 167 ZPO regelmäßig erst später als drei Wochen nach Zugang der Kündigung durch ihre Zustellung von der Kündigungsschutzklage erfährt und deswegen nicht schon unmittelbar bei Ablauf der Klagefrist auf die Fiktion des § 7 HS 1 KSchG vertraut.[101] Das rechtfertigt es jedoch nicht, die objektive Funktion des § 4 Satz 1 KSchG mithilfe des subjektiven Moments der fristgerechten oder „fristnahen" Kenntnis des Arbeitgebers zu relativieren oder völlig preiszugeben, zumal der Arbeitgeber bei Gericht erfragen kann, ob eine Klage eingegangen ist, wenn drei Wochen seit dem Zugang der Kündigung verstrichen sind. Die Annahme eines fehlenden und maßgeblichen Vertrauenstatbestands verdoppelte darüber hinaus den Schutz des Klägers, der schon dadurch begünstigt wird, dass die bloße rechtzeitig eingereichte, also noch nicht iSv § 253 Abs 1 ZPO erhobene Klage die Dreiwochenfrist wahrt, sofern sie demnächst zugestellt wird. Während der Arbeitgeber in den Konstellationen des § 6 KSchG[102] keines Schutzes bedarf, weil er schon darum weiß, dass der Arbeitnehmer die Kündigung nicht gegen sich gelten lassen will, **durchbricht** § 5 KSchG den Schutzzweck der §§ 4 ff

---

98 AA KR/Friedrich 1. bis 8. Aufl § 5 KSchG Rn 70 f; vgl nun KR/Friedrich 9. und 10. Aufl § 5 KSchG Rn 99; aA auch Vollkommer FS Stahlhacke S 599, 615.
99 Ähnl BAG 11.12.2008 – 2 AZR 472/08 – Rn 30 ff, 35 AP KSchG 1969 § 4 Nr 68; näher Rn 13.
100 Vgl BAG 11.12.2008 – 2 AZR 472/08 – Rn 31 AP KSchG 1969 § 4 Nr 68; s auch § 4 KSchG Rn 2, 34 ff und § 6 KSchG Rn 1.
101 KR/Friedrich 1. bis 8. Aufl § 5 KSchG Rn 70; vgl nun KR/Friedrich 9. und 10. Aufl § 5 KSchG Rn 99; Vollkommer FS Stahlhacke S 599, 614 f; zu den Einzelheiten der Vorwirkung zB BAG 17.1.2002 – 2 AZR 57/01 – B I 3 EzA KSchG § 4 nF Nr 62 unter Hinweis auf BGH 20.4.2000 – VII ZR 116/99 – NJW 2000, 2282 (noch zu § 270 Abs 3 ZPO): Demnächst erfolgt ist die Zustellung zumindest dann noch, wenn die vom Kläger zu vertretende Verzögerung des Zeitraum von 14 Tagen nicht überschreitet. Bei der Berechnung der Zeitdauer ist auf die Zeitspanne abzustellen, um die sich die ohnehin erforderliche Zustellung der Klage infolge der Nachlässigkeit des Klägers verzögert. Ein Zeitraum, der auf vermeidbare Verzögerungen im Geschäftsablauf des Gerichts zurückzuführen ist, wird dabei nicht angerechnet.
102 Vgl dazu die dortigen Erläuterungen.

KSchG. Er lässt die von § 4 Satz 1 KSchG gewünschte Rechtsklarheit und Rechtssicherheit im Interesse der Einzelfallgerechtigkeit aber nur unter der engen Voraussetzung zurücktreten, dass dem Arbeitnehmer **kein Verschulden an der Fristversäumung zur Last fällt**.[103] Bedient er sich einer zusätzlichen Person, um seinen allgemeinen Kündigungsschutz gerichtlich durchzusetzen, steht dem Vorteil der erweiterten Handlungsmöglichkeit der Nachteil gegenüber, die Versäumung der Klagefrist durch den Dritten verantworten zu müssen.[104] Dem Arbeitgeber auch dieses weitere Risiko aufzubürden, lässt der **Ausnahmecharakter des § 5 KSchG** nicht zu.[105]

Ein Irrtum des Prozessbevollmächtigten über die für die Berechnung der Klagefrist erheblichen tatsächlichen Umstände führt nur dann zur nachträglichen Zulassung der Klage, wenn er unverschuldet ist.[106] Der Prozessbevollmächtigte muss auch möglicherweise unrichtige Parteiinformationen in Betracht ziehen und bestehende Zweifel ausräumen.[107] Da den Prozessbevollmächtigten hier zumindest **leichte Fahrlässigkeit** trifft, erscheint es bedenklich, die Klage nachträglich zuzulassen, wenn **der Prozessbevollmächtigte unzutreffend von einer außergerichtlichen Einigung zwischen den Arbeitsvertragsparteien ausgeht**, ohne Zutun des Arbeitnehmers die Klage zurücknimmt und die Klage erneut erhebt, nachdem er seinen Irrtum erkannt hat.[108] Anderes kann gelten, wenn der anwaltlich vertretene Arbeitnehmer die Kündigungsschutzklage auf richterlichen Rat in der mündlichen Verhandlung selbst zurücknimmt, der richterliche Hinweis aber auf der objektiv falschen Annahme beruht, die Wartezeit sei noch nicht vollendet, weil der Einstellungstermin in der vom Rechtsanwalt verfassten Klageschrift nicht zutrifft. Macht der Arbeitnehmer in einer solchen Fallgestaltung glaubhaft, durch die Situation im Termin überfordert gewesen zu sein, überlagert sein eigenes schuldloses Verhalten, das die Versäumung der Klagefrist durch die Rechtsfolge der Rücknahme der Klage unmittelbar bewirkt hat,[109] das vorangegangene fahrlässige Handeln seines Prozessbevollmächtigten, das die Versäumung noch nicht unmittelbar herbeigeführt hat. Dass der Rechtsanwalt es unterlassen hat, den Arbeitnehmer von der Rücknahme abzuhalten, kann dem Rechtsanwalt nicht über § 85 Abs 2 ZPO zugerechnet werden.[110]

Richtet ein Rechtsanwalt die Kündigungsschutzklage nicht gegen die Bundesrepublik Deutschland als gesetzliche Prozessstandschafterin, sondern gegen die betreffenden Stationierungsstreitkräfte, weil ihm Art 58 Abs 8 Satz 2 des Zusatzabkommens vom 3.8.1959 zum sog **Natotruppenstatut**

---

103 Rn 1 und 6.
104 Vgl BAG 11.12.2008 – 2 AZR 472/08 – Rn 29 ff, 35 AP KSchG 1969 § 4 Nr 68.
105 AA KR/Friedrich **1. bis 8. Aufl** § 5 KSchG Rn 70, der ua damit argumentierte, neben der Vorwirkung des § 167 ZPO führten gerade die Ausnahmeregelungen der §§ 5 und 6 KSchG dazu, dass der Zeitpunkt nicht bestimmt werden könne, in dem die Unklarheit über die Unwirksamkeit der Kündigung beseitigt sei; vgl nun KR/Friedrich **9. und 10. Aufl** § 5 KSchG Rn 99.
106 BAG 22.3.2012 – 2 AZR 224/11 – Rn 46 EzA KSchG § 5 Nr 41.
107 BAG 22.3.2012 – 2 AZR 224/11 – Rn 46 EzA KSchG § 5 Nr 41.
108 **AA** LAG Hamm 27.10.1994 – 8 Ta 382/94 – AR-Blattei ES 1020.3 Nr 3.
109 § 269 Abs 3 Satz 1 ZPO.
110 Im Ergebnis ebenso LAG Hamm 31.1.1979 – 8 Ta 207/78 – EzA KSchG § 5 Nr 5.

nicht bekannt ist, soll dem Arbeitnehmer nach LAG Köln[111] die Unkenntnis dieses verhältnismäßig unbekannten Gesetzes nicht angelastet werden können.[112] Richtig ist das Ergebnis der noch möglichen Kündigungsschutzklage. Dafür braucht aber nicht auf das Korrektiv des § 5 KSchG zurückgegriffen zu werden. Da zulässig nur die Prozessstandschafterin verklagt werden kann, **ist die Klage so zu verstehen, dass sie in Wahrheit die Bundesrepublik meint**.[113] Die Klagefrist des § 4 Satz 1 KSchG ist also trotz der fehlerhaften Bezeichnung der Stationierungsstreitkräfte gewahrt, ohne dass es einer nachträglichen Zulassung bedürfte.

20 Bei der **Klage gegen den Schuldner statt gegen den Insolvenzverwalter** wird im Einzelfall häufig keine nachträgliche Zulassung möglich sein. Der Arbeitnehmer handelt regelmäßig fahrlässig, wenn er sich des richtigen Beklagten in einem solchen Fall nicht versichert, ggf mit rechtlicher Beratung durch eine zuverlässige Person.[114] Eine Klage gegen den Schuldner macht den Insolvenzverwalter nicht zur Partei und wahrt deshalb auch nicht die Klagefrist. Anderes gilt, wenn der Insolvenzverwalter als richtiger Beklagter durch Auslegung der Parteibezeichnung in der Klage herausgefunden werden kann.

Hinweis: Bei einer ihrem Wortlaut nach gegen den Schuldner gerichteten Klage muss häufig nicht auf das Korrektiv des § 5 KSchG zurückgegriffen werden, weil **in Wirklichkeit die richtige Person verklagt ist**: der Insolvenzverwalter als Partei kraft Amtes und damit in gesetzlicher Prozessstandschaft.[115] Ist nach dem Rubrum der Schuldner verklagt, ist stets zu prüfen, ob der vermeintliche Fehler durch eine sog **Rubrumsberichtigung** – also eine Auslegung der Prozesshandlung – beseitigt, die wirkliche Prozesshandlung des Klägers maW herausgefunden werden kann. Für die Parteistellung ist nicht nur die formelle Bezeichnung der Partei in der Klageschrift entscheidend. Ergibt sich etwa in einem Kündigungsrechtsstreit aus dem der Klage beigefügten Kündigungsschreiben, welche Person in Wahrheit ver-

---

111 LAG Köln 27.11.1987 – 9 Ta 238/87 – LAGE KSchG § 5 Nr 39; vgl auch LAG Rheinland-Pfalz 27.3.2009 – 9 Sa 737/08 – II 3, Revision unter – 2 AZR 352/09 – durch Vergleich erledigt.
112 AA LAG Rheinland-Pfalz 27.4.1990 – 9 Ta 65/90 – LAGE KSchG § 4 Nr 17 und die wohl überwiegende Auffassung, vgl die in § 4 KSchG Rn 37 f angegebenen Nachweise. Die Entscheidung des BAG vom 13.7.1989 – 2 AZR 509/88 – verneint außerhalb der Problematik der nachträglichen Zulassung die Möglichkeit der sog Rubrumsberichtigung.
113 Zu den Einzelheiten § 4 KSchG Rn 37 f.
114 Offengelassen von BAG 17.1.2002 – 2 AZR 57/01 – B I 2 EzA KSchG § 4 nF Nr 62, weil im konkreten Fall kein Zulassungsantrag gestellt war.
115 Sog Amtstheorie, vgl BAG 21.9.2006 – 2 AZR 573/05 – Rn 20 AP KSchG 1969 § 4 Nr 58 (im Einzelfall nicht auslegungsfähig, Parteiwechsel); jeweils noch zu § 113 Abs 2 InsO aF: BAG 17.1.2002 – 2 AZR 57/01 – B I 2 und 3 EzA KSchG § 4 nF Nr 62: Statt des Insolvenzverwalters vermeintlich beklagte Schuldnerin, grundsätzlich auch in einer solchen Konstellation bejahte Möglichkeit der sog Rubrumsberichtigung bei entsprechenden Anhaltspunkten, im Einzelfall aber Annahme eines Parteiwechsels; BAG 18.4.2002 – 8 AZR 346/01 – II 2 AP BGB § 613 a Nr 232: Anschluss des Achten Senats an die Rspr des Zweiten Senats hinsichtlich der Möglichkeit der „Rubrumsberichtigung" bei nomineller Klage gegen den Schuldner in der Insolvenz, aber der Klage beigefügtem Kündigungsschreiben des Insolvenzverwalters, im Einzelfall bejahte sog Rubrumsberichtigung.

klagt werden soll, kann das Rubrum klargestellt werden,[116] auch wenn der Kläger irrtümlich nicht seinen Arbeitgeber, sondern dessen Bevollmächtigten verklagt hat.[117] Eine Richtigstellung der Beklagtenbezeichnung ist in aller Regel möglich, wenn

- sich der Klageschrift entnehmen lässt, dass der Insolvenzverwalter die Kündigung erklärt hat,
- oder die Klageschrift auch nur erkennen lässt, dass das Insolvenzverfahren gegen den Schuldner eröffnet wurde.

Das Passivrubrum kann erst recht „berichtigt"[118] werden, wenn der Klageschrift das Kündigungsschreiben beigefügt ist, aus dem sich ergibt, dass es sich um eine Kündigung des Insolvenzverwalters handelt.[119]

bb) Zurechnung des Verhaltens seiner Hilfspersonen, insbesondere seines Personals. Während sich der Arbeitnehmer das Verhalten von Unterbevollmächtigten seines Prozessvertreters über § 85 Abs 2 ZPO zurechnen lassen muss,[120] trifft ihn das Verschulden von dessen **Hilfspersonen** grundsätzlich nicht.[121] Nur im ersten Fall besteht eine Vollmacht.[122] Verschuldet das Büropersonal des mit der Erhebung der Kündigungsschutzklage beauftragten Rechtsanwalts dagegen die Versäumung der Klagefrist, besteht für dieses Fremdverschulden **keine Zurechnungsnorm.** § 85 Abs 2 ZPO findet keine Anwendung, eine § 278 BGB entsprechende Vorschrift kennt die ZPO nicht.[123] Anderes gilt dann, wenn das Verschulden auf das **eigene** Verhalten des Prozessbevollmächtigten zurückgeht und er **selbst** die Fehlleistungen des Dritten iS eines **Aufsichts-, Organisations-** oder **Informationsverschuldens** zu verantworten hat.[124] Ein solches Mitverschulden des Prozessbevollmächtigten ist dem Arbeitnehmer nach oder entsprechend § 85 Abs 2 ZPO zuzurechnen. Es ist bei fehlender Sorgfalt in

- Auswahl,
- Anweisung,
- Überwachung und
- mangelhafter Büroorganisation

---

116 ZB BAG 13.12.2012 – 6 AZR 348/11 – Rn 41 mwN AP BetrVG 1972 § 102 Nr 166; BAG 13.12.2012 – 6 AZR 5/12 – Rn 34 EzA KSchG § 17 Nr 29; BAG 18.10.2012 – 6 AZR 41/11 – Rn 18 NZA 2013, 1007; BGH 24.1.2013 – VII ZR 128/12 – Rn 13 NJW-RR 2013, 394.
117 BAG 15.3.2001 – 2 AZR 141/00 – EzA KSchG § 4 nF Nr 61 mwN.
118 Zu den Fragen der sog Rubrumsberichtigung § 4 KSchG Rn 34 ff.
119 BAG 17.1.2002 – 2 AZR 57/01 – B I 2 b EzA KSchG § 4 nF Nr 62 und BAG 18.4.2002 – 8 AZR 346/01 – II 2 AP BGB § 613 a Nr 232; zu der parallelen Fragestellung der vermeintlichen Klage gegen eine Schwestergesellschaft der Arbeitgeberin, der jedoch das Kündigungsschreiben der wirklichen Arbeitgeberin beigefügt war, BAG 27.11.2003 – 2 AZR 692/02 – B I 1 a und b AP ZPO § 319 Nr 27; zu dem Problemkomplex näher § 4 KSchG Rn 34 ff.
120 Rn 13 ff.
121 BAG 24.11.2011 – 2 AZR 614/10 – Rn 15 NZA 2012, 413.
122 Vgl BAG 11.12.2008 – 2 AZR 472/08 – Rn 33 ff AP KSchG 1969 § 4 Nr 68.
123 Rn 14.
124 Vgl BAG 25.4.2013 – 6 AZR 49/12 – Rn 96 EzA-SD 2013 Nr 14, 4; BAG 24.11.2011 – 2 AZR 614/10 – Rn 16 NZA 2012, 413; BAG 28.5.2009 – 2 AZR 548/08 – Rn 19 AP KSchG 1969 § 5 Nr 15.

anzunehmen.[125] Die Verschuldensfrage ist nach § 276 Abs 2 BGB zu beantworten. Verschulden umfasst jede Form von Vorsatz und Fahrlässigkeit. Entscheidend ist die üblicherweise zu erwartende Sorgfalt einer ordentlichen Prozesspartei. Im Fall des der Partei zuzurechnenden Anwaltsverschuldens ist der Maßstab der zu erwartenden Sorgfalt eines ordentlichen Rechtsanwalts zugrunde zu legen.[126] Zu den Aufgaben des Prozessbevollmächtigten gehört es, dafür zu sorgen, dass ein **fristgebundener Schriftsatz** rechtzeitig hergestellt wird und innerhalb der Frist bei dem zuständigen Gericht eingeht. Zu diesem Zweck muss ein Rechtsanwalt eine zuverlässige Fristenkontrolle organisieren, insbesondere einen Fristenkalender führen. Wenn zur Fristwahrung die Übersendung durch **Fax** erforderlich ist, muss der Prozessbevollmächtigte – entweder allgemein oder im Einzelfall – die Weisung erteilen, dass die von ihm beauftragte Hilfskraft nach der Übersendung per Telefax einen Einzelnachweis ausdruckt und anhand dessen die Vollständigkeit der Übermittlung, nämlich die Übereinstimmung der Zahl der übermittelten Seiten mit derjenigen des Originalschriftsatzes, überprüft.[127] Ein Rechtsanwalt darf die Überprüfung bestimmender Schriftsätze auf die erforderliche **Unterschrift** und das Absenden eines Telefaxes seinem geschulten und zuverlässigen Büropersonal zur selbständigen Erledigung übertragen. Er muss allerdings durch eine allgemeine Anweisung Vorsorge dafür getroffen haben, dass bei normalem Lauf der Dinge Fristversäumnisse wegen fehlender Unterschrift vermieden werden.[128] Das Büro des Prozessbevollmächtigten ist nicht notwendig mangelhaft organisiert, wenn die **Fax- oder IT-Anlage** unvorhergesehen ausfällt und deshalb die Dreiwochenfrist nicht eingehalten werden kann. Solange keine Anhaltspunkte für Fehleranfälligkeiten bestehen, darf sich der Prozessbevollmächtigte auf das Funktionieren der technischen Einrichtungen verlassen.[129] Entscheidend sind die **Umstände des Einzelfalls.** War die Anlage nicht ordnungsgemäß gewartet oder kündigte sich der Defekt erkennbar an, ist von einem Organisationsverschulden des Prozessbevollmächtigten auszugehen.

22 Da § 278 BGB nicht gilt, kann dem Arbeitnehmer auch das Handeln seiner von ihm selbst eingesetzten Hilfspersonen nicht zugerechnet werden, solange ihnen keine Vollmacht erteilt ist. Selbst zu verantworten hat er ihr Ver-

---

125 St Rspr, statt vieler BAG 24.11.2011 – 2 AZR 614/10 – Rn 16 NZA 2012, 413; LAG Baden-Württemberg 26.8.1992 – 8 Ta 80/92 – LAGE KSchG § 5 Nr 58. Zu der Differenzierung zwischen der Zurechnung eigenen Verschuldens des Prozessbevollmächtigten nach § 85 Abs 2 ZPO und seiner nur ausnahmsweisen Haftung nach dieser Norm bei Fehlern seines Personals und – eigenem – Organisationsverschulden des Bevollmächtigten auch LAG Baden-Württemberg 12.7.2004 – 12 Ta 10/04 – II 2 b, c und LAG Baden-Württemberg 17.12.2004 – 12 Ta 18/04 – I 2 b, c. Zu der Verschuldenszurechnung iR der Wiedereinsetzung ergänzend BAG 9.1.1990 – 3 AZR 528/89 – AP ZPO § 233 1977 Nr 16; zu den Einzelheiten Zöller/Vollkommer ZPO § 85 Rn 17 ff.
126 BAG 24.11.2011 – 2 AZR 614/10 – Rn 16 NZA 2012, 413.
127 BAG 24.11.2011 – 2 AZR 614/10 – Rn 17 mwN, 23 NZA 2012, 413.
128 BAG 25.4.2013 – 6 AZR 49/12 – Rn 96 mwN EzA-SD 2013 Nr 14, 4; zu der anwaltlichen Pflicht zur Überprüfung der Notierung der Klageerhebungsfrist des § 4 Satz 1 KSchG Hessisches LAG 5.6.2012 – 15 Sa 871/11 – II 2 a cc.
129 BAG 24.11.2011 – 2 AZR 614/10 – Rn 20 NZA 2012, 413.

halten lediglich dann, wenn ihm ein Aufsichts-, Organisations- oder Informationsverschulden anzulasten ist.[130]

III. Zulässigkeit des Antrags

Der Antrag auf nachträgliche Zulassung ist **zulässig**, wenn den allgemeinen Prozessvoraussetzungen und den **besonderen** Erfordernissen des § 5 **Abs 2 und 3 KSchG** genügt ist. Nur dann stellt sich die aus Gründen der Darstellung bereits in Rn 11 ff erörterte Frage fehlenden Verschuldens, die den **materiellen** Zulassungsgrund bildet. 23

1. § 5 Abs 2 KSchG

a) **Form.** Der Zulassungsantrag ist an keine besondere Form gebunden. Er kann durch Schriftsatz oder zu Protokoll der Geschäftsstelle oder des Gerichts angekündigt werden. Allerdings muss überhaupt ein Zulassungsgesuch vorliegen.[131] Eine Zulassung ohne Antrag ist anders als im Fall der Wiedereinsetzung nach § 236 Abs 2 Satz 2 HS 2 ZPO nicht möglich. Geboten ist eine **großzügige Auslegung** des Vorbringens des Arbeitnehmers. Einerseits ist kein ausdrücklicher Antrag erforderlich, andererseits reicht die bloße Klageerhebung ohne weitere Anhaltspunkte für ein schlüssiges Gesuch nicht aus.[132] Ein auf nachträgliche Zulassung gerichteter Wille des Arbeitnehmers und ein konkludent angebrachter Antrag sind aber anzunehmen, wenn sich der Klageschrift der Grund für die (mögliche) Verspätung entnehmen lässt und der Arbeitnehmer in der Klageschrift in irgendeiner Weise zum Ausdruck bringt, die Klage möge trotz Fristversäumung noch als rechtzeitig behandelt werden.[133] Der Antrag braucht nicht ausdrücklich in der mündlichen Verhandlung wiederholt zu werden. Es genügt, wenn das Verhalten des Arbeitnehmers für einen objektiven Dritten ersichtlich den **Erklärungswert** hat, ihn nach wie vor stellen zu wollen. Hält der Arbeitnehmer die Klage für verspätet oder die Versäumung der Dreiwochenfrist zumindest für möglich, kann nicht davon ausgegangen werden, dass er den Zulassungsantrag nicht länger aufrechterhalten und damit zurücknehmen möchte, wenn hierfür keine eindeutigen Anhaltspunkte bestehen. Eine andere Interpretation widerspricht der erkennbaren Interessenlage des Arbeitnehmers. Der Zulassungsantrag ist unter der Voraussetzung, dass das Gericht die Verspätung für möglich hält,[134] zwingend nötig, um sein letztendliches prozessuales Ziel – den Erfolg des Kündigungsschutzantrags – vorzubereiten und durchzusetzen.[135] Empfehlenswert sind die Antragsformulierungen: 24

---

130 ZB BAG 25.4.2013 – 6 AZR 49/12 – Rn 96 EzA-SD 2013 Nr 14, 4; BAG 24.11.2011 – 2 AZR 614/10 – Rn 16 NZA 2012, 413; LAG Baden-Württemberg 12.7.2004 – 12 Ta 10/04 – II 2 c; LAG Baden-Württemberg 17.12.2004 – 12 Ta 18/04 – I 2 c; Spinner in: Löwisch/Spinner/Wertheimer § 5 Rn 6 f.
131 Thüringer LAG 19.11.2013 – 1 Sa 82/13.
132 BAG 19.2.2009 – 2 AZR 286/07 – Rn 36 AP MuSchG 1968 § 9 Nr 38; BAG 2.3.1989 – 2 AZR 275/88 – III AP BGB § 130 Nr 17; ebenso APS/Hesse § 5 KSchG Rn 64; vgl aber LAG Baden-Württemberg 8.3.1988 – 8 Ta 8/88 – LAGE KSchG § 5 Nr 37.
133 Bspw LAG Berlin 11.12.1964 – 3 Ta 6/64 – AP KSchG 1951 § 4 Nr 11.
134 Rn 8 f.
135 AA LAG Frankfurt 25.8.1980 – 11 Sa 1002/79 – EzA KSchG § 5 Nr 10.

1. Die Kündigungsschutzklage wird nachträglich zugelassen.
2. Es wird festgestellt, dass das Arbeitsverhältnis durch die Kündigung des/der Beklagten vom ... nicht aufgelöst ist.

25 **b) Inhalt. aa) Verbindung mit der Klageerhebung.** Mit dem Antrag ist die Klage zu verbinden, § 5 Abs 2 Satz 1 HS 1 KSchG. Ist die Klage schon eingereicht, muss der Antrag auf sie Bezug nehmen (§ 5 Abs 2 Satz 1 HS 2 KSchG). Entgegen dem Wortlaut kann die Klage aber noch erhoben werden, wenn das Zulassungsgesuch bereits angebracht ist, sofern das innerhalb der Zweiwochenfrist des § 5 Abs 3 Satz 1 KSchG geschieht.[136]

26 **bb) Vortrag der Tatsachen, die die nachträgliche Zulassung begründen sollen, Angabe der Mittel ihrer Glaubhaftmachung.** § 5 Abs 2 Satz 2 KSchG sieht vor, dass der Antrag die Tatsachen, die die nachträgliche Zulassung begründen sollen, angeben muss. Der Arbeitnehmer hat jedenfalls die Umstände darzulegen, die sein Verschulden an der (möglichen) Versäumung der Klagefrist ausschließen und die nachträgliche Zulassung begründen sollen. **Streitig** ist demgegenüber, ob der Arbeitnehmer auch den **Zeitpunkt** vorzubringen hat, in dem das Hindernis iSv § 5 Abs 3 Satz 1 KSchG behoben war.[137] Der **Sinn** des § 5 Abs 2 Satz 2 und des Abs 3 Satz 1 KSchG sprechen dafür, **dem Arbeitnehmer diesen Vortrag aufzuerlegen.** Beruft sich der Arbeitnehmer auf eine Erkrankung, muss er deshalb ihren Beginn und ihr Ende darlegen.[138] Das Gericht ist sonst außerstande zu überprüfen, ob die Zweiwochenfrist des § 5 Abs 3 Satz 1 KSchG eingehalten ist.[139] Sie „liefe" gewissermaßen „leer". Der Wortlaut des § 5 Abs 2 Satz 2 KSchG („begründenden Tatsachen") kann aufgrund des eindeutigen Normzwecks rechtstechnisch nicht auf den materiellen Zulassungsgrund – das fehlende Verschulden iSv § 5 Abs 1 Satz 1 KSchG – verengt werden. Gemeint sind auch die Umstände, die dazu führen, dass der Antrag zulässig ist.

27 § 5 Abs 2 Satz 2 KSchG verlangt darüber hinaus, dass der Antrag die **Angabe der Mittel für die Glaubhaftmachung der die nachträgliche Zulassung begründenden Tatsachen** enthält.[140] Für diese Verfahrensvoraussetzung ist scharf zwischen der

- **Angabe der Mittel der Glaubhaftmachung** und
- der **Glaubhaftmachung selbst**

zu trennen. Um der Verfahrensanforderung des § 5 Abs 2 Satz 2 KSchG gerecht zu werden, genügt die Angabe der Mittel der Glaubhaftmachung. Die Glaubhaftmachung selbst ist eine besondere Art der Beweisführung, die auch noch später erfolgen kann.[141]

---

136 Bspw LAG Baden-Württemberg 8.3.1988 – 8 Ta 8/88 – LAGE KSchG § 5 Nr 37; vHH/L/Linck § 5 Rn 48 mwN.
137 Bejahend zB LAG Baden-Württemberg 4.4.1989 – 8 Ta 4/89 – NZA 1989, 824; Hessisches LAG 8.11.1991 – 15 Ta 327/91 – im LS veröffentlicht in NZA 1992, 619; KR/Friedrich § 5 KSchG Rn 111; APS/Hesse § 5 KSchG Rn 69 mwN; Spinner in: Löwisch/Spinner/Wertheimer § 5 Rn 24.
138 Rn 65.
139 Spinner in: Löwisch/Spinner/Wertheimer § 5 Rn 24.
140 LAG München 27.11.2013 – 5 Sa 550/13.
141 BAG 25.4.2013 – 6 AZR 49/12 – Rn 91 EzA-SD 2013 Nr 14, 4.

Das Gericht ist in seiner Würdigung frei iSv § 286 Abs 1 Satz 1 ZPO.[142] Die in der Glaubhaftmachung liegende besondere Art der Beweisführung[143] braucht dem Richter **nicht die volle Überzeugung** des § 286 Abs 1 Satz 1 ZPO zu vermitteln. Sie lässt einen geringeren Grad von Wahrscheinlichkeit – **die überwiegende Wahrscheinlichkeit**[144] – ausreichen. Einerseits ersetzt die sofortige volle Beweisführung folgerichtig die Glaubhaftmachung. Andererseits müssen nur bestrittene Umstände glaubhaft gemacht werden, weil der Zulassungsantrag dem Gegner anders als zB der Arrestantrag des § 920 Abs 1 und 2 ZPO (wegen § 922 Abs 3 ZPO) immer zugestellt wird. Auch gerichtsbekannte, vor allem aktenkundige Tatsachen brauchen nicht glaubhaft gemacht zu werden.[145]

28

Neben den fünf Mitteln des Strengbeweises,

29

- der Einnahme eines Augenscheins (§ 371 ff ZPO),
- der Zeugenvernehmung (§§ 373 ff ZPO),
- des Sachverständigengutachtens (§§ 402 ff ZPO),
- der Urkundenvorlage (§§ 415 ff ZPO) und
- der Parteivernehmung (§§ 445 ff ZPO)

sind Mittel der Glaubhaftmachung auch

- die eidesstattliche Versicherung des Antragstellers oder Dritter (§ 294 Abs 1 ZPO),
- uU auch die sog anwaltliche Versicherung,[146]
- die Vorlage selbst unbeglaubigter Fotokopien von Schriftstücken, amtlichen Auskünften, schriftlichen Zeugenaussagen ua.[147]

Hinweise: Eine überwiegende Wahrscheinlichkeit kann eine eidesstattliche Versicherung regelmäßig nur dann begründen, wenn sie eine **eigene Darstellung** der glaubhaft zu machenden Tatsachen enthält,[148] sich also nicht allein in der Verweisung auf die von einer anderen Person gefertigte Antrags- oder Klageschrift erschöpft. Eine anwaltliche Versicherung über subjektive Vorgänge im Bereich der Partei selbst – ihrer Wahrnehmungen, Vorstellungen usw – ist deshalb kein geeignetes Mittel der Glaubhaftmachung für diese subjektiven Umstände.[149]

Die Erhebung der Mittel der Glaubhaftmachung muss wegen § 294 Abs 2 ZPO im Zeitpunkt der Entscheidung über das Gesuch **sofort** möglich sein. Im Ergebnis trifft daher die Entscheidung des LAG Köln

---

142 BAG 24.11.2011 – 2 AZR 614/10 – Rn 25 NZA 2012, 413; BGH 21.10.2010 – V ZB 210/09 – NJW-RR 2011, 136.
143 BAG 25.4.2013 – 6 AZR 49/12 – Rn 91 EzA-SD 2013 Nr 14, 4; BAG 24.11.2011 – 2 AZR 614/10 – Rn 25 NZA 2012, 413.
144 BAG 25.4.2013 – 6 AZR 49/12 – Rn 101 mwN EzA-SD 2013 Nr 14, 4; BAG 24.11.2011 – 2 AZR 614/10 – Rn 25 mwN NZA 2012, 413.
145 BAG 9.2.1954 – 2 AZR 54/53 – AP ZPO § 182 Nr 1; Thomas/Putzo/Hüßtege § 236 Rn 7; zu der nicht nötigen Glaubhaftmachung unstreitiger oder zugestandener Tatsachen auch BAG 25.4.2013 – 6 AZR 49/12 – Rn 104 EzA-SD 2013 Nr 14, 4; LAG Nürnberg 4.12.2006 – 7 Ta 207/06 – II 3 a und b BB 2007, 447.
146 Vgl dazu aber die folgenden Hinweise.
147 Thomas/Putzo/Reichold § 294 Rn 2 mwN.
148 KR/Friedrich § 5 KSchG Rn 112; Thomas/Putzo/Reichold § 294 Rn 2.
149 KR/Friedrich § 5 KSchG Rn 112; APS/Hesse § 5 KSchG Rn 70; Tiedemann NZA 2011, 734.

vom 18.4.1997[150] zu, die den Beweisantritt „Einholung eines Sachverständigengutachtens" nicht als Glaubhaftmachung iSv § 294 ZPO wertet. Allerdings bietet der Antragsteller mit ihm ein **zulässiges** Mittel der Glaubhaftmachung an. Stellt er den Sachverständigen jedoch nicht in den Termin und kann das Mittel der Glaubhaftmachung deshalb nicht sofort erhoben werden, bleibt der Antragsteller beweisfällig. Der Antrag ist nicht unzulässig, sondern **unbegründet**, weil der ihm zugrunde liegende Umstand nicht glaubhaft gemacht ist.

30 Für die Verfahrensvoraussetzung des § 5 Abs 2 Satz 2 KSchG – die Zulässigkeit des Gesuchs – genügt es, wenn die Mittel der Glaubhaftmachung im Antrag benannt, maW angeboten werden. Angegeben werden müssen sie schon im Antrag oder mindestens bei Ablauf der Zweiwochenfrist des § 5 Abs 3 Satz 1 KSchG.[151] Sie können danach noch ergänzt, vervollständigt oder konkretisiert werden.[152] Die Mittel der Glaubhaftmachung müssen dem Gesuch weder beigefügt oder in diesem Zeitpunkt präsent sein, noch sind sie innerhalb der Zweiwochenfrist des § 5 Abs 3 Satz 1 KSchG beizubringen. Vorliegen müssen die Mittel der Glaubhaftmachung erst, bevor das (Zwischen-)Urteil – spätestens im Berufungsverfahren – verkündet wird.[153] Ob ein Mittel der Glaubhaftmachung angeboten ist, muss durch Auslegung ermittelt werden.

Hinweise: Nimmt ein **Anwaltsschriftsatz** in erster Linie auf ein Verhalten des Rechtsanwalts Bezug, um den Zulassungsantrag zu begründen, kann ihm auch dann die Absicht entnommen werden, sich auf die **anwaltliche Versicherung** als Mittel der Glaubhaftmachung zu berufen, wenn der Anwalt diesen Willen nicht besonders hervorhebt.

Sucht der **Arbeitnehmer selbst** um nachträgliche Zulassung nach, lässt der Antrag grundsätzlich Raum für die Deutung, dass sich der Arbeitnehmer auf die **eigene eidesstattliche Versicherung** beziehen möchte, soweit es um sein eigenes Verhalten und seine eigenen Wahrnehmungen geht.

Umgekehrt kann nicht angenommen werden, dass die **durch den Prozessbevollmächtigten** des Arbeitnehmers verfasste Antragsschrift regelmäßig konkludent eine eidesstattliche Versicherung des **Arbeitnehmers selbst** anbietet. Treten hierfür keine weiteren konkreten Anhaltspunkte hinzu, sind die Möglichkeiten der Auslegung überschritten.[154]

Erklärt sich eine Partei in der mündlichen Verhandlung zu den Zulassungsgründen, drückt sie damit schlüssig das Angebot aus, die Richtigkeit ihrer Angaben bei Bestreiten des Gegners eidesstattlich zu versichern.[155] Bestreitet der Arbeitgeber den Tatsachenvortrag des Arbeitnehmers daraufhin

---
150 LAG Köln 18.4.1997 – 11 Sa 995/96 – LAGE BGB § 626 BGB Nr 111.
151 Dazu gleich Rn 32 ff.
152 BAG 24.11.2011 – 2 AZR 614/10 – Rn 26 NZA 2012, 413; BAG 28.5.2009 – 2 AZR 732/08 – Rn 24 AP KSchG 1969 § 5 Nr 16.
153 Bspw LAG Baden-Württemberg 8.3.1988 – 8 Ta 8/88 – LAGE KSchG § 5 Nr 37 noch nicht zu einem (Zwischen-)Urteil iSv § 5 Abs 4 Satz 3 KSchG, sondern zu einem Beschluss im Beschwerdeverfahren; KR/Friedrich § 5 KSchG Rn 124; APS/Hesse § 5 KSchG Rn 75.
154 Zu allem LAG Hamm 19.6.1986 – 8 Ta 110/86 – 4 AP KSchG 1969 § 5 Nr 7.
155 LAG Nürnberg 5.1.2004 – 9 Ta 162/03 – II 2 c mwN NZA-RR 2004, 631.

nicht, ist der Zulassungsantrag ohne **ausdrückliche** Angabe von Mitteln der Glaubhaftmachung zulässig. Unstreitige Umstände brauchen nicht glaubhaft gemacht zu werden.[156]

2. § 5 Abs 3 KSchG

§ 5 Abs 3 KSchG enthält **zwei prozessuale Ausschlussfristen**. 31
- Satz 1 bestimmt, dass der Zulassungsantrag nur innerhalb von zwei Wochen nach Behebung des Hindernisses zulässig ist.
- Satz 2 bindet das Zulassungsgesuch an eine absolute zeitliche Grenze: Nach Ablauf von sechs Monaten seit dem Ende der Dreiwochenfrist des § 4 Satz 1 KSchG kann der Antrag nicht mehr gestellt werden.

a) **Antragsfrist, § 5 Abs 3 Satz 1 KSchG.** aa) **Beginn und Gegenstand.** Die 32 Zweiwochenfrist beginnt, wenn das Hindernis, das der rechtzeitigen Klageerhebung entgegenstand, behoben ist. Da der Begriff des Hindernisses in § 5 Abs 3 Satz 1 KSchG an § 5 Abs 1 Satz 1 KSchG anknüpft, gilt auch insoweit ein **subjektiv-individueller Beurteilungsmaßstab**.[157] Ist die fortbestehende Unkenntnis nicht länger unverschuldet, beginnt die Zweiwochenfrist.[158] Das Hindernis ist deswegen spätestens behoben, sobald der Arbeitnehmer die Klage erheben kann.[159] Das ist der Fall, wenn er darum weiß, dass das Hindernis entfallen ist. Die Frist kann jedoch bereits früher zu dem Zeitpunkt beginnen, in dem der Arbeitnehmer imstande gewesen wäre zu erkennen, dass das Hindernis beseitigt ist, und er die Klage hätte erheben können, hätte er die ihm zumutbare Sorgfalt walten lassen. Die durch seinen gesetzlichen Vertreter verschuldete Unkenntnis davon, dass das Hindernis weggefallen ist, ist dem Arbeitnehmer über § 51 Abs 2 ZPO zuzurechnen. Entsprechendes gilt für das Verschulden seines Prozessbevollmächtigten (§ 85 Abs 2 ZPO). Es kommt hier darauf an, wann der **Prozessbevollmächtigte** erkannt hat oder unter Anwendung der ihm zumutbaren Sorgfalt hätte erkennen müssen, dass die Klage verspätet ist.[160]

Der Fristbeginn beurteilt sich daher nach der **Art des Hindernisses:** 33
- War der Arbeitnehmer durch eine **Erkrankung** gehindert, die Zweiwochenfrist zu wahren, beginnt sie in dem Augenblick, in dem die Krankheit ihn nicht länger von der Klageerhebung abhält, er also entweder gesundet ist oder es sein gebesserter Zustand nun zulässt, Klage einzureichen.
- War der Arbeitnehmer **verreist**, beginnt die Frist mit der Rückkehr.

---

156 BAG 25.4.2013 – 6 AZR 49/12 – Rn 104 EzA-SD 2013 Nr 14, 4; LAG Nürnberg 5.1.2004 – 9 Ta 162/03 – II 2c NZA-RR 2004, 631; Wenzel AuR 1976, 325, 327, die sonst von einer unnötigen Förmelei ausgehen.
157 In dem anderen Zusammenhang des Zulassungsgrundes schon Rn 12; KR/Friedrich § 5 KSchG Rn 134; APS/Hesse § 5 KSchG Rn 79; vHH/L/Linck § 5 Rn 44 ff.
158 Plastisch KR/Friedrich § 5 KSchG Rn 134.
159 Spinner in: Löwisch/Spinner/Wertheimer § 5 Rn 27; zum Zeitpunkt der Behebung des Hindernisses zB auch LAG Nürnberg 5.1.2004 – 9 Ta 162/03 – II 2b NZA-RR 2004, 631 (im konkreten Fall Behebung des Hindernisses durch Mitteilung des Zugangszeitpunkts durch den Arbeitgeber im Gütetermin).
160 HM, vgl die schon in Rn 13 ff wiedergegebene Kontroverse; wie hier inzwischen BAG 11.12.2008 – 2 AZR 472/08 – Rn 20 ff AP KSchG 1969 § 4 Nr 68; fortgeführt von BAG 28.5.2009 – 2 AZR 548/08 – Rn 12 ff AP KSchG 1969 § 5 Nr 15.

- In der Konstellation der **unzutreffenden Rechtsauskunft** beginnt die Frist des § 5 Abs 3 Satz 1 KSchG, sobald der Arbeitnehmer von der unrichtigen Beratung erfährt oder sie bei gehöriger Sorgfalt zumindest hätte erkennen können.
- Beruft sich der Arbeitgeber nach zunächst aussichtsreichen **außergerichtlichen Vergleichsverhandlungen** auf die Wirksamkeit der Kündigung, beginnt die Antragsfrist **spätestens in diesem Zeitpunkt**.[161] Die Klage kann allerdings nur dann nachträglich zugelassen werden, wenn der Arbeitgeber den Arbeitnehmer unter Hinweis auf die Vergleichsverhandlungen arglistig dazu veranlasst hat, zunächst von der Klageerhebung abzusehen.[162] Eine andere Handhabung wird dem Ausnahmecharakter von § 5 KSchG nicht gerecht, weil nach Ausspruch einer Kündigung sehr häufig Vergleichsverhandlungen geführt werden. Der Arbeitnehmer muss die Wahrnehmung seiner Rechte im Regelfall dennoch durch eine rechtzeitige Klageerhebung sichern.
- Geht die auf dem **Postweg** beförderte Klage verspätet bei Gericht ein, ist zu unterscheiden:
  - Wird die Klage so rechtzeitig zur Post gegeben, dass sie unter gewöhnlichen Umständen (**regelmäßigen Postlaufzeiten**) innerhalb der Klagefrist bei Gericht hätte eingehen müssen, beginnt die Zweiwochenfrist, sobald der Arbeitnehmer oder sein Prozessbevollmächtigter von dem verspäteten Eingang der Klage erlangt oder hätte erlangen müssen.[163] Versäumt der Arbeitnehmer die Dreiwochenfrist unverschuldet, weil die **rechtzeitig abgesandte sowie ordnungsgemäß adressierte und frankierte Klageschrift auf dem Postweg verloren geht**, beginnt die Zweiwochenfrist des § 5 Abs 3 Satz 1 KSchG für den Zulassungsantrag, wenn der Arbeitnehmer oder sein Prozessbevollmächtigter **Kenntnis** von dem unterbliebenen Eingang der Klage **erlangt** oder bei ordnungsgemäßer Sorgfalt **hätte erlangen müssen**. Grundsätzlich ist ein Rechtsanwalt **nicht verpflichtet**, den Eingang seiner Schriftsätze bei Gericht **zu überwachen**. Er darf idR auf eine ordnungsgemäße Briefbeförderung vertrauen, wenn die Postsendung richtig adressiert und ausreichend frankiert ist. Ein Anwalt darf bei einer versandten Kündigungsschutzklage jedoch **nicht dauerhaft** von einer Wiedervorlage absehen. Die Entscheidung, welche Frist er für angemessen hält, liegt in seinem **pflichtgemäßen Ermessen**. Dieses Ermessen hat er unter Berücksichtigung von Erfahrungswerten der gerichtlichen Arbeitsweise und mithilfe von Zweckmäßigkeitserwägungen auszuüben. Eine **Wiedervorlagefrist von vier Wochen** lässt jedenfalls nicht erkennen, dass der Rechtsanwalt gegenüber den Rechten der von ihm vertretenen Partei gleichgültig handelt.[164]

---

161 Vgl KR/Friedrich § 5 KSchG Rn 152 mwN.
162 BAG 19.2.2009 – 2 AZR 286/07 – Rn 43 AP MuSchG 1968 § 9 Nr 38; APS/Hesse § 5 KSchG Rn 60 mwN.
163 KR/Friedrich § 5 KSchG Rn 148; APS/Hesse § 5 KSchG Rn 54 und 84.
164 Vgl für eine Befristungskontrollklage (§ 17 Satz 1 und 2 TzBfG iVm § 5 KSchG) BAG 6.10.2010 – 7 AZR 569/09 – Rn 13 f AP TzBfG § 17 Nr 8.

– Das Hindernis an der Klageerhebung ist entfallen, wenn der Rechtsanwalt von der Fristversäumung erfährt oder bei ordnungsgemäßer Verfolgung der Rechtssache hätte erfahren können. Daraus ergibt sich aber keine allgemeine Pflicht zur Erkundigung nach dem Eingang eines Schriftsatzes bei Gericht. Ist die Postsendung ausreichend adressiert und frankiert, darf der Anwalt auf eine ordnungsgemäße Briefbeförderung vertrauen. Der Rechtsanwalt verfolgt die abgesandte Kündigungsschutzklage nicht ordnungsgemäß, wenn er sie dauerhaft nicht zur Wiedervorlage vorsieht.[165]
– Im Unterschied dazu beginnt die Antragsfrist in dem meist früheren Zeitpunkt, in dem vom Arbeitnehmer eine Erkundigung nach dem fristgerechten Eingang bei Gericht erwartet werden kann, wenn der Arbeitnehmer die Klage **so spät zur Post gegeben hat,** dass er unter Berücksichtigung der üblichen Postlaufzeiten nicht mehr damit rechnen konnte, sie werde das Gericht rechtzeitig erreichen.[166]

Abweichend vom Wortlaut des § 5 Abs 2 Satz 2 KSchG reicht es aus, wenn der Arbeitnehmer die Umstände, die die nachträgliche Zulassung begründen sollen, innerhalb der Zweiwochenfrist des § 5 Abs 3 Satz 1 KSchG nachholt und die Mittel ihrer Glaubhaftmachung bis zu diesem Zeitpunkt benennt.[167] Danach können die vorgetragenen Gründe und Mittel der Glaubhaftmachung lediglich ergänzt oder konkretisiert werden. Der Arbeitnehmer kann sich später nicht auf **neue** Tatsachen oder Mittel der Glaubhaftmachung berufen.[168]

34

bb) Problem: Anrufung eines unzuständigen Gerichts. Weitgehende Übereinstimmung besteht darin, dass die Zweiwochenfrist gewahrt ist, wenn der Zulassungsantrag während ihrer Dauer bei einem **örtlich unzuständigen Gericht** eingereicht und von diesem dem zuständigen Gericht demnächst[169] zugestellt wird.[170] Die Vorwirkung der Anhängigkeit gilt nach § 167 ZPO unabhängig davon, ob der Rechtsstreit innerhalb oder außerhalb der Frist verwiesen oder formlos abgegeben wird.

35

Streitig ist dagegen, ob der Arbeitnehmer, der ein **Gericht des falschen Rechtswegs** anruft, damit die Zweiwochenfrist einhalten kann. Während bspw das Arbeitsgericht Hanau,[171] Hesse[172] und Friedrich[173] das bejahen,

---

165 Vgl für eine Befristungskontrollklage BAG 6.10.2010 – 7 AZR 569/09 – Rn 13 f AP TzBfG § 17 Nr 8.
166 KR/Friedrich § 5 KSchG Rn 149; APS/Hesse § 5 KSchG Rn 54 und 84.
167 Statt vieler LAG Berlin 19.1.1987 – Ta 14/86 – LAGE KSchG § 5 Nr 27; KR/Friedrich § 5 KSchG Rn 124; APS/Hesse § 5 KSchG Rn 71.
168 ZB LAG Rheinland-Pfalz 28.5.1997 – 8 Ta 254/96 – II 3 NZA 1998, 55, 56; zu der Differenzierung zwischen bloßer Konkretisierung und neuen Tatsachen oder Mitteln der Glaubhaftmachung KR/Friedrich § 5 KSchG Rn 116; APS/Hesse § 5 KSchG Rn 72.
169 § 4 KSchG Rn 126 ff.
170 KR/Friedrich § 5 KSchG Rn 127; APS/Hesse § 5 KSchG Rn 66.
171 ArbG Hanau 30.5.1996 – 2 Ca 579/95 – BB 1996, 2099 LS 1 bis 3 mit differenzierter Begründung.
172 In APS § 5 KSchG Rn 66.
173 In KR § 5 KSchG Rn 128.

halten ua Berkowsky[174] und Hauck[175] die Antragsfrist in diesem Fall für nicht gewahrt. Ich folge der ersten Auffassung. Es besteht kein Grund, das Zulassungsgesuch in der Frage der zweifellos allein prozessualen Antragsfrist anders zu behandeln als die Kündigungsschutzklage selbst. Die in § 4 KSchG Rn 132 ff beschriebenen Grundsätze können deshalb auf die Problematik der Zweiwochenfrist übertragen werden.

36 **b) Absolute zeitliche Grenze der nachträglichen Zulassung, § 5 Abs 3 Satz 2 KSchG.** Das Gesetz begrenzt den Ausgleich zwischen Rechtssicherheit und Einzelfallgerechtigkeit auf die Zeit von sechs Monaten nach Ablauf der dreiwöchigen Klagefrist des § 4 Satz 1 KSchG. Danach treten die persönlichen Interessen des Arbeitnehmers an der Erhebung der verspäteten Klage **endgültig** zurück. Es kommt weder darauf an, ob das Hindernis bereits behoben ist, noch darauf, ob den Arbeitnehmer ein Verschulden an der Versäumung der Dreiwochen- oder Zweiwochenfrist trifft.[176] § 5 Abs 3 Satz 2 KSchG ist **verfassungsgemäß**. Die Norm verstößt nicht gegen die Rechtsweggarantie des Art 19 Abs 4 GG oder das aus dem Rechtsstaatsprinzip des Art 20 Abs 3 GG folgende Gebot der Rechtssicherheit und auch nicht gegen Grundrechte des gekündigten Arbeitnehmers aus der Menschenwürde (Art 1 Abs 1 GG) oder der Berufsfreiheit (Art 12 Abs 1 GG). Die Höchstfrist für die nachträgliche Zulassung der Kündigungsschutzklage findet einen **angemessenen Ausgleich der kollidierenden Grundrechtspositionen** innerhalb des weiten gesetzgeberischen Gestaltungsspielraums.[177]

37 **c) Berechnung.** Der Tag, an dem das Hindernis für die Klageerhebung entfällt, wird nach § 187 Abs 1 BGB nicht in die **zweiwöchige Frist** des § 5 Abs 3 Satz 1 KSchG eingerechnet. Sie endet nach § 188 Abs 2 Alt 1 BGB mit dem Ablauf des Tags, der entsprechend dem Tag benannt ist, an dem das Hindernis beseitigt wurde. Entfiel das Hindernis bspw an einem Donnerstag, verstreicht die Antragsfrist am Donnerstag zwei Wochen später, um 24:00 Uhr. Fällt das Fristende rechnerisch auf einen Samstag, Sonntag oder einen am Erklärungsort staatlich anerkannten Feiertag, endet die Frist mit Ablauf des nächsten Werktags (§ 193 BGB). Entsprechendes gilt für die Berechnung der **Sechsmonatsfrist** des § 5 Abs 3 Satz 2 KSchG. Endet die Dreiwochenfrist des § 4 Satz 1 KSchG zB am Samstag, dem 20.12.2014,[178] läuft die sechsmonatige Frist am Montag, dem 22.6.2015, 24:00 Uhr, ab.

38 **d) Wiedereinsetzung in die Fristen des § 5 Abs 3 KSchG?** Anders als § 233 ZPO, der eine Wiedereinsetzung in die Wiedereinsetzungsfrist des § 234 Abs 1 ZPO kennt, sieht § 5 Abs 3 KSchG weder die Wiedereinsetzung in

---

174 In NZA 1997, 352, 354.
175 In HK-KSchG § 5 Rn 21.
176 Vgl zu den unionsrechtlichen Bedenken an der einheitlichen Klagefrist bei Kündigungen wegen Betriebsübergangs und vor allem an § 5 Abs 3 Satz 2 KSchG Kamanabrou NZA 2004, 950, 951 f. Dazu auch Sprenger AuR 2005, 175, der eine Lösung über § 5 KSchG ebenfalls nicht für möglich hält, aber eine richtlinienkonforme Auslegung des § 13 Abs 3 KSchG vornimmt.
177 Vgl iE BAG 28.1.2010 – 2 AZR 985/08 – Rn 28 ff mwN ua aus der Rspr des BVerfG AP KSchG 1969 § 5 Nr 17 mit zust Anm Merten ArbR 2010, 419.
178 Dazu § 4 KSchG Rn 125.

die zweiwöchige Antragsfrist des Satzes 1 noch eine solche in die Sechsmonatsfrist des Satzes 2 vor. Beide Fristen sind auch **keine Notfristen** isv § 233 ZPO.[179] Eine entsprechende Anwendung von §§ 233 und 234 Abs 1 ZPO ist wegen des abschließenden Charakters sowohl dieser Bestimmungen als auch des § 5 KSchG **abzulehnen.**[180] Selbst wenn die Fristen des § 5 Abs 3 Satz 1 und 2 KSchG nicht als materiell-rechtliche Ausschlussfristen, sondern als prozessuale Fristen mit materiellen Auswirkungen verstanden werden, steht der **abschließende Charakter der beiden Regelungssysteme** der für eine Analogie erforderlichen unbewussten Regelungslücke entgegen. Der **Zweite Senat** verneint die Analogiefähigkeit der Wiedereinsetzungsbestimmungen für die Sechsmonatsfrist des § 5 Abs 3 Satz 2 KSchG mit dem Argument, auch nach der ZPO sei eine Wiedereinsetzung in die § 5 Abs 3 Satz 2 KSchG vergleichbare Frist des § 234 Abs 3 ZPO ausgeschlossen. Eine Wiedereinsetzung widerspreche vor dem Hintergrund der getroffenen **Abwägung** zwischen den Interessen des Arbeitnehmers an einer gerichtlichen Überprüfung der Wirksamkeit einer Kündigung und den Interessen des Arbeitgebers an einer baldigen Gewissheit über die endgültige Rechtsbeständigkeit der Auflösung des Arbeitsverhältnisses dem gesetzgeberischen Programm und dem Gesetzeszweck.[181]

3. Rechtsschutzbedürfnis

Obwohl der Zulassungsantrag wie jedes prozessuale Begehren ein allgemeines Rechtsschutzbedürfnis voraussetzt, erfordert die Zulässigkeit des Gesuchs keine Erfolgsaussicht der Kündigungsschutzklage.[182] Sie darf auch im Rahmen seiner Begründetheit nicht geprüft werden.[183] Das Rechtsschutzbedürfnis kann jedoch fehlen, wenn der Arbeitnehmer bekundet, er wolle die **Kündigung hinnehmen,** aber festgestellt wissen, dass die Versäumung der Klagefrist unverschuldet sei. 39

IV. Übersicht über einzelne Sachverhaltsgestaltungen fehlenden Verschuldens

Die folgende Darstellung erhebt keinerlei Anspruch auf Vollständigkeit.[184] Sie unternimmt nur den Versuch, die in der Praxis auftretende Vielzahl von Fällen zu strukturieren. Die angeführten Beispiele, deren Sachverhalte notwendig verkürzt wiedergegeben sind, sollten nicht schematisch auf andere Gestaltungen übertragen werden. Dargestellt werden sollen die Fallgruppen: 40

- Übermittlungsschwierigkeiten bei der Anrufung des Gerichts,
- Rechtsunkenntnis und
- tatsächliche Hindernisse, die aus der Sphäre des Arbeitnehmers herrühren.

---

179 BAG 16.3.1988 – 7 AZR 587/87 – II AP BGB § 130 Nr 16.
180 APS/Hesse § 5 KSchG Rn 88 f; näher KR/Friedrich § 5 Rn 165, der die Analogie jedoch mit Blick auf die gebotene enge Auslegung der Ausnahmeregelung des § 233 ZPO verneint.
181 Vgl BAG 28.1.2010 – 2 AZR 985/08 – Rn 27 mwN AP KSchG 1969 § 5 Nr 17.
182 Zu der anderen Grenze der Statthaftigkeit Rn 10.
183 Zu den Details Rn 11 ff.
184 Vgl die sehr viel ausführlichere Übersicht bei KR/Friedrich § 5 KSchG Rn 26 ff.

1. Übermittlungsschwierigkeiten bei der Anrufung des Gerichts

41 **a) Grundsatz.** Prinzipiell trägt der Arbeitnehmer das Risiko, dass seine Kündigungsschutzklage das Gericht rechtzeitig erreicht. Ein verspäteter Eingang ist deswegen **regelmäßig verschuldet** und rechtfertigt keine nachträgliche Zulassung.

42 **b) Einzelheiten.** Es können aber Hindernisse auftreten, die nicht der Sphäre des Arbeitnehmers zuzurechnen sind und aus diesem Grund ausnahmsweise eine Zulassung ermöglichen.

43 **aa) Volle Ausschöpfung der Frist und Zugangserschwerungen aufseiten des Gerichts.** Es ist dem Arbeitnehmer nicht anzulasten, wenn er die volle Klagefrist ausnutzt. Er setzt sich damit allerdings der Gefahr aus, dass die Klage das Gericht am letzten Tag der Frist nicht erreicht. Trifft ihn hierfür kein Verschulden, ist die Klage nachträglich zuzulassen.

- Das ist zB denkbar, wenn die **Geschäftsstelle** des Arbeitsgerichts am Tag des Endes der Frist wegen eines Ausflugs der Dienststelle nicht besetzt ist und der Arbeitnehmer die Klage daher nicht zu Protokoll geben kann.[185] Er braucht stattdessen keinen Anwalt oder eine andere rechtskundige Person zu beauftragen,[186] weil das Gesetz die Klageerhebung zu Protokoll ausdrücklich vorsieht (§ 46 Abs 2 Satz 1 ArbGG, §§ 253 Abs 4, 129 Abs 2, 129 a Abs 1 ZPO).
- Unverschuldet kann die Fristversäumung auch sein, wenn das **Telefaxgerät** des Gerichts am letzten Tag der Frist nicht empfangsbereit ist.
- Dagegen ist es dem Arbeitnehmer anzulasten, wenn er die Klageschrift nicht dem Gericht, sondern einem **Dritten** per Telefax zuleitet.
- **Unvorhersehbare Ereignisse** – wie zB Verkehrsunfälle – führen ebenfalls zu einer unverschuldeten Versäumung der Frist.[187] Spinner[188] nennt in diesem Zusammenhang die gegen einen ausländischen Arbeitnehmer verhängte Ausreisesperre.

44 **bb) Einwurf in den gewöhnlichen Briefkasten statt in den Nachtbriefkasten außerhalb der Dienstzeiten.** Hier sind zwei Gestaltungen zu unterscheiden:

- Wirft der Arbeitnehmer die Klage am letzten Tag der Frist nach Geschäftsschluss, aber vor 24:00 Uhr in den **gewöhnlichen Gerichtsbriefkasten**, obwohl ein Nachtbriefkasten vorhanden ist, stellt sich für das BAG kein Problem nachträglicher Zulassung.[189] Es betrachtet die Klage als rechtzeitig eingegangen, **sofern der Zeitpunkt des Einwurfs unstreitig oder durch den Arbeitnehmer bewiesen ist.** Ein Teil der **Literatur** hält demgegenüber die damit verbundene Differenzierung zwischen der Einreichung der Klage und der einer Rechtsmittelschrift für nicht gerechtfertigt und korrigiert die Fristversäumung folgerichtig über die nachträgliche Zulassung.[190]

---

185 Hessisches LAG 29.9.1993 – 2 Ta 213/93 – AuR 1994, 200.
186 KR/Friedrich § 5 KSchG Rn 32.
187 HK-KSchG/Hauck § 5 Rn 32 mwN.
188 In Löwisch/Spinner/Wertheimer § 5 Rn 16 mwN.
189 BAG 22.2.1980 – 7 AZR 295/78 – AP KSchG 1969 § 1 Krankheit Nr 6 mit abl Anm Hueck; wie hier APS/Hesse § 5 KSchG Rn 19.
190 Näher Hueck Anm zu BAG 22.2.1980 AP KSchG 1969 § 1 Nr 6.

- Fehlt ein Nachtbriefkasten oder ist er am letzten Tag der Klagefrist nicht benutzbar, ist die Klage jedenfalls nachträglich zuzulassen.[191]

cc) **Postlaufzeiten**

- Auf die **üblichen** Postlaufzeiten darf der Arbeitnehmer grundsätzlich vertrauen.[192] 45
- Werden sie überschritten, ist die Klage unter den weiteren Voraussetzungen des § 5 Abs 2 und 3 KSchG nachträglich zuzulassen.[193]
- Wird die Post **bestreikt**, muss sich der Arbeitnehmer bei Gericht erkundigen, ob und wann seine Klage eingegangen ist.[194] Die Antragsfrist des § 5 Abs 3 Satz 1 KSchG beginnt, sobald er die Nachfrage schuldhaft unterlässt.
- Gibt der Arbeitnehmer die Klage umgekehrt so spät zur Post, dass die **gewöhnlichen Postlaufzeiten unterschritten** sind, gelten die Ausführungen in Rn 33.

2. Rechtsunkenntnis

a) **Unterscheidung. Ausschließlich eigenes Handeln, durch fehlerhaften rechtlichen Rat veranlasstes Verhalten:** Im Ausgangspunkt ist zwischen der **unbeeinflussten Rechtsunkenntnis** des Arbeitnehmers und der Fehlbeurteilung zu trennen, die auf **unzutreffender Beratung** beruht. 46

- Die **Unkenntnis der Klagefrist** des § 4 Satz 1 KSchG rechtfertigt die nachträgliche Zulassung ebenso wenig wie ein **Irrtum** des Arbeitnehmers über den Fristbeginn, etwa weil er annimmt, die Klagefrist werde erst mit dem tatsächlichen Ausscheiden in Lauf gesetzt oder sie sei schon mit der Aufgabe zur Post gewahrt.[195] Jedem Arbeitnehmer ist abzuverlangen, dass er die Klagefrist, ihre Dauer, ihren Beginn und ihr Ende kennt oder sich dieses Wissen durch Erkundigung bei einer geeigneten Stelle verschafft.[196]
- Anderes ist auch nicht für einen **ausländischen Arbeitnehmer** anzunehmen, selbst wenn ihm die Kündigung während eines Heimaturlaubs zugegangen ist.[197] Den Arbeitgeber trifft keine Rücksichtnahmepflicht iSv

---

191 KR/Friedrich § 5 KSchG Rn 32; APS/Hesse § 5 KSchG Rn 19.
192 BVerfG 27.2.1992 – 1 BvR 1294/91 – II EzA ZPO § 233 Nr 14; KR/Friedrich § 5 KSchG Rn 30; APS/Hesse § 5 KSchG Rn 54.
193 Vgl BVerfG 4.12.1979 – 2 BvR 376/77 – AP ZPO 1977 § 233 Nr 74; BAG 24.11.1977 – 5 AZB 50/77 – AP ZPO 1977 § 233 Nr 1; KR/Friedrich § 5 KSchG Rn 30; APS/Hesse § 5 KSchG Rn 54; zu dem Beginn der Zweiwochenfrist des § 5 Abs 3 Satz 1 KSchG Rn 37.
194 BVerfG 15.5.1995 – 1 BvR 2440/94 – II 2 a NJW 1995, 2546; APS/Hesse § 5 KSchG Rn 54, der aber zu Recht darauf hinweist, dass eine Erkundigungspflicht nur bei allseits bekannten Streikmaßnahmen besteht, nicht schon bei bloßen Hinweisen der Medien auf Verzögerungen im Postverkehr.
195 KR/Friedrich § 5 KSchG Rn 37; APS/Hesse § 5 KSchG Rn 37.
196 Vgl bspw BAG 22.3.2012 – 2 AZR 224/11 – Rn 44 EzA KSchG § 5 Nr 41; Sächsisches LAG 23.7.1998 – 9 Ta 193/98 – NZA 1999, 112 LS; KR/Friedrich § 5 KSchG Rn 37, 91, 91 a und 91 b; APS/Hesse § 5 KSchG Rn 37.
197 HM, ua LAG Hamburg 20.11.1984 – 1 Ta 12/84 – NZA 1985, 127 f; eingehend KR/Friedrich § 5 KSchG Rn 91 b mit vielfältigen Nachweisen, auch zu der **Gegenansicht**; vHH/L/Linck § 5 Rn 36; Spinner in: Löwisch/Spinner/Wertheimer § 5 Rn 11.

§ 241 Abs 2 BGB, den Arbeitnehmer auf die Dreiwochenfrist hinzuweisen.[198]

■ Diese Grundsätze gelten entsprechend für die Unkenntnis oder fehlerhafte Berechnung der Zweiwochenfrist des § 5 Abs 3 Satz 1 KSchG.

47 **aa) Zuverlässige und zur rechtlichen Beratung für eine Kündigungsschutzklage geeignete Ansprechpartner.** Lässt sich der Arbeitnehmer nur rechtlich beraten, ohne die andere Person zu **bevollmächtigen**, Kündigungsschutzklage zu erheben, kann ihm das Fremdverschulden des Dritten nicht zugerechnet werden.[199] Es kommt hier darauf an, ob der Arbeitnehmer selbst schuldhaft gehandelt hat, indem er bei einer dafür ungeeigneten Person um Auskunft nachgesucht hat oder erkennen konnte, dass der von einer zuverlässigen Person erteilte Rat unzutreffend war. Ob eine Stelle geeignet ist, beurteilt sich danach, ob sie die **nötige Sachkunde** aufweist und **zur Auskunft in arbeitsrechtlichen Fragen berufen** ist.[200] Maßgeblich sind stets die Umstände des **Einzelfalls**.

48 Folgende Personen sind jedenfalls **geeignet**, in arbeitsrechtlichen Angelegenheiten zu beraten:

■ Arbeitsrichter in der Sitzung,[201]
■ Rechtsanwälte,[202]
■ Rechtssekretäre einer Gewerkschaft oder eines Dachverbands,[203]
■ Rechtspfleger der Rechtsantragsstelle eines Arbeitsgerichts,[204] obwohl sie das Begehren des Rechtsuchenden eigentlich nur in die juristisch korrekte Form bringen und nicht beraten sollen. Die Grenzen sind fließend.
■ Bei einem Heimaturlaub des Arbeitnehmers sind uU auch ausländische Einrichtungen geeignet, wenn sie nach der Verkehrsanschauung, die in dem Land herrscht, zuverlässige Auskunft in Kündigungsstreitigkeiten erteilen können.[205]

49 **bb) Ungeeignete Stellen.** Für **nicht zur Auskunft geeignet** werden überwiegend folgende Personen gehalten:

■ Büroangestellte von Rechtsanwälten,
■ gewerkschaftliches Personal[206] mit Ausnahme der Gewerkschafts- oder Rechtssekretäre,

---

198 BAG 26.8.1993 – 2 AZR 376/93 – AP LPVG Nordrhein-Westfalen § 72 Nr 8; aA Valentin AuR 1990, 276 ff.
199 Rn 14 und 16.
200 Spinner in: Löwisch/Spinner/Wertheimer § 5 Rn 9; vgl auch BAG 25.9.2013 – 5 AZR 815/12 – Rn 25: kompetente Stelle.
201 LAG Hamm 31.1.1979 – 8 Ta 207/78 – LAGE § 5 KSchG Nr 5.
202 LAG Baden-Württemberg 11.2.1974 – 5 Ta 2/74 – BB 1974, 323. Insoweit besteht **Streit**, ob der Arbeitnehmer verpflichtet ist, einen Anwalt auf einen offensichtlichen Rechtsirrtum hinzuweisen, **bejahend** LAG Köln 30.8.1989 – 5 Ta 176/89 – LAGE § 5 KSchG Nr 42, **verneinend** zB vHH/L/Linck § 5 Rn 9; die bloße Vereinbarung eines Beratungstermins mit dem Rechtsanwalt, ohne dass tatsächlich eine Beratung stattfand, reicht aber nicht aus (LAG Düsseldorf 21.10.1997 – 1 Ta 321/97 – LAGE KSchG § 5 Nr 89).
203 LAG Köln 13.9. 1982 – 1 Ta 111/82 – EzA KSchG § 5 Nr 16.
204 LAG Köln 28.11.1985 – 8 Ta 193/85 – LAGE KSchG § 5 Nr 21.
205 LAG Hamm 19.3.1981 – 8 Ta 78/80 – BB 1982, 495 LS.
206 LAG Brandenburg 22.10.1996 – 6 Ta 113/96 –.

- Geschäftsstellenbedienstete des Arbeitsgerichts,[207]
- in der Schadensabteilung von Rechtsschutzversicherungen Beschäftigte,[208]
- regelmäßig das Personal der Arbeitsagentur,[209]
- gewerkschaftliche Vertrauensleute als Träger der Gewerkschaftsarbeit im Betrieb,
- Arbeitskollegen, Vorgesetzte,
- Richter der ordentlichen Gerichtsbarkeit.[210]

Streitig ist vor allem, ob **Betriebsrats- oder Personalratsmitglieder** als geeignete Auskunftspersonen anzusehen sind. 50

- Die **wohl hM** verneint das zutreffend mit dem Argument, es gehöre nicht zu den Aufgaben des Betriebs- oder Personalrats, Arbeitnehmer in individualrechtlichen Angelegenheiten zu beraten.[211] Die fehlende Kompetenz ist für den sorgfältigen Arbeitnehmer auch erkennbar.
- Eine **vermittelnde Auffassung** differenziert nach **Groß- und Kleinbetrieb**, wobei die Klage in der ersten Gestaltung zugelassen werden könne, in der zweiten nicht.
- Friedrich[212] stellt auf den **jeweiligen Einzelfall** ab, neigt jedoch dazu, nachträglich zuzulassen, wenn sich der Arbeitnehmer Rat suchend an den Betriebs- oder Personalrat gewandt und eine unzutreffende Auskunft erhalten habe.
- Der Arbeitnehmer versäumt die Klagefrist jedenfalls fahrlässig, wenn er sich irrtümlich damit begnügt, beim Betriebsrat nach § 3 KSchG **Einspruch** gegen die Kündigung zu erheben.[213]

cc) Sonderfall. **Versäumung der Klagefrist im Zusammenhang mit einem** 51 **Verhalten des Arbeitgebers:** Neben der in Rn 46 verneinten Hinweispflicht des Arbeitgebers auf die Klagefrist treten im Zusammenhang mit seinem Verhalten zwei weitere Problemkreise – gescheiterte Vergleichsbemühun-

---

207 Sie sind zwar befugt, Klagen aufzunehmen, aber nicht dazu, rechtlich zu beraten: LAG Köln 28.11.1985 – 8 Ta 193/85 – LAGE KSchG § 5 Nr 21; ebenso APS/ Hesse § 5 KSchG Rn 60; aA KR/Friedrich § 5 KSchG Rn 43, der Schreibkräften und Reinigungspersonal des Arbeitsgerichts aber auch die Eignung für Rechtsauskünfte abspricht.
208 Wie hier zB APS/Hesse § 5 KSchG Rn 60; vHH/L/Linck § 5 Rn 10; wegen des subjektiv-individuellen Verschuldensmaßstabs aA etwa KR/Friedrich § 5 KSchG Rn 47, der Versicherungsvertreter von Rechtsschutzversicherungen – wohl im Sinn von akquirierenden Außendienstmitarbeitern – aber mit dem Sächsischen LAG (23.7.1998 – 9 Ta 193/98 – NZA 1999, 112) von der erforderlichen Sachkunde ausnimmt.
209 Das nicht berufen ist, in arbeitsrechtlichen Fragen zu beraten (LAG Düsseldorf 25.4.1991 – 1 Ta 97/91 – LAGE KSchG § 5 Nr 51; im Regelfall ebenso KR/ Friedrich § 5 KSchG Rn 43. Er differenziert allerdings danach, ob der Arbeitnehmer ausnahmsweise eine zutreffende Rechtsauskunft in seiner Kündigungsangelegenheit erwarten durfte.
210 LAG Düsseldorf 25.7.2002 – 15 Ta 306/02 – NZA-RR 2003, 101: Arbeitsrecht als Spezialmaterie.
211 Ua LAG Rheinland-Pfalz 10.9.1984 – 1 Ta 197/84 – NZA 1985, 430; LAG Berlin 17.6.1991 – 9 Ta 6/91 – DB 1991, 1887; LAG Hamburg 10.4.1987 – 5 Ta 5/87 – DB 1987, 1744; APS/Hesse § 5 KSchG Rn 60 mwN; vHH/L/Linck § 5 Rn 10.
212 In KR § 5 Rn 45.
213 HK-KSchG/Hauck § 5 Rn 40.

gen und Arglist – auf, die sich häufig berühren. Hier sollte das **Regel-Ausnahme-Verhältnis** beachtet werden. **Grundsätzlich** rechtfertigt die Erwartung des Arbeitnehmers, der Arbeitgeber werde die Kündigung „zurücknehmen", sich also zur Fortsetzung des Arbeitsverhältnisses bereit erklären, weder die Versäumung der Dreiwochenfrist noch die nachträgliche Zulassung der Klage.[214] Daran ändern auch schwebende Vergleichsverhandlungen oder die Furcht, das Arbeitsverhältnis mit der Klage zu belasten, nichts. Der Arbeitnehmer muss dennoch Sorge dafür tragen, seine Rechte wahrzunehmen. Auch die Einschätzung der Erfolgsaussichten seiner Klage hat er regelmäßig selbst zu verantworten.[215] **Ausnahmsweise** kann die Verspätung aber unverschuldet sein, wenn der Arbeitgeber den Arbeitnehmer über die Erfolgsaussichten der Kündigungsschutzklage **arglistig getäuscht** hat – nicht im Sinn des § 123 Abs 1 Alt. 1 BGB, sondern in dem des § 242 BGB –, ihm maW aufgrund unwahrer Behauptungen vorgespiegelt hat, die Klage sei aussichtslos. Das ist etwa in einem Fall angenommen worden, in dem der Arbeitgeber gegenüber dem Arbeitnehmer bewusst wahrheitswidrig erklärt hatte, sein Arbeitsplatz sei endgültig entfallen.[216] Aus entsprechenden Gründen kann die Klage im Einzelfall nachträglich zuzulassen sein, wenn der Arbeitgeber das berechtigte Vertrauen des Arbeitnehmers hervorgerufen hat, es werde anbieten, das Arbeitsverhältnis fortzusetzen.[217] Die nachträgliche Zulassung kommt ferner in Betracht, wenn **der Arbeitgeber den Arbeitnehmer im Ungewissen über seine Identität gelassen hat**, zB seiner Nachweispflicht aus § 2 Abs 1 Satz 2 Nr 1 NachwG nicht nachgekommen ist oder dem Arbeitnehmer einen Betriebsübergang nicht mitgeteilt hat.

52 **b) Weitere Einzelfälle. aa) Unter die Bedingung der Gewährung von Prozesskostenhilfe gestellte Kündigungsschutzklage.** Die durch die Gewährung der Prozesskostenhilfe **bedingte** Klageerhebung, bei der dem Prozesskostenhilfegesuch nur ein **Klageentwurf** beigefügt wird, wahrt die Klagefrist nicht, wenn über den Antrag erst nach ihrem Ende entschieden wird.[218] Die Fristversäumung ist besonders dann verschuldet, **wenn der Antrag** nicht entscheidungsreif ist, weil er nicht alle Angaben enthält oder Unterlagen fehlen.[219]

---

214 vHH/L/Linck § 5 Rn 6.
215 LAG Hamm 21.12.1972 – 8 Ta 70/72 – BB 1973, 336; Spinner in: Löwisch/Spinner/Wertheimer § 5 Rn 13.
216 LAG Hamm 21.12.1972 – 8 Ta 70/72 – BB 1973, 336; KR/Friedrich § 5 KSchG Rn 57; APS/Hesse § 5 KSchG Rn 21; HK-KSchG/Hauck § 5 Rn 42, jeweils mwN; aA vHH/L/Linck § 5 Rn 7, der meint, der Arglisteinwand könne die nachträgliche Zulassung der Klage idR – mit Ausnahme der Konstellation einer vorgetäuschten Betriebsstilllegung anstelle eines in Wirklichkeit vollzogenen Betriebsübergangs – nicht rechtfertigen, vielmehr sei der Arbeitnehmer auf Schadensersatzansprüche verwiesen.
217 Die Kündigung „zurücknehmen"; LAG Frankfurt 5.9.1988 – 11/1 Ta 389/88 – LAGE KSchG § 5 Nr 40.
218 § 4 KSchG Rn 69 aE; aA Gravenhorst FA 2013, 297, 298 in der Bespr von LAG Schleswig-Holstein 16.5.2011 – 3 Ta 85/11 – II 3.
219 Vgl HK-KSchG/Hauck § 5 Rn 54. KR/Friedrich § 5 KSchG Rn 40 und APS/Hesse § 5 KSchG Rn 47 lehnen bei verspäteter Bewilligung von Prozesskostenhilfe regelmäßig eine nachträgliche Zulassung ab, weil es im arbeitsgerichtlichen Verfahren keinen Prozesskostenvorschuss gibt.

Anderes kann entgegen meiner in der zweiten Aufl geäußerten Ansicht auch nicht gelten, wenn über das Prozesskostenhilfegesuch **noch vor Ablauf der Dreiwochenfrist** hätte entschieden werden können. Zwar entstammt die Verzögerung in diesem Fall auch dann nicht der Sphäre des Arbeitnehmers, wenn berücksichtigt wird, dass eingegangene Anträge wegen der Arbeitsbelastung des Gerichts nicht immer sofort bearbeitet werden können. Die Mittellosigkeit ist aber kein Hindernis für eine rechtzeitige unbedingte Klageerhebung, weil an eine Kündigungsschutzklage nur geringe Anforderungen zu stellen sind, die Klage mithilfe der Rechtsantragsstelle des Arbeitsgerichts erhoben werden kann und Kostenvorschüsse nach § 11 GKG nicht zu erheben sind.[220]

bb) Abgewartete Deckungszusage einer Rechtsschutzversicherung. So wenig es die nachträgliche Zulassung der Klage erlaubt, wenn der Arbeitnehmer ihre Erfolgsaussichten unzutreffend beurteilt[221] oder zuvor rechtliche Auskünfte einholen möchte, darf er bei gehöriger Sorgfalt nicht die Deckungszusage einer Rechtsschutzversicherung abwarten.[222] Es ist ihm zuzumuten, die Klage auch ohne diese Sicherheit zu erheben, weil er sie nach § 54 Abs 2 Satz 1 ArbGG ohne Einwilligung des Arbeitgebers **zurücknehmen** kann, bis die Anträge gestellt sind. Bis zu diesem Zeitpunkt genießt er zudem die Kostenprivilegierung der Nr 8210 Abs 2 Satz 1 der Anlage 1 zu § 3 Abs 2 GKG: Mit der Rücknahme der Klage entfällt die Gerichtsgebühr, die er nach § 11 GKG nicht vorzuschießen braucht.[223]

53

cc) Rechtzeitig erhobene Klage, die den Erfordernissen des § 253 ZPO jedoch nicht genügt. Herkömmlich wird formuliert, eine Klage, die den Erfordernissen des § 253 ZPO nicht gerecht werde, erlaube die nachträgliche Zulassung der Klage nicht, zumal der Arbeitnehmer die Klage nach § 46 Abs 2 Satz 1 ArbGG, § 496 ZPO zu Protokoll des Arbeitsgerichts anbringen könne.[224] Hinter dieser Aussage verbirgt sich eine **Differenzierung:**

54

- Gemeint ist, soweit ersichtlich, eine **nicht (ordnungsgemäß) unterschriebene** Klage oder ein nicht mit der Wiedergabe der Unterschrift versehenes Telefax (Telekopie). Der Formmangel widerspricht § 253 Abs 4, § 130 Nr 6 ZPO.[225] Der Mangel der fehlenden oder unzureichenden Unterschrift (sog Paraphe) und mit ihm die Versäumung der Klagefrist können aber nach § 295 Abs 1 ZPO **geheilt** werden, wenn der Gegner auf die Befolgung der Vorschrift ausdrücklich verzichtet oder sich rügelos einlässt.[226] Bevor der Arbeitnehmer darüber Gewissheit erlangt hat, wird er vorsorglich beantragen, die Klage nachträglich

---

220 Vgl BAG 8.11.2004 – 3 AZB 54/03 – II 2 b cc mwN BAGReport 2005, 379 in einem Rechtsbeschwerdeverfahren, mit dem sich die Klägerin gegen die Versagung von Prozesskostenhilfe wandte.
221 Rn 51.
222 HK-KSchG/Hauck § 5 Rn 55.
223 In anderem Zusammenhang näher BAG 8.11.2004 – 3 AZB 54/03 – II 2 b cc mwN BAGReport 2005, 379.
224 HK-KSchG/Hauck § 5 Rn 59; Spinner in: Löwisch/Spinner/Wertheimer § 5 Rn 14.
225 IE § 4 KSchG Rn 70 ff.
226 § 4 KSchG Rn 73 mwN.

zuzulassen. Dem Gesuch kann nicht stattgegeben werden. Die Klagefrist ist schuldhaft, weil fahrlässig versäumt.

- Anderes gilt, wenn der Vorsitzende des Arbeitsgerichts nicht auf die fehlende oder nicht ordnungsgemäße Unterzeichnung der Klageschrift innerhalb der noch offenen Dreiwochenfrist hinweist. Hätte der Arbeitnehmer die Unterzeichnung noch nachholen können, ist seinem späteren Zulassungsantrag stattzugeben.[227]
- Nach § 253 Abs 2 Nr 2 ZPO müssen zudem **Klagegegenstand und Klagegrund** angegeben werden. Hier dürfen keine zu strengen Anforderungen gestellt werden. Im Regelfall reicht es aus, wenn aus der Klageschrift
  - der **Arbeitgeber,**
  - das **Datum der Kündigung**[228] und
  - der **Wille** hervorgehen, die Kündigung nicht hinnehmen zu wollen.
- Selbst das ist nicht immer nötig.[229] Daran zeigt sich erneut, dass die der Zulässigkeit zuzuordnende Frage der ordnungsgemäßen Klageerhebung mit dem Problem der Klagefrist verschränkt ist. Sie ist aus Sicht des BAG zwar eine prozessuale Klageerhebungsfrist, führt wegen der Fiktion des § 7 HS 1 KSchG aber zu der Rechtsfolge der unbegründeten Klage, wenn sie nicht eingehalten ist.[230] Auch eine nicht ausreichend bestimmte und damit unzulässige Klage kann demgegenüber die Dreiwochenfrist wahren, wenn dem Normzweck des § 4 Satz 1 KSchG genügt ist, dem Arbeitgeber möglichst schnell Gewissheit darüber zu verschaffen, ob der Arbeitnehmer eine (hinlänglich erkennbare) Kündigung akzeptiert. Das BAG hat dieses Ergebnis zudem mit dem Rechtsgedanken des § 6 KSchG begründet.[231] In seiner jüngeren Rechtsprechung betont der Zweite Senat allerdings den **Vorrang der Auslegung vor der Analogie zu § 6 KSchG.**[232] Sind eine Auslegung oder eine Analogie zu § 6 KSchG möglich, ist die nachträgliche Zulassung **entbehrlich.** Im ersten Fall wird angenommen, dass die zunächst unzulässige Klage dennoch die Klagefrist des § 4 Satz 1 KSchG wahrt, weil ihr Zweck erfüllt ist. In der zweiten Konstellation wird dem Arbeitnehmer entsprechend § 6 Satz 1 KSchG erlaubt, die Klage zumindest bis zum Schluss der mündlichen Verhandlung erster Instanz „nachzubessern".[233]

55 **dd) Rücknahme der Kündigungsschutzklage.** Regelmäßig rechtfertigt die Rücknahme der Klage ihre spätere erneute Zulassung nicht. Anderes kann anzunehmen sein, wenn der Arbeitnehmer die Klage irrtümlich zurück-

---

227 vHH/L/Linck § 5 Rn 8.
228 Jedenfalls dann, wenn Verwechslungsgefahr mit einer anderen Kündigung besteht.
229 Zu den Details § 4 KSchG Rn 42 ff.
230 Näher § 4 KSchG Rn 42 und 111.
231 Vgl zu aus anderen Gründen unzulässigen Klagen auch § 4 KSchG Rn 33 und 43.
232 BAG 12.5.2005 – 2 AZR 426/04 – B I 2, 5 und II 1 b mwN AP KSchG 1969 § 4 Nr 53; dazu näher § 4 KSchG Rn 2, 24 und 53.
233 Möglicherweise noch bis zum Ende der Berufungsverhandlung, vgl zu dem Sonderfall des auf den Kündigungsschutzantrag verengten ursprünglich unzulässigen allgemeinen Feststellungsantrags § 4 KSchG Rn 52 ff, insb 54.

nimmt[234] oder das Gericht vor der Rücknahme einen Hinweis nach § 6 Satz 2 KSchG unterlässt.[235]

3. Tatsächliche Hindernisse, die aus der Sphäre des Arbeitnehmers herrühren

Der Versäumung der Klagefrist können nicht nur rechtliche Fehlvorstellungen des Arbeitnehmers zugrunde liegen, sondern auch **tatsächliche Hindernisse** aus seinem Bereich. Am häufigsten treten Konstellationen auf, in denen 56

- eine Kündigung während der **Ortsabwesenheit** des Arbeitnehmers zugeht oder
- er innerhalb der Dreiwochenfrist **erkrankt.**

a) Zugegangene, aber nicht tatsächlich zur Kenntnis genommene Kündigung. Probleme stellen sich in der Praxis vor allem, wenn sich der Arbeitnehmer bei Zugang der Kündigung 57

- nicht an seinem Wohnort aufhält,
- Familienmitglieder oder Mitbewohner ihm die Kündigung nicht sofort mitteilen oder aushändigen, um ihn zu schonen, oder
- er die Kündigung mangels Sprachkenntnis nicht versteht.

aa) Ortsabwesenheit, Haft und Urlaub. Eine Kündigung geht dem Arbeitnehmer nach hM auch dann zu iSv § 130 Abs 1 Satz 1 BGB, wenn er sich nicht an seinem Wohnort aufhält, etwa verreist[236] oder inhaftiert[237] ist. Der Zugang ist bewirkt, wenn die Erklärung derart in den Machtbereich des Arbeitnehmers gelangt ist, dass es ihm unter **gewöhnlichen** Umständen **möglich** ist, sie zur Kenntnis zu nehmen. Bei einem Einwurf in den Hausbriefkasten ist entscheidend, wann am jeweiligen Ort gewöhnlich mit Postzustellungen zu rechnen ist.[238] Es kommt dagegen **nicht** darauf an, ob der Arbeitnehmer **tatsächlich** von der Kündigung erfährt.[239] Die Klagefrist verstreicht ungeachtet dessen drei Wochen nach dem soeben definierten Zugangszeitpunkt. Dem Urlaub des Arbeitnehmers kommt zB keine zugangshemmende Wirkung zu. Dafür besteht wegen des Korrektivs der möglichen nachträglichen Zulassung der Kündigungsschutzklage keine Notwendigkeit.[240] Für die nachträgliche Zulassung sind zwei Hauptgestaltungen zu unterscheiden: 58

---

234 Zu einer derartigen Ausnahme Rn 18; dazu auch Spinner in: Löwisch/Spinner/Wertheimer § 5 Rn 12.
235 LAG Hamm 27.10.1994 – 8 Ta 382/94 – LAGE KSchG § 5 Nr 68; HK-KSchG/Hauck § 5 Rn 56.
236 LAG Hamm 7.11.2013 – 16 Sa 1679/12.
237 LAG Schleswig-Holstein 19.3.2014 – 6 Sa 297/13.
238 BAG 22.3.2012 – 2 AZR 224/11 – Rn 34 ff EzA KSchG § 5 Nr 41.
239 Für die ganz hM BAG 22.3.2012 – 2 AZR 224/11 – Rn 21 EzA KSchG § 5 Nr 41; BAG 16.3.1988 – 7 AZR 587/87 – AP BGB § 130 Nr 16; LAG Nürnberg 5.1.2004 – 9 Ta 162/03 – II 2 a NZA-RR 2004, 631, dort auch zu den Fragen der Möglichkeit der Kenntnisnahme nach allgemeinen Gepflogenheiten. Zu den Problemen der Zugangsvereitelung zB BAG 22.9.2005 – 2 AZR 366/04 – II 2 AP BGB § 130 Nr 24 mit erl Bespr Bertzbach in jurisPR-ArbR 5/2006 Anm 4.
240 BAG 22.3.2012 – 2 AZR 224/11 – Rn 23 EzA KSchG § 5 Nr 41.

- die Rückkehr nach Ablauf der Dreiwochenfrist des § 4 Satz 1 KSchG und
- die Rückkehr innerhalb der Klagefrist.

59 **(1) Rückkehr nach Ablauf der Dreiwochenfrist des § 4 Satz 1 KSchG.** Kehrt der Arbeitnehmer erst nach Ablauf der Klagefrist zurück, ist die Härte des Fristablaufs idR durch die nachträgliche Zulassung zu korrigieren. Hier sind verschiedene Konstellationen zu unterscheiden:

Der Arbeitnehmer braucht **grundsätzlich keine Vorkehrungen für den möglichen Zugang einer Kündigung zu treffen,**[241] muss sich die Post vor allem nicht nachsenden lassen.[242]

Anderes gilt, wenn der Arbeitnehmer konkreten Anlass zu der Annahme hat, ihm werde während der Ortsabwesenheit eine Kündigung zugehen.[243]

Außerdem darf der Arbeitnehmer nicht unabhängig von der Dauer seiner Ortsabwesenheit von einer nachträglichen Zulassung der Klage ausgehen.[244] Die Grenze, von der an nicht mehr von einer relativ kurzfristigen Ortsabwesenheit gesprochen werden kann, dürfte bei höchsten sechs Wochen liegen.[245] Bei längerer Ortsabwesenheit handelt der Arbeitnehmer fahrlässig schuldhaft iSv § 5 Abs 1 Satz 1 KSchG, wenn er keine Vorkehrungen für den Empfang eingehender Schriftstücke trifft.

Gibt der Arbeitnehmer im Fall seines Urlaubs abweichend von der gewöhnlichen Handhabung eine **Urlaubsanschrift** an, hat er dafür zu sorgen, dass ihn dort eingehende Post tatsächlich ohne größere Verzögerungen erreicht.[246] Die Kündigung geht in dieser Konstellation an der angegebenen Urlaubsadresse zu. Hält sich der Arbeitnehmer an einem anderen Ort auf, handelt er fahrlässig, wenn er keine Vorsorge dafür trifft, dass er sie dort erhält. Die Klagefrist ist schuldhaft versäumt, wenn der Arbeitnehmer die Kündigungsschutzklage nicht binnen drei Wochen nach Zugang der Kündigung an seiner Urlaubsanschrift erhoben hat. Dabei kommt es im Regelfall weder darauf an, ob er sich noch im Ausland aufhält, noch darauf, ob er sich dort rechtlich beraten lassen kann.[247] Sofern er den Postweg nicht nutzen will, muss er Dritte beauftragen, in Deutschland Klage zu erheben. Wegen der im arbeitsgerichtlichen Verfahren erleichterten Möglichkeit, die Klage zurückzunehmen, kann ihm abverlangt werden, erst Rechtsauskunft

---

241 LAG Köln 4.3.1996 – 10 Ta 322/95 – LAGE KSchG § 5 Nr 75; LAG Baden-Württemberg 5.8.2004 – 4 Ta 6/04 – B II 2 c aa; Spinner in: Löwisch/Spinner/Wertheimer § 5 Rn 18.
242 LAG Hamm 7.11.2013 – 16 Sa 1679/12; iE APS/Hesse § 5 KSchG Rn 51.
243 LAG Baden-Württemberg 5.8.2004 – 4 Ta 6/04 – B II 2 c aa mwN; KR/Friedrich § 5 KSchG Rn 82; APS/Hesse § 5 KSchG Rn 51.
244 LAG Baden-Württemberg 5.8.2004 – 4 Ta 6/04 – B II 2 c aa unter Hinweis auf die Rspr des BVerfG zu amtlichen Zustellungen, ua BVerfG 11.2.1976 – 2 BvR 849/75 – NJW 1976, 1537 und BVerfG 6.10.1992 – 2 BvR 805/92 – NJW 1993, 847.
245 BVerfG 11.2.1976 – 2 BvR 849/75 – NJW 1976, 1537, allerdings nicht zu § 5 KSchG, sondern zu amtlichen Zustellungen.
246 LAG Hamm 29.9.1983 – 8 Ta 288/83 – DB 1983, 2782 LS; APS/Hesse § 5 KSchG Rn 51; offengelassen von BAG 22.3.2012 – 2 AZR 224/11 – Rn 39 EzA KSchG § 5 Nr 41.
247 Näher vHH/L/Linck § 5 Rn 11 mwN zum Streitstand.

einzuholen, nachdem die Klage erhoben ist.[248] Die nachträgliche Zulassung scheidet auch aus, wenn der Arbeitnehmer aufgrund **besonderer Umstände** – bspw einer Ankündigung des Arbeitgebers – darauf gefasst sein musste, dass ihm während seiner Abwesenheit an seinem Wohnort eine Kündigung zugeht. Versäumt er es dennoch, für den Fall des Zugangs vorzusorgen, verschuldet er die Fristversäumung fahrlässig.[249]

(2) Rückkehr innerhalb der Klagefrist. Kehrt der Arbeitnehmer dagegen an seinen Wohnort zurück, bevor die Dreiwochenfrist verstrichen ist, muss er die verbleibende Zeit in aller Regel nutzen, um Kündigungsschutzklage zu erheben.[250] Dabei kann auch einem „einfachen" Arbeitnehmer **keine Überlegungsfrist** – zB von drei Tagen – zugebilligt werden.[251] Da es unproblematisch und ohne größeres Kostenrisiko möglich ist, die Klage zurückzunehmen,[252] muss ihm aus Gründen der Rechtssicherheit zugemutet werden, die Klage zu erheben, ohne die Erfolgsaussichten zu überdenken oder rechtlichen Rat abzuwarten. 60

bb) Durch Familienangehörige oder andere Mitbewohner nicht ausgehändigte Kündigung. Hält ein Familienmitglied oder ein sonstiger Mitbewohner die Kündigung zurück, um den schwer erkrankten Arbeitnehmer vor Aufregungen zu schützen, kann die nachträgliche Zulassung ausnahmsweise gerechtfertigt sein.[253] Bei der Person, die die schriftliche Kündigung entgegengenommen hat, muss es sich um einen **Empfangsvertreter oder -boten** handeln. Ehegatten, die in einer gemeinsamen Wohnung leben, sind nach der Verkehrsanschauung grundsätzlich als Empfangsboten füreinander anzusehen. Der Zugang wird durch die Möglichkeit, von der Kündigung Kenntnis zu nehmen, auch dann bewirkt, wenn sich der Ehepartner nicht in der gemeinsamen Wohnung aufhält.[254] Im Fall eines Erklärungsvertreters oder -boten stellt sich das Zulassungsproblem nicht, die Kündigung ist zunächst nicht zugegangen. 61

cc) Mangelnde Sprachkenntnis. Eine in deutscher Sprache verfasste Kündigung geht auch dann zu, wenn der Arbeitnehmer **des Deutschen nicht (hinreichend) mächtig ist.** Es ist ihm abstrakt möglich, die Kündigung zur Kenntnis zu nehmen. Seine persönliche Sprachkunde ist unerheblich. Deshalb kommt es auch auf eine Übersetzungsmöglichkeit nicht an, zumal der Zugangszeitpunkt, der objektiv Rechtssicherheit gewährleisten soll, ungewiss wird, wenn er von einer Übersetzung abhängt.[255] Die Möglichkeit oder Unmöglichkeit, die Kündigung innerhalb der Klagefrist übersetzen zu 62

---

248 Rn 53 und gleich Rn 60.
249 Spinner in: Löwisch/Spinner/Wertheimer § 5 Rn 18 mwN.
250 vHH/L/Linck § 5 Rn 39, der auf die Ausnahme hinweist, wenn der Arbeitnehmer wegen des Kündigungsdatums und der Zugangsart davon ausgehen musste, dass die Klagefrist bereits verstrichen war, und er innerhalb der Zweiwochenfrist nachträgliche Zulassung beantragt.
251 Wie hier Lingemann/Groneberg NJW 2013, 3077, 3078; aA LAG München 23.1.1992 – 4 Ta 16/92 – NZA 1993, 266; APS/Hesse § 5 KSchG Rn 51; wohl auch HK-KSchG/Hauck § 5 Rn 61.
252 Rn 53.
253 LAG Berlin 4.1.1982 – 9 Ta 5/81 – AP KSchG 1969 § 5 Nr 3.
254 BAG 9.6.2011 – 6 AZR 687/09 – Rn 17 NZA 2011, 847.
255 AA LAG Hamm 24.3.1988 – 8 Ta 35/88 – LAGE KSchG § 5 Nr 32, das den Zugang erst mit der Übersetzung als bewirkt betrachtet.

lassen, bietet sich vielmehr als Differenzierungskriterium für das subjektive Korrektiv der nachträglichen Zulassung an. Kann der Arbeitnehmer die Kündigung bis zum Ablauf der Frist selbst dann nicht übersetzen lassen, wenn er die ihm mögliche Sorgfalt aufbietet, ist die Fristversäumung **unverschuldet** und die Klage nachträglich zuzulassen.[256] Kann der Arbeitnehmer **nicht lesen**, geht ihm eine schriftliche Kündigung aus den genannten Gründen dennoch zu. Es ist praktisch kaum denkbar, dass der sorgfältige Arbeitnehmer innerhalb der Dreiwochenfrist niemanden findet, der ihm die Kündigung vorliest. Eine nachträgliche Zulassung wird daher in aller Regel ausscheiden.

63 **b) Krankheit.** Eine **Erkrankung allein** rechtfertigt die nachträgliche Zulassung der Klage nicht. Kann der Arbeitnehmer sich nicht zu Gericht begeben, muss er die Klage versenden. Ggf muss er auch andere Personen beauftragen, die von ihm formulierte Klage zu überbringen, oder sie bevollmächtigen, die Klage in seinem Namen zu erheben. Schuldlos versäumt ist die Klagefrist nur, wenn die Krankheit darüber hinaus die **Entscheidungsfähigkeit** des Arbeitnehmers derart **beeinträchtigt**, dass er gehindert ist, sein Klagerecht selbst oder durch Dritte auszuüben.[257]

64 Diese Grundsätze gelten auch für einen stationären Krankenhausaufenthalt. Entscheidend ist, ob der Arbeitnehmer zu **Außenkontakten** imstande war oder sie ausgeschlossen oder mindestens unzumutbar erschwert waren.[258] Erkrankt der Arbeitnehmer im Ausland, darf es ihm auch bei sorgfältigem Verhalten nicht möglich sein, die Klage nach Deutschland zu übermitteln.[259]

Hinweis: Dass ihm die Weiterleitung der Klage oder die Bevollmächtigung Dritter nicht möglich war, ist zunächst vom **Arbeitnehmer** vorzutragen. Es handelt sich um die materielle Voraussetzung der Ausnahmevorschrift des § 5 Abs 1 Satz 1 KSchG, das fehlende Verschulden an der (möglichen)[260] Versäumung der Klagefrist.

65 Dauert die Erkrankung des Arbeitnehmers, die seine Entschließung beeinträchtigt, nur während eines **Teils der Dreiwochenfrist** an, ist danach zu unterscheiden, ob sie

- schon zu **Beginn** oder
- erst am **Ende**

---

256 KR/Friedrich § 5 KSchG Rn 92; zu denken ist etwa an einen Heimaturlaub des erkrankten Arbeitnehmers in einem abgelegenen Dorf; aA vHH/L/Linck § 5 Rn 33.
257 Bspw LAG Rheinland-Pfalz 1.3.2007 – 7 Ta 27/07 – II; LAG München 29.11.2006 – 11 Ta 379/06 – II; LAG Hamm 31.1.1990 – 8 Ta 490/89 – LAGE KSchG § 5 Nr 45; LAG Köln 1.9.1993 – 10 Ta 118/93 – LAGE KSchG § 5 Nr 62; näher APS/Hesse § 5 KSchG Rn 39.
258 LAG Schleswig-Holstein 5.2.2008 – 6 Ta 22/08 – II 1 LAGE KSchG § 5 Nr 118; LAG Köln 1.3.2006 – 3 Ta 23/06 – II 2 LAGE KSchG § 5 Nr 112; APS/Hesse § 5 KSchG Rn 42; Lingemann/Groneberg NJW 2013, 3077, 3078.
259 Vgl zu den Übermittlungspflichten aus dem Ausland in dem anderen Zusammenhang des Urlaubs bereits Rn 59.
260 Rn 8 f.

der Frist auftritt. Da der Arbeitnehmer die Klagefrist voll ausschöpfen darf,[261] ist die Klage im zweiten Fall nachträglich zuzulassen.[262] Wird der Arbeitnehmer dagegen in der ersten Gestaltung noch während des Laufs der Frist gesund, kann er sich, um ihre Versäumung zu entschuldigen, nicht darauf berufen, ihm habe nicht die volle Überlegungszeit zur Verfügung gestanden.[263]

V. Entscheidung über den Antrag, § 5 Abs 4 und 5 KSchG

1. Form und Inhalt der Entscheidung

Das Verfahren über den Antrag auf nachträgliche Zulassung ist nach § 5 Abs 4 Satz 1 KSchG mit dem Verfahren über die Kündigungsschutzklage zu verbinden. Damit verzichtet der Gesetzgeber auf das frühere obligatorische Zwischenverfahren im Beschlussweg. Regelfall ist nach Inkrafttreten des Gesetzes zur Änderung des Sozialgerichtsgesetzes und des Arbeitsgerichtsgesetzes vom 26.3.2008, das am 1.4.2008 in Kraft trat,[264] das sog **Verbundverfahren**.[265] Das Arbeitsgericht kann das Verfahren aber zunächst auf die Verhandlung und Entscheidung über den Zulassungsantrag beschränken (§ 5 Abs 4 Satz 2 KSchG). In diesem Fall ergeht nach § 5 Abs 4 Satz 3 KSchG ein **Zwischenurteil iSv § 303 ZPO** in voller Kammerbesetzung, das wie ein Endurteil angefochten werden kann. Hat das Arbeitsgericht über einen Zulassungsantrag nicht entschieden oder wird ein derartiges Gesuch erst vor dem Landesarbeitsgericht gestellt, entscheidet das Landesarbeitsgericht in Kammerbesetzung über ihn (§ 5 Abs 5 Satz 1 KSchG). **Eine Zurückverweisung an das Arbeitsgericht scheidet aus.**[266] Damit soll das Verfahren gestrafft und beschleunigt werden.[267] Das **Landesarbeitsgericht kann ohne mündliche Verhandlung** entscheiden, wenn die Parteien zustimmen. § 64 Abs 7 ArbGG verweist nicht auf § 46 Abs 2 Satz 2 ArbGG. Das Landesarbeitsgericht kann deswegen mit Zustimmung der Parteien nach § 128 Abs 2 Satz 1 ZPO eine Entscheidung ohne mündliche Verhandlung treffen.[268] Der Übergang vom obligatorischen Zwischenverfahren im Beschlussweg auf das Urteils- oder Zwischenurteilsverfahren durch das **neue Recht** hat zur Folge, dass nun im Verfahren über die nachträgliche Zulassung unter den Voraussetzungen der §§ 72 ff ArbGG die **Revision** statthaft ist.[269] Der Gesetzgeber wollte eine **bundeseinheitliche Rechtsanwendung** ermöglichen.[270] Damit sind alte Streitfragen im Zusam-

66

---

261 Rn 43.
262 Zu der Darlegungslast für Anfang und Ende der Krankheit Rn 26, zu dem Beginn der Zweiwochenfrist des § 5 Abs 3 Satz 1 KSchG in diesem Fall Rn 33.
263 LAG Köln 1.9.1993 – 10 Ta 118/93 – LAGE KSchG § 5 Nr 62.
264 BGBl I S 444, 448; nichtamtlich abgekürzt: SGGArbGGuaÄndG; dazu iE KR/Friedrich § 5 KSchG Rn 8; oben Rn 3.
265 Vgl BT-Drucks 16/7716 S 14; BAG 28.5.2009 – 2 AZR 732/08 – Rn 17 AP KSchG 1969 § 5 Nr 16; Francken/Natter/Rieker NZA 2008, 377, 380.
266 BR-Drucks 820/07 S 35.
267 BT-Drucks 16/7716 S 15.
268 Vgl BAG 28.5.2009 – 2 AZR 732/08 – Rn 13 mwN AP KSchG 1969 § 5 Nr 16.
269 BAG 11.12.2008 – 2 AZR 472/08 – Rn 18 AP KSchG 1969 § 4 Nr 68.
270 BT-Drucks 16/7716 Anlage 1 S 7, 25; vgl auch BAG 11.12.2008 – 2 AZR 472/08 – Rn 37 AP KSchG 1969 § 4 Nr 68.

menhang mit der Zulassung der Rechtsbeschwerde bereinigt.[271] Das neue Recht gilt nach den Regeln des **intertemporalen Prozessrechts** auch schon für Rechtsstreitigkeiten, die bei seinem Inkrafttreten am 1.4.2008 bereits anhängig waren. Über die Zulassungsgesuch darf das Arbeitsgericht aus Sicht des BAG, das von einem sog **Hilfsantrag** ausgeht, nur befinden, wenn es die Klagefrist für versäumt hält. Meines Erachtens darf und muss der Antrag dagegen schon dann beschieden werden, wenn das Arbeitsgericht die Verspätung jedenfalls als möglich ansieht.[272] Das Arbeitsgericht hat über die Kündigungsschutzklage auch dann noch durch Urteil zu entscheiden, wenn es die nachträgliche Zulassung ablehnt.

67 Der Zulassungsantrag ist (als **unzulässig**) zurückzuweisen, wenn die besonderen Prozessvoraussetzungen des § 5 Abs 2 und 3 KSchG oder die allgemeinen Verfahrenserfordernisse nicht erfüllt sind.[273] **Unbegründet** ist das Gesuch, wenn die mögliche Versäumung der Klagefrist verschuldet oder das fehlende Verschulden zumindest nicht glaubhaft gemacht, also nicht überwiegend wahrscheinlich ist.[274] Ob der Antrag unzulässig oder unbegründet ist, kann in der zurückweisenden Entscheidungsformel ausgedrückt werden, muss es aber nicht. Der Umfang der Bindung einer ablehnenden Entscheidung kann ohnehin nur anhand der Gründe bestimmt werden.

2. Besetzung und Entscheidung des Gerichts

68 **Arbeitsgericht und Landesarbeitsgericht** entscheiden im Verbund- und im Vorabentscheidungsverfahren **regelmäßig in voller Kammerbesetzung durch End- oder Zwischenurteil.** Der Vorsitzende des Arbeitsgerichts ist nach § 55 Abs 3 ArbGG aber zur **Alleinentscheidung** berechtigt, wenn in der Verhandlung, die sich unmittelbar an die Güteverhandlung anschließt, eine das Verfahren beendende Entscheidung ergehen kann und die Parteien die Alleinentscheidung übereinstimmend beantragen.[275] Meines Erachtens kann das wegen des Beschleunigungszwecks des § 55 Abs 3 ArbGG nur für das Verbund-, nicht auch für das Vorabentscheidungsverfahren gelten.

69 Das **Landesarbeitsgericht** entscheidet sowohl im Verbund- als auch im Vorabentscheidungsverfahren in voller Kammerbesetzung. Es kann **ohne mündliche Verhandlung** entscheiden, wenn die Parteien zustimmen. § 64 Abs 7 ArbGG verweist nicht auf § 46 Abs 2 Satz 2 ArbGG. Das Landesarbeitsgericht kann daher mit Zustimmung der Parteien nach § 128 Abs 2 Satz 1 ZPO eine Entscheidung ohne mündliche Verhandlung treffen.[276] Das gilt unabhängig davon, ob es über eine Berufung gegen das End- oder

---

271 Vgl dazu die 3. Aufl § 5 KSchG Rn 75 ff.
272 Zu dieser Kontroverse ausf Rn 8 f mwN und § 5 KSchG Rn 5 ff der Voraufl.
273 Rn 23 ff; KR/Friedrich § 5 KSchG 169a und 169b mwN wählt stattdessen die Terminologie des Rechtsmittel- bzw Rechtsbehelfsverfahrens. Er spricht sich dafür aus, den Antrag als unzulässig zu verwerfen.
274 Rn 28, zur Differenzierung zwischen der Angabe der Mittel der Glaubhaftmachung und der Glaubhaftmachung selbst Rn 27 ff.
275 KR/Friedrich § 5 KSchG Rn 169; Schwab FA 2008, 135, 136.
276 Vgl BAG 28.5.2009 – 2 AZR 732/08 – Rn 13 mwN AP KSchG 1969 § 5 Nr 16; Rn 66.

Zwischenurteil eines Arbeitsgerichts befindet oder erstmals selbst nach § 5 Abs 5 Satz 1 KSchG über einen Zulassungsantrag entscheidet.

Das Arbeitsgericht und das Landesarbeitsgericht entscheiden im **Verbundverfahren** durch Endurteil. Die folgende Aufstellung legt die Auffassung des Zweiten Senats zugrunde, wonach der Erfolg des Zulassungsantrags ua davon abhängt, dass die Klagefrist versäumt ist.[277] Entsprechendes gilt inhaltlich für das erstmals mit dem Zulassungsantrag befasste Landesarbeitsgericht. Es hat jedoch die Berufungsterminologie zu wählen.

- Ist die Klagefrist nicht gewahrt und sind der Antrag auf nachträgliche Zulassung sowie die Kündigungsschutzklage begründet, ergeht stattgebendes Endurteil. Die Zulassung der Klage sollte aus Gründen der Klarstellung in den Tenor aufgenommen werden. Es genügt aber auch, wenn die Entscheidung aus den Gründen hervorgeht.
- Hält das Arbeitsgericht den Zulassungsantrag für unzulässig oder unbegründet, ist der Zulassungsantrag zurückzuweisen und die Kündigungsschutzklage abzuweisen. Anderes gilt für die Klage nur dann, wenn sich der Kläger auf Unwirksamkeitsgründe der Kündigung beruft, die nicht dem punktuellen Streitgegenstand und der Klagefrist des § 4 Satz 1 KSchG unterliegen.

Handelt es sich ausnahmsweise um ein **Vorabentscheidungsverfahren** iSv § 5 Abs 4 Satz 2 und 3 KSchG, ergeht Zwischenurteil, wonach die Klage nachträglich zugelassen oder der Zulassungsantrag zurückgewiesen wird. Die Kostenentscheidung bleibt dem Endurteil vorbehalten. Es ist nicht nötig, einen Urteilsstreitwert festzusetzen, um die Beschwer für die Berufung klarzustellen. Die Berufung ist ohnehin nach § 64 Abs 2 Buchst. c ArbGG statthaft.[278] Wird dem Zweiten Senat gefolgt, umfasst die **Bindungswirkung** des Zwischen- oder Endurteils im Hinblick auf die Frage der Zulassung sowohl das (**fehlende**) **Verschulden an der Fristversäumnis** als auch die (**fehlende**) **Fristversäumnis** selbst.[279]

3. Säumnis

Die Novelle des Gesetzes zur Änderung des Sozialgerichtsgesetzes und des Arbeitsgerichtsgesetzes[280] erleichtert Säumnislagen.

a) Säumnis des klagenden Arbeitnehmers

- Bleibt der klagende Arbeitnehmer im Güte- oder Kammertermin eines **Verbundverfahrens** säumig, ist die Kündigungsschutzklage unter den **Voraussetzungen des § 330 ZPO** durch **echtes Versäumnisendurteil** abzuweisen. Über den Zulassungsantrag ergeht keine Entscheidung. Das Versäumnisurteil muss sowohl im Gütetermin als auch im Kammertermin der **Vorsitzende** erlassen (§ 55 Abs 1 Nr 4 ArbGG). Erhebt der Ar-

---

277 Vgl zu meiner abweichenden Auffassung Rn 8 f und § 5 KSchG Rn 7 bis 12 der 3. Aufl; s zu den unterschiedlichen Konstellationen auch KR/Friedrich § 5 KSchG Rn 169 a.
278 APS/Hesse § 5 KSchG Rn 107.
279 KR/Friedrich § 5 KSchG Rn 169 c.
280 BGBl I S 444, 448; Gesetz vom 26.3.2008, das am 1.4.2008 in Kraft trat; nichtamtlich abgekürzt: SGGArbGGuaÄndG.

beitnehmer form- und fristgerecht **Einspruch** (§ 59 ArbGG), ist im Verbundverfahren durch **Endurteil der Kammer** zu entscheiden.[281]

- Ist die Kündigungsschutzklage im **Verbundverfahren unzulässig oder unschlüssig**, ist sie bei Säumnis des klagenden Arbeitnehmers durch sog **unechtes Versäumnisurteil** abzuweisen. Über den Zulassungsantrag ergeht ebenfalls keine Entscheidung. Auch hier hat der **Vorsitzende** im Güte- und im Kammertermin allein zu entscheiden. § 55 Abs 1 Nr 4 ArbGG sieht für alle Entscheidungen „bei", also anlässlich der Säumnis die Alleinentscheidung vor. Die Entscheidung muss nicht auf der Säumnissituation beruhen. Statthaftes Rechtsmittel ist die **Berufung**.

- Bleibt der klagende Arbeitnehmer im **Vorabentscheidungsverfahren** säumig, wird der Zulassungsantrag im Weg des **Versäumniszwischenurteils** durch den **Vorsitzenden** (§ 55 Abs 1 Nr 4 ArbGG) zurückgewiesen, wenn die Erfordernisse des § 330 ZPO gewahrt sind. Bei Entscheidungsreife kommt auch ein **Versäumnisendurteil** in Betracht, das die Kündigungsschutzklage insgesamt abweist. Das Gericht muss bei Entscheidungsreife stets auch ohne Aufhebung einer Beschränkung iSv § 146 ZPO ein Endurteil erlassen.[282] § 5 Abs 4 Satz 3 HS 2 KSchG steht dem aus meiner Sicht nicht entgegen.[283] Der Arbeitnehmer kann mithilfe des Einspruchs erreichen, dass das Verfahren in das Stadium vor dem Versäumnisendurteil zurückversetzt wird. Ist die Kündigungsschutzklage in diesem Verfahrensstadium auch unter Berücksichtigung des Zulassungsantrags entscheidungsreif, hat das Arbeitsgericht nun im Verbundverfahren durch Endurteil zu entscheiden.

73 Erhebt der Arbeitnehmer **Einspruch** (§ 59 ArbGG) gegen das Versäumnisurteil, kommen im Verbund- und im Vorabentscheidungsverfahren zwei Möglichkeiten in Betracht:

- Ist der Einspruch unstatthaft oder nicht form- oder fristgerecht erhoben, ist er **als unzulässig zu verwerfen** (§ 341 Abs 1 Satz 2 ZPO). Der Vorsitzende kann in diesem Fall einen Kammertermin anberaumen, er muss es aber nicht. Stattdessen kann er ohne mündliche Verhandlung durch Urteil entscheiden (§ 341 Abs 2 ZPO, § 53 Abs 1 Satz 1 ArbGG). Die ehrenamtlichen Richter entscheiden nicht mit.

- Hält der Vorsitzende den Einspruch umgekehrt für zulässig, muss er **Termin zur mündlichen Verhandlung über den Einspruch und die Hauptsache** bestimmen (§ 341 a ZPO). Das ArbG kann im Einspruchstermin bei erneuter Säumnis des Arbeitnehmers auf Antrag des Arbeitgebers nach Lage der Akten entscheiden (§§ 331 a, 251 a Abs 2 ZPO).[284]

74 **b) Säumnis des Arbeitgebers.** Für die Säumnis des beklagten Arbeitgebers gilt Entsprechendes wie für die Säumnis des klagenden Arbeitnehmers:

- Bleibt der beklagte Arbeitgeber im Güte- oder Kammertermin eines **Verbundverfahrens** säumig, ist der Kündigungsschutzklage unter den **Voraussetzungen des** § 331 ZPO durch **echtes Versäumnisendurteil**

---

281 KR/Friedrich § 5 KSchG Rn 188; APS/Hesse § 5 KSchG Rn 97.
282 KR/Friedrich § 5 KSchG Rn 188 a mwN.
283 AA KR/Friedrich § 5 KSchG Rn 188 a.
284 APS/Hesse § 5 KSchG Rn 97.

stattzugeben. Das Versäumnisendurteil muss sowohl im Gütetermin als auch im Kammertermin der **Vorsitzende** erlassen (§ 55 Abs 1 Nr 4 ArbGG). Erhebt der Arbeitgeber form- und fristgerecht **Einspruch**, ist im Verbundverfahren durch **Endurteil der Kammer** zu entscheiden.

- Bleibt der beklagte Arbeitgeber im **Vorabentscheidungsverfahren** säumig, wird dem Zulassungsantrag im Weg des **Versäumniszwischenurteils** durch den **Vorsitzenden** (§ 55 Abs 1 Nr 4 ArbGG) stattgegeben, wenn die Voraussetzungen des § 331 ZPO erfüllt sind. Bei Entscheidungsreife kommt auch ein **Versäumnisendurteil** in Betracht, das der Kündigungsschutzklage insgesamt stattgibt.[285]
- Für den **Einspruch des beklagten Arbeitgebers** verweise ich auf die entsprechend geltenden Ausführungen in Rn 73.

VI. Rechtsmittel

1. Berufung

Gegen das Zwischen- oder das Endurteil des Arbeitsgerichts ist nach § 64 Abs 2 Buchst. c ArbGG die **Berufung** statthaft. Für die **Entscheidung des Landesarbeitsgerichts** sind vor dem Hintergrund der Rechtsprechung des Zweiten Senats[286] vor allem folgende Konstellationen interessant:[287]

- Das Arbeitsgericht hält die Klage im **Verbundverfahren** für fristgerecht und gibt ihr statt. Das Landesarbeitsgericht nimmt an, die Klagefrist sei versäumt, die Klage sei aber nachträglich zuzulassen und erfolgreich. Das Landesarbeitsgericht weist die Berufung des Arbeitgebers auf seine Kosten durch (End-)Urteil zurück und entscheidet über die Zulassung der Revision.
- Das Arbeitsgericht gibt der Kündigungsschutzklage im **Verbundverfahren** statt. Das Landesarbeitsgericht geht davon aus, die Klagefrist sei versäumt, der Zulassungsantrag sei unzulässig oder unbegründet. Das Berufungsgericht ändert das (End-)Urteil des Arbeitsgerichts durch (End-)Urteil ab, weist die Klage ab, erlegt dem Kläger die Kosten des Rechtsstreits auf und befindet darüber, ob die Revision zuzulassen ist.
- Höchstrichterlich **noch ungeklärt** ist der Fall, in dem das **Arbeitsgericht** im **Verbundverfahren** entschieden hat, das **Landesarbeitsgericht** aber **auf das Vorabentscheidungsverfahren übergehen möchte**. Ich halte dieses Vorgehen für zulässig.[288] § 5 Abs 5 Satz 1 KSchG regelt meines Erachtens **zwei Sonderfälle**: den in erster Instanz übergangenen Zulassungsantrag und den im zweiten Rechtszug erstmals gestellten Zulassungsantrag. Für diese Fallgestaltungen ist über das allgemeine Zurückverweisungsverbot in § 68 ArbGG hinaus durch Spezialvorschrift klargestellt, dass eine Zurückverweisung an das Arbeitsgericht aus-

---

285 Vgl dazu näher die Ausführungen zu der Säumnis des klagenden Arbeitnehmers in Rn 72 f; aA APS/Hesse § 5 KSchG Rn 98.
286 Vgl zu der Vorfrage der versäumten Klagefrist, der hM dazu und meiner Mindermeinung Rn 8 f.
287 Vgl auch die instruktive Übersicht bei KR/Friedrich § 5 KSchG Rn 191.
288 Im Ergebnis ebenso APS/Hesse § 5 KSchG Rn 107; Roloff NZA 2009, 761, 766; Schrader NJW 2009, 1541, 1547; ähnl Schwab FA 2008, 135, 136; möglicherweise auch Francken/Natter/Rieker NZA 2008, 377, 382; einschränkend KR/Friedrich § 5 KSchG Rn 191.

scheidet.[289] Die Bestimmung will einen Streit über das Recht des Landesarbeitsgerichts, über den Zulassungsantrag „durchzuentscheiden", vermeiden, wie er bei der Verletzung der Hinweispflicht des § 6 Satz 2 KSchG geführt wird.[290] Der Übergang auf das Vorabentscheidungsverfahren bietet sich in zweiter Instanz **aus Beschleunigungsgründen**[291] vor allem dann an, wenn ein Grund für die Zulassung der Revision nach § 72 Abs 2 ArbGG nur für den Antrag auf nachträgliche Zulassung besteht.[292] Trotz des vermeintlich engeren Wortlauts des § 5 Abs 5 Satz 2 KSchG spricht der **Normzweck** dafür, dass das Landesarbeitsgericht in das Vorabentscheidungsverfahren übergehen darf. Dieser Zweck drückt sich gerade in der Verweisung auf § 5 Abs 4 Satz 2 aus. Das Revisionsverfahren soll zum einen nicht überfrachtet werden. Zum anderen soll das Landesarbeitsgericht keine Tatsachenfeststellungen für den (Miss-)Erfolg des Klageverfahrens treffen müssen, solange nicht feststeht, dass die Klage nachträglich zuzulassen ist.

- Das Arbeitsgericht gibt dem Zulassungsantrag im **Vorabentscheidungsverfahren** statt. Das Landesarbeitsgericht hält die Klagefrist für versäumt und den Zulassungsantrag für erfolglos. Es ändert deshalb das Zwischenurteil des Arbeitsgerichts auf die Berufung des Arbeitgebers ab und weist den Antrag auf nachträgliche Zulassung der Kündigungsschutzklage durch Zwischenurteil zurück. Die Entscheidung über die Kosten des Verfahrens ist dem Endurteil vorzubehalten. Das Landesarbeitsgericht hat darüber zu befinden, ob die Revision zugelassen wird.
- Das Arbeitsgericht weist den Zulassungsantrag im **Vorabentscheidungsverfahren** zurück. Das Landesarbeitsgericht sieht das umgekehrt. Es ändert das Zwischenurteil des Arbeitsgerichts ab und lässt die Kündigungsschutzklage durch Zwischenurteil nachträglich zu. Die Entscheidung über die Kosten des Verfahrens bleibt dem Endurteil vorbehalten. Das Landesarbeitsgericht hat über die Revisionszulassung zu entscheiden.

76 Wird dem Zweiten Senat darin zugestimmt, dass über den Zulassungsantrag nur zu befinden ist, wenn die Klage verspätet ist,[293] hat das BAG die Sache **an das Landesarbeitsgericht zurückzuverweisen**, wenn sich erst im Revisionsverfahren herausstellt, dass die Klage verspätet ist und es deshalb auf den vorsorglich gestellten Zulassungsantrag ankommt. Die Fragen der Sachaufklärung und Glaubhaftmachung sind grundsätzlich den Tatsacheninstanzen vorbehalten.[294] Zuständig ist das Landesarbeitsgericht. Eine Zurückverweisung an das Arbeitsgericht scheidet jedenfalls wegen § 5 Abs 5 Satz 1 Alt. 1 KSchG aus, ohne dass auf § 68 ArbGG zurückgegriffen werden müsste.[295]

---

289 Vgl BR-Drucks 820/07 S 35; im Ergebnis ebenso APS/Hesse § 5 KSchG Rn 109.
290 S zu der Kontroverse zusammenfassend BAG 4.5.2011 – 7 AZR 252/10 – Rn 22 ff mwN AP TzBfG § 17 Nr 11.
291 Vgl BT-Drucks 16/7716 S 15.
292 Ähnl KR/Friedrich § 5 KSchG Rn 191.
293 BAG 28.5.2009 – 2 AZR 732/08 – Rn 17 AP KSchG 1969 § 5 Nr 16; zu meiner abweichenden Auffassung § 5 KSchG Rn 8 f und Rn 7 bis 12 der 3. Aufl.
294 BAG 25.4.2013 – 6 AZR 49/12 – Rn 101 EzA-SD 2013 Nr 14, 4.
295 APS/Hesse § 5 KSchG Rn 111; **aA** KR/Friedrich § 5 KSchG Rn 204: Zurückverweisung an das Arbeitsgericht.

2. Formal fehlerhafte Entscheidung des Arbeitsgerichts

Entscheidet das Arbeitsgericht über das Zulassungsgesuch entgegen § 5 Abs 4 KSchG durch **Beschluss** statt durch End- oder Zwischenurteil, ist gegen den sog Beschluss das Rechtsmittel der **Berufung** gegeben. Erhebt der Beschwerte wegen der Bezeichnung der Entscheidung **sofortige Beschwerde**, ist sie als **Berufung** zu behandeln.[296] Fehler des Gerichts dürfen nach dem Grundsatz der Meistbegünstigung nicht zulasten des Beschwerten gehen.

VII. Bindungswirkung des Zwischenurteils

Hier kann weitgehend auf die Erl in Rn 8 f verwiesen werden. Die folgenden Ausführungen sollen die Problematik lediglich zusammenfassen.

1. Fehlendes Verschulden und Versäumung der Klagefrist

Das durch Zwischenurteil festgestellte (fehlende) **Verschulden** des Arbeitnehmers, seines gesetzlichen Vertreters oder Prozessbevollmächtigten an der Fristversäumung **bindet** nach § 318 ZPO alle drei Rechtszüge in ihrer Entscheidung über die Kündigungsschutzklage.[297] Das gilt nach der Rechtsprechung des Zweiten Senats auch für die Fragen, ob

- es überhaupt eine dem Arbeitgeber zurechenbare **schriftliche Kündigung** gibt[298] und
- die **Klagefrist versäumt** ist.[299]

2. Bindende Feststellung der Voraussetzungen des allgemeinen Kündigungsschutzes?

Dagegen können Arbeitsgericht, Landesarbeitsgericht und BAG die Frage, ob das **KSchG anwendbar ist,** jedenfalls nach der Rechtsprechung des BAG zum alten Recht in dem (End-)Urteil über den Kündigungsschutzantrag **abweichend** von dem Zwischenurteil über das Zulassungsgesuch beurteilen.[300] Sie ist **nicht Gegenstand** der Entscheidung über den Zulassungsantrag.

3. Bindende Zurückweisung des Zulassungsantrags

Über die Kündigungsschutzklage ist auch dann noch zu entscheiden, wenn der Zulassungsantrag mit Bindungswirkung nach § 318 ZPO zurückgewiesen ist. Die Kündigungsschutzklage kann noch Erfolg haben, wenn ein Unwirksamkeitsgrund in Rede steht, der dem punktuellen Streitgegenstand und der Klagefrist nach § 4 Satz 1 KSchG nicht unterfällt.

Ein Antrag auf nachträgliche Zulassung nach Ablauf der Klagefrist lässt den nach § 1 a KSchG entstandenen Abfindungsanspruch des Arbeitnehmers nach Sinn und Zweck des § 1 a Abs 1 KSchG nachträglich entfal-

---

296 KR/Friedrich § 5 KSchG Rn 193 mwN.
297 Rn 8 f.
298 BAG 28.5.2009 – 2 AZR 732/08 – Rn 17 AP KSchG 1969 § 5 Nr 16.
299 BAG 28.5.2009 – 2 AZR 732/08 – Rn 17 AP KSchG 1969 § 5 Nr 16; dazu und zu meiner abweichenden Ansicht Rn 8 f.
300 Rn 9 aE und 10 sowie § 5 KSchG Rn 9 ff der 3. Aufl.

len.³⁰¹ Das ist unabhängig davon anzunehmen, ob der Zulassungsantrag Erfolg hat. Entsprechendes gilt für eine nach Ablauf der Dreiwochenfrist eingereichte Kündigungsschutzklage.³⁰² Der Arbeitnehmer muss den nach § 1a Abs 1 Satz 2 KSchG erteilten Hinweis des Arbeitgebers in der Kündigungserklärung auf der Grundlage von § 133 BGB so verstehen, dass das Abfindungsangebot unter einer auflösenden Bedingung iSv § 158 Abs 2 BGB steht. Sie tritt ein, wenn der Arbeitnehmer versucht, das Verstreichenlassen der Klagefrist gerichtlich zu beseitigen.³⁰³ Der Arbeitnehmer kann die Voraussetzungen des § 1a Abs 1 Satz 1 KSchG durch eine spätere Rücknahme des Zulassungsantrags oder der Kündigungsschutzklage daher nicht mehr erfüllen.³⁰⁴

VIII. Kosten und Streitwert

83 Durch den Zulassungsantrag im Vorabentscheidungsverfahren fällt in erster Instanz **keine zusätzliche Gerichtsgebühr** an, sie ist Teil der Gebühr für den Kündigungsschutzantrag.³⁰⁵ Der **Urteilsstreitwert** des § 61 Abs 1 ArbGG richtet sich auch im Vorabentscheidungsverfahren nach dem Wert der Hauptsache, idR nach dem **Bruttovierteljahresverdienst** des § 42 Abs 2 Satz 1 GKG.³⁰⁶

---

301 BAG 20.8.2009 – 2 AZR 267/08 – Rn 10 AP KSchG 1969 § 1a Nr 9; BAG 13.12.2007 – 2 AZR 971/06 – Rn 46 AP KSchG 1969 § 1a Nr 7.
302 BAG 20.8.2009 – 2 AZR 267/08 – Rn 10 AP KSchG 1969 § 1a Nr 9; BAG 13.12.2007 – 2 AZR 971/06 – Rn 46 AP KSchG 1969 § 1a Nr 7.
303 Düwell in Weyand/Düwell Das neue Arbeitsrecht S 942; Preis DB 2004, 70, 74; Wennmacher juris konkret § 1a Rn 65.
304 Vgl BAG 20.8.2009 – 2 AZR 267/08 – Rn 15 AP KSchG 1969 § 1a Nr 9; BAG 13.12.2007 – 2 AZR 971/06 – Rn 47 AP KSchG 1969 § 1a Nr 7.
305 KR/Friedrich § 5 KSchG Rn 210; APS/Hesse § 5 KSchG Rn 115; Schrader NJW 2009, 1541, 1548.
306 Vgl zum früheren Zwischenverfahren zB LAG Baden-Württemberg 5.8.2004 – 4 Ta 6/04 – B III; zum heutigen Vorabentscheidungsverfahren KR/Friedrich § 5 KSchG Rn 212 mwN.

§ 6 Verlängerte Anrufungsfrist

[1]Hat ein Arbeitnehmer innerhalb von drei Wochen nach Zugang der schriftlichen Kündigung im Klagewege geltend gemacht, dass eine rechtswirksame Kündigung nicht vorliege, so kann er sich in diesem Verfahren bis zum Schluss der mündlichen Verhandlung erster Instanz zur Begründung der Unwirksamkeit der Kündigung auch auf innerhalb der Klagefrist nicht geltend gemachte Gründe berufen. [2]Das Arbeitsgericht soll ihn hierauf hinweisen.

I. Gesetzeszweck................. 1	3. Rüge der Kündigungsfrist 18
II. Gegenständlicher und zeitlicher Geltungsbereich.......... 5	4. Leistungsklagen, die von der Unwirksamkeit der Kündigung abhängen (insbesondere auf Vergütung aus Annahmeverzug und Weiterbeschäftigung)..... 24
III. Voraussetzungen.............. 7	
IV. Reichweite des § 6 KSchG.... 10	
V. Rechtsfolgen................... 12	
VI. Einzelfälle..................... 13	
1. Frühere Rechtslage: zunächst auf sonstige Unwirksamkeitsgründe gestützte allgemeine Feststellungsklage............. 13	5. Einstweilige Verfügung... 26
	6. Änderungskündigung..... 27
	7. Isolierter allgemeiner Feststellungsantrag/Verbindung von Kündigungsschutz- und allgemeiner Bestandsklage............. 29
2. Umdeutung einer außerordentlichen Kündigung; Klage gegen die außerordentliche, nicht aber gegen die vorsorgliche ordentliche Kündigung............ 14	VII. Gerichtliche Hinweispflicht, § 6 Satz 2 KSchG.............. 30

I. Gesetzeszweck

§ 6 KSchG durchbricht die Strenge der Klagefrist des § 4 Satz 1 KSchG, ohne dem Arbeitnehmer die besonderen Erfordernisse der nachträglichen Zulassung nach § 5 KSchG aufzuerlegen. Der Arbeitnehmer soll ein bereits mit dem Arbeitgeber begründetes Prozessrechtsverhältnis, das die Wirksamkeit der Kündigung betrifft, dazu nutzen können, ihre **Unwirksamkeit aus jeglichem Grund** noch später als drei Wochen nach Zugang der **schriftlichen Kündigung** geltend zu machen.[1] Der Zweck des Normengefüges der §§ 4 ff KSchG besteht darin, dem Arbeitgeber möglichst rasch Klarheit darüber zu verschaffen, ob der Arbeitnehmer die Kündigung hinnimmt oder ihre Unwirksamkeit gerichtlich geltend machen will.[2] § 6 KSchG dient dem spiegelbildlich, wenn der Arbeitgeber gewarnt und der Zweck der Klagefrist damit erfüllt ist. Die Vorschrift soll verhindern, dass der häufig rechtsunkundige **Arbeitnehmer den Kündigungsschutz** aus formalen Gründen verliert, wenn er das Gericht rechtzeitig anruft und sein prozessuales Vorgehen den Willen, die Wirksamkeit der Kündigung anzugreifen, klar genug

1

---

1 Auch für die in § 13 Abs 2 KSchG behandelte Sittenwidrigkeit der Kündigung gilt nun unabhängig davon, ob der Arbeitnehmer die Rechte der §§ 9 bis 12 KSchG geltend machen will, die Klagefrist; Löwisch NZA 2003, 689, 693.
2 BAG 18.7.2013 – 6 AZR 420/12 – Rn 19 NZA 2014, 109; BAG 15.5.2012 – 7 AZR 6/11 – Rn 23 AP TzBfG § 17 Nr 12; BAG 23.6.2009 – 2 AZR 474/07 – Rn 28 AP BGB § 626 Verdacht strafbarer Handlung Nr 47; näher § 4 KSchG Rn 2.

zum Ausdruck bringt.³ § 6 KSchG ist daher **weit auszulegen**⁴ und häufig **entsprechend anzuwenden**.⁵ Zweck des § 6 KSchG ist es, im Zusammenspiel mit § 4 KSchG frühzeitig Rechtsklarheit und -sicherheit zu schaffen. § 6 KSchG will den – häufig rechtsunkundigen – Arbeitnehmer vor einem unnötigen Verlust seines Kündigungsschutzes aus formalen Gründen schützen.⁶ Der Arbeitnehmer ist nach §§ 4, 6 KSchG nur verpflichtet, durch eine rechtzeitige Anrufung des Arbeitsgerichts seinen Willen, sich gegen die Wirksamkeit einer Kündigung zu wehren, genügend klar zum Ausdruck zu bringen.⁷ Auch eine zunächst unzulässige allgemeine Feststellungsklage genügt, um die Klagefrist zu wahren.⁸ Beruft sich der Arbeitnehmer erst nach Ablauf der Dreiwochenfrist auf einen weiteren Unwirksamkeitsgrund der Kündigung, wird das häufig dadurch motiviert sein, dass er sich von diesem Mangel größeren Erfolg verspricht als von dem bislang gerügten oder er sich des weiteren Unwirksamkeitsgrundes erst nach Ablauf der Klagefrist bewusst wird.

2 In § 6 KSchG schlägt sich wie in dem Gesamtgefüge der §§ 4 ff KSchG die durch das **Gesetz zu Reformen am Arbeitsmarkt**⁹ vorgenommene Ausdehnung der Klagefrist auf (fast)¹⁰ alle Unwirksamkeitsgründe der schriftlichen Kündigung nieder. Die Änderung des § 4 KSchG wird durch die des § 6 KSchG abgefedert.¹¹ Der weitere Unwirksamkeitsgrund kann selbst

---

3 BAG 26.9.2013 – 2 AZR 682/12 – Rn 35 NZA 2014, 443.
4 BAG 26.9.2013 – 2 AZR 682/12 – Rn 35 NZA 2014, 443; BAG 18.7.2013 – 6 AZR 420/12 – Rn 19 NZA 2014, 109; BAG 15.5.2012 – 7 AZR 6/11 – Rn 23 AP TzBfG § 17 Nr 12; BAG 23.6.2009 – 2 AZR 474/07 – Rn 28 AP BGB § 626 Verdacht strafbarer Handlung Nr 47.
5 Vgl zu allem BAG 26.9.2013 – 2 AZR 682/12 – Rn 35 f NZA 2014, 443; BAG 18.7.2013 – 6 AZR 420/12 – Rn 19 NZA 2014, 109; BAG 15.5.2012 – 7 AZR 6/11 – Rn 23 AP TzBfG § 17 Nr 12; BAG 23.4.2008 – 2 AZR 699/06 – Rn 24 AP KSchG 1969 § 4 Nr 65; BAG 16.4.2003 – 7 AZR 119/02 – I 3 b, c und d AP TzBfG § 17 Nr 2 iR der entsprechenden Anwendung des § 6 Satz 1 KSchG nach § 17 Satz 2 TzBfG; BAG 14.9.1994 – 2 AZR 182/94 – II 3 AP KSchG 1969 § 4 Nr 32; BAG 31.3.1993 – 2 AZR 467/92 – B II 2 b cc AP KSchG 1969 § 4 Nr 27; BAG 13.8.1987 – 2 AZR 599/86 – B II 2 b bb AP KSchG 1969 § 6 Nr 3; so auch Bender/Schmidt NZA 2004, 358, 365 zu der Neufassung der §§ 4, 6 KSchG durch das Gesetz zu Reformen am Arbeitsmarkt.
6 BAG 26.9.2013 – 2 AZR 682/12 – Rn 35 NZA 2014, 443; BAG 18.7.2013 – 6 AZR 420/12 – Rn 19 NZA 2014, 109; BAG 15.5.2012 – 7 AZR 6/11 – Rn 23 AP TzBfG § 17 Nr 12; BAG 23.4.2008 – 2 AZR 699/06 – Rn 24 AP KSchG 1969 § 4 Nr 65; insoweit zust Zeuner NZA 2012, 1414, 1415.
7 BAG 26.9.2013 – 2 AZR 682/12 – Rn 35 f NZA 2014, 443; BAG 18.7.2013 – 6 AZR 420/12 – Rn 19 NZA 2014, 109; BAG 15.5.2012 – 7 AZR 6/11 – Rn 23 AP TzBfG § 17 Nr 12; BAG 23.4.2008 – 2 AZR 699/06 – Rn 24 AP KSchG 1969 § 4 Nr 65.
8 BAG 26.9.2013 – 2 AZR 682/12 – Rn 40 NZA 2014, 443.
9 Gesetz vom 24.12.2003 BGBl I S 3002.
10 Vgl näher Ulrici FS v. Hoyningen-Huene S 501, 504 ff; § 4 KSchG Rn 3, 4 und 139 ff.
11 Löwisch NZA 2003, 689, 693; derselbe BB 2004, 154, 160; vgl zu der Neufassung des § 6 KSchG in der Aufsatzliteratur zB Bader NZA 2004, 65, 68 f; Bender/Schmidt NZA 2004, 358, 364 ff; Buschmann AuR 2004, 1, 3; Giesen/Besgen NJW 2004, 185, 188; Hanau ZIP 2004, 1169, 1175; Preis DB 2004, 70, 77; Quecke RdA 2004, 86, 101 f, der ein Bedürfnis für eine teleologische Reduktion sieht; Raab RdA 2004, 321, 327 ff; Schiefer/Worzalla NZA 2004, 345, 356; Willemsen/Annuß NJW 2004, 177, 183.

dann noch nach dem Ende der Klagefrist geltend gemacht werden, wenn der innerhalb der Dreiwochenfrist gehaltene Sachvortrag des Arbeitnehmers keinen Rückschluss auf den anderen Unwirksamkeitsgrund zulässt. Gesetzeszweck der §§ 4 und 6 KSchG ist nur, frühzeitig Rechtsklarheit und Rechtssicherheit zu schaffen. Setzt sich der Arbeitnehmer in der Dreiwochenfrist überhaupt gerichtlich gegen die Kündigung zur Wehr, ist der Arbeitgeber gewarnt. Es macht keinen Unterschied, ob der Arbeitnehmer nach Ablauf der Klagefrist seine rechtlichen Ausführungen oder seinen Tatsachenvortrag ergänzt. Allerdings wird es häufig nötig sein, das Sachvorbringen zu ergänzen, um das Tatsachenmaterial für den weiteren Unwirksamkeitsgrund beizubringen.[12] Auch in diesem Fall ist der Arbeitnehmer mit dem Vortrag nicht ausgeschlossen („präkludiert").[13] Zu den Unwirksamkeitsgründen, die § 4 Satz 1 und § 6 Satz 1 KSchG unterfallen, gehören auch besondere Kündigungsschutztatbestände, zB der Sonderkündigungsschutz für schwerbehinderte Menschen nach § 85 SGB IX.[14] Nur für mündliche und manche an rechtsgeschäftlichen Mängeln leidende Kündigungen[15] sind sowohl § 4 KSchG als auch § 6 KSchG ohne Bedeutung. Der Verstoß gegen die Schriftform der §§ 623, 125 Satz 1, 126 Abs 1 BGB unterliegt nicht der Klagefrist und kann mit einer allgemeinen Feststellungsklage iSv § 256 Abs 1 ZPO auch danach noch gerügt werden. Sonst würde der Zweck des am 1.5.2000 in Kraft getretenen Schriftformerfordernisses beeinträchtigt. Gerade bei mündlichen Erklärungen ist häufig umstritten, ob aus Sicht eines objektiven Dritten überhaupt eine Kündigung ausgesprochen wurde.[16] Zu den rechtsgeschäftlichen Mängeln, die außerhalb der Klagefrist des § 4 Satz 1 KSchG oder der verlängerten Anrufungsfrist des § 6 Satz 1 KSchG angegriffen werden können, zählen zB die Kündigung durch einen Vertreter ohne Vertretungsmacht (§ 180 BGB), die Kündigung durch den „falschen" Arbeitgeber und die Kündigung durch einen Nichtberechtigten.[17]

---

12 Vgl BAG 18.1.2012 – 6 AZR 407/10 – Rn 13 AP KSchG 1969 § 6 Nr 6 mit zust Anm Schrader.
13 BAG 18.1.2012 – 6 AZR 407/10 – Rn 12 f AP KSchG 1969 § 6 Nr 6; Eylert NZA 2012, 9, 10; Raab RdA 2004, 321, 327, 329; zu der Hinweispflicht des Arbeitsgerichts BAG 25.10.2012 – 2 AZR 845/11 – Rn 35 f NZA 2013, 900; BAG 18.1.2012 – 6 AZR 407/10 – Rn 13 AP KSchG 1969 § 6 Nr 6; insoweit abl Zeuner NZA 2012, 1414, 1415 ff mit systematischen, historischen und teleologischen Argumenten.
14 BAG 9.6.2011 – 2 AZR 703/09 – Rn 15 AP SGB IX § 85 Nr 11; BAG 11.12.2008 – 2 AZR 395/07 – Rn 15 AP BGB § 613 a Nr 362.
15 Zu den Ausnahmen des punktuellen Streitgegenstands und der Klagefrist iE § 4 KSchG Rn 3, 4 und 139 ff; dazu auch Ulrici FS v. Hoyningen-Huene S 501, 504 ff.
16 Der ursprüngliche Regierungsentwurf des Arbeitsmarktreformgesetzes vom 18.6.2003 (BT-Drucks 15/1204) hatte dagegen auch den Schriftformverstoß (§§ 623, 125 Satz 1, 126 Abs 1 BGB) der Klagefrist unterworfen. Die Änderung wurde auf Anraten einer Mehrheit der im 9. Ausschuss angehörten Sachverständigen vorgenommen; vgl zB die Forderung Bauers in Bauer/Preis/Schunder NZA 2003, 704, 706; **rechtspolitisch aA** mit detaillierter Begründung Eberle NZA 2003, 1121 ff.
17 BAG 26.3.2009 – 2 AZR 403/07 – Rn 18 AP KSchG 1969 § 4 Nr 70 mit weiterführender Bspr Ulrici jurisPR-ArbR 37/2009 Anm 2 zu E ua zu dem Problem der Geltung von Klage- und verlängerter Anrufungsfrist bei §§ 174 und 613 a BGB.

3 Die bis 31.12.2003 geltende Gesetzesfassung betraf in ihrer unmittelbaren[18] Anwendung nur den Fall, dass ein Arbeitnehmer in der binnen drei Wochen nach Zugang der Kündigung erhobenen Klage einen sonstigen Unwirksamkeitsgrund gerügt und sich erst nach dem Ende der Dreiwochenfrist auf die Sozialwidrigkeit der Kündigung berufen hatte. Hintergrund dieses Vorgehens konnte neben der Erhöhung der Prozesschancen des Arbeitnehmers sein, dass er die Auflösung des Arbeitsverhältnisses nach §§ 9, 10 KSchG erwirken[19] oder sich das Recht des § 12 KSchG, die Fortsetzung des Arbeitsverhältnisses zu verweigern, offenhalten wollte. Seit Inkrafttreten des Arbeitsmarktreformgesetzes am 1.1.2004 kommt es nicht mehr darauf an, ob sich der Arbeitnehmer innerhalb der Klagefrist auf die Sozialwidrigkeit beruft. Es genügt, wenn er in diesem Zeitraum irgendeinen Unwirksamkeitsgrund geltend macht. Für die Rechte aus §§ 9 und 12 KSchG ist allerdings immer noch erheblich, ob die Kündigung auch sozialwidrig oder nur aus einem sonstigem Grund unwirksam ist. § 13 Abs 3 KSchG nF bindet die Geltendmachung anderer Unwirksamkeitsgründe zwar an die Klagefrist der §§ 4 Satz 1, 7 HS 1 KSchG und eröffnet folgerichtig auch ihre Durchbrechungen in §§ 5 und 6 KSchG. Im Übrigen nimmt § 13 Abs 3 KSchG sonstige Unwirksamkeitsgründe aber von der Geltung des ersten Abschnitts des Kündigungsschutzgesetzes aus. Will der Arbeitnehmer den Auflösungsantrag des § 9 Abs 1 Satz 1 KSchG stellen oder die Fortsetzung des Arbeitsverhältnisses nach § 12 KSchG verweigern, muss die Kündigung deshalb weiterhin – zumindest auch – sozialwidrig sein.[20]

4 Rechtsprechung[21] und Literatur sind mit der handwerklichen Güte der Gesetzesmethodik des § 6 KSchG nF nicht sehr gnädig umgegangen.[22] Richtig ist sicher, dass der Anwendungsbereich des § 6 KSchG insofern verengt ist, als der Arbeitnehmer nun fast[23] alle Unwirksamkeitsgründe einer schriftlichen Kündigung mithilfe des punktuellen Streitgegenstands und in der Klagefrist des § 4 Satz 1 KSchG geltend machen muss.[24] Bei ausdrücklichen Rügeerfordernissen, wie die Rechtsprechung sie zB für § 102 BetrVG annimmt, kann für § 6 KSchG allerdings auch innerhalb des punktuellen Streitgegenstands ein eigenständiger Geltungsbereich bleiben. Jedenfalls ist die analoge Anwendung der Bestimmung auf allgemeine Feststellungsanträge, die innerhalb der Klagefrist des § 4 Satz 1 KSchG angebracht werden und mit denen der Arbeitnehmer Folgekündigungen abzuwehren versucht,

---

18 Auch die frühere Fassung des § 6 KSchG wurde jedoch in großem Umfang analog angewandt, dazu Rn 14 ff.
19 BAG 13.8.1987 – 2 AZR 599/86 – B II 2 b bb AP KSchG 1969 § 6 Nr 3.
20 Vgl für die st Rspr BAG 11.7.2013 – 2 AZR 241/12 – Rn 15 NZA 2013, 1159.
21 BAG 23.4.2008 – 2 AZR 699/06 – Rn 23 AP KSchG 1969 § 4 Nr 65 („redaktionell missglückte Fassung des § 6 KSchG").
22 Vgl nur Bader NZA 2004, 65, 68 f; Bender/Schmidt NZA 2004, 358, 364 f; Raab RdA 2004, 321, 327 f; Quecke RdA 2004, 86, 101 f.
23 Zu den Ausnahmen des punktuellen Streitgegenstands und der Klagefrist § 4 KSchG Rn 4 und 139 ff; dazu auch Ulrici FS v. Hoyningen-Huene S 501, 504 ff.
24 Bender/Schmidt NZA 2004, 358, 365; Düwell in Weyand/Düwell Das neue Arbeitsrecht S 224 f.

noch immer sinnvoll und vom Gesetzgeber gewollt.[25] Entsprechendes gilt bspw für isolierte Annahmeverzugs- und Weiterbeschäftigungsklagen.[26] Mag die Neufassung des § 6 KSchG auch wenig geglückt sein, wollte der Gesetzgeber dem Arbeitnehmer die nachträgliche Erhebung einer punktuellen Kündigungsschutzklage doch ersichtlich nicht erschweren oder gar abschneiden. Die Neufassung sollte dem Sinn der bisherigen Regelung entsprechen.[27] Das Problem der verlängerten Anrufungsfrist stellt sich ohnehin nur dann, wenn keine Auslegung dahin möglich ist, dass der Arbeitnehmer mit dem allgemeinen Bestandsantrag innerhalb der Dreiwochenfrist eine bestimmte oder mehrere konkrete Kündigungen angreifen will.[28] Der Zweite Senat lässt in seiner jüngeren Rechtsprechung offen, ob der allgemeine Feststellungsantrag auf einen punktuellen Kündigungsschutzantrag verengt werden muss, wenn eine weitere Kündigung erklärt wird.[29] Ich halte das für nicht zwingend. § 4 Satz 1 KSchG verlangt zwar einen punktuellen Antrag. Der allgemeine Feststellungsantrag sichert aber insgesamt den Bestand des Arbeitsverhältnisses zunächst bis zum Abschluss der jeweiligen (Tatsachen-)Instanz, deckt auf der Zeitachse also auch die weitere Kündigung ab. Der allgemeine Feststellungsantrag wird zudem erst zulässig und ist von einem Feststellungsinteresse getragen, wenn die weitere Kündigung erklärt wird.

II. Gegenständlicher und zeitlicher Geltungsbereich

§ 6 KSchG gilt **unmittelbar** für **ordentliche** 5

- **Beendigungs-** und
- **Änderungs**kündigungen,
- über **§ 13 Abs 1 Satz 2** KSchG auch für **außerordentliche** Kündigungen.

Im Fall der außerordentlichen Kündigung bezieht sich das verlängerte Rügerecht ebenso wie die Klagefrist auf fast alle Unwirksamkeitsgründe einer schriftlichen Kündigung.[30] Bis 31.12.2003 war die Klagefrist demgegenüber auf

---

25 BAG 26.9.2013 – 2 AZR 682/12 – Rn 36 NZA 2014, 443 unter Hinweis auf BT-Drucks 15/1509, 15/1204 S 13; im Befund ebenso Bender/Schmidt NZA 2004, 358, 365 f; Quecke RdA 2004, 86, 102; Raab RdA 2004, 321, 329; vgl auch Düwell in Weyand/Düwell Das neue Arbeitsrecht S 231; aA möglicherweise Bader NZA 2004, 65, 69.
26 BAG 26.9.2013 – 2 AZR 682/12 – Rn 35, 41 NZA 2014, 443; BAG 15.5.2012 – 7 AZR 6/11 – Rn 23 AP TzBfG § 17 Nr 12; BAG 23.4.2008 – 2 AZR 699/06 – Rn 24 mwN AP KSchG 1969 § 4 Nr 65; Raab RdA 2004, 321, 329 f; ebenso Giesen/Besgen NJW 2004, 185, 188; aA Bader NZA 2004, 65, 69.
27 Vgl die Begründung des Regierungsentwurfs vom 2.9.2003 BT-Drucks 15/1509 S 1, der inhaltlich mit dem Entwurf der Fraktionen von SPD und Bündnis 90/Die Grünen vom 24.6.2003 übereinstimmt (BT-Drucks 15/1204 S 5 bis 15); BAG 26.9.2013 – 2 AZR 682/12 – Rn 35 NZA 2014, 443; Raab RdA 2004, 321, 328 und 329; s auch Rn 10 b.
28 Zum Vorrang der Auslegung nach §§ 4 ff KSchG gegenüber einer Analogie zu § 6 KSchG BAG 12.5.2005 – 2 AZR 426/04 – B I 2, 5 und II 1 b mwN AP KSchG 1969 § 4 Nr 53 und näher Rn 31.
29 BAG 26.9.2013 – 2 AZR 682/12 – Rn 34 NZA 2014, 443; s auch Rn 12.
30 Zu den Ausnahmen des punktuellen Streitgegenstands und der Klagefrist § 4 KSchG Rn 4 und 139 ff; dazu auch Ulrici FS v. Hoyningen-Huene S 501, 504 ff.

- den fehlenden wichtigen Grund und
- die nicht eingehaltene Zweiwochenfrist der §§ 626 Abs 2 BGB, 22 Abs 4 Satz 1 BBiG oder einer tariflichen Vorschrift

beschränkt. Alle anderen Mängel waren vor Inkrafttreten des Arbeitsmarktreformgesetzes auch dann nicht von der Dreiwochenfrist umfasst, wenn es sich um eine außerordentliche Kündigung im „Geltungsbereich" des Kündigungsschutzgesetzes handelte. Der – beschränkte – Anwendungsbereich des Kündigungsschutzgesetzes meinte in diesem Fall außerordentliche Kündigungen gegenüber einem Arbeitnehmer, die nach dem Ende der Wartezeit des § 1 Abs 1 KSchG und außerhalb eines Kleinbetriebs (§ 23 Abs 1 Satz 2 KSchG aF) ausgesprochen wurden. Über § 17 Satz 2 und § 21 TzBfG kommt § 6 KSchG entsprechend auf **Befristungs- und Bedingungskontrollklagen** zur Anwendung.[31] Das gilt auch für die von der Rechtsprechung zu § 6 KSchG entwickelten Analogien, wie sie zB für die isolierte, innerhalb der Klagefrist erhobene Annahmeverzugsklage angenommen werden.[32]

6 Für die Rechtslage bei Inkrafttreten des Gesetzes zu Reformen am Arbeitsmarkt am 1.1.2004 beziehe ich mich auf die Vorauf und die Entscheidung des BAG vom 9.2.2006.[33] Nach jetzigem Recht sind der punktuelle Streitgegenstand und die Klagefrist des § 4 Satz 1 KSchG nur bei nicht schriftformgerechten Kündigungen oder Kündigungen, die an bestimmten – meist – rechtsgeschäftlichen Mängeln leiden, nicht zu beachten.[34] Eine Ausnah-

---

31 BAG 10.10.2012 – 7 AZR 602/11 – Rn 15 AP TzBfG § 21 Nr 10; BAG 15.5.2012 – 7 AZR 6/11 – Rn 23 AP TzBfG § 17 Nr 12; BAG 27.7.2011 – 7 AZR 402/10 – Rn 37 AP TzBfG § 21 Nr 9; BAG 4.5.2011 – 7 AZR 252/10 – Rn 16 AP TzBfG § 17 Nr 11.
32 BAG 15.5.2012 – 7 AZR 6/11 – Rn 23 AP TzBfG § 17 Nr 12; BAG 23.4.2008 – 2 AZR 699/06 – Rn 23 AP KSchG 1969 § 4 Nr 65; noch zu § 6 KSchG aF BAG 16.4.2003 – 7 AZR 119/02 – I 3 b AP TzBfG § 17 Nr 2; dazu näher Rn 24 f.
33 BAG 9.2.2006 – 6 AZR 283/05 – Rn 19 ff AP KSchG 1969 § 4 Nr 56 unter Hinweis auf seine eigene zu § 4 Abs 2 TzBfG ergangene Entscheidung vom 11.12.2003 – 6 AZR 64/03 – BAGE 109, 110 und das Urt des Siebten Senats vom 20.1.1999 – 7 AZR 715/97 – AP BeschFG 1985 § 1 Nr 21 zu § 1 Abs 5 BeschFG idF vom 25.9.1996 (BGBl I S 1476). AA Löwisch BB 2004, 154, 159 mit dem Argument der fehlenden Übergangsbestimmung; **wie der Sechste Senat** und sorgfältig differenzierend Bader in NZA 2004, 65, 68, dem sich Quecke in RdA 2004, 86, 99 und Rost in KR seit der 7. Aufl § 7 KSchG Rn 3 c anschließen. Der Entwurf Baders nahm die Entscheidung des Sechsten Senats unter Rückgriff auf die zu § 1 Abs 5 BeschFG 1996 ergangene Entscheidung des Siebten Senats vom 20.1.1999 – 7 AZR 715/97 – II 2 und 3 AP BeschFG 1985 § 1 Nr 21 „zielsicher" vorweg:
 – Kündigung in einem Kleinbetrieb oder in der Wartezeit, die vor dem 1.1.2004 zuging (Klagefrist vom 1.1.2004 bis 21.1.2004),
 – Kündigung gegenüber einem Arbeitnehmer mit allgemeinem Kündigungsschutz, dem die Kündigung vor dem 1.1.2004 zuging und der auch noch vor dem 1.1.2004 fristgerecht Klage einreichte (Geltung der §§ 4, 5, 6, 7 und 13 KSchG aF) und
 – Kündigung gegenüber einem Arbeitnehmer mit allgemeinem Kündigungsschutz, dem die Kündigung vor dem 1.1.2004 zuging, der aber erst ab dem 1.1.2004 Klage einreichte (Anwendbarkeit der §§ 4, 5, 6, 7 und 13 KSchG nF): Die Dreiwochenfrist begann ebenfalls am 1.1.2004 und endete am 21.1.2004.
 Zum zeitlichen Geltungsbereich des Arbeitsmarktreformgesetzes näher § 4 KSchG Rn 4.
34 Zu den Einzelheiten § 4 KSchG Rn 4 und 139 ff; dazu auch Ulrici FS v. Hoyningen-Huene S 501, 504 ff.

me gilt ferner für die **Einhaltung der Kündigungsfrist** ordentlicher Kündigungen. Ihre fehlerhafte Berechnung kann der Arbeitnehmer meines Erachtens regelmäßig auch außerhalb der Klagefrist rügen.[35] Anderes gilt nach der Rechtsprechung des Fünften Senats, wenn die Kündigungserklärung nicht dahin ausgelegt werden kann, dass der Arbeitgeber eine Kündigung mit der richtigen Frist meint, und eine Umdeutung[36] erforderlich ist.[37] In diesem Fall muss aus Sicht des Fünften Senats die Klagefrist eingehalten werden, um die Wirksamkeitsfiktion des § 7 HS 1 KSchG abzuwenden.[38] Wird dem zugestimmt, muss folgerichtig auch die verlängerte Anrufungsfrist des § 6 Satz 1 KSchG anzuwenden sein, wenn die Klage in der Klagefrist erhoben wurde, der Arbeitnehmer sich in der Dreiwochenfrist aber noch nicht darauf berufen hatte, die Kündigungsfrist sei nicht gewahrt.[39]

III. Voraussetzungen

Die **direkte** Anwendung der Bestimmung setzt nach § 6 Satz 1 KSchG voraus, dass der Arbeitnehmer

- binnen drei Wochen nach Zugang der **schriftlichen** Kündigung
- ihre Unwirksamkeit
- **im Klageweg** geltend gemacht hat.[40]

---

35 Grundlegend BAG 15.12.2005 – 2 AZR 148/05 – Rn 14 ff AP KSchG 1969 § 4 Nr 55; fortgeführt von BAG 9.2.2006 – 6 AZR 283/05 – Rn 32 AP KSchG 1969 § 4 Nr 56; BAG 6.7.2006 – 2 AZR 215/05 – Rn 15 AP KSchG 1969 § 4 Nr 57; BAG 9.9.2010 – 2 AZR 714/08 – Rn 13 f AP BGB § 622 Nr 66; dazu auch § 4 KSchG Rn 4 und § 6 KSchG Rn 18 ff.
36 Zu der Umdeutung einer außerordentlichen in eine ordentliche Kündigung zB BAG 12.5.2010 – 2 AZR 845/08 – Rn 39 ff AP BGB § 626 Nr 230.
37 Vgl zu dem Problem des § 622 Abs 2 Satz 2 BGB, der nach EuGH 19.1.2010 – C-555/07 – (Kücükdeveci) Rn 43 AP Richtlinie 2000/78/EG Nr 14 wegen des Verstoßes gegen das primärrechtliche Verbot der Altersdiskriminierung unanwendbar ist, BAG 1.9.2010 – 5 AZR 700/09 – Rn 20 bis 30 NZA 2010, 1409 mit zust Bspr Laws AuR 2013, 431, 435 f; erl Anm Fuhlrott EWiR 2011, 61, mit krit Bspr Ziemann jurisPR-ArbR 3/2011 Anm 1, mit krit und weiterführender Anm Schwarze AP KSchG 1969 § 4 Nr 71 und abl Bspr Kürgermeyer-Kalthoff MDR 2011, 80 (keine Auslegung der Kündigungserklärung in Richtung einer Kündigung mit richtiger Kündigungsfrist möglich, deshalb Umdeutungserfordernis, für die nötige Umdeutung Bindung an die im konkreten Fall versäumte Klagefrist; fortgeführt von BAG 15.5.2013 – 5 AZR 130/12 – Rn 14 ff NZA 2013, 1076 mit dem umgekehrten Ergebnis im Einzelfall: mögliche Auslegung und damit gewahrte Klagefrist); mit einem anderen Auslegungsergebnis für die im Einzelfall erklärte ordentliche Kündigung (Auslegung in Richtung einer Erklärung mit zutreffender Kündigungsfrist, keine Bindung an die Klagefrist); etwas anders in Richtung einer idR möglichen Auslegung: BAG 20.6.2013 – 6 AZR 805/11 – Rn 16 NZA 2013, 1137; BAG 9.9.2010 – 2 AZR 714/08 – Rn 13 f AP BGB § 622 Nr 66; zu den unterschiedlichen Zungenschlägen in der Rspr des Zweiten, Fünften und Sechsten Senats Laws AuR 2013, 431, 433 ff; Muthers RdA 2012, 172, 177; Schmitt-Rolfes AuA 2013, 679; Schwarze Anm AP KSchG 1969 § 4 Nr 71.
38 S aber für den Fall einer im Einzelfall möglichen Auslegung BAG 15.5.2013 – 5 AZR 130/12 – Rn 14 ff NZA 2013, 1076; BAG 9.9.2010 – 2 AZR 714/08 – Rn 13 ff AP BGB § 622 Nr 66.
39 So wohl auch BAG 1.9.2010 – 5 AZR 700/09 – Rn 20 AP KSchG 1969 § 4 Nr 71, das § 6 KSchG zitiert; fortgeführt von BAG 15.5.2013 – 5 AZR 130/12 – Rn 14 ff NZA 2013, 1076.
40 Vgl zB BAG 23.3.2006 – 2 AZR 343/05 – Rn 16 AP KSchG 1969 § 17 Nr 21.

- Zu den Unwirksamkeitsgründen iSv §§ 4, 6 KSchG, die fristgebunden in der Klagefrist oder verlängerten Anrufungsfrist geltend zu machen sind, gehören auch tarifliche oder einzelvertragliche Ausschlüsse der ordentlichen Kündigung.[41]
- Die entsprechende Anwendung des § 6 KSchG hat zur Folge, dass der Arbeitnehmer bis zum Schluss der mündlichen Verhandlung erster Instanz die Unwirksamkeit der Kündigung aus anderen Gründen als denjenigen geltend machen kann, die er innerhalb der dreiwöchigen Klagefrist benannt hat.[42] Wegen der Erstreckung der Klagefrist des § 4 KSchG nF auf fast alle Unwirksamkeitsgründe umfasst § 6 Satz 1 KSchG nF auch den Fall, dass der Arbeitnehmer form- und fristgerecht Klage gegen die von ihm als sozialwidrig angesehene Kündigung erhoben hat und nach Ablauf der Klagefrist weitere Unwirksamkeitsgründe „nachschieben" will, zB die unterbliebene oder mit Mängeln behaftete Anhörung des Betriebsrats.[43]

8 Wird die Klage später als drei Wochen nach Zugang der Kündigung erhoben,[44] können nach neuem Recht nur noch der Schriftformverstoß nach §§ 623, 125 Satz 1, 126 Abs 1 BGB, bestimmte rechtsgeschäftliche Mängel und – im Regelfall der in Richtung einer Kündigung mit richtiger Frist auszulegenden Kündigung –[45] die Nichteinhaltung der Kündigungsfrist einer ordentlichen Kündigung überprüft werden.[46] In den übrigen Fällen ist für die verlängerte Anrufung nach § 6 Satz 1 KSchG kein Raum, weil die mögliche Unwirksamkeit der schriftlichen Kündigung bereits nach § 7 HS 1 KSchG **geheilt** ist.[47] Bei Kündigungen, die bis 31.12.2003 zugingen und bis zu diesem Zeitpunkt gerichtlich angegriffen wurden,[48] bestanden dagegen erheblich bessere Prozessaussichten des Arbeitnehmers, auch wenn er die Dreiwochenfrist versäumt hatte. Im Rahmen einer allgemeinen Feststellungsklage konnte er bis zur Grenze der Verwirkung dennoch alle **sonstigen Unwirksamkeitsgründe** geltend machen.

---

41 BAG 8.11.2007 – 2 AZR 314/06 – Rn 17 AP KSchG 1969 § 4 Nr 63.
42 Noch zu der entsprechenden Anwendung des § 6 KSchG aF über § 17 Satz 2 TzBfG: BAG 16.4.2003 – 7 AZR 119/02 – zu I 3 c der Gründe BAGE 106, 72 (Unwirksamkeit der Befristung).
43 BAG 08. 11.2007 – 2 AZR 314/06 – Rn 16 mwN AP KSchG 1969 § 4 Nr 63.
44 Die Erhebung der Klage setzt nach § 253 Abs 1 ZPO zwar grundsätzlich Rechtshängigkeit voraus. Wird die Klage aber demnächst nach ihrer Anhängigkeit zugestellt, gilt die Vorwirkung des § 167 ZPO. Zu dem Erfordernis der Erhebung der Klage auch § 4 KSchG Rn 126, zu der Vorwirkung des § 167 ZPO ergänzend § 4 KSchG Rn 31, 35, 134 f und 152.
45 S zu der Rspr des Fünften Senats in der Folge von EuGH Kücükdeveci aber Rn 6 aE.
46 Zu den Ausnahmen des punktuellen Streitgegenstands und der Klagefrist iE § 4 KSchG Rn 4 und 139 ff; dazu auch Ulrici FS v. Hoyningen-Huene S 501, 504 ff. Inzwischen ist geklärt, dass es sich bei der unterbliebenen oder fehlerhaften Massenentlassungsanzeige um einen sonstigen Unwirksamkeitsgrund handelt; vgl näher § 4 KSchG Rn 144.
47 Vgl für Kündigungen, die vor Klageerhebung zugegangen sind, BAG 26.9.2013 – 2 AZR 682/12 – Rn 37 NZA 2014, 443; s allg BAG 22.11.1956 – 2 AZR 192/54 – AP KSchG § 4 Nr 8; Ulrici FS v. Hoyningen-Huene S 501, 502.
48 Zu der Problematik von Kündigungen, die noch 2003 zugingen, aber erst 2004 gerichtlich angegriffen wurden, Rn 6 und die Vorauflage.

Der Voraussetzung „im Klagewege" wird entnommen, dass es grundsätzlich nicht genügt, wenn der Arbeitnehmer binnen drei Wochen nicht selbst Klage erhebt, sondern lediglich beantragt, die negative Bestandsklage des Arbeitgebers[49] abzuweisen. Der Arbeitnehmer muss gerichtlich **aktiv** gegen die Kündigung vorgehen. Dazu ist eine **eigenständige Klage oder Widerklage nötig.**[50] Das Klageerfordernis ist sowohl durch eine (**allgemeine**) **Feststellungsklage** als auch – jedenfalls in entsprechender Anwendung des § 6 Satz 1 KSchG – durch eine **Leistungsklage**[51] gewahrt, deren Gegenstand es notwendig macht, die Wirksamkeit der Kündigung inzident zu überprüfen.[52]

IV. Reichweite des § 6 KSchG

Ist den in Rn 7 f genannten Erfordernissen genügt, kann der Arbeitnehmer die weiteren Unwirksamkeitsgründe[53] der Kündigung nach dem Gesetzeswortlaut nur bis zum Schluss der mündlichen Verhandlung **erster Instanz** geltend machen. **Ausnahmsweise** ist § 6 Satz 1 KSchG noch **im Berufungsrechtszug entsprechend** anzuwenden, wenn sich der Arbeitgeber erst dann auf die Umdeutung[54] einer außerordentlichen Kündigung in eine ordentliche Kündigung beruft.[55] Zuvor hat der Arbeitnehmer **keine Veranlassung,** die Unwirksamkeit der ordentlichen Kündigung zu rügen, weil das Gericht die außerordentliche Kündigung nur umdeuten kann, wenn das Vorbringen des Arbeitgebers im Prozess ergibt, dass er die Kündigung im Fall ihrer Unwirksamkeit als außerordentliche zumindest als ordentliche zum nächstmöglichen Termin erklären wollte.[56] Das dürfte auch noch nach der neue-

---

49 Dazu § 4 KSchG Rn 109.
50 KR/Friedrich § 6 KSchG Rn 28 und 28 a; APS/Hesse § 6 KSchG Rn 4; Spinner in: Löwisch/Spinner/Wertheimer § 6 Rn 8; vgl auch § 4 KSchG Rn 32; zu dem Sonderfall des angekündigten, aber nicht gestellten Hilfsantrags § 4 KSchG Rn 28 und 30.
51 ZB BAG 15.5.2012 – 7 AZR 6/11 – Rn 23 AP TzBfG § 17 Nr 12; BAG 23.4.2008 – 2 AZR 699/06 – Rn 24 mwN AP KSchG 1969 § 4 Nr 65.
52 S Rn 24 f.
53 Bis 31.12.2003 stellte sich hier nur das Problem der nach Ablauf der Dreiwochenfrist gerügten Sozialwidrigkeit der Kündigung.
54 Dazu etwa BAG 12.5.2010 – 2 AZR 845/08 – Rn 39 ff AP BGB § 626 Nr 230.
55 So in diesem Ausnahmefall auch KR/Friedrich § 6 KSchG Rn 18 und § 13 KSchG Rn 85, der iÜ zu Recht darauf hinweist, dass die verlängerte Anrufungsfrist durch den Schluss der mündlichen Verhandlung erster Instanz begrenzt ist, wenn nicht der Hinweis des § 6 Satz 2 KSchG unterblieb (zu dieser anderen Konstellation des unterlassenen Hinweises KR/Friedrich § 6 KSchG Rn 33 ff); allg zu der Anwendbarkeit des § 6 KSchG bei Konversion auch schon BAG 13.8.1987 – 2 AZR 599/86 – B II 2 b bb AP KSchG 1969 § 6 Nr 3; BAG 16.11.1970 – 2 AZR 33/70 – III AP KSchG § 3 Nr 38. APS/Hesse § 6 KSchG Rn 5 verneint grundsätzlich die verlängerte Geltendmachung der Unwirksamkeit aus einem anderen Grund im Berufungsrechtszug; ebenso Spinner in: Löwisch/Spinner/Wertheimer § 6 Rn 12 f. Auch APS/Hesse § 6 KSchG Rn 5, 23 ff und Spinner in: Löwisch/Spinner/Wertheimer § 6 Rn 12 f korrigieren dieses Ergebnis aber bei unterbliebenem Hinweis in erster Instanz.
56 Vgl BAG 13.8.1987 – 2 AZR 599/86 – B II 2 a aa AP KSchG 1969 § 6 Nr 3 und in jüngerer Vergangenheit BAG 1.9.2010 – 5 AZR 700/09 – Rn 29 AP KSchG 1969 § 4 Nr 71; fortgeführt von BAG 15.5.2013 – 5 AZR 130/12 – Rn 14 ff NZA 2013, 1076 mit dem umgekehrten Ergebnis im Einzelfall: mögliche Auslegung und damit gewahrte Klagefrist; zu den letztgenannten beiden Entscheidungen auch § 4 KSchG Rn 4.

ren Umdeutungsrechtsprechung des Fünften Senats in der Folge von EuGH Kücükdeveci gelten, die allerdings nicht die Umdeutung einer außerordentlichen Kündigung in eine ordentliche Kündigung betrifft, sondern die Rüge der Kündigungsfrist.[57]

10a Der Arbeitnehmer kann sich auch dann im Berufungsrechtszug auf andere Unwirksamkeitsgründe berufen, wenn das Arbeitsgericht seine **Hinweispflicht** aus § 6 Satz 2 KSchG verletzt hat.[58] Der bloße Hinweis des Arbeitsgerichts auf den Regelungsgehalt des § 6 Satz 1 KSchG genügt, um die Hinweispflicht aus § 6 Satz 2 KSchG zu wahren.[59] § 6 Satz 2 KSchG verlangt einen Hinweis, keine Belehrung.[60] Eine prozessleitende Anordnung nach § 61a Abs 4 ArbGG, auf die zu erwartende Klageerwiderung binnen bestimmter Frist abschließend vorzutragen, erfüllt die Hinweispflicht nicht.[61] Noch nicht abschließend geklärt ist, mit welchen konkreten Handlungen sich der Arbeitnehmer auf den weiteren Unwirksamkeitsgrund „beruft" isv § 6 Satz 1 KSchG, wenn er ihn nicht ausdrücklich benennt.[62] Eine Pflicht zu Hinweisen auf konkrete Unwirksamkeitsgründe kann sich aber aus § 139 ZPO ergeben.[63]

10b Nicht völlig kongruent ist die Rechtsprechung des Zweiten und des Sechsten Senats in der Frage des Prüfungsumfangs im Rahmen von § 6 Satz 1 KSchG.[64] Der **Sechste Senat**[65] nimmt an, das Gericht habe Unwirksamkeitsgründe, die sich aus dem Vortrag einer Partei ergäben, **von Amts wegen** zu berücksichtigen (iura novit curia). Das gelte auch mit Blick auf die Dispositionsmaxime. Der Kläger bestimme mit seinem Antrag nur den Streitgegenstand. Die rechtliche Subsumtion sei Aufgabe des Gerichts. Streitgegenstand der nach § 4 Satz 1 KSchG erhobenen Klage sei die (Un-)Wirksamkeit der Kündigung als solcher unter allen in Betracht kommenden rechtlichen Gesichtspunkten mit Ausnahme der Wahrung der Schriftform (und bestimmter rechtsgeschäftlicher Mängel). Wenn sich aus dem Sachvortrag der Parteien – auch des Arbeitgebers als Beklagtem – ergebe, dass die Kündigung unter einem bisher von keiner Partei ausdrücklich angeführten rechtlichen, vom Streitgegenstand der Kündigungsschutzklage erfassten Aspekt unwirksam sei, müsse sich der Arbeitnehmer nicht ausdrücklich darauf berufen, um unter diesem rechtlichen Gesichtspunkt

---

57 Vgl dazu Rn 6 aE.
58 BAG 13.12.2012 – 6 AZR 5/12 – Rn 57 AP KSchG 1969 § 17 Nr 43; BAG 25.10.2012 – 2 AZR 845/11 – Rn 35 f NZA 2013, 900; ausf BAG 18.1.2012 – 6 AZR 407/10 – Rn 13 ff AP KSchG 1969 § 6 Nr 6.
59 BAG 18.1.2012 – 6 AZR 407/10 – Rn 17 ff mwN zu der Kontroverse AP KSchG 1969 § 6 Nr 6; zust Lingemann/Groneberg NJW 2013, 2809, 2811.
60 BT-Drucks 15/1204 S 13; BAG 18.1.2012 – 6 AZR 407/10 – Rn 22 AP KSchG 1969 § 6 Nr 6.
61 BAG 25.10.2012 – 2 AZR 845/11 – Rn 36 NZA 2013, 900.
62 Vgl zB BAG 25.10.2012 – 2 AZR 845/11 – Rn 36 NZA 2013, 900, das offenlässt, ob sich der Arbeitnehmer mit der Vorlage des Arbeitsvertrags auf einen arbeitsvertraglich vereinbarten Unwirksamkeitsgrund berufen hat.
63 [63]BAG 26.9.2013 – 2 AZR 843/12 – Rn 16 NZA-RR 2014, 236.
64 In der Analyse ähnl Tillmanns in Maschmann Kündigungsrecht: alte und neue Fragen Mannheimer Arbeitsrechtstag 2013 S 117, 136 f.
65 BAG 18.1.2012 – 6 AZR 407/10 – Rn 26 AP KSchG 1969 § 6 Nr 6.

zu obsiegen.[66] Der Zweite Senat geht demgegenüber davon aus, der Arbeitnehmer könne den **Prozessstoff reduzieren**.[67] Bringe er deutlich zum Ausdruck, dass er zB an der betriebsverfassungsrechtlichen Rüge nicht mehr festhalte, sei die Wirksamkeit der Kündigung nicht unter dem Aspekt des § 102 Abs 1 BetrVG zu überprüfen. Die Regelung des § 6 KSchG sei Beleg dafür, dass der Arbeitnehmer über die Einführung der Unwirksamkeitsgründe frei entscheiden und den Prozessstoff von vornherein begrenzen oder in den zeitlichen Grenzen des § 6 Satz 1 KSchG erweitern könne.[68] Ich halte es für richtig, dass der Zweite Senat die Frage unter dem Gesichtspunkt des Beibringungsgrundsatzes beleuchtet. Allerdings ist es nicht zwingend anzunehmen, der Arbeitnehmer könne Teile des bereits beigebrachten Prozessstoffs – also Tatsachenmaterial – wieder aus dem gesamten Prozessstoff „herausschneiden". Das Gericht entscheidet zwar nicht auf der Grundlage der „objektiven Wahrheit", sondern auf der Basis des Parteivorbringens. Ist ein bestimmter Prozessstoff beigebracht, hat das Gericht aber unter allen rechtlichen Gesichtspunkten zu entscheiden (da mihi facta, dabo tibi ius). Gegen die Nichtberücksichtigung einmal vorgetragener Tatsachen spricht auch der **Zweck** des § 6 KSchG. Der Arbeitnehmer soll mit ihm besser (vor dem Prozessverlust aus formalen Gründen) geschützt werden.[69] Dem steht nicht entgegen, dass § 6 Satz 1 KSchG der Konzentration des Kündigungsschutzprozesses und in diesem Zusammenhang auch dem Schutz des Arbeitgebers dient.[70] Dieser Schutz- und Konzentrationszweck ist erreicht, wenn der Arbeitnehmer in der verlängerten Anrufungsfrist oder bei unterbliebenem Hinweis des Arbeitsgerichts auch noch später Tatsachen vorgebracht hat, die einen Unwirksamkeitsgrund stützen. § 6 KSchG verlangt über den Konzentrationszweck hinaus keinen weitergehenden Schutz des Arbeitgebers vor rechtzeitig beigebrachten Tatsachen für Unwirksamkeitsgründe, auf die sich der Arbeitnehmer später nicht mehr berufen möchte.

Ob neben der Präklusionsvorschrift des § 6 KSchG noch die allgemeinen Präklusionsbestimmungen des § 61a Abs 5 ArbGG und des § 46 Abs 2 ArbGG iVm §§ 282, 296 Abs 2 ZPO anzuwenden sind oder ob § 6 KSchG

10c

---

66 BAG 18.1.2012 – 6 AZR 407/10 – Rn 26 AP KSchG 1969 § 6 Nr 6; Bader NZA 2004, 65, 69; Bayreuther ZfA 2005, 391, 392; Bender/Schmidt NZA 2004, 358, 365; Eylert NZA 2012, 9, 10.
67 BAG 26.9.2013 – 2 AZR 843/12 – Rn 16 NZA-RR 2014, 236; BAG 20.6.2013 – 2 AZR 546/12 – Rn 46 f DB 2014, 246; BAG 24.5.2012 – 2 AZR 206/11 – Rn 50 AP BGB § 626 Verdacht strafbarer Handlung Nr 50 jeweils zu § 102 BetrVG.
68 BAG 20.6.2013 – 2 AZR 546/12 – Rn 46 f DB 2014, 246.
69 Vgl die Begründung des Regierungsentwurfs vom 2.9.2003 BT-Drucks 15/1509 S 1, der inhaltlich mit dem Entwurf der Fraktionen von SPD und Bündnis 90/Die Grünen vom 24.6.2003 übereinstimmt (BT-Drucks 15/1204 S 5 bis 15); Raab RdA 2004, 321, 328 und 329; s auch Rn 1 und 4.
70 BAG 24.5.2012 – 2 AZR 206/11 – Rn 50 AP BGB § 626 Verdacht strafbarer Handlung Nr 50.

eine abschließende Spezialregelung ist, ist umstritten.[71] Das BAG hat die Frage mit Urteil vom 20.9.2012 offengelassen.[72] Ich meine, eine weiter gehende Präklusion als von § 6 KSchG vorgesehen, kommt wegen des in der Hinweispflicht des § 6 Satz 2 KSchG ausgedrückten Gesetzeszwecks nur in Betracht, wenn das bisherige Vorbringen des Arbeitnehmers keinen Anlass für einen Hinweis nach § 6 Satz 2 KSchG bietet.[73]

11 Das BAG lässt es darüber hinaus zu, dass der **allgemeine Feststellungsantrag noch im Berufungsrechtszug auf den Kündigungsschutzantrag umgestellt wird** und wendet auf diesen Fall den Rechtsgedanken des § 6 KSchG an.[74]

V. Rechtsfolgen

12 Der Arbeitnehmer muss seinen Antrag nach bisheriger Rechtsprechung auch dann auf den punktuellen Kündigungsschutzantrag des § 4 Satz 1 KSchG umstellen, wenn er die Wirksamkeit der Kündigung wegen anderer Gründe innerhalb der Dreiwochenfrist mit einer allgemeinen Feststellungsklage angegriffen hat.[75] Ob das zwingend ist, lässt der Zweite Senat inzwischen offen.[76]

Hinweise: Richtiger Klageantrag ist nach der Neufassung der §§ 4 und 6 KSchG durch das Arbeitsmarktreformgesetz für (fast)[77] alle Unwirksamkeitsgründe der **punktuelle Antrag**.

---

71 Für eine Spezialvorschrift Bader NZA 2004, 65, 69 unter Hinweis auf eine Parallelwertung zu § 9 Abs 1 Satz 3 KSchG; APS/Hesse § 6 KSchG Rn 3; wohl auch Eylert NZA 2012, 9, 10; dagegen Bender/Schmidt NZA 2004, 358, 365; Düwell in Weyand/Düwell Das neue Arbeitsrecht S 224; Preis DB 2004, 70, 77; Quecke RdA 2004, 86, 102; Raab RdA 2004, 321, 328 f; Schiefer/Worzalla NZA 2004, 345, 356; Stahlhacke/Vossen Rn 1931 und wohl auch Hanau ZIP 2004, 1169, 1175.
72 BAG 20.9.2012 – 6 AZR 483/11 – Rn 34 AP InsO § 125 Nr 11; Zeuner NZA 2012, 1414, 1415 ff lehnt die Annahme einer Präklusion für § 6 Satz 1 KSchG ab und kritisiert das ungeklärte Verhältnis zu den allgemeinen Präklusionsregeln.
73 In diese Richtung wohl auch BAG 25.10.2012 – 2 AZR 845/11 – Rn 35 f NZA 2013, 900; BAG 18.1.2012 – 6 AZR 407/10 – Rn 13 AP KSchG 1969 § 6 Nr 6; ebenso oder zumindest ähnl Raab RdA 2004, 321, 328 f.
74 ZB BAG 16.4.2003 – 7 AZR 119/02 – I 3 d aa AP TzBfG § 17 Nr 2 iR der entsprechenden Anwendung des § 6 Satz 1 KSchG nach § 17 Satz 2 TzBfG; s auch BAG 25.10.2012 – 2 AZR 845/11 – Rn 35 f NZA 2013, 900; BAG 4.5.2011 – 7 AZR 252/10 – Rn 16 ff AP TzBfG § 17 Nr 11; ausführlicher § 4 KSchG Rn 52 und 54.
75 AA wohl KR/Friedrich § 6 KSchG Rn 20; APS/Hesse § 6 KSchG Rn 7, die sowohl nach jetzigem als auch nach früherem Recht von keiner objektiven Klagehäufung, sondern von einer mehrfachen Begründung desselben Klageanspruchs ausgehen. Solange der Arbeitnehmer die soziale Rechtfertigung der Kündigung unter Geltung des früheren, bis 31.12.2003 anwendbaren Rechts nicht in Zweifel zog, konnte er sich dagegen aus meiner Sicht nicht des punktuellen Antrags bedienen. Selbst wenn er beantragte festzustellen, dass die Kündigung das Arbeitsverhältnis nicht aufgelöst habe oder unwirksam sei, musste dieser Antrag mit Ausnahme eines erklärten entgegenstehenden Willens als allgemeiner Feststellungsantrag iSv § 256 Abs 1 ZPO ausgelegt werden, vgl iE § 4 KSchG Rn 9, 50, 52. Nach neuem Recht ist den zitierten Autoren natürlich dazu in Folge zu folgen, dass für fast alle Unwirksamkeitsgründe der punktuelle Streitgegenstand der richtige Antrag ist. Vgl dazu auch vHH/L/Linck § 6 Rn 5.
76 S dazu Rn 4 mit Stellungnahme.
77 Zu den Ausnahmen § 4 KSchG Rn 4 und 139 ff; dazu auch Ulrici FS v. Hoyningen-Huene S 501, 504 ff.

Weitere Kündigungen können aber nach wie vor nur mit einer **objektiven Klagehäufung** nach § 260 ZPO bewältigt werden, einer Kumulation mehrerer Kündigungsschutzanträge oder einer Verbindung von Kündigungsschutzantrag und allgemeiner Feststellungsklage.[78] Der Antrag der allgemeinen Feststellungsklage reicht über den der punktuellen Klage hinaus. Die allgemeine Feststellungsklage muss aber bei Schluss der mündlichen Verhandlung von einem **besonderen Feststellungsinteresse** getragen sein, um zulässig zu sein.[79] Dennoch empfiehlt es sich, neben dem Kündigungsschutzantrag von vornherein einen – zunächst idR unzulässigen – allgemeinen Feststellungsantrag anzukündigen. Mit ihm wird klargestellt, dass der Arbeitnehmer den Bestand des Arbeitsverhältnisses bis zum Schluss der mündlichen Verhandlung sichern will. Der Arbeitgeber ist gewarnt. Es kommt nicht darauf an, wie der Arbeitnehmer seinen Klageantrag formuliert.[80] Auch die zunächst unzulässige allgemeine Feststellungsklage erlaubt es dem Arbeitnehmer deshalb, Folgekündigungen erst nach Ablauf der jeweiligen Klagefrist ausdrücklich mithilfe eines punktuellen Streitgegenstands in den Prozess einzuführen.[81]

Stellt der Arbeitnehmer den allgemeinen Bestandsantrag auf den Kündigungsschutzantrag um, handelt es sich nach der zu der früheren Rechtslage vertretenen Auffassung des BAG um keine Klageänderung nach § 263 ZPO, sondern um eine bloße **Beschränkung des Antrags iSv § 264 Nr 2 ZPO**, weil der Klagegrund beider Anträge derselbe sei.[82] Im Rahmen des zulässig auf den punktuellen Streitgegenstand verengten Antrags sei die Kündigung daneben auf andere Unwirksamkeitsgründe zu überprüfen.[83] Auch bei einer ursprünglich erhobenen **Leistungsklage** muss der Arbeitnehmer bei Schluss der mündlichen Verhandlung nach bisheriger Rechtsprechung zusätzlich einen **Kündigungsschutzantrag** stellen. Zumindest muss die Klagebegründung dahin interpretiert werden können, dass er einen punktuellen Antrag stellen will.[84]

VI. Einzelfälle

1. Frühere Rechtslage: zunächst auf sonstige Unwirksamkeitsgründe gestützte allgemeine Feststellungsklage

Stützte der Arbeitnehmer eine allgemeine Feststellungsklage innerhalb der Klagefrist auf sonstige Unwirksamkeitsgründe der Kündigung, bildete das vor Inkrafttreten des Arbeitsmarktreformgesetzes am 1.1.2004 den Grundfall des § 6 Satz 1 KSchG. In der Praxis wurden besonders häufig die sons-

---

78 Dazu zB BAG 12.5.2005 – 2 AZR 426/04 – B I 2 AP KSchG 1969 § 4 Nr 53.
79 § 4 KSchG Rn 75 ff.
80 Bspw BAG 12.5.2005 – 2 AZR 426/04 – B I 5 und II 1 b AP KSchG 1969 § 4 Nr 53; vgl für den Fall der missverständlichen Parteibezeichnung iE § 4 KSchG Rn 34 ff mit zahlreichen Nachweisen.
81 § 4 KSchG Rn 51 ff, insb 53.
82 BAG 12.5.2005 – 2 AZR 426/04 – B I AP KSchG 1969 § 4 Nr 53; BAG 13.3.1997 – 2 AZR 512/96 – II 1 c AP KSchG 1969 § 4 Nr 38; detailliert § 4 KSchG Rn 51 mit Nachweisen.
83 Näher § 4 KSchG Rn 46, 163 f.
84 Offengelassen von BAG 26.9.2013 – 2 AZR 682/12 – Rn 41 NZA 2014, 443; zu den Einzelheiten § 4 KSchG Rn 20 ff.

tigen Unwirksamkeitsgründe einer fehlerhaften Unterrichtung des Betriebsrats (§ 102 BetrVG), eines gesetzlichen oder vertraglichen Formmangels (§ 125 Satz 1 und 2 BGB), eines tariflichen oder einzelvertraglichen Ausschlusses der ordentlichen Kündigung und Verstöße gegen gesetzliche Zustimmungserfordernisse (etwa gegen § 85 SGB IX, § 9 Abs 3 Satz 1 MuSchG, § 18 Abs 1 Satz 2 BErzGG [seit 1.1.2007 BEEG]) geltend gemacht.[85]

Heute ist richtige Klageart für (fast)[86] alle Unwirksamkeitsgründe einer schriftlichen Kündigung die punktuelle Kündigungsschutzklage.[87] Zu den Unwirksamkeitsgründen iSv §§ 4, 6 KSchG, die fristgebunden in der Klagefrist oder verlängerten Anrufungsfrist geltend zu machen sind, gehören auch tarifliche oder einzelvertragliche Ausschlüsse der ordentlichen Kündigung.[88]

Nur der Schriftformverstoß nach §§ 623, 125 Satz 1, 126 Abs 1 BGB und bestimmte rechtsgeschäftliche Mängel[89] sind – isoliert – mit einer allgemeinen Feststellungsklage zu rügen.

Anderes gilt, wenn sich der Arbeitnehmer daneben auf Unwirksamkeitsgründe beruft, die dem punktuellen Streitgegenstand und der Klagefrist unterfallen. Richtiger Klageantrag ist in einem solchen Fall einheitlich der punktuelle Kündigungsschutzantrag.

Die Analogie zu § 6 KSchG ist bei zunächst – innerhalb der Klagefrist – erhobenen allgemeinen Feststellungsklagen iSv § 256 Abs 1 ZPO (etwa bei Schriftformverstößen) und späteren, außerhalb der Klagefrist erhobenen punktuellen Kündigungsschutzklagen iSv § 4 Satz 1 KSchG auch nach der Novellierung des § 6 Satz 1 KSchG geboten.[90] Ungeachtet dessen, dass die Neufassung gesetzestechnisch wenig gelungen ist,[91] wollte der Gesetzgeber dem Arbeitnehmer die nachträgliche Erhebung einer punktuellen Kündigungsschutzklage erkennbar nicht erschweren oder gar nehmen.[92] Die Neufassung sollte dem Sinn der bisherigen Regelung entsprechen.[93]

---

85 Vgl die Erläuterungen zu § 13 KSchG. Ob es genügte, wenn sich ein Arbeitnehmer erst nach Ablauf der Dreiwochenfrist in der verlängerten Anrufungsfrist des § 6 KSchG auf einen tariflichen Alterschutz vor ordentlichen Kündigungen berief, wurde vom Vierten Senat offengelassen: BAG 19.1.2000 – 4 AZR 70/99 – I AP InsO § 113 Nr 5.
86 Zu den Ausnahmen des punktuellen Streitgegenstands und der Klagefrist § 4 KSchG Rn 4 und 139 ff.
87 IE Rn 12.
88 BAG 8.11.2007 – 2 AZR 314/06 – Rn 17 AP KSchG 1969 § 4 Nr 63.
89 Zu den Ausnahmen des punktuellen Streitgegenstands § 4 KSchG Rn 4 und 139 ff; dazu auch Ulrici FS v. Hoyningen-Huene S 501, 504 ff.
90 Zu der Zweckmäßigkeit der Kumulation auch Düwell in Weyand/Düwell Das neue Arbeitsrecht S 231.
91 BAG 23.4.2008 – 2 AZR 699/06 – Rn 22 AP KSchG 1969 § 4 Nr 65.
92 Weite Auslegung des § 6 KSchG: BAG 23.6.2009 – 2 AZR 474/07 – Rn 28 AP BGB § 626 Verdacht strafbarer Handlung Nr 47.
93 Vgl die Begründung des Regierungsentwurfs vom 2.9.2003 BT-Drucks 15/1509 S 1, der inhaltlich mit dem Entwurf der Fraktionen von SPD und Bündnis 90/Die Grünen vom 24.6.2003 übereinstimmt (BT-Drucks 15/1204 S 5 bis 15); BAG 23.4.2008 – 2 AZR 699/06 – Rn 22 AP KSchG 1969 § 4 Nr 65; ebenso Raab RdA

2. Umdeutung einer außerordentlichen Kündigung; Klage gegen die außerordentliche, nicht aber gegen die vorsorgliche ordentliche Kündigung

§ 6 KSchG ist nach hM sowohl auf die **Umdeutung** (§ 140 BGB) einer außerordentlichen in eine ordentliche Kündigung anzuwenden[94] als auch auf die erst nach Ablauf der Dreiwochenfrist geltend gemachte Unwirksamkeit einer **vorsorglich** für den Fall der Unwirksamkeit einer außerordentlichen Kündigung erklärten ordentlichen Kündigung.[95] Der Fünfte Senat dürfte dieser hM für die Umdeutung mit seiner neueren Rechtsprechung in der Folge von EuGH Kücükdeveci nicht entgegengetreten sein. Die in der Entscheidung vom 1.9.2010 erhobene Klage auf Annahmeverzugsentgelt war erst nach dem Ende der Klagefrist erhoben worden.[96]

14

Der hM ist für die Konstellation der **Umdeutung**[97] zuzustimmen. Es handelt sich nur um ein Rechtsgeschäft: das nichtige, das in das wirksame umgedeutet wird. Greift der Arbeitnehmer dagegen ausschließlich die außerordentliche Kündigung punktuell an, ohne sich gegen die vorsorgliche ordentliche Kündigung zur Wehr zu setzen, begegnet es Bedenken, § 6 KSchG (entsprechend) anzuwenden. Hier kann der Arbeitgeber nicht erkennen, dass der Arbeitnehmer sich auch gegen die unbedingte, also eigenständige zweite Kündigungserklärung wenden möchte.

15

2004, 321, 328 und 329; **aA** möglicherweise Bader NZA 2004, 65, 69; zu der Kontroverse näher Rn 4; zum Vorrang der Auslegung anhand des Zwecks der §§ 4 ff KSchG gegenüber einer Analogie zu § 6 KSchG BAG 12.5.2005 – 2 AZR 426/04 – B I 2, 5 und II 1 b mwN AP KSchG 1969 § 4 Nr 53 und näher Rn 31.

94 Rn 10 mwN; so mittelbar wohl auch BAG 1.9.2010 – 5 AZR 700/09 – Rn 30 AP KSchG 1969 § 4 Nr 71, das bei einer nicht mehr möglichen Auslegung und deshalb erforderlichen Umdeutung den unterbliebenen Eintritt der Fiktionswirkung des § 7 HS 1 KSchG verlangt; fortgeführt von BAG 15.5.2013 – 5 AZR 130/12 – Rn 14 ff NZA 2013, 1076 mit dem umgekehrten Ergebnis im Einzelfall (mögliche Auslegung und damit gewahrte Klagefrist); zu der Möglichkeit der Umdeutung einer außerordentlichen in eine ordentliche Kündigung allg zB BAG 12.5.2010 – 2 AZR 845/08 – Rn 39 ff AP BGB § 626 Nr 230.

95 BAG 13.8.1987 – 2 AZR 599/86 – B II 2 b bb AP KSchG 1969 § 6 Nr 3 noch für die Konstellation der nach dem Ende der Klagefrist gerügten Sozialwidrigkeit einer vorsorglichen ordentlichen Kündigung; APS/Hesse § 6 KSchG Rn 13; KR/Friedrich § 6 KSchG Rn 17; Spinner in: Löwisch/Spinner/Wertheimer § 6 KSchG Rn 2. vHH/L/Linck § 6 Rn 8 betont zu Recht den Vorrang der Auslegung der (ursprünglichen) Klagebegründung und den nicht erforderlichen Rückgriff auf § 6 KSchG, wenn sich der Arbeitnehmer ersichtlich in jeglicher Beziehung gegen die Auflösung des Arbeitsverhältnisses wendet. Zu dem davon abzugrenzenden Sachverhalt einer mündlich und schriftlich erklärten Kündigung als einem einheitlichen Lebensvorgang, bei dem schon die Klagefrist des § 4 Satz 1 KSchG gewahrt ist, ohne dass auf § 6 Satz 1 KSchG zurückgegriffen werden müsste, BAG 14.9.1994 – 2 AZR 182/94 – II 3 AP KSchG 1969 § 4 Nr 32. Dieses Problem stellt sich heute wegen des Schriftformerfordernisses des § 623 BGB und der Ausnahme des Schriftformverstoßes von punktuellem Streitgegenstand und Klagefrist nach § 4 Satz 1 KSchG nicht mehr. Vgl zu diesen Fragestellungen auch § 4 KSchG Rn 41.

96 BAG 1.9.2010 – 5 AZR 700/09 – Rn 20 bis 30 AP KSchG 1969 § 4 Nr 71 (Umdeutung und damit versäumte Klagefrist, Eintritt der Fiktion des § 7 HS 1 KSchG); in den Obersätzen fortgeführt von BAG 15.5.2013 – 5 AZR 130/12 – Rn 14 ff NZA 2013, 1076 (im Einzelfall jedoch mögliche Auslegung und damit gewahrte Dreiwochenfrist); dazu näher Rn 6 aE.

97 Dazu zB BAG 12.5.2010 – 2 AZR 845/08 – Rn 39 ff AP BGB § 626 Nr 230.

16 Das Erfordernis eines punktuellen Antrags für jede eigenständige Kündigung wurde durch das Arbeitsmarktreformgesetz gerade nicht aufgegeben. Abweichend von einem allein oder neben dem Kündigungsschutzantrag angebrachten allgemeinen Feststellungsantrag macht dem Arbeitgeber der nur punktuelle Antrag nicht klar, dass der Arbeitnehmer den Fortbestand des Arbeitsverhältnisses auch für den Fall der Geltendmachung weiterer Beendigungstatbestände bis zum Schluss der mündlichen Verhandlung sichern möchte.[98] Der Zweck des § 4 Satz 1 KSchG ist hier bei einer nur punktuellen Klage nicht erfüllt.[99] Der Rechtsgedanke des § 6 KSchG darf deshalb keine Anwendung finden.

Hinweis: Das Vorbringen des Arbeitnehmers in der Klagebegründung muss aber **sorgfältig darauf untersucht werden**, ob er **neben** dem Kündigungsschutzantrag nicht in Wahrheit von Anfang an einen allgemeinen Bestandsantrag verfolgt hat.[100]

17 Dem BAG ist darin zuzustimmen, dass sich der Arbeitnehmer **jedenfalls dann nicht** in der verlängerten Frist des § 6 Satz 1 KSchG auf die Unwirksamkeit der Kündigung berufen kann, wenn sich der Arbeitnehmer mit der vorsorglich ausgesprochenen ordentlichen Kündigung **ausdrücklich oder schlüssig einverstanden erklärt** oder zum Ausdruck gebracht hat, gegen die Umdeutung in eine ordentliche Kündigung habe er nichts einzuwenden. Der **Zweck** des § 6 Satz 1 KSchG rechtfertigt es nur, die Norm weit auszulegen und entsprechend anzuwenden, wenn der Arbeitnehmer durch sein gerichtliches Vorgehen zu erkennen gegeben hat, er werde die Beendigung des Arbeitsverhältnisses **in keiner Form hinnehmen**.[101] Dadurch entsteht kein Wertungswiderspruch zu der Rechtsprechung, die den Wortlaut von Ausgleichsquittungen strengen Anforderungen unterwirft. Vor einer vorformulierten Erklärung des Arbeitgebers, die dem Arbeitnehmer – häufig überraschend – anlässlich der Aushändigung der Arbeitspapiere oder der Auszahlung noch offener Vergütungsforderungen vorgelegt wird, muss der Arbeitnehmer in weit höherem Maß geschützt werden als vor einem ausdrücklich oder konkludent bekundeten eigenen Verzicht auf den Schutz vor einer ordentlichen Kündigung innerhalb einer von ihm selbst angestrengten Klage. Dennoch trifft die vom LAG Köln in seinem Urteil vom 8.3.1988[102] vertretene Auffassung zu. Dort wurde unter Geltung der früheren Fassung des § 6 Satz 1 KSchG ausgeführt, der Arbeitnehmer könne **bis zum Schluss der mündlichen Verhandlung wieder auf die Sozialwidrigkeit zurückkommen**, wenn er

---

98 Zu den Einzelheiten § 4 KSchG Rn 51 ff, 56 ff.
99 Rn 5.
100 § 4 KSchG Rn 57 ff.
101 BAG 13.8.1987 – 2 AZR 599/86 – B II 2 b bb AP KSchG 1969 § 6 Nr 3 noch zu der früheren Konstellation der Berufung auf die Sozialwidrigkeit nach dem Ende der Dreiwochenfrist; wie hier KR/Friedrich § 6 KSchG Rn 17; APS/Hesse § 6 KSchG Rn 13; vHH/L/Linck § 6 Rn 8; Spinner in: Löwisch/Spinner/Wertheimer § 6 Rn 3.
102 LAG Köln 8.3.1988 – 4 Sa 1369/87 – LAGE KSchG § 6 Nr 1.

- rechtzeitig Kündigungsschutzklage erhoben,
- die Rüge der Sozialwidrigkeit während des Prozessverlaufs aber zeitweise fallen gelassen und
- nur noch sonstige Unwirksamkeitsgründe geltend gemacht habe.

Hier ist die Dreiwochenfrist des § 4 Satz 1 KSchG gewahrt, die Anhängigkeit ist auch nicht durch Rücknahme der Klage beseitigt. Diese Rechtsprechung kann auf die heutige Gesetzesfassung übertragen werden. Der Arbeitnehmer hält an der Unwirksamkeit der Kündigung fest, stützt sie allerdings temporär auf andere Gründe als die bisherigen. Gleichwohl ist dem Arbeitgeber während der gesamten Prozessdauer klar, dass der Arbeitnehmer die Beendigung des Arbeitsverhältnisses durch die Kündigung nicht akzeptiert.

3. Rüge der Kündigungsfrist

Beanstandet der Arbeitnehmer mit seiner Klage zunächst nur die nicht eingehaltene Kündigungsfrist, nicht aber die Wirksamkeit der Kündigung, findet § 6 Satz 1 KSchG aF oder nF nach der sowohl zum früheren als auch zum neuen Rechtszustand überwiegend vertretenen Auffassung Anwendung.[103] Aus meiner Sicht handelt es sich auch hier um einen Fall der **Umdeutung**.[104] Meine Auffassung steht jedoch **in Widerspruch** zu der Rechtsprechung des Zweiten und des Sechsten Senats,[105] die der Umdeutungsthese ausdrücklich eine Absage erteilt. Nach dieser Rechtsprechung kann der Arbeitnehmer die Nichteinhaltung der Kündigungsfrist auch nach Inkrafttreten des Arbeitsmarktreformgesetzes regelmäßig **außerhalb der fristgebundenen Klage des § 4 Satz 1 KSchG** geltend machen.[106] Das gilt aber nur dann, wenn die Kündigungserklärung sich dahin auslegen lässt, dass eine ordentliche Kündigung mit zutreffender Kündigungsfrist gemeint ist. IdR ist die Angabe des Kündigungstermins nach Ansicht des Zweiten Senats die Abgabe einer bloßen „Wissenserklärung".[107] Ist der Kündigungstermin ausnahmsweise integraler Bestandteil der Willenserklärung, geht auch der Zweite Senat davon aus, dass die Nichteinhaltung der Kündigungsfrist in der Klagefrist des § 4 Satz 1 KSchG (oder ggf der verlängerten Anrufungsfrist des § 6 Satz 1 KSchG) anzugreifen ist.[108] Gemeint ist der seltene Fall, in dem der Arbeitgeber die Kündigung nur zu einem bestimm-

---

103 KR/Friedrich § 6 Rn 12 bis 13 a; Spinner in: Löwisch/Spinner/Wertheimer § 6 Rn 4.
104 **AA** Düwell in Weyand/Düwell Das neue Arbeitsrecht S 225 f mwN, der in der Angabe eines bestimmten Kündigungstermins wie der Zweite Senat keine Willens-, sondern eine Wissenserklärung sieht. Sei die angegebene Frist falsch, solle an ihre Stelle die richtige treten.
105 BAG 9.9.2010 – 2 AZR 714/08 – Rn 13 f AP BGB § 622 Nr 66; BAG 6.7.2006 – 2 AZR 215/05 – Rn 15, AP KSchG 1969 § 4 Nr 57; BAG 9.2.2006 – 6 AZR 283/05 – Rn 32 AP KSchG 1969 § 4 Nr 56; BAG 15.12.2005 – 2 AZR 148/05 – Rn 14 ff AP KSchG 1969 § 4 Nr 55.
106 Ebenso im Regelfall auch schon Kampen/Winkler AuR 2005, 171 ff, die auf die Notwendigkeit einer sorgfältigen Auslegung im Einzelfall aufmerksam machen; dazu auch § 4 KSchG Rn 4.
107 BAG 15.12.2005 – 2 AZR 148/05 – Rn 27 AP KSchG 1969 § 4 Nr 55.
108 BAG 15.12.2005 – 2 AZR 148/05 – Rn 28 AP KSchG 1969 § 4 Nr 55.

ten Termin erklären will.[109] Der Fünfte und der Achte Senat haben offengelassen, ob sie dem Zweiten Senat darin zustimmen, regelmäßig sei eine ordentliche Kündigung dahin auszulegen, dass der Arbeitgeber die richtige Kündigungsfrist wahren wolle.[110] Jedenfalls sind die vom Zweiten und vom Sechsten Senat behandelten Fälle der außerhalb der Dreiwochenfrist geltend gemachten fehlerhaften Kündigungsfrist von den für § 6 KSchG relevanten Konstellationen zu unterscheiden. Ich mache aber ausdrücklich darauf aufmerksam, dass die von mir vertretene Mindermeinung nicht im Einklang mit der zitierten Rechtsprechung des Zweiten und des Sechsten Senats stehen dürfte. In Rn 23 schließe ich deshalb Ausführungen dazu an, welche Folgerungen aus dieser Rechtsprechung zu ziehen sind. Es geht darum, wie sich die Rechtsprechung des Zweiten und des Sechsten Senats zu der ersten Konstellation – der isoliert gerügten Kündigungsfrist – auf die Fallgestaltung auswirkt, dass in der Klagefrist die Kündigungsfrist – das „Wann" des Wirksamwerdens der Kündigung – gerügt wird und erst danach die Unwirksamkeit, also das „Ob" der Wirksamkeit der Kündigung. Das ist die im Rahmen von § 6 KSchG bedeutsame zweite Konstellation.

19 Die Versäumung der gesetzlichen Kündigungsfrist ist meines Erachtens als Verstoß gegen ein gesetzliches Verbot (§ 134 BGB) ein **sonstiger Mangel iSv § 13 Abs 3 KSchG**,[111] auf den seit 1.1.2004 die Klagefrist des § 4 Satz 1 KSchG anzuwenden ist. Gleiches gilt für eine tarifliche Kündigungsfrist.[112] Die im Arbeitsvertrag vereinbarte Kündigungsfrist, die länger als die gesetzliche oder tarifliche Kündigungsfrist ist, stellt aus meiner Sicht eine einzelvertragliche Kündigungsbeschränkung dar. Der Verstoß gegen sie hat daher ebenfalls die Unwirksamkeit aus sonstigen Gründen iSv § 13 Abs 3 KSchG zur Folge. Der Mangel führt in allen drei Konstellationen dazu, dass die schriftlich erklärte Kündigung mit der ausgesprochenen Frist unwirksam ist.[113] Obwohl das „Wann" der Kündigung fehlerhaft bestimmt ist, kann ihre Gestaltungswirkung – das „Ob" der Beendigung – zu einem späteren Zeitpunkt eintreten. Das nichtige, weil unzutreffend befristete Rechtsgeschäft entspricht den Erfordernissen eines anderen Rechtsgeschäfts, dem der zutreffend befristeten Kündigung. Die unwirksam ausgesprochene Kündigung ist deshalb in eine **mit der richtigen Frist versehene**

---

109 BAG 15.12.2005 – 2 AZR 148/05 – Rn 28 AP KSchG 1969 § 4 Nr 55.
110 BAG 1.9.2010 – 5 AZR 700/09 – Rn 23 AP KSchG 1969 § 4 Nr 71 (fortgeführt von BAG 15.5.2013 – 5 AZR 130/12 – Rn 17 NZA 2013, 1076); BAG 21.8.2008 – 8 AZR 201/07 – Rn 31 AP BGB § 613 a Nr 353; zu dem Eintritt der Fiktion des § 7 HS 1 KSchG bei nötiger Umdeutung und nicht eingehaltener Klagefrist oder verlängerter Anrufungsfrist nach Auffassung des Fünften Senats näher Rn 6 aE.
111 Vgl BAG 13.7.1989 – 2 AZR 509/88 – II 3 b.
112 Düwell in Weyand/Düwell Das neue Arbeitsrecht S 226 meint demgegenüber, die von mir vorgeschlagene Umdeutung versage in den Konstellationen tariflicher und individualvertraglicher Kündigungsfristen.
113 **AA grundlegend** BAG 15.12.2005 – 2 AZR 148/05 – Rn 14 ff AP KSchG 1969 § 4 Nr 55; fortgeführt von BAG 9.2.2006 – 6 AZR 283/05 – Rn 32 AP KSchG 1969 § 4 Nr 56; BAG 6.7.2006 – 2 AZR 215/05 – Rn 15, AP KSchG 1969 § 4 Nr 57; BAG 9.9.2010 – 2 AZR 714/08 – Rn 13 f AP BGB § 622 Nr 66; näher Rn 18.

bzw eine solche zum nächstmöglichen Termin umzudeuten.[114] Die Konversion ist aber grundsätzlich nur möglich, wenn die Kündigung ausschließlich an dem sonstigen Unwirksamkeitsgrund der nicht eingehaltenen Kündigungsfrist leidet. Ist sie aus einem weiteren Grund unwirksam, bleibt ihre Unwirksamkeit erhalten, wenn

- entweder die Klagefrist des § 4 Satz 1 KSchG
- oder die verlängerte Anrufungsfrist des § 6 Satz 1 KSchG gewahrt ist.

Daran zeigt sich, dass der Sachverhalt den in Rn 14 ff genannten Vorgaben zu unterwerfen ist. Der Arbeitnehmer macht zunächst die Unwirksamkeit der Kündigung aus dem einen sonstigen Grund der fehlerhaften Kündigungsfrist und erst nach dem Ende der Klagefrist ihre Sozialwidrigkeit oder ihre Unwirksamkeit aus einem weiteren sonstigen Grund geltend.

Anders als in der Gestaltung des isolierten Angriffs auf eine außerordentliche Kündigung, die rückwirkend in eine ordentliche Kündigung umgedeutet werden soll, wird der Arbeitnehmer bei nicht eingehaltener Kündigungsfrist einer ordentlichen Kündigung jedoch in aller Regel nach dem Wortlaut seines Klageantrags nicht (nur) den punktuellen Kündigungsschutzantrag stellen (festzustellen, dass das Arbeitsverhältnis durch die Kündigung nicht aufgelöst ist). Vielmehr wird er beantragen

- festzustellen, dass das Arbeitsverhältnis bis ... (dem späteren Zeitpunkt) fortbestand, oder
- festzustellen, dass das Arbeitsverhältnis durch die Kündigung zum ... (dem früheren Termin) nicht aufgelöst wurde, sondern bis ... (dem späteren Zeitpunkt) fortbestand.

Ggf wird er auch nur eine Leistungsklage auf Zahlung des ausstehenden (Annahmeverzugs-)Entgelts erheben.

Diese Antragsfassungen sind anhand der Besonderheiten des Einzelfalls auszulegen.

Der Wortlaut der ersten Formulierung deutet auf einen isolierten – zeitlich beschränkten – **allgemeinen Feststellungsantrag** hin. Ist der Antrag auch nach der Klagebegründung als allgemeine Feststellungsklage zu verstehen, etwa weil der Arbeitnehmer ausführt,

- er wolle die Kündigung mit der richtigen Frist akzeptieren oder
- es gehe ihm allein um die Kündigungsfrist,

kann der Rechtsgedanke des § 6 Satz 1 KSchG abweichend von der in § 4 KSchG Rn 51 ff erörterten Fallgestaltung des zeitlich **un**beschränkt angekündigten Feststellungsantrags ent**gegen der hM nicht angewandt werden**. Dem Zweck der §§ 4 ff KSchG ist durch den zeitlich begrenzten Bestandsantrag nicht genügt. Der Arbeitnehmer gibt mit Antrag und Begründung zu erkennen, dass er zwar das nichtige Rechtsgeschäft nicht gegen sich gelten lassen will, wohl aber das Rechtsgeschäft, das durch Umdeutung gewonnen werden kann. Eine andere Interpretation trägt dem durch den Antrag gewählten Perfekt „fortbestanden hat" und der Begründung auch unter Berücksichtigung der häufig fehlenden Rechtskunde des Arbeitnehmers

---

[114] **AA** die hM, zB KR/Friedrich § 6 KSchG Rn 12 ff: Im Regelfall auslegungsfähige Kündigung mit richtiger Frist.

nicht ausreichend Rechnung. Nimmt er die Kündigung – wie im ersten gebildeten Bsp – mit der zutreffenden Frist hin, verzichtet er ausdrücklich darauf, sich auf die Unwirksamkeit der Kündigung – aufgrund ihrer Sozialwidrigkeit oder wegen eines sonstigen Grundes – zu berufen. Begründet der Arbeitnehmer die Klage – wie in der zweiten Alternative – damit, es gehe ihm ausschließlich um die Kündigungsfrist, erklärt er diesen Verzicht in eindeutiger Weise schlüssig. Werden die beiden Fälle abweichend von dem in Rn 17 beschriebenen Problem des Einverständnisses mit der möglichen Umdeutung einer außerordentlichen Kündigung in eine ordentliche Kündigung gelöst, entsteht ein **Wertungswiderspruch**. Auch in der dortigen Konstellation ist eine Umdeutung grundsätzlich nicht möglich, wenn auch die ordentliche Kündigung als das Rechtsgeschäft, in das umgedeutet werden soll, unwirksam ist. Dennoch wird angenommen, der Arbeitnehmer könne sich dieses Schutzes begeben, wenn er sich mit der ordentlichen Kündigung ausdrücklich oder konkludent einverstanden erkläre. Ein solches Einverständnis bekundet er hier mit der Zustimmung zu der Beendigung des Arbeitsverhältnisses nach Ablauf der längeren Kündigungsfrist. Der Verlust des allgemeinen Kündigungsschutzes und darüber hinaus des Schutzes vor der Beendigungswirkung der ordentlichen Kündigung tritt also in beiden Sachverhaltsgestaltungen nicht ein, weil das Rechtsgeschäft umgedeutet werden kann, sondern weil der Arbeitnehmer auf ihn verzichtet. Umgekehrt ist der Arbeitgeber gewarnt und dem Zweck der §§ 4 ff KSchG genügt, wenn der Arbeitnehmer in der Klagebegründung nur darauf hinweist, jedenfalls sei die Kündigungsfrist nicht eingehalten. Hier begibt er sich gerade nicht konkludent des weiter gehenden Schutzes vor der Beendigung durch eine unwirksame Kündigung. § 6 KSchG findet entsprechende Anwendung, wenn er den Bestandsantrag – bei im ersten Rechtszug unterbliebenem Hinweis nach § 6 Satz 2 KSchG **bis zum Ende der Berufungsverhandlung**[115] – auf den Kündigungsschutzantrag verengt oder ihn zusätzlich stellt.

22 Für die zweite in Rn 20 genannte Antragsformulierung kommt es in noch höherem Maß auf die Klagebegründung an. Der Wortlaut des Antrags lässt nicht ausschließlich einen allgemeinen Bestandsantrag vermuten, sondern eine **Verbindung von Kündigungsschutzantrag und zeitlich beschränktem allgemeinen Feststellungsantrag**. Wird durch Auslegung tatsächlich nur ein punktueller Kündigungsschutzantrag gewonnen und der zweite Antragsteil als unselbständiger Annex verstanden, braucht auf den Rechtsgedanken des § 6 Satz 1 KSchG und seine verlängerte Anrufungsfrist nicht zurückgegriffen zu werden. Der Arbeitnehmer hat bereits die Klagefrist des § 4 Satz 1 KSchG gewahrt. Ob das Arbeitsverhältnis durch die Kündigung **zu dem von ihr gewollten Termin** aufgelöst ist, ist Gegenstand des punktuellen Antrags.[116] Die Annahme einer Kumulation von Bestands-

---

115 § 4 KSchG Rn 52; vgl zu der entsprechenden Anwendung von § 6 KSchG auf Befristungs- und Bedingungskontrollklagen nach §§ 17 Satz 2 und 21 TzBfG und der Befugnis des Landesarbeitsgerichts, ohne Zurückverweisung an das Arbeitsgericht selbst zu entscheiden, BAG 4.5.2011 – 7 AZR 252/10 – Rn 22 ff AP TzBfG § 17 Nr 11; für das Kündigungsschutzrecht fortgeführt durch BAG 25.10.2012 – 2 AZR 845/11 – Rn 35 NZA 2013, 900.
116 Näher § 4 KSchG Rn 45 mwN.

und Kündigungsschutzantrag ist deswegen widersprüchlich. Einerseits ist die Frage der zutreffenden Kündigungsfrist schon von dem Rechtsschutzziel der punktuellen Klage umfasst. Andererseits soll der punktuelle Antrag wieder durch den zweiten Halbsatz relativiert werden, der nach der Prämisse als zeitlich beschränkter Bestandsantrag zu verstehen ist. Viel häufiger wird die Klage demnach auch in dieser Variante dahin zu deuten zu sein, dass der Arbeitnehmer einen **zeitlich begrenzten allgemeinen Feststellungsantrag** verfolgt und sich lediglich an die Gesetzesfassung des § 4 Satz 1 KSchG anlehnt, wie das nach altem Recht häufiger geschah, wenn ausschließlich ein sonstiger Unwirksamkeitsgrund gerügt wurde. Der Fall ist dann der in Rn 21 geschilderten Fallgestaltung gleichzustellen.

Wird entgegen meiner Auffassung **der Rechtsprechung des Zweiten und des Sechsten Senats gefolgt**,[117] kann der Rechtsgedanke des § 6 Satz 1 KSchG aus meiner Sicht erst recht nicht für den Fall der in der Klagefrist gerügten Kündigungsfrist und der erst nach dem Ende der Dreiwochenfrist erhobenen punktuellen Klage herangezogen werden. Soweit es sich bei der Rüge der Kündigungsfrist nach Ansicht des BAG nicht um die Geltendmachung eines sonstigen Unwirksamkeitsgrundes handelt, ist dem Zweck der §§ 4 ff KSchG weder durch einen zeitlich begrenzten Bestandsantrag noch durch eine auf das Annahmeverzugsentgelt bis zum Ablauf der Kündigungsfrist gerichtete Leistungsklage genügt. Der Arbeitnehmer gibt mit Antrag und Begründung vielmehr zu erkennen, dass er die Auflösungswirkung der Kündigung zu einem späteren Zeitpunkt gegen sich gelten lassen will und nur den Zeitpunkt der Beendigung nicht hinnimmt. § 6 KSchG ist in dieser Konstellation deshalb nicht entsprechend anzuwenden. Im Übrigen verweise ich auf die Argumentation in Rn 21.

4. Leistungsklagen, die von der Unwirksamkeit der Kündigung abhängen (insbesondere auf Vergütung aus Annahmeverzug und Weiterbeschäftigung)

§ 6 KSchG ist anzuwenden,

- wenn der Arbeitnehmer innerhalb der Dreiwochenfrist eine **Leistungsklage** erhebt,
- deren Gegenstand Ansprüche sind, die an die Unwirksamkeit der Kündigung gebunden sind, und
- er den Kündigungsschutzantrag im ersten Rechtszug nachholt.

Damit bringt er zum Ausdruck, dass er die Unwirksamkeit der Kündigung geltend macht.[118] In Betracht kommen vor allem Ansprüche auf **Entgelt**

---

117 Grundlegend BAG 15.12.2005 – 2 AZR 148/05 – Rn 14 ff AP KSchG 1969 § 4 Nr 55; fortgeführt von BAG 9.2.2006 – 6 AZR 283/05 – Rn 32 AP KSchG 1969 § 4 Nr 56; BAG 6.7.2006 – 2 AZR 215/05 – Rn 15 AP KSchG 1969 § 4 Nr 57; BAG 9.9.2010 – 2 AZR 714/08 – Rn 13 f AP BGB § 622 Nr 66; näher Rn 18.
118 BAG 15.5.2012 – 7 AZR 6/11 – Rn 23 AP TzBfG § 17 Nr 12; BAG 23.4.2008 – 2 AZR 699/06 – Rn 23 AP KSchG 1969 § 4 Nr 65 mit krit Bspr Ziemann jurisPR-ArbR 41/2008 Anm 2; BAG 28.6.1973 – 2 AZR 378/72 – 2 a und b AP KSchG 1969 § 13 Nr 2; BAG 30.11.1961 – 2 AZR 295/61 – AP KSchG Nr 3.

aus Annahmeverzug[119] oder auf **Weiterbeschäftigung**[120] über den Zugang der außerordentlichen Kündigung oder den Ablauf der Kündigungsfrist hinaus.[121] Die nach der hM zur früheren Rechtslage vorzunehmende Analogie ist auch nach neuem Recht anzunehmen. Dabei kommt es nicht darauf an, dass die Neufassung des § 6 KSchG nicht geglückt ist. Der Gesetzgeber wollte die nachträgliche Erhebung einer punktuellen Kündigungsschutzklage erkennbar nicht erschweren oder verhindern. Die Neufassung sollte dem Sinn der bisherigen Regelung entsprechen.[122] Das Problem der verlängerten Anrufungsfrist stellt sich ohnehin nur dann, wenn keine Auslegung dahin möglich ist, dass der Arbeitnehmer mit dem allgemeinen Bestandsantrag innerhalb der Dreiwochenfrist eine bestimmte Kündigung oder mehrere konkrete Kündigungen angreifen will.[123] Meines Erachtens wird in Wirklichkeit häufig schon die ursprüngliche Klagebegründung dahin auszulegen sein, dass von vornherein ein Kündigungsschutzantrag gewollt und damit die Klagefrist des § 4 Satz 1 KSchG gewahrt ist. Dann ist eine Analogie zu § 6 Satz 1 KSchG entbehrlich.[124] Wird der hM zur alten Rechtslage gefolgt oder lässt die Klagebegründung im Einzelfall die vorgeschlagene Interpretation nicht zu, spricht allerdings einiges dafür, § 6 KSchG lediglich entsprechend und nicht unmittelbar anzuwenden. Die materielle Rechtskraft des Leistungsurteils erstreckt sich außerhalb des Subsumtionsschlusses in diesem Rechtsstreit nicht auf das in den Entscheidungsgründen enthaltene Begründungselement der Unwirksamkeit der Kündigung und die Vorfrage der durch sie unterbliebenen Auflösung des Arbeitsverhältnisses. Andererseits gebietet die Voraussetzung „im Klagewege" nicht notwendig eine auf die der Rechtskraft fähigen Bestandteile des Antrags verengte direkte Anwendung. Die Frage kann offenbleiben, weil dem Arbeitnehmer die verlängerte Anrufungsfrist im Ergebnis jedenfalls zukommt. Das gilt wegen §§ 17 Satz 2 und 21 TzBfG auch für **Befristungs- und Bedingungskontrollklagen**.[125]

---

119 §§ 611, 615 Satz 1, 293 ff BGB.
120 Für isolierte Annahmeverzugs- und Weiterbeschäftigungsklagen auf der Grundlage von § 6 KSchG nF aA Bader NZA 2004, 65, 69, der eine entsprechende Anwendung insoweit nicht länger für gerechtfertigt hält.
121 BAG 26.9.2013 – 2 AZR 682/12 – Rn 35 f NZA 2014, 443; Ebenso nach neuem Recht Raab RdA 2004, 321, 329 f und Giesen/Besgen NJW 2004, 185, 188; aA Bader NZA 2004, 65, 69; zu der Kontroverse auch Rn 4.
122 Vgl die Begründung des Regierungsentwurfs vom 2.9.2003 BT-Drucks 15/1509 S 1, der inhaltlich mit dem Entwurf der Fraktionen von SPD und Bündnis 90/Die Grünen vom 24.6.2003 übereinstimmt (BT-Drucks 15/1204 S 5 bis 15); BAG 26.9.2013 – 2 AZR 682/12 – Rn 35 NZA 2014, 443; BAG 23.4.2008 – 2 AZR 699/06 – Rn 22 AP KSchG 1969 § 4 Nr 65 mit krit Bspr Ziemann jurisPR-ArbR 41/2008 Anm 2; s auch BT-Drucks 13/5107 S 11, 31; weite Auslegung: BAG 23.6.2009 – 2 AZR 474/07 – Rn 28 AP BGB § 626 Verdacht strafbarer Handlung Nr 47; Raab RdA 2004, 321, 328 und 329.
123 Zum Vorrang der Auslegung nach dem Zweck der §§ 4 ff KSchG gegenüber einer Analogie zu § 6 KSchG BAG 12.5.2005 – 2 AZR 426/04 – B I 2, 5 und II 1 b mwN AP KSchG 1969 § 4 Nr 53 mit krit Bspr Ziemann jurisPR-ArbR 42/2005 Anm 1; näher Rn 31.
124 Detailliert § 4 KSchG Rn 20 ff.
125 BAG 15.5.2012 – 7 AZR 6/11 – Rn 24 AP TzBfG § 17 Nr 12; noch zu § 6 KSchG aF BAG 16.4.2003 – 7 AZR 119/02 – I 3 b AP TzBfG § 17 Nr 2 unter Hinweis auf BT-Drucks 13/5107 S 31; wegen der Besonderheiten des Einzelfalls wurde dort allerdings eine Analogie zu § 6 KSchG verneint; zu einer bejahten entspre-

Versucht der Arbeitnehmer dagegen, mit der Leistungsklage Ansprüche 25
durchzusetzen, die nicht von der Unwirksamkeit der Kündigung abhängen,
zB die Zeit vor dem Ende der Kündigungsfrist betreffen, ist weder den Erfordernissen des § 4 Satz 1 KSchG noch denen des § 6 Satz 1 KSchG genügt. Der Arbeitgeber kann nicht erkennen, dass der Arbeitnehmer die
Kündigung nicht gegen sich gelten lassen will. Deshalb reicht es nicht aus,
wenn der Arbeitnehmer innerhalb der Dreiwochenfrist ausschließlich einen
Anspruch auf Nachteilsausgleich aus § 113 BetrVG klageweise verfolgt.
Der Anspruch setzt nicht die Unwirksamkeit, sondern die Wirksamkeit der
Kündigung voraus. Eine verspätet erhobene Kündigungsschutzklage kann
auch nicht nach § 5 KSchG nachträglich zugelassen werden, weil dem Arbeitnehmer die Unkenntnis des mit dem gewählten Antrag verbundenen
Prozessrisikos anzulasten ist. Er handelt fahrlässig.[126]

Hinweis: Stattdessen sollte der Arbeitnehmer in einer solchen Konstellation innerhalb der Klagefrist den **Hauptantrag des § 4 Satz 1 KSchG** und
(nicht fristgebunden) den **Hilfsantrag auf Gewährung von Nachteilsausgleich** ankündigen, um den Kündigungsschutz zu erhalten.[127]

5. Einstweilige Verfügung

Das BAG hat § 6 KSchG entsprechend in einem Fall angewandt, in dem 26
sich der Arbeitnehmer innerhalb der Dreiwochenfrist nicht im Klageweg
gegen eine außerordentliche Kündigung wandte, sondern durch den Antrag
auf Erlass einer einstweiligen Verfügung das volle Entgelt für den Monat
durchzusetzen suchte, in dem die Kündigung zuging.[128] Zugleich hatte der
Arbeitnehmer rechtzeitig nach § 4 Satz 1 KSchG Kündigungsschutzklage
gegen eine zuvor ausgesprochene (Änderungs-)Kündigung erhoben. Die
Entscheidung trifft zu, weil der Arbeitgeber durch den Antrag auf Erlass
der einstweiligen Verfügung erkennen konnte, dass sich der Arbeitnehmer
gegen die außerordentliche Kündigung wehren wollte. Dem Zweck der
§§ 4 ff KSchG ist genügt, obwohl es sich bei dem Antrag nicht um eine
Klage im Rechtssinn handelt. Auf den rechtzeitigen Angriff gegen die Änderungskündigung kommt es unabhängig davon nicht mehr an, ob deren
Frist über den Zeitpunkt des Zugangs der außerordentlichen Kündigung
hinausreicht.[129]

Hinweis: Allerdings macht Spinner[130] zu Recht darauf aufmerksam, dass
der Arbeitnehmer in der mündlichen Verhandlung der einstweiligen Verfü-

---

chenden Anwendung von § 6 KSchG über § 17 Satz 2 TzBfG bei einer Befristungskontrollklage BAG 15.5.2012 – 7 AZR 6/11 – Rn 20 ff AP TzBfG § 17
Nr 12; BAG 4.5.2011 – 7 AZR 252/10 – Rn 15 ff AP TzBfG § 17 Nr 11; zu der
grundsätzlichen Geltung von § 6 KSchG für Befristungs- und Bedingungskontrollklagen Rn 5.
126 KR/Friedrich § 6 KSchG Rn 29 b; APS/Hesse § 6 KSchG Rn 16; Spinner in: Löwisch/Spinner/Wertheimer § 6 Rn 7. Es genügt auch nicht, wenn der Arbeitnehmer Beteiligter eines Beschlussverfahrens nach § 126 InsO ist, er aber keine Kündigungsschutzklage erhebt: KR/Friedrich § 6 KSchG Rn 29 c.
127 Spinner in: Löwisch/Spinner/Wertheimer § 6 Rn 7.
128 Schon BAG 9.11.1967 – 5 AZR 147/67 – AP VVG § 67 Nr 1; dem im Ergebnis zust KR/Friedrich § 6 KSchG Rn 26 f; vHH/L/Linck § 6 Rn 10.
129 AA BAG 9.11.1967 – 5 AZR 147/67 – AP VVG § 67 Nr 1.
130 Spinner in: Löwisch/Spinner/Wertheimer § 6 Rn 6.

gung – sofern eine solche stattfindet – den Kündigungsschutzantrag nicht stellen kann, weil er hierzu die Verfahrensart wechseln müsste. Deswegen empfiehlt sich die von ihm vorgeschlagene **Parallelwertung** zu der Zurückweisung einer nicht sachdienlichen Klageänderung. Wird die Ansicht des BAG zu dieser Gestaltung der nicht sachdienlichen Klageänderung[131] für die gegebene Konstellation fortgeführt, ist die **verlängerte Anrufungsfrist des § 6 Satz 1 KSchG** (nicht die Klagefrist des § 4 Satz 1 KSchG) gewahrt, wenn der Arbeitnehmer innerhalb eines angemessenen Zeitraums Kündigungsschutzklage erhebt. Stellt der Arbeitnehmer im Rahmen der Verhandlung über den Antrag auf Erlass der einstweiligen Verfügung den Feststellungsantrag, ist darin nach gebotener Auslegung die Kündigungsschutzklage zu sehen, die zugleich anhängig wird.[132]

6. Änderungskündigung

27 § 6 KSchG trifft keine ausdrückliche Regelung für die Änderungskündigung. Das BAG wendet die Vorschrift **entsprechend** an, wenn der Arbeitnehmer von der rechtzeitig erhobenen **Änderungsschutzklage** nach § 4 Satz 2 KSchG auf die **Beendigungsschutzklage** des § 4 Satz 1 KSchG übergeht, dh zuletzt nicht nur die Unwirksamkeit der Änderung der Arbeitsbedingungen, sondern die der Kündigung geltend macht.[133] Das BAG begründet das Ergebnis mit einem **redaktionellen Versehen** des Gesetzgebers und der fehlenden Schutzwürdigkeit des Vertrauens des Arbeitgebers auf den zunächst unzutreffend gewählten Klageantrag. Beidem ist zuzustimmen. Da das KSchG 1951 nur die Beendigungsschutzklage, nicht auch die Änderungsschutzklage kannte, wurde dieses Rechtsinstitut erst in der Folge von der Literatur entwickelt und von der Rechtsprechung gebilligt. Das KSchG 1969, das die Änderungsschutzklage daraufhin kodifizierte, versäumte versehentlich die Anpassung des § 6 KSchG an § 4 Satz 2 KSchG.[134] Dieses Versäumnis wurde auch durch das Arbeitsmarktreformgesetz nicht behoben. Dabei kommt es nicht darauf an, ob der Arbeitnehmer die Annahme der geänderten Arbeitsbedingungen rechtzeitig oder verspätet erklärt. Auch bei einem verspäteten und damit unwirksamen Vorbehalt[135] muss dem Arbeitgeber bewusst sein, dass der Arbeitnehmer die Kündigung nicht gegen sich gelten lassen will, wenn er dennoch irrtümlich Änderungsschutzklage erhebt. Der Arbeitgeber kann deshalb kein berechtigtes und schutzwürdiges Vertrauen darauf begründen, dass der Arbeit-

---

131 BAG 10.12.1970 – 2 AZR 82/70 – AP KSchG § 3 Nr 40; dazu näher § 4 KSchG Rn 25 f.
132 Vgl Spinner in: Löwisch/Spinner/Wertheimer § 6 Rn 6.
133 BAG 23.3.1983 – 7 AZR 157/81 – 4 AP KSchG 1969 § 6 Nr 1 zu dem nicht rechtzeitig nach § 2 Satz 2 KSchG erklärten Vorbehalt; vgl jedoch zu dem Sonderfall der trotz eines verspäteten Vorbehalts abgelehnten Änderung der Arbeitsbedingungen, in dem der Arbeitnehmer zudem bis zum Schluss der mündlichen Verhandlung an der Änderungsschutzklage festhielt, ohne sie auch nur hilfsweise mit einem Beendigungsschutzantrag zu verbinden, BAG 28.3.1985 – 2 AZR 548/83 – II 4 c bb AP ZPO § 767 Nr 4.
134 BAG 23.3.1983 – 7 AZR 157/81 – 4 AP KSchG 1969 § 6 Nr 1; BAG 17.5.2001 – 2 AZR 460/00 – II 2 b bb EzA BGB § 620 Kündigung Nr 3.
135 Vgl BAG 17.5.2001 – 2 AZR 460/00 – II b bb EzA BGB § 620 Kündigung Nr 3.

nehmer an dem Änderungsschutzantrag festhält, der nach der objektiven Rechtslage erkennbar untauglich ist, seinen Interessen zu dienen.[136] Im Übrigen gelten für die Änderungskündigung **keine Besonderheiten.** Erhebt der Arbeitnehmer binnen drei Wochen nach Zugang der Kündigung bspw eine Leistungsklage auf Vergütung für die Zeit nach dem Ende der der Kündigungsfrist, kann er entsprechend § 6 Satz 1 KSchG bis zum Ende der mündlichen Verhandlung erster Instanz den Beendigungsschutzantrag des § 4 Satz 1 KSchG stellen. Stattdessen kann er sich auf den Änderungsschutzantrag des § 4 Satz 2 KSchG beschränken. Dieser hat aber nur dann Aussicht auf Erfolg, wenn der Vorbehalt rechtzeitig nach § 2 Satz 2 KSchG erklärt wurde.

28

7. Isolierter allgemeiner Feststellungsantrag/Verbindung von Kündigungsschutz- und allgemeiner Bestandsklage

Hinsichtlich der isolierten allgemeinen Feststellungsklage und ihrer Verbindung mit dem punktuellen Antrag verweise ich auf die Ausführungen in § 4 KSchG Rn 51 ff und 56 ff und § 6 KSchG Rn 1, 4 und 12.

29

VII. Gerichtliche Hinweispflicht, § 6 Satz 2 KSchG

§ 6 Satz 2 KSchG, wonach das Arbeitsgericht den Arbeitnehmer auf die Möglichkeit der verlängerten Anrufung hinweisen soll, ist eine besondere Ausprägung der aus § 139 Abs 1 Satz 1 und 2 ZPO folgenden Frage- und Hinweispflicht. Soweit innerhalb der Klagefrist nur ein allgemeiner Feststellungsantrag angekündigt wird, muss das Arbeitsgericht nach § 139 Abs 1 Satz 2 ZPO auf den sachdienlichen punktuellen Kündigungsschutzantrag hinwirken und nach § 6 Satz 2 KSchG auf die Möglichkeit hinweisen, weitere Unwirksamkeitsgründe geltend zu machen.

30

Unterlässt das Gericht den gebotenen Hinweis, unterläuft ihm ein **Verfahrensfehler,** § 139 Abs 2 ZPO.[137] Der Arbeitnehmer kann sich noch vor dem Landesarbeitsgericht auf andere Unwirksamkeitsgründe berufen, wenn das Arbeitsgericht seine **Hinweispflicht** aus § 6 Satz 2 KSchG verletzt hat.[138] Obwohl § 68 ArbGG die Zurückverweisung wegen eines Verfahrensverstoßes verbietet, konnte das Landesarbeitsgericht den Rechtsstreit auf die Berufung oder Anschlussberufung des Arbeitnehmers nach der älteren Rechtsprechung des BAG an das Arbeitsgericht **zurückverweisen,** weil der Fehler im zweiten Rechtszug nicht geheilt werden könne.[139] Die zumin-

31

---

136 BAG 17.5.2001 – 2 AZR 450/00 – II 2 b bb EzA BGB § 620 Kündigung Nr 3; KR/Friedrich § 6 KSchG Rn 26 ff; APS/Hesse § 6 KSchG Rn 20; vHH/L/Linck § 6 Rn 9; Spinner in: Löwisch/Spinner/Wertheimer § 6 Rn 10.
137 HM, statt vieler BAG 25.10.2012 – 2 AZR 845/11 – Rn 35 NZA 2013, 900; KR/Friedrich § 6 KSchG Rn 33; APS/Hesse § 6 KSchG Rn 23; vHH/L/Linck § 6 Rn 13 mwN; Spinner in: Löwisch/Spinner/Wertheimer § 6 Rn 13; zu dem Problem ferner BAG 16.4.2003 – 7 AZR 119/02 – I 3 c und d AP TzBfG § 17 Nr 2 iR der entsprechenden Anwendung des § 6 Satz 1 KSchG nach § 17 Satz 2 TzBfG.
138 BAG 13.12.2012 – 6 AZR 5/12 – Rn 57 AP KSchG 1969 § 17 Nr 43; BAG 25.10.2012 – 2 AZR 845/11 – Rn 35 f NZA 2013, 900; auch BAG 18.1.2012 – 6 AZR 407/10 – Rn 13 ff AP KSchG 1969 § 6 Nr 6; dazu iE Rn 10 a.
139 BAG 30.11.1961 – 2 AZR 295/61 – AP KSchG § 5 Nr 3, str, vgl die bei KR/Friedrich § 6 KSchG Rn 37 angegebenen Nachweise.

dest frühere hM argumentierte damit, dass § 68 ArbGG der **Verfahrensbeschleunigung** diene. Dieser Zweck müsse zurücktreten, wenn eine Korrektur durch das Berufungsgericht ausscheide und der Arbeitnehmer vor dem Verfahrensverstoß ohne Zurückverweisung nicht geschützt werden könne. Diese Rechtsprechung ist **überholt**. Wegen des § 68 ArbGG innewohnenden Beschleunigungszwecks darf schon aus diesem Grund nicht länger zurückverwiesen werden. Das Berufungsgericht muss vielmehr selbst entsprechend § 6 Satz 2 KSchG auf die Möglichkeit des Kündigungsschutzantrags hinweisen und kann selbst entscheiden.[140] Ein solches Verfahren hat das BAG zunächst für die entsprechende Anwendung des § 6 KSchG auf die Befristungskontrollklage nach § 17 Satz 2 TzBfG gebilligt[141] und in der Folge auf das Kündigungsschutzrecht übertragen.[142] Vorrangig ist allerdings zu berücksichtigen, dass der Zweite Senat in seiner **jüngeren Rechtsprechung** ohnehin den **Vorrang der Auslegung vor der Analogie zu § 6 KSchG** betont. Nur wenn für den Arbeitgeber innerhalb der dreiwöchigen Klagefrist nicht erkennbar ist, dass sich der Arbeitnehmer gegen eine bestimmte Kündigung wenden oder den Bestand des Arbeitsverhältnisses als solchen festgestellt wissen will, stellt sich die Frage der entsprechenden Anwendung des § 6 KSchG.[143] Muss der Arbeitgeber dagegen aus der Sicht eines objektiven Dritten während der Dauer der Klagefrist erkennen, dass der Arbeitnehmer die Kündigung angreifen will oder den Fortbestand des Arbeitsverhältnisses geltend macht, stellen sich die Probleme der Analogie zu § 6 KSchG und der Zurückverweisung nicht.[144]

32 **Hinweis:** Mit Blick auf im ersten Rechtszug ausdrücklich gestellte oder zumindest durch Auslegung gewonnene allgemeine Feststellungsanträge hat der Zweite Senat mit seiner Entscheidung vom 10.10.2002[145] klargestellt, dass sich der mit dem Streitgegenstand identische Urteilsgegenstand nicht auf Sachverhalte beziehen kann, die sich **erst nach Schluss der mündlichen**

---

140 Wie hier und gegen eine Zurückverweisung, zT allerdings nur zu der neuen Rechtslage nach Inkrafttreten des Arbeitsmarktreformgesetzes Bader NZA 2004, 65, 69 unter Hinweis auf §§ 520 Abs 3 Satz 2 Nr 4, 531 Abs 2 Nr 2 ZPO, 64 Abs 6 Satz 1 ArbGG; Bayreuther ZfA 2005, 391, 401 f; KR/Friedrich seit der 7. Aufl § 6 KSchG Rn 38; vHH/L/Linck § 6 Rn 15; Raab RdA 2004, 321, 329, jeweils mwN; wie hier nun auch ErfK/Kiel § 6 KSchG Rn 7; Spinner in: Löwisch/Spinner/Wertheimer § 6 Rn 13; aA und für eine Zurückverweisung zB APS/Hesse § 6 KSchG Rn 28.
141 BAG 4.5.2011 – 7 AZR 252/10 – Rn 15 ff AP TzBfG § 17 Nr 11.
142 BAG 25.10.2012 – 2 AZR 845/11 – Rn 35 NZA 2013, 900.
143 BAG 12.5.2005 – 2 AZR 426/04 – B I 2, 5 und II 1 b mwN AP KSchG 1969 § 4 Nr 53; dazu § 4 KSchG Rn 2 und 20 ff. In einer Konstellation, in der der Arbeitnehmer abweichend hiervon den Kündigungsschutzantrag in erster Instanz gestellt, im zweiten Rechtszug aber nicht ausdrücklich in Bezug genommen hatte, BAG 21.7.2005 – 6 AZR 592/04 – II 1 a aa und bb AP BetrVG 1972 § 113 Nr 50.
144 Zu den Grenzen der Interpretation aber bspw BAG 16.6.2005 – 6 AZR 451/04 – II 1 AP KSchG 1969 § 17 Nr 21: Dort hatte das Arbeitsgericht den ursprünglichen allgemeinen Feststellungsantrag als unzulässig abgewiesen, ohne dass der Kläger dagegen ein Rechtsmittel eingelegt hatte. Der in der Berufungsinstanz ausdrücklich nur punktuell gestellte Antrag konnte deswegen nicht als allgemeiner Feststellungsantrag ausgelegt werden.
145 BAG 10.10.2002 – 2 AZR 622/01 – B I 2 AP KSchG 1969 § 4 Nr 49; dem zust Düwell in Weyand/Düwell Das neue Arbeitsrecht S 231.

Verhandlung im ersten Rechtszug zutragen und deshalb von den Parteien in erster Instanz auch nicht vorgebracht werden konnten, um ihren Antrag zu stützen. Möchte der Kläger weitere Beendigungstatbestände zum Gegenstand seines allgemeinen Feststellungsantrags machen, muss er sie zumindest durch ergänzenden Tatsachenvortrag in den Rechtsstreit einführen. Der Streitgegenstand kann sich zwischen der Verkündung des erstinstanzlichen Urteils und der Einlegung der Berufung nicht ohne späteren neuen Vortrag – in der Berufungsinstanz – ändern. Der Zweite Senat macht zu Recht darauf aufmerksam, dass der Arbeitgeber, der während der Berufungsfrist eine weitere Kündigung ausspricht, sonst bei einem positiv beschiedenen allgemeinen Feststellungsantrag gezwungen wäre, die Wirksamkeit der zweiten Kündigung durch Einlegung der Berufung geltend zu machen. Nur das Parteivorbringen kann eine weitere Kündigung zum Gegenstand des in der Berufung angefallenen allgemeinen Feststellungsantrags machen. Wird diese Notwendigkeit nicht beachtet, kommt es zu dem zweifellos nicht interessengerechten Ergebnis, dass die erstinstanzliche Feststellung alle Nachkündigungen erfasst, auch wenn der Arbeitnehmer sie nicht angreifen will.[146]

Unter den Voraussetzungen des § 5 KSchG kann eine **nachträgliche Zulassung** der Kündigungsschutzklage in Betracht kommen, wenn der Arbeitnehmer die Klage zurücknimmt, ohne durch das Gericht auf die Möglichkeit der verlängerten Anrufung hingewiesen worden zu sein.[147]

Um keinen Fall des § 6 KSchG handelt es sich, wenn der Arbeitgeber nach Beendigung des ersten Rechtszugs **eine weitere Kündigung** erklärt. Hier muss der Arbeitnehmer innerhalb der Dreiwochenfrist des § 4 Satz 1 KSchG eine weitere Kündigungsschutzklage erheben.

Hinweis: Zu diesem Zweck kann er die schon angestrengte Klage, deren Gegenstand die erste Kündigung ist, trotz des Wortlauts des § 4 Satz 1 KSchG („Arbeitsgericht") noch **in der Berufungsinstanz** um den Kündigungsschutzantrag erweitern, der die zweite Kündigung betrifft.[148]

---

146 Vgl zu allem BAG 10.10.2002 – 2 AZR 622/01 – B I 2 AP KSchG 1969 § 4 Nr 49; dazu auch § 4 KSchG Rn 54.
147 § 5 KSchG Rn 55 mwN.
148 BAG 10.12.1970 – 2 AZR 82/70 – AP KSchG § 3 Nr 40; dazu auch § 4 KSchG Rn 25 f.

§ 7 Wirksamwerden der Kündigung

Wird die Rechtsunwirksamkeit einer Kündigung nicht rechtzeitig geltend gemacht (§ 4 Satz 1, §§ 5 und 6), so gilt die Kündigung als von Anfang an rechtswirksam; ein vom Arbeitnehmer nach § 2 erklärter Vorbehalt erlischt.

I. Beendigungskündigung: § 7 HS 1 KSchG 1	b) Geltung der Klagefrist auch für Arbeitnehmer ohne allgemeinen Kündigungsschutz 9
1. Heilung der Rechtsunwirksamkeit 1	
2. § 4 Satz 4 KSchG 3	c) Folge der Fiktion 10
3. § 4 Satz 1 KSchG nachgebildete Bestimmungen 5	II. Änderungskündigung: § 7 HS 2 KSchG 12
4. Reichweite der Fiktion.... 6	
a) Gegenstand der Heilung.................... 6	

I. Beendigungskündigung: § 7 HS 1 KSchG

1. Heilung der Rechtsunwirksamkeit

1 § 7 HS 1 KSchG enthält die **Rechtsfolge** der entgegen § 4 Satz 1 KSchG versäumten Klagefrist. Wird die Kündigungsschutzklage nicht rechtzeitig innerhalb der Dreiwochenfrist erhoben und liegt keine der Durchbrechungen der §§ 5 und 6 KSchG vor, kann sich der Arbeitnehmer nicht mehr darauf berufen, die **schriftliche** Kündigung sei rechtsunwirksam. Die Kündigung gilt als von Anfang an wirksam.[1] Wird ein befristetes Arbeitsverhältnis vor dem Ende der Befristung gekündigt, besteht das nach § 256 Abs 1 ZPO erforderliche Feststellungsinteresse für die Kündigungsschutzklage deshalb fort. Der Arbeitnehmer muss die Klage aufrechterhalten, um den Eintritt der Wirksamkeitsfiktion des § 7 HS 1 KSchG zu verhindern (bei außerordentlichen Kündigungen iVm § 13 Abs 1 Satz 2 KSchG).[2]

Mit Ausnahme eines Schriftformverstoßes nach §§ 623, 126 Abs 1, 125 Satz 1 BGB umfasst die Fiktion seit Inkrafttreten des Arbeitsmarktreformgesetzes am 1.1.2004 fast[3] alle Unwirksamkeitsgründe,[4] auch sonstige Mängel. Eine Ausnahme gilt ua[5] für die **Einhaltung der Kündigungsfrist** ordentlicher Kündigungen. Ihre fehlerhafte Berechnung kann der Arbeitnehmer auch außerhalb der Klagefrist rügen, wenn die Erklärung ausle-

---

1 Den Wortlaut des § 7 HS 1 KSchG wiederholen zB BAG 13.3.2013 – 7 AZR 344/11 – Rn 24; BAG 22.6.2011 – 8 AZR 204/10 – Rn 34.
2 BAG 24.1.2013 – 2 AZR 453/11 – Rn 11 NZA 2013, 959; BAG 21.3. 2012 – 6 AZR 596/10 – Rn 10 AP KSchG 1969 § 17 Nr 39.
3 Zu den neben dem Schriftformverstoß bestehenden Ausnahmen von punktuellem Streitgegenstand und Klagefrist iE § 4 KSchG Rn 4 und 139 ff.
4 Zu der Ausnahme der Kündigung eines Vertreters ohne Vertretungsmacht, die dem Arbeitgeber nicht zuzurechnen ist, BAG 6.9.2012 – 2 AZR 858/11 – Rn 12 ff NZA 2013, 524; Genenger unterscheidet in RdA 2010, 274, 275 zwischen der (wirksamen) **Kündigungserklärung**, die Voraussetzung der Suche nach Unwirksamkeitsgründen und deshalb nicht fristgebunden sei, **Unwirksamkeitsgründen**, die der Klagefrist unterlägen, und **Wirkungen der Kündigung** wie zB der Kündigungsfrist, die außerhalb der Dreiwochenfrist geltend gemacht werden könnten.
5 Zu den neben dem Schriftformverstoß bestehenden Ausnahmen von punktuellem Streitgegenstand und Klagefrist iE § 4 KSchG Rn 4 und 139 ff.

gungsfähig ist.[6] Anderes gilt nach der Rechtsprechung des Fünften Senats, wenn die Kündigungserklärung nicht dahin ausgelegt werden kann, dass der Arbeitgeber eine Kündigung mit der richtigen Frist meint, und eine Umdeutung[7] erforderlich ist.[8] In diesem Fall muss aus Sicht des Fünften Senats die Klagefrist eingehalten werden, um die Wirksamkeitsfiktion des § 7 HS 1 KSchG abzuwenden.[9] Wird dem zugestimmt, muss folgerichtig auch die verlängerte Anrufungsfrist des § 6 Satz 1 KSchG anzuwenden sein, wenn die Klage in der Klagefrist erhoben wurde, der Arbeitnehmer sich in der Dreiwochenfrist aber noch nicht darauf berufen hatte, die Kündigungsfrist sei nicht gewahrt.[10] Der Anwendungsbereich der §§ 4 bis 7 KSchG wird durch § 13 Abs 3 KSchG idF des Arbeitsmarktreformgesetzes im Übrigen gerade eröffnet. Ein Unwirksamkeitsgrund wird rückwirkend geheilt, wenn die Frist ungenutzt verstreicht. Die Kündigung gilt seit ihrem Zugang beim Arbeitnehmer als dem Zeitpunkt, in dem sie als einseitige empfangsbedürftige Willenserklärung frühestens Wirksamkeit entfalten kann, als wirksam.[11] Durch die Ausdehnung der Wirksamkeitsfiktion auf nahezu alle Unwirksamkeitsgründe durch das Arbeitsmarktreformgesetz entfällt eine Reihe früherer Problemstellungen.[12] An der Notwendigkeit der Wirksamkeitsfiktion wird einerseits deutlich, dass es sich bei der Kündigungsschutzklage des § 4 Satz 1 KSchG nicht um eine Gestaltungs-, sondern um eine Feststellungsklage handelt.[13] Andererseits hat die **materielle** Wirkung des § 7 HS 1 KSchG – die Klage ist als **unbegründet**, nicht als unzulässig abzuweisen –[14] aus Sicht des BAG nicht zur Folge, dass auch die Klagefrist des § 4 Satz 1 KSchG selbst als materielle Frist einzuordnen wäre. Sie ist vielmehr eine **prozessuale Klageerhebungsfrist**. Ob die Klage, die sie wahren

---

6 Grundlegend BAG 15.12.2005 – 2 AZR 148/05 – Rn 14 ff AP KSchG 1969 § 4 Nr 55; fortgeführt von BAG 9.2.2006 – 6 AZR 283/05 – Rn 32 AP KSchG 1969 § 4 Nr 56; BAG 6.7.2006 – 2 AZR 215/05 – Rn 15, AP KSchG 1969 § 4 Nr 57; BAG 9.9.2010 – 2 AZR 714/08 – Rn 13 f AP BGB § 622 Nr 66; dazu auch § 4 KSchG Rn 4 und § 6 KSchG Rn 18 ff.
7 Zu der Umdeutung einer außerordentlichen in eine ordentliche Kündigung zB BAG 12.5.2010 – 2 AZR 845/08 – Rn 39 ff AP BGB § 626 Nr 230.
8 Grundlegend BAG 1.9.2010 – 5 AZR 700/09 – Rn 20 bis 30 AP KSchG 1969 § 4 Nr 71; fortgeführt von BAG 15.5.2013 – 5 AZR 130/12 – Rn 14 ff NZA 2013, 1076; dazu iE § 6 KSchG Rn 6 aE, 18 ff.
9 S aber zu einer im Einzelfall möglichen Auslegung BAG 9.9.2010 – 2 AZR 714/08 – Rn 13 ff AP BGB § 622 Nr 66.
10 So wohl auch BAG 1.9.2010 – 5 AZR 700/09 – Rn 20 AP KSchG 1969 § 4 Nr 71, das § 6 KSchG zitiert.
11 vHH/L/Linck § 7 Rn 1; KR/Rost § 7 KSchG Rn 4; zu der rückwirkenden Heilung der Kündigung auch APS/Hesse § 7 KSchG Rn 2.
12 Bader NZA 2004, 65, 69; Schiefer/Worzalla NZA 2004, 345, 356; näher KR/Rost § 7 KSchG Rn 3 a und 3 b; im Befund offenbar ebenso APS/Hesse § 7 KSchG Rn 1. Zu der fehlenden Übergangsregelung KR/Rost § 7 KSchG Rn 3 d. Löwisch weist in BB 2004, 154, 160 zu Recht darauf hin, dass sich der im erweiterten Anwendungsbereich der Wirksamkeitsfiktion des § 7 HS 1 KSchG ausgedrückte gesetzgeberische Wille auch im Fall der sittenwidrigen Kündigung nicht – etwa über einen Schadensersatzanspruch nach §§ 826, 249 BGB – korrigieren lasse. Zu den von der Rspr noch nicht gelösten Fragestellungen in der Übersicht Genenger RdA 2010, 274 ff.
13 Detailliert § 4 KSchG Rn 1 f, 19. Hesse vergleicht die Wirkung des § 7 KSchG in APS § 7 KSchG Rn 6 mit einem rechtskräftigen klageabweisenden Urteil.
14 BAG 6.9.2012 – 2 AZR 858/11 – Rn 10 NZA 2013, 524.

soll, ordnungsgemäß erhoben ist, bestimmt sich nach den Regeln des Prozessrechts.[15] Für die Anwendung der §§ 4 Satz 1, 7 KSchG ist dagegen kein Raum, wenn keine Kündigungserklärung vorliegt, sondern die Parteien in anderer Weise als durch Kündigung über die Änderung des Inhalts des Arbeitsverhältnisses oder seine Beendigung streiten.[16]

2 Hinweise:
- Die Fiktion tritt nicht nur ein, wenn die Klage nicht rechtzeitig erhoben wird, sondern auch, wenn die ursprünglich fristgerechte Klage zurückgenommen wird. § 269 Abs 3 Satz 1 HS 1 ZPO enthält eine weitere Fiktion, wonach der Rechtsstreit als nicht anhängig geworden anzusehen ist, wenn die Klage zurückgenommen wird. Der Arbeitnehmer sollte sich dessen bewusst sein, dass dieselbe Wirkung eintritt, wenn in der Güteverhandlung beide Parteien nicht erscheinen oder nicht verhandeln, das Verfahren deshalb ruht und binnen sechs Monaten nach der Güteverhandlung von keiner Seite ein Terminsantrag gestellt wird, § 54 Abs 5 Satz 1 bis 3 ArbGG. Nach Ablauf der Frist ist § 269 Abs 3 bis 5 ZPO entsprechend anzuwenden, § 54 Abs 5 Satz 4 ArbGG. Die Klage gilt maW als **zurückgenommen.**
- Wird eine verspätet erhobene Klage nachträglich zugelassen, entfällt die nach § 7 HS 1 KSchG zunächst eingetretene Fiktion im Nachhinein.[17]

2. § 4 Satz 4 KSchG

3 § 7 HS 1 KSchG verweist ausdrücklich nur auf § 4 Satz 1 KSchG, nicht auch auf dessen Satz 4. Dabei handelt es sich um ein **redaktionelles Versehen,** das auch der Gesetzgeber des Arbeitsmarktreformgesetzes nicht berichtigt hat. Es beruht darauf, dass § 4 Satz 4 KSchG nachträglich eingefügt wurde.[18] Die Fiktion umfasst deshalb nicht nur die Fälle, in denen die Dreiwochenfrist schon mit Zugang der Kündigung beginnt, sondern auch die, in denen sie erst mit der Bekanntgabe einer behördlichen Entscheidung an den Arbeitnehmer anfängt.[19] Die Heilung tritt dann **lediglich später** ein.

4 Weiß eine Frau nicht um ihre **Schwangerschaft,** fällt der Beginn der Klagefrist dagegen nicht auf den späteren Zeitpunkt der Kenntniserlangung von der Schwangerschaft. Der Arbeitgeber kennt die Schwangerschaft im Zeitpunkt des Zugangs der Kündigung ebenfalls nicht.[20] Den Einwänden der

---

15 IE § 4 KSchG Rn 111 f; vgl zu den Fragen der Auslegung der Klagebegründung und der ordnungsgemäßen Klageerhebung dort Rn 20 ff, 33 ff, 39 ff, 43 ff, 54 ff.
16 BAG 5.2.2009 – 6 AZR 151/08 – Rn 42 AP KSchG 1969 § 4 Nr 69.
17 APS/Hesse § 7 KSchG Rn 4; KR/Rost § 7 KSchG Rn 8.
18 Bspw APS/Hesse § 7 KSchG Rn 4; vHH/L/Linck § 7 Rn 3; Spinner in: Löwisch/Spinner/Wertheimer § 7 Rn 3; KR/Rost § 7 KSchG Rn 9 legt der unterbliebenen Erwähnung des Satzes 4 bereits keinerlei sachliche Bedeutung bei; zu den Problemen des § 4 Satz 4 KSchG detailliert § 4 KSchG Rn 4 und 114 ff.
19 Zu den Einzelheiten § 4 KSchG Rn 114 ff.
20 Vgl zu der Abgrenzung der dem Arbeitgeber bei Zugang der Kündigung unbekannten Schwangerschaft (Fristbeginn nach § 4 Satz 1 KSchG und ggf nachträgliche Zulassung nach § 5 Abs 1 Satz 2 KSchG) und der ihm in diesem Zeitpunkt bekannten Schwangerschaft (Fristbeginn erst mit Bekanntgabe der Entscheidung der Behörde an die Arbeitnehmerin, § 4 Satz 4 KSchG) BAG 13.2.2008 – 2 AZR 864/06 –

Literatur[21] hat der Gesetzgeber des Arbeitsmarktreformgesetzes vielmehr dadurch Rechnung getragen, dass er den Fall der späteren Kenntnis von der Schwangerschaft in § 5 Abs 1 Satz 2 KSchG ausdrücklich als Grund für die nachträgliche Zulassung der Klage eingeordnet hat.[22]

3. § 4 Satz 1 KSchG nachgebildete Bestimmungen

Schon das Arbeitsrechtliche Beschäftigungsförderungsgesetz vom 25.9.1996[23] hatte neben der Dreiwochenfrist des § 4 Satz 1 KSchG dreiwöchige Klagefristen in zwei weiteren Bereichen geschaffen oder in Kraft gesetzt. Für sog Befristungskontrollklagen findet sich das Fristerfordernis in § 17 Satz 1 TzBfG,[24] für Kündigungen durch den Insolvenzverwalter war bis 31.12.2003 § 113 Abs 2 InsO anzuwenden.[25] Während § 113 Abs 2 InsO durch Art 4 des Arbeitsmarktreformgesetzes aufgehoben wurde, gilt § 17 Satz 1 TzBfG weiter.[26]

4. Reichweite der Fiktion

a) **Gegenstand der Heilung.** Durch § 7 HS 1 KSchG wird nach der **Neufassung der Vorschrift durch das Gesetz zu Reformen am Arbeitsmarkt**[27] nicht nur die Sozialwidrigkeit der schriftlichen Kündigung geheilt, sondern auch ihre auf sonstigen Mängeln beruhende Unwirksamkeit.[28] Abgesehen von einem Schriftformverstoß kann der Arbeitnehmer fast[29] alle sonstigen Unwirksamkeitsgründe iSv § 13 Abs 2 und 3 KSchG nicht mehr außerhalb der Dreiwochenfrist geltend machen.[30] Nach Ablauf der Klagefrist kann er mit Ausnahme der Fälle der verlängerten Anrufungsfrist nach oder entsprechend § 6 Satz 1 KSchG auch keine allgemeine Feststellungs- oder Leistungsklage auf eine fehlerhafte Betriebsratsanhörung, einen Gesetzes- oder Sittenverstoß oder § 613 a Abs 4 Satz 1 BGB usw stützen.

Auch auf den von § 4 KSchG von der Klagefrist ausgenommenen Verstoß gegen die Schriftform der Kündigung nach §§ 623, 126 Abs 1, 125 Satz 1 BGB kann sich der Arbeitnehmer allerdings nach Ablauf der Dreiwochen-

---

Rn 43 ff und 48 AP SGB IX § 85 Nr 5; fortgeführt von BAG 19.2.2009 – 2 AZR 286/07 – Rn 26 ff AP MuSchG 1968 § 9 Nr 38, s dazu zusammenfassend auch BAG 9.2.2011 – 7 AZR 221/10 – Rn 20 ff AP TzBfG § 17 Nr 10; Rost FS Etzel S 329, 347.
21 ZB Löwisch NZA 2003, 689, 693 und Richardi NZA 2003, 764, 766.
22 Dazu näher § 4 KSchG Rn 116 und § 5 KSchG Rn 2.
23 BGBl I S 1476.
24 Zunächst war die Klagefrist in § 1 Abs 5 Satz 1 BeschFG 1996 enthalten; zu den Problemen der Klagefrist der Befristungs- und Bedingungskontrollklage detailliert § 17 TzBfG Rn 16 ff.
25 Vgl zB BAG 17.1.2002 – 2 AZR 57/01 – EzA KSchG § 4 nF Nr 62.
26 Zu den Folgen der Rücknahme einer Befristungskontrollklage zB BAG 26.6.2002 – 7 AZR 122/01 – AP BeschFG 1996 § 1 Nr 14.
27 Gesetz vom 24.12.2003 BGBl I S 3002 (Gesetz zu Reformen am Arbeitsmarkt, sog Arbeitsmarktreformgesetz).
28 Schon Rn 1.
29 Zu den neben der Formnichtigkeit bestehenden Ausnahmen von der Klagefrist § 4 KSchG Rn 4 und 139 ff; s dazu auch Genenger RdA 2010, 274 ff.
30 Zu der umgekehrten, bis 31.12.2003 geltenden Rechtslage § 7 HS 1 KSchG aF („wenn sie nicht aus anderem Grunde rechtsunwirksam ist") und BAG 19.1.1961 – 2 AZR 197/59 – AP KSchG § 6 Nr 1.

frist dann nicht berufen, wenn er das Recht, sie zu rügen, **nach Treu und Glauben verwirkt hat**, § 242 BGB.[31]

Hinweis: Mit der Annahme des rechtsvernichtenden Einwands der Verwirkung ist **Vorsicht geboten**.[32] Er setzt als Ausnahmetatbestand nicht nur voraus, dass eine gewisse Zeit nach Zugang der Kündigung bis zur Zustellung der Klage verstrichen ist (sog Zeitmoment). Er verlangt vielmehr darüber hinaus, dass der Arbeitgeber aufgrund des Verhaltens des Arbeitnehmers darauf vertrauen durfte, dieser werde die Kündigung hinnehmen (sog Vertrauensmoment), und sich der Arbeitgeber darauf auch wirklich eingestellt hat (sog Umstandsmoment ieS).[33]

8 Durch die Neufassung des § 7 HS 1 KSchG durch das Arbeitsmarktreformgesetz verliert ein Problem faktisch an Brisanz. Die soeben beschriebene Konstellation der nicht erhobenen oder zurückgenommenen Kündigungsschutzklage ist von der Gestaltung zu trennen, in der die erhobene Kündigungsschutzklage **rechtskräftig abgewiesen** ist. Nach der früheren Rechtslage stellte sich die Frage, ob sich der Arbeitnehmer in einem Folgeprozess noch auf andere Unwirksamkeitsgründe als die Sozialwidrigkeit der Kündigung berufen konnte. Das wurde überwiegend verneint. Existierte ein rechtskräftiges abweisendes Urteil, war er in einem Folgeprozess mit dem Vortrag ausgeschlossen, die Kündigung leide an sonstigen Mängeln. Diese Konsequenz beruhte nicht auf der Fiktion des § 7 HS 1 KSchG, sondern auf der aus der materiellen Rechtskraft des Urteils iSv § 322 Abs 1 ZPO hergeleiteten sog **Präklusionswirkung**.[34] Das Problem kann aber nach wie vor auftreten, wenn im ersten Rechtsstreit Sachvortrag nicht gehalten wird, der die Sozialwidrigkeit der Kündigung oder einen sonstigen Unwirksamkeitsgrund stützt. In einem solchen Fall ist der Arbeitnehmer wegen des

---

31 Zur Verwirkung des Klagerechts vor dem Hintergrund des Arbeitsmarktreformgesetzes näher Hanau ZIP 2004, 1169, 1175 und Raab RdA 2004, 321, 326 f; vgl zur Prozessverwirkung, wenn auch nicht in dem spezifischen Zusammenhang des Schriftformverstoßes BAG 19.2.2009 – 8 AZR 176/08 – Rn 17 AP BGB § 613 a Nr 368; zu der Abgrenzung der Verwirkung des Klagerechts mit der Folge der Unzulässigkeit der Klage und der Verwirkung des materiellen Rechts, sich auf den Bestand eines Arbeitsverhältnisses zu berufen, mit der Konsequenz der Unbegründetheit der Klage zB BAG 9.2.2011 – 7 AZR 221/10 – Rn 12 ff und 30 ff AP TzBfG § 17 Nr 10; BAG 25.11.2010 – 2 AZR 323/09 – Rn 19 ff AP KSchG 1969 § 4 Nr 72; BAG 10.10.2007 – 7 AZR 487/06 – Rn 9 ff und 18 ff; BAG 24.5.2006 – 7 AZR 365/05 – Rn 19 ff und 30 ff EzAÜG AÜG § 10 Fiktion Nr 114; dazu auch BAG 12.12.2006 – 9 AZR 747/06 – Rn 13 und 15 ff NZA 2007, 396; ohne ausdrückliche Unterscheidung zwischen Prozessverwirkung und materieller Verwirkung BAG 23.2.2010 – 2 AZR 659/08 – Rn 16 AP SGB IX § 85 Nr 8.
32 Ebenso Hanau ZIP 2004, 1169, 1175; im Grundsatz auch Raab RdA 2004, 321, 326 f. Raab meint aber, jedenfalls dann, wenn der Arbeitnehmer auf eine formunwirksame Kündigung hin seinen Arbeitsplatz aufgebe, könne ein solches Verhalten das berechtigte Vertrauen des Arbeitgebers begründen, dass der Arbeitnehmer die Beendigung des Arbeitsverhältnisses hinnehme. S zu einem Fall abgelehnter Verwirkung außerhalb des Zusammenhangs eines Schriftformverstoßes etwa BAG 23.2.2010 – 2 AZR 659/08 – Rn 16 AP SGB IX § 85 Nr 8.
33 Zu der ursprünglichen Fassung des Regierungsentwurfs für das Arbeitsmarktreformgesetz vom 18.6.2003 (BR-Drucks 421/03 vom 19.6.2003) Eberle NZA 2003, 1121, 1122 ff.
34 IE für die **Beendigungs**kündigung § 4 Rn 164 f, 169 ff, für die **Änderungs**kündigung § 4 Rn 174; krit dazu Richardi NZA 2003, 764, 765.

Präklusionsprinzips nach rechtskräftigem Abschluss des Erstprozesses gehindert, die zuvor nicht behandelte Sozialwidrigkeit oder den sonstigen Mangel in einem Folgeprozess geltend zu machen.

b) Geltung der Klagefrist auch für Arbeitnehmer ohne allgemeinen Kündigungsschutz. Die Änderung des § 23 Abs 1 Satz 2 und 3 KSchG durch das Arbeitsmarktreformgesetz brachte eine weitere Neuerung mit sich.[35] Die Klagefrist mit der Folge der Wirksamkeitsfiktion bei ihrem Verstreichen gilt seitdem abweichend von der bisherigen Rechtslage auch für **ordentliche und außerordentliche Kündigungen** von Arbeitsverhältnissen in **Kleinbetrieben**.[36] Die Rechtsprechung hat außerdem schon früh geklärt, dass die Klagefrist auch auf Kündigungen **vor und in der Wartezeit** anzuwenden ist, obwohl eine ausdrückliche gesetzliche Regelung fehlt.[37] Damit werden Wertungswidersprüche, also Besserstellungen gegenüber Arbeitnehmern mit allgemeinem Kündigungsschutz vermieden. Die Dreiwochenfrist ist **ab Vertragsschluss** – schon vor Arbeitsantritt – zu beachten.[38]

c) Folge der Fiktion. Dem Arbeitnehmer ist es nicht nur verwehrt, sich im Rahmen einer Feststellungsklage, die den Bestand des Arbeitsverhältnisses betrifft, auf die Rechtsunwirksamkeit der Kündigung zu berufen. Auch in einer Leistungsklage, die bspw Ansprüche auf Vergütung nach Ablauf der Kündigungsfrist durchsetzen soll, kann er nicht damit gehört werden, die Kündigung sei unwirksam.

Aufgrund der Fiktion steht aber lediglich fest, dass das Arbeitsverhältnis durch die schriftliche Kündigung beendet wurde.[39] Ob der **Kündigungsgrund** – etwa der Vorwurf eines Vertragsverstoßes oder eine Betriebsstilllegung – **tatsächlich zutrifft**, ist **nicht Gegenstand der Fiktion**. Die Wirkung der Fiktion beschränkt sich darauf, dass eine bestimmte Kündigung wirksam ist.[40] Der Arbeitnehmer kann sich demnach noch nach Verstreichen der Dreiwochenfrist bspw gegen eine Vertragsstrafenforderung des Arbeit-

---

35 § 23 Abs 1 Satz 2 und 3 lautet: „Die Vorschriften des Ersten Abschnitts gelten mit Ausnahme der §§ 4 bis 7 und des § 13 Abs 1 Satz 1 und 2 nicht für Betriebe und Verwaltungen, in denen in der Regel fünf oder weniger Arbeitnehmer ausschließlich der zu ihrer Berufsbildung Beschäftigten beschäftigt werden. In Betrieben und Verwaltungen, in denen in der Regel zehn oder weniger Arbeitnehmer ausschließlich der zu ihrer Berufsbildung Beschäftigten beschäftigt werden, gelten die Vorschriften des Ersten Abschnitts mit Ausnahme der §§ 4 bis 7 und des § 13 Abs 1 Satz 1 und 2 nicht für Arbeitnehmer, deren Arbeitsverhältnis nach dem 31.12.2003 begonnen hat; diese Arbeitnehmer sind bei der Feststellung der beschäftigten Arbeitnehmer nach Satz 2 bis zur Beschäftigung von in der Regel zehn Arbeitnehmern nicht zu berücksichtigen." Vgl zu der nötigen Beschäftigtenzahl näher § 23 KSchG Rn 23 ff.
36 Richardi NZA 2003, 764, 765.
37 BAG 28.6.2007 – 6 AZR 873/06 – Rn 9 ff AP KSchG 1969 § 4 Nr 61; BAG 9.2.2006 – 6 AZR 283/05 – Rn 17 f AP KSchG 1969 § 4 Nr 56.
38 Dazu zutr schon vor Inkrafttreten des Arbeitsmarktreformgesetzes Richardi NZA 2003, 764, 765 f; vgl iE § 4 KSchG Rn 4, 113 und die dortigen Nachweise.
39 Rn 6.
40 BAG 19.10.2011 – 7 AZR 743/10 – Rn 58; BAG 9.2.2011 – 7 AZR 91/10 – Rn 59 AP BGB § 307 Nr 52; APS/Hesse § 7 KSchG Rn 7; vHH/L/Linck § 7 Rn 9; KR/Rost § 7 KSchG Rn 20 a (Fiktion nur für die Beendigungswirkung); Spinner in: Löwisch/Spinner/Wertheimer § 7 Rn 2, jeweils mwN.

gebers damit verteidigen, er habe den Arbeitsvertrag nicht verletzt.[41] § 7 HS 1 KSchG dient nur dem Zweck des § 4 Satz 1 KSchG, die Frage der Wirksamkeit der Kündigung rasch zu klären,[42] reicht jedoch nicht über diesen Zweck hinaus.[43]

II. Änderungskündigung: § 7 HS 2 KSchG

12 Nach § 7 HS 2 KSchG erlischt der Vorbehalt des § 2 KSchG, unter den der Arbeitnehmer die Annahme des Änderungsangebots des Arbeitgebers gestellt hat, wenn der Arbeitnehmer nicht rechtzeitig Kündigungsschutzklage erhebt. Nach Ablauf der Klagefrist kann er sich aus diesem Grund nicht länger auf die Unwirksamkeit der schriftlich geänderten Arbeitsbedingungen berufen. Seit Inkrafttreten des Arbeitsmarktreformgesetzes am 1.1.2004 kann er danach mit Ausnahme des Verstoßes gegen die Schriftform nach §§ 623, 126 Abs 1, 125 Satz 1 BGB auch fast[44] alle **sonstigen Unwirksamkeitsgründe** nicht mehr geltend machen.[45]

---

[41] Von BAG 23.5.1984 – 4 AZR 129/82 – AP BGB § 339 Nr 9 unausgesprochen vorausgesetzt, indem es zunächst die erste Voraussetzung des dortigen Vertragsstrafenanspruchs – das schuldhaft vertragswidrige Verhalten des Arbeitnehmers – prüft und ausschließlich das zweite Erfordernis – die Wirksamkeit der außerordentlichen Kündigung – mit Rücksicht auf die Fiktion des § 7 HS 1 KSchG ungeprüft bejaht.
[42] § 4 KSchG Rn 2.
[43] vHH/L/Linck § 7 Rn 10.
[44] Zu den Ausnahmen § 4 KSchG Rn 4, 139 ff; Genenger RdA 2010, 274 ff.
[45] Ausf § 4 KSchG Rn 174.

§ 8 Wiederherstellung der früheren Arbeitsbedingungen

Stellt das Gericht im Falle des § 2 fest, daß die Änderung der Arbeitsbedingungen sozial ungerechtfertigt ist, so gilt die Änderungskündigung als von Anfang an rechtsunwirksam.

I. Bedeutung der Vorschrift	1	2. Ausschluss- und Verjährungsfristen	5
II. Anwendungsbereich	2	IV. Außerordentliche Änderungskündigung	6
1. Wortlaut	2		
2. Erweiterter Anwendungsbereich	3		
III. Wiederherstellung der früheren Arbeitsbedingungen	4		
1. Ansprüche des Arbeitnehmers	4		

I. Bedeutung der Vorschrift

Die vom Arbeitnehmer unter dem Vorbehalt ihrer sozialen Rechtfertigung erklärte Annahme der geänderten Arbeitsbedingungen **bewirkt kraft Gesetzes**, dass der durch die Annahme des Änderungsangebots zustande gekommene Änderungsvertrag unter die **rückwirkende auflösende Bedingung (§ 158 Abs 2 BGB)** einer gerichtlich festzustellenden Sozialwidrigkeit der Änderung der Arbeitsbedingungen gestellt wird.[1] Hat der Arbeitnehmer mit seiner Änderungsschutzklage Erfolg, tritt die Bedingung ein. Da nach § 158 Abs 2 BGB erst mit dem Zeitpunkt des Bedingungseintritts der frühere Rechtszustand wiederhergestellt werden würde, stünden dem Arbeitnehmer Ansprüche zB auf Nachzahlung von Entgeltdifferenzen für die Zeit, in der er zu den geänderten Bedingungen gearbeitet hatte, nicht zu. Dies obwohl die Kündigung zu keinem Zeitpunkt rechtswirksam war. Von daher bestimmt § 8 KSchG, dass bei fehlender sozialer Rechtfertigung der Änderung der Arbeitsbedingungen die Änderungskündigung als von Anfang an rechtsunwirksam anzusehen ist. Die **rechtliche Bedeutung** des § 8 KSchG liegt also in der **Begründung einer Rückwirkung des Bedingungseintritts**.[2] § 8 ergänzt also § 2 KSchG auf der Rechtsfolgenseite.[3] Die in § 8 KSchG gesetzlich angeordnete Rückwirkung des Bedingungseintritts ist unserer Rechtsordnung nicht unbekannt. Die Parteien können nämlich auch im Rahmen ihrer Vertragsfreiheit eine schuldrechtliche Rückwirkung des Eintritts einer Bedingung vereinbaren (§ 159 BGB). § 8 KSchG bezweckt also, den Arbeitnehmer kraft Gesetzes so zu stellen, als ob die Änderungskündigung nicht erfolgt wäre, ohne dass hierfür eine Parteivereinbarung notwendig ist.[4]

1

---

1 BAG 27.9.1984 – 2 AZR 62/83 – AP KSchG § 2 Nr 8; LAG Rheinland-Pfalz 2.5.1994 – 10 Sa 68/94 – LAGE § 2 KSchG Nr 14; HK-ArbR/Manske, § 8 Rn 1; KR/Rost § 2 KSchG Rn 58; s § 2 Rn 32; Thüsing/Laux/Lembke-Wiehe § 8 KSchG Rn 6.
2 APS/Künzl § 8 KSchG Rn 4; BTM/Backmeister § 8 KSchG Rn 1 a; Dornbusch/Wolff/Hermann § 8 KSchG Rn 2; DFL/Bröhl § 8 KSchG Rn 1; ErfK/Kiel § 8 KSchG Rn 1; HK-ArbR/Manske § 8 KSchG Rn 2; Löwisch/Spinner § 8 Rn 3; KR/Rost § 8 KSchG Rn 4; vHH/L/Linck § 2 Rn 100.
3 APS/Künzl § 8 KSchG Rn 3; ErfK/Kiel § 8 KSchG Rn 1; Löwisch/Spinner § 8 Rn 1.
4 APS/Künzl § 8 KSchG Rn 4.

II. Anwendungsbereich
1. Wortlaut

2 In Abweichung von der Formulierung in § 4 Satz 2 KSchG – der Wortlaut erfasst seit dem 1.1.2004 als Folge der Vereinheitlichung der Klagefrist nunmehr auch die sonstigen Unwirksamkeitsgründe – betrifft § 8 KSchG seinem Wortlaut nach ausschließlich den Fall der Unwirksamkeit der Änderung der Arbeitsbedingungen infolge fehlender sozialer Rechtfertigung. Von daher würde die Änderungskündigung nur dann **ab Rechtskraft der gerichtlichen Entscheidung**[5] von Anfang an als rechtsunwirksam gelten, wenn zB die Änderung der Arbeitsbedingungen nicht in der Person des Arbeitnehmers bedingt ist. Indes ist die Frage der Sozialwidrigkeit nicht alleiniger Prüfungspunkt der Änderungsschutzklage.[6] Ebenso wie bei der Kündigungsschutzklage nach § 4 Satz 1 KSchG ist die Änderungsschutzklage gleichfalls auf die Unwirksamkeit der Änderung der Arbeitsbedingungen ohne sachliche Beschränkung gerichtet.[7] Ferner ist der Wortlaut des § 8 („...so gilt die Änderungskündigung als von Anfang an rechtsunwirksam") insofern nicht richtig gefasst, als bei der vorbehaltlichen Annahme des Änderungsangebots allein das Änderungsangebot streitbefangen ist und nicht etwa die gegenstandslos gewordene Kündigung.[8] Folglich wird gerichtlicherseits rückwirkend nur die Unwirksamkeit der Inhaltsänderung des Arbeitsvertrages festgestellt.[9] Mithin hat es der Gesetzgeber übersehen, die Fassung des § 8 der neuen Fassung des § 4 Satz 2 KSchG durch das Arbeitsmarktreformgesetz anzupassen.[10]

2. Erweiterter Anwendungsbereich

3 Da der Klageantrag der Änderungsschutzklage entsprechend dem Wortlaut des § 4 Satz 2 KSchG auf die Feststellung zu richten ist, dass die **Änderung der Arbeitsbedingungen unwirksam ist, muss § 8 KSchG erweitert ausgelegt** werden.[11] Die Änderungskündigung gilt nicht nur im Falle der fehlenden sozialen Rechtfertigung der Änderung der Arbeitsbedingungen als von Anfang an rechtsunwirksam, sondern auch dann, wenn sich die **Unwirksamkeit aus sonstigen Gründen** ergibt.[12] Solche Gründe können die nicht ordnungsgemäße oder gar fehlende Anhörung des Betriebsrats[13] oder die fehlende Zustimmung des Integrationsamts sein.[14]

---

5 S § 2 Rn 36 u 59.
6 APS/Künzl § 8 KSchG Rn 6; ErfK/Kiel § 8 KSchG Rn 1.
7 ErfK/Kiel § 8 KSchG Rn 1; Löwisch/Spinner § 8 Rn 2; KR/Rost § 8 KSchG Rn 8; Einzelheiten s § 2 Rn 56; vHH/L/Linck § 2 Rn 207.
8 APS/Künzl § 8 KSchG Rn 5; ErfK/Kiel § 8 KSchG Rn 1; s § 2 Rn 36.
9 APS/Künzl § 8 KSchG Rn 5; ErfK/Kiel § 8 KSchG Rn 1; KR/Rost § 8 KSchG Rn 6.
10 KR/Rost § 8 KSchG Rn 7.
11 APS/Künzl § 8 KSchG Rn 6; HK-KSchG/Hauck § 8 Rn 4; KR/Rost § 8 KSchG Rn 8.
12 APS/Künzl § 8 KSchG Rn 6; DFL/Bröhl § 8 KSchG Rn 3; ErfK/Kiel § 8 KSchG Rn 2; vHH/L/Linck, § 2 Rn 207.
13 Einzelheiten s § 2 Rn 78 ff; APS/Künzl § 8 KSchG Rn 7; HK-KSchG/Hauck § 8 Rn 4; HK-ArbR/Manske § 8 Rn 3; KR/Rost § 8 KSchG Rn 8.
14 HK-ArbR/Manske § 8 Rn 3; ErfK/Kiel § 8 Rn 1; KR/Rost § 8 Rn 8 und 14.

III. Wiederherstellung der früheren Arbeitsbedingungen
1. Ansprüche des Arbeitnehmers

Obsiegt der Arbeitnehmer im Rechtsstreit, ist der Arbeitgeber grundsätzlich verpflichtet, **rückwirkend die ursprünglichen Arbeitsbedingungen wiederherzustellen**[15]. Voraussetzung ist jedoch, dass die **Rückwirkung tatsächlich auch durchführbar ist**.[16] Dem Arbeitnehmer steht im Falle der Entgeltkürzung ein arbeitsvertraglicher Erfüllungsanspruch, nicht etwa ein Anspruch aus ungerechtfertigter Bereicherung,[17] auf den Differenzbetrag zwischen ursprünglicher Vergütung und tatsächlich gezahlter Vergütung zu[18]. Der Anspruch erfasst alle Geldleistungen mit Entgeltcharakter, also das Arbeitsentgelt und Zulagen wie Leistungszulagen, Gratifikationen und Sozialzulagen,[19] nicht aber Aufwendungsersatzleistungen. Anderweitig erzielte Entgelte, die der Arbeitnehmer nicht erzielt hätte, wenn er zu den ursprünglichen Arbeitsvertragsbedingungen eingesetzt worden wäre, sind nach § 159 BGB (bzw §§ 11 Nr 1-3 KSchG, § 15 Satz 2 BGB analog) voll **anzurechnen**.[20] Ebenso ist zu berücksichtigen, was der Arbeitnehmer in Folge der teilweise freigewordenen Arbeitskraft **böswillig zu erwerben unterlasst** (§§ 11 Nr 1-3 KSchG, 615 Satz 2 BGB analog).[21] Die **Anrechnung** von anderen Einkünften setzt jedoch voraus, dass dem Arbeitnehmer der Nebenverdienst erst durch die vorbehaltlich angenommene Vertragsänderung möglich geworden ist (**Kausalität**).[22] Eine vollzogene Versetzung kann rückwirkend nicht mehr beseitigt werden. Sofern mit der Versetzung keine Entgeltminderung verbunden war, hat die Rückwirkung keine Auswirkungen, es sei denn, dem Arbeitnehmer sind im Zusammenhang mit dem Arbeitsplatz Unkosten, zB Fahrtkosten entstanden, die ihm am alten Arbeitsplatz nicht entstanden wären.[23] Diese Unkosten sind dem Arbeitnehmer auszugleichen.[24] Ersparnisse des Arbeitnehmers, die er ursächlich wegen der Änderung der Arbeitsbedingungen hatte, zB Fahrtkosten, sind nicht anzurechnen.[25]

4

---

15 DFL/Bröhl § 8 Rn 4; HK-ArbR/Manske § 8 Rn 4.
16 ErfK/Kiel § 8 KSchG Rn 2; s § 2 Rn 36; Thüsing/Laux/Lembke-Wiehe § 8 Rn 5.
17 APS/Künzl § 8 KSchG Rn 8; DFL/Bröhl § 8 KSchG Rn 5; KR/Rost § 8 KSchG Rn 10; HK-ArbR/Manske § 8 Rn 4.
18 vHH/L/Linck § 2 Rn 209.
19 BAG 18.6.1958 – 4 AZR 590/55 – AP BGB § 615 Nr 6; BAG 18.1.1963 – 5 AZR 200/62 – AP BGB § 615 Nr 22; BAG 11. 7.85 – 2 AZR 106/84 – AP BGB § 615 Nr 35 a; Dornbusch/Wolff/Hermann § 8 KSchG Rn 4.
20 ErfK/Kiel § 8 KSchG Rn 2; Löwisch/Spinner § 8 Rn 5; KR/Rost § 8 KSchG Rn 11, der über eine entsprechende Anwendung des § 11 KSchG iVm § 615 BGB zum gleichen Ergebnis kommt; ebenso APS/Künzl § 8 KSchG Rn 12.
21 APS/Künzl § 8 KSchG Rn 12; KR/Rost § 8 KSchG Rn 11.
22 BAG 6.9.1990 – 2 AZR 165/90 – AP BGB § 615 Nr 47; APS/Künzl § 8 KSchG Rn 14; Dornbusch/Wolff/Hermann § 8 KSchG Rn 4.
23 APS/Künzl § 8 KSchG Rn 11; KR/Rost § 8 KSchG Rn 12.
24 APS/Künzl § 8 KSchG Rn 11; HK-KSchG/Hauck § 8 Rn 8; KR/Rost § 8 KSchG Rn 12.
25 APS/Künzl § 8 KSchG Rn 16.

2. Ausschluss- und Verjährungsfristen

5 Da Ansprüche des Arbeitnehmers erst mit der **Rechtskraft** seiner erfolgreichen Änderungsschutzklage fällig werden, **beginnen** tarifliche Ausschlussfristen und Verjährungsfristen erst von da an zu laufen.[26] Eine Zahlungsklage ist vor Beendigung des Änderungsschutzverfahrens als derzeit unbegründet abzuweisen.[27]

IV. Außerordentliche Änderungskündigung

6 Da nach der hM im Anwendungsbereich des KSchG für die außerordentliche Änderungskündigung § 2 KSchG entsprechend anzuwenden ist, muss auf sie folgerichtig **auch § 8 KSchG angewandt** werden.[28] Sofern also die Unwirksamkeit der außerordentlichen Änderung der Arbeitsbedingungen festgestellt wird, ist der Arbeitnehmer wegen der von Anfang an rechtsunwirksamen Kündigung so zu stellen, als habe das Arbeitsverhältnis durchgehend zu den ursprünglichen Arbeitsbedingungen bestanden.[29]

---

[26] APS/Künzl § 8 KSchG Rn 18; BTM/Backmeister § 8 KSchG Rn 4; DFL/Bröhl § 8 KSchG Rn 6; Dornbusch/Wolff/Hermann § 8 KSchG Rn 5; ErfK/Kiel § 8 KSchG Rn 2; HK-ArbR/Manske § 8 Rn 4; KR/Rost § 8 KSchG Rn 13.
[27] LAG Thüringen v. 18.12.1996 – 7 Ta 43/96 – LAGE § 2 KSchG Nr 21; DFL/Bröhl § 8 Rn 6; KR/Rost § 8 KSchG Rn 13; aA KDZ/Zwanziger § 8 KSchG Rn 2 a.
[28] KDZ/Zwanziger § 8 KSchG Rn 4; KR/Rost § 8 KSchG Rn 14; Löwisch/Spinner § 8 Rn 7; s § 2 Rn 82; Thüsing/Laux/Lembke-Wiehe § 8 KSchG Rn 2.
[29] APS/Künzl § 8 KSchG Rn 19; BTM/Backmeister § 8 KSchG Rn 4; DFL/Bröhl § 8 KSchG Rn 7; Dornbusch/Wolff/Hermann § 8 KSchG Rn 3 ErfK/Kiel § 8 KSchG Rn 1; HK-KSchG/Hauck § 8 Rn 10; KDZ/Zwanziger § 8 KSchG Rn 4; KR/Rost § 8 KSchG Rn 14.

§ 9 Auflösung des Arbeitsverhältnisses durch Urteil des Gerichts; Abfindung des Arbeitnehmers

(1) [1]Stellt das Gericht fest, daß das Arbeitsverhältnis durch die Kündigung nicht aufgelöst ist, ist jedoch dem Arbeitnehmer die Fortsetzung des Arbeitsverhältnisses nicht zuzumuten, so hat das Gericht auf Antrag des Arbeitnehmers das Arbeitsverhältnis aufzulösen und den Arbeitgeber zur Zahlung einer angemessenen Abfindung zu verurteilen. [2]Die gleiche Entscheidung hat das Gericht auf Antrag des Arbeitgebers zu treffen, wenn Gründe vorliegen, die eine den Betriebszwecken dienliche weitere Zusammenarbeit zwischen Arbeitgeber und Arbeitnehmer nicht erwarten lassen. [3]Arbeitnehmer und Arbeitgeber können den Antrag auf Auflösung des Arbeitsverhältnisses bis zum Schluß der letzten mündlichen Verhandlung in der Berufungsinstanz stellen.

(2) Das Gericht hat für die Auflösung des Arbeitsverhältnisses den Zeitpunkt festzusetzen, an dem es bei sozial gerechtfertigter Kündigung geendet hätte.

I. Grundsätze 1
  1. Anwendungsbereich 1
  2. Zweck der Norm 4
  3. Verhältnis zu sonstigen
    Abfindungsregelungen 6
    a) Sozialplanansprüche .. 7
    b) Nachteilsausgleich 10
    c) Tarifliche Abfindungen 11
II. Voraussetzungen der gerichtlichen Auflösung des Arbeitsverhältnisses 12
  1. Antragstellung im Rahmen eines Kündigungsschutzprozesses 12
    a) Prozesshandlung 13
    b) Antragsformulierung.. 16
    c) Zeitpunkt der Antragstellung 17
    d) Antragsrücknahme.... 23
  2. Feststellung der Sozialwidrigkeit der ordentlichen Kündigung 25
    a) Sozialwidrigkeit der Kündigung 26
    b) Unwirksamkeit der Kündigung aus anderen Gründen........... 27
    c) Sozialwidrigkeit und Unwirksamkeit der Kündigung aus anderen Gründen........... 29
  3. Auflösung eines bestehenden Arbeitsverhältnisses .. 34
    a) Bestehen eines Arbeitsverhältnisses/Arbeitsverhältnis mit mehreren Arbeitgebern 34
    b) Auflösungszeitpunkt.. 35
    c) Auflösung eines aus anderen Gründen beendeten Arbeitsverhältnisses 40
  4. Auflösungsantrag des Arbeitnehmers 44
    a) Unzumutbarkeit der Fortsetzung des Arbeitsverhältnisses ... 44
    b) Beurteilungszeitpunkt 49
    c) Einzelfälle 50
    d) Darlegungs- und Beweislast 58
  5. Auflösungsantrag des Arbeitgebers............... 60
    a) Keine den Betriebszwecken dienliche weitere Zusammenarbeit 60
    b) Beurteilungszeitpunkt 63
    c) Einzelfälle 64
    d) Auflösungsgründe des Arbeitgebers und Beteiligung des Betriebsrats bzw der Personalvertretung 73
    e) Darlegungs- und Beweislast 74
  6. Auflösungsantrag beider Parteien 75
    a) Problemstellung 75

b) Nachprüfung der Auflösungsgründe auch bei beiderseitigem Auflösungsantrag	78	
7. Sonderfälle	81	
a) Änderungskündigung	81	
b) Leitende Angestellte	82	
c) Zivilbeschäftigte bei den Stationierungsstreitkräften	83	
d) Betriebsrats- und Personalratsmitglieder	84	
e) Sonstige Arbeitnehmer mit besonderem Kündigungsschutz	88	
III. Gerichtliche Entscheidung	90	
1. Klageabweisung bei sozial gerechtfertigter Kündigung	90	
2. Entscheidung bei sozialwidriger Kündigung	91	
a) Teilurteil und Teil-Anerkenntnisurteil	91	
b) Alleiniger Auflösungsantrag des Arbeitnehmers	93	
aa) Zurückweisung des Auflösungsantrags	93	
bb) Stattgabe des Auflösungsantrages	94	
cc) Kosten	95	
c) Alleiniger Auflösungsantrag des Arbeitgebers	97	
aa) Zurückweisung des Auflösungsantrages	97	
bb) Stattgabe des Auflösungsantrages	98	
cc) Kosten	99	
d) Auflösungsantrag beider Parteien	100	
aa) Stattgabe des vom Arbeitnehmer gestellten Auflösungsantrages	101	
bb) Stattgabe des vom Arbeitgeber gestellten Auflösungsantrages	102	
cc) Zurückweisung beider Auflösungsanträge	103	
dd) Kosten	104	
3. Streitwert, Vollstreckbarkeit	105	
4. Rechtsmittel	110	
a) Berufung	110	
b) Revision	114	

I. Grundsätze

1. Anwendungsbereich

1 Voraussetzung der gerichtlichen Auflösung des Arbeitsverhältnisses gem § 9 KSchG ist nach dem Wortlaut der Norm die gerichtliche Feststellung, dass das Arbeitsverhältnis durch die Kündigung nicht aufgelöst ist. Der Anwendungsbereich der Norm ist daher eröffnet, wenn das KSchG anwendbar ist, eine **ordentliche Beendigungskündigung** im Streit steht und diese **sozialwidrig** ist. Bei einer Änderungskündigung ist die Auflösung des Arbeitsverhältnisses nicht möglich, wenn der Arbeitnehmer das mit der Kündigung verbundene Änderungsangebot angenommen oder unter Vorbehalt angenommen hat (s Rn 81).[1] Die Vorschrift begründet keinen von einer Kündigung unabhängigen Auflösungstatbestand. Für eine **analoge Anwendung** des § 9 KSchG ist kein Raum, da keine planwidrige Gesetzeslücke vorliegt und der Anwendungsbereich der Norm als Ausnahmetatbestand (s Rn 4) nicht erweitert werden kann.[2]

2 Für den Fall einer unwirksamen außerordentlichen Kündigung enthält § 13 Abs 1 Satz 3 KSchG eine vergleichbare Regelung. Auf die sittenwidrige Kündigung ist § 9 Abs 1 Satz 1 und Abs 2 KSchG entsprechend anwendbar (§ 13 Abs 2 KSchG). In den beiden letztgenannten Konstellationen ist **nur**

---

[1] BAG 24.10.2013 – 2 AZR 320/13 – DB 2014, 842, zu I 3; APS/Biebl § 9 Rn 14.
[2] LAG Rheinland-Pfalz 4.6.2009 – 11 Sa 66/09 – juris, zu II 2 c.

der **Arbeitnehmer** antragsberechtigt, während im Falle der ordentlichen sozialwidrigen Kündigung nach § 9 Abs 1 Satz 2 KSchG auch der **Arbeitgeber** ein eigenständiges Antragsrecht hat. Eine entsprechende Anwendung des § 9 Abs 1 Satz 2 KSchG mit der Folge, dass der Arbeitgeber auch im Falle einer unwirksamen außerordentlichen bzw sittenwidrigen Kündigung einen Auflösungsantrag stellen könnte, kommt angesichts des klaren Gesetzeswortlauts nicht in Betracht (s Rn 31 ff, 39).[3]

Die gerichtliche Auflösung eines **Berufsausbildungsverhältnisses** scheidet grundsätzlich aus, da eine solche mit dem Zweck des Berufsausbildungsverhältnisses und dem erhöhten Bestandsschutz nach dem Berufsbildungsgesetz nicht vereinbar ist.[4]

3

2. Zweck der Norm

Obwohl das Kündigungsschutzgesetz kein Abfindungsgesetz, sondern ein Bestandsschutzgesetz ist,[5] sieht § 9 KSchG die gerichtliche Auflösung des Arbeitsverhältnisses vor. Die Regelung ist als **Ausnahmevorschrift** zu verstehen, mit welcher der Grundsatz des Bestandsschutzes durchbrochen wird.[6] An die Auflösungsgründe sind daher strenge Anforderungen zu stellen.[7] Auch bei Sozialwidrigkeit respektive Unwirksamkeit der Kündigung kann die Fortsetzung des Arbeitsverhältnisses den Interessen einer der Arbeitsvertragsparteien in einem Maße entgegenstehen, dass ein Lösungsrecht zuerkannt werden muss. § 9 KSchG bietet in diesen Fällen neben dem eigentlichen kündigungsrechtlichen Instrumentarium eine zusätzliche Möglichkeit zur Auflösung des Arbeitsverhältnisses.[8] Die Vorschrift sieht für die Arbeitsvertragsparteien **unterschiedliche Auflösungsgründe** vor. Für den **Arbeitnehmer** muss die Fortsetzung des Arbeitsverhältnisses unzumutbar sein (Rn 44 ff), auf Seiten des **Arbeitgebers** müssen Gründe vorliegen, die eine den Betriebszwecken dienliche weitere Zusammenarbeit zwischen Arbeitgeber und Arbeitnehmer nicht erwarten lassen (Rn 60 ff).

4

Der Arbeitgeber hat bei gerichtlicher Auflösung des Arbeitsverhältnisses eine **angemessene Abfindung**[9] an den Arbeitnehmer zu zahlen, da eine an sich ungerechtfertigte Kündigung zugrunde liegt. Die Abfindung hat **Entschädigungsfunktion**, da sie ein vermögensrechtliches Äquivalent für den Verlust des Arbeitsplatzes ist.[10] Mit der Abfindung sollen alle unmittelbar mit dem Verlust des Arbeitsplatzes verbundenen vermögensrechtlichen und immateriellen Nachteile des Arbeitnehmers abgegolten werden. **Entgeltcharakter** hat die zu zahlende Abfindung jedoch teilweise dann, wenn die ge-

5

---

3 BAG 15.3.1978 – 5 AZR 831/76 – AP BGB § 620 Befristeter Arbeitsvertrag Nr 45; 26.10.1979 – 7 AZR 752/77 – AP KSchG 1969 § 9 Nr 5.
4 BAG 29.11.1984 – 2 AZR 354/83 – AP KSchG 1969 § 13 Nr 6.
5 St Rspr BAG 5.11.1964 – 2 AZR 15/64 – AP KSchG § 7 Nr 20; 23.6.2005 – 2 AZR 256/04 – NZA 2006, 1307, zu II 2 a; 8.10.2009 – 2 AZR 682/08 – ArbRB 2010, 72, zu I 1 a.
6 KR/Spilger § 9 KSchG Rn 9; SPV/Vossen Rn 2088.
7 St Rspr BAG 23.10.2008 – 2 AZR 483/07 – BB 2009, 1186, zu II 2 a; 10.12.2009 – 2 AZR 534/08 – NZA 2010, 698, zu III 1.
8 BAG 10.7.2008 – 2 AZR 1111/06 – NZA 2009, 312, zu II 2 b.
9 Vgl § 10 KSchG Rn 11 ff zur Höhe der festzusetzenden Abfindung.
10 BAG 25.6.1987 – 2 AZR 504/86 – NZA 1988, 466.

richtliche Auflösung des Arbeitsverhältnisses zu einem früheren Zeitpunkt als zum Ablauf der Kündigungsfrist erfolgt, zB bei einer unwirksamen außerordentlichen Kündigung auf den Zugangszeitpunkt (s Rn 37). In der Verbindung von Auflösung und Abfindungszahlung liegt zugleich eine **Sanktionsfunktion** im Hinblick auf das vertragswidrige Verhalten des Arbeitgebers[11] bzw eine **Präventionsfunktion**, die den Arbeitgeber davon abhalten soll, leichtfertig eine ordentliche Kündigung des Arbeitsverhältnisses auszusprechen.

3. Verhältnis zu sonstigen Abfindungsregelungen

6 Außer einer vom Gericht nach § 9 festgesetzten Abfindung können **Abfindungsansprüche** für den Arbeitnehmer aus einem Sozialplan,[12] in der Form des Nachteilsausgleichs,[13] aufgrund tarifvertraglicher Regelungen,[14] aufgrund arbeitsvertraglicher Vereinbarung oder aus einem zwischen den Vertragsparteien geschlossenen Auflösungsvergleich[15] sowie uU bei auf dringenden betrieblichen Erfordernissen beruhenden Kündigungen[16] in Betracht kommen. Solche Abfindungsregelungen knüpfen an andere Voraussetzungen an und verfolgen einen anderen Zweck als die nach § 9 KSchG festgesetzte Abfindung.

7 a) **Sozialplananspräche.** Abfindungsansprüche aufgrund von Sozialplänen sollen den von der Entlassung betroffenen Arbeitnehmern die Anpassung an die entstandene Lage erleichtern. Im Vordergrund steht nicht die Funktion einer Entschädigung für einen an sich nicht gerechtfertigten Verlust des Arbeitsplatzes, vielmehr geht der Sozialplananspruch grundsätzlich von einer wirksamen Kündigung aus. Der Arbeitnehmer hat ein Wahlrecht zwischen einer Klage nach §§ 1, 4 KSchG iVm der Stellung eines Auflösungsantrages nach § 9 KSchG und einer Leistungsklage auf Zahlung der zu seinen Gunsten festgesetzten Sozialplanabfindung. Regelungen im Sozialplan, die den Arbeitnehmer von den Sozialplanleistungen ausschließen, wenn er eine Kündigungsschutzklage erhebt, sind unwirksam.[17] Die Fälligkeit der Sozialplanansprüche kann aber bis zum rechtskräftigen Abschluss des Kündigungsrechtsstreits hinausgeschoben werden.[18]

8 Obsiegt der Arbeitnehmer mit seinem Kündigungsschutzantrag, besteht das Arbeitsverhältnis fort mit der Folge, dass der Arbeitnehmer keine Sozialplanabfindung beanspruchen kann. Stellt das Gericht zwar die Sozialwidrigkeit der Kündigung fest, weist aber den Auflösungsantrag des Arbeitnehmers nach § 9 KSchG zurück, ist das Arbeitsverhältnis ebenfalls nicht aufgelöst. Der Sozialplanabfindungsanspruch entfällt. Dagegen bleibt der Anspruch auf die Sozialplanabfindung erhalten, wenn der Arbeitnehmer mit seinem Kündigungsschutzantrag unterliegt. Im Kündigungsschutzprozess kann der Arbeitnehmer im Wege eines – echten – Hilfsantrages

---

11 BAG 15.2.1973 – 2 AZR 16/72 – AP KSchG 1969 § 9 Nr 2.
12 §§ 111, 112, 112 a BetrVG.
13 § 113 BetrVG.
14 ZB Rationalisierungsschutzabkommen.
15 Vgl § 10 KSchG Rn 2, 28 ff zu vertraglich vereinbarten Abfindungen.
16 § 1 a KSchG vgl zu Voraussetzungen und Einzelheiten die dortige Kommentierung.
17 BAG 20.12.1983 – 1 AZR 442/82 – AP BetrVG 1972 § 112 Nr 17.
18 BAG 20.6.1985 – 2 AZR 427/84 – AP BetrVG 1972 Nr 33.

(für den Fall des Unterliegens mit dem Kündigungsschutz- und ggf dem Auflösungsantrag) die Verurteilung des Arbeitgebers zur Zahlung der Sozialplanabfindung beantragen. Löst das Gericht auf Antrag des Arbeitnehmers das Arbeitsverhältnis auf, ist die Abfindung gem § 10 KSchG festzusetzen, ohne dass es auf die Bemessungsfaktoren des Sozialplanes ankommt. Ein kumulativer Anspruch auf die Abfindung nach § 9 KSchG und die Sozialplanabfindung besteht nicht.[19]

Ob der Differenzbetrag vom Arbeitnehmer verlangt werden kann, wenn der Sozialplanabfindungsanspruch höher ist als die vom Gericht nach § 9 KSchG festgesetzte Abfindung, ist streitig. Ein solcher Anspruch besteht jedenfalls dann, wenn im Sozialplan eine Anrechnungsklausel enthalten ist, nach der die Abfindung nach §§ 9, 10 KSchG anzurechnen ist und diese vom Arbeitgeber freiwillig vereinbart wird.[20] Eine Sozialplanabfindung kann jedenfalls auf einen dem Arbeitnehmer geschuldeten Nachteilsausgleich angerechnet werden.[21]

b) Nachteilsausgleich. Ein Abfindungsanspruch in der Form des Nachteilsausgleiches nach § 113 BetrVG entsteht für im Rahmen einer Betriebsänderung entlassene Arbeitnehmer, wenn der Arbeitgeber ohne zwingenden Grund von einem Interessenausgleich über die geplante Betriebsänderung abweicht (§ 113 Abs 1 BetrVG) oder wenn der Arbeitgeber die Betriebsänderung durchführt, ohne über diese einen Interessenausgleich mit dem Betriebsrat versucht zu haben (§ 113 Abs 3 BetrVG). Die für die Abfindung nach § 9 KSchG erforderliche Feststellung, dass das Arbeitsverhältnis nicht aufgelöst ist, schließt einen Abfindungsanspruch gem § 113 BetrVG aus.[22] Im Kündigungsschutzprozess kann der Arbeitnehmer für den Fall, dass die Kündigung sozial gerechtfertigt ist, in der Hauptsache die Auflösung nach § 9 Abs 1 Satz 1 KSchG beantragen und den Abfindungsanspruch nach § 113 BetrVG im Wege eines echten Hilfsantrages zur Entscheidung stellen. Wird der Arbeitgeber zur Zahlung eines Nachteilsausgleichs verurteilt, kann eine Sozialplanabfindung angerechnet werden.[23]

c) Tarifliche Abfindungen. Für tarifvertragliche Abfindungsansprüche, die ebenfalls im Gegensatz zu § 9 KSchG die Wirksamkeit der Kündigung voraussetzen, gelten die Erläuterungen zu Rn 7 ff entsprechend.

II. Voraussetzungen der gerichtlichen Auflösung des Arbeitsverhältnisses

1. Antragstellung im Rahmen eines Kündigungsschutzprozesses

Ein Auflösungsantrag nach § 9 KSchG setzt voraus, dass ein Kündigungsschutzrechtsstreit iSd KSchG anhängig ist (s Rn 1). Fehlt es an dieser Vor-

---

19 KR/Spilger § 9 KSchG Rn 77; LSW/Spinner § 9 Rn 11.
20 LSW/Spinner § 9 Rn 11 setzen voraus, dass die Anrechnungsklausel vom Arbeitgeber freiwillig vereinbart worden sei; KR/Spilger § 9 KSchG Rn 77 bejaht den Differenzanspruch grundsätzlich, auch wenn im Sozialplan keine entsprechende Anrechnungsregelung vorgesehen ist.
21 BAG 20.11.2001 – 1 AZR 97/01 – AP BetrVG 1972 § 113 Nr 39.
22 BAG 31.10.1995 – 1 AZR 372/95 – AP ArbGG 1979 § 72 Nr 29.
23 BAG 20.11.2001 – 1 AZR 97/01 – AP BetrVG 1972 § 113 Nr 39.

aussetzung, ist der Auflösungsantrag als unzulässig zurückzuweisen.²⁴ Von Amts wegen darf das Gericht das Arbeitsverhältnis nicht auflösen, sondern nur auf entsprechenden **Antrag** des Arbeitnehmers oder des Arbeitgebers.²⁵

13 **a) Prozesshandlung.** Als Prozesshandlung ist die Stellung des Auflösungsantrages den allgemeinen Prozessvoraussetzungen nach der Zivilprozessordnung unterworfen. Insbesondere ist der Auflösungsantrag bedingungsfeindlich, kann aber von sog innerprozessualen Bedingungen abhängig gemacht werden. Letzteres ist bei den Auflösungsanträgen beider Parteien regelmäßig der Fall. Der Arbeitnehmer stellt den Auflösungsantrag für den Fall, dass er mit seinem Kündigungsschutzantrag obsiegt, dh die Kündigung sozialwidrig und das Arbeitsverhältnis durch die Kündigung nicht aufgelöst ist; hierbei handelt es sich um einen sog. **unechten Hilfs- bzw uneigentlichen Eventualantrag**.²⁶ Der Auflösungsantrag des Arbeitgebers ist hingegen ein **echter Hilfs- bzw Eventualantrag**, da er nur für den Fall gestellt wird, dass dieser mit seinem Hauptantrag auf Abweisung der Kündigungsschutzklage keinen Erfolg hat.²⁷ Gleichzeitig kann dem Auflösungsantrag des Arbeitgebers auch der Charakter eines unechten Hilfs- bzw Eventualantrages zukommen, falls der Arbeitnehmer seinerseits einen Auflösungsantrag gestellt und der Arbeitgeber mit seinem Antrag auf Zurückweisung dieses Antrages Erfolg hat, der Auflösungsantrag des Arbeitnehmers also zurückgewiesen wird. Der Auflösungsantrag des Arbeitgebers ist dann als Hauptantrag gestellt, wenn er die Sozialwidrigkeit der Kündigung nicht bestreitet und keine Abweisung der Kündigungsschutzklage beantragt.²⁸

14 Der Auflösungsantrag ist wie jede andere Prozesshandlung **auslegungsfähig**.²⁹ Im Antrag auf Gewährung einer Abfindung nach § 9 Abs 1 Satz 1 KSchG ist denknotwendig der Antrag auf Auflösung des Arbeitsverhältnisses und der Antrag auf Feststellung der Unwirksamkeit der Kündigung mit enthalten.³⁰ Diese isolierte Stellung eines Antrags auf Verurteilung zur Zahlung einer Abfindung ist jedenfalls dann als ausreichend anzusehen, wenn im Wege der Auslegung der im Antrag verkörperte Wille auf entsprechende Feststellung der Unwirksamkeit der Kündigung ersichtlich ist und der Arbeitnehmer erkennbar keinen Anspruch nach § 1 a KSchG verfolgt.³¹

15 Zu prüfen ist aber, ob der Arbeitnehmer mit einem auf Zahlung einer Abfindung gerichteten Antrag die Auflösung des Arbeitsverhältnisses nach § 9 KSchG begehrt oder einen anderweitigen Abfindungsanspruch (gem § 113

---

24 BAG 29.5.1959 – 2 AZR 450/58 – AP § 3 KSchG Nr 19.
25 BAG 28.1.1961 – 2 AZR 482/59 – AP § 7 KSchG Nr 8.
26 BAG 23.6.1993 – 2 AZR 56/93 – AP KSchG 1969 § 9 Nr 23; KR/Spilger § 9 KSchG Rn 16; vHH/L/Linck § 9 Rn 27.
27 BAG 25.10.1989 – 2 AZR 633/88 – AP BGB § 611 Direktionsrecht Nr 36; KR/Spilger § 9 KSchG Rn 17; vHH/L/Linck § 9 Rn 28.
28 KR/Spilger § 9 KSchG Rn 17; vHH/L/Linck § 9 Rn 28.
29 KR/Spilger § 9 KSchG Rn 18.
30 BAG 13.12.1956 – 2 AZR 353/54 – AP KSchG § 7 Nr 5.
31 LSW/Spinner § 9 Rn 20; KR/Spilger § 9 KSchG Rn 14; **aA** LAG Baden-Württemberg 3.6.1991 – 7 Sa 16/91 – LAGE KSchG § 9 Nr 20 (Stellt der Arbeitnehmer im Kündigungsschutzverfahren lediglich den Auflösungsantrag nach § 9 KSchG, soll dieser als unzulässig zurückzuweisen sein).

BetrVG oder aufgrund eines Sozialplanes) geltend macht.[32] Äußert eine Partei lediglich Vorstellungen zur Höhe des Abfindungsbetrages, kann hierin kein selbständiger Auflösungsantrag nach § 9 KSchG gesehen werden.[33] Ausreichend ist ein Antrag, der sich vom Wortlaut auf die Auflösung des Arbeitsverhältnisses beschränkt. Ein ausdrücklicher Antrag auf Verurteilung zur Zahlung einer Abfindung ist nicht erforderlich, da die Abfindung vom Gericht mit der Auflösung des Arbeitsverhältnisses von Amts wegen festzusetzen ist.[34] Aus den gleichen Gründen muss auch der Abfindungsbetrag nicht beziffert werden.[35]

b) **Antragsformulierung.** Aus **Sicht des Arbeitnehmers** kommt folgende Antragstellung in Betracht:[36] 16

▶ 1. Es wird festgestellt, dass das Arbeitsverhältnis der Parteien durch die Kündigung der Beklagten vom... nicht aufgelöst wurde/wird.

2. Das Arbeitsverhältnis der Parteien wird mit Wirkung zum Ablauf des... aufgelöst und die Beklagte verurteilt, an den Kläger eine angemessene Abfindung zu zahlen/alt.: ... eine Abfindung, deren Höhe in das Ermessen des Gerichts gestellt wird, ... EUR jedoch nicht unterschreiten sollte, zu zahlen. ◀

Aus **Sicht des Arbeitgebers** können folgende Anträge gestellt werden:[37]

▶ 1. Die Klage wird abgewiesen.

2. Hilfsweise, für den Fall des Unterliegens mit Antrag Ziff. 1., wird beantragt:

Das Arbeitsverhältnis der Parteien wird mit Wirkung zum Ablauf des... aufgelöst/ alt.: ... gegen Zahlung einer Abfindung, deren Höhe in das Ermessen des Gerichts gestellt wird, ... EUR jedoch nicht überschreiten sollte, aufgelöst. ◀

c) **Zeitpunkt der Antragstellung.** Der Arbeitnehmer kann den Auflösungsantrag frühestens mit Erhebung der Kündigungsschutzklage stellen. Zuvor fehlt es an der Voraussetzung eines anhängigen Kündigungsschutzprozesses. Nach § 9 Abs 1 Satz 3 KSchG ist die Stellung des Auflösungsantrags für **beide Parteien** bis zum **Schluss der letzten mündlichen Verhandlung in der Berufungsinstanz** zulässig, ohne dass es darauf ankommt, zu welchem Zeitpunkt die Auflösungsgründe entstanden sind. Aufgrund dieser ausdrücklichen gesetzlichen Regelung ist die nachträgliche Stellung des Auflösungsantrages – noch während der Anhängigkeit des Kündigungsschutzprozesses – keine von der Einwilligung des Prozessgegners oder der Sachdienlichkeit abhängige Klageänderung nach §§ 263, 533 ZPO und kann auch nicht nach §§ 296, 530 ZPO, 61a Abs 5, 67 ArbGG als verspätet zurückgewiesen werden.[38] 17

Der vor dem Arbeitsgericht mit dem Kündigungsschutzantrag obsiegende Arbeitnehmer kann die Berufung aber nicht mit dem Ziel einlegen, in der 18

---

32 KR/Spilger § 9 KSchG Rn 18.
33 BAG 28.1.1961 – 2 AZR 482/59 – AP KSchG § 7 Nr 8.
34 LSW/Spinner § 9 Rn 20.
35 KR/Spilger § 9 KSchG Rn 19; vHH/L/Linck § 9 Rn 26.
36 Zum Kostenrisiko bei beziffertem Abfindungsantrag s Rn 96, zur Beschwer Rn 110 f.
37 Zum Kostenrisiko bei beziffertem Abfindungsantrag s Rn 96, zur Beschwer Rn 110, 112.
38 LAG Niedersachsen 4.6.2004 – 10 Sa 198/04 – LAG Report 2005, 103; SPV/ Vossen Rn 2094; LSW/Spinner § 9 Rn 23.

Berufungsinstanz **erstmals** den Auflösungsantrag nach § 9 Abs 1 KSchG zu stellen.[39] Mangels Beschwer ist die Berufung unzulässig. Legt hingegen der Arbeitgeber gegen das der Kündigungsschutzklage stattgebende Urteil Berufung ein, ist dem Arbeitnehmer die nachträgliche Stellung des Auflösungsantrages im Rahmen der Anschlussberufung (§ 524 ZPO) noch in der Berufungsinstanz möglich. Die Anschließung verliert aber ihre Wirkung (§ 524 Abs 4 ZPO), wenn der Arbeitgeber seine Berufung zurücknimmt (§ 516 Abs 1 ZPO) mit der Folge, dass der Auflösungsantrag unzulässig wird, wenn durch die Rücknahme die Rechtskraft des angefochtenen Urteils eintritt.[40] In der Revisionsinstanz ist die nachträgliche Stellung des Auflösungsantrages nicht zulässig.

19 Der Arbeitnehmer kann den Antrag nach § 9 KSchG auch dann noch stellen, wenn der Arbeitgeber während des Kündigungsschutzprozesses die **Kündigung „zurücknimmt"**. Diese nicht dem Formzwang des § 623 BGB unterliegende Erklärung enthält das Vertragsangebot an den Arbeitnehmer, das Arbeitsverhältnis durch die Kündigung nicht als beendet anzusehen. Es steht dem Arbeitnehmer frei, dieses Angebot anzunehmen oder abzulehnen. In der Erhebung der Kündigungsschutzklage liegt keine antizipierte Zustimmung des Arbeitnehmers zur Rücknahme der Kündigung des Arbeitgebers. In der Stellung des Auflösungsantrages durch den Arbeitnehmer nach „Kündigungsrücknahme" liegt idR die Ablehnung des Angebots, die Wirkungen der Kündigung einverständlich rückgängig zu machen und das Arbeitsverhältnis fortzusetzen.[41] Der Arbeitnehmer muss den Auflösungsantrag nach einer Kündigungsrücknahme auch nicht unverzüglich stellen. Nach § 9 Abs 1 Satz 3 KSchG steht diese Möglichkeit ausdrücklich bis zum Schluss der letzten mündlichen Verhandlung in der Berufungsinstanz offen. Im Hinblick auf das gesetzlich eingeräumte Recht, die gerichtliche Auflösung nach § 9 KSchG zu beantragen oder die Auflösung des Arbeitsverhältnisses nach § 12 KSchG zu erklären, entfällt auch das Rechtsschutzinteresse für die Kündigungsschutzklage nicht.[42]

Nimmt der Arbeitnehmer das in der Kündigungsrücknahme liegende **Angebot** des Arbeitsgebers auf **Fortsetzung des Arbeitsverhältnisses** hingegen ausdrücklich oder konkludent durch Arbeitsaufnahme vorbehaltlos an, führt dies zur Erledigung des Kündigungsschutzprozess in der Hauptsache.[43] Die Auflösung kann dann nicht mehr beantragt werden.[44]

20 Auflösungsanträge, die auf **unterschiedliche Kündigungen** bezogen sind, haben unterschiedliche Streitgegenstände. In aller Regel liegt daher ein Ermessensfehler des Arbeitsgerichts vor, wenn über einen Kündigungsschutzantrag, der eine spätere Kündigung betrifft (und über einen darauf bezogenen Auflösungsantrag) eher entschieden wird, als über einen zeitlich vorhergehenden Auflösungsantrag.[45] Die Auslegung der prozessualen Willenserklä-

---

39 BAG 23.6.1993 – 2 AZR 56/93 – AP KSchG 1969 § 9 Nr 23.
40 BAG 3.4.2008 – 2 AZR 720/06 – NZA 2008, 1258, zu I 2, 3.
41 BAG 19.8.1982 – 2 AZR 230/80 – AP KSchG 1969 § 9 Nr 9.
42 BAG 19.8.1982 – 2 AZR 230/80 – AP KSchG 1969 § 9 Nr 9; LSW/Spinner § 4 Rn 98 f.
43 KR/Spilger § 9 KSchG Rn 20 a; vHH/L/Linck § 9 Rn 22.
44 LAG Mecklenburg-Vorpommern 5.8.2009 – 2 Sa 53/09 – juris, zu 1.
45 BAG 27.4.2006 – 2 AZR 360/05 – BB 2006, 2471, zu II 2.

rungen jedenfalls des Arbeitgebers wird idR dazu führen, dass bei mehreren in ein Hilfsverhältnis gestellten Beendigungszeitpunkten infolge mehrerer Auflösungsanträge die Auflösung zum frühestmöglichen Zeitpunkt begehrt wird, nicht aber nur für den Fall einer Niederlage mit sämtlichen Kündigungsschutzanträgen.[46]

Der **allgemeine Weiterbeschäftigungsanspruch** des Arbeitnehmers während eines Kündigungsschutzprozesses entfällt nicht bereits durch die Stellung eines Auflösungsantrags durch den Arbeitgeber.[47] 21

Findet nach Rechtshängigkeit des Kündigungsschutzprozesses ein **Betriebsübergang** statt, kann der **Arbeitnehmer** einen bisher noch nicht gestellten Auflösungsantrag nicht mehr gegen den früheren Arbeitgeber stellen, sondern nur in einem Prozess gegen den ihm bekannten Betriebserwerber.[48] Der **Arbeitgeber**, der eine Kündigung vor einem Betriebsübergang ausgesprochen hat und gegen den der Kündigungsschutzprozess deshalb weiter geführt wird, ist trotz des Verlustes der Arbeitgeberstellung befugt, einen Auflösungsantrag zu stellen; dies gilt zumindest dann, wenn der Auflösungszeitpunkt zeitlich vor dem Betriebsübergang liegt.[49] 22

d) **Antragsrücknahme.** Aus § 9 Abs 1 Satz 3 KSchG folgt im Umkehrschluss, dass der Auflösungsantrag bis zum Schluss der mündlichen Verhandlung in der Berufungsinstanz zurückgenommen werden kann. Dies gilt auch dann, wenn das Arbeitsgericht dem Auflösungsantrag entsprochen hat, da die mit dem Auflösungsurteil verbundene Gestaltungswirkung erst mit Rechtskraft eintritt.[50] Haben beide Parteien einen Auflösungsantrag gestellt, hat die Antragsrücknahme einer Partei auf den Antrag der anderen Partei keinen Einfluss; die Anträge sind prozessual selbständig. Auch nach Rücknahme eines Auflösungsantrages kann die andere Partei ihrerseits noch einen Auflösungsantrag stellen. Die Rücknahme des Auflösungsantrages ist eine bloße Beschränkung des Klageantrags nach § 264 Nr 2 ZPO, keine einwilligungsbedürftige (teilweise) Klagerücknahme.[51] Dies gilt auch dann, wenn die Parteien bereits zur Hauptsache verhandelt haben. 23

Der zurückgenommene Antrag kann bis zum Schluss der mündlichen Verhandlung in der Berufungsinstanz erneut gestellt werden. In der Antragsrückname liegt kein Klageverzicht nach § 306 ZPO.[52] 24

---

46 BAG 28.5.2009 – 2 AZR 282/08 – NZA 2009, 966, zu I.
47 LAG Hessen 16.3.2010 – 4 Sa 1616/09 – nv, zu 3; **aA** BAG 16.11.1995 – 8 AZR 864/93 – BAGE 81, 265.
48 BAG 20.3.1997 – 8 AZR 769/95 – AP BGB § 613 a Nr 167.
49 BAG 24.5.2005 – 8 AZR 246/04 – AP BGB § 613 a Nr 282.
50 BAG 28.1.1961 – 2 AZR 482/59 – AP KSchG § 7 Nr 8; KR/Spilger § 9 KSchG Rn 23; LSW/Spinner § 9 Rn 24.
51 BAG 26.10.1979 –7 AZR 752/77 – AP KSchG 1969 § 9 Nr 5; LSW/Spinner § 9 Rn 24; KR/Spilger § 9 KSchG Rn 24; aA vHH/L/Linck § 9 Rn 37.
52 BAG 26.10.1979 – 7 AZR 752/77 – AP KSchG 1969 § 9 Nr 5; **differenzierend** für den Einzelfall: KR/Spilger § 9 KSchG Rn 25; vHH/L/Linck § 9 Rn 36; aA BAG 28.1.1961 – 2 AZR 482/59 – AP KSchG § 7 Nr 8.

2. Feststellung der Sozialwidrigkeit der ordentlichen Kündigung

25 **Voraussetzung** für die gerichtliche Auflösung nach § 9 KSchG ist grundsätzlich die Feststellung der Sozialwidrigkeit der Kündigung. Bei einer außerordentlichen Kündigung ist die Sozialwidrigkeit ggf nach Umdeutung in eine ordentliche Kündigung zu prüfen (s Rn 38 f). Stellt das Gericht hingegen fest, dass die im Streit stehende Kündigung sozial gerechtfertigt ist, wird die Kündigungsschutzklage abgewiesen. Die rechtsgestaltende Auflösung des Arbeitsverhältnisses gegen Zahlung einer Abfindung kommt in diesem Fall bereits nach dem Wortlaut des § 9 Abs 1 KSchG nicht in Betracht. Entsprechendes gilt, wenn die Kündigung wegen Nichteinhaltung der dreiwöchigen Klagefrist gem § 7 KSchG von Anfang an als rechtswirksam zu behandeln ist.

26 **a) Sozialwidrigkeit der Kündigung.** Nach § 1 Abs 1 KSchG ist die ordentliche Kündigung des Arbeitsverhältnisses rechtsunwirksam, wenn sie sozial ungerechtfertigt ist. Dieser unbestimmte Rechtsbegriff wird durch die Generalklausel des § 1 Abs 2 Satz 1 KSchG konkretisiert. Danach können Gründe in der Person, im Verhalten des Arbeitnehmers und dringende betriebliche Gründe die Kündigung sozial rechtfertigen, wobei eine einzelfallorientierte Interessenabwägung vorzunehmen ist (sog relative Sozialwidrigkeitsgründe). Die in § 1 Abs 2 Satz 2 und 3 KSchG aufgeführten Widerspruchstatbestände stellen sog absolute Sozialwidrigkeitsgründe dar. Die fehlende soziale Rechtfertigung der Kündigung folgt in diesen Fällen aus einem begründeten Widerspruch der betriebsverfassungsrechtlichen oder personalvertretungsrechtlichen Arbeitnehmervertretung, ohne dass eine Interessenabwägung erforderlich wäre. Liegen dringende betriebliche Erfordernisse iSd § 1 Abs 2 Satz 1 KSchG vor, ist die Kündigung trotzdem sozial ungerechtfertigt, wenn der Arbeitgeber die in § 1 Abs 3 KSchG genannten sozialen Gesichtspunkte bei der Kündigungsauswahl nicht oder nicht ausreichend berücksichtigt. Erforderlich ist eine einzelfallbezogene Prüfung, weshalb die fehlerhafte Sozialauswahl kein absoluter Grund der Sozialwidrigkeit ist.[53]

27 **b) Unwirksamkeit der Kündigung aus anderen Gründen.** Ist die Kündigung nicht sozialwidrig, sondern **nur aus einem anderen Grunde unwirksam**, kommt eine Auflösung des Arbeitsverhältnisses nach § 9 KSchG weder auf Antrag des Arbeitnehmers noch auf Antrag des Arbeitgebers in Betracht, da es an der Voraussetzung der gerichtlich festgestellten Sozialwidrigkeit der Kündigung fehlt. Diese Konstellation liegt zB bei Ausschluss der ordentlichen Kündigungsmöglichkeit vor oder wenn die Kündigung als solche sozial gerechtfertigt, aber aufgrund nicht ordnungsgemäßer Anhörung des Betriebsrats nach § 102 Abs 1 BetrVG nichtig ist. Die Sozialwidrigkeit der Kündigung kann auch dann nicht festgestellt werden, wenn die Kündigung wegen eines sonstigen Unwirksamkeitsgrundes keine Rechtswirkung entfaltet, der Arbeitnehmer sich im Rahmen seiner fristgerecht erhobenen Feststellungsklage aber nicht auf die Sozialwidrigkeit der Kündigung, son-

---

53 Vgl § 1 KSchG Rn 140 f zum Begriff der Sozialwidrigkeit.

dern nur auf sonstige Unwirksamkeitsgründe beruft und damit, wie sich aus § 6 KSchG ergibt, den Streitgegenstand zulässig beschränkt.[54]

Lediglich bei einer unwirksamen **außerordentlichen** oder einer **sittenwidrigen Kündigung** kann das Arbeitsverhältnis auf **Antrag des Arbeitnehmers** auch ohne die Feststellung der Sozialwidrigkeit der Kündigung aufgelöst werden (§ 13 Abs 1 Satz 3, Abs 2 KSchG), wobei der Arbeitnehmer aber auch in diesen Fällen die dreiwöchige Klagefrist nach §§ 4 Satz 1, 13 Abs 1 Satz 2 bzw Abs 2 KSchG einzuhalten hat.[55] 28

c) Sozialwidrigkeit und Unwirksamkeit der Kündigung aus anderen Gründen. Liegt neben der Sozialwidrigkeit der Kündigung noch ein anderer Unwirksamkeitsgrund vor, ist zunächst danach zu differenzieren, welche Partei den Auflösungsantrag stellt. 29

Der **Arbeitnehmer** kann die Auflösung des Arbeitsverhältnisses nach § 9 KSchG auch dann beantragen, wenn die Unwirksamkeit der Kündigung nicht ausschließlich auf die Sozialwidrigkeit gestützt wird, die Kündigung also auch aus anderen Gründen, etwa wegen eines Verstoßes gegen § 102 BetrVG, rechtsunwirksam ist. Voraussetzung bleibt aber, dass die Sozialwidrigkeit der Kündigung durch das Gericht festgestellt wird. Die gerichtliche Feststellung der Sozialwidrigkeit der Kündigung kann auch durch ein (Teil-)Anerkenntnisurteil erfolgen. Bezieht sich das Anerkenntnis des Arbeitgebers nur auf den anderen Unwirksamkeitsgrund, nicht aber auf die Sozialwidrigkeit der Kündigung, muss das Gericht diese als Grundlage für die Auflösung des Arbeitsverhältnisses noch gesondert feststellen. Die „Rücknahme" der Kündigung durch den Arbeitgeber gilt nur dann als Anerkenntnis ihrer Sozialwidrigkeit, wenn sie nicht zugleich aus anderen Gründen unwirksam ist, weshalb trotz Kündigungsrücknahme noch die Prüfung der Sozialwidrigkeit durch das Gericht zu erfolgen hat.[56] 30

Der **Arbeitgeber** hingegen kann die Auflösung des Arbeitsverhältnisses nur dann verlangen, wenn die Rechtsunwirksamkeit einer ordentlichen Kündigung allein auf ihrer Sozialwidrigkeit, nicht aber (auch) auf anderen Gründen iSd § 13 Abs 2 und 3 KSchG, beruht (s Rn 32 f).[57] Hierfür ist es aber unschädlich, wenn der Arbeitgeber zusätzlich weitere Kündigungssachverhalte geltend macht, die aus anderen Gründen die Unwirksamkeit der Kündigung begründen. Für den Auflösungsantrag des Arbeitgebers genügt es, wenn für einen Kündigungssachverhalt die Unwirksamkeit der Kündigung 31

---

54 KR/Spilger § 9 KSchG Rn 27 c. In diesem Fall kann sich der Arbeitnehmer allerdings noch bis zum Schluss der mündlichen Verhandlung erster Instanz auf die Sozialwidrigkeit berufen und den Auflösungsantrag stellen. Zum Sonderfall des Auflösungsantrages bei einer nicht der Klageerhebungsfrist des § 4 Satz 1 KSchG unterfallenden formunwirksamen Kündigung (§ 623 BGB), die zugleich sozialwidrig ist, wenn der Arbeitnehmer die – allgemeine – Feststellungsklage später als drei Wochen nach Zugang der Kündigung erhebt, vgl § 4 KSchG Rn 3 aE.
55 Vgl § 13 KSchG Rn 19, 22 f, 59 f.
56 BAG 29.1.1981 – 2 AZR 1055/78 – AP KSchG 1969 § 9 Nr 6; LAG Köln 17.3.1995 – 13 Sa 1379/94 – NZA-RR 1996, 127.
57 ZB BAG 23.2.2010 – 2 AZR 554/08 – NZA 2010, 1123, zu II 1; 24.11.2011 – 2 AZR 429/10 – EBE/BAG 2012, 82, zu B I 1 a.

allein aus ihrer Sozialwidrigkeit iSv § 1 Abs 2 und 3 KSchG hergeleitet werden kann.[58]

32 Nach der früheren Rechtsprechung des BAG konnte der Arbeitgeber die Auflösung des Arbeitsverhältnisses nach § 9 Abs 1 Satz 2 KSchG nur bei einer ausschließlich nach § 1 KSchG sozialwidrigen Kündigung verlangen. Eine Auflösung auf Antrag des Arbeitgebers war danach ausgeschlossen, wenn die Kündigung bereits aus anderen Gründen unwirksam war.[59] Nach der mittlerweile **gefestigten Rechtsprechung des BAG** soll der **Auflösungsantrag des Arbeitgebers** aber **ausnahmsweise** dann zulässig sein, wenn die neben der Sozialwidrigkeit vorliegenden Unwirksamkeitsgründe **keine Schutznormen zugunsten des Arbeitnehmers** darstellen (s Rn 33).[60] Als Schutznormen zugunsten des Arbeitnehmers hat das BAG in der Ausgangsentscheidung vom 10.11.1994[61] beispielhaft die §§ 9 MuSchG, §§ 85, 91 SGB IX (früher: §§ 15, 21 SchwBG) oder § 103 BetrVG, § 15 KSchG genannt, nicht aber § 102 BetrVG bzw die entsprechenden personalvertretungsrechtlichen Vorschriften zur Beteiligung bei Kündigungen. Das LAG Baden-Württemberg[62] hat daraus geschlossen, bei dem Unwirksamkeitsgrund des § 102 Abs 1 BetrVG handele es sich nicht um eine solche Schutznorm zugunsten des Arbeitnehmers und hat dem Auflösungsantrag des Arbeitgebers trotz **nicht ordnungsgemäßer Betriebsratsanhörung** entsprochen. In der Entscheidung vom 27.9.2001[63] hat das BAG – allerdings zu § 78 Abs 1 SächsPersVG – demgegenüber ausgeführt, ein Auflösungsantrag des Arbeitgebers scheide aus, wenn die Kündigung nicht nur sozialwidrig, sondern auch wegen fehlerhafter Beteiligung des Personalrats rechtsunwirksam sei; die Mitwirkung des Personalrats bei der ordentlichen Arbeitgeberkündigung diene jedenfalls auch dem Schutz des betroffenen Arbeitnehmers, wie die Gründe, aus denen der Personalrat Einwendungen gegen die Kündigung erheben kann (zB Nichtberücksichtigung sozialer Gesichtspunkte, Weiterbeschäftigungsmöglichkeiten, ggf nach Umschulung oder Fortbildung) zeigten. Für die Beteiligung des Betriebsrats vor Ausspruch der Kündigung gilt nichts anderes. § 102 BetrVG dient, dies machen die Widerspruchsgründe nach § 102 Abs 3 BetrVG deutlich, jedenfalls auch dem Schutz des betroffenen Arbeitnehmers. Ist eine Kündigung daher nicht nur sozialwidrig, sondern auch wegen fehlerhafter Betriebsratsanhörung nach § 102 Abs 1 Satz 3 BetrVG unwirksam, kann der Arbeitgeber auch auf der Grundlage der mittlerweile mehrfach bestätigten, nach dem Schutznormcharakter des sonstigen Unwirksamkeitsgrundes differenzierenden Rechtsprechung des BAG keine Auflösung des Arbeitsver-

---

58 BAG 21.9.2000 – 2 AZN 576/00 – AP KSchG 1969 § 9 Nr 35; vHH/L/Linck § 9 Rn 16.
59 BAG 25.11.1993 – 2 AZR 517/93 – AP KSchG 1969 § 14 Nr 3, zu I 2; 10.12.1992 – 2 AZR 271/ 92 – AP GG Art 140 Nr 41, zu II 6.
60 BAG 28.8.2008 – 2 AZR 63/07 – NZA 2009, 275, zu II; 28.5.2009 – 2 AZR 949/07 – AP Nr 59 zu § 9 KSchG 1969, zu I; 26.3.2009 – 2 AZR 879/07 – NZA 2009, 679, zu II 2 a; aA vHH/L/Linck § 9 Rn 17 ff; KR/Spilger § 9 KSchG Rn 27 ff; SPV/Vossen Rn 2097 ff.
61 BAG 10.11.1994 – 2 AZR 207/94 – AP KSchG 1969 § 9 Nr 24.
62 LAG Baden-Württemberg 12.10.2000 – 21 Sa 78/99.
63 BAG 27.9.2001 – 2 AZR 389/00 – AP KSchG 1969 § 9 Nr 41.

hältnisses gem § 9 KSchG verlangen.⁶⁴ Ebenfalls Schutznormen zugunsten des Arbeitnehmers sind arbeits- oder tarifvertraglich vereinbarte Kündigungsbeschränkungen, insbesondere der Ausschluss des Rechts zur ordentlichen Kündigung des Arbeitsverhältnisses durch den Arbeitgeber.⁶⁵ Sind diese (idR tariflichen) Voraussetzungen erfüllt, kommt eine Auflösung des Arbeitsverhältnisses nach § 9 Abs 1 Satz 2 auf Antrag des Arbeitgebers nicht in Betracht.⁶⁶

Die Auffassung des BAG, der Auflösungsantrag des Arbeitgebers sei dann zulässig, wenn die neben der Sozialwidrigkeit vorliegenden Unwirksamkeitsgründe keine Schutznormen zugunsten des Arbeitnehmers darstellen, **widerspricht** allerdings **dem Gesetzeszweck.** Die Auflösung nach § 9 Abs 1 Satz 2 KSchG soll als Ausnahmeregelung den Umstand kompensieren, dass die ordentliche Kündigung des unter den Anwendungsbereich des ersten Abschnitts des Kündigungsschutzgesetzes fallenden Arbeitsverhältnisses im Gegensatz zu sonstigen Dauerschuldverhältnissen das Vorliegen eines rechtfertigenden Grundes voraussetzt. Der Sinn und Zweck von § 9 Abs 1 Satz 2 KSchG besteht darin, die fehlende soziale Rechtfertigung der Kündigung zu ersetzen, nicht aber sonstige Unwirksamkeitsgründe. Darauf, ob die sonstige Unwirksamkeit der Kündigung Folge eines Verstoßes gegen eine Schutznorm zugunsten des Arbeitnehmers ist, kommt es deshalb nicht an. Die gegenteilige Auffassung des BAG (s Rn 32 aA) führt zu **Wertungswidersprüchen.** Denn im Falle einer an sich sozial gerechtfertigten Kündigung, die auch wegen eines sonstigen Unwirksamkeitsgrundes nichtig ist, gleichgültig, ob es sich um eine Schutznorm zugunsten des Arbeitnehmers handelt oder nicht, kann die Auflösung des Arbeitsverhältnisses nach § 9 Abs 1 Satz 2 KSchG vom Arbeitgeber nicht verlangt werden. Der sozialwidrig kündigende Arbeitgeber würde daher bei Zulassung des Auflösungsantrages bevorzugt. Diese Privilegierung bestünde auch im Verhältnis zu Arbeitgebern, die dem betrieblichen Anwendungsbereich des Kündigungsschutzgesetzes nicht unterfallen, da diese im Falle der Unwirksamkeit der Kündigung aus sonstigen Gründen von vornherein keinen Auflösungsantrag stellen können.⁶⁷

3. Auflösung eines bestehenden Arbeitsverhältnisses

a) Bestehen eines Arbeitsverhältnisses/Arbeitsverhältnis mit mehreren Arbeitgebern. Die gerichtliche Auflösung setzt voraus, dass **das Arbeitsverhältnis** zu dem gesetzlich zwingend vorgeschriebenen **Auflösungszeitpunkt** noch Bestand hatte.⁶⁸

In einem **einheitlichen Arbeitsverhältnis** mit **mehreren Arbeitgebern** kann die Auflösung durch Urteil grundsätzlich nur insgesamt erfolgen. Ausrei-

---

64 BAG 10.11.2005 – 2 AZR 623/04 – NZA 2006, 491, zu II.
65 BAG 26.3.2009 – 2 AZR 879/07 – NZA 2009, 679, zu II 2 a.
66 BAG 28.11.2007 – 5 AZR 952/06 – NZA-RR 2008, 344, zu III; 26.3.2009 – 2 AZR 879/07 – NZA 2009, 679, zu II 2 a.
67 LSW/Spinner § 9 Rn 46.
68 BAG 15.12.1960 – 2 AZR/79/59 – AP KSchG § 3 Nr 21; 20.3.1997 – 8 AZR 769/95 – AP BGB § 613a Nr 167; KR/Spilger § 9 KSchG Rn 32; vHH/L/Linck § 9 Rn 40.

chend ist im Regelfall ein Auflösungsgrund, der für oder gegen einen der Arbeitgeber vorliegt. Ist der Arbeitnehmer leitender Angestellter iSd § 14 Abs 2 nur im Verhältnis zu einem der Arbeitgeber und stellt dieser einen Auflösungsantrag, schlägt dies wegen der vereinbarten Einheitlichkeit des Arbeitsverhältnisses auf die Beziehung zu den anderen Arbeitgebern durch, ohne dass es einer Begründung des Antrags bedarf. Eine Fortsetzung des einheitlichen Arbeitsverhältnisses ist der Arbeitgeberseite dann idR insgesamt unzumutbar (zur Bemessung der Abfindung vgl § 10 Rn 6 ff).[69]

35 **b) Auflösungszeitpunkt**[70] Nach § 9 Abs 2 KSchG hat das Gericht für die Auflösung des Arbeitsverhältnisses den Zeitpunkt festzusetzen, an dem es bei sozial gerechtfertigter Kündigung geendet hätte.[71] Die Gestaltung des Arbeitsverhältnisses durch das Auflösungsurteil erfolgt somit idR rückwirkend. Gleichwohl verstößt § 9 Abs 2 KSchG weder gegen den Gleichheitssatz des Art 3 Abs 1 GG, noch gegen die Eigentumsgarantie des Art 14 GG das Rechtsstaatsprinzip nach Art 20 Abs 3 GG oder die Rechte aus Art 1 und 2 Abs 1 GG. Die Vorschrift ist verfassungsgemäß.[72]

36 Bei einer **ordentlichen Kündigung** entspricht der Auflösungszeitpunkt dem letzten Tag der maßgeblichen Kündigungsfrist. Zugrunde zu legen ist die objektiv zutreffende Kündigungsfrist. Kündigt der Arbeitgeber mit zu kurzer Frist, ist der zutreffende Kündigungstermin zu ermitteln und das Arbeitsverhältnis zu diesem Zeitpunkt aufzulösen. Dies gilt selbst dann, wenn der Arbeitnehmer die Nichteinhaltung der Kündigungsfrist im Rechtsstreit nicht gerügt hat.[73] Streiten die Parteien in erster Linie über die Rechtswirksamkeit einer außerordentlichen Kündigung, ist hinsichtlich des festzusetzenden Auflösungszeitpunktes nach § 9 Abs 2 KSchG zu differenzieren.

37 Bei einer unwirksamen **außerordentlichen Kündigung** kann nach § 13 Abs 1 Satz 3 KSchG nur der Arbeitnehmer einen Auflösungsantrag stellen. Das Gericht hat nach § 13 Abs 1 Satz 4 KSchG das Arbeitsverhältnis zu dem Zeitpunkt aufzulösen, zu dem der Arbeitgeber die außerordentliche Kündigung ausgesprochen hat. Der Auflösungszeitpunkt im Falle der außerordentlichen fristlosen Kündigung entspricht somit dem Zeitpunkt des Kündigungszugangs, bei einer außerordentlichen Kündigung mit (sozialer oder notwendiger) Auslauffrist[74] dem letzten Tag der Frist.[75]

38 Hat der Arbeitgeber neben der **außerordentlichen Kündigung** noch **hilfsweise** eine **ordentliche Kündigung** erklärt oder ist die außerordentliche Kündigung in eine ordentliche Kündigung **umzudeuten**, hat der **Arbeitnehmer** ein **Wahlrecht**.[76] Er kann den Auflösungsantrag nach § 13 Abs 1 Satz 3 KSchG im Hinblick auf die außerordentliche Kündigung stellen, aber auch nach § 9 Abs 1 Satz 1 KSchG nur hinsichtlich der ordentlichen

---

69 BAG 19.4.2012 – 2 AZR 186/11 – NZA 2013, 27, zu II 2 b.
70 Zum Auflösungszeitpunkt bei **mehreren Anträgen** s Rn 20.
71 BAG 23.2.2010 – 2 AZR 554/08 – NZA 2010, 1123, zu I 1 b.
72 BAG 16.5.1984 – 7 AZR 280/82 – AP KSchG 1969 § 9 Nr 12; BVerfG 29.1.1990 – 1 BvR 42/82 – DB 90, 1042; KR/Spilger § 9 Rn 13 a.
73 BAG 21.6.2012 – 2 AZR 694/11 – NZA 2013, 199, zu II 1.
74 Hierzu § 626 BGB Rn 38 ff, 41 ff.
75 HM § 13 KSchG Rn 24; vHH/L/Linck § 13 Rn 19; KR/Friedrich § 13 KSchG Rn 71.
76 BAG 21.5.2008 – 8 AZR 623/07 – ArbRB 2008, 298, zu II 2.

Kündigung. Der Auflösungszeitpunkt hängt somit vom prozessualen Verhalten des Arbeitnehmers ab.[77] Im letztgenannten Fall bleibt es aber bei der Auflösungsvoraussetzung, dass die hilfsweise ausgesprochene oder im Wege der Umdeutung gewonnene ordentliche Kündigung sozialwidrig ist. Der **Arbeitgeber** hat, wie sich aus § 13 Abs 1 Satz 3 KSchG ergibt, bei einer rechtsunwirksamen **außerordentlichen Kündigung nicht das Recht, die Auflösung des Arbeitsverhältnisses zu verlangen.** Dies gilt im Hinblick auf den eindeutigen Wortlaut des Gesetzes auch für außerordentliche Kündigungen mit notwendiger Auslauffrist ordentlich unkündbarer Arbeitnehmer.[78] Liegt neben der außerordentlichen Kündigung aber auch eine hilfsweise erklärte ordentliche Kündigung vor oder ist die außerordentliche Kündigung in eine ordentliche Kündigung umzudeuten, kann auch der Arbeitgeber die Auflösung im Hinblick auf die ordentliche Kündigung beantragen.[79] Als Auflösungszeitpunkt ist in diesem Fall gem § 9 Abs 2 KSchG der letzte Tag der für das Arbeitsverhältnis maßgeblichen Kündigungsfrist im Auflösungsurteil festzusetzen. 39

c) **Auflösung eines aus anderen Gründen beendeten Arbeitsverhältnisses.** Eine gerichtliche Auflösung kommt nur in Betracht, wenn das Arbeitsverhältnis zu dem gesetzlich zwingend vorgeschriebenen Auflösungszeitpunkt (s Rn 35 ff) noch bestanden hat.[80] Bei Beendigung des Arbeitsverhältnisses aus anderen Gründen als der im Streit stehenden Kündigung (zB infolge einer weiteren Kündigung, des Todes des Arbeitnehmers, der Beendigung aufgrund einer wirksamen Befristungsabrede, des Eintritts einer auflösenden Bedingung oder einer Anfechtung), scheidet die gerichtliche Auflösung des Arbeitsverhältnisses aus. Das Auflösungsurteil kann nicht mehr gestaltend wirken, da kein Rechtsverhältnis mehr besteht. Mit der anderweitigen Beendigung sind der Kündigungsschutz- und der Auflösungsantrag in der Hauptsache erledigt.[81] Nach zutreffender Auffassung gilt dies aber **nur** für den Fall, dass das Arbeitsverhältnis **vor** dem nach § 9 Abs 2 KSchG zu ermittelnden **Auflösungszeitpunkt** geendet hat. 40

Liegt der Zeitpunkt der anderweitigen Beendigung hingegen **nach** demjenigen des § 9 Abs 2 KSchG, aber **vor** dem Schluss der letzten mündlichen Verhandlung in der Tatsacheninstanz, bleibt die Möglichkeit der rückwirkenden Rechtsgestaltung des Arbeitsverhältnisses durch Erlass eines Auflösungsurteils erhalten.[82] Bei der Prüfung, ob Auflösungsgründe vorliegen (Unzumutbarkeit der Fortsetzung des Arbeitsverhältnisses bzw keine den Betriebszwecken dienliche weitere Zusammenarbeit zwischen Arbeitgeber und Arbeitnehmer), ist zwar grundsätzlich auf den Zeitpunkt der letzten mündlichen Verhandlung abzustellen (s Rn 49, 63). Wegen der bereits erfolgten Beendigung des Arbeitsverhältnisses kann die erforderliche Zu- 41

---

77 BAG 26.8.1993 – 2 AZR 159/93 – AP BGB § 626 Nr 113; LAG Niedersachsen 18.4.2008 – 16 Sa 1249/07.
78 BAG 26.3.2009 – 2 AZR 879/07 – NZA 2009, 679, zu II 1 mwN.
79 BAG 10.11.1994 – 2 AZR 207/94 – AP KSchG 1969 § 9 Nr 24, zu II 3; KR/Friedrich § 13 KSchG Rn 116; LSW/Spinner § 9 Rn 47.
80 BAG 23.2.2010 – 2 AZR 554/08 – NZA 2010, 1123, zu I 1 b.
81 BAG 15.12.1960 – 2 AZR 79/59 – AP KSchG § 3 Nr 21.
82 BAG 17.9.1987 – 2 AZR 2/87 – RzK I 11 a Nr 16; 23.2.2010 – 2 AZR 554/08 – NZA 2010, 1123, zu I 1; aA LSW/Spinner § 9 Rn 28; Ascheid Rn 798.

kunftsprognose jedoch nicht mehr vorgenommen werden. Nach Auffassung des BAG ist die Prognose daher anhand der bis zur Beendigung eingetretenen Umstände zu erstellen und auf den Zeitraum zwischen dem Auflösungszeitpunkt bei sozial gerechtfertigter Kündigung und dem tatsächlichen Beendigungszeitpunkt zu erstrecken.[83] Zur Meidung unbilliger Ergebnisse erscheint indessen schon im Hinblick auf die Sanktionsfunktion der Abfindung eine hypothetische Prüfung der Auflösungsgründe sachgerechter, ohne die zwischenzeitlich eingetretene Beendigung des Arbeitsverhältnisses zu berücksichtigen. Bei der Bemessung der Abfindungshöhe wird der Umstand, dass ein aus anderen Gründen bereits beendetes Arbeitsverhältnis aufzulösen ist, jedoch zu berücksichtigen sein.[84]

Ist eine **anderweitige Beendigung** des Arbeitsverhältnisses zwar **möglich**, steht als solche aber noch **nicht mit Gewissheit fest**, muss das zur Entscheidung über den Auflösungsantrag berufene Gericht ggf eine **Prognose** über die Wahrscheinlichkeit des Eintritts eines derartigen anderweitigen Auflösungstatbestands treffen und an dieser die Prüfung nach § 9 KSchG ausrichten.[85]

42 Bei langen Kündigungsfristen kann der Fall eintreten, dass das Arbeitsverhältnis nicht rückwirkend aufgelöst wird, sondern der im Urteil festzusetzende Auflösungszeitpunkt in der Zukunft liegt. Endet in diesem Fall das Arbeitsverhältnis nach Rechtskraft des Auflösungsurteils aus anderen Gründen noch vor dem festgesetzten Auflösungszeitpunkt, lässt dieser Umstand die Verpflichtung des Arbeitgebers, den auf der Grundlage des Auflösungsurteils entstandenen Abfindungsanspruch zu erfüllen, unberührt. Endet das Arbeitsverhältnis durch den Tod des Arbeitnehmers, geht der Abfindungsanspruch nach § 1922 BGB auf die Erben über.

43 Dies gilt auch, falls der Arbeitgeber sich in einem bestandskräftigen Vergleich zur Abfindungszahlung verpflichtet und der Arbeitnehmer vor dem vereinbarten Beendigungszeitpunkt verstirbt,[86] es sei denn, der Bestand des Arbeitsverhältnisses zum vereinbarten Ausscheidenstermin ist nach dem Inhalt des Vergleiches Voraussetzung für die Entstehung des Abfindungsanspruchs.[87]

4. Auflösungsantrag des Arbeitnehmers

44 a) **Unzumutbarkeit der Fortsetzung des Arbeitsverhältnisses.** Nach § 9 Abs 1 Satz 1 KSchG ist der Auflösungsantrag des Arbeitnehmers begründet, wenn die Kündigung zwar sozialwidrig, dem Arbeitnehmer die Fortsetzung des Arbeitsverhältnisses jedoch nicht zuzumuten ist. Der unbestimmte Rechtsbegriff der Unzumutbarkeit ist unter Berücksichtigung der Umstände des Einzelfalles zu konkretisieren, wobei dem Tatsachenrichter ein Be-

---

83 BAG 23.2.2010 – 2 AZR 554/08 – NZA 2010, 1123, zu I 1 c; 29.8.2013 – 2 AZR 419/12 – ArbR 2014, 154, zu I 2.
84 KR/Spilger § 9 KSchG Rn 34 f; vHH/L/Linck Rn 41.
85 BAG 29.8.2013 – 2 AZR 419/12 – ArbR 2014, 154, zu III 4.
86 BAG 25.6.1987 – 2 AZR 504/86 – DB 1988, 864, zu II 4 d cc; KR/Spilger § 9 KSchG Rn 33.
87 So BAG 26.8.1997 – 9 AZR 227/96 – AP BGB § 620 Aufhebungsvertrag Nr 8: im Zusammenhang mit einer Frühpensionierungsvereinbarung; vgl auch § 10 Rn 28 f.

urteilungsspielraum eingeräumt ist. Ergibt die vorzunehmende Einzelfallprüfung, dass die Fortsetzung des Arbeitsverhältnisses dem Arbeitnehmer unzumutbar ist, hat das Gericht das Arbeitsverhältnis aufzulösen, auch wenn dies nicht zweckmäßig erscheinen sollte. Ein Ermessensspielraum steht dem Gericht nach dem Wortlaut des § 9 Abs 1 Satz 1 KSchG nicht zu.

Obwohl der Begriff der Unzumutbarkeit auch in § 626 Abs 1 BGB Verwendung findet, sind die inhaltlichen Anforderungen an die von § 9 Abs 1 Satz 1 KSchG vorausgesetzte Unzumutbarkeit mit den strengen Maßstäben des wichtigen Grundes für eine außerordentliche Kündigung nach § 626 Abs 1 BGB nicht gleichzusetzen. § 626 Abs 1 BGB betrifft nur die Frage, ob die Fortsetzung des Arbeitsverhältnisses bis zum Ablauf der Kündigungsfrist oder bis zu der vereinbarten Beendigung zumutbar ist, während § 9 Abs 1 Satz 1 KSchG die Zumutbarkeit der Fortsetzung des Arbeitsverhältnisses über den ordentlichen Beendigungszeitpunkt hinaus auf unbestimmte Dauer betrifft. An die Unzumutbarkeit der Fortsetzung des Arbeitsverhältnisses nach § 9 Abs 1 Satz 1 KSchG sind daher **geringere Anforderungen** zu stellen, als an die Unzumutbarkeit bei einer vom Arbeitnehmer erklärten außerordentlichen Kündigung. Dies entspricht der hM und – entgegen früherer Rechtsprechung[88] – auch der Auffassung des BAG.[89] Der Auflösungsantrag des Arbeitnehmers ist begründet, wenn ihm die Fortsetzung des Arbeitsverhältnisses auf **unbestimmte Dauer** unzumutbar ist.[90] 45

Entsprechen die Auflösungsgründe zugleich den strengeren Anforderungen, die an einen wichtigen Grund nach § 626 BGB zu stellen sind, hat der Arbeitnehmer ein Wahlrecht. Statt die gerichtliche Auflösung des Arbeitsverhältnisses zu beantragen, kann er das Arbeitsverhältnis unter Beachtung der zweiwöchigen Ausschlussfrist nach § 626 Abs 2 BGB außerordentlich aus wichtigem Grund kündigen und vom Arbeitgeber Schadenersatz nach § 628 BGB fordern.[91] 46

Der Arbeitnehmer kann sich zur Begründung seines Auflösungsantrages grundsätzlich nur auf solche **Umstände** berufen, die in einem **inneren Zusammenhang** mit der sozialwidrigen Kündigung oder mit dem Kündigungsrechtsstreit stehen.[92] **Auflösungsgründe** können sich demnach aus den Modalitäten der Kündigung als solcher und aus weiteren Handlungen des Arbeitgebers ergeben, die mit der Kündigung einhergehen.[93] 47

---

88 ZB BAG 5.11.1964 – 2 AZR 15/64 – AP KSchG § 7 Nr 20.
89 BAG 26.11.1981 – 2 AZR 509/79 – AP KSchG 1969 § 9 Nr 8; 24.9.1992 – 8 AZR 557/91 – AP Einigungsvertrag Anlage I Kap XIX Nr 3, I 3; vHH/L/Linck § 9 Rn 46; SPV/Vossen Rn 2108.
90 BAG 11.7.2013 – 2 AZR 241/12 – NZA 2013, 1259, zu III.
91 BAG 11.2.1981 – 7 AZR 12/79 – AP KSchG 1969 § 4 Nr 8; KR/Spilger § 9 KSchG Rn 42 f; Ascheid Rn 803.
92 BAG 24.9.1992 – 8 AZR 557/91 – AP Einigungsvertrag Anlage I Kap XIX Nr 3, I 3; 18.1.1962 – 2 AZR 179/59 – AP BetrVG § 66 Nr 20; KR/Spilger § 9 KSchG Rn 41; vHH/L/Linck § 9 Rn 47.
93 BAG 11.7.2013 – 2 AZR 241/12 – NZA 2013, 1259, zu III.

48 Allerdings sind solche Auflösungsgründe, die der Arbeitnehmer selbst in treuwidriger Weise herbeigeführt bzw provoziert hat, nicht zu berücksichtigen.[94]

49 **b) Beurteilungszeitpunkt.** Maßgeblicher Beurteilungszeitpunkt für die Unzumutbarkeit der Fortsetzung des Arbeitsverhältnisses ist der Zeitpunkt der Entscheidung über den Auflösungsantrag in der **letzten mündlichen Verhandlung** in der Tatsacheninstanz (s Rn 17).[95] Bei der zu treffenden Prognoseentscheidung, ob die Fortsetzung des Arbeitsverhältnisses unzumutbar ist oder nicht, sind sowohl **bei Ausspruch der Kündigung** bereits vorliegende, als auch erst **nach Ausspruch der Kündigung** entstehende Umstände zu berücksichtigen.[96] Die für jeden Einzelfall vorzunehmende Wertung, ob die Auflösung gerechtfertigt ist, obliegt in erster Linie dem **Tatsachengericht**. In der **Revisionsinstanz** ist lediglich nachprüfbar, ob das Berufungsgericht die Voraussetzungen des Auflösungsantrags verkannt und bei der Prüfung der vorgetragenen Auflösungsgründe alle wesentlichen Umstände vollständig und widerspruchsfrei gewürdigt hat (s Rn 114).[97]

50 **c) Einzelfälle.** Auflösungsgründe auf Seiten des Arbeitnehmers liegen etwa dann vor, wenn als Kündigungsgrund **unzutreffende ehrverletzende Behauptungen** über die Person oder das Verhalten des Arbeitnehmers leichtfertig aufgestellt worden sind oder das **Vertrauensverhältnis im Verlauf des weiteren durch die Kündigung ausgelösten Verfahrens ohne wesentliches Verschulden des Arbeitnehmers** zerrüttet worden ist.[98] Wirft der Arbeitgeber dem Arbeitnehmer zB zu Unrecht einen **Spesenbetrug** oder eine **Unterschlagung** vor, so kann durch diese unzutreffende ehrverletzende Behauptung das Arbeitsverhältnis zerrüttet und deshalb aufzulösen sein.[99]

51 Besteht aufgrund objektiver Tatsachen die Gefahr, dass der Arbeitnehmer nach Obsiegen im Kündigungsschutzprozess und **Weiterarbeit im Betrieb** vom Arbeitgeber unsachlich oder unfair behandelt oder gegenüber anderen Mitarbeitern **benachteiligt** wird, kann dies die Unzumutbarkeit der Fortsetzung des Arbeitsverhältnisses bedingen.[100] Zu nennen sind die Fälle drohender **Wiederholungskündigungen** und der **Zuweisung unterwertiger Arbeit**,[101] drohender **Diskriminierung** bzw Kränkung der Berufsehre,[102] ferner eine **ausländerfeindliche Verhaltensweise** des Arbeitgebers gegenüber einem ausländischen Arbeitnehmer.[103] Als Auflösungsgrund für den Ar-

---

94 Rechtsgedanke des § 162 BGB; BAG 24.9.1992 – 8 AZR 557/91 – AP Einigungsvertrag Anlage I Kap XIX Nr 3, I 3; ErfK/Kiel § 9 KSchG Rn 9; LSW/Spinner § 9 Rn 43.
95 BAG 10.10.2002 – 2 AZR 598/01 – DB 2003, 506; 30.9.1976 – 2 AZR 402/75 – AP KSchG 1969 § 9 Nr 3.
96 LAG Hamburg 13.2.2013 – 5 SA 58/12 – ArbuR 2014, 33, zu II 2 a; LSW/Spinner § 9 Rn 33.
97 BAG 10.7.2008 – 2 AZR 1111/06 – NZA 2009, 312, zu II 1 mwN.
98 Vgl die Begründung zum Regierungsentwurf zum KSchG 1951: RdA 1951, 61, 64.
99 LAG Niedersachsen 4.6.2004 – 10 Sa 198/04 – LAG Report 2005, 103; LAG Schleswig-Holstein 25.2.2004 – 3 Sa 491/03 – NZA-RR 2005, 132.
100 LSW/Spinner § 9 Rn 40; vHH/L/Linck § 9 Rn 49; KR/Spilger § 9 KSchG Rn 41.
101 BAG 29.1.1981 – 2 AZR 1055/78 – AP KSchG 1969 § 9 Nr 6.
102 BAG 26.11.1981 – 2 AZR 509/79 – AP KSchG 1969 § 9 Nr 8.
103 LAG Hamm 27.5.1993 – 16 Sa 1612/92 – ArbuR 1993, 415.

beitnehmer kommt uU auch eine **unberechtigte Suspendierung** im Zusammenhang mit einer betriebsbedingten Kündigung in Betracht.[104] **Grob fehlerhaftes und schikanöses Verhalten** des Arbeitgebers vermag einen Auflösungsantrag des Arbeitnehmers ebenfalls zu begründen. Ein derartiges Verhalten liegt etwa dann vor, wenn der Arbeitgeber seinem Beschäftigten rechtsmissbräuchlich Urlaubstage verweigert, das Recht vorenthält bei der Geburt seines Kindes dabei sein zu können, offensichtlich unberechtigte Abmahnungen erteilt oder eine Freistellung verwehrt, die der Arbeitnehmer zur Betreuung seines Kindes wegen Erkrankung der Ehefrau beansprucht.[105]

Auch die konkrete Befürchtung, dass die Wiederaufnahme der Arbeit zu erheblichen **Spannungen mit Arbeitskollegen** führt, kann die Fortsetzung des Arbeitsverhältnisses für den Arbeitnehmer unzumutbar werden lassen. Diese Situation kann zB dann eintreten, wenn im Falle einer betriebsbedingten Kündigung der Arbeitnehmer im Prozess sozial weniger schutzwürdige Kollegen namentlich benannt hat und wegen fehlerhafter Sozialauswahl obsiegt,[106] wobei aber **konkrete Umstände** darzulegen sind, aus denen sich die Gefahr erheblicher Spannungen mit Arbeitskollegen tatsächlich ergibt. Die subjektive Befürchtung des Arbeitnehmers reicht nicht aus.[107] Die Annahme, der Streit der Parteien über die Sozialauswahl stelle stets einen Auflösungsgrund für den Arbeitnehmer dar, ist mit dem Ausnahmecharakter des § 9 KSchG (s Rn 4) unvereinbar. 52

Die Unwirksamkeit einer Kündigung bzw die mit deren Ausspruch und einem anschließenden **Kündigungsschutzverfahren** vielfach verbundenen **Spannungen zwischen Arbeitgeber und Arbeitnehmer** allein machen die Fortsetzung des Arbeitsverhältnisses noch nicht unzumutbar. Die Unzumutbarkeit muss sich vielmehr aus weiteren Umständen ergeben,[108] etwa dadurch, dass die Kündigungsgründe geeignet sind, den Arbeitnehmer in seiner Ehre zu verletzen.[109] Ein Auflösungsgrund kann auch darin liegen, dass ein Kündigungsschutzverfahren über eine offensichtlich sozialwidrige Kündigung seitens des Arbeitgebers mit einer solchen Schärfe geführt wird, dass der Arbeitnehmer mit einem schikanösen Verhalten des Arbeitgebers und anderer Mitarbeiter rechnen muss, wenn er in den Betrieb zurückkehrt oder wenn feststeht, dass sich der Arbeitgeber ungeachtet der im Prozess vertretenen Rechtsauffassung des Gerichts auf jeden Fall von ihm trennen will und offensichtlich beabsichtigt, mit derselben oder einer beliebigen anderen Begründung solange Kündigungen auszusprechen, bis er sein Ziel erreicht.[110] 53

Ein Auflösungsgrund liegt hingegen **nicht** bereits dann vor, wenn sich eine **Verschlechterung der wirtschaftlichen Situation des Betriebes** abzeichnet 54

---

104 BAG 24.9.1992 – 8 AZR 557/91 – AP Einigungsvertrag Anlage I Kap XIX Nr 3.
105 LAG Niedersachsen 18.4.2008 – 16 Sa 1249/07.
106 LAG Hamm 23.5.1975 – 1 Sa 251/75 – DB 1975, 1514; LSW/Spinner § 9 KSchG Rn 40.
107 LAG Köln 2.2.1987 – 2 Sa 1265/86 – RzK I 11 b Nr 4.
108 BAG 24.9.1992 – 8 AZR 557/91 – AP Einigungsvertrag Anlage I Kap XIX Nr 3; SPV/Vossen Rn 2109 mwN.
109 KR/Spilger § 9 KSchG Rn 45; RegE RdA 1951, 64.
110 BAG 11.7.2013 – 2 AZR 241/12 – NZA 2013, 1259, zu IV 3 a aa.

und die Gefahr einer betriebsbedingten Kündigung in der Zukunft besteht[111] oder wenn der Arbeitgeber im Kündigungsschutzprozess lediglich unzutreffende Tatsachenbehauptungen über die Person oder das Verhalten des Arbeitnehmers aufstellt und diese nicht geeignet sind, den Arbeitnehmer in seiner Ehre zu verletzen.[112]

55 Der Antritt einer **neuen Arbeitsstelle** reicht als Auflösungsgrund nicht aus. Es müssen weitere Umstände vorliegen, die die Fortsetzung des Arbeitsverhältnisses unzumutbar erscheinen lassen. § 12 KSchG enthält für diesen Fall eine Sonderregelung, die ein Sonderkündigungsrecht des Arbeitnehmers ohne Abfindungsverpflichtung des Arbeitgebers vorsieht.[113] Der Arbeitnehmer, der eine neue Arbeitsstelle angenommen hat, kann andererseits aber die Beendigungserklärung nach § 12 KSchG vorsorglich für den Fall des Obsiegens im Kündigungsschutzprozess auch schon vor Rechtskraft des Urteils abgeben und daneben den Antrag auf Auflösung des Arbeitsverhältnisses nach § 9 KSchG verfolgen, wenn weitere zur Unzumutbarkeit der Fortsetzung des Arbeitsverhältnisses führende Umstände vorliegen.[114]

56 Wird der Arbeitnehmer während des Kündigungsschutzrechtsstreits über den Kündigungstermin **vorläufig weiterbeschäftigt**, ohne dass weitere Spannungen im Arbeitsverhältnis auftreten, schließt dies die Annahme, die Fortsetzung des Arbeitsverhältnisses sei für den Arbeitnehmer unzumutbar, regelmäßig aus.[115]

57 Das **Verhalten dritter Personen** ist als Auflösungsgrund nach der Rechtsprechung des BAG nur dann geeignet, wenn der Arbeitgeber dieses Verhalten durch eigenes Tun entscheidend veranlasst hat (vgl auch Rn 70)[116]; zum Verhalten des **Prozessbevollmächtigten** des Arbeitgebers vgl Rn 69 aE.

58 **d) Darlegungs- und Beweislast.** Der Arbeitnehmer trägt die Darlegungs- und Beweislast für die Tatsachen, aus denen sich die Unzumutbarkeit der Fortsetzung des Arbeitsverhältnisses ergibt.[117] Erforderlich ist die Darlegung konkreter, einer Beweiserhebung zugänglicher Tatsachen. Pauschale Behauptungen und schlagwortartige Wendungen genügen nicht. Aus dem auch im arbeitsvertraglichen Verfahren geltenden zivilprozessualen Verhandlungsgrundsatz folgt, dass nur solche unstreitigen oder erwiesenen Tatsachen berücksichtigt werden dürfen, die vom Arbeitnehmer zur Begründung seines Auflösungsantrages vorgebracht worden sind. Selbst offenkundige Tatsachen müssen außer Betracht bleiben, wenn diese vom Arbeitnehmer nicht aufgegriffen worden sind.[118]

---

111 LSW/Spinner § 9 Rn 41.
112 LAG Köln 26.1.1995 – 10 Sa 1134/94 – LAGE KSchG § 9 Nr 25.
113 vHH/L/Linck § 9 Rn 51 mwN.
114 BAG 19.10.1972 – 2 AZR 150/72 – AP KSchG 1969 § 12 Nr 1.
115 LAG S-H 7.5.1981 – 3 Sa 78/81 – DB 1981, 1627.
116 BAG 14.5.1987 – 2 AZR 294/86 – AP KSchG 1969 § 9 Nr 18; 3.11.1983 – 2 AZR 104/82 – nv; 30.6.1959 – 3 AZR 111/58 – AP KSchG § 1 Nr 56; jeweils zum Auflösungsantrag des Arbeitgebers bei vom Arbeitnehmer veranlassten Verhalten Dritter; umgekehrt kann nichts anderes gelten.
117 BAG 5.11.1964 – 2 AZR 15/64 – AP KSchG § 7 Nr 20; KR/Spilger § 9 KSchG Rn 47 ff; vHH/L/Linck § 9 Rn 10; LSW/Spinner § 9 Rn 35.
118 BAG 30.9.1976 – 2 AZR 402/75 – AP KSchG 1969 § 9 Nr 3.

Hat der Arbeitnehmer die Auflösungstatsachen nicht hinreichend vorgetragen, ist der Auflösungsantrag als unbegründet zurückzuweisen. Sind die Auflösungstatsachen vom Arbeitnehmer ausreichend dargelegt, hat das Gericht das Arbeitsverhältnis durch Urteil aufzulösen, falls der Arbeitgeber den Vortrag des Arbeitnehmers nicht oder nicht genügend (§ 138 Abs 3 ZPO) bestreitet. Wegen der Sachnähe des Arbeitgebers reicht ein Bestreiten mit Nichtwissen (§ 138 Abs 4 ZPO) idR nicht aus, vielmehr ist ein qualifiziertes Bestreiten erforderlich. In diesem Fall muss der Arbeitnehmer die behaupteten Auflösungstatsachen beweisen.

5. Auflösungsantrag des Arbeitgebers

a) Keine den Betriebszwecken dienliche weitere Zusammenarbeit. Nach § 9 Abs 1 Satz 2 KSchG setzt die Auflösung des Arbeitsverhältnisses auf Antrag des Arbeitgebers das Vorliegen von Gründen voraus, die eine den Betriebszwecken dienliche weitere Zusammenarbeit zwischen Arbeitgeber und Arbeitnehmer nicht erwarten lassen. Wie auch beim Begriff der Unzumutbarkeit nach § 9 Abs 1 Satz 1 KSchG handelt es sich um einen unbestimmten Rechtsbegriff, der dem Tatsachengericht unter Berücksichtigung der Umstände des Einzelfalles einen Beurteilungsspielraum, nicht aber einen Ermessensspielraum eröffnet. Als **Auflösungsgründe für den Arbeitgeber** kommen Umstände in Betracht, die das persönliche Verhältnis zum Arbeitnehmer, die Wertung seiner Persönlichkeit, seiner Leistung oder seiner Eignung für die ihm gestellten Aufgaben und sein Verhältnis zu den übrigen Mitarbeitern betreffen (s Rn 64 ff).[119] Die relevanten Umstände müssen allerdings nicht im Verhalten des Arbeitnehmers begründet sein, insbesondere ist ein **Verschulden** nicht erforderlich.[120] Entscheidend ist vielmehr, ob die **objektive Lage** im **Zeitpunkt der Entscheidung** über den Antrag die Besorgnis rechtfertigt, dass die weitere Zusammenarbeit mit dem Arbeitnehmer gefährdet ist und daher die **Prognose** begründet, eine weitere den Betriebszwecken dienliche Zusammenarbeit sei nicht zu erwarten.[121] Bei der Auflösungsentscheidung sind im Rahmen einer **Abwägung** alle wesentlichen Umstände zu berücksichtigen, zB die Dauer der Betriebszugehörigkeit oder auch eine evtl Schwerbehinderung des Arbeitnehmers.[122]

Die **Auflösung** ist also in **zwei Schritten zu prüfen**: Liegen Tatsachen vor, die an sich zur Auflösung des Arbeitsverhältnisses geeignet erscheinen, ist sodann auf Grundlage einer Vorausschau festzustellen, ob eine den Betriebszwecken dienliche weitere Zusammenarbeit noch zu erwarten oder

---

119 BAG 8.10.2009 – 2 AZR 682/08 – ArbR 2010, 68, zu I 1 c; 24.3.2011 – 2 AZR 674/09 – EzA-SD 2011, Nr 18, 3-4, zu III 1 b.
120 BAG 10.6.2010 – 2 AZR 297/09 – NJW 2010, 3796, zu I 1 b; 9.9.2010 – 2 AZR 482/09 – NJW 2010, 3798, zu I 1 a.
121 BAG 8.10.2009 – 2 AZR 682/08 – ArbR 2010, 68, zu II 1 b, c; 9.9.2010 – 2 AZR 482/09 – NJW 2010, 3798, zu I 1 a.
122 BAG 26.6.1997 – 2 AZR 502/96 – RzK I 5 i Nr 126; 7.3.2002 – 2 AZR 158/01 – AP KSchG 1969 § 9 Nr 42; 23.6.2005 – 2 AZR 256/04 – AP KSchG 1969 § 9 Nr 52, zu II 2 a.

nicht mehr zu erwarten ist.[123] Letzterenfalls hat das Arbeitsgericht, wie sich aus dem Wortlaut der Regelung ergibt, das Arbeitsverhältnis aufzulösen.

61 Aus dem Bestandsschutzgedanken folgt, dass die **Auflösungsmöglichkeit für den Arbeitgeber** trotz der Sozialwidrigkeit der Kündigung **Ausnahmecharakter** trägt. An die Gründe für die Auflösung auf Antrag des Arbeitgebers sind daher strenge Anforderungen zu stellen.[124] Erforderlich ist die Prognose einer schweren Beeinträchtigung des Austauschverhältnisses.[125] Gleichwohl ist dieser strenge Prüfungsmaßstab nicht mit dem Begriff der Unzumutbarkeit nach § 626 BGB identisch. Wäre dies der Fall, könnte der Arbeitgeber das Arbeitsverhältnis wahlweise außerordentlich kündigen mit der Folge, dass die ihm nach § 9 Abs 1 KSchG auferlegte Abfindungsverpflichtung ins Leere ginge. Auch die soziale Rechtfertigung nach § 1 Abs 2 KSchG ist kein geeigneter Prüfungsmaßstab für den Auflösungsgrund des Arbeitgebers, da § 9 Abs 1 KSchG gerade die Sozialwidrigkeit der Kündigung voraussetzt. Umstände, die nicht geeignet sind, die Kündigung sozial zu rechtfertigen, können aber zur **Begründung und Verstärkung des Auflösungsantrags** des Arbeitgebers herangezogen werden.[126] Dies gilt jedenfalls dann, wenn der Arbeitgeber sich noch auf zusätzliche Tatsachen beruft[127] bzw nachvollziehbar darlegt, dass, obgleich der fragliche Sachverhalt zwar die ausgesprochene Kündigung nicht zu rechtfertigen vermochte, dieser gleichwohl eine zukünftige gedeihliche Zusammenarbeit der Parteien nicht erwarten lässt.[128] Vorfälle aus der Zeit vor Ausspruch der sozialwidrigen Kündigung können daher die fehlende Erwartung einer den Betriebszwecken dienlichen weiteren Zusammenarbeit (mit)bedingen. Andererseits folgt schon aus dem zukunftsbezogenen Zweck der Auflösung, dass hierzu **an sich geeignete Gründe** auf Grund der **zeitlichen Entwicklung** und/oder einer damit verbundenen Änderung tatsächlicher oder rechtlicher Umstände **ihr Gewicht verlieren** können, etwa aufgrund des Wechsels von Vorgesetzten oder einer Veränderung der Belegschaftsstruktur.[129]

62 Der Arbeitgeber kann sich nicht auf Auflösungsgründe berufen, die er oder seine Erfüllungsgehilfen (§ 278 BGB) ausschließlich allein oder jedenfalls zum überwiegenden Anteil **treuwidrig selbst herbeigeführt** oder **provoziert** haben, um die Auflösung des Arbeitsverhältnisses zu erreichen.[130]

---

123 BAG 23.6.2005 – 2 AZR 256/04 – NJW 2006, 1307, zu II 2 c; 10.7.2008 – 2 AZR 1111/06 – NZA 2009, 312, zu II 2 c.
124 ZB BAG 25.10.1989 – 2 AZR 633/88 – AP BGB § 611 Direktionsrecht Nr 36, zu III 2 a; 23.10.2008 – 2 AZR 483/07 – BB 2009, 1186, zu II 2 a; 10.12.2009 – 2 AZR 534/08 – NZA 2010, 698, zu III 1.
125 BAG 9.9.2010 – 2 AZR 482/09 – NJW 2010, 3798, zu II 1 e.
126 BAG 29.3.1960 – 3 AZR 568/58 – AP KSchG § 7 Nr 7; 23.10.2008 – 2 AZR 483/07 – NZA-RR 2009, 362, zu II 2 c cc 2.
127 BAG 30.6.1983 – 2 AZR 524/81 – AP GG Art 140 Nr 15, zu B II 2; 2.6.2005 – 2 AZR 234/04 – AP KSchG 1969 § 9 Nr 52, zu II 2 d.
128 BAG 10.12.2009 – 2 AZR 534/08 – NZA 2010, 698, zu III 2 a.
129 BAG 7.3.2002 – 2 AZR 158/01 – AP KSchG 1969 § 9 Nr 42; 10.7.2008 – 2 AZR 1111/06 – NZA 2009, 312, zu II 2 c.
130 Rechtsgedanke des § 162 BGB; BAG 23.2.2010 – 2 AZR 554/08 – NZA 2010, 1123; 11.7.2013 – 2 AZR 994/12 – EzA-SD 2014 Nr 3, 3 – 5, zu IV 2 b.

b) Beurteilungszeitpunkt. Maßgeblicher Beurteilungszeitpunkt ist wie bei der Entscheidung über den Antrag des Arbeitnehmers der Zeitpunkt der letzten mündlichen Verhandlung in der Tatsacheninstanz.[131] Es geht auch hier um die Würdigung, ob die zum Zeitpunkt der abschließenden Entscheidung gegebenen Umstände noch eine **zukünftige** gedeihliche Zusammenarbeit der Parteien erwarten lassen. Vorfälle aus der Zeit **nach Ausspruch der Kündigung** sind aus diesem Grund in die Prognoseentscheidung einzubeziehen. Die für jeden Einzelfall vorzunehmende Wertung, ob die Auflösung gerechtfertigt ist, obliegt in erster Linie dem **Tatsachengericht**. In der **Revisionsinstanz** ist nur nachprüfbar, ob das Berufungsgericht die Voraussetzungen des Auflösungsantrags verkannt und bei Prüfung der vorgetragenen Auflösungsgründe alle wesentlichen Umstände vollständig und widerspruchsfrei gewürdigt hat (s Rn 114).[132] 63

Soweit etwaige **Auflösungsgründe das Gewicht eines Kündigungsgrundes erreichen**, steht es dem Arbeitgeber frei zu entscheiden, ob er hiermit die Auflösung des Arbeitsverhältnisses nach § 9 begründen oder das Verhalten zum Anlass nehmen will, eine (weitere) Kündigung auszusprechen. Eine solche Konstellation kann sich bspw dann ergeben, wenn der gekündigte Arbeitnehmer während des laufenden Kündigungsschutzverfahrens **fortbestehende arbeitsvertragliche Pflichten** verletzt.[133]

c) Einzelfälle. Als Auflösungsgründe iSd § 9 Abs 1 Satz 2 KSchG können Umstände in der **Person**, in der **Eignung**, in der **Leistung** und im **Verhalten des Arbeitnehmers im Verhältnis zum Arbeitgeber, Mitarbeitern** aber auch **Dritten**, etwa Kunden, geeignet sein; sie müssen nicht im Verhalten, insbesondere nicht im schuldhaften Verhalten des Arbeitnehmers liegen.[134] Auflösungsgründe können im vorprozessualen und außergerichtlichen Bereich entstehen.[135] Eine Auflösung kommt aber insbesondere dann in Betracht, wenn während eines Kündigungsschutzprozesses zusätzliche Spannungen zwischen den Parteien auftreten, die eine Fortsetzung des Arbeitsverhältnisses sinnlos erscheinen lassen.[136] 64

Ein Auflösungsantrag kann begründet sein, wenn der Arbeitnehmer den Arbeitgeber, Vorgesetzte oder andere Arbeitnehmer im oder außerhalb des Kündigungsschutzprozess **persönlich angreift**,[137] **wahrheitswidrige Tatsachenbehauptungen** über den Arbeitgeber in der **Öffentlichkeit** verbreitet und diesen dadurch in Misskredit bringt,[138] in der Zwischenzeit für ein **Konkurrenzunternehmen** gearbeitet hat (s Rn 68) oder bei **Beleidigungen** 65

---

131 BAG 23.6.2005 – 2 AZR 256/04 – NZA 2006, 363, zu II 2 b; 8.10.2009 – 2 AZR 682/08 – ArbRB 2010, 72, zu I 1 b.
132 BAG 10.7.2008 – 2 AZR 1111/06 – NZA 2009, 312, zu II 1 mwN.
133 ArbG Oldenburg 6.7.2011 – 3 Ca 63/11 – AE 2012, 105, zu IV 1 unter Hinweis auf BAG 7.3.2002 – 2 AZR 158/01 – NZA 2003, 261.
134 BAG 24.3.2011 – 2 AZR 674/09 – EzA-SD 2011, Nr 18, 3-4, zu III 1 b mwN; 11.7.2013 – 2 AZR 994/12 – EzA-SD 2014 Nr 3, 3 – 5, zu IV 1.
135 SPV/Vossen Rn 2117.
136 BAG 8.10.2009 – 2 AZR 682/08 – ArbRB 2010, 72, zu I 1 a; 10.12.2009 – 2 AZR 534/08 – NZA 2010, 698, zu III 1 mwN.
137 BAG 30.6.1959 – 3 AZR 111/58 – AP KSchG § 1 Nr 56; 23.6.2005 – 2 AZR 256/04 – AP KSchG 1969 § 9 Nr 52, zu II 2 a mwN.
138 vHH/L/Linck § 9 Rn 69.

und sonstigen **ehrverletzenden Äußerungen**,[139] etwa wenn der Arbeitgeber Kenntnis von Äußerungen des Arbeitnehmers gegenüber Dritten erlangt, die den Arbeitgeber als unfähig und dumm kennzeichnen.[140] Eine Auflösung kommt ebenfalls in Betracht, wenn der Arbeitnehmer in der Vergangenheit kontinuierlich gezeigt hat, dass er nicht gewillt ist, die **Organisationshoheit** des Arbeitgebers und die **Führungskompetenz** seiner Vorgesetzten anzuerkennen und den dienstlichen Anweisungen Folge zu leisten.[141]

66 Zu berücksichtigen sind auch die **Betriebszwecke**. So kann aufgrund der besonderen Glaubwürdigkeit, auf die Kirchengemeinden in der Öffentlichkeit angewiesen sind, im Einzelfall die Auflösung des Arbeitsverhältnisses eines kirchlichen Arbeitnehmers gerechtfertigt sein, wenn der Eindruck einer heillosen Zerstrittenheit des Gemeindepersonals besteht.[142] In **Tendenzbetrieben** können besondere Anforderungen an das Verhalten oder die Person des Arbeitnehmers bestehen, aus denen ein verstärktes Interesse des Arbeitgebers an der Vertragsauflösung resultieren kann. Die unter Berücksichtigung der wechselseitigen Grundrechtspositionen von Arbeitnehmer und Arbeitgeber bei der Anwendung des § 9 vorzunehmende Abwägung kann dazu führen, dass in einem Tendenzarbeitsverhältnis bestimmte Sachverhalte für eine Auflösung ausreichen, die in einem nicht von der Tendenz bestimmten Arbeitsverhältnis nicht hinreichend wären.[143] Die Tendenzträgereigenschaft allein vermag eine Auflösung allerdings nicht zu rechtfertigen, da eine § 14 Abs 2 Satz 2 entsprechende Vorschrift für Tendenzträger fehlt.

67 Stellt der Arbeitnehmer gegen den Arbeitgeber bzw einen Vorgesetzten eine **Strafanzeige** oder droht er mit einer solchen, kann dies den Auflösungsantrag des Arbeitgebers rechtfertigen, es sei denn, der Arbeitnehmer hat in Wahrnehmung berechtigter Interessen gehandelt.[144] Nach Auffassung des LAG Hamburg[145] soll sich aus der Erstattung einer Strafanzeige gegen den Vorgesetzten nur dann ein Auflösungsgrund iSv § 9 Abs 1 Satz 2 KSchG ergeben, wenn nachgewiesen ist, dass der Arbeitnehmer seinen Vorgesetzten wahrheitswidrig beschuldigt hat oder zumindest ein dringender Tatverdacht insoweit besteht.

68 Keine Auflösungsgründe stellen **wirtschaftliche oder betriebliche Umstände** dar, selbst wenn aufgrund solcher Umstände die Weiterbeschäftigungsmöglichkeit für den Arbeitnehmer entfällt. Der Arbeitgeber muss sich auf die Möglichkeit einer betriebsbedingten Kündigung verweisen lassen.[146] Der Auflösungsantrag kann nicht darauf gestützt werden, dass der Arbeitnehmer während des laufenden Kündigungsschutzprozesses eine **andere**

---

139 BAG 10.7.2008 – 2 AZR 1111/06 – NZA 2009, 312, zu II; 24.3.2011 – 2 AZR 674/09 – EzA-SD 2011, Nr 18, 3-4, zu III 1 b.
140 LAG Köln 15.12.2003 – 2 Sa 816/03- NZA-RR 1004, 527.
141 LAG Schleswig-Holstein 12.5.2009 – 5 Sa 458/08 – AuA 2010, 116, zu III 2.
142 BVerfG 2.2.1990 – 1 BvR 717/87 – NJW 1990, 2053.
143 BAG 23.10.2008 – 2 AZR 483/07 – NZA-RR 2009, 362, zu II 2 b, II 2 c cc 3.
144 BAG 10.11.1994 – 2 AZR 207/94 – AP KSchG 1969 § 9 Nr 24, zu II 4 b.
145 LAG Hamburg 27.6.1995 – 3 Sa 114/94- LAGE KSchG § 9 Nr 26.
146 BAG 14.10.1954 – 2 AZR 34/53 – AP KSchG § 3 Nr 6; KR/Spilger § 9 KSchG Rn 55; LSW/Spinner § 9 Rn 61.

Arbeitsstelle angetreten hat.[147] Eine Auflösung kommt aber in Betracht, wenn der Arbeitnehmer eine Tätigkeit bei einem (direkten) **Konkurrenzunternehmen** aufnimmt und damit sein (fortwirkendes) vertragliches Wettbewerbsverbot verletzt.[148]

Im Rahmen einer **prozessualen Auseinandersetzung** dürfen die Parteien zur **Verteidigung von Rechten** alles vortragen, was als rechts-, einwendungs- oder einredebegründender Umstand prozesserheblich sein kann.[149] Dieser Grundsatz gilt allerdings nur in den **Grenzen der Wahrheitspflicht** und wird durch die **allgemeinen Gesetze** und das **Recht der persönlichen Ehre** beschränkt.

Leichtfertige Tatsachenbehauptungen, deren Unhaltbarkeit ohne Weiteres auf der Hand liegt, dürfen nicht aufgestellt werden.[150] Vom Prozessgegner begründetermaßen oder grundlos als unberechtigt kritisch oder unwahr, provozierend oder beleidigend etc aufgefasste Erklärungen einer Partei in einem laufenden Kündigungsschutzverfahren können von der **Wahrnehmung berechtigter Interessen** gedeckt sein, etwa die schriftsätzlich vorgetragene Wertung „dem Kläger sei ganz erhebliches Unrecht durch eine als betriebsbedingt vorgeschobene Kündigung geschehen".[151] Dies gilt im Grunde auch für zugespitzte und in einem scharfen Ton formulierte Äußerungen, soweit diese in einem sachlich nachvollziehbaren Bezug zu den maßgeblichen rechtlichen Fragen stehen und weder im Inhalt noch in der Form die Grenze zu einer persönlichen Schmähung, Gehässigkeit oder Lüge übertreten.[152] Auch starke, eindringliche Ausdrücke oder Schlagworte dürfen benutzt werden, um die eigene Rechtsposition zu untermauern, selbst dann, wenn die eigene Position von der betreffenden Partei vorsichtiger hätte formuliert werden können.[153] Die wiederholte Bezeichnung gegnerischen Sachvortrags als „gelogen", „völliger Unsinn", „bewusst wahrheitswidriger Vortrag", „Taktik des Täuschens und Tarnens" kann indessen als Auflösungsgrund heran gezogen werden.[154] Unzutreffende Rechtsansichten, zB die Behauptung, die Kündigung sei sittenwidrig oder treuwidrig, begründen den Auflösungsantrag des Arbeitgebers hingegen nicht.[155] Gleiches gilt, wenn lediglich unzutreffende Tatsachenbehauptungen ohne Beleidigung oder Diskreditierung über die Person oder das Verhalten des Arbeitgebers aufgestellt werden oder derartiger Vortrag im Prozess nicht bewiesen werden kann.[156]

---

147 BAG 19.10.1972 – 2 AZR 150/72 – AP KSchG 1969 § 12 Nr 1; LAG Rheinland-Pfalz 22.1.2009 – 2 Sa 402/08 – juris, zu V.
148 ArbG Oldenburg 6.7.2011 – 3 Ca 63/11 – AE 2012, 105, zu IV 2 unter Hinweis auf BAG 28.1.2010 – 2 AZR 1008/08 – NZA-RR 2010, 461; LSW/Spinner § 9 Rn 56.
149 BAG 24.3.2011 – 2 AZR 674/09 – EzA-SD 2011, Nr 18, 3-4, zu III 1 c.
150 BAG 29.8.2013 – 2 AZR 419/12 – ArbR 2014, 154, zu II 2 c mwN.
151 BAG 10.7.2008 – 2 AZR 1111/06 – NZA 2009, 312, zu II 5 b.
152 BAG 9.9.2010 – 2 AZR 482/09 – NJW 2010, 3798, zu II 2.
153 BAG 24.3.2011 – 2 AZR 674/09 – EzA-SD 2011, Nr 18, 3-4, zu III 1 c.
154 LAG München – 9.7.2009 – 4 Sa 57/09 – juris, zu II 2 a ee 2.
155 BAG 7.3.2002 – 2 AZR 158/01 – AP KSchG 1969 § 9 Nr 42; 2.6.2005 – 2 AZR 234/04 – AP KSchG 1969 § 9 Nr 51, zu II 2 c; KR/Spilger § 9 KSchG Rn 56.
156 LAG Köln 26.1.1995 – 10 Sa 1134/94 – LAGE KSchG § 9 Nr 25, allerdings für den Antrag des Arbeitnehmers; aA KR/Spilger § 9 KSchG Rn 56.

Hingegen kann eine durch den Arbeitnehmer wegen angeblicher vielfacher Diskriminierungen eingereichte **Entschädigungsklage** die Auflösung des Arbeitsverhältnisses rechtfertigen, wenn diese auf haltlosen Behauptungen fußt und die begehrte Entschädigung jedes vernünftige Maß übersteigt.[157] Ebenso kommt ein **vorsätzlicher falscher Prozessvortrag** des Arbeitnehmers als Auflösungsgrund in Betracht. Nachlässiger Vortrag, der nach dem Bemerken des Irrtums sofort korrigiert wird, reicht dagegen nicht aus.[158]

Das **Verhalten seines Prozessbevollmächtigten** ist dem Arbeitnehmer grundsätzlich zuzurechnen (§ 85 ZPO) und kann die Auflösung des Arbeitsverhältnisses auch ohne arbeitnehmerseitige Veranlassung bedingen.[159] Dies gilt für vom Arbeitnehmer nicht veranlasste Erklärungen seines Prozessbevollmächtigten jedenfalls dann, wenn er sich diese, sei es auch stillschweigend, zu eigen macht und sich auch nachträglich nicht hiervon distanziert.[160] In der **mündlichen Verhandlung** werden tatsächliche Erklärungen des Prozessbevollmächtigten unmittelbar verpflichtend iSd § 85 ZPO, wenn diese von der persönlich anwesenden Partei nicht sofort widerrufen oder berichtigt werden (§ 85 Abs 1 Satz 2 ZPO) – was in der Praxis die Ausnahme sein dürfte. Der Prozessbevollmächtigte des Arbeitnehmers wird daher in aller Regel gut beraten sein (und im umgekehrten Fall der des Arbeitgebers), sowohl unnötig scharfe, provokante oder unsachliche als auch nachweislich unwahre, beleidigende oder ehrverletzende – mündliche oder schriftliche – Äußerungen zu unterlassen, will er einem Auflösungsantrag keinen Vorschub leisten. Die Grenze zwischen der Wahrnehmung berechtigter Interessen bis zum Vorliegen eines Auflösungsgrundes ist fließend und kann schnell und ohne sicher erkennbar zu sein, überschritten werden.

70 Das **Verhalten Dritter** gegenüber dem Arbeitgeber ist zur Begründung des Auflösungsantrages nur dann geeignet, wenn der Arbeitnehmer dieses Verhalten durch eigenes Tun entscheidend veranlasst hat (Ausnahme: Prozessbevollmächtigter, Rn 69).[161]

Wird von **dritter Seite die Entlassung des Arbeitnehmers verlangt**, ist der Arbeitgeber idR gehalten, zunächst zu versuchen, eine solche Konfliktsituation durch geeignete und zumutbare Maßnahmen zu bereinigen oder abzumildern. So rechtfertigt allein die bloße Weigerung von Kollegen zur Zusammenarbeit mit dem gekündigten Arbeitnehmer die Auflösung, insbesondere ohne vorherige Ausgleichsbemühungen des Arbeitgebers, ebenso wenig,[162] wie die schlichte Drohung mit einer Eigenkündigung durch Kol-

---

157 ArbG Heilbronn 18.10.2012 – 2 Ca 71/12 – juris, zu II 2 c; nachgehend LAG Baden-Württemberg-Wü 17.7.2013 – 13 Sa 141/12 – AE 2013, 171 (das sich hierzu nicht verhält); Nichtzulassungsbeschwerde zurückgewiesen, BAG 23.1.2014 – 2 AZN 998/13.
158 BAG 10.7.2008 – 2 AZR 1111/06 – NZA 2009, 312, zu II 5 c; LAG Hessen 16.3.2010 – 4 Sa 1616/09 – juris, zu 2 a.
159 BAG 23.6.2005 – 2 AZR 256/04 – AP KSchG 1969 § 9 Nr 52, zu II 2 c; 9.9.2010 – 2 AZR 482/09 – NJW 2010, 3798, zu I; aA KR/Spilger § 9 KSchG Rn 56: nur dann, wenn der Arbeitnehmer das Verhalten seines Prozessbevollmächtigten veranlasst hat.
160 BAG 10.7.2008 – 2 AZR 1111/06 – NZA 2009, 312, zu II 2 c; 10.6.2010 – 2 AZR 297/09 – NJW 2010, 3796, zu I 1 b, c.
161 BAG 10.6.2010 – 2 AZR 297/09 – NJW 2010, 3796, zu I 1 c bb.
162 BAG 23.10.2008 – 2 AZR 483/07 – NZA-RR 2009, 362, zu II 2 c aa.

legen des Arbeitnehmers, sollte dieser an seinen Arbeitsplatz zurückkehren; dies gilt insbesondere dann, wenn es bei der Ankündigung verbleibt.[163]

Allein der mit einem verlorenen Kündigungsschutzprozess (möglicherweise) einhergehende und in der Praxis arbeitgeberseits häufig befürchtete (und überschätzte) **Ansehensverlust** rechtfertigt die Auflösung des Arbeitsverhältnisses nicht.[164] 71

Soweit der Arbeitnehmer bei der vermeintlichen oder wirklichen **Wahrnehmung betriebsverfassungsrechtlicher Positionen** „über das Ziel hinausgeschossen" ist und dabei die ihm gesetzten Grenzen verkannt hat, genügt die Beurteilung des Arbeitgebers, es handle sich um einen menschlich problematischen und herausfordernd wirkenden Mitarbeiter – allein – für die Auflösung nicht aus. Es muss zusätzlich ersichtlich sein, dass dadurch das Arbeitsverhältnis zum Arbeitgeber irgendwie fassbar, etwa im Bereich der Hauptleistungspflichten oder einzelner Nebenpflichten, in Mitleidenschaft gezogen wird.[165] 72

d) Auflösungsgründe des Arbeitgebers und Beteiligung des Betriebsrats bzw der Personalvertretung. Der Arbeitgeber ist nach § 102 Abs 1 BetrVG (bzw den entsprechenden Mitwirkungstatbeständen des Personalvertretungsrechts) lediglich verpflichtet, der Arbeitnehmervertretung die Kündigungsgründe mitzuteilen. Eine Anhörungspflicht hinsichtlich evtl Auflösungsgründe ist im Gesetz nicht vorgesehen. Nach zutreffender Ansicht[166] erstreckt sich ein betriebsverfassungs- oder personalvertretungsrechtliches Verwertungsverbot für nicht mitgeteilte Kündigungsgründe nicht auf die Verwendung dieser Gründe im Rahmen eines Auflösungsantrages nach § 9 Abs 1 Satz 2 KSchG. Daher ist es dem Arbeitgeber nicht verwehrt, zur Begründung des Auflösungsantrages Gründe vorzutragen, mit denen er im Kündigungsschutzprozess wegen fehlender Beteiligung der Arbeitnehmervertretung ausgeschlossen wäre. 73

e) Darlegungs- und Beweislast. Der Arbeitgeber trägt die Darlegungs- und Beweislast für das Vorliegen der von ihm behaupteten Auflösungsgründe.[167] Zur Darlegung, weshalb ihm den Betriebszwecken dienliche weitere Zusammenarbeit nicht zu erwarten sei, genügen pauschale Wendungen und schlagwortartige Formulierungen nicht. Nur solche Tatsachen, die der Arbeitgeber vorgetragen oder aufgegriffen hat, können berücksichtigt werden; selbst offenkundige Tatsachen dürfen der Entscheidung nicht zugrunde gelegt werden, wenn sich der Arbeitgeber auf diese nicht stützt.[168] Es muss präzise, eine Verweisung auf die vorgetragenen Kündigungsgründe reicht nicht aus, vorgetragen – und im Bestreitensfall bewiesen – werden, welche Tatsachen zur Begründung der Auflösung herangezogen werden 74

---

163 LAG Hamburg 1.9.2009 – 2 Sa 126/09 – juris, zu II 3.
164 LAG Köln 21.9.2009 – 2 Sa 674/09 – AuA 2010, 48.
165 BAG 8.10.2009 – 2 AZR 682/08 – ArbRB 2010, 72, zu I 2 (erfolglose gerichtliche Anträge des Arbeitnehmers im Zusammenhang mit einer Betriebsratswahl).
166 BAG 10.10.2002 – 2 AZR 240/01 – AP KSchG 1969 § 9 Nr 45; SPV/Vossen Rn 2120; ErfK/Kiel § 9 KSchG Rn 20; aA KR/Spilger § 9 KSchG Rn 58 a und KDZ/Zwanziger § 9 KSchG Rn 23.
167 BAG 30.9.1976 – 2 AZR 402/75 – AP KSchG 1969 § 9 Nr 3; 9.9.2010 – 2 AZR 482/09 – NJW 2010, 3798, zu I 1.
168 BAG 10.12.2009 – 2 AZR 534/08 – NZA 2010, 698, zu III 2 a mwN.

und warum sich daraus die fehlende Basis für eine weitere Zusammenarbeit ergibt. Die Darlegungs- und Beweislast entspricht spiegelbildlich der Situation des Auflösungsantrags des Arbeitnehmers (s Rn 58 f).

6. Auflösungsantrag beider Parteien

75 a) **Problemstellung.** Haben beide Parteien einen Auflösungsantrag gestellt, sind mehrere Entscheidungsmöglichkeiten denkbar:[169]

76 Teilweise wird die Auffassung vertreten, dass auch bei beiderseitigem Auflösungsantrag eine Nachprüfung der Auflösungsgründe erforderlich ist und beide Auflösungsanträge voneinander unabhängig sind. Da es sich bei dem Antrag des Arbeitnehmers um einen unechten Hilfsantrag handelt, ist dieser vorrangig zu prüfen. Erst wenn sich der Auflösungsantrag des Arbeitnehmers als unbegründet erweist, fällt der echte Hilfsantrag des Arbeitgebers auf Auflösung des Arbeitsverhältnisses zur Entscheidung an (s Rn 79).[170]

77 ZT wird davon ausgegangen, dass bei einem beidseitigen Auflösungsantrag ohne weiteres ein Auflösungsgrund bestehe bzw das Gericht an den gemeinsamen Willen der Parteien, das Arbeitsverhältnis im Fall sozialwidriger Kündigung aufzulösen, gebunden sei.[171]

Eine denkbare dritte Möglichkeit besteht in der vorrangigen Prüfung des Auflösungsantrags des Arbeitgebers.

78 b) **Nachprüfung der Auflösungsgründe auch bei beiderseitigem Auflösungsantrag.** Zutreffend ist die erstgenannte Auffassung (Rn 76). Der Umstand, dass beide Parteien Auflösungsanträge stellen, entbindet das Gericht nicht von der Prüfung der gesetzlichen Auflösungsvoraussetzungen. Eine Bindung an übereinstimmende Auflösungsanträge folgt weder aus dem Wortlaut des § 9 KSchG, noch entspricht dies dem Sinn und Zweck der Norm. Das Kündigungsschutzgesetz ist ein Bestandsschutzgesetz, kein Abfindungsgesetz, die gerichtliche Auflösung eines Arbeitsverhältnisses soll nur unter den tatbestandlichen Voraussetzungen des § 9 KSchG erfolgen. Auch aus dem zivilprozessualen Verhandlungsgrundsatz kann eine Bindungswirkung für das Gericht nicht hergeleitet werden. Dieser Prozessgrundsatz regelt lediglich die Frage, wer die antragsbegründenden Tatsachen vorzutragen hat. Eine Prüfung der gesetzlichen Auflösungsvoraussetzungen ist auch im Hinblick auf die Bemessung der Abfindungshöhe von Bedeutung. Nur für den Fall eines Anerkenntnisses und nachfolgendem Antrag auf Erlass eines Anerkenntnisurteils gem § 307 ZPO entfällt die

---

[169] BAG 23.6.1993 – 2 AZR 56/93 – AP KSchG 1969 § 9 Nr 23, zu II 2 e; welcher der nachfolgenden Auffassungen zu folgen sei, wurde vom BAG offengelassen.
[170] KR/Spilger § 9 KSchG Rn 65 ff; LAG Baden-Württemberg 17.7.2013 – 13 Sa 141/12 – AE 2013, 171, zu B II 1 a.
[171] LAG Baden-Württemberg 17.7.2013 – 13 Sa 141/12 – AE 2013, 171, zu B II 1 c; SPV/Vossen Rn 2128 f; Ascheid Rn 812; Bauer/Hahn DB 1990, 2471; im Ergebnis ebenso LSW/Spinner § 9 Rn 88, wonach zwar jeder Antrag auf Vorliegen der gesetzlichen Auflösungsvoraussetzungen zu prüfen ist, dies sich aber aus dem Umstand der beiderseitigen Auflösungsanträge ergeben sollen; ähnl BAG 29.3.1960 – 3 AZR 568/58 – AP KSchG § 7 Nr 7: für den Fall der Erklärung des Arbeitnehmers, er widerspreche dem Auflösungsantrag des Arbeitgebers nicht.

materiell-rechtliche Prüfung der Auflösungsvoraussetzungen. Es ist den Parteien im Übrigen unbenommen, das Arbeitsverhältnis vergleichsweise aufzulösen. Liegt eine entsprechende Willensübereinstimmung vor, bedarf es keines entsprechenden Gestaltungsurteils.

Bei der Prüfungsreihenfolge ist zu beachten, dass der Auflösungsantrag des Arbeitnehmers für den Fall gestellt ist, dass er mit dem Kündigungsschutzantrag Erfolg hat (unechter Hilfsantrag, s Rn 13). Der Antrag des Arbeitnehmers ist daher denknotwendig vor dem Auflösungsantrag des Arbeitgebers zu prüfen. Erweist sich der Antrag des Arbeitnehmers als begründet, ist das Arbeitsverhältnis auf seinen Antrag hin aufzulösen, andernfalls ist der Antrag des Arbeitgebers auf die Voraussetzungen nach § 9 Abs 1 Satz 2 KSchG zu untersuchen. Liegen diese vor, ist das Arbeitsverhältnis auf Antrag des Arbeitgebers aufzulösen, ansonsten ist auch der Antrag des Arbeitgebers zurückzuweisen. 79

Das Prozessverhalten der Parteien kann die gerichtliche Entscheidung aber nach allgemeinen prozessualen Grundsätzen beeinflussen. Hinsichtlich der Beweiserheblichkeit von schlüssig vorgetragenen Auflösungstatsachen ist zu beachten, dass diese im Falle des Nichtbestreitens gem § 138 Abs 3 ZPO als zugestanden anzusehen sind. In einer während der mündlichen Verhandlung abgegebenen bestätigenden Erklärung zu schlüssig vorgetragenen Auflösungstatsachen kann ggf ein Geständnis iSd § 288 Abs 1 ZPO liegen. 80

7. Sonderfälle

a) **Änderungskündigung.** Die Auflösung des Arbeitsverhältnisses nach § 9 KSchG setzt die Feststellung voraus, dass die Kündigung sozialwidrig ist. Daher scheidet bei einer Änderungskündigung die gerichtliche Auflösung grundsätzlich aus, wenn der Arbeitnehmer das in der Änderungskündigung enthaltene Änderungsangebot angenommen oder gem § 2 KSchG rechtzeitig unter Vorbehalt angenommen hat.[172] Streitgegenstand der Änderungsschutzklage ist nämlich nicht die Beendigung des Arbeitsverhältnisses, sondern die Frage, ob die Änderung der Arbeitsbedingungen sozial gerechtfertigt ist.[173] Im Änderungsschutzprozess können daher weder Arbeitnehmer noch Arbeitgeber die Auflösung des Arbeitsverhältnisses nach § 9 KSchG beantragen.[174] 81

b) **Leitende Angestellte.** Nach § 14 Abs 2 KSchG findet § 9 Abs 1 Satz 2 KSchG auf Geschäftsführer, Betriebsleiter uä leitende Angestellte,[175] soweit diese zur selbständigen Einstellung oder Entlassung von Arbeitnehmern berechtigt[176] sind mit der Maßgabe Anwendung, dass der **Antrag des Arbeit-** 82

---

172 BAG 24.10.2013 – 2 AZR 320/13 – DB 2014, 842, zu I 3; zur Annahme unter Vorbehalt vgl § 2 KSchG Rn 31 ff.
173 Vgl § 2 KSchG Rn 56.
174 BAG 29.1.1981 – 2 AZR 1055/78 – AP Nr 6 zu § 9 KSchG 1969; § 2 KSchG Rn 65.
175 Vgl § 14 KSchG Rn 17 ff zum Begriff des leitenden Angestellten.
176 Die Personalkompetenz iSd § 14 Abs 2 KSchG muss einen wesentlichen Teil der ausgeübten Tätigkeit des Angestellten ausmachen und sich auf eine bedeutende Anzahl von Arbeitnehmern beziehen, vgl BAG 24.3.2011 – 2 AZR 674/09 – EzA-SD 2011, Nr 18, 3-4, zu II 1; BAG 10.10.2002 – 2 AZR 598/01 – DB 2003, 506.

gebers auf Auflösung des Arbeitsverhältnisses **keiner Begründung** bedarf. Diese Privilegierung des Arbeitgebers rechtfertigt sich aus dem Umstand, dass das Arbeitsverhältnis mit einem leitenden Angestellten typischerweise ein besonderes Vertrauensverhältnis voraussetzt. Da § 14 Abs 2 Satz 2 KSchG nur auf § 9 Abs 1 Satz 2 KSchG verweist, nicht aber auf dessen Abs 1 Satz 1, ist der **leitende Angestellte**, soweit er einen Auflösungsantrag im Kündigungsschutzprozess stellt, von der **Begründungspflicht** nach § 9 Abs 1 Satz 1 KSchG **nicht befreit**. Er muss also Gründe vortragen, aus denen sich für ihn die Unzumutbarkeit der Fortsetzung des Arbeitsverhältnisses ergibt.[177]

83 c) **Zivilbeschäftigte bei den Stationierungsstreitkräften.** Für Arbeitnehmer, die bei den alliierten Streitkräften beschäftigt sind, gelten für den Auflösungsantrag des Arbeitgebers ebenfalls Besonderheiten. Gemäß Art 56 Abs 2 a des Zusatzabkommens zum Nato-Truppenstatut[178] gilt § 9 Abs 1 Satz 2 KSchG mit der Maßgabe, dass der Antrag des Arbeitgebers auch darauf gestützt werden kann, dass der Fortsetzung des Arbeitsverhältnisses besonders schutzwürdige militärische Interessen entgegenstehen. Die oberste Dienstbehörde kann die besonders schutzwürdigen militärischen Interessen glaubhaft machen; in diesem Falle ist die Verhandlung vor dem erkennenden Gericht nicht öffentlich. Sofern die Offenlegung der Gründe die Gefahr eines schweren Schadens für die Sicherheit des Entsendestaates oder seiner Truppe verursachen könnte, kann die oberste Dienstbehörde der Truppe im Einvernehmen mit dem Chef des Bundeskanzleramts die Glaubhaftmachung durch eine förmliche Erklärung bewirken. Nach Art 56 Abs 2 c ZA-NATO-Truppenstatut gilt diese Sonderregelung nicht für die Mitglieder der Betriebsvertretungen.

84 d) **Betriebsrats- und Personalratsmitglieder.** Bei der **außerordentlichen Kündigung** des Arbeitsverhältnisses einer der von § 15 Abs 1-3 KSchG geschützten Personen kann der **Arbeitgeber keinen Auflösungsantrag** stellen (vgl § 13 Abs 1 Satz 3, Abs 3 KSchG). Da in diesen Fällen die ordentliche Kündigung ausgeschlossen ist (§ 15 Abs 1-3 KSchG), scheidet eine Umdeutung und damit auch ein Auflösungsantrag des Arbeitgebers nach § 9 Abs 1 Satz 2 KSchG aus.

85 Der Sonderfall, dass ein Arbeitnehmer erst **während eines Kündigungsschutzprozesses** eine der in § 15 Abs 1-3 KSchG genannten Funktionen[179] übernimmt, ist im KSchG nicht ausdrücklich geregelt.

Nach einer Entscheidung des BAG[180] kann das Gericht dem Auflösungsantrag des Arbeitgebers, der auf einen Sachverhalt gestützt wird, welcher **nach der Wahl** des Arbeitnehmers zum Mitglied des **Personalrats** entstanden ist, nur stattgeben, wenn dieser Sachverhalt geeignet ist, einen wichti-

---

177 Vgl § 14 KSchG Rn 27 ff.
178 IdF des Änderungsabkommens vom 18.3.1993, vgl BGBl 1994 II S 2598 ff; in Kraft getreten am 29.3.1998, vgl BGBl 1998 II S 1691; ZA-NATO-Truppenstatut.
179 Zur Einbeziehung der Schwerbehindertenvertretung vgl die Verweisung in § 96 Abs 3 SGB IX.
180 BAG 7.12.1972 – 2 AZR 235/72 – AP KSchG 1969 § 9 Nr 1.

gen Grund zur fristlosen Kündigung iSd § 626 BGB abzugeben.[181] Diese erhöhten inhaltlichen Anforderungen an den Auflösungsantrag des Arbeitgebers hat das BAG[182] mit der Gefahr der Umgehung des § 15 KSchG begründet. Da im zugrunde liegenden Fall das Landespersonalvertretungsgesetz (Saarland) – noch – kein Zustimmungserfordernis zu einer außerordentlichen Kündigung eines Personalratsmitgliedes vorsah, setzt sich die Entscheidung – konsequenterweise – nicht mit der Gefahr der Umgehung der Zustimmungsrechte nach §§ 103 BetrVG, 108 Abs 1 BPersVG bzw nach den entsprechenden Vorschriften der Landespersonalvertretungsgesetze auseinander. Die vom Arbeitgeber beantragte Auflösung des Arbeitsverhältnisses mit einem Arbeitnehmer, der während des Kündigungsrechtsstreits den Sonderschutz nach § 15 KSchG erwirbt, begründet aber nicht nur die Gefahr der Umgehung des § 15 KSchG, sondern auch der unverzichtbaren Zustimmungsrechte der Arbeitnehmervertretungen. Dieser Umgehungsgefahr könnte dadurch begegnet werden, dass die vorherige Zustimmung der Arbeitnehmervertretung analog der für die Kündigung bestehenden Regelungen in solchen Fällen als – weitere – Voraussetzung für die gerichtliche Auflösung auf Antrag des Arbeitgebers angesehen wird. Die Ausweitung der für die Kündigung gesetzlich vorgesehenen Beteiligungsrechte des Betriebsrats auf den Auflösungsantrag des Arbeitgebers widerspricht allerdings dem eindeutigen Gesetzeswortlaut (s Rn 73). Nach zutreffender Auffassung[183] stellen die §§ 15 KSchG, 103 BetrVG, 108 Abs 1 BPersVG sowie die Zustimmungsnormen nach den Landespersonalvertretungsgesetzen Sonderregelungen gegenüber der Auflösungsvorschrift des § 9 Abs 1 Satz 2 KSchG dar. Der Sinn und Zweck dieser Vorschriften besteht vorrangig in der Sicherung der Arbeitnehmervertretungen hinsichtlich der Stetigkeit ihrer Arbeit und ihrer personellen Zusammensetzung.[184] Gegenüber den geschützten Funktionsträgern kann der Arbeitgeber – bei Vorliegen der gesetzlichen Voraussetzungen – somit nur eine außerordentliche Kündigung aussprechen, ein Antrag auf Auflösung des Arbeitsverhältnisses nach § 9 Abs 1 Satz 2 KSchG ist ihm hingegen verwehrt.

Soweit indessen **keine Umgehung von Sonderkündigungsschutz** vermittelnden Vorschriften, etwa § 15 Abs 3 KSchG und § 103 BetrVG, im Raum steht und eine Auflösung des Arbeitsverhältnisses weder die Tätigkeit des Arbeitnehmers als Wahlbewerber noch die Kontinuität eines betriebsverfassungsrechtlichen Organs beeinträchtigen kann, kommt eine Auflösung des Arbeitsverhältnisses auf Antrag des Arbeitgebers durchaus in Betracht. Hierfür bedarf es dann weder zwingend ausnahmslos eines Sachverhalts, der zugleich einen wichtigen Grund iSd § 626 BGB darstellte, noch einer Zustimmung des Betriebsrats. Hat der Arbeitgeber vor Eintritt des Sonderkündigungsschutzes eine ordentliche Kündigung erklärt und hierauf bezo-

---

181 Entsprechend für den Fall der Wahl zum Mitglied des Betriebsrats: LSW/Spinner § 9 Rn 64; vHH/L/Linck § 9 Rn 61.
182 BAG 7.12.1972 – 2 AZR 235/72 – AP KSchG 1969 § 9 Nr 1.
183 LAG Berlin 27.5.2004 – 13 Sa 313/04 – NZA-RR 2005,130: jedenfalls für den Fall, dass der Auflösungsantrag auf Gründe gestützt wird, die nach Eintritt des Sonderkündigungsschutzes liegen; LAG Hamm 30.9.1999 – 16 Sa 2598/98 – LAGE BetrVG 1972 § 102 Nr 73; KR/Spilger § 9 KSchG Rn 62.
184 Vgl § 15 KSchG Rn 1 ff.

gen einen Auflösungsantrag gestellt, kommt eine – entsprechende – Anwendung von § 15 Abs 3 S 1, S 2 KSchG, § 103 BetrVG nicht in Betracht, wenn der Sonderkündigungsschutz im Zeitpunkt der Entscheidung über den Auflösungsantrag bereits wieder geendet hat; dies gilt zumal dann, wenn der Arbeitnehmer zum Zeitpunkt des möglichen Auflösungstermins noch nicht über Sonderkündigungsschutz verfügte.[185] Anders als bei der oben zu Beginn von Rn 85 zitierten Entscheidung des BAG vom 7.12.1972, war der Arbeitnehmer im Urteil vom 29.8.2013 im Zeitpunkt der gerichtlichen Entscheidung über den Auflösungsantrag kein Mandatsträger mehr.

Nach Ablauf des Nachwirkungszeitraums kann nach der Rechtsprechung des BAG eine ordentliche Kündigung auch auf solche **Pflichtverletzungen** gestützt werden, die der Arbeitnehmer **während der Schutzfrist** begangen hat. Das gilt uneingeschränkt für Handlungen, die in keinem Zusammenhang mit der betriebsverfassungsrechtlichen Funktion/Tätigkeit des Arbeitnehmers stehen. Für die Heranziehung entsprechender Sachverhalte als **Auflösungsgrund** gilt nichts anderes. Stehen die die Auflösung begründen sollenden Umstände mit der betriebsverfassungsrechtlichen Betätigung in Verbindung, ist der Arbeitnehmer hinreichend geschützt, wenn dieser Aspekt bei der materiellen Bewertung des geltend gemachten Auflösungsgrundes angemessen Berücksichtigung findet. Wirkt sich der fragliche Sachverhalt, etwa wie eine Verletzung betriebsverfassungsrechtlicher Pflichten eines Wahlbewerbers, ausschließlich im kollektiven Bereich aus, liegt von vornherein kein tragfähiger Auflösungsgrund isd § 9 KSchG vor.[186]

86 Ist die **ordentliche Kündigung** des Arbeitsverhältnisses mit einem Funktionsträger ausnahmsweise zulässig (§ 15 Abs 4, Abs 5 KSchG) kann der **Arbeitgeber** die Auflösung des Arbeitsverhältnisses gleichwohl nicht beantragen, da die Anwendung der §§ 1 ff KSchG neben § 15 KSchG ausgeschlossen ist.[187]

87 Der vom Schutz des § 15 KSchG erfasste **Arbeitnehmer** kann die Auflösung des Arbeitsverhältnisses nach § 13 Abs 1 Satz 3 KSchG beantragen, soweit er innerhalb von drei Wochen nach Zugang der außerordentlichen Kündigung Kündigungsschutzklage gem §§ 4, 13 Abs 1 Satz 2 KSchG erhoben hat.[188]

88 e) **Sonstige Arbeitnehmer mit besonderem Kündigungsschutz.** Bei sonstigen Arbeitnehmern mit besonderem Kündigungsschutz[189] bestehen keine Besonderheiten, wenn die Zustimmung der zuständigen Behörde zur Kündigung vorliegt. In diesen Fällen können beide Parteien die gerichtliche Auflösung des Arbeitsverhältnisses gem § 9 KSchG nach allgemeinen Grundsätzen beantragen (s Rn 44 ff, 60 ff).

---

185 BAG 29.8.2013 – 2 AZR 419/12 – ArbR 2014, 154, zu II 1 c (Wahlbewerber).
186 BAG 29.8.2013 – 2 AZR 419/12 – ArbR 2014, 154, zu II 1 c bb 3.
187 Vgl § 15 KSchG Rn 8 ff und 145.
188 KR/Etzel § 15 KSchG Rn 41 f.
189 ZB § 9 Abs 1 MuSchG, § 85 SGB IX, § 18 BEEG.

In dem Sonderfall, dass ein Arbeitnehmer erst **während eines Kündigungs-** 89
schutzprozesses einen besonderen Kündigungsschutz erwirbt, zB durch Anerkennung als schwer behinderter Mensch mit Wirkung zu einem Zeitpunkt, der nach Zugang der Kündigung liegt und erst danach ein arbeitgeberseitiger Auflösungsantrag gestellt wird, stellt sich die Frage, ob zu diesem – in entsprechender Anwendung des § 85 SGB IX (bzw der §§ 9 Abs 3 MuSchG, 18 BEEG bei nachträglich erworbenem Sonderkündigungsschutz nach dem MuSchG oder dem BEEG) – die Zustimmung des Integrationsamtes (bzw der Arbeitsschutzbehörde) erforderlich ist.[190] Nach zutreffender Ansicht[191] darf der Auflösungsantrag des Arbeitgebers nicht zu einer Umgehung des besonderen Kündigungsschutzes führen, wenn dieser auf verfassungsrechtliche Garantien zurückzuführen ist (vgl Art 3 Abs 3 Satz 2, Art 6 Abs 4 GG). Eine solche Umgehung läge indessen vor, wenn der Arbeitgeber statt einer weiteren, nunmehr zustimmungspflichtigen Kündigung den zugrunde liegenden Sachverhalt mit einem Auflösungsantrag in den Prozess einführen könnte. Daher ist auch bei einem Auflösungsantrag die vorherige Zustimmung der zuständigen Behörde erforderlich, wenn der auf verfassungsrechtliche Garantien zurückzuführende Sonderkündigungsschutz erst während des Kündigungsschutzprozesses eintritt.

III. Gerichtliche Entscheidung
1. Klageabweisung bei sozial gerechtfertigter Kündigung

Ist die Kündigung sozial gerechtfertigt, wird der Kündigungsschutzantrag 90
abgewiesen. Ein vom Arbeitnehmer gestellter Auflösungsantrag ist nicht zur Entscheidung angefallen, da dieser nur für den Fall gestellt ist, dass dem Kündigungsschutzantrag statt gegeben wird (s Rn 13). Auch über einen Auflösungsantrag des Arbeitgebers ist in diesem Fall nicht zu entscheiden, da dieser als echter Hilfsantrag für den Fall gestellt ist, dass dem Kündigungsschutzantrag entsprochen wird (s Rn 13). Die im Prozess gestellten Auflösungsanträge sind weder im Tenor, noch in den Entscheidungsgründen zu erwähnen. Die Kosten hat der unterliegende Arbeitnehmer nach § 91 Abs 1 ZPO zu tragen.

Der Tenor lautet:

▶ 1. Die Klage wird abgewiesen.

2. Der Kläger hat die Kosten des Rechtsstreits zu tragen. ◀

2. Entscheidung bei sozialwidriger Kündigung

a) **Teilurteil und Teil-Anerkenntnisurteil.** Wird durch Urteil festgestellt, 91
dass das Arbeitsverhältnis durch eine Kündigung nicht aufgelöst ist, so muss über einen Auflösungsantrag nach § 9 grundsätzlich gleichzeitig entschieden werden. Eine Aufteilung der Entscheidung in ein Teilurteil (wegen

---
190 Dafür: OVG Lüneburg 12.7.1989 – 4 L 21/89 – Behindertenrecht 1990, 114.
191 KR/Spilger § 9 KSchG Rn 62 a.

Unwirksamkeit der Kündigung) und ein Schlussurteil (wegen Auflösung gegen Abfindung) ist nicht zulässig.[192]

92 Der Grundsatz, dass über die Rechtswirksamkeit der Kündigung und über die Auflösung des Arbeitsverhältnisses nur einheitlich entschieden werden kann, steht im Geltungsbereich des Kündigungsschutzgesetzes dem Erlass eines Teil-Anerkenntnisurteils über die Unwirksamkeit der Kündigung aber nicht entgegen.[193] Erkennt der Arbeitgeber den Kündigungsschutzantrag wegen Sozialwidrigkeit der Kündigung an, scheidet eine streitige Entscheidung hierüber aus. Da eine Teilbarkeit wegen des erforderlichen Antrags nach § 9 KSchG vorliegt, muss das Gericht in einem solchen Fall ein Teil-Anerkenntnisurteil erlassen. Über den Auflösungsantrag und die Kosten des Rechtsstreits ist in einem solchen Fall durch Schlussurteil zu entscheiden. Hat der Arbeitgeber auch den vom Arbeitnehmer gestellten Auflösungsantrag nebst unbeziffertem Auflösungsantrag anerkannt, ergeht ein einheitliches Anerkenntnisurteil, in welchem das Gericht die angemessene Abfindung festsetzt.[194]

93 **b) Alleiniger Auflösungsantrag des Arbeitnehmers. aa) Zurückweisung des Auflösungsantrags.** Ist dem Arbeitnehmer die Fortsetzung des Arbeitsverhältnisses zumutbar, ist dessen Auflösungsantrag zurückzuweisen.

Der Tenor lautet:

▶ 1. Es wird festgestellt, dass das Arbeitsverhältnis der Parteien durch die Kündigung (vom...) nicht aufgelöst ist.

2. Der Auflösungsantrag wird zurückgewiesen. ◀

94 **bb) Stattgabe des Auflösungsantrages.** Ist dem Arbeitnehmer die Fortsetzung des Arbeitsverhältnisses nicht zuzumuten, hat das Gericht nach § 9 Abs 1 Satz 1 KSchG das Arbeitsverhältnis aufzulösen und den Arbeitgeber zur Zahlung einer angemessenen Abfindung zu verurteilen (zum festzusetzenden Auflösungszeitpunkt s Rn 35). Da die Sozialwidrigkeit der Kündigung Voraussetzung für die gerichtliche Auflösung ist, muss diese Feststellung im Urteilstenor nicht gesondert ausgesprochen werden. Es genügt, wenn diese Feststellung in den Gründen getroffen wird.[195]

Der Tenor lautet:

▶ 1. Das Arbeitsverhältnis wird zum (es folgt das Datum des Auflösungszeitpunktes) aufgelöst.

2. Die Beklagte wird verurteilt, an den Kläger eine Abfindung in Höhe von (es folgt der festgesetzte Abfindungsbetrag) zu zahlen. ◀

95 **cc) Kosten.** Stellt das Gericht zwar die Sozialwidrigkeit der Kündigung fest, weist aber den Auflösungsantrag des Arbeitnehmers zurück, sind die Kosten des Rechtsstreits nach § 92 Abs 1 ZPO grundsätzlich entsprechend

---

192 BAG 4.4.1957 – 2 AZR 456/54 – AP ZPO § 301 Nr 1; 9.12.1971 – 2 AZR 118/71 – AP ZA-Nato-Truppenstatut § 56 Nr 3; KR/Spilger § 9 KSchG Rn 83; vHH/L/Linck Rn 79; LSW/Spinner § 9 Rn 69.
193 BAG 29.1.1981 – 2 AZR 1055/78 – AP KSchG 1969 § 9 Nr 6.
194 KR/Friedrich § 4 KSchG Rn 72 a; KR/Spilger § 9 KSchG Rn 83; vHH/L/Linck § 9 KSchG Rn 80.
195 BAG 9.12.1955 – 1 AZR 531/54 – AP KSchG § 7 Nr 2; KR/Spilger § 9 KSchG Rn 84; LSW/Spinner § 9 Rn 68.

dem Obsiegens- und Unterliegensanteil verhältnismäßig zu teilen. Regelmäßig dürfte eine Quotierung von 3/4 zu 1/4 zu Lasten des Arbeitgebers angemessen sein, wenn die Wirksamkeit der Kündigung den Hauptstreitpunkt bildet.[196] Stellt hingegen der Auflösungantrag des Arbeitnehmers den Schwerpunkt des Rechtsstreits dar, ist dies in der Kostenquote zu Lasten des Arbeitnehmers zu berücksichtigen (Vorschlag: 1/2 zu 1/2). Die Auffassung, dass dem Arbeitgeber gem § 92 Abs 2 ZPO die gesamten Prozesskosten auferlegt werden können, wenn durch die Entscheidung über den Auflösungsantrag keine besonderen Kosten veranlasst worden sind,[197] ist abzulehnen. § 92 Abs 2 Nr 1 ZPO setzt nicht nur voraus, dass die Zuvielforderung der anderen Partei keine besonderen Kosten veranlasst hat, sondern auch, dass diese verhältnismäßig geringfügig gewesen ist. Diese Voraussetzung ist hinsichtlich eines zurückgewiesenen Auflösungsantrages des Arbeitnehmers regelmäßig nicht erfüllt.

Wird dem Auflösungsantrag des Arbeitnehmers stattgegeben, hat der Arbeitgeber gem § 91 Abs 1 ZPO die gesamten Kosten des Rechtsstreits zu tragen, da er sowohl hinsichtlich des Kündigungsschutzantrages als auch des vom Arbeitnehmer gestellten Auflösungsantrages unterlegen ist. Hat der Arbeitnehmer im Rahmen seines Auflösungsantrages die Abfindung beziffert, sind die Kosten nach § 92 Abs 1 ZPO verhältnismäßig zu teilen, wenn das Gericht zwar das Arbeitsverhältnis auf Antrag des Arbeitnehmers auflöst, den Abfindungsbetrag aber niedriger festsetzt.[198] Unterliegt der Arbeitnehmer bei beziffertem Abfindungsantrag teilweise hinsichtlich der Abfindungshöhe, können dem Arbeitgeber die gesamten Prozesskosten gem § 92 Abs 2 Nr 1 ZPO auferlegt werden, wenn die Zuvielforderung des Arbeitnehmers verhältnismäßig geringfügig war und keine besonderen Kosten veranlasst hat. Äußert der Arbeitnehmer nur Vorstellungen hinsichtlich der Abfindungshöhe, liegt kein bezifferter Abfindungsantrag vor. In diesem Fall kommt die volle Kostentragungspflicht des Arbeitgebers nach § 92 Abs 2 Nr 2 ZPO in Betracht, wenn das Gericht von den Vorstellungen des Arbeitnehmers geringfügig nach unten abweicht, da der Abfindungsbetrag von der Festsetzung durch richterliches Ermessen abhängig ist. Aus **Sicht des Arbeitnehmers** wird im Prozess zu erwägen sein, ob auf einen bezifferten Antrag wegen des hiermit verbundenen Kostenrisikos verzichtet werden kann oder soll.[199]

c) Alleiniger Auflösungsantrag des Arbeitgebers. aa) Zurückweisung des Auflösungsantrages. Stellt das Gericht die Sozialwidrigkeit der Kündigung fest, fehlen aber Gründe, die eine den Betriebszwecken dienliche weitere Zusammenarbeit zwischen Arbeitgeber und Arbeitnehmer nicht erwarten lassen, ist der vom Arbeitgeber gestellte Auflösungsantrag zurückzuweisen.

---

196 BAG 28.1.1961 – 2 AZR 482/59 – AP KSchG § 7 Nr 8, zu III.
197 So KR/Spilger § 9 KSchG Rn 89 für den Fall eines unschlüssigen Auflösungsantrages.
198 BAG 26.6.1986 – 2 AZR 522/85 – AP KSchG 1969 § 10 Nr 3: Kostenquote 3/4 zu 1/4 zu Lasten des Arbeitgebers bei Festsetzung der Hälfte der geforderten Abfindung.
199 LSW/Spinner § 9 Rn 77.

Der Tenor lautet:

▶ 1. Es wird festgestellt, dass das Arbeitverhältnis durch die Kündigung (vom...) nicht aufgelöst ist.

2. Der Auflösungsantrag wird zurückgewiesen. ◀

98 **bb) Stattgabe des Auflösungsantrages.** Ist die Kündigung sozialwidrig und liegen Gründe vor, die eine den Betriebszwecken dienliche weitere Zusammenarbeit zwischen Arbeitgeber und Arbeitnehmer nicht erwarten lassen, hat das Gericht auf Antrag des Arbeitgebers das Arbeitsverhältnis gegen Zahlung einer Abfindung aufzulösen. Die Feststellung der Sozialwidrigkeit der Kündigung bedarf keines gesonderten Ausspruches im Tenor. Es gelten insoweit die gleichen Grundsätze wie bei der Stattgabe des vom Arbeitnehmer gestellten Auflösungsantrages (s Rn 94).

Der Tenor lautet:

▶ 1. Das Arbeitsverhältnis wird zum ... (Datum des Auflösungszeitpunktes) aufgelöst.

2. Die Beklagte wird verurteilt, an den Kläger eine Abfindung in Höhe von EUR... zu zahlen. ◀

99 **cc) Kosten.** Wird der Auflösungsantrag des Arbeitgebers zurückgewiesen, ergibt sich die volle Kostentragungspflicht des Arbeitgebers aus § 91 Abs 1 ZPO.

Hat der Arbeitgeber mit seinem Auflösungsantrag Erfolg, sind die Kosten gem § 92 Abs 1 ZPO verhältnismäßig zu teilen.[200] Eine Kostenteilung nach § 92 Abs 1 ZPO ist auch dann vorzunehmen, wenn der Arbeitgeber den Kündigungsschutzantrag anerkannt hat. § 93 ZPO findet keine Anwendung, da der Arbeitgeber zur Erhebung der Kündigungsschutzklage Anlass gegeben hat und der Arbeitnehmer rechtzeitig Klage erheben musste, um den Eintritt der Fiktion des § 7 KSchG zu verhindern.[201] Dem Arbeitgeber sind aber die gesamten Kosten des Rechtsstreits nach § 92 Abs 2 Nr 1 ZPO aufzuerlegen, wenn der Arbeitnehmer sich gegen den Auflösungsantrag des Arbeitgebers nicht gewehrt hat.[202]

100 **d) Auflösungsantrag beider Parteien.** Nach zutreffender Auffassung sind die gesetzlichen Auflösungsgründe auch dann zu prüfen, wenn beide Parteien einen Auflösungsantrag stellen (s Rn 78 ff). Vorrangig ist über den Arbeitnehmerantrag zu entscheiden. Erst wenn sich dieser als unbegründet erweist, ist der Auflösungsantrag des Arbeitgebers zu prüfen. Zweckmäßigerweise ist im Tenor klarzustellen, auf wessen Antrag hin das Arbeitsverhältnis aufgelöst wird. Es sind folgende Entscheidungen möglich:

101 **aa) Stattgabe des vom Arbeitnehmer gestellten Auflösungsantrages.** Ist dem Arbeitnehmer die Fortsetzung des Arbeitsverhältnisses nicht zuzumuten, hat das Gericht auf Antrag des Arbeitnehmers das Arbeitsverhältnis aufzulösen, wenn die Kündigung sozialwidrig ist. Der Antrag des Arbeitgebers fällt nicht zur Entscheidung an, da dieser nicht nur zum Kündigungs-

---

200 Quote 3/4 zu 1/4 zu Lasten des Arbeitgebers, vgl Rn 96.
201 KR/Spilger § 9 KSchG Rn 90; vHH/L/Linck § 9 Rn 87.
202 BAG 28.11.1968 – 2 AZR 76/68 – AP KSchG § 1 Betriebsbedingte Kündigung Nr 19.

schutzantrag in einem Hilfsverhältnis steht, sondern auch hilfsweise für den Fall gestellt ist, dass das Arbeitsverhältnis nicht bereits auf Antrag des Arbeitnehmers aufgelöst wird (s Rn 13). Der Auflösungsantrag des Arbeitgebers findet daher im Tenor keine Erwähnung, in den Entscheidungsgründen ist er nicht zu behandeln.

Der Tenor lautet:

▶ 1. Das Arbeitsverhältnis der Parteien wird auf Antrag des Klägers zum ... aufgelöst.

2. Die Beklagte wird verurteilt, an den Kläger eine Abfindung in Höhe von EUR ... zu zahlen. ◀

bb) Stattgabe des vom Arbeitgeber gestellten Auflösungsantrages. Ist bei sozialwidriger Kündigung der Auflösungsantrag des Arbeitnehmers unbegründet und liegen Gründe vor, die eine den Betriebszwecken dienliche weitere Zusammenarbeit der Parteien nicht erwarten lassen, hat das Gericht das Arbeitsverhältnis auf den vom Arbeitgeber gestellten Auflösungsantrag aufzulösen. Die Zurückweisung des vorrangig geprüften Auflösungsantrags des Arbeitnehmers ist im Tenor auszusprechen. Zur Klarstellung sollte in den Tenor aufgenommen werden, dass die Auflösung auf Antrag des Arbeitgebers erfolgt.

Der Tenor lautet:

▶ 1. Das Arbeitsverhältnis der Parteien wird auf Antrag der Beklagten zum... aufgelöst.

2. Die Beklagte wird verurteilt, an den Kläger eine Abfindung in Höhe von EUR... zu zahlen.

3. Der Auflösungsantrag des Klägers wird zurückgewiesen. ◀

cc) Zurückweisung beider Auflösungsanträge. Ist auch der Auflösungsantrag des Arbeitgebers unbegründet, sind beide Auflösungsanträge zurückzuweisen.

Der Tenor lautet:

▶ 1. Es wird festgestellt, dass das Arbeitsverhältnis der Parteien durch die Kündigung vom... nicht aufgelöst ist.

2. Der Auflösungsantrag des Klägers und der Auflösungsantrag der Beklagten werden zurückgewiesen. ◀

dd) Kosten. Führt der Antrag des Arbeitnehmers (s Rn 101) zur Auflösung, trifft den Arbeitgeber gem § 91 Abs 1 ZPO die gesamte Kostenlast; bei Auflösung auf Antrag des Arbeitgebers (s Rn 102) sind die Kosten nach § 92 Abs 1 ZPO zu teilen.[203] Entsprechendes gilt, wenn beide Auflösungsanträge zurückgewiesen werden.

3. Streitwert, Vollstreckbarkeit

Bei der Festsetzung des Gebühren- und des Rechtsmittelstreitwertes ist § 42 Abs 3 Satz 1 GKG anzuwenden. Nach dieser Vorschrift ist für die Wertberechnung bei Rechtsstreitigkeiten über das Bestehen, das Nichtbestehen oder die Kündigung eines Arbeitsverhältnisses höchstens der Betrag

---

[203] Vgl sinngemäß die Erläuterungen zu Rn 99.

des für die Dauer eines Vierteljahres zu leistenden Arbeitsentgelts maßgebend; eine Abfindung wird nicht hinzugerechnet. Ist neben dem Kündigungsschutzantrag noch ein **Auflösungsantrag** im Streit, wirkt sich dieser somit **nicht werterhöhend** aus.[204] Für die Streitwertfestsetzung ist der für das Bestandsschutzbegehren im Einzelfall maßgebliche Wert zu Grunde zu legen.[205] Eine Erhöhung infolge des – zusätzlichen – Streits über den Auflösungsantrag findet auch dann nicht statt, wenn eine im Urteil festgesetzte Abfindung wertmäßig höher ist als der Vierteljahresverdienst des Arbeitnehmers. Diese Grundsätze gelten grundsätzlich auch dann, wenn sich die Parteien vergleichsweise auf eine Beendigung gegen Abfindungszahlung geeinigt haben.

106 Streiten die Parteien im Wege der objektiven Klagehäufung im Kündigungsschutzprozess über Zahlungsansprüche, die nicht vom Bestand des Arbeitsverhältnisses abhängen, erhöht sich der festzusetzende Streitwert um den entsprechenden Nennbetrag. Handelt es sich hingegen um Zahlungsansprüche, die vom Bestand des Arbeitsverhältnisses abhängig sind, wirkt sich dieser Umstand aufgrund wirtschaftlicher (Teil-)Identität mit dem Bestandsschutzbegehren nicht werterhöhend aus. Der Streitwert wird durch den höheren Wert gebildet.[206] Entsprechendes gilt, wenn der Arbeitnehmer einen Weiterbeschäftigungsanspruch geltend macht. Solche vom Bestand des Arbeitsverhältnisses abhängigen Ansprüche werden im Kündigungsschutzprozess häufig neben dem Kündigungsschutzantrag verfolgt. Dies ist auch dann möglich, wenn eine Partei einen Auflösungsantrag gestellt hat. Verlangt der Arbeitnehmer die gerichtliche Auflösung des Arbeitsverhältnisses, kann er vom Bestand des Arbeitsverhältnisses abhängige Ansprüche als echte Hilfsanträge in den Prozess einführen für den Fall, dass dem Auflösungsantrag vom Gericht nicht entsprochen wird. Im Verhältnis zum Kündigungsschutzantrag handelt es sich um unechte Hilfsanträge.

107 Beruht die Verurteilung zur Zahlung einer Abfindung nicht auf §§ 9, 10 KSchG, sondern auf einer sonstigen Anspruchsgrundlage (Tarifvertrag, Sozialplan, Nachteilsausgleich nach § 113 BetrVG, Individualvertrag)[207] ist § 12 Abs 7 Satz 1 ArbGG nicht anwendbar. Der festzusetzende Streitwert des Zahlungsantrags richtet sich in diesen Fällen nach der Höhe der begehrten Abfindungssumme.

108 Das Auflösungsurteil, mit welchem der Arbeitgeber zur Zahlung einer Abfindung verurteilt wird, ist nach § 62 Abs 1 Satz 1 ArbGG **vorläufig voll-**

---

204 LAG Köln 17.8.2010 – 11 Ta 194/10; LAG Baden-Württemberg 22.9.2004 – 3 Ta 136/04 – LAGE KSchG § 9 Nr 37; LAG München 14.9.2001 – 4 Ta 200/01; aA LAG Berlin 30.12.1999 – 7 Ta 6121/99 (Kost) – MDR 2000, 526: Streitwert ein Bruttomonatsgehalt; HK-ArbR/Hjort § 9 KSchG Rn 20.
205 Der Vierteljahresverdienst ist die Höchstgrenze, kein Regelstreitwert; innerhalb des durch § 42 Abs 3 GKG vorgegebenen Rahmens ist der im Einzelfall angemessene Gegenstandswert nach dem mit dem Bestandsschutzantrag verfolgten wirtschaftlichen Interesse ohne Abhängigkeit von der bisherigen Dauer des Arbeitsverhältnisses zu bestimmen, vgl LAG Baden-Württemberg 25.11.2002 – 3 Ta 96/02.
206 LAG Baden-Württemberg 12.6.2001 – 3 Ta 70/01.
207 GMP/Germelmann § 12 Rn 124 mwN.

streckbar.²⁰⁸ Die in der Auflösung des Arbeitsverhältnisses liegende Gestaltungswirkung tritt zwar erst mit Rechtskraft des Auflösungsurteils ein, der Anspruch auf den Abfindungsbetrag entsteht hingegen durch die richterliche Festsetzung im Urteil und wird damit, frühestens jedoch zum Zeitpunkt des festgesetzten Endes des Arbeitsverhältnisses, fällig.²⁰⁹ Der durch gerichtliche Festsetzung entstandene Anspruch des Arbeitnehmers auf Zahlung der Abfindung ist aber noch nicht unbedingt entstanden, sondern auflösend bedingt durch die Aufhebung des Urteils.²¹⁰

Der Arbeitnehmer kann somit bereits vor Rechtskraft des Auflösungsurteils den vom Gericht festgesetzten Abfindungsbetrag im Wege der Zwangsvollstreckung beitreiben. Um dies zu vermeiden, muss der Arbeitgeber gem § 62 Abs 1 Satz 2 ArbGG im Kündigungsschutzprozess beantragen, dass die vorläufige Vollstreckbarkeit im Urteil ausgeschlossen wird; Voraussetzung ist aber die Glaubhaftmachung, dass die Vollstreckung dem Arbeitgeber einen nicht zu ersetzenden Nachteil bringen würde.²¹¹

4. Rechtsmittel

a) **Berufung.** Gegen ein das Arbeitsverhältnis auflösendes oder einen Auflösungsantrag zurückweisendes Urteil kann nach den allgemeinen Regeln Berufung eingelegt werden. Voraussetzung ist aber, dass der Berufungsführer beschwert ist.

Die erforderliche **Beschwer** auf Seiten des **Arbeitnehmers** liegt vor bei Zurückweisung des von ihm gestellten Auflösungsantrages, bei beziffertem Abfindungsantrag regelmäßig dann, wenn das Gericht eine niedrigere Abfindungssumme festgesetzt hat. Bei unbeziffertem Abfindungsantrag kann der Arbeitnehmer Berufung einlegen, wenn das Gericht den Abfindungsbetrag unterhalb der gesetzlichen Höchstgrenze nach § 10 KSchG festsetzt.²¹² Voraussetzung ist, dass der Kläger in der Berufung die Höhe des festgesetzten Abfindungsbetrages angreift.²¹³ Die erforderliche (formelle) Beschwer des Arbeitnehmers fehlt, wenn er allein mit dem Ziel Berufung einlegt, seinen erstinstanzlich gestellten Auflösungsantrag zurückzunehmen, um eine Fortsetzung des Arbeitsverhältnisses zu erreichen.²¹⁴ Entsprechendes gilt für den Fall, dass der Arbeitnehmer in erster Instanz keinen Auflösungsantrag gestellt hat. Die Einlegung der Berufung mit dem Ziel, in zweiter Instanz erstmals einen Auflösungsantrag zu stellen, ist unzulässig.²¹⁵

Der **Arbeitgeber ist beschwert,** wenn das Arbeitsgericht das Arbeitsverhältnis auf Antrag des Arbeitnehmers gegen den Antrag des Arbeitgebers auf-

---

208 BAG 9.12.1987 AP ArbGG 1979 § 62 Nr 4.
209 KR/Spilger § 10 Rn 19; vHH/L/Linck § 10 Rn 26.
210 BAG 9.12.1987 – 4 AZR 561/87 – AP ArbGG 1979 § 62 Nr 4.
211 Zum Begriff des *nicht zu ersetzenden Nachteils* sowie zur Zwangsvollstreckung allg vgl Anhang: Zwangsvollstreckung/Einstweiliger Rechtsschutz Rn 11 ff.
212 KR/Spilger § 10 KSchG Rn 69; vHH/L/Linck § 9 KSchG Rn 92.
213 BAG 23.6.1993 – 2 AZR 56/93 – AP KSchG 1969 § 9 Nr 23.
214 BAG 23.6.1993 – 2 AZR 56/93 – AP KSchG 1969 § 9 Nr 23: Die erforderliche formelle Beschwer des Arbeitnehmers ergibt sich nicht aus dem Umstand, dass das Arbeitsgericht das Arbeitsverhältnis nicht auf Antrag des Arbeitnehmers, sondern auf den Antrag des Arbeitgebers hin aufgelöst hat.
215 BAG 3.4.2008 – 2 AZR 720/06 – NZA 2008, 1258, zu I 2, 3 mwN.

gelöst hat, die festgesetzte Abfindungssumme seiner Auffassung nach überhöht ist, das Arbeitsgericht einen von ihm gestellten Auflösungsantrag zurückgewiesen hat oder das Gericht im Falle eines bezifferten Antrags eine über die beantragte Höchstsumme hinausgehende Abfindung festgesetzt hat.[216]

113 Das **Berufungsgericht** kann als Tatsachengericht in vollem Umfang nachprüfen, ob die gesetzlichen Auflösungsvoraussetzungen nach § 9 Abs 1 Satz 1 und Satz 2 KSchG vorliegen. Ist die Berufung auf die Höhe der festgesetzten Abfindung beschränkt, wird das Urteil hinsichtlich der Sozialwidrigkeit der Kündigung und der Auflösung des Arbeitsverhältnisses rechtskräftig. Im Wege einer eigenen Ermessensentscheidung hat das Berufungsgericht in diesem Fall nur noch über die angemessene Höhe der Abfindung zu entscheiden.

114 b) **Revision.** In der Revisionsinstanz ist lediglich nachprüfbar, ob das Berufungsgericht die Voraussetzungen des Auflösungsantrags verkannt und bei Prüfung der vorgetragenen Auflösungsgründe alle wesentlichen Umstände vollständig und widerspruchsfrei gewürdigt hat.[217] Die Bewertung, ob die Auflösungsgründe eine den Betriebszwecken dienliche weitere Zusammenarbeit der Parteien erwarten lassen oder nicht, obliegt hingegen in erster Linie dem Tatsachengericht. Das Revisionsgericht kann diese nicht durch eine eigene Bewertung ersetzen.[218] Hat das Landesarbeitsgericht keine die vorzunehmende Gesamtbetrachtung der Auflösungsgründe ermöglichenden hinreichenden Tatsachenfeststellungen getroffen, ist der Rechtsstreit an das Berufungsgericht zurück zu verweisen (§ 563 Abs 1 Satz 1 ZPO). Die Festsetzung der Höhe der Abfindung kann nur eingeschränkt daraufhin überprüft werden, ob die Voraussetzungen und Grenzen des Ermessens beachtet worden sind.[219]

---

216 ErfK/Kiel § 10 Rn 32.
217 BAG 23.2.2010 – 2 AZR 554/08 – NZA 2010, 1123, zu I 2 d mwN.
218 BAG 10.7.2008 – 2 AZR 1111/06 – NZA 2009, 312, zu II 4 mwN.
219 BAG 28.5.2009 – 2 AZR 282/09 – NZA 2009, 966, zu III.

§ 10 Höhe der Abfindung

(1) Als Abfindung ist ein Betrag bis zu zwölf Monatsverdiensten festzusetzen.

(2) ¹Hat der Arbeitnehmer das fünfzigste Lebensjahr vollendet und hat das Arbeitsverhältnis mindestens fünfzehn Jahre bestanden, so ist ein Betrag bis zu fünfzehn Monatsverdiensten, hat der Arbeitnehmer das fünfundfünfzigste Lebensjahr vollendet und hat das Arbeitsverhältnis mindestens zwanzig Jahre bestanden, so ist ein Betrag bis zu achtzehn Monatsverdiensten festzusetzen. ²Dies gilt nicht, wenn der Arbeitnehmer in dem Zeitpunkt, den das Gericht nach § 9 Abs. 2 für die Auflösung des Arbeitsverhältnisses festsetzt, das in der Vorschrift des Sechsten Buches Sozialgesetzbuch über die Regelaltersrente bezeichnete Lebensalter erreicht hat.

(3) Als Monatsverdienst gilt, was dem Arbeitnehmer bei der für ihn maßgebenden regelmäßigen Arbeitszeit in dem Monat, in dem das Arbeitsverhältnis endet (§ 9 Abs. 2), an Geld und Sachbezügen zusteht.

I. Grundsätze 1	2. Verjährung, Ausschlussfristen 30
1. Anwendungsbereich 1	3. Vererblichkeit, Pfändbarkeit, Abtretbarkeit, Aufrechenbarkeit 32
2. Rechtsnatur der Norm 3	4. Insolvenzschutz 35
3. Funktion der Abfindung 4	5. Verhältnis zu sonstigen Ansprüchen 36
II. Höhe der festzusetzenden Abfindung 6	IV. Die Abfindung im Steuerrecht 38
1. Monatsverdienst als Bemessungsgrundlage 6	1. Änderung der Rechtslage zum 1.1.2006/Übergangsregelung/Altfälle 38
a) Allgemeines 6	2. Steuerermäßigung nach §§ 24, 34 EStG 42
b) Regelmäßige Arbeitszeit 7	a) Allgemeines/Zweck 42
c) Ermittlung des Monatsverdienstes 8	b) Arbeitnehmerbegriff im Steuerrecht 43
2. Gesetzliche Höchstgrenzen 11	c) Vorliegen einer Entschädigung 44
a) Regelfall und erweiterte Höchstgrenzen 11	d) Zusammenballung von Einkünften 49
b) Erreichen der Regelaltersgrenze 12	e) Berechnung der Steuerermäßigung (Fünftelregelung) 51
c) Zwingende Geltung 13	
d) Ermittlung der Höchstgrenze. Anrechenbarkeit von Vorbeschäftigungszeiten 14	3. Lohnsteuerabzug. Steuerschuldner. Risiko der Besteuerung von Abfindungen. Brutto-/Netto-Vereinbarungen 52
3. Bemessung der Abfindung 19	V. Die Abfindung im Sozialversicherungsrecht 54
a) Einzelne Bemessungskriterien 19	1. Begriff des beitragspflichtigen Arbeitsentgelts nach § 14 Abs 1 SGB IV 54
b) Erfordernis der Einzelfallfestsetzung. Bemessungszeitpunkt 22	2. Ruhen des Arbeitslosengeldanspruchs bei Entlassungsentschädigungen 57
c) Sonderfall 25	
d) Antragstellung 27	
III. Die Abfindung im Privatrecht 28	
1. Entstehung, Fälligkeit, Verzinslichkeit des Abfindungsanspruchs 28	

3.	Sperrzeit für den Bezug von Arbeitslosengeld......		66
	a) Gesetzliche Regelung des Sperrzeittatbestandes.....................		66
	b) Sperrzeitrelevanz einzelner Auflösungstatbestände...............		69
	c) Wichtiger Grund iSd Sperrzeitrechts.........	76
	d) Gerichtlicher Vergleich..................	80
	e) Geschäftsanweisungen (GA) der Bundesagentur für Arbeit zum Sperrzeittatbestand....	81

I. Grundsätze

1. Anwendungsbereich

1 § 10 KSchG gilt für alle Fälle der **gerichtlichen Festsetzung** einer Abfindung. Hauptanwendungsfall ist die Festsetzung einer Abfindung bei gerichtlicher Auflösung des Arbeitsverhältnisses nach § 9 KSchG. Die Vorschrift des § 10 KSchG ist für den Fall einer unwirksamen außerordentlichen Kündigung (vgl § 13 Abs 1 Satz 5 KSchG) und den Fall einer sittenwidrigen Kündigung (§ 13 Abs 2 KSchG) entsprechend anwendbar. Aufgrund der Verweisung in § 113 Abs 1 aE BetrVG gilt § 10 KSchG auch für Abfindungen, die als Nachteilsausgleich gerichtlich festgesetzt werden.

2 Auf einzelvertraglich, etwa in Aufhebungs- oder Abwicklungsverträgen, außergerichtlichen oder gerichtlichen Vergleichen, vereinbarte Abfindungszahlungen findet § 10 KSchG hingegen **keine Anwendung**.[1] Im Rahmen der Vertragsfreiheit können die Arbeitsvertragsparteien die Höhe der Abfindung ohne Bindung an Höchstgrenzen festlegen. § 10 KSchG gilt auch nicht für tarifvertragliche Abfindungsansprüche, die regelmäßig abschließende Regelungen zur Berechnung der Abfindungshöhe enthalten oder für Sozialplanabfindungen nach § 112 BetrVG.[2]

2. Rechtsnatur der Norm

3 § 10 KSchG ist keine Anspruchsgrundlage, sondern eine **Bemessungsvorschrift**. Sie gibt den gesetzlichen Rahmen vor, innerhalb dessen die angemessene Höhe der Abfindung zu ermitteln ist. Der in § 9 Abs 1 KSchG aufgestellte Grundsatz der Angemessenheit der Abfindung wird durch die Bemessungsvorschrift des § 10 KSchG konkretisiert und zum Schutz des Arbeitgebers der Höhe nach begrenzt (s Rn 4, 11 ff). Im Rahmen der in der Vorschrift definierten, zwingend zu beachtenden **gesetzlichen Höchstgrenzen** liegt die Festsetzung der Abfindungshöhe im **gerichtlichen Ermessen**. Die in § 10 KSchG erwähnten **Bemessungskriterien** – Monatsverdienst, Lebensalter, Beschäftigungsdauer – sind nicht abschließend (s Rn 19 ff). Für die Bemessung maßgeblich sind stets die **Umstände des Einzelfalls**.

3. Funktion der Abfindung

4 Die nach §§ 9, 10 KSchG festgesetzte Abfindung hat in erster Linie **Entschädigungsfunktion**, da sie ein vermögensrechtliches Äquivalent für den Verlust des Arbeitsplatzes trotz Vorliegens einer sozialwidrigen Kündigung

---

1 Für den Abfindungsanspruch nach § 1a KSchG gilt allerdings die Vorschrift des § 10 Abs 3 KSchG entsprechend; vgl dazu § 1a KSchG Rn 10, 16 ff.
2 Zur Bemessung von Sozialplanabfindungen vgl Fitting § 112a BetrVG Rn 144 ff.

ist.[3] Mit der Abfindung sollen alle unmittelbar mit dem Verlust des Arbeitsplatzes verbundenen vermögensrechtlichen und immateriellen Nachteile des Arbeitnehmers pauschal abgegolten werden.[4] Die Abfindung ist weder Arbeitsentgelt oder Ersatz für entgangenes Arbeitsentgelt noch vertraglicher oder deliktischer Schadenersatz.[5] Enthält der festgesetzte Abfindungsbetrag ausnahmsweise auch Vergütungsbestandteile, weil die gerichtliche Auflösung des Arbeitsverhältnisses zu einem früheren Zeitpunkt als zum Ablauf der Kündigungsfrist erfolgt,[6] hat die Abfindung insoweit Entgeltcharakter.

Das geltende Arbeitsrecht gewährt keine uneingeschränkte Sicherung gegen die Beendigung eines Arbeitsverhältnisses infolge einer Kündigung. Aufgrund der Entschädigungsfunktion der durch das Gericht festgesetzten Abfindung werden mit dieser die **unmittelbaren (wirtschaftlichen) Auflösungsschäden**, bspw der infolge der Beendigung des Arbeitsverhältnisses eintretende Verdienstausfall, für die nach dem Auflösungszeitpunkt liegende Zeit insgesamt abgegolten; der ersatzfähige Schaden wird insoweit durch § 10 KSchG der Höhe nach begrenzt (s Rn 11 ff, 36 f).[7] Die Geltendmachung weiterer Schäden, die lediglich **mittelbar** durch die Auflösung des Arbeitsverhältnisses verursacht werden, zB eine Behinderung des Arbeitnehmers bei der Stellensuche durch unrichtige Zeugniserteilung oder durch die verspätete Herausgabe der Arbeitspapiere, wird hingegen durch die Festsetzung einer Abfindung nicht berührt.[8]

Die in Aufhebungs- oder Abwicklungsverträgen, außergerichtlichen oder gerichtlichen Vergleichen vereinbarten Abfindungen haben ebenfalls Entschädigungsfunktion, wenn sie ausschließlich als Ausgleich der durch den Arbeitsplatzverlust bedingten Nachteile gewährt werden. In der Praxis werden im Rahmen von Abfindungsvereinbarungen jedoch häufig steuer- und sozialversicherungspflichtige Vergütungsbestandteile herangezogen, um den Abfindungsbetrag zu erhöhen. In entsprechendem Umfang hat die Abfindungszahlung keinen Entschädigungs-, sondern Entgeltcharakter (zur steuerrechtlichen Behandlung der Abfindung in diesen Fällen s Rn 48, zur sozialversicherungsrechtlichen Behandlung s Rn 56).

II. Höhe der festzusetzenden Abfindung
1. Monatsverdienst als Bemessungsgrundlage

a) **Allgemeines.** Grundlage für die Ermittlung der angemessenen Abfindung ist der dem Arbeitnehmer **individuell zustehende Bruttomonatsverdienst** ohne Abzug von Lohnsteuer und Sozialversicherungsbeiträgen. Nach § 10 Abs 3 KSchG gilt als Monatsverdienst, was dem Arbeitnehmer

---

3 BAG 25.6.1987 – 2 AZR 504/86 – NZA 1988, 466; zur Funktion der Abfindung vgl auch § 9 KSchG Rn 5.
4 BAG 12.6.2003 – 8 AZR 341/02 – BB 2003, 2747.
5 BAG 6.12.1984 – 2 AZR 348/81 – AP KO § 61 Nr 14; vHH/L/Linck § 10 Rn 4; KR/Spilger § 10 KSchG Rn 11.
6 Für den Fall einer außerordentlichen Kündigung auf den Zugangszeitpunkt, vgl § 9 KSchG Rn 37 f; vgl iÜ Rn 25.
7 BAG 12.6.2003 – 8 AZR 341/02 – BB 2003, 2747.
8 BAG 22.4.1971 – 2 AZR 205/70 – AP KSchG § 7 Nr 24; 12.6.2003 – 8 AZR 341/02 – BB 2003, 2747.

bei der für ihn maßgeblichen Arbeitszeit in dem Monat, in dem das Arbeitsverhältnis endet, an Geld und Sachbezügen zusteht. Der Beendigungszeitpunkt entspricht dem Auflösungszeitpunkt nach § 9 Abs 2 KSchG (s § 9 Rn 35 ff). Nach der gesetzlichen Regelung kann der zu ermittelnde Bruttomonatsverdienst bei vereinbarter Stundenvergütung unterschiedlich hoch ausfallen, je nachdem, in welchem Kalendermonat der Auflösungszeitpunkt liegt. Bei der Bemessung des Abfindungsbetrages können hierdurch bedingte Nachteile für den Arbeitnehmer jedoch angemessen berücksichtigt werden.[9]

In einem **einheitlichen Arbeitsverhältnis** mit mehreren Arbeitgebern kann die Abfindung idR nur einheitlich festgesetzt werden. Bemessungsgrundlage, also Monatsverdienst iSd § 10 Abs 3 sind die Bezüge, die dem Arbeitnehmer aus dem Arbeitsverhältnis insgesamt zustehen.[10]

7 b) **Regelmäßige Arbeitszeit.** Unter der regelmäßigen Arbeitszeit ist nicht die betriebsübliche, sondern die **arbeitsvertraglich vereinbarte, individuelle Arbeitszeit** des Arbeitnehmers zu verstehen. Kurzarbeit und Überstunden bleiben grundsätzlich außer Betracht. Überstunden sind aber dann bei der Ermittlung des Monatsverdienstes einzubeziehen, wenn der Arbeitnehmer diese regelmäßig geleistet hat. Hierfür wird ein Zeitraum von wenigstens drei bis sechs Monaten voraus zu setzen sein.[11] Unerheblich ist, ob der Arbeitnehmer in dem Monat, in dem das Arbeitsverhältnis endet, tatsächlich beschäftigt worden ist. Bei Arbeitsunterbrechungen, etwa aufgrund Krankheit, Urlaub, Freistellung oder Betriebsstillegung, ist der Monatsverdienst fiktiv so zu berechnen, als ob gearbeitet worden wäre.[12]

8 c) **Ermittlung des Monatsverdienstes.** Zum Monatsverdienst zählen **alle Leistungen mit Entgeltcharakter.** Dazu zählen **Grundvergütungen** wie zB Stundenlohn, Gehalt, Fixum und Provision sowie ferner alle **Sonderzahlungen,** auf die der Arbeitnehmer einen Anspruch hat, etwa 13. Monatsgehalt, Tantiemen, erfolgsabhängige Vergütungen, Umsatzbeteiligungen, Jahresabschlusszahlungen und regelmäßig geleistete **Zulagen** wie zB Schichtzuschläge, Gefahrenzulagen oder Nachtarbeitszuschläge. Entgeltbestandteile, die nicht monatlich zur Auszahlung kommen und für einen längeren Zeitraum berechnet werden, sind bei der Ermittlung des Monatsgehalts **anteilig** zu berücksichtigen.[13] Steht bei unterjährigem Ausscheiden des Arbeitnehmers die Höhe einer Zahlung, etwa einer Tantieme oder einer Zielvereinbarungsleistung, noch nicht fest, ist deren voraussichtliche Höhe durch **Schätzung** zu ermitteln, wofür aber tatsächliche Anhaltspunkte erforderlich sind.[14] Bei **Akkordvergütung** ist der im Auflösungsmonat vermutlich erzielte Verdienst zu ermitteln, wenn der Arbeitnehmer nicht beschäftigt worden ist.[15]

---

9 APS/Biebl § 10 Rn 19; KR/Spilger § 10 KSchG Rn 32.
10 BAG 19.4.2012 – 2 AZR 186/11 – NZA 2013, 27.
11 HK-ArbR/Hjort § 10 KSchG Rn 12 mwN.
12 KR/Spilger § 10 KSchG Rn 30.
13 vHH/L/Linck § 10 Rn 16.
14 Vgl hierzu Bauer, FS für Hanau, 1999, 151, 167 f.
15 KR/Spilger § 10 KSchG Rn 33.

Leistungen mit **Aufwendungscharakter**, wie etwa Spesen, bleiben bei der 9
Ermittlung des Monatsverdienstes außer Ansatz, ebenso **Leistungen mit
Gratifikationscharakter**, zB vom Arbeitgeber freiwillig geleistetes Urlaubs-
oder Weihnachtsgeld.[16]

Sachbezüge sind mit ihrem tatsächlichen Wert dem Monatsverdienst iSd 10
§ 10 Abs 3 KSchG hinzuzurechnen. Maßgebend sind die Kosten, die vom
Arbeitnehmer auf dem freien Markt aufgewendet werden müssten.[17] Zu
den Sachbezügen zählt bspw die Berechtigung, einen **Dienstwagen** privat
nutzen zu können; insoweit kann der Wert auch abstrakt entsprechend der
steuerlichen Bewertung der privaten Nutzungsmöglichkeit berechnet werden.[18]

2. Gesetzliche Höchstgrenzen

a) Regelfall und erweiterte Höchstgrenzen. § 10 Abs 1 KSchG zieht im 11
Normalfall die Höchstgrenze für die Abfindung bei einem Betrag von
zwölf Monatsverdiensten. Eine darüber hinaus gehende Abfindung darf
nur nach § 10 Abs 2 Satz 1 KSchG festgesetzt werden. Hiernach erweitert
sich die Höchstgrenze zunächst auf maximal **fünfzehn** Monatsverdienste,
wenn der Arbeitnehmer das fünfzigste Lebensjahr vollendet und das Arbeitsverhältnis mindestens fünfzehn Jahre bestanden und sodann auf **achtzehn** Monatsverdienste, wenn der Arbeitnehmer das fünfundfünfzigste Lebensjahr vollendet und das Arbeitsverhältnis mindestens zwanzig Jahre bestanden hat. Die Voraussetzungen müssen jeweils kumulativ erfüllt sein.

b) Erreichen der Regelaltersgrenze. Für Arbeitnehmer, die bereits die **Al-** 12
tersgrenze der gesetzlichen Rentenversicherung erreicht haben (§ 10 Abs 2
Satz 2 KSchG iVm § 35 Nr 1 SGB VI, also grundsätzlich mit Vollendung
des 67. Lebensjahres), gilt die normale Höchstgrenze nach § 10 Abs 1
KSchG. Eine Erhöhung auf fünfzehn oder achtzehn Monatsverdienste ist
gesetzlich ausgeschlossen. Anknüpfungspunkt ist ausschließlich das Erreichen der Regelaltersgrenze. Ob der Arbeitnehmer die allgemeine Wartezeit
von fünf Jahren nach § 50 Abs 1 SGB VI erfüllt und somit einen Anspruch
auf Altersruhegeld nach § 35 SGB VI hat, ist unerheblich. Demgegenüber
sind die gesteigerten Höchstgrenzen von fünfzehn bzw achtzehn Monatsverdiensten auch dann anzuwenden, wenn der Arbeitnehmer die Regelaltersgrenze noch nicht erreicht hat aber die Voraussetzungen für einen vorzeitigen Rentenbezug (vgl §§ 36, 37, 40 SGB VI) erfüllt sind.

c) Zwingende Geltung. Die nach § 10 Abs 1 und Abs 2 KSchG gezogenen 13
Höchstgrenzen für die Festsetzung der Abfindung sind **zwingend** und dürfen vom Gericht auch in besonders schwerwiegenden Fällen **nicht** überschritten werden.[19]

---

[16] KR/Spilger § 10 Rn 33; vHH/L/Linck § 10 Rn 16 mwN; aA ErfK/Kiel § 10 Rn 3;
HK-ArbR/Hjort § 10 Rn 10.
[17] BAG 22.9.1960 – 2 AZR 507/59 – AP BGB § 616 Nr 27; KR/Spilger § 10 KSchG
Rn 34; vHH/L/Linck § 10 Rn 15.
[18] BAG 27.5.1999 – 8 AZR 415/98 – AP BGB § 611 Sachbezüge Nr 12.
[19] HM; LSW/Spinner § 10 Rn 1; vHH/L/Linck § 10 Rn 6; KR/Spilger § 10 KSchG
Rn 25.

14 d) **Ermittlung der Höchstgrenze. Anrechenbarkeit von Vorbeschäftigungszeiten.** Maßgeblicher Zeitpunkt für die Bestimmung der anzuwendenden Höchstgrenzen ist der **Zeitpunkt der Auflösung des Arbeitsverhältnisses** nach § 9 Abs 2 KSchG (vgl § 9 KSchG Rn 35 ff). Dies gilt sowohl für die Berechnung der **Dauer des Arbeitsverhältnisses** als auch für die Ermittlung des **Lebensalters des Arbeitnehmers.**

15 Da § 10 KSchG ausschließlich auf die Dauer des Arbeitsverhältnisses abstellt, ist die **Dauer der Unternehmenszugehörigkeit** entscheidend, nicht die Dauer der Beschäftigung in einem Betrieb des Unternehmens.[20]

16 Bei der Berechnung der Dauer des Arbeitsverhältnisses sind die Grundsätze, die für die Berechnung der Wartezeit nach § 1 Abs 1 KSchG gelten, entsprechend anzuwenden.[21] Zu berücksichtigen sind daher grundsätzlich nur **Vertragszeiten ohne Unterbrechung.**[22] Die Dauer eines früheren Arbeitsverhältnisses ist jedoch anzurechnen, wenn das neue Arbeitsverhältnis mit dem früheren in einem **engen sachlichen Zusammenhang** steht.[23] Gesetzliche, tarifvertragliche oder einzelvertragliche **Anrechnungsregelungen,** nach denen das Arbeitsverhältnis als nicht unterbrochen gilt, führen auch im Rahmen des § 10 KSchG zur Anrechnung früherer Beschäftigungszeiten.[24] Dauer und Anlass der Unterbrechung sind bei Vorliegen solcher Anrechnungsregelungen nicht ausschlaggebend. Die Zeit der tatsächlichen Unterbrechung wird aber bei der Berechnung der Gesamtdauer des Arbeitsverhältnisses, falls die Anrechnungsregelungen dies nicht ausdrücklich vorsehen, nicht berücksichtigt werden können (vgl § 1 KSchG Rn 89).

17 **Anzurechnen** sind
- Ausbildungszeiten,[25]
- Praktikanten- und Volontärverhältnisse,[26]
- Zeiten eines fehlerhaften Arbeitsverhältnisses,[27]
- Tätigkeiten im Rahmen einer Arbeitsbeschaffungsmaßnahme,[28] sofern sich das Arbeitsverhältnis unmittelbar an die entsprechenden Zeiträume anschließt.

18 **Keine Berücksichtigung finden** frühere Beschäftigungszeiten
- im Rahmen eines freien Dienstvertrages,[29]
- als Leiharbeitnehmer,[30]

---

20 KR/Spilger § 10 KSchG Rn 36.
21 EK/Kiel § 10 KSchG Rn 4; vgl hierzu § 1 KSchG Rn 69 ff.
22 Vgl hierzu § 1 KSchG Rn 84 ff.
23 ZB BAG 16.3.2000 – 2 AZR 828/98 – AP LPVG Sachsen-Anhalt § 67 Nr 2; grundlegend BAG 6.12.1976 – 2 AZR 470/75 – AP KSchG 1969 § 1 Wartezeit Nr 2; vgl auch § 1 KSchG Rn 87.
24 KR/Spilger § 10 KSchG Rn 37; LSW/Spinner § 10 Rn 8.
25 Vgl § 1 KSchG Rn 78.
26 KR/Spilger § 10 KSchG Rn 36.
27 Vgl § 1 KSchG Rn 79 f.
28 Vgl § 1 KSchG Rn 75.
29 Vgl § 1 KSchG Rn 82.
30 Vgl § 1 KSchG Rn 83.

- im Rahmen eines Eingliederungsverhältnisses gem § 229 ff SGB III aF[31]
- auf der Grundlage einer von der Bundesanstalt für Arbeit geförderten Fortbildungsmaßnahme.[32]

3. Bemessung der Abfindung

a) **Einzelne Bemessungskriterien.** Die angemessene Abfindung ist im Einzelfall innerhalb der gesetzlich vorgegebenen Höchstgrenzen (s Rn 11 ff) zu ermitteln. Als **wichtigste Bemessungskriterien** lassen sich der Vorschrift des § 10 KSchG die Höhe des zuletzt bezogenen **Monatsverdienstes** sowie das **Lebensalter** des Arbeitnehmers[33] und die **Dauer des Arbeitsverhältnisses** entnehmen. 19

Daneben kommen zur Bestimmung der angemessenen Abfindung **weitere Kriterien** in Betracht; zB: 20

- Unterhaltspflichten, Familienstand des Arbeitnehmers
- eine evtl Schwerbehinderung und eine schlechte gesundheitliche Verfassung des Arbeitnehmers
- Chancen auf dem Arbeitsmarkt und die voraussichtliche Dauer der evtl Arbeitslosigkeit[34]
- die Begründung eines neuen Arbeitsverhältnisses unmittelbar nach Ablauf der Kündigungsfrist oder ein entsprechendes Stellenangebot können abfindungsmindernd berücksichtigt werden[35]
- der Grad der Sozialwidrigkeit der Kündigung;[36] ist die Kündigung offensichtlich/grob sozialwidrig, kann dies bei der Bemessung der Abfindung zugunsten des Arbeitnehmers berücksichtigt werden, umgekehrt kann sich eine zwar noch nicht zur Sozialwidrigkeit führende aber die Kündigung veranlassende Vertragspflichtverletzung des Arbeitnehmers abfindungsmindernd auswirken
- ehrverletzende[37] und wahrheitswidrige[38] Aussagen und Behauptungen

---

31 BAG 17.5.2001 – 2 AZR 10/00 – AP KSchG 1969 § 1 Wartezeit Nr 14.
32 Vgl § 1 KSchG Rn 76.
33 Einer Berücksichtigung steht das Verbot der Altersdiskriminierung des § 1 AGG nicht entgegen; EK/Kiel § 10 KSchG Rn 6.
34 BAG 25.11.1982 – 2 AZR 21/81 – AP KSchG 1969 § 9 Nr 10.
35 BAG 10.12.1996 – 1 AZR 290/90 – AP BetrVG 1972 § 113 Nr 32; 15.2.1973 – 2 AZR 16/72 – AP KSchG 1969 § 9 Nr 2.
36 BAG 21.6.2012 – 2 AZR 694/11 – NZA 2013, 199; 25.11.1982 – 2 AZR 21/81 – AP KSchG 1969 § 9 Nr 10.
37 Vgl zB LAG Schleswig-Holstein 25.2.2004 – 3 Sa 491/03 – NZA-RR 2005, 132 (Die leichtfertige Verdächtigung eines Arbeitnehmers ohne Vorhandensein objektiver Tatsachen eine Straftat begangen zu haben, stellt eine auf Antrag zur Auflösung des Arbeitsverhältnisses führende ehrverletzende Behauptung dar. Verbreitet der Arbeitgeber, ohne dass dies zur etwaigen Verteidigung der eigenen Rechtsposition geboten ist, diese Behauptung zudem im Intranet, ist die festzusetzende Abfindung zu erhöhen.) und für den umgekehrten Fall: LAG Schleswig-Holstein 22.1.1987 – 4 Sa 509/86 – NZA 1987, 601 (Abfindungsminderung aufgrund nicht gebotener ehrverletzender Äußerungen des Arbeitnehmers gegenüber Arbeitgeber im Prozess).
38 BAG 25.11.1982 – 2 AZR 21/81 – DB 1984, 883 (Versuch des Arbeitnehmers durch wahrheitswidrige Angaben zum erzielten Zwischenverdienst eine höhere Abfindung zu erzielen).

- die schuldhafte Herbeiführung des Auflösungsgrundes[39]
- der Verlust einer noch nicht unverfallbaren Anwartschaft auf betriebliche Altersversorgung[40]
- immaterielle bzw ideelle Nachteile, zB besondere psychische Belastungen wegen des Arbeitsplatzverlustes, evtl „Imageverlust" bei hervorgehobenen Positionen[41]
- die wirtschaftliche Situation des Unternehmens, nicht aber des Beschäftigungsbetriebs[42]
- eine besondere kündigungsbedingte Notlage des Arbeitnehmers[43]
- die anderweitige Beendigung des Arbeitsverhältnisses, zB Versterben des Arbeitnehmers nach dem Auflösungszeitpunkt gem § 9 Abs 2 KSchG, aber vor Erlass des Auflösungsurteils
- die aus § 14 Abs 2 KSchG resultierende Minderung des Bestandsschutzes leitender Angestellter (s Rn 22)[44]
- die voraussichtliche Dauer des Arbeitsverhältnisses und der wahrscheinliche Ausgang des Rechtsstreits über einen nachgehenden Beendigungstatbestand im Rahmen einer vorausschauenden Würdigung.[45]

21 Unerheblich sind demgegenüber die **Vermögensverhältnisse des Arbeitnehmers**, da ansonsten ein seine Vergütung zeitnah oder umfassend verbrauchender Arbeitnehmer gegenüber einem sparsamen Arbeitnehmer bevorzugt würde.[46] Nicht zu berücksichtigen ist ferner eine eventuelle **Freistellung** unter Fortzahlung der vertragsgemäßen Vergütung während der Kündigungsfrist.[47]

22 **b) Erfordernis der Einzelfallfestsetzung. Bemessungszeitpunkt.** Dem Tatsachengericht steht ein **Ermessensspielraum** dahingehend zu, welche Bemessungskriterien im Einzelfall von Bedeutung sind und wie die einzelnen Kriterien zueinander zu gewichten sind. Die angemessene Abfindung ist **stets** im Wege einer umfassenden **Gesamtwürdigung** aller Umstände des **Einzelfalls** zu bestimmen. Dies gilt auch bei der Auflösung des Arbeitsverhältnisses eines **leitenden Angestellten** iSd § 14 Abs 2 KSchG. Die Vorschrift modifiziert lediglich § 9 Abs 1 Satz 2 KSchG hinsichtlich der tatbestandlichen Voraussetzungen des Auflösungsantrags des Arbeitgebers. Anhaltspunkte dafür, dass eine Abfindung entgegen der Systematik der §§ 9, 10 KSchG schematisch mit einer bestimmten Regelhaftigkeit, etwa in Höhe eines Monatsverdienstes je Beschäftigungsjahr,[48] ohne Berücksichtigung der Beschäftigungsdauer mit dem jeweiligen Höchstbetrag[49] oder mit einer Abfindung im oberen Bereich regelmäßig nicht zu beanstanden sei,[50] lassen sich der

---

39 BAG 15.2.1973 – 2 AZR 16/72 – AP KSchG 1969 § 9 Nr 2.
40 BAG 24.10.1974 – 3 AZR 590/73 – AP BGB § 242 Ruhegehalt-Unverfallbarkeit Nr 6.
41 KR/Spilger § 10 KSchG Rn 59.
42 vHH/L/Linck § 10 Rn 23 mwN.
43 Begründung zu § 8 des Regierungsentwurfs zum KSchG 1951 RdA 1951, 64.
44 LAG Köln 20.6.2008 – 4 Sa 242/08 – ArbuR 2009, 185.
45 BAG 28.5.2009 – 2 AZR 282/08 – NZA 2009, 966.
46 vHH/L/Linck § 10 Rn 22; KDZ/Zwanziger § 10 Rn 12.
47 KR/Spilger § 10 KSchG Rn 53; aA Gerauer BB 1993, 1945.
48 LAG Hamm 14.12.2000 – 8 Sa 1234/00 – LAGE § 9 KSchG Nr 35.
49 APS/Biebl § 10 Rn 31; HK-ArbR/Hjort § 10 KSchG Rn 26.
50 ZB KR/Rost § 14 Rn 41.

gesetzlichen Regelung nicht entnehmen.[51] Der Minderung des gesetzlichen Kündigungsschutzes leitender Angestellter iSd § 14 Abs 2 KSchG ist vielmehr als einem von zahlreichen weiteren Kriterien im Rahmen der Angemessenheit der Abfindung im Einzelfall Rechnung zu tragen.[52]

Diesen Grundsätzen widersprechen die von manchen Gerichten in der Praxis angewendeten sog **Faustformeln** (idR ein halber Bruttomonatsverdienst pro Jahr der Beschäftigung: Faktor 0,5). Eine **schematische Abfindungsfestsetzung** ist zur Bestimmung einer im Einzelfall angemessenen Abfindung generell **ungeeignet** und deshalb mit den §§ 9, 10 KSchG nicht zu vereinbaren.[53] Die Abwägung kann uU nämlich auch ergeben, dass selbst bei einer (**relativ**) **kurzen Dauer des Arbeitsverhältnisses** ein hoher oder der Höchstgrenze entsprechender Abfindungsbetrag als angemessen anzusehen ist.[54] Die undifferenzierte Heranziehung von Faustformeln führt allenfalls zu einer Gleichbehandlung grundverschiedener Sachverhalte. Faustformeln dürften auch zu dem weit verbreiteten Irrtum beigetragen haben, bei Ausspruch einer Arbeitgeberkündigung bestehe grundsätzlich ein Abfindungsanspruch. Jedenfalls im Rahmen von Abfindungsvereinbarungen oder gerichtlichen Vorschlägen zur gütlichen Einigung können Faustformeln aber zumindest zu einer Orientierung der Parteien iS eines ersten Anhaltspunktes heran gezogen werden.[55] Die Art des Kündigungsgrundes, die Erfolgsaussichten im Kündigungsschutzprozess sowie weitere Umstände des Einzelfalles, die eine Erhöhung oder auch Ermäßigung des Abfindungsbetrages rechtfertigten, sollten aber stets berücksichtigt werden.

Die **Festsetzung der Abfindungshöhe** ist in das Ermessen des Gerichts der Tatsacheninstanz gestellt. Das Gericht ist hierbei an von den Parteien gestellte Anträge nicht gebunden.[56] **Maßgeblicher Zeitpunkt** für die Bemessung der Abfindung ist der Schluss der letzten mündlichen Verhandlung in der Tatsacheninstanz.[57] Das Berufungsgericht kann daher die Höhe der Abfindung, auch abweichend von der erstinstanzlichen Entscheidung, nach eigenem Ermessen festsetzen. Der **revisionsrechtlichen Überprüfung** unterliegt hingegen die Bemessung der Abfindung nur daraufhin, ob die Entscheidung alle für deren Festsetzung wesentlichen Umstände widerspruchs- und ermessensfehlerfrei berücksichtigt und nicht gegen Rechtsvorschriften oder Denkgesetze verstößt.[58] Eine erstmalige Festsetzung der Höhe der Abfindung durch das Revisionsgericht ist nicht möglich; der Rechtsstreit ist ggf gem § 563 Abs 1 ZPO zur erneuten Verhandlung und Entscheidung an das LAG zurück zu verweisen.[59]

---

51 LAG Köln 20.6.2008 – 4 Sa 242/08 – ArbuR 2009, 185.
52 LAG Köln 20.6.2008 – 4 Sa 242/08 – ArbuR 2009, 185.
53 Anders iRd Abfindungsanspruchs nach § 1a KSchG, der allerdings einen mit §§ 9, 10 KSchG nicht vergleichbaren Zweck verfolgt; dazu § 1a KSchG Rn 1 ff.
54 LAG Schleswig-Holstein 22.6.2011 – 3 Sa 95/11 – ArbRB 2011, 257 (Festsetzung einer Abfindung iHv sieben Bruttomonatsgehältern nach Wartezeitkündigung); vHH/L/Linck § 10 Rn 17.
55 Eine Übersicht über die Vorschlagspraxis der Arbeitsgerichte in der Bundesrepublik Deutschland gibt Hümmerich in NZA 1999, 342, 348.
56 BAG 26.8.1976 – 2 AZR 377/75 – DB 1977, 544.
57 BAG 18.1.1962 – 2 AZR 179/59 – AP BetrVG § 66 Nr 20.
58 BAG 10.12.1996 – 1 AZR 290/90 – AP BetrVG 1972 § 113 Nr 32.
59 BAG 28.5.2009 – 2 AZR 282/09 – NZA 2009, 966.

25 **c) Sonderfall. Bemessung der Abfindung bei unwirksamer außerordentlicher Kündigung:** § 10 KSchG ist im Falle einer unwirksamen außerordentlichen Kündigung mit sofortiger Wirkung (idR gem § 626 BGB)[60] entsprechend anwendbar (§ 13 Abs 1 Satz 5 KSchG). Wird das Arbeitsverhältnis auf Antrag des Arbeitnehmers bei einer unwirksamen außerordentlichen – fristlosen – Kündigung aufgelöst, entspricht der Auflösungszeitpunkt nach § 13 Abs 1 Satz 4 KSchG dem Zeitpunkt des Zugangs der Kündigungserklärung.[61] Aus diesem Grund ist in die Abfindung das dem Arbeitnehmer **während der Kündigungsfrist entgangene Arbeitsentgelt** einzubeziehen, es sei denn, der Arbeitnehmer hat im unmittelbaren Anschluss an die außerordentliche Kündigung eine neue Arbeitsstelle mit entsprechender Vergütung angetreten.[62] Soweit der Abfindungsbetrag das für die Dauer der Kündigungsfrist dem Arbeitnehmer an sich zustehende Arbeitsentgelt enthält, hat die Abfindung ausnahmsweise auch Entgeltcharakter.

26 Durch die **Einbeziehung von Vergütungsbestandteilen** für die Dauer der Kündigungsfrist dürfen die **gesetzlichen Höchstgrenzen** (Rn 11) **nicht** überschritten werden. Da diese zwingend sind (Rn 13), kann das Gericht auch dann keinen höheren Abfindungsbetrag festsetzen, wenn das Arbeitsentgelt in der Kündigungsfrist die maßgebliche Höchstgrenze im Einzelfall übersteigt.[63] Dies wird nur bei vertraglichen Kündigungsfristen von mehr als zwölf Monaten in Betracht kommen, weshalb hierdurch bedingte unbillige Ergebnisse in der Praxis selten sein dürften.

27 **d) Antragstellung.** Der Arbeitnehmer braucht keinen bezifferten Antrag hinsichtlich der Höhe der Abfindung zu stellen; vgl § 9 Rn 15 aE und Rn 16 (Musterantrag); zur gerichtlichen Entscheidung Rn 90 ff, zum Kostenrisiko bei beziffertem Antrag Rn 96 und zur (vorläufigen) Vollstreckbarkeit Rn 108 f.

III. Die Abfindung im Privatrecht
1. Entstehung, Fälligkeit, Verzinslichkeit des Abfindungsanspruchs

28 Der Abfindungsanspruch **entsteht** im Fall der **gerichtlichen Auflösung** des Arbeitsverhältnisses gem §§ 9, 10 KSchG nicht erst mit Eintritt der Rechtskraft des Auflösungsurteils, sondern vielmehr – auflösend bedingt – bereits durch die **richterliche Festsetzung im Urteil** und wird damit, frühestens jedoch zum Zeitpunkt des festgesetzten Endes des Arbeitsverhältnisses, **fällig** (vgl § 9 Rn 108 f).[64] Ab dem Zeitpunkt der Festsetzung der Abfindung, also der Verkündung des Auflösungsurteils, kommt deren **Verzinsung** in Betracht.[65] § 286 Abs 1 Satz 2 BGB ist entsprechend anzuwenden, so dass es keiner weiteren Mahnung zur Begründung des Verzugs bedarf. Für vor der Festsetzung der Abfindung liegende Zeiträume können keine Zinsen ver-

---

60 Vgl zu Spezialregelungen § 626 BGB Rn 7 ff.
61 Vgl § 9 KSchG Rn 37; es sei denn, die außerordentliche Kündigung wurde mit (notwendiger oder sozialer) Auslauffrist erklärt.
62 KR/Spilger § 10 KSchG Rn 62.
63 KR/Spilger § 10 KSchG Rn 63.
64 BAG 9.12.1987 – 4 AZR 561/87 – AP ArbGG 1979 § 62 Nr 4, 13.5.1969 – 5 AZR 309/68 – AP KSchG § 8 Nr 2; aA LAG Berlin 17.2.1986 – 9 Sa 110/85 – LAGE KSchG § 9 Nr 1.
65 BAG 13.5.1969 – 5 AZR 309/68 – NJW 1969, 1735.

langt werden, da der Abfindungsanspruch erst mit der gerichtlichen Auflösung des Arbeitsverhältnisses entsteht.[66]

Exkurs: In einer **außergerichtlichen Vereinbarung** oder einem **gerichtlichen Vergleich** von den Parteien **vereinbarte Abfindungsansprüche** entstehen regelmäßig bereits mit Vertragsabschluss, soweit sich aus der Vereinbarung bzw der Interessenlage der Parteien nicht ausnahmsweise etwas anderes ergibt oder dies ausdrücklich vereinbart wird, etwa derart, dass die Abfindung nur dann gezahlt werden soll, wenn der Arbeitnehmer den vereinbarten Beendigungszeitpunkt auch erlebt oder die tatsächliche Beendigung des Arbeitsverhältnisses zum vereinbarten Auflösungszeitpunkt Voraussetzung für das Entstehen des Abfindungsanspruchs sein soll.[67] Vereinbarte Abfindungsansprüche gehen daher idR auf die Erben über, auch wenn der Arbeitnehmer vor dem im Abfindungsvergleich bestimmten Zeitpunkt verstirbt.[68]

29

Soweit die Parteien den **Zeitpunkt der Fälligkeit der Abfindung** nicht bestimmt haben, kann sich dieser aus den Umständen (§ 271 Abs 1 BGB) ergeben. Werden die Auflösungsvereinbarung oder ein gerichtlicher Vergleich **vor** dem vereinbarten Ende des Arbeitsverhältnisses geschlossen, liegen in aller Regel Umstände vor, aus denen sich als Fälligkeitszeitpunkt derjenige der Beendigung des Arbeitsverhältnisses ergibt, insbesondere dann, wenn die Abfindung als Ausgleich für den Verlust des Arbeitsplatzes und/oder entsprechend §§ 9, 10 KSchG gezahlt werden soll.[69] Bei Abschluss der Abfindungsvereinbarung **nach** dem Zeitpunkt der Auflösung des Arbeitsverhältnisses führt die Auslegungsregel des § 271 Abs 1 BGB im Zweifel zur sofortigen **Fälligkeit der Abfindung**.

Hinweis: Um etwaige Unklarheiten und Folgestreitigkeiten zu vermeiden, ist eine klarstellende Regelung in einer Auflösungsvereinbarung zu empfehlen, die etwa wie folgt vereinbart werden kann:

▶ Der Anspruch auf die Abfindung entsteht mit dem wirksamen Zustandekommen dieser Vereinbarung und ist vererblich. Die Abfindung wird mit der rechtlichen Beendigung des Arbeitsverhältnisses/oder: am... (Datum) zur Zahlung fällig. ◀

Vereinbaren die Parteien in einem gerichtlichen Vergleich bzw in einem außergerichtlichen Aufhebungs- oder Abwicklungsvertrag, dass die Abfindung mit der rechtlichen Beendigung des Arbeitsverhältnisses fällig sein soll oder ergibt sich dies aus den Umständen (§ 271 Abs 1 BGB), kann der Arbeitnehmer ab diesem Zeitpunkt Zinsen gem §§ 286 Abs 2 Nr 1, 288 Abs 1 BGB verlangen.

---

66 KR/Spilger § 10 KSchG Rn 19.
67 BAG 26.9.2001 – 4 AZR 497/00 – EzA TVG § 4 Einzelhandel Nr 51; 22.5.2003 – 2 AZR 250/02 – BB 2004, 894.
68 BAG 25.6.1987 – 2 AZR 504/86 – NZA 1988, 466; Zur **Ausnahme** bspw für den Fall einer Frühpensionierungsvereinbarung: BAG 26.8.1997 – 9 AZR 227/96 – NZA 1997, 643; 16.5.2000 – 9 AZR 277/99 – NZA 2000, 1236.
69 BAG 15.7.2004 – 2 AZR 630/03 – NZA 2005, 292.

2. Verjährung, Ausschlussfristen

30 **Abfindungen**, auch Sozialplanabfindungsansprüche,[70] unterliegen der regelmäßigen Verjährung von 3 Jahren nach § 195 BGB. Die Verjährungsfrist beträgt indessen bei rechtskräftiger gerichtlicher Festsetzung der Abfindung in Auflösungsurteilen, bei durch Urteil festgesetzten Nachteilsausgleichsansprüchen und bei vollsteckbaren Abfindungsvergleichen 30 Jahre gem § 197 Abs 1 Nr 3 und Nr 4 BGB.

31 Tarifliche oder einzelvertragliche **Ausschlussfristen** sind auf gerichtlich nach §§ 9, 10 KSchG festgesetzte oder in einem gerichtlichen Vergleich vereinbarte Abfindungen nicht anwendbar. In beiden Fällen besteht bereits die erforderliche Rechtsklarheit, deren Schaffung Ausschlussfristen nach ihrem Sinn und Zweck dienen sollen.[71] Dagegen sind bei Nachteilsausgleichs- und Sozialplanansprüchen oder tariflichen Abfindungsansprüchen Verfallfristen grundsätzlich einzuhalten.[72]

3. Vererblichkeit, Pfändbarkeit, Abtretbarkeit, Aufrechenbarkeit

32 Der entstandene **Abfindungsanspruch** ist **vererblich**, nicht dagegen das – höchstpersönliche – Antragsrecht im Kündigungsschutzprozess (s Rn 29). Stirbt der Arbeitnehmer nach Stellung des Auflösungsantrags, können die Erben den Antrag weiterverfolgen, wenn der Arbeitnehmer erst nach dem gem § 9 Abs 2 KSchG festzusetzenden Auflösungszeitpunkt verstorben ist.[73] Bei der Bemessung der Abfindungshöhe ist die anderweitige Beendigung des Arbeitsverhältnisses mindernd zu berücksichtigen.

33 Die Abfindung ist grundsätzlich **pfändbar**.[74] Als Arbeitseinkommen iSd § 850 ZPO wird sie von einem formularmäßig erlassenen Pfändungs- und Überweisungsbeschluss erfasst.[75] Die Pfändungsgrenzen des § 850c ZPO sind nicht anwendbar, da die Abfindung eine *nicht wiederkehrend zahlbare Vergütung* iSv § 850i ZPO darstellt. **Pfändungsschutz** kann der Arbeitnehmer deshalb nur erlangen, wenn er beim Vollstreckungsgericht einen Antrag nach § 850i Abs 1 ZPO stellt und dieses durch Beschluss bestimmt, wie viel ihm während eines angemessenen Zeitraums zur Bestreitung seines notwendigen Unterhalts und seiner Unterhaltsverpflichtungen von der Abfindung zu belassen ist.[76]

34 Der in einem rechtskräftigen Auflösungsurteil festgesetzte Abfindungsanspruch ist ebenso wie eine vertraglich vereinbarte Abfindung **abtretbar**, so-

---

70 Dies gilt nach der Überleitungsvorschrift des Art 229 § 6 Abs 4 EGBGB auch für vor dem 1.1.2002 entstandene Sozialplanansprüche, für die die Verjährungsfrist nach der bis zum 31.12.2001 geltenden Rechtslage 30 Jahre betragen hatte; vgl insoweit BAG 30.10.2001 – 1 AZR 65/01 – AP BetrVG 1972 § 112 Nr 145.
71 BAG 13.1.1982 – 5 AZR 546/79 – AP KSchG 1969 § 9 Nr 7; LSW/Spinner § 10 Rn 36.
72 BAG 27.3.1996 – 10 AZR 668/95 – AP TVG § 4 Ausschlussfristen Nr 134; 31.1.2002 – 6 AZR 41/01 – AZR ArbG § 4 Ausschlussfristen Nr 153.
73 KR/Spilger § 10 KSchG Rn 18.
74 Vgl auch Anhang: Zwangsvollstreckung/Einstweiliger Rechtsschutz Rn 31 f.
75 BAG 20.8.1996 – 9 AZR 964/94 – EzA ZPO § 767 Nr 2.
76 BAG 27.10.2005 – 8 AZR 546/03 – NZA 2006, 259.

weit er nicht nach § 850i ZPO unpfändbar ist (§ 400 BGB).[77] Möglich ist insoweit auch eine Vorausabtretung. Die Vorausabtretung von Arbeitsentgeltansprüchen schließt allerdings nicht den Abfindungsanspruch ein.[78] Der Arbeitgeber kann sowohl gegen gerichtlich festgesetzte als auch gegen vereinbarte Abfindungsforderungen des Arbeitnehmers die **Aufrechnung** mit Gegenansprüchen erklären, soweit der Abfindungsanspruch der Höhe nach der Pfändung unterliegt (Rn 33).[79]

4. Insolvenzschutz

Unter der Geltung der Konkursordnung war der Abfindungsanspruch nach §§ 9, 10 KSchG einfache Konkursforderung gem § 61 Abs 1 Nr 6 KO. Um eine Masseschuld nach § 59 Abs 1 Nr 1 KO handelte es sich, wenn das Arbeitsverhältnis aufgrund einer vom Konkursverwalter erklärten Kündigung aufgelöst wurde[80] oder der Konkursverwalter in einem nach Konkurseröffnung fortgesetzten Kündigungsschutzprozess einen Abfindungsvergleich schloss.[81] Ab Inkrafttreten der Insolvenzordnung am 1.1.1999 ist ein **Abfindungsanspruch im Insolvenzverfahren** als nicht bevorrechtigte Insolvenzforderung nach §§ 38, 108 Abs 2 InsO zu behandeln.[82] Soweit der Abfindungsanspruch infolge einer Kündigung oder sonstigen Handlung des Insolvenzverwalters entsteht, also zB nach gerichtlicher Auflösung gem §§ 9, 10 KSchG, liegt grundsätzlich eine Masseverbindlichkeit nach § 55 Abs 1 Nr 1 InsO vor.[83] Ein in einem Tarifvertrag für den Fall der Kündigung des Arbeitsverhältnisses auf Grund von Rationalisierungsmaßnahmen vorgesehener Abfindungsanspruch ist aber auch dann bloße Insolvenzforderung iSv § 38 InsO, wenn die Kündigung erst nach Eröffnung des Insolvenzverfahrens durch den Insolvenzverwalter erklärt wird.[84]

5. Verhältnis zu sonstigen Ansprüchen

Die Festsetzung der Abfindung nach §§ 9, 10 KSchG hat **keine Auswirkungen** auf **Vergütungsansprüche** des Arbeitnehmers (Lohn, Urlaubsabgeltungsansprüche, Annahmeverzugsvergütung etc), deren **Rechtsgrund vor** dem gerichtlich festgesetzten **Auflösungszeitpunkt** entstanden ist.[85] Die **Entschädigungsfunktion** der Abfindung (s Rn 4) bezieht sich nur auf den Verlust des Arbeitsplatzes und die damit einhergehenden Verdiensteinbußen für die Zeit nach der Auflösung. Ansprüche auf **Karenzentschädigung** nach § 74 Abs 2 HGB werden durch die gerichtlich festgesetzte Ab-

---

77 BAG 24.4.2006 – 3 AZB 12/05 – EzA ZPO 2002 Nr 3; LAG Düsseldorf 29.6.2006 – 11 Sa 291/06 – DB 2006, 2691.
78 LAG Düsseldorf 29.6.2006 – 11 Sa 291/06 – DB 2006, 2691.
79 BAG 27.10.2005 – 8 AZR 546/03 – NZA 2006, 259.
80 KR/Spilger § 10 Rn 21.
81 BAG 12.6.2002 – 10 AZR 180/01 – AP KO § 59 Nr 47.
82 BAG 31.7.2002 – 10 AZR 275/01 – AP InSO § 38 Nr 1.
83 BAG 9.7.1985 – 1 AZR 323/83 – AP BetrVG 1972 § 113 Nr 13; 4.12.2002 – 10 AZR 180/01 – AP KO § 59 Nr 47; 12.6.2002 – 10 AZR 16/02 – AP InSO § 38 Nr 2.
84 BAG 27.4.2006 – 6 AZR 364/05 – NZA 2006, 716; vgl auch BAG 31.7.2002 – 10 AZR 275/01 – AP InSO § 38 Nr 1: Sozialplan vor Insolvenzeröffnung.
85 vHH/L/Linck § 10 Rn 38.

findung ebenfalls nicht abgegolten.[86] Karenzzahlungen sind keine Entschädigung für den Verlust des Arbeitsplatzes, sondern für das Unterlassen von Wettbewerb. Die Abfindung nach §§ 9, 10 KSchG kann ausnahmsweise auch **Vergütung** für die Dauer der ordentlichen Kündigungsfrist enthalten, wenn das Arbeitsverhältnis bei einer unwirksamen außerordentlichen Kündigung auf den Zeitpunkt des Zugangs der Kündigungserklärung aufgelöst worden ist (s Rn 25 f). Vertraglich vereinbarte Abfindungen können demgegenüber auch die Abgeltung von Vergütungsansprüchen aus der Zeit vor der Beendigung des Arbeitsverhältnisses bezwecken. Maßgeblich ist der Parteiwille, der idR durch Ausgleichsklauseln oder Tatsachenvergleiche (zB hinsichtlich evtl noch offener Urlaubsansprüche) zum Ausdruck gebracht wird. Soweit vereinbarte Abfindungen **anstelle von Vergütungsansprüchen** aus der Zeit der Beschäftigung gezahlt werden, besteht allerdings **Steuer- und Sozialversicherungspflicht** (s Rn 48, 56).

37 Die Entschädigungsfunktion der Abfindung schließt **Schadenersatzansprüche** des Arbeitnehmers wegen des Verlustes des Arbeitsplatzes aus.[87] Ausgeschlossen sind demnach Ersatzansprüche für entgangenes Arbeitsentgelt, nicht aber Schadenersatzansprüche, die mit dem Arbeitsplatzverlust **nicht in unmittelbarem Zusammenhang** stehen.[88] Als anspruchsbegründend kann jedes Tun oder Unterlassen des bisherigen Arbeitgebers in Betracht kommen, das den Arbeitnehmer in seinem weiteren beruflichen Fortkommen beeinträchtigt oder schädigt, zB die nicht, nicht rechtzeitig oder nicht wahrheitsgemäß erfolgende Erteilung eines Zeugnisses. Umgekehrt umfasst der Schadenersatzanspruch nach § 628 Abs 2 BGB neben der entgangenen Vergütung auch eine angemessene Abfindung für den Verlust des Arbeitsplatzes entsprechend §§ 9, 10 KSchG.[89]

IV. Die Abfindung im Steuerrecht
1. Änderung der Rechtslage zum 1.1.2006/Übergangsregelung/Altfälle

38 Durch das Gesetz zum Einstieg in ein steuerliches Sofortprogramm vom 22.12.2005 (BGBl I Nr 76) wurde die steuerliche Behandlung von Abfindungen mit Wirkung zum **1.1.2006** reformiert.

- Der Freibetrag für Abfindungen **nach § 3 Nr 9 EStG**[90] ist ab 1.1.2006 insgesamt **entfallen.**
- Abfindungen können aber nach **§ 24 Nr 1, § 34 I, II EStG als außerdentliche Einkünfte** weiterhin **steuerbegünstigt** sein.
- Für Verträge über Abfindungen, Gerichtsentscheidungen oder Entlassungen **vor dem 1.1.2006** greift eine **Übergangsregelung**. Diese Übergangsregelung sieht aus Gründen des Vertrauensschutzes die Weiteranwendung der früheren Steuerfreibeträge vor, soweit dem Arbeitnehmer

---

86 BAG 3.5.1994 – 9 AZR 606/92 – AP HGB § 74 Nr 65.
87 BAG 22.4.1971 – 2 AZR 205/70 – AP KSchG § 7 Nr 24; 15.2.1973 – 2 AZR 16/72 – AP KSchG 1969 § 9 Nr 2; 12.6.2003 – 8 AZR 341/02 – BB 2003, 2747.
88 BAG 22.4.1971 – 2 AZR 205/70 – AP KSchG § 7 Nr 24; KR/Spilger § 10 KSchG Rn 74; vHH/L/Linck § 10 Rn 5.
89 BAG 26.7.2007 – 8 AZR 796/06 – NZA 2007, 1419; 16.7.2013 – 9 AZR 784/11 – NZA 2013, 1202.
90 Vgl hierzu die in der 2. Aufl zu § 10 KSchG Rn 34 abgedruckte Tabelle.

die Zahlung vor dem Stichtag 1.1.2008 zugeflossen ist. Freibeträge konnte also noch in Anspruch nehmen, wer bis zum 31.12.2005 eine Vereinbarung über eine Abfindung geschlossen oder wenigstens eine Klage eingereicht hatte und wenn die Auszahlung noch bis Ende 2007 erfolgte.

Die **Übergangsregelung** (§ 52 Abs 4 a Satz 1 EStG, Fassung vom 22.12.2005) lautet:

"§ 3 Nr 9 in der bis zum 31. Dezember 2005 geltenden Fassung ist weiter anzuwenden für vor dem 1. Januar 2006 entstandene Ansprüche der Arbeitnehmer auf Abfindungen oder für Abfindungen wegen einer vor dem 1. Januar 2006 getroffenen Gerichtsentscheidung oder einer am 31.12.2005 anhängigen Klage, soweit die Abfindungen dem Arbeitnehmer vor dem 1. Januar 2008 zufließen...".

Nach § 3 Ziff. 9 EStG konnten Abfindungen ganz oder teilweise **steuerfrei** sein. Die Vorschrift ist **nur noch für Altfälle relevant**, die der Übergangsregelung des **§ 52 Abs 4 a Satz 1 EStG** unterfallen (Rn 38 aE). Für die Steuerfreiheit einer Abfindung nach § 3 Ziff. 9 EStG mussten folgende Voraussetzungen erfüllt sein: 39

- Arbeitnehmereigenschaft im steuerrechtlichen Sinn
- Auflösung eines Dienstverhältnisses
- eine vom Arbeitgeber veranlasste oder gerichtlich ausgesprochene Auflösung des Dienstverhältnisses
- Zahlung der Abfindung wegen der Auflösung.

Der bei **Altfällen den Freibetrag übersteigende Anteil der Abfindung** ist **steuerpflichtig**. Es kann sich um außerordentliche Einkünfte iSd §§ 24 Abs 1 Nr 1, 34 Abs 2 Nr 2 EStG handeln. Der Steuersatz ist in diesem Fall nach § 34 Abs 1 EStG zu berechnen. Auf Antrag des Arbeitnehmers wird der steuerpflichtige Anteil der Abfindung rechnerisch auf fünf Jahre verteilt, um den Progressionsnachteil abzumildern. Die Versteuerung erfolgt jedoch einmalig im Jahr des Zuflusses. 40

Wegen weiterer Einzelheiten zur früheren Steuerfreiheit von Abfindungen wird auf die ausf Kommentierung in der 3. Aufl, § 10 KSchG Rn 38 ff, verwiesen. 41

2. Steuerermäßigung nach §§ 24, 34 EStG

a) Allgemeines/Zweck. Nachdem die Steuerfreiheit insgesamt entfallen ist, kommt eine **Steuerermäßigung** bei Abfindungen als außerordentlichen Einkünften nach §§ 24 Abs 1 Nr 1, 34 Abs 1, 2 Nr 2 EStG in Betracht. Voraussetzung ist zunächst, dass es sich bei der Abfindung um eine **Entschädigung** aufgrund eines **außergewöhnlichen Vorgangs** handelt, die der Arbeitnehmer als **Ausgleich** für die mit der **Auflösung des Arbeitsverhältnisses einer gehenden Nachteile**, insbesondere den Verlust des Arbeitsplatzes, erhält. Zweck der Billigkeitsregelung des § 34 Abs 1, 2 Nr 2 EStG ist die **Milderung progressionsbedingter Härten**. Eine ermäßigte Besteuerung kann daher nur dann erfolgen, wenn aufgrund einer **Zusammenballung von Einkünften in einem Veranlagungszeitraum** (= Kalenderjahr) eine für den jeweiligen Steuerpflichtigen im Vergleich zu seiner sonstigen regelmä- 42 ßigen Besteuerung einmalige und außergewöhnliche erhöhte Progressionsbelastung entsteht oder entstehen kann.[91] Die Tarifermäßigung selbst erfolgt nach Maßgabe der sog. **Fünftelregelung.**

43 **b) Arbeitnehmerbegriff im Steuerrecht.** Der steuerrechtliche Arbeitnehmerbegriff ist im Vergleich zum Arbeitnehmerbegriff des Arbeitsrechts weiter gefasst. So gelten auch Vorstandsmitglieder einer Aktiengesellschaft und Geschäftsführer von Kapitalgesellschaften als Arbeitnehmer iSv § 1 Abs 1 LStDV, nicht aber Arbeitnehmergesellschafter einer Personengesellschaft.[92]

44 **c) Vorliegen einer Entschädigung.** Eine Entschädigung iSd § 24 Nr 1 EStG setzt voraus, dass (1) der Steuerpflichtige infolge der Beeinträchtigung seiner durch die einzelnen Tatbestände der Vorschrift geschützten Rechtsgüter einen finanziellen Schaden erleidet (2) die Zahlung unmittelbar dem Schadenausgleich dient und nicht auf anderen Umständen beruht und (3) zwischen der Entschädigung und den entgehenden Einnahmen eine unmittelbare, kausale Verknüpfung besteht.[93]

45 Die Annahme einer Entschädigung erfordert unter steuerrechtlichen Aspekten die Beendigung des bisherigen Einkunftserzielungstatbestands und dass – soweit vorhanden – ein an die Stelle der bisherigen Einnahmen getretener Ersatzanspruch auf einer neuen Rechts- oder Billigkeitsgrundlage beruht.[94] Der Entschädigungsbegriff des § 24 Nr 1 EStG setzt die **endgültige Beendigung des Dienstverhältnisses** voraus (Ausnahme su).[95] Daran fehlt es bei einer unveränderten Fortsetzung des ursprünglichen Arbeitsverhältnisses ohne Unterbrechung unter der rechtlich unzutreffenden Bezeichnung als sog „freies Mitarbeiterverhältnis", nicht aber dann, wenn die neue Tätigkeit tatsächlich eine selbstständige Beschäftigung darstellt. Keine Auflösung ist eine **Versetzung** innerhalb des Unternehmens oder ein nur **formaler Arbeitgeberwechsel** bei im Wesentlichen inhaltlich unveränderter Fortführung des Arbeitsverhältnisses.[96] Anhaltspunkte hierfür können etwa die Wahrung des bisherigen Besitzstandes, eine weitgehend unveränderte Entlohnung, ein gleich bleibender Arbeitsbereich, die Anrechnung bisheriger Dienstzeiten, die Vereinbarung eines Rückkehrrechts/des Ruhens des bisherigen Beschäftigungsverhältnisses mit einer Wiedereinstellungszusage oder die Weitergeltung einer Ruhegeldzusage sein.[97] Eine **Umsetzung im Konzern** kann zur Steuerermäßigung einer Abfindungszahlung führen, es sei denn, es liegt ein nach vorgenannten Kriterien zu beurteilendes einheitliches Dienstverhältnis vor.[98] Maßgeblich in solchen Fällen ist also nicht der formale Wechsel des Arbeitgebers, sondern vielmehr, wie die Beteilig-

---

91 BFH 26.1.2011 – IX R 20/10 – NZA-RR 2011, 371.
92 BFH 23.4.1996 – VIII R 53/94 – DB 1996, 1757.
93 BFH 1.8.2007 – XI R 18/05 – BFH/NV 2007, 2104; KK-EStG/Mellinghoff, § 24 EStG Rn 6.
94 BFH 18.5.2005 – XI B 45/04 – BFH/NV 2005, 1812; 26.1.2011 – IX R 20/10 – DB 2011, 1025.
95 BFH 9.05.2007 – XI R 52/05 – BFH/NV 2007, 1857; 1.8.2007 – XI R 18/05 – BFH/NV 2007, 2104.
96 BFH 10.10.2006 – XI B 118/05 – BFH/NV 2007, 415.
97 BFH 26.1.2011 – IX R 26/10 – BFH/NV 2011, 790.
98 BFH 21.6.1990 – X R 48/86 – DB 1990, 2567; vgl aber auch BFH 9.5.2007 – XI R 52/05 – BFH/NV 2007, 1857.

ten die Umsetzung des Arbeitnehmers im Einzelfall ausgestaltet haben.[99] Durch eine einvernehmliche **Vertragsänderung** oder eine **Änderungskündigung** wird, wenn der Arbeitnehmer das Änderungsangebot – ggf unter Vorbehalt – annimmt, zwar das Arbeitsverhältnis nicht beendet, dieses aber gleichwohl auf eine neue Rechtsgrundlage gestellt.[100] Eine in diesem Fall gewährte Abfindung zum Ausgleich der mit der Änderung der Arbeitsbedingungen verbundenen Nachteile kann daher zu einer Tarifermäßigung führen.[101] Schließen die Parteien nach Beendigung des Arbeitsverhältnisses einen **neuen Arbeitsvertrag zu anderen Bedingungen**, bleibt die Steuerermäßigung einer wegen der Auflösung des früheren Arbeitsverhältnisses gezahlten Abfindung erhalten.[102] Ein **Betriebsübergang** nach § 613a BGB führt nicht zu einer Auflösung des Arbeitsverhältnisses, sondern zur Fortsetzung mit einem neuen Arbeitgeber. Eine aus Anlass eines Betriebsübergangs gezahlte Abfindung ist daher nicht steuerbegünstigt.[103] Ist ein aus Anlass eines Betriebsübergangs vereinbarter Aufhebungsvertrag allerdings auf das endgültige Ausscheiden des Arbeitnehmers gerichtet, liegt eine Auflösung iSd § 24 EStG vor.

Die **Auflösung** des Dienstverhältnisses muss **durch den Arbeitgeber veranlasst** worden sein. Das zur Entschädigung führende Ereignis muss zwar nicht ohne und gegen den Willen des Steuerpflichtigen eingetreten sein;[104] er darf das Schaden verursachende Ereignis jedoch nicht selbst herbeigeführt haben. Eine **Mitwirkung des Arbeitnehmers** an der Auflösung des Arbeitsverhältnisses ist – unter steuerlichen Aspekten – idR unschädlich, wenn er seine Rechte unter einem **erheblichen wirtschaftlichen, rechtlichen oder tatsächlichen Druck**, mithin **unfreiwillig**, aufgegeben hat.[105] Von einer **Veranlassung durch den Arbeitgeber** ist regelmäßig auszugehen bei ordentlichen oder außerordentlichen Arbeitgeberkündigungen, jedenfalls dann, wenn es sich um **betriebsbedingte Kündigungen** handelt. Gleiches gilt bei einer vom Arbeitgeber initiierten Aufhebungsvereinbarung und wenn das Arbeitsgericht das Arbeitsverhältnis gem § 9 KSchG **auflöst**, gleichgültig, ob die Auflösung auf Antrag des Arbeitgebers oder des Arbeitnehmers erfolgt.

Demgegenüber fehlt es regelmäßig an einer arbeitgeberseitigen Veranlassung bei einem **Aufhebungsvertrag auf Wunsch des Arbeitnehmers** oder im Fall einer **Eigenkündigung** des Arbeitnehmers. Aber auch bei einer Eigenkündigung ist eine Veranlassung durch den Arbeitgeber nicht stets ausgeschlossen. Eine vom Arbeitgeber veranlasste Auflösung liegt schon dann vor, wenn er die entscheidenden Ursachen für die Auflösung gesetzt hat.[106]

---

99 BFH 26.1.2011 – IX R 26/10 – BFH/NV 2011, 790.
100 KK-EStG/Mellinghoff § 24 EStG Rn 11.
101 BFH 25.8.2009 – IX R 3/09 – NZA-RR 2010, 257 mwN (Einkommensreduzierung infolge unbefristeter Arbeitszeitreduzierung um die Hälfte).
102 BFH 10.10.1986 – VI R 178/83 – DB 1987, 515; 16.7.1997 – XI R 85/96 – AP EStG § 3 Nr 2.
103 BFH 16.7.1997 – XI R 85/96 – AP EStG § 3 Nr 2.
104 Vgl zur früheren Rspr BFH 20.11.1970 – VI R 183/68 – BFHE 101, 237.
105 KK-EStG/Mellinghoff § 24 EStG Rn 12, 17.
106 BFH 17.5.1977 – VI R 150/76 – DB 1977, 1829; 11.1.1980 – VI R 165/77 – DB 1980, 906.

Eine **Mitveranlassung des Arbeitgebers** reicht aus. Das ist etwa der Fall, wenn der Arbeitnehmer durch eine schwere Vertragspflichtverletzung des Arbeitgebers zur außerordentlichen Kündigung veranlasst wird und ihm eine Fortsetzung des Arbeitsverhältnisses nicht zuzumuten ist. Wird nach einer ordentlichen Eigenkündigung das Arbeitsverhältnis auf Wunsch des Arbeitgebers vorzeitig beendet, sind die §§ 24, 34 EStG auf eine in diesem Zusammenhang gezahlte Abfindung ebenfalls anwendbar.

47 Zweifelhaft kann die arbeitgeberseitige Veranlassung insbesondere dann sein, wenn Gründe im **Verhalten** oder in der **Person des Arbeitnehmers** zur Auflösung des Arbeitsverhältnisses führen, da die Ursachen für die Auflösung nicht aus der Sphäre des Arbeitgebers, sondern des Arbeitnehmers entstammen.[107] Im Ergebnis sind auch in solchen Fällen auf Abfindungen, die idR auf der Grundlage eines gerichtlichen Vergleichs gezahlt werden, die §§ 24, 34 EStG anzuwenden. Ob das Verhalten des Arbeitnehmers eine Kündigung rechtfertigen könnte, bleibt gerade ungeklärt. Dementsprechend geht die Finanzverwaltung bei einer Kündigung durch den Arbeitgeber im Zweifel davon aus, dass der Arbeitgeber die entscheidenden Ursachen für die Auflösung gesetzt hat. **Klarstellende Formulierungen im Vergleich** bzw im **Aufhebungsvertrag**, etwa „auf Veranlassung des Arbeitgebers", „ohne Verschulden des Arbeitnehmers", „die Vorwürfe werden nicht aufrechterhalten", sind gleichwohl empfehlenswert.[108]

An einer vom Arbeitgeber veranlassten Auflösung fehlt es, wenn das Arbeitsverhältnis aufgrund einer **Befristung** endet.[109] Streiten die Parteien aber über die Wirksamkeit der Befristung oder wird das Arbeitsverhältnis auf Veranlassung des Arbeitgebers vor Ablauf der Befristung beendet, führt dies zur Anwendbarkeit der §§ 24, 34 EStG.[110]

48 Zwischen der **Abfindungszahlung** und der **Auflösung** des Arbeitsverhältnisses muss ein **ursächlicher Zusammenhang** bestehen. Eine Entschädigung liegt nicht vor bei Zahlungen, die nicht an die Stelle weggefallener Einnahmen treten, sondern bei denen es sich um Erfüllungshandlungen bezüglich der aus dem Arbeitsverhältnis resultierenden zivilrechtlichen Ansprüche handelt. Die Tarifermäßigung nach §§ 24, 34 EStG kommt nur in Betracht, **wenn und soweit** die Abfindung wegen der Auflösung des Arbeitsverhältnisses geleistet wird. Die Abfindung soll die mit dem Verlust des Arbeitsplatzes verbundenen Nachteile ausgleichen, kann aber bei vorzeitiger Beendigung des Arbeitsverhältnisses auch dazu dienen, den während der Kündigungsfrist entgangenen Verdienst abzugelten.[111]

Diese Voraussetzungen liegen nicht vor, wenn die Abfindung bereits **entstandene** bzw **erdiente Vergütungsbestandteile** aus der Zeit vor der Beendigung bzw für den Zeitraum bis zur Beendigung des Arbeitsverhältnisses enthält. In der Praxis werden häufig Sonderzahlungen, Überstundenvergütung, Urlaubsabgeltungsansprüche aber auch rückständige Arbeitsvergütung, Annahmeverzugsansprüche oder erfolgsabhängige Vergütungsbe-

---

107 Hümmerich NZA 1998, 225, 227.
108 Bauer NZA 1996, 729, 730; Hümmerich NZA 1998, 225, 227.
109 BFH 16.4.1980 – VI R 86/77 – DB 1980, 1376.
110 Bauer NZA 1996, 729, 731; Hümmerich NZA 1998, 225, 227.
111 BFH 13.10.1978 – VI R 91/77 – DB 1979, 481.

standteile oder sonstige bereits vor der Beendigung entstandene Entgeltansprüche in Form von Abfindungszahlungen „kapitalisiert". **Die Bezeichnung derartiger Leistungen als Abfindung ist für die Steuerpflichtigkeit unerheblich.** Der Abfindungsbetrag ist in einem solchen Fall in normal zu besteuernde Leistungen, die der **vollen Besteuerung unterliegen** und eine tarifbegünstigte Entschädigung aufzuteilen.[112] Keine steuerbegünstigte Abfindung sind demzufolge etwa Zahlungen an einen freigestellten Arbeitnehmer, die für den Zeitraum bis zur vereinbarten Beendigung des Arbeitsverhältnisses erbracht werden.[113]

Sollen mit der Abfindung **Versorgungsanwartschaften** abgegolten werden, ist zwischen unverfallbaren und verfallbaren Anwartschaften zu differenzieren. Auf eine unverfallbare Anwartschaft besteht ein Rechtsanspruch; Steuerfreiheit nach § 3 Ziff. 9 EStG trat auch dann nicht ein, wenn es sich um eine nach § 3 BetrAVG abfindungsfähige Anwartschaft handelte.[114] Bei einer verfallbaren Anwartschaft wird die Abfindung hingegen als Entschädigung für einen Anspruch geleistet, der wegen der Beendigung des Arbeitsverhältnisses nicht mehr entstehen kann, so dass eine Steuerbegünstigung in Betracht kommt.[115] Wird von einer Abfindung ein Teilbetrag in eine **Versorgungszusage** umgewandelt, kann dieser Betrag mangels Zuflusses nicht als Entschädigung begünstigt besteuert werden.[116] Erst mit der Erfüllung des Anspruchs durch den Arbeitgeber, wenn es also aufgrund der erhöhten Versorgungszusage zu deren Auszahlung kommt, erfolgt der Zufluss. Hingegen fließt dem Arbeitnehmer mit der Beitragszahlung seines Arbeitgebers Arbeitslohn dann zu, wenn er einen eigenen unentziehbaren Rechtsanspruch gegen den Versicherer bzw die Versorgungseinrichtung erhält.[117]

Sozialplanabfindungen und ein **Nachteilsausgleich** nach § 113 BetrVG werden regelmäßig wegen einer Auflösung iSd § 24 Nr 1 EStG gezahlt.

d) Zusammenballung von Einkünften. Die Steuerermäßigung setzt ferner voraus, dass die zu begünstigenden Einkünfte grundsätzlich in einem Veranlagungszeitraum zu erfassen sind und aufgrund einer Zusammenballung von Einkünften eine erhöhte Belastung entsteht oder entstehen kann.[118] Die Abfindung muss dem Arbeitnehmer daher grundsätzlich **in einem Veranlagungszeitraum** (= **Kalenderjahr**) zufließen.[119] **Ratenzahlungen** sind steuerunschädlich, wenn der Zufluss des Gesamtbetrags innerhalb eines Kalenderjahres erfolgt.[120] Die Aufteilung einer Entschädigung in Beträge, die dem Arbeitnehmer in zwei oder mehr Kalenderjahren zufließen, führt hingegen in aller Regel zur **Versagung der Steuerbegünstigung** für die ge-

49

---

112 BFH 6.11.2002 – XI R 2/02 – BFH/NV 2003, 745; KK-EStG/Mellinghoff § 24 EStG Rn 6, 17.
113 BFH 27.4.1994 – XI R 41/93 – AP EStG § 3 EStG Nr 1.
114 BFH 24.4.1991 – XI R 9/87 – DB 1991, 1500.
115 BFH 24.4.1991 – XI R 9/87 – DB 1991, 1500.
116 BFH 22.12.2010 – IX B 131/10 – DB 2011, 1144.
117 BFH 7.5.2009 – VI R 8/07 – DB 2009, 1794.
118 BFH 27.1.2010 – IX R 31/09 – NZA-RR 2010, 486.
119 BFH 16.3.1993 – XI R 10/92 – BStBl II 1993, 497; 26.1.2011 – IX R 20/10 – DB 2011, 1025.
120 BFH 21.3.1996 – XI R 51/95 – AP EStG § 24 Nr 1.

samte Abfindung, auch für den im ersten Veranlagungszeitraum gezahlten Teil.[121]

Eine **Ausnahme** von diesem Grundsatz ist geboten, wenn neben der Hauptentschädigungsleistung in einem späteren Veranlagungszeitraum aus Gründen der **sozialen Fürsorge** für eine gewisse Übergangszeit **Entschädigungszusatzleistungen** gewährt werden. Das sind bspw solche Leistungen, die der (frühere) Arbeitgeber dem Steuerpflichtigen zur Erleichterung des Arbeitsplatz- oder Berufswechsels oder als Anpassung an eine dauerhafte Berufsaufgabe und Arbeitslosigkeit erbringt, etwa die Übernahme der Kosten einer Outplacement-Beratung oder ein Zuschuss zum Arbeitslosengeld. Derartige ergänzende Zusatzleistungen können für die Beurteilung der Hauptleistung als zusammengeballte Entschädigung unschädlich und daher im Zeitraum ihres Zuflusses regulär zu besteuern sein.[122] Das gilt aber nur, wenn die Entschädigungszusatzleistungen die Größenordnung der Hauptentschädigung nicht erreichen, sondern diese der Höhe nach deutlich unterschreiten.[123] Ansonsten werden Ausnahmen unter **Billigkeitsaspekten** bei **planwidrigem Zufluss** der Entschädigung zugelassen, wenn die Zahlung eindeutig auf einen Einmalzufluss gerichtet war. Dies kann der Fall sein, wenn versehentlich bspw aufgrund eines Rechenfehlers eine zu niedrige Entschädigung ausgezahlt wurde oder nach jahrelangem Rechtsstreit über die Höhe einer Abfindung auf eine zunächst erfolgte Teilzahlung eine weitere Zahlung der Entschädigung erfolgt.[124] Zudem ist § 34 Abs 1 EStG nach Maßgabe der ratio legis trotz Zuflusses der Abfindung in zwei Veranlagungszeiträumen anwendbar, wenn der Steuerpflichtige im ersten Veranlagungszeitraum nur eine **geringfügige Teilleistung** erhalten hat und die **ganz überwiegende Hauptentschädigungsleistung** im folgenden Jahr in einem Betrag ausgezahlt wird.[125]

50 Nach der Rechtsprechung des BFH[126] ist das Merkmal der **Zusammenballung von Einkünften** nicht erfüllt, wenn die anlässlich der Beendigung eines Arbeitsverhältnisses gezahlte Entschädigung die bis zum Ende des Veranlagungszeitraums entgehenden Einnahmen **nicht** übersteigt und der Steuerpflichtige **keine weiteren Einnahmen**, die er bei **Fortsetzung** des Arbeitsverhältnisses **nicht** gehabt hätte, bezieht. Der Arbeitnehmer muss also infolge der Beendigung des Arbeitsverhältnisses **aufgrund der Abfindung im laufenden Veranlagungszeitraum mehr erhalten**, als er bei ungestörter Fortsetzung des Arbeitsverhältnisses, also bei normalem Ablauf der Dinge, erhalten hätte.[127] Dem Progressionsvorbehalt unterliegende Lohnersatzleistungen, etwa **Arbeitslosengeld**, sind bei der Vergleichsrechnung einzubeziehen.[128] Eine Zusammenballung liegt stets vor, wenn die aus Anlass der Beendigung gezahlte Entschädigung die bei Fortsetzung des Arbeitsverhältnis-

---

121 BFH 14.8.2001 – XI R 22/00 – BB 2002, 389.
122 BFH 14.8.2001 – XI R 22/00 – BB 2002, 389.
123 BFH 24.1.2002 – XI R 2/01 – NJW 2002, 2046.
124 BMF, Schreiben v. 24.5.2004 – IV A 5 – S 2290 – 20/04, BStBl 2004 I, 505 Rn 22.
125 BFH 26.1.2011 – IX R 20/10 – DB 2011, 1025.
126 BFH 9.10.2008 – IX R 85/07 – BFH/NV 2009, 558.
127 BFH 27.1.2010 – IX R 31/09 – NZA-RR 2010, 486.
128 FG Köln 15.3.2005 – 15 K 4753/04 – EFG 2005, 962.

ses bis zum Ende des Veranlagungszeitraumes entgehenden Einkünfte übersteigt. Als **Vergleichsmaßstab** für die fiktiven Einkünfte, die der Arbeitnehmer bei Fortsetzung des Arbeitsverhältnisses bezogen hätte, sind nach Auffassung des BFH und der dementsprechenden Handhabung der Finanzverwaltung im Regelfall die im Vorjahr bezogenen Einkünfte heranzuziehen.[129] Auch eine geringfügige Erhöhung der Einkünfte reicht für eine Zusammenballung aus. Der **tatsächliche Progressionseffekt** ist ohne Bedeutung.[130] Maßgeblich ist, dass der zusammengeballte Zufluss von Einnahmen eine höhere Einkommensteuerschuld als bei verteilt zufließenden Einkünften auslösen könnte.[131] Der Eintritt einer tatsächlich nachweisbaren Verschärfung der Steuerprogression ist nicht erforderlich.[132]

Etwa bestehende **Gestaltungsmöglichkeiten** hinsichtlich des Zeitpunkts des Zuflusses der Abfindung erfordern im Hinblick auf ihre steuerlichen Auswirkungen stets eine Betrachtung im jeweiligen Einzelfall; darüber hinaus sind ggf auch weitere Wechselwirkungen, etwa in sozialversicherungs- oder rentenrechtlicher Hinsicht, zu berücksichtigen.

e) Berechnung der Steuerermäßigung (Fünftelregelung). Auf **Antrag** des Arbeitnehmers erfolgt eine rechnerische Verteilung der Entschädigung (der Abfindung) auf fünf Jahre, um den Progressionsnachteil abzumildern.

Die **Berechnung** der Jahreseinkommensteuer ist nach § 34 Abs 1 Satz 2 – 4 EStG in **fünf Schritten** durchzuführen:

1. Ermittlung der Einkommensteuerschuld aus dem zu versteuernden Jahreseinkommen ohne Einbeziehung der außerordentlichen Einkünfte[133] – also ohne Abfindung – (Steuerbetrag A)
2. Ermittlung der Einkommensteuer aus dem zu versteuernden Jahreseinkommen zuzüglich einem Fünftel der als außerordentliche Einkünfte zu besteuernden Entschädigung (Steuerbetrag B)
3. Ermittlung der Differenz zwischen Steuerbetrag B und Steuerbetrag A
4. Ermittlung der auf die Entschädigung entfallenden Einkommensteuer: Der Differenzbetrag (nach Berechnungsschritt 3) ist mit fünf zu multiplizieren
5. Ermittlung der Gesamteinkommensteuer: Der 5-fache Differenzbetrag (nach Berechnungsschritt 4) wird dem Steuerbetrag A hinzugerechnet.

Diese Summe entspricht der **geschuldeten Einkommensteuer** unter Berücksichtigung der Tarifermäßigung für die außerordentlichen Einkünfte. Die Versteuerung der Abfindung erfolgt **einmalig im Jahr des Zuflusses.**

Hinweis: Die Regelung des § 34 Abs 1 EStG wirkt sich umso günstiger aus, je niedriger sich der Arbeitnehmer in der Steuerprogression befindet. Umgekehrt wird für Arbeitnehmer, die bereits die höchste Progressionsstufe erreicht haben, kein Steuervorteil entstehen.

---

129 BFH 27.1.2010 – IX R 31/09 – NZA-RR 2010, 486 mwN auch zu Ausnahmen.
130 BFH 21.3.1996 – XI R 51/95 – NJW 1996, 2328.
131 BFH 17.12.1982 – III R 136/79 –BStBl II 1983, 221.
132 BFH 15.10.2003 – XI R 17/02 –NJW 2004, 1407.
133 Der Arbeitnehmer-Pauschbetrag (gem § 9a EStG zZ 1000 EUR, bis 31.12.2011 920 EUR) ist vorrangig von den dem normalen Steuersatz unterfallenden Einnahmen aus nichtselbständiger Tätigkeit abzuziehen.

3. Lohnsteuerabzug. Steuerschuldner. Risiko der Besteuerung von Abfindungen. Brutto-/Netto-Vereinbarungen

52 Die vom Arbeitgeber dem Arbeitnehmer geschuldete Vergütung ist grundsätzlich eine Bruttovergütung. Der Arbeitgeber hat indessen nach §§ 38 Abs 3, 41 a EStG eine auf die Bruttovergütung entfallende Steuer zu ermitteln, einzubehalten und mittels Lohnsteueranmeldung an das Finanzamt abzuführen. Gleiches gilt für eine Abfindung und zwar in dem Zeitpunkt, in dem diese dem Arbeitnehmer zufließt. Die Abfindung unterliegt als sonstiger Bezug dem **Lohnsteuerabzug** (§ 39 b Abs 3 EStG). Sie wird auf Antrag tarifbegünstigt versteuert, soweit es sich um außerordentliche Einkünfte handelt (§ 39 b Abs 3 Satz 9 EStG).

In Zweifelsfällen kann bei der Finanzverwaltung von den Beteiligten eine lohnsteuerliche **Anrufungsauskunft** eingeholt werden. Nach dem ausdrücklichen Wortlaut des § 42 e EStG hat das **Betriebsstättenfinanzamt** Auskunft zu erteilen. Der Arbeitgeber hat daher einen – auch gerichtlich durchsetzbaren – Anspruch auf Erteilung der beantragten Auskunft und deren inhaltliche Richtigkeit. Die Anrufungsauskunft geht als feststellender Verwaltungsakt iSd § 118 Satz 1 AO über eine schlichte Wissenserklärung hinaus; die Erklärung des Finanzamts ist zusätzlich auf die Selbstbindung seines zukünftigen Handelns gerichtet, so dass ihr **Bindungswirkung** gegenüber dem **Arbeitgeber** zukommt, wenn sich dieser entsprechend der Anrufungsauskunft verhält.[134] Allerdings bindet der Inhalt einer im Lohnsteuerabzugsverfahren dem Arbeitgeber erteilten Anrufungsauskunft nicht das **Wohnsitzfinanzamt** bei der Einkommensteuerveranlagung des Arbeitnehmers.[135]

Steuerschuldner ist der Arbeitnehmer (§ 38 Abs 2 Satz 1 EStG). Der Arbeitgeber haftet lediglich gesamtschuldnerisch nach § 42 d Abs 1 Nr 1 EStG. Das **Risiko der Besteuerung**, dh, ob das Finanzamt die Abfindung ganz oder teilweise als steuerbegünstigt (in Altfällen ggf als steuerfrei) anerkennt, trifft daher regelmäßig den Arbeitnehmer (s Rn 53 aE).

53 Bei der **gerichtlich festgesetzten Abfindung** handelt es sich stets um einen **Bruttobetrag**. In **Aufhebungsverträgen** oder **gerichtlichen Vergleichen** vereinbarte Abfindungen sind ebenfalls, auch ohne einen entsprechenden Zusatz, **Bruttobeträge**, so dass der Arbeitnehmer anfallende Steuern zu tragen hat.[136] Wird eine Abfindung unter Hinweis auf die §§ 9, 10 KSchG vereinbart, dann stellen die Parteien damit klar, dass die Abfindung zulasten des Arbeitnehmers zu versteuern ist, sofern nicht besondere Umstände vorliegen, die für eine Nettoabfindung sprechen.[137] Vom Arbeitgeber ist hingegen die Steuerschuld zu tragen, wenn die Parteien ausdrücklich vereinbart haben, der Abfindungsbetrag sei netto zu zahlen.[138] Bei einer Klausel, wonach die **Abfindung brutto=netto** zu zahlen sei, ist durch Auslegung nach den Grundsätzen der §§ 133, 157 BGB zu ermitteln, ob eine Nettoverein-

---

134 BFH 30.4.2009 – VI R 54/07 – NJW 2009, 3118.
135 BFH 13.1.2011 – VI R 64/09.
136 LAG Berlin 21.2.1994 – 9 Sa 126/93 – AuA 1995, 35; LAG München 26.8.2008 – 6 Sa 277/08 – nv.
137 LAG Hamm 19.3.2008 – 6 Sa 1975/07 – AE 2008, 140.
138 BAG 21.11.1985 – 2 AZR 6/85 – RzK I 9j Nr 2.

barung vorliegt und demzufolge der Arbeitgeber das Risiko der Besteuerung trägt; zu berücksichtigen sind nicht nur der Wortlaut des Vergleichs, sondern auch die sonstigen Begleitumstände, die zum Vergleichsschluss geführt haben. Sofern sich hieraus nicht eindeutig und klar der Wille der Parteien ergibt, die **Steuerschuld abweichend zu regeln**, also die Bereitschaft des Arbeitgebers erkennen lässt, den Arbeitnehmer von der Steuerschuld freizustellen, bleibt die gesetzliche Regelung unberührt, wonach die Abfindung brutto geschuldet wird, der Arbeitnehmer Steuerschuldner ist und fällige Steuern zu tragen hat.[139] Eine brutto=netto Regelung betrifft regelmäßig nur die Zahlungsmodalitäten, indem die Parteien festlegen, der Abfindungsbetrag sei ungekürzt an den Arbeitnehmer auszubezahlen und dieser habe die darauf anfallende Steuern selbst abzuführen.[140] Als **Haftungsschuldner** (§ 42 d EStG) bleibt der Arbeitgeber dem Finanzamt in solchen Fällen – und auch dann, wenn eine Abfindung versehentlich „brutto" ausbezahlt wird – allerdings stets erhalten.[141]

V. Die Abfindung im Sozialversicherungsrecht

1. Begriff des beitragspflichtigen Arbeitsentgelts nach § 14 Abs 1 SGB IV

Zum beitragspflichtigen Arbeitsentgelt iSv § 14 Abs 1 SGB IV gehören alle laufenden und einmaligen Einnahmen aus einer Beschäftigung, gleichgültig, ob ein Rechtsanspruch auf die Einnahmen besteht, unter welcher Bezeichnung oder in welcher Form sie geleistet werden und ob sie unmittelbar aus der Beschäftigung oder im Zusammenhang mit ihr erzielt werden. 54

Abfindungen stellen nach dieser Definition kein Arbeitsentgelt iSv § 14 SGB IV dar und unterliegen deshalb regelmäßig **nicht der Beitragspflicht zur Sozialversicherung**. Abfindungen werden nicht für die Dauer eines Arbeitsverhältnisses geleistet, sondern für den Verlust des Arbeitsplatzes. Sie sind ein Ausgleich für den Wegfall künftiger Verdienstmöglichkeiten und beziehen sich daher auf Zeiten nach der Beendigung des Arbeitsverhältnisses. Zum Arbeitsentgelt gehören zwar auch Einnahmen, die im Zusammenhang mit der Beschäftigung erzielt werden. Sozialversicherungsrechtlich sind sie aber nur dann Arbeitsentgelt, wenn sie auf die Zeit der Beschäftigung und der Versicherungspflicht entfallen.[142] Abfindungen, die im Rahmen eines nach einer Änderungskündigung weiter bestehenden Arbeitsverhältnisses als **Ausgleich für verschlechterte Arbeitsbedingungen** geleistet werden, sind demgegenüber sozialversicherungspflichtiges Arbeitsentgelt nach § 14 SGB IV. Es fehlt insoweit an einer Zahlung für eine Zeit nach dem Ende der Beschäftigung und der Versicherungspflicht.[143] 55

In der Praxis werden anlässlich der Beendigung des Arbeitsverhältnisses bereits zuvor **entstandene Vergütungsansprüche** häufig zur **Erhöhung einer** 56

---

139 BAG 21.11.1985 – 2 AZR 6/85 – RzK I 9 j Nr 2; LSW/Spinner § 10 Rn 27; SPV/Vossen Rn 2160.
140 BAG 21.11.1985 – 2 AZR 6/85 – RzK I 9 j Nr 2; LAG Köln 20.3.1997 – 6 Sa 1424/96 – LAGE KSchG § 9 Nr 30, LAG Baden-Württemberg 17.4.1997 – 11 Sa 132/96 – LAGE KSchG § 9 Nr 31.
141 LAG München 26.8.2008 – 6 Sa 277/08 – nv.
142 BAG 9.11.1988 – 4 AZR 433/88 – AP KSchG 1969 § 10 Nr 6; BSG 21.2.1990 BB 1990, 1350.
143 BSG 28.1.1999 – B 12 KR 6/98 R – AP ArEV § 1 Nr 1.

Abfindung herangezogen. Soweit die Abfindung solche Zahlungen, zB Urlaubsgeld, Urlaubsabgeltung, Tantiemen, Überstundenvergütung, laufende Gehaltsansprüche etc enthält, handelt es sich um in vollem Umfang **beitragspflichtiges Arbeitsentgelt**. Die Bezeichnung als Abfindung ist unerheblich.[144]

2. Ruhen des Arbeitslosengeldanspruchs bei Entlassungsentschädigungen

57 Mit dem Entlassungsentschädigungs-Änderungsgesetz (EEÄndG) vom 24.3.1999[145] wurde die Anrechnung von Entlassungsentschädigungen auf das Arbeitslosengeld mit Wirkung ab 1.4.1999 neu geregelt. In das SGB III wurde § 143 a eingefügt, der im Wesentlichen den früheren Regelungen des § 117 Abs 2 bis 4 AFG nachempfunden ist (vgl näher 3. Aufl, § 10 KSchG Rn 50). Durch das Gesetz zur Verbesserung der Eingliederungschancen am Arbeitsmarkt vom 20.12.2011[146] wurden Aufbau, Paragraphennummerierung und teilweise auch der Regelungsgehalt der §§ 40 bis 184 des SBG III mit Wirkung zum 1.4.2012 geändert. Das **Ruhen des Anspruchs auf Arbeitslosengeld** wird nunmehr durch § 158 SGB III geregelt (§ 143 a SGB III aF); inhaltliche Änderungen erfolgten insoweit nicht.

Das SGB III sieht grundsätzlich **keine Anrechnung einer Abfindung** auf das Arbeitslosengeld vor. Nach § 158 Abs 1 SGB III wird allerdings **mittelbar** auf die Abfindung zurückgegriffen, wenn das Arbeitsverhältnis **ohne Einhaltung** einer der **ordentlichen Kündigungsfrist des Arbeitgebers entsprechenden** Frist beendet worden ist. Mittelbarer Rückgriff bedeutet, dass der Arbeitslosengeldanspruch bis zu dem Tage ruht, an dem das Arbeitsverhältnis bei Einhaltung der zu beachtenden Kündigungsfrist geendet hätte. Der Vorschrift des § 158 SGB III liegt die **unwiderlegbare Vermutung** zugrunde, dass die Entlassungsentschädigung auch Arbeitsentgelt enthält, wenn das Arbeitsverhältnis vorzeitig (unterfristig) beendet wurde. Der Beginn der Zahlung des Arbeitslosengeldes wird dann – lediglich – in die Zukunft verlagert, **Anspruchsdauer** und **Anspruchshöhe** bleiben unangetastet. Allerdings werden Beiträge zur gesetzlichen Kranken-, Pflege- und Rentenversicherung während des Ruhenszeitraums von der Agentur für Arbeit **nicht** entrichtet.

Soweit der Arbeitslose die Entlassungsentschädigung tatsächlich nicht erhält, wird das Arbeitslosengeld auch für die Zeit geleistet, in der der Anspruch auf Arbeitslosengeld ruht, sog **Gleichwohlgewährung** (§ 158 Abs 4 Satz 1 SGB III). Der Anspruch auf Zahlung der Entlassungsentschädigung geht in diesem Fall bis zur Höhe des im Ruhenszeitraum geleisteten Arbeitslosengeldes auf die Bundesagentur für Arbeit über (§ 115 Abs 1 SGB X). Die Arbeitsvertragsparteien können vereinbaren, dass eine Abfindung nicht um den auf die Bundesagentur übergangenen Anteil der Arbeitslosenunterstützung gekürzt, sondern im Innenverhältnis vom Arbeitgeber getragen werden soll. Hierzu bedarf es allerdings einer ausdrücklichen Regelung. Eine allgemeine Ausgleichsklausel in einem Vergleich, den

---

144 BSG 21.2.1990 – 12 RK 65/87 – BB 1990, 1704.
145 BGBl I S 396.
146 BGBl I S 2854.

die Parteien im Kündigungsschutzprozess geschlossen haben, reicht hierfür nicht aus.[147]

Hauptanwendungsfall des § 158 SGB III ist die ohne Einhaltung der für den Arbeitgeber geltenden Kündigungsfrist – also ohne oder mit zu kurzer Frist – vereinbarte Beendigung des Arbeitsverhältnisses gegen Zahlung einer Abfindung oder sonstigen Entlassungsentschädigung. Da nach der gesetzlichen Regelung die – mittelbare – Anrechnung einer Entlassungsentschädigung auf das Arbeitslosengeld nur dann in Betracht kommt, wenn die maßgebliche Kündigungsfrist nicht eingehalten wurde, scheidet die Anwendung des § 158 SGB III auf nach §§ 9, 10 KSchG, 113 BetrVG **gerichtlich festgesetzte Abfindungen** grundsätzlich aus. Lediglich für den Fall, dass bei einer außerordentlichen, fristlosen Kündigung das Arbeitsverhältnis im Zeitpunkt des Zugangs der außerordentlichen Kündigungserklärung aufgelöst wird,[148] kann die Abfindungszahlung zum Ruhen des Arbeitslosengeldanspruchs nach § 158 SGB III führen. 58

Unter **Entlassungsentschädigungen** isd § 158 SGB III sind Abfindungen, Entschädigungen oder ähnliche Leistungen[149] zu verstehen, die der Arbeitnehmer wegen der Beendigung des Arbeitsverhältnisses erhält.[150] Unberücksichtigt bleiben aber Leistungen oder Beiträge des Arbeitgebers, die er unmittelbar für die Rentenversicherung des Arbeitnehmers nach § 187a Abs 1 SGB VI oder für dessen berufsständische Versorgungseinrichtung aufwendet, wenn das Arbeitsverhältnis frühestens mit Vollendung des 55. Lebensjahres des Arbeitnehmers beendet wird (§ 158 Abs 1 Satz 6 und Satz 7 SGB III). 59

Die **maßgebliche Kündigungsfrist** ist die für das Arbeitsverhältnis geltende gesetzliche, tarifliche oder einzelvertraglich zulässig vereinbarte Kündigungsfrist. Bei **ordentlich nicht kündbaren Arbeitsverhältnissen** werden Kündigungsfristen nach § 158 Abs 1 Satz 3 und 4 SGB III gesetzlich wie folgt fingiert: 60

- bei zeitlich unbegrenztem Ausschluss der ordentlichen Kündbarkeit (zB aufgrund einer tariflichen Alterssicherung) gilt eine Kündigungsfrist von 18 Monaten (§ 158 Abs 1 Satz 3 Nr 1 SGB III)
- bei zeitlich begrenztem Ausschluss der ordentlichen Kündbarkeit (zB bei Betriebs- oder Personalratsmitgliedern) gilt die Kündigungsfrist, die ohne den Ausschluss der ordentlichen Kündbarkeit maßgebend gewesen wäre (§ 158 Abs 1 Satz 3 Nr 2 SGB III)
- bei Vorliegen der Voraussetzungen für eine außerordentliche Kündigung aus wichtigem Grund mit notwendiger Auslauffrist (zB bei Betriebsstilllegung, wenn eine Weiterbeschäftigung des ordentlich unkündbaren Arbeitnehmers in einem anderen Betrieb des Unternehmens nicht möglich ist) gilt ebenfalls die Kündigungsfrist, die ohne den Ausschluss der ordentlichen Kündigung maßgebend gewesen wäre (§ 158 Abs 1 Satz 3 Nr 2 SGB III)

---

147 BAG 9.10.1996 – 5 AZR 246/95 – AP SGB X § 115 Nr 9.
148 Vgl Rn 25 und § 9 KSchG Rn 37.
149 ZB Übergangsbeihilfen bis zum Bezug der Altersrente, tarifliches Übergangsgeld, Schadensersatzansprüche nach § 628 Abs 2 BGB.
150 Näher HK-ArbR/Welkoborsky § 158 SGB III Rn 4 f.

kann dem Arbeitnehmer nur bei Zahlung einer Entlassungsentschädigung ordentlich gekündigt werden, gilt eine Kündigungsfrist von einem Jahr (§ 158 Abs 1 Satz 4 SGB III)

61 Der **Ruhenszeitraum** ist nicht stets mit dem Zeitraum zwischen dem vereinbarten Ende des Arbeitsverhältnisses und der einzuhaltenden Kündigungsfrist identisch. § 158 Abs 2 SGB III begrenzt den Ruhenszeitraum. Der Arbeitslosengeldanspruch ruht
- längstens ein Jahr (§ 158 Abs 2 Satz 1 SGB III)
- nicht aber über den Tag hinaus,
  – bis zu dem der Arbeitslose bei Weiterzahlung des während der letzten Beschäftigungszeit (das sind grundsätzlich die abgerechnete Entgeltabrechnungszeiträume der letzten 12 Monate, § 158 Abs 2 Satz 4 SGB III) kalendertäglich verdienten Arbeitsentgelts einen Betrag iHv 60 % der Abfindung verdient hätte (§ 158 Abs 2 Satz 2 Nr 1 SGB III); der zu berücksichtigende Anteil der Entlassungsentschädigung vermindert sich sowohl für je fünf Jahre des Arbeitsverhältnisses in demselben Betrieb oder Unternehmen als auch für je fünf Lebensjahre nach Vollendung des 35. Lebensjahres um je fünf Prozent; er beträgt mindestens 25 % der Entlassungsentschädigung (§ 158 Abs 2 Satz 3 SGB III)
  – an dem das Arbeitsverhältnis infolge einer Befristung, die unabhängig von der Vereinbarung über die Beendigung des Arbeitsverhältnisses bestanden hat, geendet hätte (§ 158 Abs 2 Satz 2 Nr 2 SGB III) oder
  – an dem der Arbeitgeber das Arbeitsverhältnis aus wichtigem Grunde ohne Einhaltung einer Kündigungsfrist hätte kündigen können (§ 158 Abs 2 Satz 2 Nr 3 SGB III)

62 Der nach § 158 Abs 2 Satz 2 Nr 1, Satz 3 SGB III zu berücksichtigende Anteil der Abfindung (brutto!) ergibt sich aus folgender **Tabelle:**

Betriebs- oder Unternehmenszugehörigkeit	Arbeitnehmer unter 40 Jahre	Arbeitnehmer ab 40 Jahre	Arbeitnehmer ab 45 Jahre	Arbeitnehmer ab 50 Jahre	Arbeitnehmer ab 55 Jahre	Arbeitnehmer ab 60 Jahre
Weniger als 5 Jahre	60%	55%	50%	45%	40%	35%
5 und mehr Jahre	55%	50%	45%	40%	35%	30%
10 und mehr Jahre	50%	45%	40%	35%	30%	25%

Betriebs- oder Unternehmenszugehörigkeit	Arbeitnehmer unter 40 Jahre	Arbeitnehmer ab 40 Jahre	Arbeitnehmer ab 45 Jahre	Arbeitnehmer ab 50 Jahre	Arbeitnehmer ab 55 Jahre	Arbeitnehmer ab 60 Jahre
15 und mehr Jahre	45%	40%	35%	30%	25%	25%
20 und mehr Jahre	40%	35%	30%	25%	25%	25%
25 und mehr Jahre	35%	30%	25%	25%	25%	25%
30 und mehr Jahre		25%	25%	25%	25%	25%
35 und mehr Jahre			25%	25%	25%	25%

Die Bestimmung des Ruhenszeitraums erfolgt im Einzelfall nach den oben dargestellten Grundsätzen. Es sind drei **Berechnungsschritte** durchzuführen:

- Ermittlung der vom Arbeitgeber einzuhaltenden Kündigungsfrist,
- Ermittlung des maximalen Ruhenszeitraums,
- evtl Verkürzung des Ruhenszeitraums nach § 158 Abs 2 SGB III.

Beispiel 1: Nach 30-jähriger Beschäftigungsdauer des 50 Jahre alten Arbeitnehmers schließen die Arbeitsvertragsparteien am 30.06. einen Aufhebungsvertrag zum 30.09. Die Abfindung beläuft sich auf 40.000 EUR, das im Durchschnitt des letzten Jahres bezogene monatliche Arbeitsentgelt auf 3.000 EUR brutto. Das Arbeitsverhältnis ist mit gesetzlicher Frist ordentlich kündbar.

1. Die vom Arbeitgeber einzuhaltende Kündigungsfrist beträgt sieben Monate zum Monatsende (§§ 158 Abs 1 Satz 1, 622 Abs 2 Nr 7 BGB). Das Arbeitsverhältnis hätte deshalb am 30.06. frühestens zum 31.01. des Folgejahres beendet werden können.
2. Der Anspruch auf Arbeitslosengeld ruht maximal in der Zeit vom 01.10. bis 31.01. des Folgejahres (§ 158 Abs 1 Satz 1 SGB III).
3. Der Ruhenszeitraum endet gem § 158 Abs 2 Satz 2 Nr 1, Satz 3 SGB III vorzeitig mit Ablauf des 08.01. des Folgejahres. Der zu berücksichtigende Anteil der Abfindung beträgt 25 %, somit 10.000 EUR. Dieser Betrag ist durch das kalendertägliche Arbeitsentgelt iHv 100 EUR (3.000 EUR : 30 Tage) zu teilen. Daraus ergibt sich ein Ruhenszeitraum von 100 Kalendertagen (01.10. bis 08.01. des Folgejahres).

65 Beispiel 2: Nach zehnjähriger Beschäftigungsdauer des 50 Jahre alten Arbeitnehmers schließen die Arbeitsvertragsparteien am 30.06. einen Aufhebungsvertrag zum 30.09. Die Abfindung beläuft sich auf 60.000 EUR, das im Durchschnitt des letzten Jahres bezogene monatliche Arbeitsentgelt auf 3.000 EUR brutto. Die ordentliche Kündigung ist tarifvertraglich ausgeschlossen.

1. Die vom Arbeitgeber einzuhaltende Kündigungsfrist beträgt fiktiv 18 Monate, da die ordentliche Kündigung zeitlich unbegrenzt ausgeschlossen ist (§ 158 Abs 1 Satz 3 Nr 1 SGB III). Das Arbeitsverhältnis hätte demzufolge am 30.06. fiktiv erst zum 31.12. des Folgejahres beendet werden können.
2. Der Anspruch auf Arbeitslosengeld ruht nach § 158 Abs 2 Satz 1 SGB III längstens für ein Jahr, im Beispielsfall also vom 01.10. bis maximal 30.09.
3. Der Ruhenszeitraum endet gem § 158 Abs 2 Satz 2 Nr 1, Satz 3 SGB III vorzeitig mit Ablauf des 28.04. des Folgejahres. Der zu berücksichtigende Anteil der Abfindung beträgt 35 %, somit 21.000 EUR. Dieser Betrag ist durch das kalendertägliche Arbeitsentgelt iHv 100 EUR (EUR 3000 EUR: 30 Tage) zu teilen. Daraus ergibt sich ein Ruhenszeitraum von 210 Kalendertagen (01.10. bis 28.04. des Folgejahres).

3. Sperrzeit für den Bezug von Arbeitslosengeld

66 a) **Gesetzliche Regelung des Sperrzeittatbestandes.** Die Sperrzeit für den Bezug von Arbeitslosengeld ist seit 1.4.2012 in § 159 SGB III (§ 144 SGB III aF) geregelt (hierzu Rn 57 oben). Voraussetzung für den Eintritt der Sperrzeit ist ein versicherungswidriges Verhalten des Arbeitnehmers ohne wichtigen Grund (§ 159 Abs 1 Satz 1 SGB III).

Nach § 159 Abs 1 Satz 2 Nr 1, Abs 3 Satz 1 SGB III tritt eine **Sperrzeit wegen Arbeitsaufgabe** von **zwölf Wochen** ein, wenn

- der Arbeitslose das Beschäftigungsverhältnis gelöst, also entweder selbst gekündigt oder einvernehmlich durch Vertrag beendet hat oder
- durch ein arbeitsvertragswidriges Verhalten die Lösung des Beschäftigungsverhältnisses veranlasst hat und
- dadurch die Arbeitslosigkeit herbeigeführt hat und
- vorsätzlich oder grob fahrlässig handelte
- ohne für sein Verhalten einen wichtigen Grund zu haben (§ 159 Abs 1 Satz 1 SGB III).

Gem § 159 Abs 3 Satz 2 SGB III kann sich die Dauer der Sperrzeit gemäß Nr 1 auf drei Wochen bzw nach Nr 2 der Vorschrift auf sechs Wochen, etwa in **Härtefällen,** verkürzen.

67 Eine durch arbeitsvertragswidriges Verhalten veranlasste Lösung des Beschäftigungsverhältnisses liegt im Fall einer **rechtswirksamen verhaltensbedingten Arbeitgeberkündigung** vor. Eine Lösung des Beschäftigungsverhältnisses durch den Arbeitnehmer ist bei einer **Eigenkündigung** gegeben, ferner in den verschiedenen Fällen der **einvernehmlichen Beendigung** (s Rn 70 ff).

Liegen die Voraussetzungen einer **Sperrzeit wegen Arbeitsaufgabe** vor, tritt diese **kraft Gesetzes** ein, muss also durch die Agentur für Arbeit nicht gesondert festgestellt werden. Die Rechtsfolgen für den Arbeitslosen sind einschneidend. Während der Sperrzeit **ruht** der Anspruch auf Arbeitslosengeld (§ 159 Abs 1 Satz 1 SGB III). Beiträge zur Kranken-, Pflege- und Rentenversicherung werden während des Ruhenszeitraumes von der Agentur für Arbeit nicht abgeführt. Der Arbeitslose ist während der Sperrzeit nach § 5 Abs 1 Nr 2 SGB V zunächst nicht gesetzlich krankenversichert, soweit nicht ein nachgehender Versicherungsschutz nach § 19 Abs 2 SGB V besteht. In der Rentenversicherung wird die Dauer der Sperrzeit gem § 54 SGB VI nicht als Beitragszeit gewertet, weil keine Beiträge entrichtet werden.[151] Der Arbeitslose erhält während der Sperrzeit, die im Regelfall mit der Beendigung des Arbeitsverhältnisses beginnt (§ 159 Abs 2 Satz 1 SGB III), **kein Arbeitslosengeld**. Die Sperrzeit wegen Arbeitsaufgabe **mindert** gleichzeitig **die Dauer des Anspruchs auf Arbeitslosengeld** im zeitlichen Umfang der Sperrzeit, in Fällen einer Sperrzeit von 12 Wochen mindestens aber um ein Viertel der Anspruchsdauer (§ 148 Abs 1 Nr 4 SGB III). Liegt das Sperrzeitereignis im Zeitpunkt der Arbeitslosmeldung länger als ein Jahr zurück, hat der Arbeitslose wieder Anspruch auf die unverminderte Bezugsdauer (§ 148 Abs 2 Satz 2 SGB III). Der Anspruch auf Arbeitslosengeld **erlischt insgesamt**, wenn der Arbeitslose Anlass für den Eintritt von Sperrzeiten mit einer Dauer von insgesamt 21 Wochen gegeben hat, entsprechende schriftliche Bescheide erhielt und von der Arbeitsagentur auf diese Rechtsfolge hingewiesen wurde (§ 162 Abs 1 Nr 2 SGB III).

b) Sperrzeitrelevanz einzelner Auflösungstatbestände. Bei einer Auflösung des Arbeitsverhältnisses durch das Gericht nach §§ 9 oder 13 KSchG und einer dementsprechend nach § 10 KSchG oder bei einer nach § 113 BetrVG iVm § 10 KSchG festgesetzten Abfindung tritt **keine Sperrzeit** für den Bezug von Arbeitslosengeld ein. Die Auflösung des Arbeitsverhältnisses nach §§ 9 oder 13 KSchG setzt eine sozial ungerechtfertigte bzw rechtsunwirksame Kündigung voraus, der Nachteilsausgleich nach § 113 BetrVG eine sozial gerechtfertigte betriebsbedingte Kündigung. In den Geschäftsanweisungen der Bundesagentur für Arbeit zu § 159 SGB III (im Folgenden: GA) werden diese Fälle auch nicht erwähnt.

Sperrzeitrelevant sind demgegenüber durch den Arbeitnehmer vorwerfbar veranlasste – insbesondere verhaltensbedingte – ordentliche und außerordentliche Kündigungen des Arbeitgebers.[152] Zudem können die **Eigenkündigung** des Arbeitsverhältnisses und die **tatsächliche Aufgabe der Beschäftigung** durch den **Arbeitnehmer** sowie die **einvernehmliche Beendigung** des Arbeitsverhältnisses, die häufig mit Abfindungszahlungen oder sonstigen finanziellen Vergünstigungen für den Arbeitnehmer verbunden sind, eine Sperrzeit begründen.[153]

---

151 Preis/Schneider, NZA 2006, 180.
152 Ausf HK-ArbR/Welkoborsky § 159 SGB III Rn 16 ff.
153 Ausf HK-ArbR/Welkoborsky § 159 SGB III Rn 9 ff.

Nach den GA sind folgende Fälle der einvernehmlichen Beendigung zu unterscheiden:
- **Aufhebungsvertrag** (GA 1.2.1)
- **Beteiligung an der Beendigung des Beschäftigungsverhältnisses** (GA 1.2.2) durch:
  - vorausgegangene Absprache über eine noch auszusprechende Arbeitgeberkündigung[154]
  - nachträgliche Vereinbarung bzw Fixierung,[155] zB in einem Abwicklungsvertrag
  - vom Arbeitslosen angeregte Arbeitgeberkündigung.[156]

71 Der Arbeitnehmer **löst** das Beschäftigungsverhältnis iSd § 159 SGB III, wenn er einen zur Beendigung des Arbeitsverhältnisses führenden Vertrag schließt.[157] Der ausdrückliche **Aufhebungsvertrag** stellt daher regelmäßig eine sperrzeitrelevante Arbeitsaufgabe dar. Ob das Arbeitsverhältnis auch durch rechtmäßige Kündigung hätte beendet werden können, ist für die Entscheidung über das Vorliegen eines Auflösungssachverhaltes bei abgeschlossenen Aufhebungsverträgen unerheblich. Entscheidend ist allein der tatsächliche Geschehensablauf.[158] Ein Aufhebungsvertrag kann gegen den Willen des Arbeitnehmers nicht zustande kommen; hierin liegt die freiwillige Arbeitsaufgabe iSd Sperrzeitvorschrift.[159] **Abwicklungsverträge** sind nach den für Aufhebungsverträge geltenden Grundsätzen zu behandeln.

72 Ein **Beteiligungssachverhalt** setzt ein aktives Mitwirken des Arbeitnehmers an der Auflösung des Arbeitsverhältnisses voraus.[160] Liegen entsprechende Hinweise vor, hat die Arbeitsagentur den Sachverhalt aufzuklären. Hierbei sind die von den Parteien schriftlich oder mündlich getroffenen Vereinbarungen und das Verhalten des Arbeitnehmers zu beurteilen. Maßgeblich ist der wirkliche Geschäftswille der Parteien; ein ggf entgegengesetzter Wortlaut der Erklärungen ist unbeachtlich.[161] Die schlichte **Hinnahme einer Arbeitgeberkündigung** reicht nicht aus.[162]

73 Ob eine ordentliche Kündigung des Arbeitgebers sozialwidrig ist oder nicht, ist für den Arbeitnehmer idR nicht offensichtlich.[163] Daher besteht unter sozialversicherungsrechtlichen Aspekten grundsätzlich keine Verpflichtung des Arbeitnehmers, gegen eine rechtswidrige Kündigung (Kündigungsschutz-) Klage zu erheben.[164] Eine sperrzeitauslösende Beteiligung kann aber vorliegen, wenn der Arbeitnehmer eine **Kündigung** durch den Arbeitgeber **hinnimmt**, deren **offensichtliche Rechtswidrigkeit** er ohne weiteres erkennen musste (GA 1.2.2 (2) Ziff. 1.–3.). Dies kann der Fall sein, wenn

---

154 GA 1.2.2 (1) a).
155 GA 1.2.2 (1) b).
156 GA 1.2.2 (1) c).
157 BSG 17.10.2007 – B 11 a AL 51/06 R – NZA-RR 2008, 383.
158 BSG 12.7.2006 – B 11 a AL 47/05 R – NJW 2006, 3514.
159 GA 1.2.1 (2).
160 GA 1.2.2 (2).
161 GA 1.2.2 (5).
162 GA 1.2.2 (2).
163 GA 1.2.2 (2) aE.
164 BSG 17.10.2007 – B 11 a AL 51/06 R – NZA-RR 2008, 383.

- die maßgebende Kündigungsfrist nicht eingehalten wurde
- das Arbeitsverhältnis nicht mehr ordentlich, sondern nur noch außerordentlich aus wichtigem Grund nach § 626 BGB kündbar war
- der Arbeitnehmer Sonderkündigungsschutz genießt und die Kündigung wegen eines Verstoßes zB gegen § 9 MuSchG, § 18 BEEG, § 85 SGB IX oder § 15 KSchG nichtig ist.

Bei der Beendigung des Arbeitsverhältnisses durch eine **rechtmäßige ordentliche Arbeitgeberkündigung** liegt allein in der Annahme einer Abfindung oder ähnlichen Leistung kein versicherungswidriges Verhalten und somit auch kein Sperrzeittatbestand.[165] Ein sperrzeitbegründender Auflösungssachverhalt liegt ebenfalls nicht vor, wenn die arbeitgeberseitige Kündigung auf betriebsbedingte Gründe gestützt wird und mit einer **Abfindung nach § 1 a KSchG** verbunden ist.[166] Weicht die Höhe der Abfindung jedoch von der gesetzlichen Regelung ab und beruht diese Abweichung auf einer Vereinbarung, so liegt eine **vorausgegangene Absprache** vor.[167]

74

Der Widerspruch des Arbeitnehmers gegen einen Betriebsübergang iSd § 613 a BGB begründet keinen Beteiligungs- oder Lösungssachverhalt.[168]

75

c) **Wichtiger Grund iSd Sperrzeitrechts.** Die Sperrzeitregelung dient dem Schutz der Versichertengemeinschaft vor Risikofällen, deren **Eintritt der Versicherte selbst zu vertreten hat**.[169] Wichtig iSd Sperrzeitrechts sind alle Gründe, die es für den Arbeitslosen unter Berücksichtigung aller Umstände des Einzelfalles und unter Abwägung seiner Interessen mit denen der Gemeinschaft der Beitragszahler unzumutbar erscheinen lassen, einen Sperrzeitsachverhalt zu vermeiden.[170] Eine Sperrzeit soll nur eintreten, wenn dem Versicherten ein anderes Verhalten hätte zugemutet werden können.[171] Hierbei kommt es nicht auf die subjektiven Vorstellungen des Arbeitslosen an, sondern darauf, dass ein **wichtiger Grund** iSd Sperrzeitrechts **objektiv** gegeben ist.[172] Ob der Arbeitnehmer einen wichtigen Grund für die Arbeitsaufgabe hatte, ist durch die Arbeitsagentur von Amts wegen zu prüfen.[173]

76

Ein wichtiger Grund iSd § 159 Abs 1 SGB III besteht bei Abschluss eines Aufhebungsvertrages nur unter besonderen Umständen. Ein derartiger zur Arbeitsaufgabe berechtigender Grund liegt nicht schon darin, dass dem Arbeitnehmer andernfalls eine arbeitgeberseitige Kündigung gedroht hätte[174] oder ihm eine Entlassungsentschädigung zugesagt wurde.[175]

77

Ein **wichtiger Grund** zum **Abschluss eines Aufhebungsvertrages** liegt vor (s Rn 79 aE),[176]

---

165 GA 1.2.2 (3).
166 BSG 8.7.2009 – B 11 AL 17/08 R – BB 2010, 443.
167 GA 1.2.2 (1) a); vgl § 1 a KSchG Rn 12, 18.
168 BSG 8.7.2009 – B 11 AL 17/08 R – BB 2010, 443.
169 BSG 17.10.2007 – B 11 a AL 51/06 R – NZA-RR 2008, 383.
170 GA 9.0 (1).
171 BSG 17.10.2007 – B 11 a AL 51/06 R – NZA-RR 2008, 383.
172 BSG 12.7.2006 – B 11 a AL 47/05 R – NJW 2006, 3514.
173 GA 9.0 (2).
174 GA 9.1.2 (1).
175 GA 9.1.4.
176 GA 9.1.2 (2).

- wenn eine Kündigung durch den Arbeitgeber mit Bestimmtheit in Aussicht gestellt (angedroht) worden ist, diese auf betriebsbedingte oder nicht verhaltensbedingte Gründe gestützt wurde, die Kündigung zu demselben Zeitpunkt, zu dem das Beschäftigungsverhältnis geendet hat oder früher wirksam geworden wäre, im Falle der Arbeitgeberkündigung die Kündigungsfrist eingehalten worden wäre und der Arbeitnehmer nicht unkündbar war[177]
- eine Abfindung von 0,5 – mindestens aber 0,25 – Monatsgehältern für jedes Jahr der Betriebszugehörigkeit an den Arbeitnehmer gezahlt wird, entsprechend § 1 a KSchG[178]
- der Arbeitslose objektive Nachteile aus einer arbeitgeberseitigen Kündigung für sein berufliches Fortkommen vermieden hat
- der Arbeitslose sonstige Gründe darlegt, aus denen er objektive Nachteile aus einer arbeitgeberseitigen Kündigung befürchten musste; in Betracht kommt zB eine Vergünstigung, auf die im Fall einer Kündigung kein Anspruch bestanden hätte, etwa eine zugesagte höhere Abfindung (näher GA 9.1.2 (2)).
- Nach der neueren Rechtsprechung des BSG liegt ein eine Sperrzeit ausschließender wichtiger Grund **stets** vor, wenn der Arbeitnehmer angesichts einer drohenden betriebsbedingten Kündigung einen Aufhebungsvertrag mit einer **Abfindung** vereinbart, die den **Rahmen des § 1 a nicht übersteigt**. Auf die **Rechtmäßigkeit** der drohenden betriebsbedingten Kündigung, wie sie bislang vom BSG stets als Voraussetzung des wichtigen Grundes gefordert wurde, kommt es nicht mehr an.[179] Anderes gilt nur im Falle einer **Gesetzesumgehung**, etwa bei einer offenkundigen Rechtswidrigkeit der beabsichtigten Kündigung oder wenn im Aufhebungsvertrag die Leistung einer **höheren** als der in § 1 a vorgesehenen **Abfindung** von 0,5 Monatsverdiensten je Beschäftigungsjahr vereinbart wird. Der Arbeitnehmer kann sich in diesen Fällen nicht auf einen wichtigen Grund für die Aufhebung des Arbeitsverhältnisses berufen, wenn ihm nicht 1) mit hinreichender Sicherheit eine 2) nach materiellem Arbeitsrecht objektiv rechtmäßige betriebsbedingte (jedenfalls unverschuldete) Kündigung gedroht hätte.[180]

78 Ein wichtiger Grund kann ferner aus einem der in den GA der Bundesagentur für Arbeit aufgeführten Tatbestände des **Katalogs allgemeiner wichtiger Gründe** resultieren, zB wenn die vom Arbeitnehmer verlangte oder erwartete Arbeit gegen gesetzliche Bestimmungen oder die guten Sitten verstoßen würde, bei Insolvenz des Arbeitgebers, sexueller Belästigung sowie bei Ausübung erheblichen psychischen Drucks oder bei Mobbing am Arbeitsplatz, bei sittenwidriger Entlohnung der Beschäftigung oder wenn die Beschäftigung zur Begründung, Aufrechterhaltung oder Wiederherstellung der ehelichen Gemeinschaft/eingetragenen Lebenspartnerschaft aufgegeben wird (näher **GA 9.1.1 (1) Ziff. 1) – 20)** und **Anlage 13** – Beispiele zum wichtigen Grund).

---

177 Vgl BSG 8.7.2009 – B 11 AL 17/08 R – BB 2010, 443.
178 Vgl BSG 8.7.2009 – B 11 AL 17/08 R – BB 2010, 443.
179 BSG 2.5.2012 – B 11 AL 6/11 R – NZS 2012, 874.
180 LSG Baden-Württemberg 21.10.2011 – L 12 AL 4621/10 – ArbR 2012, 50.

Abwicklungsverträge sind nach den für Aufhebungsverträge geltenden Grundsätzen zu behandeln (Rn 71 ff). Ein wichtiger Grund für den Abschluss eines Abwicklungsvertrages **innerhalb der dreiwöchigen Klagefrist** liegt stets vor, wenn die Kündigung rechtmäßig war.[181] 79

Hinweis: Zur Minderung des Sperrzeitrisikos empfiehlt es sich (in erster Linie) aus Sicht des Arbeitnehmers, beim Abschluss eines **Aufhebungs- oder Abwicklungsvertrages** die jeweils maßgeblichen tatsächlichen Aspekte in der Vereinbarung, insbesondere im Hinblick auf die Einhaltung der maßgeblichen Kündigungsfrist und das Vorliegen eines wichtigen Grundes, möglichst **präzise** darzulegen. Pauschale Hinweise (bspw: *zur Meidung einer betriebsbedingten Kündigung des Arbeitgebers*) reichen idR nicht aus.

d) Gerichtlicher Vergleich. Eine **nachträgliche Einigung durch arbeitsgerichtlichen Vergleich** löst in aller Regel keine Sperrzeit aus, wenn hierdurch das Ende des Beschäftigungsverhältnisses nicht zeitlich vorverlegt wird[182] und keine Anhaltspunkte dafür vorliegen, dass mit dem abgeschlossenen Vergleich zu Lasten der Versichertengemeinschaft manipuliert werden soll.[183] Wird der Weg über eine rechtswidrige Arbeitgeberkündigung mit anschließender Klage vor dem Arbeitsgericht einvernehmlich mit dem Ziel beschritten, durch einen arbeitsgerichtlichen Vergleich den Eintritt einer Sperrzeit zu verhindern, liegt hingegen ein sperrzeitrelevanter Sachverhalt vor. 80

e) Geschäftsanweisungen (GA) der Bundesagentur für Arbeit zum Sperrzeittatbestand. Von einer vollständigen Wiedergabe der GA zu § 159 SGB III wird abgesehen, da diese über die Homepage der Bundesagentur für Arbeit in vollständiger und aktualisierter Fassung abrufbar sind (www.arbeitsagentur.de; Schnellzugriff/Veröffentlichungen/Weisungen/ Arbeitslosenversicherung/Arbeitslosengeld – Weisungssammlung/ § 156-160 Ruhen des Arbeitslosengeldes/§ 159 Ruhen bei Sperrzeit). 81

---

181 GA 9.1.3 (2).
182 BSG 17.10.2007 – B 11 a AL 51/06 R – NZA-RR 2008, 383; GA 1.2.2 (4).
183 BSG 17.10.2007 – B 11 a AL 51/06 R – NZA-RR 2008, 383.

§ 11 Anrechnung auf entgangenen Zwischenverdienst

¹Besteht nach der Entscheidung des Gerichts das Arbeitsverhältnis fort, so muß sich der Arbeitnehmer auf das Arbeitsentgelt, das ihm der Arbeitgeber für die Zeit nach der Entlassung schuldet, anrechnen lassen,
1. was er durch anderweitige Arbeit verdient hat,
2. was er hätte verdienen können, wenn er es nicht böswillig unterlassen hätte, eine ihm zumutbare Arbeit anzunehmen,
3. was ihm an öffentlich-rechtlichen Leistungen infolge Arbeitslosigkeit aus der Sozialversicherung, der Arbeitslosenversicherung, der Sicherung des Lebensunterhalts nach dem Zweiten Buch Sozialgesetzbuch oder der Sozialhilfe für die Zwischenzeit gezahlt worden ist. Diese Beträge hat der Arbeitgeber der Stelle zu erstatten, die sie geleistet hat.

I. Grundsätze ... 1	d) Beendigung des Annahmeverzuges ... 22
II. Entscheidung des Gerichts ... 4	3. Anspruchshöhe ... 25
III. Arbeitsentgelt für die Zeit nach der Entlassung ... 6	IV. Anrechnung ... 28
1. Anspruchsgrundlagen ... 6	1. Anrechnungszeitraum ... 28
2. Beginn und Ende des Annahmeverzuges ... 11	2. Tatsächlicher Arbeitsverdienst (Nr 1) ... 29
a) Verzugseintritt ohne Leistungsangebot des Arbeitnehmers ... 12	3. Böswillig unterlassener Verdienst (Nr 2) ... 31
b) Leistungsbereitschaft und Leistungsfähigkeit des Arbeitnehmers ... 14	4. Öffentlich-rechtliche Leistungen (Nr 3) ... 37
c) Unzumutbarkeit der Annahme der Arbeitsleistung ... 21	5. Ersparte Aufwendungen ... 40
	V. Darlegungs- und Beweislast; Auskunftsanspruch des Arbeitgebers ... 41

I. Grundsätze

1 Für den Anwendungsbereich des Kündigungsschutzgesetzes (§ 23 Abs 1, § 1 Abs 1 KSchG) stellt § 11 KSchG eine Spezialvorschrift im Verhältnis zur Anrechnungsregelung des § 615 Satz 2 BGB dar.[1] Inhaltlich regelt § 11 KSchG, welche Bezüge des Arbeitnehmers im Falle der Sozialwidrigkeit einer Kündigung auf die Entgeltansprüche für den Zeitraum zwischen der tatsächlichen Beendigung des Arbeitsverhältnisses und der späteren Wiederaufnahme der Arbeit anzurechnen sind. Für die außerordentliche Kündigung (vgl § 13 Abs 1 Satz 5 KSchG) und die sittenwidrige Kündigung (vgl § 13 Abs 2 KSchG) sowie für den Fall der Auflösungserklärung durch den Arbeitnehmer (vgl §§ 12 Satz 5, 16 Satz 2 KSchG) gilt die Vorschrift des § 11 KSchG entsprechend. § 11 KSchG ist eine bloße Anrechnungsvorschrift, keine Anspruchsgrundlage für den Zwischenverdienst. Die Anrechnung hindert bereits die Entstehung des Anspruchs und führt nicht lediglich zu einer Aufrechnungslage.[2]

2 Nach **Sinn und Zweck** der Norm soll der Arbeitnehmer für den Fall, dass er im Kündigungsrechtsstreit obsiegt, vergütungsrechtlich weder besser

---
1 BAG 6.9.1990 – 2 AZR 165/90; BAG 11.10.2006 – 5 AZR 754/05.
2 BAG 22.11.2005 – 1 AZR 407/04.

noch schlechter gestellt werden als bei einer ununterbrochenen Beschäftigung. Fiktive Einkünfte werden nur unter Zumutbarkeitsgesichtspunkten zur Anrechnung gebracht (§ 11 Nr 2 KSchG).

Von § 11 KSchG kann – im Gegensatz zur dispositiven Anrechnungsvorschrift des § 615 Satz 2 BGB – zum Nachteil des Arbeitnehmers weder einzelvertraglich noch durch Kollektivvertrag abgewichen werden. Die Vorschrift ist einseitig **zwingend**. Nr 3 der Vorschrift entfaltet für beide Arbeitsvertragsparteien insoweit zwingende Wirkung, als Vereinbarungen zu Lasten der Sozialversicherungsträger unzulässig sind.[3]

II. Entscheidung des Gerichts

Nach dem Wortlaut der Vorschrift setzt der Anspruch auf entgangenen Zwischenverdienst eine Entscheidung des Gerichts voraus, dh ein **Feststellungsurteil** mit dem Inhalt, dass das Arbeitsverhältnis durch die Kündigung des Arbeitgebers nicht aufgelöst worden ist. Eine gerichtliche Auflösung nach § 9 KSchG scheidet als Entscheidung des Gerichts iSd § 11 KSchG begrifflich aus, da in diesem Fall das Arbeitsverhältnis gerade nicht fortbesteht. Da § 11 KSchG nur das Arbeitsentgelt für die Zeit „nach der Entlassung" betrifft, kommt für Annahmeverzugszeiträume vor Ende der Kündigungsfrist § 615 Satz 2 BGB zur Anwendung.[4] Auch nach erfolgreicher Entfristungsklage gem § 17 TzBfG erfolgt eine Anrechnung nur über § 615 Satz 2 BGB, denn § 17 TzBfG verweist in Satz 2 nur auf die §§ 5 bis 7 KSchG.

Andererseits ist § 11 KSchG nach Sinn und Zweck auch dann anzuwenden, wenn ein klagestattgebendes Feststellungsurteil nicht ergeht, weil der Arbeitgeber die Kündigung zuvor im Einvernehmen mit dem Arbeitnehmer zurückgenommen bzw für gegenstandslos erklärt hat und den Arbeitnehmer weiterbeschäftigt oder wenn die Parteien sich im Rahmen eines Vergleiches auf das Fortbestehen des Arbeitsverhältnisses einigen.[5] Einigen sich die Arbeitsvertragsparteien über die Fortsetzung des Arbeitsverhältnisses in einem **Vergleich**, muss durch Auslegung ermittelt werden, ob das Arbeitsverhältnis nur für die Zukunft neu begründet oder wegen Unwirksamkeit der Kündigung ununterbrochen fortgesetzt werden soll. Im letztgenannten Fall gilt für die Zwischenzeit, in der der Arbeitnehmer nicht beschäftigt wurde, § 11 KSchG entsprechend. Nach der Rechtsprechung des BAG gehen die Arbeitsvertragsparteien bei einer einvernehmlichen **Kündigungsrücknahme**[6] von der Unwirksamkeit der Kündigung und damit auch im Hinblick auf den Annahmeverzug vom Fortbestehen des Arbeitsverhältnisses aus.[7]

---

3 KR/Spilger § 11 KSchG Rn 7.
4 KR/Spilger § 11 KSchG Rn 9; ErfK/Kiel § 11 KSchG Rn 1.
5 KR/Spilger § 11 KSchG Rn 8.
6 Zur einseitigen Kündigungsrücknahme vgl Rn 24.
7 BAG 17.4.1986 – 2 AZR 308/85.

III. Arbeitsentgelt für die Zeit nach der Entlassung

1. Anspruchsgrundlagen

6 Da § 11 KSchG lediglich eine **Anrechnungsvorschrift** darstellt und den Nachzahlungsanspruch nicht selbst begründet,[8] sind die Anspruchsgrundlagen für den Nachzahlungsanspruch in gesetzlichen, tarif- und einzelvertraglichen Vergütungsnormen zu suchen. Für den Fall des idR vorliegenden Annahmeverzuges, § 293 BGB, findet der Nachzahlungsanspruch seine Rechtsgrundlage in § 611 Abs 1 BGB iVm der anspruchserhaltenden Ergänzungsnorm des **§ 615 Satz 1 BGB**. Ist der Arbeitnehmer nach Ablauf der Kündigungsfrist bzw nach Zugang einer fristlosen Kündigung arbeitsunfähig erkrankt, bestimmt sich der Nachzahlungsanspruch nach § 3 EFZG. Bei Beschäftigungsverboten und Schutzfristen für werdende Mütter ergibt sich ein Entgeltanspruch aus §§ 11, 14 MuSchG.

7 Der Arbeitgeber kann nur dann in Annahmeverzug geraten, wenn ihm der Arbeitnehmer noch eine Arbeitsleistung schuldet. Ist der Arbeitnehmer rechtswirksam von der Arbeitspflicht befreit, hat er keinen Anspruch aus § 615 Satz 1 BGB, sondern ggf aus anderen Normen: Stellt der Arbeitgeber ihn während des Laufes der Kündigungsfrist unter Anrechnung auf Urlaubsansprüche[9] frei, so hat der Arbeitnehmer für die Zeit der Urlaubsgewährung einen Anspruch auf Urlaubsentgelt gem § 11 BUrlG. Hinsichtlich der den Urlaubsanspruch übersteigenden **Freistellung** ist nach der Rechtsprechung des BAG danach zu unterscheiden, ob der Arbeitgeber insoweit einen Erlassvertrag nach § 397 Abs 1 BGB angeboten hat (den der Arbeitnehmer durch Nichterscheinen am Arbeitsplatz annehmen kann) oder ob – und dies dürfte regelmäßig der Fall sein – der Arbeitgeber dann in Annahmeverzug gerät.[10] Nur in letztem Fall erfolgt eine Anrechnung (hier nach § 615 Satz 2 BGB, vgl Rn 4). Liegt ein Erlassvertrag vor, schuldet der Arbeitgeber Vergütung nach § 611 Abs 1 BGB; dies ist in der Praxis insbesondere bei einvernehmlicher Vereinbarung der Freistellung des Arbeitnehmers von Relevanz. Einen etwaigen Zwischenverdienst muss sich dieser dann nicht anrechnen lassen.[11]

8 Der Anspruch auf Nachzahlung des Arbeitsentgelts für die Zeit nach der Entlassung ist somit ein **Erfüllungsanspruch**, kein Schadenersatzanspruch.[12] Im Vergleich zum Anspruch auf Entgelt für tatsächlich geleistete Arbeit ergeben sich in steuer-, sozialversicherungsrechtlicher und sonstiger Hinsicht keine Besonderheiten. Uneingeschränkt gelten der Pfändungsschutz nach §§ 850 ff ZPO, das Aufrechnungsverbot nach § 394 BGB, das Abtretungsverbot nach § 400 BGB und die regelmäßige Verjährungsfrist des § 195 BGB.

9 Für die Praxis von besonderer Relevanz ist die Frage, ob zur Einhaltung einzelvertraglicher oder tariflicher **Verfallfristen** in Bezug auf den Nach-

---

8 BAG 21.2.2012 – 9 AZR 487/10.
9 Zur Erfüllungswirkung einer solchen Freistellung im Hinblick auf den Urlaubsanspruch BAG 14.5.2013 – 9 AZR 760/11 und BAG 16.7.2013 – 9 AZR 50/12.
10 BAG 19.3.2002 – 9 AZR 16/01; BAG 6.9.2006 – 5 AZR 703/05.
11 Auch hier kann aber die Auslegung der Vereinbarung ergeben, dass eine Anrechnung von Zwischenerwerb stattfinden soll: BAG 17.10.2012 – 10 AZR 809/11.
12 BAG 10.4.1963 – 4 AZR 95/62.

zahlungsanspruch die Erhebung einer Kündigungsschutzklage ausreicht. Handelt es sich um eine zweistufige Verfallklausel, die nach außergerichtlicher noch eine gerichtliche Geltendmachung von Ansprüchen vorsieht, reicht entgegen der früher vom BAG vertretenen Auffassung[13] die Erhebung einer Bestandsschutzklage aus, um den Verfall der Ansprüche zu vermeiden, die vom Fortbestand des Arbeitsverhältnisses abhängig sind.[14] Das BAG folgt damit der Rechtsprechung des BVerfG,[15] wonach das Erfordernis der Erhebung von ggf kostenintensiven Zahlungsklagen vor Abschluss des Bestandsschutzverfahrens (von dessen Ausgang der Erfolg der Zahlungsklage abhängt) eine Verletzung des Grundrechts auf Gewährung effektiven Rechtsschutzes darstellt. Eine zweistufige tarifliche Verfallklausel ist nunmehr verfassungskonform dahin auszulegen, dass die vom Erfolg der Klage abhängigen Ansprüche bereits mit Erhebung der Bestandsschutzklage „gerichtlich geltend gemacht" sind.[16] Durch die Rechtsprechungsänderung wird zudem eine Harmonisierung mit der schon zuvor zu zweistufigen Verfallklauseln in allgemeinen Geschäftsbedingungen vertretenen Auffassung des BAG erzielt: Diese sind – auch unter Anwendung der Unklarheitenregel von § 305c Abs 2 BGB – im Zweifel so auszulegen, dass mit Erhebung der Kündigungsschutzklage auch die von dieser abhängigen Ansprüche gerichtlich geltend gemacht werden.[17]

Aus § 619 BGB ergibt sich im Umkehrschluss, dass **§ 615 Satz 1 BGB** nicht zwingender Natur ist, sondern **abdingbar**.[18] Die Abrede „bezahlt wird nur die Zeit der geleisteten Arbeit" bezieht sich jedoch nur auf Arbeitsversäumnisse nach § 616 Satz 1 BGB und schließt Annahmeverzugsansprüche nach § 615 BGB nicht aus.[19] Im Leiharbeitsverhältnis kann das Recht des Leiharbeitnehmers auf Vergütung bei Annahmeverzug des Verleihers hingegen nicht durch Vertrag aufgehoben oder beschränkt werden (§ 11 Abs 4 Satz 2 AÜG).

2. Beginn und Ende des Annahmeverzuges

Der Annahmeverzug beginnt frühestens mit dem Entlassungszeitpunkt und endet spätestens mit der Wiederaufnahme der Arbeit. § 615 Satz 1 BGB setzt den Annahmeverzug des Arbeitgebers voraus; ob dieser sich in Annahmeverzug befindet, bestimmt sich nach den Grundregeln der §§ 293 ff BGB. Für die arbeitgeberseitige Kündigung des Arbeitsverhältnisses sind insbesondere durch die Rechtsprechung des BAG entwickelte Besonderheiten zu beachten.

a) Verzugseintritt ohne Leistungsangebot des Arbeitnehmers. In der Kündigung des Arbeitgebers liegt gleichzeitig die Erklärung, den Arbeitnehmer nicht weiterbeschäftigen zu wollen, wobei im Falle einer ordentlichen Kündigung auf den Ablauf der Kündigungsfrist, im Falle einer außerordentli-

---

13 BAG 21.3.1996 – 2 AZR 368/95; BAG 17.11.2009 – 9 AZR 745/08 mwN.
14 BAG 19.9.2012 – 5 AZR 627/11 und 628/11.
15 BVerfG 1.12.2010 – 1 BvR 1682/07.
16 Vgl zu differenzierenden tarifvertraglichen Ausschlussfristen v. Medem, NZA 2013, 345, 349.
17 BAG 19.5.2010 – 5 AZR 253/09.
18 BAG 6.2.1964 – 5 AZR 93/83; BAG 9.3.1983 – 4 AZR 301/80.
19 BAG 8.3.1961 – 4 AZR 223/59.

chen Kündigung auf den Kündigungszugang bzw den Ablauf einer evtl Auslauffrist abzustellen ist. Hierin liegt die Gläubigererklärung isd § 295 BGB, die Leistung nicht anzunehmen, ferner fehlt es an der vom Arbeitgeber geschuldeten Mitwirkungshandlung, die in der Zuweisung eines Arbeitsplatzes besteht. Nach § 295 BGB ist es daher grundsätzlich ausreichend, aber auch erforderlich, dass der Arbeitnehmer seine Arbeitsleistung wörtlich anbietet. Dementsprechend hat das BAG in seiner früheren Rechtsprechung ein wörtliches Leistungsangebot des Arbeitnehmers für ausreichend angesehen, wobei die Erhebung einer Kündigungsschutzklage zugleich als wörtliches Leistungsangebot betrachtet wurde, falls der Arbeitnehmer arbeitswillig und arbeitsfähig war.[20]

13 Nach der neueren, zwischenzeitlich gefestigten **Rechtsprechung des BAG** ist ein wörtliches Leistungsangebot des Arbeitnehmers nach Ausspruch einer außerordentlichen oder ordentlichen Kündigung durch den Arbeitgeber jedoch überflüssig, § 296 BGB.[21] Denn der Arbeitgeber kommt mit Ablauf der ordentlichen Kündigungsfrist bzw mit Zugang der fristlosen Kündigung seiner Pflicht, dem Arbeitnehmer einen funktionsfähigen Arbeitsplatz und den vertraglichen Bedingungen entsprechende Arbeit zuzuweisen, nicht nach und unterlässt damit eine nach dem Kalender bestimmte **Mitwirkungshandlung gem § 296 Satz 1 BGB**. Sowohl die Pflicht zur Erbringung der Arbeitsleistung durch den Arbeitnehmer als auch die Pflicht zur Zuweisung vertragsgerechter Arbeit durch den Arbeitgeber weisen einen Fixschuldcharakter auf. Mit jedem Arbeitstag entstehen diese Pflichten neu. Ebenso wie der Arbeitnehmer die Arbeitsleistung für bereits abgelaufene Zeiträume nicht mehr erbringen kann (keine Nachleistungspflicht, § 615 Satz 1 BGB), kann auch der Arbeitgeber seine Mitwirkungshandlung nicht nachträglich vornehmen. Die neuere Rechtsprechung des BAG sieht die Mitwirkungshandlung des Arbeitgebers somit zu Recht als zeitgebunden iSd § 296 Satz 1 BGB an. Will der Arbeitgeber den Eintritt des Annahmeverzuges verhindern oder beenden, muss er demzufolge den Arbeitnehmer ausdrücklich zur Wiederaufnahme der Arbeit auffordern und diesem einen funktionsfähigen Arbeitsplatz zuweisen.[22] Anders sieht der 5. Senat des BAG dies im Fall einer unwirksamen Befristung: Hier sei ein wörtliches Angebot des Arbeitnehmers nach § 295 BGB erforderlich, welches im Protest des Arbeitnehmers gegen die Beendigung oder in der Erhebung der Entfristungsklage liegen könne.[23]

14 **b) Leistungsbereitschaft und Leistungsfähigkeit des Arbeitnehmers.** Der Arbeitgeber gerät unabhängig von der Frage der Erforderlichkeit eines

---

20 BAG 24.11.1960 – 5 AZR 545/59; BAG 18.1.1963 – 5 AZR 200/62; BAG 10.4.1963 – 4 AZR 95/62; BAG 26.8.1971 – 2 AZR 301/70; BAG 27.1.1975 – AZR 404/74.
21 BAG 9.8.1984 – 2 AZR 374/83; BAG 21.3.1985 – 2 AZR 201/84; BAG 18.12.1986 – 2 AZR 34/86; BAG 29.10.1987 – 2 AZR 144/ 87; BAG 19.4.1990 – 2 AZR 591/89; BAG 24.10.1991 – 2 AZR 112/91; BAG 21.2.1993 – 2 AZR 309/92; BAG 27.1.1994 – 2 AZR 584/93; BAG 24.9.2003 – 5 AZR 500/02.
22 Zu dem Fall, dass der Arbeitgeber zwar die Weiterbeschäftigung anbietet, aber an der Kündigung festhält, vgl Rn 24.
23 BAG 19.9.2012 – 5 AZR 627/11, beipflichtend v. Medem, NZA 2013, 345, 349; aA KR/Spilger § 11 KSchG Rn 14.

Leistungsangebotes durch den Arbeitnehmer nur dann in Annahmeverzug, wenn in der Person des Arbeitnehmers **subjektiv Leistungsbereitschaft** bzw -willigkeit und **objektiv Leistungsfähigkeit** besteht.[24] Fehlt es an einer dieser Voraussetzungen, ist es dem Arbeitnehmer unmöglich, die Arbeitsleistung zu erbringen („außerstande ist, die Leistung zu bewirken", **§ 297 BGB**). Ein Entgeltanspruch wegen Annahmeverzuges kann daher selbst dann nicht entstehen, wenn der Arbeitgeber seine in der Zuweisung von Arbeitsplatz und Arbeit zu sehende Mitwirkungshandlung nicht erbringt. Leistungsfähigkeit und -willigkeit müssen während des gesamten Annahmeverzugszeitraums vorliegen; ein Wegfall ist auch nach Eintritt des Annahmeverzugs möglich.[25] **Darlegungs- und beweispflichtig** für die fehlende Leistungswilligkeit und Leistungsfähigkeit des Arbeitnehmers ist der **Arbeitgeber**.[26] Dieser kann sich zunächst auf den Vortrag von Indizien beschränken; dem Arbeitnehmer obliegt dann die Erschütterung der Indizwirkung.[27] Trägt der Arbeitgeber zB ausreichende Indiztatsachen vor, die die Arbeitsunfähigkeit des Arbeitnehmers ergeben können, muss sich der Arbeitnehmer substantiiert einlassen und ggf die behandelnden Ärzte von der Schweigepflicht entbinden.[28]

Der Leistungswille des Arbeitnehmers muss sich auf die durch wirksame Ausübung des Direktionsrechts arbeitgeberseitig näher bestimmte Tätigkeit beziehen; ob diese billigem Ermessen entspricht, ist unerheblich.[29] War der Arbeitnehmer bei Zugang der fristlosen Kündigung oder nach Ablauf der Kündigungsfrist definitiv **nicht leistungswillig**, muss er dem Arbeitgeber zur Begründung des Annahmeverzuges seine erneute Leistungsbereitschaft anzeigen und ihn zur Zuweisung von Arbeit auffordern.[30] Hat der Arbeitgeber hingegen bei oder nach Kündigungsausspruch auf die Arbeitsleistung auch für den Fall erneuter Leistungswilligkeit ernsthaft verzichtet, ist eine entsprechende Mitteilung des Arbeitnehmers nicht erforderlich.[31] Der Arbeitgeber kommt in dieser Konstellation in Annahmeverzug, sobald der Arbeitnehmer wieder leistungswillig ist. Ist der Ausspruch einer fristlosen Kündigung verfrüht, weil der Arbeitgeber dem in der Zeit vor der Kündigung arbeitsunwilligen Arbeitnehmer nicht ausreichend Gelegenheit gibt, auf eine Aufforderung zur Arbeitsaufnahme einzugehen, beginnt der Annahmeverzug des Arbeitgebers bereits mit Zugang der Kündigung.[32] Keinesfalls kann der Annahmeverzug darauf gestützt werden, der AG hätte

---

24 BAG 22.2.2012 – 5 AZR 249/11.
25 BAG 17.7.2012 – 1 AZR 563/11: Streikteilnahme nach fristloser Kündigung.
26 BAG 5.11.2003 – 5 AZR 562/02; BAG 19.5.2004 – 5 AZR 434/03; BAG – 22.2.2012 – 5 AZR 249/11.
27 BAG 5.11.2003 – 5 AZR 562/02; BAG 17.8.2011 – 5 AZR 251/10; BAG 22.2.2012 – 5 AZR 249/11: Nach streitiger Versetzung eintretende Arbeitsunfähigkeit sowie Koinzidenz von Gesundung und Ende der Kündigungsfrist reichen für eine solche Indizwirkung aus.
28 BAG 5.11.2003 – 5 AZR 562/02.
29 BAG 22.2.2012 – 5 AZR 249/11, der AN bleibt bis zu einer rkr gerichtlichen Bestimmung gem § 315 Abs 3 BGB vorläufig gebunden.
30 BAG 22.2.2012 – 5 AZR 249/11: tatsächliches Leistungsangebot erforderlich; kein bloßes „Lippenbekenntnis"; anderenfalls kann die Indizwirkung des Fortbestehens der Leistungsunwilligkeit nicht entkräftet werden.
31 BAG 9.8.1984 – 2 AZR 374/83.
32 BAG 9.3.1995 – 2 AZR 552/95.

eine bestimmte Arbeit anbieten müssen, obwohl der AN diese Arbeit bereits abgelehnt hat; dies gilt auch dann, wenn ein Arbeitsgericht die Beendigungskündigung des AG rechtskräftig mit der Begründung für unwirksam erklärt hat, der AG hätte trotz der Ablehnung durch den AN die entsprechende Arbeit im Wege der Änderungskündigung anbieten müssen.[33]

16 Außer in den Fällen der Arbeitsverweigerung (auch: Streikteilnahme)[34] oder des unentschuldigten Fehlens kann eine **mangelnde Leistungswilligkeit** des Arbeitnehmers kaum angenommen werden. Zweifel an der Leistungswilligkeit des Arbeitnehmers sind jedenfalls nicht bereits dann gerechtfertigt, wenn dieser ein neues Arbeitsverhältnis eingeht (arg. e. §§ 11, 12 KSchG, 615 Satz 2 BGB),[35] wenn er einen Auflösungsantrag nach § 9 Abs 1 KSchG stellt,[36] wenn er trotz ordnungsgemäßen Widerspruchs des Betriebsrats keine Weiterbeschäftigung nach § 102 Abs 3, 5 BetrVG verlangt, oder wenn sich der Arbeitnehmer längere Zeit im Ausland aufhält.[37] Auch der Aufbau einer eigenen wirtschaftlichen Existenz lässt den einmal begründeten Annahmeverzug unberührt, wenn der Arbeitnehmer jederzeit bereit und fähig ist, die Arbeitsleistung bei dem bisherigen Arbeitgeber wieder aufzunehmen.[38] Fehlender Leistungswille schließt den Annahmeverzug dann nicht aus, wenn sich der Arbeitnehmer berechtigt auf ein Leistungsverweigerungsrecht beruft und der Arbeitgeber seinerseits nicht zur Gegenleistung bereit ist, § 298 BGB.

17 Bietet der Arbeitgeber dem Arbeitnehmer nach Ausspruch der Kündigung eine **Prozessbeschäftigung** für die Dauer des Bestandsschutzverfahrens an, ist nach Auffassung des BAG von fehlender Leistungsbereitschaft dann auszugehen, wenn der Arbeitnehmer den Verzicht des Arbeitgebers auf die Wirkungen der Kündigung zur Bedingung der Arbeitsaufnahme macht[39] oder aus sonstigen Gründen die Arbeit nicht aufnimmt, sofern sich das Angebot des Arbeitgebers auf eine Weiterbeschäftigung zu unveränderten Bedingungen richtet.[40] Nach der Gegenansicht muss sich der Arbeitnehmer den ihm auf diese Weise entgangenen Verdienst nach § 11 Nr 2 KSchG anrechnen lassen.[41] Maßgeblich dürfte die für jeden Einzelfall vorzunehmende Prüfung sein, ob aus der Weigerung, eine Prozessbeschäftigung einzugehen, auch auf eine nicht bestehende Leistungsbereitschaft zur Erbringung der arbeitsvertraglichen Leistung geschlossen werden kann. Ohne weitere Anhaltspunkte wird die fehlende Bereitschaft, ein Prozessrechtsarbeitsverhältnis einzugehen, nicht zwingend mit der Leistungsunwilligkeit in Bezug auf das Arbeitsverhältnis gleichzusetzen sein.

---

33 BAG 27.8.2008 – 5 AZR 16/08.
34 BAG 17.7.2012 – 1 AZR 563/11.
35 BAG 19.9.1991 – 2 AZR 619/90; BAG 16.5.2012 – 5 AZR 251/11; anders zu beurteilen ist demggü der Fall, dass der AN schon vor Ausspruch der Kündigung ein anderes Arbeitsverhältnis eingeht, BAG 19.5.2004 – 5 AZR 434/03.
36 BAG 18.1.1963 – 5 AZR 200/62; BAG 19.9.1991 – 2 AZR 619/90.
37 BAG 11.7.1985 – 2 AZR 106/84; LAG Hamm 18.10.1985 – 16 Sa 386/85; aA BAG 6.11.1986 – 2 AZR 714/85.
38 BAG 18.1.1963 – 5 AZR 200/62.
39 BAG 13.7.2005 – 5 AZR 578/04.
40 BAG 17.8.2011 – 5 AZR 251/10.
41 KR/Spilger § 11 KSchG Rn 15.

Eine den Annahmeverzug ausschließende **Leistungsunfähigkeit** liegt in folgenden Fällen vor: 18
- bei Vorliegen eines gesetzlichen Beschäftigungsverbotes, zB nach § 2 Abs 1 Nr 1 BBergG wegen fehlender bergrechtlicher Unbedenklichkeitsbescheinigung,[42] Fehlen einer Arbeitserlaubnis für ausländische Arbeitnehmer nach § 284 SGB III,[43] Entzug der Fahrerlaubnis bei einem Berufskraftfahrer,[44] Fehlen einer erforderlichen Berufsausübungserlaubnis,[45] Beschäftigungsverbote nach dem Mutterschutzgesetz (§§ 3, 4, 6 MuSchG; statt Anspruch auf Annahmeverzugslohn Entgeltansprüche nach § 11 MuSchG, auf Mutterschaftsgeld nach § 13 MuSchG und Zuschuss zum Mutterschaftsgeld nach § 14 MuSchG);
- bei Verbüßung einer Strafhaft; ein zuvor bereits begründeter Annahmeverzug des Arbeitgebers endet allerdings dann nicht, wenn der Arbeitnehmer sich trotz Strafaufschubs freiwillig mit Rücksicht auf den Annahmeverzug des Arbeitgebers zum Strafantritt meldet und seine Strafe auch im Wochenendvollzug hätte verbüßen können;[46]
- bei Unfähigkeit des Arbeitnehmers zur Erbringung seiner Arbeitsleistung wegen Alkoholgenusses;[47]
- bei Leistungsunmöglichkeit aus gesundheitlichen Gründen, also Arbeitsunfähigkeit.[48] Statt Annahmeverzugslohn hat der AN ggf Ansprüche nach § 3 EFZG. Für die Beurteilung des Leistungsvermögens kommt es nicht auf die subjektive Einschätzung des Arbeitnehmers an, sondern nur auf die objektiven Umstände. Ein objektiv fehlendes Leistungsvermögen kann nicht durch den Willen des Arbeitnehmers ersetzt werden, trotz objektiver Leistungsunfähigkeit einen Arbeitsversuch zu unternehmen.[49] Fehlende Leistungsfähigkeit ist auch dann anzunehmen, wenn der Arbeitnehmer aus Gründen in seiner Person nicht mehr die vom Arbeitgeber aufgrund seines Direktionsrechts gem § 106 GewO wirksam näher bestimmte Tätigkeit ausüben, wohl aber eine andere, vertrags- und leidensgerechte Arbeit verrichten kann. Für den Annahmeverzug des Arbeitgebers ist das Angebot einer leidensgerechten Arbeit solange ohne Belang, wie der Arbeitgeber diese Tätigkeit nicht durch Neuausübung seines Direktionsrechts zu der iSv § 294 BGB zu bewirkenden Arbeitsleistung bestimmt hat.[50] Nach der Entscheidung des BAG vom 9.4.2014[51] ist ein im Schichtdienst tätiger Arbeitnehmer, der aus gesundheitlichen Gründen zwar keine Nacht-

---

42 BAG 15.6.2004 – 9 AZR 483/03.
43 BAG 16.12.1976 – 3 AZR 716/75; BAG 13.1.1977 – 2 AZR 423/75; BAG 19.1.1977 – 3 AZR 66/75.
44 BAG 18.12.1986 – 2 AZR 34/86.
45 BAG 6.3.1974 – 5 AZR 313/73.
46 BAG 18.8.1961 – 4 AZR 132/60.
47 LAG Schleswig-Holstein 28.11.1988 – 4 Sa 382/88.
48 BAG 5.11.2003 – 5 AZR 562/ 02.
49 BAG 29.10.1998 – 2 AZR 666/97.
50 BAG 19.5.2010 – 5 AZR 162/09; dem Arbeitnehmer kann jedoch ein Schadensersatzanspruch nach § 280 Abs 1 BGB zustehen, wenn der Arbeitgeber schuldhaft seine Rücksichtnahmepflicht aus § 241 Abs 2 BGB dadurch verletzt, dass er dem Arbeitnehmer nicht durch Neuausübung seines Direktionsrechts einen leidensgerechten Arbeitsplatz zuweist; vgl auch BAG 23.1.2001 – 9 AZR 287/99.
51 BAG 9.4.2014 – 10 AZR 637/13 (Pressemitteilung).

schichten, sonst aber alle Tätigkeiten verrichten kann, allerdings nicht arbeitsunfähig. Dies folge aus der Pflicht des Arbeitgebers, auf gesundheitliche Defizite des Arbeitnehmers Rücksicht zu nehmen und ihn nicht zur Nachtschicht einzuteilen.

19 Fehlt es bei Zugang einer außerordentlichen Kündigung oder mit Ablauf der Kündigungsfrist bei einer ordentlichen Kündigung an der Leistungsfähigkeit des Arbeitnehmers bzw wird der Arbeitnehmer während eines bereits begründeten Annahmeverzugs leistungsunfähig, lebt der Annahmeverzug nach der früheren Rechtsprechung des BAG grundsätzlich nicht (wieder) automatisch auf, wenn die Leistungsfähigkeit des Arbeitnehmers wieder hergestellt ist. Der Arbeitnehmer hatte nach dieser Rechtsprechung die wiedererlangte Leistungsfähigkeit gegenüber dem Arbeitgeber anzuzeigen und diesen aufzufordern, ihm Arbeit zuzuweisen.[52]

20 Inzwischen geht das BAG davon aus, dass die **Verzugsfolgen** im Falle zur Arbeitsunfähigkeit führender Erkrankungen des Arbeitsnehmers **unabhängig von der Anzeige der wiederhergestellten Arbeitsfähigkeit** eintreten, wenn der Arbeitnehmer dem Arbeitgeber durch Erhebung einer Kündigungsschutzklage oder sonstigen Widerspruch (zB durch einen Antrag auf nachträgliche Klagezulassung nach § 5 KSchG) gegen die Kündigung seine weitere Leistungsbereitschaft deutlich gemacht hat.[53] Das BAG hat diese Rechtsprechung auf den Fall der mehrfachen befristeten Arbeitsunfähigkeit im Verlauf des Kündigungsschutzprozesses,[54] den Fall der langwährenden Arbeitsunfähigkeit[55] und den Fall mehrerer jeweils auf unabsehbare Zeit ausgestellter Arbeitsunfähigkeitsbescheinigungen[56] ausgedehnt. Sofern der Arbeitnehmer also durch Erhebung einer Kündigungsschutzklage seine weitere Leistungsbereitschaft bekundet hat, ist einzige Voraussetzung für den Eintritt des Annahmeverzuges, dass der leistungswillige Arbeitnehmer objektiv arbeitsfähig ist.[57] Hier besteht ein wesentlicher Unterschied zum Beginn des Annahmeverzugs nach Entfall einer zunächst bestehenden (subjektiven) Leistungsunwilligkeit, der ein tatsächliches und ernstliches Arbeitsangebot des Arbeitnehmers voraussetzt.[58] Im Gegensatz zum Wiedereintritt der Leistungsbereitschaft, die als innere Tatsache ohne Hinzutreten objektiver Umstände nicht beweisbar ist, ist die erneute Arbeitsfähigkeit aber objektiv feststellbar. Dies rechtfertigt es, bei zuvor bestehender Leistungsunwilligkeit ein erneutes Arbeitsangebot des Arbeitnehmers zu fordern, um die Indizwirkung des Fortbestehens der fehlenden Leistungsbereitschaft entfallen und den Annahmeverzug beginnen zu lassen, während bei Wiedererlangung der Arbeitsfähigkeit der Annahmeverzug des Arbeitgebers auch dann beginnt, wenn der Arbeitnehmer diese nicht anzeigt.

21 c) **Unzumutbarkeit der Annahme der Arbeitsleistung.** Die Verzugsfolgen treten nicht ein, wenn der Arbeitgeber berechtigt ist, die Arbeitsleistung

---

52 BAG 9.8.1984 – 2 AZR 374/83; BAG 21.3.1985 – 2 AZR 201/84.
53 BAG 19.4.1990 – 2 AZR 591/89.
54 BAG 24.10.1991 – 2 AZR 112/91.
55 BAG 21.1.1993 – 2 AZR 309/92: ca acht Monate.
56 BAG 24.11.1994 – 2 AZR 179/94.
57 Diese Rspr ist umstritten, vgl EK-Preis § 615 BGB Rn 51 ff.
58 Rn 15.

nicht anzunehmen. Dies ist dann der Fall, wenn dem Arbeitgeber die tatsächliche Beschäftigung des Arbeitnehmers nach Treu und Glauben nicht zugemutet werden kann.[59] Der Arbeitgeber darf jedoch nicht bei jedem Verhalten des Arbeitnehmers, das zur fristlosen Kündigung berechtigt, die Arbeitsleistung ablehnen. Nur bei **besonders groben Vertragsverstößen** wird der Annahmeverzug ausgeschlossen, nämlich dann, wenn bei Annahme der Leistung Rechtsgüter des Arbeitgebers, seiner Familienangehörigen oder anderer Arbeitnehmer gefährdet würden, deren Schutz Vorrang vor den Interessen des Arbeitnehmers am Erhalt seines Verdienstes hat.[60] Diese Voraussetzungen liegen zB vor bei Tätlichkeiten gegenüber dem Arbeitgeber oder diesem nahe stehenden Personen,[61] bei dringendem Verdacht des sexuellen Missbrauchs von Kindern in einer Kindertagesstätte durch einen Erzieher,[62] nicht aber bei Vermögensdelikten zum Nachteil des Arbeitgebers.[63]

d) Beendigung des Annahmeverzuges. Der Annahmeverzug endet spätestens, sobald der Arbeitnehmer nach rechtskräftigem Obsiegen im Kündigungsschutzrechtsstreit die Arbeit wieder aufnimmt. Auch nach Abschluss des Kündigungsschutzverfahrens muss der Arbeitnehmer seine Arbeitskraft aber nicht von sich aus anbieten, vielmehr ist es Sache des Arbeitgebers, ihn zur Fortsetzung des Arbeitsverhältnisses aufzufordern.[64] Der Annahmeverzug endet ferner, wenn die Verzugsvoraussetzungen der Leistungswilligkeit oder Leistungsfähigkeit des Arbeitnehmers wegfallen.[65]

Kommt es zu einer **Weiterbeschäftigung** des Arbeitnehmers während des Laufs des Kündigungsschutzprozesses, so ist zu unterscheiden: Nimmt der Arbeitgeber die Arbeitsleistung des Arbeitnehmers **als Erfüllung des Arbeitsvertrages** an, weil er sich nicht mehr auf die Wirksamkeit der Kündigung beruft, endet der Annahmeverzug mit der Aufnahme der Arbeit.[66] Das Angebot des Arbeitgebers an den Arbeitnehmer zur Weiterbeschäftigung während des Rechtsstreits, sei es zu den bisherigen Arbeitsbedingungen unter Aufrechterhaltung der Kündigung, auf der Grundlage eines faktischen oder bis zur rechtskräftigen Entscheidung über die Wirksamkeit der Kündigung befristeten bzw. bedingten Arbeitsverhältnisses,[67] beendet den Annahmeverzug hingegen nicht, denn der Arbeitgeber beharrt in diesen Fällen auf der Wirksamkeit der ausgesprochenen Kündigung, womit zum

---

59 BAG GS 26.4.1956 – GS 1/56; BAG 29.10.1987 – 2 AZR 144/87; BAG 1.7.1993 – 2 AZR 88/93.
60 BAG 29.10.1987 – 2 AZR 144/87.
61 BAG GS 26.4.1956 – GS 1/56: Bedrohen des Arbeitgebers und seiner Ehefrau mit einem Beil.
62 LAG Berlin 27.11.1995 – 9 Sa 85/95.
63 BAG 29.10.1987 – 2 AZR 144/87: Diebstahl, Wert 80.000,– DM; BAG 1.7.1993 – 2 AZR 88/93 : Unterschlagung, Wert 500,– DM.
64 BAG 19.9.1991 – 2 AZR 619/90; BAG 27.1.1994 – 2 AZR 584/93; BAG 16.5.2012 – 5 AZR 251/11: keine Ankündigungsfrist nötig.
65 Vgl Rn 15, 20: ein Leistungsangebot des AN ist nur bei Eintritt erneuter Leistungsbereitschaft erforderlich, nicht jedoch bei Wiedereintritt der Leistungsfähigkeit.
66 BAG 19.9.2012 – 5 AZR 627/11.
67 Die befristete Weiterbeschäftigung während des Kündigungsschutzprozesses muss gem § 14 Abs 4 TzBfG schriftlich vereinbart werden, da der befristete Arbeitsvertrag ansonsten nach § 16 Satz 1 TzBfG als auf unbestimmte Zeit geschlossen gilt; vgl BAG 22.10.2003 – 7 AZR 113/03.

Ausdruck kommt, dass die Arbeitsleistung nicht als Erfüllung des bisherigen Arbeitsvertrages angenommen werde.[68] Der Arbeitnehmer ist nicht verpflichtet, auf ein Angebot des Arbeitgebers zur vorläufigen Weiterbeschäftigung einzugehen. Lehnt der Arbeitnehmer ein Angebot zur Weiterbeschäftigung ab, kann sich dies aber als **böswilliges Unterlassen** anderweitigen Erwerbs darstellen.[69] Nimmt der Arbeitnehmer das Angebot an, besteht der Annahmeverzug grundsätzlich fort mit der Folge, dass Differenzlohnansprüche entstehen können, wenn der Arbeitnehmer während der Prozessbeschäftigung geringer vergütet wird.[70]

24 Fordert der Arbeitgeber den Arbeitnehmer **nach rechtskräftiger Stattgabe der Bestandsschutzklage** zur Arbeit auf, endet der Annahmeverzug,[71] ohne dass es bei Nichtaufnahme der Arbeit auf die Leistungswilligkeit des Arbeitnehmers ankommt. Erklärt der Arbeitgeber die Kündigungsrücknahme und fordert den Arbeitnehmer zur Arbeit auf, wird der Annahmeverzug ebenfalls beendet. Zwar führt die einseitige Rücknahme der Kündigung nicht zu deren Entfall, weil es an den Voraussetzungen von § 130 Abs 1 Satz 2 BGB fehlt. Da der Arbeitgeber mit der Rücknahme jedoch die Fortsetzung des Arbeitsverhältnisses anbietet und mit Zuweisung eines Arbeitsplatzes auch die Mitwirkungshandlung nach § 296 BGB vornimmt, sind die Voraussetzungen des Annahmeverzugs nicht mehr gegeben.[72] Für die einvernehmliche Fortsetzung des Arbeitsverhältnisses ist dies unstreitig; im Fall der einseitigen Kündigungsrücknahme aber umstritten.[73]

3. Anspruchshöhe

25 Nach § 615 Satz 1 BGB bleibt der Anspruch des Arbeitnehmers auf Zahlung der vereinbarten Vergütung für die Dauer des Annahmeverzuges **erhalten**. Es handelt sich nicht um einen Schadensersatz-, sondern um einen Erfüllungsanspruch auf steuer- und sozialabgabenpflichtiges Arbeitsentgelt. Geschuldet ist grundsätzlich die Bruttovergütung, es sei denn, die Parteien haben eine Nettolohnabrede getroffen. Besteht der Annahmeverzug nicht während des ganzen Monats, hat eine ratierliche Berechnung bei vereinbartem Monatslohn auf Basis des 30stel- Prinzips zu erfolgen.[74] Die Höhe des Verzugslohns berechnet sich nach dem **Lohnausfallprinzip**. Der Arbeitnehmer ist so zu stellen, als hätte er während des Annahmeverzugszeitraums weitergearbeitet. Im Verzugszeitraum eingetretene Erhöhungen des Arbeitsentgelts sind ebenso zu berücksichtigen wie Verdienstminderungen infolge von Kurzarbeit und das Entgelt für Überstunden, die der Arbeitnehmer im Verzugszeitraum geleistet hätte.[75] Bei der Berücksichtigung – fiktiver – Überstunden während des Annahmeverzuges sind das Maßre-

---

[68] BAG 7.11.2002 – 2 AZR 650/00; BAG 24.9.2003 – 5 AZR 500/02; BAG 19.9.2012 – 5 AZR 627/11.
[69] Vgl Rn 35.
[70] ZB in BAG 19.9.2012 – 5 AZR 627/11.
[71] BAG 16.5.2012 – 5 AZR 251/11, das aber bei Weigerung des AN § 297 BGB anwendet.
[72] BAG 19.1.1999 – 9 AZR 679/97.
[73] AA zB KR/Spilger § 11 KSchG Rn 24.
[74] BAG 16.5.2012 – 5 AZR 251/11.
[75] KR/Spilger § 11 KSchG Rn 27.

gelungsverbot (§ 612 a BGB) und der Gleichbehandlungsgrundsatz zu beachten.[76] Zum nachzuzahlenden Arbeitsentgelt zählen alle Leistungen mit Entgeltcharakter: regelmäßige Vergütung (Gehalt, Stundenlohn, Fixum), leistungs- und erfolgsabhängige Vergütung (Akkordlohn, Tantiemen, Provision), Sonderzahlungen mit Entgeltcharakter unabhängig von ihrer Benennung,[77] Zulagen mit Entgeltcharakter.[78]

Bei schwankenden leistungs- und erfolgsabhängigen Entgeltbestandteilen (Provision, Akkord) ist eine **Schätzung** vorzunehmen.[79] Für die Berechnung kann auf den Verdienst eines vergleichbaren Arbeitnehmers im Betrieb abgestellt werden. Mangels tatsächlicher Anhaltspunkte ist auf das Durchschnittseinkommen der letzten drei abgerechneten Monate oder der letzten 13 abgerechneten Wochen vor Beginn des Annahmeverzuges abzustellen.[80] 26

Der Wert entgangener **Sachbezüge** ist nach der Sachbezugsverordnung zu ermitteln und nachzuentrichten. Spesen (Auslösungen, Fahrgelder, Essenszuschüsse usw) gehören grundsätzlich nicht zum entgangenen Verdienst, wenn diese zum Ausgleich tatsächlicher, mit der Arbeitsleistung verbundener Aufwendungen geleistet werden.[81] Die arbeitsvertragliche Verpflichtung des Arbeitgebers, dem Arbeitnehmer einen **Dienstwagen** mit privater Nutzungsberechtigung zur Verfügung zu stellen, hat Entgeltcharakter. Entzieht der Arbeitgeber im Falle des Annahmeverzuges diese private Nutzungsmöglichkeit, bleibt der Erfüllungsanspruch des Arbeitnehmers einschließlich des Anspruchs auf den Dienstwagen zur privaten Nutzung als vereinbarter Naturallohn gem §§ 611, 615 Satz 1 BGB erhalten. Da die private Nutzung des Dienstwagens für die Vergangenheit nicht nachholbar ist, tritt an ihre Stelle der Wert, den die Naturalvergütung verkörpert.[82] 27

IV. Anrechnung
1. Anrechnungszeitraum

Anzurechnen sind die in § 11 Nr 1 bis 3 KSchG aufgeführten Einkünfte. Dabei ist zu beachten, dass nur solche Einkünfte auf das nachzuzahlende Arbeitsentgelt zur Anrechnung kommen, die – tatsächlich oder fiktiv – im Verzugszeitraum angefallen sind. Anrechnungszeitraum und Verzugszeitraum sind identisch. Anderweitiger Verdienst des Arbeitnehmers ist auf die Vergütung für die gesamte Dauer des Annahmeverzuges und nicht nur auf 28

---

76 BAG 7.11.2002 – 2 AZR 742/00.
77 13. Monatsgehalt, Urlaubsgeld, Gratifikation; BAG 18.1.1963 – 5 AZR 200/62.
78 Sozial-, Leistungs-, Zeit-, Funktions-, Erschwernis-, Gefahrenzulagen; BAG 18.6.1958 – 4 AZR 590/55.
79 BAG 19.8.1976 – 3 AZR 173/75.
80 BAG 29.9.1971 – 3 AZR 164/71.
81 BAG 11.2.1976 – 5 AZR 615/74.
82 BAG 27.5.1999 – 8 AZR 415/98: der Nutzungsausfallentschädigungsanspruch kann abstrakt entsprechend der steuerlichen Bewertung der privaten Nutzungsmöglichkeit (§ 6 Abs 1 Nr 4 EStG) berechnet werden.

die Vergütung für den Zeitabschnitt anzurechnen, in dem der Arbeitnehmer seine Dienste anderweitig verwendet hat.[83]

Beispiel: Dauert der Annahmeverzug vom 1. 3. bis zum 30. 4., reduziert sich das nachzuzahlende Arbeitsentgelt iHv EUR 3.000,– monatlich auf Null, wenn der Arbeitnehmer für den Monat April bei einem anderen Arbeitgeber ein Gehalt iHv EUR 6.000,– bezieht.

Dauert der Annahmeverzug noch an, beschränkt sich die Anrechnung bei zeitabschnittsbezogenen Vergütungsansprüchen (vgl § 614 BGB) regelmäßig zunächst auf den einzelnen Monat, für den der Arbeitgeber die Vergütung schuldet. Andernfalls würde der Grundsatz verletzt, dass dem Arbeitnehmer in jedem Monat ein Mindestbetrag für den Lebensunterhalt zur Verfügung stehen soll (Pfändungsschutz des Arbeitnehmers nach §§ 850 ff ZPO und § 394 BGB). Zwar handelt es sich bei der Anrechnung nach § 615 Satz 2 BGB bzw § 11 KSchG nicht um eine Aufrechnung; § 394 BGB ist aber immer dann anzuwenden, wenn die Geltendmachung von Rechten durch den Arbeitgeber dieselbe Wirkung wie eine Aufrechnung hat.[84] Sobald der Annahmeverzug beendet wird, entsteht ein Auskunfts- und im Rahmen der Gesamtberechnung ggf ein Rückzahlungsanspruch des Arbeitgebers.[85]

2. Tatsächlicher Arbeitsverdienst (Nr 1)

29 Nach § 11 Nr 1 KSchG ist im Verzugszeitraum tatsächlich erzieltes Arbeitseinkommen anzurechnen. Es kann sich auch um Verdienst aufgrund einer anderen als der geschuldeten Tätigkeit handeln. Gemeint ist nicht nur das Einkommen für in persönlicher Abhängigkeit geleistete Dienste, sondern auch Einkünfte für Gefälligkeitsarbeiten oder infolge einer selbstständigen Geschäftstätigkeit.[86] Notwendige Aufwendungen des Arbeitnehmers zur Erzielung des Zwischenverdienstes sind abzuziehen.

30 Der anderweitige Arbeitsverdienst kommt aber nur dann zur Anrechnung, wenn dieser **kausal** durch das Freiwerden der Arbeitskraft ermöglicht wurde und hierauf beruht. Von der Anrechnung ausgenommen ist daher ein Nebenverdienst während der Dauer des Annahmeverzuges, soweit dieser auch bei Erfüllung der arbeitsvertraglichen Pflichten möglich gewesen wäre. Ob ein anderweitiger Erwerb kausal durch das Freiwerden von der bisherigen Arbeitsleistung ermöglicht wurde, ist im Einzelfall festzustellen, wobei sich Anhaltspunkte sowohl aus objektiven als auch aus subjektiven Umständen ergeben können. Auszugehen ist vom Normzweck, der darin besteht, dass der Arbeitnehmer aus dem Annahmeverzug keinen finanziellen Vorteil ziehen soll. Diese Grundsätze gelten auch für teilzeitbeschäftigte Arbeitnehmer, die im Annahmeverzugszeitraum ein neues Teilzeitbeschäf-

---

83 BAG 29.7.1993 – 2 AZR 110/93; BAG 16.5.2012 – 5 AZR 251/11 (hinsichtlich der sukzessive entstehenden Verzugszinsen müsse der AN bei deren ratierlicher Geltendmachung die anderweitig bezogenen Vergütung aber „taggenau" absetzen); str, vgl KR/Spilger § 11 KSchG Rn 33 mwN.
84 BAG 24.8.1999 – 9 AZR 804/98.
85 BAG 29.7.1993 – 2 AZR 110/93; BAG 22.11.2005 – 1 AZR 407/04; BAG 24.8.1999 – 9 AZR 804/98, vgl zum Auskunftsanspruch auch Rn 42 ff.
86 KR/Spilger § 11 KSchG Rn 35.

tigungsverhältnis mit einem anderen Arbeitgeber begründen.[87] Auch das Urlaubsentgelt, das der Arbeitnehmer im Rahmen des anderen Arbeitsverhältnisses erhält sowie eine gezahlte Urlaubsabgeltung[88] gehören zum anzurechnenden Verdienst. Auf den Urlaubsanspruch selbst wendet das BAG § 11 Nr 1 KSchG analog an.[89]

3. Böswillig unterlassener Verdienst (Nr 2)

Anzurechnen ist nach § 11 Nr 2 KSchG auch fiktives Einkommen, wenn der Arbeitnehmer es böswillig unterlassen hat, eine ihm zumutbare Arbeit anzunehmen. Maßgeblich ist auch hier der hypothetische Bruttoverdienst.[90] Mit der allgemeinen Anrechnungsvorschrift des § 615 Satz 2 Alt 3 BGB ist § 11 Nr 2 KSchG zwar nicht im Wortlaut, jedoch inhaltlich identisch. Prüfungsmaßstab ist jeweils, ob dem Arbeitnehmer nach dem Grundsatz von Treu und Glauben und unter Beachtung des Grundrechts auf freie Arbeitsplatzwahl die Aufnahme einer anderweitigen Arbeit zumutbar ist.[91]   31

Böswilligkeit liegt vor, wenn der Arbeitnehmer während des Verzugszeitraumes in Kenntnis der objektiven Umstände, dh einer bestehenden Arbeitsmöglichkeit, Zumutbarkeit der Arbeitsaufnahme und der Nachteilsfolgen für den Arbeitgeber, vorsätzlich untätig geblieben ist oder die Arbeitsaufnahme bewusst verhindert hat.[92] Dies ist zB der Fall, wenn er ohne ausreichenden Grund Arbeit ablehnt oder vorsätzlich verhindert, dass ihm Arbeit angeboten wird.[93] Fahrlässige Unkenntnis des Arbeitnehmers von diesen Umständen ist nicht ausreichend;[94] eine Schädigungsabsicht gegenüber dem Arbeitgeber ist aber nicht erforderlich.[95]   32

Ob eine Tätigkeit dem Arbeitnehmer **zumutbar** ist, ist anhand einer **Einzelfallwürdigung** nach Treu und Glauben (§ 242 BGB) sowie unter Beachtung des Grundrechts auf freie Arbeitsplatzwahl (Art 12 GG) zu ermitteln.[96] Die Unzumutbarkeit kann sich aus der Person des Arbeitgebers, der Art der Tätigkeit oder den sonstigen Arbeitsbedingungen ergeben.[97] Unterschiede hinsichtlich Dauer und Lage der Arbeitszeit, Umfang der anfallenden Über- oder Mehrarbeitsstunden, Art, Umfang und Ort der Arbeitsleistung sowie die Gefährlichkeit der Arbeit können zur Unzumutbarkeit führen.[98] Unzumutbar ist die Begründung eines neuen Arbeitsverhältnisses, wenn der Arbeitnehmer gezwungen wäre, das bisherige Arbeitsverhältnis von sich aus   33

---

87 BAG 6.9.1990 – 2 AZR 165/90; KR/Spilger § 11 KSchG Rn 34/35.
88 LAG Hamm 25.11.1996 – 17 Sa 1025/96; KR/Spilger § 11 KSchG Rn 36.
89 BAG 21.2.2012 – 9 AZR 487/10: Hat der Arbeitnehmer im neuen Arbeitsverhältnis Urlaub erhalten, muss er sich diesen analog § 11 Nr 1 KSchG auf die Urlaubsansprüche im alten Arbeitsverhältnis anrechnen lassen.
90 BAG 26.9.2007 – 5 AZR 870/06.
91 BAG 18.6.1965 – 5 AZR 351/63; BAG 11.10.2006 – 5 AZR 754/05; KR/Spilger § 11 KSchG Rn 39.
92 BAG 18.6.1965 – 5 AZR 351/63; BAG 19.3.1998 – 8 AZR 139/97; BAG 22.4.2000 – 9 AZR 194/99; BAG 7.11.2002 – 2 AZR 650/00.
93 BAG 11.1.2006 – 5 AZR 98/05.
94 BAG 24.2.1981 – 6 AZR 55/78; KR/Spilger § 11 KSchG Rn 40.
95 BAG 18.10.1958 – 2 AZR 291/58; BAG 24.9.2003 – 5 AZR 500/02.
96 BAG 1.11.2006 – 5 AZR 98/05.
97 BAG 11.10.2006 – 5 AZR 754/05.
98 KR/Spilger § 11 KSchG Rn 42.

zu beenden,[99] wenn er voraussichtlich sein Amt als Betriebsratsmitglied verlieren würde[100] oder wenn das neue Arbeitsverhältnis eine geringerwertige und weitaus schlechter bezahlte Tätigkeit zum Inhalt hat.[101] Ein Wechsel in der Vergütungsform (von Akkord in Zeitlohn und umgekehrt) kann zumutbar sein.[102] Dies gilt jedenfalls dann, wenn der Arbeitnehmer auch im bisherigen Arbeitsverhältnis eine entsprechende Änderung der Vergütungsform hätte hinnehmen müssen.

34 **Böswilliges Unterlassen der Erzielung zumutbaren Verdienstes** wurde in folgenden Fällen verneint:

- bei vorübergehendem Auslandsaufenthalt des Arbeitnehmers, es sei denn, zumutbare Arbeitsangebote können wegen der Abwesenheit nicht genutzt werden.[103]
- bei Ablehnung einer dauerhaften Änderung des Arbeitsvertrages anstelle einer befristeten Prozessbeschäftigung.[104]
- bei Aufnahme einer selbstständigen Geschäftstätigkeit, auch wenn die Erträge niedriger sind als der Arbeitslosengeldanspruch.[105]
- bei Kündigung des bisherigen Arbeitsverhältnisses durch den Arbeitnehmer, wenn der neue Arbeitgeber das neue Arbeitsverhältnis bereits vor Dienstantritt kündigt und eine Arbeitsaufnahme ablehnt.[106]
- wenn der Arbeitnehmer trotz Vorliegens der Voraussetzungen des § 102 Abs 5 BetrVG keinen Weiterbeschäftigungsanspruch geltend macht oder es unterlässt, ein Urteil des Arbeitsgerichts, mit dem der Arbeitgeber verurteilt worden ist, den Arbeitnehmer für die Dauer des Kündigungsschutzprozesses weiterzubeschäftigen, zu vollstrecken oder die Vollstreckung anzudrohen.[107]
- wenn der Arbeitnehmer ohne Beteiligung des Betriebsrats ausgesprochener Versetzung keine Folge leistet.[108]
- bei Ablehnung einer Teilzeitbeschäftigung, wenn der AN aus dem angebotenen Arbeitsverdienst seinen Lebensunterhalt nicht bestreiten kann.[109]
- bei unterlassener **Meldung der Arbeitslosigkeit bei der Arbeitsagentur.** Die Vorschriften über den Annahmeverzug begründen keine Obliegenheit des Arbeitnehmers, die Vermittlung der Bundesagentur für Arbeit in Anspruch zu nehmen.[110]

---

99 BAG 18.6.1965 – 5 AZR 351/64.
100 LAG Frankfurt 17.1.1980 – 9 Sa 558/79.
101 KR/Spilger § 11 KSchG Rn 42.
102 **AA** KR/Spilger § 11 KSchG Rn 42.
103 BAG 11.7.1985 – 2 AZR 106/84; LAG Hamm 18.10.1985 – 16 Sa 386/85.
104 BAG 11.1.2006 – 5 AZR 98/05.
105 BAG 2.6.1987 – 3 AZR 626/85.
106 BAG 2.11.1973 – 5 AZR 147/73.
107 BAG 22.2.2000 – 9 AZR 194/99; zu dem anders gelagerten Fall, dass der Arbeitgeber nach Verurteilung zur vorläufigen Weiterbeschäftigung den Arbeitnehmer zur Arbeit auffordert vgl aber BAG 24.9.2003 – 5 AZR 500/02.
108 BAG 7.11.2002 – 2 AZR 650/00.
109 LAG Baden-Württemberg 26.2.2008 – 14 Sa 90/07.
110 BAG 24.2.1981 – 6 AZR 334/78; BAG 16.5.2000 – 9 AZR 203/99; **aA** KR/Spilger § 11 KSchG Rn 40.

Die Ablehnung eines Angebots des Arbeitgebers auf **vorläufige Weiterbe-** 35
schäftigung bis zum rechtskräftigen Abschluss des Kündigungsschutzprozesses lässt zwar den Annahmeverzug unberührt,[111] kann aber ein böswilliges Unterlassen isd § 11 Nr 2 KSchG darstellen.[112] Im Einzelfall ist zu prüfen, ob dem Arbeitnehmer die Prozessbeschäftigung unter Berücksichtigung des Verhaltens des Arbeitgebers sowie der Art und der Begründung der Kündigung zumutbar ist. Böswilliges Unterlassen kann auch darin liegen, dass der Arbeitnehmer eine **vertraglich nicht geschuldete Arbeitsleistung** ablehnt, denn die nicht vertragsgemäße Arbeit ist nicht ohne Weiteres mit unzumutbarer Arbeit gleichzusetzen.[113] Bei einer betriebsbedingten oder krankheitsbedingten Kündigung wird es dem Arbeitnehmer idR zumutbar sein, ein Angebot auf vorläufige Weiterbeschäftigung anzunehmen, bei einer verhaltensbedingten, insbesondere fristlosen Kündigung idR nicht, da eine solche auch diskriminierenden Charakter hat.[114] Wenn der Arbeitnehmer befürchtet, sein Einsatz auf einem anderen Arbeitsplatz als dem bisherigen werde im Zusammenhang mit der Aufrechterhaltung bestimmter Vorwürfe durch den Arbeitgeber betriebsöffentlich als kompromittierend angesehen, so kann dies als nachvollziehbares Motiv für die Ablehnung des Arbeitsangebots des Arbeitgebers verstanden werden, das den Vorwurf der Böswilligkeit ausschließt.[115] Böswilligkeit liegt allerdings dann vor, wenn der Arbeitnehmer zunächst die vorläufige Weiterbeschäftigung zu den bisherigen Bedingungen verlangt hat, ein entsprechendes Angebot des Arbeitgebers dann aber ablehnt.[116] Der Arbeitnehmer muss die Prozessbeschäftigung generell jedoch nicht von sich aus anbieten; er kann die Initiative des Arbeitgebers abwarten, während er bei sonstigen sich bietenden Arbeitsmöglichkeiten gerade nicht untätig bleiben darf.[117]

Lehnt der Arbeitnehmer nach Ausspruch einer **Änderungskündigung** die 36
Fortsetzung des Arbeitsverhältnisses zu geänderten Arbeitsbedingungen ab, kann hierin ein böswilliges Unterlassen liegen.[118] Die Sozialwidrigkeit der Kündigung hat nicht zwingend die Unzumutbarkeit der Weiterarbeit zu geänderten Bedingungen zur Folge. Die Wahlmöglichkeit des § 2 Satz 1 KSchG wird also durch § 11 Nr 2 KSchG faktisch eingeschränkt, denn die

---

111 Vgl Rn 23; aA BAG 17.8.2011 – 5 AZR 251/10, das bei Weigerung des AN, zu unveränderten Bedingungen weiterzuarbeiten, Leistungsunwilligkeit nach § 297 BGB annimmt, vgl auch Rn 17.
112 BAG 14.11.1985 – 2 AZR 98/84; BAG 24.9.2003 – 5 AZR 500/02 ; für Weiterarbeit beim Betriebserwerber BAG 9.9.2010 – 2 AZR 582/09.
113 BAG 7.2.2007 – 5 AZR 422/06, dort hatte der AG ggü dem als LKW-Fahrer angestellten AN nach Diebstahl des einzigen LKW eine ordentliche Änderungskündigung ausgesprochen und ihm die sofortige Beschäftigung zu veränderten Bedingungen angeboten; BAG 17.8.2011 – 5 AZR 251/10: gerade die nicht vertragsgemäße Arbeit beim bisherigen AG sei ein Fall von § 11 Nr 2 KSchG; BAG 17.11.2011 – 5 AZR 564/10.
114 Der Arbeitnehmer muss aber auch im Fall einer verhaltensbedingten Kündigung Umstände vortragen, die die Beschäftigung als unzumutbar erscheinen lassen; vgl BAG 24.9.2003 – 5 AZR 500/02.
115 BAG 7.11.2002 – 2 AZR 650/00.
116 LAG Köln 14.12.1995 – 6 Sa 933/95; vgl auch BAG 24.9.2003 – 5 AZR 500/02.
117 BAG 11.1.2006 – 5 AZR 98/05; BAG 19.9.2012 – 5 AZR 627/11.
118 BAG 16.6.2004 – 5 AZR 508/03; BAG 11.10.2006 – 5 AZR 754/05; BAG 26.9.2007 – 5 AZR 870/06.

Bindung kraft Vorbehaltsannahme ist dem Arbeitnehmer nicht von vornherein unzumutbar. Maßgeblich für die Frage der Zumutbarkeit sind der Grad der Veränderung[119] der Arbeitsbedingungen sowie die Zeitspanne bis zur Arbeitsaufnahme; der Arbeitnehmer muss eine deutliche Verschlechterung seiner Arbeitsbedingungen umso weniger akzeptieren, je höher seine Chancen sind, rechtzeitig eine für ihn günstigere Arbeit zu finden.[120] Erklärt der AG anschließend eine Beendigungskündigung, ohne die auf der Änderungskündigung beruhende Arbeitsmöglichkeit weiter anzubieten, endet das böswillige Unterlassen mit Ablauf der Kündigungsfrist.[121] Nach Ausspruch einer offensichtlich unwirksamen betriebsbedingten fristlosen Änderungskündigung kann die Weiterbeschäftigung vor Ablauf der ordentlichen Kündigungsfrist dem Arbeitnehmer unzumutbar sein.[122]

4. Öffentlich-rechtliche Leistungen (Nr 3)

37 Anzurechnen sind nach § 11 Satz 1 Nr 3 KSchG vom Arbeitnehmer im Nachzahlungszeitraum[123] bezogene öffentlich-rechtliche Leistungen infolge Arbeitslosigkeit aus der Sozialversicherung, der Arbeitslosenversicherung, der Sicherung des Lebensunterhalts nach dem Zweiten Buch Sozialgesetzbuch (Arbeitslosengeld II, Sozialgeld) oder der Sozialhilfe. Die vorgezogene Altersrente wegen Arbeitslosigkeit (§ 237 SGB VI) stellt eine Leistung aus der Sozialversicherung infolge Arbeitslosigkeit dar. Der Anspruch auf Arbeitslosengeld ruht zwar nach § 157 Abs 1 SGB III während der Zeit, für die der Arbeitslose Arbeitsentgelt erhält oder zu beanspruchen hat. Soweit der Arbeitslose das ihm zustehende Arbeitsentgelt jedoch tatsächlich nicht erhält, was während der Dauer des Annahmeverzuges des Arbeitgebers der Regelfall ist, wird gem § 157 Abs 3 Satz 1 SGB III das Arbeitslosengeld auch für die Zeit geleistet, in der der Anspruch auf Arbeitslosengeld ruht (sog Gleichwohlgewährung).

38 Bezieht der Arbeitnehmer im Nachzahlungszeitraum öffentlich-rechtliche Leistungen nach § 11 Satz 1 Nr 3 KSchG, führt dies für den Arbeitgeber nicht zu einer Minderung des Nachzahlungsbetrages. Erfüllt der Arbeitgeber den Anspruch des Arbeitnehmers auf Arbeitsentgelt nicht und erbringt deshalb ein Leistungsträger Sozialleistungen, ordnet § 115 Abs 1 SGB X einen gesetzlichen **Forderungsübergang** zugunsten des Leistungsträgers bis zur Höhe der erbrachten Sozialleistungen an. Die Erstattungsvorschrift nach § 11 Nr 3 Satz 2 KSchG hat infolge dieses gesetzlichen Forderungsüberganges nur deklaratorische Bedeutung. Da § 115 Abs 1 SGB X eine Forderungsübertragung kraft Gesetzes iSd § 412 BGB darstellt, finden die §§ 399 bis 404, 406 bis 410 BGB entsprechende Anwendung. Der Arbeitgeber kann daher dem Leistungsträger alle Einwendungen entgegensetzen, die zurzeit des Forderungsüberganges gegen den Arbeitnehmer begründet waren (§ 404 BGB; zum Aufrechnungseinwand vgl § 406 BGB). Zahlt der

---

[119] Unzumutbarkeit zB bei Verlust von Führungsverantwortung: LAG Düsseldorf 5.2.2013 – 17 Sa 1492/12.
[120] BAG 11.10.2006 – 5 AZR 754/05.
[121] BAG 26.9.2007 – 5 AZR 870/06.
[122] LAG Baden-Württemberg 1.7.2008 – 8 Sa 3/08; LAG Düsseldorf 11.5.2012 – 6 Sa 1345/11 (AG-Verhalten nach „Gutsherrenart".).
[123] Vgl Rn 28.

Arbeitgeber den Annahmeverzugslohn in voller Höhe an den Arbeitnehmer, hat dies nach § 407 Abs 1 BGB befreiende Wirkung, falls der Arbeitgeber keine Kenntnis über die Gewährung von Sozialleistungen an den Arbeitnehmer hat. In der Praxis zeigen die öffentlich-rechtlichen Leistungsträger den Forderungsübergang gegenüber dem Arbeitgeber mit einer sog Überleitungsanzeige an. Zudem ist der Arbeitnehmer dem Arbeitgeber gegenüber über den Bezug von Sozialleistungen auskunftspflichtig. Soweit der Arbeitgeber nicht mit befreiender Wirkung an den Arbeitnehmer leistet, weil eine Überleitungsanzeige des Leistungsträgers erfolgte, bleibt der Arbeitgeber dem Leistungsträger gegenüber erstattungspflichtig. Zwischen Arbeitgeber und Arbeitnehmer ist in diesem Fall ein Bereicherungsausgleich nach § 812 BGB vorzunehmen.

Bei Leistungen zur Sicherung des Lebensunterhaltes (§§ 19 ff SGB II) ist der Grundsatz der Personenidentität gem § 34 b SGB II für Mitglieder einer **Bedarfsgemeinschaft** durchbrochen: werden vom Träger Leistungen an nicht getrennt lebende Ehegatten/Lebenspartner oder unverheiratete Kinder unter 25 Jahren erbracht, gelten diese als Aufwendungen des Leistungsträgers für den Arbeitnehmer mit der Folge eines entsprechend erhöhten Anspruchsübergangs.[124]

Bei zeitlichem Zusammentreffen von böswillig unterlassenem Zwischenverdienst und Bezug von Arbeitslosengeld soll nach Auffassung des BAG eine proportionale Zuordnung der Anrechnung nach § 11 Nr 2 und 3 KSchG erfolgen.[125]

Im Umfang bezogener Sozialleistungen ist der Arbeitnehmer im Verhältnis zum Arbeitgeber **nicht mehr aktiv legitimiert.** Der Anspruch des Arbeitnehmers beschränkt sich dann auf die Differenz zwischen der vertragsgemäßen Vergütung für den Nachzahlungszeitraum und den in diesem bezogenen Sozialleistungen. 39

Der **Klageantrag** lautet zB wie folgt:
▶ Die Beklagte wird verurteilt, an den Kläger EUR 2.000,– brutto abzgl EUR 900,– Arbeitslosengeld zu bezahlen. ◀

5. Ersparte Aufwendungen

Anders als nach § 615 Satz 2 Alt 1 BGB werden im Anwendungsbereich des § 11 KSchG die Ersparnisse infolge des Unterbleibens der Arbeitsleistung nicht angerechnet. Betroffen sind solche Aufwendungen, die dem Arbeitnehmer nur bei einer Weiterbeschäftigung entstanden wären (insbesondere Fahrtkosten). Nach dem Regierungsentwurf zum KSchG 1951 war auch die Anrechnung der ersparten Aufwendungen beabsichtigt. Um die Fortsetzung des Arbeitsverhältnisses durch Auseinandersetzungen über die 40

---

124 BAG 21.3.2012 – 5 AZR 61/11.
125 BAG 11.1.2006 – 5 AZR 125/05: zunächst voller Abzug des unterlassenen Verdienstes, dann verhältnismäßige Berücksichtigung des Arbeitslosengeldes.

idR geringfügigen Beträge nicht zu belasten, wurde im Gesetzgebungsverfahren die entsprechende Anrechnungsvorschrift jedoch fallengelassen.[126]

V. Darlegungs- und Beweislast; Auskunftsanspruch des Arbeitgebers

41 Der Arbeitnehmer ist darlegungs- und beweispflichtig für das Vorliegen der tatsächlichen Voraussetzungen des Annahmeverzuges und die Höhe des Nachzahlungsanspruchs. Der Arbeitgeber ist darlegungs- und beweispflichtig für die fehlende Leistungswilligkeit und -fähigkeit des Arbeitnehmers,[127] die Unzumutbarkeit der Leistungsannahme und das Vorliegen der tatsächlichen Voraussetzungen der Anrechnungstatbestände der §§ 11 Nr 1 bis 3 KSchG, 615 Satz 2 BGB.[128]

42 IdR fehlt dem Arbeitgeber die Kenntnis über einen anderweitigen Verdienst. Der Arbeitgeber hat daher nach den Grundsätzen einer abgestuften Darlegungslast gegen den Arbeitnehmer einen **selbstständig einklagbaren Auskunftsanspruch** über die Höhe eines anderweitigen Verdienstes in der Zeit des Annahmeverzuges.[129] § 74 c Abs 2 HGB gilt entsprechend.[130] Ein Auskunftsanspruch im fortdauernden Annahmeverzug ist nicht ausgeschlossen. Er setzt aber voraus, dass im Rahmen einer vorläufigen Gesamtberechnung eine Feststellung über das anrechnungsbedingte Erlöschen der vom Arbeitnehmer für die seit Beginn des Annahmeverzugs zeitabschnittsweise entstandenen Vergütungsansprüche getroffen werden kann. Macht der Arbeitnehmer monatlich entstandene Vergütungsansprüche geltend, muss er daher zeitlich lückenlos Auskunft über den anderweitigen Verdienst erteilen, den er vom Eintritt des Annahmeverzugs bis zu dem jüngsten von ihm erhobenen Anspruch erworben hat. Der Arbeitgeber muss zuvor allerdings darlegen und nachweisen, dass der Arbeitnehmer überhaupt einer anderen Erwerbstätigkeit nachgegangen ist.[131] Der Auskunftsanspruch bezieht sich nur auf die Höhe und nicht auf das „Ob" des erzielten Verdienstes.[132]

Zur Erfüllung der Auskunftspflicht kann der Arbeitgeber grundsätzlich konkrete Nachweise verlangen. Bei Einkünften aus einer selbstständigen Tätigkeit genügt der Arbeitnehmer seiner Auskunftspflicht, indem er seinen Einkommensteuerbescheid vorlegt. Hingegen kann der Arbeitgeber nicht zusätzlich Einblick in die Bilanz nebst Gewinn- und Verlustrechnung verlangen.[133] Steuerunterlagen des Arbeitnehmers können nur beigezogen werden, wenn der Arbeitnehmer das Finanzamt vom Steuergeheimnis entbindet; weigert sich der Arbeitnehmer, eine entsprechende Erklärung abzu-

---

126 LAG Nürnberg Vorlagebeschluss v. 9.3.2010 – 7 Sa 430/09 wegen der Frage der Verfassungswidrigkeit von § 615 Satz 2; als unzulässig verworfen BVerfG 24.6.2010 – 1 BvL 5/10.
127 Vgl Rn 14: zunächst ist der Vortrag von Indiztatsachen ausreichend.
128 BAG 18.10.1958 – 2 AZR 291/58; BAG 6.9.1990 – 2 AZR 165/90.
129 BAG 29.7.1993 – 2 AZR 110/93.
130 BAG 27.3.1974 – 5 AZR 258/73; BAG 19.3.2002 – 9 AZR 16/01.
131 BAG 24.8.1999 – 9 AZR 804/98.
132 BAG 19.7.1978 – 5 AZR 748/77.
133 BAG 25.2.1975 – 3 AZR 148/74.

geben, kann dies im Rahmen der Gesamtwürdigung nach § 286 ZPO berücksichtigt werden.[134]

Der Arbeitgeber kann den Auskunftsanspruch im Wege der **Widerklage** geltend machen, auch in der Form der **Stufenklage** nach § 254 ZPO. Der **Klageantrag** lautet zB:

1. Der Kläger/Widerbeklagte wird verurteilt, der Beklagten/Widerbeklagten Auskunft über sein im Zeitraum vom 1.7.2003 bis zum 31.12.2003 erzieltes Einkommen zu erteilen.
2. Der Kläger/Widerbeklagte wird verurteilt, die Richtigkeit und Vollständigkeit seiner Auskunft an Eides statt zu versichern.

Kommt der Arbeitnehmer seiner Auskunftspflicht nicht nach, hat der Arbeitgeber ein **Leistungsverweigerungsrecht** nach § 320 Abs 1 BGB.[135] Da der Umfang der Leistungspflicht des Arbeitgebers ohne vorherige ordnungsgemäße Auskunft des Arbeitnehmers nicht bestimmt werden kann, scheidet eine Verurteilung des Arbeitgebers auf Zahlung des Annahmeverzugslohns Zug um Zug gegen die Auskunftserteilung aus.[136] Die Zahlungsklage ist in diesem Fall **als derzeit unbegründet** abzuweisen.[137] Bestehen Zweifel an der Vollständigkeit der Angaben des Arbeitnehmers über die Höhe des anderweitigen Verdienstes, kann der Arbeitgeber vom Arbeitnehmer die Abgabe einer eidesstattlichen Versicherung verlangen.[138]

Ein **Bereicherungsanspruch** steht dem Arbeitgeber dann zu, wenn er in Unkenntnis des anderweitigen Verdienstes bereits den vollen Verzugslohn gezahlt hat. Dies gilt auch dann, wenn er zur Zahlung des Verzugslohns bereits rkr verurteilt worden ist.[139]

---

134 BAG 14.8.1974 – 5 AZR 497/73.
135 BAG 27.3.1974 – 5 AZR 258/73.
136 BAG 29.7.1993 – 2 AZR 110/93.
137 BAG 2.6.1987 – 3 AZR 626/85.
138 BAG 29.7.1993 – 2 AZR 110/93.
139 BAG 29.7.1993 – 2 AZR 110/93.

§ 12 Neues Arbeitsverhältnis des Arbeitnehmers; Auflösung des alten Arbeitsverhältnisses

¹Besteht nach der Entscheidung des Gerichts das Arbeitsverhältnis fort, ist jedoch der Arbeitnehmer inzwischen ein neues Arbeitsverhältnis eingegangen, so kann er binnen einer Woche nach der Rechtskraft des Urteils durch Erklärung gegenüber dem alten Arbeitgeber die Fortsetzung des Arbeitsverhältnisses bei diesem verweigern. ²Die Frist wird auch durch eine vor ihrem Ablauf zur Post gegebene schriftliche Erklärung gewahrt. ³Mit dem Zugang der Erklärung erlischt das Arbeitsverhältnis. ⁴Macht der Arbeitnehmer von seinem Verweigerungsrecht Gebrauch, so ist ihm entgangener Verdienst nur für die Zeit zwischen der Entlassung und dem Tage des Eintritts in das neue Arbeitsverhältnis zu gewähren. ⁵§ 11 findet entsprechende Anwendung.

I. Grundsätze 1	III. Rechtsfolgen der rechtzeitigen Beendigungserklärung 20
1. Anwendungsbereich der Norm 1	1. Auflösung des bisherigen Arbeitsverhältnisses....... 20
2. Zweck der Norm 3	2. Vergütungsansprüche..... 21
3. Rechtsnatur der Erklärung nach § 12 KSchG......... 4	IV. Rechtsfolgen bei unterlassener bzw nicht rechtzeitiger Beendigungserklärung.............. 25
4. Verhältnis zur gerichtlichen Auflösung nach § 9 KSchG.................... 7	1. Fortsetzung des bisherigen und Beendigung des neuen Arbeitsverhältnisses....... 26
II. Voraussetzungen des Sonderkündigungsrechts............. 8	2. Fortsetzung des neuen und Beendigung des bisherigen Arbeitsverhältnisses....... 31
1. Rechtskräftiges Feststellungsurteil................. 8	3. Vergütungsansprüche..... 32
2. Bestehen eines neuen Arbeitsverhältnisses....... 11	
3. Einhaltung der Erklärungsfrist – Erklärungsform...................... 16	

I. Grundsätze

1. Anwendungsbereich der Norm

1 Der unmittelbare Anwendungsbereich des § 12 KSchG beschränkt sich auf die rechtsunwirksame ordentliche Kündigung. Nach § 13 Abs 1 Satz 5, Abs 2 KSchG gilt § 12 KSchG für die Fälle der rechtsunwirksamen außerordentlichen und sittenwidrigen Kündigung entsprechend. Zugunsten der vom Schutz des § 15 KSchG erfassten Personen sieht § 16 KSchG ein der Regelung des § 12 Satz 1 KSchG nachgebildetes Wahlrecht vor und verweist im Übrigen auf die in § 12 Satz 2 bis 4 KSchG enthaltenen Regelungen.[1] Im Geltungsbereich des Kündigungsschutzgesetzes besteht das Wahlrecht somit ohne Ausnahme.

2 Ist die Kündigung aus anderen als den in Rn 1 genannten Gründen unwirksam, findet § 12 KSchG aufgrund der insoweit in § 13 Abs 3 KSchG feh-

---

1 Vgl die Erl zu § 16 KSchG.

lenden Verweisung keine direkte, wohl aber analoge Anwendung.[2] Eine analoge Anwendung von § 12 Satz 4 KSchG auf andere Beendigungstatbestände – zB eine Kündigung des Arbeitnehmers – scheidet aus, da keine planwidrige Regelungslücke vorliegt; die Rechtsfolgen richten sich nach §§ 615, 293 ff BGB.[3]

2. Zweck der Norm

Will der Arbeitnehmer vermeiden, dass ihm nach § 11 Nr 2 KSchG fiktives Einkommen auf die Annahmeverzugsvergütung angerechnet wird, muss er während der Dauer des Kündigungsschutzprozesses grundsätzlich eine ihm zumutbare anderweitige Arbeit annehmen.[4] Die Begründung eines neuen Arbeitsverhältnisses entspricht auch dem Interesse des Arbeitnehmers, da der Prozessausgang ungewiss ist. Geht er ein neues Arbeitsverhältnis ein, besteht aber das bisherige Arbeitsverhältnis nach der Entscheidung des Gerichts fort, ist er beiden Arbeitgebern zur Arbeitsleistung verpflichtet. Der sich hieraus ergebenden **Interessen- und Pflichtenkollision**[5] trägt § 12 KSchG in der Weise Rechnung, dass der Arbeitnehmer binnen einer Woche nach Rechtskraft des Urteils gegenüber dem bisherigen Arbeitgeber die Fortsetzung des Arbeitsverhältnisses verweigern kann. Zudem trifft § 12 KSchG in Satz 4 eine von § 615 BGB abweichende Sonderregelung, indem der Annahmeverzugslohnanspruch des Arbeitnehmers mit dem Tag des Eintritts in das neue Arbeitsverhältnis endet.

3. Rechtsnatur der Erklärung nach § 12 KSchG

Macht der Arbeitnehmer von der als Verweigerungsrecht (vgl § 12 Satz 4 KSchG) bezeichneten Gestaltungsmöglichkeit Gebrauch, erlischt das bisherige Arbeitsverhältnis, § 12 Satz 3 KSchG. Im Hinblick auf diese vom Gesetz angeordnete Rechtsfolge handelt es sich entgegen dem Wortlaut nicht um ein Leistungsverweigerungsrecht, sondern um eine besondere Art einer fristlosen Kündigung.[6] Die Vorschrift enthält somit ein fristgebundenes **gesetzliches Sonderkündigungsrecht**[7] zugunsten des Arbeitnehmers. Durch § 12 KSchG wird die Möglichkeit der außerordentlichen Kündigung nach § 626 BGB nicht ausgeschlossen; auch kann der Arbeitnehmer anstatt eine Beendigung nach § 12 KSchG zu wählen, eine ordentliche Kündigung des Arbeitsverhältnisses aussprechen.

In Abgrenzung zur Kündigungserklärung im eigentlichen Sinne wird die Erklärung nach § 12 KSchG uneinheitlich als Nichtfortsetzungserklärung,[8]

---

2 KR/Rost § 12 KSchG Rn 35 mit zutr Hinweis auf die vergleichbare Interessenlage, insb nach Erstreckung der §§ 4 bis 7 KSchG auf aus anderen Gründen unwirksame Kündigungen; vgl auch BAG 19.7.1978 – 5 AZR 748/77; KR/Friedrich § 13 KSchG Rn 428 f; aA § 13 KSchG Rn 94.
3 BAG 6.11.1986 – 2 AZR 744/85.
4 Vgl hierzu § 11 Rn 31-36.
5 KR/Rost § 12 KSchG Rn 2.
6 BAG 19.10.1972 – 2 AZR 150/72.
7 ErfK/Kiel § 12 KSchG Rn 1; KR/Rost § 12 KSchG Rn 22.
8 APS/Biebl § 12 KSchG Rn 13.

Verweigerungserklärung,[9] Lösungserklärung[10] oder Beendigungserklärung[11] bezeichnet. Hier soll der letztgenannte Begriff verwendet werden, da dieser die in Satz 3 der Norm angeordnete Rechtsfolge – Erlöschen des alten Arbeitsverhältnisses – wiedergibt.

6 Im neuen Arbeitsverhältnis besteht dieses Sonderkündigungsrecht nicht. Der Arbeitnehmer kann also nicht unmittelbar mit gestaltender Wirkung zwischen den beiden Arbeitsverhältnissen wählen, sondern zwischen der Fortsetzung des bisherigen oder der Beendigung des bisherigen Arbeitsverhältnisses.[12] Das Wahlrecht besteht ausschließlich innerhalb des bisherigen Arbeitsverhältnisses. Wählt der Arbeitnehmer die Fortsetzung des alten Arbeitsverhältnisses, kann er das andere nur im Wege der ordentlichen Kündigung beenden, sofern der Arbeitgeber den Abschluss eines Aufhebungsvertrages ablehnt.

4. Verhältnis zur gerichtlichen Auflösung nach § 9 KSchG

7 Das Wahlrecht nach § 12 KSchG wird nicht dadurch ausgeschlossen, dass der Arbeitnehmer im Kündigungsschutzprozess einen Auflösungsantrag nach § 9 Abs 1 Satz 1 KSchG gestellt hat. Insbesondere kann der Arbeitnehmer die Beendigungserklärung nach § 12 KSchG auch schon vor der Rechtskraft des Urteils abgeben und daneben den Antrag auf Auflösung des Arbeitsverhältnisses nach § 9 KSchG verfolgen.[13] Die vorsorglich abgegebene Erklärung nach § 12 KSchG wird aber wirkungslos, wenn ein Auflösungsurteil nach § 9 KSchG ergeht. In diesem Fall besteht nach der Entscheidung des Gerichts das Arbeitsverhältnis gerade nicht fort, weshalb § 12 KSchG bereits vom Wortlaut nicht anwendbar ist.

II. Voraussetzungen des Sonderkündigungsrechts
1. Rechtskräftiges Feststellungsurteil

8 Das Arbeitsverhältnis muss nach der Entscheidung des Gerichts fortbestehen. Gemeint ist ein klagestattgebendes Feststellungsurteil. Das Sonderkündigungsrecht entsteht erst mit Eintritt der Rechtskraft. Die Beendigungserklärung kann allerdings schon zu einem früheren Zeitpunkt vorsorglich abgegeben werden.[14]

9 Bildet die Frage, ob ein Arbeitsverhältnis aus Anlass einer ganz bestimmten Kündigung zu dem von dieser Kündigung gewollten Termin aufgelöst ist oder nicht,[15] den einzigen Streitgegenstand des Kündigungsschutzprozesses, reicht die dem Wortlaut des § 4 Satz 1 KSchG entsprechende gerichtliche Feststellung (Es wird festgestellt, dass das Arbeitsverhältnis durch die Kündigung nicht aufgelöst ist) grundsätzlich aus, obwohl nach dem Wortlaut des § 12 Satz 1 KSchG die Feststellung des Fortbestandes des Arbeits-

---
9 KR/Rost § 12 KSchG Rn 22.
10 vHH/L/Linck § 12 Rn 7.
11 Ascheid Rn 831; HK-KSchG/Dorndorf § 12 Rn 9 ff.
12 KR/Rost § 12 KSchG Rn 4.
13 BAG 19.10.1972 – 2 AZR 150/72; vgl auch § 9 KSchG Rn 55.
14 Vgl Rn 7, 10.
15 Punktueller Streitgegenstandsbegriff; vgl § 4 KSchG Rn 45; KR/Friedrich § 4 KSchG Rn 225.

verhältnisses vorausgesetzt wird. Dies gilt jedenfalls dann, wenn zwischen den Parteien keine anderweitigen Beendigungsgründe im Streit stehen (zB Bedingungseintritt, Befristung, Anfechtung, weitere Kündigungserklärungen).

Beruft sich der Arbeitgeber hingegen auf anderweitige Beendigungsgründe und hat der Arbeitnehmer die Kündigungsschutzklage im Wege der objektiven Klagehäufung mit einer allgemeinen Feststellungsklage nach § 256 ZPO verbunden, steht dem Arbeitnehmer das Sonderkündigungsrecht nach § 12 KSchG nur zu, wenn er sowohl mit seinem Kündigungsschutzantrag als auch mit dem allgemeinen Feststellungsantrag obsiegt.[16]

2. Bestehen eines neuen Arbeitsverhältnisses

Der Arbeitnehmer muss nach Zugang der Kündigung und **vor Rechtskraft** des seiner Klage stattgebenden Feststellungsurteils ein neues Arbeitsverhältnis eingegangen sein. Dies folgt aus dem Wortlaut des § 12 Satz 1 KSchG („inzwischen").[17]

Der Anwendungsbereich der Norm ist hingegen nicht eröffnet, wenn der Arbeitnehmer erst nach Eintritt der nach allgemeinen prozessualen Regeln zu bestimmenden Rechtskraft ein neues Arbeitsverhältnis mit einem anderen Arbeitgeber begründet.[18] Der Arbeitnehmer muss die neue Arbeitsstelle nicht bereits vor Rechtskraft des Urteils tatsächlich angetreten haben. Entscheidend ist der **Zeitpunkt des Vertragsschlusses**.[19]

Die konkrete Ausgestaltung (befristet, unbefristet, Probe-, Aushilfs- oder Leiharbeitsverhältnis)[20] des neuen Arbeitsverhältnisses ist unerheblich; insbesondere muss es nicht dem Inhalt des bisherigen Arbeitsverhältnisses entsprechen. Daher reicht auch die Begründung eines Teilzeitarbeitsverhältnisses aus.[21] Bei einem Berufsausbildungsverhältnis handelt es sich um eine besondere Art des Arbeitsverhältnisses (vgl § 10 Abs 2 BBiG), so dass auch der Abschluss eines Berufsausbildungsvertrages das Wahlrecht nach § 12 KSchG entstehen lässt.[22] Nach Sinn und Zweck der Norm gilt § 12 KSchG entsprechend für Dienstverhältnisse von Organmitgliedern juristischer Personen.[23]

Die Aufnahme einer **selbstständigen Gewerbe- oder Berufstätigkeit** erfüllt die Voraussetzung des Abschlusses eines neuen „Arbeitsverhältnisses" indessen nicht,[24] ebenso wenig der Abschluss eines Werkvertrages oder die Beteiligung an einem anderen Unternehmen.[25] In allen vorgenannten Fällen fehlt es an einer mit einem Arbeitsverhältnis vergleichbaren persönlichen

---

16 Ebenso KR/Rost § 12 KSchG Rn 5.
17 KR/Rost § 12 KSchG Rn 10.
18 KR/Rost § 12 KSchG Rn 8; ErfK/Kiel § 12 KSchG Rn 4.
19 KR/Rost § 12 KSchG Rn 10.
20 KR/Rost § 12 KSchG Rn 8; ErfK/Kiel § 12 KSchG Rn 4.
21 KR/Rost § 12 KSchG Rn 8.
22 vHH/L/Linck § 12 Rn 2; KR/Rost § 12 KSchG Rn 8 a.
23 KR/Rost § 12 KSchG Rn 8 a; APS/Biebl § 12 KSchG Rn 5; Bauer BB 1993, 2444.
24 BAG 25.10.2007 – 6 AZR 662/06; LAG Niedersachsen 2.5.2006 – 13 Sa 1585/05; vHH/L/Linck § 12 Rn 2; **aA** KR/Rost § 12 KSchG Rn 8 a.
25 KR/Rost § 12 KSchG Rn 8 a.

Abhängigkeit, welche die besondere Pflichtenkollision[26] bedingt. Einem gleichwohl auch in diesen Fällen bestehenden Lösungsinteresse kann der Arbeitnehmer dadurch entsprechen, dass er das bisherige Arbeitsverhältnis durch Ausspruch einer ordentlichen Kündigung beendet oder dem bisherigen Arbeitgeber den Abschluss eines Aufhebungsvertrages anbietet.

15 Das Wahlrecht entsteht schließlich nur dann, wenn das neue Arbeitsverhältnis wirksam begründet wurde und bei Rechtskraft des Urteils noch besteht, da es andernfalls an der von § 12 KSchG vorausgesetzten Pflichtenkollision fehlt.[27]

3. Einhaltung der Erklärungsfrist – Erklärungsform

16 Das Wahlrecht entfällt, wenn der Arbeitnehmer die Fortsetzung des bisherigen Arbeitsverhältnisses nicht binnen einer Woche nach Eintritt der Rechtskraft verweigert. Eine Wiedereinsetzung in den vorigen Stand kommt bei Fristversäumung nicht in Betracht, da die gesetzliche Wochenfrist eine materiellrechtliche Ausschlussfrist darstellt.[28]

17 Für die Fristberechnung gelten die allgemeinen Regeln (§§ 187 ff BGB). Die Erklärungsfrist beginnt nach § 187 Abs 1 BGB am Tag nach Eintritt der Rechtskraft und endet gem § 188 Abs 2 BGB mit dem Ablauf desjenigen Tages der Folgewoche, der durch seine Benennung dem Tag des Eintritts der Rechtskraft entspricht. Handelt es sich hierbei um einen Samstag, Sonntag oder einen am Erklärungsort staatlich anerkannten allgemeinen Feiertag, endet die Frist nach § 193 BGB erst am darauf folgenden Werktag.

18 Der Arbeitnehmer kann die Beendigungserklärung **vorsorglich bereits vor Eintritt der Rechtskraft** des Urteils abgeben,[29] auch schon vor Ablauf der Kündigungsfrist. Eine vorzeitig abgegebene Beendigungserklärung führt aber nicht bereits mit ihrem Zugang beim Arbeitgeber zum Erlöschen des Arbeitsverhältnisses, sondern erst mit Eintritt der Rechtskraft des klagestattgebenden Feststellungsurteils.[30] Angesichts der annahmeverzugsbegrenzenden Rechtsfolgen für den Arbeitnehmer[31] unterliegt die Prüfung, ob es sich bei einer vor Eintritt der Rechtskraft abgegebenen Erklärung des Arbeitnehmers um eine Beendigungserklärung iSd § 12 KSchG handelt oder nur um eine Absichtserklärung, strengen Maßstäben. Unter Berücksichtigung aller Umstände des Einzelfalles ist der Erklärungsinhalt durch Auslegung zu ermitteln.[32]

Eine nicht fristgerechte Beendigungserklärung kann gem § 140 BGB in eine ordentliche Kündigung umgedeutet werden.[33] Demgegenüber ist eine Um-

---

26 Vgl Rn 3.
27 KR/Rost § 12 KSchG Rn 10 f.
28 LAG Sachsen-Anhalt 15.8.2012 – 4 Sa 481/10; KR/Rost § 12 KSchG Rn 25.
29 BAG 19.10.1972 – 2 AZR 150/72; BAG 25.10.2007 – 6 AZR 662/06.
30 KR/Rost § 12 KSchG Rn 26; ErfK/Kiel § 12 KSchG Rn 7.
31 Vgl Rn 21.
32 KR/Rost § 12 KSchG Rn 26.
33 LAG Berlin 15.10.1999 – 6 Sa 1235/99; LAG Sachsen-Anhalt 15.8.2012 – 4 Sa 481/10; BAG 25.10.2007 – 6 AZR 662/06; APS/Biebl § 12 KSchG Rn 16; KR/Rost § 12 KSchG Rn 25 a, 11.

deutung einer ordentlichen Kündigung in eine Beendigungserklärung wegen der für den Arbeitnehmer nachteiligen Folgen von Satz 4 nicht möglich.[34]

Die Beendigungserklärung unterliegt als Sonderkündigungsrecht[35] dem gesetzlichen **Schriftformerfordernis gem § 623 BGB**.[36] Eine mündliche bzw telefonische Erklärung wirkt also nicht fristwahrend. Nach § 12 Satz 2 KSchG wirkt eine dem Arbeitgeber erst nach Ablauf der Wochenfrist zugehende schriftliche Erklärung fristwahrend, wenn diese vor Ablauf der Wochenfrist zur Post gegeben wird. Dagegen trägt der Arbeitnehmer das Risiko des rechtzeitigen Zugangs innerhalb der Wochenfrist, wenn er einen Boten oder Vertreter mit der Übermittlung seiner schriftlichen Beendigungserklärung an den Arbeitgeber beauftragt.

III. Rechtsfolgen der rechtzeitigen Beendigungserklärung

1. Auflösung des bisherigen Arbeitsverhältnisses

Das **bisherige Arbeitsverhältnis erlischt** mit dem Zugang der Beendigungserklärung (§ 12 Satz 3 KSchG), wenn diese rechtzeitig erfolgt.[37] Eine vorzeitig abgegebene Beendigungserklärung wird aber erst mit Eintritt der Rechtskraft des klagestattgebenden Feststellungsurteils wirksam.[38] Ausnahmsweise erlischt das bisherige Arbeitsverhältnis erst mit Ablauf der Kündigungsfrist, wenn das klagestattgebende Feststellungsurteil – bei längeren Kündigungsfristen – vor dem von der Kündigung gewollten Beendigungstermin rechtskräftig wird.[39]

2. Vergütungsansprüche

Die rechtzeitige Beendigungserklärung kann zur **Minderung der Annahmeverzugsansprüche** des Arbeitnehmers führen. § 615 Satz 1 BGB wird durch die **speziellere Regelung des § 12 Satz 4 KSchG** modifiziert. Um die Abwicklung des bisherigen Arbeitsverhältnisses zu vereinfachen, wird die Beendigung des Annahmeverzuges auf den Tag des Eintritts in das neue Arbeitsverhältnis – darunter ist grundsätzlich der Zeitpunkt zu verstehen, zu dem der Arbeitnehmer die Arbeit vereinbarungsgemäß antreten sollte, nicht derjenige des Vertragsschlusses – vorverlegt. Annahmeverzugsansprüche sind somit auf den Zeitraum zwischen dem tatsächlichen Ausscheiden aus dem bisherigen Arbeitsverhältnis und dem Beginn des neuen Arbeitsverhältnisses begrenzt, wobei die Anrechnungstatbestände des § 11 KSchG[40] entsprechend anzuwenden sind (vgl § 12 Satz 5 KSchG). Der Arbeitnehmer erleidet folglich einen Einkommensverlust, wenn er im neuen Arbeitsverhältnis weniger verdient als beim bisherigen Arbeitgeber.[41]

---

34 LAG Köln 9.8.2012 – 13 Sa 41/12; APS/Biebl § 12 KSchG Rn 17.
35 Vgl Rn 4.
36 Preis/Gotthardt NZA 2000, 348, 350; Müller-Glöge/v. Senden AuA 2000, 199; KR/Spilger § 623 BGB Rn 68; LAG Sachsen-Anhalt 15.8.2012 – 4 Sa 481/10.
37 Vgl Rn 16 ff.
38 Vgl Rn 18.
39 KR/Rost § 12 KSchG Rn 22; vHH/L/Linck § 12 Rn 5; aA APS/Biebl § 12 KSchG Rn 12.
40 Vgl § 11 KSchG Rn 29-40.
41 BAG 19.7.1978 – 5 AZR 748/77.

22 Da der Annahmeverzugszeitraum nach § 12 Satz 4 KSchG auf den Zeitpunkt des vereinbarten Arbeitsantritts im neuen Arbeitsverhältnis begrenzt ist, für das Entstehen des Sonderkündigungsrechtes hingegen auf den Zeitpunkt des Abschlusses des neuen Arbeitsvertrages abgestellt werden muss (§ 12 Satz 1 KSchG),[42] kann dies dazu führen, dass der Zeitpunkt des vereinbarten Arbeitsantritts im neuen Arbeitsverhältnis nach dem Eintritt der Rechtskraft des klagestattgebenden Urteils liegt. Hat der Arbeitnehmer im Hinblick auf das neue Arbeitsverhältnis rechtzeitig die Beendigungserklärung nach § 12 Satz 1 KSchG abgegeben,[43] erlischt das bisherige Arbeitsverhältnis (vgl § 12 Satz 3 KSchG) mit dem Zugang der Erklärung bzw – bei einer vorsorglichen, bereits vor Rechtskraft erfolgten Beendigungserklärung – mit Eintritt der Rechtskraft.[44] Nach dem Wortlaut der Norm entfallen Annahmeverzugsansprüche spätestens mit dem Erlöschen des bisherigen Arbeitsverhältnisses. Bis zum Antritt der neuen Stelle hat der Arbeitnehmer somit weder im bisherigen noch im neuen Arbeitsverhältnis Entgeltansprüche.

23 Demgegenüber wird zT unter Hinweis auf Sinn und Zweck des § 12 KSchG die Auffassung vertreten, der Arbeitnehmer könne in dieser Konstellation weiterhin bis zum Antritt der neuen Arbeitsstelle Annahmeverzugslohn vom bisherigen Arbeitgeber fordern, müsse aber auf dessen Verlangen hin die Arbeit im bisherigen Arbeitsverhältnis wieder aufnehmen, um eine Anrechnung nach § 11 Nr 2 KSchG zu vermeiden;[45] ansonsten werde der Arbeitnehmer entgegen der Intention des Gesetzes durch die sozialwidrige Kündigung geschädigt.

24 Nach zutreffender Ansicht[46] endet der Annahmeverzug des bisherigen Arbeitgebers spätestens mit dem Erlöschen des bisherigen Arbeitsverhältnisses (§ 12 Satz 3 KSchG). Nach dem klaren Gesetzeswortlaut ist das bisherige Arbeitsverhältnis mit Erklärungszugang beendet. Da ab diesem Zeitpunkt keine vertraglichen Bindungen mehr bestehen, gibt es weder für Vergütungsansprüche des Arbeitnehmers noch für eine evtl Arbeitsaufforderung des Arbeitgebers eine Anspruchsgrundlage. Sinn und Zweck der Regelungen des § 12 Satz 3 und 4 erfordern keine teleologische Reduktion (dahingehend, dass das Arbeitsverhältnis infolge der Beendigungserklärung nicht bereits mit deren Zugang, sondern erst später im Zeitpunkt des Antritts der neuen Stelle erlischt, um vertragliche Ansprüche für die Zwischenzeit zu erhalten). Der Wegfall der Annahmeverzugsansprüche für den Zeitraum zwischen dem Erlöschen des bisherigen Arbeitsverhältnisses und dem Antritt der neuen Arbeitsstelle ist nicht durch die sozialwidrige Kündigung bedingt, sondern gesetzliche Folge der gestaltenden Beendigungserklärung des Arbeitnehmers. Dieser kann, anstatt von seinem Sonderkündigungsrecht nach § 12 Satz 1 KSchG Gebrauch zu machen, durch den Aus-

---

42 Vgl Rn 11 f.
43 Vgl Rn 16 ff.
44 Vgl Rn 7, 18.
45 vHH/L/Linck § 12 Rn 7; HK-KSchG/Dorndorf § 12 Rn 24, der danach differenziert, wann der neue Arbeitsvertrag geschlossen wurde und einen Entgeltanspruch für die Zwischenzeit nur verneint, wenn der Arbeitnehmer das neue, später anzutretende Arbeitsverhältnis erst kurze Zeit vor Rechtskraft eingegangen ist.
46 KR/Rost § 12 KSchG Rn 31; Bauer BB 1993, 2445.

spruch einer jederzeit möglichen ordentlichen Kündigung das bisherige Arbeitsverhältnis zu einem späteren Zeitpunkt beenden, um Vergütungsansprüche für die Zeit bis zur Arbeitsaufnahme im neuen Arbeitsverhältnis nicht zu verlieren.[47]

IV. Rechtsfolgen bei unterlassener bzw nicht rechtzeitiger Beendigungserklärung

Liegen die Voraussetzungen des Sonderkündigungsrechts nach § 12 KSchG vor,[48] übt der Arbeitnehmer dieses aber nicht oder nicht rechtzeitig aus, bestehen sowohl das bisherige als auch das neue Arbeitsverhältnis weiterhin nebeneinander. Der Arbeitnehmer ist beiden Arbeitgebern gegenüber zur Arbeitsleistung verpflichtet. Da der Arbeitnehmer regelmäßig nicht in beiden Arbeitsverhältnissen gleichzeitig die geschuldete Arbeitsleistung erbringen kann – Ausnahmen sind in den vom Arbeitszeitgesetz gezogenen Grenzen denkbar, wenn es sich bei einem oder bei beiden Arbeitsverhältnissen um Teilzeitbeschäftigungsverhältnisse handelt und die Arbeit zu unterschiedlichen Zeiten zu leisten ist –, muss er sich nach wie vor entscheiden, welches der beiden Arbeitsverhältnisse er fortsetzen will. Um Schadenersatzansprüchen wegen Nichterfüllung vorzubeugen, muss er eines der beiden Arbeitsverhältnisse beenden, wobei ihm das Sonderkündigungsrecht nach § 12 KSchG nicht (mehr) zur Verfügung steht.

1. Fortsetzung des bisherigen und Beendigung des neuen Arbeitsverhältnisses

Hat sich der Arbeitnehmer zur Fortsetzung des bisherigen Arbeitsverhältnisses entschlossen und daher vom Sonderkündigungsrecht nach § 12 KSchG keinen Gebrauch gemacht, ist er verpflichtet, das **neue Arbeitsverhältnis unverzüglich ordentlich zu kündigen**, falls der neue Arbeitgeber ein Angebot des Arbeitnehmers auf Abschluss eines Aufhebungsvertrages ablehnt. Bis zum Ablauf der ordentlichen Kündigungsfrist muss der Arbeitnehmer im neuen Arbeitsverhältnis seine Arbeitsleistung erbringen. Kommt er dieser Verpflichtung nach und nimmt infolgedessen seine Arbeit im bisherigen Arbeitsverhältnis erst wieder nach Ablauf der im neuen Arbeitsverhältnis geltenden Kündigungsfrist auf, verhält er sich gegenüber dem bisherigen Arbeitgeber **nicht vertragswidrig**.[49] Nach § 11 KSchG hat der Arbeitnehmer während des Kündigungsschutzprozesses eine andere zumutbare Arbeit anzunehmen,[50] weshalb er auch berechtigt ist, dieses nach Beendigung des Kündigungsschutzprozesses ordnungsgemäß abzuwickeln. Für die Dauer der Kündigungsfrist kommt der Arbeitnehmer gegenüber dem bisherigen Arbeitgeber mit der Erbringung der Arbeitsleistung nicht in Verzug, da es an einem schuldhaften Verhalten fehlt.[51]

Vertragswidrig verhält sich der Arbeitnehmer allerdings dann, wenn er die Erklärungsfrist des § 12 KSchG verstreichen lässt, vom bisherigen Arbeit-

---
47 Vgl KR/Rost § 12 KSchG Rn 31.
48 Vgl Rn 8 ff.
49 LAG Köln 23.11.1994 – 8 Sa 862/94.
50 Vgl § 11 KSchG Rn 31-36.
51 KR/Rost § 12 KSchG Rn 17; APS/Biebl § 12 KSchG Rn 10.

geber zur Aufnahme der Arbeit aufgefordert wurde und hierauf **nicht unverzüglich** reagiert. Er kann sich zur Rechtfertigung einer Leistungsverweigerung gegenüber seinem bisherigen Arbeitgeber in diesem Fall nicht darauf berufen, ihm sei die Möglichkeit einzuräumen, das neu begründete Arbeitsverhältnis unter Berücksichtigung der maßgeblichen Kündigungsfrist aufzulösen.[52]

28 Der Umstand, dass der Arbeitnehmer die bisherige Arbeitsstelle nicht unverzüglich nach Ablauf der Erklärungsfrist gem § 12 Satz 1 KSchG wieder antritt, sondern zunächst bis zum Ablauf der Kündigungsfrist im neuen Arbeitsverhältnis weiterarbeitet, begründet demzufolge auch **kein Recht des bisherigen Arbeitgebers, eine ordentliche oder außerordentliche verhaltensbedingte Kündigung auszusprechen.**[53] Der Arbeitnehmer handelt nicht vertragswidrig. Regelmäßig scheidet auch eine betriebsbedingte Kündigung durch den bisherigen Arbeitgeber aus, da ihm Überbrückungsmaßnahmen bis zum Ablauf der Kündigungsfrist im neuen Arbeitsverhältnis zuzumuten sind.

29 Hat der Arbeitnehmer mit dem neuen Arbeitgeber hingegen **überlange Kündigungsfristen** oder eine **lang dauernde Befristung** vereinbart, kann eine ordentliche Kündigung des bisherigen Arbeitgebers verhaltens- oder betriebsbedingt nach § 1 Abs 2 KSchG gerechtfertigt sein; entscheidend sind die Umstände des Einzelfalls.[54] Nach Sinn und Zweck des § 12 KSchG[55] ist es dem bisherigen Arbeitgeber zuzumuten, auch eine längere Zeit bis zur Wiederaufnahme der Arbeit durch den Arbeitnehmer zuzuwarten, wenn dieser ohne die Übernahme einer langen Vertragsbindung keine anderweitige Arbeit hätte aufnehmen können. In jedem Fall ist auch bei einer langen Vertragsbindung des Arbeitnehmers im neuen Arbeitsverhältnis zu prüfen, ob dem bisherigen Arbeitgeber in der Zwischenzeit die Beschäftigung einer Aushilfskraft zumutbar ist.[56]

30 Eine ordentliche Kündigung des bisherigen Arbeitgebers kann allerdings dann gerechtfertigt sein, wenn der Arbeitnehmer nach Beendigung des neuen Arbeitsverhältnisses die Arbeit beim bisherigen Arbeitgeber nicht unverzüglich wieder antritt. Regelmäßig ist eine vorherige Abmahnung erforderlich. Eine außerordentliche Kündigung, ggf auch ohne vorherige Abmahnung, kommt in Betracht, wenn der Arbeitnehmer dem bisherigen Arbeitgeber gegenüber die Arbeit auf Dauer verweigert.

2. Fortsetzung des neuen und Beendigung des bisherigen Arbeitsverhältnisses

31 Entschließt sich der Arbeitnehmer, das neue Arbeitsverhältnis fortzusetzen, ohne dass er die Beendigungserklärung nach § 12 KSchG innerhalb der

---

52 Sächsisches LAG 19.5.2004 – 5 Sa 873/03: fristlose Kündigung wegen Arbeitsverweigerung ca 5 Wochen nach Eintritt der Rechtskraft, nachdem der Arbeitnehmer auf mehrfache Aufforderungen des bisherigen Arbeitgebers, die Arbeit wieder aufzunehmen, überhaupt nicht reagiert hatte.
53 LAG Köln 23.11.1994 – 8 Sa 862/94; APS/Biebl § 12 KSchG Rn 10.
54 KR/Rost § 12 KSchG Rn 18.
55 Vgl Rn 3.
56 KR/Rost § 12 KSchG Rn 18.

Wochenfrist abgeschlossen hat, muss er das bisherige Arbeitsverhältnis anderweitig beenden. Ist der bisherige Arbeitgeber nicht zum Abschluss eines Aufhebungsvertrages bereit, bleibt dem Arbeitnehmer idR nur der Ausspruch einer ordentlichen Kündigung. Ein Recht zur außerordentlichen Kündigung des bisherigen Arbeitsverhältnisses besteht für den Arbeitnehmer nur dann, wenn ein wichtiger Grund iSd § 626 BGB vorliegt. Der Umstand, dass der Arbeitnehmer in der Zwischenzeit ein neues Arbeitsverhältnis begründet hat, stellt für sich genommen keinen wichtigen Grund dar. Ansonsten wäre die Spezialvorschrift des § 12 KSchG überflüssig.[57]

3. Vergütungsansprüche

In allen Fällen, in denen der Arbeitnehmer nicht von der Beendigungsmöglichkeit nach § 12 KSchG Gebrauch macht, findet auch die den Annahmeverzugszeitraum begrenzende Vorschrift von Satz 4 keine Anwendung.[58] Dies hat zur Folge, dass zeitweise ein Anspruch des Arbeitnehmers auf die **Vergütungsdifferenz** zwischen der Vergütung im neuen und im alten Arbeitsverhältnis gem § 615 Satz 1 BGB bestehen kann, wenn neues und altes Arbeitsverhältnis parallel bestehen (und der Arbeitnehmer nicht ausnahmsweise beiden Arbeitspflichten nachkommen kann) und der Arbeitnehmer im neuen Arbeitsverhältnis arbeitet, weil er entweder das alte Arbeitsverhältnis ordentlich gekündigt hat, um im neuen Arbeitsverhältnis weiter zu arbeiten oder weil er das neue Arbeitsverhältnis gekündigt hat und während des Laufs der Kündigungsfrist noch dort weiterarbeitet. Ist der Vergütungsanspruch nach § 611 BGB gegenüber dem neuen Arbeitgeber niedriger als der im alten Arbeitsverhältnis, kann der Arbeitnehmer vom alten Arbeitgeber die Differenzvergütung (die Anrechnung erfolgt gem § 11 Nr 1 KSchG) gem § 615 Satz 1 BGB verlangen, **sofern der Annahmeverzug des alten Arbeitgebers fortdauert.** Hierbei ist wie folgt zu differenzieren:

Solange der Arbeitgeber den Arbeitnehmer nach Stattgabe der Kündigungsschutzklage nicht zur Aufnahme der vertragsgemäßen Arbeit zwecks Erfüllung des fortbestehenden Arbeitsverhältnisses auffordert, besteht der Annahmeverzug fort, denn der Arbeitnehmer ist nicht von sich aus verpflichtet, die Arbeitskraft erneut anzubieten.[59] Allein das Eingehen eines neuen Arbeitsverhältnisses durch den Arbeitnehmer führt nicht zum Entfall seiner Leistungswilligkeit mit der Rechtsfolge von § 297 BGB.[60] Um fehlende Leistungswilligkeit anzunehmen, bedarf es vielmehr weiterer Anhaltspunkte.[61]

Fordert der Arbeitgeber nach rechtskräftiger Stattgabe der Kündigungsschutzklage den Arbeitnehmer jedoch zur Arbeit auf, endet der Annahme-

---

57 vHH/L/Linck § 12 Rn 4; KR/Rost § 12 KSchG Rn 28.
58 Vgl Rn 2.
59 BAG 19.9.1991 – 2 AZR 619/90; BAG 16.5.2012 – 5 AZR 251/11; vgl § 11 KSchG Rn 23.
60 Vgl § 11 KSchG Rn 16; BAG 19.9.1991 – 2 AZR 619/90; BAG 16.5.2012 – 5 AZR 251/11.
61 BAG 19.9.1991 – 2 AZR 619/90: AN meldet sich über längere Zeit nach abgeschlossenem Kündigungsschutzverfahren nicht beim AG; BAG 16.5.2012 – 5 AZR 251/11: AN unterlässt jede Reaktion auf Arbeitsaufforderung.

verzug,[62] ohne dass es auf die Leistungsfähigkeit oder -willigkeit des Arbeitnehmers ankäme.[63] Kommt der Arbeitnehmer der Arbeitsaufforderung nicht nach, weil er entweder das neue Arbeitsverhältnis fortsetzt oder dieses zwar kündigt, aber während das Laufs der Kündigungsfrist noch dort weiterarbeitet, hat er neben der Vergütung nach § 611 BGB keinen Anspruch auf Differenzlohn nach § 615 Satz 1 BGB, weil sich der Arbeitgeber nicht mehr in Annahmeverzug nach § 615 Satz 1, §§ 293 ff BGB befindet.

---

62 BAG 19.9.1991 – 2 AZR 619/90; BAG 16.5.2012 – 5 AZR 251/11.
63 Vgl § 11 KSchG Rn 23 f.

§ 13 Außerordentliche, sittenwidrige und sonstige Kündigungen

(1) ¹Die Vorschriften über das Recht zur außerordentlichen Kündigung eines Arbeitsverhältnisses werden durch das vorliegende Gesetz nicht berührt. ²Die Rechtsunwirksamkeit einer außerordentlichen Kündigung kann jedoch nur nach Maßgabe des § 4 Satz 1 und der §§ 5 bis 7 geltend gemacht werden. ³Stellt das Gericht fest, dass die außerordentliche Kündigung unbegründet ist, ist jedoch dem Arbeitnehmer die Fortsetzung des Arbeitsverhältnisses nicht zuzumuten, so hat auf seinen Antrag das Gericht das Arbeitsverhältnis aufzulösen und den Arbeitgeber zur Zahlung einer angemessenen Abfindung zu verurteilen. ⁴Das Gericht hat für die Auflösung des Arbeitsverhältnisses den Zeitpunkt festzulegen, zu dem die außerordentliche Kündigung ausgesprochen wurde. ⁵Die Vorschriften der §§ 10 bis 12 gelten entsprechend.

(2) ¹Verstößt eine Kündigung gegen die guten Sitten, so finden die Vorschriften des § 9 Abs. 1 Satz 1 und Abs. 2 und der §§ 10 bis 12 entsprechende Anwendung.

(3) Im Übrigen finden die Vorschriften dieses Abschnitts mit Ausnahme der §§ 4 bis 7 auf eine Kündigung, die bereits aus anderen als den in § 1 Abs. 2 und 3 bezeichneten Gründen rechtsunwirksam ist, keine Anwendung.

I. Regelungsbereich der Norm (Überblick) 1	
II. Außerordentliche Kündigung (Abs 1) 5	
1. Geltungsbereich des Abs 1 5	
a) Gegenständlicher Geltungsbereich 6	
b) Betrieblicher Geltungsbereich 11	
c) Persönlicher Geltungsbereich 12	
aa) Arbeitnehmer mit und ohne Kündigungsschutz 12	
bb) Arbeitnehmer mit befristetem Arbeitsverhältnis 13	
cc) Auszubildende 14	
dd) Betriebs- und Personalratsmitglieder..... 15	
ee) Leitende Angestellte und Organmitglieder 16	
2. Geltendmachung der Rechtsunwirksamkeit einer außerordentlichen Kündigung 17	
a) Rechtsunwirksamkeit iSd Abs 1 Satz 2 17	
b) Verweisung auf §§ 4 Satz 1, 5-7 KSchG 18	
aa) Klagefrist............. 18	
bb) Antragstellung 19	
cc) Anwendbarkeit der §§ 5-7 KSchG 21	
c) Auflösungsantrag 22	
aa) Antragsberechtigung 22	
bb) Auflösungszeitpunkt 24	
cc) Bemessung der Abfindung.................. 25	
d) Annahmeverzug; Anrechnung auf entgangenen Zwischenverdienst................ 26	
e) Erklärung nach § 12 KSchG............. 28	
3. Umdeutung einer unwirksamen außerordentlichen Kündigung in eine ordentliche Kündigung........... 30	
a) Zulässigkeit und Voraussetzungen der Umdeutung........... 30	
aa) Außerordentliche Kündigung des Arbeitgebers 30	
bb) Außerordentliche Kündigung des Arbeitnehmers 35	

b) Grenzen der Umdeutung	36
aa) Grundsatz	36
bb) Kündigungsverbote und -beschränkungen	37
cc) Anhörung des Betriebsrats	39
dd) Anhörung des Personalrats	41
c) Prozessuale Fragen	42
d) Tenorierung	46
4. Darlegungs- und Beweislast	47
III. Sittenwidrige Kündigung (Abs 2)	48
1. Allgemeines	48
2. Voraussetzungen der sittenwidrigen Kündigung/ Verhältnis zur Sozialwidrigkeit	49
3. Einzelfälle	53
4. Geltendmachung der Nichtigkeit einer sittenwidrigen Kündigung	57
a) Klagefrist; Anwendung der §§ 4-7 KSchG	57
b) Auflösungsantrag; Verweisung auf §§ 9 Abs 1 Satz 1, Abs 2, 10-12 KSchG	59
5. Darlegungs- und Beweislast	62
IV. Sonstige Unwirksamkeitsgründe (Abs 3)	65
1. Allgemeines	65
a) Einheitliche Klagefrist seit 1.1.2004, Anwendbarkeit des KSchG	65
b) Verhältnis zur Sozialwidrigkeit	66
c) Anwendungsbereich	67
2. Übersicht der sonstigen Unwirksamkeitsgründe	69
a) Verstöße gegen allgemeine formale und rechtsgeschäftliche Wirksamkeitsvoraussetzungen	70
b) Verstöße gegen sonstige gesetzliche Bestimmungen	72
aa) Verstöße gegen gesetzliche Verbote	73
bb) Verstöße gegen das AGG	75
cc) Verstöße gegen den Grundsatz von Treu und Glauben	79
3. Rechtsfolgen der aus anderen Gründen iSd § 13 Abs 3 KSchG bedingten Unwirksamkeit der Kündigung	84
a) Gerichtliche Geltendmachung der Unwirksamkeit der Kündigung	84
aa) Klagefrist; Verweisung auf §§ 4, 7 KSchG	84
bb) Beginn der Klagefrist, Zulassung verspäteter Klagen und Sonderfall Schwangerschaft	85
cc) Verwirkung des Klagerechts	86
dd) Klageart, Antragstellung	87
ee) Geltendmachung weiterer Unwirksamkeitsgründe außerhalb der Klagefrist	90
b) Auflösungsantrag	91
aa) Unwirksamkeit aufgrund sonstiger Gründe	91
bb) Unwirksamkeit aufgrund sonstiger Gründe und Sozialwidrigkeit	92
c) Erklärung nach § 12 KSchG	94
4. Darlegungs- und Beweislast	95
a) Grundsatz	95
b) Ausnahme	97
c) Beweiserleichterungen. Abgestufte Darlegungs- und Beweislast, Anscheinsbeweis	98

I. Regelungsbereich der Norm (Überblick)

1 Die Bestimmungen des Ersten Abschnitts des KSchG gelten grundsätzlich nur für **ordentliche Kündigungen des Arbeitgebers**, die **sozial ungerechtfer-**

tigt sind.[1] § 13 KSchG regelt die Frage, ob bzw inwieweit bestimmte, insbesondere die prozessuale Geltendmachung und die gerichtliche Auflösung des Arbeitsverhältnisses betreffende Vorschriften des Ersten Abschnitts des KSchG (§§ 1 – 14 KSchG) auf **aus anderen Gründen** als der Sozialwidrigkeit **unwirksame Kündigungen** Anwendung finden. Die Norm unterscheidet zwischen

- der außerordentlichen Kündigung (Abs 1)
- der sittenwidrigen Kündigung (Abs 2) und
- der aus sonstigen Gründen rechtsunwirksamen Kündigung (Abs 3).

Die Rechtsunwirksamkeit einer **außerordentlichen Kündigung** wegen Fehlens eines wichtigen Grundes nach § 626 Abs 1 BGB oder der Versäumung der Kündigungserklärungsfrist nach § 626 Abs 2 BGB (s Rn 17 aE) kann der Arbeitnehmer gem § 13 Abs 1 Satz 2 KSchG nur nach Maßgabe der §§ 4 Satz 1, 5, 6, 7 KSchG geltend machen (s Rn 18 ff). Der Arbeitnehmer muss demzufolge innerhalb von drei Wochen ab Zugang der schriftlichen außerordentlichen Kündigung Klage auf Feststellung geben, dass das Arbeitsverhältnis durch die außerordentliche Kündigung nicht aufgelöst ist; ansonsten gilt die außerordentliche Kündigung entsprechend § 7 KSchG als von Anfang an rechtswirksam. Das Recht, gem § 13 Abs 1 Satz 3 KSchG die Auflösung des Arbeitsverhältnisses gegen Zahlung einer Abfindung zu beantragen, steht, bezogen auf die außerordentliche Kündigung, nur dem Arbeitnehmer zu (s Rn 22 f). Der Auflösungszeitpunkt entspricht dem Zeitpunkt, zu dem die außerordentliche Kündigung ausgesprochen wurde, § 13 Abs 1 Satz 4 KSchG. Die §§ 10-12 KSchG gelten aufgrund der in § 13 Abs 1 Satz 5 KSchG enthaltenen Verweisung für die außerordentliche Kündigung entsprechend (s Rn 25-29). 2

§ 13 Abs 2 KSchG enthält für eine – außerordentliche oder ordentliche – **sittenwidrige Kündigung** ausdrücklich nur noch die Verweisung auf die Vorschriften über den Auflösungsantrag des Arbeitnehmers nach § 9 Abs 1 Satz 1 und Abs 2 KSchG sowie auf die Vorschriften der §§ 10-12 KSchG. Der Arbeitnehmer kann also insbesondere die Auflösung des Arbeitsverhältnisses gegen Zahlung einer Abfindung beantragen, während dem Arbeitgeber diese Möglichkeit versagt ist (s Rn 59 f). Auch wenn im Übrigen eine ausdrückliche Verweisung fehlt, muss der Arbeitnehmer die Nichtigkeit einer sittenwidrigen Kündigung ebenfalls mit einer fristgebundenen Feststellungsklage geltend machen. Eine sittenwidrige Kündigung ist „aus anderen Gründen" rechtsunwirksam. Für sie gelten deshalb die dreiwöchige Klagefrist des § 4 Satz 1 KSchG sowie die Regelungen über die Zulassung verspäteter Klagen (§ 5 KSchG), der verlängerten Anrufungsfrist (§ 6 KSchG) sowie der Wirksamkeitsfiktion bei nicht rechtzeitiger Klageerhebung (§ 7 KSchG). 3

Im Übrigen finden auf ordentliche oder außerordentliche **sonstige Kündigungen**, dh auf solche Kündigungen, die bereits mit anderen Unwirksamkeitsgründen (also abgesehen vom Mangel der Sozialwidrigkeit, dem Fehlen eines wichtigen Grundes oder der Sittenwidrigkeit) behaftet sind, zB wegen Verstoßes gegen das Kündigungsverbot des § 9 MuSchG, die Vor- 4

---

[1] Vgl § 1 KSchG Rn 97 ff.

schriften des Ersten Abschnitts des Kündigungsschutzgesetzes mit Ausnahme der §§ 4 – 7 KSchG nach § 13 Abs 3 KSchG keine Anwendung (s Rn 65 ff). Die Berufung auf den sonstigen zur Unwirksamkeit der Kündigung führenden Mangel ist demzufolge – im Gegensatz zur früheren Rechtslage[2] – an die dreiwöchige Klagefrist des § 4 Satz 1 KSchG gebunden (s Rn 84 ff). Ist die Kündigung nur aus einem sonstigen Grund unwirksam, besteht mangels Verweisung auf § 9 KSchG keine Möglichkeit der gerichtlichen Auflösung des Arbeitsverhältnisses gegen Zahlung einer Abfindung (s Rn 91 f).

II. Außerordentliche Kündigung (Abs 1)

1. Geltungsbereich des Abs 1

5 Nach § 13 Abs 1 Satz 1 KSchG werden die Vorschriften über das Recht zur außerordentlichen Kündigung durch das KSchG nicht berührt. Die Wirksamkeit einer außerordentlichen Kündigung beurteilt sich daher nach den für diese geltenden Sondervorschriften, idR also allein nach § 626 BGB, soweit nicht ausnahmsweise weitere Spezialregelungen bestehen.[3] Satz 1 enthält lediglich eine Klarstellung, da das außerordentliche Kündigungsrecht grundsätzlich nicht abdingbar ist.[4] Die Sätze 2 – 5 betreffen die gerichtliche Geltendmachung der Rechtsunwirksamkeit einer außerordentlichen Kündigung.

6 **a) Gegenständlicher Geltungsbereich.** § 13 Abs 1 KSchG bezieht sich – dem Wortlaut nach undifferenziert – auf die außerordentliche Kündigung. Gemeint ist lediglich die durch den Arbeitgeber erklärte außerordentliche Kündigung.[5] Dies ergibt sich aus der Bezugnahme auf die §§ 4 Satz 1, 5 – 7 KSchG, die ausschließlich das fristgebundene Klagerecht des Arbeitnehmers gegenüber einer Arbeitgeberkündigung bzw die Rechtsfolgen der verspäteten Klageerhebung durch den Arbeitnehmer regeln.[6]

7 Die außerordentliche Kündigung wird idR als **fristlose Kündigung** erklärt, kann aber auch als **fristgebundene Kündigung** unter Einräumung einer **sozialen Auslauffrist** erklärt werden.[7] Ist das Recht zur ordentlichen Kündigung (rechtswirksam) ausgeschlossen, kommt nur der Ausspruch einer außerordentlichen Kündigung mit **notwendiger Auslauffrist** in Betracht.[8] Zu beachten ist in diesem Zusammenhang, dass das Arbeitsrecht auch die entfristete ordentliche Kündigung kennt (s Rn 9).[9] Ob eine außerordentliche Kündigung oder eine ordentliche Kündigung vorliegt, ist deshalb nicht danach zu beurteilen, ob diese ohne oder mit zu kurzer Frist erklärt wird, sondern nach dem erkennbaren Willen des Kündigenden, von einem außerordentlichen Kündigungsrecht Gebrauch machen zu wollen. Es muss sich aus der Kündigungserklärung selbst klar und eindeutig ergeben, ob eine

---

2 Vgl § 13 Abs 3 KSchG in der bis zum 31.12.2003 geltenden Fassung.
3 Hierzu § 626 BGB Rn 7 ff.
4 Hierzu § 626 BGB Rn 17 ff.
5 BAG 9.9.1992 – 2 AZR 142/92 – RzK I 10 e Nr 13.
6 Zur Feststellungsklage des Arbeitgebers vgl § 4 KSchG Rn 109; § 626 BGB Rn 151, 154 f.
7 Vgl § 626 GBG Rn 38 ff.
8 Vgl § 626 BGB Rn 41 ff.
9 Vgl § 622 BGB Rn 33.

ordentliche oder eine außerordentliche Kündigung ausgesprochen werden soll. Bei der Auslegung sind die Umstände des Einzelfalles zu berücksichtigen, insbesondere eine ggf abgegebene Kündigungsbegründung.[10]

Das unabdingbare außerordentliche Kündigungsrecht für **alle Arbeitsverhältnisse**, einschließlich der befristeten, ist allgemein in § 626 Abs 1 BGB geregelt.[11] Erforderlich ist danach ein wichtiger (Kündigungs-)Grund. Für **Berufsausbildungsverhältnisse** enthalten die Vorschriften des § 22 Abs 2 Nr 1, Abs 4 Satz 1 BBiG eine dem § 626 BGB vergleichbare, ebenfalls einen wichtigen Grund voraussetzende, fristgebundene Regelung des außerordentlichen Kündigungsrechts. Die fristlose Probezeitkündigung im Berufsausbildungsverhältnis nach § 22 Abs 1 BBiG ist ein Sonderfall der gesetzlich zulässigen entfristeten ordentlichen Kündigung. In Heuerverhältnissen gibt § 64 Abs 1 SeemG als **Sonderbestimmung** das Recht zur außerordentlichen Kündigung, wenn einer der im Gesetz aufgeführten Kataloggründe vorliegt. Demgegenüber stellt § 113 InsO kein gesetzliches Recht des Insolvenzverwalters zur außerordentlichen Kündigung dar, sondern lediglich ein ordentliches Kündigungsrecht mit ggf verkürzter Kündigungsfrist.

Die tarif- oder einzelvertragliche Erweiterung des außerordentlichen Kündigungsrechts ist wegen des **einseitig zwingenden Charakters** des allgemeinen Kündigungsschutzes unzulässig.[12] Außerordentliche Kündigungsgründe, die nicht das Gewicht eines wichtigen Grundes iSd § 626 Abs 1 BGB haben, können daher nicht wirksam vereinbart werden.[13]

Von diesen Fällen zu unterscheiden ist die nach § 622 Abs 4 BGB gesetzlich eingeräumte Möglichkeit, durch Tarifvertrag oder arbeitsvertragliche Bezugnahme auf einen Tarifvertrag der Branche die Frist für die ordentliche Kündigung zu verkürzen oder insgesamt abzubedingen. Soweit die tarifvertragliche Regelung die **entfristete ordentliche Kündigung** nur bei Vorliegen bestimmter Gründe zulässt, zB wegen witterungsbedingter Unmöglichkeit der Arbeitsleistung,[14] ist § 13 Abs 1 KSchG nicht anwendbar.[15] Es handelt sich hierbei nicht um eine außerordentliche Kündigung, auch nicht im „weiteren Sinn", da die Entfristung die Rechtsnatur als ordentliche Kündigung unberührt lässt. Ob eine ordentliche oder eine außerordentliche Kündigung vorliegt, hängt nicht davon ab, ob diese ohne oder mit kurzer Frist erklärt wird, sondern vom erkennbaren Willen des Kündigenden, von einem außerordentlichen Kündigungsrecht Gebrauch machen zu wollen (s Rn 7). Diese Voraussetzung liegt aber nicht vor, da der tarifvertragliche Entfristungsgrund gerade kein Recht zur außerordentlichen, sondern lediglich zur ordentlichen Kündigung mit verkürzter Frist begründet. Auch die Tarifvertragsparteien können indessen den Kündigungsschutz

---

10 Vgl Einl Rn 17; § 626 BGB Rn 33.
11 Einzelheiten s die Kommentierung zu § 626 BGB.
12 Näher § 1 KSchG Rn 6 f; § 626 BGB Rn 17, 24 ff.
13 BAG 12.4.1978 – 4 AZR 580/76 – AP BGB § 626 Ausschlussfrist Nr 13; zur beschränkten rechtlichen Bedeutung derartiger Vereinbarungen vgl § 626 BGB Rn 25.
14 ZB § 46 RTV für die gewerblichen Arbeitnehmer des Maler- und Lackiererhandwerks v 30.3.1992 idF v 21.10.2011; vgl BAG 4.6.1987 – 2 AZR 416/86 – AP KSchG 1969 § 1 Soziale Auswahl Nr 16.
15 KR/Friedrich § 13 KSchG Rn 28.

nach dem KSchG nicht ausschließen. Der Arbeitnehmer kann sich daher **innerhalb** der dreiwöchigen Klagefrist auf die fehlende soziale Rechtfertigung einer entfristeten ordentlichen Kündigung berufen oder geltend machen, dass der tariflich vorgesehene besondere Kündigungsgrund nicht vorgelegen habe.[16] Wendet sich der Arbeitnehmer hingegen **lediglich** dagegen, dass die Kündigung nur unter Einhaltung einer Frist, nicht jedoch als entfristete Kündigung habe erklärt werden dürfen, ist im Hinblick auf die jüngste Rechtsprechung des BAG[17] zutreffenderweise wohl davon auszugehen, dass die **Nichteinhaltung** der gesetzlichen, tariflichen oder arbeitsvertraglich vereinbarten **Kündigungsfrist** idR auch außerhalb der dreiwöchigen Klagefrist durch Leistungs- oder Feststellungsklage geltend gemacht werden kann (s aber Rn 71).[18]

10 § 13 Abs 1 KSchG gilt schließlich auch für die **außerordentliche Änderungskündigung**, die aus wichtigem Grund nach § 626 Abs 1 BGB erklärt wird. Anlässlich der Einfügung der Vorschriften über die Änderungskündigung in das KSchG mit dem Ersten Arbeitsrechtsbereinigungsgesetz vom 14.8.1969 hat der Gesetzgeber es dem Wortlaut nach allerdings dabei belassen, dass die Rechtsunwirksamkeit einer außerordentlichen Kündigung nur nach Maßgabe des § 4 Satz 1 und der §§ 5 – 7 KSchG geltend gemacht werden kann. In § 13 Abs 1 KSchG wird auf die Vorschriften über die Änderungskündigung nicht verwiesen; insbesondere findet § 4 Satz 2 KSchG keine Erwähnung. Eine – unvollständige – Bezugnahme auf die Änderungskündigung erfolgt nur über die Verweisung auf § 7 HS 2 KSchG, wonach ein vom Arbeitnehmer nach § 2 KSchG erklärter Vorbehalt bei verspäteter Klageerhebung erlischt. Es handelt sich um eine unbewusste Regelungslücke, weshalb die Vorschriften der §§ 2, 4 Satz 2, 8 KSchG auf die außerordentliche Änderungskündigung analog anzuwenden sind.[19] Der Umstand, dass der Gesetzgeber auch anlässlich der durch das Gesetz zu Reformen am Arbeitsmarkt vom 26.9.2003 erfolgten Änderungen des Kündigungsschutzgesetzes keine entsprechende Klarstellung vorgenommen hat, rechtfertigt keine abweichende Beurteilung.[20] Zudem gebietet der Zweck des § 2 KSchG, dass der Arbeitnehmer die Rechtswirksamkeit auch einer außerordentlichen Änderungskündigung gerichtlich überprüfen lassen kann, ohne zugleich den Verlust seines Arbeitsplatzes insgesamt befürchten zu müssen.[21]

Nimmt der Arbeitnehmer bei der außerordentlichen Änderungskündigung das Änderungsangebot unter Vorbehalt an,[22] muss er deshalb gem § 13 Abs 1 Satz 2 KSchG in entsprechender Anwendung des § 4 Satz 2 KSchG

---

16 vHH/L/Linck § 13 Rn 10.
17 15.12.2005 – 2 AZR 148/05 – NJW 2006, 2284.
18 Vgl auch § 4 KSchG Rn 4.
19 BAG 19.6.1986 – 2 AZR 565/85 – AP KSchG 1969 § 2 Nr 16; vgl iE, insb zur Vorbehaltserklärungsfrist bei der außerordentlichen Änderungskündigung § 2 KSchG Rn 82, 83; § 626 BGB Rn 35 ff, 152.
20 Nach der Gesetzesbegründung (BT-Drucks 15/1204 S 13) sind die Änderungen des § 13 KSchG im wesentlichen Folge der Vereinheitlichung der Klagefrist für alle Kündigungen; mit der außerordentlichen Änderungskündigung befasst sich die Gesetzesbegründung nicht.
21 BAG 28.10.2010 – 2 AZR 688/09 – NZA-RR 2011, 155.
22 Hierzu § 626 BGB Rn 37.

Klage auf Feststellung erheben, dass die Änderung der Arbeitsbedingungen rechtsunwirksam ist. Lehnt der Arbeitnehmer das Änderungsangebot hingegen ab, gilt auch bei der außerordentlichen Änderungskündigung § 13 Abs 1 Satz 2 iVm § 4 Satz 1 KSchG.[23]

b) Betrieblicher Geltungsbereich. Der betriebliche Geltungsbereich des § 13 Abs 1 Sätze 2 – 5 ergibt sich aus § 23 Abs 1 Satz 2 und 3 KSchG. Danach gelten die Vorschriften des Ersten Abschnitts mit Ausnahme der §§ 4 – 7 und des § 13 Abs 1 Sätze 1 und 2 nicht für Betriebe und Verwaltungen, in denen idR zehn oder weniger Arbeitnehmer ausschließlich der zu ihrer Berufsbildung Beschäftigten beschäftigt werden.[24] Auch **in Kleinbetrieben** ist die Klage gegen eine außerordentliche Kündigung demzufolge an die dreiwöchige Klagefrist gebunden. Mangels Bezugnahme auf § 13 Abs 1 Sätze 3-5 KSchG scheidet andererseits eine gerichtliche Auflösung des Arbeitsverhältnisses in Kleinbetrieben sowie die Anwendung der §§ 10-12 KSchG aus.

11

c) Persönlicher Geltungsbereich. aa) Arbeitnehmer mit und ohne Kündigungsschutz. Nach der bis zum 31.12.2003 geltenden Gesetzeslage waren die Regelungen des § 13 Abs 1 Satz 2 und 3 KSchG aF nur dann anwendbar, wenn das Arbeitsverhältnis länger als sechs Monate bestanden hatte. Die Erfüllung der **Wartezeit** nach § 1 Abs 1 KSchG wurde als allgemeine Voraussetzung für die Anwendung des Ersten Abschnitts des KSchG angesehen mit der Konsequenz, dass die Rechtsunwirksamkeit einer außerordentlichen Kündigung während der ersten sechs Monate des Arbeitsverhältnisses nicht innerhalb der dreiwöchigen Klageerhebungsfrist nach § 4 Satz 1 KSchG geltend gemacht werden musste.[25] Durch das **Gesetz zu Reformen am Arbeitsmarkt** wurde mit Wirkung **ab 1.1.2004** eine **einheitliche Klagefrist für alle Kündigungen des Arbeitgebers** eingeführt. Arbeitnehmer, die im Zeitpunkt des Kündigungszugangs noch nicht länger als sechs Monate beschäftigt waren, müssen daher im Gegensatz zur früheren Rechtslage ebenfalls die dreiwöchige Klagefrist einhalten, um die Wirksamkeitsfiktion des § 7 KSchG zu vermeiden. Dies folgt aus §§ 4 Satz 1, 5-7 KSchG in der ab 1.1.2004 geltenden Fassung, auf die – für den Fall der außerordentlichen Kündigung – § 13 Abs 1 Satz 2 KSchG verweist. Danach müssen – **mit Ausnahme der Schriftform des § 623 BGB**, die Voraussetzung für den Beginn der Klagefrist ist – **alle denkbaren Unwirksamkeitsgründe** unabhängig von der Dauer des Arbeitsverhältnisses **innerhalb von drei Wochen gerichtlich geltend gemacht werden**, also auch das Fehlen des wichtigen Grundes nach § 626 Abs 1 BGB oder die Versäumung der Kündigungserklärungsfrist des § 626 Abs 2 BGB (zu **Ausnahmen** s Verweisungen bei Rn 18). Der Wille des Gesetzgebers, eine alle Konstellationen umfassende, dh von der Dauer des Arbeitsverhältnisses unabhängige einheitliche Klagefrist einzuführen, kommt insbesondere in der Gesetzesbegründung deutlich zum Ausdruck, auch wenn die Wartezeitkündigung als solche nicht geson-

12

---

23 Hierzu § 4 KSchG Rn 6.
24 Einzelheiten zur Berechnung der Beschäftigtenzahl vgl § 23 KSchG Rn 28.
25 BAG 17.8.1972 – 2 AZR 415/71 – AP BGB § 626 Nr 65; 27.1.1955 – 2 AZR 418/54 – AP KSchG § 11 Nr 5.

dert erwähnt wird.[26] Von der Geltung der einheitlichen Klagefrist in der Wartezeit zu unterscheiden ist die Frage, ob auch die Regelungen der Sätze 3-5 des § 13 Abs 1 KSchG bei einer Kündigung während der ersten sechs Monate des Arbeitsverhältnisses Anwendung finden, also insbesondere die Frage, ob das Arbeitsverhältnis auf Antrag des Arbeitnehmers gegen Zahlung einer Abfindung aufgelöst werden kann. Nach der hier vertretenen Auffassung kommt bei einer außerordentlichen Kündigung **während der Wartezeit** weder die gerichtliche Auflösung des Arbeitsverhältnisses nach § 13 Abs 1 Satz 3 KSchG in Betracht noch die entsprechende Anwendung der §§ 10 – 12 KSchG. Der Gesetzgeber wollte nur die Klagefrist vereinheitlichen, nicht aber die Geltung des Ersten Abschnitts des KSchG ausnahmslos auch im Übrigen auf alle Kündigungen erstrecken. Die Erfüllung der Wartezeit nach § 1 Abs 1 KSchG ist also – mit der Ausnahme der einheitlichen Klagefrist – weiterhin allgemeine Voraussetzung für die Anwendung des Ersten Abschnitts des KSchG. Für Kündigungen im Kleinbetrieb ist dies in § 23 Abs 1 Satz 2 KSchG in der ab 1.1.2004 geltenden Fassung klargestellt worden, indem lediglich die §§ 4 – 7, 13 Abs 1 Sätze 1 und 2 KSchG als anwendbar erklärt werden, nicht aber die §§ 9 bzw 13 Abs 1 Sätze 3 – 5 KSchG. Der Umstand, dass eine entsprechende Klarstellung in § 13 Abs 1 Sätze 3 – 5 für die außerordentliche Kündigung während der Wartezeit unterblieben ist, muss nach Sinn und Zweck sowie Systematik des Kündigungsschutzgesetzes als Redaktionsversehen des Gesetzgebers angesehen werden.

13 **bb) Arbeitnehmer mit befristetem Arbeitsverhältnis.** § 13 Abs 1 KSchG gilt auch für Arbeitnehmer mit allgemeinem Kündigungsschutz, die in einem befristeten Arbeitsverhältnis beschäftigt sind.[27] Die Anwendbarkeit des § 13 Abs 1 KSchG auf die außerordentliche Kündigung eines befristeten Arbeitsverhältnisses folgt schon daraus, dass **befristete Arbeitsverhältnisse** nicht vom Geltungsbereich des KSchG ausgenommen sind. Auch der Zweck des § 13 Abs 1 Satz 2, möglichst schnell Klarheit über die Frage der Wirksamkeit der außerordentlichen Kündigung zu schaffen, stellt sich unabhängig davon, ob das Arbeitsverhältnis unbefristet oder befristet ist.[28]

14 **cc) Auszubildende.** Auszubildende werden unter Beachtung der nachfolgenden Besonderheiten vom persönlichen Geltungsbereich des § 13 Abs 1 KSchG erfasst. Gegenüber der nur noch außerordentlich möglichen Kündigung des Berufsausbildungsverhältnisses nach Maßgabe des § 22 Abs 2 Nr 1 BBiG muss der Auszubildende zur Abwendung der Fiktion des § 7 KSchG die Klagefrist nach §§ 13 Abs 1 Satz 2, 4 Satz 1 KSchG einhalten,

---

26 BT-Drucks 15/1204 Begründung A I 4, B. Zu Art 1, zu Nrn 3, 4, 5, 6: *einheitliche Klagefrist für alle Kündigungen*, ebenso LAG Hamm 11.5.2006 – 16 Sa 2151/05 – EzA-SD 2006, Nr 20, 10, nachfolgend BAG – 6 AZR 873/06 – NZA 2007, 972.
27 HM; BAG 8.6.1972 – 2 AZR 336/71 – AP KSchG 1969 § 13 Nr 1; 13.4.1967 – 2 AZR 180/ 66 – AP KSchG § 11 Nr 10; vHH/L/Linck § 13 Rn 31; KR/Friedrich § 13 KSchG Rn 42; aA Herschel Anm zu BAG 13.4.1967 AP KSchG § 11 Nr 10, der voraussetzt, dass die außerordentliche Kündigung in eine ordentliche Kündigung umgedeutet werden könne.
28 Die Klagefrist des § 4 KSchG ist auch einzuhalten, wenn eine **ordentliche Kündigung** gegen das Kündigungsverbot des § 15 Abs 3 TzBfG verstößt, BAG 22.7.2010 – 6 AZR 480/09 – NZA 2010, 1142.

wenn **kein Schlichtungsausschuss** iSd § 111 Abs 2 Satz 1 ArbGG gebildet ist.[29] Besteht ein Schlichtungsausschuss, ist dieser vorrangig anzurufen, ohne dass der Auszubildende hierfür Fristen zu beachten hätte. Dieses Recht unterliegt jedoch der **Verwirkung**, so dass sich eine **alsbaldige** Anrufung des Schlichtungsausschusses aus tatsächlichen wie rechtlichen Gründen dringend empfiehlt.[30]

Eine Klage ist bis zur Beendigung des Schlichtungsverfahrens (zunächst) unzulässig. Nach ergangenem Spruch des Schlichtungsausschusses kann nach § 111 Abs 2 Satz 3 ArbGG nur binnen zwei Wochen Klage beim zuständigen Arbeitsgericht erhoben werden.[31] Das **Verschulden seines Prozessbevollmächtigten** wird einem Auszubildendem in entsprechender Anwendung des § 85 ZPO zugerechnet, wenn dieser die Klagefrist verstreichen lässt, etwa weil er sich zunächst an die nicht reagierende Innung wandte, bei der aber kein Ausschuss zur Beilegung von Ausbildungsstreitigkeiten bestand.[32] Nicht anwendbar ist § 13 Abs 1 Satz 3 KSchG. Die gerichtliche Auflösung eines Berufsausbildungsverhältnisses scheidet grundsätzlich aus, da eine solche mit dem Zweck des Berufsausbildungsverhältnisses, vgl § 10 Abs 2 BBiG, und dem erhöhten Bestandsschutz nach dem Berufsbildungsgesetz nicht vereinbar ist.[33]

dd) Betriebs- und Personalratsmitglieder. Für **Funktionsträger der Betriebsverfassung und der Personalvertretung**, die zB nach § 15 KSchG Sonderkündigungsschutz genießen, gilt § 13 Abs 1 KSchG dann, wenn der geschützte Funktionsträger sich auf das Fehlen eines wichtigen Grundes bzw die Versäumung der Kündigungserklärungsfrist nach § 626 Abs 2 BGB berufen will. Bei Ausspruch der Kündigung nach erteilter Zustimmung der Arbeitnehmervertretung oder nach gerichtlicher Zustimmungsersetzung muss der Funktionsträger die Klagefrist gem §§ 13 Abs 1 Satz 2, 4 Satz 1 KSchG einhalten. Die fehlende Zustimmung der Arbeitnehmervertretung zur außerordentlichen Kündigung[34] und das Verbot der ordentlichen Kündigung stellen demgegenüber sog sonstige Unwirksamkeitsgründe iSd § 13 Abs 3 KSchG (s Rn 74) dar, deren Geltendmachung nach der Neuregelung des Abs 3 mit Wirkung ab 1.1.2004 nunmehr ebenfalls an die Klagefrist des § 4 Satz 1 KSchG gebunden ist. Funktionsträger der Betriebsverfassung und der Personalvertretung müssen daher **in jedem Fall die dreiwöchige Klagefrist einhalten**, auch bei einer unzulässigen ordentlichen Kündigung oder fehlender Zustimmung der Arbeitnehmervertretung zur außerordentlichen Kündigung.

15

ee) Leitende Angestellte und Organmitglieder. Leitende Angestellte nach § 14 Abs 2 KSchG[35] fallen unter den Geltungsbereich des § 13 Abs 1

16

---

29 BAG 26.1.1999 – 2 AZR 134/98 – AP KSchG 1969 § 4 Nr 43.
30 Vgl LAG Rheinland-Pfalz 23.5.2007 – 6 Ta 133/07 (zur **Vermeidung der Verwirkung** soll die **Anrufung** des Schlichtungsausschusses idR **innerhalb der Drei-Wochen-Frist** des § 4 KSchG erforderlich sein).
31 Näher § 1 KSchG Rn 29, 30 und § 4 KSchG Rn 85.
32 LAG Berlin 30.6.2003 – 6 Ta 1276/03 – MDR 2004, 160.
33 BAG 29.11.1984 – 2 AZR 354/83 – AP KSchG 1969 § 13 Nr 6.
34 Vgl §§ 103 BetrVG, 47 BPersVG, 108 Abs 1 BPersVG.
35 Vgl § 14 KSchG Rn 17 ff.

KSchG. Für Organmitglieder isd § 14 Abs 1 KSchG[36] gelten die Vorschriften des Ersten Abschnitts des KSchG und demzufolge auch § 13 Abs 1 KSchG nicht.

2. Geltendmachung der Rechtsunwirksamkeit einer außerordentlichen Kündigung

17 **a) Rechtsunwirksamkeit iSd Abs 1 Satz 2.** Der weit gefasste Begriff der Rechtsunwirksamkeit in § 13 Abs 1 Satz 2 ist nicht dem Wortsinn nach auszulegen. Folge einer Wortlautinterpretation wäre, dass bei jedem zur Unwirksamkeit der außerordentlichen Kündigung führenden Mangel der Arbeitnehmer die gerichtliche Auflösung nach § 13 Abs 1 Satz 3 KSchG beantragen könnte und über § 13 Abs 1 Satz 5 KSchG die Vorschriften der §§ 10-12 KSchG anwendbar wären. Eine solche Auslegung stünde in Widerspruch zur Regelung des § 13 Abs 3 KSchG, die *im Übrigen* die Anwendbarkeit des Ersten Abschnitts des Kündigungsschutzgesetzes auf eine Kündigung, die bereits aus sonstigen Unwirksamkeitsgründen[37] unwirksam ist, auf die §§ 4 – 7 KSchG beschränkt. Eine vom Gesetzgeber beabsichtigte – systemwidrige – Differenzierung zwischen der ordentlichen und der außerordentlichen Kündigung ergibt sich aus der Vorschrift des § 13 Abs 3 KSchG nicht. Daher bezieht sich der Begriff der Rechtsunwirksamkeit in § 13 Abs 1 Satz 2 nur auf den **Mangel des** zur Rechtfertigung der außerordentlichen Kündigung erforderlichen **wichtigen Grundes** iSd § 626 Abs 1 BGB, nicht aber auf sonstige Unwirksamkeitsgründe.[38] Kein sonstiger Unwirksamkeitsgrund iSd § 13 Abs 3 KSchG, sondern ein Mangel des wichtigen Grundes, der innerhalb der Klagefrist des § 4 Satz 1 KSchG geltend gemacht werden muss, ist auch die **Versäumung der Kündigungserklärungsfrist von zwei Wochen** nach § 626 Abs 2 BGB.[39] § 626 Abs 2 BGB regelt einen Sonderfall der Verwirkung durch bloßen Zeitablauf. Nach Fristablauf greift die unwiderlegbare gesetzliche Vermutung, dass die Fortsetzung des Arbeitsverhältnisses nicht (mehr) unzumutbar ist. Im Hinblick auf die Einhaltung der Klagefrist macht es keinen Unterschied, ob der Mangel des wichtigen Grundes von Anfang an vorlag oder erst nachträglich eingetreten ist.

18 **b) Verweisung auf §§ 4 Satz 1, 5-7 KSchG. aa) Klagefrist.** Die Rechtsunwirksamkeit (zum Begriff Rn 17) einer außerordentlichen Kündigung kann nach § 13 Abs 1 Satz 2 KSchG nur nach Maßgabe des § 4 Satz 1 und der §§ 5-7 geltend gemacht werden (s Rn 21).

Der Arbeitnehmer muss, auch während der Wartezeit in den ersten sechs Monaten des Arbeitsverhältnisses,[40] nach §§ 13 Abs 1 Satz 2, 4 Satz 1 KSchG **innerhalb von drei Wochen** nach Zugang der schriftlichen außerordentlichen Kündigung Klage beim Arbeitsgericht auf Feststellung erheben,

---

36 Vgl § 14 KSchG Rn 3 ff.
37 ZB einer nicht ordnungsgemäßen Betriebsratsanhörung, § 102 Abs 1 BetrVG.
38 BAG 8.6.1972 – 2 AZR 336/71 – AP KSchG 1969 § 13 Nr 1; vHH/L/Linck § 13 Rn 23, KR/Friedrich § 13 KSchG Rn 65 f.
39 BAG 8.6.1972 – 2 AZR 336/71 – AP Nr 1 zu § 13 KSchG 1969, 6.7.1972 – 2 AZR 386/71 – AP Nr 3 zu § 626 BGB Ausschlussfrist; vHH/L/Linck § 13 Rn 14, SPV/Vossen Rn 2061.
40 BAG 28.6.2007 – 6 AZR 873/06 – NZA 2007, 972.

dass das Arbeitsverhältnis nicht aufgelöst worden ist, um das Wirksamwerden der außerordentlichen Kündigung infolge der Fiktion des § 7 KSchG zu vermeiden.[41] Der Arbeitgeber ist nicht verpflichtet, den Arbeitnehmer auf die Notwendigkeit einer Klageerhebung und/oder die hierbei zu beachtende Frist hinzuweisen.[42]

bb) Antragstellung. (1) Der Klagantrag gegen eine **außerordentliche Beendigungskündigung** kann wie folgt gestellt werden (s Rn 20): 19

▶ Es wird festgestellt, dass das Arbeitsverhältnis der Parteien durch die außerordentliche Kündigung der Beklagten vom ..., dem Kläger zugegangen am ..., nicht aufgelöst wurde (oder bei Gewährung einer Auslauffrist: ..., nicht aufgelöst wird). ◀

(2) Bei der **außerordentlichen Änderungskündigung** ist der Klagantrag gleich lautend, wenn **der Arbeitnehmer das Änderungsangebot abgelehnt hat** (s Rn 20). Nimmt er das Angebot unter dem Vorbehalt der Rechtswirksamkeit der Änderung der Arbeitsbedingungen an, gilt – entgegen dem Wortlaut des § 13 Abs 1 Satz 2 – die Vorschrift des § 4 Satz 2 KSchG entsprechend (s Rn 10).

Zweckmäßig bei der **außerordentlichen Änderungskündigung**, bei der **das Änderungsangebot unter Vorbehalt angenommen wurde**, ist folgende Antragsformulierung[43] (s **Rn 20**):

▶ Es wird festgestellt, dass die Änderung der Arbeitsbedingungen durch die außerordentliche Kündigung der Beklagten vom ..., dem Kläger zugegangen am ..., unwirksam ist. ◀

(3) Hat der Arbeitgeber eine **außerordentliche und zusätzlich eine vorsorgliche ordentliche Kündigung** erklärt,[44] liegen zwei rechtlich eigenständige Kündigungen vor, weshalb der Arbeitnehmer auch hinsichtlich der vorsorglich erklärten ordentlichen Kündigung fristgerecht Kündigungsschutzklage erheben muss (zur Umdeutung einer außerordentlichen Kündigung s Rn 30 ff, 43).[45]

Folgende **Anträge** können gestellt werden (s **Rn 20**):
▶ 1. Es wird festgestellt, dass das Arbeitsverhältnis der Parteien durch die außerordentliche Kündigung der Beklagten vom ..., dem Kläger zugegangen am ..., nicht aufgelöst wurde (oder bei Gewährung einer Auslauffrist: ..., nicht aufgelöst wird).
2. Es wird festgestellt, dass das Arbeitsverhältnis der Parteien durch die hilfsweise erklärte ordentliche Kündigung des Beklagten vom ..., der Klägerin zugegangen am ..., nicht aufgelöst wird. ◀

(4) Die gegen eine bestimmte Kündigung gerichtete (punktuelle) **Kündigungsschutzklage** des § 4 Satz 1 KSchG kann mit einer sog **allgemeinen** 20

---

41 Ausf zum **Schriftformerfordernis** § 4 KSchG Rn 3, zu möglichen weiteren **Ausnahmen von der Klagefrist** § 4 KSchG Rn 139 ff und BAG 26.3.2009 – 2 AZR 403/07 – NZA 2009, 1146; zu den **Sonderfällen des § 4 Satz 4 KSchG** vgl § 4 KSchG Rn 114 ff und BAG 13.2.2008 – 2 AZR 864/06 – NZA 2008, 1055; 19.2.2009 – 2 AZR 286/07 – NZA 2009, 980.
42 ErfK/Kiel § 4 KSchG Rn 2.
43 Vgl § 4 KSchG Rn 6, 66 f.
44 Hierzu Einl Rn 97 f; § 626 BGB Rn 47 ff.
45 Vgl § 4 KSchG Rn 64.

Feststellungsklage isd § 256 ZPO auf Feststellung des Fortbestands des Arbeitsverhältnisses über den Kündigungsendtermin hinaus gem § 260 ZPO **zulässigerweise in einer Klage verbunden** werden. Zwar erfordert Letztere als Zulässigkeitsvoraussetzung das Vorliegen eines besonderen Feststellungsinteresses, das von der klagenden Partei darzulegen und ggf zu beweisen ist, anderenfalls die Klage als unzulässig abzuweisen ist. Gleichwohl wird der Praxis – schon aus Gründen anwaltlicher Vorsorge im Hinblick auf die Fiktionswirkung der §§ 4, 7 KSchG und den unterschiedlichen Gegenstand der Klagen – eine entsprechende Antragstellung idR zu empfehlen sein: **Streitgegenstand einer Kündigungsschutzklage isd § 4 Satz 1 KSchG** ist die Auflösung des Arbeitsverhältnisses durch die mit der Klage angegriffene konkrete Kündigung zu dem in dieser vorgesehenen Beendigungstermin.[46] **Streitgegenstand der Feststellungsklage gem § 256 ZPO** ist demgegenüber im Allgemeinen die Frage, ob ein Arbeitsverhältnis über diesen Termin hinaus im Zeitpunkt der letzten mündlichen Verhandlung in der Tatsacheninstanz, unter Einbeziehung weiterer Kündigungen und aller nach dem Vortrag der Parteien in Betracht kommenden Beendigungstatbestände, fortbesteht.[47] Kann ein Feststellungsinteresse isd § 256 ZPO nicht dargelegt werden, was häufig der Fall sein wird, kann zur Meidung (oder Reduzierung, je nach Stand des Verfahrens) der aus einer (Teil-)Klagabweisung resultierenden Kostenfolge, die Klage jedenfalls dann hinsichtlich des allgemeinen Feststellungsantrages zurück genommen werden, wenn die beklagte Partei in der letzten mündlichen Verhandlung zu Protokoll erklärt, dass außer der/n im Einzelnen angegriffenen Kündigung/en keine weitere(n) Kündigung(en) erklärt worden sei(en) und sie sich auch auf das Vorliegen weiterer Beendigungstatbestände nicht berufe.

Bei der **Verbindung von Kündigungsschutzklage** isd § 4 Satz 1 KSchG und **allgemeiner Feststellungsklage** isd § 256 ZPO empfiehlt sich folgende **Antragstellung:**

▶ x) Antragsempfehlung wie Rn 19
    y) Es wird festgestellt, dass das Arbeitsverhältnis der Parteien über den ... (Zeitpunkt des Kündigungszugangs bei außerordentlicher, fristloser Kündigung oder Zeitpunkt des Ablaufs der Kündigungs- oder Auslauffrist) hinaus fortbesteht. ◀

(5) Bezüglich einer unter **Verstoß gegen das Schriftformerfordernis** des § 623 BGB erklärten, **bspw nur mündlich ausgesprochenen Kündigung** und sonstigen Ausnahmefällen wird auf Ausführungen und Antragsempfehlung bei Rn 86 ff verwiesen.

21 cc) **Anwendbarkeit der §§ 5–7 KSchG.** Unter den Voraussetzungen des § 5 KSchG ist die **nachträgliche Zulassung der Klage** gegen eine außerordentliche Kündigung möglich. Ferner kann der Arbeitnehmer die Rechtsunwirksamkeit der außerordentlichen Kündigung nach Maßgabe des § 6 KSchG in der **verlängerten Anrufungsfrist** bis zum Schluss der mündlichen Verhandlung erster Instanz geltend machen. Die außerordentliche Kündigung gilt nach der **Wirksamkeitsfiktion** des § 7 KSchG als von Anfang an rechts-

---

46 ZB BAG 22.11.2012 – 2 AZR 738/11 – AP Nr 75 zu § 4 KSchG 1969.
47 ZB BAG 12.5.2005 – 2 AZR 426/04 – NZA 2005, 1259; ausf hierzu § 4 KSchG Rn 56 ff, 64 ff.

wirksam, wenn der Arbeitnehmer nicht rechtzeitig (§ 4 Satz 1, §§ 5 und 6) Kündigungsschutzklage erhebt. Gegenstand der rückwirkenden Heilung sind der Mangel des wichtigen Grundes einschließlich der Versäumung der Kündigungserklärungsfrist nach § 626 Abs 2 BGB, ferner andere Unwirksamkeitsgründe, da die §§ 4-7 KSchG – wie sich aus dem Wortlaut dieser Vorschriften ergibt und in § 13 Abs 3 KSchG klargestellt ist – für diese Fälle ebenfalls gelten.

Einzelfragen sollen an dieser Stelle nicht behandelt werden; stattdessen kann auf die ausf Erl zu den §§ 4, 5, 6 und 7 KSchG verwiesen werden, die auf die außerordentliche Kündigung zu übertragen sind.

c) Auflösungsantrag. aa) Antragsberechtigung. Nach § 13 Abs 1 Satz 3 KSchG kann auf **Antrag des Arbeitnehmers** das Arbeitsverhältnis gerichtlich aufgelöst und der Arbeitgeber zur Zahlung einer angemessenen Abfindung verurteilt werden. Im **Berufsausbildungsverhältnis** besteht diese Möglichkeit allerdings nicht, da die gerichtliche Auflösung mit dem Wesen des Berufsausbildungsverhältnisses unvereinbar ist (s Rn 13). Erforderlich ist zunächst die gerichtliche Feststellung, dass die außerordentliche Kündigung unbegründet ist. Gemeint ist der Mangel des wichtigen Grundes iSd § 626 Abs 1 BGB einschließlich der Versäumung der Kündigungserklärungsfrist nach § 626 Abs 2 BGB. Liegt nur ein anderer Unwirksamkeitsgrund vor, scheidet die gerichtliche Auflösung aus.[48] Die Fortsetzung des Arbeitsverhältnisses muss dem Arbeitnehmer ferner unzumutbar sein. Die Unzumutbarkeit der Fortsetzung des Arbeitsverhältnisses richtet sich nach den zu § 9 Abs 1 Satz 1 KSchG entwickelten Grundsätzen. 22

Der **Arbeitgeber** kann bei einer unwirksamen außerordentlichen Kündigung **keinen Auflösungsantrag** stellen. Die entsprechende Anwendung des § 9 Abs 1 Satz 2 KSchG kommt bereits wegen des klaren Wortlauts des § 13 Abs 1 Satz 3 KSchG nicht in Betracht. Die unwirksame außerordentliche Kündigung sieht der Gesetzgeber als besonders schwerwiegende Vertragsverletzung an, weshalb dem Arbeitgeber die Möglichkeit des Auflösungsantrags verwehrt bleiben soll.[49] Dies gilt auch in den Fällen, in denen das Arbeitsverhältnis ordentlich nicht gekündigt werden kann[50] und für außerordentliche Kündigungen des Arbeitgebers mit notwendiger („sozialer") Auslauffrist,[51] die bei ordentlich unkündbaren Arbeitsverhältnissen an die Stelle der ordentlichen Kündigung treten.[52] Der Arbeitgeber kann die gerichtliche Auflösung im Hinblick auf die Sozialwidrigkeit einer ordentlichen Kündigung aber dann beantragen, wenn er neben der außerordentlichen Kündigung noch eine vorsorgliche ordentliche Kündigung erklärt hat oder eine Umdeutung (s Rn 30 ff) der außerordentlichen Kündi- 23

---

48 Vgl § 9 Rn 26 ff zur vergleichbaren Konstellation iRd Auflösung nach § 9 Abs 1 KSchG, der die Feststellung zumindest auch der Sozialwidrigkeit der ordentlichen Kündigung voraussetzt.
49 Begr zum Entwurf eines KSchG BT-Drucks I/2090 S 15; BAG 15.3.1978 – 5 AZR 831/76 – AP BGB § 620 Befristeter Arbeitsvertrag Nr 45; 26.10.1979 – 7 AZR 752/77 – AP KSchG 1969 § 9 Nr 5; LAG Hamm 25.1.2008 – 10 Sa 169/07 – RDV 2008, 211.
50 LAG Rheinland-Pfalz 18.2.2008 – 5 Sa 381/07.
51 Vgl § 626 BGB Rn 38, 41 zur Differenzierung.
52 BAG 26.3.2009 – 2 AZR 879/07 – NZA 2009, 679.

gung in eine ordentliche Kündigung vorzunehmen ist.[53] Das Recht des Arbeitgebers, den Auflösungsantrag zu stellen, ergibt sich in diesen Fällen aus § 9 Abs 1 Satz 2 KSchG.

24 **bb) Auflösungszeitpunkt.** Als Auflösungszeitpunkt hat das Gericht nach § 13 Abs 1 Satz 4 KSchG den Zeitpunkt festzulegen, zu dem die außerordentliche Kündigung ausgesprochen wurde. Das Gericht hat für die Auflösung des Arbeitsverhältnisses also den Zeitpunkt festzusetzen, zu dem es bei begründeter außerordentlicher Kündigung geendet hätte. Der Auflösungszeitpunkt im Falle der außerordentlichen (fristlosen) Kündigung mit sofortiger Wirkung entspricht deshalb dem **Zeitpunkt des Kündigungszugangs**, bei einer außerordentlich befristeten Kündigung dem vom Arbeitgeber genannten Zeitpunkt und bei einer außerordentlichen Kündigung mit notwendiger Auslauffrist dem Zeitpunkt zu dem das Arbeitsverhältnis bei ordentlicher Kündigung geendet hätte.[54] Aus der früheren, bis 31.12.2003 geltenden Verweisung auf die Vorschrift des § 9 Abs 2 KSchG (§ 13 Abs 1 Satz 3 HS 2 KSchG aF), die den Auflösungszeitpunkt bei ordentlicher Kündigung betrifft, war der Zeitpunkt der Auflösung bei außerordentlicher Kündigung nicht eindeutig zu entnehmen. Durch die mit Wirkung zum 1.1.2004 erfolgte Einfügung des Satzes 4 hat der Gesetzgeber diese Frage eindeutig iS der schon zur früheren Gesetzeslage vertretenen hM[55] klargestellt.

Hat der Arbeitgeber neben der außerordentlichen Kündigung noch **vorsorglich eine ordentliche Kündigung** erklärt oder ist die außerordentliche Kündigung in eine ordentliche Kündigung **umzudeuten**, hat der Arbeitnehmer ein **Wahlrecht**. Er kann den Auflösungsantrag nach § 13 Abs 1 Satz 3 KSchG im Hinblick auf die außerordentliche Kündigung stellen, aber auch nach § 9 Abs 1 Satz 1 KSchG nur hinsichtlich der ordentlichen Kündigung. An diesem Wahlrecht hat sich durch die gesetzliche Klarstellung des Auflösungszeitpunktes in § 13 Abs 1 Satz 4 KSchG nichts geändert.[56] Der Auflösungszeitpunkt hängt somit vom prozessualen Verhalten des Arbeitnehmers ab.[57]

25 **cc) Bemessung der Abfindung.** Die Höhe der angemessenen Abfindung ist in entsprechender Anwendung des § 10 KSchG zu ermitteln, § 13 Abs 1 Satz 5 KSchG. Die für die Abfindungshöhe bei der Auflösung nach ordentlicher Kündigung maßgeblichen Höchstgrenzen, Bemessungsgrundlagen und -kriterien sind auch bei der Auflösung nach außerordentlicher Kündigung zu berücksichtigen.[58] Da der Auflösungszeitpunkt idR dem Zeitpunkt des Kündigungszugangs entspricht (s Rn 24), ist die Abfindung im Rahmen der gesetzlichen Höchstgrenzen zusätzlich um das dem Arbeitnehmer während der Kündigungsfrist **entgangene Arbeitsentgelt** zu erhöhen, es sei

---

53 BAG 10.11.1994 – 2 AZR 207/94 – AP KSchG 1969 § 9 Nr 24.
54 Gesetzesentwurf BT-Drucks 15/1204 Begründung B zu Art 1 Nr 6.
55 BAG 9.4.1981 – 6 AZR 787/78 – AP KSchG 1969 § 11 Nr 1; vHH/L/Linck § 13 Rn 19; KR/Friedrich § 13 KSchG Rn 70; aA HK-KSchG/Dorndorf § 13 Rn 53 mwN.
56 BAG 21.5.2008 – 8 AZR 623/07 – ArbRB 2008, 298.
57 BAG 26.8.1993 – 2 AZR 159/93 – AP BGB § 626 Nr 113; vHH/L/Linck § 13 Rn 17, 20.
58 Hierzu ausf § 10 KSchG Rn 25, 6 ff.

denn, der Arbeitnehmer hat im unmittelbaren Anschluss an die außerordentliche Kündigung eine neue Arbeitsstelle mit entsprechender Vergütung angetreten.[59]

d) Annahmeverzug; Anrechnung auf entgangenen Zwischenverdienst. 26
Stellt das Gericht fest, dass das Arbeitsverhältnis durch die außerordentliche Kündigung nicht aufgelöst ist, kann der Arbeitnehmer Vergütung aus Annahmeverzug (§ 611 Abs 1 iVm § 615 Satz 1 BGB) beanspruchen. Der Arbeitgeber gerät grundsätzlich mit Zugang der (rechtsunwirksamen) außerordentlichen Kündigung in Annahmeverzug, ohne dass der Arbeitnehmer seine Dienste anbieten müsste. Der Arbeitnehmer behält den Anspruch auf Annahmeverzugsvergütung auch dann, wenn er einen Auflösungsantrag stellt, dieser aber erfolglos bleibt oder wieder zurückgenommen wird.[60] Im Übrigen richten sich Voraussetzungen, Beginn, Ende und Höhe des Anspruchs auch im Falle der unwirksamen außerordentlichen Kündigung nach den allgemeinen Grundsätzen.

Gem § 13 Abs 1 Satz 5 KSchG findet die Vorschrift des § 11 KSchG, wel- 27
che die Anrechnung der dort aufgeführten Einkünfte auf den entgangenen Zwischenverdienst regelt, bei der unwirksamen außerordentlichen Kündigung entsprechende Anwendung. § 11 KSchG gilt auch dann entsprechend, wenn der Arbeitnehmer keinen Auflösungsantrag bezogen auf die außerordentliche Kündigung gestellt hat, das Arbeitsverhältnis aber durch eine vorsorglich ausgesprochene ordentliche Kündigung endet.[61]

e) Erklärung nach § 12 KSchG. Nach § 13 Abs 1 Satz 5 KSchG gilt bei un- 28
begründeter außerordentlicher Kündigung ferner die Vorschrift des § 12 KSchG entsprechend. Der Arbeitnehmer hat daher auch bei der unwirksamen außerordentlichen Kündigung ein fristgebundenes Sonderkündigungsrecht[62] unter folgenden Voraussetzungen:

- Das Arbeitsverhältnis muss nach der Entscheidung des Gerichts fortbestehen, die außerordentliche Kündigung also unwirksam sein.[63]
- Der Arbeitnehmer muss vor Eintritt der Rechtskraft des Feststellungsurteils ein neues Arbeitsverhältnis eingegangen sein.[64]
- Der Arbeitnehmer muss binnen einer Woche nach Eintritt der Rechtskraft des stattgebenden Feststellungsurteils von seinem Sonderkündigungsrecht Gebrauch machen, indem er durch Erklärung gegenüber dem alten Arbeitgeber die Fortsetzung des Arbeitsverhältnisses schriftlich verweigert.[65]

Mit rechtzeitigem Zugang der Beendigungserklärung erlischt das bisherige 29
Arbeitsverhältnis gem § 12 Satz 3 KSchG.[66] Die Annahmeverzugsansprüche sind aufgrund des § 12 Satz 4 KSchG in der Folge auf den Zeitraum

---

59 KR/Spilger § 10 KSchG Rn 62 f; KR/Friedrich § 13 KSchG Rn 73.
60 BAG 18.1.1963 – 5 AZR 200/62 – AP BGB § 615 Nr 22; KR/Friedrich § 13 KSchG Rn 75.
61 BAG 9.4.1981 – 6 AZR 787/78 – AP KSchG 1969 § 11 Nr 1.
62 Hierzu § 12 KSchG Rn 5.
63 Hierzu § 12 KSchG Rn 8 ff.
64 Hierzu § 12 KSchG Rn 11 ff.
65 Hierzu § 12 KSchG Rn 16 ff.
66 Hierzu § 12 KSchG Rn 20.

zwischen Zugang der außerordentlichen Kündigung (bei Gewährung einer Auslauffrist ab deren Ablauf) und dem Tag des Eintritts in das neue Arbeitsverhältnis begrenzt.[67]

3. Umdeutung einer unwirksamen außerordentlichen Kündigung in eine ordentliche Kündigung

30 a) Zulässigkeit und Voraussetzungen der Umdeutung. aa) Außerordentliche Kündigung des Arbeitgebers. Die Umdeutung einer unwirksamen außerordentlichen **Kündigung des Arbeitgebers** in eine ordentliche Kündigung ist der in der arbeitsrechtlichen Praxis wichtigste und häufigste Anwendungsfall der Umdeutung. Nach früherem Recht galt eine unwirksame fristlose Kündigung im Zweifel nicht als Kündigung für den nächsten zulässigen Kündigungszeitpunkt (§ 11 Abs 2 Satz 1 KSchG 1951). Diese gesetzliche Auslegungsregel ist durch das Erste Arbeitsrechtsbereinigungsgesetz vom 14.8.1969 ersatzlos aufgehoben worden. Seit der Neufassung des KSchG vom 25.8.1969[68] spricht keine Vermutung mehr gegen die Umdeutung einer unwirksamen außerordentlichen in eine ordentliche Kündigung. Die Voraussetzungen für eine Umdeutung werden vielmehr allein durch § 140 BGB bestimmt.[69]

31 Allerdings geht die **Auslegung der Kündigungserklärung** nach §§ 133, 157 BGB der Umdeutung vor.[70] Erweist sich die außerordentliche Kündigung als unwirksam, ist daher vorrangig im Wege der Auslegung der erklärte Wille dahingehend zu prüfen, ob der Arbeitgeber neben der unwirksamen außerordentlichen Kündigung auch eine – ggf vorsorgliche – ordentliche Kündigung (s Rn 20) erklärt hat.[71] Bei der Auslegung sind die Umstände des Einzelfalles zu berücksichtigen, insbesondere eine evtl Kündigungsbegründung.[72] Liegt danach ausschließlich eine außerordentliche Kündigung vor, kommt die Umdeutung in eine ordentliche Kündigung in Betracht.

32 Nach der **Rechtsprechung des BAG**[73] müssen für die Umdeutung einer rechtsunwirksamen außerordentlichen Kündigung in eine ordentliche Kündigung folgende materiell-rechtliche Voraussetzungen gegeben sein:

- Die Umdeutung in eine ordentliche Kündigung muss dem mutmaßlichen (hypothetischen) Willen des Kündigenden entsprechen. Bei der Ermittlung des hypothetischen Willens des Kündigenden ist auf die wirtschaftlichen Folgen abzustellen, die mit der nichtigen Erklärung bezweckt waren. Aus der Erklärung des Kündigenden muss sich als wirtschaftlich beabsichtigte Folge ergeben, das Arbeitsverhältnis auf jeden Fall beenden zu wollen.

---

67 Hierzu § 12 KSchG Rn 21 ff.
68 BGBl I S 1317.
69 BAG 18.9.1975 – 2 AZR 311/74 – AP BGB § 626 Nr 10 Druckkündigung; 13.8.1987 – 2 AZR 599/86 – AP KSchG 1969 § 6 Nr 3; KR/Friedrich § 13 KSchG Rn 78.
70 Hierzu BAG 15.12.2005 – 2 AZR 148/05 – NJW 2006, 2284.
71 KR/Friedrich § 13 KSchG Rn 78; vHH/L/Linck § 13 Rn 36.
72 Vgl Einl Rn 13 ff, 17 f.
73 BAG 15.11.2001 – 2 AZR 310/00 – AP BGB § 140 Nr 13; 12.5.2010 – 2 AZR 845/08 – NZA 2010, 1348.

- Dieser mutmaßliche Wille des Kündigenden muss dem Gekündigten im Zeitpunkt des Zugangs der außerordentlichen Kündigung erkennbar geworden sein.

Diese Voraussetzungen sind zB erfüllt, wenn der Arbeitgeber im Kündigungsschreiben mitteilt, dass er eine Weiterbeschäftigung ablehne, er keine Möglichkeit einer weiteren Zusammenarbeit sehe oder die Fortsetzung des Arbeitsverhältnisses unzumutbar sei[74] (zu den Grenzen der Umdeutung s Rn 36 ff).

Nach zutreffender hM spricht eine **tatsächliche Vermutung** dafür, dass ein Arbeitgeber, dessen außerordentliche Kündigung von der Rechtsordnung nicht anerkannt wird, den **hypothetischen Willen zur ordentlichen Kündigung** hat.[75] Das BAG hat sich dieser Auffassung für den Fall angeschlossen, dass das KSchG noch keine Anwendung findet,[76] die Frage im Übrigen aber ausdrücklich offen gelassen.[77] Mit Ausspruch der außerordentlichen Kündigung macht der Arbeitgeber deutlich, dass ihm die Fortsetzung des Arbeitsverhältnisses bis zum Ablauf der ordentlichen Kündigungsfrist nicht zumutbar sei, vgl § 626 Abs 1 BGB. Er bringt damit zum Ausdruck, das Arbeitsverhältnis auf jeden Fall beenden zu wollen, auch wenn – bei objektiver Betrachtung – kein ausreichender Grund für eine fristlose Kündigung besteht. Aus diesem Grund wird der hypothetische Wille zur ordentlichen Kündigung regelmäßig unterstellt werden müssen. Dieser Grundsatz gilt aber nicht ausnahmslos. Erweist sich im Kündigungsschutzprozess, dass der Kündigungsgrund, auf den die außerordentliche Kündigung gestützt wird, tatsächlich nicht vorliegt, wird ein hypothetischer Wille des Arbeitgebers, das Arbeitsverhältnis auch für diesen Fall notfalls ordentlich zu lösen, nicht angenommen werden können.[78] Andererseits spricht der Umstand, dass der Kündigungsgrund lediglich nicht bewiesen werden kann, nicht ohne weiteres gegen den hypothetischen Willen des Arbeitgebers, das Arbeitsverhältnis fristgerecht zu beenden.[79] 33

Auf den mutmaßlichen Willen des Arbeitgebers bzw dessen Erkennbarkeit für den Arbeitnehmer kommt es nicht an, wenn die Arbeitsvertragsparteien im Arbeitsvertrag vereinbaren, dass eine unwirksame außerordentliche Kündigung als ordentliche Kündigung zum nächst zulässigen Termin gelten soll. Der Parteiwille steht in diesem Fall fest, so dass es keiner Prüfung des mutmaßlichen Willens nach § 140 BGB mehr bedarf.[80] 34

---

74 BAG 31.5.1979 – 2 AZR 473/77 – AP ZPO § 256 Nr 50; 31.3.1993 – 2 AZR 492/92 – AP BGB § 626 Nr 32.
75 KR/Friedrich § 13 KSchG Rn 81; APS/Biebl, § 13 Rn 37; SPV/Preis Rn 410.
76 BAG 10.5.1984 – 2 AZR 87/83 – nv; 15.11.2001 – 2 AZR 310/00 – AP BGB § 140 Nr 13.
77 BAG 13.8.1987 – 2 AZR 599/86 – AP KSchG 1969 § 6 Nr 3; 15.11.2001 – 2 AZR 310/00 – AP BGB § 140 Nr 13.
78 ZB bei einer Kündigung wegen Tätlichkeit, wenn sich später herausstellt, dass diese nicht der Gekündigte, sondern ein anderer Arbeitnehmer verübt hat, vgl SPV/Preis Rn 412; KR/Friedrich § 13 KSchG Rn 82.
79 SPV/Preis Rn 412 unter Hinweis auf die Grundsätze der Verdachtskündigung, nach denen der Kündigende an der Beendigung festhalten werde.
80 SPV/Preis Rn 409; zur Zulässigkeit einer solchen Klausel im Tarifvertrag vgl BAG 15.11.1984 – 2 AZR 613/83 – AP BGB § 626 Nr 87.

35 **bb) Außerordentliche Kündigung des Arbeitnehmers.** Die Umdeutung einer schriftlichen, außerordentlichen Eigenkündigung des Arbeitnehmers in eine ordentliche Kündigung kommt nach Auffassung des BAG idR nicht in Betracht. Soweit der Arbeitgeber eine (unwirksame) außerordentliche Kündigung hinnehme, könne sich der Arbeitnehmer auf deren Rechtsunwirksamkeit, etwa weil ein wichtiger Grund nicht vorgelegen habe, später nicht berufen, da hierin regelmäßig ein treuwidriger Verstoß gegen das **Verbot widersprüchlichen Verhaltens** liege.[81]

36 **b) Grenzen der Umdeutung. aa) Grundsatz.** Nach § 140 BGB muss das nichtige Rechtsgeschäft den Erfordernissen eines anderen Rechtsgeschäfts entsprechen. Für die Umdeutung einer unwirksamen außerordentlichen Kündigung in eine ordentliche Kündigung bedeutet dies, dass die außerordentliche Kündigung jedenfalls den formellen Voraussetzungen einer ordentlichen Kündigung genügen muss. Wäre die Kündigung als ordentliche unzulässig, kommt eine Umdeutung nicht in Betracht.[82] Andererseits ist es nicht erforderlich, dass die Kündigung als ordentliche sozial gerechtfertigt wäre. Das folgt schon aus der Vorschrift des § 7 KSchG, nach der eine sozial ungerechtfertigte Kündigung wirksam werden kann, wenn deren Rechtsunwirksamkeit nicht rechtzeitig geltend gemacht wird. Die Sozialwidrigkeit der ordentlichen Kündigung ist ferner Voraussetzung für den Auflösungsantrag sowohl des Arbeitnehmers als auch des Arbeitgebers.

37 **bb) Kündigungsverbote und -beschränkungen.** Die **Umdeutung** einer außerordentlichen in eine ordentliche Kündigung **ist unzulässig, wenn die ordentliche Kündigung gesetzlich oder vertraglich ausgeschlossen ist.** Zu nennen sind die Fälle des gesetzlichen Sonderkündigungsschutzes,[83] tarif- und einzelvertragliche Regelungen, nach denen das Arbeitsverhältnis durch den Arbeitgeber nur noch aus wichtigem Grund außerordentlich gekündigt werden kann,[84] aber auch Befristungsabreden ohne Vorbehalt der ordentlichen Kündigungsmöglichkeit.

38 Die unwirksame außerordentliche Kündigung des Arbeitsverhältnisses mit einem **schwer behinderten Menschen** kann grundsätzlich nur dann in eine ordentliche Kündigung umgedeutet werden, wenn das Integrationsamt die Zustimmung zur ordentlichen Kündigung tatsächlich erteilt hat. Anderenfalls ist bei der Kündigung schwer behinderter Arbeitnehmer die vom Integrationsamt nach § 91 SGB IX erteilte Zustimmung zur außerordentlichen Kündigung nicht zur Umdeutung einer außerordentlichen Kündigung in eine ordentliche geeignet. Dies ist eindeutig in den Fällen der Zustimmung des Integrationsamtes bei einer mit der Behinderung nicht in Zusammenhang stehenden Kündigung iSv § 91 Abs 4 SGB IX und bei der Zustimmungsfiktion nach § 91 Abs 3 Satz 2 SGB IX. In diesen Fällen hat das Integrationsamt nur eine gebundene bzw überhaupt keine Abwägungsentscheidung getroffen, so dass die weniger eingeschränkte Ermessensentscheidung bei der ordentlichen Kündigung nach §§ 85, 88, 89 SGB IX dadurch nicht

---

81 BAG 12.3.2009 – 2 AZR 894/07 – NZA 2009, 840; hierzu auch § 626 BGB Rn 27 ff.
82 Für den Fall der fehlenden Schriftform vgl § 623 BGB Rn 33.
83 ZB § 15 Abs 1-3 KSchG, § 9 MuSchG, § 18 BEEG, § 22 Abs 2 BBiG.
84 ZB § 53 Abs 3 BAT, § 34 Abs 2 TVöD-AT.

ersetzt werden kann. Dagegen wird für eine mit der Behinderung in Zusammenhang stehende Kündigung die Auffassung vertreten, wegen des gleichen Ermessensrahmens umfasse die Zustimmung zu einer außerordentlichen Kündigung auch eine auf dieselben Gründe gestützte ordentliche Kündigung, so dass eine Umdeutung ohne eine weitere Zustimmung des Integrationsamtes möglich sei.[85] Diese Meinung überzeugt insbesondere wegen des unterschiedlichen Verfahrens bei ordentlicher und außerordentlicher Kündigung nicht. Die gegenüber § 91 Abs 3 Satz 1 SGB IX längere und nicht zwingend einzuhaltende Entscheidungsfrist des § 88 Abs 1 SGB IX gewährleistet eine wesentlich intensivere Prüfung der beabsichtigten Kündigung.[86] Es kann nicht unterstellt werden, dass eine Entscheidung nach diesem Verfahren immer zu demselben, dem Arbeitnehmer ungünstigen Ergebnis kommt wie eine nach dem verkürzten nach § 91 Abs 3 Satz 1 SGB IX. Auch kann die Behörde bei der ordentlichen Kündigung die Zustimmung eher mit Nebenbestimmungen verbinden.[87]

cc) Anhörung des Betriebsrats. Eine wegen **fehlender Betriebsratsanhörung** nach § 102 Abs 1 Satz 3 BetrVG unwirksame außerordentliche Kündigung kann nicht in eine ordentliche Kündigung umgedeutet werden, da dieser Mangel auch zur Unwirksamkeit der ordentlichen Kündigung führen würde. Wurde der Betriebsrat zur außerordentlichen Kündigung ordnungsgemäß angehört, nicht aber zur ordentlichen Kündigung, scheidet eine Umdeutung grundsätzlich ebenfalls aus. Die mangels wichtigen Grundes unwirksame außerordentliche Kündigung entspricht in diesem Fall nicht den Erfordernissen der ordentlichen Kündigung (§ 140 BGB).

Die **vor jeder Kündigung** durchzuführende Betriebsratsanhörung setzt ua voraus, dass der Arbeitgeber den Betriebsrat auch über die Art der beabsichtigten Kündigung informiert.[88] Erforderlich ist deshalb die Mitteilung, ob eine ordentliche oder eine außerordentliche Kündigung erklärt werden soll.[89] Dies ist bereits deswegen unerlässlich, weil sich die Anhörung bei der ordentlichen von der Anhörung bei der außerordentlichen Kündigung sowohl hinsichtlich des einzuhaltenden Verfahrens, der Reichweite der Beteiligungsrechte und deren Rechtsfolgen erheblich unterscheidet. Bei der außerordentlichen Kündigung beträgt die **Stellungnahmefrist des Betriebsrats** höchstens drei Tage (§ 102 Abs 2 Satz 3 BetrVG), bei der ordentlichen Kündigung eine Woche (§ 102 Abs 2 Satz 1 BetrVG). Das Widerspruchsrecht des Betriebsrats und der damit verbundene Weiterbeschäftigungsanspruch sind auf die ordentliche Kündigung beschränkt (§ 102 Abs 3, Abs 5 BetrVG).

Aus diesen Gründen ist die Umdeutung einer unwirksamen außerordentlichen Kündigung in eine ordentliche Kündigung nur zulässig, wenn der Arbeitgeber den Betriebsrat bei der Anhörung darauf hinweist, dass die beab-

---

85 KR/Etzel/Gallner § 91 SGB IX Rn 35; KR/Friedrich § 13 KSchG Rn 102; vHH/L/Linck § 13 Rn 45; zu Recht aA LAG Köln 11.8.1998 – 3 Sa 100/98 – LAGE BGB § 626 Nr 121; APS/Vossen § 91 SGB IX Rn 24.
86 Hierzu Hauck/Noftz/Griebeling § 88 Rn 4, 5.
87 Hierzu Hauck/Noftz/Griebeling § 89 Rn 10.
88 Hierzu § 102 BetrVG Rn 86 und ausf zum Inhalt der Anhörung Rn 72 ff.
89 BAG 28.2.1974 – 2 AZR 455/73 – AP BetrVG 1972 § 102 Nr 2.

sichtigte außerordentliche Kündigung im Falle ihrer Unwirksamkeit auch als ordentliche gelten oder vorsorglich als ordentliche erklärt werden soll.[90] Eine **Ausnahme** von dieser Regel erkennt das BAG allerdings an, wenn der Betriebsrat der beabsichtigten außerordentlichen Kündigung ausdrücklich und vorbehaltlos zugestimmt hat und aus den Umständen des Einzelfalls nicht zu ersehen ist, dass der Betriebsrat für den Fall der Unwirksamkeit der außerordentlichen Kündigung der dann verbleibenden ordentlichen Kündigung entgegengetreten wäre.[91] Dem BAG ist zuzustimmen; in dieser Ausnahmekonstellation spricht die allgemeine Erfahrung dafür, dass der Betriebsrat, der schon der außerordentlichen Kündigung ausdrücklich zugestimmt hat, auch der auf den gleichen Sachverhalt gestützten ordentlichen Kündigung zugestimmt hätte, wenn er zu dieser vorsorglich angehört worden wäre.

40 Da indessen nicht vorausgesehen werden kann, ob der Betriebsrat ausdrücklich und vorbehaltlos der beabsichtigten Kündigung zustimmen wird, sollte der Arbeitgeber idR die Anhörung zur außerordentlichen Kündigung vorsorglich mit einer Anhörung zu einer hilfsweisen ordentlichen Kündigung verbinden. Bei dieser **Doppelanhörung** sind die **unterschiedlichen Stellungnahmefristen des Betriebsrats** zu beachten. Die Bindung an die zweiwöchige Kündigungserklärungsfrist des § 626 Abs 2 BGB für die außerordentliche Kündigung führt dazu, dass der Arbeitgeber nach Ablauf der dreitägigen Frist zur Stellungnahme des § 102 Abs 2 Satz 3 BetrVG zunächst nur eine außerordentliche Kündigung erklären kann, wenn zu diesem Zeitpunkt noch keine abschließende Äußerung des Betriebsrats zur vorsorglichen ordentlichen Kündigung vorliegt. In diesem Fall muss der Arbeitgeber die Wochenfrist des § 102 Abs 2 Satz 1 BetrVG abwarten, bevor er die (hilfsweise) ordentliche Kündigung aussprechen darf.[92]

41 dd) **Anhörung des Personalrats.** Die Beteiligungsrechte der Personalvertretung bei Kündigungen gehen weiter als die Rechte des Betriebsrats nach dem BetrVG. Vor Ausspruch einer außerordentlichen Kündigung hat der Personalrat nur ein **Anhörungsrecht** (vgl § 79 Abs 3 BPersVG bzw die differenziert ausgestalteten entsprechenden Bestimmungen der Landespersonalvertretungsgesetze). Demgegenüber besteht bei ordentlichen Kündigungen ein **Mitwirkungsrecht** der Personalvertretung (§ 79 Abs 1 BPersVG; § 72 BPersVG). Aus diesem Grund kommt eine Umdeutung einer außerordentlichen Kündigung in eine ordentliche Kündigung grundsätzlich nur dann in Betracht, wenn vor Ausspruch der Kündigung der Personalrat nicht nur zur außerordentlichen Kündigung angehört, sondern auch das für die ordentliche Kündigung vorgeschriebene Mitwirkungsverfahren durchlaufen worden ist.[93] Liegt diese Voraussetzung nicht vor, ist die Um-

---

90 BAG 16.3.1978 – 2 AZR 424/76 – AP BetrVG 1972 § 102 Nr 15; 20.9.1984 – 2 AZR 633/82 – AP BGB § 626 Nr 80; vHH/L/Linck § 13 Rn 49.
91 BAG 16.3.1978 – 2 AZR 424/76 – AP BetrVG 1972 § 102 Nr 15; 20.9.1984 – 2 AZR 633/82 – AP BGB § 626 Nr 80; ebenso KR/Friedrich § 13 KSchG Rn 103; vHH/L/Linck § 13 Rn 49; abl HK-KSchG/Dorndorf § 13 Rn 67; Hager BB 1989, 693, 696.
92 Vgl § 626 BGB Rn 146.
93 BAG 12.2.1973 – 2 AZR 116/72 – AP BGB § 626 Nr 6; KR/Etzel §§ 72, 79, 108 BPersVG Rn 64.

deutung nach den in Rn 39 aE dargestellten Grundsätzen nur dann zulässig, wenn der Personalrat der außerordentlichen Kündigung ausdrücklich und vorbehaltlos zugestimmt hat.[94]

c) **Prozessuale Fragen.** Das Gericht kann die Umdeutung **nicht von Amts wegen** vornehmen.[95] Dies wäre ein Verstoß gegen den zivilprozessualen Verhandlungsgrundsatz. Andererseits muss sich der Kündigungsberechtigte aber weder ausdrücklich auf die Umdeutung berufen noch einen entsprechenden Antrag stellen. Ausreichend, aber auch erforderlich ist es, dass der Kündigende Tatsachen vorträgt, die darauf hindeuten, dass die Umdeutung in eine ordentliche Kündigung nach den gegebenen Umständen seinem mutmaßlichen Willen entspricht und dieser Wille dem Gekündigten auch erkennbar geworden ist.[96] Das **Gericht** hat demnach die **Umdeutung stets und von sich aus zu prüfen,** wenn sich aus dem **Vortrag des Kündigenden** ergibt, **das Arbeitsverhältnis in jedem Fall beenden zu wollen,** zB durch die Erklärung, die Fortsetzung des Arbeitsverhältnisses sei ihm unzumutbar (s Rn 32). Die Prüfung, ob die Voraussetzungen einer Umdeutung vorliegen, obliegt grundsätzlich den **Tatsachengerichten,** kann aber bei feststehendem Sachverhalt auch noch in der Revisionsinstanz erfolgen.[97]

Eine **Umdeutung gegen den erklärten Willen des Kündigenden** ist jedoch nicht möglich. So kommt die Umdeutung einer außerordentlichen Kündigung in eine ordentliche Kündigung nicht in Betracht, wenn sich der Kündigende in der letzten mündlichen Verhandlung in der Berufungsinstanz ausdrücklich für eine Umdeutung der erklärten (unwirksamen) außerordentlichen Kündigung in eine (ebenfalls unwirksame) außerordentliche Kündigung mit sozialer Auslauffrist festgelegt hat.[98] Der Kündigende kann die seinen Umdeutungswillen ergebenden Tatsachen unter Beachtung des § 67 ArbGG auch noch in der Berufungsinstanz vorbringen.[99] Nach Abschluss des Kündigungsschutzprozesses kann sich der Kündigungsberechtigte auf die Umdeutung allerdings nicht mehr berufen.[100]

Hat der **Arbeitnehmer** sein **Klageziel** allerdings eindeutig auf die Feststellung der Unwirksamkeit der außerordentlichen Kündigung **beschränkt,** scheidet eine Umdeutung gleichwohl aus, da das Gericht nach § 308 Abs 1 ZPO an die gestellten Anträge gebunden ist (Dispositionsgrundsatz). **Der Streitgegenstand der Kündigungsschutzklage wird ausschließlich vom Arbeitnehmer bestimmt.**

---

94 BAG 23.10.2008 – 2 AZR 388/07 – EzA § 626 BGB 2002 Nr 23.
95 BAG 14.8.1974 – 5 AZR 497/73 – AP KSchG 1969 § 13 Nr 3; 13.8.1987 – 2 AZR 599/86 – AP KSchG 1969 § 6 Nr 3; vHH/L/Linck § 13 Rn 39; KR/Friedrich § 13 KSchG Rn 84.
96 BAG 13.8.1987 – 2 AZR 599/86 – AP KSchG 1969 § 6 Nr 3; 15.11.2001 – 2 AZR 310/00 – AP BGB § 140 Nr 13; vHH/L/Linck § 13 Rn 39; KR/Friedrich § 13 KSchG Rn 85.
97 BAG 12.5.2010 – 2 AZR 845/08 – NZA 2010, 1348.
98 BAG 24.6.2004 – 2 AZR 656/02 – EzA § 626 BGB 2002 Unkündbarkeit Nr 7.
99 BAG 15.11.1984 – 2 AZR 613/83 – AP BGB § 626 Nr 87.
100 BAG 14.8.1974 – 5 AZR 497/73 – AP KSchG 1969 § 13 Nr 3; 25.11.1982 – 2 AZR 21/81 – AP KSchG 1969 § 9 Nr 10; zur Präklusionswirkung ausf § 4 KSchG Rn 169 ff.

Im Hinblick auf die Umdeutung sind zwei Konstellationen denkbar. Der Arbeitnehmer kann den Streitgegenstand auf die Frage beschränken, ob die Kündigung als außerordentliche Kündigung unwirksam ist.[101] Ein solcher Wille kann sich aus der Antragsformulierung (zB: Es wird festgestellt, dass das Arbeitsverhältnis durch die Kündigung erst zum... aufgelöst ist) oder im Wege der Auslegung unter Berücksichtigung der Klagebegründung ergeben (zB wenn der Arbeitnehmer in der Begründung lediglich die Einhaltung der Kündigungsfrist geltend macht). Beantragt der Arbeitnehmer festzustellen, dass das Arbeitsverhältnis durch die außerordentliche Kündigung weder fristlos noch ordentlich aufgelöst ist, erstreckt sich der Streitgegenstand unproblematisch auf die Frage, ob das Arbeitsverhältnis durch die im Wege der Umdeutung gewonnene ordentliche Kündigung aufgelöst ist oder nicht. Ein erweiterter, die ordentliche Kündigung umfassender Streitgegenstand ist ferner auch dann anzunehmen, wenn der Arbeitnehmer mit der fristgerecht erhobenen Kündigungsschutzklage zunächst nur die außerordentliche Kündigung punktuell angegriffen hat (Es wird festgestellt, dass das Arbeitsverhältnis durch die fristlose Kündigung vom... nicht aufgelöst wurde). Dann ist für den Arbeitgeber erkennbar, dass der Arbeitnehmer die Kündigung überhaupt nicht hinnehmen und sich für den Fall der Umdeutung in eine ordentliche Kündigung die Geltendmachung der Sozialwidrigkeit vorbehalten,[102] er sich also gegen die Auflösung des Arbeitsverhältnisses durch diese bestimmte Kündigung uneingeschränkt zur Wehr setzen will.[103]

Im Gegensatz zur vorsorglichen ordentlichen Kündigung, die neben einer außerordentlichen Kündigung gesondert erklärt wird (s Rn 19 aE), liegt **im Fall der Umdeutung einer außerordentlichen in eine ordentliche Kündigung nur eine Kündigungserklärung vor.** Der Arbeitnehmer muss in der Konstellation des nicht beschränkten Streitgegenstandes seine innerhalb der Dreiwochenfrist gegenüber der außerordentlichen Kündigung erhobene Kündigungsschutzklage deshalb auch nicht erweitern, um die Unwirksamkeit der Entlassung als ordentliche Kündigung geltend machen. Eine Klarstellung des Klageantrags genügt.[104]

44 Die **Sozialwidrigkeit** der ordentlichen Kündigung kann grundsätzlich **in der verlängerten Frist des § 6 KSchG** geltend gemacht werden, wenn die außerordentliche Kündigung in eine ordentliche Kündigung umzudeuten ist.[105] Hat der Arbeitnehmer sich mit der für den Fall der Unwirksamkeit der außerordentlichen Kündigung umzudeutenden ordentlichen Kündigung einverstanden erklärt, ist § 6 KSchG nach seiner Zweckbestimmung

---

101 IdS BAG 31.5.1979 – 2 AZR 473/ 77 – AP ZPO § 256 Nr 50; 15.11.1984 – 2 AZR 613/83 – AP BGB § 626 Nr 87.
102 Vgl BAG 13.8.1987 – 2 AZR 599/86 – AP KSchG 1969 § 6 Nr 3.
103 BAG 15.11.1984 – 2 AZR 613/83 – AP BGB § 626 Nr 87; vHH/L/Linck § 13 Rn 41 f.
104 BAG 15.11.1984 – 2 AZR 613/83 – AP BGB § 626 Nr 87; vHH/L/Linck § 13 Rn 40; aA KR/Friedrich § 13 KSchG Rn 85, der eine nicht fristgebundene Klageerweiterung annimmt.
105 BAG 13.8.1987 – 2 AZR 599/86 – AP KSchG 1969 § 6 Nr 3; vgl § 6 KSchG Rn 14.

nicht anwendbar.[106] Anderseits kann der Arbeitnehmer in entsprechender Anwendung des § 6 KSchG die fehlende soziale Rechtfertigung auch noch im Berufungsverfahren geltend machen, wenn der Arbeitgeber sich erst vor dem Landesarbeitsgericht auf die Umdeutung beruft (s Rn 42).[107]

Der **Arbeitnehmer** kann im Fall der Umdeutung sowohl hinsichtlich der außerordentlichen Kündigung nach Maßgabe des § 13 Abs 1 Satz 3 KSchG als auch der umgedeuteten ordentlichen Kündigung gem § 9 Abs 1 Satz 1 KSchG die **gerichtliche Auflösung** des Arbeitsverhältnisses gegen Zahlung einer Abfindung beantragen, wenn ihm die Fortsetzung des Arbeitsverhältnisses nicht zuzumuten ist. Der **Arbeitgeber** kann den Auflösungsantrag ausschließlich im Hinblick auf die umgedeutete ordentliche Kündigung stellen (s Rn 23). 45

d) Tenorierung. Kommt das Gericht zu dem Ergebnis, dass (auch) die im Wege der Umdeutung gewonnene ordentliche Kündigung unwirksam ist, lautet der **Urteilstenor** zweckmäßigerweise wie folgt: 46

▶ Es wird festgestellt, dass das Arbeitsverhältnis durch die außerordentliche Kündigung vom ... weder fristlos noch fristgerecht aufgelöst ist. ◀

Ist die umgedeutete ordentliche Kündigung wirksam, empfiehlt sich folgende Tenorierung:[108]

▶ Es wird festgestellt, dass das Arbeitsverhältnis durch die außerordentliche Kündigung vom ... nicht fristlos aufgelöst ist, sondern bis zum ... (Ablauf der Kündigungsfrist) fortbestanden hat.
Im Übrigen wird die Klage abgewiesen. ◀

4. Darlegungs- und Beweislast

Das Vorliegen eines wichtigen Grundes iSd § 626 Abs 1 BGB und die Einhaltung der damit untrennbar zusammenhängenden Kündigungserklärungsfrist des § 626 Abs 2 Satz 1 BGB müssen vom kündigenden Arbeitgeber dargelegt und erforderlichenfalls bewiesen werden. Wegen weiterer Einzelheiten wird auf die Kommentierung zu § 626 BGB Rn 159 ff verwiesen. 47

III. Sittenwidrige Kündigung (Abs 2)
1. Allgemeines

Ein Rechtsgeschäft, das gegen die guten Sitten verstößt, ist nichtig (§ 138 Abs 1 BGB). Auch die Kündigung, die als eine auf die Beendigung des Arbeitsverhältnisses gerichtete Willenserklärung ihrem Inhalt nach wertfrei ist, kann mit Rücksicht auf ihr Motiv oder ihren Zweck sittenwidrig sein. Mit der Regelung in § 13 Abs 2 KSchG hat der Gesetzgeber dies ausdrücklich anerkannt. Erfasst werden gleichermaßen ordentliche und außerordentliche Beendigungs- und Änderungskündigungen. Die Bedeutung der sittenwidrigen Kündigung ist gleichwohl gering. Da Arbeitnehmer mit all- 48

---

[106] BAG 13.8.1987 – 2 AZR 599/86 – AP KSchG 1969 § 6 Nr 3; vgl § 6 KSchG Rn 17.
[107] Vgl § 6 KSchG Rn 10.
[108] KR/Friedrich § 13 KSchG Rn 99; vHH/L/Linck § 13 Rn 51.

gemeinem **Kündigungsschutz** bereits durch das Erfordernis der sozialen Rechtfertigung der Kündigung ausreichend geschützt sind, berufen sich in der arbeitsgerichtlichen Praxis überwiegend Arbeitnehmer, die keinen allgemeinen Kündigungsschutz genießen (§§ 1 Abs 1, 23 Abs 1 KSchG), auf die Nichtigkeit der Kündigung wegen Sittenwidrigkeit. Seit Inkrafttreten des KSchG wurde die Sittenwidrigkeit einer Kündigung in der Rechtsprechung nur selten festgestellt. Grund hierfür sind die hohen Anforderungen, die an die Sittenwidrigkeit einer Kündigung zu stellen sind (s Rn 49 ff).

Hinzu kommt, dass der Arbeitnehmer für die tatsächlichen Voraussetzungen der Sittenwidrigkeit der vom Arbeitgeber erklärten Kündigung darlegungs- und beweispflichtig ist (s Rn 62 ff).

Nach der aktuellen Rechtsprechung des BAG[109] wird zukünftig zudem zu beachten sein, dass eine aufgrund ihres potentiell **diskriminierenden Charakters** potentiell **sittenwidrige Kündigung** – auf die das KSchG nicht anwendbar oder noch nicht anwendbar ist, weil sie innerhalb der Wartezeit ausgesprochen wurde – nunmehr am Maßstab des AGG zu messen sein wird. Eine solche Kündigung ist nach § 134 BGB iVm § 7 AGG unwirksam, wenn sie den Arbeitnehmer isd §§ 1, 3 AGG diskriminiert (s Rn 77 aE, 78).[110] Die bereits bislang geringe praktische Bedeutung des § 138 BGB für Kündigungen wird sich daher weiter reduzieren.

2. Voraussetzungen der sittenwidrigen Kündigung/Verhältnis zur Sozialwidrigkeit

49 Der schwere Vorwurf der Sittenwidrigkeit einer Kündigung kann nur in **besonders krassen Fällen** erhoben werden. § 138 BGB verlangt die Einhaltung eines „ethischen Minimums". Sittenwidrig ist eine Kündigung, wenn sie dem Anstandsgefühl aller billig und gerecht Denkenden widerspricht.[111] Das gilt auch für eine während der Wartezeit des § 1 Abs 1 KSchG ausgesprochene Kündigung sowie in Kleinbetrieben isd § 23 Abs 1 KSchG. Soweit kein allgemeiner Kündigungsschutz besteht, entfällt die rechtliche Prüfung der Sozialwidrigkeit. Es ist nicht zulässig, in diesem Bereich die Grenzen der Sittenwidrigkeit weiter auszudehnen, um auch in diesen Fällen „helfen" zu können, da das gegen den Sinn des KSchG verstoßen würde.[112] An diesem Grundsatz ist auch nach dem Beschluss des Bundesverfassungsgerichts vom 27.1.1998[113] festzuhalten. Die Sittenwidrigkeit einer Kündigung kann daher nicht auf Gründe gestützt werden, die in den Schutzbereich des KSchG fallen.[114]

Nicht jede Kündigung, die im Falle der Anwendbarkeit des KSchG iSd § 1 KSchG als nicht sozial gerechtfertigt beurteilt werden müsste, ist deshalb

---

109 BAG 19.12.2013 – 6 AZR 190/12 – ArbRB 2014, 1.
110 Vgl ausf die Kommentierung zum AGG bei § 1 KSchG Rn 143 ff.
111 BAG 22.5.2003 – 2 AZR 426/02 – EzA-SD 2003, Nr 17, 7-10; 21.2.2001 – 2 AZR 15/00 – AP BGB § 242 Kündigung Nr 12; 23.9.1976 – 2 AZR 309/75 – AP KSchG 1969 § 1 Wartezeit Nr 1.
112 LAG Schleswig-Holstein 20.2.1985 – 4 Sa 605/84 – RzK I 8 k Nr 2.
113 BVerfG – 1 BvL 15/87 – NZA 1998, 470; vgl zum Kündigungsschutz im Kleinbetrieb § 1 KSchG Rn 134 ff.
114 BAG 2.4.1987 – 2 AZR 227/86 – AP BGB § 612a Nr 1; KR/Friedrich § 13 KSchG Rn 127.

schon sittenwidrig.[115] Für den schweren Vorwurf der Sittenwidrigkeit reicht es auch noch nicht aus, dass die Kündigung offensichtlich willkürlich, dh ohne nachvollziehbaren Grund, oder aus nichtigen, dh kleinlichen, nichtssagenden Gründen unter Ausnutzung der Machtstellung des Arbeitgebers erfolgt. Bei diesen Tatbeständen handelt es sich um Fälle besonders grober Sozialwidrigkeit, wie der früheren Regelung des § 7 Abs 1 Satz 3 KSchG 1951 zu entnehmen war. Die Streichung des § 7 Abs 1 Satz 3 KSchG 1951 iRd Ersten Arbeitsrechtsbereinigungsgesetzes vom 14.8.1969 hatte seinen Grund in der Neufassung der gesetzlichen Voraussetzungen für die gerichtliche Auflösung des Arbeitsverhältnisses in § 9 KSchG 1969. Für die Abgrenzung zwischen der (grob) sozialwidrigen und der sittenwidrigen Kündigung ergeben sich hieraus keine Änderungen.[116]

Bei der Prüfung der Sittenwidrigkeit von Kündigungen ist nach allem ein **strenger Maßstab** anzulegen. Eine Kündigung ist nach ständiger Rechtsprechung des BAG erst dann sittenwidrig, wenn sie auf einem **verwerflichen Motiv** des Kündigenden beruht, wie insbesondere **Rachsucht oder Vergeltung**, oder wenn sie aus anderen Gründen dem **Anstandsgefühl aller billig und gerecht Denkenden widerspricht**.[117] Verfehlt wäre es aber, generell lediglich auf das Motiv des Kündigenden oder auf einzelne Tatsachenkomplexe abzustellen (s auch Rn 77).[118] Ob eine Kündigung wegen Sittenwidrigkeit unwirksam ist, kann nur eine **Gesamtwürdigung aller Umstände** des Einzelfalles ergeben. Zu berücksichtigen ist dabei, ob der Arbeitgeber einen Kündigungsgrund geltend macht, der nach § 626 BGB bzw § 1 KSchG an sich geeignet ist, eine Kündigung zu rechtfertigen. Macht der Arbeitgeber von einem Kündigungsrecht Gebrauch, das ihm nach den gesetzlichen Vorschriften zusteht oder kann er für sein Verhalten sachlich zu respektierende Gründe anführen, so wird regelmäßig das Unwerturteil nicht gerechtfertigt sein, die Kündigung verstoße gegen das Anstandsgefühl aller billig und gerecht Denkenden.[119]

50

Ein **verwerfliches Motiv** liegt nur dann vor, wenn der **Arbeitgeber** die **Tatsachen kennt**, die das **Unwerturteil des Sittenverstoßes rechtfertigen**. Die Kenntnis eines kündigungsberechtigten Vertreters ist dem Arbeitgeber nach § 166 Abs 1 BGB zuzurechnen. Ein verwerflicher Beweggrund bloßer Hilfspersonen ist dem gegenüber unerheblich.[120]

51

Die Verwerflichkeit der Gesinnung des Kündigenden stellt nur einen Gesichtspunkt dar, unter dem eine Kündigung iRd vorzunehmenden Gesamtwürdigung als sittenwidrig beurteilt werden kann. Aus diesem Grund wird im Schrifttum bei der Prüfung der Sittenwidrigkeit zunehmend ein objekti-

52

---

115 BAG 16.2.1989 – 2 AZR 347/88 – AP BGB § 138 Nr 46.
116 KR/Friedrich § 13 KSchG Rn 128 ff.
117 BAG 22.5.2003 – 2 AZR 426/02 – EzA-SD 2003, Nr 17, 7-10; 24.4.1997 – 2 AZR 268/96 – AP BGB § 611 Kirchendienst Nr 27; 16.2.1989 – 2 AZR 347/88 – AP BGB § 138 NR 46.
118 APS/Biebl § 13 KSchG Rn 49.
119 BAG 24.4.1997 – 2 AZR 268/96 – AP BGB § 611 Kirchendienst Nr 27; 28.4.1994 – 2 AZR 726/93 – RzK I 8 k Nr 8; 16.2.1989 – 2 AZR 347/88 – AP BGB § 138 Nr 46.
120 BAG 4.7.1977 – 2 AZR 233/76 – nv; KR/Friedrich § 13 KSchG Rn 134; LSW/Löwisch § 13 Rn 44.

ver Beurteilungsmaßstab angelegt. Nach dieser **objektivierten Auffassung** ist eine Kündigung sittenwidrig, wenn sie einen Zustand herbeiführt, der den objektiven Wertentscheidungen der Rechtsordnung grob widerspricht. Weder soll es auf eine *herrschende Moral* ankommen, noch sei die Sittenwidrigkeit einer Kündigung von erkennbaren und damit beweisbaren verwerflichen Motiven abhängig zu machen.[121] Den Vertretern der objektivierten Auffassung ist darin zuzustimmen, dass objektiv grobe Verstöße gegen Grundrechte über die Generalklauseln des § 138 BGB bzw des § 242 BGB sanktioniert werden können.[122] Unabhängig vom Motiv des Kündigenden kann die Kündigung in solchen Fällen zu einem von der Rechtsordnung missbilligten Zustand führen. Erforderlich ist allerdings eine **Abwägung der Grundrechtspositionen** beider Parteien. Das BAG hat es in der Entscheidung vom 16.2.1989[123] ausdrücklich offen gelassen, ob der objektivierten Auffassung zu folgen sei. Häufig wird sich aber weder bei objektiver noch bei subjektiver Betrachtungsweise ein Verstoß gegen die guten Sitten feststellen lassen, da der Prüfungsmaßstab nach beiden Auffassungen streng ist (zur Darlegungs- und Beweislast, insbesondere im Hinblick auf ein verwerfliches Motiv des Kündigenden, s Rn 62 ff).

3. Einzelfälle

53 Die nachfolgenden Beispiele aus Rechtsprechung und Literatur können lediglich **Anhaltspunkte für die Praxis** geben. Ob eine Kündigung im konkreten Einzelfall einen Verstoß gegen die guten Sitten darstellt, ist unter **Berücksichtigung aller Umstände** zu beurteilen (s Rn 81 zur Unwirksamkeit der Kündigung nach § 242 BGB – Abgrenzung und typische Tatbestände).

54 Sittenwidrig ist eine **Kündigung aus Anlass eines Arbeitsunfalls**, den der Arbeitgeber selbst zumindest bedingt vorsätzlich herbeigeführt hat.[124] Auch wenn der Arbeitgeber nicht vorsätzlich gehandelt hat oder ihn auch sonst kein Verschuldensvorwurf trifft, kann eine Kündigung aus Anlass oder wegen eines Arbeitsunfalls sittenwidrig sein.[125] Das Unwerturteil der Sittenwidrigkeit ist aber dann nicht gerechtfertigt, wenn der Arbeitnehmer mehrfach bzw grob gegen betriebliche Sicherheitsvorschriften verstoßen hat und der Arbeitsunfall deshalb vom Arbeitnehmer selbst verschuldet wurde.[126] Gegen die guten Sitten kann eine Kündigung verstoßen, die der Arbeitgeber erklärt, **um den Arbeitnehmer zu einem Verhalten zu veranlassen, das keinen Bezug zum Arbeitsverhältnis aufweist**.[127] Sittenwidrigkeit ist ferner in Betracht zu ziehen, wenn die Kündigung sich objektiv als **grober Verstoß gegen Grundrechte**, zB die Diskriminierungsverbote des Art 3

---

121 ZB SPV/Preis Rn 226; vgl auch KR/Friedrich § 13 KSchG Rn 137; Kramer, Anm zu BAG 16.2.1989 AP BGB § 138 Nr 46; Schwerdtner JZ 1973, 377, 378; Oetker ArbuR 1997, 41, 48; zum Streitstand vgl BAG 16.2.1989 – 2 AZR 347/88 – AP BGB § 138 Nr 46.
122 SPV/Preis Rn 227.
123 BAG 16.2.1989 – 2 AZR 347/88 – AP BGB § 138 Nr 46.
124 BAG 8.6.1972 – 2 AZR 285/71 – AP KSchG 1969 § 1 Nr 1.
125 LAG Bremen 29.10.1985 – 4 Sa 151/85 – LAGE § 242 BGB Nr 1.
126 Vgl § 1 KSchG Rn 452.
127 LSW/Löwisch § 13 KSchG Rn 39.

GG, darstellt[128] (s Rn 82). Als sittenwidrig wurde eine der **Vergeltung dienende Kündigung** angesehen, weil der Arbeitnehmer sich gegen **sexuelle Belästigungen des Arbeitgebers** zu Wehr gesetzt oder die Teilnahme an strafbaren **Handlungen des Arbeitgebers** verweigert hat.[129] Gleiches gilt für eine Kündigung, die allein darauf gestützt wurde, dass eine an den Stellenbewerber – ohne Vorliegen eines berechtigten Interesses des Arbeitgebers – gerichtete **unspezifizierte Frage nach eingestellten Ermittlungsverfahren** wahrheitswidrig durch diesen beantwortet wurde.[130]

Die frühere Rechtsprechung, die eine **Kündigung wegen zulässiger Rechtsausübung** des Arbeitnehmers nach § 138 BGB als sittenwidrig beurteilte,[131] ist überholt. Der Sonderfall der Sittenwidrigkeit einer Kündigung zur Maßregelung des Arbeitnehmers wird von der seit dem 21.8.1980 geltenden Vorschrift des § 612a BGB erfasst, welche die allgemeine Regelung des § 138 BGB als lex specialis verdrängt.[132] Bei der Unwirksamkeit der Kündigung wegen Verletzung des § 612a BGB iVm § 134 BGB handelt es sich um einen sonstigen Unwirksamkeitsgrund iSd § 13 Abs 3 KSchG (s Rn 74). 55

Die Beendigung des Beschäftigungsverhältnisses einer **arbeitnehmerähnlichen Person** durch den Auftraggeber allein deswegen, weil diese ihr zustehende Ansprüche geltend macht, ist ebenfalls sittenwidrig.[133]

Als **nicht sittenwidrig** hat das BAG die ordentliche Kündigung des Arbeitsverhältnisses mit einem **HIV-Virus infizierten Arbeitnehmer**, der noch keinen allgemeinen Kündigungsschutz nach § 1 Abs 1 KSchG hatte, angesehen. Der Arbeitnehmer hatte nach Kenntnis von der Infektion einen Selbsttötungsversuch unternommen, war danach längere Zeit (nahezu drei Monate) und bis auf weiteres arbeitsunfähig erkrankt, wobei diese Umstände für den Kündigungsentschluss jedenfalls mitbestimmend waren.[134] Ob eine Kündigung, die der Arbeitgeber ausschließlich wegen einer HIV-Infektion, die zunächst ohne konkrete Auswirkungen auf das Arbeitsverhältnis geblieben ist, sittenwidrig wäre, hat das BAG in dieser Entscheidung offen gelassen. Mit Urteil vom 19.12.2013[135] hat das BAG nunmehr entschieden, dass bereits eine **symptomlose HIV-Infektion**, jedenfalls so lange, wie das gegenwärtig auf eine solche zurückzuführende soziale Vermeidungsverhalten und die damit einher gehenden Stigmatisierungen andauerten, eine Behinderung iSd § 1 AGG zur Folge habe. Eine Kündigung, auf die das KSchG (noch) nicht anwendbar sei, etwa weil sie innerhalb der Wartezeit ausgesprochen werde, könne deswegen nach § 134 BGB iVm § 7 AGG un- 56

---

128 SPV/Preis Rn 227, 202 ff.
129 ArbG Göttingen 9.3.1961 – Ca 117/61 – DB 1961, 1296; LSW/Löwisch § 13 KSchG Rn 40; weitere Bsp bei KR/Friedrich 8. Aufl § 13 KSchG Rn 140 ff.
130 BAG 15.11.2012 – 6 AZR 339/11 – NZA 2013, 429; vgl auch BAG 6.9.2012 – 2 AZR 270/11 – NJW 2013, 1115 (Zulässigkeit einer Frage nach Vorstrafen, Offenbarungspflicht des Bewerbers).
131 ZB BAG 23.11.1961 – 2 AZR 301/61 – AP BGB § 138 Nr 22.
132 BAG 22.5.2003 – 2 AZR 426/02 – EzA-SD 2003, Nr 17, 7-10; 2.4.1987 – 6 AZR 227/86 – AP BGB § 612a Nr 1.
133 BAG 14.12.2004 – 9 AZR 23/04 – NZA 2005, 637.
134 BAG 16.2.1989 – 2 AZR 347/88 – AP BGB § 138 Nr 46.
135 BAG 19.12.2013 – 6 AZR – 190/12 – ArbRB 2014, 1.

wirksam sein, wenn sie den HIV-infizierten Arbeitnehmer iSd §§ 1, 3 AGG diskriminiere (s Rn 77 aE, 78).[136]

Als nicht sittenwidrig wurde hingegen die außerordentliche Kündigung des Arbeitsverhältnisses eines Kirchenbediensteten wegen **Ehebruchs** beurteilt, da nach dem verfassungsrechtlich geschützten kirchlichen Selbstverständnis[137] ein außerordentlicher Kündigungsgrund bestand.[138] Eine Kündigung ist schließlich nicht schon wegen des Umstands sittenwidrig, dass der Zugang beim Arbeitnehmer am **24. Dezember** erfolgt[139] oder weil sie kurz nach dem **Tod des Ehegatten** bzw Lebensgefährten erklärt wird.[140]

4. Geltendmachung der Nichtigkeit einer sittenwidrigen Kündigung

57 a) **Klagefrist; Anwendung der §§ 4-7 KSchG.** Nach § 13 Abs 2 Satz 2 KSchG in der bis zum 31.12.2003 geltenden Fassung konnte der Arbeitnehmer die Nichtigkeit einer gegen die guten Sitten verstoßenden Kündigung unabhängig von den Vorschriften des KSchG geltend machen, in den Grenzen der Verwirkung also noch nach Ablauf von drei Wochen nach Zugang der Kündigung.[141] Als Folge der mit Wirkung ab 1.1.2004 eingeführten **einheitlichen Klagefrist muss nunmehr auch der Sittenverstoß innerhalb von drei Wochen seit Zugang der schriftlichen Kündigung gerichtlich geltend gemacht werden**.[142] Zwar enthält § 13 Abs 2 KSchG in der ab 1.1.2004 geltenden Fassung keine ausdrückliche Verweisung auf die Vorschriften der §§ 4-7 KSchG. Eine sittenwidrige Kündigung ist aber eine „aus anderen Gründen" rechtsunwirksame Kündigung. Für sie gelten deshalb die dreiwöchige Klagefrist (§ 4 Satz 1 KSchG), die Regelungen über die Zulassung nachträglicher Klagen (§ 5 KSchG) und der verlängerten Anrufungsfrist (§ 6 KSchG) sowie über das Wirksamwerden der Kündigung (§ 7 KSchG). Die Nichtigkeit einer gegen die guten Sitten verstoßenden Kündigung muss der Arbeitnehmer daher, will er den Eintritt der Wirksamkeitsfiktion des § 7 KSchG verhindern, innerhalb von drei Wochen nach Zugang der sittenwidrigen Kündigung mit einem **punktuellen Feststellungsantrag nach § 4 Satz 1 KSchG** angreifen (s Rn 19 f). Ob der Arbeitnehmer dem persönlichen und betrieblichen Anwendungsbereich des KSchG unterfällt (§§ 1 Abs 1, 23 Abs 1 KSchG) und ob das Arbeitsverhältnis im Zeitpunkt des Kündigungszugangs bereits länger als sechs Monate besteht oder nicht, ist hierfür unerheblich (s Rn 11, 12). Der Arbeitgeber ist nicht verpflichtet, den Arbeitnehmer auf die Notwendigkeit einer Klageerhebung und/oder die hierbei zu beachtende Frist hinzuweisen.[143]

---

136 BAG aaO; ausf § 1 KSchG Rn 143 ff.
137 Art 140 GG, 137 Abs 5 WRV.
138 BAG 24.4.1997 – 2 AZR 268/96 – AP BGB § 611 Kirchendienst Nr 27.
139 BAG 14.11.1984 – 7 AZR 174/83 – AP BGB § 626 Nr 88.
140 BAG 5.4.2001 – 2 AZR 185/00 – AP BGB § 242 Nr 13.
141 Zur Prozessverwirkung vgl § 623 BGB Rn 42 f.
142 Vgl ausf zum **Schriftformerfordernis** § 4 KSchG Rn 3, zu möglichen weiteren **Ausnahmen von der Klagefrist** § 4 KSchG Rn 139 ff und BAG 26.3.2009 – 2 AZR 403/07 – NZA 2009, 1146; zu den **Sonderfällen** des § 4 Satz 4 KSchG vgl § 4 KSchG Rn 114 ff und BAG 13.2.2008 – 2 AZR 864/06 – NZA 2008, 1055; 19.2.2009 – 2 AZR 286/07 – NZA 2009, 980.
143 ErfK/Kiel § 4 KSchG Rn 2.

Aus der – unmittelbaren – Anwendung des § 6 KSchG folgt, dass der Arbeitnehmer, der sich mit einer rechtzeitigen Kündigungsschutzklage nach § 4 Satz 1 KSchG gegen die Sozialwidrigkeit der Kündigung gewandt hat, auch noch nach Ablauf von drei Wochen die Sittenwidrigkeit der Kündigung geltend machen kann. Umgekehrt kann der Arbeitnehmer sich nach § 6 KSchG außerhalb der Klagefrist des § 4 Satz 1 KSchG noch auf die Sozialwidrigkeit der Kündigung berufen, wenn er innerhalb von drei Wochen die Sittenwidrigkeit der Kündigung nach § 4 Satz 1 KSchG geltend gemacht hatte. 58

Hinweis: Es empfiehlt sich für den Arbeitnehmer, eine (eventualiter) sittenwidrige Kündigung nach Möglichkeit auch im Hinblick auf deren Sozialwidrigkeit unter Berücksichtigung der zeitlichen Vorgaben des § 6 KSchG anzugreifen. Die materiell-rechtlichen Anforderungen, die zur Rechtsunwirksamkeit einer Kündigung aufgrund mangelnder sozialer Rechtfertigung führen, sind weitaus geringer. Darüber hinaus trägt der Arbeitgeber in prozessualer Hinsicht die Darlegungs- und Beweislast für das Vorliegen der tatsächlichen Umstände, die die Kündigung sozial rechtfertigen sollen (s Rn 62 ff).

b) Auflösungsantrag; Verweisung auf §§ 9 Abs 1 Satz 1, Abs 2, 10-12 KSchG. Nach der ausdrücklichen Verweisung in § 13 Abs 2 KSchG finden die Vorschriften des § 9 Abs 1 Satz 1 und Abs 2 und der §§ 10-12 KSchG entsprechende Anwendung, wenn der Arbeitnehmer innerhalb von drei Wochen nach Zugang der Kündigung Klage auf Feststellung erhebt, dass das Arbeitsverhältnis durch die sittenwidrige Kündigung nicht aufgelöst ist. Die Vorschriften der §§ 4-7 KSchG gelten unmittelbar, da die sittenwidrige Kündigung aus „anderen Gründen" rechtsunwirksam ist. Bei Klageerhebung innerhalb von drei Wochen (ggf innerhalb verlängerter Frist nach den §§ 5 und 6 KSchG) hat der Arbeitnehmer demzufolge die gleichen Rechte wie bei der rechtzeitigen Geltendmachung der Sozialwidrigkeit. **Voraussetzung der entsprechenden Anwendung der §§ 9 Abs 1 Satz 1 und Abs 2, 10-12 KSchG ist aber, dass der Arbeitnehmer überhaupt allgemeinen Kündigungsschutz genießt** (§§ 1 Abs 1, 23 Abs 1 KSchG), da diese Vorschriften, auf die verwiesen wird, voraussetzen, dass der persönliche und betriebliche Geltungsbereich des Ersten Abschnitts des KSchG eröffnet ist. **Arbeitnehmer ohne allgemeinen Kündigungsschutz** haben nur die Möglichkeit, die Nichtigkeit der sittenwidrigen Kündigung als solche innerhalb der dreiwöchigen Klagefrist geltend zu machen. Insbesondere die gerichtliche Auflösung des Arbeitsverhältnisses gegen Zahlung einer Abfindung kommt für diesen Personenkreis jedoch nicht in Betracht.[144] 59

Die ausschließliche Verweisung auf § 9 Abs 1 Satz 1 KSchG bedeutet, dass **nur der Arbeitnehmer die Auflösung des Arbeitsverhältnisses** gegen Zahlung einer Abfindung **beantragen kann**, wenn ihm die Fortsetzung des Arbeitsverhältnisses unzumutbar ist. Das wird bei einer sittenwidrigen Kündigung regelmäßig anzunehmen sein.[145] Der Arbeitgeber hat – mangels Verweisung auf § 9 Abs 1 Satz 2 KSchG – nicht das Recht, die Auflösung zu 60

---

144 vHH/L/Linck § 13 Rn 67; aA LSW/Löwisch § 13 Rn 49.
145 LAG Schleswig-Holstein 22.6.2011 – 3 Sa 95/11 – ArbRB 2011, 257.

beantragen. Der Auflösungszeitpunkt nach § 9 Abs 2 KSchG entspricht bei der ordentlichen sittenwidrigen Kündigung dem Ablauf der Kündigungsfrist, bei der außerordentlichen fristlosen sittenwidrigen Kündigung dem Zeitpunkt des Zugangs. Eine Umdeutung einer außerordentlichen sittenwidrigen Kündigung in eine ordentliche Kündigung scheidet aus, da sich der Vorwurf der Sittenwidrigkeit gegen das Rechtsgeschäft insgesamt richtet.[146] Der Arbeitnehmer kann daher bei der sittenwidrigen außerordentlichen Kündigung den Auflösungsantrag nur im Hinblick auf die außerordentliche Kündigung stellen (s Rn 24 zum Wahlrecht des Arbeitnehmers bei zulässiger Umdeutung). Die **Abfindungshöhe** richtet sich nach den in § 10 KSchG aufgestellten Grundsätzen,[147] wobei sich der Vorwurf der Sittenwidrigkeit bei der Bemessung zugunsten des Arbeitnehmers auswirken wird.

61 Besteht nach der Entscheidung des Gerichts das Arbeitsverhältnis fort, bestimmt sich die **Anrechnung von tatsächlichen oder fiktiven Einkünften** auf die Annahmeverzugsvergütung des Arbeitnehmers auch im Falle der sittenwidrigen Kündigung nach § 11 KSchG, ferner hat der Arbeitnehmer unter den Voraussetzungen des § 12 KSchG ein **Sonderkündigungsrecht**.[148]

5. Darlegungs- und Beweislast

62 Die Beweislastregel des § 1 Abs 2 Satz 4 KSchG, die dem Arbeitgeber die Darlegungs- und Beweislast für die die Kündigung bedingenden Tatsachen auferlegt, gilt außerhalb des Geltungsbereichs des KSchG nicht. Nach allgemeinen Grundsätzen muss die Partei, die sich auf eine ihr günstige Norm beruft, deren tatsächliche Voraussetzungen darlegen und beweisen. Bezogen auf die für den Arbeitnehmer günstige Nichtigkeitsfolge des § 138 BGB bedeutet dies, dass der **Arbeitnehmer** die **tatsächlichen Voraussetzungen der Sittenwidrigkeit** der vom Arbeitgeber ausgesprochenen **Kündigung darzulegen und zu beweisen hat**.[149]

Ein materiell-rechtlicher Anspruch auf Mitteilung des Kündigungsgrundes besteht nur, soweit die Kündigung einen rechtfertigenden Grund voraussetzt (vgl § 626 Abs 2 Satz 3 BGB).[150] Eine allgemeine Verpflichtung des Arbeitgebers, dem Arbeitnehmer die Kündigungsgründe zu offenbaren, sieht das Gesetz darüber hinaus nicht vor. Insbesondere in den Fällen, in denen die Sittenwidrigkeit auf einem verwerflichen Motiv des Arbeitgebers beruht, **ergeben sich** daher **für den darlegungs- und beweispflichtigen Arbeitnehmer erhebliche Schwierigkeiten bei der prozessualen Durchsetzung seines auf die Generalklausel des § 138 BGB gestützten Bestandsschutzbegehrens**. Der Arbeitgeber wird es idR schon aus prozesstaktischen Erwägungen zu vermeiden suchen, Motiv und Grund der Kündigung offen zu legen. Eine gewisse Informationsquelle für den Arbeitnehmer kann die An-

---

146 LSW/Löwisch § 13 Rn 45; aA KR/Friedrich § 13 KSchG Rn 172; LAG Berlin 3.10.1988 – 9 Sa 61/88 – LAGE § 140 BGB Nr 7.
147 Vgl § 10 KSchG Rn 6 ff, 11 ff.
148 Vgl die Kommentierung zu §§ 11, 12 KSchG.
149 BAG 16.2.1989 – 2 AZR 347/88 – AP BGB § 138 Nr 46; 24.10.1996 – 2 AZR 874/95 – RzK I 8l Nr 22.
150 Zum Auskunftsanspruch des Arbeitnehmers im Bereich der Sozialauswahl vgl § 1 Abs 3 Satz 1 HS 2 KSchG.

hörung des Betriebsrats nach § 102 BetrVG darstellen (zur Beteiligung des Personalrats vgl §§ 79, 108 Abs 2 BPersVG), die aber von eingeschränktem Wert sein dürfte, da der Arbeitgeber dem Betriebsrat regelmäßig keine als sittenwidrig zu qualifizierenden Motive mitteilen wird. In den meisten Fällen wird es dem Arbeitnehmer daher nicht gelingen, schlüssig darzulegen, dass die Kündigung gem § 138 BGB nichtig ist, mit anderen Worten, der Klage wird es bereits am Tatsachenvortrag fehlen, der, seine Richtigkeit unterstellt, den Schluss auf die Sittenwidrigkeit der Kündigung zulassen würde (zur Anhörung/Einvernahme einer in **Beweisnot** befindlichen Partei vgl § 626 BGB Rn 167).[151]

Unzumutbare Anforderungen an die Darlegungs- und Beweislast des Arbeitnehmers, insbesondere im Hinblick auf das Kündigungsmotiv des Arbeitgebers, dürfen allerdings nicht gestellt werden. Der über die Generalklauseln des Zivilrechts gewährleistete **verfassungsrechtliche Mindestschutz des Arbeitsplatzes** vor Verlust durch private Dispositionen muss auch im Verfahrensrecht berücksichtigt werden. Für eine abgestufte Darlegungs- und Beweislast bietet das Prozessrecht geeignete Handhaben (s Rn 98).[152]

Die **abgestufte Darlegungs- und Beweislast** bedeutet:

- Der Arbeitnehmer hat zunächst die Tatsachen vorzutragen, aus denen sich die Sittenwidrigkeit der Kündigung ergeben soll. Behauptungen ins Blaue hinein sind unzureichend.
- Ohne ausreichenden Tatsachenvortrag des Arbeitnehmers ist der Arbeitgeber im Prozess nicht verpflichtet, die Kündigungsgründe zu offenbaren. Hat der Arbeitnehmer aber Tatsachen vorgetragen, die den Vorwurf der Sittenwidrigkeit als nahe liegend erscheinen lassen, muss sich der Arbeitgeber nach § 138 Abs 2 ZPO auf den Vortrag des Arbeitnehmers qualifiziert einlassen, um diesen zu entkräften. In diesem Zusammenhang obliegt es dem Arbeitgeber auch, zum Kündigungsgrund vorzutragen, wobei dessen Sachvortrag aber nicht dem strengen Maßstab des § 1 Abs 2 KSchG genügen muss. Insbesondere ist dem Arbeitgeber auch die Darlegung des Kündigungsmotivs abzuverlangen, ferner hat er erhebliche innerbetriebliche Umstände offen zu legen, die dem Arbeitnehmer nicht zugänglich sind. Lässt sich der Arbeitgeber nicht qualifiziert auf den – schlüssigen – Tatsachenvortrag des Arbeitnehmers ein, gilt dessen Behauptung nach § 138 Abs 3 ZPO als zugestanden.[153]
- Die Beweislast für die Tatsachen, aus denen sich die Sittenwidrigkeit der Kündigung ergeben soll, verbleibt beim Arbeitnehmer.

---

151 KR/Friedrich § 13 KSchG Rn 136.
152 IdS BVerfG 27.1.1998 – 1 BvL 15/87 – NZA 1998, 470, 472; Preis NZA 1997, 1256, 1269 f; SPV/Preis Rn 269 ff; § 1 KSchG Rn 137 ff; im Ergebnis ähnl vHH/L/Linck § 13 Rn 59 und LSW/Löwisch § 13 Rn 46, nach denen das Gericht aus den vom Arbeitnehmer vorgetragenen objektiven Tatsachen Rückschlüsse auf das wirkliche Kündigungsmotiv des Arbeitgebers zu ziehen habe.
153 So auch BAG 6.2.2003 – 2 AZR 672/01 – DB 2003, 1393; BAG 21.2.2001 – 2 AZR 15/00 – AP BGB § 242 Kündigung Nr 12, allerdings im Zusammenhang mit der Frage, ob der Arbeitgeber im Kleinbetrieb bei seiner Auswahlentscheidung das gebotene Mindestmaß an sozialer Rücksichtnahme beachtet hat.

64 Bei **typischen Geschehensabläufen** kann zugunsten des Arbeitnehmers auch ein **Anscheinsbeweis** für die Sittenwidrigkeit der Kündigung sprechen (s Rn 98).[154] Zu erwägen ist dies zB, wenn der Arbeitgeber das Arbeitsverhältnis in unmittelbarem zeitlichen Zusammenhang zu einem unverschuldeten Arbeitsunfall des Arbeitnehmers kündigt (s Rn 54). In diesem Fall kann der Arbeitgeber den Beweis des ersten Anscheins dadurch entkräften, dass er Tatsachen vorträgt und im Bestreitensfall beweist, aus denen sich ergibt, dass andere – nachvollziehbare – Gründe seinen Kündigungsentschluss bestimmt haben.[155]

IV. Sonstige Unwirksamkeitsgründe (Abs 3)
1. Allgemeines

65 a) **Einheitliche Klagefrist seit 1.1.2004, Anwendbarkeit des KSchG.** Als bedeutendste Konsequenz für die Vorschrift des § 13 Abs 3 KSchG wurde durch das Gesetz zu Reformen am Arbeitsmarkt mit Wirkung ab 1.1.2004 eine **einheitliche Klagefrist** für **alle Kündigungen des Arbeitgebers** eingeführt.[156] Aus der Gesetzesverweisung auf § 4 Satz 1 KSchG folgt, dass nunmehr **alle denkbaren Unwirksamkeitsgründe mit Ausnahme eines Verstoßes gegen das Schriftformerfordernis** des § 623 BGB, dessen Wahrung Voraussetzung für den Beginn der Klagefrist ist, **unabhängig von der Größe des Betriebs und der bisherigen Dauer des Arbeitsverhältnisses innerhalb von drei Wochen gerichtlich geltend gemacht werden müssen** (s Rn 84 ff).[157] Ansonsten verbleibt es dabei, dass nach § 13 Abs 3 KSchG für eine – ausschließlich – aus sonstigen Gründen unwirksame Kündigung mit Ausnahme der §§ 4–7 KSchG die Vorschriften des Ersten Abschnitts des KSchG, die §§ 1-14 KSchG, im Übrigen nicht gelten (s Rn 85, 86, 90 ff).

Aufgrund der Einführung einer einheitlichen Klagefrist für alle Kündigungen wurde § 113 Abs 2 InsO durch Art 4 Nr 2 des Gesetzes zu Reformen am Arbeitsmarkt vom 26.9.2003 aufgehoben,[158] so dass in diesem Bereich keine Sonderregelungen mehr bestehen. Gegen jedwede **schriftliche Kündigung des Insolvenzverwalters** muss binnen drei Wochen nach deren Zugang Klage iSd § 4 Satz 1 KSchG eingereicht werden, anderenfalls die Wirksamkeitsfiktion des § 7 KSchG eintritt.

66 b) **Verhältnis zur Sozialwidrigkeit.** Die **Sozialwidrigkeit** einer Kündigung ergibt sich aus § 1 Abs 2 – Abs 5 KSchG. Daneben kann eine Kündigung aus vielerlei Gründen **gleichzeitig** oder auch **ausschließlich** zivilrechtlich

---

154 Preis NZA 1997, 1256, 1269 f; SPV/Preis Rn 274.
155 ZB BAG 5.2.1998 – 2 AZR 270/97 – AP TVG § 1 Tarifverträge: Apotheken Nr 3 (für den Fall eines tariflichen Kündigungsverbotes im Kleinbetrieb).
156 Zur **Bilanz der Änderungen durch das Arbeitsmarktreformgesetz im prozessualen Bereich**, vgl § 4 KSchG Rn 4.
157 BT-Drucks 15/1587 S 31; BAG 28.6.2007 – 6 AZR 873/06 – NZA 2007, 972; ausf zum **Schriftformerfordernis** § 4 KSchG Rn 2 a, zu möglichen weiteren **Ausnahmen von der Klagefrist** § 4 KSchG Rn 132 a ff und BAG 26.3.2009 – 2 AZR 403/07 – NZA 2009, 1146; zu den **Sonderfällen** des § 4 Satz 4 KSchG vgl § 4 KSchG Rn 113 ff und BAG 13.2.2008 – 2 AZR 864/06 – NZA 2008, 1055, 4; 19.2.2009 – 2 AZR 286/07 – NZA 2009, 980; LAG Hamm 22.9.2005 – 8 Sa 974/05 – FA 2006, 190.
158 BT-Drucks 15/1204 S 15.

unwirksam sein (s Rn 53 ff zur Sittenwidrigkeit, Rn 69 ff zu sonstigen Unwirksamkeitsgründen). Nach dem Wortlaut der Bestimmung könnte ihr Anwendungsbereich so verstanden werden, dass der Prüfungsmaßstab der Sozialwidrigkeit nach § 1 Abs 2 KSchG auf eine ordentliche Kündigung keine Anwendung findet, wenn diese bereits aus anderen Gründen rechtsunwirksam ist.[159] Eine solche allein am Wortlaut orientierte Auslegung würde jedoch nicht dem **Sinn und Zweck** des Regelungsgehalts der Vorschrift gerecht werden. § 13 Abs 3 KSchG stellt keine Bestimmung dar, die den sachlichen Anwendungsbereich des Ersten Abschnitts des KSchG einschränkt. Dies würde auch einer systematischen Auslegung des Abs 3 des § 13 in Bezug auf den Bedeutungsgehalt der Abs 1 und 2 widersprechen. § 13 Abs 3 KSchG beabsichtigt nicht, dem Arbeitnehmer den sich aus den §§ 1-14 KSchG ergebenden Kündigungsschutz einschließlich der sich daraus ergebenden Annexregelungen zu entziehen. Dem Arbeitnehmer soll auch dann, wenn die ordentliche Kündigung sowohl sozialwidrig als auch aus sonstigen Gründen rechtsunwirksam ist, die Möglichkeit verbleiben, von den Gestaltungsmöglichkeiten der §§ 9-12 KSchG Gebrauch zu machen, also etwa einen Auflösungsantrag nach § 9 Abs 1 KSchG zu stellen. Die überzeugenderen Gründe sprechen dafür, § 13 Abs 3 KSchG dahin zu verstehen, dass er die **gleichzeitige Geltendmachung** sowohl der **Sozialwidrigkeit** iSd KSchG als auch **sonstiger Unwirksamkeitsgründe** außerhalb des KSchG nicht ausschließt.[160]

c) **Anwendungsbereich.** Der **gegenständliche Anwendungsbereich** des § 13 Abs 3 KSchG erfasst sowohl die ordentliche als auch die außerordentliche Beendigungs- und Änderungskündigung. Dies folgt für die ordentliche Kündigung aus der Bezugnahme in § 13 Abs 3 KSchG auf den Prüfungsmaßstab des § 1 Abs 2 und 3 KSchG. Für die außerordentliche Kündigung ergibt sich dies aus einer restriktiven Auslegung des § 13 Abs 1 Satz 2 KSchG, wonach die Tatbestandsmerkmale „die Rechtsunwirksamkeit einer außerordentlichen Kündigung" in sinngemäßer Entsprechung zur ordentlichen Kündigung („sozial ungerechtfertigt") als „mangels wichtigen Grundes einschließlich der Kündigungserklärungsfrist nach § 626 Abs 1 und 2 BGB" zu lesen sind (s Rn 17).[161]

67

Neben dem gegenständlichen Anwendungsbereich erschließt sich der **inhaltliche Aussagegehalt** des § 13 Abs 3 KSchG aus der Formulierung „im Übrigen". Hierdurch wird auf den sachlichen Gehalt der Abs 1 und 2 des § 13 KSchG mit der Folge Bezug genommen, dass der Erste Abschnitt des KSchG auf andere Unwirksamkeitsgründe als die Sozialwidrigkeit, den Mangel des wichtigen Grundes oder die Sittenwidrigkeit nicht anzuwenden ist.

Obgleich § 13 Abs 3 KSchG lediglich auf § 1 Abs 2 und 3 KSchG verweist, ist davon auszugehen, dass der durch das Arbeitsrechtliche Beschäftigungsförderungsgesetz vom 25.9.1996[162] idF des Gesetzes zu Korrekturen in der Sozialversicherung und zur Sicherung der Arbeitnehmerrechte vom

68

---

159 Vgl HK-KSchG/Dorndorf § 13 Rn 104; vHH/L/Linck § 13 Rn 68 f.
160 HK-KSchG/Dorndorf § 13 Rn 104; vHH/L/Linck § 13 Rn 70.
161 HK-KSchG/Dorndorf § 13 Rn 33 f.
162 BGBl I S 1476.

19.12.1998[163] eingefügte § 1 Abs 4 KSchG auch einbezogen ist. Aufgrund des untrennbaren Sachzusammenhangs zu den in Bezug genommenen Vorschriften des § 13 Abs 3 KSchG handelt es sich in der unterlassenen Anpassung des § 13 Abs 3 KSchG an den neu formulierten § 1 KSchG offenbar um ein gesetzgeberisches Redaktionsversehen. Gleiches wird für den ebenfalls in einem untrennbaren Sachzusammenhang mit § 1 Abs 2 und 3 KSchG stehenden, durch das Arbeitsrechtliche Beschäftigungsförderungsgesetz vom 25.9.1996 eingefügten § 1 Abs 5 KSchG gelten, der zwar durch das Gesetz zu Korrekturen in der Sozialversicherung und zur Sicherung der Arbeitnehmerrechte vom 19.12.1998 mit Ablauf des 31.12.1998 ersatzlos aufgehoben, zwischenzeitlich jedoch durch das Gesetz zu Reformen am Arbeitsmarkt mit Wirkung ab 1.1.2004 wortlautidentisch wieder eingeführt wurde.

2. Übersicht der sonstigen Unwirksamkeitsgründe

69 Die sonstigen Unwirksamkeitsgründe lassen sich in **Verstöße gegen allgemeine formale und rechtsgeschäftliche Wirksamkeitsvoraussetzungen** und in Verstöße gegen **sonstige gesetzliche Bestimmungen** einteilen. (Die hier erfolgende Kommentierung muss sich auf einen Abriss der in der Praxis bedeutsamsten Unwirksamkeitsgründe beschränken. Einzelheiten mögen der Kommentierung zu §§ 15, 17 KSchG, §§ 613a, 622, 623 BGB, § 102 BetrVG, §§ 72, 79, 108 BPersVG, § 9 MuSchG, § 18 BEEG, §§ 85–91 SGB IX und § 2 ArbPlSchG, entnommen werden. Daneben wird auf vertiefende Literatur in der Kommentierung verwiesen.)

70 a) **Verstöße gegen allgemeine formale und rechtsgeschäftliche Wirksamkeitsvoraussetzungen.** Wegen ihres rechtsgeschäftlichen Charakters unterliegt die Kündigung den allgemeinen rechtsgeschäftlichen Wirksamkeitsvoraussetzungen. Von daher muss die Kündigung **stets** der gesetzlich nach § 623 BGB vorgesehenen[164] **und ggf** einer diese arbeitsvertraglich vereinbarten[165] oder gesetzlich, bzw tarifvertraglich geregelten erweiternden **Form**, bspw dem Erfordernis der Angabe des Kündigungsgrundes, entsprechen[166] (Rechtsfolge bei Verstoß: §§ 125, 126, 127 BGB).

Die Kündigungserklärung muss den Vorschriften über die **Geschäftsfähigkeit** (§§ 104 ff BGB) genügen (Rechtsfolge bei Verstoß: §§ 105, 131 BGB) und den allgemeinen **Vertretungsvoraussetzungen** Rechnung tragen (§§ 164 ff BGB; Rechtsfolge zB Unwirksamkeit durch unverzügliche Zurückweisung bei Kündigung eines Bevollmächtigten ohne Vorlage einer Vollmachtsurkunde gem § 174 Satz 1 BGB oder bei Kündigung durch Vertreter ohne Vertretungsmacht gem § 180 Satz 1 BGB).[167] Des Weiteren darf die Kündigung als Willenserklärung nicht an **Willensmängeln** leiden (§§ 116 ff BGB).

---

163 BGBl I S 3843.
164 Ein Formmangel kann nur ausnahmsweise nach § 242 BGB als unbeachtlich angesehen werden, BAG 16.9.2004 – 2 AZR 659/03 – NZA 2005, 162.
165 Vgl BAG 25.10.2012 – 2 AZR 845/11 – ArbR 2013, 244.
166 Zur **Schriftform** vgl Einl Rn 24 ff; § 623 BGB Rn 14 ff. Zur **Angabe des Kündigungsgrundes** vgl Einl Rn 22; § 626 BGB Rn 170.
167 Zur **Vertretung bei Abgabe der Kündigungserklärung** vgl Einl Rn 63 ff.

Nach der Rechtsprechung des BAG ist die aufgrund der **gesellschaftsvertraglich vereinbarten, eingeschränkten Kündigungsbefugnis des Geschäftsführers** erforderliche und bei Ausspruch der Kündigung nicht vorliegende Zustimmung der Gesellschafterversammlung zur Kündigung eines Gesellschafters, der zugleich Arbeitnehmer der Gesellschaft ist, ein sonstiger Unwirksamkeitsgrund isd § 13 Abs 3 KSchG.[168]

Weitere allgemeine rechtsgeschäftliche Wirksamkeitsvoraussetzungen sind die **Bestimmtheit** der Kündigungserklärung und deren **Zugang** beim Kündigungsempfänger.[169] Verstöße gegen diese allgemeinen rechtsgeschäftlichen Wirksamkeitsvoraussetzungen haben die Unwirksamkeit der Kündigung zur Folge und stellen von daher sonstige Unwirksamkeitsgründe isd § 13 Abs 3 KSchG dar.

Die in der Literatur kontrovers diskutierte Frage, ob die **Klagefrist des § 4 KSchG** einzuhalten ist, wenn bei einer Kündigung gesetzliche, tarifvertragliche oder arbeitsvertraglich vereinbarte **Kündigungsfristen** nicht eingehalten werden, ist noch immer nicht abschließend geklärt.

In der Literatur wurde teilweise die Auffassung vertreten, die Nichteinhaltung einer Kündigungsfrist sei ein sonstiger Unwirksamkeitsgrund isd § 13 Abs 3 KSchG, der allerdings nur in Ausnahmefällen zur Nichtigkeit der Kündigung führe, da diese im Wege der Konversion regelmäßig in eine Kündigung zum nächst zulässigen Zeitpunkt umgedeutet werden könne; gleichwohl müsse ein derartiger Mangel innerhalb der dreiwöchigen Klagefrist geltend gemacht werden.[170] Mit Urteil zunächst vom 15.12.2005 hat das BAG entschieden, dass die **Nichteinhaltung der Kündigungsfrist** auch nach § 4 KSchG nF **außerhalb der dreiwöchigen Klagefrist** geltend gemacht werden könne.[171] Der Zweite Senat verweist ua darauf, dass sich schon aus dem Wortlaut der Norm ergäbe, dass der Arbeitnehmer, der **lediglich** die Einhaltung der Kündigungsfrist verlange, die Sozialwidrigkeit oder Unwirksamkeit der Kündigung als solche gerade **nicht** festgestellt wissen wolle, sondern im Gegenteil vielmehr von der Wirksamkeit der Kündigung ausgehe. Unter Hinweis auf die Entstehungsgeschichte der Vorschrift führt der Senat aus, es sei das erklärte Ziel des Gesetzes gewesen, alsbald Klarheit über den Fortbestand oder die Aufhebung des Arbeitsverhältnisses zu erhalten, die hiervon unabhängige **isolierte** Geltendmachung der Kündigungsfrist habe der Gesetzgeber nicht im Blick gehabt. Die richtige Dauer der Frist setze keine Prüfung der Wirksamkeit der Kündigung voraus. Schlussendlich verweist der Senat darauf, dass die Auslegung einer Kündigungserklärung gem §§ 133, 157 BGB der Umdeutung nach § 140 BGB vorgehe und sich regelmäßig bereits durch Auslegung der Willenserklärung der objektive Bedeutungsgehalt einer mit falscher Frist ausgesprochenen Kündigung dahin erschließe, dass eine Kündigung mit der gesetzlich, tariflich oder einzelvertraglich vorgesehenen Kündigungsfrist ausgesprochen

---

168 BAG 11.3.1998 – 2 AZR 287/97 – AP BGB § 626 Nr 144.
169 Vgl Einl Rn 13 ff zur **Bestimmtheit** und Rn 33 ff zum **Zugang**.
170 MünchKomm/Hergenröder, 4. Aufl § 13 KSchG Rn 66; Hako/Gallner 2. Aufl, § 6 KSchG Rn 14 f.
171 2 AZR 148/05 – NJW 2006, 2284; ausf zum Ganzen und mit weiteren Rechtsprechungsnachweisen § 4 Rn 4.

sein solle. Nur dann, wenn sich aus der Kündigung und der im Rahmen der Auslegung zu berücksichtigenden Umstände des Einzelfalles ein Wille des Arbeitgebers ergebe, die Kündigung **nur zum erklärten Zeitpunkt** gegen sich gelten zu lassen, scheide eine Auslegung aus. Der Kündigungstermin sei dann **ausnahmsweise integraler Bestandteil der Willenserklärung** und müsste innerhalb der Klagfrist des § 4 Satz 1 KSchG angegriffen werden.

Demgegenüber hat der Fünfte Senat des BAG mit Urteilen vom 1.9.2010[172] und 15.5.2013[173] entschieden, dass die Nichteinhaltung der Kündigungsfrist innerhalb der Klagefrist geltend gemacht werden müsse, wenn sich nicht durch Auslegung ermitteln ließe, dass eine fristwahrende Kündigung habe ausgesprochen werden sollen. Sei die ordentliche Kündigung ohne weiteren Zusatz zu einem bestimmten Termin erklärt worden, stehe das Bestimmtheitsgebot der Auslegung als Kündigung zu einem anderen Termin entgegen. Wenn die Kündigung der Umdeutung in eine Kündigung mit zutreffender Frist bedürfe, trete die Fiktionswirkung des § 7 KSchG ein und führe zur Beendigung zum „falschen Termin", wenn die zu kurze Kündigungsfrist nicht als anderer Rechtsunwirksamkeitsgrund fristgerecht entsprechend § 4 Satz 1 KSchG geltend gemacht worden sei. Dies überzeugt ua schon deswegen nicht, weil es sich bei der Angabe des Zeitpunkts, zu dem die Kündigung wirken soll, letztendlich nur um eine Ausbzw Folgewirkung der Entscheidung handelt, dass überhaupt – ordentlich – gekündigt wird. Die Frist ist deshalb grundsätzlich nur ein Berechnungsfaktor, die Angabe des Kündigungstermins damit regelmäßig eher eine "Wissenserklärung".[174] Ohne weitere Anhaltspunkte ergibt sich gerade nicht, dass der Kündigende die Kündigung nur mit Wirkung zu einem bestimmten Termin gegen sich gelten lasse wolle.

Die **Nichteinhaltung der Kündigungsfrist** kann jedenfalls entweder durch Leistungsklage, bspw für die aus dem Zeitraum der zu kurz berechneten Kündigungsfrist resultierenden Annahmeverzugsansprüche oder durch allg. Feststellungsklage gem § 256 ZPO außerhalb der Klagfrist geltend gemacht werden, soweit der Arbeitnehmer die Auflösung des Arbeitsverhältnisses an sich hinnimmt **und** die Kündigungserklärung auslegungsfähig ist.[175] Zur Meidung unnötiger Risiken wird es sich für den Arbeitnehmer jedoch empfehlen, **stets die Klage innerhalb der dreiwöchigen Klagefrist des § 4 KSchG einzureichen.**

72 b) **Verstöße gegen sonstige gesetzliche Bestimmungen.**[176] Verstöße gegen gesetzliche Bestimmungen, wozu auch Verstöße gegen tarifvertragliche und betriebsvereinbarte Regelungen gehören (vgl den Gesetzesbegriff des Art 2 EGBGB: Gesetz iSd Bürgerlichen Gesetzbuches ... ist jede Rechtsnorm.), können sich aus einer Vielzahl von Kündigungsschutznormen außerhalb

---

172 5 AZR 700/09 – NZA 2010, 1409.
173 5 AZR 130/12 – NZA 2013, 1076.
174 Vgl BAG 15.12.2005 – 2 AZR 148/05 – NZA 2006, 791; Bauer ArbR 2010, 498.
175 Ausf hierzu § 4 KSchG Rn 4.
176 Eine umfassende Zusammenstellung **gesetzlicher Kündigungsverbote** gibt KR/Friedrich § 13 KSchG Rn 211 ff; zum **Kündigungsschutz außerhalb des KSchG** APS/Preis Grundlagen J. Rn 1 ff.

des KSchG ergeben. Es gibt diverse Ansätze deren Überblickbarkeit durch Bildung von Kategorien zu erleichtern, indem bspw an bestimmte Anlässe oder den Status besonderer Beschäftigtengruppen, an inhaltliche Kriterien (zB Diskriminierungsverbote oder Kündigungsbeschränkungen) oder rechtssystematische Aspekte angeknüpft wird.[177] Nachfolgend wird im Rahmen der hier darzustellenden Übersicht lediglich eine Differenzierung nach den Fallgruppen Verstöße gegen ein gesetzliches Verbot iSd § 134 BGB, das AGG (s Rn 75 ff) und Verstöße gegen den Grundsatz von Treu und Glauben iSd § 242 BGB (s Rn 79 ff) vorgenommen.

aa) Verstöße gegen gesetzliche Verbote. Eine gegen ein gesetzliches Verbot iSd § 134 BGB verstoßende Kündigung ist **nichtig**. Ein **Verbotsgesetz** iSd Bestimmung ist eine Vorschrift, die eine nach unserer Rechtsordnung grundsätzlich mögliche rechtsgeschäftliche Regelung wegen ihres Inhalts oder wegen der Umstände ihres Zustandekommens untersagt; das Verbot muss sich gerade gegen die Vornahme des Rechtsgeschäfts an sich richten.[178] Derartige Verbotsgesetze sind bspw die Vorschriften über den besonderen Kündigungsschutz oder über die Beteiligung von Repräsentativorganen der Arbeitnehmer vor Ausspruch einer Kündigung (s Rn 74).

Die Schutznormen sind hinsichtlich des Umfangs und der Voraussetzungen des von ihnen gewährten Kündigungsschutzes durchaus unterschiedlich gestaltet. Teilweise wird die Unwirksamkeitsfolge im gesetzlich konkret geregelte, im Einzelnen bestimmte tatbestandliche Voraussetzungen gebunden. So ist etwa eine jede unter Verstoß gegen § 102 Abs 1 BetrVG erklärte Kündigung, unabhängig von der Person des Arbeitnehmers und sonstigen tatsächlichen Umständen, unheilbar nichtig. Hierin liegt ein **absoluter Unwirksamkeitsgrund**, der immer und ohne Ausnahme zur Nichtigkeit der Kündigung führt.

Im Gegensatz hierzu stehen Vorschriften, die eine Kündigung des betreffenden Arbeitsverhältnisses **an sich als zulässig** ansehen, jedoch bei Vorliegen eines jeweils spezifischen, vom Gesetzgeber **missbilligten Tatbestandes** zu deren Unwirksamkeit führen können, also nur einen **relativen Kündigungsschutz** begründen. Hierzu zählen bspw die gesetzlichen Maßregelungsverbote, zB das des § 612 a BGB, der kein konkretes, sondern ein generell-abstrakt umschriebenes Verhalten des Arbeitgebers sanktioniert. Kündigt der Arbeitgeber das Arbeitsverhältnis aber zB ausschließlich deswegen, weil der Arbeitnehmer tarifvertragliche Ansprüche geltend macht, führt dieser Verstoß gegen § 612 a BGB direkt zur Unwirksamkeit der Kündigung nach § 134 BGB, unbeschadet des Umstands, dass die Vorschrift selbst kein explizit angeordnetes Kündigungsverbot enthält (s Rn 95 ff zur für den Arbeitnehmer in diesen Fällen häufig problematischen Darlegungs- und Beweislast).

Insbesondere im Bereich des Mutterschutz- und Elternzeit- sowie des Schwerbehindertenrechts sind die kündigungsrechtlichen Schutzvorschriften als **öffentlich-rechtliches Verbot mit Erlaubnisvorbehalt** ausgestaltet.

---

177 ZB APS/Preis Grundlagen J.; KR/Friedrich § 13 KSchG Rn 174 ff; 306 ff; 378 ff.
178 BGH 8.6.1983 – VIII ZR 77/82 – NJW 1983, 2873.

Die zuständige Behörde entscheidet durch Verwaltungsakt darüber, ob die Erklärung einer Kündigung überhaupt zulässig ist oder nicht.

74 Zu den gesetzlichen Bestimmungen, aus denen im Falle eines Verstoßes ein **absoluter Unwirksamkeitsgrund** resultiert, gehören die Vorschriften über den **besonderen Kündigungsschutz**, die ua in § 2 Abs 1 ArbPlSchG, § 78 Abs 1 ZDG, § 15 KSchG, § 96 Abs 3 SGB IX, § 19 MAVO, §§ 21 Abs 2, 49 Abs 4 MVG-EKD, § 2 Abs 3 AbgG, § 9 MuSchG, § 18 BEEG, § 22 Abs 2 BBiG, §§ 85, 91 SGB IX, § 5 PflegeZG, §§ 58 Abs 2, 58 d BImSchG, § 55 Abs 3 KrW-/AbfG, § 4 f Abs 3 BDSG nF enthalten sind. Hierzu gehören ferner **betriebsvereinbarte, tarifliche und vertragliche Kündigungsbeschränkungen**, insbesondere der **Ausschluss des Rechts zur ordentlichen Kündigung** älterer, bzw langjährig beschäftigter Arbeitnehmer[179] und nach § 15 Abs 3 TzBfG.[180]

Weitere Unwirksamkeitsgründe iSd Fallgruppe sind die **fehlende bzw nicht ordnungsgemäße Anhörung des Betriebsrats und des Personalrats** gem § 102 Abs 1 BetrVG und §§ 79 Abs 1 Satz 1 iVm Abs 4, 108 Abs 2 BPersVG, **des Sprecherausschusses** gem § 31 Abs 2 SprAuG oder **der Mitarbeitervertretung** (zB gem MAVO, MVG-EKD) sowie die **Nichtbeachtung des Zustimmungsverfahrens** für die außerordentliche Kündigung von Betriebsrats- oder Personalratsmitgliedern nach § 103 BetrVG und §§ 47 Abs 1, 108 Abs 1 BPersVG.[181]

Stets unwirksam ist auch die **wegen eines Betriebsübergangs** erfolgende Kündigung, da § 613 a Abs 4 Satz 1 BGB ein eigenständiges Kündigungsverbot iSv § 13 Abs 3 KSchG, § 134 BGB normiert.[182] Weitere **absolute gesetzliche Kündigungsverbote** enthalten zB die § 11 TzBfG und § 13 Abs 2 TzBfG sowie § 8 Abs 1 AltTZG, § 7 Abs 1 b SGB IV und § 41 SGB VI.

Ein sonstiger Grund im genannten Sinn, der zur Unwirksamkeit der Kündigung nach § 134 BGB führen kann, liegt nach der neueren Rechtsprechung des BAG[183] ebenfalls vor, wenn der Arbeitgeber gegen die Vorschriften über die **Anzeigepflicht von Massenentlassungen** vor Ausspruch der Kündigung nach §§ 17 ff KSchG verstößt und keine oder eine nur unwirksame Massenentlassungsanzeige gegenüber der Agentur für Arbeit erstattet hat.[184]

Mit Urteil vom 10.2.1999[185] hat das BAG entschieden, dass eine Änderungskündigung, mit der der Arbeitgeber den Abbau tariflich gesicherter Leistungen durchzusetzen versucht, nach § 4 Abs 1 u 3 TVG, § 134 BGB rechtsunwirksam ist. Die **Unabdingbarkeit tariflicher Normen** nach § 4

---

179 Vgl BAG 8.11.2007 – 2 AZR 314/06 – NJW 2008, 1336; KR/Friedrich § 13 KSchG Rn 306 ff; § 626 BGB Rn 17 ff.
180 Vgl BAG 22.7.2010 – 6 AZR 480/09 – NJW 2010, 3258.
181 LSW/Löwisch § 13 Rn 52.
182 BAG 31.1.1985 – 2 AZR 530/83 – AP BGB § 613 a Nr 40; vHH/L/Linck § 13 Rn 75.
183 ZB BAG 22.11.2012 – 2 AZR 371/11 – NZA 2013, 845 (Verstoß gegen § 17 Abs 3 Satz 2 und 3 KSchG); 21.3.2013 – 2 AZR 60/12 – NZA 2013, 1234 (Verstoß gegen § 17 Abs 2 KSchG).
184 Ausf § 17 KSchG Rn 2, 27 ff, 53 f, 67 f, 71 ff, 81 f, s auch § 4 KSchG Rn 144.
185 2 AZR 422/98 – AP KSchG 1969 § 2 Nr 52.

Abs 1 TVG ist ein Verbotsgesetz nach § 134 BGB; ein Verstoß hiergegen stellt einen sonstigen Unwirksamkeitsgrund iSd § 13 Abs 3 KSchG dar.

Darüber hinaus gibt es eine **Vielzahl weiterer Bestimmungen**, die zur Unwirksamkeit einer Kündigung führen können;[186] größere praktische Relevanz kommt dem überwiegenden Teil dieser Vorschriften idR indes nicht, bzw nur im Einzelfall, zu.

Als für die Praxis bedeutsame **relative Unwirksamkeitsgründe** kommen Verstöße gegen **Grundgesetzartikel**[187] oder gegen **allgemeine oder besondere Maßregelungs-, Diskriminierungs- und Benachteiligungsverbote** in Betracht,[188] zB nach § 7 AGG iVm § 134 BGB[189] (seit Inkrafttreten am 18.8.2006 – die §§ 611a, 611b, 612 Abs 3 BGB sowie das Beschäftigtenschutzgesetz wurden aufgehoben,[190] vgl für Altfälle die Übergangsbestimmung des § 33 AGG), § 612a BGB, § 20 BetrVG,[191] § 78 BetrVG, § 4 Abs 1 oder Abs 2 TzBfG, § 21 GenDG; § 5 TzBfG, §§ 58 Abs 1, 58d BImSchG, § 22 Abs 3 SGB VII, § 2 Abs 3 SprAuG, § 26 ArbGG oder § 20 SGG.

74a

Als **Beispiele aus der Rechtsprechung** hierzu seien genannt: Eine vom Arbeitgeber als Reaktion auf eine vorherige Eigenkündigung des Arbeitnehmers erklärte fristlose Kündigung ist unwirksam.[192] Gleiches gilt für eine Kündigung, die wegen des Verlangens nach Freistellung von der Arbeit aufgrund der Erkrankung eines Kindes gem § 45 Abs 3 SGB V ausgesprochen worden ist.[193] Wird das Arbeitsverhältnis aus Anlass einer Entfristungsklage des Arbeitnehmers unter Einhaltung der ordentlichen Kündigungsfrist (vorsorglich) gekündigt, um dessen Fortbestand auf unbestimmte Zeit zu verhindern, liegt hierin kein Verstoß gegen das Maßregelungsverbot des § 612a BGB.[194] Die auf die Ablehnung eines Änderungsangebots gestützte Kündigung kann den Tatbestand des § 612a BGB erfüllen, wenn sich die Ausgestaltung des Änderungsangebots selbst als unerlaubte Maßregelung, gewissermaßen als „Racheakt" für eine zulässige Rechtsausübung durch den Arbeitnehmer, darstellt.[195] Wird ein Arbeitsverhältnis innerhalb der sechsmonatigen Wartezeit des § 1 Satz 1 KSchG gekündigt, weil der arbeitsunfähig erkrankte Arbeitnehmer trotz entsprechender Auf-

74b

---

186 Eine umfassende Zusammenstellung findet sich bei KR/Friedrich § 13 KSchG Rn 211 ff.
187 Hierzu ausf KR/Friedrich § 13 KSchG Rn 176 ff; nach LAG Thüringen 28.6.2005 – 5 Sa 63/04 – DB 2005, 1974 sind arbeitgeberseitige Rechtsmaßnahmen, die **Mobbingtatbeiträge** darstellen, rechtsunwirksam gem § 242 BGB iVm Art 1, 2 GG.
188 ZB BAG 2.4.1987 – 2 AZR 227/86 – AP BGB § 612a Nr 1; BAG 21.7.1988 – 2 AZR 527/87 – AP TVG § 1 Rückwirkung Nr 10.
189 Vgl BAG 19.12.2013 – 6 AZR 190/12 – ArbRB 2014, 1.
190 Art 3 Abs 14 und Art 4 des Gesetzes zur Umsetzung Europ. Richtlinien zur Verwirklichung des Grundsatzes der Gleichbehandlung, BGBl I 2006 S 1897-1910.
191 BAG 13.10.1977 – 2 AZR 387/76 – AP KSchG 1969 § 1 Verhaltensbedingte Kündigung Nr 1; KR/Friedrich § 13 KSchG Rn 218.
192 LAG Nürnberg 7.10.1988 – 6 Sa 44/87 – AiB 1993, 391.
193 LAG Köln 10.11.1993 – 7 Sa 690/93 – NZA 1995, 128.
194 LAG Schleswig-Holstein 3.11.2004 – 3 Sa 159/04 – NZA-RR 2005, 310; nachfolgend BAG 22.9.2005 – 6 AZR 607/04 – NZA 2006, 429.
195 BAG 22.5.2003 – 2 AZR 426/02 – NZA 2004, 399.

forderung des Arbeitgebers nicht zur Arbeit erscheint, handelt es sich um eine unzulässige Maßregelung.[196]

75 **bb) Verstöße gegen das AGG.** Am 18.8.2006 ist das **Allgemeine Gleichbehandlungsgesetz (AGG)** in Kraft getreten.[197] Bereits vor in Kraft treten des AGG gab es ein umfangreiches Schutz- und Rechtsfolgensystem bei Diskriminierungstatbeständen. Durch Art 3 Nr 14 und Art 4 des Artikelgesetzes wurden die §§ 611 a, 611 b, 612 Abs 3 BGB sowie das Beschäftigtenschutzgesetz aufgehoben, im Übrigen gelten die allgemeinen und arbeitsrechtlichen Regelungen zur Antidiskriminierung und Gleichbehandlung weiter, §§ 2 Abs 3, 32 AGG. Der bisherige Benachteiligungs- und Diskriminierungsschutz ist damit nicht obsolet geworden, die arbeitnehmerschützenden Bestimmungen des AGG sind dem bestehenden Rechtsschutzsystem vielmehr aufgesattelt worden.[198] Mögliche aus dem AGG zu begründende Ansprüche und herzuleitende Rechtsfolgen treten damit **neben** die aus den bisherigen Diskriminierungstatbeständen, etwa § 612 a BGB, resultierenden Ansprüche und Rechtsfolgen.

76 Gem § 2 Abs 4 AGG sollen für Kündigungen ausschließlich die Bestimmungen zum allgemeinen und besonderen Kündigungsschutz gelten, dh, Kündigungen sollen nach dem Wortlaut des Gesetzes vom Geltungsbereich des AGG generell ausgeschlossen werden. Die Anwendbarkeit des AGG auch auf Kündigungen kann gleichwohl **nicht** in Abrede gestellt werden. Das ergibt sich grundlegend zunächst aus Art 3 Abs 1 c) der EG-Richtlinie 2000/78/EG vom 27.10.2000 und ferner aus dem klaren Gesetzeswortlaut des § 2 Abs 1 Ziff 2. AGG, der ua Vereinbarungen und Maßnahmen bei der Beendigung eines Beschäftigungsverhältnisses, wozu zweifellos auch Kündigungen zählen,[199] dem Anwendungsbereich des AGG ausdrücklich unterwirft. Der gleiche Befund war aus den eine im Zusammenhang mit der Beendigung von Arbeitsverhältnissen erfolgende Ungleichbehandlung wegen Alters rechtfertigenden Regelungen des § 10 Ziff 5–7 AGG abzuleiten.[200] § 2 Abs 4 AGG bezieht sich ferner nur auf Kündigungen, ohne indessen im Zusammenhang mit der Beendigung des Arbeitsverhältnisses in Betracht kommende Schadenersatz- und Entschädigungsansprüche zu erwähnen. Vor diesem Hintergrund ist zu attestieren, dass das AGG, trotz der hierzu **widersprüchlichen Bereichsausnahme in § 2 Abs 4 AGG** auch auf Kündigungen neben dem allgemeinen und besonderen Kündigungsschutz im Grundsatz und jedenfalls derart anwendbar ist, dass die Vorschrift keine absolute Sperrwirkung entfaltet. Die Vorschrift wird in der Literatur hinsichtlich ihrer **Vereinbarkeit mit dem Europäischen Recht,**

---

196 BAG 23.4.2009 – 6 AZR 189/08 – NJW 2010, 104.
197 BGBl I 2006 S 1897-1910, vgl auch BR-Drucks 329/06 und Ausschussdrucksache 16 (11) 337 zu den Gesetzesmaterialien des Artikelgesetzes zur Umsetzung europäischer Richtlinien zur Verwirklichung des Grundsatzes der Gleichbehandlung, dessen Art 1 das AGG beinhaltet.
198 Schrader/Schubert AGG Rn 318.
199 ErfK/Schlachter § 2 AGG Rn 9.
200 § 10 Ziff 6 und 7 AGG wurden mit Wirkung zum 12.12.2006 durch Art 8 I Nr 1 des Gesetzes zur Änderung des Betriebsrentengesetzes und anderer Gesetze aufgehoben; die Vorschriften seien im Hinblick auf die Bereichsausnahme des § 2 IV AGG unnötig, vgl BGBl I 2006 S 2742-2747.

wobei insbesondere die Frage umstritten ist, ob und ggf mit welchen rechtlichen Folgen eine **richtlinienkonforme Auslegung** der Norm möglich ist,[201] überwiegend kritisch und teilweise als zweifelsfrei europarechtswidrig beurteilt.[202] Aus Letzterem resultiere die Konsequenz, dass die Vorschrift auf Grund des klaren und eindeutigen Gesetzeswortlautes einer richtlinienkonformen Auslegung nicht zugänglich und deswegen als **nichtig und unanwendbar** zu bewerten sei. Gem § 7 Abs 2 AGG habe ein Verstoß gegen ein Benachteiligungsverbot die Nichtigkeit der entsprechenden Vertragsklausel zur Folge. Gleiches müsse auch für benachteiligende Handlungen des Arbeitgebers gelten.[203] Eine derartige Benachteiligungshandlung könne auch in einer Kündigung des Arbeitgebers begründet sein, so dass nach dem Wortlaut des Gesetzes ohne weiteres argumentiert werden könne, dass eine gegen ein Benachteiligungsverbot iSd § 1 AGG verstoßende Kündigung gem § 7 AGG iVm § 134 BGB direkt zur **Nichtigkeit der Kündigung** führe und zwar selbst dann, wenn diese nach allgemeinem und besonderem Kündigungsschutzrecht wirksam sei.[204]

Das BAG ist in mittlerweile gefestigter Rechtsprechung hingegen der Auffassung, dass § 2 Abs 4 AGG **europarechtskonform** auszulegen sei und es einer Vorlage an den EuGH im Rahmen eines Vorabentscheidungsverfahrens nach Art 234 EG nicht bedürfe. Die Vorschrift diene der Verzahnung mit anderen Rechtsgebieten, solle also Kohärenz herstellen zwischen dem Antidiskriminierungsrecht des AGG einerseits und dem Kündigungsrecht andererseits. Die Norm beschreibe den Weg, auf dem die Diskriminierungsverbote nach Vorstellung des Gesetzgebers in das bisherige System des Kündigungsschutzrechts einzupassen seien. Verstöße gegen die Diskriminierungsverbote des AGG seien daher nach den bestehenden kündigungsrechtlichen Maßgaben zu werten. Für den Bereich der **Anwendbarkeit des KSchG** stehe § 2 Abs 4 AGG einer Berücksichtigung der Diskriminierungsverbote der §§ 1-10 AGG bei der Prüfung der Sozialwidrigkeit einer Kündigung nicht entgegen, da es sich um **Konkretisierungen des Begriffs der Sozialwidrigkeit** handele, die bei der Prüfung der sozialen Rechtfertigung der Kündigung zu erörtern seien.[205] Die Diskriminierungsverbote des AGG könnten jedoch **nicht als eigene Unwirksamkeitsnormen** angewendet werden.[206]

---

201 Vgl ErfK/Schlachter § 2 AGG Rn 17 f.
202 **Krit** HK-ArbR/Bufalica/Braun § 2 AGG Rn 14 f; Bauer/Thüsing/Schunder NZA 2006, 776 ff; die Europarechtswidrigkeit **bejahend** Schrader/Schubert AGG Rn 435 d; AnwK-ArbR/v. Steinau-Steinrück/Schneider § 2 AGG Rn 21; Thüsing BB 2007, 1506 f; **verneinend** im Hinblick auf die Möglichkeit einer richtlinienkonformen Auslegung Diller/Krieger/Arnold NZA 2006, 887 ff.
203 Vgl § 2 Abs 1 Ziff 2 AGG sowie § 7 Abs 2 AGG und die Gesetzesbegründung zum nahezu wortgleichen § 21 Abs 4 AGG, NJW, Beilage zu Heft 36/2006: *Im übrigen verbleibt es dabei, dass insb einseitige Rechtsgeschäfte, die gegen das Benachteiligungsverbot verstoßen, nach § 134 BGB grundsätzlich nichtig sind, bspw. Kündigungen, die ausgesprochen wurden, um aus den in § 1 genannten Gründen zu diskriminieren.*
204 Schrader/Schubert AGG Rn 430-435 e.
205 BAG 6.11.2008 – 2 AZR 523/07 – NZA 2009, 361; 5.11.2009 – 2 AZR 676/08 – NZA 2010, 457; 19.12.2013 – 6 AZR – ArbRB 2014, 1.
206 BAG 6.11.2008 – 2 AZR 523/07 – NZA 2009, 361; 6.11.2008 – 2 AZR 701/07 – BB 2008, 2568.

77a Ob die vom BAG vorgesehene „Einpassung der Diskriminierungsverbote in das Kündigungsschutzrecht", ohne Änderung der kündigungsrechtlichen Dogmatik im Übrigen, den europarechtlichen Vorgaben genügt, darf bezweifelt werden und wird auch davon abhängen, mit welcher Konsequenz diese von der Rechtsprechung umgesetzt werden wird. Die Kündigungsgründe des § 1 Abs 2 KSchG erfassen **objektiv vorliegende Gründe** auf der Grundlage einer negativen Zukunftsprognose (dauerhafter Wegfall der Beschäftigungsmöglichkeit, dauerhafter Entfall der Leistungsfähigkeit etc). Bei der Beurteilung der Rechtswirksamkeit außerordentlicher Kündigungen kam es bislang gleichermaßen ausschließlich auf die **objektive Rechtslage** im Zeitpunkt des Zugangs der Kündigungserklärung an.[207] Die §§ 1 ff AGG beziehen sich hingegen auf unzulässige Kündigungsmotive. Hierdurch wird die **subjektive Motivation des Kündigenden** relevant und einer Überprüfung durch die Arbeitsgerichte zugänglich, wenn – und nur dann – durch die Kündigung eines oder mehrere der acht Diskriminierungs- bzw Benachteiligungsmerkmale des § 1 AGG verwirkt werden. § 7 Abs 1, 2. HS AGG pönalisiert darüber hinaus bereits die (irrige) **Annahme** (!) eines Benachteiligungstatbestandes durch den Kündigenden. Eine verbotene Benachteiligung iSd AGG liegt ferner schon dann vor, wenn der Kündigende aus einem Motivbündel heraus handelt und der Diskriminierungstatbestand nach § 1 AGG im Verhältnis zu den anderen Motiven jedenfalls nicht unbedeutend ist.[208] Das AGG bringt damit einen Paradigmenwechsel. Nach der Grundstruktur des Gesetzes kommt es nicht auf die objektiven Umstände an, sondern auf die **subjektive Willensrichtung des Arbeitgebers**.[209] Das AGG ist dann anwendbar, wenn eine Benachteiligung aus einem missbilligenswerten Motiv iSd § 1 AGG erfolgt. Dies bedeutet, dass sich Kündigungen, ähnlich wie beim Maßregelungsverbot des § 612a BGB, allein wegen eines Verstoßes gegen die **Antidiskriminierungsvorschriften des AGG** als **unwirksam** erweisen können.[210] Wird mithin durch eine (außerordentliche) Kündigung ein Benachteiligungstatbestand isD § 1 AGG verwirkt, ist die Kündigung unter Annahme der Europarechtswidrigkeit des § 2 Abs 4 AGG nach dem Gesetzeswortlaut gem § 7 AGG iVm § 134 BGB nichtig. Zum nämlichen Ergebnis, nämlich der Unwirksamkeit bzw der Sozialwidrigkeit der Kündigung müsste die konsequente Umsetzung der Einpassung der Diskriminierungsverbote in das bestehende System des Kündigungsschutzrechts unter Beachtung der europarechtlichen Vorgaben führen.

77b Nach der Rechtsprechung des BAG regelt **§ 2 Abs 4 AGG** für **Kündigungen** nur das **Verhältnis** zwischen dem **AGG** und dem **KSchG** (Bestimmungen zum allgemeinen Kündigungsschutz) sowie den **gesetzlichen Bestimmungen, die speziell auf Kündigungen zugeschnitten sind** (Bestimmungen zum besonderen Kündigungsschutz). Dies sind im Bereich des Bürgerlichen Gesetzbuches insbesondere die §§ 613a, 622, 626 BGB, nicht aber die **zivilrechtlichen Generalklauseln** der §§ 138, 242 BGB. Bei diesen handelt es

---

207 Vgl § 626 BGB Rn 64 f.
208 BAG 22.10.2009 – 8 AZR 642/08 – NZA 2010, 280; Nollert-Borasio, AuR 2008, 332, 334 mwN.
209 Diller/Krieger/Arnold NZA 2006, 889.
210 Vgl BAG 23.4.2009 – 6 AZR 189/08 – NJW 2010, 104 (zu § 612a BGB).

sich um Auffangtatbestände, die ihre kündigungsrechtliche Bedeutung erst unter Berücksichtigung verfassungs- oder unionsrechtlicher Vorgaben gewinnen. Der **Diskriminierungsschutz des AGG** geht insoweit diesen Klauseln vor und verdrängt diese.[211] Ordentliche **potentiell diskriminierende Kündigungen** während der Wartezeit und in Kleinbetrieben sind daher unmittelbar und ausschließlich am Maßstab des AGG zu messen. Eine Kündigung, auf die das **KSchG nicht anwendbar** bzw **noch nicht anwendbar** ist, weil sie innerhalb der Wartezeit ausgesprochen wurde, kann mithin nach § 134 BGB iVm § 7 AGG unwirksam sein, wenn sie den Arbeitnehmer aus einem der im Gesetz genannten Diskriminierungs- bzw Benachteiligungsmerkmale iSd §§ 1, 3 AGG diskriminiert.[212] Hierbei handelt es sich um einen sonstigen Unwirksamkeitsgrund iSd § 13 Abs 3 KSchG, so dass die Unwirksamkeit einer solchen Kündigung nach Maßgabe der §§ 4-7 KSchG geltend gemacht werden muss.

Durch die – mittelbare bzw unmittelbare – Anwendung des AGG auf Kündigungen werden ua die Bedeutung und die gerichtliche Kontrollmöglichkeit der subjektiven Motivationslage des Kündigenden in erheblichem Umfang sanktioniert und erweitert. Dies mag vielleicht, je nach Sichtweise, nicht wünschenswert sein, entspricht letztendlich jedoch auch unter systematischen Aspekten der im Grundsatz stets auf einen Bestandsschutz ausgerichteten Konzeption des Kündigungsschutzrechts. 78

Zusammengefasst gilt derzeit folgende Rechtslage: Im Bereich der Anwendbarkeit des KSchG und der auf Kündigungen speziell zugeschnittenen gesetzlichen Regelungen kommt das AGG nach der Rechtsprechung des BAG zu einer soz. mittelbaren Anwendung, indem dessen Regelungen bei der Konkretisierung der Sozialwidrigkeit der Kündigung zu berücksichtigen sind (Rn 77).

Außerhalb des Bereichs der Bestimmungen zum allgemeinen und besonderen Kündigungsschutz (also im Kleinbetrieb und während der Wartezeit) erfolgt auf iSd §§ 1, 3 AGG potentiell diskriminierende Kündigungen eine unmittelbare Anwendung des AGG (Rn 77b), einschließlich der die Rechtsstellung des Arbeitnehmers erheblich verbessernden **Beweislastregel des § 22 AGG**.

Der Arbeitnehmer hat ferner die Möglichkeit, neben bzw unabhängig von der klagweisen Geltendmachung der Rechtsunwirksamkeit oder Sozialwidrigkeit einer Kündigung, Ansprüche nach § 15 AGG, jedenfalls **Entschädigungsansprüche nach § 15 Abs 2 AGG**[213] gegen den Arbeitgeber sowie die Rechte bzw Ansprüche der §§ 13, 14, 16 AGG geltend zu machen.[214] 78a

---

211 BAG 19.12.2013 – 6 AZR 190/12 – NZA 2014, 372.
212 BAG aaO; vgl ausf die Kommentierung zum AGG bei § 1 KSchG Rn 143 ff.
213 LAG Bremen 29.6.2010 – 1 Sa 29/10 – NZA-RR 2010, 510; zunächst noch offen gelassen von BAG 22.10.2009 – 8 AZR 642/08 – NZA 2010, 280; nunmehr klargestellt durch BAG 19.12.2013 – 6 AZR 190/12 – ArbRB 2014, 1, zu III; ob neben dem Entschädigungsanspruch nach § 15 Abs 2 AGG weitere Ansprüche auf Ersatz des materiellen Schadens nach § 15 Abs 1 AGG in Betracht kommen können, wurde offen gelassen, BAG aaO, zu III 3.
214 Schrader/Schubert AGG Rn 435 c; HK-ArbR/Bufalica/Braun § 2 AGG Rn 15.

79 **cc) Verstöße gegen den Grundsatz von Treu und Glauben.** Nach allgemeiner Ansicht ist eine gegen den Grundsatz von Treu und Glauben verstoßende Kündigung unwirksam.[215] Die **Treuwidrigkeit der Kündigung** ist ein sonstiger Unwirksamkeitsgrund nach § 13 Abs 3 KSchG.[216]

80 Im Anschluss an die ständige Rechtsprechung des BAG ist die Vorschrift des § 242 BGB auf Kündigungen neben § 1 KSchG nur in **beschränktem Umfang** anwendbar.[217] Das KSchG habe nämlich die Voraussetzungen und Wirkungen des Grundsatzes von Treu und Glauben konkretisiert und abschließend geregelt, soweit es um den Bestandsschutz und das Interesse des Arbeitnehmers an der Erhaltung seines Arbeitsplatzes gehe. Umstände, die im Rahmen des § 1 KSchG zu würdigen seien und die die Kündigung als sozial ungerechtfertigt erscheinen lassen könnten, kämen als Verstöße gegen Treu und Glauben nicht in Betracht. Eine Kündigung verstoße dann gegen § 242 BGB und sei nichtig, wenn sie aus Gründen, die von § 1 KSchG nicht erfasst seien, Treu und Glauben verletze. Eine solche Kündigung sei nicht willkürlich, wenn für ihren Ausspruch ein irgendwie einleuchtender Grund vorliege. Dies gelte auch für eine Kündigung, auf die wegen Nichterfüllung der sechsmonatigen Wartezeit nach § 1 Abs 1 KSchG das KSchG keine Anwendung finde, weil sonst für diese Fälle über § 242 BGB der kraft Gesetzes ausgeschlossene Kündigungsschutz doch gewährt würde und über Gebühr die Möglichkeit des Arbeitgebers eingeschränkt würde, die Eignung des Arbeitnehmers für die geschuldete Tätigkeit in seinem Betrieb während der gesetzlichen Wartezeit zu überprüfen.[218] Diesen von der Rechtsprechung des BAG aufgestellten Grundsätzen ist im Regelfall zuzustimmen, weil sie mit der gesetzgeberischen Motivation im Einklang stehen.[219] Eine auf den Grundsatz von Treu und Glauben gestützte Erweiterung des Anwendungsbereichs des KSchG wäre eine **unzulässige Rechtsfortbildung** durch die „Hintertür". Jedoch ist auch zu berücksichtigen, dass der Grundsatz von Treu und Glauben ein unserer Rechtsordnung immanentes Rechtsprinzip darstellt, das eine allen Rechten, Rechtslagen und Rechtsnormen innewohnende Inhaltsbegrenzung bildet. Von daher kann im Einzelfall, insbesondere aus verfassungsrechtlichen Gründen dem Grundsatz von Treu und Glauben gleichsam **korrigierende Anwendungskompetenz** zukommen (s Rn 82, 83).[220]

In Übereinstimmung mit der Rechtsprechung des BAG **verstößt eine Kündigung gegen § 242 BGB und ist nichtig, wenn sie aus Gründen, die von § 1 KSchG nicht erfasst sind, Treu und Glauben verletzt.**[221]

---

215 ZB BAG 8.6.1972 – 2 AZR 285/71 – AP KSchG 1969 § 13 Nr 1; BAG 23.6.1994 – 2 AZR 617/93 – AP BGB § 242 Kündigung Nr 9.
216 ZB HK-KSchG/Dorndorf § 13 Rn 109.
217 BAG 1.7.1999 – 2 AZR 926/98 – AP BGB § 242 Nr 10.
218 BAG 22.4.2010 – 6 AZR 828/08 – ArbR 2010, 346; 1.7.1999 – 2 AZR 926/98 – AP BGB § 242 Kündigung Nr 10; 24.1.2008 – 6 AZR 96/07 – NZA-RR 2008, 405.
219 BT-Drucks I/2090, abgedruckt in RdA 1951, 58, 63.
220 BAG 6.2.2003 – 2 AZR 672/01 – AP KSchG 1969 § 23 Nr 30 Kleinbetrieb – Auswahlentscheidung – Vergleichbarkeit.
221 ZB BAG 28.8.2003 – 2 AZR 333/02 – EzA-SD 2003, Nr 25, 8-10; KR/Friedrich § 242 BGB Rn 4.

Da im Verhältnis zu § 13 Abs 3 KSchG Abs 2 der Vorschrift eine weiter gehende Verweisung für die sittenwidrige Kündigung des § 138 BGB enthält, wird deren **Abgrenzung** zu § 242 BGB notwendig. In jeder sittenwidrigen Kündigung liegt zugleich auch ein Verstoß gegen Treu und Glauben. Umgekehrt führt nicht jeder Verstoß gegen § 242 BGB zur Sittenwidrigkeit der Kündigung. Ersterer ist also etwas Minderes und etwas Anderes als ein Verstoß gegen die guten Sitten. Allerdings lassen sich die Regelungsbereiche der §§ 138 und 242 BGB nicht immer exakt voneinander trennen. Generell bezieht sich **§ 138 BGB** auf die **Substanz des Handlungsunwerts**, während **§ 242 BGB** auf den **Unwert der Art und Weise des Handelns** abstellt.

81

Zwar lassen sich **typische Tatbestände der treuwidrigen Kündigung** bilden; welche Anforderungen sich aus dem Grundsatz von Treu und Glauben ergeben, lässt sich jedoch nur unter Berücksichtigung der Umstände des Einzelfalles entscheiden:[222]

82

Zu § 242 BGB gehören die Fälle des **widersprüchlichen Verhaltens**. Die Unzulässigkeit des *venire contra factum proprium* stellt eine von Amts wegen zu prüfende Schranke jedweder Rechtsanwendung dar.[223] Gibt der Arbeitgeber dem Arbeitnehmer zu erkennen, ein bestimmtes Verhalten werde von ihm nicht zum Anlass für eine Beendigung des Arbeitsverhältnisses genommen, so verstößt eine gleichwohl ausgesprochene Kündigung gegen § 242 BGB und ist deshalb nichtig.[224] Etwas anderes kann aber dann gelten, wenn der Arbeitgeber seine Beurteilung aufgrund neuer, später bekannt gewordener Umstände ändert. Auch sonst ist es dem Arbeitgeber verwehrt, zunächst ein auf den Fortbestand des Arbeitsverhältnisses gerichtetes Verhalten an den Tag zu legen, um anschließend bei unveränderter Sachlage das Arbeitsverhältnis zu kündigen.[225] Teilt der Arbeitgeber dem Arbeitnehmer mit, er beabsichtige die Erklärung einer Änderungskündigung, sollte ein Angebot zur einvernehmlichen Vertragsänderung nicht angenommen werden, verstößt eine nach Ablehnung der Vertragsänderung bei unveränderter Sachlage ausgesprochene Beendigungskündigung gegen Treu und Glauben.[226] Treuwidrig kann ebenso eine vom Arbeitgeber ohne neuen Lebenssachverhalt erklärte Beendigungskündigung nach vorangegangener unwirksamer Änderungskündigung sein.[227] Eine Kündigung ist gem § 242 BGB unwirksam, wenn der Arbeitgeber den Arbeitnehmer zunächst abmahnt und anschließend bei gleich gebliebenem Sachverhalt wegen ein und desselben Pflichtverstoßes kündigt.[228]

Ein weiterer Anwendungsfall ist die sog **Kündigung zur Unzeit**. Hierbei handelt es sich ganz generell um eine Kündigung, die durch die Wahl des

---

222 BAG 16.9.2004 – 2 AZR 511/03 – AuA 2005, 247; 20.6.2013 – 2 AZR 790/11 – BB 2013, 2164.
223 BAG 12.2.1970 – 2 AZR 184/69 – AP BGB § 123 Nr 17; 21.3.1980 – 7 AZR 314/78 – AP SchwbG § 17 Nr 1; KR/Friedrich § 242 BGB Rn 21 ff.
224 LAG Schleswig-Holstein 22.6.2011 – 3 Sa 95/11 – ArbRB 2011, 257; LAG Berlin 17.11.2004 – 17 Sa 1601/04 – EzA-SD 2005, Nr 6, 7.
225 KR/Friedrich § 242 BGB Rn 23.
226 LAG Berlin 17.11.2004 – 17 Sa 1601/04 – EzA-SD 2005, Nr 6, 7.
227 ArbG Trier 23.1.2013 – 4 Ca 1255/12 – BB 2013, 819.
228 LAG Schleswig-Holstein 19.10.2004 – 5 Sa 279/04 – DB 2005, 340.

Zeitpunkts berechtigte Interessen des Arbeitnehmers beeinträchtigt. Hat der Arbeitgeber davon Kenntnis, dass sich der im Krankenhaus aufgrund eines schweren Arbeitsunfalls in Behandlung befindliche Arbeitnehmer an einem bestimmten Zeitpunkt einer schwierigen unfallbedingten Operation unterziehen muss, und übergibt er dem Arbeitnehmer kurz vor der Narkose die Kündigung, ist diese wegen Verstoßes gegen Treu und Glauben unwirksam.[229] Demgegenüber ist eine Kündigung, die am 24. Dezember zugeht, nicht bereits wegen dieses Zeitpunkts treuwidrig.[230] Neben den zu bemängelnden Kündigungszeitpunkt müssen weitere Umstände treten, aus denen sich ergibt, dass der Arbeitgeber mit Absicht oder aufgrund einer Missachtung der persönlichen Belange des Arbeitnehmers einen Zeitpunkt für den Ausspruch der Kündigung wählt, der den Arbeitnehmer besonders beeinträchtigt.[231]

Ein Verstoß gegen Treu und Glauben liegt auch im Fall einer sog **ungehörigen Kündigung** vor. Hier ergibt sich die Unwirksamkeit der Kündigung aus der Art und Weise sowie den Umständen, unter denen sie erklärt wird. Dies kann bspw dann anzunehmen sein, wenn die Kündigung vor versammelter Belegschaft oder in beleidigender Form erklärt wird; nicht jedoch allein schon deshalb, weil sie während einer Erkrankung des Arbeitnehmers,[232] im Zusammenhang mit einem Arbeitsunfall,[233] nach dem Tod eines nahen Angehörigen ausgesprochen wird[234] oder dem Arbeitnehmer während eines stationären Aufenthaltes wegen einer psychischen Erkrankung in der Klinik persönlich übergeben wird, obwohl der Zugang der Kündigungserklärung auch auf andere Weise (zB Übergabe an Familienangehörige) hätte bewirkt werden können.[235]

Eine **Kündigung**, die **kurz vor Ablauf der sechsmonatigen Wartezeit** des § 1 Abs 1 KSchG oder einer vereinbarten **Probezeit** erklärt wird, ist regelmäßig nicht treuwidrig.[236] Innerhalb der ersten sechs Monate des Arbeitsverhältnisses gilt der Grundsatz der Kündigungsfreiheit. Das Probearbeitsverhältnis kann zulässigerweise mit der (idR vereinbarten) kürzeren (Probezeit-)Frist gekündigt werden, auch wenn das Arbeitsverhältnis infolge dessen erst nach Ablauf der Warte- bzw Probezeit endet. Treuwidrigkeit kommt aber dann in Betracht, wenn die Kündigung kurz vor Ablauf der Wartefrist einzig und allein zu dem Zweck erfolgt, das Entstehen des Kündigungsschutzes zu vereiteln.[237] Wird das Arbeitsverhältnis während der Probezeit gekündigt, weil sich der Arbeitnehmer nicht in betriebliche Abläufe einfügt und seine Arbeit nicht zufrieden stellend erledigt, ist die Kündigung nicht rechtsmissbräuchlich.[238] Außerhalb des Anwendungsbereichs

---

229 LAG Bremen 29.10.1985 – 4 Sa 151/85 – BB 1986, 393.
230 BAG 14.11.1984 – 7 AZR 174/83 – AP BGB § 626 Nr 88.
231 BAG 5.4.2001 – 2 AZR 185/00 – NZA 2001, 890.
232 LAG Köln 13.2.2006 – 14 (3) Sa 1363/05, LAGE § 242 BGB 2002 Kündigung Nr 1.
233 ArbG Solingen 10.5.2012 – 2 Ca 198/12 – AE 2013, 22.
234 BAG 23.9.1976 – 2 AZR 309/75 – AP KSchG 1969 § 1 Wartezeit Nr 1; BAG 5.4.2001 – 2 AZR 185/00 – NZA 2001, 890.
235 LAG Hamm 3.2.2004 – 19 Sa 1956/03 – EzA-SD 2004, Nr 13, 14.
236 BAG 16.9.2004 – 2 AZR 447/03 – AP BGB § 611 Kirchendienst Nr 44.
237 KR/Friedrich § 242 BGB Rn 35.
238 LAG Hamm 11.3.2005 – 10 Sa 2027/04 – AuA 2005, 495.

des KSchG setzt die Wirksamkeit einer aus **Gründen im Verhalten** des Arbeitnehmers erklärten Kündigung idR nicht voraus, dass diesem zuvor eine vergebliche Abmahnung erteilt wurde.[239] Liegt einer der typischen Treuwidrigkeitstatbestände, insbesondere Rechtsmissbrauch oder Diskriminierung nicht vor, bedarf eine derartige Kündigung keiner objektiv nachprüfbaren Begründung. Ein Willkürverbot kann nicht erhoben werden, wenn ein **irgendwie einleuchtender Grund** für die Ausübung des Kündigungsrechts besteht.[240]

Eine **Kündigung ohne Angabe eines Kündigungsgrundes** ist nicht ungehörig und folglich nicht unwirksam, da eine Begründungspflicht im Allgemeinen weder für die ordentliche, noch für die außerordentliche Kündigung besteht.[241] Etwas anderes gilt nur dann, wenn die Angabe des Kündigungsgrundes ausnahmsweise gesetzlich (§§ 22 Abs 3 BBiG, 9 Abs 3 Satz 2 MuSchG), tarifvertraglich oder arbeitsvertraglich[242] vorgesehen ist (s Rn 70). Die gleichen Grundsätze gelten auch für die grundsätzlich nur bei der Verdachtskündigung stets erforderliche **Anhörung des Arbeitnehmers** vor Erklärung der Kündigung.[243]

Soweit die Begründung der Kündigung durch den Arbeitgeber bei Anwendung des KSchG im Rahmen der Sozialwidrigkeit zu würdigen wäre, kommt ein Verstoß gegen Treu und Glauben grundsätzlich nicht in Betracht (s Rn 80 f). Etwas anderes kann nur dann gelten, wenn im Einzelfall **die Kündigung persönlichkeitsrechtsverletzenden oder diskriminierenden Charakter** hat. In diese Richtung gingen wohl Entscheidungen des BAG, in denen es eine personenbedingte Kündigung, die in der Probezeit allein wegen der Homosexualität des Arbeitnehmers ausgesprochen worden war und eine Kündigung eines Arbeitnehmers aufgrund einer nicht bestätigten Aussage einer Zeugin vom Hörensagen wegen Verdachts von Haschischkonsum, ohne ihm vorher Gelegenheit zur Stellungnahme zu geben, ua nach § 242 BGB jeweils für unwirksam angesehen hat.[244] Dies sind Einzelfälle, deren Begründungen sich bei näherer Betrachtung letztlich aus verfassungsrechtlichen Wertentscheidungen ergaben (Diskriminierungsverbot nach Art 3 Abs 1, Abs 3 GG; Persönlichkeitsrecht nach Art 2 Abs 1 GG jeweils iVm Art 12 Abs 1 GG). Bei diesen Kündigungen war jeweils nicht die Begründung als solche zu beanstanden, sondern vielmehr die äußeren Umstände, die den Ausschlag gegeben haben. Nach der neuen Rechtsprechung des BAG[245] wird zukünftig allerdings zu beachten sein, dass eine aufgrund ihres potentiell **diskriminierenden Charakters** bislang potentiell **treuwidrige Kündigung** – auf die das **KSchG nicht anwendbar** oder **noch nicht anwendbar** ist, weil sie innerhalb der Wartezeit ausgesprochen wurde

---

239 BAG 28.8.2008 – 2 AZR 101/07 – AE 2009, 57.
240 BAG 25.4.2001 – 5 AZR 360/99 – NZA 2002, 87; BAG 24.1.2008 – 6 AZR 96/07 – NZA-RR 2008, 405.
241 BAG 16.9.2004 – 2 AZR 447/03 – AP BGB § 611 Kirchendienst Nr 44; KR/Friedrich § 242 BGB Rn 36.
242 Vgl BAG 25.10.2012 – 2 AZR 845/11 – ArbR 2013, 244.
243 APS/Preis Grundlagen J. Rn 49.
244 BAG 23.6.1994 – 2 AZR 617/93 – AP BGB § 242 Kündigung Nr 9; BAG 2.11.1983 – 7 AZR 65/82 – AP BetrVG 1972 § 102 Nr 29.
245 BAG 19.12.2013 – 6 AZR 190/12 – ArbRB 2014, 1.

– ausschließlich am **Maßstab des AGG** zu messen ist. Eine solche Kündigung ist nach § 134 BGB iVm § 7 AGG unwirksam, wenn sie den Arbeitnehmer isd §§ 1, 3 AGG diskriminiert (s Rn 77 b, 78).[246]

83a Ein **kirchlicher Arbeitgeber** kann von den Arbeitnehmern, die Funktionsträger in den Kirchen sind oder die im verkündungsnahen Bereich eingesetzt werden, die Einhaltung der nach dem verfassungsrechtlich geschützten kirchlichen Selbstverständnis[247] wesentlichen kirchlichen Grundsätze verlangen.[248] Die Arbeitsgerichte haben bei der Bewertung einzelner **Loyalitätsanforderungen** die vorgegebenen kirchlichen Maßstäbe zugrunde zu legen, soweit hierdurch kein Widerspruch zu tragenden Grundprinzipien der Rechtsordnung entsteht. Der Wechselwirkung von kirchlichem Selbstbestimmungsrecht und den Grundrechten der Arbeitnehmer ist durch eine Güterabwägung im Rahmen der kündigungsschutzrechtlichen Bestimmungen Rechnung zu tragen. Hierbei ist sicherzustellen, dass von kirchlichen Einrichtungen keine in Einzelfällen unannehmbaren Anforderungen an die Loyalität ihrer Mitarbeiter gestellt werden.[249] Werden hiernach zu billigende Loyalitätsanforderungen durch den Arbeitnehmer nicht eingehalten und akzeptiert, verstößt eine hierauf gestützte Kündigung regelmäßig nicht gegen § 242 BGB und wegen § 9 AGG auch nicht gegen § 134 BGB iVm § 7 AGG (s Rn 82). So liegt bspw in einer während der Probezeit aufgrund der **Wiederverheiratung** des Arbeitnehmers erklärten Kündigung keine Diskriminierung, die zu deren Treuwidrigkeit führt.[250] Ebenso können der **Ehebruch** eines Kirchenbediensteten[251] oder der **Austritt** eines im verkündigungsnahen Bereich einer ihrer Einrichtungen eingesetzten Mitarbeiters **aus der katholischen Kirche** eine Kündigung des Arbeitsverhältnisses rechtfertigen.[252]

83b Das BVerfG sieht in seiner Entscheidung vom 27.1.1998[253] den Staat auf der Grundlage des Art 12 GG für verpflichtet an, dem Arbeitnehmer einen gewissen Mindestschutz vor Arbeitgeberkündigungen mit der Rechtsfolge zu gewähren, dass nicht vom gesetzlichen Kündigungsschutz erfasste Arbeitnehmer vor *willkürlichen oder auf sachfremden Motiven beruhenden Kündigungen zu schützen* sind. Im **Kleinbetrieb und während der ersten sechs Monate des Arbeitsverhältnisses** wird der dem Geltungsbereich des KSchG nicht unterfallende Arbeitnehmer durch den **Diskriminierungsschutz des AGG**[254] resp. die **zivilrechtlichen Generalklauseln** vor einer sitten- oder treuwidrigen Kündigung geschützt, wobei auch der objektive Gehalt der Grundrechte zu beachten ist.[255] Grundsätzlich sind auch außerhalb des Anwendungsbereichs des KSchG im Falle einer nicht personenbe-

---

246 Vgl ausf die Kommentierung zum AGG bei § 1 KSchG Rn 143 ff.
247 Art 140 GG, 137 Abs 5 WRV.
248 Ausf zu kirchlichen Arbeitsverhältnissen und Tendenzbetrieben § 1 Rn 48 ff, 410 ff, 537 ff.
249 BAG 25.4.2013 – 2 AZR 579/12 – NJW 2014, 104.
250 BAG 16.9.2004 – 2 AZR 447/03 – AP BGB § 611 Kirchendienst Nr 44.
251 BAG 24.4.1997 – 2 AZR 268/96 – AP BGB § 611 Kirchendienst Nr 27.
252 BAG 25.4.2013 – 2 AZR 579/12 – NJW 2014, 104.
253 1 BvL 15/87 – AP KSchG 1969 § 23 Nr 17.
254 Hierzu Rn 52, 75 f, 77 aE, 82 und § 1 KSchG Rn 143 ff.
255 BVerfG 21.6.2006 – 1 BvR 1659/04 – NZA 2006, 913.

zogenen Kündigung im **Kleinbetrieb soziale Erwägungen** anzustellen, wenn unter mehreren Arbeitnehmern eine Auswahl zu treffen ist, um ein durch Art 12 GG gebotenes **Mindestmaß an sozialer Rücksichtnahme** zu wahren.[256] Diese sozialen Abwägungen setzen voraus, dass eine betriebliche Vergleichbarkeit des Gekündigten mit den nicht gekündigten Arbeitnehmern besteht; bejahendenfalls ist der durch langjährige Betriebszugehörigkeit erdiente Schutz des Vertrauens auf den Fortbestand des Arbeitsverhältnisses zu berücksichtigen.[257] Allerdings darf der durch die zivilrechtlichen Generalklauseln begründete Schutz nicht dazu führen, dass auch im Kleinbetrieb im Ergebnis die vom KSchG vorgesehenen Maßstäbe der Sozialwidrigkeit zur Anwendung gelangten.[258]

Ein Verstoß gegen Treu und Glauben liegt hiernach etwa dann nicht vor, wenn der Arbeitgeber im Kleinbetrieb vor dem Hintergrund eines **laufenden Scheidungsverfahrens** die Kündigung des mit seiner Ehefrau bestehenden Arbeitsverhältnisses erklärt[259] oder wenn ein Arbeitgeber einem Arbeitnehmer, den er zuvor unter Hinweis darauf, er sei sein "bester Arbeitnehmer" und unter Gewährung einer Gehaltserhöhung zur **Fortsetzung des Arbeitsverhältnisses** bewegt hat, fünf Monate später eine ordentliche Kündigung aus betrieblichen Gründen ausspricht.[260]

3. Rechtsfolgen der aus anderen Gründen iSd § 13 Abs 3 KSchG bedingten Unwirksamkeit der Kündigung

a) Gerichtliche Geltendmachung der Unwirksamkeit der Kündigung. aa) Klagefrist; Verweisung auf §§ 4, 7 KSchG. Auf sonstige Unwirksamkeitsgründe iSd § 13 Abs 3 KSchG ist der Erste Abschnitt des KSchG mit Ausnahme der §§ 4 – 7 KSchG nicht anzuwenden. Durch das Gesetz zu Reformen am Arbeitsmarkt wurde mit Wirkung ab 1.1.2004 eine **einheitliche Klagefrist für alle Kündigungen des Arbeitgebers** eingeführt. Dies folgt aus §§ 4 Satz 1, 5 – 7 KSchG in der ab 1.1.2004 geltenden Fassung, auf die § 13 Abs 3 KSchG verweist.[261] Danach müssen **alle denkbaren Unwirksamkeitsgründe mit Ausnahme der Einhaltung des Schriftformerfordernisses iSd § 623 BGB** (s Rn 86), das Voraussetzung für den Beginn der Klagefrist ist, unabhängig von der Dauer des Arbeitsverhältnisses und der Größe des Betriebs (vgl § 23 Abs 1 Satz 2 KSchG) **innerhalb von drei Wochen gerichtlich geltend gemacht werden**, um die Wirksamkeitsfiktion des § 7

---

256 BAG 21.2.2001 – 2 AZR 15/00 – AP § 242 BGB Nr 12; BVerfG 21.6.2006 – 1 BvR 1659/04 – NZA 2006, 913.
257 BAG 6.2.2003 – 2 AZR 672/01 – AP KSchG 1969 § 23 Nr 30; ausf zum **Kündigungsschutz im Kleinbetrieb** § 1 KSchG Rn 134 ff; Gragert/Kreutzfeld NZA 1998, 567, 568 f.
258 LAG Baden-Württemberg 5.7.2011 – 22 Sa 11/11; APS/Biebl § 13 KSchG Rn 58.
259 LAG Berlin-Brandenburg 9.5.2008 – 6 Sa 598/08.
260 LAG Köln 28.9.2012 – 4 Sa 569/12 – AE 2013, 166.
261 Zur Bilanz der Änderungen des Arbeitsmarktreformgesetzes § 4 KSchG Rn 4.

KSchG zu vermeiden.²⁶² Dem entspricht der in der Gesetzesbegründung deutlich zum Ausdruck gekommene Wille des Gesetzgebers, eine einheitliche Klagefrist für alle Kündigungen des Arbeitgebers einzuführen.²⁶³ Der seit langem geforderten Erstreckung der dreiwöchigen Klagefrist auf alle Unwirksamkeitsgründe einer Kündigung wurde damit Rechnung getragen.²⁶⁴

Der Unterschied zur früheren Gesetzeslage ist erheblich, soweit ein Arbeitnehmer nicht innerhalb der dreiwöchigen Klagefrist Kündigungsschutzklage erhoben hat.²⁶⁵ Denn Streitgegenstand der Kündigungsschutzklage war auch schon bisher nicht etwa nur die Sozialwidrigkeit, sondern vielmehr die Rechtsunwirksamkeit der Kündigung, weshalb die rechtskräftige Abweisung der Klage zur Folge hatte, dass es einem Arbeitnehmer nicht mehr möglich war, andere die gleiche Kündigung betreffende Unwirksamkeitsgründe in einem Folgeprozess gerichtlich geltend zu machen. Dies folgte aus der **materiellen Rechtskraftwirkung** und dem mit ihr verbundenen sog **Präklusionsprinzip**.²⁶⁶

Die **gesetzliche Neuregelung** lässt dies nun bereits schon dann nicht mehr zu, wenn der Arbeitnehmer eine Kündigungsschutzklage nicht fristgerecht erhoben hat.²⁶⁷ Wird bspw das Arbeitsverhältnis eines Betriebsratsmitglieds oder eines nicht offensichtlich schwer behinderten Menschen durch den Arbeitgeber in Unkenntnis der Schwerbehinderung gekündigt, ohne dass die erforderliche Zustimmung zur Kündigung des Betriebsrats bzw die behördliche Zulässigkeitserklärung vorliegt, muss dessen ungeachtet binnen drei Wochen nach Zugang der Kündigung Klage eingereicht werden, anderenfalls die Fiktion des § 7 KSchG eintritt.²⁶⁸

85 **bb) Beginn der Klagefrist, Zulassung verspäteter Klagen und Sonderfall Schwangerschaft.** Der Lauf der dreiwöchigen Klagefrist beginnt, ohne dass es darauf ankommt, ob der Arbeitnehmer Kenntnis vom Vorliegen eines sonstigen Unwirksamkeitsgrundes hat oder eine solche hätte haben können. Die Frist beginnt mit dem Zugang der schriftlichen Kündigung zu laufen. Der Arbeitgeber ist nicht verpflichtet, den Arbeitnehmer auf die Notwendigkeit einer Klageerhebung und/oder die hierbei zu beachtende Klagefrist hinzuweisen.²⁶⁹ Verstreicht die Klagefrist ohne dass arbeitnehmerseits

---

262 BAG 28.6.2007 – 6 AZR 873/06 – NZA 2007, 972; ausf zum **Schriftformerfordernis** § 4 KSchG Rn 3, zu möglichen weiteren **Ausnahmen von der Klagefrist** § 4 KSchG Rn 139 ff und BAG 26.3.2009 – 2 AZR 403/07 – NZA 2009, 1146; zu den **Sonderfällen des** § 4 Satz 4 KSchG vgl § 4 KSchG Rn 114 ff und BAG 13.2.2008 – 2 AZR 864/06 – NZA 2008, 1055; 19.2.2009 – 2 AZR 286/07 – NZA 2009, 980.
263 BT-Drucks 15/1204 S 9, 13: Vereinheitlichung der Klagefrist für alle Kündigungen.
264 Francken NZA 1999, 796.
265 Richardi NZA 2003, 764.
266 Ausf hierzu § 4 KSchG Rn 164, 169 ff.
267 Einzelheiten zum Streitgegenstand § 4 KSchG Rn 43 ff.
268 Vgl LAG Hamm 22.9.2005 – 8 Sa 974/05 – FA 2006, 190; vgl auch BAG 23.2.2010 – 2 AZR 659/08 – MDR 2010, 1471 (Änderung der Rspr zur Regelfrist innerhalb derer der Arbeitnehmer dem Arbeitgeber nach Zugang der Kündigung seine Schwerbehinderung oder den entspr Feststellungsantrag mitteilen muss, von bislang einem Monat auf drei Wochen).
269 ErfK/Kiel § 4 KSchG Rn 2.

Klage eingereicht wurde, gilt die Kündigung als von Anfang an rechtswirksam. Nur dann, wenn der Arbeitnehmer trotz Anwendung aller ihm nach Lage der Umstände zuzumutenden Sorgfalt verhindert war, die Klage rechtzeitig zu erheben, kann diese auf seinen Antrag unter den strengen Voraussetzungen des § 5 KSchG nachträglich zugelassen werden.[270] Da dies verfassungsrechtlich im Hinblick auf Art 6 Abs 4 GG für den Sonderkündigungsschutz einer Schwangeren, die erst nach Ablauf der dreiwöchigen Frist von ihrer Schwangerschaft Kenntnis erlangt, bedenklich wäre, und die nachträgliche Klagezulassung in Bezug auf die Unkenntnis eines Unwirksamkeitsgrundes unbehelflich ist,[271] sah sich der Gesetzgeber veranlasst § 5 KSchG auf diesen bestimmten Unwirksamkeitsgrund zu erweitern.[272]

cc) Verwirkung des Klagerechts. Da die Geltendmachung der sonstigen Unwirksamkeitsgründe mit Wirkung ab 1.1.2004 der **dreiwöchigen Klagefrist** unterliegt, kommt es auf die einzelfallbezogene und deshalb mit erheblicher Rechtsunsicherheit behaftete Verwirkung solcher Unwirksamkeitsgründe im Regelfall nicht mehr an.[273] Allerdings ist eine **Klagefrist nicht vorgesehen** für die Erhebung einer Klage, die aus Gründen unwirksam ist, die von § 13 Abs 3 KSchG iVm § 4 Satz 1 KSchG nicht erfasst werden.[274] Hauptanwendungsfall sind **mündliche Kündigungen** und **Kündigungen**, die zwar in Textform, jedoch **formunwirksam iSd § 623 BGB** erklärt wurden.[275] Das Recht zur Geltendmachung derartiger Mängel unterliegt nach wie vor der Verwirkung.[276] Nach Auffassung des LAG Berlin-Brandenburg ist dem Arbeitnehmer nach Ausspruch einer mündlichen Kündigung eine angemessene Überlegungszeit einzuräumen, deren Dauer bis zu sechs Wochen seit Kündigungszugang betrage. Nach Ablauf dieser Frist könne das Klagerecht verwirken; das auf die Hinnahme der Beendigung schließen lassende Umstandsmoment könne im mehrfachen Verlangen der Herausgabe der Arbeitspapiere liegen.[277] Auch bei Kündigungen, die dem Arbeitnehmer **bis zum Ablauf des 31.12.2003** zugegangen sind, findet das Rechtsinstitut der Verwirkung noch Anwendung.[278]

dd) Klageart, Antragstellung. Nach der Neuregelung des § 13 Abs 3 KSchG muss ein Arbeitnehmer, will er die Rechtsunwirksamkeit der Kündigung wegen eines sonstigen Unwirksamkeitsgrundes geltend machen, innerhalb von drei Wochen nach Zugang der schriftlichen Kündigung (die

---

270 Vgl die Kommentierung zu § 5 KSchG.
271 Löwisch NZA 2003, 689, 693; Richardi NZA 2003, 764, 767.
272 BT-Drucks 15/1587 S 31.
273 Löwisch NZA 2003, 689, 693; BT-Drucks 15/1204 S 10.
274 KR/Friedrich § 13 KSchG Rn 386.
275 **Ausf** hierzu § 4 KSchG Rn 3; zum Diskussionsstand hinsichtlich weiterer möglicher **Ausnahmen von der Klagefrist** § 4 KSchG Rn 139 ff; zu den **Sonderfällen des** § 4 S 4 KSchG § 4 Rn 114 ff; BAG 3.7.2003 – 2 AZR 487/02 – NZA 2003, 1335; 13.2.2008 – 2 AZR 864/06 – NZA 2008, 1055; 19.2.2009 – 2 AZR 286/07 – BB 2009, 2092.
276 Näher § 623 BGB Rn 50 f; KR/Friedrich § 13 KSchG Rn 387 ff.
277 LAG Berlin-Brandenburg 16.8.2010 – 25 Ta 1628/10 – ArbR 2011, 26.
278 Hierzu iE Erstaufl § 13 KSchG Rn 78.

punktuelle) **Kündigungsschutzklage isd § 4 Satz 1 KSchG** beim Arbeitsgericht erheben.[279] Bei der **Kündigungsschutzklage** empfiehlt sich folgende **Antragstellung** (s auch Rn 19 f):

▶ Es wird festgestellt, dass das Arbeitsverhältnis der Parteien durch die außerordentliche/ordentliche Kündigung der Beklagten vom ..., dem Kläger zugegangen am ..., nicht aufgelöst wurde/wird. ◀

Eine (allgemeine) **Feststellungsklage isd § 256 ZPO** kommt gegen Kündigungen des Arbeitgebers nur in den seltenen Fällen des Vorliegens von Unwirksamkeitsgründen in Betracht, die nicht von §§ 13 Abs 3, 4 Satz 1 KSchG erfasst werden (s Rn 86), hauptsächlich also bei isd § 623 BGB formunwirksamen Kündigungen des Arbeitgebers. **Nur in diesen Fällen** kann an Stelle einer Klage nach § 4 ZPO **auch Leistungsklage** erhoben werden (ansonsten s Rn 88), da in Ermangelung einer schriftlichen Kündigung die Klage keiner Frist unterliegt und die Klage nach § 4 KSchG dem Arbeitnehmer nicht zur Verfügung steht.

Im Rahmen einer **Feststellungsklage isd § 256 ZPO** kann folgender Antrag gestellt werden:

▶ Es wird festgestellt, dass das Arbeitsverhältnis der Parteien über den ... (Zeitpunkt des Kündigungszugangs bei außerordentlicher, fristloser Kündigung oder des Ablaufs der Kündigungs- oder Auslauffrist) hinaus fortbesteht. ◀

88 Eine **Leistungsklage** – etwa auf Vergütung für den Zeitraum nach Zugang einer außerordentlichen Kündigung – **wahrt** nach hM die nunmehr auch für die sonstigen Unwirksamkeitsgründe einzuhaltende **dreiwöchige Klagefrist nicht** (Ausnahme s Rn 86 f).[280] Allerdings kommt eine entsprechende Anwendung des § 6 KSchG in Betracht, wenn der Arbeitnehmer die innerhalb der dreiwöchigen Klagefrist erhobene Klage damit begründet, dass die Kündigung unwirksam isd § 13 KSchG sei. Die Auslegung der Klagebegründung einer Leistungsklage kann bei der ggf vorzunehmenden Auslegung des Klageantrags zu dem Ergebnis führen, dass eine Feststellungsklage isd §§ 13 Abs 3, 4 Satz 1 KSchG vorliegt, wenn ersichtlich wird, dass der Arbeitnehmer vorrangig die Unwirksamkeit der Kündigung festgestellt wissen will.[281] Will **der Arbeitnehmer lediglich die Nichteinhaltung der ordentlichen Kündigungsfrist** geltend machen, empfiehlt es sich zur Vermeidung unnötiger Risiken gleichwohl, die Klagefrist des § 4 KSchG zu wahren, obgleich dies nicht in allen Fällen erforderlich ist (näher s Rn 71).

89 Die Frage, ob eine Feststellungsklage des Arbeitnehmers isd § 256 ZPO ein **Feststellungsinteresse** erfordert, wenn er Ansprüche aus dem Arbeitsverhältnis mit einer Leistungsklage geltend machen kann, stellt sich regelmäßig nicht mehr, da ein besonderer punktueller Feststellungsantrag nach § 4 Satz 1 KSchG seit der Neuregelung (s Rn 84) auch dann zu stellen ist,

---

279 Einzelheiten zu **Inhalt, Antrag, Streitgegenstand, Form der Klage** und Problemfällen vgl § 4 KSchG Rn 43 ff, zu deren Rechtswirkungen – **Verjährung, Ausschlussfristen, Urlaubsansprüche** – vgl Rn 145 ff.
280 ZB ErfK/Kiel § 4 KSchG Rn 9 a; näher § 4 KSchG Rn 21 f zur **Weiterbeschäftigungsklage**, § 4 KSchG Rn 23 f zu **sonstigen Leistungsklagen**.
281 Vgl § 4 KSchG Rn 24.

wenn der Arbeitnehmer lediglich sonstige Unwirksamkeitsgründe geltend macht.

ee) **Geltendmachung weiterer Unwirksamkeitsgründe außerhalb der Klagefrist.** Beruft sich der Arbeitnehmer auf die Sozialwidrigkeit der Kündigung isd KSchG bzw auf das Fehlen eines wichtigen Grundes isd § 626 BGB oder auf die zivilrechtliche Unwirksamkeit der Kündigung aus sonstigen Gründen isd § 13 Abs 3 KSchG kann und muss er – unter der Voraussetzung einer innerhalb der Klagefrist des § 4 Satz 1 KSchG erhobenen Kündigungsschutzklage – auch alle sonstigen Unwirksamkeits- bzw Sozialwidrigkeitsgründe, zwar nicht innerhalb der Dreiwochenfrist, jedoch im Rahmen des bereits anhängigen Kündigungsschutzprozesses geltend machen. Alle weiteren zur Rechtsunwirksamkeit oder Sozialwidrigkeit der Kündigung führen könnenden Gründe müssen nach Maßgabe des § 6 KSchG in der verlängerten Anrufungsfrist längstens **bis zum Schluss der mündlichen Verhandlung erster Instanz** geltend gemacht werden.[282]

90

Im Hinblick auf die nunmehr auch für die sonstigen Unwirksamkeitsgründe geltende einheitliche dreiwöchige Klagefrist ist es dem Arbeitnehmer allein schon wegen des Fristablaufs nicht mehr möglich, eine weitere Klage zu erheben, um sich auf andere Unwirksamkeitsgründe zu berufen.

b) **Auflösungsantrag**[283] **aa) Unwirksamkeit aufgrund sonstiger Gründe.** Auf die sonstigen Unwirksamkeitsgründe finden die Vorschriften des Ersten Abschnitts des KSchG (§§ 1 – 14) keine Anwendung. Dem **eindeutigen Wortlaut** des § 13 Abs 3 KSchG entsprechend, steht **weder dem Arbeitnehmer noch dem Arbeitgeber**, unabhängig davon, ob die punktuelle Feststellungsklage innerhalb der Dreiwochenfrist angebracht wurde und ob das KSchG Anwendung findet, ein **Antragsrecht auf Auflösung des Arbeitsverhältnisses** (§§ 9 Abs 1, 13 Abs 1 Satz 3 KSchG) zu, wenn die Kündigung **ausschließlich** aus einem anderen Unwirksamkeitsgrund isd § 13 Abs 3 KSchG nichtig ist.[284] In diesen Fällen kann daher auch vom Arbeitnehmer eine Verurteilung des Arbeitgebers zur Zahlung einer Abfindung nicht durchgesetzt werden. Dem Arbeitnehmer einen Auflösungsantrag zuzubilligen bedeutete, sich über den eindeutigen Wortlaut des § 13 Abs 3 KSchG hinwegzusetzen. Mag es auch rechtspolitisch durchaus begrüßenswert sein, einen Auflösungsantrag bei ausschließlich sonstigen Unwirksamkeitsgründen zuzulassen, so liegen indessen keine Wertungswidersprüche vor, die eine Rechtsfortbildung idS erforderten.[285] Im Übrigen kann der Arbeitnehmer im Falle der Unzumutbarkeit der Fortsetzung des Arbeitsverhältnisses nach Ausspruch der unwirksamen Kündigung seinerseits nach § 626 BAG

91

---

282 BAG 8.11.2007 – 2 AZR 314/06 – NJW 2008, 1336; vgl iE die Kommentierung zu § 6 KSchG.
283 Vgl näher § 9 KSchG Rn 25 ff.
284 BAG 28.8.2008 – 2 AZR 63/07 – NZA 2009, 275 (Bestätigung und Fortführung der bisherigen Rspr auch für die Zeit nach Inkrafttreten des Arbeitsmarktreformgesetzes zum 1.1.2004); APS/Biebl § 13 KSchG Rn 66; aA Koller DB 1979, 1458 ff; KR/Friedrich § 13 KSchG Rn 434, der letztlich aus verfahrensökonomischen Gründen jedenfalls dann einen Auflösungsantrag des Arbeitnehmers zulässt, wenn der Arbeitnehmer Kündigungsschutz isd KSchG hat und die Klagefrist des § 4 Satz 1 KSchG eingehalten ist.
285 Zutr HK-KSchG/Dorndorf § 13 Rn 138.

außerordentlich kündigen[286] und bei schuldhaftem Verhalten des Arbeitgebers **Schadenersatz** nach § 628 Abs 2 BGB verlangen.[287] Die hierfür erforderlichen Voraussetzungen sollten indessen sorgfältig geprüft werden, da eine derartige Vorgehensweise mit nicht unerheblichen Risiken und ggf weit reichenden, nicht rückgängig zu machenden Konsequenzen verbunden sein kann.[288]

92 **bb) Unwirksamkeit aufgrund sonstiger Gründe und Sozialwidrigkeit.** Ist die Kündigung sowohl sozialwidrig als auch aus sonstigen Gründen rechtsunwirksam, kann der **Arbeitnehmer** die Auflösung des Arbeitsverhältnisses nach § 9 KSchG, bei einer außerordentlichen Kündigung, wenn der wichtige Grund fehlt, nach § 13 Abs 1 Satz 3 KSchG, beantragen.[289] Dem ist zuzustimmen, weil die für den Auflösungsantrag vorausgesetzte Sozialwidrigkeit festgestellt werden kann und muss.[290]

93 Demgegenüber steht dem **Arbeitgeber** das Recht zur Beantragung der Auflösung des Arbeitsverhältnisses nur dann zu, wenn **die Kündigung lediglich nach § 1 KSchG sozialwidrig ist.** Ist die Kündigung also bereits – auch – aus anderen Gründen unwirksam, ist eine Auflösung des Arbeitsverhältnisses auf Antrag des Arbeitgebers nicht möglich.[291]

94 **c) Erklärung nach § 12 KSchG.** Da § 13 Abs 3 KSchG schlechthin den Ersten Abschnitt des KSchG für nicht anwendbar erklärt, steht dem Arbeitnehmer auch das **Sonderkündigungsrecht** nach § 12 Satz 1 KSchG nicht zur Seite.[292] Entgegen der Auffassung des BAG[293] finden die **Anrechnungsvorschriften des § 12 Satz 4 und 5 KSchG** auf eine aus sonstigen Gründen unwirksame Kündigung **keine Anwendung.** Das BAG sieht darin allgemeine Rechtsgrundsätze, die zur Folge hätten, dass der Arbeitnehmer bei einer aus sonstigen Gründen unwirksamen Kündigung Zahlung des entgangenen Verdienstes nur bis zum Eintritt in ein neues Arbeitsverhältnis beanspruchen könnte. Dem widerspricht zum einen der eindeutige **Wortlaut** des § 13 Abs 3 KSchG, wonach die §§ 1 – 14 KSchG, und somit auch § 12 KSchG, bei sonstigen Unwirksamkeitsgründen nicht anwendbar ist. Zum anderen ist § 12 Satz 4 KSchG als Ausnahme von der Regelung des § 615 BGB **nicht analogiefähig.**[294]

---

286 Zur außerordentlichen Arbeitnehmerkündigung vgl § 626 BGB Rn 101 ff, 154 ff.
287 HK-KSchG/Dorndorf § 13 Rn 138.
288 Vgl BAG 21.5.2008 – 8 AZR 623/07 – ArbRB 2008, 298 zu Voraussetzungen und Umfang des Entschädigungsanspruchs nach § 628 Abs 2 BGB; BAG 12.3.2009 – 2 AZR 894/07 – NZA 2009, 840 zum idR gegen das Verbot widersprüchlichen Verhaltens verstoßende Berufen des Arbeitnehmers auf die Unwirksamkeit einer schriftlich erklärten außerordentlichen Eigenkündigung.
289 BAG 29.1.1981 – 2 AZR 1055/78 – AP KSchG 1969 § 9 Nr 6; 20.3.1997 – 8 AZR 769/95 – AP KSchG 1969 § 9 Nr 30.
290 BAG 29.1.1981 – 2 AZR 1055/78 – AP KSchG 1969 § 9 Nr 6; 20.3.1997 – 8 AZR 769/95 – AP KSchG 1969 § 9 Nr 30.
291 BAG 25.11.1993 – 2 AZR 517/93 – AP KSchG 1969 § 14 Nr 3; 26.3.2009 – 2 AZR 879/07 – NZA 2009, 679.
292 HK-KSchG/Dorndorf § 13 Rn 138; KDZ/Däubler § 13 KSchG Rn 26.
293 19.7.1978 – 5 AZR 748/77 – AP BGB § 242 Auskunftspflicht Nr 16; ebenso LSW/Löwisch § 12 KSchG Rn 9, § 13 KSchG Rn 57.
294 Vgl § 12 KSchG Rn 2; der Auffassung des BAG im Ergebnis folgend KR/Friedrich § 13 KSchG Rn 428 f.

4. Darlegungs- und Beweislast

a) Grundsatz. Die für den Ausgang des Rechtsstreits oftmals entscheidende Verteilung der **Darlegungs- und Beweislast** gestaltet sich bei einem Streit der Arbeitsvertragsparteien über die Rechtsunwirksamkeit einer Kündigung aus sonstigen Gründen wie folgt: Entgegen der für die soziale Rechtfertigung einer ordentlichen Kündigung in § 1 Abs 2 Satz 4 KSchG gesetzlich dem Arbeitgeber auferlegten Beweislast (und somit auch der Darlegungslast, da die Darlegungslast grundsätzlich der Beweislast folgt), finden auf die sonstigen Unwirksamkeitsgründe die **allgemeinen Grundsätze** zur Darlegungs- und Beweislast Anwendung. Danach muss derjenige, der für sich eine sich aus einer Norm ergebende **günstige Rechtsfolge** in Anspruch nimmt, die **Tatsachen**, die diese Rechtsfolge voraussetzt, **behaupten und ggf beweisen**.[295] Kündigt der Arbeitgeber das Arbeitsverhältnis, beruft er sich auf einen für ihn rechtlich vorteilhaften, das Arbeitsverhältnis vernichtenden Tatbestand. Daraus folgt jedoch nicht, dass der Arbeitgeber die Kündigung unter jedwedem rechtlichen Gesichtspunkt sachlich zu rechtfertigen hat. Dies gilt nur insoweit, als es um die soziale Rechtfertigung einer ordentlichen Kündigung (§ 1 Abs 2 Satz 4 KSchG) und das Vorliegen eines wichtigen Grundes (§ 626 Abs 1 BGB) einschließlich der damit untrennbar zusammenhängenden Einhaltung der Kündigungserklärungsfrist (§ 626 Abs 2 Satz 1 BGB) geht. Die Bindung der Kündigung an Rechtfertigungsgründe stellt gleichsam den kündigungsspezifischen **Grundtatbestand** (vergleichbar den anspruchsbegründenden Voraussetzungen einer Anspruchsgrundlage) des Gestaltungsrechts Kündigung dar, dessen rechtsfolgegünstige Wirksamkeitsvoraussetzungen der Arbeitgeber darzulegen und ggf zu beweisen hat. Demgegenüber handelt es sich bei den sonstigen Unwirksamkeitsgründen um außerhalb des Grundtatbestands stehende Wirksamkeitsvoraussetzungen, die, um die Terminologie der Einwendungsarten zu verwenden, rechtshindernden oder rechtsvernichtenden Charakter bezogen auf die rechtsbegründenden Voraussetzungen der Kündigung haben. Daraus folgt der **Grundsatz**, dass der Arbeitgeber die Wirksamkeit des Grundtatbestands der Kündigung und der Arbeitnehmer deren sonstige Wirksamkeitsvoraussetzungen gleichsam als rechtshindernde oder rechtsvernichtende Unwirksamkeitsgründe darzulegen und ggf zu beweisen hat.

Von daher hat also der **Arbeitnehmer** die Nichteinhaltung vorgeschriebener Kündigungsfristen oder vertraglicher Kündigungsbeschränkungen, die Voraussetzungen des besonderen Kündigungsschutzes, zB gem § 15 KSchG, § 9 MuSchG, §§ 85, 91 SGB IX, § 2 ArbPlSchG, einen Verstoß gegen § 17 ff KSchG, § 20 BetrVG, § 242 BGB oder das Maßregelungsverbot des § 612 a BGB **darzulegen und notfalls zu beweisen** (Einzelheiten s Rn 98).

b) Ausnahme. Eine von diesen Grundsätzen der Verteilung der Darlegungs- und Beweislast abweichende Ausnahme besteht im Bereich der **Anhörung des Betriebsrats, des Personalrats und der Mitarbeitervertretung**. Nach hM hat der Arbeitgeber die ordnungsgemäße Beteiligung des Be-

---

295 KR/Friedrich § 13 KSchG Rn 404.

triebsrats (und der vorgenannten weiteren Repräsentativorgane in gleicher Art und Weise) darzulegen und notfalls zu beweisen.[296] Dass die nicht ordnungsgemäße Anhörung des Betriebsrats als sonstiger Unwirksamkeitsgrund einer anderen Verteilung der Darlegungs- und Beweislast folgt, ergibt sich aus der Ausgestaltung der Anhörung des Betriebsrats als **Wirksamkeitsvoraussetzung für jede Kündigung** durch den Arbeitgeber.[297] Von daher fügt sich diese Ausnahme in das vorstehend mitgeteilte System der Verteilung der Darlegungs- und Beweislast ein, wonach der Arbeitgeber den Grundtatbestand der Kündigung, also die rechtsbegründenden Voraussetzungen, wozu auch die ordnungsgemäße Anhörung des Betriebsrats gehört, darzulegen und ggf zu beweisen hat. Um die Darlegung der ordnungsgemäßen Anhörung des Betriebsrats durch den Arbeitgeber auszulösen, genügt es zunächst, wenn der Arbeitnehmer pauschal oder mit Nichtwissen nach § 138 Abs 4 ZPO bestreitet, der Betriebsrat sei ordnungsgemäß angehört worden.[298] Hierauf hat der Arbeitgeber die nach § 102 Abs 1 BetrVG und nach der Rechtsprechung des BAG erforderlichen Voraussetzungen des Anhörungsverfahrens darzulegen und ggf unter Beweis zu stellen. Genügt das tatsächliche Vorbringen des Arbeitgebers diesen Voraussetzungen, muss der Arbeitnehmer sich dazu substantiiert erklären, vgl § 138 Abs 2 ZPO. Nimmt der Arbeitnehmer hierzu keine oder aber nur unsubstantiiert Stellung, ist sein Vortrag unbeachtlich.[299]

98 c) **Beweiserleichterungen. Abgestufte Darlegungs- und Beweislast, Anscheinsbeweis.** Eine Abstufung der Darlegungs- und Beweislast ist aufgrund der verfahrensrechtlichen Dimension des Art 12 Abs 1 GG geboten, dessen Schutzbereich durch den Ausspruch einer Kündigung betroffen ist.[300] An die **Darlegungslast des Arbeitnehmers** dürfen **keine unzumutbaren Anforderungen** gestellt werden, da anderenfalls der grundgesetzlich gebotene Mindestschutz vor einem Arbeitsplatzverlust unterlaufen würde. Insbesondere dann, wenn sich der Arbeitnehmer auf sonstige Unwirksamkeitsgründe beruft, die auf **subjektiv motivierten Sachgründen** beruhen, etwa *inneren Tatsachen*, zB bei einem Verstoß gegen die guten Sitten oder gegen Treu und Glauben, ist die Darlegungs- und Beweislast nach § 138 Abs 2 ZPO abzustufen (s auch Rn 62 ff). Geht es um Tatsachen, die außerhalb des Wahrnehmungsbereichs der darlegungsbelasteten Partei stehen, ist es dem Prozessgegner zumutbar, der darlegungsbelasteten Partei einen ordnungsgemäßen Vortrag durch nähere Angaben über die dem Wahrnehmungsbereich der darlegungspflichtigen Partei entzogenen Umstände zu ermöglichen.[301]

---

296 BAG 11.10.1989 – 2 AZR 61/89 – AP KSchG 1969 § 1 Betriebsbedingte Kündigung Nr 47; KR/Etzel § 102 BetrVG Rn 192 ff.
297 Fitting § 102 BetrVG Rn 57.
298 BAG 23.6.1983 – 2 AZR 15/82 – AP KSchG 1969 § 1 Krankheit Nr 10.
299 BAG 18.10.1984 – 2 AZR 489/83.
300 Vgl BVerfG 16.11.1993 – 1 BvR 258/86 – AP BGB § 611a Nr 9; BAG 16.9.2004 – 2 AZR 511/03 – AuA 2005, 247.
301 SPV/Preis Rn 276.

Aus obigen Grundsätzen folgt, dargestellt für den Fall einer **treuwidrigen** **Kündigung** isd § 242 BGB, nach der Rechtsprechung des BAG die folgende, **abgestufte Verteilung der Darlegungs- und Beweislast:**[302] 99

1. Darlegung der Treuwidrigkeit des Kündigungssachverhalts durch den Arbeitnehmer. Da dieser die zur Kündigung führenden Überlegungen regelmäßig nicht kennt, reicht es aus, wenn der substantiiert gehaltene Sachvortrag die Treuwidrigkeit der Kündigung indiziert.
2. Qualifizierter Gegenvortrag des Arbeitgebers zu den Einlassungen des Arbeitnehmers, § 138 Abs 2 BGB. Ausführungen des Arbeitgebers zur Entkräftung des arbeitnehmerseitigen Vortrags sind indes nur dann erforderlich, wenn zuvor ein Treueverstoß schlüssig durch den Arbeitnehmer dargelegt wurde.
3. Beweis der die Treuwidrigkeit bedingenden Tatsachen durch den Arbeitnehmer. Der Beweis ist erforderlich, wenn der Arbeitgeber im zweiten Schritt seiner sekundären Behauptungslast nachgekommen ist, anderenfalls gilt der Sachvortrag des Arbeitnehmers als zugestanden, § 138 Abs 3 ZPO.

Beispiele: Kündigt der Arbeitgeber unter Einhaltung der gesetzlich vorgesehenen Kündigungsfrist nach § 622 Abs 1 BGB, behauptet jedoch der Arbeitnehmer in schlüssiger und bei erheblichem Bestreiten des Arbeitgebers in substantiierter Weise, arbeitsvertraglich sei eine längere Kündigungsfrist vereinbart, so hat er seine Behauptung zu beweisen.

Beruft sich eine Arbeitnehmerin auf den besonderen Kündigungsschutz nach § 9 Abs 1 Satz 1 MuSchG, so hat sie zunächst darzulegen, dass sie im Zeitpunkt des Zugangs der Kündigung schwanger war und sie diesen Umstand entweder dem Arbeitgeber innerhalb von zwei Wochen nach Zugang der Kündigung mitgeteilt hat oder aber bei Überschreiten dieser Frist deren Versäumung nicht von ihr zu vertreten war und sie die Mitteilung, im Zeitpunkt des Zugangs der Kündigung schwanger gewesen zu sein, unverzüglich nachgeholt hat. Bestreitet der Arbeitgeber diese tatsächlichen Voraussetzungen in erheblicher Weise, hat die Arbeitnehmerin ihren Sachvortrag nunmehr zu beweisen.

Beruft sich der Arbeitnehmer auf die Unwirksamkeit einer Kündigung nach § 613 a Abs 4 Satz 1 BGB, obliegt es ihm darzulegen und notfalls zu beweisen, dass die Kündigung **wegen des Übergangs eines Betriebs oder Betriebsteils** erklärt worden ist.[303] Soweit die Kündigung im zeitlichen Zusammenhang mit dem Betriebs- bzw Betriebsteilübergang steht, kann sich der Arbeitnehmer sogar des **Anscheinsbeweises** bedienen. Dies kann auch bzgl weiterer sonstiger Unwirksamkeitsgründe isd § 13 Abs 3 KSchG beim Vorliegen **typischer Geschehensabläufe** in Betracht kommen (s Rn 64).[304] So kommt dem Arbeitnehmer in Fällen des § 612 a BGB ein Anscheinsbeweis zugute, wenn er Tatsachen nachweist, die eine Benachteiligung wegen zulässiger Rechtsausübung wahrscheinlich machen, weil bspw ein eviden-

---

302 BAG 28.8.2008 – 2 AZR 101/07 – AE 2009, 57; 20.6.2013 – 6 AZR 790/11 – BB 2013, 2164.
303 BAG 21.7.1994 – 8 AZR 227/93 – AP Einigungsvertrag Art 13 Nr 8.
304 KR/Friedrich § 13 KSchG Rn 405.

ter oder zeitlicher Zusammenhang besteht und/oder die nachteiligen Maßnahmen gehäuft binnen kurzer Frist erfolgten.[305]

100 Die Erfüllung der ihn treffenden Darlegungs- und Beweislast wird für den Arbeitnehmer in der Praxis, trotz der ihm zugute kommenden Beweiserleichterungen, häufig mit erheblichen Schwierigkeiten einhergehen. Viele Klagen werden bereits an der **schlüssigen Darlegung** der tatbestandlichen Voraussetzungen eines sonstigen Unwirksamkeitsgrundes scheitern (s Rn 62 ff). Eine Verbesserung der prozessualen Situation des Arbeitnehmers wird sich allerdings in mancher Konstellation aus neueren Entscheidungen zum Aspekt „Waffengleichheit im Zivilverfahren", wie etwa der des BAG vom 22.5.2007, ergeben.[306] Hat ein Gespräch allein zwischen den Parteien stattgefunden, kann die für den Inhalt des Gesprächs beweisbelastete **Partei Beweis antreten**, indem sie ihre **eigene Anhörung** oder **Vernehmung** beantragt.[307]

---

305 LAG Köln 19.9.2006 – 9 (4) Sa 173/06 – BB 2007, 388.
306 BAG 22.5.2007 – 3 AZN 1155/06 – NZA 2007, 885.
307 Hierzu ausf § 626 BGB Rn 167 und Rn 168 ff zur Beweiswürdigung; vgl auch Böhm, ArbRB 2009, 121 ff zur Beweisführung über den Inhalt eines Vier-Augen-Gesprächs; Stackmann, NJW 2012, 1249 ff zur Erhebung und Verwertung von Parteiangaben.

§ 14 Angestellte in leitender Stellung

(1) Die Vorschriften dieses Abschnitts gelten nicht
1. in Betrieben einer juristischen Person für die Mitglieder des Organs, das zur gesetzlichen Vertretung der juristischen Person berufen ist,
2. in Betrieben einer Personengesamtheit für die durch Gesetz, Satzung oder Gesellschaftsvertrag zur Vertretung der Personengesamtheit berufenen Personen.

(2) ¹Auf Geschäftsführer, Betriebsleiter und ähnliche leitende Angestellte, soweit diese zur selbständigen Einstellung oder Entlassung von Arbeitnehmern berechtigt sind, finden die Vorschriften dieses Abschnitts mit Ausnahme des § 3 Anwendung. ²§ 9 Abs. 1 Satz 2 findet mit der Maßgabe Anwendung, daß der Antrag des Arbeitgebers auf Auflösung des Arbeitsverhältnisses keiner Begründung bedarf.

I. Grundsätze 1	e) Leitende Angestellte in Betrieben der Schiffahrt und des Luftverkehrs 24
II. Mitglieder gesetzlicher Vertretungsorgane juristischer Personen und Vertreter von Personengesamtheiten 3	2. Kündigungsschutz leitender Angestellter 25
1. Mitglieder gesetzlicher Vertretungsorgane 3	a) Grundsatz 25
2. Zur Vertretung von Personengesamtheiten berufene Personen 8	b) Ausschluss des § 3 KSchG 26
3. Nebeneinander von Arbeitsverhältnis und Organ- oder Vertreterstellung 13	c) Modifizierung des § 9 Abs 1 Satz 2 KSchG 27
III. Leitende Angestellte 17	d) Sonstige Besonderheiten im Kündigungsschutzrecht 31
1. Begriff 17	e) Befristung 38
a) Allgemeines............ 17	f) Rechtswegzuständigkeit 39
b) Geschäftsführer 18	
c) Betriebsleiter 19	
d) Ähnlich leitende Angestellte 20	

I. Grundsätze

§ 14 betrifft den **persönlichen Geltungsbereich** des KSchG. Danach gelten die den Kündigungsschutz regelnden §§ 1 bis 13 KSchG (Vorschriften dieses Abschnitts, § 14 Abs 1 KSchG) nicht für gesetzliche Vertreter von juristischen Personen und die zur Vertretung von Personengesamtheiten berufenen Personen. Da es sich bei diesem Personenkreis um keine Arbeitnehmer handelt,[1] hat die Vorschrift nur **klarstellenden Charakter**.[2] Dahinter steht

---

1 BAG 25.6.1997 – 5 AZB 41/96 – AP ArbGG 1979 § 5 Nr 36; DFL/Bröhl § 14 KSchG Rn 1; Löwisch/Spinner § 14 Rn 1; KR/Rost § 14 Rn 6; vHH/L/v. Hoyningen-Huene § 14 Rn 2 mwN; Thüsing/Laux/Lembke-Rambach § 14 KSchG Rn 1.
2 BAG 25.10.2007 – 6 AZR 1045/06 – AP KSchG 1969 § 14 Nr 11, organschaftliche Stellung bedingt Herausnahme aus dem Anwendungsbereich des allgemeinen Kündigungsschutzes; BAG 15.4.1982 – 2 AZR 1101/79 – AP KSchG 1969 § 14 Nr 1; ErfK/Kiel § 14 KSchG Rn 1; HK-KSchG/Dorndorf § 14 Rn 2; KR/Rost § 14 KSchG Rn 3; KDZ/Kittner/Deinert § 14 KSchG Rn 1; Löwisch/Spinner § 14 Rn 1.

die Vorstellung des Gesetzgebers, dass dieser Personenkreis auf der Grundlage einer typisierten Betrachtung nicht sozial schutzbedürftig ist.[3] Vielfach ist mit der Organstellung eine Unternehmensbeteiligung oder jedenfalls eine entsprechende Vergütung verbunden.[4] Es wird aus rechtspolitischer Hinsicht erwogen, denjenigen gesetzlichen Vertretern, die überhaupt nicht oder nur geringfügig am Unternehmenskapital beteiligt sind, zumindest einen Abfindungsschutz zukommen zu lassen oder gar arbeitsrechtliche Bestimmungen auf ihren Status anzuwenden.[5] Fraglos kann im Dienstvertrag eines Organvertreters die Anwendung des KSchG vereinbart werden.[6] Die de lege lata bestehende Herausnahme dieses Personenkreises aus dem Anwendungsbereich des allgemeinen Kündigungsschutzes erfolgt gesetzestechnisch in Form einer negativen Fiktion („gelten nicht").[7] Dabei knüpft die Vorschrift allein an die **organschaftliche Stellung** an mit der Folge, dass dem erwähnten Personenkreis auch dann nicht der gesetzliche Kündigungsschutz zuteil wird, wenn das ihrer organschaftlichen Stellung zugrunde liegende Vertragsverhältnis ausnahmsweise als Arbeitsverhältnis ausgestaltet sein sollte.[8] Auch wenn also ein Anstellungsverhältnis zwischen der juristischen Person und dem Mitglied des Vertretungsorgans wegen dessen starker interner Weisungsabhängigkeit als Arbeitsverhältnis zu qualifizieren ist und deshalb materielles Arbeitsrecht zur Anwendung kommt, sind zur Entscheidung eines Rechtsstreits aus dieser Rechtsbeziehung die ordentlichen Gerichte berufen.[9] An der Unzuständigkeit der Arbeitsgerichte ändert es nichts, wenn streitig ist, wie das Anstellungsverhältnis zu beurteilen ist.[10] § 5 Abs 1 Satz 3 ArbGG greift sogar ein, wenn objektiv feststeht, dass das Anstellungsverhältnis ein Arbeitsverhältnis ist.[11] Damit wird sichergestellt, dass der allgemeine Kündigungsschutz auch dann nicht gilt, wenn man einzelne Personen des § 14 Abs 1 (zB den Fremdgeschäftsführer einer GmbH) als Arbeitnehmer ansieht.[12] Anders verhält es sich nur, wenn und soweit der Rechtsstreit nicht das der Organstellung zugrunde liegende Rechtsverhältnis betrifft, sondern eine weitere Rechtsbeziehung besteht. Insoweit greift die Fiktion des § 5 Abs 1 Satz 3

---

3 BTM-Backmeister § 14 KSchG Rn 1; Dornbusch/Wolff-Reichel § 14 KSchG Rn 1; KR/Rost § 14 KSchG Rn 4.
4 BTM-Backmeister § 14 KSchG Rn 1; krit dazu KR/Rost § 14 KSchG Rn 4, der rechtstatsächlich auf die nicht bestehende Homogenität dieses Personenkreises verweist und deshalb rechtspolitisch für bestimmte Konstellationen zumindest einen Abfindungsschutz für sinnvoll erachtet.
5 KR/Rost § 14 Rn 4 mwN.
6 BGH 10.5.2010 – II ZR 70/09 – NJW 2010, 2343; KR/Rost § 14 Rn 4; vHH/L/v. Hoyningen-Huene § 14 Rn 11.
7 APS/Biebl § 14 KSchG Rn 3; Thüsing/Laux/Lembke-Rambach § 14 KSchG Rn 2; vHH/L/v. Hoyningen-Huene § 14 Rn 3.
8 BAG 26.10.2012 – 10 AZB 55/12 – GmbHR 2013, 253-255; BAG 27.6.1985 – 2 AZR 425/84 – AP AngestelltenkündigungsG § 1 Nr 2; Thüsing/Laux/Lembke-Rambach § 14 KSchG Rn 2; vHH/L/v. Hoyningen-Huene § 14 Rn 3.
9 BAG 26.10.2012 – 10 AZB 55/12 – GmbHR 2013, 253-255; BAG 15.3.2011 – 10 AZB 32/10 – AP ArbGG 1979 § 2 Nr 95.
10 BAG 26.10.2012 – 10 AZB 55/12 – GmbHR 2013, 253-255; BAG 6.5.1999 – 5 AZB 22/98 – AP ArbGG 1979 § 5 Nr 46.
11 BAG 26.10.2012 – 10 AZB 55/12 – GmbHR 2013, 253-255.
12 Löwisch/Spinner § 14 Rn 1 mwN.

ArbGG nicht ein.¹³ Dies gilt, sofern der Organvertreter Rechte auch mit der Begründung geltend macht, nach der Abberufung als Geschäftsführer habe sich das nicht gekündigte Anstellungsverhältnis (wieder) in ein Arbeitsverhältnis umgewandelt.¹⁴ Denkbar für die Begründung der Zuständigkeit der Gerichte für Arbeitssachen ist es auch, wenn die Klagepartei Ansprüche aus einem während der Zeit als zB Geschäftsführer eines nicht aufgehobenen Arbeitsverhältnisses nach seiner Abberufung als Organmitglied geltend macht.¹⁵

In diesem Zusammenhang ist auf die Entscheidung des EuGH vom 11.11.2010¹⁶ hinzuweisen, wonach es für die Arbeitnehmereigenschaft iSd Unionsrechts insoweit ohne Bedeutung ist, dass das Beschäftigungsverhältnis nach nationalem Recht ein Rechtsverhältnis sui generis ist. Sofern eine Person während einer bestimmten Zeit für eine andere nach deren Weisung Leistungen erbringt, für die sie als Gegenleistung eine Vergütung erhält, ist die Art der Rechtsbeziehung zwischen ihr und der anderen Partei ohne Bedeutung für die Anwendung der Richtlinie 92/85 vom 19.10.1992. Art 10 der Richtlinie 92/85 über die Durchführung von Maßnahmen zur Verbesserung der Sicherheit und des Gesundheitsschutzes von schwangeren Arbeitnehmerinnen, Wöchnerinnen und stillenden Arbeitnehmerinnen am Arbeitsplatz ist dahin auszulegen, dass er einer nationalen Regelung, nach der die Abberufung eines Mitglieds der Unternehmensleitung einer Kapitalgesellschaft ohne Einschränkung zulässig ist, entgegensteht, wenn eine „schwangere Arbeitnehmerin" iS dieser Richtlinie betroffen ist und die ihr gegenüber ergangene Abberufungsentscheidung im Wesentlichen auf ihrer Schwangerschaft beruht. Auch die formale Einstufung als Selbständiger nach innerstaatlichem Recht schließt nicht aus, dass eine Person als Arbeitnehmer iSd Richtlinie 92/85 einzustufen ist, wenn ihre Selbständigkeit nur fiktiv ist und damit ein Arbeitsverhältnis iS dieser Richtlinie verschleiert.¹⁷ Die unmittelbaren Auswirkungen der Entscheidung auf den nationalen Arbeitnehmerbegriff werden unterschiedlich bewertet.¹⁸

Demgegenüber ist auf die in § 14 Abs 2 KSchG genannten Personen (Geschäftsführer, Betriebsleiter und ähnliche leitende Angestellte) das KSchG an sich uneingeschränkt anwendbar. Dieser Grundsatz wird durch Abs 2 allerdings insoweit modifiziert, als dem leitenden Angestellten ein Einspruchsrecht beim Betriebsrat nach § 3 KSchG nicht zusteht und der Arbeitgeber keine Begründung für einen Auflösungsantrag nach § 9 Abs 1 Satz 2 KSchG benötigt. Der in Abs 2 bestimmte Personenkreis verfügt da-

---

13 BAG 26.10.2012 – 10 AZB 55/12 – GmbHR 2013, 253-255; BAG 23.8.2011 – 10 AZB 51/10 – AP ArbGG 1979 § 5 Nr 69.
14 BAG 26.10.2012 – 10 AZB 55/12 – GmbHR 2013, 253-255; BAG 6.5.1999 – 5 AZB 22/98 – AP ArbGG 1979 § 5 Nr 46.
15 BAG 26.10.2012 – 10 AZB 55/12 – GmbHR 2013, 253-255.
16 C-232/09 Danosa – AP EWG-Richtlinie Nr 92/85 Nr 13.
17 EuGH 11.11.2010 – C-232/09 – AP EWG-Richtlinie Nr 92/85 Nr 13.
18 Einerseits Reiserer DB 2011, 2262 ff, die keine unmittelbaren Auswirkungen annimmt; andererseits Preis/Sagan ZGR 2013, 26, 74, die je nach Anwendungsbereich der Richtlinien, die teilweise auch auf den nationalen Arbeitnehmerbegriff verweisen, hinsichtlich der Auswirkungen differenzieren; s auch Wank EWiR 2011, 27, 28, der unmittelbare Auswirkungen auf den nationalen Arbeitnehmerbegriff prognostiziert.

mit im Ergebnis über **keinen Bestands-, sondern lediglich über einen Abfindungsschutz.**[19]Die Reduzierung des Kündigungsschutzes auf einen bloßen Abfindungsschutz rechtfertigt sich daraus, dass es dem Arbeitgeber nicht zugemutet werden kann, von seinem Vertrauen abhängige leitende Angestellte gegen seinen Willen weiterbeschäftigen zu müssen.[20] Die sachliche Rechtfertigung für den gegenüber **anderen Arbeitnehmern** auf einen bloßen Abfindungsschutz reduzierten Kündigungsschutz folgt aus der der Arbeitgeberseite soziologisch zuzuordnenden hierarchischen Stellung der leitenden Angestellten, die sich insbesondere darin zeigt, dass sie unternehmerische (Teil-) Funktionen wahrnehmen. Nach Auffassung des Gesetzgebers hat der Arbeitgeber wegen der besonderen Vertrauensstellung der leitenden Angestellten regelmäßig ein verstärktes Interesse an einer Auflösung des Arbeitsverhältnisses.[21] Die vorgenannten Gesichtspunkte rechtfertigen den Verlust des effektiven Bestandsschutzes der Arbeitnehmergruppe der leitenden Angestellten. Eine willkürliche Ungleichbehandlung gegenüber der Arbeitnehmerschaft, die keine leitenden Aufgaben wahrnimmt, ist nicht gegeben. Der gesetzgeberischen Beurteilung liegt eine von Rechts wegen nicht zu beanstandende Typisierung zu Grunde, die sich innerhalb des Rahmens der dem Gesetzgeber zustehenden Einschätzungsprärogative hält.

II. Mitglieder gesetzlicher Vertretungsorgane juristischer Personen und Vertreter von Personengesamtheiten

Der Kündigungsschutz gilt nach Abs 1 nicht für folgende Personengruppen:

1. Mitglieder gesetzlicher Vertretungsorgane

3 Die Vorschriften des Ersten Abschnitts und somit der allgemeine Kündigungsschutz gilt nach § 14 Abs 1 Nr 1 KSchG nicht für die Mitglieder der Organe, die zur gesetzlichen Vertretung von juristischen Personen berufen sind. Dieser Ausschlusstatbestand bezieht sich nur auf die **unmittelbaren Organvertreter.**[22] Mithin sind folgende Organvertreter juristischer Personen des Privatrechts vom allgemeinen Kündigungsschutz ausgeschlossen:

- bei einer Aktiengesellschaft (AG) die Vorstandsmitglieder, § 78 Abs 1 AktG;
- bei einer bergrechtlichen Gewerkschaft der Repräsentant oder die Mitglieder des aus mehreren Personen bestehenden Grubenvorstands, §§ 117 ff ABG;
- bei einer Genossenschaft die Vorstandsmitglieder, § 24 Abs 1 GenG;
- bei einer Gesellschaft mit beschränkter Haftung (GmbH) die Geschäftsführer, § 35 Abs 1 GmbHG, und zwar auch die Geschäftsführer

---

19 DFL/Bröhl § 14 KSchG Rn 1; Thüsing/Laux/Lembke-Rambach § 14 KSchG Rn 3.
20 Löwisch/Spinner § 14 Rn 2.
21 BT-Drucks V/3913 zu Art 1 Nr 9; dafür auch Löwisch/Spinner § 14 KSchG Rn 2; Thüsing/Laux/Lembke-Rambach § 14 KSchG Rn 3; vHH/L/v. Hoyningen-Huene § 14 Rn 34; krit zur Erwägung des Gesetzgebers Martens, Das Arbeitsrecht des leitenden Angestellten, S 195 f; ebenso APS/Biebl § 14 KSchG Rn 4; KR/Rost § 14 KSchG Rn 5; HK-KSchG/Dorndorf § 14 Rn 31.
22 BAG 15.4.1982 – 2 AZR 1101/79 – AP KSchG 1969 § 14 Nr 1.

der Komplementär-GmbH einer GmbH & Co KG, §§ 125, 161 Abs 2 HGB iVm § 35 Abs 1 GmbHG;
- bei einer Kommanditgesellschaft auf Aktien (KGaA) die persönlich haftenden Gesellschafter, § 278 Abs 2 AktG iVm §§ 161 Abs 2, 125 HGB;
- bei einem rechtsfähigen Verein (eV) die Mitglieder des Vorstands, § 26 Abs 2 BGB;
- bei einem Versicherungsverein auf Gegenseitigkeit (VVaG) die Vorstandsmitglieder, § 34 VAG iVm § 78 AktG;
- bei einer Stiftung die nach den entsprechend anzuwendenden Vertretungsgrundsätzen des Vereinsrechts bestimmten Stiftungsvorstandsmitglieder, § 86 BGB iVm § 26 Abs 2 BGB.

Als gesetzliche Vertreter sind außerdem Insolvenzverwalter (bis 31.12.1998 Konkursverwalter), Liquidatoren und Treuhänder anzusehen, die anstelle des Vertretungsorgans handeln.[23] Der Aufsichtsrat ist hingegen nicht gesetzlicher Vertreter. Seine Mitglieder unterfallen nicht dem Anwendungsbereich des § 14 Abs 1 Nr 1.[24] Für Arbeitnehmervertreter im Aufsichtsrat findet der allgemeine Kündigungsschutz Anwendung.[25] Als Funktionsträger im Aufsichtsrat gilt nicht etwa der besondere Kündigungsschutz nach § 15 KSchG,[26] sondern lediglich das Benachteiligungsverbot des § 26 MitbestG.

Im Hinblick auf die nicht anders zu bewertende Interessenlage bezieht sich § 14 Abs 1 Nr 1 KSchG auch auf die nichtbeamteten organschaftlichen Vertreter der juristischen Personen des **öffentlichen Rechts**, also auf Anstalten, Körperschaften und Stiftungen wie zB Gemeinden, Kreise, Handelskammern, Handwerksinnungen, Sozialversicherungsträger.[27] Da das Gesetz nicht auf den Umfang und die Reichweite, sondern allein auf die Organstellung und die gesetzliche Vertretungsmacht abstellt, steht die gegenständliche Beschränkung der gesetzlichen Vertretungsmacht zB auf einen gemeindlichen Eigenbetrieb eines nicht beamteten organschaftlichen Vertreters einer juristischen Person des öffentlichen Rechts der Anwendung des § 14 Abs 1 Nr 1 nicht entgegen.[28]

Da die iS einer negativen Fiktion ausgestaltete Bestimmung des § 14 Abs 1 KSchG allein an die organschaftliche Stellung anknüpft, ist auch der sog **Fremdgeschäftsführer einer GmbH**, obgleich im Einzelfall persönlich abhängig, als Organvertreter vom allgemeinen Kündigungsschutz ausgeschlossen.[29] Ebenso verhält es sich mit der negativen Fiktion des § 14

---
23 Dornbusch/Wolff-Reichel § 14 KSchG Rn 14, 19, 28 f; Löwisch/Spinner § 14 Rn 4.
24 KDZ/Kittner/Deinert § 14 Rn 9; vHH/L/v. Hoyningen-Huene § 14 Rn 15.
25 DFL/Bröhl § 14 KSchG Rn 3.
26 BAG 4.4.1974 – 2 AZR 452/73 – AP BGB § 626 Arbeitnehmervertreter im Aufsichtsrat Nr 1.
27 BAG 17.1.2002 – 2 AZR 719/00 – AP KSchG 1969 § 14 Nr 8; Löwisch/Spinner § 14 Rn 1; APS/Biebl § 14 KSchG Rn 6; Thüsing/Laux/Lembke-Rambach § 14 KSchG Rn 6.
28 BAG 17.1.2002 – 2 AZR 719/00 – KSchG 1969 § 14 Nr 8; BGH 25.7.2002 – III ZR 207/01 – AP KSchG 1969 § 14 Nr 9; APS/Biebl § 14 KSchG Rn 6; Löwisch/Spinner § 14 Rn 5.
29 BGH 9.2.1978 – II ZR 189/76 – AP GmbHG § 38 Nr 1; BGH 29.1.1981 – II ZR 92/80 – AP BGB § 622 Nr 14; KR/Rost § 14 KSchG Rn 10; aA Müller BB 1977, 723.

Abs 1 KSchG für den **Geschäftsführer einer Komplementär-GmbH einer GmbH & Co KG.** Liegt der organschaftlichen Stellung ein Anstellungsvertrag mit der Komplementär-GmbH zugrunde, so gehört der Geschäftsführer zu dem in § 14 Abs 1 Nr 1 KSchG erwähnten Personenkreis.[30] Beruht demgegenüber die Geschäftsführungsbefugnis auf einem Vertragsverhältnis mit der KG, liegt eine **mittelbare Organvertretung** vor, die vom Anwendungsbereich des § 14 Abs 1 KSchG nicht erfasst wird.[31] Wenn darüber hinaus dieses Vertragsverhältnis zur KG als Arbeitsverhältnis zu qualifizieren ist, findet auch § 14 Abs 1 Nr 2 KSchG keine Anwendung.[32] Dann bleibt also der allgemeine Kündigungsschutz bestehen.[33] Allgemeiner Kündigungsschutz besteht jedoch nicht, wenn das zwischen dem Geschäftsführer der Komplementär-GmbH und der KG bestehende Vertragsverhältnis als Dienstvertrag ausgestaltet ist.[34] Nunmehr hat das BAG unter Aufgabe seiner bisherigen Rechtsprechung zu § 5 Abs 1 Satz 3 ArbGG mit Beschluss vom 20.8.2003 entschieden,[35] dass der Geschäftsführer der Komplementär-GmbH einer Kommanditgesellschaft nach § 5 Abs 1 Satz 3 ArbGG unabhängig davon, ob er mit der GmbH oder mit der Kommanditgesellschaft vertraglich seine Vertreterstellung begründet hat, **in keinem Fall als Arbeitnehmer gilt**. Für das BAG ist der Sinn und Zweck des § 5 Abs 1 Satz 3 ArbGG entscheidend, der die Zuständigkeit der Gerichte für Arbeitssachen für einen Streit im „Arbeitgeberlager" vermeiden will.[36] Der Geschäftsführer einer KG nehme Arbeitgeberfunktionen wahr, er unterscheide sich aus Sicht der Arbeitnehmer nicht vom Geschäftsführer einer GmbH, die Trennung von GmbH und KG im Rahmen einer GmbH & Co KG sei lediglich eine juristische Konstruktion zur Haftungsbegrenzung.[37] Damit ist aber noch nicht geklärt, ob nicht ein Arbeitsverhältnis mit der GmbH & Co KG besteht. Über diese Frage müssten nunmehr die ordentlichen Gerichte befinden.[38] Ob die Rechtsprechung des Fünften Senats des BAG auch auf § 14 Abs1 KSchG zu übertragen ist, erscheint fraglich. Im Vergleich zu § 5 Abs 1 Satz 3 ArbGG bestimmt § 14 Abs 1 nicht, dass die dort genannten Personen „nicht als Arbeitnehmer gelten". Von daher kann mit guten Gründen weiterhin die Auffassung vertreten werden, im Fall der mittelbaren Organvertretung müsse im Einzelfall geprüft werden, ob ein Arbeitsverhältnis oder ein freies Dienstverhältnis vorliegt.[39] Dem entspricht es auch, dass der Zweite Senat auf Anfrage in Bezug auf eine mögliche Vorla-

---

30 Thüsing/Laux/Lembke-Rambach § 14 KSchG Rn 8.
31 BAG 15.4.1982 – 2 AZR 1101/79 – AP KSchG 1969 § 14 Nr 1; APS/Biebl § 14 Rn 10; Thüsing/Laux/Lembke-Rambach § 14 KSchG Rn 11.
32 BAG 15.4.1982 – 2 AZR 1101/79 – AP KSchG 1969 § 14 Nr 1; KR/Rost § 14 KSchG Rn 10 a; aA Löwisch/Spinner § 14 Rn 7.
33 AA vHH/L/v. Hoyningen-Huene § 14 Rn 6 und 17 a; Zimmermann/Rupp GmbHR 2006, 572, 574.
34 KR/Rost § 14 KSchG Rn 10 a.
35 5 AZB 79/02 – AP ArbGG 1979 § 5 Nr 58.
36 Vgl KR/Rost § 14 KSchG Rn 10 b.
37 BAG 20.8.2003 – 5 AZB 79/02 – aaO.
38 Vgl Dornbusch/Wolff-Reichel § 14 KSchG Rn 26; KR/Rost § 14 KSchG Rn 10 b.
39 APS/Biebl § 14 KSchG Rn 10; KR/Rost § 14 KSchG Rn 10 b; Thüsing/Laux/Lembke-Rambach § 14 KSchG Rn 10; vgl auch Dornbusch/Wolff-Reichel § 14 KSchG Rn 26; zu undifferenziert Löwisch/Spinner § 14 Rn 7.

ge an den Großen Senat nach § 45 Abs 2 ArbGG eine Divergenz verneint hat.[40]

§ 14 Abs 1 Nr 1 KSchG gilt nur für den **Zeitraum des Bestehens der organschaftlichen Stellung**. Es kommt also darauf an, welchen Status der Gekündigte im Zeitpunkt des Zugangs der Kündigung innehat.[41] Endet die organschaftliche Stellung zB durch Abberufung, so kann sich der Gekündigte nur dann auf den allgemeinen Kündigungsschutz berufen, wenn die **nach Wegfall** der organschaftlichen Stellung **fortgesetzte Rechtsbeziehung** zur juristischen Person als Arbeitsverhältnis zu werten ist. In diesem Falle ist der Rechtsweg zu den Gerichten für Arbeitssachen für eine Kündigungsschutzklage auch dann eröffnet, wenn die Kündigung auf Vorgänge **während der Zeit der organschaftlichen Vertretung** gestützt wird.[42] Beschäftigt eine GmbH jemanden zB zunächst als normalen Angestellten und beruft ihn später zum Geschäftsführer, genießt der Angestellte bis zu seiner Ernennung Kündigungsschutz, danach unterfällt er dem Anwendungsbereich des § 14 Abs 1 Nr 1 KSchG. Wird er später als Geschäftsführer abberufen und sein Angestelltenverhältnis **wieder fortgesetzt**, steht ihm für die als Arbeitsverhältnis fortgeführte Beschäftigung wieder Kündigungsschutz zu.[43]

Da sich der Ausschlusstatbestand des § 14 Abs 1 KSchG nur auf die unmittelbaren Organvertreter bezieht,[44] gilt er nicht für ein Arbeitsverhältnis zwischen dem Geschäftsführer einer Tochtergesellschaft (zB einer GmbH) und der Muttergesellschaft, demzufolge der Arbeitnehmer verpflichtet ist, die GmbH-Geschäftsführerfunktion als Organvertreter zu übernehmen.[45]

2. Zur Vertretung von Personengesamtheiten berufene Personen

Nach § 14 Abs 1 Nr 2 KSchG sind außerdem die Personen von dem Anwendungsbereich des allgemeinen Kündigungsschutzes ausgenommen, die in Betrieben einer Personengesamtheit durch **Gesetz, Satzung oder Gesellschaftsvertrag** zur Vertretung der Personengesamtheit berufen sind. Zu dieser Personengruppe gehören die vertretungsberechtigten Gesellschafter einer offenen Handelsgesellschaft (OHG), einer Kommanditgesellschaft (KG), einer Gesellschaft des bürgerlichen Rechts und die Vorstandsmitglieder eines nicht rechtsfähigen Vereins.

Die Vertretungsbefugnis bei einem nicht eingetragenen Verein oder einer Gesellschaft des bürgerlichen Rechts ergibt sich grundsätzlich aus der Satzung bzw dem Gesellschaftsvertrag. Steht danach einem Gesellschafter einer Gesellschaft des bürgerlichen Rechts die Befugnis zur Geschäftsführung zu, ist er **im Zweifel auch ermächtigt**, die übrigen Gesellschafter Dritten gegenüber zu vertreten, § 714 BGB. Ist bei einer OHG ein Gesellschaf-

---

40 BAG 20.8.2003 – 5 AZB 79/02 – aaO.
41 ErfK/Kiel § 14 KSchG Rn 5; KR/Rost § 14 Rn 6 a.
42 BAG 22.2.1974 – 2 AZR 289/73 – AP ArbGG 1953 § 5 Nr 19; KR/Rost § 14 Rn 6 a.
43 BAG 22.2.1974 – 2 AZR 289/73 – AP ArbGG 1953 § 5 Nr 19; BAG 21.2.1994 – 2 AZB 28/93 – AP ArbGG 1979 § 5 Nr 17.
44 BTM-Backmeister § 14 KSchG Rn 3; Thüsing/Laux/Lembke-Rambach § 14 KSchG Rn 11.
45 Vgl BAG 20.10.1995 – 5 AZB 5/95 – AP ArbGG 1979 § 2 Nr 36; BAG 15.4.1982 – 2 AZR 1101/79 – AP KSchG 1969 § 14 Nr 1; APS/Biebl § 14 KSchG Rn 9.

ter bzw bei einer KG ein persönlich haftender Gesellschafter (Komplementär) durch den Gesellschaftsvertrag **nicht** von der Vertretung ausgeschlossen, so ist er zur Vertretung der Gesellschaft ermächtigt, §§ 125, 164, 161 Abs 2 HGB.

10 Wie für die Mitglieder gesetzlicher Vertretungsorgane genügt auch für die Vertreter der Personengesamtheit die **formale organschaftliche Vertreterstellung**, um vom allgemeinen Kündigungsschutz ausgeschlossen zu sein. Auf die tatsächlich inhaltliche Stellung des Organvertreters (persönliche Abhängigkeit bzw Unabhängigkeit von den Mitgliedern der Personengesamtheit) kommt es wegen der gesetzestechnischen Ausgestaltung der Ausnahmeregelung iS einer negativen gesetzlichen Fiktion nicht an.[46] Unabhängig von der gesetzestechnischen Ausgestaltung fehlt es auch regelmäßig mangels Weisungsgebundenheit an der Arbeitnehmerstellung dieses Personenkreises.[47]

11 Auf die **nicht vertretungsberechtigten** Gesellschafter, Kommanditisten oder Vereinsmitglieder findet die Ausschlussregelung hingegen keine Anwendung. **Sofern** diese Personen in einem Arbeitsverhältnis zur Personengesamtheit stehen, genießen sie den allgemeinen Kündigungsschutz.[48]

12 **Generalbevollmächtigte, Handlungsbevollmächtigte und Prokuristen** gehören wegen ihrer fehlenden organschaftlichen Vertreterstellung nicht zu dem in § 14 Abs 1 Nr 2 KSchG erwähnten Personenkreis.[49] Im Gegensatz zu den Organvertretern beruht nämlich ihre Vertretungsmacht **nicht** auf Gesetz, Satzung oder Gesellschaftsvertrag, sondern auf einer gesonderten rechtsgeschäftlichen Bevollmächtigung,[50] so dass die Vorschriften des Ersten Abschnitts evtl nach Maßgabe des § 14 Abs 2 KSchG anzuwenden sind.

3. Nebeneinander von Arbeitsverhältnis und Organ- oder Vertreterstellung

13 Nach § 14 Abs 1 KSchG hat allein die **formale Organstellung** des dort erwähnten Personenkreises die Herausnahme vom allgemeinen Kündigungsschutz zur Folge. Ausnahmsweise kann jedoch auch die Kündigung eines Organvertreters auf der Grundlage des KSchG zu beurteilen sein:

14 Denkbar und auch in der Praxis anzutreffen ist es, dass zwischen dem Organvertreter und der juristischen Person **zwei Rechtsverhältnisse** bestehen, von denen eines ein **dienstlich abgrenzbares** Arbeitsverhältnis ist.[51] So kann zB der Geschäftsführer einer GmbH gleichzeitig als Ausbilder nach

---

46 KR/Rost § 14 KSchG Rn 16.
47 KR/Rost § 14 KSchG Rn 16.
48 BAG 11.5.1978 – 3 AZR 21/77 – AP HGB § 161 Nr 2; KR/Rost § 14 KSchG Rn 17.
49 ErfK/Kiel § 14 KSchG Rn 8; APS/Biebl § 14 KSchG Rn 8; Thüsing/Laux/Lembke-Rambach § 14 KSchG Rn 12; vHH/L/v. Hoyningen-Huene § 14 Rn 17.
50 DFL/Bröhl § 14 KSchG Rn 5; Dornbusch/Wolff-Reichel § 14 KSchG Rn 32; KR/Rost § 14 KSchG Rn 18; Thüsing/Laux/Lembke-Rambach § 14 KSchG Rn 12.
51 BAG 9.5.1985 – 2 AZR 330/84 – AP ArbGG 1979 § 5 Nr 3; BAG 27.6.1985 – 2 AZR 425/84 – AP AngestelltenkündigungsG § 1 Nr 2.

§ 20 Abs 4 BBiG beschäftigt sein.[52] Für das abgrenzbare Arbeitsverhältnis besteht dann der Kündigungsschutz.

Darüber hinaus kann sich ein Organvertreter auf den allgemeinen Kündigungsschutz berufen, wenn seine organschaftliche Stellung (zB durch Abberufung) entfällt und das der beendeten Organstellung zugrunde liegende Anstellungsverhältnis anschließend **als Arbeitsverhältnis fortgesetzt** und später gekündigt wird. Dies gilt selbst dann, wenn die Kündigung auf Vorfälle während der Amtszeit als Organvertreter gestützt wird.[53]

Größere Bedeutung erlangt in der Praxis die Fallgestaltung, dass ein (leitender) Angestellter zu einem Organvertreter **aufsteigt**. Erfolgt die Bestellung des Arbeitnehmers zum Organvertreter **unter Beibehaltung** seiner bisherigen Arbeitsbedingungen ist die nach seiner Abberufung erfolgte Kündigung am Maßstab des KSchG zu beurteilen.[54] Dies gilt erst recht, wenn die Parteien den **ruhenden Fortbestand** des Arbeitsverhältnisses neben dem nunmehr der Organstellung zugrunde liegenden Dienstvertrag **ausdrücklich vereinbaren**. Eine **stillschweigende Vereinbarung** kann dann angenommen werden, wenn von vornherein erkennbar ist, dass der Organvertreter nur für eine begrenzte Zeit in seiner Funktion tätig sein und anschließend wieder seine Arbeitnehmerstellung ausüben soll (zB bei der vorübergehenden Entsendung des Arbeitnehmers als Mitglied des Vorstands in ein anderes Konzernunternehmen). Liegt weder eine ausdrückliche noch eine stillschweigende Vereinbarung hinsichtlich des bisherigen Arbeitsverhältnisses vor, soll nach der ursprünglichen Rechtsprechung des BAG[55] **im Zweifel** anzunehmen sein, dass das Arbeitsverhältnis suspendiert und nicht endgültig beendet ist. Dieser Erkenntnis liegt die Überlegung zugrunde, dass der Organvertreter mit seiner Bestellung den bis dahin erworbenen Bestandsschutz seines Arbeitsverhältnisses nicht aufgeben will, wenn sich die Vertragsbedingungen infolge seiner Organbestellung nicht wesentlich geändert haben. Nach der Rechtsprechung des BAG soll jedoch eine wesentliche Erweiterung der sachlichen Kompetenzen, die regelmäßig auch mit einer höheren Dotierung verbunden ist, dann im Normalfall als eine Aufhebung des Arbeitsvertrags zu werten sein. Andernfalls solle das ursprüngliche Arbeitsverhältnis sachlich fortbestehen und nach der Abberufung des Organvertreters ohne besondere Vereinbarung wieder aufleben.[56] Demgegenüber hat das BAG in seinem Urteil vom 7.10.1993[57] die **Vermutung** aufgestellt, im Zweifel sei anzunehmen, dass das ursprüngliche Arbeitsverhältnis mit Abschluss des Geschäftsführervertrags beendet sei. Der Entscheidung liegt der Sachverhalt zugrunde, dass ein für eine spätere Anstellung zum GmbH-Geschäftsführer berufener Arbeitnehmer ein Probearbeitsverhältnis zum

---

52 S auch BAG 27.10.1960 – 5 AZR 578/59 – AP ArbGG 1953 § 5 Nr 14: Wahrnehmung einer Buchhaltertätigkeit neben der organschaftlichen Aufgaben.
53 BAG 22.2.1974 – 2 AZR 289/73 – AP ArbGG 1953 § 5 Nr 19.
54 KR/Rost § 14 KSchG Rn 6.
55 9.5.1985 – 2 AZR 330/84 – AP ArbGG 1979 § 5 Nr 3; 12.3.1987 – 2 AZR 336/86 – AP ArbGG 1979 § 5 Nr 6.
56 9.5.1985 – 2 AZR 330/84 – AP ArbGG 1979 § 5 Nr 3; 27.6.1985 – 2 AZR 425/84 – AP AngestelltenkündigungsG § 1 Nr 2; 12.3.1987 – 2 AZR 336/86 – AP ArbGG 1979 § 5 Nr 6.
57 2 AZR 260/93 – AP ArbGG 1979 § 5 Nr 16.

Zwecke der Erprobung für die von Anfang an in Aussicht genommene Tätigkeit als Geschäftsführer abgeschlossen hatte. Eine endgültige Entscheidung des BAG, ob nunmehr grundsätzlich von einer Vermutung dahin auszugehen ist, dass die Parteien im Zweifel den Arbeitsvertrag aufheben wollten, steht noch aus. Das BAG hat in seinem Urteil vom 21.2.1994[58] seine bisherige Rechtsprechung zugrunde gelegt und in seinem Beschluss vom 28.9.1995[59] es sogar **ausdrücklich offen gelassen**, ob es der Ansicht in dem Urteil vom 7.10.1993[60] endgültig zuneige. Mit seiner Entscheidung vom 8.6.2000[61] hat das BAG seine Rechtsprechung teilweise korrigiert. Danach wird im Zweifel mit Abschluss des Geschäftsführerdienstvertrages das bisherige Arbeitsverhältnis aufgehoben, wenn ein in leitender Position beschäftigter Arbeitnehmer zum Geschäftsführer einer neu gegründeten GmbH bestellt wird, die wesentliche Teilaufgaben des Betriebes seines bisherigen Arbeitgebers übernimmt. Dies soll auch bei einer nur geringen Anhebung der Geschäftsführerbezüge gegenüber dem früheren Gehalt gelten.[62] Nach der aktuellen Rechtsprechung des BAG[63] gilt Folgendes: Schließt ein Arbeitnehmer mit seinem Arbeitgeber einen schriftlichen Dienstvertrag für eine Bestellung zum Geschäftsführer, besteht eine tatsächliche Vermutung, dass damit zugleich das zuvor begründete Arbeitsverhältnis aufgelöst worden ist. Zugleich stellt der neue Vertrag die ausschließliche Grundlage der rechtlichen Beziehungen der Parteien, sofern nicht klar und eindeutig etwas anderes vereinbart worden ist, dar. Durch den schriftlichen Geschäftsführerdienstvertrag wird in diesen Fällen auch das seit dem 1.5.2000 geltende Schriftformerfordernis des § 623 BGB für den Auflösungsvertrag gewahrt. Diese Rechtssätze gelten auch dann, wenn das Recht der Allgemeinen Geschäftsbedingungen Anwendung findet.[64] Die Unklarheitsregelung des § 305c Abs 2 BGB hat keine andere Beurteilung zur Folge.[65]

Für den Fall der Abberufung des Organmitglieds und der Beendigung des Geschäftsführerdienstvertrages lebt ein Arbeitsverhältnis nur dann auf, wenn bei Abschluss des Dienstvertrages das damals bestehende Arbeitsverhältnis eindeutig und klar ruhend gestellt worden ist. Insoweit greift dann auch der allgemeine Kündigungsschutz ein. Fehlt es an einer klaren und eindeutigen anderweitigen Vereinbarung, endet die vertragliche Beziehung der Parteien mit der Beendigung des Geschäftsführerdienstvertrages. Bestand bei Abschluss des Geschäftsführerdienstvertrages kein Arbeitsverhältnis wird das der Berufung zum Geschäftsführer (Organvertreter) zu Grunde liegende Anstellungsverhältnis durch die Abberufung nicht auto-

---

58 2 AZB 28/93 – AP ArbGG 1979 § 5 Nr 17.
59 5 AZB 4/95 – AP ArbGG 1979 § 5 Nr 24.
60 2 AZR 260/93 – AP ArbGG 1979 § 5 Nr 16.
61 2 AZR 207/99 – AP ArbGG 1979 § 5 Nr 49.
62 BAG 8.6.2000 – 2 AZR 207/99 – AP ArbGG 1979 § 5 Nr 49.
63 BAG 5.6.2008 – 2 AZR 754/06 – AP BGB § 626 Nr 211; BAG 19.7.2007 – 6 AZR 774/06 – AP GmbHG § 35 Nr 18; BAG 24.11.2005 – 2 AZR 614/04 – AP KSchG 1969 § 1 Wartezeit Nr 19.
64 BAG 19.7.2007 – 6 AZR 774/06 – AP GmbHG § 35 Nr 18.
65 ErfK/Kiel § 14 KSchG Rn 6.

matisch zum Arbeitsverhältnis.[66] Diese Grundsätze finden entsprechende Anwendung, wenn der Arbeitnehmer eines anderen Konzernunternehmens aufgrund eines Dienstvertrages zum Organmitglied eines anderen Konzernunternehmens bestellt wird.[67]

Im Interesse der Rechtssicherheit empfiehlt es sich trotz der nach der Rechtsprechung des BAG geltenden Vermutungswirkung, bei Abschluss eines Organvertretervertrages klare und eindeutige Formulierungen zu verwenden.

Folgende Formulierung könnte hierfür gewählt werden:

▶ Der Anstellungsvertrag beinhaltet die gesamte Vereinbarung zwischen den Parteien. Sonstige mündliche oder schriftliche Abreden wurden nicht getroffen. Frühere mündliche oder schriftliche Abreden und Verträge, insbesondere der Arbeitsvertrag der Parteien vom (Datum), sind hiermit aufgehoben. ◀

III. Leitende Angestellte
1. Begriff

a) **Allgemeines.** Im Gegensatz zu den in § 14 Abs 1 KSchG genannten Organvertretern findet für die leitenden Angestellten nach § 14 Abs 2 KSchG als „echte" **Arbeitnehmer** mit den sich aus dieser Vorschrift ergebenden Besonderheiten das KSchG Anwendung. Eine einheitliche Begriffsbestimmung des leitenden Angestellten gibt es im Arbeitsrecht leider nicht. Ob ein Arbeitnehmer leitender Angestellter iSd KSchG ist, bestimmt sich ausschließlich nach den Tatbestandsmerkmalen des § 14 Abs 2.[68] Der Status eines leitenden Angestellten kann zwischen den Arbeitsvertragsparteien nicht zB im Arbeitsvertrag vereinbart werden. Insoweit häufig vorkommende – rechtlich jedoch unverbindliche – Formulierungen im Arbeitsvertrag lauten bspw wie folgt:

17

▶ Zwischen Arbeitgeber und Arbeitnehmer besteht Einvernehmen darüber, dass der Arbeitnehmer leitender Angestellter iSd § 14 Abs 2 KSchG ist. ◀

Der Begriff des leitenden Angestellten iSd § 14 Abs 2 KSchG stimmt insoweit nicht mit dem des § 5 Abs 3 BetrVG überein, als er die Einstellungs- **oder** Entlassungsbefugnis genügen lässt. Beide Begriffsbestimmungen decken sich jedoch insofern, als es jeweils entscheidend darauf ankommt, ob der Angestellte die ihn als leitenden Angestellten prägenden Funktionen auch **tatsächlich** ausübt;[69] auf die rechtliche Ausgestaltung des Arbeitsvertrags kommt es also alleine nicht an. § 14 Abs 2 KSchG nennt keine inhaltlichen Kriterien für die Beurteilung des Status als leitender Angestellter. Dieser Vorschrift liegt erkennbar eine **typologische** Betrachtungsweise zugrunde, indem sie als Beispiel den Geschäftsführer und den Betriebsleiter als rechtstatsächliche Parameter nennt und sodann durch das Hinzufügen des Merkmals der Ähnlichkeit einen Auffangtatbestand schafft.[70] Daraus

---

66 BAG 6.5.1999 – 5 AZB 22/98 – AP ArbGG 1979 § 5 Nr 46; Thüsing/Laux/Lembke-Rambach § 14 KSchG Rn 17.
67 ErfK/Kiel § 14 KSchG Rn 7.
68 Dornbusch/Wolff-Reichel § 14 KSchG Rn 58.
69 ErfK/Kiel § 14 KSchG Rn 9; Löwisch/Spinner § 14 Rn 14.
70 Vgl KR/Rost § 14 KSchG Rn 24.

folgt, dass nur diejenigen Personen, die eine **ähnliche leitende Funktion** wie ein Geschäftsführer oder Betriebsleiter haben, leitende Angestellte iSd Vorschrift sind. Unterschiedlich wird die Frage beantwortet, ob auch Geschäftsführer und Betriebsleiter die jedenfalls für ähnlich leitende Angestellte erforderliche Berechtigung zur selbstständigen Einstellung oder Entlassung haben müssen.[71] Die **besseren Gründe** sprechen allerdings dafür, dass das gesetzliche Merkmal der selbstständigen Einstellungs- oder Entlassungsbefugnis bei Geschäftsführern und Betriebsleitern **nicht** vorliegen muss. Zum einen ergibt sich aus dem Wort „diese", dass sich der Nebensatz des § 14 Abs 2 Satz 1 KSchG ausschließlich auf die im Hauptsatz zuletzt genannten ähnlichen leitenden Angestellten bezieht.[72] Zum anderen kann man wohl einem Angestellten, der einen Betrieb mit mehreren hundert Arbeitnehmern leitet, auch dann nicht die Wahrnehmung von unternehmerischen Aufgaben absprechen, wenn das Personalwesen bei einer zentralen Personalverwaltung des Unternehmens liegt.[73] Demgegenüber hat nunmehr das BAG mit Urteil vom 18.10.2000,[74] bestätigt durch Urteil vom 27.9.2001,[75] unter Berufung auf die Entstehungsgeschichte des § 14 Abs 2 KSchG, der auf § 12 Abs 2 BRG 1920[76] zurückgehe,[77] ausdrücklich[78] entschieden, dass sowohl Geschäftsführer und Betriebsleiter als auch die ähnlich leitenden Angestellten zur selbstständigen Einstellung oder Entlassung von Arbeitnehmern berechtigt sein müssen.

18 b) **Geschäftsführer.** Der Begriff des Geschäftsführers ist dabei nicht iSd § 35 GmbHG zu verstehen; denn hierfür kommt bereits § 14 Abs 1 Nr 1 KSchG zur Anwendung.[79] Aus dem Wortsinn (Geschäfte führen, leiten) und der dafür stehenden Umschreibung ergibt sich, dass solche Personen allein oder im Zusammenwirken mit anderen **leitende unternehmerische (Teil-)Aufgaben,** zB im kaufmännischen, organisatorischen, technischen oder personellen Bereich, wahrnehmen.[80] Insoweit muss ihnen kraft ihrer

---

71 Dafür: BAG 27.9.2001 – 2 AZR 176/00 – AP KSchG 1969 § 14 Nr 6; BAG 18.10.2000 – 2 AZR 465/99 – AP KSchG 1969 § 9 Nr 39; BAG 27.9.2001; BFH 20.12.1961 – VI 24/61 U – AP KSchG § 12 Nr 1; LAG Baden-Württemberg 13.2.1992 – 11 Sa 79/91 – LAGE § 14 KSchG Nr 2; wohl auch schon BAG 25.11.1993 – 2 AZR 517/93 – AP KSchG 1969 § 14 Nr 3; BTM-Backmeister § 14 KSchG Rn 15; HK-Dorndorf § 14 KSchG Rn 23; Dornbusch/Wolff-Reichel § 14 Rn 38; KDZ/Kittner/Deinert § 14 KSchG Rn 25; ErfK/Kiel § 14 KSchG Rn 12; vHH/L/v. Hoyningen-Huene § 14 Rn 25; KR/Rost § 14 KSchG Rn 24, 27; dagegen: APS/Biebl § 14 KSchG Rn 23; Becker ZIP 1981, 1168, 1170; Löwisch/Spinner § 14 Rn 17; MünchArbR/Richardi § 26 Rn 70; Vogel NZA 2002, 315.
72 APS/Biebl § 14 KSchG Rn 23 sieht demgegenüber den Wortlaut noch als unentschieden an; ebenso vHH/L/v. Hoyningen-Huene § 14 Rn 25 „mehrdeutiger Wortlaut".
73 Vgl Löwisch/Spinner § 14 Rn 17.
74 2 AZR 465/99 – AP KSchG 1969 § 9 Nr 39.
75 2 AZR 176/00 – AP KSchG 1969 § 14 Nr 6.
76 BT-Drucks 1. Wahlperiode Nr 2090 S 15.
77 AA APS/Biebl § 14 KSchG Rn 23 unter Hinweis auf Kaiser AR-Blattei SD 70.2 Rn 39.
78 Noch unklar BAG 25.11.1993 – 2 AZR 517/93 – AP KSchG 1969 § 14 Nr 3.
79 APS/Biebl § 14 KSchG Rn 17; ErfK/Kiel § 14 KSchG Rn 10; HK-KSchG/Dorndorf § 14 KSchG Rn 20; KR/Rost § 14 KSchG Rn 27; Thüsing/Laux/Lembke-Rambach § 14 KSchG Rn 20.
80 DFL/Bröhl § 14 KSchG Rn 8; ErfK/Kiel § 14 KSchG Rn 11.

leitenden Funktion **maßgeblicher Einfluss** zustehen, der auch einen erheblichen Entscheidungsspielraum voraussetzt.[81] Geschäftsführer idS können Generalbevollmächtigte oder Prokuristen sein, die das Unternehmen in wesentlichen Bereichen nach außen vertreten.[82] Ebenso handelt es sich um Geschäftsführer idS, wenn die Person grundlegende Planungs- und Organisationsentscheidungen trifft, zB über Unternehmenserweiterungen oder Unternehmenseinschränkungen, die Einrichtung von Zweigniederlassungen, die Verlagerung der Produktion ins Ausland.[83]

c) **Betriebsleiter.** Im Gegensatz zu Geschäftsführern, die unternehmerische Aufgaben wahrnehmen, obliegt Betriebsleitern die **Führung eines Betriebs oder Betriebsteils** innerhalb eines Unternehmens.[84] Die Größe des Betriebs ist nicht entscheidend.[85] Wiederum folgt aus dem Wortlaut (einen Betrieb leiten, führen), dass einem Betriebsleiter gegenüber den Beschäftigten neben der Vorgesetztenstellung insbesondere auch das Weisungsrecht zusteht.[86] Eine bloße Aufsichts- und Überwachungsfunktion genügt nicht.[87] Die Leitung eines Filialbetriebs genügt dann nicht, wenn dieser im Wesentlichen von der Zentrale aus gesteuert wird.

d) **Ähnlich leitende Angestellte.** Die **ähnlich leitenden Angestellten** müssen eine dem Geschäftsführer oder Betriebsleiter vergleiche herausgehobene Vertrauensfunktion ausüben. Von daher müssen sie ebenfalls unternehmensbezogene Führungsaufgaben[88] wahrnehmen und in der unternehmerischen Hierarchie vergleichbar hoch wie ein Geschäftsführer oder Betriebsleiter angesiedelt sein.[89] Beratende, ordnende oder nur fachlich anleitende Funktionen reichen dafür nicht aus.[90] Zu den **Führungsaufgaben**, die einem Geschäftsführer oder Betriebsleiter ähnlich sind, gehören zB die Leitung von Abteilungen (kaufmännischer oder technischer Leiter). Werkmeister, Poliere oder Lagerverwalter gehören **nicht** zu diesem Personenkreis.[91] Neben der Wahrnehmung von Führungsaufgaben, die einen eigenen erheblichen Entscheidungsspielraum bedingen, bedarf es der **Entlassungs- oder Einstellungsbefugnis.** Hierfür ist neben dem rechtlichen Können auch das rechtliche Dürfen erforderlich.[92] Die Befugnis muss sowohl im Außen- als auch im Innenverhältnis bestehen; eine ausschließlich im In-

---

81 ErfK/Kiel § 14 KSchG Rn 11.
82 Löwisch/Spinner § 14 Rn 15; Thüsing/Laux/Lembke-Rambach § 14 KSchG Rn 21.
83 Löwisch/Spinner § 14 Rn 15; KR/Rost § 14 KSchG Rn 27; Thüsing/Laux/Lembke-Rambach § 14 KSchG Rn 21.
84 BAG 28.9.1961 – 2 AZR 428/60 – AP KSchG § 1 Personenbedingte Kündigung Nr 1; BAG 25.11.1993 – 2 AZR 517/93 – AP KSchG 1969 § 14 Nr 3; KDZ/Kittner/Deinert § 14 KSchG Rn 20.
85 Löwisch/Spinner § 14 Rn 16.
86 DFL/Bröhl § 14 KSchG Rn 9.
87 BAG 25.11.1993 – 2 AZR 517/93 – AP KSchG 1969 § 14 Nr 3; Löwisch/Spinner § 14 Rn 16; Thüsing/Laux/Lembke-Rambach § 14 KSchG Rn 23; vHH/L/v. Hoyningen-Huene § 14 Rn 22.
88 APS/Biebl § 14 KSchG Rn 19; ErfK/Kiel § 14 KSchG Rn 17; KDZ/Kittner/Deinert § 14 KSchG Rn 21; vHH/L/v. Hoyningen-Huene § 14 Rn 24.
89 LAG Berlin 18.8.1986 – 12 Sa 55/86 – LAGE § 14 KSchG Nr 1.
90 vHH/L/v. Hoyningen-Huene § 14 Rn 24.
91 APS/Biebl § 14 KSchG Rn 19; vHH/L/v. Hoyningen-Huene § 14 Rn 24.
92 APS/Biebl § 14 Rn 20; ErfK/Kiel § 14 Rn 12; KDZ/Deinert § 14 Rn 24; Löwisch/Spinner § 14 Rn 19; vHH/L/v. Hoyningen-Huene § 14 Rn 27.

nenverhältnis reicht nicht aus.[93] Eine Prokura oder eine Handlungsvollmacht mit internem Ausschluss dieser Befugnisse genügt daher nicht.[94]

21 Weiter muss es sich um eine selbstständige Einstellungs- oder Entlassungsbefugnis handeln. Von einer solchen kann nur dann gesprochen werden, wenn letztlich dem Angestellten die alleinige **Entscheidungsbefugnis** vorbehalten bleibt. Denn Selbstständigkeit setzt Eigenverantwortlichkeit voraus.[95] Von einer Berechtigung zur selbständigen Einstellungs- oder Entlassungsbefugnis kann nicht die Rede sein, wenn sie sich auf die Befugnis beschränkt, interne Vorschläge zu unterbreiten.[96] Wird die Befugnis von zwei Personen vorgabengemäß ausgeübt, zB vom Personalleiter und vom Leiter der Fachabteilung, sind beide nicht selbstständig.[97] Die Pflicht zur vorherigen Beratung der Entscheidung mit dem zuständigen Fachvorgesetzten ist dabei unschädlich. Weiterhin liegt keine Beschränkung der selbständigen Einstellungs- oder Entlassungsbefugnis vor, wenn der Angestellte **interne Richtlinien** beachten oder **Zweitunterschriften**, die lediglich Kontrollzwecken dienen, einholen muss.[98]

22 Die Berechtigung zur selbstständigen Einstellung oder Entlassung muss nicht unternehmens- oder betriebsbezogen sein (zB beim Personalleiter). Ausreichend ist es, wenn sich die selbstständige Einstellungs- oder Entlassungsbefugnis nur auf Arbeitnehmer oder Angestellte, eine gewisse Anzahl bedeutender Arbeitnehmer oder auf eine bestimmte Gruppe von Arbeitnehmern (zB auf technische Angestellte) bezieht,[99] sofern die Bezugsgruppen für das Unternehmen, insbesondere für dessen unternehmerischen Erfolg, von Gewicht sind.[100] Von einer auf eine **bedeutsame Anzahl** von Beschäftigten[101] bezogenen Berechtigung kann nur dann gesprochen werden, wenn sie **generell** besteht und nicht nur für einen einzelnen Fall erteilt ist.[102] Zutreffend hat daher das BAG die Einstellungsbefugnis eines Chefarztes, die sich nur auf Medizinalpraktikanten bezog, als nicht ausreichend

---

93 BAG 14.4.2011 – 2 AZR 167/10 – AP KSchG 1969 § 14 Nr 12; BAG 18.11.1999 – 2 AZR 903/98 – AP KSchG 1969 § 14 Nr 5.
94 ZB Titularprokurist DFL/Bröhl § 14 KSchG Rn 11; ErfK/Kiel § 14 KSchG Rn 12; KR/Rost § 14 KSchG Rn 30.
95 ErfK/Kiel § 14 KSchG Rn 14.
96 BAG 19.4.2012 – 2 AZR 186/11 – NZA 2013, 27-31; BAG 14.4.2011 – 2 AZR 167/10 – AP KSchG 1969 § 14 Nr 12.
97 ErfK/Kiel § 14 KSchG Rn 13.
98 BAG 27.9.2001 – 2 AZR 176/00 – AP KSchG 1969 § 14 Nr 6; BTM-Backmeister § 14 KSchG Rn 18; ErfK/Kiel § 14 KSchG Rn 12.
99 ErfK/Kiel § 14 KSchG Rn 11; KR/Rost § 14 KSchG Rn 29; Löwisch/Spinner § 14 Rn 20.
100 BAG 19.4.2012 – 2 AZR 186/11 – NZA 2013, 27-31; BAG 14.4.2011 – 2 AZR 167/10 – AP KSchG 1969 § 14 Nr 12; BAG 10.10.2002 – 2 AZR 598/01 – AP KSchG 1969 § 1 Betriebsbedingte Kündigung Nr 123; BAG 27.9.2001 – 2 AZR 176/00 – AP KSchG 1969 § 14 Nr 6.
101 BAG 24.3.2011 – 2 AZR 674/09 – EzA-SD 2011, Nr 18, 3-4; ErfK/Kiel § 14 KSchG Rn 13; KDZ/Deinert § 14 Rn 25; vHH/L/v. Hoyningen-Huene § 14 Rn 30.
102 BAG 28.9.1961 – 2 AZR 428/60 – AP KSchG § 1 Personenbedingte Kündigung Nr 1; KR/Rost § 14 KSchG Rn 29, zB Sachbearbeiter darf seine Sekretärin einstellen.

für § 14 Abs 2 Satz 1 KSchG angesehen.[103] Demgegenüber kann eine **ausreichende Personalverantwortung** eines leitenden Angestellten idS bereits dann gegeben sein, wenn sie sich auf eine abgeschlossene Gruppe von Mitarbeitern bezieht, die für das Unternehmen von wesentlicher Bedeutung ist. Das ist dann insbesondere anzunehmen, wenn diese Mitarbeiter ihrerseits die ihnen nachgeordneten Arbeitnehmer selbstständig einstellen und entlassen können.[104]

Der den Status des leitenden Angestellten charakterisierende funktionalbedingte **Interessengegensatz** zu den übrigen Arbeitnehmern liegt jedoch nur dann vor, wenn die selbstständige Wahrnehmung von Einstellungs- oder Entlassungsfunktionen einen **wesentlichen Teil** der Tätigkeit des Angestellten ausmacht, tatsächlich ausgeübt wird, also nicht nur „auf dem Papier steht".[105] Eine vorübergehende Wahrnehmung dieser Befugnisse (zB für die Dauer der Erkrankung und des Urlaubs des Personalleiters) genügt nicht. Selbst eine generelle Vertretungsregelung für jeweils einen Zeitraum von vier Monaten im Jahr macht einen Angestellten noch nicht zum leitenden Angestellten iSd § 14 Abs 2 Satz 1 KSchG.[106] Es genügt auch nicht, wenn der Angestellte die Personalbefugnisse vertraglich innehat, diese vertraglichen Kompetenzen aber über einen längeren Zeitraum nicht ausübt, insbesondere die gelebte Vertragspraxis die frühere Vereinbarung überholt hat.[107] Demgegenüber kann jedoch ein ständiger Vertreter für den mit selbstständigen Einstellungs- oder Entlassungsaufgaben betrauten leitenden Angestellten jedenfalls dann leitender Angestellter sein, wenn er im Wesentlichen die Ausübung dieser Befugnisse vornimmt. Eine generelle Vollmacht, für den Arbeitgeber Rechtsstreitigkeiten vor den Arbeitsgerichten zu führen und Vergleiche abzuschließen, genügt dagegen nicht.[108]

e) Leitende Angestellte in Betrieben der Schifffahrt und des Luftverkehrs. Entgegen dem Wortlaut des § 24 Abs 5 KSchG („abweichend von § 14") gilt der allgemeine Kündigungsschutz der §§ 1 bis 13 KSchG mit den in § 14 Abs 2 KSchG enthaltenen Besonderheiten auch für Kapitäne und die übrigen leitenden Angestellten der Besatzungen von Seeschiffen, Binnenschiffen und Luftfahrzeugen.[109] Diese Vorschrift erschließt sich nur vor dem Hintergrund der Vorgängervorschrift des § 14 KSchG, nämlich dem früheren § 12 KSchG, der die leitenden Angestellten aus dem Kündigungsschutz völlig herausnahm. Durch § 24 Abs 5 KSchG hat der Gesetzgeber die Gleichstellung der Kapitäne und anderer leitender Besatzungsmitglieder

---

103 BAG 27.7.1961 – 2 AZR 255/60 – AP BGB § 611 Ärzte, Gehaltsanspruch Nr 24; vHH/L/v. Hoyningen-Huene § 14 Rn 30.
104 BAG 27.9.2001 – 2 AZR 176/00 – AP KSchG 1969 § 14 Nr 6.
105 BAG 19.4.2012 – 2 AZR 186/11 – NZA 2013, 27-31; BAG 14.4.2011 – 2 AZR 167/10 – AP KSchG 1969 § 14 Nr 12; BAG 10.10.2002 – 2 AZR 598/01 – AP KSchG 1969 § 1 Betriebsbedingte Kündigung Nr 123; APS/Biebl § 14 KSchG Rn 22; KR/Rost § 14 KSchG Rn 32.
106 KR/Rost § 14 KSchG Rn 30.
107 BAG 10.10.2002 – 2 AZR 598/01 – AP KSchG 1969 § 1 Betriebsbedingte Kündigung Nr 123.
108 BAG 28.9.1961 – 2 AZR 428/60 – AP KSchG § 1 Personenbedingte Kündigung Nr 1.
109 APS/Biebl § 14 KSchG Rn 25; ErfK/Kiel § 14 KSchG Rn 20; HK-KSchG/Dorndorf § 14 Rn 28; vHH/L/v. Hoyningen-Huene § 14 Rn 37.

mit den übrigen leitenden Angestellten im KSchG erreicht. Durch die Neufassung des § 14 Abs 2 KSchG ist die frühere Intention des Gesetzgebers obsolet geworden.[110]

2. Kündigungsschutz leitender Angestellter

25 **a) Grundsatz.** Nach § 14 Abs 2 Satz 1 KSchG können sich leitende Angestellte isd KSchG auf die Vorschriften des allgemeinen Kündigungsschutzes (§§ 1 bis 13 KSchG) **grundsätzlich** ebenso berufen wie sonstige Arbeitnehmer. Daraus folgt, dass die Kündigung des Arbeitsverhältnisses eines leitenden Angestellten im Anwendungsbereich des KSchG sozial gerechtfertigt sein muss. Auf der Stufe der **Interessenabwägung** der durchzuführenden Kündigungsprüfung ist jedoch der mit der Vertrauensstellung verbundenen Treuepflicht in gebührendem Maße Rechnung zu tragen.[111] Von dieser grundsätzlichen Geltung des Ersten Abschnitts des KSchG gibt es jedoch **zwei gesetzlich bestimmte Ausnahmen.**

26 **b) Ausschluss des § 3 KSchG.** Nach § 14 Abs 2 Satz 1 KSchG findet die Vorschrift des § 3 KSchG keine Anwendung. Nach § 3 steht dem Arbeitnehmer, hält er seine Kündigung für sozial ungerechtfertigt, binnen einer Woche nach Zugang der Kündigung ein Einspruchsrecht gegenüber dem Betriebsrat zu. Mit dem gesetzlich angeordneten Ausschluss soll sichergestellt werden, dass die durch die Interessenpolarität gegenüber der übrigen Belegschaft sachlich gerechtfertigte Herausnahme der leitenden Angestellten aus dem BetrVG, auch mit der Folge, dass der Betriebsrat bei einer Kündigung nicht nach § 102 BetrVG anzuhören ist, nicht durch die Anwendung des § 3 KSchG **unterlaufen** wird.[112] Durch die gesetzliche Regelung wird jedoch nicht berücksichtigt, dass der kündigungsschutzrechtliche Begriff des leitenden Angestellten nicht mit demjenigen des Betriebsverfassungsrechts vollständig übereinstimmt.[113] Handelt es sich um einen leitenden Angestellten iSd KSchG, der zugleich leitender Angestellter iSd § 5 Abs 3 BetrVG ist, ist der angeordnete Ausschluss des § 3 KSchG insofern folgerichtig, als dieser leitende Angestellte von dem Betriebsrat nicht repräsentiert wird. **Anders** verhält es sich jedoch bei einem leitenden Angestellten im kündigungsschutzrechtlichen Sinne, der daneben nicht die Voraussetzungen des leitenden Angestellten nach § 5 Abs 3 BetrVG erfüllt (zB ein Angestellter, der nur zur Einstellung oder nur zur Entlassung von Arbeitnehmern, nicht aber zu beidem berechtigt ist). Da der Betriebsrat die Interessen eines derartigen Angestellten wahrzunehmen hat, wozu insbesondere auch die Anhörung vor Ausspruch der Kündigung gehört, ist der nicht differenziert genug gefasste Wortlaut des Ausschlusstatbestands **teleologisch zu reduzieren.** Der Wertungswiderspruch ist dahin aufzulösen, dass einem solchen Angestellten das Einspruchsrecht nach § 3 KSchG zusteht.[114] Mit

---

110 vHH/L/v. Hoyningen-Huene § 14 Rn 37.
111 KR/Rost § 14 KSchG Rn 42.
112 Löwisch/Spinner § 14 Rn 24.
113 APS/Biebl § 14 KSchG Rn 28; KR/Rost § 14 KSchG Rn 36.
114 APS/Biebl § 14 KSchG Rn 28; BTM-Backmeister § 14 KSchG Rn 20; Dornbusch/Wolff-Reichel § 14 KSchG Rn 68; HK-KSchG/Dorndorf § 14 Rn 30; KR/Rost § 14 KSchG Rn 36; vHH/L/v. Hoyningen-Huene § 14 Rn 33, der einen Einspruch analog § 3 BetrVG beim Sprecherausschuss erwägt.

anderen Worten: Der Ausschluss des § 3 KSchG verlangt, dass der Angestellte leitender Angestellter sowohl im kündigungsschutz- als auch im betriebsverfassungsrechtlichen Sinne ist. Folglich steht leitenden Angestellten iSv § 14 Abs 2 Satz 1, die nicht zugleich leitende Angestellte iSv § 5 Abs 3 BetrVG sind, das Einspruchsrecht nach § 3 zu.[115]

c) **Modifizierung des § 9 Abs 1 Satz 2 KSchG.** Die für die Praxis weit wichtigere Ausnahme ist im § 14 Abs 2 Satz 2 KSchG bestimmt. Danach bedarf **der Antrag** des Arbeitgebers **auf gerichtliche Auflösung** des Arbeitsverhältnisses **keiner Begründung.** Im Gegensatz dazu muss bei einem normalen Arbeitsverhältnis der Arbeitgeber Gründe darlegen und ggf beweisen, die eine den Betriebszwecken dienliche weitere Zusammenarbeit zwischen Arbeitgeber und Arbeitnehmer nicht erwarten lassen. Bei einem leitenden Angestellten ist der Arbeitgeber befreit. Die sachliche Rechtfertigung für die vereinfachte Lösbarkeit des Arbeitsverhältnisses ist darin zu sehen, dass zwischen dem Arbeitgeber und dem leitenden Angestellten ein besonderes Vertrauensverhältnis **fortgesetzt** bestehen muss. Ob der Arbeitgeber trotz der Sozialwidrigkeit der Kündigung noch das erforderliche Vertrauen zu dem leitenden Angestellten hat, soll er nach Ansicht des Gesetzgebers selbst entscheiden können.[116] Daraus folgt, dass das Arbeitsgericht nach der Feststellung der Sozialwidrigkeit der Kündigung dem Auflösungsantrag des Arbeitgebers auch dann zu entsprechen hat, wenn nach seiner Überzeugung keine Störung des Vertrauensverhältnisses zwischen den Parteien vorliegt.[117] Die Modifizierung verstößt nicht gegen Art 3 Abs 1 GG,[118] weil der ihr zugrunde liegende Normzweck sachlich nachvollziehbar ist.

27

Demgegenüber bedarf der Auflösungsantrag des leitenden Angestellten der Begründung nach § 9 Abs 1 Satz 1 KSchG.[119]

28

Aus der nicht modifizierten Geltung des § 9 Abs 1 Satz 1 KSchG ergibt sich, dass das Arbeitsgericht das Arbeitsverhältnis nur gegen die Zahlung einer angemessenen Abfindung auflösen darf.

29

Die Festsetzung der Höhe der Abfindung richtet sich nach den zu § 10 KSchG entwickelten Grundsätzen. Um die Interessen beider Seiten bei der Bestimmung der Höhe der Abfindung angemessen Rechnung tragen zu können, erscheint es von Vorteil, dass der Arbeitgeber, obgleich er hierzu nicht verpflichtet ist, vorhandene Auflösungsgründe darlegt. Andernfalls läuft er Gefahr, dass das Arbeitsgericht auf die Höchstgrenze des § 10 KSchG erkennt.[120] Dem steht jedoch entgegen, dass das Gericht eine Ermessensentscheidung zu treffen hat. Da der Grundsatz der Angemessenheit der Abfindung auch hier uneingeschränkte Anwendung findet, sind für die

30

---

115 APS/Biebl § 14 KSchG Rn 28; BTM-Backmeister § 14 KSchG Rn 20; HK-Dorndorf § 14 KSchG Rn 30; KR/Rost § 14 KSchG Rn 36; vHH/L/v. Hoyningen-Huene § 14 Rn 32 a.
116 Löwisch/Spinner § 14 Rn 25.
117 KR/Rost § 14 KSchG Rn 38.
118 So aber Wagner BB 1975, 1401.
119 BTM-Backmeister § 14 KSchG Rn 21; Dornbusch/Wolff-Reichel § 14 KSchG Rn 70; KR/Rost § 14 KSchG Rn 39.
120 vHH/L/v. Hoyningen-Huene § 14 Rn 36; dagegen: KR/Rost § 14 KSchG Rn 41.

Bemessung der Höhe der Abfindung neben den Kündigungsgründen, dem Maß der Sozialwidrigkeit insbesondere auch die prognostizierten Auswirkungen des Verlustes des Arbeitsplatzes für den leitenden Angestellten von Bedeutung.[121] Die zu treffende Ermessensentscheidung hat auch zu berücksichtigen, ob die vom Arbeitgeber vorgetragenen Auflösungsgründe, ohne dass hierfür eine Obliegenheit bestünde, dem leitenden Angestellten zuzurechnen sind.[122]

31 d) **Sonstige Besonderheiten im Kündigungsschutzrecht.** Mit Ausnahme der gesetzlichen Sonderregelungen ist ansonsten von der **uneingeschränkten Geltung** des Ersten Abschnitts des KSchG auszugehen. Anwendung findet also auch der am 1.1.2004 in Kraft getretene § 1a KSchG. Jedoch ist bei der im Rahmen der Kündigungsprüfung durchzuführenden Interessenabwägung der besonderen Treuepflicht des leitenden Angestellten angemessen Rechnung zu tragen.

32 Im Rahmen der **personenbedingten Kündigung**, insbesondere aus krankheitsbedingten Gründen, wird regelmäßig die fehlende Vertretbarkeit des leitenden Angestellten zu erheblichen Störungen des Betriebsablaufs führen, was im Rahmen der Interessenabwägung besonders zu werten ist.[123]

33 Bei **verhaltensbedingten Kündigungen** ist die erhöhte Treuepflicht des leitenden Angestellten zu berücksichtigen.[124] Das Verhalten eines leitenden Angestellten ist um so strenger zu beurteilen, je höher seine Stellung innerhalb der Unternehmenshierarchie ist. Dieser Grundsatz ist insbesondere bei der Anzeige- und Mitteilungspflicht im Krankheitsfall,[125] bei der Überwachungspflicht[126] und bei der Rechenschaftspflicht,[127] die allesamt Ausprägungen der Treuepflicht sind, besonders zu gewichten. Darüber hinaus besteht auch eine gesteigerte Verschwiegenheitspflicht.

34 Im Rahmen der **betriebsbedingten Kündigung** ist einerseits regelmäßig die Sozialauswahl mangels Vergleichbarkeit des leitenden Angestellten verengt,[128] andererseits ist regelmäßig ein konzernbezogener Kündigungsschutz gegeben, weil mit dem leitenden Angestellten idR dessen konzernweite Mobilität arbeitsvertraglich vereinbart ist.[129]

35 Von dem im Dritten Abschnitt des KSchG geregelten **Massenkündigungsschutz** (§§ 17 bis 22) sind die leitenden Angestellten iSd § 14 Abs 2 Satz 1 KSchG nach § 17 Abs 5 Nr 3 KSchG ausgenommen.

36 Der **besondere Kündigungsschutz** (§ 85 SGB IX, § 9 MuSchG etc) einschließlich besonderer Kündigungsverbote wie zB § 613a Abs 4 BGB gilt

---

121 KR/Rost § 14 KSchG Rn 41.
122 HK-KSchG/Dorndorf § 14 Rn 33; KR/Rost § 14 KSchG Rn 41; Löwisch/Spinner § 14 Rn 26.
123 KR/Rost § 14 KSchG Rn 43; Thüsing/Laux/Lembke-Rambach § 14 KSchG Rn 35.
124 Thüsing/Laux/Lembke-Rambach § 14 KSchG Rn 37.
125 BAG 30.1.1976 – 2 AZR 518/74 – AP BGB Krankheit § 626 Nr 2.
126 BAG 12.5.1958 – 2 AZR 539/56 – AP zu BGB § 611 Treuepflicht Nr 5.
127 BAG 13.3.1964 – 1 AZR 100/63 – AP BGB § 611 Haftung des Arbeitnehmers Nr 32.
128 Thüsing/Laux/Lembke-Rambach § 14 KSchG Rn 40; Vogel NZA 2002, 313, 316.
129 Löwisch/Spinner § 14 Rn 30.

auch für die leitenden Angestellten iSd § 14 Abs 2 Satz 1 KSchG uneingeschränkt.[130]

Ist der leitende Angestellte im kündigungsschutzrechtlichen Sinne auch leitender Angestellter nach dem BetrVG, so ist der Arbeitgeber nach § 31 Abs 2 SprAuG verpflichtet, den **Sprecherausschuss** vor jeder Kündigung zu hören. Ist dagegen der leitende Angestellte isd § 14 Abs 2 Satz 1 KSchG nicht zugleich leitender Angestellter nach § 5 Abs 3 BetrVG, so ist der Betriebsrat vor jeder Kündigung nach § 102 Abs 1 BetrVG anzuhören.

Hinweis: Sofern sowohl ein Sprecherausschuss als auch ein Betriebsrat besteht, sollten aus der Sicht des Arbeitgebers stets beide Gremien zu der beabsichtigten Kündigung angehört werden.[131]

e) **Befristung.** Für die Befristung von Arbeitsverträgen gelten für die leitenden Angestellten die von der Befristungsrechtsprechung iVm dem seit 1.1.2001 in Kraft getretenen TzBfG aufgestellten Rechtsgrundsätze[132] Da § 14 Abs 2 Satz 2 KSchG im Ergebnis keinen Bestandsschutz gewährt, kann doch der Arbeitgeber auf nicht zu begründenden Auflösungsantrag die Beendigung des Arbeitsverhältnisses gegen Abfindung erreichen, wäre es naheliegend anzunehmen, dass die Unwirksamkeit der Befristung nicht die dauerhafte Fortsetzung des Arbeitsverhältnisses bedingt, wenn die Parteien aus Anlass der Befristung eine Abfindung verabredet haben.[133] Durch das Inkrafttreten des TzBfG zum 1.1.2001 gelten jedoch auch für leitende Angestellte als Teil der Gruppe der Arbeitnehmer allein die Befristungsregelungen nach den §§ 14ff TzBfG.[134] Zeitverträge von Beschäftigten nach § 14 Abs 1 unterliegen keiner Befristungskontrolle.[135]

f) **Rechtswegzuständigkeit.** Im Gegensatz zu den Organvertretern isd § 14 Abs 1 KSchG, für die nach § 5 Abs 1 Satz 3 ArbGG der Rechtsweg zu den Gerichten für Arbeitssachen nicht eröffnet ist, sind für Kündigungsrechtsstreitigkeiten der leitenden Angestellten iSd § 14 Abs 2 Satz 1 KSchG die Gerichte für Arbeitssachen nach § 2 Abs 1 Nr 3 ArbGG ausschließlich zuständig.[136] Besteht das Arbeitsverhältnis eines zuvor als Angestellten beschäftigten Organvertreters als ruhend fort, ist der Rechtsweg zu den Gerichten für Arbeitssachen gegen die Kündigung des Arbeitsverhältnisses auch dann gegeben, wenn zugleich die Abberufung als organschaftlicher Vertreter erklärt wird.[137]

---

130 KR/Rost § 14 KSchG Rn 59-60 a; Thüsing/Laux/Lembke-Rambach § 14 KSchG Rn 44 f.
131 Thüsing/Laux/Lembke-Rambach § 14 KSchG Rn 51; Vogel NZA 2002, 313, 317.
132 KR/Rost § 14 KSchG Rn 63.
133 HK-KSchG/Dorndorf § 14 Rn 34; vgl dazu KR/Rost § 14 KSchG Rn 63.
134 KR/Rost § 14 Rn 63; vHH/L/v. Hoyningen-Huene § 14 Rn 31.
135 KR/Rost § 14 Rn 63.
136 Dornbusch/Wolff-Reichel § 14 KSchG Rn 77.
137 BAG 18.12.1996 – 5 AZR 25/96 – AP ArbGG 1979 § 2 Zuständigkeitsprüfung Nr 3; BAG 10.12.1996 – 5 AZR 20/96 – AP ArbGG 1979 § 2 Zuständigkeitsprüfung Nr 4; KR/Rost § 14 Rn 65.

Zweiter Abschnitt Kündigungsschutz im Rahmen der Betriebsverfassung und Personalvertretung

§ 15 Unzulässigkeit der Kündigung

(1) ¹Die Kündigung eines Mitglieds eines Betriebsrats, einer Jugend- und Auszubildendenvertretung, einer Bordvertretung oder eines Seebetriebsrats ist unzulässig, es sei denn, daß Tatsachen vorliegen, die den Arbeitgeber zur Kündigung aus wichtigem Grund ohne Einhaltung einer Kündigungsfrist berechtigen, und daß die nach § 103 des Betriebsverfassungsgesetzes erforderliche Zustimmung vorliegt oder durch gerichtliche Entscheidung ersetzt ist. ²Nach Beendigung der Amtszeit ist die Kündigung eines Mitglieds eines Betriebsrats, einer Jugend- und Auszubildendenvertretung oder eines Seebetriebsrats innerhalb eines Jahres, die Kündigung eines Mitglieds einer Bordvertretung innerhalb von sechs Monaten, jeweils vom Zeitpunkt der Beendigung der Amtszeit an gerechnet, unzulässig, es sei denn, daß Tatsachen vorliegen, die den Arbeitgeber zur Kündigung aus wichtigem Grund ohne Einhaltung einer Kündigungsfrist berechtigen; dies gilt nicht, wenn die Beendigung der Mitgliedschaft auf einer gerichtlichen Entscheidung beruht.

(2) ¹Die Kündigung eines Mitglieds einer Personalvertretung, einer Jugend- und Auszubildendenvertretung oder einer Jugendvertretung ist unzulässig, es sei denn, daß Tatsachen vorliegen, die den Arbeitgeber zur Kündigung aus wichtigem Grund ohne Einhaltung einer Kündigungsfrist berechtigen, und daß die nach dem Personalvertretungsrecht erforderliche Zustimmung vorliegt oder durch gerichtliche Entscheidung ersetzt ist. ²Nach Beendigung der Amtszeit der in Satz 1 genannten Personen ist ihre Kündigung innerhalb eines Jahres, vom Zeitpunkt der Beendigung der Amtszeit an gerechnet, unzulässig, es sei denn, daß Tatsachen vorliegen, die den Arbeitgeber zur Kündigung aus wichtigem Grund ohne Einhaltung einer Kündigungsfrist berechtigen; dies gilt nicht, wenn die Beendigung der Mitgliedschaft auf einer gerichtlichen Entscheidung beruht.

(3) ¹Die Kündigung eines Mitglieds eines Wahlvorstands ist vom Zeitpunkt seiner Bestellung an, die Kündigung eines Wahlbewerbers vom Zeitpunkt der Aufstellung des Wahlvorschlags an, jeweils bis zur Bekanntgabe des Wahlergebnisses unzulässig, es sei denn, daß Tatsachen vorliegen, die den Arbeitgeber zur Kündigung aus wichtigem Grund ohne Einhaltung einer Kündigungsfrist berechtigen, und daß die nach § 103 des Betriebsverfassungsgesetzes oder nach dem Personalvertretungsrecht erforderliche Zustimmung vorliegt oder durch eine gerichtliche Entscheidung ersetzt ist. ²Innerhalb von sechs Monaten nach Bekanntgabe des Wahlergebnisses ist die Kündigung unzulässig, es sei denn, daß Tatsachen vorliegen, die den Arbeitgeber zur Kündigung aus wichtigem Grund ohne Einhaltung einer Kündigungsfrist berechtigen; dies gilt nicht für Mitglieder des Wahlvorstands, wenn dieser durch gerichtliche Entscheidung durch einen anderen Wahlvorstand ersetzt worden ist.

(3 a) ¹Die Kündigung eines Arbeitnehmers, der zu einer Betriebs-, Wahl- oder Bordversammlung nach § 17 Abs. 3, § 17 a Nr. 3 Satz 2, § 115 Abs. 2

Nr. 8 Satz 1 des Betriebsverfassungsgesetzes einlädt oder die Bestellung eines Wahlvorstands nach § 16 Abs. 2 Satz 1, § 17 Abs. 4, § 17a Nr. 4, § 63 Abs. 3, § 115 Abs. 2 Nr. 8 Satz 2 oder § 116 Abs. 2 Nr. 7 Satz 5 des Betriebsverfassungsgesetzes beantragt, ist vom Zeitpunkt der Einladung oder Antragstellung an bis zur Bekanntgabe des Wahlergebnisses unzulässig, es sei denn, dass Tatsachen vorliegen, die den Arbeitgeber zur Kündigung aus wichtigem Grund ohne Einhaltung einer Kündigungsfrist berechtigen; der Kündigungsschutz gilt für die ersten drei in der Einladung oder Antragstellung aufgeführten Arbeitnehmer. ²Wird ein Betriebsrat, eine Jugend- und Auszubildendenvertretung, eine Bordvertretung oder ein Seebetriebsrat nicht gewählt, besteht der Kündigungsschutz nach Satz 1 vom Zeitpunkt der Einladung oder Antragstellung an drei Monate.

(4) Wird der Betrieb stillgelegt, so ist die Kündigung der in den Absätzen 1 bis 3 genannten Personen frühestens zum Zeitpunkt der Stillegung zulässig, es sei denn, daß ihre Kündigung zu einem früheren Zeitpunkt durch zwingende betriebliche Erfordernisse bedingt ist.

(5) ¹Wird eine der in den Absätzen 1 bis 3 genannten Personen in einer Betriebsabteilung beschäftigt, die stillgelegt wird, so ist sie in eine andere Betriebsabteilung zu übernehmen. ²Ist dies aus betrieblichen Gründen nicht möglich, so findet auf ihre Kündigung die Vorschrift des Absatzes 4 über die Kündigung bei Stillegung des Betriebs sinngemäß Anwendung.

A. Grundsätze 1	c) Mitglieder des Wahl-
I. Zweck der Norm 1	vorstands; Wahlbewer-
II. Zwingende Wirkung 6	ber (Abs 3) 23
III. Verhältnis des § 15 KSchG zu	d) Initiatoren der
anderen kündigungsschutz-	Betriebsratswahl
rechtlichen Bestimmungen 8	(Abs 3a) 26
1. Sonderregelung zu	2. Anwendung des § 15
§§ 1 ff KSchG 8	KSchG auf weitere Perso-
2. Verhältnis zum Massen-	nengruppen kraft gesetzli-
entlassungsschutz und zu	cher Verweisung 31
kündigungsschutzrechtli-	a) Mitglieder der Schwer-
chen Vorschriften außer-	behindertenvertretung 31
halb des KSchG 10	b) Mitglieder eines
3. Relativer Kündigungs-	Europäischen Betriebs-
schutz aus Benachteili-	rats und vergleichbarer
gungs- und Behinderungs-	Gremien 35
verboten 11	c) Mitglieder einer durch
B. Geltungsbereich der Norm 12	Tarifvertrag oder
I. Betrieblicher Geltungsbereich 12	Betriebsvereinbarung
1. Allgemeines 12	errichteten Arbeitneh-
2. Tendenzbetriebe 14	mervertretung
II. Persönlicher Geltungsbereich 16	(§ 3 Abs 1 Nr 1 bis 3
1. Der vom Schutz des	BetrVG; § 117 Abs 2
§ 15 KSchG unmittelbar	BetrVG) 36
erfasste Personenkreis..... 16	d) Mitglieder von
a) Arbeitnehmervertreter	Betriebsvertretungen
der Betriebsverfassung	bei den alliierten
(Abs 1)................. 16	Streitkräften 38
b) Arbeitnehmervertreter	3. Ersatzmitglieder; stellver-
der Personalvertretung	tretende Schwerbehinder-
(Abs 2)................. 18	tenvertreter 39

4. In Heimarbeit beschäftigte
   Funktionsträger und
   Wahlbewerber 48
5. Immissionsschutzbeauf-
   tragte 50
6. Funktionsträger ohne Sonderkündigungsschutz;
   relativer Kündigungs-
   schutz 51
III. Gegenständlicher Geltungsbe-
    reich 54
   1. Schutz vor Kündigungen
      des Arbeitgebers 54
   2. Sonderfall: Betriebsbe-
      dingte ordentliche Mas-
      senänderungskündigung .. 62
   3. Problem: Umgehung des
      Sonderkündigungsschut-
      zes bei Befristungsabreden 65
   4. Sonderfall: Versetzung 68
      a) Versetzung durch
         Änderungskündigung 68
      b) Versetzung kraft
         Direktionsrechts 69
         aa) Versetzungsschutz im
             Bereich der Betriebs-
             verfassung 69
         bb) Versetzungsschutz im
             Bereich der Personal-
             vertretung 73
IV. Zeitlicher Geltungsbereich;
    Differenzierung des Sonder-
    kündigungsschutzes nach
    Zeitabschnitten 74
   1. Voller Sonderkündigungs-
      schutz für die Dauer der
      Wahl bzw Amtszeit 74
      a) Inhalt des vollen
         Schutzes 74
      b) Beginn, Dauer und
         Ende des vollen Schut-
         zes 75
      c) Schutz bei anfechtba-
         rer und nichtiger Wahl 83
   2. Nachwirkender Sonder-
      kündigungsschutz 86
      a) Inhalt des nachwirken-
         den Schutzes 86
      b) Beginn, Dauer und
         Ende der Nachwir-
         kung 87
      c) Ausschluss der Nach-
         wirkung 95
   3. Beurteilungszeitpunkt:
      Zugang der Kündigungs-
      erklärung 99
   4. Ordentliche Kündigung
      nach Beendigung des Son-
      derkündigungsschutzes
      wegen Gründen aus der
      Schutzfrist 100
   5. Auflösungsantrag 101
   6. Übersicht: Zeitlich und
      inhaltlich abgestufter Son-
      derkündigungsschutz nach
      § 15 102
C. Ordentliche Kündigung 103
   I. Grundsatz: Ausschluss der
      ordentlichen Kündigung 103
   II. Ausnahmen: Zulässigkeit der
       ordentlichen Kündigung 105
      1. Ordentliche Kündigung
         wegen Stilllegung des
         Betriebs, einer Betriebsab-
         teilung, Auflösung der
         Dienststelle oder einer
         Abteilung einer Dienst-
         stelle (Abs 4 und 5) 105
         a) Überblick; Allgemei-
            nes 106
         b) Ordentliche Kündi-
            gung als Kündigung
            iSd Abs 4 und 5 109
         c) Betriebsstilllegung 110
         aa) Begriff; Vorausset-
             zungen 110
         bb) Einzelfälle 116
         d) Stilllegung einer
            Betriebsabteilung 118
         aa) Begriff; Vorausset-
             zungen 118
         bb) Einzelfälle 122
         e) Sonderfall: Wider-
            spruch des geschützten
            Arbeitnehmers gegen
            den Übergang des
            Arbeitsverhältnisses
            nach
            § 613a Abs 1 BGB 126
         f) Weiterbeschäftigungs-
            möglichkeit 129
         aa) Unternehmensbezug
             der Weiterbeschäfti-
             gungsmöglichkeit 129
         bb) Übernahme in eine
             andere Betriebsabtei-
             lung 133
         g) Kündigungszeitpunkt
            und Kündigungster-
            min 139
         h) Beteiligung der Arbeit-
            nehmervertretung 145
         aa) Anhörung bzw Betei-
             ligung nach § 102
             BetrVG, §§ 79, 108
             Abs 2 BPersVG 145

bb) Sonderfall: Außerordentliche betriebsbedingte Kündigung tarif- oder einzelvertraglich unkündbarer Mandatsträger 149
2. Beendigung der Organmitgliedschaft durch gerichtliche Entscheidung 150
III. Prozessuale Fragen 151
1. Geltendmachung des Sonderkündigungsschutzes ... 151
2. Darlegungs- und Beweislast 154
D. Zulässigkeit der außerordentlichen Kündigung 155
I. Voraussetzungen und Verfahrensschritte nach § 15 KSchG iVm § 103 BetrVG (§§ 47 Abs 1, 108 Abs 1 BPersVG) im Überblick 155
II. Berechtigung zur fristlosen Kündigung aus wichtigem Grund 156
1. Begriff; Allgemeines 156
2. Der wichtige Grund 159
 a) Grundlage der Zumutbarkeitsprüfung 159
  aa) Fiktive Kündigungsfrist oder voraussichtliche Dauer des Sonderkündigungsschutzes als zeitlicher Bezugspunkt der Zumutbarkeitsprüfung? 161
  bb) Außerordentliche betriebsbedingte Massenänderungskündigung 166
 b) Verhaltensbedingter wichtiger Grund; Vertrags- und Amtspflichtverletzung 169
 c) Personenbedingter wichtiger Grund; Krankheit 172
 d) Betriebsbedingter wichtiger Grund 173
III. Einhaltung der Kündigungserklärungsfrist (§ 626 Abs 2 BGB) 174
IV. Die Zustimmung der Arbeitnehmervertretung zur außerordentlichen Kündigung und ihre Ersetzung durch das Gericht 182
1. Geltungsbereich der §§ 103 BetrVG, 47 Abs 1, 108 Abs 1 BPersVG 182
2. Vorherige Zustimmung bzw Zustimmungsersetzung als Wirksamkeitsvoraussetzung der Kündigung 184
3. Das Zustimmungsverfahren 185
 a) Zuständige Arbeitnehmervertretung 185
 b) Der Zustimmungsantrag 187
 c) Beschluss der Arbeitnehmervertretung 188
  aa) Entscheidungskriterien 188
  bb) Auswirkung von Verfahrensmängeln 189
 d) Stellungnahme der Arbeitnehmervertretung 192
 e) Kündigung nach erteilter Zustimmung 196
 f) Ausnahmen vom Zustimmungserfordernis 197
4. Das Zustimmungsersetzungsverfahren 202
 a) Rechtsweg; Beschlussverfahren; Beteiligte ... 202
 b) Vorheriges Zustimmungsverfahren als Zulässigkeitsvoraussetzung des Ersetzungsverfahrens; Ausnahmen 203
 c) Zeitpunkt der Verfahrenseinleitung 205
 d) Vorweggenommene materiellrechtliche Prüfung der Kündigung 206
  aa) Umfang der gerichtlichen Prüfung 206
  bb) Nachschieben von Kündigungsgründen 207
  cc) Präjudizielle Wirkung der Zustimmungsersetzung 211
 e) Erledigung des Zustimmungsersetzungsverfahrens 213

f) Entscheidung bei anfänglich fehlendem Zustimmungserfordernis 214
g) Kündigung nach rechtskräftiger Zustimmungsersetzung 215
V. Suspendierung, Beschäftigungsanspruch und Annahmeverzug 216
 1. Suspendierung vor Ausspruch der außerordentlichen Kündigung 216
 2. Weiterbeschäftigungsanspruch im Kündigungsschutzprozess 218
 3. Vergütungsansprüche aus Annahmeverzug 220

VI. Amtsausübung vor und nach Ausspruch der Kündigung 222
VII. Prozessuale Fragen 224
 1. Geltendmachung des Sonderkündigungsschutzes ... 224
  a) Außerordentliche Kündigung ohne erteilte bzw ersetzte Zustimmung der Arbeitnehmervertretung 225
  b) Außerordentliche Kündigung nach erteilter bzw ersetzter Zustimmung der Arbeitnehmervertretung 227
 2. Darlegungs- und Beweislast 228

A. Grundsätze

I. Zweck der Norm

1 § 15 KSchG bezweckt iVm der Regelung in § 103 BetrVG zum einen den **Schutz der Arbeitnehmervertretung.** Durch den Schutz der Mandatsträger vor ordentlichen sowie unbegründeten außerordentlichen Kündigungen iS einer unbefangenen Amtsausübung[1] soll die Funktionsfähigkeit der betriebsverfassungsrechtlichen Organe und die Kontinuität der Amtsführung durch Wahrung der personellen Zusammensetzung des Gremiums gesichert werden.[2] Durch die Beschränkung des Kündigungsrechts mit Zustimmungserfordernis[3] in Bezug auf außerordentliche Kündigungen wird gewährleistet, dass der Arbeitgeber die Arbeit der Arbeitnehmervertretung als Gremium nicht behindert oder unmöglich macht. Darüber hinaus dient die Vorschrift dem **Schutz des einzelnen Funktionsträgers** bzw Wahlbewerbers vor dem Verlust des Arbeitsplatzes. Der Arbeitnehmer soll nicht aus Furcht vor einer Kündigung davor zurückschrecken, Aufgaben im Rahmen der Betriebsverfassung oder Personalvertretung zu übernehmen oder solche Aufgaben ordnungsgemäß auszuüben, auch wenn Konflikte mit dem Arbeitgeber auszutragen sind. Nur dann, wenn die Kündigungsgründe ein besonderes Gewicht aufweisen, das die sofortige Beendigung des Arbeitsverhältnisses rechtfertigt, darf der Arbeitgeber dem Funktionsträger mit Zustimmung der Arbeitnehmervertretung oder aufgrund gerichtlich ersetzter Zustimmung **außerordentlich** kündigen.[4]

2 **Während der Amtszeit** bzw der Wahlphase werden diese Schutzzwecke durch die **Zustimmungserfordernisse** nach §§ 103 Abs 1 BetrVG, 47 Abs 1, 108 Abs 1 BPersVG sichergestellt. Durch diese Vorschriften soll es unmöglich gemacht werden, Amtsträger durch willkürliche außerordentliche Kündigungen aus dem Betrieb zu entfernen und durch Ausnutzung der

---

1 BAG 23.8.1984 – 2 AZR 391/83.
2 GK-BetrVG/Raab § 103 Rn 1; KR/Etzel § 103 BetrVG Rn 7; Fitting § 103 Rn 1.
3 Vgl Rn 2, 74, 182 ff.
4 BAG 28.4.1994 – 8 AZR 209/93; KR/Etzel § 15 KSchG Rn 10.

Rechtsmittel das Verfahren so lange zu verschleppen, dass inzwischen der Amtsträger dem Betrieb entfremdet wird und keine Aussicht auf eine Wiederwahl mehr hat.[5] Außerdem soll sichergestellt werden, dass bei einer groben Pflichtverletzung des Amtsträgers in seiner Eigenschaft als Amtsträger der Arbeitgeber sich der hierfür vorgesehenen Möglichkeit des Ausschlusses aus dem Vertretungsorgan (§ 23 BetrVG, 28 BPersVG) bedient und nicht auf den Weg der außerordentlichen Kündigung des Arbeitsverhältnisses ausweicht.[6]

Welches Gewicht der Gesetzgeber diesem Schutz beigemessen hat, zeigt sich auch an dessen **Nachwirkung** nach Ablauf der Amtsperiode bzw. der Wahlphase (§ 15 Abs 1 Satz 2, Abs 2 Satz 2, Absatz 3 Satz 2 KSchG). Die Ausdehnung des Sonderkündigungsschutzes über das Ende der Amtszeit bzw – bei erfolglosen Wahlbewerbern – über den Zeitpunkt der Bekanntgabe des Wahlergebnisses hinaus dient der **Abkühlung** evtl während der betriebsverfassungsrechtlichen Tätigkeit bzw während der Wahl aufgetretener Kontroversen mit dem Arbeitgeber.[7] Der nachwirkende Sonderkündigungsschutz soll es ehemaligen Funktionsträgern darüber hinaus ermöglichen, ohne Sorge um ihren Arbeitsplatz wieder den beruflichen Anschluss zu erlangen.[8] In der Nachwirkungsphase ist das – ebenfalls auf die außerordentliche Kündigung beschränkte – Kündigungsrecht des Arbeitgebers allerdings nicht an die vorherige Zustimmung der Arbeitnehmervertretung gebunden. Dies rechtfertigt sich aus der Überlegung, dass nach Beendigung der Amtszeit der Schutzzweck der Stetigkeit der Arbeit der Arbeitnehmervertretung durch das Ausscheiden des Arbeitnehmers aus dem Arbeitsverhältnis nicht mehr berührt ist. 3

Der **Schutz** des § 15 Abs 1 bis 3 a KSchG wird den in der Vorschrift genannten Personen aber **nicht ausnahmslos** zuteil. § 15 Abs 4 und 5 KSchG erklärt eine Kündigung gegenüber einem Funktionsträger in den Fällen einer Betriebsstilllegung oder Stilllegung einer Betriebsabteilung unter den dort genannten Voraussetzungen für zulässig.[9] Dies deutet darauf hin, dass nach Ansicht des Gesetzgebers die in § 15 KSchG genannten Personen eines **besonderen Schutzes vor einer Kündigung nicht bedürfen, soweit die Kündigung Folge einer generellen Maßnahme ist und sie sich nicht gegen die einzelnen Funktionsträger richtet**.[10] Des Weiteren hat der Gesetzgeber mit der Regelung des § 15 Abs 4 und 5 KSchG den betriebswirtschaftlichen Interessen und der durch Art 12 Abs 1 GG gewährleisteten Berufsausübungsfreiheit des Unternehmers, hier speziell der Freiheit des Unternehmers zu entscheiden, ob und inwieweit er seinen Betrieb fortführen will, den Vorrang vor dem Schutz der Funktionsträger vor Kündigungen eingeräumt. Der Arbeitgeber soll nicht gezwungen sein, eine Betriebs- oder Be- 4

---

5 BT-Drucks VI/1786 S 53; BR-Drucks 715/70 S 53.
6 BT-Drucks VI/1786 S 53; BAG 30.3.1994 – 7 ABR 46/93; vgl auch BAG 18.9.1997 – 2 ABR 15/97.
7 BT-Drucks VI/1786 S 60; BAG 13.6.1996 – 2 AZR 431/95; BAG 29.8.2013 – 2 AZR 419/12; KR/Etzel § 15 KSchG Rn 63.
8 vHH/L/v. Hoyningen-Huene § 15 Rn 2.
9 Einzelheiten vgl Rn 105 ff.
10 Hilbrandt NZA 1997, 465, 468; zu den Konsequenzen im Hinblick auf die betriebsbedingte Massenänderungskündigung vgl iE Rn 62 ff.

triebsabteilungsstilllegung mit Rücksicht auf den Funktionsträger zu unterlassen bzw ein Arbeitsverhältnis mit einem Funktionsträger allein des Amtes wegen fortsetzen zu müssen, obwohl keine Beschäftigungsmöglichkeit für diesen mehr besteht. In diesen Fällen ist daher eine ordentliche Kündigung zulässig, ohne dass es einer Zustimmung der Arbeitnehmervertretung hierzu bedürfte.[11]

5 Aus dem Normzweck des § 15 KSchG folgt, dass der Sonderkündigungsschutz vorrangig dem **Interesse der Arbeitnehmerschaft an einer unabhängigen und durch keine willkürlichen Maßnahmen des Arbeitgebers bedrohten Amtsführung der Arbeitnehmervertretung**. Der Kündigungsschutz wird dem Betriebsratsmitglied um seines Amtes willen gewährt.[12] Die Stärkung des individuellen Kündigungsschutzes ist die notwendige Folge dieser kollektivrechtlichen Zielsetzung. Aus diesem Grund ist § 15 KSchG **kein Schutzgesetz iSd § 823 Abs 2 BGB** zugunsten der von seinem Anwendungsbereich erfassten Arbeitnehmer.[13]

II. Zwingende Wirkung

6 Aus dem Schutzzweck der Norm folgt deren zwingende Wirkung.[14] Für den vom Schutzbereich erfassten Arbeitnehmer **nachteilige Vereinbarungen** sind daher ebenso **unzulässig** wie ein vor Ausspruch einer Arbeitgeberkündigung erklärter Verzicht auf den Sonderkündigungsschutz.[15] Eine Erweiterung des Sonderkündigungsschutzes wäre demgegenüber grundsätzlich möglich, zB ein einzel- oder kollektivvertraglich vereinbarter Ausschluss der ordentlichen Kündigung auch bei Betriebsstilllegung bzw Stilllegung einer Betriebsabteilung (s. § 15 Abs 4, Abs 5 KSchG) oder das vereinbarte Erfordernis der vorherigen Zustimmung der Arbeitnehmervertretung (entsprechend § 103 Abs 1 BetrVG) in diesen Fällen. Unwirksam wäre ein genereller Ausschluss des Rechts zur außerordentlichen Kündigung.[16]

7 Die **einvernehmliche Beendigung** des Arbeitsverhältnisses durch Abschluss eines – schriftlichen[17] – Aufhebungsvertrages ist kein Fall des unwirksamen Vorausverzichts auf den Sonderkündigungsschutz.[18] Nach Ausspruch der Arbeitgeberkündigung kann der vom Schutz des § 15 erfasste Arbeitnehmer auf die Geltendmachung des Sonderkündigungsschutzes wirksam verzichten.[19]

---

11 Hierzu BAG 18.9.1997 – 2 ABR 15/97 mwN.
12 So schon zur Vorgängerregelung des § 13 KSchG aF: BAG 6.11.1959 – 1 AZR 329/58.
13 BAG 14.2.2002 – 8 AZR 175/01; KR/Etzel § 15 KSchG Rn 149; Stahlhacke/Preis/Vossen Rn 1669.
14 KR/Etzel § 15 KSchG Rn 146; APS/Linck § 15 KSchG Rn 5 a.
15 Vgl auch § 1 KSchG Rn 12.
16 KR/Fischermeier § 626 BGB Rn 57 ff mwN.
17 Vgl § 623 BGB.
18 Vgl § 1 Rn 13.
19 BAG 17.3.2005 – 2 AZR 275/04; vgl allg § 1 KSchG Rn 14 ff.

III. Verhältnis des § 15 KSchG zu anderen kündigungsschutzrechtlichen Bestimmungen

1. Sonderregelung zu §§ 1 ff KSchG

§ 15 KSchG steht im Zweiten Abschnitt des KSchG – Kündigungsschutz im Rahmen der Betriebsverfassung und der Personalvertretung. Die Norm enthält ein **in sich geschlossenes und abschließendes System** des individuellen Kündigungsschutzes zugunsten betriebsverfassungsrechtlicher bzw personalvertretungsrechtlicher Funktionsträger. Zum Schutz des freien Mandates und zur Sicherung einer stetigen Arbeit der Arbeitnehmervertretungen genießen die Funktionsträger einen besonderen, gegenüber dem im Ersten Abschnitt des Gesetzes geregelten Kündigungsschutz verstärkten Schutz, der lediglich nach § 15 Abs 4 und 5 KSchG im Falle der Betriebsstilllegung bzw Stilllegung einer Betriebsabteilung unter den dort genannten Voraussetzungen entfällt. Ist ein in § 15 Abs 4 oder 5 KSchG aufgeführter Sachverhalt gegeben, ist die Kündigung – vorbehaltlich anderer Mängel – wirksam und wird nicht zusätzlich auf ihre soziale Rechtfertigung iSv § 1 KSchG hin geprüft. Für eine unmittelbare Anwendung der §§ 1-14 KSchG ist neben der **Spezialvorschrift des § 15 KSchG** grundsätzlich kein Raum.[20] Allerdings enthält § 1 KSchG durch den nachträglich in das Gesetz eingefügten Abs 2 Satz 2 insoweit einen gegenüber § 15 Abs 4 und 5 KSchG weitergehenden Kündigungsschutz, als eine Kündigung auch dann sozial ungerechtfertigt ist, wenn der Arbeitnehmer in einem anderen Betrieb des Unternehmens bzw einer anderen Dienststelle desselben Verwaltungszweiges weiterbeschäftigt werden kann.

Mit Blick auf § 78 Satz 2 BetrVG und zur Vermeidung einer vom Gesetzgeber nicht beabsichtigten Schlechterstellung des vom Schutz des § 15 KSchG erfassten Personenkreises gegenüber den durch § 1 KSchG geschützten Personen, ist § 1 Abs 2 Satz 2 KSchG „neben" § 15 Abs 4 und 5 KSchG anzuwenden.[21] Dogmatisch handelt es sich hierbei um eine teleologische Reduktion des sich aus § 15 Abs 4 und Abs 5 KSchG für den Arbeitgeber ergebenden Rechts zur ordentlichen Kündigung.[22]

Obgleich die §§ 1 ff KSchG grundsätzlich nicht anwendbar sind, muss der Arbeitnehmer auch im Fall einer nach § 15 KSchG unzulässigen **ordentlichen** Kündigung innerhalb von drei Wochen nach Kündigungszugang Klage erheben.[23] Dies folgt aus der seit 1.1.2004 geltenden Fassung des § 13 Abs 3 iVm § 4 Satz 1 KSchG. Danach ist die **Einhaltung der Klagefrist** nunmehr auch für die Geltendmachung der Unwirksamkeit der Kündigung „aus anderen Gründen" als der Sozialwidrigkeit zwingend vorgeschrieben. Auch die Vorschriften der §§ 5 bis 7 KSchG sind anwendbar, da diese sich – als Folge der einheitlichen Klagefrist – ebenfalls auf andere Unwirksamkeitsgründe beziehen. Allerdings ist die gerichtliche Auflösung des Arbeitsverhältnisses gegen Zahlung einer Abfindung bei einer unzulässigen or-

---

20 HM: BAG 22.9.2005 – 2 AZR 544/04; KR/Etzel § 15 KSchG Rn 93 mwN.
21 BAG 13.8.1992 – 2 AZR 22/92; BAG 22.9.2005 – 2 AZR 544/04; vgl Rn 129 ff.
22 BAG 13.8.1992 – 2 AZR 22/92; APS/Linck § 15 KSchG Rn 171.
23 Rn 152; zur Geltendmachung der Rechtsunwirksamkeit einer außerordentlichen Kündigung durch den geschützten Arbeitnehmer vgl Rn 224 ff.

dentlichen Kündigung gegenüber einem geschützten Funktionsträger weiterhin ausgeschlossen.[24]

2. Verhältnis zum Massenentlassungsschutz und zu kündigungsschutzrechtlichen Vorschriften außerhalb des KSchG

10 Die Vorschriften des Dritten Abschnitts des Kündigungsschutzgesetzes (§§ 17 ff KSchG; anzeigepflichtige Entlassungen) verfolgen arbeitsmarktpolitische Ziele.[25] Aufgrund der unterschiedlichen Schutzrichtung bestehen der Massenentlassungsschutz und der Sonderkündigungsschutz nach § 15 KSchG nebeneinander. Des Weiteren können die vom Schutz des § 15 KSchG erfassten Personen die Unwirksamkeit der Kündigung ohne Einschränkung auch auf sämtliche Sonderkündigungsschutznormen außerhalb des Kündigungsschutzgesetzes stützen (zB §§ 9 MuSchG, 18 BEEG, 85 SGB IX, 2 Abs 1 ArbPlSchG).[26]

3. Relativer Kündigungsschutz aus Benachteiligungs- und Behinderungsverboten

11 Eine Kündigung wegen betriebsverfassungsrechtlicher oder personalvertretungsrechtlicher Betätigung ist nach §§ 78 BetrVG, 8, 107 BPersVG iVm § 134 BGB, eine Kündigung zur Behinderung der Wahl nach §§ 20 BetrVG, 24, 99 BPersVG iVm § 134 BGB unwirksam. Dieser relative Kündigungsschutz besteht neben dem Sonderkündigungsschutz nach § 15 KSchG. Von Bedeutung ist der relative Kündigungsschutz insbesondere dann, wenn der Schutz nach § 15 KSchG noch nicht[27] oder nicht mehr[28] besteht und eine ordentliche Kündigung ausnahmsweise zulässig ist.[29] Ihn genießen auch vom Schutz des § 15 KSchG nicht erfasste Funktionsträger.[30] Zu beachten ist, dass auch die Geltendmachung des relativen Kündigungsschutzes an die Klagefrist des § 4 Satz 1 KSchG gebunden ist, da es sich insoweit um andere Unwirksamkeitsgründe iS des § 4 Satz 1 KSchG handelt.

B. Geltungsbereich der Norm

I. Betrieblicher Geltungsbereich

1. Allgemeines

12 Der betriebliche Geltungsbereich des § 15 KSchG ergibt sich aus § 23 Abs 1 Satz 1 KSchG. Danach gilt der Zweite Abschnitt des KSchG, der den Sonderkündigungsschutz im Rahmen der Betriebsverfassung und Personalvertretung zum Gegenstand hat, für Betriebe und Verwaltungen des privaten und des öffentlichen Rechts.[31]

---

24 Vgl auch Rn 155 ff.
25 Vgl § 17 KSchG Rn 5.
26 Vgl KR/Etzel § 15 KSchG Rn 151, 152.
27 Vgl Rn 23 f.
28 ZB Rn 39, 95 ff, 100, 151.
29 Vgl Rn 105 ff.
30 Vgl Rn 53.
31 Vgl hierzu § 23 Rn 9.

Der Sonderkündigungsschutz nach § 15 KSchG besteht **auch in Kleinbetrieben.** Die für den betrieblichen Geltungsbereich des im Ersten Abschnitt des KSchG geregelten allgemeinen Kündigungsschutzes geltende Kleinbetriebsklausel (§ 23 Abs 1 Satz 2 KSchG) ist nicht anwendbar. Dies ist deshalb von Bedeutung, da nach § 1 BetrVG bzw § 12 BPersVG Arbeitnehmervertretungen auch in Betrieben bzw Dienststellen gebildet werden können, in denen weniger als 10,25 Arbeitnehmer isd § 23 Abs 1 Satz 2 und 3 KSchG beschäftigt sind. Die Bildung eines Betriebs- bzw Personalrats setzt nach diesen Vorschriften lediglich voraus, dass mindestens fünf ständig Wahlberechtigte, von denen drei wählbar sind, beschäftigt werden. Zu den (aktiv und passiv) Wahlberechtigten (vgl §§ 7, 8 BetrVG, §§ 13, 14 BPersVG) zählen im Übrigen auch Auszubildende (vgl § 5 Abs 1 Satz 1 BetrVG), während diese bei der im Hinblick auf den betrieblichen Geltungsbereich des allgemeinen Kündigungsschutzes erforderlichen Feststellung der Zahl der beschäftigten Arbeitnehmer unberücksichtigt bleiben (§ 23 Abs 1 Satz 2 KSchG), zu den (aktiv) Wahlberechtigten nach § 7 Satz 2 BetrVG ferner länger als drei Monate im Betrieb eingesetzte Leiharbeitnehmer, die im Rahmen des § 23 Abs 1 Satz 2 KSchG nur dann mitrechnen, wenn ihr Einsatz einem „in der Regel" vorhandenen Beschäftigungsbedarf entspricht.[32]

13

2. Tendenzbetriebe

Der Sonderkündigungsschutz nach § 15 KSchG besteht auch **in Tendenzbetrieben**[33] **uneingeschränkt.** Die ordentliche Kündigung des Arbeitsverhältnisses eines Arbeitnehmervertreters der Betriebsverfassung,[34] der zugleich ein sog Tendenzträger ist, also eine tendenzbezogene Arbeitsaufgabe verrichtet (zB ein angestellter Journalist einer Tageszeitung), ist nach § 15 Abs 1 KSchG ausgeschlossen. Dies gilt jedenfalls für solche ordentlichen Kündigungen, die nicht auf tendenzbedingte Kündigungsgründe gestützt werden.[35] Das in § 15 Abs 1 KSchG enthaltene Verbot der ordentlichen Kündigung ist nach zutreffender Auffassung aber auch auf eine gegenüber einem der Arbeitnehmervertretung angehörenden Tendenzträger aus tendenzbedingten Gründen ausgesprochene Kündigung anwendbar.[36] Im Unterschied zum Betriebsverfassungsgesetz kennt das Kündigungsschutzgesetz keine dem § 118 BetrVG vergleichbare Bestimmung, der zufolge im Interesse des Grundrechtsschutzes (insbesondere des Art 5 GG) Vorschriften des Betriebsverfassungsgesetzes keine Anwendung finden, soweit die – tendenzbedingte – Eigenart des Unternehmens oder des Betriebs dem entgegensteht. Im Interesse einer tendenzschutzbedingten Gewährleistung und Sicherung von Grundrechten sind zwar auch im Anwendungsbereich des § 15 Abs 1 KSchG die Grundsätze zu beachten, die sich aus der in § 118 BetrVG enthaltenen gesetzlichen Konkretisierung des Grundrechtsschutzes ergeben. Der Grundrechtsschutz für Tendenzunternehmen bzw Tendenzbe-

14

---
32 BAG 24.1.2013 – 2 AZR 140/12.
33 Zum Begriff vgl § 118 Abs 1 BetrVG.
34 Vgl Rn 16 f.
35 BAG 3.11.1982 – 7 AZR 5/81.
36 KR/Etzel § 15 KSchG Rn 11 mwN; offengelassen von BAG 3.11.1982 – 7 AZR 5/81.

triebe erfordert es jedoch nicht, bei tendenzbedingten Kündigungsgründen den Schutz des § 15 KSchG zu versagen und aus verfassungsrechtlichen Gründen eine ordentliche Kündigung gegenüber einem Tendenzträger, der Mitglied des Betriebsrats ist, zuzulassen. Ausreichend ist die Berücksichtigung des Tendenzbezugsim Rahmend Interessenabwägung bei der außerordentlichen Kündigung.

15 Nach hM[37] soll der verfassungsrechtlich gewährleistete **Tendenzschutz** bei einer aus tendenzbedingten Gründen gegenüber einem von § 15 KSchG geschützten Tendenzträger erklärten außerordentlichen Kündigung allerdings eine Einschränkung der Beteiligungsrechte des Betriebsrats in der Weise gebieten, dass die Kündigung zu ihrer Wirksamkeit nicht der Zustimmung des Betriebsrats nach **§ 103 BetrVG**, sondern **nur** der **Anhörung nach § 102 BetrVG** bedarf. Dem kann nicht gefolgt werden. § 15 Abs 1 KSchG iVm § 103 BetrVG bezweckt den Schutz der Funktionsfähigkeit des Betriebsrats. Das Zustimmungserfordernis nach § 103 BetrVG ist kein materielles, im Widerspruch zum Tendenzschutz stehendes Mitwirkungsrecht, das im Rahmen einer Konkordanz den grundgesetzlich verbürgten Freiheitsrechten des Arbeitgebers weichen müsste.[38]

II. Persönlicher Geltungsbereich
1. Der vom Schutz des § 15 KSchG unmittelbar erfasste Personenkreis

16 a) **Arbeitnehmervertreter der Betriebsverfassung (Abs 1).** Geschützt sind nach dem Wortlaut des § 15 Abs 1 KSchG

- Mitglieder des Betriebsrats
- Mitglieder der Jugend- und Auszubildendenvertretung (§ 60 BetrVG)
- Mitglieder der Bordvertretung (§ 115 BetrVG)
- Mitglieder des Seebetriebsrats (§ 116 BetrVG).

17 Der Schutz der Norm erstreckt sich – auch ohne ausdrückliche Nennung im Gesetz – auf

- Mitglieder des Gesamtbetriebsrats
- Mitglieder des Konzernbetriebsrats
- Mitglieder der Gesamtjugend- und Auszubildendenvertretung,

da die Entsendung in diese Gremien die Mitgliedschaft im Betriebsrat (§§ 47 Abs 2, 55 Abs 1 BetrVG) bzw in der Jugend- und Auszubildendenvertretung (§ 72 Abs 2 BetrVG) voraussetzt.

18 b) **Arbeitnehmervertreter der Personalvertretung (Abs 2).** Geschützt sind nach dem Wortlaut des § 15 Abs 2 KSchG

- Mitglieder der Personalvertretungen; es handelt sich um einen Sammelbegriff, dem

---

37 BAG 28.8.2003 – 2 ABR 48/02; KR/Etzel § 103 BetrVG Rn 16, Fitting § 118 Rn 40; offengelassen noch von BAG 3.11.1982 – 7 AZR 5/81.
38 IdS auch HK-KSchG/Dorndorf § 15 Rn 23 mwN; DKKW/Wedde § 118 Rn 116.

- Mitglieder des Personalrats (§ 12 BPersVG)
- Mitglieder der Stufenvertretungen (Bezirkspersonalrat und Hauptpersonalrat, § 53 BPersVG)
- Mitglieder des Gesamtpersonalrats (§ 55 BPersVG)

unterfallen;

■ Mitglieder der Jugend- und Auszubildendenvertretungen (§ 57 BPersVG) und Mitglieder der Jugendvertretungen; dazu zählen auch (vgl § 64 BPersVG) Mitglieder der
- Bezirks-Jugend- und Auszubildendenvertretungen
- Haupt-Jugend- und Auszubildendenvertretungen
- Gesamt-Jugend- und Auszubildendenvertretungen.

§ 15 Abs 2 KSchG gilt nicht nur für Personalvertretungen im Anwendungsbereich des BPersVG, sondern auch der entsprechenden **Landespersonalvertretungsgesetze**. Der im Gesetz verwendete Begriff Personalvertretung beinhaltet auch die Mitgliedschaft in den Stufen- und Gesamtvertretungen die (anders als die Mitgliedschaft im Gesamtbetriebsrat etc)[39] nicht auf einer Entsendung aus dem Personalrat oder der Jugend- und Auszubildendenvertretung beruht, sondern auf einer Wahl durch die Beschäftigten (§§ 53, 64 BPersVG). 19

Der Sonderkündigungsschutz besteht nur für solche Mitglieder der Personalvertretungen, die in einem **Arbeitsverhältnis** stehen. Im Zusammenhang mit dem Erfordernis der vorherigen Zustimmung des Personalrats zur außerordentlichen Kündigung ist dies in § 47 Abs 1 Satz 1 BPersVG klargestellt. Für **Beamte**, die ebenfalls in eine Personalvertretung gewählt werden können, gilt der Sonderkündigungsschutz des § 15 Abs 2 KSchG bereits deshalb nicht, weil das Beamtenverhältnis nicht durch Kündigung beendet werden kann. 20

Als Arbeitnehmer sind grundsätzlich auch sog **Dienstordnungs-Angestellte**, die Mitglieder einer Personalvertretung sind, in den Schutzbereich des § 15 Abs 2 KSchG einbezogen. Wird ein Dienstordnungs-Angestellter allerdings nicht durch Kündigung, sondern nach beamtenrechtlichen Vorschriften entlassen, ist § 15 Abs 2 KSchG nicht anwendbar.[40] 21

In Dienststellen des Bundes beschäftigte Arbeitnehmer, die in einer **dem beamtenrechtlichen Vorbereitungsdienst entsprechenden Berufsausbildung** stehen, sind vom Geltungsbereich des § 15 KSchG ausdrücklich ausgenommen. Die Kündigung gegenüber einem solchen Arbeitnehmer bedarf auch nicht der Zustimmung des Personalrats (vgl § 47 Abs 3 Satz 1 BPersVG). 22

c) **Mitglieder des Wahlvorstands; Wahlbewerber (Abs 3)**. Sonderkündigungsschutz genießen nach § 15 Abs 3 KSchG auch Mitglieder des Wahlvorstands und Wahlbewerber. Der Sonderkündigungsschutz als **Mitglied des Wahlvorstands** setzt eine wirksame Bestellung durch die Arbeitnehmervertretung oder eine Wahl durch die Betriebs- bzw Personalversammlung voraus (Einzelheiten und Sonderkonstellationen vgl §§ 16 f BetrVG, §§ 20 – 22 BPersVG). Werden die Mitglieder des Wahlvorstandes auf Antrag 23

---

39 Vgl Rn 17.
40 Vgl Rn 59.

durch das Arbeitsgericht bestellt, beginnt der besondere Kündigungsschutz mit Verkündung, nicht erst mit Rechtkraft des Einsetzungsbeschlusses.[41] Nach Sinn und Zweck ist der Zeitpunkt der ersten Verlautbarung der für § 15 Abs 3 KSchG entscheidende. Auf die materielle Wirksamkeit der Bestellung kommt es nicht an.[42]

Bewerber für die Bestellung bzw Wahl zum Wahlvorstand sind vom Sonderkündigungsschutz des § 15 Abs 3 KSchG nicht erfasst.[43] Ein relativer Kündigungsschutz kann sich für diesen Personenkreis aus den Bestimmungen über den Wahlschutz ergeben (§§ 20 BetrVG, 24, 99 BPersVG iVm § 134 BGB). Entsprechendes gilt für Ersatzmitglieder, die vom Betriebsrat für den Fall der Verhinderung der Mitglieder des Wahlvorstands bestellt werden können (vgl § 16 Abs 1 Satz 4 BetrVG). Rückt das Ersatzmitglied in den Wahlvorstand nach, ist es als ordentliches Mitglied des Wahlvorstands nach § 15 Abs 3 KSchG geschützt.[44]

24 **Wahlbewerber** genießen den Sonderkündigungsschutz nach § 15 Abs 3 KSchG „vom Zeitpunkt der Aufstellung des Wahlvorschlags an". Vor diesem Zeitpunkt kann der potenzielle Bewerber nur einen relativen Schutz aus dem Verbot der Wahlbehinderung ableiten (§§ 20 BetrVG, 24, 99 BPersVG iVm § 134 BGB). Der Sonderkündigungsschutz als Wahlbewerber setzt voraus, dass

- ein Wahlvorstand bestellt ist,[45] da erst dann das Wahlverfahren eingeleitet ist.
- unter den Wahlvorschlag die letzte der erforderlichen Stützunterschriften gesetzt worden ist (§ 14 Abs 4 und 5 BetrVG); denn ab diesem Zeitpunkt muss der Arbeitgeber erstmalig ernsthaft mit der Möglichkeit rechnen, dass ein ihm möglicherweise nicht genehmer Kandidat gewählt wird. Auf die Einreichung des Wahlvorschlags beim Wahlvorstand kommt es daher nicht an.[46] Andererseits ist die bloße Benennung eines Kandidaten in einer gewerkschaftlichen Versammlung unzureichend.[47]
- der Bewerber nach den betriebsverfassungs- bzw personalvertretungsrechtlichen Vorschriften (vgl §§ 8, 61 Abs 2, 115 Abs 2 Nr 2, 116 Abs 2 Nr 2 BetrVG, §§ 14, 15, 53 Abs 3, 56, 58 Abs 2, 64 BPersVG) wählbar ist. Ist das nicht der Fall, fehlt es an der hinreichend konkreten Möglichkeit, dass der dem Arbeitgeber möglicherweise nicht genehme Kandidat aufgrund dieses Wahlvorschlags auch tatsächlich gewählt wird; denn die Vorschlagsliste ist ungültig und darf vom Wahl-

---

41 BAG 26.11.2009 – 2 AZR 185/08.
42 BAG 26.11.2009 – 2 AZR 185/08; hierzu auch Brodtrück, ArbRAktuell 2010, 201 f.
43 LAG Baden-Württemberg 31.5.1974 – 7 Sa 680/74; LAG Hamm 15.3.2013 – 13 Sa 6/13; Fitting § 103 Rn 10; GK-BetrVG/Raab § 103 Rn 6 mwN; aA KR/Etzel § 103 BetrVG Rn 13; HK-KSchG/Dorndorf § 15 Rn 30.
44 Zu Ersatzmitgliedern vgl allg Rn 39 ff.
45 BAG 4.3.1976 – 7 AZR 620/74; BAG 5.12.1980 – 7 AZR 781/78; BAG 7.7.2011 – 2 AZR 377/10.
46 BAG 4.3.1976 – 7 AZR 620/74; BAG 5.12.1980 – 7 AZR 781/78; BAG 7.7.2011 – 2 AZR 377/10; BAG 19.4.2012 – 2 AZR 299/11; Fitting § 103 Rn 10; GK-BetrVG/Raab § 103 Rn 22; aA zB Richardi § 103 Rn 19.
47 BAG 4.4.1974 – 2 AZR 452/73.

vorstand bei der Durchführung der Wahl nicht berücksichtigt werden.[48] Die Voraussetzung der Wählbarkeit muss nicht bereits im Zeitpunkt der Aufstellung des Wahlvorschlags erfüllt sein, sondern erst im Zeitpunkt der Wahl.[49]
- der Arbeitnehmer der Kandidatur zugestimmt hat. Dies folgt aus dem Begriff „Wahlbewerber". Die spätere Zustimmung wirkt auf den Zeitpunkt der Aufstellung des Wahlvorschlags zurück.[50]

Der Sonderkündigungsschutz als Wahlbewerber soll nach der Entscheidung des BAG vom 5.12.1980[51] nicht dadurch entfallen, dass die Vorschlagsliste durch **spätere Streichung von Stützunterschriften** gem § 8 Abs 2 Nr 3 iVm § 6 Abs 5 WahlO-BetrVG (vgl auch § 10 Abs 5 Nr 3 WahlO-BPersVG) unwirksam wird. Das BAG hat in der genannten Entscheidung allerdings offengelassen, ob der Wahlbewerber in diesem Fall den vollen Sonderkündigungsschutz nach § 15 Abs 3 Satz 1 KSchG oder nur den nachwirkenden Sonderkündigungsschutz nach § 15 Abs 3 Satz 2 KSchG beanspruchen kann. Nach zutreffender Auffassung ist zu differenzieren: Von der Aufstellung des Wahlvorschlags an bis zu dem Zeitpunkt, in dem dieser ungültig wird, besteht der volle Schutz nach Satz 1. Anschließend besteht lediglich der nachwirkende Sonderkündigungsschutz nach § 15 Abs 3 Satz 2 KSchG.[52] Das ist auf alle Konstellationen zu übertragen, in denen ein Wahlvorschlag vor der Wahl gegenstandslos wird. Der vorgeschlagene Arbeitnehmer ist dann kein Wahlbewerber mehr (zB bei verspäteter Einreichung des Wahlvorschlags beim Wahlvorstand, **Rücknahme der Kandidatur**).

Mitglieder des Wahlvorstandes, die vor der Durchführung der Betriebsratswahl ihr Amt niederlegen, erwerben vom Zeitpunkt der Amtsniederlegung an sechsmonatigen nachwirkenden Kündigungsschutz nach § 15 Abs 3 Satz 2 KSchG.[53]

d) Initiatoren der Betriebsratswahl (Abs 3 a). Mit der durch das BetrVG-Reformgesetz vom 23.7.2001[54] eingefügten Vorschrift des Abs 3 a hat der Gesetzgeber einen Sonderkündigungsschutz für sog Wahlinitiatoren eingeführt. Hierbei handelt es sich um Arbeitnehmer, welche in betriebsratslosen Betrieben bzw in Betrieben, in denen der bereits bestehende Betriebsrat keinen Wahlvorstand bestellt, die Initiative zur Wahl ergreifen.[55] Geschützt sind nur Initiatoren der Wahl des Betriebsrats, nicht der Wahl der Personalvertretung. Die Erweiterung des Sonderkündigungsschutzes auf diesen Personenkreis soll dazu beitragen, dass Arbeitnehmer künftig eher bereit sind, insbesondere in betriebsratslosen Betrieben die Initiative für die Betriebsratswahl zu ergreifen.[56] In **betriebsratslosen Betrieben** sind Arbeitnehmer geschützt, die zu einer **Betriebs-, Wahl- oder Bordversammlung**

---

48 BAG 26.9.1996 – 2 AZR 528/95.
49 BAG 7.7.2011 – 2 AZR 377/10.
50 KR/Etzel § 103 BetrVG Rn 34, 38, 39.
51 BAG 5.12.1980 – 7 AZR 781/78.
52 IdS auch BAG 9.10.1986 – 2 AZR 650/85; KR/Etzel § 103 BetrVG Rn 41.
53 BAG 9.10.1986 – 2 AZR 650/85.
54 BGBl I S 1852.
55 KR/Etzel § 15 KSchG Rn 137.
56 Vgl die Begründung des RegE, BT-Drucks 14/5741 S 55.

nach §§ 17 Abs 3, 17a Nr 3 Satz 2, 115 Abs 2 Nr 8 BetrVG **einladen**. Ferner sind auch die Arbeitnehmer von § 15 Abs 3 a erfasst, die die **Bestellung eines Wahlvorstands** nach §§ 16 Abs 2 Satz 1, 17 Abs 4, 17a Nr 4, 63 Abs 3, 115 Abs 2 Nr 8 Satz 4 oder § 116 Abs 2 Nr 7 Satz 5 BetrVG **beim Arbeitsgericht beantragen**. Die Gefahr möglicher Interessenkonflikte mit dem Arbeitgeber für die Zeit der Wahl besteht in gleicher Weise wie bei Mitgliedern des Wahlvorstandes oder Wahlbewerbern, weshalb auch für Wahlinitiatoren ein besonderer Schutz vor Kündigungen gerechtfertigt ist.[57] Der Sonderkündigungsschutz ist eng mit der den Initiatoren gem § 17 Abs 3 und 4 BetrVG betriebsverfassungsrechtlich zugewiesenen Befugnis verknüpft, die Wahl zu veranlassen. Daher greift er nur dann ein, wenn die erforderliche Mindestzahl von drei wahlberechtigten Arbeitnehmern die Initiative ergreift.[58]

27 **Inhalt des Initiatorenschutzes:** Die Kündigung des Arbeitsverhältnisses eines Wahlinitiators ist unzulässig, es sei denn, dass Tatsachen vorliegen, die den Arbeitgeber zur Kündigung aus wichtigem Grund ohne Einhaltung einer Kündigungsfrist berechtigen. **Unzulässig ist** also **die ordentliche Kündigung**. Die außerordentliche Kündigung bleibt zulässig. Dies entspricht der Rechtslage bei betriebsverfassungsrechtlichen Mandatsträgern, Mitgliedern des Wahlvorstandes und Wahlbewerbern der Betriebsverfassung (§ 15 Abs 1 und Abs 3 KSchG). Anders als bei diesen ist die außerordentliche Kündigung durch den Arbeitgeber allerdings **nicht an die vorherige Zustimmung des Betriebsrats nach § 103 Abs 1 BetrVG** gebunden.[59] Eine analoge Anwendung des § 103 Abs 2 BetrVG in betriebsratslosen Betrieben kommt im Gegensatz zu den Mitgliedern des Wahlvorstandes und Wahlbewerbern[60] nicht in Betracht, da Wahlinitiatoren nicht zu dem von § 103 Abs 1 BetrVG erfassten Personenkreis zählen. Der Gesetzgeber hat, wie der Wortlaut des § 15 Abs 3 a KSchG und des § 103 BetrVG belegen, den Initiatorenschutz dem Schutz der Mandatsträger und Wahlbewerber bewusst nicht vollständig angeglichen. Insbesondere haben Wahlinitiatoren auch **keinen nachwirkenden Sonderkündigungsschutz**. Demgegenüber dürfte der Umstand, dass der neue Abs 3 a in den Absätzen 4 und 5 des § 15 KSchG keine Erwähnung findet, auf einem Redaktionsversehen des Gesetzgebers beruhen.[61] Nach der Wortlautinterpretation der unverändert gebliebenen Absätze 4 und 5 wäre gegenüber den ansonsten geringer geschützten Initiatoren auch bei Betriebsstilllegung und Stilllegung einer Betriebsabteilung nur eine außerordentliche Kündigung möglich, während gegenüber den in den Absätzen 1 bis 3 genannten, grundsätzlich stärker geschützten Amtsträgern, Mitgliedern der Wahlvorstände und Wahlbewerbern in diesen Fällen eine ordentliche Kündigung zulässig ist. **§ 15 Abs 4 und 5 KSchG sind daher auf Wahlinitiatoren analog anzuwenden.**

---

57 Nach der Begründung des RegE, BT-Drucks 14/5741 S 55, sind Initiatoren „in ähnlicher Weise schutzbedürftig wie die Mitglieder des Wahlvorstandes und Wahlbewerber"; gleichwohl ist der Initiatorenschutz geringer als der Schutz dieser Personen, vgl Rn 27.
58 LAG München 30.4.2008 – 5 Sa 661/07.
59 KR/Etzel § 15 Rn 144.
60 Vgl Rn 204 mit Rechtsprechungsnachweisen.
61 BAG 4.11.2004 – 2 AZR 96/04; KR/Etzel § 15 Rn 145.

Der besondere Kündigungsschutz gilt nach § 15 Abs 3a Satz 1 HS 2 28
KSchG aber nur für **die ersten drei in der Einladung oder Antragstellung**
aufgeführten Arbeitnehmer. Damit ist der Sonderkündigungsschutz auf die
erforderliche Mindestzahl (vgl §§ 16 Abs 2, 17a Abs 3 BetrVG) der einladenden bzw antragstellenden Arbeitnehmer begrenzt.[62] Zugunsten nicht
vom Schutz des § 15 Abs 3a KSchG erfasster (weiterer) Initiatoren kann
aber ein relativer Kündigungsschutz nach § 20 BetrVG eingreifen.[63] Sind in
der Einladung mehr als drei Arbeitnehmer aufgeführt, ohne dass sich aus
der Einladung eine Reihenfolge[64] der Initiatoren ergibt, ist die Bestimmung
der geschützten ersten drei Arbeitnehmer nicht aufgrund der Einladung
möglich, sondern nur aufgrund weiterer Umstände, für die der Arbeitnehmer, der sich auf den Initiatorenschutz beruft, darlegungs- und beweispflichtig ist. Problematisch ist ferner der Fall, dass aus der Einladung die
Identität der Einladenden nicht hervorgeht. Nach der hier vertretenen Auffassung gebietet eine am Sinn und Zweck der Norm orientierte Auslegung
die über den Wortlaut hinausgehende Erstreckung des Initiatorenschutzes
auf diese Konstellation, soweit es sich um mindestens drei Initiatoren handelt und deren Identität dem Arbeitgeber anderweitig bekannt geworden
ist. Die Gefahr von Interessenkonflikten mit dem Arbeitgeber besteht in
diesem Fall ebenso, wie wenn die Initiatoren in der Einladung namentlich
aufgeführt worden wären. Die Darlegungs- und Beweislast für diesen Ausnahmetatbestand trägt der Arbeitnehmer, der den Initiatorenschutz geltend
macht.

Der **Initiatorenschutz beginnt** bei einem Antrag auf gerichtliche Bestellung 29
des Wahlvorstands mit der Antragstellung, dh mit **Eingang des Antrags bei
Gericht**. Im Fall der Einladung zu einer Betriebs-, Wahl- oder Bordversammlung beginnt der besondere Schutz im **Zeitpunkt der Einladung**. Erforderlich ist eine **ordnungsgemäße Einladung**. Eine Einladung ist ordnungsgemäß, wenn die wesentlichen Formvoraussetzungen erfüllt sind.
Dies ist der Fall, wenn sie den Zeitpunkt, den Ort, den Gegenstand der Betriebsversammlung sowie grundsätzlich die Einladenden (mindestens drei
wahlberechtigte Arbeitnehmer) angibt[65] und so bekannt gemacht wird,
dass alle Arbeitnehmer des Betriebs von ihr Kenntnis nehmen können und
dadurch die Möglichkeit erhalten, an ihr teilzunehmen.[66] Sonstige Formfehler führen nicht zum Verlust des Initiatorenschutzes.[67] Liegt allerdings
schon eine ordnungsgemäße Einladung anderer Arbeitnehmer oder der im
Betrieb vertretenen Gewerkschaft vor (§ 17 Abs 3 BetrVG) oder wurde bereits ein Wahlvorstand bestellt (§ 17 Abs 1 BetrVG), ist jede weitere Einladung unzulässig und kann den besonderen Kündigungsschutz des Abs 3a
nicht begründen.[68]

---

62 So ausdrücklich auch die Begründung des RegE, BT-Drucks 14/5741 S 55.
63 Vgl Rn 11.
64 ZB aufgrund einer Nummerierung, untereinander oder von links nach rechts nebeneinander gesetzter Unterschriften.
65 Zu dem Ausnahmefall, dass die Initiatoren in der Einladung nicht aufgeführt sind, der Arbeitgeber deren Identität aber kennt vgl Rn 28.
66 ArbG Frankfurt 9.4.2002 – 20 Ca 8024/01.
67 ArbG Frankfurt 9.4.2002 – 20 Ca 8024/01.
68 KR/Etzel § 15 KSchG Rn 140.

30 Der **Initiatorenschutz endet** – für Antragsteller im gerichtlichen Bestellungsverfahren ebenso wie für die zur Versammlung Einladenden – im Zeitpunkt der **Bekanntgabe des Wahlergebnisses**. Wird ein Betriebsrat, eine Jugend- und Auszubildendenvertretung, eine Bordvertretung oder ein Seebetriebsrat **nicht gewählt**, besteht der Initiatorenschutz vom Zeitpunkt der Einladung oder Antragstellung an **drei Monate**. Der Drei-Monats-Zeitraum bildet aber nur dann die zeitliche Grenze des Schutzes, wenn überhaupt keine Wahl stattfindet. Findet die durch den Wahlvorstand eingeleitete und nicht unterbrochene Wahl erst später statt oder steht erst später fest, dass es nicht mehr zu einer Wahl kommt, besteht der Initiatorenschutz länger als drei Monate bis zur Bekanntgabe des Wahlergebnisses bzw bis zu dem Zeitpunkt, zu dem feststeht, dass die Wahl nicht (mehr) stattfindet.[69] Anders als Mitglieder des Wahlvorstands und Wahlbewerber haben Initiatoren als solche **keinen nachwirkenden Sonderkündigungsschutz**. In der Praxis dürften sich die Initiatoren aber regelmäßig im Wahlvorstand engagieren und/oder um das Betriebsratsamt bewerben, wodurch ein nachwirkender Schutz begründet wird. Ein Bedürfnis, auch den Schutz der Wahlinitiative mit einem nachwirkenden Schutz zu verknüpfen, besteht daher nicht.

2. Anwendung des § 15 KSchG auf weitere Personengruppen kraft gesetzlicher Verweisung

31 a) **Mitglieder der Schwerbehindertenvertretung.** Nach § 96 Abs 3 Satz 1 SGB IX besitzen Mitglieder der Schwerbehindertenvertretung (sog Vertrauenspersonen, vgl § 94 SGB IX) gegenüber dem Arbeitgeber die gleiche persönliche Rechtsstellung, insbesondere den **gleichen Kündigungsschutz wie ein Mitglied des Betriebs- oder Personalrats**. Über diese Verweisung werden die Vertrauensleute der Schwerbehinderten vom Sonderkündigungsschutz nach § 15 Abs 1 und Abs 2 KSchG erfasst. Während der Amtszeit ist die vorherige Zustimmung des Betriebsrats bzw der Personalvertretung oder deren gerichtliche Ersetzung (§ 103 BetrVG, 47, 108 Abs 1 BPersVG) erforderlich. Der Gegenauffassung, nach der anstelle des Betriebsrats die Schwerbehindertenvertretung für die Zustimmungserteilung zuständig sei,[70] hat das BAG eine Absage erteilt; § 96 Abs 3 SGB IX stelle eine Rechtsfolgenverweisung dar, die nach Sinn und Zweck sowie Normsystematik (ua fehlende Zuständigkeit der Arbeitsgerichte für ein Zustimmungsersetzungsverfahren nach § 2 a Abs 1 Nr 3 a ArbGG, denn dort wird nur auf §§ 94, 95 SGB IX Bezug genommen) eine Beteiligung der in §§ 15 KSchG, 103 BetrVG genannten Gremien erfordere.[71] Entsprechendes gilt über §§ 97 Abs 7 auch für Mitglieder einer Gesamt-, Haupt- oder Bezirksschwerbehindertenvertretung.

32 Die Vorschriften über den **Wahlschutz** bei der Wahl des Betriebs- oder Personalrats sind nach § 94 Abs 6 Satz 2 SGB IX sinngemäß anzuwenden. Sinngemäße Anwendung bedeutet die Geltung des § 15 Abs 3 KSchG iVm § 103 BetrVG bzw §§ 47, 108 Abs 1 BPersVG für Mitglieder des Wahlvor-

---

69 KR/Etzel § 15 Rn 143.
70 LAG Hamm 21.1.2011 – 13 TaBV 72/10; LPK-SGB IX/Düwell § 96 Rn 61.
71 BAG 19.7.2012 – 2 AZR 989/11.

standes und Bewerber zur Wahl der Schwerbehindertenvertretung.[72] Der Schutz erstreckt sich auch auf die Arbeitnehmer, die nach § 19 Abs 2 SchwbVWO zur Wahlversammlung einladen (Initiatorenschutz gem § 15 Abs 3 a KSchG).[73]

Die vorherige **Zustimmung des Integrationsamtes**[74] zur Kündigung des Arbeitsverhältnisses eines Schwerbehindertenvertreters, eines Mitglieds des Wahlvorstandes oder eines Wahlbewerbers ist nur dann – zusätzlich zur Zustimmung der Arbeitnehmervertretung – notwendig, wenn der betroffene Arbeitnehmer selbst schwerbehindert ist.[75]   33

Stellvertreter haben grundsätzlich nur den nachwirkenden Sonderkündigungsschutz als Wahlbewerber nach § 94 Abs 6 Satz 2 SGB IX iVm § 15 Abs 3 Satz 2 KSchG.[76]   34

b) Mitglieder eines Europäischen Betriebsrats und vergleichbarer Gremien. Für Mitglieder eines Europäischen Betriebsrats, die im Inland beschäftigt sind, gelten ua die §§ 15 Abs 1 und 3 bis 5 KSchG sowie § 103 BetrVG entsprechend (vgl § 40 Abs 1 EBRG). Mitglieder des besonderen Verhandlungsgremiums (§§ 8 ff EBRG) und Arbeitnehmervertreterim Rahmen eines Verfahrens zur Unterrichtung und Anhörung (§§ 17 Satz 3, 19 EBRG) sind in gleicher Weise geschützt (vgl § 40 Abs 2 EBRG).   35

c) Mitglieder einer durch Tarifvertrag oder Betriebsvereinbarung errichteten Arbeitnehmervertretung (§ 3 Abs 1 Nr 1 bis 3 BetrVG; § 117 Abs 2 BetrVG). Durch Tarifvertrag oder Betriebsvereinbarung (§ 3 Abs 2 BetrVG) können **unternehmenseinheitliche Betriebsräte** oder betriebsübergreifende Betriebsräte (§ 3 Abs 1 Nr 1 BetrVG) sowie **Spartenbetriebsräte** (§ 3 Abs 1 Nr 2 BetrVG) gebildet werden. Soweit dies insbesondere aufgrund der Betriebs-, Unternehmens- oder Konzernorganisation oder aufgrund anderer Formen der Zusammenarbeit von Unternehmen einer wirksamen Interessenvertretung der Arbeitnehmer dient, können durch Tarifvertrag (nicht aber durch Betriebsvereinbarung) **andere Arbeitnehmervertretungsstrukturen** bestimmt werden (§ 3 Abs 1 Nr 3 BetrVG). Auf diese Arbeitnehmervertretungen, die an die Stelle des Betriebsrats treten, finden die Vorschriften über die Rechte und Pflichten des Betriebsrats und die Rechtsstellung seiner Mitglieder Anwendung. Dies hat der Gesetzgeber in § 3 Abs 5 BetrVG klargestellt. Der Sonderkündigungsschutz nach § 15 Abs 1 KSchG iVm § 103 BetrVG gilt daher auch für Mitglieder der nach § 3 Abs 1 Nr 1 bis 3 BetrVG gebildeten Arbeitnehmervertretungen.[77] Für die – in § 3 Abs 5 BetrVG nicht erwähnten – Mitglieder **zusätzlicher betriebsverfassungsrechtlicher Gremien und Arbeitnehmervertretungen** iSd § 3 Abs 1 Nr 4 und 5 BetrVG besteht dagegen kein Sonderkündigungs-   36

---

72 APS/Linck § 15 KSchG Rn 60; KR/Etzel § 103 BetrVG Rn 14; nach unzutr aA soll anstelle der Zustimmung der Arbeitnehmervertretung diejenige des Integrationsamtes erforderlich sein, auch hinsichtlich nicht schwerbehinderter Wahlbewerber, vgl zB Neumann/Pahlen/Majerski-Pahlen § 94 Rn 41.
73 LPK-SGB IX/Düwell § 94 Rn 84.
74 Vgl §§ 85, 91 SGB IX.
75 Vgl BAG 11.5.2000 – 2 AZR 276/99.
76 Zur Rechtslage iF des Nachrückens bzw der Verhinderung des Vertrauensmanns oder der Vertrauensfrau vgl Rn 40 ff.
77 KR/Etzel § 103 BetrVG Rn 10.

schutz;[78] diese können sich daher nur auf einen relativen Kündigungsschutz aus § 78 BetrVG berufen.[79]

37 Mitglieder einer nach § 117 Abs 2 Satz 1 BetrVG durch Tarifvertrag errichteten **Vertretung im Flugbetrieb beschäftigter Arbeitnehmer** von Luftfahrtunternehmen genießen ebenfalls den Schutz nach §§ 15 KSchG, 103 BetrVG. Die lediglich die Zusammenarbeit betreffende Regelungsbefugnis der Tarifvertragsparteien gem § 117 Abs 2 Satz 2 BetrVG schließt die Geltung der §§ 15 Abs 1 KSchG, 103 BetrVG nicht aus. Zudem stellt § 24 Abs 1 KSchG klar, dass der Zweite Abschnitt des KSchG (§§ 15, 16 KSchG) auch auf die Arbeitsverhältnisse der Besatzungen von Luftfahrzeugen Anwendung findet.[80]

38 **d) Mitglieder der Betriebsvertretungen bei den alliierten Streitkräften.** Nach Art 59 Abs 9 des Zusatzabkommens zum NATO-Truppenstatut iVm der Unterzeichnungsprotokoll gelten für die Betriebsvertretungen der zivilen Arbeitskräfte der alliierten Streitkräfte die für die Zivilbeschäftigten bei der Bundeswehr maßgebenden Vorschriften des deutschen Rechts über die Personalvertretung. Durch diese Bezugnahme ist § 15 Abs 2 KSchG auch auf die Mitglieder dieser Betriebsvertretungen anzuwenden.[81] Das BPersVG in der jeweils geltenden Fassung und damit auch das Zustimmungserfordernis nach § 47 Abs 1 BPersVG findet jedenfalls seit dem zum Unterzeichnungsprotokoll abgeschlossenen Änderungsabkommen vom 18.5.1994[82] uneingeschränkt Anwendung.

3. Ersatzmitglieder; stellvertretende Schwerbehindertenvertreter

39 Für Ersatzmitglieder des Betriebsrats (§ 25 BetrVG), des Personalrats (§ 31 BPersVG), des Wahlvorstands (§ 16 Abs 1 Satz 4 BetrVG), einer sonstigen unter § 15 KSchG fallenden Arbeitnehmervertretung[83] oder Stellvertreter der Schwerbehindertenvertretung (§ 94 Abs 1 SGB IX)[84] sieht § 15 KSchG keinen besonderen Kündigungsschutz vor. Diese Personen haben grundsätzlich **nur den nachwirkenden Schutz als (erfolglose) Wahlbewerber** (§ 15 Abs 3 Satz 2 KSchG) für die Dauer von sechs Monaten ab Bekanntgabe des Wahlergebnisses.[85] Ist der Nachwirkungszeitraum verstrichen, ohne dass das Ersatzmitglied in die Arbeitnehmervertretung nachgerückt ist[86] oder im Fall der Verhinderung eines ordentlichen Mitglieds der Arbeitnehmervertretung zur Vertretung herangezogen wurde,[87] bestehen kündigungsrechtlich keine Besonderheiten mehr. Der Arbeitgeber kann nach Anhörung der Arbeitnehmervertretung (gem § 102 BetrVG, § 79 BPersVG

---

78 vHH/L/v. Hoyningen-Huene § 15 Rn 12, 35 mwN; vgl auch BAG 13.8.2008 – 7 AZR 450/07: keine analoge Anwendung von § 3 Abs 5 Satz 2 BetrVG auf andere Vertretungen.
79 Vgl Rn 11.
80 Wie hier zB KR/Etzel § 103 BetrVG Rn 10; APS/Linck § 15 Rn 35; aA LAG Frankfurt – 3 Sa 215/83 – 4.10.1983; ErfK/Kiel § 15 KSchG Rn 8.
81 BAG 29.1.1981 – 2 AZR 778/78.
82 BGBl II S 3710.
83 Vgl Rn 35 ff.
84 Vgl Rn 31 ff, 34.
85 Vgl Rn 93.
86 Vgl Rn 40.
87 Vgl Rn 41 ff.

bzw den entsprechenden Vorschriften der Landespersonalvertretungsgesetze) eine ordentliche Kündigung erklären. Entscheidend für die Frage, ob das Ersatzmitglied Sonderkündigungsschutz genießt, ist der Zeitpunkt des Zugangs der Kündigung.[88] Ihre Wirksamkeit wird nicht dadurch beseitigt, dass das Ersatzmitglied erst nach Zugang der Kündigung während des Laufs der Kündigungsfrist für ein ausscheidendes Mitglied oder vertretungsweise in die Arbeitnehmervertretung nachrückt. Gegen Missbrauchsfälle bieten die Benachteiligungsverbote nach § 78 BetrVG, §§ 8, 107 BPersVG einen relativen Kündigungsschutz. Verfolgt der Arbeitgeber mit der Kündigung ausschließlich den Zweck, den bevorstehenden Eintritt des Ersatzmitglieds in die Arbeitnehmervertretung und damit die Entstehung des vollen Sonderkündigungsschutzes zu verhindern, ist die Kündigung nach § 134 BGB unwirksam.[89]

Scheidet ein Mitglied der Arbeitnehmervertretung auf Dauer aus dem Amt aus,[90] **rückt ein Ersatzmitglied automatisch in das Amt nach (§§ 25 Abs 1 Satz 1 BetrVG, 31 Abs 1 Satz 1 BPersVG, § 94 Abs 7 Satz 4 SGB IX).** Welches Ersatzmitglied als das zunächst berufene nachrückt, ergibt sich aus den Vorschriften der §§ 25 Abs 2 BetrVG, 31 Abs 2 BPersVG, 94 Abs 7 Satz 4 SGB IX. Einer ausdrücklichen Annahmeerklärung oder einer Benachrichtigung des betroffenen Ersatzmitglieds bedarf es nicht.[91] Der Arbeitnehmer wird automatisch vollwertiges Betriebsratsmitglied und genießt alle Rechte und Pflichten eines solchen, unabhängig davon, ob er sofort Amtstätigkeiten wahrzunehmen hat. Als ordentliches Mitglied genießt das nachgerückte Ersatzmitglied für die Dauer der restlichen Amtszeit des Gremiums den vollen Sonderkündigungsschutz nach § 15 Abs 1 Satz 1 bzw Abs 2 Satz 1 KSchG, nach Beendigung der Amtszeit den nachwirkenden Schutz von einem Jahr (§ 15 Abs 1 Satz 2, Abs 2 Satz 2 KSchG).[92]

40

Der volle Sonderkündigungsschutz nach § 15 Abs 1 Satz 1, Abs 2 Satz 1 KSchG besteht für Ersatzmitglieder ferner für die gesamte Dauer der Vertretung eines zeitweilig verhinderten ordentlichen Mitglieds der Arbeitnehmervertretung (§ 25 Abs 1 Satz 2 BetrVG, § 31 Abs 1 Satz 2 BPersVG, § 96 Abs 3 Satz 2 SGB IX). Ein Verhinderungsfall liegt vor, wenn das ordentliche Mitglied aus tatsächlichen (zB Urlaub,[93] Krankheit) oder rechtlichen Gründen (Behandlung von Angelegenheiten, die das ordentliche Mitglied selbst betreffen) nicht in der Lage ist, seine Amtsgeschäfte persönlich wahrzunehmen. Ein Verhinderungsfall ist jedoch nicht bereits dann gegeben, wenn das Betriebsratsmitglied einen arbeitsfreien Tag hat, denn die Wahrnehmung von Betriebsratsaufgaben außerhalb der persönlichen Arbeitszeit ist nicht grundsätzlich unzumutbar.[94] Bei der Prüfung, ob das ordentliche

41

---

88 Vgl Rn 99.
89 Vgl auch Rn 11.
90 Vgl die in §§ 24 Abs 1 BetrVG, 29 BPersVG aufgeführten Fälle; zur Schwerbehindertenvertretung vgl § 94 Abs 7 SGB IX.
91 LAG Schleswig-Holstein 7.4.1994 – 4 Sa 18/94.
92 Vgl Rn 87 ff, 93.
93 BAG 8.9.2011 – 2 AZR 388/10; BAG 27.9.2012 – 2 AZR 955/11: es sei denn, der Mandatsträger hat seine Bereitschaft angezeigt, gleichwohl für die Betriebsratstätigkeit zur Verfügung zu stehen.
94 BAG 27.9.2012 – 2 AZR 955/11.

Mitglied verhindert ist, sind die objektiven Verhältnisse entscheidend. Unerheblich ist es, wenn sich nach Heranziehung des Ersatzmitglieds zur Betriebsratsarbeit erst nachträglich herausstellt, dass das ordentliche Mitglied tatsächlich nicht verhindert war.[95] Im Falle rechtsmissbräuchlichen Handelns[96] kann sich das Ersatzmitglied auf den Sonderkündigungsschutz allerdings nicht berufen. Rechtsmissbrauch liegt zB vor, wenn das ordentliche Mitglied eine krankheitsbedingte Arbeitsunfähigkeit vorschiebt, um dem Ersatzmitglied den Sonderkündigungsschutz zu verschaffen und dieses hiervon Kenntnis hat.[97]

42 Der **Eintritt des Ersatzmitglieds** in die Arbeitnehmervertretung vollzieht sich **automatisch** mit dem Eintritt des Verhinderungsfalls ohne Rücksicht darauf, ob die Verhinderung des ordentlichen Mitglieds dem Vorsitzenden der Arbeitnehmervertretung oder dem Ersatzmitglied bekannt ist oder für eine gewisse Dauer anhält. Die Vertretung beginnt mit der Arbeitsaufnahme des Ersatzmitglieds an dem Tag, an dem das ordentliche Mitglied erstmals verhindert ist.[98] Von einer Benachrichtigung des Ersatzmitglieds oder ähnlichen Voraussetzungen ist dessen Nachrücken in das Gremium nicht abhängig.[99] Für den Sonderfall, dass in den Vertretungszeitraum eine Sitzung der Arbeitnehmervertretung fällt, auf die sich das Ersatzmitglied in Kenntnis des Verhinderungsfalles bereits vor dessen Eintritt vorbereitet, hat das BAG ergänzende Regeln entwickelt und den Beginn des vollen Sonderkündigungsschutzes vorgezogen. Aus Gründen praktischer Handhabbarkeit, prozessualer Effizienz und der Rechtsklarheit hat das Gericht eine pauschalierende Lösung gewählt. Der geschützte Zeitraum beginnt frühestens mit Bekanntgabe der Ladung. Es werden **drei Arbeitstage zur Vorbereitung als idR für erforderlich aber auch ausreichend** erachtet. Ob das Ersatzmitglied sich in dieser Zeit tatsächlich vorbereitet hat, braucht nicht geprüft zu werden.[100] Nach der Rechtsprechung des BAG bleibt es dem Ersatzmitglied unbenommen, einen darüberhinausgehenden Vorbereitungszeitraum geltend zu machen. Allerdings hat es dann dessen tatsächliche Inanspruchnahme und die Erforderlichkeit darzulegen und zu beweisen.

43 **Während der Vertretung** gehören Ersatzmitglieder der Arbeitnehmervertretung als vollwertige Mitglieder an und genießen den Sonderkündigungsschutz nach § 15 Abs 1 Satz 1, Abs 2 Satz 1 KSchG. § 25 Abs 1 Satz 2 BetrVG sichert die Vollzähligkeit des Betriebsrates. Das Ersatzmitglied vertritt das verhinderte Mitglied stetig und nicht nur in einzelnen Amtsgeschäften. Der Sonderkündigungsschutz nach § 15 Abs 1 Satz 1, Abs 2 Satz 1 KSchG für vertretungsweise nachgerückte Ersatzmitglieder kann daher nicht auf die Tage beschränkt werden, an denen sie tatsächlich be-

---

95 BAG 12.2.2004 – 2 AZR 163/03; für den Fall, dass das ordentliche Mitglied seine Arbeitsunfähigkeit nur vortäuscht und unberechtigt der Arbeit fernbleibt: BAG 5.9.1986 – 7 AZR 175/85; vgl auch LAG München 20.1.1998 – 6 Sa 65/96.
96 BAG 8.9.2011 – 2 AZR 388/10.
97 BAG 5.9.1986 – 7 AZR 175/85; BAG 12.2.2004 – 2 AZR 163/03.
98 LAG Düsseldorf 26.4.2010 – 16 Sa 59/10.
99 BAG 17.1.1979 – 5 AZR 891/77; LAG Düsseldorf 26.4.2010 – 16 Sa 59/10.
100 BAG 17.1.1979 – 5 AZR 891/77; ebenso Uhmann, NZA 2000, 576, 578.

triebsverfassungs- bzw personalvertretungsrechtliche Aufgaben wahrnehmen.
Auf die Dauer der Vertretungszeit kommt es ebenfalls nicht an. Auch wenn das ordentliche Mitglied nur an einem einzigen Arbeitstag verhindert ist,[101] muss die Arbeit einer vollzähligen Arbeitnehmervertretung gesichert sein.[102] Der Zweck der §§ 25 Abs 1 Satz 2 BetrVG, 31 Abs 1 Satz 2 BPersVG besteht darin, im Interesse einer möglichst wirksamen Wahrnehmung der vertretungsrechtlichen Belange stets für eine vollzählige, dem Wählerwillen entsprechende Besetzung der Arbeitnehmervertretung zu sorgen und selbst kurze Unterbrechungen zu vermeiden.[103] **Der volle Sonderkündigungsschutz für die Dauer der Vertretung hängt deshalb nicht davon ab, ob überhaupt eine Vertretungstätigkeit anfällt.**[104] Stellt sich später heraus, dass das herangezogene Ersatzmitglied auf der Ersatzliste nicht das „Nächstberufene" gewesen ist, bleibt der Sonderkündigungsschutz erhalten.[105] In diesem Sonderfall kann der Sonderkündigungsschutz aber nur entstehen, wenn das zu Unrecht als Vertreter herangezogene Ersatzmitglied tatsächlich Amtsgeschäfte wahrgenommen hat und kein Fall des Rechtsmissbrauchs vorliegt.[106]

Unerheblich ist auch, ob dem Arbeitgeber der Vertretungsfall bekannt geworden ist. Bei einem an erster Stelle der Liste stehenden Ersatzmitglied muss stets damit gerechnet werden, dass es wegen zeitweiliger Verhinderung eines ordentlichen Mitglieds vorübergehend in die Arbeitnehmervertretung nachrückt.[107] Aber auch bei den weiteren Ersatzmitgliedern ist für den Eintritt des vollen Sonderkündigungsschutzes für die Dauer der Vertretung keine Kenntnis des Arbeitgebers vom Vertretungsfall erforderlich. Sind mehrere ordentliche Mitglieder oder das zuerst berufene Ersatzmitglied verhindert, rücken die weiteren Ersatzmitglieder ebenfalls kraft Gesetzes als vollwertige die Mitglieder für die Dauer der Verhinderung in die Arbeitnehmervertretung ein, ohne dass diese Rechtsfolge von weiteren Voraussetzungen abhängig wäre. Will der Arbeitgeber das Arbeitsverhältnis mit einem Ersatzmitglied kündigen, muss er sich daher bei der hierüber auskunftspflichtigen Arbeitnehmervertretung erkundigen, ob und ggf wann der betroffene Arbeitnehmer zuletzt zeitweise in das Gremium nachgerückt war.[108]

44

Der volle Sonderkündigungsschutz des Ersatzmitglieds **endet** in dem Zeitpunkt, in dem der Verhinderungsgrund wegfällt, also regelmäßig dann, wenn das vertretene ordentliche Mitglied seine Arbeit wieder aufnimmt. Ab diesem Zeitpunkt beginnt zugunsten des während der Verhinderung

45

---

101 Zur lediglich stundenweisen Verhinderung KR/Etzel § 103 BetrVG Rn 47: keine Verhinderung iSv § 25 Abs 1 Satz 2 BetrVG, da der Betriebsrat insoweit seine Geschäftsführung darauf einrichten kann.
102 BAG 17.1.1979 – 5 AZR 891/77; BAG 5.9.1986 – 7 AZR 175/85.
103 BAG 5.9.1986 – 7 AZR 175/85.
104 BAG 8.9.2011 – 2 AZR 388/10; KR/Etzel § 103 Rn 48.
105 LAG München 20.1.1998 – 6 Sa 65/96.
106 Zur vergleichbaren Konstellation der lediglich vorgeschobenen Verhinderung vgl Rn 41.
107 BAG 5.9.1986 – 7 AZR 175/85; BAG 12.2.2004 – 2 AZR 163/03.
108 BAG 5.9.1986 – 7 AZR 175/85.

herangezogenen Ersatzmitglieds grundsätzlich der nachwirkende Kündigungsschutz von einem Jahr (vgl § 15 Abs 1 Satz 2, Abs 2 Satz 2 KSchG).[109] Hat das Ersatzmitglied keine Betriebsratsaufgaben wahrgenommen, besteht allerdings kein nachwirkender Kündigungsschutz.[110] Hinsichtlich der Beurteilung, ob voller oder nachwirkender Kündigungsschutz besteht, ist maßgeblich der Zeitpunkt des Zugangs der Kündigung.[111]

46 Der volle Sonderkündigungsschutz zugunsten des zur Vertretung berufenen Ersatzmitglieds bleibt auch dann erhalten, wenn es die Amtsgeschäfte wegen einer **eigenen Verhinderung** während der Vertretung nicht wahrnehmen kann. Dies soll nach Auffassung des BAG aber nur dann gelten, wenn die Unterbrechung der Amtsausübung im Vergleich zur zeitlichen Dauer der Verhinderung des Ersatzmitglieds unerheblich ist.[112] Dem ist entgegenzuhalten, dass das Ersatzmitglied an die Stelle des vertretenen ordentlichen Mitglieds rückt. Es ist für die Dauer der Vertretung vollwertiges Mitglied der Arbeitnehmervertretung. Als solches genießt es den besonderen Schutz des § 15 KSchG für den gesamten Verhinderungszeitraum. Dies muss unabhängig davon gelten, ob es sich aufgrund eigener Verhinderung während seiner Ersatzmitgliedschaft lang oder kurz selbst durch das nach § 25 Abs 2 BetrVG nachfolgende Ersatzmitglied vertreten lassen muss.

Etwas anderes gilt allerdings für den Fall, dass das Ersatzmitglied auf Grund eigener Verhinderung, zB bei einer Erkrankung während des gesamten Verhinderungszeitraums, die Vertretung gar nicht erst antreten kann. Hier ist das nach § 25 Abs 2 Satz 1 BetrVG für das verhinderte Ersatzmitglied nachrückende Ersatzmitglied nicht zur Vertretung des verhinderten Ersatzmitgliedes berufen, sondern vertritt, auf Grund der Umstände, das ordentliche Mitglied von Anfang an originär. Hat das primär zur Vertretung berufene Ersatzmitglied jedoch zu keinem Zeitpunkt als Vertreter fungiert, bedarf es auch keines besonderen Schutzes vor in Folge der Amtstätigkeit be- oder entstehender Konfliktsituationen mit dem Arbeitgeber.[113]

47 Das für die Dauer der Verhinderung des an erster Stelle stehenden Ersatzmitglieds in die Arbeitnehmervertretung nachrückende **Ersatzmitglied** erhält den vollen Sonderkündigungsschutz nach § 15 Abs 1 Satz 1 bzw Abs 1 Satz 2 KSchG, bis die Verhinderung des vor ihm berufenen Ersatzmitglieds oder diejenige des ordentlichen Mitglieds, das es originär vertritt, endet.

4. In Heimarbeit beschäftigte Funktionsträger und Wahlbewerber

48 In Heimarbeit in der Hauptsache für den Betrieb arbeitende Beschäftigte gelten als Arbeitnehmer iSd BetrVG (§ 5 Abs 1 Satz 2 BetrVG), sind daher

---

109 Einzelheiten vgl Rn 93 f; vgl hierzu auch BAG 12.2.2004 – 2 AZR 163/03; BAG 5.11.2009 – 2 AZR 487/08; BAG 19.4.2012 – 2 AZR 233/11.
110 Vgl Rn 94.
111 BAG 27.9.2012 – 2 AZR 955/11.
112 BAG 9.11.1977 – 5 AZR 175/76; BAG 6.9.1979 – 2 AZR 548/77; aA KR/Etzel § 103 BetrVG Rn 49 mit dem zutr Hinweis auf die dadurch bewirkte Rechtsunsicherheit.
113 So zutr LAG Hessen 30.3.2006 – 9 / 4 TaBV 209/05; aA KR/Etzel § 103 BetrVG Rn 49 mwN.

auch zum Betriebsrat bzw zur Jugend- und Auszubildendenvertretung wählbar (§§ 8, 61 Abs 2 BetrVG). § 15 KSchG schützt aber nur solche Funktionsträger bzw Wahlbewerber, die Arbeitnehmer isd KSchG sind. Zu diesem Personenkreis zählen Heimarbeiter nicht (vgl § 1 Rn 28). Für in Heimarbeit beschäftigte Funktionsträger bzw Wahlbewerber ist § 15 KSchG infolgedessen nicht anwendbar.

Im Interesse der Funktionsfähigkeit der Arbeitnehmervertretungen hat der Gesetzgeber für Heimarbeiter in § 29 a HAG einen eigenständigen, den Regelungen des § 15 KSchG inhaltlich entsprechenden Sonderkündigungsschutz geschaffen. Danach gilt auch für in Heimarbeit beschäftigte Funktionsträger bzw Wahlbewerber, dass 49

- die ordentliche Kündigung grundsätzlich ausgeschlossen ist,
- die außerordentliche Kündigung während der Amtszeit bzw der Wahlphase die vorherige Zustimmung des Betriebsrats oder deren gerichtliche Ersetzung voraussetzt (§ 103 BetrVG),
- während der Dauer des nachwirkenden Kündigungsschutzes die außerordentliche Kündigung ohne Zustimmung des Betriebs möglich ist; der nachwirkende Schutz entfällt, wenn die Beendigung der Mitgliedschaft auf einer gerichtlichen Entscheidung beruht bzw der Wahlvorstand gerichtlich ersetzt worden ist,
- die ordentliche Kündigung ohne Zustimmung des Betriebsrats ausnahmsweise zulässig ist, wenn die Vergabe von Heimarbeit eingestellt wird.

5. Immissionsschutzbeauftragte

Einen der Regelung des § 15 KSchG inhaltlich angenäherten Sonderkündigungsschutz enthält § 58 Abs 2 BImSchG zugunsten eines Immissionsschutzbeauftragten, der Arbeitnehmer des zur Bestellung verpflichteten Betreibers ist. Für die Dauer des Amtes ist die ordentliche Kündigung des Beauftragten ausgeschlossen (§ 58 Abs 2 Satz 1 BImSchG). Die Zustimmung des Betriebsrats ist – anders als nach § 15 Abs 1 Satz 1 KSchG, § 103 BetrVG – nicht erforderlich. Nach der Abberufung als Immissionsschutzbeauftragter bleibt die ordentliche Kündigung während eines Nachwirkungszeitraums von einem Jahr ausgeschlossen (§ 58 Abs 2 Satz 2 BImSchG). Die Niederlegung des Amtes als Immissionsschutzbeauftragter löst den nachwirkenden Kündigungsschutz dagegen grundsätzlich nicht aus, da der Gesetzgeber – im Unterschied zu § 15 Abs 1 Satz 2 KSchG, wonach der nachwirkende Kündigungsschutz für Betriebsratsmitglieder an die Beendigung der Amtszeit allgemein anknüpft[114]- die Nachwirkung auf den Beendigungsgrund der Abberufung beschränkt und den Beauftragten nur insoweit als schutzwürdig angesehen hat.[115] Nach Sinn und Zweck greift der nachwirkende Schutz allerdings dann ein, wenn der Immissionsschutzbeauftragte lediglich formal selbst sein Amt niedergelegt hat, hierzu aber durch ein Verhalten des Arbeitgebers veranlasst worden ist, etwa durch 50

---

114 Vgl Rn 89.
115 BAG 22.7.1992 – 2 AZR 85/92.

Kritik an seiner Amtsführung oder Behinderung in der Erfüllung seiner Aufgaben.[116]

6. Funktionsträger ohne Sonderkündigungsschutz; relativer Kündigungsschutz

51 § 15 KSchG regelt den Sonderkündigungsschutz für betriebsverfassungsrechtliche und personalvertretungsrechtliche Funktionsträger abschließend. Eine Anwendung des § 15 KSchG setzt daher voraus, dass diese gesetzlich angeordnet[117] oder dass die sonstige Arbeitnehmervertretung an die Stelle einer in § 15 KSchG genannten Arbeitnehmervertretung tritt und diese Möglichkeit auch gesetzlich eingeräumt ist (§ 3 Abs 1 Nr 1 bis 3, § 117 Abs 2 BetrVG).[118]

52 Andere betriebsverfassungs- bzw personalvertretungsrechtliche Aufgaben oder sonstige Ämter vermitteln daher grundsätzlich keinen Sonderkündigungsschutz. Häufig werden solche sonstigen Aufgaben aber von Personen wahrgenommen, die ohnehin dem Schutz des § 15 KSchG unterfallen (zB das Betriebsratsmitglied, das zusätzlich zum Mitglied des Wirtschaftsausschusses bestimmt ist, vgl §§ 106, 107 BetrVG). Ist das nicht der Fall, kann sich zugunsten des Funktionsträgers ein relativer Kündigungsschutz aus gesetzlichen Benachteiligungsverboten ergeben.[119] Wird eine **Kündigung wegen der betriebsverfassungsrechtlichen oder personalvertretungsrechtlichen Tätigkeit** bzw wegen der besonderen Funktion ausgesprochen, ist diese wegen Verstoßes gegen ein gesetzliches Verbot nach **§ 134 BGB** unwirksam.

53 Nicht vom Schutzbereich des § 15 KSchG erfasst sind zB:
- Arbeitnehmervertreter im Aufsichtsrat (§§ 7 Abs 2, 9 MitbestG; relativer Kündigungsschutz aus § 26 MitbestG)
- Mitglieder einer durch Tarifvertrag eingeführten zusätzlichen Arbeitnehmervertretung (§ 3 Abs 1 Nr 4 und 5 BetrVG; relativer Kündigungsschutz aus § 78 BetrVG)
- Mitglieder des Wirtschaftsausschusses (§§ 106 ff BetrVG; relativer Kündigungsschutz aus § 78 BetrVG)
- Mitglieder einer betrieblichen Beschwerdestelle (§ 86 BetrVG; relativer Kündigungsschutz aus § 78 BetrVG)
- Mitglieder einer tariflichen Schlichtungsstelle (§ 76 Abs 8 BetrVG; relativer Kündigungsschutz aus § 78 BetrVG)
- Mitglieder der Einigungsstelle (§ 76 BetrVG, § 71 BPersVG; relativer Kündigungsschutz aus § 78 BetrVG bzw §§ 8, 107 BPersVG)
- Mitglieder der Vertretung der nicht ständig Beschäftigten (§ 65 BPersVG bzw entsprechende Vorschriften der Landespersonalvertretungsgesetze; relativer Kündigungsschutz aus §§ 8, 107 BPersVG)
- Mitglieder des Sprecherausschusses der leitenden Angestellten (§ 1 SprAuG; relativer Kündigungsschutz aus § 2 Abs 3 SprAuG)

---

116 Erwogen, aber offengelassen von BAG 22.7.1992 – 2 AZR 85/92.
117 Beispiele vgl Rn 31, 35, 38.
118 Vgl Rn 36 f.
119 Vgl Rn 11.

- Bewerber für die Wahl zum Wahlvorstand (ein relativer Kündigungsschutz folgt aus dem allgemeinen Wahlschutz nach §§ 20 BetrVG, 24, 99 BPersVG)[120]
- der vierte und weitere in einer Einladung bzw Antragstellung isd § 15 Abs 3 a KSchG aufgeführten Arbeitnehmer (relativer Kündigungsschutz aus § 20 BetrVG)[121]

III. Gegenständlicher Geltungsbereich

1. Schutz vor Kündigungen des Arbeitgebers

Die Anwendung des § 15 KSchG (sowie der Zustimmungsvorschriften nach §§ 103 BetrVG, 47 Abs 1, 108 Abs 1 BPersVG) setzt nach dem Wortlaut eine **Kündigungserklärung des Arbeitgebers** voraus. Andere Beendigungs- und Veränderungsfälle werden grundsätzlich nicht erfasst. 54

Auch die **Änderungskündigung** fällt als echte Kündigung unter § 15 KSchG. Als ordentliche Kündigung ist sie grundsätzlich unzulässig, als außerordentliche Kündigung bedarf sie während der Amtszeit bzw der Wahlphase der Zustimmung der Arbeitnehmervertretung. Hierüber besteht in Rechtsprechung und Schrifttum Einigkeit, soweit sich die Änderungskündigung gegen den besonders geschützten Arbeitnehmer als einzelnen richtet.[122] Umstritten ist dagegen, ob der Sonderkündigungsschutz auch für Massen- oder Gruppenänderungskündigungen gilt, durch die die Arbeitsbedingungen aller Arbeitnehmer oder einer Arbeitnehmergruppe geändert werden sollen.[123] 55

Die Vorschrift des § 25 KSchG steht einer Anwendung des § 15 KSchG auf sog **Kampfkündigungen** nicht entgegen.[124] Außerordentliche Kampfkündigungen gegenüber Funktionsträgern bedürfen nach der Rechtsprechung des BAG allerdings nicht der Zustimmung des Betriebsrats nach § 103 Abs 1 BetrVG, da die Beteiligungsrechte des Betriebsrats im Arbeitskampf vorübergehend suspendiert sind. Der Arbeitgeber muss aber in entsprechender Anwendung des § 103 Abs 2 BetrVG die gerichtliche Zustimmung zur außerordentlichen Kündigung einholen.[125] Auch auf Kündigungen in der **Insolvenz** des Arbeitgebers findet § 15 KSchG Anwendung; § 125 InsO ist nicht lex specialis gegenüber § 15 KSchG.[126] 56

Sonstige Beendigungstatbestände sind von § 15 KSchG nicht erfasst. Dazu gehören zB: 57

- Abschluss eines Aufhebungsvertrags
- Anfechtung des Arbeitsvertrags
- Berufung auf die Nichtigkeit des Arbeitsvertrags

---

120 Vgl auch Rn 23.
121 Vgl Rn 26.
122 BAG 25.2.1958 – 3 AZR 184/55; BAG 12.8.1976 – 2 AZR 303/75; BAG 6.3.1986 – 2 ABR 15/85; KR/Etzel § 15 KSchG Rn 16 ff.
123 Einzelheiten vgl Rn 62 ff.
124 Vgl § 25 Rn 2, 3.
125 BAG 14.2.1978 – 1 AZR 54/76.
126 BAG 17.11.2005 – 6 AZR 118/05.

- Beendigung des Arbeitsverhältnisses infolge wirksamer Befristung.[127]

58 § 15 KSchG gilt mangels Kündigung nicht für die automatische Beendigung des Arbeitsverhältnisses mit Erreichen einer kollektiv- oder einzelvertraglich vorgesehenen **Altersgrenze** (vgl § 41 SGB VI).[128] Enthält die zugrunde liegende Regelung eine Fortsetzungsklausel, die den Arbeitgeber zur Verlängerung des Arbeitsverhältnisses über die Altersgrenze hinaus berechtigt, ist er nicht verpflichtet, von diesem Recht Gebrauch zu machen. § 15 KSchG begründet keinen Kontrahierungszwang.[129]

59 Auf die Entlassung eines **Dienstordnungs-Angestellten** eines Sozialversicherungsträgers, die nach beamtenrechtlichen Vorschriften erfolgt, ist § 15 KSchG nicht anwendbar. Die Entlassung nach beamtenrechtlichen Grundsätzen ist trotz zT übereinstimmender Merkmale und Wirkungen keine Kündigung. Einer entsprechenden Anwendung des § 15 Abs 2 KSchG bedarf es in diesen Fällen nicht, da die Bezugnahme auf das Beamtenrecht ausreichend ist, um dem Schutzzweck zu genügen, das Amt unabhängig und ohne Sorge um den Arbeitsplatz wahrnehmen und die Interessen der Beschäftigten ohne Furcht vor Repressalien vertreten zu können.[130]

60 Gegenüber sonstigen Maßnahmen des Arbeitgebers, die nicht der Beendigung des Arbeitsverhältnisses dienen, sondern den Bestand des Arbeitsverhältnisses als solchen unberührt lassen, findet § 15 KSchG ebenfalls keine Anwendung. Das trifft zB auf eine sog **Teilkündigung**[131] zu oder auf **Abmahnungen**, ferner auf die kraft Direktionsrecht erfolgende **Versetzung** eines Funktionsträgers innerhalb des Betriebs oder in einen anderen Betrieb des Unternehmens. Allerdings besteht insoweit ein besonderer Versetzungsschutz nach § 103 Abs 3 BetrVG bzw § 47 Abs 2 BPersVG.[132]

61 Bei **illegaler Arbeitnehmerüberlassung** vollzieht sich der Übergang des Arbeitsverhältnisses auf den Entleiher nach § 10 Abs 1 AÜG kraft Gesetzes. Mit Beendigung des Arbeitsverhältnisses mit dem Verleiher erlischt auch eine Mitgliedschaft des betreffenden Arbeitnehmers im Betriebsrat des Verleiherbetriebs.[133] Der Schutz des § 15 KSchG greift mangels Kündigung ferner nicht ein, wenn das Arbeitsverhältnis des Funktionsträgers infolge eines **Betriebs- oder Betriebsteilübergangs** auf einen Betriebserwerber übergeht.[134]

---

127 Zum Problem der Umgehung des Sonderkündigungsschutzes durch Befristungsabreden vgl Rn 65 f.
128 BAG 25.3.1971 – 2 AZR 185/70.
129 BAG 20.12.1984 – 2 AZR 3/84.
130 BAG 5.9.1986 – 7 AZR 193/85.
131 Zu Begriff und Zulässigkeit als Ausübung eines vereinbarten Widerrufsvorbehalts, vgl Einl Rn 99 f.
132 Vgl Rn 68 ff.
133 Vgl § 24 Abs 1 Nr 3 BetrVG; BAG 10.2.1977 – 2 ABR 80/76.
134 Zur Kündigungsmöglichkeit, falls der Funktionsträger dem Betriebsübergang widerspricht, vgl Rn 126 ff.

2. Sonderfall: Betriebsbedingte ordentliche Massenänderungskündigung

Nach ständiger Rechtsprechung des BAG[135] erstreckt sich der Sonderkündigungsschutz des § 15 KSchG – sowohl während der Amtszeit als auch im Nachwirkungszeitraum – auf ordentliche Gruppen- und Massenänderungskündigungen gegenüber Mandatsträgern.[136] Danach ist eine ordentliche Änderungskündigung gegenüber Mandatsträgern auch dann unzulässig, wenn der Arbeitgeber gegenüber allen anderen Arbeitnehmern des Betriebs oder der Abteilung, in welcher der Mandatsträger beschäftigt wird, Änderungskündigungen erklärt, um eine generelle Anpassung der Arbeitsbedingungen zu erreichen. Der Arbeitgeber kann nach Auffassung des BAG gegenüber Mandatsträgern also **nur eine außerordentliche Änderungskündigung** aussprechen, die während der Amtszeit zu ihrer Wirksamkeit der Zustimmung der Arbeitnehmervertretung oder deren gerichtliche Ersetzung bedarf. Konsequenz dieser Rechtsprechung ist eine erhebliche Besserstellung der Mandatsträger im Vergleich zu dem nicht von § 15 KSchG geschützten Personenkreis. Die Änderung der Arbeitsbedingungen wird gegenüber den Mandatsträgern häufig schon mangels eines wichtigen Grundes nicht durchsetzbar sein. Selbst wenn ein wichtiger Grund vorliegt, führt das Erfordernis der vorherigen Zustimmung idR dazu, dass die an sich gerechtfertigte Änderung der Arbeitsbedingungen bei Mandatsträgern erst nach langer Zeit, bei den übrigen Arbeitnehmern aber kurzfristig vollzogen werden kann. Das BAG begründet seine Auffassung im Wesentlichen mit dem Wortlaut und der Systematik des § 15 KSchG, aber auch mit dem individuellen und kollektiven Schutzzweck der Vorschrift.[137] Das Schrifttum hat sich dieser Auffassung zT angeschlossen.[138]

Nach anderer Auffassung[139] ist bei der betriebsbedingten ordentlichen Massen- und Gruppenänderungskündigung eine **teleologische Reduktion des § 15 KSchG** geboten. Die Ausdehnung des Sonderkündigungsschutzes auf Gruppen- und Massenänderungskündigungen sei mit den Schutzzwecken des § 15 KSchG unvereinbar und habe eine nach § 78 BetrVG unzulässige Bevorzugung der Mandatsträger zur Folge. Der individuelle Schutzzweck sei nicht betroffen, weil es sich um eine generelle, überindividuelle Maßnahme handle, die den Mandatsträger ausschließlich in seiner Eigenschaft als Mitglied der Belegschaft treffe und deshalb keine Folge eines im Zusammenhang mit der Amtstätigkeit entstandenen Konflikts mit dem Arbeitgeber sein könne. Aus diesem Grund scheide typischerweise eine individuelle Beeinflussung des Mandatsträgers durch eine bevorstehende Mas-

---

135 BAG 24.4.1969 – 2 AZR 319/68; BAG 29.1.1981 – 2 AZR 778/78; BAG 6.3.1986 – 2 ABR 15/85; BAG 2.4.1992 – 2 AZR 481/91; zuletzt bestätigt durch BAG 7.10.2004 – 2 AZR 81/04.
136 Str, vgl Rn 63, 55.
137 Vgl die zusammenfassende Darstellung in den Entscheidungen des BAG vom 7.10.2004 – 2 AZR 81/04; BAG 9.4.1987 – 2 AZR 279/86; BAG 2.4.1992 – 2 AZR 481/91.
138 APS/Linck § 15 KSchG Rn 10; KR/Etzel § 15 Rn 18, der die ordentliche Massen- oder Gruppenänderungskündigung im Nachwirkungszeitraum allerdings für zulässig erachtet.
139 GK-BetrVG/Raab § 103 Rn 30 mwN; Fitting § 103 Rn 12; Hilbrandt NZA 1997, 465 und 1998, 1258.

senänderungskündigung aus. Auch der kollektivrechtliche Schutzzweck des § 15 KSchG sei nicht betroffen, da im Falle einer Massenänderungskündigung regelmäßig die Beschäftigungsmöglichkeit im bisherigen Betrieb bestehen bleibe, so dass die Kontinuität der Betriebs- bzw Personalratstätigkeit ebenso wenig infrage gestellt werde wie die personelle Zusammensetzung des Gremiums. Soweit in Ausnahmefällen mit der Massenänderungskündigung eine künftige Beschäftigung des Mandatsträgers in einem anderen Betrieb des Unternehmens und damit der Verlust des Amtes verbunden sei, werde der kollektivrechtliche Schutzzweck gleichwohl nicht verletzt. Das Gesetz gewährleiste den Schutz des § 15 Abs 1 – 3 KSchG nicht uneingeschränkt. Dies werde durch die Regelungen der Abs 4 und 5 deutlich. Diese Bestimmungen ließen den Schluss zu, dass vom kollektivrechtlichen Schutzzweck nur Kündigungen erfasst werden, die sich bei typisierender Betrachtung gegen die Mandatsträger als Einzelpersonen richten, nicht aber Kündigungen, die sich als Folge einer generellen Maßnahme darstellten.[140] Dem ist das **BAG** in der **Entscheidung vom 7.10.2004**[141] allerdings ausdrücklich und mit zutreffender Begründung entgegengetreten. Die Voraussetzungen einer teleologischen Reduktion lägen nicht vor. Eine Gesetzeslücke in § 15 KSchG sei schon deshalb nicht anzunehmen, weil § 15 Abs 1 KSchG alle Arten von Kündigungen betreffe und sich deshalb zweifelsfrei auch auf die Änderungskündigung als Massentatbestand beziehe. Auch habe der Gesetzgeber bei zahlreichen Novellierungen des KSchG trotz Kenntnis von der Diskussion in der Literatur und entsprechender Vorschläge im Rahmen des Gesetzgebungsverfahrens den Wortlaut des § 15 Abs 1 KSchG nicht geändert. Schließlich sei § 15 KSchG gegenüber § 78 Satz 2 BetrVG eine Spezialregelung. Zuzustimmen ist dem BAG auch darin, dass die Anerkennung einer zustimmungsfreien Massenänderungskündigung mangels hinreichender Definition des Begriffs zu Rechtsunsicherheit führen würde: so könnte in Bezug auf eine bestimmte Hierarchieebene in kleineren Betrieben eine „Masse" ggf aus wenigen Personen bestehen.

64 Eine **ungerechtfertigte Bevorzugung** der Mandatsträger durch den Sonderkündigungsschutz lässt sich nach Auffassung des **BAG**[142] auch ohne einschränkende Auslegung des § 15 KSchG vermeiden. Es ist zu prüfen, ob nicht ein **wichtiger Grund** nach § 626 BGB vorliegt, der eine außerordentliche Änderungskündigung mit Auslauffrist rechtfertigt. In der **Entscheidung vom 21.6.1995**[143] hat das BAG im Fall einer außerordentlichen betriebsbedingten Massenänderungskündigung gegenüber einer Betriebsrätin den „generellen Effekt der Umstrukturierungsmaßnahme", ferner die „erstrebte Gleichbehandlung der Arbeitnehmer" hervorgehoben und auf den eingeschränkten Schutzzweck des § 15 KSchG hingewiesen. Wenn der Arbeitgeber ein einheitliches Umstrukturierungskonzept einführen wolle, sei es als unabweisbare Notwendigkeit anzusehen, dass davon auch Organvertreter trotz des Sonderkündigungsschutzes erfasst würden.[144] Das BAG hat mit

---

140 Hilbrandt NZA 1997, 465, 467 und 1998, 1258, 1260.
141 BAG 7.10.2004 – 2 AZR 81/04.
142 BAG 7.10.2004 – 2 AZR 81/04.
143 BAG 21.6.1995 – 2 ABR 28/94; bestätigt in BAG 7.10.2004 – 2 AZR 81/04.
144 BAG 21.6.1995 – 2 ABR 28/94.

dieser Begründung allerdings nur den Prüfungsmaßstabim Rahmen des § 626 BGB gelockert, indem es nicht auf die fiktive Kündigungsfrist, sondern auf die nicht absehbare Dauer des Sonderkündigungsschutzes abgestellt,[145] auf dieser Grundlage den wichtigen Grund bejaht und die fehlende Zustimmung zur außerordentlichen Kündigung gem § 103 Abs 2 BetrVG ersetzt hat. Weiter ging noch die Entscheidung vom 18.9.1997.[146] Unter Bezugnahme auf die Argumentation von Hilbrandt[147] hat das BAG ausgeführt, dass der Schutz des § 15 Abs 1 – 3 KSchG den in der Vorschrift genannten Personen nicht ausnahmslos zuteilwerde. Die Regelung des § 15 Abs 4 und 5 KSchG „deute darauf hin, dass nach Ansicht des Gesetzgebers die in § 15 KSchG genannten Personen eines besonderen Schutzes vor einer Kündigung nicht bedürften, soweit die Kündigung Folge einer generellen Maßnahme sei und sie sich nicht gegen die einzelnen Mandatsträger richte".

3. Problem: Umgehung des Sonderkündigungsschutzes bei Befristungsabreden

Die Anwendung von § 15 KSchG setzt eine Kündigung voraus. Bei einer Beendigung des Arbeitsverhältnisses auf andere Weise, auch durch Zeitablauf eines befristeten Arbeitsvertrages, greift der Schutz des § 15 KSchG grundsätzlich nicht ein. Ein Arbeitnehmer, der befristet eingestellt worden ist und erst dann in den Betriebs- oder Personalrat gewählt wird, wird nicht wegen der Mitgliedschaft in der Arbeitnehmervertretung aus dem Betrieb gedrängt, sondern aufgrund der Befristung, die vereinbart worden war, bevor er in die Arbeitnehmervertretung gewählt wurde. Eine Ausdehnung des Schutzes des § 15 KSchG in Form der Befristungskontrolle auf diese Arbeitnehmer ist nicht erforderlich. Zum einen ist bei der Prüfung des für die Befristung erforderlichen **sachlichen Grundes** nicht auf den Zeitpunkt des vereinbarten Ablaufs des Arbeitsverhältnisses abzustellen, denn maßgeblich ist der Zeitpunkt des Vertragsschlusses. Zum anderen würde eine nachträgliche Befristungskontrolle zu der Möglichkeit führen, dass Arbeitnehmer mit einem wirksam befristeten Arbeitsvertrag versuchen, durch die Wahl in eine Betriebs- bzw Personalvertretung eine Rechtsstellung zu erlangen, die sie ohne dieses Amt nicht erlangen würden. Der Anwendungsbereich von § 14 Abs 2 TzBfG ist auch nicht aus unionsrechtlichen Gründen teleologisch zu reduzieren: weder Art 7 und 8 der Richtlinie 2002/14 noch Art 27, 28 und 30 GRC stehen der Beendigung des Arbeitsverhältnisses mit einem Betriebsratsmitglied durch sachgrundlose Befristung entgegen.[148]

65

Davon zu unterscheiden sind die Fälle, in denen ein befristet eingestellter Arbeitnehmer in den Betriebs- oder Personalrat gewählt wird, dieser Arbeitnehmer aber während der Amtsperiode vor Auslaufen des Vertrages einen neuen befristeten Vertrag erhält. In dieser Konstellation ist es denkbar, dass der Arbeitgeber die zweite Befristung mit Rücksicht auf das be-

66

---

145 Vgl dazu auch Rn 166 ff.
146 BAG 18.9.1997 – 2 ABR 15/97.
147 NZA 1997, 465, 468.
148 BAG 5.12.2012 – 7 AZR 698/11.

triebsverfassungs- bzw personalvertretungsrechtliche Amt wählt, um den Sonderkündigungsschutz nach § 15 KSchG zu umgehen. In einem solchen Fall kann die Befristungsabrede unwirksam sein, selbst wenn eine sachgrundlose Verlängerung an sich möglich wäre.[149] Ein absoluter Unwirksamkeitsgrund für Befristungen ist aber auch in solchen Konstellationen nicht anzuerkennen. Die Befristung eines Arbeitsverhältnisses ist immer dann rechtswirksam, wenn ein sachlicher Grund vorliegt. Der **Schutzzweck des § 15 KSchG** gebietet es in diesen Fällen allerdings, an den sachlichen Grund für die (erneute) Befristung des Arbeitsverhältnisses mit einem Betriebs- oder Personalratsmitglied **besonders strenge Anforderungen** zu stellen.[150] Darüberhinaus erachtet das BAG das Interesse des Arbeitgebers an der personellen Kontinuität des Betriebsrats als möglichen Sachgrund für die befristete Verlängerung des Vertrages mit einem Betriebsratsmitglied.[151]

67 Die Gefahr der Umgehung des § 15 KSchG stellt sich bei **Auszubildenden**, deren Ausbildungsverhältnis nach § 21 Abs 1 BBiG mit Ablauf der Ausbildungszeit automatisch endet, regelmäßig nicht. Ihr Schutz als Amtsträger ist durch die Sonderregelungen der **§ 78 a Abs 2 und 3 BetrVG** (§§ 9, 107 Satz 2 BPersVG) gewährleistet. Verlangt ein Auszubildender, der Mitglied einer vom Schutz des § 15 KSchG erfassten Arbeitnehmervertretung ist, vom Arbeitgeber innerhalb der gesetzlich vorgegebenen Fristen schriftlich die Weiterbeschäftigung, gilt im Anschluss an das Berufsausbildungsverhältnis ein Arbeitsverhältnis auf unbestimmte Zeit als begründet. Während des auf diese Weise zustande gekommenen Arbeitsverhältnisses findet der Sonderkündigungsschutz nach § 15 KSchG unmittelbare Anwendung.

4. Sonderfall: Versetzung

68 **a) Versetzung durch Änderungskündigung.** Kann die Versetzung nur durch eine Änderungskündigung erfolgen, ist der Anwendungsbereich des § 15 KSchG eröffnet. Erforderlich ist in diesem Fall eine außerordentliche Änderungskündigung nach vorheriger Zustimmung des Betriebsrats nach § 103 Abs 1 BetrVG bzw der Personalvertretung nach §§ 47 Abs 1, 108 Abs 1 BetrVG. Lediglich in den Fällen des § 15 Abs 4 und 5 KSchG[152] besteht die Möglichkeit der Versetzung durch ordentliche Änderungskündigung ohne Zustimmungserfordernis.

69 **b) Versetzung kraft Direktionsrechts. aa) Versetzungsschutz im Bereich der Betriebsverfassung.** Ein gesetzlicher Versetzungsschutz für Funktionsträger der Betriebsverfassung besteht nach § **103 Abs 3 BetrVG**. Die Vorschrift wurde durch das am 28.7.2001 in Kraft getretene **BetrVG-Reformgesetz** vom 23.7.2001[153] eingefügt. Zuvor waren Funktionsträger der Be-

---

149 BAG 5.12.2012 – 7 AZR 698/11.
150 Vgl BAG 17.2.1983 – 7 AZR 481/81; idS auch KR/Etzel § 15 KSchG Rn 14; LAG Düsseldorf 14.6.2013 – 6 Sa 1730/12 hält das Vorliegen eines sachlichen Grundes iSv § 14 Abs 1 TzBfG für ausreichend; aA ArbG München 8.10.2010 – 24 Ca 861/10.
151 BAG 23.1.2002 – 7 AZR 611/00.
152 Vgl Rn 105 ff.
153 BGBl I S 1852.

triebsverfassung vor Versetzungen, die der Arbeitgeber ohne Änderungskündigung auf der Grundlage seines Direktionsrechts anordnen konnte, nicht besonders geschützt. Dadurch stellte sich das Problem der Umgehung des Schutzes nach § 15 KSchG, da bei einer dauerhaften Versetzung in einen anderen Betrieb des Unternehmens das betriebsverfassungsrechtliche Amt wegen des Verlustes der Wählbarkeit endet (§ 24 Nr 4, § 8 BetrVG). Der Zweck des Sonderkündigungsschutzes, die Funktionsfähigkeit des Betriebsrats und die Kontinuität seiner Amtsführung zu sichern,[154] ist indessen in gleicher Weise berührt, wenn der Arbeitgeber von einem arbeitsvertraglich eingeräumten Recht Gebrauch macht, den Funktionsträger in einen anderen Betrieb des Unternehmens zu versetzen. Das für Kündigungen geltende Zustimmungserfordernis nach § 103 Abs 1 und 2 BetrVG war nach der Rechtsprechung des BAG[155] auf die Versetzung eines Betriebsratsmitglieds kraft Direktionsrechts von einem Unternehmensbetrieb in einen anderen allerdings nicht analog anwendbar. Da die Gefährdung der Funktionsfähigkeit des Betriebsrats als Gremium keinen Zustimmungsverweigerung nach § 99 Abs 2 BetrVG darstellt, bestand eine Schutzlücke, die der Gesetzgeber durch die Vorschrift des § 103 Abs 3 BetrVG geschlossen hat.

Versetzungen, die zum Verlust der Wählbarkeit führen würden (§ 24 Nr 4 BetrVG), also **Versetzungen in einen anderen Betrieb** des Unternehmens, bedürfen nach § 103 Abs 3 Satz 1 BetrVG der **Zustimmung des Betriebsrats**, es sei denn, der Arbeitnehmer ist mit der Versetzung einverstanden (**§ 103 Abs 3 Satz 1 HS 2 BetrVG**). Der Versetzungsschutz des § 103 Abs 3 BetrVG gilt für den in **§ 103 Abs 1 BetrVG genannten, vor Kündigungen geschützten Personenkreis**, darüber hinaus für die Mitglieder der an die Stelle des Betriebsrats tretenden Arbeitnehmervertretungen[156] sowie die Mitglieder der Schwerbehindertenvertretung (vgl § 96 Abs 3 SGB IX).[157] Einen nachwirkenden Versetzungsschutz sieht das Gesetz nicht vor. Auf das Zustimmungsverfahren, das als lex specialis an die Stelle des Zustimmungsverfahrens nach § 99 BetrVG tritt, sind mangels besonderer Verfahrensvorschriften die allgemeinen Regelungen nach § 99 Abs 1 und 3 BetrVG analog anwendbar,[158] wobei aber die Zustimmung des Betriebsrats ausdrücklich erklärt werden muss; die Zustimmungsfiktion des § 99 Abs 3 BetrVG findet keine Anwendung.[159] Im Übrigen gelten für das Zustimmungsverfahren die unter Rn 185 bis 201 dargestellten Grundsätze sinngemäß.

Nach der Rechtsprechung des BAG[160] ist bei der **Versetzung eines Tendenzträgers** aus tendenzbedingten Gründen das Beteiligungsrecht des Betriebsrats nach § 99 BetrVG aus Gründen des Tendenzschutzes eingeschränkt: Der Arbeitgeber hat den Betriebsrat nu aber nicht dessen Zustimmung einholen. Daraus

---

154 Vgl Rn 1 f.
155 BAG 11.7.2000 – 1 ABR 39/99; bis zu dieser Entschei
156 Vgl Rn 36, 37.
157 Vgl Rn 31.
158 GK-BetrVG/Raab § 103 Rn 51; KR/Etzel § 103 BetrV
159 GK-BetrVG/Raab § 103 Rn 65; KR/Etzel § 103 BetrV
160 BAG 27.7.1993 – 1 ABR 8/93.

diesen Fällen auch das Zustimmungserfordernis des § 103 Abs 3 BetrVG nach § 118 BetrVG entfällt.[161] Die Zustimmung des Betriebsrats ist nach § 103 Abs 3 HS 2 BetrVG ferner nicht erforderlich, wenn der betroffene Arbeitnehmer **mit der Versetzung einverstanden ist.** Das Einverständnis des betroffenen Arbeitnehmers muss hinsichtlich der konkret beabsichtigten Versetzung erklärt worden sein. Eine im Arbeitsvertrag aufgenommene unternehmens- oder konzernweite Versetzungsklausel ist nicht ausreichend.[162]

72 Hat der Betriebsrat die erforderliche Zustimmung zur Versetzung nicht erteilt, kann der Arbeitgeber nach § 103 Abs 3 Satz 2 iVm Abs 2 BetrVG ein Beschlussverfahren einleiten und die **Ersetzung der fehlenden Zustimmung des Betriebsrats durch das Arbeitsgericht** beantragen. Für das Zustimmungsersetzungsverfahren gelten die unter Rn 202 bis 215 dargestellten Grundsätze sinngemäß. Die gerichtliche Zustimmungsersetzung setzt voraus, dass die Versetzung auch unter Berücksichtigung der betriebsverfassungsrechtlichen Stellung des betroffenen Arbeitnehmers aus dringenden betrieblichen Gründen notwendig ist. Diese Feststellung erfordert **drei Prüfungsschritte:**

- Das Arbeitsgericht hat zunächst zu prüfen, ob die beabsichtigte Versetzungsmaßnahme **billigem Ermessen** nach § 106 GewO iVm § 315 BGB entspricht. Dies folgt aus der Verwendung des Begriffs „auch".[163]
- Entspricht die Versetzung billigem Ermessen, ist zu prüfen, ob diese **aus dringenden betrieblichen Gründen notwendig** ist. Personen- oder verhaltensbedingte Gründe reichen nicht aus.[164] Trotz der nicht identischen Formulierung besteht sachlich kein Unterschied zu den Voraussetzungen einer betriebsbedingten Kündigung nach § 1 Abs 2 Satz 1 KSchG.[165] Das bedeutet: Wäre anstelle der beabsichtigten Versetzung eine ordentliche Kündigung zulässig und diese „durch dringende betriebliche Erfordernisse, die einer Weiterbeschäftigung in diesem Betrieb entgegenstehen, bedingt", so liegen dringende betriebliche Gründe vor, die zur Notwendigkeit der Versetzung führen. Die Notwendigkeit der Versetzung in einen anderen Betrieb ist insbesondere dann anzuerkennen, wenn wegen Stilllegung des Betriebs oder einer Betriebsabteilung eine Kündigung nach § 15 Abs 4, Abs 5 KSchG wirksam wäre, aber auch in der Konstellation, dass die bisherige Beschäftigungsmöglichkeit aufgrund einer nur der Willkürkontrolle unterliegenden Unternehmerentscheidung[166] weggefallen ist. Nach dem Grundsatz der Verhältnismäßigkeit ist eine Versetzung in einen anderen Betrieb aber re-

---

161 Vgl KR/Etzel § 103 Rn 157; zum nach hM – fehlenden – Zustimmungserfordernis bei der Kündigung gegenüber einem Tendenzträger vgl Rn 15 mwN.
162 Vgl Fitting § 103 Rn 70 mwN.
163 Vgl Fitting § 103 Rn 72.
164 Vgl KR/Etzel § 103 BetrVG Rn 186; **aA** Löwisch BB 2001, 1796, der auch personenbedingte Gründe – Verlust der nötigen Kenntnisse und Fähigkeiten – für ausreichend hält; dem zust GK-BetrVG/Raab § 103 Rn 79.
165 Vgl KR/Etzel § 103 BetrVG Rn 185; **aA** Fitting § 103 Rn 74, wonach sich die Formulierung an den Begriff der betrieblichen Notwendigkeit in § 30 BetrVG anlehne.
166 BAG NZA 2008, 604; KSchG Rn 667.

gelmäßig nicht notwendig, wenn eine innerbetriebliche Ver- oder Umsetzungsmöglichkeit besteht.

- Entspricht die Versetzung billigem Ermessen und liegen dringende betriebliche Gründe vor, die die Versetzung notwendig machen, ist schließlich in einem dritten Prüfungsschritt die **betriebsverfassungsrechtliche Stellung des betroffenen Arbeitnehmers zu berücksichtigen**. Erforderlich ist eine Abwägung der dringenden betrieblichen Gründe einerseits und der betriebsverfassungsrechtlichen Stellung andererseits. Letztere dürfte im Hinblick auf die verfassungsrechtlich geschützte Unternehmerfreiheit (Art 2 Abs 1, 12 Abs 1 GG) nur **ausnahmsweise** überwiegen.[167] Gemessen am Sinn und Zweck des Versetzungsschutzes – Funktionsfähigkeit des Betriebsrats und Kontinuität seiner Amtsführung – kann dies der Fall sein, wenn die konkrete betriebsverfassungsrechtliche Funktion des betroffenen Arbeitnehmers von erheblicher Bedeutung ist. Ein Betriebsratsvorsitzender oder ein besonders qualifiziertes Betriebsratsmitglied ist gegenüber einer zum Verlust der Wählbarkeit führenden Versetzung schutzwürdiger als ein auf aussichtsloser Stelle der Vorschlagsliste stehender Wahlbewerber.[168]

bb) Versetzungsschutz im Bereich der Personalvertretung. Ein gesetzlicher Versetzungsschutz besteht für Mitglieder des Personalrats (zur entsprechenden Anwendung auf Mitglieder der sonstigen Personalvertretungen und der Jugend- und Auszubildendenvertretungen vgl §§ 54 Abs 1, 56, 62, 64 Abs 1 BPersVG) nach § 47 Abs 2 BPersVG. Diese dürfen **gegen ihren Willen** nur versetzt oder abgeordnet werden, wenn dies auch unter Berücksichtigung der Mitgliedschaft im Personalrat aus wichtigen dienstlichen Gründen unvermeidbar ist. Die Versetzung oder Abordnung von Mitgliedern des Personalrats bedarf der **Zustimmung des Personalrats**. Im Geltungsbereich des BPersVG ist die gerichtliche Ersetzung der fehlenden Zustimmung des Personalrats zur Versetzung nicht vorgesehen (anders in entsprechenden Bestimmungen verschiedener Landespersonalvertretungsgesetze, zB § 48 Abs 1 Satz 4 LPersVG Bad-Württ).

IV. Zeitlicher Geltungsbereich; Differenzierung des Sonderkündigungsschutzes nach Zeitabschnitten
1. Voller Sonderkündigungsschutz für die Dauer der Wahl bzw Amtszeit

a) Inhalt des vollen Schutzes. Während der Wahlphase gegenüber Wahlinitiatoren (Abs 3 a), Mitgliedern des Wahlvorstands und Wahlbewerbern (§ 15 Abs 3 KSchG) sowie während der Amtszeit (§ 15 Abs 1 und 2 KSchG) gegenüber den Mandatsträgern ist die ordentliche Kündigung grundsätzlich unzulässig.[169] Die zulässige außerordentliche Kündigung ist in diesen Zeiträumen an die vorherige Zustimmung der Arbeitnehmervertretung bzw deren gerichtliche Ersetzung gebunden (§ 103 BetrVG, §§ 47

---

167 Vgl KR/Etzel § 103 BetrVG Rn 189.
168 Vgl Fitting § 103 Rn 73; KR/Etzel § 103 BetrVG Rn 189; Löwisch BB 2001, 1734, 1796; aA Rieble NZA-Sonderheft 2001, 60.
169 Vgl Rn 103 f; zu den Ausnahmen vgl Rn 95 ff, 105 ff, 151.

Abs 1, 108 Abs 1 BPersVG).[170] Das Zustimmungserfordernis gilt allerdings nicht für Wahlinitiatoren.[171]

75 **b) Beginn, Dauer und Ende des vollen Schutzes.** Der Beginn des vollen Sonderkündigungsschutzes als **Mandatsträger** entspricht dem **Beginn der Amtszeit** der in § 15 Abs 1 und Abs 2 genannten Arbeitnehmervertretungen. Diese beginnt grundsätzlich mit der Bekanntgabe des Wahlergebnisses oder, wenn zu diesem Zeitpunkt noch eine Arbeitnehmervertretung besteht, mit Ablauf von deren Amtszeit (§§ 21 Satz 2, 64 Abs 2 Satz 2, 115 Abs 3, 116 Abs 2 BetrVG; §§ 26 Satz 2, 54 Abs 1, 56, 60 Abs 2 BPersVG; § 94 Abs 7 Satz 2 SGB IX).[172]

76 Der volle Sonderkündigungsschutz **endet bei Mandatsträgern mit Beendigung der Amtszeit** (vgl § 15 Abs 1 Satz 2, Abs 2 Satz 2 KSchG), im Normalfall also mit dem Ende der regelmäßigen Amtszeit der Arbeitnehmervertretung.[173] Die **Dauer der regelmäßigen Amtszeit** der von § 15 KSchG geschützten Arbeitnehmervertretungen ist vom Gesetz unterschiedlich geregelt:

- Betriebsrat: vier Jahre (§ 21 Abs 1 Satz 1 BetrVG)
- Jugend- und Auszubildendenvertretung der Betriebsverfassung: zwei Jahre (§ 64 Abs 2 Satz 1 BetrVG)
- Bordvertretung: ein Jahr (§ 115 Abs 3 Nr 1 BetrVG)
- Seebetriebsrat: vier Jahre (§ 116 Abs 2 iVm § 21 Abs 1 Satz 1 BetrVG)
- Personalrat, Bezirks-, Haupt-, Gesamtpersonalrat: vier Jahre (§§ 26 Satz 1, 54 Abs 1, 56 BPersVG)
- Jugend- und Auszubildendenvertretung, Bezirks-, Haupt-, Gesamt-Jugend- und Auszubildendenvertretung: zwei Jahre (§§ 60 Abs 2 Satz 2, 64 Abs 1 Satz 2, 64 Abs 2 Satz 2 BPersVG)
- Schwerbehindertenvertretung: vier Jahre (§ 94 Abs 7 Satz 1 SGB IX).

Die Amtszeit eines außerhalb des regelmäßigen Wahlzeitraums gewählten Betriebsrats (§ 13 Abs 2, 3 BetrVG) endet mit der Bekanntgabe des Wahlergebnisses des neu gewählten Betriebsrats.[174]

77 Die **Beendigung der Amtszeit iSv § 15 Abs 1 Satz 2, Abs 2 Satz 2 KSchG** erfasst neben dem Fall des Ablaufs der regelmäßigen Amtszeit der Arbeitnehmervertretung **alle weiteren Fälle, in denen die Amtszeit des Gremiums vorzeitig endet** oder die **Mitgliedschaft des Mandatsträgers in der Arbeitnehmervertretung erlischt**. Der volle Sonderkündigungsschutz endet daher zB auch dann, wenn der Mandatsträger das Amt niederlegt, wenn das Arbeitsverhältnis endet, ferner bei Verlust der Wählbarkeit, bei Ausschluss aus der Arbeitnehmervertretung oder Auflösung der Arbeitnehmervertretung auf Grund einer gerichtlichen Entscheidung oder bei gerichtlicher

---

170 Einzelheiten vgl Rn 184 ff, 202 ff.
171 Vgl iE Rn 26 ff.
172 Zu der Konstellation, dass der erfolgreiche Wahlbewerber das Amt erst nach Bekanntgabe des Wahlergebnisses antreten kann, weil die Amtszeit der bisherigen Arbeitnehmervertretung noch nicht abgelaufen ist vgl Rn 80.
173 Schließt sich eine weitere Amtszeit nahtlos an, bleibt der Schutz indes erhalten und ein bereits rechtshängiges Zustimmungsersetzungsverfahren bleibt zulässig: BAG 19.9.1991 – 2 ABR 14/91; LAG Düsseldorf 4.9.2013 – 7 AZR 450/07.
174 BAG 28.9.1983 – 7 AZR 266/82.

Feststellung der Nichtwählbarkeit (vgl §§ 24 Abs 1 Nr 2 – 6, 64 Abs 2, 115 Abs 3, 116 Abs 2 BetrVG; §§ 29 Abs 1, 54 Abs 1, 56, 64 BPersVG; § 94 Abs 7 Satz 3 SGB IX). Die endgültige Versetzung in einen anderen Betrieb des Unternehmens[175] bzw eine andere Dienststelle der Verwaltung (§ 29 Abs 1 Nr 4 BPersVG) führt ebenfalls zum Erlöschen der Mitgliedschaft und damit zur Beendigung des vollen Schutzes nach § 15 Abs 1 Satz 1, Abs 2 Satz 1 KSchG. Entsprechendes gilt, wenn der Mandatsträger während der Amtszeit zum leitenden Angestellten bzw zum Dienststellenleiter befördert wird, da dies den Verlust der Wählbarkeit zur Folge hat (§ 24 Abs 1 Nr 4 ivm §§ 8, 7, 5 Abs 3 BetrVG; §§ 29 Abs 1 Nr 5, 14 Abs 2, 7 BPersVG). Bei Beendigung der Mitgliedschaft auf Grund einer gerichtlichen Entscheidung endet der volle Sonderkündigungsschutz erst mit deren Rechtskraft, denn diese wirkt rechtsgestaltend und stellt nicht lediglich die nach dem materiellen Recht bereits eingetretene Rechtslage fest.[176] Auch **bei erfolgreicher Wahlanfechtung** bleibt der volle Schutz bis zum Eintritt der Rechtskraft der gerichtlichen Entscheidung erhalten, da die Anfechtung keine Rückwirkung entfaltet, sondern nur für die Zukunft wirkt.[177] Werden im Falle anstehender außerordentlicher Neuwahlen die Amtsgeschäfte von der Arbeitnehmervertretung weitergeführt (vgl § 22 ivm § 13 Abs 2 Nr 1 – 3 BetrVG; § 27 Abs 3 ivm Abs 2 Nr 1 – 3 BPersVG; zB Rücktritt des gesamten Gremiums), bis die neue Arbeitnehmervertretung gewählt ist, genießen die Mandatsträger bis zur förmlichen Bekanntgabe des Wahlergebnisses, spätestens bis zur konstituierenden Sitzung des neu gewählten Betriebsrates, weiterhin vollen Sonderkündigungsschutz nach § 15 Abs 1 Satz 1, Abs 2 Satz 1 KSchG.[178]

Für **Mitglieder des Wahlvorstands** beginnt der volle Sonderkündigungsschutz grundsätzlich mit der Bestellung (§§ 16 f BetrVG, §§ 20 – 22 BPersVG)[179] und endet nach der ausdrücklichen Regelung in § 15 Abs 3 Satz 1 KSchG mit der Bekanntgabe des Wahlergebnisses (§ 18 Abs 3 BetrVG, § 19 WahlO-BetrVG; § 23 Abs 2 BPersVG, § 23 WahlO-BPersVG),[180] obwohl das Amt des Wahlvorstands über diesen Zeitpunkt jedenfalls bis zur Einberufung der konstituierenden Sitzung der Arbeitnehmervertretung,[181] wegen der dem Wahlvorstand obliegenden Sitzungsleitung sogar bis zur Wahl eines Wahlleiters fortbesteht (vgl § 29 Abs 1 BetrVG, § 34 Abs 1 BPersVG). Ist die förmliche Bekanntgabe des Wahlergebnisses unterblieben, endet der Schutz nach § 15 Abs 3 Satz 1 KSchG spätestens mit der konstituierenden Sitzung des neu gewählten Betriebsrates. Mit der konstituierenden Sitzung steht die personelle Zusammensetzung des Betriebsrates fest. Das Wahlergebnis gilt in diesem Zeitpunkt als bekanntgegeben iS des § 15 Abs 3 Satz 1 KSchG.[182] Erlischt das Amt als

---

175 Vgl Rn 69 f; BAG 21.9.1989 – 1 ABR 32/89.
176 BAG 29.9.1983 – 2 AZR 212/82; KR/Etzel § 103 BetrVG Rn 20.
177 BAG 13.3.1991 – 7 ABR 5/90; Fitting § 19 Rn 49.
178 BAG 27.9.1957 – 1 AZR 493/55; Fitting § 22 Rn 8; KR/Etzel § 15 KSchG Rn 60; vgl hierzu auch BAG 5.11.2009 – 2 AZR 487/08.
179 Vgl auch Rn 23.
180 Vgl auch BAG 30.5.1978 – 2 AZR 637/76.
181 BAG 14.11.1975 – 1 ABR 61/75.
182 BAG 5.11.2009 – 2 AZR 487/08.

Mitglied des Wahlvorstands vorzeitig, sei es wegen Amtsniederlegung,[183] gerichtlicher Ersetzung nach § 18 Abs 1 Satz 2 BetrVG, Abberufung nach § 23 Abs 1 Satz 2 BPersVG oder weil der Arbeitnehmer aus dem Betrieb oder der Dienststelle ausscheidet, endet auch der volle Sonderkündigungsschutz bereits vor der Bekanntgabe des Wahlergebnisses.[184]

79 Der volle Sonderkündigungsschutz für **Wahlbewerber** beginnt nach § 15 Abs 3 Satz 1 KSchG mit der „Aufstellung des Wahlvorschlags"[185] und endet ebenfalls mit der Bekanntgabe des Wahlergebnisses. Auch hier gilt: Wird das Wahlergebnis nicht förmlich bekannt gegeben, endet der Sonderkündigungsschutz mit der konstituierenden Sitzung des neu gewählten Gremiums.[186] Uneingeschränkt trifft das aber nur auf erfolglose Wahlbewerber zu. Vor der Bekanntgabe des Wahlergebnisses endet der volle Schutz, wenn vom Wahlvorstand beanstandete Mängel nach § 8 Abs 2 WahlO-BetrVG bzw § 10 Abs 5 WahlO-BPersVG nicht fristgerecht behoben werden und der Wahlvorschlag deshalb ungültig ist bzw wird.[187] Auch die Rücknahme der Kandidatur führt zur vorzeitigen Beendigung des vollen Sonderkündigungsschutzes. Ob der Bewerber seine Kandidatur überhaupt zurückziehen kann, ist allerdings streitig.[188]

80 Nach dem Wortlaut des § 15 Abs 3 Satz 1 KSchG genießen auch **erfolgreiche Wahlbewerber** den vollen Sonderkündigungsschutz (Ausschluss der ordentlichen Kündigung; Bindung der zulässigen außerordentlichen Kündigung an die vorherige Zustimmung der Arbeitnehmervertretung bzw deren gerichtliche Ersetzung)[189] nur bis zur Bekanntgabe des Wahlergebnisses. Soweit im Zeitpunkt der Bekanntgabe des Wahlergebnisses noch eine Arbeitnehmervertretung besteht (vgl zB § 21 Satz 2 Alt 2 BetrVG; § 26 Satz 2 Alt 2 BPersVG), wäre die außerordentliche Kündigung nach dem Wortlaut der Vorschrift bis zum Ablauf der Amtszeit der bisherigen Arbeitnehmervertretung zustimmungsfrei möglich. In dieser Zwischenphase hätte der gewählte Wahlbewerber lediglich den nachwirkenden Sonderkündigungsschutz nach § 15 Abs 3 Satz 2 KSchG. Die hM schließt diese Lücke im Ergebnis mit der Erwägung, dass nach Sinn und Zweck des Sonderkündigungsschutzes ein ununterbrochener Schutz von der Wahlbewerbung bis zur Beendigung der Amtszeit als Arbeitnehmervertreter gewährleistet sein müsse.[190] Um eine vom Gesetz nicht beabsichtigte Schlechterstellung des bereits gewählten, aber noch nicht amtierenden Betriebsratsmitglieds zu vermeiden, ist eine teleologische Extension des Begriffs des „Betriebsratsmitglieds" in § 15 Abs 1 Satz 1 KSchG geboten und der volle Sonderkündigungsschutz auf den Zeitraum ab Bekanntgabe des Wahlergebnisses bis zum tatsächlichen Amtsantritt auszudehnen.

---

183 BAG 9.10.1986 – 1 AZR 650/85.
184 KR/Etzel § 103 BetrVG Rn 22, § 15 KSchG Rn 69.
185 Einzelheiten hierzu vgl Rn 24.
186 BAG 5.11.2009 – 2 AZR 487/08.
187 Vgl auch Rn 25.
188 Abl zB BVerwG 30.10.1964 – VII P 5.64; Fitting § 14 Rn 56 mwN; dafür zB KR/Etzel § 15 Rn 71; so im Ergebnis auch BAG 27.4.1976 – 1 AZR 482/75.
189 Vgl Rn 74.
190 GK-BetrVG/Raab § 103 Rn 17 mwN; ErfK/Kiel § 15 KSchG Rn 17; Fitting § 21 Rn 12; KR/Etzel § 103 BetrVG Rn 19.

Bei nachgerückten oder vertretungsweise herangezogenen **Ersatzmitgliedern** und stellvertretenden Schwerbehindertenvertretern gelten für den Beginn und das Ende des vollen Sonderkündigungsschutzes nach § 15 Abs 1 Satz 1, Abs 2 Satz 2 KSchG die unter Rn 40 ff, 45 ff dargestellten Grundsätze.

81

Hinsichtlich Beginn, Ende und Ausgestaltung des Sonderkündigungsschutzes bei **Wahlinitiatoren** wird auf Rn 26 ff verwiesen.

82

c) Schutz bei anfechtbarer und nichtiger Wahl. Mängel der Wahl lassen den Sonderkündigungsschutz für Amtsträger nach § 15 Abs 1 Satz 1, Abs 2 Satz 1 KSchG idR unberührt. Auswirkungen auf den Schutz nach § 15 KSchG haben Wahlmängel nur, wenn die Wahl erfolgreich angefochten oder auch ohne Anfechtung wegen gravierender Verstöße nichtig ist.

83

Die Wahl kann angefochten werden, falls gegen wesentliche Vorschriften über das Wahlrecht, die Wählbarkeit oder das Wahlverfahren verstoßen worden ist und eine Berichtigung nicht erfolgt ist, es sei denn, dass durch den Verstoß das Wahlergebnis nicht geändert oder beeinflusst werden konnte (§ 19 Abs 1 BetrVG, 25 BPersVG). Nach Ablauf der Anfechtungsfrist (§ 19 Abs 2 Satz 2 BetrVG: zwei Wochen; § 25 BPersVG: zwölf Arbeitstage), die ab Bekanntgabe des Wahlergebnisses läuft, ist die Anfechtung nicht mehr zulässig. Die Arbeitnehmervertretung bleibt im Amt, auch wenn gegen wesentliche Wahlvorschriften verstoßen wurde. Bei **erfolgreicher Wahlanfechtung** bleibt der volle Sonderkündigungsschutz bis zum Eintritt der Rechtskraft der gerichtlichen Entscheidung erhalten, da die Anfechtung keine Rückwirkung entfaltet, sondern nur für die Zukunft wirkt.[191]

84

Leidet die Wahl unter besonders schweren Mängeln, ist sie nichtig. Die **Nichtigkeit der Wahl** ist auf Ausnahmefälle beschränkt und setzt voraus, dass gegen wesentliche Grundsätze des gesetzlichen Wahlrechts in so schwerwiegender Weise verstoßen worden ist, dass nicht einmal der Anschein einer dem Gesetz entsprechenden Wahl mehr vorliegt.[192] Es muss sich um einen groben und offensichtlichen Verstoß gegen wesentliche gesetzliche Wahlvorschriften handeln.[193] Die Nichtigkeit der Wahl kann, im Gegensatz zur Anfechtung, von jedermann zu jeder Zeit und in jeder Form geltend gemacht werden. Da ein in nichtiger Wahl „gewählter" Arbeitnehmer zu keinem Zeitpunkt Mitglied einer Arbeitnehmervertretung geworden ist, genießt er den Sonderkündigungsschutz des § 15 Abs 1 Satz 1, Abs 2 Satz 1 KSchG nicht.[194] Ab Bekanntgabe des Wahlergebnisses hat er aber den nachwirkenden Sonderkündigungsschutz als (erfolgloser) Wahlbewerber nach § 15 Abs 3 Satz 2 KSchG.[195] Unter den genannten Voraussetzungen kann auch die Wahl des Wahlvorstands (§ 17 BetrVG; §§ 20

85

---

191 BAG 13.3.1991 – 7 ABR 5/90; Fitting § 19 Rn 49; GK-BetrVG/Raab § 103 Rn 16.
192 BAG 2.3.1955 – 1 ABR 19/54; BAG 27.4.1976 – 1 AZR 482/75; BAG 28.11.1977 – 1 ABR 36/76; BAG 10.6.1983 – 6 ABR 50/82; Fitting § 19 Rn 4 mwN.
193 BAG 24.1.1964 – 1 ABR 14/63; zB Wahl durch Zuruf in einer Betriebsversammlung, BAG 12.10.1961 – 5 AZR 423/60.
194 BAG 27.4.1976 – 1 AZR 482/75; vgl auch BAG 7.5.1986 – 2 AZR 349/85.
195 LAG Düsseldorf 24.8.1978 – 7 Sa 326/78; KR/Etzel § 103 BetrVG Rn 18.

Abs 2, 21 BPersVG) nichtig sein. Die so „gewählten" Arbeitnehmer haben nicht die Rechtsstellung von Wahlvorstandsmitgliedern, genießen also auch keinen Sonderkündigungsschutz nach § 15 Abs 3 Satz 1 KSchG.[196] Einen besonderen Schutz wegen der Eigenschaft als Bewerber zur Wahl des Wahlvorstands sieht das Gesetz nicht vor.[197]

2. Nachwirkender Sonderkündigungsschutz

86 **a) Inhalt des nachwirkenden Schutzes.** Nach Beendigung der Amtszeit bzw nach Bekanntgabe des Wahlergebnisses bei Mitgliedern des Wahlvorstands und (erfolglosen) Wahlbewerbern schließt sich für die gesetzlich bestimmten Zeiträume ein nachwirkender Sonderkündigungsschutz an (§ 15 Abs 1 Satz 2, Abs 2 Satz 2, Abs 3 Satz 2 KSchG). Für Wahlinitiatoren[198] ist keine Nachwirkung vorgesehen. Der nachwirkende Sonderkündigungsschutz bezweckt die Abkühlung evtl amts- oder wahlbedingter Kontroversen mit dem Arbeitgeber und soll ehemaligen Amtsträgern den beruflichen Anschluss ermöglichen.[199] Der nachwirkende Schutz ist schwächer ausgestaltet. Das grundsätzliche Verbot der ordentlichen Kündigung gilt für die Dauer der Nachwirkung zwar weiter, die zulässige außerordentliche Kündigung bedarf aber nicht mehr der vorherigen Zustimmung der Arbeitnehmervertretung nach § 103 BetrVG, §§ 47 Abs 1, 108 Abs 1 BPersVG. Allerdings ist der Betriebsrat vor Ausspruch der Kündigung nach § 102 BetrVG, der Personalrat nach § 79 Abs 3 BPersVG anzuhören.

87 **b) Beginn, Dauer und Ende der Nachwirkung.** Der Nachwirkungszeitraum beträgt grundsätzlich ein Jahr. Lediglich für Mitglieder der Bordvertretung, ferner für Mitglieder des Wahlvorstands und (erfolglose) Wahlbewerber ist die Nachwirkung auf sechs Monate verkürzt. Die Fristberechnung erfolgt nach §§ 187, 188 BGB. Der Tag, in den die Beendigung der Amtszeit bzw die Bekanntmachung des Wahlergebnisses fällt, ist daher nicht mitzurechnen.

88 Der **Beginn des nachwirkenden Schutzes** ehemaliger Mandatsträger setzt lückenlos nach Beendigung der Amtszeit ein (§ 15 Abs 1 Satz 2, Abs 2 Satz 2 KSchG). Die Nachwirkung tritt im Normalfall nach Ablauf der regelmäßigen Amtszeit der Arbeitnehmervertretungen ein.[200] Die Nachwirkung schließt sich dem vollen Schutz grundsätzlich[201] auch dann nahtlos an, wenn die Amtszeit des Gremiums vorzeitig endet; werden im Falle anstehender außerordentlicher Neuwahlen die Amtsgeschäfte von der bisherigen Arbeitnehmervertretung weitergeführt (vgl § 22 iVm § 13 Abs 2 Nr 1 – 3 BetrVG; § 27 Abs 3 iVm Abs 2 Nr 1 – 3 BPersVG; zB Rücktritt des gesamten Gremiums), beginnt der nachwirkende Schutz für die bisherigen Mandatsträger ab Bekanntgabe des Wahlergebnisses.[202] Unterbleibt die förmliche Bekanntgabe des Wahlergebnisses, so endet die Amtszeit des ge-

---

196 BAG 7.5.1986 – 2 AZR 349/85.
197 Str, vgl Rn 23.
198 Vgl Rn 26 ff.
199 Vgl Rn 3.
200 Vgl Rn 76.
201 Zu den Ausnahmen vgl Rn 95 f.
202 KR/Etzel § 15 KSchG Rn 60.

schäftsführenden Betriebsrates und beginnt der nachwirkende Kündigungsschutz spätestens mit der konstituierenden Sitzung des neu gewählten Gremiums.[203]

Mit Ausnahme der Fälle, in denen die Beendigung der Mitgliedschaft auf einer gerichtlichen Entscheidung beruht,[204] genießen auch **vorzeitig aus dem Amt ausscheidende Mandatsträger**[205] den nachwirkenden Kündigungsschutz.[206] Mit dem Begriff der Amtszeit in § 15 Abs 1 Satz 2 KSchG ist nicht nur die Amtszeit der Arbeitnehmervertretung als Gremium, sondern auch die Zeit der persönlichen Mitgliedschaft des Mandatsträgers in der Arbeitnehmervertretung gemeint. Diese Auslegung ist insbesondere nach Sinn und Zweck des nachwirkenden Sonderkündigungsschutzes[207] geboten. Die Erwägung, dass nach Beendigung der Amtstätigkeit eine „Abkühlungsphase" eintreten soll, ist auch bei vorzeitigem Ausscheiden aus dem Amt, zB im Fall eines Rücktritts, nicht von geringer Bedeutung. Das gilt jedenfalls bei nicht ganz kurzfristiger Dauer der Mitgliedschaft, ferner für den weiter vom Gesetzgeber verfolgten Zweck, dass der Arbeitnehmer ohne Sorge um seinen Arbeitsplatz wieder den beruflichen Anschluss erlangen soll.[208] Im Falle des **Rücktritts** hängt der nachwirkende Kündigungsschutz nicht davon ab, ob das bisherige Mitglied der Arbeitnehmervertretung für seinen Rücktritt anerkennenswerte Gründe anführt. Wegen der im Regelfall bestehenden Schutzbedürftigkeit greift der nachfolgende Kündigungsschutz vielmehr im Grundsatz unabhängig davon ein, welche Gründe für den Rücktritt tragend gewesen sind. Es wäre weder mit dem Schutzzweck der Nachwirkung noch mit der notwendigen Rechtsklarheit und Rechtssicherheit im Kündigungsrecht zu vereinbaren, die Voraussetzungen für den nachwirkenden Kündigungsschutz allgemein von schwer zu beweisenden und zu widerlegenden subjektiven Umständen abhängig zu machen.[209] Wie jede Rechtsausübung wird allerdings auch die Geltendmachung des nachwirkenden Kündigungsschutzes durch das Verbot der unzulässigen Rechtsausübung begrenzt.[210]

Der zT vertretenen Auffassung,[211] der nachwirkende Schutz für vorzeitig ausgeschiedene Betriebsratsmitglieder sei auf sechs Monate zu verkürzen, wenn sie ihr Amt während des ersten Jahres der Amtszeit niederlegen, ist nicht zu folgen.[212] Ausscheidende Mandatsträger genießen den nachwirkenden Kündigungsschutz unabhängig von der tatsächlichen Dauer ihrer Amtstätigkeit uneingeschränkt. Es gilt nichts anderes als bei Ersatzmitgliedern, die nach der zutreffenden Rechtsprechung des BAG nach einem Vertretungsfall den nachwirkenden Schutz für die volle Frist des § 15 Abs 1

---

203 Vgl BAG 5.11.2009 – 2 AZR 487/08.
204 Vgl Rn 95 f.
205 Einzelfälle vgl Rn 77.
206 BAG 5.7.1979 – 2 AZR 521/77; LAG Hamm 5.11.1997 – 3 Sa 1021/97.
207 Vgl Rn 3.
208 BAG 5.7.1979 – 2 AZR 521/77.
209 BAG 5.7.1979 – 2 AZR 521/77.
210 Einzelheiten vgl Rn 96.
211 von BAG 5.7.1979 – 2 AZR 521/77 erörtert, aber offengelassen.
212 KR/Etzel § 15 KSchG Rn 64 a mwN.

Satz 2, Abs 2 Satz 2 genießen.[213] Aus dem Umstand, dass für Mitglieder der Bordvertretung, deren Amtszeit lediglich ein Jahr beträgt (§ 115 Abs 3 BetrVG), die gesetzliche Dauer des nachwirkenden Kündigungsschutzes auf sechs Monate beschränkt ist (§ 15 Abs 1 Satz 2 KSchG), lässt sich kein allgemeiner, auf die anderen Arbeitnehmervertretungen übertragbarer Rechtsgrundsatz ableiten, es müsse nach den Vorstellungen des Gesetzgebers grundsätzlich ein angemessenes Verhältnis zwischen der Amtszeit und der Befristung des nachwirkenden Schutzes bestehen.[214] Die Vorstellungen des Gesetzgebers hinsichtlich einer angemessenen Zeitrelation beziehen sich nicht auf das Verhältnis zwischen der Dauer der tatsächlichen Amtszeit und der Dauer einer im Einzelfall zu bestimmenden Nachwirkung, sondern auf das Verhältnis zwischen der Dauer der gesetzlichen Amtszeit und der Dauer der gesetzlichen Nachwirkung. Zudem bedürfen auch Arbeitnehmervertreter der Betriebsverfassung oder der Personalvertretung, die nur kurze Zeit amtieren, eines ungekürzten nachwirkenden Schutzes. Schließlich ergeben sich vor dem Hintergrund einer vierjährigen Amtszeit häufig bereits zu Beginn der Amtszeit Konfliktsituationen mit dem Arbeitgeber, die eine ungekürzte Nachwirkung zum Zwecke der Abkühlung rechtfertigen; eine Einzelfallbetrachtung verbietet sich aus Gründen der Rechtsklarheit.[215]

91 Für **Mitglieder des Wahlvorstands** beginnt der nachwirkende Schutz für die Dauer von sechs Monaten mit Bekanntgabe des Wahlergebnisses (§ 15 Abs 3 Satz 2 HS 1 KSchG), spätestens mit der konstituierenden Sitzung des neu gewählten Betriebsrates.[216] Erlischt das Amt vorzeitig wegen Amtsniederlegung, setzt die Nachwirkung bereits ab diesem Zeitpunkt ein. Würde man auch in diesem Fall – dem Wortlaut der Norm entsprechend – auf die Bekanntgabe des Wahlergebnisses abstellen, wären zwei Rechtsfolgen denkbar: Entweder bestünde der volle Schutz bis zur Bekanntgabe des Wahlergebnisses fort, wofür aber nach Wegfall der Funktion als Wahlvorstand jegliche sachliche Rechtfertigung fehlt, oder der Schutz wäre nicht lückenlos gewährleistet, was dem Zweck der Nachwirkung zuwiderliefe. § 15 Abs 3 Satz 2 HS 1 KSchG ist deshalb in der Weise anzuwenden, dass bei vorzeitiger Beendigung der Mitgliedschaft im Wahlvorstand auf andere Weise als durch die Ersetzung des Wahlvorstands aufgrund gerichtlicher Entscheidung (Abs 3 Satz 2 letzter HS) der nachwirkende Schutz mit der Beendigung der Mitgliedschaft beginnt.[217]

92 **Nicht gewählte Wahlbewerber** genießen den nachwirkenden Schutz wie Mitglieder des Wahlvorstands grundsätzlich ab der Bekanntgabe des Wahlergebnisses (§ 15 Abs 3 Satz 2 HS 1 KSchG). Fällt die Eigenschaft als Wahlbewerber während der Wahlphase weg, setzt die Nachwirkung be-

---

213 Vgl Rn 93.
214 IdS aber BAG 5.7.1979 – 2 AZR 521/77.
215 IdS KR/Etzel § 15 KSchG Rn 64 a.
216 Vgl Rn 78.
217 BAG 9.10.1986 – 2 AZR 650/85, das insoweit von einer Auslegung durch teleologische Reduktion spricht; dogmatisch treffender erscheint eine analoge Anwendung von § 15 Abs 3 Satz 2 HS 1 KSchG auf den Fall des vorzeitigen Endes der Mitgliedschaft, da einer Auslegung der eindeutige Wortsinn der Norm entgegenstehen dürfte; im Ergebnis ebenso: KR/Etzel § 15 KSchG Rn 68.

reits ab diesem Zeitpunkt ein, zB wenn der Arbeitnehmer seine Bewerbung zurückzieht[218] oder der Wahlvorschlag aufgrund nicht fristgerecht behobener Mängel ungültig ist bzw wird (§ 8 Abs 2 WahlO-BetrVG, § 10 Abs 5 WahlO-BPersVG).[219] Bei gewählten Wahlbewerbern folgt im unmittelbaren Anschluss an den vollen Schutz nach § 15 Abs 3 Satz 1 KSchG der volle Schutz als Mandatsträger nach § 15 Abs 1 Satz 1, Abs 2 Satz 1 KSchG.[220]

Für **Ersatzmitglieder als erfolglose Wahlbewerber** sieht das Gesetz nur den nachwirkenden Sonderkündigungsschutz von sechs Monaten nach § 15 Abs 3 Satz 2 KSchG vor.[221] **Rückt das Ersatzmitglied auf Dauer** für ein endgültig ausscheidendes Mitglied in die Arbeitnehmervertretung nach, genießt es als ordentliches Mitglied bis zur Beendigung der Amtszeit des Gremiums den vollen Sonderkündigungsschutz nach § 15 Abs 1 Satz 1, Abs 2 Satz 1 KSchG, daran anschließend den nachwirkenden Schutz.[222] Auch für das zur **Vertretung** eines zeitweilig verhinderten Mitglieds der Arbeitnehmervertretung herangezogene Ersatzmitglied[223] gilt der nachwirkende Schutz während der vollen Frist nach § 15 Abs 1 Satz 2, Abs 2 Satz 2 KSchG.[224] Nach anderer Auffassung[225] sollen die nicht an erster Stelle einer Liste stehenden weiteren Ersatzmitglieder keinen nachwirkenden Schutz genießen, da ansonsten der Kreis der vor ordentlichen Kündigungen geschützten Arbeitnehmer zu Lasten des Arbeitgebers unverhältnismäßig ausgedehnt werde. Dem kann nicht gefolgt werden. Die Beschränkung des Schutzes auf das jeweils erste Ersatzmitglied einer Liste hätte eine Beeinträchtigung der Funktionsfähigkeit der Arbeitnehmervertretung zur Folge. Ohne Nachwirkung würde die Bereitschaft, notwendige Konflikte mit dem Arbeitgeber auszutragen, sinken. Das ist mit Sinn und Zweck des Sonderkündigungsschutzes[226] unvereinbar.

93

Der **nachwirkende Kündigungsschutz für vertretungsweise nachgerückte Ersatzmitglieder** beginnt mit dem Wegfall des Vertretungsgrundes,[227] da die persönliche Mitgliedschaft des Ersatzmitglieds im Gremium zu diesem Zeitpunkt endet.[228] Die Dauer der Vertretungstätigkeit ist unerheblich, so dass auch nach einer sehr kurzen Amtszeit des Ersatzmitglieds der nachwirkende Schutz für ein Jahr besteht (Bordvertretung und Wahlvorstand sechs Monate). Eine Verkürzung der Nachwirkung ist nicht gerechtfertigt, da das Verhältnis zur Arbeitnehmervertretung als ein zur Vertretung zeitweilig verhinderter oder zur Ersetzung ausgeschiedener Mitglieder berufe-

---

218 Vgl auch Rn 79.
219 Vgl Rn 25, 79.
220 Vgl Rn 80.
221 Vgl Rn 92, 39.
222 Vgl Rn 87 ff, 40.
223 Vgl Rn 41 ff; und ggf weiterer Ersatzmitglieder, vgl Rn 47.
224 BAG 6.9.1979 – 2 AZR 548/77; BAG 18.5.2006 – 6 AZR 627/05; KR/Etzel § 15 KSchG Rn 65.
225 Löwisch/Spinner § 15 Rn 34 mwN.
226 Vgl Rn 1, 3.
227 Vgl Rn 45.
228 Dazu, dass sich die Beendigung der Amtszeit iSd § 15 Abs 1 Satz 2, Abs 2 Satz 2 KSchG auch auf die Beendigung der Mitgliedschaft des einzelnen Mandatsträgers bezieht vgl Rn 89.

nes Ersatzmitglied bis zum Ende der Amtszeit des Gremiums andauert.[229] Zudem gehörte es während der Vertretung der Arbeitnehmervertretung als vollwertiges Mitglied an,[230] woraus eine entsprechende Rechtsstellung einschließlich der gesetzlich vorgesehenen Nachwirkung folgt, schließlich kann auch eine kurze Vertretungsdauer amtsbedingte Konflikte mit dem Arbeitgeber mit sich bringen, die eine ungekürzte Abkühlungsphase erfordern.[231] Die Nachwirkung tritt unabhängig davon ein, ob der Arbeitgeber vom Vertretungsfall Kenntnis hatte. Es gelten insoweit die zum vollen Schutz dargestellten Grundsätze.[232] **Jeder weitere Vertretungsfall löst mit seiner Beendigung eine neue Nachwirkungsfrist in voller Länge aus.**

94 Der **nachwirkende Schutz für Ersatzmitglieder ist** allerdings **nicht ausnahmslos anzuerkennen.** Anders als beim vollen Sonderkündigungsschutz für die Dauer des Vertretungsfalls[233] genügt es für den nachwirkenden Kündigungsschutz des Ersatzmitglieds nicht, wenn in der Vertretungszeit keine konkreten Vertretungsaufgaben angefallen sind. Da der nachwirkende Schutz die unabhängige, pflichtgemäße Ausübung des Amtes gewährleisten soll, bedarf es keiner „Abkühlungsphase", wenn das Ersatzmitglied weder an Sitzungen des Gremiums teilgenommen noch andere Amtstätigkeiten ausgeübt hat (zB bei eigener Verhinderung) und deswegen vor einer möglichen Interessenkollision bewahrt worden ist. Diese Einschränkung ist jedoch nur dann geboten, wenn das Ersatzmitglied während der Vertretung **überhaupt keine Aufgaben eines ordentlichen Mitglieds wahrgenommen hat.**[234] Dies gilt auch dann, wenn das Unterbleiben der Betriebsratstätigkeit darauf zurückzuführen ist, dass die Heranziehung des Ersatzmitglieds fehlerhaft unterlassen wurde, solange insoweit kein kollusives Zusammenwirken zwischen Arbeitgeber und Betriebsrat vorliegt.[235] Schon geringfügige Amtstätigkeiten lassen den nachwirkenden Schutz entstehen. Die tatsächliche Teilnahme an einer Sitzung ist nicht erforderlich. Ausreichend ist eine Ladung und Vorbereitung des Ersatzmitglieds zu dieser Sitzung, da es bereits in dieser Phase zu amtsbedingten Konflikten mit dem Arbeitgeber kommen kann.[236] Eine Amtstätigkeit liegt auch bei Teilnahme an einer nicht ordnungsgemäß einberufenen Sitzung vor. Formelle Mängel der Einberufung stellen den Amtsbezug der Tätigkeit grundsätzlich nicht infrage.[237]

95 c) **Ausschluss der Nachwirkung.** Die Nachwirkung ist gesetzlich ausgeschlossen, wenn die Beendigung der Mitgliedschaft in der Arbeitnehmer-

---

229 Hierzu umfassend BAG 6.9.1979 – 2 AZR 548/77.
230 Vgl Rn 43.
231 IdS auch KR/Etzel § 15 KSchG Rn 65; ferner LAG Brandenburg 9.6.1995 – 5 Sa 205/95.
232 Vgl Rn 44 mwN.
233 Vgl Rn 43.
234 BAG 6.9.1979 – 2 AZR 548/77; BAG 8.9.2011 – 2 AZR 388/10; BAG 19.4.2012 – 2 AZR 233/11; KR/Etzel § 15 KSchG Rn 65 a.
235 BAG 19.4.2012 – 2 AZR 233/11.
236 LAG Brandenburg 25.10.1993 – 5(3) Sa 425/93; LAG Brandenburg 9.6.1995 – 5 Sa 205/95.
237 IdS auch KR/Etzel § 15 KSchG Rn 65 a; aA LAG Hamm 21.8.1986 – 10 Sa 568/86.

vertretung auf einer gerichtlichen Entscheidung beruht (§ 15 Abs 1 Satz 2 HS 2, Abs 2 Satz 2 HS 2 KSchG). Dazu zählen folgende Fälle:
- Gerichtliche Auflösung der Arbeitnehmervertretung oder Ausschluss eines Mitglieds (vgl §§ 24 Abs 1 Nr 5, 23 Abs 1, 65 Abs 1, 115 Abs 3, 116 Abs 2 BetrVG; §§ 29 Abs 1 Nr 6, 28 Abs 1, 54 Abs 1, 56, 60 Abs 4, 64 Abs 1 und 2 BPersVG; § 94 Abs 8 Satz 5 SGB IX)
- Nachträgliche gerichtliche Feststellung der Nichtwählbarkeit (§§ 24 Abs 1 Nr 6, 65 Abs 1, 115 Abs 3, 116 Abs 2 BetrVG; §§ 29 Abs 1 Nr 7, 54 Abs 1, 56, 60 Abs 4, 64 Abs 1 und 2 BPersVG)[238]
- Erfolgreiche Wahlanfechtung (§ 19, 63 Abs 2, 115 Abs 2 Nr 8, 116 Abs 2 Nr 8 BetrVG; §§ 25, 53 Abs 3 Satz 1, 56, 60 Abs 1 BPersVG; 94 Abs 6 Satz 2 SGB IX).[239]

Das betriebsverfassungs- bzw personalvertretungsrechtliche Amt endet erst **96** mit **Eintritt der Rechtskraft** der unter Rn 95 genannten Entscheidungen.[240] Ein noch vor diesem Zeitpunkt erklärter Rücktritt des Mandatsträgers verhindert eine Sachentscheidung. Die Beendigung der Mitgliedschaft in der Arbeitnehmervertretung beruht dann nicht auf einer gerichtlichen Entscheidung iSd § 15 Abs 1 Satz 2 HS 2, Abs 2 Satz 2 HS 2 KSchG. Häufig erfolgt der **Rücktritt aus prozesstaktischen Erwägungen** erst kurz vor Eintritt der Rechtskraft der gerichtlichen Entscheidung, um zum einen den vollen Sonderkündigungsschutz als Mandatsträger nach § 15 Abs 1 Satz 1, Abs 2 Satz 2 KSchG möglichst lange zu erhalten und zum anderen den Ausschluss der Nachwirkung nach § 15 Abs 1 Satz 2 HS 2, Abs 2 Satz 2 HS 2 KSchG zu umgehen. Die Berufung auf den nachwirkenden Sonderkündigungsschutz wird aber wie jede Rechtsausübung durch das **Verbot der unzulässigen Rechtsausübung** begrenzt. Jedenfalls in der Fallgestaltung, dass der Mandatsträger mit seiner Amtsniederlegung den Zweck verfolgt, einem gerichtlichen Ausschlussverfahren nach § 23 Abs 1 Satz 1 Alt 1 BetrVG (§ 28 Abs 1 Satz 1 Alt 1 BPersVG) zu entgehen oder die Grundlage zu entziehen, ist die Nachwirkung wegen Rechtsmissbrauchs ausnahmsweise dann zu versagen, wenn das gerichtliche Verfahren zu einer Beendigung der Mitgliedschaft in der Arbeitnehmervertretung geführt hätte.[241] Nach zutreffender Auffassung ist allerdings zu differenzieren: Erfolgt der Rücktritt erst kurz vor Eintritt der Rechtskraft des gerichtlichen Ausschlussverfahrens, ist die Berufung auf die Nachwirkung rechtsmissbräuchlich. Tritt der betroffene Mandatsträger schon im Vorfeld oder zu Beginn des Ausschlussverfahrens zurück, verliert er den vollen Sonderkündigungsschutz, der ansonsten bis zur Rechtskraft der gerichtlichen Entscheidung

---

238 BAG 29.9.1983 – 2 AZR 212/82.
239 HM: KR/Etzel § 15 KSchG Rn 66; vHH/L/v. Hoyningen-Huene § 15 Rn 60; Fitting § 19 Rn 50.
240 BAG 29.9.1983 – 2 AZR 212/82; BAG 13.3.1991 – 7 ABR 5/90; LAG Hamm 17.11.2006 – 10 Sa 1555/06.
241 Erwogen, aber offengelassen von BAG 5.7.1979 – 2 AZR 521/77; vgl ferner KR/Etzel § 15 KSchG Rn 64 b: Anwendung dieses Rechtsgedankens auf alle Verfahren [Rn 95], die zur Beendigung der Mitgliedschaft führen können.

bestünde. Die Geltendmachung der Nachwirkung ist in dieser Konstellation jedoch entgegen überwiegend vertretener Ansicht zulässig.²⁴²

97 Für **Mitglieder des Wahlvorstands** ist die Nachwirkung ausgeschlossen, wenn dieser wegen Untätigkeit nach § 15 Abs 3 Satz 2 HS 2 KSchG aufgrund gerichtlicher Entscheidung durch einen anderen Wahlvorstand ersetzt worden ist (vgl §§ 18 Abs 1 Satz 2, 63 Abs 3, 115 Abs 2, 116 Abs 2 BetrVG). Im Bereich der Personalvertretung ist in diesen Fällen keine gerichtliche Ersetzung vorgesehen, sondern die Einberufung einer Personalversammlung durch den Dienststellenleiter zur Wahl eines neuen Wahlvorstands (s. § 23 Abs 1 Satz 2 BPersVG). Da die Mitglieder des Wahlvorstands in diesem außergerichtlichen Verfahren ihr Amt ebenfalls unfreiwillig verlieren, ist nach Sinn und Zweck der Norm eine entsprechende Anwendung des § 15 Abs 3 Satz 2 HS 2 KSchG gerechtfertigt.²⁴³

98 Einen Ausschluss der Nachwirkung aufgrund gerichtlicher Entscheidung sieht das Gesetz für **Wahlbewerber** nicht vor (vgl § 15 Abs 3 Satz 2 KSchG). Entfällt der nachwirkende Sonderkündigungsschutz als Mandatsträger wegen Beendigung der Mitgliedschaft durch gerichtliche Entscheidung²⁴⁴ oder unzulässiger Rechtsausübung,²⁴⁵ kann für den betroffenen Arbeitnehmer noch die sechsmonatige Nachwirkung als (erfolgloser) Wahlbewerber in Betracht kommen (§ 15 Abs 3 Satz 2 HS 1 KSchG).²⁴⁶ In den Fällen der Ersetzung des Wahlvorstandes²⁴⁷ behält das ehemalige Mitglied des Wahlvorstands, wenn es gleichzeitig Wahlbewerber ist, in dieser Eigenschaft den vollen Schutz nach § 15 Abs 3 Satz 1 Alt 2 KSchG.

3. Beurteilungszeitpunkt: Zugang der Kündigungserklärung

99 Für die Frage, ob der Sonderkündigungsschutz nach § 15 KSchG schon oder noch besteht, sei es der volle Schutz als Mandatsträger für die Dauer der Amtszeit, als Mitglied des Wahlvorstands, als Wahlbewerber²⁴⁸ bzw Wahlinitiator²⁴⁹ oder der nachwirkende Schutz,²⁵⁰ ist der Zeitpunkt des Zugangs der Kündigungserklärung²⁵¹ entscheidend (§ 130 BGB).²⁵² Aus diesem Grund steht § 15 KSchG der **Zulässigkeit einer ordentlichen Kündigung, die dem Arbeitnehmer vor Beginn des Sonderkündigungsschutzes zugeht,** auch dann nicht entgegen, wenn die Kündigungsfrist erst zu einem Zeitpunkt abläuft, in dem der Arbeitnehmer mittlerweile zu dem von § 15 KSchG erfassten Personenkreis gehört.²⁵³ Grundsätzlich zulässig ist ferner eine vorzeitig ausgesprochene ordentliche Kündigung, wenn der letztmögli-

---

242 IdS Löwisch/Spinner § 15 Rn 19; aA KR/Etzel, der Rechtsmissbrauch bei frühzeitigem Rücktritt annimmt.
243 So auch vHH/L/v. Hoyningen-Huene § 15 Rn 61.
244 Vgl Rn 96.
245 Vgl Rn 97.
246 Vgl Rn 87, 92.
247 Vgl Rn 97.
248 Vgl Rn 74 ff.
249 Vgl Rn 26 ff.
250 Vgl Rn 86 ff.
251 Zum Zugang allg Einl Rn 33 ff; zu den Zugangshindernissen s Einl Rn 52 ff.
252 BAG 27.9.2012 – 2 AZR 955/11 mwN; APS/Linck § 15 Rn 13; Fitting § 103 Rn 9; aA KR/Etzel § 103 BetrVG Rn 62.
253 APS/Linck § 15 Rn 11.

che Termin zum Ausspruch der Kündigung bereits nach Beginn des Sonderkündigungsschutzes gelegen hätte. Doch kann eine Kündigung, die lediglich im Hinblick auf die demnächst eintretende Unkündbarkeit des Arbeitsverhältnisses vorgenommen wird, unwirksam sein: In diesen Fällen kann ein Verstoß gegen §§ 20, 78 BetrVG, §§ 8, 24 Abs 1, 8, 99 Abs 1, 107 BPersVG in Betracht kommen, der gem § 134 BGB zur Nichtigkeit der Kündigung führt.[254] Andererseits ist die während der Zeit des Sonderkündigungsschutzes zugehende ordentliche Kündigung grundsätzlich auch dann unzulässig, wenn der Zeitpunkt der Entlassung (Ablauf der Kündigungsfrist) erst nach Beendigung des Sonderkündigungsschutzes und seiner Nachwirkung liegt.[255] **Nach Beendigung des nachwirkenden Sonderkündigungsschutzes** ist die Kündigung des Arbeitsverhältnisses mit ehemaligen Mandatsträgern bzw erfolglosen Wahlbewerbern nach den allgemeinen Grundsätzen der § 1 ff KSchG bzw des 626 BGB zulässig.[256] Die Absendung des Kündigungsschreibens noch während des Nachwirkungszeitraums ist unschädlich, wenn die Kündigung dem Arbeitnehmer erst nach dessen Ablauf zugeht.

4. Ordentliche Kündigung nach Beendigung des Sonderkündigungsschutzes wegen Gründen aus der Schutzfrist

Ist der nachwirkende Kündigungsschutz beendet, besteht kein besonderer Kündigungsschutz des Funktionsträgers mehr; der Arbeitgeber kann ihm – wie jedem anderen Arbeitnehmer – kündigen.[257]

Der Arbeitgeber ist nicht gehindert, die Kündigung auch auf **Vertragspflichtverletzungen** des Arbeitnehmers zu stützen, die dieser **während der Dauer des Sonderkündigungsschutzes** begangen hat und die erkennbar nicht im Zusammenhang mit der Wahlbewerbung bzw der Amtstätigkeit stehen.[258] § 15 KSchG stellt nach dem eindeutigen Wortlaut auf den Zeitpunkt der Kündigungserklärung ab und nicht auf den Zeitpunkt, in dem die Kündigungsgründe entstanden sind. Der Zweck sowohl des vollen als auch des nachwirkenden Schutzes[259] gebietet es insbesondere nicht, dem Arbeitnehmer „Narrenfreiheit" einzuräumen, so dass er wegen Pflichtverletzungen auch nach Ablauf der Nachwirkungszeitraums nicht mehr durch eine wegen § 626 Abs 2 BGB dann regelmäßig nur noch ordentlich mögliche Kündigung zur Rechenschaft gezogen werden könnte.[260] Soweit die Kündigungsgründe weder einen Bezug zur Wahl noch zur Amtstätigkeit aufweisen, können diese mangels eines amts- oder wahlbedingten Interessenkonflikts also grundsätzlich noch nach Beendigung der Schutzfrist zum Anlass für eine Kündigung genommen werden. Die Auffassung, es sei dem Arbeitgeber von vornherein verwehrt, eine Kündigung nach Ablauf der

---
254 Vgl Rn 11, 23 f, 39.
255 BAG 6.11.1959 – 1 AZR 329/58.
256 BAG 29.8.2013 – 2 AZR 419/12.
257 BAG 14.2.2002 – 8 AZR 175/01; BAG 29.8.2013 – 2 AZR 419/12.
258 BAG 13.6.1996 – 2 AZR 431/95, zu Pflichtverletzungen eines erfolglosen Wahlbewerbers im Nachwirkungszeitraum; BAG 29.8.2013 – 2 AZR 419/12; ebenso KR/Etzel § 15 KSchG Rn 72.
259 Vgl Rn 1 ff.
260 BAG 13.6.1996 – 2 AZR 431/95.

Nachwirkung auf Gründe zu stützen, die aus der Zeit des vollen Sonderkündigungsschutzes stammen,[261] führt zu einer von § 15 KSchG nicht gedeckten Ausweitung des Sonderkündigungsschutzes. Allerdings ist anhand der Umstände des Einzelfalls sorgfältig zu prüfen, ob eine Berufung auf Kündigungsgründe aus der Schutzzeit nicht aus Gründen der **Verwirkung** ausgeschlossen ist.[262] Völlig schutzlos gegen Kündigungen ist der ehemalige Amtsträger bzw Wahlbewerber iÜ auch nach Ablauf des Nachwirkungszeitraums nicht. Eine Kündigung, die den ehemaligen Amtsträger wegen seiner Amtstätigkeit nachträglich maßregelt, ist wegen Verstoßes gegen das **Benachteiligungsverbot** des § 78 Satz 2 BetrVG (§§ 8, 99, 107 BPersVG) gem § 134 BGB nichtig; zugunsten ehemaliger Wahlbewerber kommt in diesen Fällen eine entsprechende Anwendung der §§ 78 Satz 2, 20 BetrVG (§§ 8, 107, 24 Abs 1 BPersVG) in Betracht.[263]

5. Auflösungsantrag

101 Während der Zeit des Sonderkündigungsschutzes ist die Stellung eines **Auflösungsantrages** durch den Arbeitgeber weder im Fall der ordentlichen, noch der außerordentlichen Kündigung möglich, während der außerordentlich gekündigte Arbeitnehmer nach § 13 Abs 1 Satz 3 KSchG den Antrag dann stellen kann, wenn er die Kündigungsschutzklage nicht ausschließlich auf das Fehlen der Zustimmung stützt, sondern zusätzlich auf das Fehlen eines wichtigen Grundes.[264] Hinsichtlich arbeitgeberseitig gestellter Auflösungsanträge vor Eintritt des Sonderkündigungsschutzes gilt Folgendes: Stützt der Arbeitgeber den Antrag auf ein Verhalten des Arbeitnehmers während der Zeit als Mandatsträger, so muss der Sachverhalt aufgrund der Gefahr der Umgehung des Sonderkündigungsschutzes nach § 15 KSchG den Grad eines wichtigen Grundes iSv § 626 BGB erreichen[265] und die Zustimmung der Arbeitnehmervertretung analog § 103 BetrVG vorliegen.[266] War der Sonderkündigungsschutz zur Zeit des Auflösungszeitpunkts (§ 9 Abs 2 KSchG) noch nicht eingetreten und bei Entscheidung des Gerichts über den Antrag zudem schon wieder beendet, kann der Antrag nach der Entscheidung des BAG vom 29.8.2013[267] auch auf Verfehlungen des Arbeitnehmers während seiner Amtszeit gestützt werden. Steht der Auflösungssachverhalt im Zusammenhang mit der Amtstätigkeit, sei dies bei der Bewertung als Auflösungsgrund angemessen zu berücksichtigen.

---

261 IdS Löwisch/Spinner § 15 Rn 46.
262 BAG 13.6.1996 – 2 AZR 431/95; LAG Frankfurt 29.8.1988 – 1 Sa 106/88.
263 BAG 13.6.1996 – 2 AZR 431/95; KR/Etzel § 15 KSchG Rn 72.
264 Vgl Rn 153, 226 mwN sowie § 9 KSchG Rn 84 ff.
265 BAG 7.12.1972 – 2 AZR 235/72; bestätigt durch BAG 29.8.2013 – 2 AZR 419/12.
266 § 9 KSchG Rn 85; KR/Spilger § 9 KSchG Rn 62.
267 BAG 29.8.2013 – 2 AZR 419/12.

6. Übersicht: Zeitlich und inhaltlich abgestufter Sonderkündigungsschutz nach § 15

102

Status/ Funktion	Dauer des Sonderkündigungsschutzes		Generelle Ausnahmen
	Vollschutz Ausschluss der ordentlichen Kündigung; **Zustimmung** der Arbeitnehmervertretung nach §§ 103 I BetrVG, 47 I, 108 I BPersVG bzw gerichtliche Ersetzung erforderlich	**Nachwirkung** Ausschluss der ordentlichen Kündigung; **keine Zustimmung** der Arbeitnehmervertretung, aber Beteiligung nach § 102 BetrVG, § 79 BPersVG erforderlich	Ordentliche Kündigung zulässig bei Stilllegung d. Betriebs bzw einer Betriebsabteilung; **keine Zustimmung** d. Arbeitnehmervertretung, aber Beteiligung nach § 102 BetrVG, § 79 BPersVG erforderlich
Mitglied des Wahlvorstands	ab Bestellung bis zur Bekanntgabe des Wahlergebnisses, die spätestens mit konstituierender Sitzung des neuen Gremiums als erfolgt gilt (§ 15 III S 1; idR mind. 10 **Wochen**, § 16 I S 1 BetrVG bzw 8 Wochen, § 20 BPersVG)	6 **Monate** nach Bekanntgabe des Wahlergebnisses (§ 15 I S 2); **Ausnahme:** Ersetzung des Wahlvorstands durch gerichtliche Entscheidung (§ 15 III S 2)	§ 15 IV, V
Erfolgloser Wahlbewerber	ab Aufstellung d. Wahlvorschlags bis zur Bekanntgabe d. Wahlergebnisses (§ 15 III S 1; idR ca 4 – 6 **Wochen**)	6 **Monate** nach Bekanntgabe d. Wahlergebnisses (§ 15 III S 2)	§ 15 IV, V
Erfolgreicher Wahlbewerber; Mitglied der Arbeitnehmervertretung	Ab Aufstellung d. Wahlvorschlags bis zur Bekanntgabe d. Wahlergebnisses (§ 15 III S 1; idR ca 4 – 6 **Wochen**); danach **während** d. Amtszeit bis zu deren Beendigung (§ 15 I S 1, II S 1; idR 4 **Jahre**; Seebetriebs-	1 **Jahr** ab Beendigung d. Amtszeit; **Ausnahme:** Beendigung aufgrund gerichtl. Entscheidung (§ 15 I S 2, II S 2)	§ 15 IV, V

Status/ Funktion	Dauer des Sonderkündigungsschutzes		Generelle Ausnahmen
	rat 1 Jahr; JAV 2 Jahre)		
Ersatzmitglied	Ab Aufstellung d. Wahlvorschlags bis zur Bekanntgabe des Wahlergebnisses (§ 15 III S 1; ca 4 – 6 Wo)/f. d. Dauer d. Vertretung eines verhinderten regelm. Mitglieds/ab Nachrücken i. d. Arbeitnehmervertretung wg Ausscheidens eines Mitgl. bis zum Ende der Amtszeit (§ 15 I S 1, II S 1)	6 **Monate** nach Bekanntgabe des Wahlergebnisses (§ 15 III S 2); 1 **Jahr** ab Beendigung d. Amtszeit (Vertretung bzw nach endgült. Nachrücken); **Ausnahme**: Beendigung aufgrund gerichtl. Entscheidung (§ 15 I S 2, II S 2)	§ 15 IV, V
Sonderfall: Wahlinitiatoren	▪ Nur **Ausschluss der ordentlichen Kündigung** ▪ Schutz ab **Einladung** zur Betriebs-, Wahl-, Bordversammlung bzw ab **gerichtl. Antrag** auf Bestellung eines Wahlvorstandes bis zur Bekanntgabe d. Wahlergebnisses (§ 15 IIIa S 1 HS 1) / findet Wahl nicht statt, dauert Schutz **drei Monate** ab Einladung bzw Antrag (§ 15 IIIa S 2) ▪ Schutz **nur für die ersten drei** in d. Einladung/Antragstellung aufgeführten AN (§ 15 IIIa S 1 HS 2) ▪ Keine Nachwirkung		§ 15 IV, V gelten für Wahlinitiatoren entsprechend

C. Ordentliche Kündigung

I. Grundsatz: Ausschluss der ordentlichen Kündigung

103 Die Kündigung eines vom Schutzbereich des § 15 KSchG erfassten Arbeitnehmers[268] ist unzulässig, es sei denn, dass Tatsachen vorliegen, die den Arbeitgeber zur Kündigung aus wichtigem Grund ohne Einhaltung einer Kündigungsfrist berechtigen (§ 15 Abs 1–3 a KSchG). Somit kann der Arbeitgeber das Arbeitsverhältnis sowohl während der Amtszeit und der Wahlphase als auch während der Dauer des nachwirkenden Sonderkündigungsschutzes[269] grundsätzlich nur außerordentlich aus wichtigem Grund kündigen. Während der Amtszeit und der Wahlphase[270] ist – Ausnahme:

---

268 Vgl Rn 16 ff.
269 Vgl Rn 74 ff, 86 ff.
270 Ausnahme: Wahlinitiatoren.

Wahlinitiatoren[271] – die Zulässigkeit der außerordentlichen Kündigung zudem an die vorherige Zustimmung der Arbeitnehmervertretung oder deren Ersetzung durch gerichtliche Entscheidung gebunden (§ 15 Abs 1 Satz 1, § 15 Abs 2 Satz 1, Absatz 3 Satz 1 KSchG iVm § 103 BetrVG bzw §§ 47 Abs 1, 108 Abs 1 BPersVG).

§ 15 KSchG verbietet – abgesehen von den **Ausnahmefällen** der Absätze 4 und 5 Satz 2[272] sowie den Fällen, in denen die Beendigung der Mitgliedschaft in der Arbeitnehmervertretung auf einer gerichtlichen Entscheidung beruht oder der Wahlvorstand durch gerichtliche Entscheidung durch einen anderen Wahlvorstand ersetzt worden ist (§ 15 Abs 1 Satz 2 HS 2; Abs 2 Satz 2 HS 2; Abs 3 Satz 2 HS 2 KSchG)[273] – **jede ordentliche Kündigung** gegenüber den besonders geschützten Personen.[274] Eine gleichwohl erklärte ordentliche Kündigung ist nach § 15 Abs 1–3a KSchG unwirksam, wobei str ist, ob es insoweit des Rückgriffs auf § 134 BGB bedarf.[275] Das Gesetz knüpft an die ausgesprochene Kündigung und nicht daran an, ob an sich ein Recht zur außerordentlichen Kündigung besteht. Der Arbeitgeber muss zwar nicht fristlos kündigen, sondern kann auch eine **Auslauffrist** einhalten. Dann muss er aber für den Arbeitnehmer erkennbar zum Ausdruck bringen, dass er eine außerordentliche Kündigung erklären will.[276]

104

II. Ausnahmen: Zulässigkeit der ordentlichen Kündigung

1. Ordentliche Kündigung wegen Stilllegung des Betriebs, einer Betriebsabteilung, Auflösung der Dienststelle oder einer Abteilung einer Dienststelle (Abs 4 und 5)

In § 15 Abs 4 und 5 KSchG sind nur die Fälle der **Stilllegung eines Betriebs** bzw einer **Betriebsabteilung** aufgeführt. Aus dem Umstand, dass die **Auflösung einer Dienststelle** oder einer **Abteilung einer Dienststelle** der öffentlichen Verwaltung keine ausdrückliche Erwähnung finden, kann gleichwohl nicht gefolgert werden, diese Vorschriften seien nur auf Funktionsträger, Wahlvorstandsmitglieder und Wahlbewerber aus dem Bereich der Betriebsverfassung anzuwenden. Die Abs 4 und 5 beziehen sich nach ihrem Wortlaut ohne Einschränkung auf die „in den Absätzen 1 bis 3 genannten Personen", somit auch auf die in § 15 Abs 2 KSchG genannten Funktionsträger der Personalvertretung, ferner die personalvertretungsrechtlichen Wahlvorstandsmitglieder und Wahlbewerber, die über § 15 Abs 3 geschützt sind. Diese Auslegung entspricht auch dem Sinn und Zweck der Ausnahmeregelungen nach Abs 4 und 5. Bei der Auflösung einer Dienst-

105

---

271 Vgl Rn 27.
272 Vgl Rn 105 ff.
273 Vgl Rn 95 ff, 151.
274 Zur ordentlichen Massenänderungskündigung vgl aber Rn 62 ff.
275 Das BAG wendet § 134 BGB an, zB BAG 7.10.2004 – 2 AZR 81/04; ebenso APS/Linck § 15 KSchG Rn 6; ErfK/Kiel § 15 KSchG Rn 14; aA wohl KR/Etzel § 15 KSchG Rn 55 und § 103 BetrVG Rn 109; Erman/Palm/Arnold § 134 Rn 36. Vorzugswürdig erscheint es, § 15 KSchG insgesamt nicht als Verbotsgesetz anzusehen und die Unwirksamkeit der ordentlichen Kündigung direkt aus § 15 abzuleiten, vgl auch Rn 184 zur außerordentlichen Kündigung.
276 BAG 5.7.1979 – 2 AZR 521/77; BAG 2.4.1992 – 2 AZR 481/91.

stelle oder einer Abteilung einer Dienststelle im Bereich des öffentlichen Dienstes besteht in gleicher Weise wie bei der Stilllegung eines Betriebs oder einer Betriebsabteilung im Bereich der Privatwirtschaft das Bedürfnis, von der Möglichkeit der ordentlichen Kündigung zulässig Gebrauch machen zu können.[277] Die fehlende Erwähnung der Auflösung einer Dienststelle und der Auflösung einer Dienststellenabteilung dürfte auf ein redaktionelles Versehen im Gesetzgebungsverfahren zurückzuführen sein. Aus Gründen der Vereinfachung soll im weiteren grundsätzlich nur von den Begriffen „Betrieb" und „Betriebsabteilung" ausgegangen werden; für die Auflösung von Dienststellen bzw Dienststellenabteilungen gelten die nachfolgenden Ausführungen sinngemäß.

106 **a) Überblick; Allgemeines.** Die ordentliche Kündigung des Arbeitsverhältnisses eines vom Schutzbereich des § 15 KSchG erfassten Arbeitnehmers ist nach § 15 Abs 4 und Abs 5 KSchG[278] ausnahmsweise zulässig bei

- Betriebsstilllegung[279] oder
- Stilllegung einer Betriebsabteilung,[280] falls eine Übernahme des Arbeitnehmers in eine andere Betriebsabteilung aus betrieblichen Gründen nicht möglich ist,[281]
- frühestens jedoch zum Zeitpunkt der Stilllegung, es sei denn, die Kündigung zu einem früheren Zeitpunkt ist durch zwingende betriebliche Erfordernisse bedingt[282]
- wenn keine Weiterbeschäftigungsmöglichkeit in einem anderen Betrieb des Unternehmens besteht.[283]

107 Die **Zustimmung der Arbeitnehmervertretung** (§§ 103 Abs 1 BetrVG bzw 47 Abs 1, 108 Abs 1 BPersVG) ist in diesen Fällen **nicht erforderlich**.[284]

108 Die Kündigungsmöglichkeit nach § 15 Abs 4, 5 Satz 2 KSchG besteht auch gegenüber von der beruflichen Tätigkeit **freigestellten Mandatsträgern**. Die Zulässigkeit der betriebsbedingten Kündigung kann in diesen Fällen nicht mit der Erwägung infrage gestellt werden, ein Mangel an Arbeit sei bei einem freigestellten Arbeitnehmervertreter nicht denkbar. Die Freistellung nach § 38 BetrVG (für den Bereich der Personalvertretung gelten die nachfolgenden Ausführungen sinngemäß, vgl § 46 Abs 4 BPersVG sowie die entsprechenden Regelungen der Landespersonalvertretungsgesetze) hat nicht den Zweck, ein freigestelltes Betriebsratsmitglied in weitergehendem Maße als ein nicht freigestelltes Betriebsratsmitglied vor einer Kündigung zu schützen. § 38 BetrVG konkretisiert vielmehr die sich für den Arbeitgeber aus § 37 Abs 2 BetrVG ergebende Verpflichtung, Mitglieder des Betriebsrates von ihrer beruflichen Tätigkeit zu befreien, wenn und soweit dies zur ordnungsgemäßen Durchführung ihrer Aufgaben erforderlich ist.

---

277 KR/Etzel § 15 KSchG Rn 78 a.
278 Dazu, dass die Abs 4, 5 auch für Wahlinitiatoren gelten, vgl Rn 27.
279 Vgl Rn 110 ff.
280 Vgl Rn 118 ff.
281 Vgl Rn 133 ff.
282 Vgl Rn 139 f, 140 ff.
283 Vgl Rn 129 ff.
284 BAG 14.10.1982 – 2 AZR 568/80; zur Beteiligung des Betriebs- bzw des Personalrats allg vgl Rn 145 ff.

Schutzzweck des § 38 BetrVG ist somit die Gewährleistung einer möglichst wirksamen Betriebsratsarbeit. Auch das freigestellte Betriebsratsmitglied ist jedoch in erster Linie Arbeitnehmer des Betriebs. Sein Arbeitsverhältnis besteht im Hinblick auf die Erfüllung seiner arbeitsvertraglich bestimmten Arbeitsleistung, nicht zur Ausübung seines Betriebsratsmandates. Zwar dürfte im Regelfall der ursprüngliche Arbeitsplatz des Betriebsratsmitglieds nach seiner Freistellung mit einem anderen Arbeitnehmer besetzt werden, so dass damit ein konkretes Beschäftigungsbedürfnis für das freigestellte Betriebsratsmitglied – jedenfalls zeitweilig – nicht mehr besteht. Dies besagt aber nicht, dass nicht zumindest eine theoretische Beschäftigungsmöglichkeit vorhanden sein muss, zumal auch ein vorzeitiges Erlöschen des Betriebsratsamtes in Betracht kommen kann (§ 24 BetrVG). Das BetrVG kennt kein „freischwebendes" Betriebsratsmitglied.[285]

b) Ordentliche Kündigung als Kündigung iSd Abs 4 und 5. Der Wortlaut 109 des § 15 Abs 4 und 5 KSchG spricht zwar nur von „Kündigung", lässt also offen, ob es sich hierbei um eine ordentliche oder außerordentliche Kündigung handelt. Aus der Entstehungsgeschichte des § 15 Abs 4 KSchG und aus Sinn und Zweck der §§ 103 BetrVG, 47 BPersVG folgt aber, dass es sich bei der Kündigung eines vom Schutz des § 15 KSchG erfassten Arbeitnehmers wegen Betriebsstilllegung oder Stilllegung einer Betriebsabteilung um eine **ordentliche Kündigung** handelt, **die nicht der Zustimmung der Arbeitnehmervertretung bedarf.** Auch der frühere § 13 KSchG 1951 sah einen besonderen Kündigungsschutz nur dergestalt vor, dass eine ordentliche Kündigung während der Amtszeit grundsätzlich unzulässig war und lediglich bei einer Betriebsstilllegung oder Stilllegung einer Betriebsabteilung unter bestimmten Voraussetzungen zugelassen wurde. Daran hat sich durch das Arbeitsrechtsbereinigungsgesetz vom 14.8.1969 sachlich nichts geändert. Im Zuge der damit verbundenen Neufassung des KSchG vom 25.8.1969 wurde der bisherige § 13 KSchG nunmehr § 15 KSchG und lediglich dessen Absatz 1 durch den Hinweis auf den wichtigen Grund gem § 626 BGB der neuen Rechtslage angepasst.[286] Nichts anderes ergibt sich aus der durch die gesetzliche Neuregelung des BetrVG 1972 neu geschaffenen Bestimmung des § 103 BetrVG bzw der mit dem BPersVG 1974 eingeführten Regelung des § 47 BPersVG und den damit verbundenen Änderungen des § 15 KSchG. Neben der Ausdehnung des besonderen Kündigungsschutzes auf die in § 15 Abs 1 – 3 KSchG genannten Personen war es das erklärte Ziel des Gesetzgebers, durch die Zustimmungserfordernisse nach §§ 103 BetrVG, 47 BPersVG zu verhindern, dass Arbeitnehmervertreter durch willkürliche außerordentliche Kündigungen aus dem Betrieb entfernt und – durch die bei Ausschöpfung der Rechtsmittel bedingte lange Verfahrensdauer – dem Betrieb entfremdet werden.[287] Die Möglichkeit einer ordentlichen Kündigung wegen Betriebsstilllegung wird mithin durch § 15 KSchG bzw §§ 103 BetrVG, 47 BPersVG nicht berührt. Der Zweck, Mitglieder der Arbeitnehmervertretung im Interesse ihrer betriebsverfassungsrechtlichen bzw personalvertretungsrechtlichen Aufgaben vor ungerech-

---

285 BAG 18.9.1997 – 2 ABR 15/97.
286 KR/Etzel § 15 KSchG Rn 2.
287 Vgl auch Rn 2.

fertigten Kündigungen zu schützen, trifft bei einer Kündigung wegen Betriebsstilllegung nicht mehr zu, da in einem stillgelegten Betrieb idR keine entsprechenden Aufgaben mehr zu erfüllen sind. Sollte dies gleichwohl noch der Fall sein, verbleibt der Arbeitnehmervertretung ein sog **Restmandat**, welches ihr die Wahrnehmung ihrer Aufgaben auch über die Betriebsstilllegung hinaus ermöglicht (§ 21 b BetrVG).

110 c) **Betriebsstilllegung. aa) Begriff; Voraussetzungen.** Ein Betrieb ist die organisatorische Einheit, innerhalb derer ein Arbeitgeber allein oder mit seinen Arbeitnehmern unter Einsatz technischer oder immaterieller Mittel bestimmte arbeitstechnische Zwecke fortgesetzt verfolgt.[288] Auch im Rahmen des § 15 KSchG ist der betriebsverfassungsrechtliche Betriebsbegriff zugrunde zu legen, ferner gelten die Grundsätze über das Vorliegen eines gemeinsamen Betriebs mehrerer Unternehmen.[289]

111 Eine **Betriebsstilllegung** liegt nach ständiger Rechtsprechung des BAG vor, wenn der Betriebsinhaber die **Arbeits- und Produktionsgemeinschaft** zwischen Arbeitgeber und Belegschaft **auflöst**.[290] Notwendig ist danach die Einstellung der bisherigen wirtschaftlichen Betätigung in der ernstlichen und endgültigen Absicht, den bisherigen Betriebszweck dauernd oder zumindest für eine wirtschaftlich erhebliche Zeit nicht mehr weiter zu verfolgen.[291] Die bloße Einstellung der Produktion bedeutet noch keine Betriebsstilllegung. Hinzukommen muss die Auflösung der dem Betriebszweck dienenden Organisation.

112 Die kurzfristige Durchführung von **Abwicklungs- und Aufräumungsarbeiten** steht der Annahme einer Betriebsstilllegung im rechtstechnischen Sinn grundsätzlich nicht entgegen.[292] Die Annahme einer Betriebsstilllegung scheidet idR jedoch dann aus, wenn die Aufräumungsarbeiten nicht mehr kurzfristig abgewickelt werden können und es sich bei den mit Abwicklungsarbeiten beschäftigten Arbeitnehmern nicht nur um eine geringe Zahl handelt.[293]

113 Nicht ausreichend ist die vorübergehende Auflösung der betrieblichen Organisation für einen nur **kurzen Zeitraum**, da es sich ansonsten nicht um eine Betriebsstilllegung, sondern um eine **Betriebspause oder Betriebsunterbrechung** handelt. Andererseits muss die Betriebsstilllegung **nicht zwingend auf Dauer** vorgenommen werden. Die Absicht des Unternehmers, „zu gegebener Zeit den Betrieb wieder aufzunehmen", soll der Annahme einer Betriebsstilllegung nicht entgegenstehen.[294] Ob die Auflösung der betriebli-

---

288 Vgl § 23 KSchG Rn 10.
289 BAG 5.3.1987 – 2 AZR 623/85.
290 Grundlegend BAG 14.10.1982 – 2 AZR 568/80; BAG 18.1.2001 – 2 AZR 514/99; BAG 28.5.2009 – 8 AZR 273/08.
291 Zum Begriff der Betriebsstilllegung allg vgl § 1 KSchG Rn 779 ff. Hinsichtlich der Frage, ob esiRv § 15 Abs 4 KSchG – abweichend vom Prognoseprinzip – tatsächlich zu einer Betriebsstilllegung kommen muss iSe Bedingung für die Wirksamkeit der Kündigung vgl Rn 140.
292 BAG 14.10.1982 – 2 AZR 568/80.
293 BAG 21.11.1985 – 2 AZR 33/85.
294 BAG 17.9.1957 – 1 AZR 352/56; BAG 21.6.2001 – 2 AZR 137/00 (Stilllegung für eine im Voraus festgesetzte, aber relativ lange Zeit möglich; keine festen zeitlichen Obergrenzen); KR/Etzel § 15 KSchG Rn 88.

chen Organisation für einen wirtschaftlich erheblichen Zeitraum erfolgt, ist eine **Frage des Einzelfalls**.[295] Entscheidend ist, ob sich die Wiedereröffnung des Betriebs bei wirtschaftlicher Betrachtung als Fortsetzung des bisherigen Betriebs darstellt. Keine Stilllegung, sondern eine Betriebsunterbrechung ist deshalb zB die **witterungsbedingte Produktionseinstellung**.[296] Wird der **Betrieb alsbald wieder eröffnet**, spricht iÜ eine **tatsächliche Vermutung gegen eine ernsthafte Stilllegungsabsicht**.[297]

Bei **Kampagnebetrieben**[298] ist der Betrieb von vornherein auf einen bestimmten Zeitraum des Jahres beschränkt. Mit Abschluss der Kampagne wird der Betrieb stillgelegt und mit Eröffnung der neuen Kampagne neu eröffnet. **Saisonbetriebe**[299] unterliegen typischerweise saisonalen Schwankungen hinsichtlich Arbeitsanfall und Beschäftigtenzahl. Es handelt sich in diesen Fällen idR lediglich um eine Betriebseinschränkung, allenfalls um eine Betriebsunterbrechung, keine Betriebsstilllegung.[300] Wird der Betrieb saisonbedingt vorübergehend eingestellt, kann, je nach der Dauer der Einstellung, im Einzelfall allerdings auch eine Betriebsstilllegung in Betracht zu ziehen sein. Das ist jedenfalls bei einer Schließung des Betriebs für einen Zeitraum von zehn Monaten der Fall.[301] Etzel[302] zieht die Grenze bei drei Monaten. Bei einer saisonbedingten Schließung von bis zu drei Monaten liege noch keine Stilllegung vor und eine ordentliche Kündigung gegenüber Amtsträgern scheide aus. Mit Zustimmung des Betriebsrats sei aber die Suspendierung der Arbeitsverhältnisse unter Wegfall der Vergütungspflicht bis zur Wiedereröffnung des Betriebs möglich. Bei einer Schließung für einen Zeitraum von mehr als drei Monaten handele es sich um eine zur ordentlichen Kündigung nach § 15 Abs 4 KSchG berechtigende Stilllegung. Starre zeitliche Grenzen lassen sich indessen kaum begründen.

114

Der Grund für die Betriebstilllegung ist unerheblich. Die Möglichkeit der ordentlichen Kündigung gegenüber dem geschützten Personenkreis ist daher auch dann eröffnet, wenn die Stilllegung des Betriebes selbst keine erforderliche Maßnahme wäre. Der Unternehmer kann frei entscheiden, ob er seinen Betrieb gründet, fortführt oder stilllegt. Die Stilllegungsentscheidung kann nur darauf überprüft werden, ob sie tatsächlich gefasst wurde und umgesetzt wird; im Übrigen unterliegt sie lediglich einer Willkürkontrolle.[303] Eine willkürliche Stilllegungsentscheidung wird idR nicht vorliegen, wenn diese ernsthaft gefasst ist, da der Arbeitgeber seine unternehmerische Betätigung jederzeit aufgeben kann. Die Entscheidungsfreiheit des Unternehmers, den Betrieb stillzulegen, ist deshalb auch dann nicht einge-

115

---

295 BAG 21.6.2001 – 2 AZR 137/00.
296 LAG Niedersachsen 13.10.1997 – 5 Sa 1499/97.
297 BAG 27.9.1984 – 2 AZR 309/83; BAG 12.2.1987 – 2 AZR 247/86; BAG 21.6.2001 – 2 AZR 137/00.
298 Beispiele vgl § 22 KSchG Rn 3.
299 Beispiele vgl § 22 KSchG Rn 2.
300 IdS Löwisch/Spinner § 15 Rn 64.
301 LAG Berlin 17.11.1986 – 9 Sa 77/86.
302 KR/Etzel § 15 KSchG Rn 90.
303 Vgl § 1 KSchG Rn 667 ff mwN; zur Darlegungs- und Beweislast vgl auch § 1 KSchG Rn 915.

schränkt, wenn die Überwindung einer Krisenzeit auf andere, nicht so einschneidende Weise möglich wäre.[304]

116 **bb) Einzelfälle.** Eine **Betriebsstilllegung** liegt zB vor bei
- einer nicht ganz unerheblichen räumlichen Verlegung des Betriebs, auch unter Beibehaltung des Betriebszwecks, wenn die bisherige Belegschaft aufgelöst und eine im wesentlichen neue Belegschaft aufgebaut wird; in diesen Fällen mangelt es an der Identität zwischen alter und neuer Betriebsgemeinschaft und demzufolge auch an der Identität zwischen altem und neuem Betrieb[305]
- einer Änderung des Betriebszwecks, falls zugleich die ursprüngliche betriebliche Organisation aufgelöst und durch eine neue ersetzt wird[306]
- der Umsetzung der unternehmerischen Entscheidung des Arbeitgebers, die seither von seinen Arbeitnehmern verrichteten Arbeiten insgesamt nur noch zu den Bedingungen einer selbstständigen Tätigkeit auf freie Mitarbeiter zu übertragen[307]
- Beendigung eines gemeinsamen Betriebs mehrerer Unternehmen durch Aufhebung der hierfür erforderlichen rechtlichen Führungsvereinbarung, wenn einer der beiden nun getrennten Betriebe stillgelegt wird; da die Führungsvereinbarung nicht fortbesteht, findet nicht § 15 Abs 5, sondern Abs 4 KSchG Anwendung.[308]

117 Um **keine Betriebsstilllegung** handelt es sich hingegen bei
- der Veräußerung oder Verpachtung eines Betriebes, denn der Erwerber tritt gem § 613a Abs 1 Satz 1 BGB in die Arbeitsverhältnisse mit dem bisherigen Betriebsinhaber ein. Die betriebliche Organisation bleibt erhalten, der Betriebszweck kann fortgeführt werden, die Person des Arbeitgebers wird nur ausgetauscht. Die Übertragung des Betriebs auf einen anderen Inhaber führt auch nicht zu einer vorzeitigen Beendigung der Amtszeit der Arbeitnehmervertretung[309]
- der Veräußerung lediglich eines Betriebsteils, da der Restbetrieb erhalten bleibt[310]
- der Änderung des Betriebszwecks allein, wenn die ursprüngliche Betriebsorganisation, insbesondere die Identität der Belegschaft erhalten bleibt[311]
- der Eröffnung des Insolvenzverfahrens als solcher;[312] es bedarf eines Stilllegungsbeschlusses des Insolvenzverwalters
- einer bloßen Betriebsunterbrechung[313]

---

304 Anders noch BAG 17.9.1957 – 1 AZR 352/56.
305 BAG 6.11.1959 – 1 AZR 329/58, BAG 12.2.1987 – 2 AZR 247/86; APS/Linck § 15 KSchG Rn 165; KR/Etzel § 15 KSchG Rn 85.
306 KR/Etzel § 15 KSchG Rn 82 f.
307 BAG 9.5.1996 – 2 AZR 438/95; LAG Köln 28.6.1996 – 11(12) Sa 296/96; KR/Etzel § 15 Rn 81.
308 BAG 5.3.1987 – 2 AZR 623/85.
309 BAG 14.9.1994 – 2 AZR 75/94; zur Kündigungsmöglichkeit, wenn der geschützte Arbeitnehmer dem Übergang des Arbeitsverhältnisses widerspricht vgl Rn 126 ff.
310 BAG 21.10.1980 – 1 AZR 145/79; Fitting § 21a Rn 6.
311 KR/Etzel § 15 KSchG Rn 81.
312 Vgl § 1 Rn 799.
313 Vgl Rn 113.

- einer bloßen räumlichen Verlegung des Betriebs[314]
- der Aufspaltung eines Betriebs in eine Besitz- und eine Betriebsgesellschaft[315]

d) **Stilllegung einer Betriebsabteilung. aa) Begriff; Voraussetzungen.** Während im Fall der Betriebsstilllegung der Bedarf für die Beschäftigung aller Arbeitnehmer entfällt, so dass für den Mandatsträger kein Tätigkeitsbereich mehr existiert, besteht bei Stilllegung lediglich einer Abteilung des Betriebs dieser im Übrigen fort. Die in § 15 Abs 5 Satz 1 KSchG normierte Verpflichtung des Arbeitgebers, den dort beschäftigten Mandatsträger in einer anderen Abteilung weiter zu beschäftigen, dient dem Erhalt der Funktionsfähigkeit des Vertretungsorgans.[316] Lediglich dann, wenn aus betrieblichen Gründen eine Weiterbeschäftigung in einer anderen Abteilung nicht möglich ist, darf der Arbeitgeber dem Betriebsratsmitglied ordentlich kündigen. 118

Unter einer **Betriebsabteilung** iSv § 15 Abs 5 KSchG ist ein räumlich und organisatorisch abgegrenzter Teil eines Betriebes zu verstehen, der eine personelle Einheit erfordert, dem eigene technische Betriebsmittel zur Verfügung stehen und der einen eigenen Betriebszweck verfolgt, der auch in einem bloßen Hilfszweck bestehen kann.[317] Besteht ein Betrieb aus mehreren Betriebsteilen, ist der Begriff der Betriebsabteilung bezogen auf den Betrieb zu verstehen und nicht auf den Betriebsteil.[318] Würde der Abteilungsbegriff betriebsteilbezogen verstanden, hätte dies zur Folge, dass trotz Identität des arbeitstechnischen Zwecks die in den einzelnen Betriebsteilen vorhandenen Unterabteilungen oder Arbeitsgruppen den Charakter von eigenständigen Betriebsabteilungen bekämen. Bei einer funktionsbezogenen Betrachtungsweise wird vermieden, dass es zu einer im Widerspruch zu dem gesetzlich geschaffenen besonderen Bestands- und Inhaltsschutz der geschützten Funktionsträger stehenden „Atomisierung" der kündigungsrechtlich relevanten Betriebsstruktur kommt. Befinden sich in mehreren räumlich nah beieinander liegenden Betriebsteilen eines Betriebs organisatorisch abgrenzbare Arbeitseinheiten, die jeweils denselben Betriebszweck verfolgen, bilden diese Arbeitseinheiten daher jeweils gemeinsam eine Betriebsabteilung iSv § 15 Abs 5 KSchG.[319] Der Begriff der Betriebsabteilung ist nicht identisch mit der des **Betriebsteils iSv § 613 a BGB**.[320] Angesichts der Ähnlichkeit der Definition des Betriebsteils, der eine selbständig abtrennbare organisatorische Einheit voraussetzt, mit welcher innerhalb eines 119

---

314 Vgl auch Rn 116.
315 BAG 17.2.1981 – 1 ABR 101/78.
316 APS/Linck § 15 KSchG Rn 181.
317 BAG 30.5.1958 – 1 AZR 478/57; BAG 20.1.1984 – 7 AZR 443/82; BAG 22.9.2005 – 2 AZR 544/04; BAG 12.3.2009 – 2 AZR 47/08; BAG 23.2.2010 – 2 AZR 656/08.
318 APS/Linck § 15 KSchG Rn 182.
319 Vgl BAG 20.1.1984 – 7 AZR 443/82, APS/Linck § 15 KSchG Rn 182; aA KR/Etzel § 15 KSchG Rn 121, der die organisatorische Abgrenzbarkeit für die Annahme einer Betriebsabteilung ausreichen lässt und nicht auf den einheitlichen Betriebszweck abstellt, sofern Leiter für die jeweiligen Einheiten bestimmt sind.
320 Zum Zusammenhang zwischen Betriebsteil iSv § 4 BetrVG und § 15 Abs 5 KSchG vgl Rn 123 f.

betrieblichen Gesamtzwecks ein Teilzweck verfolgt wird,[321] ist die Abgrenzung jedoch vorrangig anhand des Normzwecks vorzunehmen: Während der Normzweck von § 613a BGB darin zu sehen ist, dass bei einem Übergang einer wirtschaftlichen Einheit iSe funktionalen Verknüpfung von übertragenen Produktionsfaktoren, welche schon beim Veräußerer organisatorisch selbständig bestanden haben muss, die dort bestehenden Arbeitsverhältnisse erhalten bleiben sollen, normiert § 15 Abs 5 KSchG den (ausnahmsweisen) Entfall des Sonderkündigungsschutzes bestimmter Mandatsträger. Das BAG zieht hieraus den zutreffenden Schluss, dass der Begriff der Betriebsabteilung iSv § 15 Abs 5 KSchG tendenziell eng und der des Betriebsteils iSv § 613a BGB weit auszulegen ist.[322] Bei § 613a BGB geht es um die Wahrung einer wirtschaftlichen Einheit, deren Funktionszusammenhang sich der Erwerber wirtschaftlich zunutze machen kann; der Begriff des Teilbetriebs muss hier die Abgrenzung zur Übertragung einzelner Betriebsmittel leisten.[323] Demgegenüber beruht die Regelung in § 15 Abs 5 KSchG auf dem Gedanken, dass innerhalb eines Betriebes organisatorisch abtrennbare Abteilungen bestehen, die mit eigenen Betriebsmitteln eigenständige Betriebszwecke verfolgen und damit andersartige Tätigkeiten erbringen als die anderen Betriebsabteilungen. Der Arbeitgeber soll einem Mandatsträger (ausnahmsweise) dann kündigen dürfen, wenn dieser im Hinblick auf die Verschiedenartigkeit der Tätigkeiten in seiner Betriebsabteilung nach deren Schließung in den übrigen Abteilungen nicht eingesetzt werden kann.[324]

120 **Beispiele für Betriebsabteilungen:** Das BAG hat das Bestehen einer Betriebsabteilung bejaht bei einer selbständig geleiteten Reparatureinheit innerhalb eines Produktionsbetriebes[325] sowie im Fall einer von insgesamt neun Wohneinrichtungen für behinderte Menschen, weil die Zwecke der verschiedenen Wohneinrichtungen in der besonderen Form der Betreuung für die jeweiligen, dort speziell untergebrachten Behinderungsformen lagen.[326] Beispiele für Betriebsabteilungen sind ferner die Verpackungsabteilung eines Süßwarenherstellers, die Druckerei einer pharmazeutischen Fabrik, die Zwirnerei einer Textilfabrik[327] (auch wenn diese in verschiedenen, räumlich nah beieinander liegenden Betriebsteilen untergebracht ist).

121 Die **Stilllegung einer Betriebsabteilung** setzt voraus, dass der Arbeitgeber die Weiterverfolgung des von der betreffenden Betriebsabteilung verfolgten Betriebszwecks dauernd oder für eine ihrer Dauer nach unbestimmte, wirtschaftlich nicht unerhebliche Zeitspanne aufgibt.[328] Die zur Stilllegung des Betriebs unter Rn 111 ff dargestellten Grundsätze gelten entsprechend. Mangels Stilllegung einer Betriebsabteilung ist eine Kündigung nach § 15 Abs 5 KSchG nicht zulässig, wenn ein Betriebsteil stillgelegt wird, der die

---

321 BAG 13.10.2011 – 8 AZR 455/10; zur Entwicklung der Auslegung des Begriffs unter Berücksichtigung der RL 2001/23/EG vgl ErfK/Preis § 613a BGB Rn 6 ff.
322 BAG 16.10.1987 – 7 AZR 519/86.
323 GK-BetrVG/Franzen § 4 Rn 5.
324 BAG 30.5.1958 – 1 AZR 478/57.
325 BAG 30.5.1958 – 1 AZR 478/57.
326 BAG 12.3.2009 – 2 AZR 47/08.
327 BAG 20.1.1984 – 7 AZR 443/82.
328 BAG 20.1.1984 – 7 AZR 443/82.

Voraussetzungen einer Betriebsabteilung[329] nicht erfüllt (Beispiel: Verkaufsstelle einer Einzelhandelskette), oder eine Betriebsabteilung lediglich eingeschränkt wird (Beispiele: Verringerung der Produktion, Fremdvergabe von Teilaufgaben an Subunternehmer).

bb) Einzelfälle. Betriebsabteilungen isd § 15 Abs 5 KSchG können auch die verschiedenen **Unternehmen** darstellen, **die einen gemeinsamen Betrieb bilden**. Wird die dem einen Unternehmen zuzuordnende Betriebsabteilung stillgelegt, ist ein dort beschäftigter Mandatsträger nach § 15 Abs 5 KSchG in die dem anderen Unternehmen zuzuordnende Betriebsabteilung zu übernehmen. Nach Aufhebung der gemeinsamen Führungsvereinbarung hingegen findet im Fall der Schließung eines der nunmehr eigenständigen Betriebe § 15 Abs 4 KSchG Anwendung.[330] 122

Ist eine Betriebsabteilung ein **Betriebsteil isd § 4 Abs 1 Satz 1 BetrVG** und gilt als **selbstständiger Betrieb**, ist für die dort gewählten Betriebsratsmitglieder bei einer Stilllegung grundsätzlich nicht § 15 Abs 5 KSchG, sondern § 15 Abs 4 KSchG anzuwenden.[331] Haben die Beschäftigten der nach § 4 Abs 1 Satz 1 BetrVG einen an sich selbstständigen Betrieb darstellenden Betriebsabteilung allerdings nach § 4 Abs 1 Sätze 2 bis 4 BetrVG mit Stimmenmehrheit beschlossen, den Betriebsrat des Hauptbetriebs mitzuwählen oder hat eine solche gemeinsame Wahl ohne die nach § 4 Abs 1 Sätze 2 bis 4 BetrVG erforderliche Abstimmung stattgefunden, findet im Fall der Stilllegung § 15 Abs 5 KSchG zugunsten eines im stillgelegten Betriebsteil beschäftigten Betriebsratsmitglieds Anwendung.[332] 123

Bei einem **nicht betriebsratsfähigen Nebenbetrieb** iSd § 4 Abs 2 BetrVG als organisatorisch selbstständige Einheit mit eigener Leitung und eigenem Betriebszweck handelt es sich um eine Betriebsabteilung iSv § 15 Abs 5 KSchG.[333] 124

Wird eine Betriebsabteilung veräußert oder verpachtet, handelt es sich idR um einen **Betriebsteilübergang**[334] nach § 613a Abs 1 BGB und nicht um eine Abteilungsstilllegung.[335] Eine Kündigungsmöglichkeit nach § 15 Abs 5 KSchG besteht daher grundsätzlich nicht.[336] Das Arbeitsverhältnis eines in der übertragenen Abteilung beschäftigten Arbeitnehmervertreters geht auf den neuen Betriebsinhaber über. Da der Mandatsträger, der dem Übergang seines Arbeitsverhältnisses nicht widersprochen hat,[337] im Restbetrieb die Wählbarkeit verliert, erlischt dessen Amt (§ 24 Nr 4 iVm § 8 BetrVG). Mit dem Zeitpunkt des Betriebsübergangs beginnt daher der nachwirkende Kündigungsschutz.[338] 125

---

329 Vgl Rn 118 f.
330 BAG 5.3.1987 – 2 AZR 623/85.
331 LAG Berlin 6.12.2005 – 3 Sa 1640/05; KR/Etzel § 15 KSchG Rn 122.
332 KR/Etzel § 15 KSchG Rn 122.
333 KR/Etzel § 15 KSchG Rn 123.
334 Zur Abgrenzung der Begriffe Betriebsteil und Betriebsabteilung vgl Rn 119.
335 Zur Abgrenzung Betriebsstilllegung von Betriebsübergang, vgl BAG 28.5.2009 – 8 AZR 273/08.
336 Zur Kündigungsmöglichkeit nach § 15 Abs 5 KSchG, falls der Mandatsträger dem Betriebsteilübergang widerspricht vgl Rn 126.
337 Vgl Rn 126 bis 128.
338 BAG 14.2.2002 – 8 AZR 175/01.

126 e) **Sonderfall: Widerspruch des geschützten Arbeitnehmers gegen den Übergang des Arbeitsverhältnisses nach § 613a Abs 1 BGB.** Da der Betriebsübergang keine Betriebsstilllegung,[339] der Betriebsteilübergang keine Abteilungsstilllegung[340] darstellt, scheidet eine ordentliche Kündigung nach § 15 Abs 4 oder Abs 5 KSchG in diesen Fällen grundsätzlich aus. Der Betriebs(teil)übernehmer tritt gem § 613a Abs 1 Satz 1 BGB in die im Zeitpunkt des Übergangs bestehenden Arbeitsverhältnisse, auch derjenigen der Mandatsträger, ein. Diese Rechtsfolge kann der Mandatsträger, wie jeder andere Arbeitnehmer, dadurch verhindern, dass er dem Betrieb(teil)übergang widerspricht (§ 613a Abs 6 BGB). **Der Widerspruch eines Arbeitnehmers schließt den Übergang des Arbeitsverhältnisses auf den Erwerber aus.**[341] Das Arbeitsverhältnis besteht dann mit dem bisherigen Arbeitgeber fort.

127 Macht ein von § 15 KSchG geschützter Arbeitnehmer von der Möglichkeit des Widerspruchs gegen einen Betriebs(teil)übergang Gebrauch, ergibt sich für die Arbeitsvertragsparteien eine **Situation, wie sie bei einer Stilllegung des Betriebs oder einer Betriebsabteilung eingetreten wäre**. Denn der bisherige Arbeitsplatz des Mandatsträgers ist entfallen. Aus diesem Grund ist § 15 Abs 4, Abs 5 KSchG auch in dieser Sonderkonstellation entsprechend anwendbar: Vorbehaltlich einer fehlenden Weiterbeschäftigungsmöglichkeit[342] kann der Arbeitgeber bei Übergang des gesamten Betriebs das Arbeitsverhältnis mit dem widersprechenden Mandatsträger nach § 15 Abs 4 KSchG ohne Zustimmung der Arbeitnehmervertretung ordentlich kündigen, bei Übergang einer Betriebsabteilung nach § 15 Abs 5 Satz 2 KSchG.[343] Ob § 15 Abs 4, Abs 5 KSchG in diesen Fällen unmittelbar oder entsprechend gelten, hatte das BAG in der Entscheidung vom 18.9.1997[344] zunächst offengelassen. Das Schrifttum geht überwiegend von einer unmittelbaren Anwendbarkeit aus. Nach v. Hoyningen-Huene/Linck[345] soll gegenüber dem widersprechenden Mandatsträger eine Betriebsstilllegung vorliegen, so dass sein Arbeitsverhältnis nach Abs 4 gekündigt werden könne. Etzel[346] vertritt die Auffassung, mit dem widersprechenden Mandatsträger verbleibe beim Veräußerer ein Rumpfbetrieb bzw eine Rumpfbetriebsabteilung, den bzw die er stilllegen könne, um die Voraussetzungen für die Anwendung der § 15 Abs 4, 5 KSchG zu schaffen.

Zutreffend ist, wovon auch das BAG in einer jüngeren Entscheidung ausgeht,[347] eine **analoge Anwendung**.[348] Es handelt sich um eine **planwidrige Regelungslücke**, so dass der Ausnahmecharakter der §§ 15 Abs 4 und 5 KSchG einer Analogie nicht entgegenstehen. Nach Widerspruch des geschützten Arbeitnehmers besteht eine mit den Fällen der Betriebs- oder Ab-

---

339 Vgl Rn 117.
340 Vgl Rn 125.
341 BAG 22.4.1993 – 2 AZR 313/92.
342 Vgl Rn 129 ff.
343 BAG 18.9.1997 – 2 ABR 15/97.
344 BAG 18.9.1997 – 2 ABR 15/97.
345 vHH/L/v. Hoyningen-Huene § 15 Rn 162.
346 KR/Etzel § 15 KSchG Rn 86, 125a.
347 BAG 25.5.2000 – 8 AZR 416/99.
348 IdS auch Gerauer BB 1990, 1127 ff; Weber BB 1999, 2350, 2352.

teilungsstilllegung identische Interessenlage, die der Gesetzgeber des KSchG 1969 nicht bedacht hat. § 613a BGB ist erst am 19.1.1972 in Kraft getreten, das Widerspruchsrecht des Arbeitnehmers wurde anschließend durch die Rechtsprechung entwickelt. Eine unmittelbare Anwendung der §§ 15 Abs 4 und 5 KSchG scheidet aus, da es sich bei der Veräußerung eines Betriebs oder einer Betriebsabteilung nicht um eine Stilllegung handelt. Die Annahme eines mit dem widersprechenden Mandatsträger verbleibenden Rumpfbetriebs bzw einer Rumpfbetriebsabteilung beruht auf einer Fiktion. Es fehlt eine betriebliche Organisation, die den Voraussetzungen des Betriebs- bzw des Abteilungsbegriffs[349] genügt.

Davon, dass bei Widerspruch des Mandatsträgers der Anwendungsbereich des § 15 Abs 4 und 5 KSchG eröffnet und deshalb eine ordentliche Kündigung ohne Zustimmung der Arbeitnehmervertretung zulässig ist, muss die Frage unterschieden werden, ob der betroffene Arbeitnehmer im Fall des Betriebsteilübergangs in einer anderen Betriebsabteilung, im Fall des Übergangs des ganzen Betriebs in einem anderen Betrieb des Unternehmens weiterbeschäftigt werden kann. Das betrifft die Berechtigung der Kündigung unter dem Gesichtspunkt des ultima-ratio-Grundsatzes.[350]

f) Weiterbeschäftigungsmöglichkeit. aa) Unternehmensbezug der Weiterbeschäftigungsmöglichkeit. Der Wortlaut des § 15 Abs 4 KSchG eröffnet allein schon bei der **Stilllegung des Betriebs** eine Kündigungsmöglichkeit gegenüber dem geschützten Personenkreis. Die Norm ist mit Blick auf das Anliegen des Gesetzgebers, für Betriebsratsmitglieder und ihnen gleichgestellte Personen den allgemeinen Kündigungsschutz zu verbessern, zu weit gefasst. Besteht trotz der Stilllegung des Betriebs eine Weiterbeschäftigungsmöglichkeit in einem anderen Betrieb des Unternehmens, stellt sich auch für einen Mandatsträger die betriebsbedingte Kündigung nicht als „ultima ratio" dar, dh sie ist nicht durch betriebliche Erfordernisse bedingt. § 15 Abs 4 KSchG ist ersichtlich zu weit gefasst und bedarf einer **teleologischen Reduktion**.[351] Wie § 15 Abs 1 – 3 KSchG belegen, ist es Zweck des § 15 KSchG, den dort aufgeführten Funktionsträgern einen verstärkten Kündigungsschutz zu gewähren, der lediglich im Fall der Betriebsstilllegung (Abs 4) oder im Fall des § 15 Abs 5 Satz 2 KSchG eine ordentliche Kündigung zulässt. Damit war nicht beabsichtigt, diesem Personenkreis faktisch einen schwächeren Schutz zu gewähren als den sonst von § 1 KSchG erfassten Arbeitnehmern.[352] Deshalb ist die betriebsbedingte Kündigung wegen Stilllegung des Betriebes nur gerechtfertigt, wenn keine Weiterbeschäftigung in einem anderen Betrieb des Unternehmens möglich ist. Das folgt sowohl aus den gesetzlichen Wertungen in § 1 Abs 2 Satz 2 KSchG sowie § 102 Abs 3 Nr 3 BetrVG, wonach der Kündigungsschutz unternehmensbezogen ist, wie auch aus dem Grundgedanken des § 15 Abs 5 KSchG, der nach dem ultima-ratio-Prinzip ebenfalls vorrangig die anderweitige Weiterbeschäftigung verlangt. Eine Beendigungskündigung

---

349 Vgl Rn 110, 118.
350 BAG 18.9.1997 – 2 ABR 15/97; vgl Rn 129 ff.
351 BAG 13.8.1992 – 2 AZR 22/92; BAG 22.9.2005 – 2 AZR 544/04; APS/Linck § 15 KSchG Rn 171; vgl Rn 8.
352 Vgl auch BAG 22.9.2005 – 2 AZR 544/04.

muss deshalb auch nach § 15 Abs 4 KSchG ausscheiden, wenn eine Weiterbeschäftigungsmöglichkeit in einem anderen Betrieb des Unternehmens besteht. Auch wenn das Betriebsratsamt nach § 24 BetrVG betriebsbezogen ist, ändert das nichts daran, dass auch einem Betriebsratsmitglied der unternehmensbezogene Kündigungsschutz – wenn auch unter Verlust des Betriebsratsamtes, der aufgrund der Betriebsstilllegung ohnehin eintritt – zugutekommen muss.[353]

130 Auch im Falle der **Stilllegung einer Betriebsabteilung** ist die Weiterbeschäftigungsmöglichkeit in einem anderen Betrieb des Unternehmens zu prüfen, wenn die Übernahme des Mandatsträgers in eine andere Betriebsabteilung aus betrieblichen Gründen nicht möglich ist (§ 15 Abs 5 Satz 2 KSchG).[354]

131 Im Übrigen gelten für die **Weiterbeschäftigungsmöglichkeit in einem anderen Betrieb** des Unternehmens auch in den Fällen des § 15 Abs 4 und Abs 5 Satz 2 KSchG die allgemeinen Grundsätze.[355] In dem anderen Betrieb muss ein **freier, dh unbesetzter Arbeitsplatz** vorhanden sein.[356] Ist die Versetzung in den anderen Betrieb nicht vom Direktionsrecht gedeckt, muss der Arbeitgeber dem Mandatsträger ein Änderungsangebot unterbreiten,[357] ggf vorrangig eine **Änderungskündigung** aussprechen.[358] Auf freie Arbeitsplätze in einem im Ausland gelegenen Betrieb(steil) des Unternehmens erstreckt sich die Pflicht zur Weiterbeschäftigung allerdings grundsätzlich nicht.[359] Die – abgestufte – Darlegungs- und Beweislast bestimmt sich nach allgemeinen Regeln[360] (abweichend bei der Übernahme in eine andere Betriebsabteilung iSd § 15 Abs 5 KSchG).[361]

132 Sind in einem anderen Betrieb des Unternehmens zwar freie Arbeitsplätze vorhanden, aber in nicht ausreichender Zahl, um für alle von einer Stilllegung betroffenen Mandatsträger eine Weiterbeschäftigung zu ermöglichen, ist der Arbeitgeber nicht verpflichtet, weitere Arbeitsplätze in dem anderen Betrieb freizukündigen.[362] Bei der Besetzung der freien Arbeitsplätze in anderen Betrieb des Unternehmens hat der Arbeitgeber die sozialen Belange der betroffenen Arbeitnehmer zu berücksichtigen. Die Grundsätze der Sozialauswahl nach § 1 Abs 3 KSchG sind entsprechend heranzuziehen.[363]

Gegenüber nicht von § 15 KSchG geschützten Arbeitnehmern, deren Arbeitsplatz infolge der Stilllegung ebenfalls wegfällt, sowie gegenüber nur nachwirkenden Kündigungsschutz genießenden Funktionsträgern sind die aktiven Mandatsträger nicht zu privilegieren.[364] Nach § 21 b BetrVG bleibt

---

353 BAG 13.8.1992 – 2 AZR 22/92; KR/Etzel § 15 KSchG Rn 93.
354 BAG 22.9.2005 – 2 AZR 544/04.
355 Zur Weiterbeschäftigung nach § 15 Abs 5 Satz 1 KSchG s aber Rn 134 f.
356 Vgl § 1 KSchG Rn 703 f.
357 Vgl § 1 KSchG Rn 707 ff.
358 Vgl § 1 KSchG Rn 714.
359 BAG 29.8.2013 – 2 AZR 809/12.
360 Vgl § 1 KSchG Rn 715.
361 Vgl Rn 138.
362 APS/Linck § 15 KSchG Rn 172, 185 c; zur Freikündigungspflicht im Zusammenhang mit der Übernahme in eine andere Betriebsabteilung nach § 15 Abs 5 KSchG vgl Rn 134 f.
363 BAG 22.9.2005 – 2 AZR 544/04; ebenso KR/Etzel § 15 KSchG Rn 94.
364 AA soweit ersichtlich KR/Etzel § 15 KSchG Rn 94.

der Betriebsrat in unveränderter Zusammensetzung so lange im Amt, wie es zur Wahrnehmung der mit der Betriebsstilllegung in Zusammenhang stehenden Mitwirkungs- und Mitbestimmungsrechte erforderlich ist; § 24 Nr 3 BetrVG findet im Restmandat keine Anwendung.[365] Zum Schutz des Amtes und der Kontinuität der Betriebsratsarbeit bedarf es mithin keiner Bevorzugung der aktiven Mandatsträger vor lediglich nachwirkenden oder keinen besonderen Kündigungsschutz gem § 15 KSchG genießenden Arbeitnehmern. Die Einräumung einer Vorrangstellung für aktive Mandatsträger ist mit dem Rechtsgedanke des § 78 Satz 2 HS 1 BetrVG nicht vereinbar. Der den Funktionsträgern durch § 15 KSchG gewährte gesteigerte Bestandsschutz ist mit Blick auf den allgemeinen Gleichbehandlungsgrundsatz nur gerechtfertigt, sofern und solange er zum Schutz des Kollegialorgans vor Auszehrung und persönlicher Inkontinuität geeignet, erforderlich und angemessen ist.

bb) Übernahme in eine andere Betriebsabteilung. Im Fall der Stilllegung einer Betriebsabteilung ist der Arbeitgeber nach § 15 Abs 5 Satz 1 KSchG verpflichtet, dort beschäftigte Mandatsträger in eine andere Betriebsabteilung zu übernehmen. Gemeint ist eine Weiterbeschäftigung auf einem **gleichwertigen Arbeitsplatz**. Das Angebot eines geringerwertigen Arbeitsplatzes mit geringerer Entlohnung ist nicht ausreichend.[366] 133

Die Verpflichtung zur Übernahme in eine andere Betriebsabteilung **setzt** – anders als bei der Weiterbeschäftigung im Allgemeinen[367] – **nicht voraus, dass in anderen Abteilungen des Betriebs ein gleichwertiger Arbeitsplatz tatsächlich frei ist.** Sind gleichwertige Arbeitsplätze vorhanden, aber mit anderen, nicht von § 15 KSchG geschützten Arbeitnehmern besetzt, **muss der Arbeitgeber versuchen, durch Umverteilung der Arbeit, Ausübung des Direktionsrechts oder Kündigung einen gleichwertigen Arbeitsplatz für den Mandatsträger freizumachen.**[368] Dies folgt aus § 15 Abs 5 Satz 2 KSchG. Danach entfällt die Verpflichtung zur innerbetrieblichen Weiterbeschäftigung ausnahmsweise nur dann, wenn dem Arbeitgeber die Übernahme in eine andere Betriebsabteilung aus **betrieblichen Gründen** unmöglich ist. Das setzt voraus, dass der Mandatsträger im Betrieb nicht in wirtschaftlich vertretbarer Weise eingesetzt werden kann.[369] Schon aus dem Wortlaut des § 15 Abs 5 ergibt sich, dass Mandatsträger gegenüber anderen Arbeitnehmern Vorrang haben sollen. Diese Auslegung entspricht auch dem Schutzzweck der Norm, die Kontinuität der Arbeit des Organs durch möglichst unveränderte personelle Zusammensetzung zu gewährleisten.[370] Eine Freikündigungspflicht besteht nur dann nicht, wenn die anderen Arbeitnehmer ihrerseits einen besonderen gesetzlichen Kündigungsschutz, zB wegen Schwangerschaft (§ 9 Abs 1 MuSchG) oder Schwerbehinderung (§ 85 134

---

365 Vgl BAG 5.5.2010 – 2 AZR 656/08.
366 BAG 1.2.1957 – 1 AZR 478/54; BAG 2.3.2006 – 2 AZR 83/05; BAG 12.3.2009 – 2 AZR 47/08; KR/Etzel § 15 KSchG Rn 126.
367 Vgl Rn 131.
368 BAG 25.11.1981 – 7 AZR 382/79; BAG 18.10.2000 – 2 AZR 494/99; BAG 2.3.2006 – 2 AZR 83/05; BAG 12.3.2009 – 2 AZR 47/08.
369 BAG 25.11.1981 – 7 AZR 382/79; BAG 2.3.2006 – 2 AZR 83/05; BAG 12.3.2009 – 2 AZR 47/08.
370 Vgl Rn 1.

SGB IX), genießen.[371] Gegenüber im Nachwirkungszeitraum sonderkündigungsgeschützten Ersatzmitgliedern genießen aktive Mandatsträger bei der Besetzung der Stellen in anderen Abteilungen allerdings Vorrang.[372] Nach überwiegender Auffassung soll die Frage, ob die Übernahme des Mandatsträgers unmöglich ist, im Einzelfall aufgrund einer Abwägung zwischen den sozialen Belange des betroffenen Arbeitnehmers und den betrieblichen Interesse des Arbeitgebers an dessen Weiterbeschäftigung einerseits, den Interessen der Belegschaft und des durch § 15 KSchG geschützten Arbeitnehmers andererseits beantwortet werden.[373] § 15 Abs 5 Satz 2 KSchG sieht indessen eine solche Interessenabwägung nicht vor. Da sich die Unmöglichkeit der Übernahme nur aus „betrieblichen Gründen" ergeben kann, verbietet sich zudem eine Abwägung mit sozialen Belangen anderer Arbeitnehmer, die wegen der Übernahme des Mandatsträgers zur Entlassung anstehen. Fälle der persönlichen Unzumutbarkeit sind zur Begründung der Unmöglichkeit der Übernahme ausgeschlossen.[374]

135 Die **Pflicht zur Freikündigung besteht allerdings nicht uneingeschränkt.** Wird eine Betriebsabteilung stillgelegt und kann ein dort beschäftigtes Betriebsratsmitglied nach entsprechender ordentlicher Änderungskündigung gem § 15 Abs 5 Satz 2 KSchG zu im Übrigen unveränderten Bedingungen auf einem freien Arbeitsplatz in einer anderen Betriebsabteilung weiterbeschäftigt werden, so ist der Arbeitgeber grundsätzlich nicht verpflichtet, einen örtlich näher gelegenen und deshalb das Betriebsratsmitglied weniger belastenden Arbeitsplatz freizukündigen.[375]

136 Existiert kein gleichwertiger Arbeitsplatz in einer anderen Betriebsabteilung oder ist eine Übernahme auf einen solchen ausnahmsweise nicht möglich, ist der Arbeitgeber verpflichtet, den Mandatsträger auf einem **geringerwertigen** Arbeitsplatz weiterzubeschäftigen. Notfalls ist dieser freizukündigen.[376] Das gilt jedenfalls dann, wenn der in einer anderen Betriebsabteilung vorhandene Arbeitsplatz dem geschützten Arbeitnehmer nach seiner betrieblichen Stellung und seinen Fähigkeiten noch **zumutbar** ist. In diesem Fall wird die Versetzung regelmäßig nicht kraft Direktionsrecht möglich sein, so dass ein Änderungsangebot, ggf eine **Änderungskündigung** erforderlich ist.[377] Eine dem Mandatsträger nicht zumutbare Weiterbeschäftigungsmöglichkeit muss der Arbeitgeber zwar nicht anbieten, diesem aber **auf Verlangen** übertragen. Das folgt aus dem Zweck des § 15

---

371 Wie hier HK-KSchG/Dorndorf § 15 Rn 156; Matthes DB 1980, 1168 f; weitergehend Kittner/Däubler/Zwanziger/Deinert § 15 KSchG Rn 85, der einen absoluten Vorrang der Mandatsträger auch gegenüber Arbeitnehmern mit Sonderkündigungsschutz vertritt.
372 BAG 2.3.2006 – 2 AZR 83/05.
373 KR/Etzel § 15 KSchG Rn 126 nwN; APS/Linck § 15 KSchG Rn 185 a; Fitting § 103 Rn 21, LAG Düsseldorf 25.11.1997 – 8 Sa 1358/97; offengelassen von BAG 18.10.2000 – 2 AZR 494/99 und BAG 12.3.2009 – 2 AZR 47/08.
374 IdS, im Ergebnis aber offengelassen: BAG 25.11.1981 – 7 AZR 382/79.
375 BAG 28.10.1999 – 2 AZR 437/98.
376 Vgl Rn 134.
377 BAG 2.3.2006 – 2 AZR 83/05; BAG 12.3.2009 – 2 AZR 47/08; BAG 23.2.2010 – 2 AZR 656/08; vgl Rn 131; § 1 KSchG Rn 707.

Abs 5 KSchG, das Arbeitsverhältnis des Mandatsträgers soweit möglich zu erhalten, ferner aus dem Rechtsgedanken des § 102 Abs 3 Nr 5 BetrVG.[378]

Kann der Mandatsträger nicht, auch nicht zu schlechteren Bedingungen, in eine andere Betriebsabteilung übernommen werden, besteht die Möglichkeit der ordentlichen Beendigungskündigung nach § 15 Abs 5 Satz 2 iVm Abs 4 KSchG. Nach dem ultima-ratio-Grundsatz ist die Kündigung nur gerechtfertigt, wenn eine Weiterbeschäftigung in einem anderen Betrieb des Unternehmens nicht in Betracht kommt.[379]

Der Arbeitgeber ist gem § 15 Abs 5 Satz 1 KSchG hingegen nicht verpflichtet, dem Mandatsträger eine Beschäftigung auf einem höherwertigen Arbeitsplatz anzubieten. Das hat das BAG in seiner Entscheidung vom 23.2.2010 klargestellt.[380] Dies gilt selbst in den Fällen, in denen eine andere Beschäftigungsmöglichkeit nicht besteht und der Mandatsträger das Anforderungsprofil der Beförderungsstelle erfüllt.[381] § 15 Abs 5 Satz 1 sichert im Interesse der personellen Kontinuität des Gremiums das Arbeitsverhältnis in seinem Bestand, dh mit den **bestehenden vertraglichen Verpflichtungen**. Ein Beförderungsanspruch kann aus der Norm nicht abgeleitet werden. Der Grundsatz, dass Betriebsratsmitglieder nach § 78 Satz 2 HS 1 BetrVG wegen ihrer Tätigkeit nicht begünstigt werden dürfen, betrifft auch ihre berufliche Entwicklung. Müsste der Arbeitgeber dem Betriebsrat wegen der Stilllegung der Betriebsabteilung eine Beförderungsstelle anbieten, würde der Mandatsträger auf Dauer eine Rechtsposition erlangen, die ihm bei ungefährdetem Fortbestand des Arbeitsverhältnisses nicht zugestanden hätte. Eine derart weitreichende Besserstellung kann das mit § 15 KSchG verfolgte Ziel – Sicherung der Amtskontinuität – nicht rechtfertigen.

Die **Darlegungs- und Beweislast für die Unmöglichkeit der Übernahme** in eine andere Betriebsabteilung trägt der **Arbeitgeber**. Aufgrund des **Ausnahmecharakters** der Kündigungsmöglichkeit des § 15 Abs 5 KSchG können die im Normalfall geltenden Grundsätze der abgestuften Darlegungslast zur Weiterbeschäftigungsmöglichkeit bei betriebsbedingten Kündigungen[382] nicht ohne weiteres übertragen werden. Die vom Gesetz geforderte „Unmöglichkeit der Übernahme" des Mandatsträgers bedingt für den Arbeitgeber eine Verschärfung der Behauptungslast. Bestreitet der Mandatsträger die Behauptung des Arbeitgebers, eine Übernahme in eine andere Betriebsabteilung sei unmöglich, muss der Arbeitgeber die im Betrieb anfallenden Arbeiten, die betriebliche Organisation und die Verteilung der insbesondere für den geschützten Arbeitnehmer in Betracht kommenden Tätigkeiten auf die einzelnen Arbeitnehmer substantiiert vortragen und darüber hinaus darlegen, dass es auch bei Kündigung anderer, nicht durch § 15 KSchG geschützter Arbeitnehmer und Umverteilung der vorhandenen Arbeit unter den verbleibenden Arbeitnehmern nicht möglich gewesen wäre, den Mandatsträger in wirtschaftlich vertretbarer Weise einzusetzen bzw

---

378 KR/Etzel § 15 Rn 127.
379 Vgl Rn 129 ff.
380 BAG 23.2.2010 – 2 AZR 656/08; zust KR/Etzel § 15 KSchG Rn 127; ErfK/Kiel § 15 Rn 41.
381 AA Houben, NZA 2008, 851, 855.
382 Vgl Rn 131 und § 1 KSchG Rn 715.

ihm, falls hierzu eine Änderung der Arbeitsbedingungen erforderlich gewesen wäre, ein dahingehendes Angebot zu unterbreiten.[383] Von einer Unmöglichkeit der Übernahme ist dann auszugehen, wenn der Arbeitnehmer aufgrund seiner persönlichen und fachlichen Fähigkeiten nicht in der Lage ist, Aufgaben in den verbleibenden Betriebsabteilungen sinnvoll zu erledigen.[384]

139 **g) Kündigungszeitpunkt und Kündigungstermin.** Eine Kündigung nach § 15 Abs 4 KSchG kann bereits vor dem Zeitpunkt der Betriebsstilllegung erklärt werden. Dies ist auch erforderlich, da der Arbeitgeber die im Einzelfall maßgeblichen gesetzlichen, tarif- oder einzelvertraglichen **Kündigungsfristen** einzuhalten hat.[385] Ist die ordentliche Kündigung einzel- oder tarifvertraglich ausgeschlossen, kann der Arbeitgeber wegen der Betriebsstilllegung ausnahmsweise außerordentlich kündigen, muss aber die ordentliche Kündigungsfrist einhalten, die ohne den Ausschluss der ordentlichen Kündigung gelten würde.[386] Zum Zeitpunkt des Ausspruchs der Kündigung muss ein ernstlicher Entschluss des Arbeitgebers zur Stilllegung bestehen, der schon greifbare Formen angenommen hat und die Prognose rechtfertigt, dass bis zum Ablauf der einzuhaltenden Kündigungsfrist die Stilllegung durchgeführt sein wird.[387]

140 Die Kündigung nach § 15 Abs 4 KSchG ist **frühestens zum Zeitpunkt der Betriebsstilllegung** zulässig. Das betrifft den Kündigungstermin, also den Zeitpunkt, zu dem das Arbeitsverhältnis aufgrund der Kündigung aufgelöst werden soll. **Verzögert sich die Betriebsstilllegung**, soll die Kündigung nach der Entscheidung des BAG vom 23.4.1980[388] zum nächstzulässigen Termin, der nach der tatsächlichen Stilllegung liegt, wirken. Komme es zu keiner Stilllegung, zB, weil der Betrieb zuvor veräußert wurde, sei die Kündigung gegenstandslos.[389] Das BAG begründet seine Auffassung damit, dass es sich bei der Betriebsstilllegung um eine Bedingung für die Wirksamkeit der Kündigung handeln solle; dies folge aus der Formulierung „frühestens zum Zeitpunkt der Stilllegung". Dieser Auffassung haben sich Schrifttum und Rechtsprechung angeschlossen.[390] Wird die Belegschaft in Etap-

---

383 BAG 25.11.1981 – 7 AZR 382/79; LAG Hamburg 26.3.2008 – 5 Sa 91/06; ebenso KR/Etzel § 15 KSchG Rn 134.
384 APS/Linck § 15 KSchG Rn 186.
385 BAG 29.3.1977 – 1 AZR 46/75.
386 BAG 28.3.1985 – 2 AZR 113/84; BAG 5.2.1998 – 2 AZR 227/97; BAG 10.5.2007 – 2 AZR 626/05.
387 BAG 23.3.1984 – 7 AZR 409/82; BAG 3.4.1987 – 7 AZR 66/86.
388 BAG 23.4.1980 – 5 AZR 49/78; bestätigt in BAG 25.9.1997 – 8 AZR 493/96.
389 BAG 23.4.1980 – 5 AZR 49/78.
390 LAG Nürnberg 27.11.2008 – 7 Sa 119/06; Heckelmann, SAE 1981, 55 (mit dem Hinweis auf dogmatische Unstimmigkeiten); Meisel Anm zu AP Nr 8 zu § 15 KSchG; APS/Linck § 15 KSchG Rn 177; ErfK/Kiel § 15 Rn 37; Fitting § 103 Rn 19; KR/Etzel § 15 KSchG Rn 109; vHH/L/v. Hoyningen-Huene § 15 Rn 174. Dem ist entgegenzuhalten, dass die Kündigung als einseitiges Gestaltungsgeschäft idR keinen Schwebezustand verträgt, Palandt/Ellenberger Überbl v § 104 Rn 17; KR/Etzel § 103 BetrVG Rn 109. Zudem fehlt es an der Vereinbarkeit mit dem das Kündigungsschutzrecht beherrschenden und für alle anderen AN im Fall der Betriebsschließung geltenden Prognoseprinzip, wonach sich die Wirksamkeit einer Kündigung an der zum Zeitpunkt ihres Zugangs bestehenden Prognose in Bezug auf den Entfall der Beschäftigungsmöglichkeit orientiert. Zu Recht wird

pen abgebaut, dürfen die Betriebsratsmitglieder erst mit der letzten Gruppe von Arbeitnehmern entlassen werden.[391] Davon zu unterscheiden ist der Fall, dass einige wenige Arbeitnehmer noch mit kurzfristigen Abwicklungs- und Aufräumarbeiten über den Stilllegungstermin hinaus beschäftigt werden.[392]

Die Kündigung eines von § 15 erfassten Arbeitnehmers ist nach § 15 Abs 4 KSchG ausnahmsweise **zu einem früheren Zeitpunkt** als dem der Betriebsstilllegung zulässig, wenn sie durch **zwingende betriebliche Erfordernisse** bedingt ist. Der kollektive Schutzzweck der Norm[393] rechtfertigt es, diesen Ausnahmetatbestand einem strengen Prüfungsmaßstab zu unterwerfen. Er ist erfüllt, wenn die bisherige Beschäftigungsmöglichkeit für den betroffenen Mandatsträger entfallen ist und mangels Eignung keine anderweitigen Tätigkeiten in Betracht kommen.[394] Finanzielle Interessen (Reduzierung der Lohnkosten) können auch bei einer wirtschaftlichen Notlage des Arbeitgebers eine vorzeitige Kündigung nicht begründen, solange der geschützte Arbeitnehmer nochim Rahmengendwelche Arbeiten im Betrieb verrichten könnte.[395] 141

Bevor ein Mandatsträger, dessen bisherige Beschäftigung entfallen ist, vorzeitig wegen zwingender betrieblicher Erfordernisse entlassen werden kann, muss der Arbeitgeber einen geeigneten Arbeitsplatz **freikündigen**; ergänzend wird auf die unter Rn 125 dargestellten Grundsätze verwiesen. 142

Bei Betriebsratsmitgliedern, die von ihrer beruflichen Tätigkeit nach § 38 Abs 1 BetrVG **freigestellt** sind, scheidet eine Kündigung zu einem Zeitpunkt vor der Betriebsstilllegung aus, da die Beschäftigungsmöglichkeit in diesen Fällen unerheblich ist.[396] Für freigestellte Mitglieder der Personalvertretung (§ 46 Abs 4 BPersVG) gilt dies in gleicher Weise. Darüber hinaus hat die Freistellung aber im Vergleich zu nicht freigestellten Arbeitnehmervertretern keinen verbesserten Kündigungsschutz zur Folge.[397] 143

Der Betriebsrat behält über den Zeitpunkt der Betriebsstilllegung und damit über das Ende seiner Amtszeit hinaus ein **Restmandat** zur Wahrnehmung und Abwicklung seiner gesetzlichen Aufgaben.[398] Dies ist nunmehr 144

---

daher das „Bedingt"sein nach § 1 Abs 2 Satz 1 KSchG ebenfalls nicht als Bedingung verstanden. Letztlich hätte die Abhängigkeit der Wirksamkeit der Kündigung vom tatsächlichen Eintritt der Stilllegung (bzw das Hinausschieben des Kündigungstermins bei verzögertem Eintritt) einen hinsichtlich seiner Dauer unübersehbaren Schwebezustand und damit erhebliche Rechtsunsicherheit sowie eine deutliche Besserstellung der Mandatsträger ggü anderen AN zur Folge. Zum anderen ist der Wortlaut der Norm unter Berücksichtigung des 2. HS auch ohne Annahme einer Bedingung schlüssig: Bei Stilllegung des Betriebs sollen die AN-Vertreter zum letztmöglichen Zeitpunkt gekündigt werden, es sei denn, ein Ausnahmefall des HS 2 liegt vor.

391 BAG 26.10.1967 – 2 AZR 422/66; KR/Etzel § 15 KSchG Rn 102; ErfK/Kiel § 15 KSchG Rn 38; APS/Linck § 15 KSchG Rn 177.
392 Dazu Rn 112.
393 Vgl Rn 1.
394 Fitting § 103 Rn 19; KR/Etzel § 15 KSchG Rn 103.
395 KR/Etzel § 15 KSchG Rn 104 a.
396 KR/Etzel § 15 KSchG Rn 108; Fitting § 103 Rn 19.
397 Vgl Rn 108.
398 BAG 29.3.1977 – 1 AZR 46/75; BAG 14.10.1982 – 2 AZR 568/80; BAG 16.6.1987 – 1 AZR 528/85.

ausdrücklich in § 21 b BetrVG geregelt. Das Restmandat des Betriebsrats führt nicht zu einer Verlängerung des Arbeitsverhältnisses über den Zeitpunkt der Betriebsstilllegung hinaus.[399] Auf den Betriebsrat im Restmandat findet § 24 Nr 3 BetrVG keine Anwendung.[400]

145 **h) Beteiligung der Arbeitnehmervertretung. aa) Anhörung bzw Beteiligung nach § 102 BetrVG, §§ 79, 108 Abs 2 BPersVG.** Bei der Kündigung nach § 15 Abs 4, Abs 5 Satz 2 KSchG handelt es sich um eine ordentliche Kündigung.[401] Daraus folgt, dass die **Zustimmung des Betriebsrats** nach § 103 Abs 1 BetrVG, der Personalvertretung nach §§ 47 Abs 1, 108 Abs 1 BPersVG **nicht erforderlich** ist, da sich der Anwendungsbereich dieser Vorschriften auf außerordentliche Kündigungen beschränkt. Beim Ausspruch einer ausnahmsweise zulässigen ordentlichen Kündigung nach § 15 Abs 4, Abs 5 KSchG sind diese Zustimmungsvorschriften auch nicht entsprechend anwendbar. Eine analoge Anwendung scheidet mangels einer Gesetzeslücke aus. Bei dem Ausnahmetatbestand des § 15 Abs 4 und 5 KSchG hat der Gesetzgeber ein Zustimmungs- oder besonders ausgestaltetes Anhörungsverfahren für entbehrlich gehalten. Die eindeutige gesetzliche Regelung und die darin zum Ausdruck gebrachte Entscheidung des Gesetzgebers darf weder durch eine analoge Anwendung der Zustimmungsvorschriften noch durch eine Rechtsfortbildung unterlaufen werden.[402]

146 Vor Ausspruch der ausnahmsweise zulässigen ordentlichen Kündigung nach § 15 Abs 4 und 5 KSchG ist aber im Bereich der Betriebsverfassung das **Anhörungsverfahren** nach § 102 BetrVG durchzuführen, im Bereich der Personalvertretung das Beteiligungsverfahren nach §§ 79, 108 Abs 2 BPersVG. Anderenfalls ist die Kündigung unwirksam (§ 102 Abs 1 Satz 3 BetrVG, §§ 79 Abs 4, 108 Abs 2 BPersVG). Bei der ordentlichen Kündigung wegen Betriebsstilllegung findet ein einheitliches Beteiligungsverfahren statt. Ob Amtsträgern oder anderen Arbeitnehmern gekündigt wird, spielt keine Rolle.[403]

147 Besteht die Möglichkeit der Weiterbeschäftigung auf einem anderen Arbeitsplatz in einem anderen Betrieb des Unternehmens, bei Kündigung zu einem früheren Zeitpunkt als dem der Betriebsstilllegung oder bei Stilllegung einer Betriebsabteilung innerhalb des Beschäftigungsbetriebs, kann der Betriebsrat der beabsichtigten ordentlichen Kündigung des Arbeitsverhältnisses mit dem Mandatsträger nach § 102 Abs 3 Nr 3 – 5 BetrVG **widersprechen** (Personalrat: § 79 Abs 1 Satz 3 Nr 3 – 5 BPersVG). Über freie Arbeitsplätze in anderen Betrieben des Unternehmens werden dem Betriebsrat häufig die nötigen Informationen fehlen, während er die innerbetrieblichen Verhältnisse idR hinreichend kennt, um die Möglichkeit einer Weiterbeschäftigung beurteilen zu können. Von Bedeutung sind die Widerspruchstatbestände deshalb insbesondere im Hinblick auf die Verpflich-

---

[399] BAG 14.10.1982 – 2 AZR 568/80.
[400] BAG 5.5.2010 – 7 AZR 728/08.
[401] Vgl Rn 109.
[402] BAG 29.3.1977 – 1 AZR 46/75; BAG 14.10.1982 – 2 AZR 568/80; BAG 20.1.1984 – 7 AZR 443/82; BAG 30.3.1994 – 7 ABR 46/93.
[403] BAG 29.3.1977 – 1 AZR 46/75; BAG 14.10.1982 – 2 AZR 568/80; BAG 20.1.1984 – 7 AZR 443/82; BAG 30.3.1994 – 7 ABR 46/93.

tung des Arbeitgebers, den von der Schließung einer Abteilung betroffenen Mandatsträger in eine andere Abteilung des Betriebs zu übernehmen (§ 15 Abs 5 Satz 1 KSchG).

Um den von der Wirksamkeit der Kündigung unabhängigen Anspruch auf vorläufige Weiterbeschäftigung bis zum rechtskräftigen Abschluss des Kündigungsrechtsstreits auszulösen (vgl § 102 Abs 5 Satz 1 BetrVG, § 79 Abs 2 Satz 1 BPersVG), muss der **Widerspruch** ordnungsgemäß sein. Erforderlich ist ein „Mindestmaß an konkreter Argumentation", dh der Arbeitsplatz, auf dem der zu kündigende Arbeitnehmer eingesetzt werden kann, ist im Widerspruch in bestimmbarer Weise anzugeben.[404] Ein von § 15 KSchG geschützter Arbeitnehmer kann die **vorläufige Weiterbeschäftigung** nach § 102 Abs 5 BetrVG verlangen, wenn der Betriebsrat der ordentlichen Kündigung frist- und ordnungsgemäß widersprochen hat.[405] Dies ist mit der zum 1.1.2004 erfolgten Einführung der einheitlichen Klagefrist in § 4 Satz 1 KSchG nicht mehr zweifelhaft. Der Weiterbeschäftigungsanspruch nach § 102 Abs 5 Satz 1 BetrVG setzt voraus, dass der Arbeitnehmer eine „Klage nach dem KSchG auf Feststellung, dass das Arbeitsverhältnis durch die Kündigung nicht aufgelöst ist", erhoben hat. Diese in § 4 Satz 1 KSchG vorgeschriebene punktuelle Antragsfassung gilt auch für den von § 15 KSchG erfassten Personenkreis (vgl § 13 Abs 3 KSchG).

bb) Sonderfall: Außerordentliche betriebsbedingte Kündigung tarif- oder einzelvertraglich unkündbarer Mandatsträger. Das Arbeitsverhältnis eines aufgrund tarif- oder einzelvertraglicher Regelung „unkündbaren" Mandatsträgers kann ordentlich nicht gekündigt werden. Im Fall einer Betriebs- oder Abteilungsstilllegung nach § 15 Abs 4 und 5 KSchG kommt daher nur eine **außerordentliche** betriebsbedingte Kündigung in Betracht.[406] Vom Wortlaut der Zustimmungsvorschriften nach §§ 103 BetrVG, 47 Abs 1, 108 Abs 1 BPersVG sind grundsätzlich alle außerordentlichen Kündigungen erfasst. Gleichwohl ist in diesen Sonderkonstellationen die **Zustimmung der Arbeitnehmervertretung** zur außerordentlichen Kündigung **ausnahmsweise entbehrlich**.[407] Zur Meidung eines Wertungswiderspruchs zu § 15 Abs 4 und 5 KSchG bedarf es einer **teleologischen Reduktion der Zustimmungsvorschriften**.[408] Die in den Fällen vertraglicher Unkündbarkeit grundsätzlich mögliche außerordentliche Kündigung tritt lediglich an die Stelle der ordentlichen Kündigung nach § 15 Abs 4 und 5 KSchG. Die außerordentliche Kündigung ist ebenso wie die ordentliche Kündigung nicht gegen den Mandatsträger als solchen gerichtet, sondern Folge einer generellen Maßnahme. Muss aber der Schutzzweck des § 15 KSchG nach dem Willen des Gesetzgebers in den Fällen der Betriebsstilllegung oder der Stilllegung einer Betriebsabteilung hinter den Interessen des Arbeitgebers zurücktreten, so kann für den identischen Schutzzweck des § 103 Abs 1

148

149

---

404 BAG 24.3.1988 – 2 AZR 680/87.
405 KR/Etzel § 15 KSchG Rn 118.
406 Vgl § 1 KSchG Rn 744 ff.
407 Vgl BAG 18.9.1997 – 2 ABR 15/97; BAG 10.5.2007 – 2 AZR 626/05; KR/Etzel § 15 KSchG Rn 100.
408 BAG 18.9.1997 – 2 ABR 15/97.

BetrVG (§§ 47 Abs 1, 108 Abs 1 BPersVG) in den genannten Fällen nichts anderes gelten.[409]

2. Beendigung der Organmitgliedschaft durch gerichtliche Entscheidung

150 Bei einer auf gerichtlicher Entscheidung beruhenden Beendigung der Organmitgliedschaft endet auch der volle Sonderkündigungsschutz. Nach § 15 Abs 1 Satz 2 HS 2, Abs 2 Satz 2 HS 2 sowie Abs 3 Satz 2 HS 2 KSchG tritt in diesen Fällen **keine Nachwirkung** ein. Damit ist die **ordentliche Kündigung** des Arbeitsverhältnisses mit dem ehemaligen Mandatsträger wieder **nach allgemeinen Regeln zulässig**. Die §§ 1 ff KSchG sind uneingeschränkt anwendbar. Einzelheiten zur Beendigung der Organmitgliedschaft durch gerichtliche Entscheidung wurden im Zusammenhang mit dem nachwirkenden Sonderkündigungsschutz behandelt. Auf die entsprechenden Ausführungen kann ergänzend verwiesen werden.[410]

III. Prozessuale Fragen

1. Geltendmachung des Sonderkündigungsschutzes

151 Eine gegen § 15 Abs 4 und 5 KSchG verstoßende Kündigung ist nichtig. § 13 Abs 1 KSchG findet keine Anwendung, weil es sich bei der Kündigung nach § 15 Abs 4 und 5 KSchG um eine ordentliche Kündigung handelt.[411] Die Zulässigkeit der Kündigung beurteilt sich allein nach § 15 KSchG. Daneben sind die Vorschriften der §§ 1 ff KSchG grundsätzlich unanwendbar.[412] Sind die Voraussetzungen von § 15 Abs 4 oder 5 KSchG gegeben, ist die Kündigung – vorbehaltlich anderer Mängel – wirksam; ein gesonderter Kündigungsgrund iSv § 1 Abs 1, 2 KSchG ist nicht erforderlich. Liegen die Voraussetzungen des § 15 Abs 4, 5 KSchG nicht vor, ist die Kündigung daher „aus anderen Gründen" iSv § 13 Abs 3 KSchG rechtsunwirksam.

152 Der von § 15 KSchG geschützte Arbeitnehmer muss die Nichtigkeit der Kündigung innerhalb der Klagefrist des § 4 Satz 1 KSchG durch eine punktuelle Feststellungsklage geltend machen. § 13 Abs 3 KSchG stellt klar, dass die §§ 4 bis 7 KSchG auch auf eine aus anderen als den in § 1 Abs 2 und 3 KSchG bezeichneten Gründen rechtsunwirksame Kündigung Anwendung finden. Mit der Erhebung der Kündigungsschutzklage macht der Arbeitnehmer das Fehlen der Voraussetzungen von § 15 Abs 4 oder 5 KSchG und nicht die fehlende soziale Rechtfertigung iSv § 1 Abs 1 KSchG geltend.

153 Eine gerichtliche **Auflösung** des Arbeitsverhältnisses gegen Zahlung einer Abfindung nach §§ 9, 10 KSchG scheidet auch dann aus, wenn der geschützte Arbeitnehmer innerhalb von drei Wochen eine Kündigungsschutzklage erhebt.[413] Dies gilt auch für nach § 15 Abs 4, Abs 5 KSchG nichtige

---

409 BAG 18.9.1997 – 2 ABR 15/97.
410 Vgl Rn 95 ff, 100.
411 Vgl Rn 109; zum Sonderfall bei tarif- oder einzelvertraglich unkündbaren Arbeitnehmern vgl Rn 149.
412 Vgl auch Rn 8.
413 APS/Linck § 15 KSchG Rn 196 a; KR/Etzel § 15 KSchG Rn 112.

Kündigungen, da § 13 Abs 3 KSchG nicht auf die §§ 9 ff KSchG verweist. Sowohl Arbeitgeber als auch Arbeitnehmer können daher keinen (erfolgreichen) Auflösungsantrag stellen. In Bezug auf den Arbeitgeber ergibt sich dies iÜ bereits daraus, dass er die Auflösung nur dann verlangen kann, wenn die Kündigung nicht aus anderen Gründen als der Sozialwidrigkeit unwirksam ist.[414] Dies ist während der Dauer des Sonderkündigungsschutzes nach § 15 KSchG jedoch stets der Fall, da dieser den Schutz nach § 1 KSchG verdrängt. Zur Stellung des Auflösungsantrages vor und nach Sonderkündigungsschutzzeiträumen sowie zur Verwendung von Auflösungssachverhalten aus der Zeit des Sonderkündigungsschutzes vgl Rn 101.

2. Darlegungs- und Beweislast

Der **Arbeitgeber** trägt die Darlegungs- und Beweislast für sämtliche Wirksamkeitsvoraussetzungen einer Kündigung nach § 15 Abs 4, 5 KSchG. Dazu gehören neben den gesetzlichen Tatbestandsmerkmalen – Betriebsstilllegung[415] bzw Stilllegung einer Betriebsabteilung,[416] Stilllegungszeitpunkt,[417] Vorliegen zwingender betrieblicher Erfordernisse bei einer Kündigung zu einem früheren Zeitpunkt,[418] die Unmöglichkeit der Übernahme in eine andere Betriebsabteilung nach § 15 Abs 5 Satz 2 KSchG[419] und die fehlende Weiterbeschäftigungsmöglichkeit in einem anderen Betrieb des Unternehmens,[420] ferner die ordnungsgemäße Anhörung des Betriebsrats oder der Personalvertretung.[421]

D. Zulässigkeit der außerordentlichen Kündigung

I. Voraussetzungen und Verfahrensschritte nach § 15 KSchG iVm § 103 BetrVG (§§ 47 Abs 1, 108 Abs 1 BPersVG) im Überblick

Die während der Zeit des vollen Sonderkündigungsschutzes[422] zulässige außerordentliche Kündigung setzt voraus, dass

- ein wichtiger Grund iSd § 626 Abs 1 BGB vorliegt[423]
und
- der Arbeitgeber die zweiwöchige Kündigungserklärungsfrist gem § 626 Abs 2 BGB einhält.[424] Das innerbetriebliche Zustimmungsverfahren nach § 103 BetrVG (§§ 47, 108 BPersVG) hemmt die Zweiwochenfrist nicht. Während der Dauer eines gerichtlichen Zustimmungsersetzungsverfahrens ist der Lauf der Zweiwochenfrist demgegenüber gehemmt. Das bedeutet: Der Arbeitgeber muss beim Betriebsrat bzw bei der Personalvertretung die Zustimmung zur beabsichtigten außerordentlichen Kündigung unter Mitteilung der Kündigungsgründe innerhalb der

---

414 BAG 29.8.2013 – 2 AZR 419/12.
415 Vgl Rn 110 ff.
416 Vgl Rn 118 ff.
417 Vgl Rn 140.
418 Vgl Rn 141.
419 Vgl Rn 133 ff, 138.
420 Vgl Rn 129 ff.
421 Einzelheiten zur abgestuften Darlegungslast vgl § 13 KSchG Rn 97.
422 Vgl Rn 74 ff.
423 Vgl Rn 159 ff.
424 Vgl Rn 174 ff.

Zweiwochenfrist beantragen.[425] Besteht (noch) keine Arbeitnehmervertretung oder ist diese funktionsunfähig, hat der Arbeitgeber innerhalb der Zweiwochenfrist ein Beschlussverfahren zur gerichtlichen Ersetzung der Zustimmung anhängig zu machen.[426]

- Erteilt die Arbeitnehmervertretung die Zustimmung, muss die Kündigung dem betroffenen Funktionsträger noch während der laufenden Zweiwochenfrist zugehen.[427]
- Verweigert die Arbeitnehmervertretung die Zustimmung oder nimmt sie nicht innerhalb von drei Tagen nach Einleitung des innerbetrieblichen Zustimmungsverfahrens Stellung, muss der Arbeitgeber noch während der laufenden Zweiwochenfrist ein Beschlussverfahren zu gerichtlichen Ersetzung der Zustimmung anhängig machen.[428]
- Entfällt das Zustimmungserfordernis während des Zustimmungsersetzungsverfahrens oder erteilt die Arbeitnehmervertretung während des gerichtlichen Zustimmungsersetzungsverfahrens die Zustimmung zur Kündigung nachträglich, muss der Arbeitgeber die Kündigung unverzüglich erklären.[429]
- Wird die fehlende Zustimmung gerichtlich ersetzt, muss der Arbeitgeber die Kündigung unverzüglich nach Rechtskraft des Ersetzungsbeschlusses aussprechen.[430]

■ Der Arbeitgeber muss die Kündigung als außerordentliche erklären.[431]
■ Die Zustimmung des Betriebsrats bzw. der Personalvertretung zur außerordentlichen Kündigung muss erteilt oder ersetzt sein.

II. Berechtigung zur fristlosen Kündigung aus wichtigem Grund
1. Begriff; Allgemeines

156 § 15 KSchG erklärt in den Abs 1-3 a ohne eigenständige Definition die fristlose Kündigung aus wichtigem Grund für zulässig. Es handelt sich um eine **Bezugnahme auf die außerordentliche Kündigung gem § 626 BGB**. Da der Gesetzgeber in § 626 BGB geregelt hat, unter welchen Voraussetzungen eine „Kündigung aus wichtigem Grund ohne Einhaltung einer Kündigungsfrist" gerechtfertigt ist, sind die in dieser Vorschrift enthaltenen und daraus abgeleiteten Regeln zur Zulässigkeit einer außerordentlichen Kündigung auch im Rahmen des § 15 Abs 1-3 a KSchG anzuwenden.[432] § 626 BGB bildet also den Maßstab für die Wirksamkeit der Kündigung nach § 15 Abs 1-3 a KSchG: Es muss ein wichtiger Grund iSv § 626 Abs 1 BGB vorliegen und die Kündigungserklärungsfrist von Abs 2 muss eingehalten werden.

---

425 Vgl Rn 176.
426 Vgl Rn 176, 199 f, 204; vgl auch Fitting § 103 Rn 11 mwN.
427 Vgl Rn 176, 196.
428 Vgl Rn 177.
429 Vgl Rn 179.
430 Vgl Rn 180 f, 215.
431 Vgl Rn 158.
432 BAG 18.8.1977 – 2 ABR 19/77; BAG 18.2.1993 – 2 AZR 526/92; BAG 21.6.1995 – 2 ABR 28/94; BAG 20.1.2000 – 2 ABR 40/99.

Als nach § 15 KSchG zulässige Kündigungen kommen auch die in § 22 Abs 2 Nr 1 BBiG oder §§ 64 ff SeemG gesetzlich geregelten Fälle der fristlosen, ebenfalls einen wichtigen Grund voraussetzenden außerordentlichen Kündigung in Betracht. § 113 InsO regelt kein außerordentliches Kündigungsrecht. Der Insolvenzverwalter kann nach dieser Vorschrift nur eine ordentliche Kündigung mit ggf verkürzter Frist erklären.[433] Tarif- oder einzelvertragliche Erweiterungen des außerordentlichen Kündigungsrechts sind unzulässig.[434] 157

Der Arbeitgeber kann das Arbeitsverhältnis mit dem von § 15 KSchG geschützten Arbeitnehmer unter den Voraussetzungen des § 626 BGB **nur außerordentlich** kündigen. Die außerordentliche Kündigung wird idR **fristlos** erklärt. Dies ist im Fall von verhaltensbedingten Gründen auch zwingend,[435] denn es ist auf die Unzumutbarkeit der Weiterbeschäftigung bis zum Ablauf der (fiktiven) ordentlichen Kündigungsfrist abzustellen.[436] Eine außerordentliche Kündigung gegenüber dem Mandatsträger kann nur dann unter Einräumung einer **Auslauffrist** ausgesprochen werden, wenn sie auf betriebsbedingten Gründen beruht, zB im Fall der betriebsbedingten Massenänderungskündigung.[437] Dann muss der Arbeitgeber jedoch für den Arbeitnehmer erkennbar zum Ausdruck bringen, dass er eine außerordentliche Kündigung erklären will.[438] Ergibt die Auslegung der Erklärung,[439] dass es sich um eine ordentliche Kündigung handelt, ist diese auch dann nichtig, wenn an sich ein Recht zur außerordentlichen Kündigung bestanden hätte. 158

2. Der wichtige Grund

a) Grundlage der Zumutbarkeitsprüfung. Nach § 15 Abs 1 – 3 a KSchG bleibt das Recht des Arbeitgebers zur außerordentlichen Kündigung bestehen, soweit ein wichtiger Grund gegeben ist. § 626 Abs 1 BGB, dessen Tatbestandsmerkmale in § 15 KSchG übernommen worden sind,[440] stellt darauf ab, ob Tatsachen vorliegen, auf Grund derer dem Arbeitgeber unter Berücksichtigung des Einzelfalles und unter Abwägung der Interessen beider Vertragsteile die Fortsetzung des Arbeitsverhältnisses bis zum Ablauf der Kündigungsfrist oder bis zu der vereinbarten Beendigung des Arbeitsverhältnisses nicht zugemutet werden kann. Dieser Maßstab für die Zumutbarkeitsprüfung gilt auch für die außerordentliche Kündigung gegenüber dem von § 15 KSchG erfassten Personenkreis. In § 15 Abs 1 – 3 a KSchG ist die Möglichkeit der außerordentlichen Kündigung vom Gesetzgeber aufrechterhalten, nicht aber erweitert worden. Entscheidend ist, ob der Arbeitgeber ohne den besonderen Kündigungsschutz nach § 15 KSchG 159

---

433 Vgl § 13 KSchG Rn 8.
434 Vgl § 13 KSchG Rn 9.
435 BAG 17.1.2008 – 2 AZR 821/06; BAG 21.6.2012 – 2AZR 343/11; aA noch BAG 5.7.1979 – 2 AZR 521/77.
436 Vgl Rn 161 ff.
437 BAG 21.6.1995 – 2 ABR 28/94; vgl zur Massenänderungskündigung auch Rn 62 ff, 166 ff.
438 BAG 5.7.1979 – 2 AZR 521/77; BAG 2.4.1992 – 2 AZR 481/92.
439 Vgl Einl Rn 17, 94; § 13 KSchG Rn 7.
440 Vgl Rn 156.

zu einer außerordentlichen Kündigung iSd § 626 Abs 1 BGB berechtigt wäre oder das Arbeitsverhältnis nur durch eine ordentlichen Kündigung beendigen könnte.[441]

160 Während der Dauer des Sonderkündigungsschutzes gelten Befristungsabreden uneingeschränkt fort.[442] Die sich aus dem Arbeitsvertrag, einem Tarifvertrag oder dem Gesetz ergebenden Kündigungsfristen bleiben wirksam, kommen allerdings nur bei nach § 15 Abs 4 und 5 KSchG ausnahmsweise zulässigen (ordentlichen) Kündigungen zur Anwendung. Da im Übrigen die ordentliche Kündigungsmöglichkeit gegenüber den geschützten Arbeitnehmern gesetzlich ausgeschlossen ist,[443] stellt sich die Frage, ob bei der Zumutbarkeitsprüfung der ordentliche Beendigungszeitpunkt berücksichtigt werden kann, also auf die fiktive Kündigungsfrist abgestellt werden muss.

161 **aa) Fiktive Kündigungsfrist oder voraussichtliche Dauer des Sonderkündigungsschutzes als zeitlicher Bezugspunkt der Zumutbarkeitsprüfung?**
Nach zutreffender Auffassung ist bei der Prüfung, ob dem Arbeitgeber die Fortsetzung des Arbeitsverhältnisses unzumutbar geworden ist, von der **fiktiven Kündigungsfrist** auszugehen, also der Kündigungsfrist, die ohne den besonderen Kündigungsschutz des § 15 KSchG für eine ordentliche Kündigung des Arbeitsverhältnisses mit dem geschützten Arbeitnehmer gelten würde.[444]

162 Nach anderer Auffassung[445] soll die Zumutbarkeitsprüfung stets an die **voraussichtliche Bindungsdauer** anknüpfen, dh an den frühestmöglichen Zeitpunkt der ordentlichen Beendigung nach Ablauf des nachwirkenden Sonderkündigungsschutzes. Dem ist nicht zu folgen. Zwar ist in § 15 KSchG die fiktive Kündigungsfrist nicht ausdrücklich erwähnt. Hätte der Gesetzgeber im Rahmen des § 15 Abs 1-Abs 3 a KSchG aber einen anderen zeitlichen Bezugspunkt für die Zumutbarkeitsprüfung gewollt, hätte eine ergänzende oder eigenständige Regelung des wichtigen Grundes nahegelegen. Das ergibt sich schon aus der Überlegung, dass der Ablauf des Sonderkündigungsschutzes ebenfalls einen fiktiven Bezugspunkt darstellt, da die Wiederwahl des Mandatsträgers ungewiss ist. Hätte der Gesetzgeber auf einen längeren Vergleichszeitraum als den der Frist für eine ordentliche Kündigung abstellen wollen, wäre das Ende der Amtszeit deshalb nicht die allein denkbare Anknüpfungsmöglichkeit. Für ein gesetzgeberisches Versehen gibt es keine Anhaltspunkte. Vielmehr ist davon auszugehen, dass der Gesetzgeber ohne Veränderung des Prüfungsmaßstabes dem Arbeitgeber ausschließlich das ohnehin bestehende Recht zur außerordentlichen Kündigung erhalten wollte.[446]

---

441 BAG 18.2.1993 – 2 AZR 526/92.
442 Vgl Rn 65.
443 Vgl aber Rn 63.
444 BAG 14.11.1984 – 7 AZR 474/83; BAG 18.2.1993 – 2 AZR 526/92; BAG 10. 2. 1999 – 2 ABR 31/98; BAG 17.1.2008 – 2 AZR 821/06; BAG 21.6.2012 – 2 AZR 343/11; APS/Linck § 15 KSchG Rn 127; ErfK/Kiel § 15 KSchG Rn 22; KR/Fischermeier § 626 BGB Rn 133, allerdings nur für verhaltens- und personenbedingte Kündigungsgründe.
445 KR/Etzel § 15 Rn 22.
446 BAG 18.2.1993 – 2 AZR 526/92.

163 Diese Auslegung entspricht auch dem **Sinn und Zweck des Sonderkündigungsschutzes** nach § 15 KSchG.[447] Die Mandatsträger sollen wegen ihrer betriebsverfassungs- bzw personalvertretungsrechtlichen Tätigkeit keine Nachteile erleiden, insbesondere nicht durch eine Erleichterung der außerordentlichen Kündigung.[448] Das wäre aber der Fall, wenn im Rahmen der Zumutbarkeitsprüfung auf die voraussichtliche Dauer des Sonderkündigungsschutzes abgestellt werden würde. Dem steht, wie das BAG in seiner Entscheidung vom 17.1.2008[449] zu Recht herausstellt, § 78 Satz 2 BetrVG bzw § 8 BPersVG entgegen. Dem Benachteiligungsverbot kann nur Rechnung getragen werden, indem die fiktive Kündigungsfrist zugrunde gelegt wird. Das verdeutlicht folgendes **Beispiel:**[450] Würde etwa bei einer außerordentlichen verhaltensbedingten Kündigung wegen einer gemeinschaftlich begangenen Pflichtverletzung eines Betriebsratsmitglieds und eines sonstigen Arbeitnehmers bei im Übrigen vergleichbaren Tatumständen und gleich gelagerten Arbeitgeber- und Arbeitnehmerinteressen die fristlose Kündigung gegenüber dem Betriebsratsmitglied allein wegen der absehbar langen Bindungsdauer (zumindest ein Jahr nach Ende des Betriebsratsamts) für wirksam, die fristlose Kündigung gegenüber dem anderen Arbeitnehmer jedoch mit der Begründung für unwirksam erachtet, dessen Weiterbeschäftigung bis zum Ablauf der ordentlichen Kündigungsfrist sei dem Arbeitgeber zumutbar, so würde das Betriebsratsmitglied offensichtlich allein wegen seines Betriebsratsamtes einen gravierenden Rechtsnachteil erleiden.

164 Andererseits führt der Ausschluss der ordentlichen Kündigung nach § 15 KSchG zu einer gegenüber den übrigen, nicht vom Schutz des § 15 KSchG erfassten Arbeitnehmern verbesserten Rechtsstellung. Das widerspricht aber nicht dem Begünstigungsverbot des § 78 Satz 2 BetrVG (§ 8 BPersVG). Die Sonderregelung des § 15 KSchG trägt dem Umstand Rechnung, dass sich bei Mandatsträgern im Gegensatz zu den übrigen Arbeitnehmern besondere Interessenkonflikte ergeben können und sie wegen ihrer Mandatstätigkeit eines erhöhten Arbeitsplatzschutzes bedürfen.[451]

165 Diese **vom Gesetzgeber** mit dem Ausschluss der ordentlichen Kündigung **offensichtlich gewollte Besserstellung** zeigt sich insbesondere **im Vergleich zur außerordentlichen Kündigung tarif- oder einzelvertraglich unkündbarer Arbeitnehmer**, bei der die lange Vertragsbindung im Rahmen der Zumutbarkeitsprüfung zu berücksichtigen ist,[452] zur Meidung von Wertungswidersprüchen allerdings eine der fiktiven Kündigungsfrist entsprechende Auslauffrist eingeräumt werden muss.[453] Im Rahmen des § 15 KSchG kommt eine erleichterte außerordentliche Kündigung unter Gewährung einer Auslauffrist demgegenüber nicht in Betracht, da § 15 KSchG ausdrücklich darauf abstellt, ob der Arbeitgeber zur Kündigung „aus wichtigem Grund ohne Einhaltung einer Kündigungsfrist" berechtigt ist. Eine erleichterte außerordentliche Kündigung mit einer Auslauffrist ist in § 15

---

447 Vgl Rn 1 ff.
448 Vgl BAG 18.2.1993 – 2 AZR 526/92.
449 BAG 17.1.2008 – 2 AZR 821/06.
450 BAG 10.2.1999 – 2 ABR 31/98.
451 BAG 18.2.1993 – 2 AZR 526/92.
452 Vgl § 1 KSchG Rn 343 f.
453 Vgl § 1 KSchG Rn 346, 493, 758; vgl auch BAG 21.6.2012 – 2 AZR 343/11.

KSchG nicht vorgesehen und käme einer ordentlichen Kündigung, die vom Gesetzgeber in § 15 KSchG gerade ausgeschlossen wurde, sachlich nahe. Darüber hinaus würde die Anerkennung der außerordentlichen Kündigung unter Gewährung einer Auslauffrist zu einer dem Schutzzweck des § 15 KSchG und des § 78 Satz 2 BetrVG (§§ 8, 107 BPersVG) zuwiderlaufenden Benachteiligung des Mandatsträgers wegen der Amtstätigkeit führen.[454] Der zeitliche Bezugspunkt des Ablaufs der ordentlichen Kündigungsfrist für die Unzumutbarkeitsprüfung hat zur Folge, dass eine verhaltensbedingte Kündigung nicht unter Gewährung einer Auslauffrist ausgesprochen werden kann, denn damit steht die Zumutbarkeit der Fortsetzung des Arbeitsverhältnisses bis zum Fristablauf fest.[455]

166 bb) **Außerordentliche betriebsbedingte Massenänderungskündigung.** In der Entscheidung vom 21.6.1995[456] hat das BAG die bis dahin ständige Rechtsprechung,[457] im Rahmed Prüfung des § 626 BGB sei auf die fiktive Kündigungsfrist abzustellen, für den Fall einer außerordentlichen betriebsbedingten (Massen-)Änderungskündigung ausdrücklich aufgegeben. Andererseits hat das BAG aber daran festgehalten, dass eine außerordentliche Änderungskündigung nur begründet sei, wenn die alsbaldige Änderung der Arbeitsbedingungen für den Arbeitgeber unabweisbar notwendig und die Änderung dem Gekündigten auch zumutbar sei.[458]

167 Der Entscheidung vom 21.6.1995 lag folgender **Sachverhalt** zugrunde:

Ein Warenhausunternehmen beschloss im Rahmen einer Rationalisierungsmaßnahme die ersatzlose Abschaffung der Position der Aufsichten in allen Niederlassungen und die Versetzung der betroffenen Mitarbeiter in den Verkaufsbereich. Unter den insgesamt 348 betroffenen Mitarbeitern befanden sich auch Betriebsratsmitglieder. Ein Betriebsratsmitglied erklärte sich zwar mit der angebotenen Tätigkeit eines Verkäufers mit Kassiertätigkeiten einverstanden, nicht aber mit einer sich aus der tariflichen Eingruppierung ergebenden Gehaltsreduzierung, wobei die Differenz zur bisherigen Vergütung als anrechenbare übertarifliche Zulage weitergezahlt werden sollte.

Würde der Zumutbarkeitsprüfung auch in solchen Konstellationen hypothetisch die Frist zugrunde gelegt, die ohne den besonderen Kündigungsschutz des § 15 KSchG gelten würde, könnte die Feststellung, dem Arbeitgeber sei die Einhaltung dieser fiktiven Frist nicht zumutbar, kaum getroffen werden. Die im Hinblick auf die Freiheitsrechte des Arbeitgebers (Art 2, 12, 14 GG) verfassungsrechtlich bedenkliche Konsequenz wäre, dass der Arbeitgeber das betroffene Betriebsratsmitglied als Aufsicht weiterbeschäftigen müsste, obwohl diese Positionen abgeschafft sind; jedenfalls hätte er weiterhin die hierfür maßgebliche tarifliche Vergütung zu leisten. Das lässt sich aber, wie das BAG im Ergebnis zutreffend erkannt hat, mit dem Schutzzweck der §§ 2, 15 KSchG nicht vereinbaren. Die betriebs-

---

454 BAG 18.2.1993 – 2 AZR 526/92; KR/Fischermeier § 626 BGB Rn 133; offengelassen von BAG 10.2.1999 – 2 ABR 31/98; **aA** KR/Etzel § 15 KSchG Rn 22.
455 BAG 21.2.2012 – 2 AZR 343/11.
456 BAG 21.6.1995 – 2 ABR 28/94.
457 Vgl Rn 161.
458 BAG 6.3.1986 – 2 ABR 15/85; BAG 21.6.1995 – 2 ABR 28/94.

bedingten Umstände, die der außerordentlichen Änderungskündigung in derartigen Konstellationen zugrunde liegen, treffen den Mandatsträger niemals allein und als solchen. Fortbestand und Stetigkeit der Arbeitnehmervertretung sind nicht betroffen. Deshalb ist bei einer – betriebsbedingten – Änderungskündigung, bei der der Arbeitsplatz als solcher gesichert ist, um des generellen Effekts der Umstrukturierungsmaßnahme und der erstrebten Gleichbehandlung aller Arbeitnehmer willen bei der Zumutbarkeitsprüfung nicht auf die fiktive Kündigungsfrist, sondern auf die nicht absehbare Dauer des Sonderkündigungsschutzes abzustellen.[459]

Das BAG hat die dargestellte Rechtsprechung im Weiteren bestätigt.[460] Unstreitig muss es bei Massentatbeständen dem Arbeitgeber möglich sein, auch den durch § 15 KSchG besonders geschützten Personen gegenüber eine wirksame Änderungskündigung auszusprechen.[461] Ob der vom BAG zu Erreichung dieses Ergebnisse gewählte Ansatz, statt wie sonst beim zeitlichen Bezugspunkt für die Zumutbarkeitsprüfung auf die fiktive Kündigungsfrist in dieser besonderen Konstellation auf die Dauer des Sonderkündigungsschutzes abzustellen, die dogmatisch „beste" Lösung ist, sei vorliegend dahingestellt.[462]

b) Verhaltensbedingter wichtiger Grund; Vertrags- und Amtspflichtverletzung. Die Frage, ob eine Pflichtverletzung an sich geeignet ist, eine verhaltensbedingte außerordentliche Kündigung zu rechtfertigen, beurteilt sich für die von § 15 KSchG geschützten Arbeitnehmer und Arbeitnehmer ohne Sonderkündigungsschutz grundsätzlich einheitlich. Die **Eigenschaft als Amtsträger** oder Wahlbewerber **ändert das Gewicht der Vertragspflichtverletzung nicht.** Wegen des Benachteiligungs- und Begünstigungsverbots des § 78 Satz 2 BetrVG (§§ 8, 107 BPersVG) kann dieser Umstand weder zugunsten noch zum Nachteil des vom Schutz des § 15 KSchG erfassten Arbeitnehmers berücksichtigt werden.[463] Das gilt jedenfalls dann uneingeschränkt, wenn das vertragspflichtwidrige Verhalten des geschützten Arbeitnehmers keinen Bezug zur Amtstätigkeit aufweist.[464]

Stellt sich das Fehlverhalten des Mandatsträgers als **reine Verletzung seiner Amtspflichten** dar, so scheidet eine außerordentliche Kündigung nach § 626 BGB aus.[465] Möglich ist nur ein **Ausschlussverfahren nach § 23 Abs 1 BetrVG** bzw § 28 Abs 1 BPersVG,[466] das eine grobe Verletzung der Amtspflichten erfordert. Mit rechtskräftigem Ausschluss des Arbeitnehmers aus dem Vertretungsorgan endet der volle Sonderkündigungsschutz. Die ordentliche Kündigung ist dann wieder nach Maßgabe der §§ 1 ff

---

459 BAG 21.6.1995 – 2 ABR 28/94; diese Rspr stützend BAG 17.1.2008 – 2 AZR 821/06; idS auch KR/Etzel § 15 Rn 22 f, KR/Fischermeier § 626 BGB Rn 133.
460 BAG 17.3.2005 – 2 ABR 2/04; vgl auch BAG 17.1.2008 – 2 AZR 821/06.
461 So auch Eylert/Sänger, RdA 2010, 24, 29.
462 Vgl Rn 63 zum anderen dogmatischen Ansatz einer teleologischen Reduktion von § 15 KSchG.
463 BAG 13.10.1955 – 2 AZR 106/54; BAG 22.2.1979 – 2 AZR 115/78; KR/Etzel § 15 KSchG Rn 24.
464 ZB ein Vermögensdelikt zum Nachteil des Arbeitgebers, vgl BAG 10.2.1999 – 2 ABR 31/98.
465 Vgl RegE BT-Drucks VI/1786 S 53.
466 BAG 22.8.1974 – 2 ABR 17/74; BAG 16.10.1986 – 2 ABR 71/85.

KSchG zulässig, da die Nachwirkung des Sonderkündigungsschutzes in diesen Fällen gesetzlich ausgeschlossen ist.[467]

171 Eine außerordentliche Kündigung kommt demgegenüber in Betracht, wenn eine **Amtspflichtverletzung** und eine **Vertragspflichtverletzung** zusammentreffen.[468]
Beispiele:
- Das Betriebsratsmitglied meldet sich unter Vortäuschung von Betriebsratstätigkeit von der Arbeit ab
- Das Betriebsratsmitglied verrät Betriebsgeheimnisse, die ihm wegen seiner Zugehörigkeit zum Betriebsrat bekanntgeworden sind und vom Arbeitgeber ausdrücklich als geheimhaltungsbedürftig bezeichnet worden sind (vgl § 79 BetrVG) an ein Konkurrenzunternehmen;
- bei Verhandlungen zwischen Arbeitgeber und Betriebsrat kommt es zu verbalen Beleidigungen.

In diesen Fällen hat der Arbeitgeber die **Wahl**: Er kann sich auf das Ausschlussverfahren beschränken oder das Arbeitsverhältnis mit Zustimmung der Arbeitnehmervertretung oder nach gerichtlich ersetzter Zustimmung außerordentlich kündigen; der Arbeitgeber kann den Ausschlussantrag auch in einem echten Hilfsverhältnis mit dem Antrag auf gerichtliche Ersetzung der Zustimmung zur außerordentlichen Kündigung verbinden.[469]
Nach der Rechtsprechung des BAG ist bei gleichzeitiger Amts- und Vertragspflichtverletzung an die Berechtigung der fristlosen Entlassung allerdings ein „**strengerer Maßstab**" anzulegen als bei einem Arbeitnehmer, der kein Organmitglied ist.[470] Die in dem strengeren Prüfungsmaßstab zum Ausdruck kommende Tat- und Situationsgerechtigkeit ist keine verbotene Besserstellung des von § 15 KSchG geschützten Arbeitnehmers, sondern Folge der Beachtung der besonderen Sachlage.[471] Der Auffassung des BAG ist zu folgen, da Mandatsträger amtsbedingt eher in Konfliktsituationen mit dem Arbeitgeber kommen können als andere Arbeitnehmer, wodurch die Gefahr von Vertragspflichtverletzungen erhöht ist (zB Beleidigungen im Zusammenhang mit Verhandlungen zwischen Betriebsrat und Arbeitgeber). Entscheidend sind aber die Umstände des Einzelfalls. Die Bereitschaft, in einem Arbeitsgerichtsverfahren gegen den Arbeitgeber bewusst falsch auszusagen, ist auch unter Zugrundelegung eines strengen Prüfungsmaßstabs nicht zu rechtfertigen.[472]

172 **c) Personenbedingter wichtiger Grund; Krankheit.** Auch Gründe in der Person des Arbeitnehmers können einen wichtigen Grund zur außerordentlichen Kündigung iSv § 626 BGB darstellen. Dem Arbeitgeber wird die Fortsetzung des Arbeitsverhältnisses bis zum Ablauf der ordentlichen Kün-

---
467 Vgl Rn 95 ff.
468 BAG 19.7.2012 – 2 AZR 989/11.
469 BAG 21.2.1978 – 1 ABR 54/76; Fitting § 23 Rn 22; aA DKKW/Trittin § 23 Rn 114: liege die Ursache der Pflichtverletzung ganz oder teilweise im BR-Amt, sei nur ein Amtsenthebungsverfahren möglich.
470 BAG 16.10.1986 – 2 ABR 71/85; BAG 5.11.2009 – 2 AZR 487/08.
471 BAG 16.10.1986 – 2 AZR 71/85; BAG 20.12.1961 – 1 AZR 404/61; Fitting § 23 Rn 23; aA KR/Etzel § 15 KSchG Rn 26 a.
472 BAG 16.10.1986 – 2 AZR 71/85.

digungsfrist aber **nur ganz ausnahmsweise unzumutbar** sein.[473] Da im Rahmen der Zumutbarkeitsprüfung auf die fiktive ordentliche Kündigungsfrist abzustellen ist,[474] scheidet eine außerordentliche personenbedingte Kündigung des Arbeitsverhältnisses eines vom Schutz des § 15 KSchG erfassten Arbeitnehmers in aller Regel aus.[475] Ist der geschützte Arbeitnehmer aber **auf Dauer** nicht mehr in der Lage, die geschuldete Arbeitsleistung zu erbringen,[476] wird eine außerordentliche Kündigung in Betracht kommen.

d) Betriebsbedingter wichtiger Grund. Umstände, die in die Sphäre des Betriebsrisikos des Arbeitgebers fallen, sind – wie bei anderen Arbeitnehmern – auch bei einem durch § 15 KSchG geschützten Amtsträger idR nicht als wichtige Gründe für eine außerordentliche Kündigung geeignet. Selbst bei einer Betriebsstilllegung ist gegenüber Amtsträgern nach § 15 Abs 4 KSchG nur eine ordentliche Kündigung zulässig.[477] Daraus folgt jedoch nicht, dass eine außerordentliche Kündigung aus betriebsbedingten Gründenim Rahmen des § 15 KSchG gesetzlich stets ausgeschlossen ist. Schon aus verfassungsrechtlichen Gründen kann vom Arbeitgeber nicht verlangt werden, ein unzumutbares Arbeitsverhältnis aufrechtzuerhalten.[478] Eine **außerordentliche** Beendigungskündigung kommt ausnahmsweise in Betracht, wenn das Arbeitsverhältnis des Amtsträgers aufgrund tarif- oder einzelvertraglicher Regelung „unkündbar" ist. Bei einer Betriebs- oder Abteilungsstilllegung nach § 15 Abs 4 und 5 KSchG tritt die außerordentliche Kündigungsmöglichkeit dann an die Stelle der ansonsten zulässigen ordentlichen Kündigung, ohne dass in diesen Fällen aber die Zustimmung der Arbeitnehmervertretung erforderlich wäre.[479] Zu den Anforderungen an eine außerordentliche betriebsbedingte Änderungskündigung vgl Rn 166 und § 2 KSchG Rn 84 f. 173

III. Einhaltung der Kündigungserklärungsfrist (§ 626 Abs 2 BGB)

Die Ausschlussfrist des § 626 Abs 2 BGB ist nach ständiger Rechtsprechung des BAG auch im Regelungsbereich der §§ 15 KSchG, 103 BetrVG, 47 Abs 1, 108 Abs 1 BPersVG anzuwenden.[480] Nach § 626 Abs 2 Satz 1 BGB kann daher auch die außerordentliche Kündigung gegenüber einem vom Schutz des § 15 KSchG erfassten Arbeitnehmer **nur innerhalb von zwei Wochen** erfolgen, wobei auf den Zugangszeitpunkt abzustellen ist. Für die außerordentliche Kündigung in der Zeit des nachwirkenden Sonderkündigungsschutzes[481] ergeben sich aus der Anwendung des § 626 Abs 2 BGB keine Besonderheiten. Während der Dauer des vollen Sonder- 174

---

473 Vgl § 1 KSchG Rn 485.
474 Vgl Rn 161 ff.
475 BAG 18.2.1993 – 2 AZR 526/92; BAG 15.3.2001 – 2 AZR 624/99.
476 Vgl § 1 KSchG Rn 488.
477 BAG 6.3.1986 – 2 ABR 15/85.
478 Vgl § 1 KSchG Rn 753; BAG 5.2.1998 – 2 AZR 227/97.
479 Vgl Rn 140; BAG 10.5.2007 – 2 AZR 626/05.
480 ZB BAG 20.3.1975 – 2 ABR 111/74; BAG 18.8.1977 – 2 ABR 19/77; BAG 7.5.1986 – 2 AZR 349/85; BAG 24.10.1996 – 2 AZR 3/96.
481 Vgl Rn 86 ff.

kündigungsschutzes[482] sind im Hinblick auf die Zustimmungserfordernisse nach § 103 BetrVG, §§ 47 Abs 1, 108 Abs 1 BPersVG die von der Rechtsprechung entwickelten Regeln zu beachten.[483] Hiernach muss der Arbeitgeber

- innerhalb von zwei Wochen ab Kenntniserlangung die Zustimmung des Betriebsrates zur Kündigung gem § 103 Abs 1 BetrVG beantragen[484]
- nach Erteilung der Zustimmung innerhalb der Zweiwochenfrist kündigen
- bei Verweigerung der Zustimmung oder Nichtäußerung innerhalb der Stellungnahmefrist von drei Tagen innerhalb der Zweiwochenfrist ein zulässiges Zustimmungsersetzungsverfahren gem § 103 Abs 2 BetrVG einleiten[485]
- bei nachträglicher Erteilung der Zustimmung oder Wegfall des Zustimmungsbedürfnisses analog § 91 Abs 5 SGB IX unverzüglich ab Kenntniserlangung hiervon kündigen[486] und
- bei Ersetzung der Zustimmung durch das Arbeitsgericht gem § 103 Abs 2 BetrVG analog § 91 Abs 5 SGB IX unverzüglich nach Eintritt der Rechtskraft kündigen.[487]

175 Die **Kündigungserklärungsfrist beginnt** gem § 626 Abs 2 Satz 2 BGB mit dem Zeitpunkt, in dem der **Kündigungsberechtigte** von den für die Kündigung maßgebenden Tatsachen **Kenntnis** erlangt. Insoweit gelten die allgemeinen Grundsätze. Auchim Rahmed §§ 15 KSchG, 103 BetrVG, 47 Abs 1, 108 Abs 1 BPersVG kommt es auf die sichere und möglichst vollständige positive Kenntnis des Kündigungsberechtigten von den Kündigungstatsachen an. Bei der Arbeitgeberkündigung gehören zum Kündigungssachverhalt auch die für den Arbeitnehmer sprechenden Umstände, die regelmäßig ohne dessen Anhörung nicht hinreichend vollständig erfasst werden können. Solange der Kündigungsberechtigte dem Kündigungsgegner zur Aufklärung des Sachverhalts Gelegenheit zur Stellungnahme gibt, ist die Ausschlussfrist gehemmt. Jedoch muss der Kündigungsgegner innerhalb einer kurz bemessenen Frist angehört werden, die regelmäßig nicht länger als eine Woche sein darf.[488] Bei der für die Kenntnis maßgebenden Tatsachen ist ferner danach zu unterscheiden, ob der Kündigungsgrund aus einem in sich abgeschlossenen Lebenssachverhalt hergeleitet wird oder aus einem sog **Dauertatbestand.** Ein solcher Dauertatbestand liegt vor, wenn fortlaufend neue kündigungsrelevante Tatsachen eintreten, die zur Störung des Arbeitsverhältnisses führen. In derartigen Fällen ist die Frist des § 626 Abs 2 BGB eingehalten, wenn bis in die letzten zwei Wochen vor Ausspruch der Kündigung der Dauertatbestand angehalten hat und damit die Störung des Arbeitsverhältnisses noch nicht abgeschlossen war.[489] Ein

---

482 Vgl Rn 74 ff.
483 Vgl hierzu auch Diller, NZA 2004, 579.
484 Vgl Rn 176.
485 Vgl Rn 177.
486 Vgl Rn 179.
487 Vgl Rn 180.
488 BAG 10.12.1992 – 2 ABR 32/92.
489 BAG 25.2.1983 – 2 AZR 298/81; BAG 21.3.1996 – 2 AZR 455/95.

Dauertatbestand liegt zB vor bei endgültigem Wegfall des Arbeitsplatzes[490] oder bei dauernder Leistungsunfähigkeit,[491] da sich in diesen Konstellationen der Kündigungsgrund fortwährend aktualisiert. Fehlt der Arbeitnehmer unentschuldigt, zB bei einer Selbstbeurlaubung, beginnt die Ausschlussfrist des § 626 Abs 2 BGB frühestens mit dem Ende der unentschuldigten Fehlzeit, also mit der Rückkehr des Arbeitnehmers in den Betrieb.[492]

Die Anwendung des § 626 Abs 2 BGB auf die außerordentliche Kündigung gegenüber einem Arbeitnehmer, der den vollen Sonderkündigungsschutz genießt,[493] bedeutet zunächst, dass der Arbeitgeber **innerhalb der Zweiwochenfrist** bei der Arbeitnehmervertretung gem § 103 Abs 1 BetrVG, §§ 47 Abs 1, 108 Abs 1 BPersVG die **Zustimmung zur außerordentlichen Kündigung beantragen** muss.[494] Das gilt auch für Kündigungsgründe, die der Arbeitgeber in einem schon eingeleiteten Ersetzungsverfahren nachschieben will.[495] In den Sonderfällen, in denen ausnahmsweise kein Zustimmungsverfahren stattfindet,[496] hat der Arbeitgeber noch vor Ablauf der Frist des § 626 Abs 2 BGB die Zustimmung unmittelbar beim Gericht zu beantragen. Die Zweiwochenfrist wird durch das Zustimmungsverfahren weder unterbrochen oder gehemmt,[497] noch für die Dauer der Stellungnahmefrist (Betriebsrat: drei Tage entsprechend § 102 Abs 2 Satz 3 BetrVG;[498] Personalrat: drei Arbeitstage, vgl §§ 47 Abs 1 Satz 2, 108 Abs 1 Satz 2 BPersVG) verlängert. **Nach erteilter Zustimmung** der Arbeitnehmervertretung muss der Arbeitgeber die **Kündigung noch innerhalb der Zweiwochenfrist** des § 626 Abs 2 BGB erklären;[499] maßgeblich ist der Zugangszeitpunkt beim Arbeitnehmer. Kann der Arbeitgeber die Zweiwochenfrist nicht einhalten, weil die Arbeitnehmervertretung die Zustimmung erst wenige Stunden vor Fristablauf erteilt, reicht es in entsprechender Anwendung des § 91 Abs 5 SGB IX aus, wenn die Kündigung unverzüglich nach Zugang der Zustimmung erklärt wird.[500]

Verweigert die Arbeitnehmervertretung die Zustimmung oder äußert sie sich nicht innerhalb der Stellungnahmefrist von drei Tagen nach dem ergänzend anzuwendenden § 102 Abs 2 Satz 3 BetrVG[501] (bzw drei Arbeitstagen, §§ 47 Abs 1, 108 Abs 1 BPersVG), ist das gerichtliche **Zustimmungsersetzungsverfahren** nach § 103 Abs 2 BetrVG (§§ 47 Abs 1 Satz 2, 108 Abs 1 Satz 2 BPersVG) ebenfalls **noch innerhalb der Zweiwochenfrist** des § 626 Abs 2 BGB einzuleiten.[502] Der fristgerechte Ausspruch der Kündigung wird dem Arbeitgeber damit regelmäßig nur dann möglich sein,

---

490 BAG 5.2.1998 – 2 AZR 227/97; vgl § 1 KSchG Rn 757.
491 Vgl § 1 KSchG Rn 491.
492 BAG 22.1.1998 – 2 ABR 19/97.
493 Rn 74 ff.
494 BAG 22.8.1974 – 2 ABR 17/74; BAG 18.8.1977 – 2 ABR 19/77.
495 Vgl Rn 207 f, 210.
496 Vgl Rn 197 ff, 204.
497 BAG 18.8.1977 – 2 ABR 19/77; BAG 24.10.1996 – 2 AZR 3/96.
498 BAG 24.10.1996 – 2 AZR 3/96.
499 BAG 24.10.1996 – 2 AZR 3/96.
500 KR/Etzel § 15 KSchG Rn 30.
501 Vgl Rn 194.
502 BAG 18.8.1977 – 2 ABR 19/77; BAG 24.10.1996 – 2 AZR 3/96.

wenn er spätestens **zehn Tage** nach Kenntnis der Kündigungstatsachen beim Betriebsrat die Zustimmung zur Kündigung beantragt hat. Handelt es sich um neue Kündigungsgründe, die der Arbeitgeber nachschieben will, muss er die Arbeitnehmervertretung innerhalb der Frist des § 626 Abs 2 BGB erneut um Zustimmung ersuchen.[503] Unzureichend ist eine verfrühte Einleitung des Ersetzungsverfahrens: Ein Zustimmungsersetzungsantrag des Arbeitgebers, der vor der Zustimmungsverweigerung (bzw vor fruchtlosem Ablauf der Stellungnahmefrist von drei Tagen) gestellt wird, hat unheilbar die Unzulässigkeit des Zustimmungsersetzungsverfahrens zur Folge und kann die Frist des § 626 Abs 2 BGB nicht wahren.[504]

178 Verweigert der Betriebsrat bei einem **schwerbehinderten Betriebsratsmitglied** die Zustimmung zu einer außerordentlichen Kündigung, so ist das gerichtliche Zustimmungsersetzungsverfahren in entsprechender Anwendung von § 91 Abs 5 SGB IX unverzüglich nach Erteilung der Zustimmung durch das Integrationsamt oder nach Eintritt der Zustimmungsfiktion des § 91 Abs 3 Satz 2 SGB IX einzuleiten.[505] Der Arbeitgeber ist bei Zusammentreffen der Sonderkündigungsschutztatbestände Schwerbehinderung und Betriebsratsmitgliedschaft im Übrigen frei, ob er die erforderlichen Zustimmungsverfahren parallel oder nacheinander verfolgt.[506]

179 **Fällt die Zustimmungsbedürftigkeit während des** rechtzeitig eingeleiteten **Zustimmungsersetzungsverfahrens weg** (zB wegen Beendigung des vollen Sonderkündigungsschutzes)[507] oder stimmt die Arbeitnehmervertretung der Kündigung nachträglich zu,[508] wird das Verfahren gegenstandslos und ist nach Erledigungserklärung der Beteiligten gem § 83 a ArbGG einzustellen.[509] Hält der Arbeitgeber seinen Antrag auf Zustimmungsersetzung aufrecht, ist dieser als unzulässig abzuweisen.[510] Der Arbeitgeber muss zur Wahrung der Ausschlussfrist des § 626 Abs 2 BGB die außerordentliche Kündigung in entsprechender Anwendung des § 91 Abs 5 SGB IX **unverzüglich** erklären, nachdem er Kenntnis vom Wegfall des Zustimmungserfordernisses bzw von der nachträglichen Zustimmung erlangt hat.[511] Vor Ausspruch der Kündigung ist eine Anhörung nach § 102 Abs 1 BetrVG (§ 79 Abs 3 BPersVG) entbehrlich, wenn der Betriebsrat bzw die Personalvertretung bereits im Rahmen des Zustimmungsverfahrens nach § 103 Abs 1 BetrVG (§§ 47 Abs 1, 108 Abs 1 BPersVG) über den Grund für die beabsichtigte außerordentliche Kündigung vollständig informiert worden war.[512]

---

503 BAG 22.8.1974 – 2 ABR 17/74; vgl Rn 207, 210.
504 BAG 24.10.1996 – 2 AZR 3/96; aA vHH/L/v. Hoyningen-Huene § 15 Rn 127: Unzulässigkeit nur dann, wenn auf diesem Weg ein verspätet eingeleitetes Zustimmungsverfahren geheilt werden soll; vgl Rn 203.
505 BAG 22.1.1987 – 2 ABR 6/86.
506 BAG 11.5.2000 – 2 AZR 276/99.
507 Vgl die unter Rn 77 ff, 45 aufgeführten Fallgestaltungen.
508 Vgl Rn 195.
509 BAG 23.6.1993 – 2 ABR 58/92.
510 BAG 27.6.2002 – 2 ABR 22/01.
511 BAG 17.9.1981 – 2 AZR 402/79; KR/Etzel § 103 BetrVG Rn 131.
512 KR/Etzel § 103 BetrVG Rn 131; vHH/L/v. Hoyningen-Huene § 15 Rn 127; Fitting § 103 Rn 32.

180 Die außerordentliche Kündigung kann im Übrigen erst dann wirksam erklärt werden, wenn der **Zustimmungsersetzungsbeschluss rechtskräftig bzw unanfechtbar** ist. Eine vor diesem Zeitpunkt erklärte Kündigung ist nicht nur schwebend unwirksam, sondern unheilbar nichtig.[513] Die Ausschlussfrist des § 626 Abs 2 BGB beginnt nicht erneut zu laufen.[514] Der Arbeitgeber muss die Kündigung in entsprechender Anwendung des § 91 Abs 5 SGB IX **unverzüglich**, nachdem das Gericht die Zustimmung zur Kündigung rechtskräftig ersetzt hat, aussprechen.[515] Der **Eintritt der formellen Rechtskraft** bestimmt sich nach allgemeinen Regeln. Wurde die Rechtsbeschwerde gegen den die Zustimmung ersetzenden Beschluss des LAG nicht zugelassen, tritt die formelle Rechtskraft mit dem Ablauf der Monatsfrist für die Einlegung der Nichtzulassungsbeschwerde (§ 92a iVm § 72a Abs 2 ArbGG) oder mit der Ablehnung der Nichtzulassungsbeschwerde durch das BAG ein. Da „unverzüglich" nach der Legaldefinition in § 121 Abs 1 Satz 1 BGB „ohne schuldhaftes Zögern" meint, trifft den Arbeitgeber die Obliegenheit, sich bei Gericht nach dem Eintritt der formellen Rechtskraft zu erkundigen.[516]

181 Der Arbeitgeber kann bereits **vor Eintritt der formellen Rechtskraft** die außerordentliche Kündigung erklären, wenn der die Zustimmung ersetzende Beschluss des LAG **unanfechtbar** ist. Diese Voraussetzung ist erfüllt, wenn die Rechtsbeschwerde nicht zugelassen ist und sich aus den Gründen der zugestellten Entscheidung ergibt, dass eine auf Divergenz gestützte **Nichtzulassungsbeschwerde offensichtlich unstatthaft bzw aussichtslos** wäre.[517] In der Entscheidung vom 7.9.1998[518] hat das BAG ausdrücklich klargestellt, dass der Arbeitgeber in diesem Fall aber nicht vor Eintritt der formellen Rechtskraft kündigen muss, um die Frist des § 626 Abs 2 BGB zu wahren.[519] Mit der Prüfung der Erfolgsaussichten einer gegnerischen Nichtzulassungsbeschwerde wäre der Arbeitgeber überfordert. Ihm dies abzuverlangen, wäre unzumutbar und hätte eine erhebliche Rechtsunsicherheit zur Folge.[520] Der Arbeitgeber kann deshalb zuwarten, bis der Beschluss des LAG formell rechtskräftig wird und die Kündigung danach unverzüglich aussprechen. Diese Vorgehensweise ist auch dringend zu empfehlen. Kündigt der Arbeitgeber vor Eintritt der formellen Rechtskraft, weil er eine Nichtzulassungsbeschwerde nach Prüfung der Gründe des Beschlusses des LAG für offensichtlich unstatthaft hält, handelt er auf **eigenes Risiko**. Sollte die Nichtzulassungsbeschwerde wider Erwarten Erfolg haben, ist die Kündigung mangels Rechtskraft der Ersetzungsentscheidung unheilbar nichtig. Der noch nicht rechtskräftig beschiedene Zustimmungs-

---

513 ZB BAG 20.3.1975 – 2 ABR 111/74; BAG 11.11.1976 – 2 AZR 457/75; BAG 24.10.1996 – 2 AZR 3/96.
514 BAG 24.4.1975 – 2 AZR 118/74; BAG 9.7.1998 – 2 AZR 142/98; GK-BetrVG/Raab § 103 Rn 93 ff, 98; KR/Etzel § 103 BetrVG Rn 136; aA Fitting § 103 Rn 46.
515 BAG 9.7.1998 – 2 AZR 142/98; BAG 24.4.1975 – 2 AZR 118/74; KR/Etzel § 103 BetrVG Rn 136.
516 GK-BetrVG/Raab § 103 Rn 98.
517 BAG 25.1.1979 – 2 AZR 983/77; BAG 25.10.1989 – 2 AZR 342/89; BAG 9.7.1998 – 2 AZR 142/98.
518 BAG 9.7.1998 – 2 AZR 142/98.
519 Anders noch BAG 25.1.1979 – 2 AZR 983/77.
520 KR/Etzel § 103 BetrVG 135 a.

ersetzungsantrag wird unzulässig, da der Arbeitgeber das Verfahren durch den Ausspruch der Kündigung abgebrochen und gegenstandslos gemacht hat.[521] Er müsste vielmehr ein neues Zustimmungs- und ggf Zustimmungsersetzungsverfahren einleiten; die Kündigungserklärungfrist des § 626 Abs 2 BGB wird er aber nicht mehr einhalten können, es sei denn, es lägen sog Dauergründe vor.[522]

IV. Die Zustimmung der Arbeitnehmervertretung zur außerordentlichen Kündigung und ihre Ersetzung durch das Gericht

1. Geltungsbereich der §§ 103 BetrVG, 47 Abs 1, 108 Abs 1 BPersVG

182 Das Zustimmungserfordernis ist für den Bereich der Betriebsverfassung in § 103 BetrVG, für den Bereich der Personalvertretung in §§ 47 Abs 1, 108 Abs 1 BPersVG (sowie entsprechenden Bestimmungen der Landespersonalvertretungsgesetze) geregelt. Der **persönliche Geltungsbereich der Zustimmungsvorschriften** entspricht dem des § 15 Abs 1 – 3 KSchG.[523] In **zeitlicher Hinsicht** besteht das Zustimmungserfordernis nur während der Dauer des vollen Sonderkündigungsschutzes,[524] nicht in der Nachwirkungsphase.[525]

183 Der Zustimmung der Arbeitnehmervertretung bedürfen **nur außerordentliche Kündigungen des Arbeitgebers**, nicht aber sonstige Beendigungs- oder Veränderungstatbestände.[526] Bei arbeitsvertraglich zulässigen **Versetzungen** eines Amtsträgers in einen anderen Betrieb des Unternehmens ist allerdings die Zustimmung des Betriebsrats nach § 103 Abs 3 BetrVG[527] erforderlich. Eine Kündigung nach § 15 Abs 4 und 5 KSchG[528] ist auch dann nicht zustimmungspflichtig, wenn diese wegen tarif- oder einzelvertraglicher Unkündbarkeit des geschützten Arbeitnehmers nur als außerordentliche erklärt werden kann.[529]

2. Vorherige Zustimmung bzw Zustimmungsersetzung als Wirksamkeitsvoraussetzung der Kündigung

184 Nach § 15 Abs 1 – 3 KSchG (jeweils Satz 1) ist die außerordentliche Kündigung eines geschützten Arbeitnehmers während der Amtszeit oder der Wahlphase nur zulässig, wenn die Zustimmung des Betriebsrats oder der Personalvertretung vorliegt oder durch gerichtliche Entscheidung ersetzt ist. Daraus folgt, dass es sich bei der nach § 103 BetrVG, §§ 47 Abs 1, 108 BPersVG erforderlichen **Zustimmung der Arbeitnehmervertretung** um eine

---

521 Vgl BAG 9.7.1998 – 2 AZR 142/98.
522 Vgl Rn 175.
523 Vgl Rn 16 ff; bei Wahlinitiatoren – § 15 Abs 3 a KSchG – bedarf die außerordentliche Kündigung nicht der Zustimmung des Betriebsrats nach § 103 BetrVG, vgl Rn 27.
524 Vgl Rn 74 ff.
525 Vgl Rn 86 ff.
526 Vgl Rn 54 ff.
527 Vgl Rn 69 ff; zu Versetzungen im Bereich der Personalvertretung vgl Rn 73.
528 Vgl Rn 106 f, 109 ff.
529 Vgl Rn 149.

zivilrechtliche **Wirksamkeitsvoraussetzung der Kündigung** handelt.[530] Sie stellt eine Willenserklärung der Arbeitnehmervertretung dar, mit der der interne, willensbildende Beschluss des Gremiums rechtserheblich erklärt wird.[531] Sie muss ausnahmslos **vor Ausspruch** der Kündigung vorliegen. Fehlt die Zustimmung, ist die Kündigung nach § 15 Abs 1-3 KSchG unheilbar nichtig.[532] Eine nachträglich zu einer bereits erklärten Kündigung erteilte Zustimmung ist rechtlich bedeutungslos. Das gilt in gleicher Weise für den Fall, dass die Arbeitnehmervertretung die Zustimmung verweigert hat und der Arbeitgeber die Zustimmungsersetzung durch das Gericht beantragt. Die Ersetzung der Zustimmung ist immer nur zu einer **beabsichtigten** Kündigung des Arbeitgebers möglich. Das BAG begründet seine ständige Rechtsprechung zutreffend mit dem Schutzzweck der Zustimmungsvorschriften.[533] Zudem ergibt sich dies aus dem Wortlaut von § 15 Abs 1-3 KSchG, wonach die Zustimmung „vorliegen" oder „ersetzt sein" muss.

3. Das Zustimmungsverfahren

a) Zuständige Arbeitnehmervertretung. Im Bereich der Betriebsverfassung ist im Regelfall der Betriebsrat für die Erteilung der Zustimmung nach § 103 Abs 1 BetrVG zuständig. Zulässig ist die Übertragung der Entscheidungszuständigkeit auf den Betriebsausschuss nach § 27 Abs 3 Satz 2 BetrVG bzw auf einen besonderen Ausschuss nach § 28 BetrVG. Die allgemeine Übertragung der Mitwirkungsrechte bei Kündigungen wird aber angesichts der Bedeutung des Verfahrens nach § 103 BetrVG nicht ausreichen, vielmehr wird eine ausdrückliche Zuweisung auch dieser Angelegenheiten erforderlich sein.[534] Der Betriebsrat ist ferner für die Zustimmung zur außerordentlichen Kündigung eines Mitglieds der Jugend- und Auszubildendenvertretung zuständig. Mit Ausnahme des betroffenen Arbeitnehmers haben die Jugend- und Auszubildendenvertreter bei der Beschlussfassung des Betriebsrats nach § 67 Abs 2 BetrVG ein Stimmrecht. Bei Mitgliedern des Gesamt- oder Konzernbetriebsrats ist der jeweils örtliche Betriebsrat zuständig, aus dem der Arbeitnehmer entsandt wurde. In Betrieben der Seeschifffahrt ist der Seebetriebsrat zuständig (§ 116 Abs 1 Satz 2 BetrVG), die Bordvertretung hinsichtlich ihrer Mitglieder nur, soweit dem Kapitän die Befugnis zur außerordentlichen Kündigung übertragen ist § 115 Abs 7 Nr 1 BetrVG. An die Stelle des Betriebsrats kann eine nach § 3 Abs 1 Nr 2

---

530 BAG 22.8.1974 – 2 ABR 17/74; GK-BetrVG/Raab § 103 Rn 50; KR/Etzel § 103 BetrVG Rn 501.
531 BAG 24.4.1979 – 6 AZR 409/77.
532 Diese Rechtsfolge ergibt sich im Bereich des BPersVG zudem aus § 108 Abs 2. Ein Rückgriff auf § 134 BGB ist jedoch nicht erforderlich, denn die Unwirksamkeit des Rechtsgeschäfts ergibt sich aus dem Fehlen der Zustimmung als gesetzlichem Wirksamkeitserfordernis; vgl Erman/Palm/Arnold § 134 Rn 5, 36; iE auch KR/Etzel § 103 BetrVG Rn 109; vgl zur ordentlichen Kündigung Rn 104.
533 BAG 22.8.1974 – 2 ABR 17/74; BAG 20.3.1975 – 2 ABR 111/74; BAG 12.8.1976 – 2 AZR 303/75; BAG 11.11.1976 – 2 AZR 457/75; BAG 1.12.1977 – 2 AZR 426/76; BAG 30.5.1978 – 2 AZR 637/76; BAG 24.10.1996 – 2 AZR 3/96.
534 KR/Etzel § 103 BetrVG Rn 76.

BetrVG bzw § 117 Abs 2 BetrVG durch Tarifvertrag errichtete Arbeitnehmervertretung treten.[535]

186 Im **Bereich der Personalvertretung** fällt die Erteilung der Zustimmung nach §§ 47 Abs 1, 54 Abs 1, 56 BPersVG bzw § 108 Abs 1 BPersVG unabhängig davon, von welcher Dienststelle die Kündigung erklärt wird, in die Zuständigkeit derjenigen Personalvertretung, dessen Mitglied der betroffene Arbeitnehmer ist. Ist er Mitglied mehrerer Personalvertretungen, müssen alle Vertretungen zustimmen.[536] Im Übrigen (Jugend- und Auszubildendenvertreter, Mitglieder der Wahlvorstände, Wahlbewerber) ist der Personalrat des Beschäftigungsbetriebs zuständig.[537]

187 **b) Der Zustimmungsantrag.** Das Zustimmungsverfahren nach §§ 103 Abs 1 BetrVG, 47 Abs 1, 108 Abs 1 BPersVG stellt eine **qualifizierte Form des Anhörungsverfahrens** dar, für das die gleichen Voraussetzungen gelten wie für die Ausgangsnormen der §§ 102 BetrVG, 79 BPersVG.[538] Der Arbeitgeber hat daher die Tatsachen mitzuteilen, auf die er seine außerordentliche Kündigung stützen will. Die pauschale Angabe von Kündigungsgründen reicht nicht aus; vielmehr muss der Arbeitgeber gem § 102 Abs 1 Satz 2 BetrVG die die Kündigung begründenden Umstände so genau und umfassend darlegen, dass die Arbeitnehmervertretung ohne zusätzliche eigene Nachforschungen in der Lage ist, die Stichhaltigkeit der Kündigungsgründe zu prüfen und sich über ihre Stellungnahme schlüssig zu werden.[539] Die Unterrichtung der Arbeitnehmervertretung kann **mündlich** erfolgen. Eine bestimmte Form sieht das Gesetz für den Zustimmungsantrag des Arbeitgebers nicht vor. Die Schriftform ist zum Zwecke der Dokumentation und Beweissicherung empfehlenswert. Der Arbeitgeber muss die Zustimmung nicht ausdrücklich beantragen. Es muss sich aber jedenfalls aus den Umständen ergeben, dass ein Zustimmungsverfahren beabsichtigt ist. Da eine nachträgliche Zustimmung die Nichtigkeit der Kündigung nicht zu heilen vermag, ist der **Zustimmungsantrag zwingend vor Ausspruch der Kündigung** zu stellen.[540] Will der Arbeitgeber mehrere Kündigungen aussprechen, muss er vor jeder Kündigung das Zustimmungsverfahren durchführen. Das gilt insbesondere dann, wenn der Arbeitgeber wegen Bedenken gegen die Wirksamkeit der ersten Kündigung vorsorglich erneut kündigt. Ist die erste Kündigung ordnungsgemäß zugegangen, so muss der Arbeitgeber zu einer erneuten, lediglich vorsorglichen Kündigung die Zustimmung nach § 103 Abs 1 BetrVG (§§ 47 Abs 1 Satz 1, 108 Abs1 Satz 1 BPersVG)

---

535 Vgl Rn 36 f.
536 BVerwG 30.4.1998 – 6 P 5/97; KR/Etzel §§ 47, 108 BPersVG Rn 7.
537 KR/Etzel §§ 47, 108 BPersVG Rn 8.
538 BAG 18.8.1977 – 2 ABR 19/77; BAG 29.11.1984 – 2 AZR 581/83, das von einer „entsprechenden Anwendung" der Grundsätze des Anhörungsverfahrens spricht; dogmatisch schlüssig erscheint die Auffassung, § 103 Abs 1 BetrVG als Ergänzung zu § 102 BetrVG zu lesen, vgl GK-BetrVG/Raab § 103 Rn 50; HWGNRH/ Huke § 103 Rn 42 („um das Zustimmungserfordernis erweitertes Anhörungsverfahren"), denn § 103 Abs 1 BetrVG stellt sich als die speziellere Norm dar, ohne jedoch Regelungen zum Verfahren vorzusehen, welche § 102 BetrVG zu entnehmen sind.
539 BAG 17.2.1994 – 2 AZR 673/93; BAG 18.8.1977 – 2 ABR 19/77; KR/Etzel § 103 BetrVG Rn 66 f.
540 Vgl Rn 184.

einholen.⁵⁴¹ Der **Zeitpunkt des Zustimmungsantrags** folgt im Übrigen aus der Anwendbarkeit des § 626 Abs 2 BGB: Der Zustimmungsantrag ist so rechtzeitig zu stellen, dass noch innerhalb der Zweiwochenfrist die Kündigung erklärt⁵⁴² oder das Zustimmungsersetzungsverfahren anhängig gemacht werden kann, spätestens also zehn Tage nach Kenntnis von den für die Kündigung maßgebenden Tatsachen.

c) Beschluss der Arbeitnehmervertretung. aa) Entscheidungskriterien. Die Arbeitnehmervertretung muss prüfen, ob die beabsichtigte außerordentliche Kündigung unter Berücksichtigung aller Umstände gerechtfertigt ist. Es steht nicht im Ermessen der Arbeitnehmervertretung, ob der außerordentlichen Kündigung zugestimmt werden soll, diese ist vielmehr **zur Erteilung der Zustimmung verpflichtet, wenn ein wichtiger Grund vorliegt.**⁵⁴³ Das ergibt sich im Umkehrschluss aus § 103 Abs 2 Satz 1 BetrVG, §§ 47 Abs 1 Satz 2, 108 Abs 1 Satz 2 BPersVG, wonach die fehlende Zustimmung durch das Gericht ersetzt werden muss, wenn die außerordentliche Kündigung gerechtfertigt ist. 188

bb) Auswirkung von Verfahrensmängeln. Die nach § 15 Abs 1 – 3 KSchG (jeweils Satz 1), §§ 103 Abs 1 BetrVG, 47 Abs 1, 108 Abs 1 BPersVG erforderliche Zustimmung der Arbeitnehmervertretung setzt einen **wirksamen Beschluss** voraus. Zur Nichtigkeit des Beschlusses führt aber nicht jeder Verfahrensmangel, sondern nur ein **grober Verstoß gegen wesentliche Verfahrensvorschriften.**⁵⁴⁴ Das ist zB der Fall, wenn nicht alle Mitglieder einschließlich der Ersatzmitglieder unter Mitteilung der Tagesordnung zur Sitzung geladen wurden, keine Beschlussfähigkeit vorlag, der Beschluss im Umlaufverfahren gefasst wurde oder der Amtsträger, zu dessen Kündigung der Arbeitgeber die Zustimmung beantragt hat, an der Beratung und/oder Abstimmung über den Zustimmungsantrag teilgenommen hat.⁵⁴⁵ 189

Die von der Rechtsprechung für die Berücksichtigung von Verfahrensmängeln beim Anhörungsverfahren entwickelte „**Sphärentheorie**", nach der Mängel, die im Verantwortungsbereich des Betriebsrats entstehen, grundsätzlich nicht zur Unwirksamkeit der Kündigung wegen fehlender Anhörung führen, wenn der Arbeitgeber mit dem Ausspruch der Kündigung bis zum Ablauf der gesetzlichen Anhörungsfristen zuwartet,⁵⁴⁶ **kann auf das Zustimmungsverfahren** nach § 103 Abs 1 BetrVG (§§ 47 Abs 1, 108 Abs 1 BPersVG) **nicht übertragen werden.**⁵⁴⁷ Das folgt daraus, dass das Zustimmungsverfahren – im Gegensatz zum Anhörungsverfahren – keine Zustimmungsfiktion kennt, vielmehr ist die ausdrückliche Zustimmung gerade Voraussetzung für die Kündigung des Arbeitgebers. Die Untätigkeit der Arbeitnehmervertretung geht daher zu Lasten des Arbeitgebers. Dies gilt grundsätzlich auch dann, wenn die Arbeitnehmervertretung zwar tätig 190

---

541 BAG 24.10.1996 – 2 AZR 3/96.
542 Vgl Rn 176.
543 BAG 25.3.1976 – 2 AZR 163/75.
544 BAG 23.8.1984 – 2 AZR 391/83.
545 KR/Etzel § 103 BetrVG Rn 105; Fitting § 33 Rn 54; jeweils mwN.
546 ZB BAG 15.11.1995 – 2 AZR 974/94; BAG 22.11.2012 – 2 AZR 732/11.
547 BAG 23.8.1984 – 2 AZR 391/83; BAG 29.11.1984 – 2 AZR 581/83; APS/Linck § 103 BetrVG Rn 20 a; GK-BetrVG/Raab § 103 Rn 58; KR/Etzel § 103 BetrVG Rn 107.

wird, ihre Beschlussfassung jedoch infolge grober Verfahrensfehler unwirksam ist. Zudem würde es dem Gesetzeszweck[548] zuwiderlaufen, für das Zustimmungserfordernis einen unwirksamen Zustimmungsbeschluss ausreichen zu lassen. Ein **nichtiger Beschluss** und die daraus resultierende rechtsunwirksame Zustimmungserklärung stellt deshalb eine **Kündigungsschranke für den Arbeitgeber** dar, die grundsätzlich nicht durch Zeitablauf beseitigt werden kann.[549]

191 Das BAG wendet bei nichtigen Zustimmungsbeschlüssen aber zutreffend die **Grundsätze des Vertrauensschutzes** zugunsten des Arbeitgebers an.[550] Hat der nach § 26 Abs 2 BetrVG (bzw § 32 Abs 3 BPersVG) für die Außenvertretung zuständige Vorsitzende der Arbeitnehmervertretung bzw dessen Stellvertreter dem Arbeitgeber mitgeteilt, die Zustimmung sei erteilt, kann der Arbeitgeber idR davon ausgehen, dass dieser Beschluss auch wirksam zustande gekommen ist. Auch ein nichtiger Zustimmungsbeschluss kann danach als Grundlage für die Kündigung ausreichend sein, uU sogar eine fehlende Beschlussfassung. Das setzt allerdings voraus, dass der Arbeitgeber nach den Umständen des Falls keinen Zweifel an einem ordnungsgemäßen Beschluss haben konnte. Zu Nachforschungen über den Ablauf des Zustimmungsverfahrens ist der Arbeitgeber weder berechtigt noch verpflichtet, da dies eine unzulässige Einmischung in die Geschäftsführung der Arbeitnehmervertretung darstellen würde.[551] Wenn der Arbeitgeber zum Zeitpunkt der Kündigung hingegen weiß oder hätte wissen müssen, dass der Beschluss unwirksam ist, kann er sich nicht auf den Vertrauensschutz berufen. Gleiches gilt, wenn ihm die zur Unwirksamkeit des Beschlusses führenden Tatsachen bekannt sind oder bekannt sein müssen, er diese aber rechtlich falsch bewertet.[552] Ist der Beschluss nichtig und liegen die Voraussetzungen des Vertrauensschutzes nicht vor, kann der Arbeitgeber die Kündigung nicht wirksam aussprechen, stattdessen muss er mangels Zustimmung – nach Ablauf der Stellungnahmefrist[553] – das Verfahren auf gerichtliche Zustimmungsersetzung einleiten. Entsprechendes gilt, wenn der Arbeitgeber weiß oder hätte erkennen müssen, dass der Zustimmungserklärung überhaupt kein Beschluss des Organs zugrunde liegen kann.[554] Maßgeblicher Zeitpunkt für den Kenntnisstand des Arbeitgebers ist der Ausspruch der Kündigung; erst nach Ausspruch der Kündigung bekannt gewordene Verfahrensfehler lassen den Vertrauensschutz und damit die Wirksamkeit der Kündigung unberührt.[555] Der gutgläubige Arbeitgeber

---

548 Vgl Rn 2.
549 BAG 22.2.1979 – 2 AZR 115/78; BAG; 26.8.1981 – 7 AZR 550/79; BAG 23.8.1984 – 2 AZR 391/83; BAG 29.11.1984 – 2 AZR 581/83.
550 BAG 23.8.1984 – 2 AZR 391/83; BAG 29.11.1984 – 2 AZR 581/83.
551 Ebenso KR/Etzel § 103 BetrVG Rn 107.
552 BAG 23.8.1984 – 2 AZR 391/83; BAG 29.11.1984 – 2 AZR 581/83; einschränkend KR/Etzel § 103 BetrVG Rn 106 f, der auch bei berechtigten Zweifeln des Arbeitgebers an der Wirksamkeit des Beschlusses den Vertrauensschutz nicht entfallen lassen möchte.
553 Vgl Rn 194.
554 ZB bei spontaner Erklärung des Betriebsratsvorsitzenden nach Eingang des Zustimmungsantrags, der Kündigung werde zugestimmt; vgl BAG 24.10.1996 – 2 AZR 3/96.
555 KR/Etzel § 103 BetrVG Rn 108.

kann sich auf die einmal erteilte Zustimmung also verlassen. Auch der Betriebsrat ist nicht in der Lage, die Zustimmung nach Zugang der Erklärung beim Arbeitgeber einseitig zu beseitigen, denn er kann seine Beschlüsse nur solange aufheben oder ändern, wie diese gegenüber Dritten noch nicht verbindlich geworden sind.[556]

d) Stellungnahme der Arbeitnehmervertretung. Die Arbeitnehmervertretung kann auf den Zustimmungsantrag unterschiedlich reagieren. Die außerordentliche Kündigung kann aber nur nach einer **Zustimmung** wirksam erklärt werden. In allen anderen Fällen – Schweigen,[557] ausdrückliche Zustimmungsverweigerung, „Widerspruch" bzw Bedenken gegen die Kündigung – muss der Arbeitgeber das gerichtliche Zustimmungsersetzungsverfahren einleiten, wenn er an seiner Kündigungsabsicht festhalten will. 192

Eine besondere **Form** für die Erteilung der Zustimmung wird in §§ 103 BetrVG, 47 Abs 1, 108 Abs 1 BPersVG nicht gefordert. Die Arbeitnehmervertretung kann der außerordentlichen Kündigung deshalb auch **mündlich zustimmen**. Ein Schriftformerfordernis ergibt sich insbesondere nicht aus § 182 Abs 3 iVm § 111 Satz 2 BGB, denn die §§ 182 ff BGB sind auf die Zustimmung nach § 103 BetrVG unanwendbar.[558] Eine Begründung ist ebenfalls nicht erforderlich. 193

Eine **Stellungnahmefrist** sieht das Gesetz ausdrücklich im **Bereich der Personalvertretung** vor. Nach §§ 47 Abs 1 Satz 2, 108 Abs 1 Satz 2 BPersVG kann der Dienststellenleiter das Zustimmungsersetzungsverfahren (beim Verwaltungsgericht) einleiten, wenn der Personalrat die Zustimmung verweigert oder sich nicht innerhalb von drei Arbeitstagen nach Eingang des Zustimmungsantrags äußert. Im **Bereich der Betriebsverfassung** stellt das Zustimmungsverfahren – wie unter Rn 187 dargestellt – eine qualifizierte Form des Anhörungsverfahrens nach § 102 BetrVG dar, weshalb die eine außerordentliche Kündigung betreffenden Verfahrensvorschriften von § 102 BetrVG ergänzend angewendet werden können.[559] Der Betriebsrat hat daher **unverzüglich, spätestens aber innerhalb von drei Kalendertagen** nach Eingang des Zustimmungsantrags Stellung zu nehmen, § 102 Abs 2 Satz 3 BetrVG. Äußert er sich nicht innerhalb dieser Frist, muss der Arbeitgeber das Zustimmungsersetzungsverfahren einleiten. Das **Schweigen** des Betriebsrats bedeutetim Rahmend § 103 Abs 1 BetrVG **keine Zustimmung,** sondern deren Verweigerung. Als Zustimmung kann ein Schweigen nur dann gewertet werden, wenn das Gesetz ausnahmsweise diese Rechtsfolge anordnet. In § 103 BetrVG fehlt eine entsprechende Rechtsgrundlage. Eine analoge Anwendung der §§ 102 Abs 2 Satz 2, 99 Abs 3 Satz 2 BetrVG, 91 Abs 3 Satz 2 SGB IX kommt nicht in Betracht, da dies mit dem Schutzzweck des § 103 BetrVG[560] nicht zu vereinbaren wäre. 194

Die Stellungnahmefrist von drei Kalender- bzw Arbeitstagen schließt nicht aus, dass die Arbeitnehmervertretung die **Zustimmung** zur außerordentli- 195

---

556 Fitting § 33 Rn 45; GK-BetrVG/Raab § 33 Rn 42.
557 Vgl dazu noch Rn 194.
558 BAG 4.3.2004 – 2 AZR 147/03.
559 Das BAG wendet § 102 BetrVG allerdings entsprechend an; vgl BAG 18.8.1977 – 2 ABR 19/77; BAG 29.11.1984 – 2 AZR 581/83.
560 Vgl Rn 2.

chen Kündigung noch zu einem späteren Zeitpunkt erteilt, zB aufgrund neuer Tatsachen oder auch einer anderen Beurteilung des gleichen Sachverhalts.[561] Rechtliche Bedeutung hat die nachträgliche Zustimmung aber nur dann, wenn der Arbeitgeber die Kündigung zu diesem Zeitpunkt noch nicht ausgesprochen hatte.[562] Zu beachten ist bei einer späteren Zustimmung ferner, ob die Kündigungserklärungsfrist des § 626 Abs 2 BGB noch eingehalten werden kann. Das wird dem Arbeitgeber nur möglich sein, wenn er nach der ursprünglichen Zustimmungsverweigerung rechtzeitig vor Ablauf der Zweiwochenfrist das Zustimmungsersetzungsverfahren eingeleitet hatte.[563] Trifft das zu, muss der Arbeitgeber die Kündigung nun unverzüglich erklären. Das Zustimmungsersetzungsverfahren ist in der Hauptsache erledigt.[564] Liegt bereits eine rechtskräftige Entscheidung im Zustimmungsersetzungsverfahren vor, ist die nachträgliche Zustimmung bei unverändertem Kündigungssachverhalt durch die Präklusionswirkung[565] ausgeschlossen.[566]

196 **e) Kündigung nach erteilter Zustimmung.** Der Arbeitgeber kann die außerordentliche Kündigung wirksam erst **nach** der Zustimmungserteilung erklären.[567] Die Kündigung muss dem Arbeitnehmer noch innerhalb der Ausschlussfrist des § 626 Abs 2 BGB zugehen.[568] Die Zustimmung nach § 103 BetrVG ist **keine Zustimmung iSd §§ 182 BGB.** § 103 BetrVG iVm § 15 KSchG enthält eine eigenständige und abschließende Sonderregelung. Das Betriebsratsmitglied kann deshalb die Kündigung nicht nach § 182 Abs 3 BGB iVm § 111 Satz 2, 3 BGB zurückweisen, wenn der Arbeitgeber ihm die vom Betriebsrat erteilte Zustimmung nicht in schriftlicher Form vorlegt.[569]

197 **f) Ausnahmen vom Zustimmungserfordernis.** Die außerordentliche Kündigung der in den §§ 103 BetrVG, 47 Abs 1, 108 Abs 1 BPersVG genannten Personen erfordert keine Zustimmung der Arbeitnehmervertretung (daher auch keine gerichtliche Zustimmungsersetzung), soweit der Kündigung ein **von § 15 Abs 4 und 5 KSchG umfasster Sachverhalt** zugrunde liegt.[570]

198 Nach überwiegender Auffassung soll in **Tendenzbetrieben** keine Zustimmung nach § 103 BetrVG, sondern nur die Anhörung nach § 102 BetrVG erforderlich sein, wenn die außerordentliche Kündigung aus tendenzbedingten Gründen erfolgt.[571] In diesem Sonderfall findet nach der hM infolgedessen auch kein gerichtliches Zustimmungsersetzungsverfahren statt.

199 Vor außerordentlichen **Kampfkündigungen** gegenüber vom Schutz des § 15 KSchG erfassten Arbeitnehmern wegen der Teilnahme an rechtswidrigen

---

561 BAG 17.9.1981 – 2 AZR 402/79.
562 Vgl Rn 184.
563 Vgl Rn 177.
564 Vgl Rn 179.
565 Vgl Rn 211.
566 KR/Etzel § 103 BetrVG Rn 99.
567 Vgl Rn 184.
568 Einzelheiten vgl Rn 174 ff.
569 BAG 4.3.2004 – 2 AZR 147/03, aA KR/Etzel § 103 BetrVG Rn 89; Fitting § 103 BetrVG Rn 31.
570 Einzelheiten vgl Rn 145, 150.
571 Vgl Rn 15.

Arbeitskämpfen muss der Arbeitgeber das innerbetriebliche Zustimmungsverfahren nicht durchführen. Der Betriebsrat kann seine Beteiligungsrechte bei arbeitskampfbedingten personellen Maßnahmen nicht ausüben, da er ansonsten entgegen § 74 Abs 2 BetrVG auf das Kampfgeschehen Einfluss nehmen könnte.[572] Im Hinblick auf den Schutzzweck der §§ 15 KSchG, 103 BetrVG[573] muss der Arbeitgeber in entsprechender Anwendung des § 103 Abs 2 BetrVG die vorherige **Zustimmung des Arbeitsgerichts** einholen.[574]

Das Zustimmungsverfahren entfällt ferner in allen sonstigen Fällen der **Funktionsunfähigkeit** des Betriebsrats bzw der Personalvertretung. Der Zustimmungsantrag ist analog **§ 103 Abs 2 BetrVG** (§§ 47 Abs 1 Satz 2, 108 Abs 1 Satz 2 BPersVG) **unmittelbar beim Gericht zu stellen**.[575] Die Funktionsfähigkeit der Arbeitnehmervertretung setzt zunächst voraus, dass die konstituierende Sitzung stattgefunden hat (§§ 29 Abs 1, 26 Abs 1 BetrVG; 34 Abs 1, 32 Abs 1 BPersVG). Vor diesem Zeitpunkt ist die Arbeitnehmervertretung noch nicht handlungsfähig.[576] Soweit der bisherige Betriebs- bzw Personalrat noch amtiert, ist die Zustimmung aber bei diesem zu beantragen (§§ 21, 22 BetrVG, 26, 27 Abs 3 BPersVG).

200

Nach der Konstituierung kann die Arbeitnehmervertretung funktionsunfähig werden, wenn sämtliche Mitglieder der Arbeitnehmervertretung einschließlich der Ersatzmitglieder nicht nur kurzfristig an der Amtsausübung verhindert sind.[577] Die **Verhinderung** kann aus tatsächlichen (zB Urlaub, Krankheit) oder rechtlichen Gründen (Behandlung von Angelegenheiten, die den Amtsträger selbst betreffen)[578] eintreten. Die Arbeitnehmervertretung ist deshalb nicht funktionsunfähig, wenn nur noch ein einziges Mitglied oder Ersatzmitglied die Amtsgeschäfte ausüben kann. Eine Beschlussunfähigkeit steht nicht entgegen, da dann eine Geschäftsführungsbefugnis entsprechend §§ 22 BetrVG, 27 Abs 3 BPersVG besteht.[579] Soll die außerordentliche Kündigung gegenüber dem einzigen verbliebenen Mitglied der Arbeitnehmervertretung ausgesprochen werden, ist dieses als Betroffener rechtlich an der Beschlussfassung gehindert. Soweit ein gewähltes Ersatzmitglied vorhanden ist, muss der Arbeitgeber dieses beteiligen, andernfalls unmittelbar beim Gericht die Zustimmung zur außerordentlichen Kündigung beantragen.[580]

---

572 BAG 14.2.1978 – 1 AZR 54/76; GK-BetrVG/Raab § 103 Rn 45 f; **aA** KR/Etzel § 103 Rn 61.
573 Vgl Rn 1 f.
574 BAG 14.2.1978 – 1 AZR 54/76; aA GK-BetrVG/Raab § 103 Rn 46: Kündigungsausspruch ohne Zustimmungsersetzung möglich.
575 BAG 16.12.1982 – 2 AZR 76/81.
576 BAG 23.8.1984 – 2 AZR 391/83; soweit der bisherige Betriebs- bzw Personalrat noch amtiert, ist die Zustimmung aber bei diesem zu beantragen, vgl §§ 21, 22 BetrVG, 26, 27 Abs 3 BPersVG.
577 KR/Etzel § 102 BetrVG Rn 24 a.
578 Vgl BAG 23.8.1984 – 2 AZR 391/83 zur Beteiligung des gekündigten Betriebsratsmitgliedes selbst.
579 BAG 18.8.1982 – 7 AZR 437/80; BAG 16.10.1986 – 2 ABR 71/85; KR/Etzel § 102 BetrVG Rn 25.
580 BAG 16.12.1982 – 2 AZR 76/81; BAG 14.9.1994 – 2 AZR 75/94.

201 **Kein Fall der Funktionsunfähigkeit** liegt vor, wenn der Arbeitgeber **allen** Mitgliedern der Arbeitnehmervertretung aus demselben Anlass außerordentlich **kündigen will** und keine Ersatzmitglieder vorhanden sind.[581] Der Arbeitgeber muss daher zu jeder Einzelnen Kündigung die Zustimmung des Gremiums beantragen. Der einzelne Mandatsträger ist nur gehindert, an der Beratung und Abstimmung über die Zustimmung zu der ihn betreffenden Kündigung teilzunehmen.

4. Das Zustimmungsersetzungsverfahren

202 a) **Rechtsweg; Beschlussverfahren; Beteiligte.** Im Bereich der Betriebsverfassung ist das Arbeitsgericht für die gerichtliche Ersetzung der fehlenden Zustimmung zuständig (vgl § 103 Abs 2 Satz 1 BetrVG), im Bereich der Personalvertretung das Verwaltungsgericht (vgl §§ 47 Abs 1 Satz 2, 108 Abs 1 Satz 2 BPersVG). Das Arbeitsgericht entscheidet im Beschlussverfahren (§ 2 a Abs 1 Nr 1, Abs 2, §§ 80 ff ArbGG). Im verwaltungsgerichtlichen Zustimmungsersetzungsverfahren gelten die Vorschriften des ArbGG über das Beschlussverfahren entsprechend (§ 83 Abs 2 BPersVG). Neben dem Arbeitgeber und der Arbeitnehmervertretung ist der betroffene **Arbeitnehmer Beteiligter** des Beschlussverfahrens (§ 103 Abs 2 Satz 2 BetrVG; §§ 47 Abs 1 Satz 3, 108 Abs 1 Satz 3 BPersVG). Als Beteiligter kann auch der Arbeitnehmer Rechtsmittel gegen einen die Zustimmung ersetzenden Beschluss einlegen. Im Beschlussverfahren gilt der **Untersuchungsgrundsatz**. Gem § 83 Abs 1 Satz 1 ArbGG erforscht das Gericht den Sachverhalt im Rahmen der gestellten Anträge **von Amts wegen**. Es sind daher alle für die Berechtigung der außerordentlichen Kündigung relevanten Umstände durch das Gericht aufzuklären. Der Untersuchungsgrundsatz des Beschlussverfahrens bedeutet aber nicht, dass das Gericht einen im Verfahren bekannt gewordenen Sachverhalt zur Rechtfertigung einer Kündigung heranziehen kann, auf den sich der Arbeitgeber – aus welchen Gründen auch immer – überhaupt nicht als möglichen Kündigungsgrund beruft.[582] Die Beteiligten haben an der Aufklärung des Sachverhalts mitzuwirken (§ 83 Abs 1 Satz 2 ArbGG). Die Ermittlung ist jedoch nur soweit auszudehnen, als das bisherige Vorbringen der Beteiligten und der schon bekannte Sachverhalt bei pflichtgemäßer Würdigung Anhaltspunkte dafür bieten, dass der entscheidungserhebliche Sachverhalt noch weiterer Aufklärung bedarf. Nach § 83 Abs 2 ArbGG kann das Gericht zu diesem Zweck Urkunden einsehen, Auskünfte einholen, Zeugen, Sachverständige und Beteiligte vernehmen und einen Augenschein durchführen. Die Vorschriften über das Geständnis und das Nichtbestreiten einer Tatsache (§§ 288, 138 Abs 3 ZPO) sind wegen des im Beschlussverfahren geltenden Untersuchungsgrundsatzes nicht anwendbar. Einer Beweisaufnahme bedarf es regelmäßig (nur dann) nicht, wenn die Beteiligten einen Sachverhalt übereinstimmend vortragen oder das substantiierte Vorbringen eines Beteiligten von den an-

---

581 BAG 25.3.1976 – 2 AZR 163/75; KR/Etzel § 103 BetrVG Rn 56 a; abweichend Stahlhacke/Preis/Vossen Rn 1657 mit Fn 93, die wegen des bestehenden Interessenkonflikts die unmittelbare Einleitung des gerichtlichen Zustimmungsersetzungsverfahrens befürworten.
582 BAG 27.1.1977 – 2 ABR 77/76; BAG 10.12.1992 – 2 ABR 32/92.

deren nicht bestritten wird oder sich an dessen Richtigkeit keine Zweifel aufdrängen.[583] Obwohl die Beteiligten aufgrund des Untersuchungsgrundsatzes eine subjektive Beweis(führungs)last[584] ebenso wenig wie eine Darlegungslast trifft, gibt es im Rahmen des Beschlussverfahrens dennoch eine objektive **Beweislast** in der Weise, dass bei Unaufklärbarkeit bestimmter Tatsachen (non liquet) die Entscheidung zu Lasten desjenigen geht, der für sich eine günstige Rechtsfolge hieraus ableiten würde.

b) **Vorheriges Zustimmungsverfahren als Zulässigkeitsvoraussetzung des Ersetzungsverfahrens; Ausnahmen.** Die Einleitung des gerichtlichen Ersetzungsverfahrens ist nur zulässig, wenn die Arbeitnehmervertretung die Zustimmung verweigert hat oder die Stellungnahmefrist[585] ohne Zustimmungserteilung abgelaufen ist. Ein vor der Zustimmungsverweigerung vorsorglich für den Fall der Zustimmungsverweigerung gestellter Ersetzungsantrag ist unzulässig und wird auch nicht mit der späteren Zustimmungsverweigerung zulässig, kann zudem die Kündigungserklärungsfrist nach § 626 Abs 2 BGB nicht wahren.[586] Es handelt sich nicht nur um eine Frage des Rechtsschutzinteresses, das auch erst im Zeitpunkt der gerichtlichen Entscheidung über den Ersetzungsantrag bestehen kann. Das Gericht ist lediglich befugt, eine von der Arbeitnehmervertretung **verweigerte Zustimmung** zu **ersetzen** und darf dabei selbst nachgeschobene Kündigungsgründe nur nach erneuter – negativer – Behandlung durch die Arbeitnehmervertretung verwerten.[587] Es widerspricht dem Zweck der §§ 103 BetrVG, 47 Abs 1, 108 Abs 1 BPersVG, die Einleitung des Ersetzungsverfahrens ohne Vorbehandlung des Falles durch die Arbeitnehmervertretung zuzulassen mit der möglichen Folge, dass das Gericht – im Falle der Zustimmung der Arbeitnehmervertretung – nutzlos mit dem Antrag befasst wird. Auf derselben Erwägung beruht die in der Rechtsprechung allgemein vertretene Ansicht, ein Rechtsmittel oder Rechtsbehelf vor Erlass eines Urteils sei unzulässig und werde auch nicht nach Erlass des Urteiles zulässig.[588] Wenn auch der Ersetzungsantrag kein Rechtsmittel darstellt und das Arbeits- bzw Verwaltungsgericht eine Rechtsentscheidung zu treffen hat,[589] so gehören doch die Gründe für die Zustimmungsverweigerung, falls die Arbeitnehmervertretung solche anführt, zu den Umständen, die das Gericht zu berücksichtigen hat.[590] Will der Arbeitgeber wegen Bedenken gegen die Wirksamkeit der ersten Kündigung, der eine Zustimmungsverfahren vorausging, vorsorglich eine weitere Kündigung aussprechen, muss er erneut

---

583 BAG 10.12.1992 – 2 ABR 32/92.
584 Die subjektive Beweislast wird auch als formelle, die objektive als materielle Beweislast bezeichnet; vgl Zöller/Greger vor § 284 Rn 18.
585 Vgl Rn 194.
586 Vgl auch Rn 177; BAG 7.5.1986 – 2 AZR 349/85; BAG 24.10.1996 – 2 AZR 3/96; KR/Etzel § 103 BetrVG Rn 83; nach vHH/L/v. Hoyningen-Huene § 15 Rn 127 soll der verfrühte Ersetzungsantrag mit der nachfolgenden Zustimmungsverweigerung nachträglich zulässig werden, wenn das Zustimmungsverfahren rechtzeitig, also spätestens am zehnten Tag nach Bekanntwerden der Kündigungstatsachen eingeleitet worden ist, so dass der Ersetzungsantrag noch vor Ablauf der Frist des § 626 Abs 2 BGB hätte gestellt werden können.
587 Vgl Rn 207.
588 ZB BAG 7.5.1986 – 2 ABR 27/85.
589 Vgl Rn 206.
590 Vgl BAG 7.5.1986 – 2 AZR 349/85.

die Zustimmung bei der Arbeitnehmervertretung beantragen; ein stattdessen gestellter Zustimmungsersetzungsantrag ist unzulässig.[591]

204 Die vorherige Durchführung des Zustimmungsverfahrens ist nur in **Ausnahmefällen** keine **Zulässigkeitsvoraussetzung** für das Ersetzungsverfahren. In **Betrieben ohne Betriebsrat** bzw Dienststellen ohne Personalvertretung kann keine Zustimmung erteilt werden. Der Gesetzeszweck gebietet eine analoge Anwendung des § 103 Abs 2 BetrVG (§§ 47 Abs 1 Satz 2, 108 Abs 1 Satz 2 BPersVG). Der Arbeitgeber muss deshalb die Zustimmung zur außerordentlichen Kündigung **unmittelbar beim Gericht** einholen, bevor er wirksam kündigen kann.[592] Entsprechendes gilt, wenn die Arbeitnehmervertretung die Zustimmung wegen **Funktionsunfähigkeit** nicht erteilen kann.[593]

205 c) **Zeitpunkt der Verfahrenseinleitung.** Eine Frist zur Einleitung des Zustimmungsersetzungsverfahrens ist gesetzlich nicht normiert. Der späteste Zeitpunkt ergibt sich aber aus der Anwendbarkeit des § 626 Abs 2 BGB. Der Antrag ist noch innerhalb von zwei Wochen ab Kenntnis der Kündigungstatsachen bei Gericht einzureichen.[594] Der früheste Zeitpunkt ist der Abschluss des Zustimmungsverfahrens (Verweigerung der Zustimmung oder Ablauf der Stellungnahmefrist),[595] da die Durchführung des Zustimmungsverfahrens Zulässigkeitsvoraussetzung des Zustimmungsersetzungsverfahrens ist und ein unzulässiger Ersetzungsantrag die Frist des § 626 Abs 2 BGB nicht wahren kann.[596]

206 d) **Vorweggenommene materiellrechtliche Prüfung der Kündigung. aa) Umfang der gerichtlichen Prüfung.** Im Zustimmungsersetzungsverfahren ist das Gericht nicht auf die Überprüfung der Entscheidung der Arbeitnehmervertretung beschränkt. Es hat vielmehr zu prüfen, ob die beabsichtigte außerordentliche Kündigung unter **Berücksichtigung aller Umstände** gerechtfertigt ist (vgl § 103 Abs 2 Satz 1 BetrVG, §§ 47 Abs 1 Satz 2, 108 Abs 1 Satz 2 BPersVG). Ist das der Fall, hat der Arbeitgeber einen Anspruch auf die gerichtliche Ersetzung der Zustimmung.[597] **Zum Prüfungsumfang** gehört die Frage,

- ob ein wichtiger Grund nach § 626 BGB gegeben ist,[598]
- der Arbeitgeber mit dem Ersetzungsantrag die Kündigungserklärungsfrist des § 626 Abs 2 BGB gewahrt hat[599] und

---

591 BAG 24.10.1996 – 2 AZR 3/96.
592 BAG 12.8.1976 – 2 AZR 303/75; BAG 30.5.1978 – 2 AZR 637/76; KR/Etzel § 103 BetrVG Rn 54.
593 Vgl die unter Rn 199, 200 dargestellten Konstellationen.
594 Vgl Rn 174 f, 177.
595 Vgl Rn 194.
596 Vgl Rn 203, 177; zu den Ausnahmen vgl Rn 204, 199 f.
597 BAG 10.2.1999 – 2 ABR 31/98.
598 Vgl Rn 159 ff.
599 Vgl Rn 205, 174 f, 177.

- ob sonstige Gründe vorliegen, die zur Unwirksamkeit der Kündigung führen.[600] In Betracht kommt zB ein Verstoß gegen § 138 BGB oder das Maßregelungsverbot (§ 612 a BGB).

Kündigungshindernisse, die nach Abschluss des Zustimmungsersetzungsverfahrens noch behoben werden können, werden indes nicht in die Prüfung miteinbezogen.[601] Dies ist darauf zurückzuführen, dass es sich beim Zustimmungsersetzungsverfahren um **ein der Kündigung vorgelagertes Verfahren** handelt. Eine abschließende Beurteilung der Rechtmäßigkeit der (noch auszusprechenden) Kündigung ist daher zu diesem Zeitpunkt nicht möglich. Ist das zu kündigende Betriebsratsmitglied zB auch schwerbehindert, so kann im Zustimmungsersetzungsverfahren dem Arbeitgeber die Berechtigung zum Ausspruch der Kündigung nicht wegen fehlender Zustimmung des Integrationsamtes abgesprochen werden, denn diese kann auch noch nach Abschluss des betriebsverfassungsrechtlichen Verfahrens eingeholt werden.[602] Das Gericht trifft keine Ermessensentscheidung, sondern eine **Rechtsentscheidung**, die den Kündigungsrechtsstreit praktisch vorwegnimmt.[603] Im Zustimmungsersetzungsverfahren gilt der Untersuchungsgrundsatz, weshalb die kündigungsrelevanten Tatsachen von Amts wegen zu ermitteln sind. Umstände, auf die der Arbeitgeber die beabsichtigte Kündigung nicht stützt, können vom Gericht aber nicht berücksichtigt werden.[604]

bb) Nachschieben von Kündigungsgründen. Im Zustimmungsersetzungsverfahren ist der maßgebliche Beurteilungszeitpunkt für die Wirksamkeit der auszusprechenden Kündigung die letzte mündliche Tatsachenverhandlung.[605] Der Arbeitgeber kann **neue Kündigungsgründe** im laufenden Ersetzungsverfahren **nachschieben**.[606] Das gilt sowohl für dem Arbeitgeber nachträglich bekannt gewordene Gründe,[607] als auch für ihm bereits bekannt gewesene Gründe, die er der Arbeitnehmervertretung im Zustimmungsverfahren zunächst nicht mitgeteilt hatte, weil er hierauf die Kündigung nicht stützen wollte.[608] Darüber hinaus ist im Zustimmungsersetzungsverfahren – im Gegensatz zum Kündigungsschutzverfahren nach § 4

207

---

600 BAG 11.5.2000 – 2 AZR 276/99; KR/Etzel § 103 BetrVG Rn 115; aA LAG Frankfurt 31.7.1987 – 14 TaBV 12/87 – LAGE § 103 BetrVG 1972 Nr 7 und LAG Düsseldorf 18.3.1999 – 11 Sa 1950/98, wonach die gerichtliche Prüfung auf das Vorliegen eines wichtigen Grundes beschränkt sei.
601 BAG 11.5.2000 – 2 AZR 276/99.
602 BAG 11.5.2000 – 2 AZR 276/99.
603 BAG 22.8.1974 – 2 ABR 17/84; zur Präjudizialität vgl Rn 211.
604 Einzelheiten zum Untersuchungsgrundsatz vgl Rn 202.
605 BAG 10.2.1999 – 2 ABR 31/98; KR/Etzel § 103 Rn 115.
606 BAG 23.4.2008 – 2 ABR 71/07.
607 BAG 22.8.1974 – 2 ABR 17/84; BAG 27.5.1975 – 2 ABR 125/74; BAG 27.1.1977 – 2 ABR 77/76.
608 BAG 22.8.1974 – 2 ABR 17/74; KR/Etzel § 103 BetrVG Rn 118; waren die Gründe für seinen Kündigungsentschluss jedoch von Anfang an mitursächlich, hätten sie nach derim Rahmenv §§ 103 Abs 1,102 Abs 1 Satz 2 BetrVG geltenden Theorie der subjektiven Determination vor der Einleitung des Zustimmungsverfahrens mitgeteilt werden müssen mit der Folge, dass ein abgeschlossenes Zustimmungsverfahren nicht vorliegt. Das Ersetzungsverfahren ist dann unheilbar unzulässig; vgl Rn 203.

KSchG⁶⁰⁹ – auch das Nachschieben solcher Gründe zulässig, die erst im Laufe des Verfahrens entstehen. Dies ist darauf zurückzuführen, dass es im Zustimmungsersetzungsverfahren um die Prüfung der Berechtigung zum Ausspruch einer zukünftigen Kündigung geht. Maßgeblicher Zeitpunkt für das Vorliegen von Kündigungsgründen ist stets der Zeitpunkt, in dem die Kündigung dem Arbeitnehmer zugeht.[610]

208 Das Nachschieben von Kündigungsgründen setzt aber nach einhelliger Auffassung voraus, dass die zusätzlichen Gründe zuvor der Arbeitnehmervertretung innerhalb der Frist von § 626 Abs 2 BGB mitgeteilt wurden und diese erneut Gelegenheit hatte, der beabsichtigten Kündigung zuzustimmen.[611] Ohne diese Vorbehandlung durch die Arbeitnehmervertretung kann das Gericht den ergänzenden Vortrag des Arbeitgebers nicht verwerten, denn es ist lediglich befugt, eine aus bestimmten Gründen verweigerte Zustimmung zu ersetzen, was begrifflich eine Vorbefassung der Arbeitnehmervertretung voraussetzt.[612] Für das Zustimmungsverfahren gelten auch in diesen Fällen die unter Rn 187 ff, 192 ff dargestellten Regeln. Es reicht nicht aus, wenn der Vorsitzende des Betriebsrats von den neuen Gründen durch seine Teilnahme am Beschlussverfahren erfährt und der Verfahrensbevollmächtigte des Betriebsrats im Einvernehmen mit ihm weiterhin die Zurückweisung des Ersetzungsbegehrens beantragt. Der Grundsatz der vertrauensvollen Zusammenarbeit erfordert, dass der Arbeitgeber dem Betriebsrat Gelegenheit gibt, aufgrund des neuen Sachverhalts erneut einen Beschluss zu fassen.[613]

209 Liegt eine der Ausnahmekonstellationen vor, in denen die Zustimmung unmittelbar beim Gericht beantragt werden muss,[614] können auch die neuen Kündigungsgründe unmittelbar in das Beschlussverfahren eingeführt werden. Existiert zu diesem Zeitpunkt (wieder oder erstmals) eine funktionsfähige Arbeitnehmervertretung, hat der Arbeitgeber zuvor bei dieser die Zustimmung zur Kündigung aufgrund der neuen Gründe zu beantragen.[615]

210 Der Arbeitgeber muss auch hinsichtlich nachgeschobener Kündigungsgründe die **Kündigungserklärungsfrist** des § 626 Abs 2 BGB einhalten. Das setzt voraus, dass der Arbeitgeber innerhalb von zwei Wochen, nachdem ihm die neuen Gründe bekannt geworden sind, den Betriebsrat erneut um Zustimmung ersucht. Umstritten bleibt in der Instanzrechtsprechung[616] sowie

---

609 BAG 19.12.1958 – 2 AZR 390/58; BAG 11.4.1985 – 2 AZR 239/84.
610 BAG 23.4.2008 – 2 ABR 71/07.
611 BAG 22.8.1974 – 2 ABR 17/74; BAG 27.5.1975 – 2 ABR 125/74; BAG 23.4.2008 – 2 ABR 71/07; APS/Linck § 103 BetrVG Rn 26; DKKW/Bachner § 103 Rn 43; Eylert/Sänger, RdA 2010, 24, 30; KR/Etzel § 103 BetrVG Rn 118.
612 BAG 27.1.1977 – 2 ABR 77/76; BAG 27.5.1975 – 2 ABR 125/74; BAG 22.8.1974 – 2 ABR 17/74.
613 BAG 27.5.1975 – 2 ABR 125/74.
614 Vgl Rn 199 f, 204.
615 KR/Etzel § 103 BetrVG Rn 118.
616 LAG Düsseldorf 29.11.1993 – 12 TaBV 82/93; LAG Nürnberg 25.3.1999 – 8 TaBV 21/98; LAG Hamm 15.2.2002 – 10 TaBV 101/01.

in der Literatur,[617] ob die nachzuschiebenden Gründe innerhalb der 2-Wochen-Frist auch noch im Ersetzungsverfahren geltend gemacht werden müssen oder ob – so die Auffassung des BAG[618] – die rechtzeitige Beteiligung des Betriebsrats ausreichend ist. Die Beantwortung dieser Frage hängt davon ab, ob man den Sinn und Zweck des § 626 Abs 2 BGB, nämlich die Klarstellung gegenüber dem Arbeitnehmer, ob sein Arbeitgeber einen bestimmten Sachverhalt als Anlass zum Ausspruch einer außerordentlichen Kündigung nehmen möchte, durch die rechtzeitige Beteiligung des Betriebsrats als erfüllt ansieht oder ob diese Klarstellung erst in der Einführung der neuen Gründe in das Zustimmungsersetzungsverfahren liegt.

Gegen die Anwendung der Zweiwochenfrist auf das Nachschieben in das Zustimmungsersetzungsverfahren selbst spricht meines Erachtens, dass seit der Entscheidung des BAG vom 17.8.1972[619] das eigentliche Nachschieben außerordentlicher Kündigungsgründe im Bestandsschutzverfahren nicht der Frist von § 626 Abs 2 BGB unterworfen wird. Strengere Anforderungen für den Fall des (vorgeschalteten) Zustimmungsersetzungsverfahrens erscheinen nicht angezeigt. Mit der Einleitung des Zustimmungsersetzungsverfahrens hat der Arbeitgeber alles aus seiner Sicht Erforderliche getan, um eine Kündigung trotz verweigerter Zustimmung aussprechen zu können. Hierdurch wird dem Arbeitnehmer hinreichend deutlich, dass sich der Arbeitgeber auf jeden Fall von ihm trennen möchte. Sein Interesse, zu erfahren, ob der Arbeitgeber alle dem Betriebsrat zur Zustimmung genannten Kündigungsgründe auch tatsächlich verwerten möchte, wird von § 626 Abs 2 BGB nicht geschützt.

cc) Präjudizielle Wirkung der Zustimmungsersetzung. Im Ersetzungsverfahren hat das Gericht zu prüfen, ob die beabsichtigte außerordentliche Kündigung unter Berücksichtigung aller Umstände gerechtfertigt ist. Diese Rechtsentscheidung des Gerichts nimmt den Kündigungsschutzprozess praktisch vorweg.[620] Die in der rechtskräftigen Zustimmungsersetzung enthaltene Feststellung, dass eine außerordentliche Kündigung unter Berücksichtigung aller Umstände zu dem damaligen Zeitpunkt berechtigt gewesen wäre, also ein wichtiger Grund vorliegt, wirkt auch gegenüber dem betroffenen Arbeitnehmer, da er im Zustimmungsersetzungsverfahren Beteiligter war.[621] Die Ersetzung der Zustimmung wegen Vorliegen eines wichtigen Grundes ist im Kündigungsschutzprozess als **Vorfrage** erheblich. Aus diesem Grund hat die Entscheidung im Ersetzungsverfahren **präjudizielle Wirkung** für den Kündigungsschutzprozess. Das Arbeitsgericht darf deswegen im Rechtsstreit über die Wirksamkeit der nach Ersetzung der Zustimmung ausgesprochenen außerordentlichen Kündigung nicht stets erneut prüfen, ob ein wichtiger Grund vorliegt, denn es ist im Grundsatz an die rechts-

211

---

617 Nach DKKW/Bachner § 103 Rn 43, Fitting § 103 Rn 42, KR/Etzel § 103 BetrVG Rn 124 und Richardi/Thüsing § 103 Rn 73 müssen die Gründe innerhalb der Frist in das Zustimmungsersetzungsverfahren nachgeschoben werden; aA APS/Linck § 103 BetrVG Rn 26; GK-BetrVG/Raab § 103 Rn 83; HWGNRH/Huke § 103 Rn 68, die sich dem BAG anschließen.
618 BAG 22.8.1974 – 2 ABR 17/742.
619 BAG 17.8.1972 – 2 AZR 415/71.
620 Vgl Rn 206; BAG 22.8.1974 – 2 ABR 17/74.
621 Vgl Rn 202.

kräftige Entscheidung im Ersetzungsverfahren gebunden. Die Bindungswirkung der im Ersetzungsverfahren getroffenen Feststellung, dass ein wichtiger Grund zur außerordentlichen Kündigung vorliegt, wird durch das sog Präklusionsprinzip ergänzt und abgesichert. Die in dieser Entscheidung getroffenen tatsächlichen Feststellungen erwachsen zwar für sich nicht in Rechtskraft. Die **Rechtskraft** schließt aber in einem späteren Prozess den Vortrag des Arbeitnehmers aus, die bereits zu seinen Ungunsten festgestellte präjudizielle Vorfrage sei unrichtig entschieden worden, soweit er sich dabei auf Tatsachen stützt, die er im Zustimmungsersetzungsverfahren erfolglos geltend gemacht hat oder hätte geltend machen können. Die materielle Rechtskraft der Zustimmungsersetzung steht aber nicht der Berufung auf solche Tatsachen entgegen, die erst nach der letzten Anhörung im Ersetzungsverfahren entstanden sind. Der Arbeitnehmer ist daher nicht gehindert, im Kündigungsschutzprozess zB geltend zu machen, dass der Arbeitgeber nach Ersetzung der Zustimmung die Kündigung nicht rechtzeitig ausgesprochen[622] oder sein Kündigungsrecht aus anderen Gründen verwirkt habe, oder dass die Kündigung unwirksam sei, weil einer der Vertragspartner geschäftsunfähig oder eine für die Kündigung ggf vorgeschriebene Form nicht gewahrt worden sei, oder weil sich neue tatsächliche Umstände ergeben hätten, die den früheren Vorgängen, die geeignet waren, einen wichtigen Grund zu bilden, ein anderes Gewicht geben.[623] Auf Kündigungshindernisse, die – wie die fehlende Zustimmung des Integrationsamts zur Kündigung eines schwerbehinderten Arbeitnehmers – noch nach Abschluss des betriebsverfassungs- bzw personalvertretungsrechtlichen Zustimmungsersetzungsverfahrens beseitigt werden können, kann sich der Arbeitnehmer daher auch noch nach rechtskräftiger Zustimmungsersetzung berufen.[624] Ist der Arbeitnehmer allerdings nicht am Zustimmungsersetzungsverfahren beteiligt worden, kann er ohne Einschränkung noch im Kündigungsschutzprozess alle gegen die Wirksamkeit der außerordentlichen Kündigung sprechenden Tatsachen vorbringen.[625]

212 Die rechtskräftige Ersetzung der vom Betriebsrat verweigerten Zustimmung zu einer außerordentlichen Kündigung nach § 103 BetrVG entfaltet ferner keine Bindungswirkung hinsichtlich des Kündigungsgrundes für einen späteren Kündigungsschutzprozess, in dem der Arbeitnehmer die Sozialwidrigkeit einer auf denselben Sachverhalt gestützten ordentlichen Kündigung geltend macht.[626]

213 **e) Erledigung des Zustimmungsersetzungsverfahrens.** Der Fall, dass während eines Zustimmungsersetzungsverfahrens die Zustimmungsbedürftig-

---

622 § 626 Abs 2 BGB; vgl Rn 180 f.
623 BAG 24.4.1975 – 2 118/74; KR/Etzel § 103 BetrVG Rn 139; Fitting § 103 Rn 30.
624 BAG 11.5.2000 – 2 AZR 276/99; vgl auch Rn 206.
625 KR/Etzel § 103 BetrVG Rn 140.
626 BAG 15.8.2002 – 2 AZR 214/01: Nach rechtskräftiger Zustimmungsersetzung hatte der Arbeitgeber die außerordentliche Kündigung nicht unverzüglich erklärt. Die hiergegen gerichtete Kündigungsschutzklage hatte aus diesem Grund Erfolg. Mit Ausspruch der außerordentlichen Kündigung war aber die Wirkung des Beschlusses nach § 103 Abs 2 BetrVG verbraucht. Der Arbeitnehmer konnte sich gegenüber der später nach Ablauf des nachwirkenden Schutzes erklärten, auf den gleichen Sachverhalt gestützten ordentlichen Kündigung auf die fehlende soziale Rechtfertigung berufen.

keit der Kündigung wegfällt,[627] weil der Arbeitnehmer nicht mehr zu dem geschützten Personenkreis gehört,[628] weil die Arbeitnehmervertretung die zunächst verweigerte Zustimmung nachträglich erteilt hat[629] oder weil das Arbeitsverhältnis mit dem betroffenen Arbeitnehmer während des laufenden Beschlussverfahrens beendet wurde, ist nach den Regeln über die Erledigung des Verfahrens (§ 83a Abs 2 und 3 ArbGG) zu lösen.[630] Prozessual bedarf es einer Erledigungserklärung der Beteiligten. Erklärt nur der Arbeitgeber das Verfahren für erledigt, während der Arbeitnehmer (und/oder der Betriebsrat) der Erledigung widerspricht, ist vom Gericht aufgrund einer Anhörung der Beteiligten darüber zu entscheiden, ob ein erledigendes Ereignis eingetreten ist.[631] Wird dies festgestellt, ist das Verfahren durch Beschluss einzustellen (§ 83a Abs 2 ArbGG). Hält der Arbeitgeber seinen Zustimmungsersetzungsantrag aufrecht, obwohl die Zustimmungsbedürftigkeit weggefallen ist, fehlt das Rechtsschutzinteresse, das die Fortsetzung des Beschlussverfahrens auf Ersetzung einer nicht mehr erforderlichen Zustimmung des Betriebsrats rechtfertigen könnte. Der Antrag ist in diesem Fall als unzulässig abzuweisen.[632]

f) Entscheidung bei anfänglich fehlendem Zustimmungserfordernis. Eine Zustimmung, die entbehrlich ist, kann durch das Gericht nicht ersetzt werden. Das dem Zustimmungsersetzungsantrag zugrunde liegende Begehren des Arbeitgebers erschöpft sich aber nicht darin, die Ersetzung der Zustimmung zu erlangen. Vielmehr will er eine gerichtliche Entscheidung darüber erhalten, dass er berechtigt ist, die beabsichtigte Kündigung auszusprechen, ohne dass dieser das fehlende Zustimmung der Arbeitnehmervertretung entgegensteht. Aus welchem Grund das Gericht diese Berechtigung bejaht, ist für ihn regelmäßig ohne Interesse. Dem Arbeitgeber, der seiner gesetzlichen Verpflichtung genügen will und einen Antrag auf Ersetzung der Zustimmung der Arbeitnehmervertretung stellt, kann das Risiko divergierender Entscheidungen im Zustimmungsersetzungsverfahren und im nachfolgenden Kündigungsschutzprozess nicht auferlegt werden, nur weil er nicht erkennt, dass die Zustimmung im konkreten Fall ausnahmsweise entbehrlich ist. Aus Gründen der Rechtssicherheit, der Verfahrensökonomie und aufgrund des Zwecks des § 103 Abs 2 BetrVG (§§ 47 Abs 1, 108 Abs 1 BPersVG), Klarheit über die Zulässigkeit des Ausspruchs einer Kündigung gegenüber einem Mandatsträger zu schaffen, ist es daher geboten, dass das Gericht auch ohne einen darauf gerichteten ausdrücklichen Antrag des Arbeitgebers, ggf nach Hinweis gem § 139 ZPO, die Feststellung ausspricht, dass eine Zustimmung der Arbeitnehmervertretung zur Kündigung entbehrlich ist, wenn sich dies im Laufe des Verfahrens herausstellt.[633] Zumindest in den Fällen, in denen der Arbeitnehmer am Beschlussverfahren

214

---

627 Vgl Rn 77 ff, 45.
628 Schließt sich nach Beendigung einer Amtszeit nahtlos eine weitere an, bleibt das Ersetzungsverfahren jedoch zulässig, BAG 19.9.1991 – 2 ABR 14/91; LAG Düsseldorf 4.9.2013 – 4 TaBV 15/13.
629 Vgl Rn 195.
630 Zur Einhaltung der Kündigungserklärungsfrist vgl Rn 179.
631 BAG 23.6.1993 – 2 ABR 58/98.
632 BAG 27.6.2002 – 2 ABR 22/01.
633 ZB bei einer außerordentlichen betriebsbedingten Kündigung nach § 15 Abs 4 und 5 KSchG gegenüber einem tariflich unkündbaren Mandatsträger, vgl Rn 150.

beteiligt wird, kommt dieser Entscheidung präjudizielle Wirkung für den Kündigungsschutzprozess zu, da die Feststellung der Entbehrlichkeit der Zustimmung im Kündigungsschutzprozess als Vorfrage[634] erheblich ist.[635]

215 **g) Kündigung nach rechtskräftiger Zustimmungsersetzung.** Der Arbeitgeber kann die außerordentliche Kündigung erst dann wirksam erklären, wenn das Gericht die Zustimmung ersetzt hat.[636] Der Zustimmungsersetzungsbeschluss muss rechtskräftig bzw unanfechtbar geworden sein. Der Arbeitgeber hat die Kündigung dann unverzüglich erklären, um die Ausschlussfrist des § 626 Abs 2 BGB zu wahren.[637]

V. Suspendierung, Beschäftigungsanspruch und Annahmeverzug

1. Suspendierung vor Ausspruch der außerordentlichen Kündigung

216 Das Arbeitsverhältnis besteht vor Zugang der außerordentlichen Kündigung unverändert fort. Der geschützte Funktionsträger hat in dieser Zeit einen **Anspruch auf arbeitsvertragsgemäße Beschäftigung**. Verweigert der Arbeitgeber die Beschäftigung, kann der betroffene Arbeitnehmer seinen Beschäftigungsanspruch ggf mit einer **einstweiligen Verfügung** gerichtlich durchsetzen.

217 Ausnahmsweise können auch im ungekündigten Arbeitsverhältnis Umstände vorliegen, die den Arbeitgeber zur vorläufigen Suspendierung des Arbeitsverhältnisses berechtigen. Der Arbeitgeber kann die Arbeitsleistung ablehnen, wenn ihm die Weiterbeschäftigung unter Berücksichtigung der dem Arbeitnehmer zuzurechnenden Umstände nach **Treu und Glauben** nicht zuzumuten ist.[638] Diese Ausnahmesituation liegt aber nicht bei jedem Verhalten des Mandatsträgers vor, das zur fristlosen Kündigung berechtigt. Erforderlich ist ein **besonders grober Vertragsverstoß**, ferner die Gefährdung von Rechtsgütern des Arbeitgebers, seiner Familienangehörigen oder anderer Arbeitnehmer im Falle der Weiterbeschäftigung.[639] Unzumutbar idS ist zB die Beschäftigung eines Arbeitnehmers, der einen **Raubüberfall zum Nachteil des Arbeitgebers** begangen hat.[640] Die ungewöhnliche Schwere eines rechtswidrigen Tuns hängt allerdings nicht davon ab, ob ein vertragswidriges Verhalten eines Arbeitnehmers als voll bewiesen angesehen werden kann oder mit welchem Grad eines Verdachts es zur Überzeugung des Arbeitgebers oder des Gerichts feststeht. Die Schwere kann nur der Tat, der Handlungsweise, anhaften, nicht aber ihrer Beweisbarkeit.[641]

2. Weiterbeschäftigungsanspruch im Kündigungsschutzprozess

218 Nach Zugang der außerordentlichen Kündigung richtet sich der Weiterbeschäftigungsanspruch des Arbeitnehmers nach den im Beschluss des Gro-

---

634 Vgl Rn 211.
635 BAG 18.9.1997 – 2 ABR 215/97.
636 Vgl Rn 184.
637 Vgl Rn 180 f.
638 BAG 26.4.1956 – GS 1/56; BAG 11.11.1976 – 2 AZR 457/75; BAG 29.10.1987 – 2 AZR 144/87.
639 BAG 29.10.1987 – 2 AZR 144/87.
640 Beispiel nach KR/Etzel § 103 BetrVG Rn 144.
641 BAG 28.4.1988 – 2 AZR 770/87.

ßen Senats des BAG vom 27.2.1985 aufgestellten Grundsätzen. Danach besteht der Weiterbeschäftigungsanspruch bei einer **offensichtlich unwirksamen Kündigung**.[642] Offensichtlich unwirksam ist eine außerordentliche Kündigung eines geschützten Funktionsträgers jedenfalls dann, wenn die Zustimmung der Arbeitnehmervertretung (§ 103 Abs 1 BetrVG, §§ 47 Abs 1, 108 Abs 1 BPersVG) oder ihre Ersetzung durch das Gericht fehlt.

Erweist sich hingegen eine mit erteilter oder ersetzter Zustimmung erklärte außerordentliche Kündigung als unwirksam, liegt kein Fall der offensichtlichen Unwirksamkeit vor. In dieser Konstellation hat der Arbeitnehmer über den Zugang der unwirksamen außerordentlichen Kündigung hinaus einen Anspruch auf Weiterbeschäftigung, soweit der Beschäftigung überwiegende schutzwürdige Interessen des Arbeitgebers nicht entgegenstehen. Die Ungewissheit über den Ausgang des Kündigungsschutzprozesses begründet idR ein schutzwürdiges Interesse des Arbeitgebers an der Nichtbeschäftigung des gekündigten Arbeitnehmers. Das Interesse des Arbeitnehmers an der Beschäftigung überwiegt, sobald ein die Unwirksamkeit der Kündigung feststellendes Urteil ergeht. Solange ein solches Urteil besteht, kann die Ungewissheit des Prozessausgangs für sich allein ein entgegenstehendes überwiegendes Interesse des Arbeitgebers nicht mehr begründen. Hinzukommen müssen dann zusätzliche Umstände, aus denen sich im Einzelfall ein überwiegendes Gegeninteresse des Arbeitgebers ergibt.[643] Das können solche Gesichtspunkte sein, die den Arbeitgeber ausnahmsweise zur vorläufigen Suspendierung im bestehenden Arbeitsverhältnis berechtigen.[644]

3. Vergütungsansprüche aus Annahmeverzug

Mit der Weigerung, den geschützten Arbeitnehmer im ungekündigten Arbeitsverhältnis zu beschäftigen und mit Zugang der unwirksamen außerordentlichen Kündigung gerät der Arbeitgeber in Annahmeverzug, ohne dass der Arbeitnehmer seine Arbeitsleistung noch wörtlich oder tatsächlich anbieten müsste.[645] Der Arbeitgeber ist grundsätzlich zur Fortzahlung der vertragsgemäßen Vergütung unter dem Gesichtspunkt des Annahmeverzuges verpflichtet (§ 615 Satz 1 BGB).

Ist die **Beschäftigung** bzw Weiterbeschäftigung dem Arbeitgeber hingegen **ausnahmsweise nicht zumutbar** (bei besonders schweren Vertragsverstößen, Gefährdung von Rechtsgütern des Arbeitgebers, dessen Familienangehörigen oder anderer Arbeitnehmer),[646] entfallen auch die Vergütungsansprüche des Arbeitnehmers, da sich der Arbeitgeber in diesem Fall gerade nicht in Verzug mit der Annahme der Arbeitsleistung befindet.[647] Dies gilt unabhängig davon, ob die außerordentliche Kündigung bereits ausgesprochen ist oder nicht. Davon abweichend wird zT die Auffassung

---

642 BAG 27.2.1985 – GS 1/84.
643 BAG 27.2.1985 – GS 1/84.
644 Vgl Rn 217.
645 Vgl § 11 KSchG Rn 12 f.
646 Vgl hierzu Rn 217 und § 11 KSchG Rn 21.
647 BAG 26.4.1956 – GS 1/56; BAG 11.11.1976 – 2 AZR 457/75; BAG 29.10.1987 – 2 AZR 144/87; BAG 28.4.1988 – 2 AZR 770/87.

vertreten, der Arbeitgeber sei bei Unzumutbarkeit der Weiterbeschäftigung eines von §§ 15 KSchG, 103 BetrVG bzw § 47 BPersVG geschützten Arbeitnehmers vor Ausspruch der Kündigungserklärung nur zur Suspendierung des Arbeitsverhältnisses berechtigt, müsse dem Funktionsträger aber gleichwohl die Vergütung weiterzahlen; wegen der praktisch gleichen Wirkungen wie bei einer fristlosen Kündigung könne der Arbeitgeber die Suspendierung ohne Vergütung in entsprechender Anwendung des § 103 BetrVG nur mit Zustimmung der Arbeitnehmervertretung oder nach gerichtlicher, auch durch einstweilige Verfügung möglicher Zustimmungsersetzung aussprechen.[648] Das ist nicht zutreffend. Die Gefahr der Umgehung des Sonderkündigungsschutzes besteht nicht, da an die Unzumutbarkeit der Weiterbeschäftigung strenge Anforderungen zu stellen sind.[649] Soweit die Beschäftigung unzumutbar ist, fehlt es an einer Anspruchsgrundlage für die Vergütungszahlung. Der Status als Arbeitnehmervertreter allein kann eine Vergütungspflicht des Arbeitgebers trotz Unzumutbarkeit der Beschäftigung nicht begründen. Dies wäre eine unzulässige Begünstigung wegen des Amtes (§ 78 Satz 2 BetrVG, § 8 BPersVG).

VI. Amtsausübung vor und nach Ausspruch der Kündigung

222 **Vor Ausspruch der Kündigung,** insbesondere auch während der Dauer eines Zustimmungsersetzungsverfahrens, kann der geschützte Arbeitnehmer sein betriebsverfassungs- bzw personalvertretungsrechtliches Amt ohne Einschränkung ausüben, selbst wenn der Arbeitgeber ausnahmsweise zur Suspendierung des Arbeitsverhältnisses berechtigt ist.[650] Zum Zwecke der Amtsausübung darf der Mandatsträger den Betrieb betreten. Ein ihm gegenüber ausgesprochenes **Hausverbot ist unwirksam.** Der Mandatsträger kann das Zutrittsrecht im Wege der **einstweiligen Verfügung** erzwingen.[651] Nur in Ausnahmefällen kann dem Arbeitnehmer der Zutritt verweigert werden.[652]

223 **Nach Ausspruch der Kündigung** ist zu differenzieren. Hat der Arbeitgeber die außerordentliche Kündigung mit Zustimmung der Arbeitnehmervertretung oder nach gerichtlicher Ersetzung der Zustimmung erklärt, ist der Mandatsträger für die Dauer des Kündigungsschutzverfahrens an der Amtsausübung verhindert.[653] Ist die Kündigung allerdings offensichtlich unwirksam (zB bei Ausspruch einer unzulässigen ordentlichen Kündigung oder fehlender Zustimmung bzw Zustimmungsersetzung)[654] oder hat der Arbeitnehmer nach Erlass eines die Unwirksamkeit der Kündigung feststellenden Urteils einen Anspruch auf Weiterbeschäftigung,[655] liegt kein Fall

---

648 KR/Etzel § 103 BetrVG Rn 144 f mwN.
649 BAG 28.4.1988 – 2 AZR 770/87; BAG 29.10.1987 – 2 AZR 144/87; GK-BetrVG/Raab § 103 Rn 108.
650 Fitting § 103 Rn 44; Stahlhacke/Preis/Vossen Rn 1773; zur Suspendierung vgl Rn 217.
651 KR/Etzel § 103 BetrVG Rn 149.
652 GK-BetrVG/Raab § 103 Rn 109; LAG München 19.3.2003 – 7 TaBV 65/02.
653 LAG Düsseldorf 27.2.1975 – 3 Ta BV 2/75; KR/Etzel § 103 BetrVG Rn 152; Stahlhacke/Preis/Vossen Rn 1771.
654 Vgl auch Rn 218.
655 Vgl Rn 219.

der Verhinderung vor. Der Arbeitnehmer kann sein Amt uneingeschränkt[656] wahrnehmen.[657]

VII. Prozessuale Fragen

1. Geltendmachung des Sonderkündigungsschutzes

Es ist danach zu unterscheiden, auf welche Mängel der außerordentlichen Kündigung sich der vom Schutz des §§ 15 Abs 1 – 3 KSchG, 103 BetrVG, 47 Abs 1, 108 Abs 1 BPersVG erfasste Arbeitnehmer im Kündigungsschutzprozess beruft. 224

a) **Außerordentliche Kündigung ohne erteilte bzw ersetzte Zustimmung der Arbeitnehmervertretung.** Fehlt die erforderliche vorherige Zustimmung der Arbeitnehmervertretung oder die ausnahmsweise unmittelbar beim Gericht einzuholende Zustimmung,[658] ist die außerordentliche Kündigung nichtig.[659] Es handelt sich um einen sonstigen Unwirksamkeitsgrund iSd § 13 Abs 3 KSchG. Die §§ 1 – 14 KSchG finden grundsätzlich keine Anwendung. Aufgrund der seit 1.1.2004 in Kraft getretenen Änderungen des Kündigungsschutzgesetzes, insbesondere der Einführung der **einheitlichen Klagefrist**, muss der von § 15 KSchG iVm §§ 103 BetrVG, 47 Abs 1, 108 Abs 1 BPersVG geschützte Arbeitnehmer die Nichtigkeit der Kündigung innerhalb der Dreiwochenfrist des § 4 Satz 1 KSchG durch eine punktuelle Feststellungsklage geltend machen. § 13 Abs 3 KSchG stellt klar, dass die §§ 4 bis 7 KSchG auch auf eine aus anderen als den in § 1 Abs 2 und 3 KSchG bezeichneten Gründen rechtsunwirksame Kündigung Anwendung finden. 225

Die gerichtliche **Auflösung des Arbeitsverhältnisses** nach § 13 Abs 1 Satz 3 KSchG scheidet aus, wenn der Arbeitnehmer seine Kündigungsschutzklage **ausschließlich** auf die fehlende Zustimmung der Arbeitnehmervertretung stützt. Die Anwendung des § 9 KSchG ist ausgeschlossen.[660] Dies gilt auch für wegen fehlender Zustimmung der Arbeitnehmervertretung nichtige Kündigungen, die nach dem 31.12.2003 zugehen, da § 13 Abs 3 KSchG weder in alter noch in neuer Fassung auf die §§ 9 ff KSchG verweist. Hat der Arbeitnehmer hingegen **innerhalb von drei Wochen** nach Zugang der Kündigung gegen die außerordentliche Kündigung **Klage erhoben** (§§ 13 Abs 1 Satz 2, 4 Satz 1, 5, 6 KSchG) und neben der fehlenden bzw mangelhaften Zustimmung spätestens vor Schluss der letzten mündlichen Verhandlung erster Instanz (§ 6 KSchG) **auch das Fehlen eines wichtigen Kündigungsgrundes bzw die Versäumung der Kündigungserklärungsfrist** des § 626 Abs 2 BGB[661] gerügt, kann er nach § 13 Abs 1 Satz 3 KSchG die Auflösung des Arbeitsverhältnisses gegen Zahlung einer Abfindung beantragen. Die Auflösung setzt aber voraus, dass die Kündigung nicht nur wegen der fehlenden Zustimmung, sondern auch mangels eines wichtigen 226

---

656 Vgl Rn 222.
657 KR/Etzel § 103 BetrVG Rn 153; Stahlhacke/Preis/Vossen Rn 1771.
658 Vgl Rn 199 f, 204.
659 Vgl Rn 184.
660 BAG 9.10.1979 – 6 AZR 1059/77; KR/Etzel § 15 KSchG Rn 38.
661 Dazu, dass dieser Unwirksamkeitsgrund dem Mangel des wichtigen Grundes gleichsteht vgl § 13 KSchG Rn 17.

Grundes (bzw wegen Versäumung der Kündigungserklärungsfrist) unwirksam ist. Das Arbeitsgericht hat den Mangel des wichtigen Grundes festzustellen.[662] Der Arbeitgeber kann keinen Auflösungsantrag stellen, da § 13 Abs 1 Satz 3 KSchG nur den Arbeitnehmer hierzu berechtigt.

227 **b) Außerordentliche Kündigung nach erteilter bzw ersetzter Zustimmung der Arbeitnehmervertretung.** Nach erteilter Zustimmung durch die Arbeitnehmervertretung bzw nach gerichtlicher Zustimmungsersetzung besteht kein Unterschied zur außerordentlichen Kündigung gegenüber einem Arbeitnehmer, der keinen Sonderkündigungsschutz nach § 15 KSchG genießt. Dies entsprach schon der bis zum 31.12.2003 geltenden Rechtslage. Für ab 1.1.2004 zugehende Kündigungen gilt nichts anderes. Der geschützte Arbeitnehmer muss nach erteilter bzw ersetzter Zustimmung der Arbeitnehmervertretung die dreiwöchige **Klagefrist** nach §§ 13 Abs 1 Satz 2, 4 Satz 1 KSchG einhalten, wenn er das Fehlen eines wichtigen Grundes oder die Versäumung der Kündigungserklärungsfrist des § 626 Abs 2 BGB geltend machen will. Andererseits hat er nach § 13 Abs 1 Satz 3 KSchG die Möglichkeit, die **Auflösung des Arbeitsverhältnisses** gegen Zahlung einer Abfindung zu beantragen.[663]

2. Darlegungs- und Beweislast

228 Der **Arbeitgeber** trägt die Darlegungs- und Beweislast für sämtliche Wirksamkeitsvoraussetzungen der außerordentlichen Kündigung gegenüber einem von § 15 Abs 1 – 3 KSchG geschützten Arbeitnehmer. Dazu gehören:
- die ordnungsgemäße Durchführung des Zustimmungsverfahrens[664]
- die Erteilung der Zustimmung bzw deren Ersetzung vor Ausspruch der Kündigung[665]
- das Vorliegen eines wichtigen Grundes[666] und
- die Einhaltung der Kündigungserklärungsfrist nach § 626 Abs 2 BGB.[667]

---

662 Vgl § 13 KSchG Rn 22, 92, § 9 KSchG Rn 28; KR/Etzel § 15 KSchG Rn 38.
663 Vgl auch § 13 Rn 15; BAG 23.1.1958 – 2 AZR 71/56; KR/Etzel § 15 KSchG Rn 41; vHH/L/v Hoyningen-Huene § 15 Rn 146.
664 Vgl Rn 185 ff.
665 Vgl Rn 184.
666 Vgl Rn 158 ff.
667 Vgl Rn 174 ff.

§ 16 Neues Arbeitsverhältnis; Auflösung des alten Arbeitsverhältnisses

¹Stellt das Gericht die Unwirksamkeit der Kündigung einer der in § 15 Abs. 1 bis 3a genannten Personen fest, so kann diese Person, falls sie inzwischen ein neues Arbeitsverhältnis eingegangen ist, binnen einer Woche nach Rechtskraft des Urteils durch Erklärung gegenüber dem alten Arbeitgeber die Weiterbeschäftigung bei diesem verweigern. ²Im übrigen finden die Vorschriften des § 11 und des § 12 Satz 2 bis 4 entsprechende Anwendung.

I. Grundsätze

§ 16 Satz 1 KSchG räumt den vom Schutz des § 15 KSchG erfassten Arbeitnehmern die Möglichkeit ein, das bisherige Arbeitsverhältnis mit sofortiger Wirkung zu beenden, wenn sie nach Ausspruch einer gem § 15 Abs 1-5 KSchG unwirksamen Kündigung ein neues Arbeitsverhältnis begründet haben. Dieses Wahlrecht ist der Regelung des § 12 Satz 1 KSchG nachgebildet. Über § 16 Satz 2 KSchG finden auch die Vorschriften der §§ 11, 12 Satz 2-4 KSchG entsprechende Anwendung. Dadurch wird deutlich, dass der Gesetzgeber die Gleichstellung des vom Schutz des § 15 KSchG erfassten Personenkreises mit den übrigen Arbeitnehmern bezweckt. Auf die Erläuterungen zu §§ 11 und 12 KSchG wird daher verwiesen.

1

II. Feststellungsurteil

§ 16 KSchG findet nur dann Anwendung, wenn das Gericht die Unwirksamkeit der Kündigung rechtskräftig festgestellt hat. Der vom Schutz des § 15 KSchG erfasste Arbeitnehmer muss die Rechtsunwirksamkeit der Kündigung demzufolge mit einer Feststellungsklage geltend machen. Voraussetzung eines stattgebenden Feststellungsurteils ist ferner, dass der geschützte Arbeitnehmer die Feststellungsklage innerhalb von drei Wochen nach Zugang der Kündigung erhebt, da ansonsten die Kündigung als von Anfang an rechtswirksam gilt (§ 4 Satz 1 iVm § 7 KSchG). Mit Einführung der einheitlichen Klagefrist seit 1.1.2004 gilt dies unabhängig davon, ob die Arbeitnehmervertretung der außerordentlichen Kündigung zugestimmt hatte, oder ob die Unwirksamkeit der Kündigung „aus anderen Gründen" iSv § 13 Abs 3 KSchG folgt.[1]

2

---

1 Vgl dazu § 15 KSchG Rn 152 ff und Rn 225 ff.

Dritter Abschnitt Anzeigepflichtige Entlassungen
§ 17 Anzeigepflicht

(1) ¹Der Arbeitgeber ist verpflichtet, der Agentur für Arbeit Anzeige zu erstatten, bevor er

1. in Betrieben mit in der Regel mehr als 20 und weniger als 60 Arbeitnehmern mehr als 5 Arbeitnehmer,
2. in Betrieben mit in der Regel mindestens 60 und weniger als 500 Arbeitnehmern 10 vom Hundert der im Betrieb regelmäßig beschäftigten Arbeitnehmer oder aber mehr als 25 Arbeitnehmer,
3. in Betrieben mit in der Regel mindestens 500 Arbeitnehmern mindestens 30 Arbeitnehmer

innerhalb von 30 Kalendertagen entläßt. ²Den Entlassungen stehen andere Beendigungen des Arbeitsverhältnisses gleich, die vom Arbeitgeber veranlaßt werden.

(2) ¹Beabsichtigt der Arbeitgeber, nach Absatz 1 anzeigepflichtige Entlassungen vorzunehmen, hat er den Betriebsrat rechtzeitig die zweckdienlichen Auskünfte zu erteilen und ihn schriftlich insbesondere zu unterrichten über

1. die Gründe für die geplanten Entlassungen,
2. die Zahl und die Berufsgruppen der zu entlassenden Arbeitnehmer,
3. die Zahl und die Berufsgruppen der in der Regel beschäftigten Arbeitnehmer,
4. den Zeitraum, in dem die Entlassungen vorgenommen werden sollen,
5. die vorgesehenen Kriterien für die Auswahl der zu entlassenden Arbeitnehmer,
6. die für die Berechnung etwaiger Abfindungen vorgesehenen Kriterien.

²Arbeitgeber und Betriebsrat haben insbesondere die Möglichkeiten zu beraten, Entlassungen zu vermeiden oder einzuschränken und ihre Folgen zu mildern.

(3) ¹Der Arbeitgeber hat gleichzeitig der Agentur für Arbeit eine Abschrift der Mitteilung an den Betriebsrat zuzuleiten; sie muß zumindest die in Absatz 2 Satz 1 Nr. 1 bis 5 vorgeschriebenen Angaben enthalten. ²Die Anzeige nach Absatz 1 ist schriftlich unter Beifügung der Stellungnahme des Betriebsrates zu den Entlassungen zu erstatten. ³Liegt eine Stellungnahme des Betriebsrates nicht vor, so ist die Anzeige wirksam, wenn der Arbeitgeber glaubhaft macht, daß er den Betriebsrat mindestens zwei Wochen vor Erstattung der Anzeige nach Absatz 2 Satz 1 unterrichtet hat, und er den Stand der Beratungen darlegt. ⁴Die Anzeige muß Angaben über den Namen des Arbeitgebers, den Sitz und die Art des Betriebes enthalten, ferner die Gründe für die geplanten Entlassungen, die Zahl und die Berufsgruppen der zu entlassenden und der in der Regel beschäftigten Arbeitnehmer, den Zeitraum, in dem die Entlassungen vorgenommen werden sollen und die vorgesehenen Kriterien für die Auswahl der zu entlassenden Arbeitnehmer. ⁵In der Anzeige sollen ferner im Einvernehmen mit dem Betriebsrat für die Arbeitsvermittlung Angaben über Geschlecht, Alter, Beruf und Staatsangehörigkeit der zu entlassenden Arbeitnehmer gemacht werden.

§ 17 Anzeigepflicht

⁶Der Arbeitgeber hat dem Betriebsrat eine Abschrift der Anzeige zuzuleiten. ⁷Der Betriebsrat kann gegenüber der Agentur für Arbeit weitere Stellungnahmen abgeben. ⁸Er hat dem Arbeitgeber eine Abschrift der Stellungnahme zuzuleiten.

(3 a) ¹Die Auskunfts-, Beratungs- und Anzeigepflichten nach den Absätzen 1 bis 3 gelten auch dann, wenn die Entscheidung über die Entlassungen von einem den Arbeitgeber beherrschenden Unternehmen getroffen wurde. ²Der Arbeitgeber kann sich nicht darauf berufen, daß das für die Entlassungen verantwortliche Unternehmen die notwendigen Auskünfte nicht übermittelt hat.

(4) ¹Das Recht zur fristlosen Entlassung bleibt unberührt. ²Fristlose Entlassungen werden bei Berechnung der Mindestzahl der Entlassungen nach Absatz 1 nicht mitgerechnet.

(5) Als Arbeitnehmer im Sinne dieser Vorschrift gelten nicht
1. in Betrieben einer juristischen Person die Mitglieder des Organs, das zur gesetzlichen Vertretung der juristischen Person berufen ist,
2. in Betrieben einer Personengesamtheit die durch Gesetz, Satzung oder Gesellschaftsvertrag zur Vertretung der Personengesamtheit berufenen Personen,
3. Geschäftsführer, Betriebsleiter und ähnliche leitende Personen, soweit diese zur selbständigen Einstellung oder Entlassung von Arbeitnehmern berechtigt sind.

I. Einführung in das Recht der anzeigepflichtigen Entlassungen; sog Massenentlassungen (Bestimmungen des Dritten Abschnitts des KSchG) 1	II. Anzeigepflicht nach § 17 KSchG 37
1. Grundsätze 1	1. Voraussetzungen 37
a) Regelungsinhalt 1	a) Anzahl der zu entlassenen Arbeitnehmer 37
b) Regelungszweck 5	b) Zeitraum der Entlassungen 39
c) Rechtsnatur 7	aa) Grundsatz 39
aa) Unabdingbarkeit..... 7	bb) Beispielsfälle 41
bb) Doppelnatur 8	2. Beteiligung des Betriebsrats 43
d) Verhältnis zum Individualkündigungsschutz 10	a) Beteiligungsverfahren nach § 17 Abs 2 KSchG 45
aa) Grundsatz 10	aa) Ausgestaltung des Verfahrens 45
bb) Besonderer Kündigungsschutz 12	bb) Rechtsfolgen bei Verstoß gegen die Beteiligungsrechte 53
e) Durchführung einer Massenentlassung..... 13	b) Weitere Beteiligungsrechte 55
2. Anwendungsbereich der §§ 17 ff KSchG 14	c) Beteiligung des Europäischen Betriebsrats 57
a) Betrieblicher Geltungsbereich................. 15	d) Konzernklausel......... 58
b) Persönlicher Geltungsbereich................. 22	3. Die Anzeige 60
c) Sachlicher Geltungsbereich 27	a) Rechtsnatur der Anzeigepflicht 60
aa) Begriff der Entlassung 27	b) Form.................. 61
bb) Entlassungsarten..... 28	

c) Zeitpunkt	63	g) Wirkung der Anzeige	80
d) Inhalt	66	4. Rechtsfolgen der Anzeige	81
aa) Muss-Inhalt	67	a) Wirksame Anzeige	81
bb) Soll-Inhalt	69	b) Unwirksame oder unterlassene Anzeige	82
cc) Stellungnahme des Betriebsrats	71		
e) Zurücknahme	76		
f) Unterrichtungspflichten von Arbeitgeber und Betriebsrat	77		

I. Einführung in das Recht der anzeigepflichtigen Entlassungen; sog Massenentlassungen (Bestimmungen des Dritten Abschnitts des KSchG)

1. Grundsätze

1 **a) Regelungsinhalt.** Ursachen unterschiedlichster Art können den Arbeitgeber dazu veranlassen, eine größere Anzahl von Arbeitnehmern zu entlassen. Solche **Massenentlassungen** führen regelmäßig zu einer erheblich stärkeren Belastung des Arbeitsmarkts als individuelle Kündigungen. Die Vorschriften des Dritten Abschnitts des KSchG (§§ 17 bis 22 KSchG) sehen deshalb für sog **anzeigepflichtige Entlassungen** ein **System verschiedener Verhaltenspflichten** des Arbeitgebers und des Betriebsrats vor, dessen Nichtbeachtung seitens des Arbeitgebers die Unwirksamkeit von Kündigungen zur Folge haben kann. Obgleich die Vorschriften der §§ 17 bis 22 KSchG vor allem **arbeitsmarktpolitische Zwecke**[1] verfolgen, kommt ihnen auch ein kündigungsschutzrechtlicher Reflex zu.[2]

2 Die derzeitige Fassung der §§ 17 ff KSchG beruht auf dem **Gesetz zur Anpassung arbeitsrechtlicher Bestimmungen an das EG-Recht vom 20.7.1995**,[3] mit dem die Richtlinie des Rats der Europäischen Gemeinschaften 92/56 EWG vom 24.6.1992[4] zur Änderung der Richtlinie 75/129/EWG vom 17.2.1975 in nationales Recht umgesetzt worden ist.[5] Die Fassung des § 17 KSchG beruhte zunächst auf einer Anpassung an die EG-Richtlinie 75/129/EWG vom 17.2.1975.[6] Durch Art 50 des Gesetzes zur Reform der Arbeitsförderung[7] vom 24.3.1997 wurden ua zum Zwecke der Beschleunigung der Entscheidungsprozesse der Arbeitsverwaltung[8] die in den §§ 18, 20 KSchG bestimmten Zuständigkeiten von den Landesarbeitsämtern auf die örtlich zuständigen Arbeitsämter übertragen. Am 1.9.1998 ist die Richtlinie 98/59/EG des Rates der EG vom 20.7.1998 zur Angleichung der Rechtsvorschriften der Mitgliedstaaten über Massenentlassungen (MERL) mit geringfügigen Wortlautänderungen in Kraft getreten. Ihr Inhalt ist jedoch bereits im Wesentlichen durch §§ 17 ff KSchG in

---

[1] BAG 28.5.2009 – 8 AZR 273/08 – AP BGB § 613a Nr 370.
[2] Zu den Rechtsfolgen s Rn 82 u § 18 Rn 18, 21 ff; s Rn 5 f.
[3] BGBl I S 946.
[4] ABl EG Nr L 245/3; abgedruckt in RdA 1992, 387.
[5] Vgl iE KR/Weigand § 17 KSchG Rn 6 ff; vHH/L/v. Hoyningen-Huene Vorb zu §§ 17 ff KSchG Rn 5 bis 7.
[6] APS/Moll § 17 KSchG Rn 1.
[7] Arbeitsförderungs-Reformgesetz – AFRG (BGBl I S 594).
[8] BT-Drucks 13/4941 S 245.

deutsches Recht umgesetzt.[9] Jedoch ist der EuGH auf der Grundlage der Richtlinie 98/59/EG des Rates vom 20.7.1998 in seiner Entscheidung vom 27.1.2005,[10] nach der die Kündigungserklärung als Entlassung iSd vorgenannten Richtlinie anzusehen ist, der bis dahin ständigen Rechtsprechung des BAG nicht gefolgt. Unter Entlassung verstand das BAG bis zu seiner richtlinienkonformen Auslegung des Begriffs der Entlassung in seinem Urteil vom 23.3.2006,[11] die tatsächliche Beendigung des Arbeitsverhältnisses, die auf eine Kündigung des Arbeitgebers zurückzuführen ist.[12] Nach bisherigem Verständnis ist mehr als fraglich, ob die Auslegung des EuGH ohne Weiteres auch für das deutsche Recht zu Grunde zu legen ist. Nach Art 288 Abs 3 AEUV[13] (früher 249 Abs 3 EGV) bindet die Richtlinie nur die Mitgliedstaaten; sie hat keine unmittelbare Wirkung im Verhältnis von privaten Arbeitgebern zu ihren Arbeitnehmern (keine „horizontale unmittelbare Wirkung").[14] Um dem Grundsatz der Unionstreue (Gemeinschaftstreue) nach dem ehemaligen Art 10 EGV (ersetzt im Wesentlichen durch Art. 4 Abs 3 EUV) und der sich aus der Richtlinie nach Art 288 AEUV (ehemals 249 EGV) ergebenden Umsetzungspflicht Rechnung zu tragen, kommt allein die an sich gebotene richtlinienkonforme Auslegung der §§ 17 ff KSchG in Betracht. Unter welchen Voraussetzungen eine richtlinienkonforme Auslegung möglich ist, bestimmt sich nach den nationalen Auslegungsregeln.[15] Nach der hier nach wie vor vertretenen Ansicht steht jedenfalls die Regelungssystematik der §§ 17 ff einer richtlinienkonformen Auslegung entgegen.[16] Es ist vorliegend[17] allein die Aufgabe des Gesetzgebers, Umsetzungsdefizite im Bereich der §§ 17 ff zu beseitigen.[18] Der Gesetzgeber hat nach seinem Modell des Massenentlassungsverfahrens be-

---

9 KR/Weigand § 17 KSchG Rn 6 i.
10 C-188/03 – AP KSchG 1969 § 17 Nr 18.
11 2 AZR 343/05 – AP KSchG 1969 § 17 Nr 21 bestätigt durch Urt. vom 13. 7.2006 – 6 AZR 198/06 – ZIP 2006, 2396 ff.
12 Zuletzt noch BAG 18. 9.2003 – 2 AZR 79/02 – AP KSchG 1969 Nr 14.
13 Vertrag über die Arbeitsweise der Europäischen Union, der als Folge des am 1.12.2009 in Kraft getretenen (Änderungs-) Vertrags von Lissabon vom 13.12.2007 (ABl. Nr C 306, S. 200) den Vertrag zur Gründung der Europäischen Union (EGV) abgelöst hat.
14 EuGH 14.7.1994 – C – 91/92 – Paola Faccini Dori – EuGHE I 1994, 3325; EuGH 7.3.1996 – C – 192/94 – El Corte Ingles SA – EuGHE I 1996, 1281; BAG 18.2.2003 – 1 ABR 2/02 – AP BGB § 611 Arbeitsbereitschaft Nr 12; BAG 18.9.2003 – 2 AZR 79/02 – AP KSchG 1969 § 17 Nr 14.
15 Dazu ausf BAG 24.3.2009 – 9 AZR 983/07 – AP BUrlG § 7 Nr 39, Grundlage sind nationale Auslegungskriterien einschließlich der Grundsätze der Rechtsfortbildung bis zur Grenze der Bindung des Gerichts an Recht und Gesetz (Art 20 Abs 3 GG) und des Gewaltenteilungsprinzips (Art 20 Abs 2 Satz 2 GG); „Auslegung contra legem" sei funktionell zu verstehen im vorgenannten Sinne.
16 Vgl Argumente contra richtlinienkonforme Auslegung bei Bauer/Krieger/Powietzka DB 2005, 445; Grimm/Brock EWiR 2005, 213; KR/Weigand § 17 KSchG Rn 32 d und 32 e mzN.
17 AA BAG seit seiner Entscheidung vom 23.3.2006 – 2 AZR 343/05 – AP KSchG 1969 § 17 Nr 21 „richtlinienkonforme Auslegung".
18 So auch die frühere Ansicht des BAG zum Thema „Bereitschaftsdienst" 18.2.2003 – 1 ABR 02/02 – AP BGB § 611 Arbeitsbereitschaft Nr 12; ebenso BAG 18.9.2003 – 2 AZR 79/02 – AP KSchG 1969 § 17 Nr 14 zum Thema „Massenentlassung"; vgl auch Bauer/Krieger/Powietzka DB 2005, 445; dieselben BB 2006, 2023; Löwisch GPR 2006, 150; auch das Gebot der Rechtsklarheit gebietet an gesetzliche Anpassung, so auch Kliemt FS 25 Jahre ARGE Arbeitsrecht S 1237, 1253.

wusst zwischen Kündigungserklärung einerseits und Entlassung andererseits unterschieden.[19] Dass dem so ist, zeigen nun auch eindrucksvoll die Folgeprobleme bei der Anwendung des § 18 KSchG.[20]

3   Durch das am 1.1.2004 in Kraft getretene Dritte Gesetz für moderne Dienstleistungen am Arbeitsmarkt vom 23.12.2003 wurde die Bundesanstalt für Arbeit in Bundesagentur für Arbeit (Bundesagentur), § 367 Abs 1 SGB III, die Landesarbeitsämter in Regionaldirektionen, die allerdings nur noch fakultativ bestehen, § 367 Abs 2 SGB III, und die Arbeitsämter in Agenturen für Arbeit umbenannt. Dementsprechend wurde § 17 KSchG an die neuen Begrifflichkeiten angepasst.

4   Handelt es sich nach diesen Bestimmungen um eine sog **Massenentlassung**, sieht § 17 KSchG eine Anzeigepflicht gegenüber der Agentur für Arbeit vor. § 18 KSchG (Entlassungssperre) und § 19 KSchG (Zulässigkeit der Kurzarbeit während der Dauer der Sperrfrist) regeln dann die Rechtslage, die eintritt, wenn der Arbeitgeber die geplanten Entlassungen (richtlinienkonform: Kündigungen) der Agentur für Arbeit angezeigt hat. Die §§ 20, 21 KSchG enthalten verfahrensrechtliche Bestimmungen für die nach § 18 Abs 1 und 2 KSchG zu treffende Entscheidung. § 22 KSchG enthält eine Ausnahmeregelung für Saison- und Kampagnebetriebe.

5   b) **Regelungszweck.** Das Verfahren bei Massenentlassungen gemäß der §§ 17 ff verfolgt einen **arbeitsmarktpolitischen Zweck**.[21] Demgegenüber bezweckt die MERL, den individuellen Schutz der Arbeitnehmer zu verbessern (vgl Erwägungsgrund 2).[22] Die Anzeige von Massenentlassungen soll es nämlich der Arbeitsverwaltung ermöglichen, rechtzeitig durch gezielte Maßnahmen das Entstehen größerer Arbeitslosigkeit zu vermeiden (zB durch verstärkte Vermittlungsbemühungen) oder wenigstens zu verzögern. Wenngleich auch die Arbeitsverwaltung anzeigepflichtige Massenentlassungen von Rechts wegen nicht verhindern kann (evtl faktisch zB durch Kreditbeschaffung), entsteht durch das der Arbeitsverwaltung in die Hand gegebene Instrumentarium ua der Sperrfrist nach § 18 KSchG, wonach Entlassungen hinausgezögert werden können, ein Zeitgewinn, den sie für Vorkehrungen drohender Massenarbeitslosigkeit und andere Maßnahmen nach dem SGB III nutzen kann.[23]

6   Da die Regelungen des Massenentlassungsschutzes gem §§ 17 ff primär arbeitsmarktpolitische Bedeutung (öffentliche Zielsetzung) haben und auch

---

19 So auch noch BAG 18.9.2003 – 2 AZR 79/02 – AP KSchG 1969 § 17 Nr 14; ErfK/Kiel § 18 KSchG Rn 2 spricht von einem überholten legislatorischen Konzept, was die Richtigkeit des gesetzlichen Ausgangsbefundes indiziert; er reklamiert einen dringenden Anpassungsbedarf des Gesetzgebers, § 17 KSchG Rn 2.
20 S § 18 Rn 2 und 20; Bauer/Krieger/Powietzka BB 2006, 2023, 2026; Dornbusch/Wolff BB 2005, 885, 887; ErfK/Kiel § 17 KSchG Rn 1.
21 BAG 28.5.2009 – 8 AZR 273/08 – AP BGB § 613a Nr 370; DFL/Leschnig § 17 KSchG Rn 1 „primärer Zweck"; ErfK/Kiel § 17 KSchG Rn 2; KR/Weigand § 17 KSchG Rn 7; Löwisch/Spinner § 17 KSchG Rn 1.
22 KR/Weigand § 17 KSchG Rn 8; Opolony NZA 1999, 792; Thüsing/Laux/Lembke-Lembke/Oberwinter § 17 KSchG Rn 8; Wissmann RdA 1998, 222 f.
23 BAG 24.2.2005 – 2 AZR 207/04 – AP KSchG 1969 § 17 Nr 20; APS/Moll vor §§ 17 ff KSchG Rn 17; ErfK/Kiel § 17 KSchG Rn 2; KDZ/Kittner/Deinert § 17 KSchG Rn 3 f; Thüsing/Laux/Lembke-Lembke/Oberwinter § 17 KSchG Rn 6; vHH/L/v. Hoyningen-Huene Vorb zu §§ 17 ff KSchG Rn 10.

generell den Arbeitnehmerschutz verbessern wollen, wurde doch durch das 2. ÄndG zum KSchG vom 27.4.1978[24] die Mitwirkung des Betriebsrats in § 17 Abs. 2 bestimmt,[25] **nicht** jedoch den **Individualschutz** is einer konkreten Verhaltenspflicht gegenüber dem von der Entlassung betroffenen Arbeitnehmers bezwecken, sind die Vorschriften **kein Schutzgesetz isv § 823 Abs 2 BGB**.[26] Mittlerweile hat sich die Erkenntnis durchgesetzt, dass im Lichte der MERL, auch der Schutz des einzelnen Arbeitnehmers zu bei der Auslegung der §§ 17ff zu berücksichtigen ist.[27] Mit seiner Entscheidung vom 11.3.1999[28] hat auch das BAG eine Erweiterung des Individualschutzes als Sinn und Zweck der §§ 17 ff KSchG anerkannt.[29] Denn nach Ansicht des BAG ergibt sich aus § 20 Abs 4 KSchG, dass der Entscheidungsträger hinsichtlich der Zustimmungserklärung nach § 18 Abs 1 KSchG nicht nur das öffentliche Interesse und die Lage des gesamten Arbeitsmarktes, sondern auch sowohl das Interesse des Arbeitgebers als auch das der zu entlassenden Arbeitnehmer zu berücksichtigen habe.[30] Damit trägt das BAG der Richtlinie 98/59 EG vom 20.7.1998 (Erwägungsgrund 2) Rechnung.[31] Nach der Entscheidung des EuGH vom 27.1.2005 – 2 AZR 343/05-AP KSchG 1969 § 17 Nr 21 lässt sich der eingeschränkte Individualschutz wohl kaum noch aufrechterhalten.[32] Der Individualschutz steht mindestens gleichrangig neben der arbeitsmarktpolitischen Zielrichtung des Massenentlassungsverfahrens. Denn vor Ausspruch der Kündigungen ist nunmehr der Betriebsrat zu beteiligen (konsultieren).

c) Rechtsnatur. aa) Unabdingbarkeit. Die §§ 17 bis 22 KSchG sind wie alle Kündigungsbeschränkungen **zwingendes Gesetzesrecht**.[33] Auf den Kündigungsschutz bei Massenentlassungen kann von daher nicht im Voraus **verzichtet werden**.[34] Entgegenstehende arbeitsvertragliche Vereinbarungen sind ebenso unwirksam wie kollektiv-rechtliche Regelungen in einer Betriebsvereinbarung oder in einem Tarifvertrag, § 134 BGB.[35] Zulässig ist es, dass der Arbeitnehmer auf den Kündigungsschutz der §§ 17 ff verzichtet, nachdem der Tatbestand des § 17 eingetreten ist.[36] Insofern ist es be-

---

24 BGBl I S 550.
25 vHH/L/v. Hoyningen-Huene Vorb zu §§ 17ff KSchG Rn 9.
26 Ascheid Rn 533; APS-Moll vor §§ 17 KSchG Rn 15; KR/Weigand 8. Aufl § 17 KSchG Rn 12.
27 So schon lange Opolony NZA 1999, 791 f mwN; Wissmann RdA 1998, 222 f.
28 2 AZR 461/98 – AP KSchG 1969 § 17 Nr 12.
29 Anders noch BAG 6.12 1973 – 2 AZR 10/73 – AP KSchG 1969 § 17 Nr 1 und BAG 24.10.1996 – 2 AZR 895/95 – AP KSchG 1969 § 17 Nr 8.
30 BAG 11.3.1999 – 2 AZR 461/98 – AP KSchG 1969 § 17 Nr 12.
31 APS-Moll vor §§ 17 ff KSchG Rn 12; KR/Weigand § 17 KSchG Rn 7; Opolony NZA 1999, 791 f mwN.
32 So wohl auch ErfK/Kiel § 17 KSchG Rn 2.
33 APS/Moll vor §§ 17 ff KSchG Rn 16; ErfK/Kiel § 17 KSchG Rn 3; vHH/L/v. Hoyningen-Huene Vorb zu §§ 17ff Rn 20; KR/Weigand § 17 KSchG Rn 9; Thüsing/Laux-Lembke/Oberwinter § 17 KSchG Rn 9.
34 BAG 11.3.1999 – 2 AZR 461/98 – AP KSchG 1969 § 17 Nr 12; KPK/Schiefer §§ 17 bis 22 KSchG Rn 13; Thüsing/Laux-Lembke-Lembke/Oberwinter § 17 ff KSchG Rn 11; vHH/L/v. Hoyningen-Huene Vorb §§ 17 KSchG Rn 20.
35 APS/Moll vor §§ 17 ff KSchG Rn 16; KR/Weigand § 17 KSchG Rn 9; Thüsing/Laux-Lembke-Lembke/Oberwinter § 17 KSchG Rn 11.
36 APS/Moll vor §§ 17 ff KSchG Rn 16 b: Thüsing/Laux-Lembke-Lembke-Oberwinter § 17 KSchG Rn 12.

denkenfrei zulässig, auf den Schutz im Rahmen eines gerichtlichen Vergleichs oder in einer außergerichtlichen Vereinbarung (Abwicklungsvertrag und Vergleich) zu verzichten.[37] Sofern sich der Arbeitnehmer im Rahmen eines gerichtlichen Verfahrens **nicht** auf die Unwirksamkeit der gegen die §§ 17 ff KSchG verstoßende Entlassung beruft, stellt dies gleichsam einen nachträglichen Verzicht auf den Massenentlassungsschutz dar.[38] Von daher bleibt es bei der Entlassung; sofern der Entlassung das Rechtsgeschäft der Kündigung zugrunde liegt, wird diese endgültig wirksam, soweit sie nicht aus anderen Gründen unwirksam ist. In diesem Falle kann die Agentur für Arbeit nicht die Zahlung von Arbeitslosengeld verweigern oder Erstattung vom Arbeitgeber mit der Begründung verlangen, das Arbeitsverhältnis bestehe noch bei erfolgter Anzeige bis zum Ablauf der Sperrfrist bzw bei unterlassener Anzeige unbefristet fort.[39] Sofern der Entlassung die Rechtsgeschäfte des Aufhebungsvertrags (Ausnahme: der zur Vermeidung einer betriebsbedingten Kündigung geschlossene Aufhebungsvertrag, § 17 Abs 1 Satz 2 KSchG) oder der Eigenkündigung[40] des Arbeitnehmers zugrunde liegen, finden die §§ 17 ff KSchG schon wegen fehlender Tatbestandsmäßigkeit grundsätzlich keine Anwendung.[41] Der **Arbeitgeber** kann **sich** selbst **nicht** auf die **Unwirksamkeit** der von ihm unter Verstoß gegen die §§ 17 ff KSchG ausgesprochenen Kündigungen **berufen**.[42] Eine wegen Verstoßes gegen § 17 KSchG unwirksame Kündigung kann nicht durch die später nachgeholte Anzeige geheilt werden.[43] Der Arbeitgeber muss in solchen Fällen unter Einhaltung der vollen Kündigungsfrist erneut kündigen.[44]

8 **bb) Doppelnatur.** Soweit die §§ 17 ff KSchG die Rechtsbeziehung zwischen Arbeitgeber und Arbeitnehmer einschließlich der Beteiligung des Betriebsrats beim Anzeigeverfahren regeln, betreffen sie das Arbeitsrecht. Diesbezügliche Streitigkeiten sind vor den Gerichten für Arbeitssachen zu verfolgen.

9 Soweit es jedoch um das Verhältnis zwischen Arbeitgeber und der Arbeitsverwaltung geht, handelt es sich um sozialversicherungsrechtliche Fragestellungen, die im Streitfalle vor den Sozialgerichten auszutragen sind.[45]

10 **d) Verhältnis zum Individualkündigungsschutz. aa) Grundsatz.** Der in den §§ 1 bis 14 KSchG geregelte **individuelle Kündigungsschutz** bleibt von den §§ 17 ff KSchG **unberührt**.[46] Die sich aus den §§ 17 ff KSchG ergebenden

---

37 Thüsing/Laux/Lembke-Lembke/Oberwinter § 17 KSchG Rn 12; vHH/L/v. Hoyningen-Huene Vorb §§ 17 ff Rn 20.
38 S dazu ErfK/Kiel § 17 KSchG Rn 3; HK-KSchG/Hauck § 17 KSchG Rn 7; vHH/L/v. Hoyningen-Huene Vorb §§ 17 ff KSchG Rn 20.
39 KPK/Schiefer §§ 17 bis 22 KSchG Rn 5; KR/Weigand § 17 KSchG Rn 12.
40 S aber Rn 29.
41 KR/Weigand § 17 Rn 43; vHH/L/v. Hoyningen-Huene Vorb §§ 17ff KSchG Rn 20.
42 v. Hoyningen-Huene/Linck Voraufl § 18 KSchG Rn 32.
43 BAG 18.9.2003 – AP KSchG 1969 § 17 Nr 14; Löwisch/Spinner § 18 Rn 60; vHH/L/v. Hoyningen-Huene § 18 KSchG Rn 31.
44 v. Hoyningen-Huene/Linck Voraufl § 18 KSchG Rn 34.
45 vHH/L/v. Hoyningen-Huene Vorb zu §§ 17 ff KSchG Rn 21.
46 BAG 27.2.1958 – 2 AZR 445/55 – AP KSchG § 1 Betriebsbedingte Kündigung Nr 1; BSG 20.10.1960 – 7 Rar 98/56 – AP KSchG § 20 Nr 1; APS/Moll vor §§ 17 ff KSchG Rn 17; ErfK/Kiel § 17 KSchG Rn 4.

Kündigungsbeschränkungen **bestehen unabhängig neben** dem Individualkündigungsschutz der §§ 1 bis 14 KSchG.

Eine sozial gerechtfertigte Kündigung kann demnach unwirksam sein, wenn sich der Arbeitnehmer darauf beruft, dass der Arbeitgeber die beabsichtigte Massenentlassung nicht angezeigt oder die in der Sperrfrist erforderliche Zustimmung der Agentur für Arbeit zur Kündigung nicht eingeholt hat. Zudem kann eine Kündigung sozialwidrig sein, obwohl die Agentur für Arbeit einer Massenentlassung nach § 18 Abs 1 KSchG zugestimmt hat. Beruft sich der Arbeitnehmer auf einen Verstoß gegen §§ 17 ff KSchG, handelt es sich um einen sonstigen Unwirksamkeitsgrund iSd §§ 7, 13 Abs 3 KSchG, der nunmehr innerhalb der Dreiwochenfrist des § 4 KSchG geltend gemacht werden muss, § 4 Satz 1 KSchG.[47] **11**

bb) **Besonderer Kündigungsschutz.** Nicht nur der individuelle Kündigungsschutz, sondern auch **der besondere Kündigungsschutz** (zB der betriebsverfassungsrechtlichen Funktionsträger nach §§ 15 f KSchG, der in § 9 MuSchG genannten Frauen, der im Erziehungsurlaub befindlichen Arbeitnehmer, § 18 BErzGG, der Schwerbehinderten nach §§ 85 ff SGB IX, der Wehrpflichtigen nach § 2 ArbPlSchG) wird durch den Massenentlassungsschutz **nicht berührt.**[48] **12**

e) **Durchführung einer Massenentlassung.** Der Ablauf einer vom Arbeitgeber beabsichtigten Massenentlassung gestaltet sich in etwa wie folgt:[49] **13**

- Beteiligung des Betriebsrats bei der Personalplanung nach § 92 BetrVG
- Unterrichtung des Wirtschaftsausschusses nach § 106 BetrVG
- Beteiligung des Betriebsrats über die geplante Betriebsänderung, § 111 BetrVG
- Versuch eines Interessenausgleichs und Vereinbarung eines Sozialplans, § 112 BetrVG
- Beteiligung des Betriebsrats nach § 17 Abs 2 KSchG und gleichzeitige Zuleitung einer Abschrift der schriftlichen Unterrichtung des Betriebsrats an die Agentur für Arbeit, § 17 Abs 3 Satz 1 KSchG
- Anzeige einschließlich Stellungnahme des Betriebsrats an die Agentur für Arbeit nach § 17 Abs 1 und 3 KSchG (Stellungnahme des Betriebsrats wird bei Interessenausgleich iSd § 1 Abs 5 Satz 1 KSchG ersetzt; § 1 Abs 5 Satz 4 KSchG)
- Zuleitung einer Abschrift der Anzeige nach § 17 Abs 1 KSchG an den Betriebsrat, § 17 Abs 3 Satz 6 KSchG
- Evtl weitere Stellungnahme des Betriebsrats an die Agentur für Arbeit nach § 17 Abs 3 Satz 7 KSchG
- Anhörung von Arbeitgeber und Betriebsrat durch den Entscheidungsträger nach § 20 Abs 3 Satz 1 KSchG

---

47 BAG 12. 7.2007 – 2 AZR 448/05 – NZA 2008, 425 ff; BAG 21.5.2008 – 8 AZR 84/07 – NZA 2008, 753 ff; ErfK/Kiel § 17 KSchG Rn 36; KDZ/Kittner/Deinert § 17 KSchG Rn 13; KR/Weigand § 17 KSchG Rn 107; vHH/L/v. Hoyningen-Huene § 18 KSchG Rn 36; aA Feme/Lipinski NZA 2006, 937, 940; Kleinebrink FA 2005, 130, der die Grundsätze der Verwirkung anwenden will.
48 APS/Moll vor §§ 17 ff KSchG Rn 18; HK-KSchG/Hauck § 17 Rn 4; KPK/Schiefer §§ 17 bis 22 Rn 11.
49 Vgl HK-KSchG/Hauck § 17 Rn 6; KR/Weigand § 17 KSchG Rn 14 a bis 14 e.

- Entscheidung der Agentur für Arbeit bzw der Bundesagentur für Arbeit über die Massenentlassung (§ 18 KSchG) oder Kurzarbeit (§ 19 KSchG)
- Anhörung des Betriebsrats nach § 102 BetrVG zu den beabsichtigten Kündigungen
- Kündigung der Arbeitnehmer durch den Arbeitgeber
- Durchführung der Entlassungen innerhalb der Freifrist nach § 18 Abs 1 und 4 KSchG[50] oder Einführung von Kurzarbeit nach § 19 Abs 1 KSchG unter Beachtung des Mitbestimmungsrechts des Betriebsrats nach § 87 Abs 1 Nr 3 BetrVG

2. Anwendungsbereich der §§ 17 ff KSchG

14 Die Bestimmungen über die anzeigepflichtige Massenentlassung finden nur dann Anwendung, wenn bestimmte **betriebliche, persönliche und sachliche Voraussetzungen** erfüllt sind.

15 a) **Betrieblicher Geltungsbereich.** Der Begriff des **Betriebs** isd § 17 KSchG entspricht dem des Betriebsverfassungsrechts.[51] Dieses Verständnis rechtfertigt sich daraus, dass der Gesetzgeber in § 17 Abs 2 und 3 KSchG den Betriebsrat in das Anzeigeverfahren einbindet. Von daher erscheint es sinnvoll, von gleichen Begriffsinhalten auszugehen, um kündigungsschutzrechtlich als auch betriebsverfassungsrechtlich von gleichen Zuständigkeiten ausgehen zu können.[52]

16 Als **Betrieb** ist danach die organisatorische Einheit anzusehen, innerhalb derer der Arbeitgeber mit seinen Arbeitnehmern durch Einsatz technischer und materieller Mittel bestimmte arbeitstechnische Zwecke verfolgt, die sich nicht in der Befriedigung von Eigenbedarf erschöpfen.[53] Maßgebendes Kriterium der organisatorischen Einheit ist der selbstständige **Leitungsapparat** in den wesentlichen sozialen und personellen Angelegenheiten des BetrVG.[54] Unter einem Betrieb iSv Art 1 Abs 1 lit. a) der Richtlinie 75/129/EWG des Rates vom 17.2.1975 ist nach Maßgabe der Umstände die wirtschaftliche Einheit zu verstehen, der die von der Entlassung betroffenen Arbeitnehmer zur Erfüllung ihrer Aufgaben angehören.[55] Eine räumliche Einheit der Betriebsstätte ist nicht wesensnotwendig.[56] Nach dieser Entscheidung ist auch nicht maßgebend, ob die Einheit eine Leitung hat,

---

50 S nunmehr zur richtlinienkonformen Anwendung des § 18 Abs 1 und 4 § 18 Rn 2 und 20.
51 BAG 13.4.2000 – 2 AZR 215/99 – AP KSchG 1969 § 17 Nr 13; BTM-Backmeister § 17 KSchG Rn 5; DFL/Leschnig § 17 KSchG Rn 3; KDZ/Kittner/Deinert § 17 Rn 5; KR/Weigand § 17 KSchG Rn 15; Löwisch/Spinner § 17 KSchG Rn 9.
52 BAG 13.3.1969 – 2 AZR 157/68 – AP KSchG § 15 Nr 10.
53 BAG 25.9.1986 – 6 ABR 68/84 – AP BetrVG 1972 § 1 Nr 7; s § 23 Rn 10; BAG 13.4.2000 – 2 AZR 215/99 – AP KSchG 1969 § 17 Nr 13; KR/Weigand § 17 KSchG Rn 15.
54 BAG 23.9.1982 – 6 ABR 42/81 – AP BetrVG 1972 § 4 Nr 3; BAG 14.9.1988 – 7 ABR 10/87 – AP BetrVG 1972 § 1 Nr 9.
55 EuGH 7.12.1995 – C 449/93 – NZA 1996, 471 ff; ErfK/Kiel § 17 KSchG Rn 8; KR/Weigand § 17 KSchG Rn 15.
56 ErfK/Kiel § 17 KSchG Rn 8; KR/Weigand § 17 KSchG Rn 15.

die selbstständig Massenentlassungen vornehmen kann.[57] Der Betriebsbegriff iSd §§ 17 ff ist nach diesen Maßgaben richtlinienkonform auszulegen.[58]

Ein Betrieb iSd Begriffsbestimmung ist auch dann gegeben, wenn mehrere selbstständige Unternehmen aufgrund einer rechtlichen Vereinbarung über die einheitliche Leitung einen **gemeinsamen Betrieb** führen.[59] Wegen des Betriebsbegriffs im Umwandlungsgesetz s § 23 Rn 16, § 322 UmwG.

17

Entsprechend der für den Betriebsbegriff iSd § 17 KSchG heranzuziehenden Betriebsbestimmung im Lichte des Betriebsverfassungsrechts sind **Betriebsteile** nur unter den Voraussetzungen des § 4 Abs 1 Satz 1 BetrVG als selbstständige **Betriebe** iSd § 17 KSchG anzusehen.[60] Um selbstständige Betriebe handelt es sich demnach, wenn die Betriebsteile die Voraussetzungen des § 1 BetrVG erfüllen und räumlich weit vom Hauptbetrieb entfernt oder durch Aufgabenbereich und Organisation eigenständig sind.[61] Im Hinblick auf die Stellung des Betriebsrats im Rahmen der §§ 17 ff ist es geboten, den Begriff des Betriebes iSd §§ 17 ff iSd BetrVG zu interpretieren.[62] Der örtliche Betriebsrat ist nämlich allenfalls mit den regionalen Verhältnissen des Arbeitsmarktes vertraut. Würden räumlich weit entfernt liegende Betriebsteile wie beim Betriebsbegriff iSd § 23 KSchG einbezogen, würde sich die am Betriebssitz residierende Agentur für Arbeit mit Arbeitsmarktfragen einer fremden Region befassen müssen. Das wäre nicht sachgerecht.[63] An dieser Stelle ist darauf hinzuweisen, dass gegenüber dem Betriebsbegriff iSd §§ 1, 23 KSchG insofern eine **Abweichung** besteht, als die **räumlich weite Entfernung** des Betriebsteils vom Hauptbetrieb entgegen § 4 Abs 1 Satz 1 Nr 1 BetrVG und somit auch entgegen § 17 Abs 1 KSchG nicht genügt einen Betrieb iSd Individualkündigungsschutzes anzunehmen.[64] Eine räumlich weite Entfernung vom Hauptbetrieb mit der Folge der betrieblichen Eigenständigkeit iSd § 17 Abs 1 KSchG ist **nicht allein** nach dem Gesichtspunkt der objektiven Entfernung zu bestimmen. Entsprechend seinem dahinter stehenden **Schutzzweck**, eine wirkungsvolle Betriebsratstätigkeit auch im Betriebsteil sicherzustellen, kommt es entscheidend auf die vorhandenen Verkehrsverbindungen an.[65] Soweit tarifvertraglich eine von § 4 BetrVG abweichende Zuordnung von Betriebsteilen gem § 3 Abs 1 Nr 3 BetrVG besteht, ist diese auch für den Betriebsbegriff iSd § 17 KSchG maß-

18

---

57 EuGH 7.12.1995 – C 449/93 – NZA 1996, 471 ff; Thüsing/Laux/Lembke-Lembke/Oberwinter § 17 KSchG Rn 51.
58 APS/Moll § 17 KSchG Rn 8; ErfK/Kiel § 17 KSchG Rn 8; KR/Weigand § 17 KSchG Rn 15 a.
59 BAG 13.9.1995 – 2 AZR 954/94 – AP KSchG 1969 § 1 Betriebsbedingte Kündigung Nr 72; DFL/Leschnig § 17 KSchG Rn 4; ErfK/Kiel § 17 KSchG Rn 8; KR/Weigand § 17 KSchG Rn 15; Thüsing/Laux/Lembke-Lembke/Oberwinter § 17 KSchG Rn 54 wegen der Einzelheiten s § 23 Rn 16.
60 DFL/Leschnig § 17 KSchG Rn 3; ErfK/Kiel § 17 KSchG Rn 8; KR/Weigand § 17 KSchG Rn 16 f; Thüsing/Laux/Lembke-Lembke/Oberwinter § 17 KSchG Rn 50.
61 KR/Weigand § 17 KSchG Rn 16.
62 BAG 13.3.1969 – 2 AZR 157/68 – AP KSchG § 15 Nr 10; ErfK/Kiel § 17 KSchG Rn 8; KR/Weigand § 17 KSchG Rn 17.
63 So zutr KR/Weigand § 17 KSchG Rn 17.
64 S § 23 Rn 13.
65 BAG 17.2.1983 – 6 ABR 64/81 – AP BetrVG 1972 § 4 Nr 4.

gebend.⁶⁶ Das ist die Folge der tarifdispositiven gesetzlichen Regelung, auch wenn es für die vorstehend beschriebene Aufgabe der Agentur für Arbeit nicht förderlich ist.

19 Nebenbetriebe nach § 4 Satz 2 aF BetrVG sind trotz ihrer Hilfsfunktion für den Hauptbetrieb (zB Reparaturbetrieb für Speditionsunternehmen) auch Betriebe iSd § 17 Abs 1 KSchG.

20 Die Vorschriften über die anzeigepflichtige Massenentlassung gelten grundsätzlich in allen **privaten Betrieben**.⁶⁷

21 Keine Anwendung finden die §§ 17 ff KSchG auf Betriebe, die idR⁶⁸ nicht mehr als 20 Arbeitnehmer beschäftigen (Kleinbetriebe). Das folgt aus § 17 Abs 1 Ziff 1 KSchG, wonach in die erste Stufe der anzeigepflichtigen Entlassungen Betriebe der Größenordnung von mehr als 20 und weniger als 60 Arbeitnehmern einbezogen sind.⁶⁹ Kleinbetriebe iS dieser Vorschrift und insbesondere auch „Kleinstbetriebe" iSd § 23 Abs 1 Satz 2 KSchG unterfallen also nicht der Anzeigepflichtigkeit von Massenentlassungen.⁷⁰ Außerdem werden **Saison- und Kampagnebetriebe** nicht erfasst, soweit es sich um Entlassungen handelt, die durch die Eigenart der Betriebe bedingt sind, § 22 KSchG.⁷¹ Diese Bereichsausnahme ist auch durch die Richtlinie 98/59/EG (MERL) gedeckt. Nach dessen Teil I Art. 1 Abs 2 lit. a) findet die Richtlinie keine Anwendung auf Massenentlassungen im Rahmen von Arbeitsverträgen, die für eine bestimmte Zeit oder Tätigkeit geschlossen werden.⁷² Nach § 23 Abs 2 Satz 2 KSchG gelten die §§ 17 bis 22 KSchG **nicht für Seeschiffe und ihre Besatzung**.⁷³ Betriebe der **öffentlichen Hand** sind dem Anwendungsbereich der § 17 ff KSchG nur dann unterstellt, wenn sie wirtschaftliche Zwecke verfolgen, also Aufgaben wahrnehmen, die an sich auch von einer Privatperson durchgeführt werden könnten, § 23 Abs 2 Satz 1 KSchG.⁷⁴

22 **b) Persönlicher Geltungsbereich.** Der Anwendungsbereich der §§ 17 ff KSchG erfasst alle Beschäftigten der betroffenen Betriebe mit Arbeitnehmerstatus.⁷⁵ Wie auch in anderen kündigungsschutzrechtlichen Bestimmungen bestimmt sich der Arbeitnehmerstatus nach den von Rechtsprechung und Lehre entwickelten Kriterien.⁷⁶ Eine Richtlinienkonformität des Arbeitnehmerbegriffs gilt es dabei aber zu beachten.⁷⁷

Arbeitnehmer iSd § 17 KSchG sind auch die zu ihrer **Berufsbildung Beschäftigten**. Dies ergibt sich auch mittelbar aus § 23 Abs 1 Satz 2 KSchG

---

66 KDZ/Kittner/Deinert § 17 KSchG Rn 6; Löwisch/Spinner § 17 KSchG Rn 17; aA APS/Moll § 17 KSchG Rn 7; KR/Weigand § 17 KSchG Rn 17.
67 KPK/Schiefer §§ 17 bis 22 KSchG Rn 19.
68 Zu diesem Tatbestandsmerkmal s § 23 Rn 30.
69 KR/Weigand § 17 KSchG Rn 23.
70 APS/Moll § 17 KSchG Rn 6; KR/Weigand § 17 KSchG Rn 23.
71 S § 22 Rn 1, 7; ErfK/Kiel § 17 KSchG Rn 5; KR/Weigand § 17 KSchG Rn 24.
72 KR/Weigand § 17 KSchG Rn 24; Opolony NZA 1999, 791, 793.
73 Einzelheiten s § 23 Rn 45; KR/Weigand § 17 KSchG Rn 26.
74 Einzelheiten s § 23 Rn 44; KR/Weigand § 17 KSchG Rn 25.
75 KR/Weigand § 17 KSchG Rn 29.
76 S § 1 Rn 24 ff; § 23 Rn 23; ErfK/Kiel § 17 KSchG Rn 9.
77 EuGH 18.1.2007 – C 385/05 – AP Richtlinie 98/59/EG Nr 1; ErfK/Kiel § 17 KSchG Rn 9.

(vgl zum Merkmal der zur Berufsbildung Beschäftigten § 23 Rn 21). **Mitarbeitende Familienangehörige** sind nur dann zu berücksichtigen, wenn sie aufgrund eines Arbeitsvertrags mitarbeiten.[78]

Die Geltung der §§ 17 ff KSchG ist unabhängig vom Lebensalter, der Dauer der Betriebszugehörigkeit und des Umfangs des vereinbarten Arbeitsvolumens. Von daher sind auch noch nicht sechs Monate beschäftigte Arbeitnehmer zu berücksichtigen. Für den Anwendungsbereich der §§ 17 ff KSchG ist nämlich nicht der Individualschutz, sondern der arbeitsmarktpolitische Zweck maßgebend.[79] Aus der arbeitsmarktpolitischen Zwecksetzung dieser Vorschriften ergibt sich auch, **dass teilzeitbeschäftigte Arbeitnehmer** ohne Rücksicht auf ihr geschuldetes Arbeitsvolumen mitzuzählen sind. 23

Nicht hinzuzurechnen sind hingegen Heimarbeiter, Hausgewerbetreibende und sonstige arbeitnehmerähnliche Personen.[80] Ebenso verhält es sich mit Personen, die aufgrund eines **Eingliederungsvertrags** gem § 35 f SGB III im Betrieb beschäftigt sind.[81] Entsprechendes gilt für **ABM-Kräfte**.[82] 24

Nach § 17 Abs 5 KSchG gelten Mitglieder gesetzlicher Vertretungsorgane, zur Vertretung von Personengesamtheiten berufene Personen und leitende Angestellte nicht als Arbeitnehmer iSd Bestimmung.[83] Zu den Begriffsinhalten und zur Abgrenzung dieses Personenkreises wird auf die Erläuterungen zu § 14 KSchG verwiesen.[84] 25

Für die Feststellung der Anzahl der im Betrieb beschäftigten Arbeitnehmer ist von der **regelmäßigen Beschäftigtenzahl** auszugehen (§ 17 Abs 1 KSchG: „In Betrieben mit in der Regel..."). Der Begriffsinhalt „in der Regel" stimmt mit dem in § 23 Abs 1 Satz 2 KSchG verwandten Begriff überein.[85] Von daher wird wegen der Einzelheiten auf die Erläuterungen in § 23 KSchG verwiesen.[86] Für die Feststellung der Zahl der im Betrieb idR beschäftigten Arbeitnehmer war bisher auf den **Zeitpunkt der Entlassung** abzustellen.[87] Folgt man der richtlinienkonformen Auslegung dann ist nunmehr nicht mehr auf den Zeitpunkt der Entlassung, dh auf den Stichtag, zu dem das Arbeitsverhältnis enden soll,[88] abzustellen, sondern auf 26

---

78 DFL/Leschnig § 17 KSchG Rn 8; KR/Weigand § 17 KSchG Rn 29; diff BTM-Backmeister § 17 KSchG Rn 8.
79 KR/Weigand § 17 KSchG Rn 31.
80 DFL/Leschnig § 17 KSchG Rn 8; KR/Weigand § 17 KSchG Rn 30; Löwisch/Spinner § 17 KSchG Rn 21.
81 KR/Weigand § 17 KSchG Rn 30.
82 APS-Moll § 17 KSchG Rn 22; KR/Weigand § 17 KSchG Rn 30.
83 BTM-Backmeister § 17 KSchG Rn 9; Dornbusch/Wolff-Heckelmann/Beissel § 17 KSchG Rn 24; ErfK/Kiel § 17 KSchG Rn 10.
84 S § 14 Rn 3 ff, 8 ff u 17 f.
85 BAG 31.7.1986 – 2 AZR 594/85 – AP KSchG 1969 § 17 Nr 5.
86 S § 23 Rn 30.
87 BAG 31. 7.1986 – 2 AZR 594/85 – AP KSchG 1969 § 17 Nr 5.
88 Dafür noch BAG 24. 2.2005 – 2 AZR 207/04 – AP KSchG 1969 § 17 Nr 20.

den Zeitpunkt der Kündigungserklärung.[89] Die dafür erforderliche Rückschau auf die bisherige personelle Stärke und der zugleich vorzunehmenden Zukunftsprognose[90] ist im Falle einer **Betriebsstilllegung** dahingehend zu modifizieren, dass es insoweit nur auf einen **Rückblick** auf die bisherige Belegschaftsstärke ankommt.[91] Für die **Rückschau** kann zeitlich nicht auf einen absoluten Zeitraum abgestellt werden.[92] Richtigerweise ist vielmehr darauf abzustellen, zu welchem Zeitpunkt der Arbeitgeber noch eine regelmäßige Betriebstätigkeit entwickelt und wie viel Arbeitnehmer er dafür benötigt hat.[93] Hatte der Arbeitgeber zunächst eine Betriebseinschränkung geplant und entschloss er sich erst dann zu einer Stilllegung, ist die eingeschränkte Arbeitnehmerzahl für die Anzeigepflicht nach § 17 Abs 1 KSchG zugrunde zu legen. Entlässt der Arbeitgeber hingegen im Anschluss an den Stilllegungsbeschluss stufenweise Personal, ist der im Zeitpunkt der Beschlussfassung vorhandene Personalbestand und nicht etwa der spätere, verringerte Personalbestand für die Anzeigepflicht nach § 17 Abs 1 KSchG maßgebend.[94]

27 **c) Sachlicher Geltungsbereich. aa) Begriff der Entlassung.** Nach § 17 Abs 1 KSchG ist der Arbeitgeber verpflichtet, ab einer bestimmten Mindestzahl **Entlassungen** anzuzeigen. Unter Entlassung iSd §§ 17 ff KSchG war die **tatsächliche Beendigung** des Arbeitsverhältnisses zu verstehen.[95] Es kam also entscheidend auf den Zeitpunkt an, zu dem das Arbeitsverhältnis beendet wird. Lag zB der Entlassung eine ordentliche Kündigung zugrunde, so trat die Entlassung mit Ablauf der Kündigungsfrist ein. Da § 17 KSchG nach tradierter Auffassung aufgrund seiner arbeitsmarktpolitischen Zwecksetzung für die Anzeigepflicht auf die Entlassung abstellte, brauchte die Anzeige entgegen weit verbreiteter Ansicht noch nicht vor Ausspruch der ordentlichen Kündigung zu erfolgen, sondern erst vor der rechtlichen Beendigung des Arbeitsverhältnisses.[96] Das hat sich durch die Entscheidung des EuGH vom 27.1.2005[97] und ihm folgend durch die insoweit neue Rechtsprechung des BAG vom 23.3.2006[98] und vom 13.7.2006[99] geändert. Nunmehr ist auf den Ausspruch der Kündigungen abzustellen (nicht auf deren Zugang, da verlässlich festzustellen ist, ob eine anzeige-

---

[89] BAG 23. 3.2006 – 2 AZR 343/05 – AP KSchG 1969 § 17 Nr 21; BAG 6. 7.2006 – 2 AZR 520/05 – AP KSchG 1969 § 1 Nr 80; BAG 13. 7.2006 – 6 AZR 198/06 – AP KSchG 1969 § 17 Nr 22; BAT-Backmeister § 17 KSchG Rn 10; Dornbusch/Wolff-Heckelmann/Beissel § 17 KSchG Rn 17; ErfK/Kiel § 17 KSchG Rn 11; KR/Weigand § 17 KSchG Rn 28 a.
[90] BAG 31.1.1991 – 2 AZR 356/90 – AP KSchG 1969 § 23 Nr 11.
[91] KR/Weigand § 17 KSchG Rn 28 a).
[92] AA LAG Hamm 30.11.1981 – 5 Sa 476/81 – EzA § 17 KSchG Nr 2, das von einem Zweimonatszeitraum ausgeht.
[93] Vgl KR/Weigand § 17 KSchG Rn 28 a.
[94] BAG 8.6.1989 – 2 AZR 624/88 – AP KSchG 1969 § 17 Nr 6.
[95] BAG 24.10.1996 – 2 AZR 895/95 – AP KSchG 1969 § 17 Nr 8; KDZ/Kittner/Deinert § 17 KSchG Rn 13; KPK/Schiefer §§ 17 bis 22 KSchG Rn 38 ff.
[96] BAG 24.10.1996 – 2 AZR 895/95 – AP KSchG 1969 § 17 Nr 8; KR/Weigand § 17 KSchG Rn 32, 75.
[97] C-188/03 – AP KSchG 1969 § 17 Nr 18.
[98] 2 AZR 343/05 – AP KSchG 1969 § 17 Nr 21.
[99] 6 AZR 198/06 – ZIP 2006, 2396 ff.

pflichtige Maßnahme vorliegt; der zu bewirkende Zugang liegt oftmals außerhalb der Einflusssphäre des Arbeitgebers).[100]

bb) Entlassungsarten. Die §§ 17 ff KSchG gelten **grundsätzlich** nur für die Entlassung des Arbeitnehmers aufgrund ordentlicher Kündigung des Arbeitgebers. Bei einer **ordentlichen Änderungskündigung** kommt es wegen der erforderlichen Entlassungsfolge entscheidend auf das Verhalten des Arbeitnehmers an. Nimmt er die angebotene Änderung der Arbeitsbedingungen zumindest unter dem Vorbehalt nach § 2 KSchG an, so kommt es nicht zu einer Beendigung des Arbeitsverhältnisses und somit nicht zu einer Entlassung des Arbeitnehmers.[101] Eine Anzeigepflicht besteht jedoch dann, wenn der Arbeitnehmer die Fortsetzung des Arbeitsverhältnisses zu geänderten Bedingungen ablehnt, da dann die Änderungskündigung die Beendigung des Arbeitsverhältnisses und somit die Entlassung des Arbeitnehmers zur Folge hat.[102] Da es dem Arbeitnehmer unbenommen ist, die Vorbehaltserklärungsfrist nach § 2 Satz 2 KSchG voll auszuschöpfen, bleibt die Anzeigepflichtigkeit für eine gewisse Zeit im Unklaren. Da anzeigepflichtig die beabsichtigte Kündigung ist,[103] muss der Arbeitgeber ggf eine vorsorgliche, jederzeit rücknehmbare Anzeige erstatten.[104] **Eigenkündigungen**[105] **und Aufhebungsverträge** werden nur dann von den §§ 17 ff KSchG erfasst, wenn sie **durch den Arbeitgeber veranlasst** sind, § 17 Abs 1 Satz 2 KSchG.[106] Von einer Veranlassung iSd § 17 Abs 1 Satz 2 KSchG kann jedoch nur dann gesprochen werden, wenn sich der Arbeitnehmer unter dem Eindruck einer vom Arbeitgeber mitgeteilten konkreten Kündigungsabsicht entweder zu einer einverständlichen Aufhebung des Arbeitsverhältnisses bereit erklärt oder aber bedingt durch die konkret mitgeteilte Arbeitsplatzgefährdung („Kausalzusammenhang") eine Eigenkündigung ausspricht.[107] Unerheblich ist es in diesem Zusammenhang, ob der Arbeitnehmer eine Abfindung erhalten hat.[108]

28

Nach § 17 Abs 4 KSchG werden **fristlose Entlassungen** bei der Berechnung der Mindestzahl der Entlassungen nicht mitgerechnet.[109] Darunter sind Entlassungen aufgrund einer außerordentlichen Kündigung des Arbeitgebers nach § 626 BGB oder einer entsprechenden spezialgesetzlichen Vorschrift, zB § 15 Abs 2 Nr 1 BBiG, zu verstehen.[110] Mit dieser Herausnahme der fristlosen Entlassungen vom Massenentlassungsschutz hat das Gesetz **dem Arbeitgeber** gegenüber den arbeitsmarktpolitischen Interessen den

29

---

100 S Fn 86; Bauer/Krieger/Powietzka BB 2006, 2023, 2025.
101 BAG 10.3.1982 – 4 AZR 158/79 – AP KSchG 1969 § 2 Nr 2; BTM-Backmeister § 17 KSchG Rn 17; ErfK/Kiel § 17 Rn 13.
102 KR/Weigand § 17 KSchG Rn 41.
103 KR/Weigand § 17 KSchG Rn 41.
104 BAT-Backmeister § 17 KSchG Rn 17a; ErfK/Kiel § 17 KSchG Rn 13; KR/Weigand § 17 KSchG Rn 42.
105 DFL/Leschnig § 17 KSchG Rn 11.
106 DFL/Leschnig § 17 KSchG Rn 11 und 12; KR/Weigand § 17 KSchG Rn 39 und 43.
107 vHH/L/v. Hoyningen-Huene § 17 KSchG Rn 28 bis 31; KR/Weigand § 17 KSchG Rn 39.
108 ErfK/Kiel § 17 KSchG Rn 14; KR/Weigand § 17 KSchG Rn 43 b.
109 DFL/Leschnig § 17 KSchG Rn 15; ErfK/Kiel § 17 KSchG Rn 16.
110 Löwisch/Spinner § 17 KSchG Rn 33.

Vorrang eingeräumt, sich von einem Arbeitnehmer zu trennen, mit dem eine weitere Zusammenarbeit unzumutbar ist. Um eine fristlose Entlassung iSd § 17 Abs 4 KSchG handelt es sich auch bei einer vom Arbeitgeber ausgesprochenen **außerordentlichen Kündigung mit sozialer Auslauffrist**.[111] Anders verhält es sich jedoch bei sog **entfristeten Entlassungen**. Darunter ist eine auf einer ordentlichen Kündigung beruhende Entlassung des Arbeitnehmers zu verstehen, bei der – aus welchen Gründen auch immer – die geltende Kündigungsfrist nicht eingehalten ist. § 17 Abs 4 KSchG ist jedoch dann **teleologisch zu reduzieren**, wenn die aufgrund einer außerordentlichen Kündigung ausgesprochene fristlose Entlassung allein mit wirtschaftlichen Schwierigkeiten begründet wird.[112] Diese vom Wortlaut der Vorschrift abweichende Betrachtung ist im Hinblick auf die mit dem Massenentlassungsschutz verbundene arbeitsmarktpolitische Zielsetzung gerechtfertigt. Wie bei einer infolge einer ordentlichen Kündigung eintretenden Entlassung ist auch der örtliche Arbeitsmarkt durch die aufgrund von außerordentlichen Kündigungen aus wirtschaftlichen Gründen eintretenden Entlassungen betroffen. Diese Problematik dürfte jedoch lediglich akademischer Natur sein, da wirtschaftliche Gründe idR keine außerordentliche Kündigung rechtfertigen.[113]

30 Entlassungen infolge von Kündigungen des **Insolvenzverwalters** (bis 31.12.1998 Konkursverwalter) unterfallen dem Anwendungsbereich der § 17 ff KSchG, da sie unter Einhaltung der gesetzlichen Kündigungsfrist des § 113 Abs 1 InsO auszusprechen sind.[114]

31 Scheidet ein Arbeitnehmer aufgrund einer **Vorruhestandsvereinbarung** aus dem Arbeitsverhältnis aus, stellt dies keine anzeigepflichtige Entlassung dar.[115] Der Arbeitnehmer steht nämlich dem Arbeitsmarkt nicht mehr zur Verfügung.[116] Dies gilt auch für eine **Altersteilzeitvereinbarung**.

32 Keine Auswirkungen auf die Anzeigepflicht hat die **vorläufige Weiterbeschäftigung** nach § 102 Abs 5 BetrVG nach alter wie neuer Lesart.[117] Da es nach dem neuen Verständnis auf die Kündigung und nicht auf die Entlassung als tatsächliche Beendigung ankommt, ist die vorläufige Weiterbeschäftigung nach Ausspruch einer Kündigung in diesem Zusammenhang unerheblich.[118]

33 Der Massenentlassungsschutz nach § 17 ff KSchG gilt außerdem nicht für Beendigungen des Arbeitsverhältnisses durch **Zeitablauf oder Zweckerreichung bei befristeten Arbeitsverträgen**, Eintritt einer auflösenden Bedin-

---

111 APS-Moll § 17 KSchG Rn 42; ErfK/Kiel § 17 KSchG Rn 16; KDZ/Kittner/Deinert § 17 Rn 19; vHH/L/v. Hoyningen-Huene § 17 KSchG Rn 42.
112 KR/Weigand § 17 KSchG Rn 37.
113 ErfK/Kiel § 17 KSchG Rn 16; KR/Fischermeier § 626 BGB Rn 155 ff.
114 ErfK/Kiel § 17 Rn 16; KDZ/Kittner/Deinert § 17 Rn 38; KR/Weigand § 17 KSchG Rn 38.
115 APS-Moll § 17 KSchG Rn 29; KR/Weigand § 17 KSchG Rn 43 c.
116 DFL/Leschnig § 17 KSchG Rn 12; ErfK/Kiel § 17 KSchG Rn 12; KR/Weigand § 17 KSchG Rn 43 c; vHH/L/v. Hoyningen-Huene § 17 KSchG Rn 32.
117 KDZ/Kittner/Deinert § 17 KSchG Rn 15; KR/Weigand § 17 KSchG Rn 43 d; Löwisch/Spinner § 17 Rn 25; vHH/L/v. Hoyningen-Huene § 17 KSchG Rn 50.
118 vHH/L/v. Hoyningen-Huene § 17 KSchG Rn 50.

gung, Anfechtung oder Nichtigkeit des Arbeitsvertrags.[119] Entsprechendes gilt für die Beendigung eines faktischen Arbeitsverhältnisses.[120] Die gewählte Form der Beendigung darf jedoch nicht zu einer Umgehung der §§ 17 ff führen.[121]

Zur Klarstellung ist darauf hinzuweisen, dass eine neben einer außerordentlichen Kündigung **vorsorglich ausgesprochene ordentliche Kündigung** von den §§ 17 ff KSchG erfasst wird. 34

Für die Anzeigepflicht nach § 17 KSchG kommt es mit Ausnahme bei fristlosen Entlassungen[122] nicht auf den Grund für die Entlassung an.[123] Für die Belastung des Arbeitsmarkts ist es nämlich unerheblich, ob die infolge ihrer Entlassung arbeitsuchenden Arbeitnehmer aus betriebs- oder ganz oder zT aus verhaltens- bzw personenbedingten Gründen entlassen worden sind. 35

Für die Anzeigepflicht des Arbeitgebers ist es unerheblich, dass er im gleichen Zeitraum **Neueinstellungen** durchführt.[124] Dies gilt selbst dann, wenn diese die Zahl der Neueinstellungen erreichen oder gar übersteigen.[125] § 17 stellt auf Entlassungen und nicht auf eine Reduzierung der Arbeitnehmerzahl ab. Der Normzweck kommt bei Entlassungen zum Tragen, unabhängig davon ab im Gegenzug Arbeitnehmer eingestellt werden.[126] 36

II. Anzeigepflicht nach § 17 KSchG
1. Voraussetzungen

a) **Anzahl der zu entlassenen Arbeitnehmer.** Eine Anzeigepflicht nach § 17 Abs 1 KSchG besteht nur für Betriebe, in denen idR mehr als 20 Arbeitnehmer beschäftigt werden.[127] Außerdem besteht eine Verpflichtung zur Anzeige nur dann, wenn die Anzahl der Entlassungen in einem **bestimmten Verhältnis zur Gesamtbelegschaft** des Betriebs steht. Für die Anzeigepflicht kommt es also entsprechend der Zahlenstaffel des § 17 Abs 1 KSchG darauf an, wie viele Arbeitnehmer regelmäßig in dem Betrieb beschäftigt sind und ob jeweils eine gesetzlich vorgeschriebene Mindestzahl von Arbeitnehmern entlassen werden soll. § 17 Abs 1 Nr 1 bis 3 KSchG teilt dabei die Betriebe in drei Gruppen ein.[128] 37

---

119 DFL/Leschnig § 17 KSchG Rn 14; HK-KSchG/Hauck § 17 KSchG Rn 19 a; KR/Weigand § 17 KSchG Rn 44.
120 KR/Weigand § 17 KSchG Rn 45.
121 KR/Weigand § 17 KSchG Rn 44; vgl auch APS/Moll § 17 KSchG Rn 35; Löwisch/Spinner § 17 KSchG Rn 24; VHH/L/Linck § 17 KSchG Rn 22.
122 S Rn 29; KR/Weigand § 17 KSchG Rn 48.
123 Löwisch/Spinner § 17 KSchG Rn 31; KR/Weigand § 17 KSchG Rn 47; vHH/L/v. Hoyningen-Huene § 17 KSchG Rn 26.
124 BAG 13.3.1969 – 2 AZR 157/68 – AP KSchG § 15 Nr 10.
125 ErfK/Kiel § 17 KSchG Rn 15; KR/Weigand § 17 KSchG Rn 51.
126 BAG 13.3.1969 – 2 AZR 157/68 – AP KSchG § 15 Nr 10; APS/Moll § 17 KSchG Rn 53; SVP/Vossen Rn 1576; aA Löwisch/Spinner § 17 KSchG Rn 37.
127 S Rn 26.
128 KPK/Schiefer §§ 17 bis 22 KSchG Rn 59.

38 Der Arbeitgeber muss die Anzeige erstatten, wenn er
- in Betrieben mit idR mehr als 20 und weniger als 60 Arbeitnehmern mehr als 5 Arbeitnehmer,
- in Betrieben mit idR mehr als 60 und weniger als 500 Arbeitnehmern 10 vom Hundert, der im Betrieb regelmäßig beschäftigten Arbeitnehmer oder aber mehr als 25 Arbeitnehmer,
- in Betrieben mit idR mindestens 500 Arbeitnehmern mindestens 30 Arbeitnehmer

innerhalb von 30 Kalendertagen entlässt.

39 **b) Zeitraum der Entlassungen. aa) Grundsatz.** Die erforderliche **Mindestzahl von Entlassungen** muss innerhalb von 30 Kalendertagen beabsichtigt sein. Das Gesetz sieht deshalb einen bestimmten Entlassungszeitraum vor, um zu vermeiden, dass die Anzeigepflicht dadurch umgangen wird, dass die Arbeitnehmer nicht gleichzeitig, sondern sukzessive mit kurzen Zwischenräumen entlassen werden.[129] Für den Beginn der 30-Tagefrist ist der jeweilige Entlassungstag, dh richtlinienkonform der Zeitpunkt der Kündigungserklärung nicht seines Zugangs, maßgebend.[130] Maßgebend ist die Zahl der beabsichtigten Kündigungen. Es werden nicht nur die am selben Tag ausgesprochenen Kündigungen berücksichtigt, sondern es ist auf die Gesamtzahl der innerhalb von 30 Kalendertagen vom Arbeitgeber zB per Kündigung freizusetzenden Arbeitnehmer abzustellen. Die 30-Tagefrist beginnt also mit jedem Tag zu laufen, an dem eine Kündigung (Entlassung) ausgesprochen wird.[131] Von diesem Tag an werden innerhalb der folgenden 30 Tage alle Entlassungen zusammengezählt.[132] Von daher kommt es auch nicht auf einen einheitlichen Kündigungsentschluss des Arbeitgebers vor Ausspruch der den Entlassungen zugrunde liegenden Kündigungen an. Beginn und Ende der 30-Tagefrist bestimmen sich nach den §§ 187 Abs 2, 188 Abs 1 BGB. Angesichts des klaren Wortlauts des § 17 Abs 1 Satz 1 KSchG (Entlassungen innerhalb von 30 Kalendertagen), stellt es **keine Umgehung** der Anzeigepflicht dar, wenn der Arbeitgeber eine Massenentlassung in der Weise durchführt, dass die Zahl der zu entlassenden Arbeitnehmer innerhalb von 30 Kalendertagen unterhalb der jeweiligen Schwelle des § 17 Abs 1 Nrn 1 bis 3 liegt.[133] Nach der vorstehend zitierten neuen Rechtsprechung des EuGH und des BAG sind nunmehr also die Schwellenwerte des § 17 Abs 1 nicht mehr bezogen auf den Beendigungstermin, sondern auf den Ausspruch der Kündigung und bei Abschluss von Aufhebungsverträgen auf den Zeitpunkt des Vertragsabschlusses zu ermitteln.[134]

---

129 ErfK/Kiel § 17 KSchG Rn 17; KPK/Schiefer §§ 17 bis 22 KSchG Rn 52; KR/Weigand § 17 KSchG Rn 53.
130 BAG 28.5.2009 – 8 AZR 273/08 – AP BGB § 613a Nr 370; BAG 23.3.2006 – 2 AZR 343/05 – AP KSchG § 17 Nr 21; BAG 12.7.2007 – 2 AZR 619/05 – AP KSchG 1969 § 17 Nr 33; Appel DB 2005, 1002; DFL/Leschnig § 17 KSchG Rn 16; ErfK/Kiel § 17 KSchG Rn 17; KDZ/Kittner/Deinert § 17 KSchG Rn 11.
131 DFL/Leschnig § 17 KSchG Rn 16; vHH/L/v. Hoyningen-Huene § 17 KSchG Rn 49; ErfK/Kiel § 17 KSchG Rn 17.
132 KDZ/Kittner/Deinert § 17 Rn 28.
133 APS/Moll § 17 KSchG Rn 49; HK-KSchG/Hauck § 17 KSchG Rn 26; KR/Weigand § 17 KSchG Rn 53; Opolony NZA 1999, 791; vHH/L/v. Hoyningen-Huene § 17 KSchG Rn 48.
134 Bauer/Krieger/Powietzka DB 2005, 445, 446; s Zitate Fn 129.

Anzeigepflicht § 17

Werden innerhalb von 30 Kalendertagen zunächst Arbeitnehmer in einer Anzahl unterhalb der Staffel des § 17 Abs 1 KSchG entlassen, muss der Arbeitgeber aber vor Ablauf der 30-Tagefrist weitere zB Kündigungen (Entlassungen) vornehmen, die dann insgesamt mit den bereits zuvor vorgenommenen Entlassungen die Staffel des § 17 Abs 1 KSchG überschreiten, so muss der Arbeitgeber alle Entlassungen anzeigen. In diesem Fall muss der Arbeitgeber bereits durchgeführte Entlassungen **nachträglich anzeigen**.[135] Kommt der Arbeitgeber der nachträglichen Anzeigepflicht nicht nach, so sind alle Kündigungen (Entlassungen), nicht nur die letzten, unwirksam.[136]   40

bb) Beispielsfälle

Beispiel 1: Ein Betrieb mit idR 59 Arbeitnehmern (§ 17 Abs 1 Nr 1 KSchG) kündigt (entlässt) 3 Arbeitnehmer am 16.2. Die Frist des 30-Kalendertage-Zeitraums läuft vom 16.2. bis 17.3.; in einem Schaltjahr vom 16.2. bis 16.3. Diese Entlassungen sind, wenn keine weiteren Entlassungen folgen, nicht anzeigepflichtig, weil innerhalb dieser Frist die im Gesetz vorgeschriebene Mindestzahl von 6 Arbeitnehmern (mehr als 5 Arbeitnehmer) nicht erreicht wird.   41

Beispiel 2: Kündigt derselbe Betrieb am 28.2. (kein Schaltjahr) weitere 3 Arbeitnehmer, so fallen diese Entlassungen in den 30-Kalendertage-Zeitraum vom 16.2. bis 17.3. (s Beispiel 1). Sie sind mit den Entlassungen, dh Kündigungserklärungen, die mit Ablauf des 16.2. erfolgen, zusammenzurechnen. Da jetzt innerhalb der 30-Kalendertage-Frist die im Gesetz vorgeschriebene Mindestzahl erreicht wird, sind die Entlassungen insgesamt anzeigepflichtig.

Beispiel 3: Derselbe Betrieb kündigt am 18.3. weitere 3 Arbeitnehmer. Diese Entlassungen, liegen außerhalb des 30-Kalendertage-Zeitraums des Beispiels 1. Sie fallen aber in den 30-Kalendertage-Zeitraum, dessen Frist mit dem Tage der Entlassungen (Kündigungserklärungen) am 28.2. beginnt (Beispiel 2) und bis 29.3. läuft. Da innerhalb dieses Zeitraums – die Entlassungen mit Ablauf des 28.2. und des 18.3. sind zusammenzurechnen – ebenfalls die im Gesetz vorgeschriebene Mindestzahl (6) erreicht wird, unterliegen auch die Entlassungen mit Ablauf des 18.3. der Anzeigepflicht.

Aus diesen Beispielen wird auch ersichtlich, dass **ursprünglich** nicht anzeigepflichtige Entlassungen durch spätere Entlassungen (richtlinienkonform: Kündigungserklärungen) anzeigepflichtig werden.   42

2. Beteiligung des Betriebsrats

Der Arbeitgeber hat den Betriebsrat bei einer Massenentlassung nach § 17 KSchG zu beteiligen. Dabei ist zu unterscheiden: 43

---

135 BAG 13.4.2000 – 2 AZR 215/99 – AP KSchG 1969 § 17 Nr 13; DFL/Leschnig § 17 KSchG Rn 17; ErfK/Kiel § 17 KSchG Rn 17.
136 DFL/Leschnig § 17 KSchG Rn 17; ErfK/Kiel § 17 KSchG Rn 17; KR/Weigand § 17 KSchG Rn 54; KDZ/Kittner/Deinert § 17 Rn 28; s § 17 Rn 64.

- das der Anzeigeerstattung vorgeschaltete **betriebsinterne Beteiligungsverfahren** zwischen Arbeitgeber und Betriebsrat[137] und
- die Einschaltung des Betriebsrats in das **Anzeigeverfahren** gegenüber der Agentur für Arbeit.[138]

In diesem Zusammenhang stellt sich auch die Frage, welche Rechtsfolgen bei einem Verstoß gegen die Beteiligungsrechte des Betriebsrats eintreten.[139]

44 Neben der Beteiligung nach § 17 KSchG hat der Arbeitgeber regelmäßig weitere sich aus dem BetrVG ergebende Beteiligungsrechte des Betriebsrats zu beachten. Nach der Neufassung des § 1 Abs 5 Satz KSchG ersetzt ein Interessenausgleich iSd § 1 Abs 5 Satz 1 KSchG die Stellungnahme des Betriebsrats nach § 17 Abs 3 Satz 2 KSchG. Der Anzeige ist der Interessenausgleich einschließlich der Namensliste beizufügen.[140]

45 **a) Beteiligungsverfahren nach § 17 Abs 2 KSchG. aa) Ausgestaltung des Verfahrens.** Beabsichtigt der Arbeitgeber, eine Massenentlassung durchzuführen, hat er den Betriebsrat zunächst **rechtzeitig** über die beabsichtigten Kündigungen zu **unterrichten** und ihm **zweckdienliche Auskünfte** zu erteilen, § 17 Abs 2 Satz 1 KSchG.[141] Arbeitgeber und Betriebsrat haben anschließend miteinander zu **beraten**, § 17 Abs 2 Satz 2 KSchG.

46 **Arbeitgeber** ist der Inhaber des Betriebs bzw der gesetzliche Vertreter oder ein von ihm Bevollmächtigter (zB Betriebsleiter). **Zuständig** zur Entgegennahme der Auskünfte und Unterrichtung ist der Betriebsratsvorsitzende.[142] Das Gesetz lässt es jedoch offen, ob im Einzelfall der örtliche Betriebsrat, der Gesamt- oder Konzernbetriebsrat zuständig ist. Da die Beteiligungsrechte des Betriebsrats dem materiellen Betriebsverfassungsrecht zuzuordnen sind,[143] richtet sich die Zuständigkeit nach den Regelungen der §§ 50, 58 BetrVG, so dass grundsätzlich der örtliche Betriebsrat zuständig ist.[144] Handelt es sich um eine betriebsübergreifende unternehmerische Maßnahme mit der Folge der Anwendung der §§ 17 ff, wäre nach den Grundsätzen des BAG im Zusammenhang mit der Zuständigkeit im Interessenausgleichsverfahren der Gesamtbetriebsrat zuständig.[145] Aus der auch arbeitsmarktpolitischen Zwecksetzung des Verfahrens nach §§ 17 ff ergibt sich nichts anderes. Bereits durch die gesetzlich angeordnete Zusammensetzung des GBR (vgl §§ 47 Abs 2 und Abs 5 BetrVG) ist auch gewährleistet, dass eine örtliche und damit auch regionale Anbindung gegeben ist, um spezifische Kenntnisse des dortigen Arbeitsmarktes in die Beratungen mit dem Arbeitgeber einbringen zu können. Besteht für den durch die Massenentlassung betroffenen Betrieb kein Betriebsrat, kann nach Maßgabe des § 50

---

137 S Rn 45 ff.
138 S Rn 60 ff.
139 S Rn 53 f.
140 BT-Drucks 15/1204 S 12.
141 Muster in Schaub/Koch/Neef/Schrader/Vogelsang Arbeitsrechtliches Formular- und Verfahrenshandbuch § 28 Nr 2.
142 § 26 Abs 3 BetrVG ist jedoch dispositiv; FKHE § 26 Rn 42 f.
143 vHH/L/v. Hoyningen-Huene § 17 KSchG Rn 58.
144 Thüsing/Laux/Lembke-Lembke/Oberwinter § 17 KSchG Rn 75.
145 BAG 3.5.2006 – 1 ABR 15/05 – AP BetrVG 1972 § 50 Nr 29; Thüsing/Laux/Lembke-Lembke/Oberwinter § 17 KSchG Rn 76.

Abs 1 Satz 1 2. HS BetrVG eine Zuständigkeit des GBR gegeben sein. Andernfalls kommt das Konsultationsverfahren gem § 17 Abs 2 nicht zur Anwendung.[146]

Die Unterrichtung des Betriebsrats muss **rechtzeitig** erfolgen. Rechtzeitig heißt, der Betriebsrat muss noch die Möglichkeit haben, seine Argumente vor der endgültigen Entscheidung des Arbeitgebers in den Entscheidungsfindungsprozess einbringen zu können.[147] Aus § 17 Abs 3 Satz 2 KSchG ergibt sich, dass die Unterrichtung des Betriebsrats spätestens zwei Wochen vor der zu erstattenden Anzeige zu erfolgen hat.[148] In der Praxis wird die Unterrichtung und Beratung mit dem Betriebsrat nach § 17 Abs 2 parallel zum Verfahren nach § 111 BetrVG vorgenommen. 47

Die Unterrichtung, dh die **bewusste Überlassung** von entsprechenden Informationen,[149] muss mindestens die Gründe für die geplanten Entlassungen, die Zahl und die Berufsgruppen der zu entlassenden Arbeitnehmer, die Zahl und die Berufsgruppen der idR beschäftigten Arbeitnehmer, den Zeitraum, in dem die Entlassungen vorgenommen werden sollen, die vorgesehenen Kriterien für die Auswahl der zu entlassenden Arbeitnehmer und die für die Berechnung etwaiger Abfindungen vorgesehenen Kriterien beinhalten, § 17 Abs 2 Nrn 1 bis 6. Dem Tatbestandsmerkmal „insbesondere" ist zu entnehmen, dass der Katalog der Mitteilungsgegenstände nicht abschließend ist. Daneben hat der Arbeitgeber dem Betriebsrat weitere zweckdienliche Auskünfte zu erteilen, die zB den Inhalt der Unterrichtung präzisieren können.[150] Damit soll erreicht werden, dass sich der Betriebsrat ein umfassendes Bild über die geplante Massenentlassung und deren betrieblichen Auswirkungen machen kann. Je nach Lage der Dinge hat der Arbeitgeber die Auskünfte **von sich aus**, ansonsten **auf Verlangen** des Betriebsrats zu geben.[151] 48

Die Unterrichtung bedarf der **Schriftform** (§ 126 BGB). Die elektronische Form ist nicht ausgeschlossen §§ 126 Abs 3, 126a BGB. Eine mündliche Unterrichtung genügt also nicht. In diesem Fall ist der Betriebsrat auch nicht gehalten, eine Stellungnahme zu den Entlassungen abzugeben,[152] die jedoch Voraussetzung einer wirksamen Anzeige ist, § 17 Abs 3 Satz 2.[153] Die schriftliche Unterrichtung muss der Arbeitgeber nach § 17 Abs 3 Satz 1 KSchG in Form einer Abschrift (Gewähr der inhaltlichen Identität) als Mitteilung **gleichzeitig** der Agentur für Arbeit zuleiten. Damit soll bereits vor Anzeigeerstattung eine frühzeitige Information der Arbeitsverwaltung 49

---

146 KR/Weigand § 17 KSchG Rn 55a; Thüsing/Laux/Lembke-Lembke-Oberwinter § 17 KSchG Rn 77.
147 APS/Moll § 17 KSchG Rn 71; ErfK/Kiel § 17 KSchG Rn 21; Thüsing/Laux/Lembke-Lembke/Oberwinter § 17 KSchG Rn 80.
148 ErfK/Kiel § 17 KSchG Rn 21; KDZ/Kittner/Deinert § 17 KSchG Rn 31; KR/Weigand § 17 KSchG Rn 58 mwN.
149 BAG 20.9.2012 – 6 AZR 155/11 – NZA 2013, 32-37; § 17 KSchG Rn 63.
150 KDZ/Kittner/Deinert § 17 KSchG Rn 33.
151 KDZ/Kittner/Deinert § 17 KSchG Rn 33.
152 DFL/Leschnig § 17 KSchG Rn 22; Löwisch/Spinner § 17 KSchG Rn 40.
153 DFL/Leschnig § 17 KSchG Rn 22.

sichergestellt werden.¹⁵⁴ Gleichzeitig heißt hier, gleichzeitig mit der Benachrichtigung des Betriebsrats, nicht gleichzeitig mit der Anzeige.¹⁵⁵

50 Nach § 17 Abs 2 Satz 2 KSchG haben Arbeitgeber und Betriebsrat aufgrund der Information nach § 17 Abs 2 Satz 1 KSchG Möglichkeiten zu **beraten**, Entlassungen zu vermeiden oder einzuschränken und ihre Folgen zu mildern; es besteht eine Beratungspflicht.¹⁵⁶ Der Arbeitgeber muss insofern ernsthafte Verhandlungen mit dem Ziel einer Verständigung aufnehmen. Pro forma zu verhandeln, genügt nicht.¹⁵⁷ Eine Beratung geht über eine bloße Anhörung hinaus. Sie erfordert eine Stellungnahme des Betriebsrats zu der Unternehmerentscheidung des Arbeitgebers und ein Verhandeln hierüber mit dem Ziel, Entlassungen zu vermeiden oder einzuschränken oder ihre Folgen zu mildern.¹⁵⁸ Nach dem Wortlaut des § 17 Abs 2 Satz 2 KSchG hat der Arbeitgeber die Beratung mit dem **gesamten Betriebsrat** oder mit dem zuständigen Ausschuss nach §§ 27, 28 BetrVG vorzunehmen.¹⁵⁹ Die Beteiligungsform der Beratung erfordert jedoch keine Übereinstimmung im Ergebnis; ein Zwang zur Einigung besteht nicht.¹⁶⁰ Etwas anderes ergibt sich auch nicht aus Teil II Art 2 MERL. In seiner Entscheidung vom 27.1.2005¹⁶¹ hat der EuGH klargestellt, dass der Arbeitsverträge nicht kündigen darf, bevor der das Konsultationsverfahren iSd Art 2 MERL und das Anzeigeverfahren (Art. 3 und Art. 4 MERL) eingeleitet hat. Art. 2 MERL begründe eine Verpflichtung zu Verhandlungen. Die Kündigung darf erst dann ausgesprochen werden, nachdem der Arbeitgeber die Verpflichtungen nach Art. 2 MERL erfüllt hat. Mit der Erfüllung dieser Verpflichtungen ist das Konsultationsverfahren beendet und eine Kündigung kann ausgesprochen werden.¹⁶² Dagegen spricht der EuGH an keiner Stelle von einer Pflicht zur Einigung. Der Wortlaut des Art. 2 MERL gibt auch dafür keinen Hinweis. Ebenso ergeben sich weder aus der Systematik noch aus dem Normzweck der MERL hierfür Anhaltspunkte.¹⁶³Daraus folgt auch, dass weder ein Interessenausgleich oder ein Sozialplan vor Erstattung der Anzeige abgeschlossen noch muss die Einigungsstelle angerufen worden sein.¹⁶⁴ Ausdrücklich hat sich der EuGH zu Letzterem bislang

---

154 BT-Drucks 8/1041 S 5; KDZ/Kittner/Deinert § 17 KSchG Rn 34.
155 DFL/Leschnig § 17 KSchG Rn 23; KR/Weigand § 17 KSchG Rn 62 mwN.
156 ErfK/Kiel § 17 KSchG Rn 22; KDZ/Kittner/Deinert § 17 KSchG Rn 35.
157 DFL/Leschnig § 17 KSchG Rn 24; KR/Weigand § 17 KSchG Rn 62.
158 APS/Moll § 17 KSchG Rn 74; Dornbusch/Wolff-Heckelmann/Beissel § 17 KSchG Rn 60.
159 ErfK/Kiel § 17 KSchG Rn 22; vHH/L/v. Hoyningen-Huene § 17 KSchG Rn 71.
160 BAG 21.5.2008 – 8 AZR 84/07 – NZA 2008, 753 ff; ErfK/Kiel § 17 KSchG Rn 22; KR/Weigand § 17 KSchG Rn 62; Lembke/Oberwinter NJW 2007, 721.
161 C-188/03-(Junk) – AP KSchG 1969 § 17 Nr 18.
162 Bestätigende Entscheidung des EuGH vom 10.8.2009 – C 44/08 (Keskusliitto AEK ry ua) – NZA 2009, 1089 ff; hierzu Schubert AiB 2010, 119.
163 Franzen ZfA 2006, 437; KR/Weigand § 17 KSchG Rn 62.
164 BAG 21.5.2008 – 8 AZR 84/07 – NZA 2008, 753 ff; Dzida/Hohenstatt DB 2006, 1897; Ferme/Lipinski NZA 2006, 937, 946; Klumpp NZA 2006, 703, 709; ErfK/Kiel § 17 KSchG Rn 23.

noch nicht erklärt.[165] Das BVerfG hat in seinem Beschluss vom 25.2.2010[166] zwar darauf hingewiesen, dass die Rechtsprechung des EuGH zum Inhalt der Beratungen zwischen Arbeitgeber und Betriebsrat nach Art. 2 MERL noch unvollständig sei, hat aber die zuvor ausgeführte Bewertung des BAG jedenfalls im Lichte einer Vorlagepflicht (gesetzlicher Richter nach Art. 101 Abs 1 Satz 2 GG) nach Art. 234 Abs 3 EG aF – nunmehr Art. 267 Abs 3 AEUV – als vertretbar angesehen.[167] Der Betriebsrat kann nicht in rechtlicher, sondern nur in tatsächlicher Hinsicht Einfluss auf die Entscheidung des Arbeitgebers nehmen. Der Betriebsrat kann, muss aber nicht eine schriftliche Stellungnahme zu den Entlassungsvorhaben des Arbeitgebers abgeben.[168] Die Stellungnahme des Betriebsrats kann seit 1.1.2004 gem § 1 Abs. 5 Satz 4 KSchG durch die Beifügung eines Interessenausgleichs nach § 112 Abs. 1 Satz 1 BetrVG ersetzt werden.

Eine Beteiligung des Betriebsrats nach § 17 Abs 2 KSchG erstreckt sich nicht auf von der beabsichtigten Massenentlassung betroffene **leitende Angestellte** isv § 5 Abs 3 BetrVG.[169] § 17 KSchG findet zwar auf leitende Angestellte iSd § 5 Abs 3 BetrVG Anwendung, die nicht gleichzeitig unter die Ausnahmevorschrift des § 17 Abs 5 Nr 3 KSchG fallen. Dies gilt nach zutreffender Auffassung jedoch nicht für die Mitwirkung des Betriebsrats nach § 17 Abs 2 KSchG.[170] Die Beteiligungsrechte des Betriebsrats nach § 17 Abs 2 KSchG sind nämlich wegen ihrer Rechtsnatur dem materiellen Betriebsverfassungsrecht zuzuordnen.[171] Eine Beteiligung des **Sprecherausschusses** nach § 31 SprAuG statt des Betriebsrats ist zwar mit dem Gesetzeswortlaut nicht zu vereinbaren,[172] jedoch gebietet die Richtlinie 98/59 EG vom 20.7.1998[173] und das planwidrige Regelungsdefizit des nationalen Gesetzgebers eine analoge Anwendung.[174] 51

Da § 17 Abs 2 KSchG als Adressaten der Beteiligungsrechte nur den Betriebsrat und nicht auch den **Personalrat** nennt, gilt das Beteiligungsverfahren **nicht** für Betriebe, die von öffentlichen Verwaltungen geführt werden und wirtschaftlichen Zwecken dienen, auch wenn die §§ 17 ff KSchG nach dem Wortlaut des § 23 Abs 2 Satz 1 KSchG auf sie anwendbar wären. Wegen der durchaus unterschiedlichen Struktur und Qualität der Beteiligungs- 52

---

165 Vorlagebeschluss des ArbG Berlin 21.2.2006 – 79 Ca 22399/05 – NZA 2006, 739 ff; Rücknahme dieser Vorlage ArbG Berlin 26.7.2006 – 37 Ca 8899/06 – BB 2006, 724, nachdem sich die Parteien auf eine Beendigung des Arbeitsverhältnisses geeinigt haben.
166 1 BvR 230/09 – NZA 2010, 439 ff.
167 S zum Streitstand hierzu Franzen ZfA 2006, 437, 451 ff; KR/Weigand § 17 KSchG Rn 62; Weber ArbuR 2008, 365, 370 ff; Wolter ArbuR 2005, 135, 138.
168 ErfK/Kiel § 17 KSchG Rn 22 f; KDZ/Kittner/Deinert § 17 KSchG Rn 36.
169 vHH/L/v. Hoyningen-Huene § 17 KSchG Rn 17, 59; Löwisch/Spinner § 17 KSchG Rn 40.
170 KPK/Schiefer §§ 17 bis 22 KSchG Rn 66.
171 Berscheid AR-Blattei SD 1020.2 Rn 166; vHH/L/v. Hoyningen-Huene § 17 KSchG Rn 58.
172 APS-Moll § 17 KSchG Rn 57; KDZ/Kittner/Deinert § 17 KSchG Rn 30; Löwisch/Spinner § 17 KSchG Rn 40.
173 ABl Nr L 225/16.
174 ErfK/Kiel § 17 KSchG Rn 6 u 19; HK/KSchG-Hauck § 17 KSchG Rn 29; KR/Weigand § 17 KSchG Rn 62 i; vHH/L/v. Hoyningen-Huene § 17 KSchG Rn 59.

rechte für Betriebsrat und Personalrat kann nicht von einem Redaktionsversehen des Gesetzgebers ausgegangen werden.[175]

53 **bb) Rechtsfolgen bei Verstoß gegen die Beteiligungsrechte.** Welche Rechtsfolgen ein Verstoß gegen die inhaltlichen Anforderungen des Beteiligungsverfahrens nach § 17 Abs 2 KSchG hat, ist im Gesetz **nicht ausdrücklich** geregelt. Art. 6 MERL bestimmt, dass die Mitgliedstaaten dafür Sorge zu tragen haben, dass den Arbeitnehmervertretern oder den Arbeitnehmern Verfahren zur Durchsetzung der Verpflichtungen gemäß der Richtlinie zur Verfügung stehen. Von daher sind die Rechtsfolgen im Wege der Auslegung zu ermitteln.

54 Unterrichtet der Arbeitgeber den Betriebsrat **nicht** nach § 17 Abs 2 KSchG, führt das zur Unwirksamkeit der Anzeige der bevorstehenden Massenentlassung gegenüber der Agentur für Arbeit; die Massenentlassungen sind als weitere Rechtsfolge (Kündigungen) daher unwirksam.[176] Unterrichtung und Beratung sind Voraussetzungen sowohl für die Erstattung der Massenentlassungsanzeige als auch für die Kündigung der Arbeitsverhältnisse.[177] Das folgt ersichtlich aus einer richtlinienkonformen Auslegung. Nach § 17 Abs 3 KSchG ist nämlich eine Anzeige nur wirksam, wenn ihr eine Stellungnahme des Betriebsrats beigefügt wird oder der Arbeitgeber glaubhaft macht, dass er den Betriebsrat mindestens zwei Wochen vor der Anzeige nach § 17 Abs 2 KSchG unterrichtet hat. Fehlt es an der Unterrichtung, kann weder die eine noch die andere Voraussetzung erfüllt werden.[178] Im Übrigen folgt aus der fehlenden Unterrichtung kein Anspruch auf Nachteilsausgleich nach § 113 BetrVG.[179] Richtigerweise ist die **inhaltlich nicht ordnungsgemäße Unterrichtung** der fehlenden Unterrichtung gleichzustellen.[180] Hat der Arbeitgeber den Betriebsrat nur mündlich unterrichtet, bleibt dieser Verstoß gegen die Formvorschriften des § 17 Abs 2 Satz 1 KSchG unschädlich, wenn der Betriebsrat dennoch eine Stellungnahme abgibt.[181] Anderenfalls ist die Anzeige unwirksam. Schweigt der Betriebsrat auf eine mündliche Unterrichtung, kann sich der Arbeitgeber nicht darauf berufen, der Betriebsrat sei mindestens zwei Wochen vor der Anzeige unterrichtet worden. § 17 Abs 3 Satz 1 KSchG verlangt nämlich eine schriftliche Unterrichtung (... „nach Abs 2 Satz 1 unterrichtet"...). Hat der Arbeitgeber den Betriebsrat **nicht rechtzeitig unterrichtet**, bleibt dies folgenlos, wenn der Betriebsrat dennoch eine Stellungnahme abgibt. Gibt der Betriebsrat hingegen **keine Stellungnahme** ab, ist die Anzeige unwirksam. Auf

---

175 Löwisch/Spinner § 17 KSchG Rn 41.
176 Unterrichtung als Wirksamkeitsvoraussetzung: BAG 11.3.1999 – 2 AZR 461/98 – AP KSchG 1969 3 17 Nr 12; KDZ/Deinert § 17 KSchG Rn 41; Münch-KommBGB/Hergenröder § 17 KSchG Rn 56; vHH/L/v. Hoyningen-Huene § 17 KSchG Rn 63.
177 KR/Weigand § 17 KSchG Rn 63.
178 KR/Weigand § 17 KSchG Rn 63.
179 BAG 30.3.2004 – 1 AZR 7/03 – AP BetrVG 1972 § 113 Nr 47; BAG 18.11.2003 – 1 AZR 637/02 – AP BetrVG 1972 § 118 Nr 76; vHH/L/v. Hoyningen-Huene § 17 KSchG Rn 63.
180 KDZ/Kittner/Deinert § 17 Rn 38; wohl auch KR/Weigand § 17 KSchG Rn 63; HK-KSchG/Hauck § 17 KSchG Rn 64; APS-Moll § 17 Rn 78.
181 APS/Moll § 17 KSchG Rn 78; KR/Weigand § 17 KSchG Rn 65; LAG Hamm 6.6.1986 – 16 Sa 2188/86 – LAGE § 17 KSchG Nr 2.

§ 17 Abs 3 Satz 3 KSchG kann sich der Arbeitgeber nicht berufen, da er den Betriebsrat nicht mindestens zwei Wochen vor Erstattung der Anzeige unterrichtet hat. Eine **unterlassene Beratung** mit dem Betriebsrat führt ebenfalls nach richtiger Ansicht zur Unwirksamkeit der Anzeige.[182] Der Arbeitgeber ist dann nicht berechtigt, Kündigungen im Rahmen einer Massenentlassung auszusprechen.[183] Dafür spricht bereits der Wortlaut des § 17 Abs 2 Satz 2 und Abs 3 Satz 3 aE KSchG.[184] Anderer Ansicht nach soll ein Verstoß gegen die Beratungspflicht im Rahmen der vom Entscheidungsträger nach §§ 18 ff KSchG zu treffenden Ermessensentscheidung zu Ungunsten des Arbeitgebers berücksichtigt werden können.[185] Verstößt der Arbeitgeber gegen seine Verpflichtung, der Agentur für Arbeit eine **Abschrift der Unterrichtung** des Betriebsrats **zuzuleiten**, hat dies keine Auswirkungen auf die Wirksamkeit der Anzeige und damit der Entlassungen (Kündigungen).[186] Die unterlassene Information der Agentur für Arbeit kann aber bei der Entscheidung über eine Sperrfrist nach § 18 KSchG oder eine Glaubhaftmachung nach § 17 Abs 3 Satz 3 KSchG berücksichtigt werden.[187] Wurde die Stellungnahme des Betriebsrats bzw der sie ersetzende Interessenausgleich (§ 1 Abs 5 Satz 4 KSchG) der an die Agentur für Arbeit zu erstattenden Anzeige (§ 17 Abs 3 Satz 2 KSchG) nicht beigefügt, ist die Anzeige nicht ordnungsgemäß und daher nicht rechtswirksam.[188] Die Stellungnahme ist Teil der Anzeige und damit Wirksamkeitsvoraussetzung.[189]

b) Weitere Beteiligungsrechte. Die Beteiligungsrechte des Betriebsrats nach § 17 KSchG lässt die daneben bestehenden Beteiligungsrechte des Betriebsrats nach dem BetrVG **unberührt**.[190] Werden durch die beabsichtigte Durchführung der Massenentlassung mehrere Beteiligungsrechte des Betriebsrats ausgelöst, kann der Arbeitgeber die Beteiligung (Mitbestimmung und Mitwirkung) des Betriebsrats in einem **einheitlichen Verfahren** durchführen.[191] Eine ordnungsgemäße Beteiligung des Betriebsrats und damit ein Verbrauch des einzelnen Beteiligungsrechts ist jedoch nur dann gegeben, wenn der Arbeitgeber deutlich macht, welche Verfahren er jeweils einleiten

---

182 HK-KSchG/Hauck § 17 KSchG Rn 35; KDZ/KittnerDeinert § 17 KSchG Rn 38; KR/Weigand § 17 KSchG Rn 63, 101; aA APS-Moll § 17 KSchG Rn 78; ErfK/Kiel § 17 KSchG Rn 22; vHH/L/v. Hoyningen-Huene § 17 KSchG Nr 68.
183 EuGH 27.1.2005 – C-188/03 – AP KSchG 1969 § 17 Nr 18; KR/Weigand § 17 KSchG Rn 101.
184 KR/Weigand § 17 KSchG Rn 63.
185 vHH/L/v. Hoyningen-Huene § 17 KSchG Rn 68; KPK/Schiefer §§ 17 bis 22 KSchG Rn 79.
186 vHH/L/v. Hoyningen-Huene § 17 KSchG Rn 104; KR/Weigand § 17 KSchG Rn 65.
187 KR/Weigand § 17 KSchG Rn 65.
188 BAG 21.5.2008 – 8 AZR 84/07 – AP BGB § 613a Nr 335; BAG 11.3.1999 – 2 AZR 261/98 – AP KSchG 1969 § 17 N; ErfK/Kiel § 17 KSchG Rn 31; KDZ/Deinert § 17 KSchG Rn 57; Löwisch/Spinner § 17 KSchG Rn 47; vHH/L/v. Hoyningen-Huene § 17 KSchG Rn 97.
189 BAG 28.6.2012 – 6 AZR 780/10 – NZA 2012, 1029 ff; vHH/L/v. Hoyningen-Huene § 17 KSchG Rn 97.
190 APS/Moll § 17 KSchG Rn 82; ErfK/Kiel § 17 KSchG Rn 25; HK-KSchG/Hauck § 17 KSchG Rn 38; vHH/L/v. Hoyningen-Huene § 17 KSchG Rn 75.
191 vHH/L/v. Hoyningen-Huene § 17 KSchG Rn 80.

möchte und die für das jeweilige Beteiligungsverfahren vorgesehenen Anforderungen und Fristen beachtet.[192]

56 Im Einzelnen können folgende Beteiligungsrechte nach dem BetrVG bestehen:

Beteiligung des Betriebsrats an der Personalplanung, § 92 Abs 1 BetrVG,

Unterrichtung des Wirtschaftsausschusses nach § 106 Abs 2 BetrVG,

Unterrichtung des Betriebsrats über die geplante Betriebsänderung, § 111 Satz 1 BetrVG,

Anhörung des Betriebsrats zur beabsichtigten Kündigung, § 102 Abs 1 Satz 1 BetrVG.

57 **c) Beteiligung des Europäischen Betriebsrats.** Soweit in dem Unternehmen ein Europäischer Betriebsrat besteht, ist dieser bei einer **Länder übergreifenden** beabsichtigten **Massenentlassung** zu unterrichten und anzuhören, § 32 Abs 2 Nr 10 und § 33 Abs 1 Satz 2 Nr 3 EBRG.[193]

58 **d) Konzernklausel**[194] Der durch das EG-Anpassungsgesetz vom 20.7.1995[195] in § 17 KSchG eingefügte Abs 3 a Satz 1 stellt nunmehr klar, dass die Auskunfts-, Beratungs- und Anzeigepflichten nach den Abs 1 bis 3 des § 17 KSchG auch dann gelten, wenn die Entscheidung über die Entlassungen von einem den Arbeitgeber **beherrschenden Unternehmen** getroffen wird. Diese Regelung hat nur **klarstellenden Charakter**, da sich durch den beherrschenden Einfluss des außen stehenden Unternehmens nichts an der Zuständigkeit von Arbeitgeber und Betriebsrat verändert;[196] eine betriebsverfassungsrechtliche Einflussmöglichkeit des herrschenden Unternehmens gegenüber dem Betriebsrat des abhängigen Unternehmens besteht nicht.[197] Daraus folgt auch, dass sich der Arbeitgeber gegenüber dem Betriebsrat nicht darauf berufen kann, dass das für die Entlassungen verantwortliche Unternehmen die notwendigen Auskünfte nicht übermittelt hat, § 17 Abs 3 a Satz 2 KSchG.[198] Sofern das abhängige Unternehmen (zB Tochtergesellschaft) die Pflichten gem § 17 Abs 2 nicht erfüllt, kann sie keine wirksame Anzeige erstatten mit der Folge, dass die Entlassungen unwirksam sind.[199]

59 Ob die Voraussetzungen eines beherrschenden Unternehmens vorliegen, richtet sich nach den §§ 17, 18 AktG.

---

192 HK-KSchG/Hauck § 17 KSchG Rn 43; vHH/L/v. Hoyningen-Huene Vorb zu §§ 17 ff KSchG Rn 16 und § 17 KSchG Rn 80.
193 vHH/L/v. Hoyningen-Huene § 17 KSchG Rn 84; KR/Weigand § 17 KSchG Rn 71 a; KDZ/Kittner/Deinert § 17 KSchG Rn 38 a; abweichend Löwisch/Spinner § 17 KSchG Rn 42.
194 vHH/L/v. Hoyningen-Huene § 17 KSchG Rn 61, der die Bezeichnung als unzutreffend ansieht.
195 S Rn 2.
196 BTM-Backmeister § 17 KSchG Rn 43; vHH/L/v. Hoyningen-Huene § 17 KSchG Rn 61.
197 Oetker ZfA 1986, 190; vHH/L/v. Hoyningen-Huene § 17 KSchG Rn 61.
198 BTM-Backmeister § 17 KSchG Rn 43 a; Dornbusch/Wolff-Heckelmann/Beissel § 17 KSchG Rn 33; ErfK/Kiel § 17 KSchG Rn 38; KR/Weigand § 17 KSchG Rn 98 a.
199 Thüsing/Laux/Lembke-Lembke/Oberwinter § 17 KSchG Rn 74.

3. Die Anzeige

a) Rechtsnatur der Anzeigepflicht. Die Anzeigepflicht ist eine **Obliegenheit** des Arbeitgebers,[200] deren Erfüllung Voraussetzung für die Wirksamkeit der Entlassungen ist. Insofern handelt es sich weder um eine öffentlich-rechtliche Verpflichtung gegenüber der Arbeitsverwaltung noch um eine privatrechtliche Verpflichtung dem einzelnen Arbeitnehmer gegenüber. Es ist eine im eigenen Interesse zu erfüllende Verpflichtung. Anderenfalls sind die Entlassungen unwirksam. Daraus folgt auch, dass § 17 KSchG **kein Schutzgesetz** zugunsten der Arbeitnehmer iSd § 823 Abs 2 BGB darstellt.[201]

60

b) Form. Die Anzeige ist vom Arbeitgeber (Inhaber, gesetzlicher Vertreter) oder von einem bevollmächtigten Vertreter **schriftlich** zu erstatten, § 17 Abs 3 Satz 2 KSchG. Im Insolvenzfall ist der Insolvenzverwalter (früher Konkursverwalter) zuständig.[202] Die gesetzliche Schriftform richtet sich nach § 126 BGB, wonach die Anzeige vom Arbeitgeber oder seinem Stellvertreter eigenhändig durch Namensunterschrift unterzeichnet werden muss. Anderenfalls ist die Anzeige unwirksam, § 125 Satz 1 BGB. Eine mündliche, insbesondere auch eine telefonische Anzeige genügt nicht.[203] Eine Anzeige durch Telegramm oder Telefax ist jedoch als ausreichend anzusehen.[204] Es empfiehlt sich, die von der Arbeitsverwaltung zur Verfügung gestellten Vordrucke[205] zu verwenden.

61

Die Anzeige ist an die Agentur für Arbeit, in dessen Bezirk der Betrieb gelegen ist, zu richten. Etwas anderes gilt nur für Massenentlassungen in Betrieben des Verkehrswesens und der Post. In diesem Falle ist nach § 21 KSchG die Anzeige an die Hauptstelle der Bundesagentur für Arbeit zu erstatten.[206] Auf den Sitz des Unternehmens kommt es nicht an.[207] Die Anzeige wird erst **wirksam mit Eingang** bei der örtlich zuständigen Agentur für Arbeit, §§ 130 Abs 1 und 3 BGB, 18 Abs 1 KSchG. Die bei der örtlich unzuständigen Agentur für Arbeit eingereichte Anzeige wird dann wirksam, wenn sie an die örtlich zuständige Agentur für Arbeit weitergeleitet wird.[208]

62

c) Zeitpunkt. Ein **bestimmter Zeitpunkt** für die Erstattung der Anzeige ist gesetzlich **nicht** geregelt. § 17 Abs 1 Satz 1 KSchG sieht lediglich vor, dass die Anzeige **vor der Entlassung** zu erstatten ist. (... „bevor er... entlässt..."). Hieraus und aus dem Begriffsinhalt der Entlassung ergab sich nach bisheri-

63

---

200 vHH/L/v. Hoyningen-Huene § 17 Rn 86 mwN.
201 APS/Moll vor §§ 17 ff KSchG Rn 15. S Rn 6.
202 BSG 21.3.1978 – 7/12 RAr 6/77 – BSGE 46, 99; zur Anzeige durch einen bestellten Sequester vgl LAG München 25.11.1992 – 2 (5) Sa 459/91 – DB 1993, 2136.
203 BAG 6.12.1973 – 2 AZR 10/73 – AP KSchG 1969 § 17 Nr 1; KR/Weigand § 17 KSchG Rn 72 a.
204 APS/Moll § 17 KSchG Rn 97; KR/Weigand § 17 KSchG Rn 72 a; KDZ/Kittner/Deinert § 17 KSchG Rn 40; ErfK/Kiel § 17 KSchG Rn 28; vHH/L/v. Hoyningen-Huene § 17 KSchG Rn 90.
205 Im Internet abrufbar unter www.arbeitsagentur.de.
206 Einzelheiten s § 21.
207 DFL/Leschnig § 17 KSchG Rn 28; KR/Weigand § 17 KSchG Rn 74.
208 DFL/Leschnig § 17 KSchG Rn 28; ErfK/Kiel § 17 KSchG Rn 27; vHH/L/v. Hoyningen-Huene § 17 KSchG Rn 91.

gem Verständnis, dass die Anzeige also auch nicht bereits vor Ausspruch der Kündigung erfolgen musste.[209] Bei langen Kündigungsfristen war es sogar ratsam, die Anzeige erst spät zu erstatten, damit die Entlassung in die Freifrist fällt. Nach dem vorstehend zitierten Urteil des EuGH vom 27.1.2005 darf der Arbeitgeber Massenentlassungen erst nach Ende des Konsultationsverfahrens iSd Art 2 und nach Anzeige der Massenentlassung nach Art 3 und 4 der Richtlinie 98/59 des Rates vom 20.7.1998 vornehmen. Aufgrund der richtlinienkonformen Auslegung des BAG in den zuvor zitierten Urteilen muss die Anzeige also künftig vor Ausspruch der Kündigung oder vor Abschlusses von Aufhebungsverträgen erstattet werden, jedoch nach Abschluss des dafür vorgesehenen Beteiligungsverfahrens nach § 17 Abs 2.[210]

64 Beabsichtigt der Arbeitgeber **stufenweise Entlassungen** durchzuführen, kann es vorkommen, dass bereits durchgeführte Entlassungen nachträglich anzeigepflichtig werden, weil die nach § 17 Abs 1 KSchG anzeigepflichtige Zahl erst im Laufe der 30 Kalendertage erreicht wird. Nach allgemeiner Ansicht ist in diesem Falle ausnahmsweise die erforderliche Anzeige auch als **nachträgliche Anzeige** zulässig.[211] Denn ansonsten hätte der Arbeitgeber nur die Möglichkeit, die unwirksamen Entlassungen durch neuerliche Kündigung wirksam werden zu lassen.[212]

65 Kann der Arbeitgeber die Notwendigkeit von Entlassungen nicht sicher abschätzen, kann er die Anzeige auch **vorsorglich** erstatten.[213] Auch eine solche „**Vorratsanzeige**" setzt nach allgemeiner Ansicht die Sperrfrist in Lauf.[214] Voraussetzung für die Wirksamkeit von sog Vorratsanzeigen ist jedoch, dass sie aus gegebenem Anlass erfolgen (zB bei Ausspruch von Änderungskündigungen, wenn noch unklar ist, ob die betroffenen Arbeitnehmer die Änderungen annehmen oder ablehnen). Eine vorsorgliche Anzeige verliert jedoch auf jeden Fall nach Ablauf der Sperrfrist und der Freifrist, also nach vier Monaten, jedenfalls aber nach 5 Monaten ihre Wirkung, § 18 Abs 4 KSchG iVm § 18 Abs 1 und 2 KSchG.[215]

66 **d) Inhalt.** Die inhaltlichen Voraussetzungen der Anzeige sind in § 17 Abs 3 KSchG abschließend geregelt. Neben der Beifügung der Stellungnahme des Betriebsrats unterscheidet die Vorschrift zwischen Angaben, die zwingend enthalten sein müssen (**Muss-Inhalt**), und solchen, die enthalten sein sollen (**Soll-Inhalt**). Hingewiesen wird auf die bei den Agenturen für Arbeit abrufbaren Mustern (www.arbeitsagentur.de): BA-KSchG 1 (Merkblatt 5 Anzei-

---

209 BAG 31.7.1986 – 2 AZR 594/85 – AP KSchG 1969 § 17 Nr 5.
210 BAG 23.3.2006 – 2 AZR 343/05 – AP KSchG 1969 § 17 Rn 21; ErfK/Kiel § 17 KSchG Rn 33.
211 BSG 9.12.1958 – 7 RAr 117/55 – AP KSchG § 15 Nr 3; vHH/L/v. Hoyningen-Huene § 17 KSchG Rn 107 und § 18 KSchG Rn 10; Bauer/Krieger/Powietzka DB 2005, 445 unterscheiden nach der Fehlerquelle; eine nachträgliche Anzeige unter Hinweis auf die Rspr des EuGH abl KR/Weigand § 17 KSchG Rn 77.
212 vHH/L/v. Hoyningen-Huene § 18 KSchG Rn 10.
213 BAG 3.10.1963 – 2 AZR 160/63 – AP KSchG § 15 Nr 9 ErfK/Kiel § 17 KSchG Rn 34; KR/Weigand § 17 KSchG Rn 78; Löwisch/Spinner § 17 KSchG Rn 51; vHH/L/v. Hoyningen-Huene § 17 KSchG Rn 108.
214 BAG 3.10.1963 – 2 AZR 160/63 – AP KSchG § 15 Nr 9; KR/Weigand § 17 KSchG Rn 78; ErfK/Kiel § 17 KSchG Rn 34.
215 vHH/L/v. Hoyningen-Huene § 17 KSchG Rn 108.

gepflichtige Entlassungen); BA-KSchG 2 (Anzeige von Entlassungen); BA-KSchG 2 a (Anlage zur Anzeige von Entlassungen); BA-KSchG 3 (Liste der zu Entlassung vorgesehenen Arbeitnehmer) und Durchführungsanweisungen (DA) zum Dritten Abschnitt des KSchG (DA KSchG).

aa) Muss-Inhalt. Nach § 17 Abs 3 Satz 4 KSchG muss die Anzeige folgende Angaben enthalten: 67

- Name des Arbeitgebers
- Sitz und Art des Betriebs
- Gründe für die geplanten Entlassungen
- Zahl und Berufsgruppen der zu entlassenden Arbeitnehmer
- Zahl und Berufsgruppen der idR beschäftigten Arbeitnehmer
- Zeitraum, in dem die Entlassungen vorgenommen werden sollen
- Vorgesehene Kriterien für die Auswahl der zu entlassenden Arbeitnehmer.

Die Anzeige ist **unwirksam**, wenn eine dieser zwingend erforderlichen Angaben fehlt. Allerdings ist eine Heilung des Mangels bis zum Zeitpunkt der ersten Entlassung mit ex nunc-Wirkung möglich.[216] Ist hingegen eine Angabe objektiv falsch, führt dies nicht zur Unwirksamkeit der Anzeige, sofern die Agentur für Arbeit bei ihrer Prüfungsentscheidung nicht beeinflusst wird.[217] Im Hinblick auf die Rechtsprechung des EuGH, wonach vor Ausspruch der Kündigung eine wirksame Anzeige vorliegen muss, kommt eine Nachholung der fehlenden oder eine Berichtigung der fehlerhaften Angaben nur bis zum Ausspruch der Kündigung in Betracht.[218] 68

bb) Soll-Inhalt. Im **Einvernehmen** mit dem Betriebsrat sollen nach § 17 Abs 3 Satz 5 KSchG folgende Angaben in der Anzeige gemacht werden: 69

- Geschlecht
- Alter
- Beruf
- Staatsangehörigkeit

der zu entlassenden Arbeitnehmer.

Fehlt eine solche Angabe in der Anzeige, so hat dies auf die Wirksamkeit der Anzeige keinen Einfluss.[219] Das im Rahmen der Beratungen nach § 17 Abs 2 Satz 2 KSchG über die Soll-Angaben herbeizuführende Einvernehmen zwischen Arbeitgeber und Betriebsrat führt für keinen der beiden zu einer **Bindung** für die späteren Kündigungen, sei es hinsichtlich der konkreten Auswahl des zu entlassenden Arbeitnehmers oder sei es hinsichtlich des Beteiligungsverfahrens nach § 102 BetrVG.[220] Fehlt es an einem Einvernehmen zwischen Arbeitgeber und Betriebsrat, so hat dies keine rechtli- 70

---

216 KR/Weigand § 17 KSchG Rn 83; Pulte BB 1978, 1269; Thüsing/Laux/Lembke-Lembke/Oberwinter § 17 KSchG Rn 124; vHH/L/v. Hoyningen-Huene § 17 KSchG Rn 93.
217 BAG 22.3.2001 – 8 AZR 565/00 – AP GG Art. 101 Nr 59; KR/Weigand § 17 KSchG Rn 83.
218 Thüsing/Laux/Lembke-Lembke/Oberwinter § 17 KSchG Rn 126.
219 HK-KSchG/Hauck § 17 Rn 54.
220 APS/Moll § 17 KSchG Rn 108 f; Löwisch/Spinner § 17 KSchG Rn 48; vHH/L/v. Hoyningen-Huene § 17 KSchG Rn 95.

chen Folgen („soll"). Der Arbeitgeber kann die genannten Angaben auch ohne Einvernehmen des Betriebsrats in die Anzeige aufnehmen, wovon dieser allerdings aus der ihm nach § 17 Abs 3 Satz 6 KSchG zuzuleitenden Abschrift der Anzeige erfährt. An die von ihm gemachten Angaben in der Anzeige ist der Arbeitgeber gebunden, es sei denn, er hat einen entsprechenden Vorbehalt erklärt.[221] Die Angaben müssen auch der **Wahrheit** entsprechen. Ist eine **falsche Angabe** des Arbeitgebers ursächlich für die zu Lasten eines Arbeitnehmers getroffene Kündigungsentscheidung, so kann sich der Arbeitgeber wegen Rechtsmissbrauchs nicht auf die Entscheidung berufen.[222]

71 cc) Stellungnahme des Betriebsrats. Nach § 17 Abs 3 Satz 2 KSchG ist der Anzeige an die Agentur für Arbeit die **Stellungnahme des Betriebsrats beizufügen**. Diese Stellungnahme ist Teil der Anzeige und nach allgemeiner Auffassung damit **Wirksamkeitsvoraussetzung**.[223]

72 Nach § 1 Abs 5 Satz 4 KSchG idF des Arbeitsrechtlichen Beschäftigungsförderungsgesetzes vom 25.9.1996 wurde die **Stellungnahme des Betriebsrats** nach § 17 Abs 3 Satz 2 KSchG dadurch **ersetzt**, dass bei einer Kündigung aufgrund einer Betriebsänderung nach § 111 BetrVG die Arbeitnehmer, denen gekündigt werden soll, in einem Interessenausgleich zwischen Arbeitgeber und Betriebsrat namentlich bezeichnet sind. Eine Stellungnahme des Betriebsrats war dann entbehrlich. Die unter diesen Voraussetzungen bestandene Möglichkeit, die Stellungnahme des Betriebsrats zu ersetzen, ist mit Ablauf des 31.12.1998 entfallen, da § 1 Abs 5 KSchG durch Art 6 Nr 1c des **Gesetzes zu Korrekturen in der Sozialversicherung und zur Sicherung der Arbeitnehmerrechte** vom 19.12.1998[224] mit Wirkung vom 1.1.1999 ersatzlos aufgehoben worden ist. Nunmehr wurde der durch das vorgenannte Gesetz aufgehobene § 1 Abs 5 KSchG aF durch Art 1 Nr 1c des **Gesetzes zu Reformen am Arbeitsmarkt** vom 26.9.2003 erneut wortgleich mit Wirkung ab 1.1.2004 in Kraft gesetzt. Folglich ersetzt der Interessenausgleich iSd § 1 Abs 5 Satz 1 KSchG nF die Stellungnahme des Betriebsrats nach § 17 Abs 3 Satz 2 KSchG, dh der Anzeige muss der Interessenausgleich einschließlich der Namensliste beigefügt sein.[225]

73 Gibt der Betriebsrat keine Stellungnahme ab, so ist das für die Wirksamkeit der Anzeige unschädlich, wenn der Arbeitgeber den Betriebsrat mindestens zwei Wochen vor der Anzeige an die Agentur für Arbeit ordnungsgemäß unterrichtet hat. Diese Voraussetzungen hat der Arbeitgeber der Agentur für Arbeit gegenüber **glaubhaft** zu machen und den Stand der Beratungen darzulegen, § 17 Abs 3 Satz 3 KSchG. Der Arbeitgeber kann sich als Mittel der Glaubhaftmachung der eidesstattlichen Versicherung bedienen, § 294 ZPO. Im Übrigen genügt es für die Glaubhaftmachung iSd § 17

---

221 KR/Weigand § 17 KSchG Rn 86.
222 HK-KSchG/Hauck § 17 KSchG Rn 55.
223 BAG 11.3.1999 – 2 AZR 461/98 – AP KSchG 1969 § 17 Nr 12; vHH/L/v. Hoyningen-Huene § 17 KSchG Rn 97; KPK/Schiefer §§ 17 bis 22 KSchG Rn 101; s auch Rn 54.
224 BGBl I 3843.
225 BT-Drucks 15/1204 S 12.

Abs 3 Satz 3, dass das Unterrichtungsschreiben nebst einem Empfangsbekenntnis des Betriebsratsvorsitzenden vorgelegt wird.[226]

Gibt der Betriebsrat die Stellungnahme nicht gegenüber dem Arbeitgeber, sondern unmittelbar gegenüber der Agentur für Arbeit ab, ist es dem Arbeitgeber unmöglich, sie seiner Anzeige beizufügen. Die Wirksamkeit der Anzeige wird dadurch nicht berührt.[227] 74

Besteht in dem betreffenden Betrieb **kein Betriebsrat**, kann der Arbeitgeber der Anzeige keine Stellungnahme beifügen. Der Arbeitgeber ist jedoch in diesem Falle gehalten, in der Anzeige auf diesen Umstand hinzuweisen, da anderenfalls die Anzeige für unwirksam erachtet werden könnte.[228] 75
Dem Betriebsrat wird die Verwendung von Mustern empfohlen.[229]

e) Zurücknahme. Nach allgemeiner Ansicht ist eine Zurücknahme der Anzeige jederzeit **zulässig**.[230] Mit der Zurücknahme der Anzeige werden auch ihre Wirkungen wieder beseitigt. 76

f) Unterrichtungspflichten von Arbeitgeber und Betriebsrat. Um die laufende Mitwirkung des Betriebsrats an der Massenentlassung auch nach Erstattung der Anzeige durch den Arbeitgeber sicherzustellen, sieht § 17 Abs 3 Satz 6 bis 8 KSchG **weitere Beteiligungsrechte** des Betriebsrats vor. 77

Zunächst hat der Arbeitgeber den Betriebsrat eine Abschrift der Massenentlassungsanzeige zuzuleiten, § 17 Abs 3 Satz 6 KSchG. Daraus wird dann für den Betriebsrat ersichtlich, ob und inwieweit der Arbeitgeber während der Beratungsphase nach § 17 Abs 2 Satz 2 KSchG auf seine Vorschläge eingegangen ist.[231] **Nun** kann der Betriebsrat weitere Stellungnahmen gegenüber der Agentur für Arbeit abgeben, § 17 Abs 3 Satz 7 KSchG. Diese weiteren Stellungnahmen ersetzen jedoch nicht die Stellungnahme des Betriebsrats, die der Arbeitgeber nach § 17 Abs 3 Satz 2 KSchG der Anzeige beizufügen hat.[232] Der Betriebsrat hat dem Arbeitgeber jeweils Abschriften dieser weiteren Stellungnahmen zuzuleiten, § 17 Abs 3 Satz 8 KSchG. 78

Verstoßen die Betriebspartner gegen die in § 17 Abs 3 Satz 6 bis 8 KSchG vorgesehenen Verpflichtungen, hat dies keine Auswirkungen auf die Wirksamkeit der Anzeige. Die Pflichtwidrigkeiten können sich jedoch im Anhörungsverfahren bei der Entscheidung der Agentur für Arbeit nach § 20 Abs 3 Satz 1 KSchG auswirken. 79

g) Wirkung der Anzeige. Die Anzeige einer beabsichtigten Massenentlassung setzt die **Sperrfrist** des § 18 Abs 1 KSchG in Lauf, innerhalb derer Entlassungen nur mit Zustimmung der Agentur für Arbeit erfolgen kön- 80

---

226 BAG 28.5.2009 – 8 AZR 273/08 – AP BGB § 613a Nr 370; APS/Moll § 17 KSchG Rn 118; ErfK/Kiel § 17 KSchG Rn 30; KR/Weigand § 17 KSchG Rn 95; vHH/L/v. Hoyningen-Huene § 17 KSchG Rn 100.
227 LAG Hamm 6.6.1986 – 16 Sa 2188/86 – LAGE § 17 KSchG Nr 2.
228 KPK/Schiefer §§ 17 bis 22 Rn 106.
229 Muster in Schaub/Koch/Neef/Schrader/Vogelsang Arbeitsrechtliches Formular- und Verfahrenshandbuch § 28 Nr 3.
230 ErfK/Kiel § 17 KSchG Rn 34; vHH/L/v. Hoyningen-Huene § 17 KSchG Rn 109 mwN.
231 ErfK/Kiele § 17 KSchG Rn 26; vHH/L/v. Hoyningen-Huene § 17 KSchG Rn 81.
232 KR/Weigand § 17 KSchG Rn 91a.

nen. Vom Beginn des Laufs der Sperrfrist hängt auch der **Beginn der Freifrist**[233] nach § 18 Abs 4 KSchG ab.

4. Rechtsfolgen der Anzeige

81 **a) Wirksame Anzeige.** Liegt eine **wirksame** Anzeige des Arbeitgebers gegenüber der Agentur für Arbeit vor, ergeben sich die **Rechtsfolgen** aus den §§ 18 ff KSchG.[234] Die Anzeige löst zunächst die Sperrfrist aus,[235] während der Entlassungen **nur** mit Zustimmung der Agentur für Arbeit durchgeführt werden können; ohne Zustimmung sind die Entlassungen in ihrer Wirksamkeit gehemmt.[236] Nach Ablauf der – ggf verkürzten oder verlängerten – Sperrfrist müssen die Entlassungen innerhalb der sog **Freifrist** von 90 Tagen durchgeführt werden. Dies bedeutete bisher,[237] es muss die tatsächliche Beendigung des Arbeitsverhältnisses innerhalb der Freifrist eintreten, wozu auch der Ablauf der Kündigungsfrist gehört. Für die Dauer der Sperrfrist kann die Bundesagentur für Arbeit nach § 19 KSchG Kurzarbeit zulassen.

82 **b) Unwirksame oder unterlassene Anzeige.** Ist die Anzeige unterblieben oder ist sie unwirksam wegen Fehlens einer zwingenden Voraussetzung,[238] führen die Verstöße des Arbeitgebers nach der bisherigen Rechtsprechung des BAG lediglich zur Unwirksamkeit der Entlassung (nicht der Kündigung!) der betroffenen Arbeitnehmer.[239] Das führte weder zur Unwirksamkeit der Kündigung noch ist ein Nachteilsausgleich gesetzlich vorgesehen.[240] Nach der Rechtsprechung des EuGH vom 27.1.2005[241] lässt sich die Rechtsprechung des BAG nicht mehr aufrechterhalten.[242] Im Hinblick auf die Entscheidung des BAG vom 23.3.2006[243] ist jedoch zwingend die Schlussfolgerung zu ziehen, dass Kündigungen ohne die erforderliche Massenentlassungsanzeige nach § 134 BGB nichtig sind.[244] Erklärt der Arbeitgeber die Kündigung ohne vorherige Anzeige nach § 17 Abs 1 Satz 1 oder ist die Anzeige unwirksam, führt dies nach der vorgenannten Entscheidung des EuGH und nun auch nach der Rechtsprechung des BAG[245] ausdrück-

---

233 S § 18 Rn 19.
234 KR/Weigand § 17 KSchG Rn 99.
235 S § 18 Rn 2.
236 S § 18 Rn 15.
237 Insoweit zu den Auswirkungen der Rspr des EuGH und des BAG s § 18 Rn 2 und 20.
238 S Rn 53, 68, 71.
239 BAG 18.9.2003 – 2 AZR 79/02 – AP KSchG 1969 § 17 Nr 14.
240 BAG 30.3.2004 – 1 AZR 7/03 – NZA 2004, 931.
241 C-188/03 – AP KSchG 1969 § 17 Nr 18.
242 Bauer/Krieger/Powietzka DB 2005, 445, 448; Dornbusch/Wolff BB 2005, 885, 887; ErfK/Kiel § 17 KSchG Rn 35; SPV/Vossen Rn 1585.
243 AP KSchG 1969 § 17 Nr 21.
244 KDZ/Kittner/Deinert § 17 KSchG Rn 13; ErfK/Kiel § 17 KSchG Rn 36; KR/Weigand § 17 KSchG Rn 101 ff und § 18 KSchG Rn 36; vHH/L/v. Hoyningen-Huene § 17 KSchG Rn 110 und § 18 KSchG Rn 26 ff.
245 BAG 21.3.2013 – 2 AZR 60/12 – ZIP 2013, 1589-1594; BAG 23.3.2006 – 2 AZR 343/05 – AP KSchG 1969 § 17 Nr 21, dort offen gelassen; BAG 12.7.2007 – 2 AZR 448/05 – NZA 2008, 425 ff, wohl bejaht; BAG 23.2.2010 – 2 AZR 268/08 – NZA 2010, 944 ff.

lich zur Unwirksamkeit der Kündigung.[246] Insofern handelt es sich um einen Unwirksamkeitsgrund iSd § 4 Satz 1 KSchG.[247] Bei unterlassener oder fehlerhafter Anzeige muss der Arbeitnehmer rechtzeitig Klage nach § 4 Satz 1 KSchG erheben.[248] Hiergegen bestehen keine unionsrechtlichen Bedenken.[249]

Ist danach die Kündigung unwirksam, so gerät der Arbeitgeber, sofern der Arbeitnehmer sich zur weiteren Arbeitsleistung bereit erklärt und sich auf die Unwirksamkeit beruft, durch die Nichtbeschäftigung nach § 615 BGB in **Annahmeverzug**.[250]

83

---

246 ErfK/Kiel § 17 KSchG Rn 36; KR/Weigand § 17 KSchG Rn 103 mwN.
247 Appel DB 2005, 1002, 1005; Bauer/Krieger/Powietzka DB 2005, 445, 448; ErfK/Kiel § 17 KSchG Rn 36; KR/Weigand § 17 KSchG Rn 107; Nicolai NZA 2005, 206, 208, SPV/Vossen Rn 1589.
248 ErfK/Kiel § 17 KSchG Rn 36.
249 EuGH 16.7.2009 – C-12/08 – Mono Car Styling – EzA Richtlinie 98/59 EG-Vertrag 1999 Nr 2; ErfK/Kiel § 17 KSchG Rn 36; Forst NZA 2010, 144, 146.
250 HK-KSchG/Hauck § 18 Rn 31; SPV/Vossen Rn 1588.

§ 18 Entlassungssperre

(1) Entlassungen, die nach § 17 anzuzeigen sind, werden vor Ablauf eines Monats nach Eingang der Anzeige bei der Agentur für Arbeit nur mit deren Zustimmung wirksam; die Zustimmung kann auch rückwirkend bis zum Tage der Antragstellung erteilt werden.

(2) Die Agentur für Arbeit kann im Einzelfall bestimmen, daß die Entlassungen nicht vor Ablauf von längstens zwei Monaten nach Eingang der Anzeige wirksam werden.

(3) (aufgehoben)

(4) Soweit die Entlassungen nicht innerhalb von 90 Tagen nach dem Zeitpunkt, zu dem sie nach den Absätzen 1 und 2 zulässig sind, durchgeführt werden, bedarf es unter den Voraussetzungen des § 17 Abs. 1 einer erneuten Anzeige.

I. Grundsätze 1	4. Negativattest 14
II. Rechtslage bei wirksamer Anzeige 2	5. Entlassungen während der Sperrfrist 15
1. Sperrfrist 2	6. Entlassungen nach Ablauf der Sperrfrist und sog Freifrist 19
2. Verlängerung der Sperrfrist 7	
3. Zustimmung der Agentur für Arbeit zur Entlassung während der Sperrfrist 8	III. Rechtslage bei unterlassener oder unwirksamer Anzeige.... 21

I. Grundsätze

1 § 18 KSchG regelt im Anschluss an die Anzeigepflicht nach § 17 KSchG iVm § 19 KSchG die **Rechtsfolgen**, die mit Anzeige der Massenentlassungen eintreten; daraus ergeben sich mittelbar zugleich die Folgen einer unterbliebenen Anzeige. Die Vorschrift wurde mit Wirkung ab 1.1.1998 dahingehend geändert, dass alle Entscheidungen anstelle des Landesarbeitsamts durch das **Arbeitsamt**[1] getroffen werden. Durch das am 1.1.2004 in Kraft getretene Dritte Gesetz für moderne Dienstleistungen am Arbeitsmarkt wurde ua das Arbeitsamt in Agentur für Arbeit umbenannt, § 367 Abs 2 SGB III. Dementsprechend wurde § 18 KSchG angepasst. Im Hinblick auf die arbeitsmarktpolitische Zielsetzung der §§ 17 ff KSchG unterliegen **anzeigepflichtige Entlassungen** einer **Sperrfrist** von einem Monat, dh der Arbeitgeber ist bis zum **Ablauf der Sperrfrist** daran **gehindert** (gesperrt), die **Entlassungen vorzunehmen**. Innerhalb der Sperrfrist sind Entlassungen nur mit **Zustimmung** der Agentur für Arbeit zulässig. Die Agentur für Arbeit kann im Einzelfall die Sperrfrist **abkürzen** sowie auf zwei Monate **verlängern**. Nach Ablauf der Sperrfrist erhält der Arbeitgeber eine sog **Freifrist** von 90 Tagen, **innerhalb** derer die **Entlassungen durchgeführt** werden müssen; anderenfalls ist eine erneute Anzeige erforderlich. Das bei der Handhabung der Entlassungssperre zu beachtende **Verfahren** ist in §§ 20 f KSchG geregelt. Die in § 18 KSchG angeordnete Sperrfrist ermöglicht es der Arbeitsverwaltung, rechtzeitig Maßnahmen zur Vermittlung

---

[1] S Art 50 Arbeitsförderungs-Reformgesetz v 24.3.1997, BGBl I S 594; s § 17 Rn 2.

der freiwerdenden Arbeitnehmer zu veranlassen.² Die Sperrfrist dient also primär öffentlichen Belangen³ und berücksichtigt den Individualschutz des einzelnen Arbeitnehmers insofern, als die Möglichkeiten nach dem SGB III ausgeschöpft werden.⁴ § 18 ist keine Schutzvorschrift für die Agentur für Arbeit zur Vermeidung von Leistungen an Arbeitslose.⁵

Im Hinblick auf die Entscheidung des EuGH vom 27.1.2005⁶ und der richtlinienkonformen Auslegung des § 17 KSchG, wonach nunmehr die erst nach dem Ende der Beratungen (Konsultationen) mit dem Betriebsrat auszusprechenden Kündigungen der Bezugspunkt sind, die als Entlassung gelten, verbleibt für die Vorschrift nur noch insoweit ein Anwendungsbereich, als bei Kündigungen iSd § 18 Abs. 1 die Kündigungsfrist unter einem Monat und bei solchen iSd § 18 Abs. 2 die Kündigungsfrist zwischen einem und unter zwei Monaten beträgt.⁷ Insofern war und ist zu fragen, ob der Vorschrift überhaupt noch ein praxisrelevanter Anwendungsbereich zukommt⁸ bzw in der Konsequenz der Entscheidung des EuGH besser zu streichen wäre.⁹

II. Rechtslage bei wirksamer Anzeige
1. Sperrfrist

§ 18 Abs 1 Satz 1 HS 1 bestimmt, dass Kündigungen, die nach § 17 anzuzeigen sind, vor Ablauf eines Monats nach Eingang der Anzeige bei der Agentur für Arbeit nur mit deren Zustimmung wirksam werden. Voraussetzung ist also eine rechtswirksame Anzeige nach § 17 KSchG. Auf der Grundlage der Entscheidung des EuGH vom 27.1.2005¹⁰ („Junk") hat das BAG in seinem Urteil vom 23.3.2006¹¹ die Möglichkeit einer richtlinienkonformen Auslegung ausdrücklich nur für Satz 1 des § 17 Abs 1 KSchG bejaht.¹² In dieser Entscheidung ist unbeantwortet geblieben, ob auch § 18 KSchG richtlinienkonform auszulegen ist, der Begriff der „Entlassung" auch insoweit iSv Kündigungserklärung zu verstehen ist. Mittlerweile hat das BAG entschieden, dass die Gesetzesfassung des § 18 Abs 1 den Ausspruch der Kündigung vor dem Ablauf der Sperrfrist nicht verbietet, auch

2

---

2 BAG 6.11.2008 – 2 AZR 935/07 – AP KSchG 1969 § 18 Nr 4; Bauer/Krieger NZA 2009, 174 f; ErfK/Kiel § 17 KSchG Rn 1.
3 DFL/Leschnig § 18 KSchG Rn 1.
4 DFL/Leschnig § 18 KSchG Rn 1; ErfK/Kiel § 18 KSchG Rn 1; KDZ/Kittner/Deinert § 18 KSchG Rn 2; KR/Weigand § 18 KSchG Rn 4; vHH/L/v. Hoyningen-Huene § 18 KSchG Rn 2.
5 So ausdrücklich vHH/L/v. Hoyningen-Huene § 18 Rn 2; APS/Moll § 18 Rn 3.
6 C-188/03 – AP KSchG 1969 § 17 Nr 18.
7 KR/Weigand § 18 Rn 2 b; vHH/L/v. Hoyningen-Huene § 18 Rn 21.
8 So das BAG 23.3.2006 – 2 AZR 343/05 – AP KSchG 1969 § 17 Nr 21 jedenfalls für § 18 Abs 1 und 2 KSchG; § 18 Abs 4 „wäre ggf teleologisch zu reduzieren"; DFL/Leschnig § 18 KSchG Rn 2; vgl auch Bauer/Krieger/Powietzka BB 2006, 2023, 2026.
9 ErfK/Kiel § 18 Rn 2, „kaum noch praktische Bedeutung bei richtlinienkonformer Auslegung"; Dornbusch/Wolff BB 2005, 885, 887.
10 C 188/03 – AP KSchG 1969 § 17 Nr 18.
11 2 AZR 343/05 – AP KSchG 1969 § 17 Nr 21.
12 So auch Bauer/Krieger/Powietzka BB 2006, 2023, 2024.

wenn man unter „Entlassung" iSd Norm die Kündigung versteht.[13] Der Gesetzeswortlaut gibt an, dass die Entlassung grundsätzlich nicht ohne Einhaltung einer Mindestfrist von einem Monat vollzogen werden kann. § 18 Abs1 regelt also lediglich den Vollzug der Entlassung. Das Wirksamwerden iSv § 18 bezieht sich damit auf den Eintritt der Rechtsfolgen der Kündigung.[14] Aus der Entscheidung des BAG ist nach der hier vertretenen Ansicht der Schluss zu ziehen, dass auch § 18 KSchG richtlinienkonform auszulegen ist. Nach der Entscheidung des EuGH können die Kündigungen unmittelbar nach Erstattung der Anzeige ausgesprochen werden.[15] Art 4 Abs 1 der Richtlinie_98/59/EG des Rates vom 20.7.1998[16] bestimmt, dass die Massenentlassungen frühestens 30 Tage nach Eingang der Anzeige wirksam werden. Mit dem Tatbestandsmerkmal „Wirksamwerden" ist mithin also nicht der Ausspruch der Kündigung, sondern die Beendigung des Arbeitsverhältnisses gemeint. Mit anderen Worten: Eine Kündigung kann richtlinienkonform nach Anzeigeerstattung erfolgen, die betroffenen Arbeitnehmer dürfen nur nicht vor Ablauf der Monatsfrist des § 18 Abs 1 oder im Fall des § 18 Abs 2 der längstens zweimonatigen Frist aus dem Arbeitsverhältnis ausscheiden. Folglich werden von der Sperrfrist nur solche Kündigungen unmittelbar erfasst, deren Kündigungsfrist kürzer als die Sperrfrist ist („Sperrfrist als Mindestkündigungsfrist").[17] Die Sperrfrist sichert der Arbeitsverwaltung eine gewisse Mindestvorbereitungszeit, um Maßnahmen der Vermittlung der betroffenen Arbeitnehmer in die Wege zu leiten. Kündigungen werden vor Ablauf eines Monats nach Eingang der Anzeige bei der Agentur für Arbeit nur mit deren Zustimmung wirksam. Folglich kann es sich bei sehr kurzen Kündigungsfristen, zB von zwei Wochen, dazu führen, dass bei einer Massenentlassungsanzeige, die erst kurz vor Ausspruch der Kündigungen erfolgt, nicht mit dieser kurzen Frist gekündigt werden kann.[18] Entsprechend der Feststellung des BAG in seinem Urteil vom 23.3.2006[19] behält § 18 Abs 1 einen eingeschränkten Anwendungsbereich. Anderer Ansicht nach müssen Massenentlassungsanzeigen einen Monat vor Ausspruch der Kündigungen erfolgen.[20] Das Tatbestandsmerkmal „Wirksamwerden" bedeutet also mithin auch richtlinienkonform entsprechend dem Zweck der Sperrfrist nicht Ausspruch der Kündigung, sondern Beendigung des Arbeitsverhältnisses.[21]

---

13 28.5.2009 – 8 AZR 273/08 – AP BGB § 613a Nr 370; 6.11.2008 – 2 AZR 935/07 – AP KSchG § 18 Nr 4; 1.2.2007 – 2 AZR 15/06; 21.9.2006 – 2 AZR 284/06; 20.9.2006 – 6 AZR 219/06.
14 BAG 6.11.2008 – 2 AZR 935/07 – AP BGB § 613a Nr 370.
15 Bauer/Krieger/Powietzka BB 2005, 445, 447; BB 2006, 2023, 2026; Dzida/Hohenstatt DB 2006, 1897, 1901.
16 ABl. EG Nr L 225.
17 BAG 6.11.2008 – 2 AZR 935/07– AP KSchG 1969 § 18 Nr 4; Bauer/Krieger/Powietzka DB 2005, 445, 447; Dornbusch/Wolff BB 2007, 2297, 2998; KR/Weigand § 18 KSchG Rn 2 b; vHH/L/v. Hoyningen-Huene § 18 Rn 18 a.
18 Dzida/Hohenstatt DB 2006, 1897, 1901.
19 2 AZR 343/05 – AP KSchG 1969 § 17 Nr 21.
20 Kliemt FS AG Arbeitsrecht im DAV S 1248; Steike DB 2005, 674.
21 Bauer/Krieger/Powietzka BB 2005, 445, 447; so wohl auch Dzida/Hohenstatt DB 2006, 1897, 1901.

Geht eine **wirksame**, dh form- und inhaltsgemäße **Anzeige**[22] bei der zuständigen Agentur für Arbeit ein, wird eine Sperrfrist von einem Monat in Lauf gesetzt, § 18 Abs 1 KSchG. Zur Rechtslage bei einer unwirksamen Anzeige isd § 17 KSchG s § 18 Rn 21. Entspricht die Anzeige nicht den Erfordernissen einer wirksamen Anzeige, so kann der **Mangel** nachträglich mit ex nunc-Wirkung **geheilt** werden.[23] Allerdings ist eine Heilung nur bis zum Ausspruch der Kündigung möglich, da für deren Rechtmäßigkeit nunmehr eine wirksame Anzeige erforderlich ist.[24] Die Sperrfrist beginnt dann mit dem Zeitpunkt der nachträglichen Heilung zu laufen. Geht zB am 1.6. bei der zuständigen Agentur für Arbeit eine Anzeige gem § 17 KSchG ein, ohne die nach § 17 Abs 3 Satz 4 KSchG erforderlichen Angaben über den Entlassungszeitraum zu enthalten, können die fehlenden Angaben nachgereicht werden. Werden diese zB am 5.6. (Eingang bei der Agentur für Arbeit) nachgereicht, so wird die Anzeige erst mit dem Eingang der nachgereichten Angaben wirksam. Die Monatsfrist beginnt deshalb am 6.6. zu laufen.

3

Entsprechend den allgemeinen Grundsätzen für das Wirksamwerden von Willenserklärungen gegenüber **Behörden** (§ 130 Abs 3 BGB), **beginnt** die Frist mit dem **Eingang** (Zugang) der **Anzeige** bei der Agentur für Arbeit; auf den Tag der Absendung kommt es nicht an.[25]

4

Die Anzeige muss bei der **örtlich zuständigen** Agentur für Arbeit eingehen.[26] Entgegen der Auffassung von Löwisch/Spinner[27] beginnt die Sperrfrist erst mit erfolgter Weiterleitung an die zuständige Agentur für Arbeit zu laufen.[28] Dies folgt aus dem allgemeinen Grundsatz, dass regelmäßig nur die zuständige Behörde entscheiden kann (§ 2 SGB X). Bei einem privaten Luftfahrtunternehmen ist die Anzeige an die örtlich zuständige Agentur für Arbeit zu richten.[29] § 21 Satz 1 KSchG ist nicht einschlägig.

5

Die **Fristberechnung** richtet sich nach den **§§ 187 ff** BGB. Nach § 187 Abs 1 BGB wird der Tag des Eingangs der Anzeige bei der Berechnung der Frist nicht mitgerechnet.[30] Nach § 188 Abs 2 BGB endet die Monatsfrist mit Ablauf desjenigen Tags des folgenden Monats, der durch seine Zahl oder seine Benennung dem Tag entspricht, an dem die Anzeige bei der Agentur für Arbeit eingegangen ist. Bei Feiertagen, Sonntagen und Sonnabenden ist § 193 BGB anzuwenden, wonach im Falle des Fristablaufs an die Stelle eines solchen Tages der nächste Werktag tritt. Geht zB am 17.1. bei der zuständigen Agentur für Arbeit eine wirksame Anzeige nach § 17 KSchG ein, so beginnt die Monatsfrist nach § 187 Abs 1 BGB am 18.1.

6

---

22   Zu den Anforderungen an eine wirksame Anzeige s § 17 Rn 60 bis 79.
23   S § 17 Rn 68.
24   Thüsing/Laux/Lembke-Lembke/Oberwinter § 17 KSchG Rn 126.
25   ErfK/Kiel § 18 KSchG Rn 4.
26   Einzelheiten s § 17 Rn 62; DFL/Leschnig § 18 Rn 6; KR/Weigand § 18 KSchG Rn 7.
27   § 18 Rn 2; Löwisch/Spinner § 18 KSchG Rn 2.
28   ErfK/Kiel § 18 KSchG Rn 4; KR/Weigand § 18 KSchG Rn 7; vHH/L/v. Hoyningen-Huene § 18 KSchG Rn 4.
29   BAG 4.3.1993 – 2 AZR 451/92 – AP KSchG 1969 § 1 Betriebsbedingte Kündigung Nr 60; ErfK/Kiel § 18 KSchG Rn 4.
30   ErfK/Kiel § 18 KSchG Rn 4.

Pfeiffer

und endet nach § 188 Abs 2 BGB am 17.2. Geht die Anzeige am 31.01 ein, endet die Frist nach § 188 Abs 3 BGB am 28.2., in Schaltjahren am 29.2.

2. Verlängerung der Sperrfrist

7 Nach § 18 Abs 2 KSchG kann (Ermessensentscheidung unter Abwägung der Umstände des Einzelfalls)[31] das Arbeitsamt im **Einzelfall** bestimmen, dass die Entlassungen (richtlinienkonform: Kündigungen) nicht vor Ablauf von **längstens zwei Monaten** nach Eingang der Anzeige bei der Agentur für Arbeit wirksam werden. Der Wortlaut („**längstens**") lässt also auch eine Verlängerung um weniger als zwei Monate zu (zB sechs Wochen).[32] Eines **Antrags**, etwa seitens des Arbeitgebers, bedarf es nicht.[33] Die Anordnung über die Verlängerung muss dem Arbeitgeber vor Ablauf der einmonatigen Sperrfrist zugehen.[34] Eine einmal abgelaufene Frist kann nicht nachträglich verlängert werden.[35] Da eine Verlängerung der Sperrfrist nur im Einzelfall in Betracht kommt, ist für die Entscheidung auf den **konkreten Anlassfall** nach Maßgabe des Zwecks des Massenentlassungsverfahrens abzustellen.[36] Eine Verlängerung generell für alle Betriebe oder für bestimmte Arten von Betrieben ist unzulässig.[37] Die Verlängerung der Sperrfrist kann auf bestimmte Gruppen der zu entlassenden Arbeitnehmer beschränkt werden.[38] Eine Verlängerung erscheint zB dann geboten, wenn die Bemühungen zur Wiedereingliederung der betroffenen Arbeitnehmer nach Lage des Arbeitsmarkts unter Beachtung des Wirtschaftszweigs, dem der Betrieb angehört, voraussichtlich einen längeren Zeitraum in Anspruch nehmen werden. Demgegenüber dürfte es sachwidrig sein, eine Verlängerung lediglich deshalb anzuordnen, weil dem Arbeitgeber eine Fortzahlung des Arbeitsentgelts für einen Monat wirtschaftlich zumutbar erscheint, ohne dass in dem Monat mit einer Änderung der Lage gerechnet werden kann. Dies würde nämlich letztlich nur eine Entlastung der Arbeitslosenversicherung bewirken.[39]

3. Zustimmung der Agentur für Arbeit zur Entlassung während der Sperrfrist

8 Nach § 18 Abs 1 KSchG sind **Entlassungen** (richtlinienkonform: **Kündigungen**) vor Ablauf der einmonatigen Sperrfrist nur mit Zustimmung der **Agentur für Arbeit** wirksam. Die Zustimmung der Agentur für Arbeit setzt einen **Antrag** des Arbeitgebers voraus (vgl Antragstellung in § 18 Abs 1 HS

---

31 APS/Moll § 18 KSchG Rn 31; ErfK/Kiel § 18 KSchG Rn 9.
32 DFL/Leschnig § 18 KSchG Rn 15; ErfK/Kiel § 18 KSchG Rn 8; vHH/L/v. Hoyningen-Huene § 18 KSchG Rn 5.
33 KR/Weigand § 18 KSchG Rn 19; aA oder Versehen ErfK/Kiel § 18 KSchG Rn 8.
34 KPK/Schiefer §§ 17 bis 22 KSchG Rn 125.
35 APS/Moll § 18 KSchG Rn 31; ErfK/Kiel § 18 KSchG Rn 9; vHH/L/v. Hoyningen-Huene § 18 KSchG Rn 5; KR/Weigand § 18 KSchG Rn 23.
36 DFL/Leschnig § 18 KSchG Rn 16; ErfK/Kiel § 18 KSchG Rn 9; KR/Weigand § 18 KSchG Rn 20.
37 KPK/Schiefer §§ 17 bis 22 KSchG Rn 125.
38 APS/Moll § 18 KSchG Rn 31; ErfK/Kiel § 18 KSchG Rn 9.
39 ErfK/Kiel § 18 KSchG Rn 9; KR/Weigand § 18 KSchG Rn 24; Löwisch/Spinner § 18 KSchG Rn 5 mwN.

2).[40] Ein solcher Antrag kann bereits mit der Anzeige nach § 17 KSchG verbunden sein. Allein in der Anzeige nach § 17 KSchG kann nicht ohne weiteres ein Antrag auf Zustimmung zu Entlassungen während der Sperrfrist gesehen werden. Im Einzelfall kann jedoch die Auslegung der Anzeige ergeben, dass damit bereits ein Antrag auf Zustimmung gestellt ist.[41] Die **Zustimmung** ist ein **begünstigender Verwaltungsakt**,[42] der der **sozialgerichtlichen Überprüfung** unterliegt. Die **Gerichte für Arbeitssachen** sind **verpflichtet**, einen Verwaltungsakt, namentlich die Zustimmung des Arbeitsamts, ihren Erkenntnissen zugrunde zu legen, solange er nicht nichtig ist oder aufgehoben worden ist.[43]

Die **Entscheidung** der Agentur für Arbeit über den Antrag auf Zustimmung ist dem **Arbeitgeber bekannt zu geben**.[44] Obgleich das Gesetz eine Bekanntgabe gegenüber dem Arbeitnehmer nicht vorsieht, kann die Wirksamkeit der Entlassung dem Arbeitnehmer gegenüber nach allgemeiner Ansicht erst dann eintreten, wenn ihm die Zustimmung von der Agentur für Arbeit oder vom Arbeitgeber mitgeteilt wird.[45] **Solange** der Arbeitgeber dem Arbeitnehmer die Zustimmung **nicht mitteilt** und der Arbeitnehmer auch anderweitig keine Kenntnis erlangt hat, steht der Grundsatz von Treu und Glauben der Berufung des Arbeitgebers auf die Zustimmung entgegen.[46] Von daher ist die Bekanntgabe der Entscheidung der Agentur für Arbeit Wirksamkeitsvoraussetzung für die Entlassung.[47] Falls der Arbeitgeber den Arbeitnehmer über die Entscheidung der Agentur für Arbeit nicht unterrichtet und ihn weiterhin beschäftigt, kommt eine Verlängerung des Arbeitsverhältnisses nach § 625 BGB in Betracht.[48] Sofern der Arbeitgeber den Arbeitnehmer trotz der Sperrfrist vorher bereits tatsächlich entlassen und sich der Arbeitnehmer deswegen auf die Unwirksamkeit berufen hatte, ist der Arbeitgeber gehalten, die Zustimmung der Agentur für Arbeit mitzuteilen, damit der Arbeitnehmer von der Beendigung des Schwebezustandes Kenntnis erlangt.[49] 9

Die Zustimmung der Agentur für Arbeit beseitigt die Entlassungssperre. 10
Insoweit sind also **Entlassungen (richtlinienkonform: Kündigungen) wirksam** vorbehaltlich der Einhaltung der sonstigen Erfordernisse der Kündi-

---

40 APS/Moll § 18 KSchG Rn 13, Wortlaut: „Antragstellung"; ErfK/Kiel § 18 KSchG Rn 5; KR/Weigand § 18 KSchG Rn 10; vHH/L/v. Hoyningen-Huene § 18 KSchG Rn 6; Löwisch/Spinner § 18 KSchG Rn 6.
41 KR/Weigand § 18 KSchG Rn 11.
42 ErfK/Kiel § 18 KSchG Rn 5.
43 BAG 23.6.1993 – 5 AZR 248/92 – AP ZPO § 128 Nr 10.
44 KR/Weigand § 18 KSchG Rn 13.
45 ErfK/Kiel § 18 KSchG Rn 5; HK-KSchG/Hauck § 18 KSchG Rn 9; vHH/L/v. Hoyningen-Huene § 18 Rn 8; KDZ/Kittner/Deinert § 18 KSchG Rn 7; KR/Weigand § 18 KSchG Rn 13.
46 APS/Moll § 18 Rn 18; KDZ/Deinert § 18 Rn 7; HK-KSchG/Hauck § 18 Rn 9; vHH/L/v. Hoyningen-Huene § 18 KSchG Rn 7 mwN.
47 ErfK/Kiel § 18 Rn 6; Thüsing/Laux/Lembke-Lembke/Oberwinter § 18 KSchG Rn 12.
48 APS/Moll § 18 KSchG Rn 26; KDZ/Kittner/Deinert § 18 KSchG Rn 7; KR/Weigand § 18 KSchG Rn 13.
49 ErfK/Kiel § 18 KSchG Rn 5; KR/Weigand § 18 KSchG Rn 13; vHH/L/v. Hoyningen-Huene § 18 KSchG Rn 8; aA APS/Moll § 18 KSchG Rn 18.

gung (zB Anhörung Betriebsrat).[50] Enthält die Zustimmung der Agentur für Arbeit **keine** Rückwirkungsanordnung, wirkt sie erst vom Zeitpunkt ihrer Erteilung an.[51] Im Gegensatz zu § 184 Abs 1 BGB, der mangels privatrechtlichem Charakter der Erklärung weder unmittelbar noch analog Anwendung findet, tritt keine automatische Rückwirkung ein.[52] Mangels Rückwirkungsanordnung **endet** die **Sperrfrist** am Tage der Bekanntmachung der Zustimmung der Agentur für Arbeit an den Arbeitgeber. Nach § 18 Abs 1 2. HS KSchG kann die Agentur für Arbeit die Zustimmung auch **mit Rückwirkung** erteilen. Die Rückwirkung kann jedoch nur bis zu dem Tage der Antragstellung ausgedehnt werden. Dies kann der Tag der Erstattung der Anzeige nach § 17 KSchG sein, sofern darin zumindest im Wege der Auslegung ein Antrag auf Zustimmung gesehen werden kann. Anderenfalls kommt eine Rückwirkung nur bis zu dem Tage in Betracht, an dem ein besonderer Antrag beim Arbeitsamt gestellt worden ist.

11 Die **Entscheidung** der Agentur für Arbeit über die Anordnung der Rückwirkung der Zustimmung steht in seinem **pflichtgemäßen Ermessen** („kann"). Dabei ist auf die Umstände des Einzelfalls abzustellen.[53] Eine rückwirkende Zustimmung wird von der Agentur für Arbeit insbesondere dann in Betracht gezogen werden, wenn die Ereignisse, welche die Massenentlassung verursachen, unvorhersehbar waren. Dies ist zB dann der Fall, wenn der Arbeitgeber zunächst wirksam Entlassungen (richtlinienkonform: Kündigungen) durchgeführt hat, die durch hinzutretende weitere Entlassungen (richtlinienkonform: Kündigungen) innerhalb der 30-Tagefrist des § 17 KSchG nachträglich anzeigepflichtig und damit unwirksam werden.[54] Erteilt die Agentur für Arbeit in einem solchen Fall die rückwirkende Zustimmung, so **endet** das Arbeitsverhältnis einschließlich eines etwa bestehenden Annahmeverzugs nach § 615 BGB mit dem **Tag, zu dem rückwirkend** die **Zustimmung** erteilt wird.[55] Im Hinblick auf den eindeutigen Wortlaut des Gesetzes („... rückwirkend bis zum Tag der Antragstellung") bleibt auch in diesem Fall die Rückwirkung begrenzt auf den Tag der Antragstellung.[56] Der Anspruch des Arbeitnehmers auf **Annahmeverzugsentgelt** steht unter der **auflösenden Bedingung** der **rückwirkenden Zustimmung**. Hat der Arbeitgeber dem Arbeitnehmer aus dem Gesichtspunkt des Annahmeverzugs bereits Arbeitsentgelt über dem Tag der Rückwirkung hinaus gezahlt, ist dieses vom Arbeitnehmer nach den Grundsätzen der ungerechtfertigten Bereicherung wegen nachträglichen Wegfalls des Rechtsgrunds zurückzuzahlen, § 812 Abs 1 Satz 2 BGB.[57]

---

50 HK-KSchG/Hauck § 18 Rn 12; KDZ/Deinert § 18 Rn 8; vHH/L/v. Hoyningen-Huene § 18 KSchG Rn 14.
51 vHH/L/v. Hoyningen-Huene § 18 KSchG Rn 11.
52 vHH/L/v. Hoyningen-Huene § 18 Rn 11.
53 S § 20 Rn 14.
54 S § 17 Rn 39, 40.
55 HK-KSchG/Hauck § 18 KSchG Rn 11; KR/Weigand § 18 KSchG Rn 20.
56 KR/Weigand § 18 KSchG Rn 17; aA vHH/L/v. Hoyningen-Huene § 18 KSchG Rn 9.
57 APS/Moll § 18 KSchG Rn 26; MünchKommBGB/Hergenröder § 18 Rn 8; vHH/L/v. Hoyningen-Huene § 18 KSchG Rn 13.

Die **Rechtsfolge** der **Rückwirkung** kann nur dann eintreten, wenn die sonstigen Voraussetzungen für die Entlassungen iSv Kündigungen (zB Einhaltung der Kündigungsfrist) vorliegen.[58] Eine rückwirkende Zustimmung der Agentur für Arbeit ist allerdings dann **wirkungslos**, wenn der Arbeitgeber den Arbeitnehmer, wenn auch nur vorsorglich, über den Ablauf der Kündigungsfrist bis zur Erteilung der Zustimmung weiterbeschäftigt hat.[59] Bei dieser Sachlage bleibt der Arbeitgeber verpflichtet, Arbeitsentgelt bis zur tatsächlichen Beendigung des Arbeitsverhältnisses zu zahlen.[60]

Die Agentur für Arbeit kann die Zustimmung zur vorzeitigen Entlassung (richtlinienkonform: Kündigungen) unter **bestimmten Bedingungen** erteilen.[61] Als Bedingungen kommen zB die Zahlung einer Abfindung oder die Verpflichtung des Arbeitgebers zur Wiedereinstellung des Arbeitnehmers bei verbesserter wirtschaftlicher Lage in Betracht.[62] Der Arbeitgeber ist jedoch **nicht** verpflichtet, die Bedingungen zu erfüllen. Ihm steht ein **Wahlrecht** zu.[63] Anstatt die Abfindung zu zahlen, kann der Arbeitgeber auch die einmonatige Sperrfrist verstreichen lassen und dann die Entlassungen ungehindert durchführen.[64]

4. Negativattest

Zeigt der Arbeitgeber eine Massenentlassung an, **ohne** dass die **Voraussetzungen** des § 17 KSchG vorliegen, ist er jederzeit zur Durchführung der Entlassungen berechtigt. Auf eine Entscheidung der Agentur für Arbeit kommt es bei dieser Sachlage nicht an.[65] Teilt die Agentur für Arbeit dem Arbeitgeber auf seinen Antrag nach § 18 Abs 1 KSchG mit, dass es eine Zustimmung nicht für erforderlich hält (sog **Negativattest**), wirkt eine solche Mitteilung wie eine Zustimmung, wenn in Wahrheit entgegen der Mitteilung der Agentur für Arbeit der Tatbestand des § 17 KSchG doch gegeben war.[66] Ein Irrtum der Agentur für Arbeit, weil es zB Arbeitnehmer zu Unrecht als leitende Personen iSd § 17 Abs 5 Nr 3 KSchG angesehen hat, wirkt sich dabei nicht zum Nachteil des Arbeitgebers aus.[67] Der Arbeitgeber darf sich jedenfalls dann auf die Mitteilung der Agentur für Arbeit verlassen (**Vertrauensschutz des Arbeitgebers**), wenn der zuständige Entschei-

---

58 ErfK/Kiel § 18 KSchG Rn 7; KDZ/Kittner/Deinert § 18 KSchG Rn 8; vHH/L/v. Hoyningen-Huene § 18 KSchG Rn 13.
59 APS/Moll § 18 Rn 23; KDZ/Deinert § 18 Rn 10; vHH/L/v. Hoyningen-Huene § 18 KSchG Rn 13.
60 APS/Moll § 18 KSchG Rn 26; ErfK/Kiel § 18 KSchG Rn 7.
61 Vgl § 32 SGB X; HK-KSchG/Hauck § 18 KSchG Rn 12; Thüsing/Laux/Lembke-Lembke/Oberwinter § 18 KSchG Rn 13.
62 KR/Weigand § 18 KSchG Rn 26.
63 Berscheid AR-Blattei SD 1020.2 Rn 247; vHH/L/v. Hoyningen-Huene § 18 KSchG Rn 15.
64 ErfK/Kiel § 18 Rn 10; KR/Weigand § 18 KSchG Rn 27; Löwisch/Spinner § 18 Rn 6; vHH/L/v. Hoyningen-Huene § 18 Rn 15.
65 KR/Weigand § 18 KSchG Rn 29.
66 BAG 13.4.2000 – 2 AZR 215/99 – AP KSchG § 17 Nr 13; BAG 21.5.1970 – 2 AZR 294/69 – AP KSchG § 15 Nr 11; BAG 6.12.1973 – 2 AZR 10/73 – AP KSchG 1969 § 17 Nr 1; vHH/L/v. Hoyningen-Huene § 18 KSchG Rn 16; aA Gumpert BB 1953, 708.
67 KDZ/Kittner/Deinert § 18 KSchG Rn 16; so auch vHH/L/v. Hoyningen-Huene § 18 Rn 16.

dungsträger nach § 20 Abs 1 KSchG das Negativattest erteilt.[68] Ein Vertrauensschutz besteht jedoch dann nicht, wenn die Mitteilung von einem unzuständigen Organ der Agentur für Arbeit, zB von seinem Behördenleiter, ergangen ist.[69]

5. Entlassungen während der Sperrfrist

15 Nach § 18 Abs 1 KSchG werden **anzeigepflichtige Entlassungen** (richtlinienkonform: Kündigungen) erst mit **Ablauf** der **Sperrfrist** oder mit **Zustimmung** der Agentur für Arbeit **wirksam**. Nimmt der Arbeitgeber **vor diesem Zeitpunkt** Entlassungen vor, sind diese nicht **endgültig unwirksam**, sondern lediglich in ihrer **Wirksamkeit gehemmt**.[70] § 18 Abs 1 und 2 hemmen die Rechtswirkung bis zum Ablauf der Sperrzeit oder einer Zustimmung der Agentur für Arbeit.[71] Ist also die Kündigungsfrist des der Entlassung zugrunde liegenden Rechtsgeschäfts der Kündigung bereits während der Sperrfrist abgelaufen, so verlängert sie sich bis zum Ablauf der Sperrfrist; das Ende der Sperrfrist und die Entlassung fallen dann zusammen.[72] Insofern wirkt die Sperrfrist bei kürzeren als vierwöchigen Kündigungsfristen wie eine Mindestkündigungsfrist.[73] Diese Rechtsfolge tritt auch ein, wenn die Kündigung nur zu einem bestimmten Termin (zB zum Ende eines Kalendermonats) möglich ist und zu einem in der Sperrfrist liegenden solchen Termin fristgerecht gekündigt worden ist. Demgemäß läuft also das Arbeitsverhältnis gleichfalls mit Ablauf der Sperrfrist aus und nicht erst zum nächsten Kündigungstermin[74] Endet demgegenüber die Kündigungsfrist nach dem Ablauf der Sperrfrist, ist die Entlassung erst zum letzten Tag der Kündigungsfrist wirksam; der Individualkündigungsschutz wird nämlich durch die Sperrfrist nicht eingeschränkt.[75]

16 Trotz erfolgter Anzeige sind Entlassungen (richtlinienkonform: Kündigungen) während der Sperrzeit insoweit zulässig, als ihre Gesamtzahl unter der in § 17 Abs 1 KSchG festgelegten Mindestzahl bleibt.[76] Dies eröffnet dem Arbeitgeber im Falle der Versagung der Zustimmung die Möglichkeit, die Zahl der geplanten Entlassungen entsprechend zu beschränken und die restlichen Entlassungen erst nach Ablauf der Sperrfrist durchzuführen.[77]

---

68 BAG 21.5.1970 – 2 AZR 294/69 – AP KSchG § 15 Nr 11; KDZ/Kittner/Deinert § 18 KSchG Rn 20; KR/Weigand § 18 KSchG Rn 27; Löwisch/Spinner § 18 KSchG Rn 9.
69 BAG 21.5.1970 – 2 AZR 294/69 – AP KSchG § 15 Nr 11; vHH/L/v. Hoyningen-Huene § 18 KSchG Rn 16; Löwisch/Spinner § 18 KSchG Rn 9; aA LAG München 25.11.1992 – 2 (5) Sa 750/91 – BB 1993, 1737.
70 APS/Moll § 18 KSchG Rn 33; ErfK/Kiel § 18 KSchG Rn 2; KR/Weigand § 18 KSchG Rn 29; SPV/Preis Rn 962.
71 ErfK/Kiel § 18 KSchG Rn 2; Ferme/Lipinski NZA 2006, 937; s auch vHH/L/von Hyoningen-Huene § 18 Rn 18 a.
72 HK-KSchG/Hauck § 18 KSchG Rn 22; vHH/L/v. Hoyningen-Huene § 18 Rn 18 a.
73 LAG Baden-Württemberg 12.3.2008 – 12 Sa 54/07 – LAGE § 18 KSchG Nr 3.
74 Bauer/Powietzka DB 2001, 383; KR/Weigand § 18 KSchG Rn 30.
75 vHH/L/v. Hoyningen-Huene § 18 KSchG Rn 20.
76 vHH/L/v. Hoyningen-Huene § 18 KSchG Rn 19.
77 BAG 25.5.1960 – 2 AZR 584/57 – AP KSchG § 15 Nr 6; SPV/Vossen § 18 Rn 1659; vHH/L/v. Hoyningen-Huene § 18 Rn 19.

Erteilt die Agentur für Arbeit eine rückwirkende Zustimmung, obschon die Entlassung (richtlinienkonform: Kündigung) bereits stattgefunden hat, so geht der auflösend bedingte Annahmeverzugsanspruch des Arbeitnehmers rückwirkend unter.[78]

Da sich die **Beendigung des Arbeitsverhältnisses** allein nach der für die Rechtsbeziehung zwischen dem Arbeitnehmer und dem Arbeitgeber geltenden Kündigungsfrist richtet, ist der Arbeitnehmer **nicht** verpflichtet, über den Zeitpunkt der fristgerechten Kündigung hinaus weiter zu arbeiten. Daraus folgt, dass der Arbeitnehmer nach Ablauf der Kündigungsfrist trotz eines etwaigen Verstoßes des Arbeitgebers gegen §§ 17 ff KSchG aus dem Arbeitsverhältnis ausscheiden kann; die Vorschriften der §§ 17 ff KSchG richten sich nämlich allein an den Arbeitgeber.[79] Das **Hemmnis** der **Wirksamkeit** der **Entlassung** mit der Rechtsfolge des Annahmeverzugs des Arbeitgebers nach § 615 BGB tritt jedoch nur dann ein, wenn sich der **Arbeitnehmer auf den Gesetzesverstoß beruft**.[80] Nach Auffassung des BAG[81] ist das der Entlassung zugrunde liegende Rechtsgeschäft der **Kündigung auflösend bedingt wirksam**. Die **Geltendmachung der Unwirksamkeit** durch den Arbeitnehmer ist eine sog **Potestativbedingung**, deren Eintritt allein vom Verhalten des gekündigten Arbeitnehmers abhängt.[82] Demgegenüber kann sich der Arbeitgeber nicht auf die von ihm selbst verursachte Unwirksamkeit der Entlassung zu dem vorgesehenen Termin berufen.[83]

6. Entlassungen nach Ablauf der Sperrfrist und sog Freifrist

Ist die einmonatige oder verlängerte Sperrfrist abgelaufen, hat der Arbeitgeber 90 Tage Zeit, die beabsichtigten Entlassungen durchzuführen (**Freifrist**). Mit Ablauf der Sperrfrist entfällt die Entlassungssperre, so dass *nach bisherigem Verständnis* zum einen in ihrer Wirksamkeit gehemmte Entlassungen wirksam werden und zum anderen nunmehr vom Arbeitgeber Entlassungen beliebig vorgenommen werden können. Jedoch müssen die **Entlassungen** nach § 18 Abs 4 KSchG innerhalb einer Frist von 90 Tagen (**Freifrist**) **durchgeführt** werden. Die Entlassung ist *nach bisherigem Verständnis* dann „**durchgeführt**", wenn das Arbeitsverhältnis innerhalb der Freifrist tatsächlich beendet wird, dh der Arbeitnehmer also aus dem Betrieb ausscheidet.[84] Dazu muss auch der Ablauf der Kündigungsfrist in die Freifrist fallen.[85] Die **Freifrist** schließt sich unmittelbar an die Sperrfrist an. Beginn und Ende dieser Frist richten sich nach § 187 Abs 2 und § 188 Abs 2 und 3 BGB. Geht zB die wirksam erstattete Anzeige am 4.5. ein, so läuft die Entlassungssperre vom 5.5. bis 4.6.; die Freifrist beginnt am 5.6.

---

78 Dazu und zu einer möglichen Rückabwicklung s Rn 11; APS/Moll § 18 KSchG Rn 26.
79 KR/Weigand § 18 KSchG Rn 31.
80 BAG 24.10.1996 – 2 AZR 895/95 – AP KSchG § 17 Nr 8; vHH/L/v. Hoyningen-Huene § 18 KSchG Rn 18 b.
81 23.10.1959 – 2 AZR 181/56 – AP KSchG § 15 Nr 5.
82 APS/Moll § 18 KSchG Rn 45.
83 S § 17 Rn 7.
84 APS/Moll § 18 KSchG Rn 38; DFL/Leschnig § 18 KSchG Rn 30; HK-KSchG/Hauck § 18 KSchG Rn 20.
85 APS/Moll § 18 KSchG Rn 39; KR/Weigand § 18 KSchG Rn 34; Löwisch/Spinner § 18 KSchG Rn 13; v. Hoyningen-Huene/Linck Voraufl § 18 KSchG Rn 24.

und endet nach 90 Tagen am 2.9. Die Freifrist kann weder abgekürzt noch verlängert werden.[86] Werden die Entlassungen bis zum Ablauf der Freifrist **nicht durchgeführt**, muss der Arbeitgeber unter den Voraussetzungen des § 17 Abs 1 KSchG eine **neue Anzeige** vornehmen, § 18 Abs 4 KSchG.[87] Die erneute Anzeige setzt wiederum eine Sperrfrist in Lauf.

20 Auf der Grundlage der Entscheidung des EuGH vom 27.1.2005[88] und des Urteils des BAG vom 23.3.2006[89] lässt sich die bisherige Auslegung, wonach die Arbeitsverhältnisse innerhalb der 90-Tage-Frist beendet werden mussten, nicht mehr aufrechterhalten. Denn die „Durchführung der Entlassungen" (richtlinienkonform: Kündigungen) ist der Ausspruch der Kündigungen.[90] Hinzuweisen ist an dieser Stelle, dass die Freifrist des § 18 Abs 4 in der MERL nicht vorgesehen ist. Folglich kann § 18 Abs 4 richtlinienkonform so verstanden werden, dass der Arbeitgeber die Kündigungen innerhalb von 90 Tagen nach Erstattung der Anzeige auszusprechen hat.[91] Auf die tatsächliche Beendigung des Arbeitsverhältnisses kommt es nicht mehr an. Würde man an der bisherigen Auslegung im Anwendungsbereich des § 18 Abs 4 im Lichte der richtlinienkonformen Auslegung des § 17 Abs 1 festhalten, müsste bei längeren Kündigungsfristen stets eine erneute Anzeige erstattet werden.[92] Dieser Neuinterpretation des § 18 Abs 4 hatte sich wohl auch schon das BAG zugeneigt, da es insoweit in seiner Entscheidung vom 23.3.2006[93] von einer teleologischen Reduktion des § 18 Abs 4 spricht. Nach dieser vertretbaren Ansicht hätte entgegen aM[94] § 18 Abs 4 noch einen praktischen Anwendungsbereich. Sie würde sog Vorratsmeldungen verhindern helfen und der Agentur für Arbeit eine entsprechende Planbarkeit garantieren.[95] Das BAG hat in seiner Entscheidung vom 23.2.2010[96] an sein Urteil vom 6.11.2008[97] anknüpfend formuliert, die Wendung „Durchführung der Entlassung" weise freilich eher darauf hin, es müsse die Kündigungserklärung sein. Es führt weiter aus, eine „erneute Anzeige" iSv § 18 Abs. 4 sei nicht erforderlich, wenn Kündigungen nach einer ersten Anzeige vor Ablauf der Freifrist ausgesprochen würden, die Arbeitsverhältnisse wegen langer Kündigungsfristen aber erst nach Ablauf

---

86 APS/Moll § 18 KSchG Rn 39; KDZ/Kittner/Deinert § 18 KSchG Rn 19; v. Hoyningen-Huene/Linck Voraul § 18 KSchG Rn 25; HK-KSchG/Hauck § 18 KSchG Rn 20.
87 APS/Moll § 18 KSchG Rn 41.
88 C-188/03 – AP KSchG 1969 § 17 Nr 18.
89 2 AZR 343/05 – AP KSchG 1969 § 17 Nr 21.
90 Bauer/Krieger/Powietzka BB 2005, 445, 447 und BB 2006, 2023, 2026.
91 So auch BAG 6.11.2008 – 2 AZR 935/07 – AP KSchG 1969 § 18 Nr 4; Appel DB 2005, 1002, 1004; Bauer/Krieger/Powietzka BB 2006, 2023, 2026; KR/Weigand § 18 KSchG Rn 34; KDZ/Kittner/Deinert § 18 KSchG Rn 29; SPV/Vossen Rn 1589; vHH/L/v. Hoyningen-Huene § 18 KSchG Rn 24; aA LAG Baden-Württemberg 25.3.2008 – 16 Sa 83/07 – „Durchführung" meint die rechtliche Beendigungswirkung; krit zu BAG 6.11.2008 – 2 AZR 935/07 Boeddinghaus AuR 2009, 11 f.
92 Bauer/Krieger/Powietzka BB 2005, 445, 447; Dzida/Hohenstatt DB 2006, 1897, 1901.
93 2 AZR 343/05 – AP KSchG 1969 § 17 Nr 21.
94 DFL/Leschnig § 18 KSchG Rn 30; Dornbusch/Wolff BB 2005, 885, 887; ErfK/Kiel § 18 KSchG Rn 12; Dzida/Hohenstatt DB 2006, 1897, 1901.
95 So BAG 6.11.2008 – 2 AZR 935/07 – AP KSchG 1969 § 18 Nr 4.
96 2 AZR 268/08 – NZA 2010, 944 ff.
97 2 AZR 935/07 – AP KSchG 1969 § 18 Nr 4.

der Freifrist endeten.⁹⁸ Mit diesem unionsrechtskonformen Konzeptverständnis verbleibt für die Anwendung der Freifrist ein Normgehalt, der „Vorratsanzeigen" verhindert, die dem Zweck des Gesetzes zuwiderliefen, die Agentur für Arbeit über das tatsächliche Ausmaß der Beendigungen von Arbeitsverhältnissen ins Bild zu setzen.⁹⁹ Der Arbeitgeber kann nach Anzeige innerhalb der Freifrist kündigen, ohne dass es einer erneuten Anzeige bedarf, sofern der Lauf der Kündigungsfristen über die Freifrist hinaus andauert. Nach Ablauf der Freifrist muss er eine erneute Anzeige erstatten, wenn er bis dahin noch nicht gekündigt hat.¹⁰⁰ Hat der Arbeitgeber von der durch eine ordnungsgemäße Massenentlassungsanzeige gem § 17 eröffneten Kündigungsmöglichkeit innerhalb der Freifrist Gebrauch gemacht, mithin seine Absicht realisiert, bedarf es wegen des insoweit eingetretenen Verbrauchs der Anzeige für jede weitere Kündigung unter den Voraussetzungen des § 17 Abs. 1 einer erneuten Massenentlassungsanzeige.¹⁰¹ Folglich muss der Arbeitgeber den Ausspruch einer Massenkündigung isd § 17 überhaupt beabsichtigen.¹⁰²

III. Rechtslage bei unterlassener oder unwirksamer Anzeige

Wegen der Rechtsfolgen im Falle einer unterlassenen oder fehlerhaften Anzeige wird auf die Ausführungen zu § 17 Rn 82 verwiesen.

---

98 BAG 23.2.2010 – 2 AZR 268/08 – NZA 2010, 944 ff.
99 BAG 23.2.2010 – 2 AZR 268/08 – NZA 2010, 944 ff; APS/Moll § 18 KSchG Rn 38; ErfK/Kiel § 18 KSchG Rn 12.
100 BAG 23.2.2010 – 2 AZR 268/08 – NZA 2010, 944 ff; ErfK/Kiel § 18 KSchG Rn 12.
101 BAG 22.4.2010 – 6 AZR 948/08 – NZA 2010, 1057 ff.
102 BAG 23.2.2010 – 2 AZR 268/08 – NZA 2010, 944 ff; vHH/L/v. Hoyningen-Huene § 18 Rn 25.

§ 19 Zulässigkeit von Kurzarbeit

(1) Ist der Arbeitgeber nicht in der Lage, die Arbeitnehmer bis zu dem in § 18 Abs. 1 und 2 bezeichneten Zeitpunkt voll zu beschäftigen, so kann die Bundesagentur für Arbeit zulassen, daß der Arbeitgeber für die Zwischenzeit Kurzarbeit einführt.

(2) Der Arbeitgeber ist im Falle der Kurzarbeit berechtigt, Lohn oder Gehalt der mit verkürzter Arbeitszeit beschäftigten Arbeitnehmer entsprechend zu kürzen; die Kürzung des Arbeitsentgelts wird jedoch erst von dem Zeitpunkt an wirksam, an dem das Arbeitsverhältnis nach den allgemeinen gesetzlichen oder den vereinbarten Bestimmungen enden würde.

(3) Tarifvertragliche Bestimmungen über die Einführung, das Ausmaß und die Bezahlung von Kurzarbeit werden durch die Absätze 1 und 2 nicht berührt.

I. Grundsätze	1	III. Durchführung der Kurzarbeit	9
II. Zulassung von Kurzarbeit	2	1. Ankündigung der Kurzarbeit	9
1. Voraussetzungen	2	2. Auswirkungen auf die Entgeltfortzahlungspflicht	10
2. Entscheidung der Bundesagentur für Arbeit	3	3. Kurzarbeitergeld	14
3. Bedeutung der Zulassungsentscheidung	5		

I. Grundsätze

1 Durch das am 1.1.2004 in Kraft getretene Dritte Gesetz für moderne Dienstleistungen am Arbeitsmarkt vom 23.12.2003[1] wurden die Bundesanstalt für Arbeit in Bundesagentur für Arbeit, die Landesarbeitsämter in Regionaldirektionen der Bundesagentur für Arbeit umbenannt, § 367 Abs 1 und 2 SGB III. Da die reformierte Bundesagentur für Arbeit nunmehr in eigener Verantwortung bestimmt, auf welcher Verwaltungsebene die Entscheidung über die Zulassung der Kurzarbeit getroffen wird, wurde § 19 Abs 1 KSchG dahin angepasst und modifiziert, dass nun die Bundesagentur für Arbeit die Zuständigkeit hierfür innehat.[2] Das hat zur Folge, dass für die Zulassung von Kurzarbeit einerseits und die Verkürzung oder Verlängerung der Sperrzeit nach § 18 Abs 1 und 2 KSchG zwei unterschiedliche Behörden zuständig sind; eine einheitliche Zuständigkeit wäre de lege ferenda rechtspolitisch sinnvoll.[3] Die nach § 18 KSchG vorgesehene Entlassungssperre kann trotz mangelnder Beschäftigungsmöglichkeiten zu einem verlängerten Fortbestand der Arbeitsverhältnisse führen. Im Hinblick auf die sich durch die Entlassungssperre verschärfenden wirtschaftlichen Belastungen des ohnehin Not leidenden Betriebs sieht § 19 KSchG die **Zulassung** von **Kurzarbeit** durch die Bundesagentur für Arbeit während der Dauer der Entlassungssperre vor. Die Bestimmung bezweckt eine Entlastung des Arbeitgebers von der Zahlung der vollen Arbeitsvergütung

---

1 BGBl I S 2848.
2 BT-Drucks 15/1516 S 128 zu Art 73 Nr 3.
3 APS/Moll § 19 KSchG Rn 8; KR/Weigand § 19 KSchG Rn 14; Thüsing/Laux/Lembke-Lembke/Oberwinter § 19 KSchG Rn 12.

während der Dauer der Sperrfrist.⁴ § 19 KSchG räumt dem Arbeitgeber die Möglichkeit ein, während des Laufs der Sperrfrist einseitig Kurzarbeit einführen zu können, ohne sich der Änderungskündigung bedienen zu müssen.⁵ Die sich aus der Einführung der zugelassenen Kurzarbeit ergebende Rechtsfolge der **verhältnismäßigen Kürzung** des Arbeitsentgelts wird jedoch erst nach Ablauf der allgemeinen gesetzlichen oder der vereinbarten Kündigungsfristen wirksam, § 19 Abs 2 2. HS KSchG, dh bis dahin bleibt der Arbeitgeber zur vollen Entgeltzahlung verpflichtet. Hinzu kommt, dass die Kündigungsfristen oftmals länger sind als die Sperrfrist.⁶ Im Übrigen werden **tarifvertragliche Bestimmungen** über die Einführung, das Ausmaß und die Bezahlung von Kurzarbeit **nicht berührt**, § 19 Abs 3 KSchG; nach hM bleibt das **Mitbestimmungsrecht** des **Betriebsrats** bestehen.⁷ Von daher reduziert sich die praktische Bedeutung der Vorschrift im Wesentlichen auf nicht tarifgebundene Arbeitnehmer in betriebsratslosen Betrieben.⁸

II. Zulassung von Kurzarbeit

1. Voraussetzungen

Die Bundesagentur für Arbeit kann Kurzarbeit nach pflichtgemäßem Ermessen unter folgenden Voraussetzungen zulassen:

- Vorliegen einer Massenentlassung iSv § 17 KSchG
- Erstattung einer wirksamen Massenentlassungsanzeige
- Unzumutbarkeit der Vollbeschäftigung innerhalb der Fristen des § 18 Abs 1 und Abs 2 KSchG
- Antragstellung auf Zulassung von Kurzarbeit.

Aus der Bezugnahme des § 19 Abs 1 KSchG auf die Sperrfrist des § 18 KSchG, der wiederum auf § 17 KSchG verweist, ergibt sich, dass die Einführung von Kurzarbeit nur dann in Betracht kommt, wenn die **Voraussetzungen einer Massenentlassung** gegeben sind.⁹

Neben dem Erfordernis einer **wirksamen Anzeige** einer anzeigepflichtigen Massenentlassung gegenüber der zuständigen Agentur für Arbeit[10] muss hinzukommen, dass der Arbeitgeber die betroffenen Arbeitnehmer bis zum Ablauf der in § 18 Abs 1 und 2 KSchG bestimmten Sperrfrist nicht voll beschäftigen kann.[11]

---

4 APS/Moll § 19 KSchG Rn 2; Dornbusch/Wolff-Heckelmann/Beissel § 19 KSchG Rn 1; ErfK/Kiel § 19 KSchG Rn 1.
5 APS/Moll § 19 KSchG Rn 2; BTM/Backmeister § 19 KSchG Rn 1; Dornbusch/Wolff-Heckelmann /Beissel § 19 KSchG Rn 1; KR/Weigand § 19 KSchG Rn 4.
6 APS/Moll § 19 KSchG Rn 2; Thüsing/Laux/Lembke-Lembke/Oberwinter § 19 KSchG Rn 4; vHH/L/v. Hoyningen-Huene § 19 Rn 5.
7 ErfK/Kiel § 19 KSchG Rn 1 und 5; KDZ/Kittner/Deinert § 19 KSchG Rn 14; vHH/L/v. Hoyningen-Huene § 19 Rn 17.
8 BTM/Backmeister § 19 KSchG Rn 2; DFL/Leschnig § 19 KSchG Rn 1; ErfK/Kiel § 19 KSchG Rn 1; KDZ/Kittner/Deinert § 19 KSchG Rn 2; vHH/L/v. Hoyningen-Huene § 19 Rn 19; vgl auch Thüsing/Laux/Lembke-Lembke/Oberwinter § 19 KSchG Rn 3.
9 BTM/Backmeister § 19 KSchG Rn 3; ErfK/Kiel § 19 KSchG Rn 2; KR/Weigand § 19 KSchG Rn 6; Thüsing/Laux/Lembke-Lembke/Oberwinter § 19 KSchG Rn 1.
10 DFL/Leschnig § 19 KSchG Rn 2; HK-KSchG/Hauck § 19 Rn 6; Thüsing/Laux/Lembke-Lembke/Oberwinter § 19 KSchG Rn 8.
11 vHH/L/v. Hoyningen-Huene § 19 Rn 4.

Insoweit gilt, dass es nicht erforderlich ist, dass dem Arbeitgeber die volle Beschäftigung aller Arbeitnehmer unmöglich ist. IS dieser Bestimmung reicht es aus, dass der Arbeitgeber diejenigen Arbeitnehmer, deren Entlassungen angezeigt sind, nicht mehr voll beschäftigen kann[12] („nicht in der Lage, die Arbeitnehmer bis zu dem in § 18 Abs 1 und 2 bezeichneten Zeitraum voll zu beschäftigen"). Die nach § 19 Abs 1 KSchG vorausgesetzte besondere wirtschaftliche Situation des Arbeitgebers („nicht in der Lage sein") erfordert jedoch **keine objektive Unmöglichkeit** der **Vollbeschäftigung**.[13] Vielmehr genügt es, dass dem Arbeitgeber die volle Beschäftigung **nicht zuzumuten** ist.[14] Worauf die Unmöglichkeit oder Unzumutbarkeit der Beschäftigung beruht, ist unerheblich.[15] Für die Prüfung der Zumutbarkeit der vollen Beschäftigung der Arbeitnehmer kommt es in **zeitlicher Hinsicht** entscheidend darauf an, ob dies dem Arbeitgeber bis zum **Ende der Sperrfrist** möglich ist.[16] Je länger die Sperrfrist ist, desto eher wird die Unzumutbarkeit der vollen Beschäftigung der Arbeitnehmer gegeben sein. Von daher kommt die Zulassung von Kurzarbeit vor allem bei einer Verlängerung der Sperrfrist nach § 18 Abs 2 KSchG in Betracht.[17] Aber auch bei einer Abkürzung der Sperrfrist (Zustimmung iSd § 18 Abs 1 KSchG) auf entsprechenden Antrag des Arbeitgebers ist die Zulassung von Kurzarbeit denkbar. Die Entscheidung des zuständigen Organs des Arbeitsamts nach § 20 KSchG über die Abänderung der Sperrfrist ist nämlich weder Voraussetzung für die Zulassung der Kurzarbeit durch die Bundesagentur für Arbeit, noch schließt eine solche Entscheidung eine Entscheidung der Bundesagentur für Arbeit aus.[18]

Des Weiteren setzt die Zulassung von Kurzarbeit – obwohl nicht ausdrücklich geregelt – einen entsprechenden **Antrag des Arbeitgebers** voraus.[19] Das folgt aus den allgemeinen Grundsätzen des Verwaltungsverfahrens, wonach eine Behörde nur auf Antrag tätig werden darf.[20] Der Antrag nach § 19 KSchG ist zweckmäßigerweise mit der Anzeige nach § 17 KSchG zu verbinden;[21] er unterliegt keinem Formerfordernis.[22] Der Antrag darf aber

---

12 APS/Moll § 19 KSchG Rn 5; KR/Weigand § 19 KSchG Rn 8.
13 DFL/Leschnig § 19 KSchG Rn 3; BTM/Backmeister § 19 KSchG Rn 2; ErfK/Kiel § 19 KSchG Rn 2; KDZ/Kittner/Deinert § 19 KSchG Rn 3; KR/Weigand § 19 KSchG Rn 7.
14 APS/Moll § 19 KSchG Rn 5; DFL/Leschnig § 19 KSchG Rn 3; Dornbusch/Wolff-Heckelmann/Beissel § 19 KSchG Rn 9; ErfK/ Kiel § 19 KSchG Rn 2; KDZ/Kittner/Deinert § 19 KSchG Rn 3; KR/Weigand § 19 KSchG Rn 7; Löwisch/Spinner § 19 Rn 6; Thüsing/Laux/Lembke-Lembke/Oberwinter § 19 KSchG Rn 9; vHH/L/v. Hoyningen-Huene § 19 Rn 4.
15 APS/Moll § 19 KSchG Rn 5; Dornbusch/Wolff-Heckelmann/Beissel § 19 KSchG Rn 9.
16 KR/Weigand § 19 KSchG Rn 9.
17 ErfK/Kiel § 19 KSchG Rn 2; KR/Weigand § 19 KSchG Rn 8.
18 KR/Weigand § 19 KSchG Rn 11.
19 DFL/Leschnig § 19 KSchG Rn 2; ErfK/Kiel § 19 KSchG Rn 3; KR/Weigand § 19 KSchG Rn 11; vHH/L/v. Hoyningen-Huene § 19 Rn 5; unklar Dornbusch/Wolff-Heckelmann/Beissel § 19 KSchG Rn 11; zweifelnd APS/Moll § 19 KSchG Rn 7.
20 Thüsing/Laux/Lembke-Lembke/Oberwinter § 19 KSchG Rn 10 unter Hinweis auf § 18 Satz 2 Nr 2 SGB X.
21 KR/Weigand § 19 Rn 16; MünchKommBGB/Hergenröder § 19 Rn 3; vHH/L/v. Hoyningen-Huene § 19 Rn 5.
22 Thüsing/Laux/Lembke-Lembke/Oberwinter § 19 KSchG Rn 11.

nicht mit der Anzeige des Arbeitsausfalls iSd § 99 Abs 1 Satz 1 SGB III verwechselt werden.[23]

2. Entscheidung der Bundesagentur für Arbeit

Die Bundesagentur für Arbeit hat seine **Entscheidung** unter Berücksichtigung der Umstände des Einzelfalls nach **pflichtgemäßem Ermessen** („kann") zu treffen. Beinhaltet die Entscheidung die Zulassung der Kurzarbeit, begünstigt sie den Arbeitgeber (begünstigender Verwaltungsakt).[24] Dadurch wird gleichzeitig der Arbeitnehmer belastet, da seine arbeitsvertragliche Position durch die Zulassung der Kurzarbeit relativiert wird.[25] Von daher wird allgemein angenommen, die Entscheidung sei ihrer Rechtsform nach ein **privatrechtsgestaltender Verwaltungsakt mit Doppelwirkung**,[26] denn: Entspricht die Bundesagentur für Arbeit dem Antrag des Arbeitgebers korrespondiert mit der Begünstigung des Arbeitgebers eine Belastung der betroffenen Arbeitnehmer. Umgekehrt verhält es sich im Falle der Zurückweisung des Antrags des Arbeitgebers. Gegen die Annahme einer Doppelwirkung spricht jedoch entscheidend, dass der Arbeitgeber durch den begünstigenden Veraltungsakt (Zulassung der Kurzarbeit) ein Entscheidungsrecht, eine Ermächtigung[27] erhält, das noch der Umsetzung gegenüber den Arbeitnehmern in Gestalt einer Anordnung bedarf. Erst die Anordnung der zugelassenen Kurzarbeit bewirkt den Eingriff in arbeitsvertragliche Position des Arbeitnehmers.[28] Folglich kommt der Zulassung der Kurzarbeit durch die Bundesagentur für Arbeit keine unmittelbare Eingriffswirkung zu; sie wirkt im Verhältnis zum Arbeitnehmer nur mittelbar auf das Arbeitsverhältnis ein, weil der Arbeitgeber die Kurzarbeit gegenüber seinem Vertragspartner noch anordnen muss.[29] Die Entscheidung der Bundesagentur für Arbeit bedarf zu ihrer **Wirksamkeit** der **Bekanntgabe**.[30] Richtigerweise ist die Entscheidung der Zulassung von Kurzarbeit nicht nur dem begünstigten Arbeitgeber, sondern als belastender Verwaltungsakt auch den betroffenen Arbeitnehmern in geeigneter Form bekannt zu geben.[31] Unterbleibt Letzteres erwachsen dem Arbeitnehmer insoweit keine Rechtsnachteile, als eventuelle Rechtsmittelfristen mangels entsprechender Bekanntmachung nicht anlaufen. Die Wirksamkeit der Entscheidung kann nicht durch das Arbeitsgericht, sondern nur im **sozialgerichtlichen Verfah**-

3

---

23 APS/Moll § 19 KSchG Rn 6; KR/Weigand § 19 KSchG Rn 11.
24 APS/Moll § 19 KSchG Rn 10; BTM/Backmeister § 19 KSchG Rn 5; ErfK/Kiel § 19 KSchG Rn 3; KR/Weigand § 19 KSchG Rn 15.
25 APS/Moll § 19 KSchG Rn 10; BTM/Backmeister § 19 KSchG Rn 5; KR/Weigand § 19 KSchG Rn 15.
26 BTM/Backmeister § 19 KSchG Rn 5; KDZ/Kittner/Deinert § 19 KSchG Rn 5; KR/Weigand § 19 KSchG Rn 15; vHH/L/v. Hoyningen-Huene § 19 Rn 6.
27 Thüsing/Laux/Lembke-Lembke/Oberwinter § 19 KSchG Rn 18.
28 Thüsing/Laux/Lembke-Lembke/Oberwinter § 19 KSchG Rn 18.
29 APS/Moll § 19 KSchG Rn 10; Dornbusch/Wolff-Heckelmann/Beissel § 19 KSchG Rn 15.
30 ErfK/Kiel § 19 KSchG Rn 3; KR/Weigand § 19 KSchG Rn 15.
31 BTM/Backmeister § 19 KSchG Rn 5; KR/Weigand § 19 KSchG Rn 15.

ren geprüft werden.³² Hierfür steht dem Arbeitgeber ein Klagerecht zu.³³ Da der Arbeitnehmer zum einen nicht Adressat der Entscheidung ist und sie sich zum anderen nur mittelbar auswirkt, kann dem Arbeitnehmer keine Klagebefugnis zuerkannt werden.³⁴ Die ein Klagerecht der Arbeitnehmer bejahende Auffassung³⁵ verkennt dies. Dagegen findet eine unmittelbare Nachprüfung der Zulassung der Kurzarbeit durch das **Arbeitsgericht** nicht statt.³⁶ Das Arbeitsgericht ist an die Entscheidung der Bundesagentur für Arbeit gebunden, solange sie nicht nichtig oder von einem Sozialgericht aufgehoben worden ist.³⁷ Die Zulassung der Kurzarbeit wird lediglich **inzident zB** im Rahmen einer Klage auf ungekürzte Entgeltzahlung daraufhin überprüft, ob der Tatbestand des § 19 KSchG insoweit erfüllt ist, als überhaupt eine positive Entscheidung der Bundesagentur für Arbeit über die Zulassung von Kurzarbeit vorliegt und ob die Bundesagentur für Arbeit zu Recht die Voraussetzungen einer anzeigepflichtigen Entlassung als gegeben angesehen hat;³⁸ eine Ermessensüberprüfung findet mithin nicht statt.³⁹

4 Im Rahmen seiner nach pflichtgemäßem Ermessen zu treffenden Entscheidung steht es der Bundesagentur für Arbeit frei, **inwieweit** es die Kurzarbeit zulassen will. Ihre Entscheidung betrifft das „Ob" und „Wie" der Zulassung.⁴⁰ In zeitlicher Hinsicht darf die Zulassung der Kurzarbeit jedoch die Dauer der Sperrfrist (einen Monat, bei Verlängerung höchstens zwei Monate) nicht übersteigen. Die Zulassung von Kurzarbeit mit rückwirkender Geltung vor den Zeitpunkt der Antragstellung ist jedoch unzulässig.⁴¹ Im Übrigen bestehen keine Schranken, so dass die Bundesagentur für Arbeit die Kurzarbeit für die gesamte Belegschaft oder nur eine Betriebsabteilung oder aber nur für bestimmte Gruppen von Arbeitnehmern zulassen kann.⁴² Die Zulassung kann also auch Arbeitnehmer betreffen, die von den Entlassungen überhaupt nicht betroffen sind.⁴³ Die Vorschriften über den Sonderkündigungsschutz gegenüber Betriebsratsmitgliedern, Schwangeren, Schwerbehinderten etc sind nicht zu berücksichtigen, weil von den arbeits-

---

32 APS/Moll § 19 KSchG Rn 41; HK-KSchG/Hauck § 19 Rn 12; ErfK/Kiel § 19 KSchG Rn 2; KDZ/Kittner/Deinert § 19 KSchG Rn 7; KR/Weigand § 19 KSchG Rn 16.
33 APS/Moll § 19 KSchG Rn 41; Dornbusch/Wolff-Heckelmann/Beissel § 19 KSchG Rn 24; KR/Weigand § 19 KSchG Rn 16.
34 APS/Moll § 19 KSchG Rn 42; Dornbusch/Wolff-Heckelmann/Beissel § 19 KSchG Rn 25; Löwisch/Spinner § 19 Rn 11; vHH/L/v. Hoyningen-Huene § 19 Rn 40.
35 KR/Weigand § 19 KSchG Rn 16; HK-KSchG/Hauck § 19 KSchG Rn 12.
36 ErfK/Kiel § 19 KSchG Rn 2; KDZ/Kittner/Deinert § 19 KSchG Rn 7; KR/Weigand § 19 KSchG Rn 16; vHH/L/v. Hoyningen-Huene § 19 Rn 4, 41.
37 APS/Moll § 19 KSchG Rn 41; Dornbusch/Wolff-Heckelmann/Beissel § 19 KSchG Rn 24; Thüsing/Laux/Lembke-Lembke/Oberwinter § 19 KSchG Rn 33.
38 APS/Moll § 19 KSchG Rn 41; KR/Weigand § 19 KSchG Rn 38; Thüsing/Laux/Lembke-Lembke/Oberwinter § 19 KSchG Rn 33; vHH/L/v. Hoyningen-Huene § 19 KSchG Rn 41.
39 BTM/Backmeister § 19 KSchG Rn 7; vHH/L/v. Hoyningen-Huene § 19 Rn 41; KR/Weigand § 19 KSchG Rn 38.
40 Thüsing/Laux/Lembke-Lembke/Oberwinter § 19 KSchG Rn 16.
41 BTM/Backmeister § 19 KSchG Rn 6; ErfK/Kiel § 19 KSchG Rn 3.
42 APS/Moll § 19 KSchG Rn 18; ErfK/Kiel § 19 KSchG Rn 3; KR/Weigand § 19 KSchG Rn 18; vHH/L/v. Hoyningen-Huene § 19 KSchG Rn 9.
43 ErfK/Kiel § 19 KSchG Rn 2; KDZ/Kittner/Deinert § 19 KSchG Rn 8; Thüsing/Laux/Lembke-Lembke/Oberwinter § 19 KSchG Rn 16.

vertraglichen Regelungen nicht durch eine Änderungskündigung abgewichen wird (kein Ausspruch einer Kündigung).[44] Die Entscheidung der Bundesagentur für Arbeit kann die Kurzarbeit inhaltlich auch auf eine bestimmte wöchentliche Mindestarbeitszeit beschränken, soweit nicht der einschlägige Tarifvertrag entgegensteht.[45] Die Zulassung der Kurzarbeit braucht auch nicht die gesamte Sperrfrist zu umfassen.[46] Endet die Sperrfrist, tritt die Zulassung der Kurzarbeit automatisch außer Kraft.[47] Es gelten also wieder die bisherigen Arbeitsvertragsbedingungen.

3. Bedeutung der Zulassungsentscheidung

Die Zulassung von Kurzarbeit gibt dem Arbeitgeber das **einseitige Recht zur Einführung der Kurzarbeit.**[48] Die Zulassungsentscheidung der Bundesagentur für Arbeit enthält also **keinen bindenden Befehl**; die Bundesagentur für Arbeit ordnet nicht Kurzarbeit an, es lässt nur ihre Einführung zu. Der Arbeitgeber ist nicht verpflichtet, von einer entsprechenden Ermächtigung Gebrauch zu machen (Wahlrecht).[49] Dem Arbeitgeber steht es erst recht auch frei, in welchem Umfang er die ihm eingeräumte Ermächtigung nutzen will.[50] Das schließt das Recht ein, die Kurzarbeit auch später als zugelassen einzuführen. Des Weiteren bleibt dem Arbeitgeber die Gestaltung der gekürzten Arbeitszeit überlassen. Bei einer zulässigen Kürzung auf wöchentlich zB 25 Stunden steht es dem Arbeitgeber frei, bei Zugrundelegung einer Fünftagewoche zB täglich 5 Stunden arbeiten zu lassen. Bedenkenfrei ist es auch, dass an einzelnen Tagen überhaupt nicht gearbeitet wird.[51] Der Arbeitgeber muss jedoch das Mitbestimmungsrecht des Betriebsrats nach § 87 Abs 1 Nr 3 BetrVG beachten.[52]

Die **Bedeutung** der dem Arbeitgeber durch die Zulassung von Kurzarbeit eingeräumten **Ermächtigung** ist also darin zu sehen, dass sie die arbeitsvertraglichen Hinderungsgründe für die Einführung von Kurzarbeit beseitigt.[53] Der Arbeitgeber braucht sich nicht der Änderungskündigung bedienen, um im Einzelfall die Arbeitszeiten zu reduzieren.[54] Die Herabsetzung der Arbeitszeit berechtigt den Arbeitnehmer grundsätzlich nicht zur außer-

---

44 APS/Moll § 19 KSchG Rn 28; ErfK/Kiel § 19 KSchG Rn 2; Thüsing/Laux/Lembke-Lembke/Oberwinter § 19 KSchG Rn 17; vHH/L/v. Hoyningen-Huene § 19 KSchG Rn 23, 32.
45 S Rn 8.
46 KR/Weigand § 19 KSchG Rn 18.
47 Dornbusch/Wolff-Heckelmann/Beissel § 19 KSchG Rn 22; ErfK/Kiel § 19 KSchG Rn 3; KR/Weigand § 19 KSchG Rn 19; Löwisch/Spinner § 19 Rn 8; vHH/L/v. Hoyningen-Huene § 19 Rn 12.
48 Dornbusch/Wolff-Heckelmann/Beissel § 19 KSchG Rn 14; KR/Weigand § 19 KSchG Rn 20.
49 BTM/Backmeister § 19 KSchG Rn 14; ErfK/Kiel § 19 KSchG Rn 4.
50 Thüsing/Laux/Lembke-Lembke-Oberwinter § 19 KSchG Rn 18; ErfK/Kiel § 19 KSchG Rn 4; KR/Weigand § 19 KSchG Rn 35.
51 KR/Weigand § 19 KSchG Rn 36.
52 S Rn 7.
53 ErfK/Kiel § 19 KSchG Rn 4; vHH/L/v. Hoyningen-Huene § 19 Rn 13.
54 ErfK/Kiel § 19 KSchG Rn 4; KDZ/Kittner/Deinert § 19 KSchG Rn 11.

ordentlichen Kündigung.⁵⁵ Die Reduzierung der Arbeitszeit gilt jedoch längstens bis zum Ablauf der Sperrfrist. Denn danach tritt die Zulassung von Kurzarbeit von selbst außer Kraft, so dass dem Arbeitgeber insoweit auch keine Ermächtigung mehr zusteht, Kurzarbeit einzuführen.⁵⁶ Nach Ablauf der Sperrfrist leben die alten Arbeitsbedingungen automatisch wieder auf.⁵⁷ Die weiter gehende Einführung von Kurzarbeit ist nur noch auf der Grundlage des allgemeinen arbeitsrechtlichen Instrumentariums möglich (Änderungsvertrag, Änderungskündigung, Betriebsvereinbarung nach § 87 Abs 1 Nr 3 BetrVG).⁵⁸

7 Nach hM hat der Arbeitgeber trotz der Ermächtigung das **Mitbestimmungsrecht des Betriebsrats** nach § 87 Abs 1 Nr 3 BetrVG zu **beachten**, wenn er auf der Grundlage der Ermächtigung Kurzarbeit nach § 19 KSchG einführen will. Dabei bezieht sich das Mitbestimmungsrecht des Betriebsrats sowohl auf die Frage der Einführung von Kurzarbeit als solcher („ob") als auch auf die Modalitäten seiner Durchführung („wie"). Da dem Arbeitgeber durch die Zulassung von Kurzarbeit eine Ermächtigung in Form eines Gestaltungsrechts (gestaltende Willenserklärung) eingeräumt wird, verbleibt ihm weiterhin der für das Mitbestimmungsrecht des Betriebsrats erforderliche Gestaltungsspielraum. Diesbezüglich kann nicht von einer gesetzlichen Regelung iSd § 87 Abs 1 1. HS BetrVG gesprochen werden.⁵⁹ Letztlich ist es gerechtfertigt, trotz der dann bestehenden Schwierigkeiten in der praktischen Umsetzung von einer teleologischen Reduktion des Mitbestimmungsrechts des Betriebsrats im Anwendungsbereich des § 19 KSchG abzusehen.⁶⁰ Für das Mitbestimmungsrecht des Betriebsrats spricht weiter, dass die Zulassung von Kurzarbeit durch die Bundesagentur für Arbeit arbeitsmarktpolitischen Gesichtspunkten dient, der Betriebsrat hingegen ausschließlich die betrieblichen Interessen zu beachten hat.⁶¹ Dagegen könnte jedoch sprechen, dass im Falle einer Ablehnung der Einführung von Kurzarbeit durch den Betriebsrat im Hinblick auf das dann durchzuführende Einigungsstellenverfahren die Zulassungsentscheidung der Bundesagentur für Arbeit durch Zeitablauf ihre Wirkung verliert und somit der Normzweck des § 19 KSchG unterlaufen wird.

8 Nach § 19 Abs 3 KSchG muss die Bundesagentur für Arbeit **tarifvertragliche Bestimmungen** über die Einführung von Kurzarbeit **beachten**. Daraus folgt im Wege des Umkehrschlusses, dass vertragliche Abmachungen oder Betriebsvereinbarungen, die Fragen der Kurzarbeit betreffen, der Zulassung von Kurzarbeit nicht entgegenstehen.⁶² Über Bestimmungen des Ta-

---

55 Dornbusch/Wolff-Heckelmann/Beissel § 19 KSchG Rn 15; ErfK/Kiel § 19 KSchG Rn 9; KR/Weigand § 19 KSchG Rn 21; aA BTM/Backmeister § 19 KSchG Rn 9; vHH/L/v. Hoyningen-Huene § 19 Rn 25.
56 APS/Moll § 19 KSchG Rn 22; KR/Weigand § 19 KSchG Rn 19; s Rn 22.
57 APS/Moll § 19 KSchG Rn 22; BTM/Backmeister § 19 KSchG Rn 6; Dornbusch/Wolff-Heckelmann/Beissel § 19 KSchG Rn 22; KR/Weigand § 19 KSchG Rn 19.
58 APS/Moll § 19 KSchG Rn 22; KR/Weigand § 19 KSchG Rn 19.
59 APS/Moll § 19 KSchG Rn 25; KR/Weigand § 19 KSchG Rn 31; Thüsing/Laux/Lembke-Lembke/Oberwinter § 19 KSchG Rn 29.
60 vHH/L/v. Hoyningen-Huene § 19 Rn 17 mwN; aA Löwisch/Spinner § 19 Rn 10.
61 vHH/L/v. Hoyningen-Huene § 19 Rn 17.
62 APS/Moll § 19 KSchG Rn 23; KR/Weigand § 19 KSchG Rn 29; vHH/L/v. Hoyningen-Huene § 19 Rn 16.

rifvertrags, welche die Einführung, das Ausmaß und die Bezahlung von Kurzarbeit regeln, darf sich die Bundesagentur für Arbeit nicht hinwegsetzen.[63] Untersagt zB der Tarifvertrag die Einführung von Kurzarbeit, so ist der Bundesagentur für Arbeit die Zulassung von Kurzarbeit nicht mehr gestattet. Bestimmt der Tarifvertrag zB eine bestimmte Ankündigungsfrist oder sieht er zB eine besondere Bezahlung vor, so ist die Bundesagentur für Arbeit auch daran gebunden.[64] Die Auslegung des Tarifvertrags kann jedoch auch ergeben, dass er den Komplex der Zulassung von Kurzarbeit durch die Bundesagentur für Arbeit überhaupt nicht miterfassen will.[65] Gegenüber nicht tarifgebundenen Arbeitnehmern finden die tarifvertraglichen Regelungen keine Anwendung. Von daher ist es sehr wohl denkbar, dass die Kurzarbeit für den tariflich nicht geschützten Teil der Arbeitnehmer auch bei Vollbeschäftigung des anderen Teils zugelassen wird.[66] Etwas anderes gilt nur dann, wenn man die tarifliche Regelung als Betriebsnorm iSv § 3 Abs 2 TVG ansieht mit der Folge, dass die Tarifbindung des Arbeitgebers ausreicht, um die tariflichen Regelungen über Fragen der Kurzarbeit auf alle Arbeitnehmer anzuwenden. Nach der hier vertretenen Ansicht handelt es sich jedoch um Inhaltsnormen, da sie die Einführung, den Umfang und die Bezahlung regeln.[67]

III. Durchführung der Kurzarbeit
1. Ankündigung der Kurzarbeit

Macht der Arbeitgeber von der ihm durch die Zulassung der Kurzarbeit eingeräumten Ermächtigung Gebrauch, muss er die Einführung der Kurzarbeit gegenüber den betroffenen Arbeitnehmern **ankündigen**.[68] Die Ankündigung ist eine Willenserklärung des Arbeitgebers.[69] Denn sie hat rechtsgeschäftlichen Charakter insofern, als sie die einseitige Umgestaltung der Arbeitsverträge kraft des dem Arbeitgeber verliehenen Gestaltungsrechts zur Folge hat. Die Ankündigung ist keine Kündigung, so dass der Arbeitgeber bei der Ankündigung der Kurzarbeit auch keine Kündigungsfrist einzuhalten hat. Dem Arbeitnehmer steht die Möglichkeit offen, in einem Arbeitsrechtsstreit die Rechtmäßigkeit der Einführung von Kurzarbeit prüfen zu lassen,[70] wobei das Arbeitsgericht an die Entscheidung der Bundesagentur für Arbeit gebunden ist.[71] Durch die Ankündigung wird sowohl die Arbeitspflicht des Arbeitnehmers als auch die Beschäftigungs-

9

---

63 DFL/Leschnig § 19 KSchG Rn 7; ErfK/Kiel § 19 KSchG Rn 6; KDZ/Kittner/Deinert § 19 KSchG Rn 13; vHH/L/v. Hoyningen-Huene § 19 Rn 18.
64 DFL/Leschnig § 19 KSchG Rn 7; Löwisch/Spinner § 19 Rn 9.
65 KR/Weigand § 19 Rn 27; vHH/L/v. Hoyningen-Huene § 19 Rn 19.
66 KR/Weigand § 19 KSchG Rn 28; aA Kehrmann AuR 1967, 198, nach dem eine Aufspaltung der Ermächtigung nicht möglich ist.
67 DFL/Leschnig § 19 KSchG Rn 7; APS/Moll § 19 KSchG Rn 39; wohl auch ErfK/Kiel § 19 KSchG Rn 6; KDZ/Kittner/Deinert § 19 KSchG Rn 13; KR/Weigand § 19 KSchG Rn 28.
68 ErfK/Kiel § 19 KSchG Rn 9.
69 BTM/Backmeister § 19 KSchG Rn 15; KR/Weigand § 19 KSchG Rn 37; Thüsing/Laux/Lembke-Lembke/Oberwinter § 19 KSchG Rn 22.
70 Dornbusch/Wolff-Heckelmann/Beissel § 19 KSchG Rn 24; KR/Weigand § 19 KSchG Rn 38; Thüsing/Laux/Lembke-Lembke/Oberwinter § 19 KSchG Rn 22.
71 S § 20 Rn 17.

pflicht des Arbeitgebers eingeschränkt.[72] Die Änderung des arbeitsvertraglichen Inhalts tritt ohne Zustimmung des Arbeitnehmers ein.[73] Nach Ablauf der Sperrfrist lebt der bisherige Arbeitsvertragsinhalt wieder auf.[74]

2. Auswirkungen auf die Entgeltfortzahlungspflicht

10 Infolge der Durchführung der Kurzarbeit ist die arbeitsvertragliche Leistungspflicht des Arbeitnehmers in zeitlicher Hinsicht reduziert. Entsprechend dem **Grundsatz des Gleichgewichts von Arbeitsleistung und Arbeitsentgelt** führt dies zu einer Kürzung der Vergütung im Verhältnis zur Verkürzung der Arbeitszeit. Dieser allgemeine Grundsatz ist ausdrücklich in § 19 Abs 2 1. HS KSchG enthalten, der dem Arbeitgeber ausdrücklich das Recht einräumt, Lohn oder Gehalt der mit verkürzter Arbeitszeit beschäftigten Arbeitnehmer entsprechend zu kürzen. Nach § 19 Abs 2 2. HS KSchG ist diese **Befugnis** jedoch insoweit **eingeschränkt**, als die Kürzungsmöglichkeit erst von dem Zeitpunkt an greift, an dem das Arbeitsverhältnis nach den allgemeinen gesetzlichen oder den vereinbarten Bestimmungen enden würde. Mit dieser Schutzbestimmung zugunsten der betroffenen Arbeitnehmer wird erreicht, dass die Kurzarbeit nicht von einem Tag zum anderen zur Entgeltminderung führt.[75] Von daher kann der Arbeitgeber zwar ohne Einhaltung einer Frist Kurzarbeit einführen, das volle Entgelt muss er jedoch zunächst bis zum Ablauf der Kündigungsfrist weiter zahlen. Der Arbeitgeber ist also erst nach Ablauf der Kündigungsfrist zur Entgeltkürzung berechtigt. Dem Schutz des Arbeitnehmers ist dadurch hinreichend Rechnung getragen. Denn ohne die Sperrzeit nach § 18 KSchG wäre sein Arbeitsverhältnis schon vorher beendet.[76] Andererseits führt das bei länger beschäftigten Arbeitnehmern dazu, dass die Einführung von Kurzarbeit dem Arbeitgeber betriebswirtschaftlich keinen Effekt bringt, weil in diesen Fällen die Kündigungsfristen für die Arbeitnehmer ab dem Zeitpunkt der Einführung von Kurzarbeit bis zum Ende der Sperrfrist reichen oder darüber hinausgehen.[77]

11 **Allgemeine gesetzliche Bestimmungen** iSd § 19 Abs 2 2. HS KSchG sind die Vorschriften des § 622 BGB, die für alle Arbeiter oder Angestellte gelten. Dagegen sind die **Sonderkündigungsschutzbestimmungen** für Auszubildende, betriebsverfassungsrechtliche Funktionsträger, Erziehungsurlauber, Schwangere, Schwerbehinderte, Wehrpflichtige etc **keine** allgemeinen gesetzlichen Bestimmungen idS.[78] Grund dafür ist, dass zur Einführung der Kurzarbeit gar keine Kündigung ausgesprochen wird.[79] Daraus folgt, dass Schwerbehinderte so zu behandeln sind, wie die Arbeiter oder Angestellten

---

72 ErfK/Kiel § 19 KSchG Rn 9; vHH/L/v. Hoyningen-Huene § 19 Rn 22.
73 ErfK/Kiel § 19 KSchG Rn 9; Thüsing/Laux/Lembke-Lembke/Oberwinter § 19 KSchG Rn 23.
74 APS/Moll § 19 Rn 22; ErfK/Kiel § 19 KSchG Rn 9; KR/Weigand § 19 KSchG Rn 41; Löwisch/Spinner § 19 Rn 19; vHH/L/v. Hoyningen-Huene § 19 Rn 26.
75 KR/Weigand § 19 KSchG Rn 39; vHH/L/v. Hoyningen-Huene § 19 Rn 29, 31.
76 KR/Weigand § 19 KSchG Rn 40.
77 Thüsing/Laux/Lembke-Lembke/Oberwinter § 19 KSchG Rn 24.
78 BAG 7.4.1970 – 2 AZR 201/69 – AP BGB § 615 Kurzarbeit Nr 3; APS/Moll § 19 KSchG Rn 28; KDZ/Kittner/Deinert § 19 KSchG Rn 16; KR/Weigand § 19 KSchG Rn 44, 45 mwN.
79 KR/Weigand § 19 Rn 37, 44; vHH/L/v. Hoyningen-Huene § 19 Rn 32.

der Gruppe, der sie nach der Art ihrer Beschäftigung angehören. Gilt **zB** nach § 622 Abs 2 BGB eine gesetzliche Kündigungsfrist von vier Wochen zum Monatsende, so greift auch einem Schwerbehinderten gegenüber die Entgeltkürzung nach Ablauf der Kündigungsfrist von vier Wochen zum Monatsende. Den allgemeinen gesetzlichen Bestimmungen sind die vereinbarten Bestimmungen gleichgestellt, § 19 Abs 2 2. HS KSchG. Zu den vereinbarten Fristen gehören auch **tarifliche Fristen**.[80] Ist eine besondere Kündigungsfrist vereinbart, so ist sie auch für die Ermittlung des Zeitpunkts, von dem an die Kürzung des Arbeitsentgelts zulässig ist, maßgebend, mögen diese Fristen kürzer oder länger sein als die gesetzlichen.[81]

Ist nun die Kündigungsfrist bestimmt, während derer der Arbeitgeber noch das volle Entgelt zu zahlen verpflichtet ist (° 19 Abs 2 KSchG), so stellt sich nunmehr die Frage, **ab welchem Zeitpunkt die einzuhaltende Frist zu laufen beginnt**. Nach allgemeiner Ansicht beginnt die jeweils geltende Kündigungsfrist grundsätzlich mit der Anordnung/Ankündigung der Kurzarbeit durch den Arbeitgeber zu laufen.[82] Ihr Lauf ist unabhängig davon, für welchen Zeitpunkt der Arbeitgeber den Beginn der Kurzarbeit ankündigt.[83] Zweckmäßigerweise wird der Arbeitgeber diesen Zeitpunkt so bestimmen, dass er sich mit der einzuhaltenden Frist für die Entgeltfortzahlung deckt. Für den Beginn des Fristlaufs kommt es nicht darauf an, ob der Arbeitgeber zugleich mit der Ankündigung eine Kündigung ausgesprochen hat. Hatte der Arbeitgeber allerdings bereits vor der Ankündigung eine Kündigung ausgesprochen, so beginnt die Frist mit dem Zugang der Kündigung zu laufen.[84] Hat zB der Arbeitgeber eine Kündigung vor Ankündigung der Kurzarbeit erklärt, deren Frist vor Ablauf der Sperrfrist und vor dem Zeitpunkt abläuft, zu dem – gerechnet vom Tage der Ankündigung der Kurzarbeit an – die allgemeine gesetzliche Kündigungsfrist abläuft, so ist der Arbeitgeber vom Ablauf dieser Kündigungsfrist an zur Entgeltkürzung berechtigt.[85] Wegen der Wirkung der Entlassungssperre wird diese Kündigung jedoch erst mit Ablauf der Sperrfrist wirksam. Die Berechtigung des Arbeitgebers, das Arbeitsentgelt zu kürzen, endet wie das Recht zur Einführung von Kurzarbeit von selbst in jedem Fall mit dem Ablauf der Sperrfrist.[86]

Die Kürzung des Arbeitsentgelts nach Ablauf der nach § 19 KSchG zu beachtenden Fristen erfolgt **proportional** zur Kürzung der Arbeitszeit.[87] Im Falle der **Erkrankung** eines Arbeitnehmers bemisst sich sein Entgeltfortzah-

---

80 Löwisch/Spinner § 19 Rn 18; vHH/L/v. Hoyningen-Huene § 19 Rn 34.
81 APS/Moll § 19 KSchG Rn 29; ErfK/Kiel § 19 KSchG Rn 10; Löwisch/Spinner § 19 Rn 18;vHH/L/v. Hoyningen-Huene § 19 Rn 34.
82 APS/Moll § 19 KSchG Rn 30; ErfK/Kiel § 19 KSchG Rn 10; KR/Weigand § 19 KSchG Rn 40; Thüsing/Laux/Lembke-Lembke/Oberwinter § 19 KSchG Rn 27; vHH/L/v. Hoyningen-Huene § 19 Rn 35.
83 APS/Moll § 19 KSchG Rn 30; KR/Weigand § 19 KSchG Rn 40.
84 ErfK/Kiel § 19 KSchG Rn 10; KR/Weigand § 19 KSchG Rn 40; Thüsing/Laux/Lembke-Lembke/Oberwinter § 19 KSchG Rn 27; vHH/L/v. Hoyningen-Huene § 19 Rn 36.
85 KR/Weigand § 19 KSchG Rn 40.
86 DFL/Leschnig § 19 KSchG Rn 11; KR/Weigand § 19 KSchG Rn 41; Löwisch/Spinner § 19 Rn 20.
87 ErfK/Kiel § 19 KSchG Rn 10; KR/Weigand § 19 KSchG Rn 46.

lungsanspruch nach § 4 Abs 3 EFZG nach dem gekürzten Arbeitsentgelt als dem Arbeitsverdienst, den der Arbeitnehmer ohne seine Arbeitsunfähigkeit erhalten hätte (Lohnausfallprinzip).[88] Entsprechendes gilt, wenn in die Zeit der Kurzarbeit ein **Feiertag** fällt; auch das am Feiertag fortzuzahlende Arbeitsentgelt bemisst sich nach dem gekürzten Arbeitsentgelt (§ 2 Abs 1, Abs 2 EFZG). Wird dem Arbeitnehmer während der Kurzarbeitsperiode **Urlaub** gewährt, richtet sich sein Urlaubsentgelt dagegen nach dem normalen Arbeitsentgelt.[89] Das ergibt sich aus § 11 BUrlG, wonach sich das Urlaubsentgelt nach dem durchschnittlichen Arbeitsentgelt des Arbeitnehmers in den letzten 13 Wochen errechnet und Verdienstkürzungen, die im Berechnungszeitraum wegen Kurzarbeit eingetreten sind, außer Betracht bleiben.[90]

3. Kurzarbeitergeld

14 Aus der Zulassung von Kurzarbeit folgt nicht automatisch ein Anspruch des Arbeitnehmers auf Gewährung von **Kurzarbeitergeld** nach §§ 95 ff SGB III. Vielmehr müssen die darin genannten Voraussetzungen der §§ 96 bis 99 SGB III erfüllt sein.[91] Ist dem Antrag des Arbeitgebers auf Zulassung von Kurzarbeit zu entnehmen, dass er zugleich Bewilligung von Kurzarbeitergeld begehrt, so ist der darin zum Ausdruck kommende Antrag nach der Durchführungsanweisung zum Kündigungsschutzgesetz an die zuständige Agentur für Arbeit weiterzuleiten.[92]

---

88 DFL/Leschnig § 19 KSchG Rn 12.
89 DFL/Leschnig § 19 KSchG Rn 12; KDZ/Kittner/Deinert § 19 Rn 17; Löwisch/Spinner § 19 Rn 24.
90 § 11 Abs 1 Satz 3 BUrlG; HK-KSchG/Hauck § 19 Rn 20.
91 KDZ/Kittner/Deinert § 19 Rn 18; KR/Weigand § 19 KSchG Rn 34.
92 Thüsing/Laux/Lembke-Lembke/Oberwinter § 19 KSchG Rn 5; DA KSchG 19.02.

§ 20 Entscheidungen der Agentur für Arbeit

(1) ¹Die Entscheidungen der Agentur für Arbeit nach § 18 Abs. 1 und 2 trifft deren Geschäftsführung oder ein Ausschuß (Entscheidungsträger). ²Die Geschäftsführung darf nur dann entscheiden, wenn die Zahl der Entlassungen weniger als 50 beträgt.

(2) ¹Der Ausschuß setzt sich aus dem Geschäftsführer, der Geschäftsführerin oder dem oder der Vorsitzenden der Geschäftsführung der Agentur für Arbeit oder einem von ihm oder ihr beauftragten Angehörigen der Agentur für Arbeit als Vorsitzenden und je zwei Vertretern der Arbeitnehmer, der Arbeitgeber und der öffentlichen Körperschaften zusammen, die von dem Verwaltungsausschuss der Agentur für Arbeit benannt werden. ²Er trifft seine Entscheidungen mit Stimmenmehrheit.

(3) ¹Der Entscheidungsträger hat vor seiner Entscheidung den Arbeitgeber und den Betriebsrat anzuhören. ²Dem Entscheidungsträger sind, insbesondere vom Arbeitgeber und Betriebsrat, die von ihm für die Beurteilung des Falles erforderlich gehaltenen Auskünfte zu erteilen.

(4) ¹Der Entscheidungsträger hat sowohl das Interesse des Arbeitgebers als auch das der zu entlassenden Arbeitnehmer, das öffentliche Interesse und die Lage des gesamten Arbeitsmarktes unter besonderer Beachtung des Wirtschaftszweiges, dem der Betrieb angehört, zu berücksichtigen.

I. Grundsätze	1
II. Entscheidungsträger...........	2
1. Interne Zuständigkeitsabgrenzung	2
2. Zusammensetzung des Ausschusses	3
a) Vorsitzender..........	4
b) Beisitzer	5
c) Zuständigkeit des Ausschusses...............	9
III. Verfahren des Ausschusses....	10
1. Anhörung	10
2. Auskunftsrecht...........	11
3. Äußerer Verfahrensablauf	12
IV. Entscheidung des Ausschusses	13
1. Inhalt der Entscheidung...	13
2. Entscheidungskriterien....	14
3. Rechtsnatur und Wirksamwerden der Entscheidung......................	15
4. Überprüfbarkeit der Entscheidung.................	16

I. Grundsätze

§ 20 KSchG[1] gibt Auskunft über die **Zuständigkeit**, die **Zusammensetzung** 1 und das **Verfahren** des Ausschusses sowie die **Kriterien für die Entscheidung** über die Zustimmung zur Durchführung einer anzeigepflichtigen Massenentlassung während der Sperrfrist (§ 18 Abs 1 KSchG) und die Anordnung einer bis auf höchstens zwei Monate verlängerten Sperrfrist (§ 18 Abs 2 KSchG).[2] Der Bestimmung liegt der Gedanke zu Grunde, die Entscheidungen über die Sperrfrist der Selbstverwaltung zu überantworten.[3] Die Beteiligung des Betriebsrats und die bei der Agentur für Arbeit vorhan-

---

[1] Zur Entstehungsgeschichte der Vorschrift s KR/Weigand § 20 Rn 1 bis 3; vHH/L/v. Hoyningen-Huene § 20 Rn 1.
[2] DFL/Leschnig § 20 KSchG Rn 1; Thüsing/Laux/Lembke-Lembke/Oberwinter § 20 KSchG Rn 1.
[3] APS/Moll § 20 KSchG Rn 2; ErfK/Kiel § 20 KSchG Rn 1; vHH/L/v. Hoyningen-Huene § 20 Rn 2; KR/Weigand § 20 KSchG Rn 4.

denen Kenntnisse des Arbeitsmarkts sollen die Ausgewogenheit der Entscheidungen gewährleisten.[4] Die Vorschrift wurde entsprechend der geänderten Zuständigkeit für die Entscheidungen nach § 18 KSchG durch das mit Wirkung ab 1.1.1998 in Kraft getretene Gesetz zur Reform der Arbeitsförderung (Arbeitsförderungsreformgesetz – AFRG)[5] vom 24.3.1997 zum Zwecke der Förderung von Effektivität und Effizienz dahingehend angepasst, dass diese Entscheidungen des seit 1.1.1998 zuständigen Arbeitsamts dessen **Direktor** oder ein **Ausschuss** treffen.[6] Von daher versteht es sich von selbst, dass die bis zum 31.12.1997 in § 20 Abs 4 KSchG aF bestehende Möglichkeit der Übertragung der Zuständigkeit des beim Landesarbeitsamt gebildeten Massenentlassungsausschusses auf einen beim Arbeitsamt zu bildenden Ausschuss weggefallen ist. Durch das am 1.1.2004 in Kraft getretene Dritte Gesetz für moderne Dienstleistungen am Arbeitsmarkt vom 23.12.2003[7] wurde die Verwaltungsstruktur der Bundesanstalt für Arbeit reformiert. Insoweit wird auf § 17 Rn 2 und § 19 Rn 1 verwiesen. § 20 KSchG wurde zum einen durch Art 73 Nr 4 des vorgenannten Gesetzes und zum anderen durch Art 6 des Vierten Gesetzes zur Änderung des Dritten Gesetzes Sozialgesetzbuch und anderer Gesetze vom 19.11.2004[8] terminologisch den nunmehr geltenden Bestimmungen der §§ 367 ff SGB III angepasst. Soweit § 20 KSchG **keine abschließenden Verfahrensregelungen** vorsieht, ist auf das SGB III und X und auf allgemeine Rechtsgrundsätze zurückzugreifen.[9] Denn der Ausschuss ist seiner Aufgabenwahrnehmung nach materiell ein Organ der Agentur für Arbeit.[10] Im Übrigen kann der Ausschuss das Verfahren nach § 9 SGB X nach Zweckmäßigkeit bestimmen.[11]

II. Entscheidungsträger

1. Interne Zuständigkeitsabgrenzung

2 Nach der Neufassung des § 20 Abs 1 Satz 1 KSchG sind die Entscheidungen der Agentur für Arbeit nach § 18 Abs 1 und 2 KSchG von deren **Geschäftsführung** oder einem **Ausschuss** (der Agentur für Arbeit) zu treffen. Geschäftsführung und Ausschuss werden vom Gesetz **Entscheidungsträger** genannt. Welches Organ der Agentur für Arbeit im Einzelfall zuständig ist, ergibt sich aus § 20 Abs 1 Satz 2 KSchG. Anstelle des Ausschusses kann auch die Geschäftsführung der Agentur für Arbeit entscheiden, wenn die Zahl der Entlassungen weniger als 50 beträgt (Gedanke der Arbeitsverein-

---

4 APS/Moll § 20 KSchG Rn 3; Thüsing/Laux/Lembke-Lembke/Oberwinter § 20 KSchG Rn 1.
5 BGBl I S 594, 712.
6 S Art 50 Arbeitsförderungs-Reformgesetz vom 24.3.1997; s § 17 Rn 2.
7 BGBl I S 2848, 2903.
8 BGBl I S 2902.
9 APS/Moll § 20 KSchG Rn 19; KR/Weigand § 20 KSchG Rn 5; Thüsing/Laux/Lembke-Lembke/Oberwinter § 20 KSchG Rn 16.
10 BSG 30.10.1959 – 7 RAr 19/57 – AP KSchG § 18 Nr 1; APS/Moll § 20 KSchG Rn 9; KR/Weigand § 20 KSchG Rn 12; Thüsing/Laux/Lembke-Lembke/Oberwinter § 20 KSchG Rn 5 und Rn 16.
11 Dornbusch/Wolff-Heckelmann/Beissel § 20 KSchG Rn 2; ErfK/Kiel § 20 KSchG Rn 2.

fachung und Beschleunigung der Entscheidungsprozesse)[12] Die Formulierung des Gesetzes („darf nur dann") deutet darauf hin, dass sich der Ausschuss vorbehalten kann, die Entscheidungen in dieser Größenordnung selbst zu treffen.[13]

2. Zusammensetzung des Ausschusses

Der **Ausschuss** besteht aus **sieben Mitgliedern**: dem Vorsitzenden der Geschäftsführung der Agentur für Arbeit oder einem von ihm beauftragten Angehörigen des Agentur für Arbeit als Vorsitzenden und je zwei Vertretern der Arbeitnehmer, der Arbeitgeber und der öffentlichen Körperschaften, § 20 Abs 2 Satz 1 KSchG.

a) **Vorsitzender.** Der Vorsitzende der Geschäftsführung der Agentur für Arbeit ist kraft Amtes der Vorsitzende des Ausschusses. Der Vorsitzende der Geschäftsführung ist befugt, statt seiner einen Angehörigen der Agentur für Arbeit (aus derselben nicht aus einer anderen Agentur für Arbeit)[14] mit der Funktion des Vorsitzenden des Ausschusses zu beauftragen. Die Beauftragung kann jederzeit geändert oder rückgängig gemacht werden.[15] Entsprechend den allgemeinen Grundsätzen des Verfahrens von Kollegialorganen besteht die Aufgabe des Vorsitzenden darin, die Sitzung einzuberufen und zu leiten.[16]

b) **Beisitzer.** Die insgesamt **sechs stimmberechtigten Beisitzer** werden nach § 20 Abs 2 Satz 1 KSchG vom Verwaltungsausschuss der Agentur für Arbeit (vgl § 374 Abs 1 SGB III) benannt. Da die Berufung der Beisitzer durch dieses Gremium in § 20 KSchG nicht näher bestimmt ist, ist auf die organisatorischen Vorschriften für die Organe der Bundesagentur für Arbeit gem §§ 371 ff SGB III analog zurückzugreifen.[17] Analog deshalb, weil der Ausschuss in § 371 Abs 1 SGB III nicht aufgeführt ist,[18] jedoch der Ausschuss gleichwohl Aufgaben der Agentur für Arbeit wahrnimmt.[19] Danach sind **vorschlagsberechtigt,** wie beim Verwaltungsausschuss selbst, jeweils die Gewerkschaften für die Arbeitnehmervertreter, die Arbeitgeberverbände für die Arbeitgebervertreter und die oberste Landesbehörde für die Vertreter der öffentlichen Körperschaften (§ 379 SGB III). Die vorgeschlagenen Personen werden vom Verwaltungsausschuss der Agentur für Arbeit als Beisitzer benannt. Um Verzögerungen im Verhinderungsfall auszuschließen, **sollte** zugleich mit den Beisitzern eine ausreichende Zahl von **Stellvertretern** berufen werden.[20] Eine **Amtszeit** ist in § 20 nicht bestimmt.

---

12 BR-Drucks 550/96 S 246; Thüsing/Laux/Lembke-Lembke/Oberwinter § 20 KSchG Rn 1.
13 Vgl Ermer NJW 1988, 1288, der von „kann" spricht; KDZ/Kittner/Deinert § 20 Rn 1 a.
14 APS/Moll § 20 KSchG Rn 11; Backmeister/Trittin/Mayer § 20 KSchG Rn 3.
15 APS/Moll § 20 KSchG Rn 11; KR/Weigand § 20 KSchG Rn 7; vHH/L/v. Hoyningen-Huene § 20 Rn 7.
16 HK-KSchG/Hauck § 20 Rn 7; KR/Weigand § 20 KSchG Rn 8.
17 KR/Weigand § 20 Rn 11.
18 vHH/L/v. Hoyningen-Huene § 20 Rn 7; KDZ/Kitter/Deinert § 20 KSchG Rn 4; KR/Weigand § 20 KSchG Rn 10.
19 S Rn 1; Fn 6 mwN; KR/Weigand § 20 KSchG Rn 12 spricht von „daran orientieren".
20 HK-KSchG/Hauck § 20 Rn 8.

Analog § 375 Abs 1 SGB III beträgt die Amtszeit sechs Jahre.[21] Die Mitglieder bleiben jedoch nach Ablauf ihrer Amtszeit solange im Amt, bis ihre Nachfolger berufen sind, § 375 Abs 2 SGB III analog.[22]

6 **Persönliche Voraussetzungen** für die Berufung in den Ausschuss sind das passive Wahlrecht zum Deutschen Bundestag sowie die deutsche Staatsangehörigkeit iSd Art 116 GG (§ 391 Abs 1 SGB III). Besondere **fachliche Qualifikationen** werden von Gesetzes wegen **nicht** verlangt.[23] In entsprechender Anwendung von § 16 SGB X sind von der Mitgliedschaft im Ausschuss **ausgeschlossen**: der Arbeitgeber selbst und seine Angehörigen iSd § 16 Abs 5 SGB X, gesetzliche oder bevollmächtigte Vertreter oder Beistände des Arbeitgebers oder deren Angehörige sowie Arbeitnehmer des Betriebs, Mitglieder des Vorstands, des Aufsichtsrats oder eines gleichartigen Organs sowie Personen, die in der Angelegenheit als Gutachter oder in sonstiger Weise (zB als Betriebsratsmitglied) tätig geworden sind.[24]

7 Die Mitglieder des Ausschusses müssen **unparteiisch** sein.[25] Der Antragsteller hat ein Recht auf eine unparteiische Entscheidung. Deshalb steht dem Arbeitgeber als Antragsteller – nicht jedoch dem Betriebsrat[26] – ein Recht auf Ablehnung von Ausschussmitgliedern zu, wenn aus objektiven Gründen die Besorgnis der Befangenheit besteht (zB ein Ausschussmitglied gehört einem Konkurrenzunternehmen an). Über den Antrag auf Ablehnung entscheidet ohne Beteiligung des betroffenen Mitglieds der Ausschuss selbst (§§ 16 Abs 4 Satz 2, 17 Abs 2 SGB X).[27]

8 In entsprechender Anwendung des § 377 Abs 3 SGB III kann der Verwaltungsausschuss darüber hinaus ein Mitglied des Ausschusses **abberufen**, wenn es die persönlichen Voraussetzungen nicht oder nicht mehr erfüllt oder seine Amtspflicht grob verletzt (zB Verstoß gegen die Verschwiegenheitspflicht).[28] Die vorschlagsberechtigten Verbände können ihre Vertreter aus dem Ausschuss abberufen, wenn sie aus ihren Organisationen ausgeschlossen werden oder ausgetreten sind (§ 377 Abs 3 Satz 2 SGB III). Die Mitglieder des Ausschusses können ihr Amt selbst freiwillig (§ 377 Abs 3 Nr 4 SGB III) und ohne Angabe von Gründen niederlegen.[29]

9 **c) Zuständigkeit des Ausschusses.** Der Ausschuss ist entsprechend § 20 Abs 1 Satz 1 **sachlich nur zuständig** für die Entscheidungen der Agentur für Arbeit über die **Zustimmung** zu Massenentlassungen vor Ablauf der Regelsperrfrist von einem Monat (§ 18 Abs 1 KSchG) sowie die Verlängerung der Sperrfrist bis auf höchstens zwei Monate nach Eingang der Anzeige bei

---

21 Vgl auch KR/Weigand § 20 Rn 21; vHH/L/v. Hoyningen-Huene § 20 Rn 11.
22 Zur Amtszeit APS/Moll § 20 KSchG Rn 16; unklar KR/Weigand § 20 KSchG Rn 21; gegen eine feste Amtszeit Backmeister/Trittin/Mayer § 20 KSchG Rn 5.
23 KR/Weigand § 20 KSchG Rn 14.
24 KR/Weigand § 20 KSchG Rn 26.
25 vHH/L/v. Hoyningen-Huene § 20 Rn 8.
26 APS/Moll § 20 KSchG Rn 22; KDZ/Kitter/Deinert § 20 KSchG Rn 7; KR/Weigand § 20 Rn 23; vHH/L/v. Hoyningen-Huene § 20 Rn 9.
27 KR/Weigand § 20 KSchG Rn 24; vHH/L/v. Hoyningen-Huene § 20 Rn 10.
28 KR/Weigand § 20 KSchG Rn 27 f; grcs aA Backmeister/Trittin/Mayer § 20 KSchG Rn 6.
29 HK-KSchG/Hauck § 20 Rn 11; KDZ/Kitter/Deinert § 20 Rn 8; KR/Weigand § 20 Rn 30.

der Agentur für Arbeit (§ 18 Abs 2 KSchG).³⁰ In diesem Zusammenhang muss der Ausschuss als **Vorfrage** auch entscheiden, ob überhaupt eine anzeigepflichtige Entlassung vorliegt und/oder ob es sich bei dem Betrieb um einen Ausnahmebetrieb iSv § 22 KSchG handelt.³¹ Die Entscheidung der Vorfragen hat in einem eventuellen Rechtsstreit zwischen den Arbeitsvertragsparteien vor den Gerichten für Arbeitssachen keinen bindenden Charakter.³² **Dagegen** gehört die Genehmigung von Kurzarbeit nach § 19 KSchG zur Zuständigkeit der Bundesagentur für Arbeit.³³ Ebenso wenig ist eine Zuständigkeit des Ausschusses im Anwendungsbereich des § 21 KSchG gegeben.³⁴

III. Verfahren des Ausschusses

1. Anhörung

Nach § 20 Abs 3 Satz 1 KSchG hat der Ausschuss vor seiner Entscheidung den Arbeitgeber und den Betriebsrat **anzuhören**.³⁵ Da eine bestimmte Form nicht vorgeschrieben ist, kann die Anhörung also schriftlich oder mündlich erfolgen.³⁶ Bei der Anhörung können sich Arbeitgeber und Betriebsrat durch Verbands- bzw Gewerkschaftsvertreter vertreten lassen.³⁷ Da der Wortlaut des Gesetzes eine **zwingende Anhörung** vorsieht („hat anzuhören"), entfällt die Anhörungspflicht auch dann nicht („Entscheidungsträger kann hierauf nicht verzichten"), wenn dem Ausschuss eine entsprechende Stellungnahme des Betriebsrats (§ 17 Abs 3 Satz 2 KSchG) oder eine ausführliche Anzeige des Arbeitgebers nach § 17 Abs 1 KSchG vorliegt.³⁸ Das Anhörungsverfahren verfolgt den Zweck, dem Entscheidungsträger die Gelegenheit zu geben, alle zur Entscheidung erforderlichen Aspekte mit Arbeitgeber und Betriebsrat selbst zu erörtern.³⁹ Ein Verstoß gegen das Anhörungsrecht (fehlerhafte oder gar unterlassene Durchführung)⁴⁰ macht die Entscheidung anfechtbar.⁴¹ Der Entscheidungsträger ermittelt den Sachverhalt im Rahmen des Untersuchungsgrundsatzes von Amts wegen (§ 20 SGB X).⁴²

---

30 BTM/Backmeister § 20 KSchG Rn 7; DFL/Leschnig § 20 KSchG Rn 6; Thüsing/Laux/Lembke-Lembke/Oberwinter § 20 KSchG Rn 1; vHH/L/v. Hoyningen-Huene § 20 Rn 3.
31 HK-KSchG/Hauck § 20 Rn 3; KR/Weigand § 20 Rn 38.
32 HK-KSchG/Hauck § 20 Rn 3.
33 KR/Weigand § 20 Rn 39; vHH/L/v. Hoyningen-Huene § 20 Rn 4.
34 S dazu jedoch § 21 Rn 5.
35 ErfK/Kiel § 20 KSchG Rn 2.
36 APS/Moll § 20 KSchG Rn 24; KDZ/Kitter/Deinert § 20 KSchG Rn 11; KR/Weigand § 20 KSchG Rn 41; Löwisch/Spinner § 20 Rn 6; vHH/L/v. Hoyningen-Huene § 20 Rn 13.
37 § 13 Abs 5 Satz 2 SGB X; BTM/Backmeister § 20 KSchG Rn 11; ErfK/Kiel § 20 Rn 2; KDZ/Kitter/Deinert § 20 Rn 11; Löwisch/Spinner § 20 Rn 7; vHH/L/v. Hoyningen-Huene § 20 Rn 13.
38 APS/Moll § 20 KSchG Rn 24; DFL/Leschnig § 20 Rn 4; ErfK/Kiel § 20 KSchG Rn 2; KDZ/Kitter/Deinert § 20 KSchG Rn 11; vHH/L/v. Hoyningen-Huene § 20 Rn 13; KR/Weigand § 20 KSchG Rn 42. AA Löwisch/Spinner § 20 Rn 7.
39 Thüsing/Laux/Lembke-Lembke/Oberwinter § 20 KSchG Rn 19.
40 Thüsing/Laux/Lembke-Lembke/Oberwinter § 20 KSchG Rn 19.
41 BTM/Backmeister § 20 KSchG Rn 12 a; vHH/L/v. Hoyningen-Huene § 20 Rn 13; KR/Weigand § 20 KSchG Rn 43.
42 APS/Moll § 20 KSchG Rn 25.

2. Auskunftsrecht

11 Nach § 20 Abs 3 Satz 2 KSchG sind insbesondere Arbeitgeber und Betriebsrat verpflichtet, dem Ausschuss alle von ihm für die Beurteilung des Falls für erforderlich gehaltenen Auskünfte zu erteilen. Aus der Formulierung des Gesetzes („insbesondere") folgt, dass der Ausschuss zur Entscheidungsfindung über die Sperrfrist auch weitere Personen hinzuziehen kann. In Betracht kommen zB Sachverständige, aber auch leitende Angestellte des Betriebs, die Informationen zur wirtschaftlichen Situation des Betriebs geben können.[43] Dem Entscheidungsträger stehen jedoch keine Zwangsmittel zur Erzwingung der Auskünfte zu (§ 21 Abs 2 Satz 3 SGB X).[44] Jedoch kann im Einzelfall der Umstand der Verweigerung von Auskünften in die Entscheidung des Ausschusses über die Sperrfrist einfließen.[45] Verweigert zB der Arbeitgeber grundlos eine ergänzende Auskunft zur Begründung seines Antrags auf Zustimmung von Entlassungen innerhalb der Sperrfrist (§ 18 Abs 1 KSchG), so kann der Ausschuss den Antrag ohne weiteres zurückweisen.[46]

3. Äußerer Verfahrensablauf

12 Für den formalen Ablauf des Verfahrens ist mangels spezialgesetzlicher Regelungen auf die §§ 371 ff SGB III in entsprechender Anwendung zurückzugreifen.[47] Dies erscheint deshalb sachgerecht, weil es sich bei dem Ausschuss der Funktion nach um ein Organ der Bundesagentur für Arbeit handelt. Nach diesen Bestimmungen bedarf es zur Durchführung einer Sitzung regelmäßig einer ordnungsgemäßen Ladung sämtlicher Mitglieder unter Mitteilung einer Tagesordnung. Die Sitzungen des Ausschusses sind nicht öffentlich.[48] Der Ausschuss gibt sich eine Geschäftsordnung (§ 371 Abs 3 Satz 1 SGB III). Nach § 20 Abs 2 Satz 2 trifft der Ausschuss seine Entscheidungen mit Stimmenmehrheit. Mangels gesetzlicher Spezifizierung genügt die einfache (relative) Mehrheit der abgegebenen Stimmen.[49] Der Ausschuss ist bei ordnungsgemäßer Ladung beschlussfähig, wenn die Mehrheit der Mitglieder anwesend ist.[50] Die Mitglieder des Ausschusses unterliegen der Verschwiegenheitspflicht.[51]

---

43 vHH/L/v. Hoyningen-Huene § 20 Rn 13; Thüsing/Laux/Lembke-Lembke/Oberwinter § 20 KSchG Rn 20.
44 APS/Moll § 20 KSchG Rn 25; ErfK/Kiel § 20 KSchG Rn 2; KR/Weigand § 20 KSchG Rn 45.
45 Dornbusch/Wolff-Heckelmann/Beissel § 20 Rn 2; ErfK/Kiel § 20 KSchG Rn 2; KR/Weigand § 20 KSchG Rn 45.
46 KR/Weigand § 20 KSchG Rn 45.
47 KR/Weigand § 20 KSchG Rn 46; Thüsing/Laux/Lembke-Lembke/Oberwinter § 20 KSchG Rn 20.
48 Thüsing/Laux/Lembke-Lembke/Oberwinter § 20 KSchG Rn 22.
49 APS/Moll § 20 KSchG Rn 29; ErfK/Kiel § 20 KSchG Rn 2; KR/Weigand § 20 KSchG Rn 52; Thüsing/Laux/Lembke-Lembke/Oberwinter § 20 KSchG Rn 22; vHH/L/v. Hoyningen-Huene § 20 Rn 15.
50 APS/Moll § 20 KSchG Rn 28; KDZ/Kitter/Deinert § 20 KSchG Rn 10; KR/Weigand § 20 KSchG Rn 51; Thüsing/Laux/Lembke-Lembke/Oberwinter § 20 KSchG Rn 22; aA vHH/L/v. Hoyningen-Huene § 20 Rn 11 („vollständige Besetzung notwendig"); Löwisch § 20 Rn 4.
51 ErfK/Kiel § 20 KSchG Rn 2; KR/Weigand § 20 KSchG Rn 31ff, 52; vHH/L/v. Hoyningen-Huene § 20 Rn 16.

IV. Entscheidung des Ausschusses

1. Inhalt der Entscheidung

Entsprechend seiner Zuständigkeit kann der Ausschuss auf Antrag des Arbeitgebers den Entlassungen vor Ablauf der Sperrfrist zustimmen (§ 18 Abs 1 Satz 1 KSchG) oder diesen Antrag zurückweisen. Vertritt der Ausschuss die Ansicht, dass kein Grund vorliegt, die Sperrfrist zu verlängern, so wird er keine Verlängerung anordnen; andernfalls wird er die Sperrfrist verlängern. Geht der Ausschuss davon aus, dass die Voraussetzungen einer anzeigepflichtigen Massenentlassung nach § 17 KSchG nicht gegeben sind, wird er dies dem Arbeitgeber in Form eines **Negativattests**[52] mitteilen. 13

2. Entscheidungskriterien

Liegen die Voraussetzungen des § 17 KSchG vor, steht die Entscheidung im **pflichtgemäßen Ermessen** des Ausschusses.[53] Die dabei zugrunde zu legenden Gesichtspunkte ergeben sich aus § 20 Abs 4 KSchG. Danach hat der Ausschuss bei seiner Entscheidung das Interesse des Arbeitgebers, das Interesse des Arbeitnehmers, das öffentliche Interesse und die Lage des gesamten Arbeitsmarkts zu berücksichtigen. Demgemäß ist eine **umfassende Interessenabwägung** auf der Grundlage der Umstände des Einzelfalls vorzunehmen.[54] Während das öffentliche Interesse auf die Verhinderung der Arbeitslosigkeit gerichtet ist, ist für den zu entlassenden Arbeitnehmer von entscheidender Bedeutung, wie sich der Arbeitsmarkt für eine Anschlussbeschäftigung darstellt. Demgegenüber spiegeln sich die Interessen des Arbeitgebers namentlich in der wirtschaftlichen Lage des Unternehmens wieder. Diesen gegenläufigen Interessen hat der Ausschuss bei seiner Entscheidung Rechnung zu tragen. Sofern der Entscheidungsträger die Interessenabwägung unterlässt oder dabei einen zu berücksichtigenden Aspekt übersieht, ist seine Entscheidung rechtswidrig.[55] 14

3. Rechtsnatur und Wirksamwerden der Entscheidung

Die Entscheidung ist ein **Verwaltungsakt**.[56] Sie wird nach § 39 SGB X wirksam, wenn sie dem Arbeitgeber **bekannt gemacht** wird. Wenngleich die Entscheidung regelmäßig schriftlich ergehen wird (§ 33 SGB X), so ist von Rechts wegen eine besondere Form nicht vorgeschrieben. Nach Wirksamwerden der Entscheidung durch Bekanntgabe an den Arbeitgeber[57] 15

---

52 S § 18 Rn 13; DFL/Leschnig § 20 KSchG Rn 7; ErfK/Kiel § 20 KSchG Rn 4; Thüsing/Laux/Lembke-Lembke/Oberwinter § 20 KSchG Rn 23.
53 BSG 21.3.1978 – 7/12 Rar 6/77 – AP SGG § 144 Abs 1 Nr 1; ErfK/Kiel § 20 KSchG Rn 3; vHH/L/v. Hoyningen-Huene § 20 Rn 18.
54 DFL/Leschnig § 20 KSchG Rn 8; Thüsing/Laux/Lembke-Lembke/Oberwinter § 20 KSchG Rn 24.
55 BSG 21.3.1978 – 7/12 RAr 6/77 – AP SGG § 144 Abs 1 Nr 1; Thüsing/Laux/Lembke-Lembke/Oberwinter § 20 KSchG Rn 24; vHH/L/v. Hoyningen-Huene § 20 Rn 18.
56 § 31 SGB X; APS/Moll § 20 KSchG Rn 31; ErfK/Kiel § 20 KSchG Rn 4; vHH/L/v. Hoyningen-Huene § 20 Rn 25.
57 BSG 30.10.1959 – 7 Rar 19/57 – AP KSchG § 18 Nr 1; DFL/Leschnig § 20 KSchG Rn 9; Thüsing/Laux/Lembke-Lembke/Oberwinter § 20 KSchG Rn 28.

scheidet ein Widerruf aus, da sie auf die vorgenommenen Entlassungen rechtsgestaltend eingewirkt hat.[58]

4. Überprüfbarkeit der Entscheidung

16 Aufgrund des Verwaltungsaktcharakters der Entscheidung des Ausschusses erfolgt die Anfechtung im **sozialgerichtlichen Verfahren**.[59] Der Arbeitgeber hat zunächst binnen einer Frist von einem Monat einen Widerspruch gegen die Entscheidung beim Entscheidungsträger (Geschäftsführung der Agentur für Arbeit oder Ausschuss) selbst einzulegen (Vorverfahren, §§ 78 ff SGG). Nach der Zustellung des Widerspruchsbescheids kann der Arbeitgeber Klage vor dem Sozialgericht erheben (§ 54 Abs 1 SGG). **Gegenstand der Klage** ist die Aufhebung eines Verwaltungsakts (Sperrzeitverlängerung) oder die Abänderung bzw Verurteilung zum Erlass eines abgelehnten oder unterlassenen Verwaltungsakts (Abkürzung der Sperrzeit).[60] Die Klage ist gegen die Bundesagentur für Arbeit zu führen.[61] **Klageberechtigt** ist allein der Arbeitgeber, soweit er durch die Entscheidung nach § 18 Abs 1 oder 2 KSchG in seinen Rechten verletzt ist. Dem einzelnen Arbeitnehmer und dem Betriebsrat steht keine Klagebefugnis zu.[62]

17 Die nach § 18 Abs 1 und 2 KSchG zu treffenden Entscheidungen unterliegen **grundsätzlich** nicht der Nachprüfung durch die **Arbeitsgerichte**.[63] Jedoch haben die Gerichte für Arbeitssachen im Rahmen von Rechtsstreitigkeiten zwischen Arbeitgeber und Arbeitnehmer oder zwischen Arbeitgeber und Betriebsrat **als Vorfrage** zu prüfen, ob eine Entlassung nach §§ 17 ff KSchG überhaupt anzeigepflichtig ist.[64] Dabei sind sie nicht an die Auffassung des Entscheidungsträger nach § 20 Abs 1 Satz 1 KSchG gebunden.[65] Dem Arbeitsgericht ist jedoch die Nachprüfung der Entscheidung über die Verlängerung oder Abkürzung der Sperrzeit entzogen.[66] Der **bestandskräftige Verwaltungsakt** des Arbeitsamtes wie auch sein **Negativattest** binden

---

58 Thüsing/Laux/Lembke-Lembke/Oberwinter § 20 KSchG Rn 28; vHH/L/v. Hoyningen-Huene § 20 Rn 24.
59 KR/Weigand § 20 KSchG Rn 69.
60 APS/Moll § 20 KSchG Rn 39; KR/Weigand § 20 KSchG Rn 69; vHH/L/v. Hoyningen-Huene § 20 Rn 27.
61 APS/Moll § 20 KSchG Rn 39; KDZ/Kitter/Deinert § 20 KSchG Rn 20.
62 DFL/Leschnig § 20 KSchG Rn 11; KDZ/Kitter/Deinert § 20 KSchG Rn 21; KR/Weigand § 20 KSchG Rn 71; vHH/L/v. Hoyningen-Huene § 20 KSchG Rn 27.
63 KR/Weigand § 20 Rn 72; v. Hoyningen-Huene/Linck § 20 Rn 26.
64 DFL/Leschnig § 20 KSchG Rn 12; ErfK/Kiel § 20 KSchG Rn 6; KR/Weigand § 20 Rn 72; vHH/L/v. Hoyningen § 20 Rn 26; aA APS/Moll § 20 KSchG Rn 41; Löwisch/Spinner § 20 Rn 19.
65 Dornbusch/Wolff-Heckelmann/Beissel § 20 KSchG Rn 6; ErfK/Kiel § 20 KSchG Rn 6; KR/Weigand § 20 KSchG Rn 72; Thüsing/Laux/Lembke-Lembke/Oberwinter § 20 KSchG Rn 30.
66 ErfK/Kiel § 20 KSchG Rn 6; KR/Weigand § 20 KSchG Rn 72 ff.

die Arbeitsgerichte.[67] Dies gilt auch, wenn der Verwaltungsakt fehlerhaft (aber nicht nichtig)[68] ist, solange er nicht von Amts wegen oder auf einen Rechtsbehelf in dem dafür vorgesehenen Verfahren aufgehoben worden ist.[69]

---

67 BAG 13.4.2000 – 2 AZR 215/99-AP KSchG 1969 § 17 Nr 13; APS/Moll § 20 KSchG Rn 41; Dornbusch/Wolff-Heckelmann/Beissel § 20 Rn 6; KDZ/Kitter/Deinert § 20 Rn 23; KR/Weigand § 20 KSchG Rn 72.
68 BTM/Backmeister § 20 KSchG Rn 18.
69 BAG 13.4.2000 – 2 AZR 215/99 – aaO; KR/Weigand § 20 KSchG Rn 72 a.

§ 21 Entscheidungen der Zentrale der Bundesagentur für Arbeit

¹Für Betriebe, die zum Geschäftsbereich des Bundesministers für Verkehr oder des Bundesministers für Post und Telekommunikation gehören, trifft, wenn mehr als 500 Arbeitnehmer entlassen werden sollen, ein gemäß § 20 Abs. 1 bei der Zentrale der Bundesagentur für Arbeit zu bildender Ausschuß die Entscheidungen nach § 18 Abs. 1 und 2. ²Der zuständige Bundesminister kann zwei Vertreter mit beratender Stimme in den Ausschuß entsenden. ³Die Anzeigen nach § 17 sind in diesem Falle an die Zentrale der Bundesagentur für Arbeit zu erstatten. ⁴Im übrigen gilt § 20 Abs. 1 bis 3 entsprechend.

1 § 21 KSchG ist eine **Sondervorschrift** für Massenentlassungen in Betrieben des Verkehrswesens, der Post und Telekommunikation, die zu einem der dafür zuständigen Bundesministerien **gehören**.[1] Im Gegensatz zu § 20 Abs 1 Satz 1 KSchG trifft wegen der überregionalen Bedeutung bei Massenentlassungen von mehr als 500 Arbeitnehmern – der Wirkungsbereich dieser Betriebe erstreckt sich über viele Bundesländer – ²ein bei der Zentralstelle der Bundesagentur für Arbeit zu bildender Ausschuss die Entscheidungen nach § 18 Abs 1 und 2 KSchG. Folgerichtig ist in diesem Falle auch die Anzeige nach § 17 KSchG an die zentrale der Bundesagentur für Arbeit zu erstatten, § 21 Satz 3 KSchG. Durch Art 6 des Vierten Gesetzes zur Änderung des Dritten Gesetzes Sozialgesetzbuch und anderer Gesetze vom 19.11.2004[3] wurde in § 21 der Begriff Hauptstelle der Bundesanstalt für Arbeit durch die Bezeichnung Zentrale der Bundesagentur für Arbeit ersetzt. Insoweit handelt es sich um die damit nachgeholte Umsetzung der bereits durch das Dritte Gesetz für moderne Dienstleistungen vom 23.12.2003[4] bewirkten terminologischen Änderungen der Organe der Arbeitsverwaltung.

2 Die Bestimmung erfasst nur solche Betriebe („**gehören**"), die im Eigentum des Bundes stehen oder doch eine vergleichbare oder diesem nahe kommende Beziehung haben.[5] Dies ist dann der Fall, wenn das für die Betriebe zuständige Ministerium sowohl die Gründung als auch die Auflösung und Liquidation des Betriebs bewirken könnte.[6] Von daher ist es erforderlich, dass das Ministerium als oberste Dienstbehörde die Rechts-, Fach- und Dienstaufsicht ausübt.[7] Lediglich eine ministerielle Zuständigkeit genügt

---

1 BTM/Backmeister § 21 KSchG Rn 1; ErfK/Kiel § 20 KSchG Rn 1; Thüsing/Laux/Lembke-Lembke/Oberwinter § 21 KSchG Rn 1; vHH/L/v. Hoyningen-Huene § 21 Rn 1.
2 BAG 4.3.1993 – 2 AZR 451/92 – AP KSchG 1969 § 1 Betriebsbedingte Kündigung Nr 60; Thüsing/Laux/Lembke-Lembke/Oberwinter § 21 KSchG Rn 2.
3 BGBl I S 2902.
4 BGBl I S 2848.
5 BAG 4.3.1993 – 2 AZR 451/92 – AP KSchG 1969 § 1 Betriebsbedingte Kündigung Nr 60; Dornbusch/Wolff-Heckelmann/Beissel § 21 KSchG Rn 2; KDZ/Kittner § 21 KSchG Rn 2.
6 HK-KSchG/Hauck § 21 Rn 2.
7 KR/Weigand § 21 Rn 2.

also nicht.[8] Es muss also ein beherrschender Einfluss vorliegen,[9] der auch bei einer Konzernbeziehung gegeben wäre.[10] Außerdem muss es sich um Verkehrs-, Post- und Telekommunikationsbetriebe des Bundes mit **wirtschaftlicher Zwecksetzung** handeln,[11] da andere Betriebe der öffentlichen Hand nach § 23 Abs 2 Satz 1 KSchG überhaupt nicht unter die §§ 17 ff KSchG fallen; private Luftfahrtunternehmen unterfallen dieser Bestimmung nicht.

Darüber hinaus ist erforderlich, dass in dem Betrieb **mehr als 500 Arbeitnehmer** entlassen werden sollen. Nach dem Wortlaut der Bestimmung müssen die Entlassungen innerhalb des jeweiligen Betriebs erfolgen.[12] Die Arbeitnehmer mehrerer Betriebe sind **nicht** zusammenzurechnen.[13] Nach aA soll es genügen, wenn in mehreren Betriebseinheiten im jeweiligen Geschäftsbereich des Bundesministers innerhalb des maßgeblichen Zeitraums des § 17 Abs 1 KSchG mehr als 500 Arbeitnehmer entlassen werden sollen.[14] Letzterer Ansicht nach müssen jedoch die Entlassungen in einem inneren Zusammenhang stehen, also auf eine zentrale Steuerung im Geschäftsbereich zurückzuführen sein.[15] Nach der hier vertretenen Auffassung besteht kein Anlass, von dem eindeutigen Wortlaut abzuweichen und eine noch weitergehende Privilegierung für solche Betriebe zuzulassen. 3

Ist der Anwendungsbereich des § 21 KSchG eröffnet, so ist für die Entscheidungen nach § 18 Abs 1 und 2 KSchG ein bei der Zentrale der Bundesagentur für Arbeit zu **bildender Ausschuss** zuständig. Für seine **Zusammensetzung und sein Verfahren** gilt § 20 Abs 1-3 KSchG entsprechend. Vorsitzender des Ausschusses ist der Vorsitzende des Vorstands[16] der Bundesagentur für Arbeit oder ein von ihm beauftragter Angehöriger der Zentralstelle. Der Verwaltungsrat der Bundesagentur für Arbeit ernennt die Beisitzer, § 21 Satz 4 KSchG iVm § 20 Abs 2 KSchG.[17] Der zuständige Bundesminister kann zwei Vertreter mit beratender Stimme in den Ausschuss entsenden, § 21 Satz 2 KSchG. 4

Im Zuge der **Privatisierung** der Unternehmen Deutsche Bundesbahn und Deutsche Reichsbahn sowie der Unternehmen der Bundespost einschließlich des mit Wirkung zum 1.1.1998 erfolgten Wegfalls des Bundespostministeriums kommt dieser Vorschrift zurzeit **kein Anwendungsbereich** mehr 5

---

8 BAG 4.3.1993 – 2 AZR 451/92 – AP KSchG 1969 § 1 Betriebsbedingte Kündigung Nr 60; ErfK/Kiel § 21 KSchG Rn 1; KR/Weigand § 21 Rn 2.
9 BTM/Backmeister § 21 KSchG Rn 1.
10 HK-KSchG/Hauck § 21 Rn 2; vHH/L/v. Hoyningen-Huene § 21 Rn 2.
11 APS/Moll § 21 KSchG Rn 4; BTM/Backmeister § 21 KSchG Rn 1 a; DFL/Leschnig § 21 KSchG Rn 2; ErfK/Kiel § 21 KSchG Rn 1; KDZ/Kittner § 21 KSchG Rn 2; KR/Weigand § 21 KSchG Rn 2; vHH/L/v. Hoyningen-Huene § 21 Rn 2.
12 vHH/L/v. Hoyningen-Huene § 21 Rn 4.
13 APS/Moll § 21 KSchG Rn 8; BTM/Backmeister § 21 KSchG Rn 2; ErfK/Kiel § 21 KSchG Rn 2; Thüsing/Laux/Lembke-Lembke/Oberwinter § 21 KSchG Rn 6; vHH/L/v. Hoyningen-Huene § 21 Rn 2.
14 HK-KSchG/Hauck § 21 Rn 3; KDZ/Kittner § 21 Rn 3; KR/Weigand § 21 KSchG Rn 5.
15 HK-KSchG/Hauck § 21 Rn 3; KR/Weigand § 21 KSchG Rn 6.
16 KR/Weigand § 21 KSchG Rn 8.
17 BTM/Backmeister § 21 KSchG Rn 4; KR/Weigand § 21 KSchG Rn 8; Thüsing/ Laux/Lembke-Lembke/Oberwinter § 21 KSchG Rn 8; vHH/L/von Hyoningen-Huene § 21 Rn 5.

zu.[18] Die in der Form der Aktiengesellschaft (DB AG, Post AG, Deutsche Postbank AG, Deutsche Telekom AG) oder GmbH (Mitropa GmbH) geführten Unternehmen „gehören" nämlich nicht mehr isd § 21 KSchG zum Geschäftsbereich des Bundesministers für Post und Telekommunikation und des Bundesministers für Verkehr.[19] Dass die vorgenannten Unternehmen teilweise noch dem Zuständigkeitsbereich zB des Bundesverkehrsministeriums unterfallen, ändert daran nichts; sie unterliegen nicht mehr der Dienstaufsicht und bilden somit keinen Betrieb isd § 21 KSchG.[20] Einigkeit besteht auch darüber, dass Betriebe von privaten Verkehrsunternehmen (Luftlinien, Privatbahnen, Regionalverkehrslinien) oder privater Paketdienste und Telekommunikationsgesellschaften auch dann nicht unter § 21 KSchG fallen, wenn für das Betreiben dieser Unternehmen die Erteilung von Genehmigungen durch das Ministerium erforderlich ist.[21] Zum Geschäftsbereich des Bundesministeriums für Verkehr gehören noch die Bundeswasserstraßen, Bundesautobahnen und Bundesfernstraßen, die in ihrer Betriebsform als Verkehrsanstalten des öffentlichen Rechts am wirtschaftlichen Verkehr nach Maßgabe des bürgerlichen Rechts teilnehmen.[22]

---

18 APS/Moll § 21 KSchG Rn 11; ErfK/Kiel § 21 KSchG Rn 1; vHH/L/v. Hoyningen-Huene § 21 Rn 3.
19 Löwisch/Spinner § 22 Rn 1; aA vHH/L/v. Hoyningen-Huene § 21 Rn 2.
20 BAG 4.3.1993 – 2 AZR 451/92 – AP KSchG 1969 § 1 Betriebsbedingte Kündigung Nr 60; Löwisch/Spinner § 21 KSchG Rn 1.
21 BAG 4.3.1993 – 2 AZR 451/92 – AP KSchG 1969 § 1 Betriebsbedingte Kündigung Nr 60; DFL/Leschnig § 21 KSchG Rn 2; vHH/L/v. Hoyningen-Huene § 21 Rn 2.
22 APS/Moll § 21 KSchG Rn 11; KR/Weigand § 21 KSchG Rn 0.

§ 22 Ausnahmebetriebe

(1) Auf Saisonbetriebe und Kampagne-Betriebe finden die Vorschriften dieses Abschnitts bei Entlassungen, die durch diese Eigenart der Betriebe bedingt sind, keine Anwendung.

(2) [1]Keine Saisonbetriebe oder Kampagne-Betriebe sind Betriebe des Baugewerbes, in denen die ganzjährige Beschäftigung nach dem Dritten Buch Sozialgesetzbuch gefördert wird. [2]Das Bundesministerium für Arbeit und Soziales wird ermächtigt, durch Rechtsverordnung Vorschriften zu erlassen, welche Betriebe als Saisonbetriebe oder Kampagne-Betriebe im Sinne des Absatzes 1 gelten.

Die §§ 17 bis 21 KSchG finden nach § 22 Abs 1 KSchG bei Saison- und Kampagnebetrieben **keine Anwendung**, wenn Massenentlassungen durch die **Eigenart dieser Betriebe** bedingt sind.[1] Damit wird auf die Besonderheit Rücksicht genommen, dass die Beschäftigtenzahl dieser Betriebe regelmäßig starken Schwankungen unterliegt.[2] Die Befreiung vom Massenentlassungsschutz ist aber gegenständlich auf solche Massenentlassungen beschränkt, die durch die Eigenart des Betriebs bedingt sind. Daraus folgt im Umkehrschluss, dass die §§ 17 ff KSchG dann anzuwenden sind, wenn die Kündigungen in Saison- und Kampagnebetrieben nicht auf der Eigenart des Betriebs als Saison- oder Kampagnebetrieb beruhen, sondern zB konjunkturbedingt begründet werden.[3] Wird die Entlassung damit begründet, fehlt es an dem die Ausnahmebestimmung rechtfertigenden **Kausalzusammenhang** zwischen der Eigenart des Betriebs und der Massenentlassung.[4] Die praktische Bedeutung der Ausnahmebestimmung ist im Übrigen gering, weil mit Saison- und Kampagnearbeitnehmern zulässigerweise[5] regelmäßig befristete Arbeitsverträge abgeschlossen werden,[6] die der Anzeigepflicht nicht unterliegen.[7] Die Ausklammerung der Saison- und Kampagnebetriebe aus dem Massenentlassungsverfahren widerspricht nicht der Richtlinie des Rates 98/59/EG vom 20.7.1998.[8] Teil I Art 1 Abs 2 lit a) der Richtlinie bestimmt zwar lediglich, dass sie keine Anwendung findet auf Massenentlassungen im Rahmen von Arbeitsverträgen, die für eine bestimmte Zeit oder Tätigkeit geschlossen werden. Der Wortlaut lässt insoweit offen, ob durch diese Ausnahmeregelung Saison- und Kampagnebetriebe erfasst werden sollen oder ob damit lediglich klargestellt werden soll, dass auf Befristungen beruhende Entlassungen nicht bei der Anzeige

---

1 ErfK/Kiel § 22 KSchG Rn 1; KR/Weigand § 22 Rn 3.
2 APS/Moll § 22 KSchG Rn 2; BTM/Backmeister § 22 KSchG Rn 1; Dornbusch/Wolff-Heckelmann/Beissel § 22 KSchG Rn 1; KR/Weigand § 22 KSchG Rn 3.
3 BTM/Backmeister § 22 KSchG Rn 1.
4 DFL/Leschnig § 22 KSchG Rn 6; KR/Weigand § 22 KSchG Rn 11; Thüsing/Laux/Lembke-Lemke/Oberwinter § 22 KSchG Rn 10.
5 BAG 29.1.1987 – 2 AZR 109/86 – AP BGB § 620 Saisonarbeit Nr 1.
6 DFL/Leschnig § 22 KSchG Rn 1; Dornbusch/Wolff-Heckelmann /Beissel § 22 KSchG Rn 2; ErfK/Kiel § 22 KSchG Rn 2; Löwisch/Spinner § 22 Rn 1.
7 S § 17 Rn 33.
8 ABl Nr L 225/16; APS/Moll § 22 KSchG Rn 2 – „dürfte gedeckt sein"; KR/Weigand § 17 KSchG Rn 24; § 22 KSchG Rn 2 c; Opolony NZA 1999, 791, 793; vHH/L/v. Hoyningen-Huene § 22 Rn 1; aA Zwanziger AuR 2001, 384 f.

zu berücksichtigen sind.[9] Die systematische Stellung der Regelung legt jedoch nahe, dass Ersteres gemeint ist, da Teil I Art. 1 Abs 2 lit. a) der Richtlinie Ausnahmen vom betrieblichen Geltungsbereich bestimmt (zB auch für Besatzungen von Seeschiffen) und nicht den Begriff der Entlassung definiert.[10]

2 Von einem **Saisonbetrieb** ist dann auszugehen, wenn in dem Betrieb zwar das ganze Jahr über gearbeitet wird, die **Beschäftigtenzahl** aber regelmäßig **saisonalen Schwankungen** unterworfen ist.[11] Aus dem Begriffskern der Saison (Hauptzeit) ist abzuleiten, dass es sich um Betriebe handelt, die regelmäßig in einer bestimmten Jahreszeit aus witterungsabhängigen oder anderen Gründen (absatzbedingt, jahreszeitbedingt) verstärkt arbeiten.[12] Daraus ergibt sich auch die Eigenart des Saisonbetriebs, die darin besteht, dass insofern die Arbeitnehmerzahl saisonalen Schwankungen unterworfen ist. Die Schwankungen müssen erheblich sein.[13] Die Erheblichkeit ist anhand der Zahlenstaffel des § 17 Abs 1 KSchG zu beurteilen.[14] Veränderungen auf Grund untypischer Umstände (zB ungewöhnliche Witterungen) sind unerheblich; es muss sich also um betriebsbedingt typische, von der jeweiligen Saison abhängige Schwankungen handeln.[15] Saisonbetriebe[16] idS sind:

Beispiele: Drahtseilbahnen, Hotels und Gaststätten sowie andere dem Fremdenverkehr dienende Betriebe in Kur- und Erholungsgebieten, Betriebe, deren Absatz an bestimmten Gelegenheiten gebunden ist (zB Herstellung von Weihnachtsartikeln, Herstellung von Frühgemüse), Kies- und Sandgruben, Steinbrüche

3 Im Gegensatz dazu sind **Kampagnebetriebe** solche Betriebe, deren Arbeitsanfall auf eine bestimmte Zeitspanne des Jahres beschränkt ist.[17] Von daher ist eine Beschäftigung im Betrieb regelmäßig nicht während des ganzen Jahres möglich.[18] Die Gründe für die Einstellung des Betriebes in der übrigen Zeit sind unerheblich.[19] Dem Charakter des Betriebs steht es nicht entgegen, dass einige Stammarbeitnehmer, zB für die Wartung und Reinigung

---

9 Opolony NZA 1999, 791, 793.
10 Opolony NZA 1999, 791, 793; für die Richtlinienkonformität sprechen sich aus: APS/Moll § 22 KSchG Rn 2; KR/Weigand § 22 KSchG Rn 2 c; aA Thüsing/Laux/Lembke-Lembke/Oberwinter § 22 KSchG Rn 4; Zwanziger AuR 2001, 384, 385.
11 BTM/Backmeister § 22 KSchG Rn 1 a; Dornbusch/Wolff-Heckelmann/Beissel § 22 KSchG Rn 3; ErfK/Kiel § 22 KSchG Rn 3; HK-KSchG/Hauck § 22 Rn 4.
12 APS/Moll § 22 KSchG Rn 4; Thüsing/Laux/Lembke-Lembke/Oberwinter § 22 KSchG Rn 6; vHH/L/v. Hoyningen-Huene § 22 Rn 4.
13 HK-KSchG/Hauck § 22 Rn 5; KR/Weigand § 22 Rn 6.
14 KR/Weigand § 17 KSchG Rn 6 mwN.
15 APS/Moll § 22 KSchG Rn 4; vHH/L/v. Hoyningen-Huene § 22 Rn 5.
16 APS/Moll § 22 KSchG Rn 4; Dornbusch/Wolff-Heckelmann/Beissel § 22 KSchG Rn 3.
17 ErfK/Kiel § 22 KSchG Rn 4; KDZ/Kittner § 22 KSchG Rn 4; KR/Weigand § 22 KSchG Rn 7; Löwisch/Spinner § 22 Rn 3.
18 APS/Moll § 22 KSchG Rn 5; ErfK/Kiel § 22 KSchG Rn 4; vHH/L/v. Hoyningen-Huene § 22 Rn 7.
19 APS/Moll § 22 KSchG Rn 5; Dornbusch/Wolff-Heckelmann/Beissel § 22 KSchG Rn 4.

der Maschinen oder für den Bürobetrieb, durchgehend beschäftigt werden.[20]

Kampagnebetriebe idS sind:
Beispiele: Freibäder, Freizeiteinrichtungen, Fischräuchereien, Gemüse- und Obstkonservenfabriken, ein nur vorübergehend geöffnetes Strandhotel sowie Zuckerfabriken.[21]

Die Abgrenzung zwischen den Saison- und Kampagnebetrieben ist nicht erforderlich, weil die gesetzliche Privilegierung für beide Betriebsarten gilt.[22]

Handelt es sich um einen **Mischbetrieb**, in dem in einzelnen **abgrenzbaren Abteilungen** Saison- oder Kampagnearbeiten verrichtet werden, ist § 22 KSchG anwendbar, soweit die in Betracht kommenden Entlassungen durch die Eigenart der betreffenden Abteilungen bedingt sind.[23] 4

Betriebe des **Baugewerbes**, in denen die ganzjährige Beschäftigung nach dem Dritten Buch Sozialgesetzbuch **gefördert** wird (§ 211 – gültig bis 31.3.2006, vgl § 434 n SGB III – iVm BaubetriebeVO vom 28.10.1980 – BGBl I S 2033– idF des Gesetzes v. 20.12.2011, BGBl I S 2854), sind nach § 22 Abs 2 Satz 1 KSchG keine Saison- oder Kampagnebetriebe und daher nicht vom Geltungsbereich der §§ 17 ff KSchG ausgenommen.[24] Umgekehrt können Baubetriebe, in denen die ganzjährige Beschäftigung **nicht gefördert** wird, als Saison- oder Kampagnebetriebe von den Vorschriften über den Massenentlassungsschutz befreit sein.[25] 5

§ 22 Abs 2 Satz 2 KSchG beinhaltet eine **Ermächtigungsgrundlage** für den Bundesminister für Arbeit und Sozialordnung, durch Rechtsverordnung Vorschriften zu erlassen, welche Betriebe als Saison- oder Kampagnebetriebe iSd § 22 Abs 1 KSchG gelten. Eine solche Verordnung ist bislang noch nicht ergangen. 6

Vom **betrieblichen Geltungsbereich** der §§ 17 ff KSchG sind zunächst solche Saison- und Kampagnebetriebe herausgenommen, in denen idR weniger als 20 Arbeitnehmer beschäftigt werden.[26] Beschäftigt der Saison- und Kampagnebetrieb regelmäßig mehr als 20 Arbeitnehmer, sind die Vorschriften der §§ 17 ff KSchG **nicht** auf Massenentlassungen anzuwenden, die **durch die Eigenart der Betriebe** bedingt sind. Der **kausale Zusammenhang** zwischen der Eigenart des Betriebs und dem Ausspruch von Massenentlassungen liegt stets dann vor, wenn die Massenentlassungen **wegen** der Beendigung der Kampagne oder des Ablaufs der Saison ausgesprochen 7

---

20 BTM/Backmeister § 22 KSchG Rn 1 b; DFL/Leschnig § 22 KSchG Rn 5; ErfK/Kiel § 22 Rn 4; Löwisch/Spinner § 22 Rn 4; KR/Weigand § 22 KSchG Rn 7.
21 APS/Moll § 22 KSchG Rn 5; DFL/Leschnig § 22 KSchG Rn 5; Dornbusch/Wolff-Heckelmann/Beissel § 22 KSchG Rn 4; ErfK/Kiel § 22 KSchG Rn 4; KR/Weigand § 22 KSchG Rn 7.
22 APS/Moll § 22 KSchG Rn 3; Dornbusch/Wolff-Heckelmann/Beissel § 22 KSchG Rn 5.
23 DFL/Leschnig § 22 KSchG Rn 3; ErfK/Kiel § 22 KSchG Rn 2; KR/Weigand § 22 KSchG Rn 13; Löwisch/Spinner § 22 Rn 4; vHH/L/v. Hoyningen-Huene § 22 Rn 9.
24 BTM/Backmeister § 22 KSchG Rn 2 c; Dornbusch/Wolff-Heckelmann/Beissel § 22 KSchG Rn 5; ErfK/Kiel § 22 KSchG Rn 3; KR/Weigand § 22 KSchG Rn 6 a; vHH/L/v. Hoyningen-Huene § 22 Rn 6.
25 KR/Weigand § 22 KSchG Rn 6 a.
26 KR/Weigand § 22 KSchG Rn 10.

werden.[27] **Während** der Kampagne oder Saison ausgesprochene Massenentlassungen unterfallen dagegen dem Anwendungsbereich der §§ 17 ff KSchG. Ist sowohl die Eigenart des Betriebs als auch die Konjunktur dafür verantwortlich, Entlassungen durchzuführen (**Mischtatbestand**), so bedarf es einer Anzeige nach § 17 KSchG nur hinsichtlich derjenigen Massenentlassungen, für die keine kampagne- oder saisonspezifischen Gründe ursächlich waren. Ist eine **Trennung beider Ursachen** nicht möglich, ist darauf abzustellen, welche von beiden als **überwiegende Ursache** anzusehen ist.[28] Ist in diesem Kontext in personeller Hinsicht eine Differenzierung zwischen den Belegschaftsgruppen nicht möglich, geht dies zu Lasten des Arbeitgebers.[29]

8 Sowohl der Erste (§§ 1 bis 14) als auch der Zweite Abschnitt (§§ 15, 16) des KSchG finden auf die Arbeitsverhältnisse von in Saison- oder Kampagnebetrieben beschäftigten Arbeitnehmern uneingeschränkte Anwendung.[30]

9 Die saison- oder kampagnebedingte Entlassung begründet nicht automatisch einen **Wiedereinstellungsanspruch**. Ein solcher Anspruch kann dem Arbeitnehmer jedoch unter dem Gesichtspunkt des Vertrauensschutzes erwachsen, wenn in einem Saisonbetrieb Jahr für Jahr alle Arbeitnehmer in der Saison wieder eingestellt werden, die das verlangen.[31] Eine Wiedereinstellungspflicht kann sich also aus dem Grundsatz von Treu und Glauben ergeben.[32] Sofern der Arbeitgeber Arbeitnehmer wieder einstellt, kann sich unter dem Gesichtspunkt des Gleichbehandlungsgrundsatzes ein Anspruch ergeben, falls die Wiedereinstellung gegenüber anderen Arbeitnehmern insofern willkürlich verweigert wird.

10 Nach den allgemeinen Grundsätzen über die **Verteilung der Darlegungs- und Beweislast** hat diese für den Anwendungsbereich des § 22 KSchG derjenige zu tragen, der § 22 KSchG für sich in Anspruch nimmt.[33] Die Agentur für Arbeit kann anlassbezogen bei Entscheidungen nach § 18 Abs 1 und 2 KSchG prüfen, ob unter Berücksichtigung von § 22 ein anzeigepflichtiger Sachverhalt vorliegt.[34]

§ 22 a (aufgehoben)

---

27 KR/Weigand § 22 KSchG Rn 11.
28 APS/Moll § 22 Rn 6; vHH/L/v. Hoyningen-Huene § 22 Rn 9; aA KR/Weigand § 22 Rn 12, der in einer solchen Fallgestaltung für die Anwendung der Vorschriften des Dritten Abschnitts des KSchG ist.
29 APS/Moll § 22 KSchG Rn 6; ErfK/Kiel § 22 KSchG Rn 6; KDZ/Kittner § 22 KSchG Rn 5; vHH/L/v. Hoyningen-Huene § 22 Rn 9.
30 BTM/Backmeister § 22 KSchG Rn 3; KR/Weigand § 22 KSchG Rn 8; Thüsing/Laux/Lembke-Lembke/Oberwinter § 22 KSchG Rn 11.
31 BAG 29.1.1987 – 2 AZR 109/86 – AP BGB § 620 Saisonarbeit Nr 1.
32 BTM/Backmeister § 22 KSchG Rn 4; HK-KSchG/Hauck § 22 Rn 19; KR/Weigand § 22 KSchG Rn 14.
33 APS/Moll § 22 KSchG Rn 7; ErfK/Kiel § 22 KSchG Rn 6; KR/Weigand § 22 KSchG Rn 15; vHH/L/v. Hoyningen-Huene § 22 Rn 10.
34 BSG 20.10.1960 – 7 Rar 98/56 – AP KSchG § 20 Nr 1; APS/Moll § 22 KSchG Rn 8.

Vierter Abschnitt Schlußbestimmungen
§ 23 Geltungsbereich

(1) ¹Die Vorschriften des Ersten und Zweiten Abschnitts gelten für Betriebe und Verwaltungen des privaten und des öffentlichen Rechts, vorbehaltlich der Vorschriften des § 24 für die Seeschiffahrts-, Binnenschiffahrts- und Luftverkehrsbetriebe. ²Die Vorschriften des Ersten Abschnitts gelten mit Ausnahme der §§ 4 bis 7 und des § 13 Abs. 1 Satz 1 und 2 nicht für Betriebe und Verwaltungen, in denen in der Regel fünf oder weniger Arbeitnehmer ausschließlich der zu ihrer Berufsbildung Beschäftigten beschäftigt werden. ³In Betrieben und Verwaltungen, in denen in der Regel zehn oder weniger Arbeitnehmer ausschließlich der zu ihrer Berufsbildung Beschäftigten beschäftigt werden, gelten die Vorschriften des Ersten Abschnitts mit Ausnahme der §§ 4 bis 7 und des § 13 Abs. 1 Satz 1 und 2 nicht für Arbeitnehmer, deren Arbeitsverhältnis nach dem 31. Dezember 2003 begonnen hat; diese Arbeitnehmer sind bei der Feststellung der Zahl der beschäftigten Arbeitnehmer nach Satz 2 bis zur Beschäftigung von in der Regel zehn Arbeitnehmern nicht zu berücksichtigen. ⁴Bei der Feststellung der Zahl der beschäftigten Arbeitnehmer nach den Sätzen 2 und 3 sind teilzeitbeschäftigte Arbeitnehmer mit einer regelmäßigen wöchentlichen Arbeitszeit von nicht mehr als 20 Stunden mit 0,5 und nicht mehr als 30 Stunden mit 0,75 zu berücksichtigen.

(2) ¹Die Vorschriften des Dritten Abschnitts gelten für Betriebe und Verwaltungen des privaten Rechts sowie für Betriebe, die von einer öffentlichen Verwaltung geführt werden, soweit sie wirtschaftliche Zwecke verfolgen. ²Sie gelten nicht für Seeschiffe und ihre Besatzung.

I. Regelungsinhalt	1
II. Geltungsbereich des Ersten und Zweiten Abschnitts des KSchG	4
1. Räumlicher Geltungsbereich	4
2. Persönlicher Geltungsbereich	5
3. Gegenständlicher Geltungsbereich	7
4. Betrieblicher Geltungsbereich	8
a) Sonderregelungen für Seeschifffahrts-, Binnenschifffahrts- und Luftverkehrsbetriebe	8
b) Betriebe und Verwaltungen	9
aa) Betriebsbegriff	10
bb) Einzelfälle	13
c) Sonderregelungen für Kleinbetriebe; Neuregelung	18
aa) Anwendungsbereich	18
bb) Regelungszweck	21
cc) Grundgesetz und Unionsrecht	22
dd) Beschäftigtengruppen	23
ee) Beschäftigtenzahl	28
ff) Prüfungsschema	36
gg) Rechtsfolge	37
d) Darlegungs- und Beweislast	39
III. Geltungsbereich des Dritten Abschnitts des KSchG	43
1. Erfasste Betriebe und Verwaltungen	44
2. Ausgenommene Betriebe und Verwaltungen	45

I. Regelungsinhalt

1 § 23 KSchG ist zwischenzeitlich mehrfach geändert bzw ergänzt worden.[1] Durch das **Arbeitsrechtliche Beschäftigungsförderungsgesetz** vom 25.9.1996[2] wurde **insbesondere** die für die Anwendbarkeit des KSchG erforderliche Mindestbeschäftigtenzahl von bisher mehr als 5 Arbeitnehmer auf mehr als 10 Arbeitnehmer heraufgesetzt. Danach wurde durch das **Gesetz zu Korrekturen in der Sozialversicherung und zur Sicherung der Arbeitnehmerrechte** vom 19.12.1998[3] mit Wirkung vom 1.1.1999 der Schwellenwert für den Kleinbetrieb wieder auf 5 Arbeitnehmer gesenkt. Wegen der vom 1.10.1996 bis zum 31.12.1998 geltenden Gesetzeslage wird auf die erste Aufl § 23 Rn 1, 6, 17, 22 und 24 verwiesen.

2 Nunmehr wurde durch das am 1.1.2004 in Kraft getretene **Gesetz zu Reformen am Arbeitsmarkt** vom 24.12.2003[4] die Anwendungsschwelle des KSchG modifiziert gestaltet, um in kleinen Unternehmen mehr Beschäftigung zu fördern.[5] Letztendlich hat der Gesetzgeber den in § 23 Abs 1 Satz 2 KSchG enthaltenen Schwellenwert von 5 anrechenbaren Arbeitnehmern beibehalten. Jedoch sind nach Satz 3 der Bestimmung bis zu einem Schwellenwert von 10 anrechenbaren Arbeitnehmern solche Arbeitnehmer bei der Berechnung des Schwellenwertes nicht zu berücksichtigen, deren Arbeitsverhältnis erst nach dem 31.12.2003 begonnen hat; konsequenterweise kommt diesen Arbeitnehmern auch kein Kündigungsschutz zu. Außerdem wird durch die in § 23 Abs 1 Satz 2 und 3 KSchG eingefügten Ausnahmen im Zuge der Vereinheitlichung der Klagefrist für alle Kündigungen bestimmt, dass auch für Arbeitnehmer in Kleinbetrieben (Schwellenwert 5) einschließlich derjenigen, deren Arbeitsverhältnis nach dem 31.12.2003 begonnen hat (Schwellenwert 10), für die also das Kündigungsschutzgesetz keine Anwendung findet, die dreiwöchige Klagefrist (§ 4 Satz 1) sowie die Regelungen über die Zulassung verspäteter Klagen (§ 5), die verlängerte Anrufungsfrist (§ 6), das Wirksamwerden der Kündigung (§ 7) und die außerordentliche Kündigung (§ 13 Abs 1 Satz 1 und 2) gelten.[6] Wegen der Einzelheiten wird auf die jeweiligen Kommentierungen zu den §§ 4 bis 7 und § 13 verwiesen.

3 Entgegen seiner allgemein gehaltenen Überschrift regelte § 23 KSchG bis zum Inkrafttreten des Gesetzes zu Reformen am Arbeitsmarkt am 1.1.2004 **nur** den **betrieblichen Geltungsbereich** der einzelnen Abschnitte des Gesetzes.[7] Nunmehr bestimmt § 23 Abs 1 Satz 3 KSchG auch den **persönlichen Geltungsbereich** insofern, als in Betrieben und Verwaltungen mit regelmäßig 10 oder weniger Beschäftigten tätige Arbeitnehmer, deren Arbeitsverhältnis nach dem 31.12.2003 begonnen hat, keinen Kündigungsschutz iSd KSchG genießen. § 23 KSchG kommt jedoch kein abschließen-

---

1 Zur Entstehungsgeschichte und den Gesetzesänderungen vgl KR/Bader § 23 KSchG Rn 1-7 c.
2 BGBl I S 1476.
3 BGBl I S 3843.
4 BGBl I S 3002.
5 BT-Drucks 15/1204 S 2, 8, 13, 14; BT-Drucks 15/1509 S 2.
6 APS/Moll § 23 Rn 3 a; Löwisch/Spinner § 23 Rn 27; KDZ/Kittner/Deinert § 23 Rn 10 a.
7 vHH/L/v. Hoyningen-Huene § 23 Rn 2.

der Charakter zu, da in diesem Gesetz der betriebliche Geltungsbereich noch anderweitig geregelt wird (vgl §§ 17 Abs 1, 22, 24 Abs 1).[8] In § 23 ist der betriebliche Geltungsbereich des KSchG nur insoweit bestimmt, als es auf Art und Größe der betroffenen Betriebe und Verwaltungen ankommt.[9] Dabei unterscheidet § 23 KSchG zwischen dem Ersten und Zweiten Abschnitt des Gesetzes einerseits (Abs 1) und dem Dritten Abschnitt andererseits (Abs 2). Der **persönliche Geltungsbereich** ist mit Ausnahme der Bestimmung des § 23 Abs 1 Satz 3 KSchG in den §§ 1 Abs 1, 14, 17 Abs 5 und 24 Abs 5 KSchG geregelt. Zum **gegenständlichen Geltungsbereich** enthalten die §§ 1, 2, 13, 15, 17 Abs 2 und 25 Bestimmungen.[10]

II. Geltungsbereich des Ersten und Zweiten Abschnitts des KSchG

1. Räumlicher Geltungsbereich

Für die Anwendbarkeit des Ersten und Zweiten Abschnitts des KSchG ergibt sich der betriebliche Geltungsbereich aus § 23 Abs 1 KSchG. Die Voraussetzungen der Anwendbarkeit des KSchG müssen **im Inland** erfüllt sein.[11] Mit anderen Worten: Der räumliche Geltungsbereich des Kündigungsschutzgesetzes ist auf das Gebiet der Bundesrepublik Deutschland beschränkt.[12] Dabei ist unerheblich, ob der Betriebsinhaber als Ausländer dem deutschen Recht untersteht.[13] Die danach geforderte Mindestzahl der idR beschäftigten Arbeitnehmer muss in einem Betrieb erreicht werden, der generell vom **räumlichen Geltungsbereich des KSchG** umfasst wird. Dazu zählen auch Arbeitnehmer mit einem ausländischen Arbeitsvertragsstatut, sofern sie zu den regelmäßig Beschäftigten gehören.[14] Besteht im Inland nur eine „Briefkastenfirma", betriebliche Strukturen iSd Betriebsbegriffs liegen also nicht vor, entfällt die Anwendung des KSchG, wenn die Arbeitnehmer in eine ausländische Organisation eingegliedert sind.[15] Ob dies dann auch gilt, wenn die Zahl der in Deutschland beschäftigten Arbeitnehmer zB 300 beträgt und nur eine geringfügig ausgebildete Organisationsstruktur besteht, hat das BAG ausdrücklich offen gelassen.[16] In Betracht könnte eine verfassungskonforme Auslegung des Betriebsbegriffs[17] entsprechend der Rechtsprechung des BVerfG[18] bei Verkaufsstellen größerer Un-

4

---

8 ErfK/Kiel § 23 Rn 1; KDZ/Kittner/Deinert § 23 Rn 1; KR/Bader § 23 KSchG Rn 8; vHH/L/v. Hoyningen-Huene § 23 Rn 4.
9 BAG 27.1.1955 – 2 AZR 418/54 – AP KSchG § 11 Nr 5.
10 KR/Bader § 23 KSchG Rn 8 und 22 f; vHH/L/v. Hoyningen-Huene § 23 Rn 4.
11 BAG 9.10.1997 – 2 AZR 64/97 – AP KSchG 1969 § 23 KSchG Nr 16; APS/Moll § 23 Rn 37; KR/Bader § 23 KSchG Rn 19 und 19 a; vHH/L/v. Hoyningen-Huene § 23 Rn 6; aA KDZ/Kittner/Deinert § 23 Rn 22, die auch Arbeitnehmer ausländischer Betriebe miteinbeziehen wollen.
12 BAG 3.6.2004 – 2 AZR 386/03 – AP KSchG § 23 Nr 33.
13 BAG 23.4.1998 – 2 AZR 489/97 – AP KSchG 1969 § 23 Nr 19; APS/Moll § 23 KSchG Rn 37 vHH/L/v. Hoyningen-Huene § 23 Rn 6.
14 APS/Moll § 23 Rn 37; Dornbusch/Wolff-Wolff § 23 KSchG Rn 7; KDZ/Kittner/Deinert § 23 Rn 21; KR/Bader § 23 KSchG Rn 19 b.
15 BAG 3.6.2004 – 2 AZR 386/03 – AP KSchG 1969 § 23 Nr 33; APS/Moll § 23 KSchG Rn 37; ErfK/Kiel § 23 KSchG Rn 2; KR/Bader § 23 KSchG Rn 19 a.
16 BAG 17.1.2008 – 2 AZR 902/06 – AP KSchG 1969 § 23 Nr 40.
17 S BVerfG 12.3.2009 – 1 BvR 1250/08 – EWiR 2009, 585 f.
18 BVerfG 27.1.1998 – 1 BvL 15/87 – AP KSchG 1969 § 23 Nr 17.

ternehmen kommen.[19] Unterhält ein ausländisches Unternehmen in Deutschland eine Niederlassung, sind die im Ausland beschäftigten Arbeitnehmer beim maßgebenden Schwellenwert des § 23 Abs 1 Satz 2-4 in Bezug auf das inländische Unternehmen nicht zu berücksichtigen.[20] Arbeitnehmer, die vorübergehend ins Ausland entsandt werden, jedoch dem Betrieb in Deutschland zugeordnet bleiben, sind mitzuzählen.[21] Aufgrund des örtlichen Zuständigkeitsbereichs des Recht setzenden Organs erstreckt sich der räumliche Geltungsbereich des KSchG auf das Gebiet der Bundesrepublik Deutschland. Etwas anderes ergibt sich auch nicht aus den Rechtsgrundsätzen der Europäischen Union.[22] Der Europäische Gerichtshof[23] geht auch davon aus, dass es sich bei der Bestimmung über die Anwendbarkeit des KSchG um eine nationale Sonderbestimmung handelt, deren Geltungsbereich auf die Bundesrepublik Deutschland beschränkt ist. Daraus folgt, dass das KSchG auf einen gemeinsamen Betrieb mehrerer Unternehmer dann **keine** Anwendung findet, wenn das Unternehmen in der Bundesrepublik Deutschland nicht mehr als 5 anrechenbare Arbeitnehmer beschäftigt und erst durch die im **ausländischen** Unternehmen im Ausland beschäftigten Arbeitnehmer die Mindestbeschäftigtenzahl überschritten wird.[24] Mit seinen Urteilen vom 26.3.2009[25] und 8.10.2009[26] hat das BAG an seiner ständigen Rechtsprechung[27] festgehalten, nach der der Erste Abschnitt des Kündigungsschutzgesetzes nur auf in Deutschland gelegene Betriebe anzuwenden ist.[28] Das ist auch verfassungsrechtlich nicht zu beanstanden.[29] Abweichend von seiner früheren Begründung, wonach das Territorialitätsprinzip maßgebend war, stützt das BAG nunmehr seine Auffassung auf die Auslegung des Begriffs „Betrieb", der nur in Deutschland gelegene Betriebe erfasse. Außerdem würden sowohl der systematische Zu-

---

19 DFL/Leschnig § 23 KSchG Rn 2.
20 LAG Schleswig-Holstein 18.2.2004 – 3 Sa 483/03 – NZA-RR 2004, 630; ErfK/Kiel § 23 KSchG Rn 2; KR/Bader § 23 KSchG Rn 19 a.
21 APS/Moll § 23 KSchG Rn 37; Dornbusch/Wolff-Wolff § 23 KSchG Rn 7; KR/Bader § 23 KSchG Rn 19 b.
22 BAG 9.10.1997 – 2 AZR 64/97 – AP KSchG § 23 Nr 16.
23 30.11.1993 – Rs C-189/91 – AP KSchG 1969 § 23 Nr 13.
24 BAG 7.11.1996 – 2 AZR 648/95 – nav, RzK I 4 c Nr 24; ErfK/Kiel § 23 Rn 3; LAG Hamm 5.4.1989 – 2 (13) Sa 1280/88 – LAGE § 23 KSchG Nr 4; Falder NZA 1998, 1254, 1257; grds auch Schmidt NZA 1998, 196, 172 f; aA wohl Gragert/Kreutzfeldt NZA 1998, 567, 569; Kittner NZA 1998, 731 f; KDZ/Kittner/Deinert § 23 Rn 22.
25 BAG 26.3.2009 – 2 AZR 883/07 – AP KSchG 1969 § 23 Nr 45.
26 BAG 8.10.2009 – 2 AZR 654/08 – EzA § 23 KSchG Nr 35.
27 BAG 17.1.2008 – 2 AZR 902/06 – AP KSchG 1969 § 23 Nr 40; BAG 9.10.1997 – 2 AZR 64/97 – AP KSchG 1969 § 23 Nr 16.
28 Ebenso APS/Moll § 23 KSchG Rn 37; DFL/Leschnig § 23 KSchG Rn 2; Dornbusch/Wolff-Wolff § 23 KSchG Rn 7; ErfK/Kiel § 23 KSchG Rn 2; Thüsing/Laux/Lembke-Thüsing § 23 KSchG Rn 8; krit Gravenhorst FA 2005, 34; KDZ/Kittner/Deinert § 23 KSchG Rn 22 a; KR/Bader § 23 KSchG Rn 19 a; Junkers FS Konzen 2006, 367; Maurer FS Leinemann 2006, 733; s auch Löwisch/Spinner Vorbem. Zu § 1 KSchG Rn 33, die eine einheitliche Anwendung des KSchG durch Einbeziehung aller Arbeitnehmer mit deutschem Arbeitsvertragsstatut in in- und ausländischen Betriebsteilen befürworten.
29 BVerfG 12.3.2009 – 1 BvR 1250/08 – EWiR 2009, 585 f mit Anm Mückl.

sammenhang und als auch die Entstehungsgeschichte des KSchG für den Inlandsbezug sprechen.[30]

2. Persönlicher Geltungsbereich

Der persönliche Geltungsbereich gibt Auskunft darüber, für wen der Kündigungsschutz gilt. Für den im Ersten Abschnitt des KSchG geregelten allgemeinen Kündigungsschutz ergibt sich dies neben der neuen Bestimmung des § 23 Abs 1 Satz 3 KSchG aus den §§ 1 Abs 1, 13, 14, 17 Abs 5 und 24 Abs 5 KSchG. Im Zweiten Abschnitt des KSchG knüpft der persönliche Geltungsbereich an die Stellung als betriebsverfassungsrechtlicher Funktionsträger an.[31]

Soweit es für die Übergangsregelung nach § 23 Abs 1 Satz 4 KSchG in der bis zum 31.12.1998 geltenden Fassung bei der Feststellung der Zahl der beschäftigten Arbeitnehmer nach § 23 Abs 1 Satz 2 aF KSchG auf die wöchentliche oder monatliche regelmäßige Arbeitszeit der **Teilzeitarbeitnehmer** ankam, bezog sich diese Regelung nur auf den betrieblichen Geltungsbereich des Ersten Abschnitts des KSchG. Die in § 23 Abs 1 Satz 4 aF iVm Satz 3 des § 23 Abs 1 in der bis zum 30.9.1996 geltenden Fassung[32] geregelte Nichtberücksichtigung der Teilzeitarbeitnehmer, deren regelmäßige Arbeitszeit 10 Stunden wöchentlich oder 45 Stunden monatlich nicht überstieg, galt nicht für den persönlichen Geltungsbereich des im Ersten Abschnitt des KSchG geregelten allgemeinen Kündigungsschutzes. Im Übrigen war diese Vorschrift nach der Entscheidung des BVerfG vom 27.1.1998[33] nur bei verfassungskonformer Auslegung mit Art. 3 Abs 1 GG vereinbar.[34] Daraus folgt, dass sich auch diejenigen Teilzeitarbeitnehmer, deren regelmäßige Arbeitszeit 10 Stunden wöchentlich oder 45 Stunden monatlich nicht übersteigt, auf den allgemeinen Kündigungsschutz berufen können, sofern die Voraussetzungen des persönlichen (Wartezeit von 6 Monaten, § 1 Abs 1 KSchG) und des betrieblichen[35] Geltungsbereichs erfüllt sind. An dieser Gesetzeslage hat sich für die Teilzeitarbeitnehmer hinsichtlich des persönlichen Geltungsbereichs weder durch das Arbeitsrechtliche Beschäftigungsförderungsgesetz vom 25.9.1996[36] noch durch das Gesetz zu Korrekturen in der Sozialversicherung und zur Sicherung der Arbeitnehmerrechte vom 19.12.1998 und auch nicht durch das Gesetz zu Reformen am Arbeitsmarkt vom 24.12.2003 etwas geändert. Abweichend von der bis zum 30.9.1996 geltenden, jedoch mit Art. 3 Abs 1 GG nicht zu vereinbarenden gesetzlichen Regelung zur Berücksichtigung der Teilzeitarbeitnehmer werden solche Arbeitnehmer nunmehr entsprechend der Dauer ihrer

---

30 BAG 29.8.2013 – 2 AZR 809/12 – PM Nr 52/13; BAG 17.1.2008 – 2 AZR 902/06 – AP KSchG 1969 § 23 Nr 40.
31 KR/Bader § 23 KSchG Rn 20.
32 Gesetz vom 26.4.1985, BGBl I S 710.
33 1 BvL 22/93 – AP KSchG 1969 § 23 Nr 18.
34 Einzelheiten s Rn 25.
35 Anrechenbare Arbeitnehmerzahl in einem Betrieb, § 23 Abs 1 Satz 2 und 3 KSchG idF des Gesetzes vom 26.4.1985; BGBl I S 710; KR/Weigand § 23 KSchG Rn 21.
36 BGBl I S 1476.

Arbeitszeit anteilig bei der Feststellung des Schwellenwertes hinzugerechnet.[37]

3. Gegenständlicher Geltungsbereich

7 Der gegenständliche (sachliche) Geltungsbereich des Ersten Abschnitts betrifft die in den §§ 1 Abs 2, Abs 3, 2, 8, 9, 13 KSchG festgelegten Fragen.[38] Der zweite Abschnitt des Gesetzes hat den Ausschluss von ordentlichen Kündigungen gegenüber bestimmten **betriebsverfassungsrechtlichen Funktionsträgern** und deren ausnahmsweise Zulassung von ordentlichen Kündigungen gegenüber diesem Personenkreis zum Gegenstand, § 15 KSchG.[39]

4. Betrieblicher Geltungsbereich

8 a) **Sonderregelungen für Seeschifffahrts-, Binnenschifffahrts- und Luftverkehrsbetriebe.** Um den im Vergleich zu den Landbetrieben der Schifffahrts- und Luftverkehrsunternehmen bestehenden Besonderheiten Rechnung zu tragen, gelten für die Schiffe bzw Flugzeuge und ihre Besatzungen der Erste und Zweite Abschnitt des KSchG gem § 23 Abs 1 Satz 1 KSchG nur nach Maßgabe des § 24 KSchG idF des Gesetzes zur Umsetzung des Seearbeitsübereinkommens 2006 der Internationalen Arbeitsorganisation vom 20.4.2013.[40]

9 b) **Betriebe und Verwaltungen.** Mit der vom Gesetzgeber in § 23 Abs 1 Satz 1 KSchG gewählten Formulierung „Betriebe und Verwaltungen des privaten und des öffentlichen Rechts" wird der betriebliche Geltungsbereich auf **alle Organisationsformen** erstreckt, bei denen Arbeitnehmer beschäftigt sein können.[41] Danach gilt in der **Privatwirtschaft** (insbesondere Handel, Handwerk, Industrie, Land- und Forstwirtschaft) der allgemeine Kündigungsschutz nicht nur für Wirtschaftsunternehmen, sondern auch für nichtwirtschaftliche, insbesondere karitative oder erzieherische Einrichtungen. Ebenso gehören hierzu Verbände, private Stiftungen und sonstige Vereinigungen auf privatrechtlicher Grundlage.[42] Das Kündigungsschutzgesetz definiert den Begriff des Betriebes ebenso wenig wie den der Verwaltung. Die Formulierung „Betriebe und Verwaltungen des privaten und des öffentlichen Rechts" in § 23 Abs 1 Satz 1 KSchG lässt offen, ob außer auf Betriebe des privaten Rechts und Verwaltungen des öffentlichen Rechts auch auf Betriebe des öffentlichen Rechts und Verwaltungen des privaten Rechts abzustellen ist; diese Frage stellt sich auch bei § 23 Abs 1 Satz 2 KSchG, der nicht zwischen privat- oder öffentlich-rechtlicher Rechtsform unterscheidet. Jedenfalls sieht § 23 Abs 1 Satz 1 KSchG ungeachtet der Rechtsform im Einzelfall grundsätzlich die Anwendung der beiden ersten Abschnitte des Kündigungsschutzgesetzes sowohl für den Bereich der Pri-

---

37 Einzelheiten s Rn 25.
38 KR/Bader § 23 KSchG Rn 22.
39 KR/Bader § 23 KSchG Rn 23.
40 APS/Moll § 23 Rn 24; KR/Bader § 23 KSchG Rn 32; BGBl I S 868, 914.
41 ErfK/Kiel § 23 Rn 2; Löwisch § 23 Rn 4.
42 KR/Bader § 23 KSchG Rn 28.

vatwirtschaft als auch den des öffentlichen Dienstes vor.[43] Aus der Entstehungsgeschichte des § 23 Abs 1 Satz 2 KSchG ergibt sich, dass die Herausnahme der Kleinbetriebe aus dem Geltungsbereich letztlich auf mittelstandspolitische Erwägungen zurückgeht und den engen persönlichen Beziehungen des Kleinbetriebsinhabers sowie der geringeren verwaltungsmäßigen und wirtschaftlichen Belastbarkeit der Kleinbetriebe Rechnung tragen und dem Kleinunternehmer bzw Handwerker größere arbeitsmarktpolitische Freizügigkeit durch größere Vertragsfreiheit gewährleisten will.[44] Der Betriebsbegriff ist damit für die Privatwirtschaft entwickelt.[45] Daraus folgt, dass für den Bereich des öffentlichen Dienstes auf den Begriff der Verwaltung als Bezugsgröße abzustellen ist. Im Bereich des **öffentlichen Rechts** erfasst der betriebliche Geltungsbereich mit dem Tatbestandsmerkmal „Verwaltungen" (organisatorische Einheiten der Exekutive)[46] alle Organisationen von Bund, Ländern und Kommunen einschließlich die aller anderen öffentlich-rechtlichen Anstalten, Körperschaften und Stiftungen (insbesondere die Sozialversicherungsträger wie die Bundesanstalt für Arbeit, Berufsgenossenschaften, Krankenkassen und Versicherungsanstalten). Selbst die Organisationen der **Stationierungsstreitkräfte** unterfallen dem betrieblichen Geltungsbereich.[47] Der Begriff der Verwaltung ist mit derjenigen der Dienststelle im öffentlichen Recht nicht identisch (vgl § 1 Abs 2 Nr 2 lit. b; Begrifflichkeiten Verwaltung und Dienststelle mit jeweils eigenem Inhalt).[48]

§ 23 stellt allein auf die Verwaltung ab.[49] Inhaltlich ist der Begriff der Verwaltung gem § 23 Abs 1 genauso zu verstehen wie in § 1 Abs 2 Satz 2 Nr 2 lit.b.[50] Jedenfalls ist eine Einheit, die als Arbeitgeber eine eigene Rechtspersönlichkeit aufweist, als „Verwaltung" anzusehen.[51] Bereits in seinem Urteil vom 2. Januar 1984[52] hat das BAG angenommen, mit Sinn und Zweck der Kleinbetriebsklausel sei es nicht vereinbar, den Kündigungsschutz auf dem Umweg über einen personalvertretungsrechtlichen Dienststellenbegriff zu entziehen, und es hat auf den Begriff der „nach § 23 Abs 1 Satz 2 KSchG maßgebenden Verwaltung" abgestellt.[53] Auch Löwisch/Spinner[54]

---

43 BAG 23.4.1998 – 2 AZR 489/97 – AP KSchG 1969 § 23 Nr 19; vgl auch KR/Bader § 23 KSchG Rn 30; Löwisch/Spinner KSchG § 23 Rn 7; Thüsing/Laux/Lembke-Thüsing § 23 KSchG Rn 10.
44 BT-Drucks 13/4612 S 9; BAG 19.4.1990 – 2 AZR 487/89 – AP KSchG 1969 § 23 Nr 8; BAG 13.6.2002 – 2 AZR 327/01 – AP KSchG 1969 § 23 Nr 29; APS/Moll § 23 Rn 5; Löwisch/Spinner § 23 Rn 2.
45 BAG 23.4.1998 – 2 AZR 489/97 – AP KSchG 1969 § 23 Nr 19.
46 APS/Moll § 23 KSchG Rn 20; Thüsing/Laux/Lembke-Thüsing § 23 KSchG Rn 11.
47 BAG 21.5.1970 – 2 AZR 294/69 – AP KSchG § 15 Nr 11.
48 BAG 23.4.1998 – 2 AZR 489/97 – AP KSchG 1969 § 23 Nr 19; APS/Moll § 23 KSchG Rn 20; KR/Bader § 23 KSchG Rn 29; Thüsing/Laux/Lembke-Thüsing § 23 KSchG Rn 11.
49 BAG 23.4.1998 – 2 AZR 489/97 – AP KSchG 1969 § 23 Nr 19; BAG 26.1.1984 – 2 AZR 593/82; APS/Moll § 23 KSchG Rn 20; KR/Bader § 23 KSchG Rn 29; vHH/L/v. Hoyningen-Huene § 23 KSchG Rn 12.
50 APS/Moll § 23 KSchG Rn 20; KR/Bader § 23 KSchG Rn 29.
51 BAG 5.11.2009 – 2 AZR 383/08 – ZTR 2010, 268 f.
52 2 AZR 593/82 – nv.
53 Vgl ferner LAG Köln 23.2.1996 –11(13) Sa 888/95 – LAGE § 1 KSchG Betriebsbedingte Kündigung Nr 36.
54 Rn 16.

bezieht auf den öffentlichen Dienst nur den Begriff der Verwaltung.[55] Im Anschluss an den Beschluss des BVerfG vom 27.1.1998[56] hat das BAG in seinem Urteil vom 23.4.1998[57] zur Frage der **Kleinbetriebsklausel im öffentlichen Dienst** nunmehr klargestellt, dass es aus verfassungsrechtlichen Gründen jedenfalls dann auf den Begriff der Verwaltung abstellt, wenn es um Teile (nachgeordnete Dienststellen) einer größeren öffentlichen Verwaltung geht, dh bei Mehrstufigkeit der öffentlichen Organisation ist die organisatorische Einheit (Verwaltung) maßgebend, in der mehrere Dienststellen zu einer administrativen Hierarchie zusammengefasst werden.[58] Von daher ist bei Arbeitsverhältnissen mit einer Anstalt des öffentlichen Rechts die Anstalt insgesamt als Verwaltung isd § 23 Abs 1 Satz 1 KSchG anzusehen.[59] Ebenso bilden die italienischen Kulturinstitute in Deutschland, die sämtlich dem italienischen Außenministerium zuzuordnen sind, als Gesamtheit eine Verwaltung isd § 23 Abs 1 Satz 1 KSchG.[60] Auch auf die Arbeitgeberin einer Kirchengemeinde können die Vorschriften des Ersten und Zweiten Abschnitts Anwendung finden.[61] Soweit nämlich den Beschäftigten der Religionsgesellschaften der **Arbeitnehmerstatus** zukommt, ist das KSchG ein für alle geltendes Gesetz isd nach Art. 140 GG weiter geltenden Art. 137 Abs 3 Satz 1 der Weimarer Reichsverfassung.[62] Daraus folgt, dass die von einer katholischen Pfarrgemeinde gegenüber einer bei ihr in einem Kindergarten beschäftigten Erzieherin ausgesprochene Kündigung dem Geltungsbereich des KSchG unterfallen kann und somit auf ihre soziale Rechtfertigung überprüft werden muss, während sich die Entlassung kirchlicher Amtsträger ausschließlich nach dem jeweiligen Kirchenrecht richtet. Soweit die Religionsgemeinschaft öffentlich-rechtlich organisiert ist, ist für die Anwendbarkeit des Ersten Abschnitts des KSchG aber allein der in § 23 Abs 1 Satz 1 KSchG enthaltene Begriff der Verwaltung maßgebend,[63] die – wie vorstehend erwähnt – uU mehrere Dienststellen umfassen kann.

10   **aa) Betriebsbegriff.** Voraussetzung für die Anwendung des KSchG ist das Vorliegen eines Betriebs. Neben § 23 KSchG ist der Betriebsbegriff auch für die §§ 1, 15 und 17 KSchG von Bedeutung. Das KSchG enthält keine eigenständige Definition des Betriebsbegriffs. Von daher geht die wohl überwiegende Ansicht in Literatur und Rechtsprechung grundsätzlich bzw

---

55 Ebenso BAG 23.4.1998 – 2 AZR 489/97 – AP KSchG 1969 § 23 Nr 19; ErfK/Kiel § 23 Rn 7; vHH/L/v. Hoyningen-Huene § 23 Rn 12.
56 1 BvL 15/87 – AP KSchG 1969 § 23 Nr 17; Einzelheiten s Rn 10.
57 2 AZR 489/97 – AP KSchG 1969 § 23 Nr 19.
58 KR/Bader § 23 KSchG Rn 29; Thüsing/Laux/Lemke-Thüsing § 23 KSchG Rn 12; vHH/L/v. Hoyningen-Huene § 23 KSchG Rn 12.
59 LAG Köln 23.2.1996 – 11 (13) Sa 888/95 – LAGE § 1 KSchG Betriebsbedingte Kündigung Nr 36; Dornbusch/Wolff-Wolff § 23 KSchG Rn 6.
60 BAG 23.4.1998 – 2 AZR 489/97 – AP KSchG 1969 § 23 Nr 19.
61 BVerfG 4.6.1985 – 2 BvR 1703/83, 1718/83, 856/84 – AP GG Art. 140 Nr 24; DFL/Leschnig § 23 KSchG Rn 15; KR/Bader § 23 KSchG Rn 30.
62 BAG 25.4.1978 – 1 AZR 70/76 – AP GG Art. 140 Nr 2; BAG 7.2.1990 – 5 AZR 84/89 – AP GG Art. 140 Nr 37; ErfK/Kiel § 23 KSchG Rn 7.
63 BAG 12.11.1998 – 2 AZR 459/97 – AP KSchG 1969 § 23 Nr 20; BAG 16.9.1999 – 2 AZR 712/98 – AP GrO kath. Kirche Art. 4 Nr 1; BAG 21.2.2001 – 2 AZR 579/99 – AP BGB § 611 Abmahnung Nr 26.

weit gehend⁶⁴ vom Betriebsbegriff des Betriebsverfassungsrechts aus.⁶⁵ Danach ist unter dem Begriff des Betriebs (in der Praxis werden häufig die Formulierungen Arbeitsstätte, Standort oder Werk verwendet)⁶⁶ die organisatorische Einheit, innerhalb derer ein Arbeitgeber allein oder mit seinen Arbeitnehmern mithilfe von technischen und immateriellen Mitteln bestimmte arbeitstechnische Zwecke fortgesetzt verfolgt, die sich nicht in der Befriedigung von Eigenbedarf erschöpfen, zu verstehen.⁶⁷ Dabei ist es unerheblich, wer Inhaber des Betriebes ist (natürliche Person, Personengesamtheit oder juristische Person des Privatrechts oder des öffentlichen Rechts).⁶⁸ Für den Betriebsbegriff im Lichte des KSchG ist jedoch allein die organisatorische Einheit maßgebend, weil der Arbeitgeber in diesem Rahmen sein Direktionsrecht ausübt und die Arbeit organisiert, was insbesondere für die soziale Auswahl von Bedeutung ist.⁶⁹ In Abweichung zum Betriebsbegriff nach dem BetrVG stellt die räumliche Einheit kein entscheidendes Abgrenzungskriterium dar,⁷⁰ weil es maßgebend auf die einheitliche und eigenständige Leitung des Betriebes ankommt. Dementsprechend bilden auch zentral gelenkte Verkaufsstellen (Filialen) und organisatorisch unselbstständige Betriebsstätten trotz räumlich weiter Entfernung vom Hauptbetrieb mit dem jeweiligen Hauptbetrieb zusammen einen Betrieb iSd KSchG.⁷¹ Ebenso wenig kommt es entscheidend auf die Einheit der arbeitstechnischen Zweckbestimmung an. Daher können eine organisatorische Einheit und damit ein Betrieb auch dann bestehen, wenn gleichzeitig verschiedene Zwecke verfolgt werden. Unter Berücksichtigung des Schutzzwecks des KSchG ist der Betriebsbegriff weit auszulegen.⁷² Mangels entgegenstehender Hinweise für eine unterschiedliche Bedeutung des Betriebsbegriffs in den einzelnen Vorschriften ist davon auszugehen, dass der Begriff im gesamten Kündigungsschutzgesetz einheitlich gebraucht wird.⁷³

Problematisch und mit dem Zweck der **sog Kleinbetriebsklausel** kaum vereinbar ist der **so verstandene Betriebsbegriff** dann, wenn der Arbeitgeber eine größere Anzahl von Arbeitnehmern beschäftigt, diese jedoch in **mehreren** jeweils unter die Kleinbetriebsklausel fallenden Betrieben tätig sind. Insoweit liegen nämlich die für die Herausnahme der Kleinbetriebe aus dem 11

---

64 BAG 3.6.2004 – 2 AZR 386/03 – AP KSchG 1969 § 23 Nr 33.
65 BAG 5.8.1965 – 2 AZR 439/64 – AP KSchG § 21 Nr 2; BAG 9.9.1982 – 2 AZR 253/80 – AP BGB § 611 Hausmeister Nr 1; BAG 18.1.1990 – 2 AZR 355/89 – AP KSchG 1969 § 23 Nr 9; ErfK/Kiel § 23 Rn 4; vHH/L/v. Hoyningen-Huene § 23 Rn 7 f; KR/Etzel § 1 KSchG Rn 142 ff mwN; s aber Rn 11: „verfassungskonforme Auslegung des Betriebsbegriffs im Zusammenhang mit der Kleinbetriebsklausel".
66 vHH/L/v. Hoyningen-Huene § 23 Rn 5.
67 BAG 26.8.1971 – 2 AZR 233/70 – AP KSchG 1969 § 23 Nr 1; BAG 14.9.1988 – 7 ABR 10/87 – AP BetrVG 1972 § 1 Nr 9; BAG 3.6.2004 – 2 AZR 386/03 – AP KSchG 1969 § 23 Nr 33.
68 HK-KSchG/Kriebel § 23 KSchG Rn 3; vHH/L/v. Hoyningen-Huene § 23 KSchG Rn 10.
69 BAG 15.6.1989 – 2 AZR 580/88 – AP KSchG 1969 § 1 Soziale Auswahl Nr 18.
70 BAG 21.6.1995 – 2 AZR 693/94 – AP BetrVG 1972 § 1 Nr 16; BAG 3.6.2004 – 2 AZR 577/03 – AP KSchG 1969 § 1 Soziale Auswahl Nr 72; vHH/L/v. Hoyningen-Huene § 23 Rn 9; aA Kania/Gilberg NZA 2000, 678, 680.
71 BAG 21.6.1995 – 2 AZR 693/94 – AP BetrVG 1972 § 1 Nr 16.
72 BAG 9.9.1982 – 2 AZR 253/80 – AP BGB § 611 Hausmeister Nr 1.
73 BAG 3.6.2004 – 2 AZR 386/03 – AP KSchG 1969 § 23 Nr 33; Bepler AuR 1997, 54, 57; Falder NZA 1998, 1254, 1257; Schmidt NZA 1998, 169, 172.

allgemeinen Kündigungsschutz anerkannten sachlichen Gründe nicht vor. Diese bestehen in der engen persönlichen Beziehung des Kleinbetriebsinhabers, der geringeren verwaltungsmäßigen und wirtschaftlichen Belastbarkeit des Kleinbetriebs und der Gewährleistung größerer arbeitsmarktpolitischer Freizügigkeit des Kleinunternehmers.[74] Entsprechend diesem **Schutzzweck**, nämlich kleinere Unternehmen und **nicht etwa Organisationseinheiten** von geringerer Größe zu privilegieren, liegt es nahe, den Privilegierungsbedarf dann entfallen zu lassen, wenn der Arbeitgeber mehrere Betriebe unterhält und insgesamt mehr als die in § 23 Abs 1 Satz 2 KSchG genannten Arbeitnehmer beschäftigt.[75] Dementsprechend muss der Begriff Betrieb bei derartigen Sachverhaltsgestaltungen im Wege teleologischer Reduktion iSv „**Arbeitgeber**" verstanden werden, so dass die Anzahl der beschäftigten Arbeitnehmer zusammenzurechnen ist.[76] Dieses Verständnis liegt auch der Vorschrift des § 622 Abs 5 Nr 2 Satz 2 BGB zugrunde, in der es ebenfalls um die Privilegierung kleinerer Arbeitgeber im Zusammenhang mit der Anrechnung von Teilzeitkräften geht. In dieser Vorschrift spricht das Gesetz aber ausdrücklich von der Zahl der „vom Arbeitgeber" beschäftigten Arbeitnehmer. Das BVerfG hat mit Beschluss vom 27.1.1998[77] zu § 23 Abs 1 Satz 2 KSchG idF des Gesetzes vom 26.4.1985[78] entschieden, dass die für die Herausnahme der Kleinbetriebe aus dem allgemeinen Kündigungsschutz anerkannten sachlichen Gründe dann eine an Art. 3 Abs 1 GG gemessene Benachteiligung der Arbeitnehmer von Kleinbetrieben nicht zu rechtfertigen vermögen, wenn es sich um **größere Unternehmen** handelt, die strukturell in organisatorische Einheiten gegliedert sind, die jeweils für sich betrachtet der Kleinbetriebsklausel unterfallen. Von daher sei im Wege **verfassungskonformer Auslegung** der Betriebsbegriff auf die Einheiten zu beschränken, für deren Schutz die Kleinbetriebsklausel allein bestimmt ist. Trotz dieser sich am Einzelfall orientierenden Maßgabe hat das BVerfG das bewusste Festhalten des Gesetzgebers an dem Begriff „Betrieb" als Unterscheidungsmerkmal gerade nicht beanstandet.[79] Von daher ist der Annahme entgegenzutreten, das BVerfG hätte in besagter Entscheidung eine Gleichsetzung des Begriffs „Arbeitgeber bzw Unternehmen" mit dem Betriebsbegriff des § 23 Abs 1 KSchG vorgenommen.[80] Diese Beurteilung wird gesetzlich insofern bestätigt, als sowohl das Gesetz zu Korrekturen in der Sozialversicherung und zur Sicherung der Arbeitnehmerrechte als auch nunmehr das Gesetz zu Reformen am Arbeitsmarkt nach wie vor auf die Zahl der Beschäftigten in den Betrieben und Verwaltungen abstellen und nicht, wie vielfach vorgeschlagen, auf das Unternehmen oder den Arbeitge-

---

74 BAG 19.4.1990 – 2 AZR 487/89 – AP KSchG 1969 § 23 Nr 8.
75 Bepler AuR 1997 S 54 ff; ArbG Hamburg 10.3.1997 – 27 Ca 192/96 – DB 1997, 2439 f.
76 APS/Moll § 23 Rn 40 f; ErfK/Kiel § 23 Rn 3, 4; KDZ/Kittner/Deinert § 23 Rn 11; Löwisch/Spinner § 23 Rn 10.
77 1 BvL 15/87 – AP KSchG 1969 § 23 Nr 17.
78 BGBl I S 710.
79 BVerfG 27.1.1998 – 1BvL 15/87 – AP KSchG 1969 § 23 Nr 17; BAG 3.6.2004 – 2 AZR 386/03 – AP KSchG 1969 § 23 Nr 33; HK-KSchG/Kriebel § 23 Rn 24; vHH/L/v. Hoyningen-Huene § 23 Rn 11.
80 Ebenso Falder NZA 1998, 1254, 1257; aA Kittner NZA 1998, 731 f.

ber.[81] Nach der Entscheidung des BVerfG vom 27.1.1998[82] dürfte die **Praxis vieler Unternehmen (Arbeitgeber), eine Vielzahl von Kleinbetrieben zu gründen, um damit der Anwendbarkeit des KSchG zu entgehen, nicht mehr erfolgsversprechend sein.**[83] Soweit insbesondere nach dem Beschluss des BVerfG eine verfassungskonforme Auslegung des Betriebsbegriffs auf **konzernverbundene Kleinbetriebe** gefordert wird,[84] ist dieser Ansicht nicht zu folgen.[85] Zunächst ist festzustellen, dass sich das BVerfG zu dieser Frage nicht geäußert hat. Gegen einen vorrangig im Lichte der verfassungsrechtlichen Erwägungen des BVerfG zu beurteilenden Konzernbezug des Betriebsbegriffs iSd § 23 Abs 1 KSchG spricht, dass damit die vertragsrechtliche Beziehung zum Arbeitgeber aufgehoben würde. Im Anwendungsbereich der ausnahmsweise gebotenen Einzelfall bezogenen Gleichstellung des Betriebs mit dem Unternehmen bleibt die Beziehung zum selben Arbeitgeber bestehen.[86] Selbst bei der Fallgestaltung eines einheitlichen Betriebs mehrerer Unternehmen wird eine einheitliche Betriebsleitung vorausgesetzt, dh es muss eine einheitliche Ausübung von Arbeitgeberfunktionen im personellen und sozialen Bereich bestehen. Letzteres wäre bei einem Konzernbezug des Betriebsbegriffs iSd § 23 Abs 1 KSchG nicht gegeben. Es ist stets zwischen konzernrechtlicher Weisungsbefugnis und betrieblichem Leitungsapparat zu unterscheiden.[87] Eine unternehmerische Zusammenarbeit allein, insbesondere durch Organschafts- und Beherrschungsverträge, reicht weder für die Annahme eines gemeinsamen Betriebs mehrerer Unternehmen noch zur Zusammenrechnung der Arbeitnehmer dieser Unternehmen aus.[88] Konzernrechtliche Weisungsmacht kann zwar bis zur Betriebsebene durchschlagen; sie erzeugt jedoch für sich gesehen noch keinen betriebsbezogenen Leitungsapparat.[89] Eine so weit gehende Auslegung des Betriebsbegriffs („Entmaterialisierung des Begriffskerns") würde im Übrigen auch an rechtsstaatliche Grenzen stoßen.[90] Dies hat das BAG mit sei-

---

81 BAG 3.6.2004 – 2 AZR 386/03 – AP KSchG 1969 § 23 Nr 33; Bader NZA 1999, 64, 66; Gragert NZA 2000, 961, 963.
82 AaO.
83 BAG 12.11.1998 – AP KSchG 1969 § 23 Nr 20; „kein unternehmensübergreifender Berechnungsdurchgriff im Konzern"; BAG 29.4.1999 – 2 AZR 352/98 – AP KSchG 1969 § 23 Nr 21; Gragert/Kreutzfeldt NZA 1998, 567, 569.
84 Grundlegend Bepler AuR 1997, 54, 58, der insoweit dogmatisch eine teleologische Reduktion der Kleinbetriebsklausel vorschlägt; Buschmann AuR 1998, 210 ff; Kittner NZA 1998, 731 f.
85 BAG 12.11.1998 – 2 AZR 459/97 – AP KSchG 1969 § 23 Nr 20; „kein unternehmensübergreifender Berechnungsdurchgriff im Konzern"; BAG 29.4.1999 – 2 AZR 352/98 – AP KSchG 1969 § 23 Nr 21; BAG 3.6.2004 – 2 AZR 386/03 – AP KSchG 1969 § 23 Nr 33, „regelmäßig nicht unternehmens-, dh nicht arbeitgeberübergreifend"; ErfK/Kiel 23 KSchG Rn 3,6; Gragert/Kreutzfeldt NZA 1998, 567, 569; Falder NZA 1998, 1254, 1258.
86 Falder NZA 1998, 1254, 1258.
87 BAG 3.6.2004 – 2 AZR 386/03 – AP KSchG 1969 § 23 Nr 33.
88 BAG 18.1.1990 – 2 AZR 355/89 – AP KSchG 1969 § 23 Nr 9; Falder NZA 1998, 1254, 1258.
89 BAG 3.6.2004 – 2 AZR 386/03 – AP KSchG 1969 § 23 Nr 33; BAG 13.6.2002 – 2 AZR 327/01 – AP KSchG § 23 Nr 29; BAG 29.4.1999 – 2 AZR 352/98 – AP KSchG 1969 § 23 Nr 21.
90 „Bestimmtheit der Norm"; vgl Gragert/Kreutzfeldt NZA 1998, 567, 569; Falder NZA 1998, 1254, 1258.

ner Entscheidung vom 13.6.2002[91] nochmals bestätigt; der Kündigungsschutz nach dem KSchG sei nicht unternehmens-, dh Arbeitgeber übergreifend ausgestaltet. Im Übrigen hat der Gesetzgeber die Rechtsprechung des BAG zum Betriebsbegriff iSd § 23 Abs 1 KSchG und zum ausnahmsweise unternehmensübergreifenden Kündigungsschutz im Gemeinschaftsbetrieb mit der Regelung des § 322 UmwG bestätigt. Indem der Gesetzgeber sich in § 322 UmwG der Konstruktion einer Fiktion („gilt dieser als Betrieb iSd Kündigungsschutzrechts") bedient hat, hat er zugleich zum Ausdruck gebracht, dass er den Fall eines gemeinsamen Betriebs mehrerer Unternehmen an sich nicht mehr vom Normgehalt des § 23 Abs 1 Satz 2 KSchG umfasst sieht.[92]

12 Vom Begriff des Betriebs ist der des **Unternehmens** abzugrenzen. Das Unternehmen ist die organisatorische Einheit, die hinter dem arbeitstechnischen Zweck des Betriebs liegende wirtschaftliche oder ideelle Zwecke verfolgt.[93] Dabei kann ein Unternehmen aus nur einem Betrieb oder auch aus mehreren Betrieben bestehen. Der Verständlichkeit halber kann man das Unternehmen mit dem Begriff des Arbeitgebers im Rahmen des KSchG gleichsetzen.

13 **bb) Einzelfälle. Betriebsteile** sind gegenüber dem Hauptbetrieb organisatorisch unselbständig und knüpfen an eine Teilfunktion des arbeitstechnischen Zweckes des Hauptbetriebs an.[94] Ihnen fehlt typisiert betrachtet ein eigenständiger Leitungsapparat.[95] Besteht jedoch durch Aufgabenbereich und Organisation eine Eigenständigkeit iSd Betriebsbegriffs, handelt es sich im Hinblick auf ihre organisatorische Einheit auch um einen (selbstständigen) Betrieb iS des KSchG.[96] Die Fiktionswirkung des § 4 Abs 1 Satz 1 BetrVG findet nach Ansicht des BAG keine Anwendung auf den Betriebsbegriff iSd KSchG.[97] Mithin genügt allein die räumlich weite Entfernung des Betriebsteils vom Hauptbetrieb (vgl § 4 Abs 1 Satz 1 Nr 1 BetrVG) nicht, einen Betrieb iSd KSchG anzunehmen.[98] Ein solcher Betriebsteil ist im Anwendungsbereich des KSchG lediglich ein unselbständiger Bereich, der dem (Haupt-) Betrieb zuzuschlagen ist. Ebenfalls findet § 4 Abs 2 BetrVG keine Anwendung, da der Betriebsbegriff des KSchG auf die organisatorische Einheit abstellt, die nicht durch die Arbeitnehmeranzahl deter-

---

91 2 AZR 327/01 – AP KSchG 1969 § 23 Nr 29, ebenso APS/Moll § 23 Rn 41; Gragert NZA 2000, 961, 964.
92 BAG 3.6.2004 – 2 AZR 386/03 – AP KSchG 1969 § 23 Nr 33; BAG 12.11.1998 – 2 AZR 459/97 – AP KSchG 1969 § 23 Nr 20.
93 KR/Oetker § 1 KSchG Rn 46.
94 BAG 15.3.2001 – 2 AZR 151/00 – NZA 2001, 831-833; APS/Moll § 23 KSchG Rn 11.
95 BAG 20.8.1998 – 2 AZR 84/98 – AP KSchG 1969 § 2 Nr 50; BAG 15.3.2001 – 2 AZR 151/00 – NZA 2001, 831-833; APS/Moll § 23 KSchG Rn 11; APS/Moll § 23 KSchG Rn 11.
96 APS/Moll § 23 KSchG Rn 11; DFL/Leschnig § 23 KSchG Rn 6.
97 BAG 21.6.1995 – 2 AZR 693/94 – AP BetrVG 1972 § 1 Nr 16; APS/Moll § 23 KSchG Rn 11; ErfK/Kiel § 23 KSchG Rn 4.
98 21.6.1995 – 2 AZR 693/94 – AP BetrVG 1972 § 1 Nr 16; KR/Griebeling § 1 KSchG Rn 139; aA Kania/Gilberg NZA 2000, 678, 680, die eine Harmonisierung von betriebsverfassungsrechtlichem und kündigungsrechtlichem Betriebsbegriff befürworten.

miniert wird.[99] Von einer Selbstständigkeit eines Betriebsteils ist hingegen beim Vorhandensein eines **institutionalisierten Leitungsapparates** auszugehen.[100] Gegen eine Selbstständigkeit spricht eine zentralisierte Personalverwaltung.[101]

Nebenbetriebe iSd § 4 Satz 2 BetrVG aF sind trotz ihrer Hilfsfunktion für den Hauptbetrieb (zB Reparaturbetrieb für Speditionsunternehmen) Betriebe isd KSchG. Sofern sie jedoch dem Hauptbetrieb nicht nur angegliedert, sondern in diesen eingegliedert sind,[102] wird man wohl seine Selbstständigkeit iSd § 23 KSchG verneinen müssen.[103] 14

Demgegenüber ist ein **Familienhaushalt** kein Betrieb, weil er allein der Befriedigung des Eigenbedarfs dient.[104] 15

Nach mittlerweile gefestigter Rechtsprechung des BAG können mehrere Unternehmen (Arbeitgeber) arbeitsrechtlich einen **einheitlichen Betrieb** auch im Anwendungsbereich des KSchG bilden.[105] Ob dies auch auf den öffentlichen Dienst übertragbar ist, dass mehrere rechtlich selbständige Verwaltungsträger eine einheitliche Verwaltung bilden können, hat das BAG ausdrücklich offen gelassen.[106] Eine „Gemeinschaftsverwaltung" kann sich nicht aus einer bloßen Zusammenarbeit zweier Gebietskörperschaften ergeben, sofern die organisatorische Trennung der Wirkungsfelder beider Verwaltungsträger ausdrücklich geregelt und beabsichtigt ist.[107] Voraussetzung für das Bestehen eines gemeinsamen Betriebs ist, dass die Unternehmen **rechtlich miteinander verbunden** sind, wobei diese rechtliche Vereinbarung nicht ausdrücklich geregelt sein muss, sondern sich auch aus den tatsächlichen Umständen ergeben kann.[108] Darüber hinaus ist erforderlich, dass ein **einheitlicher Leitungsapparat** besteht, der sicherstellt, dass insbesondere der Kern der Arbeitgeberfunktionen im sozialen und personellen Bereich von derselben institutionellen Leitung ausgeübt wird.[109] Ist danach ein Gemeinschaftsbetrieb gegeben, ist dieser der kündigungsschutzrechtliche Bezugspunkt mit der Folge, dass es für die Arbeitnehmerzahl iSd § 23 Abs 1 Satz 2 auf die im Gemeinschaftsbetrieb beschäftigten Arbeitnehmer derjenigen Unternehmen ankommt, die den Gemeinschaftsbetrieb bilden.[110] Es ist dabei unerheblich, wie viele Arbeitnehmer das einzelne Unternehmen beschäftigt. Der Gemeinschaftsbetrieb ist auch Bezugspunkt 16

---

99 APS/Moll § 23 KSchG Rn 12; ErfK/Kiel § 23 KSchG Rn 4.
100 BAG 29.5.1991 – 7 ABR 67/90 – AP BetrVG 1972 § 4 Nr 5.
101 BAG 17.2.1983 – 6 ABR 64/81 – AP BetrVG 1972 § 4 Nr 4.
102 APS/Moll § 23 Rn 12.
103 vHH/L/v. Hoyningen-Huene § 23 Rn 14.
104 APS/Moll § 23 KSchG Rn 10; ErfK/Kiel § 23 Rn 8; HK-KSchG/Kriebel § 23 Rn 1; KR/Bader § 23 KSchG Rn 31; Löwisch/Spinner § 23 Rn 9.
105 BAG 4.7.1957 – AZR 86/55 – AP KSchG § 21 Nr 1; BAG 13.9.1995 – 2 AZR 954/94 – AP KSchG 1969 § 1 Betriebsbedingte Kündigung Nr 72.
106 BAG 5.11.2009 – 2 AZR 383/08 – ZTR 2010, 268 f.
107 BAG 5.11.2009 – 2 AZR 383/08 – ZTR 2010, 268 f; LAG Baden-Württemberg 25.1.2008 – 9 Sa 42/07; KR/Bader § 23 KSchG Rn 29.
108 BAG 23.3.1984 – 7 AZR 249/81 – AP KSchG 1969 § 23 Nr 4; BAG 5.3.1987 – 2 AZR 623/85 – AP KSchG 1969 § 15 Nr 30; BAG 18.1.1990 – 2 AZR 355/89 – AP KSchG 1969 § 23 Nr 9.
109 BAG 18.1.1990 – 2 AZR 355/89 – AP KSchG 1969 § 23 Nr 9; KR/Bader § 23 KSchG Rn 47.
110 APS/Moll § 23 Rn 14.

für den Wegfall des Arbeitsbedarfs, der Beschäftigungsmöglichkeiten und der Sozialauswahl.[111] Ein Gemeinschaftsbetrieb endet mit der Auflösung (ausdrücklich oder konkludent) der einheitlichen Leitung. Ein solcher Fall ist regelmäßig gegeben, wenn über das Vermögen eines der beteiligten Unternehmen das Insolvenzverfahren eröffnet wird und der Insolvenzverwalter den Teil des von ihm geleiteten Unternehmens stilllegt.[112] Mit seinem Ende entfallen sämtliche Auswirkungen im Kündigungsschutzrecht. Allein eine unternehmerische Zusammenarbeit zB durch Beherrschungsverträge reicht nicht aus, einen gemeinsamen Betrieb mehrerer Unternehmen anzunehmen. Dass die beteiligten Unternehmen unterschiedliche Zwecke verfolgen, steht der Annahme eines gemeinsamen Betriebs nicht zwingend entgegen.[113] In der Beziehung zwischen **Wohnungseigentümern und Verwalter** is der §§ 20 ff WEG fehlt es regelmäßig an dem erforderlichen einheitlichen Leitungsapparat.[114] In § 322 des am 1.1.1995 in Kraft getretenen Gesetzes zur Bereinigung des **Umwandlungsrechts** findet der sog **Gemeinschaftsbetrieb** erstmalig gesetzliche Anerkennung. Sofern nach den §§ 123 ff. UmwG eine Betriebsspaltung aufgrund einer Unternehmensspaltung durchgeführt wurde, bestimmt § 322 Abs 2 UmwG aF, nunmehr § 322 UmwG, dass dieser gespaltene Betrieb auch dann als Betrieb iSd KSchG gilt, wenn die beteiligten Rechtsträger nach dem Wirksamwerden der Spaltung den Betrieb gemeinsam führen.[115] Diese Rechtsfolge tritt jedoch nur dann ein, wenn die Voraussetzungen der Führung eines gemeinsamen Betriebs zwischen den beteiligten Rechtsträgern tatsächlich auch vorliegen. Nach dem Wortlaut des § 322 Abs 1 UmwG aF **galt die Vermutung der gemeinsamen Betriebsführung** nur für die Anwendung des Betriebsverfassungsrechts, nicht jedoch in kündigungsrechtlicher Hinsicht.[116] Durch die Aufhebung des § 322 Abs1 UmwG und Neufassung in § 1 Abs 2 Satz 2 BetrVG ergibt sich nichts anderes. Zwar enthält der neue Wortlaut nicht mehr den Anwendungsbezug zum Betriebsverfassungsrecht, jedoch ergibt sich dieser durch seine gesetzessystematische Stellung im BetrVG.[117] Ein gemeinsamer Betrieb mehrerer rechtlich selbstständiger Unternehmen (Arbeitgeber) besteht häufig bei gesellschaftsrechtlich verflochtenen Unternehmen, die an einem einheitlichen Standort wechselseitig dienliche arbeitstechnische Zwecke in nach außen hin unternehmensrechtlich selbstständiger Form erbringen (Müller Fertigungs-GmbH und Müller Vertriebs-GmbH). Ein gemeinschaftlicher Betrieb zwischen einer Konzernholding und einer Tochtergesellschaft liegt nicht allein deswegen vor, weil die Konzernholding gegenüber der Tochtergesellschaft bestimmte Aufgabenerledigungen anordnet. Die konzernrechtliche Leitungsbefugnis ist von dem erforderlichen einheitlichen Leitungsapparat auf betrieblicher Ebene zu un-

---

111 BAG 13.6.1985 – 2 AZR 452/84 – AP KSchG 1969 § 1 Nr 10; BAG 5.5.1994 – 2 AZR. 917/93 – AP KSchG 1969 § 1 Soziale Auswahl Nr 23.
112 BAG 17.1.2002 – 2 AZR 57/01 – NZA 2002, 999.
113 BAG 13.6.1985 – 2 AZR 452/84 – AP KSchG 1969 § 1 Nr 10.
114 LAG Köln 6.11.1991 – 7 Sa 627/91 – LAGE § 23 KSchG Nr 9.
115 vHH/L/v. Hoyningen-Huene § 23 Rn 17.
116 Bauer/Lingemann NZA 1994, 1069; Wlotzke DB 1995, 44; APS/Moll § 23 Rn 19; vHH/L/v. Hoyningen-Huene § 23 Rn 13 b.
117 vHH/L/v. Hoyningen-Huene § 23 Rn 16 f.

terscheiden.[118] Ein besonderer Anwendungsfall eines Betriebs mehrerer Unternehmer ist in der Baubranche die sog **Bauarbeitsgemeinschaft**. Mehrere Bauunternehmen bilden zum Zwecke der Durchführung eines Großauftrags entsprechend einem regelmäßig typisierten Arbeitsgemeinschaftsvertrag einen Betrieb[119] Diese Fallgestaltung ist vergleichbar mit **Arbeitsverhältnissen in Gesamthafenbetrieben**, die von mehreren Arbeitgebern nach § 1 Gesamthafenbetriebsgesetz gebildet werden können.[120] Gesamthafenbetrieb und Hafeneinzelbetrieb bilden jedoch regelmäßig keinen einheitlichen Betrieb.[121]

Nach § 323 Abs 1 UmwG verändert sich die kündigungsrechtliche Stellung eines Arbeitnehmers für die Dauer von zwei Jahren ab dem Zeitpunkt des Wirksamwerdens einer **Betriebsspaltung** oder einer **Betriebsteilübertragung** auf der Grundlage des UmwG nicht. Daraus folgt, dass dem zu kündigenden Arbeitnehmer der bisherige Kündigungsschutz für zwei Jahre auch dann erhalten bleibt, wenn der Betrieb unter die Kleinbetriebsklausel des § 23 Abs 1 Satz 2 KSchG fällt.[122]   17

c) Sonderregelungen für Kleinbetriebe; Neuregelung. aa) Anwendungsbereich. Auch nach der insoweit unveränderten Neufassung des § 23 Abs 1 Satz 2 KSchG durch das Gesetz zu Reformen am Arbeitsmarkt vom 24.12.2003 sind **sog Kleinbetriebe** vom Geltungsbereich der Vorschriften des Ersten Abschnitts ausgenommen. Allerdings findet für in Kleinbetrieben beschäftigte betriebsverfassungsrechtliche **Funktionsträger** der im Zweiten Abschnitt des KSchG geregelte Kündigungsschutz nach §§ 15, 16 KSchG Anwendung. Dies erklärt sich daraus, dass für die Frage der Betriebsratsfähigkeit nach dem BetrVG und dem betrieblichen Geltungsbereich nach dem KSchG unterschiedliche Schwellenwerte bestehen. Kleinbetriebe iSd § 23 Abs 1 Satz 2 KSchG auch idF des **Gesetzes zu Reformen am Arbeitsmarkt** vom 24.12.2003 sind Betriebe, in denen idR weniger als 5,25 Arbeitnehmer beschäftigt werden, wobei zur Berufsbildung Beschäftigte nicht mitzurechnen sind. Daran hat sich also auch nichts durch die Neufassung des § 23 Abs 1 KSchG geändert. Soweit nunmehr in § 23 Abs 1 Satz 3 KSchG von einem Schwellenwert von 10 Arbeitnehmern die Rede ist, greift dieser Wert nur Platz, sofern in Betrieben und Verwaltungen mit regelmäßig 10 oder weniger Arbeitnehmern ausschließlich der zu ihrer Berufsbildung Beschäftigten solche Arbeitnehmer beschäftigt werden, deren Arbeitsverhältnis nach dem 31.12.2003 begonnen hat. Diese Arbeitnehmer werden entsprechend der Zielsetzung des Gesetzes, Beschäftigung zu fördern, bis zu diesem Schwellenwert bei der Feststellung der Zahl der beschäftigten Arbeitnehmer nach Satz 2 des § 23 Abs 1 KSchG nicht berücksichtigt und haben im Übrigen folgerichtig keinen Kündigungsschutz. Damit wird im Ergebnis erreicht, dass sich an der Rechtslage der vor dem 1.1.2004 beschäftigten Arbeitnehmern in Bezug auf die Frage des Kündi-   18

---

118 BAG 13.6.2002 – 2 AZR 327/01 – AP KSchG 1969 § 23 Nr 29.
119 KR/Etzel § 1 KSchG Rn 145.
120 BAG 23.7.1970 – 2 AZR 426/69 – AP GesamthafenbetriebsG § 1 Nr 3.
121 BAG 30.5.1985 – AZR 321/84 – AP KSchG 1969 § 1 Betriebsbedingte Kündigung Nr 24.
122 APS/Steffan § 323 UmwG Rn 5; KR/Bader § 23 KSchG Rn 53 b; KR/Friedrich §§ 322, 323, 324 UmwG Rn 41; vHH/L/v. Hoyningen-Huene § 23 Rn 16.

gungsschutzes nach dem KSchG nichts geändert hat; ein erworbener Kündigungsschutz bleibt zeitlich unbegrenzt nach Maßgabe des insoweit für diese Arbeitnehmer unverändert fort geltenden KSchG bestehen. Gleichzeitig kann der Arbeitgeber bis zu dem nach Maßgabe des § 23 Abs 1 Satz 4 KSchG zu berechnenden Schwellenwertes von 10 regelmäßig beschäftigten Arbeitnehmern nach dem 31.12.2003 Arbeitnehmer einstellen, ohne dass sich insoweit die Anzahl der zu berücksichtigenden Arbeitnehmer verändert. Dadurch hat der Reformgesetzgeber verschiedene Schwellenwerte für Alt- und Neu-Arbeitnehmer eingeführt und damit kündigungsschutzrechtlich gespaltene Belegschaften geschaffen.[123] Als **Ergebnis** lässt sich auf der Grundlage aller anerkannten Auslegungskriterien uneingeschränkt festhalten, dass auch nach der Neufassung des § 23 Abs 1 KSchG der bisherige Schwellenwert gem § 23 Abs 1 Satz 2 KSchG von fünf idR beschäftigten Arbeitnehmern ausschließlich der zu ihrer Berufsbildung Beschäftigten im Gegensatz zur früheren durch das Arbeitsrechtliche Beschäftigungsförderungsgesetz vom 25.9.1996 Gesetz gewordenen Fassung des § 23 Abs 1 Satz 2 (10) unveränderter Anwendung findet. Der Schwellenwert nach § 23 Abs 1 Satz 3 KSchG von zehn idR beschäftigten Arbeitnehmern ausschließlich der zu ihrer Berufsbildung Beschäftigten kann überhaupt nur insofern zum Tragen kommen, als der Arbeitgeber Arbeitnehmer beschäftigt, deren Arbeitsverhältnis nach dem 31.12.2003 begonnen hat. Ist das der Fall haben solche Arbeitnehmer keinen Kündigungsschutz, sofern unter Einrechnung dieser Arbeitnehmer der Schwellenwert von zehn idR beschäftigten Arbeitnehmern nicht überschritten wird.

19 Bei der Feststellung der Zahl der beschäftigten Arbeitnehmer nach Satz 2 und 3 sind nach Satz 4 des § 23 Abs 1 KSchG teilzeitbeschäftigte Arbeitnehmer mit einer regelmäßigen wöchentlichen Arbeitszeit von nicht mehr als 20 Stunden mit 0,5 und nicht mehr als 30 Stunden mit 0,75 zu berücksichtigen. Die Berücksichtigung von teilzeitbeschäftigten Arbeitnehmern nach Beschäftigungsfaktoren wurde durch das **Arbeitsrechtliche Beschäftigungsförderungsgesetz** vom 25.9.1996 eingeführt,[124] die durch das **Gesetz zu Korrekturen in der Sozialversicherung und zur Sicherung der Arbeitnehmerrechte** vom 19.12.1998[125] modifiziert wurde.[126]

20 Wegen der näheren Einzelheiten der Änderungen (Schwellenwerte, Berücksichtigung von teilzeitbeschäftigten Arbeitnehmern und Übergangsfragen) sowohl durch das Arbeitsrechtliche Beschäftigungsförderungsgesetz vom 25.9.1996 als auch durch das „Korrekturgesetz" vom 19.12.1998 wird auf die ausf Darstellungen in der ersten Aufl verwiesen.[127]

21 **bb) Regelungszweck.** Die Kleinbetriebsklausel **bezweckt** den besonderen Verhältnissen kleinerer Betriebe und Verwaltungen Rechnung zu tragen.[128] Das BAG sieht seine Rechtfertigung in den engen persönlichen Beziehun-

---
123 Quecke RdA 2004, 86, 104.
124 BGBl I S 1476.
125 BGBl I S 3843.
126 Einzelheiten s Rn 26.
127 S Rn 1, 6, 18, 25 bis 29; vgl auch vHH/L/v. Hoyningen-Huene § 23 Rn 33.
128 S auch APS/Moll § 23 KSchG Rn 40; BTM/Backmeister § 23 KSchG Rn 2; KR/Bader § 23 KSchG Rn 13.

gen des Kleinbetriebsinhabers, der geringeren verwaltungsmäßigen und wirtschaftlichen Belastbarkeit der Kleinbetriebe und der Gewährleistung größerer arbeitsmarktpolitischer Freizügigkeit des Kleinunternehmers.[129] Diese Gesichtspunkte galten auch für Betriebe mit bis zu 10 Arbeitnehmern auf der Grundlage des Arbeitsrechtlichen Beschäftigungsförderungsgesetzes vom 25.9.1996,[130] so dass sich mit der Erhöhung des Schwellenwerts an der Rechtfertigung der gesetzgeberischen Entscheidung nichts geändert hatte. Die Modifikation der Kleinbetriebsklausel durch das Gesetz zu Reformen am Arbeitsmarkt vom 24.12.2003 beruht auf der Überlegung Beschäftigungshemmnisse abzubauen, um Beschäftigungsimpulse als Folge (angenommener) gestärkter Wachstumskräfte zu setzen. Um dabei kleinen Unternehmen die Entscheidung zu Neueinstellungen zu erleichtern, wurde der Schwellenwert von 5 anrechenbaren Arbeitnehmern beibehalten, jedoch Neueinstellungen bis zu einem Schwellenwert von 10 anrechenbaren Arbeitnehmern ohne Auswirkungen auf den am 31.12.2003 bestehenden konkreten betrieblichen Status quo zugelassen.[131] Im Interesse der Rechtssicherheit wurde die Zahl der nicht zu berücksichtigenden nach dem 31.12.2003 neu beschäftigten Arbeitnehmern auf den Schwellenwert von regelmäßig zehn beschäftigten Arbeitnehmern mit Ausnahme der zu ihrer Berufsbildung Beschäftigten begrenzt.[132]

cc) Grundgesetz und Unionsrecht. Die Herausnahme der Kleinbetriebe aus dem Geltungsbereich des KSchG verstößt weder gegen den Gleichheitssatz des Art. 3 GG, noch stellt sie eine mittelbare Frauendiskriminierung[133] und damit einen Verstoß gegen die EG-Richtlinie 76/207 vom 9.2.1976 dar.[134] Dies haben das BAG[135] und der EuGH[136] in Bezug auf die bis zum 30.9.1996 gültige Kleinbetriebsklausel (Schwellenwert 5) festgestellt. Eine mittelbare Benachteiligung besteht insofern nicht, als die Kleinbetriebsklausel weder zwischen Frauen und Männern noch zwischen Teilzeit- und Vollzeitbeschäftigten differenziert, sondern allein zwischen Betriebsgrößen.[137] Mit Beschluss vom 27.1.1998[138] hat auch das BVerfG auf den Vorlagebeschluss des ArbG Reutlingen vom 11.12.1986[139] entschieden, dass die **Kleinbetriebsklausel** nach § 23 Abs 1 Satz 2 KSchG idF des Gesetzes vom 26.4.1985 (Schwellenwert 5)[140] **bei verfassungskonformer Auslegung mit dem Grundgesetz vereinbar** ist. Nach dieser Entscheidung liegt ein Ver-

22

---

129 BAG 9.6.1983 – 2 AZR 494/81 – AP KSchG 1969 § 23 Nr 2; BAG 19.4.1990 – 2 AZR 487/89 – AP KSchG 1969 § 23 Nr 8; ebenso APS/Moll § 23 KSchG Rn 5; KR/Bader § 23 KSchG Rn 13; vHH/L/v. Hoyningen-Huene § 23 Rn 34.
130 Löwisch/Spinner KSchG § 23 Rn 2 und 5.
131 BT-Drucks 15/1204 S 1, 2, 8, 13 und 14; so die Begründung für die an sich vorgesehene Lösung mit bis zu fünf nicht anzurechnenden befristet beschäftigten Arbeitnehmern, die der Sache nach weiterhin gilt.
132 BT-Drucks 15/1587 S 32; so die Begründung für die an sich vorgesehene Regelung; s Rn 85.
133 APS/Moll § 23 KSchG Rn 38.
134 APS/Moll § 23 KSchG Rn 39 f; aA wohl KR/Bader § 23 KSchG Rn 15.
135 19.4.1990 – 2 AZR 487/89 – AP KSchG 1969 § 23 Nr 8.
136 30.11.1993 – C-189/91 – AP KSchG 1969 § 23 Nr 13.
137 APS/Moll § 23 KSchG Rn 38; s auch BTM/Backmeister § 23 KSchG Rn 5, 5 a.
138 1 BvL 15/87 – AP KSchG 1969 § 23 Nr 17.
139 1 Ca 397/86 – DB 1987, 1052.
140 BGBl I S 710.

stoß weder gegen Art. 12 Abs 1 GG noch gegen Art. 3 Abs 1 GG vor. Die Kleinbetriebsklausel stellt einen sachgerechten Ausgleich der Interessen von Kleinunternehmer und Arbeitnehmern dar, weil Kleinbetriebe typischerweise durch enge persönliche Zusammenarbeit, geringere Finanzausstattung und einen Mangel an Verwaltungskapazität geprägt sind. Auch wenn ein Unternehmer mehrere Kleinbetriebe unterhält, werden die Zahlen der dort Beschäftigten nicht automatisch zusammengerechnet, wenn es sich tatsächlich um organisatorisch hinreichend verselbständigte Einheiten und deshalb um selbständige Betriebe handelt. Es ist aber sicherzustellen, dass damit aus dem Geltungsbereich des Gesetzes nicht auch Einheiten größerer Unternehmen herausfallen, auf die die typischen Merkmale des Kleinbetriebs (enge persönliche Zusammenarbeit etc) nicht zutreffen. Das wiederum ist nicht stets schon dann der Fall, wenn dem Betrieb auch nur eines dieser typischen Merkmale fehlt. Maßgebend sind vielmehr die Umstände des Einzelfalls.[141] Gleichfalls ist die Berücksichtigung von Teilzeitbeschäftigten nach Abs 1 Satz 3 des § 23 KSchG verfassungsrechtlich nicht zu beanstanden.[142] Durch die Anhebung des bis zum 31.12.1998 geltenden Schwellenwerts von 5 auf 10 anrechenbaren Arbeitnehmern hatte sich an der zutreffenden verfassungs- und unionsrechtlichen (früher: europarechtlichen) Wertung nichts geändert. Erst recht hat sich durch die Modifikation der Kleinbetriebsklausel durch das Gesetz zu Reformen am Arbeitsmarkt vom 24.12.2003 in Form der Nichtberücksichtigung von nach dem 31.12.2003 neu eingestellten Arbeitnehmern bis zu einem Schwellenwert von 10 anrechenbaren Arbeitnehmern hat sich an der verfassungsrechtlichen und europarechtlichen Beurteilung in Bezug auf die Kleinbetriebsklausel als solcher nichts geändert.[143] Nach wie vor liegen auch bei dieser Betriebsgröße in tatsächlicher Hinsicht die oben aufgezeigten Rechtfertigungsgründe für die Herausnahme aus dem Geltungsbereich des KSchG vor. Dies gilt auch dann, wenn ein nach dem 31.12.2003 gegründetes Unternehmen in seinem Betrieb 20 teilzeitbeschäftigte Arbeitnehmer mit einem Beschäftigungsfaktor von 0,5 eingestellt hat. Ein Verstoß gegen Artikel 3 GG mit der Begründung, nach altem Recht hätten Arbeitnehmer bei einer Arbeitnehmerzahl von zB acht idR beschäftigten Arbeitnehmern nach § 23 Abs 1 Satz 2 KSchG Kündigungsschutz, während dies nach neuem Recht dann nicht der Fall wäre, hätte der Arbeitgeber davon drei in Vollzeit beschäftigte Arbeitnehmer nach dem 31.12.2003 eingestellt, ist auf der Grundlage der Rechtsprechung des BVerfG nicht anzunehmen. Das Ziel des Gesetzgebers, Massenarbeitslosigkeit zu bekämpfen,[144] hat aufgrund des Sozialstaatsprinzips Verfassungsrang[145] und stellt im Hinblick auf die Einschätzungs- und Normsetzungsprärogative des Gesetzgebers, das angestrebte Ziel mit der gesetzlichen Maßnahme zu verwirklichen, einen sachlich motivierten Differenzierungsgrund in Bezug auf Artikel 3 GG dar. Die-

---

141 BAG 28.10.2010 – 2 AZR 392/08 – PM Nr 83/10.
142 BVerfG 27.1.1998 – 1 BvL 22/93 – AP KSchG 1969 § 23 Nr 18; vHH/L/v. Hoyningen-Huene § 23 Rn 35 mwN.
143 DFL/Leschnig § 23 KSchG Rn 4; Löwisch/Spinner § 23 KSchG Rn 4 f; Spinner BB 2004, 154,161; Bader NZA 2004, 65, 66; aA Buschmann ArbuR 2004,3.
144 Vgl BT-Drucks 15/1204 S 1; BT-Drucks 15/1509 S 1.
145 BVerfG 3.4.2001 – 1 BvL 32/97 – AP BUrlG § 10 Kur Nr 2.

se Rechtsprechung des BVerfG gilt auch für die Arbeitnehmer, deren Arbeitsverhältnis nach dem 31.12.2003 begonnen hat, im Verhältnis zueinander. Diejenigen neu eingestellten Arbeitnehmer, die in einem Betrieb oder einer Verwaltung mit einer regelmäßigen Arbeitnehmerzahl mit Ausnahme der zu ihrer Berufsbildung Beschäftigten von maximal zehn Arbeitnehmern beschäftigt sind, genießen keinen Kündigungsschutz, während solche Arbeitnehmer in einem Betrieb oder Verwaltung mit mehr als zehn regelmäßig beschäftigten Arbeitnehmern unter den sonstigen allgemeinen Voraussetzungen Kündigungsschutz haben. Im Übrigen ist zu berücksichtigen, dass schon nach bisherigem Recht auf Befristungsbasis neu eingestellte Arbeitnehmer keineswegs schlechthin iSd § 23 Abs 1 Satz 2 KSchG mitzuzählen sind. Wegen des Erfordernisses „in der Regel" sind Arbeitnehmer nicht mitzuzählen, sofern sie nur vorübergehend aus Anlass eines vermehrten Arbeitsanfalls oder zur Vertretung von Stammpersonal arbeiten.[146]

dd) Beschäftigtengruppen. Nach § 23 Abs 1 Satz 2 KSchG hängt die Anwendung des allgemeinen Kündigungsschutzes von der Zahl der vom Arbeitgeber beschäftigten **Arbeitnehmer** ab. Daraus folgt, dass in Übereinstimmung mit den anderen Vorschriften des KSchG bei der Berechnung der Beschäftigtenzahl nur Beschäftigte mit **Arbeitnehmerstatus** mitgezählt werden, sofern sie ein wirksam begründetes Arbeitsverhältnis mit dem Arbeitgeber haben.[147] Der Arbeitnehmerstatus bestimmt sich nach den von Rechtsprechung und Lehre entwickelten Kriterien.[148] Von daher sind auch **leitende Angestellte**, wie sich bereits aus § 14 Abs 2 KSchG ergibt, ebenso zu berücksichtigen wie **Familienangehörige**, soweit sie in einem Arbeitsverhältnis stehen.[149] Es kommt auch weder darauf an, ob deutsches Arbeitsrecht auf ihr Arbeitsverhältnis anzuwenden ist noch ob das Arbeitsverhältnis vorübergehend ruht.[150] Eine § 5 Abs 2 Nr 5 BetrVG entsprechende Ausnahmevorschrift enthält das KSchG nicht. Für die Frage des Arbeitnehmerstatus ist der Umfang der geschuldeten Arbeitsleistung unerheblich (geringfügig beschäftigte Teilzeitarbeitnehmer, Teilzeitarbeitnehmer generell, Aushilfen). Der Umfang der Teilzeit- und der Charakter der Aushilfsbeschäftigung sind jedoch für die Frage des Ob (regelmäßige Beschäftigtenzahl) und des Wie (zeitanteilige Berücksichtigung) von entscheidender Bedeutung. **Leiharbeitnehmer** werden mangels eines nicht zum Inhaber des Betriebes (Arbeitgeber) bestehenden Arbeitsvertrages nicht mitgezählt.[151] Sie gehören zur Belegschaft des Verleiherbetriebs. Lediglich in den Fällen unerlaubter gewerbsmäßiger Arbeitnehmerüberlassung zählen sie im Hinblick auf das nach § 10 Abs 1 AÜG fingierte Arbeitsverhältnis zum Entlei-

---

146 Thüsing/Stelljes BB 2003, 1673, 1678.
147 KR/Bader § 23 KSchG Rn 41; BAG 16.2.1983 – AZR 118/81 – AP AngestelltenkündigungsG § 2 Nr 8.
148 S § 1 Rn 23 ff; ErfK/Kiel § 23 KSchG Rn 11.
149 ErfK/Kiel § 23 Rn 19; KR/Bader § 23 KSchG Rn 41; vHH/L/v. Hoyningen-Huene § 23 Rn 43.
150 ErfK/Kiel § 23 KSchG Rn 11; KDZ/Kittner/Deinert § 23 KSchG Rn 21; KR/Bader § 23 KSchG Rn 19; vHH/L/v. Hoyningen-Huene § 23 KSchG Rn 44.
151 BTM/Backmeister § 23 KSchG Rn 14 a; DFL/Leschnig § 23 KSchG Rn 23; ErfK/Kiel § 23 KSchG Rn 19; Thüsing/Laux/Lembke-Thüsing § 23 KSchG Rn 16.

herbetrieb.[152] Demgegenüber hat nunmehr das BAG in Fortsetzung entsprechender Judikate zu § 111 BetrVG[153] und zu § 9 BetrVG[154] auf der Grundlage einer dem Regelungszweck der Kleinbetriebsklausel entsprechenden Auslegung der Begriffe „von im Betrieb beschäftigten Arbeitnehmern" entschieden, dass bei der Bestimmung der Betriebsgröße iSv § 23 Abs 1 Satz 3 KSchG im Betrieb beschäftigte Leiharbeitnehmer zu berücksichtigen sind, wenn ihr Einsatz auf einem „in der Regel" vorhandenen Personalbedarf beruht.[155] Nicht zu berücksichtigen sind Leiharbeitnehmer, sofern sie zur Vertretung von Stammarbeitnehmern oder zur Bewältigung von Auftragsspitzen beschäftigt werden, die den allgemeinen Geschäftsbetrieb nicht kennzeichnen. Die Beschäftigung der Leiharbeitnehmer muss dem „Regelzustand" des Betriebs entsprechen, dh die in Rede stehenden Arbeitsplätze müssen im fraglichen Referenzzeitraum stets mit Arbeitnehmern besetzt gewesen sein oder sein werden, sei es mit eigenen Arbeitnehmern des Betriebsinhabers, sei es, etwa nach deren Ausscheiden oder „schon immer" mit (wechselnden) Leiharbeitnehmern.[156] **Heimarbeiter, Hausgewerbetreibende und sonstige arbeitnehmerähnliche Personen** zählen nicht zu den Arbeitnehmern iSd § 23 KSchG.[157] Ebenso verhält es sich mit Teilnehmern einer Fördermaßnahme nach dem SGB III.[158]

24 Ebenso wenig sind bei der Ermittlung der Beschäftigtenzahl die zu ihrer **Berufsbildung Beschäftigten** mitzuzählen. Damit soll erreicht werden, dass Arbeitgeber Einstellungen zu Ausbildungszwecken nicht unterlassen, um nicht die Grenzen der Kleinbetriebsklausel zu überschreiten.[159] Die Legaldefinition des § 1 Abs 1 BBiG kann zur Auslegung herangezogen werden.[160] Zur Berufsbildung gehören nach § 1 Abs 1 BBiG die Berufsausbildung, die berufliche Fortbildung und die berufliche Umschulung.[161] Entsprechend dem Schutzzweck dieser Bestimmung kommt es jedoch nicht entscheidend auf die formale Bezeichnung des Beschäftigungsverhältnisses an. Zur Berufsbildung beschäftigt ist derjenige, dessen Schwerpunkt der Beschäftigung in der Ausbildung besteht.[162] Daraus folgt auch, dass Anlernlinge, Praktikanten und Volontäre zur Berufsbildung Beschäftigte sein

---

152 APS/Moll § 23 KSchG Rn 27; Dornbusch/Wolff-Wolff § 23 KSchG Rn 8; ErfK/Kiel § 23 KSchG Rn 19; Thüsing/Laux/Lembke-Thüsing § 23 KSchG Rn 16.
153 18.10.2011 – 1 AZR 335/10 – AP BetrVG 1972 § 111 Nr 70 mit Anm Hamann jurisPR-ArbR 10/2012 Anm 1.
154 13.3.2013 – 7 ABR 69/11 – NZA 2013, 1613 bis 1616.
155 24.1.2013 – 2 AZR 140/12 – NZA 2013, 726 bis 729 mit Anm Hamann jurisPR-ArbR 30/2013 Anm. 4.
156 BAG 24.1.2013 – 2 AZR 140/12 – NZA 2013, 726 bis 729 mit Anm Hamann jurisPR-ArbR 30/2013 Anm 4.
157 BTM/Backmeister § 23 KSchG Rn 14a; ErfK/Kiel § 23 Rn 19; KR/Bader § 23 KSchG Rn 41; vHH/L/v. Hoyningen-Huene § 23 Rn 43; KDZ/Kittner/Deinert § 23 KSchG Rn 23.
158 Thüsing/Laux/Lembke-Thüsing § 23 KSchG Rn 16.
159 Löwisch/Spinner § 23 Rn 20.
160 APS/Moll § 23 KSchG Rn 28; DFL/Leschnig § 23 KSchG Rn 22; ErfK/Kiel § 23 KSchG Rn 18.
161 APS/Moll § 23 Rn 28; vHH/L/v. Hoyningen-Huene § 23 Rn 38 f; ErfK/Kiel § 23 KSchG Rn 18.
162 ErfK/Kiel § 23 Rn 18; KR/Bader § 23 KSchG Rn 43; vHH/L/v. Hoyningen-Huene § 23 Rn 39.

können,[163] sofern derartige Beschäftigte berufliche Erfahrungen, Fertigkeiten oder Kenntnisse erwerben sollen. Mit anderen Worten: Sie sind dann mitzurechnen, wenn der Schwerpunkt des Vertragsverhältnisses die Erledigung von Arbeit ist.[164] Ob die zur Berufsbildung Beschäftigten eine Vergütung erhalten, ist dabei unerheblich.

Teilzeitarbeitnehmer wurden ursprünglich wie Vollzeitarbeitnehmer bei der Berechnung des Schwellenwertes von fünf Arbeitnehmern nach § 23 Abs 1 Satz 2 KSchG voll mitgezählt. Vor der Neufassung des § 23 Abs 1 Satz 3 KSchG aufgrund des Arbeitsrechtlichen Beschäftigungsförderungsgesetzes vom 25.9.1996 wurden jedoch nach der vom 1.5.1985 bis zum 30.9.1996 geltenden Fassung des § 23 Abs 1 Satz 3 KSchG[165] bei der Feststellung der maßgeblichen Arbeitnehmerzahl nur Arbeitnehmer berücksichtigt, deren regelmäßige Arbeitszeit wöchentlich 10 Stunden oder monatlich 45 Stunden überstieg. Nicht in diesem Umfang, also geringer beschäftigte **Teilzeitarbeitnehmer** wurden bei der Feststellung der Zahl der beschäftigten Arbeitnehmer nicht berücksichtigt. Danach wurden abweichend von dieser Regelung aufgrund des am 1.10.1996 in Kraft getretenen Arbeitsrechtlichen Beschäftigungsförderungsgesetzes Teilzeitarbeitnehmer **entsprechend der Dauer ihrer Arbeitszeit anteilig berücksichtigt.** Durch diese Neuregelung der Berücksichtigung von Teilzeitarbeitnehmern bei der Feststellung des Schwellenwerts wurde auf das **Gesamtarbeitsvolumen** des Betriebs abgestellt mit der zu begrüßenden Folge, dass die nach der bisherigen Gesetzeslage festgestellte den Wettbewerb verzerrende Ungleichbehandlung der Betriebe entfällt. Außerdem wurde erreicht, dass es Arbeitgebern künftig verwehrt ist, geringfügig Beschäftigte in unbegrenztem Umfang einzustellen, ohne vom Geltungsbereich des KSchG erfasst zu werden. Der Umfang der Teilzeitbeschäftigung war danach unabhängig von der im einzelnen Betrieb bestehenden Vollarbeitszeit wie folgt prozentual anteilig zu berücksichtigen: Teilzeitarbeitnehmer mit einer regelmäßigen wöchentlichen Arbeitszeit von nicht mehr als 10 Stunden mit 25 %, von nicht mehr als 20 Stunden mit 50 % und von nicht mehr als 30 Stunden mit 75 % berücksichtigt. Teilzeitarbeitnehmer mit einer Arbeitszeit von mehr als 30 Stunden wöchentlich wurden bei der Berechnung des Schwellenwerts (damals 10 Arbeitnehmer) vollbeschäftigten Arbeitnehmern gleichgestellt und mit 100 % berücksichtigt. Beschäftigte danach **zB** ein Arbeitgeber 40 Arbeitnehmer mit jeweils bis zu 10 Wochenstunden (40 x 0,25 = 10), so fand das KSchG keine Anwendung, da nicht mehr als 10 Arbeitnehmer beschäftigt wurden. Im Rahmen des Gesetzes zu Korrekturen in der Sozialversicherung und zur Sicherung der Arbeitnehmerrechte vom 19.12.1998 wurde die Regelung zur anteiligen Berücksichtigung von Teilzeitbeschäftigten beim Schwellenwert im Grundsatz beibehalten, jedoch insoweit **modifiziert,** als teilzeitbeschäftigte Arbeitnehmer mit einer regelmäßigen wöchentlichen Arbeitszeit von nicht mehr als 10 Stunden nunmehr auch mit 0,5 zu berücksichtigen sind. Diese untere Grenze wurde mit dem

---

163 So für Apotheker-Praktikanten in BAG 5.8.1965 – 2 AZR 439/64 – AP KSchG § 21 Nr 2; APS/Moll § 23 KSchG Rn 28; ErfK/Kiel § 23 KSchG Rn 18; KDZ/Kittner/Deinert § 23 KSchG Rn 18; KR/Bader § 23 KSchG Rn 43.
164 ErfK/Kiel § 23 KSchG Rn 18.
165 BGBl I S 710.

Argument aufgehoben, es bestehe die Gefahr, dass es für den Arbeitgeber attraktiv sei, Arbeitnehmer nur in geringem Stundenumfang zu beschäftigen.[166] Die anteilige Berücksichtigung von Teilzeitbeschäftigten entsprechend ihres Arbeitsvolumens wurde durch das Gesetz zu Reformen am Arbeitsmarkt vom 24.12.2003 nicht verändert.

26 Problematisch ist allerdings im Einzelfall die **Ermittlung der regelmäßigen wöchentlichen Arbeitszeit** des Teilzeitarbeitnehmers. Für die vorzunehmende Feststellung des das Arbeitsverhältnis kennzeichnenden Beschäftigungsumfangs ist regelmäßig auf die arbeitsvertraglich vereinbarte Arbeitszeit zurückzugreifen (vgl § 2 Abs 1 Satz 1 TzBfG).[167] Unterscheidet sich jedoch die tatsächlich geleistete Arbeitszeit von der geschuldeten Arbeitszeit, so ist erstere maßgebend, wenn sie für den Beschäftigungsumfang kennzeichnend ist.[168] Bei unregelmäßiger Arbeitszeit ist gem § 2 Abs 1 Satz 2 TzBfG auf den Jahresdurchschnitt pro Woche oder Monat abzustellen.[169] Wie bei der Ermittlung der Zahl der regelmäßig Beschäftigten, ist auch für die Feststellung des das Arbeitsverhältnis prägenden Beschäftigungsumfangs vom Zeitpunkt des Zugangs der Kündigung ein Rückblick und eine Einschätzung der zukünftigen Entwicklung vorzunehmen. Gelegentlich anfallende Überstunden, Vertretungen und Kurzarbeit bleiben außer Ansatz. Auch bei Bedarfsarbeitsverhältnissen nach § 12 TzBfG ist gem § 2 Abs 1 Satz 2 TzBfG auf die im Jahresdurchschnitt geleistete Arbeitszeit abzustellen.[170] Entsprechendes gilt für Arbeitnehmer, die im Rahmen eines Jobsharing-Arbeitsverhältnisses regelmäßig mit verkürzter Arbeitszeit beschäftigt werden.[171]

27 Wegen der früheren Gesetzeslagen im Zusammenhang mit dem auch übergangsweise gesicherten Besitzstand von Teilzeitbeschäftigten kann auf die erste Aufl verwiesen werden,[172] da diese durchaus schwierigen Rechtsfragen keine praktische Bedeutung mehr haben.

28 **ee) Beschäftigtenzahl.** Nach der Änderung des Schwellenwerts durch das Arbeitsrechtliche Beschäftigungsförderungsgesetz vom 25.9.1996 bestand ab 1.10.1996 kein Kündigungsschutz für Arbeitnehmer in Betrieben, die 10 oder weniger Arbeitnehmer beschäftigten. **Kündigungsschutz** genossen also nur solche Arbeitnehmer, die in Betrieben mit mindestens **10,25 anrechenbaren Arbeitnehmern** beschäftigt waren.[173] Dann wurde durch Art. 6 Nr 2 a des Gesetzes vom 19.12.1998 der Schwellenwert für das Eingreifen des KSchG wieder auf 5 Arbeitnehmer gesenkt. Im Hinblick auf die am Arbeitsvolumen orientierte Berücksichtigung von Teilzeitbeschäftigten nach § 23 Abs 1 Satz 3 KSchG genießen seitdem solche Arbeitnehmer Kündigungsschutz, die in Betrieben mit mindestens **5,25 anrechenbaren Arbeit-**

---

166 BT-Drucks 14/151 S 38.
167 ErfK/Kiel § 23 KSchG Rn 16; vHH/L/v. Hoyningen-Huene § 23 Rn 42.
168 KR/Bader § 23 KSchG Rn 35.
169 ErfK/Kiel § 23 KSchG Rn 17; KR/Weigand § 23 KSchG Rn 35; vHH/L/v. Hoyningen-Huene § 23 Rn 42.
170 Dornbusch/Wolff-Wolff § 23 KSchG Rn 17; KR/Bader § 23 KSchG Rn 35; vHH/L/v. Hoyningen-Huene § 23 Rn 42.
171 Dornbusch/Wolff-Wolff § 23 KSchG Rn 17; ErfK/Kiel § 23 Rn 17.
172 S Rn 27.
173 Bader NZA 1996, 1126; Wlotzke BB 1997, 414, 415.

nehmern beschäftigt sind (zB 3 in Vollzeit beschäftigte Arbeitnehmer und 3 Teilzeitbeschäftigte mit einer regelmäßigen Arbeitszeit von bis zu 30 Wochenstunden: 3 + 0,75 x 3 = 5,25). **Eine Übergangsregelung für Arbeitgeber von Kleinbetrieben,** die in dem Vertrauen auf den durch das Arbeitsrechtliche Beschäftigungsförderungsgesetz eingeführten erhöhten Schwellenwert von 10 anrechenbaren Arbeitnehmern zusätzliche Einstellungen vorgenommen haben, sah dieses Gesetz nicht vor.[174] Durchgreifende verfassungsrechtliche Bedenken bestanden insoweit nicht. Denn es wurde bereits in der Koalitionsvereinbarung der Regierung vom 20.10.1998 angekündigt, dass in Sachen Kündigungsschutz zum alten Rechtszustand zurückgekehrt werden soll.[175] Der Arbeitgeber hatte bis zum 31.12.1998 ausreichend Zeit, den Personalbestand auf den zu erwartenden neuen Schwellenwert anzupassen. Im Übrigen wäre die einfachgesetzliche Ausgestaltung einer solchen Übergangsregelung auf Schwierigkeiten in der arbeitsgerichtlichen Praxis gestoßen, da der Arbeitgeber im Prozess seine der Einstellung zugrunde liegende Motivation im Einzelnen hätte darlegen und ggf beweisen müssen. Zur Frage der Zulässigkeit einer vorzeitigen Kündigung, die am Maßstab der Gesetzesumgehung zu beurteilen ist, s § 622 BGB Rn 17.[176] Nachdem anfangs das sog Clementsche Gleitmodell die Flexibilisierung der Anwendungsschwelle des KSchG bewirken sollte,[177] es jedoch auf Ablehnung der Gewerkschaften stieß,[178] und auch das danach von der Regierungskoalition gewollte Modell der Nichtberücksichtigung von maximal fünf in Vollzeit beschäftigten Arbeitnehmern beim Schwellenwert im Vermittlungsverfahren eine Absage erhielt,[179] wurde nunmehr mit dem **Gesetz zu Reformen am Arbeitsmarkt** vom 24.12.2003 die Elastizität der Anwendbarkeit des KSchG in der Form gestaltet, dass bei der Feststellung der Zahl der regelmäßig beschäftigten Arbeitnehmer bis zu einem Schwellenwert von zehn regelmäßig beschäftigten Arbeitnehmern mit Ausnahme der zu ihrer Berufsbildung Beschäftigten diejenigen Arbeitnehmer nicht berücksichtigt werden, deren Arbeitsverhältnis nach dem 31.12.2003 begonnen hat. Dies gilt unabhängig davon, ob diese Arbeitnehmer unbefristet oder befristet eingestellt werden. Bei letzteren Arbeitnehmern wäre auch ohne Gesetzesänderung deren Anrechenbarkeit im Hinblick auf das Tatbestandsmerkmal „in der Regel" eigens zu prüfen.[180] Durch den Satzes 4 des § 23 Abs 1 KSchG, der auf Satz 3 des § 23 Abs 1 KSchG verweist, ist klargestellt, das in Teilzeit beschäftigte Arbeitnehmer anteilig entsprechend ihres Arbeitsvertragsvolumens berücksichtigt werden. Daraus folgt, dass zB bei einer regelmäßigen Arbeitnehmerzahl von sechs Arbeitnehmern nach Maßgabe des § 23 Abs 1 Satz 3 2. HS iVm des-

---

174 APS/Moll § 23 KSchG Rn 34.
175 Bader NZA 1999, 64, 67.
176 Vgl Löwisch BB 1998, 2581 f, der es aus Gründen des Vertrauensschutzes für sachlich gerechtfertigt hält, wenn ein Arbeitgeber, der im Hinblick auf die Erhöhung des Schwellenwerts Einstellungen vorgenommen hat, den erhöhten Personalbestand durch **vorzeitige Kündigungen** auf den früheren Personalbestand zurückführt; vgl dazu Bader NZA 1999, 64, 67 f.
177 Vgl Thüsing/Stelljes BB 2003, 1673, 1678.
178 F.A.Z. v. 14.3.2002, S 13.
179 Vgl BT-Drucks 15/2245.
180 S Rn 22.

sen Satz 2 KSchG bei einem Beschäftigungsfaktor von 0,5 bis zu acht Arbeitnehmer entsprechend dieser Neuregelung bei der Feststellung der Zahl der beschäftigten Arbeitnehmer unberücksichtigt bleiben, sofern deren Arbeitsverhältnis nach dem 31.12.2003 begonnen hat. Bei der Gründung eines Unternehmens nach dem 31.12.2003 können bei einem Beschäftigungsfaktor von 0,5 bis zu 20 Arbeitnehmer eingestellt werden, ohne dass den Arbeitnehmern Kündigungsschutz nach dem KSchG zukommt. Mit der Neuregelung wird im Ergebnis erreicht, dass der Schwellenwert von fünf idR beschäftigten Arbeitnehmern beibehalten wird, § 23 Abs 1 Satz 2 KSchG. Zugleich behalten die Arbeitnehmer ihren erworbenen Kündigungsschutz nach Maßgabe der bisherigen Bestimmungen; ein möglicher nachträglicher Verlust des Kündigungsschutzes kann gleichfalls nur nach Maßgabe der bisherigen Bestimmungen erfolgen, zB durch prognostisch dauerhafte Reduzierung der regelmäßigen Arbeitnehmerzahl unter 5,25 Personen. Mit der Neuregelung wird jedoch aus beschäftigungspolitischen Gründen den kleineren Unternehmen die Möglichkeit eröffnet, bis zu einem Schwellenwert von zehn idR beschäftigten Arbeitnehmern ausschließlich der zu ihrer Berufsbildung Beschäftigten Arbeitnehmer einzustellen, deren Arbeitsverhältnis nach dem 31.12.2003 begonnen hat. Beschäftigt zB ein Arbeitgeber regelmäßig fünf Arbeitnehmer, könnte er also fünf in Vollzeit tätige Arbeitnehmer nach dem 31.12.2003 einstellen, ohne dass die bisherigen fünf beschäftigten Arbeitnehmer Kündigungsschutz erlangen würden, § 23 Abs 1 Satz 3 2. HS iVm Satz 2 KSchG. Die fünf neu eingestellten Arbeitnehmer erlangten ebenfalls keinen Kündigungsschutz, § 23 Abs 1 Satz 3 1. HS KSchG. Sind zB regelmäßig acht Arbeitnehmer beschäftigt, könnte der Arbeitgeber zwei weitere Vollzeitarbeitnehmer nach dem 31.12.2003 beschäftigen, ohne dass den neu eingestellten Arbeitnehmern bei Beibehaltung dieser Arbeitnehmerzahl auch in der Zukunft Kündigungsschutz zuteil werden würde; die bereits beschäftigten Arbeitnehmer haben nach § 23 Abs 1 Satz 2 KSchG Kündigungsschutz. Die Deckelung auf diesen Schwellenwert war verfassungsrechtlich geboten, um nicht Gefahr zu laufen, den anerkannten Gründen für die Herausnahme der Kleinbetriebe aus dem Geltungsbereich zu widersprechen.[181] Der Gesetzgeber geht davon aus, dass die vom BVerfG für Kleinbetriebe als verfassungsgemäß anerkannte Ausnahme vom KSchG gewahrt bleibt.[182] Dies nun umso mehr, als die ursprünglich vom Ausschuss für Wirtschaft und Arbeit vom 24.9.2003 empfohlene Begrenzung auf fünf neu eingestellte befristete Arbeitsverhältnisse entgegen der ursprünglich vorgesehenen unbegrenzten Anzahl mit der Modifizierung durch die Beschlussempfehlung des Vermittlungsausschusses vom 16.12.2003[183] Gesetz wurde. Begonnen iSd Neuregelung hat das Arbeitsverhältnis mit dem vereinbarten Tag der Arbeitsaufnahme, der nach dem 31.12.2003 liegen muss.[184] Ein Arbeitsverhältnis wird also dann nicht berücksichtigt, wenn der Arbeitsvertrag zwar vor dem 31.12.2003 abgeschlossen worden ist, die Arbeitsaufnahme jedoch

---

[181] S Rn 21 f.
[182] BT-Drucks 15/1204 S 8; so auch DFL/Leschnig § 23 KSchG Rn 4; Löwisch/Spinner § 23 KSchG Rn 4, 5; Bader NZA 2004,65 f; aA Buschmann ArbuR 2004, 3.
[183] BT-Drucks 15/2245.
[184] BT-Drucks 15/1204 S 14.

erst vereinbarungsgemäß nach dem 31.12.2003 erfolgt. Von daher wird ein Arbeitsverhältnis auch dann berücksichtigt, wenn der Arbeitnehmer infolge Arbeitsunfähigkeit erst am 2.1.2004 seine Arbeit aufnehmen kann, der vereinbarte Arbeitsbeginn jedoch vor dem 31.12.2003 lag.

Durch die nunmehr Gesetz gewordene Fassung des § 23 Abs 1 KSchG hat die bei der ursprünglich vorgesehenen Neufassung aufgetretene Frage, ob sich ein unbefristet eingestellter Arbeitnehmer im Rahmen des Kündigungsschutzprozesses auf die Unwirksamkeit befristeter Einstellungen berufen kann, um so wegen Überschreitung des Schwellenwerts Kündigungsschutz zu erlangen,[185] nur noch akademischen Charakter. 29

Ob der Schwellenwert überschritten ist, hängt nach § 23 Abs 1 Satz 2 KSchG von der **Zahl der idR beschäftigten Arbeitnehmer** ab. Der Gesetzgeber knüpft auch in zahlreichen anderen Bestimmungen an die regelmäßige Arbeitnehmerzahl an (§ 17 Abs 1 KSchG, §§ 1, 9, 111 Abs 1 Satz 1 BetrVG). Hier wie da ist die **regelmäßige**, dh die normale Arbeitnehmerzahl eines Betriebs zum **Zeitpunkt des Zugangs der Kündigung**[186] und nicht etwa zum Zeitpunkt der Beendigung des Arbeitsverhältnisses festzustellen. Unerheblich ist die zufällige tatsächliche Arbeitnehmerzahl zum Zeitpunkt des Kündigungszugangs. Für die Ermittlung der im Allgemeinen kennzeichnenden Arbeitnehmerzahl ist bezogen auf den Zeitpunkt des Zugangs der Kündigung ein Rückblick auf die bisherige personelle Situation und eine Einschätzung der zukünftigen Entwicklung vorzunehmen.[187] Daraus folgt, dass es auf einen Jahresdurchschnitt nicht ankommen kann. Eine **vorübergehende Erhöhung** des Personalbedarfs zu bestimmten Zeiten (Märkte, Messen, Inventuren, Termingeschäfte etc) ist ebenso unerheblich wie eine **vorübergehende Verringerung** der Arbeitnehmeranzahl (kurzfristiger Auftragsmangel, Urlaubszeit). 30

Beispiel: Kündigt der Arbeitgeber, der 6 Vollzeitarbeitnehmer mit Kündigungsschutz beschäftigt, sowohl am 1.8. als auch am 1.10. jeweils einem Arbeitnehmer, so hat der am 1.10. gekündigte Arbeitnehmer weiterhin Kündigungsschutz, sofern der Arbeitgeber den am 1.8. gekündigten Arbeitnehmer wegen verhaltensbedingter Umstände oder aber wegen eines vorübergehenden Auftragsmangels gekündigt hat. Dagegen hat der am 1.10. gekündigte Arbeitnehmer dann keinen Kündigungsschutz mehr, wenn der Kündigung am 1.8. die Unternehmerentscheidung zugrunde lag, den der Stelle zugrunde liegenden Tätigkeitsbereich auf Dauer extern an ein Drittunternehmen zu vergeben.[188] Hat der am 1.8. gekündigte Arbeitnehmer indes Kündigungsschutzklage erhoben und ist der Rechtsstreit zum Zeitpunkt der Kündigung des anderen Arbeitnehmers am 1.10. noch nicht abgeschlossen, so muss wohl im Rahmen der Prüfung der Anwendbarkeit des

---

185 Bauer NZA 2003, 704, 707; Löwisch NZA 2003, 689, 692.
186 BAG 16.6.1976 – 3 AZR 36/75 – AP BGB § 611 BGB Treuepflicht Nr 8; BAG 31.1.1991 – 2 AZR 356/90 – AP KSchG 1969 § 23 Nr 11.
187 BAG 31.1.1991 – 2 AZR 356/90 – AP KSchG 1969 § 23 Nr 11; BAG 22.1.2004 – 2 AZR 237/03 – NZA 2004,479; BAG 24.2.2005 – 2 AZR 373/03 – AP KSchG 1969 § 23 Nr 34; ErfK/Kiel § 23 KSchG Rn 14.
188 ErfK/Kiel § 23 KSchG Rn 14.

KSchG auf den am 1.10. gekündigten Arbeitnehmer inzident zumindest die Schlüssigkeit der Begründung der Kündigung vom 1.8. geprüft werden.

31 **Aushilfsarbeitnehmer** sind jedenfalls dann nicht zu berücksichtigen, wenn sie nur vorübergehend aus Anlass eines vermehrten Arbeitsanfalls (zB Weihnachtsgeschäft) oder zur Vertretung des Stammpersonals (zB bei Krankheit, Kur, Urlaub) arbeiten. Etwas anderes gilt jedoch dann, wenn die Beschäftigung von Aushilfsarbeitnehmern für den Betrieb kennzeichnend ist[189] und eine bestimmte Anzahl derartiger Arbeitnehmer in der Vergangenheit für einen Zeitraum von mindestens 6 Monaten im Jahr beschäftigt war und auch in der Zukunft mit einer derartigen Beschäftigung zu rechnen ist.[190] Das Abstellen auf den Sechsmonatszeitraum rechtfertigt sich aus der gesetzlichen Wartezeit des § 1 Abs 1 KSchG. **Ruhende Arbeitsverhältnisse** (zB infolge Ableistung des Wehrdiensts oder der Inanspruchnahme von Erziehungsurlaub) sind bei der Feststellung der maßgeblichen Arbeitnehmerzahl zu berücksichtigen und zählen daher mit.[191] Dies gilt jedoch dann nicht, wenn für den in einem ruhenden Arbeitsverhältnis befindlichen Arbeitnehmer ein Vertreter eingestellt wird. Eine **Doppelzählung** ist nicht vorzunehmen.[192] Dieser Rechtssatz ist sogar ausdrücklich für den Fall des Erziehungsurlaubs in § 23 Abs 7 BErzGG bestimmt. In der Freistellungsphase der Altersteilzeit befindliche Arbeitnehmer zählen nicht mit, da sie regelmäßig nicht in den Betrieb zurückkehren werden.[193]

32 Im Hinblick auf die regelmäßige Arbeitnehmerzahl bedürfen die Betriebsarten der **Kampagne- und Saisonbetriebe**[194] besonderer Erwähnung. Arbeitnehmer in Kampagnebetrieben haben dann Kündigungsschutz, wenn die Anzahl der Arbeitnehmer, die bei normalem Betriebsverlauf während der Kampagne beschäftigt werden (regelmäßige Arbeitnehmerzahl), den Schwellenwert überschreitet.[195] In Saisonbetrieben, deren Arbeitnehmerzahl bedingt durch saisonale Einflüsse schwankt, kommt es entscheidend auf die Betriebsgröße **während der Saison** an.[196] Die während der Saison zusätzlich beschäftigten Arbeitnehmer sind jedoch nur dann mitzuzählen, wenn ihre Beschäftigung regelmäßig für einen Zeitraum von mindestens sechs Monaten im Jahr erfolgt.[197]

33 Nach **§ 323 Abs 1 UmwG** behalten Arbeitnehmer, die nach einer Spaltung oder Teilübertragung nunmehr in einem Betrieb unterhalb des Schwellenwerts beschäftigt sind, für die Dauer von zwei Jahren ab dem Zeitpunkt

---

189 ErfK/Kiel § 23 KSchG Rn 15.
190 BAG 12.10.1976 – 1 ABR 1/76 – AP BetrVG 1972 § 8 Nr 1; APS/Moll § 23 KSchG Rn 29 b; KR/Bader § 23 KSchG Rn 39; aA ErfK/Kiel § 23 Rn 15; KDZ/Kittner/Deinert § 23 Rn 16.
191 APS/Moll § 23 KSchG Rn 29 c; Dornbusch/Wolff-Wolff § 23 KSchG Rn 10; ErfK/Kiel § 23 KSchG Rn 14; vHH/L/v. Hoyningen-Huene § 23 KSchG Rn 44.
192 BAG 31.1.1991 – 2 AZR 356/90 – AP KSchG 1969 § 23 Nr 11; APS/Moll § 23 KSchG Rn 29 c; BTM/Backmeister § 23 KSchG Rn 20; Dornbusch/Wolff-Wolff § 23 KSchG Rn 10; vHH/L/v. Hoyningen-Huene § 23 KSchG Rn 44.
193 Dornbusch/Wolff-Wolff § 23 KSchG Rn 10.
194 Zum Begriff s § 22 Rn 2 f.
195 Dornbusch/Wolff-Wolff § 23 KSchG Rn 12; ErfK/Kiel § 23 KSchG Rn 16; KR/Bader § 23 KSchG Rn 44.
196 Dornbusch/Wolff-Wolff § 23 KSchG Rn 12; KR/Bader § 23 KSchG Rn 45.
197 BAG 12.10.1976 – 1 ABR 1/76 – AP BetrVG 1972 § 8 Nr 1.

des Wirksamwerdens der Spaltung oder Teilübertragung weiterhin ihren Kündigungsschutz.[198] Allerdings gilt dies nur bis zu dem Zeitpunkt, zu dem der Kündigungsschutz der Arbeitnehmer ohne die Umwandlung verloren gegangen wäre, dh die Beschäftigtenzahl unter die Schwelle von 10 bzw 5 Arbeitnehmer gesunken ist.[199]

War ein Arbeitnehmer vor einem **Betriebsteilübergang** nach § 613a Abs 1 BGB in einem den Schwellenwert überschreitenden Betrieb beschäftigt, bleibt ihm sein Kündigungsschutz auch dann erhalten, wenn er nunmehr in einem den Schwellenwert nicht überschreitenden Betrieb tätig ist.[200] Diese Rechtsfolge ergibt sich aus § 613a Abs 1 Satz 1 BGB, wonach der Erwerber in die Rechte und Pflichten aus dem bestehenden Arbeitsverhältnis eintritt.[201] Zwar begründet die den maßgebenden Schwellenwert überschreitende Betriebsgröße kein Recht iS eines Anspruchs nach § 194 Abs 1 BGB. Jedoch gebietet der mit § 613a BGB verfolgte Schutzzweck, den Arbeitnehmer nicht schlechter zu stellen als vor dem Betriebsübergang. Das ergibt die europarechtskonforme Auslegung des § 613a Abs 1 Satz 1 BGB. Die Richtlinie 2001/23/EG des Rates vom 12.3.2001[202] bestimmt in seinem Art. 3 Abs 1 einen Schutz bestehender Rechte des Arbeitnehmers. Das Verständnis der Reichweite des Schutzzwecks der Richtlinie erschließt sich jedoch aus Erwägungsgrund Nr 3, der einen umfassenden Schutz des Arbeitnehmers bei einem Arbeitgeberwechsel vorsieht. Lediglich beispielhaft („insbesondere") wird dort der Inhaltsschutz erworbener Ansprüche erwähnt. Daraus folgt, dass auch die „erworbene" kündigungsrechtliche Stellung des Arbeitnehmers nicht verschlechtert werden darf. Hat umgekehrt kein Kündigungsschutz bestanden, hängt die Anwendung des KSchG davon ab, ob im Erwerberbetrieb der Schwellenwert überschritten wird. Da es sich nicht um eine Erhaltung schon bestehender, sondern um die erstmalige Begründung von Rechten ginge, kommt auch in diesem Falle mangels vergleichbarer Interessenlage eine Analogie zu § 323 Abs 1 UmwG nicht in Betracht.[203]

Der allgemeine Kündigungsschutz kann bedenkenfrei auch solchen Arbeitnehmern arbeitsvertraglich zugesagt werden, die in Kleinbetrieben beschäftigt werden.[204] Demgegenüber soll dies tarifvertraglich nicht möglich sein.[205] Der allgemeine Kündigungsschutz kann durch Parteivereinbarung

34

35

---

198 S Rn 17; KR/Bader § 23 KSchG Rn 53 b.
199 DFL/Leschnig § 23 KSchG Rn 12; Löwisch/Spinner § 23 KSchG Rn 13.
200 AA BAG 15.2.2007 – 8 AZR 397/06 – AP KSchG 1969 § 23 Nr 38, da der über den Schwellenwert vermittelte Kündigungsschutz kein Recht iSd § 613a Abs 1 Satz 1 BGB sei, welches auf einer Vereinbarung mit dem Arbeitgeber beruhe, sondern unmittelbar aus dem Gesetz folge.
201 Schiefer/Worzalla, Das Arbeitsrechtliche Beschäftigungsförderungsgesetz und seine Auswirkungen für die betriebliche Praxis 1996 Rn 129.
202 ABl L 2001 Nr 082/16.
203 BAG 15.2.2007 – 8 AZR 397/06 – AP KSchG 1969 § 23 Nr 38; KR/Bader § 23 KSchG Rn 53 a; Schiefer/Worzalla aaO Rn 129; aA Buschmann ArbuR 1996,285, 287; Däubler RdA 1995, 136.
204 APS/Moll § 23 KSchG Rn 42; ErfK/Kiel § 23 KSchG Rn 13; KR/Bader § 23 KSchG Rn 27; Löwisch Rn 22; Thüsing/Laux/Lembke-Thüsing § 23 KSchG Rn 22.
205 ErfK/Kiel § 23 KSchG Rn 13; Löwisch/Spinner Rn 6; aA APS/Moll § 23 KSchG Rn 42; Thüsing/Laux/Lembke-Thüsing § 23 KSchG Rn 22.

auch auf Arbeitsverhältnisse, die noch nicht 6 Monate bestanden haben, ausgedehnt werden.[206]

36 **ff) Prüfungsschema.** Im Hinblick auf die Neuregelung des § 23 Abs 1 KSchG mag folgendes Prüfungsschema zur Orientierung dafür dienlich sein, ob für den betroffenen Arbeitnehmer Kündigungsschutz besteht:

- Hat das Arbeitsverhältnis des gekündigten Arbeitnehmers erst nach dem 31.12.2003 begonnen?
- War der zu kündigende Arbeitnehmer bei Zugang der Kündigung im Betrieb länger als 6 Monate beschäftigt?
- Beschäftigte der kündigende Arbeitgeber in seinem Betrieb bei Zugang der Kündigung regelmäßig mehr als 10 anrechenbare Arbeitnehmer in Vollzeit oder in Teilzeit unter Berücksichtigung des jeweiligen Beschäftigungsvolumens?
- Verneinendenfalls, beschäftigte der kündigende Arbeitgeber in seinem Betrieb bei Zugang der Kündigung regelmäßig wenigstens mehr als 5 anrechenbare Arbeitnehmer in Vollzeit oder in Teilzeit unter Berücksichtigung des jeweiligen Beschäftigungsvolumens?
- Bejahendenfalls, handelte es sich dabei auch um nicht zu berücksichtigende Arbeitnehmer in Voll- oder Teilzeit, deren Arbeitsverhältnis nach dem 31.12.2003 begonnen hat?
- Bejahendenfalls, werden unter Abzug dieser Arbeitnehmer beim kündigenden Arbeitgeber noch wenigstens mehr als 5 Arbeitnehmer in Vollzeit oder in Teilzeit regelmäßig beschäftigt?

Beispielsfälle zu den Schwellenwerten:[207] Fall 1: AN A ist im Betrieb (12 regelmäßig beschäftigte Vollzeitarbeitnehmer) seit drei Jahren beschäftigt. Hat A Kündigungsschutz?

Ja, das KSchG findet Anwendung; sowohl der Schwellenwert des § 23 Abs 1 Satz 2 als auch der des § 23 Abs 1 Satz 3 ist erfüllt.

Fall 2: AN A ist seit 1.1.2004 in einem Betrieb mit regelmäßig 7 Vollzeitarbeitnehmern beschäftigt. Hat A Kündigungsschutz?

Nein, da der einschlägige Schwellenwert des § 23 Abs 1 Satz 3 nicht erfüllt ist.

Fall 3: Im Betrieb sind ausschließlich AN A und B seit Jahren beschäftigt. Acht weitere Vollzeitarbeitnehmer, darunter AN C, wurden zum 1.1.2004 eingestellt. A und C erhalten die Kündigung. Haben sie Kündigungsschutz?

C hat keinen Kündigungsschutz, da für ihn der Schwellenwert des § 23 Abs 1 Satz 3 gilt. A hat ebenfalls keinen Kündigungsschutz. Zwar ist der für ihn geltende Schwellenwert von fünf anrechenbaren AN gem § 23 Abs 1 Satz 2 überschritten. Jedoch sind nach dem 31.12.2003 neu eingestellte AN gem § 23 Abs 1 Satz 3 2. HS bis zur Beschäftigung von idR 10 AN nicht zu berücksichtigen.

Fall 4: Im Betrieb sind langjährig sechs Vollzeitarbeitnehmer beschäftigt, darunter A, der am 1.11.2003 eingestellt wurde. Vier weitere AN wurden

---

206 BAG 8.6.1972 – 2 AZR 285/71 – AP KSchG 1969 § 1 Nr 1.
207 Vgl auch Bauer/Krieger DB 2004, 651 ff; Dornbusch/Wolff-Wolff § 23 Rn 15.

Geltungsbereich § 23

zum 1.1.2004 eingestellt. A erhielt am 1.8.2006 die Kündigung. Hat er Kündigungsschutz?

Ja, da für ihn der Schwellenwert von fünf regelmäßig beschäftigten AN gem § 23 Abs 1 Satz 2 gilt, da er am 1.11.2003, mithin also vor dem 1.1.2004, eingestellt wurde. Die Wartezeit nach § 1 Abs 1 KSchG kann auch noch nach dem 31.12.2003 erfüllt werden; er wächst gleichsam als Alt-Arbeitnehmer in den Kündigungsschutz hinein.

Fall 5: Im Betrieb sind langjährig sechs Vollzeitarbeitnehmer beschäftigt, darunter auch A. Vier weitere AN wurden zum 1.1.2004 eingestellt. Zum 30.6.2006 sind von zwei von den bereits am 31.12.2003 beschäftigt gewesenen Vollzeitarbeitnehmern durch Eigenkündigung und Aufhebungsvertrag ausgeschieden. A erhält am 25.9.2006 eine Kündigung. Hat er Kündigungsschutz?

Nein, da nach dem für ihn geltenden Schwellenwert von fünf anrechenbaren Arbeitnehmern sein Kündigungsschutz nur solange Bestand hatte, als die beiden ausgeschiedenen AN noch beschäftigt waren. Denn danach verringerte sich die Anzahl der Alt-Arbeitnehmer auf vier. Die am 1.1.2004 eingestellten AN sind gem § 23 Abs 1 Satz 3 2. HS bei der Berechnung der Anzahl der beschäftigten AN nach § 23 Abs 1 Satz 2 bis zur Beschäftigung von idR zehn AN nicht zu berücksichtigen.[208]

Fall 6: Im Betrieb sind langjährig sechs Vollzeitarbeitnehmer beschäftigt, darunter auch A. Vier weitere AN wurden zum 1.1.2004 eingestellt. Ab 1.4.2006 verringern zwei der sechs Alt-Arbeitnehmer ihre Arbeitszeit für unabsehbare Zeit auf 50%. A erhält am 25.9.2006 eine Kündigung. Hat er Kündigungsschutz?

Nein, da bei Zugang der Kündigung der für ihn als Alt-Arbeitnehmer geltende Schwellenwert von fünf anrechenbaren Arbeitnehmern nicht überschritten ist (nur noch vier anrechenbare AN!). Es sind wegen § 23 Abs 1 Satz 3 2. HS nur die Alt-Arbeitnehmer mit ihrem im Zeitpunkt des Zugangs der Kündigung regelmäßigen Arbeitszeitvolumen zu berücksichtigen.

Fall 7: Im Betrieb sind seit 1.8.1998 zwölf Vollzeitarbeitnehmer beschäftigt, darunter auch A. Hiervon scheiden am 31.1.2006 fünf AN aus. Am 1.3.2006 werden AN X und Y neu eingestellt. A und X erhalten jeweils am 15.9.2006 die Kündigung. Haben sie Kündigungsschutz?

A hat Kündigungsschutz, da für ihn als Alt-Arbeitnehmer der Schwellenwert von fünf anrechenbaren AN gilt; nach dem Ausscheiden von fünf AN verbleiben noch sieben AN.

---

208 So auch LAG Hamburg 1.9.2005 – 8 Sa 58/05; als Revisionsverfahren anhängig beim BAG unter dem Az 2 AZR 840/05 und mit Urt v 21.9.2006 – 2 AZR 840/05 – AP KSchG 1969 § 23 Nr 37, dahin entschieden, dass bei einem späteren Absinken der Zahl der am 31.12.2003 beschäftigten Arbeitnehmer auf fünf oder weniger Personen keiner der im Betrieb verbleibenden „Alt-Arbeitnehmer" weiterhin Kündigungsschutz genießt, soweit in dem Betrieb einschließlich der seit dem 1.1.2004 eingestellten Personen insgesamt nicht mehr als zehn Arbeitnehmer beschäftigt werden. Dies gilt auch dann, wenn für ausgeschiedene „Alt-Arbeitnehmer" andere Arbeitnehmer eingestellt worden sind. Insam/Zöll DB 2006, 726 ff und DB 2006, 1216 f als Replik auf Fleischmann DB 2006, 1214 ff.

X hat keinen Kündigungsschutz, da der für ihn als Neu-Arbeitnehmer geltende Schwellenwert von zehn AN im Zeitpunkt des Zugangs der Kündigung nicht überschritten war.

37 **gg) Rechtsfolge.** Ist der Arbeitnehmer in einem Kleinbetrieb beschäftigt, finden die Vorschriften des Ersten Abschnitts des KSchG keine Anwendung mit der Folge, dass der Arbeitnehmer insbesondere **keinen Kündigungsschutz** nach § 1 KSchG geltend machen kann. Daraus folgt aber entgegen der früheren Gesetzeslage nicht, dass der Arbeitnehmer bei Klagen gegen eine außerordentliche oder ordentliche Kündigung die Dreiwochenfrist des § 4 KSchG nicht beachten müsste. Vielmehr gelten nunmehr auch die Bestimmungen der §§ 4 bis 7 KSchG, § 23 Abs 1 Satz 2 KSchG.[209] Insoweit wird auf Rn 2 und die entsprechenden einschlägigen Kommentierungen verwiesen. Im Übrigen kommen auf ein solches vom Kündigungsschutz nicht erfasstes Arbeitsverhältnis also die Bestimmungen der §§ 1 bis 14 KSchG nicht zur Anwendung. Jedoch hat der Arbeitgeber eines Kleinbetriebs die unabhängig davon bestehenden weiteren kündigungsrechtlichen Bestimmungen zu beachten (Einhaltung der Kündigungsfristen, besondere Kündigungsverbote, etwa § 9 MuSchG, § 85 SGB IX etc). Daher kann der Arbeitnehmer eines Kleinbetriebs die Unwirksamkeit seiner Kündigung nach § 613a Abs 4 BGB beim Übergang des Kleinbetriebs geltend machen kann, weil es sich hierbei um ein eigenständiges Kündigungsverbot iSd § 13 Abs 3 handelt, und nicht etwa um eine besondere Regelung der Sozialwidrigkeit nach § 1 KSchG.[210] Wegen des Kündigungsschutzes in Kleinbetrieben wird auf § 13 Rn 76 verwiesen.

38 Ist der Arbeitnehmer im Zeitpunkt des Zugangs seiner Kündigung länger als 6 Monate (§ 1 Abs 1 KSchG) in einem den Schwellenwert iSd § 23 Abs 1 Satz 2 und 3 KSchG überschreitenden Betrieb beschäftigt, so bedarf die Kündigung der sozialen Rechtfertigung nach § 1 KSchG. Auf dieses Arbeitsverhältnis sind die Bestimmungen der §§ 1 bis 14 KSchG anzuwenden.

39 **d) Darlegungs- und Beweislast.** Da auch im arbeitsgerichtlichen Verfahren der Verhandlungsgrundsatz (Beibringungsgrundsatz) gilt, ist für den Ausgang des Kündigungsrechtsstreits insbesondere auch im Zusammenhang mit dem betrieblichen Geltungsbereichs des KSchG die **Verteilung der Darlegungs- und Beweislast** oft von entscheidender Bedeutung. Soweit es um die **inhaltlichen Anforderungen** der Darlegungs- und Beweislast geht, ist der **verfassungsrechtliche Grundsatz** zu beachten, dass dem **objektiven Gehalt der Grundrechte** – vorliegend des Art 12 Abs 1 GG – auch im **Verfahrensrecht** Bedeutung zukommt.[211] Aus Art 30 Charta der Grundrechte der Europäischen Union,[212] wonach jeder Arbeitnehmer nach dem Unionsrecht und den einzelstaatlichen Rechtsvorschriften und Gepflogenheiten Anspruch auf Schutz vor ungerechtfertigten Entlassungen hat, ergibt sich unbeschadet der Frage der Wirkungsweise der Grundrechtscharta (vgl Art

---

209 KR/Bader § 23 KSchG Rn 55.
210 BAG 31.1.1985 – 2 AZR 530/83 – AP BGB § 613a Nr 40; KR/Bader § 23 KSchG Rn 52.
211 BVerfG 27.1.1998 – 1 BvL 15/87 – AP KSchG 1969 § 23 Nr 17; BAG 26.6.2008 – 2 AZR 264/07 – AP KSchG 1969 § 23 Nr 42; ErfK/Kiel § 23 KSchG Rn 21.
212 ABl 2000 C 364/15; s auch ErfK/Dieterich Einl GG Rn 115.

6 EUV und Art 51 GR-Charta) für die Verteilung der Darlegungs- und Beweislast nichts hiervon Abweichendes.[213]

Nach hM trägt der Arbeitnehmer für die Anwendbarkeit des KSchG die Beweislast.[214] Da die Darlegungslast grundsätzlich der Beweislast folgt, trifft danach den Arbeitnehmer darüber hinaus auch die Darlegungslast. Nach dieser Ansicht folgt, dass der Kläger zunächst darzulegen und ggf zu beweisen hat, dass es sich bei der Organisationseinheit, in der er als Arbeitnehmer beschäftigt ist, um einen Betrieb und nicht etwa um einen Haushalt handelt. Weiter hat er auch darzulegen und ggf zu beweisen, dass die regelmäßige Arbeitnehmerzahl im Betrieb den Schwellenwert überschreitet.[215] Nach allgemeiner Ansicht trägt im Zivilrechtsstreit der Anspruchssteller die Beweislast (und daraus folgend grundsätzlich auch die Darlegungslast) für die rechtsbegründenden Tatbestandsmerkmale, der Anspruchsgegner für die rechtshindernden, rechtsvernichtenden und rechtshemmenden.[216] Im Hinblick auf die Klagefrist und die damit verbundene Rechtsfolge im Falle ihrer Versäumung ist der Arbeitnehmer im Kündigungsrechtsstreit gehalten, gleichsam als Anspruchssteller aufzutreten. Er muss seine Einwendungen gegen die Kündigung des Arbeitgebers anbringen. Beruft er sich auf die Sozialwidrigkeit der Kündigung, liegt es deshalb nahe, ihm die Darlegungs- und Beweislast für den betrieblichen Geltungsbereich des Kündigungsschutzgesetzes aufzuerlegen[217] Dem steht weder zwingend die in § 23 Abs 1 Satz 2 und 3 KSchG eher als Ausnahme vom Grundsatz der Anwendbarkeit des KSchG formulierte Kleinbetriebsklausel (grammatikalische Auslegung anhand des Wortsinns) noch die tatsächliche Struktur unserer Wirtschaft, aus der ansonsten hätte ein Anscheins- bzw Vermutungstatbestand folgen können, entgegen (etwa 80% der Betriebe in Deutschland erreichen nicht den Schwellenwert).[218] Der mit der Einführung des KSchG verfolgte Gesetzeszweck, den Schutz der Arbeitnehmer

40

---

213 BAG 23.10.2008 – 2 AZR 131/07 – AP KSchG 1969 § 23 Rn 43.
214 BAG 4.7.1957 – 2 AZR 86/55 – AP KSchG § 21 Nr 1; BAG 9.9.1982 – 2 AZR 253/80 – AP BGB § 611 BGB Hausmeister Nr 1; nunmehr zweifelnd BAG 24.2.2005 – 2 AZR 373/03 – AP KSchG 1969 § 23 Nr 34 „nach der bisherigen Rechtsprechung"; aber klargestellt BAG 23.10.2008 – 2 AZR 131/07 – AP KSchG 1969 § 23 Nr 43; BAG 26.6.2008 – 2 AZR 264/07 – AP KSchG 1969 § 23 Nr 42; APS/Moll § 23 KSchG Rn 48; BTM/Backmeister § 23 KSchG Rn 23; Dornbusch/Wolff-Wolff § 23 KSchG Rn 19; DLW/Dörner D Rn 802 f; vHH/L/v. Hoyningen-Huene § 23 KSchG Rn 47; HK/KSchG-Kriebel § 23 Rn 36; Krügermeyer-Kalthoff MDR 2006, 130; Thüsing/Laux/Lembke-Thüsing § 23 KSchG Rn 25; Zundel NJW 2006, 3467; aA Grafenhorst FA 2007, 201; ErfK/Kiel § 23 KSchG Rn 21; KDZ/Kittner/Deinert § 23 KSchG Rn 30; Löwisch/Spinner § 23 Rn 25; Germelmann/Matthes/Prütting/Müller-Glöge § 58 ArbGG Rn 91; KR/Bader § 23 KSchG Rn 54 a ff; Müller DB 2005, 2022 f; Spinner BB 2006, 154.
215 BAG 4.7.1957 aaO; BAG 9.9.1982 aaO; aA Bader NZA 1999, 64, 66; Löwisch/Spinner § 23 Rn 25; Germelmann/Matthes/Prütting/Müller-Glöge § 58 Rn 91; KR/Bader § 23 KSchG Rn 54a; Lakies DB 1987, 1078, 1080; Reinecke NZA 1989, 583.
216 Vgl BGH 20.3.1986 – IX 42/85 – NJW 1986, 2426 f; Müller DB 2005, 2022.
217 Müller DB 2005, 2022.
218 BAG 26.6.2008 – 2 AZR 264/07 – AP KSchG 1969 § 23 Nr 42; BAG 24.2.2005 – 2 AZR 373/03 – AP KSchG 1969 § 23 Nr 34; AnwK-ArbR/Eylert § 23 KSchG Rn 41 mwN; vHH/L/v. Hoyningen-Huene § 23 KSchG Rn 47.

vor sozialwidrigen Kündigungen zu stärken,[219] lässt einen zwingenden Schluss auf die in Rede stehende Verteilung der Beweislast nicht zu.[220] Denn das KSchG als Schutzgesetz für die Arbeitnehmer findet eben nur unter den normierten Voraussetzungen Anwendung. Die Rechtfertigung, dem Arbeitnehmer die Darlegungs- und Beweislast aufzuerlegen, ergibt sich überzeugender daraus, dass die Tatbestandsvoraussetzungen des § 23 Abs 1 Satz 2 KSchG klagebegründende Tatsachen sind.[221] Das folgt insbesondere aus der verfassungsrechtlichen Beurteilung, dass nämlich das geltende KSchG grundgesetzlich nicht geboten ist.[222] Von daher gilt das KSchG nur nach Maßgabe seiner einfachgesetzlichen Anwendbarkeitsvoraussetzungen. Folglich ist die Anwendbarkeit des zugunsten der Arbeitnehmer geltenden KSchG von vornherein auf den Schwellenwert (5 oder 10 anrechenbare Arbeitnehmer) **überschreitende** Betriebe beschränkt. Von daher muss der Arbeitnehmer diesen eingeschränkten betrieblichen Geltungsbereich darlegen und ggf beweisen.[223] Die hier vertretene Auffassung wird nunmehr durch die Neufassung des § 23 Abs 1 bestätigt. Der neu eingefügte § 23 Abs 1 Satz 3 KSchG („Schwellenwert zehn") ist die Ausnahme vom Grundtatbestand des § 23 Abs 1 Satz 2 KSchG. Danach kann es also durchaus sein, dass trotz einer regelmäßigen Arbeitnehmeranzahl von zB acht Arbeitnehmern gleichwohl das KSchG keine Anwendung findet, wenn nämlich zB fünf Arbeitnehmer beschäftigt werden, deren Arbeitsverhältnis nach dem 31.12.2003 begonnen hat. Der Sinn und Zweck der Neuregelung sowie ihre Regelungstechnik (Systematik) rechtfertigen diesen Befund. § 23 Abs 1 Satz 3 2. HS KSchG verweist nämlich auf § 23 Abs 1 Satz 2 KSchG. Zudem greift § 23 Abs 1 Satz 3 1. HS KSchG nur unter bestimmten („Ausnahme-") Voraussetzungen. In der gerichtlichen Praxis spielt der Meinungsstreit regelmäßig nicht die entscheidende Rolle, da in Bezug auf die fehlende Sachnähe des Arbeitnehmers hinsichtlich der Darlegung der Anwendungsvoraussetzungen der Arbeitgeber als der Sachnahe (Sphärengedanken)[224] gehalten ist, im Rahmen der sog abgestuften Darlegungslast nach § 138 Abs 2 ZPO substantiierte Angaben zu machen.[225] Das BAG führt in seiner Entscheidung vom 23.10.2008[226] hierzu aus:

„Es ist darauf zu achten, dass an die Erfüllung der Darlegungslast durch den Arbeitnehmer keine zu hohen Anforderungen gestellt werden dürfen. Insbesondere muss sich der Stellenwert der Grundrechte in der Darlegungs- und Beweislastverteilung widerspiegeln. Dies gilt umso mehr, als der Arbeitgeber aufgrund seiner Sachnähe ohne Weiteres substantiierte Angaben zum Umfang und zur Struktur der Mitarbeiterschaft und ihrer arbeitsvertraglichen Vereinbarungen machen kann. Dementsprechend dürfen

---

219 BT-Drucks I/2090 Anl. 1 S 11.
220 AA Müller DB 2005, 2022.
221 So ausdrücklich BAG 26.6.2008 – 2 AZR 264/07 – AP KSchG 1969 § 23 Nr 42; BAG 4.7.1957 aaO.
222 ErfK/Dieterich Art. 12 GG Rn 36.
223 APS/Moll § 23 KSchG Rn 48; vHH/L/v. Hoyningen-Huene § 23 Rn 48 ff.
224 APS/Moll § 23 KSchG Rn 48.
225 So auch BAG 23.10.2008 – 2 AZR 131/07 – AP KSchG 1969 § 23 Rn 43; BAG 24.2.2005 – 2 AZR 373/03 – AP KSchG 1969 § 23 Nr 34; APS/Moll § 23 Rn 48; Dornbusch/Wolff-Wolff § 23 Rn 19; ErfK/Kiel § 23 Rn 21.
226 2 AZR 131/07 – AP KSchG 1969 § 23 Nr 43.

vom Arbeitnehmer keine Darlegungen verlangt werden, die er mangels eigener Kenntnismöglichkeit nicht erbringen kann. Der Arbeitnehmer genügt deshalb regelmäßig seiner Darlegungslast, wenn er – entsprechend seiner Kenntnismöglichkeiten – die für eine entsprechende Arbeitnehmerzahl sprechenden Tatsachen und die ihm bekannten äußeren Umstände schlüssig darlegt. Der Arbeitgeber muss dann nach § 138 Abs 2 ZPO im Einzelnen erklären, welche rechtserheblichen Umstände gegen die Darlegungen des Arbeitnehmers sprechen."

Daraus folgt, dass der Arbeitgeber in Rahmen dieser ihm gem § 138 Abs 2 ZPO obliegenden Gegenrede zB auch Vertragsunterlagen, Auszüge aus der Lohnbuchhaltung vorzulegen hat.[227] Benennt der sekundär Darlegungspflichtige (hier: Arbeitgeber) Beweismittel, etwa auch Zeugen, so kann der primär Darlegungspflichtige (hier: Arbeitnehmer) sich der vom Gegner benannten Beweismittel bedienen. Auf diese Möglichkeit ist der primär Darlegungspflichtige vom Arbeitsgericht gem § 139 ZPO hinzuweisen, wenn er sie erkennbar übersehen hat.[228] Die Grundsätze der sekundären Darlegungslast greifen ein, wenn ein darlegungsbelasteter Kläger außerhalb des für seinen Anspruch erheblichen Geschehensablaufs steht, aber der Beklagte alle wesentlichen Tatsachen kennt und damit nähere Angaben zumutbar sind.[229] Eine Prozesspartei ist nicht verpflichtet, ihrerseits und außerhalb des Gerichts an Zeugen heranzutreten und sie zu ihren Rechtsverhältnissen mit der Gegenpartei zu befragen, um alsdann ggf vorzutragen und Beweis antreten zu können.[230]

Daraus ergeben sich folgende **prozessuale Obliegenheiten** des Arbeitnehmers:

Zunächst genügt der Arbeitnehmer seiner Darlegungslast, wenn er behauptet, im Betrieb des Arbeitgebers seien mehr als 5 anrechenbare Arbeitnehmer (ggf durch konkrete Beschreibung der Personen)[231] beschäftigt (**schlüssiger Vortrag**). Hierzu hat sich der sachnähere Arbeitgeber nach § 138 Abs 2 ZPO motiviert zu erklären. Erfolgt keine Reaktion des Arbeitgebers, so gilt die schlüssige Behauptung des Arbeitnehmers nach § 138 Abs 3 ZPO als **zugestanden**; vom Vorliegen des betrieblichen Geltungsbereichs des KSchG ist also auszugehen. Diese Rechtsfolge tritt auch dann ein, wenn der Arbeitgeber der Behauptung lediglich widerspricht (**einfaches Bestreiten**), ohne einen eigenen Vortrag der Behauptung des Arbeitnehmers entgegenzusetzen. **Erheblich bestreitet** der Arbeitgeber jedoch dann, wenn er **bspw** anführt, er beschäftige lediglich 4 (namentlich benannte) Arbeitnehmer in Vollzeit. In diesem Kontext muss der Arbeitgeber ggf sein künftiges betriebliches Beschäftigungskonzept darstellen.[232] Beruft sich dagegen der Arbeitgeber auf das Vorliegen der tatbestandlichen Voraussetzungen des § 23 **Abs 1 Satz 3 KSchG**, obliegt ihm insoweit die Darlegungs- und Be-

---

227 ErfK/Kiel § 23 KSchG Rn 21.
228 BAG 26.6.2008 – 2 AZR 264/07 – AP KSchG 1969 § 23 Nr 42; ErfK/Kiel § 23 KSchG Rn 21.
229 BGH 17.1.2008 – III ZR 239/06 – NJW 2008, 982; BAG 26.6.2008 – 2 AZR 264/07 – AP KSchG 1969 § 23 Rn 42.
230 BAG 26.6.2008 – 2 AZR 264/07 – AP KSchG 1969 § 23 Nr 42.
231 BAG 24.2.2005 – 2 AZR 373/03 – AP KSchG 1969 § 23 Nr 34.
232 BAG 24.2.2005 – 2 AZR 373/03 – AP KSchG 1969 § 23 Nr 34.

weislast. Diese Neuregelung beinhaltet regelungstechnisch eine **rechtshindernde Anwendungsvoraussetzung.** Hat der Arbeitgeber erheblich im vorstehenden Sinne bestritten liegt es nunmehr dem Arbeitnehmer in der Weise näher vorzutragen, dass er die einzelnen Arbeitnehmer namentlich bzw jedenfalls individualisierbar unter Mitteilung ihres Beschäftigungsvolumens benennt. In diesem Zusammenhang treten oftmals für den Arbeitnehmer **Erkenntnisschwierigkeiten** insbesondere in Bezug auf die Berücksichtigung von Teilzeitarbeitnehmern bei der Feststellung des Schwellenwerts auf. Dem trägt das BAG im Hinblick auf den beweisrechtlichen Sphärengedanken (Prinzip der Sachnähe) dadurch Rechnung, dass insoweit keine strengen Anforderungen an die Darlegungslast des Arbeitnehmers gestellt werden.[233] Dem kann allerdings nur dann gefolgt werden, wenn der darlegungsbelastete Arbeitnehmer deswegen nicht mehr vortragen kann, weil er seiner Behauptung nach alle Möglichkeiten zum substantiierten Vortrag ausgeschöpft hat.[234] Teilt also **bspw** der Arbeitnehmer mit, er sei der einzige Außendienstler im Betrieb und das Befragen der im Betrieb beschäftigten Arbeitnehmer sei ihm aus bestimmten Gründen nicht möglich oder aber unzumutbar, so genügt er seiner substantiierten Darlegungslast unter Berücksichtigung der Wahrheitspflicht, wenn er im Hinblick auf das Beschäftigungsvolumen der Teilzeitarbeitnehmer die ihm bekannten äußeren Umstände behauptet (zB den Teilzeitarbeitnehmer X habe er in der Woche Y an jedem Vormittag telefonisch erreicht, weshalb von einer halbschichtigen Tätigkeit auszugehen sei). Nach dem System der **abgestuften Darlegungs- und Beweislast** hat sich nunmehr wiederum der Arbeitgeber dazu konkret zu erklären und auch mitzuteilen, welches Beschäftigungsvolumen der einzelne Teilzeitarbeitnehmer zu leisten verpflichtet ist. Macht er hierzu keine Angaben, so gilt die Behauptung insoweit als zugestanden, § 138 Abs 3 ZPO. Diese Verteilung der Darlegungs- und Beweislast kann bei erheblichem Bestreiten des **Arbeitnehmerstatus** durch den Arbeitgeber auch dazu führen, dass der Arbeitnehmer erforderlichenfalls den Arbeitnehmerstatus eines Beschäftigten darzulegen und ggf zu beweisen hat.

42   Außerdem trägt der Arbeitnehmer dafür die Darlegungs- und Beweislast, dass mehrere Unternehmen einen gemeinsamen Betrieb iSd KSchG bilden.[235] Wegen der Bedeutung der Vermutungswirkung nach § 1 Abs 2 BetrVG wird auf Rn 16 verwiesen. Da in diesem Zusammenhang regelmäßig davon auszugehen ist, dass der Arbeitnehmer nicht in der Lage ist, **genaue Tatsachen** über die betrieblichen Strukturen mitzuteilen, erscheint eine erleichterte Darlegungs- und ggf Beweisführung nach dem Prinzip der Sachnähe gerechtfertigt. Eine pauschale Behauptung von insoweit geeigneten Tatsachen genügt also.

---

233 BAG 23.3.1984 – 7 AZR 515/82 – AP KSchG 1969 § 23 Nr 4; BAG 18.1.1990 – 2 AZR 355/89 – AP KSchG 1969 § 23 Nr 9.
234 Ramrath NZA 1997, 1319, 1321.
235 BAG 18.1.1990 – 2 AZR 355/89 – AP KSchG 1969 § 23 Nr 9; Dornbusch/Wolff-Wolff § 23 KSchG Rn 19; Löwisch § 23 KSchG Rn 21.

III. Geltungsbereich des Dritten Abschnitts des KSchG

§ 23 Abs 2 KSchG enthält im Hinblick auf die den Dritten Abschnitt des KSchG bildenden §§ 17 bis 22 eine unvollständige Regelung. Weitere Bestimmungen sind insoweit in §§ 17 Abs 1 und 22 KSchG enthalten.[236]

43

1. Erfasste Betriebe und Verwaltungen

Neben den Betrieben und Verwaltungen des **privaten Rechts**, die allesamt von dem betrieblichen Geltungsbereich des Dritten Abschnitts des KSchG (§§ 17 bis 22) erfasst sind, werden solche Organisationseinheiten des **öffentlichen Rechts** einbezogen, die **wirtschaftliche Zwecke** verfolgen.[237] Dies deshalb, da sich die öffentliche Verwaltung in diesen Fällen wie ein privatwirtschaftlich geführter Betrieb am Wirtschaftsleben beteiligt; eine Gewinnerzielungsabsicht ist dabei unerheblich.[238] Eine derartige Zwecksetzung verfolgen regelmäßig sog Regiebetriebe der öffentlichen Hand (zB Gas- und Elektrizitätswerke, Hafenanlagen, Krankenhäuser, Sparkassen, Theater, Verkehrsbetriebe etc). Nicht erfasst sind danach die **ausschließlich** hoheitlich tätigen erzieherischen und wissenschaftlichen Einrichtungen (zB Schulen und Universitäten).

44

2. Ausgenommene Betriebe und Verwaltungen

Nach der den betrieblichen Geltungsbereich **des Dritten Abschnitts** des KSchG ergänzenden Bestimmung des § 17 Abs 1 KSchG werden die in § 23 Abs 2 Satz 1 KSchG bezeichneten Betriebe und Verwaltungen dann von den Vorschriften der §§ 17 bis 22 KSchG **ausgenommen, wenn** in ihnen **idR weniger als 20 Arbeitnehmer** beschäftigt werden.[239] Nach § 23 Abs 2 Satz 2 KSchG findet der dritte Abschnitt des Gesetzes auch auf Seeschiffe und ihre Besatzung keine Anwendung. Demgegenüber sind die Landbetriebe der Seeschifffahrt (zB Reparatur- und Wartungsbetriebe, Lagerhäuser und Verwaltungen dieser Unternehmen), die Binnenschiffe und Luftfahrzeuge von dem Geltungsbereich nicht ausgenommen, es sei denn, sie beschäftigen weniger als 20 Arbeitnehmer, § 17 Abs 1 Nr 1 KSchG. Außerdem findet der dritte Abschnitt des KSchG nach der seinen betrieblichen Geltungsbereich ergänzenden Bestimmung des § 22 KSchG auf Saison- und Kampagnebetriebe bei Entlassungen, die durch diese Eigenart der Betriebe bedingt sind, keine Anwendung.

45

---

236 KR/Bader § 23 KSchG Rn 70.
237 APS/Moll § 23 KSchG Rn 43; DFL/Leschnig § 23 KSchG Rn 28.
238 DFL/Leschnig § 23 KSchG Rn 28; KR/Bader § 23 KSchG Rn 71; Löwisch/Spinner § 24 Rn 34.
239 APS/Moll § 23 KSchG Rn 44; DFL/Leschnig § 23 KSchG Rn 28.

§ 24 Anwendung des Gesetzes auf Betriebe der Schifffahrt und des Luftverkehrs

(1) Die Vorschriften des Ersten und Zweiten Abschnitts finden nach Maßgabe der Absätze 2 bis 4 auf Arbeitsverhältnisse der Besatzung von Seeschiffen, Binnenschiffen und Luftfahrzeugen Anwendung.

(2) Als Betrieb im Sinne dieses Gesetzes gilt jeweils die Gesamtheit der Seeschiffe oder der Binnenschiffe eines Schifffahrtsbetriebs oder der Luftfahrzeuge eines Luftverkehrsbetriebs.

(3) Dauert die erste Reise eines Besatzungsmitglieds eines Seeschiffes oder eines Binnenschiffes länger als sechs Monate, so verlängert sich die Sechsmonatsfrist des § 1 Absatz 1 bis drei Tage nach Beendigung dieser Reise.

(4) ¹Die Klage nach § 4 ist binnen drei Wochen zu erheben, nachdem die Kündigung dem Besatzungsmitglied an Land zugegangen ist. ²Geht dem Besatzungsmitglied eines Seeschiffes oder eines Binnenschiffes die Kündigung während der Fahrt des Schiffes zu, ist die Klage innerhalb von sechs Wochen nach dem Dienstende an Bord zu erheben. ³An die Stelle der Dreiwochenfrist in § 5 Absatz 1 und § 6 treten die hier in den Sätzen 1 und 2 genannten Fristen.

I. Grundsätze 1	2. Verlängerung der Sechsmonatsfrist 9
II. Besonderheiten bei der Anwendung des Ersten und Zweiten Abschnitts des KSchG 5	3. Klagefrist 14
	4. Zuständiges Gericht 21
1. Der besondere Betriebsbegriff 5	5. Kündigungsschutz der Kapitäne und der übrigen leitenden Angestellten..... 24

I. Grundsätze

1 Durch Art 3 Abs 2 des Gesetzes zur Umsetzung des Seearbeitsübereinkommens 2006 der Internationalen Arbeitsorganisation vom 20.4.2014,[1] das nach seinem Art 7 Abs 1 im vorliegend interessierenden Teil am 1.8.2013 in Kraft trat, wurde durch die Neufassung von § 24 die Regelung zu kündigungsschutzrechtlichen Besonderheiten an die heutigen Verhältnisse der Seeschifffahrt und des Luftverkehrs angepasst. Die Regelung in § 24 Abs 1 und 2 entspricht dem bisherigen Abs 1. Die Vorschrift in § 24 Abs 3 über die Verlängerung der Sechsmonatsfrist des § 1 Abs 1 (Wartezeit) bei einer länger als sechs Monate dauernden ersten Reise eines Besatzungsmitglieds wird auf Besatzungen von Seeschiffen und Binnenschiffen beschränkt. Für das nach dem bisherigen § 24 Abs 2 ebenfalls einbezogene Bordpersonal von Luftfahrzeugen war die Regelung schon bisher ohne praktische Bedeutung, weil unter den Bedingungen des modernen Luftverkehrs Flugreisen mit einem Auslandsaufenthalt von mehr als sechs Monaten nicht vorkommen. § 24 Abs 4 enthält Regelungen zur Frist für die Kündigungsschutzklage. Geht die Kündigung dem Besatzungsmitglied an Land zu, besteht kein Bedarf für eine Abweichung von der allgemeinen Regelung in § 4 KSchG. Dies stellt Satz 1 klar. Besondere Maßgaben gelten dagegen nach

---

[1] BGBl I S 868, 914.

Satz 2, wenn die Kündigung dem Besatzungsmitglied eines See- oder Binnenschiffes während der Fahrt des Schiffes zugeht. Die dann gegebene sechswöchige Klagefrist entspricht dem bisher geltenden Recht. Im Unterschied zur bisherigen Regelung wird jedoch nicht mehr an die Ankunft des Schiffes in einem deutschen Hafen, sondern an den Zeitpunkt angeknüpft, an dem das Besatzungsmitglied seinen Dienst an Bord des Schiffes tatsächlich beendet. Die bisherige Fristauslösung ist nicht mehr zeitgemäß. Sie ging vom Regelfall aus, dass das gekündigte Besatzungsmitglied mit dem Schiff der Dienstleistung nach Deutschland zurückkehrt. Dagegen laufen unter den Bedingungen des modernen internationalen Schiffsverkehrs Kauffahrteischiffe und Binnenschiffe uU mehrere Monate keinen deutschen Hafen an. Der Wechsel der Besatzung, darunter auch die Rückreise eines gekündigten Besatzungsmitglieds, erfolgt jetzt üblicherweise mit dem Flugzeug. Die Einräumung einer Sechs-Wochenfrist ab Dienstende an Bord ist sachgerecht. Nach der Regelung in § 33 Abs 2 Nr 4 SeeArbG[2] hat der Reeder dem Besatzungsmitglied das Dienstende in der Dienstbescheinigung zu bestätigen. Damit verfügt das Besatzungsmitglied

- über eine Information bezüglich des für den Fristbeginn maßgebenden Ereignisses,
- die es als Nachweis in einem Kündigungsschutzverfahren verwenden kann. Auch unter
- Berücksichtigung einer ggf mehrtägigen Dauer der Rückreise an den Wohnort
- oder einen anderen Heimschaffungsort lässt die sechswöchige Klagefrist dem Besatzungsmitglied genügend Zeit, die Kündigungsschutzklage vorzubereiten und zu erheben.
- Für die Beibehaltung einer längeren Klagefrist für Besatzungsmitglieder von Flugzeugen
- besteht keine Notwendigkeit mehr. Selbst wenn eine (außerordentliche) Kündigung während
- einer Flugreise ausgesprochen werden sollte, kann das Besatzungsmitglied innerhalb
- kurzer Zeit nach Deutschland zurückkehren und Kündigungsschutzklage erheben.

Satz 3 bestimmt, dass hinsichtlich der nachträglichen Klagezulassung nach § 5 Abs 1 KSchG und der verlängerten Anrufungsfrist nach § 6 KSchG die sechswöchige Klagefrist an die Stelle der sonst geltenden Dreiwochenfrist tritt. Nicht in die Neufassung übernommen werden die Vorschriften der bisherigen Abs 4 und 5 über die Zuständigkeiten eines besonderen Gerichts und die Einbeziehung des Kapitäns und sonstiger leitender Angestellter in den Geltungsbereich des Kündigungsschutzgesetzes. Im Hinblick auf die alleinige Zuständigkeit der Arbeitsgerichte und die allgemeine Regelung zur Einbeziehung leitender Angestellter in § 14 Abs 2 KSchG besteht für diese Vorschriften kein Bedarf mehr.[3]

---

2 Art 1 des Gesetzes zur Umsetzung des Seearbeitsübereinkommens 2006 der Internationalen Arbeitsorganisation vom 20.4.2013, BGBl I S 868, 880.
3 BR-Drucks 456/12 S 196.

Im Hinblick auf die überwiegende Deckungsgleichheit des Regelungsgehalts der Neufassung mit der Altfassung werden im Folgenden die Kommentierungen auf der Grundlage der bisherigen Gesetzesfassung abgedruckt.

Aus § 24 Abs 1 Satz 1 ergibt sich die **grundsätzliche Geltung** des Ersten und Zweiten Abschnitts des KSchG auf Arbeitsverhältnisse der Besatzung von Seeschiffen, Binnenschiffen und Luftfahrzeugen.[4] Damit ist die historisch bedingte Herausnahme der Besatzungen von Schiffen (See- und Binnenschiffen) und Luftfahrzeugen aus dem Geltungsbereich des Kündigungsschutzrechts beseitigt.[5] Die nach Maßgabe des § 24 Abs 2 bis 5 bewirkte **rechtliche Gleichstellung** mit den Arbeitnehmern in anderen Betrieben erstreckt sich somit auf den allgemeinen Kündigungsschutz und den Kündigungsschutz im Rahmen der Betriebsverfassung und Personalvertretung (§§ 1 bis 16 KSchG). Dieser Personenkreis unterscheidet sich nämlich mit Ausnahme des Mobilitätsgesichtspunkts nicht von den anderen Arbeitnehmern.[6] Der Dritte Abschnitt des Gesetzes gilt nach § 23 Abs 2 Satz 2 KSchG nur für die Land- und Bodenbetriebe der Seeschifffahrtsunternehmen. Die Besatzungen der Seeschiffe sind dagegen von der Geltung des Dritten Abschnitts des Gesetzes ausgenommen.[7] Demgegenüber gilt der Dritte Abschnitt des KSchG für die Besatzungen der Binnenschiffe und Luftfahrzeuge uneingeschränkt.

2 Für Arbeitnehmer der **Land- und Bodenbetriebe** der Schifffahrts- und Luftverkehrsunternehmen findet das KSchG **uneingeschränkte** Anwendung.[8]

3 Zur **Besatzung eines Seeschiffes** (s dazu §§ 3 bis 6 Seemannsgesetz) gehören alle auf dem Schiff tätigen Personen, soweit sie sich in einem Heuerverhältnis zum Reeder befinden.[9] Namentlich sind dies insbesondere der Kapitän (vgl § 24 Abs 5),[10] die Schiffsoffiziere und Matrosen, aber auch Ärzte, Kellner, Köche, Musiker, Zahlmeister usw.[11] Personen, die als selbständige Gewerbetreibende an Bord tätig sind, gehören nicht zu den Besatzungsmitgliedern (zB Einzelhändler, Friseure, Fotografen).[12] Zur **Besatzung eines Binnenschiffes** rechnen alle auf dem Schiff tätigen Personen, soweit sie sich in einem Arbeitsverhältnis zum Schiffseigner befinden. Hierzu gehört auch der angestellte Schiffer (Kapitän), soweit er nicht zugleich Schiffseigner und somit Arbeitgeber der auf dem Binnenschiff beschäftigten Arbeitnehmer ist. Daneben gehören insbesondere Bootsleute, Heizer, Maschinisten, Matrosen und Steuerleute zur Besatzung. Die Besatzung eines

---

4 APS/Moll § 24 KSchG Rn 2; Thüsing/Laux/Lembke-Thüsing § 24 KSchG Rn 1.
5 KR/Bader § 24 KSchG Rn 4.
6 APS/Moll § 24 KSchG Rn 2.
7 S § 23 Rn 45.
8 BAG 28.12.1956 – 2 AZR 207/56 – AP KSchG § 22 Nr 1; Dornbusch/Wolff § 24 KSchG Rn 1; ErfK/Kiel § 24 KSchG Rn 1; Löwisch/Spinner § 24 Rn 1.
9 APS/Moll § 24 KSchG Rn 4; DFL/Leschnig § 24 KSchG Rn 1; KR/Bader § 24 KSchG Rn 11.
10 APS/Moll § 24 KSchG Rn 4; KR/Weigand § 24 KSchG Rn 11; vHH/L/v. Hoyningen-Huene § 24 Rn 3.
11 ErfK/Kiel § 24 KSchG Rn 3; KR/Bader § 24 KSchG Rn 11; Thüsing/Laux/Lembke-Thüsing § 24 KSchG Rn 1.
12 APS/Moll § 24 KSchG Rn 4; Backmeister/Trittin/Mayer § 24 KSchG Rn 1; KR/Bader § 24 KSchG Rn 11.

Binnenschiffes ist in § 21 Binnenschifffahrtsgesetz beschrieben.[13] Zur Besatzung von Luftfahrzeugen gehören das sog fliegende oder Bordpersonal, insbesondere Flugzeugführer (Flugkapitäne und Kopiloten), Flugbegleiter (Stewards und Stewardessen, Purser und Purseretten), Flugfunker, Flugingenieure, Fluglehrer und Flugnavigatoren.[14]

Um den besonderen Verhältnissen der Schifffahrt (See- und Binnenschifffahrt) und des Luftverkehrs Rechnung zu tragen, hat der Gesetzgeber mit der Vorschrift des § 24 KSchG **Sondervorschriften** erlassen,[15] die im Folgenden erläutert werden. 4

II. Besonderheiten bei der Anwendung des Ersten und Zweiten Abschnitts des KSchG

1. Der besondere Betriebsbegriff

Um eine **Abgrenzung** von den Land- und Bodenbetrieben der Schifffahrts- und Luftverkehrsunternehmen zu ermöglichen, enthält § 24 Abs 1 Satz 2 KSchG einen **eigenständigen Betriebsbegriff**.[16] Danach gilt die **Gesamtheit der See- oder Binnenschiffe** eines Schifffahrtsunternehmens oder die **Gesamtheit der Luftfahrzeuge** eines Luftverkehrsunternehmens als ein Betrieb („mobiler Betrieb").[17] Kraft dieser **Fiktion** („gilt") kommt es für den Betriebsbegriff auf andere organisatorische Zusammenschlüsse nicht an. Das einzelne Schiff gilt also nicht als Betrieb.[18] Es kann jedoch bei entsprechender organisatorischer Ausgestaltung des Betriebs eine Betriebsabteilung iSd § 15 Abs 5 KSchG sein.[19] Entsprechendes gilt für das einzelne Luftfahrzeug. Zum Seebetrieb eines Schifffahrtsunternehmens gehören nicht nur die im Eigentum des Unternehmens stehenden Schiffe, sondern auch Partenschiffe, die von dem Unternehmen als Korrespondentreeder betreut werden, wenn die Heuerverträge nicht im Namen der jeweiligen Partenreederei, sondern im eigenen Namen abgeschlossen werden.[20] 5

In **Abgrenzung** zu den Schifffahrts- und Luftverkehrsbetrieben iSd § 24 Abs 1 Satz 2 KSchG bilden die **an Land befindlichen Organisationseinheiten** stets einen eigenen Betrieb.[21] Das BAG hat bereits durch Urteil vom 28.12.1956[22] entschieden, dass der Landbetrieb eines Schifffahrtsunternehmens gegenüber dem nach § 22 Abs 1 Satz 2 KSchG 1951 aus der Gesamtheit der Schiffe gebildeten Betrieb selbstständig ist. Denkbar ist es jedoch, dass der Landbetrieb und der nach § 24 Abs 1 Satz 2 KSchG kraft 6

---

13 APS/Moll § 24 KSchG Rn 4.
14 APS/Moll § 24 KSchG Rn 4; DFL/Leschnig § 24 KSchG Rn 1; KR/Bader § 24 KSchG Rn 13.
15 § 24 Abs 1 Satz 1 KSchG: „nach Maßgabe der Abs 2 bis 5".
16 BTM-Backmeister § 24 KSchG Rn 2; DFL/Leschnig § 24 KSchG Rn 2; KR/Bader § 24 KSchG Rn 5.
17 APS/Moll § 24 KSchG Rn 6; Dornbusch/Wolff § 24 KSchG Rn 3; DFL/Leschnig § 24 KSchG Rn 2.
18 HK-KSchG/Kriebel § 24 Rn 2; vHH/L/v. Hoynigen-Huene § 24 Rn 5; Löwisch/Spinner § 24 Rn 4.
19 HK-KSchG/Kriebel § 24 Rn 4; KR/Bader § 24 KSchG Rn 15; vHH/L/v. Hoynigen-Huene § 24 Rn 5.
20 Löwisch/Spinner § 24 Rn 5.
21 ErfK/Kiel § 24 KSchG Rn 4; APS/Moll § 24 KSchG Rn 6.
22 2 AZR 207/56 – AP KSchG § 22 Nr 1; APS/Moll § 24 KSchG Rn 6.

gesetzlicher Fiktion selbstständige zB Seebetrieb einen gemeinsamen Betrieb bilden,[23] so dass durch die Addition der beschäftigten Arbeitnehmer der Schwellenwert des § 23 Abs 1 Satz 2 KSchG überschritten wird. Zu einem Landbetrieb zählen Abfertigungs-, Reparatur-, Verwaltungs- und Wartungseinrichtungen, Lagerhäuser, Speditionen und Werften.[24] Dazu rechnen auch solche Schiffe, die sich nur jeweils kurzfristig von einem Landbetrieb entfernen (zB Fährschiffe, Küstenschiffer). Hierzu zählen insbesondere auch die Fahrzeuge des reinen Hafenbetriebs (zB Hafenbarkassen und Hafenschlepper). Diese Bewertung rechtfertigt sich aus einer entsprechenden Anwendung des § 114 Abs 4 Satz 2 BetrVG, wonach Schiffe, die idR binnen 24 Stunden nach dem Auslaufen an den Sitz eines Landbetriebs zurückkehren, als Teil dieses Landbetriebs gelten.[25] Das Kriterium der Landbezogenheit erfüllen auch solche Schwimmkörper, die mit dem Festland ständig vertäut sind.[26]

7 Zu den Bodenbetrieben der Luftfahrtunternehmen gehören insbesondere Verwaltungseinrichtungen, Abfertigungseinrichtungen, Hangars, Reparaturwerkstätten, Reisebüros sowie der flugtechnische Dienst.[27] Deren Betriebs- oder Betriebsteilcharakter ist nach den allgemeinen Grundsätzen zu beurteilen.[28]

8 Der besondere Betriebsbegriff hat **allein kündigungsrechtliche Bedeutung**.[29] Im Bereich des Betriebsverfassungsrechts gelten die Sonderregelungen der §§ 114 bis 117 BetrVG. Trotz seiner systematischen Stellung im Vierten Abschnitt des KSchG gilt der besondere Betriebsbegriff entsprechend dem Wortlaut des § 24 Abs 1 Satz 2 („im Sinne dieses Gesetzes") für das gesamte KSchG. Der besondere Betriebsbegriff ist für diejenigen Vorschriften des KSchG von Bedeutung, die den Betrieb, seine Größe und seine Erfordernisse als tatbestandliche Voraussetzung aufweisen. Im Einzelnen handelt es sich um folgende Bestimmungen:
- § 1 Abs 2 KSchG, der dringende betriebliche Erfordernisse voraussetzt;
- § 1 Abs 3 Satz 1 KSchG, der die Sozialauswahl regelt, wonach vom Reeder alle vergleichbaren Besatzungsmitglieder der Gesamtheit seiner Schiffe in die Sozialauswahl einzustellen sind und nicht lediglich die Besatzungsmitglieder des Schiffes, auf welchem das gekündigte Besatzungsmitglied tätig war;
- § 1 Abs 3 Satz 2 KSchG, der berechtigte betriebliche Interessen zugunsten des Arbeitgebers berücksichtigt;
- §§ 17 Abs 1 Nr 1, 23 Abs 1 Satz 2 und 3 KSchG, die an die Feststellung der Betriebsgröße anknüpfen.

---

23 BAG 28.2.1991 – 2 AZR 517/90 – RzK I 4 c 14; APS/Moll § 24 KSchG Rn 6.
24 KR/Bader § 24 Rn 17; vHH/L/v. Hoyningen-Huene § 24 Rn 5.
25 KR/Bader § 24 KSchG Rn 17; vHH/L/v. Hoyningen-Huene § 24 Rn 6.
26 ZB Gaststättenschiffe; ErfK/Kiel § 24 Rn 4; KR/Bader § 24 KSchG Rn 17; vHH/L/v. Hoyningen-Huene § 24 Rn 5.
27 DFL/Leschnig § 24 KSchG Rn 3; KR/Bader § 24 KSchG Rn 18.
28 S § 23 Rn 10.
29 APS/Moll § 24 KSchG Rn 7; ErfK/Kiel § 24 KSchG Rn 1.

2. Verlängerung der Sechsmonatsfrist

Der Arbeitnehmer kann sich vorbehaltlich des betrieblichen Geltungsbereichs nach § 23 Abs 1 KSchG auf den Kündigungsschutz erst dann berufen, wenn er im Zeitpunkt des Zugangs der Kündigung bereits mehr als sechs Monate beschäftigt war („sechsmonatige Wartezeit nach § 1 Abs 1 KSchG"). Diese Frist gilt **grundsätzlich** auch für die Besatzungsmitglieder von Schifffahrts- und Luftverkehrsbetrieben. Von diesem Grundsatz macht jedoch § 24 Abs 2 KSchG dann eine **Ausnahme**, wenn die **erste Reise** eines Besatzungsmitglieds einer Reederei oder eines Luftverkehrsbetriebs **länger als sechs Monate dauert**. In diesem Fall verlängert sich die Sechsmonatsfrist bis drei Tage nach Beendigung dieser Reise.[30]

9

Mit dieser Regelung gibt das Gesetz dem Arbeitgeber des Schifffahrts- oder Luftverkehrsbetriebs die Möglichkeit, über die Kündigung des Besatzungsmitglieds aufgrund des Berichts des Kapitäns über dessen Tätigkeit bei der ersten Reise zu entscheiden. Damit wird auch erreicht, dass der Arbeitgeber nicht schon während der Reise kündigen muss, um die Sechsmonatsfrist zu wahren. Konflikte an Bord werden insoweit vermieden.[31]
Der mögliche Einsatz moderner Kommunikationsmittel hat den Gesetzgeber bisher zu Recht nicht veranlasst, die besondere Ausgestaltung der Wartezeit aufzuheben.[32]

10

Aus dem Zweck des Gesetzes, die Tätigkeit des Besatzungsmitglieds bei der ersten Reise testen zu können, ergibt sich, dass die erste Reise auch erst einige Zeit nach Beginn des Arbeitsvertrags angetreten werden kann.[33] Voraussetzung ist lediglich, dass die erste Reise länger als sechs Monate dauern muss. **Reise** iSd Vorschrift ist der Zeitraum, in der das Besatzungsmitglied auf einem Schiff oder Luftfahrzeug seines Arbeitgebers unterwegs und vom Sitz des Betriebs abwesend ist.[34] Ein **Wechsel** des Schiffs oder des Luftfahrzeugs stellt keine Beendigung und den Neubeginn einer Reise dar. Für das **Ende der Reise** ist nicht die Rückkehr an den Sitz des Schifffahrts- oder Luftfahrtunternehmens erforderlich.[35] Die Rückkehr an einen deutschen Hafen oder Liegeplatz bzw an einen deutschen Flughafen genügt, sofern es sich hierbei um den bestimmungsmäßigen Endpunkt der Reise handelt.[36] Die Frist von drei Tagen beginnt dann mit dem Tag, der auf die Beendigung der Reise folgt, § 187 Abs 1 BGB.[37] Fällt der letzte Tag der Frist auf einen Samstag, Sonntag oder gesetzlichen Feiertag, so verlängert sich die Frist bis zum Ablauf des nächsten Werktags, § 193 BGB.

11

§ 24 Abs 2 KSchG findet dann **keine** Anwendung, wenn das Besatzungsmitglied bei Antritt der Reise schon länger als sechs Monate im Schiff-

12

---
30 APS/Moll § 24 KSchG Rn 8; Thüsing/Laux/Lembke-Thüsing § 24 KSchG Rn 3.
31 APS/Moll § 24 KSchG Rn 8.
32 APS/Moll § 24 KSchG Rn 8.
33 APS/Moll § 24 KSchG Rn 8; DFL/Leschnig § 24 KSchG Rn 4; ErfK/Kiel § 24 KSchG Rn 5; Löwisch/Spinner § 24 Rn 7.
34 Löwisch/Spinner § 24 Rn 7.
35 KR/Bader § 24 KSchG Rn 25; wohl auch Thüsing/Laux/Lembke-Thüsing § 24 KSchG Rn 3.
36 DFL/Leschnig § 24 KSchG Rn 5; KR/Bader § 24 KSchG Rn 25; vHH/L/v. Hoyningen-Huene § 24 Rn 8; aA Löwisch/Spinner § 24 Rn 7.
37 APS/Moll § 24 KSchG Rn 8; vHH/L/v. Hoyningen-Huene § 24 Rn 8.

fahrts- oder Luftverkehrsbetrieb beschäftigt ist,[38] dh der Arbeitnehmer hat die Wartezeit bereits vor Antritt der Reise durch eine anderweitige Beschäftigung bei dem Schifffahrts- oder Luftverkehrsbetriebs erfüllt. § 24 Abs 2 gilt nur für neu eingestellte Besatzungsmitglieder.[39] Wie bereits vorstehend ausgeführt, genügt es für die Anwendung des § 24 Abs 2, wenn die erste Reise auch erst einige Zeit nach Beginn des Arbeitsverhältnisses angetreten wird.[40]

13 Geht dem Arbeitnehmer innerhalb von drei Tagen nach Beendigung der ersten Reise die Kündigung zu, bedarf die Kündigung keiner sozialen Rechtfertigung.

3. Klagefrist

14 Nach § 4 Satz 1 KSchG beträgt die **Klagefrist drei Wochen** ab Zugang der Kündigung. Um den sich aus der häufigen Ortsabwesenheit von Besatzungsmitgliedern von Schifffahrts- oder Luftverkehrsbetrieben ergebenden Erschwernissen bei der Rechtsverfolgung Rechnung zu tragen, enthält § 24 Abs 3 KSchG **modifizierte Regelungen über die Klagefrist** für den Fall, dass die Kündigung **während** der Reise erfolgt. Die Bestimmung unterscheidet danach, wo dem Besatzungsmitglied die Kündigung erklärt wird und wohin das Besatzungsmitglied im Falle der Abwesenheit oder das Schiff/Luftfahrzeug zurückkehrt.[41] Danach gilt die **dreiwöchige Klagefrist** für Besatzungsmitglieder von Seeschiffen, Binnenschiffen und Luftfahrzeugen nur dann, wenn sie an den **Sitz des Betriebs** zurückkehren, § 24 Abs 3 Satz 1 KSchG; die Klage ist jedoch spätestens binnen sechs Wochen nach Zugang der Kündigung zu erheben[42] Einerseits soll damit die Fristgebundenheit der Klageerhebung erreicht werden. Andererseits soll die Drei-Wochen-Frist des § 4 Satz 1 KSchG das Besatzungsmitglied nicht in besonderen Zugzwang versetzen.[43] Die dreiwöchige Klagefrist beginnt ab dem Zeitpunkt zu laufen, zu dem das Besatzungsmitglied zum Sitz des Betriebs zurückkehrt.[44] Der Sitz eines Schifffahrts- und Luftverkehrsunternehmens richtet sich nach den Bestimmungen des Handelsrechts. Regelmäßig wird sich der Sitz des Unternehmens am Sitz der Hauptverwaltung befinden;[45] fehlt ein solcher, ist es der Heimathafen.[46] Der Tag der Rückkehr wird bei der Berechnung der Frist nicht mitgerechnet.[47]

15 Kündigt der Arbeitgeber dem Besatzungsmitglied **nicht während der Fahrt** des Schiffes oder des Luftfahrzeuges, aber in Abwesenheit vom Sitz des Betriebes, ist für die Klagefrist entscheidend, ob das Besatzungsmitglied an-

---

38 DFL/Leschnig § 24 KSchG Rn 4; HK-KSchG/Kriebel § 24 Rn 8; Löwisch/Spinner § 24 Rn 8; vHH/L/v. Hoyningen-Huene § 24 Rn 8.
39 DFL/Leschnig § 24 KSchG Rn 4; KR/Bader § 24 KSchG Rn 24.
40 S Rn 11.
41 DFL/Leschnig § 24 KSchG Rn 6; ErfK/Kiel § 24 KSchG Rn 6.
42 KR/Bader § 24 KSchG Rn 27.
43 ErfK/Kiel § 24 KSchG Rn 6.
44 APS/Moll § 24 KSchG Rn 9; Dornbusch/Wolff § 24 KSchG Rn 5; ErfK/Kiel § 24 KSchG Rn 7; KR/Bader § 24 KSchG Rn 26.
45 KR/Bader § 24 KSchG Rn 26; DFL/Leschnig § 24 KSchG Rn 7.
46 DFL/Leschnig § 24 KSchG Rn 7; Löwisch/Spinner § 24 Rn 11; vHH/L/v. Hoyningen-Huene § 24 Rn 10.
47 KR/Bader § 24 KSchG Rn 26.

schließend an den Betriebssitz oder an einen anderen Ort im Inland zurückkehrt.[48] Kehrt er an den Betriebssitz zurück, muss er innerhalb von drei Wochen nach Ankunft dort, spätestens aber sechs Wochen nach Zugang der Kündigung Kündigungsschutzklage erheben.[49]
Beispiel: Zugang der Kündigung am 17.8.2009, Ankunft am 15.9.2009; die Drei-Wochen-Frist läuft am 6.10.2009 ab; die Sechs-Wochen-Frist endet jedoch am 28.9.2009.
Sofern das Besatzungsmitglied an einen **anderen Ort im Inland** zurückkehrt, beträgt die Klagefrist sechs Wochen. Für den Beginn der Klagefrist von sechs Wochen ist also der Zeitpunkt der Ankunft unerheblich. Damit soll erreicht werden, dass das Besatzungsmitglied seine persönliche Rückkehr ins Inland nicht verzögert und dadurch die Klagefrist nicht unangemessen hinausschiebt.[50]

Wird jedoch die Kündigung **während der Fahrt** ausgesprochen, beginnt die Klagefrist von sechs Wochen nicht vor dem Tag zu laufen, an dem das Schiff oder das Luftfahrzeug einen deutschen Hafen oder Liegeplatz erreicht hat, § 24 Abs 3 Satz 2 KSchG („Ankunftstag" und nicht etwa Zugang der Kündigung). Die Bestimmung findet keine Anwendung auf Kündigungen, die vor Fahrtantritt oder nach der Rückkehr ausgesprochen werden.[51] Insoweit verbleibt es bei der allgemeinen Regelung des § 4 Satz 1 KSchG. Nach dem Wortlaut des § 24 Abs 3 Satz 1 KSchG („... das Besatzungsmitglied zum Sitz des Betriebs zurückgekehrt...") und seinem Sinn und Zweck, nämlich den Erschwerungen bei der Rechtsverfolgung Rechnung zu tragen, kommt es **entscheidend auf die Rückkehr des Arbeitnehmers** und nicht auf die des Schiffes an (zB ein Besatzungsmitglied wird während der Reise gekündigt und vorzeitig nach Hause zurückgeflogen). Kehrt also das Besatzungsmitglied vor Rückkehr zB des Schiffs **zum Betriebssitz** zurück, beginnt ab diesem Zeitpunkt die dreiwöchige Klagefrist zu laufen.[52] 16

Das BAG hat in seiner Entscheidung vom 9.1.1986[53] ausdrücklich offen gelassen, ob die verlängerte sechswöchige Klagefrist schon dann zu laufen beginnt, wenn das **während der Fahrt** gekündigte Besatzungsmitglied eines Seeschiffes an einen anderen Ort als den Betriebssitz zurückkehrt (zB mit einem anderen Schiff, mit dem Flugzeug oder auf dem Landweg), bevor das Schiff einen deutschen Hafen oder Liegeplatz erreicht. Es hat jedoch ausgeführt, dass die sechswöchige Klagefrist in jedem Fall frühestens an dem Tag der **tatsächlichen** Ankunft des Seemanns beginnt, und zwar auch dann, wenn er aus privaten Gründen (zB wegen Urlaubs) später nach 17

---

48 DFL/Leschnig § 24 KSchG Rn 8; KR/Bader § 24 KSchG Rn 27.
49 DFL/Leschnig § 24 KSchG Rn 8.
50 BAG 9.1.1986 – 2 AZR 163/85 – AP KSchG 1969 § 24 Nr 1; APS/Moll § 24 KSchG Rn 9; KR/Bader § 24 KSchG Rn 27.
51 ErfK/Kiel § 24 KSchG Rn 7.
52 ErfK/Kiel § 24 KSchG Rn 8; vHH/L/v. Hoyningen-Huene § 24 Rn 11.
53 2 AZR 163/85 – AP KSchG 1969 § 24 Nr 1.

Deutschland zurückkehrt. Insoweit kann der Arbeitgeber dem Klagerecht des Arbeitnehmers nur mit dem Einwand der Verwirkung begegnen.⁵⁴

18 Nach dem Sinn und Zweck der Regelung kommt es allein maßgebend auf die Rückkehr desjenigen an, der die Kündigungsschutzklage erheben muss, und nicht etwa auf die des Schiffes. Daraus folgt aus dem Regelungsgehalt des § 24 Abs 1 Satz 1 und 2, dass darauf abzustellen ist, wohin das Besatzungsmitglied zurückkehrt. Kehrt das Besatzungsmitglied zum Sitz des Schifffahrts- oder Luftverkehrsunternehmens zurück, so läuft nach Satz 1 die Drei-Wochen-Frist mit der Obergrenze von sechs Wochen. Kehrt es hingegen an einen anderen deutschen Ort zurück, gilt die Sechswochenfrist.⁵⁵

19 Nach § 24 Abs 3 Satz 3 KSchG beträgt die verlängerte Anrufungsfrist nach § 6 KSchG ebenfalls sechs Wochen.

20 Bei Versäumung der Klagefrist ist eine Zulassung der verspäteten Klage nach § 5 KSchG möglich. Die modifizierten Klagefristen gelten auch für die **Änderungsschutzklage**. Hingegen finden sie **keine** Anwendung auf die Erklärung des **Vorbehalts** nach § 2 KSchG.⁵⁶

4. Zuständiges Gericht

21 Durch die Neufassung des § 2 ArbGG 1953 ist die Zuständigkeitsregelung des § 24 Abs 4 Satz 1 KSchG heute **gegenstandslos**.⁵⁷ Für Kündigungsschutzstreitigkeiten von Kapitänen und Besatzungsmitgliedern sind nunmehr auch die Arbeitsgerichte zuständig.⁵⁸ Vor der Neufassung des ArbGG 1953 waren solche Streitigkeiten von der Zuständigkeit der Gerichte für Arbeitssachen ausgenommen.

22 Eine **tarifvertragliche Übertragung** der Zuständigkeit auf ein Schiedsgericht nach § 101 Abs 2 ArbGG ist für **Bestandsstreitigkeiten von Kapitänen und Besatzungsmitgliedern** iSd §§ 2 und 3 SeemG nicht möglich.⁵⁹ Soweit beiderseitige Tarifbindung besteht ist ua für Bestandsschutzstreitigkeiten von Kapitänen und Besatzungsmitgliedern nach § 81 MTV-See und § 36 Kapitäns-MTV das ArbG Hamburg ausschließlich zuständig.⁶⁰

23 Durch § 24 Abs 4 Satz 2 KSchG wird für **kündigungsrechtliche Streitigkeiten** nach dem KSchG die Vorschriften des SeemG über die **Zuständigkeit**

---

54 BAG 9.1.1986 – AZR 163/85 – AP KSchG 1969 § 24 Nr 1; APS/Moll § 24 KSchG Rn 11; Löwisch/Spinner § 24 Rn 12.
55 ErfK/Kiel § 24 KSchG Rn 9; Dornbusch/Wolff § 24 KSchG Rn 5; KDZ/Kittner § 24 KSchG Rn 8; KR/Bader § 24 KSchG Rn 28; Löwisch/Spinner § 24 Rn 12; vHH/L/v. Hoyningen-Huene § 24 Rn 11; aA BTM-Backmeister § 24 KSchG Rn 7.
56 Löwisch/Spinner § 24 Rn 15.
57 DFL/Lesching § 24 KSchG Rn 12; ErfK/Kiel § 24 KSchG Rn 12; KDZ/Kittner § 24 Rn 4; KR/Bader § 24 KSchG Rn 31; Thüsing/Laux/Lembke-Thüsing § 24 KSchG Rn 6; vHH/L/v. Hoyningen-Huene § 24 Rn 14.
58 APS/Moll § 24 KSchG Rn 12; ErfK/Kiel § 24 KSchG Rn 12; HK-KSchG/Kriebel § 24 Rn 21; KDZ/Kittner § 24 KSchG Rn 4; KR/Bader § 24 KSchG Rn 31; vHH/L/v. Hoyningen-Huene § 24 Rn 14.
59 vHH/L/v. Hoyningen-Huene 24 Rn 15; KR/Bader § 24 KSchG Rn 32; Grunsky § 101 Rn 8; aA Löwisch/Spinner § 24 Rn 18.
60 vHH/L/v. Hoyningen-Huene § 24 Rn 14; Löwisch/Spinner § 24 Rn 18.

der Seemannsämter ausgeschlossen.[61] Nach allgemeiner Ansicht besteht nach § 69 SeemG für **ausländische Seemannsämter** (die diplomatischen und konsularischen Vertretungen der Bundesrepublik Deutschland nach § 9 Nr 2 SeemG) **nur noch** die Befugnis, eine **vorläufige Entscheidung** über die Berechtigung einer außerordentlichen Kündigung im Ausland zu treffen.[62] Diese den ausländischen Seemannsämtern verbliebene Zuständigkeit rechtfertigt sich aus dem räumlichen Geltungsbereich des KSchG, der auf das Gebiet der Bundesrepublik Deutschland beschränkt ist.[63] Derartige Auslandszuständigkeiten werden also vom nationalen Geltungsbereich des KSchG nicht erfasst.[64]

5. Kündigungsschutz der Kapitäne und der übrigen leitenden Angestellten

§ 24 Abs 5 KSchG hat mit der Neufassung des § 14 Abs 2 KSchG durch das Erste Arbeitsrechtsbereinigungsgesetz vom 14.8.1969[65] seinen ursprünglichen Ausnahmecharakter verloren. Bei der Neufassung des Gesetzes im Jahre 1969 hat es der Gesetzgeber übersehen, dass nunmehr alle leitenden Angestellten iSd § 14 Abs 2 dem Ersten Abschnitt des KSchG unterstehen, die Sondervorschrift des § 24 Abs 5 KSchG also nicht mehr erforderlich war.[66] Folglich bedarf der Antrag des Arbeitgebers auf Auflösung des Arbeitsverhältnisses nach § 9 Abs 1 Satz 2 KSchG eines Kapitäns und anderer leitender Besatzungsmitglieder keiner Begründung. § 3 KSchG findet keine Anwendung.[67]

---

61 APS/Moll § 24 KSchG Rn 13.
62 APS/Moll § 24 KSchG Rn 13; Dornbusch/Wolff § 24 KSchG Rn 6; ErfK/Kiel § 24 KSchG Rn 12; vHH/L/v. Hoyningen-Huene § 24 Rn 15; KR/Bader § 24 KSchG Rn 32; Löwisch/Spinner § 24 Rn 17.
63 BAG 9.10.1997 – 2 AZR 64/97 – AP KSchG 1969 § 23 Nr 16.
64 vHH/L/v. Hoyningen-Huene § 24 Rn 15.
65 BGBl I S 1106.
66 APS/Moll § 24 KSchG Rn 14; DFL/Leschnig § 24 KSchG Rn 13; KDZ/Kittner/Deinert § 24 KSchG Rn 5; vHH/L/v. Hoyningen-Huene § 24 Rn 16; KR/Bader § 24 KSchG Rn 33; s § 14 Rn 24.
67 ErfK/Kiel § 24 KSchG Rn 13.

§ 25 Kündigung in Arbeitskämpfen

Die Vorschriften dieses Gesetzes finden keine Anwendung auf Kündigungen und Entlassungen, die lediglich als Maßnahmen in wirtschaftlichen Kämpfen zwischen Arbeitgebern und Arbeitnehmern vorgenommen werden.

1 Der **Regelungsgehalt** der Vorschrift, wonach Kündigungen und Entlassungen als Maßnahmen in Arbeitskämpfen vom Kündigungsschutz ausgenommen sind, ist nur unter Berücksichtigung der zur Zeit der Verabschiedung des KSchG 1951 herrschenden **individuellen Arbeitskampflehre** verständlich.[1] Nach dieser Lehre handelte ein Arbeitnehmer dann vertragswidrig, wenn er sich an einem Streik beteiligte, ohne zuvor fristgerecht gekündigt zu haben. Sie billigte dem Arbeitgeber in diesem Fall das Recht zur Kündigung wegen Arbeitsverweigerung infolge der Streikbeteiligung zu. Ebenso war der Arbeitgeber im Falle von Kampfkündigungen an die Kündigungsfristen gebunden und geriet bei deren Nichtbeachtung in Annahmeverzug. Außerdem wertete die **damals** geltende individuelle Arbeitskampflehre die Aussperrung des Arbeitgebers als Kündigung. Das aber hätte die Anwendung des KSchG auf die Aussperrung bedeutet.[2] Mit § 25 KSchG 1951 brachte der Gesetzgeber im Interesse der **staatlichen Neutralität**[3] in Arbeitskämpfen und der Arbeitskampfparität für arbeitskampfbedingte Kündigungen und Entlassungen den Grundsatz der Kündigungsfreiheit zur Geltung.[4] Damit beschränkte die Vorschrift den gegenständlichen Geltungsbereich des KSchG, ohne jedoch eine gesetzliche Regelung für die Durchführung von Arbeitskämpfen zu enthalten.[5]

2 Im Zuge der sich nach und nach entwickelnden Arbeitskampfrechtsprechung hat die Vorschrift seinen ursprünglichen Bedeutungsgehalt weitgehend verloren.[6] Nach der heute geltenden **kollektivrechtlichen Arbeitskampflehre**, die der Große Senat des BAG mit Beschluss vom 28.1.1955[7] begründet und durch den weiteren Beschluss des Großen Senats des BAG vom 21.4.1971[8] fortentwickelt hat, sind Arbeitskampfmittel nunmehr als suspendierend wirkende Instrumente zulässig. Dies gilt auch für die Aussperrung, die auch in Form der sog lösenden Aussperrung nicht mehr als individualrechtliche Kündigung des Arbeitsverhältnisses, sondern als kollektivrechtliche Arbeitskampfmaßnahme zu werten ist. Sind also arbeitgeberseitige Kündigungen und Entlassungen **als Maßnahmen des Arbeitskampfes** mit der vom BAG entwickelten Arbeitskampflehre nicht zu ver-

---

1 APS/Moll § 25 KSchG Rn 2; Dornbusch/Wolff § 25 KSchG Rn 1; DFL/Leschnig § 25 KSchG Rn 1; KR/Bader § 25 KSchG Rn 3 Thüsing/Laux/Lembke-Thüsing § 25 KSchG Rn 1; vHH/L/v. Hoyningen-Huene § 25 Rn 1.
2 Vgl Löwisch/Spinner § 25 Rn 1; vHH/L/v. Hoyningen-Huene § 25 Rn 12.
3 KDZ/Deinert § 25 Rn 1; KR/Bader § 25 Rn 4; vHH/L/v. Hoyningen-Huene § 25 Rn 1.
4 APS/Moll § 25 KSchG Rn 2; KR/Bader § 25 KSchG Rn 4.
5 BAG 10.6.1980 – 1 AZR 822/79 – AP GG Art 9 Arbeitskampf Nr 64; APS/Moll § 25 KSchG Rn 3; KR/Weigand § 25 KSchG Rn 5 mwN.
6 APS/Moll § 25 Rn 2; ErfK/Kiel § 25 KSchG Rn 1; HK-KSchG/Kriebel § 25 Rn 5; KDZ/Deinert § 25 Rn 2; KR/Weigand § 25 Rn 7.
7 GS 1/54 – AP GG Art 9 Arbeitskampf Nr 1.
8 GS 1/68 – AP GG Art 9 Arbeitskampf Nr 43.

einbaren,[9] so stellt sich die Frage nach dem **heutigen Sinngehalt** des § 25 KSchG.[10] Auch die vom BAG neuerdings für möglich gehaltene, die Arbeitsverhältnisse ohne Rücksicht auf fortbestehende Beschäftigungsmöglichkeiten suspendierende Stilllegung eines bestreikten Betriebs durch den Arbeitgeber[11] unterfällt als arbeitskampfrechtliche Abwehrbefugnis mit vertragsrechtlicher Wirkung mangels Änderungskündigungscharakters von **vornherein** nicht dem Geltungsbereich des KSchG.[12] Obgleich die Vorschrift des § 25 KSchG im Rahmen der Neufassung des KSchG durch das Erste Arbeitsrechtsbereinigungsgesetz vom 14.8.1969[13] nicht aufgehoben wurde, wird die Bestimmung nach überwiegender Ansicht als **gegenstandslos** geworden angesehen.[14] AA nach soll § 25 KSchG die gesetzliche Grundlage für arbeitgeberseitige Kampfkündigungen sein[15] oder aber für bestimmte Fälle der Kampfkündigung als Maßnahme im Arbeitskampf einen Anwendungsbereich haben.[16] Diesen Auffassungen kann jedoch nicht gefolgt werden. Im Rahmen der vom BAG entwickelten und vom BVerfG[17] bestätigten kollektivrechtlichen Arbeitskampflehre sind Kampfmittel nur zur Durchsetzung tarifvertraglicher Zielsetzungen möglich. Ein bindungsfreies individualrechtliches Vorgehen im Wege von Kampfkündigungen, insbesondere die Aussperrung ersetzende Massenkündigungen, ist damit nicht vereinbar.[18] Auf sie findet das KSchG Anwendung.[19] Nach der hier vertretenden Ansicht hat § 25 KSchG 1951 heute nur noch **klarstellende Funktion**.[20] Nach der nunmehr geltenden kollektiven Arbeitskampflehre ist die **Regelung historisch überholt**. Der ihr zunächst entsprechend ihrer systematischen Stellung im Vierten Abschnitt über die Schlussbestimmungen, die allein Fragen des Geltungsbereichs behandeln, zukommende Bedeutungsgehalt, den Geltungsbereich des KSchG zu beschränken, ist durch die **kollektive Arbeitskampflehre**, wie sie durch Rechtsprechung und Lehre entwickelt wurde, entfallen. Die auf dem Modell eines Kündigungsarbeitskampfes[21] beruhende Bestimmung des § 25 KSchG ist damit historisch überholt. Da sich aus ihr auch keine materiell-rechtlichen Grundaussagen für die Durchführung von Arbeitskämpfen entnehmen lassen, durch § 25 wird nicht die Durchführung von Arbeitskämpfen gesetzlich geregelt,[22] soll

---

9 Thüsing/Laux/Lembke-Thüsing § 25 KSchG Rn 2.
10 APS/Moll § 25 KSchG Rn 2.
11 BAG 22.3.1994 – 1 AZR 622/93 – AP GG Art 9 Arbeitskampf Nr 130; BAG 31.1.1995 – 1 AZR 142/94 – AP GG Art 9 Arbeitskampf Nr 135.
12 Thüsing/Laux/Lembke-Thüsing § 25 KSchG Rn 2 spricht von Wesensverschiedenheit der Arbeitskampfmittel zur Kündigung; Löwisch/Spinner § 25 Rn 2.
13 BGBl I S 1106.
14 BAG 26.4.1988 – 1 AZR 399/86 – AP GG Art 9 Arbeitskampf Nr 101; APS/Moll § 25 KSchG Rn 2; HK-KSchG/Kriebel § 25 Rn 5; DFL/Leschnig § 25 KSchG Rn 1; ErfK/Kiel § 25 KSchG Rn 2; KDZ/Kittner/Deinert § 25 KSchG Rn 2; KR/Bader § 25 KSchG Rn 7.
15 Seiter Streikrecht und Aussperrungsrecht S 319 ff.
16 vHH/L/v. Hoyningen-Huene § 25 Rn 3 f, 18 ff; Randerath, Die Kampfkündigung des Arbeitgebers im kollektiven Arbeitskampfsystem, 1983.
17 26.6.1991 – 1 BvR 779/85 – AP GG Art 9 Arbeitskampf Nr 117.
18 APS/Moll § 25 KSchG Rn 5; DFL/Leschnig § 25 KSchG Rn 6.
19 BAG 29.11.1983 – 1 AZR 469/82 – AP BGB § 626 Nr 78.
20 ErfK/Kiel § 25 KSchG Rn 2; Löwisch/Spinner § 25 Rn 1.
21 APS/Moll § 25 KSchG Rn 2; KR/Bader § 25 KSchG Rn 5.
22 ErfK/Kiel § 25 KSchG Rn 2; vHH/L/v. Hoyningen-Huene § 25 Rn 4.

mit der fortbestehenden Existenz der Vorschrift lediglich klarstellend zum Ausdruck kommen, dass die nach heutigem Recht **allein kollektivrechtlich zu beurteilenden Arbeitskampfmaßnahmen (Streik und Aussperrung)** mangels kündigungsrechtlichen Charakters nicht dem KSchG unterfallen. Diese Auffassung ist durchaus mit dem Urteil des BAG vom 10.6.1980[23] vereinbar, worin das BAG an seinem seitherigen Standpunkt festhält, wonach § 25 KSchG unmittelbar nur den gegenständlichen Geltungsbereich des KSchG beschränke. Eine generelle Ermächtigung zur „Kündigungsaussperrung" sei § 25 KSchG nicht zu entnehmen.

3 Daher ist auf vom Arbeitgeber im Zusammenhang mit einem Arbeitskampf ausgesprochene Kündigungen das **KSchG voll anwendbar**.[24] § 25 KSchG steht dem nicht entgegen. Ordentliche Kündigungen bedürfen also der sozialen Rechtfertigung isd § 1 Abs 2, der Arbeitnehmer muss die Klagefrist des § 4 beachten; soweit es um Massenentlassungen geht, sind die §§ 17 ff zu prüfen.[25] Sanktioniert der Arbeitgeber die Teilnahme an einem rechtswidrigen Streik mit der außerordentlichen oder ordentlichen Kündigung,[26] obgleich das kollektivrechtliche Arbeitskampfmittel der Aussperrung zur Verfügung stünde, so unterfällt diese individualrechtliche Kündigung in vollem Umfang der kündigungsrechtlichen Beurteilung isd KSchG. Es ruhen lediglich die Mitwirkungsrechte des Betriebsrats nach § 102 BetrVG.[27] Allerdings bedarf eine außerordentliche Kündigung eines Betriebsratsmitglieds in entsprechender Anwendung des § 103 Abs 2 BetrVG der Zustimmung des Arbeitsgerichts.[28] Auch im Zusammenhang mit Arbeitskampfmaßnahmen stehende, vom Arbeitgeber ausgesprochene **Massenänderungskündigungen** mit dem Ziel, gleichzeitig gegenüber mehreren Arbeitnehmern die bestehenden Arbeitsbedingungen zu ändern, stellen keine von den Vorschriften des KSchG befreite Kampfmaßnahme iSd § 25 KSchG dar.[29] Bei der arbeitgeberseitigen Massenänderungskündigung handelt es sich vielmehr um eine nach kündigungsrechtlichen Maßstäben (§ 2 KSchG) zu beurteilende individualrechtliche Maßnahme.[30]

---

23 1 AZR 822/79 – AP GG Arbeitskampf Art 9 Nr 64; ErfK/Kiel § 25 Rn 2; KR/Weigand § 25 Rn 5; vHH/L/v. Hoyningen-Huene § 25 Rn 4.
24 APS/Moll § 25 KSchG Rn 5; ErfK/Kiel § 25 KSchG Rn 3; Thüsing/Laux/Lembke § 25 KSchG Rn 4.
25 MünchArbR/Berkowsky § 134 Rn 107.
26 Sog Kampfkündigungen; vgl vHH/L/v. Hoyningen-Huene § 25 Rn 18 ff.
27 BAG 14.2.1978 – 1 AZR 76/76 – AP GG Art 9 Arbeitskampf Nr 58.
28 BAG 14.2.1978 – 1 AZR 76/76 – AP GG Art 9 Arbeitskampf Nr 57.
29 BAG 1.2.1957 – 1 AZR 521/54 – AP BetrVG § 56 Nr 4.
30 HM vgl BAG GS 28.1.1955 – GS 1/54 – AP GG Art 9 Nr 1 Arbeitskampf; DFL/Leschnig § 25 KSchG Rn 6; ErfK/Kiel § 25 KSchG Rn 3; KR/Bader § 25 KSchG Rn 31 mwN; vHH/L/v. Hoyningen-Huene § 25 Rn 15; aA insb Ramm BB 1964, 1174; Weller AuR 1967, 76 ff.

§ 25 a Berlin-Klausel

(gegenstandslos)

Die durch Art 3 Nr 3 des Gesetzes über arbeitsrechtliche Vorschriften zur Beschäftigungsförderung (BeschFG 1985) vom 26.4.1985[1] eingefügte **Berlin-Klausel** ist mit der im Zuge der Wiedervereinigung Deutschlands am 3.10.1990 erfolgten Beendigung des alliierten Sonderstatus Berlins gegenstandslos geworden.[2]

---

[1] BGBl I S 710; zur weiteren Chronologie der Klausel s KR/Weigand § 25 a Rn 1-3.
[2] KR/Bader § 25 a Rn 4.

§ 26 Inkrafttreten

Dieses Gesetz tritt am Tage nach seiner Verkündung in Kraft.[1]

1 Die Vorschrift betrifft das Inkrafttreten des KSchG idF vom 10.8.1951.[2] Dies ergibt sich klarstellend aus einer amtlichen Fn zu der Fassung des KSchG vom 28.8.1969.[3] Das **KSchG 1951** ist am 13.8.1951 verkündet worden und ist am 14.8.1951 in Kraft getreten. Da durch das **Erste Arbeitsrechtsbereinigungsgesetz** vom 14.8.1969[4] zahlreiche Vorschriften des KSchG 1951 geändert wurden, hat der Bundesminister für Arbeit und Sozialordnung aufgrund der in Art 7 Nr 1 des Ersten Arbeitsrechtsbereinigungsgesetzes enthaltenen Ermächtigung die Neufassung des KSchG am 25.8.1969 in neuer Paragraphenfolge bekannt gemacht.[5] Im Hinblick auf Art 9 des Ersten Arbeitsrechtsbereinigungsgesetzes trat die am 25.8.1969 verkündete Neufassung des KSchG am 1.9.1969 in Kraft. Zwischenzeitlich wurde das KSchG idF vom 25.8.1969 durch insgesamt **28 Gesetzesänderungen**[6] teilweise neu gefasst oder erheblich umgestaltet, zuletzt durch Art 3 des Gesetzes zur Umsetzung des Seearbeitsübereinkommens 2006 der Internationalen Arbeitsorganisation vom 20.4.2013.[7] Dadurch wurde § 24 KSchG zur Anpassung der Regelungen über kündigungsschutzrechtliche Besonderheiten an die heutigen Verhältnisse der Seeschifffahrt und des Luftverkehrs neu gefasst.[8]

2 Auf dem **Gebiet der ehemaligen DDR** („neue Bundesländer") galt das KSchG als DDR-Gesetz mit Wirkung vom 1.7.1990 bis zum Zeitpunkt der Wiedervereinigung am 3.10.1990. Ab diesem Tage ist das KSchG auch dort unmittelbar geltendes Recht.[9]

---

1 Amtl. Anm.: Die Vorschrift betrifft das Inkrafttreten des Gesetzes in der Fassung vom 10. August 1951 (Bundesgesetzbl. I S. 499).
2 BGBl I S 499.
3 BGBl I S 1317.
4 BGBl I S 1106.
5 BGBl I S 1317.
6 S dazu KR/Bader § 26 Rn 5 – 31.
7 BGBl I S 868, 914.
8 BR-Drucks 456/12 S 196.
9 KR/Bader § 26 KSchG Rn 4.

Allgemeines Gleichbehandlungsgesetz (AGG)

Vom 14. August 2006 (BGBl. I S. 1897)
(FNA 402-40)
zuletzt geändert durch Art. 8 SEPA-BegleitG vom 3. April 2013
(BGBl. I S. 610)

§ 2 Anwendungsbereich

(4) Für Kündigungen gelten ausschließlich die Bestimmungen zum allgemeinen und besonderen Kündigungsschutz.

I. Entstehungsgeschichte und Normzweck – Europarechtliche Grundlagen 1	b) Konformität 4
II. Anwendungsbereich 2	c) Auffassung der nationalen Gerichte 5
1. Bereichsausnahmen 2	d) Stellungnahme 6
a) Wortlaut 2	2. Entschädigungen und Schadenersatz 7

I. Entstehungsgeschichte und Normzweck – Europarechtliche Grundlagen

Das Allgemeine Gleichbehandlungsgesetz (AGG) ist als Art 1 des Gesetzes zur Umsetzung europäischen Richtlinien zur Verwirklichung des Grundsatzes der Gleichbehandlung am 17. August 2006 in Kraft getreten. Es dient der Vorgabe der Europäischen Union zum Schutz vor Diskriminierungen in den Bereichen Beruf und Beschäftigung. Mit dem arbeitsrechtlichen Teil im AGG sind drei Antidiskriminierungsrichtlinien der EU umgesetzt:

- Richtlinie 2000/78/EG des Rates zur Festlegung eines allgemeinen Rahmens für die Verwirklichung der Gleichbehandlung in Beschäftigung und Beruf (Rahmenrichtlinie);
- Richtlinie 2000/43/EG des Rates zur Anwendung des Gleichbehandlungsgrundsatzes ohne Unterschied der Rasse oder der ethnischen Herkunft (Antirassismusrichtlinie);
- Richtlinie 76/206/EWG des Rates zur Verwirklichung des Grundsatzes der Gleichberechtigung von Männern und Frauen hinsichtlich des Zugangs zur Beschäftigung, zur Berufsausbildung und zum beruflichen Aufstieg sowie in Bezug auf die Arbeitsbedingungen, geändert durch die Richtlinie 2002/73 des Europäischen Parlaments und des Rates (Gender-Richtlinie).

II. Anwendungsbereich

1. Bereichsausnahmen

a) Wortlaut. Nach dem Wortlaut des § 2 Abs 4 AGG sind Kündigungen aus dem Anwendungsbereich des Gesetzes ausgenommen. Für diese sollen ausschließlich die Regelungen zum **allgemeinen** und **besonderen** Kündigungsschutz gelten. Für andere Varianten der Beendigung des Arbeitsverhältnisses bleibt das AGG anwendbar, so zB durch Befristung oder Aufhebungsvertrag (§ 2 Abs 1 Nr 2 AGG), gleichfalls für Kündigungserschwer-

§ 2 Abs. 4 AGG

nisse wie tarifliche oder individualvertragliche Regelungen zur Unkündbarkeit. [1]

3 Mit dem **allgemeinen** Kündigungsschutz sind die Regelungen im BGB, insbesondere die §§ 622 und 626, gemeint, aber auch die §§ 138 und 242 BGB. Zu den allgemeinen Bestimmungen gehören auch die Regelungen des KSchG.

Dem **besonderen** Kündigungsschutz sind Regelungen für bestimmte Arbeitnehmergruppen zugewiesen, so zB § 9 MuSchG, §§ 18, 19 BEEG, § 2 ArbPlSchG, §§ 85 ff und 96 SGB IX, § 5 PflegeZG und § 47 BPersVG.

4 **b) Konformität.** Die Europarechtswidrigkeit des § 2 Abs 4 AGG ist evident.[2] Die Regelung widerspricht den Richtlinien 2000/43/EG und 2000/78/EG. In diesen Richtlinien ist ausdrücklich auf Entlassungsbedingungen Bezug genommen. Zu den Entlassungsbedingungen zählt auch die Kündigung.[3] Die Kommission der Europäischen Gemeinschaft hat ua wegen dieser Regelung am 31.1.2008 ein Aufforderungsschreiben wegen Vertragsverletzung verfasst und darin ua ausgeführt: *„Dem gegenüber sieht § 2 Abs. 1 Nr. 2 AGG zwar grundsätzlich vor, dass Benachteiligungen aus Gründen des Geschlechts, der Religion oder Weltanschauung, einer Behinderung, des Alters oder sexuellen Identität im Hinblick unter anderem auf Entlassungsgründe unzulässig sind. Jedoch sieht das AGG durch seinen Verweis in § 2 Abs. 4 ferner vor, dass für Kündigungen ausschließlich ... die Bestimmungen zum allgemeinen und besonderen Kündigungsschutz gelten. Damit wird zum einen hinsichtlich des allgemeinen Kündigungsschutzes auf das Kündigungsschutzgesetz sowie auf zivilrechtliche Generalklausel des Bürgerlichen Gesetzbuches Bezug genommen; zum anderen gelten hinsichtlich des besonderen Kündigungsschutzes weitere Regelungen für bestimmte Arbeitnehmergruppen. Artikel 3 Abs. 1 c der Richtlinie fordert eindeutig, dass die Vorschriften zum Schutz vor Diskriminierung bezogen auf die Gründe des Alters, einer Behinderung, der sexuellen Orientierung sowie der Religion oder Weltanschauung auch im Bereich der Entlassungsbedingungen Anwendung finden müssen. Der Europäische Gerichtshof hat bestätigt, dass das Diskriminierungsverbot der Richtlinie 2000/78/EG im Falle einer Kündigung zu gelten hat. Dem gegenüber enthalten die deutschen Vorschriften zum allgemeinen und besonderen Kündigungsschutz keine ausdrücklichen Vorschriften zum Schutz vor Diskriminierung hinsichtlich der oben genannten Gründe. So sieht zwar beispielsweise das KSchG das Erfordernis der sozialen Rechtfertigung einer Kündigung vor und das BGB vermag insofern vor Sittenwidrigkeit zu schützen und den Grundsatz von Treue und Glauben bei Kündigung zur Anwendung zu bringen. Dies ist jedoch nicht ausreichend um sicher zu stellen, dass der Einzelne in diesem Bereich wirksam vor diskriminierenden Kündigungen aus den oben genannten Gründen geschützt ist. Zwar mögen die Gerichte in Einzelfällen eine europarechtskonforme Auslegung der deutschen Vorschriften sicherstellen können; diese Möglichkeit garantiert*

---

1 BAG 20.6.2013 – 2 AZR 295/12; ErfK/Schlachter § 2 AGG Rn 17.
2 Preis/Temming, NZA 2010, 185; Däubler/Betzbach-Däubler, AGG, 3. Aufl, § 2 Rn 260; ErfK/Schlachter § 2 AGG Rn 17.
3 EuGH 11.7.2006 – C-13/05.

jedoch dem Einzelnen weder, dass dies tatsächlich in jedem Einzelfall geschieht, noch schafft es ausreichend Rechtssicherheit für den Einzelnen.".[4] Die Bundesregierung hat im Rahmen einer kleinen Anfrage am 25. April 2008 Stellung genommen wie folgt: „Die Entlassungsbedingungen sind, wie in Artikel 3 Abs. 1 c der Richtlinie 2000/78/EG vorgesehen, ausdrücklich vom Anwendungsbereich des AGG erfasst (vgl. § 2 Abs. 1 Nr. 2 AGG). Mit der Regelung des § 2 Abs. 4 AGG werden die Regelungsbereiche des AGG und der bestehenden Kündigungsschutzbestimmungen voneinander abgegrenzt. Damit sind Arbeitnehmer vor diskriminierenden Kündigungen aus Gründen der Rasse oder wegen der ethnischen Herkunft, des Geschlechts, der Religion oder Weltanschauung, einer Behinderung, des Alters oder der sexuellen Identität geschützt."[5] Die Literatur diskutiert kontrovers. Teilweise wird die Auffassung vertreten, § 2 Abs 4 AGG solle die Anwendung der in Umsetzung der europarechtlichen Antidiskriminierungsrichtlinien geschaffenen gesetzlichen Regelungen im AGG vollständig ausschließen. Mit diesem Inhalt sei § 2 Abs 4 AGG allerdings aus europarechtlichen Gründen unanwendbar, so dass letztlich § 2 Abs 4 AGG die Anwendung der übrigen Normen des Gesetzes nicht hindere.[6] Andere vertreten die Auffassung, § 2 Abs 4 AGG müsse richtlinienkonform ausgelegt werden. Grundlage sei hierfür die Rechtsprechung des EuGH, die die Mitgliedstaaten verpflichte, die Grundwertungen der Richtlinien durch Auslegung des nationalen Rechts zur Geltung zu bringen.[7]

c) **Auffassung der nationalen Gerichte.** Der 2. Senat des BAG[8] formuliert: 5 *„Nach Auffassung des Senats steht § 2 Abs. 4 AGG der Anwendung der materiellen Diskriminierungsverbotslinie in ihrer näheren gesetzlichen Ausgestaltung (§§ 1 bis 10 AGG) im Rahmen des Kündigungsschutzes nach dem Kündigungsschutzgesetz nicht mit Wege. Die Diskriminierungsverbote des AGG -einschließlich der ebenfalls im AGG vorgesehenen Rechtfertigungen für unterschiedliche Behandlungen – sind bei der Auslegung der unbestimmten Rechtsbegriffe des Kündigungsschutzgesetzes in der Weise zu beachten, dass sie Konkretisierungen des Begriffs der Sozialwidrigkeit darstellen."* Der Senat begründet dies mit dem Verbot des Selbstwiderspruchs und verweist zurecht darauf, dass § 2 Abs 1 Nr 2 AGG seine Anwendung ausdrücklich auf diskriminierende Entlassungen erstreckt und damit auch Kündigungen. Die Kündigung ist ein Unterfall der Entlassungsbedingung.[9] Wenn in § 2 Abs 1 Nr 2 die Kündigung als eine Form der Entlassungsbedingung genannt ist, jedoch in § 2 Abs 4 AGG der Anwendungsbereich ausgeschlossen sei, würde es sich um einen Selbstwiderspruch handeln und deshalb nicht als „Sinn" sondern nur als der deutlichste Fall von „Un-Sinn" bezeichnet werden können.[10] Das BAG hat an dieser Auffas-

---

4 K (2008) 0103.
5 BT-Drucks 16/8965.
6 Bayreuther BB 2006, 1842; Thüsing BB 2007, 1506; Düwell FA 2007, 107.
7 HWK/Annuß/Rupp, 5. Aufl, § 2 AGG Rn 13.
8 BAG 6.11.2008 – 2 AZR 523/07.
9 EuGH 11.7.2006 – C-13/05.
10 BAG 6.11.2008 – 2 AZR 523/07.

sung konsequent festgehalten[11] und geht davon aus, dass die Bedeutung der Vorschrift des § 2 Abs 4 AGG für Kündigungen, die dem Kündigungsschutzgesetz unterfallen, geklärt ist.[12]

Für Kündigungen, die nicht dem Kündigungsschutzgesetz unterfallen, weil die Wartefrist des § 1 Abs 1 KSchG noch nicht erfüllt ist oder es sich um einen Kleinbetrieb iSv § 23 Abs 1 KSchG handelt, sieht der 2. Senat von vorneherein keinen Konflikt, da die Wirksamkeit solcher Kündigungen auf der Grundlage der zivilrechtlichen Generalklauseln zu entscheiden sei. Der Diskriminierungsschutz des AGG gehe diesen Klauseln vor und verdränge diese.[13] Die Rechtsfolge einer unzulässigen Benachteiligung iSv § 2 Abs 1 Nr 2 AGG regle das AGG nicht. Die Folge der Nichtigkeit ergebe sich insoweit aus § 134 BGB.[14]

6 d) **Stellungnahme.** § 2 Abs 4 AGG ist einer europarechtskonformen Auslegung nicht zugänglich. Dem steht schon die Begründung des Rechtsausschusses des Bundestags[15] entgegen. Danach sei Sinn der Regelung, das Verhältnis von AGG und KSchG darzustellen und klarzustellen, dass für Kündigungen ausschließlich die Bestimmungen zum allgemeinen und besonderen Kündigungsschutz Anwendung finden. Auch der Wortlaut der Norm spricht eine eindeutige Sprache. Nach § 2 Abs 4 AGG gelten für Kündigungen **ausschließlich** die Bestimmungen zum allgemeinen und besonderen Kündigungsschutz. Das BAG entnimmt der Gesetzeshistorie lediglich das Interesse des Gesetzgebers, das Verhältnis von Kündigungsschutzgesetz und allgemeinem Gleichbehandlungsgesetz zu präzisieren und den Bestimmungen des Kündigungsschutzgesetzes Vorrang einzuräumen. Die Gesetzeshistorie gebietet gerade eine gegenteilige Betrachtung. In der vom Ausschuss für Familie, Senioren, Frauen und Jugend vorgeschlagenen Fassung sollte in § 2 Abs 4 AGG *für Kündigungen vorrangig die Bestimmung des Kündigungsschutzgesetzes gelten*. Die Empfehlung des Bundesrates sah vor, dass *im Anwendungsbereich des Kündigungsschutzgesetzes ausschließlich dessen Bestimmungen Anwendung finden*. Auf der Grundlage der Beschlussempfehlung des Bundesrates wurde § 2 Abs 4 AGG in der jetzt vorliegenden Form Gesetzestext. Die Auslegung des BAG übersieht, dass im Gesetzgebungsverfahren der Meinungsbildungsprozess sich von der Vorrangigkeit zur Ausschließlichkeit entwickelt hatte. Die Auslegung des BAG orientiert sich hingegen an dem Vorrangigkeitsgedanken, wie er noch vom Ausschuss für Familie, Senioren, Frauen und Jugend vorgeschlagen worden war. Die Auslegung blendet aus, dass der Gesetzgeber für Kündigungen **ausschließlich** die Bestimmungen zum allgemeinen besonderen Kündigungsschutz bei diskriminierenden Kündigungen anwenden will.

Dem BAG ist einzuräumen, dass dieses Verständnis der grundsätzlichen Gesetzesintension widerspricht. Eine Auslegung gegen den Meinungsbildungsprozess findet dennoch seine Grenze, wenn die Auslegung sich gegen

---

11 BAG 19.12.2013 – 6 AZR 190/12; BAG 20.6.2013 – 2 AZR 295/12; BAG 5.11.2009 – 2 AZR 676/08; BAG 22.10.2009 – 8 AZR 642/08.
12 BAG 19.12.2013 – 6 AZR 190/12.
13 BAG 19.12.2013 – 6 AZR 190/12.
14 BAG 19.12.2013 – 6 AZR 190/12.
15 BT-Drucks 16/2022 S 26.

den ausdrücklichen Wortlaut der Norm richtet. Es ist unzulässig, sich über den klar erkennbaren Willen des Gesetzgebers hinwegzusetzen und damit unzulässig in die Kompetenzen des demokratisch legitimierten Gesetzgebers einzugreifen.[16]

Ein weiteres Problem stellt sich dann, wenn die Auffassung vertreten wird, dass § 7 Abs 1 AGG als Verbotsnorm ausgestaltet und deshalb Schutzgesetz iSv § 823 Abs 2 BGB ist.[17] Als Verbotsnorm würde diese dann die Qualität einer Schutznorm iS der zu § 9 KSchG ergangenen Rechtsprechung des 2. Senats genießen.[18] Ist § 7 Abs 1 AGG eine Schutznorm idS, ist ein Arbeitgeber gehindert, einen Auflösungsantrag nach § 9 KSchG zu stellen, anderes hingegen, wenn die Kündigung nur sozialwidrig ist.[19]

Preis[20] fordert deshalb zu Recht, dass bei nächster Gelegenheit die Frage der Vereinbarkeit von § 2 Abs 4 AGG mit EU-Recht des EuGH zur Vorabentscheidung vorzulegen ist, und zwar schon wegen des Verstoßes gegen das europarechtliche Transparenzgebot.[21]

Konsequenz der Erkenntnis, dass die Regelung in § 2 Abs 4 AGG europarechtswidrig ist und einer europarechtskonformen Auslegung nicht zugänglich ist, ist die Unanwendbarkeit der Norm.[22] Der EuGH hat dies zu der vergleichbaren Problematik, wie sie sich aus § 622 Abs 2 Satz 2 BGB ergibt, in der Kücükdeveci-Entscheidung[23] ausgeführt. Art 14 Abs 1 lit. b der Richtlinie 2006/54/EG und Art 3 Abs 1 lit. c der Richtlinie 2000/43/EG regeln übereinstimmend, dass die in den Richtlinien enthaltenen Diskriminierungsverbote sich auch auf Entlassungsbedingungen beziehen. Es sollen also ausdrücklich auch diskriminierende Kündigungen bekämpft werden. Diese Umsetzungsabsicht wird durch § 2 Abs 1 Nr 2 AGG bekräftigt. § 2 Abs 4 AGG widerspricht von seinem Wortlaut sowohl § 2 Abs 1 Nr 2 AGG wie den genannten Richtlinien. Dieser Widerspruch kann nur durch die Unanwendbarkeit der widersprechenden Norm aufgelöst werden.

2. Entschädigungen und Schadenersatz

Nach § 15 Abs 1 AGG steht einem benachteiligten Arbeitnehmer ein Schadenersatzanspruch und nach § 15 Abs 2 AGG ein Entschädigungsanspruch

7

---

16 BAG 10.12.2013 – 9 AZR 51/13.
17 Däubler/Bertzbach-Däubler, AGG, 3. Aufl, § 2 Rn 263; aA HWK/Rupp, 5. Aufl, § 7 AGG Rn 1.
18 BAG 10.11.2005 – 2 AZR 623/04; BAG 27.9.2001 – 2 AZR 389/00.
19 BAG 27.8.2001 – 2 AZR 389/00; BAG 26.3.2000 – 2 AZR 879/07; BAG 10.11.1994 – 2 AZR 207/94; KR/Treber empfiehlt, dass iR eines Auflösungsantrages des Arbeitgebers die in § 7 AGG angeordnete Unwirksamkeitsfolge der benachteiligenden Maßnahme zu berücksichtigen sei.
20 APS, 4. Aufl, Grundlagen J. Rn 71 f.
21 EuGH 19.9.1996 – C-236/95: *nach ständiger Rechtsprechung des Gerichtshofes ist es jedoch für die Erfüllung des Erfordernisses der Rechtssicherheit von besonderer Bedeutung, dass die Rechtslage für den Einzelnen hinreichend bestimmt und klar ist und ihn in die Lage versetzt, von allen seinen Rechten Kenntnis zu erlangen und diese gegebenenfalls vor den nationalen Gerichten geltend zu machen.*
22 Däubler/Bertzbach-Däubler, AGG, 3. Aufl, § 2 Rn 263; aA KR/Treber, 10. Aufl, § 2 AGG Rn 15.
23 EuGH 19.1.2010 – C-555/07.

zu. § 2 Abs 4 AGG steht dem nicht entgegen. Liegt eine diskriminierende Kündigung vor, können Ansprüche nach § 15 Abs 1 und Abs 2 AGG verlangt werden.[24]

Der 8. Senat hat die Frage, ob § 2 Abs 4 AGG einem Anspruch nach § 15 Abs 1 und/oder Abs 2 AGG entgegensteht, zunächst offen gelassen.[25] Ernste Zweifel werden durch das BAG nicht vorgebracht und sind auch nicht angebracht. Unkritisch ist das Bestehen solcher Ansprüche, wenn – wie hier – die Auffassung vertreten wird, dass § 2 Abs 4 AGG von einem Anwendungsverbot erfasst ist. Unter Heranziehung der vom BAG vertretenen richtlinienkonformen Auslegung kommt es zur Anwendung der §§ 15 Abs 1 und Abs 2 AGG bei diskriminierenden Kündigungen. In den umgesetzten Richtlinien lautet übereinstimmend zum Geltungsbereich, dass die darin enthaltenen Diskriminierungsverbote sich auf Entlassungsbedingungen beziehen. Der Zweck der Richtlinien ist es deshalb auch, diskriminierende Kündigungen zu bekämpfen. Ansprüche nach § 15 Abs 1 und Abs 2 AGG dienen diesem Zweck, insbesondere der Entschädigungsanspruch nach Abs 2 AGG.[26] Das BAG hierzu: *Eine Anwendung des § 15 Abs. 2 AGG in solchen Fällen erschiene jedenfalls nicht systemwidrig. Auch bisher waren etwa auf § 823 Abs. 1 BGB gestützte Entschädigungen für erlittene immaterielle Schäden bei der Geltendmachung einer Persönlichkeitsverletzung im Zusammenhang mit dem Ausspruch einer unwirksamen Kündigung nicht ausgeschlossen.*[27] Unter Hinweis auf den besonderen Schutz einer schwangeren Arbeitnehmerin (§ 3 Abs 1 AGG) wurde ein Entschädigungsanspruch nach § 15 Abs 2 AGG einer Arbeitnehmerin zuerkannt, der trotz bekannter Schwangerschaft gekündigt worden war.[28]

8 Ob Ansprüche nach § 15 Abs 1 und Abs 2 AGG nur dann geltend gemacht werden können, wenn die Wirksamkeit der Kündigung rechtzeitig iSv § 4 KSchG geltend gemacht wurde, ist streitig.[29]

Der Auffassung, wonach die Wahrung der Frist des § 4 KSchG (entsprechend § 17 TzBfG) Voraussetzung für den Erhalt der Ansprüche nach § 15 Abs 1 und Abs 2 AGG darstellt, überzeugt nicht. Der Gesetzgeber hat sich für ein mehrstufiges Fristensystem für die Ansprüche nach dem AGG entschieden. In der ersten Stufe ist nach § 15 Abs 4 AGG ein Anspruch innerhalb einer Frist von zwei Monaten schriftlich geltend zu machen. Die zwei-

---

24 LAG Bremen 29.6.2010 – 1 Sa 29/10.
25 BAG 22.10.2009 – 8 AZR 642/08; BAG 28.4.2011 – 8 AZR 515/10.
26 KR/Treber, 10. Aufl, § 2 AGG Rn 27.
27 BAG 22.10.2009 – 8 AZR 642/08; so auch: LAG Bremen 28.6.2010 – 1 Sa 29/10; ArbG Düsseldorf 12.3.2013 – 11 Ca 7393/11.
28 BAG 12.12.2013 – 8 AZR 838/12.
29 BAG 22.10.2009 – 8 AZR 642/08: „*Ob die Ausschließlichkeitsanordnung des § 2 Abs. 4 AGG unabhängig von der Erhebung einer Kündigungsschutzklage und ungeachtet der Unwirksamkeit einer diskriminierenden Kündigung, darüber hinaus auch den Entschädigungsanspruch nach § 15 Abs. 2 AGG nicht „sperrt", braucht für den vorliegenden Fall nicht abschließend geklärt zu werden.*"
Keine Sperre: LAG Bremen 29.6.2010 – 1 Sa 29/10; ArbG Düsseldorf 12.3.2013 – 11 Ca 7393/11; KR/Treber, 10. Aufl, § 2 KSchG Rn 27.
Sperrwirkung: LAG Köln 1.9.2009 – 7 Ta 184/09; ArbG Stuttgart 5.7.2013 – 18 Ca 7/13; Bauer/Göpfert/Krieger AGG, 3. Aufl, § 2 Rn 69.

te Stufe der Ausschlussfrist ist die Klagefrist nach § 61 b ArbGG und sie beträgt drei Monate nach schriftlicher Geltendmachung.

Die Frist nach § 15 Abs 4 AGG beginnt im Falle einer Bewerbung oder eines beruflichen Aufstiegs mit dem Zugang der Ablehnung und in den sonstigen Fällen einer Benachteiligung zu dem Zeitpunkt, in dem der oder die Beschäftigte von der Benachteiligung Kenntnis erlangt. Dieses Fristenregime wird zu Lasten des benachteiligten Arbeitnehmers im Falle einer diskriminierenden Kündigung (oder Befristung) verkürzt, wenn rechtzeitig innerhalb der Frist des § 4 KSchG Klage gegen die unwirksame Kündigung erhoben werden müsste, insbesondere in Fällen, in denen der Benachteiligte/Gekündigte keine Kenntnis von der Benachteiligung hat. Mit Zugang der Kündigung liegen dem Arbeitnehmer idR die Kündigungsgründe nicht vor, da diese nicht notwendiger Bestandteil einer Kündigung sind (Ausnahme § 9 MuSchG, § 22 Abs 3 BBiG). Die Kündigungsgründe sind für den Arbeitnehmer auch nur von eingeschränkter Relevanz, wenn das KSchG nicht zur Anwendung kommt (nicht erfüllte Wartefrist nach § 1 Abs 1 KSchG oder Kleinbetrieb iSv § 23 Abs 1 KSchG).

Die Pflicht, Entschädigungsansprüche bei einer diskriminierenden Kündigung nur dann geltend machen zu können, wenn rechtzeitig Kündigungsschutzklage erhoben wurde, steht dem Effektivitätsgedanken entgegen. Hierzu hat der EuGH[30] ausgeführt, dass der Effektivitätsgrundsatz nur dann nicht beeinträchtigt ist, wenn die Frist für die Geltendmachung der Ansprüche wegen Diskriminierung nicht weniger günstig ist, als die für vergleichbare innerstaatliche Rechtsbehelfe im Bereich des Arbeitsrechts und die Festlegung des Zeitpunkts, in dem der Lauf der Frist beginnt, die Ausübung der von der Richtlinie verliehenen Rechte nicht unmöglich macht oder übermäßig erschwert. Die Ansprüche nach den §§ 15 Abs 1 und Abs 2 AGG werden aber übermäßig erschwert, wenn die Frist nach § 15 Abs 4 AGG nicht ausgeschöpft werden kann, darüber hinaus Klage gegen eine Kündigung innerhalb von drei Wochen ab Zugang der Kündigung erhoben werden muss, insbesondere dann, wenn dem Arbeitnehmer die Benachteiligung in diesem Zeitpunkt nicht bekannt ist. Unterstützt wird diese Betrachtung durch die Auffassung des BAG, wonach die Frist des § 15 Abs 4 AGG nicht beginnen kann, bevor dem Beschäftigten die Tatsachen positiv bekannt geworden sind, die tatsächlich geeignet sind, die Beweislastumkehr nach § 22 AGG zu bewirken.[31] Es führt ergänzend aus, dass der Gesetzgeber zu Gunsten des Arbeitnehmers in § 22 AGG eine Beweislastregelung getroffen hat, die es genügen lässt, dass der Beschäftigte Tatsachen vorträgt, die mit überwiegender Wahrscheinlichkeit darauf schließen lassen, dass die Benachteiligung wegen eines Merkmals nach § 1 AGG erfolgt ist. Wenn der Beschäftigte solche Indizien kennt, die zur Beweislastumkehr führen, kann er initiativ werden.

Er kennt dann die Tatsachen, die die Voraussetzungen der anspruchsbegründenden Norm erfüllen, was den Fristbeginn nach § 15 Abs 4 AGG auslöst.

---

30 EuGH 8.7.2010 – C-246/09.
31 BAG 15.3.2012 – 8 AZR 37/11.

§ 2 Abs. 4 AGG

Konsequenterweise kann ein Arbeitnehmer nicht verpflichtet sein, Kündigungsschutzklage zu erheben, obgleich ihm die Kenntnis in dem genannten Sinne nicht vorliegt.

Dies hat jedoch nicht zur Folge, dass die Unwirksamkeit einer Kündigung wegen eines Verstoßes gegen ein Benachteiligungsverbot nach dem AGG die Frist des § 4 KSchG außer Kraft setzen würde. Will ein Arbeitnehmer die Unwirksamkeit der Kündigung aus einem solchen Grund geltend machen, hat er rechtzeitig iSv § 4 KSchG Klage zu erheben. Unterbleibt die Klage, gilt die Kündigung nach der Fiktion des § 7 KSchG als wirksam. Dem Arbeitnehmer bleiben in diesem Fall nur Schadenersatz- und Entschädigungsansprüche nach § 15 Abs 1 und Abs 2 AGG.[32]

---

32 KR/Treber, 10. Aufl, § 2 AGG Rn 24.

Bürgerliches Gesetzbuch (BGB)

In der Fassung der Bekanntmachung vom 2. Januar 2002[1]
(BGBl. I S. 42, ber. S. 2909 und BGBl. 2003 I S. 738)
(FNA 400-2)
zuletzt geändert durch BVerfG, Beschl. v. 17.12.13 – 1 BvL 6/10 –
vom 17. Dezember 2013 (BGBl. 2014 I S. 110)

§ 613 a Rechte und Pflichten bei Betriebsübergang

(1) [1]Geht ein Betrieb oder Betriebsteil durch Rechtsgeschäft auf einen anderen Inhaber über, so tritt dieser in die Rechte und Pflichten aus den im Zeitpunkt des Übergangs bestehenden Arbeitsverhältnissen ein. [2]Sind diese Rechte und Pflichten durch Rechtsnormen eines Tarifvertrags oder durch eine Betriebsvereinbarung geregelt, so werden sie Inhalt des Arbeitsverhältnisses zwischen dem neuen Inhaber und dem Arbeitnehmer und dürfen nicht vor Ablauf eines Jahres nach dem Zeitpunkt des Übergangs zum Nachteil des Arbeitnehmers geändert werden. [3]Satz 2 gilt nicht, wenn die Rechte und Pflichten bei dem neuen Inhaber durch Rechtsnormen eines anderen Tarifvertrags oder durch eine andere Betriebsvereinbarung geregelt werden. [4]Vor Ablauf der Frist nach Satz 2 können die Rechte und Pflichten geändert werden, wenn der Tarifvertrag oder die Betriebsvereinbarung nicht mehr gilt oder bei fehlender beiderseitiger Tarifgebundenheit im Geltungsbereich eines anderen Tarifvertrags dessen Anwendung zwischen dem neuen Inhaber und dem Arbeitnehmer vereinbart wird.

(2) [1]Der bisherige Arbeitgeber haftet neben dem neuen Inhaber für Verpflichtungen nach Absatz 1, soweit sie vor dem Zeitpunkt des Übergangs entstanden sind und vor Ablauf von einem Jahr nach diesem Zeitpunkt fällig werden, als Gesamtschuldner. [2]Werden solche Verpflichtungen nach dem Zeitpunkt des Übergangs fällig, so haftet der bisherige Arbeitgeber für sie jedoch nur in dem Umfang, der dem im Zeitpunkt des Übergangs abgelaufenen Teil ihres Bemessungszeitraums entspricht.

(3) Absatz 2 gilt nicht, wenn eine juristische Person oder eine Personenhandelsgesellschaft durch Umwandlung erlischt.

(4) [1]Die Kündigung des Arbeitsverhältnisses eines Arbeitnehmers durch den bisherigen Arbeitgeber oder durch den neuen Inhaber wegen des Übergangs eines Betriebs oder eines Betriebsteils ist unwirksam. [2]Das Recht zur Kündigung des Arbeitsverhältnisses aus anderen Gründen bleibt unberührt.

(5) Der bisherige Arbeitgeber oder der neue Inhaber hat die von einem Übergang betroffenen Arbeitnehmer vor dem Übergang in Textform zu unterrichten über:
1. den Zeitpunkt oder den geplanten Zeitpunkt des Übergangs,
2. den Grund für den Übergang,

---

1 Neubekanntmachung des BGB v 18.8.1896 (RGBl S 195) in der ab 1.1.2002 geltenden Fassung.

3. die rechtlichen, wirt-schaftlichen und sozialen Folgen des Übergangs für die Arbeitnehmer und
4. die hinsichtlich der Arbeitnehmer in Aussicht genommenen Maßnahmen.

(6) ¹Der Arbeitnehmer kann dem Übergang des Arbeitsverhältnisses innerhalb eines Monats nach Zugang der Unterrichtung nach Absatz 5 schriftlich widersprechen. ²Der Widerspruch kann gegenüber dem bisherigen Arbeitgeber oder dem neuen Inhaber erklärt werden.

I. Grundlagen	1
1. Entstehungsgeschichte	1
2. Unionsrechtliche Rahmenbedingungen	2
3. Gesetzeszweck	4
II. Übergang des Betriebs	5
1. Prüfungsgrundsätze der Rechtsprechung	5
a) Entwicklung der Rechtsprechung	5
b) Begriff der wirtschaftlichen Einheit nach EuGH und BAG	7
aa) Betriebsübergang	8
bb) Betriebsteilübergang	12
2. Prüfungskriterien eines Übergangs der wirtschaftlichen Einheit	13
a) Art des Betriebs	13
b) Übernahme von Betriebsmitteln	15
aa) Materielle Betriebsmittel	15
bb) Immaterielle Betriebsmittel	21
c) Übernahme der Belegschaft	25
d) Fortführung ohne erhebliche Unterbrechung der Betriebstätigkeit	30
e) Gleichartige Geschäftstätigkeit	32
f) Einzelfälle	34
aa) Funktionsnachfolge	34
bb) Fortführungsmöglichkeit	36
cc) Gemeinsamer Betrieb mehrerer Unternehmen	37
g) Wechsel des Betriebsinhabers	41
h) Übergang durch Rechtsgeschäft	46
aa) Grundsätze	46
bb) Betriebsübergang durch Gesetz	47
cc) Betriebsübergang durch Gesamtrechtsnachfolge	49
dd) Sonstige Fälle	51
i) Zeitpunkt des Betriebsübergangs	54
j) Darlegungs- und Beweislast bei streitigem Betriebsübergang	55
III. Rechtsfolgen eines Betriebsübergangs	56
1. Übergang von Arbeitsverhältnissen	57
2. Zuordnung übergehender Arbeitsverhältnisse	59
3. Rechtsstellung nach Betriebsübergang	65
a) Übergang von Rechten und Pflichten aus dem Arbeitsverhältnis	65
b) Einzelfälle	69
aa) Darlehensansprüche	70
bb) Erfolgsbezogene Vergütungen	71
cc) Werkdienst-/Werkmietwohnungsvertrag	76
dd) Handelsrechtliche Vollmachten	77
c) Ansprüche aus betrieblicher Altersversorgung	78
d) Abdingbarkeit der Rechtsfolgen von § 613 a BGB	80
e) Rechtsfolgen bei Übernahme in der Insolvenz	82
4. Weitergeltung kollektivrechtlicher Normen	85
a) Grundsätze	85
b) Weitergeltung von Tarifverträgen	87
aa) Normative Weitergeltung	87
bb) Individualrechtliche Weitergeltung	91

- c) Weitergeltung von Betriebsvereinbarungen 93
  - aa) Normative Weitergeltung 93
  - bb) Individualrechtliche Weitergeltung 98
- d) Änderungssperre (§ 613a Abs 1 Satz 2 HS 2 BGB) 100
- e) Ausnahmen von der Änderungssperre (§ 613a Abs 1 Satz 4 BGB) 101
- f) Ausschluss der Weitergeltung (§ 613a Abs 1 Satz 3 BGB) 104
- g) Betriebsübergang und Bezugnahme auf Tarifverträge 110
5. Stellung des Betriebsrats nach einem Betriebsübergang 118
IV. Kündigungsverbot (§ 613a Abs 4 BGB) 120
1. Grundsätze 120
2. Voraussetzungen des Kündigungsverbots nach § 613a Abs 4 Satz 1 BGB 122
3. Abgrenzung zur betriebsbedingten Kündigung..... 127
4. Darlegungs- und Beweislastverteilung bei § 613a Abs 4 BGB 131
5. Wiedereinstellungs- und Fortsetzungsanspruch..... 133
V. Widerspruch gegen den Übergang des Arbeitsverhältnisses (§ 613a Abs 6 iVm Abs 5 BGB) 147
1. Überblick 147
2. Umfang der Unterrichtungspflicht nach § 613a Abs 5 BGB 154

- a) Grundsätze 154
- b) Betriebsübergang 158
- c) Adressaten der Informationspflicht 169
- d) Einzelfälle 173
- e) Form der Unterrichtung 177
- f) Zeitpunkt der Unterrichtung 179
- g) Darlegungs- und Beweislast für die ordnungsgemäße Unterrichtung 181
3. Ausübung des Widerspruchsrechts (§ 613a Abs 6 BGB) 182
  - a) Grundsätze 182
  - b) Form und Frist 184
  - c) Rechtsfolgen........... 188
    - aa) Kündigung nach Widerspruch 189
      - (1) Anderweitige Beschäftigungsmöglichkeiten 191
      - (2) Sozialauswahl nach Widerspruch........... 193
    - bb) Vergütungsansprüche nach Widerspruch ... 195
    - cc) Sozialplananspruche und Widerspruch 196
VI. Prozessuale Verhaltensweisen 198
1. Klagegegner 198
  - a) Kündigungsschutzklage................... 199
  - b) Auflösungsantrag 207
  - c) Sonstige Anträge 210
  - d) Unklare oder streitige Betriebsübergangssituation................. 212
2. Klageanträge 213
VII. Betriebsübergang in der Insolvenz............................ 215

I. Grundlagen

1. Entstehungsgeschichte

§ 613a BGB trat mit Wirkung zum 19.1.1972 in Kraft und wurde seither mehrfach novelliert. Durch das Gesetz über die Gleichbehandlung von Männern und Frauen am Arbeitsplatz und über die Erhaltung von Ansprüchen bei Betriebsübergang vom 13.8.1980 (BGBl I 1308) wurde Abs 1 der Norm um die Sätze 2 bis 4 ergänzt. Durch das UmwRBerG vom 28.10.1994 (BGBl I 3210) erhielt Abs 3 seine heutige Fassung. Von erheblicher Praxisrelevanz ist die durch das Gesetz zur Änderung des Seemannsgesetzes und anderer Gesetze vom 23.2.2002 (BGBl I 1163) mit Wirkung

1

zum 1.4.2002 vorgenommene Ergänzung der Norm um die Absätze 5 und 6, in denen die Unterrichtungspflichten des Erwerbers bzw bisherigen Inhabers gegenüber den vom Übergang betroffenen Arbeitnehmern sowie das Widerspruchsrecht des Arbeitnehmers normiert ist.

2. Unionsrechtliche Rahmenbedingungen

2 § 613a BGB in der jetzigen Fassung beruht auf Unionsrecht und ist deshalb unionsrechtskonform anzuwenden und auszulegen.[1] Die Norm beruhte zunächst auf der Richtlinie 77/187/EWG vom 14.2.1977 (ABl EG vom 5.3.1977 Nr L 61 S 26), welche durch die Richtlinie 98/50/EG vom 29.6.1998 (ABl EG vom 17.7.1998 Nr L 201 S 98) geändert und insbesondere im Hinblick auf den Betriebsbegriff konkretisiert wurde. Die Richtlinie 2001/23/EG vom 12.3.2001 zur Angleichung der Rechtsvorschriften der Mitgliedstaaten über die Wahrung von Ansprüchen der Arbeitnehmer beim Übergang von Unternehmen, Betrieben oder Unternehmens- oder Betriebsteilen (ABl EG vom 22.3.2001 Nr L 82 S 16) regelt unter gleichzeitiger Aufhebung der Richtlinie 77/187/EWG die unionsrechtlichen Vorgaben ohne wesentliche inhaltliche Änderungen zusammenhängend neu.

3 Wesentlich und für die Praxis bedeutsam ist der in Kapitel I Art 1 dieser Richtlinie geregelte Anwendungsbereich, der jetzt (auszugsweise) wie folgt gefasst ist:

„1. a) Diese Richtlinie ist auf den Übergang von Unternehmen, Betrieben oder Unternehmens- bzw. Betriebsteilen auf einen anderen Inhaber durch vertragliche Übertragung oder durch Verschmelzung anwendbar.

b) Vorbehaltlich Buchstabe a) und der nachstehenden Bestimmungen dieses Artikels gilt als Übergang im Sinne dieser Richtlinie der Übergang einer ihre Identität bewahrenden wirtschaftlichen Einheit im Sinne einer organisierten Zusammenfassung von Ressourcen zur Verfolgung einer wirtschaftlichen Haupt- oder Nebentätigkeit.

c) Diese Richtlinie gilt für öffentliche und private Unternehmen, die eine wirtschaftliche Tätigkeit ausüben, unabhängig davon, ob sie Erwerbszwecke verfolgen oder nicht. Bei der Übertragung von Aufgaben im Zuge einer Umstrukturierung von Verwaltungsbehörden oder bei der Übertragung von Verwaltungsaufgaben von einer Behörde auf eine andere handelt es sich nicht um einen Übergang im Sinne dieser Richtlinie."

3. Gesetzeszweck

4 Vor dem Hintergrund dieser Richtlinien erschließt sich der Zweck der Norm. § 613a BGB regelt zum Schutz der Arbeitnehmer in der Situation des Betriebsübergangs eine Vertragsübernahme kraft Gesetzes, die ohne die Norm rechtsgeschäftlich nur durch dreiseitige Änderungsvereinbarung möglich und von der Zustimmung des Erwerbers abhängig wäre. Sie sichert in erster Linie den Übergang der bestehenden Arbeitsverhältnisse und den inhaltlichen Fortbestand der Arbeitsverträge der von einem Betriebsübergang betroffenen Arbeitnehmer.[2] Diese Rechtsfolge tritt nur dann

---

[1] ErfK/Preis § 613a BGB Rn 1.
[2] Vgl ErfK/Preis § 613a BGB Rn 2; KR/Treber § 613a BGB Rn 3.

nicht ein, wenn der Arbeitnehmer von seinem Widerspruchsrecht nach Abs 6 Gebrauch macht. Die Norm sichert weiter die Kontinuität der Arbeitnehmervertretung sowie die Aufrechterhaltung der für die Arbeitsverhältnisse im übergehenden Betrieb maßgeblichen kollektivrechtlich geregelten Arbeitsbedingungen und sorgt für eine Verteilung der Haftungsrisiken zwischen dem bisherigen Inhaber und dem Erwerber.

II. Übergang des Betriebs
1. Prüfungsgrundsätze der Rechtsprechung

a) Entwicklung der Rechtsprechung. Die vom BAG an die Prüfung der Voraussetzungen des Übergangs eines Betriebs bzw Betriebsteils angelegten rechtlichen Maßstäbe sind maßgeblich von der Rechtsprechung des EuGH beeinflusst und geprägt worden. Im Wesentlichen nur noch historische Bedeutung hat der bis Mitte der neunziger Jahre vom BAG geprägte traditionelle Prüfungsansatz, wonach der Übergang eines Betriebs iSd § 613 a BGB den Übergang der wesentlichen Betriebsmittel voraussetzt, dh derjenigen sächlichen und immateriellen Betriebsmittel, mit denen der Erwerber bestimmte arbeitstechnische Zwecke verfolgen und im Wesentlichen unverändert fortführen kann.[3] Maßgeblich waren danach allein die wesentlichen materiellen und immateriellen Betriebsmittel, nicht aber – abgesehen von sog „Know-how-Trägern"[4] – die Arbeitnehmer des Betriebs. Der Übergang der Arbeitsverhältnisse war nach diesem Verständnis Rechtsfolge aber nicht Tatbestandsvoraussetzung eines Betriebsübergangs.[5]

Einen Wandel in der Rechtsprechung des BAG löste der EuGH durch mehrere Entscheidungen zu den Voraussetzungen eines Betriebsübergangs iSv Art 1 Abs 1 der Richtlinie 77/187/EWG aus.[6] Die durch die Entscheidung vom 14.4.1994 zunächst ausgelösten Irritationen – Anwendung der Richtlinie 77/187 EWG auf den Fall der Übertragung der zuvor von einer Arbeitnehmerin wahrgenommenen Reinigungsaufgaben durch Vertrag auf ein anderes Unternehmen (sog Funktionsnachfolge) – sind seit der Entscheidung vom 11.3.1997 überwunden. Der EuGH hat seine Rechtsprechung dahingehend korrigiert, dass allein der Umstand, dass die von dem alten und dem neuen Auftragnehmer erbrachten Dienstleistungen ähnlich sind, nicht den Schluss auf den Übergang einer wirtschaftlichen Einheit erlaubt.[7]

b) Begriff der wirtschaftlichen Einheit nach EuGH und BAG. Nachdem das BAG sich der korrigierten Rechtsprechung des EuGH angeschlossen hat,[8] sind die Prüfungsmaßstäbe des BAG sowie des EuGH[9] im Gleich-

---
3 Vgl nur BAG 27.4.1995 – 8 AZR 197/94 – AP § 613 a BGB Nr 128; zum Wandel der Rspr eingehend Moll RdA 1999, 233 f.
4 BAG 9.2.1994 – 2 AZR 781/93 – AP § 613 a BGB Nr 104.
5 BAG 29.9.1988 – 2 AZR 107/88 – AP § 613 a BGB Nr 76.
6 EuGH 14.4.1994 – C-392/92 – Christel Schmidt AP § 613 a BGB Nr 106; 19.9.1995 – C-48/94 – Rygard NZA 1995, 1031; 11.3.1997 – C-13/95 – Ayse Süzen AP EWG-Richtlinie 77/187 Nr 14; 11.12.1998 – C-173/96 – Hidalgo NZA 1999, 189;10.12.1998 - C-247/96 - Ziemann NZA 1999, 189.
7 EuGH 11.3.1997 – C-13/95 – Ayse Süzen aaO.
8 Seit BAG 22.5.1997 – 8 AZR 101/96 – AP § 613 a BGB Nr 154.
9 Vgl ausf Franzen NZA Beilage 4/2008, 139.

klang und müssen in der Praxis der Prüfung eines (Teil)Betriebsübergangs zugrunde gelegt werden.

8 **aa) Betriebsübergang.** Danach ist für einen Betriebsübergang isv § 613a BGB sowie Kapitel I Art 1 der Richtlinie 2001/23/EG[10] notwendige Voraussetzung die **Wahrung der Identität der wirtschaftlichen Einheit.** Der Begriff der Einheit bezieht sich dabei auf eine organisierte Gesamtheit von Personen und Sachen zur Ausübung einer wirtschaftlichen Tätigkeit mit eigener Zielsetzung, wobei sämtliche den Vorgang betreffenden Tatsachen berücksichtigt werden müssen. Dazu gehören als **Teilaspekte** der Gesamtwürdigung namentlich

- die **Art des betreffenden Unternehmens oder Betriebs,**
- der **Übergang materieller Betriebsmittel** wie beweglicher Güter und Gebäude,
- der **Wert der immateriellen Aktiva** im Zeitpunkt des Übergangs,
- die **Übernahme der Hauptbelegschaft** durch den neuen Inhaber,
- der **Übergang der Kundschaft,** der **Grad der Ähnlichkeit zwischen den vor und nach dem Übergang verrichteten Tätigkeiten** und
- die **Dauer einer Unterbrechung dieser Tätigkeiten.**

Die Identität der Einheit ergibt sich auch aus anderen Merkmalen wie

- ihrem Personal,
- ihren Führungskräften,
- ihrer Arbeitsorganisation,
- ihren Betriebsmethoden und
- ggf den ihr zur Verfügung stehenden Betriebsmitteln.[11]

Den für das Vorliegen eines Übergangs maßgeblichen Kriterien kommt je nach der ausgeübten Tätigkeit und je nach Produktions- und Betriebsmethoden unterschiedliches Gewicht zu.[12] In bestimmten Branchen, in denen es im Wesentlichen auf die menschliche Arbeitskraft ankommt, kann bereits eine Gesamtheit von Arbeitnehmern, die durch eine gemeinsame Tätigkeit dauerhaft miteinander verbunden ist, eine wirtschaftliche Einheit darstellen, die ihre Identität über den Übergang hinaus bewahrt, wenn der neue Unternehmensinhaber nicht nur die betreffende Tätigkeit weiterführt, sondern auch einen nach Zahl und Sachkunde wesentlichen Teil des Personals übernimmt, das sein Vorgänger gezielt bei dieser Tätigkeit eingesetzt hatte.[13]

9 Die Wahrung der Identität der wirtschaftlichen Einheit setzte nach bisheriger Rechtsprechung voraus, dass die Einheit beim Erwerber fortbesteht. Gliederte der Erwerber die wirtschaftliche Einheit derart in eigene Organisationsstrukturen ein, dass die beim Veräußerer bestandene wirtschaftliche

---

10 Zuvor Teil I Art I der Richtlinie 77/187/EWG idF der Richtlinie 98/50/EG.
11 St Rspr; BAG 28.4.2011 – 8 AZR 709/09; 7.4.2011 – 8 AZR 730/09 – NZA 2011, 1231.
12 St Rspr; EuGH 24.1.2002 – C-51/00 – Temco AP EWG-Richtlinie 77/187 Nr 32; BAG 25.10.2007 – 8 AZR 920/06; 13.6.2006 – 8 AZR 551/05; 18.3.1999 – 8 AZR 159/98 – AP § 613a BGB Nr 189; 16.5.2002 – 8 AZR 389/01; 20.6.2002 – 8 AZR 459/01 – NZA 2003, 318.
13 BAG 28.4.2011 – 8 AZR 709/09; 24.5.2005 – 8 AZR 333/04 – NZA 2006, 31; EuGH 24.1.2002 – C-51/00 – Temco AP EWG-Richtlinie 77/187 Nr 32.

Einheit aufgelöst wurde, schied ein Betriebsübergang aus.[14] Anhaltspunkte für eine Eingliederung konnten grundlegend veränderte Organisationsstrukturen und Arbeitsabläufe oder veränderte Einsatzbereiche der Arbeitnehmer sein.

Der EuGH lockert in neuerer Rechtsprechung nunmehr die Voraussetzungen für die Annahme eines Betriebsübergangs. Danach kann ein Betriebsübergang auch dann vorliegen, wenn der übertragene Betrieb(steil) seine organisatorische Selbstständigkeit nicht bewahrt, sofern nur die funktionelle Verknüpfung zwischen den übertragenen Produktionsfaktoren beibehalten wird.[15] Dem in der Rechtsprechung des BAG entwickelten Ausschlusskriterium der identitätszerstörenden Eingliederung in den übernehmenden Betrieb ist damit die Grundlage entzogen. 10

Das BAG hat der sich nach den Schlussanträgen des Generalanwalts abzeichnenden Änderung der Rechtsprechung des EuGH bereits in der Entscheidung vom 22.1.2009 Rechnung getragen und ausgeführt, bei einer Eingliederung der übertragenen Einheit in die Struktur des Erwerbers falle der Zusammenhang der funktionellen Verknüpfung, der Wechselbeziehung und gegenseitigen Ergänzung zwischen den für einen Betriebsübergang maßgeblichen Faktoren nicht zwangsläufig weg.[16] Führen dagegen erhebliche Änderungen in der Organisation und der Personalstruktur trotz weitgehend übernommener sächlicher Betriebsmittel dazu, dass in der Gesamtschau keine Fortführung des früheren Betriebs anzunehmen ist, soll kein Betriebsübergang vorliegen.[17] 11

Die „Beibehaltung der funktionellen Verknüpfung übertragener Produktionsfaktoren" ist ein vages Kriterium und führt nicht zu mehr Rechtssicherheit. Die Fortsetzung der reinen Tätigkeit wird einen Betriebsübergang nach wie vor nicht begründen können. In einem ersten Schritt muss deshalb immer noch das Bestehen einer wirtschaftlichen Einheit beim Veräußerer festgestellt werden. Sodann ist erforderlich, dass die für die wirtschaftliche Einheit maßgeblichen materiellen und immateriellen Betriebsmittel beim Erwerber in einer vergleichbaren Struktur und zur Erledigung ähnlicher Arbeiten eingesetzt (bildlich: „verknüpft") werden. Werden wesentliche Betriebsmittel nicht mehr genutzt, fehlt die funktionelle Verknüpfung.[18] Als Kontrollerwägung mag darauf abgestellt werden können, ob die übertragenen Betriebsmittel auch dann als wirtschaftliche Einheit nach einem Betriebsübergang angesehen werden könnten, wenn der Erwerber den übertragenen Betriebsteil isoliert fortgeführt hätte.[19]

---

14 Zuletzt BAG 24.4.2008 – 8 AZR 520/07; 13.12.2007 – 8 AZR 924/06 – ArbuR 2008, 54.
15 EuGH 12.2.2009 – C-466/07 – Klarenberg EzA EG-Vertrag 1999 Richtlinie 2001/23 Nr 2 mit Anm Bayreuther.
16 BAG 22.1.2009 – 8 AZR 158/07 – AP § 613 a BGB Nr 367.
17 BAG 17.12.2009 – 8 AZR 1019/08 – NZA 2010, 499 (Übergang einer Kantine).
18 Vgl BAG 17.12.2009 – 8 AZR 1019/08 – aaO: Übernahme einer Kantine, in der nur noch extern hergestellte Gerichte in neuen Geräten gewärmt werden.
19 Zutr Bayreuther Anm zu EuGH 12.2.2009 – C-466/07 – Klarenberg EzA EG-Vertrag 1999 Richtlinie 2001/23 Nr 2.

12 **bb) Betriebsteilübergang.** Auch bei dem Erwerb eines Betriebsteils ist es erforderlich, dass eine wirtschaftliche Einheit übergeht.[20] Betriebsteile sind Teileinheiten (Teilorganisationen) des Betriebs. Es muss sich um eine **selbständige, abtrennbare organisatorische Einheit handeln, die innerhalb des betrieblichen Gesamtzwecks einen Teilzweck erfüllt.**[21] Dies kann zB auch die **kaufmännische Verwaltung** eines Unternehmens sein.[22] Das Merkmal des Teilzwecks dient zur Abgrenzung der organisatorischen Einheit. In dem Betriebsteil müssen nicht andersartige Zwecke als im übrigen Betrieb verfolgt werden.[23] Bei den übertragenen sächlichen und immateriellen Betriebsmitteln muss es sich um eine organisatorische Untergliederung handeln, mit der innerhalb des betrieblichen Gesamtzwecks ein Teilzweck verfolgt wird, auch wenn es sich nur um eine untergeordnete Hilfsfunktion handelt. § 613 a BGB setzt für den Betriebsteilübergang voraus, dass die übernommenen Betriebsmittel bereits bei dem früheren Betriebsinhaber die Qualität eines Betriebsteils hatten, also organisatorisch verselbständigt waren.[24] Wenn diese Voraussetzungen vorliegen, ist es auch möglich, nur einen Betriebsteil zu übernehmen und dabei andere Betriebsteile auszunehmen. Es kommt dabei nicht darauf an, ob der verbleibende Restbetrieb fortgesetzt werden könnte oder noch lebensfähig ist. Der Betriebsübergang folgt aus der Wahrung der Identität des Betriebs beim Erwerber und nicht aus dem Untergang der früheren Identität des Gesamtbetriebs.[25] Es ist aber ausreichend, wenn die funktionelle Verknüpfung der übernommenen Betriebsmittel erhalten bleibt[26](vgl Rn 9-11).

2. Prüfungskriterien eines Übergangs der wirtschaftlichen Einheit

13 **a) Art des Betriebs.** Der gebotenen Gesamtwürdigung der einzelnen Teilaspekte hat stets die präzise Feststellung der Art des Betriebs vorauszugehen. Sie ist **kein eigenständiges Kriterium** für die Feststellung des Übergangs einer wirtschaftlichen Einheit, weil aus der Art des Betriebs im Gegensatz zu den anderen maßgeblichen Teilaspekten für sich genommen kein Rückschluss auf übergegangene oder nicht übergegangene Betriebsmittel möglich ist. Ihr kommt im Rahmen der Gesamtwürdigung jedoch eine entschei-

---

20 BAG 7.4.2011 – 8 AZR 730/09 – NZA 2011, 1231; 13.7.2006 – 8 AZR 331/05 – NZA 2006, 1357; 18.12.2003 – 8 AZR 621/02 – BAG AP § 613a BGB Nr 263; 26.8.1999 – 8 AZR 718/98 – AP § 613a BGB Nr 196.
21 BAG 21.5.2008 – 8 AZR 481/07 – NZA 2009, 144.
22 BAG 24.8.2006 – 8 AZR 556/05 – DB 2006, 2818.
23 BAG 7.4.2011 – 8 AZR 730/09 – aaO; 14.12.2000 – 8 AZR 220/00 – RzK I 5e Nr 154; 16.5.2002 – 8 AZR 319/01 – FA 2002, 220.
24 BAG 7.4.2011 – 8 AZR 730/09 – aaO; 24.8.2006 – 8 AZR 556/05 – aaO; 16.2.2006 – 8 AZR 211/05 – FA 2006, 121; 5.2.2004 – 8 AZR 639/02 – NZA 2004, 845; 18.12.2003 – 8 AZR 621/02 – aaO; 8.8.2002 – 8 AZR 583/01 – EzA BGB § 613a Nr 209.
25 BAG 18.4.2002 – 8 AZR 346/01 – AP § 613a BGB Nr 232; 13.11.1997 – 8 AZR 375/96 – AP § 613a BGB Nr 170; KR/Treber § 613a BGB Rn 23; ErfK/Preis § 613a BGB Rn 9.
26 BAG 7.4.2011 – 8 AZR 730/09 – aaO.

dende Bedeutung zu, weil **die Art des Betriebs die Gewichtung der weiteren Kriterien gegeneinander determiniert.**[27]

Bei klassischen **Produktionsbetrieben** kommt es in erhöhtem Maße darauf an, ob materielle Produktionsmittel wie Maschinen, Fabrikationsanlagen, Rohstoffe oder bereits produzierte Waren auf den Erwerber übergehen. Bei Produktionsbetrieben kann der Betriebszweck ohne sächliche Betriebsmittel nicht erreicht werden.[28] Die wirtschaftliche Einheit kann dabei trotz Ortsverlegung gewahrt bleiben, wenn der Erwerber eines Produktionsbetriebs Betriebsmittel verlagert und die Produktion an einem anderen Ort mit gleicher Arbeitsorganisation und gleichen Betriebsmethoden weiterführt.[29] In **Dienstleistungsbetrieben** stehen demgegenüber immaterielle Betriebsmittel wie die Geschäftsbeziehungen, das „Know-how" und der „Goodwill" sowie die Einführung des Unternehmens am Markt im Vordergrund.[30] Bei **Einzelhandelsgeschäften** hängt die Wahrung der Identität der wirtschaftlichen Einheit maßgeblich vom Erhalt der durch Geschäftslage, Warensortiment und Betriebsform geprägten Kundenbeziehungen ab.[31] Ein anderes Ein- und Verkaufskonzept (Discountmöbel anstelle von Möbelvollsortiment)[32] verändert die Identität der wirtschaftlichen Einheit. In Dienstleistungsbetrieben, in denen weder sächliche noch immaterielle Betriebsmittel den Charakter des Betriebs prägen (Gebäudereinigung, Bewachungsunternehmen), sondern es im Wesentlichen auf die menschliche Arbeitskraft ankommt, ist die Identität der wirtschaftlichen Einheit dann gewahrt, wenn der Erwerber nicht nur die Tätigkeit fortsetzt, sondern auch einen nach Zahl und Sachkunde wesentlichen Teil der Belegschaft weiter beschäftigt.[33]

b) Übernahme von Betriebsmitteln. aa) Materielle Betriebsmittel. Der Übertragung materieller Betriebsmittel kommt nach wie vor dann eine Schlüsselfunktion zu, wenn diese die wirtschaftliche Einheit des Betriebs wesentlich prägen (Produktionsbetrieb). Als wirtschaftliche Einheit werden sie dann übertragen, wenn sie **als organisierte Gesamtheit übergehen** und **vom Erwerber in unveränderter betrieblicher Organisation eingesetzt werden.**[34] Die Übernahme nur einzelner Wirtschaftsgüter[35] oder die Eingliederung übernommener Betriebsmittel an einem anderen Ort in eine bereits dort bestehende betriebliche Organisation[36] ist für sich genommen unzureichend. Der Erwerb von Warenzeichen, Warenlager, eines Teils der Betriebsausstattung sowie von Rohstoffen genügte in der Entscheidung vom

---

27 BAG 24.2.2000 – 8 AZR 162/99 – ZInsO 2001, 383; 13.11.1997 – 8 AZR 375/96 – AP § 613 a BGB Nr 170; ErfK/Preis § 613 a BGB Rn 12; KR/Treber § 613 a BGB Rn 30.
28 BAG 28.4.2011 – 8 AZR 709/09.
29 BAG 16.5.2002 – 8 AZR 319/01 – AP § 613 a BGB Nr 237.
30 BAG 20.6.2002 – 8 AZR 459/01 – NZA 2003, 318.
31 BAG 2.12.1999 – 8 AZR 796/98 – AP § 613 a BGB Nr 188.
32 BAG 13.7.2006 – 8 AZR 331/05 – NZA 2006, 1357.
33 BAG 18.3.1999 – 8 AZR 306/98 – AP § 4 KSchG 1969 Nr 44.
34 BAG 24.4.2008 – 8 AZR 520/07 (Verpackungsbetrieb); 13.12.2007 – 8 AZR 924/06 – ArbuR 2008, 54 (Lagerbetrieb); 16.5.2002 – 8 AZR 319/01 – NZA 2003, 93 (Schuhproduktion).
35 BAG 26.8.1999 – 8 AZR 718/98 – AP § 613 a BGB Nr 196.
36 BAG 16.5.2002 – 8 AZR 319/01 – AP § 613 a BGB Nr 237.

16.5.2002 nicht für die Annahme eines (Teil)Betriebsübergangs, weil keine betriebliche Organisation übernommen, sondern die Wirtschaftsgüter lediglich in die bereits vorhandene Organisation des Erwerbers eingegliedert wurden. Auch die Eingliederung von Verpackungstätigkeiten in eine umfassende Logistikorganisation und der umfassende Einsatz der übernommenen Arbeitnehmer danach im gesamten Bereich der Logistik sollen die Auflösung der wirtschaftlichen Einheit bewirken und einem Übergang entgegenstehen.[37] Es ist jedoch zweifelhaft, ob nach der Klarenberg-Entscheidung des EuGH vom 12.2.2009[38] bei einem vergleichbaren Sachverhalt ein Betriebsübergang verneint werden kann, weil eine funktionelle Verknüpfung der übernommenen Produktionsfaktoren nahe liegt. Eine Änderung der Organisationsstrukturen allein verhindert nicht die Annahme eines Betriebsübergangs (s Rn 9–11). Gegen einen Betriebsübergang soll nach bisheriger Rechtsprechung auch sprechen, wenn sich die Geschäftstätigkeit des Betriebs insoweit ändert, als nicht mehr industriell für den allgemeinen Massenmarkt, sondern mit stark reduzierter Belegschaft lediglich noch Musterkollektionen gefertigt werden.[39] Ein Betriebsübergang liegt wegen fehlender Identität der wirtschaftlichen Einheit deshalb auch dann nicht vor, wenn ein militärisch genutzter **Schießplatz** einschließlich der dazu gehörenden Dienststelle aufgelöst und die Liegenschaft sodann übertragen wird.[40]

16 Steht die Frage des Übergangs eines Produktionsbetriebs im Raum, müssen danach so viele Produktionsmittel übergehen, dass eine sinnvolle Fortführung der Produktion möglich ist. Das sind regelmäßig die **Produktionswerkzeuge sowie Schutzrechte, Konstruktionszeichnungen** etc, nicht aber das Materiallager.[41] Andererseits liegt dann ein Betriebsübergang vor, wenn ein zunächst ausgegliedertes Gefahrstofflager wieder eingegliedert wird, weil in diesem Fall bereits das eingerichtete Lager das prägende Betriebsmittel ist.[42] Auch bei einem Seeschiff handelt es sich nicht um ein einzelnes Betriebsmittel wie eine zur Produktion eingesetzte Maschine oder ein Lastkraftwagen einer Spedition, sondern um eine Gesamtheit verschiedenster Gegenstände, die mit Hilfe einer arbeitsteilig eingesetzten Gruppe von Arbeitnehmern zur Verwirklichung eines auf Dauer angelegten eigenständigen arbeitstechnischen Zwecks eingesetzt wird.[43]

17 Materielle Betriebsmittel müssen **nicht im Eigentum des Betriebsinhabers** stehen. Ausreichend ist, dass die Gegenstände in dem Betrieb aufgrund einer mit Dritten getroffenen Nutzungsvereinbarung (zB Pacht, Nießbrauch) zur Erfüllung des Betriebszwecks eingesetzt[44] und auf den Erwerber übertragen werden.

---

37 BAG 24.4.2008 – 8 AZR 520/07.
38 EuGH 12.2.2009 – C-466/07 – Klarenberg EzA EG-Vertrag 1999 Richtlinie 2001/23 Nr 2 mit Anm Bayreuther.
39 BAG 13.5.2004 – 8 AZR 331/03 – AP § 613a BGB Nr 273.
40 BAG 25.9.2003 – 8 AZR 421/02 – AP § 613a BGB Nr 261.
41 BAG 25.5.2000 – 8 AZR 335/99 – RzK I 5e Nr 137 (Armaturenherstellung).
42 BAG 22.7.2004 – 8 AZR 350/03 – AP § 613a BGB Nr 274.
43 BAG 18.3.1997 – 3 AZR 729/95 – AP § 1 BetrAVG Nr 16.
44 BAG 25.10.2007 – 8 AZR 920/06; 20.6.2002 – 8 AZR 459/01 – NZA 2003, 318.

18 Weitreichende Bedeutung für die Praxis hat der **Wandel der Rechtsprechung des BAG zum Übergang von Betriebsmitteln bei der Auftragsneuvergabe**. Nach alter Rechtsprechung des BAG lag ein Übergang von Betriebsmitteln nur vor, wenn sie dem Berechtigten zur **eigenwirtschaftlichen Nutzung** überlassen waren. Erbrachte der Auftragnehmer dagegen nur eine (Dienst)Leistung an fremden Geräten und Maschinen innerhalb fremder Räume, ohne dass ihm die Befugnis eingeräumt war, über Art und Weise der Nutzung der Betriebsmittel in eigenwirtschaftlichem Interesse zu entscheiden, sollten ihm diese Betriebsmittel nicht als eigene zugerechnet werden können und deshalb ein Übergang dieser Betriebsmittel ausscheiden.[45] Erbrachte zB ein Caterer lediglich eine Dienstleistungspflicht gegenüber dem Auftraggeber und handelte er gegenüber den Abnehmern der Speisen namens und auf Rechnung des Auftraggebers, lag – im Gegensatz zu Pachtfällen – nach Auffassung des BAG keine eigenwirtschaftliche Nutzung vor.[46]

19 Nach Auffassung des EuGH[47] ist das **Merkmal der eigenwirtschaftlichen Betriebsmittelnutzung kein prägendes Merkmal für einen Betriebsübergang**; vielmehr reicht die reine Nutzung der Betriebsmittel durch den neuen Auftragnehmer aus, um von einem Übergang dieser Betriebsmittel iSd Richtlinie auszugehen.

20 Das BAG hat sich dieser Rechtsprechung des EuGH angeschlossen. Die fehlende eigenwirtschaftliche Nutzung einer Weiterverarbeitungsanlage in einem Druckhaus[48] oder einer technischen Anlage zur Personenkontrolle an Flughäfen[49] oder eines Forschungsschiffs[50] steht dem Übergang der jeweiligen wirtschaftlichen Einheit nicht entgegen. Sämtliche und damit auch die nicht eigenwirtschaftlich genutzten Betriebsmittel sind im Rahmen einer Auftragsneuvergabe wesentlich, wenn ihr Einsatz den eigentlichen Kern des zur Wertschöpfung erforderlichen Zusammenhangs ausmacht.[51] Damit liegt bei den sog Cateringfällen regelmäßig ein Betriebsübergang vor, ohne dass es darauf ankommt, ob der neue Auftragnehmer einen wesentlichen Teil der Belegschaft übernommen hat; vielmehr sind diese Fälle zukünftig ähnlich zu beurteilen wie der des Pächterwechsels.

21 **bb) Immaterielle Betriebsmittel.** Abhängig von der Art des Betriebs kann der Wert übergehender immaterieller Betriebsmittel entscheidend dafür sein, ob eine wirtschaftliche Einheit iSd Rechtsprechung übergegangen ist. Die Übertragung von **Patenten** und sonstigen **gewerblichen Schutzrechten**,

---

45 BAG 25.5.2000 – 8 AZR 337/99 – RzK I 5 e Nr 138: Zurechnung der Betriebsmittel bei eigenwirtschaftlichem Betrieb einer Kantine durch den Pächter einerseits, keine Zurechnung bei Cateringunternehmen (BAG 11.12.1997 – 8 AZR 426/94 – AP § 613 a BGB Nr 171), Bewachungsauftrag (BAG 22.1.1998 – 8 AZR 775/96 – NZA 1998, 638) sowie Kommissionsbetrieb (BAG 29.6.2000 – 8 AZR 520/99) andererseits.
46 BAG 11.12.1997 – 8 AZR 426/94 – NZA 1998, 532.
47 EuGH 20.11.2003 – C-340/01 – Abler/Sodexho AP EWG-Richtlinie Nr 77/187 Nr 34; 15.12.2005 – C-232 und 233/04 – Güney-Görres NZA 2006, 29; hierzu Schlachter NZA 2006, 80; Bauer NZA 2004, 14.
48 BAG 6.4.2006 – 8 AZR 222/04 – NZA 2006, 723.
49 BAG 13.6.2006 – 8 AZR 271/05 – NZA 2006, 1101.
50 BAG 2.3.2006 – 8 AZR 147/05 – NZA 2006, 1105.
51 Vgl Schiefer/Worzalla DB 2008, 1566.

die für eine bestimmte Produktion erforderlich sind, kann für einen Betriebsübergang sprechen,[52] die Nichtübernahme dagegen.[53]

22 Der Übertragung von **Warenzeichen** kommt beim Übergang eines Produktionsbetriebs nur dann größere Bedeutung zu, wenn sie auf eine bestimmte Spezialware mit einem besonderen Abnehmerkreis bezogen ist. Warenzeichen einer Massenware sind hingegen nur von untergeordneter Bedeutung, wenn damit keine besondere Kundenbindung erreicht wird.[54]

23 Gerade im Handels- und Dienstleistungsbereich können die **Geschäftsbeziehungen zu Dritten**, der „**Goodwill**", der **Kundenstamm** und die **Kundenbeziehungen**[55] von wesentlicher Bedeutung sein. Dies gilt im **Großhandel** für die Lieferbeziehungen zum Einzelhandel und kann im **Einzelhandel** sowie im **Gaststättenbereich** für die Lage des Geschäfts und daraus resultierenden Kundenbeziehungen gelten, allerdings nur, soweit nach der Übernahme der Charakter des Geschäfts oder der Gaststätte nicht verändert wird. Ob bei Schließung und Neueröffnung von Einzelhandelsgeschäften die Identität der wirtschaftlichen Einheit gewahrt wird, hängt von einer Gesamtwürdigung aller Umstände ab. Im Vordergrund steht dabei der Erhalt der regelmäßig durch Geschäftslage, Warensortiment und Betriebsform geprägten Kundenbeziehungen.[56]

Beispiel: Deshalb liegt kein Eintritt in Kundenbeziehungen vor, wenn eine zuvor **gutbürgerliche Gaststätte** als **arabisches Restaurant** geführt wird,[57] wohl aber dann, wenn ein **Fleschereigeschäft** an gleicher Stelle unter Übernahme der Ladeneinrichtung fortgeführt wird.[58] Im **Notariat** kann ohne die Notarbefugnis die Tätigkeit nicht ausgeübt werden, was die Akten und Kundenbeziehungen wertlos macht.[59]

24 Das „Know-how" eines Betriebs kann durch die Fähigkeiten und Qualifikationen betriebsprägender Arbeitnehmer verkörpert werden. Dies können hochqualifizierte Wissenschaftler oder Techniker in Industriebetrieben oder Forschungseinrichtungen, aber auch Köche in Restaurationsbetrieben sein, sofern sie die Anziehungskraft des Restaurants und seine Einführung am Markt prägen.

Beispiel: Bei dem **Koch einer Betriebskantine** handelt es sich deshalb – anders als bei einem „Spezialitäten-Restaurant" – nicht um einen Know-how-Träger; die Identität der wirtschaftlichen Einheit „Betriebskantine" hängt nicht von der Weiterbeschäftigung des Kochs oder des sonstigen Personals durch den Erwerber ab.[60] Demgegenüber ist der vormalige **Inhaber** eines

---

52 BAG 22.2.1978 – 5 AZR 800/76 – AP § 613a BGB Rn 11; ErfK/Preis § 613a BGB Rn 23.
53 BAG 13.11.1997 – 8 AZR 375/96 – AP § 613a BGB.
54 BAG 3.11.1998 – 3 AZR 484/97 (Warenzeichen einer Zementmarke).
55 Vgl BAG 14.8.2007 – 8 AZR 805/06 (Lagerwirtschaft).
56 BAG 2.12.1999 – 8 AZR 796/98 – AP § 613a BGB Nr 188 (Elektrohandelsgeschäft).
57 BAG 11.9.1997 – 8 AZR 555/95 – NZA 1998, 31.
58 BAG 18.2.1999 – 8 AZR 732/97.
59 BAG 26.8.1998 – 8 AZR 827/98 – AP § 1 KSchG 1969 Betriebsbedingte Kündigung Nr 106.
60 BAG 25.5.2000 – 8 AZR 337/99 – RzK I 5e Nr 138.

Malerbetriebs Know-how-Träger iSd Rechtsprechung des BAG, weil er über sämtliche Kunden- oder sonstige Geschäftskontakte verfügt.[61] Zu berücksichtigen ist, dass die Übernahme besonders qualifizierter Mitarbeiter für sich genommen den Übergang einer wirtschaftlichen Einheit nicht begründen, sondern allenfalls ein zusätzliches Kriterium im Rahmen der gebotenen Gesamtwürdigung sein kann.[62]

c) **Übernahme der Belegschaft.** Der Übernahme eines wesentlichen Teils der Belegschaft als Kriterium für den Übergang einer wirtschaftlichen Einheit kommt erst nach neuerer Rechtsprechung Bedeutung zu. Sie war zuvor nicht Tatbestandsmerkmal, sondern Rechtsfolge eines Betriebsübergangs.[63] Lediglich in Ausnahmefällen kam der Übernahme von Know-how-Trägern für die Prüfung der Voraussetzungen eines Betriebsübergangs Bedeutung zu.[64] 25

Der EuGH[65] und ihm folgend das BAG[66] gehen jetzt davon aus, dass gerade in betriebsmittelarmen und dienstleistungsorientierten Branchen, in denen es wesentlich auf die menschliche Arbeitskraft ankommt, eine Gesamtheit von Arbeitnehmern, die durch ihre gemeinsame Tätigkeit dauerhaft verbunden sind, eine wirtschaftliche Einheit darstellen kann. Beschäftigt der neue Auftragnehmer (zB eines Reinigungsauftrags) einen nach Zahl und Sachkunde wesentlichen Teil der Belegschaft in den bisherigen Funktionen weiter, übernimmt er diese organisierte Gesamtheit von Arbeitnehmern.[67] 26

Die Übernahme der Hauptbelegschaft ist eines der Kriterien, einen Betriebsübergang anzunehmen. Ihr kommt ein gleichwertiger Rang neben anderen möglichen Merkmalen für einen Betriebsübergang zu.[68] Besondere Bedeutung hat sie in Branchen, in denen die wirtschaftliche Einheit nicht durch materielle oder immaterielle Betriebsmittel, sondern überwiegend oder ausschließlich durch eine organisierte Gesamtheit von Arbeitnehmern geprägt ist (Reinigungsdienste, Callcenter,[69] Bewachungsunternehmen etc). So haben in einem Callcenter benötigte sächliche Betriebsmittel wie eine Telefonanlage eine untergeordnete Bedeutung für die wirtschaftliche Wertschöpfung, da sie nur dazu dienen, die identitätsprägende Beratungstätigkeit zu erbringen. Besitzen materielle Betriebsmittel dagegen eine erhebliche Bedeutung für die wirtschaftliche Einheit, kann die Übernahme der 27

---

61 BAG 20.2.2002 – 8 AZR 459/01 – ArbRB 2003, 77.
62 BAG 9.2.1994 – 2 AZR 781/93 – AP § 613 a BGB Nr 104.
63 BAG 22.5.1985 – 5 AZR 30/84 – AP § 613 a BGB Nr 42.
64 BAG 9.2.1994 – 2 AZR 781/93 – AP § 613 a BGB Nr 104.
65 EuGH 11.3.1997 – C-13/95 – Ayse Süzen AP EWG-Richtlinie Nr 77/187 Nr 14; zuletzt 24.1.2002 – C-51/00 – Temco AP EWG-Richtlinie Nr 77/187 Nr 32.
66 St Rspr; BAG 28.4.2011 – 8 AZR 709/09; 21.5.2008 – 8 AZR 481/07 – NZA 2009, 144; 25.9.2008 – 8 AZR 607/07 – NZA-RR 2009, 469; 11.12.1997 – 8 AZR 729/96 – AP § 613 a BGB Nr 172; 10.12.1998 – 8 AZR 676/97 – AP § 613 a BGB Nr 187.
67 BAG 21.5.2008 – 8 AZR 481/07 – aaO; zur Abgrenzung zur reinen Funktionsnachfolge vgl Rn 32 ff.
68 BAG 19.3.1998 – 8 AZR 737/96.
69 BAG 25.6.2009 – 8 AZR 258/08 – NZA 2009, 1412.

Hauptbelegschaft für sich genommen den Übergang dieser Einheit nicht begründen.

Beispiel: Die **Übernahme von regionalen Buslinien** im Rahmen einer öffentlichen Neuvergabe und die Neueinstellung von 33 der vormals 45 Busfahrern reicht für den Übergang der wirtschaftlichen Einheit nicht aus, wenn die für den öffentlichen Linienbusverkehr erforderlichen Betriebsmittel, insbesondere die Fahrzeuge, nicht mit übertragen werden.[70] Auch die vollständige **Übernahme der Belegschaft eines Zementwerks** bei gleichzeitiger Stilllegung der alten Produktionsstätte begründet deshalb keinen Betriebsübergang.[71]

28 Wird eine wirtschaftliche Einheit nur durch die menschliche Arbeitskraft geprägt und bedarf die Tätigkeit keiner weiteren materiellen oder immateriellen Betriebsmittel in nennenswertem Umfang, liegt ein Betriebsübergang dann vor, wenn durch die Übernahme des wesentlichen Personals die **bestehende Arbeitsorganisation übernommen** worden ist.[72] Eine rein mathematische Betrachtungsweise im Hinblick auf den Prozentsatz der übernommenen Mitarbeiter greift zu kurz und ist für sich allein betrachtet kein taugliches Kriterium für die Prüfung, ob eine wirtschaftliche Einheit übergegangen ist.[73] Ist ein Betrieb durch besondere Sachkunde der Mitarbeiter geprägt, kann auch eine geringe Anzahl übernommener Mitarbeiter ausreichen, sofern diese die wirtschaftliche Einheit gebildet haben. Bei geringer Qualifikation der Mitarbeiter muss dagegen eine größere Anzahl von Mitarbeitern übergegangen sein.[74] Das Erfordernis der Sachkunde kann auch dann erfüllt sein, wenn noch weitere Schulungen bei dem Betriebsübernehmer erforderlich sind.[75] Bezogen auf die Quantität der übernommenen Arbeitnehmer hat das BAG bei der Neuvergabe eines **Reinigungsauftrags** in der Übernahme von **85% der Reinigungskräfte** einschließlich der Vorarbeiterin einen Übergang der wirtschaftlichen Einheit gesehen, dort aber maßgeblich darauf abgestellt, dass die „objektbezogene Arbeitsorganisation" unverändert blieb.[76] Nicht ausreichend war demgegenüber bei veränderter Ablauf- und Organisationsplanung durch das nachfolgende Reinigungsunternehmen die Übernahme von 75%[77] bzw von 60% der früheren Beschäftigten,[78] wohl aber von ca 75% der Beschäftigten eines Callcenters, wenn das vorhandene Fachwissen der Beschäftigten weiter genutzt wurde.[79] Im **Bewachungsgewerbe** genügt die Übernahme von 2/3 der früheren Beschäftigten nicht, sofern es sich um einfache Tätigkeiten handelt. Eine andere Betrachtungsweise kann dann geboten sein, wenn die übernommenen Mitarbeiter nach Qualifikation und Funktion (Schichtführer, Führungskräfte)

---

70 EuGH 25.1.2001 – C-172/99 – Korkein Oikeus Finnland ZIP 2001, 258.
71 BAG 3.11.1998 – 3 AZR 484/97.
72 BAG 10.12.1998 – 8 AZR 676/97 – AP § 613 a BGB Nr 187.
73 BAG 25.9.2008 – 8 AZR 607/07 – NZA-RR 2009, 469; Müller-Glöge NZA 1999, 449, 451.
74 BAG 25.9.2008 – 8 AZR 607/07 – aaO.
75 BAG 25.6.2009 – 8 AZR 258/08 – NZA 2009, 1412.
76 BAG 11.12.1997 – 8 AZR 729/96 – AP § 613 a BGB Nr 172.
77 BAG 10.12.1998 – 8 AZR 676/97 – AP § 613 a BGB Nr 187.
78 BAG 24.5.2005 – 8 AZR 333/04 – NZA 2006, 31.
79 BAG 25.6.2009 – 8 AZR 258/08 – aaO.

das „Gerüst" der wirtschaftlichen Einheit darstellen und das Know-how repräsentieren.[80]

Die Übernahme eines wesentlichen Teils der Belegschaft begründet deshalb in betriebsmittelarmen Betrieben nur dann einen Übergang der wirtschaftlichen Einheit, wenn die Struktur der Arbeitsorganisation weitgehend identisch geblieben ist und nach wie vor dieselben Aufgaben unter gleichen Bedingungen ausgeführt werden. Inwieweit veränderte Arbeitsbedingungen der übernommenen Arbeitnehmer einer Wahrung der Identität der wirtschaftlichen Einheit entgegenstehen, bedarf der Prüfung im Einzelfall. Auf die Reichweite des Direktionsrechts nach dem alten Arbeitsvertrag kann es allein nicht ankommen,[81] da die Struktur der Arbeitsorganisation auch dann unverändert bleiben kann, wenn bei fest vereinbarten Arbeitsbedingungen (vor allem im Hinblick auf die zeitliche Lage der Arbeitszeit) der neue Auftragnehmer veränderte Arbeitszeiten vereinbart oder nach dem neuen Arbeitsvertrag das Direktionsrecht veränderte Arbeitszeiten zulässt. 29

d) Fortführung ohne erhebliche Unterbrechung der Betriebstätigkeit. Ob ein im Wesentlichen unveränderter Übergang der wirtschaftlichen Einheit angenommen werden kann, beurteilt sich nach ständiger Rechtsprechung von EuGH und BAG ua nach der **Dauer einer eventuellen Unterbrechung** der Betriebstätigkeit. Regelfall eines Betriebsübergangs ist die nahtlose Fortführung des übernommenen Betriebs.[82] Im Zusammenhang mit der organisatorischen Abwicklung einer Betriebsübertragung kann es zu zeitlichen Unterbrechungen der Betriebstätigkeit kommen, die der Annahme eines Betriebsübergangs nicht entgegenstehen. **Unwesentlich** sind Unterbrechungen von 2 bis 3 Wochen[83] bzw von 16 Tagen,[84] **erheblich** dagegen bei einem Bekleidungseinzelhandelsgeschäft 9 Monate[85] bzw bei einer Gaststätte 5 Monate nach der Schließung.[86] Bestimmte Regelfristen sind abzulehnen.[87] Ob die Dauer der Unterbrechung für eine Betriebsstilllegung und Neueröffnung zu einem späteren Zeitpunkt spricht oder noch von einer fortbestehenden wirtschaftlichen Einheit auszugehen ist, kann nur anhand weiterer Indizien entschieden werden. Wird – wie im Fall einer Gaststätte oder eines Einzelhandelsgeschäfts – die wirtschaftliche Einheit auch von Kundenbeziehungen geprägt, kann nach einer Zeitspanne von 6 Monaten nicht mehr von einem Fortbestand dieser Beziehungen ausgegangen werden. Bei der Verlagerung eines Produktionsbetriebs sprechen demgegenüber vergleichbare Zeiträume nicht grundsätzlich gegen den Fortbestand der wirtschaftlichen Einheit, da längere Betriebsunterbrechungen bereits aus den mit der Verlagerung verbundenen Umständen heraus begründet 30

---

80 BAG 14.5.1998 – 8 AZR 418/96 – NZA 1999, 483; einen Betriebsübergang bejahend bei Übernahme von 6 von 9 Wachleuten ohne Wachleiter LAG Rostock 16.3.2000 – 1 Sa 407/99; bei Übernahme von 40% des Wachpersonals verneinend BAG 25.9.2009 – 8 AZR 607/07 – aaO.
81 So wohl Müller-Glöge RdA 1999, 449, 452.
82 Vgl EuGH 2.12.1999 – C-234/98 – Allen ua AP EWG-Richtlinie Nr 77/187 Nr 28.
83 BAG 14.12.2000 – 8 AZR 694/99 – RzK I 5 e Nr 153.
84 BAG 29.6.2000 – 8 AZR 520/99.
85 BAG 22.5.1997 – 8 AZR 101/96 – AP § 613a BGB Nr 154.
86 BAG 11.9.1997 – 8 AZR 555/95 – DB 1997, 2540.
87 Vgl KR/Treber § 613a BGB Rn 53.

sein können. Bei der Neuvergabe objektbezogener Reinigungs- oder Bewachungsaufträge wird die Dauer der Unterbrechung regelmäßig keine Rolle spielen, weil die Auftragsneuvergabe im unmittelbaren zeitlichen Anschluss erfolgt.

31 Aus den vorstehenden Erwägungen erschließt sich, dass die Veräußerung von Betriebsmitteln eines stillgelegten Betriebs keinen Übergang iSv § 613 a BGB darstellt.[88] Unter Betriebsstilllegung ist die Auflösung der zwischen Arbeitgeber und Arbeitnehmer bestehenden Betriebs- und Produktionsgemeinschaft zu verstehen, die darin zum Ausdruck kommt, dass der Arbeitgeber auf der Grundlage eines endgültigen Stilllegungsbeschlusses die bisherige wirtschaftliche Betätigung in der ernstlichen Absicht einstellt, den bisherigen Betriebszweck dauernd oder für eine ihrer Dauer nach unbestimmte, wirtschaftlich nicht unerhebliche Zeitspanne nicht weiterzuverfolgen.[89] Die Abgrenzung zur rechtlich unerheblichen Unterbrechung der Betriebstätigkeit erfolgt einerseits an Hand objektiver Kriterien wie der Dauer einer Betriebsunterbrechung oder der Zerschlagung vorhandener Betriebsstrukturen und andererseits an Hand subjektiver Kriterien wie der erforderlichen Stilllegungsabsicht des Unternehmers. Führt der Unternehmer Übernahmeverhandlungen mit Interessenten, steht dies der Annahme einer endgültigen Stilllegungsabsicht entgegen.[90] Die Abgrenzung gewinnt Bedeutung bei der Frage der sozialen Rechtfertigung einer betriebsbedingten Kündigung, die auf die Stilllegung des Betriebs gestützt wird.

32 e) **Gleichartige Geschäftstätigkeit.** Der **Grad der Ähnlichkeit der Geschäftstätigkeit** nach einem behaupteten Betriebsübergang wird als Teilaspekt im Rahmen der vorzunehmenden Gesamtwürdigung in ständiger Rechtsprechung anerkannt.[91] Sie kann für sich genommen den Übergang einer wirtschaftlichen Einheit jedoch nicht begründen. Ohne Übertragung von materiellen oder immateriellen Betriebsmitteln oder der Übernahme der Hauptbelegschaft liegt eine reine Funktionsnachfolge und kein Übergang einer wirtschaftlichen Einheit vor.

33 Dieses Kriterium gewinnt **Bedeutung,** wenn es – wie typischerweise im Einzelhandel oder in Gaststätten- und sonstigen Dienstleistungsbereichen – Rückschlüsse auf die **Übernahme der Kundenbeziehungen** des vorherigen Betriebsinhabers erlaubt. Dies ist nicht schon bei generell vergleichbarer Tätigkeit der Fall, sondern nur dann, wenn das Betriebskonzept nicht verändert und ein vergleichbarer Kundenkreis angesprochen wird, die Positionierung des Betriebs am Markt also gleich bleibt.

Beispiele: Deshalb liegt eine Gleichartigkeit der Geschäftstätigkeit bei einem Wechsel von einem Restaurant mit deutscher Küche zu einem arabischen Restaurant[92], beim Übergang von einer FDGB-Verpflegungsstelle zu einem Jugendbistro[93] oder von einem FDGB-Ferienheim zu einem Hotel-

---

88 BAG 26.7.2007 – 8 AZR 769/06 – DB 2007, 2843; 19.11.1996 – 3 AZR 394/95 – AP § 613a BGB Nr 152.
89 BAG 22.5.1997 – 8 AZR 101/96 – AP § 613a BGB Nr 154.
90 BAG 27.4.1995 – 8 AZR 200/94 – EzA § 1 Betriebsbedingte Kündigung Nr 83.
91 Vgl nur BAG 8.8.2002 – 8 AZR 583/01 – NZA 2003, 315.
92 BAG 11.9.1997 – 8 AZR 555/95 – NZA 1998, 31.
93 BAG 16.7.1998 – 8 AZR 80/97 – ZInsO 1999, 362.

und Restaurationsbetrieb[94] nicht mehr vor, wohl aber bei Fortführung eines Hotels als Übernachtungs- und Tagungshotel, selbst wenn der Name des Hotels sich ändert.[95] Im Einzelhandel liegt eine ähnliche Geschäftstätigkeit, die den Rückschluss auf den Übergang einer wirtschaftlichen Einheit erlaubt, vor, wenn Warensortiment, Betriebsform und Räumlichkeiten unverändert beibehalten und damit die Kundenbeziehungen aufrechterhalten werden können.[96]

f) **Einzelfälle.** aa) **Funktionsnachfolge.** Die reine **Funktionsnachfolge**, dh die Fortführung einer Tätigkeit ohne Übergang einer wirtschaftlichen Einheit kann einen Betriebsübergang nicht begründen.[97] Die durch die Entscheidung des EuGH vom 14.4.1994[98] ausgelöste Unsicherheit ist seit der Entscheidung vom 11.3.1997[99] überwunden, nachdem der EuGH klargestellt hat, dass eine Einheit nicht nur als Tätigkeit verstanden werden kann und deshalb der bloße Verlust eines Auftrags an einen Mitbewerber keinen Betriebsübergang darstellt. Zwar kann in betriebsmittelarmen Branchen die Übertragung materieller oder immaterieller Betriebsmittel entbehrlich sein, wenn die wirtschaftliche Einheit maßgeblich durch eine organisierte Gesamtheit von Arbeitnehmern gekennzeichnet ist; ohne Übergang der Hauptbelegschaft führt die reine Auftragsnachfolge aber nicht zu einem Übergang des Betriebs nach § 613 a BGB. 34

Daraus folgt, dass auch die Fremdvergabe von Leistungen (**Outsourcing**) für sich genommen keinen Übergang eines Betriebsteils bewirken kann, sofern nicht die betroffene wirtschaftliche Einheit mit übertragen wird. Werden aus einem Betrieb ausgegliederte Funktionen in den Betrieb wieder eingegliedert (**Insourcing**), gilt nichts anderes; auch insoweit ist Voraussetzung für einen Betriebsteilübergang, dass die Identität der wirtschaftlichen Einheit gewahrt bleibt.[100] Nicht mehr als reine Funktionsnachfolge anerkannt werden können nach der jüngsten Rechtsprechung des EuGH[101] die Auftrags(neu)vergaben, bei denen die Dienstleistung maßgeblich an prägenden Betriebsmitteln des Auftraggebers erbracht wird (s Rn 18-20). 35

bb) **Fortführungsmöglichkeit.** Insbesondere in den sog **Pächterfällen** stellt sich die Frage, ob die Rückgabe des verpachteten Betriebs einen Betriebsübergang darstellt, wenn der Verpächter den übernommenen Betrieb nicht fortsetzt. Nach jetzt gefestigter Rechtsprechung[102] genügt die bloße Fortführungsmöglichkeit nicht für die Annahme eines Betriebsübergangs.[103] Wesentliches Kriterium für den Übergang ist die tatsächliche Weiterfüh- 36

---

94 BAG 16.7.1998 – 8 AZR 81/97 – NZA 1988, 1233.
95 BAG 21.9.2008 – 8 AZR 201/07 – NZA 2009, 29.
96 BAG 2.12.1999 – 8 AZR 796/98 – AP § 613 a BGB Nr 188.
97 St Rspr; BAG 28.4.2011 – 8 AZR 709/09; 21.5.2008 – 8 AZR 481/07 – NZA 2009, 144; 22.1.1998 – 8 AZR 623/96 – RzK I 5 e Nr 83 (Fremdvergabe von Möbelauslieferung und Montage).
98 EuGH 14.4.1994 – C-392/92 – Christel Schmidt AP § 613 a BGB Nr 106.
99 EuGH 11.3.1997 – C-13/95 – Ayse Süzen AP EWG-Richtlinie 77/187 Nr 14.
100 LAG Hamm 10.12.2001 – 19 Sa 1150/01 – LAG Report 2003, 4; vgl zum Insourcing auch BAG 22.7.2004 – 8 AZR 350/03 – AP § 613 a BGB Nr 274.
101 EuGH 15.12.2005 – C-232/04 und C-233/04 – Güney-Görres NZA 2006, 29.
102 BAG 21.2.2008 – 8 AZR 77/07 – NZA 2008, 825; anders noch BAG 27.4.1995 – 8 AZR 197/94 – AP § 613 a BGB Nr 128.
103 ErfK/Preis § 613 a Rn 50.

rung oder Wiederaufnahme der Geschäftstätigkeit beim Wechsel der natürlichen oder juristischen Person, die für den Betrieb verantwortlich ist. Deshalb stellt weder der Rückfall eines **KFZ-Betriebs**,[104] eines **Jugendwohnheims**[105] oder eines **Theatergebäudes**[106] nach Kündigung des Pachtverhältnisses noch die **Möglichkeit, nach dem Erwerb eines Grundstücks die Tätigkeit der Grundstückverwaltung** an sich zu ziehen,[107] einen Betriebsübergang dar, wenn der Erwerber/Verpächter den übernommenen Betrieb nicht weiter fortführt.

37 **cc) Gemeinsamer Betrieb mehrerer Unternehmen.** Die Frage eines möglichen Betriebsteilübergangs stellt sich im Rahmen eines von mehreren Unternehmen geführten **gemeinsamen Betriebs**[108] in verschiedenen Konstellationen.

38 Tritt ein Unternehmen einem von mehreren Unternehmen geführten gemeinsamen Betrieb bei, kann zwar ein Betriebsteilübergang auf das hinzutretende Unternehmen vorliegen, wenn eine selbständige, abtrennbare organisatorische Einheit auf dieses Unternehmen übertragen wird; umgekehrt treten die bisherigen Unternehmen nicht in das fortbestehende Arbeitsverhältnis zum hinzutretenden Unternehmen ein, da ein Betriebsübergang einen Inhaberwechsel voraussetzt,[109] der bei einem Beitritt gerade nicht vorliegt.[110]

39 Scheidet ein Unternehmen aus einem gemeinsamen Betrieb mehrerer Unternehmen aus und wird der Betrieb unverändert von den verbleibenden oder zusammen mit einem neu hinzutretenden Unternehmen fortgeführt, so soll nach Auffassung des BAG zwingend ein Betriebsteilübergang auf das hinzutretende oder auf die verbliebenen Unternehmen vorliegen, weil jedes Unternehmen aus Rechtsgründen notwendig eine abgrenzbare Einheit und damit einen übergangsfähigen Betriebsteil bilden soll.[111] Dies ist bedenklich, weil danach ein Betriebsteilübergang auch dann vorliegt, wenn das ausscheidende Unternehmen nach den vom BAG entwickelten Kriterien überhaupt keinen selbständig abgrenzbaren Betriebsteil betrieben hat. Für diese Rechtsfolge – Übergang der Arbeitsverhältnisse auf mehrere verbleibende Unternehmen – bietet § 613 a BGB keine Rechtsgrundlage, weil es einen nicht nur aus Rechtsgründen bestehenden, sondern einen tatsächlich abgrenzbaren selbständigen Betriebsteil voraussetzt. Mitarbeiter, die vertraglich an das ausscheidende Unternehmen gebunden sind, werden deshalb nicht automatisch Arbeitnehmer der verbleibenden Unternehmen, sondern müssen ggf individualvertraglich den Arbeitgeber wechseln.

40 Erwerben verschiedene rechtlich selbständige Unternehmen jeweils Betriebsteile eines Betriebs und führen diese als gemeinsamen Betrieb weiter, so gehen die Arbeitsverhältnisse nicht auf den neuen Gemeinschaftsbetrieb

---

104 BAG 18.3.1999 – 8 AZR 159/98 – AP § 613 a BGB Nr 189.
105 BAG 23.9.1999 – 8 AZR 750/98 – RzK I 5 e Nr 120.
106 BAG 23.9.1999 – 8 AZR 135/99.
107 BAG 18.3.1999 – 8 AZR 169/98.
108 Vgl BAG 28.4.2011 – 8 AZR 709/09.
109 BAG 26.8.1999 – 8 AZR 588/98.
110 KDZ/Zwanziger KSchR § 613 a Rn 43.
111 BAG 26.8.1999 – 8 AZR 588/98.

(bzw die Betriebsführungsgesellschaft) über; die ihn errichtenden Unternehmen treten vielmehr in die Arbeitsverhältnisse der jeweils übernommenen Betriebsteile ein.[112]

g) Wechsel des Betriebsinhabers. Für einen Betriebsübergang muss ein neuer Rechtsträger die wirtschaftliche Einheit des Betriebs oder Betriebsteils unter Wahrung ihrer Identität fortführen. Die Rechtspersönlichkeit des Betriebsinhabers muss wechseln.[113] Der neue Inhaber kann eine andere natürliche oder eine juristische Person des privaten oder des öffentlichen[114] Rechts oder eine Personengesellschaft sein. Auch der Übergang eines Betriebs innerhalb eines Konzerns auf eine andere Gesellschaft dieses Konzerns unterfällt dem Anwendungsbereich von § 613 a BGB.[115] 41

Ein **Wechsel der Gesellschafter** löst demgegenüber keinen Betriebsübergang iSv § 613 a BGB aus, weil die Gesellschaft dadurch in ihrer Identität als Arbeitgeberin und Betriebsinhaberin nicht berührt wird.[116] 42

Dies gilt auch für die **GbR**, die nach jetziger Rechtsprechung des BGH[117] und des BAG[118] als rechts- und parteifähig gilt und deshalb aufgrund eigener Rechtspersönlichkeit Träger von Rechten und Pflichten sein kann. Folgerichtig ändert sich bei einem Wechsel der Gesellschafter einer GbR oder anderen Personengesellschaft nicht der Betriebsinhaber, so dass § 613 a BGB nicht zur Anwendung kommt.[119] Dies hat Folgen für die **Haftung der ausgeschiedenen Gesellschafter.** Die Haftungsbeschränkung des Veräußerers nach § 613 a Abs 2 BGB kommt nicht zur Anwendung.[120] Die Haftung richtet sich vielmehr nach §§ 736 Abs 2 BGB, 160 Abs 1 Satz 1 HGB und erstreckt sich auch auf Forderungen aus Dauerschuldverhältnissen, die in einem Zeitraum von 5 Jahren nach dem Ausscheiden bzw dem Wechsel der Gesellschafter fällig werden. Die Schuldverpflichtung gilt mit dem Vertragsschluss bereits als entstanden iSv § 160 HGB, auch wenn einzelne Verpflichtungen erst später fällig werden.[121] 43

Kein Wechsel der Betriebsinhaberschaft tritt ein, wenn einem **Insolvenzverwalter** die Funktion des Arbeitgebers kraft Amtes übertragen wird[122] oder ein **Treuhänder** den Betrieb für den Treugeber in dessen Namen und für dessen Rechnung betreibt. 44

Auch eine Sicherungsübereignung bewirkt für sich genommen keinen Betriebsübergang, da sie nichts an der Nutzungsberechtigung des bisherigen 45

---

112 BAG 16.2.2006 – 8 AZR 211/05 – FA 2006, 121.
113 BAG 21.2.2008 – 8 AZR 157/07 – NZA 2008, 815.
114 BAG 25.5.2000 – 8 AZR 416/99 – NZA 2000, 1115.
115 EuGH 2.12.1999 – C-234/98 – Allen ua WM 2000, 569.
116 BAG 21.2.2008 – 8 AZR 157/07 – NZA 2008, 815; BAG 15.1.1991 – 1 AZR 93/90.
117 BGH 29.1.2001 – II ZR 331/00 – AP § 50 ZPO Nr 9; bestätigt im Nachgang durch Beschluss vom 18.2.2002 – II ZR 331/00 – AP § 50 ZPO Nr 11.
118 BAG 1.12.2004 – 5 AZR 597/03 – BAGE 113, 50; 30.10.2008 – 8 AZR 397/07 – NZA 2009, 485.
119 BAG 21.2.2008 – 8 AZR 157/07 – NZA 2008, 815; ErfK/Preis § 613 a BGB Rn 43.
120 AA LAG Bremen 24.1.2001 – 2 Sa 167/00.
121 BGH 22.9.1999 – II ZR 356/98 – AP § 160 HGB Nr 1.
122 Ascheid ArbR BGB § 613 a BGB Rn 45.

Inhabers ändert. Dies gilt ebenso im Fall der **Sicherungsübereignung eines Geschäftsbetriebs**, bei der umfassend die mit dem Betrieb verbundenen Rechtspositionen übertragen werden,[123] da der Betriebsinhaber dadurch nicht wechselt.

46 **h) Übergang durch Rechtsgeschäft. aa) Grundsätze.** § 613 a BGB setzt tatbestandlich den Übergang durch Rechtsgeschäft voraus. Das Tatbestandsmerkmal wird in der Rechtsprechung des BAG sowie des EuGH zur Vermeidung von Umgehungsgeschäften weit ausgelegt. Verlangt wird nicht eine unmittelbare rechtsgeschäftliche Vereinbarung zwischen dem alten und dem neuen Betriebsinhaber in Form eines Kauf-, Pacht- oder Schenkungsvertrags; ausreichend ist ein **Übergang im Rahmen vertraglicher oder sonstiger rechtsgeschäftlicher Beziehungen.**[124] Es genügt für die Anwendung des § 613 a BGB ein Bündel von Rechtsgeschäften, wenn diese in ihrer Gesamtheit auf die Übernahme eines funktionsfähigen Betriebs gerichtet sind.[125] Ein Betriebsübergang „durch Rechtsgeschäft" liegt daher sowohl bei Übernahme einer im Wesentlichen unveränderten Arbeitsaufgabe auf vertraglicher Grundlage als auch bei Kündigung des alten und Abschluss eines neuen Pachtvertrags vor.[126] Auch die Kündigung eines Pachtvertrags mit dem früheren Pächter und die Fortführung des Betriebs durch den Zwangsverwalter des Verpächters ist ein Übergang „durch Rechtsgeschäft".[127] Nicht verlangt wird, dass dem Erwerber gerade die Befugnis zur Fortführung des Betriebs übertragen wird.[128]

47 **bb) Betriebsübergang durch Gesetz.** Der Gesetzgeber hat verschiedentlich Betriebsübergänge auf neue Rechtsträger durch Gesetz geregelt, ohne die Schutzvorschriften des § 613 a BGB, insbesondere das Widerspruchsrecht nach § 613 a Abs 6 BGB, im Gesetz zu verankern. Grundsätzlich liegt kein Übergang durch Rechtsgeschäft vor, wenn der Übergang des Betriebs auf **Gesetz oder sonstigem Hoheitsakt** beruht und der Übergang der Arbeitsverhältnisse gesetzlich angeordnet wird.[129] § 613 a BGB greift nach seinem Anwendungsbereich deshalb nicht, wenn durch Landesgesetz ein Landesbetrieb auf eine neu gegründete rechtsfähige Anstalt öffentlichen Rechts übertragen und der Übergang der Arbeitsverhältnisse auf diese Anstalt angeordnet wird.[130] Auch § 613 a Abs 6 BGB findet unmittelbar auf den gesetzlich angeordneten Übergang eines Arbeitsverhältnisses keine Anwen-

---

123 BAG 20.3.2003 – 8 AZR 312/02 – BB 2003, 1793.
124 EuGH 15.10.1996 – C-298/94 – Henke AP EWG Richtlinie Nr 77/187 Nr 13; BAG 25.5.2000 – 8 AZR 416/99 – NZA 2000, 1115.
125 BAG 21.2.2008 – 8 AZR 157/07 – NZA 2008, 815; 11.12.1997 – 8 AZR 729/96 – AP § 613a BGB Nr 172.
126 Vgl ErfK/Preis § 613 a BGB Rn 60.
127 BAG 18.8.2011 – 8 AZR 230/10 – NZA 2012, 267.
128 BAG 11.12.1997 – 8 AZR 729/96 – aaO.
129 BAG 18.12.2008 – 8 AZR 660/07 – ZTR 2009, 534; 19.3.2009 – 8 AZR 689/07 – FA 2009, 152; 19.1.2000 – 4 AZR 752/98 – AP § 1 TVG: Tarifverträge: Deutsche Post Nr 1; vgl auch BAG 25.6.2009 – 8 AZR 336/08 – ZTR 2010, 92: nicht ausreichend ist die Übertragung staatlicher Aufgaben auf eine andere Körperschaft.
130 BAG 8.5.2001 – 9 AZR 95/00 – AP § 613a BGB Nr 219.

dung.[131] Allerdings setzt Art 12 GG einer solchen Gesetzgebung Schranken. Der Gesetzgeber greift mit der gesetzlichen Anordnung des Übergangs von Arbeitsverhältnissen in die Privatautonomie der Arbeitnehmer und das Recht auf freie Wahl des Arbeitsplatzes ein. Jedenfalls dann, wenn der Wechsel des Arbeitgebers aus der Beschäftigung bei einem öffentlichen Arbeitgeber im Wege der Privatisierung zu einem privaten Arbeitgeber führen soll, muss der Gesetzgeber dem Grundrecht des Arbeitnehmers aus Art 12 Abs 1 GG Rechnung tragen.[132] Dies kann regelmäßig nur durch gesetzliche Einräumung eines Widerspruchsrechts geschehen. Alternativ bietet sich eine gesetzlich geregelte Personalgestellung an, weil sie an der Arbeitgeberstellung des öffentlichen Dienstherrn nichts ändert.[133] Ein unzulässiger Eingriff in Art 12 GG lässt sich auch durch eine umfassende Haftung des ursprünglichen Arbeitgebers für Verbindlichkeiten des neuen Arbeitgebers vermeiden.[134]

Unproblematisch ist, wenn durch Landesgesetz zur Wahrnehmung öffentlicher Aufgaben eine rechtsfähige Anstalt öffentlichen Rechts gegründet wird, aber der Übergang der erforderlichen Betriebsmittel auf diese Anstalt – ebenfalls gesetzlich angeordnet – durch Pachtvertrag erfolgt.[135] In diesem Fall greift § 613a BGB; die Widerspruchsmöglichkeit des Abs 6 besteht. **48**

cc) Betriebsübergang durch Gesamtrechtsnachfolge. Nicht von § 613a BGB erfasst werden Fälle der **Gesamtrechtsnachfolge** wie die Erbfolge nach §§ 1922, 1976 BGB. In diesen Fällen geht der betroffene Betrieb ohne Übertragungsakt auf den Rechtsnachfolger über. Der neue Betriebsinhaber tritt automatisch in die zwischen dem bisherigen Betriebsinhaber und den Arbeitnehmern bestehenden Arbeitsverhältnisse ein. Auch bei gesellschaftsrechtlicher Gesamtrechtsnachfolge (Erlöschen einer Gesellschaft, Verschmelzung auf eine neue Gesellschaft) gehen die Arbeitsverhältnisse auf den neuen Rechtsträger über, ohne dass es eines Betriebsübergangs nach § 613a BGB bedarf;[136] deshalb besteht auch kein Widerspruchsrecht nach § 613a Abs 6 BGB.[137] **49**

Ein Übergang durch Rechtsgeschäft iSv § 613a BGB ist in den Fällen der Ausgliederung eines Unternehmens durch **Verschmelzung, Spaltung oder Vermögensübertragung** nicht ausgeschlossen. Dies wird durch § 324 UmwG klargestellt. Danach bleiben § 613a Abs 1 und 4 bis 6 BGB durch die Wirkung der Eintragung einer Verschmelzung, Spaltung oder Vermögensübertragung unberührt. **§ 324 UmwG** ist als **Rechtsgrundverweisung** zu verstehen, dh die Tatbestandsvoraussetzungen des § 613a BGB sind im **50**

---

131 BAG 2.3.2006 – 8 AZR 124/05 – NZA 2006, 848; 28.9.2006 – 8 AZR 704/05 – ArbRB 2007, 40.
132 BVerfG 25.1.2011 – 1 BvR 1741/09 – NZA 2011, 400 (Marburg/Gießen) unter Aufhebung von BAG 18.12.2008 – 8 AZR 692/07; zulässig aber die Personalgestellung zu einer anderen Körperschaft öffentlichen Rechts unter Beibehaltung der vertraglichen Arbeitgeberstellung: BAG 23.3.2011 – 10 AZR 374/09 – ZTR 2011, 352.
133 BAG 23.3.2011 – 10 AZR 374/09 – aaO.
134 BAG 8.5.2001 – 9 AZR 95/00 – NZA 2001, 1200.
135 BAG 8.5.2001 – 9 AZR 95/00 – NZA 2001, 1200; BAG 25.1.2001 – 8 AZR 336/00 – AP § 613a BGB Nr 215.
136 BAG 21.2.2008 – 8 AZR 157/07 – NZA 2008, 815.
137 BAG 21.2.2008 – 8 AZR 157/07 – aaO.

Umwandlungsfall selbständig zu prüfen.[138] Die Übertragung muss auch durch Rechtsgeschäft erfolgen, wobei eine Nutzungsüberlassungsabrede ausreichend ist.[139] § 613 a BGB findet keine Anwendung bei einem **Formwechsel** nach § 190 Abs 1 UmwG, da es insoweit keinen Übertragungsvorgang gibt.[140]

51 **dd) Sonstige Fälle.** Im Rahmen einer **Zwangsversteigerung** ist zu differenzieren. Erfolgt der Betriebsinhaberwechsel bereits aufgrund des Zuschlags in der Zwangsversteigerung, indem als Zubehör des Grundstücks nach §§ 20 Abs 2, 21, 55, 90 ZVG, § 1120 BGB die erforderlichen Betriebsmittel mit übertragen werden, scheidet ein rechtsgeschäftlicher Erwerb aus.[141] Bedarf es daneben des Erwerbs von nicht von der Beschlagnahme erfassten sächlichen oder immateriellen Betriebsmitteln vom Zwangsverwalter oder Schuldner, findet § 613 a BGB unmittelbar Anwendung, weil das Rechtsgeschäft, durch das der Betriebsübergang bewirkt wird, nur teilweise, nämlich hinsichtlich des Betriebsgrundstücks und des Zubehörs, durch den öffentlich-rechtlichen Hoheitsakt des Zuschlags in der Zwangsversteigerung ersetzt wird.[142] Dies dürfte der Regelfall sein.

52 Keine Besonderheiten bestehen bei der Veräußerung eines Betriebs im Rahmen der **Insolvenzverwaltung**. Überträgt der Insolvenzverwalter rechtsgeschäftlich einen Betrieb, greift § 613 a BGB.[143] Beschränkungen unterliegt allerdings der Wiedereinstellungsanspruch, wenn sich entgegen der ursprünglich geplanten Stilllegung des Betriebs in der Insolvenz eine Weiterbeschäftigungsmöglichkeit bei einem Übernehmer ergibt[144] (vgl Rn 136). Zur Haftungsbeschränkung des Erwerbers in der Insolvenz vgl Rn 82 ff.

53 Nach der Rechtsprechung des BAG liegt auch dann ein Betriebsübergang iSv § 613 a BGB vor, wenn der Erwerber mit Willen des Veräußerers die Leitungsmacht des Betriebs aufgrund eines **unwirksamen Rechtsgeschäfts** übernimmt.[145] Entscheidend soll danach sein, dass der Erwerber den Betrieb tatsächlich übernommen und im eigenen Namen fortgeführt hat. Gegen diese Rechtsprechung wird zutreffend eingewandt, dass sie dem Schutz des Geschäftsunfähigen nach § 104 BGB nicht hinreichend Rechnung trägt.[146] Einen Lösungsansatz bietet die Beschränkung der Nichtigkeits- und Anfechtungsfolgen bei fehlerhaften Gesellschafts- und Arbeitsverträgen. Mängel des Vertragsschlusses können danach nur mit ex-nunc-Wir-

---

138 BAG 25.5.2000 – 8 AZR 416/99 – NZA 2000, 1115; Ascheid ArbR BGB § 613 a BGB Rn 50; KDZ/Zwanziger KSchR § 324 UmwG Rn 1; für eine Anwendbarkeit von § 613 a BGB auch bei fehlendem Rechtsgeschäft ErfK/Preis § 613 a BGB Rn 181.
139 BAG 25.5.2000 – 8 AZR 416/99 – aaO; aA ErfK/Preis § 613 a BGB Rn 181.
140 KR/Friedrich §§ 322, 324 UmwG Rn 24.
141 ErfK/Preis § 613 a BGB Rn 64.
142 BAG 14.10.1982 – 2 AZR 811/79 – AP § 613 a BGB Nr 36; KR/Treber § 613 a BGB Rn 97.
143 BAG 30.10.2008 – 8 AZR 54/07 – NZA 2009, 432; Ascheid ArbR BGB § 613 a BGB Rn 58.
144 BAG 13.5.2004 – 8 AZR 198/03 – DB 2004, 2107; 28.10.2004 – 8 AZR 199/04 – NZA 2005, 405.
145 BAG 6.2.1985 – 5 AZR 411/83 – AP § 613 a BGB Nr 44; 30.6.1994 – 8 AZR 254/93 – NZA 1995, 172.
146 ErfK/Preis § 613 a BGB Rn 61; KR/Treber § 613 a BGB Rn 80.

kung geltend gemacht werden. Im Fall unwirksamer Rechtsgeschäfte ist deshalb bis zu diesem Zeitpunkt der Betriebsübergang als wirksam zu behandeln.

i) Zeitpunkt des Betriebsübergangs. Von erheblicher Bedeutung vor allem in Bezug auf die Geltendmachung von Ansprüchen gegenüber dem Veräußerer und/oder gegenüber dem Erwerber ist der Zeitpunkt des Betriebsübergangs. Eine vertragliche Verpflichtung, einen Betrieb zu einem bestimmten Zeitpunkt zu übernehmen, kann einen Betriebsübergang allein nicht begründen.[147] Zwar kann der Betriebsübergang zu einem bestimmten Zeitpunkt vorbereitet werden, indem die tatsächlichen Voraussetzungen – Übertragung der Betriebsmittel, Übergang der Leitungsmacht – vertraglich bestimmt werden. Maßgeblich für das Vorliegen eines Betriebsübergangs ist aber immer der Zeitpunkt, in dem der neue Inhaber die Geschäftstätigkeit tatsächlich weiterführt und die Leitungsmacht übergeht.[148] Einer besonderen zusätzlichen Übertragung der Leitungsmacht bedarf es nicht.[149] Unerheblich ist, ob das zugrunde liegende Rechtsgeschäft bedingt oder aber mit einem Rücktrittsrecht versehen ist, solange nur der Erwerber die Leitungsmacht tatsächlich ausgeübt hat.[150]

54

j) Darlegungs- und Beweislast bei streitigem Betriebsübergang. Die Darlegungs- und Beweislast bei streitigem Betriebsübergang folgt den allgemeinen Grundsätzen. Wer seinen Anspruch mit einem Betriebsübergang begründet, muss diesen beweisen.[151] Dabei sind unterschiedliche Konstellationen denkbar. Nimmt der Arbeitnehmer einen vermeintlichen Betriebsübernehmer in Anspruch, muss er die Voraussetzungen des Übergangs einschließlich seiner organisatorischen Zuordnung zum übergegangenen Betriebsteil darlegen und ggf beweisen.[152] Dabei kann nach den Umständen des Einzelfalls bestimmten Indizien der Beweis des ersten Anscheins zukommen.[153] Verwendet der in Anspruch genommene Betriebserwerber die wesentlichen Betriebsmittel, so spricht dies dafür, dass dem Übergang ein Rechtsgeschäft zugrunde gelegen hat.[154] Verteidigt sich der in Anspruch genommene Arbeitgeber gegen seine Inanspruchnahme mit der Behauptung, er sei nach einem Betriebsübergang nicht mehr Arbeitgeber und nicht mehr passiv legitimiert, macht er eine auf § 613a BGB gestützte Einwendung geltend und muss deshalb die Voraussetzungen des Betriebsübergangs beweisen.[155] In Bezug auf die mit der Geltendmachung von Ansprüchen im Rahmen eines Betriebsübergangs verbundenen prozessualen Fragen vgl Rn 198 ff.

55

---

147 BAG 21.2.2008 – 8 AZR 77/07 – NZA 2008, 825.
148 BAG 21.2.2008 – 8 AZR 77/07 – aaO; 31.1.2008 – 8 AZR 2/07 – AO § 613a BGB Nr 339.
149 BAG 12.11.1998 – 8 AZR 282/97 – AP § 613a BGB Nr 186; 23.9.1999 – 8 AZR 135/99; KR/Treber § 613a BGB Rn 90.
150 BAG 31.1.2008 – 8 AZR 2/07 – aaO.
151 BAG 20.3.2003 – 8 AZR 312/02 – BB 2003, 1793.
152 BAG 16.5.2002 – 8 AZR 320/01 – AP § 113 InsO Nr 9.
153 Ascheid ArbR BGB § 613a BGB Rn 145.
154 BAG 15.5.1985 – 5 AZR 276/84 – AP § 613a BGB Nr 41.
155 BAG 12.11.1998 – 8 AZR 282/97 – AP § 613a BGB Nr 186.

III. Rechtsfolgen eines Betriebsübergangs

56 Der neue Inhaber tritt nach § 613a Abs 1 Satz 1 BGB in die Rechte und Pflichten der im Zeitpunkt des Übergangs bestehenden Arbeitsverhältnisse ein. § 613a Abs 1 Satz 1 BGB bezieht sich allein auf individualrechtlich begründete Ansprüche aus dem Arbeitsverhältnis und ordnet das Eintreten des neuen Betriebsinhabers in die so begründeten Rechte und Pflichten an. § 613a Abs 1 Sätze 2 bis 4 BGB regeln demgegenüber die Fortgeltung kollektivrechtlicher Vereinbarungen, mithin von Tarifverträgen und Betriebsvereinbarungen.

1. Übergang von Arbeitsverhältnissen

57 § 613a BGB ordnet den Übergang von Arbeitsverhältnissen an. Damit gehen auch Rechtsverhältnisse **leitender Angestellter**,[156] **ruhende Arbeitsverhältnisse**,[157] nach § 3 Abs 2 BBiG **Ausbildungsverhältnisse**,[158] nicht aber **Heimarbeits-**[159] oder **freie Dienstverhältnisse**,[160] **Dienstverträge von Organmitgliedern juristischer Personen**[161] oder **Ruhestandsverhältnisse bereits ausgeschiedener Mitarbeiter** auf den Erwerber über. Wird ein freies Dienstverhältnis im Hinblick auf einen bevorstehenden Betriebsübergang zum Schein in ein Arbeitsverhältnis umgewandelt (sog **Scheinarbeitsverhältnis** iSv § 117 Abs 1 BGB), gilt nichts anderes.[162] Wird ein Tankstellen-Verwaltervertrag mit einem **Ehepaar** abgeschlossen, so geht das Vertragsverhältnis der Ehefrau selbst dann nicht auf einen Betriebserwerber über, wenn die Ehefrau zu ihrem Ehemann zusätzlich ein Arbeitsverhältnis eingegangen ist, weil das Arbeitsverhältnis nicht mit beiden alten Betriebsinhabern bestanden hat.[163] **Leiharbeitsverhältnisse** in Konzernstrukturen können nach jüngerer Rechtsprechung des EuGH auf den Erwerber übergehen, weil auch der Entleiher „Veräußerer" iSv Art 2 Abs 1 lit a) Richtlinie 2001/23/EG sein kann.[164] Diese Entscheidung wirft eine Vielzahl von Fragen auf.[165] Der EuGH differenziert zur Begründung zwischen dem „vertraglichen Arbeitgeber", dem Verleiher, und dem „nichtvertraglichen Arbeitgeber", dem Entleiher. Nur dessen vertragliche Stellung kann durch den Betriebsübergang berührt werden. Der Erwerber kann deshalb auch allenfalls dessen Rechtsstellung übernehmen; die vertragliche Beziehung zwischen Verleiher und Arbeitnehmer bleibt dagegen unberührt.[166] Ein solches Verständnis ist bereits durch Art 12 GG und die grundrechtlich geschützte Vertragsfreiheit im Bereich beruflicher Betätigung geboten. Die Entscheidung des EuGH betrifft die dauerhafte Arbeitnehmerüberlassung im Konzern, nicht aber sonstige Fälle vorübergehender Überlassung von Arbeit-

---

156 KR/Treber § 613a BGB Rn 12.
157 BAG 14.7.2005 – 8 AZR 392/04 – NZA 2005, 1411.
158 BAG 13.7.2006 – 8 AZR 382/05 – NZA 2006, 1406.
159 BAG 24.3.1998 EzA § 613a BGB Nr 165; ErfK/Preis § 613a BGB Rn 67.
160 BAG 13.2.2003 – 8 AZR 59/02 – NZA 2003, 2930.
161 BAG 13.2.2003 – 8 AZR 654/01 – DB 2003, 942.
162 BAG 13.2.2003 – 8 AZR 59/02 – aaO.
163 BAG 17.8.2000 – 8 AZR 443/99 – ZInsO 2001, 680.
164 EuGH 21.10.2010 – C-242/09 – Albron Catering NZA 2010, 1225.
165 Eingehend Forst RdA 2011, 228 ff.
166 Zutr Forst RdA 2011, 228, 232.

nehmern.[167] **Altersteilzeitverhältnisse** werden von § 613 a BGB erfasst. Dies liegt auf der Hand bei kontinuierlichen Modellen, da der Altersteilzeitler noch reduziert Arbeitsleistungen erbringt,[168] gilt aber auch für Altersteilzeitverhältnisse im Blockmodell. Sowohl bei einem Betriebsübergang während der Arbeitsphase[169] als auch während der Freistellungsphase greift § 613 a BGB.[170] Zu beachten ist allerdings, dass der Betriebsübernehmer nicht in die Verpflichtungen aus einem Altersteilzeitverhältnis im Blockmodell eintritt, wenn der Übergang sich in der Insolvenz vollzieht und der Arbeitnehmer sich bereits in der Freistellungsphase befindet. Die Ansprüche sind Insolvenzforderungen nach § 108 Abs 2 InsO, weil die anspruchsbegründende Arbeitsleistung bereits vor Insolvenzeröffnung erbracht wurde[171] (vgl Rn 82 ff). Eine Haftung des Betriebserwerbers in der Insolvenz für Vergütungsansprüche in der Freistellungsphase ist begrenzt auf das Entgelt, welches für die Vorleistung geschuldet wird, die der Altersteilzeitler nach Eröffnung der Insolvenz erbracht hat.[172]

Ein Übergang des Arbeitsverhältnisses und damit auch ein Eintritt des neuen Betriebsinhabers in noch offene Forderungen setzt den **Bestand des Arbeitsverhältnisses zum Zeitpunkt des Betriebsübergangs** voraus. Zum Zeitpunkt des Übergangs bereits ausgeschiedene Arbeitnehmer können Ansprüche gegenüber dem Betriebserwerber nicht geltend machen. Dies gilt auch dann, wenn die Ansprüche erst nach beendetem Arbeitsverhältnis fällig werden.[173] Bereits **gekündigte Arbeitsverhältnisse**, deren Kündigungsfrist zum Zeitpunkt des Betriebsübergangs noch nicht abgelaufen ist, gehen demgegenüber im gekündigten Zustand auf den Betriebserwerber über, so dass die Geltendmachung offener Forderungen gegenüber dem Erwerber möglich ist. Auch ruhende Arbeitsverhältnisse (zB während der Elternzeit) oder befristete Arbeitsverhältnisse gehen über. 58

2. Zuordnung übergehender Arbeitsverhältnisse

Schwierigkeiten bereitet in Fällen des Betriebsteilübergangs die Feststellung, welche Arbeitsverhältnisse vom Übergang des Betriebsteils erfasst werden. Dies gilt insbesondere für Stabsabteilungen (Personalabteilung, Finanzbuchhaltung etc), deren Arbeitnehmer idR nicht bestimmten Betriebsteilen unmittelbar zugeordnet sind, sondern für den Gesamtbetrieb tätig werden.[174] 59

Der Übergang eines Arbeitsverhältnisses setzt grundsätzlich voraus, dass der Arbeitnehmer dem übergegangenen Betriebsteil angehört bzw dort tat- 60

---

167 Bauer/v. Medem NZA 2011, 16, 22.
168 LAG Düsseldorf 22.10.2003 – 12 Sa 1202/03 – ZIP 2004, 272.
169 BAG 19.10.2004 – 9 AZR 647/03 – NZA 2005, 408.
170 BAG 30.10.2008 – 8 AZR 54/07 – NZA 2009, 432; 31.1.2008 – 8 AZR 27/07 – NZA 2008, 705; LAG Düsseldorf 22.10.2003 – 12 Sa 1202/03 – aaO; ErfK/Preis § 613a BGB Rn 67; offengelassen BAG 19.10.2004 – 9 AZR 645/03 – NZA 2005, 527; abl Hanau RdA 2003, 230.
171 BAG 19.10.2004 – 9 AZR 645/03 – NZA 2005, 527.
172 BAG 31.1.2008 – 8 AZR 27/07 – aaO.
173 BAG 11.11.1986 – 3 AZR 179/85 – AP § 613 a BGB Nr 60.
174 Vgl zu kaufmännischen Abteilungsleitern BAG 7.4.2011 – 8 AZR 730/09 – NZA 2011, 1231; 13.11.1997 – 8 AZR 375/96 – AP § 613 a BGB Nr 170.

sächlich eingegliedert ist;[175] unzureichend ist es, wenn er lediglich Tätigkeiten für den übertragenden Betriebsteil verrichtet hat.[176] Arbeitsverhältnisse von **Verwaltungsmitarbeitern** gehen deshalb nur dann auf einen neuen Betriebsinhaber über, wenn entweder die Verwaltung einen selbständig abgrenzbaren Betriebsteil darstellt und dieser auf den Erwerber übertragen wird[177] oder bestimmte Verwaltungsaufgaben unmittelbar innerhalb des übertragenen Betriebsteils wahrgenommen werden. Für eine weitergehende Übertragung von Arbeitsverhältnissen bei einem Betriebsteilübergang fehlt die Rechtsgrundlage. Dies gilt auch dann, wenn der nicht übertragene Rest des Betriebs stillgelegt wird.[178] Das Arbeitsverhältnis eines Arbeitnehmers, der einem stillgelegten Betriebsteil zuzuordnen ist, geht nicht über, wenn der Restbetrieb übertragen wird.[179]

61 Bei **Zweifelsfragen** gilt zunächst der übereinstimmende Wille aller Beteiligten (Arbeitnehmer, Veräußerer, Erwerber).[180] Der Übergang des Arbeitsverhältnisses folgt dann aber nicht aus § 613a BGB, sondern als vertragliche Schuldübernahme aus § 415 BGB.[181]

62 Im Übrigen kommt es maßgeblich auf die **organisatorische Zuordnung** des Arbeitnehmers zu einem Betriebsteil durch den früheren Betriebsinhaber an.[182] Die Zuordnung kann sich aus dem Arbeitsvertrag ergeben[183] oder durch ausdrückliche bzw konkludente Zuordnungsentscheidung – zB durch Zuweisung von Tätigkeiten aus einem bestimmten Betriebsteil – erfolgen.[184] Die organisatorische Zuordnung zu einem Betriebsteil ist auch dann maßgeblich, wenn der Arbeitnehmer ausschließlich für einen anderen Betriebsteil tätig ist. Die organisatorische Zuordnung eines Personalsachbearbeiters zur Verwaltungsabteilung eines Unternehmens wird deshalb nicht dadurch aufgehoben, dass er ausschließlich für einen bestimmten Betriebsteil tätig ist.[185] Im Fall eines Betriebsteilübergangs erfolgt die Zuordnung des Altersteilzeitlers nach dem zuletzt innegehabten Arbeitsplatz.[186]

---

175 BAG 24.1.2013 – 8 AZR 706/11 – DB 2013, 1556; 24.8.2006 – 8 AZR 556/05 – DB 2006, 2818; 13.2.2003 – 8 AZR 102/02 – AP § 613a BGB Nr 245.
176 BAG 11.9.1997 – 8 AZR 555/95 – AP EWG-Richtlinie Nr 77/187 Nr 16; 16.5.2002 – 8 AZR 320/01 – AP § 113 InsO Nr 9.
177 BAG 8.8.2002 – 8 AZR 583/01 – NZA 2003, 315; 18.4.2002 – 8 AZR 347/01 – ZInsO 2002, 1198.
178 BAG 13.11.1997 – 8 AZR 375/96 – AP § 613a BGB Nr 170; 25.9.2003 – 8 AZR 446/02 – AP § 613a BGB Nr 256; KDZ/Zwanziger KSchR § 613a BGB Rn 53.
179 BAG 25.9.2003 – 8 AZR 446/02 – aaO.
180 KR/Treber § 613a BGB Rn 104; APS/Steffan § 613a BGB Rn 88; s auch BAG 21.2.2013 – 8 AZR 877/11 – DB 2013, 1178.
181 KR/Treber § 613a BGB Rn 104.
182 BAG 21.2.2013 – 8 AZR 877/11 – DB 2013, 1178; 8.8.2002 – 8 AZR 583/01 – NZA 2003, 315; 25.9.2003 – 8 AZR 446/02 – AP § 613a BGB Nr 256; Stück AuA 2003, 6.
183 BAG 24.1.2013 – 8 AZR 706/11 – DB 2013, 1556; 14.7.2005 – 8 AZR 392/04 – NZA 2005, 1411.
184 BAG 21.2.2013 – 8 AZR 877/11 – aaO; 13.2.2003 – 8 AZR 102/02 – AP § 613a BGB Nr 104.
185 HWK/Willemsen/Müller-Bonanni § 613a BGB Rn 228; vgl BAG 8.8.2002 – 8 AZR 583/01 – aaO; aA KR/Treber § 613a BGB Rn 105; ErfK/Preis § 613a BGB Rn 72; vgl auch APS/Steffan § 613a BGB Rn 88.
186 BAG 31.1.2008 – 8 AZR 27/07 – NZA 2008, 705.

Lässt sich eine ausdrückliche oder konkludente Zuordnung der Arbeitnehmer durch den alten Betriebsinhaber zu einem Betriebsteil nicht feststellen, ist der **zeitliche Schwerpunkt** der Arbeitsleistung zu bestimmen[187] und der Zuordnung der Arbeitnehmer zugrunde zu legen.[188] Lässt sich ein solcher Schwerpunkt nicht feststellen und kann eine Zuordnung des Arbeitnehmers zu einem bestimmten Betriebsteil nicht erfolgen, geht mangels Rechtsgrundlage das Arbeitsverhältnis nicht über. 63

In den Grenzen von Treu und Glauben sind **organisatorische Zuordnungsentscheidungen des Arbeitgebers** von Querschnittsfunktionen zu bestimmten Betriebsteileinheiten **vor einem Betriebsübergang** möglich und im Hinblick auf die in der Übergangsphase nötige Rechtssicherheit für alle Beteiligten auch zu empfehlen. 64

3. Rechtsstellung nach Betriebsübergang

a) Übergang von Rechten und Pflichten aus dem Arbeitsverhältnis. Der neue Betriebsinhaber tritt grundsätzlich in die Rechtsstellung des vorigen Betriebsinhabers mit allen **Haupt- und Nebenpflichten** sowie den entsprechenden Rechten ein. Er hat deshalb die gleiche **Vergütung** einschließlich aller Nebenleistungen[189] zu entrichten; auch die **Zahlungsmodalitäten** bleiben unverändert. Vertraglich in Bezug genommene Tarifverträge sind weiter anzuwenden (vgl iE Rn 106 ff). Auf **betriebliche Übung**[190] oder **Gesamtzusage** begründete individualrechtliche Ansprüche wirken für und gegen den neuen Betriebsinhaber. Er kann sich deshalb auch nur unter denselben Grundsätzen wie der alte Betriebsinhaber von individualvertraglich begründeten Ansprüchen lösen. Der neue Betriebsinhaber haftet für rückständigen Lohn und muss noch nicht genommenen **Urlaub** im fortgesetzten Arbeitsverhältnis in natura gewähren.[191] Es besteht folgerichtig auch dann kein Anspruch auf Abgeltung von Urlaub gegen den alten Betriebsinhaber, wenn dieser das Arbeitsverhältnis zunächst gekündigt hatte und sodann das Arbeitsverhältnis mit dem neuen Betriebsinhaber fortgesetzt wurde.[192] Der neue Betriebsinhaber ist nicht verpflichtet, aus dem Gesichtspunkt der **Gleichbehandlung** den übernommenen Arbeitnehmern bei ihm bestehende bessere Arbeitsbedingungen zu gewähren.[193] Es stellt auch keinen Verstoß gegen den Grundsatz der Gleichbehandlung dar, wenn der Arbeitgeber nur die Gehälter der schlechter gestellten Arbeitnehmergruppe anpasst.[194] 65

Gegenüber dem alten Betriebsinhaber begründeter **Annahmeverzug** wirkt nach Übergang des Betriebs gegenüber dem neuen Betriebsinhaber fort, ohne dass es weiterer verzugsbegründender Handlungen durch den Arbeitnehmer bedarf.[195] Ist gegenüber dem bisherigen Betriebsinhaber Annahme- 66

---

187 KR/Treber § 613 a BGB Rn 103; vgl auch APS/Steffan § 613 a BGB Rn 88.
188 So auch KDZ/Zwanziger KSchR § 613 a BGB Rn 44.
189 ErfK/Preis § 613 a BGB Rn 73; APS/Steffan § 613 a BGB Rn 89 ff.
190 BAG 3.11.2004 – 5 AZR 73/04.
191 BAG 2.12.1999 – 8 AZR 774/98 – AP § 613 a BGB Nr 202.
192 BAG 2.12.1999 – 8 AZR 774/98 – aaO.
193 BAG 31.8.2005 – 5 AZR 517/04 – AP § 613 a BGB Nr 288.
194 BAG 15.3.2007 – 5 AZR 420/06 – NZA 2007, 862.
195 BAG 21.3.1991 – 2 AZR 577/90 – AP § 615 BGB Nr 49; Ascheid ArbR BGB § 613 a BGB Rn 68.

verzug nicht begründet worden, löst die bloße Nichtbeschäftigung durch den Erwerber Annahmeverzug nicht aus,[196] vielmehr bedarf es gegenüber dem Erwerber dann verzugsbegründender Handlungen des Arbeitnehmers nach § 293 ff BGB.

67 Die bisherige **Betriebszugehörigkeit** – bei engem sachlichen Zusammenhang beider Arbeitsverhältnisse auch bei kurzfristiger Unterbrechung[197] – sowie sonstige **Wartezeiten**,[198] eine gegenüber dem bisherigen Betriebsinhaber ausgebrachte **Pfändung des Arbeitseinkommens**[199] oder vereinbarte arbeitsvertragliche **Wettbewerbsverbote**[200] gelten auch im Verhältnis zum neuen Betriebsinhaber. Im Verhältnis zum alten Betriebsinhaber wirkt das Wettbewerbsverbot hingegen nicht weiter, da dieser nach dem Übergang des Arbeitsverhältnisses nicht mehr Gläubiger des Anspruchs auf Unterlassung von Wettbewerb ist. Der Anspruch auf **Karenzentschädigung** besteht auch dann gegenüber dem Betriebserwerber, wenn die von der Wettbewerbsvereinbarung erfassten Geschäftsbereiche beim Veräußerer verbleiben.[201] Der neue Betriebsinhaber muss sich die **Kenntnis** des bisherigen Betriebsinhabers über eine **Schwangerschaft** oder eine **Schwerbehinderteneigenschaft** bzw im Rahmen des Fristenlaufs von § 626 Abs 2 BGB über einen **Kündigungssachverhalt**[202] zurechnen lassen.

68 Der Lauf von **Ausschlussfristen** für die Geltendmachung von Ansprüchen wird durch den Übergang des Betriebs nicht unterbrochen.[203] Ein Betriebsübergang ändert nichts am **Fälligkeitszeitpunkt** der Forderungen.[204] Dies gilt auch dann, wenn ein Betriebsübergang streitig ist und der Anspruchsgegner nicht eindeutig feststeht. Der Fälligkeitszeitpunkt von Annahmeverzugsansprüchen ist nach § 271 BGB grundsätzlich objektiv zu bestimmen, ohne dass Zumutbarkeitskriterien oder Täuschungshandlungen möglicher Anspruchsgegner eine Rolle spielen. Ausschlussfristen werden deshalb nicht erst dann in Lauf gesetzt, wenn der Arbeitgeber sich ausdrücklich zu seiner Arbeitgeberrolle bekennt.[205] Aus § 199 Abs 1 Nr 2 BGB ergibt sich kein anderes Ergebnis, weil dort für den Beginn der Verjährung auch auf die Kenntnis von der Person des Schuldners abgestellt wird. Die Vorschrift regelt den Beginn gesetzlicher Verjährungsfristen und nicht die Einhaltung tariflicher Ausschlussfristen, die üblicherweise auf die Fälligkeit des Anspruchs abstellen.[206] Täuschungshandlungen möglicher Anspruchsgegner können allenfalls im Rahmen von § 242 BGB bei der Frage eine Rolle spielen, ob die Berufung des Schuldners auf die Einhaltung der Ausschlussfrist treuwidrig ist.

---

196 BAG 16.7.1998 – 8 AZR 81/97 – NZA 1998, 1233.
197 BAG 27.6.2002 – 2 AZR 270/01 – NZA 2003, 145 für die Wartezeit des § 1 Abs 1 KSchG.
198 BAG 27.6.2002 – 2 AZR 270/01- AP § 1 KSchG 1969 Wartezeit Nr 15.
199 LAG Hessen 22.7.1999 – 5 Sa 13/99 – NZA 2000, 615.
200 ErfK/Preis § 613 a BGB Rn 80.
201 LAG Baden-Württemberg 6.8.1998 – 19 Sa 10/98 – LAGE § 613 a BGB Nr 70.
202 [203]ErfK/Preis § 613 a BGB Rn 79; APS/Steffan § 613 a BGB Rn 99; KDZ/Zwanziger KSchR § 613 a BGB Rn 158.
203 Ascheid ArbR BGB § 613 a BGB Rn 68.
204 BAG 12.12.2000 – 9 AZR 1/00 – AP § 4 TVG Ausschlussfristen Nr 154.
205 BAG 13.2.2003 – 8 AZR 236/02 – AP § 613 a BGB Nr 244.
206 Offengelassen BAG 13.2.2003 – 8 AZR 236/02 – aaO.

b) Einzelfälle. Der Übergang von Rechten und Pflichten beschränkt sich ausschließlich auf solche aus dem Arbeitsverhältnis und schließt den Übergang von Rechten aus sonstigen Vertragsverhältnissen zwischen Arbeitnehmern und Arbeitgebern aus.

aa) Darlehensansprüche. Ansprüche oder Verpflichtungen aus einem Arbeitgeberdarlehen oder einem durch den Arbeitnehmer gewährten **Darlehen** gehen im Regelfall nicht auf den Erwerber über. Darlehensverträge werden zwar meist mit Rücksicht auf das Arbeitsverhältnis zu Sonderkonditionen abgeschlossen, bleiben aber rechtlich selbständig.[207] Ein Arbeitgeberdarlehen geht nach der Rechtsprechung des BAG[208] nur dann auf den Betriebserwerber über, wenn es zu den Rechten und Pflichten aus dem Arbeitsverhältnis gehört. Dies ist zB der Fall, wenn der Arbeitgeber ein Darlehen als Lohn- oder Gehaltsvorschuss gibt oder ein Arbeitnehmer einen Gewinnbeteiligungsanspruch als Darlehen im Unternehmen stehen lässt.[209]

bb) Erfolgsbezogene Vergütungen. Forderungen aus einem **Aktienoptionsplan** gehen bei einem Betriebsübergang zunächst dann nicht auf den Betriebserwerber über, wenn sie – wie häufig bei konzernverbundenen Unternehmen – von einem weiteren Konzernunternehmen gewährt worden sind. Es handelt sich dann um Verpflichtungen aus einer vertraglichen Beziehung mit einem Dritten, die grundsätzlich nicht von einem Betriebsübergang erfasst werden.[210]

Ob Ansprüche aus einem Aktienoptionsplan überhaupt solche aus einem Arbeitsverhältnis iSv § 613a BGB sein können,[211] hängt maßgeblich von der vertraglichen Ausgestaltung im Einzelfall ab. Jedenfalls dann, wenn ein Teil der vertraglichen Vergütung über Aktienoptionen geschuldet wird, kann kein Zweifel daran bestehen, dass es sich wie bei Tantieme- oder sonstigen Gewinnbeteiligungsansprüchen insoweit um Ansprüche aus dem Arbeitsverhältnis handelt, die nach einem Betriebsübergang gegenüber dem Erwerber geltend gemacht werden können. Für den Fall der Beendigung des Arbeitsverhältnisses häufig vereinbarte Verfallklauseln sind dann wegen der Umgehung von § 613a BGB unwirksam.

Allerdings bedürfen übergehende Ansprüche aus einem Aktienoptionsplan nach den Regeln ergänzender Vertragsauslegung oder nach § 313 BGB wegen Störung der Geschäftsgrundlage der **Vertragsanpassung**, weil dem Erwerber die einem Aktienoptionsplan zugrunde liegende und der Erfüllung der Ansprüche dienende Kapitalerhöhung rechtlich unmöglich ist.[212] Die Geschäftsgrundlage des Optionsgewährungsvertrags ist zudem dadurch ge-

---

207 BAG 23.9.1992 – 5 AZR 569/91 – AP § 611 BGB Arbeitnehmerdarlehen Nr 1; 23.2.1999 – 9 AZR 737/97 – AP § 611 BGB Arbeitnehmerdarlehen Nr 4.
208 BAG 21.1.1999 – 8 AZR 373/97; so auch LAG Köln 18.5.2000 – 10 Sa 50/00 – NZA-RR 2001, 174; zur Problematik von Zins- und Rückzahlungsansprüchen als Forderungen "aus dem Arbeitsverhältnis" BAG 19.1.2011 – 10 AZR 873/08 – NZA 2011, 1159.
209 LAG Niedersachsen 30.8.2000 – 16 a Sa 378/00.
210 BAG 12.2.2003 – 10 AZR 299/02 – AP § 613a BGB Nr 243.
211 Grimm/Walk BB 2003, 577, 578; Tappert NZA 2002, 1188; Lembke BB 2001, 1469; dagegen Bauer/Göpfert/v. Steinau-Steinrück ZIP 2001, 1129 unter Hinweis auf den kaufrechtlichen Charakter des Optionsgewährungsvertrags.
212 Schnittker/Grau BB 2002, 2497, 2500.

stört, dass die Anreizwirkung, durch erfolgreiche Tätigkeit auch die Höhe des Aktienkurses mit zu beeinflussen, nach einem Betriebsübergang nicht mehr erreicht werden kann.

74 Die Anpassung der Optionszusage ist im Einzelfall vorzunehmen. Sie kann in der Ausgabe eigener Optionen liegen, sofern das erwerbende Unternehmen als Aktiengesellschaft firmiert. Eine Anpassung ist auch auf der Grundlage eines festen Vergütungsbestandteils oder in Form einer Kapitalisierung des Optionswerts zum Zeitpunkt des Betriebsübergangs denkbar.[213] Der neue Betriebsinhaber ist deshalb nicht verpflichtet, auf dem freien Kapitalmarkt nach Einlösung der Option die nötige Anzahl von Aktien des vorigen Betriebsinhabers zu erwerben und sie zum Optionspreis an den Arbeitnehmer abzugeben.

75 Auch **Tantieme- oder sonstige Gewinnbeteiligungsabsprachen** gehören idR zu den Forderungen aus dem Arbeitsverhältnis, die auf den Erwerber übergehen. Entsprechend kann ein Anpassungsbedarf nach den Regeln ergänzender Vertragsauslegung bestehen, wenn die Tantiemevereinbarung auf die Verhältnisse des übertragenden Unternehmens zugeschnitten ist. Dies kann zB der Fall sein, wenn die Kennziffern, die die Bemessungsgrundlage für die Tantieme darstellen, beim Betriebserwerber nicht mehr gegeben sind. Im Ergebnis muss Ziel einer Anpassung sein, den Arbeitnehmer wirtschaftlich in etwa so zu stellen wie vor dem Betriebsübergang.

76 **cc) Werkdienst-/Werkmietwohnungsvertrag.** Auch bei Mietverträgen, die im Hinblick auf das Arbeitsverhältnis eingegangen werden, kommt es darauf an, ob sie nur anlässlich des Arbeitsverhältnisses geschlossen wurden oder ob sie Inhalt des Arbeitsverhältnisses sind. Ist der Bezug einer Werkdienstwohnung nach § 576 b BGB wie bei Hausmeisterwohnungen Inhalt der arbeitsvertraglichen Verpflichtungen, gehen Ansprüche aus einem solchen Mietverhältnis auf den Erwerber über.[214] Anderes gilt für Werkmietwohnungen nach §§ 576, 576 a BGB, die nur aus Anlass des Arbeitsverhältnisses dem Arbeitnehmer vermietet werden. Ansprüche aus einem solchen Vertragsverhältnis gehen nicht über.

77 **dd) Handelsrechtliche Vollmachten.** Die Erteilung handelsrechtlicher Vollmachten (Prokura, Handlungsvollmacht) hat ihren Rechtsgrund nicht im Arbeitsverhältnis. Diese Vollmachten gehen bei einem Betriebsübergang nicht mit über.[215] Der betriebsverfassungsrechtliche Status des Arbeitnehmers nach § 5 Abs 3 Nr 2 BetrVG ändert sich regelmäßig dadurch nicht, da Prokuristen mit im Verhältnis zum Arbeitgeber nicht unbedeutender Prokura überwiegend auch leitende Angestellte iSv § 5 Abs 3 Nr 3 BetrVG sind.

78 **c) Ansprüche aus betrieblicher Altersversorgung.** Nach ständiger Rechtsprechung des BAG tritt der Betriebserwerber in die Rechte und Pflichten

---

213 Grimm/Walk BB 2003, 577, 582.
214 KDZ/Zwanziger KSchR § 613 a BGB Rn 164.
215 AllgM; APS/Steffan § 613 a BGB Rn 98; ErfK/Preis § 613 a BGB Rn 78; KDZ/ Zwanziger KSchR § 613 a BGB Rn 166.

aus einer **Versorgungsanwartschaft** ein[216] und zwar unabhängig davon, ob die Anwartschaft bereits unverfallbar ist oder nicht.[217] Das Recht auf eine Zusatzversorgung erlischt auch dann nicht, wenn nach dem Übergang ein Betrieb den Geltungsbereich eines Zusatzversorgungssystems verlässt und dem Erwerber die Fortführung der Zusatzversorgung in diesem System nicht mehr möglich ist. Der Arbeitnehmer kann gegenüber dem Erwerber in diesem Fall einen Versorgungsverschaffungsanspruch geltend machen. Dieser Anspruch ist mit Eintritt des Versorgungsfalls fällig und verpflichtet den Erwerber, dem Arbeitnehmer die Leistungen zu verschaffen, die er bei Fortführung der ursprünglichen Versicherung erhalten hätte.[218]

§ 613a BGB sieht demgegenüber keinen Übergang von Ansprüchen aus einem Ruhestandsverhältnis mit einem zum Zeitpunkt des Betriebsübergangs bereits ausgeschiedenen Arbeitnehmer vor. Aus einem solchen Ruhestandsverhältnis bleibt der ursprüngliche Arbeitgeber verpflichtet.[219] 79

d) Abdingbarkeit der Rechtsfolgen von § 613a BGB. § 613a BGB enthält zugunsten der von einem Betriebsübergang betroffenen Arbeitnehmer zwingendes Recht und schützt Arbeitnehmer grundsätzlich auch vor der unberechtigten Änderung ihrer Arbeitsverträge durch Änderungs- und Erlassverträge.[220] § 613a BGB schränkt jedoch die Vertragsfreiheit nicht ein.[221] Es herrscht die gleiche Vertragsfreiheit, wie sie im Veräußererbetrieb bestanden hat.[222] Dies gilt vor allem, soweit die Vertragsparteien zukünftige Ansprüche neu vereinbaren. Zur Disposition über bereits verdiente Gehaltsbestandteile s Rn 81. Änderungs- oder Aufhebungsverträge sind deshalb nur dann nach § 134 BGB nichtig, wenn sie objektiv der **Umgehung der zwingenden Rechtsfolgen des § 613a Abs 1 Satz 1 BGB** dienen[223] (zB veranlasste fristlose Eigenkündigung des Arbeitnehmers, um mit dem Erwerber einen neuen Arbeitsvertrag abzuschließen). Vereinbarungen zwischen dem Arbeitnehmer und dem Veräußerer oder dem Erwerber über das endgültige Ausscheiden aus dem Betrieb sind aber zulässig.[224] Zulässig sind ferner die Aufhebung des Arbeitsverhältnisses mit dem alten Betriebsinhaber und der Neuabschluss mit einer **Auffang- und Qualifizierungsgesellschaft** vor einem Betriebsübergang.[225] Dies gilt auch dann, wenn eine allgemeine Aussicht besteht, von der Auffanggesellschaft zum neuen Be- 80

---

216 BAG 13.11.2007 – 3 AZR 191/06 – AP § 613a BGB Nr 336; 18.9.2001 – 3 AZR 689/00 – AP § 613a BGB Nr 230; ErfK/Preis § 613a BGB Rn 73; Ascheid ArbR BGB § 613a BGB Rn 71.
217 BAG 12.5.1992 – 3 AZR 247/91 – AP § 1 BetrAVG Betriebsveräußerung Nr 14.
218 BAG 13.11.2007 – 3 AZR 191/06 – AP § 613a BGB Nr 336; 18.9.2001 – 3 AZR 689/00 – aaO.
219 BAG 14.9.1999 – 3 AZR 273/98.
220 BAG 12.5.1992 – 3 AZR 247/91 – AP § 1 BetrAVG Betriebsveräußerung Nr 14.
221 Ascheid ArbR BGB § 613a BGB Rn 5.
222 BAG 7.11.2007 – 5 AZR 1007/06 – NZA 2008, 530; zust Dzida/Wagner NZA 2008, 571.
223 BAG 18.8.2011 – 8 AZR 312/10 – NZA 2012, 152; 18.8.2005 – 8 AZR 523/04 – NZA 2006, 145; 10.12.1998 – 8 AZR 324/97 – NZA 1999, 422.
224 BAG 18.8.2005 – 8 AZR 523/04 – aaO; 11.12.1997 – 8 AZR 654/95 – ZInsO 1998, 191; 10.12.1998 – 8 AZR 324/97 – aaO.
225 BAG 18.8.2011 – 8 AZR 312/10 – aaO; 23.11.2006 – 8 AZR 349/06 – NZA 2007, 866.

triebsinhaber zu wechseln.[226] Zwar werden Auffanggesellschaften in der Praxis häufig nur deshalb gegründet, um eine Betriebsfortführung unter neuer Regie mit einem geringeren Personalbestand zu ermöglichen. Eigentlicher Zweck dieser Gesellschaften ist dabei nur die Aufnahme der Mitarbeiter vor einem Betriebsübergang, um den Übergang auf den Erwerber zu vermeiden. Ein unzulässiger Umgehungstatbestand liegt in der einvernehmlichen Aufhebung des Arbeitsverhältnisses und der Neubegründung mit der Auffanggesellschaft dann, wenn die spätere Fortsetzung des Arbeitsverhältnisses verbindlich zugesagt wird[227] und der Zwischenschritt über die Auffanggesellschaft dem Zweck dient, mit dem neuen Betriebsinhaber schlechtere Arbeitsbedingungen zu vereinbaren.[228] Eine solche Vertragsgestaltung ist nicht der Regelfall, weil zum Zeitpunkt des Abschlusses des Aufhebungsvertrags zumeist noch nicht feststeht, ob und wenn ja wer vom Betriebserwerber eingestellt wird. Nichtig nach §§ 613a, 134 BGB sind jedoch Aufhebungsverträge mit dem Veräußerer, wenn zeitgleich mit dem Erwerber ein neues Arbeitsverhältnis zu verschlechternden Arbeitsbedingungen vereinbart wird.[229]

81 Unwirksam sind **Erlassverträge** über die beim Veräußerer erdienten **Versorgungsanwartschaften** im Hinblick auf die Fortsetzung des Arbeitsverhältnisses beim Erwerber ohne Zusage einer betrieblichen Altersversorgung.[230] Ein Erlassvertrag über bereits verdiente Gehaltsbestandteile sollte nach bisheriger Rechtsprechung nur dann wirksam sein, wenn es dafür sachliche Gründe gibt.[231] Nach dieser Rechtsprechung war an die Prüfung des sachlichen Grundes ein strenger Maßstab anzulegen. Anzuerkennen waren nach der bisherigen Rechtsprechung Erlassverträge im Rahmen einer richterlichen Inhaltskontrolle nur dann, wenn ohne einen Verzicht auf Ansprüche eine Betriebsfortführung nach einem Betriebsübergang wirtschaftlich nicht möglich ist und die Arbeitsplätze ohne einen Lohnverzicht nicht erhalten werden können. Nach jüngster Rechtsprechung des 8. Senats des BAG ist ein Verzicht auf rückständige Gehaltsbestandteile dann nach §§ 613a Abs 1 Satz 1, 134 BGB unwirksam, wenn aus Anlass und zur Ermöglichung eines Betriebsübergangs ein Verzicht vereinbart wird.[232]

In der Praxis ist deshalb zu differenzieren. Ein Verzicht auf erdiente Ansprüche ist grundsätzlich unwirksam, wenn er im Zusammenhang mit einem Betriebsübergang vereinbart wird und diesen erst ermöglichen soll. Gleiches gilt für inhaltsändernde Absprachen. Im Übrigen besteht grundsätzlich Vertragsfreiheit. Mit dem Erwerber können die Vertragsbedingun-

---

226 BAG 10.12.1998 – 8 AZR 324/97 – aaO; zust Meyer SAE 2000, 39; Joost EWiR 1999, 247.
227 BAG 18.8.2011 – 8 AZR 312/10 – aaO.
228 BAG 18.8.2005 – 8 AZR 523/04 –aaO; krit ErfK/Preis § 613a BGB Rn 159; KDZ/Zwanziger KSchR § 613a BGB Rn 182.
229 BAG 21.5.2008 – 8 AZR 481/07 – NZA 2009, 144; 25.10.2012 – 8 AZR 572/11 – ZInsO 2013, 946.
230 BAG 12.5.1992 – 3 AZR 247/91 – AP § 1 BetrAVG Betriebsveräußerung Nr 14.
231 BAG 18.8.1976 – 5 AZR 95/75 – AP § 613a BGB Nr 4; 27.4.1988 – 5 AZR 358/87 – AP § 613a BGB Nr 71; 18.8.2005 – 8 AZR 523/04 – NZA 2006, 145; 23.11.2006 – 8 AZR 349/06 – NZA 2007, 866; offengelassen BAG 7.11.2007 – 5 AZR 1007/06 – NZA 2008, 530.
232 BAG 19.3.2009 – 8 AZR 722/07 – NZA 2009, 1091.

gen frei vereinbart werden. Nach einem Betriebsübergang kann eine Umgehung von § 613a Abs 1 Satz 1 BGB regelmäßig ausgeschlossen werden.

e) Rechtsfolgen bei Übernahme in der Insolvenz. § 613a BGB ist bei der Übernahme eines Betriebs nach eröffnetem Insolvenzverfahren in Bezug auf den Eintritt des Erwerbers in rückständige Ansprüche nur eingeschränkt anwendbar. Bereits unter der Geltung der Konkursordnung kam die haftungsrechtliche Regelung des § 613a BGB nur modifiziert zur Anwendung. Erfolgte der Betriebsübergang nach der Eröffnung des Konkursverfahrens, haftete der Betriebserwerber nach § 613a BGB für solche Ansprüche nicht, die vor der Eröffnung des Konkursverfahrens entstanden waren.[233] Dies ergab sich aus dem konkursrechtlichen Grundsatz der Gläubigergleichbehandlung, weil der Vorteil der übernommenen Belegschaft, einen neuen zahlungskräftigen Haftungsschuldner für bereits entstandene Ansprüche zu erhalten, von den übrigen Konkursgläubigern andernfalls dadurch finanziert worden wäre, dass der Betriebserwerber den an die Masse zu zahlenden Kaufpreis mit Rücksicht auf die übernommene Haftung gemindert hätte. 82

Diese konkursrechtliche Einschränkung galt danach nicht bei einer **Übernahme vor Eröffnung** des Konkursverfahrens sowie dann nicht, wenn Ansprüche (zB tarifliche Sonderzahlung) erst nach der Betriebsübernahme fällig wurden, auch wenn während der Bezugsdauer das Konkursverfahren eröffnet wurde.[234] Außerdem bezog sich die Haftungseinschränkung nur auf Konkursforderungen nicht jedoch auf Masseschulden nach § 59 Abs 1 KO.[235] 83

An dieser **Haftungsbegrenzung** hält das BAG **auch unter der Geltung der Insolvenzordnung** fest.[236] Der Erwerber haftet deshalb nicht für entstandene Insolvenzforderungen der Arbeitnehmer bei einer Übernahme des Betriebs nach Eröffnung des Insolvenzverfahrens. Er haftet aber dann, wenn die Betriebsübernahme vor der Eröffnung des Insolvenzverfahrens erfolgt und zwar unabhängig davon, ob das Insolvenzgericht in der Eröffnungsphase nach § 22 Abs 2 InsO einen schwachen vorläufigen oder nach § 22 Abs 1 InsO einen starken Insolvenzverwalter mit Verfügungsbefugnis bestellt hat.[237] Der Erwerber tritt bei Übergang des Arbeitsverhältnisses nach Eröffnung des Insolvenzverfahrens nur in die nach Eröffnung des Insolvenzverfahrens begründeten Masseverbindlichkeiten ein. Die Abgrenzung der Forderungen erfolgt danach, wann die Arbeitsleistung, die den Ansprüchen zugrunde liegt, erbracht wurde.[238] Im Blockmodell der Altersteilzeit leistet der Arbeitnehmer vor, so dass die nach Insolvenzeröffnung zu er- 84

---

233 BAG 17.1.1980 – 3 AZR 160/79 – AP BGB § 613a Nr 18; 11.10.1995 – 10 AZR 984/94 – AP BGB § 613a Nr 132; so auch für Ansprüche aus einem Sozialplan nach eröffnetem Konkursverfahren nach § 2 SozplKonkG: BAG 15.1.2002 – 1 AZR 58/01 – AP § 2 SozplKonkG Nr 1.
234 BAG 11.10.1995 – 10 AZR 984/94 – AP § 613a BGB Nr 132.
235 BAG 4.12.1986 – 2 AZR 246/86 – AP § 613a BGB Nr 56.
236 BAG 19.10.2004 – 9 AZR 645/03 – NZA 2005, 527; 20.6.2002 – 8 AZR 459/01 – NZA 2003, 318; APS/Steffan § 613a BGB Rn 240ff; KDZ/Zwanziger KSchR § 613a BGB Rn 260.
237 BAG 20.6.2002 – 8 AZR 459/01 – NZA 2003, 318.
238 BAG 19.10.2004 – 9 AZR 645/03 –aaO.

bringenden Leistungen nicht Masse-, sondern Insolvenzforderung sind.[239] Masseforderungen werden jedoch insoweit begründet, als der Altersteilzeitler nach Insolvenzeröffnung Arbeitsleistungen erbracht hat.[240] Die insolvenzrechtlichen Haftungseinschränkungen beim Betriebsübergang gelten auch für Versorgungsanwartschaften.[241]

4. Weitergeltung kollektivrechtlicher Normen

85 a) **Grundsätze.** § 613 a Abs 1 Sätze 2 und 3 BGB regelt das **Schicksal von Tarifverträgen und Betriebsvereinbarungen im Fall eines Betriebsübergangs.** Sie verlieren nach Satz 2 ihre normative Wirkung und werden unter Wechsel ihres rechtlichen Charakters Inhalt der Arbeitsverträge. Dies gilt jedoch nicht ausnahmslos. Nach Satz 3 findet eine Herabstufung kollektiver Regelungen dann nicht statt, wenn die Rechte und Pflichten bei dem neuen Inhaber durch Rechtsnormen eines anderen Tarifvertrags oder einer anderen Betriebsvereinbarung geregelt werden. Dies ist dann der Fall, wenn kraft Tarifbindung beider Arbeitsvertragsparteien oder kraft Allgemeinverbindlichkeit die Arbeitsverhältnisse normativ von einem anderen Tarifvertrag erfasst werden oder beim Erwerber bestehende Betriebsvereinbarungen normativ die übergegangenen Arbeitsverhältnisse erfassen. Der durch § 613 a Abs 1 Satz 2 BGB intendierte Schutz der Arbeitnehmer wird dann durch die beim Erwerber geltenden kollektivrechtlichen Bestimmungen garantiert.[242] Gleichzeitig wird im Interesse einer einheitlichen Behandlung aller Betriebsangehörigen beim Erwerber geltenden normativen Bestimmungen der Vorrang gegenüber dem individuellen Bestandsschutz der Arbeitnehmer eingeräumt.[243]

86 Darüber hinaus werden Tarifverträge und Betriebsvereinbarungen dann nicht Inhalt der Arbeitsverträge, wenn sie auch nach einem Betriebsübergang normativ weitergelten.[244] § 613 a Abs 1 Satz 2 BGB ist somit **Auffangnorm** für die Fälle, in denen weder die alten Kollektivvereinbarungen normativ weitergelten noch neue – verdrängende – Kollektivvereinbarungen beim Erwerber die Arbeitsverhältnisse erfassen.

87 b) **Weitergeltung von Tarifverträgen. aa) Normative Weitergeltung.** Tarifverträge gelten normativ weiter, wenn auch nach einem Betriebsübergang Tarifgebundenheit beider Arbeitsvertragsparteien nach § 3 Abs 1 TVG vorliegt bzw der Tarifvertrag nach § 5 Abs 1 TVG für allgemeinverbindlich erklärt worden ist und das Arbeitsverhältnis vom fachlichen, räumlichen und persönlichen Geltungsbereich des Tarifvertrags erfasst wird.[245] Dies ist zB der Fall, wenn nach Veräußerung eines Einzelhandelsbetriebs weiterhin ein allgemeinverbindlicher Tarifvertrag für den Einzelhandel die Arbeitsverhältnisse normativ erfasst oder bei einem von einem Arbeitge-

---

239 BAG 19.10.2004 – 9 AZR 645/03 – aaO.
240 BAG 31.1.2008 – 8 AZR 27/07 – NZA 2008, 705.
241 BAG 19.5.2005 – 3 AZR 649/03 – AP § 613 a BGB Nr 283.
242 ErfK/Preis § 613 a BGB Rn 123.
243 Ascheid ArbR BGB § 613 a Rn 106.
244 BAG 24.6.1998 – 4 AZR 208/97 – AP § 20 UmwG Nr 1 (Tarifvertrag); 18.9.2002 – 1 ABR 54/01 – NZA 2003, 670; 5.6.2002 – 7 ABR 17/01 – ZIP 2003, 271 (Betriebsvereinbarung).
245 KDZ/Zwanziger KSchR § 613 a BGB Rn 85; APS/Steffan § 613 a BGB Rn 111.

berverband abgeschlossenen Tarifvertrag auch der Erwerber kraft Mitgliedschaft im tarifschließenden Verband tarifgebunden ist.

Anders ist es, wenn nach einem Betriebsübergang der übergegangene Betrieb durch Änderung des Betriebszwecks aus dem fachlichen Geltungsbereich eines Tarifvertrags herausgefallen ist. Der Tarifvertrag wird dann nach § 613 a Abs 1 Satz 2 BGB Inhalt der Arbeitsverhältnisse. Selbst wenn mit dem Betriebsübergang ein Branchenwechsel verbunden ist, ändert sich an der so begründeten arbeitsvertraglichen Geltung der Tarifnorm nichts.[246] 88

Firmentarifverträge wirken nach einem Betriebsübergang nicht normativ weiter. Der Übergang der Arbeitgeberstellung in Bezug auf die Arbeitsverhältnisse kann die Tarifgebundenheit des Erwerbers an einen Firmentarifvertrag des Veräußerers nicht begründen. § 613 a BGB enthält keine Rechtsgrundlage für den Übergang der Rechtsstellung einer Tarifvertragspartei. Auch insoweit gilt die Auffangregelung des § 613 a Abs 1 Satz 2 bis 4 BGB.[247] Die normative Geltung von Firmentarifverträgen nach einem Betriebsübergang setzt somit einen neuen Tarifabschluss des Erwerbers voraus. 89

Anders ist es im Fall der **Gesamtrechtsnachfolge**. Firmentarifverträge wirken dann kollektivrechtlich weiter, wenn der Übernehmer im Wege der Gesamtrechtsnachfolge, etwa durch Verschmelzung nach § 20 Abs 1 UmwG Rechtsnachfolger wird.[248] Insoweit kommen dann auch § 324 UmwG bzw § 613 a Abs 1 Satz 2 als Auffangregelung nicht zur Anwendung. 90

bb) Individualrechtliche Weitergeltung. Liegen die Voraussetzungen einer normativen Weitergeltung von § 613 a BGB nicht vor, werden die Tarifnormen nach § 613 a Abs 1 Satz 2 BGB Inhalt des Arbeitsverhältnisses und gelten individualrechtlich weiter; dies gilt auch für nachwirkende Tarifverträge.[249] Die Norm ist lediglich Auffangvorschrift. Die Wirkungsweise der nach § 613 a Abs 1 Satz 2 BGB im Arbeitsverhältnis zwischen Betriebserwerber und Arbeitnehmer transformierten Normen entspricht regelmäßig derjenigen, die bei einem Austritt des Veräußerers aus dem tarifschließenden Arbeitgeberverband hinsichtlich des zur Zeit des Austritts geltenden Verbandstarifvertrags nach § 3 Abs 3 TVG eintreten würde. Dabei entspricht das Ende der Sperrfrist nach § 613 a Abs 1 Satz 2 und 4 BGB dem Ende des nachbindenden Tarifvertrags.[250] Die transformierten Normen behalten damit ihren kollektivrechtlichen Charakter. Tarifnormen werden mit dem Inhalt transformiert, den sie zum Zeitpunkt des Betriebs- 91

---

246 BAG 5.10.1993 – 3 AZR 586/92 – AP § 1 BetrAVG Zusatzversorgungskassen Nr 42.
247 BAG 20.6.2001 – 4 AZR 295/00 – AP § 1 TVG Bezugnahme auf Tarifvertrag Nr 18; 29.8.2001 – 4 AZR 332/00 – AP § 1 TVG Bezugnahme auf Tarifvertrag Nr 17; 10.11.2011 – 8 AZR 430/10 – AP § 613 a BGB Unterrichtung Nr 15; KDZ/Zwanziger KSchR § 613 a BGB Rn 87.
248 BAG 24.6.1998 – 4 AZR 208/97 – AP § 20 UmwG Nr 1; 20.6.2001 – 4 AZR 295/00 – aaO; 10.11.2011 – 8 AZR 430/10 – AP § 613 a BGB Unterrichtung Nr 15.
249 BAG 27.5.1991 – 4 AZR 211/91 – AP § 4 TVG Nachwirkung Nr 22.
250 BAG 22.4.2009 – 4 AZR 100/08 – NZA 2010, 41.

übergangs haben (**statische Verweisung**). Eine spätere Veränderung der Tarifverträge wirkt sich auf die übergegangenen Arbeitsverhältnisse nicht mehr aus.[251] Dies gilt auch dann, wenn Tarifnormen erst rückwirkend auf einen Zeitpunkt vor dem Betriebsübergang in Kraft treten; spätere tarifvertragliche Änderungen werden von § 613 a Abs 1 Satz 2 BGB insoweit nicht mehr erfasst.[252] Erfasst werden jedoch tarifliche Bestimmungen, zB eine (mehrstufige) Lohnerhöhung, die zwar in der Vergangenheit vereinbart worden sind, jedoch erst zu einem Zeitpunkt nach dem Betriebsübergang wirksam werden.[253] Die in einem – statischen – Tarifvertrag angelegte Dynamik bleibt erhalten.[254] Veränderungen im transformierten Tarifvertrag erfassen das übergegangene Arbeitsverhältnis auch dann, wenn die Veränderung im Tarifvertrag bereits angelegt war. Eine Befristung eines Tarifvertrags oder eine Kündigung mit vereinbartem Nachwirkungsausschluss wirkt auch auf das übergegangene Arbeitsverhältnis, wenn diese zukünftige Veränderung bereits im Tarifvertrag angelegt war. Dies gilt auch, wenn die Kündigung eines (Sanierungs)Tarifvertrags erst nach dem Übergang des Arbeitsverhältnisses erklärt wird.[255] Die Kündigungsmöglichkeit ist als Bestandteil der transformierten Kollektivnorm in das Arbeitsverhältnis übertragen worden. Der Erwerber soll im Ergebnis weder besser noch schlechter gestellt werden als der Veräußerer.

92 Inhalt des Arbeitsverhältnisses werden nach dieser Maßgabe die **Inhalts- und Beendigungsnormen** eines Tarifvertrags, **Abschlussnormen**, sofern sie Ansprüche auf eine Wiederaufnahme und Fortsetzung eines – unterbrochenen – Arbeitsverhältnisses begründen,[256] nicht aber, weil insoweit keine Rechte und Pflichten aus einem Arbeitsverhältnis geregelt werden, **Tarifnormen über betriebsverfassungsrechtliche** Fragen und die **schuldrechtlichen Normen** eines Tarifvertrags.[257]

93 **c) Weitergeltung von Betriebsvereinbarungen. aa) Normative Weitergeltung.** Auch Betriebsvereinbarungen werden nach einem Betriebsübergang nicht stets Inhalt des Arbeitsverhältnisses. Sie gelten dann normativ nach einem Betriebsübergang weiter, wenn die **Identität des Betriebs** gewahrt bleibt.[258] Dies ist regelmäßig bei einem vollständigen Übergang des Betriebs der Fall, auch wenn der Betriebsübergang mit betriebsändernden Maßnahmen iSv § 111 BetrVG verbunden ist.[259] Geht nur ein Betriebsteil auf einen Erwerber über, ist regelmäßig von einem Verlust der betrieblichen Identität als Organisationseinheit auszugehen. Dann scheidet eine normative Fortgeltung von Betriebsvereinbarungen aus.[260]

---

251 BAG 13.11.1985 – 4 AZR 309/84 – AP § 613 a BGB Nr 46.
252 BAG 13.9.1994 – 3 AZR 148/94 – § 1 TVG Rückwirkung Nr 11.
253 BAG 19.9.2007 – 4 AZR 711/06 – AP § 613 a BGB Nr 328.
254 BAG 14.11.2007 – 4 AZR 828/06 – NZA 2008, 420.
255 BAG 22.4.2009 – 4 AZR 100/08 – aaO; zust von Medem ArbR Aktuell 2011, 372; Hohenstatt NZA 2010, 23.
256 Ascheid ArbR BGB § 613 a Rn 96; KDZ/Zwanziger KSchR § 613 a BGB Rn 92; aA ErfK/Preis § 613 a BGB Rn 118; APS/Steffan § 613 a BGB Rn 126.
257 Ascheid ArbR BGB § 613 a Rn 95; ErfK/Preis § 613 a BGB Rn 118.
258 BAG 27.7.1994 – 7 ABR 37/93 – AP § 613 a BGB Nr 118; 5.6.2002 – 7 ABR 17/01 – ZIP 2003, 271; 18.9.2002 – 1 ABR 54/01 – NZA 2003, 670.
259 KDZ/Zwanziger KSchR § 613 a BGB Rn 109.
260 BAG 15.1.2002 – 1 AZR 58/01 – AP § 2 SozplKonkG Nr 1.

Grundsätzlich können auch **Gesamtbetriebsvereinbarungen** nach einem Übergang des Betriebs normativ weiter gelten.[261] Vergleichbar mit einem Inhaberwechsel in einem einzelnen Betrieb gilt dies zunächst dann, wenn sämtliche Betriebe eines Unternehmens von einem anderen Unternehmen im Wege der Einzel- oder Gesamtrechtsfolge übernommen werden, das bis dahin keinen eigenen Betrieb besaß.[262] Dann bleibt wegen der „Unternehmensidentität" der Gesamtbetriebsrat im Amt und vorher abgeschlossene Gesamtbetriebsvereinbarungen wirken normativ weiter.

94

Gesamtbetriebsvereinbarungen, die in den Betrieben des abgebenden Unternehmens gelten, behalten in den übertragenen Teilen des Unternehmens ihren Status als Rechtsnormen auch dann, wenn nur einer oder mehrere Betriebe übergehen. Dies gilt nach der Rechtsprechung des BAG jedenfalls dann, wenn das andere Unternehmen bis dahin keinen Betrieb führte und die übertragenen Betriebe ihre Identität bewahrt haben. Wird nur ein Betrieb übernommen, bleiben die **Gesamtbetriebsvereinbarungen als Einzelbetriebsvereinbarungen** bestehen. Werden alle oder mehrere Betriebe übernommen, bleiben dort die Gesamtbetriebsvereinbarungen als solche bestehen.[263] Das BAG stützt dieses Ergebnis zutreffend darauf, dass Bezugsobjekt einer Gesamtbetriebsvereinbarung regelmäßig nicht ein Verbund von Betrieben ist, sondern eine Gesamtbetriebsvereinbarung die kollektive Ordnung in den einzelnen Betrieben wie eine Betriebsvereinbarung gestaltet.

95

Nicht entscheiden brauchte das BAG die Frage, ob diese normative Weitergeltung auch dann gilt, wenn das übernehmende Unternehmen im Erwerbszeitpunkt bereits einen oder mehrere eigene Betriebe mit Betriebsrat führt bzw auch ein Gesamtbetriebsrat gebildet ist. Dabei ist zu differenzieren. Bestehen im übernehmenden Unternehmen Gesamtbetriebsvereinbarungen, verdrängen diese nach § 613a Abs 1 Satz 3 BGB die Gesamtbetriebsvereinbarungen des veräußernden Unternehmens und haben aus dem Grundsatz der Gleichbehandlung der gesamten Belegschaft heraus Vorrang. Anders gestaltet sich die Rechtslage, wenn im aufnehmenden Unternehmen zwar in bereits bestehenden Betrieben Betriebsvereinbarungen geschlossen sind, aber ein Gesamtbetriebsrat bzw eine Gesamtbetriebsvereinbarung nicht besteht. Dann ist – bei Wahrung der Identität des übertragenen Betriebs – davon auszugehen, dass eine beim veräußernden Unternehmen geschlossene Gesamtbetriebsvereinbarung im übertragenen Einzelbetrieb als Einzelbetriebsvereinbarung normativ fortbesteht, weil eine verdrängende kollektivrechtliche Norm für den übergegangenen Betrieb nicht existiert.

96

Diese Ausführungen gelten sinngemäß auch für **Konzernbetriebsvereinbarungen**. Diese gelten kollektivrechtlich weiter, wenn sich der Übergang des Betriebs innerhalb eines Konzerns vollzieht.[264] Sie wirken als Einzelbetriebsvereinbarungen im übergegangenen Betrieb dann normativ fort, wenn in dem aufnehmenden Unternehmen keine betriebsübergreifenden

97

---

261 Str; aA KDZ/Zwanziger KSchR § 613a BGB Rn 113; grundlegend BAG 18.9.2002 – 1 ABR 54/01 – NZA 2003, 670.
262 BAG 18.9.2002 – 1 ABR 54/01 – aaO.
263 BAG 18.9.2002 – 1 ABR 54/01 – aaO.
264 KDZ/Zwanziger KSchR § 613a BGB Rn 114.

Gesamt- oder Konzernbetriebsvereinbarungen gelten und die Identität des Betriebs beim Übergang gewahrt bleibt. Bleibt die Identität des Betriebs nicht erhalten oder greifen kollektivrechtliche Bestimmungen des aufnehmenden Unternehmens, verlieren Konzernbetriebsvereinbarungen des abgebenden Unternehmens ihre Wirkung und gelten auch nicht als Einzelbetriebsvereinbarung weiter.

98 **bb) Individualrechtliche Weitergeltung.** Kommt es nach den vorstehenden Erwägungen nicht zu einer kollektivrechtlichen Weitergeltung der Betriebsvereinbarungen, werden diese nach § 613a Abs 1 Satz 2 BGB Inhalt des Arbeitsverhältnisses. Dies gilt für **Einzel-** wie für **Gesamt-** oder **Konzernbetriebsvereinbarungen**. Inhalt des Arbeitsverhältnisses werden die normativen Elemente einer Betriebsvereinbarung, nicht aber der schuldrechtliche Teil,[265] insofern gelten dieselben Regeln wie bei Tarifverträgen.

99 Regelungsabreden werden nicht Inhalt des Arbeitsverhältnisses. Sie binden lediglich schuldrechtlich die Betriebspartner. Sie haben keine normative Wirkung auf die Arbeitsverhältnisse[266] und werden deshalb auch nicht in das Arbeitsverhältnis transformiert.

100 **d) Änderungssperre (§ 613a Abs 1 Satz 2 HS 2 BGB).** Nach § 613a Abs 1 Satz 2 HS 2 BGB dürfen in den Inhalt des Arbeitsverhältnisses transformierte Betriebsvereinbarungen oder Tarifverträge nicht vor Ablauf eines Jahres nach dem Betriebsübergang zum Nachteil des Arbeitnehmers geändert werden. Die **Änderungssperre** greift nur, wenn die kollektivrechtlichen Regelungen vor dem Betriebsübergang normativ gegolten haben, nicht aber, wenn sie individualvertraglich vereinbart waren.[267] Liegen die Voraussetzungen des § 613a Abs 1 Satz 4 BGB nicht vor, ist eine Änderung der ins Arbeitsverhältnis transformierten Regelungen nach § 134 BGB nichtig.[268]

101 **e) Ausnahmen von der Änderungssperre (§ 613a Abs 1 Satz 4 BGB).** Das Änderungsverbot nach Satz 2 greift zunächst dann nicht, wenn der beim Veräußerer normativ geltende Tarifvertrag oder eine Betriebsvereinbarung innerhalb der Jahresfrist enden und nach § 4 Abs 5 TVG oder § 77 Abs 6 BetrVG nur noch nachwirken. Die Arbeitnehmer sollen dann nicht besser gestellt werden als unter der Geltung nachwirkender kollektiver Regelungen, die durch eine neue Abmachung ersetzt werden können.[269]

102 Eine zweite Ausnahme von der Änderungssperre greift dann, wenn bei fehlender beiderseitiger Tarifgebundenheit im Geltungsbereich eines anderen Tarifvertrags dessen Anwendung zwischen dem neuen Inhaber und dem Arbeitnehmer vereinbart wird. Vereinbart werden kann nur die Anwendung eines fachlich einschlägigen Tarifvertrags insgesamt, nicht aber nur von einzelnen Teilen.[270] Der Abschluss einer solchen Vereinbarung unterliegt der Vertragsfreiheit und dürfte mit einer Änderungskündigung kaum erzwungen werden können. Die mit einer solchen Änderung intendierte

---

265 Vgl KDZ/Zwanziger KSchR § 613a BGB Rn 116.
266 Fitting BetrVG § 77 Rn 217.
267 APS/Steffan § 613a BGB Rn 128.
268 ErfK/Preis § 613a BGB Rn 119; APS/Steffan § 613a BGB Rn 128.
269 ErfK/Preis § 613a BGB Rn 121.
270 ErfK/Preis § 613a BGB Rn 122.

Gleichbehandlung der übernommenen Arbeitnehmer und der bereits vorhandenen Arbeitnehmer rechtfertigt eine Änderungskündigung nicht.

Geht der übergegangene Betrieb ein zweites Mal auf einen neuen Betriebsinhaber über (**mehrfacher Betriebsübergang**), so tritt der zweite Betriebsnachfolger nach § 613a Abs 1 Satz 1 BGB in die Arbeitsverhältnisse ein.[271] Die Änderungssperre des § 613a Abs 1 Satz 2 HS 2 bleibt über den zweiten Betriebsübergang hinaus erhalten, allerdings nur bis zum Ablauf der Jahresfrist nach dem ersten Betriebsübergang. Der erneute Betriebsübergang setzt keine neue Jahresfrist in Lauf, weil der Änderungsschutz damit die vom Gesetzgeber gezogenen Grenzen überschreitet.[272] Ob die Regelung des § 613a Abs 1 Satz 3 BGB auch noch auf den zweiten Betriebsübergang anwendbar ist, hat das BAG offengelassen.[273]

f) Ausschluss der Weitergeltung (§ 613a Abs 1 Satz 3 BGB). Nach § 613a Abs 1 Satz 3 BGB ist die Fortgeltung nach Satz 2 in das Arbeitsverhältnis transformierter kollektivrechtlicher Regelungen ausgeschlossen, wenn die Rechte und Pflichten bei dem neuen Inhaber durch Rechtsnormen eines anderen Tarifvertrags oder durch eine andere Betriebsvereinbarung geregelt werden. Die Vorschrift trägt der Gleichbehandlung der gesamten Belegschaft und dem berechtigten Ordnungsinteresse des neuen Betriebsinhabers Rechnung.[274] Es gilt insoweit das Ablöse- und nicht das Günstigkeitsprinzip des § 4 Abs 3 TVG.[275]

Voraussetzung für ein Eingreifen der Norm ist zunächst, dass es sich bei den alten kollektivrechtlichen Regelungen um solche mit normativer Wirkung und nicht um vertraglich vereinbarte Bestimmungen gehandelt hat. Die Ausnahme von der Änderungssperre setzt wie ihr Eingreifen die normative Geltung der Regelungen vor dem Betriebsübergang voraus.[276]

Nach der Rechtsprechung des BAG sowie der hL[277] setzt die **Ablösung** eines vor dem Betriebsübergang normativ geltenden **Tarifvertrags** durch einen anderen Tarifvertrag nach dieser Norm auch die kongruente Tarifgebundenheit des neuen Inhabers und des Arbeitnehmers entweder kraft Mitgliedschaft in den tarifschließenden Parteien oder kraft Allgemeinverbindlichkeit voraus. Die Tarifgebundenheit muss nicht zum Zeitpunkt des Betriebsübergangs vorliegen, sondern kann sich auch erst zu einem späteren Zeitpunkt ergeben (zB durch Verschmelzung der Gewerkschaft des Arbeitnehmers, die den alten Tarifvertrag geschlossen hat, auf eine neue, mit dem Erwerber tariflich gebundene Gewerkschaft.[278]

---

271 BAG 20.4.1994 – 4 AZR 342/93 – AP § 613a BGB Nr 108.
272 APS/Steffan § 613a BGB Rn 127.
273 Insofern jedoch zweifelnd BAG 20.4.1994 – 4 AZR 342/93 – AP § 613a BGB Nr 108.
274 BAG 14.8.2001 – 1 AZR 619/00 – AP § 77 BetrVG 1972 Nr 85.
275 BAG 7.7.2010 – 4 AZR 1023/08 – NZA-RR 2011, 30.
276 BAG 29.8.2007 – 4 AZR 767/06 – NZA 2008, 364; 25.9.2002 – 4 AZR 294/01 – NZA 2003, 807.
277 BAG 21.2.2001 – 4 AZR 18/00 – AP § 4 TVG Nr 20; 30.8.2000 – 4 AZR 581/99 – NZA 2001, 510; 20.4.1994 – 4 AZR 342/93 – AP BGB § 613a Nr 108; vgl Ascheid ArbR BGB § 613a Rn 220; Wiedemann/Oetker TVG § 3 Rn 225; aA Hromadka DB 1996, 1872.
278 BAG 11.5.2005 – 4 AZR 315/04 – NZA 2005, 1362.

Die Wahrscheinlichkeit einer kongruenten Tarifgebundenheit ist seit der Fusionswelle bei den Gewerkschaften gestiegen, so dass der Erwerber ggf durch Eintritt in den passenden Arbeitgeberverband eine verdrängende Tarifwirkung des neuen Tarifvertrags herbeiführen kann. Auch der Abschluss eines Firmentarifvertrags kann ein geeignetes Instrument sein, um nach einem Betriebsübergang einheitliche Arbeitsbedingungen herzustellen.[279]

107 Die Änderung von transformierten tariflichen Ansprüchen durch eine beim Erwerber geltende Betriebsvereinbarung (sog. Überkreuzablösung) ist rechtlich nicht möglich,[280] auch wenn der Wortlaut der Norm (Tarifvertrag oder Betriebsvereinbarung) eine solche Möglichkeit nicht ausschließt.

108 **Betriebsvereinbarungen** können nach einem Betriebsübergang unabhängig davon, ob sie wegen der Wahrung der betrieblichen Identität weiterhin normativ oder wegen des Verlusts der betrieblichen Identität nur kraft Transformation in dem Arbeitsverhältnis individualrechtlich gelten, durch eine Neuregelung abgelöst werden.[281] Im Verhältnis zu der neuen Betriebsvereinbarung gilt dabei in beiden Fällen nicht das **Günstigkeits-**, sondern das für das Verhältnis von Betriebsvereinbarungen zueinander generell maßgebliche **Ablösungsprinzip**. Das bedeutet, dass auch für den Arbeitnehmer gegenüber der alten Regelung ungünstigere Arbeitsbedingungen durch ablösende Betriebsvereinbarungen umgesetzt werden können.[282] Das Günstigkeitsprinzip greift jedoch, wenn die alten Vertragsbedingungen bereits beim Veräußerer individualrechtlich galten.

109 Nicht erforderlich ist, dass die Betriebsvereinbarung im übernehmenden Betrieb zum Zeitpunkt des Betriebsübergangs bereits bestanden hat; die Neuregelung kann auch nach einem Betriebsübergang erfolgen.[283]

110 **g) Betriebsübergang und Bezugnahme auf Tarifverträge.** Arbeitsvertraglich wird häufig auf Tarifverträge und die darin geregelten Arbeitsbedingungen Bezug genommen. Die in Bezug genommenen Tarifverträge wirken dann nicht kraft Tarifbindung normativ, sondern werden Teil des Arbeitsvertrags. Bei einem Betriebsübergang erfolgt wegen der fehlenden normativen Wirkung keine Transformation nach § 613 a Abs 1 Satz 2 BGB. Diese Vorschrift setzt voraus, dass die tarifvertragliche Regelung vor Betriebsübergang normativ, also kraft Tarifbindung oder Allgemeinverbindlichkeitserklärung gegolten hat. Soweit die Anwendung tarifvertraglicher Bestimmungen lediglich auf einer einzelvertraglichen Bezugnahme beruht, waren sie bereits Inhalt des Arbeitsvertrags, so dass der Erwerber die **Bezugnahmeklausel** nach § 613 a Abs 1 Satz 1 BGB gegen sich gelten lassen muss (und die Veränderungssperre nach § 613 a Abs 1 Satz 2 HS 2 nicht greift).[284]

---

279 Vgl Braun ArbRB 2003, 85, 87.
280 BAG 6.11.2007 – 1 AZR 862/06 – BB 2008, 1290; 13.11.2007 – 3 AZR 191/06 – AP § 613 a BGB Nr 336; krit Döring/Grau BB 2009, 158.
281 BAG 14.8.2001 – 1 AZR 619/00 – NZA 2002, 276.
282 BAG 5.10.2000 – 1 AZR 48/00 – AP § 112 BetrVG 1972 Nr 141; 14.8.2001 – 1 AZR 619/00 – aaO; zu den kollektivrechtlichen Änderungsmöglichkeiten Stück AuA 2003, 6 ff; Braun ArbRB 2003, 85 ff.
283 BAG 14.8.2001 – 1 AZR 619/00 –NZA 2002, 276.
284 AllgM; vgl nur BAG 4.3.1993 – 2 AZR 507/92 – NZA 1994, 260; APS/Steffan § 613 a BGB Rn 141.

Mit welchem Inhalt die **arbeitsvertragliche Bezugnahmeklausel** nach einem **Betriebsübergang** greift, hängt von der inhaltlichen Ausgestaltung der Klausel ab. Grundsätzlich bleibt eine arbeitsvertragliche Bezugnahmeklausel nach § 613 a Abs 1 Satz 1 BGB beim Erwerber mit unverändert rechtsbegründender Bedeutung bestehen.[285] In älterer Rechtsprechung hatte der 4. Senat des BAG Regeln für die Auslegung von Bezugnahmeklauseln entwickelt, die **er aus Gründen des Vertrauensschutzes nur noch auf Formulararbeitsverträge, die vor dem Inkrafttreten der Schuldrechtsreform zum 1.1.2002 vereinbart wurden, anwendet.**[286] Auf später abgeschlossene Formulararbeitsverträge wendet der 4. Senat diese Regeln nicht mehr an; insofern gilt § 305 c Abs 2 BGB, dh, Zweifel an der Tragweite der Verweisung auf Tarifnormen gehen zu Lasten des Arbeitgebers.[287]

111

Nach der **alten Rechtsprechung des 4. Senats** des BAG galt: Vereinbarten die Parteien eine **dynamische Bezugnahme** auf die einschlägigen Tarifverträge in einem vom tarifgebundenen Arbeitgeber vorformulierten Arbeitsvertrag, so lag eine **Gleichstellungsabrede** vor (Beispiel:[288] Es gelten die tarifvertraglichen Bestimmungen für die Angestellten in der Wohnungswirtschaft in der jeweils geltenden Fassung), die den Zweck verfolgt, die tarifungebundenen Arbeitnehmer den tarifgebundenen Arbeitnehmern gleichzustellen und sie so zu behandeln, als wären sie tarifgebunden.[289] Voraussetzung für die Annahme einer Gleichstellungsabrede war nach dieser Rechtsprechung, dass der Arbeitgeber im Zeitpunkt ihrer vertraglichen Vereinbarung tarifgebunden war.[290] Rechtsfolge einer solchen Gleichstellungsabrede war ein **Gleichlauf der vertraglichen und der tarifrechtlichen Ansprüche.** Die in Bezug genommenen Tarifverträge wurden in der jeweils gültigen Fassung auf das Arbeitsverhältnis angewendet, solange der Arbeitgeber an diese Tarifverträge gebunden war. Tarifverträge, die erst nach dem Ende der Tarifgebundenheit vereinbart wurden, kamen nicht zur Anwendung.[291] Eine andere Auslegung einer arbeitsvertraglichen Bezugnahmeklausel in dem Sinne, dass über den Wegfall der Tarifbindung hinaus die in Bezug genommenen Tarifverträge auch zu einem späteren Zeitpunkt nach Wegfall der Tarifbindung zur Anwendung kommen, setzte nach der alten Rechtsprechung des 4. Senats besondere, der Auslegung als Gleichstellungsabrede entgegenstehende Anhaltspunkte voraus.[292]

112

---

285 BAG 17.11.2010 – 4 AZR 391/09 – NZA 2011, 356.
286 St Rspr; BAG 17.11.2010 – 4 AZR 391/09 – aaO; 26.8.2009 – 4 AZR 285/08 – NZA 2010, 230.
287 BAG 18.4.2007 – 4 AZR 652/05 – NZA 2007, 965; 14.12.2005 – 4 AZR 536/04 – NZA 2006, 607; 9.11.2005 – 5 AZR 128/05 – AP § 305 c BGB Nr 4; vgl hierzu Bauer/Günther NZA 2008, 6.
288 Nach BAG 26.9.2001 – 4 AZR 544/00 – AP § 1 TVG Bezugnahme auf Tarifvertrag Nr 21.
289 BAG 26.9.2001 – 4 AZR 544/00 – aaO; 21.8.2002 – 4 AZR 263/01 – NZA 2003, 442; 25.9.2002 – 4 AZR 294/01 – NZA 2003, 807; 27.11.2002 – 4 AZR 661/01 – AP § 1 TVG Bezugnahme auf Tarifverträge Nr 28.
290 BAG 1.12.2004 – 4 AZR 50/04 – NZA 2005, 478; 25.9.2002 – 4 AZR 294/01 – NZA 2003, 807.
291 BAG 25.9.2002 – 4 AZR 294/01 – aaO; 27.11.2002 – 4 AZR 661/01 – aaO.
292 BAG 27.11.2002 – 4 AZR 661/01 – aaO.

113 Im Fall eines **Betriebsübergangs** galt nichts anderes. Lag eine Gleichstellungsabrede iSd Rechtsprechung vor und war der Erwerber an den in Bezug genommenen Tarifvertrag tarifrechtlich nicht gebunden, so galten die in Bezug genommenen Tarifverträge in der zum Zeitpunkt des Übergangs geltenden Fassung weiter.[293] Eine schuldrechtlich weitergehende Tarifwirkung als in der Beziehung zwischen den nach § 3 Abs 1 TVG tarifgebundenen Arbeitsvertragsparteien trat nicht ein. Lagen die Voraussetzungen einer Gleichstellungsabrede, insbesondere die Tarifbindung des Arbeitgebers, hingegen bei Vertragsschluss nicht vor, trat der Erwerber nach § 613a Abs 1 Satz 1 BGB in die Pflichten aus diesem Arbeitsvertrag ein. Der in Bezug genommene Tarifvertrag war auch nach dem Betriebsübergang in der jeweils geltenden Fassung anzuwenden.[294] Dies galt auch dann, wenn nach dem Übergang ein Betrieb von einem allgemeinverbindlichen Tarifvertrag erfasst wurde. Der arbeitsvertraglich vereinbarte Tarifvertrag wurde jedenfalls dann nicht verdrängt, wenn er den Arbeitnehmer günstiger stellte als der allgemeinverbindliche Tarifvertrag.[295]

114 Ein Tarifwechsel auf den für den Erwerber geltenden Tarifvertrag trat nach der Rechtsprechung des BAG nur dann ein, wenn die Arbeitsvertragsparteien über die reine Gleichstellung hinaus auch eine sog **Tarifwechselklausel (große dynamische Verweisungsklausel)** vereinbart hatten.

115 Mit den Entscheidungen vom 14.12.2005[296] und 18.4.2007[297] ist ein **Wandel** in der **Rechtsprechung** des BAG eingetreten. Die Auslegungsregel zum Vorliegen einer Gleichstellungsabrede findet keine Anwendung mehr auf Arbeitsverträge, die nach dem 31.12.2001 abgeschlossen worden sind. Eine Gleichstellungsabrede liegt nur noch dann vor, wenn sie in einer für den Arbeitnehmer erkennbaren Weise zum Ausdruck bringt, dass nur eine Gleichstellung von tarifungebundenen mit tarifgebundenen Arbeitnehmern gewollt ist.

116 Damit ist bei der Auslegung von Bezugnahmeklauseln zukünftig dem Wortlaut stärkeres Gewicht beizumessen. Die Auslegung hängt nicht mehr davon ab, ob der Arbeitgeber tarifgebunden ist oder nicht. Ist ein bestimmtes Tarifwerk vertraglich in Bezug genommen, so gilt diese vertragliche Bezugnahme nach § 613a Abs 1 Satz 1 BGB auch nach dem Übergang des Betriebs zwischen dem Erwerber und dem Arbeitnehmer unabhängig davon, ob der Erwerber tarifgebunden ist oder nicht. Mehrdeutige Vertragsgestaltungen sind nach § 305c Abs 2 BGB zu Lasten des Arbeitgebers auszulegen. Solange es keine ausdrückliche Vereinbarung über den Gleichstellungszweck gibt, muss der Erwerber den vertraglich in Bezug genommenen Tarifvertrag weiter anwenden.
Geht ein Arbeitsverhältnis mit einer dynamischen Verweisung auf Tarifverträge in einem Neuvertrag auf einen nicht tarifgebundenen Betriebserwerber über, so kann der Arbeitnehmer nach dem Betriebsübergang auch die

---

293 BAG 30.8.2000 – 4 AZR 581/99 – AP § 157 BGB Nr 19; 16.10.2002 – 4 AZR 467/01 – NZA 2003, 390.
294 BAG 25.9.2002 – 4 AZR 294/01 – NZA 2003, 807.
295 BAG 25.9.2002 – 4 AZR 294/01 – aaO.
296 BAG 14.12.2005 – 4 AZR 536/04 – NZA 2006, 607.
297 BAG 18.4.2007 – 4 AZR 652/05 – NZA 2007, 965.

Rechte aus den in Bezug genommenen Tarifverträgen geltend machen, die erst nach dem Übergang des Arbeitsverhältnisses vereinbart werden.[298]

Hinweis: Die Vertragspraxis muss sich auf die Änderung der Rechtsprechung zur Gleichstellungsabrede einstellen und zukünftig große Sorgfalt bei ihrer Formulierung aufwenden. Maßgebend ist der konkrete Wortlaut der Klausel. Will der Arbeitgeber (nur) eine Gleichstellungsklausel vereinbaren, so muss er dies im Vertrag (deutlich) zum Ausdruck bringen (zB: Die Bezugnahme auf das Tarifwerk des Verbandes ... gilt, solange der Arbeitgeber tarifgebunden ist). 117

5. Stellung des Betriebsrats nach einem Betriebsübergang

Die **Kontinuität des Betriebsrats** bleibt dann erhalten, wenn der Betrieb auch nach der Übertragung in seiner organisatorischen Einheit fortbesteht und die Identität gewahrt bleibt.[299] Ist dies nicht der Fall, ist zu differenzieren. Wird der Betrieb bzw Betriebsteil unter Verlust seiner Identität in einen betriebsratsfähigen Betrieb mit einem bestehenden Betriebsrat eingegliedert, endet das Amt des Betriebsrats im übergehenden (Teil)Betrieb und die übergehenden Arbeitnehmer werden durch den Betriebsrat im aufnehmenden Betrieb betriebsverfassungsrechtlich repräsentiert. Erfolgt keine Eingliederung in einen solchen Betrieb, behält der Betriebsrat nach § 21a BetrVG ein Übergangsmandat, sofern der neue Betrieb betriebsratsfähig ist.[300] Verliert der übergehende Betriebsteil seine Betriebsratsfähigkeit, besteht ein Restmandat nach § 21b BetrVG.[301] 118

Auch die **Rechtsstellung der Betriebsratsmitglieder** des übergehenden Betriebs hängt von der betriebsverfassungsrechtlichen Konstellation nach einem Betriebsübergang ab. Geht der Betrieb bei Wahrung seiner Identität über, ergeben sich für das einzelne Betriebsratsmitglied keine Auswirkungen. Das Betriebsratsmitglied behält seine betriebsverfassungsrechtlichen Rechte und den Kündigungsschutz nach § 15 KSchG. Dies gilt nicht, wenn ein Mitglied des Betriebsrats des übergehenden Betriebs dem Übergang seines Arbeitsverhältnisses widerspricht; dann scheidet es mit dem Betriebsübergang aus dem Betriebsrat aus. Der übergegangene Betriebsrat ist bei der Kündigung des beim Veräußerer verbliebenen ehemaligen Betriebsratsmitglieds nicht zu beteiligen.[302] Geht das Arbeitsverhältnis eines Betriebsratsmitglieds mit einem Betriebsteil über, endet das Arbeitsverhältnis mit dem Veräußerer, so dass nach § 24 Nr 3 BetrVG die Mitgliedschaft im Betriebsrat des verbleibenden Betriebs erlischt. Dies gilt folgerichtig allerdings 119

---

298 BAG 17.11.2010 – 4 AZR 391/09 – NZA 2011, 356; 24.2.2010 – 4 AZR 691/08 – NZA-RR 2010, 530; vgl hierzu jedoch EuGH 18.7.2013 – C-426/11 – Alemo-Herron ua NZA 2013, 835.
299 BAG 31.5.2000 – 7 ABR 78/98 – AP § 1 BetrVG 1972 Nr 12; 5.2.1991 – 1 ABR 32/90 – AP § 613a BGB Nr 89; LAG Köln 12.8.2004 – 6 TaBV 42/04 – LAGE § 613a BGB 2002 Nr 5a; ErfK/Preis § 613a BGB Rn 128.
300 Vgl schon zur Rechtslage vor Inkrafttreten des BetrVerf-Reformgesetzes vom 23.7.2001 – BGBl I 1852; BAG 31.5.2000 – 7 ABR 78/98 – aaO; Fitting BetrVG § 21a Rn 13; ErfK/Preis § 613a Rn 129.
301 Richardi/Thüsing BetrVG § 21a Rn 2.
302 BAG 25.5.2000 – 8 AZR 416/99 – NZA 2000, 1115.

nicht, wenn der Betriebsrat ein Übergangsmandat nach § 21a BetrVG hat.[303]

IV. Kündigungsverbot (§ 613 a Abs 4 BGB)
1. Grundsätze

120 Nach § 613a Abs 4 BGB ist eine Kündigung wegen eines Betriebsübergangs unwirksam. Die Vorschrift statuiert ein **eigenständiges Kündigungsverbot iSv § 13 Abs 3 KSchG, § 134 BGB**.[304] Daraus folgt, dass Arbeitnehmer die Unwirksamkeit einer Kündigung nach dieser Vorschrift auch dann geltend machen können, wenn sie wegen der Nichterfüllung der Wartezeit nach § 1 Abs 1 KSchG oder wegen der Betriebsgröße nach § 23 Abs 1 KSchG keinen Kündigungsschutz nach dem Kündigungsschutzgesetz geltend machen können.[305] Die Klagefrist des § 4 Satz 1 KSchG ist auch einzuhalten, wenn die Unwirksamkeit der Kündigung nach § 613a Abs 4 BGB geltend gemacht wird.

121 § 613a Abs 4 Satz 2 BGB stellt klar, dass eine **Kündigung aus anderen Gründen** möglich ist. Dies entspricht den Vorgaben von Art 4 I der Richtlinie 2001/23/EG, wonach Kündigungen aus wirtschaftlichen, technischen oder organisatorischen Gründen, die Änderungen im Bereich der Beschäftigung mit sich bringen, ungeachtet des Verbots der Kündigung wegen des Übergangs eines Unternehmens, Betriebs oder Unternehmens- oder Betriebsteils möglich sind. Die Richtlinie bezieht sich damit zwar auf betriebsbedingte Gründe nach § 1 Abs 2 KSchG, möglich sind nach § 613a Abs 4 Satz 2 BGB in einer Betriebsübergangssituation aber auch Kündigungen aus sonstigen, insbesondere personen- oder verhaltensbedingten Gründen.[306] **Abgrenzungs- und Konkurrenzprobleme treten** bei Kündigungen im zeitlichen oder tatsächlichen Zusammenhang mit einem Betriebsübergang aber nur gegenüber einer Kündigung aus betriebsbedingten Gründen auf. Dann stellt sich die Frage, ob das Kündigungsverbot des § 613a Abs 4 BGB ausgelöst wird oder ob die Kündigung aus „anderen" – betriebsbedingten – Gründen iSv § 1 Abs 2 KSchG sozial gerechtfertigt ist. Liegen die Voraussetzungen einer sozial gerechtfertigten Kündigung iSv § 1 KSchG vor, steht damit auch fest, dass die Kündigung nicht nach § 613a Abs 4 BGB unwirksam ist.[307]

2. Voraussetzungen des Kündigungsverbots nach § 613 a Abs 4 Satz 1 BGB

122 Das Kündigungsverbot erstreckt sich auf **alle Kündigungen** unabhängig davon, ob sie als außerordentliche oder ordentliche Beendigungs- oder aber als Änderungskündigung ausgesprochen werden. Erfasst werden sowohl

---

303 Richardi/Thüsing § 24 BetrVG Rn 12.
304 BAG 18.7.1996 – 8 AZR 127/94 – AP § 613a BGB Nr 147; Kiel/Koch Die betriebsbedingte Kündigung Rn 481; KDZ/Zwanziger § 613a BGB Rn 197; eingehend KR/Treber § 613a BGB Rn 178.
305 AllgM; ErfK/Preis § 613a BGB Rn 153.
306 KDZ/Zwanziger KSchR § 613a BGB Rn 195; ErfK/Preis § 613a BGB Rn 156.
307 BAG 18.7.1996 – 8 AZR 127/94 – AP § 613a BGB Nr 147.

Kündigungen des Veräußerers als auch des Erwerbers.[308] Dies gilt auch für den Erwerber eines vom Insolvenzverwalter übernommenen Betriebs.[309]

Das Kündigungsverbot greift, wenn die Kündigung wegen eines Betriebsübergangs ausgesprochen wird. „**Wegen**" eines Betriebsübergangs wird eine Kündigung dann ausgesprochen, wenn der Betriebsübergang die überwiegende Ursache der Kündigung bildet. Der Betriebsübergang muss Beweggrund für die Kündigung sein, wobei ausschließlich auf die Verhältnisse im Zeitpunkt des Zugangs der Kündigung abzustellen ist. Ein bevorstehender Betriebsübergang kann nur dann zur Unwirksamkeit der Kündigung nach § 613 a Abs 4 BGB führen, wenn die den Betriebsübergang ausmachenden Tatsachen zum Zeitpunkt des Zugangs der Kündigung bereits feststehen oder zumindest greifbare Formen angenommen haben.[310]

123

Das Kündigungsverbot des § 613 a Abs 4 BGB hat damit sowohl eine **subjektive Komponente**,[311] indem der Betriebsübergang tragender Beweggrund für die Kündigung sein muss,[312] als auch eine **objektive Komponente**,[313] indem zum maßgeblichen Beurteilungszeitpunkt des Kündigungszugangs die Voraussetzungen eines Betriebsübergangs vorliegen oder aber zumindest die eines geplanten Betriebsübergangs greifbare Formen angenommen haben müssen. Eine Kündigung kann deshalb nach § 613 a Abs 4 BGB nur dann unwirksam sein, wenn der Arbeitnehmer dem von einem geplanten Betriebsübergang betroffenen Betriebsteil tatsächlich angehört.[314]

124

Plant der Arbeitgeber zum Zeitpunkt der Kündigung die Stilllegung des Betriebs und liegen greifbare Formen eines Betriebsübergangs nicht vor, so verstößt die Kündigung auch dann nicht gegen § 613 a Abs 4 BGB, wenn es zu einem späteren Zeitpunkt zu einem Betriebsübergang kommt.[315] Die Kündigung ist nicht wegen eines Betriebsübergangs ausgesprochen, sondern zum allein maßgeblichen Zeitpunkt des Zugangs der Kündigung aus betriebsbedingten Gründen sozial gerechtfertigt. Zum Anspruch auf Wiedereinstellung bzw auf Fortsetzung des Arbeitsverhältnisses in dieser Konstellation vgl Rn 133 ff.

125

Umgekehrt ist eine Kündigung nach § 613 a Abs 4 BGB unwirksam, wenn sie wegen eines zunächst beabsichtigten Betriebsübergangs ausgesprochen wird, der später nicht mehr realisiert und der Betrieb stattdessen stillgelegt wird.[316] Wiederum kommt es auf die Situation zum maßgeblichen Beurteilungszeitpunkt, dem Zugang der Kündigung, an. Der Arbeitgeber muss in einem solchen Fall erneut kündigen.

126

---

308 KR/Treber § 613 a BGB Rn 182.
309 Ascheid ArbR BGB § 613 a Rn 131.
310 BAG 24.5.2005 – 8 AZR 333/04 – NZA 2006, 31; 16.5.2002 – 8 AZR 319/01 – NZA 2003, 93 ff; 22.1.1998 – 8 AZR 623/96; 13.11.1997 – 8 AZR 295/95 – AP § 613 a BGB Nr 169.
311 Eingehend § 1 KSchG Rn 794.
312 BAG 19.5.1988 – 2 AZR 596/87 – AP § 613 a BGB Nr 75.
313 KR/Treber § 613 a BGB Rn 186; eingehend § 1 KSchG Rn 794.
314 BAG 22.1.1998 – 8 AZR 358/95.
315 BAG 13.11.1997 – 8 AZR 295/95 – AP § 613 a BGB Nr 169; Kiel/Koch Die betriebsbedingte Kündigung Rn 485; KR/Treber § 613 a BGB Rn 187.
316 BAG 19.5.1988 – 2 AZR 596/87 – AP § 613 a BGB Nr 75.

3. Abgrenzung zur betriebsbedingten Kündigung

127 Im Zusammenhang mit einem Betriebsübergang sind betriebsbedingte Kündigungen nach § 1 Abs 2 KSchG grundsätzlich möglich, soweit nicht der Betriebsübergang alleiniger Grund der Kündigung ist.

128 Dies zeigt sich insbesondere in Bezug auf die Abgrenzung zu einer Kündigung, die wegen einer beabsichtigten **Betriebsstilllegung** ausgesprochen wird. Eine Stilllegungsabsicht des Arbeitgebers liegt nicht vor, wenn dieser plant, seinen Betrieb zu veräußern. Die **Veräußerung des Betriebs** allein ist – wie sich aus der Wertung des § 613 a BGB ergibt – **keine Stilllegung**, weil die Identität des Betriebs gewahrt bleibt und lediglich ein Betriebsinhaberwechsel stattfindet.[317] Betriebsveräußerung und Betriebsstilllegung schließen sich systematisch aus. Dabei kommt es nach der Rechtsprechung des BAG auf das tatsächliche Vorliegen des Kündigungsgrundes und nicht auf die vom Arbeitgeber gegebene Begründung an. Eine vom Arbeitgeber mit einer Stilllegungsabsicht begründete Kündigung ist nur dann sozial gerechtfertigt, wenn die geplante Maßnahme sich als Betriebsstilllegung und nicht als Betriebsveräußerung darstellt, weil die für die Fortführung des Betriebs wesentlichen Gegenstände einem Dritten überlassen werden sollten, der Veräußerer diesen Vorgang aber rechtlich unzutreffend als Betriebsstilllegung bewertet.[318] Es fehlt deshalb an der erforderlichen Stilllegungsabsicht, wenn der Veräußerer im Zeitpunkt der Kündigung noch in Verhandlung mit einem potenziellen Erwerber steht. Es mangelt dann an einem endgültigen Entschluss des Arbeitgebers im Hinblick auf die Auflösung der Betriebs- und Produktionsgemeinschaft.[319]

129 Andererseits steht das Kündigungsverbot des § 613 a Abs 4 BGB unternehmerischen **Rationalisierungs- und Sanierungskonzepten** nicht entgegen, die den Ausspruch betriebsbedingter Kündigungen bedingen.[320] Dies gilt auch dann, wenn die Sanierung dem Zweck dient, eine Veräußerung des Betriebs vorzubereiten bzw die Verkaufschancen zu erhöhen.[321] Schutzzweck des § 613 a Abs 4 BGB ist nicht die künstliche Verlängerung des Arbeitsverhältnisses bei einer vorhersehbar fehlenden Beschäftigungsmöglichkeit des Arbeitnehmers bei einem Erwerber.[322]

130 Die Kündigung wird auch dann nicht wegen eines Betriebsübergangs ausgesprochen, wenn im Zusammenhang mit einem geplanten Betriebsübergang nach einem verbindlichen Konzept des Erwerbers Sanierungsmaßnahmen vollzogen und Arbeitnehmer freigesetzt werden (**Veräußererkündi-**

---

317 BAG 26.5.2011 – 8 AZR 37/10 – NZA 2011, 1143; 25.6.2009 – 8 AZR 258/08 – NZA 2009, 1412; 13.6.2006 – 8 AZR 271/05 – AP BGB § 613 a Nr 305.
318 BAG 16.5.2002 – 8 AZR 319/01 – NZA 2003, 93.
319 BAG 16.5.2002 – 8 AZR 319/01 – NZA 2003, 93; 27.9.1984 – 2 AZR 309/83 – AP § 613 a BGB Nr 39; Kiel/Koch Die betriebsbedingte Kündigung Rn 486; KDZ/Zwanziger KSchR § 613 a BGB Rn 202.
320 ErfK/Preis § 613 a BGB Rn 167; Kiel/Koch Die betriebsbedingte Kündigung Rn 483.
321 BAG 18.7.1996 – 8 AZR 127/94 – AP § 613 a BGB Nr 147.
322 BAG 20.3.2003 – 8 AZR 97/02 – NZA 2003, 1027.

gung mit Erwerberkonzept).[323] Auch ein eigenes Sanierungskonzept des Veräußerers zur Verbesserung des Betriebs kann einen sachlichen Grund darstellen, der aus sich heraus die Kündigung zu rechtfertigen vermag.[324] Der Schutzzweck von § 613 a BGB würde in sein Gegenteil verkehrt, wenn eine Betriebsübernahme mit verringerter Anzahl von Arbeitsplätzen daran scheitert, dass ein Konzept zur Betriebsfortführung nicht bereits beim Veräußerer umgesetzt werden kann und alternativ die Schließung des gesamten Betriebs droht.[325] Umgekehrt gebietet der Schutzzweck der Norm aber, dass es bei der Umsetzung des Erwerberkonzepts auch zu dem intendierten Betriebsübergang kommt und ein solches Konzept nicht nur vorgeschoben wird. Die Kündigung auf der Grundlage eines solchen Konzepts ist insoweit an den gleichen Maßstäben zu messen wie eine sonstige betriebsbedingte Kündigung. Wird die Kündigung auf die künftige Entwicklung der betrieblichen Verhältnisse gestützt, kann sie ausgesprochen werden, wenn die betrieblichen Umstände greifbare Formen angenommen haben, also davon auszugehen ist, dass im Zeitpunkt des Ausspruchs der Kündigung aufgrund einer vernünftigen, betriebswirtschaftlichen Betrachtung zu erwarten ist, zum Zeitpunkt des Kündigungstermins sei der Beschäftigungsbedarf entfallen.[326] Greifbare Formen iSd Rechtsprechung setzen deshalb ein **verbindliches Konzept** oder einen **Sanierungsplan** des Erwerbers bzw des Veräußerers voraus.[327] Ein solches Konzept muss noch nicht Gegenstand einer bereits rechtsgeschäftlich vereinbarten Betriebsübernahme sein,[328] sondern kann auch im Rahmen eines Vorvertrags zwischen dem Veräußerer und dem Erwerber vereinbart werden.[329] Es kommt schließlich auch nicht darauf an, ob der Veräußerer bei Fortführung des Betriebs das Konzept selbst hätte durchführen können,[330] da er häufig zu einer eigenständigen Sanierung nicht mehr in der Lage sein dürfte.

4. Darlegungs- und Beweislastverteilung bei § 613 a Abs 4 BGB

Greift der Arbeitnehmer innerhalb der Klagefrist des § 4 Satz 1 KSchG eine betriebsbedingte Kündigung an und findet das **Kündigungsgesetz** Anwendung, so ergeben sich keine Besonderheiten gegenüber sonstigen Kündigungsschutzprozessen. Der **Arbeitgeber hat nach § 1 Abs 2 Satz 4 KSchG die Tatsachen zu beweisen, die die Kündigung bedingen.** Ihm obliegt es deshalb insbesondere, die behauptete Stilllegung eines Betriebs zu beweisen und einen vom Arbeitnehmer behaupteten Betriebsübergang zu entkräf-

---

323 BAG 20.3.2003 – 8 AZR 97/02 – NZA 2003, 1027; 20.9.2006 – 6 AZR 249/05 – NZA 2007, 387; KR/Treber § 613 a BGB Rn 189 b; Kiel/Koch Die betriebsbedingte Kündigung Rn 483; ErfK/Preis § 613 a BGB Rn 169.
324 BAG 20.9.2006 – 6 AZR 249/05 – NZA 2007, 387.
325 Zutr ErfK/Preis § 613 a BGB Rn 170.
326 BAG 12.11.1998 – 2 AZR 583/97 – FA 1999, 32.
327 BAG 20.3.2003 – 8 AZR 97/02 – NZA 2003, 1027.
328 So Kiel/Koch aaO Rn 484.
329 Zutr ErfK/Preis § 613 a BGB Rn 171.
330 Kiel/Koch aaO Rn 484; KR/Treber § 613 a BGB Rn 189 b; einschränkend KDZ/Zwanziger KSchR § 613 a BGB Rn 204; aA noch BAG 26.5.1983 – 2 AZR 477/81 – AP § 613 a BGB Nr 34; offengelassen BAG 18.7.1996 – 8 AZR 127/94 – AP § 613 a BGB Nr 147; jetzt zumindest für den Fall der Insolvenz auch zust BAG 20.3.2003 – 8 AZR 97/02 – NZA 2003, 1027.

ten.³³¹ Wird der Betrieb alsbald wiedereröffnet, spricht eine tatsächliche Vermutung gegen eine ernsthafte Stilllegungsabsicht und es ist Sache des (neuen) Arbeitgebers, diese Vermutung zu widerlegen.³³² Gelingt das nicht, ist die Klage begründet, ohne dass es darauf ankommt, ob die Kündigung auch nach § 613 a Abs 4 BGB unwirksam und ob der Betriebsübergang der tragende Beweggrund der Kündigung gewesen ist.³³³

132 Findet das **Kündigungsschutzgesetz keine Anwendung** und stützt der **Arbeitnehmer** seine Klage ausschließlich auf § 613 a Abs 4 BGB, muss er **beweisen, dass ihm wegen des Betriebsübergangs gekündigt worden ist**.³³⁴ Die Darlegungslast bezieht sich sowohl auf den Betriebsübergang als auch darauf, dass der Betriebsübergang wesentliches Motiv für die Kündigung war. Auch insoweit kann dem Arbeitnehmer allerdings der Beweis des ersten Anscheins zur Seite stehen, sofern der zeitliche und funktionelle Zusammenhang zwischen Kündigung und Betriebsübergang die notwendige Kausalität mit genügender Wahrscheinlichkeit belegt; sodann muss der Arbeitgeber einen atypischen Kausalverlauf (andere Kündigungsgründe, tragende Erwägungen) beweisen.³³⁵ Der Arbeitnehmer trägt außerhalb des Kündigungsschutzgesetzes schließlich auch die Beweislast, wenn er eine Kündigung mit dem Argument angreift, der Arbeitgeber sei wegen eines Betriebsübergangs nicht mehr kündigungsbefugt.³³⁶

5. Wiedereinstellungs- und Fortsetzungsanspruch

133 Ergibt sich nach Zugang der Kündigung eine geänderte Tatsachenlage, die entgegen der zum Zeitpunkt der Kündigung erstellten Prognose eine Weiterbeschäftigung des gekündigten Arbeitnehmers ermöglicht, so führt das nicht zur Unwirksamkeit der Kündigung;³³⁷ zugunsten des gekündigten Arbeitnehmers kommt aber ein **Anspruch auf Wiedereinstellung bzw auf Fortsetzung des Arbeitsverhältnisses** in Betracht.³³⁸ Dieser Anspruch ist notwendiges Korrektiv zur Vorverlagerung des Prüfungszeitpunkts in Bezug auf den Wegfall der Beschäftigungsmöglichkeit vom Ende des Arbeitsverhältnisses zum Zeitpunkt des Zugangs der Kündigung und wird methodisch vom BAG aus einer vertraglichen Nebenpflicht des noch fortbestehenden Arbeitsverhältnisses abgeleitet, auf die berechtigten Interessen des Vertragspartners Rücksicht zu nehmen.³³⁹ Kommt es entgegen der zum

---

331 BAG 13.11.1997 – 8 AZR 82/95 – FA 98, 251.
332 BAG 3.7.1986 – 2 AZR 68/85 – AP § 613 a BGB Nr 53.
333 BAG 9.2.1994 – 2 AZR 666/93 – AP § 613 a BGB Nr 105.
334 BAG 13.11.1997 – 8 AZR 82/95 – FA 1998, 251; 5.12.1985 – 2 AZR 3/85 – AP § 613 a BGB Nr 47; ErfK/Preis § 613 a BGB Rn 178.
335 LAG Köln 3.3.1997 – 3 Sa 1063/96 – LAGE § 613 a BGB Nr 59.
336 BAG 20.3.2003 – 8 AZR 312/02 – BB 2003, 1793.
337 APS/Kiel § 1 KSchG Rn 78; BAG 13.11.1997 – 8 AZR 295/95 – AP § 613 a BGB Nr 169.
338 BAG 25.10.2007 – 8 AZR 989/06 – NZA 2008, 357; 28.10.2004 – 8 AZR 199/04 – NZA 2005, 405; 28.6.2000 – 7 AZR 904/98 – AP § 1 KSchG 1969 Wiedereinstellung Nr 6; 27.2.1997 – 2 AZR 160/96 – AP § 1 KSchG 1969 Wiedereinstellung Nr 1; 13.11.1997 – 8 AZR 295/95 – AP § 613 a BGB Nr 169.
339 BAG 28.6.2000 – 7 AZR 904/98 – aaO; zu den weiteren methodischen Begründungsansätzen: Verbot des venire contra factum propium, Gesichtspunkt des Vertrauensschutzes, Fürsorgepflicht etc eingehend APS/Kiel § 1 KSchG Rn 77 ff.

Zeitpunkt des Zugangs geplanten Kündigung wegen der Stilllegung eines Betriebs zu einem späteren Zeitpunkt zu einem Betriebsübergang, kommt ein **Anspruch auf Fortsetzung des Arbeitsverhältnisses gegen den Betriebsübernehmer** in Betracht.

Der Anspruch besteht nur dann, wenn sich zwischen dem Ausspruch der Kündigung und dem Ablauf der Kündigungsfrist eine Weiterbeschäftigungsmöglichkeit ergibt. Er ist deshalb zeitlich grundsätzlich **begrenzt bis zur Beendigung des Arbeitsverhältnisses**.[340] Ergibt sich entgegen einer ursprünglichen Stilllegungsabsicht doch eine Veräußerungsoption, die realisiert wird, entsteht in diesem Moment ein Anspruch auf Wiedereinstellung, der nach § 613a Abs 1 Satz 1 BGB gegen den Erwerber gerichtet ist.[341] Nach der nicht ganz einheitlichen Rechtsprechung des BAG können **Ausnahmen** bestehen: 134

Nachvertragliche Fürsorgepflichten können ausnahmsweise einen Wiedereinstellungsanspruch auch nach Beendigung des Arbeitsverhältnisses begründen, wenn der Arbeitgeber den Arbeitnehmer zu einem Wechsel in ein Tochterunternehmen veranlasst hat, welches zu einem späteren Zeitpunkt insolvent wird und der Arbeitgeber bei Abschluss des Vertrags den Anschein erweckt hat, er werde „im Fall der Fälle" für eine Weiterbeschäftigung sorgen.[342] 135

Darüber hinaus kann unter bestimmten Voraussetzungen ein **Anspruch des Arbeitnehmers auf Fortsetzung des Arbeitsverhältnisses** in Betracht kommen, wenn es **nach Ablauf der Kündigungsfrist** zu einem Betriebsübergang kommt.[343] Der 8. Senat des BAG hat dies für den Fall der **willentlichen Übernahme der Hauptbelegschaft nach Ablauf der Kündigungsfrist** bejaht, dabei aber offengelassen, ob dieser Anspruch auch bei Übernahme von materiellen und immateriellen Betriebsmitteln nach Ablauf der Kündigungsfrist besteht.[344] In der Entscheidung vom 13.5.2004 hat der 8. Senat zwar noch offengelassen, ob er an dieser Rechtsprechung für den Fall der zeitversetzten Übernahme der Hauptbelegschaft außerhalb eines Insolvenzverfahrens festhalten will;[345] in der Entscheidung vom 25.9.2008[346] taucht dieser Vorbehalt allerdings nicht mehr auf. Ein **Wiedereinstellungsanspruch nach Ablauf der Kündigungsfrist besteht jedenfalls grundsätzlich nicht bei einer Betriebsübertragung in der Insolvenz**,[347] weil die Zubilligung eines Wiedereinstellungsanspruchs dem Konzept der Insolvenzord- 136

---

340 BAG 28.6.2000 – 7 AZR 904/98 – AP § 1 KSchG 1969 Wiedereinstellung Nr 6; 6.8.1997 – 7 AZR 557/96 – AP § 1 KSchG 1969 Wiedereinstellung Nr 2.
341 BAG 25.10.2007 – 8 AZR 989/07 – NZA 2008, 357; bestätigt 21.8.2008 – 8 AZR 201/07 – NZA 2009, 29.
342 BAG 21.2.2002 – 2 AZR 749/00 – BB 2002, 2335.
343 BAG 13.11.1997 – 8 AZR 295/95 – AP § 613a BGB Nr 169; zu den Konstellationen eines Wiedereinstellungsanspruchs nach Vertragsende APS/Kiel § 1 KSchG Rn 507.
344 BAG 13.11.1997 – 8 AZR 295/95 – AP § 613a BGB Nr 169; vgl 13.5.2004 – 8 AZR 198/03 – AP § 613a BGB Nr 264; zuletzt 25.9.2008 – 8 AZR 607/07 – NZA-RR 2009, 469.
345 BAG 13.5.2004 – 8 AZR 198/03 – AP § 613a BGB Nr 264.
346 BAG 25.9.2008 – 8 AZR 607/07 – aaO.
347 BAG 28.10.2005 – 8 AZR 199/04 – NZA 2005, 405; 13.5.2004 – 8 AZR 198/03 – AP § 613a BGB Nr 264.

nung, eine schnelle Abwicklung und Sanierung zu ermöglichen, widerspricht.

137 Entsprechend der Frist zur Ausübung des Widerspruchsrechts muss auch das Wiedereinstellungs- oder Fortsetzungsverlangen binnen einer Frist von einem Monat geltend gemacht werden, da der Zweck des Bestandsschutzes Phasen vermeidbarer Ungewissheit über das Zustandekommen eines Arbeitsverhältnisses nicht rechtfertigt.[348] Für eine weitere Klagefrist von 3 Wochen nach Ablehnung durch den Arbeitgeber gibt es keine rechtliche Grundlage, vielmehr kann das Klagerecht nur nach allgemeinen Grundsätzen nach § 242 BGB verwirken.[349]

138 Der **Wiedereinstellungsanspruch des Arbeitnehmers greift nicht, wenn berechtigte Interessen des Arbeitgebers**, insbesondere sein Vertrauen in die Wirksamkeit der Kündigung und die Freiheit in der Wahl des Vertragspartners, entgegenstehen und ihm die Wiedereinstellung nicht zumutbar ist.[350] Davon ist zB auszugehen, wenn der Arbeitgeber einen frei gewordenen Arbeitsplatz im Vertrauen auf die Wirksamkeit der Kündigung bereits wieder besetzt hat.[351] Im Einzelfall hat hier eine Abwägung der wechselseitigen Interessen stattzufinden.

139 Kein Wiedereinstellungsanspruch besteht, wenn die Kündigung des Veräußerers bereits auf der Grundlage eines Konzepts des Erwerbers ausgesprochen wurde. Anders ist es, wenn der Arbeitgeber wegen der beabsichtigten Betriebsstilllegung sämtlichen Arbeitnehmern kündigt und es danach zu einem Übergang des Betriebs kommt. Dann hat sich das ursprünglich der Kündigung zugrunde liegende Konzept nicht realisiert, weil der Betrieb nicht stillgelegt, sondern fortgeführt wird. Der Erwerber, der idR nach seinem unternehmerischen Konzept die Fortführung des Betriebs mit einer geringeren Personalstärke plant, sieht sich dann Wiedereinstellungs- bzw Fortsetzungsansprüchen uU der gesamten gekündigten Belegschaft ausgesetzt. Das **berechtigte Interesse des Erwerbers an der Umsetzung seiner unternehmerischen Konzeption begrenzt** zwar zunächst die mögliche **Zahl von Fortsetzungsansprüchen**, bedingt aber zwangsläufig eine Auswahlentscheidung des in Anspruch genommenen Erwerbers.

140 Nach der Rechtsprechung des BAG hat der in Anspruch genommene Arbeitgeber zwar keine soziale Auswahl nach Maßgabe des § 1 Abs 3 KSchG, aber eine **anhand betrieblicher Belange und sozialer Gesichtspunkte** den Vorgaben der §§ 242, 315 BGB entsprechende **Auswahlentscheidung** zu treffen.[352]

141 Der Arbeitgeber hat nur die Arbeitnehmer in die Auswahl mit einzubeziehen, **die ihren Willen zur Wiedereinstellung bekundet** und unverzüglich nach Kenntnisnahme geltend gemacht haben (vgl Rn 137). Fraglich ist in

---

348 BAG 25.10.2007 – 8 AZR 989/06 – NZA 2008, 357; 21.8.2008 – 8 AZR 201/07 – NZA 2009, 29.
349 AA APS/Kiel § 1 KschG Rn 848.
350 St Rspr; BAG 21.2.2002 – 2 AZR 749/00 – BB 2002, 2335; 28.6.2000 – 7 AZR 904/98 – AP § 1 KSchG 1969 Wiedereinstellung Nr 6.
351 BAG 28.6.2000 – 7 AZR 904/98 – AP § 1 KSchG 1969 Wiedereinstellung Nr 6.
352 BAG 28.6.2000 – 7 AZR 904/98 – AP § 1 KSchG 1969 Wiedereinstellung Nr 6; APS/Kiel § 1 KSchG Rn 840.

diesem Zusammenhang, ob und in welchem Umfang der Arbeitgeber – bzw im Fall des Betriebsübergangs der Erwerber – verpflichtet ist, die gekündigten Arbeitnehmer über die sich nachträglich ergebenden Beschäftigungsmöglichkeiten zu informieren.[353] Kommt es nach Ausspruch betriebsbedingter Kündigungen zu einem Übergang des Betriebs, stellt sich das Problem etwaiger Informationsobliegenheiten idR nicht, weil der Veräußerer oder der Erwerber nach § 613a Abs 5 BGB zur Information verpflichtet sind.[354] Damit werden gekündigte Arbeitnehmer in die Lage versetzt, Weiterbeschäftigungs- bzw Fortsetzungsansprüche geltend zu machen. Nur dann sind sie in eine Auswahlentscheidung einzubeziehen.

Die am Maßstab von § 315 BGB zu treffende Auswahlentscheidung erlaubt eine stärkere Berücksichtigung betrieblicher Belange, als dies nach § 1 Abs 3 KSchG möglich ist. Es ist deshalb nicht zu beanstanden, wenn der Arbeitgeber **vorrangig die noch im Betrieb beschäftigten Arbeitnehmer** in eine Auswahl mit einbezieht, Arbeitnehmer nicht berücksichtigt, wenn sie bereits mit Abfindungsvergleich ausgeschieden sind[355] und bei einer Abwägung Leistungsgesichtspunkte stärker mit in seine Entscheidung einfließen lässt, als dies im Rahmen von § 1 Abs 3 KSchG möglich ist. **142**

Dieser Anspruch auf Fortsetzung des Arbeitsverhältnisses ist regelmäßig **gegenüber dem Erwerber** geltend zu machen, auf den das – gekündigte – Arbeitsverhältnis übergegangen ist.[356] Ist der Betriebsübernehmer in die vertraglichen Beziehungen zwischen dem Arbeitnehmer und dem kündigenden Arbeitgeber eingetreten, kann er allein die zur Fortsetzung des Arbeitsverhältnisses erforderlichen Willenserklärungen abgeben bzw im Wege einer Klage auf Abgabe einer Willenserklärung dazu gezwungen werden.[357] Gegenüber dem kündigenden Arbeitgeber ist der Anspruch auf Fortsetzung des Arbeitsverhältnisses nach einem Betriebsübergang nur dann geltend zu machen, wenn der Arbeitnehmer dem Übergang seines – (wirksam) gekündigten – Arbeitsverhältnisses widersprochen hat (zu den möglichen Konsequenzen einer dann erneut möglichen betriebsbedingten Kündigung vgl Rn 189 ff). **143**

Nach **bisheriger** Rechtsprechung des BAG[358] konnte ein Anspruch auf Abschluss eines Arbeitsvertrags nur mit Wirkung für die Zukunft geltend gemacht werden, weil die Verurteilung zum Abschluss für die Vergangenheit auf eine für den Arbeitnehmer unmögliche Leistung iSv § 306 BGB aF gerichtet sein sollte. Nach der Aufhebung dieser Norm hält das BAG an dieser Rechtsprechung nicht mehr fest.[359] Ein Wiedereinstellungsanspruch **144**

---

353 Vgl APS/Kiel § 1 KSchG Rn 843; Boewer NZA 1999, 1177.
354 Vgl ausf Rn 149 ff.
355 BAG 28.6.2000 – 7 AZR 904/98 – AP § 1 KSchG 1969 Wiedereinstellung Nr 6.
356 BAG 25.10.2007 – 8 AZR 989/06 – NZA 2008, 357; 21.8.2008 – 8 AZR 201/07 – NZA 2009, 29; 13.11.1997 – 8 AZR 295/95 – AP § 613a BGB Nr 169; LAG Köln 9.5.2000 – 9 Sa 1442/99; Kittner/Zwanziger/Deinert/Bachner ArbR HdB § 96 Rn 81; Gaul ArbRB 2003, 54, 56.
357 Gaul ArbRB 2003, 54, 56; Boewer RdA 2001, 380, 403.
358 BAG 13.5.2004 – 8 AZR 198/03 – DB 2004, 2107; 28.6.2000 – 7 AZR 904/98 – AP § 1 KSchG 1969 Wiedereinstellung Nr 6; 14.10.1997 – 7 AZR 298/96 – AP § 1 TVG Tarifverträge: Metallindustrie Nr 154.
359 BAG 25.10.2007 – 8 AZR 989/06 – NZA 2008, 357; 27.7.2005 – 7 AZR 488/04 – AP § 308 BGB Nr 2; zutr und ausf APS/Kiel § 1 KSchG Rn 846.

kann auch zu konkreten in der Vergangenheit liegenden Zeitpunkten geltend gemacht werden und Gegenstand eines entsprechenden Antrags sein. Im Ergebnis ändert sich materiell im Verhältnis zu der bisherigen Rechtslage nichts. Vergütungsansprüche für die Vergangenheit wegen Nichterfüllung des geltend gemachten Anspruchs auf Wiedereinstellung richteten sich nach altem Recht nach § 280 Abs 1 BGB (Haftung bei zu vertretender Unmöglichkeit) und sind nach neuem Recht als Verzugsschaden nach § 286 BGB zu liquidieren.

145 Der Wiedereinstellungsanspruch ist der Sache nach auf den **Abschluss eines neuen Arbeitsvertrags** gerichtet und somit in einem **separaten Antrag auf Abgabe einer Willenserklärung** geltend zu machen. Der Anspruch wird nicht im Rahmen eines Antrags auf Feststellung der Unwirksamkeit einer bestimmten Kündigung geprüft. Das BAG legt aber Anträge auf Weiterbeschäftigung bzw Wiedereinstellung aus und erkennt darin das Angebot des Arbeitnehmers auf Abschluss eines neuen Arbeitsvertrags.[360] Die **Zwangsvollstreckung** richtet sich nach § 894 ZPO, dh, die Willenserklärung gilt mit Rechtskraft des Urteils als abgegeben.

146 Hinweis: Mit nachfolgender Antragstellung wird dem Rechtsschutzziel des auf Wiedereinstellung klagenden Arbeitnehmers Rechnung getragen:

▶ Der Beklagte (Arbeitgeber) wird verurteilt, das Angebot des Klägers auf Abschluss eines Arbeitsvertrags zu den Bedingungen des Arbeitsvertrags vom... mit Wirkung zum... (Zeitpunkt der Geltendmachung), hilfsweise mit Wirkung ab Rechtskraft der klagestattgebenden Entscheidung anzunehmen. ◀

V. Widerspruch gegen den Übergang des Arbeitsverhältnisses (§ 613a Abs 6 iVm Abs 5 BGB)
1. Überblick

147 Mit Wirkung zum 1.4.2002 wurde durch Art 4 und 5 des Gesetzes zur Änderung des Seemannsgesetzes und anderer Gesetze[361] § 613a BGB um die Absätze 4 und 5 ergänzt. § 613a Abs 5 BGB statuiert die Verpflichtung des bisherigen sowie des neuen Inhabers, von einem Betriebsübergang betroffenen Arbeitnehmer über den (geplanten) Zeitpunkt des Übergangs, den Grund für den Übergang, die rechtlichen, wirtschaftlichen und sozialen Folgen für die Arbeitnehmer und die hinsichtlich der Arbeitnehmer in Aussicht genommenen Maßnahmen zu unterrichten. Die Neuregelung dient der Umsetzung von Art 7 Abs 6 der Richtlinie 2001/23/EG,[362] dem sie inhaltlich im Hinblick auf die Unterrichtungsgegenstände entspricht. Die Neuregelung geht über die **gemeinschaftsrechtlichen Vorgaben** aber insoweit hinaus, als sie eine Unterrichtung aller betroffenen Arbeitnehmer vorschreibt, während dies nach den europarechtlichen Vorgaben nur dann der Fall sein muss, wenn es unabhängig vom Willen der Arbeitnehmer keine Arbeitnehmervertreter gibt. Danach wäre lediglich in nicht betriebsratsfähigen Betrieben nach § 1 Abs 1 Satz 1 BetrVG eine Unterrichtung erfor-

---

360 Vgl § 1 KSchG Rn 787 mwN.
361 BGBl I 1163.
362 Neufassung der Betriebsübergangsrichtlinie 77/187/EWG idF der RL 98/50/EG (Abl Nr L 201/88 vom 17.7.1998).

derlich.³⁶³ Auch die in § 613a Abs 5 BGB festgelegte Verpflichtung zur **Unterrichtung in Textform** ist gemeinschaftsrechtlich nicht vorgegeben.

§ 613a Abs 6 BGB verknüpft die Unterrichtungspflicht mit dem **Widerspruchsrecht des Arbeitnehmers gegen den Übergang seines Arbeitsverhältnisses** und räumt dem Arbeitnehmer die Möglichkeit ein, innerhalb eines Monats nach Zugang der Unterrichtung dem Übergang des Arbeitsverhältnisses schriftlich zu widersprechen. Das Widerspruchsrecht des Arbeitnehmers gegen den Übergang seines Arbeitsverhältnisses wird vom BAG in ständiger Rechtsprechung³⁶⁴ als Ausdruck des Umstandes anerkannt, dass dem Gläubiger ein Schuldnerwechsel nicht gegen seinen Willen aufgedrängt werden kann.³⁶⁵ § 613a Abs 6 BGB kodifiziert das Recht zum Widerspruch und modifiziert es gegenüber der bisherigen Auffassung des BAG, indem anstelle der bisher geltenden Widerspruchsfrist von 3 Wochen³⁶⁶ nunmehr eine Frist von 1 Monat nach Zugang der Unterrichtung gilt. Abweichend von der bisherigen Rechtsprechung knüpft die Frist zur Ausübung des Widerspruchsrechts nicht mehr an die reine Erlangung der Kenntnis von einem Betriebsübergang bzw nach einem Betriebsübergang an eine ausreichende Unterrichtung über den Betriebsübergang und die damit verbundenen Folgen,³⁶⁷ sondern an eine iSv § 613a Abs 5 BGB vollständige Unterrichtung des Arbeitnehmers an.³⁶⁸ **Eine unterbliebene oder unvollständige Unterrichtung bewirkt, dass die Widerspruchsfrist nach § 613a Abs 6 Satz 1 BGB nicht zu laufen beginnt.**³⁶⁹ Ausschließlich eine ordnungsgemäße Unterrichtung setzt die Frist des § 613a Abs 6 BGB in Lauf.³⁷⁰ Die Ausübung des Widerspruchsrechts bei unvollständiger Unterrichtung ist nicht davon abhängig, dass zwischen der fehlerhaften Information und dem nicht ausgeübten Widerspruchsrecht ein Kausalzusammenhang besteht.³⁷¹ Damit besteht aus Arbeitgebersicht die Gefahr, dass auch eine fehlerhafte Unterrichtung in einem vermeintlich nebensächlichen Punkt den Arbeitnehmer zur späteren Ausübung des Widerspruchsrechts berechtigt.

148

Eine Ausschlussfrist für die Ausübung des Widerspruchsrechts trotz unterbliebener oder unvollständiger Unterrichtung ist im Gesetz nicht vorgesehen. Lediglich die **Grundsätze der Verwirkung** können einem späten Widerspruch gegen den Übergang des Arbeitsverhältnisses Grenzen setzten.

149

---

363 Eingehend Franzen RdA 2002, 258, 259; Meyer AuA 2002, 159, 160; ErfK/Preis § 613a BGB Rn 84.
364 BAG 15.8.2002 – 2 AZR 195/01 – NZA 2003, 430; 25.1.2001 – 8 AZR 336/00 – AP § 613a BGB Nr 215; 18.3.1999 – 8 AZR 190/98 – BAGE 91, 129.
365 Für einen verfassungsrechtlichen Begründungsansatz (Verstoß gegen Art 1, 2, 12 GG durch Verpflichtung, für einen nicht frei gewählten Arbeitgeber zu arbeiten) BT-Drucks 14/7760 S 20.
366 BAG 25.1.2001 – 8 AZR 336/00 – AP § 613a BGB Nr 215.
367 BAG 22.4.1993 – 2 AZR 313/92 – AP § 613a BGB Nr 102.
368 KR/Treber § 613a BGB Rn 113; APS/Steffan § 613a BGB Rn 221; ErfK/Preis § 613a BGB Rn 100; Franzen RdA 2002, 258, 262.
369 St Rspr; BAG 26.5.2011 – 8 AZR 18/10 – AP § 613a BGB Nr 407; 20.3.2008 – 8 AZR 1016/06 – NZA 2008, 2072; 13.7.2006 – 8 AZR 305/05 – NZA 2006, 1268; KR/Treber § 613a BGB Rn 108i.
370 BAG 26.5.2011 – 8 AZR 18/10 – aaO; 24.7.2008 – 8 AZR 1020/06; 20.3.2008 – 8 AZR 1030/06; 13.7.2006 – 8 AZR 303/05 – NZA 2006, 1273.
371 BAG 24.7.2008 – 8 AZR 73/07 – AP § 613a BGB Nr 351.

Die Ausübung des Widerspruchsrechts ist nach allgemeinen Grundsätzen verwirkt, wenn der Arbeitnehmer längere Zeit von seiner Ausübung absieht (**Zeitmoment**) und mit seinem Verhalten den Eindruck erweckt, er wolle es nicht mehr geltend machen (**Umstandsmoment**).[372] Dabei muss der Vertrauensschutz auf Seiten des Verpflichteten das Interesse des Widerspruchsberechtigten derart überwiegen, dass dem Verpflichteten die Erfüllung des Anspruchs bzw die Fortsetzung des Arbeitsverhältnisses nicht mehr zugemutet werden kann.

150 Nach der gesetzlichen Konzeption ist das Widerspruchsrecht auf die Übergangsphase zugeschnitten. Der Zeitraum beginnt dabei grundsätzlich 1 Monat nach einer Unterrichtung des Arbeitnehmers in Textform, weil der Arbeitnehmer damit erkennen kann, dass für den Arbeitgeber die Unterrichtungsphase abgeschlossen und der Fristenlauf begonnen hat.[373] Nachdem das BAG Zeitgrenzen zunächst noch nicht definiert und offengelassen hatte, ob Zeiträume von 6 bzw 10 Monaten das Zeitmoment erfüllen können,[374] hat es das Zeitmoment im Fall der Ausübung des Widerspruchsrechts 15 Monate nach fehlerhafter Unterrichtung als erfüllt angesehen,[375] ohne damit aber eine feste Zeitgrenze setzen zu wollen. Es hat eine Gesamtbetrachtung zu erfolgen. Zeit- und Umstandsmoment sind in Relation zu setzen. Bei schwierigen Sachverhalten verwirkt das Widerspruchsrecht erst nach längerer Zeit, während bei einfach zu erfassenden Unterrichtungsdefiziten – zB eine nicht präzise Bezeichnung des Übernehmers – das Widerspruchsrecht eher verwirkt.[376]

Je stärker das gesetzte Vertrauen oder die Umstände sind, die eine Geltendmachung für den Anspruchsgegner unzumutbar machen, desto schneller kann ein Anspruch verwirken.[377]

151 Die reine Weiterarbeit begründet regelmäßig nicht das für die Annahme einer Verwirkung erforderliche **Umstandsmoment**.[378] Auch bei zwei zeitlich aufeinanderfolgenden Betriebsübergängen liegt das Umstandsmoment nicht darin, dass der Arbeitnehmer zunächst dem zweiten und erst dann dem ersten Betriebsübergang widerspricht.[379] Erfüllt ist das Umstandsmoment aber bei einer **Disposition des Arbeitnehmers über das übergegangene Arbeitsverhältnis** durch Abschluss eines Aufhebungsvertrags,[380] Hinnahme

---

372 St Rspr; BAG 26.5.2011 – 8 AZR 18/10 – AP § 613 a BGB Nr 407; 20.3.2008 – 8 AZR 1030/06; 24.7.2008 – 8 AZR 1020/06; vgl Bauer/v. Steinau-Steinrück ZIP 2002, 457, 464.
373 BAG 20.3.2008 – 8 AZR 1016/06 – NZA 2008, 1354.
374 BAG 20.3.2008 – 8 AZR 1030/06 – für 6 Monate; 24.7.2008 – 8 AZR 202/07 – AP § 613 a BGB Nr. 352 – sogar für einen Zeitraum von 10 Monaten.
375 BAG 27.11.2008 – 8 AZR 174/07 – NZA 2009, 552; offengelassen 9.12.2010 – 8 AZR 152/08 – AP § 613 a BGB Nr 395.
376 BAG 9.12.2010 – 8 AZR 152/08 – aaO.
377 BAG 12.11.2009 – 8 AZR 530/07 – NZA 2010, 761.
378 BAG 20.3.2008 – 8 AZR 1016/06 – NZA 2008, 1354.
379 BAG 28.5.2011 – 8 AZR 18/10 – AP § 613 a BGB Nr 407.
380 BAG 27.11.2008 – 8 AZR 174/07 – NZA 2009, 552.

einer nach Betriebsübergang erklärten Kündigung[381] oder Begründung eines Altersteilzeitarbeitsverhältnisses.[382]

Bei der Frage des Verwirkungseinwands ist aber stets zu prüfen, ob sich ggf ein Risiko realisiert hat, auf das der Arbeitnehmer hätte hingewiesen werden müssen. Wird die wirtschaftliche Solvenz des Übernehmers geschönt dargestellt, ist ein Widerspruch nicht verwirkt, wenn er erst nach Eintritt einer wirtschaftlichen Notlage oder Insolvenz des Erwerbers erklärt wird.

Mit den vorbeschriebenen Entscheidungen hat der 8. Senat des BAG dem Verwirkungseinwand Konturen gegeben, die als Leitfaden für die Praxis geeignet sind. Das Widerspruchsrecht soll dem Arbeitnehmer Entscheidungsfreiheit geben und die Möglichkeit eröffnen, den Risiken eines Betriebsübergangs zu begegnen, es soll (und kann) aber nicht jedes wirtschaftliche Risiko einer Weiterarbeit beim Betriebserwerber ausschließen.

Insbesondere für den Veräußerer birgt das Widerspruchsrecht erhebliche Risiken. Betroffene Arbeitnehmer können bei unterbliebener oder bei unvollständiger Information noch geraume Zeit nach dem Übergang Widerspruch erheben und das Arbeitsverhältnis mit dem Veräußerer fortsetzen. Der **Widerspruch wirkt** dabei, auch wenn er erst nach Übergang des Betriebs ausgeübt wird, **auf den Zeitpunkt des Betriebsübergangs** zurück[383] und kann **Annahmeverzugsansprüche** begründen.[384] Die **Verletzung der Unterrichtungspflicht** kann auch **Schadensersatzansprüche nach § 280 Abs 1 BGB** auslösen, zB wenn der Arbeitnehmer durch eine falsche Unterrichtung zu nachteiligen Dispositionen veranlasst wird.[385] Der Arbeitnehmer kann verlangen, so gestellt zu werden, wie er gestanden hätte, wenn er richtig und vollständig unterrichtet worden wäre.[386] Bei Verletzung der Unterrichtungspflicht wird Verschulden nach § 280 Abs 1 Satz 2 BGB vermutet.[387] Die Verletzung von Unterrichtungspflichten begründet jedoch kein eigenes Kündigungsverbot und führt deshalb nicht dazu, dass (nach ausgeübtem Widerspruch auf der Grundlage unvollständiger Unterrichtung) eine **Kündigung** rechtsunwirksam ist.[388]

2. Umfang der Unterrichtungspflicht nach § 613 a Abs 5 BGB

a) **Grundsätze.** Nach den Vorstellungen des Gesetzgebers soll der Arbeitnehmer alle für eine sachgerechte Entscheidung über die Ausübung des Widerspruchsrechts erforderlichen Informationen erhalten.[389] Die – unabhän-

---

381 BAG 9.12.2010 – 8 AZR 152/08 – AP § 613 a BGB Nr 395; 12.11.2009 – 8 AZR 530/07 – NZA 2010, 761.
382 BAG 23.7.2009 – 8 AZR 357/08 – NZA 2010, 393.
383 BAG 24.7.2008 – 8 AZR 202/07 – AP § 613 a BGB Nr 352; 13.7.2006 – 8 AZR 305/05 – NZA 2006, 1268.
384 BAG 24.7.2008 – 8 AZR 73/07 – AP § 613 a BGB Nr 351.
385 LAG Düsseldorf 8.8.2006 – 8 (5) Sa 244/06 – DB 2007, 348; ErfK/Preis § 613 a BGB Rn 94.
386 BAG 31.1.2008 – 8 AZR 1116/06 – NZA 2008, 642.
387 BAG 24.7.2008 – 8 AZR 109/07 – AP § 613 a BGB Nr 350.
388 BAG 24.5.2005 – 8 AZR 398/04 – NZA 2005, 1302.
389 BT-Drucks 14/7760 S 19.

gig von der Betriebsgröße erforderliche[390] – Unterrichtung soll **Entscheidungsgrundlage für die Ausübung oder Nichtausübung des Widerspruchsrechts** sein. Mit einer Reihe von Grundsatzentscheidungen[391] hat das BAG zur Auslegung der zT unpräzise gefassten Regelungen über den Umfang der Unterrichtungspflicht Leitlinien entwickelt, die in der Praxis der Unterrichtung zugrunde gelegt werden müssen. Danach kann die **Unterrichtung in einem Standardschreiben** erfolgen, das allerdings etwaige Besonderheiten des Arbeitsverhältnisses erfassen muss. Eine nur pauschale Wiedergabe der gesetzlichen Bestimmungen ist unzureichend; es müssen die konkreten Folgen des Betriebsübergangs bezeichnet werden. Die Sprache muss für einen juristischen Laien nachvollziehbar und verständlich sein. Der Inhalt der Unterrichtung richtet sich dabei nach dem **Kenntnisstand** des Veräußerers und des Erwerbers zum **Zeitpunkt der Unterrichtung.**[392] Dies entspricht anderen gesetzlich geregelten Unterrichtungspflichten (zB § 102 Abs 1 BetrVG).

155 Die **erteilten Informationen müssen zutreffend** sein. Auch die rechtlichen Folgen des Übergangs müssen ohne Fehler beschrieben werden.[393] Bereits die fehlerhafte Information über die Haftung von Veräußerer und Erwerber nach § 613a Abs 2 BGB führt dazu, dass die Widerspruchsfrist nicht in Lauf gesetzt wird.[394] Allerdings ist eine Unterrichtung über komplexe Rechtsfragen nicht fehlerhaft, wenn der Arbeitgeber – uU nach Einholung von Rechtsrat – bei angemessener Prüfung der Rechtslage rechtlich vertretbare Positionen mitgeteilt hat.[395]

156 Ist der Unterrichtungsanspruch aus § 613a Abs 5 BGB nach § 362 Abs 1 BGB vollständig erfüllt, gibt es **keinen Anspruch auf ergänzende Unterrichtung,** wenn sich nachträglich weitere – auch erhebliche – Umstände ergeben.[396] Für einen solchen Anspruch gibt es keine gesetzliche Grundlage. Neue Unterrichtungspflichten werden nur dann ausgelöst, wenn es nicht mehr um denselben Betriebsübergang geht, etwa wenn der Übergang nun auf einen anderen Erwerber vollzogen werden soll.

157 Inhaltlich ergeben sich für eine vollständige Information nachfolgende Mindestanforderungen:

158 **b) Betriebsübergang.** Immer muss der **Betriebsübernehmer mit Firmenbezeichnung und Anschrift** genannt werden, damit er identifizierbar wird und der betroffene Arbeitnehmer ggf eigene Erkundigungen einholen kann.[397] Sofern eine vollständige gesetzliche Vertretung nicht angegeben

---

390 Gaul FA 2002, 299.
391 BAG 13.7.2006 – 8 AZR 303/05 – NZA 2006, 1273; 13.7.2006 – 8 AZR 305/05 – NZA 2006, 1268; 23.7.2009 – 8 AZR 538/08 – NZA 2010, 89; 25.2.2010 – 8 AZR 740/08 – AP § 613a BGB Nr 384; 26.5.2011 – 8 AZR 18/10 – AP § 613a BGB Nr 407 und 22.6.2011 – 8 AZR 752/09 – NZA-RR 2012, 507; vgl Gaul/Niklas DB 2009, 452; Reinhard NZA 2009, 63.
392 BAG 13.7.2006 – 8 AZR 303/05 – NZA 2006, 1273.
393 BAG 20.3.2008 – 8 AZR 1016/06 – NZA 2008, 1354.
394 BAG 22.6.2011 – 8 AZR 752/09 – NZA-RR 2012, 507; 14.12.2006 – 8 AZR 763/05 – NZA 2007, 682.
395 BAG 13.7.2006 – 8 AZR 303/05 – NZA 2006, 1273.
396 BAG 13.7.2006 – 8 AZR 303/05 – NZA 2006, 1273.
397 BAG 21.8.2008 – 8 AZR 407/07 – NZA-RR 2009, 62.

werden kann, muss eine identifizierbare natürliche Person mit Personalkompetenz als Ansprechpartner angegeben werden.[398] Steht die Gründung des Betriebsübernehmers erst noch bevor, ist dieser Sachverhalt offen zu legen.[399] Auch der **Gegenstand des Betriebsübergangs** ist – insbesondere dann, wenn es zB bei Betriebsteilen Abgrenzungsprobleme geben kann – genau zu bezeichnen.[400]

Der **Zeitpunkt** oder der geplante Zeitpunkt (Abs 5 Nr 1) ergibt sich, sofern es unmittelbare rechtsgeschäftliche Beziehungen zwischen Veräußerer und Erwerber gibt, aus den vertraglichen Absprachen oder aus dem Zeitpunkt der Übernahme der Leitungsmacht.[401]

159

Der **Grund für den Übergang** (Abs 5 Nr 2) ist mit der **Angabe der rechtsgeschäftlichen Grundlage** (Pachtvertrag, Umwandlung, Kaufvertrag) oder der weiteren Umstände, die den Betriebsübergang ausmachen (Übernahme der Belegschaft bei Auftragsnachfolge), zwar grundsätzlich mitgeteilt. Das BAG vertritt allerdings weitergehend die Auffassung, dass dem Arbeitnehmer zumindest jene **unternehmerischen Gründe für den Betriebsübergang** schlagwortartig mitgeteilt werden müssen, die sich im Fall eines Widerspruchs auf den Arbeitsplatz auswirken können.[402] Dies wird in der Literatur zwar streitig diskutiert,[403] die Beratungspraxis sollte sich aber zur Meidung überflüssiger Risiken darauf einzustellen.

160

Nach der Begründung des Gesetzes sind mit den **rechtlichen, wirtschaftlichen und sozialen Folgen des Übergangs** (Abs 5 Nr 3) Fragen der Änderung oder Weitergeltung der bisherigen Pflichten aus dem Arbeitsverhältnis, Fragen der Haftung sowie des Kündigungsschutzes gemeint[404] und damit die konkreten sich aus § 613a Abs 1 bis 4 BGB ergebenden Rechtsfolgen des Übergangs.[405] Auch insoweit gibt das BAG der Unterrichtungspflicht nunmehr Strukturen.[406] Die Unterrichtung muss sich auf die **individualrechtlichen Rechtsfolgen** des Übergangs in Bezug auf Rechte und Pflichten aus dem Arbeitsvertrag erstrecken. Erforderlich ist somit ein Hinweis auf den Eintritt des Übernehmers in die Rechte und Pflichten aus dem bestehenden Arbeitsverhältnis, auf die Gesamtschuldnerschaft des Übernehmers und des Veräußerers nach § 613 Abs 2 BGB und auf die kündigungsrechtliche Situation, wenn sich Kündigungen abzeichnen.[407] Das BAG erwartet dabei eine konkrete Darlegung des Haftungssystems zwischen Veräußerer und Erwerber,[408] weil es für die Frage der Ausübung des

161

---

398 BAG 23.7.2009 – 8 AZR 538/08 – AP § 613a BGB Unterrichtung Nr 10.
399 BAG 23.7.2009 – 8 AZR 538/08 – aaO.
400 BAG 13.7.2006 – 8 AZR 303/05 – NZA 2006, 1273.
401 ErfK/Preis § 613a BGB Rn 87.
402 BAG 24.7.2008 – 8 AZR 202/07 – AP § 613a BGB Nr 352; 13.7.2007 – 8 AZR 305/05 – NZA 2006, 1268.
403 ErfK/Preis § 613a BGB Rn 87; Willemsen/Lembke NJW 2002, 1159, 1162; Gaul FA 2002, 299; Bauer/v. Steinau-Steinrück ZIP 2002, 457, 462.
404 BT-Drucks 14/7760 S 19.
405 Gaul FA 2002, 299.
406 BAG 24.7.2008 – 8 AZR 202/07 – AP § 613a BGB Nr 352; 13.7.2006 – 8 AZR 305/05 – NZA 2006, 1268.
407 BAG 24.7.2008 – 8 AZR 202/07 – aaO.
408 BAG 22.6.2011 – 8 AZR 752/09 – NZA-RR 2012, 507; 24.7.2008 – 8 AZR 73/07 – AP § 613a BGB Nr 351.

Widerspruchsrechts von entscheidender Bedeutung sein kann, wer für die unterschiedlichen Ansprüche haftet. Zu den rechtlichen Folgen gehört weiter eine Information über das Kündigungsverbot des § 613a Abs 4 BGB.[409] Erforderlich ist eine Unterrichtung über die **kollektivrechtlichen Auswirkungen** (kollektiv- oder individualrechtliche Weitergeltung von Tarifverträgen und Betriebsvereinbarungen nach § 613a Abs 1 BGB). Da die Fortgeltung von Betriebsvereinbarungen von der betriebsverfassungsrechtlichen Situation des Erwerbers abhängig ist, hat sich die Information auch auf das Bestehen eines Betriebsrats bzw Gesamtbetriebsrats beim Erwerber zu beziehen.

162 Die Unterrichtungspflicht erstreckt sich auch auf **mittelbare Folgen der Ausübung des Widerspruchsrechts**, zB wenn bei einem Widerspruch und einer nachfolgenden Kündigung Ansprüche aus einem bestehenden Sozialplan ausgelöst werden.[410]

163 Auch über das **Recht zum Widerspruch** gegen den Übergang des Arbeitsverhältnisses ist als rechtliche Folge des Betriebsübergangs zu informieren. Gleichermaßen muss erläutert werden, wie der Widerspruch auszuüben ist. Es muss auf die Schriftform, auf die Frist und auf die möglichen Adressaten hingewiesen werden.[411] In diesem Fall kann es auch geboten sein, über die mittelbaren Folgen eines Widerspruchs aufzuklären, wenn eine Weiterbeschäftigungsmöglichkeit bei dem Veräußerer nicht besteht und das Arbeitsverhältnis im Fall eines Widerspruchs gekündigt wird.[412]

164 Eine weitgehende Unterrichtung der betroffenen Arbeitnehmer verlangt das BAG auch in Bezug auf die **wirtschaftlichen Auswirkungen des Übergangs.**[413] Zwar soll der bisherige Arbeitgeber nicht verpflichtet sein, den Arbeitnehmer über die wirtschaftliche und finanzielle Lage des Betriebsübernehmers im Einzelnen zu unterrichten, so dass das wirtschaftliche Potential des Erwerbers grundsätzlich nicht Gegenstand der Informationspflicht ist. Führen die ökonomischen Rahmenbedingungen jedoch erkennbar zu einer Gefährdung der wirtschaftlichen Absicherung des Arbeitnehmers bzw der Arbeitsplatzsicherheit, ist eine Information über die wesentlichen Umstände geboten wie zB darüber, ob nur bewegliche Anlageteile nicht aber das werthaltige Betriebsgrundstück[414] oder Schlüsselpatente[415] übertragen werden. Nur dann, wenn keine Hinweise auf ein fehlendes wirtschaftliches Potential beim Erwerber vorhanden sind, mag in dem allgemeinen Hinweis, „mit der xy- GmbH einen guten Vertragspartner gefunden zu haben; auch biete die Erfahrung der Geschäftsführer beste Voraussetzungen für eine erfolgreiche Fortsetzung", eine ausreichende Information über die wirtschaftlichen Folgen liegen.[416]

---

409 Vgl zum Ganzen BAG 13.7.2006 – 8 AZR 305/05 – NZA 2006, 1268.
410 BAG 13.7.2006 – 8 AZR 303/05 – NZA 2006, 1273.
411 BAG 22.6.2011 – 8 AZR 752/09 – NZA-RR 2012, 507; 24.7.2008 – 8 AZR 73/07 – AP § 613a BGB Nr 351; aA noch Bauer/v. Steinau-Steinrück ZIP 2002, 457, 463; Gaul FA 2002, 299, 300.
412 BAG 24.7.2008 – 8 AZR 73/07 – aaO.
413 BAG 31.1.2008 – 8 AZR 1116/06 – NZA 2008, 642.
414 BAG 31.1.2008 – 8 AZR 1116/06 – aaO.
415 BAG 23.7.2009 – 8 AZR 538/08 – NZA 2010, 89.
416 BAG 24.5.2005 – 8 AZR 398/04 – NZA 2005, 1302.

Nach der Gesetzesbegründung sollen sich auch die **sozialen Folgen** aus den Regelungen des § 613a Abs 1 bis 4 BGB ergeben.[417] Die konkrete Darlegung der Rechtsfolgen des Betriebsübergangs erfüllt deshalb im Regelfall die diesbezügliche Unterrichtungspflicht.[418] 165

Zu den hinsichtlich der Arbeitnehmer „**in Aussicht genommenen Maßnahmen**" (**Abs 5 Nr 4**) gehören der (zum Zeitpunkt der Unterrichtung geplante) Abschluss eines **Interessensausgleichs** und **Sozialplans** einschließlich der darin vorgesehenen Maßnahmen.[419] Nach der Begründung des Gesetzentwurfs gehören dazu ferner **Weiterbildungsmaßnahmen** im Zusammenhang mit vom Erwerber geplanten Produktionsumstellungen oder anderen Umstrukturierungen sowie sonstige Maßnahmen, die die berufliche Entwicklung der Arbeitnehmer betreffen.[420] Wird der Übergang des Betriebs bereits auf der Grundlage eines **Erwerberkonzepts** vollzogen, sind die dort vorgesehenen Maßnahmen darzulegen. 166

Zusammenfassung: Die Anforderungen des BAG an eine ordnungsgemäße Unterrichtung sind beträchtlich. Fehler können außerordentlich weitreichende Konsequenzen haben. **Die in Textform** zu erstellende Unterrichtung sollte deshalb möglichst umfassend erfolgen, aber – soweit entsprechende Kenntnisse vorhanden sind – jedenfalls folgende Mindestelemente enthalten: 167

- Name und Anschrift des Erwerbers,
- Zeitpunkt des Betriebsübergangs,
- Rechtsgrundlage des Betriebsübergangs (Unternehmenskaufvertrag etc) und tragende unternehmerische Erwägungen,
- Erläuterung des Eintritts in die Rechte und Pflichten aus dem Arbeitsverhältnis; Hinweis auf eine vorhandene/nicht vorhandene Tarifbindung des Erwerbers und Folgen für bisher geltende tarifvertragliche Regelungen; Hinweis auf die betriebsverfassungsrechtliche Situation nach dem Betriebsübergang und die Folgen für Betriebsvereinbarungen,
- Beschreibung der Haftungssituation und der Haftungsverteilung zwischen Veräußerer und Erwerber,
- Mitteilung der für die Entscheidung des Arbeitnehmers wirtschaftlich bedeutsamen Umstände und Risiken,
- Erläuterung des Kündigungsverbots nach § 613a Abs 4 BGB,
- Darstellung geplanter Maßnahmen ggf auf der Grundlage eines Erwerberkonzepts,
- Hinweis auf das Widerspruchsrecht, Form und Frist seiner Ausübung sowie der rechtlichen und tatsächlichen Folgen eines Widerspruchs,

---

417 BT-Drucks 14/7760 S 19.
418 So Bauer/v. Steinau-Steinrück ZIP 2002, 463; Gaul FA 2002, 299; darüber hinausgehend Meyer AuA 2002, 159, 160: kündigungsrechtliche Folgen eines Widerspruchs; Zusagen des Erwerbers über Kündigungsverzicht oÄ.
419 Gaul/Otto DB 2002, 634, 635.
420 BT-Drucks 14/7760 S 19.

- mittelbare Folgen des Widerspruchs (Kündigung, ggf Sozialplanansprüche),
- Verweis auf weitere Erläuterungen im Einzelfall bei Fragen/Unklarheiten.

168 **Hinweis:** Die schriftliche Unterrichtung sollte durch eine **Informationsveranstaltung** flankiert werden, in der noch offene Fragen erörtert werden können. Zwar genügen mündliche Informationen nicht dem Textformgebot des § 613a Abs 5 BGB; auch wird der gesetzlichen Unterrichtungspflicht nicht dadurch genügt, dass der Arbeitnehmer auf sonstige Art und Weise Kenntnis von mitteilungspflichtigen Umständen erhält.[421] Arbeitet aber ein Arbeitnehmer trotz umfassender mündlicher Information für den neuen Betriebsinhaber, kann der späten Ausübung des Widerspruchsrechts eher mit dem Einwand der Verwirkung begegnet werden.

169 **c) Adressaten der Informationspflicht.** Nach § 613a Abs 5 BGB müssen entweder der bisherige oder der neue Inhaber die betroffenen Arbeitnehmer unterrichten. Die Unterrichtung der Arbeitnehmer ist nach dem klaren Wortlaut der Norm eine **einklagbare Rechtspflicht** und nicht – entsprechend der Rechtsprechung des BAG zum alten Recht – reine Obliegenheit des Arbeitgebers.[422] Die Gegenauffassung verkennt, dass nicht nur der Arbeitgeber einen Rechtsnachteil erleidet, wenn er nicht informiert,[423] sondern auch die betroffenen Arbeitnehmer trotz des fortbestehenden Widerspruchsrechts ein berechtigtes Interesse an Planungssicherheit haben und sie deshalb im Zweifelsfall auch einen Anspruch auf Unterrichtung geltend machen können.

170 Sowohl der Veräußerer als auch der Erwerber schulden dem betroffenen Arbeitnehmer die Unterrichtung über den Betriebsübergang. Der Arbeitnehmer hat aber nur Anspruch auf eine vollständige Information. Zwischen dem Veräußerer und dem Erwerber besteht deshalb in Bezug auf die Erfüllung der Unterrichtungspflicht ein **Gesamtschuldverhältnis**[424] nach § 421 ff BGB. Die Unterrichtungspflicht nach § 613a Abs 5 BGB begründet zwischen beiden Adressaten der Unterrichtungspflicht ein gesetzliches Schuldverhältnis. Aus diesem Schuldverhältnis sind beide zur Mitwirkung an einer vollständigen Unterrichtung und insbesondere auch zu wechselseitiger Auskunft über die für die Unterrichtung relevanten Tatsachen aus der Sphäre der anderen Seite verpflichtet.[425] Ausreichend ist deshalb im Rahmen des Verwirkungseinwands auch, wenn nur einer der beiden möglichen Widerspruchsadressaten Kenntnis von Umständen hat, die zur Verwirkung des Widerspruchsrechts führen können.[426]

---

421 BAG 23.7.2009 – 8 AZR 538/08 – NZA 2010, 89.
422 BAG 20.3.2008 – 8 AZR 1022/06 – NZA 2008, 1297; 24.5.2005 – 8 AZR 398/04 – NZA 2005, 1302; ErfK/Preis § 613a BGB Rn 90; Gaul FA 2002, 299; Gaul/Otto DB 2002, 634, 639; Franzen RdA 2002 258, 262; aA Bauer/v. Steinau-Steinrück ZIP 2002, 457, 458; zum alten Recht: BAG 22.4.1993 – 2 AZR 313/92 – AP § 613a BGB Nr 102.
423 Bauer/v. Steinau-Steinrück ZIP 2002, 458.
424 So auch Gaul FA 2002, 299.
425 Willemsen/Lembke NJW 2002, 1159, 1162; ErfK/Preis § 613a BGB Rn 90.
426 BAG 27.11.2008 – 8 AZR 174/07 – NZA 2009, 552.

Die Verletzung von Pflichten aus diesem gesetzlichen Schuldverhältnis kann Ansprüche untereinander aus § 280 BGB auslösen, wenn sich eine Unterrichtung als unvollständig erweist, weil ein am Übergang des Betriebs beteiligter Arbeitgeber seinen Mitwirkungspflichten in Bezug auf eine vollständige Unterrichtung nicht nachgekommen ist. 171

Hinweis: Vollzieht sich der Betriebsübergang auf der Grundlage eines unmittelbaren Rechtsgeschäfts zwischen vorherigem und neuem Arbeitgeber, sollte die Pflicht zur wechselseitigen Information bzw der Ablauf der Unterrichtung der betroffenen Arbeitnehmer vertraglich geregelt werden. 172

d) Einzelfälle. Die gesetzliche Regelung über die Unterrichtung der Arbeitnehmer ist auf die typische Konstellation eines Betriebsübergangs durch unmittelbares Rechtsgeschäft zwischen Veräußerer und Erwerber zugeschnitten. Mit **hohem Risiko für den Veräußerer** behaftet sind Betriebsübergänge ohne direkte vertragliche Übertragung des Betriebs. Vor allem in Fällen der **Auftragsnachfolge im Dienstleistungsgewerbe** bei gleichzeitiger Übernahme eines wesentlichen Teils der früheren Belegschaft oder in den Fällen, in denen ein **Pächterwechsel** zu einem Übergang des Betriebs führt, stellt sich die Frage ordnungsgemäßer Unterrichtung der Arbeitnehmer.[427] Die Interessen des alten und des neuen Betriebsinhabers differieren dabei erheblich. Der Veräußerer weiß häufig nichts von einem Übergang „seines" Betriebs, weil er von einem Auftragsverlust und einer Einstellung des Betriebs(teils) ausgeht. Für den Fall eines Übergangs ist er an einer vollständigen Übertragung aller Arbeitsverhältnisse und damit an einer zeitnahen und vollständigen Unterrichtung interessiert. Dem Erwerber wird es darum gehen, zwar die Leistungsträger des vormaligen Auftraggebers, nicht aber sämtliche Arbeitnehmer übernehmen zu müssen. Er wird deshalb an einer Unterrichtung – schon gar der bereits gekündigten und ausgeschiedenen Mitarbeiter – nicht aktiv mitwirken wollen. Ihm wird es ferner darum gehen, die Widerspruchsbereitschaft der Arbeitnehmer zu erhöhen oder durch unvollständige Unterrichtung nicht benötigten Mitarbeitern zumindest die Option zur Ausübung des Widerspruchsrechts zu belassen.[428] Das Risiko einer unzureichenden oder unterbliebenen Information trägt dabei stets der vormalige Betriebsinhaber. 173

Eine vorsorgliche Information durch den früheren Betriebsinhaber über einen möglichen Betriebsübergang im Fall der Auftragsnachfolge auf einen noch nicht feststehenden Auftragsnachfolger genügt den Unterrichtungspflichten nicht und **löst die Frist zur Ausübung des Widerspruchs nicht aus**. Solange der „Erwerber" nicht feststeht, fehlt ein wesentliches Entscheidungskriterium für die betroffenen Arbeitnehmer. Die Unterrichtung ist bereits unvollständig. Es besteht zudem die Gefahr, dass die Mitteilung eines möglichen Betriebsübergangs den eigenen Kündigungsgrund der Stilllegung des Betriebs(teils) als zweifelhaft erscheinen lässt und zudem die betroffenen Arbeitnehmer ihrerseits zu – vorsorglichen – Widersprüchen gegen den möglichen Betriebsübergang animiert werden. 174

---

427 Vgl hierzu Holtkamp AuA 2002, 404 ff.
428 Zutr Holtkamp aaO S 408.

175 Zur **Unterrichtung verpflichtet** ist in dieser Situation in erster Linie der Erwerber (**Auftragsnachfolger**), der durch die Übernahme der Hauptbelegschaft den Übergang des Betriebs gerade ohne Mitwirkung des vormaligen Betriebsinhabers herbeigeführt hat. Der **frühere Auftragnehmer** hat in dieser Situation entweder einen **Anspruch auf Auskunftserteilung**, um selbst informieren zu können, oder aber auf **Unterrichtung der Arbeitnehmer durch den Erwerber**, um die Frist zur Ausübung des Widerspruchsrechts in Gang zu setzen und schließlich auf **Schadensersatz**, wenn eine unzulängliche Mitwirkung des Erwerbers Widersprüche auslöst, die zu einem Fortbestand von Arbeitsverhältnissen führen. Angesichts der vielfältigen und vor allem praktischen Umsetzungsprobleme wäre es sinnvoll gewesen, wenn der Gesetzgeber – unabhängig von der Unterrichtung – für die Ausübung des Widerspruchsrechts eine gesetzliche Höchstfrist gesetzt hätte. Zu der möglichen **Verwirkung des Widerspruchsrechts** nach § 242 BGB vgl Rn 149.

176 Ist der **Betriebsübergang** zwischen dem Arbeitnehmer und dem alten und/oder möglichen neuen Betriebsinhaber **streitig**, bedarf diese Frage vorrangig der Klärung. Da in dieser Konstellation der potenzielle Betriebsnachfolger bekannt ist, ist eine vorsorgliche Unterrichtung für den Fall der Feststellung eines Übergangs möglich.

177 e) **Form der Unterrichtung.** Die Unterrichtung muss in Textform (§ 126 b BGB) erfolgen. Damit ist die Unterrichtung per E-Mail, Telefax oder in Form von Fotokopien, nicht aber mündlich oder durch eine Informationsveranstaltung möglich.

178 **Hinweis:** Da durch den Zugang der Unterrichtung die Frist für die Ausübung des Widerspruchsrechts ausgelöst wird, sollte die Übergabe gegen Empfangsbestätigung bzw der Zugang in anderer Weise beweissicher erfolgen (Boten etc).

179 f) **Zeitpunkt der Unterrichtung.** Die Information nach § 613 a Abs 5 BGB hat vor dem Übergang des Betriebs zu erfolgen. Eine schuldhaft verzögerte Unterrichtung kann zwar – da die Unterrichtung eine Rechtspflicht gegenüber den Arbeitnehmern ist – grundsätzlich Schadensersatzansprüche der betroffenen Arbeitnehmer auslösen, doch wird die Kausalität zwischen verspäteter Unterrichtung und etwaigen Schadenspositionen (zB Ablehnung eines anderen Arbeitsplatzangebots) nur schwer zu belegen sein. Erfolgt die Unterrichtung erst nach einem Betriebsübergang – was in Fällen der Auftragsnachfolge die Regel sein dürfte –, so beginnt die Frist für die Ausübung des Widerspruchsrechts auch erst mit dem Zugang der Unterrichtung.[429]

180 **Hinweis:** Das Gesetz schreibt den frühestmöglichen Zeitpunkt einer Unterrichtung nicht vor. Um rechtzeitig vor dem geplanten Übergang des Betriebs Planungssicherheit zu erlangen, sollte die Information der betroffenen Arbeitnehmer so frühzeitig wie möglich erfolgen, damit die Frist zur Ausübung des Widerspruchsrechts bis zum Übergang verstrichen ist.

---

429 BT-Drucks 14/7760 S 20; Willemsen/Lembke NJW 2002, 1159, 1163; ErfK/Preis § 613 a BGB Rn 92.

g) Darlegungs- und Beweislast für die ordnungsgemäße Unterrichtung. 181
Veräußerer und Erwerber sind für die Erfüllung der Unterrichtungspflicht darlegungs- und beweispflichtig. Allerdings ist es Sache des Arbeitnehmers, einen Mangel näher darzulegen, wenn eine Unterrichtung zunächst formal den Anforderungen des § 613a Abs 5 BGB entspricht und nicht offensichtlich fehlerhaft ist.[430] Nur die konkreten Einwände haben die Unterrichtungsverpflichteten sodann mit der entsprechenden Darlegung und einem Beweisantritt zu entkräften.

3. Ausübung des Widerspruchsrechts (§ 613a Abs 6 BGB)

a) **Grundsätze.** Das Widerspruchsrecht ist ein **Gestaltungsrecht**.[431] Der 182
Widerspruch verhindert den ansonsten gesetzlich angeordneten Schuldnerwechsel im Fall eines Betriebsübergangs. Die Ausübung des Widerspruchsrechts ist – wie bei anderen Gestaltungsrechten auch – **bedingungsfeindlich**, weil dem Erklärungsempfänger keine Ungewissheit und kein Schwebezustand zugemutet werden kann.[432] Der Arbeitnehmer kann deshalb seinen Widerspruch nicht unter die Bedingung stellen, dass ihm nicht gekündigt wird.[433] Der Widerspruch unterliegt als Willenserklärung den **Anfechtungsmöglichkeiten** der §§ 119, 123 BGB.[434] Ein auf der Grundlage bewusst falscher Informationen erklärter Widerspruch kann deshalb nach § 123 BGB angefochten werden.

Der Widerspruch des Arbeitnehmers gegen den Betriebsübergang kann 183
durch Vertrag ausgeschlossen werden.[435] Dies gilt einschränkungslos dann, wenn der Verzicht im Zusammenhang mit einem bevorstehenden Betriebsübergang vereinbart wird, da es in der Sache keinen Unterschied macht, ob positiv der Übergang des Arbeitsverhältnisses vereinbart wird oder negativ auf die Ausübung des Widerspruchsrechts verzichtet und das Arbeitsverhältnis kraft Gesetzes übergeleitet wird; allerdings ist ein bereits im Vorhinein arbeitsvertraglich vereinbarter Verzicht auf einen Widerspruch unzulässig.[436]

b) **Form und Frist.** Der Widerspruch unterliegt dem **Schriftformgebot** des 184
§ 126 BGB. Der Arbeitnehmer muss den Widerspruch deshalb eigenhändig unterzeichnen. Der Widerspruch muss in dieser Form dem Erklärungsempfänger auch zugehen.[437] Ein konkludenter Widerspruch, wie ihn das BAG vor der Einführung des § 613a Abs 5 und 6 BGB für möglich erachtet hat[438] (zB in Form einer Weigerung, für den neuen Betriebsinhaber zu ar-

---

430 BAG 24.7.2008 – 8 AZR 202/07 – AP § 613a BGB Nr 352; 13.6.2006 – 8 AZR 305/05 – NZA 2006, 1268.
431 KR/Treber § 613a BGB Rn 111.
432 BGH 21.3.1986 – V ZR 23/85 – BGHZ 97, 267; ErfK/Preis § 613a BGB Rn 97.
433 Zutr ErfK/Preis § 613a BGB Rn 97.
434 KR/Treber § 613a BGB Rn 111; Franzen RdA 2002, 258, 267.
435 BAG 19.3.1998 – 8 AZR 139/97 – AP § 613a BGB Nr 177; ErfK/Preis § 613a BGB Rn 102.
436 KR/Treber § 613a BGB Rn 115; ErfK/Preis § 613a BGB Rn 102; vgl Franzen RdA 2002, 268.
437 BAG 13.7.2006 – 8 AZR 382/05 – NZA 2006, 1406.
438 BAG 24.4.1989 – 2 AZR 431/88 – NZA 1990, 32.

beiten), ist damit nicht mehr möglich. Nicht eindeutige Erklärungen sind nach §§ 133, 157 BGB auszulegen.

185 Der Widerspruch bedarf **keines sachlichen Grundes**[439] und **keiner Begründung**. Nur in engen Grenzen kann die Ausübung des Widerspruchsrechts rechtsmissbräuchlich sein.[440] Dies gilt auch im Fall der Ausübung durch eine Mehrheit von Arbeitnehmern. Ein kollektiver Widerspruch kann nur dann nach § 242 BGB rechtsmissbräuchlich und daher unwirksam sein, wenn er dazu eingesetzt wird, andere Zwecke als die Sicherung der arbeitsvertraglichen Rechte und die Beibehaltung des bisherigen Arbeitgebers herbeizuführen.[441] Zu den Rechtsfolgen eines Widerspruchs „ohne" Grund im Rahmen der Sozialauswahl vgl Rn 193 ff.

186 Der Widerspruch kann nach § 613 a Abs 6 Satz 2 BGB sowohl **gegenüber dem alten als auch gegenüber dem neuen Arbeitgeber** erklärt werden. Aus dem zwischen beiden bestehenden gesetzlichen Schuldverhältnis nach § 426 BGB sind sie wechselseitig zur Information über die Ausübung des Widerspruchsrechts verpflichtet.[442]

187 Der Widerspruch muss **innerhalb eines Monats nach Zugang der Unterrichtung** erfolgen. Die Frist berechnet sich nach §§ 187 Abs 1, 188 Abs 2 BGB.

Beispiel: Geht die Unterrichtung dem Arbeitnehmer am 15. November zu, kann er bis zum 15. Dezember dem Übergang seines Arbeitsverhältnisses widersprechen.

188 **c) Rechtsfolgen.** Der frist- und formgerecht erklärte Widerspruch verhindert den Eintritt der in § 613 a Abs 1 Satz 1 BGB angeordneten Rechtsfolge des Übergangs des Arbeitsverhältnisses und bewirkt den Fortbestand mit dem bisherigen Arbeitgeber.[443] Erfolgt der Widerspruch zulässigerweise nach dem bereits erfolgten Betriebsübergang, wird das mit dem Erwerber entstandene Arbeitsverhältnis beendet und das Arbeitsverhältnis mit dem Veräußerer rückwirkend wieder hergestellt.[444]

189 **aa) Kündigung nach Widerspruch.** Die Ausübung des Widerspruchsrechts ist für den Arbeitnehmer mit erheblichen Risiken verbunden, da der Übergang des Arbeitsplatzes idR zu einem **Personalüberhang** beim Betriebsveräußerer und der damit verbundenen Gefahr einer betriebsbedingten Kündigung führt. Die wegen des Überhangs an Arbeitskräften ausgesprochene Kündigung ist nicht unwirksam nach § 613 a Abs 4 BGB. Sie wird nicht wegen des Betriebsübergangs, sondern wegen fehlender Beschäftigungsmöglichkeiten nach einem Widerspruch ausgesprochen.[445]

---

439 BAG 30.9.2004 – 8 AZR 462/03 – NZA 2005, 43; 15.8.2002 – 2 AZR 195/01 – AP § 613 a BGB Nr 241; 19.3.1998 – 8 AZR 139/97 – AP § 613 a BGB Nr 177; Kittner/Zwanziger/Deinert/Bachner ArbR Hdb § 96 Rn 31; Franzen RdA 2002, 258, 263.
440 BAG 19.2.2009 – 8 AZR 176/08 – NZA 2009, 1095.
441 BAG 30.9.2004 – 8 AZR 462/03 – NZA 2005, 43.
442 ErfK/Preis § 613 a BGB Rn 99.
443 BAG 19.3.1998 – 8 AZR 139/97 – AP § 613 a BGB Nr 177.
444 BAG 13.7.2006 – 8 AZR 305/05 – NZA 2006, 1268; 22.4.1993 – 2 AZR 50/92 – AP § 613 a BGB Nr 103.
445 BAG 24.2.2000 – 8 AZR 145/99 – EzS 2/107.

Die gegenüber einem widersprechenden Arbeitnehmer ausgesprochene betriebsbedingte Kündigung ist vielmehr sozial gerechtfertigt nach § 1 Abs 2 KSchG,[446] sofern neben dem im Regelfall vorliegenden Wegfall des Beschäftigungsbedürfnisses die weiteren Voraussetzungen einer betriebsbedingten Kündigung – fehlende anderweitige Beschäftigungsmöglichkeit und ordnungsgemäße Sozialauswahl – erfüllt sind.

190

(1) Anderweitige Beschäftigungsmöglichkeiten. Bestehen zum Zeitpunkt der Kündigung anderweitige Beschäftigungsmöglichkeiten auf freien Arbeitsplätzen, ist eine gleichwohl ausgesprochene Kündigung unwirksam.[447] Nach Auffassung des BAG kann der Arbeitgeber sich auf fehlende Weiterbeschäftigungsmöglichkeiten dann nicht berufen, wenn er diesen Zustand selbst treuwidrig herbeigeführt hat.[448] Treuwidrigkeit liegt nach dieser Rechtsprechung bereits dann vor, wenn der Arbeitgeber mit einem Widerspruch des Arbeitnehmers rechnen muss und dennoch den Arbeitsplatz mit einem anderen Mitarbeiter besetzt.[449] Dies soll jedenfalls innerhalb des Zeitraums zwischen der Unterrichtung nach § 613a Abs 5 BGB und dem Ablauf der Widerspruchsfrist des § 613a Abs 6 BGB[450] gelten. Ergeben sich in dieser Zeitspanne zumutbare Weiterbeschäftigungsmöglichkeiten, muss der Arbeitgeber diese Arbeitsplätze den von dem Betriebsübergang betroffenen Arbeitnehmern anbieten[451] und dabei ggf eine Auswahl nach sozialen Gesichtspunkten vornehmen.[452]

191

Diese Rechtsprechung ist außerordentlich weitgehend. Die bloße Möglichkeit eines Widerspruchs rechtfertigt es nicht, die Besetzung einer freien Stelle mit einem anderen Mitarbeiter mit dem Stempel der „Treuwidrigkeit" zu versehen und den Arbeitgeber zu verpflichten, diesen Arbeitsplatz zunächst den von einem Betriebsübergang betroffenen Mitarbeitern anzubieten. Anderes kann nur dann gelten, wenn der Arbeitnehmer die Ausübung des Widerspruchsrechts bereits angekündigt hat.

192

(2) Sozialauswahl nach Widerspruch. Entsteht durch die Ausübung des Widerspruchsrechts ein Personalüberhang, stellt sich in den Fällen, in denen der Betriebsveräußerer seine Betriebstätigkeit nicht vollständig eingestellt hat (Betriebsteilübergang), die Frage der **ordnungsgemäßen Sozialauswahl** nach § 1 Abs 3 KSchG. Das BAG wandte zunächst die Grundsätze der Sozialauswahl im Fall eines Widerspruchs nur eingeschränkt an, weil der widersprechende Arbeitnehmer seine bisherige Arbeitsmöglichkeit aus freien Stücken aufgegeben hatte und erst dadurch ein dringendes betriebliches Erfordernis für die Kündigung geschaffen wurde. Die Sozialauswahl konnte nach dieser Rechtsprechung nur dann zu Lasten desjenigen Arbeit-

193

---

446 BAG 24.2.2000 – 8 AZR 145/99 – EzS 2/107; Kiel/Koch Die betriebsbedingte Kündigung Rn 493; ErfK/Preis § 613a BGB Rn 106.
447 St Rspr; BAG 15.8.2002 – 2 AZR 195/01 – AP § 613a BGB Nr 241.
448 Rechtsgedanke des § 162 BGB; vgl BAG 25.4.2002 – 2 AZR 260/01 – AP § 1 KSchG 1969 Betriebsbedingte Kündigung Nr 121; 15.8.2002 – 2 AZR195/01 – aaO.
449 BAG 15.8.2002 – 2 AZR 195/01 – aaO.
450 BAG 15.8.2002 – 2 AZR 195/01 – aaO (offengelassen für den Zeitraum vor der Unterrichtung).
451 BAG 15.8.2002 – 2 AZR 195/01 – aaO.
452 BAG 25.4.2002 – 2 AZR 260/01 – aaO.

nehmers ausfallen, der die Möglichkeit der Fortsetzung des Arbeitsverhältnisses bei dem Erwerber nicht hatte, wenn es **berechtigte Gründe für den Widerspruch** des anderen Arbeitnehmers gegen den Übergang seines Arbeitsverhältnisses gab.[453]

194 An dieser Rechtsprechung konnte jedenfalls nach der uneingeschränkten Kodifizierung des Widerspruchsrechts in § 613a Abs 6 BGB und nach abschließender Benennung der Auswahlkriterien in § 1 Abs 3 KSchG nicht festgehalten werden. Dafür fehlt es an einer Rechtsgrundlage. Der Gesetzgeber hat die Ausübung des Widerspruchsrechts nicht von dem Vorliegen „berechtigter" Gründe abhängig gemacht. Er hat auch keine einschränkenden Folgeregelungen im Rahmen von § 1 Abs 3 KSchG etwa dergestalt getroffen, dass widersprechende Arbeitnehmer sich nur unter bestimmten Voraussetzungen auf eine fehlerhafte Sozialauswahl berufen können. In Anbetracht der zur Zeit des Gesetzgebungsverfahrens bereits bekannten Problematik ist auch die Annahme einer planwidrigen Regelungslücke[454] fernliegend. Das BAG hat deshalb zutreffend seine Rechtsprechung geändert. Auch die Arbeitnehmer, die einem Übergang ihres Arbeitsverhältnisses auf den Betriebserwerber nach § 613a Abs 6 BGB widersprochen haben, können sich bei einer nachfolgenden, vom Betriebsveräußerer erklärten Kündigung auf eine mangelhafte Sozialauswahl nach § 1 Abs 3 Satz 1 KSchG berufen, ohne dass es darauf ankommt, ob es anerkennenswerte Gründe für die Ausübung des Widerspruchsrechts gegeben hat.[455]

195 bb) **Vergütungsansprüche nach Widerspruch.** Die Ausübung des Widerspruchsrechts kann auch **Rechtsnachteile** für den widersprechenden Arbeitnehmer mit sich bringen. Beschäftigt der vormalige Betriebsinhaber den Arbeitnehmer nach einem erfolgten Widerspruch nicht, gerät er zwar in Annahmeverzug nach § 615 Abs 1 BGB; allerdings muss sich der Arbeitnehmer nach § 615 Satz 2 BGB ggf **unterlassenen Arbeitsverdienst beim Erwerber anrechnen** lassen.[456]

196 cc) **Sozialplananspüche und Widerspruch.** Sind nach den Regelungen eines Sozialplans solche Arbeitnehmer nicht anspruchsberechtigt, die einen angebotenen zumutbaren Arbeitsplatz nicht angenommen haben, so gilt dies auch für Arbeitnehmer, die einem Übergang ihres Arbeitsverhältnisses widersprechen,[457] da die Weiterarbeit bei einem Betriebserwerber idR zumutbar ist. Es ist auch nicht zu beanstanden, wenn Tarifvertragsparteien Arbeitnehmer, die dem Übergang ihres Arbeitsverhältnisses widersprechen und denen deshalb gekündigt wird, von Abfindungszahlungen ausnehmen.[458] Eine solche Differenzierung in einem Tarifvertrag oder einer Be-

---

453 BAG 18.3.1999 – 8 AZR 190/98 – DB 1999, 1805; 24.2.2000 – 8 AZR 145/99 – EzS 2/107; 21.3.1996 – 2 AZR 559/95 – AP § 102 BetrVG 1972 Nr 81; so auch Kiel/Koch Die betriebsbedingte Kündigung Rn 495; ErfK/Preis § 613a BGB Rn 108; Franzen RdA 2002, 258, 269; Kittner/Zwanziger/Deinert/Bachner ArbR Hdb § 96 Rn 32.
454 So aber Franzen RdA 2002, 269.
455 BAG 31.5.2007 – 2 AZR 276/06 – NZA 2008, 33.
456 BAG 19.3.1998 – 8 AZR 139/97 – AP § 613a BGB Nr 177.
457 BAG 5.2.1997 – 10 AZR 553/96 – EzA § 112 BetrVG Nr 92.
458 BAG 10.11.1993 – 4 AZR 184/93 – AP § 1 TVG Tarifverträge: Einzelhandel Nr 43.

triebsvereinbarung verstößt nicht gegen den Gleichbehandlungsgrundsatz, weil sie an den fehlenden Ausgleichsbedarf des widersprechenden Arbeitnehmers anknüpft.[459]

Hinweis: Zur Meidung von Rechtsnachteilen sollten von einem Betriebsübergang betroffene Arbeitnehmer nur nach sorgfältiger Überlegung und Prüfung von ihrem Widerspruchsrecht Gebrauch machen und diesen nur dann ernstlich in Erwägung ziehen, wenn es stichhaltige Gründe dafür gibt und wesentliche Nachteile beim Übergang des Arbeitsverhältnisses drohen (drohende Kündigung auch beim Betriebserwerber, erkennbar fehlende Solvenz des Erwerbers). 197

VI. Prozessuale Verhaltensweisen
1. Klagegegner

In der Situation eines Betriebsübergangs sind verschiedene prozessuale Szenarien denkbar, wenn im Zusammenhang mit dem Übergang Kündigungen angegriffen und Ansprüche auf Weiterbeschäftigung, Annahmeverzug etc geltend gemacht werden sollen: 198

a) **Kündigungsschutzklage.** Wird die **Kündigung vor einem Betriebsübergang** von dem bisherigen Betriebsinhaber (bzw dem Insolvenzverwalter über dessen Vermögen) ausgesprochen, ist der **bisherige Betriebsinhaber** für die Kündigungsschutzklage grundsätzlich **passiv legitimiert**.[460] Die gilt sowohl dann, wenn sich der Betriebsübergang nach Rechtshängigkeit der Kündigungsschutzklage vollzieht als auch dann, wenn die Klage erst nach dem Betriebsübergang erhoben wird. Der Arbeitgeber, der das Arbeitsverhältnis vor dem Betriebsübergang gekündigt hat, ist für die gerichtliche Klärung der Wirksamkeit der Kündigung auch nach einem Betriebsübergang passiv legitimiert.[461] 199

Kommt es während des Prozesses zu einem Betriebsübergang, so wird der Prozess gegen den bisherigen Arbeitgeber grundsätzlich fortgesetzt. Der alte Betriebsinhaber bleibt nach § 265 Abs 2 ZPO analog prozessführungsbefugt. **Der neue Betriebsinhaber muss** ein **obsiegendes Urteil** im Kündigungsschutzprozess **gegen sich nach § 325 ZPO gelten lassen**.[462] Auch ein Weiterbeschäftigungstitel wirkt nach einer Rechtsnachfolge gegen den neuen Betriebsinhaber. 200

Die **Zwangsvollstreckung** aus einem gegen den bisherigen Arbeitgeber titulierten Weiterbeschäftigungs- oder Zahlungstitel **gegen den neuen Betriebsinhaber** gestaltet sich allerdings problematisch, da eine Titelumschreibung nur unter den engen Voraussetzungen des § 727 ZPO (Offenkundigkeit bzw öffentliche oder öffentlich beglaubigte Urkunden) möglich ist und in einer Klage auf Erteilung der Vollstreckungsklausel nach § 731 ZPO der Betriebsübergang bewiesen werden muss. 201

---

459 Zutr Kittner/Zwanziger/Deinert/Bachner ArbR Hdb § 96 Rn 33.
460 BAG 18.4.2002 – 8 AZR 347/01 – ZInsO 2002, 1198.
461 BAG 18.3.1999 – 8 AZR 306/98 – EzA § 613 a BGB Nr 179; ErfK/Preis § 613 a BGB Rn 174; KR/Treber § 613 a BGB Rn 205.
462 BAG 18.3.2002 – 8 AZR 347/01 – ZInsO 2002, 1198; HWK/Willemsen/Müller-Bonanni § 613 a BGB Rn 369.

202 Die Rechtskraftwirkung erstreckt sich bei einem obsiegenden Kündigungsschutzurteil gegen den bisherigen Arbeitgeber nicht auf das Vorliegen eines Betriebsübergangs. Das Urteil bindet den (vermeintlich) neuen Arbeitgeber auch dann nicht im Hinblick auf das Vorliegen eines Betriebsübergangs, wenn die Kündigung nach § 613 a Abs 4 BGB für unwirksam erklärt wurde. Streitgegenstand ist lediglich die Frage der Unwirksamkeit der Kündigung, nicht des Übergangs des Arbeitsverhältnisses. Soll neben der Unwirksamkeit der Kündigung gleichzeitig auch der Übergang des Arbeitsverhältnisses festgestellt werden, muss gegenüber dem neuen Arbeitgeber Klage auf Feststellung geführt werden, dass zwischen den Parteien ein Arbeitsverhältnis besteht. Beide Klagen können in subjektiver Klagehäufung verbunden werden; es entsteht nach der Rechtsprechung des BAG keine notwendige Streitgenossenschaft nach § 62 ZPO, so dass die Kündigungsschutzklage nicht Gegenstand des Berufungsverfahrens wird, wenn nur der neue Arbeitgeber gegen die Feststellung des Übergangs des Arbeitsverhältnisses Berufung einlegt.[463]

203 Die Rechtskraftwirkung eines obsiegenden Kündigungsschutzurteils erstreckt sich auch dann nicht auf den rechtsnachfolgenden Betriebsübernehmer, wenn die Klage erst nach Betriebsübergang erhoben wurde, weil § 325 ZPO Rechtsnachfolge nach Rechtshängigkeit voraussetzt.[464]

204 **Hinweis:** Es ist unbedingt zu empfehlen, den Betriebsübernehmer zumindest mit einer Feststellungsklage auf Fortbestand des Arbeitsverhältnisses nach einem Betriebsübergang in den Prozess mit einzuziehen. Die Klagerweiterung auf den Übernehmer ist wegen der vollstreckungsrechtlichen Schwierigkeiten aber auch dann geboten, wenn – primäres oder sekundäres – Klageziel die Auflösung des Arbeitsverhältnisses gegen Zahlung einer Abfindung ist. Der bisherige Betriebsinhaber trägt in einer Betriebsübergangssituation kein wirtschaftliches Risiko. Im Fall der Unwirksamkeit der Kündigung können Annahmeverzugsansprüche nach Betriebsübergang nur gegenüber dem neuen Betriebsinhaber realisiert werden. Neben der Feststellungsklage sollten deshalb (Weiter) Beschäftigungsanträge und Ansprüche aus Annahmeverzug gegen den neuen Betriebsinhaber gerichtet werden.

205 Wird die **Kündigung durch den bisherigen Betriebsinhaber nach einem Betriebsübergang** ausgesprochen, kann diese Kündigung das auf den neuen Betriebsinhaber übergegangene Arbeitsverhältnis zwar nicht auflösen; eine gegen den bisherigen Betriebsinhaber gerichtete Kündigungsschutzklage ist aber unschlüssig, weil nach der punktuellen Streitgegenstandstheorie das Bestehen des Arbeitsverhältnisses zum Zeitpunkt der Kündigung Voraussetzung für eine schlüssige Kündigungsschutzklage ist.[465] Lässt sich der Betriebsveräußerer allerdings dahingehend ein, es habe gar keinen Betriebsübergang gegeben, kann der Arbeitnehmer sich diesen Vortrag hilfsweise zu Eigen machen und seine Klage hierauf stützen.[466] Im Übrigen bleibt gegen den kündigenden (Nicht)Arbeitgeber nur die **Möglichkeit einer negati-**

---

463 BAG 4.3.1993 – 2 AZR 507/92 – NZA 1994, 260.
464 BAG 18.3.1999 – 8 AZR 306/98 – EzA § 613 a BGB Nr 179.
465 BAG 26.7.2007 – 8 AZR 769/06 – NZA 2008, 112; 20.3.2003 – 8 AZR 312/02 – NZA 2003, 1338; 18.4.2002 – 8 AZR 346/01 – NZA 2002, 1207.
466 BAG 26.7.2007 – 8 AZR 769/06 – aaO.

ven Feststellungsklage nach § 256 ZPO auf Feststellung, dass ein Arbeitsverhältnis zwischen den Parteien zum Zeitpunkt des Zugangs der Kündigung nicht bestanden hat.

Kündigt der neue Betriebsinhaber, ist dieser passiv legitimiert für die Kündigungsschutzklage. Kündigt der neue Betriebsinhaber, bevor der Übergang des Betriebs vollzogen wurde, gilt nichts anderes als in der umgekehrten Konstellation. 206

b) **Auflösungsantrag.** Die Auflösung des Arbeitsverhältnisses nach § 9 KSchG ist regelmäßig gegen den Arbeitgeber zu betreiben, der die Kündigung ausgesprochen hat. Wird der Auflösungsantrag **nach erfolgtem Betriebsübergang** gestellt und liegt der gesetzliche Auflösungszeitpunkt des § 9 Abs 2 KSchG nach dem Übergang des Arbeitsverhältnisses, ist hierfür nicht mehr der alte, sondern der neue Betriebsinhaber passiv legitimiert.[467] Aufgelöst werden soll das mit dem neuen Arbeitgeber bestehende Arbeitsverhältnis. Liegt der gesetzliche Auflösungszeitpunkt jedoch vor dem Übergang des Betriebs, ist der Auflösungsantrag gegen den Betriebsveräußerer zu richten. Auch in Bezug auf den **Auflösungsantrag des Arbeitgebers** ist maßgebend, ob der gesetzliche Auflösungszeitpunkt vor dem Übergang des Betriebs liegt – dann ist der Betriebsveräußerer aktivlegitimiert für einen Auflösungsantrag[468] – oder nach dem Übergang – dann ist der Erwerber antragsbefugt. 207

Nicht entschieden ist, ob § 265 ZPO zur Anwendung kommt, wenn der Auflösungsantrag **vor dem Betriebsübergang** gegen den bisherigen Betriebsinhaber gestellt wird.[469] Dies ist nach hier vertretener Ansicht zu verneinen. Streitgegenstand ist die Auflösung des Arbeitsverhältnisses zum ordentlichen Kündigungstermin. Besteht das Arbeitsverhältnis zu diesem Zeitpunkt mit dem bisherigen Betriebsinhaber nicht mehr, ist ein gegen diesen gerichteter Auflösungsantrag nicht mehr möglich.[470] Es kommt hinzu, dass der materiell-rechtliche Maßstab für die Auflösung die Unzumutbarkeit der Fortsetzung des Arbeitsverhältnisses ist. Abgestellt wird auf den Zeitpunkt der Entscheidung.[471] Gründe für die Unzumutbarkeit der Fortsetzung, die aus dem Verhältnis zum Veräußerer herrühren, können nach einem Übergang eine Auflösung des Arbeitsverhältnisses mit dem Erwerber regelmäßig nicht mehr rechtfertigen. Der Erwerber ist deshalb passiv legitimiert für den Auflösungsantrag, wenn der Auflösungszeitpunkt zeitlich nach dem Betriebsübergang liegt. 208

Denkbar ist, dass der die Auflösung betreibende Arbeitnehmer dem Übergang seines Arbeitsverhältnisses widerspricht, weil er die im Verhältnis zum Veräußerer liegenden Auflösungsgründe nicht verlieren will. Da dem Arbeitnehmer das Widerspruchsrecht ohne Begründungszwang eingeräumt wird, ist eine solche prozessuale Verhaltensweise vorstellbar und grund- 209

---

467 BAG 20.3.1997 – 8 AZR 769/95 – AP § 9 KSchG Nr 30; HWK/Willemsen/Müller-Bonanni § 613 a BGB Rn 375; ErfK/Preis § 613 a BGB Rn 176.
468 BAG 24.5.2005 – 8 AZR 246/04 – AP § 613 a BGB Nr 282.
469 HWK/Willemsen/Müller-Bonanni § 613 a BGB Rn 375; s auch KR/Treber § 613 a BGB Rn 208.
470 Vgl KR/Treber § 613 a BGB Rn 208.
471 KR/Spilger § 9 KSchG Rn 40.

sätzlich nicht zu beanstanden; allenfalls bei der Höhe der Abfindung mag die potenziell bestehende Fortsetzungsmöglichkeit bei dem neuen Betriebsinhaber mindernd Berücksichtigung finden.

210 **c) Sonstige Anträge.** Verzugsansprüche sind nach einem Betriebsübergang gegen den neuen Betriebsinhaber geltend zu machen, ebenso wie Weiterbeschäftigungsansprüche oder ggf Ansprüche auf Fortsetzung des Arbeitsverhältnisses nach betriebsbedingter Kündigung und späterem Betriebsübergang.

211 Feststellungsklage gegen einen vermeintlichen neuen Betriebsinhaber auf Bestehen eines Arbeitsverhältnisses kann auch erhoben werden, wenn die gegenseitigen Rechte und Pflichten, zB in der Elternzeit, ruhen. Trotz ruhender Hauptleistungspflichten besteht das erforderliche Interesse nach § 256 Abs 1 ZPO an der Feststellung des Arbeitsverhältnisses.[472]

212 **d) Unklare oder streitige Betriebsübergangssituation.** Problematisch ist die Stellung sachgerechter Anträge ferner, wenn das Vorliegen eines Betriebsübergangs streitig ist. In dieser Situation weiß der Arbeitnehmer möglicherweise nicht, ob der kündigende Arbeitgeber auch kündigungsberechtigt war. Eine eventuelle subjektive Klagehäufung, mit der ein Beklagter nur hilfsweise in Anspruch genommen wird, ist unzulässig. Hilfsanträge sind nur zulässig, wenn sie unter einer innerprozessualen Bedingung stehen. Das ist bei einer eventuellen subjektiven Klagehäufung nicht der Fall. Es darf nicht bis zum Ende des Rechtsstreits in der Schwebe bleiben, ob gegen einen von mehreren Beklagten überhaupt Klage erhoben wird.[473] Insoweit muss der Arbeitnehmer, der von einer fehlenden Kündigungsbefugnis ausgeht, den kündigenden Arbeitgeber mit dem Hauptantrag (negativ) auf Feststellung verklagen, dass kein Arbeitsverhältnis zum Kündigungszeitpunkt bestanden hat und mit dem Hilfsantrag Kündigungsschutzklage gegen ihn führen. Gegen den weiteren (potenziell) Arbeitgeber kann ggf auf Feststellung geklagt werden, dass zu ihm ein ungekündigtes Arbeitsverhältnis besteht.

2. Klageanträge

213 Regelmäßig sollten in einer Betriebsübergangssituation die Klaganträge wie folgt kombiniert werden:

Grundmuster:

Kündigungsschutzantrag gegen den bisherigen Betriebsinhaber:

▶ Festzustellen, dass das Arbeitsverhältnis zwischen den Parteien durch die Kündigung vom... nicht aufgelöst worden ist. ◀

Feststellungsantrag gegen den neuen Betriebsinhaber:

▶ Festzustellen, dass das zwischen dem Kläger und dem Beklagten zu 1 (bisheriger Arbeitgeber) begründete Arbeitsverhältnis zwischen dem Kläger und dem Beklagten zu 2 fortbesteht. ◀

---

472 BAG 2.12.1999 – 8 AZR 796/98 – AP § 613 a BGB Nr 188.
473 BAG 23.2.2010 – 2 AZR 720/08.

Weiterbeschäftigungsantrag gegen den neuen Betriebsinhaber:
▶ Den Beklagten zu 2 zu verurteilen, den Kläger zu unveränderten Arbeitsbedingungen nach Maßgabe des Arbeitsvertrages vom ... als ... bis zum rechtskräftigen Abschluss des Verfahrens weiter zu beschäftigen. ◀

Zahlungsantrag auf Annahmeverzug gegen den neuen Betriebsinhaber:
▶ Den Beklagten zu 2 zu verurteilen, an den Kläger EUR... zzgl Zinsen iHv fünf Prozentpunkten über dem Basiszinssatz seit dem ... (jeweils kalendarische Fälligkeit) zu zahlen. ◀

Anträge bei Bedarf:

Erteilung eines Zwischenzeugnisses gegen den alten Betriebsinhaber:
▶ Den Beklagten zu 1 zu verurteilen, dem Kläger ein qualifiziertes Zwischenzeugnis zu erteilen. ◀

Auflösungsantrag gegen den neuen Betriebsinhaber (bei Auflösungszeitpunkt nach Betriebsübergang):
▶ Das zwischen dem Kläger und dem Beklagten zu 1 zum... begründete und seit dem... mit dem Beklagten zu 2 bestehende Arbeitsverhältnis zum... (Zeitpunkt der Beendigung bei sozial gerechtfertigter Kündigung) aufzulösen und den Beklagten zu 2 zu verurteilen, an den Kläger eine angemessene Abfindung zu zahlen. ◀

Wiedereinstellungsantrag gegen den neuen Betriebsinhaber:
▶ Hilfsweise (zum Kündigungsschutzantrag), den Beklagten zu 2 zu verurteilen, den Kläger zu unveränderten Arbeitsbedingungen nach Maßgabe des Arbeitsvertrags vom... zum..., hilfsweise ab Rechtskraft der Entscheidung wiedereinzustellen (vgl Rn 133 ff). ◀

Hinweis: Der Wiedereinstellungs- und Fortsetzungsantrag sollte regelmäßig als Hilfsantrag für den Fall gestellt werden, dass das Arbeitsverhältnis nicht bereits nach unwirksamer Kündigung und Übergang des Betriebs zwischen dem Arbeitnehmer und dem neuen Betriebsinhaber fortbesteht. Ist der genaue Termin der Betriebsübernahme unbekannt, sollte ein konkretes Datum in den Feststellungsantrag gegen den neuen Betriebsinhaber nicht aufgenommen werden, weil die Gefahr der Klagabweisung besteht, wenn der Übergang zu einem anderen Zeitpunkt vollzogen wurde. Annahmeverzugsansprüche müssen auf konkrete Zeiträume bezogen geltend gemacht werden.

VII. Betriebsübergang in der Insolvenz

§ 613 a BGB findet in der Insolvenz **Anwendung**. Dies ergibt sich aus § 128 Abs 2 InsO, der die Vermutungswirkung des § 125 Abs 1 Satz 1 Nr 1 InsO auch auf § 613 a Abs 4 BGB erstreckt und deshalb von einer grundsätzlich Anwendbarkeit der Norm ausgeht. **Besonderheiten** bestehen in der Insolvenz wie schon unter der Regie der Konkursordnung für die Haftungsverteilung zwischen Schuldnerin und Erwerber.[474]

Der kündigungsschutzrechtliche Bestandsschutz der Arbeitnehmer wird durch die Eröffnung des Insolvenzverfahrens nicht berührt. Bei einer Kündigung des Insolvenzverwalters muss nach § 113 Abs 2 InsO wie nach § 4

---

[474] BAG 20.6.2002 – 8 AZR 459/01 – AP § 113 InsO Nr 10.

KSchG in der ab 1.1.2004 geltenden Fassung Klage auch dann innerhalb von 3 Wochen erhoben werden, wenn der Arbeitnehmer die Unwirksamkeit der Kündigung nach 613a Abs 4 BGB geltend machen will. Wiedereinstellungsansprüche nach Ablauf der Kündigungsfrist bestehen in der Insolvenz nicht.[475]

217 § 128 Abs 1 InsO erleichtert Betriebsübergänge und dient damit dem Erhalt von Arbeitsplätzen. Dem Insolvenzverwalter wird die Möglichkeit eröffnet, einen Interessensausgleich nach § 125 InsO (mit der Vermutungswirkung des § 125 Abs 1 Nr 1 InsO) zu schließen bzw das Verfahren nach § 126 InsO zu betreiben, auch wenn die betriebsändernden Maßnahmen erst beim Erwerber vollzogen werden sollen. Damit wird Rechtssicherheit für den Erwerber im Hinblick auf die Zahl der zu übernehmenden Arbeitnehmer geschaffen. Nach § 128 Abs 2 InsO erstreckt sich die Vermutungswirkung auch darauf, dass die Kündigung der Arbeitsverhältnisse nicht wegen eines Betriebsübergangs erfolgt ist.

---

[475] BAG 30.9.2004 – 8 AZR 198/03 – AP § 613a BGB Nr 264.

§ 620 Beendigung des Dienstverhältnisses

(1) Das Dienstverhältnis endigt mit dem Ablauf der Zeit, für die es eingegangen ist.

(2) Ist die Dauer des Dienstverhältnisses weder bestimmt noch aus der Beschaffenheit oder dem Zwecke der Dienste zu entnehmen, so kann jeder Teil das Dienstverhältnis nach Maßgabe der §§ 621 bis 623 kündigen.

(3) Für Arbeitsverträge, die auf bestimmte Zeit abgeschlossen werden, gilt das Teilzeit- und Befristungsgesetz.

I. Anwendungsbereich............	1	III. Das Übergangsrecht...........	7
II. Richterrechtliche Kontrolle befristeter Arbeitsverhältnisse vor Inkrafttreten des TzBfG ..	4		

I. Anwendungsbereich

Seit Inkrafttreten des Gesetzes über Teilzeitarbeit und befristete Arbeitsverträge (TzBfG) vom 21.12.2000 (BGBl I 1966) zum 1.1.2001 werden Arbeitsverhältnisse nach der ausdrücklichen Regelung des neuen Absatzes 3 nicht mehr vom Anwendungsbereich der Norm erfasst. Die Vorschrift ist für Arbeitnehmer bedeutungslos geworden. Der Anwendungsbereich der Norm ist auf freie Dienstverhältnisse, die den arbeitsrechtlichen Schutzvorschriften nicht unterliegen sowie auf besondere Rechtsverhältnisse arbeitnehmerähnlicher Personen beschränkt.[1] Auch Rechtsverhältnisse der Heimarbeiter werden nach wie vor von § 620 BGB erfasst und unterfallen nicht den Regelungen des TzBfG. 1

§ 620 Abs 1 BGB normiert in seinem verbliebenen Anwendungsbereich den allgemeinen, sich aus der Vertragsfreiheit ergebenden Grundsatz, dass Dauerschuldverhältnisse mit dem Ablauf der Zeit enden, für die sie eingegangen sind. Dies gilt grundsätzlich auch für die Rechtsverhältnisse arbeitnehmerähnlicher Personen; ihnen billigt die Rechtsprechung lediglich einen Mindestschutz in Form einer Ankündigungsfrist zu, wenn ihrer Tätigkeit eine Dauerrechtsbeziehung zugrunde liegt.[2] 2

§ 620 Abs 2 enthält eine Verweisung auf die für freie Dienstverhältnisse geltenden Kündigungsfristen des § 621 BGB und für Arbeitsverträge auf die Fristen des § 622 BGB und das Schriftformerfordernis des § 623 BGB. 3

II. Richterrechtliche Kontrolle befristeter Arbeitsverhältnisse vor Inkrafttreten des TzBfG

Bis zum Inkrafttreten des TzBfG waren befristete Arbeitsverhältnisse nur in gesetzlichen Sonderregelungen kodifiziert. Sachgrundlose Befristungen waren nach Maßgabe des Gesetzes über arbeitsrechtliche Vorschriften zur Beschäftigungsförderung (BeschFG) vom 26.4.1985 (BGBl I 710), zuletzt geändert durch das Arbeitsrechtliche Beschäftigungsförderungsgesetz vom 4

---

1 Zur Abgrenzung freier Dienstverhältnisse von Arbeitsverhältnissen sowie zum Begriff der arbeitnehmerähnlichen Person vgl § 1 KSchG Rn 24 ff.
2 BAG 7.1.1971 – 5 AZR 221/70 – AP § 611 BGB Abhängigkeit Nr 8; KR/Rost Arbeitnehmerähnliche Personen Rz 56.

Mestwerdt

25.9.1996 (BGBl I 1476), aufgehoben durch das TzBfG mit Wirkung zum 1.1.2001, gestattet. Darüber hinaus normierten spezialgesetzliche Regelungen für bestimmte Arbeitsverhältnisse eigenständige Zulässigkeitsvoraussetzungen an die Wirksamkeit einer Befristung, die nach § 23 TzBfG durch das Inkrafttreten des TzBfG grundsätzlich unberührt geblieben sind.

5 Bereits vor Inkrafttreten der gesetzlichen Sonderregelungen war die grundsätzliche Notwendigkeit einer Befristungskontrolle nahezu unumstritten. Die Prüfungsmaßstäbe wurden durch das BAG entwickelt und basierten vor Inkrafttreten des TzBfG auf der **Grundsatzentscheidung des Großen Senats vom 12.10.1960.**[3] Auf vor dem 1.1.2001 geschlossene befristete Arbeitsverträge findet die richterrechtlich entwickelte Befristungskontrolle nach wie vor Anwendung. Ausgangspunkt der Beurteilung der Wirksamkeit einer Befristungsabrede war danach, ob **objektiv zwingende Kündigungsschutzvorschriften** umgangen werden. Maßstab war der allgemein durch das KSchG gewährte Kündigungsschutz aber auch der Sonderkündigungsschutz bestimmter Personengruppen wie der schwerbehinderten Menschen, Schwangeren, Mitglieder des Betriebsrates etc Folgerichtig entfiel eine Befristungskontrolle, wenn Kündigungsschutzbestimmungen nicht umgangen wurden wie im Fall der Erstbefristung von weniger als sechs Monaten Dauer[4] oder der Befristung in Kleinbetrieben nach § 23 Abs 1 KSchG[5] Auf eine subjektiv vorhandene Umgehungsabsicht kam es nach dieser Rechtsprechung nicht an, entscheidend war die objektive Funktionswidrigkeit des Rechtsgeschäfts. Wurden Kündigungsschutzvorschriften durch den Abschluss eines befristeten Arbeitsverhältnisses umgangen, war die Befristungsabrede nicht generell unzulässig. Im Hinblick auf § 620 Abs 1 BGB in der bis zum 31.12.2000 geltenden Fassung und den Grundsatz der Vertragsfreiheit waren befristete Arbeitsverhältnisse nach der Grundsatzentscheidung des Großen Senats zulässig, wenn **bei Vertragsschluss ein sachlicher Grund für die Befristung** vorlag. Mangelte es der Befristungsabrede an einem sachlichen Grund und lag damit eine funktionswidrige Umgehung zwingender Kündigungsschutzvorschriften vor, fand die umgangene Norm auf das Arbeitsverhältnis Anwendung; an die Stelle des befristeten Arbeitsverhältnisses trat ein unbefristetes Arbeitsverhältnis.

6 Mit der Verweisung in § 620 Abs 3 BGB auf das TzBfG ist die Kontrolle befristeter Arbeitsverhältnisse mit Wirkung vom 1.1.2001 auf eine neue und nunmehr gesetzliche Grundlage gestellt worden. Zumindest für alle ab dem 1.1.2001 abgeschlossenen befristeten Arbeitsverträge ist ausschließlich das TzBfG im Hinblick auf die Befristungskontrolle heranzuziehen. Die Befristungsgrundsätze des BAG sowie die entwickelte Typologie möglicher Befristungsgründe sind aber auch nach neuem Recht im Anwendungsbereich des TzBfG von Bedeutung und bei der Anwendung des Gesetzes heranzuziehen. Nach der Gesetzesbegründung[6] basiert § 14 Abs 1 TzBfG

---

[3] BAG GS 12.10.1960 – GS 1/59; AP § 620 BGB Befristeter Arbeitsvertrag Nr 16.
[4] BAG 9.8.2000 – 7 AZR 339/99; 17.2.1983 – 2 AZR 208/81 – AP § 620 BGB Befristeter Arbeitsvertrag Nr 74; 20.10.1999 – 7 AZR 658/98 – für den Eintritt einer auflösenden Bedingung vor Erfüllung der Wartezeit des § 1 KSchG.
[5] BAG 13.6.1986 – 7 AZR 650/84 – AP § 2 KSchG 1969 Nr 19.
[6] BT-Druck 14/4374 S 18.

auf der Rechtsprechung des BAG zur Befristungskontrolle. Die Aufzählung möglicher Befristungsgründe ist nach dem ausdrücklichen Wortlaut der Norm ("insbesondere") weder enumerativ noch sollen andere von der Rechtsprechung bisher akzeptierte oder noch zukünftig sich ergebende Gründe ausgeschlossen werden. Die zu § 14 Abs 1 Nr 1 bis 8 TzBfG aufgeführten Befristungsgründe nehmen überwiegend die von der Rechtsprechung entwickelte Befristungsgründe auf, so dass die hierzu im Einzelnen entwickelten Rechtsgrundsätze anwendbar bleiben und im Rahmen von § 14 TzBfG kommentiert werden.

III. Das Übergangsrecht

Das TzBfG enthält **keine Übergangsregelungen.** Damit ist grundsätzlich auf das zum Zeitpunkt des Vertragsschlusses geltende Recht abzustellen. Auf befristete Arbeitsverhältnisse, die vor dem 1.1.2001 vereinbart worden sind, findet deshalb das bis zu diesem Zeitpunkt geltende Recht einschließlich des BeschfG Anwendung, auch wenn das Befristungsende zeitlich nach dem 31.12.2001 liegt.[7] Folgerichtig gilt dies auch, wenn zwar der Vertrag vor dem 1.1.2001 geschlossen wurde, die Aufnahme der Tätigkeit aber erst nach dem 1.1.2001 erfolgte.[8]

Zweifelsfragen aus der Übergangsphase haben durch Zeitablauf keine praktische Relevanz mehr. Auf eine Kommentierung wird verzichtet.

---

7 Preis/Gotthard, DB 2001, 145, 152.
8 So auch Sowka, DB 2000, 2427, 2428.

§ 621 Kündigungsfristen bei Dienstverhältnissen

Bei einem Dienstverhältnis, das kein Arbeitsverhältnis im Sinne des § 622 ist, ist die Kündigung zulässig,

1. wenn die Vergütung nach Tagen bemessen ist, an jedem Tag für den Ablauf des folgenden Tages;
2. wenn die Vergütung nach Wochen bemessen ist, spätestens am ersten Werktag einer Woche für den Ablauf des folgenden Sonnabends;
3. wenn die Vergütung nach Monaten bemessen ist, spätestens am 15. eines Monats für den Schluss des Kalendermonats;
4. wenn die Vergütung nach Vierteljahren oder längeren Zeitabschnitten bemessen ist, unter Einhaltung einer Kündigungsfrist von sechs Wochen für den Schluss eines Kalendervierteljahrs;
5. wenn die Vergütung nicht nach Zeitabschnitten bemessen ist, jederzeit; bei einem die Erwerbstätigkeit des Verpflichteten vollständig oder hauptsächlich in Anspruch nehmenden Dienstverhältnis ist jedoch eine Kündigungsfrist von zwei Wochen einzuhalten.

1 § 621 BGB findet **keine Anwendung auf Arbeitsverhältnisse**, sondern regelt die Kündigungsfristen abhängig von der Bemessung der Vergütung bei sonstigen unbefristeten Dienstverhältnissen mit selbstständigen Personen.[1] Diese sollen sich auf das Ende des Dienstvertrages einstellen können und somit geschützt werden. Daher ist § 621 BGB nicht auf Dienstverhältnisse anwendbar, die befristet sind oder deren Ende sich aus dem Zweck des Vertrages ergibt.[2] Entsprechend dem Wortlaut des § 621 BGB („das kein Arbeitsverhältnis ist") bestimmt sich die Kündigungsfrist für Arbeitsverhältnisse nach § 622 BGB.

2 Zu den nach § 621 BGB kündbaren Dienstverhältnissen gehören die freiberuflich Tätigen (zB Arzt, Rechtsanwalt, Steuerberater, Wirtschaftsprüfer) in Abgrenzung zu den aufgrund eines Arbeitsvertrags Beschäftigten. **Sonderregeln** bestehen insoweit für **Heimarbeitsverhältnisse** (§ 29 HAG) und für **Handelsvertreter** (§ 89 HGB).

3 Außerdem findet § 621 BGB auf **vertretungsberechtigte Organmitglieder** zB einer Aktiengesellschaft oder einer GmbH (Vorstand oder Geschäftsführer) jedenfalls dann Anwendung, wenn sie **am Kapital** der juristischen Person **maßgebend beteiligt** sind, § 622 BGB findet entsprechende Anwendung.[3] Die früher auf der Grundlage des Gesetzes über die Fristen für die Kündigung von Angestellten vom 9.7.1926 (AngKSchG) getroffene Unterscheidung zwischen Geschäftsführern und Vorstandsmitgliedern ist nach Wegfall dieses Gesetzes nicht mehr geboten.[4]

Anders jedoch für die nicht an der Gesellschaft beteiligten Geschäftsführer, die von den Gesellschaftern abhängig sind (**sog Fremdgeschäftsführer**). Für

---
[1] ErfK/Müller-Glöge § 621 BGB Rn 1.
[2] ErfK/Müller-Glöge § 621 BGB Rn 3; KDZ/Zwanziger § 621 BGB Rn 1.
[3] Ab 50 %; BAG 16.2.1983 – 7 AZR 118/81 – AP AngKSchG § 2 Nr 8; Bauer, Kündigung und Kündigungsschutz vertretungsberechtigter Organmitglieder BB 1994, 855; ErfK/Müller-Glöge § 621 BGB Rn 4; BGH 23.1.2003 – IX ZR 39/02 – NZA 2003, 439.
[4] ErfK/Müller-Glöge § 621 BGB Rn 4.

sie richtet sich die Kündigungsfrist nach der in diesen Fällen wegen der Schutzbedürftigkeit entsprechend anzuwenden Vorschrift des § 622 BGB.[5] Daran hat sich auch durch das Gesetz zur Vereinheitlichung der Kündigungsfristen von Arbeitern und Angestellten vom 7.10.1993 nichts geändert.[6]

Auf die Rechtsverhältnisse sog **arbeitnehmerähnlicher Personen** (zum Begriff s § 1 KSchG Rn 28) ohne Tarifbindung findet § 621 BGB Anwendung.[7] Für tarifgebundene arbeitnehmerähnliche Personen können jedoch durch Tarifverträge andere Kündigungsfristen geregelt werden.

Die Kündigungsfristen des § 621 BGB sind **nicht zwingend** und können daher im Wege der ausdrücklichen oder stillschweigenden Parteivereinbarung abbedungen werden.[8] Wer sich auf die für ihn günstigeren Regelungen beruft, trägt dafür die **Darlegungs- und Beweislast**. Für die Fristberechnung gelten die §§ 186 ff BGB ff. 4

Die **Kündigung eines Dienstverhältnisses** nach § 621 BGB bedarf **keines Kündigungsgrundes**. Der Kündigungsschutz besteht nämlich nur bei Arbeitsverhältnissen. Den Vertragsparteien bleibt es jedoch überlassen, einzelne Kündigungsgründe zu vereinbaren. 5

Bei **befristeten** Dienstverhältnissen gilt § 624 BGB. Für die Fristberechnung gelten die §§ 186 ff BGB; § 193 BGB findet dabei allerdings weder unmittelbare noch entspr Anwendung.[9] 6

---

5 BGH 29.1.1981 – II ZR 92/80 – AP BGB § 622 Nr 14; Bauer BB 1994, 855.
6 APS/Linck § 622 BGB Rn 22; KR/Spilger § 622 BGB Rn 66; Bauer BB 1994, 855; aA Hümmerich, Grenzfall des Arbeitsrechts – Kündigung eines GmbH-Geschäftsführers, NJW 1995, 1178.
7 BAG 8.5.2007 – 9 AZR 777/06 – DB 2007, 2268; ErfK/Müller-Glöge § 621 BGB Rn 2; aA KDZ/Zwanziger § 621 Rn 3; zum regelmäßigen Einsatz von Drittkräften vgl LAG Köln 5.4.2012 – 6 Sa 1018/11.
8 ErfK/Müller-Glöge § 621 BGB Rn 14.
9 ErfK/Müller-Glöge § 621 BGB Rn 12 mwN.

§ 622 ¹Kündigungsfristen bei Arbeitsverhältnissen

(1) Das Arbeitsverhältnis eines Arbeiters oder eines Angestellten (Arbeitnehmers) kann mit einer Frist von vier Wochen zum Fünfzehnten oder zum Ende eines Kalendermonats gekündigt werden.

(2) ¹Für eine Kündigung durch den Arbeitgeber beträgt die Kündigungsfrist, wenn das Arbeitsverhältnis in dem Betrieb oder Unternehmen
1. zwei Jahre bestanden hat, einen Monat zum Ende eines Kalendermonats,
2. fünf Jahre bestanden hat, zwei Monate zum Ende eines Kalendermonats,
3. acht Jahre bestanden hat, drei Monate zum Ende eines Kalendermonats,
4. zehn Jahre bestanden hat, vier Monate zum Ende eines Kalendermonats,
5. zwölf Jahre bestanden hat, fünf Monate zum Ende eines Kalendermonats,
6. 15 Jahre bestanden hat, sechs Monate zum Ende eines Kalendermonats,
7. 20 Jahre bestanden hat, sieben Monate zum Ende eines Kalendermonats.

²Bei der Berechnung der Beschäftigungsdauer werden Zeiten, die vor der Vollendung des 25. Lebensjahrs des Arbeitnehmers liegen, nicht berücksichtigt.²

(3) Während einer vereinbarten Probezeit, längstens für die Dauer von sechs Monaten, kann das Arbeitsverhältnis mit einer Frist von zwei Wochen gekündigt werden.

(4) ¹Von den Absätzen 1 bis 3 abweichende Regelungen können durch Tarifvertrag vereinbart werden. ²Im Geltungsbereich eines solchen Tarifvertrags gelten die abweichenden tarifvertraglichen Bestimmungen zwischen nicht tarifgebundenen Arbeitgebern und Arbeitnehmern, wenn ihre Anwendung zwischen ihnen vereinbart ist.

(5) ¹Einzelvertraglich kann eine kürzere als die in Absatz 1 genannte Kündigungsfrist nur vereinbart werden,
1. wenn ein Arbeitnehmer zur vorübergehenden Aushilfe eingestellt ist; dies gilt nicht, wenn das Arbeitsverhältnis über die Zeit von drei Monaten hinaus fortgesetzt wird;
2. wenn der Arbeitgeber in der Regel nicht mehr als 20 Arbeitnehmer ausschließlich der zu ihrer Berufsbildung Beschäftigten beschäftigt und die Kündigungsfrist vier Wochen nicht unterschreitet.

²Bei der Feststellung der Zahl der beschäftigten Arbeitnehmer sind teilzeitbeschäftigte Arbeitnehmer mit einer regelmäßigen wöchentlichen Arbeitszeit von nicht mehr als 20 Stunden mit 0,5 und nicht mehr als 30 Stunden

---

1 Beachte auch KSchG.
2 Gemäß EuGH, Urt v 19.1.2010 – C-555/07 Kücükdeveci/Swedex GmbH (ABl. C Nr. 63 S 4), verstößt § 622 Abs 2 Satz 2 BGB gegen europäisches Recht und ist deshalb nicht anzuwenden.

mit 0,75 zu berücksichtigen. ³Die einzelvertragliche Vereinbarung längerer als der in den Absätzen 1 bis 3 genannten Kündigungsfristen bleibt hiervon unberührt.

(6) Für die Kündigung des Arbeitsverhältnisses durch den Arbeitnehmer darf keine längere Frist vereinbart werden als für die Kündigung durch den Arbeitgeber.

I. Grundsätze 1	rung der Kündigungstermine 26
1. Bedeutung von Kündigungsfristen 1	3. Vereinbarte Anwendung abweichender tariflicher Bestimmungen 27
2. Entstehungsgeschichte des § 622 BGB nF 2	4. Rechtsfolgen unwirksamer Vereinbarungen 29
a) Verfassungswidrigkeiten des § 622 BGB aF 2	**III. Abweichende tarifvertragliche Regelungen** 30
b) Kündigungsfristengesetz vom 7.10.1993 ... 4	1. Allgemeines 30
3. Geltungsbereich des § 622 BGB 6	2. Konstitutive und deklaratorische tarifliche Regelungen 31
a) Persönlicher Geltungsbereich 6	3. Umfang der Regelungsbefugnis 33
b) Gegenständlicher Geltungsbereich 8	4. Günstigkeitsprinzip 34
c) Zeitlicher Geltungsbereich 9	5. Verfassungswidrigkeit tariflicher Regelungen über Kündigungsfristen ... 35
d) Gesetzliche Sonderregelungen 10	a) Beurteilungsmaßstab .. 35
4. Inhalt der Neuregelung des § 622 BGB 11	b) Beispiele 37
a) Grundkündigungsfrist 11	6. Rechtsfolge verfassungswidriger Regelungen 39
b) Verlängerte Kündigungsfristen 12	**IV. Kündigungsfristengesetz und Altregelungen oder Altkündigungen** 40
c) Abdingbarkeit 16	1. Altkündigungen 40
d) Berechnung der Kündigungsfristen 18	2. Altregelungen für fortbestehende Arbeitsverhältnisse 41
II. Einzelvertragliche Regelungen 22	**V. Gleichheit der Kündigungsfrist** 43
1. Verkürzung der Kündigungsfristen und Änderung der Kündigungstermine 22	1. Grundsatz 43
a) Allgemeines 22	2. Erweiterter Anwendungsbereich 45
b) Probezeitvereinbarung 23	3. Rechtsfolgen unwirksamer Vereinbarungen 46
c) Aushilfsarbeitsverhältnis 24	
d) Kleinunternehmen 25	
2. Verlängerung der Kündigungsfristen und Ände-	

I. Grundsätze

1. Bedeutung von Kündigungsfristen

Kündigungsfristen bezwecken den **Schutz des Vertragspartners**, der sich auf die Beendigung des Vertragsverhältnisses rechtzeitig einstellen soll. Dem Arbeitgeber wird dadurch die Möglichkeit eröffnet, Personalplanungen anzustellen. Dem Arbeitnehmer räumt die Bindung der ordentlichen Kündigung an Kündigungsfristen und -termine bei einer Arbeitgeberkündigung zumindest die Möglichkeit ein zu versuchen, direkt im Anschluss einen neuen Arbeitsplatz zu finden.[3] Die Kündigungsfristen bewirken so einen zeitlich begrenzten Kündigungsschutz, in dem der Arbeitnehmer noch für eine gewisse Zeit abgesichert ist.[4]

2. Entstehungsgeschichte des § 622 BGB nF

2 a) **Verfassungswidrigkeiten des § 622 BGB aF.** Nach § 622 BGB aF betrug die Grundkündigungsfrist für Arbeiter zwei Wochen und für Angestellte sechs Wochen zum Quartalsende, mindestens aber einen Monat zum Monatsende. Für länger beschäftigte Arbeitnehmer sahen § 622 BGB aF einerseits und das AngKSchG andererseits für Arbeiter und Angestellte jeweils unterschiedlich verlängerte Kündigungsfristen vor. Außerdem wurden bei der Berechnung der maßgeblichen Beschäftigungsdauer bei Angestellten bereits Zeiten nach Vollendung des 25. Lebensjahres berücksichtigt, während bei Arbeitern nur Zeiten nach Vollendung des 35. Lebensjahres zählten.[5]

3 Mit Beschluss vom 16.11.1982[6] hat das BVerfG festgestellt, dass die Ungleichbehandlung zwischen Arbeitern und Angestellten bei der Berücksichtigung von Lebensjahren für die von der Beschäftigungsdauer abhängigen verlängerten Kündigungsfristen mit Art 3 Abs 1 GG unvereinbar ist. Mit Gesetz vom 26.6.1990[7] wurde diese Ungleichbehandlung dadurch beseitigt, dass ab dem 1.7.1990 bei allen Beschäftigten Zeiten zu berücksichtigen sind, die nach der Vollendung des 25. Lebensjahres liegen. Letztere Einschränkung hat der EuGH jedoch mittlerweile zu Recht für europarechtswidrig erklärt.[8] Mit weiterem Beschluss vom 30.5.1990[9] entschied das **BVerfG**, dass § 622 Abs 2 BGB aF insgesamt mit dem allgemeinen Gleichheitssatz des Art 3 Abs 1 GG unvereinbar ist, soweit hiernach die **Kündigungsfristen für Arbeiter kürzer sind als für Angestellte.** Danach sind die bis dahin zur Rechtfertigung der ungleichen Kündigungsfristen angeführten Unterschiede (zB überwiegend körperliche Arbeit des Arbeiters; überwiegend geistige Tätigkeit des Angestellten; besondere Gruppenmentalität der Angestellten; längere vorberufliche Ausbildung der Angestellten und dadurch verursachter späterer Eintritt in das Erwerbsleben mit der Folge einer kürzeren Gesamtlebensarbeitszeit als die der Arbeiter) nicht geeignet, die Ungleichheit zu legitimieren, weil es an einem Zusammenhang zwischen ihnen und den Kündigungsfristen fehlt. Anderen zur Rechtfertigung geeigneten Unterscheidungsmerkmalen (zB Bedürfnis nach erhöhter personalwirtschaftlicher Flexibilität im produktiven Bereich; die im Durchschnitt einige Wochen länger bestehende Arbeitslosigkeit der Angestellten und die durch eine Verlängerung der Kündigungsfrist für Arbeiter einhergehende Verteuerung von Kündigungen und Sozialplänen) mangelt es an

---

3 ErfK/Müller-Glöge § 622 Rn 1; KDZ/Zwanziger § 622 BGB Rn 1.
4 BAG 18.4.1985 – 2 AZR 197/84 – AP BGB 622 Nr 20.
5 Zur Entstehungsgeschichte der Bestimmung iE KR/Spilger § 622 BGB Rn 1-6.
6 BVerfG 16.11.1982 – 1 BvL 16/75 u 36/79 – AP BGB § 622 Nr 16.
7 BGBl I S 1206.
8 EuGH 19.1.2010 – C 555/07 (Kücükdeveci), vgl ausf Rn 15; dazu auch BAG 29.9.2011 – 2 AZR 177/10 – NZA 2012, 754.
9 BVerfG 30.5.1990 – 1 BvL 2/83 – AP BGB § 622 Nr 28.

einer hinreichend **gruppenspezifischen Ausprägung**.[10] Davon ausgehend bestehen für unterschiedliche Kündigungsfristen bei längerer Beschäftigungsdauer erst recht keine rechtfertigenden Gründe. Gruppenspezifische Unterschiede, die sich erst nach einer längeren Beschäftigungsdauer oder bei höherem Lebensalter ergeben, liegen nicht vor. Darüber hinaus hat das BAG im Hinblick auf § 2 Abs 1 Satz 1 AngKSchG entschieden, dass diese Regelung mit Art 3 Abs 1 GG insoweit unvereinbar ist, als danach die Beschäftigung von mehr als zwei Angestellten durch den Arbeitgeber Voraussetzung für die Verlängerung der Kündigungsfristen von Angestellten ist.[11]

b) **Kündigungsfristengesetz vom 7.10.1993.** Zur Bereinigung der Verfassungswidrigkeit der unterschiedlichen Kündigungsfristen trat am 15.10.1993 das Kündigungsfristengesetz[12] in Kraft. Danach sind **sämtliche Kündigungsfristen von Arbeitern und Angestellten** durch Änderung des § 622 BGB **vereinheitlicht**. Außerdem wurde eine Übergangsvorschrift (Art 222 EGBGB) eingeführt. Weiterhin wurde der bis dahin fortgeltende § 55 AGB-DDR sowie das AngKSchG außer Kraft gesetzt.

Neben dem Zweck der Vereinheitlichung der Kündigungsfristen für Angestellte und Arbeiter liegt dem KündFG das Modell eines allmählichen stufenweisen Übergangs von kürzeren Fristen zu Beginn des Arbeitsverhältnisses zu längeren Fristen in Abhängigkeit von der Dauer der Betriebszugehörigkeit zugrunde.[13]

3. Geltungsbereich des § 622 BGB

a) **Persönlicher Geltungsbereich.** § 622 BGB setzt das **Bestehen eines Arbeitsverhältnisses** voraus. Der **Arbeitnehmerstatus** bestimmt sich nach den von Rechtsprechung und Lehre entwickelten Kriterien.[14] Die Vorschrift gilt für alle Arbeitnehmer unabhängig davon, in welchem Umfang sie beschäftigt sind (Teilzeitarbeitnehmer einschließlich sog geringfügig Beschäftigter, Aushilfen). Im Hinblick auf die Vereinheitlichung der Kündigungsfristen ist eine Abgrenzung zwischen Arbeitern und Angestellten nicht mehr erforderlich. § 622 BGB setzt im Unterschied zum KSchG keine bestimmte Anzahl von Arbeitnehmern voraus. Die **Grundkündigungsfrist** nach § 622 Abs 1 BGB gilt auch für Hausangestellte und Hausgehilfen, während die Anwendung der **verlängerten Kündigungsfristen** nach Abs 2 an die Beschäftigung in einem Betrieb oder Unternehmen anknüpft.[15] Zu den Arbeitnehmern iSd Vorschrift zählen selbstverständlich auch die leitenden Angestellten nach § 5 Abs 3 BetrVG. Für Auszubildende bleibt es bei der Regel des § 15 Abs 1 Nr 2 BBiG, wonach lediglich der Auszubildende das Ausbildungsverhältnis mit einer Frist von vier Wochen ordentlich kündigen kann.[16]

---

10 KR/Spilger § 622 BGB Rn 24.
11 BAG 16.1.1992 – 2 AZR 657/87 – AP AngKSchG § 2 Nr 12.
12 BGBl I S 1668.
13 BT-Drucks 12/4902 S 7.
14 S § 1 KSchG Rn 24.
15 Zum Betriebs- und Unternehmensbegriff s § 23 KSchG Rn 10-12; zum Begriff Haushalt s § 23 KSchG Rn 15.
16 S Rn 10.

7 Da der persönliche Geltungsbereich des § 622 BGB allein an den Arbeitnehmerstatus anknüpft, scheidet eine Anwendung der Vorschrift auf arbeitnehmerähnliche Personen aus.[17] Für die Kündigungsfrist dieser arbeitnehmerähnlichen Personen gilt § 621 BGB.[18] Nach allgemeiner Ansicht ist § 622 BGB auch für Geschäftsführer einer GmbH entsprechend anzuwenden, wenn sie am Kapital der GmbH nicht oder nur in unerheblichem Umfang beteiligt sind.[19] Dies gilt nicht nur für Geschäftsführer, sondern für alle Organmitglieder.[20] An diesem Rechtssatz ist auch nach der Neuregelung der Kündigungsfristen festzuhalten.[21]

8 **b) Gegenständlicher Geltungsbereich.** § 622 BGB bezieht sich mit seinen Kündigungsfristen und Kündigungsterminen nur auf **ordentliche Kündigungen** und nicht etwa auch auf außerordentliche Kündigungen mit Auslauffrist. Spricht der Arbeitgeber eine außerordentliche Kündigung mit sozialer Auslauffrist aus, braucht er sich folglich nicht an die gesetzlichen Kündigungsfristen zu halten.[22] Dies gilt umgekehrt auch für die vom Arbeitnehmer ausgesprochene außerordentliche Kündigung mit Auslauffrist. Dies darf aber nicht mit den Fällen vertraglicher oder tarifvertraglicher Unkündbarkeit verwechselt werden. Hier sind bei der arbeitgeberseitigen außerordentlichen Kündigung (zB wegen Betriebsstilllegung) die Kündigungsfristen der ordentlichen einzuhalten, da ansonsten der besonders geschützte Arbeitnehmer schlechter stünde als der ordentlich kündbare Mitarbeiter.[23] § 622 BGB gilt auch für die **ordentliche Änderungskündigung**,[24] denn sie ist eine Kündigung des Arbeitsverhältnisses verbunden mit dem Angebot, es zu veränderten Bedingungen fortzusetzen.

9 **c) Zeitlicher Geltungsbereich.** Die vereinheitlichten Kündigungsfristen nach § 622 BGB gelten für alle nach dem 14.10.1993 zugegangenen Kündigungen. Altfälle regelt die Übergangsvorschrift des Art 222 EGBGB. Früher zugegangene Kündigungen werden von § 622 BGB nF dann erfasst, wenn dies für den Arbeitnehmer günstiger als die frühere Rechtslage ist (Art 222 EGBGB Nr 1) oder in einem anhängigen Rechtsstreit gerade die verfassungswidrigen Teile der früheren Regelung entscheidungserheblich wären (Nr 2). Im Übrigen bleibt es für Altfälle bei der Anwendung des früheren Rechts.

10 **d) Gesetzliche Sonderregelungen.** Neben § 622 BGB bestehen noch zahlreiche weitere gesetzliche Regelungen zu Kündigungsfristen:

---

17 KR/Spilger § 622 BGB Rn 66.
18 BAG 8.5.2007 – 9 AZR 777/06 – DB 2007, 2268; ErfK/Müller-Glöge § 621 BGB Rn 2.
19 BGH 29.1.1981 – II ZR 92/80 – AP BGB § 622 Nr 14; KDZ/Zwanziger § 622 BGB Rn 4; KR/Spilger § 622 BGB Rn 66 mwN; aA Hümmerich NJW 1995, 1177.
20 ErfK/Müller-Glöge § 622 BGB Rn 7.
21 APS/Linck § 622 BGB Rn 22; Bauer/Rennpferdt, Kündigungsfristen AR-Blattei SD 1010.5 Rn 34 f; KR/Spilger § 622 BGB Rn 66.
22 KR/Spilger § 622 BGB Rn 72.
23 KR/Spilger § 622 BGB Rn 72; BAG 5.2.1998 – 2 AZR 227/97 – AP BGB § 626 Nr 143.
24 KDZ/Zwanziger § 622 BGB Rn 5 b; KR/Spilger § 622 BGB Rn 73; BAG 12.1.1994 – 4 AZR 152/93 – AP BGB 622 Nr 43.

- **Arbeitnehmerüberlassungsgesetz (AÜG)**
 Mit Ausnahme des § 622 Abs 5 Nr 1 BGB gilt § 622 BGB auch für Leiharbeitnehmer (§ 11 Abs 4 Satz 1 AÜG). Da § 622 Abs 5 Nr 1 BGB auf Leiharbeitsverhältnisse keine Anwendung findet, können kürzere als die in § 622 Abs 1 BGB geregelten Kündigungsfristen für Aushilfskräfte in Leiharbeitsverhältnissen nur tarifvertraglich oder durch einzelvertraglich vereinbarte Anwendung eines einschlägigen Tarifvertrags festgelegt werden.[25] Wird die Fristverkürzung durch die Bezugnahme zB eines branchenfremden Tarifvertrags bewirkt, ist sie unwirksam. An die Stelle tritt die gesetzliche Kündigungsfrist.[26]
- **Berufsbildungsgesetz (BBiG)**
 Nach § 15 Abs 1 BBiG kann das Berufsausbildungsverhältnis während der Probezeit jederzeit ohne Einhalten einer Kündigungsfrist gekündigt werden. Den Parteien des Ausbildungsverhältnisses steht es jedoch frei, eine ordentliche Kündigung mit einer Auslauffrist zu versehen. Nach der Probezeit kann das Berufsausbildungsverhältnis vom Arbeitgeber nur noch aus wichtigem Grund ohne Einhalten einer Kündigungsfrist oder vom Auszubildenden mit einer Kündigungsfrist von vier Wochen gekündigt werden, wenn der Auszubildende die Berufsausbildung aufgeben oder sich für eine andere Berufstätigkeit ausbilden lassen will, § 15 Abs 2 BBiG.
- **Bundeselterngeld- und Elternzeitgesetz (BEEG)**
 Nach § 19 BEEG (seit 1.1.2007 anstelle des BErzGG) kann der Arbeitnehmer das Arbeitsverhältnis zum Ende der Elternzeit nur unter Einhaltung einer Kündigungsfrist von drei Monaten kündigen. Für befristete Arbeitsverträge als Elternzeitvertretungen regelt § 21 Abs 4 BEEG bei vorzeitiger Beendigung der Elternzeit ohne Zustimmung des Arbeitgebers eine Kündigungsfrist von mindestens drei Wochen, frühestens jedoch zum Ende der Elternzeit.[27]
- **Heimarbeitsgesetz (HAG)**
 Nach § 29 Abs 3 Satz 1 HAG beträgt die Grundkündigungsfrist für einen überwiegend von einem Auftraggeber oder Zwischenmeister in Heimarbeit Beschäftigten vier Wochen zum Fünfzehnten oder zum Ende eines Kalendermonats. Sie verlängert sich mit zunehmender Beschäftigungsdauer in gleicher Weise wie für Arbeitsverhältnisse nach § 622 Abs 2 (§ 29 Abs 4 HAG). Auch die Regelung über die Kündigung während der Probezeit entspricht der für Arbeitsverhältnisse nach § 622 Abs 3 BGB (§ 29 Abs 3 Satz 2 HAG). Im Übrigen verweist § 29 Abs 5 HAG auf § 622 Abs 4 bis 6 BGB.
- **Insolvenzordnung (InsO)**
 Im Insolvenzverfahren des Arbeitgebers kann nach der am 1.10.1996 nach Art 6 des Arbeitsrechtlichen Beschäftigungsförderungsgesetzes vom 25.9.1996[28] vorzeitig in Kraft getretenen Vorschrift des § 113 Satz 2 InsO (die Insolvenzordnung trat im Übrigen am 1.1.1999 in Kraft) das Arbeitsverhältnis von beiden Seiten mit einer Kündigungs-

---

25 ErfK/Müller-Glöge § 622 BGB Rn 19; KR/Spilger § 622 BGB Rn 82.
26 KR/Spilger § 622 BGB Rn 82.
27 KR/Spilger § 622 BGB Rn 80.
28 BGBl I S 1476.

frist von drei Monaten zum Monatsende, wenn nicht eine kürzere Frist maßgeblich ist, gekündigt werden. Das BAG hat in seinem Urteil vom 16.6.1999[29] klargestellt, dass die in § 113 Satz 2 InsO geregelte Kündigungsfrist mit Art 9 Abs 3 GG vereinbar ist und es keinen Eingriff in die Tarifautonomie darstellt, wenn längere tarifvertragliche Regelungen durch die Dreimonatsfrist der Insolvenzordnung verdrängt werden. Von der Spezialregelung des § 113 Satz 2 InsO kann nur der Insolvenzverwalter Gebrauch machen, auf den vorläufigen findet sie keine Anwendung.[30]

- **Schwerbehinderte (SGB IX)**
 Kündigt der Arbeitgeber das Arbeitsverhältnis mit einem Schwerbehinderten, so muss er nach § 86 SGB IX eine Mindestkündigungsfrist von vier Wochen einhalten. Die Mindestkündigungsfrist gilt jedoch ausnahmsweise dann nicht, wenn das Arbeitsverhältnis des Schwerbehinderten im Zeitpunkt des Zugangs der Kündigungserklärung ohne Unterbrechung noch nicht länger als sechs Monate bestanden hat, § 90 Abs 1 Nr 1 SGB IX. Da die Grundkündigungsfrist nach § 622 Abs 1 BGB ebenfalls vier Wochen beträgt, hat § 86 SGB IX an Bedeutung verloren. Die Bedeutung der Mindestkündigungsfrist ist noch darin zu sehen, dass sie weder einzel- noch tarifvertraglich verkürzt werden kann. Wegen des einseitig zwingenden Schutzcharakters der Mindestkündigungsfrist für den Schwerbehinderten gilt § 86 SGB IX für eine arbeitnehmerseitige Kündigung nicht.[31]

- **Seemannsgesetz (SeemG)**
 Im Rahmen der Reform der Kündigungsfristen wurden auch die Kündigungsfristen für die Beendigung des Heuerverhältnisses der Besatzungsmitglieder (Schiffsleute, Schiffsoffiziere und sonstige Angestellte) und des Kapitäns auf Kauffahrteischiffen unter Bundesflagge im Wesentlichen den Kündigungsfristen des § 622 BGB angepasst. § 63 Abs 1 SeemG enthält eine Sonderregelung für das Heuerverhältnis der Besatzungsmitglieder. Danach kann das Heuerverhältnis während der ersten drei Monate mit einer Frist von einer Woche gekündigt werden. Besteht es dagegen länger als drei Monate, kann die Kündigung während der ersten sechs Monate noch in den auf die Beendigung der Reise folgenden drei Tagen mit Wochenfrist erklärt werden. Anschließend entspricht die Kündigungsfrist der Grundkündigungsfrist des § 622 Abs 1 BGB. Nach § 63 Abs 2 SeemG gelten von der Beschäftigungsdauer abhängige verlängerte Kündigungsfristen, die im Wesentlichen mit der Regelung des § 622 Abs 2 BGB übereinstimmen. Im Übrigen verweist § 63 Abs 2 a SeemG auf die Regelungen in § 622 Abs 3 bis 6 BGB.

---

29 BAG 16.6.1999 – 4 AZR 191/98 AP InsO § 113 Nr 3; aA zuvor ArbG Limburg 2.7.1997 – 1 Ca 174 / 94 – EzA InsO § 113 Nr 2; s auch Vorlagebeschluss des ArbG Stuttgart 4.8.1997 – 18 Ca 1752/97 – DB 1997, 2543, das im vorzeitigen Inkrafttreten des § 113 InsO einen Verstoß gegen Art 9 Abs 3 GG sieht, aber Vorlage als unzulässig durch das BVerfG 8.2.1999 – 1 BvL 25 / 97 – AP BVerfGG § 80 Nr 7 angesehen.
30 BAG 20.1.2005 – 2 AZR 134/05 – DB 2005, 1691.
31 KR/Spilger § 622 BGB Rn 79.

4. Inhalt der Neuregelung des § 622 BGB

a) Grundkündigungsfrist. Nach § 622 Abs 1 BGB beträgt die Grundkündigungsfrist nunmehr einheitlich für das Arbeitsverhältnis eines Arbeiters oder eines Angestellten in den ersten beiden Beschäftigungsjahren **vier Wochen** (= 28 Tage).[32] Die Grundkündigungsfrist von vier Wochen ist verknüpft mit zwei Kündigungsterminen zum Fünfzehnten oder zum Ende eines Kalendermonats. In sog Kleinunternehmen kann davon abweichend eine Kündigungsfrist von vier Wochen ohne festen Kündigungstermin vereinbart werden, § 622 Abs 5 Satz 1 Nr 2 BGB.[33]

b) Verlängerte Kündigungsfristen. § 622 Abs 2 BGB bestimmt die vom Arbeitgeber einzuhaltenden Kündigungsfristen gegenüber **länger beschäftigten Arbeitnehmern**. Für den umgekehrten Fall der Kündigung durch einen länger beschäftigten Arbeitnehmer gilt § 622 Abs 2 BGB nicht. Ein langjährig beschäftigter Arbeitnehmer muss also nur die Grundkündigungsfrist des § 622 Abs 1 BGB vorbehaltlich einer im Arbeitsvertrag oder Tarifvertrag vereinbarten längeren Kündigungsfrist einhalten. Der Arbeitgeber kann mit dem Arbeitnehmer eine sog **Gleichbehandlungsabrede** treffen, wonach der Arbeitnehmer auch die verlängerte Frist nach § 622 Abs 2 BGB bei einer Eigenkündigung einzuhalten hat.[34] Die verlängerten Kündigungsfristen sind verbunden mit **Kündigungsterminen** zum Ende eines Kalendermonats. Den verlängerten Kündigungsfristen liegt das Modell eines allmählichen stufenweisen Übergangs von kürzeren zu längeren Fristen je nach Dauer der Betriebszugehörigkeit zugrunde. Die Verlängerung der Kündigungsfristen erfolgt stufenweise in Abhängigkeit der Betriebszugehörigkeit. Die Vorschrift beinhaltet folgende Stufen:

Dienstalter nach Jahren	Kündigungsfristen nach Monaten
2	1
5	2
8	3
10	4
12	5
15	6
20	7

Arbeitnehmer können sich nur dann auf die von ihrem Lebens- und Dienstalter abhängige verlängerte Kündigungsfrist berufen, wenn sie **in einem Betrieb oder Unternehmen**[35] **beschäftigt** sind, § 622 Abs 2 Satz 1 BGB. Aus der Anknüpfung der Beschäftigung des Arbeitnehmers in einem Betrieb oder Unternehmen folgt, dass die sog **Hausangestellten** auch nach einer längeren Beschäftigung keine verlängerten Kündigungsfristen bean-

---

32 Hromadka Rechtsfragen zum Kündigungsfristengesetz BB 1993, 2372 f.
33 S Rn 25.
34 ErfK/Müller-Glöge § 622 BGB Rn 40.
35 Zur Erläuterung des Betriebs- und Unternehmensbegriffes s § 23 KSchG Rn 10-12.

spruchen können, weil der Haushalt weder ein Betrieb noch ein Unternehmen ist.[36] Ebenfalls reicht eine Beschäftigung im **Konzern** nicht aus, um die Kündigungsfrist zu verlängern, es sei denn, es besteht eine Abrede, die Beschäftigungszeit im Konzern anzurechnen.[37]

14 Für die ua von der Dauer des Arbeitsverhältnisses abhängige verlängerte Kündigungsfrist kommt es auf dessen **rechtlichen** und **nicht tatsächlichen Bestand** an. **Tatsächliche Arbeitsunterbrechungen** wirken sich auch dann nicht auf die Dauer des Arbeitsverhältnisses aus,[38] wenn sie von längerer Dauer sind (zB Ableistung des Grundwehrdienstes, Elternzeit). Anders verhält es sich bei rechtlichen Unterbrechungen des Arbeitsverhältnisses (zB durch Beendigung und spätere Neubegründung eines Arbeitsverhältnisses). Insoweit gelten die gleichen Grundsätze wie für die Berechnung der Wartezeit nach § 1 Abs 1 KSchG.[39] Eine **rechtliche Unterbrechung** des Arbeitsverhältnisses ist danach **unerheblich**, wenn die mehreren Arbeitsverhältnisse in einem **engen sachlichen Zusammenhang** zueinander stehen.[40] Ob ein enger sachlicher Zusammenhang besteht, richtet sich nach dem **Anlass** und der **Dauer** der Unterbrechung sowie nach der **Art** der Weiterbeschäftigung.[41] Nach einem Ausscheiden für einen Meisterlehrgang bei Wiedereinstellungszusage nach Abschluss zählen die früheren Jahre mit.[42] Andererseits kann die rechtliche Unterbrechung bereits dann erheblich sein, wenn der Arbeitnehmer bereits zwei Monate nach seinem Ausscheiden wieder eingestellt wird, er aber mit einer völlig anderen Tätigkeit betraut wird. Es ist in jedem Einzelfall der Anlass und die Dauer der Unterbrechung und auch die Art der Weiterbeschäftigung zu würdigen. An einem engen sachlichen Zusammenhang wird es jedoch regelmäßig dann fehlen, wenn die Dauer der rechtlichen Unterbrechung länger ist als die jeweiligen Zeiträume, in denen das Arbeitsverhältnis bestanden hat.[43] Ist die rechtliche Unterbrechung als unerheblich anzusehen, so ist die Dauer des Bestands des vorherigen Arbeitsverhältnisses auf das neu begründete anzurechnen. Die Phasen der Unterbrechung sind bei der Berechnung der Gesamtdauer allerdings nicht miteinzubeziehen, denn während der Unterbrechungszeit könnte ja sogar mit einem anderen Arbeitgeber ein Arbeitsvertrag bestanden haben.[44]

Ein Berufsausbildungsverhältnis, aus dem der Auszubildende in ein Arbeitsverhältnis übernommen wurde, ist zu berücksichtigen. Ein **Betriebsübergang** iSv § 613a BGB oder eine **Gesamtrechtsnachfolge** (zB Erbfall) berühren die Dauer des Arbeitsverhältnisses nicht. Nach zutreffender Ansicht des BAG[45] ist eine Beschäftigung in mehreren Unternehmen eines

---

36 APS/Linck § 622 BGB Rn 17; KR/Spilger § 622 BGB Rn 55; s § 23 KSchG Rn 15.
37 KDZ/Zwanziger § 622 BGB Rn 9.
38 ErfK/Müller-Glöge § 622 BGB Rn 9; KDZ/Zwanziger § 622 BGB Rn 11.
39 KR/Spilger § 622 BGB Rn 58; s § 1 KSchG Rn 67 ff.
40 KR/Spilger § 622 BGB Rn 58.
41 BAG 6.12.1976 – 2 AZR 470/75 – AP KSchG 1969 § 1 Nr 2; BAG 20.8.1998 – 2 AZR 83/98 – AP KSchG 1969 § 1 Nr 10.
42 LAG Niedersachsen 25.11.2002 – 5 Sa 1183/02 – NZA RR 2003, 531.
43 BAG 18.1.1979 – 2 AZR 254/77 – AP KSchG 1969 § 1 Nr 3.
44 KDZ/Zwanziger § 622 BGB Rn 11; BAG 17.6.2003 – 2 AZR 257/02 – AP BGB § 622 Nr 61; aA KR/Spilger § 622 BGB Rn 60 mwN.
45 BAG 14.10.1982 – 2 AZR 568/80 – AP KSchG 1969 § 1 Nr 1.

Konzerns grundsätzlich nicht zusammenzurechnen. Etwas anderes gilt ausnahmsweise nur dann, wenn zwischen dem Arbeitnehmer und dem als Arbeitgeber anzusehenden Konzernunternehmen eine ausdrückliche oder stillschweigende Anrechnung der Tätigkeit in einem anderen Konzernunternehmen vereinbart wird. Schließt sich nach einem tatsächlichen **freien Mitarbeiterverhältnis** ein Arbeitsverhältnis an, so ist die vorherige Beschäftigungsdauer auf das Arbeitsverhältnis nicht anzurechnen.[46] Die frühere andere Auffassung des BAG[47] lässt sich mit der aktuellen Fassung des § 622 BGB („Arbeitsverhältnis") nicht mehr vereinbaren.[48] Entsprechendes gilt, wenn ein **Leiharbeitnehmer** vom Entleiher in ein Arbeitsverhältnis übernommen wurde.[49] Während der Zeit als Leiharbeitnehmer bestand nämlich nur ein Arbeitsverhältnis zum Verleiher. Ging dem Arbeitsvertrag ein Eingliederungsvertrag gem §§ 35, 229 ff SGB III aF voraus, wird die Vertragsdauer des Eingliederungsvertrages nicht berücksichtigt.[50] Der Eingliederungsvertrag ist nämlich kein Arbeitsvertrag.[51]

Bei der Berechnung der Betriebszugehörigkeit sieht das Gesetz zwar derzeit noch vor, dass nur die Zeiten **nach der Vollendung des 25. Lebensjahres** des Arbeitnehmers Berücksichtigung finden.-Diese Regelung stieß bereits in der Vergangenheit sowohl auf verfassungsrechtliche als auch auf europarechtliche Bedenken.[52] Diese Altersgrenze ist sachlich nicht gerechtfertigt, weil sie von Arbeitnehmern mittleren Alters mit Familienpflichten, denen ein Wohnsitzwechsel idR schwieriger möglich ist als älteren Arbeitnehmern, eine schnellere Aufgabe des Arbeitsplatzes abverlangt.[53]

Der EuGH hat mittlerweile in der Kücükdeveci-Entscheidung § 622 Abs 2 Satz 2 mit dem Verbot der Diskriminierung wegen Alters in seiner Konkretisierung durch die ERL 78/200 für unvereinbar erklärt.[54] § 622 Abs 2 darf, so der EuGH ausdrücklich, von den nationalen Gerichten nicht mehr angewandt werden. Dem hat das BAG mittlerweile Rechnung getragen und die Unabwendbarkeit der Vorschrift für alle Kündigungen entschieden, auch für solche, die vor der EuGH-Entscheidung am 19.1.2010 ausgesprochen wurden.[55] Da der EuGH zurecht keinen Vertrauensschutz ge-

---

46 KDZ/Zwanziger § 622 BGB Rn 10; aA ErfK/Müller-Glöge § 622 BGB Rn 10.
47 BAG 6.12.1978 – 5 AZR 545/77 – AP AngKSchG § 2 Nr 7.
48 KDZ/Zwanziger § 622 BGB Rn 10.
49 APS/Linck § 622 BGB Rn 62; KR/Spilger § 622 BGB Rn 61; KDZ/Zwanziger § 622 BGB Rn 10.
50 BAG 17.5.2001 – 2 AZR 10/00 – AP KSchG 1969 § 1 Nr 14.
51 Natzel Das Eingliederungsverhältnis als Übergang zum Arbeitsverhältnis NZA 1997, 806; KR/Spilger § 622 BGB Rn 61.
52 LAG Düsseldorf mit Vorlage zum EuGH 21.11.2007 – 12 Sa 1311/07 – DB 2007, 2655; zutr: LAG Berlin-Brandenburg 26.8.2008 – 7 Sa 252/08 – AE 2009, 56; LAG Schleswig-Holstein 28.5.2008 – 3 Sa 31/08 – DB 2008, 1976; LAG Berlin-Brandenburg 24.7.2007 – 7 Sa 561/07 – DB 2007, 2542; Hein, AGG * KSchG = Europa, NZA 2008, 1033 f; APS/Linck § 622 Rn 54 b; Schleusener, Europa- und Grundgesetzwidrigkeiten von § 622 II 2 BGB, NZA 2007, 359; Hamacher/Urlich, Die Kündigung von Arbeitsverhältnissen nach Inkrafttreten und Änderung des AGG, NZA 2007, 663.
53 Zutr Erf-K Müller-Glöge § 622 Rn 9.
54 EuGH – 19.1.2010 – C 55/07 – Kücükdeveci – NZA 2010, 85-89.
55 BAG 1.9.2010 – 5 AZR 700/09 – NZA 2010, 1409-1412; BAG 9.9.2010 – 2 AZR 714/08 – NZA 2011, 343-345.

währte, sind daher alle Kündigungen betroffen, die nach der Umsetzungsfrist für das Merkmal der ERL 78/2000 ausgesprochen wurden, also ab dem 2.12.2006. Die Vorschrift des § 622 Abs 1 Satz 2 wäre also längst aus dem BGB zu streichen gewesen, was jedoch von der christlich-liberalen Bundesregierung in der Legislaturperiode bis 2013 versäumt wurde.

16 c) **Abdingbarkeit.** Sowohl die **Grundkündigungsfrist** als auch die **verlängerten Kündigungsfristen** sind grundsätzlich **zwingend**.[56] Die Unabdingbarkeit der Kündigungsfristen ergibt sich zum einen aus § 622 Abs 5 Satz 2 BGB, der Abweichungen von den in den Absätzen 1 bis 3 genannten Kündigungsfristen zu Lasten des Arbeitnehmers inhaltlich verbietet. Zum anderen folgt der zwingende Charakter der Kündigungsfristen im Umkehrschluss aus den in der Vorschrift enumerativ aufgelisteten Ausnahmefällen. Dieser Befund wird durch die Entstehungsgeschichte des § 622 BGB bestätigt.[57]

17 Kündigt eine der Arbeitsvertragsparteien unter unzulässiger Verkürzung der Kündigungsfrist, ist die Kündigung nach § 140 BGB umzudeuten und wirkt zum nächst erreichbaren Kündigungstermin.[58] Der 2. Senat des BAG hat sich zutreffend gegen die Anwendbarkeit der Klagefrist des § 4 KSchG ausgesprochen.[59] Nach dieser Norm müssen mit Ausnahme der Schriftform, die Voraussetzung für den Beginn der Klagefrist ist, alle denkbaren Unwirksamkeitsgründe innerhalb von drei Wochen geltend gemacht werden. Da jedoch die Nichteinhaltung der Kündigungsfrist wegen der Umdeutungsmöglichkeit gerade nicht zur Unwirksamkeit führt, ist § 4 KSchG nicht anwendbar. Dies widerspricht Wortlaut, Sinn und Zweck und auch der Entstehungsgeschichte der Norm. Erhebt demnach der Arbeitnehmer ausschließlich zur Überprüfung der Kündigungsfrist Klage, macht er nicht die Unwirksamkeit der Kündigung geltend und muss aus diesem Grund auch nicht die dreiwöchige Klagefrist des § 4 KSchG einhalten. Allerdings hat der 5.Senat davon abweichend in einer abzulehnenden Entscheidung eine Einschränkung vorgenommen, wonach die Umdeutung nur möglich sein soll, wenn innerhalb der Dreiwochen-Frist Klage erhoben wurde.[60]

Hinweis: Aufgrund dieser Rechtsprechungsdivergenz empfiehlt es sich aus anwaltlicher Sicht, die 3-wöchige Klagefrist einzuhalten. Der zutreffende Klageantrag, wenn die Kündigung nicht auf andere Unwirksamkeitsgründe gestützt wird, würde dann lauten:

▶ Es wird festgestellt, dass das Arbeitsverhältnis der Parteien durch die Kündigung des Beklagten vom .... nicht zum ...., sondern erst zum .... aufgelöst ist. ◀

Um Haftungsrisiken auszuschließen empfiehlt es sich jedoch aus anwaltlicher Sicht idR, wegen evtl später erst erkannter Unwirksamkeitsgründe (zB fehlerhafte Betriebsratsanhörung) die Kündigung insgesamt anzugreifen.

---

56 KR/Spilger § 622 BGB Rn 141 f mwN.
57 BT-Drucks 12/4902 S 9.
58 BAG 18.4.1985 – 2 AZR 197/84 – AP BGB § 622 Nr 20; ErfK/Müller-Glöge § 622 BGB Rn 12; KDZ/Däubler § 140 BGB Rn 21.
59 BAG 15.12.2005 – 2 AZR 148/05; BAG 9.9.2010 – 2 AZR 714/08 – NZA 2011, 343-345.
60 BAG 1.9.2010 – 5 AZR 700/09 – NZA 2010, 1409.

Auswirkung hat die Entscheidung des BAG[61] auch auf die Nichteinhaltung der Kündigungsfrist bei einer Kündigung nach § 1 a KSchG. Lag einer solchen Kündigung eine zu kurze Kündigungsfrist zugrunde und hat der Arbeitnehmer die Klagefrist verstreichen lassen, wäre dieser Mangel der Nichteinhaltung der Kündigungsfrist bislang geheilt worden (§ 13 Abs 3, §§ 4 und 7 KSchG). Dies hätte das Ruhen des Anspruchs auf Arbeitslosengeld nach § 143 a SGB III zur Folge haben können. Der Arbeitnehmer hat nunmehr jedoch auch nach Verstreichenlassen der Drei-Wochen-Frist, wenn etwa die Agentur für Arbeit einen Ruhenstatbestand erst später festgestellt hat, immer noch Gelegenheit, Klage gegen die Nichteinhaltung der Kündigungsfrist zu erheben.[62] Diese sollte jedoch in jedem Fall vor Ablauf der Kündigungsfrist erhoben werden.

Hinweis: In der anwaltlichen Beratungspraxis ist daher nachhaltig auch auf die einzelvertraglich oder tarifvertraglich längeren Kündigungsfristen zu achten, insbesondere auf Fälle der ordentlichen, betriebsbedingten Unkündbarkeit, bei der nach § 143 a SGB III eine Kündigungsfrist von 18 Monaten fingiert wird.

Vereinbart der Arbeitgeber mit dem Arbeitnehmer eine **gesetzlich unzulässige Kündigungsfrist**, so handelt der Arbeitgeber **arglistig**, wenn er sich später auf die gesetzliche Kündigungsfrist beruft, wenn der Arbeitnehmer von dem vertraglich eingeräumten Recht der kürzeren Kündigungsfrist Gebrauch macht. Dies ist jedenfalls dann anzunehmen, wenn der Arbeitgeber die Vereinbarung der gesetzwidrigen Kündigungsfrist veranlasst hat. Außerdem verhält sich der Arbeitgeber rechtsmissbräuchlich, wenn er die verlängerten Kündigungsfristen dadurch unterläuft, dass er **vorzeitig** eine Kündigung ausspricht, um so den Eintritt der längeren Kündigungsfrist zu vereiteln. In diesem Fall gilt die längere Frist nach § 162 BGB als eingetreten. Dagegen ist eine vorzeitige Kündigung dann nicht zu beanstanden, wenn dem Arbeitgeber für einen frühzeitigen Ausspruch der Kündigungserklärung ein **sachlich rechtfertigender Grund** zur Seite steht.[63]

d) Berechnung der Kündigungsfristen. Für die Berechnung der in § 622 BGB geregelten Fristen und Termine gelten die Vorschriften der §§ 186 bis 193 BGB.

Aus § 187 Abs 1 BGB folgt, dass der Tag, an dem die Kündigung zugeht, nicht in die Berechnung der Kündigungsfrist miteinzubeziehen ist. Von daher **beginnt die Kündigungsfrist** erst am nächsten Tag nach Zugang der Kündigung zu laufen. In Monaten mit 30 Tagen muss die Kündigung spätestens am Zweiten des Monats für eine Kündigung zum Monatsende oder am 17. des Monats für eine Kündigung zum 15. des Folgemonats zugegangen sein. In Monaten mit 31 Tagen ist der Dritte des Monats für eine Kündigung zum Monatsende oder der 18. des Monats für eine Kündigung zum 15. des Folgemonats der letztmögliche Tag des Zugangs der Kündigung.

Beispiel: Will der Arbeitgeber unter Wahrung der Grundkündigungsfrist zum 15. 5. das Arbeitsverhältnis beenden, so muss er dafür Sorge tragen,

---

61 BAG 15.12.2005 – 2 AZR 148/05 – DB 2006, 1116.
62 BAG 15.12.2005 – 2 AZR 148/05 – DB 2006, 1116.
63 BAG 16.10.1987 – 7 AZR 204/87 – AP BAT § 53 Nr 2.

dass die Kündigung dem Arbeitnehmer spätestens am 17. 4. (Monat mit 30 Tagen) zugeht.

Für den Fristbeginn ist es unerheblich, ob der jeweils letzte Tag vor Beginn der Kündigungsfrist ein Samstag, Sonntag oder Feiertag ist. § 193 BGB ist nicht in dem Sinne entsprechend anwendbar, dass die Kündigung noch am folgenden Werktag erklärt werden kann.[64] Aus dem Schutzzweck der Kündigungsfristen[65] ergibt sich nämlich, dass der Kündigungsempfänger die Einhaltung der vollen Kündigungsfrist verlangen kann.

20 Das **Fristende** bestimmt sich bei einer Frist, die ohne festen Kündigungstermin zB lediglich nach Wochen bestimmt ist, nach § 188 Abs 2 BGB. Danach endet die Kündigungsfrist mit dem Ablauf desjenigen Tags der letzten Woche, der durch seine Bezeichnung dem Tag entspricht, an dem die Kündigung zugegangen ist.

Beispiel: Eine mit einer Frist von vier Wochen ausgesprochene Kündigung, die an einem Dienstag zugegangen ist, beendet das Arbeitsverhältnis mit Ablauf des Dienstags (24.00 Uhr) in vier Wochen.

Da für die **Grundkündigungsfrist** und für die verlängerten Fristen feste Beendigungstermine zum 15. oder zum Ende eines Monats einzuhalten sind, ist für die Berechnung des Fristendes **nicht** auf § 188 Abs 2 BGB zurückzugreifen. Insofern ist – ausgehend von der für den Fristbeginn maßgebenden Bestimmung des § 187 Abs 1 BGB – auf allgemeine Berechnungsregeln zurückzugreifen (zB eine Woche = 7 Tage). Auch für das Fristende ist es unerheblich, ob der letzte Tag auf einen Samstag, Sonntag oder Feiertag fällt; § 193 BGB bezieht sich nicht auf das Ende der Kündigungsfrist.[66]

21 Zur Kündigung mit unzureichender Frist und zur vorzeitigen Kündigung s Rn 17.

II. Einzelvertragliche Regelungen
1. Verkürzung der Kündigungsfristen und Änderung der Kündigungstermine

22 a) **Allgemeines.** Sowohl die gesetzliche Grundkündigungsfrist als auch die verlängerten Fristen einschließlich der Kündigungstermine sind **zwingender Natur**.[67] Die Unabdingbarkeit der gesetzlichen Kündigungsfristen des § 622 BGB ist jedoch nicht absolut. Die Vorschrift lässt **Ausnahmen** für folgende Sonderfälle zu:

- vereinbarte Probezeit
- vorübergehende **Einstellung zur Aushilfe**
- Beschäftigung in Kleinunternehmen
- **Vereinbarung** der Anwendung entsprechender **tarifvertraglicher Bestimmungen**

§ 622 Abs 6 BGB grenzt jedoch die Vereinbarungsfreiheit insoweit ein, als die ordentliche Kündigung durch den Arbeitnehmer gegenüber der des Ar-

---

64 BAG 5.3.1970 – 2 AZR 112/69 – AP BGB § 193 Nr 1.
65 S Rn 1.
66 KR/Spilger § 622 BGB Rn 139.
67 S Rn 16.

beitgebers nicht erschwert werden darf. Daraus folgt, dass für die Kündigung des Arbeitsverhältnisses durch den Arbeitnehmer einzelvertraglich keine längere Frist vereinbart werden darf als für die Kündigung durch den Arbeitgeber.

b) Probezeitvereinbarung. Zweck der Probezeit ist es, in einer überschaubaren ersten Zeit der Beschäftigung die Leistungsfähigkeit des Arbeitnehmers zu erproben und bei negativer Beurteilung das Arbeitsverhältnis relativ kurzfristig beenden zu können. Von daher beträgt die Kündigungsfrist während der Probezeit in Abweichung von der Grundkündigungsfrist **zwei Wochen ohne festen Kündigungstermin.** Die Frist gilt für beide Vertragsparteien.[68] § 622 Abs 3 BGB enthält nämlich nicht das Tatbestandsmerkmal „Arbeitgeber" im Gegensatz zu § 622 Abs 2 BGB. Für einen schwerbehinderten Arbeitnehmer gilt während der Probezeit nicht die Mindestkündigungsfrist von vier Wochen § 90 Abs 1 Nr 1 SGB IX.[69] Die zweiwöchige Kündigungsfrist kann jederzeit, dh an jedem Tag des Kalendermonats auslaufen. Für die Kündigungsfrist innerhalb der Probezeit kommt es entscheidend darauf an, dass die Kündigungserklärung spätestens am letzten Tag der Probezeit dem Empfänger zugeht.[70] Als Probearbeitsverhältnis iSd § 622 Abs 3 BGB ist das **unbefristete oder länger als 6 Monate befristete Arbeitsverhältnis mit vorgeschalteter Probezeit** zu verstehen.[71] § 622 Abs 3 gilt nicht für ein nur auf 6 Monate befristetes Arbeitsverhältnis mit dem Sachgrund der Erprobung gem § 14 Abs 1 Nr 5 TzBfG. Dieses ist mangels Vereinbarung ordentlich nicht kündbar; es endet mit Ablauf der Zeit, für die es verabredet wurde, § 15 Abs 1 und 3 TzBfG. Einer besonderen Vereinbarung über die Länge der Kündigungsfrist bedarf es nicht. Sie tritt als Folge einer vereinbarten Probezeit automatisch ein. Die Dauer der Probezeit bestimmt sich ausschließlich nach der Vereinbarung der Arbeitsvertragsparteien. Die Dauer der Probezeit darf nach Auffassung des BAG in allen Fällen bis zu 6 Monate betragen, selbst dann, wenn im Einzelfall – je nach Art der Tätigkeit – auch schon früher eine Leistungsfähigkeit des Arbeitnehmers beurteilt werden könnte.[72] Nach § 622 Abs 3 BGB gilt die verkürzte Kündigungsfrist von zwei Wochen nur in den ersten sechs Monaten einer Probezeit, auch wenn diese ausnahmsweise über sechs Monate hinaus vereinbart worden ist. **Eine einzelvertragliche Abrede einer Kündigungsfrist während der Probezeit von weniger als zwei Wochen ist unwirksam.** Dagegen ist eine Abkürzung der zweiwöchigen Kündigungsfrist durch Tarifvertrag oder durch arbeitsvertragliche Inbezugnahme des für den Betrieb einschlägigen Tarifvertrags möglich, § 622 Abs 4 BGB. Eine Verlängerung der 14tägigen Kündigungsfrist ist nach Maßgabe des § 622 Abs 6 BGB („Gleichheit der Kündigungsfristen") bedenkenfrei. Ebenfalls ist eine Vereinbarung dahin möglich, dass Kündigungen innerhalb der Probezeit nur zu bestimmten Terminen ausgesprochen werden dürfen.

---

68 APS/Linck § 622 BGB Rn 82; KR/Spilger § 622 BGB Rn 155.
69 KR/Spilger § 622 BGB Rn 155 a.
70 BAG 21.4.1966 – 2 AZR 264/65 – AP BAT § 53 Nr 1.
71 KDZ/Zwanziger § 622 Rn 15.
72 BAG 24.1.2008 – 6 AZR 519/07 – NZA 2008, 521.

24 **c) Aushilfsarbeitsverhältnis.** Abweichend von der gesetzlichen Grundkündigungsfrist kann vertraglich eine kürzere Frist vereinbart werden, wenn ein Arbeitnehmer zur **vorübergehenden Aushilfe** eingestellt und das Arbeitsverhältnis **nicht über die Zeit von drei Monaten** hinaus fortgesetzt wird. Der Tatbestand der vorübergehenden Aushilfe muss objektiv gegeben sein. Dafür müssen Umstände vorliegen, die deutlich machen, dass nur eine vorübergehende Tätigkeit in Betracht kommt oder die zumindest geeignet sind, die erkennbare Annahme des Arbeitgebers zu rechtfertigen, es sei nur mit einem vorübergehenden Bedürfnis für die Tätigkeit zu rechnen.[73] Der Arbeitgeber trägt hierfür die Darlegungs- und Beweislast.[74] Für den Anwendungsbereich des § 622 Abs 5 Satz 1 Nr 1 BGB ist es unerheblich, ob die Parteien zunächst damit gerechnet haben, das Arbeitsverhältnis werde nicht länger als drei Monate dauern. Jedoch muss die Vereinbarung eines Aushilfsarbeitsverhältnisses **ausdrücklich** erfolgen. Liegen die Voraussetzungen eines Aushilfsarbeitsverhältnisses vor, kann die Kündigungsfrist für die ersten drei Monate unbeschränkt verkürzt werden. Es kann auch eine entfristete sofortige ordentliche Kündigung verabredet werden.[75] Der Wortlaut des § 622 Abs 5 Satz 1 BGB lässt jedoch nur eine Verkürzungsmöglichkeit der Grundkündigungsfrist des § 622 Abs 1 BGB zu. Die verlängerten Kündigungsfristen nach § 622 Abs 2 BGB sind auch in einem Aushilfsarbeitsverhältnis nicht durch Vertrag, sondern nur durch Tarifverträge abdingbar. Haben die Arbeitsvertragsparteien zwar ein Aushilfsarbeitsverhältnis, aber keine kürzere Kündigungsfrist vereinbart, bleibt es bei der gesetzlichen Grundkündigungsfrist. Entgegen dem Wortlaut des § 622 Abs 5 Satz 1 BGB können die Parteien des Aushilfsarbeitsverhältnisses auch von der gesetzlichen Regelung (15./Monatsende) abweichende Kündigungstermine vereinbaren. Insoweit ist von einem Redaktionsversehen des Gesetzgebers auszugehen.[76] Für die Einhaltung der Dreimonatsfrist ist auf den Zeitpunkt des Zugangs der Kündigung abzustellen. Die Kündigungserklärung muss also spätestens am letzten Tag der drei Monate dem Empfänger zugehen. Von daher ist es unschädlich, wenn das Ende der Kündigungsfrist erst danach liegen sollte. **Setzen die Parteien das Arbeitsverhältnis über die Dauer von drei Monaten fort**, dann tritt an die Stelle der vereinbarten verkürzten Kündigungsfrist die **gesetzliche Regelung**.

25 **d) Kleinunternehmen.** Nach § 622 Abs 5 Satz 1 Nr 2 BGB kann in sog Kleinunternehmen einzelvertraglich eine kürzere als die in Abs 1 genannte Kündigungsfrist vereinbart werden, wenn die Kündigungsfrist vier Wochen nicht unterschreitet. Wörtlich genommen hätte die Vorschrift keinen Anwendungsbereich, weil die Grundkündigungsfrist in § 622 Abs 1 BGB vier Wochen beträgt. Von daher ist die Vorschrift nach allgemeiner Ansicht dahin zu verstehen, dass in Kleinunternehmen einzelvertraglich **eine vierwöchige Kündigungsfrist ohne festen Endtermin** vereinbart werden kann.[77] Nach seinem Wortlaut lässt § 622 Abs 5 Satz 1 BGB eine einzelvertragliche

---

73 BAG 22.5.1986 – 2 AZR 392/85 – AP BGB § 622 Nr 23.
74 KR/Spilger § 622 BGB Rn 160.
75 BAG 22.5.1986 – 2 AZR 392/85 – AP BGB § 622 Nr 23.
76 DLW/Dörner Kap. 4 Rn 236.
77 APS/Linck § 622 BGB Rn 160; ErfK/Müller-Glöge § 622 BGB Rn 18; KR/Spilger § 622 BGB Rn 169.

Verkürzung der verlängerten Kündigungsfristen des § 622 Abs 2 BGB nicht zu. Ein Kleinunternehmen iS dieser Vorschrift liegt nur dann vor, wenn der Arbeitgeber idR nicht mehr als 20 Arbeitnehmer ausschließlich der Auszubildenden beschäftigt. Eine Verkürzung der Kündigungsfrist durch einzelvertragliche Vereinbarung kann also nur dann vorgenommen werden, wenn es sich um die Grundkündigungsfrist des § 622 Abs 1 handelt.[78] Entgegen dem Wortlaut des § 23 Abs 1 Satz 2 KSchG wird in § 622 Abs 5 Satz 1 Nr 2 BGB für die Berechnung der Zahl der Arbeitnehmer nicht an den Begriff des Betriebs, sondern an den des **Arbeitgebers (Unternehmers)** angeknüpft.[79] Durch das Arbeitsrechtliche Beschäftigungsförderungsgesetz vom 25.9.1996[80] ist § 622 Abs 5 Satz 1 Nr 2 BGB dahin geändert worden, dass bei der Feststellung der Zahl der beschäftigten Arbeitnehmer **teilzeitbeschäftigte Arbeitnehmer** mit einer regelmäßigen wöchentlichen Arbeitszeit von nicht mehr als zehn Stunden mit 0,25, nicht mehr als 20 Stunden mit 0,5 und nicht mehr als 30 Stunden mit 0,75 zu berücksichtigen sind. Durch Art 6a des Gesetzes zu Korrekturen in der Sozialversicherung und zur Sicherung der Arbeitnehmerrechte vom 19.12.1998[81] wurde mit Wirkung vom 1.1.1999 die Berücksichtigung von Teilzeitbeschäftigten bei der Ermittlung des Schwellenwerts für das Vorliegen eines Kleinunternehmens iSd § 622 Abs 5 Nr 2 BGB dahin modifiziert, dass Teilzeitbeschäftigte mit einer regelmäßigen wöchentlichen Arbeitszeit von nicht mehr als zehn Stunden nunmehr auch mit 0,5 und nicht mit 0,25 zu berücksichtigen sind. Diese untere Grenze wurde mit der Begründung aufgehoben, es bestehe die Gefahr, dass es für den Arbeitgeber attraktiv sei, Arbeitnehmer nur in geringem Stundenumfang zu beschäftigen.[82] Wegen weiterer Einzelheiten wird auf die Erläuterungen zu § 23 KSchG Rn 26 verwiesen. Bei der Berechnung der Beschäftigtenzahl sind die zu ihrer Berufsbildung Beschäftigten nicht zu berücksichtigen.[83] Für die **Beschäftigtenzahl** kommt es auf die **idR** beschäftigten Arbeitnehmer im Zeitpunkt des Zugangs der Kündigung an.[84]

2. Verlängerung der Kündigungsfristen und Änderung der Kündigungstermine

Der **Grundsatz der Vertragsfreiheit** lässt es zu, vertraglich **längere Kündigungsfristen und weiterreichende Kündigungstermine** zu vereinbaren. Dabei darf die Frist für den Arbeitnehmer nicht länger sein als für die Kündigung durch den Arbeitgeber (§ 622 Abs 6 BGB). Dem Grundsatz der Vertragsfreiheit sind jedoch Grenzen gesetzt. Zum einen setzt § 624 BGB für den zeitlichen Ausschluss des Rechts der Kündigung durch den Arbeitnehmer eine **Höchstgrenze** von fünf Jahren, nach deren Ablauf er das Arbeitsverhältnis mit einer Frist von sechs Monaten kündigen kann. Zum anderen

26

---

78 LAG Rheinland-Pfalz 3.5.2012 – 10 Sa 25/12 – Arbeitsrecht Aktiv 2012, 162; LAG Rheinland-Pfalz 8.2.2012 – 8 Sa 591/11.
79 S jedoch zur inhaltlichen Übereinstimmung der Begriffe § 23 KSchG Rn 11.
80 BGBl I 1476.
81 BGBl I 3843.
82 BT-Drucks 14/151 S 38.
83 Zum Begriffsinhalt s § 23 KSchG Rn 24.
84 Dazu iE s § 23 KSchG Rn 30.

entspricht es allgemeiner Ansicht, dass es bei einer einzelvertraglichen Kündigungsfrist, die zwar die nach § 624 BGB gesetzten Grenzen einhält, aber wesentlich länger als die gesetzliche Frist ist, von einer Abwägung aller Umstände abhängt, ob sie das Grundrecht des Arbeitnehmers auf freie Wahl des Arbeitsplatzes nach Art 12 Abs 1 GG verletzt oder sonst eine unangemessene Beschränkung seiner beruflichen und wirtschaftlichen Bewegungsfreiheit darstellt.[85] Im Regelfall dürfte der Grundsatz gelten, dass die Länge der Kündigungsfristen in Abhängigkeit zur Komplexität und Kompliziertheit der arbeitsvertraglichen Tätigkeit steht.

3. Vereinbarte Anwendung abweichender tariflicher Bestimmungen

27 Die einzelvertragliche Bezugnahme auf einschlägige Tarifverträge soll eine einheitliche betriebliche Ordnung gewährleisten. § 622 Abs 4 Satz 2 BGB eröffnet diesem Gedanken entsprechend die Anwendung tarifvertraglich vereinbarter Kündigungsfristen auch auf die Arbeitsverhältnisse nicht tarifgebundener Arbeitgeber und/oder Arbeitnehmer. Allerdings ist die Bezugnahme nur auf den für den Arbeitnehmer und Arbeitgeber für den Fall beidseitiger Tarifbindung geltenden Tarifvertrag beschränkt, denn durch eine solche Regelung wird nur die fehlende Tarifbindung der Parteien des Arbeitsvertrages ersetzt. Der in Bezug genommene Tarifvertrag muss deshalb im Übrigen alle für den (betrieblich-fachlichen, persönlichen, räumlichen und zeitlichen) Geltungsbereich maßgebenden Voraussetzungen erfüllen.[86] Deshalb kann die Anwendung eines branchenfremden Tarifvertrags nicht vereinbart werden, auch wenn er günstigere Kündigungsfristenregelungen als der einschlägige Tarifvertrag enthält.[87]

28 Die Arbeitsvertragsparteien müssen den gesamten einschlägigen Tarifvertrag nicht vollständig einbezogen haben. Mindestens erforderlich ist jedoch, dass der vollständige Regelungskomplex Kündigung in Bezug genommen wird. Demgegenüber können Einzelheiten aus dem **Regelungskomplex Kündigung** nicht isoliert einzelvertraglich vereinbart werden. Dies folgt aus der Überlegung, dass Tarifverträge das Ergebnis eines ausgewogenen Kompromisses sind und deshalb eine materielle Richtigkeitsgewährung nur bezogen auf den Tarifvertrag insgesamt oder wenigstens für einen vollständigen Regelungskomplex besteht. Mit der entsprechenden Deutlichkeit kann auch auf einen **nachwirkenden Tarifvertrag** verwiesen werden.[88]

Allerdings ist für ab dem 1.1.2002 abgeschlossene Arbeitsverträge zu beachten, dass bei einer dynamischen Verweisung künftig Änderungen der tariflichen Kündigungsfristen nach Ende der Tarifbindung des Arbeitgebers stets nur in der für den Arbeitnehmer günstigeren Fassung Anwendung finden, wenn die Bezugnahmeklausel nicht eindeutig ist und deswegen gegen das Transparenzgebot des § 307 Abs 1 Satz 2 BGB verstößt. Das bisherige Verständnis als reine Gleichstellungsabrede hat das BAG zu Recht ange-

---

85 KR/Spilger § 622 BGB Rn 175 mwN.
86 KR/Spilger § 622 BGB Rn 181.
87 KR/Spilger § 622 BGB Rn 181.
88 KR/Spilger § 622 BGB Rn 188.

kündigt, für Arbeitsverträge seit Inkrafttreten des Schuldrechtsmodernisierungsgesetzes aufzugeben.[89]

4. Rechtsfolgen unwirksamer Vereinbarungen

Sind die Vereinbarungen über Kündigungsfristen oder Kündigungstermine mit §§ 622, 624 BGB nicht vereinbar, so hat dies auf die Wirksamkeit des Arbeitsvertrags keinen Einfluss. An die Stelle nichtiger oder lückenhafter Vereinbarungen treten diejenigen gesetzlich zulässigen Termine und Fristen, die dem Willen der Parteien am ehesten entsprechen (sog **ergänzende Vertragsauslegung**). 29

Beispiel: Haben die Parteien die Kündigungsfrist für beide Teile unzulässig verkürzt, so kommt die Grundkündigungsfrist von vier Wochen zum 15./Monatsende bzw ggf die gesetzlichen verlängerten Kündigungsfristen nach § 622 Abs 2 BGB bei einer Arbeitgeberkündigung ihren Vorstellungen am nächsten.

III. Abweichende tarifvertragliche Regelungen

1. Allgemeines

§ 622 Abs 4 Satz 1 BGB eröffnet den **Tarifvertragsparteien** die Möglichkeit, von § 622 Abs 1 bis 3 BGB **abweichende Regelungen sowohl bezüglich der Kündigungsfristen als auch hinsichtlich der Kündigungstermine**[90] durch Tarifvertrag vereinbaren zu können. Damit können die gesetzlichen Kündigungsfristen durch Tarifvertrag verlängert, aber auch verkürzt werden. Dabei gilt die Tariföffnungsklausel nicht nur für nach Inkrafttreten des Kündigungsfristengesetzes abgeschlossene Tarifverträge.[91] Die abweichenden tarifvertraglichen Regelungen gelten jedoch nur dann (unmittelbar und zwingend, § 4 Abs 1 Satz 1 TVG), wenn beide Parteien des Arbeitsvertrags **tarifgebunden** sind oder aber der Tarifvertrag **allgemeinverbindlich** ist und sie in beiden Fällen unter den Geltungsbereich des Tarifvertrags fallen.[92] Davon zu unterscheiden ist die arbeitsvertragliche Geltung abweichender tariflicher Kündigungsfristen durch Bezugnahme.[93] 30

2. Konstitutive und deklaratorische tarifliche Regelungen

Die **tarifliche Zulassungsnorm** des § 622 Abs 4 Satz 1 BGB gilt nur für Tarifnormen iSd § 4 TVG. Deshalb ist im Einzelfall durch Tarifauslegung zu prüfen, ob die tarifliche Kündigungsfristenregelung **konstitutiv** (selbstständig) oder aber nur **deklaratorisch** (unselbstständig) ist. Bei einer deklaratorischen Regelung bestimmt sich die Zulässigkeit einer abweichenden einzelvertraglichen Vereinbarung nicht nach § 4 Abs 3 TVG, sondern danach, ob die außertarifliche Norm zwingenden Charakter hat. 31

Tarifvertragliche Bestimmungen, die inhaltlich mit den gesetzlichen Vorschriften über Kündigungsfristen übereinstimmen oder die auf sie verwei- 32

---

89 BAG 14.12.2005 – 4 AZR 536/04 – DB 2006, 1322.
90 BAG 4.7.2001 – 2 AZR 469/00 – AP BGB § 622 Nr 59.
91 BAG 7.3.2002 – 2 AZR 610/00 – NZA 2003, 64 (Ls).
92 KR/Spilger § 622 BGB Rn 222.
93 S Rn 27 f.

Spengler

sen, sind auszulegen. Es ist dabei zu klären, ob die Tarifvertragsparteien zum Zeitpunkt des Tarifabschlusses eine selbstständige, dh in ihrer normativen Wirkung von der außertariflichen Norm unabhängige konstitutive Regelung treffen wollten oder ob die Übernahme gesetzlicher Vorschriften nur rein deklaratorischen Charakter in Gestalt einer sog **neutralen Klausel** hat.[94] Eine **konstitutive** (selbstständige) Regelung setzt einen deutlichen Regelungswillen[95] voraus, der regelmäßig dann anzunehmen sein wird, wenn die Tarifvertragsparteien **eine im Gesetz nicht oder anders enthaltene Regelungen übernehmen**, die sonst nicht für die betroffenen Arbeitnehmer gelten würde. Das BAG[96] nimmt einen rein deklaratorischen (unselbstständigen) Charakter der Übernahme an, wenn einschlägige gesetzliche Vorschriften **wörtlich oder inhaltlich übernommen** werden. Den Tarifvertragsparteien sei es dann darum gegangen ist, im Tarifvertrag eine unvollständige Darstellung der Rechtslage zu vermeiden. Die Aufnahme in den Tarifvertrag dient dann nur der Klarheit und Übersichtlichkeit, bzw der umfassenden Unterrichtung der Tarifgebundenen über die zu beachtenden Rechtsvorschriften. Dagegen wird teilweise zu Recht eingewandt, dass die Tarifvertragsparteien auch bei der Wiederholung gesetzlicher Regelungen Rechtssetzungswillen haben können, also über die Information der Tarifgebundenen hinaus die gesetzliche als tarifliche Regelung festschreiben wollen.[97] Allerdings schließt im Rahmen des § 622 Abs 4 Satz 1 BGB die Zulassung nur abweichender tarifvertraglicher Regelungen einen dem Gesetz inhaltsgleichen eigenständigen tariflichen Normsetzungswillen aus.[98]

3. Umfang der Regelungsbefugnis

33 Sowohl die **Grundkündigungsfrist** als auch die **verlängerten Kündigungsfristen** unterliegen der **abweichenden tariflichen Gestaltungsbefugnis**, die keiner Einschränkung für bestimmte Gruppen von Arbeitnehmern oder Arten von Arbeitsverhältnissen unterliegt. Von daher kann die Kündigungsfrist zB auf Stunden oder auf jede andere Frist verkürzt werden. Es kann sogar eine entfristete Kündigung (sofortige ordentliche Kündigung) vereinbart werden.[99] Da § 622 Abs 4 Satz 1 BGB dem Wortlaut nach keine Einschränkung enthält, sind auch die **Kündigungstermine tarifdispositiv**.[100] Ebenso können die Tarifvertragsparteien aber auch längere Kündigungsfristen vereinbaren als in § 622 Abs 1 bis 3 BGB vorgesehen.

4. Günstigkeitsprinzip

34 Nach § 4 Abs 3 TVG sind vom Tarifvertrag abweichende vertragliche Abreden zulässig, wenn sie eine Änderung zugunsten des Arbeitnehmers ent-

---

94 BAG 21.3.1991 – 2 AZR 616/90 – AP BGB § 622 Nr 31.
95 ErfK/Müller-Glöge § 622 BGB Rn 24.
96 BAG 16.9.1993 – 2 AZR 697/92 – AP BGB § 622 Nr 42; BAG 7.3.2002 – 2 AZR 610/00 – EzA BGB § 622 Tarifvertrag Nr 3.
97 Creutzfeld, Handhabe tariflicher Kündigungsfristen bei Gesetzesidentität, AuA 1995, 87; Sandmann, Die Unterscheidung zwischen deklaratorischen und konstitutiver Tarifvertragsklauseln aus verfassungsrechtlicher Sicht, RdA 2002, 73.
98 Offengelassen in BAG 5.10.1995 – 2 AZR 1028/94 – AP BGB § 622 Nr 48.
99 BAG 2.8.1978 – 4 AZR 46/77 – AP MTL II § 55 Nr 1.
100 KR/Spilger § 622 BGB Rn 216.

halten (**Günstigkeitsprinzip**). Für die insoweit erforderliche Günstigkeitsprüfung ist ein sog **Sachgruppenvergleich** des Inhalts durchzuführen, dass nach einem individuellen Maßstab unter objektiver Würdigung die Kündigungsvorschriften (Kündigungsfrist, Kündigungstermin) des Tarifvertrags und die vertragliche Regelung insgesamt miteinander verglichen werden.[101] Die sich ergebende Gesamtbindungsdauer (Frist unter Berücksichtigung des Kündigungstermins) ist entscheidend, eine getrennte Betrachtung nur der Kündigungsfrist darf nicht erfolgen.[102]

Hinweis: Ein Arbeitgeber kann also mit einem Arbeitnehmer günstigere Bestimmungen als die tariflichen, aber immer noch schlechtere als die gesetzlichen vereinbaren, wenn er zumindest im Übrigen auf den Regelungskomplex Kündigung Bezug nimmt.

5. Verfassungswidrigkeit tariflicher Regelungen über Kündigungsfristen

a) **Beurteilungsmaßstab.** Sofern in Tarifverträgen Kündigungsfristen für Arbeiter (Grundkündigungsfrist, die verlängerten Kündigungsfristen) konstitutiv (selbstständig) geregelt sind, haben die **Gerichte für Arbeitssachen** in eigener Kompetenz zu prüfen, ob die Kündigungsregelung im Vergleich zu den für Angestellte geltenden tariflichen Bestimmungen mit dem **Gleichheitssatz** des Art 3 GG zu vereinbaren ist.[103] Die tarifliche Zulassungsnorm des § 622 Abs 4 Satz 1 BGB erlaubt es den Tarifvertragsparteien nicht, Regelungen zu treffen, die dem Gesetzgeber selbst durch die Verfassung verboten sind. Der Gleichheitssatz verlangt jedoch **keine völlige Gleichstellung von Arbeitern und Angestellten**. Es ist lediglich erforderlich aber auch genügend, dass die Ungleichbehandlung und der zu ihrer Rechtfertigung angeführte Grund in einem **angemessenen Verhältnis** zueinander stehen.[104] Ein die Ungleichbehandlung sachlich rechtfertigender Grund liegt dann nicht vor, wenn die schlechtere Rechtsstellung der Arbeiter auf einer pauschalen Differenzierung zwischen den Gruppen der Angestellten und der Arbeiter beruht. Daraus folgt, dass nur hinreichend **gruppenspezifisch ausgestaltete unterschiedliche Regelungen** die Ungleichbehandlung sachlich zu rechtfertigen vermögen, die zB entweder nur eine verhältnismäßig kleine Gruppe nicht übermäßig benachteiligen oder **branchen-, betriebs- und funktionsspezifische Interessen** als Anknüpfungspunkt haben. Dieser nicht abschließende Prüfungsmaßstab ist sowohl für die Beurteilung unterschiedlicher Grundkündigungsfristen als auch für ungleich verlängerter Fristen für Arbeiter und Angestellte mit längerer Betriebszugehörigkeit und höherem Lebensalter zugrundezulegen. Darüber hinaus gilt er auch für unterschiedlich geregelte Wartezeiten, die für den Erwerb der verlängerten Kündigungsfristen zurückgelegt werden müssen. § 622 Abs 4 Satz 1 BGB überantwortet den Tarifvertragsparteien eine gegenständlich begrenzte Gestaltungsfreiheit, deren gerichtliche Kontrolle sich darauf beschränkt, ob die

---

101 APS/Linck § 622 BGB Rn 179; KR/Spilger § 622 BGB Rn 242.
102 BAG 4.7.2001 – 2 AZR 469/00 – AP BGB § 622 Nr 59.
103 BAG 21.3.1992 – 2 AZR 616/90 – AP BGB § 622 Nr 31; KR/Spilger § 622 BGB Rn 247 mwN.
104 BAG 23.1.1992 – 2 AZR 389/91 – AP BGB § 622 Nr 35.

tarifliche Regelung die Grenzen des Gestaltungsspielraums der Tarifpartner überschreitet. Davon kann nur dann ausgegangen werden, wenn die Tarifvertragsparteien unterschiedliche Kündigungsfristen bestimmen, für die sachlich einleuchtende Gründe nicht ersichtlich sind.[105] Die für die Ungleichbehandlung angeführten sachlichen Gründe müssen sich entweder aus der einschlägigen **tariflichen Regelung** ergeben oder es müssen zumindest **konkrete Anhaltspunkte für sachgerechte Differenzierungen** erkennbar sein.[106] Die Verfassungsmäßigkeit unterschiedlicher Regelungen zu Lasten der Arbeiter kann nicht allein mit dem Grundsatz einer Richtigkeitsgewähr begründet werden.[107] Dagegen ist den Gerichten die Prüfung verwehrt, ob die Tarifvertragsparteien jeweils die gerechteste und zweckmäßigste Regelung vereinbart haben.

36 Sofern sich eine Partei auf die **Verfassungswidrigkeit** tariflicher Vorschriften beruft oder die Verfassungsgemäßheit vom Gericht bezweifelt wird, haben die **Gerichte für Arbeitssachen** nach den Grundsätzen des § 293 ZPO **von Amts wegen** die näheren für unterschiedliche Fristen maßgeblichen Umstände, die für oder gegen die Verfassungswidrigkeit sprechen, zu ermitteln, und zwar insbesondere durch Einholung von Auskünften der Tarifpartner.[108]

37 **b) Beispiele.** Als **verfassungswidrige Regelungen** sind zu nennen:

Die verlängerte Kündigungsfrist für ältere Arbeitnehmer nach § 21 MTV Brauereien Nordrhein-Westfalen[109] – die zweiwöchige Kündigungsfrist des § 8 MTV Gewerbliche Arbeitnehmer Bayerische Metallindustrie[110] – § 13 Nr 9 a MTV 1980 für Arbeiter, Angestellte und Auszubildende in der Eisen-, Metall-, Elektro- und Zentralheizungsindustrie Nordrhein-Westfalen[111] – § 8 MTV Gewerbliche Arbeitnehmer Bayerische Metallindustrie vom 9.5.1982.[112] In den beiden zuletzt genannten tariflichen Regelungen wurden die Wartefristen für die verlängerten Fristen älterer Arbeitnehmer gegenüber denen der Angestellten ohne sachlichen Grund deutlich verkürzt.

38 Als **verfassungsgemäße Regelungen** sind zu nennen:

Die Grundkündigungsfrist des § 12 Nr 3 b RTV für Arbeiter der Gartenbaubetriebe in Schleswig-Holstein vom 3.4.1990[113] – die Grundkündigungsfrist des § 2 Nr 6 MTV Nordrheinische Textilindustrie[114] – die verlängerte Kündigungsfrist nach § 17 Nr 2 MTV Arbeiter der baden-württembergischen Textilindustrie[115] – die Grundkündigungsfrist nach § 12

---

105 BAG 1.6.1983 – 4 AZR 566/80 – AP BGB § 611 Deputat Nr 5.
106 BVerfG 30.5.1990 – 1 BvL 2/83 ua 1 BvR 764/86 – AP BGB § 622 Nr 28.
107 BAG 16.9.1993 – 2 AZR 697/92 – AP BGB § 622 Nr 42.
108 BAG 16.9.1993 – 2 AZR 697/92 – AP BGB § 622 Nr 42.
109 BAG 7.4.1993 – 2 AZR 408/92 – nv.
110 BAG 10.3.1994 – 2 AZR 605/93 – AP TVG § 1 Tarifverträge: Metallindustrie Nr 117.
111 BAG 21.3.1991 – 2 AZR 323/84 A – AP BGB § 622 Nr 29; BAG 10.3.1994 – 2 AZR 323/84 C – AP BGB § 622 Nr 44.
112 BAG 29.8.1991 – 2 AZR 220/01 A – AP BGB § 622 Nr 32.
113 BAG 23.1.1992 – 2 AZR 389/91 – AP BGB § 622 Nr 35.
114 BAG 23.1.1992 – 2 AZR 470/91 – AP BGB § 622 Nr 37.
115 BAG 23.1.1992 – 2 AZR 460/91 – AP BGB § 622 Nr 36.

Nr 1.1 BRTV-Bau[116] – die Grundkündigungsfrist für Arbeiter/innen nach § 14 Abs 2 Nr 1 a MTV für das Friseurhandwerk in Hessen vom 9.12.1991[117] – unterschiedliche Kündigungsfristen für Arbeiter und Angestellte in der Systemgastronomie (§ 9 Rn 2 MTV)[118] – die einheitliche Kündigungsfrist ohne Staffelung nach Betriebszugehörigkeit und Alter in Kleinbetrieben nach § 3.3 Satz 2 MTV Kraftfahrzeuggewerbe Bayern.[119] Weitere Beispiele s KR/Spilger § 622 BGB Rn 257-260.

6. Rechtsfolge verfassungswidriger Regelungen

Ein **Verstoß** einer tariflichen Regelung über Kündigungsfristen gegen Art 3 Abs 1 GG hat deren **Nichtigkeit** zur Folge. Die dadurch entstandene unbewusste Regelungslücke ist von den Gerichten durch ergänzende Auslegung zu schließen. Nach Inkrafttreten des KündFG sind solche Tariflücken durch die gesetzlichen Kündigungsfristen der Neufassung des § 622 BGB zu schließen.[120] Nach Art 222 EGBGB gilt es auch für solche Fälle, in denen noch ein Rechtsstreit über diese Frage anhängig ist.[121] 39

IV. Kündigungsfristengesetz und Altregelungen oder Altkündigungen

1. Altkündigungen

Ist dem Arbeitnehmer vor dem 15.10.1993 eine ordentliche Kündigung zugegangen, gilt nach Art 222 EGBGB die Neufassung des § 622 BGB, wenn am 15.10.1993 das Arbeitsverhältnis noch nicht beendet und die Regelung der Neufassung für den Arbeitnehmer **günstiger** als die zuvor geltenden gesetzlichen Vorschriften ist oder ein Rechtsstreit nach näherer Maßgabe der gesetzlichen Regelungen anhängig ist. Art 222 Nr 2 b EGBGB enthält eine Sonderregelung für Angestellte, für die in dem noch anhängigen Verfahren nur die kürzeren Fristen des KündFG, nicht jedoch die längeren Fristen des aufgehobenen AngKSchG gelten. Diese gilt jedoch dann nicht, wenn die Fristen des aufgehobenen AngKSchG für den Angestellten günstiger sind und die Anwendbarkeit sowie die Voraussetzungen des § 2 Abs 1 Satz 1 AngKSchG zwischen den Parteien nicht streitig sind. 40

2. Altregelungen für fortbestehende Arbeitsverhältnisse

Verweist eine Regelung im Arbeitsvertrag auf die „**gesetzlichen Kündigungsfristen**", so gelten, auch wenn der Arbeitsvertrag vor Inkrafttreten des KündFG abgeschlossen worden ist, für diesen Arbeitsvertrag nunmehr die neuen gesetzlichen Kündigungsfristen.[122] Insoweit handelt es sich um eine deklaratorische Klausel, dh es wird damit nur auf die (jeweils geltende) gesetzliche Rechtslage hingewiesen. Anders soll es sich jedoch verhalten, wenn die Individualregelung konkret die Fristdauer von „**sechs Wo-** 41

---

116 BAG 2.4.1992 – 2 AZR 516/91 – AP BGB § 622 Nr 38.
117 BAG 18.1.2001 – 2 AZR 619/99 – RzK I 3 e Nr 75.
118 BAG 29.10.1998 – 2 AZR 683/97 – RzK I 3 e Nr 70.
119 BAG 23.4.2008 – 2 AZR 21/07 – NZA 2008, 960.
120 BAG 10.3.1994 – 2 AZR 323/84 C – AP BGB § 622 Nr 44; KR/Spilger § 622 BGB Rn 266.
121 BAG 10.3.1994 – 2 AZR 323/84 C – AP BGB § 622 Nr 44.
122 KR/Spilger § 622 BGB Rn 281; Preis/Kramer, Das neue Kündigungsfristengesetz, DB 1993, 2130.

chen zum Schluss des Kalendervierteljahrs" zum Inhalt habe. Diese Altregelung hat dann konstitutive Bedeutung, die von der Neufassung des § 622 BGB unberührt bleibt.[123] Ebenso soll es sich für die Formulierung „gesetzliche Kündigungsfrist von sechs Wochen zum Quartalsende" verhalten, weil die konkrete Festlegung der Frist die Bezugnahme auf das Gesetz überwiege.[124] Nach der hier vertretenen Ansicht ist auf die gleichen Grundsätze abzustellen wie für die Beurteilung von Kündigungsfristen in Tarifverträgen.[125] Sofern also lediglich der Gesetzeswortlaut wiederholt wird, ist im Zweifel von einer deklaratorischen Regelung auszugehen. Formulierungen wie „sechs Wochen zum Quartal" oder „sechs Wochen zum Schluss des Kalendervierteljahres" etc haben folglich nur informatorischen Charakter.[126] Konstitutive Wirkung haben die vorstehenden Klauseln selbstverständlich für Arbeiter, da für diese nach § 622 BGB aF Kündigungsfristen zum Monatsende galten. Soweit es wie zB bei konstitutiven Quartalskündigungsfristen auf das Verhältnis zu § 622 Abs 2 BGB ankommt, ist ein **Günstigkeitsvergleich** anzustellen. Dabei ist mangels anderer Anhaltspunkte die Kündigungsfrist und der Kündigungstermin als Einheit zu betrachten.[127] Im Rahmen dieser Gesamtbetrachtung können die längeren gesetzlichen Fristen nicht einfach dem vertraglich vereinbarten Quartalstermin hinzugefügt werden. Es ist eine abstrakt-generelle Betrachtung anzustellen. Auf den konkreten Kündigungsausspruch kommt es hierfür nicht an.

42 Bei **tariflichen Normen**, die inhaltlich mit gesetzlichen Vorschriften übereinstimmen oder auf sie verweisen, ist ebenfalls jeweils durch Auslegung zu ermitteln, ob die Tarifvertragsparteien eine **konstitutive** (selbstständige) oder deklaratorische Regelung treffen wollten.[128] Tarifvertragliche Regelungen hinsichtlich der Kündigungsfristen können auch in einen konstitutiven und in einen deklaratorischen Teil **aufgespalten** werden.[129] Von daher sind die Grundkündigungsfristen einschließlich der verlängerten Kündigungsfristen sowie die noch fortbestehenden Kündigungsfristen von Arbeitern und Angestellten jeweils gesondert daraufhin zu überprüfen, ob und inwieweit eine konstitutive oder deklaratorische Regelung vorliegt. Die Abweichung der Regelung vom Gesetz bei einer Gruppe macht die Regelung der anderen nicht notwendigerweise konstitutiv. Liegt nach diesen Grundsätzen lediglich eine deklaratorische Regelung vor, gilt die Neufassung des § 622 BGB.[130] Liegt dagegen eine wirksame konstitutive Regelung vor, so geht diese der Neufassung des § 622 BGB vor. Im Falle ihrer Unwirksamkeit gilt regelmäßig die gesetzliche Neufassung.[131] Liegt eine Kombination von konstitutivem und deklaratorischem Teil vor, gilt für die

---

123 Hromadka, Rechtsfragen zum Kündigungsfristengesetz, BB 1993, 2372; KR/Spilger § 622 BGB Rn 281.
124 Preis/Kramer DB 1993, 2130.
125 S Rn 31 f, 42.
126 LAG Rheinland-Pfalz 14.2.1996 – 2 Sa 1081/95 – LAGE MuSchG § 9 Nr 21; Bauer/Rennpferdt SD 1010.5 Rn 88.
127 BAG 4.7.2001 – 2 AZR 469/00 – AP BGB § 622 Nr 59 („Ensemble-Vergleich").
128 S Rn 31 f.
129 BAG 4.3.1993 – 2 AZR 355/92 – AP BGB § 622 Nr 40.
130 BAG 5.10.1995 – 2 AZR 1028/94 – AP BGB § 622 Nr 48.
131 S Rn 39.

Arbeitnehmergruppe mit der deklaratorischen Teilregelung die Neufassung. Die konstitutive Teilregelung ist nur im Fall ihrer Wirksamkeit weiterhin anwendbar, andernfalls gilt auch insoweit die Neuregelung.[132]

V. Gleichheit der Kündigungsfrist

1. Grundsatz

Nach § 622 Abs 6 BGB, der auch von den Tarifvertragsparteien zu beachten ist,[133] darf die verlängerte, vom Arbeitnehmer einzuhaltende Kündigungsfrist nicht länger sein als die für den Arbeitgeber. Dies folgt aus dem in § 622 Abs 6 BGB enthaltenen **Grundsatz der Gleichheit der Kündigungsfristen**.[134] **43**

Ein Verstoß gegen diesen Grundsatz liegt nicht vor, wenn die Arbeitsvertragsparteien die Anwendung der verlängerten Kündigungsfristen nach § 622 Abs 2 BGB auch für den Arbeitnehmer vereinbaren.[135] Eine solche **Gleichstellungsabrede** unterfällt nicht dem Anwendungsbereich des § 622 Abs 6 BGB, weil diese Vorschrift den Arbeitnehmer nur vor einer Schlechterstellung, nicht aber vor einer Gleichstellung mit dem Arbeitgeber schützen will. **44**

2. Erweiterter Anwendungsbereich

Darüber hinaus gilt der Grundsatz der Gleichheit der Kündigungsfristen nach seinem Sinn und Zweck als Benachteiligungsverbot auch dann, wenn die Kündigung des Arbeitnehmers im Verhältnis zur Arbeitgeberkündigung in anderer Weise **erschwert** wird. Daher sind zB Vereinbarungen **unzulässig**,[136] wonach **45**

- eine Kaution verfällt;[137]
- für ein befristetes Probearbeitsverhältnis eine Kündigungsmöglichkeit nur für den Arbeitgeber, nicht aber für den Arbeitnehmer vereinbart ist;
- die Kündigung durch den Arbeitnehmer vor Dienstantritt einseitig ausgeschlossen ist;[138] oder der Arbeitnehmer bei einer Eigenkündigung eine Abfindung zahlen muss.[139]

3. Rechtsfolgen unwirksamer Vereinbarungen

Ist arbeitsvertraglich eine **längere Kündigungsfrist** für den Arbeitnehmer als für den Arbeitgeber vereinbart, liegt ein **Verstoß** gegen den Grundsatz der Gleichheit der Kündigungsfristen nach § 622 Abs 6 BGB vor. Nach allgemeiner Ansicht tritt an die Stelle der unwirksamen Regelung nicht etwa die gesetzliche Frist, sondern dem Grundsatz der Gleichheit der Kündigungsfristen wird dadurch Rechnung getragen, dass die längere Kündi- **46**

---

132 KR/Spilger § 622 BGB Rn 285.
133 KR/Spilger § 622 BGB Rn 206.
134 BAG 25.11.1971 – 2 AZR 62/71 – AP BGB § 622 Nr 11.
135 BAG 29.8.2001 – 4 AZR 337/00 – AP TVG § 1 Auslegung Nr 174.
136 KDZ/Zwanziger § 622 Rn 51.
137 BAG 11.3.1971 – 5 AZR 349/70 – AP BGB § 622 Nr 9.
138 LAG Hamm 15.3.1989 – 15(17) Sa 1127/88 – LAGE BGB § 622 Nr 14.
139 BAG 6.9.1989 – 5 AZR 586/88 – AP BGB § 622 Nr 27.

gungsfrist, die nach der Parteivereinbarung an sich nur für die Kündigung durch den Arbeitnehmer vorgesehen war, auch für die **Kündigung des Arbeitgebers maßgebend ist**.[140] Dies wird zum einen damit begründet, dass dies dem im Wege der ergänzenden Vertragsauslegung ermittelten mutmaßlichen Parteiwillen am ehesten entspreche. Zum anderen wird auf eine analoge Anwendung des § 89 Abs 2 Satz 2 HGB abgestellt, der im Verhältnis zwischen Unternehmer und Handelsvertreter vorsieht, dass bei Vereinbarung einer kürzeren Frist für den Unternehmer die für den Handelsvertreter vereinbarte Frist gilt.[141] Der Ansicht ist jedoch nur für den Fall der Arbeitgeberkündigung zu folgen. Will bei dieser Ausgangslage nämlich der Arbeitnehmer kündigen, dann ist dieser Lösungsweg nicht sachgerecht. Dadurch wird zwar dem Grundsatz der Gleichheit der Kündigungsfristen Rechnung getragen. Jedoch wird mit diesem Lösungsweg das hinter § 622 Abs 6 BGB stehende eigentliche Ziel des Arbeitnehmerschutzes nicht erreicht. Bei Arbeitnehmerkündigungen wird dem Zweck des § 622 Abs 6 BGB aus dem Blickwinkel des Arbeitnehmerschutzes idR am ehesten dadurch entsprochen, die zu Lasten des Arbeitnehmers vereinbarte Kündigungsfrist auf diejenige für den Arbeitgeber vereinbarte Kündigungsfrist zu reduzieren. Damit wird der Grundsatz der Gleichheit der Kündigungsfristen hergestellt und darüber hinaus dem sich aus der Berufsfreiheit nach Art 12 Abs 1 GG ergebenden Schutz vor einer überlangen Bindungsdauer Rechnung getragen.[142]

---

140 BAG 2.6.2005 – 2 AZR 296/04 – DB 2005, 2085; KDZ/Zwanziger § 622 BGB Rn 50 mwN.
141 KDZ/Zwanziger § 622 BGB Rn 50.
142 S Rn 26.

§ 623 Schriftform der Kündigung

Die Beendigung von Arbeitsverhältnissen durch Kündigung oder Auflösungsvertrag bedürfen zu ihrer Wirksamkeit der Schriftform; die elektronische Form ist ausgeschlossen.

I. Grundsätze 1	Beurkundung oder gerichtlichen Vergleich 28
1. Zweck der Norm 1	c) Vertragsinhalt – Nebenabreden......... 29
2. Sonstige Formvorschriften für Kündigungen.......... 2	d) Einzelfälle 30
II. Anwendungsbereich der Norm......................... 4	3. Rechtsfolge der fehlenden Schriftform................ 31
1. Arbeitsverhältnis.......... 4	a) Nichtigkeit (§ 125 Satz 1 BGB).... 31
2. Kündigung 8	b) Kündigung 32
3. Auflösungsvertrag......... 10	c) Auflösungsvertrag..... 34
4. Befristungsabrede 13	IV. Rechtsmissbräuchliche Berufung auf die fehlende Schriftform 35
III. Gesetzliche Schriftform 14	V. Annahmeverzugsanspruch bei formnichtiger Auflösung des Arbeitsverhältnisses....... 37
1. Kündigung 14	1. Kündigung durch den Arbeitgeber................ 37
a) Schriftform nach § 126 Abs 1 BGB...... 14	2. Kündigung durch den Arbeitnehmer 38
aa) Urkunde.............. 15	3. Auflösungsvertrag......... 39
bb) Namensunterschrift.. 16	VI. Gerichtliche Geltendmachung der Formnichtigkeit 40
b) Ersetzung der Schriftform durch notarielle Beurkundung oder gerichtlichen Vergleich 20	1. Kündigung 40
c) Erklärungsinhalt 21	a) Keine Klagefrist 40
d) Einzelfälle 22	b) Verwirkung des Klagerechts 42
aa) Änderungskündigung 22	2. Auflösungsvertrag......... 44
bb) Schriftsatzkündigung 23	3. Darlegungs- und Beweislast 45
cc) Nicht ausreichende Erklärungs- und Übermittlungsformen 24	
2. Auflösungsvertrag......... 25	
a) Schriftform nach § 126 Abs 2 BGB...... 25	
b) Ersetzung der Schriftform durch notarielle	

I. Grundsätze

1. Zweck der Norm

Die Vorschrift des § 623 BGB wurde durch das Arbeitsgerichtsbeschleunigungsgesetz mit Wirkung zum 1.5.2000 in das Bürgerliche Gesetzbuch eingefügt. Die Schriftform ist wegen der besonderen Bedeutung der Beendigung des Arbeitsverhältnisses iSd Gewährleistung größtmöglicher **Rechtssicherheit** gerechtfertigt. Sie dient aber auch der **Entlastung der Arbeitsgerichte**. Insbesondere sollen unergiebige Rechtsstreite, zB ob überhaupt eine Kündigung vorliegt, vermieden bzw die entsprechende Beweiserhebung vereinfacht werden.[1] Wie jedes gesetzliche Schriftformerfordernis hat § 623 BGB eine **Warnfunktion**.[2] Die Parteien des Arbeitsvertrages sollen vor einer übereilten, unüberlegten Beendigung des Arbeitsverhältnisses ge- 1

---

1 Vgl Gesetzesbegründung BT-Drucks 14/626 S 11.
2 ZB ErfK/Müller-Glöge § 623 BGB Rn 3.

schützt werden. Die Schriftform hat zudem eine **Beweisfunktion** und dient der **Klarstellung** über den Inhalt der ein- bzw zweiseitigen Erklärung.

2. Sonstige Formvorschriften für Kündigungen

2 Weitere Schriftformerfordernisse für Kündigungen sieht das **Gesetz** in
- § 22 Abs 3 BBiG für die Kündigung eines Berufsausbildungsverhältnisses
- § 62 Abs 1 SeemG für die ordentliche Kündigung eines Heuerverhältnisses
- §§ 64 Abs 2, 66 Abs 4 SeemG für die außerordentliche Kündigung eines Heuerverhältnisses
- § 78 Abs 2, 3 SeemG für die Kündigung des Heuerverhältnisses des Kapitäns
- § 9 Abs 3 Satz 2 MuSchG

vor. Im Verhältnis zu § 623 BGB handelt es sich um **Spezialvorschriften** mit zT weitergehendem Inhalt.[3] Soweit sie keine Sonderregelung enthalten, insbesondere zur Form eines Auflösungsvertrages, bleibt § 623 BGB anwendbar.[4]

3 **Kollektiv- und einzelvertragliche Schriftformklauseln** für Kündigungen[5] haben mit Einführung der zwingenden gesetzlichen Schriftform des § 623 BGB weitgehend ihre Bedeutung verloren, es sei denn, das vereinbarte Schriftformerfordernis erstreckt sich zusätzlich auf die Angabe der Kündigungsgründe.

II. Anwendungsbereich der Norm
1. Arbeitsverhältnis

4 § 623 BGB ordnet die Schriftform für die Beendigung von **Arbeitsverhältnissen** durch Kündigung oder Auflösungsvertrag an. Die Art des Arbeitsverhältnisses ist unerheblich. Erfasst sind also ohne Unterschied
- unbefristete Arbeitsverhältnisse
- befristete Arbeitsverhältnisse[6]
- Aushilfsarbeitsverhältnisse
- geringfügige Beschäftigungsverhältnisse.

5 Nach § 10 Abs 2 BBiG gilt § 623 BGB grundsätzlich auch für das **Berufsausbildungsverhältnis** und das Volontärs- bzw Praktikantenverhältnis iSv § 26 BBiG; in diesen Sonderfällen ist aber für die Beendigung durch Kündigung[7] das speziellere Schriftformerfordernis des § 22 Abs 3 BBiG vorrangig.[8]

---
3 ZB umfasst das konstitutive Schriftformerfordernis in § 22 Abs 3 BBiG und in § 9 Abs 3 Satz 2 MuSchG auch die Angabe der Kündigungsgründe.
4 Zur vertraglichen Beendigung von Berufsausbildungsverhältnissen vgl Rn 11.
5 Vgl dazu auch Einl Rn 26, 27.
6 Die gesetzliche Schriftform für die Befristungsabrede ist in § 14 Abs 4 TzBfG geregelt, vgl Rn 13.
7 Für die Beendigung des Berufsausbildungsvertrages durch Auflösungsvertrag gilt mangels Spezialregelung im BBiG die Schriftform des § 623 BGB, vgl Rn 11.
8 Vgl Rn 2.

Auf ein Rechtsverhältnis, das **kein Arbeitsverhältnis** ist, findet § 623 BGB 6
mangels ausdrücklicher gesetzlicher Regelung keine Anwendung. Kündigung und Auflösungsvertrag sind deshalb **formfrei** möglich bei
- Heimarbeitsverhältnissen gem § 2 HAG
- Umschulungsverträgen[9]
- Handelsvertretern
- sonstigen arbeitnehmerähnlichen Personen iSv § 12 a TVG[10]
- allgemein bei freien Dienstverhältnissen.

Organmitglieder juristischer Personen, zB **GmbH-Geschäftsführer**, stehen 7
idR in einem freien Dienstverhältnis.[11] Dies schließt es nicht aus, dass das
der Organstellung zugrunde liegende Anstellungsverhältnis im Einzelfall
ein Arbeitsverhältnis sein kann.[12] Handelt es sich bei dem der Organstellung zugrunde liegende Rechtsverhältnis aber um ein Arbeitsverhältnis, ist
die Schriftform des § 623 BGB bei der Auflösung des Vertrages einzuhalten.[13]

2. Kündigung

Die Kündigung als einseitige gestaltende Willenserklärung bezweckt die 8
Auflösung des Arbeitsverhältnisses. Von § 623 BGB wird jede Kündigung
des Arbeitsverhältnisses erfasst, unabhängig davon, ob **durch Arbeitgeber
oder Arbeitnehmer** erklärt. Der gesetzlichen Schriftform[14] des § 623 BGB
unterliegen also die
- ordentliche Kündigung
- außerordentliche Kündigung
- Änderungskündigung[15]
- Eigenkündigung des Arbeitnehmers
- Insolvenzkündigung gem § 113 InsO
- Beendigungserklärung nach § 12 KSchG, da diese eine besondere Art der fristlosen Kündigung ist.[16]

Da es sich nicht um Kündigungen handelt, gilt das Schriftformerfordernis 9
des § 623 BGB **nicht** für die
- Teilkündigung[17]
- Entlassung eines Dienstordnungsangestellten[18]

---

9 BAG 19.1.2006 – 6 AZR 638/04 – DB 2006, 1739.
10 KR/Spilger § 623 BGB Rn 40; ErfK/Müller-Glöge § 623 BGB Rn 4; aA Kittner/Däubler/Zwanziger § 623 BGB Rn 9.
11 Vgl dazu auch Rn 11.
12 BAG 26.5.1999 – 5 AZR 664/98 – AP GmbHG § 35 Nr 10.
13 Vgl ErfK/Müller-Glöge § 623 BGB Rn 4; KR/Spilger § 623 BGB Rn 41.
14 Zur mündlichen Kündigung zuletzt LAG Köln v 16.10.2013 – 11 Sa 345/13.
15 So ausdrücklich der Gesetzentwurf des Bundesrates, BT-Drucks 14/626 S 1; zur Änderungskündigung vgl auch Rn 22.
16 Vgl § 12 KSchG Rn 5.
17 Die Teilkündigung bezweckt nur die Beseitigung eines Teils des Arbeitsverhältnisses, lässt den Bestand des Arbeitsverhältnisses aber unberührt. Unabhängig davon, ob die Teilkündigung an sich als zulässige Gestaltungserklärung angesehen werden kann (vgl Einl Rn 99), unterliegt sie jedenfalls nicht dem Schriftformzwang des § 623 BGB.
18 Vgl KR/Spilger § 623 BGB Rn 65.

- Anfechtungserklärung nach §§ 119, 123 BGB
- Berufung auf die Nichtigkeit des Arbeitsvertrages
- Nichtverlängerungsmitteilung – Berufung auf die Beendigung infolge einer Befristung[19]
- Nichtverlängerungsmitteilung nach § 2 Abs 1 Satz 2 TVM bei Bühnenpersonal[20]
- Freistellung von der Arbeitspflicht
- Abmahnung

3. Auflösungsvertrag

10 Unter Auflösungsvertrag iSd § 623 BGB ist jeder **auf die Beendigung des Arbeitsverhältnisses gerichtete Vertragsschluss** zu verstehen. Von der gesetzlichen Terminologie abweichend verwendet die Praxis für diese Fälle üblicherweise den Begriff „**Aufhebungsvertrag**". Entscheidend ist nur, dass der Vertrag auf die einvernehmliche Beendigung des Arbeitsverhältnisses gerichtet ist, nicht die Bezeichnung.

11 Nach § 623 BGB **formbedürftig** sind, da die Beendigung des Arbeitsverhältnisses vereinbart wird, deshalb **folgende Gestaltungen**:

Vertragliche Auflösung eines Berufsausbildungs-, Volontärs bzw Praktikantenverhältnisses (vgl §§ 10 Abs 2, 26 BBiG)[21] – **Klageverzichtsvereinbarungen**, die im unmittelbaren zeitlichen und sachlichen Zusammenhang mit dem Ausspruch einer Kündigung getroffen werden[22] – Vertragliche Aufhebung des bisherigen und Begründung eines neuen Arbeitsverhältnisses mit dem bisherigen Arbeitgeber[23] – Abschluss eines dreiseitigen Vertrages, in dem die Beendigung des bisherigen Arbeitsverhältnisses und die Begründung eines neuen Arbeitsverhältnisses mit einem neuen Arbeitgeber geregelt ist[24] – vertragliche Regelung bei Umwandlung eines Arbeitsverhältnis in ein freies Dienstverhältnis[25] – Vertragliche Aufhebung des bisherigen Arbeitsverhältnisses bei Bestellung eines Arbeitnehmers zum Organ einer juristischen Person. Schließt ein Arbeitnehmer mit seinem Arbeitgeber einen schriftlichen **Geschäftsführerdienstvertrag**, wird nach der Rechtsprechung des BAG[26] vermutet, dass das bis dahin bestehende Arbeitsverhältnis mit Beginn des Geschäftsführerdienstverhältnisses einvernehmlich beendet wird, soweit nicht klar und eindeutig etwas anderes vertraglich vereinbart worden ist. Durch einen schriftlichen Geschäftsführerdienstvertrag wird in diesen Fällen das Schriftformerfordernis des § 623 BGB für

---

19 ErfK/Müller-Glöge § 623 BGB Rn 8.
20 Tarifvertrag über die Mitteilungspflicht vom 23.11.1977; APS-Backhaus § 620 BGB Rn 378; allerdings ist die Schriftform der Nichtverlängerungsmitteilung tariflich vorgeschrieben.
21 Vgl KR/Spilger § 623 BGB Rn 45; ErfK/Müller-Glöge Rn 9; Preis/Gotthardt NZA 2000, 348, 354.
22 BAG 19.4.2007 – 2 AZR 208/06 – AP BGB § 623 Nr 9.
23 LAG Rheinland-Pfalz 26.10.2007 – 9 SA 362/07.
24 LAG Schleswig-Holstein – 5.10.2010 – 3 Sa 110/10 – nrk. anhängig BAG – 6 AZN 1237/10; LAG Köln 6.3.2003 – 4 Ta 404/02- EzA-SD 2003 Nr 9, 7; ArbG Berlin 4.9.2002 – 30 Ca 8920/02- RzK I 9i Nr 86; Preis/Gotthardt NZA 2000, 348, 354.
25 BAG 3.2.2009 – 5 AZB 100/08 – NZA 2009, 669.
26 BAG 19.7.2007 – 6 AZR 774/06 – AP GmbHG § 35 Nr 18.

den Auflösungsvertrag gewahrt. Nach anderer Auffassung soll diese Annahme im Hinblick auf das gesetzliche Schriftformerfordernis allerdings nur dann berechtigt sein, wenn sich der übereinstimmende Wille der Parteien, das Arbeitsverhältnis aufzulösen, eindeutig aus der schriftlichen Vereinbarung ergibt;[27] eine solche durch Auslegung gem §§ 133, 157 BGB gewonnene Feststellung sei zB gerechtfertigt, wenn der Geschäftsführervertrag sämtliche Pflichten der früheren Arbeitsvertragsparteien neu regelt und eine höhere Vergütung sowie erstmals eine betriebliche Altersversorgung gewährt.[28]

Von § 623 BGB nicht erfasst ist zB: 12

Ein bloßer Änderungsvertrag, da dieser nicht auf die Beendigung, sondern auf die Fortsetzung des bisherigen Arbeitsverhältnisses zu geänderten Bedingungen gerichtet ist – ein Abwicklungsvertrag, da die Beendigung des Arbeitsverhältnisses nicht durch den Vertrag, sondern durch eine vorausgegangene Kündigung bewirkt wurde;[29] dies gilt auch dann, wenn die Kündigung nur aufgrund der Wirksamkeitsfiktion des § 7 KSchG als wirksam gilt (anders nur, wenn die Kündigung trotzdem unwirksam ist oder zu dem darin enthaltenen Zeitpunkt nicht wirksam beenden konnte[30]) – eine Ausgleichsquittung, in der der Arbeitnehmer einseitig auf seinen Kündigungsschutz nach Ausspruch einer Kündigung verzichtet[31] – eine Nichtübergangsvereinbarung zwischen einem Arbeitnehmer und einem vermeintlichen Betriebserwerber, in der klargestellt wird, dass ein Übergang des Arbeitsverhältnisses gem § 613 a BGB nicht erfolgt ist.[32]

4. Befristungsabrede

Das gesetzliche Schriftformerfordernis für Befristungsabreden war vom 1.5.2000 bis zum 31.12.2000 in § 623 BGB enthalten. Seit Inkrafttreten des TzBfG am 1.1.2001 ist es in § 14 Abs 4 TzBfG geregelt. Einzelheiten hierzu werden in § 14 TzBfG Rn 241 ff behandelt. 13

III. Gesetzliche Schriftform

1. Kündigung

a) **Schriftform nach § 126 Abs 1 BGB.** Die gesetzliche Form des § 126 Abs 1 BGB setzt voraus: 14

- eine Urkunde
- die Unterzeichnung durch den Aussteller, entweder

---

27 Sächsisches LAG 4.7.2006 – 1 Sa 632/05 – nv.
28 LAG Berlin 15.2.2006 – 13 Ta 170/06 – NZA-RR 2006, 493.
29 Es handelt sich um bloße Folgeregelungen nach einer formwirksamen, vom Arbeitnehmer hingenommenen Kündigung des Arbeitgebers; vgl BAG 28.6.2005 NZA 2006 48; BAG 25.4.2007 – AP InsO § 113 Nr 23; KR/Spilger § 623 BGB Rn 49, 71; Bauer NZA 2002, 169, 170; Preis/Gotthardt NZA 2000, 348, 354; aA zB Schaub NZA 2000, 344; Richardi NZA 2001, 57, 61.
30 BAG 25.4.2007 – aaO; ErfK/Müller-Glöge § 623 BGB Rn 8.
31 Vgl KR/Spilger § 623 BGB Rn 49 mwN; zur Ausgleichsquittung vgl auch § 1 KSchG Rn 15 ff.
32 LAG Hamm – 22.5.2002 – 3 Sa 1900/01 – LAGReport 2002, 243.

- eigenhändig durch Namensunterschrift oder
- mittels notariell beglaubigten Handzeichen

und den
- Zugang der schriftlichen Erklärung.

Hinweis: Bei einem **Zugang unter Anwesenden** reicht es grundsätzlich aus, dass dem Empfänger die schriftliche Kündigung nur **zum Durchlesen**, also nur vorübergehend zur Kenntnisnahme, übergeben wird.[33] Die gesetzliche Schriftform des § 623 BGB ist dadurch gewahrt. Dies gilt auch dann, wenn dem Empfänger das Kündigungsschreiben in einem verschlossenen Briefumschlag überreicht wird, dieser den Brief aber wieder ungeöffnet zurückgibt.[34]

15 aa) Urkunde. Die Kündigungserklärung muss in einer Urkunde enthalten sein. Das setzt eine schriftliche Verkörperung voraus. Die Urkunde kann auf jede Weise (Druck, Fotokopie etc) gefertigt, in jeder Sprache abgefasst und auf beliebigem Material niedergelegt sein.[35] Der Urkundentext muss insbesondere – anders als die Unterschrift – nicht eigenhändig geschrieben werden.

16 bb) **Namensunterschrift.** Die Unterschrift hat eine Abschluss- und Deckungsfunktion. Dies erfordert eine **den Text räumlich abschließende Unterzeichnung**. Eine Oberschrift oder eine Zeichnung am Urkundenrand genügen deshalb nicht. Bei **mehrseitigen Urkunden** reicht eine Unterschrift auf der letzten Seite, wenn die einzelnen Blätter körperlich verbunden sind (zB durch Heftmaschine) oder jedenfalls eine inhaltliche Bezugnahme (Nummerierung, fortlaufender Sinnzusammenhang) besteht (Grundsatz der Urkundeneinheit).[36] Eine **Blankounterschrift** reicht grundsätzlich aus,[37] da die zeitliche Abfolge bei der Errichtung der Urkunde für die Wahrung der Form unerheblich ist; der später eingefügte Text muss aber auch in diesem Fall vollständig über der Unterschrift stehen.[38]

17 Erforderlich ist die Unterschrift wenigstens mit dem ausgeschriebenen **Familiennamen**[39]. Die Unterzeichnung nur mit dem Vornamen reicht nur dann, wenn der Unterzeichner dem Empfänger unter seinem Vornamen bekannt ist. Ein Kaufmann kann mit der Firma unterzeichnen (§ 17 HGB). Ein Pseudonym genügt, wenn eine Individualisierung möglich ist. **Kürzel** (Paraphen) wahren die Schriftform nicht,[40] vielmehr muss der Name vollständig ausgeschrieben werden. Für die formgültige Unterschrift in Abgrenzung zur Paraphe spricht die Zusammensetzung aus zwei Teilen, nicht

---

33 BAG 4.11.2004 – 2 AZR 17/04 – AP BGB § 623 Nr 3; aA LAG Mecklenburg-Vorpommern 16.12.2004 – 1 Sa 253/04 – nv.
34 BAG 7.1.2004 – 2 AZR 388/03 – RzK I 2 c Nr 36.
35 Vgl Hk-BGB § 126 Rn 3.
36 Vgl Hk-BGB § 126 Rn 4 f mwN.
37 Nach LAG Hamm 11.6.2008 – 18 Sa 302/08, kann der Schutzzweck des § 623 BGB bei einer Eigenkündigung des Arbeitnehmers aber nur erreicht werden, wenn auch die Ermächtigung zur Ausfüllung des Blanketts schriftlich von dem Arbeitnehmer erteilt wird.
38 Vgl Hk-BGB § 126 Rn 9; Preis/Gotthardt NZA 2000, 348, 350.
39 BAG 24.1.2008 – 6 AZR 519/07 – AP BGB § 622 Nr 64.
40 LAG Köln 29.11.2004 – 2 SA 1034/04.

erforderlich ist die Leserlichkeit der Namensunterschrift.[41] Sie muss aber eine Zusammensetzung aus Buchstaben erkennen lassen und darf nicht nur aus Strichen, Winkeln oder Wellen bestehen.[42] Die Unterschrift mittels **Handzeichen** (zB Kreuze, Initialen) ist nur bei **notarieller Beglaubigung** ausreichend.

Der Unterschrift muss **eigenhändig** vorgenommen werden[43]. Erforderlich ist also eine Unterschrift im Original. Mangels **Originalunterschrift** reichen deshalb zB Faksimile, Unterschriftenstempel, Fotokopie, **Telefax**[44] oder Telegramm oder gar eine **SMS**[45] nicht aus. Eine Schreibhilfe durch Führen der Hand ist zulässig, wenn sie sich auf die bloße Unterstützung des Ausstellers beschränkt.[46] 18

Der **Aussteller** muss unterzeichnen. Das ist derjenige, von dem die Erklärung herrührt. **Stellvertretung** nach §§ 164 ff BGB ist zulässig. Unterschreibt der Vertreter mit seinem eigenen Namen, muss die Stellvertretung **in der Urkunde zum Ausdruck** kommen.[47] 19

Beispiele: Stellt der Bevollmächtigte seiner Unterschrift das **Kürzel "i. A."** voran, kann dies uU zur Unwirksamkeit der Kündigung führen. Hierdurch wird auf ein Auftragsverhältnis hingewiesen. Bei einem solchen Verhältnis handelt der Auftragnehmer nicht im eigenen, sondern im fremden Namen. Dies führt aber dazu, dass ein gesetzliches Schriftformerfordernis, das vom Auftraggeber zu beachten ist, von vornherein nicht erfüllt werden kann. Denn der Beauftragte handelt im fremden Namen und unterzeichnet mit seinem eigenen Namen. Ist also der Auftraggeber der Erklärungsberechtigte, fehlt es bei Unterzeichnung durch den Auftragnehmer immer an der eigenhändigen Unterschrift des Berechtigten.[48] Für die Frage, ob der für den Arbeitgeber mit dem Zusatz "i.A." unterzeichnende Vertreter lediglich als Bote gehandelt hat, sind aber gem §§ 133, 157 BGB die Gesamtumstände maßgeblich; ein rechtsgeschäftlicher Vertretungswille muss in der Urkunde jedenfalls andeutungsweise Ausdruck gefunden haben.[49]

Sind in dem Kündigungsschreiben einer **GbR** alle Gesellschafter sowohl im Briefkopf als auch maschinenschriftlich in der Unterschriftszeile aufgeführt, so reicht es zur Wahrung der Schriftform nach § 623 BGB nicht aus, wenn lediglich ein Teil der Gesellschafter ohne weiteren Vertretungszusatz das Kündigungsschreiben handschriftlich unterzeichnet.[50]

---

41 BAG 24.1.2008 – 6 AZR 519/07 – AP BGB § 622 Nr 64, wonach dabei kein kleinlicher Maßstab anzulegen ist – VIII ZB 67/09 – MietPrax-AK § 130 ZPO Nr 1.
42 Vgl Hk-BGB § 126 Rn 6 mwN.
43 Zur Echtheit der Unterschrift LAG Düsseldorf 7.11.2012 – 12 Sa 1392/12.
44 LAG Rheinland-Pfalz 31.1.2008 – 9 Sa 416/07.
45 LAG Hamm 17.8.2007 – 10 Sa 512/07 AuA 2007, 687.
46 Vgl Hk-BGB § 126 Rn 7 mwN.
47 Dies ist zB dann der Fall, wenn der Vertreter des Arbeitgebers seiner Unterschrift unter der Kündigungserklärung zwar keinen Zusatz beifügt, der auf dieses Vertretungsverhältnis hindeutet, aber seiner Unterschrift den Firmenstempel des Arbeitgebers beidrückt und die Kündigungserklärung selbst auf einem Firmenbogen des Arbeitgebers verfasst ist, vgl LAG Sachsen-Anhalt 16.11.2001 – 2 Ta 165/01 – nv.
48 LAG Rheinland-Pfalz 19.12.2007 – 7 Sa 530/07 – NZA-RR 2008, 403, 404.
49 BAG 13.12.2007 – 6 AZR 145/07 – AP KSchG 1969 § 1 Nr 83.
50 BAG 21.4.2005 – 2 AZR 162/04 – AP BGB § 623 Nr 4.

Wird das Kündigungsschreiben einer GmbH von einem Geschäftsführer oder Prokuristen, der die Gesellschaft nur gemeinsam mit einem weiteren Geschäftsführer oder Prokuristen vertreten kann (**Gesamtvertretung**), allein unterzeichnet, so kann dies zur Formunwirksamkeit der Kündigung nach § 623 BGB führen; dies gilt jedenfalls dann, wenn der Geschäftsführer über der Unterschriftenzeile „Geschäftsführung" unterzeichnet und kein Vertretungsvermerk erfolgt.[51]

Der Stellvertreter kann aber auch mit dem Namen des Vollmachtgebers unterzeichnen. Die Vollmacht selbst bedarf nicht Schriftform (§ 167 Abs 2 BGB).[52]

20 **b) Ersetzung der Schriftform durch notarielle Beurkundung oder gerichtlichen Vergleich.** Die gesetzliche Schriftform für die Kündigung wird durch eine notarielle Beurkundung der Kündigungserklärung ersetzt (§ 126 Abs 4 BGB). In der Praxis hat diese Alternative allerdings keine Bedeutung. Zur Wahrung der Schriftform ausreichend ist auch die Aufnahme der Kündigungserklärung in ein nach den Vorschriften der ZPO errichtetes Protokoll über einen Prozessvergleich, da dieses wiederum die notarielle Beurkundung ersetzt (§ 127a BGB). Die Kündigungserklärung muss aber **Bestandteil des gerichtlichen Vergleiches** sein.

Hinweis: Eine lediglich in der mündlichen Verhandlung zu Protokoll erklärte Kündigung ersetzt die notarielle Beurkundung und damit die gesetzliche Schriftform nicht.[53]

21 **c) Erklärungsinhalt.** Aus der schriftlichen Kündigungserklärung muss sich der Beendigungswille des Erklärenden deutlich ergeben. Die Verwendung des Begriffs „Kündigung" ist nicht erforderlich.[54] Der Kündigungsgrund muss nicht angegeben werden.[55] Das Schriftformerfordernis umfasst ferner weder den Kündigungstermin noch die Angabe, ob die Kündigung als außerordentliche oder als ordentliche Kündigung gewollt ist; im Zweifel ist eine ordentliche Kündigung anzunehmen.[56]

22 **d) Einzelfälle. aa) Änderungskündigung.** Das Schriftformerfordernis bei der Änderungskündigung bezieht sich nicht nur auf die Kündigungserklärung, sondern auch auf das **Änderungsangebot**.[57] Es handelt sich um einen im tatsächlichen wie im rechtlichen einheitlichen Tatbestand, der sich aus zwei Willenserklärungen zusammensetzt. Das gesetzliche Schriftformerfordernis gilt aber grundsätzlich für alle wesentlichen Bestandteile des formbedürftigen Rechtsgeschäfts. Die Wesentlichkeit des Änderungsangebots ist schon deshalb zu bejahen, weil es spätestens mit Zugang der Kündigungs-

---

51 LAG Baden-Württemberg – 11 Sa 7/05 – EzA-SD 2005 Nr 22, 14-15; zuletzt Hessisches LAG 4.3.2013 – 17 Sa 633/12.
52 Vgl Hk-BGB § 126 Rn 8; Preis/Gotthardt NZA 2000, 348, 351.
53 Vgl Preis/Gotthardt NZA 348, 352.
54 Es gilt der Grundsatz der Klarheit und Bestimmtheit, vgl Einl Rn 13.
55 Vgl Einl Rn 22, 23.
56 LAG Köln 6.10.2005 – 6 Sa 843/05 – NZA-RR 2006, 353; vgl auch Einl Rn 17, 18; Preis/Gotthardt NZA 2000, 348, 351.
57 BAG 16.9.2004 – 2 AZR 628/03 – AP BGB § 623 Nr 6; ErfK/Müller-Glöge § 623 BGB Rn 22; Gaul DStR 2000, 691; Preis/Gotthardt NZA 2000, 348, 351; vgl auch § 2 KSchG Rn 7 mwN; aA KR/Spilger § 623 BGB Rn 136 und Caspers RdA 2001, 30, 37.

erklärung abgegeben werden muss.[58] Es besteht daher ein untrennbarer Zusammenhang zwischen Kündigungserklärung und Änderungsangebot. Zudem ist die Änderungskündigung unabhängig vom weiteren Verhalten des Arbeitgebers geeignet, die Beendigung des Arbeitsverhältnisses zu bewirken. Nicht formbedürftig sind hingegen die Annahme durch den Arbeitnehmer oder ein von ihm erklärter Vorbehalt.[59]

bb) Schriftsatzkündigung. Eine – weitere – Kündigungserklärung kann während eines bereits laufenden Kündigungsschutzprozesses in einem Schriftsatz enthalten sein.[60] Die gesetzliche Schriftform des § 623 BGB ist in diesen Fällen grundsätzlich nur dann gewahrt, wenn die dem Kündigungsempfänger oder dessen Empfangsbevollmächtigtem[61] zugehende Ausfertigung des Schriftsatzes vom Bevollmächtigten des Kündigenden unterzeichnet ist. Ausreichend ist es aber, wenn der Prozessbevollmächtigte die für das Gericht bestimmte Urschrift und die beglaubigte Abschrift des die Kündigung enthaltenden Schriftsatzes, dh den Beglaubigungsvermerk eigenhändig unterschrieben und damit auch die Verantwortung für den Inhalt der Urkunde übernommen hat.[62] Sind der Urheber des Schriftsatzes und der Beglaubigende nicht identisch, ist die Schriftform nicht gewahrt.

23

cc) Nicht ausreichende Erklärungs- und Übermittlungsformen. Das gesetzliche Schriftformerfordernis für Kündigungen nach §§ 623, 126 Abs 1 BGB wird in folgenden **Beispielen** nicht gewahrt:

24

Elektronische Form (§§ 126 Abs 3, 126a BGB); diese ist in § 623 HS 2 BGB ausdrücklich ausgeschlossen – E-Mail[63] – Faksimileunterschrift – Fotokopie – Handzeichen ohne notarielle Beglaubigung – Paraphe[64] – Schriftsatzkündigung ohne vom Verfasser eigenhändig unterschriebenem Beglaubigungsvermerk – sms[65] – Telegramm,[66] Fernschreiber oder Radiogramm[67] – Telefax[68] oder Computerfax – Textform (§ 126b BGB).

---

58 Vgl Einl Rn 96; BAG 17.5.2001 – 2 AZR 460/00 – EzA BGB § 620 Kündigungserklärung Nr 3.
59 Vgl § 2 KSchG Rn 33.
60 Vgl zu dieser Konstellation auch: Einl Rn 66 ff, 81.
61 Vgl Einl Rn 81 f.
62 LAG Niedersachsen 30.11.2001 – 10 Sa 1046/01 – LAGE § 623 BGB Nr 2; ErfK/Müller-Glöge § 623 BGB Rn 22; Preis/Gotthardt NZA 2000, 348, 352.
63 LAG Düsseldorf 25.6.2012 – 14 Sa 185/12.
64 LAG Köln 29.11.2004 – 2 SA 1034/04.
65 LAG Hamm 17.8.2007 – 10 Sa 512/07.
66 ArbG Frankfurt 9.1.2001 – 8 Ca 5663/00 – EzA-SD 2001 Nr 12, 9.
67 BAG 28.9.1983 – 7 AZR 83/82 – AP Seemannsgesetz § 62 Nr 1: Formnichtigkeit bei Übermittlung durch Radiogramm.
68 ArbG Hannover 17.1.2001 – 9 Ca 282/00 – NZA-RR 2002, 245; BGH 28.1.1993 – XI ZR 259/91 – NJW 1993, 1126: Formnichtigkeit einer durch Telefax übermittelten Bürgschaftserklärung.

2. Auflösungsvertrag

25 **a) Schriftform nach § 126 Abs 2 BGB.** Die gesetzliche Form des § 126 Abs 2 BGB für Verträge setzt voraus:
- entweder die Unterzeichnung der Parteien auf derselben Urkunde (§ 126 Abs 2 Satz 1 BGB)
- oder – bei mehreren gleich lautenden Urkunden – die jeweilige Unterzeichnung der für die andere Partei bestimmten Urkunde (§ 126 Abs 2 Satz 2 BGB).

26 Zum Urkundsbegriff und zu den Voraussetzungen der Unterschrift kann auf die Erläuterungen zu Rn 15 bis 19 verwiesen werden. Zu beachten ist, dass die gesetzliche Schriftform für Verträge nur eingehalten ist, wenn der gesamte Vertragsinhalt durch die Unterschriften der Parteien auf einer **einheitlichen Urkunde** gedeckt ist.[69] Der Austausch einseitiger Erklärungen genügt nicht. Beide Unterschriften müssen sich deshalb – anders als bei der vertraglichen Schriftform (§ 127 BGB) – sowohl auf das Angebot als auch die Annahme beziehen. Werden gleich lautende Urkunden iSd Abs 2 Satz 2 ausgetauscht, ist es nicht erforderlich, dass die Unterzeichnung der für die jeweils andere Partei bestimmten Urkunde im Beisein der anderen Partei erfolgt.[70]

27 Bei Verträgen von erheblicher Bedeutung ist der **Grundsatz der Urkundeneinheit**, da diese vielfach aus mehreren Seiten bestehen. Aus diesem Grund ist auf eine körperliche Verbindung oder jedenfalls auf eine ausreichende inhaltliche Bezugnahme (Seitenzahlen, Nummerierung, Verweisung) zu achten.[71] Das BAG[72] hat es als formwahrend angesehen, dass eine nicht unterschriebene Anlage, auf den der unterschriebene Vertrag ausdrücklich Bezug nahm, mit dem Vertrag mittels Heftmaschine fest verbunden war. Hingegen hat es als unzureichende Schriftform betrachtet, wenn zwar der Vertrag auf die Anlage, die Anlage aber nicht auf den Vertrag verweist.[73]

28 **b) Ersetzung der Schriftform durch notarielle Beurkundung oder gerichtlichen Vergleich.** Die gesetzliche Schriftform für Auflösungsverträge wird durch eine notarielle Beurkundung des Vertrags ersetzt (§ 126 Abs 4 BGB). Wie bei Kündigungen spielt diese Alternative in der Praxis keine nennenswerte Rolle. Erhebliche Bedeutung für Auflösungsverträge hat demgegenüber die zur Wahrung der Schriftform ausreichende Aufnahme des Auflösungsvertrags in ein nach den Vorschriften der ZPO errichtetes Protokoll

---

69 BAG 26.8.2008 – 1 AZR 346/07 – NZA 2009, 161.
70 Vgl HK-BGB § 126 Rn 11; KR/Spilger § 623 BGB Rn 108 ff; Preis/Gotthardt NZA 2000, 348, 354.
71 Vgl Rn 16.
72 BAG 7.5.1998 – 2 AZR 55/98 – AP § 1 KSchG 1969 Namensliste Nr 1: Die Entscheidung betraf die Frage, ob eine nicht unterzeichnete Namensliste nach § 1 Abs 5 KSchG in der vom 1.10.1996 bis zum 31.12.1998 geltenden Fassung die gesetzliche Schriftform für den Interessenausgleich nach § 112 Abs 1 BetrVG wahrt. Auf die gesetzliche Schriftform des § 623 BGB für Auflösungsverträge kann diese Rspr übertragen werden.
73 BAG 12.5.2010 – 2 AZR 551/08 – DB 2010, 2454-2455 ebenfalls zur Verbundenheit der Namensliste.

über einen Prozessvergleich (§ 127a BGB). Darunter fällt auch ein gerichtlicher Vergleich im schriftlichen Verfahren gem § 278 **Abs 6 ZPO**.[74]

c) Vertragsinhalt – Nebenabreden. Das Schriftformerfordernis des § 623 BGB erstreckt sich auf den gesamten Vertragsinhalt, dh auf sämtliche Vereinbarungen, aus denen sich der Auflösungsvertrag nach dem Willen der Parteien zusammensetzt. Das gilt auch für Nebenabreden, wenn ohne sie der Auflösungsvertrag nicht geschlossen worden wäre. Ist danach eine wesentliche Abrede nicht schriftlich erfolgt, ist nicht nur dieser Vertragsbestandteil, sondern der gesamte Vertrag formnichtig.[75] Formbedürftig sind grundsätzlich auch spätere Änderungen oder Ergänzungen des Auflösungsvertrages.

d) Einzelfälle. Soweit sie sich nicht ausschließlich auf Kündigungen beziehen, sind die unter Rn 24 genannten Beispielsfälle auch nicht geeignet, das gesetzliche Schriftformerfordernis für Auflösungsverträge nach §§ 623, 126 Abs 2 BGB zu wahren. Der Auflösungsvertrag ist daher idR ferner in folgenden Konstellationen **insgesamt** formnichtig:

- wenn ein Abfindungsanspruch des Arbeitnehmers nicht im schriftlichen Auflösungsvertrag, sondern nur mündlich vereinbart ist, da es sich um einen wesentlichen Vertragsbestandteil handelt[76].
- wenn eine Vereinbarung, nach der der Arbeitnehmer für eine Versorgungszusage so behandelt werden soll, als wäre er nicht oder erst zu einem späteren Zeitpunkt ausgeschieden, nicht im schriftlichen Auflösungsvertrag, sondern nur mündlich getroffen wird; auch in diesem Fall liegt eine wesentliche Nebenabrede vor.[77]
- wenn ein sog dreiseitiger Vertrag, mit dem das Ausscheiden beim bisherigen Arbeitgeber und die Begründung eines neuen Arbeitsverhältnisses bei einem anderen Arbeitgeber geregelt werden soll, nur im Hinblick auf das Ausscheiden beim bisherigen Arbeitgeber schriftlich geschlossen wird; das neue Arbeitsverhältnis ist wesentlicher Bestandteil und – nicht anders als eine vereinbarte Abfindungszahlung – Gegenleistung für die Beendigung des bisherigen Arbeitsverhältnisses.[78]
- wenn der Arbeitnehmer den Aufhebungsvertrag zwar auf dem ihm überlassenen Original unterzeichnet, den Aufhebungsvertrag aber lediglich per Telefax an den Arbeitgeber zurücksendet.[79]

3. Rechtsfolge der fehlenden Schriftform

a) Nichtigkeit (§ 125 Satz 1 BGB). Die in § 623 BGB vorgeschriebene Schriftform für die Beendigung des Arbeitsverhältnisses durch Kündigung oder Auflösungsvertrag ist **Wirksamkeitsvoraussetzung**. Die Nichteinhal-

---

74 BAG 23.11.2006 – 6 AZR 394/06 – AP BGB § 623 Nr 8.
75 Hk-BGB § 125 Rn 5 mwN; Preis/Gotthardt NZA 2000, 348, 355 mwN.
76 Vgl LAG Sachsen 23.4.2007 – 3 Sa 601/06 FA 2007, 357 Ls.
77 Vgl Preis/Gotthardt NZA 2000, 348, 355.
78 Vgl Preis/Gotthardt NZA 2000, 348, 355, zum dreiseitigen Vertrag vgl auch Rn 34.
79 LAG Düsseldorf 29.11.2005 – 16 Sa 1030/05 – LAGE BGB 2002 § 623 Nr 4.

32 **b) Kündigung.** Das Arbeitsverhältnis besteht bei einer formnichtigen Kündigung mit allen Rechten und Pflichten fort. Der Formmangel ist unheilbar.[81] Die Kündigung muss deshalb formgerecht wiederholt werden und kann erst mit erneutem Zugang wirken. Bei der außerordentlichen Kündigung muss die Kündigungserklärungsfrist des § 626 Abs 2 BGB[82] durch eine formgerecht wiederholte Kündigung eingehalten werden. Dies führt in der Praxis häufig dazu, dass eine außerordentliche Kündigung nicht mehr wirksam erklärt werden kann.

33 Einer **Umdeutung**[83] der formnichtigen Kündigung steht § 623 BGB entgegen. Nach § 140 BGB muss das nichtige Rechtsgeschäft den Erfordernissen eines anderen Rechtsgeschäfts entsprechen. Eine formnichtige außerordentliche Kündigung kann nicht in eine ordentliche Kündigung umgedeutet werden, da diese ebenfalls formnichtig wäre. Aus den gleichen Gründen scheidet eine Umdeutung einer formnichtigen außerordentlichen oder ordentlichen Kündigung in ein Angebot auf Abschluss eines Aufhebungsvertrages aus, da auch der Auflösungsvertrag nach § 623 BGB zu seiner Wirksamkeit der Schriftform bedarf. In Betracht kommt allerdings die Umdeutung einer formnichtigen außerordentlichen Kündigung in eine formfrei zulässige Anfechtungserklärung wegen arglistiger Täuschung.[84]

34 **c) Auflösungsvertrag.** Das Arbeitsverhältnis besteht bei einem formnichtigen Auflösungsvertrag mit allen Rechten und Pflichten fort. Hat der Arbeitgeber in Erfüllung des nichtigen Auflösungsvertrages eine vereinbarte **Abfindung** bereits geleistet, hat er einen bereicherungsrechtlichen **Rückforderungsanspruch** nach § 812 Abs 1 Satz 1 Alt. 1 BGB, es sei denn, er hatte Kenntnis von der Nichtigkeit des Auflösungsvertrages (§ 814 BGB). Handelt es sich bei dem formnichtigen Auflösungsvertrag um einen sog dreiseitigen Vertrag, wird nicht nur die Auflösung des ursprünglichen Arbeitsvertrages, sondern auch die Begründung des neuen Arbeitsvertrages bei dem neuen Arbeitgeber als Vertragsbestandteil von der Nichtigkeitsfolge des § 125 Satz 1 BGB erfasst.[85]

IV. Rechtsmissbräuchliche Berufung auf die fehlende Schriftform

35 Die Nichtigkeitsfolge des § 125 BGB ist durch den Grundsatz von **Treu und Glauben** (§ 242 BGB) eingeschränkt. Der Einwand rechtsmissbräuchlichen Verhaltens wird aber nur in **krassen Ausnahmefällen** durchdringen

---

80 Zum Einwand des Rechtsmissbrauchs vgl Rn 35 f; zur prozessualen Geltendmachung vgl Rn 40 ff.
81 Eine Heilungsmöglichkeit ist in § 623 BGB anders als in § 311 b Abs 1 Satz 2 BGB nicht vorgesehen.
82 Einzelheiten zur Kündigungserklärungsfrist vgl § 626 BGB Rn 114 ff.
83 Vgl dazu allg § 13 KSchG Rn 30 ff.
84 LAG Sachsen-Anhalt – 8 Sa 712/94 – nv; ErfK/Müller-Glöge § 623 BGB Rn 25; Preis/Gotthardt NZA 2000, 348, 352.
85 Vgl Preis/Gotthardt NZA 2000, 348, 355.

können, weil Sinn und Zweck der Formvorschrift[86] sonst ausgehöhlt würden.[87] Formvorschriften können über den Einwand der unzulässigen Rechtsausübung regelmäßig nicht gegenstandslos gemacht werden. Im Allgemeinen hat jede Partei die Rechtsnachteile zu tragen, die sich aus der Formnichtigkeit eines Rechtsgeschäfts ergeben.[88] Das Ergebnis muss für die Parteien nicht nur hart, sondern schlechthin unerträglich sein.[89]

Einzelfälle:[90] Kannten beide Arbeitsvertragsparteien oder eine Partei das Schriftformerfordernis des § 623 BGB nicht, kann die Nichtigkeitsfolge des § 125 BGB durch § 242 BGB nicht verdrängt werden. Auch der Umstand, dass die eine Partei der formnichtigen Kündigung oder dem nicht der Schriftform genügenden Abschluss eines Auflösungsvertrages zunächst nicht widerspricht und sich später auf die Nichtigkeit beruft, begründet für sich genommen den Treuwidrigkeitseinwand noch nicht. Bei einer Telefaxkündigung ist es dem Arbeitnehmer nicht verwehrt, sich auf die Formwidrigkeit zu berufen.[91] Bei einer **mündlichen Eigenkündigung** kann die Berufung des Arbeitnehmers auf die Unwirksamkeit seiner eigenen Kündigung wegen Nichteinhaltung der gesetzlichen Schriftform wegen widersprüchlichem Verhalten nur ausnahmsweise rechtsmissbräuchlich sein. Dies hat das BAG[92] in einem besonderen Einzelfall anerkannt, in dem der Arbeitnehmer die mündliche Kündigung mehrmals – und zwar entgegen den Vorhaltungen des Arbeitgebers – ernsthaft und nicht nur einmalig spontan erklärt hatte. In der Entscheidung vom 16.9.2004[93] hat das BAG allerdings klargestellt, dass die Berufung auf die fehlende Schriftform idR nicht unzulässig ist – insbesondere wird eine auch wiederholt erklärte mündliche Eigenkündigung den Einwand des Rechtsmissbrauchs regelmäßig nicht begründen können. Der Arbeitgeber ist aus Gründen der Fürsorge nicht verpflichtet, den Arbeitnehmer über die Formbedürftigkeit seiner Eigenkündigung zu belehren.[94] In Betracht kommt nach § 242 BGB schließlich die Verwirkung des Klagerechts.[95]

36

---

86 Der Gesetzgeber verfolgt mit § 623 BGB das Ziel, Rechtssicherheit zu gewähren und die Arbeitsgerichte zu entlasten, vgl Preis/Gotthardt, NZA 2000, 348, unter I; BT-Drucks 14/626 S 11; vgl auch Rn 1.
87 BAG 16.9.2004 – 2 AZR 659/03 – AP BGB § 623 Nr 1.
88 BAG 27.3.1987 – 7 AZR 527/85 – AP BGB § 242 Betriebliche Übung Nr 29 zu II 6.
89 BAG 27.3.1987 – 7 AZR 527/85 – AP BGB § 242 Betriebliche Übung Nr 29 zu II 6; Preis/Gotthardt, NZA 2000, 348, 352 ff.
90 Vgl auch die Gesamtdarstellung bei Preis/Gotthardt NZA 2000, 348, 352 ff, 355 und APS/Preis § 623 BGB Rn 68 ff.
91 LAG Rheinland-Pfalz 31.1.2008 – 9 Sa 416/07; zuletzt: Hessisches LAG 26.2.2013 – 13 Sa 845/12.
92 Vgl BAG 4.12.1997 – 2 AZR 799/96 – AP BGB § 626 Nr 141 zu II 1 b, allerdings zu einer vertraglichen Schriftformklausel für Kündigungen.
93 BAG 16.9.2004 – 2 AZR 659/03 – AP BGB § 623 Nr 1.
94 Vgl Preis/Gotthardt NZA 2000, 348, 354.
95 Vgl dazu Rn 42.

V. Annahmeverzugsanspruch bei formnichtiger Auflösung des Arbeitsverhältnisses
1. Kündigung durch den Arbeitgeber

37 Hat der Arbeitgeber die formnichtige Kündigung erklärt, gerät er mit Zugang der außerordentlichen Kündigung bzw mit Ablauf der Kündigungsfrist bei der ordentlichen Kündigung in Verzug in Annahmeverzug, ohne dass es eines wörtlichen Arbeitsangebots durch den Arbeitnehmer bedarf. Einzelheiten zum Annahmeverzug bei unwirksamer Arbeitgeberkündigung werden bei § 11 KSchG Rn 10 ff behandelt. Hierauf wird verwiesen.

2. Kündigung durch den Arbeitnehmer

38 Im Fall einer gegen § 623 BGB verstoßenden Eigenkündigung hat der Arbeitnehmer deutlich gemacht, dass er nicht mehr leisten will. Für den Arbeitgeber besteht deshalb keine Veranlassung mehr, dem Arbeitnehmer einen funktionsfähigen Arbeitsplatz zur Verfügung zu stellen. Er gerät deshalb nicht automatisch in Annahmeverzug.[96] Vielmehr muss der Arbeitnehmer seine (erneute) Leistungsbereitschaft dadurch manifestieren, dass er erklärt, er halte an der Kündigung nicht fest und die Arbeitsleistung entweder tatsächlich (§ 294 BGB) oder mündlich (§ 295 Satz 1 Alt 2 BGB) anbietet oder den Arbeitgeber auffordert, ihm Arbeit zuzuweisen (§ 295 Abs 2 BGB).[97] Erst ab diesem Zeitpunkt hat der Arbeitnehmer wieder Anspruch auf Annahmeverzugslohn nach §§ 615, 611 BGB. Nach § 299 BGB kommt der Arbeitgeber aber nicht dadurch in Verzug, dass er vorübergehend an der Annahme der angebotenen Arbeitsleistung verhindert ist, es sei denn, der Arbeitnehmer hat die Arbeit eine angemessene Zeit vorher angekündigt. Angemessen ist eine Zeitspanne, die der Arbeitgeber bei objektiver Betrachtung benötigt, um dem Arbeitnehmer wieder einen funktionsfähigen Arbeitsplatz zuweisen zu können. Die im Einzelfall angemessene Zeitspanne wird davon abhängen, wie viel Zeit seit Ausspruch der formnichtigen Arbeitnehmerkündigung vergangen ist und insbesondere davon, ob der Arbeitgeber bereits Dispositionen getroffen, also den Arbeitsplatz anderweitig besetzt hat.[98]

3. Auflösungsvertrag

39 Wie im Fall der Eigenkündigung ist auch bei einem formnichtigen Auflösungsvertrag Voraussetzung für die Entstehung von Annahmeverzugsansprüchen, dass der Arbeitnehmer seine Dienste gem §§ 294, 295 BGB (wieder) anbietet. Der Arbeitnehmer war an dem formnichtigen Auflösungsvertrag beteiligt. Der Arbeitgeber muss deshalb nicht davon ausgehen, dass der Arbeitnehmer nach wie vor leistungsbereit ist.[99]

---

96 Thüringer LAG 27.1.2004 – 5 Sa 131/02 – EzA-SD 2004 Nr 12, 10.
97 Vgl KR/Spilger § 623 BGB Rn 234; Caspers RdA 2001, 28, 29 f; Schaub NZA 2000, 344, 347; Däubler AiB 2000, 188, 191.
98 Vgl Caspers RdA 2001, 28, 30.
99 Vgl Caspers RdA 2001, 28, 33; Richardi/Annuß NJW 2000, 1231, 1233.

VI. Gerichtliche Geltendmachung der Formnichtigkeit
1. Kündigung

a) Keine Klagefrist. Die Formnichtigkeit der Kündigung nach §§ 623, 126 Abs 1, 125 Satz 1 BGB ist ein sonstiger Unwirksamkeitsgrund iSd § 13 Abs 3 KSchG. Trotz der dortigen Verweisung auf § 4 KSchG gilt die Klagefrist des § 4 Satz 1 KSchG nicht, da der Beginn der dreiwöchigen Klagefrist den **Zugang der schriftlichen Kündigung** voraussetzt. Die Formnichtigkeit der Kündigung ist die einzige Ausnahme von der durch das Gesetz zu Reformen am Arbeitsmarkt mit Wirkung ab 1.1.2004 eingeführten einheitlichen Klagefrist für Kündigungen. Der Arbeitnehmer kann die Formnichtigkeit der Kündigung deshalb – entsprechend der bis zum 31.12.2003 geltenden Rechtslage – ohne Bindung an eine Klagefrist oder eine besondere Klageform geltend machen. Dies kann im Rahmen einer **Leistungsklage** auf Zahlung von Annahmeverzugsvergütung für Zeiträume nach dem in der formnichtigen Kündigung bestimmten Kündigungstermin geschehen. Die Wirksamkeit des Auflösungsvertrages wird in dieser Konstellation inzident geprüft. Zulässig ist insbesondere auch eine **allgemeine Feststellungsklage nach § 256 Abs 1 ZPO**. Die in § 4 Satz 1 KSchG vorgeschriebene punktuelle Antrag der Feststellungsklage ist auf die formnichtige Kündigung nicht anwendbar.

40

Der **Antrag/Tenor** ist deshalb nach § 256 Abs 1 ZPO wie folgt zu fassen:

41

▶ Es wird festgestellt, dass das Arbeitsverhältnis der Parteien über den ... hinaus fortbesteht. ◀

Oder:

▶ Es wird festgestellt, dass zwischen den Parteien ein Arbeitsverhältnis besteht. ◀

Erhebt der Arbeitnehmer gleichwohl dem Wortlaut nach eine punktuelle Klage auf Feststellung, „dass das Arbeitsverhältnis der Parteien durch die Kündigung nicht aufgelöst ist", begehrt er dennoch keine außerhalb des § 4 Satz 1 KSchG (für Befristungen: § 17 Satz 1 TzBfG) unzulässige Feststellung eines Teilrechtsverhältnisses. Die Auslegung anhand der Klagebegründung wird regelmäßig ergeben, dass in Wahrheit eine allgemeine Feststellung iSd § 256 Abs 1 ZPO gewollt ist.

b) Verwirkung des Klagerechts. Auch wenn für die Geltendmachung der Unwirksamkeit der Kündigung wegen fehlender Schriftform nach §§ 623, 126 Abs 1, 125 Satz 1 BGB keine Klagefrist zu beachten ist, kann der Arbeitnehmer sein Klagerecht ausnahmsweise verwirken.[100] Der aus dem Grundsatz von **Treu und Glauben** (§ 242 BGB) abgeleitete rechtsvernichtende Einwand der Verwirkung setzt als **Ausnahmetatbestand** voraus, dass

42

- eine gewisse Zeit nach Zugang der Kündigung bis zur Zustellung der Klage verstrichen ist (**Zeitmoment**),
- der Arbeitgeber aufgrund des Verhaltens des Arbeitnehmers darauf vertrauen durfte, dieser werde die Kündigung hinnehmen (**Vertrauensmoment**), und

---

100 Vgl auch § 7 KSchG Rn 7.

- sich der Arbeitgeber darauf auch wirklich eingestellt hat (**Umstandsmoment**).[101]

43 In der Praxis wird häufig zu Unrecht allein auf das Zeitmoment abgestellt. Zur näheren Präzisierung sollen folgende Hinweise dienen: Welcher **Zeitablauf** für das Zeitmoment maßgebend ist, wird uneinheitlich beantwortet. Zur Konkretisierung kann auf die Dreiwochenfrist des § 4 Satz 1 KSchG zurückgegriffen werden.[102] Dem liegt der Gedanke zugrunde, dass dem Arbeitnehmer in vergleichbarer Weise wie bei der Geltendmachung der Sozialwidrigkeit der Kündigung bzw des Fehlens des wichtigen Grundes eine **Überlegungsfrist** eingeräumt werden muss, innerhalb derer er auch anwaltliche Beratung in Anspruch nehmen kann. Das BAG[103] stellt allerdings nicht auf starre Höchst- oder Regelfristen ab. Vielmehr sind die die jeweiligen **Umstände des Einzelfalls** maßgebend, wobei das Zeitmoment das Umstandsmoment **nicht indiziert**. Es müssen also neben dem bloßen Zeitablauf noch besondere Umstände für die berechtigte Erwartung des Arbeitgebers vorliegen, er werde nicht mehr gerichtlich in Anspruch genommen.[104] Sofern der Arbeitnehmer nach Zugang einer Kündigung klageweise Ansprüche aus dem Arbeitsverhältnis oder wegen seiner Beendigung (zB einen Nachteilsausgleich nach § 113 BetrVG) verfolgt, ohne sich dabei auf die Unwirksamkeit der Kündigung zu berufen, kann der Arbeitgeber redlicherweise davon ausgehen, der Arbeitnehmer werde die Kündigung hinnehmen.[105] Verhält sich der Arbeitgeber selbst treuwidrig, kann das Klagerecht des Arbeitnehmers nur unter ganz außergewöhnlichen Umständen verwirken.[106]

2. Auflösungsvertrag

44 Die Formnichtigkeit des Auflösungsvertrages nach §§ 623, 126 Abs 2, 125 Satz 1 BGB kann der Arbeitnehmer ebenfalls ohne Bindung an eine Klagefrist oder eine besondere Klageform geltend machen. § 4 Satz 1 KSchG ist schon deshalb nicht anwendbar, weil keine Kündigung im Streit ist. Der Arbeitnehmer kann eine **Leistungsklage** auf Zahlung von Annahmeverzugsvergütung für Zeiträume nach dem im Auflösungsvertrag bestimmten Auflösungstermin oder eine **allgemeine Feststellungsklage nach § 256 Abs 1 ZPO** erheben. Zur Antragsfassung gelten die Ausführungen zu Rn 41, zur Verwirkung des Klagerechts die Ausführungen zu Rn 42 f sinngemäß. Hierauf wird verwiesen.

---

101 ZB BAG 2.12.1999 – 8 AZR 890/98 – AP BGB § 242 Prozessverwirkung Nr 6; 28.5.1998 – 2 AZR 615/97 – AP KSchG 1969 § 2 Nr 48 zu II 4; 20.5.1988 – 2 AZR 711/87 – AP BGB § 242 Prozessverwirkung Nr 5; 25.9.1997 – 8 AZR 480/96 – nv.
102 Vgl KR/Friedrich § 13 KSchG Rn 310.
103 BAG 20.5.1988 – 2 AZR 711/87 – AP BGB § 242 Prozessverwirkung Nr 5 zu II 2.
104 BAG 2.12.1999 – 8 AZR 890/98 – AP BGB § 242 Prozessverwirkung Nr 6 zu II 3; 20.5.1988 – 2 AZR 711/87 – AP BGB § 242 Prozessverwirkung Nr 5 zu II 3 b.
105 BAG 28.5.1998 – 2 AZR 615/97 – AP KSchG 1969 § 2 Nr 48 zu II 4 b mwN; ArbG Weiden 29.3.1995 NZA-RR 1996, 9.
106 BAG 6.11.1997 – 2 AZR 162/97 – AP BGB § 242 Verwirkung Nr 45: Zur klageweisen Geltendmachung der Nichtigkeit eines Aufhebungsvertrages nach Anfechtung wegen widerrechtlicher Drohung des Arbeitgebers.

3. Darlegungs- und Beweislast

Die Darlegungs- und Beweislast für die Einhaltung der gesetzlich vorgeschriebenen Schriftform für Kündigungen und Auflösungsverträge hat nach allgemeinen Grundsätzen derjenige, der aus diesen Rechtsgeschäften für sich Rechtsfolgen herleiten will. Dies ist regelmäßig der **Arbeitgeber**, der die wirksame Beendigung des Arbeitsverhältnisses behauptet. Entsprechendes gilt für den Fall der rechtsmissbräuchlichen Berufung auf die fehlende Schriftform oder die Verwirkung des Klagerechts.

Liegt eine schriftliche Urkunde – Kündigung oder Auflösungsvertrag – vor, besteht für deren Inhalt die – widerlegbare – **Vermutung der Richtigkeit und Vollständigkeit**.[107] Diese Vermutungswirkung ist insbesondere bei Auflösungsverträgen von Bedeutung.

---

[107] BGH 5.7.2002 – V ZR 143/01 – NJW 2002, 3164; APS-Preis § 623 BGB Rn 55 mwN; ErfK/ Müller-Glöge § 623 BGB Rn 28; Preis/Gotthardt NZA 2000, 348, 361.

§ 624 Kündigungsfrist bei Verträgen über mehr als fünf Jahre

¹Ist das Dienstverhältnis für die Lebenszeit einer Person oder für längere Zeit als fünf Jahre eingegangen, so kann es von dem Verpflichteten nach dem Ablauf von fünf Jahren gekündigt werden. ²Die Kündigungsfrist beträgt sechs Monate.

I. Grundzüge... 1	IV. Rechtsfolgen... 7
II. Persönlicher Anwendungsbereich... 2	1. Bindung des Dienstberechtigten... 7
III. Tatbestandliche Voraussetzungen... 3	2. Vorzeitige Kündigung des Dienstverpflichteten... 8
1. Anstellung auf Lebenszeit 3	V. Darlegungs- und Beweislast... 9
2. Längere Zeit als fünf Jahre... 5	

I. Grundzüge

1 Die Vorschrift bezweckt den **Schutz des Dienstverpflichteten vor übermäßiger Beschränkung seiner persönlichen Freiheit** durch eine zu lange Bindung. Dem Wortlaut nach („Dienstverhältnis") gilt § 624 BGB für Arbeitsverhältnisse als auch für alle anderen Dienstverhältnisse gleich welcher Art von selbstständig Beschäftigten, zB Handelsvertreter, freie Mitarbeiter oder andere arbeitnehmerähnliche Personen,[1] auch bei gemischten Verträgen, wenn die dienstvertraglichen Elemente überwiegen. Für Arbeitsverhältnisse ist allerdings seit Inkrafttreten am 1.1.2001 der gleich lautende § 15 Abs 4 TzBfG einschlägig. Eine längere als fünfjährige Bindung ohne ordentliche Kündigungsmöglichkeit würde die Betätigungsfreiheit des wirtschaftlich schwächeren Dienstverpflichteten einschränken. Darüber hinaus wäre auf Seiten des Arbeitnehmers die Berufsfreiheit[2] und sein Recht auf freie Entfaltung der Persönlichkeit berührt. Von daher hat der Gesetzgeber dem Dienstverpflichteten bei einer Anstellung auf Lebenszeit oder bei einer längeren als fünfjährigen Bindung ein **vorzeitiges Kündigungsrecht** eingeräumt. Die **Kündigungsbefugnis** des Dienstverpflichteten ist **zwingend**, dh sie kann weder vertraglich ausgeschlossen noch abgeändert werden.[3] Für § 15 Abs 4 TzBfG folgt dies aus § 22 Abs 1 TzBfG. Die gesetzlich vorgesehene Kündigungsfrist von sechs Monaten kann im Wege der Parteivereinbarung zwar nicht verlängert, wohl aber verkürzt werden. Neben dem vorzeitigen Kündigungsrecht bleibt das Recht zur außerordentlichen Kündigung nach § 626 BGB für beide Vertragsteile bestehen.[4]

II. Persönlicher Anwendungsbereich

2 Wegen der seit 1.1.2001 geltenden gleich lautenden Bestimmung des § 15 Abs 4 TzBfG[5] findet § 624 BGB auf Arbeitsverhältnisse zwar keine Anwendung mehr. Jedoch gelten für § 15 Abs 4 TzBfG die für § 624 BGB

---

1 S § 621 Rn 1 f.
2 KDZ/Zwanziger § 624 BGB Rn 1; BAG 19.12.1991 – 2 AZR 363/91 – AP BGB § 624 Nr 2; BAG 24.10.1996 – 2 AZR 845/95 – AP ZPO § 256 Nr 37.
3 KR/Fischermeier § 624 BGB Rn 7.
4 KDZ/Zwanziger § 624 BGB Rn 2 a.
5 BGBl I 1966.

entwickelten Grundsätze entsprechend. Gemäß seinem Wortlaut gilt § 624 BGB mit Ausnahme des Arbeitsverhältnisses als besonderer Anwendungsfall eines Dienstverhältnisses für alle sonstigen Dienstverhältnisse.[6] Dabei sind sowohl die Art und der Umfang der Dienstleistung als auch ihr Ort (Betrieb oder Haushalt) unerheblich. Für den Anwendungsbereich der Vorschrift macht es keinen Unterschied, ob die Dienstleistungen persönlich zu erbringen sind oder einem Dritten übertragen werden können.[7] § 624 BGB gilt auch für die Rechtsverhältnisse **arbeitnehmerähnlicher Personen**.[8] Der Anwendungsbereich des § 15 Abs 4 TzBfG ist mangels gesetzgeberischer Anordnung nämlich gerade nicht, wie bspw im BUrlG (§ 2), für arbeitnehmerähnliche Personen eröffnet worden.[9]

III. Tatbestandliche Voraussetzungen
1. Anstellung auf Lebenszeit

Für die **Lebenszeit einer Person** wird ein Dienstverhältnis dann eingegangen, wenn es für die Lebensdauer des Dienstberechtigten bzw **des Arbeitgebers** oder des Dienstverpflichteten bzw des Arbeitnehmers iSd § 15 Abs 4 TzBfG gelten soll.[10] Außerdem ist es möglich, ein Dienstverhältnis für die Lebenszeit einer dritten Person (zB Krankenpflege bis zum Lebensende) zu vereinbaren.[11] In diesem Falle endet das Dienstverhältnis mit dem Tod des Dritten. Im Hinblick auf die Bindungsdauer muss die Vereinbarung einer solchen Anstellung auf Lebenszeit ausdrücklich und eindeutig getroffen werden. Eine stillschweigende Zustimmung ist regelmäßig ausgeschlossen. Dies rechtfertigt sich aus der Annahme, dass es im Zweifel nicht dem Willen der Parteien entspricht, sich auf Lebenszeit zu binden.

Von der vertraglichen Anstellung auf Lebenszeit ist die bloße **Zusage einer Lebens- oder Dauerstellung** zu unterscheiden. Welcher Bedeutungsgehalt einer solchen Zusage im Einzelfall zukommt, muss durch Auslegung des Arbeitsvertrags ermittelt werden. Die einzelfallbezogenen Auslegungen reichen von einem rechtlich unverbindlichen Hinweis, bei Zufriedenheit des Arbeitgebers könne die Stelle für die Dauer sein, bis zu der Annahme des völligen Ausschlusses der ordentlichen Kündigung.[12] Auch die Fälle der tariflichen Unkündbarkeit bei längerer Betriebszugehörigkeit fallen nicht hierunter, weil bei diesen nur der Arbeitgeber auf sein Recht verzichtet, sich aber insoweit der Arbeitnehmer nicht bindet.[13]

2. Längere Zeit als fünf Jahre

Die Vorschrift stellt ein Dienstverhältnis (Arbeitsverhältnis, § 15 Abs 4 TzBfG) auf mehr als fünf Jahre eingegangen der Anstellung auf Lebenszeit gleich. Eine mehr als fünfjährige Dauer des Vertrags kann sich sowohl aus

---

6 KR/Fischermeier § 624 BGB Rn 4; KDZ/Zwanziger § 624 BGB Rn 1.
7 KR/Fischermeier § 624 BGB Rn 4; aA APS/Backhaus § 624 BGB Rn 4.
8 KR/Fischermeier § 624 BGB Rn 5; zum Begriffsinhalt s § 1 KSchG Rn 27.
9 KR/Fischermeier § 624 BGB Rn 10.
10 KDZ/Zwanziger § 624 BGB Rn 4.
11 KR/Fischermeier § 624 BGB Rn 9; KDZ/Zwanziger § 624 BGB Rn 4.
12 KR/Fischermeier § 624 BGB Rn 15 mwN.
13 KDZ/Zwanziger § 624 BGB Rn 4.

einer kalendermäßigen Befristung als auch aus dem Umstand ergeben, dass das Dienstverhältnis mit einem Ereignis enden soll, das nach fünf Jahren noch nicht eingetreten ist. Eine Bindung von mehr als fünf Jahren kann auch in der Weise eintreten, dass **mehrere gleichzeitig oder nacheinander abgeschlossene Verträge** eine Dauer von fünf Jahren überschreiten.[14] Dabei kommt es jedoch entscheidend darauf an, ob von vornherein oder zu einem späteren Zeitpunkt eine **Bindung** für eine **Gesamtdauer von mehr als fünf Jahren** eintritt. Denn nur dann, wenn die zu einer Gesamtdauer von mehr als fünf Jahren führende Vertragsverlängerung **von vornherein** bezweckt war, finden §§ 624 BGB, 15 Abs 4 TzBfG Anwendung.[15] Eine von vornherein angelegte Bindungsdauer von mehr als fünf Jahren ist nicht gegeben, wenn ein Vertrag auf fünf Jahre zum Ablauf dieser Frist vom Dienstverpflichteten (zB Arbeitnehmer) gekündigt werden kann und sich dann um fünf Jahre verlängert, wenn er nicht gekündigt wird.[16] Denn der Dienstverpflichtete (zB Arbeitnehmer) hat es aufgrund seiner Kündigungsmöglichkeit in der Hand, die Laufzeit des Vertrags und damit dessen Bindungsdauer zu bestimmen.

6 Es begegnet keinen rechtlichen Bedenken, wenn sich der Dienstverpflichtete (zB Arbeitnehmer) nach dem Ablauf der fünf Jahre wiederum durch einen neuen Dienstvertrag auf weitere fünf Jahre bindet.[17] Die Vertragsfreiheit des Dienstverpflichteten (zB Arbeitnehmer) lässt es zu, die Verlängerung des Dienstverhältnisses schon eine angemessene Zeit vor dem Ablauf der fünf Jahre zuzulassen.[18] Eine Verlängerung des Dienstverhältnisses im vierten Jahr der Vertragsdauer ist jedenfalls angemessen und begegnet regelmäßig keinen Bedenken. Dem Dienstverpflichteten (zB Arbeitnehmer) wird es nämlich nach vierjähriger Dauer des Vertragsverhältnisses regelmäßig möglich sein, die für ihn entscheidenden Gesichtspunkte zu erkennen, um bereits im fünften Vertragsjahr die Entscheidung treffen zu können, sich weitere fünf Jahre unkündbar binden zu wollen.[19]

IV. Rechtsfolgen
1. Bindung des Dienstberechtigten

7 Da die Vorschrift ebenso wie § 15 Abs 4 TzBfG die persönliche Freiheit allein des Dienstverpflichteten (zB des Arbeitnehmers) schützt,[20] ist der Dienstberechtigte, insbesondere also der Arbeitgeber an das auf Lebenszeit oder mehr als fünf Jahre abgeschlossene Vertragsverhältnis **gebunden** und kann es **nicht** ordentlich kündigen. Diese lebenslange Bindung des Arbeitgebers ist auch nicht sittenwidrig.[21] Den Vertragsparteien und damit auch dem Arbeitgeber steht es jedoch frei, das Arbeitsverhältnis bei Vorliegen ei-

---

14 KR/Fischermeier § 624 BGB Rn 23.
15 KR/Fischermeier § 624 BGB Rn 23 mwN; BAG 19.12.1991 – 2 AZR 363/91 – AP BGB § 624 Nr 2.
16 BAG 19.12.1991 – 2 AZR 363/91 – AP BGB § 624 Nr 2.
17 KR/Fischermeier § 624 BGB Rn 24 mwN.
18 KR/Fischermeier § 624 BGB Rn 24 mwN.
19 KR/Fischermeier § 624 BGB Rn 24.
20 S Rn 1.
21 BAG 25.3.2004 – 2 AZR 153/03 – AP BGB § 138 Nr 60.

nes wichtigen Grunds nach § 626 BGB zu kündigen.[22] In diesen Fällen ist aber zur Vermeidung eines Wertungswiderspruches eine entsprechende soziale Auslauffrist zu gewähren, wenn diese bei vergleichbarer Sachlage ohne die besondere Vertragsbindung auch zu beachten wäre.[23]

2. Vorzeitige Kündigung des Dienstverpflichteten

§ 624 BGB gibt dem Dienstverpflichteten (zB dem Arbeitnehmer) nach Ablauf von fünf Jahren gerechnet ab dem rechtlichen Beginn des Dienstverhältnisses das **Recht zur vorzeitigen Kündigung** des Vertragsverhältnisses. Dem Wortlaut nach stellt § 624 BGB nämlich nicht auf den tatsächlichen Vollzug, sondern die Vereinbarung („eingegangen") ab.[24] Als Kündigungsfrist sieht § 624 Satz 2 BGB eine **Sechsmonatsfrist** vor. Die im Wege der Parteivereinbarung verkürzbare, aber nicht verlängerbare Kündigung kann zu jedem Termin ausgesprochen werden; eine Bindung zum Monats- oder Quartalsende besteht nicht. Die vorzeitige Kündigung ist nämlich keine ordentliche Kündigung iSd § 622 BGB.[25] Nach seinem Sinn und Zweck ist die Ausübung des vorzeitigen Kündigungsrechts des Dienstverpflichteten (zB Arbeitnehmer) nicht an eine **Ausschlussfrist** gebunden; ebenso kann dieses Recht nicht **verwirkt** werden. Spricht zB der Arbeitnehmer bereits vor Ablauf von fünf Jahren die vorzeitige Kündigung aus, ist diese nicht unwirksam, sondern gilt mit dem Ablauf der fünf Jahre als ausgesprochen mit der Folge, dass sie das Arbeitsverhältnis nach fünf Jahren und sechs Monaten beendet.[26]

V. Darlegungs- und Beweislast

Nach allgemeinen Grundsätzen trägt derjenige die Darlegungs- und Beweislast, der die Rechtsstellung aus §§ 624 BGB, 15 Abs 4 TzBfG für sich in Anspruch nimmt (zB Ausschluss der ordentlichen Kündigung).[27] Beruft sich der Arbeitnehmer auf das vorzeitige Kündigungsrecht, obliegt es ihm, die Voraussetzungen dieses Kündigungsrechts darzulegen und ggf zu beweisen.[28]

---

22 KR/Fischermeier § 624 BGB Rn 25.
23 BAG 25.3.2004 – 2 AZR 153/03 – AP BGB § 138 Nr 60; KR/Fischermeier § 626 BGB Rn 305 mwN.
24 AA KR/Fischermeier § 624 BGB Rn 27.
25 KR/Fischermeier § 624 BGB Rn 29 mwN.
26 KR/Fischermeier § 624 BGB Rn 27.
27 ErfK/Müller-Glöge § 15 TzBfG Rn 24.
28 ErfK/Müller-Glöge § 15 TzBfG Rn 24.

§ 625 Stillschweigende Verlängerung

Wird das Dienstverhältnis nach dem Ablauf der Dienstzeit von dem Verpflichteten mit Wissen des anderen Teiles fortgesetzt, so gilt es als auf unbestimmte Zeit verlängert, sofern nicht der andere Teil unverzüglich widerspricht.

I. Normzweck 1	5. Kein unverzüglicher Widerspruch des Dienstberechtigten 13
II. Anwendungsbereich 3	IV. Rechtsfolgen 15
III. Tatbestandsvoraussetzungen.. 5	V. Abdingbarkeit 17
1. Dienstverhältnis 5	VI. Darlegungs- und Beweislast; Klageantrag 19
2. Ablauf der Dienstzeit 6	
3. Fortsetzung des Dienstverhältnisses 8	
4. Kenntnis des Dienstberechtigten 11	

I. Normzweck

1 Normzweck des § 625 BGB ist die Regelung der **stillschweigenden Verlängerung von Dienstverhältnissen unabhängig vom Willen der Parteien**.[1] Dadurch, dass 625 BGB den Eintritt eines vertragslosen Zustandes vermeiden hilft, dient die Bestimmung letztlich der Rechtsklarheit.[2] § 625 BGB beinhaltet eine **gesetzliche Fiktion als Folge eines schlüssigen Verhaltens**.[3] Gegenüber einer Vertragsverlängerung kraft Rechtsgeschäfts besteht die Besonderheit darin, dass aufgrund der unwiderleglichen gesetzlichen Vermutung ein Geschäftswille ohne Rücksicht darauf unterstellt wird, ob er tatsächlich vorgelegen hat.[4] § 625 BGB bestimmt die gesetzliche Rechtsfolge des vorgenannten Tatbestandes, regelt also nicht die Auslegung des Verhaltens der Vertragsparteien.[5]

2 Soweit die Arbeitsvertragsparteien hingegen eine ausdrückliche oder stillschweigende Vereinbarung über die Weiterbeschäftigung treffen, bleibt kein Raum für die Anwendung.[6] In § 625 BGB wird nämlich gerade der Lebenssachverhalt geregelt, dass das Vertragsverhältnis über das zunächst vorgesehene Vertragsende tatsächlich fortgesetzt wird, ohne dass hierzu eine ausdrückliche oder stillschweigende Vereinbarung getroffen wird.

II. Anwendungsbereich

3 Die Vorschrift des § 625 BGB erfasst alle privatrechtlichen Dienstverhältnisse einschließlich der Arbeitsverhältnisse.[7] Mit dem Inkrafttreten des

---

1 BAG 1.12.1960 – 3 AZR 588/58 – AP BGB § 625 Nr 1; BAG 18.9.1991 – 7 AZR 364/90 – nv.
2 APS/Backhaus § 625 BGB Rn 2; Kramer Die arbeitsvertragliche Abdingbarkeit des § 625 BGB NZA 1993, 1115, 1119.
3 BAG 1.12.1960 – 3 AZR 588/58 – AP BGB § 625 Nr 1; BAG 13.8.1987 – 2 AZR 122/87 – nv; BAG 11.8.1988 – 2 AZR 53/88 – AP BGB § 625 Nr 5; BAG 18.9.1991 – 7 AZR 364/90 – nv; APS/Backhaus § 625 BGB Rn 2.
4 BAG 1.12.1960 – 3 AZR 588/58 – AP BGB § 625 Nr 1; BAG 18.9.1991 – 7 AZR 364/90 – nv; APS/Backhaus § 625 BGB Rn 2.
5 ErfK/Müller-Glöge § 625 BGB Rn 1.
6 ErfK/Müller-Glöge § 625 BGB Rn 1.
7 ErfK/Müller-Glöge § 625 BGB Rn 2.

Teilzeit- und Befristungsgesetzes am 1.1.2001 ist der sachliche Anwendungsbereich von § 625 BGB allerdings insoweit eingeschränkt worden, als für die Fortsetzung eines zeit- oder zweckbefristet oder auflösend bedingt geschlossenen Arbeitsverhältnisses die zwingende Spezialbestimmung des **§ 15 Abs 5 TzBfG** Anwendung findet.[8] Im Übrigen ist aber insbesondere bei Kündigungen, Aufhebungsverträgen und Anfechtungen auf § 625 BGB abzustellen.[9] Mit Ausnahme des gegenständlichen Anwendungsbereichs entspricht der Inhalt des § 15 Abs 5 TzBfG dem sachlichen Gehalt des § 625 BGB. Eine Sonderregelung, die ebenfalls § 625 BGB vorgeht, enthält § 24 BBiG für die Weiterarbeit nach Beendigung des Berufsausbildungsverhältnisses. Aufgrund der abweichenden tatbestandlichen Voraussetzungen kann nicht auf die für § 625 BGB entwickelten Grundsätze verwiesen werden,[10] denn es handelt sich bei § 24 BBiG ja gerade nicht um die Fortsetzung zu unveränderten Bedingungen, sondern um die fiktiv angeordnete Begründung eines dauerhaften Arbeitsverhältnisses (anstatt eines Berufsausbildungsverhältnisses). Eine weitere Spezialbestimmung ist **§ 84 Abs 1 AktG**.[11] Nach dieser Bestimmung kann zum Schutze des Beteiligungsrechts des Aufsichtsrats aus § 84 Abs 1 AktG der Anstellungsvertrag des Vorstandsmitglieds nicht unbefristet geschlossen werden, sondern regelmäßig nur auf fünf Jahre. Das verträgt sich nicht mit den Rechtsfolgen des § 625 BGB.

Als gesetzliche Ausnahmebestimmung ist der Anwendungsbereich des § 625 BGB auch dann nicht eröffnet, wenn eine ausdrückliche oder auch nur konkludente Vereinbarung über die befristete Weiterbeschäftigung vorliegt.[12] Auf die **Befristung einzelner Vertragsbedingungen** (zB befristete Erhöhung der Arbeitszeit) ist § 625 BGB weder unmittelbar noch analog anwendbar. Für die Anwendung der Spezialvorschrift des § 625 BGB muss vielmehr das Arbeitsverhältnis in seiner Gesamtheit erfasst sein,[13] denn bei der Befristung einzelner Vertragsbedingungen bleibt das Arbeitsverhältnis ja darüber hinaus fortbestehen.

III. Tatbestandsvoraussetzungen
1. Dienstverhältnis

Nach § 625 BGB ist Voraussetzung für seine Anwendung, dass ein **privatrechtliches Dienstverhältnis** vorliegt. Ein besonderer Anwendungsfall des Dienstverhältnisses ist ein Arbeitsverhältnis. **Öffentlich-rechtliche Verhältnisse, wie zB die Wahrnehmung eines Lehrauftrags** begründen kein Dienstverhältnis iSd § 625 BGB.[14] Ebenso wenig kommt eine Anwendung des § 625 BGB auf den Eingliederungsvertrag nach § 229 ff SGB III aF in Betracht.[15]

---

8 ErfK/Müller-Glöge § 625 BGB Rn 2.
9 BAG 3.9.2003 – 7 AZR 106/03 – AP TzBfG § 14 Nr 14.
10 BAG 5.4.1984 – 2 AZR 54/83 – nv; APS/Backhaus § 625 BGB Rn 5.
11 APS/Backhaus § 625 BGB Rn 5.
12 BAG 11.11.1966 – 3 AZR 214/65 – AP BGB 242 Nr 117; KR/Fischermeier § 625 BGB Rn 6.
13 BAG 3.9.2003 – 7 AZR 106/03 – AP TzBfG § 14 Nr 14.
14 BAG 27.11.1987 – 7 AZR 314/87 – nv; APS/Backhaus § 625 BGB Rn 5.
15 KR/Fischermeier § 625 BGB Rn 1.

2. Ablauf der Dienstzeit

6 § 625 BGB regelt den Ablauf der Dienstzeit, insbesondere des zwischen den Parteien abgeschlossenen Arbeitsvertrages. Dabei ist grundsätzlich unerheblich, auf welche Art und Weise der Vertrag endet. Da § 15 Abs 5 TzBfG die Fortsetzung eines zeitbefristet, zweckbefristet oder auflösend bedingt geschlossenen Arbeitsverhältnisses als Sonderregelung erfasst, bleibt für den Anwendungsbereich des § 625 BGB als Beendigungstatbestand die **Kündigung** sowohl in Form einer ordentlichen als auch in Form einer außerordentlichen Kündigung[16] übrig. Daneben kann auch die Fortsetzung nach einem **Aufhebungsvertrag** die Rechtsfolge des § 625 BGB bewirken.[17] Selbst bei einem **angefochtenen Arbeitsvertrag**, der entgegen der Regel des § 142 BGB grundsätzlich nicht ex tunc, sondern nur ex nunc endet,[18] kommt die Fortsetzung des Arbeitsverhältnisses über diesen Zeitpunkt hinaus gem § 625 BGB in Betracht.[19]

7 Anders verhält es sich, wenn der gekündigte Arbeitnehmer Kündigungsschutzklage erhoben hat, jedoch im Betrieb weiter arbeitet. Im Hinblick auf den klageabweisenden Antrag des Arbeitgebers bleibt für den Anwendungsbereich des § 625 BGB kein Raum. Ebenso wenig wird von § 625 BGB der Tatbestand der **Zweckerreichung** erfasst. In diesem Fall hängt die Fortsetzung des Dienstverhältnisses von der Vereinbarung einer neuen Arbeitsaufgabe ab.

3. Fortsetzung des Dienstverhältnisses

8 Eine Fortsetzung des Dienstverhältnisses durch den Dienstverpflichteten liegt nur dann vor, wenn der Dienstverpflichtete, im Arbeitsverhältnis der Arbeitnehmer, die vertragsgemäßen Dienste nach dem Ablauf der Vertragszeit auch **tatsächlich** erbringt.[20] Daraus folgt, dass die tatbestandlichen Merkmale des § 625 BGB nicht vorliegen, wenn zB der Arbeitnehmer infolge Arbeitsunfähigkeit bei Beendigung des Arbeitsverhältnisses erkrankt ist und der Arbeitgeber über das Vertragsende hinaus Entgeltfortzahlung erbringt.[21] Die Rechtsfolge des § 625 BGB tritt auch dann nicht ein, wenn der Arbeitgeber Urlaub oder Arbeitsbefreiung zum Überstundenausgleich über das Ende des Vertragsverhältnisses hinaus gegen Zahlung des entsprechenden Entgelts für diese Zeit geleistet hat.[22] Diese Konstellationen stellen zwar keinen Anwendungsfall des § 625 BGB dar, jedoch ist im Einzelfall zu prüfen, ob nicht eine konkludente Fortsetzungsvereinbarung vorliegt.[23] Unschädlich für die Anwendung des § 625 BGB ist die

---

16 KR/Fischermeier § 625 BGB Rn 20.
17 BAG 3.9.2003 – 7 AZR 106/03 AP TzBfG § 14 Nr 4; APS/Backhaus § 625 BGB Rn 7 mwN; ErfK/Müller § 625 BGB Rn 3; aA KR/Fischermeier § 625 BGB Rn 21.
18 BAG 20.2.1986 – 2 AZR 244/85 – AP BGB § 123 Nr 31; anders jedoch bei einer Anfechtung im Anschluss an eine Arbeitsunfähigkeit, BAG 3.12.1998 – 2 AZR 754/97 – AP BGB § 123 Nr 49.
19 ErfK/Müller-Glöge § 625 BGB Rn 3.
20 BAG 2.12.1998 – 7 AZR 508/97 – AP BGB § 625 Nr 8; APS/Backhaus § 625 BGB Rn 9.
21 LAG Hamm 5.9.1990 – 15 Sa 1038/90 – LAGE BGB § 625 Nr 1.
22 BAG 2.12.1998 – 7 AZR 508/97 – AP BGB § 625 Nr 8; APS/Backhaus § 625 BGB Rn 9; ErfK/Müller-Glöge § 625 BGB Rn 4; aA KDZ/Däubler § 625 BGB Rn 12.
23 BAG 2.12.1998 – 7 AZR 508/97 – AP BGB § 625 Nr 8.

Fortsetzung der Tätigkeit auch an einem **anderen Arbeitsplatz des Arbeitgebers**.

Nach Auffassung des BAG [24] tritt die Rechtsfolge der Verlängerung eines Arbeitsverhältnisses nach § 625 BGB nur ein, wenn der Arbeitnehmer unmittelbar nach dem Ablauf des Arbeitsverhältnisses seine Tätigkeit fortsetzt. Eine unmittelbare Fortsetzung liegt nach dieser Rechtsprechung jedenfalls dann nicht vor, wenn eine zehntägige Unterbrechung zwischen dem vereinbarten Ende des Vertragsverhältnisses und seiner Fortsetzung besteht.[25]

Sofern der Arbeitnehmer allenfalls noch kurzzeitig weiterarbeiten möchte, ein entsprechender Wille allerdings nicht erkennbar nach außen gedrungen ist, kommt im Hinblick auf den rechtlich unbeachtlichen geheimen Vorbehalt iSd § 116 BGB gleichwohl ein unbefristetes Arbeitsverhältnis gem § 625 BGB zustande.[26] Dementsprechend liegt auch dann eine Fortsetzung des Dienstverhältnisses vor, wenn der Dienstverpflichtete (Arbeitnehmer) dem Dienstberechtigten (Arbeitgeber) lediglich gefälligkeitshalber zur Verfügung steht, um diesem die Einstellung einer Ersatzkraft zu erleichtern.[27] Bei diesem Sachverhalt ist jedoch zu prüfen, ob nicht darin eine konkludente Abbedingung der Rechtsfolgen des § 625 BGB zu sehen ist.[28]

4. Kenntnis des Dienstberechtigten

Nach § 625 BGB entsteht ein unbefristetes Dienstverhältnis nur dann, wenn der Dienstberechtigte von der Fortsetzung der Tätigkeit hatte.[29] Dem Dienstberechtigten stehen solche Mitarbeiter gleich, denen er sich zur eigenverantwortlichen Erledigung von arbeitsrechtlichen Angelegenheiten bedient.[30] Von daher reichen Umstände nicht aus, aus denen der Dienstberechtigte auf die Fortsetzung des Dienstverhältnisses hätte schließen können oder müssen. Ein solches Wissen kann etwa fehlen, wenn ein Arbeitnehmer im Außendienst spontan weiterarbeitet.[31] Nimmt der Dienstberechtigte (Arbeitgeber) die Arbeitsleistung in dem Irrtum entgegen, das Dienstverhältnis sei noch nicht beendet worden, liegt dennoch Kenntnis über die Fortsetzung des Dienstverhältnisses vor.[32]

Sofern die Rechtsscheintatbestände **Anscheinsvollmacht** und **Duldungsvollmacht** vorliegen, ist von einem zum Abschluss von Dienstverträgen, insbesondere auch Arbeitsverträgen, berechtigten Vertreter auszugehen.[33]

---

24 BAG 2.12.1998 – 7 AZR 508/97 – AP BGB 625 Nr 8.
25 So auch ErfK/Müller-Glöge § 625 BGB Rn 4.
26 KR/Fischermeier § 625 BGB Rn 24.
27 APS/Backhaus § 625 BGB Rn 13aA KR/Fischermeier § 625 BGB Rn 23.
28 APS/Backhaus § 625 BGB Rn 13.
29 BAG 31.3.1993 – 7 AZR 352/92 – nv; BAG 21.2.2001 – 7 AZR 98/00 – NZA 2001, 1141.
30 BAG 11.7.2007 – 7 AZR 501/06 – DB 2007 – 2777.
31 APS/Backhaus § 625 BGB Rn 14.
32 LAG Düsseldorf 26.9.2002 LAGE § 15 TzBfG Nr 1; KR/Fischermeier § 625 BGB Rn 28; aA Vouraufl; ErfK/Müller-Glöge § 625 BGB Rn 5.
33 KDZ/Däubler § 625 BGB Rn 15.

5. Kein unverzüglicher Widerspruch des Dienstberechtigten

13 Die Rechtsfolgen des § 625 BGB treten nicht ein, wenn der Fortsetzung der Dienstleistung vom Dienstberechtigten unverzüglich widersprochen wird. Der Widerspruch ist eine rechtsgeschäftliche, empfangsbedürftige **Willenserklärung**.[34] Der ausdrücklich oder konkludent (zB durch Aushändigung der Arbeitspapiere) erklärbare Widerspruch ist weder begründungs- noch formbedürftig. Die rechtsgeschäftlichen Regelungen insbesondere über die Anfechtung und die Vertretung einschließlich der Zurückweisung der Vollmacht (§ 174 BGB) finden Anwendung.[35]

14 Der Widerspruch kann nicht „auf Vorrat" weit vor der Beendigung erklärt werden.[36] Nach hM kann er allerdings kurz vor Auslaufen des Dienstverhältnisses erklärt werden.[37] Nach Auffassung des BAG kann er in dem Angebot eines weiteren befristeten Vertrags liegen.[38] Wenn der Arbeitgeber dem Arbeitnehmer darlegt, dass die Weiterbeschäftigung kein unbefristetes Arbeitsverhältnis, sondern nur eines für einen bestimmten Zeitraum begründen soll, liegt darin ein ausreichender Widerspruch.[39] Die Rechtsfolgen des § 625 BGB treten nicht ein, wenn der Dienstberechtigte **unverzüglich** widerspricht. Nach der auch hier anzuwendenden Legaldefinition des § 121 Abs 1 Satz 1 BGB muss der Widerspruch **ohne schuldhaftes Zögern** erfolgt sein. Die Frist für die Erklärung des Widerspruchs beginnt erst mit der Kenntnis des Dienstberechtigten von den für die Entscheidung über das Fortbestehen des Dienstverhältnisses maßgebenden Umständen.[40] Insoweit ist es auch unter Berücksichtigung der Legaldefinition des § 121 Abs 1 Satz 1 BGB unschädlich, wenn der Arbeitgeber zunächst mit dem Arbeitnehmer eine einvernehmliche Regelung über die Dauer einer Weiterbeschäftigung versucht[41] oder anwaltliche Beratung zwecks Bewertung der Rechtslage einholt. Bei der Bewertung der Frage, ob der Widerspruch noch unverzüglich erklärt worden ist, ist auf die Umstände des Einzelfalles unter Berücksichtigung der Interessenlage der Parteien abzustellen. Regelmäßig dürfte eine Erklärung später als eine Woche nach Kenntnis nicht mehr unverzüglich sein.[42] Sofern zB der Arbeitnehmer trotz Widerspruchs des Arbeitgebers die Tätigkeit fortsetzt, kommt im Einzelfall ein konkludenter Neuabschluss des Arbeitsvertrages jedenfalls dann in Betracht, wenn dem Arbeitgeber die fortgesetzte Tätigkeit bekannt ist.[43]

---

34 BAG 13.8.1987 – 2 AZR 122/87 – nv; APS/Backhaus § 625 BGB Rn 19; ErfK/Müller-Glöge § 625 BGB Rn 6.
35 APS/Backhaus § 625 BGB Rn 19; ErfK/Müller-Glöge § 625 BGB Rn 6.
36 APS/Backhaus § 625 BGB Rn 20.
37 BAG 8.3.1962 – 2 AZR 497/61 – AP BGB § 620 Befristeter Arbeitsvertrag Nr 22.
38 BAG 8.3.1962 – 2 AZR 497/61 – AP BGB § 620 Befristeter Arbeitsvertrag Nr 22; BAG 23.4.1980 – 5 AZR 49/78 – AP KSchG 1969 § 15 Nr 8.
39 BAG 14.8.2002 – 7 AZR 372/01 – AP LVPG Brandenburg § 90 Nr 1.
40 So für das Arbeitsverhältnis BAG 13.8.1987 – 2 AZR 122/87 – nv.
41 ErfK/Müller-Glöge § 625 BGB Rn 6.
42 APS/Backhaus § 625 BGB Rn 25; KDZ/Däubler § 625 BGB Rn 22.
43 KR/Fischermeier § 625 BGB Rn 37.

IV. Rechtsfolgen

Sofern die tatbestandlichen Voraussetzungen vorliegen, ordnet § 625 BGB 15 kraft Gesetzes im Wege der **Fiktion** die Fortsetzung des Dienstverhältnisses, insbesondere des Arbeitsverhältnisses, mit den bisherigen Rechten und Pflichten an. Das Dienstverhältnis wird in seinem Ist-Zustand einschließlich der Vergütungsregelungen unverändert fortgesetzt.[44] Entgegen früherer Auffassung gelten auch die vom Gesetz abweichenden vereinbarten Kündigungsfristen kraft der eindeutigen Aussage des § 625 BGB weiter.[45] Sofern zB der Arbeitgeber unverzüglich ab Kenntnis der Umstände widersprochen hat, besteht für die Dauer der tatsächlichen Arbeitsleistung weder ein fehlerhaftes noch ein faktisches Arbeitsverhältnis, so dass die vom Arbeitnehmer erbrachten Leistungen ausschließlich nach Bereicherungsrecht abzuwickeln sind.[46]

Nach allgemeiner Ansicht ist die Verlängerung eines befristeten Arbeitsverhältnisses grundsätzlich eine **Einstellung iSd § 99 BetrVG** und entsprechender personalvertretungsrechtlicher Bestimmungen. Auch der Eintritt der Rechtsfolge des § 625 BGB löst das Mitbestimmungsrecht nach § 99 BetrVG, bzw entsprechender personalvertretungsrechtlicher Bestimmungen aus, wenn der Arbeitgeber willentlich die Rechtsfolge des § 625 BGB eintreten lässt. Denn nur dann liegt ein dem Arbeitgeber zurechenbares Verhalten vor. Nur ein vom Arbeitgeber steuerbares Verhalten kann ein Beteiligungsrecht des Betriebsrats auslösen. Daraus folgt, dass der Tatbestand der Einstellung iSd § 99 BetrVG und entsprechender personalvertretungsrechtlicher Bestimmungen dann nicht gegeben ist, wenn die Rechtsfolge des § 625 BGB gegen den Willen des Arbeitgebers eintritt.

V. Abdingbarkeit

Nach allgemeiner Ansicht unterliegt § 625 BGB der **Parteidisposition**.[47] 17 Von daher können die Parteien ohne weiteres vereinbaren, dass das Arbeitsverhältnis nach der vorgesehenen Vertragszeit zu anderen Arbeitsvertragsbedingungen befristet oder unbefristet fortbesteht. Auch im Lichte der §§ 307 ff BGB soll eine im Formular-Arbeitsvertrag enthaltene „Verlängerungsausschlussklausel" zulässig sein.[48] Da § 625 BGB abdingbares Recht ist, enthalte sein Tatbestand keine Leitbildfunktion (wesentlicher Grundgedanke) iSd § 307 Abs 2 Nr 1 BGB. Zu bedenken ist aber, dass § 15 Abs 5 TzBfG als die bei Befristungen speziellere Norm nicht zu Ungunsten des Arbeitnehmers abdingbar (§ 22 Abs 1 TzBfG) ist. Insofern wird man durchaus eine gesetzgeberisch später datierende Leitbildfunktion erkennen können. Eine arbeitsvertragliche oder tarifvertragliche Schriftformklausel schließt die Anwendbarkeit des § 625 BGB nicht aus.[49]

---

44 ErfK/Müller-Glöge § 625 BGB Rn 7; KR/Fischermeier § 625 BGB Rn 39.
45 APS/Backhaus § 625 BGB Rn 32 mwN; KDZ/Däubler § 625 BGB Rn 20.
46 ErfK/Müller-Glöge § 625 BGB Rn 7.
47 BAG 7.6.1984 – 2 AZR 273/93 – nv; ErfK/Mülller-Glöge § 625 BGB Rn 8.
48 Vgl zur früheren Gesetzeslage: Kramer NZA 1993, 1115, 1119; vgl auch BAG 11.8.1988 – 2 AZR 53/88 – AP BGB § 626 Nr 5; APS/Backhaus § 625 BGB Rn 35.
49 ErfK/Müller-Glöge § 625 BGB Rn 8.

18 Sofern § 625 BGB vertraglich abbedungen ist, kann gleichwohl die Situation eintreten, dass der Arbeitnehmer über den Beendigungstermin hinaus seine Tätigkeit fortsetzt. Ist dies trotz Kenntnis des Arbeitgebers der Fall, ist dogmatisch von einem konkludent abgeschlossenen Arbeitsverhältnis auszugehen.[50]

VI. Darlegungs- und Beweislast; Klageantrag

19 Nach dem allgemeinen Grundsatz, dass derjenige, der sich auf eine für ihn günstige Rechtsfolge beruft, die die Darlegungs- und Beweislast trägt, obliegt es also dem Dienstverpflichteten, der die Rechtsfolgen des § 625 BGB für sich in Anspruch nimmt, dessen tatbestandlichen Voraussetzungen darzulegen und ggf zu beweisen. Dafür muss zB der Arbeitnehmer einen Vortrag halten, der geeignet ist, die mit Wissen des Arbeitgebers fortgesetzte Arbeitsleistung nach Ablauf des Arbeitsvertrages zu begründen. Aus der negativen Formulierung des letzten Halbsatzes („sofern nicht") folgt die dem Dienstberechtigten obliegende Darlegungs- und Beweislast für den Widerspruch und dessen Unverzüglichkeit.[51] Der Arbeitnehmer könnte den Eintritt der Rechtsfolge des § 625 BGB mit folgendem allgemeinen **Feststellungsantrag** klären lassen:

▶ Es wird festgestellt, dass das Arbeitsverhältnis der Parteien über den ... hinaus zu unveränderten Arbeitsvertragsbedingungen fortbesteht. ◀

Der Arbeitgeber könnte den Nichteintritt mit einem negativen Feststellungsantrag gerichtlich geltend machen.

---

50 KDZ/Däubler § 625 BGB Rn 30.
51 APS/Backhaus § 625 BGB Rn 42; ErfK/Müller-Glöge § 625 BGB Rn 9; KR/Fischermeier § 625 BGB Rn 41.

§ 626 Fristlose Kündigung aus wichtigem Grund

(1) Das Dienstverhältnis kann von jedem Vertragsteil aus wichtigem Grund ohne Einhaltung einer Kündigungsfrist gekündigt werden, wenn Tatsachen vorliegen, auf Grund derer dem Kündigenden unter Berücksichtigung aller Umstände des Einzelfalles und unter Abwägung der Interessen beider Vertragsteile die Fortsetzung des Dienstverhältnisses bis zum Ablauf der Kündigungsfrist oder bis zu der vereinbarten Beendigung des Dienstverhältnisses nicht zugemutet werden kann.

(2) ¹Die Kündigung kann nur innerhalb von zwei Wochen erfolgen. ²Die Frist beginnt mit dem Zeitpunkt, in dem der Kündigungsberechtigte von den für die Kündigung maßgebenden Tatsachen Kenntnis erlangt. ³Der Kündigende muss dem anderen Teil auf Verlangen den Kündigungsgrund unverzüglich schriftlich mitteilen.

I. Einführung	1
1. Entstehungsgeschichte	1
2. Normzweck	4
3. Verhältnis zur ordentlichen Kündigung	5
II. Geltungsbereich	6
1. Dienst- und Arbeitsverträge	6
2. Spezialregelungen	7
a) Einigungsvertrag	8
b) Besatzungsmitglieder	9
c) Dienstordnungsangestellte	10
d) Auszubildende	11
e) Mutterschutz	14
f) ABM-Maßnahmen	15
g) Handelsvertreter	16
III. Beschränkung und Erweiterung des Rechts zur außerordentlichen Kündigung	17
1. Ausschluss der außerordentlichen Kündigung	17
2. Erlöschen des Kündigungsrechts durch Verzicht, Verzeihung, Abmahnung, ordentliche Kündigung	19
3. Kündigungsbeschränkungen und Konkretisierung von Kündigungsgründen	21
a) Beteiligungs- und Zustimmungsverfahren	21
b) Kündigungserschwerungen	22
c) Vereinbarung/Ausschluss von Kündigungsgründen	24
4. Verzicht auf Kündigungsschutz durch den Kündigungsempfänger	27
IV. Erklärung und Formen der außerordentlichen Kündigung	33
1. Allgemeines	33
2. Außerordentliche fristlose Beendigungskündigung	34
3. Außerordentliche Änderungskündigung	35
4. Außerordentliche Kündigung mit (sozialer) Auslauffrist	38
5. Außerordentliche Kündigung mit notwendiger Auslauffrist (bei Ausschluss des Rechts zur ordentlichen Kündigung)	41
6. Außerordentliche Kündigung und vorsorgliche ordentliche Kündigung, Umdeutung	47
7. Außerordentliche Verdachtskündigung	51
V. Wichtiger Grund (§ 626 Abs 1 BGB)	53
1. Begriff	53
2. Prüfungsschema	55
3. Beurteilungszeitpunkt und Nachschieben von Kündigungsgründen	60
4. Objektiver Maßstab und AGG	64
5. Verschulden	66
a) Verschulden des Gekündigten, Schuldunfähigkeit, Verbotsirrtum	66
b) Beratungsverschulden dritter Personen	70

Gieseler

- c) Mitverschulden des Kündigenden 72
6. Gleichbehandlungsgrundsatz 73
7. Unzumutbarkeit der Vertragsfortsetzung 76
   - a) Allgemeines/Bedeutung der Dauer der regulären Vertragsbindung .. 76
   - b) Konkrete Beeinträchtigung des Arbeitsverhältnisses 84
   - c) Anhörung des Kündigungsempfängers 85
   - d) Wiederholungsgefahr/Abmahnungserfordernis 87
   - e) Milderes Mittel 89
   - f) Gesamtabwägung mehrerer Kündigungsgründe 91
   - g) Berücksichtigung verfristeter und verziehener Kündigungsgründe 92
8. Interessenabwägung 94
   - a) Allgemeines 94
   - b) Einzelne Abwägungskriterien 95
   - c) Nachtat-/Prozessverhalten 98
   - d) Bagatelldelikte 99
9. Kündigungsgründe für den Arbeitgeber 100
10. Kündigungsgründe für den Arbeitnehmer 101
    - a) Allgemeine Voraussetzungen 101
    - b) Kündigungsgründe aus der Sphäre des Arbeitnehmers 102
    - aa) Arbeitsplatzwechsel .. 102
    - bb) Gewissenskonflikt ... 103
    - cc) Krankheit 104
    - dd) Elternzeit 105
    - c) Kündigungsgründe aus der Sphäre des Arbeitgebers 106
    - aa) Arbeitsschutz 106
    - bb) Aussperrung 107
    - cc) Beleidigung, Belästigung, Bedrohung, Tätlichkeit 108
    - dd) Entzug der vertragsgemäßen Tätigkeit ... 109
    - ee) Vergütungsrückstände 110
    - ff) Urlaub 112
    - gg) Werkswohnung 113

VI. **Ausschlussfrist (§ 626 Abs 2 Satz 1, 2 BGB)** .. 114
   1. Rechtsnatur, Zweck, Recht zur ordentlichen Kündigung, Geltungsbereich, Unabdingbarkeit ... 114
   2. Fristbeginn 118
      - a) Kenntnis des Kündigungsberechtigten 118
      - b) Hemmung der Ausschlussfrist durch Sachverhaltsaufklärung 119
      - c) Neuer Fristbeginn 122
      - d) Dauertatbestände 124
      - e) Kündigungsberechtigung/Kenntnisse Dritter 132
      - f) Kenntniszurechnung bei juristischen Personen 138
   3. Fristende 141
      - a) Wahrung der Frist 141
      - b) Berechnung der Frist .. 143
      - c) Verlängerung der Frist und Rechtsmissbrauch 144
      - d) Zustimmungs- und Anhörungsverfahren .. 146
      - aa) Beteiligung von Arbeitnehmervertretungen 146
      - bb) Öffentlich-rechtliche Zustimmungsverfahren 147
      - (1) MuSchG, BEEG 147
      - (2) SGB IX 148

VII. **Behandlung der außerordentlichen Kündigung im Prozess** 151
   1. Klageart und Klagefrist ... 151
      - a) Erforderlichkeit der Kündigungsschutzklage (Rechtslage nach Inkrafttreten des Arbeitsmarktreformgesetzes) 151
      - b) Frühere Rechtslage 153
      - c) Feststellungsklage gem § 256 ZPO 154
      - d) Pflichten des Arbeitnehmers nach Ausspruch einer Kündigung 158
   2. Darlegungs- und Beweislast 159
      - a) Zugang der Kündigung 159
      - b) Wichtiger Grund 160
      - c) Ausschlussfrist 164

3. Beweismittel 165	a) Allgemeines 168
a) Allgemeines 165	b) Auskunftspersonen 170
b) Verwertung von Beweiserhebungen und Entscheidungen in Strafsachen 166	c) Beweisverwertungsverbote 176
	5. Revision 185
c) Vernehmung/Anhörung einer Partei 167	VIII. Mitteilung des Kündigungsgrundes (§ 626 Abs 2 Satz 3 BGB) 187
4. Beweiswürdigung 168	

I. Einführung

1. Entstehungsgeschichte

§ 626 hatte in der zum 1.1.1900 in Kraft getretenen ursprünglichen Fassung folgenden Wortlaut: „Das Dienstverhältnis kann von jedem Teile ohne Einhaltung einer Kündigungsfrist gekündigt werden, wenn ein wichtiger Grund vorliegt." Die Konkretisierung des Begriffs des wichtigen Grundes wurde wegen der Vielgestaltigkeit der denkbaren Fälle bewusst der Rechtsprechung überlassen.[1] Dadurch unterschied sich § 626 von der Regelungskonzeption grundlegend von einer Reihe von Spezialgesetzen,[2] die bis zur Rechtsvereinheitlichung durch das Erste Arbeitsrechtsbereinigungsgesetz vom 14.8.1969[3] die Bedeutung von § 626 auf dem Gebiet des Arbeitsrechts einschränkten.

Mit dem Ersten Arbeitsrechtsbereinigungsgesetz wurde die Zersplitterung im Wesentlichen beseitigt[4] und die heute geltende Fassung kodifiziert. Dabei wurde an der Konzeption der Generalklausel festgehalten, diese jedoch durch eine Definition des wichtigen Grundes dahingehend ergänzt, dass Tatsachen vorliegen müssen, aufgrund derer dem Kündigenden unter Berücksichtigung aller Umstände des Einzelfalls und unter Abwägung der Interessen beider Vertragsteile die Fortsetzung des Dienstverhältnisses bis zum Ablauf der Kündigungsfrist oder bis zu der vereinbarten Beendigung des Dienstverhältnisses nicht zugemutet werden kann. Die Frage, ob das BAG bei der Auslegung der Generalklausel zutreffenderweise zT die in den aufgehobenen Spezialgesetzen enthaltenen Tatbestände als Anhaltspunkt herangezogen hat,[5] was in der Literatur unterschiedlich aufgenommen wurde,[6] hat inzwischen angesichts der seit dem Außerkrafttreten der Spezialgesetze verstrichenen Zeit und der ausgeprägten Kasuistik der Rechtsprechung keine wesentliche praktische Bedeutung mehr.

Seit dem 3.10.1990 gilt § 626 aufgrund des Einigungsvertrages[7] auch für **Dienstverhältnisse im ehemaligen Territorium der DDR**. Ausgenommen sind die früher im öffentlichen Dienst der DDR Beschäftigten, für die in

---

1 Vgl Staudinger/Preis § 626 Rn 1, 2 mit Quellennachweisen.
2 ZB §§ 123, 124 GewO aF, §§ 71, 72 HGB aF.
3 BGBl I S 1106.
4 Zur Fortgeltung des SeemG vgl Rn 9.
5 BAG 15.11.1984 – 2 AZR 613/83 – NZA 1985, 661, zu II 1 a; 17.3.1988 – 2 AZR 576/87 – NZA 1989, 261, zu II 7 a.
6 **Zust** etwa KR/Fischermeier § 626 BGB Rn 87; APS/Dörner/Vossen § 626 BGB Rn 57; **abl** Staudinger/Preis § 626 Rn 53; KDZ/Däubler § 626 BGB Rn 2; jeweils mwN.
7 BGBl II S 1139.

Anlage I Kapitel XIX Sachgebiet A Abschnitt III Nr 1 des Einigungsvertrages eine Sonderregelung enthalten ist (s Rn 8). Mit § 314 Abs 1, 3 BGB idF des gemäß seines Art 9 Abs 1 zum 1.1.2002 bzw für vor diesem Zeitpunkt entstandene Dauerschuldverhältnisse nach Art 229 § 5 EGBGB zum 1.1.2003 in Kraft getretenen **Schuldrechtsmodernisierungsgesetzes** vom 26.11.2001[8] wurden die in § 626 für Dienstverträge geregelten Prinzipien generell auf Dauerschuldverhältnisse erstreckt. Für die außerordentliche Kündigung von Dienst- und Arbeitsverträgen bleibt § 626 allerdings die maßgebliche Spezialregelung. Dies gilt sowohl für den wichtigen Grund als Kündigungsgrund des § 626 Abs 1, als auch für die Kündigungserklärungsfrist des § 626 Abs 2. Mit §§ 314 Abs 2, 323 Abs 2 BGB nF wurde darüber hinaus die von der Rechtsprechung entwickelte Abmahnungsobliegenheit kodifiziert, was dieser Kündigungsvoraussetzung bei verhaltensbedingten Kündigungen ein besonderes Gewicht verleiht (s Rn 87).

2. Normzweck

4 § 626 ist Ausdruck des inzwischen in § 314 Abs 1 BGB geregelten allgemeinen Rechtsgrundsatzes, dass von keiner Partei eines Dauerschuldverhältnisses die Einhaltung des Prinzips der Vertragstreue verlangt werden kann, wenn dieses vom Vertragspartner so schwerwiegend belastet wird, dass ihr die Fortsetzung des Vertragsverhältnisses nach den jeweiligen Umständen bis zu dessen regulärem Ende durch ordentliche Kündigung oder durch Fristablauf unzumutbar ist. Zum Schutz des Vertragspartners, der regelmäßig auf die Einhaltung des Vertrages vertrauen darf, sind an die Ausübung des Kündigungsrechts strenge Anforderungen zu stellen. Es handelt sich um ein **Ausnahmerecht zur Reaktion auf gravierende Störungen des Vertragsverhältnisses**.[9] Damit hat § 626 unmittelbar grundrechtsgestaltende Wirkung. Die Norm begrenzt die jeweils der Berufsfreiheit (Art 12 Abs 1 GG) unterfallenden Grundrechtspositionen von Dienstgeber und Dienstnehmer und dient dazu, diese in praktischer Konkordanz zu verwirklichen.[10] Der Arbeitgeber als Kündigungsempfänger wird durch die strengen Anforderungen des § 626, der auch für die Eigenkündigung des Arbeitnehmers gilt (s Rn 101 ff), vor einer ins Belieben des Kündigenden gestellten fristlosen oder unterfristigen Beendigung des Arbeitsverhältnisses geschützt (s Rn 27 ff). Das Kündigungsrecht kann nicht ausgeschlossen werden (s Rn 17 f; aber auch Rn 19 f). Auch wenn dies von den beteiligten Parteien nicht selten so empfunden wird, hat der Ausspruch einer außerordentlichen Kündigung **keinen Straf- oder Sanktionscharakter**; das Kündigungsrecht dient vielmehr dazu, zukunftsbezogen das Risiko weiterer schwerwiegender Störungen des Vertragsverhältnisses auszuschließen.[11]

---

8 BGBl I S 3138.
9 Vgl BAG 18.12.1996 – 4 AZR 129/96 – NZA 1997, 830, zu II 2, 3; 18.6.1997 – 4 AZR 710/95 – NZA 1997, 1234, zu II 2 1 1, 2 1 4; Staudinger/Preis § 626 Rn 5; APS/Dörner/Vossen § 626 BGB Rn 6, 24.
10 Zu den gegenseitigen Grundrechten von Arbeitgeber und Arbeitnehmer BVerfG 27.1.1998 – 1 BvL 15/87 – NZA 1998, 470.
11 BAG 21.11.1996 – 2 AZR 357/95 – NZA 1997, 487, zu II 4; 4.6.1997 – 2 AZR 562/96 – NZA 1997, 1281 zu II 1 d, 2 b; BVerfG 2.7.2001 – 1 BvR 2049/00 – NZA 2001, 888, zu II 1 a.

Die außerordentliche Kündigung führt allein zur Auflösung des Arbeitsverhältnisses, wobei bis zu diesem Zeitpunkt erworbene Ansprüche des Kündigungsempfängers grundsätzlich erhalten bleiben.[12]

3. Verhältnis zur ordentlichen Kündigung

Das Verhältnis der außerordentlichen Kündigung zur ordentlichen ist durch den Charakter Letzterer als **milderes Mittel** gekennzeichnet. Daher ist der Ausspruch einer außerordentlichen Kündigung nur zulässig, wenn die Beschränkung auf eine ordentliche Kündigung nicht zumutbar ist. Ein zur außerordentlichen Kündigung legitimierender wichtiger Grund ist immer – erst recht – als Kündigungsgrund zur sozialen Rechtfertigung einer ordentlichen Kündigung iSd § 1 KSchG geeignet.[13] Dagegen kann eine außerordentliche Kündigung nicht rechtswirksam sein, wenn der Kündigungsanlass noch nicht einmal dem Maßstab von § 1 KSchG standhält (s Rn 100).[14]

II. Geltungsbereich

1. Dienst- und Arbeitsverträge

§ 626 gilt für **alle Varianten des Dienstvertrages**. Von der Regelung erfasst werden **Arbeitsverhältnisse jeglicher Art**,[15] auch befristete und Teilzeitarbeitsverhältnisse sowie freie Dienstverträge unabhängig davon, ob Dienste höherer Art oder einfache Tätigkeiten geschuldet sind. Lediglich im Fall einer besonderen Vertrauensstellung bei einem Dienstvertrag wird § 626 durch § 627 BGB beschränkt. § 626 gilt insbesondere auch für aufgrund ihrer wirtschaftlichen Abhängigkeit unselbstständige arbeitnehmerähnliche Personen[16] und für die Kündigung der Anstellungsverträge der Organe juristischer Personen, etwa der von GmbH-Geschäftsführern und von Vorstandsmitgliedern von Aktiengesellschaften.[17] Die vorliegende Kommentierung ist beschränkt auf die für die außerordentliche Kündigung von Arbeitsverhältnissen geltenden Regeln.

2. Spezialregelungen

Auch nach der Vereinheitlichung des Rechts der außerordentlichen Kündigung (s Rn 2) gelten für eine Reihe von Beschäftigtengruppen noch Sonderregelungen. Dabei handelt es sich um folgende Bestimmungen:

a) **Einigungsvertrag.** Anlage I Kapitel XIX Sachgebiet A Abschnitt III Nr 1 Abs 5 des Einigungsvertrages, der unbefristet gilt, definiert bestimmte Tatbestände als wichtigen Grund für die außerordentliche Kündigung der Arbeitsverhältnisse von Arbeitnehmern, die in der öffentlichen Verwaltung der DDR beschäftigt waren und deren Einrichtungen nach dem 3.10.1990

---

12 ErfK/Müller-Glöge § 626 BGB Rn 1.
13 ZB BAG 11.12.2003 – 2 AZR 36/03 – NZA 2004, 486, zu II 2 (für einen Diebstahlsversuch zum Nachteil des Arbeitgebers).
14 Staudinger/Preis § 626 Rn 7; KDZ/Däubler § 626 BGB Rn 28.
15 Zum **Arbeitnehmerbegriff** § 1 KSchG Rn 24-55.
16 KR/Rost Arbeitnehmerähnliche Personen Rn 70; KDZ/Däubler § 626 BGB Rn 8.
17 Hierzu etwa BGH 14.2.2000 – II ZR 218/98 – NZA 2000, 543; 10.9.2001 – II ZR 14/00 – DB 2001, 2438.

auf einen neuen Träger der öffentlichen Verwaltung überführt wurden. Danach ist ein wichtiger Grund insbesondere gegeben, wenn der Arbeitnehmer

- gegen die Grundsätze der Menschlichkeit oder Rechtsstaatlichkeit verstoßen hat, insbesondere die im Internationalen Pakt über und politische Rechte vom 19.12.1966 gewährleisteten Menschenrechte oder die in der Allgemeinen Erklärung der Menschenrechte vom 10.12.1948 enthaltenen Grundsätze verletzt hat oder
- für das frühere Ministerium für Staatssicherheit/Amt für nationale Sicherheit tätig war und deshalb ein Festhalten am Arbeitsverhältnis unzumutbar erscheint.

Das BAG versteht diese Bestimmung als gegenüber § 626 **eigenständiges** und **abschließendes Sonderkündigungsrecht**, mit dem keine absoluten Kündigungsgründe festgelegt wurden. Die Feststellung des Vorliegens eines wichtigen Grundes iS dieser Bestimmung setzt eine einzelfallbezogene Prüfung der individuellen Verstrickung voraus. Die Ausschlussfrist des § 626 Abs 2 Satz 1, 2 ist nicht anwendbar. Gleichwohl kann das Recht zur Berufung auf das Kündigungsrecht durch Zeitablauf entfallen, ohne dass die Voraussetzungen der Verwirkung erfüllt sein müssen. Besondere Kündigungsbeschränkungen etwa durch das Personalvertretungs- und Betriebsverfassungsrecht sowie das Mutterschutz- und das Schwerbehindertenrecht bleiben gültig.[18] Eine auf § 626 BGB gestützte außerordentliche Kündigung wird durch die Vorschrift im Übrigen nicht ausgeschlossen; dies ergibt sich aus der Verwendung des Hinweises *insbesondere*. Die Kündigungsregelungen des Einigungsvertrages finden keine Anwendung auf Arbeitsverhältnisse, die nach dem Wirksamwerden des Beitritts zwischen einem öffentlichen Arbeitgeber iSd Art 20 Einigungsvertrag und einem Arbeitnehmer begründet wurden, der zu diesem Zeitpunkt in keinen arbeitsvertraglichen Beziehungen zu einem solchen Arbeitgeber im Beitrittsgebiet stand.[19]

9 **b) Besatzungsmitglieder.** Das SeemG enthält abschließende Sonderregelungen für die Kündigung der Heuerverhältnisse der **Besatzungsmitglieder und Kapitäne von Handelsschiffen**. Die Besatzungsmitglieder von Binnenschiffen werden von diesen Regelungen nicht erfasst; für die außerordentliche Kündigung dieser Arbeitsverhältnisse gilt § 626 BGB. In § 64 Abs 1 SeemG ist enumerativ eine Reihe von absoluten Kündigungsgründen aufgezählt, die zur fristlosen Kündigung berechtigen, ohne dass eine Interessenabwägung erforderlich ist.[20] Insoweit handelt es sich um eine im deutschen Arbeitsrecht inzwischen singuläre Bestimmung,[21] die verfassungsrechtlich nicht unbedenklich ist.[22] § 64 Abs 1 SeemG enthält Kündigungsgründe für Besatzungsmitglieder. Außerhalb dieser absoluten Kündigungsgründe sind Heuerverträge unter den Voraussetzungen der §§ 65, 66 SeemG für den

---

18 Vgl BAG 11.6.1992 – 8 AZR 537/91 – NZA 1993, 118; 16.3.1994 – 8 AZR 688/92 – NZA 1994, 879; 28.4.1994 – 8 AZR 157/93 – NZA 1995, 169; eingehend KR/Fischermeier § 626 BGB Rn 483.
19 BAG 20.1.1994 – 8 AZR 274/93 – NZA 1994, 847.
20 BAG 30.11.1978 – 2 AZR 145/77 – AP SeemG § 64 Nr 1, zu II 1; 31.1.1985 – 2 AZR 486/83 – NZA 1986, 138, zu IV.
21 Staudinger/Preis § 626 Rn 29; ErfK/Müller-Glöge § 626 BGB Rn 4.
22 Vgl KDZ/Däubler Vorbem SeemG Rn 10.

Reeder – insbesondere im Fall des Schiffsverlustes – und unter den Voraussetzungen von § 67 f SeemG für die Besatzungsmitglieder außerordentlich kündbar. Die Heuerverhältnisse von Kapitänen können von beiden Teilen nach § 78 Abs 3 SeemG im Fall des Vorliegens eines wichtigen Grundes außerordentlich gekündigt werden. Kapitäne sind aus einem vom Reeder nicht zu vertretenden Grund dazu allerdings nur befugt, wenn der Reeder ohne besondere Kosten und ohne Aufenthalt für das Schiff geeigneten Ersatz erlangen kann.[23]

c) **Dienstordnungsangestellte.** Die außerordentliche Entlassung von Angestellten der Sozialversicherungsträger, die einer gem § 358 RVO noch gültigen Dienstordnung unterliegen, richtet sich gem § 352 RVO nach der jeweiligen Dienstordnung. Dafür maßgeblich sind gem § 352 Satz 2 RVO beamtenrechtliche Grundsätze.[24] Die Ausschlussfrist von § 626 Abs 2 Satz 1, 2 ist nicht anwendbar.[25] 10

d) **Auszubildende.** Berufsausbildungsverhältnisse können nach § 22 Abs 1 BBiG **während der Probezeit** jederzeit ohne Einhaltung einer Kündigungsfrist, also *ordentlich entfristet*, gekündigt werden. Während der Probezeit des § 20 BBiG gilt grundsätzlich Kündigungsfreiheit. Die Kündigungsgründe müssen daher nicht einmal mit der Berufsausbildung zusammenhängen.[26] Der Ausbildende ist auch nicht verpflichtet, mit den erziehungsberechtigten Eltern eines minderjährigen Auszubildenden vor Ausspruch einer Probezeitkündigung ein klärendes Gespräch zu führen, in dem er die Gründe der Kündigung erläutern und mit den Eltern erörtern müsste, ob und inwieweit diesen entgegengesteuert werden könnte.[27] 11

Nach **Ablauf der Probezeit** ist das Ausbildungsverhältnis für den **Ausbildenden** nur fristlos aus wichtigem Grund kündbar, § 22 Abs 2 Nr 1 BBiG. Der **Auszubildende** kann ebenfalls aus wichtigem Grund fristlos und außerdem gem § 22 Abs 2 Nr 2 BBiG mit einer Kündigungsfrist von vier Wochen kündigen, wenn er die Berufsausbildung aufgeben oder sich für eine andere Berufstätigkeit ausbilden lassen will.

Der Begriff des wichtigen Grundes nach § 22 Abs 2 Nr 1 BBiG stimmt mit dem von § 626 Abs 1 überein. Bei dessen Anwendung ist allerdings die **besondere Rechtsnatur des Berufsbildungsverhältnisses** und sein auf Ausbildung und Erziehung gerichteter Zweck mit der Folge zu berücksichtigen, dass der Ausbilder Pflichtverletzungen des Auszubildenden hinzunehmen hat, so lange diese nicht ein besonderes Gewicht haben. Ggf ist zugunsten des Auszubildenden auch die Nähe der Abschlussprüfung zu berücksichtigen.[28]

---

23 Ausf zum Kündigungsrecht für Besatzungsmitglieder KR/Weigand SeemG Rn 1-182.
24 BAG 5.9.1986 – 7 AZR 193/85 – NZA 1987, 636.
25 BAG 3.2.1972 – 2 AZR 170/71 – AP BGB § 611 Dienstordnungs-Angestellte Nr 32, zu 1.
26 BAG 8.12.2011 – 6 AZR 354/10 – NZA 2012, 495, zu III 3.
27 BAG aaO.
28 BAG 10.5.1973 – 2 AZR 328/72 – AP BBiG § 15 Nr 3; zu besonders schwerwiegenden Verfehlungen vgl BAG 1.7.1999 – 2 AZR 676/98 – NZA 1999, 1270: Ausländerfeindliches Verhalten; vgl näher KR/Weigand §§ 21 – 23 BBiG Rn 44 ff.

In § 22 Abs 4 Satz 1 BBiG ist eine § 626 Abs 2 Satz 1, 2 entsprechende Ausschlussfrist geregelt, deren Lauf allerdings gem § 22 Abs 4 Satz 2 BBiG durch ein vorgesehenes Güteverfahren vor einer außergerichtlichen Stelle, dies kann auch ein Ausschuss zur Beilegung von Streitigkeiten iSd § 111 Abs 2 ArbGG sein, gehemmt wird.[29]

12 Nach § 22 Abs 3 BBiG muss die Kündigung vom Ausbilder bzw vom Auszubildenden nicht nur schriftlich erklärt, sondern in den Fällen von § 22 Abs 2 BBiG auch **schriftlich begründet** werden. Damit bestehen bei einer Kündigung nach dem Ablauf der Probezeit gegenüber den allgemeinen Regeln des § 623 BGB[30] weitergehende Anforderungen. Die Gründe müssen so genau bezeichnet werden, dass der Kündigungsempfänger hinreichend klar erkennen kann, was Anlass der Kündigung ist und welche Verfehlung ihm ggf zur Last gelegt wird. Eine Substantiierung der Kündigungsgründe wie im Kündigungsschutzprozess ist regelmäßig nicht erforderlich; der Kündigungsempfänger muss sich aufgrund der mitgeteilten Gründe aber darüber klar werden können, ob er gegen die Kündigung vorgehen will. Pauschale Schlagworte und Wertungen, etwa die Bezeichnung der Kündigung als *verhaltensbedingt*, reichen ebensowenig aus wie die Bezugnahme auf ein Gespräch. Eine diesen Anforderungen nicht entsprechende Kündigung ist nach §§ 125 Satz 1, 126 BGB nichtig.[31] In der Begründung nicht angegebene Kündigungsgründe können nicht nachgeschoben werden, auch dann nicht, wenn sie dem Kündigenden erst nach dem Ausspruch der Kündigung bekannt werden.[32] Wurde der Kündigungssachverhalt im Kündigungsschreiben dagegen hinreichend konkret bezeichnet, können den Kündigungsrund verstärkende Umstände in den Prozess eingeführt werden, sofern dieser dadurch nicht grundlegend umgestaltet wird.[33]

13 **Umschulungsverhältnisse** iSd §§ 1 Abs 5, 58 ff BBiG werden von § 22 BBiG nicht erfasst. Für die außerordentliche Kündigung dieser Vertragsverhältnisse gilt § 626.[34]

14 e) **Mutterschutz.** Nach § 10 Abs 1 MuSchG können Frauen während der Schwangerschaft und während der Schutzfrist nach der Entbindung (§ 6 Abs 1 MuSchG) ohne Einhaltung einer Frist zum Ende der Schutzfrist kündigen. Wird die Frau innerhalb eines Jahres wieder eingestellt, gilt das Arbeitsverhältnis gem § 10 Abs 2 MuSchG als nicht unterbrochen, sofern die Arbeitnehmerin nicht zwischenzeitlich bei einem anderen Arbeitgeber beschäftigt war.

15 f) **ABM-Maßnahmen.** Für Arbeitsverhältnisse, die von der Bundesagentur für Arbeit als ABM-Maßnahmen gefördert werden, sieht § 270 SGB III erweiterte Möglichkeiten zu deren Beendigung ohne Einhaltung einer Kündigungsfrist vor. Nach § 270 Abs 2 SGB III hat der Arbeitgeber die Möglichkeit, fristlos zu kündigen, wenn die Arbeitsagentur den Arbeitnehmer gem § 269 SGB III abberuft. Gem § 270 Abs 1 SGB III gilt dasselbe für den Ar-

---

29 Hierzu HK-ArbR/Herrmann § 22 BBiG Rn 21.
30 Hierzu Einl Rn 24 ff.
31 BAG 10.2.1999 – 2 AZR 176/98 – NZA 1999, 602, zu II 1, 2.
32 BAG 22.2.1972 – 2 AZR 205/71 – AP BBiG § 15 Nr 1, zu 2.
33 BAG 1.7.1999 – 2 AZR 676/98 – NZA 1999, 1270, zu II 1 b.
34 BAG 15.3.1991 – 2 AZR 516/90 – NZA 1992, 452, zu II 2 c, d.

beitnehmer. Dieser kann überdies ohne Wahrung einer Kündigungsfrist ausscheiden, wenn er eine andere Arbeit oder Beschäftigungsmöglichkeit findet.

g) **Handelsvertreter.** Für die Vertragsverhältnisse selbstständiger Handelsvertreter iSv § 84 Abs 1 HGB besteht mit § 89 a HGB eine Spezialregelung, die sich inhaltlich jedoch nicht von § 626 Abs 1 unterscheidet.[35] Die Heranziehung der Frist von § 626 Abs 2 Satz 1, 2 lehnt der BGH dagegen auch bei arbeitnehmerähnlichen Einfirmenvertretern mit der Begründung ab, § 626 Abs 2 beruhe auf den Besonderheiten der persönlichen Bindung im Arbeitsverhältnis; § 89 a HGB sei eine § 626 insgesamt verdrängende Sonderregelung.[36] Dies wird in der Literatur teilweise mit der berechtigten Erwägung abgelehnt, § 626 Abs 2 Satz 1, 2 sei Ausdruck eines allgemeinen Rechtsgedankens. Überdies gebiete das mit Arbeitnehmern vergleichbare Schutzbedürfnis zumindest bei wirtschaftlich abhängigen Handelsvertretern aus verfassungsrechtlichen Gründen eine Gleichbehandlung mit Arbeitnehmern.[37] Nach der Rechtsprechung der Zivilgerichte unterliegt das Kündigungsrecht des Unternehmers lediglich der Verwirkung, wenn dieser eine angemessene Überlegungsfrist überschreitet. Deren Dauer wird auf bis zu zwei Monate beziffert.[38]

III. Beschränkung und Erweiterung des Rechts zur außerordentlichen Kündigung

1. Ausschluss der außerordentlichen Kündigung

§ 626 ist zwingendes Recht und grundsätzlich der **Disposition der Arbeitsvertragspartner entzogen**.[39] Abweichende Abreden sind nach § 134 BGB nichtig. Dies gilt auch zugunsten des Arbeitgebers. Vertragliche Kündigungsbeschränkungen sind im Zweifel nicht so auszulegen, dass mit ihnen auch das Recht zur außerordentlichen Kündigung ausgeschlossen werden soll.[40] Soweit in der Literatur Abweichungen zugunsten von Arbeitnehmern für zulässig gehalten werden,[41] wird nicht hinreichend berücksichtigt, dass § 626 ein durch Art 2, 12 GG gebotenes Mindestmaß regelt. **Das Recht, auf Störungen reagieren zu können, die selbst eine nur befristete Vertragsfortsetzung unzumutbar machen, kann nicht beseitigt werden.**[42]

---

35 Staudinger/Preis § 626 Rn 28; KR/Rost Arbeitnehmerähnliche Personen Rn 122.
36 BGH 3.7.1986 – I ZR 171/84 – AP BGB § 626 Ausschlussfrist Nr 23, zu II 2; 10.2.1993 – VII ZR 48/92 – NJW-RR 1993, 682, zu IV 2 c aa; 19.11.1998 – III ZR 261/97 – NZA 1999, 320, zu 2 a; ErfK/Müller-Glöge § 626 BGB Rn 203.
37 Vgl KR/Rost Arbeitnehmerähnliche Personen Rn 128; KDZ/Däubler § 626 BGB Rn 9.
38 KG 22.1.1999 – 14 U 4581/97 – NJW-RR 2000, 1566.
39 BAG 6.11.1956 – 3 AZR 42/55 – AP BGB § 626 Nr 14, zu II; 27.6.2002 – 2 AZR 367/01 – AP BAT § 55 Nr 4, zu II 3 a; 19.1.2005 – 7 AZR 113/04 – ArbRB 2005, 232, zu II 2 a.
40 BAG 18.10.2000 – 2 AZR 465/99 – NZA 2001, 437, zu II 1 b.
41 Gamillscheg AuR 1981, 105; Benecke SAE 1999, 92; Hamer PersR 2000, 144, 147.
42 So die **überwiegende Ansicht**, etwa KR/Fischermeier § 626 BGB Rn 57-59; APS/Dörner/Vossen § 626 BGB Rn 7-10; Staudinger/Preis § 626 Rn 38; ErfK/Müller-Glöge § 626 BGB Rn 194.

18 Das Recht zur außerordentlichen Kündigung kann den Arbeitsvertragsparteien **auch durch Tarifvertrag oder Betriebsvereinbarung nicht entzogen** werden (s Rn 24, 26). Zu derartigen Eingriffen in das materielle Kündigungsrecht fehlt den Tarifvertrags- und den Betriebsparteien die Legitimation.[43] So sind nach ganz überwiegender Ansicht für den Fall späterer Streikexzesse vorab vereinbarte tarifliche Maßregelungsverbote unzulässig.[44] Nach hM gilt dies auch für rückwirkende Maßregelungsverbote nach einem Arbeitskampf, soweit diese die außerordentliche Kündigung nicht nur für den Fall der regulären Streikteilnahme, sondern ohne Rücksicht auf die konkreten Umstände auch für Streikexzesse verbieten.[45] Dem wird zu Recht entgegengehalten, dass eine nachträgliche Disposition über bereits entstandene Rechte ihrer Mitglieder auch den Tarifvertragsparteien zusteht.[46] Dabei handelt es sich um Beendigungsnormen iSv § 1 Abs 1 TVG, die die Individualrechte der Mitglieder des tarifschließenden Arbeitgeberverbandes nicht ohne weiteres unzulässig einschränken, da der Umfang des Rechtsverzichts feststeht und ein derartiger Verzicht im Interesse der Wiederherstellung des Friedens in den umkämpften Betrieben ein legitimer Verhandlungsgegenstand im Rahmen von Tarifverhandlungen ist. Unzulässig sind nur unzumutbare Kündigungsbeschränkungen.[47]

2. Erlöschen des Kündigungsrechts durch Verzicht, Verzeihung, Abmahnung, ordentliche Kündigung

19 Im Gegensatz zum Ausschluss des Kündigungsrechts vor dem Eintritt eines wichtigen Grundes kann der Kündigungsberechtigte auf das konkret bestehende Recht zur außerordentlichen Kündigung vor Ablauf der Kündigungserklärungsfrist **verzichten**, wenn ihm das Vorliegen eines auf bestimmte Gründe gestützten Kündigungssachverhaltes bekannt ist. Dies kann dadurch geschehen, dass er die Ausübung des Kündigungsrechts innerhalb der Frist von § 626 Abs 2 Satz 1, 2 unterlässt[48] oder dass er vor Ablauf der Frist seinen Verzichtswillen ausdrücklich oder konkludent zum Ausdruck bringt.[49] Neben der Kenntnis der zur Kündigung berechtigenden Tatsachen ist für die Annahme eines Verzichts erforderlich, dass dem Verhalten des Kündigungsberechtigten **der Wille, das Arbeitsverhältnis** (zumindest bis zum Ablauf der ordentlichen Kündigungsfrist) **fortsetzen zu**

---

43 KR/Fischermeier § 626 BGB Rn 57; § 102 BetrVG Rn 232.
44 BAG 18.12.1961 – 5 AZR 104/61 – AP BGB § 626 Kündigungserschwerung Nr 1; 8.8.1963 – 5 AZR 395/62 – AP BGB § 626 Kündigungserschwerung Nr 2; KR/Fischermeier § 626 BGB Rn 57, 60; APS/Dörner/Vossen § 626 BGB Rn 11; ErfK/Müller-Glöge § 626 BGB Rn 195.
45 So etwa Konzen ZfA 1980, 77, 114; KR/Fischermeier § 626 BGB Rn 60 mwN; APS/Dörner/Vossen § 626 BGB Rn 11 mwN.
46 ArbG Stuttgart 9.6.1976 – 3 BV 4/76 – EzA GG Art 9 Arbeitskampf Nr 18; KDZ/Däubler § 626 BGB Rn 242.
47 BAG 8.8.1963 – 5 AZR 395/62 – AP BGB § 626 Kündigungserschwerung Nr 2, zu II 2.
48 KR/Fischermeier § 626 BGB Rn 61.
49 ZB BAG 26.11.2009 – 2 AZR 751/08 – DB 2010, 733, zu I 2.

wollen, eindeutig zu entnehmen ist.[50] Hieran sind zwar strenge, aber keine überhöhten Anforderungen zu stellen.[51]

Ein **konkludenter Verzichtswille** ist idR anzunehmen, wenn der Kündigungsberechtigte **anstatt fristlos zu kündigen**, sich auf den Ausspruch einer ordentlichen oder einer außerordentlichen Kündigung mit Auslauffrist beschränkt.[52] Dasselbe gilt, wenn er den zur außerordentlichen Kündigung berechtigenden Sachverhalt zum Gegenstand einer **Er- oder Abmahnung** macht (s Rn 20).[53] In derartigen Fällen soll nicht nur eine verhaltensbedingte (außerordentliche) Kündigung auf der Grundlage des abgemahnten Sachverhaltes ausgeschlossen sein, sondern regelmäßig auch eine unmittelbar im Anschluss aus personenbedingten Gründen ausgesprochene Kündigung.[54] Treten zu den abgemahnten Verstößen neue Kündigungsgründe hinzu oder werden solche erst nach dem Ausspruch der Abmahnung bekannt, sind diese vom Kündigungsverzicht nicht erfasst. Der Arbeitgeber kann sie zur Begründung einer Kündigung heranziehen und dabei auf die schon abgemahnten Gründe unterstützend zurückgreifen (s Rn 92).[55] Liegen objektiv schwere Pflichtverletzungen zwar vor, hat der Arbeitgeber jedoch durch sein bisheriges Verhalten zu erkennen gegeben, dass er durch derartige Pflichtverstöße das Arbeitsverhältnis nicht als gefährdet ansieht, kann erst nach vorangegangener erfolgloser Abmahnung gekündigt werden.[56]

Ohne weiteres möglich ist es, dem Vertragspartner eine zur außerordentlichen Kündigung berechtigende Pflichtverletzung mit der Folge zu verzeihen, dass mit der **Verzeihung** eine – auch ordentliche – Kündigung aus dem deren Gegenstand bildenden Anlass nicht mehr möglich ist.[57] Die Verzeihung, das ausdrückliche oder stillschweigende kundbar machen des Entschlusses, ohne Erklärung einer Kündigung über den hierzu berechtigenden Sachverhalt hinweg zu sehen, ist eine unanfechtbare sog Gesinnungserklärung, beim Verzicht handelt es sich hingegen um eine empfangsbedürftige Willenserklärung.[58] Für die **Verwirkung** des Kündigungsrechts ist dagegen neben § 626 Abs 2 Satz 1, 2 grundsätzlich kein Raum,[59] da diese Aus-

---

50 APS/Dörner/Vossen § 626 BGB Rn 19; vgl BAG 5.5.1977 – 2 AZR 297/76 – AP BGB § 626 Ausschlussfrist Nr 11, zu III 5.
51 Vgl (zu weitgehend) LAG Hamm 23.7.2004 – 15 Sa 40/04 – nv, zu II 6 (Die Erklärung, das Schlimmste was dem Arbeitnehmer passieren könne, sei die Erteilung einer Abmahnung und die Entbindung von bestimmten Aufgaben, enthalte keine ausdrückliche oder stillschweigende Willenserklärung des Arbeitgebers hinsichtlich eines Verzichts auf das Recht zur außerordentlichen Kündigung. Hieraus solle sich vielmehr nur schließen lassen, dass die Prüfung, wie das beanstandete Verhalten des Arbeitnehmers zu sanktionieren sei, noch nicht abgeschlossen gewesen sei.)
52 Zur ordentlichen Kündigung LAG Baden-Württemberg 2.3.1988 – 2 Sa 112/87 – LAGE BGB § 626 Nr 37; Staudinger/Preis § 626 Rn 70.
53 BAG 13.12.2007 – 6 AZR 145/07 – NZA 2008, 403, zu I 2 b bb (auch bei **Nichtanwendbarkeit des KSchG**); 26.11.2009 – 2 AZR 751/08 – DB 2010, 733, zu I 2.
54 LAG Köln 16.9.2004 – 5 Sa 592/04 – EzA-SD 2004, Nr 25, 8.
55 BAG 26.11.2009 – 2 AZR 751/08 – DB 2010, 733, zu I 2 c.
56 LAG Brandenburg 1.2.2006 – 6 Sa 566/05 – juris, zu II 3.
57 BAG 5.5.1977 – 2 AZR 297/76 – AP BGB § 626 Ausschlussfrist Nr 11, zu III 5; KR/Fischermeier § 626 BGB Rn 63; APS/Dörner/Vossen § 626 BGB Rn 20.
58 Vgl § 1 KSchG Rn 182 f.
59 KR/Fischermeier § 626 BGB Rn 63.

schlussfrist ihrerseits eine Konkretisierung des allgemeinen Verwirkungstatbestandes ist (s Rn 114).

20 Ordentliche Kündigung, Vertragsrüge sowie Er- und Abmahnung haben **ausnahmsweise keine Verzichtswirkung**, wenn der Kündigungsberechtigte sich vorher oder gleichzeitig vorbehält, gleichwohl noch außerordentlich zu kündigen und damit dem zu Kündigenden deutlich zu erkennen gibt, dass der Pflichtverstoß mit der ergriffenen Maßnahme noch nicht als ausreichend sanktioniert und die Sache damit als erledigt betrachtet werden könne.[60] Andernfalls erlischt das Kündigungsrecht. Handelt es sich bei dem Verzicht um eine Erklärung unter Abwesenden, kann der Kündigungsberechtigte den Verzicht nach § 130 Abs 1 BGB auch ohne einen derartigen Vorbehalt bis zu seinem Zugang beim Empfänger widerrufen. An einem hinreichend deutlichen Verzicht kann es fehlen, wenn der Kündigungsberechtigte unter Verkennung der Bedeutung dieser Rechtsbegriffe eine außerordentliche Kündigung und gleichzeitig eine Er- oder Abmahnung ausspricht. In solchen Fällen darf der Empfänger idR nicht von einem Verzichtswillen ausgehen, da das Verhalten des Kündigenden keinen derartigen Erklärungswert hat. Etwas anderes gilt allerdings, wenn er die Kündigung nur unter einer Bedingung ausspricht, etwa dass der Vertragspartner innerhalb einer bestimmten Frist sein Verhalten nicht ändert oder sich entschuldigt. Dann kann es sich um eine zulässige Potestativbedingung handeln,[61] die im Fall des Eintritts der Bedingung die Verzichtswirkung auslöst. In solchen Fällen stellt sich allerdings die Frage, ob dem Kündigenden nicht ohnehin die Fortsetzung des Vertrages zumutbar war, da er dann selbst zum Ausdruck bringt, dass eine Beseitigung der Störung des Vertragsverhältnisses noch möglich ist (s Rn 89).

3. Kündigungsbeschränkungen und Konkretisierung von Kündigungsgründen

21 a) **Beteiligungs- und Zustimmungsverfahren.** Verfassungsrechtlich unbedenklich ist es, wenn das Recht zur außerordentlichen Kündigung von der vorherigen Durchführung eines auf **gesetzlicher Grundlage** vorgesehenen Beteiligungs- oder Zustimmungsverfahrens abhängig gemacht wird.[62] Auch Zustimmungsverfahren beeinträchtigen das Kündigungsrecht nicht unzulässig, sofern eine die Zustimmung versagende Entscheidung gerichtlicher Überprüfung unterliegt. Dazu zählen die öffentlich-rechtlichen Zustimmungsverfahren für schwer behinderte Arbeitnehmer nach §§ 85-91 SGB IX, für schwangere Arbeitnehmerinnen und Mütter nach § 9 MuSchG und während der Elternzeit nach § 18 BEEG sowie die Zustimmungsverfahren für betriebs- und personalvertretungsrechtliche Funktionsträger nach § 103 BetrVG und §§ 47, 108 Abs 1 BPersVG. Auch für andere Arbeitnehmer kann durch Tarifvertrag oder Betriebsvereinbarung (vgl § 102 Abs 6 BetrVG), wenn bei Meinungsverschiedenheiten die Einschaltung

---

60 BAG 6.3.2003 – 2 AZR 128/02 – NZA 2003, 1388, zu B I 1, 2 b; 13.12.2007 – 6 AZR 145/07 – NZA 2008, 403, zu I 2 b bb (zur Abmahnung); LAG Schleswig-Holstein 19.10.2004 – 5 Sa 279/04 – DB 2005, 340, zu 2, 3.
61 Vgl Einl Rn 20 f.
62 ErfK/Müller-Glöge § 626 BGB Rn 198.

einer Einigungsstelle vorgesehen ist, als Kündigungsvoraussetzung die vorherige oder nachträgliche Zustimmung des Betriebsrats vorgesehen werden.[63] Erforderlich ist allerdings, dass das Zustimmungsverfahren die Wahrung der Frist von § 626 Abs 2 Satz 1, 2 nicht ganz oder faktisch unmöglich macht. Bei länger andauernden Zustimmungsverfahren wird dieses Problem durch die entsprechende Anwendung von § 91 Abs 5 SGB IX gelöst.[64] **Schiedsgerichtsklauseln** kommen für Arbeitsverhältnisse wegen § 101 Abs 1 ArbGG regelmäßig nicht in Betracht.[65]

b) Kündigungserschwerungen. Regelmäßig unzulässig ist nach hM nicht nur der Ausschluss des Rechts zur außerordentlichen Kündigung, sondern auch die Vereinbarung unzumutbarer Kündigungserschwerungen, dh an den Ausspruch einer **begründeten** außerordentlichen Kündigung anknüpfender Nachteile.[66] Dazu zählen etwa die Verpflichtung zur Zahlung von Abfindungen und Vertragsstrafen,[67] zur Rückzahlung bereits verdienter Leistungen oder die Verpflichtung zur Rückleistung von Urlaubsentgelt, Urlaubsgeld[68] und von Gratifikationen.[69]

22

Mit zutreffendem Urteil vom 18.12.1961[70] hat das BAG eine tarifvertragliche Regelung als infolge unzumutbarer Erschwerung des Kündigungsrechts unwirksam angesehen, dergemäß der Arbeitgeber dem Arbeitnehmer dessen arbeitsvertragliche Vergütung für die Dauer des Kündigungsschutzprozesses fortzuzahlen hatte und für den Fall der rechtskräftigen Klageabweisung eine Rückzahlung lediglich für die Zeit der zweiten und dritten Instanz vorgesehen war.[71]

23

Arbeitsvertragliche Kündigungserschwerungen **zu Lasten des Arbeitgebers** bedürfen jedenfalls regelmäßig nicht einer Korrektur durch eine Vertragsinhaltskontrolle. Für eine Inhaltskontrolle nach den §§ 305 ff BGB besteht keine Grundlage, weil der Arbeitnehmer in aller Regel nicht Verwender derartiger Klauseln ist. Da der Arbeitgeber sich gegenüber dem Arbeitnehmer nicht aufgrund eines wirtschaftlichen oder intellektuellen Ungleichgewichts in einer strukturell unterlegenen Position befindet, bietet auch die Rechtsprechung des BVerfG zur Notwendigkeit der Inhaltskontrolle im Privatrecht[72] keine Grundlage für eine derartige Einschränkung des Grundsatzes der Vertragsfreiheit, so lange das Recht zur außerordentlichen Kündigung nicht faktisch ausgeschlossen wird.[73] Unbedenklich ist bspw je-

---

63 BAG 12.11.1997 – 7 AZR 422/96 – NZA 1998, 1013, § 102 BetrVG Rn 227 ff; vgl § 102 BetrVG Rn 230 ff; KR/Fischermeier § 626 BGB Rn 64.
64 Näher § 102 BetrVG Rn 227; §§ 72, 79, 108 BPersVG Rn 21.
65 Vgl BAG 11.7.1958 – 1 AZR 366/55 – AP BGB § 626 Nr 27, zu 2.
66 ZB ErfK/Müller-Glöge § 626 Rn 1, 197.
67 BAG 18.12.1961 – 5 AZR 104/61 – AP BGB § 626 Kündigungserschwerung Nr 1; 8.8.1963 – 5 AZR 395/62 – AP BGB § 626 Kündigungserschwerung Nr 2, zu I 2; BGH 3.7.2000 – II ZR 282/98 – NZA 2000, 945, zu 2; 17.3.2008 – II ZR 239/06 – NJW-RR 2008, 1488, zu II 2.
68 KR/Fischermeier § 626 BGB Rn 65.
69 Vgl APS/Dörner/Vossen § 626 BGB Rn 12.
70 5 AZR 104/61 – AP BGB § 626 Kündigungserschwerung Nr 1.
71 Dem BAG ebenfalls zust KR/Fischermeier § 626 BGB Rn 67.
72 BVerfG 7.2.1990 – 1 BvR 26/84 – NZA 1990, 389; 19.10.1993 – 1 BvR 567, 1044/89 – AP GG Art 2 Nr 35.
73 Ähnl KDZ/Däubler § 626 BGB Rn 247; Gamillscheg AuR 1981, 105, 108.

denfalls eine vertraglich vereinbarte personelle Konkretisierung des Rechts zum Ausspruch einer außerordentlichen Kündigung auf den Arbeitgeber persönlich[74] oder die Verpflichtung, die Kündigung begründen zu müssen (s Rn 170).

24 **c) Vereinbarung/Ausschluss von Kündigungsgründen.** Regelmäßig unwirksam ist die Erweiterung des Rechts zur außerordentlichen Kündigung durch die arbeits- oder tarifvertragliche **Festlegung bestimmter Sachverhalte** als absolute, dh immer zur Kündigung berechtigende Kündigungsgründe[75] oder dessen Einschränkung durch Ausschluss anderer in Betracht kommender Kündigungsgründe. Ersteres ist eine generell unzulässige Kündigungserleichterung, Letzteres eine zumeist unzulässige Kündigungserschwerung.[76]

Auch das Recht zur betriebsbedingten Kündigung kann nicht vollständig ausgeschlossen werden. Es wäre mit Art 12 Abs 1 GG unvereinbar, dem Arbeitgeber jegliche Dispositionsmöglichkeit darüber zu nehmen, ob und in welchem Umfang er sein Unternehmen fortführen will.[77] Entsprechendes gilt für eine personenbedingte Kündigung bei dauerhafter Unfähigkeit des Arbeitnehmers zur Erbringung der Arbeitsleistung.[78] Andererseits ist der Regelung von § 624 BGB, dergemäß im Fall einer längeren Bindung lediglich der Dienstverpflichtete nach Ablauf von fünf Jahren ein Recht zur ordentlichen Kündigung erhält, eine gesetzgeberische Grundentscheidung dahingehend zu entnehmen, dass eine lebenslange Bindung des Dienstberechtigten unabhängig vom Fortbestehen des Beschäftigungsbedarfs prinzipiell wirksam ist.[79] Unzulässig wird die Bindung erst, wenn sie verfassungsrechtlich geschützte Rechtsgüter des Dienstberechtigten unzumutbar beeinträchtigt, insbesondere wenn die Wirksamkeit des Kündigungsausschlusses eine Existenzgefährdung auslösen würde (weiter s Rn 26).

25 Nach hM behält eine als Festlegung absoluter Kündigungsgründe unwirksame Konkretisierung insoweit eine beschränkte rechtliche Bedeutung, als sie im Rahmen der Interessenabwägung als Manifestierung des Verständnisses der Arbeitsvertragsparteien über das kündigungsrechtliche Gewicht bestimmter Sachverhalte zu berücksichtigen sei.[80] Zutreffender erscheint es, derartige – idR vom Arbeitgeber formularmäßig gestellte – Festlegungen als eine Form der **antizipierten Abmahnung** aufzufassen, die im Rah-

---

74 BAG 9.10.1975 – 2 AZR 332/74 – AP BGB § 626 Ausschlussfrist Nr 8, zu I 2 a; KR/Fischermeier § 626 BGB Rn 353, 64 (weitere Bsp).
75 St Rspr zB BAG 6.3.2003 – 2 AZR 232/02 – NZA 2004, 231, zu II 2.
76 Vgl BAG 17.4.1956 – 2 AZR 340/55 – AP BGB § 626 Nr 8, zu III 2; 22.11.1973 – 2 AZR 580/72 – AP BGB § 626 Nr 67, zu I 1 a; näher KR/Fischermeier § 626 BGB Rn 66–69; APS/Dörner/Vossen § 626 BGB Rn 13–15; aA KDZ/Däubler § 626 BGB Rn 239.
77 BAG 5.2.1998 – 2 AZR 227/97 – NZA 1998, 771, zu II 2 b; 13.6.2002 – 2 AZR 391/01 – AP BGB § 615 Nr 97, zu B I 2 a; 27.6.2002 – 2 AZR 367/01 – AP BAT § 55 Nr 4, zu II 3; ausf SPV/Preis Rn 745 ff.
78 BAG 18.1.2001 – 2 AZR 616/99 – NZA 2002, 455, zu II 1 c.
79 BAG 25.3.2004 – 2 AZR 153/03 – BB 2004, 2303, zu I 2; SPV/Preis Rn 747.
80 BAG 17.4.1956 – 2 AZR 340/55 – AP BGB § 626 Nr 8, zu III 2; 22.11.1973 – 2 AZR 580/72 – AP BGB § 626 Nr 67, zu I 1 b; KR/Fischermeier § 626 BGB Rn 68 f; APS/Dörner/Vossen § 626 BGB Rn 15; ErfK/Müller-Glöge § 626 BGB Rn 196; für Formularverträge einschränkend Staudinger/Preis § 626 Rn 45.

men der Beurteilung der Gefahr zukünftiger weiterer Vertragsverletzungen relevant sein kann.[81] Drängt ein Vertragspartner auf die Festlegung eines bestimmten Sachverhalts als Grund zur fristlosen Kündigung, muss der andere Teil damit rechnen, dass dieser sich zur Kündigung veranlasst sieht, wenn ein derartiger Sachverhalt eintritt. Damit hat eine derartige Klausel eine mit einer Abmahnung vergleichbare Warnfunktion. Zu berücksichtigen ist jedoch die beschränkte zeitliche Wirkungsdauer solcher Warnungen.[82] Der rechtlich unwirksame Ausschluss bestimmter Tatbestände als wichtiger Grund kann demgegenüber als Kundgabe des Verständnisses der Arbeitsvertragsparteien von deren minder gewichtiger Bedeutung verstanden und bei der Beurteilung der Unzumutbarkeit der Vertragsfortsetzung für den Kündigenden entsprechend berücksichtigt werden.

26 Ein Sonderproblem bilden insbesondere im öffentlichen Dienst verbreitete **Tarifregelungen** wie die von § 55 Abs 2 BAT – vgl auch die zwischenzeitlich geänderte tarifliche Regelung des § 34 Abs 2 TVöD-AT[83]–, nach denen bei ordentlich unkündbaren Arbeitnehmern eine **Beendigungskündigung aus betrieblichen Gründen vollständig ausgeschlossen** wird und das Kündigungsrecht des Arbeitgebers auf den Ausspruch einer Änderungskündigung zum Zweck der Herabgruppierung beschränkt ist bzw war. Die Zulässigkeit derartiger Bestimmungen wird in der Literatur zT mit der Begründung in Abrede gestellt, dass auch im öffentlichen Dienst und der Privatwirtschaft betriebsbedingte Beendigungskündigungen zwingend erforderlich sein könnten.[84] Das BAG sieht dagegen derartige Klauseln grundsätzlich nicht als unwirksam an.[85]

26a Allerdings hat das BAG entschieden, dass in bestimmten **extremen Ausnahmefällen** eine einschränkende Auslegung derartiger Tarifbestimmungen geboten sein kann,[86] etwa wenn der völlige Ausschluss betriebsbedingter Beendigungskündigungen die Existenz einer von Privaten getragenen öffentlich finanzierten Einrichtung in Frage stellt[87] oder wenn der Arbeitnehmer ohne sachlichen Grund einem Übergang des Arbeitsverhältnisses gem § 613a BGB widerspricht, der ihm den Arbeitsplatz erhalten hätte.[88] Gleiches kann gelten, wenn der Arbeitgeber ohne außerordentliche Kündigungsmöglichkeit gezwungen wäre, ein **sinnentleertes Arbeitsverhältnis** allein durch Gehaltszahlungen, denen keine entsprechende Arbeitsleistung gegenübersteht, über viele Jahre hinweg, ggf bis zum Eintritt des Pensions-

---

81 So auch LAG Düsseldorf 11.5.2005 – 12(11) Sa 115/05 – nv; näher § 1 KSchG Rn 244.
82 Näher § 1 KSchG Rn 238, 248 f.
83 Hierzu BAG 27.11.2008 – 2 AZR 757/07 – NZA 2009, 481, zu I.
84 APS/Dörner/Vossen § 626 BGB Rn 14; Kania/Kramer RdA 1995, 287, 288 f.
85 BAG 31.1.1996 – 2 AZR 158/95 – NZA 1996, 581, zu II 5 c; 27.6.2002 – 2 AZR 367/01 – AP BAT § 55 Nr 4; 30.9.2004 – 8 AZR 462/03 – NZA 2005, 43, zu II 2 b (für Firmentarifvertrag); **zust** KDZ/Däubler § 626 BGB Rn 239 a; Hamer PersR 2000, 144, 147; Etzel ZTR 2003, 210, 215.
86 BAG 6.10.2005 – 2 AZR 362/04 – EZA-SD 2006, Nr 11, 10-11.
87 BAG 27.6.2002 – 2 AZR 367/01 – AP BAT § 55 Nr 4, zu II 3; vgl auch 8.4.2003 – 2 AZR 355/02 – NZA 2003, 856, zu II 3 c.
88 BAG 25.5.2000 – 8 AZR 406/99 – nv, zu IV 2 d cc, 3 c.

alters des Arbeitnehmers, aufrecht zu erhalten.[89] Im Wesentlichen geht es darum zu vermeiden, dass der tarifliche Ausschluss der ordentlichen Kündigung dem Arbeitgeber Unmögliches oder Unzumutbares aufbürdet oder abverlangt.[90] Ein auf Dauer unzumutbar sinnentleertes Arbeitsverhältnis liegt nicht vor, wenn zwischen der Beendigung des Arbeitsverhältnisses und einem Ausscheiden des Arbeitnehmers auf Grund der tarifvertraglichen Altersgrenze deutlich weniger als fünf Jahre liegen.[91] Im Grundsatz ist der Rechtsprechung des BAG zuzustimmen, da in Extremfällen Art 12 Abs 1 GG eine verfassungskonforme Einschränkung gebietet (s Rn 24). Generell bedürfen (insbesondere öffentliche) Arbeitgeber dagegen angesichts der Verhandlungsmacht der Tarifvertragsparteien (insbesondere des öffentlichen Dienstes) keines besonderen Schutzes. Überdies sehen die Tarifverträge des öffentlichen Dienstes (etwa § 12 BAT, nunmehr § 4 TVöD-AT) in weitem Umfang dienststellen- und betriebsübergreifende Versetzungs-, Abordnungs- und Zuweisungsrechte des Arbeitgebers vor, mit deren Ausübung der Arbeitgeber auf Veränderungen des Beschäftigungsbedarfs für die ohnehin nur einen Teil der Belegschaften umfassenden kündigungsgeschützten Arbeitnehmer reagieren kann. Liegt einer der genannten seltenen Ausnahmetatbestände vor, kann das Arbeitsverhältnis nur durch **außerordentliche Kündigung mit notwendiger Auslauffrist**, die idR der ordentlichen Kündigungsfrist entspricht, aufgelöst werden (s Rn 41 ff).

26b Die Tarifvertragsparteien sind gem § 622 Abs 4 BGB nicht an die gesetzlichen Mindestkündigungsfristen gebunden und können aus diesem Grund **entfristete – ordentliche – Kündigungen** durch **Tarifvertrag** zulassen.[92] Die Grenzen der tariflichen Regelungskompetenz werden daher nicht überschritten, wenn besondere Kündigungsgründe für ordentliche Kündigungen festgelegt werden, die entfristet oder mit kürzeren Kündigungsfristen erklärt werden können.[93] Folglich ist der sachliche Regelungsbereich derartiger die Kündigung von Arbeitsverhältnissen erfassender Tarifvorschriften zu prüfen, da sich hiernach der rechtliche Bewertungsmaßstab für die Beurteilung der Zulässigkeit der Tarifnorm richtet (s Rn 17 f, 24).[94]

4. Verzicht auf Kündigungsschutz durch den Kündigungsempfänger

27 Nachdem seit dem Inkrafttreten von § 623 BGB am 1.5.2000 eine formunwirksame (insbesondere mündliche) Kündigung nicht mehr in ein Angebot zum Abschluss eines Aufhebungsvertrages umgedeutet werden kann (s Rn 50), gewinnt die Frage an Bedeutung, ob und unter welchen Voraussetzungen der Empfänger einer unwirksamen außerordentlichen Kündi-

---

89 BAG 24.6.2004 – 2 AZR 215/03– AiB 2005, 129, zu II 3 b; 30.9.2004 – 8 AZR 462/03 – NZA 2005, 43, zu II 2 b aa.
90 BAG 24.6.2004 – 2 AZR 656/02 – EzA § 626 BGB 2002 Unkündbarkeit Nr 7.
91 BAG 6.10.2005 – 2 AZR 362/04 – EzA-SD 2006, Nr 11, 10-11, zu V 2 (**zu** § 55 **BAT**).
92 ZB § 46 RTV für die gewerbl. Arbeitnehmer im Maler- und Lackiererhandwerk v 30.3.1992 idF v 21.10.2011.
93 Vgl § 13 KSchG Rn 9; APS/Dörner/Vossen § 626 BGB Rn 18.
94 BAG 24.6.2004 – 2 AZR 656/02 – EzA § 626 BGB 2002 Unkündbarkeit Nr 7; LAG Baden-Württemberg 6.8.2003 – 4 Sa 76/02 – nv, zu II 2.

gung auf den ihm mit § 626 gewährten Schutz – nämlich dem vor einer unterfristigen Beendigung des Arbeitsverhältnisses – verzichten kann.

Dies wird maßgeblich dann relevant, wenn der **Arbeitgeber einen Arbeitnehmer** an einer ausgesprochenen **Eigenkündigung** festhalten will. Nach der Rechtsprechung des BAG ist danach zu differenzieren, ob die Kündigung zwar schriftlich und damit formwirksam, aber ohne wichtigen Grund oder außerhalb der Frist des § 626 Abs 2 Satz 1, 2 ausgesprochen oder nur mündlich bzw auf sonstige Weise formunwirksam (Rn 32) erklärt wurde.

Das BAG hat vor dem Inkrafttreten von § 623 BGB mit Urteil vom 4.12.1997[95] angenommen, es sei einem Arbeitnehmer nach Treu und Glauben (§ 242 BGB) verwehrt, sich nachträglich auf die Unwirksamkeit einer von ihm mündlich ausgesprochenen unterfristigen Kündigung zu berufen, wenn er diese nicht nur einmalig spontan, sondern ernsthaft erklärt habe. Ein solches Vorgehen sei wegen seiner Widersprüchlichkeit treuwidrig. Der Zweck von § 626 liege darin, den Vertragspartner vor der sofortigen Beendigung des Vertragsverhältnisses zu schützen. Ein gegen diese Norm verstoßender Arbeitnehmer werde von deren Schutzbereich nicht erfasst, da das Gesetz bei einseitigen empfangsbedürftigen Willenserklärungen kein Reuerecht kenne. Die nachträgliche Berufung auf die Unwirksamkeit der Kündigung komme einer unzulässigen einseitigen Kündigungsrücknahme gleich, zumal umgekehrt auch nach einer unwirksamen Kündigung des Arbeitgebers der Arbeitnehmer nicht zur Fortführung des Vertrages gegen seinen Willen verpflichtet sei. Dies gelte selbst dann, wenn die Kündigung unter Verstoß gegen ein konstitutives Schriftformerfordernis ausgesprochen worden sei.[96]

28

Dieser Entscheidung wird im Ansatz zutreffend entgegengehalten, dass das aus § 242 BGB abgeleitete **Verbot des Selbstwiderspruchs** das Vorliegen eines schutzwürdigen Vertrauens des Vertragspartners voraussetze.[97] Dazu reiche es nicht aus, dass dieser den Kündigenden an einer um ihm als günstig empfundenen Rechtslage festhalten wolle. Vielmehr müsse er bereits **schutzwürdige Dispositionen** getroffen haben, durch die Rechtsausübung in erhebliche wirtschaftliche Schwierigkeiten geraten, oder es müsse sich um eine besonders schwere Treuepflichtverletzung des anderen Teils handeln.[98] Der Vorwurf rechtsmissbräuchlichen Verhaltens liege daher jedenfalls so lange fern, wie der Arbeitnehmer aus Rechtsunkenntnis gehandelt und der Arbeitgeber im Vertrauen auf die Wirksamkeit der Kündigung noch keine nicht oder nur mit hohem Aufwand rückgängig zu machenden Dispositionen getroffen habe.

---

95 2 AZR 799/96 – NZA 1998, 420, zu II 1; 5.12.2002 – 2 AZR 478/01 – DB 2003, 1685, zu B I 5.
96 BAG 4.12.1997 – 2 AZR 799/96 – NZA 1998, 420, zu II 2.
97 Singer NZA 1998, 1309; dem BAG **zust dagegen** KR/Fischermeier § 626 BGB Rn 463; entsprechend für die Kündigung des Anstellungsvertrages eines GmbH-Geschäftsführers BGH 8.11.1999 – II ZR 7/98 – AP BGB § 611 Organvertreter Nr 14, zu I 1.
98 Vgl etwa BGH 19.11.1982 – V ZR 161/81 – BGHZ 85, 315, zu II 2 c; 7.7.1998 – X ZR 17/97 – NJW 1998, 192, zu IV 2 b mwN; eingehend Singer NZA 1998, 1309.

29 Der auf den Schutzzweck der Kündigungsbeschränkung von § 626 abstellenden Begründung des BAG ist jedoch zu folgen. Die Beschränkung des Kündigungsrechts beim Fehlen eines wichtigen Grundes dient – auch wenn es sich um einen Arbeitnehmer handelt – nicht dem Schutz des Kündigenden, sondern dem des Vertragspartners. Der Arbeitnehmer wird durch das Schriftformerfordernis des § 623 BGB vor dem übereilten Ausspruch einer fristlosen Kündigung geschützt. Darüber hinaus kann er über den Bestand seines Arbeitsverhältnisses grundsätzlich frei disponieren. Eine (objektiv) unter Verstoß gegen § 626 BGB ausgesprochene schriftliche Eigenkündigung ist unwirksam. Der Arbeitgeber kann die Unwirksamkeit der Kündigung gerichtlich geltend machen, er kann sich jedoch ebenso des in seinem Interesse gewährten Kündigungsschutzes begeben.[99] Wehrt der Arbeitgeber sich gegen die Kündigung nicht, endet daher das Arbeitsverhältnis infolge der arbeitnehmerseitigen Kündigung.

Dem kann nicht entgegengehalten werden, dass das Abstellen auf die Reaktion des Arbeitgebers die Rechtssicherheit beeinträchtige.[100] Umgekehrt führte die Gegenansicht zu praktisch problematischen Folgen, da dann aufgrund objektiv unwirksamer Kündigungen eine Vielzahl von Vertragsverhältnissen von den Vertragspartnern unerkannt fortbestehen würde. In dem Recht des Kündigungsempfängers zur Disposition über den ihm gewährten Kündigungsschutz liegt in der Sache das Recht zum einseitigen Verzicht auf diesen. Dieser Grundsatz ist Arbeitnehmer betreffend durch die Regelungen der §§ 4, 7, 13 Abs 1 Satz 2 KSchG gesetzlich besonders ausgestaltet. Außerhalb von deren Anwendungsbereich kann der Kündigungsempfänger in den Grenzen der Verwirkung von Kündigungsschutzrechten[101] fristungebunden über den Kündigungsschutz disponieren. Darin liegt entgegen der Auffassung von Singer[102] keine unangemessene Privilegierung von Arbeitgebern gegenüber Arbeitnehmern. Die Geltendmachung der Unwirksamkeit von Arbeitgeberkündigungen rechtfertigt als Massenphänomen die Beschränkung durch die gesetzliche Klagefrist.[103] Ist die vom Arbeitnehmer erklärte außerordentliche Kündigung wegen des Fehlens eines wichtigen Grundes oder Fristversäumung unwirksam, kann sich der Arbeitgeber hierauf hingegen bis zur Grenze des Rechtsmissbrauchs berufen.

30 Der **Verzicht des Kündigungsempfängers** auf den Kündigungsschutz bedarf nicht der Schriftform nach § 623 BGB, da es sich weder um eine Kündigung noch um einen Aufhebungsvertrag handelt. Er kann auch stillschweigend oder durch konkludentes Handeln erklärt werden.

31 Im Regelfall wird der **Arbeitnehmer** die sofortige Beendigung des Arbeitsverhältnisses mit Hilfe seiner außerordentlichen Kündigung herbeiführen und dies auch wollen. Nimmt der Arbeitgeber die **schriftliche** außerordentliche Kündigung hin, kann sich der Arbeitnehmer auch später (bei geänder-

---

99 BAG 12.3.2009 – 2 AZR 894/07 – NZA 2009, 840, zu II a cc.
100 So aber Singer NZA 1998, 1309, 1314.
101 Hierzu vgl BAG 2.12.1999 – 8 AZR 890/98 – NZA 2000, 540, zu II 2 mwN.
102 NZA 1998, 1309, 1315.
103 Was nicht bedeutet, dass die Einführung einer einheitlichen Klagefrist für alle arbeitsrechtlichen Beendigungstatbestände nicht rechtspolitisch sinnvoll sei.

ter Sach-/Interessenlage) regelmäßig nicht mehr darauf berufen, dass kein wichtiger Grund vorgelegen habe und seine Kündigung daher insgesamt oder zumindest als fristlose unwirksam sei, da hierin ein Verstoß gegen das Verbot widersprüchlichen Verhaltens liegt. Die Geltendmachung der Unwirksamkeit einer **schriftlich erklärten Eigenkündigung** ist regelmäßig treuwidrig.[104]

Bei einer nach § 623 BGB **formunwirksamen Kündigung**, etwa einer nur **mündlich** erklärten Kündigung, kann der **Empfänger nicht über die auch den Kündigenden schützende Rechtsfolge disponieren**. Hier wird die Berufung des Kündigenden auf den Formmangel lediglich durch die Grenze des Rechtsmissbrauchs eingeschränkt, was voraussetzt, dass der Kündigungsempfänger im Vertrauen auf die Wirksamkeit der Kündigung bereits Dispositionen getroffen hat und daher schutzwürdig ist (s Rn 28).[105]

32

Dies bedeutet im Ergebnis, dass einem Berufen des Arbeitnehmers auf die Unwirksamkeit der eigenen Kündigung infolge Nichteinhaltung der zwingenden Formvorschrift des § 623 BGB nur in **Ausnahmefällen** der Einwand rechtsmissbräuchlichen Verhaltens erfolgreich entgegen gehalten werden kann. Dies kommt etwa dann in Betracht, wenn der Arbeitnehmer seiner Beendigungsabsicht mit ganz besonderer Verbindlichkeit und Endgültigkeit (mehrfach) Ausdruck verliehen und damit einen besonderen Vertrauenstatbestand geschaffen hat.[106]

Hat der **Arbeitgeber als Empfänger einer formunwirksamen Kündigung** ein Interesse an der – rechtssicheren – Beendigung des Arbeitsverhältnisses, sollte er bestrebt sein, den Arbeitnehmer zur Erklärung einer schriftlichen Kündigung oder zum Abschluss eines schriftlichen Aufhebungsvertrages zu veranlassen. Andernfalls kann das Arbeitsverhältnis nach – unter Hinweis auf die fortbestehende Arbeitsverpflichtung erfolgender(n) – Abmahnung(en) ggf gekündigt werden, wenn der Arbeitnehmer seine Arbeitstätigkeit gleichwohl nicht wieder aufnimmt.

IV. Erklärung und Formen der außerordentlichen Kündigung
1. Allgemeines

Der Ausspruch einer außerordentlichen Kündigung setzt zunächst eine **ordnungsgemäße Kündigungserklärung** voraus.[107] Die Wirksamkeit der Kündigung ist zwingend an die **Einhaltung der Schriftform** geknüpft, § 623 BGB.[108] Da die außerordentliche Kündigung Ausnahmecharakter hat und der Vertragspartner daher nicht ohne weiteres mit ihr zu rechnen hat, muss die Kündigungserklärung **eindeutig** erkennen lassen, dass das Dienst-(Arbeits)verhältnis aus wichtigem Grund außerordentlich gekündigt werden

33

---

104 BAG 12.3.2009 – 2 AZR 894/07 – NZA 2009, 840, zu II a bb; 9.6.2011 – 2 AZR 418/10 – NZA-RR 2012, 129, zu I 5.
105 Vgl KR/Spilger § 623 BGB Rn 204-211a; KDZ/Däubler § 623 BGB Rn 51-53; Preis/Gotthardt NZA 2000, 348, 355 f.
106 BAG 16.9.2004 – 2 AZR 659/03 – NZA 2005, 162, zu I 2; LAG München 13.7.2006 – 9 Sa 1150/05; LAG Rheinland-Pfalz 4.9.2009 – 6 Sa 309/09 – juris, zu II 2; vgl auch Einl Rn 29 mwN.
107 Hierzu Einl Rn 1 ff.
108 Hierzu Einl Rn 24 ff; § 623 BGB Rn 8, 14 ff.

soll.[109] Die Rechtsbegriffe *außerordentliche Kündigung* und *wichtiger Grund* muss der Erklärende allerdings nicht gebrauchen. Eine unzweideutige Formulierung in der schriftlichen Kündigungserklärung genügt, wenn dieser zu entnehmen ist, dass das Arbeitsverhältnis sofort und endgültig beendet werden soll. Dazu zählt insbesondere der fristlose Ausspruch der Kündigung,[110] ohne weiteres allerdings nicht eine Kündigung mit Auslauffrist, selbst wenn diese die ordentliche Kündigungsfrist unterschreitet. Da der Kündigende auch über die Berechnung der Kündigungsfrist irren konnte, muss der Kündigungsempfänger dies nicht generell als außerordentliche Kündigung verstehen.[111] Die Kündigung kann bereits **vor Beginn** der vereinbarten Laufzeit **des Dienstverhältnisses** erklärt werden.[112] Dieses wird dadurch schon vor seiner Vollziehung beendet.[113] Die **Angabe des Kündigungsgrundes** in der Kündigungserklärung ist nur dann erforderlich, wenn dies durch eine konstitutive Formabrede, etwa durch Tarifvertrag, Betriebsvereinbarung oder Arbeitsvertrag, vorgesehen oder gesetzlich vorgeschrieben ist, vgl § 22 BBiG, § 9 MuSchG (zur Mitteilung des Kündigungsgrundes s Rn 170).[114]

Der Kündigende muss sich an der von ihm selbst gewählten Erklärung festhalten lassen.[115] Es empfiehlt sich daher, auf die **präzise Formulierung der Kündigungserklärung** ebenso Sorgfalt zu verwenden, wie auf die vorangehende Prüfung, welche **Art von Kündigung** im konkreten Einzelfall die Erforderliche bzw Zielführende ist. Letzteres ist von besonderer Bedeutung, wenn das Recht zur ordentliche Kündigung ausgeschlossen ist und bei der Entscheidung zwischen Tat- und Verdachtskündigung (s Rn 34–51, 118 ff).

2. Außerordentliche fristlose Beendigungskündigung

34 **Regelfall** der außerordentlichen Kündigung ist die **fristlose Beendigungskündigung**, meist aus verhaltensbedingten Gründen, die zur sofortigen Auflösung des Arbeitsverhältnisses führt (bzw führen soll). Diese Wirkung tritt idR bereits im **Zeitpunkt des Zugangs der Kündigungserklärung** ein und nicht erst mit Ablauf des Kalendertages, an dem der Zugang erfolgt.[116] Eine außerordentliche Kündigung kann nicht rückwirkend, bspw bezogen auf den Zeitpunkt des Eintritts des wichtigen Grundes, erklärt werden; **frühestmöglicher Auflösungszeitpunkt** bleibt der des **Kündigungszugangs**.

---

109 BAG 23.1.1958 – 2 AZR 206/55 – AP KSchG 1951 § 1 Nr 50, zu I; 13.1.1982 – 7 AZR 757/79 – AP BGB § 620 Kündigungserklärung Nr 2, zu II 1; hierzu Einl Rn 3 ff, 17 f; SPV/Preis Rn 526.
110 BAG 13.1.1982 – 7 AZR 757/79 – AP BGB § 620 Kündigungserklärung Nr 2, zu II 1; Staudinger/Preis § 626 Rn 248.
111 LAG Frankfurt/Main 16.6.1983 – 4 Sa 1446/82 – BB 1984, 786.
112 Näher Einl Rn 30-32.
113 KR/Fischermeier § 626 BGB Rn 25.
114 St Rspr, zB BAG 16.9.2004 – 2 AZR 447/03 – EzA-SD 2004, Nr 20, 3; zu I 2 mwN; Einl Rn 22 f.
115 BAG 18.3.2010 – 2 AZR 337/08 – ArbRB 2010, 480, zu I.
116 ErfK/Müller-Glöge § 626 BGB Rn 187.

▶ **Muster: Außerordentliche Beendigungskündigung (s Rn 47, 49)**
Wir erklären die außerordentliche Kündigung des mit Ihnen bestehenden Arbeitsverhältnisses aus wichtigem Grund mit sofortiger Wirkung. ◀

3. Außerordentliche Änderungskündigung

Eine außerordentliche Kündigung kann – und muss ggf unter Beachtung des Verhältnismäßigkeitsgrundsatzes – ebenso wie die ordentliche Kündigung gem § 2 KSchG mit dem Angebot der Fortsetzung des Arbeitsverhältnisses zu geänderten Vertragsbedingungen verbunden werden, wenn dem Kündigenden die zumindest befristete oder zeitweilige Fortsetzung des Arbeitsverhältnisses zu den geänderten Bedingungen möglich und zumutbar ist. Voraussetzung eines wichtigen Grundes ist stets, dass die beabsichtigte Änderung der Arbeitsbedingungen nicht durch die **Ausübung des Direktionsrechts** des Kündigenden erreicht werden kann.[117]

Die anzubietende **Vertragsänderung** muss als Bestandteil der Kündigung der Form des § 623 BGB entsprechen und bereits im Zeitpunkt des Zugangs der Kündigungserklärung inhaltlich **eindeutig bestimmt** oder zumindest bestimmbar sein, so dass die andere Partei das Angebot durch einfache Erklärung annehmen kann, § 145 ff BGB.[118] Der wichtige Grund zur außerordentlichen Änderungskündigung setzt voraus, dass die Vertragsänderung für den Kündigenden **unabweisbar notwendig** und für den Kündigungsempfänger **zumutbar** ist.[119] Dabei ist zunächst ohne Berücksichtigung des Änderungsangebotes zu prüfen, ob dem Kündigenden die Vertragsfortsetzung zu unveränderten Bedingungen nicht mehr zumutbar ist und bejahendenfalls, ob mildere Mittel anstelle einer Kündigung zur Verfügung stehen. Ergibt sich nicht bereits aus dieser Prüfung die Unwirksamkeit der außerordentlichen Änderungskündigung, ist die Zumutbarkeit des Änderungsangebotes für den Kündigungsempfänger durch eine Abwägung mit den Interessen des Kündigenden zu ermitteln.[120] Sämtliche angebotenen Änderungen müssen im Einzelnen nach dem Verhältnismäßigkeitsgrundsatz geeignet und erforderlich sein, um den Inhalt des Arbeitsvertrages der geänderten Beschäftigungsmöglichkeit anzupassen. Unter Berücksichtigung der bestehenden vertraglichen Regelungen dürfen sich die angebotenen Änderungen von deren Inhalt nicht weiter entfernen, als dies zur Erreichung des angestrebten Ziels erforderlich ist (s Rn 36).[121] Gründe, die eine ordentliche Änderungskündigung nicht rechtfertigen könnten, sind zur Begründung einer außerordentlichen Änderungskündigung grundsätzlich ungeeignet.[122]

35

---

117 BAG 6.9.2007 – 2 AZR 368/06 – BB 2008, 325, zu I 2 b.
118 BAG 28.10.2010 – 2 AZR 688/09 – NZA-RR 2011, 155, zu II 1.
119 BAG 28.10.2010 – 2 AZR 688/09 – NZA-RR 2011, 155, zu IV 1 a.
120 Hierzu § 2 KSchG Rn 78 ff; BAG 6.3.1986 – 2 ABR 15/85 – NZA 1987, 102, zu B II 4 b, c; 21.6.1995 – 2 ABR 28/94 – NZA 1995, 1157, zu B II 2; 20.1.2000 – 2 ABR 40/99 – NZA 2000, 592.
121 BAG 28.10.2010 – 2 AZR 688/09 – NZA-RR 2011, 155, zu IV 1 c.
122 Vgl BAG 20.1.2000 – 2 ABR 40/99 – NZA 2000, 592.

▶ **Muster: Außerordentliche Änderungskündigung (s Rn 47, 49)**
Wir erklären die außerordentliche Kündigung des mit Ihnen bestehenden Arbeitsverhältnisses aus wichtigem Grund mit sofortiger Wirkung. Gleichzeitig bieten wir Ihnen an, das Arbeitsverhältnis mit sofortiger Wirkung (alt:... ab dem ... = Zugangszeitpunkt Kündigung) zu nachfolgend geänderten Bedingungen fortzusetzen: ... ◀

36 In Betracht kommt eine außerordentliche Änderungskündigung in erster Linie bei **ordentlich unkündbaren Arbeitnehmern**, da eine Änderung der Arbeitsbedingungen ohne Einhaltung einer Kündigungsfrist selten unabweisbar notwendig ist.[123] Dann ist die Kündigung regelmäßig mit einer der fiktiven ordentlichen Kündigungsfrist entsprechenden **notwendigen Auslauffrist** zu erklären (s Rn 41 ff). Wegen ihrer im Wesentlichen die Änderungskündigung ordentlich unkündbarer Arbeitsverhältnisse ermöglichenden Funktion kommen dieselben Kündigungssachverhalte wie bei der ordentlichen Änderungskündigung in Betracht, wenngleich mit **erheblich erhöhten Anforderungen** an den Kündigungsgrund.[124] Der Arbeitgeber hat von sich aus alle in Frage kommenden Beschäftigungs- und Einsatzmöglichkeiten zu prüfen und eingehend zu sondieren sowie alles Zumutbare zur Vermeidung einer Kündigung zu unternehmen, uU bis hin zur Freikündigung eines gleichwertigen Arbeitsplatzes.[125]

Auch bei aus betriebsbedingten Gründen veranlassten sog **Massenänderungskündigungen** gilt § 15 KSchG uneingeschränkt, so dass ein hiernach geschütztes Arbeitsverhältnis eines Mandatsträgers nur mit Hilfe einer außerordentlichen Änderungskündigung aus wichtigem Grund – regelmäßig mit notwendiger Auslauffrist – gekündigt werden kann.[126] Ist für ein Arbeitsverhältnis mehrfacher Sonderkündigungsschutz begründet, etwa gem § 15 KSchG und aufgrund tariflicher Regelungen, soll dies zu einer weiteren Verschärfung der ohnehin verschärften Anforderungen an die Wahl des mildesten Mittels durch den Arbeitgeber führen, die erforderliche Änderung der Arbeitsbedingungen auf ein Minimum zu reduzieren.[127]

Enthält ein Änderungsangebot **mehrere Vertragsänderungen**, muss **jede einzelne Änderung** gerechtfertigt sein.[128] Aus diesem Grund sollte der Kündigende bestrebt sein, der Versuchung zu widerstehen, die Erforderlichkeit der Änderung einer oder einzelner Arbeitsbedingung(en) zum Anlass für eine weitergehende Überholung des Arbeitsvertrages zu nehmen, da dies

---

123 § 2 KSchG Rn 81; Staudinger/Preis § 626 BGB Rn 262.
124 Vgl BAG 1.3.2007 – 2 AZR 580/05 – NZA 2007, 1445, zu II 3-5 (außerordentliche Änderungskündigung mit notwendiger Auslauffrist zur Entgeltreduzierung bei konkreter Gefahr drohender Betriebsschließung wegen Insolvenz); KR/Fischermeier § 626 BGB Rn 201–203; BAG 26.3.2009 – 2 AZR 879/07 – NZA 2009, 679, zu I 3 a aa; Staudinger/Preis § 626 Rn 263 f.
Zur Prüfung der sozialen Rechtfertigung einer Änderungskündigung vgl § 2 KSchG Rn 36 – 53.
125 BAG 28.10.2010 – 2 AZR 688/09 – NZA-RR 2011, 155, zu IV 1 b.
126 BAG 7.10.2004 – 2 AZR 81/04 – NZA 2005, 156, zu II; aA die hM im Schrifttum, vgl § 15 KSchG Rn 62 ff mwN.
127 BAG 17.3.2005 – 2 ABR 2/04 – EzA-SD 2005 Nr 13, 6-7.
128 BAG 7.6.1973 – 2 AZR 450/72 – AP BGB § 626 Änderungskündigung Nr 1, zu II 3 b; 6.3.1986 – 2 ABR 15/85 – AP KSchG 1969 § 15 Nr 19 – NZA 1987, 102, zu B II 5; 23.6.2005 – 2 AZR 642/04 – NZA 2006, 92, zu B I.

regelmäßig zur Unwirksamkeit der Änderungskündigung insgesamt führt. Es kann für den Kündigungsberechtigten im Zweifelsfall aber sinnvoll sein, dem Arbeitnehmer im Rahmen einer Änderungskündigung ein alternatives Änderungsangebot zu unterbreiten und diesem die Wahl zu überlassen oder eine nachfolgende weitere vorsorgliche, hilfsweise Kündigung für den Fall der Unzumutbarkeit des Ausgangsangebots mit modifizierten Bedingungen zu erklären.[129] Eine gerechtfertigte Änderung der vertragsgemäßen Tätigkeit begründet nicht automatisch die Abänderung einer konstitutiven arbeitsvertraglichen **Vergütungsvereinbarung**.[130] Eine gesonderte Rechtfertigung eines Vergütungsangebots ist nur dann entbehrlich, wenn sich die infolge der geänderten Tätigkeit neue Vergütung aus einem im Betrieb angewandten Vergütungssystem („automatisch" infolge Umgruppierung) ergibt.[131]

Die **Ausschlussfrist** von § 626 Abs 2 Satz 1, 2 gilt auch für außerordentliche Änderungskündigungen.[132]

Die **Reaktionsmöglichkeiten des Arbeitnehmers** (Annahme der Änderung, Annahme unter Vorbehalt der Rechtfertigung der Änderung, Ablehnung)[133] entsprechen den Möglichkeiten bei der ordentlichen Änderungskündigung.[134]

37

Die **Annahme unter Vorbehalt** muss der **Arbeitnehmer** allerdings in Abwandlung von § 2 Satz 2 KSchG **unverzüglich erklären**. Eine sofortige Reaktion ist dazu nicht erforderlich. Der Arbeitnehmer darf eine angemessene Frist verstreichen lassen, um über das Angebot nachzudenken und Rechtsrat einzuholen.[135] Zur Bestimmung der Frist ist der Begriff der Unverzüglichkeit von § 121 Abs 1 Satz 2 BGB heranzuziehen.[136] Als angemessene Überlegungsfrist wird ein Zeitraum von mindestens zwei Tagen bis zu längstens einer Woche angenommen.[137] Wirkt sich die Änderung der Arbeitsvertragsbedingungen unmittelbar aus, kann in der widerspruchs- und vorbehaltslosen Weiterarbeit eine konkludente Annahme des Änderungsangebotes durch den Arbeitnehmer liegen.[138] Voraussetzung dafür ist aller-

---

129 Hierzu BAG 28.10.1999 – 2 AZR 437/98 – NZA 2000, 825, zu II. 3; LAG Hamm 7.9.2007 – 4 Sa 423/07 – LAGE § 2 KSchG Nr 60 mwN; Wagner NZA 2008, 1333; vgl auch BAG 10.9.2009 – 2 AZR 822/07 – NZA 2010, 333, zu I (mangelnde Bestimmtheit/Bestimmbarkeit mehrere gleichzeitiger Änderungskündigungen unter Hinweis auf den zeitgleichen Erhalt weiterer Änderungskündigungen).
130 BAG 18.10.2000 – 2 AZR 465/99 – NZA 2001, 437, zu II 1 c dd; aA Sievers NZA 2002, 1182, 1187.
131 BAG 28.10.2010 – 2 AZR 688/09 – NZA-RR 2011, 155, zu IV 1 d aa.
132 BAG 25.3.1976 – 2 AZR 127/75 – AP BGB § 626 Ausschlussfrist Nr 10, zu III 1 a, b.
133 Hierzu § 2 KSchG Rn 28-37.
134 BAG 17.5.1984 – 2 AZR 161/83 – NZA 1985, 62, zu II 4; 19.6.1986 – 2 AZR 565/85 – NZA 1987, 94, zu B III.
135 BAG 27.3.1987 – 7 AZR 790/85 – NZA 1988, 737, zu II; ErfK/Müller-Glöge § 626 BGB Rn 192.
136 Hierzu § 2 KSchG Rn 81 f; Staudinger/Preis § 626 Rn 265.
137 APS/Künzl § 2 KSchG Rn 217, 222 f mwN.
138 BAG 19.6.1986 – 2 AZR 565/85 – NZA 1987, 94, zu B IV 2, V.

dings, dass der Arbeitnehmer den Vorbehalt nicht unverzüglich, dh entweder gar nicht oder verspätet, erklärt.[139]

Bei außerordentlichen Änderungskündigungen mit **notwendiger Auslauffrist** gegenüber ordentlich unkündbaren Arbeitnehmern gilt dagegen § 2 Satz 2 KSchG,[140] um den andernfalls mit der Schlechterstellung besonders geschützter Arbeitnehmer verbundenen Wertungswiderspruch zu vermeiden.[141]

4. Außerordentliche Kündigung mit (sozialer) Auslauffrist

38 Dass ein Vertragsverhältnis im Fall des Vorliegens eines wichtigen Grundes nach § 626 Abs 1 ohne Einhaltung einer Kündigungsfrist gekündigt werden kann, bedeutet nicht, dass der Kündigungsberechtigte stets fristlos kündigen kann oder gar muss. Auch wenn ihn ein wichtiger Grund zur fristlosen Kündigung berechtigen würde, kann er sich auf eine außerordentliche Kündigung mit einer Auslauffrist beschränken, die nicht der ordentlichen Kündigungsfrist zu entsprechen braucht. Dies kann sowohl zugunsten des Vertragspartners geschehen, etwa aus einfacher zwischenmenschlicher Rücksichtnahme oder zur Abmilderung der gravierenden sozialen und rechtlichen Folgen der fristlosen Beendigung (sog. *soziale* **Auslauffrist**; zur *notwendigen* Auslauffrist s Rn 41 ff), als auch aus eigenen Interessen, bspw wenn der Arbeitgeber zunächst nicht über eine Ersatzkraft verfügt (s Rn 40).[142]

▶ **Muster: Außerordentliche Kündigung mit Auslauffrist (s Rn 47, 49)**
Wir erklären die außerordentliche Kündigung des mit Ihnen bestehenden Arbeitsverhältnisses aus wichtigem Grund unter Gewährung einer Auslauffrist mit Wirkung zum Ablauf des ... ◀

39 Nach überwiegender Ansicht ist der **Kündigungsempfänger nicht verpflichtet, die Auslauffrist zu akzeptieren.** Er könne sie auch mit der Folge ablehnen, dass dann das Vertragsverhältnis mit sofortiger Wirkung ende.[143] Dabei wird nicht hinreichend berücksichtigt, dass § 626 Abs 1 dem Kündigenden ein Gestaltungsrecht einräumt, das nicht auf eine fristlose Beendigungswirkung beschränkt ist. Das Tatbestandsmerkmal *ohne Einhaltung einer Kündigungsfrist* ist nicht ausschließlich iSv *ohne Einhaltung irgendeiner Frist* zu verstehen. Mit dem Wort *Kündigungsfrist* wird vielmehr auf die für die ordentliche Kündigung des Vertragsverhältnisses geltende gesetzliche, tarifliche oder arbeitsvertragliche Frist abgestellt. Dieses Tatbe-

---

139 BAG 27.3.1987 – 7 AZR 790/85 – NZA 1988, 737.
140 KR/Fischermeier § 626 BGB Rn 200; KR/Rost § 2 KSchG Rn 33; ausdr offen gelassen von BAG 28.10.2010 – 2 AZR 688/09 – NZA-RR 2011, 155, zu I 3.
141 Hierzu und zu **Besonderheiten der außerordentlichen Änderungskündigung** § 2 KSchG Rn 81-86.
142 BAG 9.2.1960 – 2 AZR 585/57 – AP BGB § 626 Nr 39, zu IV; 13.4.2000 2 – AZR 259/99 – NZA 2001, 277, zu II 2 a.
143 BAG 8.8.2002 – 8 AZR 574/01 – NZA 2002, 1323, zu II 2 b ee; Staudinger/Preis § 626 Rn 252; KR/Fischermeier § 626 BGB Rn 29 a; **beschränkt** auf zugunsten von Arbeitnehmern gewährte Auslauffristen KDZ/Däubler § 626 BGB Rn 19; **weitergehend** MünchKomm/Henssler § 626 Rn 333, der in einer außerordentlichen Kündigung mit Auslauffrist eine mit einem Angebot zur befristeten Fortsetzung des Vertragsverhältnisses verbundene fristlose Kündigung sieht.

standsmerkmal gestattet es dem Kündigungsberechtigten, über den Kündigungstermin zu disponieren. Die durch die Ausübung des Kündigungsrechts zu dem vom Kündigenden bestimmten Zeitpunkt eingetretene Gestaltungswirkung kann der Kündigungsempfänger grundsätzlich nicht korrigieren. Er hat nur die Möglichkeit, seinerseits fristlos zu kündigen, wenn auch zu seinen Gunsten ein wichtiger Grund besteht. In anderen Fällen ist er idR jedenfalls dann nicht schützenswert, wenn er den Eintritt des wichtigen Grundes zu vertreten hat. Einer zu einseitigen Ausübung des Kündigungsrechtes durch den Kündigenden kann ggf durch die entsprechende Anwendung des Rechtsgedankens von § 315 BGB entgegengetreten werden.

Ist dem Kündigenden die Fortsetzung des Vertragsverhältnisses für eine gewisse Zeit, nicht aber bis zum Ablauf der ordentlichen Kündigungsfrist oder bis zu dessen vereinbarter Beendigung zumutbar, darf er nach dem Grundsatz der Verhältnismäßigkeit nicht fristlos, sondern nur zu dem Kündigungstermin außerordentlich kündigen, von dem an ihm die Fortsetzung unzumutbar wird (s Rn 78).[144] Die Gegenansicht, die von einer Dualität zwischen fristloser, dh sofortiger und fristwahrender Kündigung ohne Zwischenformen ausgeht,[145] verkennt die Bedeutung des Tatbestandsmerkmals *ohne Einhaltung einer Kündigungsfrist*. 40

5. Außerordentliche Kündigung mit notwendiger Auslauffrist (bei Ausschluss des Rechts zur ordentlichen Kündigung)

Ist dem Arbeitgeber bei tarif- oder arbeitsvertraglich ordentlich unkündbaren Arbeitnehmern zwar die Fortsetzung des Arbeitsverhältnisses bis zu dessen (vereinbarter) Beendigung, dh im Regelfall bis zum Erreichen des Pensionsalters, nicht zumutbar, könnte ein entsprechendes, nicht besonders kündigungsgeschütztes Arbeitsverhältnis jedoch nur fristgemäß gekündigt werden, kann der Arbeitgeber zur Kündigung aus wichtigem Grund, regelmäßig nur unter Gewährung einer der fiktiven ordentlichen Kündigungsfrist entsprechenden **notwendigen Auslauffrist**, berechtigt sein.[146][147] In dieser Konstellation *ersetzt* die außerordentliche Kündigung mit notwendiger Auslauffrist soz. die ordentliche Kündigung, bzw tritt an deren Stelle (s Rn 36). 41

▶ **Muster: Außerordentliche Kündigung mit notwendiger Auslauffrist (s Rn 47/49)**

Wir erklären die außerordentliche Kündigung des mit Ihnen bestehenden Arbeitsverhältnisses aus wichtigem Grund unter Einhaltung einer der ordentlichen Kündigungsfrist von ... entsprechenden Auslauffrist mit Wirkung zum Ablauf des ... ◀

---

144 BAG 13.4.2000 – 2 AZR 259/99 – NZA 2001, 277, zu II 2 c bb; KR/ Fischermeier § 626 BGB Rn 110.
145 BAG 3.10.1957 – 2 AZR 13/55 – AP HGB § 70 Nr 1, zu 3; KDZ/Däubler § 626 BGB Rn 17; MünchKomm/Henssler § 626 Rn 331 ff.
146 Vgl § 1 KSchG Rn 339 ff zur **außerordentl. verhaltensbedingten** Kündigung, § 1 KSchG Rn 485 ff zur **außerordentl. personenbedingten** Kündigung, § 1 KSchG Rn 744 ff zur **außerordentl. betriebsbedingten** Kündigung.
147 Allerdings sind tarifvertraglich unkündbare Arbeitsverhältnisse im Insolvenzverfahren ordentlich kündbar, vgl BAG 20.9.2006 – 6 AZR 249/05 – EzA-SD 2007, Nr 5, 10-14, zu II 2.

Um den mit einer fristlosen Beendigung verbundenen **Wertungswiderspruch** – der besondere Kündigungsschutz würde sich zu Lasten des Arbeitnehmers auswirken – zu vermeiden, nimmt das BAG in ständiger Rechtsprechung Korrekturen vor, indem es die für eine fiktive ordentliche Kündigung des Arbeitsverhältnisses geltenden, einen weitergehenden Schutz des Arbeitnehmers vermittelnden Bestimmungen auf die außerordentliche Kündigung anwendet (s Rn 43-46).[148] Dieser Rechtsprechung wird überwiegend zumindest grundsätzlich zugestimmt.[149]

42 In der Literatur wird als alternative Lösung des Problems für den Fall des dauerhaften Wegfalls der Beschäftigungsmöglichkeit eine **teleologische Reduktion** der die ordentliche Kündigung ausschließenden Regelung vorgeschlagen.[150] Diese Auffassung kritisiert, dass die Wertungswiderspruchsrechtsprechung des BAG zu Rechtsunsicherheit führe.[151] Die teleologische Reduktion bzw eine Analogie zu § 15 Abs 4, 5 KSchG helfen bei der Lösung des Problems jedoch nicht weiter, da ihre Grenzen ebenso schwer zu definieren sind wie die Zumutbarkeit der Weiterbeschäftigung des Arbeitnehmers bis zum Pensionsalter und die analoge Anwendung von § 15 Abs 4, 5 KSchG den Wertungswiderspruch nur bei Betriebs- und Betriebsabteilungsstilllegungen, nicht aber in anderen Fällen beseitigen kann. Überdies haben diese Ansätze den Nachteil, dass sie im Kern eine verfassungskonform einschränkende Auslegung der die ordentliche Kündigung ausschließenden Tarifnormen bewirken, obwohl nicht unterstellt werden kann, dass die Tarifvertragsparteien die Möglichkeit der außerordentlichen Kündigung mit Auslauffrist überhaupt regeln wollten.[152] Dies wird durch die Wertungswiderspruchsrechtsprechung des BAG vermieden, die stattdessen für die Fälle der ordentlichen Unkündbarkeit nicht geschaffene Gesetzesnormen korrigierend auslegt und damit am richtigen Punkt ansetzt.

43 Als zur Vermeidung des Wertungswiderspruches gebotene Konsequenz wird in der Rechtsprechung des BAG die **Gleichstellung** mit der ordentlichen Kündigung **auf der Rechtsfolgenseite**,[153] bzw die Gewährung eines dem der ordentlichen Kündigung entsprechenden Schutzstandards angegeben.[154] Der Eingriff der Rechtsprechung beschränkt sich keineswegs auf die Rechtsfolgenseite, dh die Kündigungsfrist (Rn 44). Die Rechtsprechung wendet vielmehr auch auf der Ebene der Kündigungsvoraussetzungen strengere betriebs- und personalvertretungsrechtliche Beteiligungsvorschrif-

---

148 Vgl für die **betriebsbedingte** Kündigung BAG 28.3.1985 – 2 AZR 113/84 – NZA 1985, 559, zu B III 2 b, IV 2; 5.2.1998 – 2 AZR 227/97 – NZA 1998, 771; für die **personenbedingte** Kündigung BAG 18.10.2000 – 2 AZR 627/99 – NZA 2001, 219; für die **verhaltensbedingte** Kündigung BAG 13.4.2000 – 2 AZR 259/99 – NZA 2001, 277; 8.6.2000 – 2 AZR 638/99 – NZA 2000, 1282, zu B IV.
149 Etwa Staudinger/Preis § 626 Rn 272; KR/Fischermeier § 626 BGB Rn 304 ff; KDZ/Däubler § 626 BGB Rn 21; ErfK/Müller-Glöge § 626 BGB Rn 52.
150 Bröhl FS Schaub S 55; APS/Dörner/Vossen § 626 BGB Rn 39; für eine analoge Anwendung von § 15 Abs 4, 5 KSchG Adam NZA 1999, 846.
151 Adam NZA 1999, 846, 850: „Als Billigkeitslösung deklarierte Willkür".
152 Vgl KR/Fischermeier § 626 Rn 304; Etzel ZTR 2003, 210.
153 Etwa 13.4.2000 – 2 AZR 259/99 – NZA 2001, 277, zu II 3 d cc; 7.3.2002 – 2 AZR 173/01 – NZA 2002, 963, zu II 2 e aa.
154 BAG 12.1.2006 – 2 AZR 242/05 – ArbRB 2006, 171.

ten auf die außerordentliche Kündigung mit notwendiger Auslauffrist an (Rn 45), ist in anderem Zusammenhang jedoch noch immer inkonsequent (Rn 46).

Nach der Rechtsprechung des BAG ist bei außerordentlichen Kündigungen gegenüber tariflich unkündbaren Arbeitnehmern die **fiktive Kündigungsfrist als notwendige Auslauffrist** anzuwenden, die gelten würde, wenn bei unterstellter ordentlicher Kündbarkeit nur eine fristgerechte Kündigung zulässig wäre.[155] Dagegen hat das BAG bisher nicht auf die längste überhaupt in Betracht kommende Kündigungsfrist abgestellt, obwohl dies mit der Privilegierungsfunktion des Kündigungsausschlusses gerechtfertigt werden könnte.[156] Vielfach entspricht die fiktive ordentliche Kündigungsfrist iSd der Rechtsprechung des BAG allerdings ohnehin der längsten in Betracht kommenden Kündigungsfrist (oder reicht an diese heran), weil die ordentliche Unkündbarkeit oft erst nach dem Erreichen der längstmöglichen Kündigungsfrist vorgesehen ist. Anderenfalls setzt der Ausschluss des ordentlichen Kündigungsrechts regelmäßig das Zurücklegen langjähriger Betriebszugehörigkeitszeiten der Arbeitnehmer (meist iVm dem Erreichen eines bestimmten Lebensalters) mit den hieraus resultierenden langen Kündigungsfristen voraus. 44

Neben der Gewährung einer notwendigen Auslauffrist gebietet der Gleichstellungsgedanke die Anwendung der gegenüber den für außerordentliche Kündigungen geltenden Vorschriften weitergehenden Regelungen zur **Beteiligung von Betriebs- bzw Personalrat** bei der ordentlichen Kündigung.[157] Daher ist für die Anhörung des Betriebsrats die Wochenfrist von § 102 Abs 2 Satz 1 und nicht die Frist von § 102 Abs 2 Satz 3 BetrVG maßgeblich.[158] Entsprechend bestehen ein Widerspruchsrecht des Betriebsrats nach § 102 Abs 3 BetrVG, der Weiterbeschäftigungsanspruch gem § 102 Abs 5 BetrVG[159] sowie die Beteiligungsrechte des Personalrats im Rahmen der personalvertretungsrechtlichen Mitwirkungs- und Zustimmungsverfahren.[160] Ebenso ist eine Gleichstellung geboten, wenn ein erweitertes Beteiligungsverfahren iSv § 102 Abs 6 BetrVG[161] nur für ordentliche Kündigungen vorgesehen ist. 45

Auf andere in Zusammenhang mit der außerordentlichen Kündigung mit notwendiger Auslauffrist gegenüber ordentlich unkündbaren Arbeitnehmern geltende Fristen hat die Rechtsprechung den Gleichstellungsgedanken bisher nicht angewendet. § 21 SchwbG aF hat das BAG sogar ohne Einschränkung für anwendbar gehalten.[162] Dies ist inkonsequent und sollte 46

---

155 Etwa 28.3.1985 – 2 AZR 113/84 – NZA 1985, 559, zu B III 2 b, IV 2; 13.4.2000 – 2 AZR 259/99 – NZA 2001, 277, zu II 3 d cc; 7.3.2002 – 2 AZR 173/01 – NZA 2002, 963, zu II 2 e aa.
156 Vgl Staudinger/Preis § 626 Rn 282; SPV/Preis Rn 780.
157 Grundlegend BAG 5.2.1998 – 2 AZR 227/97 – NZA 1998, 771, zu II 5; 25.3.2004 – 2 AZR 399/03 – NZA 2004, 1216 zu D.
158 BAG 12.1.2006 – 2 AZR 242/05 – ArbRB 2006, 171; LAG Hamm 5.8.2010 – 15 Sa 302/10 – nv, zu II 1 a; § 102 BetrVG Rn 127 mwN.
159 Vgl § 102 BetrVG Rn 136, 190.
160 Vgl §§ 72, 79, 108 BPersVG Rn 4, 10, 20 f.
161 Vgl § 102 BetrVG Rn 220-229.
162 BAG 12.8.1999 – 2 AZR 748/98 – NZA 1999, 1267, zu B V 3.

bei der Anwendung von § 91 SGB IX nicht weiter fortgeführt werden.[163] Zwar sind die arbeitnehmerschützenden Obliegenheiten des Arbeitgebers zur Anrufung des Integrationsamtes binnen zwei Wochen und zum unverzüglichen Kündigungsausspruch (§ 91 Abs 2, 5 SGB IX) anwendbar. Es gibt aber keinen Sachgrund, der die Anwendung der kurzen Entscheidungsfrist und der Zustimmungsfiktion von § 91 Abs 3 SGB IX anstelle der Frist von § 88 Abs 1 SGB IX und die Anwendung der Ermessensbindung von § 91 Abs 4 SGB IX rechtfertigen könnte.[164] Bei Änderungskündigungen gebietet der Gleichstellungsgedanke die Anwendung der Annahmefrist von § 2 Satz 2 KSchG (s Rn 37). Schließlich sind die Grundsätze der Sozialauswahl nach § 1 Abs 3 KSchG bei einer Auswahl unter mehreren ordentlich unkündbaren Arbeitnehmern zu berücksichtigen.[165] Gegenüber ordentlich kündbaren Arbeitnehmern ist dabei der besondere Kündigungsschutz ausschlaggebend zu berücksichtigen.[166]

6. Außerordentliche Kündigung und vorsorgliche ordentliche Kündigung, Umdeutung

47 Eine fristlose außerordentliche Kündigung kann mit einer vorsorglich erklärten fristwahrenden ordentlichen bzw bei ordentlich unkündbaren Arbeitsverhältnissen mit einer außerordentlichen Kündigung mit notwendiger Auslauffrist zu dem fiktiven ordentlichen Kündigungstermin (s Rn 44) **verbunden** werden.[167]

▶ **Muster: Außerordentliche/vorsorgliche ordentliche Kündigung**

Wir erklären die außerordentliche Kündigung des mit Ihnen bestehenden Arbeitsverhältnisses aus wichtigem Grund mit sofortiger Wirkung. Hilfsweise und vorsorglich kündigen wir Ihr Arbeitsverhältnis unter Einhaltung der ordentlichen Kündigungsfrist von ... (evtl: aus ... Gründen) mit Wirkung zum Ablauf des ... ◀

Zwingend erforderlich ist dies seit der Abschaffung des früheren § 11 Abs 2 KSchG aF zwar nicht, da eine fristlose Kündigung der Auslegung als ordentliche Kündigung zugänglich ist bzw gem § 140 BGB in eine fristwahrende Kündigung zum nächst zulässigen Termin umgedeutet werden kann,[168] empfehlenswert, schon zur Klarstellung, idR jedoch durchaus (s Rn 49).

Eine nach § 626 Abs 1 BGB unwirksame außerordentliche Kündigung kann in eine ordentliche Kündigung nach § 140 BGB **umgedeutet** werden, wenn dies dem mutmaßlichen Willen des Kündigenden entspricht und dieser Wille dem Kündigungsempfänger im Zeitpunkt des Kündigungszu-

---

163 Vgl Hauck/Noftz/Griebeling § 91 Rn 4.
164 Ebenso LAG Köln 29.1.2014 – 3 Sa 866/13 – ArbR 2014, 332, zu II 2, nachfolgend BAG – 2 AZR 381/14 – Revisionsverfahren anhängig; KR/Fischermeier § 626 BGB Rn 306; **aA** aber **BAG** 12.5.2005 – 2 AZR 159/04 – NZA 2005, 1173, zu I (§ 91 SGB IX gilt auch für die außerordentliche Kündigung mit notwendiger Auslauffrist gegenüber einem ordentlich unkündbaren Arbeitnehmer).
165 BAG 5.2.1998 – 2 AZR 227/97 – NZA 1998, 771, zu II 3 e; Staudinger/ Preis § 626 Rn 284; Etzel ZTR 2003, 210, 213.
166 BAG 4.12.1997 – 2 AZR 140/97 – NZA 1998, 701, zu B II 5 d bb; zum Streitstand § 1 KSchG Rn 773 ff mwN.
167 Einl Rn 98 f; § 13 KSchG Rn 30-46.
168 Näher § 13 KSchG Rn 30 ff.

gangs erkennbar ist.[169] Eine ausdrückliche Erklärung des Kündigenden bzgl der Umdeutung der Kündigung im Kündigungsschutzprozess ist nicht erforderlich, sofern sich dem Sachvortrag der Parteien genügend Tatsachen entnehmen lassen, aus denen auf einen entsprechenden Willen des Kündigenden geschlossen werden kann. Dies ist idR der Fall, da der Kündigende meist unbedingt zur Kündigung entschlossen ist und es ihm auf den Erfolg seiner Kündigung und nicht auf deren genaue rechtliche Herleitung ankommt. Die für die Umdeutung relevanten Tatsachen sind von den Gerichten zwar nicht von Amts wegen zu ermitteln. Ergeben sie sich jedoch unter Berücksichtigung der für den Willen zur Umdeutung sprechenden Vermutung aus dem Parteivortrag, sind sie auch ohne entsprechende Erklärung des Kündigenden Teil der richterlichen Rechtsfindung, da es sich weder um eine Einwendung noch um eine Einrede handelt.[170] Eine Umdeutung gegen den erklärten Willen des Kündigenden ist nicht möglich. So kommt die Umdeutung einer außerordentlichen Kündigung in eine ordentliche Kündigung nicht in Betracht, wenn sich der Kündigende in der letzten mündlichen Verhandlung in der Berufungsinstanz ausdrücklich auf eine Umdeutung der erklärten (unwirksamen) außerordentlichen Kündigung in eine (ebenfalls unwirksame) außerordentliche Kündigung mit sozialer Auslauffrist festgelegt hat.[171]

Enthält bereits der Vortrag des Klägers die Voraussetzungen der Umdeutung, was häufig der Fall ist, ist die Umdeutung im Prozess auch im Fall der **Säumnis des Kündigenden** zu beachten. Kann sich bei einer Arbeitgeberkündigung der Arbeitnehmer hinsichtlich der Beendigung des Arbeitsverhältnisses zum nächst zulässigen Termin dann nicht auf andere Unwirksamkeitsgründe berufen, ist die Klage in ihrem über die Fortsetzung des Arbeitsverhältnisses zum nächst zulässigen Kündigungstermin hinausgehenden Teil durch **unechtes Versäumnisurteil abzuweisen**.[172] Berücksichtigt das Arbeitsgericht dies nicht und gibt es einem Kündigungsschutzantrag iSv § 4 Satz 1 KSchG oder einem allgemeinen Feststellungsantrag zeitlich unbeschränkt statt, kann dies ohne weiteres nicht einschränkend als auf die Dauer der Kündigungs- bzw Auslauffrist beschränkte Klagestattgabe unter Abweisung der Klage im Übrigen ausgelegt werden. Es obliegt dann dem Kündigenden, den Eintritt der Rechtskraft des materiell unrichtigen Urteils durch Einlegung der jeweils gegebenen Rechtsmittel bzw Rechtsbehelfe zu verhindern. 48

Nicht möglich ist die Umdeutung, wenn für eine ordentliche Kündigung bzw für eine außerordentliche Kündigung mit Auslauffrist erforderliche **Kündigungsvoraussetzungen** nicht erfüllt sind. Dies gilt insbesondere für die Beteiligung von **Betriebs- oder Personalrat**.[173] Auch bei der Kündigung 49

---

169 St Rspr BAG 12.5.2010 – 2 AZR 845/08 – NZA 2010, 1348 mwN, zu II 1.
170 BAG 15.11.2001 – 2 AZR 310/00 – AP BGB § 140 Nr 13, zu B I 1, 2; Staudinger/Preis § 626 Rn 260; vHH/L/Linck § 13 Rn 32 ff; **gegen** eine Vermutung für oder gegen den Willen zur Umdeutung etwa ErfK/Müller-Glöge § 626 BGB Rn 231; KDZ/Däubler § 140 BGB Rn 8.
171 BAG 24.6.2004 – 2 AZR 656/02 – EzA § 626 BGB 2002 Unkündbarkeit Nr 7.
172 BAG 15.11.2001 – 2 AZR 310/00 – AP BGB § 140 Nr 13, zu B I 2; LAG Sachsen-Anhalt 25.1.2000 – 8 Sa 354/99 – NZA-RR 2000, 472, zu 3 d bb.
173 Vgl § 102 BetrVG Rn 86; § 13 KSchG Rn 39-41.

schwer behinderter Arbeitnehmer ist die vom Integrationsamt nach § 91 SGB IX erteilte Zustimmung zur außerordentlichen Kündigung nicht zur Umdeutung einer außerordentlichen Kündigung in eine ordentliche geeignet. Dies ist eindeutig in den Fällen der Zustimmung des Integrationsamtes bei einer mit der Behinderung nicht in Zusammenhang stehenden Kündigung iSv § 91 Abs 4 SGB IX und bei der Zustimmungsfiktion nach § 91 Abs 3 Satz 2 SGB IX. In diesen Fällen hat das Integrationsamt nur eine gebundene bzw überhaupt keine Abwägungsentscheidung getroffen, so dass die weniger eingeschränkte Ermessensentscheidung bei der ordentlichen Kündigung nach §§ 85, 88, 89 SGB IX dadurch nicht ersetzt werden kann. Dagegen wird für eine mit der Behinderung in Zusammenhang stehende Kündigung die Auffassung vertreten, wegen des gleichen Ermessensrahmens umfasse die Zustimmung zu einer außerordentlichen Kündigung auch eine auf dieselben Gründe gestützte ordentliche Kündigung, so dass eine Umdeutung ohne eine weitere Zustimmung des Integrationsamtes möglich sei.[174] Diese Meinung überzeugt insbesondere wegen des unterschiedlichen Verfahrens bei ordentlicher und außerordentlicher Kündigung nicht. Die gegenüber § 91 Abs 3 Satz 1 SGB IX längere und nicht zwingend einzuhaltende Entscheidungsfrist von § 88 Abs 1 SGB IX gewährleistet eine wesentlich intensivere Prüfung der beabsichtigten Kündigung.[175] Es kann nicht unterstellt werden, dass eine Entscheidung nach diesem Verfahren immer zu demselben, dem Arbeitnehmer ungünstigen Ergebnis kommt wie eine nach dem verkürzten nach § 91 Abs 3 Satz 1 SGB IX. Zudem kann die Behörde bei der ordentlichen Kündigung die Zustimmung eher mit Nebenbestimmungen verbinden.[176]

50 Die von der älteren Rechtsprechung angenommene Möglichkeit der **Umdeutung** einer unwirksamen außerordentlichen Kündigung in ein Angebot zum Abschluss eines Aufhebungsvertrages[177] hat bei Arbeitsverhältnissen durch das Inkrafttreten von § 623 BGB ihre praktische Bedeutung verloren.[178] In Betracht kommt allerdings nach wie vor ein Verzicht des Kündigungsempfängers auf den ihm durch § 626 gewährten Schutz vor einer unberechtigten außerordentlichen Kündigung (s Rn 27-32).

Die **Umdeutung** einer ordentlichen in eine außerordentliche Kündigung kommt generell nicht in Betracht.[179]

7. Außerordentliche Verdachtskündigung

51 Bei der außerordentlichen Verdachtskündigung handelt es sich schlussendlich nicht um eine eigenständige Form der Kündigung als Gestaltungsrecht, sondern um einen besonderen Typus von Kündigungsgrund.[180] Der auf

---

174 Ebenso KR/Etzel/Gallner § 91 SGB IX Rn 35; KR/Friedrich § 13 KSchG Rn 102; vHH/L/Linck § 13 Rn 45; zu Recht **aA** ua LAG Köln 11.8.1998 – 3 Sa 100/98 – LAGE BGB § 626 Nr 121; APS/Vossen § 91 SGB IX Rn 23 f mwN.
175 Hierzu Hauck/Noftz/Griebeling § 88 Rn 4, 5.
176 Vgl Hauck/Noftz/Griebeling § 89 Rn 10.
177 Vgl BAG 13.4.1972 – 2 AZR 243/71 – AP BGB § 626 Nr 64, zu 4.
178 Staudinger/Preis § 626 Rn 261; KR/Fischermeier § 626 BGB Rn 367-370.
179 LAG Baden-Württemberg 6.8.2003 – 4 Sa 76/02; ErfK/Müller-Glöge § 626 BGB Rn 238.
180 Zur **Verdachtskündigung** vgl auch § 1 KSchG Rn 630-649.

objektive Tatsachen und Verdachtsmomente gründende Verdacht einer **schwerwiegenden Pflichtverletzung** – eines **strafbaren** in irgendeiner Form einen Bezug zum Arbeitsverhältnis aufweisenden oder eines **grob vertragswidrigen Verhaltens** des Vertragspartners – kann das für die Fortsetzung des Arbeitsverhältnisses erforderliche Vertrauen in einem derartigen Maß zerstören, dass dessen Fortsetzung bis zum ordentlichen oder vereinbarten Beendigungszeitpunkt unzumutbar wird.[181] So ist etwa der gegen den Arbeitnehmer gerichtete dringende Verdacht der Begehung eines gegen den Arbeitgeber gerichteten Eigentums- oder Vermögensdeliktes „an sich" geeignet eine außerordentliche Kündigung zu rechtfertigen. In Betracht kommen aufgrund des Ausnahmecharakters der Verdachtskündigung idR nur **vorsätzliche Fehlverhalten** des zu Kündigenden[182] oder mit grober Fahrlässigkeit, jedenfalls schuldhaft begangene Vertragsverstöße.

Nach der aktuellen Rechtsprechung des BAG ist **Wirksamkeitserfordernis** einer jeden Verdachtskündigung das Vorliegen eines **wichtigen Grundes** iSd § 626 BGB.[183] Eine Verdachtskündigung muss zwar nicht zwingend als außerordentliche fristlose Kündigung ausgesprochen, sondern kann auch als ordentliche Kündigung unter Einhaltung der Kündigungsfrist erklärt werden. Sie unterliegt in diesem Fall jedoch keinen geringeren materiell-rechtlichen Anforderungen. Dies gilt sowohl für die an die Dringlichkeit des Verdachts zu stellenden Anforderungen, der für beide Kündigungsarten gleichermaßen erdrückend sein muss, als auch für die inhaltliche Bewertung des fraglichen Verhaltens und die Interessenabwägung. Auch im Rahmen von § 1 Abs 2 KSchG müsste das Verhalten, dessen der Arbeitnehmer verdächtig ist – wäre es erwiesen – eine sofortige Beendigung des Arbeitsverhältnisses rechtfertigen. Anderenfalls ist dem Arbeitgeber die Fortsetzung des Arbeitsverhältnisses trotz des bestehenden Verdachts zuzumuten. Eine Verdachtskündigung ist demnach auch als ordentliche Kündigung sozial nur gerechtfertigt, wenn Tatsachen vorliegen, die zugleich eine außerordentliche fristlose Kündigung gerechtfertigt hätten.[184]

51a

Der Verdacht einer strafbaren Handlung oder eines grob vertragswidrigen Verhaltens stellt gegenüber dem Vorwurf, der Vertragspartner habe die Tat oder Pflichtverletzung begangen, einen **eigenständigen Kündigungsgrund** dar, der im Tatvorwurf nicht enthalten ist.[185] Die Unterscheidung zwischen Tat- und Verdachtskündigung ist daher auch bei der erforderlichen **Beteiligung eines Betriebs- oder Personalrats** vor Ausspruch einer Kündigung zu berücksichtigen.[186] Mit der Anhörung zu einer Tatkündigung kann gleichzeitig – ggf hilfsweise – auch die Anhörung zu einer Verdachtskündigung erfolgen. Bei der **Tatkündigung** ist für den Kündigungs-

51b

---

181 ZB BAG 28.11.2007 – 5 AZR 952/06 – NZA-RR 2008, 344, zu II 1b aa; 29.11.2007 – 2 AZR 724/06 – EzA § 626 BGB 2002 Verdacht strafbarer Handlung Nr 5, zu I 2 a.
182 So LAG Düsseldorf 25.7.2003 – 14 Sa 657/03 – EzA-SD 2003, Nr 24, 11.
183 BAG 21.11.2013 – 2 AZR 797/11 – BB 2014, 371, zu II 2 b aa.
184 BAG aaO; abl Schrader/Thoms/Möller ArbR 2014, 310.
185 ZB BAG 28.11.2007 – 5 AZR 952/06 – NZA-RR 2008, 344, zu II 1b aa; 10.12.2009 – 2 AZR 534/08 – DB 2010, 1128, zu I 4 e aa.
186 BAG 23.4.2008 – 2 ABR 71/07 – NZA 2008, 1081, zu II 2 a; vgl ausf § 102 BetrVG Rn 103.

entschluss maßgeblich die Überzeugung des Kündigenden, der Vertragspartner habe die Tat oder Pflichtverletzung tatsächlich begangen. Demgegenüber kann eine **Verdachtskündigung** gerechtfertigt sein, wenn sich starke Verdachtsmomente auf objektive Tatsachen gründen, die Verdachtsmomente geeignet sind, das für die Vertragsfortsetzung erforderliche Vertrauen zu zerstören und der Kündigende **alle** zumutbaren Anstrengungen zur **Aufklärung des Sachverhalts** unternommen, insbesondere dem Verdächtigen Gelegenheit zur Stellungnahme gegeben hat.[187] Entscheidend ist gerade nicht, dass der Tatvorwurf erwiesen ist, sondern das die vom Kündigenden zur Begründung des Verdachts vorgetragenen Tatsachen einerseits den Verdacht rechtfertigen und andererseits tatsächlich zutreffen, also entweder eingeräumt werden oder vom Kündigenden bewiesen werden können.[188]

51c Trotz der Eigenständigkeit beider Kündigungsgründe stehen diese nach der Rechtsprechung des BAG **nicht beziehungslos nebeneinander.** Sei eine Verdachtskündigung in Ermangelung einer Anhörung des Arbeitnehmers unwirksam, müsse durch den Tatsachenrichter geprüft werden, ob die vorgetragenen Verdachtsmomente dazu geeignet seien, die **Überzeugung von der Begehung der Tat zu begründen** und die Kündigung als Tatkündigung zu rechtfertigen. Dies gelte auch dann, wenn der Arbeitgeber die Kündigung als Verdachtskündigung ausgesprochen und keine Tatkündigung nachgeschoben habe[189] oder sich während des Prozesses nicht darauf berufen habe, dass er die Kündigung auch auf eine erwiesene Tat stütze.[190] Seien dem Betriebsrat alle Tatsachen mitgeteilt worden, die, ggf auch im Rahmen eines zulässigen Nachschiebens, nicht nur den Verdacht, sondern auch den Tatvorwurf selbst begründeten, stehe auch das Erfordernis der Beteiligung des Betriebsrats der Wirksamkeit der Kündigung als Tatkündigung nicht entgegen. Dem Normzweck des § 102 BetrVG sei bei einer solchen Sachlage Genüge getan. Die Mitteilung, einem Arbeitnehmer solle wegen des Verdachts einer Handlung gekündigt werden, gäbe dem Betriebsrat weit stärkeren Anlass für ein umfassendes Tätigwerden im Anhörungsverfahren als eine Anhörung wegen einer als erwiesen behaupteten Handlung.[191]

51d Der **Verdacht** muss **dringend** iS einer großen Wahrscheinlichkeit sein und auf **konkrete Tatsachen** gestützt sein, die vom **Kündigenden darzulegen** und erforderlichenfalls zu **beweisen** sind.[192] Die Umstände, die ihn begründen, dürfen nach allgemeiner Lebenserfahrung nicht ebenso gut durch ein alternatives Geschehen zu erklären sein, das eine außerordentliche Kündigung nicht rechtfertigen könnte.[193] Bloße, auf mehr oder weniger haltbaren Vermutungen des Kündigenden fußende Verdächtigungen reichen nicht. Ebenso wenig wird der für eine Verdachtskündigung erforderliche dringende Tatverdacht allein durch die Einleitung eines staatsanwaltschaft-

---

187 ZB BAG 6.11.2003 – 2 AZR 631/02 – NZA 2004, 919, zu II 1 a aa; 10.2.2005 – 2 AZR 189/04 – NZA 2005, 1056, zu II 4 a.
188 BAG 10.2.2005 – 2 AZR 189/04 – NZA 2005, 1056, zu I 4 a.
189 BAG 23.6.2009 – 2 AZR 474/07 – NZA 2009, 1136, zu III 2 b aa.
190 BAG 27.1.2011 – 2 AZR 825/09 – NZA 2011, 798, zu II 2 a.
191 BAG 23.6.2009 – 2 AZR 474/07 – NZA 2009, 1136, zu III 2 b cc.
192 BAG 23.5.2013 – 2 AZR 102/12 – BB 2014, 316, zu II 1 b.
193 BAG 25.10.2012 – 2 AZR 700/11 – NJW 2013, 1387, zu I 1 b.

lichen Ermittlungsverfahrens und eine richterliche Durchsuchungsanordnung[194] oder durch den Erlass eines Haftbefehls begründet.[195] Für die **kündigungsrechtliche Beurteilung der Pflichtverletzung**, auf die sich der Verdacht bezieht, ist ihre strafrechtliche Bewertung nicht maßgebend. Das Verhalten des Arbeitnehmers muss keinen Straftatbestand erfüllen.[196] Entscheidend sind der **Verstoß gegen vertragliche Haupt- oder Nebenpflichten** und der mit ihm verbundene **Vertrauensbruch**.[197]

Im **Ermittlungs- oder Strafverfahren** gewonnene Erkenntnisse oder Handlungen der Strafverfolgungsbehörden können die Annahme, der Arbeitnehmer habe die Pflichtverletzung begangen, zwar verstärken, aber nicht ersetzen.[198] Der Arbeitgeber hat daher im Prozess die konkreten Tatsachen darzulegen, die unmittelbar als solche den Schluss zulassen, der Arbeitnehmer sei eines bestimmten, die Kündigung rechtfertigenden Verhaltens dringend verdächtig. Hierfür kann sich der Kündigende zwar Ermittlungsergebnisse der Strafverfolgungsbehörden zu eigen zu machen und sie im Verfahren – zumindest durch Bezugnahme – als eigene Behauptungen vortragen. Es genügt jedoch nicht, lediglich vorzutragen, auch die Strafverfolgungsbehörden gingen von einem Tatverdacht aus.[199]

Der Verdacht muss sich gegen **eine oder mehrere bestimmte Personen** richten. Kommen mehrere (hier: drei) Arbeitnehmer jeweils nur als Alleintäter in Betracht, ist eine Verdachtskündigung nicht möglich, wenn nicht aufgeklärt werden kann, wer der Täter war und eine gemeinschaftliche Tatbegehung ausgeschlossen ist; eine Verdachtskündigung kann nicht mit mathematischen Wahrscheinlichkeitsgraden und Berechnungen begründet werden.[200]

Die verdachtsbegründenden Umstände müssen im **Zeitpunkt des Kündigungszugangs** vorliegen und einen verständigen und gerecht abwägenden Arbeitgeber (oder Arbeitnehmer) zum Ausspruch der Kündigung veranlassen können.[201] Den Verdacht **verstärkende oder entkräftende Tatsachen** können nach der Rechtsprechung des BAG bis zur letzten mündlichen Verhandlung in der Berufungsinstanz vorgetragen werden und sind zu berücksichtigen, wenn sie, sei es auch unerkannt, bereits vor Zugang der Kündigung objektiv vorlagen; erst nach der Kündigung entstehende Tatsachen bleiben hingegen grundsätzlich unberücksichtigt.[202]

51e

Mit Urteil vom 6.11.2003 hat das BAG indessen eine achtzehn Monate nach Zugang der streitgegenständlichen außerordentlichen Verdachtskündigung erfolgende Anklageerhebung als zu berücksichtigenden Umstand

---

194 BAG 29.11.2007 – 2 AZR 724/06 – EzA § 626 BGB 2002 Verdacht strafbarer Handlung Nr 5, zu I 2 a; I 2 b dd.
195 BAG 24.5.2012 – 2 AZR 206/11 – NZA 2013, 137, zu II 2 c bb.
196 BAG 21.6.2012 – 2 AZR 694/11 – NZA 2013, 199, zu I 2.
197 BAG 24.5.2012 – 2 AZR 206/11 – NZA 2013, 137, zu I 3 mwN.
198 BAG 25.10.2012 – 2 AZR 700/11 – NJW 2013, 1387, zu I 1 d.
199 BAG aaO.
200 LAG Baden-Württemberg 19.7.2006 – 2 Sa 123/05 – AuA 2006, 614, nachfolgend BAG 6.9.2007 – 2 AZR 722/06 – NZA 2008, 219, zu II 2 c.
201 BAG 10.2.2005 – 2 AZR 189/04 – NZA 2005, 1056, zu II 2 a.
202 BAG 6.11.2003 – 2 AZR 631/02 – NZA 2004, 919, zu II 1 c; 24.5.2012 – 2 AZR 206/11 – NZA 2013, 137, zu II 3 a.

ebenso eingeschätzt wie den im Revisionsverfahren erhobenen Einwand des Arbeitnehmers, er sei zwischenzeitlich im Strafverfahren freigesprochen worden.[203] Aus dieser abzulehnenden Rechtsprechung resultiert ein erhebliches Maß an Rechtsunsicherheit, weil Umstände, die ggf erst Monate oder Jahre nach Erklärung der Verdachtskündigung eintreten, bei der Beurteilung von deren Rechtswirksamkeit Berücksichtigung finden. Es bedeutet zudem einen Bruch mit der Zivilrechtsdogmatik, da die Wirksamkeit einer Kündigung als Gestaltungsrecht von Umständen abhängig gemacht wird, die erst nach Ausspruch der Kündigung eintreten (s Rn 98).[204] Nach der Rechtsprechung des BAG können selbst solche Tatsachen in den Prozess eingeführt werden, die den **Verdacht eines eigenständigen – neuen – Kündigungsvorwurfs** begründen, wenn der neue Kündigungsgrund bei Ausspruch der Kündigung objektiv bereits vorlag, dem Arbeitgeber aber nur noch nicht bekannt war.[205]

51f Werden lediglich **verdachtserhärtende neue Tatsachen** in den Rechtsstreit eingeführt, bedarf es keiner neuerlichen vorherigen **Anhörung des Arbeitnehmers** (hierzu Rn 52 ff), weil dieser zum Kündigungsvorwurf an sich schon gehört wurde und sich gegen den verstärkten Tatverdacht im bereits anhängigen Kündigungsschutzprozess verteidigen kann. Führt der Arbeitgeber neue, den Verdacht einer weiteren Pflichtverletzung begründende Tatsachen in das Verfahren ein, gilt nichts anderes, weil die Rechte des Arbeitnehmers gleichermaßen dadurch gewahrt werden, dass er sich im anhängigen Kündigungsschutzprozess gegen den neuen Tatverdacht verteidigen kann. Hiervon unberührt bleibt allerdings das Erfordernis einer ggf analog § 102 BetrVG durchzuführenden **Anhörung des Betriebsrats** zu den erweiterten Kündigungsgründen.[206]

Vom Arbeitgeber unberücksichtigtes schlüssiges Entlastungsvorbringen des Arbeitnehmers, soweit nach der Rechtsprechung des BAG berücksichtigungsfähig, soll durch die Arbeitsgerichte im Wege der Beweisaufnahme vollständig aufzuklären sein.[207] Allerdings muss sich in einer derartigen Konstellation die Frage stellen, ob die Verdachtskündigung nicht schon deswegen unwirksam ist, weil der Kündigende die ihm zur Verfügung stehenden zumutbaren Möglichkeiten zur Aufklärung des Sachverhalts nicht ausgeschöpft hat (s Rn 52). So hat das LAG Nürnberg zutreffend entschieden, dass die **Aufklärungspflicht des Arbeitgebers** auch die Anhörung als Zeugen in Betracht kommender dritter Personen, bspw eines Kunden, Kollegen oder des Ehepartners des verdächtigten Arbeitnehmers, erfordern kann.[208] Verbleiben nach der Anhörung des Arbeitnehmers Zweifel am Tathergang, obliegt es dem Arbeitgeber, auch die Personen zu befragen, die an dem Vorfall beteiligt waren oder Kenntnisse über ihn haben. Die

---

203 2 AZR 631/02 – NZA 2004, 919.
204 Abl auch LAG Bremen 1.8.2008 – 4 Sa 53/08 – DB 2008, 2090, zu II 1 b.
205 BAG 23.5.2013 – 2 AZR 102/13 – BB 2014, 316, zu II 2 b.
206 BAG aaO.
207 LAG Köln 10.2.2005 – 6 Sa 984/04 – EzA-SD 2005, Nr 12, 15, zu II 1.
208 LAG Nürnberg 10.1.2006 – 6 Sa 238/05 – juris, zu II 5.

Unterlassung zumutbarer Aufklärungsmaßnahmen führt zur Unwirksamkeit der erklärten Verdachtskündigung.[209]

Bei einer Verdachtskündigung besteht die erhöhte Gefahr, dass der Arbeitnehmer zu Unrecht beschuldigt wird. Die **Anhörung des Verdächtigen**, um ihm – allerdings nicht durch falsche, sondern durch wahre Aussagen – Gelegenheit zur Entkräftung von Verdachtsgründen und zur Anführung von Entlastungstatsachen zu geben,[210] ist daher in aller Regel **unbedingte Wirksamkeitsvoraussetzung** einer Verdachtskündigung (s Rn 121 f).[211] Sie ist idR innerhalb von **einer Woche** durchzuführen, um das Anlaufen der Ausschlussfrist des § 626 Abs 2 Satz 1 BGB zu vermeiden.[212]

52

Die Anhörung des Arbeitnehmers kann mündlich oder schriftlich erfolgen. Gleiches gilt für die Aufforderung, zu einer Anhörung zu erscheinen. Dem Arbeitnehmer ist zu verdeutlichen, dass ein bestimmter Verdacht besteht und auf diesen ggf eine Kündigung gestützt werden soll, um ihm die Bedeutung der von ihm erwarteten Stellungnahme vor Augen zu führen.[213] Wird der Arbeitnehmer hingegen zur Teilnahme an der Anhörung unter dem Vorwand bestimmt, es solle ein Gespräch über die Übernahme zusätzlicher Schichten geführt werden, liegt eine ordnungsgemäße Anhörung, auf die sich der Arbeitgeber im Prozess berufen könnte, nicht vor.[214]

52a

Auf Verlangen ist dem Verdächtigen die Anwesenheit seines Rechtsanwalts bei der Anhörung zu gestatten.[215] Gibt der Arbeitgeber einem solchen Ansinnen nicht nach, führt dies dazu, dass die Angaben des Arbeitnehmers aus der Anhörung prozessual nicht verwertbar sind, soweit diese ohne die gewünschte Anwesenheit des Rechtsanwalts durchgeführt wurde.[216] Bei komplexen Sachverhalten muss dem Verdächtigen ggf eine angemessene Gelegenheit zur Vorbereitung der Anhörung gegeben werden, erforderlichenfalls sind diesem hierzu notwendige Unterlagen zu übermitteln oder es ist Gelegenheit zur Einsichtnahme zu gewähren.

Aus Gründen der Darlegungs- und Beweislast empfehlen sich für den Kündigenden, jedenfalls bei umfangreicheren Sachverhalten, eine schriftliche Ladung und eine sorgfältige Dokumentation von Ablauf der Anhörung und den aus dieser gewonnen Erkenntnissen.

Der notwendige **Umfang der Anhörung** richtet sich nach den Umständen des Einzelfalls. Ggf kann eine mehrmalige Anhörung des Verdächtigen erforderlich sein, etwa wenn relevante neue Tatsachen bekannt werden. Grundsätzlich unzureichend ist es, wenn der Arbeitgeber den Arbeitneh-

52b

---

209 LAG Nürnberg 10.1.2006 – 6 Sa 238/05 – juris, zu II 5; LAG Hessen 17.6.2008 – 4/12 Sa 523/07 – AuA 2009, 184, zu 2 c; LAG Köln 7.10.2009 – 3 Sa 662/09 – juris, zu II 1 b.
210 BAG 24.5.2012 – 2 AZR 206/11 – NZA 2013, 137, zu II 2 d bb.
211 BAG 28.11.2007 – 5 AZR 952/06 – NZA-RR 2008, 344, zu II 1 b bb; 12.3.2009 – 2 ABR 24/08 – NZA-RR 2010, 180, zu II 2 b bb; 23.6.2009 – 2 AZR 474/07 – NZA 2009, 1136, zu III 2 a aa.
212 BAG 27.1.2011 – 2 AZR 825/09 – NZA 2011, 798, zu I 1 a mwN.
213 LAG Berlin-Brandenburg 6.11.2009 – 6 Sa 1121/09 – ArbuR 2010, 78, zu 2 1 1.
214 LAG Berlin-Brandenburg 16.12.2010 – 2 Sa 2022/10 – ArbR 2011, 100, zu 2 2 4.
215 BAG 13.3.2008 – 2 AZR 961/06 – NZA 2008, 809, zu I 2 a.
216 LAG Hessen 1.8.2011 – 16 Sa 202/11 – ArbR 2011, 516, zu II.

mer mit einer lediglich allgemein gehaltenen Wertung konfrontiert. Die Anhörung muss sich auf einen **konkreten, greifbaren Sachverhalt** beziehen. Der Arbeitnehmer muss die Möglichkeit haben, bestimmte, zeitlich und räumlich eingegrenzte Tatsachen zu bestreiten oder den Verdacht entkräftende Tatsachen zu bezeichnen oder so zur Aufhellung der für den Arbeitgeber im Dunkeln liegenden Geschehnisse beizutragen.[217] Es müssen **alle bekannten erheblichen Umstände** angegeben werden, aus denen sich der Verdacht herleitet.[218] Etwas anderes kann ausnahmsweise nur dann gelten, wenn dem Anzuhörenden die den Tatverdacht begründenden Umstände, etwa aufgrund eines gegen ihn geführten Ermittlungs- oder Strafverfahrens, bereits bekannt sind.

52c Bei einer **schuldhaften Verletzung der Anhörungspflicht** kann sich der Kündigende im Prozess auf den Verdacht als Kündigungsgrund nicht berufen.[219] Eine solche liegt nicht vor, wenn der Arbeitnehmer von vornherein nicht bereit war, sich zu dem ihm gegenüber erhobenen Vorwurf substantiiert einzulassen und nach seinen Kräften an der Aufklärung des Verdachts mitzuwirken.[220] Erklärt der Arbeitnehmer sogleich, er werde sich zum Vorwurf nicht äußern und benennt er für seine Weigerung keine nachvollziehbaren Gründe, ist eine nähere Information über die Verdachtsmomente durch den Arbeitgeber im Rahmen der Anhörung nicht erforderlich[221] (s Rn 121, ausf zur Verdachtskündigung § 1 KSchG Rn 630-649).

V. Wichtiger Grund (§ 626 Abs 1 BGB)
1. Begriff

53 Der Begriff des wichtigen Grundes wird mit der seit 1969 geltenden Fassung von § 626 (zur Entstehungsgeschichte s Rn 1, 2) dahingehend definiert, dass Tatsachen vorliegen müssen, aufgrund derer dem Kündigenden unter Berücksichtigung aller Umstände des Einzelfalls und unter Abwägung der Interessen beider Vertragsteile die Fortsetzung des Dienstverhältnisses bis zum Ablauf der Kündigungsfrist oder bis zu der vereinbarten Beendigung des Dienstverhältnisses nicht zugemutet werden kann. Es handelt sich um einen **unbestimmten Rechtsbegriff**, der in der ursprünglichen Gesetzesfassung jeglicher inhaltlichen Konkretisierung entbehrte. Der aktuellen Fassung fehlt zwar ein begrifflicher Kern nicht vollständig.[222] Die normativen Vorgaben sind jedoch abstrakt und offen gefasst und auf eine Ausfüllung durch die Rechtsprechung hin konzipiert. Dem **Wortlaut** lassen sich folgende Auslegungsprinzipien entnehmen:

- Es muss eine Störung des Vertragsverhältnisses vorliegen. Ein unbeeinträchtigtes Dienstverhältnis kann nicht außerordentlich gekündigt werden.

---

217 BAG 13.3.2008 – 2 AZR 961/06 – NZA 2008, 809, zu I 1 a.
218 BAG 28.11.2007 – 5 AZR 952/06 – NZA-RR 344, zu II 1 b bb.
219 BAG 28.11.2007 – 5 AZR 952/06 – NZA-RR 344, zu II 1 b cc.
220 Zu **Voraussetzungen und Grenzen** von Aufklärungs- und Mitteilungspflichten des **Arbeitnehmers**, insb im Hinblick auf ein laufendes Ermittlungsverfahren, vgl BAG 23.10.2008 – 2 AZR 483/07 – EzA-SD 2009, Nr 8, 3-7, zu I 2 a.
221 BAG 13.3.2008 – 2 AZR 961/06 – NZA 2008, 809, zu I 1 b.
222 So aber Staudinger/Preis § 626 Rn 50.

- Die Störung muss auf Tatsachen beruhen. Nicht verifizierbare Gefühle und Vermutungen des Kündigenden rechtfertigen eine außerordentliche Kündigung nicht.
- Die das Vertragsverhältnis störenden Tatsachen müssen dem Kündigenden dessen Fortsetzung bis zum nächstmöglichen ordentlichen Beendigungstermin unzumutbar machen.
- Die Tatsachen müssen daher auch in Zukunft vertragsstörend wirken. Abgeschlossene Tatbestände ohne Auswirkungen in der Zukunft können die Vertragsfortsetzung bis zum nächstmöglichen ordentlichen Beendigungstermin nicht unzumutbar machen.
- Allein die Unzumutbarkeit der Fortsetzung des Dienstverhältnisses für den einen Teil berechtigt diesen nicht zur außerordentlichen Kündigung. Das Recht zur außerordentlichen Kündigung besteht nur, wenn die Interessen des Kündigenden an der unterfristigen Beendigung des ihm unzumutbaren Vertrages die gegenläufigen Interessen des Vertragspartners überwiegen.
- Die Prüfung ist einzelfallbezogen. Es gibt keine Sachverhalte, die iS absoluter Kündigungsgründe ohne Berücksichtigung der konkreten Umstände des Einzelfalles per se zur außerordentlichen Kündigung berechtigen.

Die Offenheit des Tatbestandes wird vielfach mit dem Vorwurf kritisiert, sie verhindere eine vorhersehbare Rechtsprechung und führe zu einem beträchtlichen Maß an **Rechtsunsicherheit**.[223] Diese Folge hat der Gesetzgeber jedoch mit guten Gründen in Kauf genommen. Ein höheres Maß an Rechtssicherheit wäre nur durch weitergehende normative Vorgaben zu erreichen, die das Prinzip der Einzelfallgerechtigkeit zugunsten abstrakt-genereller Wertungen und zu Lasten der Zukunftsoffenheit der Norm einschränken würden. Dies wäre angesichts der grundrechtssichernden Funktion der Norm (s Rn 4) eine problematische Folge. Die Systematisierung durch Bildung von Fallgruppen, bei denen die Voraussetzungen des wichtigen Grundes erfüllt oder nicht erfüllt sind, hat sich bewährt und sollte weiterhin der Rechtsprechung überlassen werden. Der bisherige Umgang der Rechtsprechung mit der Norm gebietet keinen erneuten gesetzgeberischen Eingriff.

2. Prüfungsschema

In Anlehnung an König[224] hat das BAG in ständiger Rechtsprechung angenommen, dass das Vorliegen eines wichtigen Grundes in zwei Schritten zu untersuchen ist (sog **Zweistufenlehre**). Danach ist zunächst zu prüfen, ob der Kündigungssachverhalt ohne die besonderen Umstände des Einzelfalles **an sich geeignet ist**, eine außerordentliche Kündigung aus wichtigem Grund zu rechtfertigen. Ist dies der Fall, folgt als zweiter Schritt die Prüfung, ob dem Kündigenden unter Berücksichtigung der **konkreten Umstände des Einzelfalls** und unter **Abwägung der gegenseitigen Interessen** beider Vertragsteile die Fortsetzung des Arbeitsverhältnisses jedenfalls bis zum

---

[223] In diese Richtung etwa Staudinger/Preis § 626 Rn 50; KDZ/Däubler § 626 BGB Rn 25; ErfK/Müller-Glöge § 626 BGB Rn 14.
[224] RdA 1969, 8, 15 f.

Ablauf der Kündigungsfrist oder bis zum vereinbarten Beendigungszeitpunkt zumutbar ist oder nicht.[225] Nachdem das BAG die Zweistufenlehre in einigen Entscheidungen der Prüfung nicht mehr ausdrücklich zugrunde gelegt hatte, der Urteilsaufbau aber gleichwohl dem zweistufigen Prüfungsschema entsprach,[226] der Aufbau anderer Urteile hingegen dreistufig erfolgte,[227] ist mittlerweile in ständiger Rechtsprechung klargestellt, dass es bei deren Anwendung verbleibt.[228]

56 In der Literatur ist das zweistufige Prüfungsschema umstritten.[229] ZT wird eingewandt, dieser Ansatz sei nicht effektiv, weil die Filterwirkung der ersten Stufe gering und letztlich doch überwiegend die zweite Stufe ausschlaggebend sei.[230] Von anderer Seite wird die dogmatische Unschärfe der Zweistufenlehre kritisiert und – entwickelt für die ordentliche verhaltensbedingte Kündigung – eine differenziertere mehrstufige Prüfung in dem Sinn vorgeschlagen, dass zunächst das Vorliegen einer Vertragspflichtverletzung oder eines anderen als Kündigungsgrund in Betracht kommenden Verhaltens des Kündigungsgegners zu untersuchen ist, als zweiter Schritt die Gefahr der Wiederholung entsprechender Störungen und deren Vermeidbarkeit mit milderen Mitteln zu prüfen ist und schließlich als dritter Schritt eine umfassende Abwägung aller in Betracht kommenden Umstände vorzunehmen ist.[231] Letzterer Auffassung ist im Prinzip zu folgen.

57 Nicht hilfreich ist die Vorschaltung der *An-sich-Prüfung* ohne Berücksichtigung der besonderen Umstände des Einzelfalls, die maßgeblich zu der von Preis[232] zu Recht kritisierten Ineffektivität beiträgt und konsequent auch gar nicht durchführbar ist. Ohne die Umstände des jeweiligen Einzelfalles kann der Kündigungssachverhalt überhaupt keiner in irgendeiner Weise sinnvollen Prüfung unterzogen werden; von ihm kann nur mehr oder weniger weit abstrahiert werden. Deshalb verliert die mit der *An-sich-Prüfung* intendierte Vorschaltung eines Negativfilters jedoch nicht ihren Sinn. Eine derartige Vorprüfung fördert vielmehr die Systematisierung der Kündigungsgründe und damit die Rechtssicherheit.[233] Dieser Prüfung ist aber nicht eine Abstraktion, sondern der konkrete Kündigungssachverhalt zu unterziehen. Nur persönliche Umstände des Gekündigten, die nicht unmittelbar mit dem Kündigungssachverhalt zusammenhängen (Bestandsdauer des Arbeitsverhältnisses, Alter, Unterhaltspflichten usw), bleiben außer Be-

---

225 Etwa BAG 6.2.1969 – 2 AZR 241/68 – AP BGB § 626 Nr 58; 20.9.1984 – 2 AZR 633/82 – NZA 1985, 286, zu I 4 c aa; 16.12.2004 – 2 ABR 7/04 – EzA § 626 BGB 2002 Nr 7.
226 ZB BAG 15.11.2001 – 2 AZR 380/00 – NZA 2002, 970, zu B I 3, 4; 11.12.2003 – 2 AZR 36/03 – NZA 2004, 486, zu II 1 c.
227 Etwa BAG 15.11.2001 – 2 AZR 609/00 – NZA 2002, 968, zu II 2-4.
228 ZB BAG 10.12.2009 – 2 AZR 534/08 – DB 2010, 1128, zu I 2; 27.1.2011 – 2 AZR 825/09 – NZA 2011, 798, zu II 1.
229 **Zust** etwa KR/Fischermeier § 626 BGB Rn 83 ff; ErfK/Müller-Glöge § 626 BGB Rn 15 ff; APS/Dörner/Vossen § 626 BGB Rn 28 ff.
230 ZB Staudinger/Preis § 626 Rn 51 f.
231 HK/Dorndorf § 1 Rn 495 ff; KR/Griebeling § 1 KSchG Rn 404 ff; weiter **differenzierend** Zimmermann § 1 Rn 206, der die zweite Stufe in eine Prüfung der Negativprognose und einer der Vermeidbarkeit der Kündigung aufspaltet.
232 Staudinger/Preis § 626 Rn 51 f mwN.
233 So zutr HK/Dorndorf § 1 Rn 499-501, 509; ErfK/Müller-Glöge § 626 BGB Rn 15.

tracht.[234] Auf dieser Stufe können bestimmte Sachverhalte als zur Kündigungsrechtfertigung gänzlich ungeeignet ausgeschlossen werden, etwa rechtmäßige Verhaltensweisen des Kündigungsempfängers. Darüber hinaus kann eine vorläufige Einordnung in dem Sinn vorgenommen werden, ob ein bestimmter Sachverhalt im Regelfall als Kündigungsgrund geeignet (zB Tätlichkeiten gegen den Arbeitgeber) oder regelmäßig nicht geeignet ist (etwa eine einmalige Verspätung des Arbeitnehmers) oder ob er idR nur eine ordentliche Kündigung rechtfertigen kann (bspw mehrfache Verspätungen ohne besondere Betriebsbeeinträchtigungen). Dies entbindet dann nicht von der Notwendigkeit, in den weiteren Prüfungsstufen zu untersuchen, ob die zunächst festgestellte Regelhaftigkeit in dem zu entscheidenden Fall ausnahmsweise nicht gilt, erleichtert durch die vorgeschaltete grobe Einordnung jedoch die weitere Prüfung.

Vor der Interessenabwägung ist weiter die zumindest gedankliche Zwischenschaltung jedenfalls einer **zusätzlichen Prüfungsstufe** zur Einordnung der Zukunftsprognose und der Verhältnismäßigkeitsprüfung erforderlich. Diese Kriterien passen einerseits nicht in die Vorabeinordnung, sind andererseits aber nicht Teil der Interessenabwägung, sondern dienen der Klärung der Frage der Zumutbarkeit der Vertragsfortsetzung und der Vermeidbarkeit der Kündigung, dh der Prüfung der Erforderlichkeit der Kündigung. Die Notwendigkeit dieses zweiten Prüfungsschrittes belegen insbesondere die Schwierigkeiten der Zweistufenlehre mit der Einordnung des Abmahnungserfordernisses.[235] In der dritten Stufe ist schließlich die Interessenabwägung unter Berücksichtigung der nicht zum unmittelbaren Kündigungssachverhalt gehörenden persönlichen Umstände des Gekündigten durchzuführen.

Nach der hier vertretenen Auffassung empfiehlt sich folgender **Prüfungsaufbau:**
1. Stufe: Eignung des konkreten Lebenssachverhaltes „an sich" eine Kündigung aus wichtigem Grund infolge einer Vertragspflichtverletzung oder eines sonst als Kündigungsgrund geeigneten Verhaltens zu rechtfertigen („An-sich-Prüfung")
2. Stufe: Prüfung der Gefahr der Wiederholung dieser Störungen und deren Vermeidbarkeit mit milderen Mitteln (Erforderlichkeit der Kündigung)
3. Stufe: Interessenabwägung, umfassend, auch unter Berücksichtigung der relevanten, jedoch nicht zum unmittelbaren Kündigungssachverhalt gehörenden Umstände

Dieses Prüfungsschema ist nicht nur bei verhaltensbedingten, sondern auch bei personen- und betriebsbedingten Kündigungen anwendbar. Es ist lediglich an die Besonderheiten der jeweiligen Fallgruppe anzupassen, zB die Nichterforderlichkeit einschlägiger Abmahnungen bei betriebsbedingten

---

234 So zu Recht APS/Dörner/Vossen § 626 BGB Rn 33.
235 Vgl die instruktive Darstellung bei HK/Dorndorf § 1 Rn 506 ff; eine dreistufige Prüfung vornehmend dagegen BAG 15.11.2001 – 2 AZR 609/00 – NZA 2002, 968, zu II 2 (Vorabeinordnung), zu II 3 (Prüfung der Verhältnismäßigkeit der Kündigung und der Erforderlichkeit einer weiteren Abmahnung) und zu II 4 (Interessenabwägung).

Gründen oder die unterschiedliche Systematik der Kündigungsgründe. Bei der krankheitsbedingten Kündigung erstreckt sich die Vorabprüfung etwa auf das Vorliegen einer negativen Gesundheitsprognose und hinreichender betrieblicher Beeinträchtigungen. Das Schema dient allerdings nur der Systematisierung der Kündigungsprüfung und ist kein Selbstzweck. Es ist daher weder zwingend noch sachgerecht, es bei der gerichtlichen Prüfung bzw der Abfassung des Urteils in jedem Fall Schritt für Schritt abzuarbeiten. Fehlt auf späteren Prüfungsstufen eindeutig eine Kündigungsvoraussetzung, zB bei einer dem Arbeitgeber zumutbaren Weiterbeschäftigungsmöglichkeit oder im Fall einer klar zugunsten des gekündigten Arbeitnehmers ausgehenden Interessenabwägung, ist es sachgerecht und entspricht der Vorgabe von § 313 Abs 3 ZPO, die Urteilsbegründung auf diesen Punkt zu beschränken.

3. Beurteilungszeitpunkt und Nachschieben von Kündigungsgründen

60 Der für die Beurteilung des Vorliegens eines wichtigen Grundes maßgebliche Zeitpunkt ist gleichermaßen wie bei der ordentlichen Kündigung[236] der **Zeitpunkt des Zugangs der Kündigung beim Empfänger**.[237] In diesem Augenblick müssen die Umstände, auf die die Kündigung gestützt wird, **objektiv** vorliegen. Dies gilt bei einer außerordentlichen Kündigung mit Auslauffrist entsprechend. Besteht der Kündigungsgrund zum Zeitpunkt des Kündigungsausspruchs noch nicht, kommt es darauf an, ob zu diesem Zeitpunkt eine Prognose die Annahme rechtfertigt, dass er spätestens mit dem Ablauf der Auslauffrist eintreten wird. Realisiert sich die Prognose nicht, kann zugunsten des gekündigten Arbeitnehmers ein Wiedereinstellungsanspruch entstehen. Tritt eine schwerere Vertragsstörung als die prognostizierte ein, kann diese nur Grundlage einer neuen Kündigung sein (s Rn 61).[238]

Auf die Kenntnis und die Motivation des Kündigenden kommt es – zumindest bislang – nicht an (s Rn 65 zu mögl Änderungen durch das AGG). Der Begriff des wichtigen Grundes hat **kein subjektives Element**. Die Frist von § 626 Abs 2 Satz 1, 2 ist auf die deshalb bestehende **Möglichkeit des Nachschiebens von Kündigungsgründen**, auf die die Kündigung zunächst nicht gestützt werden sollte, nicht anwendbar, da sie auf den Ausspruch und nicht auf die Begründung der Kündigung bezogen ist.[239] Daher können Kündigungsgründe, die dem Kündigenden bei Ausspruch der Kündigung noch nicht bekannt waren, uneingeschränkt nachgeschoben werden, wenn sie bereits **vor Ausspruch der Kündigung** entstanden sind.[240] Allerdings darf der Kündigende die nachgeschobenen Gründe nicht bereits mehr als

---

236 Hierzu § 1 KSchG Rn 184.
237 HM ErfK/Müller-Glöge § 626 BGB Rn 54 mwN; im **Zustimmungsersetzungsverfahren** nach § 103 Abs 2 BetrVG ist maßgeblicher Prognosezeitpunkt der Schluss der letzten mündlichen Verhandlung, ArbG Darmstadt 27.1.2006 – 2 BV 7/05 – EA 2006, 190.
238 BAG 13.4.2000 – 2 AZR 259/99 – NZA 2001, 277, zu II 3 d bb.
239 BAG 18.1.1980 – 7 AZR 260/78 – AP BGB § 626 Nachschieben von Kündigungsgründen Nr 1, zu 2 b; 4.6.1997 – 2 AZR 362/96 – NZA 1997, 1158, zu II 3 a, b.
240 St Rspr zB BAG 6.9.2007 – 2 AZR 264/06 – NZA 2008, 636, zu I 1 b.

zwei Wochen vor dem Ausspruch der Kündigung gekannt haben (§ 626 Abs 2 Satz 1, 2).

Auch zeitlich **vor dem Beginn des Dienstverhältnisses entstandene Tatsachen** können die Kündigung rechtfertigen, sofern sie dieses erheblich beeinträchtigen und dem Kündigenden nicht schon bei Vertragsschluss bekannt waren.[241] Maßgeblicher Wirksamkeitszeitpunkt ist auch hier der des Zugangs der Kündigung. Eine rückwirkend zu einem vorher liegenden Zeitpunkt ausgesprochene Kündigung ist zwar nicht insgesamt unwirksam. Sie entfaltet ihre Rechtswirkung aber erst zum Zeitpunkt ihres Zugangs.[242]

Nach dem Zugang der **Kündigung** entstehende **Umstände** sind zur selbständigen **nachträglichen Rechtfertigung** einer bereits ausgesprochenen Kündigung ungeeignet. Sie können nur Anlass einer **erneuten Kündigung** oder eines **Auflösungsantrags** nach §§ 9, 10 KSchG sein. Eine **ergänzende Heranziehung** kommt bei der Beurteilung des wichtigen Grundes lediglich insoweit in Betracht, als später entstehende tatsächliche Aspekte iS eines einheitlichen Lebensvorgangs frühere Geschehnisse aufhellen und ihnen ein größeres Gewicht geben oder umgekehrt auch den Kündigungsempfänger entlasten können, also eine bessere Würdigung der maßgeblichen, berücksichtigungsfähigen Kündigungsgründe ermöglichen (s Rn 92 f).[243] Dies gilt insbesondere im Rahmen der Beweiswürdigung, dh für die gerichtliche Feststellung, ob die vom Kündigenden als wichtiger Grund geltend gemachten Tatsachen im Zeitpunkt des Zugangs der Kündigung tatsächlich vorlagen. Im Grundsatz muss es bei der ex-ante Beurteilung der Kündigung indessen verbleiben.[244] Der **nachträgliche Wegfall** eines Kündigungsgrundes berührt die Wirksamkeit einer ausgesprochenen Kündigung nicht. Er kann lediglich bei der Verdachtskündigung und im Fall des Wegfalls während des Laufes einer Auslauffrist einen Wiedereinstellungsanspruch des Arbeitnehmers begründen.[245]

61

Die **materiell-rechtlich uneingeschränkte Möglichkeit** des Nachschiebens zum Kündigungszeitpunkt objektiv vorliegender Kündigungsgründe wird durch vor dem Kündigungsausspruch durchzuführende **Anhörungs- und Zustimmungsverfahren** beschränkt. Dies gilt in erster Linie für die Beteiligung von **Betriebs- oder Personalrat**.[246] Im **Schwerbehindertenrecht** ist streitig, ob der Arbeitgeber nach der Zustimmung des Integrationsamtes auf die im Verwaltungsverfahren vorgebrachten Gründe beschränkt ist. Das BVerwG hat angenommen, ein Nachschieben weiterer Kündigungsgründe sei unzulässig, weil die Behörde hinsichtlich der neuen Gründe keine Gelegenheit zur Prüfung der spezifischen Belange des schwer behinder-

62

---

241 BAG 17.8.1972 – 2 AZR 415/71 – AP BGB § 626 Nr 65, zu III 2; 5.4.2001 – 2 AZR 159/00 – NZA 2001, 954, zu B I 1.
242 KR/Fischermeier § 626 BGB Rn 24; Staudinger/Preis § 626 Rn 59.
243 BAG 15.12.1955 – AP HGB § 67 Nr 1, zu III; 14.9.1994 – 2 AZR 164/94 – NZA 1995, 269, zu II 3 d; ErfK/Müller-Glöge § 626 BGB Rn 54; KR/Fischermeier § 626 BGB Rn 177; APS/Dörner/Vossen § 626 BGB Rn 54; aA Staudinger/Preis § 626 Rn 71; zur Berücksichtigung bei der **Interessenabwägung** s Rn 98.
244 Vgl Staudinger/Preis § 626 Rn 58.
245 Hierzu § 1 KSchG Rn 1840; § 1 KSchG Rn 647 ff.
246 Ausf § 102 BetrVG Rn 188–193.

ten Arbeitnehmers hatte.[247] Nach der Gegenmeinung besteht eine derartige Beschränkung nicht.[248] Dem ist mit Einschränkungen zuzustimmen, weil dem Integrationsamt nicht iS eines Kündigungsschutzverfahrens die Überprüfung der einzelnen Kündigungsgründe obliegt. Es hat vielmehr das Interesse des Arbeitgebers an der Erhaltung seiner betrieblichen Gestaltungsmöglichkeiten gegen das spezifische Interesse des schwer behinderten Arbeitnehmers an der Erhaltung seines Arbeitsplatzes abzuwägen.[249] Ist die Behörde zu dem Ergebnis gelangt, dass die ihr vom Arbeitgeber vorgetragenen Interessen bereits für sich die Interessen des schwer behinderten Arbeitnehmers überwiegen, wird der Schutzzweck des Zustimmungsverfahrens nicht verletzt, wenn die Arbeitsgerichte im Kündigungsschutzprozess weitergehende, seine Interessen noch gewichtiger machende Umstände berücksichtigen. Dabei kann es sich auch um völlig neue Kündigungssachverhalte handeln, da die Bindungswirkung des die Zustimmung zur Kündigung erteilenden Verwaltungsaktes nicht dessen Begründung erfasst.[250] Gleichwohl ist es **dem Arbeitgeber verwehrt**, im Kündigungsschutzprozess **die Kündigungsbegründung vollständig auszutauschen**, etwa nachdem sich der ursprüngliche Kündigungsvorwurf als unzutreffend erwiesen hat. Die Abwägung des Integrationsamtes bezog sich dann auf einen völlig anderen Sachverhalt, so dass eine erneute Entscheidung des Integrationsamts erforderlich ist, da ansonsten eine den neuen Kündigungssachverhalt betreffende Zustimmung fehlt.[251]

63 Die für das Schwerbehindertenrecht geltenden Grundsätze sind auf das Verfahren der Zulässigerklärung einer Kündigung vor und während der **Elternzeit** nach § 18 BEEG übertragbar. Die **mutterschutzrechtliche Kündigungsbeschränkung** während der Schwangerschaft und bis zum Ablauf von vier Monaten nach der Entbindung gem § 9 MuSchG ist dagegen dadurch gekennzeichnet, dass nach § 9 Abs 3 Satz 2 MuSchG die Kündigung nach der behördlichen Zulassung nur unter Angabe des zulässigen Kündigungsgrundes möglich ist. Dies hat eine § 22 Abs 3 BBiG (s Rn 12) entsprechende Präklusionswirkung.[252]

4. Objektiver Maßstab und AGG

64 § 626 Abs 1 stellt mit seiner Umschreibung des wichtigen Grundes zwar auf die Umstände des Einzelfalles ab. Von diesen kann bei der Beurteilung

---

247 BVerwG 2.7.1992 – 5 C 39.90 – BVerwGE 90, 275, 285; ebenso ArbG Lüneburg 18.5.2000 – 2 Ca 726/00 – NZA-RR 2000, 530.
248 LAG Sachsen-Anhalt 24.11.1999 – 3 Sa 164/99 – BB 2000, 2051, zu 2 a; KR/Etzel/Gallner §§ 85-90 SGB IX Rn 140; KR/Fischermeier § 626 BGB Rn 186; **ebenso** für offensichtlich nicht mit der Behinderung in Zusammenhang stehende Kündigungsgründe BAG 20.1.1984 – 7 AZR 148/82 – nv, zu II 3 c; 19.12.1991 – 2 AZR 367/91 – nv (insoweit bei RzK I 6 a Nr 82 nicht abgedruckt), zu B I 6 b bb.
249 Vgl Hauck/Noftz/Griebeling § 89 Rn 4.
250 BAG 19.12.1991 – 2 AZR 367/91 – nv (insoweit bei RzK I 6 a Nr 82 nicht abgedruckt), zu B I 6 b bb; LAG Sachsen-Anhalt 24.11.1999 – 3 Sa 164/99 – BB 2000, 2051, zu 2 a.
251 So zutr ArbG Lüneburg 18.5.2000 – 2 Ca 726/00 – NZA-RR 2000, 530.
252 Buchner/Becker § 9 MuSchG Rn 255; KR/Bader/Gallner § 9 MuSchG Rn 132 d; KR/Fischermeier § 626 BGB Rn 186 a.

nicht abstrahiert werden (s Rn 57). Gleichzeitig knüpft die Norm jedoch an das Vorliegen von Tatsachen an, die dem Kündigenden die zumindest befristete Vertragsfortsetzung unzumutbar machen. Daraus wird zu Recht allgemein geschlossen, dass **das subjektive Bewusstsein und die Motivation des Kündigenden irrelevant sind**. Der Begriff des wichtigen Grundes enthält keine subjektiven Elemente.[253] Dies gilt nicht nur für die Kenntnis des Kündigenden über das Vorliegen des Kündigungsgrundes (s Rn 60), sondern auch für die Beurteilung des Kündigungssachverhaltes. Dieser ist **objektiv** zu bewerten.[254] Nur eine objektive, von den subjektiven Wertungen der Beteiligten abgekoppelte Würdigung gewährleistet die zweiseitig grundrechtssichernde Funktion der Norm (s Rn 4). Das Kündigungsrecht wird deshalb nicht dadurch beeinträchtigt, dass dem Kündigenden jeder Anlass recht gewesen wäre, um das Vertragsverhältnis fristlos zu beenden.[255] Für eine Einschränkung dieses Grundsatzes für den Fall, dass der Kündigende sich zunächst nur auf vertragsfremde Umstände berufen hat, besteht kein Anlass.[256] Hat dieser eine Kündigung unter Behauptung eines wichtigen Grundes ausgesprochen, ist der Kündigungsempfänger nicht schutzwürdig, wenn tatsächlich – wengleich aufgrund anderer Umstände – ein wichtiger Grund bestand.

Ob an der soeben dargelegten Rechtslage zukünftig uneingeschränkt festgehalten werden kann, ist seit dem in Kraft treten des **Allgemeinen Gleichbehandlungsgesetzes (AGG)** am 18.8.2006 fraglich. Die Anwendbarkeit des AGG auf dem Anwendungsbereich des KSchG unterfallende Kündigungen wurde, trotz der hierzu **widersprüchlichen Bereichsausnahme** in § 2 Abs 4 AGG, nach der für Kündigungen ausschließlich die Bestimmungen zum allgemeinen und besonderen Kündigungsschutz gelten sollen, von der Rechtsprechung mittlerweile mehrfach bestätigt.[257] Hiernach sind die Regelungen des AGG bei der Konkretisierung der Sozialwidrigkeit der Kündigung iSd § 1 Abs 2 KSchG zu berücksichtigen. Mit Urteil vom 19.12.2013[258] hat das BAG weiter entschieden, dass außerhalb des Bereichs der Bestimmungen zum allgemeinen und besonderen Kündigungsschutz – also im Kleinbetrieb und während der Wartezeit – eine unmittelbare Anwendung des AGG auf iSd §§ 1, 3 AGG potentiell diskriminierende Kündigungen erfolge, woraus sich deren Unwirksamkeit nach § 134 BGB iVm §§ 1, 7 AGG ergeben könne.[259]

65

Demnach werden die Regelungen des AGG auch bei der Prüfung der Rechtsunwirksamkeit außerordentlicher Kündigungen zu beachten sein.

---

253 Staudinger/Preis § 626 Rn 66 mwN.
254 BAG 3.11.1955 – 2 AZR 39/54 – AP BGB § 626 Nr 4; 2.6.1960 – 2 AZR 91/58 – AP BGB § 626 Nr 42, zu IV; 18.1.1980 – 7 AZR 260/78 – AP BGB § 626 Nachschieben von Kündigungsgründen Nr 1, zu 2 b; Staudinger/Preis § 626 Rn 57; APS/Dörner/Vossen § 626 BGB Rn 34.
255 BAG 2.6.1960 – 2 AZR 91/58 – AP BGB § 626 Nr 42, zu IV; KR/Fischermeier § 626 BGB Rn 107.
256 Einschränkend KR/Fischermeier § 626 BGB Rn 107.
257 Etwa BAG 6.11.2008 – 2 AZR 523/07 – NZA 2009, 361, zu I 2 b; 5.11.2009 – 2 AZR 676/08 – NZA 2010, 457, zu I 2 b bb (jeweils für ordentliche Kündigung im Anwendungsbereich des KSchG).
258 6 AZR 190/12 – NZA 2014, 372, zu C I.
259 Zur Problematik des § 2 Abs 4 AGG vgl näher § 13 KSchG Rn 75 ff.

Bislang kam es bei der Beurteilung der Rechtswirksamkeit außerordentlicher Kündigungen ausschließlich auf die **objektive Rechtslage** im Zeitpunkt des Zugangs der Kündigungserklärung an (s Rn 64). Durch das AGG wird auch die **subjektive Motivation des Kündigenden** relevant, wenn – und nur dann – durch die Kündigung eines oder mehrere der acht Diskriminierungs- bzw Benachteiligungsmerkmale des § 1 AGG verwirkt werden. Das AGG bringt damit einen Paradigmenwechsel. Nach der Grundstruktur des Gesetzes kommt es nicht auf die objektiven Umstände an, sondern auf die subjektive Willensrichtung des Arbeitgebers.[260] Das AGG ist anwendbar, wenn aus einem missbilligenswerten Motiv eine Benachteiligung iSd § 3 AGG hinsichtlich eines oder mehrerer der in § 1 AGG genannten Merkmale erfolgt. Dies bedeutet, dass die Antidiskriminierungsvorschriften des AGG, sei es unmittelbar oder jedenfalls mittelbar, zur **Rechtsunwirksamkeit** einer außerordentlichen Kündigung führen können.[261]

5. Verschulden

66 **a) Verschulden des Gekündigten, Schuldunfähigkeit, Verbotsirrtum.** Das Vorliegen eines Verschuldens des Gekündigten ist **kein** Tatbestandsmerkmal des § 626 Abs 1. Daher können auch vom Arbeitnehmer nicht zu vertretende Umstände geeignet sein, eine außerordentliche fristlose Kündigung zu rechtfertigen. Ein wichtiger Grund kann vorliegen, wenn der Arbeitnehmer aufgrund von Umständen, die in seiner Sphäre liegen, zu der nach dem Vertrag vorausgesetzten Arbeitsleistung auf unabsehbare Dauer nicht mehr in der Lage ist, etwa aufgrund einer Erkrankung oder des Entzugs/Wegfalls einer Arbeitsgenehmigung. Hierin liegt regelmäßig eine schwere und dauerhafte Störung des vertraglichen Austauschverhältnisses. Besteht eine dauerhafte Leistungsunfähigkeit des zu Kündigenden und bestehen keine anderweitigen Beschäftigungsmöglichkeiten, kann dies den Arbeitgeber bei tariflichem Ausschluss der ordentlichen Kündbarkeit des Arbeitnehmers jedenfalls zum Ausspruch einer außerordentlichen Kündigung mit einer notwendigen, der ordentlichen Kündigung entsprechenden Auslauffrist berechtigen.[262] Die **Verschuldensunabhängigkeit** der Kündigung ist bei **personen- und betriebsbedingten** Kündigungsgründen allgemein anerkannt.[263]

67 Lediglich bei **verhaltensbedingten Gründen** ist wie bei der ordentlichen verhaltensbedingten Kündigung streitig, ob ein schuldhaftes Verhalten des Gekündigten erforderlich ist.[264] Dies wird man entgegen der Rechtsprechung des BAG,[265] die im Einzelfall Ausnahmen zulässt, aus systematischen Gründen generell bejahen müssen. Verhaltensbedingte Gründe bilden **nur dann** einen wichtigen Grund, wenn der Gekündigte nicht nur objektiv, sondern auch **rechtswidrig** und **schuldhaft** seine Vertragspflichten zumindest fahrlässig verletzt hat.[266] Der **Grad des Verschuldens** ist im Rahmen

---

260 Diller/Krieger/Arnold NZA 2006, 889.
261 Ausf § 13 Rn 75 ff mwN.
262 BAG 26.11.2009 – 2 AZR 272/08 – EBE/BAG 2010, 75, zu II 2 c mwN.
263 ZB BAG 28.10.2010 – 2 AZR 688/09 – DB 2011, 476, zu IV 1 a mwN.
264 Zum Streitstand § 1 KSchG Rn 229 mwN.
265 21.1.1999 – 2 AZR 665/98 – NZA 1999, 863, zu II 4 mwN.
266 Preis DB 1990, 630, 685, 688; HK-KSchG/Dorndorf § 1 Rn 531.

der Interessenabwägung von oftmals entscheidender Bedeutung (s Rn 95). Allerdings soll auch ein schuldloses Verhalten des Arbeitnehmers den Arbeitgeber unter besonderen Umständen ausnahmsweise zur verhaltensbedingten Kündigung berechtigen.[267] Dies könne etwa dann der Fall sein, wenn der Arbeitnehmer durch sein fortlaufendes Fehlverhalten die betriebliche Ordnung bzw Sicherheitsvorschriften so erheblich verletze, dass dem Arbeitgeber die Aufrechterhaltung dieses Zustands unzumutbar sei, selbst wenn der Arbeitnehmer schuldlos gehandelt habe.[268]

Im Fall der **Schuldunfähigkeit des Gekündigten** verbleibt dem Kündigungsberechtigten indessen die Möglichkeit, eine – ggf fristlose – **personenbedingte** Kündigung auszusprechen.[269] Vermag der Kündigende nicht festzustellen, ob Schuldfähigkeit besteht oder nicht, kann er sich auf eine **Wahlfeststellung** zwischen verhaltens- und personenbedingter Kündigung beschränken. Betriebsverfassungs- bzw personalvertretungsrechtlich ist der Arbeitgeber zwar zur Einordnung des Kündigungsgrundes verpflichtet,[270] da die sachgerechte Ausübung des Beteiligungsrechts gem § 102 Abs 2 und (bei ordentlichen Kündigungen) Abs 3 BetrVG voraussetzt, dass der Betriebsrat die konkret beabsichtigte Kündigung zu beurteilen vermag und hierzu erforderlich ist, dass alle aus Sicht des Arbeitgebers die Kündigung tragenden Umstände und der auf dieser Grundlage bestehende Kündigungsgrund mitgeteilt werden. Ist jedoch zweifelhaft, welcher Kündigungsgrund in Betracht kommt oder bestehen mehrere Kündigungsgründe, kann (sollte) die Arbeitnehmervertretung zu den in Betracht kommenden Gründen jeweils, ggf vorsorglich, angehört werden. 68

Das BAG hat angenommen, die unberechtigte Verweigerung der Arbeitsleistung durch einen Arbeitnehmer sei durch einen **Verbotsirrtum** entschuldigt, wenn er bei **objektiv zweifelhafter Rechtslage** trotz deren **sorgfältiger Prüfung** oder nach einer **zuverlässigen Erkundigung** die Überzeugung gewonnen hat, zur Arbeitsleistung nicht verpflichtet zu sein.[271] Dies wird inzwischen allgemein als Maßstab für das Vorliegen eines **entschuldigenden Verbotsirrtums** erachtet.[272] An die zu **beachtenden Sorgfaltspflichten** sind nach der Rechtsprechung des BAG allerdings **strenge Maßstäbe** anzulegen. Es reicht nicht aus, dass sich eine Partei ihre eigene Rechtsauffassung nach sorgfältiger Prüfung und sachgemäßer Beratung gebildet hat. Unverschuldet ist ihr Rechtsirrtum nur, wenn sie mit einem Unterliegen im Rechtsstreit nicht zu rechnen brauchte.[273] 69

Ein Verschulden des Kündigungsempfängers kommt hiernach vor allem in Betracht, wenn dieser die Unrichtigkeit der Rechtsauskunft hätte erkennen können oder er bei unsicherer Rechtslage letztlich auf eigenes Risiko han-

---

267 BAG aaO; ErfK/Müller-Glöge § 626 BGB Rn 23; KR/Fischermeier § 626 BGB Rn 139.
268 LAG Schleswig-Holstein 9.6.2011 – 5 Sa 509/10 – ArbR 2011, 513, zu 3 a.
269 Näher § 1 KSchG Rn 230-235.
270 AA Nägele § 102 BetrVG Rn 90.
271 BAG 14.10.1960 – 1 AZR 254/58 – AP GewO § 123 Nr 24.
272 So etwa BAG 29.8.2013 – 2 AZR 273/12 – NJW 2014, 1323, Rn 34; LAG Berlin 17.5.1993 – 9 Sa 141/92 – LAGE BGB § 626 Nr 72, zu 1 b; KR/Fischermeier § 626 BGB Rn 144, SPV/Preis 577.
273 BAG 29.8.2013 – 2 AZR 273/12.

delte.[274] Ist aus Sicht des Arbeitnehmers oder dessen juristischen Beraters die Zulässigkeit einer Weisung des Arbeitgebers zweifelhaft, wird es daher regelmäßig empfehlenswert sein, diese zunächst zu befolgen und ihre Rechtmäßigkeit nötigenfalls arbeitsgerichtlich überprüfen zu lassen, um die ggf weitreichenden Folgen eines auf einer unzutreffenden rechtlichen Beurteilung beruhenden Verhaltens des Arbeitnehmers zu vermeiden.

70 **b) Beratungsverschulden dritter Personen.** Die unter Rn 69 dargestellten Grundsätze bedürfen allerdings einer Einschränkung, und zwar dann, wenn der Gekündigte die Beurteilung der Rechtslage Dritten, insbesondere **professionellen juristischen Beratern** wie Rechtsanwälten oder Vertretern von Gewerkschaften oder Arbeitgeberverbänden, überlässt, ohne selbst die Rechtslage eigenverantwortlich zu prüfen. Unzutreffende rechtliche Auskünfte dieser Personengruppen sind dem Gekündigten regelmäßig gem § 278 Satz 1 BGB **zuzurechnen**. Das BAG ist davon ausgegangen, dass die unrichtige Rechtsauskunft eines **Gewerkschaftssekretärs** jedenfalls dann das Vorliegen eines Eigenverschuldens eines Arbeitnehmers nicht ausschließt, wenn sie nicht eine grundsätzliche Rechtsfrage, sondern Umfang und Grenzen des Weisungsrechts des Arbeitgebers im Einzelfall betrifft.[275] Das LAG Düsseldorf hat sich darüber hinaus auf den Standpunkt gestellt, ein falscher Rechtsrat eines **Rechtsanwaltes** entschuldige eine Vertragsverletzung durch einen Arbeitnehmer nur dann, wenn die Auskunft in Übereinstimmung mit der hM oder der Rechtsprechung des BAG stand.[276] Diesem Ansatz ist zu folgen:

71 Bedient sich der Partner eines Dienstvertrages eines Rechtsberaters, um sich über das Bestehen und den Umfang seiner Vertragspflichten Klarheit zu verschaffen, ist der Berater **Erfüllungsgehilfe** iSv § 278 Satz 1 BGB. Ein **Rechtsanwalt** ist auch dann Erfüllungsgehilfe, wenn er Dienstleistungen geistiger Art erbringt.[277] Er unterstützt den Vertragspartner bei der Beantwortung der Frage, wie er den Vertrag zu erfüllen hat. Gleiches gilt für rechtsberatend tätige **Verbandsvertreter**. Das Verschulden eines von ihm eingeschalteten Rechtsberaters ist dem Mandanten daher ebenso wie etwa im Rahmen der Verschuldensprüfung beim Verzug[278] gem § 278 Satz 1 BGB **zuzurechnen**.[279] Dies gilt etwa dann, wenn aufgrund unzutreffender Rechtsauskünfte Arbeitnehmer ihre Arbeitsleistung oder Arbeitgeber die vertragsgemäße Vergütung ohne rechtfertigende Gründe zurückbehalten. Es ist nicht sachgerecht, in derartigen Fällen eine Verschuldenszurechnung auszuschließen, da es nicht der Zweck des materiellen Arbeitsrechts ist, Arbeitsvertragsparteien zu Lasten ihres Vertragspartners vor den Folgen von Fehlern von ihnen eingeschalteter Rechtsberater zu schützen. Lediglich bei

---

274 BAG 12.4.1973 – 2 AZR 291/72 – AP BGB § 611 Direktionsrecht Nr 24, zu II 7; zum Verschulden in Zusammenhang mit Rechtsirrtümern Kliemt/Vollstädt NZA 2003, 357.
275 BAG 12.4.1973 – 2 AZR 291/72 – AP BGB § 611 Direktionsrecht Nr 24, zu II 7; Hessisches LAG 13.6.1995 – 9 Sa 2054/94 – LAGE KSchG 1969 § 1 Verhaltensbedingte Kündigung Nr 49.
276 25.1.1993 – 19 Sa 1360/92 – LAGE BGB § 626 Nr 70, zu 1 a.
277 Staudinger/Löwisch § 278 Rn 60, 97.
278 Hierzu BAG 16.12.1986 – 3 AZR 198/85 – AP BetrAVG § 8 Nr 1, zu B IV 2 b.
279 Ebenso LAG Rheinland-Pfalz 12.4.2005 – 2 Sa 950/04.

der Prüfung der Wiederholungsgefahr und im Rahmen der Interessenabwägung kann ein Handeln auf der Grundlage professioneller Rechtsberatung zugunsten der den Vertrag verletzenden Partei berücksichtigt werden. Wirkt sich dies im Einzelfall nicht kündigungsausschließend aus, ist der Anwalts- bzw. der Verbandsregress die angemessene Konsequenz der Verletzung des Beratungsvertrages durch den Rechtsanwalt bzw. den Verbandsvertreter.[280]

c) Mitverschulden des Kündigenden. Ein Mitverschulden des Kündigenden an der den Anlass der Kündigung bildenden Vertragsstörung ist zugunsten des anderen Teils bei der Prüfung der Wiederholungsgefahr und bei der Interessenabwägung zu berücksichtigen.[281] Ähnliche Konsequenzen kann es haben, wenn der Arbeitgeber zur Durchführung von Kontrollmaßnahmen eine „Verführungssituation" für den Arbeitnehmer geschaffen hat.[282] Ein Tatbeitrag eines Organs oder eines rechtsgeschäftlichen Vertreters des Arbeitgebers entlastet den Arbeitnehmer nicht, wenn er mit diesem **kollusiv** zusammenarbeitet, um den Arbeitgeber zu schädigen. Dann geht die Mitverursachung nicht vom Arbeitgeber aus. Für den Arbeitnehmer ist vielmehr erkennbar, dass der Vertreter pflichtwidrig und damit unter Überschreitung seiner Kompetenzen handelt.

6. Gleichbehandlungsgrundsatz

Streitig ist, ob der Arbeitgeber bei der Kündigung nicht nur an Diskriminierungsverbote wie § 611a Abs 1 BGB aF (bis 18.8.2006, s Rn 64), § 4 Tz BfG und § 81 Abs 2 Nr 1 SGB IX – deren Verletzung gem § 134 BGB zur Nichtigkeit der Kündigung führt – gebunden ist, sondern auch an den arbeitsrechtlichen Gleichbehandlungsgrundsatz. Das BAG hielt den Gleichbehandlungsgrundsatz für **nicht unmittelbar anwendbar**, da das Prinzip der Gleichbehandlung nur eingeschränkt mit der Notwendigkeit der umfassenden Abwägung der relevanten Umstände des Einzelfalles einschließlich der regelmäßig unterschiedlichen Sozialdaten der einzelnen Arbeitnehmer zu vereinbaren sei.[283] Dem hält die Gegenansicht[284] mit Recht entgegen, dass der Einzelfallbezug der Prüfung des wichtigen Grundes kein Einwand gegen die grundsätzliche Anwendbarkeit des Gleichbehandlungsgrundsatzes sein kann, sondern lediglich zur Folge hat, dass häufig wegen

---

280 Auch das Verschulden eines (**Prozess-**)**Bevollmächtigten** an der **Versäumung der gesetzlichen Klagefrist** des § 4 Satz 1 KSchG bei einer Kündigungsschutzklage ist dem Arbeitnehmer nach § 46 Abs 2 Satz 1 iVm § 85 Abs 2 ZPO zuzurechnen, BAG 11.12.2008 – 2 AZR 472/08 – NZA 2009, 692, zu II 2 (Rechtsanwalt); 28.5.2009 – 2 AZR 548/08 – NZA 2009, 1052, zu III (Einzelgewerkschaft, DGB Rechtsschutz GmbH).
281 Vgl BAG 10.3.1977 – 4 AZR 675/75 – AP ZPO § 313 Nr 9, zu V 3; 14.2.1978 – 1 AZR 76/76 – AP GG Art 9 Arbeitskampf Nr 58, zu 8; Staudinger/Preis § 626 Rn 64.
282 So für Ehrlichkeitskontrollen BAG 18.11.1999 – 2 AZR 743/98 – NZA 2000, 418, zu II 1 c aa.
283 BAG 14.10.1965 – 2 AZR 466/64 – AP BetrVG 1952 § 66 Nr 27, zu III 3; 25.3.1976 – 2 AZR 163/75 – AP BetrVG 1972 § 103 Nr 6, zu 2 e; **zust** etwa LAG Düsseldorf 11.5.2005 – 12(11) Sa 115/05 – nv; MünchKomm/Henssler § 626 Rn 106.
284 Etwa Staudinger/Preis § 626 Rn 96; MünchArbR/Wank § 98 Rn 64 f.

der Unterschiede der verschiedenen Einzelfälle keine gleich zu behandelnden Sachverhalte vorliegen. Ungleiches ist auch dem Gleichbehandlungsgrundsatz nach ungleich zu behandeln.[285]

74 Diese rechtstheoretische Frage hat allerdings wenig praktische Relevanz, weil auch das BAG die sog **herausgreifende Kündigung** für unzulässig hält[286] und den Eintritt einer sich zumindest in der Interessenabwägung auswirkenden **Selbstbindung des Arbeitgebers** durch die Behandlung vergleichbarer Sachverhalte in der Vergangenheit als möglich ansieht[287] und damit zu ähnlichen Ergebnissen kommt wie die Gegenmeinung. Die Annahme einer Selbstbindung ist allerdings problematisch. Der Arbeitgeber bindet sich regelmäßig durch die Behandlung einer Angelegenheit nicht für die Zukunft. Das Absehen von einer Kündigung in der Vergangenheit wirkt sich eher im Rahmen der Zukunftsprognose aus. Kann ein Arbeitnehmer aufgrund einer bestimmten Praxis des Arbeitgebers in der Vergangenheit davon ausgehen, dass ein bestimmtes Verhalten nicht ohne weiteres zur Kündigung führt, ist die Erfolgsaussicht des Ausspruchs einer Abmahnung häufig nicht zu verneinen.

Ohne Zweifel unzulässig ist es dagegen, durch willkürliches Herausgreifen eines von mehreren an bestimmten Pflichtverletzungen in vergleichbarem Maß beteiligten Arbeitnehmern zur Disziplinierung der Belegschaft ein Exempel zu statuieren (s Rn 97). Auf **derselben Zeitebene** ist der Gleichbehandlungsgrundsatz uneingeschränkt zu beachten. Voraussetzung ist allerdings, dass tatsächlich keine relevanten Unterschiede – und sei es auch nur bei den Sozialdaten – bestehen. Im Prozess muss der Arbeitgeber auf entsprechenden Vortrag die Gründe darlegen, die eine differenzierende Behandlung mehrerer Arbeitnehmer im Lichte des Kündigungsschutzes **sachlich** rechtfertigen.[288] Bei arbeitskampfbedingten Kündigungen ist der Gedanke der Solidarität der Streikenden zugunsten des Arbeitnehmers zu berücksichtigen.[289]

75 An der grundsätzlichen Anwendbarkeit des arbeitsrechtlichen Gleichbehandlungsgrundsatzes ändert sich auch mit dem in Kraft treten des **AGG am 18.8.2006** insoweit nichts, da dessen Schutz- und Rechtsfolgensystem (mit Ausnahme der aufgehobenen §§ 611a, 611b, 612 Abs 3 BGB und des Beschäftigtenschutzgesetzes) **neben** die bereits bestehenden Antidiskriminierungs- und Benachteiligungsregelungen tritt, diese also weiter **verbessert**, nicht aber ersetzt, §§ 2 Abs 3, 32 AGG (s Rn 65).[290]

---

285 BAG 15.11.1995 – 4 AZR 489/94 – AP BAT §§ 22, 23 Lehrer Nr 44, zu II 3 d.
286 BAG 13.10.1955 – 2 AZR 106/54 – AP KSchG 1951 § 13 Nr 3, zu 3; 22.2.1979 – 2 AZR 115/78 – EzA BetrVG 1972 § 103 Nr 23, zu 2 a.
287 BAG 14.10.1965 – 2 AZR 466/64 – AP BetrVG 1952 § 66 Nr 27; zust KR/Fischermeier § 626 BGB Rn 308 f; KDZ/Däubler § 626 BGB Rn 54 f.
288 LAG Hessen 10.9.2008 – 6 Sa 384/08.
289 BAG 17.12.1976 – 1 AZR 772/75 – AP GG Art 9 Arbeitskampf Nr 52, zu II 5; 14.2.1978 – 1 AZR 76/76 – AP GG Art 9 Arbeitskampf Nr 58, zu 8.
290 Hierzu § 13 KSchG Rn 75 ff.

7. Unzumutbarkeit der Vertragsfortsetzung

a) Allgemeines/Bedeutung der Dauer der regulären Vertragsbindung. Die 76
außerordentliche Kündigung ist ein Ausnahmerecht zur Reaktion auf gravierende Störungen des Vertragsverhältnisses (s Rn 4). Dessen **Fortsetzung bis zum ordentlichen oder vereinbarten Beendigungstermin** – aufgrund der einzelvertraglich vereinbarten, tariflich oder gesetzlich bestimmten ordentlichen Kündigungsfrist oder eines sonstigen Beendigungstatbestandes, etwa einer Befristung – und nicht etwa nur dessen Fortführung auf Dauer, muss den Kündigenden **unzumutbar** belasten. Die außerordentliche Kündigung muss die **unausweichlich letzte Maßnahme** (ultima ratio) sein.[291] Dies ist aus dem Tatbestandsmerkmal der Unzumutbarkeit des § 626 Abs 1 abzuleiten. Daraus folgt, dass bei der außerordentlichen Kündigung der das gesamte Kündigungsschutzrecht prägende **Verhältnismäßigkeitsgrundsatz** eine besondere Bedeutung hat. Drei Aspekte sind von Bedeutung: 1. Die außerordentliche Kündigung muss zunächst **geeignet** sein, die Störung zu beseitigen. 2. Dem Kündigenden dürfen **keine zumutbaren milderen Mittel** zur Reaktion auf die Störung zur Verfügung stehen. 3. Die Kündigung muss **verhältnismäßig** im engeren Sinn sein, dh ihr Ausspruch muss im Verhältnis zur eingetretenen Störung des Vertragsverhältnisses bei Berücksichtigung aller Umstände angemessen sein.[292]

Die Prüfung ist **zukunftsbezogen**. Maßgeblich sind die zu erwartenden 77
Auswirkungen der Vertragsstörung in Zukunft, dh bis zum Ablauf der ordentlichen Kündigungsfrist bzw bis zu dem vereinbarten Endzeitpunkt des Arbeitsverhältnisses. Ausgehend vom Zeitpunkt des Zugangs der Kündigungserklärung ist zu prognostizieren, ob für diesen Zeitraum mit weiteren, dem Kündigenden unzumutbaren Störungen des Vertragsverhältnisses gerechnet oder von einer fortwirkenden Belastung des Arbeitsverhältnisses ausgegangen werden muss (sog **Prognoseprinzip**). Dieser das Kündigungsschutzrecht prägende Grundsatz[293] gilt auch und erst Recht für die außerordentliche Kündigung.[294] Die von Rüthers dagegen wiederholt erhobene Kritik[295] greift unabhängig von den sonstigen berechtigten Einwänden[296] bei der außerordentlichen Kündigung bereits deshalb nicht, weil der Zukunftsbezug im Tatbestand von § 626 Abs 1 vorgegeben ist. Ohne Prognose kann nicht festgestellt werden, ob Tatsachen vorliegen, die dem Kündigenden die Fortsetzung des Vertragsverhältnisses bis zum Ablauf der Kündigungsfrist oder bis zu dessen vereinbarter Beendigung unzumutbar machen.[297] Andernfalls würde das Kündigungsrecht von einem Instrument

---

291 ZB BAG 30.5.1978 – 2 AZR 630/76 – AP BGB § 626 Nr 70, zu III 2 b, c, 3; 9.7.1998 – 2 AZR 201/98 – EzA BGB § 626 Krankheit Nr 1 zu II 1; 25.10.2012 – 2 AZR 495/11 – NJW 2013, 954, zu I 1; APS/Dörner/Vossen § 626 BGB Rn 88; SPV/Preis Rn 553.
292 ErfK/Müller-Glöge § 626 BGB Rn 24; Staudinger/Preis § 626 BGB Rn 86-88.
293 Hierzu § 1 KSchG Rn 173-175.
294 HM, etwa BAG 21.11.1996 – 2 AZR 357/95 – NZA 1997, 487, zu II 4 a; 13.4.2000 – 2 AZR 259/99 – NZA 2001, 277, zu II 2 c, 3 d; Staudinger/Preis § 626 Rn 89, 90.
295 Rüthers/Müller EzA KSchG § 1 Verhaltensbedingte Kündigung Nr 41, zu IV; Rüthers NJW 1998, 1433, 1435 ff; 2002, 1601, 1606.
296 Vgl Preis NJW 1998, 1889.
297 Staudinger/Preis § 626 Rn 89 mwN.

zur Beseitigung unzumutbarer Vertragsstörungen in eine strafartige Sanktion umgewandelt. Dies widerspricht dem Normzweck von § 626 Abs 1 (s Rn 4).

78 Nicht zwingend erforderlich ist, dass zum Zeitpunkt des Kündigungsausspruchs bereits eine **Störung des Vertragsverhältnisses** eingetreten ist.[298] Dies gilt nur für außerordentliche Kündigungen mit sofortiger Wirkung. Ist mit einer Störung dagegen erst zu einem späteren, jedoch vor dem ordentlichen Beendigungstermin liegenden Zeitpunkt zu rechnen, kann – und muss, § 626 Abs 2 Satz 1, 2 – der Kündigungsberechtigte dagegen nach der Kenntniserlangung über die maßgeblichen Gründe die Kündigung zu dem prognostizierten Zeitpunkt des Eintritts der Unzumutbarkeit der Vertragsfortsetzung aussprechen.[299]

79 Von wesentlicher Bedeutung für die **Unzumutbarkeit der Fortsetzung** des Vertragsverhältnisses **bis zum ordentlichen Beendigungstermins** ist die Dauer der dafür maßgeblichen Frist. Je länger die **reguläre Vertragsbindung** bestehen bleibt, desto eher kann ihre Einhaltung unzumutbar werden.[300] Zugunsten des Kündigungsempfängers vorgesehene Verlängerungen der Kündigungsfrist oder Beschränkungen des Rechts zur ordentlichen Kündigung können sich daher zu seinen Lasten auswirken. So ist im Falle zu erwartender dauerhafter Arbeitsunfähigkeit eines tariflich unkündbaren Arbeitnehmers gerade ein besonders starker Schutz des Arbeitnehmers uU geeignet, zur Unzumutbarkeit der Fortsetzung eines auf Dauer sinnentleerten Arbeitsverhältnisses zu führen.[301] Dies ist allerdings keine zwingende Regel, sondern von den Umständen des Einzelfalls abhängig (s Rn 80). Die Einhaltung einer nur wenige Tage oder Wochen umfassenden Probezeitkündigungsfrist ist dem Kündigenden jedoch regelmäßig eher zumutbar als die Fortsetzung des Vertragsverhältnisses über viele Monate oder Jahre. Diese Wirkung kann in der Interessenabwägung dadurch aufgewogen werden, dass die Beschränkung des Rechts zur ordentlichen Kündigung auf einer zugunsten des Gekündigten sprechenden langjährigen Dauer des Dienstverhältnisses beruht.

80 Nicht auf die tatsächliche Bindungsdauer, sondern auf die **Dauer der fiktiven Kündigungsfrist** stellt das BAG bei der **außerordentlichen fristlosen Kündigung** betriebsverfassungsrechtlicher **Funktionsträger iSd § 15 KSchG und ordentlich unkündbarer Arbeitnehmer** ab.[302]

Dagegen ist bei Letzteren, also bei einzel- oder tarifvertraglich eingeschränkter oder ausgeschlossener ordentlicher Kündbarkeit, die **Dauer der tatsächlichen Vertragsbindung** bei der **außerordentlichen Kündigung mit**

---

298 **AA** Staudinger/Preis § 626 Rn 91.
299 BAG 14.3.1968 – 2 AZR 197/67 – AP HGB § 72 Nr 2, zu III: Antritt von Strafhaft; 13.4.2000 – 2 AZR 259/99 – NZA 2001, 277, zu II 2 c, 3 d: Konflikt mit einem zukünftigen Vorgesetzten; KR/Fischermeier § 626 BGB Rn 110; für die Zulässigkeit einer fristlosen Kündigung trotz erst später eintretender Unzumutbarkeit noch BAG 3.10.1957 – 2 AZR 13/55 – AP HGB § 70 Nr 1, zu 3.
300 BAG 15.12.1955 – 2 AZR 239/54 – AP BGB § 626 Nr 6, zu III 5; Staudinger/Preis § 626 Rn 60; APS/Dörner/Vossen § 626 BGB Rn 36.
301 BAG 12.1.2006 – 2 AZR 242/05 – EzA-SD 2006 Nr 7, 13-14.
302 ZB BAG 17.1.2008 – 2 AZR 821/06 – NZA 2008, 777, zu I 1 a aa; 26.3.2009 – 2 AZR 953/07 – AP BGB § 626 Nr 220, zu II 1 a; § 15 KSchG Rn 155.

notwendiger **Auslauffrist** maßgeblich, die an die Stelle der ordentlichen Kündigung nicht besonders geschützter Arbeitnehmer tritt (s Rn 41 ff, 81).[303] Die langfristige Vertragsdauer ist in diesen Fällen bei der Frage, ob dem Arbeitgeber die Weiterbeschäftigung des Arbeitnehmers notfalls bis zu dessen **Pensionierung** zumutbar ist oder nicht, im Rahmen der Interessenabwägung je nach dem Zweck der Kündigungsbeschränkung und der Art des Kündigungsgrundes entweder zugunsten oder zuungunsten des Arbeitnehmers zu berücksichtigen.[304] Ist Kündigungsanlass ein einmaliger Vorfall ohne Wiederholungsgefahr, soll sie sich im Gegensatz zu Dauertatbeständen und Vorfällen mit Wiederholungsgefahr zugunsten des Arbeitnehmers auswirken.[305] Diese Differenzierung ist deshalb problematisch, weil einmalige Vorfälle ohne Wiederholungsgefahr ohnehin regelmäßig eine außerordentliche Kündigung nicht rechtfertigen können.[306] Sie beruht jedoch auf der richtigen Überlegung, dass auch der zeitliche Umfang der zu befürchtenden zukünftigen Störungen des Vertragsverhältnisses bei der Prüfung des wichtigen Grundes eine wesentliche Rolle spielt und eine zukünftige Belastung des Arbeitsverhältnisses auch aus einer fortwirkenden, schweren Vertragsverletzung resultieren kann (s Rn 87).

Nicht generell zutreffend war der vom BAG in ständiger Rechtsprechung zugrunde gelegte Annahme, im Fall der tariflichen Unkündbarkeit sei bei der **Prüfung des wichtigen Grundes** aufgrund der Schutzfunktion der Tarifregelung ein **besonders strenger Maßstab** anzulegen.[307] Eine tarifliche Beschränkung des Rechts zur ordentlichen Kündigung erfasst **außerordentliche fristlose Kündigungen** nicht; dies ist auch nicht ihr Zweck. Überdies verfügen die Tarifvertragsparteien insoweit nur über eingeschränkte Regelungsbefugnisse (s Rn 17, 18, 24, 26). IdS hat das BAG nunmehr klargestellt, dass bei einer **außerordentlichen fristlosen Kündigung** aus wichtigem Grund kein Anlass besteht, die Unkündbarkeit eines Arbeitnehmers neben dem Alter und der Betriebszugehörigkeit erneut zu dessen Gunsten zu berücksichtigen. Die fristlose Kündigung ist daher nach denselben Maßstäben zu beurteilen, wie bei einem vergleichbaren Arbeitnehmer ohne Sonderkündigungsschutz unter denselben Umständen und bei entsprechender Interessenlage.[308] Bei der **außerordentlichen fristlosen Kündigung ordentlich unkündbarer Arbeitnehmer** kommt es für die Unzumutbarkeit der Fortsetzung des Arbeitsverhältnisses auf die **Zeit bis zum Ablauf der fiktiven Kündigungsfrist** an. 81

---

303 BAG 12.8.1999 – 2 AZR 923/98 – NZA 2000, 421, zu II 2 d bb; 15.11.2001 – 2 AZR 605/00 – AP BGB § 626 Nr 175, zu II 5 a; KR/ Fischermeier § 626 BGB Rn 302.
304 BAG 27.4.2006 – 2 AZR 386/05 – NZA 2006, 977, zu B II 3.
305 BAG 14.11.1984 – 7 AZR 474/83 – NZA 1985, 426, zu II 1 a; KR/Fischermeier § 626 BGB Rn 301-301 b; zweifelnd KDZ/Däubler § 626 BGB Rn 47 f.
306 Staudinger/Preis § 626 Rn 62.
307 Etwa BAG 3.11.1955 – 2 AZR 39/54 – AP BGB § 626 Nr 4; 12.8.1999 – 2 AZR 748/98 – NZA 1999, 1267, zu B II 2; 8.6.2000 – 2 AZR 638/99 – NZA 2000, 1282, zu B I 1; **zu Recht aA** LAG Düsseldorf 24.8.2001 – 18 Sa 366/01 – LAGE BGB § 626 Unkündbarkeit Nr 4, zu I 1 a.
308 BAG 27.4.2006 – 2 AZR 386/05 – NZA 2006, 977, zu II 3; 18.9.2008 – 2 AZR 827/06 – nv, zu I 3 d bb.

Die (tarifliche) Kündigungsbeschränkung ist aber bei der **Bestimmung des wichtigen Grundes bei der außerordentlichen Kündigung mit notwendiger Auslauffrist** zu beachten, die die ordentliche Kündigung nicht besonders geschützter Arbeitsverhältnisse ersetzt. Hier ist der Wille der (Tarif-)Vertragsparteien, die ordentliche Kündigung auszuschließen, von besonderer Bedeutung. Dies verbietet es, jedenfalls bei Kündigungen, die **nicht aus verhaltensbedingten Gründen** ausgesprochen werden, die Maßstäbe der §§ 1, 2 KSchG bei der Prüfung des wichtigen Grundes heranzuziehen. Der Schutzzweck der Tarifnorm gebietet vielmehr die Heranziehung **besonders strenger Kriterien.**[309]

82 Nach Auffassung des BAG sind die Regelungen zum tariflichen Ausschluss der ordentlichen Kündigung nicht ohne weiteres auf einen **arbeitsvertraglichen Kündigungsausschluss,** insbesondere für einen überschaubaren Zeitraum oder eine entsprechende Befristung zu übertragen. Der Arbeitgeber müsse sich an einer solchen auch im eigenen Interesse geschlossenen und sein Betriebsrisiko konkretisierenden Vereinbarung eher festhalten lassen und weiter gehende Belastungen als zumutbar hinnehmen als an bzw bei einer Tarifregelung.[310] Diese Rechtsprechung überzeugt im Ergebnis, weniger dagegen in der Begründung, da eine Differenzierung allein danach, ob der Arbeitgeber Kündigungsbeschränkungen individuell vereinbart sich oder durch seine individuelle Entscheidung zum Verbandsbeitritt deren Geltung unterwirft, nicht sachgerecht ist.

83 Zu Recht nimmt das BAG an, dass es **nicht** möglich ist, ein Arbeitsverhältnis aus einem sog **minder wichtigen Grund** mit einer verkürzten Kündigungsfrist oder mit der gesetzlichen Kündigungsfrist anstelle der längeren, auf arbeits- oder tarifvertraglicher Grundlage geltenden Frist, zu kündigen.[311] Ggf kommt lediglich eine außerordentliche Kündigung zu einem vor dem Ablauf dieser Frist liegenden Termin in Betracht (s Rn 78).

84 **b) Konkrete Beeinträchtigung des Arbeitsverhältnisses.** Erste Voraussetzung für das Vorliegen eines wichtigen Grundes ist eine **erhebliche konkrete objektive Belastung des Arbeitsverhältnisses,** etwa im **Leistungsbereich,** im **persönlichen Vertrauensbereich** der Vertragspartner oder im Bereich der **betrieblichen Verbundenheit.**[312] Dies bedeutet allerdings nicht, dass lediglich Verletzungen von Vertragspflichten zu berücksichtigen sind. Auch **außervertragliche Umstände** wie das außerdienstliche Verhalten eines Vertragspartners können Auswirkungen auf das Vertragsverhältnis haben. So können nicht im Dienst begangene gewichtige Straftaten von Arbeitnehmern des öffentlichen Dienstes Kündigungsanlass sein, wenn die Weiterbeschäftigung einen konkret messbaren Ansehensverlust der Beschäftigungsbehörde auslösen würde. Bereits eine Gefährdung des Ansehens des öffent-

---

309 BAG 6.10.2005 – 2 AZR 362/04 – NZA-RR 2006, 416; auf ähnliche Weise differenzierend Etzel ZTR 2003, 210, 211 f.
310 BAG 7.3.2002 – 2 AZR 173/01 – NZA 2002, 963, zu II 2 e bb, cc: Zwölfwöchige Kündigungsfrist zu einem einzigen Termin pro Kalenderjahr; 25.3.2004 – 2 AZR 153/03 – BB 2004, 2303, zu 4.
311 BAG 7.3.2002 – 2 AZR 173/01 – NZA 2002, 963, zu II 2 e aa f.
312 Vgl BAG 3.11.1955 – 2 AZR 39/54 – AP BGB § 626 Nr 4; 8.6.2000 – 2 AZR 638/99 – NZA 2000, 1282, zu B I 2 a; KR/Fischermeier § 626 BGB Rn 166 ff.

lichen Dienstes kann eine hinreichende Vertragsstörung sein.[313] Außerdienstliche Verfehlungen können auch dann zu Störungen des Vertragsverhältnisses führen, wenn sie gegen den Vertragspartner, dessen Angehörige oder Kollegen gerichtet sind.[314] So ist die strafgerichtliche Verurteilung eines Arbeitnehmers wegen des Vorwurfs, eine Kollegin außerdienstlich sexuell belästigt zu haben, zur Kündigungsrechtfertigung geeignet, weil allein die Verurteilung das Betriebsklima erheblich belasten kann.[315]

c) Anhörung des Kündigungsempfängers. Eine **Anhörung des Vertragspartners** ist nur vor einer **Verdachtskündigung** erforderlich (Rn 51 f, 52 ff, 121 f), **nicht** aber bei auf anderen Kündigungsgründen beruhenden Tatkündigungen.[316] Die hM verweist zur Begründung zu Recht auf die objektive Natur der Kündigungsbegründung, dergemäß der Kenntnisstand des Kündigenden für die Wirksamkeit der Kündigung unerheblich ist (s Rn 64 f). Ohne Anhörung des Vertragspartners riskiert er „nur", aufgrund lückenhafter Informationen einen Kündigungsrechtsstreit zu verlieren und sich uU aufgrund der Unbegründetheit der Kündigung schadenersatzpflichtig zu machen. Aus demselben Grund ist der Kündigende, mit Ausnahme der Verdachtskündigung, nicht verpflichtet, **Maßnahmen zur Sachverhaltsaufklärung** vor Ausspruch der Kündigung durchzuführen. Einer **Gegenüberstellung** des Gekündigten mit Belastungszeugen bedarf es nicht.[317]

85

Etwas anderes gilt nur in Fällen der **Selbstbindung.** Legt der Arbeitgeber ein bestimmtes Kündigungsverfahren fest, etwa die *Führung eines klärenden Gespräches* vor der Kündigung wegen Loyalitätspflichtverletzungen, muss er sich daran festhalten lassen.[318] Entgegen der Herleitung des BAG ist dies allerdings nicht Konsequenz des unabhängig von Verfahrensregelungen des Arbeitgebers geltenden Verhältnismäßigkeitsgrundsatzes, sondern folgt aus den auf § 242 BGB beruhenden allgemeinen Prinzipien des Vertrauensschutzes und des Verbots des Selbstwiderspruchs.[319] Daraus lässt sich wiederum die Ausnahme ableiten, dass die Einhaltung des Verfahrens nach Treu und Glauben nicht verlangt werden kann, wenn dies nach schwerwiegenden Pflichtverletzungen des Arbeitnehmers zwecklos ist und kein weiterer sachlicher Aufklärungsbedarf besteht.[320]

86

---

313 BAG 8.6.2000 – 2 AZR 638/99 – NZA 2000, 1282, zu B I 2 a, b, d.
314 Vgl BAG 27.1.2011 – 2 AZR 825/09 – NZA 2011, 798, zu II 2 (sexueller Missbrauch von Kindern eines Kollegen durch Orchestermusiker); Adam ZTR 1999, 292, 297.
315 BAG 8.6.2000 – 2 ABR 1/00 – NZA 2001, 91, zu B II 3 b.
316 BAG 18.9.1997 – 2 AZR 36/97 – NZA 1998, 95, zu II 2 a; 23.6.2009 – 2 AZR 474/07 – NZA 2009, 1136, zu III 2 b aa; MünchKomm/Henssler § 626 BGB Rn 69 f; MünchArbR/Wank § 98 Rn 127; **aA noch** BAG 23.3.1972 – 2 AZR 226/71 – AP BGB § 626 Nr 63 mwN; **aA** für betriebsratslose Betriebe ArbG Gelsenkirchen 26.6.1998 – 3 Ca 3473/97 – EzA BGB § 242 Nr 41, zu 1.
317 BAG 18.9.1997 – 2 AZR 36/97 – NZA 1998, 95, zu II 2 b; KR/ Fischermeier § 626 BGB Rn 31, zur Verdachtskündigung Rn 230; APS/Dörner/Vossen § 626 BGB Rn 55.
318 BAG 16.9.1999 – 2 AZR 712/98 – NZA 2000, 208, zu II 2; ErfK/Müller-Glöge § 626 BGB Rn 47.
319 Hierzu BAG 18.10.2000 – 2 AZR 494/99 – NZA 2001, 321, zu I 5 b aa.
320 So im Ergebnis auch BAG 16.9.1999 – 2 AZR 712/98 – NZA 2000, 208, zu II 2 d.

87 **d) Wiederholungsgefahr/Abmahnungserfordernis.** Aufgrund des Zukunftsbezuges der Prüfung (s Rn 77) ist generell die – negative – Prognose erforderlich, dass **weiterhin mit erheblichen Störungen des Vertragsverhältnisses gerechnet werden muss.** Diese können sich iS einer **fortwirkenden Belastung des Arbeitsverhältnisses** allerdings auch aus einer (**einzelnen**) **schwerwiegenden Vertragsverletzung** (etwa einer Straftat) in der Vergangenheit ergeben, ohne dass die konkrete Gefahr bestehen muss, dass eine Wiederholung in absehbarer Zeit bevorsteht.[321] Liegt das Schwergewicht der Störung in der Wiederholungsgefahr, kann die Fortsetzung des Vertragsverhältnisses dagegen zumutbar sein, wenn weitere gleichartige Vertragsverletzungen ausgeschlossen sind oder unwahrscheinlich erscheinen.[322] Bei mit Vertragsverletzungen des anderen Teils begründeten **verhaltensbedingten Kündigungen** hat das **Abmahnungserfordernis** eine erhebliche Bedeutung (s Rn 88 zur Abmahnung, Rn 101 zur Eigenkündigung des Arbeitnehmers). Bei der außerordentlichen Kündigung gelten insoweit **dieselben Prinzipien wie bei der ordentlichen Kündigung,**[323] allerdings mit der **Einschränkung,** dass der der Prüfung der Wiederholungsgefahr zugrunde liegende Zeitraum auf die Zeit bis zum Ablauf der ordentlichen Kündigungsfrist oder bis zur anderweitigen Beendigung des Arbeitsverhältnisses beschränkt ist. Abgesehen von der außerordentlichen Kündigung mit notwendiger Auslauffrist besonders kündigungsgeschützter Arbeitsverhältnisse ist daher regelmäßig ein wesentlich kürzerer Prognosezeitraum maßgeblich. Ähnliches gilt für die ausnahmsweise in Betracht kommende personen- und betriebsbedingte außerordentliche Kündigung durch den Arbeitgeber. Auch hier muss mit der weiteren Störung des Vertragsverhältnisses im Prognosezeitraum zu rechnen sein.

88 Ganz generell gilt unter Berücksichtigung des ultima-ratio-Grundsatzes auch bei der außerordentlichen Kündigung, dass dieser regelmäßig eine **einschlägige, erfolglose Abmahnung** vorausgehen muss, wenn der Pflichtwidrigkeit ein **steuerbares Verhalten** des Kündigungsgegners zugrunde liegt,[324] das bisherige vertragswidrige Fehlverhalten eine klare Negativprognose noch nicht zulässt und deswegen von der Möglichkeit zukünftigen vertragsgerechten Verhaltens ausgegangen werden kann.[325] Ob die Vertragsverletzung dem sog *Vertrauens* – oder *Leistungsbereich* zuzuordnen ist, ist hierfür grundsätzlich ohne Bedeutung.

Einer Abmahnung bedarf es nur **ausnahmsweise nicht,** wenn eine solche keinen Erfolg verspricht, etwa weil erkennbar ist, dass der Vertragspartner überhaupt nicht gewillt ist, sich vertragsgerecht zu verhalten oder die Vertragspflichtverletzung so schwer wiegt, dass eine Hinnahme des Verhaltens

---

321 KR/Fischermeier § 626 BGB Rn 111; LAG Hamm 7.1.2005 – 10 Sa 1228/04 – juris, zu I 1 d; LAG Düsseldorf 21.7.2004 – 12 Sa 620/04 – LAGE § 1 KSchG Verhaltensbedingte Kündigung Nr 5 hält eine außerordentliche Kündigung auch ohne Wiederholungsgefahr für generell möglich, wenn diese ultima ratio ist.
322 Vgl BAG 5.4.2002 – 2 AZR 217/00 – NZA 2001, 837, zu II 3 e.
323 Ausf zur **Abmahnung** § 1 KSchG Rn 236 ff, 240-313.
324 BAG 18.5.1994 – 2 AZR 626/93 – NZA 1995, 65, zu I 1 a; 16.9.2004 – 2 AZR 406/03 – NZA 2005, 459, zu I 3; 25.10.2012 – 2 AZR 495/11 – NZA 2013, 319, zu I 2.
325 BAG 27.4.2006 – 2 AZR 415/05 – NZA 2006, 1033, zu I 2 a (4) a.

des Kündigungsgegners, für den zu Kündigenden erkennbar, von vornherein als ausgeschlossen erscheint (s Rn 99 zum Abmahnungserfordernis bei Bagatelldelikten).[326] Eine Abmahnung ist in den letztgenannten Fällen daher nur dann nicht entbehrlich, wenn der Gekündigte mit nachvollziehbaren, vertretbaren Gründen annehmen durfte, sein Verhalten werde als nicht erheblich, den Bestand des Arbeitsverhältnisses nicht gefährdend, angesehen.[327] Bei einer unwillentlichen Verkennung vertraglicher Pflichten, etwa dann, wenn der Arbeitnehmer in Wahrheit nicht bestehende Ansprüche geltend macht, kann auch im Vermögensbereich die Erteilung einer Abmahnung ausreichend sein.[328] Soweit es einer Abmahnung vor Ausspruch der außerordentlichen Kündigung bedarf, wird deren erforderliche **Warnfunktion durch** *Ermahnungen* **oder** *Aussprachen* **nicht erfüllt**.[329] Eine Abmahnung im Rechtssinn liegt auch nicht schon deshalb vor, weil die Maßnahme als solche bezeichnet wird („Ich mahne Sie hiermit förmlich ab").[330] Zur Abmahnung wird im Übrigen auf die ausf Kommentierung bei § 1 KSchG verwiesen.[331]

e) Milderes Mittel. Da die außerordentliche Kündigung das **unausweichlich letzte Mittel** zur Reaktion auf eine Störung des Vertragsverhältnisses ist (s Rn 76), kommt sie lediglich dann in Betracht, wenn dem Kündigenden die Beschränkung auf ein zur Beseitigung der Störung geeignetes milderes Mittel unzumutbar ist; nur dann ist die Vertragsfortsetzung bis zum ordentlichen bzw bis zum vereinbarten Beendigungstermin nicht zumutbar iSd § 626 Abs 1. Dieses Kriterium ist wie die Prüfung der Wiederholungsgefahr Teil der Feststellung der Erforderlichkeit der Kündigung.[332] Es gelten dabei die allgemeinen kündigungsrechtlichen Grundsätze der Verhältnismäßigkeit.[333]

89

Eine außerordentliche Kündigung ist danach nur zulässig, wenn mögliche und angemessene mildere Mittel wie der Ausspruch von **Ermahnungen, Abmahnungen, Um- oder Versetzungen** oder ggf **außerordentlichen Änderungskündigungen** sowie die **gerichtliche Klärung von Streitfragen** nicht zur Verfügung stehen, dh zur Erreichung des mit der Kündigung angestrebten Zweckes nicht tauglich sind. Die Möglichkeit von Um- und Versetzungen ist idR jedoch nur bei **arbeitsplatzbezogenen**, nicht aber bei arbeitsplatzunabhängigen Kündigungsgründen zu prüfen.[334] Als für die außeror-

---

326 BAG 12.5.2010 – 2 AZR 845/08 – NZA 2010, 1348, zu I 2 d aa 1; 12.1.2006 – 2 AZR 179/05 – EzA-SD 2006, Nr 14, 10; 16.9.2004 – 2 AZR 406/03 – NZA 2005, 459, zu I 3.
327 BAG 11.12.2003 – 2 AZR 36/03 – NZA 2004, 486, zu II 1 e.
328 BAG 7.12.2006 – 2 AZR 400/05 – juris, zu B II 2 a.
329 LAG Mecklenburg-Vorpommern 11.8.2004 – 2 Sa 60/04; zur **Warnfunktion der Abmahnung** vgl § 1 KSchG Rn 240 ff.
330 LAG Köln 12.9.2002 – 11 Sa 329/02 – ArbuR 2003, 195.
331 Rn 236 ff, 240-313.
332 Vgl Staudinger/Preis § 626 Rn 87.
333 § 1 KSchG Rn 176-179 zum Verhältnismäßigkeitsgrundsatz; § 1 KSchG Rn 314-322 für **verhaltensbedingte**, § 1 KSchG Rn 477-482 für **personenbedingte**, Rn 687 ff für **betriebsbedingte Kündigung** jeweils zum Vorrang des milderen Mittels, bzw mangelnder Weiterbeschäftigungsmöglichkeit.
334 BAG 8.6.2000 – 2 AZR 638/99 – NZA 2000, 1282, zu B III 1; KR/Fischermeier § 626 BGB Rn 291 f.

dentliche Kündigung spezifisches weiteres milderes Mittel kommt neben der Abmahnung auch der Ausspruch einer **ordentlichen Änderungs- oder Beendigungskündigung** in Betracht.[335]

89a Die **Verweigerung eines Schuldeingeständnisses** oder einer **Entschuldigung** durch den Arbeitnehmer ist für sich allein betrachtet kein Grund für eine ordentliche oder außerordentliche Kündigung.[336] Verlangt der Kündigungsberechtigte als Bedingung für ein Absehen von der Kündigung eine Entschuldigung oder ein Schuldeingeständnis des Vertragspartners und wird deren, bzw dessen Abgabe verweigert, hindert dies die Erklärung einer außerordentlichen Kündigung nicht, da die zum Eintritt der Verzichtswirkung notwendige (zulässige) Bedingung nicht eingetreten ist und negative Prognose und Wiederholungsgefahr, sogar manifestiert, fortbestehen; der Kündigungsberechtigte ist daher auch nicht auf die Wahl eines milderen Mittels zu verweisen.[337]

89b Enthält eine **Betriebsvereinbarung** *Arbeitsordnung* ein **abgestuftes Sanktionssystem** – Verwarnung, Verweis, Kündigung – müssen die vorgesehene Rangfolge und Systematik des Missbilligungsverfahrens eingehalten werden, es sei denn, der vorgeworfene Pflichtenverstoß ist derart gravierend, dass die ersten Stufen übersprungen werden können, weil das Arbeitsverhältnis aus wichtigem Grund außerordentlich gekündigt werden darf. Andernfalls verstößt eine derartige außerordentliche Kündigung gegen das ultima-ratio-Prinzip.[338]

Die Erteilung eines **Hausverbotes** ist idR kein geeignetes milderes Mittel bei einem Ladendiebstahl im Beschäftigungsbetrieb oder einem diesbzgl bestehenden Verdacht, selbst dann nicht, wenn sich der betreffende Arbeitnehmer bereits in der Freistellungsphase seines Altersteilzeitarbeitsverhältnisses befindet.[339]

90 Nach Ansicht des BAG ist die **Freistellung des Arbeitnehmers** bis zum Ablauf der ordentlichen Kündigungsfrist grundsätzlich kein dem Arbeitgeber zumutbares milderes Mittel, da zur Fortsetzung des Arbeitsverhältnisses iSv § 626 Abs 1 auch die Beschäftigung des Arbeitnehmers gehöre, auf die dieser regelmäßig sogar einen Anspruch habe.[340] Dies überzeugt mit dieser Begründung jedenfalls nicht generell, da der Arbeitgeber je nach der Gestaltung des Arbeitsvertrages in kleinerem oder größerem Maß über ein Suspendierungsrecht verfügt, das grundsätzlich durchaus als milderes Mittel in Betracht kommt. Der Verweisung des Arbeitgebers auf die Freistellung wird allerdings regelmäßig entgegenstehen, dass das Suspendierungs-

---

335 BAG 10.6.2012 – 2 AZR 541/09 – (Emmely) NZA 2010, 1227, zu III 3 b; 25.10.2012 – 2 AZR 495/11 – NZA 2013, 319, zu I 1.
336 Hessisches LAG 2.5.2003 – 12 Sa 992/01 – juris, zu II 2 a.
337 **AA** Hessisches LAG 26.11.2002 – 13 Sa 465/02 – nv; 2.5.2003 – 12 Sa 992/01 – nv, zu II 2 a.
338 LAG Bremen 18.11.2004 – 3 Sa 170/04 – EzA-SD 2004, Nr 16, 10-11; LAG Niedersachsen 29.11.2008 – 1 Sa 547/08 – EzA-SD 2009, Nr 3, 4.
339 LAG Schleswig-Holstein 18.1.2005 – 2 Sa 413/04 – NZA-RR 2005, 367.
340 BAG 11.3.1999 – 2 AZR 507/98 – NZA 1999, 587, zu 2 d; 5.4.2001 – 2 AZR 217/00 – NZA 2001, 837, zu II 3 b; **zust** APS/Dörner/Vossen § 626 BGB Rn 89; **aA** LAG Düsseldorf 5.6.1998 – 11 Sa 2062/97 – LAGE BGB § 626 Nr 120, zu B I 2 b cc.

recht dem Arbeitgeber in seinem eigenen Interesse eingeräumt wurde und es im Normalfall von ihm nicht verlangt werden kann, einen Arbeitnehmer zu vergüten, dessen Weiterbeschäftigung ihm unzumutbar ist.

Für atypische Fälle kann diese Möglichkeit jedoch nicht generell verneint werden. Dementsprechend hat das BAG zu Recht angenommen, dass **eine bereits ausgesprochene unwiderrufliche Freistellung** im Rahmen der Interessenabwägung als maßgeblicher Gesichtspunkt zu berücksichtigen sein kann, da in einem ruhenden Arbeitsverhältnis ein Kündigungsgrund je nach der konkreten Sachlage ein geringeres Gewicht haben kann, insbesondere wenn das Schwergewicht der Störung in der Wiederholungsgefahr liegt.[341] Dieser Gesichtspunkt ist allerdings nicht nur für die Interessenabwägung relevant, sondern kann bereits die Erforderlichkeit der Kündigung entfallen lassen.

Regelmäßig zu berücksichtigen ist auch, ob noch andernfalls **abzugeltender Resturlaub** vorhanden ist, mit dem die Kündigungsfrist ganz oder zumindest überwiegend überbrückt werden kann.[342]

f) Gesamtabwägung mehrerer Kündigungsgründe. Reichen mehrere einzeln als wichtiger Grund geeignete Sachverhalte unter Berücksichtigung der Umstände des Einzelfalls und der beiderseitigen Interessen nicht oder jedenfalls nicht ohne vorherige einschlägige Abmahnung für eine außerordentliche Kündigung aus, ist noch eine **Gesamtabwägung** dahingehend vorzunehmen, ob sie die Kündigung kumulativ rechtfertigen.[343] Dieser Gesichtspunkt ist auch in der Interessenabwägung von Relevanz, wo er im Allgemeinen eingeordnet wird.[344] Richtigerweise muss jedoch nach der Verneinung der Erforderlichkeit einer außerordentlichen Kündigung wegen einzelner Kündigungsgründe bereits in der Prüfungsstufe vorher untersucht werden, ob die Häufung mehrerer Vertragsstörungen doch eine außerordentliche Kündigung erforderlich macht, um überhaupt zur Stufe der Interessenabwägung zu gelangen. Streitig ist, ob jeweils ausschließlich verhaltens-, personen- und betriebsbedingte Gründe einbezogen werden können.[345] Dies ist angesichts des sich aus § 626 Abs 1 ergebenden Prinzips der umfassenden Abwägung aller kündigungsrelevanten Gesichtspunkte jedenfalls für die außerordentliche Kündigung abzulehnen, zumal die Grenzen zwischen diesen Bereichen nicht selten fließend sind.[346]

g) Berücksichtigung verfristeter und verziehener Kündigungsgründe. Gründe, die dem Kündigenden seit mehr als zwei Wochen bekannt waren und die die Kündigung daher gem § 626 Abs 2 Satz 1, 2 nicht selbstständig tragen, können zur Rechtfertigung einer Kündigung aufgrund später bekannt gewordener Umstände **unterstützend herangezogen** werden. Sie können geeignet sein, deren Gewicht zu erhöhen und dadurch erst die Kündi-

---

341 BAG 5.4.2001 – 2 AZR 217/00 – NZA 2001, 837, zu II 3 e.
342 Vgl LAG Düsseldorf 5.6.1998 – 11 Sa 2062/97 – LAGE BGB § 626 Nr 120, zu B I 2 b cc.
343 BAG 10.12.1992 – 2 AZR 271/92 – NZA 1993, 593, zu III 3 c aa; 1.7.1999 – 2 AZR 676/98 – NZA 1999, 1270, zu II 2 b.
344 Vgl etwa KR/Fischermeier § 626 BGB Rn 248.
345 **Differenzierend** KR/Fischermeier § 626 BGB Rn 247 f mwN.
346 So im Ergebnis auch Rüthers/Henssler ZfA 1988, 31, 33.

gung erforderlich zu machen. Voraussetzung ist nach der Rechtsprechung des BAG, dass der frühere und der spätere Kündigungssachverhalt in so engem **sachlichen Zusammenhang** zueinander stehen, dass die neuen Vorgänge ein weiteres, letztes Glied in der Kette der Ereignisse bilden, die zum Anlass der Kündigung genommen wird.[347] Auch bereits abgemahnte (und damit regelmäßig kündigungsrechtlich *verbrauchte*) Altfälle, soweit diese mit dem eigentlichen Kündigungsgrund auf der gleichen Linie liegen bzw in einem inneren Zusammenhang stehen[348] oder verziehene Kündigungsgründe (s Rn 19 f) können unterstützend herangezogen werden.[349] Mit der Verzeihung wird idR nur zum Ausdruck gebracht, trotz des an sich gegebenen Anlasses auf die Ausübung des Gestaltungsrechtes zu verzichten, nicht aber, dass der Kündigungssachverhalt auch dann nicht mehr verwertet werden soll, wenn der Vertragspartner die ihm gewährte Chance nicht nutzt und erneut den Vertrag einschlägig verletzt.

93 Gegen diese Rechtsprechung wird eingewandt, sie sei nicht nur wegen der Unbestimmtheit des Begriffs des engen Sachzusammenhangs wenig praktikabel, sondern auch dogmatisch unzutreffend, weil die Frist von § 626 Abs 2 Satz 1, 2 nicht auf den einzelnen Kündigungsgrund, sondern auf die Ausübung des Gestaltungsrechts abstelle.[350] Dies ist zwar nicht von der Hand zu weisen. Die in solchen Fällen meist notwendige Wiederholungsgefahr wird jedoch regelmäßig nur im Fall eines Sachzusammenhangs bestehen. Weiter zu berücksichtigen ist das Gewicht der früheren Vorfälle und die Dauer der seither verstrichenen Zeit, was zum vollständigen Verbrauch dieser Vorfälle führen kann. Umgekehrt sind aktuelle Vorfälle von geringerem Gewicht nicht deshalb zur Rechtfertigung einer außerordentlichen Kündigung geeignet, weil der Kündigende in der Vergangenheit trotz gewichtiger Vertragsstörungen vom Kündigungsausspruch abgesehen hat.[351]

8. Interessenabwägung

94 a) **Allgemeines.** Liegt zwar ein wichtiger Grund zur außerordentlichen Kündigung „an sich" vor, führt eine hierauf gestützte außerordentliche Kündigung des Arbeitsverhältnisses gleichwohl nur dann zu dessen wirksamer Beendigung, wenn auch bei der **stets vorzunehmenden Interessenabwägung** das Beendigungsinteresse des Kündigenden – idR also das Interesse des Arbeitgebers an der sofortigen Beendigung des Arbeitsverhältnisses – das Bestandsinteresse des Vertragspartners – idR also das Interesse des Arbeitnehmers an dessen (zumindest) zeitweiligem Fortbestand – über-

---

347 BAG 17.8.1972 – 2 AZR 359/71 – AP BGB § 626 Ausschlussfrist Nr 4, zu II 2 b; 15.3.2001 – 2 AZR 147/ 00 – EzA BGB § 626 nF Nr 185, zu 3; ebenso BGH 10.9.2001 – II ZR 14/00 – DB 2001, 2438; KR/Fischermeier § 626 BGB Rn 187; MünchArbR/Wank § 98 Rn 131.
348 BAG 13.12.2007 – 6 AZR 145/07 – NZA 2008, 403, zu I 2 b bb; 26.11.2009 – 2 AZR 751/08 – DB 2010, 733, zu I 2 c.
349 BAG 12.4.1956 – 2 AZR 247/54 – AP BGB § 626 Nr 11, zu 2 a, 3; KR/Fischermeier § 626 BGB Rn 250.
350 Herschel EzA BGB § 626 nF Nr 37; APS/Dörner/Vossen § 626 BGB Rn 123; Staudinger/Preis § 626 Rn 69 mwN.
351 KR/Fischermeier § 626 BGB Rn 250.

wiegt.[352] Dieses Erfordernis einer **zu Gunsten des Kündigenden ausfallenden Interessenabwägung** wird in der Praxis des Öfteren unterschätzt oder übersehen.

Gem § 626 Abs 1 sind die gegenläufigen Interessen beider Vertragsteile im **jeweiligen Einzelfall** unter Beachtung des Verhältnismäßigkeitsgrundsatzes gegeneinander abzuwägen.[353] Nach der Rechtsprechung des BAG sind **alle vernünftigerweise in Betracht zu ziehenden Umstände** einzubeziehen, die für oder gegen eine außerordentliche Kündigung sprechen,[354] ohne dass sich diese für alle Fälle abschließend festlegen ließen.[355] Regelmäßig sind jedoch **das Gewicht** und **die Auswirkungen einer Vertragspflichtverletzung**, **der Grad des Verschuldens des Arbeitnehmers**, **eine mögliche Wiederholungsgefahr** sowie **die Dauer des Arbeitsverhältnisses** und dessen bisheriger **störungsfreier Verlauf** zu berücksichtigen.[356]

Gegen den offenen Ansatz des BAG wird in der Literatur verbreitet eingewandt, es handele sich um eine topische Rechtsmethodik, die die Prüfung vernachlässige, welche Kriterien rechtliche Relevanz haben. Diese sei auf vertragsbezogene Kriterien beschränkt.[357] Dies führt jedoch deshalb nicht weiter, weil einerseits ein zumindest mittelbarer Vertragsbezug nach der Rechtsprechung des BAG bereits dadurch gewährleistet ist, dass andernfalls das betreffende Interesse nicht durch die Kündigung beeinträchtigt werden kann, und andererseits auch nach der Gegenansicht persönliche Umstände nicht völlig unberücksichtigt bleiben können.[358] Die Nähe zum Arbeitsverhältnis ist daher als Kriterium für die Gewichtung des jeweiligen Interesses zu verstehen.[359]

b) Einzelne Abwägungskriterien. Bei der Interessenabwägung sind **Gewicht und Ausmaß der Vertragspflichtverletzung** sowie die eingetretene und/oder voraussichtliche **Dauer der Störung des Vertragsverhältnisses** und des **Betriebsablaufs** wesentliche Abwägungsgesichtspunkte.[360] Von Relevanz ist auch, ob eine **Wiederholungsgefahr** besteht und ob und bejahendenfalls welche **Nachteile** und **wirtschaftlichen Auswirkungen** bzw welcher **Schaden** in welcher **Höhe** im Bereich des Arbeitgebers infolge der Pflicht-

95

---

352 ZB BAG 26.3.2009 – 2 AZR 953/07 – AP BGB § 626 Nr 220, zu II 1 d aa; 19.4.2012 – 2 AZR 258/11 – NZA-RR 2012, 567, zu I 1 a.
353 ZB BAG 9.6.2011 – 2 AZR 323/10 – NJW 2012, 407, zu I 3 a; 19.4.2012 – 2 AZR 258/11 – NZA-RR 2012, 567, zu I 1 a.
354 Etwa BAG 12.8.1999 – 2 AZR 748/98 – NZA 1999, 1267, zu B II 1; 15.11.2001 – 2 AZR 380/00 – NZA 2002, 970, zu I 1.
355 BAG 27.4.2006 – 2 AZR 415/05 – NZA 2006, 1033, zu I 2 a aa; 25.10.2012 – 2 AZR 495/11 – NZA 2013, 319, zu I 1.
356 BAG 9.6.2011 – 2 AZR 323/10 – NJW 2012, 407, zu I 3 a aa; 25.10.2012 – 2 AZR 495/11 – NZA 2013, 319, zu I 1.
357 Vgl etwa APS/Dörner/Vossen § 626 BGB Rn 111 f; Staudinger/Preis § 626 Rn 75; Ascheid Rn 137; **dagegen** für eine Berücksichtigung der Lebenssituation des Arbeitnehmers insgesamt KDZ/Däubler § 626 BGB Rn 44; **ähnl** MünchArbR/Wank § 98 Rn 124.
358 Vgl etwa APS/Dörner/Vossen § 626 BGB Rn 113; Staudinger/Preis § 626 Rn 79.
359 KR/Fischermeier § 626 BGB Rn 238.
360 BAG 26.3.2009 – 2 AZR 953/07 – AP BGB § 626 Nr 220, zu II 1 d aa; KDZ/Däubler § 626 BGB Rn 43; KR/Fischermeier § 626 Rn 240.

verletzung eingetreten ist.[361] Der wirtschaftliche Wert einer Sache hängt nicht allein von deren Verkaufsfähigkeit ab und ist daher auch bei bereits abgeschriebenen, unverkäuflichen Waren zu berücksichtigen (s Rn 99).[362]
Ein **besonderes Gewicht** kommt der **Dauer des Arbeitsverhältnisses** und einer möglicherweise langjährigen, **beanstandungsfreien Beschäftigungszeit** zu.[363] Die Betriebszugehörigkeit ist auch bei Vermögensdelikten des Arbeitnehmers zu berücksichtigen.[364] Ein **Zusammenhang der Pflichtwidrigkeit mit der geschuldeten Tätigkeit** wirkt sich bei der Interessenabwägung zu Lasten des Gekündigten aus.[365] Gleiches gilt, wenn es sich bei der Pflichtverletzung um ein Verhalten handelt, das insgesamt auf **Heimlichkeit** angelegt ist.[366]

Bei verhaltensbedingten Kündigungen ist der **Grad des Verschuldens** des Gekündigten ein weiteres wesentliches Kriterium, wobei das BAG allerdings in Ausnahmefällen auch ein schuldloses Verhalten als geeignet ansieht.[367] Abhängig vom Verschuldensgrad kann bei der Abwägung auch ein **vermeidbarer Irrtum** des Arbeitnehmers von Bedeutung sein.[368] Ein **Mitverschulden des Arbeitgebers** kann nicht außer Acht gelassen werden, etwa dann, wenn das beanstandete Verhalten des Arbeitnehmers auf einem Organisationsmangel des Arbeitgebers beruht oder durch einen solchen nicht verhindert wird.[369]

Bereits die **konkrete Gefahr** einer **Rufschädigung** des Arbeitgebers kann von Relevanz sein.[370] Enthalten die Regelungen einer Betriebs- oder Dienstvereinbarung **Wertungen der Betriebspartner,** sind diese im Rahmen der Interessenabwägung zu berücksichtigen.[371] In die Abwägung sind auch die **Folgen** einer außerordentlichen Kündigung einzubeziehen. Dazu gehören die Gefahr der Verhängung einer Sperrzeit gem § 144 SGB III, die Möglichkeit und die zu prognostizierende Dauer bis zur Erlangung einer

---

361 BAG 16.12.2004 – 2 ABR 7/04 – EzA § 626 BGB 2002 Nr 7; 27.4.2006 – 2 AZR 415/05 – NZA 2006, 1033, zu I 2 a aa; 21.11.2013 – 2 AZR 797/11 – DB 2014, 367, zu I 4 b.
362 BAG 11.12.2003 – 2 AZR 36/03 – NZA 2004, 486, zu II 2 d aa (Diebstahlsversuch an 62 Minifläschchen nicht mehr zum Verkauf bestimmter Alkoholika.).
363 BAG 26.3.2009 – 2 AZR 953/07 – AP BGB § 626 Nr 220, zu II 1 d aa.
364 BAG 27.4.2006 – 2 AZR 415/05 – NZA 2006, 1033, zu I 2 a aa.
365 LAG Köln 7.1.2005 – 10 Sa1228/04 – nv, zu I 1 d; LAG Hamm 25.3.2011 – 10 Sa 1788/10 – juris, Rn 54.
366 BAG 21.6.2012 – 2 AZR 153/11 – NZA 2012, 1025, zu II 2 b bb.
367 BAG 21.1.1999 – 2 AZR 665/98 – NZA 1999, 863, zu II 4; LAG München 14.4.2005 – 4 Sa 1203/04 – nv, zu II 2 a dd.
368 BAG 29.8.2013 – 2 AZR 273/12 – juris, zu II 2 bb 2.
369 LAG Düsseldorf 25.7.2003 – 14 Sa 657/03 – EzA-SD 2003, Nr 24, 11.
370 ZB BAG 7.7.2005 – 2 AZR 581/04 – NZA 2006, 98, zu B IV; LAG München 14.4.2005 – 4 Sa 1203/04 – nv, zu II 2 b (Herunterladen kinderpornographischer Dateien aus dem Internet unter Verwendung dienstlicher E-Mails.).
371 BAG 17.3.2005 – 2 ABR 2/04 – NZA 2005, 949, zu II 4 d bb (Außerordentliche Änderungskündigung, Abgruppierung um eine Vergütungsgruppe zumutbar gem Rahmensozialplan, weitergehende Abgruppierung mit Einverständnis des betroffenen Arbeitnehmers); LAG Niedersachsen 29.11.2008 – 1 Sa 547/08 – EzA-SD 2009, Nr 3, 4.

neuen Stelle sowie der mit einer verhaltensbedingten außerordentlichen Kündigung regelmäßig verbundene **Ansehensverlust**.[372] Bei einem Altersteilzeitarbeitsverhältnis ist zugunsten des Arbeitnehmers der umgehende Beginn der **Freistellungsphase** in die Interessenabwägung einzustellen;[373] gleiches gilt für das **altersbedingte absehbare Ausscheiden** aus dem Arbeitsverhältnis.[374] Eine bereits erfolgte **unwiderrufliche Freistellung** und ein bis zum Ablauf der Kündigungsfrist **ruhendes Arbeitsverhältnis** sind als maßgebliche Gesichtspunkte mit zu berücksichtigen, stehen einer fristlosen Kündigung jedoch nicht generell entgegen.[375] Der (tarifliche) Ausschluss des Rechts zur ordentlichen Kündigung ist als solcher, allein betrachtet, im Rahmen der Interessenabwägung ohne Bedeutung (vgl Rn 81).[376]

Unterhaltspflichten und der **Familienstand** des Arbeitnehmers sind bei der Interessenabwägung, auch bei verhaltensbedingten Kündigungsgründen, nicht generell ausgeschlossen und können daher berücksichtigt werden. Sie haben allerdings, je nach Gewicht des Kündigungsgrundes, nur geringe oder gar marginale Bedeutung und treten jedenfalls bei der verhaltensbedingten Kündigung, bis hin zur völligen Vernachlässigung im Extremfall, in den Hintergrund.[377] Ähnliches gilt für das **Alter des Arbeitnehmers**, das allerdings mittelbar Bedeutung behält, weil es meist die Chancen des Arbeitnehmers auf dem Arbeitsmarkt mitbestimmt[378] und für eine **Schwerbehinderung**.[379] Deren Berücksichtigung steht die vorgeschaltete Prüfung der spezifischen Schutzinteressen schwer behinderter Menschen durch das Integrationsamt nicht entgegen,[380] da diesem nicht die arbeitsrechtliche Prüfung der Vorliegens der Tatbestandsvoraussetzungen von § 626 Abs 1 obliegt und andernfalls insbesondere im Fall der Ermessensbindung nach § 91 Abs 4 SGB IX eine erschöpfende Interessenabwägung nicht möglich wäre. Soweit in der Literatur eine umfassende Berücksichtigung der Gesamtsituation des Arbeitnehmers verlangt wird (s Rn 94), ist dies angesichts der mit § 626 Abs 1 geforderten umfassenden Abwägung im Ansatz zutreffend. Bei hinreichend gewichtigen Vertragsverletzungen des Arbeitnehmers können dessen **persönliche Umstände** jedoch **im Normalfall nicht ausschlaggebend** sein, sondern lediglich in Grenzfällen.[381]

Anerkanntermaßen sind auch **generalpräventive Aspekte** in die Interessenabwägung einzubeziehen, jedoch wird diesen von der Rechtsprechung un-

---

372 BAG 13.12.1984 – 2 AZR 454/83 – NZA 1985, 288, zu II 3 a; 11.3.1999 – 2 AZR 507/98 – NZA 1999, 587, zu II 2 a.
373 LAG Düsseldorf 11.5.2005 – 12(11) Sa 115/05.
374 LAG Hamm 14.7.2004 – 2 Sa 1512/03.
375 BAG 5.4.2001 – 2 AZR 217/00 – NJW 2001, 3068, zu II 3 d, e; LAG Mecklenburg-Vorpommern 23.10.2008 – Sa 302/07 – juris, zu 1 b; LAG Hessen 29.8.2011 – 7 Sa 248/11 – ArbRB 2011, 358, zu II 2 c.
376 BAG 27.1.2011 – 2 AZR 825/09 – NZA 2011, 798, zu II 3 c hh mwN.
377 BAG 16.3.2000 – 2 AZR 75/99 – NZA 2000, 1332, zu II 1 b ee; 16.12.2004 – 2 ABR 7/04 – EzA § 626 BGB 2002 Nr 7, zu II 3 b aa.
378 Vgl BAG 16.3.2000 – 2 AZR 75/99 – NZA 2000, 1332, zu II 1 b ee.
379 BAG 20.1.2000 – 2 AZR 378/99 – NZA 2000, 768, zu B III 5 b.
380 So aber Bachmann ZfA 2003, 43, 56-59.
381 BAG 27.2.1997 – 2 AZR 302/96 – NZA 1997, 761, zu II 3; 20.1.2000 – 2 AZR 378/99 – NZA 2000, 768, zu II 5 a dd, b bb.

terschiedliches Gewicht beigemessen.[382] Die Weiterbeschäftigung eines Arbeitnehmers, der hinsichtlich des gleichen Kündigungssachverhalts das **objektiv schwerere Fehlverhalten** begangen hat, soll die Annahme indizieren, dass dem Arbeitgeber auch die Fortsetzung des mit dem Gekündigten bestehenden Arbeitsverhältnisses zumutbar sei.[383] Aufgrund der Ausstrahlung der **Grundrechte** sind auch verfassungsrechtlich geschützte Rechtspositionen des Vertragspartners zu beachten.[384] Sie werden sich in aller Regel aber bereits bei der Prüfung des Vorliegens einer Vertragsstörung, etwa einer rechtswidrigen Vertragsverletzung des Gekündigten, auswirken.[385]

98 c) **Nachtat-/Prozessverhalten.** Im Rahmen der Interessenabwägung kann auch das **Verhalten des Arbeitnehmers nach der Tatbegehung** von Bedeutung sein. Während ein Einräumen der Tat, das (erfolgreiche) Bemühen des Arbeitnehmers um Wiedergutmachung eines eingetretenen Schadens[386] oder eine glaubwürdige Entschuldigung[387] **zu dessen Gunsten** zu berücksichtigen sein können, wirken sich bei den Aufklärungsbemühungen des Arbeitgebers begangene weitere Täuschungshandlungen, zB das Abwälzen des Verdachts auf Mitarbeiter,[388] Leugnen des Pflichtenverstoßes und (mehrfache) vorsätzliche Angabe der Unwahrheit[389] oder die nach mehrfach geäußerten groben Beleidigungen eines Kollegen zwar ausdrücklich eingeräumte, aber nicht genutzte Gelegenheit zu einer Entschuldigung **negativ** aus.[390]

98a Sicher ist, dass derartige Umstände jedenfalls bis zum **Zugang der Kündigungserklärung** im Rahmen der Interessenabwägung berücksichtigungsfähig sind. Nach einhelliger Meinung ist für die Frage der Rechtswirksamkeit einer Kündigung entscheidend, ob Umstände vorliegen, die im Zeitpunkt des Zugangs der Kündigungserklärung die Kündigung als wirksam erscheinen lassen. Hierbei ist eine rückschauende Bewertung dieser Gründe vorzunehmen, wobei später eingetretene Umstände grundsätzlich nicht mehr einzubeziehen sind.[391] Allerdings entsprach es jedenfalls bislang gesicherter Rechtsprechung, dass auch Umstände, die **nach der Kündigung** eingetreten sind, bei der Interessenabwägung eine Rolle spielen können, wenn sie das frühere Verhalten des Gekündigten in einem anderen Licht erscheinen lassen, dh ihm ein geringeres oder größeres Gewicht als Kündigungsgrund verleihen (s auch Rn 60, 61 ff). Dies ist zB dann in Betracht zu ziehen ist,

---

382 BAG 16.12.2004 – 2 ABR 7/04 – EzA § 626 BGB 2002 Nr 7 (Generalprävention ist ein für das Kündigungsrecht im Allgemeinen und die Interessenabwägung im Besonderen nur begrenzt tragfähiger Gesichtspunkt); BAG 11.12.2003 – 2 AZR 36/03 – NZA 2004, 486, zu II 1 d cc (Erforderlichkeit allein zur Abschreckung anderer Arbeitnehmer in Einzelhandelsunternehmen bei Diebstahlsfällen hart durchzugreifen).
383 LAG Düsseldorf 11.5.2005 12(11) Sa 115/05.
384 Staudinger/Preis § 626 Rn 76; KDZ/Däubler § 626 BGB Rn 45.
385 Vgl etwa BAG 10.10.2002 – 2 AZR 472/01 – NZA 2003, 483, zu II 3 c.
386 BAG 27.4.2006 – 2 AZR 415/50 – NZA 2006, 1033, zu I 2 a bb 2.
387 LAG Hessen 3.9.2008 – 8 TaVB 10/08 – juris, zu II 1 b.
388 LAG Berlin-Brandenburg 24.2.2009 – 7 Sa 2017/08 – NZA-RR 2009, 188, zu 2 5.
389 LAG Berlin-Brandenburg 1.12.2011 – 2 Sa 2015/11 und 2 Sa 2300/11 – DB 2012, 866, zu 2 2 2.
390 LAG Rheinland-Pfalz 24.1.2008 – 11 Sa 564/07 – juris, zu II.
391 ZB BAG 23.6.2005 – 2 AZR 256/04 – NZA 2006, 363, zu II 2 b.

wenn gleichartige Pflichtverstöße nach Beginn des Kündigungsschutzprozesses auftreten, da hierdurch eine für die Kündigung maßgebliche Wiederholungsgefahr bestätigt werden kann.[392]

Zu Lasten des Arbeitnehmers können auch das **Leugnen des Pflichtverstoßes** und **wechselnde Einlassungen** während des **Kündigungsschutzprozesses**, insbesondere ein (mehrfacher) **vorsätzlicher unwahrer Vortrag**, berücksichtigt werden.[393] 98b

Die hierbei zukünftig im Einzelnen zu beachtenden Maßstäbe und Kriterien sind allerdings unklar. Mit Urteil vom 10.6.2010 (Emmely)[394] hat das BAG – nach entsprechender Zulassung der Revision[395] – das Urteil des LAG Berlin-Brandenburg vom 24.2.2009 aufgehoben. Das LAG hatte die Rechtswirksamkeit der dort streitgegenständlichen außerordentlichen Tatkündigung ua mit dem im Rahmen der Interessenabwägung zu Lasten der Klägerin berücksichtigten Prozessverhalten begründet. Das Verteidigungsvorbringen der Klägerin sei widersprüchlich, diese habe zudem versucht, den ihr gegenüber bestehenden Verdacht auf andere Mitarbeiter abzuwälzen. Das BAG bestätigte zwar, dass nachträglich eingetretene Umstände, jedenfalls wenn sie eine so **enge Beziehung** zu den alten Kündigungsgründen aufwiesen, dass sie nicht außer Acht gelassen werden könnten ohne einen einheitlichen Lebensvorgang zu zerreißen, berücksichtigungsfähig seien. Hierbei sei allerdings genau zu prüfen, welche Rückschlüsse auf den Kündigungsgrund späteres Verhalten zulasse. Die nämlichen Grundsätze gälten für prozessuales Vorbringen. Das **Prozessverhalten** der Klägerin habe nicht zu ihren Lasten gehen können, da es kaum Rückschlüsse auf die vertragsrelevante Unzuverlässigkeit zuließe. Es habe sich in einer möglicherweise ungeschickten und widersprüchlichen Verteidigung erschöpft.

Den grundsätzlichen Erwägungen des BAG mag durchaus zugestimmt werden können. Die Argumentation, mit der die Berücksichtigung des Prozessverhaltens im entschiedenen Fall abgelehnt wurde, überzeugt hingegen, auch unter generell-abstrakten Aspekten, nicht. Es erscheint allenfalls bei einer pauschalen Behauptung, einem nicht konkretisierten Hinweis, anderenfalls, bei konkretem Sachvortrag, nur schwer nachvollziehbar, dass das Prozessverhalten und die hierin – durch Leugnen und/oder Verschleiern des Sachverhalts und/oder dem versuchten Abwälzen des Verdachts auf andere Mitarbeiter – zum Ausdruck kommende innere Einstellung eines Arbeitnehmers (die möglicherweise auch strafrechtlich relevant sein kann) keine Rückschlüsse auf eine vertragsrelevante Unzuverlässigkeit zulassen und nicht zu einer Minderung des bei der Interessenabwägung zu berücksichtigenden Maßes an verbliebenem Vertrauen führen soll. Ob ein Arbeitnehmer vor Ausspruch der Kündigung, im außergerichtlichen Stadium oder während eines Kündigungsschutzverfahrens versucht, seine Entlastung durch Leugnen oder ein Geständnis, durch Schadenswiedergutmachung oder auf Kosten anderer Mitarbeiter zu erreichen, ist in tatsächlicher Hinsicht gleichermaßen positiv oder negativ zu bewerten. Eine Unter- 98c

---

392 BAG 13.10.1977 – 2 AZR 387/76 – NJW 1978, 1872, zu III 3 d.
393 BAG 24.11.2005 – 2 AZR 39/05 – NZA 2006, 484, zu II 3 d, e.
394 2 AZR 541/09 – NZA 2010, 1227.
395 BAG 28.7.2009 – 3 AZN 224/09 – NZA 2009, 859, zu I.

scheidung danach, ob dies vor oder nach Einreichung oder Zustellung einer Kündigungsschutzklage erfolgt, ist für eine wertende Beurteilung kein sachgerechtes Differenzierungskriterium. Eine unterschiedliche Bewertung lässt sich nur aus systematischen Erwägungen damit begründen, dass, bzw ob sich das relevante Verhalten vor oder nach Zugang der Kündigungserklärung ereignete. Aus dogmatischen Aspekten und im Hinblick auf die Rechtssicherheit und Prognostizierbarkeit der Wirksamkeit einer Kündigung ist es im Grundsatz richtig, mit dem Zeitpunkt des Zugangs der Kündigungserklärung auf einen klaren und nachvollziehbaren Zeitpunkt für die Berücksichtigungsfähigkeit tatsächlicher Umstände abzustellen. Dies schließt es indessen nicht aus, *ein im originären Kündigungssachverhalt unmittelbar bereits angelegtes Verhalten*, dass sich später, auch während des Prozesses realisiert, ergänzend bei der Prüfung der Rechtswirksamkeit der Kündigung zu berücksichtigen, soweit nicht ein neuer oder anderer Kausalverlauf in Gang gesetzt wird (vgl Rn 62, 92).

98d Bei einem bewusst falschen oder wechselnden Vortrag zu den Kündigungsgründen handelt es um eine mit dem Kündigungssachverhalt unmittelbar in einem engen inneren und sachlichen Zusammenhang stehende Handlung, wenn hierin die einheitliche Fortsetzung des vormaligen außergerichtlichen Verhaltens während des gerichtlichen Verfahrens liegt. Hierin liegt ebenso ein vorsätzlicher Verstoß gegen die auch die klagende Partei eines Kündigungsschutzverfahrens treffende prozessuale Wahrheitspflicht, der jedenfalls im Regelfall nicht als ungeschicktes Verteidigungsverhalten abgetan werden kann. Ein Arbeitnehmer verletzt seine vertraglichen Nebenpflichten, wenn er im Rechtsstreit um eine Kündigung bewusst wahrheitswidrig vorträgt, weil er befürchtet, mit wahrheitsgemäßen Angaben den Prozess nicht gewinnen zu können. Falsche Erklärungen, die in einem Prozess abgegeben werden, sind „an sich" geeignet, eine fristlose Kündigung zu rechtfertigen.[396] Die Berücksichtigung des einer Kündigung nachfolgenden (Prozess-)Verhaltens ist dem Kündigungsschutzrecht durchaus nicht wesensfremd; eine solche ist etwa im Rahmen des § 9 KSchG ausdrücklich vorgesehen.[397]

98e Vor diesem Hintergrund sind das **Nachtatverhalten** und das **prozessuale Verhalten des Gekündigten** nach Maßgabe der vorgenannten Kriterien der bisherigen Rechtsprechung geeignet, zu dessen Gunsten oder Lasten bei der **Interessenabwägung** berücksichtigt zu werden. An die – generelle – Berücksichtigungsfähigkeit sind hierbei keine überhöhten Anforderungen zu stellen.

98f Dem **Kündigungsberechtigten** bleibt es im Übrigen unbenommen, sollte das Nachtat- oder Prozessverhalten des Gekündigten **bestandsschutzrechtlich von Relevanz** sein oder werden,[398] eine hierauf gestützte (ggf vorsorgliche, hilfsweise) **weitere Kündigung** auszusprechen.

99 d) **Bagatelldelikte.** Außerordentliche Kündigungen des Arbeitgebers, die auf Grund des Vorwurfs oder auf Grund eines bestehenden Verdachts aus-

---

396 BAG 8.11.2007 – 2 AZR 528/06 – BB 2009, 279, zu II 1.
397 BAG 10.7.2008 – 2 AZR 1111/06 – NZA 2009, 312, zu II 2 a.
398 BAG 8.11.2007 – 2 AZR 528/06 – BB 2009, 279, zu II 1 mwN.

gesprochen werden, der Arbeitnehmer habe ein vollendetes oder auch nur versuchtes Eigentums- oder Vermögensdelikt oder eine zwar nicht strafbare, aber ähnlich schwer wiegende, unmittelbar gegen das Vermögen gerichtete Handlung zum Nachteil des Arbeitgebers begangen, beschäftigen die Arbeitsgerichte seit jeher. Die Rechtswirksamkeit derartiger Kündigungen wurde von der Rechtsprechung regelmäßig bestätigt. Dies galt auch bei **erstmaligen Vorgängen** und zwar selbst dann, wenn es sich bei dem Tatobjekt, etwa einer entwendeten Sache, um **Gegenstände** von nur **geringem** oder gar **ohne wirtschaftlichen Wert** handelte oder die **Tathandlung** zu **keinem** oder nur einem **geringen Schaden** führte – sog **Bagatellkündigung** – und der Kündigung **keine einschlägige Abmahnung** voraus ging.[399]

Das BAG begründete seine Rechtsprechung damit, dass der Arbeitnehmer zur Loyalität gegenüber seinem Arbeitgeber verpflichtet sei und hierdurch das Verbot begründet werde, den Arbeitgeber rechtswidrig und vorsätzlich durch eine Straftat oder eine schwer wiegende, vertragswidrige Handlung zu schädigen. Durch eine Eigentums- oder Vermögensverletzung werde, unabhängig vom Wert des Schadens, das Vertrauen des Arbeitgebers in die Redlichkeit des Arbeitnehmers in erheblicher Weise verletzt. Die rechtswidrige und vorsätzliche Verletzung des Eigentums oder Vermögens des Arbeitgebers sei stets, auch bei einer Ersttat und wenn die Sachen nur geringen Wert besäßen, als wichtiger Grund zur außerordentlichen Kündigung des Arbeitsverhältnisses *an sich* geeignet.

Die Festlegung einer nach dem **Wert** bestimmten **Relevanzschwelle**, ab deren Überschreitung ein wichtiger Grund *an sich* überhaupt erst vorläge, eine außerordentliche Kündigung also ausgesprochen werde dürfe, sei nicht möglich. Erst die Würdigung, ob dem Arbeitgeber die Fortsetzung des Arbeitsverhältnisses bis zum Ablauf der ordentlichen Kündigungsfrist bzw bis zur vertragsgemäßen Beendigung des Arbeitsverhältnisses unter Abwägung der Interessen beider Vertragsteile zumutbar sei oder nicht, könne zur Feststellung der Berechtigung oder Nichtberechtigung der außerordentlichen Kündigung führen.[400]

Die von den Gerichten durchzuführende Interessenabwägung führte im Ergebnis gleichwohl dazu, dass die Rechtswirksamkeit von Bagatellkündigungen, auch ohne vorangegangene Abmahnung, regelmäßig bejaht wurde. So bestätigte etwa das ArbG Lörrach mit Urteil vom 16.10.2009[401] die außerordentliche, fristlose Kündigung einer 58-jährigen Altenpflegerin nach 17 Jahren beanstandungsfreier Beschäftigung, da sie entgegen eines ausdrücklichen Verbots der Heimleitung sechs nach der Essensausgabe übrig gebliebene und zur Entsorgung in der Bio-Tonne bestimmte Maultaschen heimlich mitgenommen habe. Dieses Verhalten erfülle den Tatbestand eines Diebstahls.[402] Die Gesamtwürdigung aller Umstände und die Abwägung der Interessen beider Vertragspartner ergäbe, dass die außeror-

99a

---

399 Grdl. BAG 17.5.1983 – 2 AZR 3/83 – NZA 1985, 91 *Bienenstichurteil*; 3.12.2003 – 2 AZR 36/03 – NZA 2004, 486.
400 ZB BAG 12.8.1999 – 2 AZR 923/98 – NZA 2000, 421.
401 4 Ca 248/09 – ArbuR 2010, 79.
402 Zur hierin liegenden **Eigentumsproblematik** unter Berücksichtigung der dinglichen Rechtslage vgl Schall, NJW 2010, 1249.

dentliche Kündigung verhältnismäßig sei. Dieser und andere ähnlich gelagerte zeitgleich geführte Prozesse wurden von der Öffentlichkeit und den Medien mit großem Interesse verfolgt, ergangene klagabweisende Urteile als in hohem Maße ungerecht empfunden. Diverse auf den Weg gebrachte Gesetzesinitiativen[403] sollten zu einer Erschwerung oder sogar zum Verbot von Bagatellkündigungen führen.[404]

99b Mittlerweile scheint sich für derartige Konstellationen, jedenfalls **bei ein- bzw erstmaligen Vorfällen** und **ohne vorherige Abmahnung** und soweit diese **vollkommen wertlose oder nahezu wertlose Sachen** betreffen, eine **Trendwende in der Rechtsprechung** zu vollziehen. So entschied etwa das LAG Hamm, das die Interessenabwägung zu Gunsten des Arbeitnehmers ausfalle, wenn der Wert der für den Eigenverzehr entwendeten Ware äußerst gering sei,[405] das LAG Schleswig-Holstein, dass die unerlaubte Mitnahme eines im Betrieb ausgesonderten Gegenstandes nicht per se zur Rechtfertigung einer außerordentlichen Kündigung führe und nicht aus jedem unkorrekten, eigentumsrechtlich relevanten Verhalten eines Arbeitnehmers auf das Fehlen einer an Korrektheit und Ehrlichkeit ausgerichtete Grundhaltung geschlossen werden könne,[406] während das LAG Baden-Württemberg betonte, dass gerade bei der weisungswidrigen Aneignung wirtschaftlich geringwertiger oder wertloser Sachen durch einen Arbeitnehmer bei der Interessenabwägung zu prüfen sei, ob das Beendigungsinteresse des Arbeitgebers gegenüber dem Bestandsschutzinteresse des Arbeitnehmers ein überwiegendes Gewicht habe.[407] In die gleiche Richtung gehen zwei Entscheidungen des LAG Hamm[408] und des LAG Schleswig-Holstein,[409] in denen festgestellt wurde, dass die auf Grund des weisungswidri-

---

403 Der SPD, BT-Drucks 17/648; der Linken, BT-Drucks 17/649; der Grünen BT-Drucks 17/1986.
404 Einer Änderung der gesetzlichen Regelungen zur außerordentlichen Kündigung bedarf es indessen nicht. Die auf der bestehenden gesetzlichen Grundlage von der Rspr entwickelte und weiter differenzierte Systematik erlaubt einerseits die notwendige Bewertung der individuellen Umstände des jeweiligen Einzelfalles und bietet andererseits Prognostizierbarkeit und Rechtssicherheit in hinreichendem Umfang. Damit besteht der rechtliche Rahmen, um in der arbeitsgerichtlichen Beurteilung sowohl typischen als auch atypischen Fallkonstellationen gerecht werden zu können (s Rn 54, 56 ff). Mit der Entscheidung des BAG vom 10.6.2010 (Emmely) wurde den seinerzeitigen Bestrebungen nach einer gesetzlichen (Neu-)Regelung der Bagatellkündigung, wie durchaus zu erwarten war, jedenfalls gegenwärtig der Boden entzogen.
405 18.9.2009 – 13 Sa 640/09 – EZA-SD 2009, Nr 20, 3 (Verzehr von Brotaufstrich).
406 13.1.2010 – 3 Sa 324/09 – AA 2010, 84 (Mitnahme eines ausgesonderten Werkbankteils).
407 10.2.2010 – 13 Sa 59/09 – BB 2010, 632 (Versuch der Mitnahme eines zur Entsorgung vorgesehenen Kinderbettes).
408 4.11.2010 – 8 Sa 711/10 – BB 2010, 2884 (Verzehr von zwei unbezahlten verkaufsfähigen Frikadellen durch einen rund 20 Jahre beschäftigten, ordentlich unkündbaren Arbeitnehmer gegen den ausdrücklichen Protest des Vorgesetzten).
409 18.12.2013 – 6 Sa 203/13 (Versuch der Mitnahme von nach dem Mittagessen übrig gebliebenem Rotkohl aus einer Truppenküche durch eine 14 Jahre beschäftigte, 55-jährige Küchenhelferin. (Eine Umdeutung der außerordentlich ausgesprochenen Kündigung in eine ordentliche Kündigung scheiterte allerdings lediglich daran, dass der Personalrat nur bzgl einer außerordentlichen Kündigung beteiligt worden war und dieser nicht ausdrücklich und vorbehaltlos zugestimmt hatte (vgl Rn 146)).

gen Verzehrs von Nahrungsmitteln bzw des Versuchs der Mitnahme von Essensresten ausgesprochenen außerordentlichen Kündigungen jeweils rechtsunwirksam waren.

Mit Urteil im berühmt gewordenen *Fall Emmely* vom 10.6.2010 entschied das BAG[410] – anders als beide Vorinstanzen – dass die Kündigung einer Kassiererin, die ihr nicht gehörende Pfandbons im Wert von insgesamt 1,30 EUR zum eigenen Vorteil eingelöst habe, unwirksam sei. Das Gericht betonte unter Hinweis auf seine ständige Rechtsprechung, dass eine rechtswidrige und vorsätzliche gegen das Eigentum seines Arbeitgebers gerichtete Handlung des Arbeitnehmers eine fristlose Kündigung (nach wie vor) auch dann rechtfertigen könne, wenn der damit einhergehende wirtschaftliche Schaden gering sei oder ein solcher gar nicht eintrete. Allerdings sei **nicht jede** unmittelbar gegen die Vermögensinteressen des Arbeitgebers gerichtete Vertragspflichtverletzung ohne Weiteres ein Kündigungsgrund. Gleiches gelte auch bei Störungen des Vertrauensbereichs durch gegen das Vermögen oder Eigentum des Arbeitgebers gerichtete Straftaten; auch in diesem Bereich gäbe es keine „absoluten" Kündigungsgründe. Das Vorliegen eines wichtigen Grunds müsse stets unter Berücksichtigung aller Umstände des Einzelfalles und unter Abwägung der Interessen beider Vertragsteile beurteilt werden. Hierzu gehöre bspw das Maß der Beschädigung des Vertrauens, das Interesse an der korrekten Handhabung der Geschäftsanweisungen, das vom Arbeitnehmer in der Zeit seiner unbeanstandeten Beschäftigung erworbene Vertrauenskapital ebenso wie die wirtschaftlichen Folgen des Vertragsverstoßes.

99c

Eine lange Jahre ungestört verlaufene Vertrauensbeziehung zwischen Arbeitgeber und Arbeitnehmer werde nicht zwangsläufig bereits durch **die erste Enttäuschung des Vertrauens vollständig und unwiederbringlich zerstört**. Je länger das Arbeitsverhältnis unbelastet bestanden habe, desto eher könne die Prognose berechtigt sein, dass der **erarbeitete Vorrat an Vertrauen** durch einen **erstmaligen Vorfall** nicht vollständig aufgezehrt werde. Entscheidend sei ein **objektiver Maßstab**. Auf die subjektive Befindlichkeit und Einschätzung des Arbeitgebers oder bestimmter für ihn handelnder Personen komme es nicht an. Insgesamt müsse sich die sofortige Auflösung des Arbeitsverhältnisses als angemessene Reaktion auf die eingetretene Vertragsstörung erweisen. UU könne schon eine Abmahnung als milderes Mittel zur Wiederherstellung des für die Fortsetzung des Vertrages notwendigen Vertrauens in die Redlichkeit des Arbeitnehmers ausreichen.[411]

Das BAG stellt in der Entscheidung ausdrücklich klar, dass – wie bisher – auch geringwertige oder wertlose Sachen betreffende Eigentums- oder Vermögensdelikte grundsätzlich geeignet sind, einen wichtigen Grund für eine außerordentliche Kündigung *an sich* darzustellen. Der Interessenabwägung solle jedoch, auch wenn das BAG auf die besonderen Umstände des Falles

---

410 2 AZR 541/09 – NZA 2010, 1227.
411 Zu den aus dieser Rspr resultierenden Folgen für die **Aufbewahrungsdauer einer Abmahnung** in der Personalakte des Arbeitnehmers im Zusammenhang mit dem **Dokumentationsinteresse des Arbeitgebers** an in der Vergangenheit eingetretenen Vertragsstörungen vgl BAG 19.7.2012 – 2 AZR 782/11 – AE 2013, 10 und Schrader, NJW 2012, 342.

abstellt, bei **erstmaligen** oder **einmaligen Vorfällen** eine gesteigerte Bedeutung insbesondere hinsichtlich des zu Gunsten des gekündigten Arbeitnehmers einzustellende Kriteriums **eines durch die bisherige lange beanstandungsfreie Zeit der Betriebszugehörigkeit ohne vergleichbare Pflichtverletzungen erarbeiteten Vorrats an Vertrauen** zukommen.[412]

99d Dieser Aspekt könnte in vergleichbaren Fällen daher eine deutliche Aufwertung seiner Gewichtung im Rahmen der Abwägung erfahren.[413] Eine maßvolle Verschiebung erscheint insoweit auch sachgerecht. Bagatellkündigungen kreisen um Sachverhalte, bei denen man jedenfalls in der überwiegenden Zahl der Fälle wird vermuten dürfen, dass das jeweilige Arbeitsverhältnis entweder gar nicht oder nicht in der erfolgten Art und Weise gekündigt worden wäre, wenn der Arbeitgeber mit den Leistungen und/oder dem Verhalten des betreffenden Mitarbeiters zufrieden gewesen wäre. Tatsächlich dürften die für die Kündigung ursächlichen Umstände überwiegend in anderen Bereichen zu suchen sein, ein Kündigungsgrund aber nicht vorliegen oder nicht oder nur mit unverhältnismäßigem Aufwand oder Risiko dargelegt und bewiesen werden können. Zwar mögen vorsätzliche rechtswidrige Verletzungen und Beeinträchtigungen von Eigentum oder Vermögen des Arbeitgebers durch den Arbeitnehmer – oder ein derartiger Verdacht – die für die Durchführung der Vertragsbeziehung notwendige Vertrauensgrundlage grundsätzlich unabhängig vom Wert der betroffenen Gegenstands erschüttern. Dies schließt es indessen nicht aus, die Höhe eines eingetretenen Schadens bei der Abwägung zu berücksichtigen.[414]

Der Maßstab für eine zu Gunsten des kündigenden Arbeitgebers ausfallende Interessenabwägung sollte daher bei – **erstmaligen oder einmaligen** – **Bagatelldelikten** richtigerweise höher liegen als bislang.[415]

99e Gleichwohl ist in der Rechtsprechung jedenfalls bislang (über den bei Rn 99 b dargestellten Rahmen hinaus) keine nachhaltige Änderung in der Bewertung derartiger Fallkonstellationen zu verzeichnen. Nach wie vor gilt: Wer sich als Arbeitnehmer am Eigentum seines Arbeitgebers vergreift, oder dies auch nur versucht, riskiert seinen Arbeitsplatz – auch bei einem einmaligen bzw erstmaligen Fehlverhalten und langjähriger Beschäftigung und keinem oder einem in nur geringer Höhe eingetretenen Schaden.[416] Dies gilt erst recht, wenn dem Pflichtenverstoß eine **einschlägige Abmah**-

---

412 BAG 10.6.2010 – 2 AZR 541/09 – NZA 2010, 1227, zu III 3 d cc 2 a.
413 So bereits LAG Berlin-Brandenburg 6.9.2010 – 2 Sa 509/10 – NZA-RR 2010, 633, zu 2 2 (Betrug zum Nachteil des Arbeitgebers mit einem Schaden von rd. 150 EUR); LAG Köln 26.10.2010 – 12 Sa 936/10 (vorsätzliche Sachbeschädigung an Mobiltelefon).
414 BAG 21.11.2013 – 2 AZR 797/11 – DB 2014, 367, zu I 4 b.
415 Insgesamt zur Interessenabwägung vgl § 626 Rn 94 ff.
416 ZB LAG München 3.3.2012 – 3 Sa 641/10 – AA 2012, 38 (außerordentliche Kündigung eines seit über 22 Jahren als Buchhalter beschäftigten, mit einem GdB von 90 schwerbehinderten Betriebsratsvorsitzenden 2 ½ Monate vor Beginn der Altersrente wegen eigennütziger gezielter Falschbuchung eines Betrages iHv 20 EUR; nachfolgend BAG 20.9.2011 – 9 AZN 781/11 (Zurückweisung Nichtzulassungsbeschwerde); LAG Hamm 25.3.2011 – 10 Sa 1788/10 (außerordentliche Kündigung eines 54-jährigen seit 38 Jahren beschäftigten Waldarbeiters wegen des versuchten Diebstahls eines mit Holz beladenen Anhängers).

nung vorausging,[417] bei **mehrfachem**[418] oder bei **bewusstem und systematischem Fehlverhalten**[419] des Arbeitnehmers; hier führt die Rechtsprechung ihre bisherige Linie konsequent fort, so dass auch bei Sachverhalten ohne oder mit einem nur geringen Schaden regelmäßig die Rechtswirksamkeit der außerordentlichen Kündigung bestätigt wird.

Arbeitgebern ist gleichwohl zu empfehlen, in jedem Fall sorgfältig(er als bisher) abzuwägen, ob anstelle des sofortigen Ausspruchs einer fristlosen Kündigung im Zusammenhang mit einem ersten bzw einmaligen Bagatelldelikt nicht die vorherige Wahl eines milderen Mittels (insbesondere einer Abmahnung oder ordentlichen Kündigung) erfolgen sollte, schon im Hinblick auf das anderenfalls unmittelbar entstehende Annahmeverzugsrisiko.[420]

99f

9. Kündigungsgründe für den Arbeitgeber

§ 626 kennt **keine absoluten Kündigungsgründe** in dem Sinn, dass bestimmte Vorkommnisse immer und stets als wichtiger Grund anerkannt werden.[421] Vor dem Hintergrund der hiermit und den im Rahmen der Interessenabwägung verbundenen, oftmals nicht auszuschließenden Unwägbarkeiten sollte der einen **Arbeitgeber beratende Rechtsanwalt** seine Partei

100

---

417 ZB LAG Niedersachsen – 22.11.2010 – 12 Sa 1115/10 (außerordentliche Kündigung eines seit 12 Jahren beschäftigten Marktleiters im Einzelhandel wegen Entnahme eines Päckchens Kaffee vor Kassenöffnung ohne Bezahlung oder sonstige Dokumentation mit anschließender Kaffeekochen für seine Kollegen im Sozialraum nach über 4 Jahre zurückliegender, nicht unmittelbar einschlägiger Abmahnung; nachfolgend BAG 7.7.2011 – 2 AZN 294/11 – Verwerfung Nichtzulassungsbeschwerde); LAG Berlin-Brandenburg 1.12.2011 – 2 Sa 2015/11 und 2 Sa 2300/11 – DB, 2012, 866 (außerordentliche Kündigung eines seit 14 Jahren beschäftigten Kraftfahrers nach einschlägiger Abmahnung wegen eines festgestellten vorsätzlichen Arbeitszeitverstoßes von 27 Minuten und eines möglichen weiteren Verstoßes von 45-50 Minuten).
418 ZB LAG Berlin-Brandenburg 10.2.2012 – 6 Sa 1845/11 – BB 2012, 832 (außerordentliche Kündigung eines seit knapp 21 Jahren beschäftigten 57-jährigen Filialleiters wegen des Verdachts der strafrechtlich relevanten Aneignung von Waren mit einem Warenwert von 12,02 EUR und eines Beutels Streusand in zwei kurz hintereinander liegenden Zeitpunkten); vgl auch BAG 21.6.2012 – 2 AZR 153/11 – NZA 2012, 1025 (Entwendung von jeweils zumindest einer Packung Zigaretten an zwei Tagen durch 50-jährige, rund 19 Jahre beschäftigte stellv. Filialleiterin: Das BAG hielt die zwischen den Parteien in der Revisionsinstanz allein noch streitgegenständliche ordentliche Kündigung für sozial gerechtfertigt. Die Vorinstanz (LAG Köln 18.11.2010 – 6 Sa 217/10) hatte die außerordentliche Kündigung unter Berücksichtigung der langen Betriebszugehörigkeit der Klägerin und des relativ geringen Schadens für unverhältnismäßig erachtet, gleichzeitig allerdings einen die Fortsetzung des Arbeitsverhältnisses letztlich unzumutbar machenden irreparablen Vertrauensverlust attestiert, die vorübergehende Fortsetzung unter Hinweis auf die Möglichkeit der *bezahlten Freistellung* der Klägerin bis zum Ablauf der ord. Kündigungsfrist jedoch für zumutbar gehalten (was insgesamt nur schwer nachvollziehbar ist)).
419 ZB BAG 9.6.2011 – 2 AZR 381/10 – NZA 2011, 1027, zu I 1 (an sieben aufeinanderfolgenden Tagen falsch in einem Zeiterfassungssystem dokumentierte Arbeitszeit von insgesamt 135 Minuten nach 17-jähriger Betriebszugehörigkeit ohne vorherige Abmahnung).
420 Vgl zur Bagatellkündigung auch die Kommentierung bei § 1 Rn 427 ff.
421 HM etwa BAG 10.6.2010 – 2 AZR 541/09 – NZA 2010, 1227, zu A I; ErfK/Müller-Glöge § 626 BGB Rn 40, 60.

sorgfältig über die aus dem Ausspruch einer außerordentlichen Kündigung resultierenden **Risiken aufklären**. Andernfalls haftet der Rechtsanwalt seinem Mandanten ggf für den aufgrund der unterbliebenen Belehrung entstandenen Schaden.[422]

Die Gründe für arbeitgeberseitige außerordentliche Kündigungen unterscheiden sich von den Gründen für die soziale Rechtfertigung ordentlicher Kündigungen iSv § 1 KSchG nur dadurch, dass sie in dem Sinn ein **höheres Gewicht** haben müssen, als dem Arbeitgeber nicht nur die dauerhafte Fortsetzung des Arbeitsverhältnisses, sondern schon die Wahrung der ordentlichen Kündigungsfrist oder das Zuwarten bis zum vereinbarten Beendigungstermin unzumutbar sein muss. Ein wichtiger Grund für eine außerordentliche Kündigung kann sowohl in einer erheblichen Verletzung der vertraglichen **Hauptleistungspflichten** als auch in der erheblichen Verletzung von vertraglichen **Nebenpflichten** liegen, wenn das regelmäßig geringere Gewicht Letzterer durch erschwerende Umstände verstärkt wird.[423]

In Betracht kommen außerordentliche Arbeitgeberkündigungen in erster Linie aus **verhaltensbedingten Gründen**. Dringende betriebliche Erfordernisse rechtfertigen regelmäßig nur eine ordentliche Kündigung, da bei solchen Gründen dem Arbeitgeber die Einhaltung der Kündigungsfrist zumutbar ist.[424] In **Ausnahmefällen** können jedoch auch betriebsbedingte oder in der Person des Arbeitnehmers liegende Gründe als wichtiger Grund iSd § 626 in Betracht kommen. Außerordentliche Kündigungen mit notwendiger (im allgemeinen Sprachgebrauch häufig: sozialer) Auslauffrist gegenüber ordentlich unkündbaren Arbeitnehmern werden von den Arbeitsgerichten zwar unter Anlegung erheblich verschärfter Anforderungen geprüft, ähneln in den Begründungserfordernissen ordentlichen Kündigungen indessen noch stärker (s Rn 41 ff).

Wegen der Strukturgleichheit soll auf eine doppelte Kasuistik der Kündigungsgründe für arbeitgeberseitige Kündigungen bei § 1 KSchG und § 626 verzichtet werden. Die jeweils kündigungsgrundbezogenen Besonderheiten der **außerordentlichen Kündigung**, insbesondere bei **ordentlich unkündbaren Arbeitnehmern**, werden bei § 1 KSchG für **verhaltensbedingte** Gründe unter Rn 339-347, für **personenbedingte** Gründe unter Rn 485-494 und für **betriebsbedingte** Gründe unter Rn 744-758 erläutert. Es wird ferner darauf verwiesen, in welchen **Fallgruppen** eine außerordentliche Kündigung gerechtfertigt sein kann.

---

422 Vgl BGH 18.12.2002 – IX ZR 365/99 – NZA 2003, 274.
423 BAG 19.4.2007 – 2 AZR 78/06 – PersR 2007, 472, Rn 28; 26.11.2009 – 2 AZR 751/08 – DB 2010, 733, zu I 1; 12.5.2010 – 2 AZR 845/08 – NZA 2010, 1348, zu I 2 a.
424 BAG 29.3.2007 – 8 AZR 538/06 – EzA BGB 2002 § 626 Unkündbarkeit Nr 14, zu II 2 c; 31.1.2008 – 8 AZR 2/07 – ArbRB 2008, 264, zu II 3 b.

1. Verhaltensbedingte Gründe	§ 1 KSchG
Abkehrwille	Rn 348
Abwerbemaßnahmen	Rn 351
Alkoholmissbrauch	Rn 354
Anzeigen/ Zeugenaussagen gegen den Arbeitgeber/ Einschalten der Presse („Whistleblowing")	Rn 363
Arbeitspflicht	
a) Arbeitsverweigerung/Leistungsverweigerungsrecht/Gewissenskonflikt	Rn 371
b) Überstunden	Rn 378
c) Unentschuldigtes Fehlen/Unpünktlichkeit	Rn 380
d) Selbstbeurlaubung	Rn 381
e) Schlechtleistung/Minderleistung	Rn 387
Arbeitsunfähigkeit	
a) Allgemeines	Rn 390
b) Anzeige- und Nachweispflicht	Rn 391
c) Androhen der Arbeitsunfähigkeit	Rn 394
d) Genesungswidriges Verhalten	Rn 395
e) Vortäuschen einer Krankheit	Rn 397
Ausländerfeindliches Verhalten	Rn 401
Außerdienstliches Verhalten	
a) Allgemeines	Rn 404
b) Sonderfälle	
aa) Öffentlicher Dienst	Rn 406
bb) Tendenzbetriebe	Rn 409
cc) Kirchliche Einrichtungen	Rn 410
c) Außerdienstliche Straftaten	Rn 413
d) Verschuldung/Lohnpfändungen	Rn 416
e) Vertragliche Vereinbarung außerdienstlicher Verhaltenspflichten	Rn 420
Beleidigung	Rn 421
Druckkündigung	Rn 424
Eigentums-/Vermögensdelikte; Bagatelldelikte	Rn 425
Fragebogenlüge – vorvertragliches Verhalten	Rn 433
Haft	Rn 435
Meinungsäußerungsfreiheit/Politische Betätigung im Betrieb	Rn 436
Mobbing/Benachteiligung	Rn 440
Nebentätigkeit	Rn 442

1. Verhaltensbedingte Gründe	§ 1 KSchG
Privattelefonate/private Internetnutzung	Rn 445
Religionsfreiheit	Rn 447
Sabotageversuch	Rn 448
Schmiergeldverbot	Rn 449
Sexuelle Belästigung am Arbeitsplatz/Stalking	Rn 450
Sicherheitsbestimmungen/Arbeitsunfall	Rn 452
Streik	Rn 453
Tätlichkeiten – Bedrohung	Rn 456
Verdachtskündigung – Tatkündigung	Rn 458
Verschwiegenheit/ Datenschutz	Rn 459
Wettbewerb/ Konkurrenz	Rn 460

2. Personenbedingte Gründe	§ 1 KSchG
AIDS und HIV-Infektion	Rn 495
Alkohol-/Drogenabhängigkeit	Rn 500
Alter	Rn 506
Arbeits- und Berufsausübungserlaubnis	Rn 510
Arbeitsunfähigkeit/Erwerbsminderung	Rn 522
Arbeitsunfall/Berufskrankheit	Rn 523
Betriebsgeheimnisse	Rn 527
Druckkündigung	Rn 528
Eheschließung und -scheidung	Rn 530
Ehrenamt	Rn 536
Eignung, Tendenzbetriebe	Rn 537
Familiäre Verpflichtungen	Rn 541
Gewissensentscheidung	Rn 542
Haft (Straf-/Untersuchungshaft)	Rn 544
Krankheit	Rn 546
Kuraufenthalt	Rn 625
Sonntagsarbeit bei Doppelarbeitsverhältnis	Rn 626
Straftaten	Rn 627
Verdachtskündigung	Rn 630
Verschuldung/Entgeltpfändungen	Rn 650
Wehrdienst	Rn 653

3. Betriebsbedingte Gründe	§ 1 KSchG
Abkehrwille	Rn 760
Arbeitsmangel	Rn 761
Auftrags- und Umsatzrückgang	Rn 764
Austauschkündigung	Rn 768
Betriebsänderung/Betriebseinschränkung/Änderung des Arbeitsablaufs	Rn 774
Betriebsstilllegung und Wiedereinstellungsanspruch	Rn 779
Betriebsübergang	Rn 794
Druckkündigung	Rn 796
Insolvenz	Rn 799
Öffentlicher Dienst	Rn 804
Rationalisierung	Rn 808
Rentabilitätssteigerung	Rn 811

10. Kündigungsgründe für den Arbeitnehmer

a) **Allgemeine Voraussetzungen.** Nach hM gilt § 626 für Kündigungen von Arbeitnehmerseite **in gleicher Weise wie für Kündigungen des Arbeitgebers**.[425] Eine Mindermeinung nimmt dagegen an, wegen der grundsätzlich freien Kündbarkeit eines Arbeitsverhältnisses durch den Arbeitnehmer seien die Anforderungen an den wichtigen Grund gegenüber Arbeitgeberkündigungen herabzusetzen.[426] Dies trifft nicht zu. Die sich aus § 626 ergebenden Anforderungen differenzieren nicht danach, welche Seite die Kündigung ausspricht. Die prinzipielle Kündigungsfreiheit für Arbeitnehmer ist aufgrund der §§ 620 Abs 2, 622 BGB auf fristgemäße Kündigungen beschränkt. Der nur für Arbeitnehmer geltende Kündigungsschutz gegenüber ordentlichen Kündigungen ändert daran nichts. Auch bei außerordentlichen Arbeitnehmerkündigungen muss daher ein „an sich" wichtiger Grund vorliegen, zu beachten sind ebenso das **Verhältnismäßigkeits-** und das **Prognoseprinzip** einschließlich der **Abmahnungsobliegenheit**,[427] die Notwendigkeit einer **umfassenden Interessenabwägung**,[428] die **Frist des § 626 Abs 2 Satz 1, 2**[429] sowie die im Prozess beim Kündigenden liegende **Darlegungs- und Beweislast** für das Vorliegen der Voraussetzungen von § 626.[430] Auch für Arbeitnehmer kommt im Fall des Vorliegens der allge-

101

---

[425] BAG 4.12.1997 – 2 AZR 799/96 – NZA 1998, 420, zu II 1 b; 12.3.2009 – 2 AZR 894/07 – NZA 2009, 840, zu II 1; Staudinger/Preis § 626 Rn 237; SPV/Preis Rn 720.
[426] KDZ/Däubler § 626 BGB Rn 30, 177; MünchKomm/Henssler § 626 Rn 266.
[427] BAG 19.6.1967 – 2 AZR 287/66 – AP GewO § 124 Nr 1, zu II; 17.1.2002 – 2 AZR 494/00 – EzA BGB § 628 Nr 20, zu I 3 c; 26.7.2007 – 8 AZR 796/06 – NZA 2007, 1419, zu II 3 b.
[428] Vgl BAG 26.7.2001 – 8 AZR 739/00 – NZA 2002, 325, zu B II 3 c cc; 8.8.2002 – 8 AZR 574/01 – NZA 2002, 1323, zu II 2 b cc (2).
[429] BAG 26.7.2001 – 8 AZR 739/00 – NZA 2002, 325, zu B II 3 d; 8.8.2002 – 8 AZR 574/ 01 – NZA 2002, 1323, zu II 2 b dd.
[430] BAG 25.7.1963 – 2 AZR 510/62 – AP ZPO § 448 Nr 1, zu II 4.

meinen Voraussetzungen der Ausspruch einer Verdachtskündigung in Betracht.[431] Zu den Handlungsmöglichkeiten des Arbeitgebers bei unwirksamen arbeitnehmerseitigen Eigenkündigungen vgl Rn 27-32.

102 **b) Kündigungsgründe aus der Sphäre des Arbeitnehmers. aa) Arbeitsplatzwechsel.** Die Gelegenheit, einen attraktiveren Arbeitsplatz zu erlangen, oder die Absicht, sich selbstständig zu machen, berechtigt einen Arbeitnehmer grundsätzlich nicht zum Ausscheiden ohne Einhaltung der ordentlichen Kündigungsfrist.[432] Dies gilt auch, wenn der Arbeitnehmer ein erheblich höheres Gehalt erzielen,[433] eine im Gegensatz zum bisherigen Arbeitsverhältnis unbefristete Anstellung erlangen[434] oder in ein Beamtenverhältnis wechseln könnte[435] und wenn er beabsichtigt, ein Studium aufzunehmen.[436] Ein Recht zur außerordentlichen Kündigung besteht in solchen Fällen auch dann nicht, wenn die bisherigen Arbeitsbedingungen erheblich unter Tarifniveau liegen.[437]

103 **bb) Gewissenskonflikt.** Ein wichtiger Grund kann vorliegen, wenn der Arbeitnehmer wegen eines unlösbaren Gewissenskonfliktes die Arbeitsleistung verweigern darf und anderweitig nicht vertragsgemäß beschäftigt werden kann.[438] Bei der Prüfung des wichtigen Grundes ist das Grundrecht von Art 4 Abs 1 GG angemessen zu berücksichtigen.

104 **cc) Krankheit.** Für den Fall der krankheitsbedingten Einschränkung der Leistungsfähigkeit auf einen geringeren zeitlichen Umfang hat das BAG ein Recht zur außerordentlichen Kündigung in Betracht gezogen, wenn der Arbeitnehmer dem Arbeitgeber Gelegenheit gegeben hat, einer Änderung der Arbeitszeit zuzustimmen.[439] Diese Rechtsprechung ist zwischenzeitlich durch den Reduzierungsanspruch nach § 8 TzBfG jedenfalls in Unternehmen mit mehr als 15 Arbeitnehmern überholt, da die Geltendmachung des Teilzeitanspruchs ein milderes Mittel gegenüber der außerordentlichen Kündigung ist. Generell ist davon auszugehen, dass Krankheiten des Arbeitnehmers kein wichtiger Grund sind, selbst wenn sie ansteckend sind, da für deren Dauer die Arbeitspflicht suspendiert und deshalb die Wahrung der Kündigungsfrist regelmäßig zumutbar ist.[440] In Betracht kommt ein außerordentliches Kündigungsrecht lediglich, wenn umgekehrt der Arbeitnehmer im Betrieb ansteckenden Krankheiten ausgesetzt ist[441] und beim Ausschluss des Rechts zur ordentlichen Kündigung etwa nach § 15 TzBfG.[442] In Letzterem Fall muss der Arbeitnehmer jedoch in entsprechen-

---

431 Näher § 1 KSchG Rn 630 ff.
432 BAG 17.10.1969 – 3 AZR 442/68 – AP BGB § 611 Treuepflicht Nr 7, zu III 1 c 2.
433 BAG 1.10.1970 – 2 AZR 542/69 – AP BGB § 626 Nr 59, zu 2; aA bei *außergewöhnlichen Lebenschancen* KDZ/Däubler § 626 BGB Rn 192.
434 LAG Schleswig-Holstein 30.1.1991 – 3 Sa 430/90 – LAGE BGB § 626 Nr 55.
435 BAG 24.10.1996 – 2 AZR 845/95 – NZA 1997, 597, zu II 3 a.
436 Staudinger/Preis § 626 Rn 239; aA MünchKomm/Henssler § 626 Rn 267.
437 **AA** KDZ/Däubler § 626 BGB Rn 193.
438 KR/Fischermeier § 626 BGB Rn 468; Staudinger/Preis § 626 Rn 242.
439 BAG 2.2.1973 – 2 AZR 172/72 – AP BGB § 626 Krankheit Nr 1.
440 Vgl Staudinger/Preis § 626 Rn 244.
441 LAG Düsseldorf 20.10.1960 – 7 Sa 395/60 – BB 1961, 49; KR/Fischermeier § 626 BGB Rn 473.
442 Staudinger/Preis § 626 Rn 244.

der Anwendung der Rechtsprechung zur tariflichen Unkündbarkeit (s Rn 41-44) mit einer der fiktiven ordentlichen Kündigungsfrist entsprechenden Auslauffrist kündigen.

dd) Elternzeit. Zum Auslaufen der Elternzeit kann ein Arbeitsverhältnis nach § 19 BEEG nur mit einer Kündigungsfrist von drei Monaten gekündigt werden. 105

c) Kündigungsgründe aus der Sphäre des Arbeitgebers. aa) Arbeitsschutz. Schwere Verstöße gegen arbeitsschutzrechtliche Bestimmungen sind als Kündigungsgrund geeignet.[443] Regelmäßig ist aber eine vorherige einschlägige Abmahnung erforderlich.[444] 106

bb) Aussperrung. Eine rechtswidrige Aussperrung kann eine außerordentliche Kündigung rechtfertigen. Die ältere Rechtsprechung[445] zur fristlosen Lösung vom Arbeitsverhältnis nach einer lösenden Aussperrung ist wegen der weitgehenden Unzulässigkeit Letzterer kaum noch relevant.[446] 107

cc) Beleidigung, Belästigung, Bedrohung, Tätlichkeit. Bei derartigen Missachtungen des Persönlichkeitsrechts und der körperlichen Integrität durch den Arbeitgeber gelten dieselben Maßstäbe wie bei der Arbeitgeberkündigung wegen entsprechender Verhaltensweisen des Arbeitnehmers. Grundlose Verdächtigungen durch den Arbeitgeber kommen als Kündigungsgrund ebenso in Betracht[447] wie Beleidigungen,[448] das willkürliche Verhängen von Hausverboten[449] oder ausländerfeindliche und rassistische Aussagen.[450] Eine unwirksame Kündigung des Arbeitgebers allein genügt nicht, sofern der Arbeitgeber den Arbeitnehmer nicht zusätzlich beleidigt.[451] Ein Recht zur außerordentlichen Kündigung kann bestehen, wenn der Arbeitgeber unter Missachtung seiner Fürsorgepflicht den Arbeitnehmer nicht vor Körper- oder Persönlichkeitsrechtsverletzungen durch Kollegen oder Dritte schützt oder einen hinreichenden Schutz nicht gewährleisten kann.[452] Verstöße gegen die Pflicht zum Schutz vor sexuellen Belästigungen gem § 4 Abs 1 BeschSchG aF, seit 18.8.2006 ersetzt durch die Vorschriften des AGG zur (sexuellen) Belästigung, §§ 1, 3 Abs 3, 4 AGG, kommen gleichermaßen zur Kündigungsrechtfertigung in Betracht wie das Nichteinschreiten gegen Mobbinghandlungen von Kollegen, Vorgesetzten oder Dritten (s §§ 12 Abs 3, 4; 13 ff AGG).[453] 108

---

443 BAG 28.10.1971 – 2 AZR 15/71 – AP BGB § 626 Nr 62, zu II 2 b (Anordnung von Mehrarbeit unter erheblicher Verletzung des öffentlichen Arbeitszeitrechts.).
444 LAG Baden-Württemberg 10.10.1990 – 9 Sa 35/90 – BB 1991, 415; Staudinger/Preis § 626 Rn 240.
445 Etwa BAG 21.4.1971 – GS 1/68 – AP GG Art 9 Arbeitskampf Nr 43, zu III C 4, D 3.
446 KDZ/Däubler § 626 BGB Rn 194.
447 BAG 24.2.1964 – 5 AZR 201/62 – AP BGB § 607 Nr 1, zu 4 b.
448 ArbG Bocholt 5.4.1990 – 3 Ca 55/90 – DB 1990, 1671.
449 KDZ/Däubler § 626 BGB Rn 184.
450 Vgl entsprechend zum Auflösungsantrag LAG Hamm 27.5.1993 – 16 Sa 1612/92 – AiB 1994, 54, zu 2 a.
451 LAG Bremen 23.4.1971 – 1 Sa 6/71 – BB 1971, 745.
452 LAG Frankfurt/Main 2.9.1953 – I LA 48/53 – AuR 1954, 121, zu I; beachte auch §§ **12 Abs 3, 4; 13 ff AGG**.
453 KDZ/Däubler § 626 BGB Rn 186.

109 **dd) Entzug der vertragsgemäßen Tätigkeit.** Die Verletzung des Anspruchs des Arbeitnehmers auf vertragsgemäße Beschäftigung kann diesen nach einschlägiger Abmahnung zur außerordentlichen Kündigung legitimieren.[454] Bezieht der Arbeitnehmer überwiegend erfolgsabhängige Vergütung, kann eine vertragswidrige Einschränkung des Tätigkeitsbezirks ebenfalls eine Kündigung rechtfertigen, insbesondere wenn das Vorgehen des Arbeitgebers eine besondere Missachtung der Belange des Arbeitnehmers erkennen lässt.[455] Vom Direktionsrecht umfasste Maßnahmen sind dagegen regelmäßig kein ausreichender Anlass zur fristlosen Kündigung.[456] Die Nichterteilung oder der Entzug einer Prokura kommt nur unter besonderen Umständen als Kündigungsgrund in Betracht, wenn der Arbeitgeber vertragswidrig und auf den Arbeitnehmer besonders belastende Weise handelt.[457] Ähnliches gilt für die Nichterfüllung einer Vereinbarung über die Bestellung zum Geschäftsführer einer Gesellschaft nach dem Ablauf einer Einarbeitungszeit und für den Entzug einer derartigen Stellung.[458]

110 **ee) Vergütungsrückstände.** Die **Nichterfüllung** oder **Verzögerungen** bei der Leistung **des Vergütungsanspruchs des Arbeitnehmers** können „an sich" ein wichtiger Grund zur fristlosen Kündigung sein, wenn sie einen erheblichen Betrag umfassen oder wenn sie sich über einen erheblichen Zeitraum erstrecken und der Arbeitnehmer eine idR erforderliche einschlägige Abmahnung vergeblich ausgesprochen hat (s Rn 126 zur Problematik des Dauertatbestands).[459] Dasselbe gilt, wenn der Arbeitgeber mit der regelmäßigen Vergütung wiederholt in Verzug gerät.[460] Dabei ist abzuwägen, ob es dem Arbeitnehmer zuzumuten ist, sich auf eine ordentliche Kündigung zu beschränken und die ausstehenden Beträge und/oder entstandene Verzugszinsansprüche einzuklagen.[461] Dies wird dem Arbeitnehmer jedenfalls dann zumutbar sein, wenn und so lang es sich nicht um existenzbedrohende Rückstände handelt, die Vollstreckbarkeit der während der Dauer der ordentlichen Kündigungsfrist entstehenden Vergütungsansprüche nicht aus bestimmten Gründen ernstlich zweifelhaft ist oder wenn bei einer fortgesetzten Zahlungsverweigerung keine längere Kündigungsfrist zu überbrücken wäre. Der maßgebliche Unterschied zu der Kündigung des Arbeitgebers wegen beharrlicher Arbeitsverweigerung liegt darin, dass ausstehende Vergütung regelmäßig zumindest durch Klage und Zwangsvollstreckung

---

454 BAG 15.6.1972 – 2 AZR 345/71 – AP BGB § 628 Nr 7, zu 2 b; 16.8.1976 – 3 AZR 173/75 – AP BGB § 611 Beschäftigungspflicht Nr 4, zu I 3; 22.1.2009 – 8 AZR 808/07 – NZA 2009, 547, zu I 3 b (zur Wirksamkeit (vorliegend verneint) einer außerordentlichen Eigenkündigung des Arbeitnehmers nach voran gegangener Abmahnung des Arbeitgebers wegen Nichtbeschäftigung nach Widerspruch gegen einen Betriebsübergang).
455 BAG 26.7.2001 – 8 AZR 739/00 – NZA 2002, 325, zu B II 4.
456 LAG Niedersachsen 12.10.1998 – 13 Sa 103/98 – LAGE BGB § 315 Nr 5.
457 BAG 17.9.1970 – 2 AZR 439/69 – AP BGB § 628 Nr 5, zu 2.
458 BAG 8.8.2002 – 8 AZR 574/01 – NZA 2002, 1323, zu II 2 b cc; BGH 28.10.2002 – II ZR 146/02 – NJW 2003, 351, zu 2 a.
459 BAG 26.7.2007 – 8 AZR 796/06 – NZA 2007, 1419, zu II 3 a aa; 8.8.2002 – 8 AZR 574/01 – NZA 2002, 1323, zu II 2 b cc; 26.7.2001 – 8 AZR 739/00 – NZA 2002, 325, zu II 3 c aa.
460 BAG 17.1.2002 – 2 AZR 494/00 – EzA BGB § 628 Nr 20, zu A I 3 b aa; LAG Köln 23.9.1993 – 10 Sa 587/93 – RzK I 9 k Nr 22.
461 Vgl BAG 26.7.2001 – 8 AZR 739/00 – NZA 2002, 325, zu B II 3 c cc.

realisiert werden kann, während die Arbeitsleistung wegen ihres Charakters als Fixschuld nicht nachgeholt werden kann.

Nach der Rechtsprechung des BAG reicht allerdings nicht schon jeder **kurzfristige** oder **geringfügige Zahlungsverzug** zur Rechtfertigung einer fristlosen Kündigung aus. Kleinere Rückstände können jedoch genügen, wenn der Arbeitgeber willkürlich und hartnäckig, ohne nachvollziehbare Begründung handelt oder wenn ein Wiederholungsfall vorliegt.[462] Ohne Bedeutung ist, ob der Arbeitgeber leistungsunwillig oder leistungsunfähig war.[463] Auch bei wirtschaftlichen Schwierigkeiten des Arbeitgebers ist ein Arbeitnehmer regelmäßig nicht verpflichtet, auf ihm arbeitsvertraglich zustehende Vergütungsansprüche zu verzichten, auch wenn er in gehobener Position tätig ist.[464] Eine Kündigung wegen erwarteter Rückstände **vor** Fälligkeit der Vergütung kommt allerdings nicht in Betracht.[465] Die künftige Gewährung von Insolvenzausfallgeld führt hingegen nicht zum Wegfall des Kündigungsrechts, weil sie das voran gegangene pflichtwidrige Verhalten des Arbeitgebers nicht beseitigt.[466] Unzulässig ist eine Kündigung, wenn der Arbeitgeber gegenüber Vergütungsansprüchen ein **Zurückbehaltungsrecht** wirksam ausübt, da er dann nicht rechtswidrig handelt. Zu beachten ist hierbei, dass in entsprechender Anwendung von § 394 BGB ein Zurückbehaltungsrecht meist nur gegenüber pfändbaren Vergütungsbestandteilen bestehen kann.[467]

111 Eine außerordentliche Kündigung kommt auch im Fall der **Nichtabführung der Lohnsteuer, des Arbeitnehmeranteils zur Gesamtsozialversicherung oder von vermögenswirksamen Leistungen** in Betracht,[468] vor allem wenn der Arbeitgeber über deren Abführung täuscht. Handelt es sich um eine Straftat gem § 266 a StGB, ist eine Abmahnung idR entbehrlich.

112 **ff) Urlaub.** Die rechtswidrige **Missachtung von Urlaubswünschen** entgegen § 7 Abs 1 BUrlG kann Grund einer außerordentlichen Kündigung sein, wenn der Arbeitgeber eine entsprechende Abmahnung missachtet oder deutlich macht, den Urlaubsanspruch überhaupt nicht erfüllen zu wollen.[469]

113 **gg) Werkswohnung.** Der nicht vertragsgemäße Zustand einer Werkswohnung soll eine außerordentliche Kündigung durch den Arbeitnehmer rechtfertigen, wenn die Weiternutzung der Wohnung unzumutbar ist und wenn er den Arbeitgeber entsprechend abgemahnt hat.[470] Eine isolierte Kündi-

---

462 BAG 26.7.2001 – 8 AZR 739/00 – NZA 2002, 325, zu II 3 c aa; LAG Hamm 25.3.2010 – 8 Sa 1663/09 (Hiernach soll bereits die in einer Betriebsversammlung aufgrund katastrophaler Auftragslage und negativem Betriebsergebnis angekündigte, auf drei Monate begrenzte Gehaltskürzung um 10 % die außerordentliche Kündigung des Arbeitnehmers rechtfertigen).
463 BAG 17.1.2002 – 2 AZR 494/00 – EzA BGB § 628 Nr 20, zu I 3 b aa; 26.7.2007 – 8 AZR 796/06 – NZA 2007, 1419, zu II 3 a aa.
464 BAG 18.9.2001 – 9 AZR 307/00 – NZA 2002, 268 zu I 2 d cc; 7.11.2002 – 2 AZR 742/00 – AP BGB § 615 Nr 100, zu B I 1 d bb 2.
465 LAG Hamm 14.2.2001 – 14 Sa 1829/00 – NZA-RR 2001, 524.
466 BAG 26.7.2007 – 8 AZR 796/06 – NZA 2007, 1419, zu II 3 a bb.
467 Vgl Kittner/Zwanziger/Litzig § 62 Rn 28.
468 Vgl LAG Baden-Württemberg 30.5.1968 – 4 Sa 27/68 – BB 1968, 874.
469 ErfK/Müller-Glöge § 626 BGB Rn 169; SPV/Preis Rn 728.
470 BAG 19.6.1967 – 2 AZR 287/66 – AP GewO § 124 Nr 1.

gung des Nutzungsrechts an einer **Werksdienstwohnung** ist als unzulässige Teilkündigung unwirksam, da bei Werksdienstwohnungen nur ein einheitliches Vertragsverhältnis und kein selbstständiges Mietverhältnis besteht. Jedoch hat das BAG einen Wegfall einer im Einzelfall bestehenden Pflicht zum Bewohnen der Wohnung für möglich gehalten.[471] Da bei **Werksmietwohnungen** hingegen Arbeits- und Mietverhältnis als voneinander unabhängige Rechtsverhältnisse nebeneinander bestehen,[472] sind beide Vertragsverhältnisse selbstständig kündbar. Störungen des einen wirken sich nicht ohne weiteres im anderen aus und können daher kein Grund zu dessen Kündigung sein.

VI. Ausschlussfrist (§ 626 Abs 2 Satz 1, 2 BGB)

1. Rechtsnatur, Zweck, Recht zur ordentlichen Kündigung, Geltungsbereich, Unabdingbarkeit

114 § 626 Abs 2 Satz 1, 2 enthält eine **materiell-rechtliche Ausschlussfrist** für die Kündigungserklärung.[473] Die Frist soll im Interesse der Rechtssicherheit für den Vertragspartner rasch Klarheit schaffen, ob der Kündigungsberechtigte eine bestimmte Störung des Vertragsverhältnisses zum Anlass nehmen will, von der massivsten von der Rechtsordnung zugelassenen Reaktionsmöglichkeit Gebrauch zu machen. Dem Kündigenden soll die Möglichkeit genommen werden, Kündigungsgründe aufzusparen und dadurch auf die andere Seite Druck ausüben zu können. Andererseits soll der Kündigungsberechtigte nicht zu hektischer Eile angetrieben werden, sondern eine **angemessene Frist** erhalten, um über seine Reaktion nachdenken und Rechtsrat einholen zu können.[474] Dies liegt regelmäßig auch im wohlverstandenen Interesse des Vertragspartners, da es die Gefahr übereilt ausgesprochener Kündigungen vermindert.[475] Die Frist regelt eine verfassungsrechtlich zulässige gesetzliche **Konkretisierung des Rechtsgedankens der Verwirkung**.[476] In ihr hat die Überlegung Niederschlag gefunden, dass derjenige sich selbst widerlegt, der einerseits geltend macht, ihm sei eine Fortsetzung des Dienstverhältnisses bis zum ordentlichen Beendigungstermin nicht zumutbar, andererseits aber trotz Kenntnis der relevanten Tatsachen mit dem Kündigungsausspruch mehr als zwei Wochen zögert.[477]

115 Lässt der Kündigungsberechtigte die **Frist verstreichen**, kann er noch **ordentlich kündigen**, wenn und soweit das ordentliche Kündigungsrecht nicht durch Gesetz oder durch rechtswirksame Individual- oder Kollektivvereinbarung (insbesondere auf der Grundlage einer tariflichen Regelung)

---

471 BAG 23.8.1989 – 5 AZR 569/88 – NZA 1990, 191.
472 BAG 2.11.1999 – 5 AZB 18/99 – NZA 2000, 277, zu II 2, 3.
473 BAG 10.6.1988 – 2 AZR 25/88 – NZA 1989, 105, zu III 2 a; 29.7.1993 – 2 AZR 90/93 – NZA 1994, 171.
474 Zum Normzweck vgl BAG 25.2.1983 – 2 AZR 298/81 – AP BGB § 626 Ausschlussfrist Nr 14, zu II 2 b; 4.6.1997 – 2 AZR 362/96 – NZA 1997, 1158, zu II 3 b.
475 Vgl BAG 27.1.1972 – 2 AZR 157/71 – AP BGB § 626 Ausschlussfrist Nr 2, zu 3; 15.8.2002 – 2 AZR 514/01 – NZA 2003, 795.
476 BAG 28.10.1971 – 2 AZR 32/71 – AP BGB § 626 Ausschlussfrist Nr 1, zu II; 9.1.1986 – 2 ABR 24/85 – NZA 1986, 467, zu 2 b aa.
477 Staudinger/Preis § 626 BGB Rn 286; KDZ/Däubler § 626 BGB Rn 201.

ausgeschlossen ist. Das Recht zur ordentlichen Kündigung wird durch den Ablauf der Ausschlussfrist nicht beeinträchtigt, da dieses nicht Regelungsgegenstand von § 626 ist.[478]

Die Ausschlussfrist gilt für **alle außerordentlichen Kündigungen von Dienstverhältnissen iSd § 611 BGB**, mithin für alle Formen von Arbeitsverhältnissen. Sie erfasst neben der außerordentlichen Beendigungskündigung die außerordentliche Änderungskündigung,[479] die außerordentliche Kündigung ordentlich unkündbarer Arbeitsverhältnisse mit notwendiger Auslauffrist durch den Arbeitgeber,[480] die Kündigung der Arbeitsverhältnisse betriebsverfassungsrechtlicher Funktionsträger gem § 15 Abs 1-3 a KSchG[481] sowie die Kündigung der Anstellungsverträge der Organe juristischer Personen[482] und anderer selbstständiger Dienstverträge. Lediglich für **Handelsvertreter- und Vertragshändlerverträge** besteht nach der Rechtsprechung des BGH die Sonderregelung des § 89 a HGB[483] (s Rn 16). 116

Bei § 626 Abs 2 Satz 1, 2 handelt es sich um eine spezielle Regelung für die außerordentliche Kündigung, die bereits wegen der Kürze der Frist auf andere Formen der Kündigung oder der anderweitigen Beendigung eines Dienstverhältnisses **nicht analog anwendbar** ist.[484] Vgl zur Kündigung nach dem Einigungsvertrag Rn 8 und zur Entlassung von Dienstordnungsangestellten Rn 10.

§ 626 Abs 2 Satz 1, 2 ist eine weder vor noch nach dem Bekanntwerden der Kündigungsgründe und weder durch Individual- noch durch Tarifvertrag dispositive, **zweiseitig zwingende Norm** (s Rn 144).[485] 117

2. Fristbeginn

a) **Kenntnis des Kündigungsberechtigten.** Gem § 626 Abs 2 Satz 2 beginnt die zweiwöchige Ausschlussfrist des Abs 2 Satz 1 mit dem Zeitpunkt, in dem der Kündigungsberechtigte (s Rn 132 ff, Rn 138 ff) von den für die Kündigung maßgeblichen Tatsachen eine zuverlässige und möglichst vollständige Kenntnis erlangt.[486] Dazu ist **positive Kenntnis** erforderlich; selbst grob fahrlässige Unkenntnis genügt nicht.[487] Ausschlaggebend sind nicht 118

---

478 BAG 4.3.1980 – 1 AZR 1151/78 – AP GG Art 140 Nr 4, zu B II 7; 15.8.2002 – 2 AZR 514/01 – NZA 2003, 795, zu B I 1; Staudinger/Preis § 626 Rn 288; ErfK/Müller-Glöge § 626 BGB Rn 222; einschränkend LAG Hamm 16.10.1978 – 9 Sa 729/78 – DB 1979, 607.
479 BAG 25.3.1976 – 2 AZR 127/75 – AP BGB § 626 Ausschlussfrist Nr 10, zu III 1.
480 BAG 25.3.1976 – 2 AZR 127/75 – AP BGB § 626 Ausschlussfrist Nr 10, zu III 1.
481 BAG 24.10.1996 – 2 AZR 3/96 – NZA 1997, 371.
482 BGH 15.6.1998 – II ZR 318/96 – NZA 1998, 1005, zu I.
483 BGH 19.11.1998 – III ZR 261/97 – NZA 1999, 320, zu 2, 2 a.
484 BAG 4.3.1980 – 1 AZR 1151/78 – AP GG Art 140 Nr 4, zu B II 7; ErfK/Müller-Glöge § 626 BGB Rn 203, 204.
485 HM BAG 19.1.1973 – 2 AZR 103/72 – AP BGB § 626 Ausschlussfrist Nr 5, zu I 3; 12.4.1978 – 4 AZR 580/76 – AP BGB § 626 Ausschlussfrist Nr 13; KR/Fischermeier § 626 BGB Rn 317, 318; APS/Dörner/Vossen § 626 BGB Rn 119, 120; Staudinger/Preis § 626 Rn 230.
486 ZB BAG 5.6.2008 – 2 AZR 234/07 – NZA-RR 2008, 630, zu I 1 b; 27.1.2011 – 2 AZR 825/09 – NZA 2011, 798, zu I 1.
487 ZB BAG 2.3.2006 – 2 AZR 46/05 – EzA-SD 2006, Nr 15, 11-4, zu II 1; 23.10.2008 – 2 AZR 388/07 – AP Nr 217 zu § 626 BGB, zu I 1 b.

erste vage Informationen über den Kündigungsgrund. Die Kenntnisse des Kündigenden müssen so fundiert sein, dass sie es ihm erlauben, seiner prozessualen Darlegungs- und Beweislast zu genügen und ihm die Entscheidung ermöglichen, ob die Fortsetzung des Arbeitsverhältnisses zumutbar ist oder nicht.[488] Dazu gehören nicht nur der eigentliche Kündigungssachverhalt, sondern auch alle für und alle gegen die Kündigung sprechenden Umstände, die bei der Zumutbarkeitsprüfung in die Gesamtwürdigung einzubeziehen sind.[489]

119 **b) Hemmung der Ausschlussfrist durch Sachverhaltsaufklärung.** Der Kündigungsberechtigte muss nicht die erst beste sich bietende, unsichere Möglichkeit zur Kündigung nutzen, um das Kündigungsrecht nicht zu verlieren. Der Kündigende kann sich vielmehr um eine **möglichst vollständige Aufklärung der für und gegen die Kündigung sprechenden Umstände** bemühen und geeignete Maßnahmen zur Ermittlung der relevanten Tatsachen ergreifen, ohne dass die Ausschlussfrist des § 626 Abs 2 Satz 1 anzulaufen beginnt.[490] Aufgrund der Beschleunigungsfunktion der Frist wird deren Beginn allerdings nur durch Maßnahmen gehemmt, die der Kündigende bei pflichtgemäßer Ausübung seines Ermessens für **notwendig** halten durfte. Zudem müssen die Ermittlungen mit der vom Normzweck **gebotenen Eile** durchgeführt werden. Der Fristbeginn kann durch Aufklärungsmaßnahmen nicht länger als unbedingt nötig heraus geschoben werden (s Rn 121).[491] Führt der Kündigende die Aufklärungsmaßnahmen nicht mit der notwendigen Zügigkeit durch, beginnt die Frist zu dem Zeitpunkt zu laufen, zu dem die Ermittlungen bei der gebotenen Eile hätten abgeschlossen sein können.[492] Ändern sich die Gesamtumstände des kündigungsrelevanten Sachverhalts, bspw weil der Kündigungsberechtigte neue Beweismittel erlangt, etwa wenn sich ein zunächst nicht aussagebereiter Belastungszeuge zur Aussage entschließt, kann die Frist **erneut** zu laufen **beginnen** (s Rn 122).[493]

Anstatt eigene Ermittlungen durchzuführen darf sich der Kündigungsberechtigte auch dazu entschließen, den **Fort-** bzw **Ausgang** eines **Ermittlungs- oder Strafverfahrens** abzuwarten und seinen Kündigungsentschluss davon abhängig zu machen.[494] Hierdurch tritt eine Bindungswirkung allerdings insoweit ein, als der Kündigungsberechtigte nunmehr eigene Ermittlungen nicht mehr zu einem beliebigen Zeitpunkt ohne Eintritt neuer Tatsachen aufnehmen und dann zwei Wochen nach Abschluss dieser Ermittlungen kündigen dürfte (s Rn 122).[495] Hierfür bedarf es vielmehr eines

---

488 ZB BAG 15.8.2002 – 2 AZR 514/01 – NZA 2003, 795, zu I 3 d bb; 22.11.2012 – 2 AZR 732/11 – NZA 2013, 665, zu I 3 a.
489 BAG 27.1.2011 – 2 AZR 825/09 – NZA 2011, 798, zu I 1 a; 23.10.2008 – 2 AZR 388/07 – EzA § 626 BGB 2002 Nr 23, zu I 1 b.
490 BAG 5.12.2002 – 2 AZR 478/01 – DB 2003, 1685, zu I 3 c bb; 27.1.2011 – 2 AZR 825/09 – NZA 2011, 798, zu I 1 a.
491 BAG 31.3.1993 – 2 AZR 492/92 – NZA 1994, 409, zu II 1, 3; 28.4.1994 – 2 AZR 730/93 – NZA 1994, 934, zu III 1.
492 BAG 31.3.1993 – 2 AZR 492/92 – NZA 1994, 409, zu II 3.
493 BAG 15.8.2002 – 2 AZR 514/01 – NZA 2003, 795, zu I 3 d cc.
494 BAG 5.6.2008 – 2 AZR 25/07 – NZA-RR 2009, 69, zu II 1 b; 22.11.2012 – 2 AZR 732/11 – NZA 2013, 665, zu I 3 b.
495 BAG 14.2.1996 – 2 AZR 274/95 – NZA 1996, 873 zu II 3.

sachlichen Grundes, der bspw in der Erlangung neuer Sachkenntnisse oder neuer Beweismittel liegen kann und dazu führt, dass der Kündigende über einen neuen, aus seiner Sicht für den Ausspruch einer Kündigung ausreichenden Kenntnisstand verfügt.[496] Diese Grundsätze gelten nicht nur für den Ausspruch einer Tatkündigung, sondern gleichermaßen für die Erklärung einer – oder mehrerer – Verdachtskündigung(en) (s Rn 122).[497]

120 Ob die **Aufklärungsmaßnahmen** zu neuen Erkenntnissen führen oder nicht, ist für den Fristbeginn irrelevant. Verfolgt der Kündigungsberechtigte geeignete Maßnahmen mit der notwendigen Zügigkeit, bleibt der Fristlauf bis zu deren Abschluss auch dann gehemmt, wenn sie erfolglos bleiben und keine neuen Erkenntnisse liefern.[498] Hält der Kündigende danach einen bestimmten Kenntnisstand für ausreichend und legt er diesen seiner Kündigung zugrunde, muss er die Kündigung binnen zwei Wochen aussprechen.[499] Andernfalls verliert er sein Kündigungsrecht.[500] Gleiches gilt für die Verdachtskündigung, wenn dem Kündigungsberechtigten aufgrund seiner Ermittlungen die den Verdacht begründenden Umstände bekannt sind und die nötige Interessenabwägung erfolgen kann (s Rn 122). Zunächst geplante Aufklärungsmaßnahmen, die später nicht durchgeführt werden, hemmen die Frist nicht.[501] Auch die **Einholung von Rechtsrat** hemmt den Fristlauf nicht.[502] Es gehört gerade zum Zweck der Ausschlussfrist, dazu in angemessenem Umfang Gelegenheit zu geben. Der Lauf der Frist ist der Disposition Dritter entzogen. Er wird nicht dadurch gehemmt, dass Informanten – ggf zeitweilig – mit der Verwertung der Information nicht einverstanden sind, sofern nicht aus bestimmten Rechtsgründen ein Verwertungsverbot besteht. Hatte der Kündigungsberechtigte aufgrund der Richtlinien für das Straf- und Bußgeldverfahren Anspruch auf **Einsicht in die Akten eines Strafverfahrens** gegen den Kündigungsempfänger, kann und muss er die durch die Einsicht erlangten Informationen innerhalb der laufenden Frist verwerten, auch wenn die Staatsanwaltschaft ihn ersucht, dies vorläufig zu unterlassen.[503]

121 Zu den zur **Sachverhaltsaufklärung** geeigneten Maßnahmen gehört insbesondere bei verhaltensbedingten Kündigungen die **Anhörung des Kündigungsgegners**. Bei **Verdachtskündigungen** ist die Anhörung ohnehin idR zwingend (s Rn 51 f, 52 ff). Das BAG geht davon aus, dass, um das Anlaufen der Ausschlussfrist zu vermeiden, die Anhörung regelmäßig **innerhalb einer Frist von einer Woche** durchzuführen ist, die nur aus sachlich erheb-

---

496 BAG 5.6.2008 – 2 AZR 234/07 – NZA-RR 2008, 630, zu I 3; 22.11.2012 – 2 AZR 732/11 – NZA 2013, 665, zu I 3 b.
497 BAG 27.1.2011 – 2 AZR 825/09 – NZA 2011, 798, zu I 1 c; 22.11.2012 – 2 AZR 732/11 – NZA 2013, 665, zu I 3 d.
498 BAG 14.11.1984 – 7 AZR 133/83 – NZA 1986, 95, zu II 4; 5.12.2002 – 2 AZR 478/01 – DB 2003, 1685, zu I 3 c bb 1.
499 BAG 21.2.2013 – 2 AZR 433/12 – NZA-RR 2013, 515, zu III 1 a.
500 BAG 29.7.1993 – 2 AZR 90/93 – NZA 1994, 171.
501 BAG 31.3.1993 – 2 AZR 492/92 – NZA 1994, 409, zu II 2 b cc.
502 LAG Hamm 1.10.1998 – 8 Sa 969/98 – LAGE BGB § 626 Ausschlussfrist Nr 10, zu I 2 c; Hessisches LAG 4.4.2003 – 12 Sa 250/02 – NZA 2004, 1160, zu II 2 b; APS/ Dörner/Vossen § 626 BGB Rn 128.
503 Hessisches LAG 4.4.2003 – 12 Sa 250/02 – NZA 2004, 1160, zu II 2 b.

lichen, verständigen Gründen überschritten werden darf.[504] Für andere Maßnahmen gilt dagegen keine Regelfrist.[505] Zu den Gründen, die eine Verschiebung der Anhörung über die Wochenfrist hinaus rechtfertigen, gehören vor allem in der Sphäre des Kündigungsgegners liegende Gründe wie Krankheit oder Abwesenheit.[506] Voraussetzung ist allerdings, dass dadurch die Anhörung unmöglich ist. Ist der Arbeitnehmer trotz seiner Arbeitsunfähigkeit zu einer Stellungnahme in der Lage, muss der Arbeitgeber die Anhörung während der Krankschreibung durchführen.[507] Auch während der Verhinderung des Kündigungsgegners und/oder dritter Personen (s Rn 51 aE, 52) dürfen andere Aufklärungsmaßnahmen, etwa die Anhörung von Zeugen, nicht aufgeschoben werden. Sie müssen vielmehr möglichst bald durchgeführt werden.[508] Je nach dem Verlauf der Ermittlungen kann eine erneute Anhörung des Kündigungsgegners und/oder dritter Personen gerechtfertigt oder – bei der Verdachtskündigung – sogar notwendig sein.[509]

Ein **Geständnis** des Kündigungsgegners, wird idR – zumindest für die außerordentliche Verdachtskündigung – den Beginn der Ausschlussfrist in Gang setzen, muss weitergehende Ermittlungen jedoch nicht generell überflüssig machen, da ggf die Gefahr eines Widerrufs des Geständnisses bedacht werden muss.[510] Maßgeblich ist, ob nach den konkreten Umständen der Sachverhalt durch das Geständnis hinreichend sicher geklärt ist. Dazu genügt eine pauschale, die konkreten Tatumstände nicht schildernde Aussage des Kündigungsgegners ohne weiteres nicht, wenn Ausmaß und Schwere der Pflichtverletzungen des Gekündigten weiter offen bleiben.[511]

122 c) **Neuer Fristbeginn.** Jede **Intensivierung einer Vertragsstörung** löst die Frist von § 626 Abs 2 Satz 1, 2 neu aus. Bei **verhaltensbedingten Kündigungen** löst jede weitere Pflichtwidrigkeit einen neuen Fristbeginn aus (zum Dauertatbestand s Rn 124 ff). Bei einem bestehenden **Verdacht** hat jedes Ereignis eine entsprechende Wirkung, dass die Gewissheit, dass der Kündigungsempfänger die die Kündigung auslösende Tat begangen hat, erhöht.[512] Dies gilt bei **Straftaten** etwa für den Abschluss des staatsanwaltlichen Ermittlungsverfahrens, etwa mit Anklageerhebung[513] oder Beantragung eines Strafbefehls, den Erlass eines Haftbefehls,[514] die Eröffnung des Hauptverfahrens, die Verkündung einer strafgerichtlichen Verurteilung,[515] die Kenntniserlangung von den Gründen einer solchen oder den Eintritt der Rechtskraft des Schuldspruchs. Auch die Einstellung eines Strafverfahrens gegen eine Auflage wegen geringer Schuld nach § 153a StPO kann die

---

504 BAG 2.3.2006 – 2 AZR 46/05 – EzA-SD 2006, Nr 15, 11-14, zu II 1; 27.1.2011 – 2 AZR 825/09 – NZA 2011, 798, zu I 1 a.
505 BAG 10.6.1988 – 2 AZR 25/88 – NZA 1989, 105, zu III 3 c; 31.3.1993 – 2 AZR 492/92 – NZA 1994, 409, zu II 1.
506 KDZ/Däubler § 626 BGB Rn 210; MünchKomm/Henssler § 626 Rn 305, 313.
507 LAG Frankfurt/Main 10.12.1979 – 11 Sa 544/79 – DB 1980, 1079.
508 BAG 31.3.1993 – 2 AZR 492/92 – NZA 1994, 409, zu II 2 b bb.
509 BAG 13.9.1995 – 2 AZR 587/95 – NZA 1996, 81, zu II 4 a.
510 **Zu pauschal** daher Staudinger/Preis § 626 Rn 290.
511 BAG 5.12.2002 – 2 AZR 478/01 – DB 2003, 1685, zu B I 3 c bb.
512 BAG 5.6.2008 – 2 AZR 234/07 – NZA-RR 2008, 630, zu I 4 b bb.
513 BAG 27.1.2011 – 2 AZR 825/09 – NZA 2011, 798, zu I 1 c.
514 LAG München 19.3.2009 – 3 Sa 25/09 – juris, zu 4.
515 BAG 22.11.2012 – 2 AZR 732/11 – NZA 2013, 665, zu I 3 c.

Frist ein weiteres Mal in Gang setzen.[516] Solche Ereignisse reichen für sich genommen, also ohne konkreten, den Kündigungsgrund stützenden Tatsachenvortrag, zwar nicht aus, um eine Verdachts- oder Tatkündigung zu begründen. Sie stellen jedoch einen Einschnitt dar, der in der Lage ist, den Verdacht oder die Überzeugung des Arbeitgebers zu verstärken, so dass sie für den (neuerlichen) Beginn der Frist des § 626 Abs 2 von Bedeutung sein können.[517] Während des Aufklärungszeitraumes kann es mithin **nicht nur einen, sondern mehrere Zeitpunkte** geben, in denen der Verdacht dringend genug ist bzw wird, um - jeweils innerhalb von zwei Wochen nach entsprechender Kenntnis - eine auf diesen gestützte Verdachtskündigung auszusprechen.[518] Die gleichen Grundsätze gelten auch für die **Tatkündigung**. Die Unterrichtung des Kündigungsberechtigten über jedes der genannten Ereignisse ist eine **neue Tatsache**, die zu einer Kündigung binnen zwei Wochen nach Kenntniserlangung berechtigen kann.[519] Mit dem Ausspruch einer Tatkündigung kann der Kündigungsberechtigte trotz bestehenden Tatverdachts gleichwohl zuwarten, bis er etwa durch die Unterrichtung über eine strafgerichtliche Verurteilung des Vertragspartners positive Kenntnis von den die Tatbegehung begründenden Umständen hat.[520] In diesem Zeitpunkt beginnt ein neuer Fristenlauf, innerhalb dessen die Kündigung ausgesprochen werden kann. Der Kündigungsberechtigte darf aber ebenso den Eintritt der Rechtskraft der Verurteilung abwarten, bevor er eine außerordentliche Tatkündigung erklärt[521] und zunächst eine – oder mehrere – Verdachtskündigung(en) aussprechen (s Rn 119).[522]

Hat der **Kündigende bereits eine (Tat-)Kündigung ausgesprochen**, hindert allein dieser Umstand die Erklärung einer weiteren Tatkündigung im **Verlauf des Ermittlungs- oder Strafverfahrens** nicht generell. Für die Tat- und die Verdachtskündigung gelten im Hinblick auf § 626 Abs 2 grundsätzlich dieselben Erwägungen.[523] Die Möglichkeit, den Ausspruch der Kündigung an neue Erkenntnisse im Strafverfahren zu knüpfen, trägt den mit der Aufklärung strafbarer Handlungen des Arbeitnehmers für den Arbeitgeber verbundenen Schwierigkeiten und dessen eingeschränkten Ermittlungsmöglichkeiten Rechnung. Hat der Arbeitgeber bereits eine Kündigung erklärt, weil er die Erkenntnisse aus den bislang angestellten Ermittlungen als hinreichende Grundlage für einen dringenden Tatverdacht oder den Nachweis einer schwerwiegenden Pflichtverletzung bewertete, schließt dies eine neuerliche Kündigung dann nicht aus, wenn veränderte, die Überzeugung verstärkende Umstände hinzu treten. Zwar stellen idR weder der Verdacht strafbarer Handlungen noch eine begangene Straftat einen Dauertatbe-

123

---

516 LAG Nürnberg 9.2.1994 – 4 Sa 850/93 – LAGE BGB § 626 Ausschlussfrist Nr 5.
517 BAG 22.11.2012 – 2 AZR 732/11 – NZA 2013, 665, zu I 3 c.
518 BAG 5.6.2008 – 2 AZR 234/07 – NZA-RR 2008, 630, zu I 4 b aa.
519 BAG 18.11.1999 – 2 AZR 852/98 – NZA 2000, 381, zu II 2 a; 22.11.2012 – 2 AZR 732/11 – NZA 2013, 665, zu I 3 b, c.
520 BAG 29.7.1993 – 2 AZR 90/93 – NZA 1994, 171, zu II 1 c bb; 18.11.1999 – 2 AZR 852/98 – NZA 2000, 381, zu II 2 a; 15.8.2002 – 2 AZR 514/01 – NZA 2003, 795, zu I 3 d bb.
521 BAG 14.2.1996 – 2 AZR 274/95 – NZA 1996, 873, zu II 3; Staudinger/Preis § 626 Rn 296; Herschel AP BGB § 626 Ausschlussfrist Nr 9.
522 BAG 27.1.2011 – 2 AZR 825/09 – NZA 2011, 798, zu I 1 e.
523 BAG 22.11.2012 – 2 AZR 732/11 – NZA 2013, 665, zu I 3 d.

stand dar. Das hindert den Arbeitgeber aber nicht daran, eine erneute Kündigung auf **eine veränderte, weil erweiterte Tatsachengrundlage** zu stützen. Durch eine einmal ausgesprochene Kündigung verzichtet er auf dieses Recht nicht, auch wenn die Kündigungsart und die in Rede stehende Pflichtverletzung gleich sein mögen.[524] Eine **weitere Kündigung** kann (als außerordentliche K. jeweils innerhalb der Frist des § 626 Abs 2) mithin dann ausgesprochen werden, wenn sich der **Sachverhalt wesentlich geändert hat**, statt einer **fristlosen** eine **ordentliche Kündigung** ausgesprochen werden soll oder wenn die erste Kündigung lediglich aus **formellen Gründen**, etwa wegen eines Formmangels oder aufgrund einer fehlerhaften Betriebsratsanhörung, unwirksam war. Entsteht aus einem Umstand, bspw aus einer strafgerichtlichen Verurteilung als solcher ein neuer – nunmehr zB personenbedingter – Kündigungsgrund, löst die Unterrichtung über diesen die Frist gleichfalls mit der Folge aus, dass binnen zwei Wochen eine weitere Kündigung erklärt werden kann.[525]

Mit der **Wiederholung einer auf denselben Lebenssachverhalt gestützten Kündigung** ist der Kündigende hingegen ausgeschlossen.[526]

Stets unbenommen bleibt es dem Kündigenden, eine **weitere, auf andere Kündigungsgründe** gestützte **Kündigung** auszusprechen.

Hinweis: Es empfiehlt sich für den Kündigungen, idR den Arbeitgeber, sorgfältig zu prüfen, wann, bzw ob die Voraussetzungen einer Tatkündigung tatsächlich vorliegen und dargelegt und bewiesen werden können (s Rn 159 ff) oder ob nicht – zunächst – die Erklärung einer oder ggf mehrerer Verdachtskündigungen (s Rn 51, 52, 119) zielführender erscheint.[527]

124 **d) Dauertatbestände.** Ein Dauertatbestand liegt vor, wenn auf der Grundlage eines Kausalverlaufs **fortlaufend neue kündigungsrelevante Tatsachen eintreten**, die zu weiteren Störungen des Vertragsverhältnisses führen oder ein **noch nicht abgeschlossener länger andauernder Zustand** vorliegt.[528] Der Kündigungsberechtigte muss dann nicht bereits binnen zwei Wochen nach dem Beginn des Dauertatbestandes kündigen. Zur **Fristwahrung** reicht es vielmehr aus, wenn der den Dauertatbestand begründende Umstand zumindest noch **zwei Wochen vor dem Zugang der Kündigung** bestanden hat.[529]

Aufgrund des ohnehin erforderlichen Zukunftsbezugs der außerordentlichen Kündigung (s Rn 77, 87) ist die Abgrenzung der Dauertatbestände von sonstigen Störungen des Vertragsverhältnisses problematisch. Nicht als Dauertatbestand in Betracht kommen die Folgen punktueller, bereits abgeschlossener Vorfälle, die nur noch fortwirken, etwa der Verlust des

---

524 BAG aaO.
525 BAG 29.7.1993 – 2 AZR 90/93 – NZA 1994, 171, zu II 1 c cc; 8.6.2000 – 2 ABR 1/00 – NZA 2001, 91, zu II 2 a, b; Staudinger/Preis § 626 Rn 296; KR/Fischermeier § 626 BGB Rn 321.
526 BAG 26.11.2009 – 2 AZR 272/08 – EBE/BAG 2010, 75, zu II 2 a aa; vgl auch BAG 20.12.2012 – 2 AZR 867/11 – NZA 2013, 1003, zu I 4 c.
527 Ausf zur Verdachtskündigung § 1 KSchG Rn 630 ff.
528 BAG 26.11.2009 – 2 AZR 272/08 – EBE/BAG 2010, 750, zu II 1 a; ErfK/Müller-Glöge § 626 BGB Rn 212.
529 BAG 26.7.2001 – 8 AZR 739/00 – NZA 2002, 325, zu II 3 d; 28.10.2010 – 2 AZR 688/09 – DB 2011, 476, zu IV 3.

Vertrauens in die Integrität des Vertragspartners aufgrund einzelner Vertragsverletzungen.[530] Die Prognose, dass derartige Auswirkungen in Zukunft zu erwarten sind, ist generell Kündigungsvoraussetzung; die Nichtanwendung der Frist in solchen Fällen würde diese weitgehend gegenstandslos machen. Setzt der Vertragspartner dagegen die Vertragsverletzung fort, wird durch jede neue Verletzungshandlung der Fristlauf erneut ausgelöst (s Rn 122). Handelt es sich nicht um eine einheitliche Handlung, können die früheren Vorfälle unterstützend zur Kündigungsbegründung herangezogen werden (s Rn 92, 93). Handelt es sich um ein **einheitliches Verhalten mit Fortsetzungszusammenhang**, läuft die Frist für den gesamten Vorgang erst, wenn dieser beendet ist.[531]

Bei **verhaltensbedingten Kündigungen des Arbeitgebers** ist ein typischer **Dauertatbestand** das längerfristige vertragswidrige Fernbleiben des Arbeitnehmers vom Arbeitsplatz, etwa aufgrund einer Selbstbeurlaubung.[532] Dies gilt auch dann, wenn der Arbeitnehmer das Fernbleiben angekündigt hatte.[533] Lediglich die Frist für eine gerade auf die Ankündigung gestützte Kündigung beginnt mit dem Zugang der Androhung beim Arbeitgeber. Eine Straftat des Arbeitnehmers oder ein entsprechender Verdacht ist ohne Weiteres kein Dauertatbestand (s Rn 122).[534] Die beharrliche Weigerung eines Arbeitnehmers, gem § 7 Abs 2 BAT, nunmehr § 3 Abs 4 TVöD-AT einen Vertrauensarzt aufzusuchen, ist dagegen ähnlich wie eine Selbstbeurlaubung zu behandeln.[535]

125

Entsprechende Regeln gelten für **verhaltensbedingte Kündigungen des Arbeitnehmers**. Hier kommen als **Dauertatbestand** etwa fortgesetzte Verstöße des Arbeitgebers gegen Arbeitssicherheitsrecht[536] oder die längerfristige Zurückhaltung bestimmter Teile oder der gesamten regelmäßigen vertragsgemäßen Vergütung in Betracht (s Rn 110). Für einen längere Zeit währenden **Vergütungsrückstand** hat das BAG angenommen, dass es sich hierbei um einen Dauertatbestand handeln könne, da sich der Zahlungsverzug mit jedem weiteren Tag fortsetze und das Fehlverhalten des Arbeitgebers daher zunehmend gewichtiger werde. Die Dauer der negativen Auswirkungen gehöre idR mit zu den für die Kündigung maßgebenden Tatsachen, auf deren Kenntnis § 626 Abs 2 abstelle.[537] Berufe sich der Arbeitnehmer dagegen auf einen durch den Vergütungsrückstand ausgelösten Vertrauensverlust, liege kein Dauertatbestand vor; es handele sich vielmehr um einen abgeschlossenen Kündigungssachverhalt mit Fortwirkung. Deshalb seien in Fällen, in denen der Arbeitgeber trotz wiederholter Zahlungsaufforderung nicht geleistet habe, besondere Darlegungen des Arbeitnehmers erforder-

126

---

530 BAG 25.2.1983 – 2 AZR 298/81 – AP BGB § 626 Ausschlussfrist Nr 14, zu II 1; 26.7.2001 – 8 AZR 739/00 – NZA 2002, 325, zu II 3 d.
531 BAG 17.8.1972 – 2 AZR 359/71 – AP BGB § 626 Ausschlussfrist Nr 4, zu II 2 b; 22.1.1998 – 2 ABR 19/97 – NZA 1998, 708, zu II 1.
532 BAG 25.2.1983 – 2 AZR 298/81 – AP BGB § 626 Ausschlussfrist Nr 14.
533 BAG 22.1.1998 – 2 ABR 19/97 – AP BGB § 626 Ausschlussfrist Nr 38.
534 BAG 27.1.1972 – 2 AZR 157/71 – AP BGB § 626 Ausschlussfrist Nr 2, zu 2 b; 29.7.1993 – 2 AZR 90/93 – NZA 1994, 171, zu II 1 c dd.
535 Vgl BAG 27.11.2002 – 2 AZR 475/01 – NZA 2003, 719, zu II 1.
536 BAG 28.10.1971 – 2 AZR 15/71 – AP BGB § 626 Nr 62, zu II 2 c.
537 BAG 26.7.2001 – 8 AZR 739/00 – NZA 2002, 325, zu II 3 d.

lich, warum der vorher hingenommene Rückstand erst zum Kündigungszeitpunkt plötzlich relevant sein soll.[538] Dies überzeugt nicht vollständig und bedarf der Differenzierung.

Geldzahlungen sind an einem bestimmten Tag fällig. Leistet der Arbeitgeber in diesem Zeitpunkt und auch in der Folgezeit nicht, verletzt er andauernd seine Vertragspflicht – und zwar bis zur Beendigung des Zahlungsverzuges. Damit liegt – zunächst – ein Dauertatbestand vor, da Dauer und Umfang des Zahlungsverzuges zum Tatbestand des wichtigen Grundes zählen. Zum Kündigungsgrund erwachsen Zahlungsrückstände des Arbeitgebers regelmäßig erst dann, wenn diese in zeitlicher und/oder in wirtschaftlicher Hinsicht eine gewisse Erheblichkeit erreicht haben und wenn für den Arbeitnehmer deutlich wird, dass der Arbeitgeber zur Leistung unfähig oder unwillig ist (s Rn 110). Besteht hierüber aber etwa nach dem Ablauf einer mit einer Abmahnung gesetzten Nachfrist oder auf Grund einer Leistungsaufsage des Arbeitgebers Klarheit, verfügt der Arbeitnehmer über die erforderliche Kenntnis aller maßgeblichen Umstände mit der Folge, dass die Ausschlussfrist des § 626 Abs 2 Satz 1, 2 zu laufen beginnt.[539] Andernfalls könnte ein ggf lange zurückliegender Zahlungsrückstand als wichtiger Grund für die Erklärung einer außerordentlichen Kündigung herangezogen werden; dies widerspräche indes Sinn und Systematik der Vorschrift.

Gerät der Arbeitgeber mit weiteren Vergütungszahlungen in Rückstand, liegt – soweit die übrigen Voraussetzungen erfüllt sind – zunächst erneut ein Dauertatbestand so lange vor, bis der Arbeitnehmer sichere Kenntnis über die Zahlungsunfähigkeit oder -unwilligkeit des Arbeitgebers hat. Dann beginnt der Lauf der Ausschlussfrist erneut. Frühere, nach obigen Darlegungen verfristete Zahlungsrückstände, können vom Kündigungsberechtigten zur Stützung und Verstärkung der erklärten Kündigung herangezogen werden (s Rn 92).

127 Der **krankheitsbedingte Ausfall eines Arbeitnehmers** ist nicht ohne weiteres ein Dauertatbestand. In solchen Fällen beginnt die Frist zu laufen, wenn der Arbeitgeber von dem Ausfall erfährt und seine Personalplanung darauf einstellen muss.[540] Allerdings kann die Frist erneut ausgelöst werden, wenn durch den Ausfall zunächst vom Arbeitgeber nicht erkannte zusätzliche Betriebsstörungen eintreten, bspw wenn sich eine zunächst geplante Überbrückung der Fehlzeit als nicht durchführbar erweist.[541] Ist die Dauer des Ausfalls unklar, kann ein Dauertatbestand anzunehmen sein, da der Arbeitgeber dann mit jedem weiteren Krankheitstag von einer neuen, bis dahin nicht bekannten kündigungsrelevanten Tatsache Kenntnis erlangt.[542] Die **dauerhafte krankheitsbedingte Arbeitsunfähigkeit** sowie das **dauernde Unvermögen zur Erbringung der Arbeitsleistung** sind nach überwiegender An-

---

538 BAG 26.7.2001 – 8 AZR 739/00 – AP BGB § 628 Nr 13.
539 BAG 26.7.2007 – 8 AZR 796/06 – NZA 2007, 1419, zu II 3 c.
540 BAG 12.4.1978 – 4 AZR 580/76 – AP BGB § 626 Ausschlussfrist Nr 13.
541 KR/Fischermeier § 626 BGB Rn 326; KDZ/Däubler § 626 BGB Rn 215.
542 Vgl § 1 KSchG Rn 491; KR/Fischermeier § 626 BGB Rn 327.

sicht Dauertatbestände,[543] selbst wenn die negative Gesundheitsprognose etwa durch ein medizinisches Gutachten bestimmbar ist, da sich mit jedem weiteren Fehltag das Gewicht der Vertragsstörung erhöht. Dadurch soll verhindert werden, dass sich der Arbeitgeber zu einer möglichst frühzeitigen Kündigung gedrängt fühlt. Entsprechendes gilt nach hM bei einer auf **demselben Grundleiden beruhenden dauerhaft erhöhten Krankheitsanfälligkeit**.[544] Dem wird in der Literatur zu Recht entgegengehalten, dass nur bei einer für den Arbeitgeber ungewissen Gesundheitsprognose von einem Dauertatbestand gesprochen werden kann. Wird ihm die dauerhafte Unfähigkeit des Arbeitnehmers zur Erbringung der geschuldeten Arbeitsleistung jedoch bekannt, bspw durch ein medizinisches Gutachten, hat er iSv § 626 Abs 2 Satz 2 Kenntnis von allen kündigungsrelevanten Umständen. Damit besteht unter systematischen Aspekten kein Grund, die Frist nicht anzuwenden.[545] Allerdings können, ähnlich wie bei der betriebsbedingten Kündigung, verfassungsrechtlich geschützte Interessen des Arbeitgebers eine Einschränkung gebieten (s Rn 130 f), da dieser regelmäßig bei dauerhafter Arbeitsunfähigkeit nach Beendigung des Entgeltfortzahlungszeitraums zwar keine Vergütungsleistungen mehr schuldet, aber sonstige finanzielle oder geldwerte Ansprüche begründet werden (können), etwa ggf über mehrere Jahre hinweg nicht erfüllte bzw nicht erfüllbare Urlaubsansprüche zu übertragen bzw bei Beendigung des Arbeitsverhältnisses abzugelten sind.[546] Der Arbeitgeber wäre, bei ordentlicher Unkündbarkeit des Arbeitnehmers, insbesondere dann, wenn die Voraussetzungen des Bezugs einer Rente nicht vorliegen, an den ggf jahrelangen Vollzug eines sinnentleerten Arbeitsverhältnisses ohne die Option einer Auflösung gebunden.[547] Die Ausführungen zur außerordentlichen Kündigung aus betriebsbedingten Gründen (s Rn 131) sind daher auf personenbedingte Gründe entsprechend anzuwenden, so dass der hM im Ergebnis zu folgen ist.

Der **vorübergehende Verlust einer für die Arbeitsleistung notwendigen Lizenz**, etwa des Führerscheins bei Kraftfahrern, wird allgemein nicht als Dauertatbestand, sondern nur als abgeschlossener Kündigungsgrund mit Fortwirkung verstanden.[548] Die Zumutbarkeit der Vertragsfortsetzung kann jedenfalls ab dem Zeitpunkt beurteilt werden, in dem der Arbeitgeber über den zu gegenwärtigenden Entzugszeitraum ausreichend sichere Kenntnis erhält. Liegt hingegen ein **dauerhaftes** Leistungsunvermögen vor, etwa

128

---

543 BAG 25.3.2004 – 2 AZR 399/03 – NZA 2004, 1216, zu C II 2; 28.10.2010 – 2 AZR 688/09 – DB 2011, 476, zu IV 3.
544 BAG 18.10.2000 – 2 AZR 627/99 – NZA 2001, 219, zu III; 27.11.2003 – 2 AZR 601/02 – NZA 2004, 1118; Staudinger/ Preis § 626 Rn 294; ErfK/Müller-Glöge § 626 BGB Rn 212, 215; MünchArbR/Wank § 98 Rn 145 f; aA Bezani AP BGB § 626 Krankheit Nr 8; APS/Dörner/Vossen § 626 BGB Rn 137 f; KDZ/Däubler § 626 BGB Rn 215.
545 Bezani AP BGB § 626 Krankheit Nr 8.
546 Grdl BAG 24.3.2009 – 9 AZR 983/07 – NZA 2009, 538; 19.5.2009 – 9 AZR 477/07 – DB 2009, 2051.
547 Vgl LAG Rheinland-Pfalz 12.2.2010 – 6 Sa 640/09 – juris, zu III mwN (außerordentliche Kündigung eines ordentlich unkündbaren Arbeitnehmers bei schuldhafter Verzögerung einer Rentenantragsstellung und schuldhafter Verweigerung einer Begutachtung).
548 LAG Köln 22.6.1995 – 5 Sa 781/94 – LAGE BGB § 626 Ausschlussfrist Nr 7, zu 1; Staudinger/ Preis § 626 Rn 294; KR/Fischermeier § 626 BGB Rn 328.

weil der Arbeitnehmer aufgrund des Entzugs einer behördlichen Arbeitsgenehmigung nicht mehr beschäftigt werden darf, verwirklicht sich die Störung also mit jedem Tag neu, liegt ein Dauertatbestand vor.[549]

129 Bei außerordentlichen **Druckkündigungen** läuft die Frist nicht bereits mit der Übermittlung des Verlangens Dritter, den Arbeitnehmer zu entlassen. Da auch hier die Belastung für den Arbeitgeber mit jedem Tag steigt, könnte ebenfalls ein echter Dauertatbestand angenommen werden.[550] Richtigerweise ist jedoch davon auszugehen, dass die Frist zu laufen beginnt, wenn für den Arbeitgeber vollständig erkennbar ist, dass der Druck von dritter Seite von ihm nicht anders als durch den verlangten Ausspruch der Kündigung abgewendet werden kann.[551] Dann sind die Tatbestandsvoraussetzungen von § 626 Abs 2 Satz 2 erfüllt. Eine einschränkende Auslegung ist regelmäßig nicht geboten, da dem Arbeitgeber bei Versäumung der Frist die Möglichkeit einer ordentlichen Druckkündigung verbleibt.

130 Auf außerordentliche **betriebsbedingte Kündigungen** aufgrund umstrukturierender Unternehmerentscheidungen (Rationalisierungsmaßnahmen, Stilllegung des Betriebes oder einzelner Betriebsteile) wandte das BAG die Frist zunächst von dem Zeitpunkt aus an, zu dem für den Arbeitgeber feststand, wie sich die Unternehmerentscheidung konkret auf den Beschäftigungsbedarf für den betroffenen Arbeitnehmer auswirkt. Als Voraussetzung sah es an, dass der Entschluss als solcher einschließlich seiner Auswirkungen auf konkrete Arbeitsplätze feststeht und dass ggf erforderliche Auswahlentscheidungen unter vergleichbaren Arbeitnehmern getroffen sind.[552] In späteren Entscheidungen wurde dies dahingehend eingeschränkt, dass es sich zwar nicht um einen Dauertatbestand handele, der Fristlauf jedoch nicht vor dem tatsächlichen Wegfall der Beschäftigungsmöglichkeit beginne, da erst dann die Realisierung der unternehmerischen Entscheidung mit letzter Sicherheit feststehe.[553] Dieser Rechtsprechung ist mit der Überlegung zuzustimmen, dass zu diesem Zeitpunkt ein neuer und daher die Frist wiederum auslösender Kündigungsgrund entsteht, nämlich der tatsächliche Wegfall des Arbeitsplatzes gegenüber der bisherigen Prognose des Wegfalls. Inzwischen behandelt das BAG die Betriebsstilllegung wie die dauerhafte Arbeitsunfähigkeit als Dauertatbestand.[554] Dadurch soll verhindert werden, dass der Arbeitgeber gezwungen wird, ordentlich unkündbare Arbeitsverhältnisse vor anderen zu kündigen, und für den Fall der Fristversäumung oder der Formunwirksamkeit einer innerhalb der Frist erklärten Kündigung jahrelang im Rahmen eines sinnentleerten Arbeitsverhältnisses Vergütungsleistungen erbringen zu müssen. Da die Fortsetzung des Arbeitsver-

---

549 BAG 26.11.2009 – 2 AZR 272/08 – EBE/BAG 75, zu II 1 (Entzug der Ermächtigung zum Umgang mit Verschlusssachen bei einem Mitarbeiter des Bundesamtes für Verfassungsschutz).
550 In diese Richtung MünchKomm/Henssler § 626 Rn 312.
551 ErfK/Müller-Glöge § 626 BGB Rn 215.
552 BAG 25.3.1976 – 2 AZR 127/75 – AP BGB § 626 Ausschlussfrist Nr 10, zu IV.
553 BAG 28.3.1985 – 2 AZR 113/84 – NZA 1985, 559, zu B II 2; 22.7.1992 – 2 AZR 84/92 – EzA BGB § 626 nF Nr 141, zu II 3; 21.6.1995 – 2 ABR 28/94 – NZA 1995/1157, zu II 3 b.
554 BAG 5.2.1998 – 2 AZR 227/97 – NZA 1998, 771, zu II 4; 17.9.1998 – 2 AZR 419/97 – NZA 1999, 258, zu II 3.

hältnisses umso unzumutbarer werde, je länger der Arbeitgeber zu Gehaltszahlungen ohne Gegenleistung verpflichtet bleibe, handele es sich um einen nicht abgeschlossenen Tatbestand. Dieser Rechtsprechung wird in der Literatur inzwischen überwiegend zugestimmt.[555] Entfallen Arbeitsplätze infolge der unternehmerischen Entscheidung eine Hierarchieebene abzubauen, liegt ebenfalls ein Dauertatbestand vor.[556]

Zwar überzeugt die Begründung dieser Rechtsprechung nicht vollständig. Eine punktuelle unternehmerische Entscheidung ist nicht allein deshalb ein Dauertatbestand, weil sie sich dauerhaft auswirkt. Dies ist bei einem wichtigen Grund regelmäßig der Fall. Der Hinweis auf die erneute Störung des Vertragsverhältnisses mit jeder weiteren Gehaltszahlung und die dadurch wachsende Unzumutbarkeit verfehlt den Tatbestand von § 626 Abs 2 Satz 2, weil dem Arbeitgeber diese Auswirkungen vom Zeitpunkt der endgültigen Festlegung der Entscheidung an bekannt sind. Bei einer strikten Anwendung der Norm würde sich die Annahme eines Dauertatbestandes verbieten.[557] Tatsächlich ist jedoch bei betriebsbedingten Kündigungen eine **teleologische Reduktion** geboten.[558] Das Problem der Anwendung der Ausschlussfrist entsteht nur bei arbeits- und insbesondere tarifvertraglich ordentlich unkündbaren Arbeitsverhältnissen. Die Frist soll rasch Rechtssicherheit im Einzelfall schaffen und stellt auf individuelle Umstände ab, die in der Person und in erster Linie im Verhalten des Vertragspartners, jedenfalls aber außerhalb des Einflussbereichs des Kündigenden liegen. Da der Arbeitgeber bei betriebsbedingten Kündigungen immer wieder neue unternehmerische Entscheidungen mit Auswirkungen auf den Beschäftigungsbedarf treffen kann, kann die Frist bei derartigen Tatbeständen ihren Zweck nicht erfüllen. Gleichzeitig besteht kein Anlass, den Arbeitgeber bei derartigen kollektiven Maßnahmen zu einer besonderen Behandlung einzelner ordentlich unkündbarer Arbeitnehmer zu bewegen. Zudem wird mit tarifvertraglichen Kündigungsbeschränkungen regelmäßig nur eine Erhöhung der Anforderungen an den Kündigungsgrund bezweckt, nicht aber eine dauerhafte Bindung des Arbeitgebers an ein nicht mehr vollziehbares Arbeitsverhältnis, wenn er trotz Vorliegens eines wichtigen Grundes die Ausschlussfrist versäumt. Die außerordentliche betriebsbedingte Kündigung ist daher gleichermaßen wie bei den Rechtsfolgen und der Anwendung von Zustimmungs- und Anhörungsverfahren (s Rn 41–46) auch durch die Nichtanwendung der Ausschlussfrist der ordentlichen Kündigung anzugleichen. 131

e) **Kündigungsberechtigung/Kenntnisse Dritter.** Gem § 626 Abs 2 Satz 2 ist für den Beginn der Frist die **Kenntnis des Kündigungsberechtigten** ausschlaggebend.[559] Kündigungsberechtigt ist die **natürliche Person**, die das Kündigungsrecht ausüben darf. Hierzu zählt zunächst, soweit es sich um eine natürliche Person handelt, der **Arbeitgeber**. Neben den **Mitgliedern der Organe juristischer Personen und Körperschaften** (s Rn 138 ff) gehören 132

---

555 Etwa KR/Fischermeier § 626 BGB Rn 329; ErfK/Müller-Glöge § 626 BGB Rn 218; Staudinger/Preis § 626 Rn 295; Etzel ZTR 2003, 210, 214; aA KDZ/Däubler § 626 BGB Rn 216.
556 BAG 17.3.2005 – 2 ABR 2/04 – Eza-SD 2005, Nr 13, 6–7.
557 So zutr BAG 5.2.1998 – 2 AZR 227/97 – NZA 1998, 771, zu II 4.
558 Ähnl Staudinger/Preis § 626 Rn 295; SPV/Preis Rn 784 ff.
559 BAG 6.7.1972 – 2 AZR 386/71 – AP BGB § 626 Ausschlussfrist Nr 3, zu I 3.

zu den Kündigungsberechtigten auch die **Arbeitnehmer**, denen der Arbeitgeber das Recht zur (außerordentlichen) Kündigung übertragen hat.[560] Zum relevanten Personenkreis gehören etwa Prokuristen[561] oder Mitarbeiter mit Handlungsvollmacht (§ 54 HGB) und leitende Angestellte mit Kündigungsbefugnis.[562] **Das Wissen** dieser zur Kündigung befugten **rechtsgeschäftlichen oder gesetzlichen Vertreter** muss sich der Kündigungsberechtigte nach **§ 166 Abs 1 BGB zurechnen lassen**. Eigene Kenntnisse bleiben auch im Fall der Bevollmächtigung eines Vertreters nicht außer Betracht (§ 166 Abs 2 Satz 1 BGB). Die Kenntniszurechnung wird durch die Reichweite der Kündigungsvollmacht begrenzt. Ist die Vollmacht etwa auf eine bestimmte Abteilung beschränkt, ist das Wissen des Vertreters nur zurechenbar, wenn es in dieser Abteilung beschäftigte Arbeitnehmer betrifft.[563] Ist das Kündigungsrecht vertraglich auf den Arbeitgeber persönlich beschränkt worden, kommt es allein auf dessen Wissen an. Fehlen entsprechende Regelungen, ist durch ergänzende Vertragsauslegung festzustellen, ob dies auch für den Fall einer längeren Verhinderung des Arbeitgebers gelten soll. Dies ist idR zu verneinen, falls keine enge persönliche Bindung der Vertragspartner besteht.[564]

133 Bei **Geschäftsunfähigen und Minderjährigen** sind die Kenntnisse des gesetzlichen Vertreters maßgeblich.[565] Für Minderjährige gilt dies jedoch nicht, wenn ihnen eine Ermächtigung iSd §§ 112, 113 BGB erteilt worden ist.[566]

134 Das Wissen anderer Personen, auch wenn diesen Aufsichtsfunktionen übertragen wurden, ist für die Zwei-Wochen-Frist grundsätzlich unbeachtlich.[567] Neben den Kenntnissen gesetzlicher oder rechtsgeschäftlicher Vertreter muss sich der Arbeitgeber nach der Rechtsprechung des BAG[568] das **Wissen eines Dritten**, insbesondere eines Vorgesetzten des gekündigten Arbeitnehmers, **nur ausnahmsweise nach Treu und Glauben zurechnen lassen**.

Eine Zurechnung erfolgt nur, wenn der Betreffende eine **herausgehobene Stellung oder Funktion** im Betrieb oder der Verwaltung innehat, also in arbeitgeberähnlicher Position etwa als Leiter eines Betriebes oder Betriebsteils,[569] als Personalchef[570] oder als (nicht kündigungsberechtigter) Bürgermeister einer Gemeinde[571] tätig ist. Erforderlich ist zudem, dass der Dritte rechtlich und tatsächlich in der Lage ist, einen Sachverhalt, der Anhalts-

---

560 BAG 23.10.2008 – 2 AZR 388/07 – EzA § 626 BGB 2002 Nr 23, zu I 2.
561 BAG 9.10.1975 – 2 AZR 332/74 – AP BGB § 626 Ausschlussfrist Nr 8, zu I 2.
562 KR/Fischermeier § 626 BGB Rn 351.
563 BAG 28.10.1971 – 2 AZR 32/71 – AP BGB § 626 Ausschlussfrist Nr 1, zu III 1.
564 BAG 9.10.1975 – 2 AZR 332/74 – AP BGB § 626 Ausschlussfrist Nr 8, zu I 2; KR/Fischermeier § 626 BGB Rn 353.
565 Entsprechend zur Entgegennahme einer Kündigung BAG 25.11.1976 – 2 AZR 751/75 – AP BBiG § 15 Nr 4, zu A III 3.
566 KR/Fischermeier § 626 BGB Rn 344; KDZ/Däubler § 626 BGB Rn 207; zur Kündigung durch und gegenüber Minderjährigen und Geschäftsunfähigen vgl Einl Rn 45, 86 ff.
567 BAG 21.2.2013 – 2 AZR 433/12 – NZA-RR 2013, 515, zu III 1 b.
568 23.10.2008 – 2 AZR 388/07 – EzA § 626 BGB 2002 Nr 23, zu I 2.
569 BAG 5.5.1977 – 2 AZR 297/76 – AP BGB § 626 Ausschlussfrist Nr 11, zu II 3 a.
570 LAG Hamm 29.1.2001 – 16 Sa 998/00 – RzK I 6 g Nr 40, zu II 2.
571 BAG 18.5.1994 – 2 AZR 930/93 – NZA 1994, 1086, zu II 3 a, b.

punkte für eine außerordentliche Kündigung bietet, so umfassend zu klären, dass der Kündigungsberechtigte mit dessen Meldung ohne weitere Erhebungen selbst über die Kündigung entscheiden kann.[572]
Eine unterbliebene oder verzögerte Unterrichtung des Kündigungsberechtigten durch den Dritten ist im Rahmen der Ausschlussfrist zudem nur dann von Bedeutung, wenn dessen verspätet erlangte Kenntnis auf einem **Organisationsverschulden** des Arbeitgebers beruht. Dies ist anzunehmen, wenn eine mangelhafte Organisation für die Verzögerung ursächlich war und eine andere betriebliche Organisation sachgemäß und dem Arbeitgeber zumutbar gewesen wäre.[573] Beide Voraussetzungen – ähnlich selbständige Stellung und schuldhafter Organisationsmangel – müssen kumulativ vorliegen.[574]

Von dieser Auffassung des BAG weicht die Rechtsprechung des BGH zur Wissensvertretung ab. Danach ist **Wissensvertreter**, wer – ohne dass es hierzu einer ausdrücklichen Bestellung bedürfte – nach der Arbeitsorganisation des Geschäftsherrn dazu berufen ist, im Rechtsverkehr als dessen Repräsentant bestimmte Aufgaben in eigener Verantwortung zu erledigen und die dabei angefallenen Informationen zur Kenntnis zu nehmen und ggf weiterzuleiten. Die Zurechnung folgt allein aus der Pflicht des Geschäftsherrn zur ordnungsgemäßen Organisation der unternehmens- bzw dienststelleninternen Kommunikation. Der BGH nimmt an, dass eine am Rechtsverkehr teilnehmende Organisation im Interesse des Schutzes der mit ihr in rechtsgeschäftlicher Verbindung stehenden Personen so organisiert sein muss, dass relevante Informationen an die verantwortlichen Personen weitergegeben werden.[575] Eine Übertragung dieser Rechtsprechung auf die Zurechnung von Kenntnissen bezüglich des Beginns der Ausschlussfrist des § 626 ist jedoch abzulehnen. Derjenige, der – regelmäßig durch sein Verhalten, etwa eine Straftat oder eine grobe Pflichtwidrigkeit – einen wichtigen Grund zur fristlosen Kündigung setzt, ist ganz generell nur begrenzt schutzwürdig. Von daher besteht kein Anlass zu einer Besserstellung des zu Kündigenden durch eine Verschärfung der Kriterien der Wissenszurechnung zu Lasten des Kündigungsberechtigten, insbesondere nicht durch eine Erweiterung des Kreises von Personen mit dem Kündigenden zurechenbaren Kenntnissen. Da das Gewicht eines originär wichtigen Grundes mit zunehmendem Zeitablauf an Bedeutung verlieren oder diese sogar völlig einbüßen kann, ist ein hinreichender Mindestschutz des Kündigungsgegners,

135

---

572 BAG 26.11.1987 – 2 AZR 312/87 – RzK I 6 g Nr 13, zu B II 1; 21.2.2013 – 2 AZR 433/12 – NZA-RR 2013, 515, zu III 1 b.
573 BAG 5.5.1977 – 2 AZR 297/76 – AP BGB § 626 Ausschlussfrist Nr 11, zu II 3 a; 25.2.1998 – 2 AZR 279/97 – NZA 1998, 747, zu II 5 c; **zust** etwa KR/Fischermeier § 626 BGB Rn 355; ErfK/Müller-Glöge § 626 BGB Rn 206; **gegen** eine derartige Zurechnung MünchKomm/Henssler § 626 Rn 294,300; MünchArbR/Wank § 98 Rn 151; für eine **weitergehende** Zurechnung KDZ/Däubler § 626 BGB Rn 205.
574 BAG 23.10.2008 – 2 AZR 388/07 – EzA § 626 BGB 2002 Nr 23, zu I 2 (Schulleiter eines städtischen Gymnasiums in NRW); vgl auch BAG 21.2.2013 – 2 AZR 433/12 – NZA-RR 2013, 515 (Bürgermeister einer bayer. Gemeinde).
575 BGH 2.2.1996 – V ZR 239/94 – BGHZ 132, 30, zu II C 2 a; 15.4.1997 – XI ZR 105/96 – BGHZ 135, 202, zu II 2 a; 13.10.2000 – V ZR 349/99 – NJW 2001, 359, zu II 2 b.

soweit berechtigt, im Hinblick auf einen langen zeitlichen Abstand zwischen der Entstehung des wichtigen Grundes und des ggf anschließenden Ausspruchs der außerordentlichen Kündigung ohnehin gewährleistet.

136 Nicht zuzurechnen sind Kenntnisse von Vertretern und Organmitgliedern des Kündigungsberechtigten, wenn diese mit dem Vertragspartner **kollusiv zu dessen Lasten** zusammenarbeiten,[576] oder wenn der Vertragspartner aus anderen Gründen bemerken musste, dass der Vertreter **bewusst gegen die Interessen des Kündigenden** handelte. Dies beruht auf dem allgemeinen, aus § 242 BGB abgeleiteten Grundsatz, dass sich Vertragspartner nicht auf Kenntnisse von Bevollmächtigten des anderen Teils berufen können, wenn der Bevollmächtigte vorsätzlich gegen die Interessen des Vertretenen handelte und dies unter so verdächtigen Begleitumständen geschah, dass der Vertragspartner die Überschreitung der Geschäftsführungsbefugnis und die unlauteren Absichten erkannte oder hätte erkennen müssen.[577] So können bspw Kenntnisse des Geschäftsführers einer GmbH von Handlungen, die dieser im kollusiven Zusammenwirken mit Dritten gegen die Interessen der Gesellschaft vornimmt, nicht zugerechnet werden.[578] Kenntnisse des Vorsitzenden einer politischen Partei über Verstöße gegen das Parteienrecht muss sich die Partei nicht zurechnen lassen, wenn dieser mit dem gekündigten Arbeitnehmer bewusst zum Nachteil der Partei zusammengearbeitet hat.[579]

137 Im Fall einer **Einzel- oder Gesamtrechtsnachfolge** tritt der Rechtsnachfolger in die Rechtsstellung seines Vorgängers ein. Er muss sich daher neben eigenen Kenntnissen, die den Fristlauf mit dem Eintritt der Rechtsnachfolge auslösen, auch das Wissen seines Rechtsvorgängers zurechnen lassen. So kann bei einem **Betriebsübergang** iSv § 613a BGB der Erwerber eine außerordentliche Kündigung nicht auf Gründe stützen, die der Veräußerer mehr als zwei Wochen vor der Übertragung erfahren hat, auch wenn er selbst von ihnen erst später Kenntnis erlangt. Eine noch laufende Frist verlängert sich durch eine Rechtsnachfolge nicht.[580]

138 f) **Kenntniszurechnung bei juristischen Personen.** Für die Kenntniserlangung juristischer Personen ausschlaggebend ist **das Organ, das gesetzlich oder nach der Satzung zur Kündigung berufen ist**. Dies ist bei einer GmbH im Verhältnis zu Arbeitnehmern der Geschäftsführer und im Verhältnis zu Geschäftsführern die Gesellschafterversammlung bzw der Aufsichtsrat (§§ 35, 46 GmbHG).[581] Die Kündigungsbefugnis des Geschäftsführers besteht von seiner wirksamen Bestellung an. Die Eintragung im Handelsregis-

---

576 ArbG Düsseldorf 13.2.2003 – 2 Ca 9934/02 – DB 2003, 948 LS, zu I 1c; KR/Fischermeier § 626 BGB Rn 349, 364.
577 Vgl etwa BGH 27.3.1985 – VIII ZR 5/84 – BGHZ 94, 132, zu II 5a; BAG 9.3.1978 – 3 AZR 577/76 – AP HGB § 126 Nr 1, zu I 3; 29.1.1997 – 2 AZR 472/96 – NZA 1997, 485, zu II 2b bb.
578 BAG 5.4.2001 – 2 AZR 696/99 – NZA 2001, 949, zu II 3.
579 ArbG Düsseldorf 13.2.2003 – 2 Ca 9934/02 – DB 2003, 948 LS, zu I 1c.
580 Vgl KR/Fischermeier § 626 BGB Rn 357; APS/Dörner/Vossen § 626 BGB Rn 143; MünchKomm/Henssler § 626 Rn 310.
581 Vgl BAG 11.3.1998 – 2 AZR 287/97 – NZA 1998, 997, zu II 5; BGH 15.6.1998 – II ZR 318/96 – NZA 1998, 1005, zu I; 10.9.2001 – II ZR 14/00 – DB 2001, 2438.

ter hat nur deklaratorische Bedeutung.[582] Die Kündigung eines Arbeitnehmers, der gleichzeitig Gesellschafter der GmbH ist, kann eine Rechtshandlung sein, die nicht zum gewöhnlichen Betrieb der Gesellschaft gehört und deshalb satzungsmäßig der Gesellschafterversammlung vorbehalten ist.[583] Bei Aktiengesellschaften liegt die Kündigungsbefugnis gegenüber Arbeitnehmern beim Vorstand (§ 78 AktG),[584] ebenso bei Genossenschaften (§§ 24, 25 GenG). Bei Vereinen kommt es auf die Kenntnis des Vorstands (§ 26 BGB) bzw ggf gem § 30 BGB bestellter Vertreter an.[585] Bei einer GbR wird die Kenntnis auch nur eines Gesellschafters der Gesellschaft unter entsprechender Anwendung des § 31 BGB zugerechnet.[586] Der **Wechsel des Trägers** einer juristischen Person berührt den Fristlauf nicht.[587]

Für **öffentlich-rechtlich strukturierte juristische Personen** gilt prinzipiell nichts anderes als für privatrechtlich organisierte. Hier ist die durch das öffentliche Recht geregelte **Zuständigkeitsverteilung** maßgeblich. So ist das Wissen des Bürgermeisters einer Gemeinde für den Fristlauf unerheblich, wenn nach der einschlägigen Gemeindeordnung nicht er, sondern der Gemeindevorstand[588] bzw der Gemeinderat[589] kündigungsberechtigt ist. Umgekehrt beginnt die Frist mit der Information eines Landrats, wenn dieser kündigungsberechtigt ist.[590] Die Übertragung der Entscheidungsbefugnis auf andere Bedienstete einer Gemeinde, etwa auf Amtsleiter, kann kommunalrechtlich zulässig sein.[591] Dann ist deren Kenntnisstand neben dem zuständigen Organs der Körperschaft für den Beginn des Fristlaufs maßgeblich. 139

Bei juristischen Personen, für die ein aus **mehreren Personen bestehendes Gremium** über die Kündigung entscheidet, kommt auf die **Kenntnis des Gremiums** als **Kollektiv** und nicht auf das Wissen einzelner Mitglieder des Gremiums an. Dies gilt selbst dann, wenn der Kündigungssachverhalt allen Mitgliedern individuell bekannt ist. Die einzelnen Mitglieder können ggf nur als Wissensvertreter behandelt werden[592] (s Rn 134 f). Dies beruht darauf, dass kollegiale Beschlussorgane wie **Aufsichtsräte, Gesellschafterver-** 140

---

582 BAG 25.2.1998 – 2 AZR 279/97 – NZA 1998, 747, zu II 5 a.
583 BAG 11.3.1998 – 2 AZR 287/97 – NZA 1998, 997, zu II 3.
584 Vgl BAG 20.9.1984 – 2 AZR 73/83 – NZA 1985, 250, zu II 2 b bb.
585 BAG 20.9.1984 – 2 AZR 73/83 – NZA 1985, 520, zu II 2.
586 BAG 28.11.2007 – 6 AZR 1108/06 – NZA 2008, 348, zu V 3 d bb.
587 BAG 20.8.1998 – 2 AZR 12/98 – RzK I 6 g Nr 34, zu 5 b.
588 BAG 20.4.1977 – 4 AZR 778/75 – AP BAT § 54 Nr 1; 18.5.1994 – 2 AZR 930/93 – NZA 1994, 1086, zu II 3 b; VGH Mannheim 28.11.1995 – PL 15 S 2169/94 – PersR 1996, 439; für das hessische Gemeinderecht daher **unzutr** auf die Kenntnis des Bürgermeisters abstellend VGH Kassel 27.9.1994 – TL 1511/94 – ZTR 1995, 229; **dagegen** Hessisches LAG 4.4.2003 – 12 Sa 250/02 – NZA 2004, 1160, zu II 2 c; **ebenfalls** auf die Entscheidungskompetenz des Gemeindevorstands nach § 73 Abs 1 Satz 1 HGO verweisend BAG 7.11.2002 – 2 AZR 493/01 – AP BGB § 620 Kündigungserklärung Nr 18, zu II 1 b.
589 BAG 21.2.2013 – 2 AZR 433/12 – NZA-RR 2013, 515 (Bürgermeister einer bayer. Gemeinde).
590 BAG 14.11.1984 – 7 AZR 133/83 – NZA 1986, 95.
591 So zu § 71 Abs 1 Satz 3 HGO BAG 7.11.2002 – 2 AZR 493/01 – AP BGB § 620 Kündigungserklärung Nr 18, zu II 1 b, d.
592 BAG 18.5.1994 – 2 AZR 930/93 – NZA 1994, 1086, zu II 3; 25.2.1998 – 2 AZR 279/97 – NZA 1998, 747, zu II 5 c.

sammlungen oder **Gemeindevorstände** Entscheidungen erst nach förmlicher Einberufung im Rahmen einer gesetzlichen oder satzungsmäßigen Sitzung treffen können. Der Lauf der Ausschlussfrist ist daher gehemmt, solange das Organ nicht handlungsfähig ist.[593] Es obliegt jedoch den dazu berufenen Mitgliedern des Organs, nach Kenntniserlangung eine Versammlung unverzüglich und ordnungsgemäß einzuberufen.[594] Wird die Einberufung unangemessen verzögert, muss sich die juristische Person so behandeln lassen, als ob die Versammlung mit der billigerweise zumutbaren Beschleunigung einberufen worden wäre.[595] Tagt der zur Entscheidung über Kündigungen berufene Ausschuss einer Gemeinde im Monatsrhythmus, ist der Gemeinde kein Organisationsverschulden vorzuwerfen, wenn ihr Bürgermeister keine außerordentliche Sitzung einberuft, obwohl ihm der Kündigungssachverhalt mehr als zwei Wochen vor der regulären Sitzung bekannt geworden ist.[596] Nach dem Schutzzweck des § 626 Abs 2 reicht es regelmäßig aus, eine außerordentliche Kündigung in der turnusmäßig nächsten Sitzung eines Gemeinderats zu beraten.[597]

3. Fristende

141 a) **Wahrung der Frist.** Maßgeblich für die Fristwahrung ist der Zeitpunkt, in dem die Kündigung wirksam ausgesprochen ist, also der Zeitpunkt des **Zugangs der Kündigungserklärung** beim Kündigungsempfänger oder bei einem Empfangsberechtigten[598] bzw im Fall einer treuwidrigen Zugangsvereitelung der Zeitpunkt, von dem an sich der Empfänger so behandeln lassen muss, als ob ihm das Schreiben zugegangen ist.[599] Die Beförderung des Kündigungsschreibens ist innerhalb der Ausschlussfrist zu bewirken und verlängert diese nicht. Beförderungsschwierigkeiten gehen grundsätzlich zu Lasten des Kündigenden, etwa Verzögerungen der Zustellung eines Briefes über die üblichen Postlaufzeiten hinaus. Eine **Wiedereinsetzung in den vorigen Stand** kommt nach Fristablauf nicht in Betracht, da es sich nicht um eine prozessuale Frist handelt.[600] Erfolgt der Zugang erst nach Fristablauf, kann die verfristete außerordentliche Kündigung lediglich noch in eine ordentliche Kündigung umgedeutet werden (s Rn 47- 50). Nach Ablauf der Frist des § 626 Abs 2 Satz 1 kann nur noch ordentlich ge-

---

593 So **unter Aufgabe seiner älteren Rspr** BGH 15.6.1998 – II ZR 318/96 – NZA 1998, 1005, zu I; 10.9.2001 – II ZR 14/00 – AP GmbHG § 35 Nr 15.
594 BAG 11.3.1998 – 2 AZR 287/97 – NZA 1998, 997, zu II 5.
595 BGH 15.6.1998 – II ZR 318/96 – NZA 1998, 1005, zu I; OLG Jena 1.12.1998 – 5 U 1501/97 – NZG 1999, 1069.
596 BAG 18.5.1994 – 2 AZR 930/93 – NZA 1994, 1086, zu II 3 c.
597 BAG 21.2.2013 – 2 AZR 433/12 – NZA-RR 2013, 515 (Für den Arbeitnehmer iSd Art 43 Abs 1 Satz 1 Nr 2 BayGO ist erkennbar, dass der erste Bürgermeister (einer bayer. Gemeinde) auch bei eigener Kenntnis der aus seiner Sicht eine außerordentliche Kündigung rechtfertigenden Umstände eines Beschlusses des Gemeinderats bedarf und dieser idR erst in der nächsten Sitzung herbeigeführt werden kann).
598 BAG 12.2.1973 – 2 AZR 116/72 – AP BGB § 626 Ausschlussfrist Nr 6, zu 3; 9.3.1978 – 2 AZR 529/76 – AP BGB § 626 Ausschlussfrist Nr 12, zu III.
599 Näher Einl Rn 33 ff zum **Zugang**; Rn 52 ff zur **Zugangsvereitelung und -verzögerung**; Rn 79 ff zur **Empfangsvertretung**.
600 BAG 28.10.1971 – 2 AZR 32/71 – AP BGB § 626 Ausschlussfrist Nr 1, zu II; KR/Fischermeier § 626 BGB Rn 314; MünchKomm/Henssler § 626 Rn 283.

kündigt werden – soweit das Recht zur ordentlichen Kündigung nicht gesetzlich, tarif- oder arbeitsvertraglich ausgeschlossen ist.

In Fällen höherer Gewalt tritt jedoch in analoger Anwendung von § 206 BGB nF bzw § 203 Abs 2 BGB aF **eine Hemmung ein.**[601] Für die Annahme höherer Gewalt gelten strenge Anforderungen. Das Hindernis muss auf Ereignissen beruhen, die auch durch die äußerstenfalls billigerweise zu erwartende Sorgfalt nicht verhindert werden konnten. Das Verschulden eines Bevollmächtigten muss sich der Kündigende zurechnen lassen.[602] Höhere Gewalt kann vorliegen bei ungewöhnlichen, nicht vorhersehbaren Zustellungsverzögerungen bspw aufgrund eines Streiks, oder wenn die Zustellung von einer behördlichen Tätigkeit abhängt und die Behörde diese nicht innerhalb des üblichen Geschäftsgangs ausführt. Befindet sich der Empfänger in Haft, genügt es zur Wahrung der Frist, das Schreiben der Justizvollzugsanstalt so rechtzeitig zuzuleiten, dass es ohne weiteres innerhalb der Frist übergeben werden kann.[603] Steht der Fristablauf unmittelbar bevor, ist der Kündigende allerdings gehalten, die Behörde darauf hinzuweisen und um unverzügliche Weiterleitung zu ersuchen.

b) Berechnung der Frist. Die Dauer der Frist bestimmt sich nach den §§ 187 ff BGB. Sie beginnt gem § 187 Abs 1 BGB am Tag nach der Erlangung der Kenntnis über die für die Kündigung maßgeblichen Tatsachen zu laufen und endet nach § 188 Abs 2 Satz 1 BGB mit dem Ablauf des Tages der übernächsten Woche, der durch seine Benennung dem Tag entspricht, an dem der Kündigungsberechtigte die Kenntnis erlangte.[604] § 193 BGB gilt auch für die Frist von § 626 Abs 2 Satz 1, 2. Daher muss die Kündigung erst am nächsten Werktag erklärt werden, wenn der letzte Tag der Frist ein Samstag, Sonntag oder staatlich anerkannter allgemeiner Feiertag ist. Andernfalls würde sich die Frist faktisch auf den letzten Werktag vor Fristablauf verkürzen.[605] Zur **Wahrung der Ausschlussfrist** ist der fristgerechte **Zugang der Kündigung** beim Empfänger erforderlich.

c) Verlängerung der Frist und Rechtsmissbrauch. Nach hM ist die Ausschlussfrist als Konkretisierung des Tatbestandes der Verwirkung weder individualrechtlich für die Parteien eines Dienstvertrages noch kollektivrechtlich durch Tarifvertrag dispositiv[606] (s Rn 17, 117). Gleichwohl soll es **arglistig** oder **rechtsmissbräuchlich** sein, wenn der Kündigungsgegner selbst veranlasst oder bewirkt, dass die Kündigung erst nach dem Ablauf der Frist ausgesprochen wird. Dies wird angenommen, wenn die Parteien Verhandlungen über eine einvernehmliche Vertragsaufhebung führen und der Kündigungsgegner etwa eine Bedenkzeit erbittet. Voraussetzung ist allerdings, dass die Verhandlungen für die Verzögerung des Kündigungsaus-

---

601 KR/Fischermeier § 626 BGB Rn 359 f; Staudinger/Preis § 626 Rn 299; APS/Dörner/Vossen § 626 BGB Rn 144; aA Kraft EzA § 626 nF Nr 63, zu II.
602 BGH 7.5.1997 – VIII ZR 253/96 – NJW 1997, 3164, zu II 2 a; Griebeling NZA 2002, 838 f.
603 LAG Düsseldorf 13.8.1998 – 13 Sa 345/98 – NZA-RR 1999, 640.
604 Näher § 102 BetrVG Rn 128.
605 APS/Dörner/Vossen § 626 BGB Rn 141; ErfK/Müller-Glöge § 626 BGB Rn 219.
606 BAG 12.2.1973 – 2 AZR 116/72 – AP BGB § 626 Ausschlussfrist Nr 6, zu 3 a; 12.4.1978 – 4 AZR 580/76 – AP BGB § 626 Ausschlussfrist Nr 13; ErfK/Müller-Glöge § 626 BGB Rn 220; MünchArbR/Wank § 98 Rn 152.

spruches ursächlich sind und der Kündigungsberechtigte nach deren Scheitern unverzüglich kündigt.[607] Die Ausschlussfrist beginnt daher mit dem Ende der Verhandlungen nicht erneut zu laufen. Dieser Auffassung ist im Ergebnis zu folgen. Die Begründung überzeugt dagegen nicht, weil ein derartiges Verhalten nicht ohne weiteres als rechtsmissbräuchlich charakterisiert werden kann. Da die Ausschlussfrist aber als gesetzliche Konkretisierung des Instituts der Verwirkung zu verstehen ist (s Rn 114), unterliegt ihr Lauf auch der Disposition des Kündigungsgegners. Veranlasst dieser einen verzögerten Kündigungsausspruch (mit), fehlt aufgrund seines eigenen Verhaltens das Umstandsmoment der Verwirkung. Ein Berufen des Arbeitnehmers auf die Nichteinhaltung der Kündigungserklärungsfrist ist aber bspw nicht allein schon deswegen rechtsmissbräuchlich, weil er nach seiner telefonischen Anhörung angeregt hatte, im Betrieb noch ein persönliches Gespräch zur Klärung des Sachverhalts zu führen.[608]

Wenn der Verlust des Rechts zur außerordentlichen Kündigung rechtssicher vermieden werden soll, empfiehlt es sich für den Kündigungsberechtigten **in jedem Fall**, auch während schwebender Verhandlungen, für einen fristgerechten Kündigungszugang spätestens zum Ablauf der Frist Sorge zu tragen.

145 Rechtsmissbrauch kann allerdings bei **kollusivem Zusammenwirken** des Gekündigten mit Vertretern oder Organmitgliedern des Kündigungsberechtigten (s Rn 136) oder im Fall einer für die Fristüberschreitung ursächlichen Vorspiegelung falscher Tatsachen vorliegen, etwa wenn ein Arbeitnehmer über die Notwendigkeit der Einholung einer behördlichen Genehmigung vor Kündigungsausspruch täuscht. Allein die Kenntnis des Arbeitgebers von der Anhängigkeit eines Antrags des Arbeitnehmers auf Anerkennung als Schwerbehinderter oder eines Gleichstellungsantrages genügt zur Annahme von Rechtsmissbrauch dagegen nicht, auch wenn der Antrag später zurückgewiesen wird.[609] Der Arbeitgeber kann ohne weiteres nicht darauf vertrauen, dass dem Antrag stattgegeben wird. Auch der Arbeitnehmer ist zur Beurteilung der Erfolgsaussichten regelmäßig nicht in der Lage. Der Arbeitgeber wird daher in einem solchen Fall nicht treuwidrig vom Kündigungsausspruch abgehalten. Hinderungsgründe aus der Sphäre des Kündigungsberechtigten, etwa Krankheit oder Ortsabwesenheit, hemmen die Frist grundsätzlich auch dann nicht, wenn der Kündigende sie nicht zu vertreten hat.[610] Daher verlängert sich die Frist durch Betriebsferien nicht.[611]

146 **d) Zustimmungs- und Anhörungsverfahren. aa) Beteiligung von Arbeitnehmervertretungen.** Ist die Anhörung eines Betriebs- oder Personalrats et-

---

607 BAG 28.10.1971 – 2 AZR 32/71 – AP BGB § 626 Ausschlussfrist Nr 1, zu II; 12.2.1973 – 2 AZR 116/72 – AP BGB § 626 Ausschlussfrist Nr 6, zu 3 a; BGH 5.6.1975 – II ZR 131/73 – NJW 1975, 1698, zu 1 b; APS/Dörner/Vossen § 626 BGB Rn 154 f; Staudinger/Preis § 626 Rn 310.
608 LAG Köln 12.8.2008 – 9 Sa 480/08 – juris, zu II 1 c.
609 **So aber** BAG 27.2.1987 – 7 AZR 632/87 – NZA 1988, 429; ErfK/Müller-Glöge § 626 BGB Rn 223; APS/Dörner/Vossen § 626 BGB Rn 157; KR/Fischermeier § 626 BGB Rn 342.
610 KR/Fischermeier § 626 BGB Rn 363.
611 ArbG Offenbach 3.5.2001 – 5 Ca 45/01 – AiB 2002, 55.

wa nach § 102 BetrVG oder nach § 79 Abs 3 BPersVG bzw den entsprechenden landesrechtlichen Vorschriften Kündigungsvoraussetzung, ist das Beteiligungsverfahren während des Laufs der Ausschlussfrist durchzuführen. Die Beteiligung hemmt den Lauf der Frist nicht, mit der Folge, dass der **Betriebsrat spätestens am zehnten Tag nach der Kenntniserlangung** von den kündigungsrelevanten Tatsachen **unterrichtet** werden muss,[612] um in jedem Fall nach Ablauf der Anhörungsfrist von längstens drei Tagen am folgenden letzten Tag der Ausschlussfrist die Kündigung aussprechen und zustellen zu können. Nicht ausreichend ist es, wenn die Arbeitnehmervertretung zwar innerhalb der Frist, jedoch so spät mit der Kündigungsabsicht befasst wird, dass das Anhörungsverfahren tatsächlich nicht mehr innerhalb der Kündigungserklärungsfrist abgeschlossen wird. Der Arbeitgeber hat vielmehr alles zu unternehmen, um das Beteiligungsverfahren noch während der Ausschlussfrist zum Abschluss zu bringen.[613]

Dies gilt bei die **Beteiligungsrechte** der Arbeitnehmervertretung **erweiternden betriebsverfassungs- und personalvertretungsrechtlichen Zustimmungsverfahren** etwa nach § 102 Abs 6, § 103 BetrVG oder § 72 iVm § 79 BPersVG entsprechend. Sind solche Verfahren erforderlich, bleibt eine Kündigung nach Ablauf der Frist von § 626 Abs 2 Satz 1, 2 nur zulässig, wenn die Fristwahrung wegen der durch das Zustimmungsverfahren ausgelösten Verzögerung für den Arbeitgeber unmöglich war.[614] Nach der Erteilung bzw der Ersetzung der Zustimmung muss der Arbeitgeber, sofern die Frist von § 626 Abs 2 Satz 1, 2 bereits verstrichen ist, die Kündigung unverzüglich aussprechen.[615] Nach der Rechtsprechung des BAG kommt in derartigen Fällen § 91 Abs 5 SGB IX zur entsprechenden Anwendung. Hat der Arbeitgeber rechtzeitig innerhalb der Ausschlussfrist des § 626 Abs 2 BGB beim Personalrat die erforderliche Zustimmung zur beabsichtigten außerordentlichen Kündigung beantragt und bei verweigerter Zustimmung noch innerhalb der 2-Wochen-Frist das nach den personalvertretungsrechtlichen Vorschriften dann durchzuführende Mitbestimmungsverfahren eingeleitet, so ist die Kündigung nicht wegen Versäumung der Ausschlussfrist unwirksam, wenn das Mitbestimmungsverfahren bei deren Ablauf noch nicht abgeschlossen ist.[616] Auch ein ggf erforderlicher Zustimmungsersetzungsantrag gem § 103 Abs 2 BetrVG muss binnen der zweiwöchigen Frist beim Arbeitsgericht gestellt werden.[617]

Wird der **Betriebsrat** zur beabsichtigten Erklärung einer außerordentlichen und hilfsweise ordentlichen Kündigung angehört, werden für die **Ausübung des Beteiligungsrechts** unterschiedlich lange Fristen – unverzüglich, längstens drei Tage bzw eine Woche – in Gang gesetzt (§ 102 Abs 2 Satz 1-3 BetrVG). Der Betriebsrat kann daher getrennte Stellungnahmen nacheinander abgeben, so dass ggf zuerst außerordentlich und nach Ver-

---

612 BAG 18.8.1977 – 2 ABR 19/77 – NJW 1978, 661, zu II 2, 3; KR/Fischermeier § 626 BGB Rn 332; Staudinger/Preis § 626 Rn 300.
613 BAG 8.6.2000 – 2 AZR 375/99 – NZA 2001, 212, zu II 2 a.
614 BAG 8.6.2000 – 2 AZR 375/99 – NZA 2001, 212, zu II 2 a.
615 Näher § 102 BetrVG Rn 227; § 15 KSchG Rn 174 ff; §§ 72, 79, 108 BPersVG Rn 21 f.
616 BAG 2.2.2006 – 2 AZR 57/05 – EzA-SD 2006, Nr 10, 10.
617 BAG 8.6.2000 – 2 AZR 375/99 – NZA 2001, 212, zu II 2 a.

streichen der Wochenfrist nochmals (hilfsweise) ordentlich zu kündigen ist. Dies wird in der Praxis häufig übersehen (Ausspruch einer außerordentlichen hilfsweise ordentlichen Kündigung nach Ablauf der kürzeren Frist zur außerordentlichen Kündigung oder nach fristgerechter Stellungnahme des Betriebsrats nur zur außerordentlichen Kündigung) und kann die fatale Konsequenz nach sich ziehen, dass die Voraussetzungen der außerordentlichen Kündigung (wie so oft) nicht erfüllt sind und die fristgerechte Kündigung bereits an § 102 Abs 1 BetrVG scheitert. Unterschiedliche Fristen gelten auch im BPersVG[618] und bei der Anhörung von Mitarbeitervertretungen. Zur **Umdeutung einer außerordentlichen Kündigung**, insbesondere im Zusammenhang mit der Beteiligung von Betriebs- oder Personalrat, wird auf die Ausführungen zu § 13 Rn 30 ff, 39 f, 41 verwiesen.

Bei der **außerordentlichen Kündigung mit notwendiger Auslauffrist** eines ordentlich unkündbaren Arbeitnehmers ist der Betriebsrat nach Maßgabe der für die ordentliche Kündigung geltenden Vorschrift des § 102 BetrVG zu beteiligen. Für die Stellungnahme des Betriebsrats gilt daher die Wochenfrist des § 102 Abs 2 Satz 1 BetrVG.[619]

147 bb) Öffentlich-rechtliche Zustimmungsverfahren. (1) MuSchG, BEEG. Setzt die Kündigung des Arbeitsverhältnisses einer dem **mutterschutzrechtlichen Kündigungsverbot** des § 9 MuSchG unterliegenden Arbeitnehmerin oder eine Kündigung während der **Elternzeit** eine behördliche Zustimmung gem § 9 Abs 3 Satz 1 MuSchG bzw § 18 Abs 1 BEEG voraus, muss der Arbeitgeber den Antrag innerhalb der Frist von § 626 Abs 2 Satz 1, 2 bei der zuständigen Behörde einreichen.[620] Nach der Erteilung der Zustimmung ist die Kündigung unverzüglich auszusprechen (s Rn 150). Die Ausschlussfrist beginnt dann nicht erneut zu laufen.[621] Entsprechendes gilt, wenn die Zustimmung im Widerspruchs- oder im verwaltungsgerichtlichen Verfahren ersetzt wird.[622] Bereits vor Eintritt der Bestandskraft, nämlich mit der Bekanntgabe der Zustimmungsentscheidung kann wirksam, bzw muss mit Hinblick auf die Frist des § 626 Abs 2 gekündigt werden.[623] Streitig war jedoch, ob die Kündigung auch dann noch ausgesprochen werden darf, wenn die Arbeitnehmerin bereits Widerspruch oder Klage gegen den Bescheid erhoben hat. Mit der neueren Rechtsprechung des BAG ist diese Frage dahingehend entschieden, dass die erteilte Zulässigkeitserklärung bis zur rechtskräftigen Entscheidung über Widerspruch, bzw Anfechtungsklage **schwebend wirksam** ist.[624] Dies hat zur Folge, dass der Arbeitgeber die Kündigung erklären darf, ohne dass es der einstweiligen Regelung der sofortigen Vollziehbarkeit des Verwaltungsaktes gem § 80 II Nr 4 VwGO be-

---

618 Vgl §§ 72 Abs 1, Abs 2; 79 Abs 1, Abs 3, Abs 4 BPersVG.
619 LAG Hamm 5.8.2010 – 15 Sa 302/10 – juris, zu II 1 a.
620 KR/Bader/Gallner § 9 MuSchG Rn 79; Staudinger/Preis § 626 Rn 302; APS/Dörner/Vossen § 626 BGB Rn 152.
621 BAG 11.9.1979 – 6 AZR 753/78 – AP MuSchG 1968 § 9 Nr 6, zu II 2 b; LAG Hamm 3.10.1986 – 17 Sa 935/86 – BB 1986, 2419 LS.
622 LAG Hamm 3.10.1986 – 17 Sa 935/86 – BB 1986, 2419 LS.
623 APS/Rolfs § 9 MuSchG Rn 84.
624 BAG 17.6.2003 – 2 AZR 245/02 – NZA 2003, 1329; 25.3.2004 – 2 AZR 295/03 – NZA 2004, 1064, zu II 2.

darf.⁶²⁵ Die Rechtmäßigkeit des die Zulässigkeitserklärung enthaltenden Bescheides ist im Widerspruchs- und ggf im Klageverfahren vor den Verwaltungsgerichten geltend zu machen. An einen bestandskräftigen Bescheid sind die Arbeitsgerichte, außer im seltenen Fall von dessen Nichtigkeit, gebunden.⁶²⁶

(2) SGB IX. Die **außerordentliche Kündigung** der Arbeitsverhältnisse **schwerbehinderter Arbeitnehmer** und nach § 2 Abs 3 SGB IX diesen **gleichgestellter behinderter Arbeitnehmer** bedarf abgesehen von den in § 90 SGB IX aufgeführten **Ausnahmen** gem §§ 85, 91 SGB IX der **vorherigen Zustimmung des Integrationsamtes**.⁶²⁷ Die Zustimmung muss innerhalb von zwei Wochen nach der Kenntniserlangung von den für die Kündigung maßgeblichen Tatsachen beantragt werden, § 91 Abs 2 SGB IX. Das Integrationsamt hat gem § 91 Abs 3 SGB IX innerhalb von zwei Wochen über den Antrag zu entscheiden, andernfalls gilt die Zustimmung als erteilt. Ist aufgrund der Dauer des Zustimmungsverfahrens dem Arbeitgeber die Wahrung der Frist von § 626 Abs 2 Satz 1, 2 nicht möglich, kann die Kündigung auch noch zu einem späteren Zeitpunkt ausgesprochen werden, wenn sie unverzüglich nach der Erteilung der Zustimmung erklärt wird, § 91 Abs 5 SGB IX (su Rn 149 f). Die Obliegenheit zur unverzüglichen Kündigung nach der Erteilung der Zustimmung gilt auch für außerordentliche Kündigungen mit Auslauffrist gegenüber ordentlich unkündbaren Arbeitnehmern.⁶²⁸

148

Die **Fristen** von § 626 Abs 2 Satz 1, 2 und § 91 Abs 2 SGB IX bestehen **selbständig nebeneinander** und verdrängen sich nicht gegenseitig.⁶²⁹ Die zur Abgrenzung erforderliche Kollisionsregelung findet sich in § 91 Abs 5 SGB IX. Dies bedeutet zum einen, dass der Arbeitgeber nicht unverzüglich nach der Mitteilung der Zustimmung kündigen muss, sofern er nur die Frist von § 626 Abs 2 Satz 1, 2 wahrt.⁶³⁰ Bei Dauertatbeständen (s Rn 124-131) greift § 91 Abs 5 SGB IX daher nicht ein, wenn sie zum Zeitpunkt der Zustimmung des Integrationsamtes noch andauern.⁶³¹ Zum anderen ist die Prüfung der Wahrung der Frist des § 91 Abs 2 SGB IX dem Integrationsamt und ggf den Verwaltungsgerichten vorbehalten. Den Arbeitsgerichten ist die Überprüfung der Einhaltung dieser Frist verwehrt, sofern der Zustimmungsbescheid nicht ausnahmsweise wegen besonders gra-

149

---

625 BAG aaO; vgl § 9 MuSchG Rn 35 ff; ErfK/Schlachter § 9 MuSchG Rn 14; krit KR/Bader/Gallner § 9 MuSchG Rn 127 a; **aA** APS/Rolfs § 9 MuSchG Rn 84 a-c.
626 BAG 20.1.2005 – 2 AZR 500/03 – NZA 2005, 687, zu II 1 a.
627 **Ausf** hierzu §§ 85-92 SGB IX: Rn 2 ff zum geschützten Personenkreis; Rn 6 ff zu Ausnahmetatbeständen; Rn 13 ff zu Nachweis und Mitwirkung des Arbeitnehmers; Rn 26 ff zum Sonderkündigungsschutz bei Unkenntnis des Arbeitgebers; Rn 68 ff zu Besonderheiten bei der außerordentlichen Kündigung; Rn 77 f zur Beteiligung der Arbeitnehmervertretungen; zur Zustimmungsfiktion bei außerordentlicher K. mit notwendiger Auslauffrist vgl Rn 46.
628 BAG 12.8.1999 – 2 AZR 748/98 – NZA 1999, 1267, zu B V 3; 12.5.2005 – 2 AZR 159/04 – EzA-SD 2005, Nr 18, 10-11.
629 BAG 2.3.2006 – 2 AZR 46/05 – EzA-SD 2006 Nr 15, 11-14, zu I 1.
630 **So unter Aufgabe seiner früheren Rspr nunmehr zu Recht** BAG 15.11.2001 – 2 AZR 380/00 – NZA 2002, 970, zu B II 1 b; 7.11.2002 – 2 AZR 475/01 – NZA 2003, 719, zu B II 1.
631 BAG 7.11.2002 – 2 AZR 475/01 – NZA 2003, 719, zu B II 1.

vierender Mängel nichtig ist.[632] Die Einhaltung der Frist des § 626 Abs 2 Satz 1, 2 hingegen ist im Bestandsschutzverfahren von den Arbeitsgerichten eigenständig zu prüfen.[633]

150 *Erteilt* iSd § 91 Abs 5 SGB IX **ist die Zustimmung**, sobald eine solche Entscheidung **innerhalb der Frist** des § 91 Abs 3 Satz 1 SGB IX vom Integrationsamt getroffen und der antragstellende Arbeitgeber hierüber in Kenntnis gesetzt oder wenn eine Entscheidung innerhalb der Frist des § 91 Abs 3 Satz 1 SGB IX nicht getroffen worden ist; in diesem Fall gilt die Zustimmung mit Ablauf der zweiwöchigen Frist des § 91 Abs 3 Satz 2 SGB IX als erteilt.[634] ISv § 91 Abs 3 SGB IX *getroffen* ist die **Entscheidung des Integrationsamtes**, wenn sie dem Arbeitgeber mündlich oder fernmündlich bekannt gegeben oder als schriftlicher Bescheid zur Post gegeben wurde, wobei es in den erstgenannten Fällen nicht einmal erforderlich ist, dass die Zustimmungsentscheidung im Zeitpunkt der (fern-) mündlichen Bekanntgabe bereits schriftlich vorliegt.[635] Auf den Zugang des Bescheides kommt es insoweit nicht an.[636] Die **Zustimmungsfiktion** nach § 91 Abs 3 Satz 2 SGB IX tritt allerdings nicht ein, wenn das Integrationsamt eine fristgerechte Entscheidung trifft und diese noch vor Ablauf der Frist zur Post gibt.[637]

150a Ein vom Arbeitnehmer gegen den zustimmenden Bescheid des Integrationsamts eingelegter **Widerspruch** und eine von ihm erhobene **Anfechtungsklage** haben gem §§ 88 Abs 4, 91 Abs 1 SGB IX keine aufschiebende Wirkung. Das bedeutet, dass die durch das Integrationsamt einmal erteilte Zustimmung zur Kündigung, vorbehaltlich ihrer nur ausnahmsweise in Betracht kommenden Nichtigkeit, so lange Wirksamkeit entfaltet, bis sie rechtskräftig aufgehoben ist.[638] Daher endet die **Kündigungssperre** mit der Konsequenz der **Obliegenheit zur unverzüglichen Kündigung** des Arbeitgebers, unabhängig von der Reaktion des Arbeitnehmers im Verwaltungsverfahren, mit dem Entstehen des Verwaltungsaktes, dh entweder mit dessen Zustellung oder mit dessen mündlicher oder fernmündlicher Bekanntgabe gegenüber dem Arbeitgeber gem § 39 SGB X.[639] Dasselbe gilt für die Erteilung eines objektiv unrichtigen **Negativattestes** durch die Behörde[640] und

---

632 BAG 11.5.2000 – 2 AZR 276/99 – NZA 2000, 1106, zu II 2 b cc; KR/Etzel/Gallner § 91 SGB IX Rn 10; aA Fenski BB 2001, 570, 571; ErfK/Rolfs § 91 SGB IX Rn 4.
633 BAG 2.3.2006 – 2 AZR 46/05 – EzA-SD 2006 Nr 15, 11-14, zu I 1; LAG Köln 4.2.2010 – 6 Sa 1045/09 – EzA-SD 2010, Nr 6, 16, zu II.
634 BAG 19.4.2012 – 2 AZR 118/11 – NZA 2013, 507, zu I 1 b.
635 BAG 12.5.2005 – 2 AZR 159/04 – EzA-SD 2005, Nr 18, 10-11, zu I 2, 3; diese Grundsätze gelten allerdings **nur** in **außerordentliche Kündigungen** betreffenden Zustimmungsverfahren, für **ordentliche Kündigungen** vgl bereits den Wortlaut des § 88 SGB IX, der ua im 2. Abs das Erfordernis einer **Zustellung** der Entscheidung regelt, näher hierzu und insb zur Zustellungsfiktion §§ 85-92 SGB IX Rn 38 f mwN.
636 BAG 9.2.1994 – 2 AZR 720/93 – NZA 1994, 1030.
637 BAG 19.4.2012 – 2 AZR 118/11 – NZA 2013, 507, zu I 2 a aa; zur Zustimmungsfiktion bei außerordentlicher K. mit notwendiger Auslauffrist vgl Rn 46.
638 BAG 23.5.2013 – 2 AZR 991/11 – NZA 2013, 1373, zu II 2 b.
639 BAG 12.8.1999 – 2 AZR 748/98 – NZA 1999, 1267, zu B V 2, 3; 12.5.2005 – 2 AZR 159/04 – EzA-SD 2005, Nr 18, 10-11, zu I 2.
640 BAG 27.5.1983 – 7 AZR 482/81 – AP SchwbG § 12 Nr 12, zu I 3 b.

dann, wenn die Zustimmung zur außerordentlichen Kündigung erst im **Widerspruchsverfahren** durch den Widerspruchsausschuss erteilt wird; hier hat der Arbeitgeber ebenfalls unverzüglich die Kündigung zu erklären, sobald er sichere Kenntnis von der Zustimmung hat, sei es auch *nur* durch (fern-)mündliche Bekanntgabe.[641]

Die Obliegenheit zum **unverzüglichen Kündigungsausspruch** verlangt vom Arbeitgeber, ist (bei fristgerechter Antragstellung) die Frist des § 626 Abs 2 Satz 1, 2 bereits abgelaufen, was regelmäßig der Fall sein wird, zwar nicht ein sofortiges Handeln, wohl aber eines ohne **schuldhaftes Zögern**, § 121 Abs 1 BGB. Schuldhaft ist ein Zögern dann, wenn das Zuwarten durch die Umstände des Einzelfalls nicht geboten ist.[642] Wegen des vorgeschalteten Verwaltungsverfahrens muss der Arbeitgeber idR innerhalb weniger Tage nach der Bekanntgabe des Zustimmungsbescheides den Zugang der außerordentlichen Kündigung beim Arbeitnehmer bewirken,[643] da die Ausschlussfrist nach erteilter Zustimmung nicht erneut zu laufen beginnt.[644] Entscheidend für die Unverzüglichkeit der Kündigung ist ihr **Zugang beim Arbeitnehmer**.[645] Da das Gesetz dem Arbeitgeber keine weitere Frist gewährt, ist ein erst zwei Wochen nach der Zustimmung des Integrationsamtes bewirkter Zugang der Kündigung nicht mehr unverzüglich.[646] **Verzögerungen der Beförderung** gehen zu Lasten des Arbeitgebers, sofern sie nicht auf einer **treuwidrigen Zugangsvereitelung** durch den Arbeitnehmer beruhen. Dies kann der Fall sein, wenn einem schwer behinderten Arbeitnehmer durch das Verfahren beim Integrationsamt bekannt ist, dass der Ausspruch einer außerordentlichen Kündigung durch den Arbeitgeber unmittelbar bevorsteht und er eine Benachrichtigung über die Zustellung des Kündigungsschreibens tatsächlich erhält oder die Unkenntnis von dessen Zugang zu vertreten hat und dann das Kündigungsschreiben verspätet bei der Poststelle abholt.[647]

150b

Alsbald nach Beantragung der Zustimmung **bei der Behörde** sollte sich der Arbeitgeber nach dem **Eingangsdatum seines Antrags erkundigen**, um den Ablauf der Zweiwochenfrist errechnen zu können.[648] Nach der Rechtsprechung des BAG besteht nämlich eine **Obliegenheit des Arbeitgebers**, sich beim Integrationsamt zu erkundigen, ob eine Entscheidung innerhalb der Frist des § 91 Abs 3 Satz 1 SGB IX getroffen wurde, weil anderenfalls die Zustimmung fingiert wird. Teilt das Integrationsamt auf entsprechende Nachfrage lediglich mit, eine Entscheidung sei getroffen und diese auf dem Postweg, darf der Arbeitgeber die Zustellung des entsprechenden Bescheids eine nicht gänzlich ungewöhnliche Zeit lang abwarten; er braucht nicht da-

150c

---

641 BAG 21.4.2005 – 2 AZR 255/04 – NZA 2005, 991, zu I 2 c.
642 BAG 19.4.2012 – 2 AZR 118/11 – NZA 2013, 507, zu I 1 c.
643 BAG 22.1.1987 – 2 ABR 6/86 – NZA 1987, 563, zu III 2 e; 7.11.2002 – 2 AZR 475/01 – AP BGB § 620 Kündigungserklärung Nr 19, zu B II 2.
644 BAG 19.4.2012 – 2 AZR 118/11 – NZA 2013, 507, zu I 1.
645 BAG 3.7.1980 – 2 AZR 340/78 – AP SchwbG § 18 Nr 2, zu II 3 a; 7.11.2002 – 2 AZR 475/01 – NZA 2003, 719, zu B II 3 a.
646 BAG 7.11.2002 – 2 AZR 475/01 – NZA 2003, 719, zu B II 2.
647 BAG 3.4.1986 – 2 AZR 258/85 – NZA 1986, 640, zu II 4; 7.11.2002 – 2 AZR 475/01 – NZA 2003, 719, zu B II 3.
648 BAG 3.7.1980 – 2 AZR 340/78 – AP SchwbG § 18 Nr 2, zu II 3 b bb.

rauf zu dringen, auch über den Inhalt der getroffenen Entscheidung schon vorab in Kenntnis gesetzt zu werden.[649] Sollte innerhalb der Zweiwochenfrist kein Bescheid des Integrationsamtes förmlich zugestellt worden sein, kann, zur Vermeidung etwaiger Risiken, nunmehr auch unverzüglich und ggf vorsorglich erneut nach der Zustellung eines Zustimmungsbescheides gekündigt werden, um die Anforderungen des § 91 Abs 5 SGB IX in jedem Fall zu wahren.[650]

150d Zum Verhältnis des **schwerbehindertenrechtlichen Zustimmungsverfahrens** zu den **betriebsverfassungs- und personalvertretungsrechtlichen Beteiligungsverfahren** wird auf die dortigen Kommentierungen verwiesen.[651]

VII. Behandlung der außerordentlichen Kündigung im Prozess
1. Klageart und Klagefrist

151 a) **Erforderlichkeit der Kündigungsschutzklage (Rechtslage nach Inkrafttreten des Arbeitsmarktreformgesetzes).** Ein **Arbeitnehmer** muss gegen jedwede ihm seit dem 1.1.2004 zugehende **schriftliche außerordentliche Kündigung des Arbeitgebers** unabhängig vom Geltungsbereich der §§ 1 Abs 1,[652] 23 Abs 1 KSchG nach §§ 13 Abs 1 Satz 2, 4 Satz 1, 5, 6 KSchG **innerhalb von drei Wochen nach dem Zugang der Kündigung** beim Arbeitsgericht **Klage** auf die Feststellung **erheben,** dass das Arbeitsverhältnis durch die Kündigung nicht aufgelöst worden ist (**Kündigungsschutzklage**).[653] Andernfalls gilt die Kündigung gem § 7 KSchG als von Anfang an rechtswirksam,[654] und zwar auch dann, wenn der Arbeitnehmer lediglich die Versäumung der Ausschlussfrist des § 626 Abs 2 Satz 1, 2 rügt.[655] Eines besonderen Feststellungsinteresses iSd § 256 ZPO bedarf es bei der punktuellen Kündigungsschutzklage gem § 4 KSchG nicht, da sich das Rechtsschutzinteresse des Arbeitnehmers bereits aus dem Erfordernis der Vermeidung der Fiktion des § 7 KSchG ergibt.[656] Lediglich ein **Verstoß gegen das Schriftformerfordernis** der Kündigung nach § 623 BGB kann nach Ablauf der dreiwöchigen Klagefrist noch mit Hilfe einer allg Feststellungsklage iSd § 256 ZPO gerügt werden (s Rn 156).[657] Mit Ausnahme eines solchen werden alle Unwirksamkeitsgründe und sonstigen Mängel rückwirkend ge-

---

649 BAG 19.4.2012 – 2 AZR 188/11 – NZA 2013, 507, zu I 2 b cc.
650 KR/Etzel/Gallner § 91 SGB IX Rn 30 b.
651 § 102 BetrVG Rn 62; § 15 KSchG Rn 174 ff.
652 BAG 28.6.2007 – 6 AZR 873/06 – NJW 2007, 2716, zu II.
653 Vgl iE die Kommentierung zu § 13 KSchG Rn 17 ff sowie § 4 KSchG Rn 19 ff und insb Rn 44 ff zum **punktuellen Streitgegenstand** und zur **Verbindung von Kündigungsschutz- und Feststellungsklage,** hierzu auch BAG 12.5.2005 – 2 AZR 426/04 – EzA-SD 2005, Nr 18, 12-15, zu I.
654 Zur Verschuldenszurechnung bei Versäumung der Klagefrist § 5 KSchG Rn 13 ff.
655 BAG 8.6.1972 – 2 AZR 336/71 – AP KSchG 1969 § 13 Nr 1, zu 1; 6.7.1972 – 2 AZR 386/71 – AP BGB § 626 Ausschlussfrist Nr 3, zu I 2.
656 Vgl § 4 KSchG Rn 75 ff.
657 BAG 28.6.2007 – 6 AZR 873/06 – NZA 2007, 972, zu II 1; näher § 4 KSchG Rn 4 mwN.

heilt, wenn die Klagefrist verstreicht.[658] Die Klagefrist der §§ 13 Abs 1 Satz 2, 4 Satz 1 KSchG gilt auch für die fristlose Kündigung eines **Berufsausbildungsverhältnisses** durch den Ausbildenden, sofern mangels Bestehens eines zuständigen Schlichtungsausschusses gem § 111 Abs 1 Satz 5 ArbGG kein Schlichtungsverfahren durchgeführt werden muss.[659]

Die Geltendmachung der Unwirksamkeit einer außerordentlichen Kündigung eines Arbeitnehmers durch den **Arbeitgeber** unterliegt keinen besonderen Form- und Fristbestimmungen, jedoch kann dessen Recht, sich mit einer **Feststellungsklage gem § 256 ZPO** gegen die Kündigung zu wenden,[660] prozessual verwirkt werden.[661]

Für **außerordentliche Änderungskündigungen** ist nicht nur § 2 KSchG analog heranzuziehen (s Rn 37). Trotz der fehlenden Verweisung von § 13 Abs 1 Satz 2 KSchG gilt auch § 4 Satz 2 KSchG, da insoweit eine Gesetzeslücke besteht, die durch eine entsprechende Anwendung dieser Bestimmung geschlossen werden muss.[662] Zudem gebietet der Zweck des § 2 KSchG, dass der Arbeitnehmer die Rechtswirksamkeit auch einer außerordentlichen Änderungskündigung gerichtlich überprüfen lassen kann, ohne zugleich den Verlust seines Arbeitsplatzes insgesamt befürchten zu müssen.[663] Für außerordentliche Beendigungs- und Änderungskündigungen gilt seit 1.1.2004 auch in der **Insolvenz** § 4 KSchG. § 113 Abs 2 InsO aF wurde mit Wirkung zum vorgenannten Zeitpunkt aufgehoben. Wird eine Kündigung durch den Insolvenzverwalter erklärt, ist die Klage gegen diesen in seiner Eigenschaft als Partei kraft Amtes zu richten.[664] Wird im Passivrubrum versehentlich der Schuldner benannt, wahrt die Klage die Frist nicht. Zu prüfen ist jedoch stets, ob der Fehler im Wege der Rubrumsberichtigung beseitigt werden kann. Dies wird idR anzunehmen sein, wenn sich aus Klageschrift und -begründung ergibt, dass in Wahrheit der Insolvenzverwalter verklagt werden sollte.[665]

Musteranträge für Kündigungsschutzklagen gegen außerordentliche Kündigungen werden bei Rn 19 f zu **§ 13 KSchG** dargestellt. Auf die **dortige Kommentierung** zur außerordentlichen Kündigung, insbesondere im Hin-

152

---

658 Vgl § 7 KSchG Rn 1; zur **Geltendmachung weiterer Unwirksamkeitsgründe nach Klageeinreichung** § 6 KSchG Rn 2 ff; § 102 BetrVG Rn 173; zum Diskussionsstand bzgl weiterer **Ausnahmen von der Klagefrist** § 4 KSchG Rn 139 ff mwN und BAG 26.3.2009 – 2 AZR 403/07 – NZA 2009, 1146, zu 1 c; zu den **Sonderfällen des** § 4 Satz 4 KSchG vgl § 4 KSchG Rn 112 ff; ErfK/Kiel § 4 KSchG Rn 22, 23; BAG 13.2.2008 – 2 AZR 864/06– NZA 2008, 1055, zu I 2, 4; 19.2.2009 – 2 AZR 286/07 – NZA 2009, 980, zu I 1.
659 BAG 26.1.1999 – 2 AZR 134/98 – NZA 1999, 934, zu II 2; näher § 13 KSchG Rn 13; zur Verschuldenszurechnung bei Versäumung der Klagefrist durch den Prozessbevollmächtigten, LAG Berlin 30.6.2003 – 6 Ta 1276/03 – MDR 2004, 160.
660 BAG 20.3.1986 – 2 AZR 296/85 – NZA 1986, 714, zu B I 2, 3; 24.10.1996 – 2 AZR 845/95 – NZA 1997, 597, zu II 1 a, b.
661 KR/Fischermeier § 626 BGB Rn 376; zur sog **negativen Feststellungsklage des Arbeitgebers** vgl § 4 KSchG Rn 109.
662 BAG 17.5.1984 – 2 AZR 161/83 – NZA 1985, 62, zu II 4.
663 BAG 28.10.2010 – 2 AZR 688/09 – NZA-RR 2011, 155, zu I 1.
664 BAG 21.9.2006 – 2 AZR 573/05 – NJW 2007, 458, zu B I 2.
665 BAG 27.3.2003 – 2 AZR 272/02 – NZA 2003, 1391; näher § 5 KSchG Rn 20.

blick auf deren prozessuale Geltendmachung und die gerichtliche Auflösung des Arbeitsverhältnisses, wird verwiesen (Rn 1-45 a).

153 **b) Frühere Rechtslage.** Auf eine Fortführung der Kommentierung zur vor dem 1.1.2004 geltenden Rechtslage wird an dieser Stelle verzichtet. Hingewiesen sei hierzu auf die Erläuterungen in der 2. Aufl, Rn 136 f zu § 626 BGB.

154 **c) Feststellungsklage gem § 256 ZPO.** Eine Kündigungsschutzklage gem §§ 4, 13 Abs 1 Satz 2 KSchG gegen die außerordentliche Kündigung eines **freien Dienstverhältnisses** ist weder möglich noch erforderlich. Der Gekündigte kann einerseits die aus dem Fortbestand des Dienstverhältnisses sich ergebenden Ansprüche im Wege der Leistungsklage geltend machen. Diese Möglichkeit schließt andererseits das Rechtsschutzbedürfnis für eine Feststellungsklage iSd § 256 ZPO, dass das Dienstverhältnis über den Zeitpunkt des Kündigungszugangs hinaus fortbestehe, regelmäßig nicht aus.[666]

155 In Rechtsprechung und Literatur wird verbreitet angenommen, bei einer verhaltensbedingt begründeten außerordentlichen Kündigung bestehe grundsätzlich ein Feststellungsinteresse, damit der Kündigungsgegner den Vorwurf pflichtwidrigen Verhaltens zum **Schutz seiner Ehre und seines gesellschaftlichen Ansehens** ausräumen könne. Selbst bei einem Arbeitgeber in der Form einer juristischen Person könne zum Schutz von deren Ansehen ein Feststellungsinteresse zu bejahen sein.[667] Gegen diese Auffassung bestehen durchaus Bedenken, da ein auf die Feststellung des Bestehens oder Nichtbestehens eines Rechtsverhältnisses gerichteter Antrag weder der Dokumentation von Rechtsverletzungen noch der Befriedigung des Anliegens einer Partei dient, bescheinigt zu bekommen, dass sie im Recht war.[668] Fraglich ist auch, ob Bestandsstreitigkeiten überhaupt dazu geeignet sind, Ehrenschutz zu gewähren, da die Entscheidung über den Kündigungsgrund nicht in Rechtskraft erwächst. Die der materiellen Rechtskraft fähige Entscheidung über das Rechtsverhältnis gewährleistet auch nicht unbedingt auf mittelbare Weise Ehrenschutz, da ihr auch formelle Gesichtspunkte, etwa Formmängel der Kündigung oder die Nichteinhaltung der Frist von § 626 Abs 2 Satz 1, 2, zugrunde liegen können. Bewirkt die Form oder die Begründung einer außerordentlichen Kündigung Ehrverletzungen, kann sich der Kündigungsempfänger dagegen zielführender mit den allgemeinen Mitteln des Ehrenschutzes zur Wehr setzen und den Kündigenden etwa auf Unterlassung, Widerruf oder Zahlung von materiellem Schadenersatz oder Schmerzensgeld in Anspruch nehmen.

Ein **Feststellungsinteresse** iSv § 256 ZPO liegt jedoch regelmäßig schon aus Gründen der Prozessökonomie vor,[669] etwa weil sich aus der Unwirksamkeit der außerordentlichen Kündigung ein unbefristetes oder längerfristiges Fortbestehen des Dienstverhältnisses mit einer Vielzahl gegenseitiger An-

---

666 KR/Fischermeier § 626 BGB Rn 373 ff.
667 Vgl mit unterschiedlichen Akzenten BAG 4.8.1960 – 2 AZR 499/59 – AP ZPO § 256 Nr 34, zu II; 20.3.1986 – 2 AZR 296/85 – NZA 1986, 714, zu B I 3; KR/Fischermeier § 626 BGB Rn 374; Staudinger/Preis § 626 Rn 312.
668 BAG 5.10.2000 – 1 ABR 52/99 – AP BetrVG 1972 § 23 Nr 35, zu II 2; 19.6.2001 – 1 AZR 463/00 – NZA 2002, 397, zu I 1 a.
669 BAG 19.10.2004 – 9 AZR 411/03 – NZA 2005, 529, zu A.

sprüche ergibt, aufgrund eines Vertragsbruchs Rechtsansprüche vielfältiger Art – etwa Erfüllungs- und Schadenersatzansprüche – zustehen können[670] oder schon im Hinblick auf das korrekte Ausfüllen der Arbeitspapiere.[671] Auch **der Kündigende** kann ein Interesse an der Feststellung des Fortbestehens des Vertragsverhältnisses haben, wenn er sich später zu dessen Fortsetzung entschließt und der Vertragspartner ihn an seiner Kündigung festhalten will.[672]

Die **Feststellungsklage** gem § 256 ZPO ist auch im Falle einer unter **Verstoß gegen § 623 BGB** erklärten formunwirksamen, insbesondere also einer mündlichen (außerordentlichen) **Kündigung eines Arbeitsverhältnisses** die zutreffende Klageart.[673] In diesen Fällen kann der Gekündigte jedoch auch eine **Leistungsklage** einreichen, da § 4 KSchG nicht anwendbar ist.[674] Das Klagerecht unterliegt allerdings der **Verwirkung**.[675] 156

Der **Klageantrag** kann bei einer Feststellungsklage gem § 256 ZPO wie folgt formuliert werden: 157

▶ Es wird festgestellt, dass das Arbeits(oder: Dienst-)verhältnis der Parteien über den ...(Zeitpunkt des Kündigungszugangs oder der beabsichtigten Vertragsauflösung) hinaus fortbesteht. ◀

d) Pflichten des Arbeitnehmers nach Ausspruch einer Kündigung. Auch nach der Erklärung einer außerordentlichen Kündigung des Arbeitgebers können unterschiedliche **nachwirkende Pflichten** des Arbeitnehmers aus dem Arbeitsverhältnis bestehen. Dies gilt insbesondere dann, wenn der Arbeitnehmer die Wirksamkeit der erklärten Kündigung bestreitet und das Fortbestehen des Arbeitsverhältnisses geltend macht.[676] Hier besteht die Verpflichtung des Arbeitnehmers zur **Einhaltung des arbeitsvertraglichen Konkurrenzverbots** auch nach Ausspruch einer (außerordentlichen) Kündigung während des Kündigungsschutzverfahrens regelmäßig fort.[677] Der Arbeitnehmer muss zudem Sachen und Betriebsmittel des Arbeitgebers herausgeben (Dienstwagen, Laptop, Mobiltelefon sowie Zugangs-, Kredit-, oder Tankkarten und Schlüssel, Arbeitskleidung, Arbeitsmittel, Unterlagen, Daten etc), gesetzliche oder rechtswirksam vereinbarte Verschwiegenheitspflichten beachten oder ein vereinbartes nachvertragliches Wettbewerbsverbot einhalten (u.a.m.). 158

2. Darlegungs- und Beweislast

a) Zugang der Kündigung. Darlegungs- und beweispflichtig für den form- und fristgerechten Zugang der Kündigung ist nach den allgemeinen Grund- 159

---

670 BAG 20.3.1986 – 2 AZR 296/85 – NZA 1986, 714, zu B I 2 a; 24.10.1996 – 2 AZR 845/95 – NZA 1997, 597, zu II 1 a, b; 9.9.1992 – 2 AZR 142/92 – RzK I 10 e Nr 13, zu II 1: Notwendigkeit der einheitlichen Fassung mehrerer Arbeitspapiere.
671 KR/Fischermeier § 626 BGB Rn 374.
672 Staudinger/Preis § 626 BGB Rn 312.
673 Näher § 4 KSchG Rn 3 mwN.
674 ErfK/Kiel § 4 KSchG Rn 8.
675 Vgl § 13 KSchG Rn 86.
676 BAG 13.12.2007 – 2 AZR 196/06 – AE 2008, 31, zu II 2 b.
677 BAG 25.4.1991 – 2 AZR 624/90 – DB 1992, 479, zu III; 28.1.2010 – 2 AZR 1008/08 – NZA-RR 2010, 461, zu I 2 a.

sätzen der Vertragspartner, der aus der Kündigung für sich Rechte herleitet.[678]

160 **b) Wichtiger Grund.** Die **Darlegungs- und Beweislast** für **alle Elemente des wichtigen Grundes** trägt nach ständiger Rechtsprechung und inzwischen ganz überwiegender Ansicht in der Literatur **der Kündigende**.[679] Dies gilt bei Eigenkündigungen von Arbeitnehmern gleichermaßen.[680] Auch ohne eine § 1 Abs 2 Satz 4 KSchG entsprechende gesetzliche Regelung folgt dies aus dem Charakter des Rechts zur außerordentlichen Kündigung als Gestaltungsrecht. Der Vertragspartner, der durch die Ausübung des Kündigungsrechtes die Rechtslage seinen Interessen gemäß umgestalten will, muss hinsichtlich der dafür notwendigen Umstände das Feststellungsrisiko tragen.

161 Diese Verteilung der **Beweislast** gilt gleichermaßen für das **Nichtvorliegen von** den Kündigungsgegner **entlastenden Tatsachen** und für das **Nichtvorliegen von** Umständen, insbesondere **Rechtfertigungs- oder Entschuldigungsgründen**, die auf andere Weise zum Wegfall des Kündigungsgrundes führen.[681] Um die mit einer Pflicht zum Ausschluss aller denkbaren Entlastungsgründe verbundene **Überforderung des Kündigenden** zu vermeiden, legt die Rechtsprechung allerdings eine **abgestufte Darlegungslast** zugrunde.

Bei Umständen, die dem **Bereich des Kündigungsgegners** zuzuordnen sind, ist die **Darlegungslast des Kündigenden** durch eine aus § 138 Abs 1 und 2 ZPO folgende **Mitwirkungspflicht des Gegners** gemindert. Dem Gegner der primär behauptungs- und beweisbelasteten kündigenden Partei wird eine gewisse (sekundäre) Behauptungslast dann auferlegt, wenn die darlegungspflichtige Partei außerhalb des von ihr darzulegenden Geschehensablaufs steht und keine näheren Kenntnisse über die maßgebenden Tatsachen besitzt, während der Prozessgegner über diese verfügt und ihm nähere Angaben zumutbar sind. Kommt der sekundär darlegungspflichtige (der Kündigungsgegner) in einer solchen Prozesslage seiner Vortragslast nicht nach, gilt der Sachvortrag des primär Darlegungspflichtigen (des Kündigenden) gem § 138 Abs 3 ZPO als zugestanden.[682] Ein nur pauschaler Vortrag von Rechtfertigungs- und Entschuldigungsgründen ohne Substantiierung reicht nicht aus.[683] Der Vortrag muss so konkret erfolgen, dass er dem Kündigenden die Überprüfung der Angaben und, wenn er diese für unrichtig hält, den insoweit erforderlichen Beweisantritt ermöglicht.[684] Ist dies in einer zur Überprüfung von deren Stichhaltigkeit hinreichend konkreten Form ge-

---

678 Näher Einl Rn 58 ff.
679 BAG 17.4.1956 – 2 AZR 340/55 – AP BGB § 626 Nr 8, zu I 6; 6.9.2007 – 2 AZR 264/06 – NZA 2008, 636, zu I 1 c bb; BGH 28.10.2002 – II ZR 353/ 00 – NJW 2003, 431, zu I 2 c bb; Staudinger/Preis § 626 Rn 313-317; APS/Dörner/Vossen § 626 BGB Rn 173 ff.
680 BAG 25.7.1963 – 2 AZR 510/62 – AP ZPO § 448 Nr 1, zu II 4.
681 ZB BAG 17.6.2003 – 2 AZR 123/02 – NZA 2004, 564, zu II 2 b aa; 28.8.2008 – 2 AZR 15/07 – NZA 2009, 192, zu I 2 c bb 1.
682 BAG 18.9.2008 – 2 AZR 1039/06 – DB 2009, 964, zu I 6 b, c.
683 BAG 19.12.1991 – 2 AZR 367/91 – nv; LAG Hamm 18.2.2004 – 18 Sa 708/03; LAG Rheinland-Pfalz 21.2.2006 – 5 Sa 888/05 – juris, zu II 1 b.
684 BAG 28.8.2008 – 2 AZR 15/07 – NZA 2009, 192, zu I 2 c bb 1.

schehen, ist es Sache des Kündigenden, die geltend gemachten Rechtfertigungs- und Entschuldigungsgründe zu widerlegen, also gleichermaßen substantiiert zu erläutern, aus welchen Gründen die Darstellung des Gegners unzutreffend ist und für seine Schilderung Beweis anzutreten.[685]

Beispiel: Der Arbeitgeber wirft dem Arbeitnehmer vor, unentschuldigt der Arbeit ferngeblieben zu sein. Zur Entlastung genügt zunächst die Vorlage eines die Arbeitsunfähigkeit bestätigenden ärztlichen Attests durch den Arbeitnehmer. Jetzt obliegt es dem Arbeitgeber, dessen Beweiswert durch die Darlegung und erforderlichenfalls den Beweis von Umständen, mit denen die behauptete Arbeitsunfähigkeit nicht vereinbar ist, zu erschüttern. Gelingt dem Arbeitgeber dies, hat nunmehr der Arbeitnehmer seine Erkrankung im Einzelnen nach Art und Auswirkungen zu schildern. Hat er seine Substantiierungspflicht erfüllt und den behandelnden Arzt von der Schweigepflicht entbunden, hat der Arbeitgeber ggf weiteren Vortrag zu halten und, etwa durch Benennung des Arztes als Zeugen, den ihm obliegenden Beweis zu führen.[686] 161a

Diese – in der Praxis häufig nicht ausreichend beachtete – Verteilung der Darlegungs- und Beweislast ist insbesondere bei verhaltensbedingten Kündigungen zu beachten,[687] etwa wenn ein Arbeitnehmer sich zur Rechtfertigung einer Tätlichkeit auf Notwehr[688] oder zur Rechtfertigung von Fehlzeiten auf eine bereits ausgesprochene Urlaubserteilung[689] oder auf eine krankheitsbedingte Arbeitsunfähigkeit beruft.[690] 161b

Die Abstufung der Darlegungs- und Beweislast bedeutet nicht, dass die Parteien davon ausgehen können, nach einem Verhandlungstermin noch Gelegenheit zu erhalten, zur nächsten Stufe vorzutragen. Dies widerspräche § 57 Abs 1 Satz 1 ArbGG. Daher kann es für die Parteien in Erfüllung ihrer prozessualen Pflicht zu vollständigem Vortrag nach § 138 Abs 1 ZPO geboten sein, vorsorglich möglichst frühzeitig umfassend zu allen Prüfungsstufen vorzutragen.

Für **Umstände**, die einer **Pflichtverletzung** erst das **Gewicht eines Kündigungsgrundes** geben, liegt die **Darlegungslast** dagegen in vollem Umfang beim Kündigenden. Dies gilt bspw für Ausspruch, Zugang und Inhalt einer einschlägigen **Abmahnung**.[691] Eine rechtskräftige **strafgerichtliche Verurteilung** des Vertragspartners kann der Kündigende im Prozess verwerten. Eine solche Verurteilung nimmt dem Kündigungsgegner allerdings nicht 162

---

685 BAG 19.12.1991 – 2 AZR 367/91 – nv; LAG Köln 21.4.2004 – 8 Sa 136/03 – LAG Report 2005, 63-64; LAG Hamm 8.2.2005 – 19 Sa 2287/04 – ArbuR 2005, 343.
686 BAG 26.8.1993 – 2 AZR 154/93 – AiB 1994, 435, zu I 1 c; vgl auch Hessisches LAG 11.6.1993 – 9 Sa 123/93 – NZA 1994, 886, zu II 2 b a.
687 Hierzu BAG 24.11.1983 – 2 AZR 327/82 – AP BGB § 626 Nr 76, zu B III 1; 6.8.1987 – 2 AZR 226/87 – AP BGB § 626 Nr 97, zu II 2 a, b; BGH 20.2.1995 – II ZR 9/94 – NJW-RR 1995, 669, zu I 3 a; BGH 28.10.2002 – II ZR 353/00 – NJW 2003, 431, zu I 2 c bb.
688 BAG 31.5.1990 – 2 AR 535/89 – RzK I 10 h Nr 28, zu II 2 a.
689 BAG 19.12.1991 – 2 AZR 367/91 – RzK I 6 a Nr 82, zu B I 2.
690 BAG 26.8.1993 – 2 AZR 154/93 – NZA 1994, 63.
691 KR/Fischermeier § 626 BGB Rn 381.

die Möglichkeit, seine Unschuld weiter geltend zu machen.[692] Dies darf sich jedoch nicht in einer pauschalen Behauptung erschöpfen. Der Kündigungsgegner muss auf den Sachverhalt, der Grundlage des Tatvorwurfs ist, konkret eingehen und ihn aus seiner Sicht im Einzelnen schildern. Darauf ist es Sache des Kündigenden, seinerseits substantiiert zu erwidern, wobei er sich auf die Feststellungen der Strafgerichte stützen kann. Ergibt hierauf die an die Feststellungen der Strafgerichte nicht gebundene Überprüfung durch die Zivilgerichte, dass auf der Grundlage der Schilderung des Gekündigten der Tatvorwurf unberechtigt, nach der Darstellung des Kündigenden dagegen die strafgerichtliche Schuldfeststellung zutreffend ist, sind die Vorwürfe ggf unter Berücksichtigung neuer Beweismittel durch eine erneute Beweisaufnahme ein weiteres Mal aufzuklären.[693]

162a Auch die prozessuale Überprüfung des Vorliegens der **subjektiven Voraussetzungen** einer verhaltensbedingten Kündigung unterliegt diesen Regeln. Ist ein bestimmtes **Verschulden des Vertragspartners** für die Annahme eines wichtigen Grundes erforderlich, etwa die vorsätzliche Verwirklichung eines bestimmten Straftatbestandes, hat der Kündigende objektive Tatsachen darzulegen, die den Rückschluss auf den erforderlichen Verschuldensgrad zulassen. So genügt es zur Darlegung eines zur Kündigungsbegründung geltend gemachten Abrechnungsbetruges nicht, nach Auffassung des Kündigenden unrichtige oder auch objektiv unrichtige Abrechnungen des Gekündigten vorzulegen. Macht dieser geltend, er habe auf deren Richtigkeit vertraut, muss der Kündigende bei einer offenen, jederzeit überprüfbaren Abrechnungspraxis weitere Umstände darlegen und ggf beweisen, die die Feststellung der subjektiven Tatseite erlauben.[694]

162b Beruft sich der Gekündigte dagegen auf einen seiner Meinung nach unvermeidbaren Rechtsirrtum, muss er die hierfür maßgeblichen Tatsachen in den Prozess einführen und insbesondere substantiiert darlegen, wie er seiner Erkundigungs- und Prüfungspflicht nachgekommen ist.[695]

163 Vergleichbare Regeln hat das BAG für die Berücksichtigung der im Rahmen von – **außerordentlichen** – **betriebs- oder personenbedingten Kündigungen** zu prüfenden anderweitigen Beschäftigungsmöglichkeiten für den gekündigten Arbeitnehmer entwickelt. Danach hat der Arbeitgeber im Prozess zunächst im Einzelnen darzulegen, aus welchen Gründen eine Weiterbeschäftigung des Arbeitnehmers aus seiner Sicht nicht mehr möglich ist. Anders als bei der ordentlichen Kündigung reicht es allerdings nicht aus, den Wegfall der bisherigen Beschäftigung für den gekündigten Arbeitnehmer darzulegen. **Das Fehlen jeglicher,** auch anderweitiger **Beschäftigungsmöglichkeiten** ggf nach entsprechender Umschulung, Umorganisation oder dem Freimachen geeigneter Arbeitsplätze zählt bei der außerordentlichen Kündigung zum **wichtigen Grund** und **ist** deshalb **vom Arbeitgeber** sub-

---

692 BAG 16.9.1999 – 2 ABR 68/98 – NZA 2000, 158, zu II 2 e; 8.6.2000 – 2 ABR 1/00 – NZA 2001, 91, zu B II 3.
693 BAG 16.9.1999 – 2 ABR 68/98 – NZA 2000, 158, zu II 2 e; 8.6.2000 – 2 ABR 1/00 – NZA 2001, 91, zu II 3 a.
694 Vgl BGH 9.11.1992 – II ZR 234/91 – NJW 1993, 463, zu II 2 b; BAG 28.10.2002 – II ZR 353/00 – NJW 2003, 431, zu I 2 c.
695 ErfK/Müller-Glöge § 626 BGB Rn 235.

stantiiert darzulegen.[696] Nach entsprechendem Vortrag obliegt es dem Arbeitnehmer, konkret darzustellen, wie er sich eine anderweitige Beschäftigung vorstellt. Der Arbeitnehmer muss dazu nicht einen bestimmten Arbeitsplatz benennen. Es genügt, wenn er angibt, an welchen Betrieb er denkt und welche Art von Beschäftigung er meint. Nach diese Voraussetzungen erfüllenden Darlegungen des Arbeitnehmers hat der Arbeitgeber ggf unter Vorlage der Stellenpläne im Einzelnen zu schildern und nach einem qualifizierten Bestreiten oder einem nach § 138 Abs 4 ZPO zulässigen Bestreiten mit Nichtwissen durch den Arbeitnehmer zu **beweisen**, aus welchen wirtschaftlichen, organisatorischen, technischen oder in der Person des Arbeitnehmers liegenden Gründen die vom Arbeitnehmer geltend gemachte Weiterbeschäftigung nicht möglich ist. Der Arbeitgeber hat auf konkretes Bestreiten des Arbeitnehmers auch zu **beweisen**, dass kein geeigneter Arbeitsplatz frei ist oder durch Ausübung seines Direktionsrechts freigemacht werden kann.[697]

c) **Ausschlussfrist.** Die überwiegende Auffassung nimmt zu Recht an, dass **der Kündigende** auch hinsichtlich der für **die Wahrung der Frist** von § 626 Abs 2 Satz 1, 2 relevanten Tatsachen **die Darlegungs- und Beweislast trägt**, da die Ausschlussfrist in den Bereich der Zumutbarkeitserwägungen eingreift und die für sie relevanten Tatsachen im Einfluss- und Kontrollbereich des Kündigenden liegen.[698] Nähere Ausführungen des Kündigenden zu den für die Fristwahrung relevanten Tatsachen sind **nur dann entbehrlich**, wenn die Fristwahrung nach dem zeitlichen Zusammenhang von Kündigungsgrund und Kündigungszugang nicht zweifelhaft ist oder wenn der Gegner die Fristwahrung unstreitig stellt.[699] Andernfalls genügt die pauschale Behauptung, die Frist sei gewahrt, der Kündigende habe erst innerhalb der letzten zwei Wochen vor Ausspruch der Kündigung von den maßgeblichen Umständen erfahren, nicht.

Der Kündigende hat vielmehr den **zur Aufdeckung des Kündigungsgrundes führenden Sachverhalt** einschließlich der **zur Erlangung seiner Kenntnisse führenden Umstände** im Einzelnen darzulegen.[700] Hierzu gehört insbesondere auch die Angabe von Zeiten und Daten sowie die Benennung der beteiligten Personen.[701] Beruft sich der Kündigende auf die Notwendigkeit weiterer Ermittlungen, ist diese konkret zu begründen und zu erläutern, wann und welche weiteren Nachforschungen durchgeführt wurden.[702]

---

696 BAG 8.4.2003 – 2 AZR 355/02 – NZA 2003, 856, zu II 3 d; 30.9.2004 – 8 AZR 462/03 – NZA 2005, 43, zu II 2 b aa; 6.10.2005 – 2 AZR 362/04 – EzA-SD 2006, Nr 11, 10-11.
697 BAG 6.11.1997 – 2 AZR 253/97 – NZA 1998, 833, zu II 4 b; 29.10.1998 – 2 AZR 666/97 – NZA 1999, 377, zu II 1 f.
698 St Rspr zB BAG 17.8.1972 – 2 AZR 359/71 – AP BGB § 626 Ausschlussfrist Nr 4; 31.3.1993 – 2 AZR 492/92 – BAGE 73, 42; BGH 5.4.1990 – IX ZR 16/89 – EzA BGB § 626 Ausschlussfrist Nr 3, zu II 1 b; Staudinger/Preis § 626 Rn 309; MünchKomm/Henssler § 626 Rn 346-348; **aA** etwa Picker ZfA 1981, 1, 161.
699 BAG 28.3.1985 – 2 AZR 113/84 – NZA 1985, 559, zu B II 1; KR/Fischermeier § 626 BGB Rn 388; APS/Dörner/Vossen § 626 BGB Rn 172.
700 BAG 1.2.2007 – 2 AZR 333/06 – NZA 1997, 744, zu II 2 a.
701 BAG 10.4.1975 – 2 AZR 113/74 – AP BGB § 626 Ausschlussfrist Nr 7, zu 3 b.
702 BAG 1.2.2007 – 2 AZR 333/06 – NZA 1997, 744, zu II 2 a.

Auf diesem Maßstab entsprechende Darlegungen des Kündigenden muss der Kündigungsempfänger gem § 138 ZPO konkret erwidern. Beruft er sich auf eine frühere Kenntniserlangung des Kündigenden, hat er zu erläutern, zu welchem Zeitpunkt der Kündigungsberechtigte oder ein Wissensvertreter auf welche Weise welche Kenntnisse über kündigungsrelevante Tatsachen erlangt hat. Unterlässt er dies, gilt gem § 138 Abs 3 ZPO der Vortrag des Kündigenden als zugestanden. Andernfalls trägt Letzterer die Beweislast. Unter den Voraussetzungen von § 138 Abs 4 ZPO kann sich der Kündigungsempfänger auf ein Bestreiten mit Nichtwissen beschränken.[703] Dies kommt insbesondere in Betracht, wenn die Kenntniserlangung auf internen, der Wahrnehmung des Gekündigten entzogenen Vorgängen beruhte.[704]

3. Beweismittel

165 a) **Allgemeines.** Zur Beweisführung stehen der beweisbelasteten Partei sämtliche **Beweismittel der ZPO zur Verfügung**, also Beweis durch Augenschein (§ 371 ff ZPO), durch Zeugen (§ 373 ff ZPO), durch Sachverständige (§ 402 ff ZPO), durch Urkunden (§ 415 ff ZPO; s Rn 166) und durch Parteivernehmung (§ 445 ff ZPO; s Rn 167).

Im Zusammenhang mit außerordentlichen Kündigungen können zwei in der Praxis nicht selten übersehene Aspekte oftmals von besonderer Bedeutung sein; zum einen die beweisrechtliche Bedeutung von Beweiserhebungen und Entscheidungen in Strafsachen und zum anderen die Notwendigkeit einer Parteivernehmung oder Anhörung einer sich in Beweisnot befindlichen Partei (s Rn 167).

166 b) **Verwertung von Beweiserhebungen und Entscheidungen in Strafsachen.** In der Beweisaufnahme können die Zivilgerichte schriftliche Aussagen und Protokolle aus anderen Verfahren – insbesondere aus Strafverfahren – sowie die tatsächlichen Feststellungen der Strafgerichte, ohne an diese gebunden zu sein, im Wege des **Urkundsbeweises** verwerten, wenn die beweispflichtige Partei dies beantragt. Unzulässig ist die Verwertung einer früheren Aussage – anstelle der beantragten Einvernahme – im Wege des Urkundsbeweises nur, wenn eine Partei zum Zwecke des unmittelbaren Beweises die Vernehmung des Zeugen beantragt.[705] Im Interesse der Unmittelbarkeit der Beweisaufnahme ist dann eine erneute Beweiserhebung durch eine weitere Vernehmung des bspw im Strafverfahren vernommenen Zeugen durchzuführen. Der Beweisführende ist zu einer Auseinandersetzung mit der Begründung des Strafurteils und mit den Aussagen der Zeugen im Strafverfahren nicht verpflichtet,[706] auch wenn dies häufig sinnvoll ist.

167 c) **Vernehmung/Anhörung einer Partei.** Eine Partei kann in **Beweisnot** geraten, wenn ihr oder ihrem nicht zeugnisfähigen gesetzlichen Vertreter bei dem den Anlass einer Kündigung bildenden Ereignis, etwa im Rahmen ei-

---

703 AA Oetker LAGE Einigungsvertrag Art 20 Nr 1, zu C II 3 b bb (3.).
704 KR/Fischermeier § 626 BGB Rn 387; ErfK/Müller-Glöge § 626 BGB Rn 236.
705 BAG 12.7.2007 – 2 AZR 666/05 – NJW 2008, 540, zu II 1 c bb 1.
706 BAG 8.6.2000 – 2 AZR 638/99 – NZA 2000, 1282, zu II 1; 8.6.2000 – 2 ABR 1/00 – NZA 2001, 91, zu II 3 a.

nes Vieraugengespräches, nur die andere Partei oder aber ein Vertreter der anderen Seite oder ein Dritter gegenüberstand, der dieser als Zeuge zur Verfügung steht.[707] In solchen Fällen gebieten Art 6 Abs 1 EMRK resp. der verfassungsrechtlich begründete Anspruch auf rechtliches Gehör vor Gericht und auf Gewährleistung eines wirkungsvollen Rechtsschutzes (Art 103 Abs 1 GG und Art 2 Abs 1 iVm Art 20 Abs 3 GG), dass die Beteiligten einer bürgerlichen Rechtsstreitigkeit die Möglichkeit haben, sich im Prozess mit tatsächlichen und rechtlichen Argumenten zu behaupten. Es gehört gleichermaßen zu den für einen fairen Prozess und einen wirkungsvollen Rechtsschutz in Zivilstreitigkeiten unerlässlichen Verfahrensregeln, dass die Gerichte über die Richtigkeit bestrittener Tatsachenbehauptungen nicht ohne hinreichende Prüfung entscheiden.

Dies verbietet es, einer Partei, die ihre Behauptung über den Inhalt eines Gesprächs **allein durch ihre eigene Vernehmung** führen kann, dieses Beweismittel zu verwehren und sie in ihrer Beweisnot zu belassen. Bei einer derartigen Fallgestaltung ist die Partei daher entweder selbst im Wege der **Parteivernehmung nach** § 448 ZPO, soweit dessen Voraussetzungen vorliegen, oder im Wege der **Parteianhörung nach** § 141 ZPO persönlich zu hören. Ein Beweisantrag auf Heranziehung der Partei als Beweismittel ist dann nicht unzulässig. Dies gilt sowohl für die Konstellation, dass eine Seite auf einen ihr nahestehenden Zeugen zurückgreifen kann, während die andere Seite an einem Vieraugengespräch lediglich allein beteiligt war als auch dann, wenn ein Gespräch allein zwischen den Parteien stattgefunden hat und deshalb gar kein Zeuge, also auch kein gegnerischer Zeuge, vorhanden ist. Auch in letzterem Fall ist der Partei die Gelegenheit zu geben, den notwendigen Beweis überhaupt zu führen.[708]

Dem **Ergebnis einer Parteianhörung** kann im Rahmen der freien Beweiswürdigung nach § 286 Abs 1 ZPO **der Vorzug** vor einer abweichenden, jedoch **weniger glaubhaften Zeugenaussage** gegeben werden (s Rn 170 ff).[709] Andererseits gebietet der Gesichtspunkt der prozessualen Waffengleichheit dann keine Vernehmung der beweisbelasteten Partei, wenn die Vernehmung des vorhandenen Zeugen nicht das von der beweisbelasteten Partei gewünschte Ergebnis erbracht hat.[710]

4. Beweiswürdigung

a) **Allgemeines.** Das Gericht hat unter Berücksichtigung des **gesamten Inhalts der Verhandlungen** und des **Ergebnisses einer etwaigen Beweisaufnahme** nach **freier Überzeugung** zu entscheiden, ob eine tatsächliche Be-

168

---

[707] Zur Beweisführung über den Inhalt eines Vier-Augen-Gesprächs vgl Böhm, ArbRB 2009, 121 ff; zur Erhebung und Verwertung von Parteiangaben vgl Stackmann, NJW 2012, 1249 ff.
[708] BAG 22.5.2007 – 3 AZN 1155/06 – NZA 2007, 885, zu II 2 c; 19.11.2008 – 10 AZR/ 671/07 – NZA 2009, 318, zu II 3; vgl auch EGMR 27.10.1993 – 37/1992/382/460 – NJW 1995, 1413; BVerfG 21.2.2001 – 2 BvR 140/ 00 – NJW 2001, 2531, zu III 1 a.
[709] BAG 19.2.1997 – 5 AZR 747/93 – NZA 1997, 705, zu II 2; BGH 8.12.1987 – VI ZR 79/87 – NJW-RR 1988, 471, zu II 1; 25.9.2003 – III ZR 384/02 – NJW 2003, 3636, zu 2.
[710] Hessisches LAG 10.5.2004 – 16 Sa 1801/03 – LAGReport 2005, 120.

hauptung für wahr oder für nicht wahr zu erachten sei, § 286 Abs 1 Satz 1 ZPO. Die Vorschrift gebietet die Berücksichtigung des gesamten verfahrensgegenständlichen Streitstoffes unter Würdigung der prozessualen und vorprozessualen Handlungen, Erklärungen und Unterlassungen der Parteien und ihrer Vertreter sowie unter Würdigung des Ergebnisses einer ggf durchgeführten Beweisaufnahme.

Die Überzeugungsbildung und die Beweiswürdigung des Gerichts müssen in sich widerspruchsfrei, umfassend und vollständig sein.[711] Gem § 286 Abs 1 Satz 2 ZPO sind die für die gerichtliche Überzeugung maßgeblichen Gründe im Urteil anzugeben. Eine Auseinandersetzung mit einer jeden einzelnen Behauptung, mit einer jeden einzelnen Einlassung einer Partei oder eines Zeugen, mit einem jeden Detail eines Verfahrens ist aber nicht erforderlich. Den Urteilsgründen muss jedoch zu entnehmen sein, dass insgesamt eine sachentsprechende Beurteilung iSv § 286 ZPO stattgefunden hat.[712]

169 Nach § 286 ZPO ist grundsätzlich die **volle Überzeugung des Gerichts** von der Wahrheit einer Tatsache erforderlich. Ein bloßes Glauben, Vermuten oder Fürwahrscheinlichhalten reichen nicht aus, um eine streitige Tatsache als bewiesen betrachten zu können.[713] Eine jeden Zweifel ausschließende Gewissheit ist angesichts der Unzulänglichkeit menschlicher Erkenntnismöglichkeiten allerdings kaum je zu erreichen und wird auch nicht gefordert. Das Gericht darf keine unerfüllbaren Beweisanforderungen stellen und keine unumstößliche Gewissheit bei der Prüfung verlangen, ob eine Behauptung wahr und erwiesen ist. Die Vorschrift verlangt vielmehr einen Grad an Überzeugung, der Zweifeln Schweigen gebietet, ohne sie völlig auszuschließen.[714] In tatsächlich zweifelhaften Fällen darf und muss sich das Gericht mit einem für das praktische Leben brauchbaren Grad von Gewissheit begnügen.[715]

Die zur richterlichen Überzeugung erforderliche **persönliche Gewissheit** des Richters setzt jedoch **objektive Grundlagen** voraus. Diese müssen aus rationalen Gründen den Schluss erlauben, dass das festgestellte Geschehen mit hoher Wahrscheinlichkeit mit der Wirklichkeit übereinstimmt. Die Beweiswürdigung des Gerichts muss erkennbar auf einer tragfähigen, verstandesmäßig einsehbaren Tatsachengrundlage beruhen und darf sich nicht als Annahme oder bloße Vermutung erweisen.[716]

170 **b) Auskunftspersonen.** Für die Entscheidung einer gerichtlichen Auseinandersetzung sind oftmals die Angaben von Auskunftspersonen, in erster Linie also von Zeugen und Parteien sowie, im arbeitsgerichtlichen Verfahren eher selten, von Sachverständigen, entscheidend.

Nach § 396 ff ZPO ist, woran sich Gerichte in der Praxis des Öfteren nicht ansatzweise halten, bei einer Zeugenaussage – wie auch im Strafverfahren nach der StPO – de lege artis so zu verfahren, dass der Zeuge zunächst Be-

---

711 BAG 25.2.1998 – 2 AZR 327/97 – juris, zu II 1.
712 BAG 17.2.2000 – 2 AZR 927/98 – juris, zu II 4.
713 Zöller/Greger § 286 ZPO Rn 18.
714 Zöller/Greger § 286 ZPO Rn 19.
715 BGH 14.1.1993 – IX ZR 238/91 – NJW 1993, 935, zu II 3 a.
716 BGH 24.11.1992 – 5 StR 456/92 – StV 1993, 510, zu III 2 a.

richt erstattet und sodann von den Verfahrensbeteiligten, zuerst dem Gericht, dann den Parteien bzw deren Vertretern, befragt werden kann (zur Anhörung/Vernehmung einer Partei vgl Rn 167).[717]

Kein anderes Beweismittel ist so anfällig gegen Verfälschung wie der Zeuge (und die Partei).[718] Der Umstand, dass eine Auskunftsperson Angaben macht, bedeutet nicht, dass diese – sei es bewusst, sei es unbewusst – wahr sind und der Richtigkeit entsprechen. Eine Einlassung kann unzuverlässig sein, weil der Zeuge/die Partei lügt oder weil der Zeuge/die Partei irrt, etwa weil er/sie Geschehnisse unzutreffend wahrgenommen hat oder es zu Verfälschungen in der Erinnerung gekommen ist oder weil der Zeuge bewusst oder unbewusst parteiisch ist. Das Gericht darf Angaben einer Auskunftsperson daher nicht unkritisch übernehmen.[719]

Nach früherer Rechtsprechung war für den **Beweis einer Tatsache durch Aussagen** die persönliche Überzeugung des Richters erforderlich aber auch ausreichend.[720] Diese Rechtsprechung hat sich im Verlauf der 1990er Jahre nachhaltig geändert. *Überzeugung* iSd § 286 ZPO erfordert seither ein hohes Maß an Wahrscheinlichkeit, dass die Auskunftsperson die Wahrheit gesagt hat, die **getroffene Feststellung** also **mit hoher Wahrscheinlichkeit mit der Wirklichkeit übereinstimmt**. Dieser hohe Grad von Wahrscheinlichkeit muss unter Heranziehung und Beachtung **objektiver Kriterien** erreicht werden. Hierauf beruhend muss die **subjektive Gewissheit** des Gerichts bestehen; die in einer, auch für das Rechtsmittelgericht nachvollziehbaren Weise im Urteil zu begründen ist.[721] Die subjektive richterliche Überzeugung kann die objektiv hohe Wahrscheinlichkeit nicht ersetzen.[722]

Zum gesamten Komplex können im Folgenden nur einige Grundzüge skizziert werden; ausf und instruktiv wird verwiesen auf Wendler/Hoffmann, Technik und Taktik der Befragung im Gerichtsverfahren.

Angaben dürfen der Entscheidung nur dann zugrunde gelegt werden, wenn das (Tat-)Gericht von der **persönlichen Glaubwürdigkeit der Auskunftsperson** und der **Glaubhaftigkeit von deren Einlassung** überzeugt ist.[723] Erscheint die Aussage einer Auskunftsperson glaubhaft, bedeutet dies gleichwohl noch lange nicht, dass sie auch richtig ist. Ebenso wie das Gericht der Möglichkeit einer bewussten Falschaussage nachzugehen hat, muss es sich – in vielen Fällen erst recht – mit der Möglichkeit befassen, dass die Aussage zwar subjektiv wahr erscheint, trotzdem aber unzuverlässig ist, weil ein Irrtum der Auskunftsperson nicht ausgeschlossen ist oder sogar nahe liegt.[724] Zwischen Irrtum und Lüge liegt eine ganze Bandbreite von Zwischenbereichen, etwa im Bereich fehlerhafter Wahrnehmungen oder Erinnerungen. In der forensischen Praxis empfiehlt es sich daher, grundsätzlich

---

717 Ausf hierzu Wendler/Hoffmann Rn 1 ff, 36 ff.
718 Zöller/Greger § 286 ZPO Rn 10.
719 Zöller/Greger § 286 ZPO Rn 10.
720 ZB BGH 17.2.1970 – III ZR 139/67 – NJW 1970, 946; BAG 25.2.1998 – 2 AZR 327/97.
721 Wendler/Hoffmann Rn 123 ff mwN.
722 BGH 19.1.1999 – 1 StR 171/98 – NJW 1999, 1562, zu III.
723 Zöller/Greger § 286 ZPO Rn 10.
724 Ausf Wendler/Hoffmann Rn 86 ff.

von einer **neutralen Ausgangswahrscheinlichkeit** für die Zuverlässigkeit einer Aussage auszugehen.[725]

173 Für die **Beurteilung, ob eine Aussage zuverlässig ist oder nicht**, kommt es entscheidend nicht auf die eher zufällige formale Stellung der Auskunftsperson als Partei oder als Zeuge an, sondern auf die innere Wertigkeit der Äußerung, den persönlichen Gesamteindruck, die Art und Weise der Bekundung, die Plausibilität der Schilderung und viele andere Kriterien.[726]

Zu beurteilen sind daher die im Rahmen der Prüfung der allgemeinen Glaubwürdigkeit der Auskunftsperson relevanten Aspekte,[727] etwa deren Beziehung zu den Prozessbeteiligten, zudem die Entstehungsgeschichte der Aussage[728] sowie eine mögliche Selbstbelastung[729] oder die Körpersprache der Auskunftsperson.[730]

Für die Glaubhaftigkeit der Aussage ist deren Inhalt zu überprüfen;[731] entscheidende Bedeutung kommt hierbei dem Vorhandensein sog. Realitätskriterien zu,[732] die unter Berücksichtigung etwaiger Warnsignale zu suchen und zu bewerten sind.[733] Erforderlich ist eine präzise Analyse der Aussage der Auskunftsperson; hierbei sind auch deren Motivation – etwa ein eigenes Interesse am Prozessausgang – und der persönliche Eindruck zu berücksichtigen. Im Rahmen der Aussageanalyse, also der Bewertung der Glaubhaftigkeit einer Einlassung einer Auskunftsperson, muss u. a. eine hinreichende Anzahl von Realitätskriterien vorhanden sein.

Das Tatsachengericht muss nach *Umständen* suchen und diese feststellen, die die **Richtigkeit einer Aussage** bestätigen können; es reicht nicht aus, Umstände zu verneinen, die gegen die Glaubhaftigkeit der Zeugenangaben sprechen könnten. Die häufig verwendete Argumentation, man müsse einer Beweisperson Glauben schenken und deren Aussage für richtig halten, wenn keine Anhaltspunkte für deren Unwahrheit vorlägen, ist unzulässig.[734]

Aus verfassungsrechtlichen Gründen sind zur wirksamen Sicherung der Grundrechte uU besonders hohe Anforderungen an die Prüfung einer Zeugenaussage zu stellen, bevor auf diese eine Entscheidung gestützt werden kann, etwa dann, wenn Aussage gegen Aussage steht, oder wenn ein Zeuge ein offensichtlich hohes eigenes Interesse am Ausgang eines Verfahrens hat.

Für die Beurteilung der Einlassung einer Auskunftsperson ist die **Gesamtheit aller Indikatoren** maßgeblich. Der Schluss von einem festgestellten Merkmal auf eine Glaubhaftigkeit von Angaben ist keinesfalls möglich. Ebenso wenig ist es methodisch zulässig, von einer bestimmten Anzahl von

---

725 Vgl OLG Stuttgart 8.12.2005 – 4 Ws 163/05 – NJW 2006, 3506, zu II; Wendler/Hoffmann, Rn 129.
726 BGH 21.1.2004 – 1 StR 379/03 – NStZ 2004, 635, zu II 2.
727 Wendler/Hoffmann Rn 89 ff.
728 Wendler/Hoffmann Rn 112.
729 Wendler/Hoffmann Rn 113 ff.
730 Wendler/Hoffmann Rn 121 f.
731 Wendler/Hoffmann Rn 123 ff.
732 Wendler/Hoffmann Rn 130 ff.
733 Wendler/Hoffmann Rn 156 ff.
734 BGH 29.4.2003 – 1 StR 88/03 – NStZ-RR 2003, 245.

Realitätskriterien iS eines Schwellenwerts auf die Qualität der Aussage zu schließen. Hinzu kommt, dass sich Realitätskriterien ausschließlich mit der Frage befassen, ob die Auskunftsperson subjektiv die Wahrheit oder die Unwahrheit sagt. Sie befassen sich nicht mit dem Irrtum.[735]

Auch wenn eine Auskunftsperson (subjektiv) die Wahrheit sagt, die Einlassung also glaubhaft ist, steht das tatsächliche Geschehen noch nicht fest. Nunmehr ist sicher zu stellen, dass die Auskunftsperson die betreffenden Ereignisse seinerzeit **richtig und vollständig wahrgenommen hat** und dass sie diese – möglicherweise lang zurück liegenden oder aus damaliger Sicht unbedeutenden – Ereignisse jetzt, im Zeitpunkt ihrer Vernehmung, noch immer **richtig und vollständig erinnert**. Anders als bei der Lüge ist sich die Auskunftsperson ihres Irrtums nicht bewusst. **174**

Ein solcher Irrtum kann durch eine **Vielzahl von Fehlerquellen** verursacht werden. Diese können im Bereich einer fehlerhaften/lückenhaften tatsächlichen Wahrnehmung der Auskunftsperson liegen (etwa in Abhängigkeit von deren individueller Wahrnehmungs- und Leistungsfähigkeit, ihrer Simultankapazität oder durch unbewusste Interpretation von Wahrnehmungen)[736] oder durch Fehler in der Erinnerung entstehen (Zeitablauf, Bedeutung des Ereignisses, Vermischung von Erinnerungen, Verdrängung ua).[737] Das Gericht muss daher Kriterien benennen, warum es nicht nur eine **Lüge**, sondern auch einen **Irrtum** der Auskunftsperson ausschließt, auf deren Aussage es seine Entscheidung stützt.[738]

Mit der vorstehenden – nur kursorischen Darstellung – soll, was in der gerichtlichen Praxis nicht selten keine hinreichende Beachtung findet, deutlich gemacht werden, dass sich allein aus dem Umstand, dass eine Auskunftsperson eine Tatsache angegeben hat, keineswegs per se auch deren Richtigkeit ergibt. **175**

Das **Gericht muss** vielmehr – jeweils auf objektiven Grundlagen beruhend – **feststellen,**

- dass die Angaben der Auskunftsperson (subjektiv) wahr sind und
- dass es sich um echte Erinnerungen handelt,
- die nicht durch Irrtümer – unrichtige Wahrnehmung/Wahrnehmungsfehler oder Fehlleistungen des Gedächtnisses/Erinnerungsfehler – verfälscht sind.[739]

Nach § 286 ZPO muss das Gericht die Überzeugung von einer tatsächlichen Behauptung als wahr oder nicht wahr erlangen. Es reicht nicht aus, dass das Beweisthema in der einen oder in der anderen Richtung bestätigt oder nicht bestätigt wird, sondern es muss eine qualitativ ausreichende „gute" Aussage durch die Auskunftsperson erbracht werden.[740]

c) Beweisverwertungsverbote. Für den Kündigenden, idR den Arbeitgeber, wird es nicht selten mit Schwierigkeiten verbunden sein, eine oftmals auf **176**

---

735 Wendler/Hoffmann Rn 167 ff.
736 Wendler/Hoffmann Rn 169 ff.
737 Wendler/Hoffmann Rn 177 ff.
738 Wendler/Hoffmann Rn 167.
739 Wendler/Hoffmann Rn 125.
740 Wendler/Hoffmann Rn 126.

Heimlichkeit und Verschleierung angelegte bestandsschutzrelevante Vertragsverletzung des Arbeitnehmers aufzuklären und erforderlichenfalls zu beweisen. Es stellt sich daher die Frage, ob und nach Maßgabe welcher Voraussetzungen ohne Kenntnis und/oder Einwilligung des Betroffenen, möglicherweise rechtswidrig erlangte Beweismittel, etwa aus einer verdeckten Videoüberwachung, im Prozess verwertet werden dürfen.[741]

Die ZPO kennt selbst für rechtswidrig erlangte Informationen oder Beweismittel **kein ausdrückliches prozessuales Verwendungs- bzw Beweisverwertungsverbot.** Aus § 286 ZPO iVm Art 103 Abs 1 GG folgt vielmehr die grundsätzliche Verpflichtung der Gerichte, den von den Parteien vorgetragenen Sachverhalt und die von ihnen angebotenen Beweise zu berücksichtigen. Für die Annahme eines Beweisverwertungsverbots, das zugleich die Erhebung der angebotenen Beweise hindert, bedarf es daher einer besonderen Legitimation und gesetzlichen Grundlage.[742]

Das Gericht ist bei der Urteilsfindung an die Grundrechte gebunden und zu einer rechtsstaatlichen Verfahrensgestaltung verpflichtet. Es hat deshalb zu prüfen, ob die Verwertung von heimlich beschafften persönlichen Daten und Erkenntnissen, die sich aus diesen Daten ergeben, insbesondere mit **datenschutzrechtlichen Belangen**[743] (insbesondere § 32 BDSG) und mit dem **allgemeinen Persönlichkeitsrecht**[744] des Betroffenen vereinbar ist.[745] Durch Letzteres wird nicht allein die Privat- und Intimsphäre, sondern in seiner speziellen Ausprägung als Recht am eigenen Bild auch die Befugnis eines Menschen geschützt, selbst darüber zu entscheiden, ob Filmaufnahmen von ihm gemacht und möglicherweise gegen ihn verwendet werden dürfen. In Gestalt des Rechts auf informationelle Selbstbestimmung trägt es den informationellen Schutzinteressen des Einzelnen Rechnung und gewährleistet seine Befugnis, grundsätzlich selbst zu entscheiden, wann und innerhalb welcher Grenzen persönliche Lebenssachverhalte offenbart werden.[746] Eingriffe in das allgemeine Persönlichkeitsrecht des Arbeitnehmers können nur durch Wahrnehmung überwiegend schutzwürdiger Interessen des Arbeitgebers gerechtfertigt sein.[747]

177 Greift die prozessuale Verwertung eines Beweismittels in das allgemeine Persönlichkeitsrecht einer Prozesspartei ein, müssen für dessen Verwertbarkeit weitere, über das schlichte Beweisinteresse der beweisbelasteten Partei hinausgehende Aspekte hinzutreten. Die **Abwägung der beteiligten Belange** muss ergeben, dass das Interesse an einer Verwertung der Beweise trotz der

---

741 Hierzu Zöller/Greger § 286 ZPO Rn 15 a ff.
742 BAG 21.11.2013 – 2 AZR 797/11 – DB 2014, 367, zu II 3 d aa.
743 Ausf HK-ArbR/Hilbrans § 32 BDSG insb Rn 1 ff, 17 ff, 35; Pötters/Wybitul, Anforderungen des Datenschutzrechts an die Beweisführung im Zivilprozess, NJW 2014, 2074.
744 Ausf HK-ArbR/Boemke § 611 BGB Rn 410 ff, 416 f; 524 f (zu Kontrollmaßnahmen und Persönlichkeitsschutz), Rn 526 (zu Torkontrollen, Leibesvisitation), Rn 527 ff (zu optischen Kontrollen), Rn 534 ff (zu akustischen Kontrollen), Rn 539 ff (zur Kontrolle von E-Mail-Verkehr, Nutzung von Intranet/Internet, Überwachung durch elektronische Instrumente), Rn 542 ff (zu med. Untersuchungen).
745 Vgl auch Zöller/Greger § 286 ZPO Rn 15 a ff (Verwertungsverbote im Einzelfall).
746 BAG 20.6.2013 – 2 AZR 546/12 – NZA 2014, 143, zu I 5 b bb.
747 BAG 21.11.2013 – 2 AZR 797/11 – DB 2014, 367, zu II 3 d bb.

damit einhergehenden Rechtsverletzung das Interesse am Schutz der Daten überwiegt.[748] Das allgemeine Interesse an einer funktionstüchtigen Rechtspflege und das Interesse, sich ein Beweismittel zur Durchsetzung zivilrechtlicher Ansprüche zu sichern, reichen dabei für sich betrachtet nicht aus, dem Verwertungsinteresse den Vorzug zu geben. Hierfür bedarf es zusätzlicher Umstände, die etwa darin liegen können, dass sich der Beweisführer mangels anderer Erkenntnisquellen in einer Notwehrsituation oder einer notwehrähnlichen Lage befindet. Die besonderen Umstände müssen gerade die in Frage stehende Informationsbeschaffung und Beweiserhebung als gerechtfertigt ausweisen.[749]

So sind etwa Eingriffe in das Recht des Arbeitnehmers am eigenen Bild durch **heimliche Videoüberwachung** und die **Verwertung entsprechender Aufzeichnungen** nur dann zulässig, wenn der konkrete Verdacht einer strafbaren Handlung oder einer anderen schweren Verfehlung zu Lasten des Arbeitgebers besteht, weniger einschneidende Mittel zur Aufklärung des Verdachts ergebnislos ausgeschöpft sind, die verdeckte Videoüberwachung damit das praktisch einzig verbleibende Mittel darstellt und sie insgesamt nicht unverhältnismäßig ist.[750]

Der Verdacht muss hinsichtlich einer konkreten strafbaren Handlung oder anderen schweren Verfehlung zu Lasten des Arbeitgebers bestehen und sich gegen einen zumindest räumlich und funktional abgrenzbaren Kreis von Arbeitnehmern richten. Er darf sich einerseits nicht auf die allgemeine Mutmaßung beschränken, es könnten Straftaten begangen werden, muss sich aber andererseits nicht notwendig nur gegen einen einzelnen bestimmten Arbeitnehmer richten. Auch im Hinblick auf die Möglichkeit einer weiteren Einschränkung des Kreises der Verdächtigen müssen weniger einschneidende Mittel als eine verdeckte Videoüberwachung zuvor ausgeschöpft worden sein.[751]

Bei einer Videoüberwachung erlangte **Zufallsfunde** mögen zwar nicht von vornherein deshalb unverwertbar sein, weil sie außerhalb des eigentlichen Beobachtungszwecks liegen. Allerdings muss auch hier in jedem Fall das Beweisinteresse des Arbeitgebers höher zu gewichten sein, als das Interesse des Arbeitnehmers an der Achtung seines allgemeinen Persönlichkeitsrechts. Dies setzt zwingend voraus, dass das mittels Videodokumentation zu beweisende Verhalten eine wenn nicht strafbare, so doch schwer wiegende Pflichtverletzung zum Gegenstand hat und die verdeckte Videoüberwachung nicht selbst dann noch unverhältnismäßig ist. Erreicht das betreffende Verhalten diesen Erheblichkeitsgrad nicht, muss die Verwertung des Videomaterials unterbleiben.[752]

Nach der Rechtsprechung des BAG unterliegt hingegen das aus einer **verdeckten Videoüberwachung öffentlich zugänglicher Arbeitsplätze** gewon-

---

748 BAG 20.6.2013 – 2 AZR 546/12 – NZA 2014, 143, zu I 5 b ff 4.
749 BAG 21.11.2013 – 2 AZR 797/11 – DB 2014, 367, zu II 3 d dd 1.
750 BAG 27.3.2003 – 2 AZR 51/02 – BAGE 105, 356, zu B I 3 b cc; 21.11.2013 – 2 AZR 797/11 – DB 2014, 367, zu II 3 d dd 2.
751 BAG 21.6.2012 – 2 AZR 153/11 – NZA 2012, 1025, zu III 1 b; 21.11.2013 – 2 AZR 797/11 – DB 2014, 367, zu II 3 d dd 2.
752 BAG 21.11.2013 – 2 AZR 797/11 – DB 2014, 367, Rn 56.

nene Beweismaterial nicht allein deshalb einem prozessualen Beweisverwertungsverbot, weil es unter Verstoß gegen das in § 6 b Abs 2 BDSG geregelte Gebot gewonnen wurde, bei Videoaufzeichnungen öffentlich zugänglicher Räume den Umstand der Beobachtung und die verantwortliche Stelle durch geeignete Maßnahmen kenntlich zu machen.[753]

181 Die **Zustimmung des Betriebsrats** zu einer Überwachungsmaßnahme führt nicht zu deren Zulässigkeit und damit zur Verwertbarkeit hieraus gewonnener Erkenntnisse, wenn die den Eingriff in das Persönlichkeitsrecht des Arbeitnehmers rechtfertigenden Voraussetzungen tatsächlich nicht vorgelegen haben.[754] Dass die Betriebsparteien die Voraussetzungen für eine Rechtfertigung des Eingriffs als gegeben ansahen, genügt nicht. Die Betriebspartner haben höherrangiges Recht zu beachten und können aus diesem Grund die Grenzen eines rechtlich zulässigen Eingriffs nicht zulasten der Arbeitnehmer verschieben.[755]

Andererseits kann nur aus der Existenz einer Betriebsvereinbarung und einer möglichen Verletzung ihrer Regelungen nicht auf eine Verletzung des Persönlichkeitsrechts eines Arbeitnehmers geschlossen werden. Zudem bestehen nach Auffassung des BAG erhebliche systematische Argumente gegen die Annahme eines Beweisverwertungsverbots im Falle von bloß mitbestimmungswidrig erlangten Informationen oder Beweismitteln. Allein die **Verletzung eines Mitbestimmungstatbestands** oder die **Nichteinhaltung einer Betriebsvereinbarung und deren Verfahrensregelungen** rechtfertigen es demnach grundsätzlich nicht, einen entscheidungserheblichen Sachvortrag der Parteien nicht zu berücksichtigen und im Ergebnis ein „Sachverhaltsverwertungsverbot" anzuerkennen.[756]

182 Stellt der Arbeitgeber einen **abschließbaren Schrank/Spind** zur Verfügung, muss der Arbeitnehmer darauf vertrauen können, dass dieser nicht ohne seine Einwilligung geöffnet und dort eingebrachte persönliche Sachen nicht ohne sein Einverständnis durchsucht werden. Geschieht dies dennoch, liegt ein schwerwiegender Eingriff in die Privatsphäre vor, der nur bei Vorliegen zwingender Gründe gerechtfertigt sein kann. Bestehen konkrete Anhaltspunkte für eine Straftat und zählt der Arbeitnehmer zu dem anhand objektiver Kriterien eingegrenzten Kreis der Verdächtigen, kann sich eine Verpflichtung ergeben, Aufklärungsmaßnahmen zu dulden. Verhältnismäßig iS einer Beschränkung des allgemeinen Persönlichkeitsrechts ist eine Schrankkontrolle aber nur, wenn sie geeignet, erforderlich und angemessen ist. Das bedeutet, dass keine ebenso effektiven, den Arbeitnehmer weniger belastenden Möglichkeiten zur Aufklärung des Sachverhalts zur Verfügung stehen dürfen. Außerdem muss die Art und Weise der Kontrolle als solche den Verhältnismäßigkeitsgrundsatz wahren.[757]

---

753 BAG 21.6.2012 – 2 AZR 153/11 – NZA 2012, 1025, zu III 3.
754 BAG 21.6.2012 – 2 AZR 153/11 – NZA 2012, 1025, zu III 2 b.
755 BAG 26.8.2008 – 1 ABR 16/07 – NZA 2008, 1187, zu II 2.
756 BAG 13.12.2007 – 2 AZR 537/06 – NZA 2008, 1008, zu II 1 b dd (vgl dort auch zu den in solchen Fällen bestehenden individual- und kollektivrechtlichen Sanktions- und Reaktionsmöglichkeiten).
757 BAG 20.6.2013 – 2 AZR 546/12 – NZA 2014, 143, zu I 5 b ff 3.

Eine in **Anwesenheit des Arbeitnehmers** durchgeführte **Kontrolle** ist gegenüber einer heimlichen Durchsuchung das **mildere Mittel**. Die Überprüfung im Beisein des Betroffenen gibt ihm die Möglichkeit, auf die Art und Weise ihrer Durchführung Einfluss zu nehmen oder sie uU, etwa durch freiwillige Herausgabe gesuchter Gegenstände, ganz abzuwenden. Eine verdeckte Ermittlung führt ferner dazu, dass dem Arbeitnehmer vorbeugender Rechtsschutz faktisch verwehrt und nachträglicher Rechtsschutz erschwert wird. Die Heimlichkeit einer in Grundrechte eingreifenden Maßnahme erhöht typischerweise das Gewicht der Freiheitsbeeinträchtigung.[758] Liegt ein die verdeckte Durchsuchung rechtfertigender zwingender Grund nicht vor, steht schon deren Heimlichkeit der prozessualen Verwertung von Beweismitteln entgegen, die der Arbeitgeber aus einer in Abwesenheit und ohne Einwilligung des Arbeitnehmers durchgeführten Kontrolle von dessen Schrank erlangt hat. Das Verwertungsverbot impliziert ein Erhebungsverbot; dies schließt es aus, Personen, die die Schrankkontrolle selbst durchgeführt haben oder zu ihr hinzugezogen wurden, als Zeugen zu vernehmen.[759]

Beim **Mithören von Telefongesprächen** ist zu differenzieren. Das allgemeine Persönlichkeitsrecht des Gesprächspartners eines Telefongesprächs wird verletzt, wenn der Beweispflichtige einen Dritten durch aktives Handeln zielgerichtet veranlasst, das Telefongespräch heimlich mitzuhören. Aus der rechtswidrigen Erlangung des Beweismittels folgt ein Beweisverwertungsverbot. Der Dritte darf nicht als Zeuge zum Inhalt der Äußerungen des Gesprächspartners vernommen werden, der keine Kenntnis vom Mithören hatte.[760] Konnte ein Dritter hingegen zufällig, ohne entsprechende Veranlassung des Beweisbelasteten, den Inhalt eines Telefongesprächs mithören, liegt kein rechtswidriger Eingriff in Rechte des Gesprächspartners vor. In einem solchen Fall besteht deshalb auch kein Beweisverwertungsverbot.[761] Gleiches gilt, wenn ein Gesprächspartner in das Mithören des Zeugen ausdrücklich (oder uU konkludent) eingewilligt hat.[762]

Das **Belauschen von Gesprächen**, etwa durch technische Einrichtungen wie Sender, Richtmikrophone oder Sprechanlagen begründet grundsätzlich ebenso ein Verwertungsverbot, wie das Mithörenlassen eines Gesprächs durch einen heimlichen Zeugen, soweit nicht in besonders gelagerten Fällen ausnahmsweise die Rechtfertigung eines solchen Vorgehens in Betracht kommt.[763]

Bei durch **Diebstahl oder Unterschlagung erlangten Beweismitteln** besteht ein Verwertungsverbot idR dann, wenn damit Persönlichkeitsrechte verletzt würden. Allein der Diebstahl von Unterlagen als solcher begründet dagegen noch kein Verbot ihrer prozessualen Verwertung.[764]

---

758 BAG aaO, zu I 5 b gg 1.
759 BAG aaO, zu I 5 b.
760 BAG 23.4.2009 – 6 AZR 189/09 – NZA 2009, 974, zu II 3, 8.
761 BAG 23.4.2009 – 6 AZR 189/09 – NZA 2009, zu II 9.
762 BVerfG 9.10.2002 – 1 BvR 1611/96, 1 BvR 805/98 – NJW 2002, 3619.
763 Zöller/Greger § 286 ZPO Rn 15 a.
764 BAG 15.8.2002 – 2 AZR 214/01 – NJW 2003, 1204, zu II 3 b aa.

Hinsichtlich **weiterer Einzelfälle** wird auf die weitergehenden Literaturhinweise bei Rn 176 aE verwiesen.

5. Revision

185 Aufgrund der gem §§ 545 Abs 1, 546 ZPO auf die Prüfung von Rechtsverletzungen durch das Berufungsgericht beschränkten revisionsrechtlichen Kontrolle unterliegt die Anwendung von § 626 nur einer **eingeschränkten Überprüfung durch das Revisionsgericht**. Nach der ständigen Rechtsprechung von BAG und BGH ist die Beurteilung, ob ein bestimmter Sachverhalt die Voraussetzungen eines **wichtigen Grundes** erfüllt, vorrangig Sache der Tatsachengerichte. Dieser unbestimmte Rechtsbegriff ist revisionsrechtlich nur darauf zu überprüfen, ob das Berufungsgericht den **Rechtsbegriff selbst verkannt** hat, ob es bei der **Unterordnung des Sachverhalts unter die Rechtsnorm Denkgesetze oder allgemeine Erfahrungssätze verletzt** hat, ob es **bei der gebotenen Interessenabwägung hinsichtlich der Zumutbarkeit der Vertragsfortsetzung bis zur ordentlichen oder vereinbarten Beendigung alle in Betracht kommenden Umstände**, bei der dem Tatsachengericht ein Beurteilungsspielraum zusteht, **beachtet** hat[765] und seine **Würdigung in sich widerspruchsfrei** ist.[766]

Liegt ein derartiger Rechtsfehler nicht vor, kann die Bewertung der für und gegen die Unzumutbarkeit der Weiterbeschäftigung des Arbeitnehmers sprechenden Gründe vom Revisionsgericht nicht durch eine eigene Wertung ersetzt werden.[767] Auch bei der Prüfung der Verhältnismäßigkeit der Kündigung, etwa der Erforderlichkeit einer vorherigen Abmahnung, prüft das Revisionsgericht lediglich, ob das Berufungsgericht den ultima-ratio-Grundsatz berücksichtigt, ob es diesem Prinzip den rechtlich zutreffenden Inhalt beigemessen und ob es bei dessen Anwendung alle wesentlichen Umstände des Falles beachtet hat.[768]

Da das Berufungsurteil gem §§ 313 Abs 3, 540 Abs 1 Satz 1 Nr 2 ZPO lediglich einer kurzen Begründung bedarf, ist es unschädlich, wenn einzelne Umstände, die für die Entscheidung keine wesentliche Bedeutung haben, in den Entscheidungsgründen nicht ausdrücklich erwähnt werden. Aus dem Gesamtzusammenhang muss aber – etwa durch eine Erwähnung im Tatbestand – deutlich werden, dass das Berufungsgericht sie zur Kenntnis genommen hat.[769]

186 Die eingeschränkte revisionsrechtliche Überprüfung bedeutet nicht eine Einschränkung der Kontrolle der Rechtsanwendung. Die Tatsacheninstan-

---

765 Hierzu alternativ verwendet das BAG die etwas unpräzisere Formel ... *alle vernünftigerweise in Betracht kommenden Tatsachen, die für oder gegen die außerordentliche Kündigung sprechen* ...; zB BAG 11.12.2003 – 2 AZR 36/03 – NZA 2004, 185, zu II 1 a.
766 BAG 12.8.1999 – 2 AZR 748/98 – NZA 1999, 1267, zu II 2; 5.6.2008 – 2 AZR 984/06 – DB 2009, 123, zu I 1; BGH 5.4.1990 – IX ZR 16/89 – EzA BGB § 626 Ausschlussfrist Nr 3, zu II.
767 BAG 8.6.2000 – 2 AZR 638/99 – NZA 2000, 1282, zu I 3.
768 BAG 12.8.1999 – 2 AZR 923/98 – NZA 2000, 421, zu II 2 d aa; 17.1.2002 – 2 AZR 494/00 – EzA BGB § 628 Nr 20, zu A I 3 a.
769 Vgl BAG 16.3.2000 – 2 AZR 75/99 – NZA 2000, 1332, zu II 1 b ee; 5.4.2001 – 2 AZR 159/00 – NZA 2001, 954, zu I 2 d.

zen verfügen weder in Rechtsfragen noch bei der Subsumption des Einzelfalls über einen Ermessensspielraum. Auch die der Interessenabwägung zugrunde gelegten abstrakten oder abstrahierbaren Rechtssätze sind daher nachprüfbar.[770] Es überschreitet dagegen die Aufgabe des Revisionsgerichts, einzelne vertretbare Wertungen der Tatsachengerichte abzuändern.[771]

Im Fall eines Rechtsfehlers des Berufungsgerichts hat das Revisionsgericht die Möglichkeit, den Rechtsstreit gem § 563 Abs 1 ZPO zurückzuverweisen oder ihn nach § 563 Abs 3 ZPO selbst zu entscheiden. Das BAG nimmt an, dass Letzteres vor allem in Betracht kommt, wenn sich das Revisionsgericht der erstinstanzlichen Bewertung anschließen kann.[772] Ist der Sachverhalt vollständig festgestellt, steht einer abschließenden Entscheidung jedoch auch ohne zutreffende Interessenabwägung einer Tatsacheninstanz kein Rechtsgrund entgegen. Unter der gleichen Voraussetzung kommt auch in der Revisionsinstanz noch die Umdeutung einer unwirksamen außerordentlichen Kündigung in eine ordentliche Kündigung in Betracht.[773]

VIII. Mitteilung des Kündigungsgrundes (§ 626 Abs 2 Satz 3 BGB)

Nach § 626 Abs 2 Satz 3 ist der Kündigende verpflichtet, dem Vertragspartner auf Verlangen den Kündigungsgrund unverzüglich schriftlich mitzuteilen. Da der Grund erst nach Kündigungsausspruch und nach einer Aufforderung des Gekündigten zu offenbaren ist, kann die Begründung der Kündigung anders als in den gesetzlich geregelten Ausnahmefällen der §§ 9 Abs 3 Satz 2 MuSchG, 22 Abs 3 BBiG **nicht als Wirksamkeitsvoraussetzung** für die Kündigung verstanden werden.[774] Ein Verstoß gegen die Mitteilungspflicht führt also nicht zur Unwirksamkeit der außerordentlichen Kündigung. Dies entspricht dem Willen des historischen Gesetzgebers.[775] Konstitutive Begründungserfordernisse können allerdings einzel- oder kollektivvertraglich vereinbart werden.[776] Für derartige Regelungen gelten die zu § 22 Abs 3 BBiG dargestellten Grundsätze entsprechend (s Rn 12).

187

Das Mitteilungsverlangen unterliegt keinem Formzwang und kann auch konkludent zum Ausdruck gebracht werden.[777] In zeitlicher Hinsicht ist die Geltendmachung dieses Rechts nur durch die allgemeinen Grundsätze der Verwirkung begrenzt. Soweit nach der Gegenmeinung die Frist von

188

---

770 Staudinger/Preis § 626 Rn 320; Dütz EzA BGB § 626 nF Nr 91, zu I 1.
771 **Krit** dagegen Adam ZTR 2001, 349, 352.
772 BAG 12.8.1999 – 2 AZR 923/98 – NZA 2000, 421; zu II 2 d bb; 5.4.2001 – 2 AZR 217/00 – NZA 2001, 837, zu II 4.
773 BAG 25.10.2012 – 2 AZR 700/11 – NZA 2013, 371, zu I 3 a; vgl zur Umdeutung § 13 KSchG Rn 30 ff.
774 Allg Ansicht, etwa BAG 17.8.1972 – 2 AZR 415/71 – AP BGB § 626 Nr 65, zu II 1; 16.9.2004 – 2 AZR 447/03 – EzA-SD 2004, Nr 20, 3, zu I 2; BGH 16.1.1995 – II ZR 26/94 – NJW-RR 1995, 416, zu 2; Einl Rn 23; Staudinger/Preis § 626 Rn 257 mwN.
775 BT-Drucks V/4376 S 3.
776 BGH 16.1.1995 – II ZR 26/94 – NJW-RR 1995, 416, zu 2; BAG 25.3.2004 – 2 AZR 399/03 – NZA 2004, 1216; ErfK/Müller-Glöge § 626 BGB Rn 233; APS/Dörner/Vossen § 626 BGB Rn 158.
777 KDZ/Däubler § 626 BGB Rn 229; MünchKomm/Henssler § 626 Rn 62.

§§ 4 Satz 1, 13 Abs 1 Satz 2 KSchG entsprechend anzuwenden sein soll, weil nach dem Ablauf der Klagefrist angeblich kein berechtigtes Interesse an der Unterrichtung über den Kündigungsgrund bestehe,[778] werden rechtspolitische Zweckmäßigkeitsvorstellungen zum Rechtsgrundsatz erhoben. Diese Ansicht wird überwiegend zu Recht abgelehnt,[779] da ihr eine Rechtsgrundlage fehlt und auch noch nach Ablauf der Klagefrist ein berechtigtes Informationsinteresse, etwa im Hinblick auf mögliche Schadenersatzansprüche bestehen kann.

189 Die Mitteilung des Kündigungsgrundes muss **schriftlich** erfolgen, bedarf aber nicht der Schriftform iSv § 126 BGB. Der Kündigende muss die ihm bekannten und von ihm berücksichtigten Gründe vollständig und wahrheitsgemäß angeben.[780] Pauschale Bezeichnungen genügen nicht.[781] Die zu § 22 Abs 3 BBiG entwickelten Grundsätze können zur Konkretisierung der Anforderungen an die Begründung herangezogen werden (s Rn 12).

190 Die **Verletzung der Mitteilungspflicht** durch Nichterfüllung oder durch verspätete, unvollständige oder unrichtige Auskunftserteilung kann Schadenersatzansprüche des Gekündigten gem § 280 BGB iVm § 281 oder § 286 BGB begründen. Dies hat allerdings nur geringe praktische Bedeutung. Hinsichtlich der Prozesskosten einer aufgrund unzureichender Unterrichtung über die Kündigungsgründe gegen die Kündigung erhobenen Klage wird häufig ein Mitverschulden des Gekündigten anzunehmen sein, wenn diesem der tatsächliche Sachverhalt bereits aus eigener Wahrnehmung bekannt war. Im arbeitsgerichtlichen Verfahren ist zudem durch § 12 a Abs 1 Satz 1 ArbGG die Erstattung der Aufwendungen wegen Zeitversäumnis und wegen der Hinzuziehung eines Prozessbevollmächtigten für die erste Instanz ausgeschlossen.[782] Für die Nichterlangung eines neuen Arbeitsplatzes kann eine Falschauskunft des Arbeitgebers gem § 626 Abs 2 Satz 3 nicht ursächlich sein, da sie nur im Verhältnis zum Arbeitnehmer, nicht aber gegenüber Dritten erteilt wird. Schadenersatzansprüche wegen Verdiensteinbußen kommen daher allein aufgrund unzutreffender Auskünfte des Arbeitgebers gegenüber potenziellen neuen Arbeitgebern oder aufgrund eines rechtswidrigen Ausspruchs der Kündigung in Betracht, nicht aber wegen einer Verletzung von § 626 Abs 2 Satz 3. Da die Mitteilungspflicht dem Kündigungsausspruch zeitlich nachgeordnet ist, kann der Gekündigte auch nicht geltend machen, dass er bei einer Unterrichtung vor Kündigungsausspruch die Kündigungsgründe hätte ausräumen und den Vertragspartner dadurch von der Kündigung hätte abhalten können. Das Fehlen einer rechtlichen Überprüfung standhaltender Kündigungsgründe ist nicht in einem Regressprozess, sondern unmittelbar klageweise geltend zu machen.[783]

---

[778] MünchKomm/Henssler § 626 Rn 63; ähnl ErfK/Müller-Glöge § 626 BGB Rn 233.
[779] APS/Dörner/Vossen § 626 BGB Rn 160 f; KDZ/Däubler § 626 BGB Rn 231.
[780] KR/Fischermeier § 626 BGB Rn 38.
[781] KDZ/Däubler § 626 BGB Rn 230; APS/Dörner/Vossen § 626 BGB Rn 159.
[782] KDZ/Däubler § 626 BGB Rn 233; **verkürzend** daher die Würdigung bei BAG 17.8.1972 – 2 AZR 415/71 – AP BGB § 626 Nr 65, zu II 1; KR/Fischermeier § 626 BGB Rn 37; SPV/Preis Rn 540, 91 f.
[783] KR/Fischermeier § 626 BGB Rn 39; MünchKomm/Henssler § 626 Rn 67; **aA** LAG Frankfurt/Main 22.6.1954 – III LA 216/54 – BB 1954, 902.

Umwandlungsgesetz (UmwG)

Vom 28. Oktober 1994 (BGBl. I S. 3210, ber. I S. 428)
(FNA 4120-9-2)
zuletzt geändert durch G zur Änd. von Vorschriften über Verkündung und Bekanntmachungen sowie der ZPO, des EGZPO und der AO vom 22. Dezember 2011 (BGBl. I S. 3044, 3049)

§ 126 Inhalt des Spaltungs- und Übernahmevertrags

(1) Der Spaltungs- und Übernahmevertrag oder sein Entwurf muß mindestens folgende Angaben enthalten:
(...)
9. die genaue Bezeichnung und Aufteilung der Gegenstände des Aktiv- und Passivvermögens, die an jeden der übernehmenden Rechtsträger übertragen werden, sowie der übergehenden Betriebe und Betriebsteile unter Zuordnung zu den übernehmenden Rechtsträgern;
(...)
11. die Folgen der Spaltung für die Arbeitnehmer und ihre Vertretungen sowie die insoweit vorgesehenen Maßnahmen.

§ 126 und auch § 5 haben keine unmittelbar kündigungsrechtliche Bewandtnis. Insbesondere begründen die arbeitsrechtlichen Angaben im Spaltungs- und Übernahmevertrag keine Rechtsansprüche für einzelne Arbeitnehmer.[1]

Unklar ist, ob im Spaltungs- und Übernahmevertrag einem Rechtsträger einzelne Arbeitsverhältnisse zugewiesen werden können. Die im Referentenentwurf zunächst vorgesehene Zuordnungsmöglichkeit von Arbeitsverhältnissen ist nicht Gesetz geworden; sie wäre mit der Betriebsübergangsrichtlinie nicht in Einklang zu bringen gewesen.[2] Begrenzt ist die Möglichkeit der Zuordnung von Arbeitsverhältnissen mithin jedenfalls durch die zwingenden Vorgaben des § 613a BGB.[3] Deshalb kommt nur sofern § 613a BGB keine Anwendung findet oder der Arbeitnehmer nicht eindeutig einem Betrieb oder Betriebsteil zugeordnet ist, sondern seine Tätigkeit in mehreren Betrieben oder Betriebsteilen ohne erkennbaren Schwerpunkt anteilig verrichtet, eine umwandlungsrechtliche Zuordnung in Betracht.[4] Die Voraussetzungen dafür im Einzelnen sind unklar und umstritten, insbesondere ob auch nach der Aufhebung des § 132 ein Zustimmungserfordernis[5] des betroffenen Arbeitnehmers oder zumindest ein Unterrichtungs-

---

1 APS/Steffan § 126 Rn 41 mwN.
2 WHSS/Willemsen, Umstrukturierung B Rn 89.
3 BT-Drucks 12/6699 S 118; BAG 21.6.2012 – 8 AZR 181/11 (zu § 613a BGB); HWK/Willemsen § 324 Rn 24.
4 Theisemann/Nießen Restrukturierungsrecht Kap 7 Rn 110; KölnK/Hohenstatt/Schramm § 323 Rn 51, § 324 Rn 4; WHSS/Willemsen, Umstrukturierung B Rn 92.
5 So WHSS/Willemsen, Umstrukturierung B Rn 93; KölnK/Hohenstatt/Schramm § 323 Rn 52.

erfordernis entsprechend § 613a Abs 5 BGB[6] besteht. Im Ergebnis ist davon auszugehen, dass eine Zustimmung nicht erforderlich ist, der Arbeitnehmer aber durch Einräumung eines Widerspruchsrechts analog § 613a Abs 6 BGB vor einem ungewollten Vertragspartner zu schützen ist.

---

6 So Theiselmann/Nießen Restrukturierungsrecht Kap 7 Rn 112 mwN.

§ 322 Gemeinsamer Betrieb

Führen an einer Spaltung oder an einer Teilübertragung nach dem Dritten oder Vierten Buch beteiligte Rechtsträger nach dem Wirksamwerden der Spaltung oder der Teilübertragung einen Betrieb gemeinsam, gilt dieser als Betrieb im Sinne des Kündigungsschutzrechts.

I. Telos und Praxisrelevanz 1	2. Soziale Auswahl 9
II. Voraussetzung: Führen eines gemeinsamen Betriebs, Darlegungslasten im Prozess 4	3. Weiterbeschäftigungsmöglichkeiten 10
III. Rechtsfolgen 8	4. Andere Einsatzmöglichkeiten/Schonarbeitsplätze 11
1. Anwendbarkeit des KSchG 8	5. Anzeigepflicht bei Massenentlassungen 12

I. Telos und Praxisrelevanz

Die Norm hat rein klarstellende Funktion.[1] Schon bei ihrem Inkrafttreten hatte die Rechtsprechung gemeinsame Betriebe im Kündigungsschutzrecht berücksichtigt.[2] Da dies nicht auf den Bereich von Umwandlungsmaßnahmen beschränkt war und ist, sondern für das Kündigungsschutzrecht allgemein gilt,[3] wäre eine Verankerung einer entsprechenden klarstellenden allgemeingültig formulierten Norm im KSchG dogmatisch treffender.

Da die Norm weder das Vorliegen eines gemeinsamen Betriebs vermutet noch gar fingiert, wird durch die Norm weder die kündigungsschutzrechtliche Stellung betroffener Arbeitnehmer über die bestehende Rechtsprechung hinaus verbessert, noch das Kündigungsrecht der beteiligten Arbeitgeber über diese hinaus eingeschränkt.

Ursprünglich enthielt der erste Absatz der Norm einen Vermutungstatbestand für das Vorliegen eines gemeinsamen Betriebs iSd BetrVG. Dieser wurde im Zuge der BetrVG-Novelle 2001 in abgeänderter Form in § 1 Abs 2 Nr 2 BetrVG verschoben.[4]

II. Voraussetzung: Führen eines gemeinsamen Betriebs, Darlegungslasten im Prozess

Zur Frage, ob ein gemeinsamer Betrieb iSd Norm vorliegt, ist auf die allgemeine Definition zum Vorliegen eines gemeinsamen Betriebs abzustellen. Es gilt insofern keine gesonderte, spezifische Begriffsdefinition im UmwG.[5] Nach dem BAG liegt ein gemeinsamer Betrieb vor, wenn rechtlich selbstständige Unternehmen einen einheitlichen Leitungsapparat schaffen, um in der betreffenden betrieblichen Einheit arbeitstechnische Zwecke zu erfüllen. Dabei muss dieser Leitungsapparat auch die wesentlichen Arbeitgeberfunktionen in den sozialen und personellen Angelegenheiten abdecken.

---

1 Begründung des Regierungsentwurfs, BT-Drucks 12/6699 S 174.
2 BAG 23.3.1984 – 7 AZR 515/82.
3 S Kommentierung zu § 1 KSchG Rn 825, Rn 695.
4 Art 3 Nr 2 des BetrVerf-Reformgesetzes vom 23.7.2001, BGBl 2001, 1852.
5 ErfK/Oetker § 322 Rn 2; HWK/Willemsen § 322 Rn 7.

Fabritius

Eine unternehmerische Zusammenarbeit allein führt nicht zur Begründung eines gemeinsamen Betriebs.[6]

5 Durch § 322 UmwG wird weder die Bildung eines gemeinsamen Betriebs nach einer der bezeichneten Umwandlungsmaßnahmen vermutet, noch wird ein gemeinsamer Betriebs dadurch fingiert. Die Vorschrift schränkt die unternehmerische Gestaltungsfreiheit der beteiligten Unternehmen nicht ein. Es obliegt allein den beteiligten Unternehmen zu entscheiden, ob sie einen gemeinsamen Betrieb begründen oder wann sie einen ggf begründeten gemeinsamen Betrieb wieder aufheben.[7]

6 Ob sich der Arbeitnehmer im Kündigungsschutzprozess auf die gesetzliche Vermutungsregel des § 1 Abs 2 Nr 2 BetrVG berufen darf, oder die Vermutungsregel einen rein betriebsverfassungsrechtlichen Anwendungsbereich hat, ist umstritten.[8] Da die Definition des gemeinsamen Betriebs gesetzesübergreifend einheitlich erfolgt, kann auch im Kündigungsschutzrecht auf die gesetzliche Vermutungsregel des BetrVG abgestellt werden.[9]

7 Die Darlegungs- und Beweislast für das Vorliegen eines gemeinsamen Betriebs trägt im Kündigungsschutzprozess grundsätzlich der Arbeitnehmer.[10] Dies gilt auch für das Vorliegen der Vermutungsregel des § 1 Abs 2 Nr 2 BetrVG, wenn man ihr denn Bedeutung im Kündigungsschutzprozess beimisst.[11] Da der Arbeitnehmer typischerweise keine Kenntnis vom Inhalt etwaiger zwischen Unternehmen getroffenen Vereinbarungen hat, ist die Darlegungslast für den Arbeitnehmer dadurch erleichtert, dass im ersten Schritt ausreichend ist, wenn er äußere Umstände aufzeigt, die für die Annahme sprechen, dass sich die betreffenden Unternehmen über die gemeinsame Führung des Betriebs unter einheitlicher Leitung vereinbart haben.[12] Erst wenn der Arbeitgeber substantiiert erwidert und darlegt, dass keine entsprechende Vereinbarung vorliegt, ist er zu ergänzendem Vortrag verpflichtet.[13]

III. Rechtsfolgen
1. Anwendbarkeit des KSchG

8 Ein gemeinsamer Betrieb gilt als Betrieb iSd § 23 Abs 1 KSchG.[14] Mithin sind alle Arbeitnehmer der an dem gemeinsamen Betrieb beteiligten Unternehmen zu berücksichtigen, um festzustellen, ob das KSchG nach § 23 Abs 1 überhaupt anwendbar ist.

---

6 BAG 18.10.2000 – 2 AZR 494/99.
7 ErfK/Oetker § 322 Rn 2.
8 Offen gelassen von BAG 24.5.2012 – 2 AZR 62/11.
9 Ebenso: Lutter/Joost § 322 Rn 13; ErfK/Oetker § 322 Rn 2; aA KölnK/Hohenstatt/Schramm § 322 Rn 5.
10 BAG 24.5.2012 – 2 AZR 62/11.
11 BAG 24.5.2012 – 2 AZR 62/11; BAG 29.4.1999 – 2 AZR 352/98.
12 BAG 24.5.2012 – 2 AZR 62/11.
13 BAG 18.10.2006 – 2 AZR 434/05.
14 BAG 12.11.1998 – 2 AZR 459/97; BGH 18.11.1999 – IX ZR 420/97.

2. Soziale Auswahl

Die im Rahmen betriebsbedingter Kündigungen gem § 1 Abs 3 Satz 1 KSchG vorzunehmende Sozialauswahl erstreckt sich nach hM auf alle Arbeitnehmer des gemeinsamen Betriebs.[15] Sofern also das an einem gemeinsamen Betrieb beteiligte Unternehmen A Personal abbaut, ist ein vergleichbarer, sozial weniger geschützter Arbeitnehmern des ebenfalls an dem gemeinsamen Betrieb beteiligten Unternehmen B vorrangig zu kündigen. Da sich Unternehmen A und B zur gemeinsamen Leitung in den wesentlichen personellen Angelegenheiten verbunden haben, liegen die zur Vornahme der Sozialauswahl erforderlichen Sozialdaten dem Leitungsapparat – die Erfüllung datenschutzrechtlicher Voraussetzungen unterstellt – ggf vor. Ansonsten werden sie ggf als Nebenpflicht der Führungsvereinbarung vorzulegen sein. Die Möglichkeit, auf dem im Unternehmen B freigekündigten Arbeitsplatz tätig zu werden, führt als solche nicht zu einem Arbeitgeberwechsel.[16] Lösen Unternehmen A und B den gemeinsamen Betrieb nach erfolgtem Personalabbau auf, besteht bei A ggf nach wie vor keine Beschäftigungsmöglichkeit für den geschützten Arbeitnehmer, so dass ggf nunmehr die Kündigung ausgesprochen werden kann. Bei Unternehmen B hingegen bleibt der zwischenzeitlich von dem geschützten Arbeitnehmer besetzte Arbeitsplatz dann ggf unbesetzt.

Nur auf die Arbeitnehmer des kündigenden Arbeitgebers beschränkt sich die Sozialauswahl indes, wenn die Kündigung zu einem Zeitpunkt wirksam wird, zu dem der kündigende Arbeitgeber nicht mehr am gemeinsamen Betrieb beteiligt ist.[17] Denn andernfalls wäre der Arbeitgeber ggf verpflichtet, Arbeitnehmer weiter zu beschäftigen, ohne dass Beschäftigungsbedarf vorliegt.[18]

Diese Überlegung gilt freilich immer, weil der Ausspruch einer betriebsbedingten Kündigung den Entfall des Beschäftigungsbedarfes gerade voraussetzt. Deshalb sollte auch bei Vorliegen eines gemeinsamen Betriebes an dem Grundsatz festgehalten werden, dass die Sozialauswahl auf das Unternehmen des Arbeitgebers beschränkt ist, auch um og sinnwidriges Ergebnis bei zeitlich späterem Auflösen eines gemeinsamen Betriebs zu vermeiden.

3. Weiterbeschäftigungsmöglichkeiten

Anderweitige Beschäftigungsmöglichkeiten iSd § 1 Abs 2 Satz 2 KSchG sind vor Ausspruch einer betriebsbedingten Kündigung im gesamten gemeinsamen Betrieb zu prüfen.[19] Freie Arbeitsplätze in anderen Betrieben des Unternehmens des Arbeitgebers sind nach den allgemeinen Grundsätzen zu berücksichtigen. Arbeitsplätze in anderen Betrieben der weiteren am gemeinsamen Betrieb beteiligten Unternehmen bleiben nach hM unberück-

---

15 BAG 5.5.1994 – 2 AZR 917/93; 13.6.1985 – 2 AZR 452/84; wN s § 1 KSchG Rn 825; abl Annuß/Hohenstatt NZA 2004, 420, 422.
16 BAG 18.9.2003 – 2 AZR 537/02.
17 BAG 18.9.2003 – 2 AZR 537/02; LAG München 14.10.2004 – 11 Sa 1596/03; LAG München 21.9.2004 – 11 Sa 29/04.
18 BAG 18.9.2003 – 2 AZR 537/02.
19 BAG 13.6.1985 – 2 AZR 452/84; s auch Kommentierung zu § 1 KSchG Rn 695.

sichtigt.[20] Die Vorschrift bezieht sich insofern nur auf den gemeinsamen Betrieb, nicht auf weitere Betriebe der anderen Unternehmen.

4. Andere Einsatzmöglichkeiten/Schonarbeitsplätze

11 Sofern sich eine verhaltensbedingte Kündigung durch eine Versetzung auf einen anderen Arbeitsplatz verhindern lässt, sind dabei alle Arbeitsplätze des gemeinsamen Betriebs zu berücksichtigen. Dies gilt auch für mögliche Schonarbeitsplätze vor Ausspruch einer krankheitsbedingten Kündigung. Soll ein durch § 15 KSchG geschützter Amtsträger nach § 15 Abs 5 KSchG betriebsbedingt gekündigt werden, sind Übernahmemöglichkeiten in andere Betriebsabteilungen im gesamten gemeinsamen Betrieb zu prüfen.[21]

5. Anzeigepflicht bei Massenentlassungen

12 Zur Bestimmung der Schwellenwerte nach § 17 KSchG ist auf die Arbeitnehmer des gemeinsamen Betriebs abzustellen.[22]

---

[20] ErfK/Oetker § 322 Rn 3; möglicherweise auch BAG 13.6.1985 – 2 AZR 452/84, aA Schmitt/Hörtnagel/Stratz/Hörtnagel § 322 Rn 7 mwN.
[21] Semler/Stengel/Simon § 322 Rn 17.
[22] Schmitt/Hörtnagel/Stratz/Hörtnagel § 322 Rn 7 mwN; KR/Friedrich §§ 322-324 Rn 53.

§ 323 Kündigungsrechtliche Stellung

(1) Die kündigungsrechtliche Stellung eines Arbeitnehmers, der vor dem Wirksamwerden einer Spaltung oder Teilübertragung nach dem Dritten oder Vierten Buch zu dem übertragenden Rechtsträger in einem Arbeitsverhältnis steht, verschlechtert sich auf Grund der Spaltung oder Teilübertragung für die Dauer von zwei Jahren ab dem Zeitpunkt ihres Wirksamwerdens nicht.

(2) Kommt bei einer Verschmelzung, Spaltung oder Vermögensübertragung ein Interessenausgleich zustande, in dem diejenigen Arbeitnehmer namentlich bezeichnet werden, die nach der Umwandlung einem bestimmten Betrieb oder Betriebsteil zugeordnet werden, so kann die Zuordnung der Arbeitnehmer durch das Arbeitsgericht nur auf grobe Fehlerhaftigkeit überprüft werden.

I. Allgemeines.................... 1	gg) Beteiligungsrechte des Betriebsrats 11
II. Beibehaltung der kündigungsrechtlichen Stellung (Abs 1)... 2	hh) Massenentlassungsanzeige 12
1. Voraussetzungen.......... 2	d) Kausalität 13
a) Spaltung/Teilübertragung 2	2. Rechtsfolge................ 14
b) Geschützte Arbeitnehmer 3	a) Erhalt der kündigungsrechtlichen Stellung für 2 Jahre................. 14
c) Änderung einer geschützten kündigungsrechtlichen Stellung................... 4	b) Keine Abdingbarkeit.. 15
	III. Zuordnung von Arbeitnehmern (Abs 2) 16
aa) Anwendbarkeit des KSchG............. 5	1. Voraussetzungen und Anwendungsfälle.......... 16
bb) Sozialauswahl........ 6	a) Erfasste Maßnahmen.. 16
cc) Weiterbeschäftigungsmöglichkeiten.. 7	b) Interessenausgleich.... 17
dd) Kollektivrechtliche Regelungen zum Kündigungsschutz ... 8	c) § 613 a BGB vorrangig, Praxisrelevanz 18
ee) Personenbezogener Kündigungsschutz ... 9	2. Rechtsfolge................ 19
	3. Darlegungs- und Beweislast 22
ff) Amtsträger........... 10	4. Mitbestimmung nach § 99 BetrVG............... 23

I. Allgemeines

Die Überschrift der Vorschrift verweist nur auf ihren ersten Absatz, der die kündigungsrechtliche Stellung des von bestimmten Umwandlungsmaßnahmen betroffenen Arbeitnehmers für zwei Jahre in dem Mindestmaß garantiert, wie sie vor der Umwandlungsmaßnahme vorlag. Welche Rechtspositionen der Begriff der kündigungsrechtlichen Stellung umfasst, ist unklar und umstritten. Darüber hinaus ordnet die Vorschrift einer Zuweisung von Arbeitnehmern zu bestimmten Betrieben oder Betriebsteilen in einem Interessenausgleich eine eingeschränkte Richtigkeitsgewähr zu.

1

Fabritius

II. Beibehaltung der kündigungsrechtlichen Stellung (Abs 1)
1. Voraussetzungen

2 **a) Spaltung/Teilübertragung.** Von der Norm werden nur Spaltungen und Teilübertragungen erfasst. Der Begriff der Spaltung umfasst gem § 123 die Fälle der Abspaltung, Aufspaltung oder Ausgliederung. Der Begriff der Teilübertragung ist in § 174 Abs 2 näher beschrieben. Bei diesen Umwandlungsmaßnahmen kommt es häufig zu einer Veränderung der betrieblichen Struktur, womit eine Veränderung und damit auch Verschlechterung der kündigungsrechtlichen Situation des Arbeitnehmers einhergehen kann.[1]

Eine analoge Anwendung der Norm bei betrieblichen Neustrukturierungen durch Maßnahmen außerhalb des UmwG, insbesondere durch rechtsgeschäftliche Einzelrechtsnachfolge, hat das BAG abgelehnt. Der Gesetzgeber habe andere mögliche Anwendungsfälle gesehen, die Norm aber bewusst nicht auf diese erstreckt. Die für eine analoge Anwendung der Norm erforderliche ungewollte Regelungslücke liege mithin nicht vor.[2] Mit dieser Begründung ist eine analoge Anwendung der Vorschrift auch auf andere Umwandlungsmaßnahmen nach UmwG versperrt.[3]

3 **b) Geschützte Arbeitnehmer.** Geschützt sind die Arbeitnehmer, die vor Wirksamwerden der Umwandlungsmaßnahme in einem Arbeitsverhältnis zum übertragenden Rechtsträger stehen. Arbeitnehmer des aufnehmenden Rechtsträgers sind nicht erfasst, ebensowenig Arbeitsverhältnisse, die erst nach Wirksamwerden der Maßnahme begründet werden.[4] Nach hL sollen Arbeitnehmer, die ihre Arbeit bei Wirksamwerden der Maßnahme noch nicht begonnen haben, mit denen zu diesem Zeitpunkt aber bereits ein Arbeitsvertrag geschlossen war, erfasst sein.[5] Dieses ist abzulehnen, da sich diese Arbeitnehmer noch keine schützenswerte Rechtsstellung erarbeitet haben. Wie im Rahmen der Wartezeit nach § 1 KSchG ist vielmehr auch hier auf den Tag abzustellen, an dem die Arbeit begonnen wird bzw werden soll.[6]

4 **c) Änderung einer geschützten kündigungsrechtlichen Stellung.** Der Begriff der kündigungsrechtlichen Stellung findet sich nur im UmwG. Welche Rechtspositionen im Einzelnen dazu zählen, ist unklar.

5 **aa) Anwendbarkeit des KSchG.** Unmittelbar aus der Gesetzesbegründung ergibt sich, dass zur geschützten Rechtsposition die Anwendbarkeit des KSchG gehört.[7] Sofern in dem Betrieb, in dem der Arbeitnehmer nach der Maßnahme beschäftigt wird, der Schwellenwert des § 23 KSchG nicht mehr erreicht wird, bleibt das KSchG nach § 323 Abs 1 gleichwohl für die Dauer von 2 Jahren für die erfassten Arbeitnehmer anwendbar.[8] Da nur der Schutz erhalten bleibt, der bei Vornahme der Maßnahme bestand, erfahren Arbeitnehmer, bei denen die Wartezeit des § 1 Abs 1 KSchG noch

---

1 APS/Steffan § 323 Rn 2.
2 BAG 15.2.2007 – 8 AZR 397/06.
3 ErfK/Oetker § 322 mwN; aA APS/Steffan § 323 Rn 17.
4 Semler/Stengel/Simon § 323 Rn 9.
5 Semler/Stengel/Simon § 323 Rn 4; KölnK/Hohenstatt/Schramm § 323 Rn 3 mwN.
6 S Kommentierung zu § 1 KSchG Rn 69; ErfK/Oetker § 1 KSchG Rn 35.
7 Begründung des Regierungsentwurfs, BT-Drucks 12/6699 S 175.
8 AllgM, vgl Henssler/Strohn/Moll, GesR § 323 Rn 6.

nicht erfüllt war, auch nach der Maßnahme keinen Schutz. Leitende Angestellte mit insofern nur eingeschränktem Schutz (§ 14 Abs 2 KSchG) erhalten nur diesen Status, auch wenn sie nach der Maßnahme keine leitenden Angestellten mehr sind.

bb) Sozialauswahl. Die im Rahmen einer Sozialauswahl zu betrachtenden vergleichbaren Arbeitnehmer werden von Abs 1 nicht erfasst.[9] Bloße reflexartige Vorteile, die sich allein aus der tatsächlichen Situation im Ursprungsbetrieb ergeben, betreffen nicht die rechtliche Stellung des Arbeitnehmers.[10] Andernfalls könnte der Arbeitgeber ggf gar keine Kündigung aussprechen, wenn nämlich eine fiktive Sozialauswahl ergäbe, dass ein Arbeitnehmer zu kündigen ist, der gar nicht mehr zum Unternehmen gehört.

6

cc) Weiterbeschäftigungsmöglichkeiten. Nach einer Auffassung wird davon ausgegangen, dass vor der Maßnahme bestehende Weiterbeschäftigungsmöglichkeiten nach Abs 1 auch nach der Maßnahme zu berücksichtigen sind.[11] Damit wird dem Unternehmen ggf etwas faktisch Unmögliches abverlangt, denn wenn die vormals bestehenden Weiterbeschäftigungsmöglichkeiten nicht mehr in dem kündigenden Unternehmen bestehen und ein gemeinsamer Betrieb nicht besteht, kann das Unternehmen die freie Stelle in dem anderen Unternehmen nicht mehr besetzen. Die Auffassung könnte damit dazu führen, dass der Arbeitgeber keine Kündigung aussprechen könnte, obwohl ihm eine Weiterbeschäftigungsmöglichkeit nicht zur Verfügung steht. Auch vormals bestehende Weiterbeschäftigungsmöglichkeiten ergeben sich indes allein aus der tatsächlichen Situation im Ursprungsbetrieb, die nach dem BAG aber gerade nicht die rechtliche Stellung des Arbeitnehmers[12] betreffen. Damit werden vormals bestehende Weiterbeschäftigungsmöglichkeiten nicht durch die Norm perpetuiert.[13] Vielmehr bleibt es bei den allgemeinen Grundsätzen.[14] Weiterbeschäftigungsmöglichkeiten in einem anderen Unternehmen sind also nur dann zu berücksichtigten, wenn mit ihm ein gemeinsamer Betrieb geführt wird.[15]

7

dd) Kollektivrechtliche Regelungen zum Kündigungsschutz. Gelten kollektivrechtliche Regelungen zum Kündigungsschutz nach einer der erfassten Umwandlungsmaßnahme nicht mehr, etwa weil der abgespaltene Betriebsteil nicht mehr von einem Tarifvertrag erfasst wird, der eine Unkündbarkeit anordnet, stellt sich die Frage, ob deren eventuelle Fortgeltung ausschließlich nach §§ 324, 613a BGB zu bestimmen ist, oder (auch) nach Abs 1. Das Risiko einer Abänderung kollektiver Rechte ist indes kein spe-

8

---

9 BAG 22.9.2005 – 6 AZR 526/04; aA Däubler RdA 1995, 136,143.
10 BAG 22.9.2005 – 6 AZR 526/04.
11 HWK/Quecke § 1 KSchG Rn 277; LAG München v. 21.9.2004 – 1 Sa 25/04 II. 1.1.32; KR/Friedrich §§ 322-324 Rn 50.
12 BAG 22.9.2005 – 6 AZR 526/04 (zur Sozialauswahl).
13 WHSS/Willemsen, Umstrukturierung H Rn 152; KölnK/Hohenstatt/Schramm § 323 Rn 15 mwN.
14 S Kommentierung zu § 1 KSchG Rn 695.
15 S Kommentierung § 322.

zifisches Risiko von Umwandlungsmaßnahmen, so dass mit der hM[16] die weitere Anwendbarkeit abschließend durch §§ 324, 613 a BGB erfasst ist.

9 **ee) Personenbezogener Kündigungsschutz.** Personenbezogener Kündigungsschutz, etwa aufgrund Elternzeit oder Mutterschutz, bleibt von Umwandlungsmaßnahmen unberührt und wird deshalb auch nicht nach Abs 1 durch Umwandlungsmaßnahmen verlängert.[17]

10 **ff) Amtsträger.** Verliert ein Amtsträger durch eine der genannten Umwandlungsmaßnahmen sein Betriebsratsamt und nimmt auch kein Übergangsmandat nach § 21 BetrVG wahr, stellt sich die Frage, ob Abs 1 den Sonderkündigungsschutz nach § 15 Abs 1 Satz 1 prolongiert.[18] Dies wird zT bejaht,[19] andere wollen den nachwirkenden Sonderkündigungsschutz nach § 15 Abs 1 Satz 2 KSchG verlängern.[20] Nach erster Auffassung ist zur Kündigung eines so geschützten ehemaligen Amtsträgers also nach wie vor die Zustimmung des Betriebsrats nach § 103 BetrVG erforderlich. Dieser besteht aufgrund der Maßnahme ggf indes nicht mehr, so dass der zweitgenannten Auffassung der Vorzug zu geben ist, die einen hinreichenden Schutz des betroffenen Arbeitnehmers ebenfalls garantiert.

11 **gg) Beteiligungsrechte des Betriebsrats.** Nach vorzugswürdiger Ansicht sind Beteiligungsrechte des Betriebsrats, etwa nach §§ 102, 111 f, oder § 95 BetrVG, keine Rechte die unmittelbar den einzelnen Arbeitnehmer schützen und damit nicht der kündigungsrechtlichen Stellung des Arbeitnehmers iSd Norm zuzurechnen. Beteiligungsrechte des Betriebsrats richten sich vielmehr ausschließlich nach § 325 UmwG.[21]

12 **hh) Massenentlassungsanzeige.** Die §§ 17 ff KSchG sollen es der Arbeitsverwaltung ermöglichen, sich auf besonderen Beratungsbedarf einzustellen. Sie betreffen nicht die kündigungsrechtliche Position eines Arbeitnehmers.[22]

13 **d) Kausalität.** Die Verschlechterung der kündigungsrechtlichen Stellung muss kausal durch eine der benannten Umwandlungsmaßnahmen bedingt sein. Dies ist bei einer Verschlechterung aufgrund einer nach der Maßnahme eintretenden Insolvenz nicht der Fall.[23] Ebenso wenig erfasst ist die Vorbereitung einer möglichen späteren Umwandlungsmaßnahme auf betrieblicher Ebene. Wenn also ein Unternehmen seine Betriebsorganisation auf mögliche spätere Umwandlungsmaßnahmen bereits frühzeitig ausrichtet, greift Abs 1 nicht, wenn die Umwandlungsmaßnahme zu einem späteren Zeitpunkt tatsächlich durchgeführt wird. Davon wird man allerdings

---

16 ErfK/Oetker § 323 Rn 4; KölnK/Hohenstatt/Schramm § 323 Rn 22 mwN; Semler/Stengel/Simon § 323 Rn 16; Henssler/Strohn/Moll GesR § 323 Rn 10a; aA Schaub/Koch ArbRHdB § 116 Rn 23.
17 KölnK/Hohenstatt/Schramm § 323 Rn 23 mwN.
18 Offen gelassen: BAG 18.10.2000 – 2 AZR 494/99.
19 Herbst AiB 1995, 5, 12.
20 KölnK/Hohenstatt/Schramm § 323 Rn 18 mwN; Henssler/Strohn/Moll, GesR § 323 Rn 8.
21 KölnK/Hohenstatt/Schramm § 323 Rn 19; Henssler/Strohn/Moll, GesR § 323 Rn 10a; Schaub/Koch ArbRHdB § 116 Rn 23; aA DKKW/Buschmann § 21a BetrVG Rn 56.
22 AA Schaub/Koch ArbRHdB § 116 Rn 23.
23 BAG 22.9.2005 – 6 AZR 526/04.

dann eine Ausnahme machen müssen, wenn die unternehmerische Entscheidung über die Umwandlungsmaßnahme zum Zeitpunkt der Entscheidung über die betriebliche Umorganisation bereits getroffen ist oder nur noch vom Eintreten bestimmter Ereignisse abhängt, etwa einer positiven verbindlichen Auskunft der Finanzverwaltung.

2. Rechtsfolge

a) Erhalt der kündigungsrechtlichen Stellung für 2 Jahre. Die Rechtspositionen, die entsprechend der Ausführungen unter 1. geschützt sind, bilden für die Dauer von 2 Jahren den Mindeststandard, auf den sich der Arbeitnehmer berufen kann. Treten aufgrund oder nach der Maßnahme Verbesserungen ein, gelten freilich diese. Die 2-Jahresfrist beginnt mit Eintragung der Umwandlung in das Handelsregister des Sitzes des übertragenden Rechtsträgers (§§ 130, 131, 176 Abs 3, 177 Abs 2).[24] Die Frist berechnet sich nach §§ 187 Abs 1, 188 Abs 2 BGB.[25] Ob die Kündigung dem Schutz des § 323 Abs 1 unterfällt, bemisst sich nach dem Zeitpunkt des Zugangs.[26] Dafür sprechen ähnliche Überlegungen wie bei anderen Schutzvorschriften, etwa § 18 BEEG. Erfüllt die Umwandlungsmaßnahme den Tatbestand des § 613a BGB, greift das besondere Kündigungsverbot des § 613a Abs 4 BGB neben § 323 Abs 1 daneben ein. Insofern wird der Kündigungsschutz nach § 613a Abs 4 BGB durch das UmwG nicht verdrängt.[27]

14

b) Keine Abdingbarkeit. Auf den Schutz nach Abs 1 kann nicht im Vorhinein verzichtet werden, § 134 BGB. Nach der Maßnahme sind einvernehmliche Änderungsvereinbarungen jedoch zulässig.[28]

15

III. Zuordnung von Arbeitnehmern (Abs 2)
1. Voraussetzungen und Anwendungsfälle

a) Erfasste Maßnahmen. Das Gesetz benennt als einschlägige Umwandlungsmaßnahmen die Verschmelzung, Spaltung oder Vermögensübertragung. Außerhalb dieser Umwandlungsmaßnahmen, insbesondere bei sonstigen Betriebsübergängen, ist die Norm nicht (analog) anzuwenden.[29]

16

Davon unabhängig ist die Frage zu beantworten, ob der Wille der Betriebsparteien gleichwohl bei anderen Maßnahmen beachtlich sein kann, wenn eine eindeutige Zuordnung des Arbeitnehmers zu einem Betrieb(steil) nicht gegeben ist (zu dieser Frage s Rn 17).

b) Interessenausgleich. Hinsichtlich der Zuordnung der Arbeitnehmer und den formalen Erfordernissen einer Namensliste kann auf die Ausführungen zu § 1 Abs 5 KSchG verwiesen werden.[30] Der einzelne Arbeitnehmer muss

17

---

24 Lutter/Joost § 323 Rn 21.
25 Henssler/Strohn/Moll, GesR § 323 Rn 13.
26 Henssler/Strohn/Moll, GesR § 323 Rn 13; Semler/Stengel/Simon § 323 Rn 17.
27 Schaub/Koch ArbRHdb § 116 Rn 21.
28 Henssler/Strohn/Moll, GesR § 323 Rn 23.
29 ErfK/Oetker § 323 Rn 7.
30 S Kommentierung zu § 1 Abs 5 KSchG Rn 733.

insbesondere eindeutig namentlich benannt und einem Betrieb(steil) zugeordnet werden.

Umstritten ist, ob die Zuordnung der Betriebsparteien nur dann dem Anwendungsbereich des Abs 2 unterfällt, wenn ein Interessenausgleich nach § 111 BetrVG vorliegt, insbesondere also eine Betriebsänderung idS gegeben ist. Während die wohl hL mit Verweis auf den Wortlaut davon ausgeht, eine Betriebsänderung müsse vorliegen,[31] verweisen andere auf die praktische Notwendigkeit, auch in anderen Fällen eine Zuordnung vornehmen zu können.[32] Im Ergebnis dürfte darauf abzustellen sein, dass die Betriebsparteien die betriebliche Situation und deren Erfordernisse einschätzen können und ihr entsprechend geäußerter Wille deshalb zu respektieren ist. Dies nimmt die Literatur auch für Namenslisten außerhalb des Interessenausgleichs, etwa in einem Sozialplan, an, wenn dieser freiwillig zu Stande kommt.[33] Damit kommt Abs 2 auch bei einer Zuordnung in einem freiwilligen Interessenausgleich außerhalb der Vorgaben des § 111 BetrVG zur Anwendung.

Allerdings muss der Interessenausgleich wegen der durch die Umwandlung eintretenden Veränderungen abgeschlossen werden, also kausal auf der Maßnahme beruhen und wegen ihr zustande kommen.[34]

18 c) § 613a BGB vorrangig, Praxisrelevanz. Bei der Zuordnung von Arbeitsverhältnissen sind die Vorgaben der Betriebsübergangsrichtlinie bzw des § 613a BGB zu beachten.[35] Insofern sind die Betriebsparteien an zwingende gesetzliche Vorgaben gebunden und dürfen davon nicht abweichen. Das bedeutet, dass immer dann, wenn ein Arbeitsverhältnis einem bestimmten Betrieb oder Betriebsteil angehört, die Betriebsparteien in einem Interessenausgleich keine abweichende Zuordnung vornehmen dürfen.[36] Eine von einer eindeutigen Eingliederung in einen Betrieb oder Betriebsteil abweichende Zuordnung ist grob fehlerhaft iSd Norm. Maßgeblich für das Schicksal der überwiegenden Anzahl der Arbeitsverhältnisse ist damit regelmäßig die nach § 126 Abs 1 Nr 9 erfolgende Zuordnung des Betriebs oder Betriebsteils, mit dem das Arbeitsverhältnis dann übergeht.

Eine Zuordnung von Arbeitsverhältnissen in einem Interessenausgleich nach Abs 2 kommt damit insbesondere in Betracht, wenn Arbeitnehmer regelmäßig in mehreren Betrieben oder Betriebsteilen tätig sind und ihre Tätigkeit in keinem der Betriebe oder Betriebsteile einen eindeutigen Schwerpunkt hat. Welchem Betrieb(steil) ein Arbeitnehmer angehört, richtet sich in erster Linie nach dem Willen der Arbeitsvertragsparteien. Ausschlaggebend sind dabei die tatsächliche Eingliederung und der Schwerpunkt der Tätigkeit. Weichen diese vom Arbeitsvertrag ab, sind sie vor den arbeits-

---

31 Schmitt/Hörtnagl/Stratz/Hörtnagel § 323 Rn 12; ErfK/Oetker § 323 Rn 8; Lutter/Joost § 323 Rn 33; KölnK/Hohenstatt/Schramm § 323 Rn 51; Henssler/Strohn/Moll, GesR § 323 Rn 15.
32 Semler/Stengel/Simon § 323 Rn 20.
33 ErfK/Oetker § 1 KSchG Rn 360a.
34 Henssler/Strohn/Moll, GesR § 323 Rn 15; Schmitt/Hörtnagl/Stratz-Hörtnagel § 323 Rn 13.
35 S Kommentierung zu § 126; BT-Drucks 12/6699 S 118.
36 BAG 21.2.2013 – 8 AZR 878/11; Schmitt/Hörtnagl/Stratz-Hörtnagel § 323 Rn 17.

vertraglichen Vereinbarungen vorrangig.[37] Ein Tätigwerden „für" einen bestimmten Betrieb(steil), zB in overhead Funktionen, reicht nicht aus, um Arbeitnehmer dieses Betriebsteils zu sein.[38] Liegt ein entsprechender Wille der Arbeitsvertragsparteien weder in ausdrücklicher noch in konkludenter Form vor, so erfolgt die Zuordnung grundsätzlich – ausdrücklich oder konkludent – durch den Arbeitgeber aufgrund seines Direktionsrechts.[39] Soll die Zuordnung eines Arbeitnehmers per Direktionsrecht erfolgen, muss die Zuordnung vom Direktionsrecht gedeckt sein, dh das Direktionsrecht muss ordnungsgemäß ausgeübt werden.[40]

2. Rechtsfolge

Die namentliche Zuordnung kann nur auf grobe Fehlerhaftigkeit überprüft werden. Eine grobe Fehlerhaftigkeit liegt bei einem Verstoß gegen zwingende Vorgaben des § 613a BGB vor. Dies ist zB der Fall, wenn der Arbeitnehmer einem Betrieb(steil) zugeordnet wird, in dem er bislang nicht tätig war. Wann allerdings bereits eine grobe Fehlerhaftigkeit zu bejahen ist, wenn ein eindeutiger Verstoß gegen die Wertungen des § 613a BGB nicht vorliegt, ist im Einzelnen unklar.[41] Im Ergebnis haben die Betriebsparteien die Vorgaben der Rechtsprechung dazu, wann eine Eingliederung in einen Betrieb/steil) vorliegt, zu beachten und müssen diese auf den Einzelfall anwenden. Erfolgt dies, ist ihre Entscheidung nicht angreifbar. Auf einen eventuellen Zuordnungswunsch des Arbeitnehmers kommt es dabei nicht an, maßgebend sind die objektiven Tatsachen.[42] 19

Die Zuordnung ist in allen Rechtsstreitigkeiten zu überprüfen, für die sie von Belang ist, also zB auch, wenn dem Arbeitnehmer nach der Maßnahme von dem Rechtsträger, dem er zugeordnet wurde, gekündigt wird. Es stellt sich deshalb die Frage, ob der Arbeitnehmer eine aus seiner Sicht fehlerhafte Zuordnung innerhalb einer bestimmten Frist rügen muss oder sich im Zweifel auch noch Monate oder gar Jahre später auf eine fehlerhafte Zuordnung berufen kann. ZT wird in Anlehnung an § 613a Abs 6 BGB davon ausgegangen, der Arbeitnehmer müsse eine fehlerhafte Zuordnung innerhalb eines Monats nach Kenntnis rügen.[43] Dies kann allerdings nur gelten, wenn § 613a BGB insgesamt Anwendung findet, der Arbeitnehmer also auch gem § 613a Abs 5 BGB über den Übergang des Arbeitsverhältnisses unterrichtet wurde. Ansonsten lässt sich eine Frist dem Gesetz nicht entnehmen,[44] so dass nur auf die Grundsätze zur Verwirkung abzustellen ist. Besteht ein Widerspruchsrecht nach § 613a Abs 6 BGB, besteht dieses auch, wenn eine Zuordnung nach Abs 2 erfolgt.[45] 20

---

37 BAG 24.1.2013 – 8 AZR 706/11.
38 Fuhlrott FA 2013, 196, 197.
39 BAG 17.10.2013 – 8 AZR 763/12; BAG 21.2.2013 – 8 AZR 878/11.
40 BAG 24.1.2013 – 8 AZR 706/11.
41 So soll grobe Fehlerhaftigkeit nur vorliegen, wenn sich die Zuordnung unter keinem Gesichtspunkt rechtfertigen lässt (Schaub/Koch ArbRHdb Rn 27; Bauer/Lingemann NZA 1994, 1057, 1061) oder erst dann nicht, wenn die Zuordnung vertretbar ist (KölnK/Hohenstatt/Schramm Rn 43).
42 AA ErfK/Oetker § 323 Rn 10.
43 Semler/Stengel/Simon § 323 Rn 31; vgl KölnK/Hohenstatt/Schramm § 323 Rn 43.
44 Henssler/Strohn/Moll, GesR § 323 Rn 19.
45 Semler/Stengel/Simon § 323 Rn 36.

Fabritius

21 Sofern eine Zuordnung von Arbeitnehmern (auch) im Spaltungs- und Übernahmevertrag erfolgt,[46] ist eine hiervon divergierende Zuordnung in einem Interessenausgleich vorrangig.[47] Dies gilt freilich nicht, wenn die Zuordnung in der Namensliste grob fehlerhaft ist.[48]

3. Darlegungs- und Beweislast

22 Die Darlegungs- und Beweislast trägt grundsätzlich der Arbeitnehmer,[49] sie ist indes abgestuft. Klagt der Arbeitnehmer gegen eine seiner Ansicht nach fehlerhafte Zuordnung, muss er konkrete Umstände darlegen, aus denen sich die Fehlerhaftigkeit ergibt. Erst danach muss der Arbeitgeber die Erwägungen der Betriebsparteien erläutern.[50]

4. Mitbestimmung nach § 99 BetrVG

23 In der Literatur wird die Auffassung vertreten, die Festlegung in der Namensliste verbrauche zugleich das Mitbestimmungsrecht nach § 99 BetrVG.[51] Dies ist zweifelhaft, da die Zuordnung zu einer Namensliste nach § 1 Abs 5 KSchG auch nicht das Beteiligungsrecht nach § 102 BetrVG verbraucht.[52] In der Praxis sollte darauf deshalb nicht vertraut werden. Allerdings ist es zulässig, die Anhörung nach § 99 BetrVG mit dem Interessenausgleichsverfahren zu verbinden.[53] Sofern dies erfolgt, sollte dies im Interessenausgleich dokumentiert werden.

---

46 S Kommentierung zu § 126.
47 KölnK/Hohenstatt/Schramm § 323 Rn 46; Henssler/Strohn/Moll, GesR § 323 Rn 15; Semler/Stengel/Simon § 323 Rn 40.
48 Semler/Stengel/Simon § 323 Rn 40.
49 Lutter/Joost § 323 Rn 40; Semler/Stengel/Simon § 323 Rn 30; aA Henssler/Strohn/Moll, GesR § 323 Rn 24.
50 Vgl BAG 15.12.2011 – 2 AZR 42/10 (zu § 1 Abs 5 KSchG); BAG 19.7.2012 – 2 AZR 404/11 (zu § 1 Abs 5 KSchG).
51 Semler/Stengel/Simon § 323 Rn 37; KölnK/Hohenstatt/Schramm § 323 Rn 48.
52 BAG 23.10.2008 – 2 AZR 163/07.
53 Zu § 102 BetrVG: BAG 20.5.1999 – 2 AZR 532/98; LAG Hamm 16.1.2002 – 2 Sa 1133/01.

§ 324 Rechte und Pflichten bei Betriebsübergang

§ 613 a Abs. 1, 4 bis 6 des Bürgerlichen Gesetzbuchs bleibt durch die Wirkungen der Eintragung einer Verschmelzung, Spaltung oder Vermögensübertragung unberührt.

Vor Inkrafttreten des UmwG ging die hM davon aus, dass § 613 a BGB auf Betriebsübergänge im Wege der Gesamtrechtsnachfolge nicht angewandt werden könne, weil diese nicht durch Rechtsgeschäft erfolgten, sondern kraft Gesetzes mit Eintragung ins Handelsregister.[1] Nachdem diese Auffassung zunehmend bezweifelt wurde, ist durch § 324 nunmehr klargestellt, dass auch die Gesamtrechtsnachfolge die Voraussetzungen des § 613 a BGB erfüllen kann. Allerdings ist dies stets eigenständig zu prüfen, da § 324 insofern keine Rechtsfolgen-, sondern eine Rechtsgrundverweisung ist.[2] Darüber hinaus ist § 613 a BGB lex specials zu den Vorschriften des UmwG,[3] was vor allem bei Kettenmaßnahmen relevant wird, wenn also mehrere Umwandlungsmaßnahmen hintereinandergeschaltet werden, allerdings jeweils nur für eine logische juristische Sekunde, die Übernahme der Leitungsmacht indes direkt vom aufnehmenden Rechtsträger erfolgt, der als letztes in der Kette der Umwandlungsmaßnahmen steht. In solchen Fällen geht das Arbeitsverhältnis direkt auf den Enderwerber über.[4] 1

Liegen die Voraussetzungen des § 613 a BGB vor, gelten die dort vorgesehenen Rechtsfolgen,[5] die freilich nur einen Mindestschutz bewirken, nicht aber für den Arbeitnehmer aufgrund der Gesamtrechtsnachfolge günstigere Regelungen aufheben oder einschränken. Dies gilt zB für die Haftung nach §§ 22, 133, die über die nach § 613 a Abs 2 BGB hinausgeht.[6] Auch besteht die Unterrichtungspflicht für die Arbeitnehmer, die von einem Betrieb(steil)übergang erfasst sind, neben den spezifischen Vorgaben nach UmwG (§§ 5, 126). 2

Erlischt der bisherige Arbeitgeber durch die Umwandlungsmaßnahme, entfällt das Widerspruchsrecht nach § 613 a Abs 6 BGB und an dessen Stelle steht dem Arbeitnehmer das Recht zur außerordentlichen Kündigung zu.[7] 3

---

1 BAG AP 24, 36, 44 zu 613 a.
2 BAG 6.10.2005 – 2 AZR 316/04; BAG 25.5.2000 – 8 AZR 416/99; ErfK/Oetker § 324 Rn 2.
3 WHSS/Willemsen, Umstrukturierung B Rn 91.
4 Theiselmann/Nießen, Restrukturierungsrecht Kap 7 Rn 108 mwN; KölnK/Hohenstatt/Schramm § 324 Rn 4; zum Erfordernis der Übernahme der tatsächlichen Leitungsmacht s BAG 18.3.1999 – 8 AZR 159/98.
5 S Kommentierung zu § 613 a BGB Rn. 56.
6 APS/Steffan § 324 Rn 26; Lutter/Joost § 324 Rn 36.
7 BAG 21.2.2008 – NZA 2008, 81.5.

Betriebsverfassungsgesetz (BetrVG)

In der Fassung der Bekanntmachung vom 25. September 2001
(BGBl. I S. 2518)
(FNA 801-7)
zuletzt geändert durch Art. 3 Abs. 4 G zur Umsetzung des
Seearbeitsübereinkommens 2006 der Internationalen Arbeitsorganisation
vom 20. April 2013 (BGBl. I S. 868)

§ 102 Mitbestimmung bei Kündigungen

(1) ¹Der Betriebsrat ist vor jeder Kündigung zu hören. ²Der Arbeitgeber hat ihm die Gründe für die Kündigung mitzuteilen. ³Eine ohne Anhörung des Betriebsrats ausgesprochene Kündigung ist unwirksam.

(2) ¹Hat der Betriebsrat gegen eine ordentliche Kündigung Bedenken, so hat er diese unter Angabe der Gründe dem Arbeitgeber spätestens innerhalb einer Woche schriftlich mitzuteilen. ²Äußert er sich innerhalb dieser Frist nicht, gilt seine Zustimmung zur Kündigung als erteilt. ³Hat der Betriebsrat gegen eine außerordentliche Kündigung Bedenken, so hat er diese unter Angabe der Gründe dem Arbeitgeber unverzüglich, spätestens jedoch innerhalb von drei Tagen, schriftlich mitzuteilen. ⁴Der Betriebsrat soll, soweit dies erforderlich erscheint, vor seiner Stellungnahme den betroffenen Arbeitnehmer hören. ⁵§ 99 Abs. 1 Satz 3 gilt entsprechend.

(3) Der Betriebsrat kann innerhalb der Frist des Absatzes 2 Satz 1 der ordentlichen Kündigung widersprechen, wenn

1. der Arbeitgeber bei der Auswahl des zu kündigenden Arbeitnehmers soziale Gesichtspunkte nicht oder nicht ausreichend berücksichtigt hat,
2. die Kündigung gegen eine Richtlinie nach § 95 verstößt,
3. der zu kündigende Arbeitnehmer an einem anderen Arbeitsplatz im selben Betrieb oder in einem anderen Betrieb des Unternehmens weiterbeschäftigt werden kann,
4. die Weiterbeschäftigung des Arbeitnehmers nach zumutbaren Umschulungs- oder Fortbildungsmaßnahmen möglich ist oder
5. eine Weiterbeschäftigung des Arbeitnehmers unter geänderten Vertragsbedingungen möglich ist und der Arbeitnehmer sein Einverständnis hiermit erklärt hat.

(4) Kündigt der Arbeitgeber, obwohl der Betriebsrat nach Absatz 3 der Kündigung widersprochen hat, so hat er dem Arbeitnehmer mit der Kündigung eine Abschrift der Stellungnahme des Betriebsrats zuzuleiten.

(5) ¹Hat der Betriebsrat einer ordentlichen Kündigung frist- und ordnungsgemäß widersprochen und hat der Arbeitnehmer nach dem Kündigungsschutzgesetz Klage auf Feststellung erhoben, dass das Arbeitsverhältnis durch die Kündigung nicht aufgelöst ist, so muss der Arbeitgeber auf Verlangen des Arbeitnehmers diesen nach Ablauf der Kündigungsfrist bis zum rechtskräftigen Abschluss des Rechtsstreits bei unveränderten Arbeitsbedingungen weiterbeschäftigen. ²Auf Antrag des Arbeitgebers kann das Ge-

richt ihn durch einstweilige Verfügung von der Verpflichtung zur Weiterbeschäftigung nach Satz 1 entbinden, wenn
1. die Klage des Arbeitnehmers keine hinreichende Aussicht auf Erfolg bietet oder mutwillig erscheint oder
2. die Weiterbeschäftigung des Arbeitnehmers zu einer unzumutbaren wirtschaftlichen Belastung des Arbeitgebers führen würde oder
3. der Widerspruch des Betriebsrats offensichtlich unbegründet war.

(6) Arbeitgeber und Betriebsrat können vereinbaren, dass Kündigungen der Zustimmung des Betriebsrats bedürfen und dass bei Meinungsverschiedenheiten über die Berechtigung der Nichterteilung der Zustimmung die Einigungsstelle entscheidet.

(7) Die Vorschriften über die Beteiligung des Betriebsrats nach dem Kündigungsschutzgesetz bleiben unberührt.

I. Entstehungsgeschichte und Normzweck	1
II. Geltungsbereich	4
1. Betrieblicher Geltungsbereich	4
a) Mandat des Betriebsrats	4
b) Funktionsfähigkeit des Betriebsrats	11
c) Internationaler Bezug	18
d) Tendenzbetriebe und Betriebe von Trägern des öffentlichen Rechts	20
e) Luftfahrt	23
f) Insolvenz	24
2. Persönlicher Geltungsbereich	25
a) Grundsatz	25
b) Leitende Angestellte	27
c) Eingliederung	30
d) Heimarbeiter	31
e) Leiharbeitnehmer	32
f) Auszubildende	33
g) Beamte	35
3. Erfasste Beendigungsformen	36
a) Kündigungen des Arbeitgebers	36
b) Folgekündigungen	39
c) Änderungskündigung	41
d) Kündigung auf Verlangen des Betriebsrats	46
e) Teilkündigung	47
f) Arbeitskampf	48
g) Ohne Zustimmung des Betriebsrats eingestellte Arbeitnehmer	49
h) Mitwirkungsfreie Beendigungsformen	50
III. Unterrichtung des Betriebsrats durch den Arbeitgeber (§ 102 Abs 1 Satz 1, 2 BetrVG)	51
1. Arbeitgeber	52
2. Betriebsrat	53
a) Zuständiger Betriebsrat	53
b) Gesamt- und Konzernbetriebsrat	54
3. Zeitpunkt der Unterrichtung	59
a) Kündigungssachverhalt	60
b) Kündigungsentschluss	62
c) Zustimmungsverfahren	63
d) Kündigungsausspruch	65
4. Form und Zugang der Unterrichtung	66
a) Form	66
b) Zugang	68
5. Inhalt der Mitteilung	74
a) Aufforderung zur Stellungnahme	74
b) Objektiver Kündigungssachverhalt und subjektive Determinierung der Unterrichtung	75
c) Keine Beschränkung der Unterrichtung durch Datenschutzrecht	79
d) Eigene Kenntnisse und Nachforschungen des Betriebsrats	80
e) Person des Arbeitnehmers	83

- f) Kündigungsart, Kündigungstermin und Kündigungsfrist 88
- g) Kündigungsgründe 96
  - aa) Allgemeiner Maßstab 96
  - bb) Personenbedingte Kündigung 100
  - cc) Verhaltensbedingte Kündigung 102
  - dd) Verdachtskündigung 103
  - ee) Betriebsbedingte Kündigung 104
  - ff) Außerordentliche Kündigung 113
  - gg) Änderungskündigung 114
  - hh) Kündigung außerhalb des KSchG 115
- IV. Stellungnahme des Betriebsrats (§ 102 Abs 2, 3 BetrVG) 116
  1. Beschlussfassung 117
     - a) Betriebsratssitzung.... 117
     - b) Anhörung des Arbeitnehmers 120
     - c) Aussetzung 121
     - d) Schweigepflicht 123
  2. Stellungnahme zur ordentlichen Kündigung 125
     - a) Frist.................... 126
     - b) Form................... 133
     - c) Mitteilung von Bedenken..................... 136
     - d) Widerspruch (§ 102 Abs 3 BetrVG) 137
       - aa) Wirksamkeit des Widerspruchs 138
       - bb) Abänderung.......... 140
       - cc) Fehlerhafte Sozialauswahl (§ 102 Abs 3 Nr 1 BetrVG) 142
       - dd) Verstoß gegen eine Auswahlrichtlinie (§ 102 Abs 3 Nr 2 BetrVG)............ 145
       - ee) Weiterbeschäftigung an einem anderen Arbeitsplatz (§ 102 Abs 3 Nr 3 BetrVG) 146
       - ff) Zumutbare Umschulungs- oder Fortbildungsmaßnahmen (§ 102 Abs 3 Nr 4 BetrVG).............. 153
       - gg) Weiterbeschäftigung unter geänderten Vertragsbedingungen (§ 102 Abs 3 Nr 5 BetrVG)............ 154
     - e) Zustimmung........... 158
     - f) Nachfrage 159
     - g) Absehen von der Stellungnahme 160
  3. Stellungnahme zur außerordentlichen Kündigung .. 161
     - a) Frist.................... 162
     - b) Inhalt 165
  4. Kenntnisnahme durch den Arbeitgeber................ 166
- V. Rechtsfolgen der ordnungsgemäßen und der nicht ordnungsgemäßen Anhörung..... 167
  1. Ordnungsgemäße Anhörung 167
  2. Unterbliebene Anhörung.. 168
  3. Fehlerhafte Anhörung 171
     - a) Mängel der Unterrichtung..................... 171
     - b) Verfahrensfehler des Betriebsrats............. 174
  4. Zuleitung der Stellungnahme des Betriebsrats (§ 102 Abs 4 BetrVG)..... 175
- VI. Behandlung der Anhörung im Kündigungsschutzprozess..... 178
  1. Klagefrist.................. 178
     - a) Rechtslage nach dem Arbeitsmarktreformgesetz 178
  2. Darlegungs- und Beweislast 180
  3. Nachschieben von Kündigungsgründen............. 188
  4. Auflösungsantrag 194
- VII. Anspruch auf Weiterbeschäftigung nach Ablauf der Kündigungsfrist (§ 102 Abs 5 BetrVG)......... 195
  1. Allgemeines 195
  2. Voraussetzungen.......... 197
     - a) Ordentliche Kündigung 197
     - b) Widerspruch des Betriebsrats............. 199
     - c) Kündigungsschutzklage und Weiterbeschäftigungsverlangen 200
  3. Inhalt und Durchsetzung des Weiterbeschäftigungsanspruchs 206
  4. Beendigung der Weiterbeschäftigungspflicht........ 216
     - a) Allgemeines............. 216
     - b) Entbindung von der Weiterbeschäftigungspflicht (§ 102 Abs 5 Satz 2)... 220

aa)	Fehlende Erfolgsaussicht oder Mutwilligkeit der Klage (§ 102 Abs 5 Satz 2 Nr 1 BetrVG)	221	dd) Verfahren	226
			VIII. Erweiterung der Beteiligungsrechte bei Kündigungen (§ 102 Abs 6 BetrVG)	230
			1. Allgemeines	230
bb)	Unzumutbare wirtschaftliche Belastung (§ 102 Abs 5 Satz 2 Nr 2 BetrVG)	223	2. Rechtsgrundlage	231
			3. Inhalt des Mitbestimmungsrechts...............	232
cc)	Offensichtlich unbegründeter Widerspruch (§ 102 Abs 5 Satz 2 Nr 3 BetrVG)	224	IX. Beteiligung nach dem KSchG (§ 102 Abs 7 BetrVG)	240

I. Entstehungsgeschichte und Normzweck

Eine Verpflichtung des Arbeitgebers zur Anhörung des Betriebsrats vor der Kündigung eines Arbeitsverhältnisses wurde erstmals mit § 66 BetrVG vom 10.10.1952[1] kodifiziert. Mit dem BRG vom 4.2.1920[2] war durch dessen §§ 84 bis 87 ein Einspruchsverfahren vorgesehen, das vom Arbeitnehmer nach dem Ausspruch einer Kündigung des Arbeitgebers durch die Erhebung eines begründeten Einspruchs bei dem für ihn zuständigen Gruppenrat der Arbeiter oder Angestellten als Unterorganisation des Betriebsrats zu beantragen war. Aufgabe der Gruppenräte war es, das Einspruchsverfahren einzuleiten und zunächst zu versuchen, eine Einigung mit dem Arbeitgeber herbeizuführen. Bei Misserfolg konnte der Gruppenrat oder der Arbeitnehmer einen Schlichtungsausschuss bzw nach dem Inkrafttreten des ArbGG vom 23.12.1926[3] das Arbeitsgericht anrufen. Diese hatten im Fall eines begründeten Einspruchs gegen den Arbeitgeber eine Entschädigung festzusetzen, falls dieser die Weiterbeschäftigung des Arbeitnehmers ablehnte. Nachdem mit den §§ 56 ff des Gesetzes zur Ordnung der nationalen Arbeit vom 20.1.1934[4] und mit dem nach dem Zweiten Weltkrieg zunächst geltenden Landesrecht ähnliche Einspruchsverfahren galten,[5] wurde mit § 66 Abs 1 BetrVG 1952 – beschränkt auf Betriebe mit idR mehr als zwanzig wahlberechtigten Arbeitnehmern – eine Anhörung des Betriebsrats vor Kündigungsausspruch und unabhängig von einem Einspruch des Arbeitnehmers vorgeschrieben. Mangels einer Sanktionsnorm ging das BAG allerdings in ständiger Rechtsprechung[6] davon aus, dass die Anhörung nicht unabhängig von der Geltung des KSchG Voraussetzung für die Wirksamkeit einer Kündigung war. Ein rechtswidriges, vorsätzliches und schuldhaftes Unterlassen der Anhörung nehme dem Arbeitgeber jedoch das Recht, sich auf die soziale Rechtfertigung einer ordentlichen Kündigung iSd KSchG zu berufen. Die individualrechtliche Bedeutung der Anhörung beschränkte sich damit auf den Anwendungsbereich des KSchG.

---

1 BGBl I S 681.
2 RGBl I S147.
3 RGBl I S. 50.
4 RGBl I S 45.
5 Vgl hierzu Meissinger BetrVG (1952) § 60 Anm 1, § 66 Anm 1.
6 Zuletzt BAG 27.3.1969 – 2 AZR 422/68.

Nägele

2 Schon während der Geltung von § 66 BetrVG 1952 wurde als **Zweck** des Anhörungsverfahrens angesehen, dass dem Betriebsrat Gelegenheit verschafft werden sollte, vor dem Ausspruch der Kündigung mittels seiner Stellungnahme **argumentativ Einfluss auf die Kündigungsentscheidung nehmen** und dadurch den Arbeitgeber von übereilten Kündigungen abhalten zu können.[7] Dies entspricht der Beurteilung des Zweckes der am 19.1.1972 in Kraft getretenen Neuregelung durch § 102 BetrVG idF vom 18.1.1972[8] in der Rechtsprechung des BAG[9] und in der Literatur.[10] Mit der Neuregelung wurde die Bedeutung des Mitwirkungsverfahrens bei Kündigungen dadurch erhöht, dass mit § 102 Abs 1 Satz 3 BetrVG ausdrücklich die Rechtsfolge der Unwirksamkeit einer ohne Anhörung des Betriebsrats ausgesprochenen Kündigung festgelegt wurde, und dass unter den Voraussetzungen von § 102 Abs 3, 5 BetrVG für den Fall eines begründeten Widerspruchs des Betriebsrats ein Anspruch des Arbeitnehmers auf Weiterbeschäftigung für die Dauer des Kündigungsschutzprozesses kodifiziert wurde. Nach der Begründung des Gesetzesentwurfs sollte wegen der einschneidenden Bedeutung der Kündigung eines Arbeitsverhältnisses durch den Arbeitgeber die Rechtsstellung des Betriebsrats und der Arbeitnehmer erheblich verbessert werden.[11] Trotz der vom Gesetzgeber intendierten, sich aus § 102 Abs 1 Satz 3, Abs 4, Abs 5 Satz 1 BetrVG ergebenden Verbesserung der individuellen Rechtsposition der von einer Kündigung betroffenen Arbeitnehmer wirkt § 102 BetrVG **primär zugunsten der kollektiven Interessen** der Belegschaft, indem dem Betriebsrat Einfluss auf die Zusammensetzung der Belegschaft eingeräumt wird.[12] Dies folgt daraus, dass nach einer ordnungsgemäßen Unterrichtung über die Kündigungsabsicht der Betriebsrat rechtlich ungebunden entscheiden kann, ob und wie er reagieren will. Der Betriebsrat kann sich dabei unabhängig von den individuellen Interessen des betroffenen Arbeitnehmers vom Kollektivinteresse leiten lassen. Die Rechtsfolgen von § 102 Abs 1 Satz 3, Abs 5 Satz 1 BetrVG sichern diese Befugnis durch die Gewährung individueller Rechtspositionen zugunsten des betroffenen Arbeitnehmers ab.

3 Entgegen der amtlichen Überschrift gewährt § 102 BetrVG dem Betriebsrat **kein Mitbestimmungsrecht,** sondern angesichts der Beschränkung der Beteiligung auf eine Anhörung lediglich ein Mitwirkungsrecht. Eine Mitbestimmung bei der Kündigung von Arbeitsverhältnissen bedarf einer freiwilligen Vereinbarung zwischen Betriebsrat und Arbeitgeber gem § 102 Abs 6 BetrVG.[13] Lediglich das Widerspruchsrecht nach § 102 Abs 3 BetrVG begründet hinsichtlich des Weiterbeschäftigungsanspruchs nach § 102 Abs 5 BetrVG ein echtes Mitbestimmungsrecht.

---

7 Galperin BetrVG 1. Aufl (1953) § 66 Rn 5-7; Sahmer BetrVG Std 9/69 § 66 Anm 1.
8 BGBl I S 13, 33.
9 BAG 2.11.1983 – 7 AZR 65/82; BAG 17.2.2000 – 2 AZR 913/98; BAG 5.12.2002 – 2 AZR 697/01.
10 APS/Koch § 102 BetrVG Rn 2; GK-BetrVG/Raab § 102 Rn 3.
11 BT-Drucks VI/1786 S 32.
12 BAG 9.11.1977 – 5 AZR 132/76; BAG 27.6.1985 – 2 AZR 412/84; entsprechend für den Weiterbeschäftigungsanspruch nach § 102 Abs 3, 5 BAG 27.2.1985 – GS 1/84; Rieble BB 2003, 844.
13 APS/Koch § 102 BetrVG Rn 1.

II. Geltungsbereich
1. Betrieblicher Geltungsbereich

a) **Mandat des Betriebsrats.** Die Anhörungspflicht besteht im Rahmen der Zuständigkeit des jeweiligen Betriebsrats, die durch die Organisationsvorschriften der §§ 1, 3, 4 BetrVG geregelt ist. Mangels einer eigenständigen Definition durch das BetrVG ist nach § 1 BetrVG grundsätzlich der allgemeine arbeitsrechtliche Betriebsbegriff maßgeblich (hierzu § 23 KSchG Rn 10), der allerdings unter den Voraussetzungen von § 3 BetrVG durch Tarifvertrag, Betriebsvereinbarung oder Mehrheitsentscheidung der Belegschaft modifiziert werden kann und von dem gem § 4 BetrVG räumlich weit entfernte oder durch Aufgabenbereich und Organisation eigenständige Betriebsteile ausgenommen sind. Ist die Wahl eines Betriebsrats **nichtig**,[14] ist § 102 BetrVG wegen des Fehlens eines wirksamen Mandats nicht anwendbar. Dazu ist allerdings Voraussetzung, dass gegen wesentliche Grundsätze des Wahlrechts so gravierend und eindeutig verstoßen wurde, dass nicht einmal der Anschein einer dem Gesetz entsprechenden Wahl gewahrt wurde.[15] Bei sonstigen **Verstößen gegen Wahlvorschriften**, etwa im Fall der Verkennung der Organisationsbestimmungen der §§ 1, 3, 4 BetrVG oder eines Verstoßes gegen § 9 BetrVG,[16] endet das Mandat und damit das Beteiligungsrecht des Betriebsrats erst mit der **rechtskräftigen Anfechtung** der Wahl gem § 19 BetrVG.[17] Für Kündigungen, die vor Rechtskraft der Wahlanfechtungsentscheidung erklärt werden, besteht Anhörungspflicht.[18]

Nach § 21 Satz 2 BetrVG beginnt das Mandat mit der Bekanntgabe des Wahlergebnisses oder, wenn zu diesem Zeitpunkt noch ein Betriebsrat besteht, mit dem Ablauf von dessen Amtszeit. Gem § 21 Satz 3 BetrVG endet das Mandat mit dem Ablauf der Amtszeit, also spätestens am 31. Mai des Jahres, in dem nach § 13 Abs 1 BetrVG die regelmäßigen Betriebsratswahlen stattfinden. Ist bis dahin eine Neuwahl nicht durchgeführt oder deren Ergebnis nicht iSv § 21 Satz 2 BetrVG bekanntgegeben worden, entfällt bis zur Bekanntgabe des Ergebnisses einer späteren Neuwahl auch die Anhörungspflicht nach § 102 BetrVG, da kein Betriebsrat angehört werden kann.[19] Ist wegen einer iSv § 13 Abs 2 Nr 1, 2 BetrVG wesentlichen Veränderung der Zahl der im Betrieb regelmäßig beschäftigten Arbeitnehmer oder der Zahl der Betriebsratsmitglieder oder wegen des Rücktritts des Betriebsrats gem § 13 Abs 2 Nr 3 BetrVG vor Ablauf der regelmäßigen Amtszeit ein neuer Betriebsrat zu wählen, behält der alte Betriebsrat nach § 22 BetrVG bis zur Bekanntgabe des Ergebnisses einer Neuwahl seine Geschäftsführungsbefugnis. Dies weitet im Interesse der Kontinuität der betriebsverfassungsrechtlichen Interessenvertretung das Mandat in zeitlicher Hinsicht aus[20] und betrifft auch das Beteiligungsrecht nach § 102 BetrVG,

---

[14] HaKo-BetrVG/Brors § 18 a Rn 2.
[15] BAG 29.4.1998 – 7 ABR 42/97; BAG 22.3.2000 – 7 ABR 34/98.
[16] BAG 12.11.2008 – 7 ABR 73/07.
[17] BAG 29.4.1998 – 7 ABR 42/97; BAG 31.5.2000 – 7 ABR 78/98.
[18] BAG 9.6.2011 – 6 AZR 1432/10.
[19] Ganz hM, etwa GK-BetrVG/Raab § 102 BetrVG Rn 6; KR/Etzel § 102 BetrVG Rn 20.
[20] BAG 31.5.2000 – 7 ABR 78/98.

selbst wenn nur noch ein einziges Betriebsratsmitglied vorhanden und bereit ist, die Amtsgeschäfte weiterzuführen. Aus dem Umstand, dass § 22 BetrVG durch den Verweis auf § 13 Abs 2 Nr 2 BetrVG auch die Fälle des Absinkens der Zahl der gewählten Mitglieder unter die gesetzlich notwendige Grenze erfasst, ist zu schließen, dass die Übergangsgeschäftsführung nach § 22 BetrVG kein vollständig besetztes Gremium voraussetzt.[21] § 22 BetrVG ist hingegen nicht anwendbar bei Anfechtung einer Betriebsratswahl (§§ 13 Abs 2 Nr 4 iVm 19 BetrVG) oder gerichtlicher Auflösung des Betriebsrats (§§ 13 Abs 2 Nr 5 iVm 23 Abs 1 BetrVG). In diesen Fällen endet das Mandat mit der Rechtskraft der gerichtlichen Anfechtungs- bzw Auflösungsentscheidung, so dass von diesem Zeitpunkt an § 102 BetrVG nicht mehr einschlägig ist.[22]

6 Wird ein Betrieb gespalten, bleibt der Betriebsrat nach § 21 a Abs 1 BetrVG im Amt. Er führt die Geschäfte für die ihm bis dahin zugeordneten Betriebsteile weiter, soweit diese die Voraussetzungen von § 1 Abs 1 Satz 1 BetrVG erfüllen und nicht in einen Betrieb eingegliedert werden, in dem bereits ein Betriebsrat besteht. Dieses Übergangsmandat endet mit der Bekanntgabe der Wahlergebnisse der Neuwahl von Betriebsräten in den durch die Spaltung entstandenen selbstständigen Betrieben und spätestens sechs Monate nach der Spaltung, sofern diese Frist nicht gem § 21 a Abs 1 Satz 4 BetrVG durch Tarifvertrag oder Betriebsvereinbarung verlängert wurde. Da die Wahlen in den neuen Betrieben nicht gleichzeitig stattfinden müssen, kann das **Übergangsmandat** für die einzelnen neuen Betriebe von unterschiedlicher Dauer sein.

7 Ein entsprechendes Übergangsmandat besteht nach § 21 a Abs 2 BetrVG auch dann, wenn Betriebe oder Betriebsteile zu einem einheitlichen Betrieb zusammengefasst werden. Träger des Mandats ist der Betriebsrat des nach der Zahl der wahlberechtigten Arbeitnehmer größten Betriebes oder Betriebsteils. Angesichts des Normzweckes ist dies so zu verstehen, dass es sich um den größten Betrieb oder Betriebsteil handeln muss, in dem ein Betriebsrat gebildet war.[23]

8 Im Fall des Untergehens eines Betriebes, dh nach einer Änderung der bisherigen Betriebsidentität durch Stilllegung, Spaltung oder Zusammenlegung behält der Betriebsrat nach § 21 b BetrVG so lange ein **Restmandat**, wie dieses zur Wahrnehmung der damit in Zusammenhang stehenden Beteiligungsrechte erforderlich ist.[24] Das Restmandat umfasst auch die Beteiligungsrechte von § 102 BetrVG.[25] Ausgeübt wird es von dem Gremium, das im Zeitpunkt der Beendigung des Vollmandats im Amt war. Dies gilt auch in den Fällen der nachwirkenden Geschäftsführung gem § 22 BetrVG (hierzu Rn 5), und zwar selbst dann, wenn die Mitgliederzahl iSv § 13

---

21 BAG 18.8.1982 – 7 AZR 437/80; BAG 19.11.2003 – 7 AZR 11/03; LAG Düsseldorf 20.9.1974 – 16 Sa 24/74; KR/Etzel § 102 BetrVG Rn 21.
22 GK-BetrVG/Raab § 102 Rn 5.
23 Däubler AuR 2001, 284; GK-BetrVG/Kreutz § 21 a Rn 11; entsprechend zu § 321 UmwG Lutter/Joost § 321 Rn 26; aA Reichhold NZA 2001, 857.
24 BAG 24.5.2012 – 2 AZR 62/11; BAG 12.1.2000 – 7 ABR 61/98; BAG 26.7.2007 – 8 AZR 796/06; BAG 25.10.2007 – 8 AZR 917/06.
25 BAG 24.5.2012 – 2 AZR 62/11; BAG 26.7.2007 – 8 AZR 796/06; BAG 25.10.2007 – 8 AZR 917/06.

Abs 2 Nr 2 BetrVG unter die gesetzlich vorgeschriebene gefallen war. Voraussetzung ist lediglich, dass noch ein mindestens einköpfiger „Betriebsrat" verblieben ist, der bereit ist, das Restmandat wahrzunehmen, und in Zusammenhang mit der Betriebsänderung noch Verhandlungsgegenstände offen sind.[26] Kein Restmandat besteht mehr, wenn alle Mitglieder des Betriebsrats gem § 24 Nr 2 BetrVG ihr Amt niedergelegt haben.[27] Dagegen beeinträchtigt ein Rücktritt des Gremiums mit der Mehrheit seiner Mitglieder iSv § 13 Abs 2 Nr 3 BetrVG das Restmandat nicht.[28] Dies folgt daraus, dass das Restmandat auch an eine Geschäftsführung nach § 22 BetrVG anknüpft.[29] Bei der Spaltung oder Zusammenlegung von Betrieben verbleibt nur dann ein das Anhörungsverfahren nach § 102 BetrVG betreffendes Restmandat, wenn in dem bzw den neu entstehenden Betrieb(en) nicht bereits ein Betriebsrat aufgrund eines Voll- oder eines Übergangsmandats im Amt ist. § 21 a BetrVG ist die speziellere Regelung und lässt keinen Raum für das subsidiäre Restmandat, soweit und sobald die betriebliche Einheit einem anderen Mandat unterliegt.[30]

Aufgrund des Restmandats ist der Betriebsrat auch zu Kündigungen anzuhören, die nach einem Stilllegungsbeschluss vom Arbeitgeber erklärt werden;[31] erforderlich ist gem § 21 b BetrVG lediglich ein **Zusammenhang mit der zum Untergang des Betriebes führenden Stilllegung, Spaltung bzw Zusammenlegung**. Dies ist nicht in zeitlichem, sondern in kausalem Sinn zu verstehen. Erfasst werden auch nach der Umsetzung der Betriebsänderung ausgesprochene Kündigungen, sofern sie auf dieser beruhen. Andernfalls hätte es der Arbeitgeber in der Hand, durch willkürliche Auswahl des Kündigungszeitpunktes über die gesetzlichen Beteiligungspflichten zu disponieren. Auch würde es dem Zweck von Sonderkündigungsschutzvorschriften widersprechen, wenn durch die Zustimmungsverfahren etwa nach §§ 85-91 SGB IX, 9 MuSchG oder § 18 BEEG ausgelöste Verzögerungen zum Wegfall der Beteiligungspflicht nach § 102 BetrVG führen könnten. Ein bereits eingeleitetes Anhörungsverfahren, das eine nicht in Zusammenhang mit der Betriebsänderung stehende Kündigung betrifft, erledigt sich vor Ablauf der Fristen von § 102 Abs 2 Satz 1, 3 BetrVG nicht durch die Durchführung der Betriebsänderung. § 21 b BetrVG ist so zu verstehen, dass das Restmandat auch vor der Betriebsänderung angefallene, mit dieser nicht erledigte Aufgaben erfasst.[32]

9

Ein **Betriebsübergang** iSv § 613 a Abs 1 Satz 1 BGB berührt die Zuständigkeit eines für den Betrieb gewählten Betriebsrates nicht, solange es nicht zu von den § 21 a, 21 b BetrVG erfassten Änderungen der betrieblichen Organisationsstrukturen kommt und deshalb die bisherige Betriebsidentität

10

---

26 BAG 12.1.2000 – 7 ABR 61/98; BAG 5.10.2000 – 1 AZR 48/00.
27 BAG 12.1.2000 – 7 ABR 61/98; LAG Köln 19.10.2000 – 10 TaBV 27/00.
28 So aber LAG Köln 19.10.2000 – 10 TaBV 27/00.
29 BAG 12.1.2000 – 7 ABR 61/98.
30 Löwisch/Schmidt-Kessel BB 2001, 2162; Feudner DB 2003, 882; aA GK-BetrVG/Kreutz § 21 b Rn 32.
31 BAG 29.3.1977 – 1 AZR 46/75.
32 Vgl Däubler AuR 2001, 285; Konzen RdA 2001, 76; Richardi/Annuß DB 2001, 44; aA GK-BetrVG/Kreutz § 21 b Rn 14.

fortbesteht.³³ Widerspricht ein Arbeitnehmer dem Übergang seines Arbeitsverhältnisses auf den neuen Inhaber (§ 613a Abs 6 Satz 1 BGB), so endet seine Betriebszugehörigkeit. Der Betriebsrat des übergegangenen Betriebes ist für den Arbeitnehmer allenfalls im Rahmen eines Restmandates gem § 21b BetrVG zuständig. Nur dann muss der Arbeitgeber diesen anhören³⁴

11 **b) Funktionsfähigkeit des Betriebsrats.** Streitig ist, ob die Anhörungspflicht nach § 102 BetrVG entfällt, wenn der Betriebsrat nicht funktionsfähig ist, etwa weil er sich nach einer Neuwahl noch nicht gem §§ 26 Abs 1, 29 Abs 1 BetrVG konstituiert hat oder weil seine Mitglieder verhindert sind und Ersatzmitglieder nicht zur Verfügung stehen.

12 Für die Zeit bis zur Konstituierung deutete der 7. Senat des BAG mit Urteil vom 28.9.1983³⁵ an, dass er der Ansicht zuneige, dass es auf die Konstituierung als betriebsratsinternen Vorgang nicht ankomme. Der Betriebsrat könne auch ohne die Wahl eines Vorsitzenden und dessen Vertreters wirksame Beschlüsse fassen. Der Arbeitgeber könne das Anhörungsverfahren in diesem Stadium durch Erklärung gegenüber allen gewählten Betriebsratsmitgliedern einleiten. Dieser Ansicht folgt ein Teil der Literatur.³⁶ Diese Meinung stimmt überein mit der Rechtsprechung des BAG zum BetrVG 1952, die ebenfalls davon ausging, dass die konstituierende Sitzung keine rechtsgestaltende Wirkung habe.³⁷ Nach Ansicht des 6. Senats des BAG,³⁸ der die Instanzgerichte gefolgt sind,³⁹ beginnt die Anhörungspflicht erst mit der Konstituierung des Betriebsrats, da erst durch diese die Geschäftsführung möglich werde. Eine Unterrichtung aller Mitglieder des Betriebsrats führe überdies zu unüberwindlichen rechtlichen und praktischen Problemen. Der Arbeitgeber sei auch nicht verpflichtet, den Kündigungsausspruch bis zur Konstituierung aufzuschieben.

13 Letztere Meinung überzeugt nicht. § 102 Abs 1 Satz 2 BetrVG verlangt vom Arbeitgeber, dem Betriebsrat – und nicht etwa erst dem konstituierten Betriebsrat – die Kündigungsgründe mitzuteilen. Die Amtszeit des Betriebsrats beginnt nicht erst mit seiner Konstituierung, sondern gem § 21 Satz 2 BetrVG mit der Bekanntgabe des Wahlergebnisses bzw mit dem Ablauf der Amtszeit des vorherigen Betriebsrats. Auch die Handlungsfähigkeit des Betriebsrats ist nicht von der Präsenz eines Vorsitzenden oder von dessen Vertreter abhängig. In deren Abwesenheit bestimmen die anwesenden Mitglieder durch Mehrheitsbeschluss einen Sitzungsleiter.⁴⁰ Der Betriebsrat ist daher auch ohne die Wahl eines Vorsitzenden funktionsfähig. Er kann ebenfalls ohne die Wahl eines Vorsitzenden Erklärungen abgeben und ent-

---

33 BAG 28.9.1988 – 1 ABR 37/87; BAG 11.10.1995 – 7 ABR 17/95.
34 Vgl BAG 24.5.2005 – 8 AZR 398/04; LAG Sachsen 21.6.2006 – 2 Sa 677/05.
35 BAG 28.9.1983 – 7 AZR 266/82.
36 GK-BetrVG/Raab § 102 Rn 14; DKK/Kittner § 102 Rn 30; Wiese Anm EzA § 102 BetrVG 1972 Nr 59; ähnl APS/Koch § 102 BetrVG Rn 45, nach dessen Auffassung die Unterrichtung eines Betriebsratsmitgliedes genügt.
37 BAG 21.10.1969 – 1 ABR 8/69.
38 BAG 23.8.1984 – 6 AZR 520/82.
39 LAG Hamm 20.5.1999 – 4 Sa 1989/98; LAG Düsseldorf 24.6.2009 – 12 Sa 336/09.
40 GK-BetrVG/Raab § 29 Rn 57.

gegennehmen. § 26 Abs 2 BetrVG begründet lediglich die Vertretungsbefugnis des Vorsitzenden und seines Vertreters. Trotz deren Vertretungsmacht kann das Gremium selbst Absender und Adressat von Erklärungen sein. Verbreitet wird sogar angenommen, dass in Fällen, in denen der Betriebsrat nicht für eine Vertretung gesorgt hat, der Arbeitgeber Erklärungen wirksam gegenüber jedem einzelnen Betriebsratsmitglied abgeben kann.[41] Dies ist zwar bedenklich, da einzelne Mitglieder ohne eine ihnen erteilte Vollmacht nicht zur Vertretung des Betriebsrats befugt sind, ändert an der Handlungsfähigkeit des Gremiums als Ganzes jedoch nichts.[42] Der Arbeitgeber muss daher **vor der Konstituierung alle nicht an der Amtsausübung verhinderten Mitglieder unterrichten**. Dies ist nicht unzumutbar, da es sich um bei ihm beschäftigte Arbeitnehmer handelt, die für ihn idR unschwer erreichbar sind.

Ist ein vorheriger Betriebsrat nicht mehr im Amt, kann es **rechtsmissbräuchlich** sein, den neu gewählten Betriebsrat so früh zu unterrichten, dass die Stellungnahmefrist von § 102 Abs 2 Satz 1 BetrVG vor dem für die konstituierende Sitzung geplanten Termin abläuft.[43] Der Grundsatz der vertrauensvollen Zusammenarbeit gebietet es, sich aus dem Organisationsrecht des BetrVG ergebende Unterbrechungen der Geschäftsführung nicht auszunutzen. Einen eigenen Rechtsverlust aufgrund einer derartigen Unterbrechung muss der Arbeitgeber hingegen nicht hinnehmen. Gelten andernfalls längere Kündigungsfristen oder kann der Arbeitgeber bei weiterem Abwarten Fristen zum Ausspruch der Kündigung wie die von § 88 Abs 3 SGB IX nicht wahren, muss der Arbeitgeber die Unterrichtung nicht hinausschieben. Bei außerordentlichen Kündigungen ist dies regelmäßig der Fall.[44] 14

Entsprechendes gilt im Fall der **Handlungsunfähigkeit des Betriebsrats** nach seiner Konstituierung. Funktionsunfähig ist der Betriebsrat nicht bereits dann, wenn er mangels Teilnahme mindestens der Hälfte seiner Mitglieder iSv § 33 Abs 2 BetrVG beschlussunfähig ist. In diesem Fall üben die verbliebenen Mitglieder in entsprechender Anwendung von § 22 BetrVG (s Rn 5) das Anhörungsrecht aus. Funktionsunfähig ist der Betriebsrat erst, wenn alle Mitglieder und Ersatzmitglieder nicht nur kurzfristig, dh nicht nur für wenige Tage, an der Amtsausübung gehindert sind.[45] Ist dies der Fall, entfällt die Unterrichtungs- und Anhörungspflicht, da das Verfahren nach § 102 Abs 1, 2 BetrVG nicht durchgeführt werden kann. 15

Ob und unter welchen Voraussetzungen von einer Funktionsunfähigkeit während allgemeiner **Betriebsferien** auszugehen ist, ist vom BAG bisher nicht entschieden und in der Literatur umstritten. Nach einer Ansicht entfällt die Anhörungspflicht in dieser Zeit.[46] Nach der Gegenansicht bleibt es bei der Geltung von § 102 BetrVG; die Fristen von § 102 Abs 2 Satz 1, 3 16

---

41 BAG 27.6.1985 – 2 AZR 412/84; LAG Frankfurt/Main 23.3.1976 – 9 Sa 1182/75.
42 GK-BetrVG/Raab § 26 Rn 69.
43 KR/Etzel § 102 BetrVG Rn 24 b; entsprechend für das Verfahren nach § 103 BetrVG BAG 28.9.1983 – 7 AZR 266/82; aA BAG 23.8.1984 – 6 AZR 520/82.
44 BAG 15.11.1984 – 2 AZR 341/83.
45 BAG 18.8.1982 – 7 AZR 437/80; ebenso die allg Ansicht in der Lit, etwa APS/Koch § 102 BetrVG Rn 46 mwN.
46 HSW/Schlochauer § 102 Rn 17; Stege/Weinspach/Schiefer § 102 Rn 43 c.

BetrVG seien gehemmt.[47] Nach Ansicht von Richardi/Thüsing[48] ist der Betriebsrat auch während der Betriebsferien anzuhören, wobei allerdings offen bleibt, wie die Anhörung im Fall der Abwesenheit seiner Mitglieder durchgeführt werden soll. Nach Auffassung von Etzel[49] hat der Arbeitgeber während einer gleichzeitigen Verhinderung aller Betriebsratsmitglieder mit einer außerordentlichen Kündigung drei Tage und mit einer ordentlichen Kündigung eine Woche abzuwarten, sofern die Abwesenheit sämtlicher Betriebsrats- und Ersatzmitglieder für diesen Zeitraum nicht mit an Sicherheit grenzender Wahrscheinlichkeit feststeht. Alle diese Ansichten überzeugen nicht. Das Gesetz ordnet weder den Wegfall der Anhörungspflicht noch eine Hemmung des Anhörungsverfahrens während allgemeiner Betriebsferien oder bei nicht nur kurzfristiger Abwesenheit aller Betriebsrats- und Ersatzmitglieder an. Die Bestimmungen über die Hemmung der Verjährung gelten nicht für das Anhörungsverfahren und knüpfen nicht an Betriebsferien an. Es bleibt daher bei der Unterrichtungs- und Anhörungspflicht, soweit der Arbeitgeber diese Pflichten erfüllen kann. Dem Betriebsrat obliegt es, deren Erfüllbarkeit dadurch zu gewährleisten, dass er die Erreichbarkeit seiner gesetzlichen Vertreter iSv § 26 Abs 2 BetrVG oder eines anderen Empfangsbevollmächtigten sicherstellt. Ist dies der Fall, hat sich der Arbeitgeber an diesen Vertreter zu wenden. Nur wenn dies nicht möglich ist, wird dem Arbeitgeber die Unterrichtung unmöglich. Dann kann er bei längerfristiger Unterbrechung der Geschäftsführung des Betriebsrats vorbehaltlich eines rechtsmissbräuchlichen Vorgehens (hierzu Rn 17) die Kündigung aussprechen, ohne den Betriebsrat zu unterrichten und ohne die Fristen von § 102 Abs 2 Satz 1, 3 BetrVG abzuwarten.[50] Es ist nicht Aufgabe des Arbeitgebers, sondern des Betriebsrats, dafür zu sorgen, dass dessen Funktionsfähigkeit bestehen bleibt.[51]

17 Unterbrechungen der Handlungsfähigkeit des Betriebsrats darf der Arbeitgeber **nicht unter Missachtung des Grundsatzes der vertrauensvollen Zusammenarbeit (§ 2 Abs 1 BetrVG) ausnutzen.** Es gilt insoweit dasselbe wie für die Zeit bis zur Konstituierung des Betriebsrats (s Rn 14).[52] Das BAG hat dagegen die Anwendung von § 2 Abs 1 BetrVG abgelehnt.[53] Nach Auffassung von Koch[54] hat der Arbeitgeber mit dem Kündigungsausspruch bis zur Wiederherstellung der Handlungsfähigkeit des Betriebsrats abzuwarten, wenn er dessen Funktionsunfähigkeit herbeigeführt hat, um sich dem Anhörungsverfahren zu entziehen. Nach Ansicht von Etzel[55] gilt dies bereits, wenn der Arbeitgeber die Funktionsunfähigkeit mitzuvertreten hat, sofern er nicht aus zwingenden Gründen, etwa in Hinblick auf die Frist von § 626 Abs 2 BGB, auf den sofortigen Ausspruch der Kündigung angewiesen ist.

---

47 FKHES § 102 Rn 7, 68.
48 Richardi/Thüsing § 102 Rn 31.
49 KR/Etzel § 102 BetrVG Rn 24 c.
50 GK-BetrVG/Raab § 102 Rn 13.
51 BAG 15.11.1984 – 2 AZR 341/83.
52 DKK/Kittner § 102 Rn 34; GK-BetrVG/Raab § 102 Rn 12.
53 BAG 23.8.1984 – 6 AZR 520/82; BAG 15.11.1984 – 2 AZR 341/83.
54 APS § 102 BetrVG Rn 50.
55 KR/Etzel § 102 BetrVG Rn 24 d.

c) Internationaler Bezug. Maßgeblich für die Anwendbarkeit des BetrVG einschließlich dessen § 102 BetrVG ist das sog **Territorialitätsprinzip**[56] Danach ist die Geltung des deutschen Betriebsverfassungsrechts davon abhängig, dass sich der Betriebssitz (nicht der des Unternehmens) in der Bundesrepublik befindet. Das BetrVG gilt auch für inländische Betriebe ausländischer Unternehmen. Nicht ausschlaggebend ist die Nationalität der Arbeitsvertragsparteien und das Vertragsstatut, dh ob das Arbeitsverhältnis der deutschen oder einer anderen Rechtsordnung unterliegt.[57] Vom Geltungsbereich des § 102 BetrVG nicht erfasst werden gem § 14 AÜG allerdings aus Betrieben mit Sitz im Ausland an einen Inlandsbetrieb entliehene Arbeitnehmer.[58] Ebenfalls unanwendbar ist § 102 BetrVG für in ausländischen Betrieben deutscher Unternehmen beschäftigte Arbeitnehmer, selbst wenn für sie arbeitsvertraglich deutsches Recht gilt.[59]

18

Im Ausland tätige Arbeitnehmer inländischer Betriebe werden vom Geltungsbereich des BetrVG umfasst, wenn es sich bei deren Tätigkeit um eine „Ausstrahlung" des Inlandsbetriebes handelt.[60] Dazu wird eine hinreichend enge Beziehung der Tätigkeit zum Inlandsbetrieb verlangt, die es rechtfertigt, sie der inländischen Betriebsfunktion zuzurechnen. Bei der dazu erforderlichen Abwägung kommt es insbesondere auf die Dauer des Auslandseinsatzes und das Ausmaß der Eingliederung des Arbeitnehmers in eine betriebliche Struktur im Ausland an. Auch bei einer dauerhaften Auslandstätigkeit ist allerdings ein sich vom Arbeitgeber vorbehaltenes Recht zum Rückruf des Arbeitnehmers ins Inland ein starkes Indiz für einen fortdauernden Inlandsbezug.[61] Gleiches gilt, wenn das Direktionsrecht gegenüber dem Arbeitnehmer vom Inlandsbetrieb aus ausgeübt wird, sofern eine Eingliederung in eine ausländische Betriebsstruktur nicht feststellbar ist,[62] nicht aber bei einem reinen Auslandseinsatz.[63]

19

d) Tendenzbetriebe und Betriebe von Trägern des öffentlichen Rechts. In Betrieben und Unternehmen, die unmittelbar und überwiegend politischen, koalitionspolitischen, konfessionellen, karitativen, erzieherischen, wissenschaftlichen oder künstlerischen Bestimmungen oder der Berichterstattung oder Meinungsäußerung iSv Art 5 Abs 1 Satz 2 GG dienen, ist das BetrVG gem § 118 Abs 1 Satz 1 BetrVG nur anwendbar, soweit die Eigenart des Unternehmens oder Betriebes nicht entgegensteht. Wie weit dies die Anwendbarkeit von § 102 BetrVG entfallen lässt, ist streitig. Betreffen kann der Tendenzschutz nur Tendenzträger.[64] Tendenzträger sind Arbeitneh-

20

---

56 Vgl BAG 22.3.2000 – 7 ABR 34/98.
57 BAG 9.11.1977 – 5 AZR 132/76; BAG 7.12.1989 – 2 AZR 228/89.
58 KR/Etzel § 102 BetrVG Rn 17.
59 BAG 21.10.1980 – 6 AZR 640/79; APS/Koch § 102 BetrVG Rn 11.
60 Die Frage, ob es sich hierbei um eine solche des räumlichen oder des persönlichen Geltungsbereichs handelt, kann vorliegend dahinstehen. Entscheidend ist allein die Zugehörigkeit zum Betrieb. Vgl hierzu Richardi/Richardi, Einl Rn 75.
61 BAG 30.4.1987 – 2 AZR 192/86; BAG 20.2.2001 – 1 ABR 30/00.
62 BAG 7.12.1989 – 2 AZR 228/89; BAG 20.2.2001 – 1 ABR 30/00.
63 BAG 21.10.1980 – 6 AZR 640/79.
64 BAG 30.4.1974 – 1 ABR 33/73; BAG 3.11.1982 – 7 AZR 5/81; BAG 21.11.2006 – 3 AZR 309/05.

mer, für deren Tätigkeit die durch § 118 BetrVG geschützten Bestimmungen und Zwecke prägend sind.[65]

21 Auch bei Tendenzträgern ist § 102 BetrVG nicht völlig unanwendbar. Nach der Rechtsprechung des BAG ist **der Betriebsrat bei der Kündigung von Tendenzträgern uneingeschränkt anzuhören** unabhängig davon, ob der Arbeitgeber der Kündigung tendenzbezogene oder tendenzfreie Gründe zu Grunde legen will.[66] Allerdings darf sich der Betriebsrat in seiner Stellungnahme **nicht mit tendenzbezogenen Gründen auseinandersetzen** und muss sich bei einer tendenzbezogenen Kündigung auf soziale Gesichtspunkte beschränken. Außerdem kommt ein Weiterbeschäftigungsanspruch nach § 102 Abs 5 BetrVG nicht in Betracht.[67] Diese Rechtsprechung ist vom BVerfG für mit dem Grundrecht der Pressefreiheit vereinbar erklärt worden.[68] Das BVerfG geht davon aus, dass eine Stellungnahme des Betriebsrats zu tendenzbezogenen Kündigungsgründen wegen der damit verbundenen Gefahr tendenzbezogener Auseinandersetzungen gegen § 118 BetrVG verstoßen würde. Dies überzeugt nicht. Der Ausschluss der Stellungnahme zu tendenzbezogenen Gründen schränkt die ebenfalls verfassungsrechtlich geschützten Interessen von Tendenzträgen an der Wahrung ihres Arbeitsplatzes (Art 12 Abs 1 Satz 1 GG) und daran, gegenüber anderen Arbeitnehmern nicht benachteiligt zu werden (Art 3 Abs 1 GG), zu weitgehend ein. Ein Recht des Betriebsrats zur Stellungnahme zu Fragen der Tendenzausübung verschafft diesem nur durch die Kraft seiner Argumente Einfluss und hindert den Arbeitgeber an der Vollziehung seiner Tendenzentscheidung nicht. Auch der Weiterbeschäftigungsanspruch schränkt die Tendenzfreiheit nicht generell unzulässig ein, sondern erst dann, wenn die Weiterbeschäftigung tatsächlich die Tendenzverwirklichung ernsthaft beeinträchtigt, was vom Arbeitgeber konkret zu begründen ist.[69] Auch nach der hM bleibt § 102 Abs 5 BetrVG bei nicht tendenzbezogenen Kündigungsgründen anwendbar.[70] Soweit Beteiligungsrechte des Betriebsrats bei Tendenzträgern nicht bestehen, können sie einem vom Arbeitgeber und den betroffenen Arbeitnehmern einvernehmlich gebildeten Redaktionsrat übertragen werden.[71]

22 Nicht anwendbar ist § 102 BetrVG gem § 130 BetrVG auf Arbeitsverhältnisse in **Verwaltungen** und Betrieben öffentlichrechtlicher Träger einschließlich der öffentlichrechtlich organisierten **Kirchen**. Für dort beschäftigte Arbeitnehmer sehen die Personalvertretungsgesetze des Bundes und der Länder bzw die Mitarbeitervertretungsordnungen der Kirchen Beteiligungsverfahren für Personalräte bzw Mitarbeitervertretungen vor. Maßgeblich für die Abgrenzung ist die formelle Rechtsform des Betriebsinhabers, nicht aber die wirtschaftliche Trägerschaft.[72] Privatrechtlich organi-

---

65 BAG 28.10.1986 – 1 ABR 16/85; BAG 31.1.1995 – 1 ABR 35/94.
66 BAG 28.8.2003 – 2 ABR 48/02.
67 BAG 7.11.1975 – 1 ABR 282/74.
68 BVerfG 6.11.1979 – 1 BvR 81/76; BAG 15.12.1999 – 1 BvR 694/90.
69 APS/Koch § 102 BetrVG Rn 18.
70 KR/Etzel § 102 BetrVG Rn 13; APS/Koch § 102 BetrVG Rn 17; HaKo-BetrVG/Lakies § 118 Rn 35.
71 BAG 19.6.2001 – 1 AZR 463/00.
72 BAG 24.1.1996 – 7 ABR 10/95.

sierte Religionsgemeinschaften und von Religionsgemeinschaften getragene privatrechtlich organisierte karitative und erzieherische Einrichtungen sind durch § 118 Abs 2 BetrVG unabhängig von ihrer Rechtsform vom Geltungsbereich des BetrVG ausgenommen. Dazu ist allerdings ein hinreichendes Maß an Einflussmöglichkeiten der Religionsgemeinschaft auf die Einrichtung erforderlich.[73] Die Kirche muss in der Lage sein, einen Dissens in religiösen Auffassungen zu unterbinden.[74]

e) **Luftfahrt.** Im Flugbetrieb beschäftigte Arbeitnehmer von Luftfahrtunternehmen unterfallen gem § 117 BetrVG nicht der Zuständigkeit der für die Landbetriebe dieser Unternehmen gewählten Betriebsräte. Die Herausnahme des fliegenden Personals aus der gesetzlichen Betriebsverfassung ist entgegen der ständigen Rechtsprechung des BAG[75] allerdings verfassungsrechtlich bedenklich, weil der Ungleichbehandlung gegenüber anderen betriebsextern eingesetzten Arbeitnehmern, die vom BetrVG erfasst werden, rechtfertigende Sachgründe fehlen.[76] Auch wenn die Herausnahme des fliegenden Personals gegen Art 3 Abs 1 GG verstößt, erweitert dies jedoch nicht ohne eine Gesetzesänderung die Zuständigkeit der Betriebsräte der Landbetriebe, sondern begründet nur das Recht, eigene Betriebsräte mit gesetzlichem Mandat für das fliegende Personal zu errichten. Die auf tarifvertraglicher Grundlage gebildeten Personalvertretungen werden dadurch nicht hinfällig. Sie sind vielmehr, soweit dies das geltende Recht zulässt, wie gesetzliche Betriebsräte zu beteiligen.[77] Die auf tarifvertraglicher Grundlage für die Mitglieder des fliegenden Personals vorgesehenen, § 102 BetrVG meist entsprechenden Beteiligungsverfahren sind wie § 102 BetrVG auszulegen, soweit die Tarifverträge nicht abweichende Bestimmungen enthalten. 23

f) **Insolvenz.** Die Insolvenzeröffnung beeinträchtigt die Geltung des BetrVG nicht. Die Pflicht zur Durchführung des Anhörungsverfahrens trägt dann der Insolvenzverwalter, der nach § 108 Abs 1 Satz 1 InsO in die rechtliche und damit auch in die betriebsverfassungsrechtliche Stellung des insolventen Arbeitgebers eintritt.[78] Der Abschluss eines Interessenausgleichs iSv § 125 InsO oder die Durchführung eines Beschlussverfahrens zum Kündigungsschutz gem § 126 InsO ersetzt die Anhörung des Betriebsrats nach § 102 BetrVG nicht.[79] Diese Auffassung hat das BAG schon zu § 1 Abs 5 Satz 1 KSchG idF bis zum 31.12.1998 vertreten.[80] Ist der Kündigungssachverhalt dem Betriebsrat schon aus den Verhandlungen über den 24

---

73 BAG 5.12.2007 – 7 ABR 72/06.
74 BAG 30.4.1997 – 7 ABR 60/95; BAG 31.7.2002 – 7 ABR 12/01.
75 BAG 5.11.1985 – 1 ABR 56/83; BAG 20.1.2001 – 1 ABR 27/00.
76 DKK/Däubler § 117 Rn 4, 5; zweifelnd Schmid/Sarbinowski NZA-RR 2003, 113.
77 DKK/Däubler § 117 Rn 6.
78 BAG 16.9.1993 – 2 AZR 267/93; BAG 4.6.2003 – 10 ZR 586/02; BAG 13.5.2004 – 2 AZR 329/03.
79 BAG 28.8.2003 – 2 AZR 377/02; LAG Hamm 4.6.2002 – 4 Sa 81/02; LAG Düsseldorf 23.1.2003 – 11 (12) Sa 1057/02; KR/Weigand § 125 InsO Rn 40; Kittner/Zwanziger/Lakies § 121 Rn 43, 57; KDZ/Däubler § 125 InsO Rn 24, § 127 InsO Rn 3.
80 BAG 20.5.1999 – 2 AZR 158/99; BAG 20.5.1999 – 2 AZR 532/98.

Interessenausgleich bekannt, braucht der Arbeitgeber ihn bei der Anhörung nach § 102 BetrVG nicht erneut mitzuteilen.[81]

2. Persönlicher Geltungsbereich

25 a) **Grundsatz.** § 102 BetrVG gilt für die in einem dem Geltungsbereich des BetrVG unterfallenden Betrieb beschäftigten Arbeitnehmer. Wer zu dieser Gruppe gehört, ist in § 5 BetrVG geregelt. Der Arbeitnehmerbegriff von § 5 BetrVG geht mangels einer eigenen Definition vom **allgemeinen arbeitsrechtlichen Arbeitnehmerbegriff** aus,[82] der durch § 5 Abs 2 BetrVG allerdings eingeschränkt wird. Danach gelten nicht als Arbeitnehmer iSd BetrVG

- in Betrieben einer **juristischen Person** die Mitglieder von deren zur gesetzlichen Vertretung berufenem Organ, also etwa die Mitglieder des Vorstands einer AG (§ 78 AktG), die Geschäftsführer einer GmbH (§ 35 GmbHG) oder der Vorstand eines rechtsfähigen Vereins (§ 26 BGB);
- die zur Vertretung oder zur Geschäftsführung der Gesellschaft berufenen **Gesellschafter** einer OHG oder die entsprechenden Mitglieder einer anderen Personengesamtheit, etwa einer BGB-Gesellschaft;
- Personen, deren Beschäftigung nicht in erster Linie Erwerbszwecken dient, sondern vorwiegend durch **karitative oder religiöse Gesichtspunkte** bestimmt ist;
- Personen, deren Beschäftigung nicht in erster Linie ihrem Erwerb dient und die vorwiegend zu ihrer Heilung, Wiedereingewöhnung, sittlichen Besserung oder Erziehung beschäftigt werden; dies betrifft einen Personenkreis, bei dem die Beschäftigung als Mittel zur Behebung individueller, personenbezogener Schwierigkeiten eingesetzt wird und vorwiegend der **Rehabilitation** oder der **Resozialisierung** dient, etwa im Rahmen eines Eingliederungsvertrages iSv § 231 SGB III Beschäftigte,[83] nicht aber Personen, die iSv § 19 BSHG in den normalen Arbeitsmarkt wiedereingegliedert werden;[84]
- in **häuslicher Gemeinschaft** mit dem Arbeitgeber lebende Ehegatten, Verwandte und Verschwägerte ersten Grades.

26 Der persönliche Geltungsbereich kann weder vom Betriebsrat noch von dem von der Kündigung betroffenen Arbeitnehmer eingeschränkt werde. Der Betriebsrat ist zu einem Verzicht auf gesetzliche Beteiligungsrechte grundsätzlich nicht befugt, sondern gehalten, sie nach pflichtgemäßem Ermessen auszuüben.[85] Da das Beteiligungsecht primär der Wahrung kollektiver Interessen dient (s Rn 2), unterliegt die Beteiligungspflicht nach ganz überwiegender Auffassung auch **nicht der Disposition des Arbeitnehmers**. Insoweit wird zT allerdings eine Ausnahme für den Fall gemacht, dass der Arbeitnehmer in Kenntnis der Kündigungsabsicht ausdrücklich um ein Absehen von der Anhörung bittet und/oder kollektive Interessen nicht berührt

---

81 BAG 28.8.2003 – 2 AZR 377/02; BAG 20.5.1999 – 2 AZR 532/98.
82 BAG 12.2.1992 – 7 ABR 42/91.
83 BAG 5.10.2000 – 1 ABR 14/00.
84 BAG 5.4.2000 – 7 ABR 20/99; BAG 5.10.2000 – 1 ABR 14/00.
85 BAG 23.6.1992 – 1 ABR 53/91; BAG 14.12.1999 – 1 ABR 27/98.

sind.[86] Dem ist nicht zu folgen.[87] Auf diese Weise erhielte der Arbeitnehmer doch die Möglichkeit, über kollektive Interessen – über deren Vorliegen allein der Betriebsrat zu befinden hat – zu verfügen. Ein späteres Berufen des Arbeitnehmers auf die Rechtsfolge von § 102 Abs 1 Satz 3 BetrVG ist in solchen Fällen regelmäßig auch nicht treuwidrig. Der Arbeitgeber darf aufgrund der zwingenden Natur der Norm berechtigterweise nicht auf die Wirksamkeit eines Verzichtes auf das Beteiligungsrecht vertrauen. Davon zu unterscheiden ist die Befugnis des Arbeitnehmers, nach Kündigungsausspruch über die Rechtsfolge von § 102 Abs 1 Satz 3 BetrVG zu disponieren (s Rn 173, 174).

b) Leitende Angestellte. Nicht anwendbar ist § 102 BetrVG gem § 5 Abs 3 Satz 1 BetrVG auf leitende Angestellte iSv § 5 Abs 3 Satz 2, Abs 4 BetrVG. Eine beabsichtigte Kündigung gegenüber einem leitenden Angestellten hat der Arbeitgeber dem Betriebsrat lediglich gem § 105 BetrVG mitzuteilen. Eine Verletzung dieser Pflicht beeinträchtigt die Wirksamkeit einer gleichwohl ausgesprochenen Kündigung nicht.[88] Wegen der weitergehenden Anforderungen kann eine Mitteilung gem § 105 BetrVG nicht in eine vorsorgliche Unterrichtung nach § 102 BetrVG umgedeutet werden. Beabsichtigt der Arbeitgeber dies, muss er hinreichend klarstellen, dass er zumindest vorsorglich eine Stellungnahme des Betriebsrats iSv § 102 Abs 2 BetrVG erwartet.[89] Mit § 31 Abs 1, 2 SprAuG gilt für leitende Angestellte ein Anhörungsverfahren, das seinem Gegenstand und Ablauf nach mit § 102 Abs 1, 2 übereinstimmt. Eine Nichtbeachtung dieses Verfahrens durch den Arbeitgeber führt nach § 31 Abs 2 Satz 3 SprAuG unter entsprechenden Voraussetzungen zur Unwirksamkeit der Kündigung.[90] Ein mit § 102 Abs 3, 5 BetrVG vergleichbarer Weiterbeschäftigungsanspruch besteht für leitende Angestellte dagegen nicht. 27

Die Einordnung eines Angestellten als leitender oder nicht leitender Angestellter ist nach allgemeiner Ansicht im Kündigungsschutzverfahren ohne Bindung an die bisherige Praxis der Betriebspartner, die im Anhörungsverfahren vom Betriebsrat und ggf vom Sprecherausschuss vertretene Auffassung, die Aufnahme in die jeweiligen Wählerlisten, das Ergebnis eines Vermittlungsverfahrens iSv § 18 a BetrVG oder die arbeitsvertragliche Einordnung durch die Arbeitsvertragsparteien zu prüfen. 28

Eine Bindung besteht im Kündigungsschutzverfahren hingegen dann, wenn der Status des Arbeitnehmers bereits Gegenstand eines rechtskräftig abgeschlossenen Beschlussverfahrens war und der Arbeitnehmer an diesem beteiligt war.[91] Die Wirkung der Rechtskraft endet in solchen Fällen erst dann, wenn nach dem Schluss der Anhörung neue Tatsachen entstehen. Da der Arbeitgeber daher meist damit rechnen muss, dass sich im Kündigungs- 29

---

86 KR/Etzel § 102 BetrVG Rn 75; APS/Koch § 102 BetrVG Rn 21; Richardi/Thüsing § 102 Rn 133; HSW/Schlochauer § 102 Rn 60.
87 GK-BetrVG/Raab § 102 Rn 85, 86; DKK/Kittner § 102 Rn 49; Raab ZfA 1995, 479; HaKo-BetrVG/Braasch § 102 Rn 24.
88 BAG 25.3.1976 – 1 AZR 192/75.
89 BAG 19.8.1975 – 1 AZR 565/74; BAG 7.12.1979 – 7 AZR 1063/77.
90 BAG 27.9.2001 – 2 AZR 176/00.
91 Zur Beteiligtenfähigkeit des betroffenen Arbeitnehmers im Statusverfahren vgl BAG 23.1.1986 – 6 ABR 22/82.

schutzprozess herausstellen kann, dass er den Betriebsrat anstelle des Sprecherausschusses oder umgekehrt den Sprecherausschuss anstelle des Betriebsrats hätte anhören müssen, empfiehlt es sich, vorsorglich beide Arbeitnehmervertretungen anzuhören.

30 **c) Eingliederung.** Nach der ständigen Rechtsprechung des BAG setzt die Zuständigkeit des Betriebsrats neben dem Bestehen eines Arbeitsverhältnisses zu dem Betriebsinhaber die **tatsächliche Eingliederung in die Betriebsorganisation** voraus. Dafür ist entscheidend, ob der Arbeitgeber mithilfe des Arbeitnehmers die arbeitstechnischen Zwecke seines Betriebes verfolgt.[92] Die Rechtsprechung, dass dies nicht im räumlichen Sinn zu verstehen ist, sondern dass auch außerhalb der Betriebsstätte beschäftigte Arbeitnehmer, etwa Angehörige des Außendienstes, in den Betrieb eingegliedert sind, wurde durch die Neufassung von § 5 Abs 1 Satz 1 BetrVG durch das Betriebsverfassungs-Reformgesetz vom 23.7.2001[93] in den Gesetzeswortlaut aufgenommen. Trotz dieses Aspekts besteht eine Anhörungspflicht auch bei einer Kündigung vor Dienstantritt.[94] Das Mitbestimmungsrecht besteht fort, wenn der Arbeitnehmer von den Arbeitspflichten suspendiert ist oder wegen einer vorausgegangenen Kündigung schon aus dem Betrieb ausgegliedert ist (Wiederholungskündigung).

31 **d) Heimarbeiter.** Auch in Heimarbeit Beschäftigte unterfallen gem § 5 Abs 1 Satz 2 BetrVG nF,[95] sofern sie in der Hauptsache für den Betrieb arbeiten, der Zuständigkeit des Betriebsrats und damit auch dem Geltungsbereich von § 102 BetrVG.[96] Dies gilt ebenfalls für Hausgewerbetreibende iSv § 2 Abs 2 HAG, aufgrund der Beschränkung der Gleichstellungswirkung durch § 1 Abs 3 HAG jedoch nicht für Heimarbeitern Gleichgestellte gem § 1 Abs 2 HAG.[97] Für die Anwendbarkeit des BetrVG kommt es nicht auf den Umfang der Tätigkeit des Heimarbeiters oder die Höhe seines Verdienstes an, sondern auf den Anteil der Tätigkeit für den einzelnen Auftraggeber an der Gesamttätigkeit des Heimarbeiters.[98] Da § 102 Abs 5 BetrVG eine Klage nach § 4 KSchG voraussetzt, Heimarbeiter dem Geltungsbereich des KSchG jedoch nicht unterfallen, steht ihnen der gesetzliche Weiterbeschäftigungsanspruch nicht zu.[99]

32 **e) Leiharbeitnehmer.** Die betriebsverfassungsrechtliche Stellung von Leiharbeitnehmern ist im Grundsatz in § 14 AÜG geregelt. Danach bleiben Leiharbeitnehmer während der Zeit ihrer Tätigkeit in einem fremden Betrieb Angehörige des entsendenden Betriebes und Teil der von dessen Betriebsrat repräsentierten Belegschaft (§ 14 Abs 1, Abs 2 Satz 1 AÜG). Aus § 14 Abs 3 AÜG und dem fragmentarischen Charakter von § 14 AÜG leitet das BAG allerdings ab, dass auch dem Betriebsrat des aufnehmenden Betriebes Beteiligungsrechte zustehen. Für die Zuständigkeitsabgrenzung

---

92 BAG 22.3.2000 – 7 ABR 34/98; BAG 5.4.2000 – 7 ABR 20/99.
93 BGBl I S 1852.
94 LAG Frankfurt 31.5.1985 – 13 Sa 833/84; DKK/Kittner/Bachner § 102 Rn 15; Richardi/Thüsing § 102 Rn 14.
95 Entspricht § 6 Abs 1 Satz 2 BetrVG in der bis 23.7.2001 geltenden Fassung.
96 BAG 7.11.1995 – 9 AZR 268/94.
97 APS/Koch § 102 BetrVG Rn 10 mwN.
98 BAG 27.9.1974 – 1 ABR 90/73.
99 GK-BetrVG/Raab § 102 Rn 22; KR/Etzel § 102 BetrVG Rn 11.

ist maßgeblich, ob die unternehmerische Entscheidung, auf die das jeweilige Beteiligungsrecht bezogen ist, vom ver- oder vom entleihenden Arbeitgeber ausgeübt wird. Zu beteiligen ist die Arbeitnehmervertretung des die Entscheidungsmacht ausübenden Unternehmens.[100] Da Leiharbeitsverhältnisse dadurch gekennzeichnet sind, dass der Verleiher dem Entleiher zeitweilig Direktionsrechte überlässt, gleichwohl aber Vertragspartner des Arbeitnehmers und damit Inhaber des Rechts zur Kündigung des Vertrages bleibt,[101] ist für das Verfahren nach § 102 BetrVG **der Betriebsrat des Vertragsarbeitgebers** und nicht der des Entleihers **zuständig**.[102] Besteht beim Verleiher kein Betriebsrat, geht das Beteiligungsrecht nicht auf den Betriebsrat des letzten Entleihers über, da zwischen dem kündigenden Vertragsarbeitgeber und einem Betriebsrat eines Entleihers kein betriebsverfassungsrechtliches Verhältnis besteht. Die Beendigung eines Einsatzes bei einem Entleiher ist keine Kündigung iSv § 102 BetrVG.[103] Der Betriebsrat des Entleiherbetriebes ist dagegen zu beteiligen, wenn aufgrund einer unerlaubten Arbeitnehmerüberlassung iSv § 9 Nr 1 AÜG durch § 10 AÜG ein Arbeitsverhältnis zwischen dem Leiharbeitnehmer und dem Entleiher fingiert wird und der Entleiher dieses kündigt.[104]

f) **Auszubildende.** Zu ihrer Berufsbildung Beschäftigte sind nach § 5 Abs 1 BetrVG Arbeitnehmer iSd BetrVG. Deshalb ist der Betriebsrat auch bei einer Kündigung nach § 22 BBiG sowohl vor als auch nach Ablauf der Probezeit gem § 102 BetrVG zu beteiligen.[105] Der Begriff der Berufsausbildung iSv § 5 Abs 1 Satz 1 BetrVG deckt sich nicht mit dem der Berufsbildung gem § 1 BBiG. Er umfasst über diesen hinaus sämtliche Maßnahmen, die berufliche Kenntnisse und Fähigkeiten auf betrieblicher Ebene vermitteln, etwa auch Teilnehmer an unternehmensinternen Ausbildungsmaßnahmen.[106] 33

Allerdings schränkt das BAG mit einer teleologischen Reduktion die Gruppe der zur Berufsausbildung Beschäftigten dadurch ein, dass es verlangt, dass sich die Berufsausbildung im Rahmen des arbeitstechnischen Zweckes eines Produktions- oder Dienstleistungsbetriebes vollzieht und die Beschäftigten deshalb in vergleichbarer Weise wie andere Arbeitnehmer in den Betrieb eingegliedert sind. Wird die Ausbildung in einer sonstigen Bildungseinrichtung iSv 2 Abs 1 BBiG durchgeführt, also in reinen Ausbildungsbetrieben **wie Berufsbildungs- und Berufsförderungswerken**, gehören die Auszubildenden nicht zu der vom BetrVG erfassten Belegschaft.[107] Durch diese Einschränkung soll eine Majorisierung der Stammbelegschaft durch vorübergehend beschäftigte Auszubildende verhindert werden. Aus dieser 34

---

100 BAG 19.6.2001 – 1 ABR 43/00.
101 Zum Verhältnis zwischen Verleiher, Entleiher und Arbeitnehmer BAG 3.12.1997 – 7 AZR 764/96; Hamann NZA 2003, 526.
102 APS/Koch § 102 BetrVG Rn 8; GK/BetrVG-Raab § 102 Rn 23; Fröhlich ArbRB 2008, 212, 213.
103 GK-BetrVG/Raab § 102 Rn 23.
104 APS/Koch § 102 BetrVG Rn 8; KR/Etzel § 102 BetrVG Rn 12.
105 ErfK/Schlachter § 22 BBiG Rn 1.
106 BAG 10.2.1981 – 6 ABR 86/78; BAG 20.2.2001 – 1 ABR 30/00.
107 BAG 21.7.1993 – 7 ABR 35/92; BAG 20.3.1996 – 7 ABR 34/95.

Rechtsprechung wird gefolgt, dass auch das Beteiligungsrecht nach § 102 BetrVG in solchen Fällen nicht anwendbar ist.[108]

35 **g) Beamte.** Durch Artikel 9 des Gesetzes zur Änderung luftverkehrsrechtlicher Vorschriften vom 29.7.2009[109] wurde § 5 Abs 1 geändert. Danach gelten Beamte, Soldaten sowie Arbeitnehmer des öffentlichen Dienstes einschließlich der zu ihrer Berufsausbildung Beschäftigten als Arbeitnehmer im betriebsverfassungsrechtlichen Sinne, soweit sie in Betrieben privatrechtlich organisierter Unternehmen tätig sind. Durch diese Gesetzesänderung ist die bis dahin maßgebliche Rechtsprechung des BAG hinfällig, wonach Beamte nicht dem Geltungsbereich des BetrVG unterfielen, auch wenn sie in einem Betrieb eines privaten Rechtsträgers eingegliedert und beschäftigt wurden.[110] Entsprechende Regelungen fanden sich bis dahin schon für Beamte der Post AG und der DB AG in den §§ 19 Abs 1 DBGrG, 24 Abs 2 PostPersRG. Soweit diese in einem öffentlich-rechtlichen Dienstverhältnis stehen, findet mangels der Möglichkeit einer Kündigung § 102 BetrVG keine Anwendung. Bei den Arbeitnehmern und den zur Berufsbildung Beschäftigten ist vor einer Kündigung der Vertragsarbeitgeber und nicht der Einsatzarbeitgeber verpflichtet, die Anhörung nach § 102 BetrVG vorzunehmen.[111]

3. Erfasste Beendigungsformen

36 **a) Kündigungen des Arbeitgebers.** § 102 BetrVG erfasst **alle von einem Arbeitgeber ausgesprochenen Kündigungen** der dem Geltungsbereich des BetrVG unterliegenden Arbeitsverhältnisse unabhängig von Zeitpunkt und rechtlichem Charakter der Kündigung. § 102 BetrVG gilt für ordentliche und außerordentliche Kündigungen.[112] Die Anhörungspflicht besteht auch in den Fällen der **verabredeten Kündigung**, also dann wenn Arbeitgeber und Arbeitnehmer mündlich übereinkommen, dass der Arbeitgeber das Arbeitsverhältnis kündigt und sodann ein Abwicklungsvertrag geschlossen werden soll.[113] Nach allg Ansicht[114] besteht die Anhörungspflicht nicht bei **Eigenkündigungen** von Arbeitnehmern. Dies folgt aus dem Zweck des Beteiligungsrechts – der Arbeitgeber kann den Betriebsrat nicht über die Gründe einer fremden Handlung informieren – und wird durch die Gesetzesbegründung belegt, in der ausdrücklich von „der Kündigung... durch den Arbeitgeber" die Rede ist.[115] Aufgrund der Funktion des Anhörungsverfahrens, dem Betriebsrat Gelegenheit zur Einflussnahme auf die Willensbildung zu geben, bevor vollendete Tatsachen geschaffen wurden, ist der Betriebsrat vor Abgabe der Kündigungserklärung und nicht erst vor der Entlassung, dh der tatsächlichen Beendigung des Arbeitsverhältnisses,[116] zu hören. Vor einer **Freistellung** bei fortbestehendem Arbeitsverhält-

---

108 KDZ/Däubler § 15 BBiG Rn 14.
109 BGBl I S 2424.
110 BAG 25.2.1998 – 7 ABR 11/97; BAG 28.3.2001 – 7 ABR 21/00.
111 BAG 9.6.2011 – 6 AZR 132/10.
112 BT-Drucks VI/1786 S 52.
113 BAG 28.6.2005 – 1 ABR 25/04.
114 GK-BetrVG/Raab § 102 Rn 24 mwN.
115 BT-Drucks VI/1786 S 32.
116 Zur Abgrenzung: BAG 13.4.2000 – 2 AZR 215/99.

nis ist der Betriebsrat nicht zu beteiligen, da es sich nicht um eine Kündigung handelt und der abschließende Zweck der Norm einer Analogie entgegensteht.[117]

§ 102 BetrVG gilt auch bei **Teilzeitbeschäftigten**, für die Kündigung von **Aushilfs- und Probearbeitsverhältnissen** und für **Kündigungen in der Probezeit**.[118] Die Geltung von § 102 BetrVG setzt nicht die Anwendbarkeit des KSchG und damit auch nicht den Ablauf der Wartefrist von § 1 Abs 1 KSchG voraus.[119] Nach ständiger Rechtsprechung des BAG ist bei der Intensität der Unterrichtung des Betriebsrates zu berücksichtigen, dass die Wartezeit nach § 1 Abs 1 KSchG dazu dient, dem Arbeitgeber Gelegenheit zu geben, sich eine subjektive Meinung über Leistung und Führung des Arbeitnehmers zu bilden und, sofern er zu einem negativen Ergebnis gelangt, frei zu kündigen.[120] Aus dieser Rechtsprechung darf jedoch nicht gefolgert werden, dass die Kündigung vor Ablauf der Wartezeit gegenüber dem Betriebsrat inhaltlich nicht begründet werden muss. Um dem Betriebsrat eine Meinungsbildung zu ermöglichen, sind alle der Kündigungsabsicht zu Grunde liegenden Tatsachen und/oder Erwägungen mitzuteilen, auf die der Arbeitgeber die Kündigung stützen will.[121] Die Mitteilung objektiver Merkmale der Kündigungsgründe des § 1 Abs 2 Satz 1 KSchG ist innerhalb der ersten 6 Monate des Bestehens eines Arbeitsverhältnisses regelmäßig entbehrlich,[122] dies jedoch nur, weil es, mangels Anwendbarkeit der Norm, auf sie bei vernünftiger Betrachtung weder aus Sicht des Arbeitgebers noch aus Sicht der Arbeitnehmervertretung für die Beurteilung der Wirksamkeit der Kündigung ankommt.[123] Wurden das Lebensalter oder etwaige Unterhaltsverpflichtungen des Arbeitnehmers dem Betriebsrat nicht mitgeteilt, ist dies mithin bei einer Kündigung vor Ablauf der Wartezeit regelmäßig ohne Belang. Es kann ausreichen, wenn der Arbeitgeber, der keine auf Tatsachen gestützten oder konkretisierbaren Kündigungsgründe benennen kann, dem Betriebsrat nur seine subjektiven Wertungen, die ihn zur Kündigung des Arbeitnehmers veranlassen, mitteilt.[124] Dies ist jedoch eine Frage des Einzelfalls. Im Grundsatz gelten auch bei einer Wartezeitkündigung im Hinblick auf den Inhalt einer Mitteilung des Arbeitgebers nach § 102 Abs 1 Satz 2 BetrVG die allg Regeln (s Rn 74). Die Rechtsprechung des BAG trägt lediglich dem Grundsatz der subjektiven Determination Rechnung, der nur dann durch objektive Mitteilungspflichten eingeschränkt ist, wenn die betroffenen Informationen für die Beurteilung der Wirksamkeit der Kündigung als unerlässlich angesehen werden müssen.

---

117 BAG 22.1.1998 – 2 AZR 267/97.
118 LAG Hamm 5.7.1995 – 3 Sa 2003/94; APS/Koch § 102 BetrVG 23.
119 BAG 18.5.1994 – 2 AZR 920/92; BAG 28.6.2007 – 6 AZR 750/06; entsprechend für das Personalvertretungsrecht BAG 16.3.2000 – 2 AZR 828/98; BAG 23.4.2009 – 6 AZR 516/08; BAG 12.9.2013 – 6 AZR 121/12.
120 BAG 8.4.2003 – 2 AZR 515/02; BAG 22.9.2005 – 2 AZR 366/04; BAG 24.11.2005 – 2 AZR 614/04; BAG 28.6.2007 – 6 AZR 750/06; BAG 23.4.2009 – 6 AZR 516/08; BAG 22.4.2010 – 6 AZR 828/08.
121 BAG 28.6.2007 – 6 AZR 750/06.
122 So BAG 23.4.2009 – 6 AZR 516/08.
123 BAG 23.4.2009 – 6 AZR 516/08.
124 BAG 23.4.2009 – 6 AZR 516/08; BAG 22.4.2010 – 6 AZR 828/08.

Bei einer Kündigung während der Wartefrist kommt kein Anspruch auf Weiterbeschäftigung nach § 102 Abs 5 BetrVG in Betracht, da dieser eine gegen eine ordentliche Kündigung gerichtete Kündigungsschutzklage nach dem KSchG voraussetzt.[125]

38 Auch in **Eilfällen** entfällt die Anhörungspflicht.[126] Das Gesetz trägt besonderen Beschleunigungsinteressen nur durch die verkürzte Anhörungsfrist des § 102 Abs 2 Satz 3 BetrVG bei außerordentlichen Kündigungen Rechnung. Auch die vom BAG in den Entscheidungen vom 13.11.1975[127] und 29.3.1977[128] in Betracht gezogene Ausnahme in Fällen, in denen sich die wirtschaftliche Lage des Betriebes plötzlich und unvorhergesehen derart verschlechtert, dass der sofortige Ausspruch von Kündigungen unabweisbar notwendig ist, ist nicht anzuerkennen, da sie mit dem Gesetz nicht zu vereinbaren ist. Derartige Fälle sind in der Praxis auch nicht relevant, zumal betriebsbedingte Kündigungen in aller Regel ohnehin nur fristgerecht möglich sind und sich eine Verzögerung um wenige Tage daher meist nicht auswirkt.

39 **b) Folgekündigungen.** Aus der Regelung von § 102 Abs 1 Satz 1 BetrVG, nach der der Betriebsrat vor jeder Kündigung zu hören ist, leitet das BAG zu Recht ab, dass der Arbeitgeber den Betriebsrat auch dann erneut beteiligen muss, wenn er aus denselben Gründen eine weitere Kündigung erklärt.[129] Das durch eine ordnungsgemäße Anhörung erworbene Recht zum Ausspruch einer Kündigung aus den dem Betriebsrat mitgeteilten Gründen ist mit deren Zugang verbraucht.[130] Gesagtes gilt nicht, wenn die Kündigung dem Arbeitnehmer nicht zugeht. Die Kündigung wird nicht rechtswirksam, das durch ordnungsgemäße Anhörung erworbene Recht zum Ausspruch bleibt erhalten. Sofern eine Folgekündigung vollständig auf denselben Sachverhalt gestützt wird und in zeitlichem Zusammenhang zum ersten Kündigungsversuch steht, ist eine erneute Anhörung des Betriebsrates daher entbehrlich.[131] Einer erneuten Anhörung des Betriebsrates soll es nach Auffassung des BAG[132] auch dann nicht bedürfen, wenn der Betriebsrat für den objektiven Empfängerhorizont unmissverständlich zu erkennen gegeben hat, dass sich das eingeleitete Anhörungsverfahren aus seiner Sicht nicht auf eine bereits vor Abschluss des Anhörungsverfahrens ausgesprochene und damit unwirksame Kündigung, sondern auf eine im Anhörungsschreiben bereits angekündigte, auf dem gleichen Kündigungssachverhalt beruhende, nach Abschluss des Anhörungsverfahrens auszusprechende Folgekündigung beziehen soll.[133] Das BAG behandelt diesen Fall so, als hätte der Arbeitgeber zunächst ohne Einschaltung des Betriebsrates gekündigt und sodann nach ordnungsgemäßer Anhörung des Betriebsrates eine weite-

---

125 DKK/Kittner § 102 Rn 7.
126 BAG 13.11.1975 – 2 AZR 610/74; BAG 29.3.1977 – 1 AZR 46/75; KR/Etzel § 102 BetrVG Rn 35 mwN.
127 BAG 13.11.1975 – 2 AZR 610/74.
128 BAG 29.3.1977 – 1 AZR 46/75.
129 BAG 5.9.2002 – 2 AZR 523/01; krit Diller NZA 2004, 579, 582.
130 BAG 10.11.2005 – 2 AZR 623/04; BAG 3.4.2008 – 2 AZR 965/06.
131 BAG 11.10.1989 – 2 AZR 88/89; BAG 16.9.1993 – 2 AZR 267/93.
132 BAG 3.4.2008 – 2 AZR 965/06.
133 BAG 3.4.2008 – 2 AZR 965/06.

re Kündigung ausgesprochen. Dem kann zugestimmt werden. Nach seiner individualrechtlichen Schutzfunktion ist es Zweck des § 102 BetrVG, dem Betriebsrat Gelegenheit zu geben, auf den konkreten Kündigungsentschluss des Arbeitgebers Einfluss zu nehmen.[134] Dem wird immer dann in ausreichendem Maße Rechnung getragen, wenn einem konkreten Kündigungsentschluss ein diesem zugeordnetes Anhörungsverfahren folgt. Ist eine unmissverständliche Zuordnung erfolgt, kann es keinen Unterschied machen, ob der Arbeitgeber bzgl einer bereits ausgesprochenen Kündigung das Anhörungsverfahren mangelhaft durchgeführt oder gänzlich von ihm abgesehen hat, sofern nach abschließender Stellungnahme des Betriebsrates eine erneute Kündigung ausgesprochen wird. Aus der benannten Entscheidung darf jedoch keinesfalls der Schluss gezogen werden, das BAG sei von seiner bisherigen Spruchpraxis abgerückt.

Eine erneute Anhörung ist erforderlich, wenn der Arbeitgeber wegen Zweifeln an der formellen Wirksamkeit der ersten Kündigung – etwa wegen Bedenken an der wirksamen Bevollmächtigung der sie aussprechenden Person – bei gleichbleibendem Anlass die Kündigung wiederholt.[135] Dasselbe gilt, wenn das Arbeitsverhältnis eines Arbeitnehmers mit besonderem Kündigungsschutz zunächst ohne die erforderliche behördliche Zustimmung und nach dem Erlass des Zustimmungsbescheids wiederum gekündigt wird.[136] Auch zu einer für den Fall des Eintritts bestimmter Umstände vorsorglich ausgesprochenen Kündigung ist der Betriebsrat zu hören.[137] Dies gilt vor allem für eine für den Fall der Unwirksamkeit einer fristlosen Kündigung **hilfsweise erklärte ordentliche Kündigung** bzw eine vorsorgliche **außerordentliche Kündigung mit Auslauffrist**. Ausnahmsweise entbehrlich ist eine Anhörung des Betriebsrats zu einer vorsorglichen, fristwahrenden Kündigung lediglich dann, wenn der Betriebsrat der fristlosen Kündigung ausdrücklich und vorbehaltlos zugestimmt hat und aus sonstigen Umständen nicht zu ersehen ist, dass er im Fall der Unwirksamkeit der fristlosen Kündigung einer fristwahrenden Kündigung entgegengetreten wäre. Stimmt der Betriebsrat einer fristlosen Kündigung nicht zu und regt er gleichzeitig eine ordentliche Kündigung an, macht dies eine erneute Anhörung zu einer vom Arbeitgeber daraufhin ins Auge gefassten ordentlichen Kündigung nicht ohne weiteres entbehrlich. Hat der Betriebsrat sich hierzu nicht erkennbar abschließend geäußert, muss er zumindest noch Gelegenheit haben, zu Kündigungsfrist oder Kündigungstermin Stellung zu nehmen.

Kraft,[138] Raab[139] und Koch[140] halten eine wiederholte Beteiligung des Betriebsrats für entbehrlich, sofern die erste Kündigung dem Arbeitnehmer

40

---

134 BAG 13.11.1975 – 2 AZR 610/74.
135 BAG 31.1.1996 – 2 AZR 273/95; BAG 5.9.2002 – 2 AZR 523/01; BAG 10.11.2005 – 2 AZR 623/04; Lingemann/Beck NZA-RR 2007, 225, 227.
136 So für den Sonderkündigungsschutz Schwerbehinderter LAG Hamm 13.4.1992 – 19 Sa 1118/91; APS/Koch § 102 BetrVG Rn 25.
137 KR/Etzel § 102 BetrVG Rn 33; DKK/Kittner § 102 Rn 12.
138 Anm EzA § 102 BetrVG 1972 Nr 78.
139 GK-BetrVG § 102 Rn 29.
140 APS/Koch § 102 BetrVG Rn 26; ebenso LAG Baden-Württemberg 28.4.1997 – 15 Sa 149/96; von Roetteken PersR 2003, 331 unter Verweis auf die Rspr des BVerwG zur Beteiligung des Personalrats bei der Entlassung von Beamten, etwa BVerwG 10.6.1988 – 2 B 84/88.

zwar tatsächlich zugegangen und formwirksam ist, der Arbeitgeber gleichwohl aber rein vorsorglich eine weitere Kündigung ausspricht.[141] Dann liege nur eine einheitliche Kündigungsentscheidung und eine einheitliche Kündigung vor. Dies trifft jedoch nicht zu. Eine Kündigung wird als einseitige empfangsbedürftige Willenserklärung mit ihrem Zugang beim Erklärungsempfänger wirksam.[142] Eine nachfolgende erneute Kündigung ist eine weitere, selbstständige Willenserklärung, die der Arbeitnehmer mit einem eigenen Kündigungsschutzantrag gem § 4 Satz 1 KSchG angreifen muss. Eine erneute Beteiligung des Betriebsrats ist schon deshalb erforderlich, um dem Arbeitnehmer den Weiterbeschäftigungsanspruch nach § 102 Abs 5 BetrVG zu erhalten, da dieser durch eine nachfolgende Kündigung beendet wird. Zudem kann sich der relevante Sachverhalt ändern. Auch ist nicht ausgeschlossen, dass der Betriebsrat zu einem späteren Zeitpunkt – ggf in anderer Besetzung – zu einer anderen Einschätzung der Kündigung gelangt.

41 c) **Änderungskündigung.** Nach der Rechtsprechung des BAG[143] und der überwiegenden Ansicht in der Literatur[144] ist der Betriebsrat vor einer Änderungskündigung auch dann zu hören, wenn der Arbeitnehmer das Änderungsangebot mit oder ohne den **Vorbehalt von dessen sozialer Rechtfertigung** gem § 2 KSchG annimmt. Die Gegenansicht bestreitet dies mit der Argumentation, im Fall der auf einer Annahme des Änderungsangebotes beruhenden Fortsetzung des Arbeitsverhältnisses fehle es an einer Kündigung, da es sich tatsächlich um eine unter dem Druck des Arbeitgebers zustande gekommene Vertragsänderung handele.[145] Dabei wird übersehen, dass eine Änderungskündigung stets eine bedingte Beendigungskündigung umfasst und dass das Änderungsangebot vom Arbeitnehmer erst nach deren Ausspruch angenommen werden kann. Da der Betriebsrat vor diesem Zeitpunkt zu beteiligen ist, handelt es sich um eine echte Kündigung iSv § 102 Abs 1 Satz 1 BetrVG. Nimmt der Arbeitnehmer die Änderungskündigung unter Vorbehalt an, ist er nicht gehindert, sich auf eine fehlerhafte Betriebsratsanhörung zu berufen.[146] Im Fall der Annahme des Änderungsangebots ohne Vorbehalt bleibt ein Verstoß gegen § 102 Abs 1, 2 BetrVG für den Arbeitgeber allerdings folgenlos, da dann eine einvernehmliche Vertragsänderung zustande kommt.[147]

42 Ist die mit dem Änderungsangebot vorgesehene Änderung der Arbeitsbedingungen gleichzeitig **als personelle Einzelmaßnahme iSv § 99 BetrVG** oder **als soziale Angelegenheit nach § 87 BetrVG** mitbestimmungspflichtig, ist das Verhältnis der Mitbestimmung nach diesen Vorschriften zur Beteiligung des Betriebsrats nach § 102 BetrVG problematisch. Übereinstimmung herrscht, dass die **verschiedenen Beteiligungsverfahren sich nicht verdrän-**

---

141 Nur entbehrlich, wenn Kündigung noch nicht zugegangen: BAG 11.10.1989 – 2 AZR 88/89.
142 BAG 16.3.2000 – 2 AZR 75/99; BAG 5.9.2002 – 2 AZR 523/01.
143 BAG 10.3.1982 – 4 AZR158/79; BAG 28.5.1998 – 2 AZR 615/97; BAG 27.9.2001 – 2 AZR 236/00.
144 APS/Koch § 102 BetrVG Rn 27; GK-BetrVG/Raab § 102 Rn 30; Hohmeister BB 1994, 1777.
145 HSW/Schlochauer § 102 Rn 18.
146 BAG 23.11.2000 – 2 AZR 547/99.
147 APS/Koch § 102 BetrVG Rn 27.

gen, sondern aufgrund der unterschiedlichen Schutzzwecke nebeneinander durchzuführen sind. Sie decken sich weder in ihren Voraussetzungen noch in Verfahren und Rechtsfolgen.[148] Der Betriebsrat kann deshalb in den verschiedenen Beteiligungsverfahren unterschiedlich entscheiden.[149] Aus diesem Grund schließt die Zustimmung zu einer Versetzung nicht notwendig das Anhörungsverfahren zu einer der individualvertraglichen Durchsetzung der Versetzung dienenden Änderungskündigung ein. Der Arbeitgeber ist allerdings nicht gehindert, die verschiedenen Beteiligungsverfahren durch eine einheitliche Unterrichtung einzuleiten und miteinander zu verbinden.[150] Er muss dies jedoch dem Betriebsrat hinreichend verdeutlichen.[151]

Soll mit der Änderungskündigung eine nach § 99 Abs 1 BetrVG mitbestimmungspflichtige **Versetzung** ermöglicht werden, kann die Kündigung nach Abschluss des Anhörungsverfahrens nach § 102 BetrVG bereits vor der Zustimmung des Betriebsrats zu der Versetzung bzw deren Ersetzung erklärt werden. Die fehlende Zustimmung berührt die individualrechtliche Wirksamkeit der Kündigung nicht.[152] Dies beruht darauf, dass bei der Mitbestimmung bei personellen Einzelmaßnahmen nach § 99 BetrVG nicht wie bei § 102 BetrVG die individualrechtliche Maßnahme selbst Gegenstand des Beteiligungsrechts ist. Die kollektivrechtliche Unzulässigkeit einer Maßnahme wirkt sich auf der individualrechtlichen Ebene nur aus, wenn und soweit das Mitbestimmungsrecht diese erfasst. Bei Versetzungen erstreckt sich die Mitbestimmung auf die tatsächliche Umsetzung der Maßnahme, nicht aber auf deren vertragliche Grundlage. Die Versetzung kann daher trotz individualrechtlich wirksamer Änderungskündigung nicht vollzogen werden, solange die Zustimmung des Betriebsrats nicht erklärt oder ersetzt wurde und der Arbeitgeber nicht gem § 100 BetrVG zur vorläufigen Durchführung der Maßnahme berechtigt ist.[153] Der Arbeitgeber hat dann wegen der geänderten Arbeitsbedingungen gegenüber dem Arbeitnehmer keinen durchsetzbaren Anspruch auf dessen Tätigkeit und muss diesen zu den bisherigen Arbeitsbedingungen weiterbeschäftigen.[154] Dies gilt jedoch nur, soweit der Betriebsrat die Maßnahme nicht hinnimmt.[155] Leitet der Arbeitgeber nach einem Widerspruch des Betriebsrats gem § 99 Abs 3 BetrVG kein Zustimmungsersetzungsverfahren ein oder wird in einem solchen sein Antrag rechtskräftig zurückgewiesen, werden die Arbeitsvertragsparteien aufgrund einer nachträglich eingetretenen Unmöglichkeit von der Pflicht zur Erfüllung der geänderten Vertragsbedingungen frei.[156] 43

Eine auf eine nach § 99 BetrVG mitbestimmungspflichtige **Umgruppierung** gerichtete Änderungskündigung kann, sofern sie nicht auf einer Versetzung 44

---

148 BAG 30.9.1993 – 2 AZR 283/93; entsprechend für das Personalvertretungsrecht BAG 3.11.1977 – 2 AZR 277/76.
149 BAG 3.11.1977 – 2 AZR 277/76.
150 FKHES § 102 Rn 9.
151 BAG 3.11.1977 – 2 AZR 277/76; KR/Rost/Kreft § 2 KSchG Rn 131.
152 BAG 30.9.1993 – 2 AZR 283/93.
153 BAG 26.1.1988 – 1 AZR 531/86; BAG 5.4.2001 – 2 AZR 580/99.
154 BAG 26.1.1988 – 1 AZR 531/86; KR/Rost/Kreft § 2 KSchG Rn 141.
155 BAG 5.4.2001 – 2 AZR 580/99.
156 BAG 30.9.1993 – 2 AZR 283/93.

beruht, individualrechtlich schon vor der Zustimmung des Betriebsrats nach § 99 BetrVG umgesetzt werden, da die Umgruppierung ein Akt der Rechtserkenntnis ist.[157]

45 Streitig ist, ob das Fehlen der Zustimmung des Betriebsrats zu einer den Gegenstand der Änderungskündigung bildenden **sozialen Angelegenheit iSv § 87 BetrVG** auf die individualrechtliche Wirksamkeit der Änderungskündigung durchschlägt. In Betracht kommen insoweit vor allem Arbeitszeit- und Entgeltfragen iSv § 87 Abs 1 Nr 2, 3, 10 und 11 BetrVG. Der 1. Senat des BAG hatte unter Hinweis auf die zu § 87 BetrVG entwickelte Theorie der Wirksamkeitsvoraussetzung angenommen, dass in solchen Fällen eine ohne die Zustimmung des Betriebsrats gem § 87 BetrVG ausgesprochene Änderungskündigung unwirksam ist.[158] Der für das Kündigungsrecht zuständige 2. Senat des BAG gab diese Rechtsprechung mit Urteil vom 17.6.1998[159] auf. **Die fehlende Zustimmung des Betriebsrats berührt** nach dieser Entscheidung wie bei der Versetzung nach § 99 BetrVG nicht die individualrechtliche **Wirksamkeit der Kündigung**, sondern verhindert allein ihre Umsetzbarkeit. Dieser Entscheidung wird entgegengehalten, dass sie den Zweck der Theorie der Wirksamkeitsvoraussetzung verkenne, die Verlagerung von der Mitbestimmung umfasster Angelegenheiten auf die individualrechtliche Ebene zu verhindern.[160]

46 **d) Kündigung auf Verlangen des Betriebsrats.** Nach der Rechtsprechung des BAG muss der Arbeitgeber den Betriebsrat nicht über eine beabsichtigte Kündigung unterrichten, wenn der Betriebsrat selbst die Entlassung des Arbeitnehmers verlangt hat. Dies gilt im Fall des Verlangens, einen betriebsstörenden Arbeitnehmer zu entfernen (§ 104 Satz 1 BetrVG)[161] gleichermaßen wie bei einem Kündigungsverlangen aus anderen Gründen.[162] Auf einen wirksamen Beschluss des Betriebsrats soll es in diesem Zusammenhang nicht ankommen.[163] Dies kann nur gelten, soweit es sich um interne Mängel der Willensbildung des Betriebsrats handelt. Ist für den Arbeitgeber erkennbar, dass ein ordnungsgemäßer Beschluss iSv § 33 BetrVG nicht getroffen wurde und ihm nur individuelle Wünsche einzelner Betriebsratsmitglieder mitgeteilt wurden, kann er nicht von einem Kündigungsverlangen des Betriebsrats ausgehen. Dann ist das Beteiligungsrecht nach § 102 BetrVG nicht bereits vor dem Kündigungsentschluss des Arbeitgebers ausgeübt worden. Einer Anhörung des Betriebsrats nach § 102 BetrVG bedarf es auch, wenn und soweit sich der Arbeitgeber zu einer Abweichung von der vom Betriebsrat verlangten Maßnahme entschließt, etwa wenn er außerordentlich statt ordentlich oder aus anderen Gründen kündigen will.[164]

47 **e) Teilkündigung.** Nach überwiegender Ansicht muss der Betriebsrat nicht angehört werden, wenn der Arbeitgeber nicht das gesamte, sondern nur

---

157 BAG 30.9.1993 – 2 AZR 283/93.
158 BAG 31.1.1984 – 1 AZR 174/81; BAG 21.9.1989 – 1 AZR 454/88.
159 BAG – 2 AZR 336/97.
160 KR/Rost/Kreft § 2 KSchG Rn 145.
161 BAG 15.5.1997 – 2 AZR 519/96.
162 BAG 15.5.1997 – 2 AZR 519/96.
163 BAG 15.5.1997 – 2 AZR 519/96.
164 BAG 15.5.1997 – 2 AZR 519/96.

Teile eines Arbeitsverhältnisses kündigt.[165] Dagegen wendet Koch[166] ein, dass auch eine Teilkündigung vom Wortlaut von § 102 Abs 1 BetrVG erfasst wird. Dieser Frage fehlt praktische Relevanz. Die Teilkündigung eines Arbeitsverhältnisses ist ohnehin generell unzulässig. Ein dem Arbeitgeber arbeitsvertraglich vorbehaltenes Recht zur Teilkündigung ist als Recht zum Widerruf einzelner Vertragsbestandteile auszulegen, was in bestimmten Grenzen rechtlich zulässig ist.[167] **Der Widerruf** von Vertragsbestandteilen wird unstreitig von § 102 Abs 1 BetrVG nicht erfasst, weil es sich nicht um eine Kündigung handelt.

f) **Arbeitskampf.** Da das Mandat des Betriebsrats während eines Arbeitskampfes unabhängig von der Beteiligung seiner Mitglieder an dem Arbeitskampf fortbesteht,[168] bleibt es grundsätzlich auch bei der Anhörungspflicht gem § 102 BetrVG. Das BAG[169] und die überwiegende Ansicht in der Literatur[170] nehmen jedoch **arbeitskampfbezogene,** dh wegen und nicht nur während eines Arbeitskampfes ausgesprochene **Kündigungen** aus, um eine Beeinträchtigung der Kampfparität zu verhindern. Dazu gehören Kündigungen gegenüber streikenden Arbeitnehmern sowie Kündigungen, mit denen der Arbeitgeber auf rechtswidrige Streikexzesse und wilde Streiks reagiert. Dem wird zu Recht entgegengehalten, dass dem Gesetz eine derartige Einschränkung nicht zu entnehmen ist und Art 9 Abs 3 GG eine derartige Beschränkung nicht gebietet.[171] Das Anhörungsverfahren hindert den Arbeitgeber nicht, arbeitskampfbedingt zu kündigen. Es verzögert lediglich den Kündigungsausspruch. Dies ist hinnehmbar, da der Arbeitgeber den betreffenden Arbeitnehmer mit sofortiger Wirkung aussperren kann. Dass während eines Arbeitskampfes zwischen dem Arbeitgeber und den Mitgliedern des Betriebsrats Interessengegensätze bestehen können, ist keine arbeitskampfspezifische Besonderheit. Nach Beendigung des Arbeitskampfes sind auch Kündigungen beteiligungspflichtig, die im Zusammenhang mit dem Arbeitskampf ausgesprochen werden.

g) **Ohne Zustimmung des Betriebsrats eingestellte Arbeitnehmer.** In Betrieben mit idR mehr als 20 wahlberechtigten Arbeitnehmern bedarf die Einstellung eines Arbeitnehmers nach § 99 BetrVG der Zustimmung des Betriebsrats. Dieses Mitbestimmungsrecht ist nach der Rechtsprechung des BAG auf den Beginn der tatsächlichen Beschäftigung des Arbeitnehmers und nicht auf den Abschluss des der Einstellung zugrunde liegenden Arbeitsvertrages gerichtet. Der Arbeitsvertrag kommt daher ohne die Zustimmung des Betriebsrates zustande. Eine ohne Zustimmung des Betriebsrats vollzogene Einstellung muss der Arbeitgeber dagegen rückgängig ma-

48

49

---

165 KR/Etzel § 102 BetrVG Rn 37; GK-BetrVG/Raab § 102 Rn 26.
166 APS § 102 BetrVG Rn 29.
167 Vgl BAG 7.10.1982 – 2 AZR 455/89; BAG 25.2.1988 – 2 AZR 346/87.
168 BAG 25.10.1988 – 1 AZR 368/87.
169 BAG 6.3.1979 – 1 AZR 866/77; BAG 14.2.1978 – 1 AZR 76/76; BAG 10.12.2002 – 1 ABR 7/02; zum Zustimmungsersetzungsverfahren nach § 103 BetrVG entsprechend BAG 14.2.1978 – 1 AZR 54/76.
170 GK-BetrVG/Raab § 102 Rn 17, 18; FKHES § 102 Rn 16; APS/Koch § 102 BetrVG 14, 15.
171 KR/Etzel § 102 BetrVG Rn 26.

chen.[172] Dies kann der Betriebsrat gem § 101 BetrVG gerichtlich geltend machen. Der Arbeitgeber hat die Möglichkeit, den Arbeitnehmer nach der Anhörung des Betriebsrates bis zur Ersetzung von dessen Zustimmung (§ 99 Abs 4 BetrVG) nach § 100 BetrVG vorläufig einzustellen. Wird sein Zustimmungsersetzungsantrag rechtskräftig zurückgewiesen, muss er gem § 100 Abs 3 BetrVG binnen zwei Wochen die personelle Maßnahme aufheben. Da es sich bei der aufzuhebenden Maßnahme um eine Einstellung und nicht um den Abschluss des Arbeitsvertrages handelt, endet dieser nicht automatisch. Er muss vielmehr gekündigt werden,[173] sofern er nicht unter der auflösenden Bedingung der betriebsverfassungsrechtlichen Zulässigkeit der Einstellung gestanden hat.[174] Streitig ist, ob der Betriebsrat zu einer solchen Kündigung angehört werden muss. Dies wird von einer verbreiteten Ansicht abgelehnt.[175] Nach dieser Auffassung ist eine teleologische Reduktion von § 102 BetrVG geboten, da der Betriebsrat durch seine Zustimmungsverweigerung bereits eine Beendigung des Arbeitsverhältnisses angestrebt habe. Dem hält Koch[176] jedoch zu Recht entgegen, dass der Widerspruch des Betriebsrats nur gegen die vom Arbeitgeber konkret geplante Einstellung gerichtet gewesen sein kann und der Betriebsrat im Verfahren nach § 102 BetrVG auf andere Beschäftigungsmöglichkeiten verweisen kann, so dass es sich bei einer erneuten Anhörung zu der geplanten Kündigung nicht notwendigerweise um eine sinnlose Förmlichkeit handelt.

50 **h) Mitwirkungsfreie Beendigungsformen.** § 102 BetrVG erfasst nur Kündigungen des Arbeitgebers. Er hat **abschließenden Charakter** und ist einer Analogie nicht zugänglich.[177] Dementsprechend unterliegen alle anderen Beendigungsformen nicht der Beteiligung nach § 102 BetrVG.[178] Dies gilt für Eigenkündigungen des Arbeitnehmers, die einvernehmliche Aufhebung eines Arbeitsverhältnisses, die Beendigung eines Arbeitsverhältnisses aufgrund einer Befristung oder einer Bedingung und die Anzeige der Nichtverlängerung eines befristeten oder bedingten Arbeitsverhältnisses,[179] die Anfechtung eines Arbeitsvertrages gem §§ 119 oder 123 BGB,[180] die Anzeige der Nichtverlängerung eines dem Bühnentarifrecht unterliegenden Arbeitsverhältnisses,[181] die Beendigung eines Ausbildungsverhältnisses mit dem Ablauf der Ausbildungszeit (§ 21 BBiG), die Nichtübernahme eines der Jugend- und Auszubildendenvertretung angehörenden Auszubildenden gem § 78a BetrVG, die Freistellung eines Arbeitnehmers von der Arbeitspflicht,[182] die lösende Aussperrung im Arbeitskampf und die gerichtliche Auflösung eines Arbeitsverhältnisses gem § 9 KSchG.

---

172 BAG 5.4.2001 – 2 AZR 580/99.
173 AA KR/Etzel § 102 BetrVG Rn 44.
174 BAG 17.2.1983 – 2 AZR 208/81.
175 GK-BetrVG/Raab § 102 Rn 26.
176 APS/Koch § 102 BetrVG Rn 40.
177 BAG 22.1.1998 – 2 AZR 267/97; BAG 10.10.2002 – 2 AZR 240/01.
178 Eingehend zu den § 102 nicht unterfallenden Beendigungsformen GK-BetrVG/Raab § 102 Rn 25, 26; DKK/Kittner § 102 Rn 19-25a; KR/Etzel § 102 BetrVG Rn 38-45; Richardi/Thüsing § 102 Rn 15-25.
179 BAG 24.10.1979 – 5 AZR 851/78.
180 BAG 11.11.1993 – 2 AZR 467/93.
181 BAG 28.10.1986 – 1 ABR 16/85.
182 BAG 22.1.1998 – 2 AZR 267/97.

III. Unterrichtung des Betriebsrats durch den Arbeitgeber (§ 102 Abs 1 Satz 1, 2 BetrVG)

Die vor jeder vom Arbeitgeber beabsichtigten Kündigung erforderliche Anhörung des Betriebsrats nach § 102 Abs 1 und Abs 2 BetrVG vollzieht sich in zwei aufeinander folgenden Verfahrensabschnitten. Diese sind nach ihrem Zuständigkeits- und Verantwortungsbereich voneinander abzugrenzen. So hat zunächst der Arbeitgeber unter Beachtung der in § 102 Abs 1 BetrVG umschriebenen Erfordernisse das Anhörungsverfahren einzuleiten. Im Anschluss daran ist es Aufgabe des Betriebsrats, sich mit der beabsichtigten Kündigung zu befassen und darüber zu entscheiden, ob und wie er Stellung nehmen will. Die Trennung dieser beiden Verantwortungsbereiche ist wesentlich für die Entscheidung der Frage, wann eine Kündigung iSv § 102 Abs 1 Satz 3 BetrVG „ohne Anhörung des Betriebsrats ausgesprochen" und deshalb unwirksam ist. Da im Regelungsbereich des § 102 BetrVG sowohl dem Arbeitgeber als auch dem Betriebsrat Fehler unterlaufen können, ermöglicht diese Abgrenzung eine sachgerechte Lösung wem im Einzelnen ein Fehler zuzurechnen ist. Nur wenn dem Arbeitgeber bei der ihm obliegenden Einleitung des Anhörungsverfahrens ein Fehler unterläuft, liegt darin eine Verletzung des § 102 Abs 1 BetrVG mit der Folge der Unwirksamkeit der Kündigung. Mängel, die im Verantwortungsbereich des Betriebsrats entstehen, führen hingegen grundsätzlich nicht zur Unwirksamkeit der Kündigung wegen fehlerhafter Anhörung, auch wenn der Arbeitgeber im Zeitpunkt der Kündigung weiß oder erkennen kann, dass der Betriebsrat die Angelegenheit nicht fehlerfrei behandelt hat.[183]

1. Arbeitgeber

Eingeleitet werden kann das Anhörungsverfahren nur vom Arbeitgeber und nicht etwa von von diesem nicht autorisierten Dritten. In einem Gemeinschaftsbetrieb mehrerer Arbeitgeber obliegt dies dem Vertragsarbeitgeber des Arbeitnehmers, dessen Arbeitsverhältnis gekündigt werden soll.[184] Der Arbeitgeber muss das Verfahren nicht persönlich oder durch seine gesetzlichen Vertreter in Gang setzen.[185] Er kann sich **vielmehr Bevollmächtigter** bedienen, da die Beteiligung des Betriebsrats keine höchstpersönliche Verpflichtung und eine Stellvertretung generell zulässig ist.[186] Es muss sich nicht um Personen handeln, die nach ihrer Stellung im Betrieb regelmäßig mit Personal- oder Mitbestimmungsangelegenheiten befasst sind. Obgleich die Anhörung eine rechtsgeschäftsähnliche Handlung ist, auf die grundsätzlich § 174 BGB analog anzuwenden ist, kommt eine **Zurückweisung der Anhörung** nach dieser Norm nicht in Betracht. Das BAG begründet dies mit dem Zweck des Anhörungsverfahrens und soll auch dann gelten, wenn eine betriebsfremde Person als Botin des Arbeitgebers das Anhörungsverfahren einleitet. Der Gesetzgeber – so der Sechste Senat – misst dadurch, dass er das Anhörungsverfahren nicht formalisiert ausge-

---

183 BAG 24.6.2004 – 2 AZR 461/03.
184 BAG 7.11.1990 – 2 AZR 225/90.
185 Vgl APS/Koch § 102 Rn 66, 67.
186 APS/Koch § 102 Rn 66; zur Zulässigkeit der Einschaltung von Vertretern bei der Beteiligung des Betriebsrats vgl allg BAG 11.12.1991 – 7 ABR 16/91.

staltet hat, dem Gewissheitsinteresse, das § 174 BGB zugrunde liegt, im Zusammenhang mit § 102 BetrVG keine schützenswerte Bedeutung bei.[187]

2. Betriebsrat

53 **a) Zuständiger Betriebsrat.** Zu beteiligen ist der Betriebsrat, von dessen Mandat das von der beabsichtigten Kündigung betroffene Arbeitsverhältnis zum Zeitpunkt des Ausspruchs der Kündigung erfasst wird. Sind Betriebsräte unter Verstoß gegen das zwingende Organisationsrecht der §§ 1, 3, 4 BetrVG gewählt worden, beeinträchtigt dies die Beteiligungspflicht nur im Fall der Nichtigkeit der Wahl.[188] Gleichermaßen bleibt es bei der Beteiligungspflicht im Fall einer Übergangsgeschäftsführung nach § 22 BetrVG und während eines Übergangs- oder Restmandates gem §§ 21 a, 21 b BetrVG. Ist für einen – ggf vermeintlichen – **Gemeinschaftsbetrieb**[189] mehrerer Unternehmen ein einheitlicher Betriebsrat gewählt worden, ist dieser vom Vertragsarbeitgeber des Arbeitnehmers zu beteiligen.[190] Soll ein ruhendes Arbeitsverhältnis gekündigt werden, ist der Betriebsrat des Betriebes zuständig, in den der Arbeitnehmer zuletzt eingegliedert war.[191] Betreibt der Arbeitgeber neben seinem Hauptbetrieb eine Niederlassung und wurde der Betriebsrat des Hauptbetriebs von der Belegschaft der Niederlassung nicht mitgewählt, so repräsentiert der Betriebsrat bei einer nicht angefochtenen Betriebsratswahl nur die Belegschaft, die ihn gewählt hat. Ist ein zu kündigender Arbeitnehmer in der Niederlassung tätig, kommt eine Anhörung des Betriebsrats des Hauptbetriebs nicht in Betracht, und zwar auch dann, wenn die Niederlassung nicht die Voraussetzungen des § 4 Abs 1 Satz 1 Nr 2 BetrVG erfüllt.[192] Bei einer Kündigung während einer befristeten Versetzung soll nach Ansicht von Koch[193] der Betriebsrat des Stammbetriebes und nicht der des Entsendungsbetriebes zu beteiligen sein. Dem ist nicht zuzustimmen. Bei einer Versetzung in einen anderen Betrieb desselben Unternehmens decken sich – im Gegensatz zur Arbeitnehmerüberlassung – während der Entsendung die Eingliederung und die Vertragsbeziehung. Damit sind alle Voraussetzungen für die Zuständigkeit des Betriebsrats des aufnehmenden Betriebes erfüllt. Wird ein Arbeitnehmer zu **Ausbildungszwecken** in Nebenbetrieben tätig, kommt es für die betriebsverfassungsrechtliche Zuordnung darauf an, ob vom Stamm- oder Nebenbetrieb die (Gesamt-)Ausbildung im Wesentlichen geleitet und überwacht wird.[194] Bei einer Kündigung durch einen Betriebsveräußerer nach einem Erwerberkonzept ist nur der Betriebsrat des Veräußerers anzuhören.[195]

---

187 BAG 25.4.2013 – 6 AZR 49/12; BAG 13.12.2012 – 6 AZR 608/11; BAG 13.12.2012 – 6 AZR 348/11; aA für das Zustimmungsverfahren nach § 103 BetrVG: LAG Hessen 29.1.1998 – 5 TaBV 122/97.
188 BAG 3.6.2004 – 2 AZR 577/03.
189 BAG 29.11.2007 – 2 AZR 763/06; BAG 16.4.2008 – 7 ABR 4/07; BAG 13.8.2008 – 7 ABR 21/07.
190 BAG 7.11.1990 – 2 AZR 225/90.
191 APS/Koch § 102 Rn 69.
192 BAG 3.6.2004 – 2 AZR 577/03.
193 APS/Koch § 102 Rn 69.
194 BAG 12.5.2005 – 2 AZR 149/04.
195 Annuß/Stamer NZA 2003, 1247.

b) Gesamt- und Konzernbetriebsrat. Die originäre Zuständigkeit des Gesamtbetriebsrats umfasst nach § 50 Abs 1 Satz 1 BetrVG Angelegenheiten, die das Gesamtunternehmen oder mehrere Betriebe betreffen und die nicht durch die Einzelbetriebsräte innerhalb ihrer Betriebe geregelt werden können. Dies schließt bei personellen Einzelmaßnahmen, insbesondere auch für das Verfahren nach § 102 BetrVG, regelmäßig die Zuständigkeit des Gesamtbetriebsrats aus. Eine solche kommt nur in Betracht, wenn ein Arbeitsverhältnis mehreren Betrieben eines Unternehmens gleichzeitig zugeordnet ist.[196] Es genügt nicht, dass der Arbeitnehmer seiner arbeitsvertraglichen Stellung nach betriebsübergreifend einsetzbar ist und ggf tatsächlich in mehreren Betrieben eingesetzt wird; dies allein beseitigt die betriebsverfassungsrechtliche Zuordnung zum Ausgangsbetrieb nicht. Eine Zuordnung zu mehreren Betrieben setzt eine **parallele Eingliederung in mehrere Betriebe** voraus.[197] Das tatsächliche Bestehen einer anderweitigen Beschäftigungsmöglichkeit in einem anderen Betrieb des Unternehmens genügt nach einhelliger Auffassung jedenfalls nicht.[198] Ist ein Arbeitnehmer dagegen in mehrere Betriebe eingegliedert, ist eine Beteiligung des Gesamtbetriebsrats iSv § 50 Abs 1 Satz 1 BetrVG erforderlich, da eine Beteiligung mehrerer Einzelbetriebsräte zu widersprüchlichen Ergebnissen führen könnte. 54

Widerspricht ein Arbeitnehmer einem Betriebsübergang und scheidet er deshalb aus seinem bisherigen Betrieb aus, begründet dies nicht die Zuständigkeit des Gesamtbetriebsrats, wenn er einem anderen Betrieb nicht zugeordnet wird. Es handelt sich nicht um eine mehrere Betriebe betreffende Angelegenheit. Vielmehr begibt sich der Arbeitnehmer durch den Widerspruch in die Gefahr, dass nach dessen Ausspruch kein Betriebsrat mehr für ihn zuständig ist.[199] Auch für Arbeitnehmer **in betriebsratslosen Betrieben** ist der Gesamtbetriebsrat nicht zuständig. Dies hat sich durch die Neufassung von § 50 Abs 1 Satz 1 BetrVG durch das Betriebsverfassungs-Reformgesetz[200] nicht geändert. Die dadurch geregelte Erweiterung der Zuständigkeit des Gesamtbetriebsrates auch auf betriebsratslose Betriebe ist auf Angelegenheiten beschränkt, die über die einzelnen Betriebe hinausgehen und gilt nicht für Angelegenheiten, für die ein örtlicher Betriebsrat zuständig wäre. Die Zuständigkeit des Gesamtbetriebsrats für betriebsratslose Betriebe geht daher nicht über die für Betriebe mit Betriebsrat hinaus. 55

Für Arbeitnehmer, die nicht in mehrere Betriebe eingegliedert sind, kann eine Zuständigkeit des Gesamtbetriebsrats durch eine **Delegation** gem § 50 Abs 2 BetrVG begründet werden. Erforderlich hierfür ist ein Mehrheitsbeschluss des delegierenden Einzelbetriebsrats (§ 50 Abs 2 Satz 1 BetrVG). Ob der Gesamtbetriebsrat zur Übernahme des Auftrags verpflichtet ist, ist streitig.[201] Da eine Übernahmepflicht nicht vorgesehen ist und es wenig 56

---

196 BAG 21.3.1996 – 2 AZR 559/95.
197 APS/Koch § 102 Rn 73; weitergehend KR/Etzel § 102 Rn 47, der bereits eine vertraglich vorgesehene Beschäftigungsmöglichkeit ausreichen lassen will.
198 APS/Koch § 102 Rn 73.
199 BAG 21.3.1996 – 2 AZR 559/95.
200 BGBl 2001 I S 1852.
201 Für eine Bindung GK-BetrVG/Kreutz § 50 Rn 64; aA KR/Etzel § 102 Rn 48; APS/Koch § 102 Rn 73.

sinnvoll sein dürfte, den Gesamtbetriebsrat zur Übernahme ihm originär nicht obliegender Aufgaben zu zwingen, zu deren Ausführung er nicht bereit ist, wird man den Gesamtbetriebsrat als zur Ablehnung befugt anzusehen haben. Dies hat er dem delegierenden Betriebsrat allerdings unverzüglich mitzuteilen. Das Delegationsrecht ist, wie es in der Gesetzesbegründung ausdrücklich heißt,[202] auf einzelne Angelegenheiten beschränkt. Daraus wird zu Recht abgeleitet, dass eine **generelle Übertragung** des Beteiligungsrechts nach § 102 BetrVG **unzulässig** ist.[203] In Betracht kommt lediglich eine zusammengefasste Übertragung des Beteiligungsrechts für Kündigungen, die auf einem einheitlichen Anlass – etwa einer bestimmten Betriebsänderung – beruhen. Ob der Arbeitgeber und der Gesamtbetriebsrat ein Beteiligungsrecht für betriebsratslose Betriebe durch eine **freiwillige Betriebsvereinbarung** begründen können, ist bisher nicht entschieden. Da der Gesetzgeber inzwischen mit § 50 Abs 1 Satz 1 BetrVG idF des zum 24.7.2001 in Kraft getretenen Betriebsverfassungs-Reformgesetzes[204] ein Mandat des Gesamtbetriebsrats für betriebsratslose Betriebe grundsätzlich anerkannt hat, stehen einer solchen Regelung seit der Neuregelung keine Bedenken mehr entgegen.

57 Beteiligt der Arbeitgeber ein nach den vorstehenden Regeln **falsches Gremium**, ist seine Kündigung gem § 102 Abs 1 Satz 3 BetrVG unwirksam, da es sich nicht um einen internen Mangel der Willensbildung, sondern um einen dem Arbeitgeber erkennbaren Verstoß gegen die betriebsverfassungsrechtliche Zuständigkeitsverteilung handelt.[205] Im Fall der Delegation kommt es auf den Zeitpunkt des Zugangs des Auftrags beim Gesamtbetriebsrat an. Da die Ablehnung die Ausnahme ist, ist im Interesse der Rechtsklarheit der Gesamtbetriebsrat bis zum Ausspruch einer Ablehnung als zuständig anzusehen.[206] Da der Arbeitgeber das Risiko der Anhörung eines unzuständigen Gremiums trägt, sollte er bei Zweifeln über die Zuständigkeit vorsorglich den Gesamtbetriebsrat und die in Betracht kommenden Einzelbetriebsräte beteiligen.

58 Eine originäre Zuständigkeit des **Konzernbetriebsrats** gem § 58 Abs 1 Satz 1 BetrVG wird ausnahmsweise für möglich gehalten, wenn ein Arbeitnehmer von der Konzernmutter eingestellt worden ist und in anderen Konzerngesellschaften beschäftigt wird.[207] Dem ist nicht zuzustimmen. Die Kündigung eines Arbeitsverhältnisses kann regelmäßig nicht iSv § 58 Abs 1 Satz 1 BetrVG mehrere Konzernunternehmen betreffen, so lange diese nicht gemeinsam die Arbeitgeberstellung innehaben. Das Beteiligungsrecht von § 102 BetrVG knüpft nicht an die Beendigung der Eingliederung in einen Betrieb, sondern an die Kündigung des der Beschäftigung zugrunde liegenden Arbeitsvertrages an. Dass die Entlassung eines mit dem Beschäftigungsunternehmen nicht in einem Arbeitsverhältnis stehenden Arbeitnehmers auch für andere Unternehmen Auswirkungen nach sich ziehen kann,

---

202 BT-Drucks VI/1786 S 43.
203 LAG Köln 20.12.1983 – 1 Sa 1143/83; APS/Koch § 102 BetrVG Rn 73; HaKo-BetrVG/Braasch § 102 Rn 36.
204 BGBl I S 1852.
205 LAG Köln 20.12.1983 – 1 Sa 1143/83; GK-BetrVG/Raab § 102 Rn 50.
206 AA KR/Etzel § 102 Rn 48.
207 Martens FS 25 Jahre BAG S 367; Eser BB 1994, 1991; APS/Koch § 102 Rn 75.

begründet – wie etwa die vergleichbare Rechtslage bei der Arbeitnehmerüberlassung zeigt – ohne Vertragsbeziehung zwischen dem Unternehmen und dem betroffenen Arbeitnehmer kein Beteiligungsrecht. Zu beteiligen ist der dem Vertragsunternehmen gegenüberstehende Einzel- oder Gesamtbetriebsrat.

3. Zeitpunkt der Unterrichtung

§ 102 Abs 1 Satz 1 BetrVG ordnet eine Anhörung „vor jeder Kündigung" an. Daraus ist zu schließen, dass die Anhörung einerseits erst möglich ist, wenn der Arbeitgeber einen zumindest vorläufigen Kündigungsentschluss aufgrund eines bereits vorliegenden Kündigungssachverhaltes getroffen hat, und andererseits eine Anhörung für eine schon ausgesprochene Kündigung nicht nachgeholt werden kann. Die Anhörungspflicht gilt auch dann, wenn dem Arbeitnehmer wiederholt gekündigt werden soll.[208]

a) **Kündigungssachverhalt.** Aus der Funktion der Anhörung zu einer bestimmten Kündigung folgt, dass der Arbeitgeber den Betriebsrat **nicht auf Vorrat** zu Kündigungssachverhalten anhören kann, deren zukünftigen Eintritt er nur für möglich hält. In diesem Fall könnte der Betriebsrat die noch nicht feststehenden Umstände nicht prüfen und lediglich eine Stellungnahme zu einem fiktiven Sachverhalt mit dem Charakter eines abstrakten Gutachtens abgeben. Dies gilt auch in Fällen, in denen ein Arbeitnehmer ein bestimmtes vertragswidriges Verhalten schon konkret angekündigt hat. Auch dann steht nicht fest, ob und unter welchen Umständen er die Drohung umsetzt. Deshalb muss der Arbeitgeber mit der Anhörung abwarten, bis der Arbeitnehmer die Drohung realisiert.[209] Etwas anderes gilt allerdings, wenn er bereits wegen der Drohung selbst kündigen will; dann ist der Kündigungssachverhalt schon mit deren Abgabe eingetreten.[210] Nicht überzeugend ist es, dem Arbeitgeber das Recht zur Einleitung des Anhörungsverfahrens zu versagen, wenn er sich noch nicht endgültig zur Kündigung entschlossen hat und etwa bereit ist, von ihr abzusehen, wenn der Arbeitnehmer sich nachträglich für eine Pflichtverletzung entschuldigt.[211] In einer solchen Situation liegt der maßgebliche Kündigungssachverhalt unabhängig davon, ob der Arbeitnehmer sich später entschuldigt, zunächst vor. Ein endgültiger Kündigungsentschluss kann vom Arbeitgeber nicht verlangt werden, sondern lediglich die nachträgliche Mitteilung ggf eintretender entlastender Umstände.

Der Grundsatz der Unzulässigkeit der Vorratsanhörung darf nicht so verstanden werden, dass der Kündigungsgrund bei der Unterrichtung des Arbeitgebers zwingend bereits eingetreten sein muss. Ist die Kündigung materiellrechtlich bereits aufgrund einer **Prognose** zulässig, kann der Betriebsrat entsprechend schon dann unterrichtet werden, wenn die Prognose abgegeben werden kann und die Kündigung nach der Vorstellung des Arbeitgebers nicht vom Eintritt weiterer Bedingungen abhängig ist. So genügt es bei einer betriebsbedingten Kündigung aufgrund einer Stilllegungsentschei-

---

208 BAG 10.11.2005 – 2 AZR 623/04.
209 BAG 19.1.1983 – 7 AZR 514/80.
210 APS/Koch § 102 Rn 63.
211 LAG Schleswig-Holstein 28.6.1994 – 1 Sa 137/94; KR/Etzel § 102 Rn 54.

dung, dass der Arbeitgeber sie unbedingt getroffen hat, auch wenn die Umstände, die den Kündigungsgrund bilden, noch nicht umgesetzt worden sind.[212]

62 **b) Kündigungsentschluss.** Es ist weder erforderlich noch schädlich, dass bzw wenn der Arbeitgeber seinen Kündigungsentschluss bei Einleitung des Anhörungsverfahrens schon **abschließend gefasst** hat.[213] Zwar handelt ein Arbeitgeber umso mehr iSd Anhörungsverfahrens, je offener er der Stellungnahme des Betriebsrats gegenübersteht. Es kann aber niemand durch gesetzliche Regelungen gezwungen werden, innere Entschlüsse erst nach dem Ablauf eines Anhörungsverfahrens zu treffen. Vom Arbeitgeber kann daher nur verlangt werden, die Stellungnahme des Betriebsrats zur Kenntnis zu nehmen. Die Statuierung einer weitergehenden Pflicht würde einen Zwang zu Heuchelei begründen und wäre kaum justiziabel. Das BAG hat daher zu Recht seine gegenteilige Rechtsprechung zum BetrVG 1952[214] aufgegeben.

63 **c) Zustimmungsverfahren.** Bedarf die Kündigung einer öffentlich-rechtlichen Genehmigung wegen eines besonderen Kündigungsschutzes etwa als Schwerbehinderter, wegen Schwanger- und Mutterschaft oder aufgrund der Inanspruchnahme von Elternzeit gemäß der §§ 85 bis 91 SGB IX, § 9 MuSchG, § 18 BEEG, besteht keine zwingende Reihenfolge zwischen der Anhörung des Betriebsrats und der Einleitung des Zustimmungsverfahrens. Dem Arbeitgeber steht es frei, den Betriebsrat vor, während oder nach dem Zustimmungsverfahren zu beteiligen.[215] Lediglich bei der Kündigung schwerbehinderter Arbeitnehmer muss der Arbeitgeber berücksichtigen, dass die Dauer der Beteiligung des Betriebsrats den Lauf der mit dem Zustellungsbescheid des Integrationsamtes in Gang gesetzten Fristen für den Kündigungsausspruch gemäß §§ 88 Abs 3, 91 Abs 5 SGB IX nicht hemmt. Für die außerordentliche Kündigung verlangt das BAG sogar, dass der Arbeitgeber idR am ersten Werktag nach der Erteilung der Zustimmung – dh nach deren ggf auch telefonischer oder mündlicher Bekanntgabe – den Betriebsrat anzuhören und am ersten Werktag nach der Beendigung des Anhörungsverfahrens die Kündigung auszusprechen hat.[216] Dies ist, obwohl § 91 Abs 5 SGB IX ein unverzügliches Vorgehen verlangt, überzogen. Es genügt ein zügiges Vorgehen im Rahmen des üblichen Geschäftsganges, ohne dass ein Handeln am jeweils nächsten Werktag in jedem Fall erforderlich ist.[217] Zur Vermeidung von Fristüberschreitungen empfiehlt es sich aber, den Betriebsrat vor dem Abschluss eines Zustimmungsverfahrens beim Integrationsamt zu beteiligen. Allein dadurch, dass ein öffentlich-rechtliches Zustimmungsverfahren längere Zeit – ggf auch mehrere Jahre –

---

212 BAG 18.1.2001 – 2 AZR 514/99.
213 BAG 28.2.1974 – 2 AZR 455/73; BAG 28.9.1978 – 2 AZR 2/77; KR/Etzel § 102 Rn 55; APS/Koch § 102 Rn 62; GK-BetrVG/Raab § 102 Rn 39.
214 BAG 18.1.1962 – 2 AZR 179/59.
215 BAG 18.5.1994 – 2 AZR 626/93; BAG 11.5.2000 – 2 AZR 276/99; BAG 23.10.2008 – 2 AZR 163/07.
216 BAG 3.7.1980 – 2 AZR 340/78; BAG 27.5.1983 – 7 AZR 482/81; dagegen mit dem Hinweis, es solle nicht auf einen starren Zeitablauf abgestellt werden, relativierend BAG 22.1.1987 – 2 ABR 6/86.
217 BAG 22.1.1987 – 2 ABR 6/86.

umfasst, verliert eine frühzeitig durchgeführte Anhörung des Betriebsrats nicht ihre Wirksamkeit, solange sich der Inhalt oder der Anlass des Kündigungsentschlusses nicht ändern. Hat sich der Sachverhalt, auf den die Kündigung gestützt werden soll, allerdings zwischenzeitlich wesentlich geändert, muss der Betriebsrat erneut angehört werden.[218] Wird erst im Anhörungsverfahren bekannt, dass der Arbeitnehmer schwerbehindert ist, muss der Arbeitgeber das Verfahren auf Zustimmung zur Kündigung gegenüber dem Integrationsamt betreiben.[219]

Bedarf die Kündigung der Zustimmung des Betriebsrats nach § 103 BetrVG, finden die für das Anhörungsverfahren geltenden Grundsätze auch für das Zustimmungsverfahren entsprechende Anwendung,[220] obwohl das Zustimmungsverfahren eine andere qualifizierte Form der Beteiligung des Betriebsrats bei der Kündigung ist. Ein Arbeitgeber genügt seinen Mitteilungspflichten nach § 102 BetrVG, wenn er zunächst (zutreffend oder irrtümlich) ein Verfahren nach § 103 BetrVG einleitet und im Kündigungszeitpunkt zweifelsfrei feststeht, dass ein Schutz nach § 103 BetrVG nicht besteht und deshalb für eine außerordentliche Kündigung nur eine Anhörung des Betriebsrats nach § 102 BetrVG erforderlich ist.[221] Im umgekehrten Fall ist jedoch zu berücksichtigen, dass das Zustimmungsverfahren nach § 103 BetrVG ein qualifiziertes Beteiligungsrecht des Betriebsrats im Verhältnis zur Anhörung nach § 102 BetrVG darstellt. Eine Anhörung nach § 102 BetrVG kann deshalb eine Zustimmung nach § 103 BetrVG nicht ersetzen.

d) Kündigungsausspruch. Durch § 102 Abs 1 Satz 1 ist klargestellt, dass der Betriebsrat vor dem Ausspruch der Kündigung angehört werden muss; andernfalls ist die Kündigung gem § 102 Abs 1 Satz 3 unwirksam. Ein solcher Mangel kann nicht durch eine nachträgliche Anhörung geheilt werden. Abweichend von dem allgemeinen Grundsatz, dass eine Kündigung mit ihrem Zugang beim Empfänger Wirksamkeit erlangt, gilt nach der Rechtsprechung des BAG eine Kündigung im Verhältnis zum Betriebsrat bereits mit dem Zeitpunkt als ausgesprochen, in dem sie **den Machtbereich des Arbeitgebers verlassen** hat.[222] Dies führt dann zu einer Vorverlagerung des Erklärungszeitpunktes, wenn der Arbeitgeber die Kündigung per Post übersendet. In diesem Fall gilt die Kündigung als mit ihrer Aufgabe zur Post ausgesprochen.[223] Ausschlaggebend hierfür ist die Überlegung, dass mit der Aufgabe zur Post nicht rückgängig zu machende Fakten geschaffen werden. Dies ist zwar wegen der bis zum Zugang des Kündigungsschreibens bestehenden Möglichkeit des Widerrufs gem § 130 Abs 1 Satz 2 BGB nicht zwingend, aber mit der Überlegung zu billigen, dass ein Arbeitgeber kaum jemals wegen einer Stellungnahme des Betriebsrats nach dem Absenden des Kündigungsschreibens eine Kündigung widerrufen wird. Bei einer

---

218 BAG 18.5.1994 – 2 AZR 626/93; BAG 20.1.2000 – 2 AZR 378/99.
219 BAG 20.1.2005 – 2 AZR 675/03.
220 BAG 17.3.2005 – 2 AZR 275/04.
221 KR/Etzel § 103 BetrVG Rn 67; Zumkeller NZA 2001, 823.
222 BAG 28.2.1974 – 2 AZR 455/73; BAG 11.7.1991 – 2 AZR 119/91; BAG 8.4.2003 – 2 AZR 515/02; für die Maßgeblichkeit des Zugangs des Kündigungsschreibens beim Arbeitnehmer dagegen Reiter NZA 2003, 954.
223 BAG 13.11.1975 – 2 AZR 610/74.

Übermittlung des Kündigungsschreibens durch einen Kurierdienst kann das Anhörungsverfahren dagegen noch bis zur Übergabe oder bis zum Einwurf des Kündigungsschreibens in den Briefkasten des Arbeitnehmers abgeschlossen werden, wenn am letzten Tag der Anhörungsfrist bis zum Dienstschluss der Personalabteilung keine Stellungnahme eingegangen ist und der Arbeitgeber dafür sorgt, dass die Zustellung erst so spät durchgeführt wird, dass er sie noch verhindern kann, falls der Betriebsrat doch noch vor Fristablauf Stellung nimmt, etwa durch eine Benachrichtigung des Boten mittels eines mobilen Telefons.[224] Die Kündigungserklärung hat auch für die Begründung einer nach Anhörung des Betriebsrats ausgesprochenen Kündigung Zäsurwirkung. Der Arbeitgeber kann sich auf Gründe, die ihm im Zeitpunkt der Kündigung bekannt waren, die er dem Betriebsrat aber nicht mitgeteilt hat, im Kündigungsschutzprozess nicht berufen. Dagegen können nach der Rechtsprechung des BAG zum Kündigungszeitpunkt tatsächlich vorliegende, dem Arbeitgeber jedoch noch nicht bekannte Gründe nach einer nachträglichen Anhörung des Betriebsrats im Prozess verwertet werden.[225]

4. Form und Zugang der Unterrichtung

66 **a) Form.** Da § 102 Abs 1 BetrVG keine bestimmte Form vorschreibt, wird überwiegend angenommen, dass die Anhörung formfrei durchgeführt werden kann und eine mündliche Unterrichtung genügt. Schriftliche Ausführungen und die Vorlage bestimmter Unterlagen, etwa der Personalakte des Arbeitnehmers oder gar von Beweismitteln, sind entbehrlich.[226] Dagegen hält eine Mindermeinung den Arbeitgeber gem § 80 Abs 2 Satz 2 BetrVG für verpflichtet, auf Verlangen des Betriebsrats derartige Unterlagen zur Verfügung zu stellen.[227] Mit Beschluss vom 20.1.2000 hat das BAG das Bestehen eines die Anhörung nach § 102 BetrVG ergänzenden **Unterrichtungsanspruchs nach § 80 Abs 2 Satz 1 BetrVG** anerkannt. Konsequenterweise muss dies auch für den Anspruch auf Vorlage von Unterlagen nach § 80 Abs 2 Satz 2 BetrVG gelten. Die danach dem Betriebsrat zur Verfügung stehenden Auskunfts- und Vorlageansprüche sind nur sinnvoll auszuüben, wenn der Arbeitgeber gehalten ist, sie vor dem Abschluss der Anhörung nach § 102 BetrVG zu erfüllen. Dies gebietet überdies der Grundsatz vertrauensvoller Zusammenarbeit (§ 2 Abs 1 BetrVG), aus dem auch abzuleiten ist, dass der Arbeitgeber die Auffassungsgabe und das Erinnerungsvermögen der Mitglieder des Betriebsrats nicht durch ausschweifende mündliche Ausführungen über umfangreiche und unübersichtliche Kündigungssachverhalte überfordern darf; es muss zumindest die Möglichkeit bestehen, dass die Mitglieder des Betriebsrats sich auf zumutbare Weise Aufzeichnungen machen können. Umgekehrt darf der Betriebsrat die Ansprüche nach § 80 Abs 2 BetrVG nicht zur Verfahrensverzögerung einset-

---

224 So für die Überbringung durch einen Kurierdienst BAG 8.4.2003 – 2 AZR 515/02.
225 BAG 23.5.2013 – 2 AZR 102/12; BAG 12.8.2010 – 2 AZR 945/08.
226 BAG 26.1.1995 – 2 AZR 386/94; BAG 6.2.1997 – 2 AZR 265/96; BAG 10.11.2005 – 2 AZR 44/05; KR/Etzel § 102 Rn 68.
227 LAG Hamm 6.1.1994 – 16 Sa 1216/93; für eine schriftliche Anhörung bei komplexen Kündigungssachverhalten Hessisches LAG 22.1.1996 – 11 Sa 1870/94.

zen. Er muss sie ggf unverzüglich geltend machen. Zu einer Hemmung der Fristen von § 102 Abs 2 BetrVG können Auskunfts- und Vorlageansprüche nach § 80 Abs 2 BetrVG nur führen, wenn und soweit der Arbeitgeber sie nicht ohne schuldhaftes Zögern erfüllt.

Hinweis: Unabhängig vom Bestehen einer Rechtspflicht sollte der Arbeitgeber im eigenen Interesse zur Vermeidung späterer Beweisschwierigkeiten im Kündigungsschutzprozess den Betriebsrat schriftlich anhören. Dies geschieht sinnvollerweise mit einem Formular, auf dem die notwendigen Angaben zu der Person, dem Kündigungsgrund und der geplanten Maßnahme einzutragen sind. Überdies sollte auf dem Formular der Zeitpunkt von dessen Zugang beim Betriebsrat, das Datum und der Inhalt der Entscheidung des Betriebsrats und der Zeitpunkt von deren Zugang beim Arbeitgeber festgehalten werden, um eine Verwertung im Prozess als Urkunde zu ermöglichen. Die Anhörungsunterlagen können den Beweiswert einer Privaturkunde haben.[228] Sie erbringen daher gem § 416 ZPO den vollen Beweis für die Abgabe der in ihnen enthaltenen Erklärungen. Erforderlich ist allerdings eine eigenhändige Unterzeichnung durch den jeweiligen Aussteller; das Anbringen eines nicht unterzeichneten Eingangsstempels genügt nicht.[229] 67

b) Zugang. Gem § 26 Abs 2 Satz 2 BetrVG hat der Arbeitgeber **den Betriebsratsvorsitzenden** bzw bei dessen Verhinderung dessen Stellvertreter zu unterrichten. Die Worte „im Falle seiner Verhinderung" in § 26 Abs 2 Satz 2 BetrVG bringen zum Ausdruck, dass der Stellvertreter zur Entgegennahme nur berechtigt ist, wenn und solange der Vorsitzende verhindert ist.[230] Für die Frage, wann von einer „zeitweiligen" Verhinderung zu sprechen ist, gelten die zu § 25 Abs 1 Satz 2 BetrVG entwickelten Grundsätze.[231] Dies setzt das Anhörungsverfahren und damit den Lauf der Fristen von § 102 Abs 2 Satz 1, 3 BetrVG in Gang. Die Kenntnis seines gesetzlichen Vertreters ist dem Betriebsrat als Gremium zuzurechnen. Daneben kann der Betriebsrat einzelne seiner Mitglieder zum Empfang von Erklärungen des Arbeitgebers bevollmächtigen. In diesem Fall genügt die Unterrichtung des Empfangsberechtigten.[232] Die Bevollmächtigung bedarf grundsätzlich eines entsprechenden, den Anforderungen von § 33 BetrVG genügenden Beschlusses des Betriebsrats. Mitteilungen gegenüber nicht wirksam bevollmächtigten Betriebsratsmitgliedern werden nur und erst dann gegenüber dem Betriebsrat wirksam, wenn sie von dem unzuständigen Mitglied als **Erklärungsbote** des Arbeitgebers an den Vorsitzenden oder an ein anderes empfangsbefugtes Mitglied weitergeleitet werden. Das Übermittlungsrisiko trägt der Arbeitgeber.[233] Nach überwiegender Ansicht kann durch die unbeanstandete Hinnahme einer regelmäßigen Praxis eine **Duldungsvollmacht** zugunsten eines nicht förmlich bevollmächtigten Betriebsratsmitglieds entstehen.[234] Dem kann entgegen der Ansicht von 68

---

228 Vgl BAG 16.3.2000 – 2 AZR 828/98.
229 ArbG Hanau 28.11.1996 – 2 Ca 252/96.
230 BAG 7.7.2011 – 6 AZR 248/10.
231 BAG 7.7.2011 – 6 AZR 248/10.
232 BAG 27.6.1985 – 2 AZR 412/84; BAG 26.9.1991 – 2 AZR 132/91.
233 BAG 27.6.1985 – 2 AZR 412/84; BAG 26.9.1991 – 2 AZR 132/91.
234 KR/Etzel § 102 BetrVG Rn 85 a; GK-BetrVG/Raab § 102 Rn 45.

Koch[235] nicht entgegengehalten werden, dass § 33 BetrVG im Interesse der gleichberechtigten Beteiligung aller Betriebsratsmitglieder eine formalisierte Willensbildung vorschreibt, die es ausschließt, dass Beschlüsse stillschweigend zustande kommen.[236] Ordnet man mit der inzwischen überwiegenden Meinung die Duldungsvollmacht nicht als rechtsgeschäftliche Willenserklärung, sondern als einen Rechtsscheintatbestand ein, kann auch durch das tatsächliche Verhalten eines Betriebsrats eine Duldungsvollmacht entstehen.[237] Voraussetzung ist, dass der Arbeitgeber aufgrund des kollektiven Verhaltens des Betriebsrats – und nicht etwa nur des Auftretens einzelner Mitglieder – auf die Erteilung einer wirksamen Vollmacht vertrauen durfte und vertraut.[238] Dies wird bei der Anhörung nach § 102 BetrVG deshalb regelmäßig nicht der Fall sein, weil der Rechtsschein nur durch den Eindruck ausgelöst werden kann, dass das Betriebsratsmitglied als Vertreter des Betriebsrats und nicht etwa nur als Erklärungsbote des Arbeitgebers handeln wollte.

69 Da die **gesetzliche Vertretungsmacht nicht dispositiv** ist, bleiben der Vorsitzende und sein Vertreter auch im Fall der Delegation der Anhörungsbefugnis auf ein anderes Betriebsratsmitglied vertretungsberechtigt. Sie können daher die Entgegennahme der Unterrichtung nicht verweigern.[239] Nicht vertretungsberechtigte Betriebsratsmitglieder sind ebenfalls verpflichtet, Erklärungen des Arbeitgebers entgegenzunehmen und an den Betriebsrat weiterzuleiten.[240] Ebenso wie zur Entgegennahme befugte Betriebsratsmitglieder müssen auch sie Mitteilungen des Arbeitgebers idR nur in den Betriebsräumen und während ihrer Arbeitszeit annehmen. Gleichwohl wird das Anhörungsverfahren wirksam in Gang gesetzt, wenn ein vertretungsberechtigtes Betriebsratsmitglied einer Mitteilung außerhalb des Betriebes oder außerhalb seiner Arbeitszeit nicht widerspricht.[241] Verbreitet wird angenommen, dass nicht berechtigte Betriebsratsmitglieder empfangsbefugt sind, wenn die gesetzlichen und eventuelle rechtsgeschäftliche Vertreter für den Arbeitgeber nicht nur kurzfristig unerreichbar sind. Dem ist nicht zuzustimmen. Die Abwesenheit der Vertreter allein kann keine Empfangsvollmacht für andere Betriebsratsmitglieder begründen. In solchen Fällen ist eine Unterrichtung aller erreichbaren Mitglieder erforderlich. Schaltet der Arbeitgeber dann nur einzelne der erreichbaren Betriebsratsmitglieder ein, fungieren sie nur als Erklärungsboten (s Rn 68).

70 Der Arbeitgeber kann die Unterrichtung auch gegenüber **abwesenden Vertretern des Betriebsrats** durchführen. In solchen Fällen wird seine Erklärung nach den auch für die Beteiligung des Betriebsrats geltenden allgemeinen Grundsätzen über den Zugang von Willenserklärungen unter Abwesenden (§ 130 Abs 1 Satz 1 BGB) in dem Zeitpunkt wirksam, in dem sie

---

235 APS/Koch § 102 BetrVG Rn 78.
236 Vgl BAG 19.8.1992 – 7 ABR 58/91; BAG 14.2.1996 – 7 ABR 25/95.
237 GK-BetrVG/Raab § 26 Rn 45; die Möglichkeit einer Duldungsvollmacht ebenfalls bejahend BAG 24.2.2000 – 8 AZR 180/99.
238 GK-BetrVG/Wiese/Raab § 26 Rn 44-46.
239 KR/Etzel § 102 BetrVG Rn 55; APS/Koch § 102 BetrVG Rn 79; aA GK-BetrVG/Raab § 26 Rn 59.
240 BAG 27.6.1985 – 2 AZR 412/84.
241 BAG 27.8.1982 – 7 AZR 30/80.

dem Vertreter zugeht. Das ist der Fall, wenn die Erklärung in die tatsächliche Verfügungsgewalt des Empfängers gelangt ist und für diesen unter gewöhnlichen Verhältnissen die Möglichkeit besteht, vom Inhalt des Anhörungsschreibens Kenntnis zu nehmen.[242] Dazu kann der Einwurf in ein zur Entgegennahme von Erklärungen bestimmtes **Postfach im Betrieb** genügen. Voraussetzung ist jedoch, dass dieses ausschließlich der Verfügungsgewalt des Betriebsrats oder Einzelner seiner Mitglieder unterliegt. Eingehende Schreiben müssen durch entsprechende Vorrichtungen dem Zugriff des Absenders oder Dritter entzogen sein.[243] Wird ein Unterrichtungsschreiben zu einem Zeitpunkt in ein Postfach gelegt, zu dem üblicherweise mit einer Leerung am selben Tag nicht mehr gerechnet werde konnte (insbesondere nach Dienstschluss), tritt der Zugang erst am darauf folgenden Arbeitstag ein.[244] Hält sich ein empfangsbefugtes Betriebsratsmitglied noch im Betrieb auf und teilt der Arbeitgeber diesem den Einwurf des Unterrichtungsschreibens mit, ist es idR jedenfalls bis zum Ende seiner Arbeitszeit zur Kenntnisnahme verpflichtet.

Der Betriebsrat hat gem §§ 27, 28 BetrVG die Möglichkeit, die Zuständigkeit für Anhörungsverfahren einem Ausschuss zu übertragen. Dabei kann es sich um den nach § 27 BetrVG in Betrieben mit regelmäßig mehr als 200 Arbeitnehmern und mindestens neun Betriebsratsmitgliedern zu bildenden allgemeinen Betriebsausschuss oder um einen gem § 28 BetrVG in Betrieben mit mehr als 100 Arbeitnehmern errichteten Ausschuss mit spezieller Aufgabenstellung handeln. In beiden Fällen bedarf die Zuständigkeitsverlagerung gem § 27 Abs 2 Satz 2, 3 BetrVG eines Beschlusses des Betriebsrats, der mit der Mehrheit der Stimmen zustandegekommen und schriftlich niedergelegt sein muss. Zu den laufenden Geschäften, die dem Betriebsausschuss durch § 27 Abs 2 Satz 1 BetrVG auch ohne gesonderten Beschluss zugewiesen sind, gehört das Anhörungsverfahren nach § 102 BetrVG gemäß allgemeiner Ansicht nicht.[245] Mit dem Zustandekommen eines wirksamen Übertragungsbeschlusses geht die Zuständigkeit auf den Ausschuss über. Dessen Mitteilung an den Arbeitgeber ist nicht Wirksamkeitsvoraussetzung. So lange dem Arbeitgeber die Übertragung – in Zweifelsfällen ggf unter Vorlage des Übertragungsbeschlusses – nicht bekanntgegeben wurde, genügt er seiner Anhörungspflicht allerdings mit der Unterrichtung des Betriebsratsvorsitzenden.[246] Die betriebsratsinterne Übermittlung des Vorgangs an den Ausschuss hemmt den Lauf der Fristen von § 102 Abs 2 Satz 1, 3 BetrVG nicht. Mit der Bekanntgabe eines wirksamen Übertragungsbeschlusses ist der Ausschussvorsitzende oder im Fall von dessen Verhinderung sein Vertreter zu unterrichten. Der Betriebsrat kann die Übertragung jederzeit mit Mehrheitsbeschluss aufheben. Er kann außerdem im Einzelfall einen bereits getroffenen, aber mangels Zugang beim Ar-

---

242 BAG 16.3.1994 – 5 AZR 447/92.
243 BAG 23.1.2001 – 1 ABR 19/00; allg für den Zugang von Schreiben im Betrieb BAG 16.3.1994 – 5 AZR 447/92.
244 BAG 12.12.1996 – 2 AZR 803/95; BAG 12.12.1996 – 2 AZR 809/95.
245 APS/Koch § 102 BetrVG Rn 70; KR/Etzel § 102 BetrVG Rn 93; GK-BetrVG/Raab § 102 Rn 43.
246 BAG 4.8.1975 – 2 AZR 266/74; GK-BetrVG/Raab § 27 Rn 83.

beitgeber noch nicht wirksamen Beschluss des Ausschusses aufheben und seinerseits entscheiden.[247]

72 Verkennt der Arbeitgeber die interne **Zuständigkeitsverteilung** zwischen Ausschuss und Gesamtbetriebsrat, ist danach zu unterscheiden, ob er sich gemäß den aktuellen Mitteilungen des Betriebsrats verhalten hat oder nicht. Befolgt er die Hinweise des Betriebsrats nicht, gehen Fehler zu seinen Lasten. Verhält er sich dagegen entsprechend der Angaben des Betriebsrats, sind die Folgen betriebsratsinterner Fehler – insbesondere die eines unwirksamen Übertragungsbeschlusses – dem Arbeitgeber nur zuzurechnen, wenn ihm der Mangel bekannt oder wenn dieser offensichtlich war.[248]

73 Möglich, idR aber nicht sinnvoll ist auch die Übertragung des Anhörungsverfahrens auf eine gemeinsam mit dem Arbeitgeber gebildete **Arbeitsgruppe** iSv § 28 a BetrVG auf der Grundlage einer Rahmenbetriebsvereinbarung. Offen ist, ob eine Entscheidung der Arbeitsgruppe gegen die Mehrheit der Stimmen der Betriebsratsseite gefasst werden kann.[249]

5. Inhalt der Mitteilung

74 a) **Aufforderung zur Stellungnahme.** § 102 Abs 1 Satz 1, 2 BetrVG verpflichtet den Arbeitgeber, den Betriebsrat vor jeder Kündigung zu hören und ihm die Gründe für die Kündigung mitzuteilen. Um den Betriebsrat anzuhören, muss der Arbeitgeber hinreichend deutlich machen, dass er den Ausspruch einer bestimmten Kündigung anstrebt und mit der Mitteilung das Anhörungsverfahren einzuleiten beabsichtigt.[250] Wird dies deutlich, muss der Arbeitgeber den Betriebsrat nicht ausdrücklich zu einer Stellungnahme auffordern.[251] Im Normalfall ergibt sich der Wille, ein Anhörungsverfahren nach § 102 BetrVG einzuleiten, bereits aus der Mitteilung über die Kündigungsabsicht und die Kündigungsgründe. Höhere Anforderungen bestehen jedoch, wenn für den Betriebsrat Anlass zu Zweifeln an einer solchen Absicht besteht. Dies gilt vor allem für die Unterscheidung von einer Anzeige über die Entlassung eines leitenden Angestellten nach § 105 BetrVG. Wurde ein Arbeitnehmer bisher als leitender Angestellter betrachtet und will der Arbeitgeber den Betriebsrat vorsorglich nach § 102 BetrVG beteiligen, muss er diese Absicht unmissverständlich zum Ausdruck bringen. Dasselbe gilt, wenn ein Beschäftigter bis dahin überhaupt nicht als Arbeitnehmer, sondern etwa als freier Mitarbeiter behandelt wurde. Aus der Anhörung muss weiter erkennbar werden, dass es sich nicht nur um die Mitteilung von Vorüberlegungen, von Personalplanungen iSv

---

247 GK-BetrVG/Raab § 27 Rn 82.
248 APS/Koch § 102 BetrVG Rn 71; KR/Etzel § 102 BetrVG Rn 82; LAG Bremen 26.10.1982 – 4 Sa 185/82: Unwirksame Anhörung bei Beteiligung eines von einem die gesetzliche Mindestgröße nicht erreichenden Betriebsrat gebildeten Ausschusses.
249 Vgl zu § 28 Abs 3 BetrVG aF BAG 12.7.1984 – 2 AZR 320/83; APS/Koch § 102 BetrVG Rn 72; GK-BetrVG/Wiese/Raab § 28 Rn 45.
250 LAG Düsseldorf 1.8.1974 – 7 Sa 469/74; DKK/Kittner § 102 Rn 51.
251 BAG 28.2.1974 – 2 AZR 455/73; BAG 7.12.1979 – 7 AZR 1063/77.

§ 90 Abs 1 BetrVG[252] oder um mitwirkungsfreie Beendigungsformen handelt.[253] Bei Unklarheiten ist der Betriebsrat zu einer Rückfrage verpflichtet.[254] Unklarheiten gehen zu Lasten des Arbeitgebers, wenn die Rückfrage erfolglos bleibt.

b) Objektiver Kündigungssachverhalt und subjektive Determinierung der Unterrichtung. Die Bestimmung des notwendigen Inhalts der Unterrichtung des Betriebsrats wird durch zwei gegensätzliche Zwecke erschwert. Einerseits soll der Arbeitgeber gem § 102 Abs 1 Satz 2 BetrVG „die Gründe" der Kündigung mitteilen. Da die Motive für deren Ausspruch zwangsläufig subjektiv sind, leitet das BAG in ständiger Rechtsprechung aus der Norm den Grundsatz der sog **subjektiven Determination der Unterrichtung** ab.[255] Der Arbeitgeber muss nur die Umstände mitteilen, die die Kündigung aus seiner subjektiven Sicht rechtfertigen und die für seinen Kündigungsentschluss maßgeblich sind. Er braucht nicht weitergehende Tatsachen zu ergänzen, die er für irrelevant hält, die keinen Bezug zu dem von ihm herangezogenen Kündigungsgrund aufweisen oder auf die er die Kündigung – aus welchen Gründen auch immer – nicht stützen will.[256] Danach ist der Betriebsrat immer dann ordnungsgemäß angehört, wenn der Arbeitgeber die nach seinem Verständnis tragenden Gründe genannt hat.[257] Die Mitteilungspflicht des Arbeitgebers im Anhörungsverfahren unterliegt damit geringeren Anforderungen als der Darlegungslast im Kündigungsschutzprozess.[258] Eine idS objektiv unvollständige Anhörung verwehrt es dem Arbeitgeber allerdings, im Kündigungsschutzprozess Gründe nachzuschieben, die über die Erläuterung des mitgeteilten Sachverhalts hinausgehen.[259]

75

Andererseits verbietet es der Zweck des Anhörungsverfahrens, den Gegenstand der Unterrichtung unbeschränkt dem Arbeitgeber zu überlassen. Dies führt zu zwei Einschränkungen der subjektiven Determination. Zunächst muss der Arbeitgeber dem Betriebsrat **alle zur Beurteilung des Kündigungssachverhalts erforderlichen Informationen** geben. Der Betriebsrat muss in die Lage versetzt werden, sich ohne weitergehende eigene Ermittlungen ein Urteil über die beabsichtigte Kündigung und die Stichhaltigkeit der Kündigungsgründe bilden zu können.[260] Dies gebietet bestimmte Mindestinformationen über die Person des Arbeitnehmers, über Art, Frist und Termin der Kündigung sowie eine konkrete Beschreibung des Kündigungssachverhalts. Daneben wird aus dem Grundsatz der vertrauensvollen Zusammen-

76

---

252 Vgl LAG Düsseldorf 1.8.1974 – 7 Sa 469/74; vgl auch LAG Hamm 9.12.1976 – 8 Sa 1098/76.
253 KR/Etzel § 102 BetrVG Rn 73, 74.
254 BAG 16.9.1993 – 2 AZR 267/93.
255 BAG 8.9.1988 – 2 AZR 103/88; BAG 11.7.1991 – 2 AZR 119/91; BAG 22.9.1994 – 2 AZR 31/94; BAG 22.11.2012 – 2 AZR 732/11; BAG 25.4.2013 – 6 AZR 49/12; BAG 12.9.2013 – 6 AZR 121/12.
256 BAG 16.9.2004 – 2 AZR 511/03.
257 BAG 11.7.1991 – 2 AZR 119/91; BAG 18.5.1994 – 2 AZR 920/93; BAG 17.2.2000 – 2 AZR 913/98.
258 BAG 17.3.2005 – 2 AZR 4/04.
259 BAG 15.7.2004 – 2 AZR 376/03; BAG 11.12.2003 – 2 AZR 536/02; BAG 7.11.2002 – 2 AZR 599/01.
260 BAG 11.7.1991 – 2 AZR 119/91; BAG 18.5.1994 – 2 AZR 920/93.

arbeit (§ 2 Abs 1 BetrVG) ein **Wahrhaftigkeitsgebot** abgeleitet, das es dem Arbeitgeber verbietet, dem Betriebsrat Informationen zu geben, durch die ein falsches Bild entsteht. Er darf dem Betriebsrat etwa nicht bewusst ihm bekannte und für den Kündigungsentschluss bestimmende Tatsachen verschweigen, die den mitgeteilten Sachverhalt nicht nur ergänzen oder konkretisieren, sondern ihm erst das Gewicht eines Kündigungsgrundes geben oder die weitere Kündigungsgründe enthalten.[261] Weiter darf der Arbeitgeber ihm bekannte und von ihm bedachte Tatsachen nicht verschweigen, die für den Arbeitnehmer sprechen. Dazu gehören sich im Rahmen einer Sozialauswahl, in der Interessenabwägung oder durch die Begründung eines besonderen Kündigungsschutzes zugunsten des Arbeitnehmers auswirkende persönliche Umstände[262] und im Rahmen einer verhaltensbedingten oder einer Verdachtskündigung **den Arbeitnehmer entlastende Gesichtspunkte**.[263] Darüber hinaus können Hinweise oder Fragen des Betriebsrats vor oder während des Anhörungsverfahrens zu weitergehenden Unterrichtungspflichten führen, wenn der Arbeitgeber durch diese erkennen kann, dass seine Unterrichtung lückenhaft oder unrichtig war.[264]

77 Der Rechtsprechung des BAG zur subjektiven Determination der Betriebsratsanhörung wird überwiegend zugestimmt.[265] Sie ist insoweit unzweifelhaft zutreffend, als es allein dem Arbeitgeber obliegen kann, zu entscheiden, auf welchen Lebenssachverhalt er eine Kündigung stützen will. Auch kann vom Arbeitgeber nicht verlangt werden, mehr mitzuteilen, als ihm bekannt ist und als er für relevant halten muss. Problematisch ist allerdings eine in der Rechtsprechung des BAG zT anzutreffende Überbetonung der subjektiven Determination innerhalb des den Kündigungsentschluss auslösenden, dem Arbeitgeber bekannten Lebenssachverhalts. Ascheid weist zu Recht darauf hin, dass „Grund" iSv § 102 Abs 1 Satz 2 BetrVG nur ein **zusammenhängender Lebenssachverhalt** sein kann, und dass es dem Arbeitgeber nicht zusteht, diesen nach seinen Vorstellungen durch subjektive Auswahl unter dessen einzelnen Bestandteilen zusammenzustellen. „Wer einen einheitlichen, ihm bekannten Lebenssachverhalt zerstückelt und nur die ihm genehmen Bruchteile dem Betriebsrat unterbreitet, verfälscht den Sachverhalt."[266] Dabei kann es nicht darauf ankommen, ob der Arbeitgeber gut- oder bösgläubig handelt.[267] Dies ist einer Überprüfung ohnehin kaum zugänglich. Umstände, die bei lebensnaher Betrachtung zusammengehören, dürfen nicht auseinandergerissen werden. Der Arbeitgeber kann daher etwa eine ihm vorliegende, den Arbeitnehmer entlastende Aussage eines Zeugen dem Betriebsrat nicht allein deshalb verschweigen, weil er diese für falsch hält und in ihr ein „abgekartetes Spiel" sieht.[268] Lässt man

---

261 BAG 11.7.1991 – 2 AZR 119/91; BAG 18.5.1994 – 2 AZR 920/93.
262 BAG 15.12.1994 – 2 AZR 327/94; BAG 15.11.1995 – 2 AZR 974/94.
263 BAG 2.11.1983 – 7 AZR 65/82; BAG 22.9.1994 – 2 AZR 31/94; BAG 23.5.2013 – 2 AZR 102/12.
264 BAG 17.2.2000 – 2 AZR 913/98.
265 KR/Etzel § 102 BetrVG Rn 62, 62a; APS/Koch § 102 BetrVG Rn 88-91ErfK/Kania § 102 BetrVG Rn 6-9.
266 Ascheid Rn 615.
267 So aber ausdrücklich BAG 22.9.1994 – 2 AZR 31/94.
268 So jedoch BAG 27.2.1997 – 2 AZR 37/96; dem zust KR/Etzel § 102 BetrVG Rn 62; APS/Koch § 102 BetrVG Nr 89.

eine selektive Auswahl des Arbeitgebers unter den Bestandteilen des jeweiligen Lebenssachverhalts zu, nimmt man dem Betriebsrat normzweckwidrig die Möglichkeit einer eigenständigen Beurteilung und einer auf den wirklichen Sachverhalt gestützten argumentativen Einwirkung auf den Arbeitgeber.

Die **Rechtsfolgen einer unvollständigen Unterrichtung** hängen nach der Rechtsprechung des BAG vom Kenntnisstand und von den Intentionen des Arbeitgebers ab. Will der Arbeitgeber die Kündigung auf bestimmte, objektiv kündigungsrelevante Umstände nicht stützen und teilt er diese dem Betriebsrat deshalb nicht mit, ist die Anhörung ordnungsgemäß; der Arbeitgeber kann dann lediglich im Kündigungsschutzprozess auf diese Umstände nicht zurückgreifen.[269] Im Fall einer durch Vorspiegelung falscher oder durch Vorenthaltung wahrer kündigungsrelevanter Tatsachen bewusst unzutreffenden oder lückenhaften Unterrichtung tritt dagegen die Nichtigkeitsfolge von § 102 Abs 1 Satz 3 BetrVG ein; eine bewusst falsche Anhörung steht einer ganz unterbliebenen gleich. Im Kündigungszeitpunkt unbekannte Gründe kann der Arbeitgeber nach hM nach einer ergänzenden Unterrichtung des Betriebsrats in den Kündigungsschutzprozess einführen.[270] 78

c) Keine Beschränkung der Unterrichtung durch Datenschutzrecht. Die Befugnis und die Verpflichtung zur Mitteilung personenbezogener Daten im Rahmen des Anhörungsverfahrens ist **nicht durch datenschutzrechtliche Bestimmungen eingeschränkt**. Der Betriebsrat ist datenschutzrechtlich ein unselbstständiger Teil des Unternehmens des Arbeitgebers als speichernde Stelle iSv § 3 Abs 8 BDSG.[271] Die Datenübermittlung im Rahmen des Anhörungsverfahrens nach § 102 BetrVG unterliegt daher wie die Beteiligung des Betriebsrats allgemein[272] nicht den Beschränkungen des Datenschutzrechts.[273] 79

d) Eigene Kenntnisse und Nachforschungen des Betriebsrats. Da die Unterrichtung kein Selbstzweck ist, sondern lediglich dem Betriebsrat die Informationsgrundlage für eine fundierte Stellungnahme verschaffen soll, muss der Arbeitgeber Umstände nicht gesondert mitteilen, die dem Betriebsrat schon bekannt sind, sei es durch frühere Informationen des Arbeitgebers, durch Mitteilungen Dritter oder durch eigene Wahrnehmungen des Betriebsrats.[274] So braucht der Arbeitgeber nach ständiger Rechtsprechung Angaben nicht zu wiederholen, die er dem Betriebsrat bereits in **anderen Beteiligungsverfahren** mitgeteilt hat, etwa im Rahmen einer Unterrichtung gem § 80 Abs 2 BetrVG oder in Verhandlungen über einen Inter- 80

---

269 BAG 15.7.2004 – 2 AZR 376/03; BAG 11.12.2003 – 2 AZR 536/02; BAG 7.11.2002 – 2 AZR 599/01.
270 BAG 23.5.2013 – 2 AZR 102/12.
271 BAG 11.11.1997 – 1 ABR 21/97.
272 BAG 17.3.1983 – 6 ABR 33/80.
273 KR/Etzel § 102 BetrVG Rn 71; APS/Koch § 102 BetrVG Rn 87; GK-BetrVG/Raab, § 102 Rn 65.
274 BAG 27.6.1985 – 2 AZR 412/84; BAG 15.12.1994 – 2 AZR 327/94; BAG 5.4.2001 – 2 AZR 580/99.

essenausgleich und/oder einen Sozialplan.[275] Dasselbe gilt, wenn Mitglieder des Betriebsrats Zeugen von oder Beteiligte an für die Kündigung relevanten Sachverhalten waren, bspw wenn sie an einer Sitzung des Integrationsamtes im Antragsverfahren nach § 87 SGB IX mitgewirkt oder den kündigungsauslösenden Vorfall miterlebt haben. Eine einer personen- oder verhaltensbedingten Kündigung zugrunde liegende Verhaltensbeurteilung muss der Arbeitgeber nicht vorlegen oder wiedergeben, wenn der Betriebsratsvorsitzende diese als Vorgesetzter selbst verfasst hat.[276] Es gelten die allgemeinen Regeln über den Informationszugang. Dem Betriebsrat als Gremium sind ohne weiteres nur Kenntnisse seiner gesetzlichen und rechtsgeschäftlichen Vertreter zuzurechnen. Frühere Erklärungen des Arbeitgebers gegenüber zur Entgegennahme nicht berechtigten Betriebsratsmitgliedern gehen dem Betriebsrat erst zu, wenn diese den Vorsitzenden oder ein anderes empfangsberechtigtes Mitglied hierüber unterrichten.[277] Es ist daher nicht zutreffend, anzunehmen, die Kenntnisse eines an der Sitzung des Integrationsamtes teilnehmenden „einfachen" Mitglieds seien dem Betriebsrat ohne weiteres zuzurechnen.[278] Ebenfalls abzulehnen ist die Rechtsprechung des BAG, die darauf abstellt, ob der Arbeitgeber subjektiv das Vorliegen der Informationen beim Betriebsrat kannte oder nach den gegebenen Umständen als sicher annehmen durfte.[279] Der Grundsatz der subjektiven Determination erfasst nicht den Zugang der nach den Vorstellungen des Arbeitgebers kündigungsrelevanten Informationen. Sieht der Arbeitgeber von einer detaillierten Unterrichtung im Anhörungsverfahren nach § 102 BetrVG ab, trägt er das Risiko, dass der Betriebsrat von ihm als bekannt vorausgesetzte Umstände tatsächlich nicht kannte.[280]

81 Die Mitteilung der der beabsichtigten Kündigung zugrunde liegenden Umstände wird nicht dadurch entbehrlich, dass der Betriebsrat die Möglichkeit hat, sich etwa durch die Befragung Dritter oder durch die Beiziehung von vom Arbeitgeber nicht vorgelegten Akten weitere Informationen selbst zu verschaffen.[281] Der Betriebsrat soll durch die Anhörung in die Lage versetzt werden, **ohne eigene Nachforschungen die Stichhaltigkeit der Kündigung überprüfen** zu können.[282] Für die Beurteilung maßgeblich ist der zum Zeitpunkt der Einleitung des Verfahrens durch die Anhörung selbst vermittelte oder beim Betriebsrat bereits vorhandene Kenntnisstand.[283] Durch eigene Ermittlungen vom Betriebsrat nachträglich erworbene Kenntnisse heilen die unzureichende Unterrichtung nicht.

---

275 BAG 20.5.1999 – 2 AZR 532/98; BAG 21.2.2002 – 2 AZR 581/00; BAG 28.8.2003 – 2 AZR 377/02; BAG 22.1.2004 – 2 AZR 111/02 – BAG 23.10.2008 – 2 AZR 163/07.
276 LAG Hessen 10.5.2001 – 3 Sa 1413/00.
277 BAG 5.4.1990 – 2 AZR 337/89.
278 So aber LAG Köln 17.9.1998 – 10 Sa 631/98; allerdings wird ein solches Mitglied regelmäßig als Vertreter – zumindest auf der Grundlage einer Duldungsvollmacht – handeln.
279 BAG 27.6.1985 – 2 AZR 412/84; BAG 15.12.1994 – 2 AZR 327/94.
280 BAG 5.4.1990 – 2 AZR 337/89.
281 BAG 28.9.1978 – 2 AZR 2/77; BAG 2.11.1983 – 7 AZR 65/ 82; KR/Etzel § 102 BetrVG Rn 69.
282 BAG 18.5.1994 – 2 AZR 920/93; BAG 22.9.1994 – 2 AZR 31/94.
283 BAG 27.6.1985 – 2 AZR 412/84; BAG 26.9.1991 – 2 AZR 132/91.

Auch wenn der Betriebsrat bereits über Vorkenntnisse verfügt, muss der Arbeitgeber hinreichend deutlich machen, auf **welchen Kündigungssachverhalt** er die Kündigung stützen will.[284] Dazu ist nicht in jedem Fall ein ausdrücklicher Hinweis erforderlich, sofern sich aus den jeweiligen Umständen klar ergibt, was nach dem Willen des Arbeitgebers Kündigungsanlass sein soll.[285] Unklarheiten gehen zu Lasten des Arbeitgebers. Unabhängig davon, ob der Betriebsrat über Vorkenntnisse verfügt, muss ihm jedenfalls der **Inhalt des Kündigungsentschlusses** (Kündigungsart, -termin und -frist) detailliert mitgeteilt werden, da ihm diese Umstände anderweitig nicht bekannt sein können.

82

e) **Person des Arbeitnehmers.** Der Arbeitgeber muss gegenüber dem Betriebsrat so weit Angaben zur Person des von der geplanten Kündigung betroffenen Arbeitnehmers machen, wie dies zu dessen Identifizierung und zur sachgerechten Würdigung der beabsichtigten Kündigung notwendig ist. Ersteres setzt regelmäßig die Angabe des Vor- und Nachnamens voraus.[286] Selbst bei einer **Massenentlassung** genügt es nicht, nach § 17 KSchG die Anzahl der zu entlassenden Arbeitnehmer mitzuteilen, ohne die betroffenen Arbeitnehmer näher zu identifizieren.[287] Dies ist erforderlich, um die Berücksichtigung individueller Besonderheiten (etwa wegen Sonderkündigungsschutzes oder spezieller Kündigungsfristen) zu gewährleisten. Insbesondere wenn im Betrieb mehrere Arbeitnehmer mit demselben Namen beschäftigt werden, kann es außerdem erforderlich sein, zusätzlich im Betrieb verwendeter Identifizierungsmerkmale (Personalnummer, Abteilung des Arbeitnehmers oä) zu nennen.[288] Die Angabe der Anschrift des Arbeitnehmers ist dagegen nicht zwingend geboten, sofern dessen Identität auch so feststeht.[289]

83

Welche **Sozialdaten** mitgeteilt werden müssen, hängt nach ständiger Rechtsprechung davon ab, inwieweit sie bei vernünftiger Betrachtung aus der Sicht des Arbeitgebers oder des Betriebsrats bei der Beurteilung der Kündigung eine Rolle spielen können.[290] Zwingend erforderlich sind nach der Rechtsprechung des BAG regelmäßig Angaben zum **Alter** des betroffenen Arbeitnehmers, zur Dauer von dessen **Betriebszugehörigkeit** sowie zur eventuellen Geltung von **Sonderkündigungsschutzrecht**. Fehlt eine dieser Angaben, ist die Kündigung regelmäßig unwirksam,[291] da ohne sie eine sachgerechte Würdigung der Kündigung etwa hinsichtlich des Gewichts der Kündigungsgründe, der Auswirkungen der Kündigung für den Arbeitnehmer und der Berechnung der Kündigungsfrist in den meisten Fällen nicht möglich ist. Nicht hinreichend präzise ist es allerdings, wenn das

84

---

284 KR/Etzel § 102 BetrVG Rn 69.
285 BAG 28.3.1974 – 2 AZR 372/73; BAG 28.9.1978 – 2 AZR 2/77.
286 BAG 15.11.2001 – 2 AZR 380/00.
287 BAG 16.9.1993 – 2 AZR 267/93.
288 APS/Koch § 102 BetrVG Rn 93.
289 LAG Hamm 27.2.1992 – 4 (9) Sa 1437/90.
290 BAG 16.3.2000 – 2 AZR 828/98; BAG 13.5.2004 – 2 AZR 329/03; BAG 20.9.2006 – 6 AZR 219/06; 23.4.2009 – 6 AZR 516/08.
291 BAG 15.12.1994 – 2 AZR 327/94; BAG 16.3.2000 – 2 AZR 828/98; im Urt v 15.11.2001 – 2 AZR 380/00, wird an Stelle des Alters das Geburtsdatum als regelmäßig mitzuteilen genannt; darin dürfte jedoch keine bewusste Verschärfung der Rspr liegen.

BAG in ständiger Rechtsprechung das Kriterium „Betriebszugehörigkeit" nennt. Da für den sozialen Besitzstand des Arbeitnehmers nicht allein die Betriebszugehörigkeit, sondern in erster Linie die Dauer des Bestehens des Arbeitsverhältnisses zum Arbeitgeber bzw zu eventuellen Rechtsvorgängern maßgeblich ist, sind ggf auch **Vorbeschäftigungszeiten in anderen Betrieben** desselben Arbeitgebers oder von Rechtsvorgängern zwingend mitzuteilen. Nicht relevant sind dagegen fiktive Eintrittsdaten, wie sie gelegentlich für die betriebliche Altersversorgung oder für Jubiläumszuwendungen festgelegt werden. Über einen Streit mit dem Arbeitnehmer über die Anrechnung von Vorbeschäftigungszeiten etwa aufgrund eines möglichen Betriebsübergangs muss der Arbeitgeber den Betriebsrat jedoch nicht unterrichten. Das Alter des Arbeitnehmers und die Dauer des Bestandes des Arbeitsverhältnisses muss nicht auf den Tag genau angegeben werden, sofern es darauf – etwa bei der Berechnung der Kündigungsfrist – nicht entscheidend ankommt.[292] Zur Bezeichnung der Beschäftigungsdauer kann der Hinweis „Kündigung während der Probezeit" genügen.[293] Auch der **Grad der Behinderung** eines schwerbehinderten Arbeitnehmers muss nicht mitgeteilt werden.[294] Um dem Betriebsrat eine Prüfung der Widerspruchsgründe nach § 102 Abs 3 Nr 3, 5 BetrVG zu ermöglichen, ist über die vom BAG als generell notwendig erachteten Angaben hinaus regelmäßig auch die Mitteilung erforderlich, welche Tätigkeit der Arbeitnehmer ausübt und welche weiteren Tätigkeiten ihm durch Ausübung des Direktionsrechts zugewiesen werden können.[295]

85 Andere Sozialdaten wie der Familienstand, eine eventuelle Erwerbstätigkeit des Ehegatten des betroffenen Arbeitnehmers oder der Umfang eventueller Unterhaltsverpflichtungen sind im Rahmen der subjektiven Determination immer dann dem Betriebsrat mitzuteilen, wenn sie für den Kündigungsentschluss des Arbeitgebers eine Rolle gespielt haben, insbesondere bei der **Sozialauswahl** vor einer betriebsbedingten Kündigung. Hat der Arbeitgeber keine Sozialauswahl durchgeführt, weil er für den Betriebsrat erkennbar – zB wegen Stilllegung des gesamten Betriebes[296] – dies nicht für erforderlich hielt, muss er auch keine Sozialdaten mitteilen, selbst wenn seine Überlegungen fehlerhaft sind.[297] Der Arbeitgeber darf jedoch nicht grundlos auf eine Sozialauswahl verzichten. Er muss gegenüber dem Betriebsrat Gründe angeben, weshalb aus seiner Sicht keine Sozialauswahl durchzuführen ist. Nur so ist der Betriebsrat in der Lage zu prüfen, ob der Arbeitgeber bewusst unrichtig unter dem Deckmantel der subjektiven Determination angibt, keine Sozialauswahl durchführen zu müssen. Der Grundsatz der subjektiven Determination darf nicht zur Aushöhlung der Pflicht zur vollständigen und richtigen Anhörung führen.[298] Bei einer **Kündigung vor Ablauf**

---

292 LAG Köln 7.8.1998 – 11 Sa 218/98: Unschädliche Abweichung um einen Tag beim Geburtsdatum.
293 BAG 16.3.2000 – 2 AZR 828/98.
294 BAG 12.1.1995 – 2 AZR 456/94.
295 APS/Koch § 102 BetrVG Rn 95; KR/Etzel § 102 BetrVG Rn 58 b.
296 BAG 13.5.2004 – 2 AZR 329/03.
297 BAG 26.10.1995 – 2 AZR 1026/94; BAG 21.9.2000 – 2 AZR 385/99.
298 Zur Problematik: BAG 24.6.2004 – 2 AZR 461/03; BAG 6.7.2006 – 2 AZR 520/05.

der **Wartezeit** des § 1 Abs 1 KSchG ist der Arbeitgeber nicht verpflichtet, Sozialdaten, die bei vernünftiger Betrachtung weder aus seiner Sicht noch aus Sicht der Arbeitnehmervertretung eine Rolle spielen können, mitzuteilen. Insoweit gilt es zu beachten, dass die Wartezeit dem Arbeitgeber die Gelegenheit geben soll, sich eine subjektive Meinung über Leistung und Führung des Arbeitnehmers zu bilden.[299] Im Falle eines aus Sicht des Arbeitgebers negativen Ergebnisses kann er das Arbeitsverhältnis frei kündigen. Familienstand, Unterhaltsverpflichtungen des Arbeitnehmers sowie das Lebensalter sind mithin regelmäßig ohne Belang.[300] Nach Ablauf der Wartefrist kommt es bei einer **verhaltensbedingten Kündigung** auf den Familienstand und Unterhaltspflichten nur an, wenn sie in unmittelbarem Zusammenhang mit der vom Arbeitgeber zum Anlass der Kündigung genommenen Pflichtverletzung stehen.[301] Bei **personenbedingten Kündigungen** gilt der Grundsatz der subjektiven Determination hinsichtlich der Sozialdaten Familienstand und Unterhaltspflichten dagegen nicht.[302] Im Unterschied zu verhaltens- und betriebsbedingten Kündigungen sind diese Gesichtspunkte hier im Rahmen der Interessenabwägung regelmäßig von erheblicher Bedeutung.[303] Angaben über die Staatsangehörigkeit des Arbeitnehmers und eventuelle Zeiten mutterschutzrechtlicher Beschäftigungsverbote und die Inanspruchnahme von Elternzeit sind nicht erforderlich.[304] Hält der Betriebsrat über die Angaben des Arbeitgebers hinaus weitergehende Mitteilungen etwa für eine von ihm für notwendig erachtete Sozialauswahl für erforderlich, kann er gem § 80 Abs 2 Satz 1 BetrVG vom Arbeitgeber ergänzende Mitteilungen verlangen.[305]

Bei der Unterrichtung über die Sozialdaten kann sich der Arbeitgeber nicht auf die **Eintragungen auf der Lohnsteuerkarte** des Arbeitnehmers verlassen.[306] Dies beruht auf dem eingeschränkten Erkenntniswert der Eintragung. Ein Freibetrag für ein Kind trifft keine Aussage darüber, ob der Arbeitnehmer einem oder zwei Kindern gegenüber zum Unterhalt verpflichtet ist, da Elternteile in der steuerrechtlichen Zuordnung der zum Unterhalt verpflichteten Kinder im Rahmen der Lohnsteuerklassenwahl und des Freibetrages frei sind. Die Angaben auf der Lohnsteuerkarte treffen auch keine Aussage über im Ausland lebender Familienangehöriger.[307] Dennoch ist es richtig, dass der Arbeitnehmer für die Unterrichtung des Arbeitgebers über Veränderungen seiner Personalien verantwortlich ist.[308] Dies gilt zB auch für eine eventuelle Unterhaltspflicht nach den §§ 5 und 12 LPartG. Da der Betriebsrat nicht davon ausgehen kann, dass der Arbeitgeber weitergehende Ermittlungen durchführt, muss der Arbeitgeber nicht ausdrücklich darauf hinweisen, dass er auf die sich aus der Lohnsteuerkarte ergebenden

---

299 BAG 24.11.2005 – 2 AZR 614/04; BAG 12.9.2013 – 6 AZR 121/12.
300 BAG 23.4.2009 – 6 AZR 516/08.
301 BAG 15.11.2001 – 2 AZR 380/00.
302 AA APS/Koch § 102 BetrVG Rn 94.
303 Vgl nur BAG 16.2.1989 – 2 AZR 299/88.
304 BAG 10.10.2002 – 2 AZR 472/01.
305 BAG 20.1.2000 – 2 ABR 19/99.
306 AA BAG 17.1.2008 – 2 AZR 405/06; LAG BW 9.11.1990 – 15 Sa 86/90; LAG Schleswig-Holstein 1.4.1999 – 5 Sa 236/98.
307 ArbG Stuttgart 31.10.1991 – 6 Ca 2171/91.
308 BAG 6.7.2006 – 2 AZR 520/05; BAG 29.1.1997 – 2 AZR 292/96.

bzw ihm bekannten Daten zurückgegriffen hat.[309] Hat er ausdrücklich darauf hingewiesen, ist die Unterrichtung auch dann ordnungsgemäß erfolgt, wenn die übermittelten Daten nicht zutreffen,[310] es sei denn der Arbeitgeber hatte positive Kenntnis von deren Unrichtigkeit. Entsprechend ist die Anhörung nicht wegen eines unterbliebenen Hinweises auf **Sonderkündigungsschutz** unwirksam, wenn dem Arbeitgeber die hierfür maßgeblichen Tatsachen nicht bekannt sind. Auch über einen ihm bekannten, noch nicht beschiedenen Antrag auf Anerkennung als Schwerbehinderter oder auf Gleichstellung muss der Arbeitgeber den Betriebsrat nicht unterrichten.[311] Ist eine Schwerbehinderung dagegen offenkundig, ist eine Mitteilung auch ohne eine Feststellung iSv § 69 SGB IX notwendig. Wird dem Arbeitgeber im Rahmen des Anhörungsverfahrens durch einen Widerspruch des Betriebsrats erst bekannt, dass der Arbeitnehmer einen Feststellungsantrag nach § 69 SGB IX gestellt hat, kann er diese Information nicht unberücksichtigt lassen und mit der Erklärung, der Arbeitnehmer selbst habe ihn über den Antrag nicht unterrichtet, ohne Zustimmung des Integrationsamtes kündigen.[312]

87 Das BAG nimmt an, dass das Unterlassen der Mitteilung der genauen Sozialdaten bei einer **außerordentlichen Kündigung** ausnahmsweise unschädlich ist, wenn diese dem Betriebsrat ungefähr bekannt sind und es dem Arbeitgeber wegen der Schwere der Kündigungsvorwürfe erkennbar auf die Personalien nicht ankommt.[313] Dem kann beschränkt auf Extremfälle gravierenden Fehlverhaltens, etwa bei massiven Straftaten, gefolgt werden. Unter derartigen Umständen wäre es eine sinnlose Förmelei, vom Arbeitgeber präzise Angaben über die Sozialdaten zu verlangen. Diese Rechtsprechung darf jedoch nicht als Erweiterung des Prinzips der subjektiven Determination auf die Unterrichtung über die grundlegenden Sozialdaten missverstanden werden. Diese müssen auch bei verhaltensbedingten Kündigungen regelmäßig mitgeteilt werden.[314]

88 f) **Kündigungsart, Kündigungstermin und Kündigungsfrist.** Um dem Betriebsrat eine rechtlich fundierte Beurteilung und eine Bestimmung der Dauer der Anhörungsfrist nach § 102 Abs 2 BetrVG zu ermöglichen, muss der Arbeitgeber klarstellen, ob er eine ordentliche oder – ggf unter Gewährung einer Auslauffrist – eine außerordentliche Kündigung aussprechen will.[315] Bei außerordentlichen Kündigungen gegenüber **ordentlich unkündbaren Arbeitnehmern** ist darüber hinaus anzugeben, ob sie fristlos oder mit Auslauffrist erklärt werden sollen. Will der Arbeitgeber neben einer fristlosen hilfsweise eine ordentliche oder eine außerordentliche Kündigung mit Auslauffrist aussprechen, bedarf es einer entsprechenden Mitteilung an den Betriebsrat. Dies ist nach der Rechtsprechung des BAG auch bei der **Umdeutung einer fristlosen Kündigung** in eine fristgemäße im Kündigungs-

---

309 AA KR/Etzel § 102 BetrVG Rn 58 a.
310 So BAG 17.1.2008 – 2 AZR 405/06.
311 Vgl LAG Berlin 24.6.1991 – 9 Sa 20/91.
312 BAG 20.1.2005 – 2 AZR 675/03.
313 BAG 15.11.1995 – 2 AZR 974/94; BAG 29.1.1997 – 2 AZR 292/96; BAG 21.6.2001 – 2 AZR 30/00.
314 BAG 21.6.2001 – 2 AZR 30/00.
315 BAG 12.8.1976 – 2 AZR 311/75; BAG 29.8.1991 – 2 AZR 59/91.

schutzprozess zu beachten. Eine Unterrichtung des Betriebsrats über die fristwahrende hilfsweise Kündigung ist danach nur dann ausnahmsweise entbehrlich, wenn der Betriebsrat der fristlosen Kündigung ausdrücklich und vorbehaltlos zugestimmt hat und wenn nach den Umständen kein Zweifel besteht, dass er im Fall der Unwirksamkeit der fristlosen Kündigung der befristeten Kündigung nicht entgegengetreten wäre.[316]

Ein **Wechsel von einer Beendigungs- zu einer Änderungskündigung** und umgekehrt macht eine erneute Anhörung erforderlich, da bei der Beurteilung jeweils unterschiedliche rechtliche Kriterien und Interessen des betroffenen Arbeitnehmers und der vom Betriebsrat vertretenen Belegschaft maßgeblich sind.[317] Auch bei einer Verdachtskündigung ist zu berücksichtigen, dass diese gegenüber der Kündigung wegen der Tat einen eigenständigen Kündigungstatbestand darstellt. Eine **Verdachtskündigung** setzt voraus, dass der Arbeitgeber deutlich macht, dass er sich zumindest hilfsweise gerade auf den Verdacht einer schwerwiegenden Pflichtverletzung oder einer Straftat stützen will, durch den das für die Fortsetzung des Arbeitsverhältnis erforderliche Vertrauensverhältnis zerstört wurde.[318] Entsprechend muss der Arbeitgeber auch im Rahmen der Mitteilung gegenüber dem Betriebsrat gem § 102 BetrVG klarstellen, dass er die Kündigung zumindest auch auf einen Verdacht stützen will und diesem alle aus seiner Sicht be- und entlastenden Momente vortragen.[319] Zur Klarstellung können Formulierungen wie „mutmaßlicher Diebstahl" oder der Hinweis auf eine „noch ausstehende" strafgerichtliche Verurteilung des Arbeitnehmers ausreichen.[320] Hat der Arbeitgeber eine Verdachtskündigung ausgesprochen, sind wegen der strengeren Voraussetzungen der Tatkündigung die Arbeitsgerichte nicht gehindert,[321] nach neuerer Rechtsprechung des BAG sogar verpflichtet,[322] eine Verdachtskündigung auf ihre Wirksamkeit unter dem Gesichtspunkt der erwiesenen Tat zu prüfen. Der Wirksamkeit der Tatkündigung steht eine fehlende Betriebsratsanhörung dann nicht entgegen, wenn dem Betriebsrat alle Tatsachen mitgeteilt worden sind, die nicht nur den Verdacht, sondern den Tatvorwurf selbst begründen.

In der Praxis bietet es sich letzlich an, sämtliche Tatsachen in einem einheitlichen Anhörungsverfahren nach § 102 BetrVG mitzuteilen und dies mit der Erklärung zu verbinden, dass sowohl wegen des Verdachts als auch wegen des nachgewiesenen Tatvorwurfs gekündigt werden soll.[323] Wird der Ausspruch einer gesonderten Tatkündigung unterlassen, besteht für den Arbeitgeber auf Grund benannter Entscheidung des 2. Senats auch im Nachhinein Veranlassung, weitergehende Erkenntnisse, die ggf eine Tatkündigung auf Grund des vorgetragenen Sachverhalts stützen, unmittelbar in das Verfahren einzubringen und es so dem Gericht zu ermögli-

---

316 BAG 16.3.1978 – 2 AZR 424/76; BAG 8.6.2000 – 2 AZR 638/99; aA GK-BetrVG/Raab § 102 Rn 60.
317 BAG 27.5.1982 – 2 AZR 96/80; BAG 30.11.1989 – 2 AZR 197/89.
318 BAG 3.4.1985 2 AZR 519/91.
319 Vgl zur Personalratsunterrichtung BAG 27.11.2008 – 2 AZR 98/07.
320 BAG 20.8.1997 – 2 AZR 620/96.
321 BAG 6.12.2001 – 2 AZR 496/00; BAG 3.7.2003 – 2 AZR 437/02.
322 BAG 23.6.2009 – 2 AZR 474/07.
323 Haußmann ArbR Aktuell 2009, 135.

chen, die Kündigung auf die nachgewiesene Tat zu stützen. Nach Auffassung des erkennenden Senats steht § 102 BetrVG dem grundsätzlich nicht entgegen.[324]

Wurde hingegen gesondert von der Verdachtskündigung eine Tatkündigung ausgesprochen, ist diese nicht allein deshalb gem § 102 Abs 1 Satz 3 BetrVG unwirksam, weil der Arbeitgeber Informationen, die ersichtlich auch eine Tatkündigung rechtfertigen könnten, zum Inhalt eines gesonderten Anhörungsschreibens gemacht hat, das er als Anhörung zur beabsichtigten Verdachtskündigung bezeichnet.[325] Hat der Arbeitgeber sowohl eine Verdachts- als auch eine Tatkündigung ausgesprochen und verfügt der Betriebsrat bei Einleitung des Anhörungsverfahrens über den erforderlichen Kenntnisstand, um zu beiden beabsichtigten Kündigungen eine sachgerechte Stellungnahme abgeben zu können, so darf eine lediglich der formalen Trennung zwischen Verdachts- und Tatkündigung geschuldete Zuordnung der dem Betriebsrat zugeleiteten Informationen nicht zu einem weiteren Fallstrick für den Arbeitgeber werden. Dies wäre ein dem Normzweck des § 102 BetrVG nicht gerecht werdender Formalismus.

90 Zu einer **rechtlichen Einordnung der Kündigungsgründe** als personen-, verhaltens- oder betriebsbedingt ist der Arbeitgeber nicht verpflichtet. Er ist nur dafür verantwortlich, dem Betriebsrat für dessen Würdigung eine ausreichende Informationsgrundlage zu verschaffen.[326] Es ist daher nicht zutreffend, davon auszugehen, dass dem Arbeitgeber im Kündigungsschutzprozess ein Wechsel zwischen einer personen-, verhaltens- oder betriebsbedingten Kündigung verwehrt ist.[327] Die sich aus dem Gegenstand der Anhörung ergebende Bindung verbietet einen Austausch oder eine Abänderung des kündigungsrelevanten Sachverhaltes. Dessen rechtliche Würdigung und Einordnung obliegt jedoch nicht dem Arbeitgeber, sondern im Anhörungsverfahren dem Betriebsrat und im Prozess den Arbeitsgerichten.[328]

91 Nicht ganz einheitlich ist die Rechtsprechung des BAG zur Erforderlichkeit der **Mitteilung von Kündigungsfrist und Kündigungstermin**.[329] In neueren Entscheidungen findet sich die Formulierung, dass die ungefähre Angabe des mit der Kündigung angestrebten Vertragsendes und die Angabe der Kündigungsfrist erforderlich sei, da Letztere Rückschlüsse auf die Stichhaltigkeit der behaupteten Kündigungsgründe zulasse und ein Element der Interessenabwägung sei. Besondere Ausführungen zur Kündigungsfrist seien dagegen nicht erforderlich, wenn der Betriebsrat über die tatsächlichen Grundlagen der für die Berechnung maßgeblichen Kündigungsfrist unterrichtet ist, etwa wenn sich der Unterrichtung entnehmen lässt, dass unter

---

324 BAG 23.6.2009 – 2 AZR 474/07.
325 BAG 23.6.2009 – 2 AZR 474/07.
326 BAG 31.1.1996 – 2 AZR 158/95; BAG 29.1.1997 – 2 AZR 292/96.
327 So aber BAG 5.2.1981 – 2 AZR 1135/78; LAG Hamburg 22.2.1991 – 6 Sa 81/90.
328 Zu Recht auf derselben Tatsachengrundlage eine personenbedingte Rechtfertigung einer zunächst verhaltensbedingt begründeten Kündigung zulassend LAG Hessen 11.3.1996 – 11 Sa 1471/95.
329 BAG 29.3.1990 – 2 AZR 420/89; GK-BetrVG/Raab § 102 Rn 52; KR/Etzel § 102 Rn 59.

Einhaltung einer tariflichen Kündigungsfrist zum nächstmöglichen Termin gekündigt werden soll, oder wenn dem Betriebsrat die ständige Anwendung für den Betrieb geltender tariflicher Kündigungsfristen bekannt ist.[330] Soweit sich erst aus der Angabe der Kündigungsfrist die Tragweite des Kündigungsgrundes ermitteln lässt, sei dagegen eine präzise Angabe der Kündigungsfrist erforderlich.[331] Die Benennung des beabsichtigten Kündigungstermins genüge in Fällen, in denen der Betriebsrat daraus auf die angewandte Frist schließen kann. Der Kündigungstermin sei jedenfalls dann ausdrücklich anzugeben, wenn die Kündigung nicht alsbald ausgesprochen werden soll.[332] Aktuell geht das BAG[333] davon aus, dass es reicht, dass der Betriebsrat über die für die Berechnung der Kündigungsfrist und des Kündigungstermins erforderlichen Kenntnisse verfügt. Der Arbeitgeber kann bei Einleitung des Anhörungsverfahrens häufig nicht sicher beurteilen, zu welchem Zeitpunkt dem Arbeitnehmer die beabsichtigte Kündigung zugehen wird. Etwas anderes gilt, wenn der Arbeitgeber gänzlich offenlässt, mit welcher Frist und mit welchem Termin die geplante Kündigung erklärt werden soll. Der Arbeitgeber kann keinen ungefähren Endtermin nennen, wenn er vor Erklärung der Kündigung – wie hier – noch die Zustimmung oder Zulässigerklärung einer anderen Stelle einzuholen hat. In diesem Fall genügt es, wenn er den Betriebsrat auf die noch einzuholende Zustimmung oder Zulässigerklärung hinweist oder sie dem Betriebsrat bekannt ist.

nicht besetzt 92

Beispiel: Die Angabe „Kündigungsfrist: Einen Monat zum Monatsende" 93
kann so zu verstehen sein, dass der Arbeitgeber die Beendigung des Arbeitsverhältnisses zum Ende des Folgemonats anstrebt, sofern keine ernsthaften Zweifel daran bestehen, dass er zum nächstmöglichen Termin kündigen will.
Die Auffassung des 5. Senats[334] wonach nicht jede ordentliche Kündigung mit objektiv fehlerhafter Kündigungsfrist solchen mit der rechtlich zutreffenden Kündigungsfrist ausgelegt werden kann, hat auf die Frage der wirksamen Betriebsratsanhörung keinen Einfluss.[335]

Steht während des Anhörungsverfahrens etwa wegen einer noch nicht vor- 94
liegenden behördlichen Zustimmung oder wegen laufender Verhandlungen über einen Interessenausgleich nicht fest, wann die Kündigung erklärt werden kann, kann sich der Arbeitgeber auf den Hinweis beschränken, mit dem Vorliegen der Kündigungsvoraussetzungen zu dem nach der mitgeteilten Kündigungsfrist nächstzulässigen Termin zu kündigen.[336] Bei einer Betriebsstilllegung ersetzt die Mitteilung des Stilllegungsdatums nicht ohne weiteres die des Kündigungstermins.

Fehler bei der Ermittlung der geltenden Kündigungsfrist und des nächstzu- 95
lässigen Kündigungstermins führen nicht zur Unwirksamkeit der Anhö-

---

330 BAG 15.12.1994 – 2 AZR 327/94; BAG 24.10.1996 – 2 AZR 895/95.
331 BAG 29.3.1990 – 2 AZR 420/89.
332 BAG 7.10.1993 – 2 AZR 423/93; BAG 11.9.1997 – 8 AZR 4/96.
333 BAG 25.4.2013 – 6 AZR 49/12.
334 BAG 1.9.2010 – 5 AZR 700/09.
335 BAG 15.12.1994 – 2 AZR 377/94; BAG 11.9.1997 – 8 AZR 4/96.
336 BAG 7.10.1993 – 2 AZR 423/93; BAG 23.10.2008 – 2 AZR 163/07.

rung.³³⁷ Das Anhörungsverfahren soll gerade die Aufdeckung derartiger Fehler ermöglichen. Nennt der Arbeitgeber dagegen zwei mögliche Beendigungstermine, ohne sich zwischen diesen zu entscheiden, handelt es sich nicht um einen unschädlichen Rechtsfehler. Dann fehlt es vielmehr an einem hinreichenden Kündigungsentschluss.³³⁸ Verzögert sich das Wirksamwerden der Kündigung etwa wegen Zustellungsschwierigkeiten unvorhergesehen, muss der Arbeitgeber wegen der dann erst später möglichen Beendigung des Arbeitsverhältnisses den Betriebsrat nicht erneut anhören. In einem solchen Fall realisiert sich nur die dem Anhörungsverfahren immanente Unsicherheit über den tatsächlichen Wirksamkeitszeitpunkt der Kündigung. Etwas anderes gilt allerdings bei einem neuen, gegenüber der zunächst angestrebten Kündigung nicht nur zeitlich verzögerten, sondern inhaltlich abgewandelten Kündigungsentschluss. Hat der Arbeitgeber mit einer zu kurzen Kündigungsfrist ordentlich gekündigt, ist die Kündigung mit Ablauf der zutreffenden Kündigungsfrist nur wirksam, wenn der Betriebsrat auch auf diese hingewiesen wurde. Auch hier handelt es sich um einen Fall der Umdeutung. Deshalb müssen dieselben Grundsätze gelten wie bei der Umdeutung einer außerordentlichen in eine hilfsweise ordentliche.

96 **g) Kündigungsgründe. aa) Allgemeiner Maßstab.** Die Angabe der Kündigungsgründe ist der wichtigste Teil der Unterrichtung. Das BAG verlangt in ständiger Rechtsprechung vom Arbeitgeber die Mitteilung des von diesem als **für die Kündigung maßgeblich erachteten Sachverhalts** unter Angabe der Tatsachen, aus denen er den Kündigungsentschluss herleitet. Diese müssen in einer Weise näher beschrieben werden, dass der Betriebsrat ohne zusätzliche eigene Nachforschungen in die Lage versetzt wird, die Stichhaltigkeit der Kündigungsgründe zu überprüfen. Dazu genügen rein pauschal gehaltene Aussagen nicht; der Kündigungssachverhalt darf nicht nur schlag- oder stichwortartig bezeichnet werden.³³⁹

97 Allerdings ist die Betriebsratsanhörung nicht ein vorgelagerter Teil eines späteren Kündigungsschutzprozesses. Der Arbeitgeber unterliegt hier nicht den Substantiierungspflichten, die ihn im Prozess als darlegungsbelastete Partei treffen. Er ist im Prozess vielmehr zu einer vertiefenden Erläuterung der dem Betriebsrat mitgeteilten Umstände berechtigt, soweit dadurch nicht der Sachverhalt wesentlich verändert wird.³⁴⁰ Der Umfang der Substantiierungspflicht richtet sich nach den konkreten Umständen und den subjektiven Vorstellungen, die zu dem Kündigungsentschluss geführt haben.³⁴¹

98 Die Beurteilung, in welchem Umfang der Arbeitgeber die Kündigungsgründe mitzuteilen hat, ist eine Frage des Einzelfalles, deren Beantwortung eine

---

337 BAG 15.12.1994 – 2 AZR 377/94; BAG 11.9.1997 – 8 AZR 4/96.
338 LAG Bremen 10.6.1986 – 4 Sa 339/85.
339 BAG 18.5.1994 – 2 AZR 920/93; BAG 24.10.1996 – 2 AZR 895/95; BAG 5.4.2001 – 2 AZR 580/99; BAG 5.12.2002 – 2 AZR 697/01.
340 BAG 8.9.1988 – 2 AZR 103/88; BAG 27.2.1997 – 2 AZR 302/96; BAG 27.9.2001 – 2 AZR 236/00.
341 BAG 8.9.1988 – 2 AZR 103/88.

Analyse der Informationsbedürfnisse des Betriebsrats voraussetzt. Dabei ist der folgende Rahmen zu beachten:
- Der Arbeitgeber darf **keine Tatsachen verschweigen**, die er selbst für seine Entscheidung relevant hielt. Welche Umstände dies waren, ist ggf aus der Entstehung des Kündigungsentschlusses, aus dem Hergang des Anhörungsverfahrens und aus Äußerungen in Zusammenhang mit der Kündigung und im Kündigungsschutzprozess zu schließen.
- Die Angaben müssen **inhaltlich so vertieft** sein, dass der Betriebsrat sich ohne eigene Nachforschungen ein eigenes Bild machen kann. Nicht notwendig ist eine jede denkbare Frage beantwortende, detailverliebte Schilderung. Maßstab ist das im Arbeitsleben übliche Maß. Der Arbeitgeber darf einerseits berechtigte Informationsinteressen des Betriebsrats nicht übergehen, muss andererseits aber auch nicht einen mit zivilprozessualen Substantiierungspflichten vertrauten Juristen mit der Unterrichtung betrauen. § 102 Abs 1BetrVG rechtfertigt es nicht, über seinen Schutzzweck hinaus Kündigungen durch bürokratische Hemmnisse zu erschweren.[342]
- **Pauschale, schlag- und stichwortartige Angaben** sind immer dann unzureichend, wenn der Arbeitgeber sich von auf konkreten Tatsachen beruhenden, weitergehend vertieften Überlegungen leiten ließ. Ein bestimmter Vorfall oder eine tatsächliche Entwicklung darf nicht auf einen Begriff (zB „Kündigung wegen Arbeitsverweigerung" oder „häufige Krankheiten") reduziert werden. Erforderlich ist in diesen Fällen eine zeitlich und inhaltlich konkretisierte Darstellung. Dabei kann der Arbeitgeber allerdings auch Formulare verwenden, in denen bestimmte allgemeine Angaben vorgegeben sind, sofern einzelfallbezogen die jeweils maßgebenden Tatsachen ergänzt werden.[343]
- Komplizierter ist die Behandlung von **Werturteilen** des Arbeitgebers über die Leistungsfähigkeit oder das Sozialverhalten des Arbeitnehmers (beispielsweise „Kündigung wegen Faulheit", „hohe Krankheitsanfälligkeit"). Das BAG geht im Zusammenhang mit Kündigungen außerhalb des Anwendungsbereichs des Kündigungsschutzgesetzes davon aus, dass die Mitteilung derartiger Werturteile ausreicht, wenn der Arbeitgeber für die Kündigung keine Gründe hat oder wenn der Kündigungsentschluss allein auf subjektiven, durch Tatsachen nicht belegbaren Vorstellungen beruht.[344] Diese Rechtsprechung überzeugt insoweit nicht, als es logisch ausgeschlossen ist, dass ein Arbeitgeber eine Kündigung motivlos und damit ohne Grund aussprechen will. Irgendein Anlass für die Kündigung besteht zwangsläufig. Die Kündigungsmotivation mag haltlos, willkürlich und abwegig sein; mitzuteilen ist sie gleichwohl. Ein Arbeitgeber, der erklärt, er wolle ein Arbeitsverhältnis kündigen, ohne dafür Gründe zu haben, verweigert die durch § 102 Abs 1 Satz 2 BetrVG geforderte Unterrichtung. Davon zu unterscheiden sind Kündigungen aufgrund subjektiver, sachlich nicht weiter fun-

---

[342] LAG Hessen 7.11.1995 – 9 Sa 578/95.
[343] Ascheid Rn 621.
[344] BAG 22.9.2005 – 2 AZR 366/04; BAG 28.6.2007 – 6 AZR 750/06; BAG 23.4.2009 – 6 AZR 516/08.

dierter Werturteile. Ein Arbeitgeber ist betriebsverfassungsrechtlich nicht gehindert, aus einem derartigen Anlass zu kündigen. Teilt er eine solche Beurteilung mit, kommt er seiner Unterrichtungspflicht nach, und zwar unabhängig davon, ob das Arbeitsverhältnis dem Geltungsbereich des KSchG unterfällt.[345] Die gegen diese Rechtsprechung erhobene Kritik[346] berücksichtigt nicht hinreichend, dass die Unterrichtungspflicht als solche nicht dazu dient, den Arbeitgeber zu einer in einem bestimmten Maß fundierten Kündigungsbegründung zu veranlassen. Derartige Pflichten ergeben sich allein aus dem materiellen Kündigungsrecht. Auf eine entsprechende Rüge des Arbeitnehmers ist allerdings zu überprüfen, ob der Kündigungsentschluss tatsächlich allein auf einem sachlich nicht fundierten Werturteil beruht und ob es sich insoweit nicht um eine Scheinbegründung handelt.[347] Dabei ist davon auszugehen, dass ein rational vorgehender Arbeitgeber im Normalfall ein Arbeitsverhältnis nicht allein aus nicht fundierten Wertungen kündigt.

- Neben dem Betriebsrat bereits bekannten Umständen muss der Arbeitgeber auch **Selbstverständlichkeiten nicht ausdrücklich erwähnen**. Er ist etwa nicht verpflichtet, gesondert zu betonen, dass andere für den Arbeitnehmer geeignete Arbeitsplätze nicht zur Verfügung stehen. Dies wird durch den mitgeteilten Kündigungsentschluss impliziert.[348] Ebenso wenig muss er näher erläutern, dass bestimmte Vertragsverletzungen für diese typische Betriebsablaufstörungen verursachen.[349]

99 Zu **Rechtsausführungen** ist der Arbeitgeber grundsätzlich nicht verpflichtet. Eine rechtliche Einordnung der Kündigung ist nur notwendig, sofern diese zur Beurteilung der beabsichtigten Kündigung erforderlich ist. Dies gilt insbesondere für Änderungs- und Verdachtskündigungen (s Rn 89). Eine Einordnung der Kündigungsgründe als personen-, verhaltens- oder betriebsbedingt ist dagegen entbehrlich. Der Arbeitgeber ist aber nicht gehindert, gegenüber dem Betriebsrat eigene Einschätzungen der Rechtslage zu äußern. Die Wirksamkeit der Anhörung wird dadurch, dass sie sich als unzutreffend erweist, jedenfalls so lange nicht beeinträchtigt, wie sie als eigene Würdigung des Arbeitgebers erkennbar ist und der dem Betriebsrat mitgeteilte Sachverhalt dadurch nicht verfälscht wird.[350]

- Den von ihm **zugrunde gelegten Lebenssachverhalt** darf der Arbeitgeber dem Betriebsrat nicht nur ausschnittsweise unterbreiten. Er muss

---

345 BAG 8.9.1988 – 2 AZR 103/88; KR/Etzel § 102 BetrVG Rn 62 a.
346 GK-BetrVG/Raab § 102 Rn 59; für die Notwendigkeit der Mitteilung konkreter Tatsachen auch LAG Berlin 19.8.1988 – 2 Sa 16/88.
347 Vgl BAG 3.12.1998 – 2 AZR 234/98; insoweit bedenklich unkrit BAG 8.4.2003 – 2 AZR 515/02, dort wurde die Mitteilung, der Arbeitnehmer äußere sich in abfälliger Weise über die Einsatzleitung und das Unternehmen, als ausreichend erachtet, ohne zu problematisieren, ob das Kündigungsmotiv tatsächlich eine derart pauschale Würdigung anstelle konkreter Anlassfälle war.
348 BAG 29.3.1990 – 2 AZR 369/89; BAG 26.1.1995 – 2 AZR 649/94; BAG 15.3.2001 – 2 AZR 141/00.
349 BAG 27.2.1997 – 2 AZR 302/96.
350 BAG 11.3.1999 – 2 AZR 427/98: Behauptung, es dränge sich aufgrund des mitgeteilten Sachverhalts der Verdacht einer Straftat auf.

vollständig einschließlich evtl den Arbeitnehmer entlastender Umstände dargestellt werden.

- **Ändert sich der** dem Betriebsrat angegebene **Sachverhalt** während des Laufs der Fristen von § 102 Abs 2 BetrVG, ist der Arbeitgeber verpflichtet, die Änderung dem Betriebsrat vor dem Ausspruch der Kündigung mitzuteilen. Eine Änderung in diesem Sinn hat das BAG auch angenommen, wenn der Arbeitgeber während des Laufs der Anhörungsfrist erfährt, dass er den Betriebsrat über einen für die Kündigung wesentlichen Umstand irrtümlich falsch unterrichtet hat.[351]
- **Nachfragen des Betriebsrats** können die Mitteilungspflichten erweitern. Hat der Betriebsrat den Arbeitgeber schon vor der Einleitung des Anhörungsverfahrens auf einen bestimmten unbesetzten Arbeitsplatz hingewiesen und geltend gemacht, der betroffene Arbeitnehmer könne dort weiterbeschäftigt werden, muss der Arbeitgeber hierzu konkret Stellung nehmen und erläutern, aus welchen Gründen dies aus seiner Sicht nicht in Betracht kommt. Dies gilt nur dann nicht, wenn das Auskunftsverlangen des Betriebsrats sachlich nicht gerechtfertigt ist, insbesondere wenn er über entsprechende Kenntnisse bereits verfügt.[352] Diese Einschränkung des Grundsatzes der subjektiven Determination rechtfertigt sich aus der Überlegung, dass dieses Prinzip nicht dazu dient, Gedanken- oder Achtlosigkeit des Arbeitgebers zu legitimieren. Mit dem Urteil vom 15.3.2001[353] hat das BAG allerdings angedeutet, dass die Pflicht zur Beantwortung von Fragen des Betriebsrats nicht bei erstmals während des Anhörungsverfahrens oder erst in der Stellungnahme des Betriebsrats vorgebrachten Nachfragen besteht. Dadurch soll verhindert werden, dass der Betriebsrat in die Lage versetzt wird, den Kündigungsausspruch erheblich zu verzögern und die Einhaltung von Fristen für den Ausspruch der Kündigung – insbesondere der von § 626 Abs 2 BGB – zu gefährden. Zu berücksichtigen ist allerdings, dass der Betriebsrat zur Ergänzung der Unterrichtung gem § 102 Abs 1 Satz 2 BetrVG Auskunftsansprüche nach § 80 Abs 1 BetrVG geltend machen kann. Um diese Ansprüche nicht zu entwerten, wird man den Arbeitgeber zumindest für verpflichtet halten müssen, einem vom Betriebsrat während des Anhörungsverfahrens erhobenen Auskunftsverlangen unverzüglich nachzukommen und andernfalls den Ausspruch der Kündigung um eine angemessene Zeit zurückzustellen und eine den beiderseitigen Interessen angemessen Rechnung tragende Fristverlängerung zu gewähren.

bb) Personenbedingte Kündigung. Bei einer Kündigung aus personenbedingten Gründen sind konkrete Angaben zu deren drei Prüfungsstufen erforderlich. Der Arbeitgeber muss nicht nur die sich aus der persönlichen Sphäre des Arbeitnehmers ergebenden Beeinträchtigungen seiner Fähigkeit und Eignung zur Erbringung der vertragsgemäßen Tätigkeiten darlegen, sondern auch unter Schilderung konkreter Tatsachen deren negative Aus-

---

351 BAG 17.2.2000 – 2 AZR 913/98.
352 BAG 6.7.1978 – 2 AZR 810/76; BAG 17.2.2000 – 2 AZR 913/98; BAG 15.3.2001 – 2 AZR 141/00.
353 BAG 15.3.2001 – 2 AZR 141/00; anders noch BAG 6.7.1978 – 2 AZR 810/76.

wirkungen auf betriebliche bzw unternehmerische Interessen. Weiter ist zu erläutern, aus welchen Gründen aus der Sicht des Arbeitgebers diese Beeinträchtigungen billigerweise nicht mehr hinzunehmen sind.[354]

101 Im Fall einer Kündigung wegen **häufiger Kurzerkrankungen** hat das BAG angenommen, es reiche nicht aus, Fehlzeiten aus der Vergangenheit addiert ohne Angaben der genauen Krankheitstermine zu schildern.[355] Eine solche Annahme ist in dieser Pauschalität überzogen und mit dem Grundsatz der subjektiven Determination nicht ohne weiteres vereinbar. Häufig genügen zur Charakterisierung der Krankheitsgeschichte jahresbezogene Angaben über die Gesamtlänge und die Anzahl der Krankheitsphasen. Inzwischen hat sich das BAG einschränkend auf den Standpunkt gestellt, dass in eindeutigen Fällen, etwa wenn der Arbeitnehmer seit Beginn des Arbeitsverhältnisses fortlaufend in überdurchschnittlichem Umfang krankheitsbedingt fehlte, eine lediglich nach Jahren gestaffelte Mitteilung der Fehlzeiten genügen könne.[356] Dies gilt jedoch nicht, wenn sich Krankheitszeiten in einem relativ kurzen Zeitraum häufen. Dann ermöglicht nur eine Angabe der konkreten Daten der Krankheitsperioden eine eigenständige Nachprüfung der Gesundheitsprognose durch den Betriebsrat.[357] Sind dem Arbeitgeber die Krankheitsursachen und ärztliche Feststellungen über die Gesundheitsprognose bekannt, sind diese mitzuteilen.[358] Unterrichtet der Arbeitgeber den Betriebsrat über eine **lang andauernde Arbeitsunfähigkeit**, kann die Kündigung im Kündigungsschutzprozess auch auf eine dauerhafte Leistungsunfähigkeit des Arbeitnehmers gestützt werden, wenn sich nachträglich eine solche herausstellt.[359] Letzterer Kündigungsgrund umfasst den ersteren. Der notwendige Umfang der Angaben zu Betriebsbeeinträchtigungen korrespondiert mit dem materiellen Kündigungsschutzrecht. Bedarf es über die Einschränkung der Fähigkeiten zur Erbringung der vertragsgemäßen Tätigkeiten hinaus wie bei der dauerhaften Leistungsunfähigkeit zur Begründung der Kündigung keiner weiteren Betriebsstörungen, erleidet der Arbeitgeber auch im Anhörungsverfahren keine Nachteile, wenn er hierzu keine Angaben macht.[360] Dagegen sind bei anderen krankheitsbedingten Kündigungen idR eingehende Angaben zu den durch die Krankheit ausgelösten Störungen des Betriebsablaufs erforderlich.[361] Kennt der Betriebsrat die Folgen von Fehlzeiten genau, kann eine Mitteilung ausnahmsweise entbehrlich sein.[362] Stützt der Arbeitgeber die Kündigung alleine auf seine Belastung durch Entgeltfortzahlungskosten, muss der Betriebsrat nur über diese unterrichtet werden.[363] In solchen Fällen genügt eine jahresbezogene Mitteilung der Summe der Entgeltfortzahlungskosten, sofern dies in ein-

---

354 BAG 24.11.1983 – 2 AZR 347/82; BAG 18.9.1986 – 2 AZR 638/85; BAG 9.4.1987 – 2 AZR 210/86.
355 BAG 18.9.1986 – 2 AZR 638/85.
356 BAG 7.11.2002 – 2 AZR 493/01.
357 BAG 7.11.2002 – 2 AZR 493/01.
358 KR/Etzel § 102 BetrVG Rn 63; einschränkend BAG 12.4.1984 – 2 AZR 439/83.
359 AA BAG 21.5.1992 – 2 AZR 399/91; LAG Hamm 17.11.1997 – 8 Sa 467/97; HaKo-BetrVG/Braasch § 102 Rn 61.
360 BAG 30.1.1986 – 2 AZR 668/84; 21.5.1992 – 2 AZR 399/91.
361 LAG Berlin 3.11.1997 – 9 Sa 67/97; LAG Hessen 15.3.2000 – 9 Sa 622/01.
362 BAG 24.11.1983 – 2 AZR 347/82.
363 BAG 2.11.1989 – 2 AZR 366/89.

deutigen Fällen für den Betriebsrat bei der Überprüfung der Negativprognose hinreichend aussagekräftig ist.[364]

cc) **Verhaltensbedingte Kündigung.** Wesentlichster Teil der Unterrichtung über eine verhaltensbedingte Kündigung ist die genaue Bezeichnung der **Pflichtverletzung**, die Anlass der Kündigung sein soll. Angaben zu den betrieblichen Auswirkungen der Pflichtverletzung sind häufig entbehrlich, weil diese für den Betriebsrat oft selbstverständlich sind, zB die typischen Folgen wiederholter Verspätungen.[365] Will sich der Arbeitgeber auf einschlägige **Abmahnungen** berufen, muss er den Betriebsrat über deren Ausspruch und Inhalt unterrichten,[366] und zwar unabhängig davon, dass der Betriebsrat keinen Anspruch darauf hat, erteilte Abmahnungen vorgelegt zu erhalten.[367] Dagegen wird die Anhörung nicht dadurch unwirksam, dass der Arbeitgeber Er- oder Abmahnungen gegenüber dem Betriebsrat nicht erwähnt, weil es aus seiner Sicht auf diese nicht ankommt.[368] Stützt er sich im Rahmen der Anhörung auf Abmahnungen, muss er den Betriebsrat auch über Gegendarstellungen des Arbeitnehmers informieren.[369] Generell darf der Arbeitgeber den Arbeitnehmer **entlastende Umstände** nicht verschweigen, etwa wenn ein Zeuge den Tatvorwurf nicht bestätigt hat.[370] Nähere Angaben zum Vorliegen einer Wiederholungsgefahr oder zur Interessenabwägung sind nicht erforderlich; darüber muss sich der Betriebsrat selbst ein Bild machen. Umstände, die einer Pflichtverletzung ein besonderes Gewicht verleihen, sind im Kündigungsschutzprozess nur verwertbar, wenn sie dem Betriebsrat unterbreitet wurden.[371] Im Rahmen komplexer Kündigungssachverhalte müssen die Anhörung hinreichend deutlich machen, auf welchen konkreten Vorwurf die Kündigung gestützt werden soll. Die Erwähnung von Leistungsmängeln im Rahmen der Unterrichtung über eine betriebsbedingte Kündigung genügt nicht ohne weiteres, um diese als selbstständigen Grund für eine verhaltensbedingte Kündigung heranzuziehen.[372] Die Einordnung des vom Arbeitgeber als Kündigungsbegründung vorgetragenen Sachverhaltes als verhaltens-, personen- oder betriebsbedingt bindet diesen im Kündigungsschutzprozess jedoch nicht.[373] 102

dd) **Verdachtskündigung.** Da die Kündigung wegen des Verdachts einer Straftat oder einer anderweitigen gewichtigen Vertragsverletzung gegenüber einer verhaltensbedingten Kündigung ein eigenständiger Kündigungsgrund ist, muss der Arbeitgeber dem Betriebsrat deutlich machen, dass er – ggf auch – gerade wegen dieses Verdachts kündigen will (s Rn 89). Unterlässt er dies, kann er die Kündigung im Kündigungsschutzprozess nicht mit dem Verdacht begründen.[374] Arbeitgeber berücksichtigen dies in der Praxis 103

---

364 BAG 7.11.2002 – 2 AZR 493/01.
365 BAG 27.2.1997 – 2 AZR 302/96.
366 BAG 18.12.1980 – 2 AZR 1006/78.
367 BAG 17.9.2013 – 1 ABR 26/12.
368 BAG 11.3.1999 – 2 AZR 507/98; BAG 15.11.2001 – 2 AZR 380/00.
369 BAG 31.8.1989 – 2 AZR 453/88; BAG 17.2.1994 – 2 AZR 673/93.
370 BAG 2.11.1983 – 7 AZR 65/82; BAG 22.9.1994 – 2 AZR 31/94.
371 LAG Hessen 15.9.1998 – 4 Sa 2349/97.
372 BAG 5.2.1981 – 2 AZR 1135/78.
373 BAG 31.1.1996 – 2 AZR 181/95.
374 BAG 3.4.1986 – 2 AZR 324/85; BAG 26.3.1992 – 2 AZR 519/91; BAG 20.8.1997 – 2 AZR 620/96.

erstaunlich oft nicht und verlieren dadurch die Erleichterungen der Verdachtskündigung. Nicht zwingend erforderlich ist allerdings der Gebrauch des Begriffs „Verdachtskündigung". Es genügt, wenn der Arbeitgeber auf andere Weise gegenüber dem Betriebsrat zum Ausdruck bringt, dass er die Kündigung – ggf auch – mit der Vermutung einer Vertragsverletzung begründen will, etwa durch eine Formulierung wie „mutmaßlicher Diebstahl" oder durch den Hinweis auf ein noch nicht abgeschlossenes Strafverfahren.[375] Zu den dem Betriebsrat mitzuteilenden Angaben gehört insbesondere das Ergebnis der Aufklärungsbemühungen des Arbeitgebers über den Kündigungssachverhalt einschließlich der Anhörung des Arbeitnehmers.[376] Eine **nachträgliche Anhörung** des Betriebsrats mit dem Ziel, eine bereits ausgesprochene Tatkündigung rückwirkend auf den Verdacht einer Pflichtverletzung zu stützen, kommt – wenn man mit der hM eine solche Möglichkeit überhaupt zulässt – nur in Betracht, wenn sich durch dem Arbeitgeber erst nach der Kündigung bekannt gewordene Tatsachen die bisherige Überzeugung zu einem Verdacht reduziert. Bewertet der Arbeitgeber bei unverändertem Sachverhalt die ihm schon bei der Kündigung bekannten Tatsachen neu, kann er lediglich nach einer erneuten Anhörung des Betriebsrats eine weitere, nunmehr auf den Verdacht gestützte Kündigung aussprechen. Für den umgekehrten Fall, dass der Betriebsrat zunächst nur zu einer Verdachtskündigung gehört wurde, sich die Pflichtwidrigkeit im nachfolgenden Kündigungsschutzprozess aber als erwiesen herausstellt, ist eine erneute Anhörung des Betriebsrates nach Auffassung des BAG[377] und der hM[378] entbehrlich. Soweit dem Betriebsrat alle Tatsachen mitgeteilt worden sind, die nicht nur den Verdacht, sondern den Tatvorwurf selbst begründen, ist, so die Auffassung des BAG, dem Normzweck des § 102 BetrVG genüge getan.[379]

Dem kann unter dem Gesichtspunkt zugestimmt werden, dass die Frage, ob eine Verdacht- oder eine Tatkündigung vorliegt nach überwiegender Auffassung davon abhängt, welche Tatsachen der Arbeitgeber zur Begründung der Kündigung vorträgt (§§ 133, 157 BGB). Eine falsche Bezeichnung schadet nicht (falsa demonstratio non nocet). Im Kündigungsschutzprozess obliegt die Würdigung der die Kündigung rechtfertigenden Umstände unter Berücksichtigung des gesamten Inhalts der Verhandlungen und einer etwaigen Beweisaufnahme dem Gericht (§ 46 ArbGG iVm §§ 495, 286 ZPO). Ist das Gericht im Prozess nicht gehindert[380] sondern verpflichtet,[381] die erklärte Kündigung unter dem Gesichtspunkt einer Tatkündigung zu prüfen, sofern es zu der Überzeugung gelangt, dass der Arbeitnehmer die Handlung, deren er verdächtigt wird, begangen hat, so wäre es verfehlt, die Wirksamkeit der Kündigung an § 102 BetrVG scheitern zu lassen. Wurde der Betriebsrat vor Ausspruch der Kündigung vom Arbeitgeber über alle Tatsachen informiert, auf die er die geplante Kündigung

---

375 BAG 20.8.1997 – 2 AZR 620/96.
376 APS/Koch § 102 BetrVG Rn 128.
377 BAG 23.6.2009 – 2 AZR 474/07.
378 Griese BB 1990, 1899, 1901; Bayer DB 1992, 782, 784.
379 BAG 23.6.2009 – 2 AZR 474/07.
380 BAG 3.7.2003 – 2 AZR 437/02.
381 23.6.2009 – 2 AZR 474/07.

stützen will und die für seinen Kündigungsentschluss maßgeblich sind, hatte dieser in ausreichendem Maße Gelegenheit, auf den Willensbildungsprozess des Arbeitgebers einzuwirken. Gewinnt das Gericht im Kündigungsschutzprozess die Überzeugung von der Tatbegehung, wird dies den vom Arbeitgeber bereits verwirklichten Kündigungsentschluss bestärken, ihn aber keinesfalls zum Umdenken veranlassen. Der von ihm als Grund der Kündigung gesehene Verdacht wurde ja gerade bestätigt. Gem § 102 Abs 1 Satz 1 BetrVG ein erneutes Anhörungsverfahren mit anschließendem Ausspruch einer Tatkündigung zu fordern, ist im Hinblick auf Sinn und Zweck der Norm daher weder geboten noch zielführend.

ee) **Betriebsbedingte Kündigung.** Beabsichtigt der Arbeitgeber eine betriebsbedingte Kündigung, obliegt es ihm zunächst, dem Betriebsrat konkret zu erläutern, aus welchen inner- oder außerbetrieblichen Gründen die Arbeitskraft des betroffenen Arbeitnehmers entbehrlich geworden ist bzw spätestens bis zum Ablauf der Kündigungsfrist entbehrlich werden wird. Stichwortartige Angaben wie „Umsatzrückgang", „Auftragsmangel" oder „Rationalisierungsgründe" genügen nicht.[382] Vielmehr müssen dem Betriebsrat die Auswirkungen betriebsexterner Faktoren bzw unternehmerischer Umstrukturierungsentscheidungen unter den Gesichtspunkten Inhalt, zeitlicher Ablauf und Auswirkungen auf den Beschäftigungsbedarf für den betroffenen Arbeitnehmer bzw eine Gruppe vergleichbarer Arbeitnehmer verdeutlicht werden. Erforderlich ist, dass erkennbar wird, worin der Arbeitgeber die Ursachen für den Arbeitsplatzfortfall sieht.[383] Bei einer Kündigung im Zusammenhang mit einem Auftragsverlust sind die noch nicht feststehende Gefahr der Nichtverlängerung des Auftrags und dessen tatsächlicher Verlust unterschiedliche, jeweils gesonderte Anhörungsverfahren erforderlich machende Kündigungssachverhalte.[384]

104

Im Fall einer **umstrukturierenden Unternehmerentscheidung** gehört zu einer ordnungsgemäßen Anhörung die Mitteilung, weshalb oder zumindest dass deren Umsetzung ohne überobligatorische Leistungen der verbleibenden Arbeitnehmer möglich ist.[385] Ändert sich aufgrund der Unternehmerentscheidung das Anforderungsprofil einer Stelle, ist der Betriebsrat auch darüber zu unterrichten.[386] Dagegen ist eine Erläuterung der wirtschaftlichen Hintergründe einer unternehmerischen Entscheidung nicht notwendig. Diese sind im Gegensatz zu einer Kündigung aus außerbetrieblichen Gründen aufgrund der unternehmerischen Gestaltungsfreiheit des Arbeitgebers nicht Teil des eigentlichen Kündigungsgrundes. Unterrichtungsansprüche des Betriebsrats über derartige Umstände ergeben sich nur aus den Beteiligungsrechten in wirtschaftlichen Angelegenheiten gem §§ 106, 111 BetrVG.[387] Dementsprechend kann bei einer Kündigung wegen einer **Betriebsstilllegung** die Mitteilung des beabsichtigten Stilllegungstermins genü-

105

---

382 BAG 11.10.1989 – 2 AZR 61/89.
383 APS/Koch 102 BetrVG Rn 108-109 b; DKK/Kittner § 102 Rn 90, 91.
384 LAG Bremen 10.6.1986 – 4 Sa 339/85.
385 BAG 23.11.2000 – 2 AZR 617/99.
386 BAG 18.10.2000 – 2 AZR 465/99.
387 BAG 21.9.2000 – 2 AZR 385/99; LAG Thüringen 16.10.2000 – 8 Sa 207/00.

gen.[388] Darüber hinaus sind vom Arbeitgeber jedoch zumindest weitergehende Angaben darüber zu verlangen, aus welchen Gründen die Stilllegungsentscheidung bereits greifbare Formen angenommen hat, dh hinreichend sicher feststeht, und dass die Prognose gerechtfertigt ist, dass sie in dem geplanten Zeitrahmen vollzogen werden kann. In diesem Zusammenhang kann auch ein Hinweis angezeigt sein, dass geplant ist, verbleibende Restaufträge an Subunternehmer fremdzuvergeben.[389] Informationen über bestehende Leiharbeitsverhältnisse oder Werkverträge sind nicht erforderlich.[390] Im Fall einer schrittweisen Betriebsstilllegung ist dem Betriebsrat auch zu erläutern, in welcher zeitlichen Abfolge welche Betriebsteile stillgelegt, welche Arbeitnehmer zunächst weiterbeschäftigt und welche Arbeitnehmer zu welchem Zeitpunkt entlassen werden sollen.[391] Bei einer **Massenentlassung** gelten für die Betriebsratsanhörung auch dann nicht erleichterte Anforderungen, wenn zuvor ein **Interessenausgleich mit Namensliste** iSv § 1 Abs 5 KSchG oder § 125 InsO geschlossen wurde.[392] Das Verfahren nach § 102 BetrVG kann allerdings mit den Verhandlungen über den Interessenausgleich verbunden werden.[393] Im Interesse des Arbeitgebers ist jedoch dann darauf zu achten, dass eine ausdrückliche Klarstellung im Rahmen der Vereinbarung über den Interessenausgleich erfolgt, aus der hervorgeht, dass der Betriebsrat bereits im Rahmen der Verhandlungen über den Interessenausgleich alle für ein ordnungsgemäßes Verfahren nach § 102 BetrVG notwendigen Informationen erhalten hat und ordnungsgemäß angehört wurde.[394]

106 Neben der Mitteilung der Umstände, die zum Wegfall der bisherigen Beschäftigung führen, braucht der Arbeitgeber idR nicht im Einzelnen zu erläutern, dass aus seiner Sicht keine **anderweitigen Beschäftigungsmöglichkeiten** vorhanden sind. Dies versteht sich meist von selbst.[395] Gibt sich der Betriebsrat hiermit zufrieden, ist der Arbeitgeber nicht gehindert, im Kündigungsschutzprozess auf konkrete Einwände des Arbeitnehmers über bestehende Weiterbeschäftigungsmöglichkeiten zu erwidern. Es handelt sich dann nicht um ein unzulässiges Nachschieben neuer, sondern nur um eine zulässige Konkretisierung der bisherigen Kündigungsgründe.[396] Bestanden tatsächlich andere Beschäftigungsmöglichkeiten, beeinträchtigt dies aufgrund der subjektiven Determination nicht die Ordnungsgemäßheit der Anhörung des Betriebsrats. Die Kündigung kann dann nur aus anderen Rechtsgründen unwirksam sein.[397] Dies gilt auch dann, wenn der Arbeitgeber eine Weiterbeschäftigung des Arbeitnehmers auf einem anderen Ar-

---

388 KR/Etzel § 102 BetrVG Rn 62 d; in diese Richtung auch BAG 18.1.2001 – 2 AZR 514/99.
389 Bedenklich daher BAG 18.1.2001 – 2 AZR 514/99.
390 BAG 15.3.2001 – 2 AZR 141/00.
391 BAG 14.8.1986 – 2 AZR 683/85; LAG Hamm 17.2.1995 – 5 Sa 1066/94.
392 BAG 20.5.1999 – 2 AZR 532/98; BAG 28.8.2003 – 2 AZR 377/02; BAG 26.4.2007 – 8 AZR 612/06; BAG 23.10.2008 – 2 AZR 163/07.
393 BAG 26.4.2007 – 8 AZR 695/05.
394 Vgl LAG Berlin-Brandenburg 3.6.2010 – 26 Sa 263/10; Kast, Anm z BAG 23.10.2008 – 2 AZR 163/07, BB 2009, 1758.
395 BAG 29.3.1990 – 2 AZR 369/89; BAG 15.3.2001 – 2 AZR 141/00.
396 BAG 29.3.1990 – 2 AZR 369/89; BAG 21.9.2000 – 2 AZR 385/99.
397 BAG 30.10.1987 – 7 AZR 138/87.

beitsplatz erwogen hatte.[398] Die Gegenansicht, die eine Unterrichtung über vom Arbeitgeber ernsthaft in Betracht gezogene Beschäftigungsmöglichkeiten für erforderlich hält,[399] ist wenig praktikabel, da derartige Überlegungen des Arbeitgebers idR nicht von außen erkennbar sind. Etwas anderes gilt jedoch, wenn der Arbeitgeber mit dem Arbeitnehmer oder mit dem Betriebsrat bereits über alternative Beschäftigungsmöglichkeiten verhandelt hat. Dem Arbeitnehmer unterbreitete Beschäftigungsangebote sowie dessen Reaktion auf solche Angebote und eventuelle weitere Vorschläge sind ein wesentlicher Teil des Kündigungssachverhalts, weil sie für die Prüfung der Notwendigkeit oder der Verhältnismäßigkeit der Kündigung bedeutsam sind.[400] Auch Nachfragen und Hinweise des Betriebsrats über Beschäftigungsalternativen können eine weitergehende Unterrichtungspflicht des Arbeitgebers auslösen.

Entgegen seiner älteren Rechtsprechung[401] geht das BAG inzwischen in ständiger Rechtsprechung davon aus, dass der Arbeitgeber dem Betriebsrat unaufgefordert die für eine von ihm durchgeführte Sozialauswahl maßgeblichen Gründe mitzuteilen hat.[402] Dazu gehören neben den ohnehin mitzuteilenden Personalien des von der Kündigung betroffenen Arbeitnehmers alle für die Auswahlentscheidung relevanten Daten, dh in erster Linie die Betriebszugehörigkeit, das Alter und die Unterhaltspflichten aller vom Arbeitgeber in seine Auswahl einbezogenen Arbeitnehmer. Hat der Arbeitgeber weitere soziale Gesichtspunkte berücksichtigt, umfasst die Mitteilungspflicht auch diese.[403] Ob der Arbeitgeber über die bloße Mitteilung der Daten hinaus seine Auswahlentscheidung näher begründen muss, ist streitig.[404] Da der Arbeitgeber grundsätzlich nur zur Angabe der für die Kündigung relevanten Tatsachen, nicht aber zu deren rechtlicher Bewertung verpflichtet ist, dürfte allenfalls dann ein rechtlich begründbarer Anlass dafür bestehen, vom Arbeitgeber nähere Erläuterungen über seine Motive zu verlangen, wenn seine Auswahlentscheidung sonst überhaupt nicht verständlich ist. Andernfalls kann der Betriebsrat auf der Grundlage der ihm mitgeteilten Sozialdaten eine von der des Arbeitgebers abweichende Beurteilung selbst vornehmen. **107**

Die Unterrichtungspflicht umfasst auch betriebstechnische, wirtschaftliche oder sonstige berechtigte betriebliche Belange, wenn diese nach Auffassung des Arbeitgebers der Sozialauswahl gem § 1 Abs 3 Satz 2 KSchG entgegenstehen.[405] Versäumt es der Arbeitgeber, den Betriebsrat hierüber zu unterrichten, kann er sich im Kündigungsschutzprozess auf derartige Gründe nicht berufen.[406] **108**

---

398 BAG 12.8.1999 – 2 AZR 748/98.
399 APS/Koch § 102 BetrVG Rn 110.
400 ArbG Hameln 21.9.1989 – 1 Ca 432/89; APS/Koch § 102 BetrVG Rn 110.
401 BAG 6.7.1978 – 2 AZR 810/76.
402 BAG 29.3.1984 – 2 AZR 429/83 (A); BAG 15.12.1994 – 2 AZR 327/94.
403 BAG 26.10.1995 – 2 AZR 1026/94; FKHES § 102 Rn 30.
404 Bejahend LAG Schleswig-Holstein 19.6.1986 – 4 Sa 1/86; APS/Koch § 102 BetrVG Rn 113; verneinend KR/Etzel § 102 BetrVG Rn 62 g.
405 Vgl BAG 26.10.1995 – 2 AZR 1026/94.
406 LAG Berlin 20.8.1996 – 12 Sa 54/96; APS/Koch § 102 BetrVG Rn 114.

109 Erforderlich ist lediglich die Angabe der Auswahlgesichtspunkte, die nach Auffassung des Arbeitgebers die Auswahl rechtfertigen. Hat der Arbeitgeber überhaupt keine Auswahl getroffen, kann er sich darauf beschränken, dies dem Betriebsrat mitzuteilen.[407] Über eine abstrakt mögliche, tatsächlich aber unterbliebene Auswahl muss der Betriebsrat nicht unterrichtet werden, weil sie für den Kündigungsentschluss nicht maßgeblich war. Der Arbeitgeber ist gehalten, die Gründe mitzuteilen, weshalb aus seiner Sicht eine Sozialauswahl unterbleiben kann. Nur so ist der Betriebsrat in der Lage, sein Widerspruchsrecht nach § 102 Abs 3 1 Alt zu beurteilen und auszuüben.

110 Von der Durchführung einer Sozialauswahl absehen kann der Arbeitgeber in Fällen der **Stilllegung des gesamten Betriebes**. Da dies für den Betriebsrat erkennbar ist, braucht der Arbeitgeber diesen nach § 102 BetrVG nicht über Familienstand und Unterhaltspflichten der zu kündigenden Arbeitnehmer zu unterrichten.[408] Über die subjektiv determinierte Anhörung nach § 102 Abs 1 BetrVG hinaus kann der Betriebsrat gem § 80 Abs 2 Satz 1 BetrVG die Mitteilung der Sozialdaten der objektiv vergleichbaren Arbeitnehmer verlangen. § 102 Abs 1 BetrVG schließt anderweitige Unterrichtungsansprüche nicht aus. Nicht ausreichend ist allerdings, dass der Betriebsrat subjektiv von der Vergleichbarkeit anderer Arbeitnehmer ausgeht. Der Auskunftsanspruch besteht nicht, wenn Anhaltspunkte dafür fehlen, dass ein Beteiligungsrecht in Betracht kommt.[409] Ist der Betriebsrat unter Verkennung des Betriebsbegriffs für mehrere selbstständige betriebliche Einheiten gewählt worden, bezieht sich der Auskunftsanspruch auf die Arbeitnehmer aller Einheiten, die an der Wahl teilgenommen haben.[410]

111 **Vorkenntnisse des Betriebsrats** etwa aus einem Interessenausgleich sind zu berücksichtigen.[411] Der Arbeitgeber muss im Interessenausgleich aufgeführte Daten nicht erneut vortragen.[412] Dies gilt zumindest dann, wenn zwischen den Verhandlungen zum Abschluss eines Interessenausgleichs und der Anhörung nach § 102 BetrVG ein überschaubarer Zeitraum liegt.[413] Greift der Arbeitgeber nach einer korrekten Anhörung des Betriebsrats die Sozialauswahl betreffende Änderungswünsche des Betriebsrats auf, muss er nach Auffassung des BAG den Betriebsrat wegen des nunmehr von der Kündigung betroffenen Arbeitnehmers nicht erneut anhören, da er davon ausgehen dürfe, dass der Betriebsrat die Anhörung auch für den Fall des Eingehens auf seine Anregungen als abgeschlossen betrachte.[414] Dem kann nur gefolgt werden, wenn der abschließende Charakter der Stellungnahme hinreichend deutlich wird. Handelt es sich nur um eine

---

407 BAG 26.10.1995 – 2 AZR 1026/94; BAG 24.2.2000 – 8 AZR 167/99; BAG 27.9.2001 – 2 AZR 236/00.
408 BAG 13.5.2004 – 2 AZR 329/03.
409 BAG 20.1.2000 – 2 ABR 19/99; KR/Etzel § 102 BetrVG Rn 62 k.
410 BAG 20.1.2000 – 2 ABR 19/99.
411 BAG 22.1.2004 – 2 AZR 111/02; BAG 26.4.2007 – 8 AZR 612/06; BAG 23.10.2008 – 2 AZR 163/07.
412 BAG 20.5.1999 – 2 AZR 532/98; BAG 21.2.2002 – 2 AZR 581/00; BAG 28.8.2003 – 2 AZR 377/02; BAG 22.1.2004 – 2 AZR 111/02.
413 BAG 22.1.2004 – 2 AZR 111/02; BAG 5.11.2009 – 2 AZR 676/08.
414 BAG 7.12.1995 – 2 AZR 1008/94.

Anregung, den Kündigungsentschluss in Hinblick auf einen anderen Arbeitnehmer noch einmal zu überprüfen, verzichtet der Betriebsrat nicht ohne weiteres auf sein den anderen Arbeitnehmer betreffendes Beteiligungsrecht.

Rügt der Arbeitnehmer im Kündigungsschutzprozess die Nichtberücksichtigung von vom Arbeitgeber für nicht vergleichbar gehaltenen Arbeitnehmern, kann der Arbeitgeber darauf unter Ergänzung seines Vortrags eingehen, ohne vorher den Betriebsrat dazu nachträglich anzuhören.[415] Es handelt sich nicht um ein unzulässiges Nachschieben von Kündigungsgründen, sondern um eine Stellungnahme zu Einwendungen des Arbeitnehmers gegen den bereits zum Gegenstand der Anhörung gemachten Kündigungsgrund und damit um eine zulässige Konkretisierung des Kündigungssachverhaltes.[416]

ff) Außerordentliche Kündigung. Die Unterrichtungspflicht über die Kündigungsgründe unterscheidet sich bei einer außerordentlichen Kündigung inhaltlich nicht von den bei ordentlichen Kündigungen geltenden Pflichten. Notwendig ist allerdings zusätzlich die Angabe des Zeitpunktes, zu dem die zur Kündigung befugte Person Kenntnis von den für die Kündigung maßgebenden Tatsachen erlangt hat, um dem Betriebsrat eine Stellungnahme zur Wahrung der Frist von § 626 Abs 2 Satz 1, 2 BGB zu ermöglichen und ihm die Dringlichkeit der Maßnahme zu verdeutlichen.[417]

gg) Änderungskündigung. Bei einer beabsichtigten Änderungskündigung bedarf es neben der Angabe der Kündigungsgründe der Unterrichtung über das **Änderungsangebot,** das dem Arbeitnehmer in Zusammenhang mit der Kündigung unterbreitet werden soll, da Prüfungsgegenstand die Rechtfertigung des Änderungsangebots ist.[418] Im Fall einer vergütungsherabsetzenden Änderungskündigung gehört dazu die Mitteilung der Höhe des zukünftig vorgesehenen Gehalts. Die allgemeine Kenntnis der für den Betrieb üblichen tariflichen Vergütung genügt nicht ohne weiteres.[419] Unterbreitet der Arbeitgeber zwischen der Einleitung des Anhörungsverfahrens und dem Ausspruch der Kündigung dem Arbeitnehmer ein Änderungsangebot und beabsichtigt er für den Fall der Nichtannahme den Ausspruch einer Beendigungskündigung, muss er den Betriebsrat auch dazu anhören.[420] Im Zweifel empfiehlt es sich, auch nach der Ablehnung eines Änderungsangebotes nur eine Änderungskündigung auszusprechen.[421] Bei einer betriebsbedingten Änderungskündigung umfasst die Mitteilungspflicht nach dem allgemeinen Maßstab die Sozialdaten der in die Sozialauswahl einbezogenen Arbeitnehmer.[422] Auch zu Kündigungstermin und -frist ist der Be-

---

415 BAG 15.6.1989 – 2 AZR 580/88; BAG 7.11.1996 – 2 AZR 720/95.
416 Für die Notwendigkeit einer nachträglichen Anhörung dagegen KR/Etzel § 102 BetrVG Rn 62j; offengelassen bei BAG 21.9.2000 – 2 AZR 285/99; missverständlich BAG 24.2.2000 – 8 AZR 167/ 997.
417 APS/Koch § 102 BetrVG Rn 129; DKK/Kittner § 102 Rn 99.
418 BAG 20.3.1986 – 2 AZR 294/85; BAG 30.11.1989 – 2 AZR 197/89; BAG 27.9.2001 – 2 AZR 236/00; BAG 19.7.2012 – 25/11.
419 LAG Hamm 15.7.1997 – 6 Sa 403/97.
420 BAG 30.11.1989 – 2 AZR 197/89.
421 So zutr KR/Rost § 2 KSchG Rn 115 a.
422 LAG BW 15.10.1984 – 4 Sa 30/84.

triebsrat nach den allgemeinen Regeln anzuhören. Die Notwendigkeit der Angabe des Kündigungstermins hat das BAG jedenfalls für den Fall bejaht, dass sich erst daraus die Tragweite der geplanten Maßnahme ergibt.[423]

115 **hh) Kündigung außerhalb des KSchG.** Bei einer Kündigung vor Ablauf der Wartezeit von § 1 Abs 1 KSchG und außerhalb des Anwendungsbereiches des KSchG gelten für die Mitteilung der Kündigungsgründe keine anderen Anforderungen als für Kündigungen im Geltungsbereich des KSchG.[424] § 102 Abs 1 BetrVG knüpft nicht an die Geltung des KSchG an und lässt daher keinen Raum für Differenzierungen. Das bedeutet allerdings nicht, dass dadurch die Anforderungen an die Kündigungsbegründung gegenüber dem materiellen Recht erhöht werden. Bei der Anhörung ist zwischen Kündigungen, die auf substantiierbare Tatsachen und Kündigungen, die auf personenbezogenen Werturteilen beruhen, zu unterscheiden. Bei der ersten Variante muss dem Betriebsrat die zugrunde liegende Tatsache mitgeteilt werden, bei der zweiten Konstellation genügt alleine die Mitteilung des Werturteils. Das Werturteil muss der Arbeitgeber nicht näher substantiieren.[425]

IV. Stellungnahme des Betriebsrats (§ 102 Abs 2, 3 BetrVG)

116 Der Betriebsrat hat nach § 102 Abs 2 BetrVG Gelegenheit, nach der Mitteilung der Kündigungsgründe durch den Arbeitgeber Bedenken gegen die beabsichtigte Kündigung zu äußern. Dies muss bei einer ordentlichen Kündigung innerhalb von einer Woche und bei einer außerordentlichen Kündigung innerhalb von drei Tagen geschehen. Einer ordentlichen Kündigung kann der Betriebsrat darüber hinaus gem § 102 Abs 3 BetrVG aus den dort genannten Gründen widersprechen. Voraussetzung ist eine entsprechende Beschlussfassung des Betriebsrats.

1. Beschlussfassung

117 **a) Betriebsratssitzung.** Für die Beschlussfassung gelten die allgemeinen Regeln des 3. Abschnittes des 2. Teils des BetrVG. Zuständig ist idR der gesamte Betriebsrat als Gremium. Ausnahmsweise kann jedoch auch ein Ausschuss oder eine Arbeitsgruppe iSd §§ 27, 28, 28a BetrVG zuständig sein. Der Betriebsratsvorsitzende allein ist nicht entscheidungsbefugt.[426] Er vertritt den Betriebsrat lediglich im Rahmen der vom Gremium gefassten Beschlüsse.[427] Eine vom Betriebsratsvorsitzenden ohne Rechtsgrundlage abgegebene Stellungnahme kann nicht durch nachträgliche Beschlussfassung des Betriebsrates gem § 177 Abs 1 iVm § 184 Abs 1 BGB rückwirkend genehmigt werden.[428] Im Rahmen des Anhörungsverfahrens gem § 102

---

423 BAG 29.3.1990 – 2 AZR 420/89; näher KR/Rost § 2 KSchG Rn 115.
424 BAG 18.5.1994 – 2 AZR 920/93; BAG 3.12.1998 – 2 AZR 234/98; BAG 13.5.2004 – 2 AZR 426/03.
425 BAG 12.9.2013 – 6 AZR 121/12; BAG 22.4.2012 – 6 AZR 828/08; BAG 23.4.2009 – 6 AZR 516/08.
426 BAG 15.11.1995 – 2 AZR 974/94.
427 § 26 Abs 2 Satz 1 BetrVG.
428 Zur Möglichkeit der nachträglichen Genehmigung eines Rechtsgeschäfts, das der Betriebsratsvorsitzende im Namen des Betriebsrates vornimmt BAG 10.10.2007 – 7 ABR 51/06.

BetrVG ist § 177 Abs 1 BGB nicht anwendbar.[429] Ebenso unzulässig sind eine stillschweigende Entscheidung oder eine Beschlussfassung im Umlaufverfahren, da sich der Betriebsrat nach § 33 BetrVG als Gremium mit dem zur Entscheidung stehenden Sachverhalt befassen und eine einheitliche Willensbildung herbeigeführt werden soll.[430]

Die Willensbildung vollzieht sich in einer **Betriebsratssitzung**, die vom Vorsitzenden gem § 29 Abs 2 Satz 1, 2 BetrVG einberufen wird. Der Vorsitzende hat die Betriebsratsmitglieder rechtzeitig unter Mitteilung der Tagesordnung zu laden. Dazu gehört bei einer anstehenden Stellungnahme nach § 102 Abs 2, 3 BetrVG die Mitteilung, dass über die beabsichtigte Kündigung des Arbeitsverhältnisses eines bestimmten, namentlich bezeichneten Arbeitnehmers entschieden werden soll.[431] Der Mangel der fehlenden Bekanntgabe der Tagesordnung kann nur durch Beschluss der Betriebsratsmitglieder geheilt werden, wenn der Betriebsrat vollständig versammelt ist und kein Mitglied der Beschlussfassung widerspricht.[432] Ist ein Betriebsratsmitglied verhindert, rückt gem § 25 Abs 1 BetrVG ein **Ersatzmitglied** nach. Die Reihenfolge der nachrückenden Ersatzmitglieder bestimmt sich nach § 25 Abs 2 BetrVG. Wird die Ladung des nachgerückten Ersatzmitglieds unterlassen, ist der Betriebsrat an einer wirksamen Beschlussfassung gehindert, sofern die rechtzeitige Ladung nicht wegen eines plötzlichen Vertretungsfalles unmöglich war.[433] Der Betriebsrat entscheidet mit der Mehrheit der Stimmen der anwesenden Mitglieder (§ 33 Abs 1 BetrVG). Nimmt unter Berücksichtigung nachgerückter Mitglieder nicht mindestens die Hälfte der Betriebsratsmitglieder an der Beschlussfassung teil, ist der Betriebsrat gem § 33 Abs 2 BetrVG beschlussunfähig. Dann kommt lediglich eine Geschäftsführung gem § 22 BetrVG in Betracht, wenn die Voraussetzungen von § 13 Abs 2 Nr 1-3 BetrVG erfüllt sind.

Nach § 32 BetrVG, § 95 Abs 4 Satz 1 SGB IX hat die **Schwerbehindertenvertretung** (§ 94 SGB IX) das Recht, an allen Sitzungen des Betriebsrats beratend teilzunehmen. Dieses Recht besteht auch dann, wenn schwerbehinderte Arbeitnehmer von der Beschlussfassung nicht betroffen sind.[434] Ähnliches gilt gem § 67 Abs 1 BetrVG für die **Jugend- und Auszubildendenvertretung**. Nach §§ 67 Abs 2 iVm 33 Abs 3 BetrVG haben die Jugend- und Auszubildendenvertreter sogar ein gleichberechtigtes Stimmrecht, wenn von der geplanten Kündigung Jugendliche oder Auszubildende bis zur Vollendung des 25. Lebensjahres iSv § 60 Abs 1 BetrVG betroffen sind. Der Betriebsratsvorsitzende hat die Schwerbehinderten- und die Jugend-

---

429 BAG 10.10.2007 – 7 ABR 51/06. Das Gericht qualifiziert den Abschluss eines „Vertrages" durch den Betriebsratsvorsitzenden, seinen Stellvertreter oder ein sonst im Namen des Betriebsrates handelndes Mitglied als tatbestandliche Voraussetzung des § 177 Abs 1 BGB. Mithin fehlt es iR des gesetzlichen Anhörungsverfahrens gem § 102 BetrVG bereits an dieser, die Anwendbarkeit der Norm begründenden tatbestandlichen Voraussetzung.
430 BAG 4.8.1975 – 2 AZR 266/74; BAG 14.2.1996 – 7 ABR 25/ 95; LAG Köln 25.11.1998 – 2 TaBV 38/98.
431 APS/Koch § 102 BetrVG Rn 141.
432 BAG 28.10.1992 – 7 ABR 14/92: Behandlung im Tagesordnungspunkt „Verschiedenes" nicht ausreichend.
433 BAG 3.8.1999 – 3 ABR 30/98.
434 LAG Hessen 4.12.2001 – 15 Sa 384/01; Hauck/Noftz/Masuch § 95 Rn 44.

und Auszubildendenvertretung gem § 29 Abs 1 Satz 4 BetrVG zu der Sitzung zu laden. Ein Verstoß hiergegen macht einen Betriebsratsbeschluss jedoch nicht unwirksam.[435] Lediglich im Fall von § 67 Abs 2 BetrVG kann die Beschlussfassung unwirksam sein.[436] In anderen Fällen hat das übergangene Gremium das Recht, die Aussetzung des Betriebsratsbeschlusses zu beantragen. Nach § 31 BetrVG kann auf Antrag ein Vertreter einer im Betrieb vertretenen Gewerkschaft beratend hinzugezogen werden. Schließlich nimmt der Arbeitgeber an der Sitzung teil, wenn er die Sitzung anberaumt hat oder wenn er vom Betriebsrat eingeladen wurde (§ 29 Abs 4 BetrVG). Er hat den Sitzungsraum vor der Beschlussfassung zu verlassen. Ein Verstoß gegen diese Verpflichtung führt jedoch jedenfalls dann nicht zur Unwirksamkeit der Anhörung, wenn der Arbeitgeber den Betriebsrat nicht an der Durchführung einer weiteren Sitzung ohne seine Anwesenheit hindert.[437]

120 **b) Anhörung des Arbeitnehmers.** Gem § 102 Abs 2 Satz 4 BetrVG soll der Betriebsrat den von der Kündigung betroffenen Arbeitnehmer anhören, soweit dies erforderlich erscheint. Der Betriebsrat hat darüber nach pflichtgemäßem Ermessen zu befinden. Zu Recht wird überwiegend angenommen, dass die Anhörung idR geboten ist, sofern der Arbeitnehmer an einer Stellungnahme interessiert ist. Da häufig nicht ausgeschlossen ist, dass die Stellungnahme neue relevante Informationen offenbaren kann, ist die Anhörung oft auch dann sinnvoll, wenn der Betriebsrat ohnehin Bedenken gegen die Kündigung hat. Beabsichtigt der Betriebsrat, gem § 102 Abs 3 Nr 4, 5 BetrVG zu widersprechen, ist eine Anhörung des Arbeitnehmers schon deshalb geboten, weil dann die Weiterbeschäftigung von der Bereitschaft des Arbeitnehmers abhängig ist, sich Umschulungs- und Fortbildungsmaßnahmen zu unterziehen bzw eine Vertragsänderung zu akzeptieren.[438] Ein ermessensfehlerhaftes **Unterlassen der Anhörung** beeinträchtigt die Wirksamkeit der Beteiligung des Betriebsrats nicht, da ein solcher Fehler dem Arbeitgeber nicht zugerechnet werden kann.[439] Er wird regelmäßig auch nicht hinreichend gewichtig sein, um einen Auflösungsantrag nach § 23 Abs 1 BetrVG zu begründen.[440]

121 **c) Aussetzung.** Insbesondere weil ein Verstoß gegen die Pflicht, die Jugend- und Auszubildendenvertretung und die Schwerbehindertenvertretung zu Betriebsratssitzungen zu laden, nicht zur Unwirksamkeit von Betriebsratsbeschlüssen führt, gewährt §§ 35 iVm 66 BetrVG bzw § 95 Abs 4 SGB IX diesen Gremien das Recht, für die Dauer von einer Woche die Aussetzung eines Betriebsratsbeschlusses zu beantragen. Innerhalb dieser Frist soll eine Verständigung versucht werden. Nach Ablauf der Frist hat der Betriebsrat über die Angelegenheit neu und abschließend zu beschließen. Die Aussetzung führt zu einer vorübergehenden Suspendierung des Beschlusses.[441] Das bedeutet, dass der Arbeitgeber im Fall eines Aussetzungsantrages die

---

435 FKHES § 67 Rn 16; Hauck/Noftz/Masuch § 95 Rn 47.
436 FKHES § 67 Rn 25.
437 BAG 24.3.1977 – 2 AZR 289/76; 13.6.1996 – 2 AZR 745/95.
438 KR/Etzel § 102 BetrVG Rn 94; APS/Koch § 102 BetrVG Rn 137.
439 BAG 2.4.1976 – 2 AZR 513/75.
440 APS/Koch § 102 BetrVG Rn 137.
441 HaKo-BetrVG/Düwell § 35 Rn 8.

Kündigung jedenfalls vor Ablauf der Fristen von § 102 Abs 2 Satz 1, 3 BetrVG nicht aussprechen kann. Die Auswirkungen der Aussetzung auf das Anhörungsverfahren nach § 102 Abs 1, 2 BetrVG sind vom Gesetzgeber nicht hinreichend berücksichtigt worden und führen zu Kollisionen mit anderen betriebsverfassungs- und materiell-rechtlichen Fristen. Billigt man der Aussetzung keine Auswirkungen auf den Lauf der Fristen von § 102 Abs 2 Satz 1, 3 BetrVG zu, könnte der Arbeitgeber regelmäßig nach deren Ablauf kündigen, ohne dass eine wirksame Stellungnahme und insbesondere ein von den Sondervertretungen ggf im Interesse der Weiterbeschäftigung des betroffenen Arbeitnehmers angestrebter Widerspruch des Betriebsrats vorläge. Hemmt die Aussetzung dagegen den Lauf dieser Fristen, könnte dies dazu führen, dass der Arbeitgeber nicht in der Lage ist, Fristen zum Ausspruch der Kündigung zu wahren, insbesondere die von § 626 Abs 2 BGB. Bei einer fristgemäßen Kündigung kann uU der angestrebte Kündigungstermin nicht mehr erreicht werden.

Nach überwiegender Auffassung **hemmt die Aussetzung den Lauf der Fristen von § 102 Abs 2 Satz 1, 3 BetrVG nicht**.[442] Da andernfalls der Zweck der Aussetzung weitgehend leerläuft, was durch die geringe praktische Bedeutung der Aussetzung bestätigt wird, wäre eine Verlängerung der Anhörungsfristen um die Dauer der Aussetzung die sachgerechteste Lösung. Die Interessen des Arbeitgebers könnten wie bei anderen durch Beteiligungsverfahren ausgelöste Verzögerungen[443] durch eine analoge Anwendung von § 91 Abs 5 SGB IX gewahrt werden. Das geltende Recht lässt diese Lösung jedoch deshalb nicht zu, weil in § 95 Abs 4 Satz 3 SGB IX für die Beteiligung der Schwerbehindertenvertretung ausdrücklich geregelt ist, dass die Aussetzung eine Frist nicht verlängert.[444] Um § 35 BetrVG nicht jede Wirkung zu nehmen, ist der Betriebsrat im Fall eines Aussetzungsantrags verpflichtet, beim Arbeitgeber eine Verlängerung der Stellungnahmefrist zu beantragen. Aufgrund der Verpflichtung zur vertrauensvollen Zusammenarbeit (§ 2 Abs 1 BetrVG) hat der Arbeitgeber bei seiner Entscheidung die für die **Fristverlängerung** sprechenden Belange angemessen zu berücksichtigen.[445] Daher hat er der Fristverlängerung immer dann zuzustimmen, wenn dadurch seine kündigungsrechtliche Position etwa durch die Gefahr der Versäumung von Kündigungsfristen und -terminen nicht beeinträchtigt wird. Allein das Interesse, eine Weiterbeschäftigungspflicht nach § 102 Abs 3 BetrVG zu vermeiden, ist kein sachlicher Grund für die Versagung einer Fristverlängerung. Verweigert der Arbeitgeber ohne hinreichende Gründe die Verlängerung, muss er sich im Kündigungsschutzprozess und gegenüber einem Weiterbeschäftigungsverlangen nach § 102 Abs 5 BetrVG aufgrund einer erneuten Beschlussfassung des Betriebsrats so behandeln lassen, als ob er eine Fristverlängerung gewährt hätte. Eine vorzeitig ausgesprochene Kündigung ist dann nach § 102 Abs 1 Satz 3 BetrVG iVm § 134 BGB nichtig.

122

---

442 KR/Etzel § 102 BetrVG Rn 98; GK-BetrVG/Raab § 35 Rn 21; HaKo-BetrVG/Düwell § 35 Rn 10.
443 So zum Personalvertretungsrecht etwa BAG 8.6.2000 – 2 AZR 375/99.
444 GK-BetrVG/Raab § 35 Rn 23; HaKo-BetrVG/Düwell § 35 Rn 10.
445 GK-BetrVG/Raab § 35 Rn 23; HaKo-BetrVG/Düwell § 35 Rn 10.

123 **d) Schweigepflicht.** Die Mitglieder des Betriebsrats sind gem § 102 Abs 2 Satz 5 iVm § 99 Abs 1 Satz 3 BetrVG verpflichtet, über die ihnen im Rahmen der Anhörung bekannt gewordenen persönlichen Verhältnisse und Angelegenheiten des Arbeitnehmers, die ihrer Bedeutung und ihrem Inhalt nach einer vertraulichen Behandlung bedürfen, Stillschweigen zu bewahren. Dies gilt gem § 99 Abs 1 Satz 3 iVm 79 Abs 1 Satz 2 BetrVG auch für die Zeit nach der Beendigung ihres Amtes. Zweck der Vorschrift ist der **Schutz der Persönlichkeitsrechte** der betroffenen Arbeitnehmer. Von der Schweigepflicht umfasst sind alle persönlichen Verhältnisse privater Natur, die nicht ohne Zustimmung des Arbeitnehmers der betrieblichen oder einer breiteren Öffentlichkeit bekannt werden sollen, bspw Krankheiten oder sonstige körperliche oder psychische Beeinträchtigungen, die Schwerbehinderteneigenschaft, eine Schwangerschaft oder Vorstrafen. Nicht erforderlich ist, dass sie vom Arbeitgeber oder vom Arbeitnehmer ausdrücklich als geheimhaltungsbedürftig bezeichnet worden sind.[446] Auch die Kündigungsabsicht des Arbeitgebers ist – abgesehen von dem gem § 102 Abs 2 Satz 4 BetrVG anzuhörenden Arbeitnehmer – geheimhaltungspflichtig, da es sich um eine persönliche Angelegenheit handelt, an deren Geheimhaltung der Arbeitnehmer vor ihrer Umsetzung ein berechtigtes Interesse hat.[447]

124 Ein **Verstoß gegen die Schweigepflicht** ist eine Straftat gem § 120 Abs 2 BetrVG, die nach § 120 Abs 5 Satz 1 BetrVG auf Antrag des Verletzten verfolgt wird. Daneben handelt es sich um eine Amtspflichtverletzung iSv § 23 Abs 1 BetrVG, die gem § 823 Abs 2 BGB auch Schadensersatzansprüche auslösen kann.[448] Bei einer dadurch bewirkten Persönlichkeitsrechtsverletzung kann in schweren Fällen auch eine Geldentschädigung in Betracht kommen.[449]

2. Stellungnahme zur ordentlichen Kündigung

125 Der Betriebsrat kann gegenüber einer ordentlichen Kündigung gem § 102 Abs 2 Satz 1, Abs 3 BetrVG innerhalb einer Woche schriftlich und unter Angabe der Gründe Bedenken vorbringen oder ihr widersprechen. Dies gilt zur Vermeidung von Wertungswidersprüchen auch für den Ausspruch einer **außerordentlichen Kündigung mit Auslauffrist** gegenüber ordentlich unkündbaren Arbeitnehmern.[450]

126 **a) Frist.** Für die Berechnung der Wochenfrist gelten die §§ 187-193 BGB entsprechend. Gem § 187 Abs 1 BGB beginnt die Frist an dem auf den Tag der Unterrichtung durch den Arbeitgeber folgenden Tag zu laufen. Sie endet nach § 188 Abs 2 BGB mit dem Ablauf desjenigen Tages der Folgewoche, der dem Tag der Unterrichtung entspricht. Ist dieser Tag ein Samstag, ein Sonntag oder ein Feiertag, verlängert sich die Frist bis zum nächsten Werktag (§ 193 BGB).

---

446 KR/Etzel § 102 BetrVG Rn 101; APS/Koch § 102 BetrVG Rn 138.
447 APS/Koch § 102 Rn 138; aA KR/Etzel § 102 BetrVG Rn 101.
448 KR/Etzel § 102 BetrVG Rn 101; APS/Koch § 102 BetrVG Rn 139.
449 BGH 5.10.2004 – VI ZR 255/03.
450 BAG 5.2.1998 – 2 AZR 227/97; BAG 18.1.2001 – 2 AZR 616/99; BAG 12.1.2006 – 2 AZR 242/05.

Beispiel: Unterrichtet der Arbeitgeber den Betriebsrat an einem Dienstag, läuft die Frist regulär am Dienstag der Folgewoche ab. Ist dieser Tag ein Feiertag, endet sie erst am Mittwoch der Folgewoche. 127

Die Frist währt während des gesamten letzten Tages und dauert nicht etwa nur bis zum Dienstschluss der Personalabteilung des Arbeitgebers an diesem Tag.[451] Das Gesetz kennt ein Fristende zu einer bestimmten Uhrzeit im Lauf eines Tages nicht.[452] Nach Dienstschluss ist der Betriebsrat lediglich mit einem Zugangsproblem konfrontiert. Da der Arbeitgeber nicht verpflichtet ist, einen Nachtbriefkasten einzurichten,[453] geht eine vor Dienstschluss nicht übergebene Stellungnahme dem Arbeitgeber gem § 130 Abs 1 Satz 1 BGB regelmäßig erst am Folgetag zu. Das bedeutet aber nicht, dass der Arbeitgeber das Kündigungsschreiben bereits am letzten Tag der Frist nach Dienstschluss zur Post geben könnte, sofern bis dahin keine Stellungnahme des Betriebsrats eingegangen ist.[454] Eine solche Kündigung wäre nichtig. Übergibt der Arbeitgeber dagegen das Kündigungsschreiben mit Ablauf des Dienstschlusses an einen Boten, der es am Folgetag übergeben soll und der bis dahin für den Arbeitgeber erreichbar ist, behält der Betriebsrat eine hinreichende Einflussmöglichkeit. Dann ist die Einleitung des Übermittlungsvorgangs am letzten Tag der Frist unschädlich.[455] 128

Eine **Fristverlängerung** ist nach dem Rechtsgedanken des § 190 BGB durch Betriebsvereinbarung oder Regelungsabrede zwischen Arbeitgeber und Betriebsrat möglich.[456] Für eine einseitige Verlängerung durch den Betriebsrat besteht auch bei Massenentlassungen keine Rechtsgrundlage. Im Einzelfall kann die Nichtgewährung einer Fristverlängerung rechtsmissbräuchlich sein, etwa wenn der Betriebsrat andernfalls wegen des Arbeitsanfalls bei einer Massenentlassung in der sachgerechten Wahrnehmung des Beteiligungsrechts beeinträchtigt ist und kein berechtigtes Interesse des Arbeitgebers am Abschluss des Anhörungsverfahrens innerhalb einer Woche besteht. Dabei ist allerdings zu berücksichtigen, ob und inwieweit der Betriebsrat schon vorher etwa in einem Beteiligungsverfahren nach §§ 111 ff BetrVG über die geplante Maßnahme unterrichtet worden ist.[457] Es ist daher nicht immer rechtsmissbräuchlich, die Verlängerung im Fall einer Massenentlassung abzulehnen.[458] 129

Der Betriebsrat kann die Frist auch in Eilfällen voll ausnutzen; das Gesetz kennt die Möglichkeit einer **Fristverkürzung** nicht.[459] Der Betriebsrat muss eine bereits getroffene Entscheidung nicht vor dem Ende der Frist mitteilen; er kann vielmehr die Entscheidung vor deren Kundgabe noch einmal 130

---

451 BAG 8.4.2003 – 2 AZR 515/02.
452 BAG 12.12.1996 – 2 AZR 803/95.
453 LAG Hamm 11.2.1992 – 2 Sa 1615/91.
454 KR/Etzel § 102 BetrVG Rn 86; APS/Koch § 102 BetrVG Rn 130.
455 BAG 8.4.2003 – 2 AZR 515/02.
456 BAG 14.8.1986 – 2 AZR 561/85; APS/Koch § 102 BetrVG Rn 132; aA HSW/Schlochauer § 102 Rn 74.
457 BAG 14.8.1986 – 2 AZR 561/85.
458 KR/Etzel § 102 BetrVG Rn 89 b; APS/Koch § 102 BetrVG Rn 132; aA LAG Hamburg 15.3.1985 – 8 Sa 30/85.
459 BAG 13.12.1975 – 2 AZR 610/74; BAG 29.3.1977 – 1 AZR 46/75.

Nägele

überdenken.[460] Ergänzt der Arbeitgeber eine bisher unzureichende Unterrichtung während des Laufs der Frist, beginnt die Frist vom Zeitpunkt der vervollständigten bzw berichtigten Mitteilung an neu zu laufen.[461] Dasselbe gilt für Antworten auf **Nachfragen des Betriebsrats**, soweit diese die Unterrichtungspflicht erweitern. Eine bloße Erläuterung des Arbeitgebers nach einer ordnungsgemäßen Unterrichtung hat dagegen keinen Einfluss auf den Lauf der Frist. Ein Auskunftsverlangen des Betriebsrats nach § 80 BetrVG berührt nach überwiegender Ansicht den Fristlauf ebenfalls nicht. Dasselbe gilt für einen Aussetzungsantrag gem § 35 BetrVG. In diesen Fällen ist der Arbeitgeber aber zumindest gehalten, erforderlichenfalls eine angemessene Fristverlängerung zu gewähren, sofern dadurch nicht ein eigener Rechtsverlust droht und die Angelegenheit deshalb eilbedürftig ist. Ähnliches gilt für Zeiten der Funktionsunfähigkeit des Betriebsrats. Ob die Betriebspartner durch Regelungsabrede oder Betriebsvereinbarung generell oder für einzelne Fälle eine Fristverkürzung vereinbaren können, ist str.[462] Da der Betriebsrat nicht gezwungen ist, die Frist auszuschöpfen, sind derartige Regelungen grundsätzlich zulässig. Sie führen erst dann zu einem unzulässigen Verzicht auf Beteiligungsrechte, wenn sich aus der Vereinbarung etwa durch den Ausschluss des Rechts zu deren ordentlicher Kündigung eine für den Betriebsrat nicht mehr lösbare Bindung ergibt. Andernfalls handelt es sich um zulässige Verfahrensregelungen. Tarifvertraglich kann eine Fristverkürzung dagegen nicht vorgesehen werden, da die gesetzliche Regelung nicht tarifdispositiv ist.[463]

131 Maßgeblich für die Wahrung der Anhörungsfrist durch den Arbeitgeber ist der Zeitpunkt, zu dem das Kündigungsschreiben den Machtbereich des Arbeitgebers verlässt, und nicht etwa erst dessen Zugang beim Arbeitnehmer. Verstreicht die Frist, ohne dass der Betriebsrat eine Stellungnahme abgegeben hat, kann der Arbeitgeber die beabsichtigte Kündigung aussprechen. Da es sich um eine materiellrechtliche Ausschlussfrist handelt, kommt eine Wiedereinsetzung in den vorigen Stand zugunsten des Betriebsrats nicht in Betracht.[464] Hat der Betriebsrat bereits vor dem Ablauf der Frist abschließend Stellung genommen, dh kann der Arbeitgeber der Mitteilung des Betriebsrats entnehmen, dass er keine weitere Erörterung des Falles wünsche,[465] ist das Anhörungsverfahren beendet und der Arbeitgeber kann die Kündigung wirksam aussprechen.[466] Vom Arbeitgeber in einem solchen Fall ein Abwarten bis zum Ablauf der Frist des § 102 Abs 2 BetrVG zu verlangen, wäre ein überflüssiger Formalismus.[467]

---

460 AA für Missbrauchsfälle KR/Etzel § 102 BetrVG Rn 88; GK-BetrVG/Raab § 102 Rn 100.
461 BAG 6.2.1997 – 2 AZR 265/96; KR/Etzel § 102 BetrVG Rn 111 a; APS/Koch § 102 BetrVG Rn 144.
462 Zust: GK-BetrVG/Raab § 102 Rn 117.
463 KR/Etzel § 102 BetrVG Rn 89.
464 KR/Etzel § 102 BetrVG Rn 89 a; APS/Koch § 102 BetrVG Rn 134.
465 Auch dann, wenn der Betriebsrat mitteilt, er habe beschlossen, keine Stellungnahme abzugeben, BAG 12.3.1987 – 2 AZR 176/86.
466 BAG 21.5.2008 – 8 AZR 84/07.
467 BAG 24.6.2004 – 2 AZR 461/03.

Kündigt der Arbeitgeber vor Abschluss des Anhörungsverfahrens, dh ohne dass ihm der Betriebsrat mitgeteilt hat, dass seine Stellungnahme abschließend ist, ist die ausgesprochene Kündigung nach § 102 Abs 1 Satz 3 BetrVG unwirksam und unheilbar nichtig.[468] Ob den Arbeitgeber ein Verschulden trifft, ist nicht entscheidend. Das Anhörungsverfahren wird durch den Kündigungsausspruch abgebrochen und damit gegenstandslos. Der Arbeitgeber kann basierend auf dem bisherigen Anhörungsverfahren nach Ablauf der Anhörungsfrist keine wirksame zweite Kündigung aussprechen.[469] **132**

b) **Form.** Das Gesetz sieht eine bestimmte Form für die Stellungnahme, nämlich Schriftform, gem § 102 Abs 2 Satz 1 BetrVG nur für die Mitteilung von Bedenken vor. Aus der Verpflichtung des Arbeitgebers nach § 102 Abs 4 BetrVG, im Fall des Widerspruchs des Betriebsrats dem Arbeitnehmer mit der Kündigung eine Abschrift der Stellungnahme zuzuleiten, ist zu schließen, dass auch der Widerspruch schriftlich erklärt werden muss. Dies ist angesichts der erhöhten Begründungspflicht gem § 102 Abs 3 BetrVG nur konsequent.[470] Im Übrigen unterliegt die Stellungnahme keinem Formzwang. Das bloße Schweigen des Betriebsrats auch auf Nachfragen des Arbeitgebers hat regelmäßig keinen Erklärungswert, da der Betriebsrat die Stellungnahmefrist voll ausschöpfen kann. Eine vorher abgegebene Erklärung schließt das Anhörungsverfahren immer dann mit der Konsequenz ab, dass der Arbeitgeber hierauf die Kündigung sofort aussprechen kann, wenn aus ihr eindeutig hervorgeht, dass der Betriebsrat eine weitere Erörterung der Maßnahme nicht mehr wünscht.[471] Dies ist regelmäßig der Fall, wenn der Vorsitzende als gesetzlicher Vertreter des Betriebsrats (§ 26 Abs 2 Satz 1 BetrVG) bzw im Vertretungsfall dessen Vertreter oder eine andere wirksam bevollmächtigte Person eine abschließende Stellungnahme abgibt. Es muss deutlich werden, dass der Betriebsrat damit die Angelegenheit als erledigt betrachtet, was ggf durch Auslegung zu ermitteln ist. Dabei kann es sich um ausdrückliche Erklärungen zur Sache handeln (Zustimmung, Widerspruch, Geltendmachung von Bedenken), aber auch um die Erklärung, der Betriebsrat äußere sich nicht zu der Kündigung,[472] er nehme sie zur Kenntnis,[473] oder er lasse das Anhörungsverfahren ohne Stellungnahme verstreichen.[474] Auch die kommentarlose Rückgabe des unterschriebenen Anhörungsschreibens kann genügen.[475] **133**

Verfahrensfehler des Betriebsrats ändern am Abschluss des Anhörungsverfahrens nichts. Nicht abgeschlossen ist die Anhörung vor dem Ende der Anhörungsfrist jedoch, wenn Anhaltspunkte dafür bestehen, dass der Be- **134**

---

468 BAG 28.2.1974 – 2 AZR 455/73; BAG 1.4.1976 – 2 AZR 179/75; KR/Etzel § 102 BetrVG Rn 118.
469 BAG 22.9.1983 – 2 AZR 136/82.
470 Im Ergebnis ebenso LAG Düsseldorf 5.1.1976 – 9 Sa 1604/75, 1065; KR/Etzel § 102 BetrVG Rn 142.
471 BAG 12.3.1987 – 2 AZR 176/86; BAG 26.1.1995 – 2 AZR 386/94; BAG 15.11.1995 – 2 AZR 974/94.
472 BAG 11.12.1996 – 5 AZR 708/95.
473 BAG 12.3.1987 – 2 AZR 176/86.
474 LAG Hessen 18.6.1997 – 8 Sa 977/96.
475 LAG BW 29.4.1986 – 10 Sa 127/85.

triebsrat bis dahin keine abschließende Entscheidung getroffen hat. Das ist etwa der Fall, wenn der Vorsitzende oder Einzelne Mitglieder für den Arbeitgeber erkennbar ohne vorherigen Betriebsratsbeschluss eine persönliche Stellungnahme abgeben.[476] Allein ein kurzer zeitlicher Abstand zwischen der Information des Betriebsrats und der Stellungnahme reicht zur Annahme einer evidenten Nichtbefassung des Betriebsrats als Gremium nicht aus.[477] An einer abschließenden Stellungnahme fehlt es, wenn der Betriebsrat trotz Kundgabe einer grundsätzlichen Zustimmungsabsicht die Vorlage weiteren Materials verlangt[478] oder eine noch folgende schriftliche Stellungnahme ankündigt.[479] Im Zweifel ist die formwahrende Stellungnahme maßgeblich. Streitig ist, ob die spontan nach der Unterrichtung ohne förmliche Beschlussfassung ausgesprochene Zustimmung aller Betriebsratsmitglieder das Verfahren abschließt.[480] Da im Fall des Einverständnisses aller Mitglieder ein Verstoß gegen die Förmlichkeiten der §§ 29 ff BetrVG nicht zur Unwirksamkeit eines Beschlusses führt und ein Betriebsratsbeschluss auch durch schlüssiges Verhalten zustande kommen kann,[481] kann die Möglichkeit einer „**Spontanzustimmung**" nicht grundsätzlich verneint werden. Es ist allerdings jeweils kritisch zu prüfen, ob die Betriebsratsmitglieder tatsächlich schon eine abschließende Stellungnahme und nicht nur eine vorläufige Einschätzung abgeben wollten. Dabei ist ggf zu berücksichtigen, dass ohne weiteres nicht unterstellt werden kann, dass der Betriebsrat und insbesondere dessen Vorsitzender pflichtwidrig die Teilnahmerechte der Schwerbehinderten- und der Jugend- und Auszubildendenvertretung verletzen wollen. Zum Abschluss des Verfahrens nicht ausreichend ist die „Spontanzustimmung" lediglich eines Teils der Mitglieder des Betriebsrats.[482]

135 Für die Wahrung der für die Mitteilung von Bedenken und für den Widerspruch vorgeschriebenen Schriftform genügt die Übersendung einer **Faxkopie**.[483] Für die Beurteilung ausschlaggebend ist, dass die Stellungnahme des Betriebsrats keine Willenserklärung iSv § 126 BGB, sondern eine rechtsgeschäftsähnliche Handlung ist. Auf derartige Handlungen sind die Vorschriften des BGB über Rechtsgeschäfte nur so weit analog anzuwenden, wie es deren Eigenart entspricht.[484] Gegen die Übermittlung der Stellungnahme per Fax bestehen danach angesichts der Verbreitung und der Bedeutung dieser Übermittlungsform keine durchgreifenden Bedenken, sofern die Faxkopie die Unterschrift des Ausstellers wiedergibt. Dies schafft hinreichende Sicherheit über dessen Identität. Da auch ein Widerspruch nach § 99 Abs 3 BetrVG mit Telefax übersandt werden kann,[485] gilt für die Stel-

---

476 BAG 15.11.1995 – 2 AZR 974/94; BAG 12.12.1996 – 2 AZR 803/995.
477 BAG 16.1.2003 – 2 AZR 707/01: Zwölf Minuten.
478 BAG 1.12.1977 – 2 AZR 42/76.
479 BAG 28.7.1982 – 7 AZR 1181/79.
480 Verneinend LAG Hamm 21.9.1982 – 11 (10) Sa 666/82; APS/Koch § 102 BetrVG Rn 136; aA KR/Etzel § 102 BetrVG Rn 104 a.
481 LAG Hessen 26.4.2002 – 9/2 Sa 1710/00.
482 LAG Düsseldorf 7.3.1975 – 16 Sa 690/74; entsprechend für das Personalvertretungsrecht LAG Rheinland-Pfalz 15.3.2002 – 3 Sa 1098/01.
483 BAG 6.8.2002 – 1 ABR 49/01.
484 BAG 11.10.2000 – 5 AZR 313/99; BAG 14.8.2002 – 5 AZR 341/01.
485 BAG 11.6.2002 – 1 ABR 43/01; BAG 6.8.2002 – 1 ABR 49/01.

lungnahme nach § 102 Abs 2 BetrVG nichts anderes.[486] Eine E-Mail genügt dagegen nicht, da sie keine Sicherheit über ihren Urheber vermittelt.[487] Bei elektronischer Übermittlung ist die Einhaltung der elektronischen Form erforderlich, aber auch ausreichend.

c) Mitteilung von Bedenken. Mit dem Vorbringen von Bedenken kann der Betriebsrat versuchen, argumentativ auf das Ob und das Wie der Kündigung Einfluss zu nehmen. Das Spektrum der in Betracht kommenden Argumente ist nicht eingeschränkt. Es kann sich insbesondere um soziale, wirtschaftliche, rechtliche oder tatsächliche Einwände handeln. Rechtsfolgen zugunsten des betroffenen Arbeitnehmers begründet die Mitteilung von Bedenken nicht. Sie schließt das Anhörungsverfahren ab, wenn sie als abschließende Stellungnahme zu verstehen war. 136

d) Widerspruch (§ 102 Abs 3 BetrVG). Aus den unter § 102 Abs 3 Nr 1-5 BetrVG aufgeführten Gründen kann der Betriebsrat einer ordentlichen Kündigung widersprechen. Der in diesem Sinn begründete Widerspruch führt im Gegensatz zur Geltendmachung von Bedenken zu einer unmittelbaren Verbesserung der Rechtsposition des gekündigten Arbeitnehmers, da dieser im Fall eines fristgemäßen und ausreichend begründeten Widerspruchs den Weiterbeschäftigungsanspruch nach § 102 Abs 5 BetrVG in Anspruch nehmen kann. Der Widerspruch kann nicht nur gegen betriebs-, sondern auch gegen personen- oder verhaltensbedingte Kündigungen ausgesprochen werden; die gesetzlichen Widerspruchsgründe erfassen jedoch in erster Linie betriebsbedingte Kündigungen.[488] Der Betriebsrat ist nicht gehindert, auch gegenüber außerordentlichen Kündigungen iS eines besonders nachdrücklichen Vorbringens von Bedenken zu widersprechen. Dies begründet allerdings keinen Weiterbeschäftigungsanspruch nach § 102 Abs 5 BetrVG.[489] Etwas anderes gilt nur bei **außerordentlichen Kündigungen mit sozialer Auslauffrist** gegenüber ordentlich unkündbaren Arbeitnehmern. In diesen Fällen sind die für ordentliche Kündigungen maßgeblichen Beteiligungsrechte einschließlich des Weiterbeschäftigungsanspruchs nach § 102 Abs 5 BetrVG anzuwenden. Die Anwendbarkeit des KSchG ist keine Widerspruchsvoraussetzung. 137

aa) Wirksamkeit des Widerspruchs. Zur wirksamen Ausübung des Rechts nach § 102 Abs 3 BetrVG ist der Gebrauch des Begriffes „Widerspruch" nicht erforderlich. Aus der Stellungnahme des Betriebsrats muss jedoch unmissverständlich deutlich werden, dass der Betriebsrat nicht nur Bedenken gegen die Kündigung vorbringt, sondern sie uneingeschränkt ablehnt.[490] 138

Darüber hinaus entfaltet ein Widerspruch nur Rechtswirkungen, wenn er ausreichend begründet ist. Die Anforderungen ähneln wegen der vergleichbaren Funktion denen an die **Begründung eines Widerspruches** gem § 99 Abs 3 BetrVG.[491] Hierfür verlangt das BAG eine Begründung, die zwar 139

---

486 Ebenso Rudolph AuR 2003, 232.
487 AA Rudolph AuR 2003, 232, 233; Beckschulze DB 2003, 2777.
488 FKHES § 102 Rn 73.
489 BAG 4.2.1993 – 2 AZR 469/92.
490 KR/Etzel § 102 BetrVG Rn 136, GK-BetrVG/Raab § 102 Rn 123.
491 GK-BetrVG/Raab § 102 Rn 125; KR/Etzel § 102 BetrVG Rn 143-144 a; APS/Koch § 102 BetrVG Rn 189.

nicht im juristischen Sinne schlüssig zu sein braucht, es aber als möglich erscheinen lassen muss, dass ein gesetzlicher Widerspruchsgrund geltend gemacht wird.[492] Erforderlich ist eine konkrete, durch Tatsachenbehauptungen belegte und auf mindestens einen der abschließenden gesetzlichen Widerspruchgründe Bezug nehmende Argumentation. Die bloße Wiederholung des Gesetzeswortlauts genügt dazu ebensowenig wie rein spekulative Ausführungen etwa des Inhalts, dass irgendeine Beschäftigung im Betrieb vorhanden sein müsse.[493] Bei einer einheitlichen Stellungnahme zu mehreren geplanten Kündigungen muss deutlich werden, welche gegen die Kündigungen vorgebrachten Argumente welchen Arbeitnehmer betreffen.[494]

140 bb) **Abänderung.** Nicht abschließend geklärt ist, ob und unter welchen Voraussetzungen der Betriebsrat seinen Widerspruch aufheben und damit dem betroffenen Arbeitnehmer seinen Weiterbeschäftigungsanspruch entziehen kann.[495] Überwiegend wird angenommen, dass eine Abänderung möglich ist, so lange zugunsten des Arbeitnehmers keine unentziehbare Rechtsposition entstanden ist, was mit dem Zugang des Kündigungsschreibens der Fall sein soll.[496] Gleiches gilt, so lange kein Vertrauenstatbestand entstanden ist, was zu dem Zeitpunkt bejaht wird, in dem dem Arbeitnehmer kumulativ der Widerspruch mitgeteilt und die Kündigung übergeben worden ist.[497]

141 Tatsächlich handelt es sich nicht um ein Problem des Vertrauensschutzes, sondern um eines der materiellen Wirksamkeit der Kündigung. Der Betriebsrat ist grundsätzlich befugt, Arbeitnehmer begünstigende Entscheidungen mit Wirkung für die Zukunft zu revidieren. Einem Eingriff in bestehende Rechtspositionen können Gesichtspunkte des Vertrauensschutzes entgegenstehen, die allerdings in erster Linie bei rückwirkenden Verschlechterungen relevant sind. Für zukünftige Ansprüche besteht aufgrund der Handlungsautonomie der Betriebspartner dagegen im Normalfall kein besonderer Vertrauensschutz.[498] Ein betriebsverfassungsrechtlich beachtlicher Vertrauenstatbestand auf die Aufrechterhaltung eines Widerspruches gem § 102 Abs 3 BetrVG und damit auf den Fortbestand des Weiterbeschäftigungsanspruchs nach § 102 Abs 5 BetrVG besteht daher regelmäßig nicht. Die Frist von § 102 Abs 3, Abs 2 Satz 1 BetrVG schützt nur den Arbeitgeber vor nachgeschobenen Widersprüchen, nicht aber den Arbeitnehmer vor der Abänderung eines Widerspruchsbeschlusses. **Der Abänderung eines solchen Beschlusses steht das materielle Kündigungsrecht entgegen.** Der Widerspruch begründet gem § 1 Abs 2 Satz 2 KSchG einen absoluten

---

492 BAG 26.1.1988 – 1 AZR 531/86; entsprechend zu § 102 Abs 3 etwa LAG München 10.2.1994 – 5 Sa 969/93; LAG Schleswig-Holstein 5.3.1996 – 1 Ta 16/96.
493 BAG 17.6.1999 – 2 AZR 608/98; BAG 11.5.2000 – 2 AZR 54/99.
494 LAG Frankfurt/Main 20.10.1976 – 6 SaGa 891/76; zum Widerspruchsgrund von § 102 Abs 3 Nr 1 BAG 9.7.2003 – 5 AZR 305/02.
495 In der Lit ist häufig von einer Rücknahme des Widerspruchs die Rede; dies ist unpräzise, weil der Betriebsrat in der Vergangenheit durch den Widerspruch ausgelöste Rechtswirkungen idR nicht revidieren kann; er kann seinen Beschluss nur für die Zukunft abändern.
496 LAG Berlin 20.3.1978 – 9 Sa 10/79; GK-BetrVG/Raab § 102 Rn 126.
497 KR/Etzel § 102 BetrVG Rn 139-141; APS/Koch § 102 BetrVG Rn 150.
498 Für Betriebsvereinbarungen und Sozialpläne etwa BAG 5.10.2000 – 1 AZR 48/00; BAG 15.11.2000 – 5 AZR 310/99.

Grund der Sozialwidrigkeit der Kündigung. Er hat im Verhältnis zwischen Arbeitnehmer und Arbeitgeber rechtsgestaltende Wirkung. Da es für die Wirksamkeit einer Kündigung grundsätzlich auf die objektive Sachlage bei Zugang der Kündigung ankommt,[499] kann der Betriebsrat nach diesem Zeitpunkt die kündigungsschutzrechtliche Folge seines Widerspruchs nicht mehr beseitigen; dem Betriebsrat steht danach keine Befugnis zur Disposition über die Wirksamkeit der Kündigung zu. Angesichts der engen Verbindung von Kündigungsschutzklage und Weiterbeschäftigungsanspruch nach § 102 Abs 5 BetrVG muss dies auch für Letzteren gelten. Es wäre nicht sachgerecht, trotz Vorliegens eines absoluten Grundes der Sozialwidrigkeit dem Arbeitnehmer den Weiterbeschäftigungsanspruch zu versagen. Maßgeblicher Zeitpunkt für das Ende der Abänderungsbefugnis des Betriebsrats ist daher der Zeitpunkt des Zugangs des Kündigungsschreibens, ohne dass es darauf ankommt, ob dem Arbeitnehmer der Widerspruch schon bekannt war.

cc) Fehlerhafte Sozialauswahl (§ 102 Abs 3 Nr 1 BetrVG). Nach § 102 Abs 3 Nr 1 BetrVG kann der Betriebsrat widersprechen, wenn der Arbeitgeber bei der Auswahl des zu kündigenden Arbeitnehmers soziale Gesichtspunkte nicht ausreichend berücksichtigt hat. Dieser Widerspruchsgrund nimmt Bezug auf den Maßstab von § 1 Abs 3 KSchG und kommt daher **nur bei betriebsbedingten Kündigungen** in Betracht.[500] Er greift mangels Erforderlichkeit einer Sozialauswahl bei Kündigungen vor Ablauf der Wartefrist von § 1 Abs 1 KSchG nicht. Bei personen- und verhaltensbedingten Kündigungen ist ein Hinweis auf die soziale Lage des Arbeitnehmers nicht als Widerspruchsgrund geeignet.[501] Streitig ist, ob der Widerspruch nach § 102 Abs 3 Nr 1 BetrVG zulässig ist, wenn der Arbeitgeber sowohl betriebs- als auch personen- oder verhaltensbedingt kündigt.[502] Bei der Beantwortung dieser Frage ist zu differenzieren, ob die personen- oder verhaltensbedingten Gründe geeignet sind, die Kündigung allein zu rechtfertigen, oder ob sie diese nur kombiniert begründen können (bspw im Fall des betriebsbedingten Wegfalls eines Teils der bisherigen Beschäftigung bei personenbedingter Ungeeignetheit im Übrigen). Nur in Letzterem Fall besteht das Widerspruchsrecht. Soweit der Arbeitgeber die Kündigung dagegen tragend auch mit anderen als betriebsbedingten Gründen rechtfertigt, bleibt kein Raum für den Widerspruch nach § 102 Abs 3 Nr 1 BetrVG. **142**

Der Widerspruchsgrund erfasst nicht die soziale Rechtfertigung einer betriebsbedingten Kündigung insgesamt, sondern lediglich isoliert die ausreichende Berücksichtigung sozialer Gesichtspunkte iSv § 1 Abs 3 Satz 1, 2 KSchG. Der Betriebsrat ist jedoch nicht gehindert, zusätzlich Bedenken gegen das Vorliegen dringender betrieblicher Erfordernisse zu äußern.[503] Der Umfang der Begründungspflicht des Betriebsrats ist streitig. ZT wird angenommen, es sei eine schlüssige Darlegung unter Nennung der Sozialdaten **143**

---

499 BAG 13.4.2000 – 2 AZR 215/99.
500 KR/Etzel § 102 BetrVG Rn 149, 150 a; APS/Koch § 102 BetrVG Rn 192.
501 LAG Düsseldorf 2.9.1975 – 5 Sa 323/75; LAG Köln 19.10.2000 – 10 Sa 342/00.
502 Bejahend DKK/Kittner § 102 Rn 186; Richardi/Thüsing § 102 Rn 152; verneinend APS/Koch § 102 BetrVG Rn 192; KR/Etzel § 102 BetrVG Rn 155.
503 KR/Etzel § 102 BetrVG Rn 149.

von Arbeitnehmern mit einer vergleichbaren Tätigkeit oder die namentliche Benennung vergleichbarer, sozial weniger schutzbedürftigerer Arbeitnehmer erforderlich.[504] Nach aA hängt der **Umfang der Begründungspflicht** von der Substantiierung der Unterrichtung durch den Arbeitgeber ab; der Betriebsrat müsse sich mit den mitgeteilten Auswahlüberlegungen des Arbeitgebers auseinander setzen.[505] Nach einer dritten Ansicht sind schlüssige Darlegungen des Betriebsrats nicht erforderlich. Der Betriebsrat müsse nur die sozialen Gesichtspunkte bezeichnen, die seiner Ansicht nach nicht ausreichend berücksichtigt wurden, nicht aber die Sozialdaten bestimmter Arbeitnehmer angeben.[506] Das BAG hat mit Beschluss vom 20.1.2000[507] angenommen, es genüge die Geltendmachung, dass der Arbeitgeber zu Unrecht den Kreis der vergleichbaren Arbeitnehmer zu eng gezogen oder von einer Sozialauswahl ganz abgesehen habe. Es sei nicht erforderlich, sozial stärkere und daher vorrangig zu entlassende Arbeitnehmer oder gar deren Sozialdaten konkret anzugeben. Die Benennung des Kreises der nach Auffassung der Arbeitnehmervertretung vergleichbaren Arbeitnehmer reiche aus. Dem ist zuzustimmen. Weitergehende Detaillierungsobliegenheiten würden den Rahmen der notwendigen Begründung (so Rn 138) überschreiten. Mit Urteil vom 9.7.2003 verlangte das BAG darüber hinaus, dass der Betriebsrat mit der Widerspruchsbegründung aufzeigt, welche Gründe aus seiner Sicht zu einer anderen Bewertung der sozialen Schutzwürdigkeit führen sollen. Bei mehreren gleichzeitig beabsichtigten Kündigungen seien Widerspruchserklärungen nicht wirksam, wenn sie jeweils auf denselben aus Sicht des Betriebsrats sozial stärkeren Arbeitnehmer gestützt werden. Der Betriebsrat müsse in jedem Einzelfall auf bestimmte oder bestimmbare andere Arbeitnehmer verweisen.[508] Diese lediglich mit einem pauschalen Verweis auf den kollektiven Schutzzweck des Beteiligungsrechts begründete Rechtsprechung ist wegen des Bezuges von § 102 Abs 3 Nr 1 BetrVG auf § 1 Abs 3 KSchG wenig überzeugend. Kollektivinteressen stehen der Gewährung eines kollektivrechtlichen Weiterbeschäftigungsanspruches auch dann nicht entgegen, wenn der Betriebsrat mehrere Widersprüche jeweils mit der Nichtberücksichtigung desselben sozial stärkeren Arbeitnehmers begründet. Überdies verkennt diese Rechtsprechung den auch individualschützenden Charakter der Norm.

144 Wird dem Arbeitgeber im Rahmen des Anhörungsverfahrens durch den Widerspruch des Betriebsrats bekannt, dass der Arbeitnehmer einen Feststellungsantrag nach § 69 SGB IX gestellt hat, kann er diese Information nicht einfach unberücksichtigt lassen und mit der Erklärung, der Arbeitnehmer selbst habe ihn über diesen Antrag nicht unterrichtet, ohne Einschaltung des Integrationsamtes kündigen.[509]

---

504 S LAG Düsseldorf 5.1.1976 – 9 Sa 1604/75; LAG München 2.8.1983 – 6 Sa 439/83.
505 LAG Schleswig-Holstein 22.11.1999 – 4 Sa 514/99; APS/Koch § 102 BetrVG Rn 194.
506 LAG Rheinland-Pfalz 19.1.1982 – 3 Sa 883/81; LAG Brandenburg 15.12.1992 – 1 Ta 61/92; KR/Etzel § 102 BetrVG Rn 151-153.
507 BAG 20.1.2000 – 2 ABR 19/99 BAG 9.7.2003 – 5 AZR 305/02.
508 BAG 9.7.2003 – 5 AZR 305/02.
509 BAG 20.1.2005 – 2 AZR 675/03.

dd) Verstoß gegen eine Auswahlrichtlinie (§ 102 Abs 3 Nr 2 BetrVG). Gilt 145
im Betrieb eine Richtlinie über die personelle Auswahl bei Kündigungen
iSd §§ 95 BetrVG, 1 Abs 4 KSchG (hierzu § 1 KSchG Rn 856 ff), kann der
Betriebsrat seinen Widerspruch gegen eine Kündigung mit einem Verstoß
gegen die Richtlinie begründen. Dazu muss er in der Widerspruchsbegründung bezeichnen und im Einzelnen angeben, worin er den Verstoß
sieht. Das Widerspruchsrecht besteht auch hinsichtlich nicht dem KSchG unterliegender Arbeitnehmer, sofern sie von der Richtlinie erfasst werden.[510]
Streitig ist, ob Auswahlrichtlinien auch für andere als betriebsbedingte
Kündigungen festgelegt werden können. Dies ist gesetzlich nicht ausgeschlossen, kommt bei verhaltens- und personenbedingten Kündigungen
wegen der Unvorhersehbarkeit der zugrunde liegenden Sachverhalte jedoch
praktisch kaum in Betracht.

ee) ee) Weiterbeschäftigung an einem anderen Arbeitsplatz (§ 102 Abs 3 146
Nr 3 BetrVG). Der Betriebsrat kann einer Kündigung auch dann widersprechen, wenn er davon ausgeht, dass der zu kündigende Arbeitnehmer
an einem anderen Arbeitsplatz im Betrieb oder in einem anderen Betrieb
des Unternehmens des Arbeitgebers weiterbeschäftigt werden kann. Dieser
Widerspruchsgrund deckt sich inhaltlich mit dem absoluten Sozialwidrigkeitsgrund von § 1 Abs 2 Satz 2 Nr 1 b KSchG. Er ist **nicht auf betriebsbedingte Kündigungen beschränkt**, sondern kommt bei allen Varianten der
ordentlichen Kündigung in Betracht,[511] bei verhaltensbedingten Kündigungen idR jedoch nur bei arbeitsplatzbezogenen, nicht aber bei arbeitgeberbezogenen Pflichtverletzungen.[512] Der Widerspruchsgrund von § 102
Abs 3 Nr 3 BetrVG setzt nicht die Geltung des KSchG im Verhältnis zu
dem betroffenen Arbeitnehmer voraus. Er erfasst lediglich Weiterbeschäftigungsmöglichkeiten zu unveränderten Arbeitsvertragsbedingungen, dh
Um- und Versetzungen, die der Arbeitgeber durch die Ausübung seines Direktionsrechtes herbeiführen kann. Ist für eine Beschäftigung an einem anderen Arbeitsplatz eine Vertragsänderung erforderlich, ist der Widerspruchsgrund von § 102 Abs 3 Nr 5 BetrVG einschlägig. Wegen der Möglichkeit der einseitigen Zuweisung des neuen Arbeitsplatzes durch den Arbeitgeber setzt der Widerspruch keine Zustimmung des Arbeitnehmers voraus.[513] Deshalb ist es auch nicht zutreffend, anzunehmen, der Widerspruchsgrund bestehe nicht, wenn der Arbeitnehmer die anderweitige Beschäftigung bereits endgültig abgelehnt hat.[514] Ein Widerspruch des Arbeitnehmers gegen eine zulässige Ausübung des Direktionsrechts ist rechtlich nicht beachtlich.

Das Widerspruchsrecht kann nur mit der Begründung geltend gemacht 147
werden, der Arbeitnehmer könne auf einem bestehenden **freien Arbeitsplatz** weiterbeschäftigt werden. Der Arbeitgeber muss weder bestehende
Arbeitsplätze frei machen noch neue einrichten.[515] Auch freie Beförde-

---

510 KR/Etzel § 102 BetrVG Rn 161.
511 Vgl BAG 10.3.1977 – 2 AZR 79/76; BAG 31.3.1993 – 2 AZR 492/92.
512 BAG 31.3.1993 – 2 AZR 492/92; BAG 8.6.2000 – 2 AZR 638/99.
513 KR/Etzel § 102 BetrVG Rn 167.
514 So aber APS/Koch § 102 BetrVG Rn 196; HaKo-BetrVG/Braasch § 102 Rn 95.
515 BAG 29.3.1990 – 2 AZR 369/89.

rungsstellen bleiben regelmäßig schon deshalb außer Betracht, weil ihre Übertragung eine Vertragsänderung voraussetzt.[516] Als frei gelten nicht nur bei Kündigungsausspruch unbesetzte Arbeitsplätze, sondern auch Stellen, bei denen sich mit hinreichender Sicherheit voraussehen lässt, dass sie bis zum Ablauf der Kündigungsfrist zur Verfügung stehen werden. Dasselbe gilt für Arbeitsplätze, bei denen feststeht, dass sie in absehbarer Zeit nach dem Ablauf der Kündigungsfrist frei werden, sofern dem Arbeitgeber die Überbrückung dieses Zeitraums zumutbar ist,[517] für mit Leiharbeitnehmern besetzte Stellen,[518] nicht aber für Arbeitsplätze bei im Betrieb eingesetzten Subunternehmern.[519] Ein Widerspruch kommt auch in Betracht, wenn regelmäßig Überstunden anfallen, die einen oder mehrere zusätzliche Arbeitnehmer auslasten würden.[520]

148 Nach dem Gesetzeswortlaut sind nur Weiterbeschäftigungsmöglichkeiten im bisherigen Beschäftigungsbetrieb und in anderen Betrieben des Arbeitgebers relevant. Ob und unter welchen Voraussetzungen der Betriebsrat den Widerspruch auf **Beschäftigungsmöglichkeiten in anderen Konzernunternehmen** stützen kann, ist streitig. Nach der Rechtsprechung des BAG sind im Rahmen von § 1 KSchG derartige Möglichkeiten nur zu berücksichtigen, wenn im Arbeitsvertrag ein konzernweiter Einsatz vorgesehen ist oder wenn sich ein anderes Konzernunternehmen ausdrücklich zu einer Übernahme bereiterklärt.[521] ZT wird eine analoge Anwendung von § 102 Abs 3 Nr 3 BetrVG und damit ein Widerspruchsrecht des Betriebsrats in diesen Fällen bejaht.[522] Mit dieser Auffassung ist davon auszugehen, dass der Gesetzgeber die Problematik konzernbezogener Arbeitsverhältnisse nicht bedacht hat und daher eine eine Analogie zulassende Regelungslücke für derartige Arbeitsverhältnisse besteht. Bei deren Ausfüllung sind jedoch die kollektivrechtlichen Grenzen des Beteiligungsrechts zu berücksichtigen.

149 Das bedeutet einerseits, dass ein Widerspruch nur in Betracht kommt, wenn der Arbeitsvertrag des gekündigten Arbeitnehmers einen Einsatz in dem anderen Unternehmen zulässt und dazu nicht erst eine Vertragsänderung erforderlich ist. Andererseits muss der Einsatz im Fremdunternehmen der Disposition des Arbeitgebers unterliegen, dh es muss entweder ein Einverständnis des Fremdunternehmens vorliegen, oder der Arbeitgeber muss im Konzernverbund einen bestimmenden Einfluss auf das andere Unternehmen ausüben. Ein entsprechender Maßstab gilt für einen mit der Möglichkeit der Übernahme durch eine Beschäftigungsgesellschaft begründeten Widerspruch.[523]

150 Auf die Behauptung, der Arbeitnehmer könne auf seinem **bisherigen Arbeitsplatz** weiterbeschäftigt werden, kann der Widerspruch nicht gestützt

---

516 BAG 29.3.1990 – 2 AZR 369/89; BAG 15.12.1994 – 2 AZR 327/94.
517 BAG 15.12.1994 – 2 AZR 327/94.
518 ArbG Stuttgart 5.6.1996 – 6 Ga 23/96.
519 BAG 11.5.2000 – 2 AZR 54/99.
520 APS/Koch § 102 BetrVG Rn 198.
521 BAG 14.10.1982 – 2 AZR 568/80; BAG 21.1.1999 – 2 AZR 648/97; BAG 22.3.2001 – 8 AZR 565/00.
522 LAG Schleswig-Holstein 5.3.1996 – 1 Ta 16/96; GK-BetrVG/Raab § 102 Rn 110; FKHES § 102 Rn 87.
523 APS/Koch § 102 BetrVG Rn 197.

werden.[524] Die Gegenmeinung berücksichtigt nicht, dass der sich aus dem Gesetzeswortlaut ergebende Regelungszweck gerade auf andere Arbeitsplätze beschränkt ist. Allerdings wird man einen Einsatz an demselben Arbeitsplatz in einer anderen Schicht als „anderen Arbeitsplatz" im Rechtssinne verstehen können, da der Widerspruchsgrund nicht entscheidend auf die räumliche Lage der Tätigkeit abstellt, sondern auf das Vorhandensein alternativer Beschäftigungsmöglichkeiten.[525]

Ist Gegenstand des Widerspruchs ein Arbeitsplatz im bisherigen Beschäftigungsbetrieb, umfasst die Widerspruchserklärung nicht bereits die Zustimmung zu einer damit ggf verbundenen **Versetzung** iSv § 99 BetrVG,[526] da es noch an der erforderlichen einzelfallbezogenen Anhörung iSv § 99 Abs 1 Satz 1 BetrVG fehlt. Der Widerspruch ist jedoch als Ankündigung des Betriebsrats zu verstehen, einer ggf erforderlichen Versetzung zuzustimmen.[527] Verweigert der Betriebsrat später die Zustimmung nach § 99 BetrVG, enthält dies eine zumindest konkludente Abänderung seines Widerspruchs nach § 102 Abs 3 Nr 2.[528] Ist die Weiterbeschäftigung in einem anderen Betrieb etwa als Einstellung nach § 99 BetrVG zustimmungsbedürftig, obliegt es nicht dem Betriebsrat des bisherigen Beschäftigungsbetriebes, eine Zustimmung des Betriebsrates des anderen Betriebes zu erwirken. Ein ordnungsgemäßer Widerspruch erfordert in diesem Fall daher nicht die Angabe, dass der andere Betriebsrat der personellen Maßnahme zustimmen werde. Die Einholung von dessen Zustimmung obliegt dem Arbeitgeber, der allerdings im Fall der Versagung der Zustimmung nicht verpflichtet ist, ein Zustimmungsersetzungsverfahren iSv § 99 Abs 4 BetrVG durchzuführen. Vielmehr wird der Widerspruch des Betriebsrats des Beschäftigungsbetriebes dann regelmäßig iSv § 102 Abs 5 Satz 2 Nr 3 BetrVG offensichtlich unbegründet sein, so dass der Arbeitgeber die Entbindung von der Weiterbeschäftigungspflicht erwirken kann. Bis zu diesem Zeitpunkt kann der Arbeitnehmer die Beschäftigung auf seinem bisherigen Arbeitsplatz verlangen.[529] Trotz der Betroffenheit mehrerer Betriebe besteht in derartigen Fällen keine originäre Zuständigkeit eines Gesamtbetriebsrates iSv § 50 Abs 1 BetrVG.[530]

Ein Widerspruch nach § 102 Abs 3 Nr 3 BetrVG ist nicht beachtlich, da offensichtlich unbegründet iSv § 102 Abs 5 Satz 2 Nr 3 BetrVG, wenn der Betriebsrat den Arbeitsplatz, an dem der zu kündigende Arbeitnehmer seiner Ansicht nach weiterbeschäftigt werden kann, nicht in **bestimmbarer Weise angibt**. Dazu genügt weder der Hinweis, der Arbeitnehmer habe sich auf unternehmensinterne Stellenangebote beworben, noch der weder nach Abteilung oder Zeitraum konkretisierte Verweis auf Personalengpässe.[531]

---

524 BAG 12.9.1985 – 2 AZR 324/84; BAG 11.5.2000 – 2 AZR 54/99.
525 GK-BetrVG/Raab § 102 Rn 133.
526 So aber KR/Etzel § 102 BetrVG Rn 165.
527 So APS/Koch § 102 BetrVG Rn 201.
528 Anders APS/Koch § 102 BetrVG Rn 201, der dann von einer Entbindungsmöglichkeit gem § 102 Abs 5 ausgeht.
529 GK-BetrVG/Raab § 102 Rn 139; ähnl APS/Koch § 102 BetrVG Rn 201.
530 BAG 26.1.1993 – 1 AZR 303/92.
531 BAG 17.6.1999 – 2 AZR 608/98; BAG 11.5.2000 – 2 AZR 54/99.

153 **ff) Zumutbare Umschulungs- oder Fortbildungsmaßnahmen (§ 102 Abs 3 Nr 4 BetrVG).** Vorwiegend bei personen- und betriebsbedingten Kündigungsgründen – auch außerhalb des Anwendungsbereiches des KSchG – kann der Betriebsrat einer Kündigung widersprechen, wenn er der Auffassung ist, die Weiterbeschäftigung des von der Kündigung betroffenen Arbeitnehmers sei nach dem Arbeitgeber zumutbaren Umschulungs- oder Fortbildungsmaßnahmen möglich. Die Bedeutung dieses Begriffes entspricht dem von § 1 Abs 2 Satz 3 KSchG.[532] Für die Weiterbeschäftigung muss ein **freier Arbeitsplatz** zur Verfügung stehen. Maßgeblich ist, ob das Vorhandensein eines solchen Arbeitsplatzes mit der Beendigung der Qualifizierungsmaßnahme zum Widerspruchszeitpunkt hinreichend wahrscheinlich ist.[533] In Betracht kommt auch eine Beschäftigung zu geänderten Vertragsbedingungen nach dem Ablauf der Maßnahme. Ein kumulativer Widerspruch nach § 102 Abs 3 Nr 4 und Nr 5 BetrVG ist möglich. Die Möglichkeit der Weiterbeschäftigung auf einer Beförderungsstelle rechtfertigt jedenfalls einen allein auf § 102 Abs 3 Nr 4 BetrVG gestützten Widerspruch nicht.[534] Beschäftigungsmöglichkeiten in anderen Betrieben des Unternehmens des Arbeitgebers sind dagegen zu berücksichtigen. Der räumliche Einzugsbereich entspricht dem von § 102 Abs 3 Nr 3 BetrVG.[535] Ggf kann auch eine Beschäftigung in anderen Konzernunternehmen in Betracht kommen. Überwiegend wird die Auffassung vertreten, die vorherige **Zustimmung des Arbeitnehmers** zu der Bildungsmaßnahme sei **Widerspruchsvoraussetzung**.[536] Dies verkürzt die Bedenkzeit des Arbeitnehmers ohne gesetzlich begründbare Veranlassung. Die Interessen des Arbeitgebers werden dadurch ausreichend gewahrt, dass er die Entbindung von der Weiterbeschäftigungspflicht verlangen kann, wenn der Arbeitnehmer die Teilnahme an der Maßnahme endgültig verweigert.[537] Löst die Weiterbeschäftigung nach Abschluss der Qualifizierungsmaßnahme ein Mitbestimmungsrecht nach § 99 BetrVG aus, gelten die zu § 102 Abs 3 Nr 3 BetrVG gemachten Ausführungen (s Rn 151) sinngemäß. Die Nichtausübung des Mitbestimmungsrechtes nach § 97 Abs 2 BetrVG beeinträchtigt das Recht zum Widerspruch nach § 102 Abs 3 Nr 4 BetrVG auch dann nicht, wenn der Betriebsrat ausdrücklich mitgeteilt hat, das Recht gem § 97 Abs 2 BetrVG nicht wahrnehmen zu wollen. Das Absehen von einer kollektiven Regelung tangiert die Befugnis zur Geltendmachung von Qualifizierungsmaßnahmen im Einzelfall nicht.

154 **gg) Weiterbeschäftigung unter geänderten Vertragsbedingungen (§ 102 Abs 3 Nr 5 BetrVG).** Nach § 102 Abs 3 Nr 5 BetrVG kann der Betriebsrat einer Kündigung widersprechen, wenn er eine Weiterbeschäftigung des Arbeitnehmers zu geänderten Vertragsbedingungen für möglich hält und der Arbeitnehmer sein Einverständnis hiermit erklärt hat. Die Geltung des ersten Abschnitts des KSchG ist nicht Widerspruchsvoraussetzung. Im Unterschied zu § 102 Abs 3 Nr 3 BetrVG setzt dieser Widerspruchsgrund vor-

---

532 GK-BetrVG/Raab § 102 Rn 141.
533 BAG 7.2.1991 – 2 AZR 205/90.
534 BAG 7.2.1991 – 2 AZR 205/90.
535 GK-BetrVG/Raab § 102 Rn 155; KR/Etzel § 102 BetrVG Rn 169.
536 GK-BetrVG/Raab § 102 Rn 152; KR/Etzel § 102 BetrVG Rn 169c.
537 Wie hier HaKo-BetrVG/Braasch § 102 Rn 98.

aus, dass die Weiterbeschäftigung eine Änderung des Arbeitsvertrages erfordert. Da dies nur mit Zustimmung des Arbeitnehmers möglich ist, muss der Betriebsrat diesen über seine Bereitschaft befragen, die Vertragsänderung zu akzeptieren. Es genügt eine Zustimmung des Arbeitnehmers unter dem Vorbehalt von deren sozialer Rechtfertigung.[538] Beschränkt sich der Arbeitgeber auf eine Änderungskündigung unter Berücksichtigung der Vorstellungen des Betriebsrats, besteht ein Anspruch auf Weiterbeschäftigung zu den bisherigen Arbeitsbedingungen nur, wenn der Betriebsrat auch aus anderen Gründen widersprochen hat.[539] Da die Norm voraussetzt, dass der Arbeitnehmer sein Einverständnis erklärt hat, muss die Zustimmung bereits zum Zeitpunkt des Widerspruchs vorliegen.[540]

Die Beschäftigung zu geänderten Vertragsbedingungen kommt wie beim Widerspruchsgrund von § 102 Abs 3 Nr 4 BetrVG auch auf dem bisherigen Arbeitsplatz oder in anderen Betrieben des Arbeitgebers, uU sogar in anderen Konzernunternehmen in Betracht. Voraussetzung ist, dass ein **freier Arbeitsplatz** vorhanden ist. Gegenstand der Vertragsänderung können gleichwertige oder schlechtere Arbeitsbedingungen sein. Zwingende Normen aus Tarifverträgen und Betriebsvereinbarungen dürfen allerdings nicht verletzt werden.[541] Ein mit der Möglichkeit der Übertragung einer freien **Beförderungsstelle** begründeter Widerspruch wird überwiegend nicht in Betracht gezogen oder ausdrücklich als nicht zulässig angesehen.[542] Dagegen hält Kittner[543] einen so begründeten Widerspruch, ggf verbunden mit iSv 102 Abs 3 Nr 4 BetrVG zumutbaren Umschulungs- oder Fortbildungsmaßnahmen, für zulässig. Auch wenn das materielle Kündigungsrecht einen Anspruch auf eine Beförderungsstelle nicht vorsieht, erscheint es betriebsverfassungsrechtlich in der Tat erwägenswert, dem Betriebsrat im Interesse der Vermeidung einer Kündigung die begrenzte Möglichkeit zu verschaffen, den Arbeitgeber zur Beförderung bestimmter Arbeitnehmer veranlassen zu können. Hinreichende Beschränkungen ergeben sich daraus, dass eine Beschäftigung zu den geänderten Bedingungen nur möglich ist, wenn der Arbeitnehmer seinen Kenntnissen und Fähigkeiten nach grundsätzlich zur Übernahme der höherwertigen Tätigkeit befähigt ist, und dass ggf erforderliche Qualifizierungsmaßnahmen dem Arbeitgeber iSv § 102 Abs 3 Nr 4 BetrVG zumutbar sein müssen.

155

Gegenstand des Widerspruchs können nur Änderungen des Arbeitsvertrages des von der Kündigung betroffenen Arbeitnehmers sein. Die gesetzliche Regelung bietet keine Grundlage, vom Arbeitgeber die Änderung kollektiver Arbeitsbedingungen, etwa die Verkürzung der betriebsüblichen Arbeitszeit, zu verlangen. Der Widerspruch kann daher nicht mit dem Argument begründet werden, die Kündigung könne durch die Einführung von

156

---

538 LAG Hessen 6.11.2002 – 1 SaGa 1217/02; APS/Koch § 102 BetrVG Rn 204; KR/Etzel § 102 BetrVG Rn 173.
539 KR/Etzel § 102 BetrVG Rn 173.
540 LAG Hessen 6.11.2002 – 1 SaGa 1217/02; APS/Koch § 102 BetrVG Rn 203; KR/Etzel § 102 BetrVG Rn 172 b.
541 KR/Etzel § 102 BetrVG Rn 172 a.
542 KR/Etzel § 102 BetrVG Rn 172.
543 DKK § 102 Rn 218.

Kurzarbeit vermieden werden.[544] Ggf kann der Betriebsrat die Einführung von **Kurzarbeit** durch die Ausübung seines Initiativrechts gem § 87 Abs 1 Nr 3 BetrVG anstreben. Mit der Möglichkeit, die Arbeitszeit des von der Kündigung betroffenen Arbeitnehmers zu reduzieren, kann der Widerspruch dagegen begründet werden.[545]

157 Voraussetzung eines beachtlichen Widerspruchs ist die **Bezeichnung des freien Arbeitsplatzes und der zu ändernden Vertragsbedingungen**.[546] Außerdem ist die Zustimmung des Arbeitnehmers zu der Vertragsänderung mitzuteilen.[547] Löst die Beschäftigung zu den geänderten Vertragsbedingungen ein Beteiligungsrecht nach § 99 BetrVG aus, gilt das zuvor zur Versetzung Ausgeführte sinngemäß (Rn 151).

158 e) **Zustimmung.** Eine Zustimmung zu der geplanten Kündigung kann der Betriebsrat ohne Wahrung einer bestimmten Form durch seinen Vorsitzenden oder einen wirksam bevollmächtigten Vertreter mündlich oder schriftlich mitteilen. Bis zum Zugang dieser Mitteilung beim Arbeitgeber kann der Betriebsrat einen vorher getroffenen Zustimmungsbeschluss aufheben. Mit dem Zugang ist das Anhörungsverfahren abgeschlossen; der Arbeitgeber kann dann die Kündigung aussprechen.[548]

159 f) **Nachfrage.** Nach der Unterrichtung durch den Arbeitgeber kann der Betriebsrat beschließen, vom Arbeitgeber weitere Informationen zu erfragen. Dies schließt das Anhörungsverfahren nicht ab und führt ohne weiteres auch nicht zu einer Hemmung oder einer Verlängerung der Stellungnahmefrist.

160 g) **Absehen von der Stellungnahme.** Der Betriebsrat ist nicht zur Abgabe einer Stellungnahme verpflichtet. Äußert er sich innerhalb der Frist von § 102 Abs 2 Satz 1 BetrVG nicht, gilt gem § 102 Abs 2 Satz 2 BetrVG seine Zustimmung als erteilt. Diese gesetzliche Fiktion tritt dann ein, wenn der Betriebsrat sich äußern wollte und die Stellungnahme dem Arbeitgeber verspätet zugeht.[549] Der Betriebsrat ist in jedem Fall zu einer Beschlussfassung über die Maßnahme verpflichtet. Ein Verstoß ändert im Verhältnis zum Arbeitgeber nichts an der Rechtsfolge von § 102 Abs 2 Satz 2 BetrVG, kann aber eine Pflichtverletzung iSv § 23 Abs 1 BetrVG darstellen. Alternativ kann der Betriebsrat beschließen, von einer inhaltlichen Stellungnahme abzusehen, und dies dem Arbeitgeber mitteilen. In diesem Fall tritt die Zustimmungsfiktion nicht ein. Der Zugang der Mitteilung schließt das Beteiligungsverfahren ggf bereits vor dem Ablauf der Frist von § 102 Abs 2 Satz 1 BetrVG ab.

3. Stellungnahme zur außerordentlichen Kündigung

161 Für die Reaktion des Betriebsrats auf die Unterrichtung über eine beabsichtigte außerordentliche Kündigung gelten überwiegend dieselben Regeln wie

---

544 LAG Düsseldorf 21.6.1974 – 15 Sa 633/74; GK-BetrVG/Raab § 102 Rn 155; KR/Etzel § 102 BetrVG Rn 172 a.
545 GK-BetrVG/Raab § 102 Rn 155.
546 LAG Hessen 6.11.2002 – 1 SaGa 1217/02; KR/Etzel § 102 BetrVG Rn 172.
547 HaKo-BetrVG/Braasch § 102 Rn 100.
548 KR/Etzel § 102 BetrVG Rn 124-126; APS/Koch § 102 BetrVG Rn 145.
549 HaKo-BetrVG/Braasch § 102 Rn 83.

bei der ordentlichen Kündigung, so dass auf die diesbezüglichen Erläuterungen verwiesen werden kann. Unterschiede bestehen bei Frist und Inhalt der Stellungnahme.

a) Frist. Nach § 102 Abs 2 Satz 3 BetrVG hat der Betriebsrat Bedenken gegen eine außerordentliche Kündigung dem Arbeitgeber unverzüglich, spätestens aber **innerhalb von drei Tagen** schriftlich mitzuteilen. Diese Frist gilt nicht für die Fälle der außerordentlichen Kündigung mit sozialer Auslauffrist bei ordentlich unkündbaren Arbeitnehmern. Hier kommt die Wochenfrist des § 102 Abs 1 Satz 1 BetrVG zur Anwendung.[550] Dies bedeutet, dass der Betriebsrat gemäß der Legaldefinition von § 121 Abs 1 Satz 1 BGB ohne schuldhaftes Zögern einen Beschluss fassen und dem Arbeitgeber bekannt zu geben hat. Er muss der Angelegenheit gegenüber anderen Priorität geben. Allerdings verlangt das Gesetz von ihm kein überstürztes Handeln. Er kann einen angemessenen Zeitraum zur Willensbildung in Anspruch nehmen und ggf Rechtsrat einholen. Gerade bei einer außerordentlichen Kündigung sollte der Betriebsrat wegen deren einschneidender Folgen auch innerhalb der zur Verfügung stehenden Stellungnahmefrist den Arbeitnehmer gem § 102 Abs 2 Satz 4 BetrVG anhören. Aufgrund der gesetzlichen Verpflichtung zur **unverzüglichen** Stellungnahme kann der Betriebsrat jedoch nicht generell die dreitägige Höchstfrist ausschöpfen. Tut er dies ohne hinreichenden sachlichen Anlass, kann er sich iSv § 23 Abs 1 BetrVG pflichtwidrig verhalten. Auch in solchen Fällen ist der Arbeitgeber jedoch nicht zu einem Kündigungsausspruch vor Ablauf der Dreitagesfrist berechtigt. Es besteht keine Rechtsgrundlage für eine einseitige Abkürzung der Frist durch den Arbeitgeber, was überdies eine erhebliche Rechtsunsicherheit auslösen würde.[551]

Die Frist von § 102 Abs 2 Satz 3 BetrVG ist, da es sich um eine Tagesfrist handelt, nach §§ 187 Abs 1, 188 Abs 1 BGB zu berechnen. Sie endet mit dem Ablauf ihres dritten Tages, wobei der Tag der Unterrichtung nicht zu berücksichtigen ist. Ist der letzte Tag ein Samstag, Sonntag oder Feiertag, tritt an dessen Stelle nach § 193 BGB der nächste Werktag.

Beispiel: Bei einer Unterrichtung an einem Dienstag läuft die Frist am folgenden Freitag um 24 Uhr ab. Ist dieser Tag ein Feiertag, währt sie bis zum Montag der Folgewoche, 24 Uhr.

b) Inhalt. Im Unterschied zur ordentlichen Kündigung hat der Betriebsrat bei einer außerordentlichen Kündigung nicht die Möglichkeit, der Kündigung mit der Rechtsfolge von § 102 Abs 5 BetrVG zu widersprechen. Hält er die beabsichtigte Kündigung für ungerechtfertigt, ist er auf die Mitteilung von Bedenken beschränkt. Er kann zwar einen Widerspruch erklären, begründet dadurch aber keinen Weiterbeschäftigungsanspruch des gekündigten Arbeitnehmers. Das Widerspruchsrecht nach § 102 Abs 3, 5 BetrVG erstreckt sich allerdings auf außerordentliche Kündigungen mit sozialer Auslauffrist gegenüber ordentlich unkündbaren Arbeitnehmern.[552] Die üb-

---

550 BAG 12.1.2006 – 2 AZR 242/05.
551 APS/Koch § 102 BetrVG Rn 131aA KR/Etzel § 102 BetrVG Rn 91, der in Eilfällen eine Abkürzung der Frist nach Ankündigung durch den Arbeitgeber für möglich hält.
552 BAG 5.2.1998 – 2 AZR 227/97; BAG 18.1.2001 – 2 AZR 616/99.

rigen Reaktionsmöglichkeiten (Zustimmung, Nachfrage, Schweigen, Absehen von der Stellungnahme) stehen dem Betriebsrat wie bei der ordentlichen Kündigung zur Verfügung. Versäumt es der Betriebsrat, innerhalb von drei Tagen Stellung zu nehmen, gilt seine Zustimmung nicht als erteilt. § 102 Abs 2 Satz 2 BetrVG ist nicht anwendbar. Dies hat jedoch keine praktischen Auswirkungen. Mit Ablauf der Frist ist das Anhörungsverfahren auch bei der außerordentlichen Kündigung abgeschlossen. Von diesem Zeitpunkt an kann der Arbeitgeber die Kündigung aussprechen.[553]

4. Kenntnisnahme durch den Arbeitgeber

166 Aus dem Zweck des Anhörungsverfahrens und aus dem Grundsatz der vertrauensvollen Zusammenarbeit nach § 2 Abs 1 BetrVG ist abzuleiten, dass der Arbeitgeber die Stellungnahme der Arbeitnehmervertretung zur Kenntnis nehmen muss.[554] Andernfalls wäre das Verfahren eine sinnlose Förmlichkeit. Im Gegensatz zum Personalvertretungsrecht besteht **keine Pflicht** des Arbeitgebers zur **Erörterung der Angelegenheit** mit dem Betriebsrat. Es kann vom Arbeitgeber auch keine bestimmte, als innere Tatsache ohnehin nicht justiziable Tiefe der gedanklichen Auseinandersetzung mit den Argumenten des Betriebsrats verlangt werden. Mit der Rechtsfolge von § 102 Abs 1 Satz 3 BetrVG ohne Anhörung des Betriebsrats ausgesprochen ist eine Kündigung jedoch dann, wenn der Arbeitgeber etwa die Entgegennahme einer fristgerecht vorgelegten Stellungnahme verweigert oder wenn Indizien belegen, dass er eine ihm rechtzeitig zugegangene Erwiderung des Betriebsrats überhaupt nicht zur Kenntnis genommen hat.

V. Rechtsfolgen der ordnungsgemäßen und der nicht ordnungsgemäßen Anhörung

1. Ordnungsgemäße Anhörung

167 Hat der Arbeitgeber das Anhörungsverfahren fehlerfrei eingeleitet und abgeschlossen, ist er betriebsverfassungsrechtlich am Ausspruch einer wirksamen Kündigung nicht mehr gehindert. Er kann die Kündigung unmittelbar nach dem Ende des Anhörungsverfahrens erklären. Er muss allerdings nicht unverzüglich kündigen. Hat er dem Betriebsrat ausreichend Angaben zu Kündigungsfrist und Kündigungstermin unterbreitet, kann er den Ausspruch der Kündigung auch längere Zeit zurückstellen. Dies ist sogar erforderlich, wenn die Zulässigkeit der Kündigung noch von anderen Voraussetzungen, etwa einer behördlichen Zustimmung, abhängt. Eine erneute Anhörung ist nur nach einer zwischenzeitlich eingetretenen wesentlichen Änderung des Kündigungssachverhalts erforderlich.

2. Unterbliebene Anhörung

168 Eine ohne oder vor der Anhörung des Betriebsrats ausgesprochene Kündigung ist gem § 102 Abs 1 Satz 3 BetrVG unwirksam. Da es sich um einen Verstoß gegen ein gesetzliches Verbot handelt, ist die Kündigung nach

---

553 KR/Etzel § 102 BetrVG Rn 130.
554 APS/Koch § 102 Rn 158.

§ 134 BGB **unheilbar nichtig.**[555] Eine **nachträgliche Genehmigung** der Kündigung ist nicht möglich; nach § 102 Abs 1 Satz 1 BetrVG kann der Betriebsrat nur vor einer Kündigung gehört werden.[556] Auf ein Verschulden des Arbeitgebers kommt es nicht an. Die Rechtsfolge tritt sogar ein, wenn dem Arbeitgeber beim Ausspruch der Kündigung nicht bekannt war, dass zwischenzeitlich eine Betriebsratswahl durchgeführt wurde.[557] Die Unwirksamkeitsfolge ist nicht davon abhängig, dass der Arbeitnehmer auch aus anderen Rechtsgründen Kündigungsschutz genießt.

Insbesondere muss das Kündigungsschutzgesetz nicht einschlägig sein. Ist eine Kündigung nach § 102 Abs 1 Satz 3 BetrVG unwirksam, ist der Arbeitgeber nicht gehindert, mit derselben Begründung erneut zu kündigen. Dies gilt auch dann, wenn der Eintritt dieser Rechtsfolge rechtskräftig gerichtlich festgestellt wurde. Die Wirkung der Rechtskraft ist auf die Feststellung beschränkt, dass das Arbeitsverhältnis bis zum Zeitpunkt des Ablaufs der Kündigungsfrist der ersten Kündigung fortbestanden hat. Die Entscheidung über die Rechtswirkung der ersten Kündigung führt mangels materieller Prüfung des Kündigungsgrundes auch nicht zu einem Fall der Präjudizialität.[558] 169

Die Unwirksamkeit einer Kündigung nach § 102 Abs 1 Satz 3 BetrVG bewirkt, dass der Arbeitgeber einen **Auflösungsantrag** nach § 9 Abs 1 Satz 2 KSchG auch dann nicht stellen kann, wenn die Kündigung zugleich sozial ungerechtfertigt iSv § 1 KSchG ist. Die Vergünstigung, trotz fehlender Kündigungsgründe die Auflösung des Arbeitsverhältnisses herbeiführen zu können, besteht für den Arbeitgeber nicht, wenn die Kündigung wegen einer Schutznormverletzung unwirksam ist.[559] § 102 BetrVG ist eine Schutznorm idS.[560] 170

3. Fehlerhafte Anhörung

a) Mängel der Unterrichtung. Eine bewusst falsche oder nicht hinreichend ausführliche Unterrichtung des Betriebsrats durch den Arbeitgeber steht der Rechtsfolge nach einer unterbliebenen Anhörung gleich.[561] Die bis heute seine Rechtsprechung bestimmenden Grundsätze hat das BAG in erster Linie in den Urteilen vom 16.9.1993[562] und 22.9.1994[563] formuliert und begründet. Danach soll sich die Unwirksamkeitsfolge aus einer analogen Anwendung von § 102 Abs 1 Satz 3 BetrVG ergeben.[564] Im Urteil vom 16.9.1993 ist – von Raab[565] zu Recht als „terminologisch verwirrend" be- 171

---

555 BAG 4.8.1975 – 2 AZR 266/74; BAG 15.5.1997 – 2 AZR 519/96.
556 BAG 28.2.1974 – 2 AZR 455/73; BAG 27.6.1985 – 2 AZR 412/ 84.
557 BAG 20.12.1989 – 2 AZR 195/89.
558 Vgl BAG 26.8.1993 – 2 AZR 159/93 3; BAG 5.2.1998 – 2 AZR 227/97; BAG 12.4.2002 – 2 AZR 148/01.
559 BAG 10.11.1994 – 2 AZR 207/94; BAG 27.9.2001 – 2 AZR 389/00; BAG 10.11.2005 – 2 AZR 623/04.
560 BAG 10.11.2005 – 2 AZR 623/04.
561 BAG 28.2.1974 – 2 AZR 455/73.
562 BAG 16.9.1993 – 2 AZR 267/93.
563 BAG 22.9.1994 – 2 AZR 31/94.
564 BAG 16.9.1993 – 2 AZR 267/93; BAG 22.9.1994 – 2 AZR 31/94.
565 GK-BetrVG § 102 Rn 78.

zeichnet – daneben von einer teleologischen Auslegung und einer ausdehnenden Interpretation des Gesetzes die Rede. Dogmatische Grundlage dieser Rechtsprechung soll jedoch eine Analogie sein. Diese Analogie ist jedoch nur bei einer bewussten Fehlinformation des Betriebsrats durch den Arbeitgeber möglich; nur unter dieser Voraussetzung besteht Raum für die Anwendung von § 102 Abs 1 Satz 3 BetrVG. Bei einer vom Arbeitgeber unbewusst herbeigeführten **objektiven Falschunterrichtung** ist die Heranziehung dieser Norm durch eine Analogie dagegen nicht gedeckt. In diesem Fall wirkt sich die falsche Unterrichtung nur dadurch mittelbar zugunsten des Arbeitnehmers aus, dass dem Arbeitgeber im Kündigungsschutzprozess das Nachschieben des dem Betriebsrat nicht mitgeteilten zutreffenden Sachverhaltes verwehrt ist.[566] Bei Differenzen zwischen der objektiven Sachlage und den dem Betriebsrat mitgeteilten Informationen trägt der Arbeitgeber im Kündigungsschutzprozess die **Darlegungs- und Beweislast**, dass keine bewusste Fehlinformation vorlag.[567] An dieser Rechtsprechung hält das BAG bis heute fest. In späteren Urteilen[568] steht neben dem Verweis auf die Unwirksamkeitsfolge der bewusst unzutreffenden Information ohne konkrete Definition des Verhältnisses beider Sachverhalte zueinander der Hinweis, der Arbeitgeber genüge der Mitteilungspflicht nicht, wenn er den Kündigungssachverhalt nur pauschal, schlag- oder stichwortartig umschreibt. Dies kann jedoch nicht so verstanden werden, dass in der letzteren Fallgruppe bereits eine rein objektive Verletzung der Unterrichtungspflicht die Rechtsfolge von § 102 Abs 1 Satz 3 BetrVG auslösen soll.

172 Dieser Rechtsprechung wird in der Literatur verbreitet zugestimmt.[569] In der Kommentarliteratur werden dagegen gegen die dogmatische Herleitung und die Rechtsfolgen fundierte Einwände erhoben. Bereits der Ausgangspunkt dieser Rechtsprechung, demgemäß eine unzureichende Unterrichtung nicht unmittelbar die Rechtsfolge von § 102 Abs 1 Satz 3 auslöse, trifft nicht zu. Eine Anhörung im Rechtssinn setzt eine den gesetzlichen Anforderungen von § 102 Abs 1 Satz 1, 2 BetrVG entsprechende Unterrichtung des Betriebsrats voraus. Andernfalls ist sie mitbestimmungsrechtlich wertlos; der Betriebsrat ist dann nicht im Gesetzessinn angehört worden. Da eine **unzureichende Unterrichtung** daher **unmittelbar die Unwirksamkeitsfolge auslöst**, bedarf es keiner Analogie.[570] Weiter wird in der Literatur mit zwei Argumentationsmustern versucht, eine Beschränkung der Anwendung der Rechtsfolge von § 102 Abs 1 Satz 3 BetrVG zu erreichen. Einerseits soll in Abweichung zur Rechtsprechung des BAG nicht jede unrichtige oder unvollständige Unterrichtung die Unwirksamkeitsfolge auslösen, sondern nur eine Anhörung, die eine sachgerechte Stellungnahme des Betriebsrats unmöglich macht und deshalb objektiv einer Nichtanhörung gleichsteht. Danach soll die Sanktionsebene von der Unterrichtungspflicht

---

566 BAG 16.9.1993 – 2 AZR 267/93; BAG 22.9.1994 – 2 AZR 31/94; BAG 23.2.2011 – 2 AZR 773/10.
567 BAG 22.9.1994 – 2 AZR 31/94.
568 Etwa BAG 29.1.1997 – 2 AZR 292/96; BAG 17.2.2000 – 2 AZR 913/98; BAG 27.9.2001 – 2 AZR 176/00.
569 Etwa Bitter NZA 1991 Beil 3 S 16; Rinke NZA 1998, 77; Hümmerich RdA 2000, 345; Bader NZA-RR 2000, 57; ErfK/Kania § 102 BetrVG Rn 8.
570 KR/Etzel § 102 BetrVG Rn 106.

abgekoppelt werden.[571] Andererseits wird in Anlehnung an die vom BAG geprüfte „bewusste" Falschunterrichtung angenommen, eine „versehentliche" Fehlinformation löse die Unwirksamkeitsfolge nicht aus.[572]

Die vom BAG und von der Literatur entwickelten Ansätze zur Einschränkung der Verknüpfung der Unterrichtungspflicht und der Rechtsfolge von § 102 Abs 1 Satz 3 BetrVG überzeugen durchweg nicht. Sie sind Indizien für ein Unbehagen mit den von den Arbeitsgerichten an die Unterrichtung gestellten Anforderungen, insbesondere mit gelegentlichen Auswüchsen in der Instanzrechtsprechung. Der objektive Ansatz berücksichtigt nicht, dass Informationen, die für eine sachgerechte Stellungnahme des Betriebsrats nicht erforderlich sind, nicht mitgeteilt werden müssen. Der Umfang der Unterrichtung wird durch das Prinzip der subjektiven Determination überwiegend vom Arbeitgeber vorgegeben; was er für relevant hält, hat er dem Betriebsrat zur Kenntnis zu geben, was er nicht für relevant hält, muss auch nicht mitgeteilt werden. Soweit die subjektive Determination dagegen durch objektive Mitteilungspflichten eingeschränkt ist, geschieht dies deshalb, weil die hiervon betroffenen Informationen als für die Willensbildung des Betriebsrats unerlässlich angesehen werden. Auch der subjektive Ansatz reagiert mit Einschränkungen auf der Sanktionsebene auf Probleme der Unterrichtungsebene. § 102 Abs 1 Satz 3 BetrVG stellt nicht auf ein Verschulden des Arbeitgebers ab.[573] Das Gesetz will vielmehr gewährleisten, dass der Betriebsrat die objektiv erforderlichen Informationen erhält. Es kommt daher nicht darauf an, ob ihn der Arbeitgeber bewusst oder nur versehentlich falsch unterrichtet hat.[574] Das Bewusstsein des Arbeitgebers ist nur insoweit relevant, als der Gegenstand der notwendigen Unterrichtung vom Kündigungsentschluss des Arbeitgebers bestimmt wird. Dass das Abstellen auf das Bewusstsein des Arbeitgebers nicht die eigentlichen Probleme trifft, wird daraus deutlich, dass dieses Kriterium in der Rechtsprechung des BAG keine nennenswerte Rolle spielt und in der Praxis der Instanzgerichte weitgehend unberücksichtigt bleibt. Entscheidend ist die Bestimmung des Umfangs der Unterrichtungspflicht. Wird dieser nicht überzogen, bedarf es der Entkoppelung von Unterrichtungs- und Sanktionsebene nicht.

b) Verfahrensfehler des Betriebsrats. Hat der Arbeitgeber das Anhörungsverfahren ordnungsgemäß eingeleitet, führen **im Verantwortungsbereich des Betriebsrats** etwa durch fehlerhafte Willensbildung oder Übermittlung der Stellungnahme entstehende Mängel nicht zur Unwirksamkeit der Kündigung. Der Arbeitgeber kann vielmehr nach der Übermittlung einer Stellungnahme durch den Vorsitzenden selbst dann kündigen, wenn er vermuten kann oder sogar weiß, dass das Vorgehen des Betriebsrats verfahrens-

---

571 GK-BetrVG/Raab § 102 Rn 79-82; Raab ZfA 1995, 479; ähnl Oetker SAE 1989, 302.
572 Bitter NZA 1991 Beil 3 S 16; Rinke NZA 1998, 77; Hümmerich RdA 2000, 345.
573 KR/Etzel § 102 BetrVG Rn 107 a.
574 GK-BetrVG/Raab § 102 Rn 93; ähnl Schwerdtner EzA § 102 BetrVG 1972 Nr 73.

fehlerhaft war.[575] Nach anderer Auffassung soll der Arbeitgeber bei erkennbaren Verfahrensfehlern regelmäßig verpflichtet sein, die Anhörungsfrist verstreichen zu lassen, sofern der Arbeitgeber den Fehler erkennen konnte.[576] Dem ist mit der Gegenansicht[577] entgegenzuhalten, dass der Arbeitgeber zur Kontrolle der Amtsführung des Betriebsrats nicht befugt ist und diesen nicht zu einem bestimmten Vorgehen anhalten kann. Etwas anderes gilt allerdings, wenn es sich für den Arbeitgeber erkennbar nicht um eine Stellungnahme des Betriebsrats, sondern um eine **persönliche Stellungnahme** des Vorsitzenden oder einzelner Betriebsratsmitglieder handelt oder wenn der Arbeitgeber den Fehler durch unsachgemäßes Vorgehen selbst veranlasst hat. In diesen Fällen kann der Arbeitgeber erst nach dem Ablauf der Anhörungsfrist kündigen.[578] Die letztere Einschränkung beruht auf dem Verbot widersprüchlichen Verhaltens.[579] Dies gilt etwa, wenn der Arbeitgeber durch eine einseitige Fristverkürzung den Betriebsrat zu einer Entscheidung im Umlaufverfahren veranlasst,[580] oder wenn er auf die Ladung eines Ersatzmitglieds hinwirkt, obwohl kein Vertretungsfall vorliegt.[581] Bei Erklärungen des Vorsitzenden spricht eine tatsächliche Vermutung dafür, dass er aufgrund und im Rahmen eines ordnungsgemäßen Beschlusses handelt. Die Darlegungs- und Beweislast für ein erkennbar eigenmächtiges Vorgehen trägt derjenige, der sich auf ein solches beruft.[582]

4. Zuleitung der Stellungnahme des Betriebsrats (§ 102 Abs 4 BetrVG)

175 Nach § 102 Abs 4 BetrVG hat der Arbeitgeber dem Arbeitnehmer mit der Kündigung eine Abschrift der Stellungnahme zuzuleiten, wenn er trotz eines Widerspruchs gem § 102 Abs 3 BetrVG kündigt. Nach der Gesetzesbegründung soll diese Vorschrift es dem Arbeitgeber erschweren, nach einem Widerspruch zu kündigen und dem Arbeitnehmer die Beurteilung der Erfolgsaussichten einer Kündigungsschutzklage und eines Weiterbeschäftigungsanspruchs nach § 102 Abs 5 BetrVG erleichtern.[583] Die hM geht davon aus, dass eine Verletzung dieser Bestimmung lediglich Schadensersatzansprüche des Arbeitnehmers auslösen kann, **nicht aber zur Unwirksamkeit der Kündigung** führt.[584]

176 Als **zu ersetzender Schaden** in Betracht kommt der Ausgleich der materiellen Folgen der Nichterhebung einer Kündigungsschutzklage, insbesondere

---

575 BAG 15.11.1995 – 2 AZR 974/94; BAG 15.5.1997 – 2 AZR 519/96: Fehlerhafte Besetzung des Betriebsrats bei der Beschlussfassung; BAG 24.6.2004 – 2 AZR 461/03; BAG 22.11.2012 – 2 AZR 732/11.
576 FKHES § 102 Rn 54; DKK/Kittner § 102 Rn 229.
577 KR/Etzel § 102 BetrVG Rn 115, 116; APS/Koch § 102 BetrVG Rn 155, 156; GK-BetrVG/Raab § 102 Rn 71, 72.
578 BAG 4.8.1975 – 2 AZR 266/74; BAG 18.8.1982 – 7 AR 437/80; BAG 15.11.1995 – 2 AZR 974/94; BAG 12.12.1996 – 2 AZR 803/95; BAG 16.1.2003 – 2 AZR 707/01; BAG 22.11.2012 – 2 AZR 732/11.
579 HaKo-BetrVG/Braasch § 102 Rn 72.
580 BAG 4.8.1975 – 2 AZR 266/74; LAG Hamm 30.6.1994 – 4 Sa 75/94.
581 LAG Düsseldorf 25.4.1975 – 4/15 Sa 364/75.
582 BAG 24.2.2000 – 8 AZR 180/99.
583 BT-Drucks VI S 1786.
584 BAG 25.10.2010 – 2 AZR 845/11; LAG Köln 19.10.2000 – 10 Sa 342/00; KR/Etzel § 102 BetrVG Rn 180; APS/Koch § 102 BetrVG Rn 159; GK-BetrVG/Raab § 102 Rn 158.

in Hinblick auf die Rechtsfolge von § 7 KSchG. Danach kann der Arbeitgeber uU sogar verpflichtet sein, den Arbeitnehmer so zu stellen, als ob er rechtzeitig die Kündigungsschutzklage erhoben hätte. Ein ggf bestehendes Mitverschulden des Arbeitnehmers ist jedoch zu berücksichtigen.[585] War daneben kein eigenes Verschulden des Arbeitnehmers mitursächlich für die nicht rechtzeitige Klageerhebung, kann die Zurückhaltung des Widerspruchs durch den Arbeitgeber auch ein Grund für eine **nachträgliche Zulassung** gem § 5 Abs 1 KSchG sein. § 102 Abs 4 BetrVG verleiht dem Arbeitnehmer ein einklagbares Recht gegen den Arbeitgeber, das wegen der Möglichkeit der Geltendmachung von Schadensersatzansprüchen nicht auf die Zeit bis zum Abschluss eines Kündigungsschutzprozesses beschränkt ist. Grobe Verstöße gegen die Zuleitungspflicht berechtigen den Betriebsrat oder eine im Betrieb vertretene Gewerkschaft, gem § 23 Abs 3 BetrVG gegen den Arbeitgeber vorzugehen.[586]

Der Zuleitungsanspruch besteht nur im Fall des Widerspruchs des Betriebsrats gegen eine ordentliche Kündigung aus den in § 102 Abs 3 BetrVG normierten Gründen. Anderweitige Stellungnahmen des Betriebsrats bzw anders oder nicht fristgerecht begründete Widersprüche muss der Arbeitgeber dem Arbeitnehmer nicht übergeben.[587]

VI. Behandlung der Anhörung im Kündigungsschutzprozess
1. Klagefrist

a) Rechtslage nach dem Arbeitsmarktreformgesetz. Nach der zum 1.1.2004 in Kraft getretenen Neufassung der §§ 4, 13 Abs 3, 23 Abs 1 Satz 2 KSchG ist auch eine auf den Unwirksamkeitsgrund von § 102 Abs 1 Satz 3 BetrVG gestützte Kündigungsschutzklage innerhalb von drei Wochen nach dem Zugang der schriftlichen Kündigung zu erheben.[588] Diese muss nicht sofort (auch) auf die Rüge der fehlerhaften Beteiligung des Betriebsrats gestützt werden. Gem § 6 Satz 1 KSchG nF genügt eine Geltendmachung bis zum Schluss der mündlichen Verhandlung erster Instanz. Auf diese Möglichkeit hat das Arbeitsgericht, zB im Zusammenhang mit der Ladung zum Gütetermin,[589] den Arbeitnehmer hinzuweisen (§ 6 Satz 2 KSchG). Versäumt der Arbeitnehmer die Klagefrist, weil ihm der Arbeitgeber unzutreffend eine ordnungsgemäße Beteiligung des Betriebsrats vorgespiegelt hat, kann dies uU eine nachträgliche Zulassung einer Kündigungsschutzklage gem § 5 KSchG rechtfertigen.[590] Eine eigene Erkundigung beim Betriebsrat ist vom Arbeitnehmer nicht zu verlangen.[591] Ein Arbeitnehmer kann im Regelfall auf die Wahrhaftigkeit entsprechender Erklärungen des Arbeitgebers vertrauen, sofern keine Zweifel begründenden Anhaltspunkte erkennbar sind. Zweifelhaft – und nach der Erweiterung des Geltungsbereichs der §§ 4, 6 KSchG von erheblicher praktischer Relevanz

---

585 § 102 Abs 4 GK-BetrVG/Raab § 102 Rn 159.
586 GK-BetrVG/Raab § 102 Rn 161; APS/Koch § 102 BetrVG Rn 159.
587 LAG Köln 19.10.2000 – 10 Sa 342/00; KR/Etzel § 102 BetrVG Rn 181.
588 Bauer NZA Sonderbeilage Heft 21/2003, 47; Link/Dörfler AuA 2003, 78.
589 LAG Berlin-Brandenburg 3.6.2010 – 26 Sa 263/19; Bader NZA 2004, 65, 69.
590 Bauer NZA Sonderbeilage Heft 21/2003, 47.
591 So aber Bauer NZA Sonderbeilage Heft 21/2003, 47.

– ist die Frage, in welchem Verhältnis § 6 KSchG zu den Präklusionsvorschriften des § 61 a Abs 3-6 ArbGG und zu den allgemeinen Prozessförderungspflichten des § 282 ZPO steht. § 6 KSchG könnte als Spezialregelung verstanden werden, die diese Vorschriften verdrängt. Dies würde gerade in den besonders eilbedürftigen Bestandsstreitigkeiten jedoch in einem erheblichen Spannungsverhältnis zu dem Beschleunigungszweck der §§ 61 a ArbGG, 282 ZPO stehen. Das Problem sollte unter Berücksichtigung der Hinweispflicht von § 6 Satz 2 KSchG gelöst werden. Solange das Arbeitsgericht den Hinweis nicht erteilt hat, wird regelmäßig eine gem § 61 a Abs 5 ArbGG die Zurückweisung neuer Unwirksamkeitsgründe rechtfertigende Überschreitung einer Frist zur Stellungnahme zu einer konkreten Auflage iSv § 61 a Abs 3 ArbGG, jedenfalls aber ein hinreichendes Verschulden nach § 61 a Abs 5 ArbGG fehlen. Hat das Arbeitsgericht den Hinweis dagegen erteilt, kann § 6 Satz 1 KSchG angesichts des Beschleunigungsbedürfnisses in Bestandsstreitigkeiten die Missachtung gem § 61 a Abs 3 ArbGG gesetzter Fristen nicht rechtfertigen. § 6 KSchG hat nicht den Zweck, ein zögerliches Verhalten von Kündigungsschutzverfahren in erster Instanz zuzulassen. Zu berücksichtigen ist, dass der Hinweis gem § 6 Satz 2 KSchG nach § 139 Abs 4 Satz 1 ZPO aktenkundig zu machen ist. Seine Erteilung kann nur durch den Inhalt der Akten bewiesen werden (§ 139 Abs 4 Satz 2 ZPO). § 6 Satz 2 KSchG dürfte nicht so zu verstehen sein, dass der Hinweis in jedem Kündigungsschutzverfahren formularmäßig erteilt werden muss. Wie nach altem Recht ist erforderlich, dass das Vorliegen weiterer Unwirksamkeitsgründe wie bspw § 102 Abs 1 Satz 3 BetrVG nach dem Sachvortrag der Parteien in Betracht kommt.[592] Es müssen hinreichende Anhaltspunkte erkennbar sein. Aufgrund der Neuregelung der §§ 4, 6 KSchG ist es Arbeitnehmern nunmehr regelmäßig verwehrt, Rügen der Betriebsratsanhörung erstmals in zweiter Instanz zu erheben. § 6 Satz 1 KSchG ist lex specialis gegenüber § 67 Abs 4 ArbGG. Dies gilt nur dann nicht, wenn das Arbeitsgericht die Hinweispflicht von § 6 Satz 2 KSchG verletzt hat. Hat das Arbeitsgericht einen entsprechenden Hinweis unterlassen, ist das Landesarbeitsgericht bei einer Geltendmachung sonstiger Unwirksamkeitsgründe in der Berufungsinstanz nach überwiegender Auffassung zu einer eigenen Entscheidung befugt[593] und muss nicht zurückverweisen.[594]

179 nicht besetzt

2. Darlegungs- und Beweislast

180 Nach dem Grundprinzip der Verteilung der prozessualen Darlegungslast, muss die Partei die Voraussetzungen eines ihr günstigen Rechtssatzes darlegen und beweisen, die sich auf den Eintritt der Rechtsfolge dieses Rechtssatzes beruft.[595] Der Arbeitnehmer hat deshalb die **Voraussetzungen für**

---

592 Ebenso ErfK/Kiel § 6 KSChG Rn 6 mwN.
593 BAG 8.11.2007 – 2 AZR 614/06; Bader NZA 2004, 65, 69; Bayreuther, ZfA 2005, 391; offenlassend zuletzt LAG Berlin-Brandenburg 3.6.2010 – 26 Sa 263/10.
594 So das BAG zu § 6 KSchG aF: BAG 30.11.1961 – 2 AZR 295/61.
595 Vgl nur BAG 12.1.1994 – 7 AZR 745/93.

die **Anhörungspflicht** nach § 102 BetrVG darzulegen und zu beweisen. Dazu gehört insbesondere die **Existenz eines beteiligungsfähigen Betriebsrats**,[596] aber auch dessen Zuständigkeit insbesondere in Abgrenzung des Wahlbetriebes zu anderen Betrieben, zu einem an der Betriebsratswahl nicht beteiligten Betriebsteil iSv § 4 BetrVG[597] und gegenüber ggf gebildeten abweichenden Vertretungen iSv § 3 BetrVG. Bestehen in einem Betrieb bspw nebeneinander mehrere Spartenbetriebsräte und beruft sich der Arbeitnehmer auf die Zuständigkeit eines vom Arbeitgeber nicht beteiligten Gremiums, trägt er die Darlegungs- und Beweislast, dass dieses Gremium und nicht etwa ein vom Arbeitgeber ordnungsgemäß angehörter anderer Spartenbetriebsrat einzuschalten gewesen wäre. Gleichermaßen trifft den Kündigungsempfänger die Darlegungs- und Beweislast für seinen Arbeitnehmerstatus.[598] Schließlich trägt der Arbeitnehmer die Darlegungs- und Beweislast, wenn er geltend machen will, das Anhörungsverfahren sei aufgrund einer dem Betriebsrat nicht zuzurechnenden Stellungnahme, etwa durch eine erkennbar eigenmächtige des Vorsitzenden, nicht abgeschlossen worden. Dagegen ist der Arbeitgeber für die Ausnahmetatbestände von § 5 Abs 2, 3 BetrVG und damit insbesondere für die praktisch relevanteste Ausnahme des Status als leitender Angestellter darlegungs- und beweispflichtig.[599]

Für die **Durchführung und die Ordnungsgemäßheit** der Anhörung eines zuständigen Betriebsratsgeht das **BAG** in nunmehr ständiger Rechtsprechung[600] von einer **abgestuften Darlegungs- und Beweislast** aus. Der Arbeitnehmer braucht die Ordnungsgemäßheit der Betriebsratsanhörung zunächst nur pauschal oder mit Nichtwissen zu bestreiten. Legt der Arbeitgeber darauf eine den gesetzlichen Anforderungen entsprechende Anhörung nicht im Einzelnen dar, gilt das Vorbringen des Arbeitnehmers nach § 138 Abs 3 ZPO als zugestanden und die Rechtsfolge von § 102 Abs 1 Satz 3 BetrVG tritt ein.[601] Nach einer schlüssigen Darlegung der ordnungsgemäßen Anhörung obliegt es dagegen dem Arbeitnehmer, nach § 138 Abs 1 und 2 ZPO konkret zu beanstanden, in welchen Punkten er diese für fehlerhaft hält. Bei fehlender eigener Wahrnehmung ist auch ein Bestreiten des gesamten oder von Teilen des Vortrags des Arbeitgebers mit Nichtwissen zulässig, da das BAG die Kenntnis des Betriebsrates dem klagenden Arbeitnehmer nicht zurechnet. Für das Gericht muss aber deutlich werden, welche Behauptungen des Arbeitgebers mit der Konsequenz bestritten werden, dass über sie Beweis zu erheben ist. Ein pauschales, nicht idS erläutertes Bestreiten ist dagegen nicht ausreichend und löst die Rechtsfolge aus, dass

181

---

596 BAG 23.6.2005 – 2 AZR 193/04; LAG Hessen 20.11.2002 – 1/2 Sa 1444/01; ArbG Mainz 25.9.1997 – 7 Ca 168/97, 106; KR/Etzel § 102 BetrVG Rn 192 a; FKHES § 102 Rn 57.
597 HaKo-BetrVG/Braasch § 102 Rn 128.
598 Vgl BAG 9.2.1995 – 2 AZR 389/94.
599 BAG 19.8.1975 – 1 AZR 613/74; BAG 26.5.1977 – 2 AZR 135/ 76; BAG 26.10.1979 – 7 AZR 752/77.
600 BAG 16.3.2000 – 2 AZR 75/99; BAG 23.6.2005 – 2 AZR 193/04; BAG 18.5.2006 – 2 AZR 245/05; BAG 24.4.2008 – 8 AZR 520/07.
601 BAG 16.3.2000 – 2 AZR 828/98; BAG – 2 AZR 75/99.

der Vortrag des Arbeitgebers gem § 138 Abs 3 ZPO als zugestanden gilt.[602] Hat der Arbeitgeber dem Arbeitnehmer das an den Betriebsrat gerichtete Anhörungsschreiben ausgehändigt, muss der Arbeitnehmer im Prozess dartun, weshalb die Betriebsratsanhörung fehlerhaft ist. Einfaches Bestreiten genügt nicht.[603]

182 Dieser Rechtsprechung des BAG ist zuzustimmen. Zwar kann zur Begründung der Beweislast des Arbeitgebers § 1 Abs 2 Satz 4 KSchG nicht herangezogen werden.[604] Dessen Geltung ist durch § 13 Abs 3 KSchG ausgeschlossen und die Betriebsratsanhörung ist kein Grund, der die Kündigung iS dieser Norm bedingt. Zu Recht wird die Beteiligung des Betriebsrats jedoch mit der hM als Kündigungsvoraussetzung und nicht als rechtshindernde Einwendung verstanden.[605] Dies gebietet bereits der primär kollektivbezogene Zweck des Beteiligungsrechtes des § 102 BetrVG. Überdies wäre es ein sachlich nicht zu begründender Wertungswiderspruch, im Unterschied zu anderen Beteiligungsrechten die gesetzmäßige Einschaltung des Betriebsrats gerade bei dem Mitwirkungsrecht nach § 102 BetrVG, bei dem die Unwirksamkeit der individualrechtlichen Maßnahme im Fall der Verletzung des Beteiligungsrechts anders als bei anderen Mitwirkungs- und Mitbestimmungsrechten ausdrücklich vorgesehen ist, nicht als Wirksamkeitsvoraussetzung zu verstehen. Zwar verweist die Gegenansicht im Ansatz zutreffend darauf, dass die prozessualen Erklärungspflichten nach § 138 ZPO einer Partei im Einzelfall auch gebieten können, mögliche und zumutbare Erkundigungen einzuziehen. Die Erkundigungspflicht besteht jedoch nur gegenüber Personen, denen die Partei weisungsbefugt oder für die sie verantwortlich ist.[606] Diese Voraussetzungen erfüllt das Verhältnis zwischen einzelnem Arbeitnehmer und Betriebsrat gerade nicht.[607] Der Betriebsrat ist nicht als Sachwalter der Individualinteressen einzelner Arbeitnehmer tätig, sondern hat sein Handeln an Kollektivinteressen auszurichten. Diese können – wie insbesondere die Möglichkeit belegt, gem § 104 BetrVG die Entfernung bestimmter Arbeitnehmer aus dem Betrieb zu verlangen – in einem grundlegenden Gegensatz zu Individualinteressen stehen. In seiner Entscheidung vom 23.6.2005 vertritt das BAG zu Recht die Auffassung, dass der Arbeitgeber seiner Darlegungslast genügt, wenn er zwar im Prozess das Anhörungsschreiben vorlegt, sondern nur Bezug hierauf nimmt, dieses jedoch mit der Kündigung an den Arbeitnehmer übersandte.[608] In diesem Fall kann er davon ausgehen, dass der Arbeitnehmer über dessen Inhalt hinreichend informiert ist, um sich zu den Einzelheiten der Betriebsratsanhörung nach § 102 BetrVG zu erklären. Ein Bestreiten mit Nichtwissen ist dann unzulässig.[609]

---

602 BAG 20.1.2000 – 2 AZR 378/99; BAG 16.3.2000 – 2 AZR 75/99; BAG 18.1.2001 – 2 AZR 616/99.
603 BAG 23.6.2005 – 2 AZR 193/04.
604 So etwa BAG 19.8.1975 – 1 AZR 613/74.
605 BAG 7.2.1985 – 2 AZR 91/84.
606 BGH 7.10.1998 – VIII ZR 100/97; BAG 29.6.2000 – 8 ABR 44/99.
607 AA Mühlhausen NZA 2002, 644; ders NZA 2006, 967.
608 BAG 23.6.2005 – 2 AZR 193/04.
609 BAG 23.6.2005 – 2 AZR 193/04.

183 Keine Veranlassung besteht jedoch dafür, vom Arbeitnehmer die ausdrückliche Erklärung zu verlangen, dass er eine ordnungsgemäße Betriebsratsanhörung bestreite. Dem Arbeitnehmer obliegt lediglich die **Darlegung der relevanten Tatsachen**, nicht aber deren rechtliche Einordnung. Die Subsumtion eines vorgetragenen oder feststehenden Sachverhaltes ist die von Amts wegen zu erfüllende Aufgabe der Gerichte.[610] Es bedarf daher keiner ausdrücklichen Rüge, wenn sich ein Mangel der Anhörung aus dem Parteivortrag ergibt. Der Arbeitnehmer muss lediglich die Voraussetzungen der Anhörungspflicht, dh das Bestehen eines für ihn zuständigen Betriebsrats geltend machen.[611] Bleibt diese Behauptung unstreitig, muss der Arbeitgeber zumindest pauschal behaupten, diesen Betriebsrat ordnungsgemäß angehört zu haben. Bestreitet der Arbeitnehmer dies nicht, gilt der Vortrag des Arbeitgebers gem § 138 Abs 3 ZPO als zugestanden, ohne dass es einer weiteren Substantiierung bedarf. Der Arbeitgeber hat keine Veranlassung, seinen Vortrag zu vertiefen.[612]

184 Bestreitet der Arbeitnehmer die pauschale Behauptung, der Betriebsrat sei ordnungsgemäß angehört worden, obliegt es dem darlegungspflichtigen Arbeitgeber, eine ordnungsgemäße Anhörung im Einzelnen darzulegen. Dies betrifft nicht nur den Inhalt der Anhörung, sondern auch die Wahrung der Fristen von § 102 Abs 2 Satz 1, 3 BetrVG. Der Arbeitgeber muss daher nicht nur konkret vortragen, was er dem Betriebsrat zur Person, zu Kündigungsart, -frist und -termin und zu den Kündigungsgründen mitgeteilt hat, sondern auch erläutern, wann welcher Vertreter des Betriebsrats von wem auf welche Weise unterrichtet worden ist, zu welchem Zeitpunkt die Anhörungsfrist daher zu laufen begann und dass das Kündigungsschreiben erst nach dem Ablauf der Frist bzw nach dem Zugang einer abschließenden Stellungnahme des Betriebsrats abgeschickt wurde. Dazu ist vorzutragen, wann die Stellungnahme in den Besitz welches Vertreters des Arbeitgebers gelangt ist und wer wann die Kündigung zur Post gegeben bzw dem Arbeitnehmer übergeben hat.[613] Unzureichend ist die mit einem Beweisangebot verbundene **pauschale Behauptung**, der Betriebsrat sei ordnungsgemäß angehört worden. Eine Beweiserhebung auf einer solchen Grundlage würde zu einer unzulässigen Ausforschung führen. Ausreichen kann es dagegen, wenn der Arbeitgeber unter Verweis auf seinen schriftsätzlichen Vortrag behauptet, alle in der Klageerwiderung erwähnten Tatsachen seien einem bestimmt bezeichneten Vertreter des Betriebsrats zu einem bestimmt angegebenen Zeitpunkt schriftlich oder mündlich mitgeteilt worden. Klargestellt werden muss jedoch, welche Kündigungsgründe welchem Vertreter des Betriebsrats wann auf welche Weise mitgeteilt wurden. Verbleiben Unklarheiten, ist die Klageerwiderung nicht erheblich.[614] Genügt die Erwiderung des Arbeitgebers auch nach einem nach § 139 ZPO zu erteilenden gerichtlichen Hinweis diesen Anforderungen nicht, ergibt sich aus dem unstreitigen Sachverhalt eine fehlerhafte Anhörung des Betriebsrats.

---

610 BAG 15.11.2001 – 2 AZR 310/00.
611 BAG 23.6.2005 – 2 AZR 193/04.
612 BAG 20.6.2013 – 2 AZR 546/12; BAG 24.5.2012 – 2 AZR 206/11.
613 Vgl APS/Koch § 102 BetrVG Rn 164; HaKo-BetrVG/Braasch § 102 Rn 128.
614 Vgl LAG Köln 11.1.2002 – 11 Sa 936/01.

185 **Hinweis:** Aus Arbeitgebersicht ist bei der Darlegung von Inhalt und Verfahren der Anhörung daher Sorgfalt geboten. Arbeitgeber geraten im Kündigungsschutzprozess erstaunlich oft durch eine nachlässige Behandlung der Anhörung in eine für sie nachteilige prozessuale Lage.

186 Auf eine nach dem vorstehenden Maßstab erhebliche Erwiderung des Arbeitgebers obliegt es aufgrund seiner Erklärungspflicht gem § 138 Abs 2 ZPO dem Arbeitnehmer, klarzustellen, ob und **aus welchen konkreten Gründen** er die Anhörung weiter rügt. Will er sich dabei auf fehlende eigene Kenntnisse stützen, muss er deutlich machen, den Arbeitgebervortrag gem § 138 Abs 4 ZPO **mit Nichtwissen** bestreiten zu wollen; diese Notwendigkeit wird in der Praxis ebenfalls nicht selten übersehen. Ergibt sich dies deutlich genug aus den Umständen, muss die gesetzliche Terminologie allerdings nicht ausdrücklich gebraucht werden.[615] Erforderlichenfalls hat das Arbeitsgericht den Arbeitnehmer gem § 139 Abs 1 ZPO zu einer Klarstellung anzuhalten. Zulässig ist das Bestreiten mit Nichtwissen nach § 138 Abs 4 ZPO nur, wenn die Anhörung des Betriebsrats nicht Gegenstand der eigenen Wahrnehmung des Arbeitnehmers war. Dies ist zwar normalerweise nicht so, kann aber ausnahmsweise der Fall sein, wenn der Arbeitnehmer etwa als Mitglied des Betriebsrats über die Unterrichtung zu einer Kündigung gem § 15 Abs 4, 5 KSchG Kenntnis erlangt hat oder wenn er bei der mündlichen Übermittlung anwesend war. Dasselbe gilt, wenn der Kündigungssachverhalt vor der Stellungnahme des Betriebsrats in einer Sitzung des Integrationsamtes iSv § 88 Abs 1 SGB IX in Gegenwart eines Vertreters des Betriebsrats und des Arbeitnehmers bzw eines diesen vertretenden Bevollmächtigten erörtert worden ist. In solchen Fällen muss der Arbeitnehmer Defizite der Unterrichtung konkret aufzeigen.

187 Ergibt sich aus dem Vortrag der Parteien die Existenz eines für den Arbeitnehmer zuständigen Betriebsrats, ist es entgegen einer teilweise vertretenen Auffassung[616] aufgrund des Charakters des Beteiligungsrechts als Wirksamkeitsvoraussetzung nach § 139 Abs 1 ZPO Aufgabe des Vorsitzenden, möglichst früh, dh idR in der Erörterung im Gütetermin, darauf hinzuwirken, dass der Arbeitnehmer sich dazu erklärt, ob er die Betriebsratsanhörung rügt, und dass der Arbeitgeber der jeweiligen prozessualen Situation entsprechend zu Verfahren und Inhalt der Anhörung Stellung nimmt.[617] Ersteres ergibt sich nach der Neufassung durch das Arbeitsmarktreformgesetz unmittelbar aus § 6 Satz 2 KSchG. Dagegen obliegt es den Arbeitsgerichten, iS einer Amtsermittlung erst zu erfragen, ob ein Betriebsrat besteht.[618] Etwas anderes gilt allerdings, wenn die Bildung eines Betriebsrats aus anderen Verfahren iSv § 291 ZPO gerichtsbekannt ist. Ein ggf erforderlicher **Beweis** kann durch die Benennung von Zeugen angetreten werden. Insoweit kommen in erster Linie die Mitglieder des Betriebsrats und mit der Angelegenheit befasste Personalsachbearbeiter des Arbeitgebers in Betracht. Der Arbeitgeber kann den Beweis gem § 420 ZPO auch durch Vorlage der Unterlagen des Anhörungsverfahrens antreten. Sind die

---

615 Kraft EzA BGB § 626 nF Nr 179.
616 Mühlhausen NZA 2002, 644; Schiefer NZA 2002, 770.
617 Vgl APS/Koch § 102 BetrVG Rn 163.
618 KR/Etzel § 102 BetrVG Rn 192 c.

Unterlagen von ihren jeweiligen Ausstellern unterschrieben und enthalten sie einen unterzeichneten und datierten Empfangsvermerk ihres Empfängers, handelt es sich um Privaturkunden, die nach § 416 ZPO den vollen Beweis dafür erbringen, dass die in ihnen enthaltenen Erklärungen von den Ausstellern abgegeben worden sind. Da es im Anhörungsverfahren im Wesentlichen auf die Abgabe von Erklärungen ankommt, genügt die Vorlage derartiger Urkunden häufig, um den erforderlichen Beweis zu führen.

3. Nachschieben von Kündigungsgründen

Die Betriebsratsanhörung wirkt als **Zäsur für die Kündigungsbegründung** im Prozess. Teilt der Arbeitgeber objektiv vorhandene Gründe nicht mit, ist es ihm prinzipiell verwehrt, im Prozess die Kündigung (auch) auf diese Gründe zu stützen. Dem Arbeitgeber steht es nur frei, dem Betriebsrat unterbreitete Gründe zu erläutern und zu konkretisieren.[619] Da der Umfang der Unterrichtungspflicht nicht den prozessualen Substantiierungsobliegenheiten entspricht, darf dies nicht zu einschränkend ausgelegt werden. Der Arbeitgeber ist zu einer prozessual gebotenen inhaltlichen Vertiefung seiner Kündigungsbegründung berechtigt. Er darf jedoch **nicht neue Kündigungssachverhalte** und sonstige Tatsachen **in den Prozess einführen**, die dem Sachverhalt, der dem Betriebsrat unterbreiteten wurde, erst das Gewicht eines Kündigungsgrundes verleihen. Ist eine Pflichtverletzung etwa erst nach einer erfolglosen Abmahnung zur Kündigungsrechtfertigung ausreichend, ist die Behauptung des Arbeitgebers, er habe den Arbeitnehmer einschlägig abgemahnt, im Prozess nicht verwertbar, wenn der Betriebsrat nicht über die Abmahnung informiert wurde.[620] Nicht mehr als zulässige Konkretisierung gelten quantitative und qualitative Steigerungen der dem Arbeitnehmer vorgeworfenen Pflichtverletzung. Wird dem Arbeitnehmer bspw die fahrlässige Beschädigung von Eigentum des Arbeitgebers vorgeworfen, ist es dem Arbeitgeber verwehrt, sich auf weitere einschlägige Vorfälle oder auf Umstände zu berufen, die den Rückschluss auf einen höheren Verschuldensgrad zulassen, wenn er diese dem Betriebsrat nicht unterbreitet hatte. Dagegen kann er im Prozess den Hergang des Schadensfalles näher erläutern oder den entstandenen Schaden genau beziffern. Gleichermaßen kann der Arbeitgeber im Fall einer Kündigung wegen Verspätungen an zwei Arbeitstagen im Prozess die genauen Uhrzeiten der Verspätungen und die für den Betriebsrat selbstverständlichen betrieblichen Auswirkungen der Verspätungen schildern.[621] Der Arbeitgeber ist generell **berechtigt, auf Entlastungsvorbringen** des Arbeitnehmers zu reagieren. So kann er ohne vorherige Unterrichtung des Betriebsrats Tatsachen vortragen, die vom Arbeitnehmer behauptete Weiterbeschäftigungsmöglichkeiten oder gegen die Sozialauswahl erhobene Rügen widerlegen sollen.[622] Ein Wechsel von einer Tat- zu einer Verdachtskündigung ist nicht zulässig, da es sich um

---

619 BAG 18.12.1980 – 2 AZR 1006/78; BAG 11.4.1985 – 2 AZR 239/84; BAG 21.9.2000 – 2 AZR 385/99; BAG 2.6.2005 – 2 AZR 480/04; BAG 11.12.2003 – 2 AZR 536/02; BAG 7.11.2002 – 2 AZR 599/01.
620 BAG 18.12.1980 – 2 AZR 1006/782.
621 BAG 27.2.1997 – 2 AZR 302/96.
622 BAG 29.3.1990 – 2 AZR 369/89; BAG 7.11.1996 – 2 AZR 720/95; BAG 21.9.2000 – 2 AZR 385/99.

einen anderen Kündigungssachverhalt handelt. Dagegen lässt es die materiellrechtliche Wirksamkeit der erklärten Kündigung unberührt und bedarf keiner erneuten Anhörung des Betriebsrates, wenn sich die vom Arbeitgeber zur Begründung eines Verdachts vorgetragenen Tatsachen nach Überzeugung des Gerichts als erwiesen darstellen[623] (s Rn 103).

Die rechtliche Einordnung des mitgeteilten Sachverhalts ist, wie auch in den Fallgruppen der personen-, verhaltens- und betriebsbedingten Kündigung, allein eine Frage der letztlich den Arbeitsgerichten obliegenden Rechtsanwendung. Insoweit bewirkt die Begründung der Betriebsratsanhörung keine Bindung.[624] Vgl zur krankheitsbedingten Kündigung Rn 101.

189 Streitig ist die Frage, ob und unter welchen Voraussetzungen der Arbeitgeber ausnahmsweise eine ausgesprochene Kündigung nachträglich auf Gründe stützen kann, die er dem Betriebsrat nicht mitgeteilt hat. Materiellrechtlicher Ausgangspunkt ist, dass objektive Gründe, die zum Zeitpunkt der Kündigungserklärung tatsächlich bestanden, unabhängig vom Kenntnisstand und vom subjektiven Kündigungswillen des Arbeitgebers zu diesem Zeitpunkt im Kündigungsschutzprozess zur Kündigungsbegründung herangezogen werden können.[625] Betriebsverfassungsrechtlich wird diese Möglichkeit nach der Rechtsprechung des BAG eingeschränkt, aber nicht vollständig ausgeschlossen. Das BAG differenziert danach, ob die nachgeschobenen Gründe dem Arbeitgeber zum **Kündigungszeitpunkt** bekannt waren oder nicht. Zu diesem Zeitpunkt **nicht bekannte Umstände können** zur ergänzenden Kündigungsbegründung **nachgeschoben werden, wenn der Arbeitgeber den Betriebsrat** zu diesen erneut anhört.[626] Bei Kündigungsausspruch bekannte Gründe können dagegen auch dann nicht nachgeschoben werden, wenn der Betriebsrat der Kündigung bereits auf die ursprüngliche Anhörung hin zugestimmt hat und zu den neuen Gründen nachträglich angehört wird.[627] Auch **nach der Einleitung des Anhörungsverfahrens bekannt werdende Umstände** müssen dem Betriebsrat im Rahmen einer ergänzenden Anhörung vor Kündigungsausspruch bekanntgegeben werden, wenn der Arbeitgeber sie im Kündigungsschutzprozess verwerten will. Dadurch beginnen ggf die Fristen von § 102 Abs 2 Satz 1, 3 BetrVG neu zu laufen.[628] Die Darlegungs- und Beweislast für seine Unkenntnis zum Kündigungszeitpunkt trägt der Arbeitgeber.[629] Diese Rechtsprechung will einerseits Arbeitgeber vor dem Verlust von Rechten bewahren, die ihnen materiellrechtlich zustehen. Sie trägt andererseits der subjektiven Determination der Kündigungsanhörung Rechnung, als sie den Arbeitgeber an der vor der Kündigung bewusst getroffenen Entscheidungen über die Auswahl der Kündigungsgründe festhält.

---

623 BAG 3.7.2003 – 2 AZR 437/02; BAG 23.6.2009 – 2 AZR 474/07.
624 APS/Koch § 102 BetrVG Rn 166; KR/Etzel § 102 BetrVG Rn 70; GK-BetrVG/Raab § 102 Rn 164.
625 BAG 18.1.1980 – 7 AZR 260/78; BAG 11.4.1985 – 2 AZR 239/84.
626 BAG 18.12.1980 – 2 AZR 1006/78; BAG 11.4.1985 – 2 AZR 239/84; BAG 4.6.1997 – 2 AZR 362/96 5.
627 BAG 2.4.1987 – 2 AZR 418/86; BAG 26.9.1991 – 2 AZR 132/91.
628 BAG 6.2.1997 – 2 AZR 265/96; BAG 23.5.2013 – 2 AZR 102/12.
629 BAG 11.4.1985 – 2 AZR 239/84.

190 In der Literatur wird zur Frage der Zulässigkeit des Nachschiebens von Kündigungsgründen eine Vielzahl unterschiedlicher Ansichten vertreten.[630]

191 Es besteht weder ein ausreichender sachlicher Anlass, noch eine tragfähige Rechtsgrundlage dafür, dem Arbeitgeber ein Nachschieben von Gründen im Kündigungsschutzprozess zu ermöglichen, die er dem Betriebsrat zunächst nicht mitteilte. Mit § 102 Abs 1 Satz 1, 2 BetrVG wird vom Arbeitgeber verlangt, die **Gründe** für die Kündigung **vor der Kündigung** mitzuteilen. Der Zweck dieser Regelung wird verfehlt, wenn die Kündigung letztlich maßgeblich auf Gründe gestützt wird, zu denen der Betriebsrat vor Kündigungsausspruch nicht Stellung nehmen konnte. Die Möglichkeit des Nachschiebens befindet sich in einem Spannungsverhältnis zum Prinzip der subjektiven Determination der Kündigungsanhörung, da sie den Grundsatz durchbricht, dass der Kündigungsentschluss des Arbeitgebers vor dem Ausspruch der Kündigung maßgeblich ist. Ferner verschafft diese Ansicht dem Arbeitgeber systemwidrig eine Gelegenheit zur **nachträglichen Korrektur des ursprünglichen Kündigungsentschlusses mit Rückwirkung**. Überdies steht sie in einem unvereinbaren Widerspruch zu dem vom BAG ansonsten stets betonten Grundsatz, dass es für die Beurteilung der Wirksamkeit einer Kündigung allein auf den Zeitpunkt ihres Ausspruchs ankommt.[631] Relevant ist die Frage der Zulässigkeit des Nachschiebens von Kündigungsgründen nur, wenn der dem Betriebsrat ursprünglich mitgeteilte Sachverhalt zur Kündigungsrechtfertigung nicht ausreicht. Ist der Arbeitgeber befugt, in einem solchen Fall weitere Gründe nachzuschieben, ist die zunächst ungerechtfertigte Kündigung nur schwebend unwirksam. Diese schwebende Unwirksamkeit könnte vom Arbeitgeber zu einem seiner Wahl unterliegenden Zeitpunkt mit Rückwirkung zum Kündigungszeitpunkt beseitigt werden. Dadurch würde ein trotz zunächst unzureichender Begründung kündigender Arbeitgeber gegenüber einem verständigen, von einer Kündigung zunächst absehenden Arbeitgeber ungerechtfertigt bevorzugt. Letzterer könnte nämlich nicht die nachträglich bekannt gewordenen Umstände zur Begründung einer zu einem Zeitpunkt vor dem Bekanntwerden erklärten Kündigung heranziehen. Er müsste sich auf eine spätere Kündigung beschränken. In Extremfällen kann sich auf der Grundlage der hM sogar die Möglichkeit ergeben, dass der Arbeitgeber nach der rechtskräftigen Stattgabe der Kündigungsschutzklage unter den Voraussetzungen der §§ 580, 581 ZPO eine Restitutionsklage erheben könnte, um aus nachträglich erfahrenen Gründen doch eine Abweisung der Kündigungsschutzklage zu erwirken.

192 Zu Recht wird von einem Teil der hM angenommen, dass eine rückwirkende Heilung der Kündigung nicht in Betracht kommt, wenn sie bereits nach § 102 Abs 1 Satz 3 BetrVG unwirksam ist.[632] Eine entsprechende Problematik besteht jedoch auch dann, wenn die dem Betriebsrat genannten Kündigungsgründe die Voraussetzungen des materiellen Kündigungsrechts nicht erfüllen. Der Grundsatz, dass allein die objektive Sachlage bei

---

630 Vgl die Übersichten bei KR/Etzel § 102 BetrVG Rn 185 und APS/Koch § 102 BetrVG Rn 171.
631 Vgl etwa BAG 23.6.2005 – 2 AZR 256/04.
632 KR/Etzel § 102 BetrVG Rn 185 b; APS/Koch § 102 BetrVG Rn 168.

Nägele

Ausspruch einer Kündigung für deren Wirksamkeit relevant ist, wird durch § 102 Abs 1 Satz 1, 2 BetrVG eingeschränkt. Da der Betriebsrat die Möglichkeit haben soll, zu den Gründen vor der Kündigung Stellung zu nehmen, muss sich der Arbeitgeber bei nachträglich bekannt werdenden neuen Umständen auf den Ausspruch einer weiteren Kündigung beschränken. Angesichts des Normzwecks kommt es auch nicht darauf an, ob der Betriebsrat den ursprünglichen Kündigungsgründen zugestimmt hat. Halten diese einer materiellrechtlichen Überprüfung nicht stand, sind die später bekannt gewordenen Gründe und damit auch die Stellungnahme des Betriebsrats zu diesen entscheidend.

193 Die Rechtsprechung des BAG wirft einige nicht abschließend geklärte Probleme auf. So stellt sich die Frage, auf wessen Kenntnis es für die nachträgliche Kenntniserlangung ankommt. Richtigerweise wird man nur auf die **Kenntnis der kündigungsberechtigten Vertreter** des Arbeitgebers, nicht aber auf die anderer Mitarbeiter abstellen können. Weiter ist fraglich, ob der Arbeitgeber eine **Tatkündigung nachträglich auf den bloßen Verdacht** einer Vertragsverletzung stützen kann. Das BAG hat dies bisher – ohne den Fall des nachträglichen Bekanntwerdens neuer Tatsachen entscheiden zu müssen – verneint.[633] Auf der Grundlage des allgemeinen Ansatzes des BAG wird konsequenterweise danach zu differenzieren sein, ob für die nachträgliche Geltendmachung eines bloßen Tatverdachtes neue, die bisherige Überzeugung von der Tatbegehung relativierende Tatsachen maßgeblich sind, oder ob der Arbeitgeber lediglich schon bekannte Tatsachen anders gewürdigt sehen will. Nur in ersterem Fall kann ein Nachschieben in Betracht kommen.[634] Schließlich kann das Problem auftreten, dass **nicht durchgehend ein zuständiger Betriebsrat besteht.** Nach Ansicht von Etzel[635] soll ein zum Kündigungszeitpunkt noch nicht bestehender Betriebsrat vor dem Nachschieben nachträglich bekannt gewordener Kündigungsgründe zu hören sein. Dagegen könne der Arbeitgeber frei nachschieben, wenn ein vor der Kündigung angehörter Betriebsrat nicht mehr vorhanden ist. Dies dürfte eher umgekehrt zu sehen sein. Ist bei Kündigungsausspruch kein Betriebsrat im Amt, wirkt die Beschränkung von § 102 Abs 1 Satz 1, 2 BetrVG nicht. Dann kann der Arbeitgeber Kündigungsgründe ohne betriebsverfassungsrechtliche Schranken nachschieben.[636] Ist dagegen vor der Kündigung ein Betriebsrat angehört worden, ist nach der hier vertretenen Ansicht ein Nachschieben generell ausgeschlossen.

4. Auflösungsantrag

194 Der Arbeitnehmer kann den Antrag nach § 9 Abs 1 Satz 1 KSchG auch dann stellen, wenn die Kündigung nicht nur sozialwidrig iSv § 1 KSchG, sondern auch nach § 102 Abs 1 Satz 3 BetrVG unwirksam ist. Dies gilt gem § 13 Abs 3 KSchG entsprechend im Fall einer außerordentlichen Kün-

---

633 BAG 3.4.1986 – 2 AZR 324/85; BAG 29.6.1989 – 2 AZR 456/88; BAG 20.8.1997 – 2 AZR 620/96.
634 KR/Etzel § 102 BetrVG Rn 64 b; APS/Koch § 102 BetrVG Rn 128; Hümmerich RdA 2000, 345; weitergehend Rüthers EzA BetrVG 1972 § 102 Nr 63.
635 KR § 102 BetrVG Rn 185 c.
636 BAG 20.1.1994 – 8 AZR 613/92; BAG 26.5.1994 – 8 AZR 248/93.

digung.[637] Der Arbeitgeber kann einen Auflösungsantrag nach § 9 Abs 1 Satz 2 KSchG hingegen nur stellen, wenn er den Betriebsrat zur Kündigung ordnungsgemäß angehört hat. Ein Auflösungsantrag des Arbeitgebers bedarf keiner Anhörung nach § 102 Abs 1 BetrVG.[638] In Betracht käme allenfalls eine analoge Anwendung dieser Norm. Einer Analogie steht jedoch die ausschließlich auf Kündigungen abstellende Gesetzesfassung entgegen. Dies verbietet die Annahme einer planwidrigen Lücke. Der Arbeitgeberantrag kann auch auf Tatsachen gestützt werden, die nicht Gegenstand der Anhörung des Betriebsrats waren. Eine Anhörungspflicht zu Auflösungsgründen ist gesetzlich nicht vorgesehen.[639]

VII. Anspruch auf Weiterbeschäftigung nach Ablauf der Kündigungsfrist (§ 102 Abs 5 BetrVG)

1. Allgemeines

Mit § 102 Abs 5 BetrVG wurde erstmals ein Anspruch auf Weiterbeschäftigung während des Kündigungsschutzprozesses nach Ablauf der Kündigungsfrist geschaffen. Die Regelung geht auf einen Entwurf des Ausschusses für Arbeit und Sozialordnung zurück.[640] In dem zugehörigen Bericht des Ausschusses wurde zur Begründung angegeben, der Anspruch diene angesichts der einschneidenden Bedeutung der Kündigung für den Arbeitnehmer einer sachgerechten Sicherung des Arbeitsplatzes. Nach der Anerkennung eines allgemeinen Weiterbeschäftigungsanspruches während des Kündigungsschutzprozesses durch den Beschluss des Großen Senats des BAG vom 27.2.1985[641] hat der Anspruch nach § 102 Abs 5 BetrVG an Bedeutung verloren. Gleichwohl bietet er **gegenüber dem allgemeinen Weiterbeschäftigungsanspruch eine Reihe von Vorteilen**,[642] was in der Praxis nicht immer hinreichend realisiert wird. So besteht der Anspruch regelmäßig und nicht nur ausnahmsweise bereits vor der erstinstanzlichen Entscheidung im Kündigungsschutzprozess und bis zu dessen rechtskräftigen Abschluss auch nach einer zwischenzeitlichen Klageabweisung durch ein Instanzgericht. Entgegen der Rechtslage beim allgemeinen Weiterbeschäftigungsanspruch hat der Arbeitnehmer während der Weiterbeschäftigung nach § 102 Abs 5 BetrVG Anspruch auf Entgeltfortzahlung im Krankheitsfall sowie auf die Gewährung von Urlaub. Weiter steht dem Arbeitnehmer die vertragsgemäße Vergütung unabhängig vom Erfolg seiner Kündigungsschutzklage für die Dauer des Bestehens des Weiterbeschäftigungsanspruchs zu. Die Probleme der Abwicklung der Beschäftigung nach Bereicherungsrecht entstehen nicht, da das Arbeitsverhältnis kraft Gesetzes zu den bisherigen vertraglichen Bedingungen fortgesetzt wird. Der betriebsverfassungsrechtliche und der allgemeine Weiterbeschäftigungsanspruch bestehen nebeneinander.[643] § 102 Abs 5 BetrVG schließt den allgemeinen Weiterbeschäftigungsanspruch weder grundsätzlich aus, noch ist dem Ar-

195

---

637 KR/Etzel § 102 BetrVG Rn 191; APS/Koch § 102 BetrVG Rn 175.
638 BAG 10.10.2002 – 2 AZR 240/01.
639 BAG 10.10.2002 – 2 AZR 240/013.
640 BT-Drucks VI/2729 S 7.
641 BAG 27.2.1985 – GS 1/84.
642 APS/Koch § 102 BetrVG Rn 185.
643 BAG 27.2.1985 – GS 1/84.

beitnehmer dessen Geltendmachung verwehrt, wenn der Betriebsrat einer ordentlichen Kündigung nicht nach § 102 Abs 3 BetrVG widersprochen hat.

196 § 102 Abs 5 BetrVG regelt **zwingendes Mitbestimmungsrecht**. Der Weiterbeschäftigungsanspruch kann daher von den Arbeitsvertragsparteien nicht abbedungen werden.[644] Da der Betriebsrat auf Mitbestimmungsrechte nicht verzichten kann,[645] unterliegt der Anspruch auch nicht der Disposition der Betriebspartner.[646] Streitig ist lediglich, ob durch eine Betriebsvereinbarung gem § 102 Abs 6 BetrVG eine die gesetzliche Regelung gem § 102 Abs 5 BetrVG ersetzende Regelung getroffen werden kann,[647] oder ob eine solche stets Platz für die Anwendung des § 102 Abs 5 BetrVG lassen muss. Der Betriebsrat hat ansonsten nach pflichtgemäßem Ermessen zu entscheiden, ob er einer Kündigung widerspricht und dadurch den Weiterbeschäftigungsanspruch auslöst.

2. Voraussetzungen

197 a) **Ordentliche Kündigung.** Der Anwendungsbereich von § 102 Abs 5 BetrVG reicht nicht weiter als das Widerspruchsrecht nach § 102 Abs 3 BetrVG. Der Anspruch besteht daher regelmäßig nur bei ordentlichen Kündigungen. Diesen sind allerdings außerordentliche Kündigungen mit sozialer Auslauffrist gegenüber ordentlich unkündbaren Arbeitnehmern gleichgestellt. Problematisch sind die Fälle der **Verbindung einer außerordentlichen mit einer** vorsorglichen **ordentlichen Kündigung**, wenn die außerordentliche Kündigung missbräuchlich mit dem Ziel der Vermeidung des Weiterbeschäftigungsanspruchs ausgesprochen wurde. Die überwiegende Ansicht verneint in diesen Fällen das Bestehen eines Weiterbeschäftigungsanspruches, sofern die außerordentliche Kündigung nicht offensichtlich unwirksam ist.[648] Die Gegenansicht geht davon aus, dass nur bei einer ausschließlich außerordentlich erklärten Kündigung kein Weiterbeschäftigungsanspruch besteht, um den gesetzlichen Anspruch nicht leerlaufen zu lassen.[649] Der eindeutige Gesetzeswortlaut spricht für die hM. Es besteht auch kein hinreichender sachlicher Anlass für eine am Normzweck orientierte erweiternde Auslegung. Zum einen ist die Frage in aller Regel nur bei verhaltensbedingten Kündigungen relevant, bei denen die Widerspruchsgründe von § 102 Abs 3 BetrVG meist ohnehin nicht greifen. Zum anderen schließt der allgemeine Weiterbeschäftigungsanspruch einen großen Teil der Lücke. Nach einer außerordentlichen Kündigung kann der Anspruch daher nur geltend gemacht werden, wenn der Arbeitgeber aus ihr keine Rechte mehr herleitet, wenn ihre Unwirksamkeit durch Teilurteil rechtskräftig feststeht oder wenn sie offensichtlich unwirksam ist. Bei letzterer

---

644 KR/Etzel § 102 BetrVG Rn 194a.
645 BAG 14.12.1999 – 1 ABR 27/98.
646 LAG Düsseldorf 30.8.1977 – 8 Sa 505/77.
647 ErfK/Kania, § 102 BetrVG Rn 47.
648 LAG Frankfurt/Main 28.5.1973 – 7 Sa 292/73; LAG Hamm 18.5.1982 – 11 Sa 311/82; KR/Etzel § 102 BetrVG Rn 198; APS/Koch § 102 BetrVG Rn 186.
649 So etwa DKKW/Bachner § 102 Rn 278; Fitting § 102 Rn 104; vermittelnd GK-BetrVG/Raab § 102 Rn 183, der für diese Fälle eine rechtsfortbildende Erweiterung der Entbindungstatbestände von § 102 Abs 5 Satz 2 vorschlägt.

Fallgruppe handelt es sich in Anlehnung an den Beschluss des Großen Senats des BAG vom 27.2.1985[650] um Fälle, in denen schon nach dem eigenen Vortrag des Arbeitgebers ohne Beurteilungsspielraum und ohne die Notwendigkeit einer Beweisaufnahme die Unwirksamkeit der Kündigung außer Zweifel steht. Dies ist etwa dann der Fall, wenn eine zweifelsfrei erforderliche behördliche Zustimmung fehlt oder wenn die Anhörung des Betriebsrats eindeutig gegen die gesetzlichen Anforderungen verstößt.

Bei **Änderungskündigungen** ist nach der Reaktion des Arbeitnehmers auf das Änderungsangebot zu differenzieren.[651] Nimmt der Arbeitnehmer das Angebot auch nicht unter Vorbehalt an, wirkt die Änderungskündigung wie eine Beendigungskündigung. Dann ist § 102 Abs 5 BetrVG uneingeschränkt anwendbar. Dasselbe gilt, wenn die Parteien über die Wirksamkeit der Annahmeerklärung des Arbeitnehmers streiten, da auch dann der Fortbestand des Arbeitsverhältnisses Streitgegenstand ist.Im Fall einer vorbehaltlosen Annahme ist dagegen kein Raum für die Anwendung von § 102 Abs 5 BetrVG, da eine einvernehmliche Änderung des Arbeitsvertrages zustande gekommen ist und der Arbeitnehmer keine Klage gem § 4 KSchG erheben kann. Bei der Annahme unter Vorbehalt hält eine Mindermeinung 102 Abs 5 BetrVG für – ggf analog – anwendbar.[652] Dies überzeugt nicht. Der Ansicht, die in diesen Fällen die Anwendbarkeit von § 102 Abs 5 BetrVG ablehnt, ist der Vorzug zu geben. § 102 Abs 5 Satz 1 BetrVG verlangt zum einen eine Klage auf Feststellung, dass das Arbeitsverhältnis durch die Kündigung nicht aufgelöst ist. Hierbei nimmt die Vorschrift allein auf eine Klage nach § 4 Satz 1 KSchG Bezug und nicht auch auf eine Klage nach § 4 Satz 2 KSchG. Zum anderen ist das Schutzbedürfnis des Arbeitnehmers in diesen Fällen nicht gleichermaßen ausgeprägt wie bei Beendigungskündigungen.[653] Der Arbeitnehmer muss daher bis zum Abschluss des Änderungsschutzprozesses die Arbeit zu den geänderten Arbeitsbedingungen erbringen. Voraussetzung ist allerdings gleichermaßen wie bei einer vorbehaltlosen Annahme des Änderungsangebotes, dass der Maßnahme nicht andere kollektive Beteiligungsrechte entgegenstehen, insbesondere Mitbestimmungsrechte nach §§ 87, 99 BetrVG.

b) Widerspruch des Betriebsrats. Der Weiterbeschäftigungsanspruch besteht nur nach einem frist- und ordnungsgemäß erklärten Widerspruch des Betriebsrats. Der Widerspruch muss insbesondere auf einen der gesetzlichen Widerspruchsgründe bezogen und hinreichend begründet sein.[654]

c) Kündigungsschutzklage und Weiterbeschäftigungsverlangen. Der Weiterbeschäftigungsanspruch setzt zwei Handlungen des Arbeitnehmers voraus, die Erhebung einer Kündigungsschutzklage iSv § 4 Satz 1 KSchG und

---

650 BAG 27.2.1985 – GS 1/84.
651 Eingehend § 2 KSchG Rn 69 a; KR/Etzel § 102 BetrVG Rn 199; APS/Koch § 102 BetrVG Rn 187.
652 ArbG Köln 26.5.1981 – 10 Ca 2010/81; Enderlein ZfA 1992, 20, 49-51; in diese Richtung auch LAG Düsseldorf 25.1.1993 – 19 Sa 1650/92.
653 KR/Etzel § 102 BetrVG Rn 199 c; KR/Rost § 2 KSchG Rn 119; APS/Koch § 102 Rn 187; entsprechend zum allgemeinen Weiterbeschäftigungsanspruch BAG 28.3.1985 – 2 AZR 548/83; BAG 18.1.1990 – 2 AZR 183/89.
654 BAG 11.5.2000 – 2 AZR 54/99.

daneben die Geltendmachung eines Weiterbeschäftigungsverlangens gegenüber dem Arbeitgeber.

201 **Hinweis:** Aufgrund der Neufassung von § 4 Satz 1 KSchG durch das Arbeitsmarktreformgesetz sind vom Arbeitnehmer alle Unwirksamkeitsgründe durch die Erhebung eines punktuellen Klageantrags innerhalb von drei Wochen nach dem Zugang der schriftlichen Kündigung geltend zu machen. Dadurch ist zweifelhaft geworden, ob der Verweis von § 102 Abs 5 Satz 1 BetrVG auf die Erhebung einer Kündigungsschutzklage nach dem KSchG seine bisherige Bedeutung verloren hat. Der Verweis ist dadurch unklar geworden, dass entweder auf die Geltendmachung der Unwirksamkeit einer Kündigung nach § 1 KSchG oder auf die Erhebung einer Klage mit dem erweiterten, mit Ausnahme der Verletzung des Schriftformgebotes von § 623 BGB auch sonstige Unwirksamkeitsgründe umfassenden Anwendungsbereich von § 4 KSchG nF unabhängig vom Vorliegen der Voraussetzungen der §§ 1 Abs 1, 23 Abs 1 KSchG bezogen werden kann. Letztere Auslegung würde die Möglichkeit, gem § 102 Abs 5 Satz 1 BetrVG eine Weiterbeschäftigung für die Dauer des Kündigungsschutzprozesses unmittelbar nach dem Ablauf der Kündigungsfrist durchzusetzen, erheblich vergrößern. Praktisch besonders relevant wäre dies für Kündigungen innerhalb der Wartezeit,[655] da damit die an sich schwache Rechtsposition von derartigen Kündigungen betroffener Arbeitnehmer erheblich gestärkt würde. Eine solche Konsequenz der Novellierung von § 4 KSchG dürfte dem Gesetzgeber des Arbeitsmarktreformgesetzes nicht bewusst gewesen sein. Dessen Wille ist jedoch für die Auslegung des durch die Neuregelung nicht geänderten § 102 Abs 5 Satz 1 BetrVG nicht ohne weiteres relevant. Für eine weite Anwendung spricht, dass § 102 Abs 5 BetrVG durch die Wiedergabe des punktuellen Klageantrags von § 4 Satz 1 KSchG iS einer dynamischen Verweisung auf diese Bestimmung verweist und nicht auf § 1 KSchG. Eine Erweiterung des Weiterbeschäftigungsanspruchs auf die Geltendmachung der „sonstigen Unwirksamkeitsgründe" wäre auch sachlich gerechtfertigt. Dadurch werden die Vorschriften des Sonderkündigungsschutzes, die an sich einen weitergehenden Bestandsschutz gewähren und wie § 85 SGB IX und § 9 MuSchG verfassungsrechtlich besonders legitimiert sind, unter Beseitigung des bisherigen Wertungswiderspruches mit dem Unwirksamkeitsgrund von § 1 KSchG gleich behandelt.

202 Eine schlüssige Begründung der Kündigungsschutzklage ist zur Begründung des Weiterbeschäftigungsanspruchs nicht erforderlich. Versäumt der Arbeitnehmer die Klagefrist von § 4 Satz 1 KSchG, ist streitig, ob der Anspruch bereits vor der Entscheidung über einen Antrag auf nachträgliche Zulassung der Klage gem § 5 KSchG besteht,[656] ob dazu eine schlüssige Begründung des Antrags erforderlich ist,[657] oder ob der Anspruch erst nach einer rechtskräftigen nachträglichen Zulassung entsteht.[658] Letzterer

---

655 Zutr von der Geltung von § 4 Satz 1 KSchG nF auch bei der Kündigung von Vertragsverhältnissen in der Wartezeit ausgehend Richardi NZA 2003, 764, 765 f.
656 So Fitting § 102 Rn 109.
657 So DKK/Kittner § 102 Rn 258.
658 So die überwiegende Ansicht, etwa KR/Etzel § 102 BetrVG Rn 207; APS/Koch § 102 BetrVG Rn 205; GK-BetrVG/Raab § 102 Rn 190.

Auffassung dürfte zu folgen sein. Vor der Rechtskraft der nachträglichen Zulassung steht nicht fest, ob der Arbeitnehmer von den Arbeitsgerichten mit seiner Rüge der fehlenden sozialen Rechtfertigung gehört werden kann.

Der Arbeitnehmer muss die Weiterbeschäftigung unter Bezugnahme auf den Widerspruch des Betriebsrats **gegenüber dem Arbeitgeber deutlich geltend machen.**[659] Das Verlangen ist formfrei. Es ist jedoch in der Erhebung der Kündigungsschutzklage nicht ohne weiteres enthalten. Der Arbeitnehmer kann auch den Betriebsrat zur Geltendmachung bevollmächtigen.[660]

203

Umstritten ist, ob das Verlangen fristgebunden ist. Das BAG verneinte dies mit Urteil vom 31.8.1978,[661] mit dem es ein vier Monate nach der Kündigungserklärung und drei Monate nach Ablauf der Kündigungsfrist erhobenes Weiterbeschäftigungsverlangen ausreichen ließ. In seiner neueren Rechtsprechung leitet das BAG dagegen aus dem Begriff „weiterbeschäftigen" ab, dass damit eine Beschäftigung in unmittelbarem Anschluss an das auslaufende Arbeitsverhältnis gemeint sei. Um zu verhindern, dass der Arbeitnehmer dem Betrieb entfremdet wird, und um dem Arbeitgeber eine anderweitige Disposition zu erleichtern, verlangt das BAG nunmehr eine **Geltendmachung spätestens am Tag nach dem Ablauf der Kündigungsfrist.**[662]

204

Verlangt der Arbeitnehmer die Weiterbeschäftigung nicht, kann er im Fall des Unterliegens im Kündigungsschutzprozess keine auf § 102 Abs 5 Satz 1 BetrVG gestützten Ansprüche für die Zeit nach dem Ablauf der Kündigungsfrist geltend machen. Im Fall des Obsiegens beeinträchtigt das Absehen von der Geltendmachung hingegen den Anspruch auf Zahlung der vertragsgemäßen Vergütung gem § 615 BGB, § 11 KSchG nicht. Selbst durch das Angebot einer Weiterbeschäftigung beseitigt der Arbeitgeber seinen **Annahmeverzug** nicht, da er damit dem Arbeitnehmer nur eine vorläufige und aus diesem Grund nicht vertragsgemäße Beschäftigung anbietet. UU kann in der Nichtannahme des Beschäftigungsangebotes jedoch ein böswilliges Unterlassen anderweitigen Verdienstes iSv § 615 Satz 2 BGB liegen. Das kommt gerade bei den im Rahmen von § 102 Abs 5 BetrVG besonders relevanten betriebsbedingten Kündigungen in Betracht.[663]

205

3. Inhalt und Durchsetzung des Weiterbeschäftigungsanspruchs

Bei der Geltendmachung des Weiterbeschäftigungsanspruchs handelt es sich um die Ausübung eines Gestaltungsrechtes. Die Rechtswirkungen der Kündigung werden vorläufig suspendiert.[664] Sind alle Voraussetzungen von § 102 Abs 5 Satz 1BetrVG (ordentliche Kündigung des Arbeitgebers, ordnungsgemäßer Widerspruch des Betriebsrats, Kündigungsschutzklage und Weiterbeschäftigungsverlangen des Arbeitnehmers) erfüllt, besteht das

206

---

659 BAG 17.6.1999 – 2 AZR 608/98.
660 APS/Koch § 102 BetrVG Rn 206; KR/Etzel § 102 BetrVG Rn 209, 211.
661 BAG 31.8.1978 – 3 AZR 989/77.
662 BAG 7.3.1996 – 2 AZR 180/95; BAG 17.6.1999 – 2 AZR 608/98; BAG 11.5.2000 – 2 AZR 54/99.
663 BAG 14.11.1985 – 2 AZR 98/84.
664 Rieble BB 2003, 844.

bisherige Arbeitsverhältnis unabhängig von der Wirksamkeit der Kündigung kraft Gesetzes mit den vor dem Ablauf der Kündigungsfrist geltenden gegenseitigen Rechten und Pflichten auflösend bedingt fort.[665] Dies umfasst zunächst den Anspruch des Arbeitnehmers auf **tatsächliche Beschäftigung**. Der Anspruch ist jedoch nicht zwingend auf eine Beschäftigung an dem bisherigen Arbeitsplatz, sondern nur zu den bisherigen Arbeitsbedingungen gerichtet. Der Arbeitgeber kann den Arbeitnehmer daher im Rahmen seines Direktionsrechts auf andere gleichwertige Arbeitsplätze um- oder versetzen[666] und ihn unter Fortzahlung der vertragsgemäßen Vergütung suspendieren, soweit dies aufgrund überwiegender betrieblicher oder persönlicher Interessen des Arbeitgebers im bestehenden Arbeitsverhältnis zulässig gewesen wäre.[667] § 102 Abs 5 Satz 2 Nr 2 ist demgegenüber nicht als abschließende Spezialregelung zu verstehen.[668] Vielmehr kann die Möglichkeit der bezahlten Freistellung gegenüber der auch zum Wegfall des Vergütungsanspruches führenden Entbindung ein dem Arbeitgeber zuzumutendes milderes Mittel sein. Im **Arbeitskampf** können Arbeitnehmer und Arbeitgeber einschließlich der Teilnahme am Streik und der Aussperrung des Arbeitnehmers wie im fortbestehenden Arbeitsverhältnis agieren.[669]

207 Der Weiterbeschäftigungsanspruch umfasst die Verpflichtung des Arbeitgebers zur Zahlung der **vertragsgemäßen Vergütung**. Dies gilt auch, wenn der Arbeitgeber den Arbeitnehmer trotz des Vorliegens der Voraussetzungen von § 102 Abs 5 BetrVG tatsächlich nicht beschäftigt. Dann bestehen Vergütungsansprüche gem § 615 BGB – ggf iVm § 11 KSchG – bzw unter den Voraussetzungen von §§ 2, 3 EFZG und § 616 BGB Entgeltfortzahlungsansprüche.[670] Voraussetzung ist allerdings ein ordnungsgemäßer Widerspruch des Betriebsrats und ein den Anforderungen der Rechtsprechung genügendes Weiterbeschäftigungsverlangen des Arbeitnehmers.[671] Der Anspruch schließt nicht nur die Arbeitsvergütung ieS ein, sondern auch kollektiv gewährte Lohnerhöhungen und alle geldwerten Nebenleistungen. Streitig ist, ob der Arbeitnehmer etwa in Zusammenhang mit Sonderzahlungen als gekündigt zu behandeln ist.[672] Überzeugender ist die Gegenansicht, nach der der Arbeitnehmer so zu stellen ist, als ob während der Weiterbeschäftigung ein ungekündigtes Arbeitsverhältnis bestanden hätte. Dies ergibt sich aus dem Zweck der Norm, dem Arbeitnehmer die vertragsgemäße Stellung für die Dauer des Kündigungsschutzprozesses zu bewahren und angesichts der häufig dem Kürzungszweck widersprechenden Dauer über mehrere Instanzen geführter Prozesse.[673] Dementsprechend ist die Dauer der Weiterbeschäftigung auf die **Betriebszugehörigkeit** anzurechnen, soweit dem Arbeitnehmer Ansprüche verschaffende Bestimmungen an de-

---

665 BAG 12.9.1985 – 2 AZR 324/84; BAG 15.3.2001 – 2 AZR 141/00; BAG 9.7.2003 – 5 AZR 305/02.
666 BAG 15.3.2001 – 2 AZR 141/00.
667 BAG 15.3.2001 – 2 AZR 141/00; KR/Etzel § 102 BetrVG Rn 209.
668 So aber HaKo-BetrVG/Braasch § 102 Rn 109.
669 KR/Etzel § 102 BetrVG Rn 214.
670 BAG 7.3.1996 – 2 AZR 432/95; BAG 17.6.1999 – 2 AZR 608/98.
671 BAG 11.5.2000 – 2 AZR 54/99.
672 S KR/Etzel § 102 BetrVG Rn 218.
673 APS/Koch § 102 BetrVG Rn 210.

ren Dauer anknüpfen.[674] Während der Weiterbeschäftigung bleibt der Arbeitnehmer betriebsverfassungsrechtlich Teil der vom Betriebsrat repräsentierten Belegschaft mit allen damit verbundenen Rechten und Pflichten einschließlich des aktiven und passiven Wahlrechts.[675]

Der Arbeitnehmer muss den Weiterbeschäftigungsanspruch nicht gerichtlich durchsetzen, um für die Dauer von dessen Bestehen die Vergütungsansprüche auch dann zu behalten, wenn die Kündigungsschutzklage später erfolglos bleibt. Er kann sich darauf beschränken, die Vergütungsansprüche einzuklagen.[676] Die Weiterbeschäftigungs- und Vergütungsansprüche sind regelmäßig mit einer Leistungsklage im Urteilsverfahren durchzusetzen, die im Wege der objektiven Klagehäufung mit der Kündigungsschutzklage verbunden werden kann. In Eilfällen kommt jeweils auch ein Antrag auf Erlass einer **einstweiligen Verfügung** in Betracht. Für dessen Begründung gelten im Grundsatz die allgemeinen Maßstäbe der Beschäftigungs- und Vergütungsverfügung. Zusätzlich muss der Arbeitnehmer zur Begründung des Verfügungsanspruchs die Voraussetzungen von § 102 Abs 5 BetrVG einschließlich des frist- und ordnungsgemäßen Widerspruchs des Betriebsrats glaubhaft machen.[677] Zum Verfahren gelten die Erläuterungen zu Rn 218 sinngemäß.

208

Wegen der fehlenden Zuständigkeit des BAG für einstweilige Verfügungen divergieren die von der Instanzrechtsprechung gestellten Anforderungen an den zum Erlass einer Beschäftigungsverfügung erforderlichen **Verfügungsgrund** erheblich. Das Meinungsspektrum reicht von der Ansicht, beim Vorliegen eines Beschäftigungsanspruchs rechtfertige bereits der durch Zeitablauf zu befürchtende Rechtsverlust regelmäßig den Erlass der einstweiligen Verfügung[678] bis zu der Auffassung, Voraussetzung sei, dass der Arbeitnehmer auf die Beschäftigung iS einer Notlage dringend angewiesen ist.[679] Letzteres ist überzogen, da nach § 940 ZPO ein Verfügungsgrund nicht erst im Fall einer Notlage besteht, sondern immer dann, wenn der Arbeitnehmer durch den Nichterlass der einstweiligen Verfügung wesentliche Nachteile erleiden würde. Solche Nachteile können darin liegen, dass der Arbeitnehmer Erfahrungen und Kenntnisse verliert, die zur Ausübung der vertragsgemäßen Tätigkeit notwendig sind.[680] Ferner können sie darin liegen, dass die tatsächliche Stellung des Arbeitnehmers im Betrieb beeinträchtigt wird. Andererseits kann allein das materiellrechtliche Bestehen des Weiterbeschäftigungsanspruchs nicht ausreichen. Ansonsten blieben die gesetzlichen Anforderungen von § 940 ZPO unberücksichtigt. Auch

209

---

674 APS/Koch § 102 BetrVG Rn 210; KR/Etzel § 102 BetrVG Rn 219.
675 LAG Berlin 2.5.1994 – 9 TaBV 1/94.
676 APS/Koch § 102 BetrVG Rn 212.
677 LAG Düsseldorf – 3 Sa 242/80.
678 BAG 17.12.2003 – 5 Sa 1278/03; LAG München 19.8.1992 – 5 Ta 185/92; LAG München 16.8.1995 – 9 Sa 543/95; LAG Berlin 10 Sa 1763/04; LAG Berlin-Brandenburg 25.3.2010 – 2 Ta 387/10; aA LAG Nürnberg 17.8.2004 – 6 Sa 439/04.
679 LAG Hamm 18.2.1998 – 3 Sa 297/98 – NZA-RR 1998, 422.
680 LAG Nürnberg 17.8.2004 – 6 Sa 439/04.

der Zweck von § 102 Abs 5 BetrVG gebietet keine andere Auslegung.[681] Je eindeutiger der Beschäftigungsanspruch feststeht, desto eher liegt auch ein Verfügungsgrund vor. Ein willkürliches Verhalten des Arbeitgebers ist nicht schützenswert. Auf einen Verfügungsgrund kann der Arbeitnehmer sich generell nicht berufen, wenn er im Hauptsacheverfahren einen entsprechenden Titel bereits erlangt hat oder etwa im Wege der objektiven Klagehäufung im Kündigungsschutzverfahren hätte erlangen können.[682] Dasselbe gilt, wenn der Arbeitnehmer die Möglichkeit hat, in einem zeitnah anberaumten Kammertermin im Kündigungsschutzverfahren einen Beschäftigungstitel zu erwirken.

210 Gegenüber dem Beschäftigungsanspruch kann sich der Arbeitgeber nur mit Einwendungen gegenüber der Entstehung des Anspruchs oder mit Berufung auf dessen Entfallen auf Grund tatsächlicher oder rechtlicher Unmöglichkeit (§ 275 BGB),[683] nicht aber mit den Gründen von § 102 Abs 5 Satz 2 verteidigen.[684] Das Vorliegen eines Entbindungsgrundes allein führt nicht zum **Wegfall des Beschäftigungsanspruchs**. Diese Rechtsfolge führt erst die gerichtliche Entbindungsentscheidung gem § 102 Abs 5 Satz 2 BetrVG herbei.[685] Die Entbindung kann vom Arbeitgeber nicht als Widerklage auf einen Antrag des Arbeitnehmers auf Erlass einer einstweiligen Verfügung geltend gemacht werden, da Widerklagen im Verfügungsverfahren unzulässig sind.[686] Geht man davon aus, dass der Arbeitgeber die Entbindung auch im Hauptsacheverfahren verfolgen kann, kann er diese jedoch in einem vom Arbeitnehmer eingeleiteten Hauptsacheverfahren auf Weiterbeschäftigung mit einer Widerklage beantragen. Das Entfallen des Beschäftigungsanspruchs des Arbeitnehmers kann der Arbeitgeber, dem Rechtsgedanken des § 162 Abs 2 BGB folgend, bei Ausspruch einer betriebsbedingten Kündigung im Verfügungsverfahren nicht damit begründen, dass die einzig verbleibenden Stelle bereits anderweitig besetzt und ihm eine Weiterbeschäftigung des Arbeitnehmers damit unmöglich sei, wenn die dieser Zuteilung zu Grunde liegende Sozialauswahl gerade der Grund des Widerspruchs des Betriebsrates (§ 102 Abs 3 Nr 1 BetrVG) war.[687]

211 Eine **einstweilige Verfügung auf Vergütungsfortzahlung** kommt nur in Ausnahmefällen in Betracht.[688] Hintergrund ist die für den Arbeitgeber bestehende Gefahr, trotz späteren Obsiegens im Hauptsacheverfahren man-

---

681 LAG BW 29.3.2011 – 15 SaGa 1/11; LAG Köln 18.1.1984 – 7 Sa 1156/83; LAG BW 30.8.1993 – 15 Sa 35/93; HaKo-BetrVG/Braasch § 102 Rn 112; aA LAG Hamburg 14.9.1992 – 2 Sa 50/92; LAG Hamm 24.1.1994 – 19 Sa 2029/; KR/Etzel § 102 BetrVG Rn 222; APS/Koch § 102 BetrVG Rn 213.
682 LAG Hessen 25.7.1994 – 13 Ta 223/94; LAG Köln 18.8.2000 – 12 Ta 189/00; KR/Etzel § 102 BetrVG Rn 222.
683 LAG Köln 23.8.2001 – 7 Ta 190/01; LAG Berlin-Brandenburg 25.3.2010 – 2 Ta 387/10.
684 LAG Hamm 24.1.1994 – 19 Sa 2029; LAG Schleswig-Holstein 5.3.1996 – 1 Ta 16; KR/Etzel § 102 BetrVG Rn 222a; APS/Koch § 102 BetrVG Rn 214.
685 BAG 7.3.1996 – 2 AZR 432/95.
686 Baumbach/Lauterbach/Albers/Hartmann-Hartmann Anh § 253 Rn 8.
687 LAG Berlin-Brandenburg 25.3.2010 – 2 Ta 387/10; BAG 5.6.2008 – 2 AZR 107/07.
688 Allg Vossen RdA 1991, 216.

gels pfändbarer Vermögenswerte des Arbeitnehmers eine auf die einstweilige Verfügung durchgeführte Zwangsvollstreckung faktisch nur schwer oder überhaupt nicht rückgängig machen zu können. Erforderlich ist neben der überwiegenden Wahrscheinlichkeit des Bestehens des Vergütungsanspruchs eine dringende, nicht anderweitig behebbare Notlage des Arbeitnehmers. Aufgrund der Subsidiarität der Sozialhilfe muss er sich allerdings nicht auf deren Inanspruchnahme verweisen lassen.[689] Arbeitslosengeld ist jedoch vorrangig in Anspruch zu nehmen.[690] Sind Forderungen gegen Dritte leicht zu realisieren, besteht kein Verfügungsgrund.[691] Dies gilt auch für familienrechtliche Unterhaltsansprüche. Eine gerichtliche Geltendmachung derartiger Forderungen kann jedoch nicht verlangt werden.[692]

Die **Zwangsvollstreckung** von Zahlungstiteln richtet sich nach den allgemeinen Regeln der §§ 803-882 a ZPO (§ 62 Abs 2 ArbGG). Der Beschäftigungsanspruch ist nach § 888 ZPO durch die Verhängung von Zwangsgeld bzw Zwangshaft zu vollstrecken. Die Frage, wie bestimmt der Gegenstand der Beschäftigung im Titel bezeichnet sein muss, um die Zwangsvollstreckung zu gewährleisten, wird nicht einheitlich beantwortet. Die nicht näher konkretisierte Verurteilung, den Arbeitnehmer „weiterzubeschäftigen", ist entgegen der überwiegenden Auffassung[693] vollstreckbar; es bleibt dann aber dem Arbeitgeber vorbehalten, die Art der Tätigkeit zu bestimmen.[694] Der streitige Inhalt eines Beschäftigungsanspruchs ist nicht im Zwangsvollstreckungsverfahren zu klären.[695] Dies ändert nichts daran, dass der Gegenstand der Beschäftigung im Erkenntnisverfahren nur dann im Einzelnen im Klageantrag und im Tenor angegeben werden muss, wenn er streitig ist. Eine über den Gesetzeswortlaut hinausgehende Konkretisierung eines Anspruchs in Antrag und Tenor ist grundsätzlich nur erforderlich, wenn die Parteien über den Inhalt und nicht nur über das Bestehen des Anspruchs an sich streiten.[696] Entsteht im Vollstreckungsverfahren ein Streit über den Inhalt des Anspruchs, muss eine der Parteien zu dessen Klärung ein weiteres Hauptsacheverfahren einleiten. Umgekehrt ist die Beantragung und der Erlass eines die Tätigkeit konkret bezeichnenden Titels (Art, Zeit und Ort der vom Arbeitgeber geschuldeten Tätigkeit) häufig zweckmäßig und die Vollstreckung aus diesem auch dann zulässig, wenn der Arbeitgeber aufgrund eines Versetzungsrechts die vertragsgemäße Tätigkeit ändern kann. Eine solche Änderung bedarf einer dem Maßstab von § 315 BGB standhaltenden Ausübung des Direktionsrechts. So lange der

212

---

689 LAG Hessen 9.7.1995 – 13 Ta 242/95; LAG Bremen 5.12.1997 – 4 Sa 258/97.
690 LAG Köln 26.6.2002 – 8 Ta 221/02.
691 LAG Hamburg 6.5.1986 – 1 Ta 7/86.
692 ArbG Frankfurt/Main 6.1.1999 – 2 Ga 267/98.
693 Vgl statt vieler Laydecker/Heyder/Fröhlich BB 2009, 2730.
694 LAG Rheinland-Pfalz 30.3.1987 – 1 Ta 51/87; dagegen – ggf unter Berücksichtigung von Tatbestand und Entscheidungsgründen – eine konkrete Angabe der Tätigkeit verlangend LAG Rheinland-Pfalz 7.1.1986 – 1 Ta 302/85; LAG Rheinland-Pfalz 3.2.2005 – 2 Ta 23/05, 550; LAG Frankfurt/Main 13.7.1987 – 1 Ta 151/87; LAG Frankfurt/Main 27.11.1992 – 9 Ta 376/92; LAG Hessen 16.5.2003 – 16 Ta 158/03; LAG Bremen 8.1.1993 – 12 Ta 17/92; LAG Schleswig-Holstein – 2 Sa 475/03.
695 LAG Rheinland-Pfalz 7.1.1986 – 1 Ta 302/85; LAG Rheinland-Pfalz 30.3.1987 – 1 Ta 51/ 87; LAG Nürnberg 17.3.1993 – 7 Ta 170/92.
696 BAG 11.11.1997 – 1 AZR 21/97; BGH 1.12.1999 – I ZR 49/97.

Arbeitgeber das Direktionsrecht nicht in diesem Sinn ausübt, bleibt die bisherige Tätigkeit die geschuldete. Eine nach dem Schluss der letzten mündlichen Verhandlung getroffene, billigem Ermessen entsprechende Versetzungsentscheidung muss der Arbeitgeber ggf mit einer Klage nach § 767 ZPO geltend machen.

213 Die **Zwangsmittel** nach § 888 ZPO dienen der zukünftigen Durchsetzung des Beschäftigungsanspruchs. Sie sind kein Ordnungsmittel für vergangene Verstöße gegen die Beschäftigungspflicht und können nur in einem Betrag festgesetzt werden, nicht aber „für jeden Tag der Zuwiderhandlung".

214 Ein derartiger Titel ist mangels Bestimmtheit nicht vollstreckungsfähig.[697] Kommt der Arbeitgeber nach der Beitreibung des Zwangsgeldes der Verpflichtung weiterhin nicht nach, ist auf einen weiteren Antrag des Arbeitnehmers ein höheres Zwangsgeld und bei hartnäckigen Verstößen Zwangshaft festzusetzen. Einwendungen des Arbeitgebers gegen die materielle Berechtigung des Titels, etwa der Wegfall des Beschäftigungsanspruchs nach dem Erlass des Titels, ist nicht im Zwangsvollstreckungsverfahren nachzugehen. Der Arbeitgeber hat nur die Möglichkeit, in der Rechtsmittelinstanz gem §§ 707, 719 ZPO die Einstellung der Zwangsvollstreckung zu beantragen, nach § 767 ZPO Vollstreckungsgegenklage zu erheben oder beim Arbeitsgericht unter den Voraussetzungen von § 62 Abs 2 Satz 2 ArbGG den Ausschluss der Vollstreckbarkeit wegen eines nicht zu ersetzenden Nachteils anzustreben.[698] Nach dem rechtskräftigen **Abschluss des Kündigungsschutzprozesses** ist die Vollstreckung aus dem Weiterbeschäftigungstitel, der regelmäßig nur für die Dauer dieses Prozesses erlassen wird, nicht mehr möglich.[699] Zur Vermeidung einer Rechtsschutzlücke kommt ein uneigentlicher Hilfsantrag auf Beschäftigung für den Fall der Rechtskraft des Obsiegens im Kündigungsschutzverfahren in Betracht.

215 Auch wenn der Arbeitnehmer im Kündigungsschutzprozess unterliegt, kann er sich wegen einer zur Durchsetzung des Weiterbeschäftigungsanspruchs erlangten einstweiligen Verfügung nicht gem § 945 ZPO schadensersatzpflichtig machen, weil der Anspruch unabhängig vom Erfolg der Kündigungsschutzklage besteht.[700] Statt der Vollstreckung hat der Arbeitnehmer auch die Möglichkeit, den Arbeitgeber nach § 61 Abs 2 ArbGG zur Zahlung einer **Entschädigung** verurteilen zu lassen, wenn dieser der Weiterbeschäftigungspflicht nicht binnen einer vom Arbeitsgericht festgesetzten Frist nachkommt. Dann ist gem § 61 Abs 2 Satz 2 ArbGG die Vollstreckung des Beschäftigungsanspruchs ausgeschlossen. § 61 Abs 2 ArbGG ist auch im einstweiligen Verfügungsverfahren anwendbar.[701]

---

697 S LAG Hamm 15.2.1991 – 7 Ta 28/91; LAG München 11.9.1993 – 2 Ta 214/93; LAG Hessen 16.5.2003 – 16 Ta 158/03; aA LAG Hamburg 7.7.1988 – H 4 Ta 21/88.
698 LAG Bremen 28.10.1987 – 1 Ta 69/87; LAG München 11.9.1993 – 2 Ta 214/93; LAG Hessen 23.2.2002 – 8 Ta 504/01.
699 LAG Frankfurt/Main 11.3.1988 – 9 Ta 20/88; LAG Köln 17.2.1988 – 5 Ta 244/87; APS/Koch § 102 BetrVG Rn 217.
700 KR/Etzel § 102 BetrVG Rn 222.
701 KR/Etzel § 102 BetrVG Rn 222 d.

4. Beendigung der Weiterbeschäftigungspflicht

a) Allgemeines. Der Weiterbeschäftigungsanspruch endet mit der **Beendigung des Kündigungsschutzverfahrens**, dh mit dem Eintritt der Rechtskraft eines das Verfahren beendenden Urteils, mit dem Eintritt der Bestandskraft eines das Verfahren erledigenden Vergleichs oder mit der Rücknahme der Klage durch den Arbeitnehmer unabhängig davon, ob das Fortbestehen oder die Beendigung des Arbeitsverhältnisses Ergebnis des Verfahrens ist.[702] Dasselbe galt bis zum Inkrafttreten des Arbeitsmarktreformgesetzes am 1.1.2004, wenn der Arbeitnehmer die Klage nicht mehr auf das Fehlen der sozialen Rechtfertigung der Kündigung, sondern nur noch auf sonstige Unwirksamkeitsgründe iSv § 13 Abs 3 KSchG stützte. Eine Rücknahme des Widerspruchs durch den Betriebsrat ist nicht möglich.

216

Nach hM kann der Arbeitnehmer über den Beschäftigungsanspruch nicht frei disponieren. Wenn er das Weiterbeschäftigungsverlangen einmal erhoben hat, sei er **zur Arbeitsleistung verpflichtet** und könne sich nur durch eine Kündigung lösen.[703] Dies überzeugt nicht. Auch wenn man die Weiterbeschäftigung als Fortsetzung des gekündigten Arbeitsverhältnisses und nicht als davon selbstständiges gesetzliches Schuldverhältnis versteht, vermittelt § 102 Abs 5 Satz 1 BetrVG dem Arbeitgeber keinen Anspruch auf die Arbeitsleistung. Das Tatbestandsmerkmal des Verlangens des Arbeitnehmers verdeutlicht, dass der Anspruch der Disposition des Arbeitnehmers unterliegt. Möchte der Arbeitgeber wieder einen Rechtsanspruch auf die Arbeitsleistung erlangen, muss er die Kündigung „zurücknehmen", dh das Angebot auf Zustandekommen eines neuen Vertragsverhältnisses abgeben. Solange er dies unterlässt, ist er zur vertragsgemäßen Beschäftigung des Arbeitnehmers nicht bereit und kann dementsprechend auch nicht eine derartige Tätigkeit fordern. Ebenso wie beim Allgemeinen Weiterbeschäftigungsanspruch ist der Arbeitnehmer auch nicht zur Vollstreckung aus einem Weiterbeschäftigungstitel verpflichtet. Aufgrund der fortbestehenden vertraglichen Nebenpflichten darf er allerdings nicht schikanös vorgehen und den Anspruch etwa abwechselnd geltend machen und ihn dann wieder fallen lassen. Gleichermaßen muss er vor der Einstellung seiner Tätigkeit eine die berechtigten Interessen des Arbeitgebers angemessen wahrende Ankündigungsfrist wahren, die aber keineswegs immer der ordentlichen Kündigungsfrist entsprechen muss. Eher kommt eine Anlehnung an die einschlägige gesetzliche oder tarifliche Grundkündigungsfrist in Betracht. Berechtigte Interessen des Arbeitnehmers können auch eine frühere Beendigung der Tätigkeit rechtfertigen, etwa persönliche Belange, eine schikanierende Behandlung am Arbeitsplatz oder die Möglichkeit, eine andere Beschäftigung aufzunehmen.

217

Bei einer Eigenkündigung oder einer **erneuten Kündigung** des Arbeitgebers endet der Beschäftigungsanspruch mit dem Ablauf von deren Kündigungsfrist.[704] Im Fall einer weiteren ordentlichen Kündigung des Arbeitgebers

218

---

[702] RiKR/Etzel § 102 BetrVG Rn 236; APS/Koch § 102 BetrVG Rn 228.
[703] KR/Etzel § 102 BetrVG Rn 217, 238; APS/Koch § 102 BetrVG Rn 228.
[704] LAG Düsseldorf 19.8.1977 – 16 Sa 471/77; entsprechend zum allgemeinen Weiterbeschäftigungsanspruch BAG 28.3.1985 – 2 AZR 548/83; BAG 19.12.1985 – 2 AZR 190/85.

Nägele

besteht unter den Voraussetzungen von § 102 Abs 5 BetrVG ein neuer Weiterbeschäftigungsanspruch, wenn der Betriebsrat auch dieser Kündigung frist- und ordnungsgemäß widerspricht. Bei einer außerordentlichen Kündigung kommt eine Weiterbeschäftigung nach § 102 Abs 5 BetrVG dagegen nicht in Betracht.[705] Folgekündigungen des Arbeitgebers sind allerdings unbeachtlich, wenn sie offensichtlich unbegründet sind und etwa nur der Beseitigung des Weiterbeschäftigungsanspruchs dienen.[706]

219 Ein **Auflösungsantrag** des Arbeitgebers führt nicht erst dann zum Wegfall des Beschäftigungsanspruchs, wenn ihm stattgegeben wurde, sondern schon dann, wenn der Arbeitnehmer einen eigenen stellt.[707] Die Gegenmeinung will es wegen der Möglichkeit der Zurückweisung des Auflösungsantrags zulassen, dass der Arbeitnehmer die Weiterbeschäftigung und die Auflösung des Arbeitsverhältnisses parallel geltend macht.[708] Dies überzeugt insoweit, als der Anspruch gem § 102 Abs 5 Satz 1 BetrVG dem Gesetzeswortlaut nach nicht dadurch auflösend bedingt ist, dass der Arbeitnehmer erklärt, er empfinde die Fortsetzung des Arbeitsverhältnisses als iSv § 9 Abs 1 Satz 1 KSchG nicht zumutbar. Das Festhalten am Weiterbeschäftigungsanspruch führt jedoch hinsichtlich des Auflösungsantrags idR zu einer Selbstwiderlegung des Vortrags des Arbeitnehmers. Will er während des Kündigungsschutzprozesses weiterbeschäftigt werden, bringt er damit zum Ausdruck, dass er die Fortsetzung seiner Tätigkeit tatsächlich nicht als unzumutbar empfindet.

220 **b) Entbindung von der Weiterbeschäftigungspflicht (§ 102 Abs 5 Satz 2).** Aus den in § 102 Abs 5 Satz 2 Nr 1-3 abschließend aufgeführten Gründen kann der Arbeitgeber eine Entbindung von der Weiterbeschäftigungspflicht durch das Arbeitsgericht erwirken. Andere von dieser Norm nicht umfassten Gründe kommen für eine Entbindung dagegen nicht in Betracht.[709]

221 **aa) Fehlende Erfolgsaussicht oder Mutwilligkeit der Klage (§ 102 Abs 5 Satz 2 Nr 1 BetrVG).** Der Wortlaut des Entbindungsgrundes von § 102 Abs 5 Satz 2 Nr 1 BetrVG entspricht dem von § 114 Satz 1 ZPO. Es gelten nach allg Ansicht daher dieselben Maßstäbe. Der Kündigungsschutzklage des Arbeitnehmers fehlt eine **hinreichende Erfolgsaussicht**, wenn sie bei summarischer Prüfung offensichtlich oder zumindest mit hinreichender Sicherheit erfolglos bleiben wird.[710] Dazu genügt es nicht, wenn das Ergebnis des Prozesses ungewiss erscheint oder wenn eine gewisse Wahrscheinlichkeit für ein Unterliegen des Arbeitnehmers besteht.[711] Eine hinreichende Erfolgsaussicht kann ebenso wenig verneint werden, wenn die Entscheidung im Kündigungsschutzprozess von einer im Verfahren nach § 102 Abs 5 Satz 2 BetrVG nicht zu klärenden Tatsachenfeststellung oder von einer schwierigen, bisher höchstrichterlich nicht geklärten Rechtsfrage ab-

---

705 KR/Etzel § 102 BetrVG Rn 239.
706 DKK/Kittner § 102 Rn 306; entsprechend zum allgemeinen Weiterbeschäftigungsanspruch BAG 19.12.1985 – 2 AZR 190/85.
707 BAG 16.11.1995 – 8 AZR 864/93; KR/Etzel § 102 BetrVG Rn 205, 236.
708 HaKo-BetrVG/Braasch § 102 Rn 105.
709 APS/Koch § 102 BetrVG Rn 219; KR/Etzel § 102 BetrVG Rn 223.
710 LAG Düsseldorf 23.5.1975 – 8 Sa 152/75.
711 KR/Etzel § 102 BetrVG Rn 224; APS/Koch § 102 BetrVG Rn 220; ähnl LAG Berlin 28.4.1975 – 5 Sa 30/73.

hängt, selbst wenn das Gericht diese Rechtsfrage zu Lasten des Arbeitnehmers beantworten würde.[712] Wegen des abgesenkten Prüfungsmaßstabes genügt auch ein Hinweis des Arbeitgebers auf ein erstinstanzliches Unterliegen des Arbeitnehmers im Kündigungsschutzprozess nicht ohne weiteres.[713]

Mutwillig ist die Klage, wenn ein verständiger Arbeitnehmer sein Recht nicht in vergleichbarer Weise verfolgen würde. Dieser nur selten in Betracht kommende Ausnahmetatbestand wird wegen der Fristgebundenheit der Kündigungsschutzklage (§ 4 Satz 1, § 7 KSchG) meist auch bei lang andauernder Arbeitsunfähigkeit des Arbeitnehmers nicht in Betracht kommen,[714] sondern lediglich dann, wenn der Arbeitnehmer an der Fortsetzung des Arbeitsverhältnisses kein ernsthaftes Interesse mehr hat.[715] 222

bb) Unzumutbare wirtschaftliche Belastung (§ 102 Abs 5 Satz 2 Nr 2 BetrVG). Auch dieser Entbindungsgrund wird selten in Betracht kommen. Schon wegen der notwendigen Abgrenzung zu dem Entbindungsgrund des § 102 Abs 5 Satz 2 Nr 1 BetrVG genügt ein zur Begründung der Kündigung geeigneter Wegfall der Beschäftigungsmöglichkeit nicht. Vielmehr muss die Weiterbeschäftigung trotz weggefallener Einsatzmöglichkeit unzumutbare wirtschaftliche Folgen auslösen. Dies kommt in Betracht bei ernsthaften Auswirkungen auf die Liquidität oder die Wettbewerbsfähigkeit des Arbeitgebers, insbesondere wenn andernfalls die Insolvenz droht.[716] Ausschlaggebend ist nicht die aktuelle wirtschaftliche Lage, sondern die für die zu erwartende Dauer der Weiterbeschäftigung zu prognostizierende.[717] Die für die Prüfung maßgebliche Organisationseinheit ist das Unternehmen,[718] nicht aber der Konzern oder lediglich der Betrieb.[719] Gegen die Relevanz des Betriebes spricht bereits das Tatbestandsmerkmal der Unzumutbarkeit der wirtschaftlichen Belastung für den Arbeitgeber, also das Unternehmen. Zudem knüpft der Entbindungsgrund an den Widerspruchsgrund von § 102 Abs 3 Nr 3 BetrVG bzw § 1 Abs 2 Satz 2 Nr 1-b KSchG an, der auf die Lage im Unternehmen abstellt. Die Belastung **durch die fortzuzahlende Vergütung** rechtfertigt die Entbindung jedenfalls bei nicht ganz kleinen Unternehmen regelmäßig auch dann nicht, wenn der Arbeitnehmer nicht oder nicht wirtschaftlich anderweitig eingesetzt werden kann. Grundsätzlich obliegt es dem Arbeitgeber, organisatorische Vorkehrungen zu treffen, damit der Arbeitnehmer im Betrieb oder im Unternehmen beschäftigt werden kann.[720] Bei fehlenden Beschäftigungsmöglich- 223

---

712 Vgl entsprechend zur Prozesskostenhilfe BVerfG 2.3.2000 – 1 BvR 2224/98; BVerfG 7.4.2000 – 1 BvR 81/00.
713 APS/Koch § 102 Rn 220; HaKo-BetrVG/Braasch § 102 Rn 123; aA LAG München 16.8.1995 – 9 Sa 543/95; ArbG Passau 18.2.1992 – 4 Ga 2/92.
714 So aber HaKo-BetrVG/Braasch § 102 Rn 116.
715 In diese Richtung auch APS/Koch § 102 BetrVG Rn 220.
716 Ähnl APS/Koch § 102 BetrVG Rn 222; KR/Etzel § 102 BetrVG Rn 226; Rieble BB 2003, 844, 848.
717 KR/Etzel § 102 BetrVG Rn 229; Rieble BB 2003, 844, 848.
718 APS/Koch § 102 BetrVG Rn 221; Haas NZA-RR 2008, 57, 61.
719 Rieble BB 2003, 844, 845.
720 So generalisierungsfähig für eine außerordentliche Kündigung gegenüber einem ordentlich unkündbaren Arbeitnehmer BAG 15.3.2001 – 2 AZR 141/00; LAG BW 13.2.2004 – 5 Sa 57/03; aA Rieble BB 2003, 844.

keiten kann dem Arbeitgeber auch eine **bezahlte Freistellung** zumutbar sein.[721] Eine Betriebsstilllegung wird hingegen im Regelfall durch den Weiterbeschäftigungsanspruch nicht herausgeschoben werden können.[722] Machen mehrere Arbeitnehmer zeitlich parallel ihre Weiterbeschäftigung geltend, kommt es auf die Gesamtbelastung durch die eine Weiterbeschäftigung geltendmachenden Arbeitnehmer an.[723] Jedoch ist zu prüfen, ob nicht zumindest ein Teil von ihnen weiterbeschäftigt werden kann. Bei der Auswahl unter vergleichbaren Arbeitnehmern sind die Kriterien von § 1 Abs 3 KSchG entsprechend heranzuziehen.[724] Soweit demgegenüber angenommen wird, der Arbeitgeber habe ohne Bindung an diese Kriterien nach pflichtgemäßem Ermessen bzw danach auszuwählen, welcher Arbeitnehmer auf das Einkommen am meisten angewiesen ist,[725] führt dies zu einer nicht erforderlichen Rechtsunsicherheit. Die Kriterien der Sozialauswahl dienen gerade dazu, eine sachgerechte Auswahl zu ermöglichen. Es besteht auch kein Grund, dem Arbeitgeber eine Auswahl unter gekündigten Arbeitnehmern ua nach Leistungsgesichtspunkten zu ermöglichen.[726]

224 cc) **Offensichtlich unbegründeter Widerspruch (§ 102 Abs 5 Satz 2 Nr 3 BetrVG).** Offensichtlich unbegründet ist ein Widerspruch des Betriebsrats, wenn sich seine Grundlosigkeit bei unbefangener Beurteilung geradezu aufdrängt.[727] Dies ist insbesondere der Fall, wenn die vom Betriebsrat zur Begründung angeführten Tatsachen unzutreffend sind, etwa wenn ein vom Betriebsrat als frei bezeichneter Arbeitsplatz tatsächlich nicht verfügbar ist,[728] oder wenn der Widerspruch auf nicht nachprüfbaren Gerüchten beruht.[729] Maßgeblich ist die Sachlage zur Zeit des Widerspruches. Nachträgliche Entwicklungen sind nicht im Rahmen von § 102 Abs 5 Satz 2 Nr 3 BetrVG zu berücksichtigen, sondern können allein die Entbindung nach § 102 Abs 5 Satz 2 Nr 1 BetrVG rechtfertigen.[730] Tatsachen, zu deren Feststellung eine **Beweiserhebung** notwendig ist, sind nicht offensichtlich. Eine Entbindung kommt auch in Betracht, wenn der Betriebsrat zwar auf einen der Widerspruchsgründe von § 102 Abs 3 BetrVG Bezug genommen hat, seine rechtliche Subsumtion aber ohne Zweifel unzutreffend ist.

225 Hiervon zu unterscheiden sind die Fälle, in denen der Widerspruch bereits wegen einer **Verletzung von Form- oder Fristvorschriften** unwirksam ist, etwa wenn der Widerspruch nicht hinreichend begründet wurde. Da dann mangels eines ordnungsgemäßen Widerspruchs kein Anspruch gem § 102

---

721 LAG Hamburg 10.5.1993 – 4 Sa 20/93; LAG Hamburg 16.5.2001 – 4 Sa 33/01; aA LAG München 13.7.1994 – 5 Sa 408/94; Willemsen/Hohenstatt DB 1995, 215.
722 Rieble BB 2003, 844, 849.
723 LAG Hamburg 2.11.2001 – 3 Sa 81/01; Rieble BB 2003, 844, 847.
724 KR/Etzel § 102 BetrVG Rn 227; MünchArbR/Wank § 121 Rn 39; aA Willemsen/Hohenstatt DB 1995, 215, 222.
725 GK-BetrVG/Raab § 102 Rn 189; HaKo-BetrVG/Braasch § 102 Rn 118; Rieble BB 2003, 844, 848.
726 Rieble BB 2003, 844, 848.
727 LAG Hamm 1.7.1986 – 7 Sa 934/86; LAG München 5.10.1994 – 5 Sa 698/94.
728 LAG Hamm 1.7.1986 – 7 Sa 934/86.
729 LAG Düsseldorf 20.12.1976 – 16 Sa 840/76.
730 Vgl ArbG Hamburg 17.2.1994 – 25 Ga 4/94; APS/Koch § 102 BetrVG Rn 223; KR/Etzel § 102 BetrVG Rn 230, 231; HaKo-BetrVG/Braasch § 102 Rn 119.

Abs 5 Satz 1 BetrVG besteht, von dem der Arbeitgeber entbunden werden könnte, wird zT angenommen, dass ein Entbindungsantrag unzulässig sei, weil ein Rechtsschutzinteresse fehle.[731] Nach hM ist § 102 Abs 5 Satz 2 Nr 3 BetrVG hingegen analog anzuwenden, um dem Arbeitgeber angesichts der erheblichen wirtschaftlichen Bedeutung des Beschäftigungsanspruchs Gelegenheit zu geben, zügig Rechtssicherheit zu erlangen.[732] Dieser Ansicht ist einzuräumen, dass der Arbeitgeber ein berechtigtes Interesse an der Klärung hat, ob er aufgrund eines Widerspruchs zur Beschäftigung und zur Vergütung des Arbeitnehmers verpflichtet ist. Denn auch bei einer späteren Abweisung der Kündigungsschutzklage befindet er sich für die Dauer des Bestehens eines Beschäftigungsanspruchs im Annahmeverzug. Die Regelung durch eine einstweilige Verfügung in analoger Anwendung von § 102 Abs 5 Satz 2 Nr 3 BetrVG geltend zu machen ist jedoch nicht geeignet, Rechtssicherheit zu schaffen. Die Rechtskraft einer einstweiligen Verfügung hat im Hauptsacheverfahren keine Bindungswirkung.[733] Der Arbeitnehmer ist auch durch eine Entbindungsentscheidung nicht gehindert, in einem späteren Hauptsacheverfahren die Vergütung mit der Begründung geltend zu machen, die Beschäftigungspflicht habe aufgrund eines wirksamen Widerspruchs doch bestanden. Eine Entscheidung im einstweiligen Verfügungsverfahren wäre lediglich ein gerichtliches Gutachten; dafür fehlt regelmäßig der Verfügungsgrund.[734] Zur Erlangung von Rechtssicherheit muss der Arbeitgeber vielmehr selbst – ggf mit einem negativen Feststellungsantrag – ein Hauptsacheverfahren einleiten. Nur so kann abschließend geklärt werden, ob aufgrund eines wirksamen Widerspruchs die Vergütungspflicht besteht oder nicht.

dd) Verfahren. Die Entbindung bedarf einer gerichtlichen Gestaltungsentscheidung. Die Beantragung der Entbindung setzt nicht voraus, dass der Arbeitnehmer den Beschäftigungsanspruch seinerseits rechtshängig gemacht hat;[735] der Arbeitgeber ist bis zur Entbindung auch ohne gerichtliche Geltendmachung zur Erfüllung des Beschäftigungsanspruchs verpflichtet. Gesetzlich vorgesehen ist die Entbindung mittels **einstweiliger Verfügung**. Über deren Erlass entscheidet das für die Hauptsache zuständige Arbeitsgericht (§ 937 ZPO) im Urteilsverfahren.[736] Für das Verfahren gelten gem § 62 Abs 2 ArbGG die §§ 916-945 ZPO. Die hM geht davon aus, dass die Entbindung ausschließlich im Verfahren des vorläufigen Rechtsschutzes geltend gemacht werden kann, und dass ein Verfügungsgrund für den Entbindungsantrag regelmäßig vorliegt oder sogar nicht erforderlich ist, wenn der Arbeitnehmer die Weiterbeschäftigung verlangt hat.[737] Aus dem Gesetz ergibt sich jedoch **nicht zwingend eine Beschränkung auf das einstweilige Verfügungsverfahren**. Dass die Entbindung durch einstweilige

226

---

731 LAG Frankfurt/Main 2.11.1984 – 13 Ta 309/84.
732 LAG Hamm 31.1.1979 – 8 Sa 1578/78; LAG Brandenburg 15.12.1992 – 1 Ta 61/92.
733 BAG 29.12.1997 – 5 AZB 38/97.
734 LAG Niedersachsen 22.8.1975 – 7 a (3) Sa 80/75; vgl zu einer ähnlichen Konstellation LAG Düsseldorf 6.9.1995 – 12 TaBV 69/95.
735 LAG Brandenburg 15.12.1992 – 1 Ta 61/92; Backmeister AiB 2003, 374.
736 KR/Etzel § 102 BetrVG Rn 223; APS/Koch § 102 BetrVG Rn 225.
737 LAG München 13.7.1994 – 5 Sa 408/94; KR/Etzel § 102 BetrVG Rn 234, 235; APS/Koch § 102 BetrVG Rn 225.

Verfügung ergehen kann, bedeutet nicht, dass sie auf diese Weise ergehen muss. Eine Entscheidung im vorläufigen Rechtsschutz ist nur sachgerecht, wenn die Angelegenheit tatsächlich eilbedürftig ist. Das Verfügungsverfahren birgt aufgrund seines summarischen Charakters und wegen des mit ihm verbundenen Zeitdrucks für die Parteien ebenso wie für die Arbeitsgerichte erhebliche Nachteile. Überdies wird durch § 102 Abs 5 Satz 2 BetrVG die nach §§ 926, 936 ZPO bestehende Möglichkeit der Einleitung eines Hauptsacheverfahrens jedenfalls nicht ausdrücklich ausgeschlossen. Auch gegenüber später geltend gemachten Vergütungsansprüchen des Arbeitnehmers bewirkt nur eine Hauptsacheentscheidung Rechtssicherheit. Eine Erstreckung der Rechtskraft der Entscheidung im Verfügungsverfahren auf spätere Hauptsacheverfahren wird durch § 102 Abs 5 Satz 2 BetrVG nicht zwingend geboten. Eine solche Durchbrechung der allgemeinen Grundsätze der Rechtskraft ist angesichts der Nachteile des Verfügungsverfahrens nicht gerechtfertigt. Geht man daher von der Möglichkeit einer Entscheidung im Hauptsacheverfahren aus, bedarf eine Regelung durch einstweilige Verfügung nach dem allgemeinen Maßstab der §§ 935, 940 ZPO eines Verfügungsgrundes. Die vorläufige Regelung muss zur Abwendung wesentlicher Nachteile für den Arbeitgeber erforderlich sein. Dies wird im Fall des Vorliegens eines Entbindungsgrundes häufig der Fall sein. Fehlen kann diese Voraussetzung bspw, wenn bei einer langen Kündigungsfrist der Arbeitnehmer die Weiterbeschäftigung bereits kurz nach Kündigungsausspruch verlangt oder wenn er nach Ablauf der Kündigungsfrist längerfristig arbeitsunfähig erkrankt ist.

227 Im einstweiligen Verfügungsverfahren muss der Arbeitgeber die Entbindungsgründe glaubhaft machen (§ 294 ZPO). Im Hauptsacheverfahren trägt er die Darlegungs- und Beweislast für diese Gründe. Beim Widerspruchsgrund von § 102 Abs 5 Satz 2 Nr 1 BetrVG reicht es nicht aus, die vom Betriebsrat angeführten Widerspruchsgründe zu widerlegen. Der Arbeitgeber muss vielmehr umfassend belegen, aus welchen Gründen die Kündigung wirksam und die Kündigungsschutzklage daher nicht erfolgsversprechend sein soll. Dabei muss er auf die Kündigungsgründe iSv § 1 Abs 2 KSchG, die ordnungsgemäße Anhörung des Betriebsrats gem § 102 Abs 1 Satz 1, 2 BetrVG und ggf bestehenden Sonderkündigungsschutz eingehen.[738] Auch soweit das materielle Kündigungsrecht dem Arbeitnehmer die Darlegungslast zuweist, etwa bei der Sozialauswahl oder für die Möglichkeit einer anderweitigen Beschäftigung, gilt nichts anderes. Verfahrensgegenstand ist nicht die Wirksamkeit der Kündigung, sondern die fehlende Erfolgsaussicht der Kündigungsschutzklage.[739] Die Geltendmachung einer unzumutbaren wirtschaftlichen Belastung iSv § 102 Abs 5 Satz 2 Nr 2 BetrVG setzt eine umfassende Darlegung der aktuellen und der zukünftigen wirtschaftlichen Lage des Unternehmens voraus.[740] Beruft sich der Arbeitgeber auf einen offensichtlich unbegründeten Widerspruch des Betriebsrats iSv § 102 Abs 5 Satz 2 Nr 3 BetrVG, muss er den Grund glaub-

---

738 APS/Koch § 102 BetrVG Rn 220.
739 KR/Etzel § 102 BetrVG Rn 225.
740 LAG Hamburg 16.5.2001 – 4 Sa 33/01; KR/Etzel § 102 BetrVG Rn 229; APS/Koch § 102 BetrVG Rn 222; Rieble BB 2003, 844.

haft machen, der dafür maßgeblich sein soll. Dazu kann die Vorlage des Widerspruchsschreibens ausreichen, wenn sich etwa im Fall einer rechtsfehlerhaften Geltendmachung eines Widerspruchsgrundes dessen Unbegründetheit bereits aus der Stellungnahme selbst ergibt.

Über die Entbindung entscheidet das Arbeitsgericht idR in der Kammerbesetzung mit dem Vorsitzenden und zwei ehrenamtlichen Richtern (§ 16 Abs 2 ArbGG). Lediglich eine Entscheidung durch einstweilige Verfügung, die gem § 62 Abs 2 Satz 2 ArbGG wegen besonderer Dringlichkeit ohne mündliche Verhandlung durch Beschluss (§§ 922 Abs 1 Satz 1, 936 ZPO) ergeht, wird nach § 53 Abs 1 ArbGG vom Vorsitzenden alleine getroffen. Über einen Widerspruch gegen einen solchen Beschluss entscheidet dagegen die Kammer in voller Besetzung, da die Entscheidung aufgrund einer mündlichen Verhandlung ergeht (§§ 924 Abs 2 Satz 2, 936 ZPO). Dem Antrag stattgebende oder ihn zurückweisende Entscheidungen aufgrund mündlicher Verhandlung werden durch ein Urteil getroffen (§§ 922 Abs 1 Satz 1, 925 Abs 1, 936 ZPO). Entscheidungen ohne mündliche Verhandlung ergehen als Beschluss. Gegen ein Urteil kann die unterlegene Partei unter den Voraussetzungen von § 64 Abs 2 ArbGG Berufung einlegen. Eine Revision gegen das Berufungsurteil ist nicht zulässig (§ 72 Abs 4 ArbGG). Gegen einen den Antrag zurückweisenden Beschluss des Arbeitsgerichts kann der Arbeitgeber gem § 567 ZPO sofortige Beschwerde einlegen. Erachtet der Vorsitzende, dessen Beschluss angefochten wird, die Beschwerde als begründet, hat er ihr nach § 572 Abs 1 Satz 1 ZPO abzuhelfen und die beantragte einstweilige Verfügung zu erlassen. Andernfalls ist die Beschwerde dem LAG vorzulegen, das über sie ohne Hinzuziehung der ehrenamtlichen Richter befindet (§ 78 Satz 3 ArbGG). Da § 78 Satz 2 ArbG nicht auf § 72 Abs 4 ArbGG verweist, könnte das Gesetz so verstanden werden, dass in diesen Fällen unter den Voraussetzungen von § 72 Abs 2 ArbGG die Rechtsbeschwerde zum BAG zulässig sein könnte. Es handelt sich aber wohl um ein Redaktionsversehen. Da nicht davon auszugehen ist, dass gerade und nur in den besonders eilbedürftigen Fällen von § 62 Abs 2 Satz 2 ArbGG ein Verfahren über drei Instanzen ermöglicht werden sollte, ist § 72 Abs 4 ArbGG analog anzuwenden.[741] Eine Vollziehung der einstweiligen Verfügung gem § 929 ZPO ist nicht erforderlich.[742]

Die Weiterbeschäftigungspflicht entfällt mit dem Erlass und nicht erst mit der Rechtskraft der Entscheidung nach § 102 Abs 5 Satz 2 BetrVG. Diese hat rechtsgestaltende Wirkung, nicht aber eine rückwirkende Geltung. Auch wenn der Arbeitgeber die bis zur Entbindung bestehende Beschäftigungspflicht verletzt hat und wenn die Kündigungsschutzklage rechtskräftig abgewiesen wird, besteht der Vergütungsanspruch des Arbeitnehmers bis zum Zeitpunkt des Erlasses der Entbindungsentscheidung.[743] Ein im Fall der rechtskräftigen Stattgabe der Kündigungsschutzklage ggf bestehender **Annahmeverzug** des Arbeitgebers wird durch eine Entbindung gem

---

741 BAG 22.1.2003 – 9 AZB 7/03; entsprechend zu § 542 ZPO BGH 10.10.2002 – VII ZB 11/02.
742 LAG Hamm 12.12.1986 – 16 Sa 1271/86.
743 BAG 7.3.1996 – 2 AZR 432/95; BAG 17.6.1999 – 2 AZR 608/98.

§ 102 Abs 5 Satz 2 BetrVG nicht beseitigt.[744] Da die Entbindung lediglich den betriebsverfassungsrechtlichen Weiterbeschäftigungsanspruch betrifft, hindert sie die Arbeitsgerichte nicht daran, im Hauptsacheverfahren dem Arbeitnehmer den allgemeinen Weiterbeschäftigungsanspruch zuzusprechen, wenn der Kündigungsschutzklage erstinstanzlich stattgegeben wird.[745] Bei einer Entbindung durch einstweilige Verfügung folgt dies bereits aus deren fehlender Rechtskraftwirkung im Hauptsacheverfahren. Ist der Antrag zurückgewiesen worden, steht es dem Arbeitgeber frei, erneut einen Entbindungsantrag zu stellen. Dieser kann aufgrund der Rechtskraftwirkung der vorherigen Entscheidung nur auf neue Tatsachen gestützt werden. Die erstinstanzliche Abweisung der Kündigungsschutzklage ist ohne weiteres keine zur Durchbrechung der Rechtskraft geeignete neue Tatsache.[746]

VIII. Erweiterung der Beteiligungsrechte bei Kündigungen (§ 102 Abs 6 BetrVG)

1. Allgemeines

230 § 102 Abs 6 BetrVG sieht vor, dass Arbeitgeber und Betriebsrat vereinbaren können, dass Kündigungen der Zustimmung des Betriebsrats bedürfen und dass bei Meinungsverschiedenheiten eine Einigungsstelle entscheidet. Die Befugnis ist auf die Betriebspartner beschränkt. Für eine einzelvertragliche Erweiterung des dem Betriebsrat nach dem Betriebsverfassungsgesetz vor Ausspruch der Kündigung zustehenden Beteiligungsrechts fehlt es den Parteien des Arbeitsverhältnisses mithin bereits an der erforderlichen gesetzlichen Ermächtigungsgrundlage.[747]

Die Regelung des § 102 Abs 6 BetrVG hat keine besonders große praktische Bedeutung, eröffnet allerdings insbesondere bei wirtschaftlichen Schwierigkeiten des Arbeitgebers ggf auch zeitlich begrenzt einsetzbare Regelungsspielräume im Rahmen sog Bündnisse für Arbeit, etwa beim Abschluss von Interessenausgleichen und Sozialplänen. Entsprechende Regelungen können auch tarifvertraglich geschaffen werden (§ 1 Abs 1 TVG). Mit einer Betriebsvereinbarung gem § 102 Abs 6 BetrVG kann lediglich eine **zusätzliche betriebsverfassungsrechtliche Kündigungsvoraussetzung** geschaffen, nicht aber das materielle Kündigungsrecht etwa durch die Vereinbarung bestimmter absoluter Kündigungsgründe modifiziert werden. Kündigungsrechte der Arbeitnehmer können durch eine Regelung nach § 102 Abs 6 BetrVG nicht eingeschränkt werden. Dagegen stehen der Regelung alle Arten arbeitgeberseitiger Kündigungen offen, darunter Änderungskündigungen und insbesondere auch außerordentliche Kündigungen.[748] Weitergehende arbeitsvertragliche Kündigungsbeschränkungen gehen aufgrund des Günstigkeitsprinzips Vereinbarungen nach § 102 Abs 6 BetrVG vor. Eine Reduzierung der Beteiligungsrechte des Betriebsrats nach

---

744 KR/Etzel § 102 BetrVG Rn 233.
745 LAG Rheinland-Pfalz 11.1.1980 – (7) 6 Sa 657/79; KrG Rostock-Land 19.2.1991 – Ga 2/91.
746 LAG Köln 19.5.1983 – 3 Sa 268/83.
747 BAG 23.4.2009 – 6 AZR 263/08.
748 APS/Koch § 102 BetrVG Rn 176.

§ 102 Abs 1-5 BetrVG ist nicht zulässig.[749] Streitig ist allerdings, ob das Einigungsstellenverfahren Widerspruch und Weiterbeschäftigungsanspruch nach § 102 Abs 3, 5 ersetzen kann.

2. Rechtsgrundlage

§ 102 Abs 6 BetrVG sieht eine **Regelung durch – freiwillige – Betriebsvereinbarung** vor. Eine solche kann vom Betriebsrat nicht erzwungen und von einer Einigungsstelle nur festgelegt werden, wenn Arbeitgeber und Betriebsrat mit ihrem Tätigwerden iSv § 76 Abs 6 BetrVG einverstanden sind.[750] Eine Betriebsvereinbarung gem § 102 Abs 6 BetrVG wirkt zwischen Arbeitgeber und Arbeitnehmer unmittelbar und zwingend (§ 77 Abs 4 Satz 1 BetrVG). Aufgrund ihres freiwilligen Zustandekommens tritt nach dem Ende ihrer Laufzeit keine gesetzliche **Nachwirkung** iSv § 77 Abs 6 BetrVG ein. Die Nachwirkung kann von Arbeitgeber und Betriebsrat allerdings vereinbart werden.[751] Eine Vereinbarung durch Regelungsabrede kommt nicht in Betracht.[752] Über § 102 BetrVG hinausgehende Beteiligungsrechte bei Kündigungen können auch durch **Tarifvertrag** vorgesehen werden. Solche Regelungen können zwar nicht auf § 102 Abs 6 BetrVG, wohl aber auf § 1 Abs 1 TVG gestützt werden. Es handelt sich um Normen über betriebsverfassungsrechtliche Fragen.[753] Für die Geltung derartiger Tarifverträge genügt die Tarifbindung des Arbeitgebers; die Mitgliedschaft des gekündigten Arbeitnehmers in der den Tarifvertrag abschließenden Gewerkschaft ist nicht erforderlich (§ 3 Abs 2 TVG). Soweit entsprechende Tarifverträge bestehen oder üblich sind, ist den Betriebspartnern durch die Regelungssperre von § 77 Abs 3 Satz 1 BetrVG die Regelungskompetenz nach § 102 Abs 6 BetrVG entzogen, falls durch den Tarifvertrag nicht ausdrücklich gem § 77 Abs 3 Satz 2 BetrVG betriebliche Regelungen zugelassen werden.

3. Inhalt des Mitbestimmungsrechts

Gesetzlich vorgesehen ist die Regelung einer Zustimmungsbedürftigkeit arbeitgeberseitiger Kündigungen und eines Einigungsstellenverfahrens für den Fall von Meinungsverschiedenheiten zwischen Arbeitgeber und Betriebsrat. Die Betriebspartner können jedoch auch davon abweichende, die Kündigungsbefugnis des Arbeitgebers weniger einschränkende Beteiligungsformen vorsehen, ua über 102 Abs 3 BetrVG hinausgehende Widerspruchgründe oder eine gegenüber § 102 Abs 1, 2 BetrVG erweiterte Beratungspflicht.[754] Ein Verstoß gegen eine derartige Beratungspflicht führt nur dann zur Unwirksamkeit der Kündigung, wenn in der Betriebsvereinbarung eine § 102 Abs 1 Satz 3 BetrVG entsprechende Regelung hinreichend deutlich vereinbart wird.[755] Ebenso kann vorgesehen werden, dass der Be-

---

749 KR/Etzel § 102 BetrVG Rn 244 a.
750 APS/Koch § 102 BetrVG Rn 180 BAG 28.4.1998 – 1 ABR 43/97.
751 Mauer/Schüßler BB 2000, 2518, 2520; BAG 28.4.1998 – 1 ABR 43/97.
752 BAG 14.2.1978 – 1 AZR 154/76; BAG 28.4.1998 – 1 ABR 43/97.
753 BAG 10.2.1988 – 1 ABR 70/86; BAG 21.6.2000 – 4 AZR 379/99; LAG Hessen 9.2.2005 – 2 Sa 1668/04.
754 KR/Etzel § 102 BetrVG Rn 148, 243.
755 BAG 6.2.1997 – 2 AZR 168/96; BAG 7.12.2000 – 2 AZR 391/99.

triebsrat eine der Betriebsvereinbarung nach erforderliche Zustimmung gem § 99 Abs 2 BetrVG entsprechend nur aus bestimmten, abschließend geregelten Gründen verweigern kann.[756] Weder die Betriebspartner noch die Tarifvertragsparteien besitzen hingegen eine Befugnis, das materielle Kündigungsrecht zugunsten oder zu Lasten des Arbeitgebers zu modifizieren. So kann etwa der Betriebsrat weder eine sozial ungerechtfertigte Kündigung durch seine Zustimmung individualrechtlich für wirksam erklären, noch kann dem Arbeitgeber ein wichtiger Grund zur außerordentlichen Kündigung entzogen werden.[757] Die Betriebsvereinbarung kann auf bestimmte Kündigungsarten oder Arbeitnehmergruppen beschränkt werden.[758] Dabei haben die Betriebspartner jedoch gem § 75 Abs 1 BetrVG die Grundsätze von Recht und Billigkeit, insbesondere den arbeitsrechtlichen Gleichbehandlungsgrundsatz, und die Tarifvertragsparteien den allgemeinen Gleichheitssatz zu beachten.

233 Für die **Ausgestaltung des erweiterten Beteiligungsverfahrens** bestehen keine gesetzlichen Beschränkungen. Die Betriebspartner können von § 102 Abs 2 Satz 1, 3 BetrVG abweichende Äußerungsfristen festlegen, müssen dabei aber beachten, dass es bei außerordentlichen Kündigungen dem Arbeitgeber möglich bleiben muss, innerhalb der Frist von § 626 Abs 2 Satz 1, 2 BGB zu kündigen bzw die Einigungsstelle anzurufen.[759] Soll die Kündigung zustimmungsbedürftig sein, ist idR davon auszugehen, dass sie erst nach dem Ausspruch oder der Ersetzung der Zustimmung erklärt werden darf. Es kann aber auch eine Befugnis zu nachträglichen Genehmigung vorgesehen werden.[760] Ein Schweigen des Betriebsrats auf die Mitteilung der Kündigungsabsicht wird im Unterschied zu § 102 Abs 2 Satz 2 BetrVG meist nicht als Zustimmung zu verstehen sein.[761] Eine § 102 Abs 2 Satz 2 BetrVG entsprechende Regelung kann aber vereinbart werden.[762]

234 Die **Rechtsfolgen** von Verstößen gegen erweiterte Beteiligungsrechte können ebenfalls frei gestaltet werden. Fehlen einschlägige Regelungen, führt ein Verstoß des Arbeitgebers nicht ohne weiteres zur Unwirksamkeit der Kündigung. Ist die Beteiligung dagegen als echtes Mitbestimmungsrecht ausgestaltet, ist die Zustimmung des Betriebsrats bzw deren Ersetzung – sofern nichts anderes geregelt ist – als **Wirksamkeitsvoraussetzung** der Kündigung zu verstehen. Dies hat zur Folge, dass unter Verletzung des Zustimmungserfordernisses erklärte Kündigungen unwirksam sind. Besteht die Möglichkeit einer nachträglichen Genehmigung, wirkt diese nicht zum Zeitpunkt des Kündigungsausspruchs zurück. Aufgrund ihrer Bedingungsfeindlichkeit tritt die Wirkung der Kündigung erst im Zeitpunkt des Zugangs der Zustimmung beim Arbeitnehmer ein; dann beginnt ggf die Kündigungsfrist zu laufen.[763] Auch die Klagefrist von § 4 KSchG ist bis zu die-

---

756 APS/Koch § 102 BetrVG Rn 178.
757 KR/Etzel § 102 BetrVG Rn 247, 247 a.
758 APS/Koch § 102 BetrVG Rn 179; LAG Düsseldorf 25.8.1995 – 17 Sa 324/95.
759 APS/Koch § 102 BetrVG Rn 181; KR/Etzel § 102 BetrVG Rn 248.
760 KR/Etzel § 102 BetrVG Rn 250.
761 KR/Etzel § 102 BetrVG Rn 249; HaKo-BetrVG/Braasch § 102 Rn 136.
762 BAG 21.6.2000 – 4 AZR 379/99.
763 APS/Koch § 102 BetrVG Rn 182; in diese Richtung auch KR/ Etzel § 102 BetrVG Rn 250.

sem Zeitpunkt gehemmt (§ 4 Satz 4 KSchG analog).[764] In jedem Fall unzulässig ist es, die Rechtsfolge von § 102 Abs 1 Satz 3 BetrVG auszuschließen, wenn die Unterrichtung des Betriebsrats nicht den Anforderungen von § 102 Abs 1 Satz 1, 2 BetrVG entspricht.[765] Andernfalls würde § 102 Abs 6 BetrVG normzweckwidrig zu einer Absenkung des betriebsverfassungsrechtlichen Kündigungsschutzes führen.

Ist für den Fall der Nichterteilung der Zustimmung die **Entscheidung durch eine Einigungsstelle** vorgesehen, richtet sich das Verfahren nach § 76 BetrVG. Enthält eine die Zustimmungsbedürftigkeit einer Kündigung vorsehende Betriebsvereinbarung keine Regelung für den Fall der Versagung der Zustimmung, ist sie im Regelfall dahin auszulegen, dass die Betriebspartner das Modell von § 102 Abs 6 BetrVG übernehmen und die Zuständigkeit der Einigungsstelle nicht ausschließen wollten.[766] Entsprechendes gilt für tarifvertragliche Regelungen. Notwendig ist die Zuständigkeit einer Einigungsstelle allerdings nicht. Stattdessen kann direkt die Einleitung eines arbeitsgerichtlichen Beschlussverfahrens vorgesehen werden.[767] Unabhängig von der Zuständigkeit einer Einigungsstelle kann der Zugang zu den Arbeitsgerichten nicht ausgeschlossen werden.[768] Maßstab für die Entscheidung von Betriebsrat und Einigungsstelle ist die materiellrechtliche Wirksamkeit der beabsichtigten Kündigung.[769] Da die Einigungsstelle daher über Rechtsfragen entscheidet, müssen Arbeitgeber und Betriebsrat bei der Anfechtung eines Spruches der Einigungsstelle die Frist von § 76 Abs 5 Satz 4 BetrVG nicht wahren.[770] Aus demselben Grund unterliegt der Spruch der vollen Rechtskontrolle durch die Arbeitsgerichte.[771] Die Arbeitsgerichte entscheiden im Beschlussverfahren (§ 2a Abs 1 Nr 1 ArbGG). Das Verfahren kann je nach der Entscheidung der Einigungsstelle vom Arbeitgeber oder vom Betriebsrat eingeleitet werden. Scheidet der Arbeitnehmer vor oder während des laufenden Beschlussverfahrens aus anderen Gründen aus dem Arbeitsverhältnis aus, entfällt das Rechtsschutzinteresse für das Verfahren.[772] 235

Der von der Kündigung betroffene **Arbeitnehmer** ist am Einigungsstellenverfahren nicht beteiligt.[773] Entgegen der hM[774] ist der Arbeitnehmer auch im arbeitsgerichtlichen Beschlussverfahren nicht Beteiligter. Die Beteiligtenstellung iSv § 83 ArbGG setzt eine unmittelbare Betroffenheit eines Rechtsträgers in seiner **betriebsverfassungsrechtlichen** Stellung voraus.[775] Im Gegensatz zu den Amtsträgern iSv § 103 BetrVG, bei denen die Betei- 236

---

764 KR/Etzel § 102 BetrVG Rn 250; APS/Koch § 102 BetrVG Rn 182.
765 APS/Koch § 102 BetrVG Rn 182.
766 BAG 28.4.1998 – 1 ABR 43/97; LAG Hessen 19.3.2003 – 2/1 Sa 1199/02; LAG Hessen 9.2.2005 – 2 Sa 1668/04.
767 BAG 21.6.2000 – 4 AZR 379/99.
768 BAG 21.6.2000 – 4 AZR 379/99; BAG 7.12.2000 – 2 AZR 391/99.
769 KR/Etzel § 102 BetrVG Rn 257; APS/Koch § 102 BetrVG Rn 183.
770 BAG 7.12.2000 – 2 AZR 391/99.
771 KR/Etzel § 102 BetrVG Rn 259.
772 Entsprechend für das Verfahren nach § 103 Abs 2 BetrVG BAG 27.6.2002 – 2 ABR 22/01.
773 APS/Koch § 102 BetrVG Rn 183 mwN.
774 APS/Koch § 102 BetrVG Rn 184; KR/Etzel § 102 BetrVG Rn 261.
775 BAG 25.9.1996 – 1 ABR 25/96.

ligtenstellung in § 103 Abs 2 Satz 2 BetrVG ausdrücklich vorgesehen ist und bei denen es auch um den Verlust ihres betriebsverfassungsrechtlichen Amtes geht, sind § 102 BetrVG unterfallende Arbeitnehmer nicht in betriebsverfassungsrechtlichen, sondern nur in arbeitsvertraglichen Rechtspositionen betroffen. Dies rechtfertigt ebenso wenig wie in der vergleichbaren Konstellation des Zustimmungsersetzungsverfahrens nach § 99 Abs 4 BetrVG eine Beteiligung des Arbeitnehmers.

237 Nach der Erteilung der Zustimmung durch die Einigungsstelle kann der Arbeitgeber die Kündigung aussprechen.[776] Im Fall der gerichtlichen Zustimmungsersetzung entfällt die Kündigungssperre dagegen erst mit deren Rechtskraft, da die Ersetzung vor Eintritt der Rechtskraft gem § 85 Abs 1 Satz 1 ArbGG nicht vollstreckbar ist. Dies gilt jedoch nicht, wenn die Betriebsvereinbarung die Möglichkeit einer nachträglichen Genehmigung der Kündigung vorsieht.[777] Eine nach einer Erteilung der Zustimmung durch die Einigungsstelle trotz Anfechtung des Spruchs durch den Betriebsrat erklärte Kündigung ist durch die rechtskräftige Aufhebung des Spruchs bedingt schwebend unwirksam. Bei **außerordentlichen Kündigungen** hemmt das Zustimmungsverfahren nach hM den Lauf der Frist von § 626 Abs 2 Satz 1, 2 BGB, die an die Kenntnis des Arbeitgebers über die die Kündigung begründen Tatsachen anknüpft, nicht. Da dem Arbeitgeber andernfalls häufig der Ausspruch der Kündigung nicht möglich wäre, gelten die von der Rechtsprechung zu § 103 Abs 2 BetrVG und zum personalvertretungsrechtlichen Zustimmungsverfahren entwickelten Grundsätze entsprechend.[778] Nach dieser Rechtsprechung[779] muss der Arbeitgeber innerhalb der Frist von § 626 Abs 2 BGB die Zustimmung des Betriebsrats beantragen und im Fall der Zustimmung die Kündigung aussprechen. Der Betriebsrat hat analog § 102 Abs 2 Satz 3 BetrVG unverzüglich, spätestens innerhalb von drei Tagen Stellung zu nehmen. Zulässig ist allerdings auch die Regelung einer längeren Stellungnahmefrist, die jedoch nicht so lange bemessen sein darf, dass dem Arbeitgeber die Wahrung der Frist von § 626 Abs 2 BGB unmöglich wird. Eine einwöchige Stellungnahmefrist dürfte wie im Personalvertretungsrecht[780] unbedenklich sein. Stimmt der Betriebsrat nicht zu, muss der Arbeitgeber noch innerhalb der Frist von § 626 Abs 2 BGB die Einigungsstelle bzw das Arbeitsgericht anrufen. Nach der bestandskräftigen Erteilung oder der rechtskräftigen Ersetzung der Zustimmung ist die Kündigung in analoger Anwendung von § 91 Abs 5 SGB IX unverzüglich (§ 626 BGB Rn 150) auszusprechen (s iE § 15 KSchG Rn 179-181).

238 Ein dem gesetzlichen Leitbild von § 102 Abs 6 BetrVG entsprechendes Zustimmungsverfahren tritt an die Stelle der Anhörung nach § 102 Abs 1, 2 BetrVG. Im Kündigungsschutzprozess kann sich der Arbeitgeber auf alle Umstände berufen, die er dem Betriebsrat unterbreitet oder die er nachträglich im Zustimmungsersetzungsverfahren vor der Einigungsstelle und

---

[776] BAG 7.12.2000 – 2 AZR 391/99.
[777] KR/Etzel § 102 BetrVG Rn 262.
[778] KR/Etzel § 102 BetrVG Rn 263, 264; APS/Koch § 102 BetrVG Rn 181.
[779] BAG 24.10.1996 – 2 AZR 3/96; BAG 8.6.2000 – 2 AZR 375/99.
[780] BAG 8.6.2000 – 2 AZR 375/99.

den Arbeitsgerichten geltend gemacht hat.[781] Nach hM verdrängt ein Zustimmungsverfahren auch den Weiterbeschäftigungsanspruch nach § 102 Abs 3, 5, sofern ein derartiger Anspruch nicht ausdrücklich vorgesehen wurde.[782] Wird die Zustimmung des Betriebsrats durch Spruch der Einigungsstelle ersetzt, liegt gerade kein beachtlicher Widerspruch des Betriebsrats mehr vor. Vor der Ersetzung kann die Kündigung noch nicht ausgesprochen werden; der Arbeitnehmer verfügt noch über seinen arbeitsvertraglichen Beschäftigungsanspruch. Bei einem Mitbestimmungsverfahren iSv § 102 Abs 6 BetrVG fehlt daher der Anknüpfungspunkt für den Weiterbeschäftigungsanspruch. Bei anderen, kein Zustimmungserfordernis festlegenden Formen der Erweiterung des Beteiligungsrechts bleibt es dagegen bei der Geltung von § 102 Abs 1-5 BetrVG.

Die Ersetzung der Zustimmung nimmt dem Arbeitnehmer nicht das Recht, gegen die Kündigung **Kündigungsschutzklage** zu erheben. Eine Bindung an das Ergebnis des Zustimmungsverfahrens besteht nicht, wenn man mit der hier vertretenen Ansicht (s Rn 236) davon ausgeht, dass der Arbeitnehmer an diesem nicht beteiligt ist.[783] Auf der Grundlage der Gegenansicht muss dagegen gleichermaßen wie beim Zustimmungsersetzungsverfahren nach § 103 Abs 2 BetrVG[784] angenommen werden, dass der Arbeitnehmer nicht mehr geltend machen kann, dass die Kündigung aus Gründen unberechtigt ist, die er im Anfechtungsverfahren hätte vorbringen können. Dies beruht auf der Präklusionswirkung eines Beschlussverfahrens über die Anfechtung des Spruches der Einigungsstelle, das unter Beilegung des Arbeitnehmers durchgeführt wurde. Dagegen bewirkt auch nach der Gegenansicht die Zustimmung des Betriebsrats oder deren Ersetzung durch die Einigungsstelle keine Bindung des Arbeitnehmers.[785]

239

IX. Beteiligung nach dem KSchG (§ 102 Abs 7 BetrVG)

Durch § 102 Abs 7 BetrVG wird deklaratorisch klargestellt, dass das Verfahren nach § 102 BetrVG andere Beteiligungsrechte des Betriebsrats nach dem KSchG nicht berührt. Dabei handelt es sich um das Einspruchsrecht nach § 3 KSchG und um die Unterrichtung über Massenentlassungen nach § 17 Abs 2 KSchG. Entsprechendes gilt für andere Beteiligungsrechte außerhalb des KSchG, insbesondere für die Stellungnahme des Betriebsrats im Zustimmungsverfahren zur Kündigung der Arbeitsverhältnisse schwerbehinderter Menschen nach § 87 Abs 2 SGB IX.

240

---

781 BAG 7.12.2000 – 2 AZR 391/99.
782 KR/Etzel § 102 BetrVG Rn 251.
783 GK-BetrVG/Raab § 102 Rn 210; Rieble AuR 1993, 39, 47.
784 BAG 11.5.2000 – 2 AZR 276/99.
785 KR/Etzel § 102 BetrVG Rn 265, 266; HaKo-BetrVG/Braasch § 102 Rn 143, 144.

Bundespersonalvertretungsgesetz (BPersVG)

Vom 15. März 1974 (BGBl. I S. 693)
(FNA 2035-4)
zuletzt geändert durch Art. 3 Abs. 2 G zur Familienpflegezeit und zum flexibleren Eintritt in den Ruhestand für Beamtinnen und Beamte des Bundes vom 3. Juli 2013 (BGBl. I S. 1978)

Erster Teil
Personalvertretungen im Bundesdienst[1]

Fünftes Kapitel Beteiligung der Personalvertretung
Zweiter Abschnitt Formen und Verfahren der Mitbestimmung und Mitwirkung

§ 72 [Konsultationspflicht]

(1) Soweit der Personalrat an Entscheidungen mitwirkt, ist die beabsichtigte Maßnahme vor der Durchführung mit dem Ziele einer Verständigung rechtzeitig und eingehend mit ihm zu erörtern.

(2) [1]Äußert sich der Personalrat nicht innerhalb von zehn Arbeitstagen oder hält er bei Erörterung seine Einwendungen oder Vorschläge nicht aufrecht, so gilt die beabsichtigte Maßnahme als gebilligt. [2]Erhebt der Personalrat Einwendungen, so hat er dem Leiter der Dienststelle die Gründe mitzuteilen. [3]§ 69 Abs. 2 Satz 6 gilt entsprechend.

(3) Entspricht die Dienststelle den Einwendungen des Personalrates nicht oder nicht in vollem Umfange, so teilt sie dem Personalrat ihre Entscheidung unter Angabe der Gründe schriftlich mit.

(4) [1]Der Personalrat einer nachgeordneten Dienststelle kann die Angelegenheit binnen drei Arbeitstagen nach Zugang der Mitteilung auf dem Dienstwege den übergeordneten Dienststellen, bei denen Stufenvertretungen bestehen, mit dem Antrag auf Entscheidung vorlegen. [2]Diese entscheiden nach Verhandlung mit der bei ihnen bestehenden Stufenvertretung. [3]§ 69 Abs. 3 Sätze 2, 3 gilt entsprechend. [4]Eine Abschrift seines Antrages leitet der Personalrat seiner Dienststelle zu.

(5) Ist ein Antrag gemäß Absatz 4 gestellt, so ist die beabsichtigte Maßnahme bis zur Entscheidung der angerufenen Dienststelle auszusetzen.

(6) § 69 Abs. 5 gilt entsprechend.

---

1 Für den Bereich der Bundeswehr s § 91 SoldatenG.

Dritter Abschnitt Angelegenheiten, in denen der Personalrat zu beteiligen ist

§ 79 [Mitwirkung des Personalrats bei Kündigungen]

(1) ¹Der Personalrat wirkt bei der ordentlichen Kündigung durch den Arbeitgeber mit. ²§ 77 Abs. 1 Satz 2 gilt entsprechend. ³Der Personalrat kann gegen die Kündigung Einwendungen erheben, wenn nach seiner Ansicht

1. bei der Auswahl des zu kündigenden Arbeitnehmers soziale Gesichtspunkte nicht oder nicht ausreichend berücksichtigt worden sind,
2. die Kündigung gegen eine Richtlinie im Sinne des § 76 Abs. 2 Nr. 8 verstößt,
3. der zu kündigende Arbeitnehmer an einem anderen Arbeitsplatz in derselben Dienststelle oder in einer anderen Dienststelle desselben Verwaltungszweiges an demselben Dienstort einschließlich seines Einzugsgebietes weiterbeschäftigt werden kann,
4. die Weiterbeschäftigung des Arbeitnehmers nach zumutbaren Umschulungs- oder Fortbildungsmaßnahmen möglich ist oder
5. die Weiterbeschäftigung des Arbeitnehmers unter geänderten Vertragsbedingungen möglich ist und der Arbeitnehmer sein Einverständnis hiermit erklärt.

⁴Wird dem Arbeitnehmer gekündigt, obwohl der Personalrat nach Satz 3 Einwendungen gegen die Kündigung erhoben hat, so ist dem Arbeitnehmer mit der Kündigung eine Abschrift der Stellungnahme des Personalrates zuzuleiten, es sei denn, daß die Stufenvertretung in der Verhandlung nach § 72 Abs. 4 Satz 2 die Einwendungen nicht aufrechterhalten hat.

(2) ¹Hat der Arbeitnehmer im Falle des Absatzes 1 Satz 4 nach dem Kündigungsschutzgesetz Klage auf Feststellung erhoben, daß das Arbeitsverhältnis durch die Kündigung nicht aufgelöst ist, so muß der Arbeitgeber auf Verlangen des Arbeitnehmers diesen nach Ablauf der Kündigungsfrist bis zum rechtskräftigen Abschluß des Rechtsstreits bei unveränderten Arbeitsbedingungen weiterbeschäftigen. ²Auf Antrag des Arbeitgebers kann das Arbeitsgericht ihn durch einstweilige Verfügung von der Verpflichtung zur Weiterbeschäftigung nach Satz 1 entbinden, wenn

1. die Klage des Arbeitnehmers keine hinreichende Aussicht auf Erfolg bietet oder mutwillig erscheint oder
2. die Weiterbeschäftigung des Arbeitnehmers zu einer unzumutbaren wirtschaftlichen Belastung des Arbeitgebers führen würde oder
3. der Widerspruch des Personalrates offensichtlich unbegründet war.

(3) ¹Vor fristlosen Entlassungen und außerordentlichen Kündigungen ist der Personalrat anzuhören. ²Der Dienststellenleiter hat die beabsichtigte Maßnahme zu begründen. ³Hat der Personalrat Bedenken, so hat er sie unter Angabe der Gründe dem Dienststellenleiter unverzüglich, spätestens innerhalb von drei Arbeitstagen schriftlich mitzuteilen.

(4) Eine Kündigung ist unwirksam, wenn der Personalrat nicht beteiligt worden ist.

Zweiter Teil
Personalvertretungen in den Ländern
Zweites Kapitel Unmittelbar für die Länder geltende Vorschriften

§ 108 [Kündigungsschutz]

(1) [1]Die außerordentliche Kündigung von Mitgliedern der Personalvertretungen, der Jugendvertretungen oder der Jugend- und Auszubildendenvertretungen, der Wahlvorstände sowie von Wahlbewerbern, die in einem Arbeitsverhältnis stehen, bedarf der Zustimmung der zuständigen Personalvertretung. [2]Verweigert die zuständige Personalvertretung ihre Zustimmung oder äußert sie sich nicht innerhalb von drei Arbeitstagen nach Eingang des Antrags, so kann das Verwaltungsgericht sie auf Antrag des Dienststellenleiters ersetzen, wenn die außerordentliche Kündigung unter Berücksichtigung aller Umstände gerechtfertigt ist. [3]In dem Verfahren vor dem Verwaltungsgericht ist der betroffene Arbeitnehmer Beteiligter.

(2) Eine durch den Arbeitgeber ausgesprochene Kündigung des Arbeitsverhältnisses eines Beschäftigten ist unwirksam, wenn die Personalvertretung nicht beteiligt worden ist.

I. Allgemeines	1	3. Anhörung vor außerordentlichen Kündigungen	16
II. Bundesrecht	2	4. Wiederholungskündigung	17
1. Grundsätze	2	5. Darlegungslast	18
2. Mitwirkung bei ordentlichen Kündigungen	10	III. Landesrecht	19

I. Allgemeines

1 Für die Arbeitnehmer des öffentlichen Dienstes gelten § 102 BetrVG ähnliche Verfahren über die Beteiligung der Personalvertretung bei Kündigungen. Für die Abgrenzung zu dem die Privatwirtschaft erfassenden BetrVG sind § 130 BetrVG (hierzu § 102 BetrVG Rn 22) und die Bestimmung des Geltungsbereiches in den §§ 1, 4 BPersVG bzw in den entsprechenden Regelungen der Landespersonalvertretungsgesetze maßgeblich. Aufgrund der zwischen Bund und Ländern aufgespaltenen Regelungskompetenz ist zu differenzieren zwischen Arbeitnehmern im öffentlichen Dienst des Bundes (s Rn 2-16) und der Länder (Rn 17-22). Für die Beteiligung der Personalvertretungen gelten, soweit sich aus den Personalvertretungsgesetzen nichts Abweichendes ergibt, im Wesentlichen die zu § 102 BetrVG dargestellten Grundsätze.

II. Bundesrecht
1. Grundsätze

2 Die Beteiligungsrechte bei der Kündigung der Arbeitsverhältnisse von Arbeitnehmern im öffentlichen Dienst des Bundes sind in § 79 geregelt. Diese Bestimmung gilt für Arbeitnehmer in den Verwaltungen des Bundes und der bundesunmittelbaren Körperschaften, Anstalten und Stiftungen des öffentlichen Rechts sowie in den Gerichten des Bundes, in denen gem § 1

BPersVG Personalvertretungen gebildet werden. Maßgeblich ist die **formelle Rechtsform** und nicht die wirtschaftliche Trägerschaft (s § 102 BetrVG Rn 22). Voraussetzung für die Geltung des BPersVG ist daher eine öffentlich-rechtliche Organisation des Arbeitgebers. Juristische Personen des Privatrechts unterfallen auch dann nicht dem Personalvertretungsrecht, wenn sie im Eigentum öffentlich-rechtlich organisierter Rechtsträger stehen.

§ 79 erfasst gemäß Art 56 Abs 9 NATO-ZA iVm § 92 BPersVG auch die örtlichen **zivilen Arbeitskräfte** in der Bundesrepublik Deutschland stationierter **Streitkräfte anderer Mitgliedsstaaten der NATO** iSv Art IX Abs 4 NTS. Dazu gehört das sog zivile Gefolge einer Truppe nicht.[1] Gegen die Stellung als örtliche Arbeitskraft spricht es, wenn nach dem dem Arbeitsverhältnis zugrunde liegenden Anstellungsvertrag deutsches Arbeitsrecht nicht angewendet werden soll. Maßgeblich für die Bestimmung des Status nichtmilitärischer Arbeitskräfte als ziviles Gefolge oder als örtliche Arbeitskräfte ist allein der Wille des Entsendestaates, unabhängig davon, ob dieser mit der Bestimmung zwischenstaatliches Recht verletzt.[2] Soweit örtliche zivile Arbeitskräfte betroffen sind, entfällt das Beteiligungsrecht nicht dadurch, dass die den Anlass der beabsichtigten Kündigung bildende Maßnahme – etwa die Entscheidung zur Stilllegung einer Dienststelle – von einer der obersten Dienstbehörde in der Bundesrepublik Deutschland übergeordneten Dienststelle beschlossen wurde und die in Deutschland befindlichen Dienststellen keinen eigenen Entscheidungsspielraum besitzen. In solchen Fällen ist die bei der obersten Dienstbehörde gebildete Hauptbetriebsvertretung zu beteiligen.[3] Daran hat die im Jahr 1998 in Kraft getretene Einfügung von Satz 4 Nr 1 UP zu Art 56 Abs 9 NATO-ZA nichts geändert, obwohl dies möglicherweise die mit der Änderung verfolgte Intention war. Nach dieser Regelung hat die Truppe die Betriebsvertretung über oberhalb der obersten Dienstbehörde getroffene Entscheidungen unverzüglich zu unterrichten. Dieser Unterrichtungsanspruch der unteren Stufenvertretung besagt nichts über die Kompetenzen der obersten Stufenvertretung.[4]

Für **ordentliche Kündigungen** besteht nach § 79 Abs 1, 2 ein Mitwirkungsrecht des Personalrats. Für **außerordentliche Kündigungen** ist in § 79 Abs 3 dagegen nur ein Anhörungsverfahren vorgesehen. Bei außerordentlichen Kündigungen mit Auslauffrist gegenüber ordentlich unkündbaren Arbeitnehmern sind jedoch auch personalvertretungsrechtlich die für ordentliche Kündigungen geltenden Grundsätze heranzuziehen.[5] Gegenstand des Mitwirkungs- bzw Anhörungsrechtes sind gegenüber Arbeitern und Angestellten iSv § 4 Abs 3, 4 BPersVG auszusprechende Kündigungen.[6] Die Vorschrift gilt auch für die Änderungskündigung. Sollte eine Rückgruppierung Gegenstand der Änderungskündigung sein, hat der Arbeitgeber nicht nur die Mitbestimmungsrechte des Personalrates bei einer Kündigung, sondern

---

1 BAG 7.11.2000 – 1 ABR 55/99.
2 BAG 12.2.1985 – 1 ABR 3/83; 20.1.2000 – 2 ABR 19/99.
3 BAG 9.2.1993 – 1 ABR 33/92; KR/Weigand, Art 56 NATO-ZusAbk Rn 43.
4 AA LAG Baden-Württemberg 26.9.2000 – 14 TaBV 2/00.
5 BAG 5.2.1998 – 2 AZR 227/97; 8.6.2000 – 2 AZR 638/99; 18.1.2001 – 2 AZR 616/99; 5.4.2001 – 2 AZR 159/00.
6 Zu Reichweite und Grenzen des Kündigungsbegriffes s § 102 BetrVG Rn 35-49.

auch diejenigen bei einer Rückgruppierung nach § 75 Abs 1 Nr 2 BPersVG zu beachten. Es handelt sich insoweit um zwei unterschiedliche Verfahren, die der Arbeitgeber jedoch miteinander verbinden kann.[7]

5 Eingeleitet wird das Verfahren nach § 7 Satz 1 BPersVG vom **Leiter der Dienststelle**. Zuständig ist nicht in jedem Fall die Dienststelle, in der der Arbeitnehmer beschäftigt wird. Für die Kompetenzverteilung ist vielmehr maßgeblich, welche Dienststelle zur Entscheidung über die Angelegenheit mit Außenwirkung befugt ist[8] (s Rn 7). Der Dienststellenleiter kann sich nach § 7 Satz 2 BPersVG **von seinem ständigen Vertreter vertreten** lassen. Die Vertretung ist jedoch nur zulässig, wenn tatsächlich ein Verhinderungsfall besteht.[9] Ständiger Vertreter ist nur, wer die Vertretungsfunktion dauerhaft und nicht nur fallbezogen oder vorübergehend übernimmt. Durch diese Beschränkung soll im Interesse des sozialen Friedens in der Dienststelle die Bedeutung der Mitwirkung des Personalrats aufgewertet und der Dienststellenleiter veranlasst werden, sich auch mit den internen Problemen der Dienststelle zu beschäftigen. Der Vertreter des Vertreters unterfällt § 7 Satz 2 BPersVG nicht.[10] Bei den in § 7 Satz 3 BPersVG angeführten Ober- und Mittelbehörden kann auch der Leiter der Abteilung für Personal- und Verwaltungsangelegenheiten zum Vertreter bestellt werden. Dazu ist eine besondere Übertragung erforderlich. Der im Geschäftsverteilungsplan benannte Vertreter des Personalabteilungsleiters tritt nicht automatisch an dessen Stelle.[11] Bei den Behörden iSv § 7 Satz 3 BPersVG können nach § 7 Satz 4 BPersVG im Einverständnis mit dem Personalrat auch sonstige Personen mit der Vertretung beauftragt werden. Das Einverständnis kann vor oder im Rahmen der Behandlung der Angelegenheit erteilt werden und ist jederzeit widerruflich.[12]

6 Wird das Beteiligungsverfahren von einer nach § 7 BPersVG nicht zuständigen Person durchgeführt, ist die Anhörung nur unwirksam, wenn der **Personalrat dies rügt**.[13] Der Personalrat kann daher zu Lasten des Arbeitnehmers eine Beteiligung durch eine nicht zuständige Stelle mit heilender Wirkung hinnehmen. Umgekehrt widerspricht die vom Personalrat ausgesprochene Rüge einer fehlerhaften Beteiligung ohne weiteres nicht dem Grundsatz der vertrauensvollen Zusammenarbeit gem § 2 BPersVG.[14]

7 Ob in **mehrstufigen Verwaltungen** der örtliche Personalrat, die Stufenvertretungen oder der Gesamtpersonalrat zu beteiligen ist, richtet sich nach § 82 BPersVG. Nach dieser Regelung folgt die Zuständigkeit der Personalvertretung der Entscheidungskompetenz der Dienststelle. Zu beteiligen ist daher nicht in jedem Fall der Personalrat der Beschäftigungsdienststelle, sondern grundsätzlich die Personalvertretung, die der die Angelegenheit

---

7 BAG 3.11.1977 – 2 AZR 277/76.
8 BAG 14.12.1994 – 7 ABR 14/94; 22.8.1996 – 2 AZR 5/96.
9 BAG 26.10.1995 – 2 AZR 743/94; 27.2.1997 – 2 AZR 513/96; 29.10.1998 – 2 AZR 61/98.
10 BAG 29.10.1998 – 2 AZR 61/98.
11 BAG 29.10.1998 – 2 AZR 61/98.
12 KR/Etzel, §§ 72, 79, 108 Abs 2 BPersVG Rn 16.
13 BAG 26.10.1995 – 2 AZR 743/94; 13.6.1996 – 2 AZR 402/95; 25.2.1998 – 2 AZR 226/97.
14 BAG 29.10.1998 – 2 AZR 61/98.

mit Außenwirkung entscheidenden Dienststelle zugeordnet ist.[15] So ist der Bezirkspersonalrat zuständig, wenn der Leiter einer Mittelbehörde über die Angelegenheit einer nachgeordneten Dienststelle entscheidet.[16] Ist danach der Personalrat der Beschäftigungsdienststelle nicht beteiligt, ist ihm nach § 82 Abs 2 BPersVG jedoch Gelegenheit zur Stellungnahme zu geben. Ist bei der Dienststelle, die über die Maßnahme entscheidet, keine zuständige Personalvertretung vorgesehen, ist die Stufenvertretung der nächsthöheren Dienststelle zu beteiligen (§ 82 Abs 5 BPersVG). Ist die Dienststelle aufgelöst und das Mandat des Personalrats aus diesem Grund beendet, ist ebenfalls die nächste übergeordnete Ebene zuständig. Dies gilt entsprechend, wenn die Aufgaben einer aufgelösten Dienststelle von einem privaten Arbeitgeber übernommen werden und der betreffende Arbeitnehmer dem Betriebsübergang widersprochen hat.[17] Dadurch soll ein mitbestimmungsfreier Zustand vermieden werden. Wegen dieser Ersatzzuständigkeit kennt das Personalvertretungsrecht im Gegensatz zum Betriebsverfassungsrecht (dazu § 102 BetrVG Rn 6-9) kein Übergangs- und Restmandat.[18]

Für den **Anlass** und den **Inhalt der Unterrichtung** gelten die Grundsätze der Anhörung nach § 102 Abs 1 Satz 1, 2 BetrVG entsprechend[19] (hierzu s § 102 BetrVG Rn 72-117). Zu einer ordnungsgemäßen Unterrichtung gehört danach die Mitteilung der Personalien des Arbeitnehmers, dem gekündigt werden soll, die Angabe der Kündigungsfrist, uU die des Kündigungstermins sowie eine Darstellung der Kündigungsgründe, die so konkret ist, dass der Personalrat ohne zusätzliche eigene Nachforschungen in die Lage versetzt wird, die Stichhaltigkeit der Kündigungsgründe zu überprüfen, um sich über seine Stellungnahme schlüssig zu werden.[20] Bei einer Wartezeitkündigung ist der Arbeitgeber nicht verpflichtet, dem Personalrat Sozialdaten, die bei vernünftiger Betrachtung weder aus seiner Sicht, noch aus Sicht der Arbeitnehmervertretung für die Beurteilung der Wirksamkeit der Kündigung eine Rolle spielen können, mitzuteilen. Unterhaltspflichten des Arbeitnehmers sind deshalb, ebenso wie dessen Lebensalter, für die Wirksamkeit einer Wartezeitkündigung idR ohne Bedeutung.[21] Dies gilt auch für den vergleichbaren Sachverhalt, dass der Arbeitgeber den gesamten Betrieb stilllegt. In diesem Fall sind die Sozialdaten für den Betriebsrat erkennbar unmaßgeblich. Ein Betriebsrat ist deshalb nicht über Familienstand und Unterhaltspflichten des zu kündigenden Arbeitnehmers zu unterrichten.[22] Eine **ohne Beteiligung des Personalrats** ausgesprochene Kündigung ist **unwirksam** (§ 79 Abs 4 BPersVG). Diese Rechtsfolge tritt nicht nur ein, wenn eine Beteiligung des Personalrats gänzlich unterblieben ist, sondern bereits dann, wenn der Arbeitgeber seiner Unterrichtungspflicht nicht richtig, ins-

---

15 BAG 14.12.1994 – 7 ABR 14/94; 22.8.1996 – 2 AZR 5/96.
16 BVerwG 13.9.2002 – 6 P 4.02.
17 BAG 14.12.1994 – 7 ABR 14/94; 22.8.1996 – 2 AZR 5/96.
18 Vgl Schubert AuR 2003, 132, 134; Bergen/Langner NZA 2003, 1239.
19 BAG 4.3.1981 – 7 AZR 104/79; 12.3.1986 – 7 AZR 20/83; 5.9.2002 – 2 AZR 523/01.
20 BAG 16.3.2000 – 2 AZR 828/98; 26.9.2002 – 2 AZR 424/01; BAG 9.6.2011 – 2 AZR 284/10.
21 BAG 23.4.2009 – 6 AZR 516/08.
22 BAG 20.9.2006 – 6 AZR 219/06; BAG 13.5.2004 – 2 AZR 329/03; BAG 16.3.2000 – 2 AZR 828/98.

besondere nicht ausführlich genug nachgekommen ist und einzelne der notwendigen Angaben versäumt hat.[23] Beteiligt der öffentliche Arbeitgeber eine nicht zuständige Stufenvertretung, führt dies auch dann zur Unwirksamkeit der Kündigung, wenn die gem § 82 BPersVG zuständige Stufenvertretung im Rahmen des Stufenverfahrens (hierzu Rn 7) auf andere Weise mit der Angelegenheit befasst wird.[24] Die Rechtsfolgen der ordnungsgemäßen und der nicht ordnungsgemäßen Beteiligung entsprechen bei der Betriebsratsanhörung geltenden Grundsätzen (s § 102 BetrVG Rn 163-187).

9 Zu richten ist die Mitteilung der Kündigungsabsicht an den **Vorsitzenden** des Personalrats und im Verhinderungsfall an dessen Stellvertreter als den gesetzlichen Vertretern des Personalrats (§ 32 Abs 3 Satz 1 BPersVG). Ist ein Mitglied der Gruppe des von der Kündigung betroffenen Arbeitnehmers (Arbeiter oder Angestellte) iSv § 32 Abs 3 Satz 2 BPersVG als gemeinsamer Vertreter des Personalrats in Gruppenangelegenheiten bestimmt, kann die Mitteilung auch an dieses gerichtet werden. Außerdem kann der Personalrat andere Mitglieder zur Entgegennahme bevollmächtigen.[25] Nach § 38 Abs 2 BPersVG berät der Personalrat über die Angelegenheit gemeinsam. Die Entscheidung über die Stellungnahme zu der beabsichtigten personellen Maßnahme treffen jedoch nur die Angehörigen der Gruppe, der der von der Kündigung betroffene Arbeitnehmer angehört, sofern diese im Personalrat vertreten ist. Wie bei § 102 BetrVG (s § 102 BetrVG Rn 169) muss sich der Arbeitgeber im Verantwortungsbereich des Personalrats aufgetretene **Verfahrensmängel** nicht zurechnen lassen, sofern er sie nicht veranlasst hat oder sofern er nicht in sonstiger Weise Einfluss auf die Entscheidung des Personalrats genommen hat.[26] Eine Verletzung des Gruppenprinzips fällt in die Sphäre des Personalrats.[27] Erklärungen des Personalrats, die entgegen § 32 Abs 3 Satz 2 BPersVG nicht vom Vorsitzenden und dem Gruppenvertreter gemeinsam abgegeben werden, sind dagegen nicht wirksam.[28]

2. Mitwirkung bei ordentlichen Kündigungen

10 Die Beteiligung bei ordentlichen Kündigungen richtet sich nach § 79 Abs 1, 2 iVm § 72. Durch die §§ 77 Abs 1 Satz 2, 79 Abs 1 Satz 2 BPersVG sind allerdings Arbeitnehmer ausgenommen, die eine Stelle bekleiden, die einer Beamtenstelle entspricht, die mindestens der Besoldungsgruppe A 16 unterfällt. Diese Beschränkung der Mitbestimmung soll unabhängige Personalentscheidungen bei herausgehobenen Stellen gewährleisten.[29] Der Ausschluss der Beteiligung verstößt nicht gegen Art 3 Abs 1 GG und ist umfassend.[30] Er gilt auch für eine Änderungskündigung.[31] Bei diesen Angestell-

---

23 BAG 16.3.2000 – 2 AZR 828/98; 5.4.2001 – 2 AZR 159/00.
24 ArbG Freiburg 28.2.2002 – 10 Ca 476/99; Schubert AuR 2003, 132, 134.
25 KR/Etzel, §§ 72, 79, 108 Abs 2 BPersVG Rn 20, 21.
26 BAG 13.6.1996 – 2 AZR 402/95.
27 BAG 13.6.1996 – 2 AZR 402/95.
28 BAG 13.10.1982 – 7 AZR 617/80.
29 BAG 7.12.2000 – 2 AZR 532/99.
30 BAG 16.3.2000 – 2 AZR 138/99; BAG 29.9.2011 – 2 AZR 451/10.
31 BAG 29.9.2011 – 2 AZR 451/10.

ten ist vor dem Ausspruch einer ordentlichen Kündigung auch eine Anhörung des Personalrats iSv § 79 Abs 3 nicht erforderlich. Bei einer außerordentlichen Kündigung ist dagegen der Personalrat anzuhören. Zur Vermeidung von Wertungswidersprüchen muss dies auch für außerordentliche Kündigungen mit Auslauffrist gegenüber ordentlich Unkündbaren gelten, obwohl dann bei anderen Angestellten § 79 Abs 1, 2 iVm § 72 anzuwenden wäre. Bei der Beurteilung, ob es sich um eine der Besoldungsgruppe A 16 entsprechende Stelle handelt, kommt es in erster Linie darauf an, in welcher Besoldungsgruppe sich der Angestellte befände, wenn er seine Tätigkeit als Beamter verrichten würde. Fehlen entsprechende Beamtenstellen, kann idR die Höhe der Vergütung als Anhalt für die Funktionsgleichheit herangezogen werden.[32] Scheidet etwa bei nach privatrechtlichen Grundsätzen geführten Anstalten des öffentlichen Rechts ein Vergleich der absoluten Höhe der Vergütung mangels Aussagekraft aus, ist ein Funktionsvergleich maßgeblich, für den auf die Einstufung der Spitzenpositionen und der darunter liegenden Leitungsebenen entsprechender Behörden abzustellen ist. Der Ausschluss der Mitbestimmung kommt generell nur bei Stellen in Betracht, die durch eine aufgrund der Befugnis zu eigenverantwortlicher Entscheidung und aufgrund von Führungskompetenzen herausgehobene Verantwortung gekennzeichnet sind.[33]

Soweit der Personalrat bei ordentlichen Kündigungen mitwirkt, ist nach §§ 72, 79 Abs 1 zu verfahren. Danach hat der Leiter der Dienststelle bzw sein Vertreter (s Rn 5) gem § 72 Abs 1 die beabsichtigte Maßnahme vor deren Durchführung mit dem Ziel einer Verständigung rechtzeitig und eingehend mit dem Personalrat zu **erörtern**. Dies wird eingeleitet durch eine Unterrichtung über die Maßnahme (s Rn 8, 9). Der Personalrat hat dann Gelegenheit, sich innerhalb von zehn Arbeitstagen zu äußern. Nimmt er innerhalb dieser Frist nicht Stellung, gilt die Maßnahme als gebilligt (§ 72 Abs 2 Satz 1). Stimmt er der Maßnahme ausdrücklich zu, bedarf es keiner Erörterung.[34] Da es nach § 72 Abs 2 Satz 1 der Disposition des Personalrats unterliegt, ob eine Erörterung durchgeführt wird, kann für den Fristbeginn nur der Zeitpunkt der Unterrichtung und nicht der Erörterung maßgeblich sein. Der Fristlauf wird durch die Erörterung weder unterbrochen noch gehemmt.[35] Innerhalb der Frist hat der Personalrat nach §§ 69 Abs 2 Satz 6, 72 Abs 2 Satz 3 BPersVG den betroffenen Arbeitnehmer anzuhören und ggf eine Äußerung des Arbeitnehmers aktenkundig zu machen.

Die Reaktionsmöglichkeiten des Personalrats entsprechen im Wesentlichen denen des Betriebsrats (hierzu § 102 BetrVG Rn 125–160). Im Unterschied zum Betriebsrat hat der Personalrat die Möglichkeit, vom Dienststellenleiter innerhalb der Äußerungsfrist die Erörterung nach § 72 Abs 1 zu verlangen. Wie § 72 Abs 2 Satz 1 belegt, kann er davon jedoch auch absehen. Die Geltendmachung von Einwendungen löst die Erörterungspflicht aus. Spricht der Arbeitgeber trotz fristgerechter erhobener Einwendungen die

---

32 BAG 16.3.2000 – 2 AZR 138/99.
33 BAG 7.12.2000 – 2 AZR 532/99.
34 BAG 27.2.1987 – 7 AZR 652/85.
35 BVerwG 27.1.1995 – 6 P 22.92; KR/Etzel, §§ 72, 79, 108 Abs 2 BPersVG Rn 36.

Kündigung ohne Erörterung aus, ist sie gem § 79 Abs 4 unwirksam.[36] Mit Ausnahme von Vertretungsfällen iSv § 7 BPersVG (s Rn 5) hat der Dienststellenleiter die Erörterung persönlich zu führen. Sie findet regelmäßig in einer mündlichen Besprechung statt. Mit dem Einverständnis von Personalrat und Dienststellenleiter ist allerdings auch eine schriftliche Erörterung möglich.[37] Lässt sich der Dienststellenleiter durch einen anderen Bediensteten vertreten, kann der Personalrat die Bekanntgabe des Verhinderungsgrundes verlangen.[38] Lässt sich der Personalrat in die mündliche Erörterung mit dem Vertreter ein, kann auch bei fehlender Verhinderung des Dienststellenleiters der Arbeitnehmer sich hierauf im Kündigungsschutzprozess nicht berufen.[39]

13 Erhebt der Personalrat **Einwendungen gegen die Kündigung,** muss er dem Dienststellenleiter die Gründe dafür mitteilen (§ 72 Abs 2 Satz 2). Die fristgemäßen und begründeten Einwendungen machen den Ausspruch der Kündigung zunächst unzulässig. Bei der Begründung der Einwendung ist der Personalrat nicht auf den Katalog der Gründe des § 79 Abs 1 Satz 3 beschränkt; dieser begrenzt lediglich den Weiterbeschäftigungsanspruch gem § 79 Abs 2.[40] Entspricht der Dienststellenleiter den Einwendungen nicht oder nicht vollständig, teilt er dies dem Personalrat unter Angabe von Gründen schriftlich mit (§ 72 Abs 3). Der Personalrat kann gem § 72 Abs 4 Satz 1 die Angelegenheit binnen drei Arbeitstagen nach dem Zugang der Mitteilung auf dem Dienstweg der übergeordneten Dienststelle, bei der eine Stufenvertretung besteht, mit dem Antrag auf Entscheidung vorlegen. Dieser Antrag bedarf einer schriftlichen Begründung.[41] Bis zum Abschluss des Beteiligungsverfahrens ist die personelle Maßnahme auszusetzen (§ 72 Abs 5). Der Leiter der die Maßnahme planenden Dienststelle hat nach §§ 69 Abs 5, 72 Abs 6 BPersVG die Möglichkeit, vorläufige Maßnahmen zu treffen. Darunter fällt jedoch nicht der Ausspruch der Kündigung, da diese nicht vorläufig, sondern endgültig wirken würde. In Betracht kommt dagegen die vorläufige Freistellung des Arbeitnehmers.[42] Bei **obersten Dienstbehörden** besteht die Möglichkeit einer Vorlage der Angelegenheit nicht. Dort schließt die Mitteilung des Dienststellenleiters gem § 72 Abs 3 das Beteiligungsverfahren ab. Spricht der Arbeitgeber die Kündigung bereits vor der Übermittlung der Mitteilung aus, führt dies nicht zur Unwirksamkeit der Kündigung. Ist dem Personalrat keine weitere Personalvertretung übergeordnet, hat die Verletzung der Mitteilungspflicht keine kündigungsrechtlichen Konsequenzen.[43]

14 Für das **Verfahren bei der übergeordneten Dienststelle** gilt § 72 Abs 1–4 entsprechend. An die Stelle des Leiters der Dienststelle tritt der der übergeordneten Dienststelle und an die Stelle des Personalrats die Stufenvertre-

---

36 BAG 3.2.1982 – 7 AZR 907/79 – AP BPersVG § 72 Nr 1; 20.1.2000 – 2 AZR 65/99.
37 KR/Etzel, §§ 72, 79, 108 Abs 2 BPersVG Rn 34-39.
38 BAG 31.3.1983 – 2 AZR 384/81.
39 BAG 13.6.1996 – 2 AZR 402/95; BAG 26.10.1995 – 2 AZR 743/94.
40 BAG 29.9.1983 – 2 AZR 179/82; BAG 27.10.2005 – 6 AZR 27/05.
41 KR/Etzel, §§ 72, 79, 108 Abs 2 BPersVG Rn 48.
42 KR/Etzel, §§ 72, 79, 108 Abs 2 BPersVG Rn 46.
43 BAG 5.10.1995 – 2 AZR 909/94.

tung. Da gem § 82 Abs 2 Satz 1 BPersVG dem Personalrat der untergeordneten Stufe Gelegenheit zur Äußerung zu geben ist, verdoppeln sich nach § 82 Abs 2 Satz 2 BPersVG die Fristen des § 72. Daher beträgt die Äußerungsfrist von § 72 Abs 2 Satz 1 zwanzig Arbeitstage und die Vorlagefrist von § 72 Abs 4 Satz 1 sechs Arbeitstage.[44] Die übergeordnete Dienststelle und die Stufenvertretung erörtern und entscheiden die Angelegenheit ohne Bindung an die Ansichten der ihnen untergeordneten Stufen. Kommen sie gemeinsam zu dem Ergebnis, dass die Kündigung nicht ausgesprochen werden soll, ist der Leiter der untergeordneten Dienststelle daran gebunden. Erzielen sie Einvernehmen darüber, dass gekündigt werden kann, schließt dies das Beteiligungsverfahren ab. Der Leiter der untergeordneten Dienststelle ist dann zur Kündigung befugt. Kommt es zu keiner Verständigung und ist eine oberste Dienstbehörde übergeordnet, kann die Stufenvertretung diese gem § 72 Abs 4 Satz 1 mit dem Antrag auf Entscheidung anrufen. Dann gilt das Vorstehende entsprechend. Kommt es nicht spätestens auf der obersten Ebene zu einer Verständigung, wird das Beteiligungsverfahren durch die Entscheidung der obersten Verwaltungsebene abgeschlossen. Von diesem Zeitpunkt an kann die Kündigung erklärt werden.

Hat der Personalrat aus den Gründen von § 79 Abs 1 Satz 3 Einwendungen gegen die Kündigung erhoben und ggf die Stufenvertretung die Einwendungen aufrechterhalten, kann der Arbeitnehmer gem § 79 Abs 2 seine **Weiterbeschäftigung** bis zum Abschluss des Kündigungsschutzprozesses verlangen. Voraussetzung ist eine ordnungsgemäße Geltendmachung der Einwendungen durch den Personalrat. Dies setzt neben der Wahrung der Frist von § 72 Abs 2 Satz 1 voraus, dass in der Stellungnahme des Personalrats die Einwendungen unter Angabe konkreter Tatsachen erläutert werden, und dass die Begründung des Personalrats es als möglich erscheinen lässt, dass die Einwendungen auf einen der gesetzlichen Gründe von § 79 Abs 1 Satz 3 gestützt werden sollen. Eine schlüssige Darlegung ist nicht erforderlich. Es muss aber deutlich werden, dass sich die Einwendungen auf einen der im Gesetz angeführten Gründe beziehen.[45] Für die Geltendmachung des Weiterbeschäftigungsanspruchs und die Möglichkeit des Arbeitgebers, sich von der Weiterbeschäftigungspflicht gerichtlich entbinden zu lassen, gelten die Ausführungen zu § 102 Abs 5 BetrVG entsprechend (s § 102 BetrVG Rn 188 – 219). 15

3. Anhörung vor außerordentlichen Kündigungen

Nach § 79 Abs 3 Satz 1 ist der Personalrat vor fristlosen Entlassungen und außerordentlichen Kündigungen anzuhören. Diese Begriffe sind weitgehend identisch. Letzterer hat lediglich insoweit eine eigenständige Bedeutung, als er auch Kündigungen aus wichtigem Grund erfasst, die zwar nicht fristlos, jedoch unter Gewährung einer unterhalb der ordentlichen Kündigungsfrist liegenden Übergangszeit ausgesprochen werden.[46] Nicht anwendbar ist § 79 Abs 3 dagegen bei außerordentlichen Kündigungen mit Auslauffrist gegenüber ordentlich unkündbaren Arbeitnehmern (Rn 4). 16

---

44 KR/Etzel, §§ 72, 79, 108 Abs 2 BPersVG Rn 49, 52.
45 BAG 27.2.1997 – 2 AZR 361/96.
46 BAG 13.4.2000 – 2 AZR 259/99.

Das Anhörungsverfahren nach § 79 Abs 3 entspricht der Anhörung des Betriebsrats bei außerordentlichen Kündigungen[47] (hierzu § 102 BetrVG Rn 161-166). Das Verfahren nach § 72 findet keine Anwendung.

4. Wiederholungskündigung

17 Ein Anhörungsverfahren entfaltet grundsätzlich nur für die Kündigung Wirksamkeit, für die es eingeleitet worden ist. Hat der Arbeitgeber nach Durchführung des Anhörungsverfahrens gekündigt und ist dem Arbeitnehmer die Kündigung zugegangen, so bedarf es zur Wirksamkeit einer wiederholten Kündigung einer erneuten Anhörung des Personalrats. Dies gilt insbesondere dann, wenn der Arbeitgeber wegen Bedenken gegen die Wirksamkeit der ersten Kündigung vorsorglich erneut kündigt. Diese Rechtsprechung hat sich zu § 102 Abs 1 Satz 1 BetrVG entwickelt.[48] Diese Rechtsprechung ist auf die Personalratsbeteiligung bei Kündigungen zu übertragen. Nach § 79 Abs 4 ist eine Kündigung unwirksam, wenn der Personalrat nicht beteiligt worden ist. Nichts Anderes gilt nach § 108 Abs 2 für die entsprechenden Personalvertretungsvorschriften der Länder. Wegen der Einzelheiten, wann bei Kündigungen die Mitwirkungsrechte des Personalrats zu beachten sind und unter welchen Voraussetzungen sie entfallen, ist die Rechtsprechung zur Anhörung des Betriebsrats nach § 102 BetrVG sinngemäß auf die Personalratsbeteiligung anzuwenden. Dies gilt auch für die Rechtsprechungsgrundsätze zur Betriebsratsanhörung bei Wiederholungskündigungen.[49]

5. Darlegungslast

18 Die für das Betriebsverfassungsgesetz entwickelte abgestufte Darlegungslast hinsichtlich der ordnungsgemäßen Anhörung des Betriebsrats gilt auch für das Mitwirkungsverfahren nach dem BPersVG.[50]

III. Landesrecht

19 Die Kompetenz der Landesgesetzgeber zur Regelung des Personalvertretungsrechts der Arbeiter und Angestellten der Länder und Gemeinden wird durch die Rahmenvorschriften der §§ 94 ff BPersVG und durch die zwingenden Vorschriften der §§ 107-109 BPersVG begrenzt. Die **Rahmenregelungen des Bundes** beruhen auf Art 75 Nr 1 iVm Art 72 GG. Diese Bestimmungen gebieten eine offene, auf Ausfüllung durch die Landesgesetzgeber hin angelegte Regelung. Es muss Raum für eigene Willensentschließungen der Landesgesetzgeber von substanziellem Gewicht bleiben. Dies verbietet es dem Bund, den Ländern die Beteiligung der Personalvertretungen in personellen Angelegenheiten im Einzelnen vorzuschreiben; die Länder besitzen insoweit eine weit gehend eigenständige Regelungskompetenz. Dementsprechend fehlen bundesrechtliche Vorgaben über Umfang und Intensität der Beteiligungsrechte in personellen Angelegenheiten der Länder und Gemeinden. Den Ländern ist es überdies **nicht verwehrt, eine Mitwirkung** der

---

47 BAG 5.4.2001 – 2 AZR 159/00; 5.9.2002 – 2 AZR 523/01.
48 BAG 31.1.1996 – 2 AZR 273/05; 11.10.1989 – 2 AZR 88/89.
49 BAG 5.9.2002 – 2 AZR 523/01.
50 BAG 18.5.2006 – 2 AZR 245/05.

Personalvertretung an Kündigungen durch den Arbeitgeber überhaupt nicht vorzusehen.[51] Dies legitimiert etwa auch eine § 79 Abs 1 Satz 2 iVm § 77 Abs 1 Satz 2 BPersVG entsprechende Herausnahme der Angestellten in gehobener Position aus den Beteiligungsbefugnissen der Personalvertretungen.[52]

§ 108 Abs 2 enthält dagegen gemäß der Überschrift des 2. Kapitels des 2. Teiles des BPersVG eine für die Länder **unmittelbar geltende Regelung der Rechtsfolgen** des Unterbleibens einer durch Landesrecht vorgesehenen Beteiligung der Personalvertretung bei der Kündigung von Arbeitsverhältnissen. Danach ist für den Fall der Nichtbeteiligung die Unwirksamkeit der Kündigung zwingend vorgesehen. Dies dient der Rechtseinheit im arbeitsrechtlichen Bereich des Kündigungsschutzes und ist für die Landesgesetzgeber nicht dispositiv. Der Begriff der „Beteiligung" umfasst als zusammenfassender Oberbegriff alle Befugnisse der Personalvertretungen von der vollen Mitbestimmung über die Mitwirkung bis hin zu Beratungs-, Anhörungs- und Informationsrechten.[53] Auf dieser Grundlage hat das BAG angenommen, dass auch die Beteiligung durch eine unter der Schwelle zur Anhörung liegende Verständigung des Personalrats § 108 Abs 2 unterfällt.[54]

Soweit sich die Länder an den Regelungen des BPersVG orientieren, gelten die zu Rn 2-16 dargestellten Grundsätze entsprechend. In den Landespersonalvertretungsgesetzen sind allerdings eine Vielzahl vom BPersVG abweichender Regelungen vorgesehen. So kommt eine Beschränkung der Vertretungsbefugnis des Personalratsvorsitzenden in der Weise in Betracht, dass er den Personalrat auch dann nur gemeinsam mit einem Gruppenvertreter vertreten darf, wenn er selbst der Gruppe des von der Kündigung betroffenen Arbeitnehmers angehört.[55] Weiter kann das Recht der Personalvertretung zur Erhebung von Einwendungen in Abweichung von §§ 72 Abs 2 Satz 1, 79 Abs 1 Satz 2 auf bestimmte katalogartig bezeichnete Gründe beschränkt werden[56] und eine Mitbestimmung bei der Entlassung von Angestellten mit überwiegend wissenschaftlicher oder künstlerischer Tätigkeit nur auf Antrag des Arbeitnehmers vorgesehen werden. In diesem Fall ist der Arbeitgeber nicht verpflichtet, den betroffenen Arbeitnehmer vor der Kündigung auf das Antragsrecht hinzuweisen. Er darf den Arbeitnehmer jedoch nicht mit dem Kündigungsausspruch überraschen, sondern muss ihm hinreichend Gelegenheit geben, sich über sein Antragsrecht und dessen Ausübung Klarheit zu verschaffen.[57]

Die praktisch bedeutsamste Abweichung von den Bestimmungen des BPersVG ist die Regelung mit den Zustimmungsverfahren der §§ 47 Abs 1 BPersVG, 103 BetrVG vergleichbarer **Zustimmungserfordernisse**. Zum Beispiel ist in § 68 Abs 1 N 2 PersVG M-V geregelt, dass bei Kündigungen

---

51 BVerfG 27.3.1979 – 2 BvL 2/77.
52 BAG 16.3.2000 – 2 AZR 138/99.
53 BVerfG 27.3.1979 – 2 BvL 2/77; BAG 16.12.1981 – 2 AZR 1102/78.
54 BAG 6.5.1980 – 6 AZR 271/78; 9.5.1980 – 7 AZR 376/78.
55 BAG 18.1.2001 – 2 AZR 616/99.
56 BAG 24.8.1989 – 2 AZR 592/88.
57 BAG 26.8.1993 – 2 AZR 376/93.

eine Mitbestimmung des Personalrates erfolgt. Darüber hinaus ordnet § 62 Abs 1 PersVG M-V an, dass Maßnahmen nur mit Zustimmung des Personalrates getroffen werden können, soweit sie der Mitbestimmung unterliegen. Hieraus folgt, dass eine ordentliche Kündigung nur mit vorheriger Zustimmung durch den Personalrat ausgesprochen werden darf. Sehen Länderregelungen ein solches Zustimmungserfordernis vor, ist nicht jede Zustimmungsverweigerung des Personalrates ausreichend, sondern es bedarf einer qualifizierten Verweigerung, soweit das Gesetz Verweigerungsgründe benennt.[58]

Je nach Ausgestaltung des Verfahrens können in derartigen Fällen wesentliche Teile der Überprüfung der Kündigung in das verwaltungsgerichtliche Zustimmungsersetzungsverfahren verlagert werden, wenn zwischen Arbeitgeber und Personalrat ein Verfahren über die Ersetzung der Zustimmung des Personalrats geführt wird. Ist der Arbeitnehmer an diesem Verfahren beteiligt, sind die Arbeitsgerichte in einem ggf folgenden Kündigungsschutzprozess an die Entscheidung der Verwaltungsgerichte in demselben Umfang gebunden wie an die Entscheidung in einem betriebsverfassungsrechtlichen Beschlussverfahren nach § 103 Abs 2 BetrVG. Aufgrund der **Präklusionswirkung** eines solchen Verfahrens kann der Arbeitnehmer nicht mehr geltend machen, dass die Kündigung aus Gründen unberechtigt ist, die er im Zustimmungsersetzungsverfahren hätte vorbringen können. Ausgenommen sind nur Kündigungsvoraussetzungen, deren Nichtvorliegen im Zeitpunkt der letzten mündlichen Verhandlung im Zustimmungsersetzungsverfahren deshalb nicht den Schluss auf die Unwirksamkeit der beabsichtigten Kündigung zulassen, weil sie auch später noch herbeigeführt werden können, etwa die Zustimmung des Integrationsamtes nach den §§ 85-91 SGB IX.[59] Steht zwischen Arbeitgeber und Personalrat aufgrund einer verwaltungsgerichtlichen Entscheidung rechtskräftig fest, dass dem Dienststellenleiter das Letztentscheidungsrecht über den Ausspruch der Kündigung zustand, bindet dies die Arbeitsgerichte im Kündigungsschutzprozess auch dann, wenn der Arbeitnehmer an dem verwaltungsgerichtlichen Verfahren nicht beteiligt war.[60] Gleiches gilt für eine die Zustimmungsbedürftigkeit der personellen Maßnahme rechtskräftig verneinende verwaltungsgerichtliche Entscheidung.[61]

23 Besondere Probleme wirft das **Zustimmungsverfahren bei der außerordentlichen Kündigung** auf, die gem § 626 Abs 2 Satz 1, 2 BGB nur innerhalb von zwei Wochen nach Kenntniserlangung über die kündigungsrelevanten Tatsachen ausgesprochen werden kann. Da der Arbeitgeber das Zustimmungsersetzungsverfahren in aller Regel nicht vor Fristablauf abschließen kann, sind die eine entsprechende Problemlage regelnden Bestimmungen von § 91 Abs 2, 5 SGB IX analog anzuwenden.[62] Danach hat der Arbeitgeber innerhalb der Frist von § 626 Abs 2 BGB beim Personalrat die Zustimmung zu beantragen und im Fall von deren Versagung das personalvertre-

---

58 BAG 23.6.2009 – 2 AZR 532/08.
59 BAG 11.5.2000 – 2 AZR 267/99.
60 BAG 3.7.1996 – 2 AZR 813/95.
61 BAG 23.11.2000 – 2 AZR 547/99.
62 BAG 21.10.1983 – 7 AZR 281/82; 8.6.2000 – 2 AZR 375/99.

tungsrechtliche Mitbestimmungsverfahren einzuleiten. Die bloße Befassung des Personalrats innerhalb der Frist genügt nicht. Der Arbeitgeber hat grundsätzlich alles zu unternehmen, um das Beteiligungsverfahren noch innerhalb der Frist zum Abschluss zu bringen. Eine Kündigung nach dem Ablauf der Frist von § 626 Abs 2 BGB ist nur zulässig, wenn die Verzögerung für den Arbeitgeber unvermeidbar war.[63] Eine durch die Beteiligung des Personalrats ausgelöste Verkürzung der Überlegungsfrist des Arbeitgebers verstößt jedenfalls dann nicht gegen höherrangiges Recht, wenn diese die Stellungnahmefrist des Personalrats nicht wesentlich unterschreitet.[64]

Wird die Zustimmung des Personalrats im Mitbestimmungsverfahren erst nach Fristablauf bestandskräftig erteilt oder rechtskräftig ersetzt, muss der Arbeitgeber hierauf unverzüglich die Kündigung aussprechen. Es gelten die für die Kündigung betriebsverfassungs- und personalvertretungsrechtlicher Funktionsträger bestehenden Regeln entsprechend (dazu iE § 15 KSchG Rn 179-181). Trifft ein personalvertretungsrechtliches Zustimmungsverfahren mit einem **mutterschutz-, elternzeit- oder schwerbehindertenrechtlichen Genehmigungsvorbehalt** nach § 9 MuSchG, § 18 BEEG oder §§ 85, 91 SGB IX zusammen, ist das personalvertretungsrechtliche Verfahren unverzüglich nach der Erteilung der Zustimmung der Genehmigungsbehörde einzuleiten.[65]

Eine Kündigung kann ausgesprochen werden, sobald der die Zustimmung des Personalrats ersetzende Spruch der Einigungsstelle vorliegt. Das gilt selbst in Fällen, in denen –abweichend von § 71 **BPersVG** – eine Begründung gesetzlich vorgeschrieben ist. Auf die Zustellung des Beschlusses der Einigungsstelle kommt es nicht an.[66]

---

63 BAG 8.6.2000 – 2 AZR 375/99.
64 BAG 8.6.2000 – 2 AZR 375/99.
65 BAG 22.1.1987 – 2 ABR 6/86.
66 BAG 26.9.2013 – 2 AZR 843/12; BAG 2.2.2006 – 2 AZR 38/05.

Gesetz zum Schutze der erwerbstätigen Mutter (Mutterschutzgesetz – MuSchG)

In der Fassung der Bekanntmachung vom 20. Juni 2002[1] (BGBl. I S. 2318) (FNA 8052-1)
zuletzt geändert durch Art. 6 Pflege-Neuausrichtungs-G vom 23. Oktober 2012 (BGBl. I S. 2246)

Dritter Abschnitt Kündigung

§ 9 Kündigungsverbot

(1) ¹Die Kündigung gegenüber einer Frau während der Schwangerschaft und bis zum Ablauf von vier Monaten nach der Entbindung ist unzulässig, wenn dem Arbeitgeber zur Zeit der Kündigung die Schwangerschaft oder Entbindung bekannt war oder innerhalb zweier Wochen nach Zugang der Kündigung mitgeteilt wird; das Überschreiten dieser Frist ist unschädlich, wenn es auf einem von der Frau nicht zu vertretenden Grund beruht und die Mitteilung unverzüglich nachgeholt wird. ²Die Vorschrift des Satzes 1 gilt für Frauen, die den in Heimarbeit Beschäftigten gleichgestellt sind, nur, wenn sich die Gleichstellung auch auf den Neunten Abschnitt – Kündigung – des Heimarbeitsgesetzes vom 14. März 1951 (BGBl. I S. 191) erstreckt.

(2) Kündigt eine schwangere Frau, gilt § 5 Abs. 1 Satz 3 entsprechend.

(3) ¹Die für den Arbeitsschutz zuständige oberste Landesbehörde oder die von ihr bestimmte Stelle kann in besonderen Fällen, die nicht mit dem Zustand einer Frau während der Schwangerschaft oder ihrer Lage bis zum Ablauf von vier Monaten nach der Entbindung in Zusammenhang stehen, ausnahmsweise die Kündigung für zulässig erklären. ²Die Kündigung bedarf der schriftlichen Form und sie muss den zulässigen Kündigungsgrund angeben.

(4) In Heimarbeit Beschäftigte und ihnen Gleichgestellte dürfen während der Schwangerschaft und bis zum Ablauf von vier Monaten nach der Entbindung nicht gegen ihren Willen bei der Ausgabe von Heimarbeit ausgeschlossen werden; die Vorschriften der §§ 3, 4, 6 und 8 Abs. 5 bleiben unberührt.

I. Überblick.................... 1	IV. Voraussetzungen des Sonderkündigungsschutzes........... 7
II. Geschützter Personenkreis 2	1. Schwangerschaft......... 7
1. Arbeitnehmerinnen....... 2	2. Entbindung............... 8
2. Heimarbeiterinnen........ 3	3. Kenntnis des Arbeitgebers von der Schwangerschaft bzw. der Entbindung...... 9
III. Inhalt des Sonderkündigungsschutzes...................... 5	a) Positive Kenntnis...... 9
1. Kündigungsverbot für den Arbeitgeber............... 5	b) Zurechnung der Kenntnis anderer Personen.................. 10
2. Vergütungsrechtliche Folgen 6	

---

1 Neubekanntmachung des MuSchG idF der Bek. v. 17.1.1997 (BGBl. I S. 22, ber. S. 293) in der ab 20.6.2002 geltenden Fassung.

- c) Zeitpunkt der Kenntnis ... 11
  - aa) Grundsatz ... 11
  - bb) Überschreitung der Zwei-Wochen-Frist ... 12
  - cc) Verschulden ... 14
  - dd) Unverzügliche Nachholung der Mitteilung ... 16
- V. Dauer des Sonderkündigungsschutzes ... 18
  1. Geschützter Zeitraum ... 18
  2. Beginn des Sonderkündigungsschutzes ... 19
     - a) Beginn der Schwangerschaft; Rückrechnungsmethode ... 19
     - b) Darlegungs- und Beweislast ... 21
  3. Ende des Sonderkündigungsschutzes: vier Monate nach der Entbindung ... 22
  4. Verlängerter Schutz bei Inanspruchnahme der Elternzeit ... 26
  5. Mitteilungspflicht der Frau bei vorzeitiger Beendigung der Schwangerschaft ... 27
- VI. Behördliche Zulässigerklärung nach § 9 Abs 3 Satz 1 MuSchG ... 28
  1. Zuständige Behörde ... 28
  2. Voraussetzungen der behördlichen Zulässigerklärung ... 29
     - a) Antragserfordernis; Antragsfrist ... 29
     - b) Materiell-rechtliche Voraussetzungen der Zulässigerklärung ... 31
     - c) Verwaltungsgerichtliche Kontrolle ... 33
  3. Entscheidung der Behörde und Kündigung ... 34
     - a) Ablehnung der Zulässigerklärung und Kündigung ... 34
     - b) Zulässigerklärung und Kündigung; doppelter Rechtsweg ... 35
  4. Erklärungsform der behördlich für zulässig erklärten Kündigung ... 38
- VII. Andere Beendigungstatbestände ... 39
  1. Berufung auf die Nichtigkeit des Arbeitsvertrages ... 39
     - a) Faktischer Arbeitsvertrag ... 39
     - b) Verstoß gegen ein gesetzliches Verbot ... 40
  2. Anfechtung durch den Arbeitgeber ... 41
     - a) Eigenschaftsirrtum (§ 119 Abs 2 BGB) ... 41
     - b) Arglistige Täuschung (§ 123 BGB) ... 42
  3. Befristung ... 44
     - a) Grundsatz ... 44
     - b) Im Zeitpunkt der Befristungsabrede dem Arbeitgeber bekannte Schwangerschaft ... 45
     - c) Eintritt der Schwangerschaft während des wirksam befristeten Arbeitsverhältnisses ... 46
  4. Auflösungen mit Willen der Arbeitnehmerin ... 47
     - a) Eigenkündigung und Aufhebungsvertrag ... 47
     - b) Anfechtung der Eigenkündigung oder der zum Aufhebungsvertrag führenden Willenserklärung ... 48
        - aa) Unkenntnis über die Schwangerschaft ... 49
        - bb) Irrtum der Frau über die mutterschutzrechtlichen Folgen ... 50
- VIII. Kündigungsschutzprozess ... 51
  1. Klagefrist ... 51
     - a) Geltendmachung des Sonderkündigungsschutzes ... 51
     - b) Geltendmachung der Sozialwidrigkeit oder des Fehlens des wichtigen Grundes ... 52
  2. Nachträgliche Klagezulassung ... 53
  3. Darlegungs- und Beweislast ... 54

I. Überblick

1 Die Kündigung gegenüber einer Frau ist während ihrer Schwangerschaft und bis zum Ablauf von vier Monaten nach der Entbindung unzulässig, wenn dem Arbeitgeber zurzeit der Kündigung die Schwangerschaft oder die Entbindung bekannt war oder sie ihm innerhalb von zwei Wochen nach Zugang der Kündigung mitgeteilt wird (§ 9 Abs 1 Satz 1 HS 1 MuSchG). Da es sich um ein **gesetzliches Verbot** handelt, ist eine gleichwohl ausgesprochene Kündigung **nichtig** iSd § 134 BGB. Dh, der Schwangeren steht mit Ausnahme der in §§ 3 Abs 2 bzw 6 Abs 1 MuSchG normierten Mutterschutzfristen weiterhin nach § 615 BGB ein Anspruch auf Arbeitsentgelt zu, wenn sie den Arbeitgeber zuvor in **Annahmeverzug** gesetzt hat und er sie nicht beschäftigt.[1] Zudem kann sich der Arbeitgeber bei Verstoß gegen das Kündigungsverbot nach § 280 Abs 1 BGB bzw gem § 823 Abs 2 BGB iVm § 9 Abs 1 MuSchG **schadensersatzpflichtig** machen. Erleidet die Schwangere durch das gesetzeswidrige Verhalten des Arbeitgebers eine körperliche oder gesundheitliche Beeinträchtigung droht zusätzlich ein **Schmerzensgeldanspruch** gem § 253 Abs 2 BGB.[2] Der Gesetzeswortlaut unterscheidet nicht zwischen ordentlicher und außerordentlicher Kündigung. Verboten ist deshalb jede Kündigung. Die für den Arbeitsschutz zuständige oberste Landesbehörde kann die Kündigung in besonderen Fällen ausnahmsweise für zulässig erklären (§ 9 Abs 3 MuSchG). Erforderlich ist eine vorherige Zulässigerklärung. Der Sonderkündigungsschutz ist demnach als **Kündigungsverbot mit behördlichem Erlaubnisvorbehalt** ausgestaltet. Verboten ist nur die Kündigung durch den Arbeitgeber. Sonstige Beendigungstatbestände bzw Gestaltungsrechte des Arbeitgebers werden nicht erfasst.[3] Die Auflösung des Arbeitsverhältnisses durch die geschützte Arbeitnehmerin selbst ist ohne Einschränkung zulässig.[4]

II. Geschützter Personenkreis

1. Arbeitnehmerinnen

2 Nach § 1 Nr 1 MuSchG gilt das Gesetz für Frauen, die in einem Arbeitsverhältnis stehen. Der Sonderkündigungsschutz des § 9 MuSchG umfasst **alle Arbeitsverhältnisse, auch die, in denen Frauen im Familienhaushalt mit hauswirtschaftlichen, erzieherischen oder pflegerischen Arbeiten beschäftigt werden**. Er ist weder an eine Wartezeit noch an eine bestimmte Betriebsgröße gebunden. Insbesondere sind **Auszubildende** auch während der Probezeit nach §§ 13, 15 Abs 1 BBiG geschützt. Frauen als **Organmitglieder** juristischer Personen sind durch § 9 MuSchG grundsätzlich nicht geschützt. Allerdings kennt das MuSchG keine gesetzliche Fiktion wie zB § 14 Abs 1 KSchG oder § 5 Abs 1 Satz 3 ArbGG. Organmitglieder stehen aber idR in einem freien Dienstverhältnis. Dies schließt es nicht aus, dass

---

1 Hk-MuSchG/BEEG/Schöllmann § 9 MuSchG Rn 57; HWK/Hergenröder § 9 MuSchG Rn 10.
2 Hk-MuSchG/BEEG/Schöllmann § 9 MuSchG Rn 58; KR/Bader/Gallner § 9 MuSchG Rn 92; HWK/Hergenröder § 9 MuSchG Rn 10.
3 BAG 16.2.1983 – 7 AZR 134/81 – AP BGB § 123 Nr 22; zu anderen Beendigungstatbeständen vgl Rn 39 ff.
4 Vgl dazu Rn 47 ff; in § 10 Abs 1 MuSchG wird sogar ein fristloses Sonderkündigungsrecht zum Ende der Schutzfrist nach der Entbindung eingeräumt.

das der Organstellung zugrunde liegende Anstellungsverhältnis im Einzelfall ein Arbeitsverhältnis sein kann.[5] Die Beurteilung richtet sich nach den allgemeinen Kriterien zur Abgrenzung vom freien Dienstverhältnis.

2. Heimarbeiterinnen

Der Sonderkündigungsschutz des § 9 MuSchG gilt auch für Frauen, die in Heimarbeit beschäftigt werden (§ 1 Ziffer 2 MuSchG). Frauen, die den in Heimarbeit Beschäftigten gleichgestellt sind,[6] genießen den Sonderkündigungsschutz nur, wenn sich die Gleichstellung auch auf den Kündigungsschutz des Heimarbeitsgesetzes erstreckt (§ 9 Abs 1 Satz 2 MuSchG). 3

Der Schutz der Heimarbeiterin wird in § 9 Abs 4 MuSchG durch einen Entgeltschutz ergänzt. Während des Schutzzeitraumes nach § 9 Abs 1 MuSchG dürfen Heimarbeiterinnen nicht von der Ausgabe von Heimarbeit ausgeschlossen werden. Da nicht der Bestand des Heimarbeitsverhältnisses, sondern die Ausgabe der Heimarbeit Entgeltansprüche begründet, wird dadurch das Kündigungsverbot des § 9 Abs 1 MuSchG wirtschaftlich abgesichert. 4

III. Inhalt des Sonderkündigungsschutzes
1. Kündigungsverbot für den Arbeitgeber

Unzulässig ist nach § 9 Abs 1 Satz 1 MuSchG „die Kündigung" gegenüber der geschützten Frau. Erfasst ist **jede Kündigungserklärung des Arbeitgebers**, sowohl die ordentliche als auch die außerordentliche Kündigung,[7] die Änderungskündigung,[8] eine Kündigung im Rahmen von Massenentlassungen oder in der Insolvenz des Arbeitgebers.[9] Andererseits bezieht sich der Schutz des § 9 KSchG **nur** auf **Kündigungen durch den Arbeitgeber**.[10] 5

Unerheblich ist, wann die Kündigungsentscheidung mitgeteilt wird. § 9 Abs 1 MuSchG ist dahingehend auszulegen, dass er nicht nur die Mitteilung einer auf der Schwangerschaft und/oder der Geburt eines Kindes beruhenden Kündigungsentscheidung während der gesetzlich vorgesehenen Schutzzeit verbietet, sondern auch untersagt, dass vor Ablauf dieser Zeit in Kenntnis der Schwangerschaft und/oder der Geburt eines Kindes Maßnahmen in Vorbereitung einer solchen Entscheidung getroffen werden.[11]

Kündigt der Arbeitgeber einer Arbeitnehmerin in der Probezeit ohne Kenntnis der zum Zeitpunkt des Zugangs der Kündigungserklärung bereits bestehenden Schwangerschaft, kann dies kein Indiz für eine **Benachteiligung** wegen des Geschlechts (vgl § 22 AGG) darstellen. Selbst ein „Festhalten" an der Kündigung nach Mitteilung der Schwangerschaft ist kein solches Indiz. Ein Entschädigungsanspruch nach § 15 Abs 2 AGG kann somit

---

5 BAG 26.5.1999 – 5 AZR 664/98 – AP GmbHG § 35 Nr 10.
6 Vgl § 1 Abs 2 und 3 HAG.
7 BAG 18.12.1955 – 2 AZR 13/54 – AP MuSchG § 9 Nr 4; 26.4.1956 – GS 1/56 – AP MuSchG § 9 Nr 5; KR/Bader/Gallner § 9 MuSchG Rn 69, 75 ff.
8 KR/Bader/Gallner § 9 MuSchG Rn 73.
9 KR/Bader/Gallner § 9 MuSchG Rn 74.
10 BAG 16.2.1983 – 7 AZR 134/81 – AP BGB § 123 Nr 22; zu anderen Beendigungstatbeständen vgl Rn 39 ff.
11 EuGH 11.10.2007 – Rs. C-460/06 (Paquay) – NZA 2007, 1271.

nicht allein auf die Kündigung gestützt werden.[12] Etwas anderes gilt allerdings dann, wenn der Arbeitgeber bewusst trotz Kenntnis der Schwangerschaft kündigt, ohne die Zustimmung der zuständigen Behörde einzuholen.[13]

2. Vergütungsrechtliche Folgen

6 Der Arbeitgeber kann, da das Kündigungsverbot auch für die außerordentliche Kündigung gilt, das Arbeitsverhältnis auch bei schwersten Vertragsverstößen der Arbeitnehmerin nicht sofort kündigen, sondern nur nach vorheriger Zulässigerklärung durch die zuständige Behörde (§ 9 Abs 3 MuSchG). Der Arbeitgeber ist in der Zwischenzeit bis zur Entscheidung der Behörde grundsätzlich verpflichtet, die geschützte Arbeitnehmerin zu beschäftigen und das Entgelt fortzuzahlen. Die Pflicht zur Beschäftigung und damit auch evtl Annahmeverzugsansprüche (§ 615 BGB) entfallen nur dann, wenn das Interesse des Arbeitgebers an der Nichtbeschäftigung erheblich überwiegt.[14] Das ist in besonders krassen Fällen zu bejahen.[15]

IV. Voraussetzungen des Sonderkündigungsschutzes
1. Schwangerschaft

7 Das Kündigungsverbot des § 9 Abs 1 Satz 1 MuSchG setzt voraus, dass im Zeitpunkt des Kündigungszugangs eine **Schwangerschaft objektiv besteht.** Dies ist medizinisch zu bestimmen. Die Schwangerschaft beginnt mit der Befruchtung (Konzeption)[16] und besteht bis zur Entbindung. Erforderlich ist die intrauterine Entwicklung des Embryos. Wie diese bewirkt wurde, ist unerheblich. Eine den Sonderkündigungsschutz auslösende Schwangerschaft liegt deshalb auch bei künstlicher intrauteriner Insemination vor, ebenso dann, wenn die Frau nach extrauteriner Befruchtung den hierdurch erzeugten Embryo nach operativer Einpflanzung intrauterin in sich aufwachsen lässt. Dh, bei einer künstlichen Befruchtung iFe In-vitro-Fertilisation muss die befruchtete Eizelle bereits in die Gebärmutter eingesetzt worden sein, damit eine Schwangerschaft iSd RL 92/85/EWG vorliegt.[17] Die schwangere Frau muss nicht die biologische Mutter sein. Auch eine Bauchhöhlenschwangerschaft ist eine Schwangerschaft.[18] Eine Scheinschwangerschaft oder eine irrtümlich angenommene Schwangerschaft können, da objektiv keine Schwangerschaft besteht, den Schutz des Gesetzes allerdings nicht auslösen.

---

12 BAG 17.10.2013 – 8 AZR 742/12 – NZA 2014, 303.
13 BAG 12.12.2013 – 8 AZR 838/12 – ArRB 2014, 163.
14 BAG 27.2.1985 – GS 1/84 – AP BGB § 611 Beschäftigungspflicht Nr 14; 9.8.1984 – 2 AZR 374/83 – AP BGB § 615 Nr 34; 21.3.1985 – 2 AZR 201/84 – AP BGB § 615 Nr 35.
15 BAG 26.4.1956 – GS 1/56 – AP MuSchG § 9 Nr 5; vgl auch § 11 KSchG Rn 21.
16 Zur Ermittlung des Empfängniszeitpunktes vgl Rn 19.
17 EuGH 26.2.2008 – Rs. C-506/06 (Mayr) – AP EWG-RL 92/85 Nr 7.
18 Vgl KR/Bader/Gallner § 9 MuSchG Rn 29; Buchner/Becker § 1 Rn 124; offengelassen von BAG 3.3.1966 – 2 AZR 179/65 – AuR 1966, 153.

2. Entbindung

Das Tatbestandsmerkmal „Entbindung" erfüllt jede **Lebendgeburt**,[19] auch wenn es sich um eine **Frühgeburt** handelt. Eine **Totgeburt**[20] gilt nur dann als Entbindung, wenn das Gewicht der Leibesfrucht mindestens 500 g betragen hat. Eine **Fehlgeburt**[21] ist keine Entbindung.[22] Ein „**Schwangerschaftsabbruch**" schließt nicht in jedem Falle die Annahme einer Entbindung iSd. § 9 Abs 1 Satz 1 MuSchG aus. Es ist unzutreffend, jeden Abbruch einer Schwangerschaft mit einer Abtreibung iSd Tötung der Leibesfrucht – insbesondere iSd § 218 StGB – gleichzusetzen. Dies gilt jedenfalls dann, wenn die Schwangerschaft früher als zum mutmaßlichen Entbindungstermin künstlich beendet worden ist, ohne die Lebensfähigkeit der Leibesfrucht zielgerichtet beeinträchtigen zu wollen. Allein aus dem Umstand des „Abbruchs" lässt sich das Tatbestandsmerkmal der Entbindung noch nicht negieren, wenn die Voraussetzungen des § 29 Abs 2 PersStdG vorliegen.[23]

3. Kenntnis des Arbeitgebers von der Schwangerschaft bzw der Entbindung

a) Positive Kenntnis. Erforderlich ist die positive Kenntnis des Arbeitgebers. IdR wird diese durch eine Mitteilung der geschützten Frau nach § 5 Abs 1 MuSchG erlangt. Eigene Wahrnehmungen des Arbeitgebers über die bestehende Schwangerschaft reichen aus. Unzureichend sind aber eine grob fahrlässige Unkenntnis des Arbeitgebers, bloße Vermutungen oder Gerüchte über das Bestehen der Schwangerschaft. Es kann jedoch eine Erkundigungspflicht des Arbeitgebers bestehen.[24]

b) Zurechnung der Kenntnis anderer Personen. Die Kenntnis seiner kraft Rechtsgeschäft allgemein (zB Prokura) oder durch Übertragung der selbstständigen Entlassungsbefugnis zur Kündigung berechtigten Vertreter ist dem Arbeitgeber zuzurechnen. Ausreichend ist ferner die Kenntnis der Personen, die zwar keine Entlassungsbefugnis, jedoch eine ähnlich selbstständige Stellung wie ein rechtsgeschäftlicher Vertreter innehaben. Dagegen genügt die Kenntnis von untergeordneten Mitarbeitern der Personalabteilung oder von Vorgesetzten, deren Befugnisse sich auf den rein arbeitstechnischen Bereich beschränken, nicht.[25] Die Kenntnis eines Vorarbeiters,[26] des

---

19 Vgl § 29 Abs 1 der Verordnung zur Ausführung des Personenstandsgesetzes vom 25.2.1977 (BGBl I S 377) idF der ÄnderungsVO vom 24.3.1994 (BGBl I S 621).
20 Vgl § 29 Abs 2 der Verordnung zur Ausführung des Personenstandsgesetzes vom 25.2.1977 (BGBl I S 377) idF der ÄnderungsVO vom 24.3.1994 (BGBl I S 621).
21 Vgl § 29 Abs 3 der Verordnung zur Ausführung des Personenstandsgesetzes idF der Änderungsverordnung vom 24.3.1994 (BGBl I S 621).
22 BAG 16.2.1973 – 2 AZR 138/72 – AP MuSchG 1968 § 9 Nr 2.
23 BAG 15.12.2005 – 2AZR 462/04 – AP MuSchG 1968 § 9 Nr 37.
24 EuGH 11.11.2010 – Rs. C-232/09 (Danosa) – NZA 2011, 143; HWK/Hergenröder § 9 MuSchG Rn 7; ErfK/Schlachter § 9 MuSchG Rn 5, für den Fall, dass sich der Hinweis auf die Schwangerschaft aus einer Arbeitsunfähigkeitsbescheinigung ergibt; aA Hk-MuSchG/BEEG/Schöllmann § 9 MuSchG Rn 33; KR/Bader/Gallner § 9 MuSchG Rn 34.
25 BAG 5.7.1990 – 2 AZR 8/90 – AP SchwBG 1986 § 15 Nr 1 zu I 4 c aa der Gründe.
26 BAG 18.2.1965 – 2 AZR 274/64 – AP MuSchG § 9 Nr 26.

Betriebsarztes oder des Betriebsrates[27] kann dem Arbeitgeber also nicht zugerechnet werden. Bei einem Betriebsinhaberwechsel nach § 613a BGB muss die Schwangerschaft dem Erwerber nicht erneut mitgeteilt werden, wenn der bisherige Inhaber oder dessen Vertreter hiervon bereits positive Kenntnis hatten.[28] Bei Heimarbeiterinnen und den ihnen Gleichgestellten[29] ist die Kenntnis des Auftraggebers oder Zwischenmeisters maßgebend (vgl § 24 Nr 2 MuSchG).

11 **c) Zeitpunkt der Kenntnis. aa) Grundsatz.** Die Schwangerschaft oder Entbindung muss dem Arbeitgeber bzw seinen Vertretern nach § 9 Abs 1 Satz 1 HS 1 MuSchG

- zur Zeit der Kündigung (= Zeitpunkt des Zugangs) bekannt gewesen sein oder
- innerhalb von zwei Wochen nach Zugang der Kündigung mitgeteilt werden.

12 **bb) Überschreitung der Zwei-Wochen-Frist.** Das Überschreiten dieser Frist ist unschädlich, wenn es auf einem von der Frau nicht zu vertretenden Grund beruht und die Mitteilung unverzüglich nachgeholt wird (§ 9 Abs 1 HS 2 MuSchG).[30] Es sind **zwei Konstellationen**[31] denkbar:

- Die Arbeitnehmerin hat während der Zwei-Wochen-Frist des § 9 Abs 1 Satz 1 MuSchG unverschuldet selbst keine Kenntnis von ihrer Schwangerschaft
- Die Arbeitnehmerin hat beim Zugang der Kündigung zwar Kenntnis von ihrer Schwangerschaft oder sie erfährt während der Zwei-Wochen-Frist von ihr, ist aber durch sonstige Umstände unverschuldet an der rechtzeitigen Mitteilung gehindert

13 Dies folgt aus Art. 6 Abs 4 GG, der den bindenden Auftrag an den Gesetzgeber enthält, jeder Mutter Schutz und Fürsorge der Gemeinschaft angedeihen zu lassen.[32] Hiernach kann es keinen erheblichen Unterschied machen, ob die Frau erst einen Tag nach Ablauf der Zwei-Wochen-Frist des § 9 Abs 1 Satz 1 HS 1 MuSchG oder kurz vor dem Ablauf dieser Frist von ihrer Schwangerschaft erfährt und dann schuldlos an der rechtzeitigen Mitteilung gehindert ist.[33]

14 **cc) Verschulden.** Die Fristüberschreitung ist von der schwangeren Frau dann iSd § 9 Abs 1 Satz 1 HS 2 MuSchG zu vertreten, wenn sie auf einen gröblichen Verstoß gegen das von einem ordentlichen und verständigen Menschen im eigenen Interesse zu erwartende Verhalten zurückzuführen

---

27 KR/Bader/Gallner § 9 MuSchG Rn 38 f.
28 KR/Bader/Gallner § 9 MuSchG Rn 39 b; APS-Rolfs § 9 MuSchG Rn 33; aA zB Buchner/Becker § 9 Rn 80.
29 Zu diesem Personenkreis vgl auch Rn 3, 4.
30 Die Einfügung des § 9 Abs 1 HS 2 beruht auf dem Beschluss des BVerfG vom 13.11.1979 – 1 BvL 24/77 – BGBl 1980 I S 147, AP MuSchG 1968 § 9 Nr 7.
31 BAG 26.9.2002 – 2 AZR 392/01 – AP MuSchG 1968 § 9 Nr 31 zu B I 2 a; 13.6.1996 – 2 AZR 736/95 – AP MuSchG 1968 § 9 Nr 22.
32 BVerfG 13.11.1979 – 1 BvL 24/77 – BGBl 1980 I S 147, AP MuSchG 1968 § 9 Nr 7.
33 BAG 26.9.2002 – 2 AZR 392/01 – AP MuSchG 1968 § 9 Nr 31 zu B I 2 a.

ist. Erforderlich ist also ein **„Verschulden gegen sich selbst"**.[34] Dabei kommt es nicht darauf an, durch welchen Umstand die schwangere Frau an der Fristeinhaltung gehindert ist, sondern darauf, ob die Fristüberschreitung im genannten Sinne schuldhaft oder unverschuldet ist.[35]

Beispiele: Eine Frau, die erst innerhalb der Zwei-Wochen-Frist von ihrer Schwangerschaft erfährt, muss den Arbeitgeber nicht sofort in Kenntnis setzen. Ihr ist eine gewisse Überlegungsfrist, auch um einen qualifizierten juristischen Rat einzuholen, zuzubilligen. Eine darauf beruhende Überschreitung der Zwei-Wochen-Frist ist deshalb als unverschuldet anzusehen.[36]

Geht einer schwangeren Arbeitnehmerin während ihres Urlaubs eine Kündigung zu und teilt sie den Arbeitgeber unverzüglich nach Rückkehr aus dem Urlaub ihre Schwangerschaft mit, so ist die Überschreitung der Zwei-Wochen-Frist nicht allein deshalb als verschuldet anzusehen, weil sie es unterlassen hatte, dem Arbeitgeber ihre Schwangerschaft vor Urlaubsantritt anzuzeigen. Ein gröbliches Verschulden gegen sich selbst liegt in diesem Fall nicht vor.[37]

Die Überschreitung der Zwei-Wochen-Frist ist unverschuldet, wenn die Schwangere die Bescheinigung über die Schwangerschaft mit normaler Post an den Arbeitgeber versendet und der Brief dann aus ungeklärter Ursache verloren geht. Mit einem Verlust des Briefes auf dem Beförderungsweg muss die Schwangere nicht von vornherein rechnen.[38]

Die Unkenntnis der schwangeren Frau vom Beginn der Schwangerschaft schließt ein Verschulden an der Überschreitung der Zwei-Wochen-Frist regelmäßig aus. Die Arbeitnehmerin muss entweder von der Schwangerschaft positiv wissen oder zwingende Anhaltspunkte dafür ignorieren.[39] Das Untätigsein der Arbeitnehmerin beim Vorliegen einer bloßen, mehr oder weniger vagen Schwangerschaftsvermutung reicht regelmäßig nicht aus, ihr ein schuldhaftes Verhalten vorzuwerfen.[40]

dd) Unverzügliche Nachholung der Mitteilung. Unverzüglich bedeutet nach der Legaldefinition des § 121 BGB **„ohne schuldhaftes Zögern"**. Bei der Prüfung, ob eine Mitteilung der Schwangerschaft bei unverschuldeter Überschreitung der Zwei-Wochen-Frist unverzüglich nachgeholt worden ist, kann nach der Rechtsprechung des BAG weder auf eine Mindestfrist (in der die Verzögerung der Mitteilung regelmäßig als unverschuldet anzu-

---

34 BAG 26.9.2002 – 2 AZR 392/01 – AP MuSchG 1968 § 9 Nr 31 zu B I 2 a; 16.5.2002 – 2 AZR 730/00 – AP MuSchG 1968 § 9 Nr 30 zu B II 2 a; 13.6.1996 – 2 AZR 736/95 – AP MuSchG 1968 § 9 Nr 22; 6.10.1983 – 2 AZR 368/82 – AP MuSchG 1968 § 9 Nr 12.
35 BAG 16.5.2002 – 2 AZR 730/00 – AP MuSchG 1968 § 9 Nr 30 zu B II 2 a; 13.6.1996 – 2 AZR 736/95 – AP MuSchG 1968 § 9 Nr 22; KR/Etzel § 9 MuSchG Rn 57 a; Kittner/Däubler/Zwanziger KSchR § 9 MuSchG Rn 27; APS-Rolfs § 9 MuSchG Rn 38.
36 BAG 26.9.2002 – 2 AZR 392/01 – AP MuSchG 1968 § 9 Nr 31.
37 BAG 13.6.1996 – 2 AZR 736/95 – AP MuSchG 1968 § 9 Nr 22.
38 BAG 16.5.2002 – 2 AZR 730/00 – AP MuSchG 1968 § 9 Nr 30.
39 BAG 20.5.1988 – 2 AZR 739/87 – AP MuSchG 1968 § 9 Nr 16 zu II 4 und 5 der Gründe.
40 BAG 6.10.1983 – 2 AZR 197/82 – nv.

sehen ist) noch auf eine Höchstfrist (nach deren Ablauf stets von einem schuldhaften Zögern auszugehen ist) abgestellt werden. Entscheidend sind vielmehr die besonderen Umstände des konkreten Einzelfalles.[41]

17 **Beispiele:** Zweifel über den Beginn der Schwangerschaft sind an sich geeignet, Verzögerungen der Mitteilung zu rechtfertigen, wenn sie wiederum zur Ungewissheit darüber führen, ob die Schwangerschaft im konkreten Fall den besonderen Kündigungsschutz auslöst,[42] also im Zeitpunkt des Kündigungszugangs bereits bestand.[43]

Eine verschuldete Verzögerung der Mitteilung liegt nicht bereits darin, dass die Arbeitnehmerin alsbald nach Kenntnis von der Schwangerschaft einen Prozessbevollmächtigten mit der Klageerhebung gegen die bis dahin nicht angegriffene Kündigung des Arbeitgebers beauftragt und die Schwangerschaft nur in der Klageschrift mitteilt. Die Arbeitnehmerin hat auch weder für Hindernisse bei der Übermittlung der Mitteilung, an der sie kein Verschulden trifft, noch für ein zur Verzögerung der Mitteilung führendes Verschulden eines von ihr beauftragten geeigneten Bevollmächtigten einzustehen.[44]

Regelmäßig kann ein **Zeitraum von einer Woche** noch als ausreichend für ein unverzügliches Nachholen angesehen werden.[45] Selbst wenn zwischen Kenntniserlangung der Arbeitnehmerin von der Schwangerschaft und nachgeholter Mitteilung an den Arbeitgeber 13 Kalendertage liegen, kann im Einzelfall noch von Unverzüglichkeit ausgegangen werden.[46]

V. Dauer des Sonderkündigungsschutzes

1. Geschützter Zeitraum

18 Der Sonderkündigungsschutz besteht nach § 9 Abs 1 Satz 1 HS 1 MuSchG
- während der Schwangerschaft und
- bis zum Ablauf von vier Monaten nach der Entbindung. Dabei ist nicht nur die Mitteilung einer Kündigungsentscheidung während dieses Schutzzeitraumes unzulässig, sondern es ist auch untersagt, dass vor Ablauf dieser Zeit Maßnahmen in Vorbereitung einer solchen Entscheidung getroffen werden. Eine auf der Schwangerschaft und/oder der Geburt eines Kindes beruhende Kündigungsentscheidung verstößt gegen das Kündigungsverbot, wann immer diese Kündigungsentscheidung auch mitgeteilt wird.[47]

2. Beginn des Sonderkündigungsschutzes

19 **a) Beginn der Schwangerschaft; Rückrechnungsmethode.** Die Schwangerschaft[48] und damit der Sonderkündigungsschutz nach § 9 MuSchG beginnt

---

41 BAG 20.5.1988 – 2 AZR 739/87 – AP MuSchG 1968 § 9 Nr 16 zu II 2 b der Gründe.
42 BAG 20.5.1988 – 2 AZR 739/87 – AP MuSchG 1968 § 9 Nr 16.
43 Zur Feststellung des Schwangerschaftsbeginns vgl Rn 19.
44 BAG 27.10.1983 – 2 AZR 214/82 – AP MuSchG 1968 § 9 Nr 13.
45 BAG 26.9.2002 – 2 AZR 392/01 – AP MuSchG 1968 § 9 Nr 31 zu B I 3.
46 LAG Hamm 17.10.2006 – 9 Sa 1503/05 – LAGE MuSchG § 9 Nr 26.
47 EuGH 11.10.2007 – Rs. C-460/06 (Paquay) – NZA 2007, 1271.
48 Zum Begriff vgl Rn 7.

mit dem Tag der Befruchtung. Der tatsächliche Tag der Befruchtung kann jedoch mit Sicherheit nur in Ausnahmefällen festgestellt werden. Das führt zu Berechnungsproblemen, wenn die Kündigung ausgesprochen wurde, bevor die Schwangerschaft erkannt worden ist. Das Mutterschutzgesetz enthält lediglich für die Ermittlung des in § 3 Abs 2 MuSchG festgelegten Zeitraums der letzten sechs Wochen vor der Entbindung, innerhalb dessen werdende Mütter nicht beschäftigt werden dürfen, eine Berechnungsvorschrift in § 5 Abs 2 MuSchG. Nach ständiger Rechtsprechung des BAG[49] ist die Vorschrift auch für die Feststellung des Beginns der Schwangerschaft im Rahmen des Kündigungsverbots nach § 9 MuSchG mit folgender **Rückrechnungsmethode** entsprechend anzuwenden:

- Auszugehen ist vom Zeugnis eines Arztes oder einer Hebamme über den voraussichtlichen Tag der Entbindung. Auf den Tag der tatsächlichen Entbindung kommt es nicht an.
- Die Bestimmung des Beginns der Schwangerschaft erfolgt grundsätzlich durch Rückrechnung um 280 Tage von dem ärztlich festgestellten voraussichtlichen Entbindungstermin.
- Der voraussichtliche Entbindungstag ist nicht mitzuzählen.

Der **Zeitraum von 280 Tagen** markiert die **äußerste zeitliche Grenze**, innerhalb derer bei einem normalen Zyklus von 28 Tagen eine Schwangerschaft vorliegen kann. Es werden dabei, was das BAG[50] aus Gründen der Rechtssicherheit und des Schutzes der Schwangeren in Kauf nimmt, auch Tage (die ersten Tage des 280-Tage-Zeitraums) einbezogen, in denen das Vorliegen einer Schwangerschaft medizinisch eher unwahrscheinlich ist. Erfolgte der Zugang der Kündigung vor dem auf diese Weise ermittelten Zeitpunkt, greift das Kündigungsverbot des § 9 MuSchG nicht ein.

b) Darlegungs- und Beweislast. Darlegungs- und beweispflichtig für die im Zeitpunkt des Kündigungszugangs bestehende Schwangerschaft ist die **Arbeitnehmerin**. Ausgehend von der vorstehend dargestellten Rückrechnungsmethode genügt sie ihrer Darlegungslast für das Bestehen einer Schwangerschaft im Kündigungszeitpunkt zunächst durch Vorlage der **ärztlichen Bescheinigung** über den voraussichtlichen Tag der Entbindung, wenn der Zugang der Kündigung innerhalb von 280 Tagen vor diesem Zeitpunkt liegt. Die ärztliche Bescheinigung nach § 5 Abs 2 MuSchG hat einen **hohen Beweiswert**. Der **Arbeitgeber** kann den **Beweiswert der Bescheinigung erschüttern** und Umstände darlegen und beweisen, aufgrund derer es der wissenschaftlich gesicherten Erkenntnis widersprechen würde, von einem Beginn der Schwangerschaft vor Kündigungszugang auszugehen. Die Arbeitnehmerin muss dann weiteren Beweis führen und ist ggf gehalten, ihre **Ärzte von der Schweigepflicht zu entbinden.**[51]

---

49 Vgl BAG 7.5.1998 – 2 AZR 417/97 – AP MuSchG 1968 § 9 Nr 24; 12.12.1985 – 2 AZR 82/85 – AP MuSchG 1968 § 9 Nr 15; 1.8.1985 – 2 AZR 461/84 – nv; 27.10.1983 – 2 AZR 566/ 82 – AP MuSchG 1968 § 9 Nr 14.
50 BAG 7.5.1998 – 2 AZR 417/97 – AP MuSchG 1968 § 9 Nr 24 zu II 3 a der Gründe.
51 Zu alledem BAG 7.5.1998 – 2 AZR 417/97 – AP MuSchG 1968 § 9 Nr 24 zu II 3 c der Gründe.

3. Ende des Sonderkündigungsschutzes: vier Monate nach der Entbindung

22 Voraussetzung ist eine Entbindung.[52] Der viermonatige Schutz nach der Entbindung besteht deshalb bei einer Lebendgeburt und bei einer Totgeburt mit einem Gewicht von mindestens 500 g. Bei einer Totgeburt mit einem Gewicht unter 500 g, bei einer Frühgeburt und einer Schwangerschaftsunterbrechung schließt sich die viermonatige Schutzfrist mangels Entbindung nicht an. Vielmehr endet der Sonderkündigungsschutz des § 9 MuSchG in diesen Fällen unmittelbar mit der Beendigung der Schwangerschaft.

23 Ob die Mutter nach der Entbindung auch die **tatsächliche Personensorge** für das Kind übernimmt, ist unerheblich, da der Sonderkündigungsschutz lediglich an die Entbindung anknüpft. Deshalb bleibt der Sonderkündigungsschutz für die Zeit nach der Entbindung auch dann erhalten, wenn die Mutter das Kind unmittelbar nach der Entbindung zur **Adoption** freigibt.

24 Die **Berechnung des Vier-Monats-Zeitraums** erfolgt nach §§ 187 Abs 1, 188 Abs 2 und Abs 3 BGB. § 193 BGB ist unanwendbar, da nicht innerhalb einer Frist eine Willenserklärung abzugeben ist, sondern im Gegenteil die Willenserklärung (Kündigung) nicht innerhalb der Frist zugehen darf.[53]

25 **Beispiele:** Die Entbindung war am 15. Januar. Die viermonatige Schutzfrist endet also mit Ablauf des 15. Mai (§ 188 Abs 2 Alt 1 BGB). – Die Entbindung war am 31. Oktober. Die viermonatige Schutzfrist endet also mit Ablauf des 28. Februar (§ 188 Abs 3 BGB). – Die viermonatige Schutzfrist endet mit Ablauf des Karfreitags. Die am Ostersamstag zugehende Kündigung ist nicht mehr nach § 9 Abs 1 MuSchG verboten, da § 193 BGB nicht gilt.[54]

4. Verlängerter Schutz bei Inanspruchnahme der Elternzeit

26 An den viermonatigen Schutzzeitraum des § 9 Abs 1 Satz 1 HS 1 MuSchG kann sich der Sonderkündigungsschutz des § 18 BEEG für die Dauer der Elternzeit anschließen. Während der Elternzeit besteht der gleiche Schutz wie nach dem Mutterschutzgesetz. Der Schutzzeitraum kann sich dadurch auf bis zu drei Jahre nach der Entbindung (vgl § 15 Abs 2 Satz 1 Hs 1 BEEG) verlängern. Nimmt die Mutter unmittelbar nach der Geburt des Kindes (§ 16 Abs 1 Satz 1 BEEG) Elternzeit in Anspruch, genießt sie bis zum Ablauf von vier Monaten nach der Entbindung **doppelten Bestandsschutz** nach § 9 MuSchG und § 18 BEEG. Wird die Elternzeit von einem anderen Elternzeitberechtigten als der Mutter verlangt, genießt die Mutter den Sonderkündigungsschutz nach § 9 MuSchG bis zum Ablauf von vier Monaten nach der Entbindung, der Elternzeitnehmer den Sonderkündigungsschutz nach § 18 BEEG.

---

52 Zum Begriff vgl Rn 8.
53 Kittner/Däubler/Zwanziger KSchR § 9 MuSchG Rn 13.
54 Hat die Frau allerdings zuvor Elternzeit verlangt, greift in diesem Fall das Kündigungsverbot des § 18 BEEG.

5. Mitteilungspflicht der Frau bei vorzeitiger Beendigung der Schwangerschaft

Eine Arbeitnehmerin, die dem Arbeitgeber das Bestehen einer Schwangerschaft mitgeteilt hat, ist verpflichtet, den Arbeitgeber unverzüglich zu unterrichten, wenn die Schwangerschaft, zB aufgrund einer Frühgeburt, vorzeitig endet.[55] Es handelt sich um eine vertragliche Nebenpflicht. Dies gilt auch dann, wenn sich der Arbeitgeber mit der Annahme der Dienste der Arbeitnehmerin in Verzug befindet und eine von ihm erklärte Kündigung wegen Verstoßes gegen § 9 MuSchG rechtskräftig für unwirksam erklärt worden ist. Hat die Arbeitnehmerin diese Mitteilung schuldhaft unterlassen und hat der Arbeitgeber das Arbeitsverhältnis deshalb – in der Annahme, das Kündigungsverbot des § 9 MuSchG gelte fort – nicht gekündigt, kann der Arbeitgeber die „Nichtbeendigung" des Arbeitsverhältnisses und die Erfüllung der sich aus dem Arbeitsverhältnis ergebenden Ansprüche der Arbeitnehmerin auf Entgelt nicht als Schaden geltend machen.[56]

VI. Behördliche Zulässigerklärung nach § 9 Abs 3 Satz 1 MuSchG
1. Zuständige Behörde

Die Zulässigerklärung erfolgt nach § 9 Abs 3 Satz 1 MuSchG durch die für den Arbeitsschutz zuständige Oberste Landesbehörde oder die von ihr bestimmte Stelle. Die Oberste Landesbehörde ist der Fachminister des jeweiligen Landes. Die Bundesländer haben von der gesetzlichen Delegationsbefugnis in unterschiedlicher Weise Gebrauch gemacht. Zuständig ist/sind in:

- Baden-Württemberg: die Regierungspräsidien,[57]
- Bayern: für die nordbayerischen Gewerbeaufsichtsamtsbezirke das Gewerbeaufsichtsamt Nürnberg, für die südbayerischen Gewerbeaufsichtsamtsbezirke das Gewerbeaufsichtsamt München-Land,[58]
- Berlin: das Landesamt für Arbeitsschutz und technische Sicherheit,[59]
- Brandenburg: das Amt für Arbeitsschutz und Sicherheitstechnik,[60]
- Bremen: das Gewerbeaufsichtsamt,[61]
- Hamburg: die Arbeits- und Sozialbehörde,[62]
- Hessen: der Regierungspräsident,[63]
- Mecklenburg-Vorpommern: das Gewerbeaufsichtsamt,[64]
- Niedersachsen: das Gewerbeaufsichtsamt,[65]
- Nordrhein-Westfalen: der Regierungspräsident,[66]

---

55 BAG 18.1.2000 – 9 AZR 932/98 – AP MuSchG 1968 § 5 Nr 1 zu I 4 b aa der Gründe mwN.
56 BAG 18.1.2000 – 9 AZR 932/98 – AP MuSchG 1968 § 5 Nr 1 zu I 4 b cc der Gründe.
57 Art. 142 Verwaltungsstruktur-Reformgesetz – GBl Baden-Württemberg 2004, 542.
58 Verordnung vom 15.12.1987 – Bayerisches GVBl S 467, 482.
59 Verordnung vom 30.8.1978 – GVBl Berlin S 1900, 1905.
60 Verordnung vom 9.10.1992 – GVBl Land Brandenburg II S 672, 676.
61 Bekanntmachung vom 28.8.1968 – ABl Bremen S 308.
62 Anordnung vom 7.9.1965 – Hamburgisches GVBl II S 1015, 1017.
63 Verordnung vom 24. 06.1974 – GVBl Hessen S 304.
64 Verordnung vom 9.4.1992 – GVBl Mecklenburg-Vorpommern S 258.
65 Verordnung vom 15.10. 1976 – Niedersächsisches GVBl S 235, 263.
66 Verordnung vom 6.2.1973 – GVBl Nordrhein-Westfalen S 66, 83.

- Rheinland-Pfalz: die Bezirksregierung,[67]
- im Saarland: das Gewerbeaufsichtsamt,[68]
- Sachsen: das Gewerbeaufsichtsamt,[69]
- Sachsen-Anhalt: das Gewerbeaufsichtsamt,[70]
- Schleswig-Holstein: das Gewerbeaufsichtsamt[71]
- Thüringen: das Landesamt für Soziales und Familie.[72]

2. Voraussetzungen der behördlichen Zulässigerklärung

29 a) **Antragserfordernis; Antragsfrist.** Das Verfahren richtet sich nach dem Verwaltungsverfahrensrecht des jeweiligen Bundeslandes. Inhaltlich bestehen keine Unterschiede zum Verwaltungsverfahrensgesetz (VwVfG) des Bundes. Die Behörde wird nicht von Amts wegen tätig. Erforderlich ist ein Antrag des Arbeitgebers auf behördliche Zulässigerklärung. Die zuständige Behörde hat den Sachverhalt sodann von Amts wegen zu ermitteln (§ 24 VwVfG). Den Arbeitgeber trifft eine Mitwirkungspflicht. Er muss die für die Entscheidung wesentlichen Tatsachen angeben (§ 26 Abs 2 VwVfG). Dazu gehört insbesondere die Angabe der beabsichtigten Kündigungsart (außerordentliche oder ordentliche Kündigung).

30 Der Antrag ist weder an eine Form noch an eine Frist gebunden. Beabsichtigt der Arbeitgeber die Erklärung einer **außerordentlichen Kündigung**, muss er aber die Kündigungserklärungsfrist nach § 626 Abs 2 BGB beachten. Aus einer Parallelwertung mit § 91 Abs 2 SGB IX ergibt sich, dass die Frist des § 626 Abs 2 BGB auch gewahrt ist, wenn der Arbeitgeber zunächst innerhalb von zwei Wochen, nachdem er von den kündigungsrelevanten Vorgängen Kenntnis erlangt hat, eine (unwirksame) außerordentliche Kündigung ausspricht, anschließend innerhalb von zwei Wochen nach Information über die Schwangerschaft der Arbeitnehmerin den Antrag nach § 9 Abs 3 MuSchG stellt und nach Abschluss des behördlichen Verfahrens unverzüglich die außerordentliche Kündigung ausspricht.[73] Die zu § 103 BetrVG entwickelten Grundsätze[74] gelten insoweit entsprechend.[75]

31 b) **Materiell-rechtliche Voraussetzungen der Zulässigerklärung.** Die Zulässigerklärung hat Ausnahmecharakter. Sie ist eine der verwaltungsgerichtlichen Kontrolle unterliegende Ermessensentscheidung der zuständigen Behörde. Diese kann die Kündigung nach § 9 Abs 3 MuSchG

- ausnahmsweise
- in besonderen Fällen

---

67 Erlass des Sozialministeriums vom 19.6.1957 – MBl Rheinland-Pfalz Spalte 623 = BB 1957, 750.
68 Verordnung vom 1.9.1970 – ABl Saarland S 842.
69 Verordnung vom 8.7.1993 – Sächsisches GVBl S 565, 568.
70 Verordnung vom 14.6.1994 – GVBl Sachsen-Anhalt S 636, 658.
71 Erlass des Ministers für Arbeit, Soziales, Vertriebene vom 8.2.1954 – ABl Schleswig-Holstein S 69.
72 Verordnung vom 11.1.1993 – GVBl Thüringen S 111, 143.
73 LAG Sachsen-Anhalt 13.2.2007 – 11 Sa 409/06.
74 Vgl § 15 KSchG Rn 176.
75 KR/Bader/Gallner § 9 MuSchG Rn 79 mwN, 112.

- die „nicht mit dem Zustand einer Frau während der Schwangerschaft oder mit ihrer Lage bis zum Ablauf von vier Monaten nach der Entbindung in Zusammenhang stehen"[76]

für zulässig erklären. Durch die Verwendung dieser von § 626 BGB abweichenden unbestimmten Rechtsbegriffe kommt zum Ausdruck, dass der „besondere Fall" nicht mit dem wichtigen Grund iSd § 626 BGB gleichzusetzen ist. Erforderlich sind nach der Rechtsprechung des Bundesverwaltungsgerichts[77] vielmehr **außergewöhnliche Umstände**, die das Zurücktreten der vom Gesetz als vorrangig angesehenen Interessen der Schwangeren hinter die des Arbeitgebers rechtfertigen.

Beispiele: Betriebliche Gründe können ausnahmsweise einen besonderen Fall darstellen, wenn keine Beschäftigungsmöglichkeit für die Arbeitnehmerin mehr besteht. Dies ist insbesondere bei einer **Betriebsstilllegung**[78] der Fall, aber auch dann, wenn die wirtschaftliche Belastung durch die sich aus dem Mutterschutzgesetz ergebenden Verpflichtungen den Arbeitgeber in die Nähe einer **Gefährdung seiner Existenz** rückt.[79] 32

Gründe in der Person, die mit der Schwangerschaft in Zusammenhang stehen, scheiden als besonderer Fall grundsätzlich aus. Dies gilt auch dann, wenn auf Grund mutterschutzrechtlicher Beschäftigungsverbote nicht einmal die geminderte Arbeitskraft der werdenden Mutter zur Verfügung steht. Ansonsten wäre ihre Einbeziehung in das Gesetz sinnlos. Ein besonderer Fall kann auch in diesen Konstellationen nur in Betracht kommen, wenn ein weiterer Sachverhalt – zB Existenzgefährdung des Arbeitgebers – hinzutritt, der das Interesse des Arbeitgebers schutzwürdiger erscheinen lässt als den Mutterschutz.[80]

Gründe im Verhalten sind als besonderer Fall nur in ganz besonderen Ausnahmefällen geeignet, zB bei groben, vorsätzlichen Vertragspflichtverletzungen wie Straftaten.[81] In diesen Fällen ist aber zu prüfen, ob das Verhalten der Arbeitnehmerin ggf durch ihren Zustand bzw durch ihre schwangerschaftsbedingte Lage bedingt ist.

c) **Verwaltungsgerichtliche Kontrolle.** Die Entscheidung der zuständigen Behörde unterliegt als Verwaltungsakt der verwaltungsgerichtlichen Kontrolle. Die Arbeitsgerichte können die Wirksamkeit der Zulässigerklärung nicht überprüfen, sondern nur, ob eine solche das Kündigungsverbot des § 9 Abs 1 MuSchG aufhebende Entscheidung tatsächlich ergangen ist. Das führt zu einer **Doppelspurigkeit des Rechtswegs**.[82] 33

---

76 Diese gesetzliche Klarstellung erfolgte zur Umsetzung der EG-MuSch-RL und entsprach der bislang herrschenden Auffassung und Prüfungspraxis, vgl BT-Drucks 13/2763 S 10, Buchner/Becker § 9 Rn 182.
77 BVerwG 18.8.1977 – V C 8.77 – AP MuSchG 1968 § 9 Nr 5.
78 BVerwG 18.8.1977 – V C 8.77 – AP MuSchG 1968 § 9 Nr 5.
79 BVerwG 21.10.1970 – V C 34.69 – AP MuSchG § 9 Nr 33.
80 BVerwG 21.10.1970 – V C 34.69 – AP MuSchG § 9 Nr 33.
81 Vgl den vom Großen Senat des BAG im Urt v 26.4.1956 (– GS 1/56 – AP MuSchG § 9 Nr 5) entschiedenen Fall.
82 Vgl Rn 36 f.

3. Entscheidung der Behörde und Kündigung

34 a) **Ablehnung der Zulässigerklärung und Kündigung.** Die Zulässigerklärung durch die zuständige Behörde ist Wirksamkeitsvoraussetzung für die Kündigung. Die Erlaubnis muss also vor Ausspruch der Kündigung erteilt werden.[83] Die Zustimmung zur Kündigung nach § 18 BEEG ersetzt nicht gleichzeitig diejenige nach § 9 MuSchG.[84] Ebenso wenig kommt eine Aussetzung eines Verfahrens über eine vorzeitig ausgesprochene Kündigung in Betracht, wenn die Zulässigerklärung noch nicht vorliegt.[85] Hat die Behörde die Zulässigerklärung abgelehnt, besteht das Kündigungsverbot fort. Der Arbeitgeber kann gegen die ablehnende Entscheidung Widerspruch und ggf Klage vor dem Verwaltungsgericht erheben.

35 b) **Zulässigerklärung und Kündigung; doppelter Rechtsweg.** Hat die Behörde die Erlaubnis erteilt, ist das Kündigungsverbot beseitigt. Der Arbeitgeber darf nunmehr kündigen. Das ist unproblematisch, wenn die Arbeitnehmerin keine Rechtsmittel gegen die Zulässigerklärung eingelegt hat und die Zulässigerklärung bestandskräftig geworden ist.

36 Das Kündigungsverbot ist nach der Rechtsprechung des BAG[86] aber auch dann – vorläufig – beseitigt, wenn die **Arbeitnehmerin** die erteilte Erlaubnis durch **Widerspruch** und ggf durch Erhebung einer Anfechtungsklage vor dem Verwaltungsgericht angegriffen hat. In diesem Fall ist die vor Bestandskraft der Zulässigerklärung ausgesprochene Kündigung **schwebend unwirksam**. Widerspruch und Anfechtungsklage gegen einen Verwaltungsakt haben nach § 80 Abs 1 Satz 1 VwGO zwar aufschiebende Wirkung. Anders als das Schwerbehindertenrecht (vgl § 88 Abs 4 SGB IX) kennt das Mutterschutzgesetz aber keine Regelung, die die aufschiebende Wirkung des Widerspruchs und der Anfechtungsklage ausdrücklich ausschließt. Gegen eine analoge Anwendung des § 88 Abs 4 SGB IX (früher: § 18 Abs 4 SchwBG) spricht das Fehlen einer unbewussten Regelungslücke.[87] Der Suspensiveffekt des § 80 Abs 1 VwGO soll aber nur den Eintritt der Bestandskraft des Verwaltungsaktes verhindern. Er hat nicht die Unwirksamkeit des zugrunde liegenden Verwaltungsaktes zur Folge. § 80 Abs 1 Satz 2 VwGO trennt erkennbar zwischen der materiell-rechtlichen Gestaltungswirkung und der prozessualen – aufschiebenden – Wirkung des Bescheids und ordnet an, dass die aufschiebende Wirkung auch für rechtsgestaltende Verwaltungsakte eintritt. Dementsprechend kann ein Widerspruch nicht die – endgültige – Unwirksamkeit der von einem Privaten ausgesprochenen

---

83 BAG 29.7.1968 – 2 AZR 363/67 – AP MuSchG § 9 Nr 28; Buchner/Becker § 9 Rn 162; KR/Bader § 9 MuSchG Rn 97.
84 LAG Berlin-Brandenburg 6.4.2011 – 15 Sa 2454/10 – DB 2011, 1587.
85 LAG Köln 12.3.2012 – 2 Sa 999/11 – AE 2013, 21.
86 BAG 25.3.2004 – 2 AZR295/03 – AP MuSchG 1968 Nr 36 und BAG 17.6.2003 – 2 AZR 245/02 – NZA 2003, 1329; die letztgenannte Entscheidung hat einen jahrzehntelangen Meinungsstreit in der Lit beendet: Teils wurde die Auffassung vertreten, die trotz Widerspruch der Arbeitnehmerin erklärte Kündigung sei unheilbar nichtig, teils wurde sie als schwebend unwirksam betrachtet; zum früheren Streitstand vgl die Nachweise bei KR/Bader § 9 MuSchG Rn 127.
87 Anders noch LAG Rheinland-Pfalz 14.2.1996 – 2 Sa 1081/95 – NZA 1996, 984: Analogie zu § 18 Abs 4 SchwBG.

Kündigungserklärung haben.[88] Als Konsequenz ist ein **doppelter Rechtsweg** eröffnet: Der Streit vor den Gerichten für Verwaltungssachen über die Wirksamkeit der Zulässigerklärung und der Streit vor den Gerichten für Arbeitssachen über die Wirksamkeit der Kündigung.

Damit stellt sich im Fall der schwebenden Unwirksamkeit der Kündigung die Frage nach der **Aussetzung des arbeitsgerichtlichen Rechtsstreits** nach § 148 ZPO bis zur Erledigung des verwaltungsrechtlichen Streits über die Wirksamkeit der Zulässigerklärung. Darüber hat das Arbeitsgericht nach pflichtgemäßem Ermessen unter Berücksichtigung des Zwecks der Aussetzung – Verhinderung einander widersprechender Entscheidungen – einerseits und des arbeitsgerichtlichen Beschleunigungsgebots in Bestandsstreitigkeiten nach §§ 9, 61 a, 64 Abs 8 ArbGG andererseits zu entscheiden. Dabei sind zwei Konstellationen zu unterscheiden: 37

- Erweist sich die Kündigung unabhängig von der Frage der Wirksamkeit der Zulässigerklärung bei arbeitsrechtlicher Überprüfung als unwirksam (zB wegen Sozialwidrigkeit der ordentlichen Kündigung oder fehlendem wichtigen Grund bei der außerordentlichen Kündigung), so besteht kein Grund für eine Aussetzung. Die Gefahr divergierender Entscheidungen besteht nicht. Das arbeitsgerichtliche Beschleunigungsgebot ist in diesem Fall vorrangig.

- Erweist sich die Kündigung bei arbeitsrechtlicher Überprüfung als wirksam (zB wegen verspäteter Klageerhebung, § 7 KSchG), hängt die Entscheidung über die Wirksamkeit der Kündigung ausschließlich von der Wirksamkeit der Zulässigerklärung ab, über die allein die Gerichte für Verwaltungssachen entscheiden dürfen. Es entspricht dennoch pflichtgemäßem Ermessen, den arbeitsrechtlichen Rechtsstreit nicht bis zur rechtskräftigen Entscheidung über die Wirksamkeit der Zulässigerklärung im Verwaltungsverfahren auszusetzen. Dem Beschleunigungsgebot nach §§ 61 a, 64 Abs 8, 9 Abs 1 ArbGG kommt dabei eine große Bedeutung zu. Wird nach rechtskräftiger Abweisung der Bestandschutzklage die zunächst erfolgte Zulässigerklärung – später – dennoch im verwaltungsrechtlichen Klageverfahren aufgehoben, ist die Arbeitnehmerin gleichwohl nicht rechtlos gestellt. Sie kann im Wege der Restitutionsklage gem §§ 580 Nr 6, 586 ZPO die Abänderung des arbeitsgerichtlichen Verfahrens erreichen.[89]

4. Erklärungsform der behördlich für zulässig erklärten Kündigung

Bei Ausspruch der für zulässig erklärten Kündigung hat der Arbeitgeber die durch § 9 Abs 3 Satz 2 MuSchG vorgeschriebene Erklärungsform zu beachten. Danach bedarf die Kündigung der **schriftlichen Form** (vgl § 126 BGB) und sie muss den **zulässigen Kündigungsgrund** angeben. Dieses spezi- 38

---

88 Vgl zu alledem BAG 17.6.2003 – 2 AZR 245/02 – NZA 2003, 1329.
89 BAG 17.6.2003 – 2 AZR 245/02 – NZA 2003, 1329; 26.9.1991 – 2 AZR 132/91 – AP KSchG 1969 § 1 Krankheit Nr 28; droht der Ablauf der 5-Jahres-Frist für die Restitutionsklage (§ 586 Abs 2 Satz 2 ZPO), bevor das verwaltungsgerichtliche Verfahren abgeschlossen ist, kann die Arbeitnehmerin gleichwohl das Wiederaufnahmeverfahren einleiten – dieses ist dann bis zum Abschluss des Verwaltungsstreitverfahrens auszusetzen.

elle gesetzliche Schriftformerfordernis geht über den für Kündigungen durch § 623 BGB[90] allgemein normierten Schriftformzwang hinaus, da der zulässige Kündigungsgrund im Kündigungsschreiben (und nicht in einer separaten Erklärung)[91] mitgeteilt werden muss. Dies ist der von der zuständigen Behörde ihrer Zulässigerklärung zu Grunde gelegte Kündigungsgrund. Die Angabe der zur rechtlichen Beurteilung dieses Kündigungsgrundes notwendigen Tatsachen ist **Wirksamkeitsvoraussetzung**.[92] Eine Substantiierung wie im Prozess ist nicht erforderlich, die Mitteilung von Werturteilen bzw schlagwortartige Kurzhinweise, wie der bloße Hinweis, dass es sich um eine betriebsbedingte Kündigung handelt, genügen hingegen nicht.[93] Insoweit kann auf die Rechtsprechung des BAG[94] zu entsprechenden gesetzlichen (§ 15 Abs 3 BBiG) oder tarifvertraglichen Schriftformerfordernissen verwiesen werden.

VII. Andere Beendigungstatbestände
1. Berufung auf die Nichtigkeit des Arbeitsvertrages

39 **a) Faktischer Arbeitsvertrag.** Einen – zB wegen fehlender Geschäftsfähigkeit – nichtigen und nur tatsächlich vollzogenen Arbeitsvertrag kann der Arbeitgeber auch dann einseitig durch Berufung auf die Nichtigkeit jederzeit wirksam beenden, wenn die Arbeitnehmerin schwanger ist. Der Schutz des § 9 MuSchG greift mangels Kündigung nicht ein. Es gelten weder Kündigungsfristen noch Kündigungsschutzvorschriften.

40 **b) Verstoß gegen ein gesetzliches Verbot.** Nach früherer Rechtsprechung des BAG[95] war ein Arbeitsvertrag mit einer im Zeitpunkt des Vertragsschlusses bereits schwangeren Frau wegen Verstoßes gegen ein gesetzliches Verbot nach § 134 BGB nichtig, wenn er auf eine nach § 4 oder § 8 MuSchG verbotene Tätigkeit gerichtet war, zB wenn eine Frau sich ausschließlich als Nachtschwester in einem Krankenhaus verpflichtete. In einer späteren Entscheidung hat das BAG[96] danach differenziert, ob die an sich verbotene Beschäftigung durch eine Ausnahmegenehmigung, mit deren Erteilung zu rechnen sei, erlaubt werden könne (so im Fall des § 8 Abs 6 MuSchG). Die Auffassung, der Arbeitsvertrag sei in solchen Fällen nichtig, lässt sich weder aus dem Wortlaut noch mit Sinn und Zweck der Beschäftigungsverbote begründen. §§ 4 und 8 MuSchG verbieten nicht den

---

90 Vgl insoweit auch die Kommentierung zu § 623 BGB.
91 ArbG Nürnberg 22.2.2010 – 8 Ca 2123/09 – AE 2010, 165.
92 Buchner/Becker § 9 Rn 219.
93 ArbG Nürnberg 22.2.2010 – 8 Ca 2123/09 – AE 2010, 165.
94 BAG 25.11.1976 – 2 AZR 751/75 – AP BBiG § 15 Nr 4 zu A III 1, 2; 10.2.1999 – 2 AZR 176/98 – AP BMT-G II § 54 Nr 2 zu II 1.
95 BAG – 27.11.1956 – 1 AZR 540/55 – AP Nr 2 zu § 4 MuSchG; 6.10.1962 – 2 AZR 360/61 – AP Nr 24 zu § 9 MuSchG.
96 BAG 8.9.1988 – 2 AZR 102/88 – AP Nr 1 zu § 8 MuSchG 1968.

Abschluss eines Arbeitsvertrages, sondern nur die Beschäftigung.[97] Mutterschutzrechtliche Beschäftigungsverbote sollen nicht Arbeitsverträge mit Schwangeren verhindern, sondern umgekehrt die Fortsetzung des Arbeitsverhältnisses in einer den körperlichen und gesundheitlichen Verhältnissen der schwangeren Frau angepassten Weise ermöglichen. Eine andere Betrachtungsweise steht ferner in Widerspruch zu dem gesetzlichen **Benachteiligungsverbot** nach §§ 1, 7 AGG. Die Anknüpfung gesetzlicher Nichtigkeitsfolgen an den Umstand der Schwangerschaft ist nach der Entscheidung des EuGH vom 5.5.1994[98] als unmittelbare Diskriminierung mit der Richtlinie 76/207/EWG unvereinbar, zwingt daher zu einer richtlinienkonformen Auslegung des § 134 BGB. Das genannte Urteil betraf ebenso wie bestätigende Folgeentscheidungen des EuGH[99] unbefristete Arbeitsverhältnisse. In der Entscheidung vom 4.10.2001[100] stellte der EuGH klar, dass es nicht darauf ankomme, ob der Arbeitsvertrag befristet oder unbefristet geschlossen worden sei. Danach stehen die Richtlinien 76/207/EWG und 92/85/EWG der Entlassung einer Arbeitnehmerin auch dann entgegen, wenn

- diese auf bestimmte Zeit eingestellt wurde,
- wenn sie den Arbeitgeber nicht über ihre Schwangerschaft unterrichtet hat, obwohl ihr diese bei Abschluss des Arbeitsvertrags bekannt war,
- und wenn feststand, dass sie auf Grund ihrer Schwangerschaft während eines wesentlichen Teils der Vertragszeit nicht würde arbeiten können.

2. Anfechtung durch den Arbeitgeber

a) **Eigenschaftsirrtum (§ 119 Abs 2 BGB).** Die **Schwangerschaft** wird bei einem unbefristet abgeschlossenen Arbeitsvertrag allgemein **nicht als eine verkehrswesentliche Eigenschaft** der Frau angesehen, weil es sich um einen vorübergehenden Zustand handelt.[101] Die Schwangerschaft wurde aber als verkehrswesentliche Eigenschaft betrachtet, wenn das Arbeitsverhältnis infolge der Schwangerschaft tatsächlich nicht ausgeübt werden könne (Mannequin, Tänzerin) oder nicht ausgeübt werden dürfe, weil ein Beschäftigungsverbot besteht.[102] Nach Auffassung des BAG[103] handelt es sich bei

---

97 Die zitierten Entscheidungen des BAG stehen auch im Widerspruch zu der Bewertung von Arbeitsverhältnissen mit ausländischen Arbeitnehmern, denen die nach § 284 SGB III erforderliche Arbeitserlaubnis nicht erteilt worden ist. Diese hält das BAG nicht für nichtig, sondern, und zwar auch dann, wenn die Arbeiterlaubnis endgültig versagt wird, nur für kündbar; vgl BAG 16.12.1976 – 3 AZR 716/75 – AP Nr 4 zu § 19 AFG; 13.1.1977 – 2 AZR 423/75 – AP Nr 2 zu § 19 AFG; 19.1.1977 – 3 AZR 66/75 – AP Nr 3 zu § 19 AFG.
98 EuGH 5.5.1994 – Rs. C-421/92 – AP EWG-Richtlinie Nr 76/207 Nr 3; vgl auch LAG Hamm 1.3.1999 – 19 Sa 2596/98 – DB 1999, 2114.
99 EuGH 14.7.1994 – Rs. C-32/93 – DB 1994, 1522; 3.2.2000 – Rs. C-207/98 – DB 2000, 380.
100 EuGH 4.10.2001 – Rs. C-109/00 – DB 2001, 2451.
101 BAG 8.6.1955 – 2 AZR 14/54 – AP MuSchG § 9 Nr 2; LAG Hamm 1.3.1999 – 19 Sa 2596/98 – DB 1999, 2114; Buchner/Becker § 5 MuSchG Rn 59 ff.
102 BAG 22.9.1961 – 1 AZR 241/60 – AP BGB § 123 Nr 15; 6.10.1962 – 2 AZR 360/61 – AP MuSchG § 9 Nr 24. Offengelassen allerdings in Urt v 8.9.1988 – 2 AZR 102/88 – AP MuSchG 1968 § 8 Nr 1.
103 BAG 8.9.1988 – 2 AZR 102/88 – AP MuSchG 1968 § 8 Nr 1.

der Schwangerschaft jedenfalls dann nicht um eine verkehrswesentliche Eigenschaft, wenn eine an sich verbotene Beschäftigung durch eine Ausnahmegenehmigung erlaubt werden könne, und – etwa im Falle des § 8 MuSchG beim Verbot der Nachtarbeit – mit deren Erteilung zu rechnen sei. Zutreffender Ansicht nach kann die Schwangerschaft aber unabhängig davon, ob ein befristetes oder unbefristetes Arbeitsverhältnis in Rede steht, grundsätzlich nicht als eine die Anfechtungsmöglichkeit eröffnende verkehrswesentliche Eigenschaft verstanden werden. Dies folgt bei der gebotenen **gemeinschaftskonformen Auslegung** aus dem Diskriminierungsverbot und entspricht der neueren Rechtsprechung des EuGH.[104]

42 b) **Arglistige Täuschung (§ 123 BGB).** Das **Fragerecht** des Arbeitgebers **nach dem Bestehen einer Schwangerschaft** bzw die Wahrheitspflicht der Bewerberin finden nach Aufhebung des § 611a BGB ihre Grenze im Benachteiligungsverbot nach §§ 1, 7 AGG. Danach kann die Stellenbewerberin nicht verpflichtet sein, eine Schwangerschaft zu offenbaren, wenn sie dadurch gegenüber einem männlichen Bewerber benachteiligt würde. In diesem Fall ist die Falschbeantwortung der Frage nach einer bestehenden Schwangerschaft, dh die Täuschungshandlung, nicht widerrechtlich iSd § 123 BGB. Das BAG hatte die Frage nach der Schwangerschaft ursprünglich uneingeschränkt zugelassen[105] und später die Auffassung vertreten, die Wahrheitspflicht der Stellenbewerberin sei jedenfalls dann nicht eingeschränkt, wenn sich nur Frauen um die ausgeschriebene Stelle bewürben.[106] Im Anschluss an das Urteil des EuGH vom 8.11.1990[107] hat das BAG diese sog „gespaltene Lösung" aufgegeben und angenommen, die Frage nach der Schwangerschaft enthalte idR eine unzulässige Benachteiligung wegen des Geschlechts und verstoße damit unabhängig davon, ob sich nur Frauen oder auch Männer um den Arbeitsplatz bewerben, gegen das Diskriminierungsverbot des (mittlerweile aufgehobenen) § 611a BGB.[108] Ausnahmen von dieser Regel erkannte das BAG allerdings weiterhin für den Fall an, dass die Frage nach der Schwangerschaft durch sachliche, billigenswerte Gründe gerechtfertigt sei, zB dann, wenn der zu besetzende Arbeitsplatz dem Katalog der Beschäftigungsverbote des § 4 MuSchG unterliege;[109] in diesem Fall diene die Frage nach der Schwangerschaft objektiv dem Schutz der Bewerberin und des ungeborenen Le-

---

104 EuGH 5.5.1994 – Rs C-421/92 – AP EWG-Richtlinie Nr 76/207 Art. 2 Nr 3; 14.7.1994 –Rs C-32/93 – AP EWG-Richtlinie Nr 76/207 Art. 2 Nr 5; 3.2.2000 – Rs C-207/98 – AP BGB § 611a Nr 18; 4.10.2001 – Rs C-109/00 – AP EWG-Richtlinie Nr 76/207 Nr 27 – Ausnahmen kommen demnach nur in Betracht, wenn das Geschlecht unabdingbare Voraussetzung für die Tätigkeit ist, vgl Art. 2 Abs 2 der Richtlinie 76/207/EWG.
105 BAG 22.9.1961 – 1 AZR 241/60 – AP BGB § 123 Nr 15.
106 BAG 20.2.1986 – 2 AZR 244/85 – AP BGB § 123 Nr 31.
107 EuGH 8.11.1990 – Rs C-177/88 – AP EWG-Vertrag Art. 119 Nr 23: Danach verstößt der Arbeitgeber unmittelbar gegen Art. 2 Abs 1 und 3 der Richtlinie 76/207/EWG, wenn er es ablehnt, mit einer von ihm für geeignet befundenen Bewerberin einen Arbeitsvertrag zu schließen, weil er wegen der Einstellung der schwangeren Frau Nachteile befürchtet.
108 BAG 15.10.1992 – 2 AZR 227/92 – AP BGB § 611a Nr 8.
109 BAG 15.10.1992 – 2 AZR 227/92 – AP BGB § 611a Nr 8 zu II 2 c; 1.7.1993 – 2 AZR 25/93 – AP BGB § 123 Nr 36 zu II 2.

bens.[110] Im Hinblick auf die bereits erwähnte Rechtsprechung des EuGH[111] ist allerdings auch in diesen Fällen die Frage nach der Schwangerschaft als unzulässig anzusehen. In der Entscheidung vom 3.2.2000[112] hat der EuGH betont, dass die Anwendung der Vorschriften zum Schutz der werdenden Mutter für diese keine Nachteile beim Zugang zur Beschäftigung mit sich bringen dürfe. Eine Diskriminierung nach dem Geschlecht liege vor, wenn der Bewerberin wegen eines gesetzlichen Beschäftigungsverbotes Nachteile entstünden. Ein Beschäftigungsverbot ist zur Rechtfertigung des Fragerechts deshalb ungeeignet. Dem hat sich das BAG nunmehr in der Entscheidung vom 6.2.2003[113] ausdrücklich für den Fall eines unbefristeten Arbeitsverhältnisses angeschlossen. Dies gilt allerdings unabhängig davon, ob es sich um ein befristetes oder unbefristetes Arbeitsverhältnis handelt.[114]

Ohne Frage des Arbeitgebers nach dem Bestehen einer Schwangerschaft kann eine Täuschungshandlung nur vorliegen, wenn die Frau bei der Einstellung eine entsprechende **Offenbarungspflicht** trifft. Diese Offenbarungspflicht wurde bejaht, wenn es für die schwangere Frau erkennbar ist, dass das Arbeitsverhältnis wegen eines Beschäftigungsverbotes nicht realisiert werden kann.[115] Das ist unzutreffend. Da in solchen Fällen bereits die Frage nach der Schwangerschaft unzulässig ist,[116] besteht erst recht keine Verpflichtung der Bewerberin, die Schwangerschaft ungefragt zu offenbaren.[117] 43

3. Befristung

a) **Grundsatz.** § 9 MuSchG verbietet nicht die Befristung des Arbeitsverhältnisses mit einer schwangeren Frau, lediglich die Kündigung. Ob die Befristungsabrede wirksam ist, richtet sich nach den **allgemeinen Regeln über die Zulässigkeit befristeter Arbeitsverträge**.[118] Ist sie unwirksam, besteht ein Arbeitsverhältnis auf unbestimmte Zeit. Der Arbeitgeber kann das Arbeitsverhältnis durch Kündigung nur beenden, wenn die zuständige Behörde diese zuvor nach § 9 Abs 3 MuSchG für zulässig erklärt hat. Soweit die Befristung wirksam ist – sei es, dass ein gem § 620 Abs 3 BGB, § 14 Abs 1 TzBfG erforderlicher Sachgrund vorliegt oder dass die Befristung unter den Voraussetzungen des § 14 Abs 2 TzBfG auch ohne Sachgrund zulässig er- 44

---

110 BAG 1.7.1993 – 2 AZR 25/93 – AP BGB § 123 Nr 36 zu II 2 c, d.
111 EuGH 5.5.1994 – Rs. C-421/92 – AP EWG-Richtlinie Nr 76/207 Nr 3, 14.7.1994 – Rs. C-32/93 – DB 1994, 1522; 3.2.2000 – Rs. C-207/98 – DB 2000, 380; 4.10.2001 – Rs. C-109/00 – DB 2001, 2451.
112 EuGH 3.2.2000 – Rs. C-207/98 – DB 2000, 380: Der Entscheidung lag ein Beschäftigungsverbot nach dem deutschen MuSchG zugrunde.
113 BAG 6.2.2003 – 2 AZR 621/01 – AP BGB § 611 a Nr 21.
114 EuGH 4.10.2001 – Rs. C-109/00 – DB 2001, 2451; vgl auch Rn 40.
115 BAG 8.9.1988 – 2 AZR 102/88 – AP MuSchG 1968 § 8 Nr 1 zu B II 3 a.
116 Vgl Rn 42.
117 So auch LAG Hamm 1.3.1999 – 19 Sa 2596/98 – DB 1999, 2114.
118 Es wird insoweit auf die Kommentierung zu § 14 TzBfG verwiesen.

folgte –, endet das Arbeitsverhältnis durch Zeitablauf. Einer Kündigung bedarf es nicht.[119]

45 **b) Im Zeitpunkt der Befristungsabrede dem Arbeitgeber bekannte Schwangerschaft.** Aus Art. 6 Abs 4 GG folgt kein generelles Verbot der Befristung von Arbeitsverhältnissen werdender Mütter. Im Anwendungsbereich des § 14 Abs 1 TzBfG (also bei einer Befristung mit Sachgrund) verlangt diese Grundrechtsnorm jedoch einen wirksamen Schutz der Schwangeren davor, dass der Arbeitgeber die Schwangerschaft zum Anlass der Befristung und einer darauf beruhenden Beendigung des Arbeitsverhältnisses nimmt. Art. 6 Abs 4 GG zwingt bei der im Rahmen der Befristungskontrolle vorzunehmenden Abwägung schutzwürdiger Interessenlagen zwar nicht dazu, die Möglichkeit einer Schwangerschaft allen anderen Gesichtspunkten vorgehen zu lassen,[120] doch ist die Schwangerschaft bei der Bewertung der Interessenlage der Vertragsparteien beim Abschluss befristeter Arbeitsverträge zu berücksichtigen.[121] Eine strengere Betrachtungsweise ist gerechtfertigt, wenn kein Sachgrund für die Befristung besteht, der Arbeitgeber vielmehr nur deshalb von der Möglichkeit der Befristung ohne Sachgrund nach § 14 Abs 2 TzBfG Gebrauch macht, weil die Arbeitnehmerin schwanger ist. In diesem Fall ist die Befristung nach der hier vertretenen Auffassung[122] trotz der an sich durch § 14 Abs 2 TzBfG eingeräumten Befristungsmöglichkeit wegen Verstoßes gegen §§ 1, 7 AGG unwirksam, da es sich um eine unmittelbare Diskriminierung wegen des Geschlechts handelt.[123]

46 **c) Eintritt der Schwangerschaft während des wirksam befristeten Arbeitsverhältnisses.** Die erst während des befristeten Arbeitsverhältnisses eintretende Schwangerschaft führt nicht zur Unwirksamkeit der Befristung.[124] Das BAG versagt dem Arbeitgeber allerdings unter dem Gesichtspunkt des **Rechtsmissbrauchs** die Berufung auf den Ablauf des befristeten Arbeitsverhältnisses mit einer Schwangeren, wenn dies ausschließlich wegen einer im Laufe der Probezeit eingetretenen Schwangerschaft bei der Arbeitnehmerin erfolgt.[125] Nach der neueren Rechtsprechung des EuGH stellt es zudem eine gegen die Richtlinie 76/207/EWG verstoßende unmittelbare **Diskriminierung** wegen des Geschlechts dar, wenn die Nichterneuerung eines befris-

---

119 Allerdings gilt das Kündigungsverbot des § 9 MuSchG hinsichtlich einer nach § 15 Abs 3 TzBfG vorbehaltenen vorzeitigen ordentlichen oder der stets möglichen außerordentlichen Kündigung.
120 BVerfG 24.9.1990 – 1 BvR 938/90 – AP BGB § 620 Befristeter Arbeitsvertrag Nr 136 a.
121 BAG 6.11.1996 – 7 AZR 909/95 – AP Nr 188 zu § 620 BGB Befristeter Arbeitsvertrag, zu 4 der Gründe.
122 Anders die unter § 14 TzBfG Rn 29 mwN vertretene Auffassung, wonach ein Sonderkündigungsschutz bei der Befristungskontrolle allgemein nicht zu berücksichtigen sei.
123 Vgl auch Thiel, Anm zu EuGH 4.10.2001 – Rs C-438/99 – und – Rs C-109/00 – ZMV 2002, 40, 41; aA wohl Buchner/Becker § 9 Rn 51, die allerdings die in dieser Situation liegende Diskriminierung wegen des Geschlechts völlig unberücksichtigt lassen.
124 BAG 12.10.1960 – GS 1/59 – AP BGB § 620 Befristeter Arbeitsvertrag Nr 16; 28.8.1991 – 7 AZR 317/90 – nv.
125 BAG 28.11.1963 – 2 AZR 140/63 – AP BGB § 620 Befristeter Arbeitsvertrag Nr 26; 16.3.1989 – 2 AZR 325/88 – AP BeschFG 1985 § 1 Nr 8.

teten Vertrages ihren Grund in der Schwangerschaft der Arbeitnehmerin hat.[126]

4. Auflösungen mit Willen der Arbeitnehmerin

a) Eigenkündigung und Aufhebungsvertrag. § 9 MuSchG verbietet nicht an sich die Auflösung des Arbeitsverhältnisses, das unter Mutterschutz steht, sondern nur die Kündigung durch den Arbeitgeber. Die Arbeitnehmerin ist nicht gehindert, mit ihrem eigenen Willen das Arbeitsverhältnis zu beenden. Dies kommt in § 10 Abs 1 MuSchG deutlich zum Ausdruck. Danach kann die Arbeitnehmerin im Schutzzeitraum[127] das Arbeitsverhältnis ohne Einhaltung einer Frist zum Ende der Schutzfrist nach der Entbindung kündigen. Nach dem Grundsatz der Vertragsfreiheit kann sie auch einen Aufhebungsvertrag mit dem Arbeitgeber schließen.[128] 47

b) Anfechtung der Eigenkündigung oder der zum Aufhebungsvertrag führenden Willenserklärung. Hat der Arbeitgeber die schwangere Frau durch widerrechtliche Drohung zur Eigenkündigung oder zum Abschluss eines Aufhebungsvertrages bestimmt, kann sie diesen nach § 123 BGB anfechten. Dies gilt auch, wenn in der kündigungsschutzrechtlichen Wartezeit (§ 1 Abs 1 KSchG) unter arbeitgeberseitiger Androhung einer ansonsten auszusprechenden Probezeitkündigung ein Aufhebungsvertrag abgeschlossen wird, die Arbeitnehmerin bei Abschluss des Aufhebungsvertrages schwanger war und die Schwangerschaft rechtzeitig iSv § 9 MuSchG nachträglich dem Arbeitgeber mitteilt.[129] Insoweit handelt es sich nicht um eine spezifisch mutterschutzrechtliche Problematik. Anders ist es, wenn die schwangere Frau bei Ausspruch der Eigenkündigung oder bei Abschluss des Aufhebungsvertrages keine Kenntnis von ihrer Schwangerschaft oder ihrer mutterschutzrechtlichen Rechtsstellung hatte. 48

aa) Unkenntnis über die Schwangerschaft. Kündigt die schwangere Arbeitnehmerin oder schließt sie einen Aufhebungsvertrag, weil sie nicht weiß, dass sie schwanger ist, besteht **keine Anfechtungsmöglichkeit**. Es handelt sich weder um einen Erklärungsirrtum noch um einen Inhaltsirrtum iSd § 119 Abs 1 BGB, ferner auch nicht um einen Irrtum über eine verkehrswesentliche Eigenschaft. § 119 Abs 2 BGB meint mit der wesentlichen Eigenschaft der Person als Anfechtungsgrund nicht die Person des Anfechtenden, sondern den anderen Teil.[130] Auch verfassungsrechtliche Erwägungen rechtfertigen keine andere Bewertung. Art. 6 Abs 4 GG stellt die Mutter zwar unter den besonderen Schutz und die besondere Fürsorge der Gemeinschaft. Aus diesem Grund hatte das BVerfG[131] gefordert, der unerkannt Schwangeren müsse der Kündigungsschutz nach § 9 Abs 1 MuSchG erhalten bleiben, auch wenn sie die im Gesetz vorgesehene Zweiwochen- 49

---

[126] EuGH 4.10.2001 – Rs. C-438/99 – AP EWG-Richtlinie Nr 92/85 Nr 3.
[127] Vgl Rn 18 ff.
[128] BAG 16.2.1983 – 7 AZR 134/81 – AP BGB § 123 Nr 22.
[129] ArbG Celle 20.8.2008 – 2 Ca 209/08.
[130] Vgl hierzu auch BAG 19.8.1982 – 2 AZR 116/81 – AP MuSchG 1968 § 9 Nr 10 und BAG 6.2.1992 – 2 AZR 408/91 – AP BGB § 119 Nr 13 zu B II 2.
[131] BVerfG 13.11.1979 – 1 BvL 24/77 ua – BGBl I 1980 S 147, AP MuSchG 1968 § 9 Nr 7, vgl auch Rn 13.

frist für die Unterrichtung des Arbeitgebers nicht einhält. Dies ist in § 9 Abs 1 Satz 1 HS 2 MuSchG nunmehr auch ausdrücklich geregelt, gilt aber nur dann, wenn der Arbeitgeber kündigt. Ein verfassungsrechtlicher Schutz vor Nachteilen, die auf eigenen Rechtshandlungen beruhen, ist verfassungsrechtlich weder vorgesehen noch zwingend geboten.[132]

50 **bb) Irrtum der Frau über die mutterschutzrechtlichen Folgen.** Dieser Irrtum berechtigt als unbeachtlicher **Rechtsfolgenirrtum** nicht zur Anfechtung.[133] Die schwangere Frau, die in Kenntnis der Schwangerschaft das Arbeitsverhältnis durch Eigenkündigung oder durch Auflösungsvertrag beendet, führt die Beendigung mit ihrem Willen herbei und wird daher kaum geltend machen wollen, sie habe aber angenommen, der Auflösungsschutz bleibe bestehen. Von Bedeutung für die Bewertung ihrer Interessenlage kann daher nur sein, ob sie sich über die sozialversicherungsrechtlichen Folgen der Auflösung des Arbeitsverhältnisses irrt, also insbesondere über den gesetzlichen Krankenversicherungsschutz bei Schwangerschaft, Entbindung und anschließenden Erziehungszeiten. Bei nicht versicherungspflichtigen Arbeitnehmerinnen besteht dieser von vornherein nicht. Der versicherungspflichtigen Arbeitnehmerin bleibt der Versicherungsschutz nach Beginn der Schutzfrist nach § 3 Abs 2 MuSchG gem § 192 Abs 1 Nr 2 SGB V erhalten, weil die schwangere Frau nach Eintritt der Schutzfristen Anspruch auf Mutterschaftsgeld hat und anschließend idR Elterngeld bezieht. Solange diese Ansprüche bestehen ist die Mitgliedschaft beitragsfrei nach § 224 Abs 1 SGB V. Es bleiben die Fälle, in denen die Frau in Kenntnis ihrer Schwangerschaft ihr Arbeitsverhältnis vor Beginn der Schutzfrist nach § 3 MuSchG willentlich beendet in der irrigen Annahme, der Anspruch auf Mutterschaftsgeld und der Krankenversicherungsschutz bestehe gleichwohl fort.[134] Auch insoweit handelt es sich um einen unbeachtlichen Rechtsfolgenirrtum. Der Verlust mutterschutzrechtlicher oder krankenversicherungsrechtlicher Positionen ist eine vom Willen der schwangeren Frau nicht umfasste, kraft Gesetzes eintretende Rechtsfolge.[135] § 119 Abs 2 BGB kommt ebenfalls nicht in Betracht, weil hier nur Eigenschaften der Person oder der Sache, auf welche sich die Willenserklärung bezieht, angesprochen sind, nicht aber die Folgen der Erklärung. Auch verfassungsrechtliche Erwägungen rechtfertigen keine andere Bewertung, da die Frau ihre Schwangerschaft kennt und nicht durch außerhalb ihres Einflussbereiches liegende Umstände gehindert ist, den ihr von der Gemeinschaft zur Verfügung gestellten Schutz in Anspruch zu nehmen.

---

132 BAG 6.2.1992 – 2 AZR 408/91 – AP BGB § 119 Nr 13 zu B I 2 b.
133 So auch BAG 16.2.1983 – 7 AZR 134/81 – AP BGB § 123 Nr 22; zu anderen Auffassungen s die Hinweise bei Buchner/Becker § 9 Rn 63.
134 § 192 Abs 2 SGB V erhält der Schwangeren den Versicherungsschutz nicht, weil unter zulässiger Auflösung durch den Arbeitgeber nur die für zulässig erklärte Kündigung verstanden wird.
135 KR/Bader/Gallner § 9 MuSchG Rn 152; Buchner/Becker § 9 Rn 64.

VIII. Kündigungsschutzprozess[136]
1. Klagefrist

a) **Geltendmachung des Sonderkündigungsschutzes.** Die während des geschützten Zeitraums ohne vorherige behördliche Zulässigerklärung ausgesprochene Kündigung des Arbeitgebers sowie die zwar für zulässig erklärte, aber nicht der Form des § 9 Abs 3 Satz 2 MuSchG entsprechende Kündigung ist nichtig (§ 134 BGB). Es handelt sich um sonstige Unwirksamkeitsgründe iSd § 13 Abs 3 KSchG. Im Hinblick auf die durch das **Gesetz zu Reformen am Arbeitsmarkt** mit Wirkung ab 1.1.2004 in Kraft getretenen Änderungen des Kündigungsschutzgesetzes, insbesondere hinsichtlich der Einführung der **einheitlichen Klagefrist**, ergibt sich für die gerichtliche Geltendmachung dieser sonstigen Unwirksamkeitsgründe Folgendes: 51

Die durch § 9 MuSchG geschützte Arbeitnehmerin muss die Nichtigkeit der Kündigung innerhalb der Klagefrist des § 4 Satz 1 KSchG durch eine punktuelle Feststellungsklage geltend machen. § 13 Abs 3 KSchG stellt klar, dass die §§ 4 bis 7 KSchG auch auf eine aus anderen als den in § 1 Abs 2 und 3 KSchG bezeichneten Gründen rechtsunwirksame Kündigung Anwendung finden. Die Klagefrist läuft nach **§ 4 Satz 4 KSchG** allerdings erst von der Bekanntgabe der behördlichen Zulässigerklärung an den Arbeitnehmer ab.[137] Etwas anderes gilt dann, wenn der Arbeitgeber bei Ausspruch der Kündigung die Schwangerschaft der Arbeitnehmerin nicht kennt und diese wegen Verstoßes gegen § 9 MuSchG Kündigungsschutzklage erheben will.[138] Insoweit ist die Klage gem § 4 Satz 1 KSchG binnen drei Wochen ab Zugang der Kündigung zu erheben.[139] § 4 Satz 4 KSchG ist nicht einschlägig.[140] Nach Auffassung des EuGH[141] ist es mit dem Unionsrecht zu vereinbaren, wenn entsprechende Ausschlussfristen über 15 Tage hinausgehen.[142]

b) **Geltendmachung der Sozialwidrigkeit oder des Fehlens des wichtigen Grundes.** Das Kündigungsschutzgesetz ist, soweit die persönlichen und betrieblichen Voraussetzungen vorliegen (§§ 1 Abs 1, 23 Abs 1 KSchG) neben dem Sonderkündigungsschutzgesetz des § 9 MuSchG anwendbar. Die geschützte Arbeitnehmerin muss deshalb die dreiwöchige **Klagefrist** nach § 4 Satz 1 KSchG einhalten, wenn sie die fehlende soziale Rechtfertigung einer ordentlichen Kündigung geltend machen will, bzw nach §§ 13 Abs 1 Satz 2, 4 Satz 1 KSchG, wenn sie das Fehlen eines wichtigen Grundes oder die Versäumung der Kündigungserklärungsfrist des § 626 Abs 2 BGB rügen will. 52

---

136 Zu den prozessualen Problemen des doppelten Rechtswegs vgl Rn 35 bis 37.
137 Vgl BAG 3.7.2003 – 2 AZR 487/02 – AP BErzGG § 18 Nr 7; s auch § 4 KSchG Rn 116, 120.
138 Hk-MuSchG/BEEG/Schöllmann § 9 MuSchG Rn 112.
139 BAG 19.2.2009 – 2 AZR 286/07 – AP MuSchG 1968 § 9 Nr 38.
140 BAG 19.2.2009 – 2 AZR 286/07 – AP MuSchG 1968 § 9 Nr 38; vgl BAG 13.2.2008 – 2 AZR 864/06 – AP SGB IX § 85 Nr 5.
141 EuGH 29.10.2009 – Rs. C-63/08 (Pontin) – AP EWG-RL 92/85 Nr 10.
142 HWK/Hergenröder, § 9 MuSchG Rn 11.

2. Nachträgliche Klagezulassung

53 Nach § 5 Abs 1 Satz 2 KSchG ist die Klage nachträglich zuzulassen, wenn die Frau von ihrer Schwangerschaft aus einem von ihr nicht zu vertretenden Grund[143] erst nach Ablauf der Frist des § 4 Satz 1 KSchG Kenntnis erlangt.[144] Diese Regelung ist eine Konsequenz der einheitlichen Klagefrist, die auch den sonstigen Unwirksamkeitsgrund des § 9 MuSchG erfasst. Aus verfassungsrechtlichen Gründen war es daher geboten (Art. 6 Abs 4 GG), eine mit § 9 Abs 1 Satz 1 HS 2 MuSchG korrespondierende Regelung über die nachträgliche Zulassung der Klage zu schaffen, um der Frau, die von der Schwangerschaft unverschuldet keine Kenntnis hat, den mutterschutzrechtlichen Kündigungsschutz zu erhalten. Verzichtet die Arbeitnehmerin auf die Erhebung der Kündigungsschutzklage, weil der Arbeitgeber ihr eine Abfindung in Aussicht stellt, die jedoch wegen später gescheiterter Vergleichsverhandlungen nicht gezahlt wird, liegt hierin kein Umstand, der eine nachträgliche Klagezulassung rechtfertigen kann.[145]

3. Darlegungs- und Beweislast

54 Die **Arbeitnehmerin** trägt die Darlegungs- und Beweislast für die Voraussetzungen des Sonderkündigungsschutzes nach § 9 MuSchG (Bestehen der Schwangerschaft im Zeitpunkt des Kündigungszugangs, Einhaltung der Zwei-Wochen-Frist für die nachträgliche Mitteilung, fehlendes Verschulden bei Fristüberschreitung, unverzügliche Nachholung der Mitteilung).[146] Ergänzend wird auf Rn 21 verwiesen. Der **Arbeitgeber** trägt die Darlegungs- und Beweislast für die ausnahmsweise erfolgte Zulässigerklärung durch die zuständige Behörde und nach allgemeinen Regeln für das Vorliegen des wichtigen oder sozial rechtfertigenden Kündigungsgrundes.[147]

---

143 Die Erläuterungen zu Rn 14 bis 17 gelten insoweit entsprechend.
144 BAG 19.2.2009 – 2 AZR 286/07 – AP MuSchG 1968 § 9 Nr 38; LAG Schleswig-Holstein 13.5.2008 – 3 Ta 56/08 – NZA-RR 2009, 132; Hk-MuSchG/BEEG/Schöllmann § 9 MuSchG Rn 113; HWK/Hergenröder § 9 MuSchG Rn 11.
145 BAG 19.2.2009 – 2 AZR 286/07 – AP MuSchG 1968 § 9 Nr 38.
146 BAG 13.1.1982 – 7 AZR 764/79 – AP MuSchG 1968 § 9 Nr 9; 20.5.1988 – 2 AZR 739/87 – AP MuSchG 1968 § 9 Nr 16.
147 Hk-MuSchG/BEEG/Schöllmann § 9 MuSchG Rn 113.

Gesetz über die Pflegezeit (Pflegezeitgesetz – PflegeZG)

Vom 28. Mai 2008 (BGBl. I S. 874)
(FNA 860-11-4)

§ 5 Kündigungsschutz

(1) Der Arbeitgeber darf das Beschäftigungsverhältnis von der Ankündigung bis zur Beendigung der kurzzeitigen Arbeitsverhinderung nach § 2 oder der Pflegezeit nach § 3 nicht kündigen.

(2) ¹In besonderen Fällen kann eine Kündigung von der für den Arbeitsschutz zuständigen obersten Landesbehörde oder der von ihr bestimmten Stelle ausnahmsweise für zulässig erklärt werden. ²Die Bundesregierung kann hierzu mit Zustimmung des Bundesrates allgemeine Verwaltungsvorschriften erlassen.

I. Überblick	1
II. Geschützter Personenkreis	3
1. Arbeitnehmerinnen und Arbeitnehmer	3
2. Zu ihrer Berufsbildung Beschäftigte	4
3. Arbeitnehmerähnliche Personen, auch Heimarbeiter und ihnen Gleichgestellte	5
III. Inhalt des Sonderkündigungsschutzes	10
1. Kündigungsverbot für den Arbeitgeber	10
2. Kündigung des Pflegezeit in Anspruch Nehmenden	11
3. Sonderkündigungsrecht gegenüber Ersatzkraft (§ 6 Abs 3 PflegeZG)......	12
IV. Voraussetzungen des Sonderkündigungsschutzes	14
1. Fallgruppen – Übersicht ..	14
2. Kurzzeitige Arbeitsverhinderung (§ 2 PflegeZG)	15
3. Pflegezeit (§ 3 PflegeZG)..	25
4. Sonderfall Teilzeitbeschäftigte.......................	36
V. Dauer des Sonderkündigungsschutzes	37
1. Geschützter Zeitraum.....	37
2. Beginn des Sonderkündigungsschutzes	38
a) Vorverlagerter Schutz	38
b) Keine zeitliche Einschränkung............	39
c) Zugang der Ankündigungserklärung........	40
d) Wirksame Geltendmachung..................	41
e) Kündigung vor Beginn des Sonderkündigungsschutzes................	44
2. Ende des Sonderkündigungsschutzes	45
a) Grundsatz	45
b) Ausnahmen............	46
c) Kündigung nach Ende der Arbeitsverhinderung oder Pflegezeit ...	48
VI. Behördliche Zulässigerklärung nach § 5 Abs. 2 Satz 1 PflegeZG....	49
1. Befreiung vom Kündigungsverbot	49
2. Allgemeine Verwaltungsvorschriften	50
VII. Kündigungsschutzprozess.....	51
1. Klagefrist..................	51
a) Geltendmachung besonderen Kündigungsschutzes	51
b) Geltendmachung der Sozialwidrigkeit oder des Fehlens des wichtigen Grundes...........	52
2. Darlegungs- und Beweislast	53

I. Überblick

1 Mit Wirkung vom 1.7.2008 ist das Pflegezeitgesetz (PflegeZG) vom 28. Mai 2008[1] in Kraft getreten.[2] Das Gesetz ist eng an die Regelungen über die Inanspruchnahme von Elternzeit (vgl §§ 15 ff BEEG) angelehnt. Vorgängerregelungen existieren nicht. Durch das zum 1.1.2012 neu in Kraft getretene Familienpflegezeitgesetz (FPfZG) [3] wird das PflegeZG nicht verdrängt (vgl § 10 FPfZG). Beide Gesetze gelten parallel nebeneinander.[4] Ziel der Einführung eines Pflegezeitgesetzes war es von Anfang an, die Rahmenbedingungen für die Vereinbarkeit von Beruf und familiärer Pflege zu verbessern. Für die Beschäftigten sollte ein besonderer Rechtsanspruch auf Freistellung von der Arbeitsleistung zur Pflege eines nahen Angehörigen (Pflegezeit) gesetzlich verankert werden, ohne Gefahr zu laufen, den Arbeitsplatz durch Kündigung des Arbeitgebers zu verlieren.

2 Der Arbeitgeber darf das Beschäftigungsverhältnis von der Ankündigung bis zur Beendigung der kurzzeitigen Arbeitsverhinderung nach § 2 oder der Pflegezeit nach § 3 nicht kündigen (§ 5 Abs 1 PflegeZG). Ein Anspruch auf Pflegezeit nach § 3 Abs 1 PflegeZG besteht nicht gegenüber Arbeitgebern mit idR 15 oder weniger Beschäftigten. Dementsprechend setzt auch der Sonderkündigungsschutz erst ein, wenn bei dem Arbeitgeber mindestens 16 Beschäftigte tätig sind. § 5 Abs 1 PflegeZG normiert ein gesetzliches Verbot, dh, eine gleichwohl ausgesprochene Kündigung ist **nichtig** iSd § 134 BGB. Der Gesetzeswortlaut unterscheidet nicht zwischen ordentlicher und außerordentlicher Kündigung. Verboten ist deshalb **jede Kündigung**. Die für den Arbeitsschutz zuständige oberste Landesbehörde kann die Kündigung in besonderen Fällen ausnahmsweise für zulässig erklären (§ 5 Abs 2 Satz 1 PflegeZG). Erforderlich ist eine vorherige Zulässigerklärung. Der Sonderkündigungsschutz ist demnach als **Kündigungsverbot mit behördlichem Erlaubnisvorbehalt** ausgestaltet. Geschützt sind Arbeitnehmerinnen und Arbeitnehmer, die zu ihrer Berufsbildung Beschäftigten sowie Personen, die wegen ihrer wirtschaftlichen Unselbstständigkeit als arbeitnehmerähnliche Personen anzusehen sind; zu diesen gehören auch die in Heimarbeit Beschäftigten und die ihnen Gleichgestellten. Verboten ist nur die Kündigung durch den Arbeitgeber. Sonstige Beendigungstatbestände bzw Gestaltungsrechte des Arbeitgebers werden nicht erfasst. Die Auflösung des Arbeitsverhältnisses durch die Beschäftigten selbst ist zulässig, wobei die geltenden Kündigungsfristen zu beachten sind.

II. Geschützter Personenkreis
1. Arbeitnehmerinnen und Arbeitnehmer

3 Nach § 1 PflegeZG gilt das Gesetz und damit auch der Sonderkündigungsschutz für alle Beschäftigten. Beschäftigte idS sind nach § 7 Abs 1 Nr 1 PflegeZG insbesondere die Arbeitnehmerinnen und Arbeitnehmer. Nach dem individualarbeitsrechtlichen Arbeitnehmerbegriff zählen hierzu Voll-

---

[1] BGBl I 2008 S 896.
[2] Verkündet als Art 3 des G zur strukturellen Weiterentwicklung der Pflegeversicherung.
[3] BGBl I 2011 S 2564.
[4] Göttling/Neumann, NZA 2012, 119.

zeitbeschäftigte, **Teilzeitbeschäftigte, geringfügig Beschäftigte** oder **befristet Beschäftigte**. Auf die Dauer des Arbeitsverhältnisses kommt es nicht an. Nimmt ein befristet eingestellter Arbeitnehmer Pflegezeit in Anspruch, verschiebt sich hierdurch nicht das Befristungsende.

2. Zu ihrer Berufsbildung Beschäftigte

§ 7 Abs 1 Nr 2 PflegeZG regelt, dass die zu ihrer Berufungsbildung Beschäftigten vom Pflegezeitgesetz erfasst sind. Zu beachten ist, dass nicht auf den Begriff der Berufs**aus**bildung abgestellt wird. Neben Auszubildenden ist der Geltungsbereich des Pflegezeitgesetzes deshalb auch für andere zur Berufsbildung Beschäftigte (vgl § 26 BBiG) eröffnet, etwa für Praktikanten, Volontäre und Umschüler.

3. Arbeitnehmerähnliche Personen, auch Heimarbeiter und ihnen Gleichgestellte

Der Sonderkündigungsschutz nach § 5 PflegeZG gilt für **alle Beschäftigten** iSd § 7 Abs 1 PflegeZG. Nach § 7 Abs. 1 Nr 3 PflegeZG sind deshalb auch **arbeitnehmerähnliche Personen** einschließlich Heimarbeiter und ihnen Gleichgestellte erfasst, die ansonsten im deutschen Arbeitsrecht weder allgemeinen noch besonderen Kündigungsschutz genießen. Weder Art 3 Abs 1 GG noch Art 12 Abs 1 GG gebieten eine analoge Anwendung von § 622 Abs 1, Abs 3 BGB und § 29 Abs 3, Abs 4 HAG auf die Kündigung von Beschäftigungsverhältnissen arbeitnehmerähnlicher Personen.[5] Für Heimarbeiter müssen nur die in § 29 HAG geregelten Kündigungsfristen und die Entgeltgarantie beachtet werden.

Voraussetzung dafür, dass sich arbeitnehmerähnliche Personen auf die Vorschriften des Pflegezeitgesetzes stützen können, soll ihre **wirtschaftliche Unselbstständigkeit** sein. Nach § 12 a Abs 1 Nr 1 TVG kann von einer wirtschaftlichen Abhängigkeit gesprochen werden, wenn die Tätigkeit überwiegend nur für eine Person erbracht wird oder das überwiegende Arbeitsentgelt durch die Erwerbstätigkeit bei einer Person erzielt wird. Die Gesetzesbegründung spricht neben der wirtschaftlichen Unselbstständigkeit von der **sozialen Schutzbedürftigkeit**. Hieraus ergibt sich, dass sich arbeitnehmerähnliche Personen nur auf das Pflegezeitgesetz berufen können, wenn sie einem Arbeitnehmer vergleichbar schutzbedürftig sind. Für § 2 Satz 2 BUrlG und § 5 Abs 1 Satz 2 AGG, die einen § 7 Abs 1 Nr 3 PflegeZG vergleichbaren Wortlaut haben, ist ebenfalls anerkannt, dass die dem Arbeitnehmer entsprechende soziale Schutzbedürftigkeit Merkmal der arbeitnehmerähnlichen Person ist.[6] Von einer sozialen Schutzbedürftigkeit ist auszugehen, wenn der Beschäftigte die von ihm vertraglich geschuldete Leistung persönlich, dh im Wesentlichen ohne eigene Mitarbeiter erbringt, und es ihm bei Eintreten eines (akuten) Pflegefalles nicht möglich ist, die Erfüllung der vertraglich vereinbarten Aufgaben ohne Weiteres ganz oder teilweise durch den Einsatz eigener Mitarbeiter sicher zu stellen. Die rechtspolitisch umstrittene Einbeziehung arbeitnehmerähnlicher Personen

---

5 BAG 8.5.2007 – 9 AZR 777/06 – AP BGB § 611 Nr 15 Arbeitnehmerähnlichkeit.
6 BAG 17.1.2006 – 9 AZR 61/05 – NZA-RR 2006, 616; BAG 21.2.2007 – 5 AZB 52/06 – NZA 2007, 699; BAG 30.8.2000 – 5 AZB 12/00 – NZA 2000, 1359.

ist ohnehin gegenstandslos, wenn diese nicht mit Aufträgen ausgelastet sind bzw diese kurzfristig eingestellt werden.

7 **Heimarbeiter** iSd § 7 Abs 1 Nr 3 PflegeZG ist, wer in selbst gewählter Arbeitsstätte allein oder mit seinen Familienangehörigen im Auftrag von Gewerbetreibenden oder Zwischenmeistern erwerbsmäßig arbeitet, jedoch die Verwertung der Arbeitsergebnisse dem unmittelbar oder mittelbar auftraggebenden Gewerbetreibenden überlässt (**§ 2 Abs 1 Satz 1 HAG**). Eine erwerbsmäßige Tätigkeit idS liegt vor, wenn die Tätigkeit auf eine gewisse Dauer angelegt ist und zum Lebensunterhalt beitragen soll. Nicht erforderlich ist, dass mit den erzielten Einkünften der Lebensunterhalt der Beschäftigten bestritten werden kann.[7]

8 Zu den **Heimarbeitern Gleichgestellten** zählen Personen, einzelne Gewerbetreibende mit mehr als zwei Hilfskräften oder Heimarbeiter sowie Zwischenmeister, die auf entsprechenden Antrag hin wegen ihrer Schutzbedürftigkeit durch den Heimarbeitsausschuss (§ 4 HAG) rechtlich den Heimarbeitern gleichgestellt worden sind (§ 1 Abs 1 HAG).

9 Nicht begünstigt sind mangels Arbeitnehmereigenschaft selbstständige **Handelsvertreter nach § 84 HGB** und **organschaftliche Vertreter** (GmbH-Geschäftsführer, AG-Vorstände). **Beamte** genießen ebenfalls keinen Beschäftigtenstatus iSd § 7 Abs 1 PflegeZG.

III. Inhalt des Sonderkündigungsschutzes

1. Kündigungsverbot für den Arbeitgeber

10 Nach § 5 Abs 1 PflegeZG darf der Arbeitgeber das Arbeitsverhältnis im Schutzzeitraum[8] **nicht kündigen.**[9] Darin liegt ein gesetzliches Verbot, das sich gegen die Kündigungserklärung selbst richtet. Wird dennoch eine Kündigung ausgesprochen, ist diese nach § 134 BGB nichtig. Erfasst ist **jede Kündigungserklärung des Arbeitgebers**, sowohl die ordentliche als auch die außerordentliche Kündigung, die Änderungskündigung, eine Kündigung im Rahmen von Massenentlassungen oder in der Insolvenz des Arbeitgebers, ferner bei einer Betriebsstilllegung oder im Arbeitskampf. Der Schutz des § 5 PflegeZG bezieht sich **nur auf Kündigungen durch den Arbeitgeber**. Andere Beendigungstatbestände (zB Aufhebungsvertrag) oder Gestaltungsrechte des Arbeitgebers (zB Anfechtung) sind durch § 5 PflegeZG nicht verboten.

2. Kündigung des Pflegezeit in Anspruch Nehmenden

11 Der geschützte Beschäftigte, dh derjenige, der Pflegezeit in Anspruch nimmt, kann das Beschäftigungsverhältnis jederzeit selbst kündigen. Er hat lediglich die für ihn geltenden Kündigungsfristen zu beachten. Eine § 19 BEEG vergleichbare Regelung, wonach derjenige, der elternzeitberechtigt ist und die Elternzeit auch tatsächlich in Anspruch genommen hat, das Arbeitsverhältnis zum Ende der Elternzeit nur unter Einhaltung einer Kündi-

---

[7] BAG 12.7.1988 – 3 AZR 569/86 – NZA 1989, 141.
[8] Vgl Rn 37 ff.
[9] Zur Zulässigerklärung durch die Arbeitsschutzbehörde vgl Rn 49 f.

gungsfrist von drei Monaten kündigen kann (nicht abdingbares Sonderkündigungsrecht),[10] fehlt im Pflegezeitgesetz.

3. Sonderkündigungsrecht gegenüber Ersatzkraft (§ 6 Abs 3 PflegeZG)

Anders als hinsichtlich der Beschäftigten, die iSd § 2 PflegeZG kurzfristig an der Erbringung der Arbeitsleistung verhindert sind oder nach § 3 PflegeZG Pflegezeit in Anspruch nehmen, normiert § 6 Abs 3 PflegeZG für deren Ersatzkräfte (sogar) ein dem Arbeitgeber zustehendes Sonderkündigungsrecht. Das Sonderkündigungsrecht bezüglich des mit der Ersatzkraft bestehenden befristeten Arbeitsverhältnisses greift ein, wenn die Pflegezeit nach § 4 Abs 2 Satz 1 PflegeZG vorzeitig endet. In Abweichung zu § 622 Abs 1 BGB beträgt die **Kündigungsfrist** zwei Wochen. Mit dieser Regelung soll verhindert werden, dass der Arbeitgeber in den Ausnahmefällen, in welchen der Beschäftigte zustimmungsfrei vor dem geplanten Ende der Pflegezeit an seinen Arbeitsplatz zurückkommen kann, sowohl den rückkehrenden Beschäftigten als auch die für ihn eingestellte Vertretungskraft gleichzeitig beschäftigen und entlohnen muss.

§ 6 Abs 3 Satz 2 PflegeZG stellt klar, dass das **KSchG** bei einer Kündigung der zur Vertretung eingesetzten Ersatzkraft **keine Anwendung** findet. Dh, auf die soziale Rechtfertigung einer etwaigen Kündigung iSd Kündigungsschutzgesetzes kommt es nicht an. Der Arbeitnehmer ist nicht an die in § 4 Satz 1 KSchG normierte Klageerhebungsfrist gebunden. Andere Kündigungs(schutz)vorschriften (zB § 9 MuSchG oder § 18 BEEG) sind hingegen zu beachten. Dies gilt auch für das in § 623 BGB geregelte Schriftformerfordernis oder für die Anhörung des Betriebsrates nach § 102 BetrVG vor Ausspruch der Kündigung gegenüber der Ersatzkraft. § 6 Abs 3 Satz 2 PflegeZG entspricht inhaltlich § 21 Abs 5 BEEG.

Die Anwendung des Sonderkündigungsschutzes kann nach § 6 Abs 3 Satz 3 PflegeZG zwischen dem Arbeitgeber und der Ersatzkraft ganz oder teilweise **ausgeschlossen** werden. Der Ausschluss muss eindeutig geregelt sein. Er kann sich aus einem Tarifvertrag oder aus einer einzelvertraglichen Abrede ergeben.

IV. Voraussetzungen des Sonderkündigungsschutzes
1. Fallgruppen – Übersicht

Der Sonderkündigungsschutz besteht grundsätzlich in Fällen der kurzzeitigen Arbeitsverhinderung iSd § 2 PflegeZG und bei der Inanspruchnahme von Pflegezeit iSd § 3 PflegeZG. Zu beachten ist, dass der Anspruch auf Pflegezeit nach § 3 Abs 1 PflegeZG nicht gegenüber Arbeitgebern mit **idR 15 oder weniger Beschäftigten** besteht. Dementsprechend setzt auch der Sonderkündigungsschutz erst ein, wenn bei dem Arbeitgeber mindestens 16 Beschäftigte tätig sind. Gezählt wird nach Köpfen.[11]

---

10 BAG 11.3.1999 – 2 AZR 19/98 – NZA 1999, 1047; BAG 16.10.1991 – 5 AZR 35/91 – NZA 1992, 793.
11 Vgl Rn 28.

2. Kurzzeitige Arbeitsverhinderung (§ 2 PflegeZG)

15 Anders als § 3 PflegeZG, der Beschäftigen für einen Zeitraum von bis zu sechs Monaten einen besonderen Rechtsanspruch auf vollständige oder teilweise Freistellung von der Arbeitsleistung zur Pflege eines nahen Angehörigen in häuslicher Umgebung (sog Pflegezeit) einräumt, verankert § 2 PflegeZG nur das Recht, kurzzeitig der Arbeit fern zu bleiben, um bei akutem Pflegebedarf insbesondere notwendige Organisationsschritte einzuleiten. Als kurzzeitige Arbeitsverhinderung stuft der Gesetzgeber einen Zeitraum von **bis zu zehn Arbeitstagen** ein. Es wird ausdrücklich nicht auf Kalendertage abgestellt. Nicht erforderlich ist, dass die Fehltage hintereinander liegen. § 2 Abs 1 PflegeZG erfasst auch den Fall, dass sich die zehn Arbeitstage auf **mehrere Zeitabschnitte** verteilen.[12] **Teilzeitbeschäftigte**, die an weniger als fünf Tagen pro Woche arbeiten, haben einen anteilig gekürzten Anspruch. Es gelten dieselben Grundsätze wie bei der Ermittlung des Urlaubsanspruches teilzeitbeschäftigter Arbeitnehmer.

16 Eine Regelung, **wie oft** der Beschäftigte von seinem Recht zur kurzzeitigen Leistungsverweigerung Gebrauch machen kann, ist nicht normiert. Es existiert auch **keine zeitliche Begrenzung**, zB auf das Kalenderjahr. Der Vorgang der kurzzeitigen Arbeitsverhinderung und damit das Bestehen des Sonderkündigungsschutzes kann sich dementsprechend, insbesondere auch im Hinblick auf mehrere nahe pflegebedürftige Angehörige oder unterschiedliche Krankheiten eines Pflegebedürftigen, wiederholen.[13] Eine Einschränkung gilt allerdings dahingehend, dass die kurzzeitige Arbeitsverhinderung **erforderlich**[14] sein muss, und eine **akut**[15] aufgetretene Pflegesituation bestehen muss.

17 Eine **akute Pflegesituation** ist anzunehmen, wenn der Pflegebedarf plötzlich, also unerwartet und unvermittelt, auftritt. Die Pflegebedürftigkeit muss auf von dem Beschäftigten nicht rechtzeitig vorhersehbaren Umständen beruhen. Er darf sich nicht selbst in „Zugzwang" gesetzt haben. Nach der Gesetzesbegründung kann eine akut aufgetretene Pflegesituation auch den Fall umfassen, dem Versorgungs- und Betreuungsmaßnahmen wegen eines Sterbeprozesses erforderlich werden.[16] Denkbar ist zudem, dass die bereits zur häuslichen Pflege engagierte Pflegekraft unvorhergesehen vorübergehend ausfällt und eine anderweitige Versorgung nicht möglich ist. Von einem Akutfall kann nicht ausgegangen werden, wenn sich die Pflegebedürftigkeit auf Grund eines monatelangen Krankenhausaufenthaltes klar abzeichnete und die entsprechenden organisatorischen Maßnahmen hätten getroffen werden können. Im Streitfall muss der Beschäftigte darlegen und beweisen, dass eine akute Pflegesituation vorlag.

18 Der Eintritt des Sonderkündigungsschutzes setzt weiter voraus, dass das Fernbleiben von der Arbeit iSd § 2 Abs 1 PflegeZG objektiv **erforderlich** ist. Dieses Erfordernis ist nicht erfüllt, soweit bereits eine andere hierzu fähige und bereite Person eine bedarfsgerechte Pflege organisiert oder eine

---

12 Vgl LAG Baden-Württemberg 31.3.2010 – 20 Sa 87/09 – ArbRB 2010, 204.
13 LAG Baden-Württemberg 31.3.2010 – 20 Sa 87/09 – ArbRB 2010, 204.
14 Vgl Rn 18.
15 Vgl Rn 17.
16 BT-Drucks 16/8525 S 120.

pflegerische Versorgung für den Beschäftigten sicherstellt. Die Verwendung des Wortes „wenn" im Gesetzestext (an Stelle des Wortes „soweit") lässt allerdings nicht darauf schließen, dass eine vorübergehende Vollzeitabwesenheit für eine kurzzeitige Arbeitsverhinderung iSd § 2 PflegeZG notwendig ist. Die Anforderung der Erforderlichkeit gilt auch für den **Zeitraum der Arbeitsverhinderung.** Aus der Formulierung „bis zu zehn" Arbeitstage ergibt sich, dass eine Abwesenheit von weniger als zehn Arbeitstagen ausreichend sein kann. Die Gesetzesbegründung geht davon aus, dass regelmäßig nur einmal je pflegebedürftigem Angehörigen im konkreten Fall die Notwendigkeit einer pflegerischen Versorgung besteht, so dass dieses Recht regelmäßig auch nur einmal pro Pflegefall ausgeübt wird.

§ 2 Abs 1 PflegeZG knüpft ein berechtigtes Fernbleiben des Beschäftigten zudem daran, dass dieser für einen **pflegebedürftigen nahen Angehörigen** eine bedarfsgerechte Pflege organisiert oder eine pflegerische Versorgung in dieser Zeit sicherstellt. Wer pflegebedürftiger naher Angehöriger ist, wird in § 7 PflegeZG legal definiert. § 7 Abs 3 bestimmt abschließend, wer **naher Angehöriger** iSd Pflegezeitgesetzes ist. Keine Einstufung als naher Angehöriger wurde dem Stiefvater oder der Stiefmutter bzw den Stiefkindern zugebilligt, obwohl sich sogar die Schwiegereltern und Schwiegerkinder gegenseitig iSd Pflegezeitgesetzes pflegen können. Aus der abschließenden Aufzählung wird deutlich, dass zB auch Onkel und Tante nicht erfasst sind. Soweit der Gesetzgeber die **eheähnliche Gemeinschaft** erwähnt, kann eine solche angenommen werden, wenn die Partner 19

- länger als ein Jahr zusammenleben oder
- mit einem gemeinsamen Kind zusammenleben oder
- Kinder oder Angehörige im Haushalt versorgen oder
- befugt sind, über Einkommen oder Vermögen des anderen zu verfügen.[17]

Liegt eine der vorgenannten Voraussetzungen vor, ist davon auszugehen, dass eine auf Dauer angelegte Lebensgemeinschaft gegeben ist, in der von den Partnern ein gegenseitiges Einstehen im Bedarfsfall zu erwarten ist. Für den Beschäftigten besteht die Möglichkeit, für jeden nahen Angehörigen **gesondert** das Recht auf kurzfristige Suspendierung oder Pflegezeit in Anspruch zu nehmen.

§ 7 Abs 4 Satz 1 PflegeZG bestimmt, welche Personen pflegebedürftig iSd Gesetzes sind. Hierzu erfolgt ein Verweis auf §§ 14 und 15 SGB XI, in welchen der Begriff der Pflegebedürftigkeit definiert ist. Nach **§ 14 Abs 1 SGB XI** sind alle Personen pflegebedürftig, die wegen einer körperlichen, geistigen oder seelischen Krankheit oder Behinderung für die gewöhnlichen und regelmäßig wiederkehrenden Verrichtungen im Ablauf des täglichen Lebens auf Dauer, voraussichtlich mindestens sechs Monate, in erheblichem oder höherem Maße der Hilfe bedürfen. Diese Voraussetzungen sind bei Personen erfüllt, für die mindestens die Pflegestufe I festgestellt wurde. In der Pflegestufe I muss der Zeitaufwand für die erforderlichen Leistungen der Grundpflege und hauswirtschaftlichen Versorgung wöchentlich im Tagesdurchschnitt nach § 15 Abs 3 SGB XI mindestens 90 Minuten betragen, 20

---

17 DA Bundesagentur für Arbeit zu § 144 SGB III, Stand 3/2008.

wobei mehr als 45 Minuten auf die Grundpflege (körperbezogene Verrichtungshilfe) iSd § 14 Abs 4 Nr 1 bis 3 SGB XI entfallen müssen. Die Pflegestufe II verlangt einen Zeitaufwand von mindestens drei Stunden inklusive einer mindestens zweistündigen Grundpflege. Die Pflegestufe III erfordert, dass der Zeitaufwand mindestens fünf Stunden entspricht, der eine mindestens vierstündige Grundpflege enthalten muss. Die Anforderungen an die einzelnen Stufen der Pflegebedürftigkeit ergeben sich aus § 15 Abs 1 Nr 1 bis 3 SGB XI. **Erheblicher allgemeiner Betreuungsbedarf** iSd des § 45 a Abs 2 SGB XI reicht noch nicht aus, um nach § 2 PflegeZG kurzfristig der Arbeit fernbleiben zu können. Bleibt der Beschäftigte der Arbeit unberechtigt fern, drohen Schadensersatzansprüche und arbeitsrechtliche Konsequenzen. Um in einer akut auftretenden Pflegesituation eine bedarfsgerechte Pflege organisieren oder eine pflegerische Person sicher stellen zu können, regelt § 7 Abs 4 Satz 2 PflegeZG, dass bezüglich einer kurzzeitigen Arbeitsverhinderung iSd § 2 PflegeZG auch eine **voraussichtlich zu erwartende Pflegebedürftigkeit** iSd der §§ 14, 15 SGB XI ausreichend ist. Die bloße Möglichkeit einer Pflegebedürftigkeit genügt hierfür nicht. Erforderlich sind Tatsachen, die darauf schließen lassen, dass der Eintritt einer Pflegebedürftigkeit **überwiegend wahrscheinlich** ist.

21 Der **Eintritt des Sonderkündigungsschutzes** und die damit einhergehende Arbeitsbefreiung im Falle kurzzeitiger Arbeitsverhinderung wird durch eine **einseitige, zugangsbedürftige Erklärung** des Beschäftigten vollzogen. Einer Zustimmung des Arbeitgebers bedarf es nicht. Er kann das kurzzeitige Wegbleiben des Beschäftigten und damit den Eintritt des Sonderkündigungsschutzes auch nicht durch die Berufung auf entgegenstehende dringende betriebliche Gründe verhindern. Eine § 3 Abs 4 Satz 2 PflegeZG vergleichbare Regelung wurde in § 2 PflegeZG nicht aufgenommen. Die Interessen des Beschäftigten haben nach der Gesetzesbegründung Vorrang vor den betrieblichen Bedürfnissen des Arbeitgebers. Der Beschäftigte hat ein **Leistungsverweigerungsrecht.** Dieses steht neben dem sich aus § 275 Abs 3 BGB ergebenden Leistungsverweigerungsrecht. Der Anwendungsbereich des § 275 Abs 3 BGB geht über den des § 2 Abs 1 PflegeZG hinaus, da auch sonstige Pflichten, Kollisionen und Gewissenskonflikte erfasst sind, erfordert aber eine Interessenabwägung. Bei § 2 Abs 1 PflegeZG kann der Arbeitgeber lediglich einwenden, dass keine Erforderlichkeit für die kurzzeitige Arbeitsbefreiung besteht.

22 Durch § 2 Abs 2 Satz 1 PflegeZG wird dem Beschäftigten die Pflicht auferlegt, dem Arbeitgeber die Tatsache der Arbeitsverhinderung und ihre voraussichtliche Dauer unverzüglich **mitzuteilen.** Die Mitteilung ist an **keine** bestimmte **Form** gebunden. § 2 PflegeZG sieht eine § 3 Abs 3 PflegeZG entsprechende Schriftlichkeit nicht vor. Die Mitteilung hat **unverzüglich** zu erfolgen, dh ohne schuldhaftes Zögern (vgl § 121 Abs 1 Satz 1 BGB). Maßgebend ist der Zugang der Mitteilung beim Arbeitgeber. Notwendiger **Inhalt der Mitteilung** ist die Angabe der voraussichtlichen Dauer der Arbeitsverhinderung. Zudem ist der Arbeitgeber über den Verhinderungsgrund und über den Namen des pflegebedürftigen nahen Angehörigen zu infor-

mieren.[18] Dem Arbeitgeber muss eine Kontrolle der Berechtigung zur Leistungsverweigerung möglich sein.

Gem § 2 Abs 2 Satz 2 PflegeZG kann der Arbeitgeber von dem Beschäftigten eine **ärztliche Bescheinigung** über die Pflegebedürftigkeit des nahen Angehörigen und die Erforderlichkeit der kurzzeitigen Arbeitsverhinderung verlangen. Wer **Arbeitgeber** idS ist, ergibt sich aus § 7 Abs 2 PflegeZG. Wie bei § 5 Abs 1 EFZG muss die Bescheinigung von einem **approbierten Arzt** ausgestellt werden. Die ärztliche Bescheinigung muss die namentliche Bezeichnung der pflegebedürftigen Person zum **Inhalt** haben. Angaben zur voraussichtlichen Dauer der Pflegebedürftigkeit sind entbehrlich. Gleiches gilt für eine ärztliche Begründung der Pflegebedürftigkeit und der hierfür erforderlichen organisatorischen Maßnahmen. Da in § 2 Abs 2 Satz 2 PflegeZG eine dem § 3 Abs 2 Satz 1 PflegeZG vergleichbare Regelung fehlt, muss zudem eine Begutachtung durch den medizinischen Dienst der Krankenversicherung veranlasst werden. Dass die Pflegesituation akut eingetreten ist, muss in der ärztlichen Bescheinigung ebenfalls nicht bestätigt sein. Wie bei der Arbeitsunfähigkeitsbescheinigung iSd § 5 EFZG[19] ist der ärztlichen Bescheinigung dann ein hoher **Beweiswert** beizumessen, wenn der Arzt, der die Bescheinigung ausgestellt hat, die pflegebedürftige Person selbst untersucht bzw behandelt hat und sich dies aus der Bescheinigung ergibt. Der Arbeitgeber wird in einem solchen Fall den Beweiswert nur dann erschüttern können, wenn Indizien vorliegen, die erheblichen Anlass bieten, an der Richtigkeit der ärztlichen Bescheinigung zu zweifeln. Liegen die vorgenannten Voraussetzungen nicht vor, kann der Arbeitgeber, ohne nähere Indizien darlegen zu müssen, die Erforderlichkeit des Fernbleibens bestreiten. Die **Kosten** für die ärztliche Bescheinigung hat der Beschäftigte grundsätzlich selbst zu tragen. § 5 Abs 2 Satz 2 EFZG bzw § 73 Abs 2 Nr 9 SGB X vergleichbare Regelungen kennt das Pflegezeitgesetz nicht. Die Kosten richten sich nach Maßgabe der Nummer 70 des Gebührenverzeichnisses der Gebührenordnung für Ärzte.

Die Erfüllung der Mitteilungs- bzw Nachweispflicht ist keine Voraussetzungen dafür, dass der Beschäftigte der Arbeit kurzzeitig fernbleiben kann. Das Leistungsverweigerungsrecht besteht auch bei **Verletzung dieser Pflichten**. Der Beschäftigte riskiert allerdings Schadensersatzansprüche (§ 280 BGB) des Arbeitgebers. Zudem kann der Arbeitgeber zumindest nach einer vorherigen Abmahnung zu einer verhaltensbedingten Kündigung berechtigt sein. Den Sonderkündigungsschutz des § 5 PflegeZG genießt der Beschäftigte frühestens mit dem Zugang der Mitteilung iSv § 2 Abs 2 Satz 1 PflegeZG.

3. Pflegezeit (§ 3 PflegeZG)

Voraussetzung für das Bestehen des Sonderkündigungsschutzes der Inanspruchnahme einer Pflegezeit ist nach § 3 Abs 1 Satz 1 PflegeZG zunächst die **Pflegebedürftigkeit eines nahen Angehörigen**.[20] Eine akute Pflegesituation, wie sie § 2 PflegeZG verlangt, muss nicht bestehen. Das Tatbestands-

---

18 Musterformulierung: Böhm, ArbRB 2011, 320.
19 BAG 1.10.1997 – 5 AZR 726/96 – NZA 1998, 369.
20 Zu der Frage, wer zu dem Kreis der nahen Angehörigen zu zählen ist, vgl Rn 19.

merkmal der Pflegebedürftigkeit ist nur erfüllt, wenn mindestens die Pflegestufe I iSd §§ 14 f SGB XI festgestellt wurde.[21] Eine **voraussichtlich zu erwartende Pflegebedürftigkeit** reicht für die Inanspruchnahme einer Pflegezeit iSd § 3 PflegeZG nicht aus. Nach § 7 Abs 4 Satz 2 PflegeZG gelten diese geringeren Anforderungen nur bei der kurzzeitigen Arbeitsverhinderung von maximal zehn Tagen iSd § 2 PflegeZG. Unschädlich ist, wenn die Pflegebedürftigkeit durch den MKD oder die Krankenkasse erst rückwirkend festgestellt wird. Ergibt ein Gutachten, dass das Erfordernis der Pflegebedürftigkeit nicht erfüllt ist, besteht kein Anspruch auf Pflegezeit. Ist der Beschäftigte dennoch wegen Pflegezeit von der Arbeit fern geblieben, drohen ihm arbeitsrechtliche Konsequenzen und Schadensersatzansprüche. Der Sonderkündigungsschutz besteht dann ebenfalls nicht.

26 Die Gewährung von Pflegezeit setzt weiter voraus, dass der Beschäftigte den nahen Angehörigen in häuslicher Umgebung pflegen will. Spätestens im Zeitpunkt der Ankündigung nach § 3 Abs 3 PflegeZG muss eine ernsthafte **Pflegeabsicht** bestehen. Während der Pflegezeit muss tatsächlich eine **Pflegeleistung** erfolgen. Der Beschäftigte muss sowohl verfügbar als auch subjektiv und objektiv pflegefähig sein. An Letzterem fehlt es, wenn der Beschäftigte auf Grund seiner Konstitution nicht pflegen kann. Das Tatbestandsmerkmal der **häuslichen Umgebung** impliziert nicht, dass die Pflege zwingend in der Wohnung des Pflegebedürftigen erfolgen muss. Insoweit kann auf die zum Pflegeversicherungsrecht entwickelten Grundsätze zurückgegriffen werden. Danach wird unter häuslicher Umgebung sowohl der eigene Haushalt des Pflegebedürftigen als auch ein anderer Haushalt, in den der Pflegebedürftige aufgenommen wurde, verstanden (vgl § 36 Abs 1 SGB XI). Wesentliches Merkmal eines Haushaltes sind eine eigene Kochmöglichkeit und ein eigener Sanitärbereich, so dass der Pflegebedürftige auch in einem Altenheim oder in einer Wohngemeinschaft einen eigenen Haushalt führen kann.[22] Leistungen der häuslichen Pflege sind hingegen nicht zulässig, wenn Pflegebedürftige in einer **stationären Pflegeeinrichtung** oder in einer Einrichtung iSd § 71 Abs 4 SGB XI gepflegt werden. Das Recht auf Freistellung nach § 3 Abs 1 Satz 1 PflegeZG hängt ebenso wie der Sonderkündigungsschutz lediglich von der **Pflegebedürftigkeit**[23] des Angehörigen ab. Auf den Umfang des für die Pflege erforderlichen Zeitaufwandes kommt es nicht an. Weder das Pflegezeitgesetz noch die neuen Regelungen in § 44 a SGB XI, wonach Beschäftigte, die Pflegezeit in Anspruch nehmen, auf Antrag einen Zuschuss zur Kranken- und Pflegeversicherung erhalten, schreiben vor, welche bestimmte Stundenzahl an Pflege oder Betreuung täglich oder wöchentlich zu erbringen ist.

27 Anders als in § 2 Abs 1 PflegeZG wird in § 3 PflegeZG das Tatbestandsmerkmal der **Erforderlichkeit** nicht genannt. Pflegezeit kann deshalb auch dann verlangt werden, wenn der Pflegebedürftige ebenso durch einen anderen nahen Angehörigen, der hierzu bereit und in der Lage ist, gepflegt werden könnte. Der Sonderkündigungsschutz nach § 5 PflegeZG tritt bei der Inanspruchnahme von Pflegezeit unabhängig von der bisherigen **Dauer der**

---

21 Vgl Rn 20.
22 BT-Drucks 12/5262 S 112; LSG Niedersachsen 26.5.1998 – L 3 P 10/97.
23 Vgl Rn 20.

Betriebszugehörigkeit ein. Im Pflegezeitgesetz findet sich weder eine der in § 1 Abs 1 KSchG normierten Wartezeit entsprechende Regelung noch eine dem § 3 Abs 3 EFZG oder vergleichbaren Normen angelehnte Regelung. Ein Beschäftigter kann also **vom ersten Tag** des bestehenden **Beschäftigungsverhältnisses** an Pflegezeit in Anspruch nehmen und somit den **Sonderkündigungsschutz** genießen.

Anders als bei der kurzzeitigen Arbeitsverhinderung kann Pflegezeit nach § 3 Abs 1 Satz 2 PflegeZG nur beansprucht werden, wenn der Arbeitgeber **mehr als 15 Beschäftigte** hat. Maßgebend für die Ermittlung der Unternehmensgröße ist, wie viele Beschäftigte **idR** tätig sind. Diese auch in §§ 17 Abs 1, 23 KSchG oder § 106 BetrVG enthaltene Formulierung ist einheitlich zu interpretierten. Es kommt auf die Beschäftigungslage an, die im Allgemeinen für den Arbeitgeber kennzeichnend ist.[24] Zu beachten ist, dass § 3 Abs 3 Satz 2 PflegeZG auf die Anzahl der „Beschäftigten" abstellt. Es wird also – anders als in § 15 Abs 7 Satz 1 Nr 1 BEEG nicht an den (engeren) Arbeitnehmerbegriff angeknüpft. In Abweichung zu § 23 Abs 1 Satz 4 KSchG werden bei der **Berechnung** der Zahl der Beschäftigten alle Arbeitnehmer unabhängig vom Umfang der jeweils vereinbarten Arbeitszeit voll mitgezählt. Gleiches gilt für **Auszubildende** und **arbeitnehmerähnliche Personen**. Ob Umschüler, **Volontäre**, Praktikanten etc zu berücksichtigen sind, hängt davon ab, ob die Erbringung einer Arbeitsleistung im Vordergrund steht. Hiervon ist auszugehen, wenn die Leistung von Diensten nach Weisung des Dienstberechtigten und gegen Zahlung von Entgelt Schwerpunkt des Rechtsverhältnisses ist. Das Weisungsrecht kann Inhalt, Durchführung, Zeit, Dauer und Ort der Tätigkeit betreffen.[25]

§ 3 Abs 2 PflegeZG erlegt dem Beschäftigten eine vom Arbeitgeberverlangen unabhängige **Nachweispflicht** auf. Der Nachweis der Pflegebedürftigkeit des nahen Angehörigen hat durch eine Bescheinigung der Pflegekasse oder des MDK zu erfolgen. Ausreichend ist, wenn die Tatsache der Pflegebedürftigkeit des namentlich zu benennenden nahen Angehörigen bescheinigt wird. Angaben zur voraussichtlichen Dauer der Pflegebedürftigkeit sind nicht erforderlich. § 3 Abs 2 PflegeZG enthält keine dem § 5 Abs 1 Satz 4 EFZG nachgebildete Regelung. Gesetzlich nicht geregelt ist die **Fälligkeit** des Nachweises. Insbesondere ist nicht bestimmt, dass der Nachweis gegenüber dem Arbeitgeber vor dem Antritt der Pflegezeit erfolgen muss. Stattdessen wird in der Gesetzesbegründung[26] auf § 18 Abs 3 SGB XI verwiesen. Hieraus ergibt sich, dass der MDK bei Ankündigung der Pflegezeit seine Begutachtung innerhalb von zwei Wochen nach Eingang des Antrags bei der Pflegekasse durchzuführen hat, und der Antragsteller seitens des MDK unverzüglich schriftlich darüber zu informieren ist, welche Empfehlung der MDK an die Pflegekasse weiterleitet. Der Beschäftigte wird jedenfalls die Begutachtung durch den MDK abwarten können. Stellt sich allerdings auf Grund des Gutachtens heraus, dass der nahe Angehörige nicht iSd §§ 14, 15 SGB XI pflegebedürftig ist, besteht kein Anspruch auf Pflege-

---

24 BAG 22.1.2004 – 2 AZR 237/03 – NZA 2004, 479; BAG 31.1.1991 – 2 AZR 356/90 – NZA 1991, 562.
25 BAG 17.7.2007 – 9 AZR 1031/06 – NZA 2008, 416.
26 BT-Drucks 16/7439 S 90 ff.

zeit. Der Beschäftigte trägt also das **Risiko** einer **ordentlichen oder außerordentlichen Kündigung** des Arbeitsverhältnisses, weil er dann unentschuldigt der Arbeit fernbleiben würde. Der sich aus § 5 PflegeZG ergebende besondere Kündigungsschutz kann ihm ebenfalls nicht helfen, da dieser nur bei einer berechtigten Inanspruchnahme von Pflegezeit nach § 3 PflegeZG eingreift. Daneben können den Beschäftigten bei unberechtigter Inanspruchnahme von Pflegezeit Schadensersatzansprüche (§ 280 BGB) treffen. § 3 Abs 2 Satz 2 PflegeZG statuiert, dass bei pflegebedürftigen Angehörigen, die **privat pflegeversichert** sind, ein **entsprechender Nachweis** zu erbringen ist. Die Gesetzesbegründung[27] geht davon aus, dass die für gesetzlich pflegeversichert Pflegebedürftige aufgezeigte Verfahrensweise auch bei Versicherten der Privatpflege-Pflichtversicherung praktiziert wird. Derzeit ist noch nicht absehbar, welches Verfahren sich insoweit etablieren wird. Der in § 3 Abs 1 Satz 1 PflegeZG normierte Pflegezeitanspruch besteht unabhängig von der Vorlage einer Bescheinigung iSd § 3 Abs 2 PflegeZG. Kommt der Beschäftigte der Nachweispflicht nicht nach, verletzt er eine Nebenpflicht, was auch hier eine Schadensersatzpflicht begründen oder zu kündigungsrechtlichen Konsequenzen führen kann.

30 Ein Beschäftigter kann die begehrte Pflegezeit nur antreten und damit den besonderen Kündigungsschutz genießen, wenn er sie nach § 3 Abs 3 Satz 1 PflegeZG gegenüber dem Arbeitgeber **spätestens zehn Tage vor Beginn** angekündigt hat. Das Wort **spätestens** impliziert, dass die Ankündigung auch früher erfolgen kann, dh, nur eine Mindestfrist einzuhalten ist. Zu beachten ist insoweit § 5 Abs 1 PflegeZG, der vorsieht, dass der Arbeitgeber das Beschäftigungsverhältnis von der Ankündigung bis zur Beendigung der Pflegezeit nicht kündigen darf.[28] Die **Berechnung der zehntägigen Ankündigungsfrist** richtet sich nach §§ 187 Abs 1, 188 Abs 1 BGB. Entscheidend ist der Zeitpunkt des Zugangs des Freistellungsbegehrens beim Arbeitgeber. Liegen zwischen Zugang und Beginn des begehrten Freistellungszeitraumes weniger als zehn Arbeitstage, gilt das Freistellungsverlagen als auf den Zeitpunkt gerichtet, zu dem der Beschäftigte die Freistellung von der Arbeit frühest möglich verlangen kann.[29] Der Beschäftige hat in diesem Fall bis zum Ablauf der Frist zu arbeiten, wenn der Arbeitgeber nicht auf die Einhaltung der Frist verzichtet. Beachtet er dies nicht, bleibt er unberechtigt der Arbeit fern, was eine Kündigung rechtfertigen kann. Soweit sich § 3 Abs 3 Satz 1 PflegeZG auf **Arbeitstage** bezieht, sind nicht die individuellen Arbeitstage des Beschäftigten maßgeblich, sondern die Arbeitstage, an denen im Betrieb des Arbeitgebers gearbeitet wird. Als Arbeitstag zählt jeder Tag, an dem die überwiegende Zahl der Belegschaftsmitglieder regelmäßig im Betrieb tätig ist, wobei nicht entscheidend ist, ob es sich um einen Werk- oder einen Sonn- bzw Feiertag handelt. Für einen **Teilzeitbeschäftigten**, der nur an einzelnen Wochentagen arbeitet, läuft die Zehntagesfrist demnach gleichlautend wie für einen Vollzeitbeschäftigten ab, wenn die Freistellungsgesuche dem Arbeitgeber zeitgleich zugegangen sind. Die Ankündigung der Pflegezeit hat **schriftlich** zu erfolgen. Der Umfang

---

27 BT-Drucks 16/7439 S 90 ff.
28 Vgl Rn 37 ff.
29 BAG 20.7.2004 – 9 AZR 626/03 – NZA 2004, 1090.

des Schriftformerfordernisses ergibt sich aus § 126 BGB. Wird das Schriftformerfordernis nicht beachtet, ist die Ankündigung unwirksam. Die Rechtsfolgen der §§ 3 ff PflegeZG treten nicht ein. Als weitere formale Voraussetzung für eine ordnungsgemäße Ankündigung nennt § 3 Abs 3 Satz 1 PflegeZG die **Angabe** des **Zeitraums und** des **Umfangs** der begehrten Pflegezeit.[30] Fehlen diese Angaben, liegt keine ordnungsgemäße Ankündigung vor, durch die eine Suspendierung der Hauptpflichten aus dem Beschäftigungsverhältnis ausgelöst werden kann. § 3 PflegeZG räumt dem Beschäftigten ein einseitiges Gestaltungsrecht ein. Dh, durch die einseitige ordnungsgemäße Erklärung, Pflegezeit in Anspruch nehmen zu wollen, treten, wenn die vorstehenden Voraussetzungen erfüllt sind, unmittelbar die gesetzlichen Folgen der Pflegezeit ein, ohne dass es noch eines weiteren Handelns des Arbeitgebers bedarf.[31] Etwas anderes gilt dann, wenn Pflegeteilzeit begehrt wird.[32]

Beansprucht der Beschäftigte lediglich eine **teilweise Befreiung** von der Arbeitspflicht, muss er nach § 3 Abs 3 Satz 2 PflegeZG in seiner (schriftlichen) Ankündigung über den dargestellten Inhalt hinaus **zusätzlich** die **gewünschte Verteilung** der reduzierten Arbeitszeit **angeben**.[33] Die gewünschte Verteilung der Arbeitszeit betrifft etwa die Verteilung der Arbeitszeit auf einzelne Wochentage oder die Lage der verkürzten Arbeitszeit an einzelnen Arbeitstagen. 31

Will der Beschäftigte die Pflegezeit lediglich unter **teilweiser Freistellung** von der Arbeitsleistung geltend machen, hat er mit dem Arbeitgeber gem § 3 Abs 4 Satz 1 PflegeZG eine **schriftliche Vereinbarung** über die Verringerung und die Verteilung der Arbeitszeit zu schließen. Die Vereinbarung kann nur durch Angebot und Annahme zustande kommen. An seinen Vertragsänderungsantrag ist der Beschäftigte deshalb gebunden, bis dieser vom Arbeitgeber angenommen oder abgelehnt wurde. Nach § 3 Abs 4 Satz 1 PflegeZG bedarf die Vereinbarung zwischen Arbeitgeber und Beschäftigtem über die teilweise Freistellung der **Schriftform**. Der Gesetzesbegründung[34] lässt sich allerdings entnehmen, dass diese Vorschrift keine konstitutive Bedeutung hat. Die Einhaltung der Schriftform soll lediglich dem Interesse der Rechtssicherheit dienen, so dass auch eine verbindliche mündliche Vereinbarung in Vertragsqualität denkbar ist. In Abweichung zu § 15 BEEG ist nicht geregelt, bis zu welchem **Zeitpunkt** eine **Äußerung** des Arbeitgebers zu dem Vertragsänderungsantrag des Beschäftigten vorliegen muss. Die Vereinbarung muss jedenfalls dann, wenn die Ankündigungsfrist eingehalten wurde, spätestens bei Beginn der angekündigten Pflegezeit getroffen sein. Hat der Beschäftigte eine längere als die gesetzliche Ankündigungsfrist von zehn Arbeitstagen gewählt, muss der Arbeitgeber spätestens innerhalb von zehn Arbeitstagen reagieren. Der Sonderkündigungsschutz setzt aber bereits mit Antragstellung ein. 32

---

30 Musterformulierung für die Antragstellung: Böhm, ArbRB 2011, 320.
31 BAG 15.11.2011 – 9 AZR 348/10 – NZA 2012, 323.
32 Vgl nachfolgend Rn 31 ff.
33 Musterformulierung für die Antragstellung: Böhm, ArbRB 2011, 320.
34 BT-Drucks 16/7439 S 90 ff.

33 § 3 Abs 4 Satz 2 PflegeZG räumt dem Arbeitgeber das Recht ein, den Wunsch des Arbeitgebers auf nur teilweise Freistellung abzulehnen, wenn diesem **dringende betriebliche Gründe** (etwa engste, persönliche Kontakte als Grundvoraussetzung für die vollständige Arbeitsleistung ebenso wie projekt-, saison- oder streng arbeitsrechtlich gebundene Arbeitsnotwendigkeiten) entgegenstehen. § 3 Abs 4 Satz 2 PflegeZG ist § 15 Abs 5 BEEG bzw § 8 Abs 3 TzBfG nachempfunden. Auf Grund des Ausnahmecharakters der Norm muss es sich um gewichtige Gründe handeln, die Vorrang vor den Interessen an der häuslichen Pflege haben. Für die Elternzeit wurde entschieden, dass der Arbeitgeber alle Möglichkeiten der betrieblichen Umorganisation prüfen und im Streitfall für ein Gericht überzeugend darlegen muss, dass eine Reduzierung der bisherigen Arbeitszeit anstelle des vom Gesetz ohne Einschränkung vorgesehenen Totalausfalls für die Dauer der Elternzeit nicht durchführbar ist.[35] Begehrt der Beschäftigte lediglich eine teilweise Freistellung und kann der Arbeitgeber diesem Begehren tatsächlich dringende betriebliche Gründe entgegenhalten, kann der Eintritt des Sonderkündigungsschutzes abgewendet werden. Kommt **keine Einigung** über die teilweise Freistellung innerhalb der zehntägigen Ankündigungsfrist zustande, sind verschiedene Fallkonstellationen zu unterscheiden. Im Fall der **Ablehnung des Teilzeitwunsches** durch den Arbeitgeber steht dem Beschäftigten wie bei § 15 BEEG ein Anspruch auf Teilzeit erst nach entsprechender arbeitsgerichtlicher Entscheidung zu. Richtige Klageart ist eine auf Abgabe einer Zustimmung gerichtete **Leistungsklage** (§ 894 ZPO). Ob tatsächlich Sonderkündigungsschutz ab der Ankündigung der Pflegezeit besteht, erklärt sich demnach erst nachträglich. Zeigt der Arbeitgeber hinsichtlich des geäußerten Teilzeitwunsches innerhalb der zehntägigen Ankündigungsfrist **keine Reaktion**, kann dies nicht als Zustimmung des Arbeitgebers gewertet werden. Der Beschäftigte hat ebenfalls die Zustimmungsersetzung beim Arbeitsgericht einzuholen. Er kann seinen Teilzeitwunsch ggf im **einstweiligen Verfügungsverfahren** durchsetzen.[36] Zum Streitwert im einstweiligen Verfügungsverfahren hat das LAG Baden-Württemberg entschieden, dass mit Blick auf die maximale Pflegezeitdauer von sechs Monaten zwei Bruttomonatsgehälter angemessen sind.[37] Lehnt der Arbeitgeber die begehrte teilweise Freistellung zu Recht ab, kann der Beschäftigte **alternativ** die **vollständige Freistellung** von der Beschäftigungspflicht beanspruchen, um die häusliche Pflege eines nahen Angehörigen durchführen zu können. Insoweit ist im Pflegezeitgesetz keine Möglichkeit für den Arbeitgeber vorgesehen, diesem Verlangen betriebliche Gründe entgegen zu setzen, auch wenn sie noch so gewichtig sind.

34 Die **Höchstdauer** der Pflegezeit und damit die Dauer des Sonderkündigungsschutzes ist nach § 4 Abs 1 Satz 1 PflegeZG für jeden pflegebedürftigen nahen Angehörigen **maximal** auf einen **Zeitraum von sechs Monaten** begrenzt. Die Berechnung der Sechs-Monats-Frist richtet sich nach §§ 187 Abs 2, 188 Abs 2 BGB.

---

35 BAG 19.4.2005 – 9 AZR 233/04 – NZA 2005, 1354.
36 Musterformulierung für die Antragstellung: Böhm, ArbRB 2011, 320.
37 LAG Baden-Württemberg 14.9.2010 – 5 Ta 180/10 – ArbRB 2011, 48.

Beispiel: Beginnt der Beschäftigte mit der Pflege des nahen Angehörigen am 1.7., endet der Sechsmonatszeitraum bei voller Ausschöpfung am 31.12.

§ 4 Abs 1 Satz 1 PflegeZG eröffnet dem Beschäftigten die Möglichkeit, die Pflegezeithöchstdauer für **jeden** nahen Angehörigen,[38] der pflegebedürftig ist,[39] in Anspruch zu nehmen. Insoweit kann die Situation eintreten, dass **mehrere Pflegezeiten** ineinander übergehen und der Beschäftigte über einen Zeitraum von mindestens einem Jahr nicht zur Arbeit erscheinen muss und unkündbar ist. Der Beschäftigte hat auch die (zweite) Pflegezeit ordnungsgemäß iSd § 3 Abs 3 PflegeZG anzukündigen.[40] Eine pflegebedürftige Person kann durch mehrere nahe Angehörige parallel gepflegt werden. Da es auf den Umfang des für die Pflege erforderlichen Zeitaufwandes nicht ankommt,[41] kann jeder Beschäftigte bei seinem Arbeitgeber jeweils eine Pflegezeit von maximal sechs Monaten nach §§ 3, 4 PflegeZG beanspruchen. Nach der Gesetzesbegründung[42] sollen alle Beschäftigten, die in häuslicher Umgebung einen pflegebedürftigen Angehörigen pflegen oder in der letzten Phase des Lebens begleiten wollen, Anspruch auf Freistellung von der Arbeitsleistung für längstens sechs Monate haben.

Beispiel: Eine berufstätige Schwiegertochter und ihr ebenfalls berufstätiger Ehemann beschließen, ihren pflegebedürftigen (Schwieger-)Vater in häuslicher Umgebung zu pflegen. Der Sohn hat bei seinem Arbeitgeber eine dreimonatige Pflegezeit vom 1.2. bis zum 30.4. ordnungsgemäß beansprucht. Seine Ehefrau kann dennoch bei ihrem Arbeitgeber im Zeitraum vom 1.1. bis zum 30.6. die Pflegezeithöchstdauer nutzen.

§ 4 Abs 1 Satz 1 PflegeZG eröffnet dem Beschäftigten iVm § 3 Abs 1 Satz 1 PflegeZG die Möglichkeit, durch einmalige Erklärung bis zu sechs Monate Pflegezeit hinsichtlich desselben Angehörigen in Anspruch zu nehmen.[43] Eine **Splittung der sechsmonatigen Pflegezeithöchstdauer** ist nicht möglich. Dh, hat der Arbeitnehmer die Pflegezeit durch Erklärung gegenüber dem Arbeitgeber in Anspruch genommen, ist er gehindert, von seinem Recht erneut Gebrauch zu machen, sofern sich die Pflegezeit auf denselben Angehörigen bezieht.[44] Ausdrücklich offen gelassen hat das BAG in diesem Zusammenhang die Frage, ob es mit § 3 Abs 1 PflegeZG vereinbar ist, dass der Arbeitnehmer die Verteilung der Pflegezeit im Wege einer einmaligen Erklärung auf mehrere getrennte Zeitabschnitte verteilt. Von dem Splitting ist die Verlängerung der Pflegezeit zu unterscheiden.[45] Hat der Beschäftigte die Pflegezeithöchstdauer von sechs Monaten nicht ausgeschöpft, kann er nach § 4 Abs 1 Satz 2 PflegeZG gegenüber dem Arbeitgeber die **Verlängerung** auf insgesamt maximal sechs Monate geltend machen. Es bedarf hierfür allerdings grundsätzlich der **Zustimmung** des Arbeitgebers. Die Zustimmung bedarf keiner bestimmten Form (vgl § 182 Abs 2 BGB). Sie ist

---

38 Vgl Rn 19.
39 Vgl Rn 20.
40 Vgl Rn 30.
41 Vgl Rn 26.
42 BT-Drucks 16/7439 S 90 ff.
43 BAG 15.11.2011 – 9 AZR 348/10 – NZA 2012, 323.
44 BAG 15.11.2011 – 9 AZR 348/10 – NZA 2012, 323.
45 Vgl Rn 35.

nicht fristgebunden. Die Verweigerung der Zustimmung setzt nicht das Vorliegen bestimmter Gründe voraus, sie ist grundlos möglich.

35 Ausnahmsweise besteht nach § 4 Abs 1 Satz 3 PflegeZG ein (zustimmungsfreier) **Anspruch auf Pflegezeitverlängerung**, wenn ein geplanter Wechsel in der Person des Pflegenden aus einem wichtigen Grund nicht durchführbar ist. Die Vorschrift ist § 16 Abs 3 Satz 4 BEEG nachgebildet. Die Gesetzesbegründung zu § 4 Abs 1 Satz 3 PflegeZG nennt als wichtigen Grund beispielhaft den Fall, in dem die Person, welche die Pflege des Familienangehörigen übernehmen sollte, selbst schwer erkrankt.[46] Erforderlich ist, dass ein **erheblicher Verhinderungsgrund** vorliegt. Dieser kann auch gegeben sein, wenn es für die andere Person aus wirtschaftlichen Gründen unzumutbar wird, die Pflege zu übernehmen, weil der eigene Familienunterhalt wegen veränderter Umstände (zB plötzliche Arbeitslosigkeit) nicht mehr gesichert werden kann. Das Verlängerungsbegehren muss weder einer gesonderten Form genügen, noch muss eine bestimmte Frist eingehalten werden. Eine § 3 Abs 3 PflegeZG entsprechende Regelung fehlt in § 4 Abs 1 Satz 3 PflegeZG. Das Verlängerungsbegehren muss dem Arbeitgeber lediglich noch während der laufenden Pflegezeit zugehen. Der Sonderkündigungsschutz verlängert sich dann entsprechend.

4. Sonderfall Teilzeitbeschäftigte

36 In § 5 PflegeZG fehlt eine § 18 Abs 2 Nr 2 BEEG vergleichbare Regelung. Beschäftigte, die, ohne Pflege(teil)zeit in Anspruch zu nehmen, in Teilzeit tätig sind, fallen deshalb nicht in den persönlichen Geltungsbereich des Sonderkündigungsschutzes.[47]

V. Dauer des Sonderkündigungsschutzes
1. Geschützter Zeitraum

37 Der Sonderkündigungsschutz besteht nach § 5 Abs 1 PflegeZG
- von der Ankündigung der kurzzeitigen Arbeitsverhinderung nach § 2 PflegeZG oder der Pflegezeit nach § 3 PflegeZG
- bis zur Beendigung.

2. Beginn des Sonderkündigungsschutzes

38 a) **Vorverlagerter Schutz.** Der Sonderkündigungsschutz setzt nach § 5 Abs 1 PflegeZG nicht erst im Zeitpunkt des Beginns der kurzzeitigen Arbeitsverhinderung iSd § 2 PflegeZG oder bei der tatsächlichen Inanspruchnahme nach § 3 PflegeZG ein, sondern bereits dann, wenn der Beschäftigte sein Fernbleiben ankündigt. Dies kann bereits vor der **erstmaligen Arbeitsaufnahme** der Fall sein. Eine § 1 Abs 1 KSchG vergleichbare **Wartezeit** ist in § 5 Abs 1 PflegeZG nicht vorgesehen. Eine Mindestbetriebszugehörigkeit von sechs Monaten ist daher nicht erforderlich. Ein am Ende des Sechs-Monats-Zeitraum stehender Arbeitnehmer kann somit den Arbeitgeber durch die Mitteilung kurzzeitiger Arbeitsverhinderung iSd § 2 PflegeZG bzw die Ankündigung der Pflegezeit iSd § 3 PflegeZG in den An-

---

46 BT-Drucks 16/7439 S 90 ff.
47 ErfK/Gallner, § 5 PflegeZG Rn 1.

wendungsbereich des Kündigungsschutzgesetzes zwingen und den Zweck des § 1 Abs 1 KSchG vereiteln. Dem Arbeitgeber kann auf diese Weise die Möglichkeit genommen werden, die Eignung des Arbeitnehmers für die von ihm geschuldete Arbeitsleistung zu prüfen, und sich ohne soziale Rechtfertigung und ohne Einholung einer behördlichen Zustimmung per Kündigung von ihm zu trennen. Zu beachten ist, dass für die Durchführung des Zustimmungsverfahrens bei der für den Arbeitsschutz zuständigen obersten Landesbehörde besondere Beschleunigungsvorschriften, wie sie zB in §§ 88, 91 SGB XI vorgesehen sind, fehlen. Das Kündigungsverbot des § 5 PflegeZG besteht nicht nur innerhalb der in § 1 PflegeZG normierten Wartezeit, sondern auch während der Probezeit des § 22 BBiG.

b) Keine zeitliche Einschränkung. § 5 Abs 1 PflegeZG sieht trotz der Tatsache, dass die Ankündigung bereits lange Zeit vor der tatsächlichen Freistellung erfolgen kann, keine zeitliche Einschränkung für den Beginn des Sonderkündigungsschutzes vor. Es wird pauschal auf die Ankündigung abgestellt. Insbesondere bezüglich der Inanspruchnahme einer Pflegezeit nach § 3 PflegeZG besteht deshalb eine große **Missbrauchsgefahr**. Mangels Festlegung einer Höchstfrist für die Ankündigung kann der Beschäftigte die Inanspruchnahme von Pflegezeit schon Monate im Voraus ankündigen und sich somit im Falle der Gefährdung seines Arbeitsplatzes des Sonderkündigungsschutzes sicher sein. Zur Rechtfertigung kann sich der Beschäftigte darauf stützen, dass er dem Arbeitgeber möglichst viel Zeit zur Einstellung auf seine Abwesenheit geben wollte.[48] Ein Rechtsmissbrauch ist erst dann anzunehmen, wenn seitens des Arbeitnehmers der Antrag auf Pflegezeit nur vorgeschoben wird, um, ohne dass tatsächlich Pflegezeit geplant worden ist bzw tatsächlich umgesetzt werden soll, in den Genuss des Kündigungsschutzes zu kommen.[49] Für die Behauptung des Rechtsmissbrauchs trägt der Arbeitgeber die Darlegungs- und Beweislast. Aus Sicht des Beschäftigten ist es demnach zunächst lediglich erforderlich, einen nahen Angehörigen[50] zu haben, der zumindest voraussichtlich pflegebedürftig iSd § 7 Abs 4 PflegeZG ist.[51] Das Missbrauchspotential hätte durch eine dem § 18 Abs 1 Satz 1 BEEG vergleichbare Höchstgrenze für das Eingreifen des Sonderkündigungsschutzes zumindest eingedämmt werden können. Hierauf hat der Gesetzgeber im Pflegezeitgesetz verzichtet. Eine **analoge Anwendung** von § 18 Abs 1 Satz 1 BEEG, wonach der Sonderkündigungsschutz ab dem Zeitpunkt, von dem an Elternzeit verlangt worden ist, jedoch höchstes acht Wochen vor Beginn der Elternzeit eintritt, kommt nicht in Betracht. Wie die Gesetzesbegründung zu Absatz 2 zeigt,[52] hat der Gesetzgeber die Bestimmungen des BEEG offensichtlich zur Kenntnis genommen, aber dennoch in Absatz 1 einen Verweis hierauf unterlassen. Es ist daher von einer bewussten Regelungslücke auszugehen.

Hinsichtlich der in § 2 PflegeZG normierten kurzzeitigen Arbeitsverhinderung ist die Gefahr des Missbrauchs des Sonderkündigungsschutzes deut-

---

48 Preis/Nehring, NZA 2008, 729.
49 ArbG Stuttgart 14.10.2009 – 30 Ca 5762/09.
50 Vgl Rn 19.
51 Vgl Rn 20.
52 BT-Drucks 16/7439 S 90 ff.

lich geringer. Da § 2 PflegeZG eine akute, also unerwartete oder unvermittelte Pflegesituation voraussetzt,[53] ist die Möglichkeit einer frühzeitigen Ankündigung bei der kurzzeitigen Arbeitsverhinderung ausgeschlossen.

40 **c) Zugang der Ankündigungserklärung.** Maßgeblicher Zeitpunkt für den Beginn des Sonderkündigungsschutzes ist bei der kurzzeitigen Arbeitsverhinderung der Zugang der Anzeige der Verhinderung an der Arbeitsleistung bei dem Arbeitgeber. Auch für die Inanspruchnahme von Pflegezeit kommt es auf den Zugang der Ankündigungserklärung an, dh eine Kündigung verstößt dann nicht gegen § 5 PflegeZG, wenn sie dem Beschäftigten zugeht, bevor dieser die kurzzeitige Arbeitsbefreiung bzw die Pflegezeit ankündigt, auch wenn sie das Arbeitsverhältnis erst zu einem innerhalb des Schutzzeitraumes des § 5 PflegeZG liegenden Termin beenden soll.

41 **d) Wirksame Geltendmachung.** Der besondere Kündigungsschutz greift nur im Falle der **berechtigten kurzzeitigen Arbeitsverhinderung** (§ 2 PflegeZG) bzw **berechtigten Inanspruchnahme von Pflegezeit** (§ 3 PflegeZG) ein. Die Berechtigung kann sich aus dem nach § 2 Abs 2 Satz 2 PflegeZG auf Verlangen zu erbringenden ärztlichen Attest[54] bzw aus dem nach § 3 Abs 2 PflegeZG zu führenden Nachweis[55] ergeben.

42 Der Sonderkündigungsschutz entsteht zudem nur bei einer wirksamen Geltendmachung in formeller Hinsicht. Liegt ein Fall der kurzzeitigen Arbeitsverhinderung iSd § 2 PflegeZG vor, wird dem Beschäftigten durch § 2 Abs 2 Satz 1 PflegeZG die Pflicht auferlegt, dem Arbeitgeber die Tatsache der Arbeitsverhinderung und ihre voraussichtliche Dauer (formlos) unverzüglich **mitzuteilen**.[56] Der Beschäftigte genießt frühestens mit dem Zugang der ordnungsgemäßen Mitteilung iSd des § 2 Abs 2 Satz 1 den Sonderkündigungsschutz des § 5 PflegeZG.

43 Die Entstehung des Sonderkündigungsschutzes bezüglich der Inanspruchnahme von Pflegezeit nach § 3 PflegeZG verlangt, neben der Ankündigungsfrist von zehn Arbeitstagen,[57] dass die Ankündigung

- schriftlich (§ 126 Abs 1 BGB) erfolgt und
- die Angabe des Zeitraumes und des Umfanges der begehrten Pflegezeit angegeben wird.[58]

Erfolgt das Pflegezeitverlangen formlos, oder gibt der Beschäftigte den Zeitraum und den Umfang der begehrten Pflegezeit nicht an, kann der Sonderkündigungsschutz des § 5 Abs 1 PflegeZG nicht entstehen. Der Beschäftigte muss in diesem Fall sein Verlangen wirksam wiederholen oder ergänzen. Vorher kann er weder die Pflegezeit antreten noch den Sonderkündigungsschutz beanspruchen. Bleibt er der Arbeit gleichwohl fern, verhält er sich vertragswidrig. Eine deswegen erklärte Kündigung des Arbeitgebers bedarf zwar nicht der Zulässigerklärung durch die Arbeitsschutzbe-

---

53 Vgl Rn 16 f.
54 Vgl Rn 23.
55 Vgl Rn 29.
56 Vgl Rn 22.
57 Vgl Rn 30.
58 Vgl Rn 30.

hörde, idR aber einer vorherigen Abmahnung.[59] Besteht der Mangel der Pflegezeitankündigung dagegen darin, dass der Beschäftigte die Pflegezeit zu **kurzfristig**, also nicht spätestens zehn Tage vor Beginn (§ 3 Abs 3 Satz PflegeZG) verlangt hat, führt dies lediglich zu einer **Verschiebung des Beginns der Pflegezeit**.

e) Kündigung vor Beginn des Sonderkündigungsschutzes. Eine vor Beginn des Sonderkündigungsschutzes erklärte Kündigung des Arbeitgebers ist jedenfalls nicht nach § 5 PflegeZG unwirksam. Ihre Wirksamkeit ist nach § 1 Abs 2 KSchG bzw § 626 BGB zu prüfen. Erfolgte die Kündigung wegen der sich andeutenden kurzzeitigen Arbeitsverhinderung oder der sich ankündigenden Inanspruchnahme von Pflegezeit, ist sie nach **§ 612 a BGB** nichtig. 44

2. Ende des Sonderkündigungsschutzes

a) Grundsatz. Der Sonderkündigungsschutz dauert grundsätzlich bis zur Beendigung der kurzzeitigen Arbeitsverhinderung oder der Pflegezeit. Dh, der Sonderkündigungsschutz endet erst mit dem letzten Tag des Zeitraumes, für den Pflegezeit beansprucht wird. Einen nachwirkenden Sonderkündigungsschutz sieht § 5 Abs 1 PflegeZG nicht vor. 45

b) Ausnahmen. § 4 Abs 2 Satz 1 PflegeZG regelt **Ausnahmefälle**, in denen eine **vorzeitige Beendigung** der Pflegezeit ohne Zustimmung des Arbeitgebers eintritt. Der Gesetzestext enthält drei abschließende Fallgruppen: 46
- Entfall der Pflegebedürftigkeit des nahen Angehörigen
- Unmöglichkeit der häuslichen Pflege des nahen Angehörigen
- Unzumutbarkeit der häuslichen Pflege des nahen Angehörigen.

Liegt eine der vorgenannten Fallgruppen vor, endet die Pflegezeit nicht sofort, sondern erst **vier Wochen** nach Eintritt der veränderten Umstände. Die Berechnung der Frist erfolgt nach §§ 187 Abs 1, 188 Abs 2 BGB. Sie endet mit dem Ablauf desjenigen Tages der letzten Woche, welcher durch seine Benennung dem Tag entspricht, in den der veränderte Umstand fällt. Tritt einer der in § 4 Abs 2 Satz 1 PflegeZG geregelten Ausnahmetatbestände ein, trifft den Beschäftigten nach § 4 Abs 2 Satz 2 PflegeZG eine **unverzügliche Unterrichtungspflicht** gegenüber dem Arbeitgeber. Der Einhaltung einer bestimmten Form bedarf es hierfür nicht. Die Unterrichtung kann auch per Telefax, Telefon oder E-Mail erfolgen. Das Versäumnis der ohne schuldhaftes Zögern vorzunehmenden Unterrichtung tangiert den Ablauf der in § 4 Abs 2 Satz 1 PflegeZG geregelten Vier-Wochen-Frist nicht. Die Pflegezeit endet unabhängig vom Vorliegen einer ordnungsgemäßen Unterrichtung. Gleiches gilt somit für den Sonderkündigungsschutz.

Unabhängig von den in § 4 Abs 2 Satz 1 PflegeZG festgeschriebenen Ausnahmetatbeständen kann die Pflegezeit jederzeit beendet werden. Voraussetzung ist nach § 4 Abs 2 Satz 3 PflegeZG, dass Beschäftigter und Arbeitgeber hierüber **Einvernehmen** erzielen. Ohne Zustimmung des Arbeitgebers ist eine vorzeitige Beendigung der Pflegezeit nicht möglich. Der Beschäftigte ist dann an den von ihm angekündigten Pflegezeitraum gebunden. 47

---

59 BAG 17.2.1994 – 2 AZR 616/93 – NZA 1994, 656.

48 **c) Kündigung nach Ende der Arbeitsverhinderung oder Pflegezeit.** Kündigt der Arbeitgeber das Beschäftigungsverhältnis nach dem Ende der kurzzeitigen Arbeitsverhinderung oder der Pflegezeit aus Anlass der Wahrnehmung der Rechte aus § 2 Abs 1 und 3, Abs 1 Satz 1 PflegeZG, ist die Kündigung nach § 612 a BGB nichtig.[60]

VI. Behördliche Zulässigerklärung nach § 5 Abs. 2 Satz 1 PflegeZG
1. Befreiung vom Kündigungsverbot

49 Grundsätzlich ist eine Kündigung, die trotz des Vorliegens der Voraussetzungen des Kündigungsverbotes ausgesprochen wird, sogar nichtig (§ 5 Abs 1 PflegeZG iVm § 134 BGB). Eine **Ausnahme** hiervon regelt § 5 Abs 2 Satz 1 PflegeZG. Danach gilt das Kündigungsverbot nicht, wenn die für den Arbeitsschutz zuständige oberste Landesbehörde oder die von ihr bestimmte Stelle die Kündigung ausnahmsweise für zulässig erklärt hat. Hierfür bedarf es eines ordnungsgemäßen Antrags.[61] Die Gesetzesbegründung weist ausdrücklich darauf hin, dass die Norm **§ 18 Abs 1 Satz 2 BEEG nachgebildet** ist. Es kann deshalb auf die Erläuterungen zu § 18 Abs 1 Satz 2 BEEG verwiesen werden.[62] Wie bei der Elternzeit ist dem Arbeitgeber auf Grund der Vorschrift die Möglichkeit eröffnet, Beschäftigten in außergewöhnlichen Fällen, etwa bei einer beabsichtigten Betriebsschließung mit Zustimmungserklärung der für den Arbeitsschutz zuständigen obersten Landesbehörde auch während der Pflegezeit bzw laufenden Ankündigungsfrist oder während der Inanspruchnahme der kurzzeitigen Arbeitsverhinderung zu kündigen. Wer zuständige Behörde ist, ergibt sich aus den Erläuterungen zu § 9 MuSchG.[63]

2. Allgemeine Verwaltungsvorschriften

50 Die in § 5 Abs 2 Satz 2 PflegeZG angekündigten allgemeinen Verwaltungsvorschriften liegen derzeit noch nicht vor.

VII. Kündigungsschutzprozess
1. Klagefrist

51 **a) Geltendmachung besonderen Kündigungsschutzes.** Die während des geschützten Zeitraums[64] ohne vorherige behördliche Zulässigerklärung ausgesprochene Kündung des Arbeitgebers ist nichtig (§ 134 BGB). Es handelt sich um einen sonstigen Unwirksamkeitsgrund iSd § 13 Abs 3 KSchG. Der durch § 5 PflegeZG geschützte Beschäftigte muss die Nichtigkeit der Kündigung innerhalb der Klagefrist des § 4 Satz 1 KSchG durch eine punktuelle Feststellungsklage geltend machen. § 13 Abs 3 KschG stellt klar, dass die §§ 4 bis 7 KSchG auch auf eine aus anderen als den in § 1 Abs 2 und 3 KSchG bezeichneten Gründen rechtsunwirksame Kündigung Anwendung finden. Die in § 4 Satz 1 KSchG geregelte Klagefrist von drei Wochen zur

---

60 ErfK/Gallner, § 5 PflegeZG Rn 1.
61 Musterformulierung für die Antragstellung: Böhm, ArbRB 2011, 320.
62 Vgl § 18 BEEG Rn 34.
63 Vgl § 9 MuSchG Rn 28.
64 Vgl Rn 37 ff.

Anrufung des Arbeitsgerichtes nach Ausspruch einer Kündigung läuft, da dem Arbeitgeber die Inanspruchnahme der kurzzeitigen Arbeitsverhinderung bzw Pflegezeit bekannt ist, allerdings ab der **Bekanntgabe der zustimmenden Entscheidung der Behörde** gegenüber dem Beschäftigten (§ 4 Satz 4 KSchG). Kündigt der Arbeitgeber, ohne die Zustimmung der in § 5 Abs 2 Satz 1 PflegeZG genannten obersten Landesbehörde einzuholen, muss der Beschäftigte noch keine Klage erheben, um die Unwirksamkeit dieser Kündigung feststellen zu lassen.

b) Geltendmachung der Sozialwidrigkeit oder des Fehlens des wichtigen Grundes. Das Kündigungsschutzgesetz ist, soweit die persönlichen und betrieblichen Voraussetzungen vorliegen (§§ 1 Abs 1, 23 Abs 1 KSchG) neben dem Sonderkündigungsschutz des § 5 PflegeZG anwendbar. Der geschützte Arbeitnehmer muss deshalb die dreiwöchige Klagefrist nach § 4 Satz 1 KSchG einhalten, wenn er die fehlende soziale Rechtfertigung einer ordentlichen Kündigung geltend machen will, bzw nach §§ 13 Abs 1 Satz 2, 4 Satz 1 KSchG, wenn er das Fehlen eines wichtigen Grundes oder die Versäumung der Kündigungserklärungsfrist des § 626 Abs 2 BGB rügen will. 52

2. Darlegungs- und Beweislast

Der **Beschäftigte** trägt die Darlegungs- und Beweislast für die Voraussetzungen des Sonderkündigungsschutzes nach § 5 PflegeZG (Berechtigung der kurzzeitigen Arbeitsverhinderung bzw der Inanspruchnahme von Pflegezeit, ordnungsgemäße Ankündigung, kurzzeitige Arbeitsverhinderung bzw Inanspruchnahme der Pflegezeit). Zusätzlich obliegt dem Beschäftigten bezüglich der Inanspruchnahme von Pflegezeit die Darlegungs- und Beweislast für den unternehmensbezogenen Anwendungsbereich des Pflegezeitgesetzes, da Pflegezeit gem § 3 Abs 1 Satz 2 PflegeZG nur beansprucht werden kann, wenn der Arbeitgeber **mehr als 15 Beschäftigte** hat. Insoweit ist auf die zu § 23 Abs 1 KSchG entwickelten Grundsätze zurückzugreifen. An den diesbezüglichen Sachvortrag des Beschäftigten dürfen keine hohen Anforderungen gestellt werden. Bestreitet der Arbeitgeber konkret (§ 138 Abs 2 ZPO), dass bei ihm mehr als 15 Beschäftigte tätig sind, ist hierüber Beweis zu erheben. Bleibt nach Beweiserhebung unklar, ob die erforderliche Beschäftigtenzahl erreicht ist, geht dieser Zweifel zu Lasten des Beschäftigten.[65] Der **Arbeitgeber** trägt die Darlegungs- und Beweislast für die ausnahmsweise erfolgte Zulässigkeitserklärung durch die zuständige Behörde und nach allgemeinen Regeln für das Vorliegen des wichtigen oder sozial rechtfertigenden Kündigungsgrundes. Besteht noch kein Sonderkündigungsschutz nach § 5 PflegeZG kann der Beweis des ersten Anscheins dafür in Betracht kommen, dass die Kündigung wegen der zu erwartenden kurzzeitigen Arbeitsverhinderung bzw wegen der bevorstehenden Inanspruchnahme von Elternzeit erfolgte (§ 612a BGB). 53

---

65 BAG 26.6.2008 – 2 AZR 264/07 – AP KSchG 1969 § 23 Nr 42.

Gesetz zum Elterngeld und zur Elternzeit
(Bundeselterngeld- und Elternzeitgesetz – BEEG)

Vom 5. Dezember 2006 (BGBl. I S. 2748)
(FNA 85-5)
zuletzt geändert durch Art. 1 BetreuungsgeldG vom 15. Februar 2013
(BGBl. I S. 254)

§ 18 Kündigungsschutz

(1) [1]Der Arbeitgeber darf das Arbeitsverhältnis ab dem Zeitpunkt, von dem an Elternzeit verlangt worden ist, höchstens jedoch acht Wochen vor Beginn der Elternzeit, und während der Elternzeit nicht kündigen. [2]In besonderen Fällen kann ausnahmsweise eine Kündigung für zulässig erklärt werden. [3]Die Zulässigkeitserklärung erfolgt durch die für den Arbeitsschutz zuständige oberste Landesbehörde oder die von ihr bestimmte Stelle. [4]Die Bundesregierung kann mit Zustimmung des Bundesrates allgemeine Verwaltungsvorschriften zur Durchführung des Satzes 2 erlassen.

(2) Absatz 1 gilt entsprechend, wenn Arbeitnehmer oder Arbeitnehmerinnen
1. während der Elternzeit bei demselben Arbeitgeber Teilzeitarbeit leisten oder
2. ohne Elternzeit in Anspruch zu nehmen, Teilzeitarbeit leisten und Anspruch auf Elterngeld nach § 1 während des Bezugszeitraums nach § 4 Abs. 1 haben.

I. Überblick 1	b) Teilzeitbeschäftigung bei „demselben" Arbeitgeber (§ 18 Abs 2 Nr 1 BEEG) 16
II. Geschützter Personenkreis 3	
1. Arbeitnehmer, Auszubildende, Heimarbeiter 3	
2. Elternzeitberechtigte 4	c) Teilzeitbeschäftigung bei einem „anderen" Arbeitgeber (§ 15 Abs 4 Satz 3 BEEG) ... 19
III. Inhalt des Sonderkündigungsschutzes 7	
1. Kündigungsverbot für den Arbeitgeber 7	3. Teilzeitbeschäftigung ohne Inanspruchnahme der Elternzeit (§ 18 Abs 2 Nr 2 BEEG) .. 20
2. Kündigung des Elternzeitnehmers (§ 19 BEEG) 8	
IV. Voraussetzungen des Sonderkündigungsschutzes 10	V. Dauer des Sonderkündigungsschutzes 22
1. Grundsätze 10	1. Beginn des Sonderkündigungsschutzes 22
a) Fallgruppen – Übersicht 10	a) Vorverlagerter Schutz 22
b) Zeitpunkt der Begründung des Arbeitsverhältnisses 11	b) Wirksames Elternzeitverlangen 24
	c) Sonderfall 27
2. Inanspruchnahme der Elternzeit 15	d) Doppelter Sonderkündigungsschutz 28
a) Elternzeit ohne Beschäftigung (§ 18 Abs 1 Satz 1 BEEG) ... 15	e) Kündigung vor Beginn des Sonderkündigungsschutzes 29

2. Ende des Sonderkündigungsschutzes	30	b) Geltendmachung der Sozialwidrigkeit oder des Fehlens des wichtigen Grundes	37
VI. Behördliche Zulässigerklärung nach § 18 Abs 1 Satz 2 und 3 BEEG	34	2. Darlegungs- und Beweislast	38
1. Verweisung auf § 9 MuSchG	34	VIII. Anhang: Allgemeine Verwaltungsvorschriften zur Durchführung der Zulässigkeitserklärung vom 3.1.2007 (BAnz 2007, Nr 5, S 247)	39
2. Allgemeine Verwaltungsvorschriften nach § 18 Abs 1 Satz 4 BEEG	35		
VII. Kündigungsschutzprozess	36		
1. Klagefrist	36		
a) Geltendmachung des Sonderkündigungsschutzes	36		

I. Überblick

Mit Wirkung vom 1.1.2007 trat das Bundeselterngeld- und Elternzeitgesetz (BEEG) vom 5.12.2006[1] in Kraft, welches das Bundeserziehungsgeldgesetz (BErzGG) ersetzte. Sprachlich wurde § 18 BEEG den neuen Regelungen zur Elternzeit teilweise[2] angepasst, inhaltlich und strukturell entspricht die Vorschrift im Wesentlichen der Vorgängerregelung des § 18 BErzGG.[3]

1

Durch das Erste Gesetz zur Änderung des Bundeselterngeld- und Elternzeitgesetzes (1. BEEGÄndG) vom 17.1.2009[4] wurde mit Wirkung vom 24.1.2009 infolge der Neuaufnahme von Abs 1 a in § 15 BEEG der Sonderkündigungsschutz unter eng begrenzten Voraussetzungen auf (noch berufstätige) Großeltern erweitert.

2

Der Arbeitgeber darf das Arbeitsverhältnis ab dem Zeitpunkt, ab dem Elternzeit[5] verlangt worden ist, höchstens jedoch acht Wochen vor Beginn der Elternzeit, und während der Elternzeit nicht kündigen (§ 18 Abs 1 Satz 1 BEEG). Da es sich um ein **gesetzliches Verbot** handelt, ist eine gleichwohl ausgesprochene Kündigung **nichtig** iSd § 134 BGB.[6] Das Kündigungsverbot gilt auch im Falle eines Insolvenzverfahrens des Arbeitgebers.[7] Die Ausübung des Kündigungsrechts durch den Insolvenzverwalter nach § 113 Abs 2 InsO unterliegt keiner Billigkeitskontrolle nach § 315

---

1 BGBl I S 2748.
2 Bisher mussten Väter die Elternzeit acht Wochen vor Beginn beim Arbeitgeber ankündigen. In der Neufassung des § 16 Abs 1 Satz 1 BEEG ist diese Frist jetzt auf sieben Wochen verkürzt worden. Gleichwohl beginnt der besondere Kündigungsschutz auch nach § 18 Abs 1 Satz 1 BEEG bereits „acht Wochen vor Beginn der Elternzeit". Der erklärungsbedürftige Widerspruch wird in der Begründung des Gesetzentwurfs der Bundesregierung nicht erläutert; vgl BT-Drucks 16/1889.
3 Vgl Gesetzesbegründung, BT-Drucks 16/1889 S 27, Zu den §§ 17 bis 21: „Die Regelungen der §§ 17 bis 21 des Bundeserziehungsgeldgesetzes werden inhaltlich unverändert übernommen".
4 BGBl I S 61.
5 Der Begriff „**Elternzeit**" wurde durch das Gesetz vom 1.12.2000 (BGBl I S 1645) zum 1.1.2001 neu eingeführt. Er ersetzt den früheren Begriff „**Erziehungsurlaub**".
6 BAG 12.5.2011 – 2 AZR 384/10 – NZA 2012, 208; Hk-MuSchG/BEEG/Rancke § 18 BEEG Rn 2.
7 BAG 18.10.2012 – 6 AZR 41/11 – NZA 2013, 1007.

Abs 3 BGB.[8] Der Gesetzeswortlaut unterscheidet nicht zwischen ordentlicher und außerordentlicher Kündigung. Verboten ist deshalb **jede Kündigung**. Die für den Arbeitsschutz zuständige oberste Landesbehörde kann die Kündigung in besonderen Fällen ausnahmsweise für zulässig erklären (§ 18 Abs 1 Sätze 2 und 3 BEEG). Erforderlich ist eine vorherige Zulässigerklärung. Der Sonderkündigungsschutz während der Elternzeit nach § 18 BEEG ist demnach wie der Sonderkündigungsschutz des § 9 MuSchG als **Verbot mit behördlichem Erlaubnisvorbehalt** ausgestaltet. Geschützt ist aber nicht nur die Mutter, sondern der **Elternzeitberechtigte**. Verboten ist nur die Kündigung durch den Arbeitgeber. Sonstige Beendigungstatbestände bzw Gestaltungsrechte des Arbeitgebers werden nicht erfasst. Die Auflösung des Arbeitsverhältnisses durch den Elternzeitnehmer selbst ist zulässig, wobei die Kündigung allerdings nur zum Ende der Elternzeit unter Einhaltung einer Kündigungsfrist von drei Monaten erfolgen kann (§ 19 BEEG).[9]

Der Sonderkündigungsschutz des § 18 BEEG steht selbstständig neben anderen Rechtsunwirksamkeitsgründen und Sonderkündigungsschutztatbeständen.[10] Dh, die behördliche Zustimmung zur Kündigung gem § 18 BEEG ersetzt nicht die nach einem anderen Gesetz erforderliche Zustimmung einer Behörde, Betriebsvertretung, etc.[11]

II. Geschützter Personenkreis
1. Arbeitnehmer, Auszubildende, Heimarbeiter

3 Der Schutz gilt für **alle Arbeitnehmer**, ferner für Auszubildende (§ 20 Abs 1 BEEG)[12] sowie für alle in Heimarbeit Beschäftigten und die ihnen Gleichgestellten (§ 20 Abs 2 BEEG).[13] Er ist weder an eine Wartezeit noch an eine bestimmte Betriebsgröße gebunden. Auch in einem Haushalt tätige Arbeitnehmer werden erfasst, da der Sonderkündigungsschutz keine Beschäftigung in einem Betrieb voraussetzt. Insbesondere steht der Sonderkündigungskündigungsschutz auch **Teilzeitkräften** zu.[14] **Organmitglieder** juristischer Personen sind durch § 18 BEEG grundsätzlich nicht geschützt. Organmitglieder stehen idR in einem freien Dienstverhältnis. Dies schließt es nicht aus, dass das der Organstellung zugrunde liegende Anstellungsverhältnis im Einzelfall ein Arbeitsverhältnis sein kann.[15] Die Beurteilung richtet sich nach den allgemeinen Kriterien zur Abgrenzung des Arbeitsverhältnisses vom freien Dienstverhältnis.

---

8 BAG 27.2.2014 – 6 AZR 301/12 – DB 2014, 1145.
9 Vgl Rn 8 f.
10 BAG 24.11.2011 – 2 AZR 429/10 – NZA 2012, 610; Hk-MuSchG/BEEG/Rancke § 18 BEEG Rn 24; KR/Bader § 18 BEEG Rn 41.
11 Hk-MuSchG/BEEG/Rancke § 18 BEEG Rn 24.
12 Auch während der Probezeit nach §§ 20, 22 Abs 1 BBiG.
13 Eine Einschränkung wie in § 9 Abs 1 Satz 2 MuSchG kennt das BEEG nicht.
14 Vgl dazu auch Rn 10, 14, 16 ff, 20 f, 27.
15 BAG 26.5.1999 – 5 AZR 664/98 – AP GmbHG § 35 Nr 10.

2. Elternzeitberechtigte

Der Sonderkündigungsschutz setzt in persönlicher Hinsicht zudem einen **Anspruch auf Elternzeit** voraus. Nach § 15 Abs 1 Satz 1 BEEG haben Arbeitnehmerinnen und Arbeitnehmer Anspruch auf Elternzeit, wenn sie:

1. **in einem Haushalt leben** mit
   a) ihrem eigenen Kind,
   b) einem Kind, für das sie die Anspruchsvoraussetzungen nach § 1 Abs 3 BEEG (Annahme an Kindes statt und ähnliche Fälle) oder nach § 1 Abs 4 BEEG (Betreuung des Kindes durch Verwandte wegen schwerer Erkrankung oder Schwerbehinderung der Eltern) erfüllen, oder
   c) einem Kind, das sie in Vollzeitpflege nach § 33 SGB VIII aufgenommen haben, und
2. dieses **Kind selbst betreuen und erziehen**.

Die biologische Elternschaft ist – entgegen dem vom Gesetzgeber gewählten Begriff der „Elternzeit" – danach nicht erforderlich. Entscheidend ist vielmehr die tatsächliche Personensorge[16] für das Kind. Der für den Sonderkündigungsschutz des § 18 BEEG in Betracht kommende Personenkreis ist deshalb im Vergleich zu § 9 MuSchG wesentlich erweitert. Neben der leiblichen Mutter können auch Stiefmütter, **Adoptivmütter**, ferner leibliche Väter, Stiefväter, Adoptivväter oder Pflegeeltern Anspruch auf Elternzeit haben, aber auch sonstige Personen, denen die Personensorge übertragen ist.[17] Das Personensorgerecht ist aber nur einer von mehreren Tatbeständen, die den Anspruch auf Elternzeit auslösen, keine zwingende Voraussetzung.[18]

In dem mit Wirkung vom 24.1.2009 in Kraft getretenen 1. BEEGÄndG, durch welches in § 15 BEEG ein Abs 1a eingefügt wurde, wird explizit normiert, dass **Großeltern** unter eng begrenzten Voraussetzungen einen Anspruch auf Elternzeit haben. Erforderlich ist, dass der betreffende Großelternteil mit seinem Enkelkind in einem Haushalt lebt, dieses Kind selbst betreut und erzieht sowie entweder ein Elternteil des Kindes minderjährig ist (Nr 1) oder aber sich im letzten oder vorletzten Jahr einer Ausbildung befindet, die vor Vollendung des 18. Lebensjahres begonnen wurde und die Arbeitskraft des Elternteils im Allgemeinen voll in Anspruch nimmt (Nr 2). Dies gilt aber dann nicht, wenn ein Elternteil selbst Elternzeit beansprucht, zB als Auszubildender gem § 20 Abs 1 BEEG. § 15 Abs 3 BEEG, der die Anspruchskonkurrenz beider Elternteile regelt, findet bei Großeltern keine Anwendung.[19] Einen Anspruch auf Elterngeld haben Großeltern nicht.

---

16 Darin besteht auch der primäre Zweck des Sonderkündigungsschutzes: In der ersten Lebensphase des Kindes soll es einem Elternteil ermöglicht werden, sich dessen Betreuung und Erziehung zu widmen, vgl BT-Drucks 10/3792 S 20.
17 ZB bei Waisen oder wenn den leiblichen Eltern die Personensorge vormundschaftsgerichtlich entzogen wurde.
18 Nicht sorgeberechtigte Elternteile und Personen, die nach § 15 Abs 1 Satz 1 Nr 1 Buchst b und c BEEG Elternzeit nehmen können, bedürfen der Zustimmung des sorgeberechtigten Elternteils, vgl § 15 Abs 1 Satz 2 BEEG.
19 Zur Elternzeit für Großeltern iE: Böhm, ArbRB 2009, 379.

III. Inhalt des Sonderkündigungsschutzes
1. Kündigungsverbot für den Arbeitgeber

7 Der Arbeitgeber darf nach § 18 Abs 1 Satz 1 BEEG das Arbeitsverhältnis im Schutzzeitraum[20] nicht kündigen.[21] Hierin liegt ein gesetzliches Verbot, das sich gegen die Kündigungserklärung selbst richtet; eine Kündigung, die trotzdem erfolgt, ist nach § 134 BGB nichtig.[22] Erfasst ist **jede Kündigungserklärung des Arbeitgebers**,[23] sowohl die ordentliche als auch die außerordentliche Kündigung, die Änderungskündigung, eine Kündigung im Rahmen von Massenentlassungen oder in der Insolvenz des Arbeitgebers,[24] ferner bei einer Betriebsstilllegung oder im Arbeitskampf.[25] Andererseits bezieht sich der Schutz des § 18 BEEG **nur auf Kündigungen durch den Arbeitgeber**.[26]

2. Kündigung des Elternzeitnehmers (§ 19 BEEG)

8 Der geschützte Arbeitnehmer, dh derjenige, der elternzeitberechtigt[27] ist und die Elternzeit auch tatsächlich in Anspruch genommen hat,[28] kann nach § 19 BEEG das Arbeitsverhältnis **zum Ende der Elternzeit nur** unter Einhaltung einer **Kündigungsfrist von drei Monaten**[29] kündigen. Es handelt sich um ein nicht abdingbares **Sonderkündigungsrecht**[30] zum Ende der Elternzeit. Längere tarif- oder einzelvertragliche Kündigungsfristen werden dadurch verkürzt, um zu verhindern, dass der Erziehende die Arbeit vorübergehend wieder aufnehmen muss.[31] Macht der Arbeitnehmer von diesem Sonderkündigungsrecht aus anderen Gründen als der Betreuung und Erziehung des Kindes Gebrauch, handelt er nicht rechtsmissbräuchlich.[32]

---

20 Vgl Rn 24 ff, 32 f.
21 Zur Zulässigerklärung durch die Arbeitsschutzbehörde vgl Rn 34 f iVm § 9 MuSchG Rn 30 ff.
22 BAG 11.3.1999 – 2 AZR 19/98 – AP BErzGG § 18 Nr 4 zu II 1; 17.2.1994 – 2 AZR 616/93 – AP BGB § 626 Nr 116 zu II 3 a; 31.3.1993 – 2 AZR 595/92 – AP MuSchG 1968 § 9 Nr 20 zu II 3 a.
23 BAG 17.2.1994 – 2 AZR 616/93 – AP BGB § 626 Nr 116 zu II 3 a.
24 BAG 27.2.2014 – 6 AZR 301/12 – DB 2014, 1145; BAG 18.10.2012 – 6 AZR 41/11 – NZA 2013, 1007.
25 Vgl KR/Bader § 18 BEEG Rn 11 f; Stahlhacke/Preis/Vossen Rn 1426; ErfK/Gallner § 18 BEEG Rn 2.
26 Andere Beendigungstatbestände (zB Aufhebungsvertrag) oder Gestaltungsrechte des Arbeitgebers (zB Anfechtung) sind durch § 18 BEEG nicht verboten.
27 Vgl Rn 4 f.
28 Die Vorschrift gilt deshalb nicht für Teilzeitbeschäftigte iSd § 18 Abs 2 Nr 2 BEEG.
29 Bei der Fristberechnung ist vom planmäßigen Ende der Elternzeit auszugehen, im Regelfall also von dem Tag vor dem dritten Geburtstag des Kindes (§ 15 Abs 2 BEEG); die Drei-Monats-Frist ist sodann nach §§ 187 Abs 1, 188 Abs 2 BGB zurückzurechnen.
30 BAG 11.3.1999 – 2 AZR 19/98 – AP BErzGG § 18 Nr 4 zu II 2 b; 16.1.1991 – 5 AZR 35/91 – AP BErzGG § 19 Nr 1 zu II 2 d.
31 BAG 11.3.1999 – 2 AZR 19/98 – AP BErzGG § 18 Nr 4 zu II 2 b; KR/Bader § 19 BEEG Rn 12; Kittner/Däubler/Zwanziger § 19 BEEG Rn 1; ErfK/Gallner § 19 BEEG Rn 1.
32 Vgl KR/Bader § 19 BEEG Rn 17; Kittner/Däubler/Zwanziger § 19 BEEG Rn 4.

Andererseits gibt die Frist von drei Monaten auch dem Arbeitgeber **Pla-** 9
nungssicherheit.[33] Zum Ende der Elternzeit darf der Arbeitnehmer auch
dann nicht mit einer kürzeren Frist kündigen, wenn die für ihn sonst geltende Kündigungsfrist kürzer als drei Monate ist.[34] Das Recht des Arbeitnehmers, das Arbeitsverhältnis zu einem beliebigen anderen Zeitpunkt vor
oder nach Ende der Elternzeit unter Einhaltung der tarif- oder einzelvertraglichen Kündigungsfrist ordentlich zu kündigen, wird durch § 19 BEEG
allerdings ebenso wenig eingeschränkt wie das Recht zur außerordentlichen Kündigung bei Vorliegen eines wichtigen Grundes.[35] § 19 BEEG verbietet nicht den Abschluss eines Aufhebungsvertrages mit sofortiger Wirkung oder mit einer Frist von weniger als drei Monaten zum Ende der Elternzeit.[36] Allerdings sollte die in § 159 SGB III normierte Sperrzeitproble-
matik nicht außer Acht gelassen werden. Wird während der Elternzeit ein
Aufhebungsvertrag geschlossen, kann sich der Arbeitnehmer grundsätzlich
nicht auf einen wichtigen Grund berufen, der die Sperrzeit ausschließt, es
sei denn, ihm hätte zum konkreten Beendigungszeitpunkt eine arbeitgeberseitige Kündigung gedroht.[37]

IV. Voraussetzungen des Sonderkündigungsschutzes
1. Grundsätze

a) **Fallgruppen – Übersicht.** Der Sonderkündigungsschutz kann nur entste- 10
hen, wenn ein Anspruch auf Elternzeit besteht. Voraussetzung ist also die
Elternzeitberechtigung nach § 15 BEEG, die bereits unter Rn 4 ff behandelt
worden ist. Daneben müssen zum Zeitpunkt des Kündigungszugangs
grundsätzlich auch die Voraussetzungen des § 16 Abs 1 BEEG erfüllt
sein.[38] Dh, der Arbeitnehmer muss, um den Sonderkündigungsschutz nach
§ 18 Abs 1 Satz 1 bzw Abs 2 Nr 1 BEEG genießen zu können, die Elternzeit schriftlich und ordnungsgemäß gegenüber dem Arbeitgeber geltend gemacht und verlangt haben.[39]

Andererseits setzt der Sonderkündigungsschutz nicht in allen Fallgruppen
des Sonderkündigungsschutzes voraus, dass der Arbeitnehmer die Elternzeit auch in Anspruch genommen hat. § 18 BEEG sieht den Sonderkündigungsschutz in **drei grundsätzlich verschiedenen Konstellationen** vor:

- Der Arbeitnehmer nimmt Elternzeit in Anspruch und arbeitet während
  der Elternzeit nicht (§ 18 Abs 1 Satz 1 BEEG).[40]

---

33 BAG 11.3.1999 – 2 AZR 19/98 – AP BErzGG § 18 Nr 4 zu II 2 b.
34 Vgl KR/Bader § 19 BEEG Rn 12; Kittner/Däubler/Zwanziger § 19 BEEG Rn 5.
35 Vgl KR/Bader § 19 BEEG Rn 14, 20, 21; Kittner/Däubler/Zwanziger § 19 BEEG
   Rn 5; ErfK/Gallner § 19 BEEG Rn 2.
36 Vgl KR/Bader § 19 BEEG Rn 22; Kittner/Däubler/Zwanziger § 19 BEEG Rn 6;
   ErfK/Gallner § 19 BEEG Rn 5.
37 LSG Nordrhein-Westfalen 16.11.2011 – L 9 AL 82/11; LSG Hessen 2.9.2011 – L
   9 AL 120/11.
38 BAG 12.5.2011 – 2 AZR 384/10 – NZA 2012, 208.
39 Vgl Rn 24 ff.
40 Vgl Rn 15.

- Der Arbeitnehmer nimmt Elternzeit in Anspruch und arbeitet während der Elternzeit bei demselben Arbeitgeber in Teilzeit max 30 h/Woche (§ 18 Abs 2 Nr 1 BEEG).[41]
- Der Arbeitnehmer arbeitet in Teilzeit max 30 h/Woche und nimmt keine Elternzeit in Anspruch (§ 18 Abs 2 Nr 2 BEEG).[42]

Davon ist der Fall zu unterscheiden, dass der Arbeitnehmer Elternzeit in seinem (Erst)Arbeitsverhältnis in Anspruch nimmt und während der Elternzeit bei einem anderen Arbeitgeber (bis max 30 h/Woche) in Teilzeit arbeitet (§ 15 Abs 4 Satz 3 BEEG). Der Sonderkündigungsschutz besteht nur im (Erst)Arbeitsverhältnis, nicht aber gegenüber dem anderen Arbeitgeber.[43]

11 **b) Zeitpunkt der Begründung des Arbeitsverhältnisses.** Für den Sonderkündigungsschutz ist es weder nach dem Wortlaut noch nach dem Sinn des § 18 BEEG Voraussetzung, dass das Arbeitsverhältnis bei der Geburt des Kindes bereits bestanden hat. Der Kündigungsschutz des § 18 Abs 1 BEEG gilt deshalb auch für solche Arbeitsverhältnisse, die **nach der Geburt des Kindes** begründet werden, wenn der Arbeitnehmer Elternzeit in Anspruch nimmt.[44]

12 Schon aus den gesetzlichen Regelungen in § 16 Abs 1 BEEG ergibt sich, dass die Elternzeit in Teilabschnitten genommen werden kann. § 15 BEEG besagt nicht, dass die Elternzeit nur in dem Arbeitsverhältnis genommen werden darf, welches zum Zeitpunkt der Geburt des Kindes besteht. Gegen diese Annahme spricht schon, dass nicht nur Mütter, sondern auch erziehende Väter elternzeitberechtigt sind, so dass im letzteren Fall, wenn zB die Berechtigten nach einer erstmaligen Inanspruchnahme durch die Mutter später wechseln, nicht darauf abgestellt werden kann, ob das nunmehr „betroffene" Arbeitsverhältnis des Vaters auch schon zur Zeit der Geburt seines Kindes zu demselben Arbeitgeber bestanden hat.[45]

13 Auch aus **Sinn und Zweck** des Bundeselterngeld- und Elternzeitgesetzes, insbesondere aus dem Zweck des Kündigungsverbotes nach § 18 BEEG, ergibt sich, dass das Arbeitsverhältnis bei Geburt des Kindes noch nicht bestanden haben muss. Das Gesetz will die ständige Betreuung des Kindes in der ersten Lebensphase durch einen Elternteil fördern und mehr Wahlfreiheit für die Entscheidung zwischen Tätigkeit in der Familie und außerhäuslicher Erwerbstätigkeit schaffen. Deshalb soll dem Arbeitnehmer der Arbeitsplatz ab dem Verlangen, höchstens jedoch acht Wochen vor Beginn der Elternzeit, und während der Elternzeit erhalten bleiben und ihm so die Furcht vor einer Kündigung genommen werden.[46] Der Arbeitnehmer soll

---

41 Vgl Rn 16 ff.
42 Vgl Rn 20 ff.
43 BAG 2.2.2006 – 2 AZR 596/04 – AP BErzGG § 18 Nr 10; vgl auch Rn 19.
44 BAG 11.3.1999 – 2 AZR 19/98 – AP BErzGG § 18 Nr 4.
45 BAG 27.3.2003 – 2 AZR 627/01 – AP BErzGG § 18 Nr 6 zu II 2 a dd (1); 11.3.1999 – 2 AZR 19/98 – AP BErzGG § 18 Nr 4 zu II 2.
46 IdS die Begründung zum jeweiligen Entwurf eines ersten und zweiten Änderungsgesetzes zum Bundeserziehungsgeldgesetz BT-Drucks 11/4687 S 6 und BT-Drucks 12/1125 S 7.

durch den starken Kündigungsschutz motiviert werden, die Elternzeit tatsächlich in Anspruch zu nehmen.[47]

Für **Teilzeitbeschäftigte** kann nichts anderes gelten. Zwar forderte § 18 Abs 2 Nr 1 BErzGG (in der bis 31.12.2006 gültigen Fassung), dass der Arbeitnehmer die Teilzeitarbeit bei „seinem" Arbeitgeber leistet. Arbeitgeber idS ist nicht nur der, bei dem der Arbeitnehmer im Zeitpunkt der Geburt des Kindes beschäftigt war. „Sein", nämlich des Arbeitnehmers, Arbeitgeber ist nach dem gewöhnlichen Sprachgebrauch der Arbeitgeber, zu dem der Arbeitnehmer im Arbeitsverhältnis steht. Der Ausdruck „sein" beschreibt also dem Wortlaut nach nicht die zeitliche Begrenzung auf den Arbeitgeber, bei dem der Arbeitnehmer zum Zeitpunkt der Geburt des Kindes beschäftigt war. Allerdings verwendet das Gesetz im Allgemeinen den Ausdruck „der" Arbeitgeber, wenn es denjenigen Arbeitgeber kennzeichnen will, der den Sonderkündigungsschutz nach § 18 BEEG zu beachten hat. Dass allein durch die Verwendung des Wortes „sein" in § 18 Abs 2 Nr 2 Satz 1 BErzGG (in der bis 31.12.2006 gültigen Fassung) etwas davon Abweichendes festgelegt werden sollte, ist nicht anzunehmen. Vielmehr sollte hierdurch der „andere" Arbeitgeber (§ 15 Abs 4 Satz 3 BErzGG in der bis 31.12.2006 gültigen Fassung) ausgenommen werden. Das BEEG versteht unter dem „anderen" Arbeitgeber den „Zweitarbeitgeber", bei dem der Arbeitnehmer während der bei „seinem" Arbeitgeber in Anspruch genommenen Elternzeit eine Teilzeitbeschäftigung aufnehmen darf.[48] Bei diesem „anderen" Arbeitgeber (Zweitarbeitgeber) besteht allerdings kein Anspruch auf Elternzeit und dementsprechend auch kein Sonderkündigungsschutz.[49] Durch die ab 1.1.2007 zu beachtende sprachliche Neufassung in § 18 Abs 2 Nr 1 BEEG – anstelle „bei seinem Arbeitgeber" heißt es nun „bei **demselben Arbeitgeber**" – sollte lediglich diese Abgrenzung zum „anderen Arbeitgeber" des § 15 Abs 4 Satz 3 BEEG verdeutlicht werden,[50] ohne dass darin eine zeitliche Begrenzung auf den Arbeitgeber, bei dem der Arbeitnehmer bei der Geburt des Kindes beschäftigt gewesen war, gesehen werden kann.

2. Inanspruchnahme der Elternzeit

a) **Elternzeit ohne Beschäftigung** (**§ 18 Abs 1 Satz 1 BEEG**). Der Sonderkündigungsschutz besteht nach § 18 Abs 1 Satz 1 BEEG ab dem Elternzeitverlangen, höchstens acht Wochen vor Beginn der Elternzeit, und während der Elternzeit.[51] Abs 1 Satz 1 beschreibt den gesetzlichen **Regelfall** des Sonderkündigungsschutzes. Er betrifft Arbeitnehmer, die entweder in Vollzeit oder in (beliebiger) Teilzeit gearbeitet haben, dann die Elternzeit in An-

---

47 BAG 27.3.2003 – 2 AZR 627/01 – AP BErzGG § 18 Nr 6 zu II 2 a dd (4); 11.3.1999 – 2 AZR 19/98 – AP BErzGG § 18 Nr 4 zu II 2 a.
48 BAG 27.3.2003 – 2 AZR 627/01 – AP BErzGG § 18 Nr 6 zu II 2 a dd (2.).
49 BAG 2.2.2006 – 2 AZR 596/04 – AP BErzGG § 18 Nr 10; KR/Bader § 18 BEEG Rn 17 mwN; ErfK/Gallner § 18 BEEG Rn 6; Kittner/Däubler/Zwanziger § 18 BEEG Rn 11; vgl auch Rn 19.
50 Vgl Gesetzesbegründung, BT-Drucks 16/1889 S 27, Zu den §§ 17 bis 21: „Die Regelungen der §§ 17 bis 21 des Bundeserziehungsgeldgesetzes werden inhaltlich unverändert übernommen".
51 Einzelheiten zu Beginn und Ende des Sonderkündigungsschutzes vgl Rn 22 ff, 30 ff.

spruch nehmen und während der Elternzeit überhaupt keiner Beschäftigung nachgehen. Dies ergibt sich aus der Systematik zu den in Abs 2 geregelten Fällen der Teilzeitarbeit iVm § 15 Abs 4 BEEG.

16 **b) Teilzeitbeschäftigung bei „demselben" Arbeitgeber (§ 18 Abs 2 Nr 1 BEEG).** Der Sonderkündigungsschutz nach Abs 1 gilt entsprechend, wenn der Arbeitnehmer während der Elternzeit bei demselben, dh dem bisherigen Arbeitgeber, Teilzeitarbeit leistet. Das setzt zunächst voraus, dass der Arbeitnehmer Elternzeit in Anspruch genommen hat.[52] Diese Voraussetzung ist nicht erfüllt, wenn der Arbeitnehmer Elternzeit nur unter der Bedingung beansprucht, dass der Arbeitgeber Elternzeit gewährt, und der Arbeitgeber das Teilzeitbegehren vor dem prognostizierten Geburtstermin wirksam ablehnt.[53] Weiter ist erforderlich, dass der Arbeitnehmer während der Elternzeit Teilzeitarbeit leistet. Die wöchentliche Arbeitszeit darf allerdings durchschnittlich **30 Stunden nicht übersteigen** (vgl § 15 Abs 4 Satz 1 BEEG). Mit der Begrenzung auf durchschnittlich 30 Wochenstunden unterfallen im Ergebnis nahezu alle Teilzeitbeschäftigten dem besonderen Schutz des § 18 BEEG.[54] Wird die zulässige Höchstgrenze allerdings überschritten, besteht kein Sonderkündigungsschutz nach § 18 BEEG, es sei denn, er wurde vereinbart.[55] Auch ein zufälliges Unterschreiten der vereinbarten Vollzeit genügt nicht.[56]

17 Der Arbeitnehmer hat unter den Voraussetzungen des § 15 Abs 5-7 BEEG einen **Anspruch auf Reduzierung seiner Arbeitszeit** während der Elternzeit. Im Verhältnis zu § 8 TzBfG handelt es sich um einen speziellen gesetzlichen Teilzeitanspruch. Wird ein Arbeitnehmer während der Elternzeit mit verminderter Wochenarbeitszeit – aber ansonsten zu unveränderten Arbeitsbedingungen – beschäftigt, besteht ein einheitliches Arbeitsverhältnis.[57] Der Sonderkündigungsschutz umfasst dann sowohl das Arbeitsverhältnis in seinem bisherigen Inhalt als auch das „Teilzeitarbeitsverhältnis".[58] Der Sonderkündigungsschutz nach § 18 Abs 2 Nr 1 iVm Abs 1 BEEG gilt aber nicht nur bei einer Reduzierung der Arbeitszeit auf eine zulässige Teilzeitarbeit (nicht mehr als 30 Wochenstunden), sondern auch dann, wenn der Arbeitnehmer schon bisher nicht mehr als 30 Wochenstunden gearbeitet hat. Abgesehen vom Wortlaut des Abs 2 Nr 1, der eine Reduzierung nicht erwähnt, ergibt sich dies aus § 15 Abs 5 Satz 4 BEEG. Danach bleibt das Recht des Arbeitnehmers, seine vor der Elternzeit bestehende Teilzeitarbeit unverändert während der Elternzeit fortzusetzen, unberührt, soweit § 15 Abs 4 BEEG (max 30 Wochenstunden) beachtet ist.

18 Bei **unzulässiger Teilzeitarbeit** (mehr als 30 Wochenstunden) entsteht kein Sonderkündigungsschutz.[59] Eine nur vorübergehende Erhöhung der Wo-

---

52 Vgl Rn 24 ff.
53 BAG 12.5.2011 – 2 AZR 384/10 – NZA 2012, 208.
54 Vgl Sowka BB 2000, 1190 und BB 2001, 935.
55 HWK/Gaul § 18 BEEG Rn 9.
56 LAG Mecklenburg-Vorpommern 21.10.2009 – 2 Sa 204/09; HWK/Gaul § 18 BEEG Rn 9.
57 BAG 23.4.1996 – 9 AZR 696/94 – AP BErzGG § 17 Nr 7.
58 Vgl ErfK/Gallner § 18 BEEG Rn 7 mwN; KR/Bader § 18 BEEG Rn 16.
59 Vgl ErfK/Gallner § 18 BEEG Rn 6; KR/Bader § 18 BEEG Rn 16.

chenarbeitszeit auf über 30 Stunden, zB durch Überstunden im Bedarfsfall, lässt den Sonderkündigungsschutz aber nicht entfallen.[60]

c) **Teilzeitbeschäftigung bei einem „anderen" Arbeitgeber (§ 15 Abs 4 Satz 3 BEEG).** Leistet der Arbeitnehmer Teilzeitarbeit bei einem anderen Arbeitgeber (§ 15 Abs 4 Satz 3 BEEG), besteht diesem gegenüber kein Sonderkündigungsschutz. Der Schutz nach § 18 Abs 2 Nr 1 iVm Abs 1 BEEG besteht vielmehr nur im Verhältnis zu seinem bzw „demselben", dh dem (Erst)Arbeitgeber, bei dem Elternzeit in Anspruch genommen wurde.[61] Eine Teilzeitarbeit bei einem anderen Arbeitgeber von regelmäßig mehr als 30 Wochenstunden ist unzulässig, lässt deshalb den Sonderkündigungsschutz bei dem (Erst)Arbeitgeber entfallen.[62] Fehlt aber nur die nach § 15 Abs 4 Satz 3 BEEG erforderliche Zustimmung des (Erst)Arbeitgebers zur im Übrigen zulässigen Teilzeitarbeit bei dem anderen Arbeitgeber, bleibt der Sonderkündigungsschutz im (Erst)Arbeitsverhältnis erhalten. Dies stellt aber eine Vertragspflichtverletzung dar, die Grundlage einer Zulässigerklärung nach § 18 Abs 1 Satz 2 BEEG sein kann.[63]

3. Teilzeitbeschäftigung ohne Inanspruchnahme der Elternzeit (§ 18 Abs 2 Nr 2 BEEG)[64]

Ausnahmsweise kann der Sonderkündigungsschutz auch dann entstehen,[65] wenn der Arbeitnehmer keine Elternzeit in Anspruch nimmt. Voraussetzung ist zunächst, dass ein Anspruch auf Elternzeit überhaupt besteht.[66] Erforderlich ist nach § 18 Abs 2 Nr 2 BEEG ferner, dass der Arbeitnehmer bei seinem Arbeitgeber Teilzeitarbeit (max 30 Wochenstunden) leistet und er einen **Anspruch auf Elterngeld** nach § 1 BEEG während des Bezugszeitraums nach § 4 Abs 1 BEEG (= max 14 Monate) hat. In dieser Fallgruppe muss deshalb die Elterngeldberechtigung hinzukommen, damit der Sonderkündigungsschutz ausgelöst wird. Ein Anspruch auf Elterngeld kann aber nur bestehen, wenn keine volle Erwerbstätigkeit vorliegt, dh nicht mehr als 30 Wochenstunden gearbeitet werden (§ 1 Abs 1 Nr 4 iVm § 1 Abs 6 BEEG). Ob das Teilzeitarbeitsverhältnis bei Geburt des Kindes bereits bestand oder erst zu einem späteren Zeitpunkt aufgenommen wurde oder zu welchem Zeitpunkt die Voraussetzungen zum Bezug von Elterngeld vorlagen, ist für den Eintritt des Sonderkündigungsschutzes nach § 18 Abs 2 Nr 2 BEEG unerheblich.[67] Da das Gesetz ausdrücklich den Anspruch auf Elterngeld voraussetzt, kann der Sonderkündigungsschutz in diesem beson-

---

60 Vgl Kittner/Däubler/Zwanziger § 18 BEEG Rn 11; KR/Bader § 18 BEEG Rn 16 b.
61 BAG 2.2.2006 – 2 AZR 596/04 – AP BErzGG § 18 Nr 10; vgl KR/Bader § 18 BEEG Rn 17 mwN; ErfK/Gallner § 18 BEEG Rn 6; Kittner/Däubler/Zwanziger § 18 BEEG Rn 11; Stahlhacke/Preis/Vossen Rn 1440.
62 Vgl Stahlhacke/Preis/Vossen Rn 1441.
63 Vgl APS/Rolfs § 18 BEEG Rn 8; ErfK/Gallner § 18 BEEG Rn 6; Kittner/Däubler/Zwanziger § 18 BEEG Rn 11; Stahlhacke/Preis/Vossen Rn 1440.
64 Für vor dem 1.1.2007 geborene oder mit dem Ziel der Adoption aufgenommene Kinder ist nach § 27 Abs 3 BEEG die Vorschrift des § 18 Abs 2 Satz 1 Nr 2 des BErzGG in der bis 31.12.2006 geltenden Fassung weiter anzuwenden.
65 Zum Beginn des Sonderkündigungsschutzes vgl Rn 27.
66 Vgl Rn 4.
67 Vgl Rn 14; BAG 27.3.2003 – 2 AZR 627/01 – AP BErzGG § 18 Nr 6 zu II 2 a dd (3.).

deren Fall nur während der (ggf fiktiven) Bezugsdauer des Elterngeldes bestehen. Der Anspruch auf **Bundeselterngeld** ist auf maximal **14 Monate**, bis zur Vollendung des 14. Lebensmonats des Kindes, begrenzt. Ein anschließender Anspruch auf **Landeserziehungsgeld** verlängert den Zeitraum des Sonderkündigungsschutzes nicht.[68] Nach dem klaren Wortlaut des § 18 Abs 2 Nr 2 BEEG ist ausschließlich der Anspruch auf „Elterngeld nach § 1", also das Bundeselterngeld, gemeint, nicht aber ein Anspruch auf Landeserziehungsgeld; diese Auslegung wird durch die Verweisung auf den „Bezugszeitraum nach § 4 Abs 1" gestützt.

21 Anders als in den übrigen Fallgruppen, die das Elternzeitverlangen voraussetzen, hat der **Arbeitgeber** im Fall des Abs 2 Nr 2 idR **keine Kenntnis** der den Sonderkündigungsschutz auslösenden Tatsachen (Elternzeitberechtigung, Elterngeldberechtigung). Zur nachträglichen Geltendmachung des Sonderkündigungsschutzes enthält das Gesetz keine Regelung. Es handelt sich nach zutreffender Auffassung um eine planwidrige Lücke, die in analoger Anwendung des § 9 Abs 1 Satz 1 MuSchG zu schließen ist.[69] Der Arbeitnehmer muss sich also, will er sich den Sonderkündigungsschutz des § 18 Abs 2 Nr 2 iVm Abs 1 BEEG erhalten, **innerhalb von zwei Wochen nach Zugang der Kündigung** gegenüber dem Arbeitgeber auf das Kündigungsverbot berufen; das Überschreiten der Frist ist nach § 9 Abs 1 Satz 1 HS 2 MuSchG analog unschädlich, wenn es auf einem vom Arbeitnehmer nicht zu vertretenden Grund beruht und die Mitteilung unverzüglich nachgeholt wird.[70]

V. Dauer des Sonderkündigungsschutzes
1. Beginn des Sonderkündigungsschutzes

22 a) **Vorverlagerter Schutz.** Der Sonderkündigungsschutz beginnt nach § 18 Abs 1 Satz 1 BEEG nicht erst mit dem Beginn der Elternzeit, sondern bereits

- ab dem Zeitpunkt, ab dem Elternzeit verlangt wird,
- höchstens jedoch acht Wochen vor Beginn der Elternzeit.

Maßgeblich ist deshalb zunächst der **Zugang** des Elternzeitverlangens beim Arbeitgeber.[71] Der Sonderkündigungsschutz besteht grundsätzlich ab diesem Zeitpunkt. Etwas anderes gilt nur dann, wenn das Elternzeitverlangen früher als acht Wochen vor dem Beginn der Elternzeit gestellt wird. In diesem Fall entsteht der Sonderkündigungsschutz frühestens acht Wochen vor dem verlangten Beginn der Elternzeit. Anknüpfungspunkt für die nach

---

68 Zu der bis 31.12.2006 geltenden Gesetzesfassung des § 18 Abs 2 Satz 1 Nr 2 BErzGG offengelassen von BAG 27.3.2003 – 2 AZR 627/01 – AP BErzGG § 18 Nr 6 zu II 2 a bb, 3.
69 Vgl LAG Mecklenburg-Vorpommern 21.10.2009 – 2 Sa 204/09; LAG Berlin 15.12.2004 – 17 Sa 1463/04 – MDR 2005, 818; ErfK/Gallner § 18 BEEG Rn 9; APS/Rolfs § 18 BEEG Rn 7; Kittner/Däubler/Zwanziger § 18 BEEG Rn 17; KR/Bader § 18 BEEG Rn 20 mwN; zT wird eine unverzügliche Mitteilung verlangt, zT eine Monatsfrist als sachgerecht angesehen, vgl die Nachweise bei KR/Bader aaO.
70 Zu den Einzelheiten der Zwei-Wochen-Frist sowie der unverzüglichen Nachholung bei unverschuldeter Fristüberschreitung vgl § 9 MuSchG Rn 13 ff.
71 Hk-MuSchG/BEEG/Rancke § 18 BEEG Rn 8.

§§ 187 Abs 2, 188 Abs 2 Alt 2 BGB vorzunehmende Fristberechnung ist der Beginn der Elternzeit.[72]

Beispiel: Die Elternzeit beginnt an einem Dienstag. Der vorverlagerte Schutzzeitraum beginnt am Dienstag acht Wochen zuvor um 0 Uhr.

Als Endtermin der achtwöchigen Vorfrist des § 18 Abs 1 Satz 1 BEEG ist der Tag der prognostizierten Geburt maßgeblich, wenn dieser vor dem Tag der tatsächlichen Geburt liegt.[73]

Bei einem in Vollzeitpflege (vgl § 15 Abs 1 Satz 1 Nr 1 c BEEG iVm § 33 SGB VIII) oder zur sonstigen Betreuung **aufgenommenen Kind** (vgl § 15 Abs 1 Satz 1 Nr 1 b BEEG iVm § 1 Abs 3 und Abs 4 BEEG) beginnt die Elternzeit von bis zu drei Jahren frühestens **ab der Aufnahme**. Der Schutz nach § 18 Abs 1 Satz 1 BEEG kann also frühestens acht Wochen vor diesem Zeitpunkt bei entsprechend frühzeitigem Elternzeitverlangen eingreifen.[74] 23

b) Wirksames Elternzeitverlangen. Der Sonderkündigungsschutz entsteht nur bei einem wirksamen Elternzeitverlangen.[75] Das setzt nach § 16 Abs 1 Satz 1 BEEG neben der Ankündigungsfrist von **sieben Wochen** voraus, dass das Elternzeitverlangen 24

- **schriftlich** (§ 126 Abs 1 BGB) erfolgt und
- die Erklärung enthält, **für welche Zeiten innerhalb von zwei Jahren** die Elternzeit genommen wird.[76] Mit der erstmaligen Erklärung zur Elternzeit tritt eine Bedingungswirkung des Elternzeitberechtigten für diesen Zweijahreszeitraum ein.[77]

Erfolgt das Elternzeitverlangen **formlos oder gibt es nicht den Zeitpunkt an**, ab dem Elternzeit in Anspruch genommen wird,[78] kann der Sonderkündigungsschutz des § 18 Abs 1 BEEG grundsätzlich nicht entstehen.[79] Der Elternzeitberechtigte muss das Elternzeitverlangen in diesem Fall wirksam wiederholen oder ergänzen.[80] Vorher kann er weder die Elternzeit antreten noch den Sonderkündigungsschutz beanspruchen. Bleibt er der Arbeit gleichwohl fern, verhält er sich vertragswidrig. Eine deswegen erklärte Kündigung des Arbeitgebers bedarf zwar nicht der Zulässigerklärung durch die Arbeitsschutzbehörde, idR aber einer vorherigen **Abmahnung**.[81] 25

---

72 BAG 17.2.1994 – 2 AZR 616/93 – AP BGB § 626 Nr 116 zu II 3 c bb.
73 BAG 12.5.2011 – 2 AZR 384/10 – NZA 2012, 208.
74 Der Zeitpunkt der Aufnahme des Kindes und damit der Eintritt des Sonderkündigungsschutzes liegt allerdings nicht in der Einflusssphäre der Adoptiveltern. Deshalb wird in diesen Fällen zwischen dem Elternzeitverlangen und dem Eintritt des Sonderkündigungsschutzes häufig eine Schutzlücke bestehen, vgl insoweit LAG Niedersachsen 12.9.2005 – 5 Sa 396/05 – NZA-RR 2006, 346.
75 Vgl KR/Bader § 18 BEEG Rn 23; Stahlhacke/Preis/Vossen Rn 1431.
76 BAG 12.5.2011 – 2 AZR 384/10 – NZA 2012, 208.
77 LAG Düsseldorf 24.1.2011 – 14 Sa 1399/10 – AuA 2011, 433; Hk-MuSchG/BEEG/Rancke § 16 BEEG Rn 3.
78 Allerdings kann, wenn der gewünschte Beginn der Elternzeit nicht angegeben wird, die Auslegung nach § 133 BGB ergeben, dass eine sofortige Inanspruchnahme der Elternzeit gewollt ist; dazu Rn 26.
79 Zur Kündigung wegen des (unwirksamen) Elternzeitverlangens vgl Rn 29.
80 Vgl Stahlhacke/Preis/Vossen Rn 1431.
81 BAG 17.2.1994 – 2 AZR 616/93 – AP BGB § 626 Nr 116 zu II 2.

Eine **Ausnahme** von dem vorgenannten Grundsatz kann im Einzelfall anzunehmen sein, wenn sich das Berufen des Arbeitgebers auf die Nichteinhaltung des Schriftformerfordernisses als rechtsmissbräuchlich darstellt. Ein **Verstoß gegen Treu und Glauben** (§ 242 BGB) kann angenommen werden, wenn dem Arbeitnehmer bzw der Arbeitnehmerin Elternzeit gewährt worden ist, obwohl dem Arbeitgeber bekannt war, dass die Anspruchsvoraussetzungen – insbesondere die fehlende Schriftlichkeit – nicht vorliegen.[82]

26 Besteht der Mangel des Elternzeitverlangens dagegen darin, dass der Arbeitnehmer die Elternzeit **zu kurzfristig**, also nicht spätestens sieben Wochen vor dem gewünschten Beginn (§ 16 Abs 1 Satz 1 BEEG) verlangt hat, führt dies lediglich zu einer **Verschiebung des Beginns** der Elternzeit. Das Elternzeitverlangen liegt in diesem Fall jedenfalls innerhalb des vorverlagerten Schutzzeitraums von acht Wochen (vgl § 18 Abs 1 BEEG), weshalb die Kündigung der vorherigen behördlichen Zulässigerklärung bedarf.[83] Nach Sinn und Zweck des § 18 BEEG ist es für den Eintritt des Sonderkündigungsschutzes ferner unerheblich, wenn sich aus dem im Übrigen den Anforderungen des § 16 Abs 1 BEEG entsprechenden Elternzeitverlangen lediglich die Angabe der beabsichtigten Dauer, also des Endzeitpunktes, nicht entnehmen lässt.

27 **c) Sonderfall. Teilzeitbeschäftigte ohne Inanspruchnahme der Elternzeit:** Bei Teilzeitbeschäftigten iSd § 18 Abs 2 Nr 2 BEEG,[84] die kein Elternzeitverlangen stellen, ist der Beginn des Sonderkündigungsschutzes **fiktiv** zu ermitteln. Mangels eines vom Gesetzgeber in diesem Sonderfall für entbehrlich gehaltenen Elternzeitverlangens ist ausschließlich auf den Zeitpunkt abzustellen, zu dem die Elternzeit **frühestens hätte beginnen können.**[85]

28 **d) Doppelter Sonderkündigungsschutz.** Verlangt die **Mutter** die Elternzeit zum frühest möglichen Zeitpunkt, also ab dem Zeitpunkt unmittelbar nach der Geburt des Kindes, besteht zu ihren Gunsten bis zum Ablauf von vier Monaten nach der Entbindung sowohl der Sonderkündigungsschutz nach § 9 Abs 1 MuSchG als auch der Sonderkündigungsschutz nach § 18 Abs 1 BEEG. Beide Kündigungsverbote bestehen in diesem Fall nebeneinander, so dass der Arbeitgeber bei Vorliegen von Mutterschaft und zusätzlich Elternzeit für eine Kündigung der Zulässigkeitserklärung der Arbeitsschutzbehörde nach beiden Vorschriften bedarf.[86] Wird die Elternzeit von einer **anderen elternzeitberechtigten Person** innerhalb von vier Monaten nach der Geburt des Kindes in Anspruch genommen, hat die Mutter den Sonderkündigungsschutz nach § 9 MuSchG, der Elternzeitnehmer denjenigen nach § 18 BEEG.

---

82 BAG 26.6.2008 – 2 AZR 23/07 – AP § 18 BEEG Nr 11 zu II 2 c.
83 BAG 17.2.1994 – 2 AZR 616/93 – AP BGB § 626 Nr 116 zu II 2; Kittner/Däubler/Zwanziger § 18 BEEG Rn 5; KR/Bader § 18 BEEG Rn 23; Stahlhacke/Preis/Vossen Rn 1431.
84 Dazu Rn 20 f.
85 Vgl KR/Bader § 18 BEEG Rn 25; Kittner/Däubler/Zwanziger § 18 BEEG Rn 14; APS/Rolfs § 18 BEEG Rn 14.
86 BAG 31.3.1993 – 2 AZR 595/92 – AP MuSchG 1968 § 9 Nr 20; KR/Bader § 18 BEEG Rn 40.

e) Kündigung vor Beginn des Sonderkündigungsschutzes. Eine vor Beginn 29
des Sonderkündigungsschutzes erklärte Kündigung des Arbeitgebers ist jedenfalls nicht nach § 18 BEEG unwirksam. Ihre Wirksamkeit ist nach § 1 Abs 2 KSchG bzw § 626 BGB zu prüfen. Erfolgte die Kündigung **wegen des Elternzeitverlangens**, ist sie nach § 612 a BGB nichtig.[87] Dies kann in Betracht kommen, wenn der Elternzeitberechtigte die Elternzeit früher als acht Wochen vor Beginn der Elternzeit verlangt hatte[88] oder das Elternzeitverlangen nach Form und Inhalt nicht die Voraussetzungen des § 16 Abs 1 BEEG erfüllt.[89] Kündigt der Arbeitgeber in diesen Fällen in zeitlichem Zusammenhang mit dem frühzeitigen oder unwirksamen Elternzeitverlangen, dh kurz danach, spricht der **Beweis des ersten Anscheins** dafür, dass die Kündigung wegen des Elternzeitverlangens ausgesprochen wurde.[90]

2. Ende des Sonderkündigungsschutzes

Das in § 18 BEEG normierte Kündigungsverbot besteht auch während der 30
Elternzeit grundsätzlich nur, wenn der Arbeitnehmer die Elternzeit berechtigterweise angetreten hat und zum Zeitpunkt des **Kündigungszugangs** noch sämtliche Anspruchsvoraussetzungen für die Elternzeit vorliegen.[91]

Der Sonderkündigungsschutz dauert **bis zur Beendigung der Elternzeit**. Sie beträgt insgesamt **höchstens drei Jahre**[92] und ist nicht davon abhängig, dass ein Anspruch auf Elterngeld besteht (Ausnahme: § 18 Abs 2 Nr 2 BEEG).[93] Einen nachwirkenden Sonderkündigungsschutz sieht § 18 BEEG nicht vor.

Anspruch auf Elternzeit besteht **im Regelfall** bis zur Vollendung des dritten 31
Lebensjahres eines Kindes (§ 15 Abs 2 Satz 1 BEEG), dh bis zum **Tag vor dem dritten Geburtstag** des Kindes. Davon abweichend kann ein Anteil von bis zu zwölf Monaten mit Zustimmung des Arbeitgebers auf die Zeit bis zur **Vollendung des achten Lebensjahres** übertragen werden (§ 15 Abs 2 Satz 4 BEEG). Bei einem angenommenen Kind oder bei einem Kind in Vollzeit- oder Adoptionspflege dauert die Elternzeit ebenfalls höchstens drei Jahre, längstens bis zur Vollendung des achten Lebensjahres (§ 15 Abs 2 Satz 5 BEEG).

Die Dauer der Elternzeit und damit die Dauer des Sonderkündigungsschut- 32
zes hängt letztlich von der **freien Entscheidung** der Elternzeitberechtigten ab. Das ergibt sich aus §§ 15 Abs 3, 16 BEEG. Danach kann der Arbeitnehmer – im Rahmen des dargestellten Höchstumfanges nach § 15 Abs 2 BEEG – sowohl den Beginn der Elternzeit als auch deren Ende frei bestimmen. Lediglich die vorzeitige Beendigung bzw eine Verlängerung innerhalb der Gesamthöchstdauer (§ 16 Abs 3 BEEG) und die Übertragung eines

---

87 Vgl KR/Bader § 18 BEEG Rn 23 a; KR/Treber § 612 a BGB Rn 9.
88 Vgl Rn 26.
89 Vgl Rn 25.
90 IdS LAG Thüringen 22.12.2009 – 7 Sa 31/09; LAG Niedersachsen 12.9.2005 – 5 Sa 396/05 – NZA-RR 2006, 346; KR/Treber § 612 a BGB Rn 12.
91 BAG 26.6.2008 – 2 AZR 23/07 – NZA 2008, 1241.
92 Zum Sonderfall der Teilzeitbeschäftigung ohne Inanspruchnahme der Elternzeit (§ 18 Abs 2 Nr 2 BEEG), die eine Elterngeldberechtigung voraussetzt, vgl Rn 20.
93 Ausnahme: § 18 Abs 2 Nr 2 BEEG; vgl Rn 20 f.

Teils von bis zu zwölf Monaten (§ 15 Abs 2 Satz 4 BEEG) bedürfen grundsätzlich der Zustimmung des Arbeitgebers.[94] Ausnahmsweise kann die angemeldete Elternzeit nach der zum 18.9.2012 in Kraft getretenen Änderung des BEEG auch ohne Zustimmung des Arbeitgebers vorzeitig beendet werden, wenn Mutterschutzfristen in Anspruch genommen werden sollen, § 16 Abs 3 Satz 3 BEEG. Zudem können Eltern, Adoptiveltern und Adoptivpflegeeltern die Elternzeit innerhalb der Gesamtdauer von drei Jahren auch **nacheinander, gemeinsam** oder **abwechselnd**, verteilt auf zwei Zeitabschnitte,[95] in Anspruch nehmen (§§ 15 Abs 3, 16 Abs 1 Satz 5 BEEG).

33 Die **vorzeitige Beendigung der Elternzeit** führt auch zur Beendigung des Sonderkündigungsschutzes nach § 18 BEEG. Mit Zustimmung des Arbeitgebers endet die Elternzeit in den Fällen des § 16 Abs 3 BEEG. Stirbt das Kind während der Elternzeit (§ 16 Abs 4 BEEG), endet diese spätestens drei Wochen nach dem Tod des Kindes.

VI. Behördliche Zulässigerklärung nach § 18 Abs 1 Satz 2 und 3 BEEG
1. Verweisung auf § 9 MuSchG

34 Für die behördliche Zulässigerklärung einer Kündigung nach § 18 BEEG gelten die gleichen Grundsätze und Voraussetzungen wie für die behördliche Zulässigerklärung einer Kündigung nach § 9 Abs 3 Satz 1 MuSchG. Insbesondere muss die für den Arbeitsschutz zuständige Behörde einem Antrag auf Zulassung der Kündigung in aller Regel stattgeben, wenn einem Arbeitnehmer in Elternzeit wegen der Stilllegung des Betriebs gekündigt werden soll.[96] Bezüglich der zuständigen Behörde und weiterer Verfahrensfragen, der materiell-rechtlichen Voraussetzungen der Zulässigerklärung, der verwaltungsgerichtlichen Kontrolle sowie den Problemen des **doppelten Rechtsweges** bei erfolgter Zulässigerklärung kann deshalb auf die Erläuterungen zu § 9 MuSchG (dort Rn 30-39) verwiesen werden. In Anlehnung an § 9 MuSchG (und anders als gem § 88 Abs 3 SGB IX) muss der Arbeitgeber die Kündigung des Arbeitsverhältnisses eines sich in Elternzeit befindlichen Arbeitnehmers nicht innerhalb einer bestimmten **Frist** ab Zustellung der Zulässigkeitserklärung durch die oberste Landesbehörde nach § 18 Abs 1 Satz 2 BEEG aussprechen.[97]

Zu beachten ist, dass die Landesregierung Baden-Württemberg ab dem 1.4.2011 die Zuständigkeit der Befugnis für die Zulässigerklärung nach § 18 BEEG von den Regierungspräsidien auf den Kommunalverband für Jugend und Soziales Baden-Württemberg mit Sitz in Karlsruhe übertragen hat.[98] Treffen die Voraussetzungen nach § 9 Abs 3 MuSchG und § 18 BEEG zusammen und beantragt der Arbeitgeber die Zulässigerklärung der Kündigung nach beiden Rechtsvorschriften, ist (ebenso wie wenn nur ein Antrag nach § 9 Abs 3 MuSchG gestellt wird) weiterhin das zuständige Re-

---

94 Zur Verlängerung der Elternzeit: BAG 18.10.2011 – 9 AZR 315/10 – NZA 2012, 262.
95 Eine Verteilung auf weitere Zeitabschnitte ist nur mit Zustimmung des Arbeitgebers möglich, § 16 Abs 1 Satz 5 HS 2 BEEG.
96 BVerwG 30.9.2009 – 5 C 32/08 – DVBl 2010, 183.
97 BAG 22.6.2011 – 8 AZR 107/10 – NZA-RR 2012, 119.
98 GBl vom 28.2.2011, 79.

gierungspräsidium auch für die Entscheidung über den Antrag nach § 18 BEEG zuständig. An den bestandskräftigen (die Kündigung für zulässig erklärenden) Verwaltungsakt sind die Arbeitsgerichte gebunden.[99]

2. Allgemeine Verwaltungsvorschriften nach § 18 Abs 1 Satz 4 BEEG

Von der mit § 18 Abs 1 Satz 4 BEEG inhaltsgleichen Ermächtigungsgrundlage in der Vorgängerregelung des § 18 Abs 1 Satz 4 BErzGG hat das Bundesministerium für Familie, Senioren, Frauen und Jugend Gebrauch gemacht und am 3.1.2007[100] die im **Anhang**[101] wiedergegebenen „Allgemeinen Verwaltungsvorschriften zum Kündigungsschutz bei Erziehungsurlaub" erlassen. Es handelt sich lediglich um innerdienstliche Anweisungen an die zuständige Behörde, die keine Rechte und Pflichten im Außenverhältnis begründen. Bei einer nicht gerechtfertigten Abweichung von der üblichen, durch die Verwaltungsvorschriften konkretisierten Verwaltungspraxis können Arbeitgeber und Arbeitnehmer ggf aber rügen, sie seien in ihrem Grundrecht auf Gleichbehandlung (Art. 3 Abs 1 GG) verletzt.[102]

35

VII. Kündigungsschutzprozess[103]
1. Klagefrist

a) Geltendmachung des Sonderkündigungsschutzes. Die während des geschützten Zeitraums[104] ohne vorherige behördliche Zulässigerklärung ausgesprochene Kündigung des Arbeitgebers ist nichtig (§ 134 BGB).[105] Es handelt sich um einen sonstigen Unwirksamkeitsgrund iSd § 13 Abs 3 KSchG. Für die gerichtliche Geltendmachung gilt Folgendes:

36

Der durch § 18 BEEG geschützte Arbeitnehmer muss die Nichtigkeit der Kündigung innerhalb der Klagefrist des § 4 Satz 1 KSchG durch eine punktuelle Feststellungsklage geltend machen.[106] § 13 Abs 3 KSchG stellt klar, dass die §§ 4 bis 7 KSchG auch auf eine aus anderen als den in § 1 Abs 2 und 3 KSchG bezeichneten Gründen rechtsunwirksame Kündigung Anwendung finden. Die Klagefrist läuft nach § 4 Abs 4 KSchG allerdings grundsätzlich erst mit **Bekanntgabe der behördlichen Zulässigkeitserklärung an den Arbeitnehmer** ab.[107] Etwas anders gilt im Fall des § 18 Abs 2 Nr 2 BEEG, wo dem Arbeitgeber das Zustimmungserfordernis der Behörde unbekannt ist. Hier ist die Kündigung zwar ohne Zulässigkeitserklärung ebenfalls nichtig. Der Arbeitnehmer ist aber verpflichtet, diesen Unwirksamkeitsgrund bereits innerhalb von drei Wochen ab Kündigungszugang klageweise geltend zu machen, § 4 Satz 4 KSchG findet keine Anwen-

---

99 BAG 20.1.2005 – 2 AZR 500/03 – AP BErzGG § 18 Nr 8.
100 BAnz Nr 5 vom 3.1.2007, S 247.
101 Vgl Rn 39.
102 Vgl Hk-MuSchG/BEEG/Rancke § 18 BEEG Rn 32; APS/Rolfs § 18 BEEG Rn 23.
103 Zu den prozessualen Problemen des doppelten Rechtswegs vgl Rn 34 iVm § 9 MuSchG Rn 35 bis 37.
104 Vgl Rn 22 ff, 30 ff.
105 BAG 12.5.2011 – 2 AZR 384/10 – NZA 2012, 208.
106 Hk-MuSchG/BEEG/Rancke § 18 BEEG Rn 4; KR/Bader § 18 Rn 10.
107 Vgl BAG 3.7.2003 – 2 AZR 487/02 – AP BErzGG § 18 Nr 7; s auch § 4 KSchG Rn 116, 120.

dung.[108] Neben der rechtzeitigen Klageerhebung besteht für den Arbeitnehmer zudem die Obliegenheit, den Arbeitgeber über das Bestehen des Sonderkündigungsschutzes nach § 18 Abs 2 Nr 2 BEEG innerhalb von drei Wochen[109] in Kenntnis zu setzen.

37 **b) Geltendmachung der Sozialwidrigkeit oder des Fehlens des wichtigen Grundes.** Das Kündigungsschutzgesetz ist, soweit die persönlichen und betrieblichen Voraussetzungen vorliegen (§§ 1 Abs 1, 23 Abs 1 KSchG) neben dem Sonderkündigungsschutz des § 18 BEEG anwendbar. Der geschützte Arbeitnehmer muss deshalb die dreiwöchige **Klagefrist** nach § 4 Satz 1 KSchG einhalten, wenn er die fehlende soziale Rechtfertigung einer ordentlichen Kündigung geltend machen will, bzw nach §§ 13 Abs 1 Satz 2, 4 Satz 1 KSchG, wenn er das Fehlen eines wichtigen Grundes oder die Versäumung der Kündigungserklärungsfrist des § 626 Abs 2 BGB rügen will.

2. Darlegungs- und Beweislast

38 Der **Arbeitnehmer** trägt die Darlegungs- und Beweislast für die Voraussetzungen des Sonderkündigungsschutzes nach § 18 BEEG (Elternzeitberechtigung, Inanspruchnahme der Elternzeit, im Fall des § 18 Abs 2 Nr 2 BEEG zusätzlich die Elterngeldberechtigung). Der **Arbeitgeber** trägt die Darlegungs- und Beweislast für die ausnahmsweise erfolgte Zulässigkeitserklärung durch die zuständige Behörde und nach allgemeinen Regeln für das Vorliegen des wichtigen oder sozial rechtfertigenden Kündigungsgrundes. Besteht noch kein Sonderkündigungsschutz nach § 18 BEEG, kann der **Beweis des ersten Anscheins** dafür in Betracht kommen, dass die Kündigung wegen der Elternzeit erfolgte (§ 612 a BGB).[110]

VIII. Anhang: Allgemeine Verwaltungsvorschriften zur Durchführung der Zulässigkeitserklärung vom 3.1.2007 (BAnz 2007, Nr 5, S 247)

39 Nach § 18 Abs 1 Satz 4 des Bundeselterngeld- und Elternzeitgesetzes vom 5.12.2006 (BGBl I S 2748) wird folgende Allgemeine Verwaltungsvorschrift erlassen:

1. Aufgabe der Behörde

Die für den Arbeitsschutz zuständige oberste Landesbehörde oder die von ihr bestimmte Stelle (Behörde) hat zu prüfen, ob ein besonderer Fall gegeben ist. Ein solcher besonderer Fall liegt vor, wenn es gerechtfertigt erscheint, dass das nach § 18 Abs 1 Satz 1 des Gesetzes als vorrangig angesehene Interesse des Arbeitnehmers am Fortbestand des Arbeitsverhältnisses wegen außergewöhnlicher Umstände hinter die Interessen des Arbeitgebers zurücktritt.

---

108 BAG 19.2.2009 – 2 AZR 286/07 – NZA 2009, 980; Hk-MuSchG/BEEG/Rancke § 18 BEEG Rn 20.
109 Hk-MuSchG/BEEG/Rancke § 18 BEEG Rn 20 f.
110 Vgl Rn 29.

2. Vorliegen eines besonderen Falles

2.1 Bei der Prüfung nach Maßgabe des § 1 hat die Behörde davon auszugehen, dass ein besonderer Fall im Sinne des § 18 Abs 1 Satz 2 des Gesetzes insbesondere dann gegeben ist, wenn

2.1.1 der Betrieb, in dem der Arbeitnehmer beschäftigt ist, stillgelegt wird und der Arbeitnehmer nicht in einem anderen Betrieb des Unternehmens weiterbeschäftigt werden kann,

2.1.2 die Betriebsabteilung, in der der Arbeitnehmer beschäftigt ist, stillgelegt wird und der Arbeitnehmer nicht in einer anderen Betriebsabteilung des Betriebes oder in einem anderen Betrieb des Unternehmens weiterbeschäftigt werden kann,

2.1.3 der Betrieb oder die Betriebsabteilung, in denen der Arbeitnehmer beschäftigt ist, verlagert wird und der Arbeitnehmer an dem neuen Sitz des Betriebes oder der Betriebsabteilung und auch in einer anderen Betriebsabteilung oder in einem anderen Betrieb des Unternehmens nicht weiterbeschäftigt werden kann,

2.1.4 der Arbeitnehmer in den Fällen der Nummern 2.1.1 bis 2.1.3 eine ihm vom Arbeitgeber angebotene zumutbare Weiterbeschäftigung auf einem anderen Arbeitsplatz ablehnt,

2.1.5 durch die Aufrechterhaltung des Arbeitsverhältnisses nach der Elternzeit die Existenz des Betriebes oder die wirtschaftliche Existenz des Arbeitgebers gefährdet wird,

2.1.6 besonders schwere Verstöße des Arbeitnehmers gegen arbeitsvertragliche Pflichten oder vorsätzliche strafbare Handlungen des Arbeitnehmers dem Arbeitgeber die Aufrechterhaltung des Arbeitsverhältnisses unzumutbar machen.

2.2 Ein besonderer Fall im Sinne des § 18 Abs 1 Satz 2 des Gesetzes kann auch dann gegeben sein, wenn die wirtschaftliche Existenz des Arbeitgebers durch die Aufrechterhaltung des Arbeitsverhältnisses nach Beendigung der Elternzeit unbillig erschwert wird, so dass er in die Nähe der Existenzgefährdung kommt. Eine solche unbillige Erschwerung kann auch dann angenommen werden, wenn der Arbeitgeber in die Nähe der Existenzgefährdung kommt, weil

2.2.1 der Arbeitnehmer in einem Betrieb mit in der Regel 5 oder weniger Arbeitnehmern ausschließlich der zu ihrer Berufsbildung Beschäftigten beschäftigt ist und der Arbeitgeber zur Fortführung des Betriebes dringend auf eine entsprechend qualifizierte Ersatzkraft angewiesen ist, die er nur einstellen kann, wenn er mit ihr einen unbefristeten Arbeitsvertrag abschließt; bei der Feststellung der Zahl der beschäftigten Arbeitnehmerinnen und Arbeitnehmer sind teilzeitbeschäftigte Arbeitnehmerinnen und Arbeitnehmer mit einer regelmäßigen wöchentlichen Arbeitszeit von nicht mehr als 20 Stunden mit 0,5 und nicht mehr als 30 Stunden mit 0,75 zu berücksichtigen, oder

2.2.2 der Arbeitgeber wegen der Aufrechterhaltung des Arbeitsverhältnisses nach Beendigung der Elternzeit keine entsprechend qualifizierte Ersatzkraft für einen nur befristeten Arbeitsvertrag findet und deshalb mehrere Arbeitsplätze wegfallen müssten.

3. Ermessen

Kommt die Behörde zu dem Ergebnis, dass ein besonderer Fall iSd § 18 Abs 1 Satz 2 des Gesetzes gegeben ist, so hat sie im Rahmen ihres pflichtgemäßen Ermessens zu entscheiden, ob das Interesse des Arbeitgebers an einer Kündigung während der Elternzeit so erheblich überwiegt, dass ausnahmsweise die vom Arbeitgeber beabsichtigte Kündigung für zulässig zu erklären ist.

4. Form des Antrages

Die Zulässigkeitserklärung der Kündigung hat der Arbeitgeber bei der für den Sitz des Betriebes oder der Dienststelle zuständigen Behörde schriftlich oder zu Protokoll zu beantragen. Im Antrag sind der Arbeitsort und die vollständige Anschrift des Arbeitnehmers, dem gekündigt werden soll, anzugeben. Der Antrag ist zu begründen; etwaige Beweismittel sind beizufügen oder zu benennen.

5. Entscheidung; vorherige Anhörung

5.1 Die Behörde hat die Entscheidung unverzüglich zu treffen.

5.2 Die Behörde hat vor ihrer Entscheidung dem betroffenen Arbeitnehmer sowie dem Betriebs- oder Personalrat Gelegenheit zu geben, sich mündlich oder schriftlich zu dem Antrag nach § 4 zu äußern.

6. Zulässigkeitserklärung unter Bedingungen

Die Zulässigkeit der Kündigung kann unter Bedingungen erklärt werden, zB, dass sie erst zum Ende der Elternzeit ausgesprochen wird.

7. Form der Entscheidung

Die Behörde hat ihre Entscheidung (Zulässigkeitserklärung oder Ablehnung mit Rechtsbehelfsbelehrung) schriftlich zu erlassen, schriftlich zu begründen und dem Arbeitgeber und dem Arbeitnehmer zuzustellen. Dem Betriebs- oder Personalrat ist eine Abschrift zu übersenden.

8. Zur Berufsbildung Beschäftigte; in Heimarbeit Beschäftigte

8.1 Die zu ihrer Berufsbildung Beschäftigten gelten als Arbeitnehmer oder Arbeitnehmerinnen im Sinne der vorstehenden Vorschriften.

8.2 Für die in Heimarbeit Beschäftigten und die ihnen Gleichgestellten (§ 1 Abs 1 und 1 des Heimarbeitsgesetzes), soweit sie am Stück mitarbeiten, gelten die vorstehenden Vorschriften entsprechend mit der Maßgabe, dass an die Stelle des Arbeitgebers der Auftraggeber oder der Zwischenmeister tritt (vgl § 20 des Gesetzes).

Sozialgesetzbuch (SGB) Neuntes Buch (IX)
– Rehabilitation und Teilhabe behinderter Menschen –

Vom 19. Juni 2001 (BGBl. I S. 1046)
(FNA 860-9)
zuletzt geändert durch Art. 3 G zur Änd. personenbeförderungsrechtlicher Vorschriften vom 14. Dezember 2012 (BGBl. I S. 2598)

Kapitel 4 Kündigungsschutz

§ 85 Erfordernis der Zustimmung

Die Kündigung des Arbeitsverhältnisses eines schwerbehinderten Menschen durch den Arbeitgeber bedarf der vorherigen Zustimmung des Integrationsamtes.

§ 86 Kündigungsfrist

Die Kündigungsfrist beträgt mindestens vier Wochen.

§ 87 Antragsverfahren

(1) [1]Die Zustimmung zur Kündigung beantragt der Arbeitgeber bei dem für den Sitz des Betriebes oder der Dienststelle zuständigen Integrationsamt schriftlich. [2]Der Begriff des Betriebes und der Begriff der Dienststelle im Sinne des Teils 2 bestimmen sich nach dem Betriebsverfassungsgesetz und dem Personalvertretungsrecht.

(2) Das Integrationsamt holt eine Stellungnahme des Betriebsrates oder Personalrates und der Schwerbehindertenvertretung ein und hört den schwerbehinderten Menschen an.

(3) Das Integrationsamt wirkt in jeder Lage des Verfahrens auf eine gütliche Einigung hin.

§ 88 Entscheidung des Integrationsamtes

(1) Das Integrationsamt soll die Entscheidung, falls erforderlich auf Grund mündlicher Verhandlung, innerhalb eines Monats vom Tage des Eingangs des Antrages an treffen.

(2) [1]Die Entscheidung wird dem Arbeitgeber und dem schwerbehinderten Menschen zugestellt. [2]Der Bundesagentur für Arbeit wird eine Abschrift der Entscheidung übersandt.

(3) Erteilt das Integrationsamt die Zustimmung zur Kündigung, kann der Arbeitgeber die Kündigung nur innerhalb eines Monats nach Zustellung erklären.

(4) Widerspruch und Anfechtungsklage gegen die Zustimmung des Integrationsamtes zur Kündigung haben keine aufschiebende Wirkung.

(5) [1]In den Fällen des § 89 Abs. 1 Satz 1 und Abs. 3 gilt Absatz 1 mit der Maßgabe, dass die Entscheidung innerhalb eines Monats vom Tage des Eingangs des Antrages an zu treffen ist. [2]Wird innerhalb dieser Frist eine Entscheidung nicht getroffen, gilt die Zustimmung als erteilt. [3]Die Absätze 3 und 4 gelten entsprechend.

§ 89 Einschränkungen der Ermessensentscheidung

(1) [1]Das Integrationsamt erteilt die Zustimmung bei Kündigungen in Betrieben und Dienststellen, die nicht nur vorübergehend eingestellt oder aufgelöst werden, wenn zwischen dem Tage der Kündigung und dem Tage, bis zu dem Gehalt oder Lohn gezahlt wird, mindestens drei Monate liegen. [2]Unter der gleichen Voraussetzung soll es die Zustimmung auch bei Kündigungen in Betrieben und Dienststellen erteilen, die nicht nur vorübergehend wesentlich eingeschränkt werden, wenn die Gesamtzahl der weiterhin beschäftigten schwerbehinderten Menschen zur Erfüllung der Beschäftigungspflicht nach § 71 ausreicht. [3]Die Sätze 1 und 2 gelten nicht, wenn eine Weiterbeschäftigung auf einem anderen Arbeitsplatz desselben Betriebes oder derselben Dienststelle oder auf einem freien Arbeitsplatz in einem anderen Betrieb oder einer anderen Dienststelle desselben Arbeitgebers mit Einverständnis des schwerbehinderten Menschen möglich und für den Arbeitgeber zumutbar ist.

(2) Das Integrationsamt soll die Zustimmung erteilen, wenn dem schwerbehinderten Menschen ein anderer angemessener und zumutbarer Arbeitsplatz gesichert ist.

(3) Ist das Insolvenzverfahren über das Vermögen des Arbeitgebers eröffnet, soll das Integrationsamt die Zustimmung erteilen, wenn

1. der schwerbehinderte Mensch in einem Interessenausgleich namentlich als einer der zu entlassenden Arbeitnehmer bezeichnet ist (§ 125 der Insolvenzordnung),
2. die Schwerbehindertenvertretung beim Zustandekommen des Interessenausgleichs gemäß § 95 Abs. 2 beteiligt worden ist,
3. der Anteil der nach dem Interessenausgleich zu entlassenden schwerbehinderten Menschen an der Zahl der beschäftigten schwerbehinderten Menschen nicht größer ist als der Anteil der zu entlassenden übrigen Arbeitnehmer an der Zahl der beschäftigten übrigen Arbeitnehmer und
4. die Gesamtzahl der schwerbehinderten Menschen, die nach dem Interessenausgleich bei dem Arbeitgeber verbleiben sollen, zur Erfüllung der Beschäftigungspflicht nach § 71 ausreicht.

§ 90 Ausnahmen

(1) Die Vorschriften dieses Kapitels gelten nicht für schwerbehinderte Menschen,
1. deren Arbeitsverhältnis zum Zeitpunkt des Zugangs der Kündigungserklärung ohne Unterbrechung noch nicht länger als sechs Monate besteht oder
2. die auf Stellen im Sinne des § 73 Abs. 2 Nr. 2 bis 5 beschäftigt werden oder
3. deren Arbeitsverhältnis durch Kündigung beendet wird, sofern sie
   a) das 58. Lebensjahr vollendet haben und Anspruch auf eine Abfindung, Entschädigung oder ähnliche Leistung auf Grund eines Sozialplanes haben oder
   b) Anspruch auf Knappschaftsausgleichsleistung nach dem Sechsten Buch oder auf Anpassungsgeld für entlassene Arbeitnehmer des Bergbaus haben,

wenn der Arbeitgeber ihnen die Kündigungsabsicht rechtzeitig mitgeteilt hat und sie der beabsichtigten Kündigung bis zu deren Ausspruch nicht widersprechen.

(2) Die Vorschriften dieses Kapitels finden ferner bei Entlassungen, die aus Witterungsgründen vorgenommen werden, keine Anwendung, sofern die Wiedereinstellung der schwerbehinderten Menschen bei Wiederaufnahme der Arbeit gewährleistet ist.

(2a) Die Vorschriften dieses Kapitels finden ferner keine Anwendung, wenn zum Zeitpunkt der Kündigung die Eigenschaft als schwerbehinderter Mensch nicht nachgewiesen ist oder das Versorgungsamt nach Ablauf der Frist des § 69 Abs. 1 Satz 2 eine Feststellung wegen fehlender Mitwirkung nicht treffen konnte.

(3) Der Arbeitgeber zeigt Einstellungen auf Probe und die Beendigung von Arbeitsverhältnissen schwerbehinderter Menschen in den Fällen des Absatzes 1 Nr. 1 unabhängig von der Anzeigepflicht nach anderen Gesetzen dem Integrationsamt innerhalb von vier Tagen an.

§ 91 Außerordentliche Kündigung

(1) Die Vorschriften dieses Kapitels gelten mit Ausnahme von § 86 auch bei außerordentlicher Kündigung, soweit sich aus den folgenden Bestimmungen nichts Abweichendes ergibt.

(2) ¹Die Zustimmung zur Kündigung kann nur innerhalb von zwei Wochen beantragt werden; maßgebend ist der Eingang des Antrages bei dem Integrationsamt. ²Die Frist beginnt mit dem Zeitpunkt, in dem der Arbeitgeber von den für die Kündigung maßgebenden Tatsachen Kenntnis erlangt.

(3) ¹Das Integrationsamt trifft die Entscheidung innerhalb von zwei Wochen vom Tage des Eingangs des Antrages an. ²Wird innerhalb dieser Frist eine Entscheidung nicht getroffen, gilt die Zustimmung als erteilt.

(4) Das Integrationsamt soll die Zustimmung erteilen, wenn die Kündigung aus einem Grunde erfolgt, der nicht im Zusammenhang mit der Behinderung steht.

(5) Die Kündigung kann auch nach Ablauf der Frist des § 626 Abs. 2 Satz 1 des Bürgerlichen Gesetzbuchs erfolgen, wenn sie unverzüglich nach Erteilung der Zustimmung erklärt wird.

(6) Schwerbehinderte Menschen, denen lediglich aus Anlass eines Streiks oder einer Aussperrung fristlos gekündigt worden ist, werden nach Beendigung des Streiks oder der Aussperrung wieder eingestellt.

§ 92 Erweiterter Beendigungsschutz

[1]Die Beendigung des Arbeitsverhältnisses eines schwerbehinderten Menschen bedarf auch dann der vorherigen Zustimmung des Integrationsamtes, wenn sie im Falle des Eintritts einer teilweisen Erwerbsminderung, der Erwerbsminderung auf Zeit, der Berufsunfähigkeit oder der Erwerbsunfähigkeit auf Zeit ohne Kündigung erfolgt. [2]Die Vorschriften dieses Kapitels über die Zustimmung zur ordentlichen Kündigung gelten entsprechend.

I. Überblick 1	VI. Beteiligung des Integrationsamtes bei ordentlicher Kündigung 30
II. Geschützter Personenkreis 2	
1. Arbeitnehmer – Heimarbeiter 2	1. Antrag; Verfahren (§§ 87, 88 SGB IX) 30
2. Schwerbehinderte Menschen 3	2. Entscheidung des Integrationsamtes 34
3. Gleichgestellte Menschen ... 4	a) Pflichtgemäßes Ermessen 34
III. Anwendungsausnahmen (§ 90 SGB IX) 6	b) Einschränkungen der Ermessensentscheidung 39
1. Wartezeit (§ 90 Abs 1 Nr 1 SGB IX) 6	
2. Besondere Beschäftigte (§ 90 Abs 1 Nr 2 SGB IX) 7	aa) Betriebsstilllegung (§ 89 Abs 1 Satz 1 SGB IX) 39
3. Kündigung nach Vollendung des 58. Lebensjahres (§ 90 Abs 1 Nr 3 SGB IX) 8	bb) Betriebseinschränkung (§ 89 Abs 1 Satz 2 SGB IX) 42
4. Entlassungen aus Witterungsgründen (§ 90 Abs 2 SGB IX) 10	cc) Gegenausnahmen (§ 89 Abs 1 Satz 3 SGB IX) 45
5. Fehlender Nachweis und fehlende Mitwirkung (§ 90 Abs 2 a SGB IX)..... 13	dd) Gesicherter anderer Arbeitsplatz (§ 89 Abs 2 SGB IX) 46
IV. Gegenstand des Sonderkündigungsschutzes 20	ee) Kündigungen in der Insolvenz (§ 89 Abs 3 SGB IX) 47
1. Kündigung des Arbeitgebers 20	3. Negativattest 48
2. Erweiterter Bestandsschutz (§ 92 SGB IX)...... 21	4. Rechtsmittel gegen die behördliche Entscheidung 49
3. Sonstige Beendigungstatbestände 24	a) Ablehnung der Zustimmung........... 50
V. Sonderkündigungsschutz bei Unkenntnis des Arbeitgebers 26	

- b) Zustimmung zur Kündigung 51
- c) Negativattest 52
- VII. Verfahren nach Zustimmungserteilung 53
  1. Kündigungserklärungsfrist (§ 88 Abs 3 SGB IX) 53
  2. Kündigungsfrist (§ 86 SGB IX) 55
- VIII. Rechtsbehelfe des schwerbehinderten Menschen gegen die Kündigung..................... 56
  1. Kündigung nach Zustimmung des Integrationsamtes 57
  2. Kündigung ohne Zustimmung des Integrationsamtes 58
  3. Darlegungs- und Beweislast 65
  4. Verhältnis des arbeitsgerichtlichen zum verwaltungsgerichtlichen Verfahrens........................ 66
- IX. Außerordentliche Kündigung (§ 91 SGB IX) 68
  1. Verweisung auf §§ 85, 87–90 SGB IX 68
  2. Besonderheiten bei der außerordentlichen Kündigung....................... 70
     - a) Antragsfrist........... 70
     - b) Entscheidungsfrist – Zustimmungsfiktion .. 71
     - c) Einschränkung der Ermessensentscheidung................... 72
     - d) Entscheidungsvarianten, Kündigungserklärungsfrist 73
- X. Beteiligung der Arbeitnehmervertretungen................... 77
  1. Beteiligung der Schwerbehindertenvertretung....... 77
  2. Beteiligung des Betriebsrats bzw Personalrats 78

I. Überblick

Die Kündigung des Arbeitsverhältnisses eines schwerbehinderten oder gleichgestellten Menschen bedarf nach § 85 SGB IX der vorherigen **Zustimmung des Integrationsamtes**. Die vorherige Zustimmung ist Wirksamkeitsvoraussetzung. Da es sich um ein gesetzliches Verbot handelt, ist eine gleichwohl ausgesprochene Kündigung nach § 134 BGB nichtig. Der Sonderkündigungsschutz ist als **Kündigungsverbot mit Erlaubnisvorbehalt** ausgestaltet. Das Kündigungsverbot besteht erst nach einer Wartezeit von sechs Monaten (§ 90 Abs 1 Nr 1 SGB IX) und erst dann, wenn die Schwerbehinderung durch Bescheid festgestellt oder spätestens drei Wochen vor Zugang der Kündigung beantragt worden ist und Verfahrensverzögerungen im Antragsverfahren nicht dem Arbeitnehmer zur Last fallen (§ 90 Abs 2 a SGB IX).

Das Kündigungsverbot gilt sowohl für **ordentliche** wie auch für **außerordentliche Kündigungen** des Arbeitgebers (§ 91 SGB IX) und sowohl für Beendigungs- wir auch für Änderungskündigungen. Es gilt unabhängig von der Betriebsgröße, also auch in **Kleinbetrieben**.

Die **Kündigungsfrist** beträgt bei der ordentlichen Kündigung nach § 86 SGB IX mindestens vier Wochen. Der Arbeitgeber kann die ordentliche Kündigung nur innerhalb eines Monates nach Zustellung der Zustimmung aussprechen (§ 88 Abs 3 SGB IX). Bei der außerordentlichen Kündigung muss die Zustimmung des Integrationsamtes innerhalb von zwei Wochen ab Kenntnis der für die Kündigung tragenden Tatsachen beantragt werden. Die außerordentliche Kündigung kann dann auch noch nach Ablauf der Frist des § 626 Abs 2 BGB erfolgen, muss jedoch unverzüglich nach Erteilung der Zustimmung erklärt werden (§ 91 Abs 5 SGB IX). Das Kündigungsverbot erfasst nur Kündigungen durch den Arbeitgeber.

Befristungen bleiben ohne Beteiligung des Integrationsamtes zulässig, ebenso die einvernehmliche Beendigung durch einen **Auflösungsvertrag**. Auch die Kündigung durch den Arbeitnehmer bedarf keiner Beteiligung des Integrationsamtes. Gem § 92 SGB IX gilt der Bestandsschutz aber dann, wenn die Beendigung des Arbeitsverhältnisses im Falle des Eintritts der teilweisen Erwerbsminderung, der vollen Erwerbsminderung auf Zeit, der Berufsunfähigkeit oder der Erwerbsunfähigkeit auf Zeit ohne Kündigung erfolgt.

II. Geschützter Personenkreis
1. Arbeitnehmer – Heimarbeiter

2 Der Sonderkündigungsschutz nach § 85 SGB IX setzt ein **Arbeitsverhältnis** voraus. Er gilt grundsätzlich für alle Arbeitsverhältnisse, soweit keiner der Ausnahmetatbestände nach § 90 SGB IX vorliegt.[1] Aufgrund der Verweisung in § 127 Abs 2 Satz 2 SGB IX gilt der besondere Kündigungsschutz schwerbehinderter Menschen nach § 85 ff SGB IX zudem für die in **Heimarbeit** Beschäftigten und diesen gleichgestellte schwerbehinderte Menschen. Er gilt ferner auch für **Auszubildende**.[2] **Organmitglieder juristischer Personen**, zB GmbH-Geschäftsführer, Vereinsvorstände etc, genießen grundsätzlich keinen Sonderkündigungsschutz, es sei denn, sie sind im Einzelfall als Arbeitnehmer einzuordnen, befinden sich also in einem nach der konkreten Ausgestaltung durch persönliche Abhängigkeit geprägten Rechtsverhältnis.[3] Dies ist zwar regelmäßig nicht der Fall, jedoch auch nicht ausgeschlossen.[4] Die Beurteilung richtet sich nach den allgemeinen Kriterien zur Abgrenzung des Arbeitsverhältnisses vom freien Dienstverhältnis. Die sozialversicherungsrechtliche Beurteilung zur Beschäftigteneigenschaft hingegen ist insoweit unbeachtlich.

2. Schwerbehinderte Menschen

3 Schwerbehindert sind nach § 2 Abs 2 SGB IX Menschen, wenn ein Grad der Behinderung von mindestens 50 besteht und sie ihren Wohnsitz, ihren gewöhnlichen Aufenthalt oder ihre Beschäftigung rechtmäßig im Geltungsbereich des Gesetzes haben. Einer förmlichen Feststellung der Schwerbehinderteneigenschaft nach § 69 Abs 1 SGB IX bedarf es für die Qualifikation als schwerbehinderter Mensch nicht. Die Schwerbehinderteneigenschaft entsteht vielmehr **kraft Gesetzes**, wenn die in § 2 Abs 2 SGB IX genannten Voraussetzungen vorliegen. Der **Feststellungsbescheid des Versorgungsamtes** hat nach § 69 Abs 1 SGB IX keine rechtsbegründende (konstitutive), sondern lediglich eine erklärende (deklaratorische) Wirkung. Insbesondere kommt es deswegen für den Kündigungsschutz auch nicht darauf an, ob der Arbeitgeber bei Ausspruch der Kündigung von der Schwerbehinderteneigenschaft Kenntnis hatte.[5] Aus dem Vorliegen einer Behinderung alleine allerdings folgt noch nicht die **Geltung des Sonderkündigungsschutzes**.

---

1 Vgl dazu Rn 6 ff.
2 BAG 10.12.1987 – 2 AZR 385/87 – AP SchwbG § 18 Nr 11.
3 OLG München 16.5.2007 – 14 U 399/04 – NZA-RR 2007, 579.
4 BAG 26.5.1999 – 5 AZR 664/98 – AP GmbHG § 35 Nr 10.
5 Zum Erhalt des Sonderkündigungsschutzes bei fehlender Kenntnis des Arbeitgebers vgl Rn 27 ff.

Hierfür ist vielmehr erforderlich, dass die Schwerbehinderung entweder „nachgewiesen" ist oder wenigstens der Antrag spätestens drei Wochen vor Zugang der Kündigung gestellt worden ist, § 90 Abs 2 a SGB IX.[6]

3. Gleichgestellte Menschen

Schwerbehinderten Menschen gleichgestellt werden sollen nach § 2 Abs 3 SGB IX behinderte Menschen mit einem Grad der Behinderung von weniger als 50, aber wenigstens 30, bei denen die übrigen Voraussetzungen des § 2 Abs 2 SGB IX vorliegen, wenn sie infolge ihrer Behinderung ohne die Gleichstellung einen geeigneten Arbeitsplatz nicht erlangen oder nicht behalten können. Die Gleichstellung nach § 2 Abs 3 SGB IX erfolgt auf Grund einer Feststellung nach § 69 SGB IX auf Antrag des behinderten Menschen durch die Bundesagentur für Arbeit (BA), § 68 Abs 2 SGB IX. Die Gleichstellung wird mit dem Tag des Eingangs des Antrags wirksam. Der Gleichstellungsbescheid der BA nach § 68 Abs 2 SGB IX hat also – anders als der Feststellungsbescheid des Versorgungsamtes nach § 69 Abs 1 SGB IX – eine rechtsbegründende Wirkung.[7]

4

Der Sonderkündigungsschutz der §§ 85 SGB IX besteht für gleichgestellte behinderte Menschen aufgrund der **Verweisung in** § 68 Abs 3 SGB IX. Soweit im Folgenden allgemein der Begriff „schwerbehinderte Menschen" verwendet wird, sind davon auch die gleichgestellten behinderten Menschen umfasst. Gelten für letztere Besonderheiten, werden diese hervorgehoben.

5

III. Anwendungsausnahmen (§ 90 SGB IX)
1. Wartezeit (§ 90 Abs 1 Nr 1 SGB IX)

Der Sonderkündigungsschutz gilt nach § 90 Abs 1 Nr 1 SGB IX nicht für schwerbehinderte Menschen, deren Arbeitsverhältnis im Zeitpunkt des Zugangs der Kündigung ohne Unterbrechung noch nicht länger als **sechs Monate** besteht. Hinsichtlich der sich hieraus ergebenden Rechtsfragen zB bei zwischenzeitlicher Unterbrechung der Beschäftigung s ergänzend die Erläuterungen zu § 1 KSchG Rn 56 ff, 69 ff, 84 ff. Zeiten eines früheren Arbeitsverhältnisses mit demselben Arbeitgeber sind anzurechnen, wenn das neue Arbeitsverhältnis in einem engen sachlichen Zusammenhang mit dem früheren Arbeitsverhältnis steht.[8] Entscheidend für das Eingreifen des Sonderkündigungsschutzes ist wie auch bei § 1 KSchG sowie § 622 BGB der **Zugang der Kündigung**, unabhängig davon, wann das Arbeitsverhältnis infolge der Kündigung endet. Vereitelt der Arbeitnehmer den rechtzeitigen Zugang der Kündigung vor Vollendung der sechs Monate treuwidrig, muss er sich so behandeln lassen, als wäre der Zugang innerhalb der ersten sechs Monate des Arbeitsverhältnisses erfolgt.[9]

6

---

6 Vgl BAG 1.3.2007 – 2 AZR 217/06 – AP § 90 SGB IX Nr 2. Zu den Details vgl Rn 13 ff.
7 Neumann/Pahlen/Majerski-Pahlen SGB IX § 68 Rn 23.
8 BAG 19.6.2007 – 2 AZR 94/06 – AP § 1 KSchG 1969 Wartezeit Nr 23.
9 BAG 22.9.2005 – 2 AZR 366/04 – AP § 130 BGB Nr 24.

2. Besondere Beschäftigte (§ 90 Abs 1 Nr 2 SGB IX)

7 Vom Sonderkündigungsschutz generell ausgenommen sind nach § 90 Abs 1 Nr 2 SGB IX schwerbehinderte Menschen,
- deren Beschäftigung nicht in erster Linie dem Erwerb dient, sondern vorwiegend durch Beweggründe karitativer oder religiöser Art bestimmt ist, und Geistliche öffentlich-rechtlicher Religionsgesellschaften (§ 73 Abs 2 Nr 2 SGB IX)
- deren Beschäftigung nicht in erster Linie dem Erwerb dient, sondern vorwiegend zu ihrer Heilung, Wiedereingewöhnung oder Erziehung erfolgt (§ 73 Abs 2 Nr 3 SGB IX)
- die an Arbeitsbeschaffungsmaßnahmen und Strukturanpassungsmaßnahmen nach dem SGB III teilnehmen (§ 73 Abs 2 Nr 4 SGB IX)
- die nach ständiger Übung in ihre Stellen gewählt werden (§ 73 Abs 2 Nr 5 SGB IX)

3. Kündigung nach Vollendung des 58. Lebensjahres (§ 90 Abs 1 Nr 3 SGB IX)

8 Weitere, ua von der Entscheidung der geschützten Personen abhängige Ausnahmen sind in § 90 Abs 1 Nr 3 SGB IX geregelt. Ausgenommen sind danach schwerbehinderte Menschen, deren Arbeitsverhältnis durch Kündigung beendet wird, sofern sie
- das 58. Lebensjahr vollendet haben und Leistungen aufgrund eines Sozialplanes erhalten oder
- Anspruch auf Knappschaftsausgleichsleistungen nach dem SGB VI oder Anpassungsgeld für entlassene Arbeitnehmer des Bergbaus haben,

wenn der Arbeitgeber ihnen
- die Kündigungsabsicht rechtzeitig mitteilt und
- sie der beabsichtigten Kündigung bis zu deren Ausspruch nicht widersprechen.

9 Die Zustimmung des Integrationsamtes hält der Gesetzgeber nicht für erforderlich, wenn der schwerbehinderte Mensch bis zum Eintritt der Voraussetzungen des Altersruhegeldes wirtschaftlich durch einen Sozialplan oder durch die besonderen Regelungen des Bergbaus gesichert ist. Objektive Kriterien für den Umfang der Sicherung enthält die Ausnahmeregelung nicht. Entscheidend ist ausschließlich, ob der schwerbehinderte Mensch sich selbst für ausreichend abgesichert hält und folglich der beabsichtigten Kündigung bis zu ihrem Ausspruch nicht widerspricht. Das setzt voraus, dass Arbeitgeber die **Kündigungsabsicht** dem schwerbehinderten Menschen **rechtzeitig mitgeteilt** hat. Was „rechtzeitig" ist, ist noch nicht höchstrichterlich entschieden. Richtigerweise muss eine Überlegungsfrist von **drei Wochen** ausreichen.[10] Im normativen Vergleich zu §§ 4, 7 KSchG sowie der Rechtsprechung des BAG zur Annahmefrist im Rahmen des § 2 KSchG ist dem Arbeitnehmer nicht mehr Zeit zuzugestehen als jeder Arbeitnehmer hat, der mit einer Kündigung oder einem Angebot des Arbeitgebers konfrontiert ist. Auf die Widerspruchsmöglichkeit muss der Arbeitgeber nicht

---

10 So auch ErfK/Rolfs § 90 SGB IX Rn 3; KR/Vossen § 90 SGB IX Rn 8; Neumann/Pahlen/Majerski-Neumann § 90 Rn 17; aA: KR/Etzel §§ 85-90 SGB IX Rn 49.

gesondert hinweisen. Der Widerspruch des Arbeitnehmers selbst ist formlos möglich und nicht fristgebunden. Er muss vor Zugang der Kündigung erfolgen.

4. Entlassungen aus Witterungsgründen (§ 90 Abs 2 SGB IX)

Ausnahmsweise nicht zustimmungsbedürftig sind Entlassungen, die aus Witterungsgründen vorgenommen werden, sofern die **Wiedereinstellung** der schwerbehinderten Menschen bei Wiederaufnahme der Arbeit **gewährleistet** ist (§ 90 Abs 2 SGB IX). 10

Wegen des Begriffs der **Witterungsgründe** kann auf die Legaldefinition in § 101 Abs 6 SGB III verwiesen werden. Danach müssen atmosphärische Einwirkungen (insbesondere Regen, Schnee, Frost oder deren Folgewirkungen) die Fortführung der Arbeiten trotz einfacher Schutzvorkehrungen technisch unmöglich oder wirtschaftlich unvertretbar oder den Arbeitnehmern unzumutbar machen. 11

Die **Wiedereinstellung** ist nur dann gewährleistet, wenn der Arbeitgeber hierzu zB tarif- oder einzelvertraglich verpflichtet ist. Liegt diese Voraussetzung im Zeitpunkt der Kündigung vor und wird der schwerbehinderte Mensch nach dem Wegfall der Witterungsbedingungen und der Wiederaufnahme der Tätigkeit gleichwohl nicht wieder eingestellt, führt dies nicht rückwirkend zur Unwirksamkeit der Kündigung.[11] Der schwerbehinderte Mensch muss seinen Anspruch auf Wiedereinstellung ab dem Tag der Wiederaufnahme der Arbeit deshalb durch Erhebung einer Klage beim Arbeitsgericht durchsetzen.[12] Enthielt die Wiedereinstellungszusage bereits das Vertragsangebot des Arbeitgebers, kann der schwerbehinderte Mensch dieses annehmen und seinen Klageantrag auf Beschäftigung richten; ansonsten muss er vorrangig auf Abgabe der Vertragserklärung des Arbeitgebers klagen (§ 894 ZPO). 12

5. Fehlender Nachweis und fehlende Mitwirkung (§ 90 Abs 2 a SGB IX)

Dieser durch das Gesetz zur Förderung der Ausbildung und Beschäftigung schwerbehinderter Menschen vom 23.4.2004[13] mit Wirkung ab 1.5.2004 in § 90 SGB IX eingefügte Ausnahmetatbestand ist sprachlich missglückt und war in seiner inhaltlichen Aussage bis zur Klärung durch das BAG umstritten. **Sinn und Zweck** der Neuregelung besteht nach der Gesetzesbegründung[14] darin, dem Missbrauch des besonderen Kündigungsschutzes entgegenzuwirken: Es soll ausgeschlossen werden, dass Arbeitnehmer in vorzeitiger Kenntnis der bevorstehenden Kündigung (etwa über den gem § 102 BetrVG gehörten Betriebsrat) ungeachtet des Fehlens jeglicher gesundheitlicher Beeinträchtigung nur deshalb aussichtslose Anerkennungsverfahren anstrengen, um so ihre Position in Abfindungsverhandlungen zu stärken.[15] 13

---

11 ZB Neumann/Pahlen/Majerski-Pahlen § 90 Rn 22; ErfK/Rolfs § 90 SGB IX Rn 4.
12 ZB KR/Etzel §§ 85-90 SGB IX Rn 53.
13 BGBl I S 606.
14 BT-Drucks 15/2357 S 24.
15 LAG Düsseldorf 29.3.2006 – 17 Sa 1321/05 – nv, zu B II 2 a) aa); Bauer/Powietzka NZA-RR 2004, 505, 507.

14 § 90 Abs 2 a SGB IX warf diverse Streitfragen auf, die allerdings durch das BAG für die Praxis mittlerweile weitestgehend geklärt sind. Fraglich war zunächst, ob die Vorschrift nur für schwerbehinderte Menschen gilt oder auch für gleichgestellte Arbeitnehmer. Die zweite Frage warf die 1. Alt. des § 90 Abs 2 a SGB IX auf: Wann ist die Schwerbehinderung „nachgewiesen", und muss der Nachweis gegenüber dem Arbeitgeber geführt werden oder reicht die objektive Existenz eines geeigneten Bescheides. Schließlich war die Bedeutung der 2. Alt. des § 90 Abs 2 a SGB IX unklar: Ist die zweite Alternative eine Einschränkung der ersten oder hat sie keinen eigenen Anwendungsbereich?

15 § 90 Abs 2 a SGB IX ist auch auf Fälle im **Gleichstellungsverfahren** (§§ 2 Abs 3, 68 Abs 3 SGB IX) anwendbar.[16] Nach zutreffender Ansicht[17] ist eine entsprechende Anwendung geboten. Dem hat sich das BAG in seiner grundlegenden Entscheidung vom 1.3.2007[18] ausdrücklich ua unter Verweis auf § 68 Abs 3 SGB IX, der nur wenige abschließend aufgeführte Ausnahmen kennt, zu denen § 90 Abs 2 a SGB IX gerade nicht zählt, angeschlossen. Unerheblich ist ferner, dass in der zweiten Alternative des § 90 Abs 2 a SGB IX keine spezielle Frist für Gleichstellungen genannt ist. Das hat seinen Grund darin, dass für das Gleichstellungsverfahren keine gesetzliche Bearbeitungsfrist existiert, auf die hätte verwiesen werden können. Deshalb muss auch für diese Fälle die Verweisung auf § 69 Abs 1 Satz 2 SGB IX entsprechend angewandt werden. Eine andere Betrachtung wäre mit dem Grundsatz der Gleichbehandlung unvereinbar.

16 In der grundlegenden Frage, wann eine Schwerbehinderung „**nachgewiesen**" iSd § 90 Abs 2 a Alt. 1 SGB IX ist, ging es im Wesentlichen darum, ob der Arbeitgeber bei Ausspruch der Kündigung Kenntnis von der Anerkennung des Arbeitnehmers als schwerbehinderter Mensch (oder von der Gleichstellung) gehabt haben muss.[19] In der Rechtsprechung wurde überwiegend die Auffassung vertreten, dass eine Kenntnis des Arbeitgebers bei Ausspruch der Kündigung nicht erforderlich ist.[20] Das BAG hat auch diese Frage mittlerweile iSd bisherigen Rechtsprechung geklärt. Danach kommt es für den **Nachweis** nicht darauf an, dass dem Arbeitgeber der Bescheid vorliegt, sondern nur darauf, dass ein entsprechender Bescheid, der die Schwerbehinderung oder die Gleichstellung nachweist, **objektiv existiert**[21]

---

16 Dafür zB LAG Rheinland-Pfalz 12.10.2005 – 10 Sa 502/05 – NZA-RR 2006, 186 und LAG Baden-Württemberg 14.6.2006 – 10 Sa 43/06 – ArBuR 2006, 412; so auch Griebeling, NZA 2005, 494, 496; dagegen zB ArbG Pforzheim 23.2.2005 – 5 Ca 348/04 – Düwell BB 2004, 2811, 2813; Kuhlmann: in Ernst/Adlhoch/Seel, SGB IX, § 90 Rn 41.
17 LAG Baden-Württemberg 14.6.2006 – 10 Sa 43/06 – ArBuR 2006, 412; LAG Rheinland-Pfalz 12.10.2005 – 10 Sa 502/05 – NZA-RR 2006, 186.
18 BAG 1.3.2007 – 2 AZR 217/06 – AP § 90 SGB IX Nr 2.
19 So zB Bauer/Powietzka, NZA-RR 2004, 507; diese Frage zu Recht verneinend zB KR/Etzel §§ 85-90 SGB IX Rn 53 c, Kuhlmann in: Ernst/Adlhoch/Seel, SGB IX, § 90 Rn 41, S 15.
20 LAG Baden-Württemberg 14.6.2006 – 10 Sa 43/06 – ArBuR 2006, 412; LAG Düsseldorf 29.3.2006 – 17 Sa 1321/05 – BB 2006, 2140; LAG Rheinland-Pfalz 26.4.2006 – 9 Sa 29/06; ArbG Bonn 25.11.2004 – 7 Ca 2459/04 – NZA-RR 2005, 193.
21 BAG 11.12.2008 – 2 AZR 395/07 – AP § 613 a BGB Nr 362; folgend: LAG Schleswig-Holstein 21.4.2009 – 5 Sa 412/08 – nv.

oder die Schwerbehinderung **offenkundig** ist.[22] Unberührt von dieser Regelung bleibt die Rechtsprechung, wonach der Arbeitnehmer dem Arbeitgeber, der keine Kenntnis von der Schwerbehinderung hat, ihm diese innerhalb einer Regelfrist mitteilen muss, andernfalls er den Sonderkündigungsschutz verliert.[23] Zur Regelfrist s Rn 27 ff.

Schließlich war die Einordnung der 2. Alt des § 90 Abs 2 a SGB IX streitig. Das BAG erkennt die 2. Alt. in seiner grundlegenden Entscheidung vom 1.3.2007[24] zutreffend als **Ausnahme und Einschränkung zu § 90 Abs 2 a Alt 1 SGB IX**. Der Sonderkündigungsschutz bleibt danach trotz zum Zeitpunkt der Kündigung fehlenden Nachweises bestehen, wenn der Antrag so frühzeitig vor Kündigungszugang gestellt worden ist, dass bei denkbar kürzestem Ablauf des Verfahrens und ordnungsgemäßer Mitwirkung des Antragstellers eine Entscheidung vor Ausspruch der Kündigung binnen der Frist des § 69 Abs 1 Satz 2 SGB IX möglich gewesen wäre. Der Antrag muss also **spätestens drei Wochen vor dem Zugang der Kündigung** gestellt worden sein.[25] Wurde der Antrag zu einem späteren Zeitpunkt gestellt, also bspw erst eine Woche vor Kündigungszugang, findet der Sonderkündigungsschutz keine Anwendung. 17

Die **Darlegungs- und Beweislast** für den **Nachweis** der Schwerbehinderung bzw Gleichstellung im Zeitpunkt der Kündigung (§ 90 Abs 2 a Alt 1 SGB IX) trägt der **Arbeitnehmer**,[26] maW dafür, dass eine behördliche **Feststellung tatsächlich vorlag** oder die Schwerbehinderung **offenkundig** war. 18

Demgegenüber trägt der **Arbeitgeber**, der sich auf die **Ausnahmeregelung in § 90 Abs 2 a Alt 2 SGB IX** beruft, die Darlegungs- und Beweislast dafür, dass die Frist des § 69 Abs 2 Satz 2 SGB IX verstrichen ist, weil der behinderte Mensch **pflichtwidrig nicht mitgewirkt** und deshalb die Entscheidung des Versorgungsamtes verzögert hat.[27] Da diese Umstände in der Sphäre des Arbeitnehmers liegen und der Arbeitgeber vom Verlauf des Anerkennungsverfahrens regelmäßig keine Kenntnis hat, ist nach den **Grundsätzen der abgestuften Darlegungs- und Beweislast** zu verlangen, dass sich der Arbeitnehmer nach § 138 Abs 2 ZPO substantiiert zur Erfüllung seiner Mitwirkungsobliegenheiten erklärt, wenn der Arbeitgeber bei feststehender 19

---

22 BAG 13.2.2008 – 2 AZR 864/06 – AP § 85 SGB IX Nr 5; BAG 7. 3.2002 – 2 AZR 612/00 – AP SchwbG 1986 § 15 Nr 11.
23 BAG 23.2.2010 – 2 AZR 659/08 – AP § 85 SGB IX Nr 8; BAG 12.1.2006 – 2 AZR 539/05 – AP § 85 SGB IX Nr 3; BAG 5.7.1990 – 2 AZR 8/90 – AP § 15 SchwbG 1986 Nr 1; LAG Schleswig-Holstein 6.7.2010 – 1 Sa 403 e/09 – n.rkr.
24 BAG 1.3.2007 – 2 AZR 217/06 – AP § 90 SGB IX Nr 2.
25 BAG 29.11.2007 – 2 AZR 613/06 – AP § 90 SGB IX Nr 5; BAG 1.3.2007 – 2 AZR 217/06 – AP § 90 SGB IX Nr 2; LAG Baden-Württemberg 14.6.2006 – 10 Sa 43/06 – ArBuR 2006, 412; LAG Baden-Württemberg 8.3.2006 – 17 Sa 82/05 – nv; LAG Rheinland-Pfalz 12.10.2005 – 10 Sa 502/05 – NZA-RR 2006, 186; KR/Etzel §§ 85-90 SGB IX Rn 53f-53 g; Bauer/Powietzka, NZA-RR 2004, 507; Düwell BB 2004, 2811, 2813; Griebeling NZA 2005, 498; Schlewing NZA 2005, 1218, 1221.
26 KR/Etzel §§ 85-90 SGB IX Rn 53 i.
27 LAG Düsseldorf 22.3.2005 – 6 Sa 1938/04 – LAGE § 90 SGB IX Nr 1; Cramer NZA 2004, 698, 704; Düwell BB 2004, 2811, 2812; Grimm/Brock/Windeln DB 2005, 282, 283; Rehwald/Kossack AiB 2004, 604, 607; Bauer/Powietzka, NZA 2004, 505, 507; aA KR/Etzel §§ 85-90 SGB IX Rn 53 i.

Fristüberschreitung die Verletzung von Mitwirkungsobliegenheiten des Arbeitnehmers behauptet.[28]

IV. Gegenstand des Sonderkündigungsschutzes
1. Kündigung des Arbeitgebers

20 Von § 85 SGB IX erfasst ist grundsätzlich **jede Kündigungserklärung** des Arbeitgebers, sowohl die ordentliche als auch die außerordentliche Kündigung (§ 91 Abs 1 SGB IX), die Änderungskündigung,[29] eine Kündigung im Rahmen von Massenentlassungen, die Kündigung wegen Betriebsstilllegung[30] und in der Insolvenz des Arbeitgebers.[31] Erforderlich ist die vorherige Zustimmung des Integrationsamtes. Fehlt sie, ist die Kündigung nach § 134 BGB nichtig. Andere Beendigungstatbestände als die Kündigung des Arbeitgebers werden nur im Rahmen des erweiterten Bestandsschutz des § 92 SGB IX erfasst.[32]

2. Erweiterter Bestandsschutz (§ 92 SGB IX)

21 Die vorherige Zustimmung des Integrationsamtes ist für die Beendigung des Arbeitsverhältnisses eines schwerbehinderten Menschen auch dann Wirksamkeitsvoraussetzung, wenn sie im Falle des Eintritts

- der teilweisen Erwerbsminderung,
- der vollen Erwerbsminderung auf Zeit,
- der Berufsunfähigkeit oder der Erwerbsunfähigkeit auf Zeit

ohne Kündigung erfolgt. Da das Arbeitsverhältnis in solchen Fällen nicht von selbst endet, muss die entsprechende auflösende Bedingung im Arbeitsvertrag, einer Betriebsvereinbarung oder einem Tarifvertrag ausdrücklich vereinbart sein. Eine solche Klausel findet sich zB in § 33 Abs 2 TVöD. Die Beendigung ohne Kündigung bei Eintritt der **dauernden Erwerbsunfähigkeit** (vgl § 44 Abs 2 SGB IX) hat der Gesetzgeber bewusst nicht dem erweiterten Bestandsschutz unterworfen, da in diesem Fall überhaupt keine Weiterbeschäftigung mehr möglich ist und die Zustimmung des Integrationsamtes deshalb ohnehin erteilt werden müsste.[33] Keine Anwendung findet § 92 SGB IX darüber hinaus bei einer Beendigung durch **Aufhebungsvertrag**, selbst wenn die Zustellung eines entsprechenden Rentenbescheides (§§ 43, 240 SGB VI) die Veranlassung hierfür gibt.

22 In den Fällen des erweiterten Bestandsschutzes gelten die **Vorschriften über die Zustimmung zur ordentlichen Kündigung** entsprechend. Das sind die §§ 85, 87, 88, 89, 90 SGB IX. Die Vorschriften über die Mindestkündigungsfrist (§ 86 SGB IX) und die außerordentliche Kündigung (§ 91 SGB IX) sind nicht anwendbar. Deshalb gilt auch keine Mindestfrist entsprechend § 90 SGB IX, innerhalb derer der Arbeitgeber nach Kenntnis vom Eintritt der auflösenden Bedingung die Zustimmung zu beantragen

---

28 Bauer/Powietzka NZA RR 2004, 505, 57.
29 Neumann/Pahlen/Majerski-Pahlen § 85 Rn 62.
30 Zum eingeschränkten Ermessen des Integrationsamtes in diesen Fällen vgl Rn 39 f.
31 Zum eingeschränkten Ermessen des Integrationsamtes in diesen Fällen vgl Rn 47 ff.
32 Vgl Rn 21 ff.
33 BT-Drucks 7/656 S 31.

hat. Auch in den Fällen des erweiterten Bestandsschutzes gilt die Rechtsprechung, wonach der Arbeitnehmer dem Arbeitgeber, der keine Kenntnis von der Schwerbehinderung hat, diesen Umstand innerhalb einer Regelfrist mitteilen muss, andernfalls er den Sonderkündigungsschutz verliert.[34] Zur Regelfrist s Rn 27 ff.

Der Beteiligung des Integrationsamtes bedarf nicht bereits die vertragliche Vereinbarung der auflösenden Bedingung, sondern erst das Ende des Arbeitsverhältnisses. In Ergänzung der entsprechenden Bedingung **endet das Arbeitsverhältnis** in den Anwendungsfällen des § 92 SGB IX daher nicht mit Zustellung des entsprechenden Bescheides des Rentenversicherungsträgers, sondern frühestens mit Zustellung der zustimmenden Entscheidung des Integrationsamtes an den schwerbehinderten Menschen. Der Ausspruch einer Kündigung durch den Arbeitgeber ist dann nicht mehr erforderlich, wie sich ausdrücklich aus dem Wortlaut des § 92 SGB IX ergibt („*ohne Kündigung*"). 23

3. Sonstige Beendigungstatbestände

Sonstige Beendigungstatbestände – außer der Kündigung durch den Arbeitgeber oder den in § 92 SGB IX abschließend aufgeführten Fällen[35] sind nicht an die vorherige Zustimmung des Integrationsamtes nach § 85 SGB IX gebunden. Das gilt insbesondere und trotz § 92 SGB IX für alle Fälle der Befristung (§§ 14, 15 TzBfG) sowie den Aufhebungsvertrag. Auch die vertraglich vereinbarte **auflösende Bedingung** (§ 21 TzBfG) unterliegt keinem Zustimmungserfordernis, es sei denn, es handelte sich um einen der speziellen Anwendungsfälle des § 92 SGB IX. Zulässig ist ferner die Auflösung des Arbeitsverhältnisses durch den schwerbehinderten Menschen selbst. 24

Auch die **Anfechtung des Arbeitsvertrages** unterfällt nicht dem Zustimmungserfordernis der §§ 85 ff. SGB IX. In diesem Zusammenhang ist auf das folgende hinzuweisen: 25

Der **Irrtum über die Schwerbehinderteneigenschaft** bzw die Gleichstellung als solche, also über den besonderen Schutz nach dem SGB IX, berechtigt nicht zur Anfechtung nach § 119 Abs 1 BGB. Der Sonderkündigungsschutz nach §§ 85 ff SGB IX ist bloße Rechtsfolge. Eine Anfechtung nach § 119 Abs 2 BGB kommt nur in Betracht, wenn es sich bei der Schwerbehinderung um eine **verkehrswesentliche Eigenschaft** handelt. Das kann nur ausnahmsweise dann angenommen werden, wenn die Tätigkeit, für die der schwerbehinderte Mensch eingestellt worden ist, infolge der Behinderung nicht ausgeübt werden kann.[36] Nur in diesen Ausnahmefällen kann auch

---

[34] BAG 23.2.2010 – 2 AZR 659/08 – AP § 85 SGB IX Nr 8; BAG 12.1.2006 – 2 AZR 539/05 – AP § 85 SGB IX Nr 3; BAG 5.7.1990 – 2 AZR 8/90 – AP § 15 SchwbG 1986 Nr 1.
[35] Vgl Rn 21 f.
[36] HM; zB Neumann/Pahlen/Majerski-Pahlen § 85 Rn 38 mwN; KR/Etzel §§ 85-90 SGB IX Rn 31.

eine entsprechende **Offenbarungspflicht** des schwerbehinderten Bewerbers bestehen.[37]

Auch eine **Anfechtung wegen arglistiger Täuschung** gem § 123 BGB kommt nur dann in Betracht, wenn die Schwerbehinderung bezogen auf die konkrete Stelle eine verkehrswesentliche Eigenschaft darstellt. Nach der früheren **Rechtsprechung des BAG**[38] war die tätigkeitsneutrale Frage des Arbeitgebers nach der Schwerbehinderteneigenschaft oder einer Gleichstellung des Stellenbewerbers uneingeschränkt zulässig; die unrichtige Beantwortung konnte danach die Anfechtung wegen arglistiger Täuschung rechtfertigen.[39] Das uneingeschränkte Fragerecht wurde im Wesentlichen damit begründet, dass sich aus dem Schwerbehindertenstatus für den Arbeitgeber nachteilige Folgen ergeben, die regelmäßig für die gesamte Dauer des Arbeitsverhältnisses fortwirken. Zudem sei die Frage nach dem Schwerbehindertenstatus mit der unzulässigen Frage nach der Schwangerschaft[40] nicht ohne weiteres vergleichbar, da der Gesetzgeber geschlechtsbezogene Benachteiligungen bei der Begründung des Arbeitsverhältnisses in § 611a BGB ausdrücklich verboten habe,[41] während eine dieser Vorschrift vergleichbare einzelgesetzliche Regelung zur Durchsetzung des Benachteiligungsverbotes im Behindertenrecht fehle.[42] Im Hinblick auf das **behinderungsspezifische Benachteiligungsverbot nach § 81 Abs 2 SGB IX iVm §§ 7, 1, 2 Abs 1 Nr 1 AGG**[43] kann nach der aktuellen Rechtsprechung des BAG ein uneingeschränktes Fragerecht des Arbeitgebers gegenüber Stellenbewerbern aber nicht mehr anerkannt werden.[44] Anderes gilt gem **§ 81 Abs 2 SGB IX iVm § 8 Abs 1 AGG**[45] nur dann, wenn wesentliche und entscheidende berufliche Anforderungen wegen der Behinderung nicht erfüllt werden können.

In einem **bestehenden Arbeitsverhältnis** hingegen ist die Frage nach der Schwerbehinderung zulässig, jedenfalls dann, wenn das Arbeitsverhältnis zu diesem Zeitpunkt bereits sechs Monate bestand (§ 90 Abs 1 SGB IX). Das gilt insbesondere zur Vorbereitung von beabsichtigten Kündigungen. Auch datenschutzrechtliche Belange stehen der Zulässigkeit dieser Frage nicht entgegen.[46]

---

37 ZB BAG 18.10.2000 – 2 AZR 380/99 – AP BGB § 123 Nr 59 zu II 1; 1.8.1985 – 2 AZR 101/83 – AP BGB § 123 Nr 30 zu II 2; 25.3.1976 – 2 AZR 136/75 – AP BGB § 123 Nr 19; KR/Etzel §§ 85-90 SGB IX Rn 31; Stahlhacke/Preis/Vossen Rn 1484.
38 BAG 18.10.2000 – 2 AZR 380/99 – AP BGB § 123 Nr 59 zu II 1; 3.12.1998 – 2 AZR 754/97 – AP BGB § 123 Nr 49; 5.10.1995 – 2 AZR 923/94 – AP BGB § 123 Nr 40; 11.11.1993 – 2 AZR 467/93 – AP BGB § 123 Nr 38; jeweils mwN.
39 Anders bei einer offensichtlichen Schwerbehinderung, da in diesem Fall kein Irrtum entstehen kann, vgl BAG 18.10.2000 – 2 AZR 380/99 – AP BGB § 123 Nr 59.
40 Zur Frage nach der Schwangerschaft vgl § 9 MuSchG Rn 42.
41 BAG 5.10.1995 – 2 AZR 923/94 – AP BGB § 123 Nr 40 zu II 2 c.
42 BAG 5.10.1995 – 2 AZR 923/94 – AP BGB § 123 Nr 40 zu II 3.
43 In Kraft seit 18.8.2006; zu der vom 1.7.2001 bis zum 17.8.2006 geltenden Vorgängerregelung des § 81 Abs 2 Satz 2 SGB IX aF vgl 3. Aufl Rn 19.
44 BAG 7.7.2011 – 2 AZR 396/10; Hessisches LAG 24.3.2010 – 6/7 Sa 1373/09.
45 Vgl KR/Pfeiffer AGG Rn 119.
46 BAG 16.2.2012 – 6 AZR 553/10 – AP SGB IX § 85 Nr 9; LAG Hamm 30.6.2010 – 2 Sa 49/10.

V. Sonderkündigungsschutz bei Unkenntnis des Arbeitgebers

Die Schwerbehinderteneigenschaft entsteht kraft Gesetzes, wenn die Voraussetzungen des § 2 Abs 2 SGB IX vorliegen und keine Anwendungsausnahme greift (s dazu Rn 6 ff).[47] Es kommt also für den Bestand des Sonderkündigungsschutzes grundsätzlich nicht auf die **Kenntnis des Arbeitgebers** von der Schwerbehinderung bzw Gleichstellung an.

Um die sich aus dem Sonderkündigungsschutz ergebenden Rechte in Anspruch nehmen zu können, muss sich der Arbeitnehmer im Falle der Unkenntnis des Arbeitgebers allerdings zur Vermeidung der **Verwirkung des Kündigungsschutzes** nach § 242 BGB auf den Kündigungsschutz berufen, es sei denn, die Tatsache der Schwerbehinderung wäre offenkundig. Dasselbe gilt, wenn der rechtzeitig vom Arbeitnehmer gestellte Antrag zunächst abgelehnt worden ist und der Arbeitnehmer sich hiergegen im Rechtsmittel befindet. Unterlässt er diese Mitteilung, bleibt dem Arbeitnehmer der Sonderkündigungsschutz des § 85 SGB IX nicht erhalten. Die Kündigung ist dann jedenfalls nicht bereits wegen der fehlenden Zustimmung des Integrationsamtes unwirksam.

Nach **früherer Rechtsprechung des BAG**[48] musste die Berufung auf den Sonderkündigungsschutz innerhalb einer Regelfrist von einem Monat gegenüber dem Arbeitgeber erfolgen. Nachdem das BAG bereits 2006 eine Änderung dieser Rechtsprechung angekündigt hatte, ist dies nun so auch umgesetzt. Die **Regelfrist**, innerhalb derer sich der Arbeitnehmer zur Vermeidung der Verwirkung auf den Sonderkündigungsschutz berufen muss, beträgt nun **drei Wochen**.[49] Der Grund für die Festlegung einer Regelfrist von drei Wochen ist eine **widerspruchsfreie Rechtsanwendung** der Systematik des § 4 KSchG sowie des Schwerbehindertenrechts.[50]

Adressat der erforderlichen nachträglichen **Mitteilung** von der festgestellten oder beantragten Schwerbehinderteneigenschaft ist grundsätzlich der Arbeitgeber. Es kann auch ein Vertreter des Arbeitgebers sein, der kündigungsberechtigt ist oder eine ähnlich selbstständige Stellung bekleidet, nicht dagegen ein untergeordneter Vorgesetzter mit rein arbeitstechnischen Befugnissen.[51] Der Arbeitnehmer muss sich dabei deutlich und verstehbar auf den Sonderkündigungsschutz berufen, wobei aber die Mitteilung der rechtzeitigen Antragstellung ausreicht.

---

47 BAG 9.6.2011 – 2 AZR 703/09 – BB 2011, 2228; BAG 13.2.2008 – 2 AZR 864/06 – AP § 85 SGB IX Nr 5; BAG 20.1.2005 – 2 AZR 675/03 – AP § 85 SGB IX Nr 1.
48 BAG 12.1.2006 – 2 AZR 539/05 – AP § 85 SGB IX Nr 3; 7.3.2002 – 2 AZR 612/00 – AP SchwbG 1986 § 15 Nr 11; 23.2.1978 – 2 AZR 214/77 – AP SchwbG § 12 Nr 4; 23.2.1978 – 2 AZR 462/76 – AP SchwbG § 12 Nr 3; 19.4.1979 – 2 AZR 469/78 – AP SchwbG § 12 Nr 5; 31.8.1989 – 2 AZR 8/89 – AP SchwbG § 12 Nr 16; 5.7.1990 – 2 AZR 8/90 – AP SchwbG 1986 § 15 Nr 1; 16.8.1991 – 2 AZR 241/90 – AP SchwbG 1986 § 15 Nr 2.
49 BAG 9.6.2011 – 2 AZR 703/09 – BB 2011, 2228; BAG 23.2.2010 – 2 AZR 659/08 – AP § 85 SGB IX Nr 8; BAG 13.2.2008 – 2 AZR 864/06 – AP § 85 SGB IX Nr 5; BAG 12.1.2006 – 2 AZR 539/05 – AP § 85 SGB IX Nr 3; BAG 5.7.1990 – 2 AZR 8/90 – AP SchwbG 1986 Nr 1; LAG Schleswig-Holstein 6.7.2010 – 1 Sa 403 e/09; LAG Rheinland-Pfalz 20.3.2012 – 3 Sa 505/11.
50 BAG 13.2.2008 – 2 AZR 864/06 – AP § 85 SGB IX Nr 5.
51 BAG 5.7.1990 – 2 AZR 8/90 – AP SchwbG 1986 § 15 Nr 1.

Informiert der Arbeitnehmer zwar nicht den Arbeitgeber, erhebt aber innerhalb der Frist des § 4 Satz 1 KSchG **Klage gegen die Kündigung** und beruft sich in der Klage oder aber mindestens in einem gleichzeitig mit der Klage zugestellten Schriftsatz auf den Sonderkündigungsschutz, so reicht dies im Regelfall, um die Verwirkung auszuschließen.[52]

Die Mitteilung ist, wenn sie nicht innerhalb der Klage erfolgt, **formfrei** möglich, allerdings trägt der Arbeitnehmer die Beweislast, weshalb sich eine schriftliche Geltendmachung aufdrängt. Sie kann auch durch einen **Vertreter**, zB den Rechtsanwalt, erfolgen. Da die Mitteilung der Schwerbehinderung bloße Wissensvermittlung ist und nicht Willenskundgabe, findet **§ 174 BGB keine Anwendung.**[53] Legt der schwerbehinderte Arbeitnehmer dem Arbeitgeber innerhalb der Regelfrist von drei Wochen einen die Schwerbehinderteneigenschaft verneinenden Feststellungsbescheid des Versorgungsamtes vor, ohne auf einen zwischenzeitlich eingelegten Widerspruch hinzuweisen, so liegt hierin keine wirksame Geltendmachung des besonderen Kündigungsschutzes.[54]

VI. Beteiligung des Integrationsamtes bei ordentlicher Kündigung
1. Antrag; Verfahren (§§ 87, 88 SGB IX)

30 Die Zustimmung zur Kündigung hat der Arbeitgeber bei dem für den Sitz des Betriebes oder der Dienststelle zuständigen Integrationsamt **schriftlich**[55] zu beantragen (§ 87 Abs 1 Satz 1 SGB IX). Es empfiehlt sich, zumindest auch die von den Integrationsämtern zur Verfügung gestellten Formblätter zu nutzen und insbesondere den Fragebogen für Arbeitgeber bereits ausgefüllt beizulegen, um Verzögerungen zu vermeiden. Das weitere Verfahren wird idR nicht von den Integrationsämtern selbst, sondern von den **örtlichen Fürsorgestellen** geführt, denen der Arbeitgeber zur Beschleunigung des Verfahrens unmittelbar ein Doppel des Antrags schicken kann. Eine **Begründung des Antrags** ist zwar nicht gesetzlich vorgeschrieben. Sie empfiehlt sich aber zur Beschleunigung des Verfahrens.

31 Das Integrationsamt holt eine Stellungnahme der zuständigen Agentur für Arbeit, des Betriebsrats oder des Personalrats und der Schwerbehindertenvertretung ein und hört den schwerbehinderten Menschen an (§ 87 Abs 2 SGB IX). Es hat in jeder Lage des Verfahrens auf eine gütliche Einigung hinzuwirken (§ 87 Abs 3 SGB IX). Die Durchführung einer **mündliche Verhandlung** liegt im Ermessen des Integrationsamtes (§ 88 Abs 1 SGB IX). Wird mündlich verhandelt, sind hierzu auch Vertreter der Parteien zugelassen.

32 Das Integrationsamt soll die Entscheidung **innerhalb eines Monats** vom Tage des Antrags an treffen, § 88 Abs 1 SGB IX. Eine Überschreitung die-

---

52 BAG 23.2.2010 – 2 AZR 659/08 – AP § 85 SGB IX Nr 8; LAG Rheinland-Pfalz 20.3.2012 – 3 Sa 505/11.
53 Vgl aber OLG Düsseldorf 17.11.2003 – I-15 U 225/02 – DB 2004, 920 zur analogen Anwendung des § 174 BGB bei der Mitteilung der Abberufung des GmbH-Geschäftsführers.
54 BAG 2.6.1982 – 7 AZR 32/80 – AP SchwbG § 12 Nr 8.
55 Die elektronische Form nach §§ 126 Abs 3, 126a BGB ist, da nicht ausgeschlossen, zulässig.

ser **Entscheidungsfrist** ist allerdings unerheblich im Hinblick auf die beabsichtigte Kündigung. Eine Zustimmungsfiktion wie bei der außerordentlichen Kündigung (vgl § 91 Abs 3 SGB IX) sieht das Gesetz im Zustimmungsverfahren zu einer ordentlichen Kündigung nicht vor. Der Arbeitgeber muss deshalb die Entscheidung des Integrationsamtes abwarten. In Betracht kommt bei pflichtwidriger Verzögerung des Verfahrens durch das Integrationsamt allenfalls ein Schadensersatzanspruch aus Amtspflichtverletzung oder eine verwaltungsgerichtliche Untätigkeitsklage.

Die Entscheidung des Integrationsamtes ist dem Arbeitgeber und dem schwerbehinderten Menschen förmlich **zuzustellen** (§ 88 Abs 2 Satz 2 SGB IX). Allerdings genügt für den wirksamen Abschluss des Verfahrens und damit die Berechtigung zur Kündigung die **Zustellung an den Arbeitgeber**, s Rn 53. 33

2. Entscheidung des Integrationsamtes

a) **Pflichtgemäßes Ermessen.** Das Integrationsamt hat, soweit keine Einschränkung des Ermessens in besonderen Fällen angeordnet ist,[56] grundsätzlich **nach pflichtgemäßen Ermessen** darüber zu entscheiden, ob es der Kündigung zustimmt oder nicht. Es hat deshalb eine **Interessenabwägung** durchzuführen, in der die Interessen des Arbeitgebers einerseits und die besonderen Interessen des schwerbehinderten Menschen andererseits gegenüberzustellen sind. In die Ermessenserwägungen des Integrationsamtes kann grundsätzlich auch eingestellt werden, ob ein Präventionsverfahren iSd § 84 SGB IX (sog Betriebliches Eingliederungsmanagement, bEM) durchgeführt wurde. Auch bei Unterlassen eines solchen Verfahrens ist die Zustimmung zur Kündigung aber nicht automatisch ermessenswidrig.[57] 34

Maßstab der Prüfung des Integrationsamtes sind ausschließlich die **Erwägungen**, die sich speziell **aus der Schwerbehindertenfürsorge** herleiten.[58] Der **Prüfungsmaßstab** des Integrationsamtes ist also nicht etwa die Sozialwidrigkeit der Kündigung nach § 1 KSchG, sondern ausschließlich die Frage, ob die vom Arbeitgeber mitgeteilten Kündigungsgründe mit der Schwerbehinderung/Gleichstellung zusammen hängen oder hierdurch bedingt sind.[59] Ein Zusammenhang ist dann gegeben, wenn die Behinderung bei dem den Kündigungsgrund bildenden Verhalten des schwerbehinderten Menschen eine wesentliche Rolle gespielt hat, das Verhalten des schwerbehinderten Menschen sich bei natürlicher Betrachtung zwanglos aus der Gesundheitsschädigung ergibt und mit ihr nicht nur in einem entfernten Zusammenhang steht.[60] Hierbei ist grundsätzlich die Beeinträchtigung maßgeblich, die der Feststellung über das Vorliegen einer Behinderung nach § 69 Abs 1 Satz 1 SGB IX zugrunde liegt.[61] Der festgestellten Behinderung 35

---

56 Vgl dazu Rn 32-35.
57 OVG Berlin-Brandenburg 21.1.2013 – OVG 6 B 35.11.
58 BVerwG 2.7.1992 – 5 C 51/90 – BVerwGE 90, 287-296; BVerwG 20.10.1994 – 5 B 19/94 – RzK IV 8 b Nr 8.
59 So auch ErfK/Rolfs § 89 SGB IX Rn 2.
60 VG München, 17.4.2013 – M 18 K 12.5115.
61 OVG NRW 28.1.2013 – 12 A 1633/10; VG München 13.3.2013 – M 18 K 11.2986.

steht eine Behinderung gleich, hinsichtlich derer eine Feststellung trotz Antragstellung ohne Vertretenmüssen des Antragstellers noch nicht ausgesprochen wurde.[62] Besteht kein solcher Zusammenhang, hat die behördliche Zustimmung zur Kündigung dem Kündigenden diejenige Rechtstellung zurückzugeben, die er hätte, wenn es keinen besonderen Kündigungsschutz für Schwerbehinderte gäbe.[63] Der besondere Schutz des § 85 SGB IX ist dem Schwerbehinderten **zusätzlich zum allgemeinen arbeitsrechtlichen Schutz** gegeben.

36 Bei **verhaltensbedingten Kündigungsgründen** ist die Zustimmung im Regelfall zu erteilen,[64] da kaum ein Zusammenhang zur Behinderung denkbar ist. Dasselbe gilt im Ergebnis bei einem **betriebsbedingten Kündigungsvorhaben**. Insbesondere hat das Integrationsamt in derselben Weise die freie unternehmerische Entscheidung des Arbeitgebers zu respektieren, wie dies die Arbeitsgerichte tun müssen.[65] Demgegenüber ist bei **personenbedingten Kündigungsgründen** in besonderer Weise zu überprüfen, ob die Kündigungsgründe durch die Behinderung/Gleichstellung bedingt sind. Allerdings führt ein solcher Zusammenhang nicht automatisch zur Versagung der Zustimmung. Der **Kündigungsschutz ist nicht absolut**. Wird die Kündigung allerdings auf Gründe gestützt, die mit der Behinderung in Zusammenhang stehen, sind an die Zumutbarkeit der Fortsetzung des Arbeitsverhältnisses besonders hohe Anforderungen zu stellen.[66] Auch in einem solchen Fall existiert aber eine Duldungsschwelle des Arbeitgebers.[67] Diese mit den besonderen Interessen des betroffenen Arbeitnehmers in einen Ausgleich zu bringen, ist Aufgabe des Integrationsamtes. In Ausnahmefällen kann der Arbeitgeber verpflichtet sein, den schwerbehinderten Arbeitnehmer „durchzuschleppen".[68]

37 Streitig ist allerdings, ob ausnahmsweise eine Zustimmungsverweigerungskompetenz des Integrationsamtes unter rein arbeitsrechtlichen Aspekten besteht, wenn die arbeitsrechtliche Unwirksamkeit der Kündigung ohne jeden vernünftigen Zweifel in rechtlicher und tatsächlicher Hinsicht offen zutage liegt und sich jedem Kundigen geradezu aufdrängt.[69] Das BVerwG hat diese Rechtsfrage bislang ausdrücklich offen gelassen.[70] Richtigerweise ist dies zu verneinen. Bei offen zutage liegender arbeitsrechtlicher Unwirksamkeit ist der Betroffene durch die Rechtsprechung des BAG zum Weiterbeschäftigungsanspruch[71] ausreichend geschützt. Es bedarf keines systemwidrigen Eingriffs der Behörde, die ausschließlich besondere, sich aus der Schwerbehinderung ergebende Nachteile zu prüfen hat. Dies erschließt sich insbesondere, wenn man berücksichtigt, dass der Rechtsschutz gegen eine

---

62 BVerwG 12.7.2012 – 5 C 16/11.
63 BVerwG 2.7.1992 – 5 C 51/90 – BVerwGE 90, 287-296.
64 APS/Vossen § 89 SGB IX Rn 3 b.
65 St Rspr des BAG, s zB BAG 9.5.1996 – 2 AZR 438/95 – AP § 1 KSchG 1969 Betriebsbedingte Kündigung Nr 79.
66 BayVGH 31.1.2013 – 12 B 12.860.
67 Vgl BAG 29.1.1997 – 2 AZR 9/96 – AP § 1 KSchG 1969 Krankheit Nr 32.
68 BAG 31.1.2013 – 12 B 12.860.
69 So BayVGH 1.3.2012 – 12 ZB 10.587; VGH Bad-Württ 4.3.2002 – 7 S 1651/01 – NZA-RR 2002, 417; BVerwG 2.7.1992 – 5 C 51/90 – BVerwGE 90, 287-296.
70 BVerwG 2.7.1992 – 5 C 51/90 – BVerwGE 90, 287-296.
71 S BAG 27.2.1985 – GS 1/84 – AP § 611 BGB Beschäftigungspflicht Nr 14.

die Zustimmung verweigernde Entscheidung zum Verwaltungsgericht führt und eben nicht zu den Arbeitsgerichten, die über die ausschließliche Prüfungskompetenz arbeitsrechtlicher Sachverhalte verfügen.

Eine Versagung der Zustimmung durch das Integrationsamt mit einer rein arbeitsrechtlichen Begründung würde letztlich auf eine Rechtsverweigerung für den Arbeitgeber hinauslaufen. Dieser hätte nämlich keine Möglichkeit, das Arbeitsverhältnis zu kündigen und die zwischen den Arbeitsvertragsparteien streitige arbeitsrechtliche Frage in einem nachfolgenden Kündigungsschutzprozess vor dem fachlich zuständigen Arbeitsgericht zu klären, da die Unwirksamkeit einer Kündigung ohne die erforderliche Zustimmung des Integrationsamtes schon feststünde. Er verlöre den arbeitsgerichtlichen Prozess allein aufgrund der fehlenden Zustimmung des Integrationsamtes selbst dann, wenn das Arbeitsgericht die arbeitsrechtliche Frage anders entscheiden wollte als die Verwaltungsbehörde.[72]

Der fehlenden Kompetenz des Integrationsamtes zur Prüfung rein arbeitsrechtlicher Fragen korrespondiert die Reichweite der Entscheidung: Hält das Integrationsamt die Kündigung arbeitsrechtlich für wirksam und erteilt die Zustimmung, ist das **Arbeitsgericht** im anschließenden Kündigungsprozess an diese Beurteilung **nicht gebunden.** 38

b) Einschränkungen der Ermessensentscheidung. aa) Betriebsstilllegung (§ 89 Abs 1 Satz 1 SGB IX). Bei der **Stilllegung eines Betriebes** oder der Auflösung einer Dienststelle **muss** das Integrationsamt nach § 89 Abs 1 Satz 1 SGB IX zustimmen, wenn zwischen dem Tag der Kündigung und dem Tag, bis zu dem Gehalt oder Lohn gezahlt wird, mindestens drei Monate liegen. Stillgelegt wird ein Betrieb dann, wenn der Arbeitgeber die wirtschaftliche Betätigung (bezogen auf diesen Betrieb) endgültig und dauerhaft einstellt.[73] Die Frage, ob ein Betrieb stillgelegt wird oder vielmehr ein **Betriebsübergang** vorliegt, ist weder vom Integrationsamt noch von den Verwaltungsgerichten zu prüfen. Denn auch insoweit ist es nicht Sinn und Zweck des sozialrechtlichen Sonderkündigungsschutzes, eine zusätzliche, zweite Kontrolle der arbeitsrechtlichen Zulässigkeit der Kündigung zu schaffen, sondern ausschließlich, die Nachteile der schwerbehinderten Menschen auf dem allgemeinen Arbeitsmarkt ausgleichen und die schwerbehinderten Menschen vor den Gefahren, denen sie wegen ihrer Behinderung auf dem Arbeitsmarkt ausgesetzt sind, zu bewahren und sicherzustellen, dass sie gegenüber anderen Arbeitnehmern nicht ins Hintertreffen geraten. Die Frage eines möglichen Betriebsübergangs kann nur von der Arbeitsgerichtsbarkeit verbindlich festgestellt werden.[74] 39

Voraussetzung der Pflicht zur Zustimmung ist weiter, dass das Gehalt ab der Kündigung für **mindestens drei Monate** fortgezahlt wird. Dies ist eine **echte Tatbestandsvoraussetzung** und nicht nur die sich aus der Wahrung von Kündigungsfristen ergebende Folge. Das Integrationsamt hat daher zu 40

---

72 Vgl Neumann/Pahlen/Majerski-Pahlen, SGB IX § 85 Rn 21; VG München 18.11.2010 – M 15 K – nv.
73 Vgl BAG 13.2.2003 – 8 AZR 654/01 – AP § 611 BGB Organvertreter Nr 24.
74 OVG Brandenburg 20.3.1996 – 4 A 171/95 – nv; VG München 18.11.2010 – M 15 K – nv.

prüfen, ob die Gehaltszahlung sicher gestellt ist, zumindest, indem es sich beim Arbeitgeber dieses Umstandes versichert.[75]

41 Zur Gegenausnahme des § 89 Abs 1 Satz 3 SGB IX vgl Rn 45.

42 **bb) Betriebseinschränkung (§ 89 Abs 1 Satz 2 SGB IX).** Unter der gleichen Voraussetzung (dh der befristeten Gehaltssicherung iSd Satzes 1) **soll** das Integrationsamt nach § 89 Abs 1 Satz 2 SGB IX die Zustimmung auch bei Kündigungen in Betrieben und Dienststellen erteilen, die nicht nur vorübergehend wesentlich eingeschränkt werden, wenn die Gesamtzahl der weiterhin beschäftigten schwerbehinderten Menschen zur Erfüllung der Beschäftigungspflicht nach § 71 SGB IX ausreicht. Die Sollvorschrift bedeutet ein „**intendiertes Ermessen**". Die Behörde darf folglich bei Vorliegen der Tatbestandsvoraussetzungen die Zustimmung zwar versagen, aber nur dann, wenn hierfür ein besonderer Grund vorliegt.

43 Der Begriff der **wesentlichen Betriebseinschränkung** ist identisch mit dem des § 111 Satz 3 Nr 1 BetrVG. Unter einer wesentlichen Betriebseinschränkung ist eine erhebliche Verminderung der Arbeitsleistung im Betrieb für eine nicht überschaubare Zeit zu verstehen. Dies schließt es aus, dass sich Saisonbetriebe oder Betriebe, bei denen Schwankungen planbar oder dem Geschäftsmodell immanent sind, hierauf berufen können. Dies gilt bspw für Leiharbeitsunternehmen, deren wirtschaftlichem Geschäftsmodell eine Schwankung der Einsetzbarkeit ihrer Leiharbeitnehmer in Entleiherbetrieben immanent ist. Bei der Frage, ob eine Personalreduzierung eine wesentliche Betriebseinschränkung darstellt, kann auf die Zahlen- und Prozentangaben des § 17 Abs 1 KSchG als Richtschnur abgestellt werden, jedoch mit der Maßgabe, dass von dem Personalabbau mindestens 5% der Belegschaft des Betriebs betroffen sein müssen.[76]

44 Sind die Voraussetzungen der Ermessenseinschränkungen (sichergestellte Vergütungsfortzahlung für drei Monate; Erfüllung der Pflichtquote nach § 71 SGB IX bei wesentlicher Betriebseinschränkung) nicht erfüllt, kann das Integrationsamt die Zustimmung zur Kündigung trotzdem nach pflichtgemäßem Ermessen erteilen. Das Integrationsamt ist allerdings befugt, die Zustimmung unter der **Auflage** (§ 32 Abs 2 Nr 4 SGB X) zu erteilen, dass zwischen der Kündigung und dem Tag, bis zu dem die Vergütung fortgezahlt wird, mindestens drei Monate liegen. In diesem Fall kann der Arbeitgeber wirksam kündigen, bevor er die Auflage erfüllt hat. Handelt es sich aber um eine **Bedingung** (§ 32 Abs 2 Nr 2 SGB X), wird die Zustimmung erst wirksam, wenn die Bedingung eingetreten ist; der Arbeitgeber kann vorher nicht wirksam kündigen. Verwendet das Integrationsamt im Bescheid den Begriff der Bedingung, ist durch Auslegung zu ermitteln, ob sachlich eine Bedingung oder eine Auflage gemeint ist.[77] Regelmäßig dürfte es sich um eine Auflage handeln.

45 **cc) Gegenausnahmen (§ 89 Abs 1 Satz 3 SGB IX).** Die Ermessenseinschränkungen der Sätze 1 und 2 gelten nach § 89 Abs 1 Satz 3 SGB IX nicht, wenn

---

75 VG Bayreuth 11.6.2007 – B 3 K 05.142 – nv.
76 Vgl BAG 2.8.1983 – 1 AZR 516/81 – BAGE 43, 222.
77 Vgl dazu BAG 12.7.1990 – 2 AZR 35/90 – AP SchwbG § 19 Nr 2.

- eine Weiterbeschäftigung auf einem anderen Arbeitsplatz desselben Betriebes oder derselben Dienststelle oder
- auf einem anderen freien Arbeitsplatz in einem anderen Betrieb oder einer anderen Dienststelle desselben Arbeitgebers
- mit Einverständnis des schwerbehinderten Menschen möglich und für den Arbeitgeber zumutbar ist.

Das Integrationsamt hat deshalb die Möglichkeit einer anderweitigen Beschäftigung betriebs- und unternehmensbezogen, nicht: konzernbezogen, zu prüfen. Ist ein anderer, behindertengerechter Arbeitsplatz innerhalb desselben Betriebs oder eines anderen Betriebs desselben Arbeitgebers denkbar, so kommt es nach dem eindeutigen Wortlaut des Gesetzes nicht darauf an, ob dieser besetzt ist.[78] Der Konflikt zwischen dem Stelleninhaber und dem schwerbehinderten Menschen muss nach den Grundsätzen der Sozialauswahl aufgelöst werden.[79] Voraussetzung ist sowohl bei der Weiterbeschäftigungsmöglichkeit innerhalb desselben Betriebs als auch in einem anderen Betrieb des Arbeitgebers, dass der schwerbehinderte Mensch für den anderen Arbeitsplatz qualifiziert ist und bereit, ihn auch auszufüllen. Eine Verpflichtung des Arbeitgebers, einen neuen Arbeitsplatz zu schaffen, besteht in keinem Fall.[80]

dd) Gesicherter anderer Arbeitsplatz (§ 89 Abs 2 SGB IX). Das Integrationsamt **soll** nach § 89 Abs 2 SGB IX die Zustimmung des Weiteren erteilen, wenn dem schwerbehinderten Menschen ein anderer angemessener und zumutbarer Arbeitsplatz gesichert ist. Ob es sich um eine betriebsbedingte oder eine aus anderen Gründen beabsichtigte Kündigung handelt, ist unerheblich. Insbesondere kann der gesicherte andere Arbeitsplatz auch **bei einem anderen Arbeitgeber** bestehen, wenn dieser sich zur Einstellung des schwerbehinderten Menschen verpflichtet hat.[81] Es kommt ausschließlich darauf an, ob der andere Arbeitsplatz angemessen und zumutbar ist. **Angemessen** ist der andere Arbeitsplatz, wenn er nach Entgelt und Art der Tätigkeit den Fähigkeiten, den durch die Behinderung bedingten Einsatzmöglichkeiten und der Vorbildung des schwerbehinderten Menschen entspricht. Das kann unter diesen Voraussetzungen uU auch ein Arbeitsplatz zu geänderten Bedingungen sein.[82] Die **Zumutbarkeit** ist weiter zu verstehen als die Angemessenheit, von der die Arbeitsbedingungen ieS umfasst sind. Zur Zumutbarkeit gehören alle Umstände, die mit dem neuen Arbeitsplatz zusammenhängen, zB Arbeitsweg, Zusammenarbeit mit anderen Arbeitnehmern, behindertengerechte Betreuung.[83]

46

ee) Kündigungen in der Insolvenz (§ 89 Abs 3 SGB IX). Eine weitere Ermessenseinschränkung besteht schließlich im **Insolvenzverfahren**. Nach

47

---

78 KR/Etzel §§ 85–90 SGB IX Rn 93 mwN; aA BVerwG 11.9.1990 – 5 B 63/90 – Buchholz 436.61 SchwbG 1986 § 15 Nr 4.
79 KR/Etzel §§ 85–90 SGB IX Rn 93 mwN; aA BVerwG 11.9.1990 – 5 B 63/90 – Buchholz 436.61 SchwbG 1986 § 15 Nr 4.
80 BAG 28.4.1998 – 9 AZR 348/97 – AP SchwbG 1986 § 14 Nr 2; BVerwG 11.9.1990 – 5 B 63/90 – Buchholz 436.61 SchwbG 1986 § 15 Nr 4.
81 Neumann/Pahlen/Majerski-Pahlen § 89 Rn 27 mwN.
82 ZB Gehaltsminderung; Neumann/Pahlen/Majerski-Pahlen § 89 Rn 28 f mwN; KR/Etzel § 85-90 SGB IX Rn 95.
83 Neumann/Pahlen/Majerski-Pahlen § 89 Rn 30.

§ 89 Abs 3 SGB IX **soll** das Integrationsamt die Zustimmung erteilen, wenn

- der schwerbehinderte Arbeitnehmer in einem Interessenausgleich nach § 125 InsO namentlich als einer der zu entlassenden Arbeitnehmer bezeichnet ist (§ 89 Abs 3 Nr 1 SGB IX), **und**
- die Schwerbehindertenvertretung beim Zustandekommen dieses Interessenausgleichs gem § 95 Abs 2 SGB IX beteiligt worden ist (§ 89 Abs 3 Nr 2 SGB IX), **und**
- der Anteil der nach dem Interessenausgleich zu entlassenden schwerbehinderten Menschen an der Zahl der beschäftigten schwerbehinderten Menschen nicht größer ist als der Anteil der zu entlassenden übrigen Arbeitnehmer an der Zahl der beschäftigten übrigen Arbeitnehmer (§ 89 Abs 3 Nr 3 SGB IX), **und**
- die Gesamtzahl der schwerbehinderten Menschen, die nach dem Interessenausgleich bei dem Arbeitgeber verbleiben sollen, zur Erfüllung der Beschäftigungspflicht nach § 71 SGB IX ausreicht (§ 89 Abs 3 Nr 4 SGB IX).

Die von einem Insolvenzverwalter vor dem Eintritt eines Betriebsübergangs beim Integrationsamt beantragte und nach dem Betriebsübergang an ihn zugestellte Zustimmung zur Kündigung eines schwerbehinderten Arbeitnehmers stellt allerdings keine dem Betriebserwerber erteilte Zustimmung iSd § 85 SGB IX dar, auf die er sich zur Kündigung dieses Arbeitnehmers berufen kann.[84]

3. Negativattest

48 Teilt das Integrationsamt mit, dass die Kündigung keiner Zustimmung bedürfe, so beseitigt dieses „Negativattest" ebenso wie die Zustimmung die Kündigungssperre.[85] Das Negativattest ist ebenfalls ein **Verwaltungsakt**. Der schwerbehinderte Mensch kann deshalb gegen das Negativattest Widerspruch einlegen und ggf Anfechtungsklage beim Verwaltungsgericht erheben. Gegen die ausgesprochene Kündigung kann er – innerhalb von drei Wochen nach Zugang der schriftlichen Kündigung[86] – Kündigungsschutzklage beim Arbeitsgericht erheben.

4. Rechtsmittel gegen die behördliche Entscheidung

49 Die Entscheidung des Integrationsamtes unterliegt als (privatrechtsgestaltender) **Verwaltungsakt** der **verwaltungsgerichtlichen Kontrolle**. Die Arbeitsgerichte können die Wirksamkeit der Zustimmung nicht überprüfen, sondern nur, ob eine solche das Kündigungsverbot des § 85 SGB IX aufhebende Entscheidung tatsächlich ergangen ist. Das führt zu einer **Doppelspurigkeit des Rechtswegs**.[87]

50 **a) Ablehnung der Zustimmung.** Die vorherige Zustimmung des Integrationsamtes ist Wirksamkeitsvoraussetzung für die Kündigung. Die Erlaubnis

---

84 BAG 15.11.2012 – 8 AZR 827/11 – NZA 2013, 504.
85 BAG 27.5.1983 – 7 AZR 482/81 – AP SchwbG § 12 Nr 12.
86 Vgl Rn 56 ff.
87 Vgl Rn 66 ff.

muss also vor Ausspruch der Kündigung erteilt werden. Hat das Integrationsamt die Zustimmung zur Kündigung verweigert, besteht das Kündigungsverbot des § 85 SGB IX fort. Der Arbeitgeber kann gegen die ablehnende Entscheidung Widerspruch und ggf Klage vor dem Verwaltungsgericht erheben. Erklärt der Arbeitgeber die Kündigung gleichwohl, ist diese mangels Zustimmung des Integrationsamtes nichtig (§ 85 SGB IX iVm § 134 BGB).[88]

b) Zustimmung zur Kündigung. Hat das Integrationsamt die Zustimmung erteilt, ist das Kündigungsverbot des § 85 SGB IX beseitigt. Der Arbeitgeber darf nunmehr kündigen. 51

Der Arbeitnehmer kann gegen den zustimmenden Bescheid **Widerspruch** einlegen. Die Widerspruchsfrist beträgt einen Monat ab Zustellung des Bescheides, sofern dieser eine Rechtsmittelbelehrung enthalten hat (§§ 70, 58 VwGO). Über diesen Widerspruch entscheidet gem § 118 SGB IX der Widerspruchsausschuss bei dem Integrationsamt.

Hilft der Widerspruchsausschuss dem Widerspruch nicht ab, kann der Arbeitnehmer innerhalb eines Monats (§ 74 VwGO) **Klage zum Verwaltungsgericht** erheben.

Widerspruch und Anfechtungsklage gegen die Zustimmung des Integrationsamtes zur Kündigung haben nach § 88 Abs 4 SGB IX **keine aufschiebende Wirkung.** Deshalb kann der Arbeitgeber auch dann kündigen – und wird dies auch müssen, um die Kündigungserklärungsfrist nach § 88 Abs 3 SGB IX zu wahren[89] –, wenn der schwerbehinderte Mensch gegen die Zustimmung des Integrationsamtes Rechtsmittel im verwaltungsgerichtlichen Verfahren eingelegt hat. In diesem Fall ist die vor Bestandskraft der Zustimmung ausgesprochene Kündigung **schwebend unwirksam.** Als Konsequenz ist ein **doppelter Rechtsweg** eröffnet: der Streit vor den Gerichten für Verwaltungssachen über die Wirksamkeit der Zustimmung und der Streit vor den Gerichten für Arbeitssachen über die Wirksamkeit der Kündigung. Hierzu sowie zur Frage der möglichen **Aussetzung des arbeitsgerichtlichen Verfahrens** vgl Rn 66.

c) Negativattest. Hat das Integrationsamt ein Negativattest erteilt, stehen dem schwerbehinderten Menschen hiergegen dieselben Rechtsschutzmöglichkeiten zu wie gegen eine dem Antrag zustimmende Entscheidung des Integrationsamtes. 52

VII. Verfahren nach Zustimmungserteilung
1. Kündigungserklärungsfrist (§ 88 Abs 3 SGB IX)

Nach erteilter Zustimmung bzw Zugang eines Negativattests kann der Arbeitgeber die Kündigung **nur innerhalb eines Monats nach Zustellung** des Zustimmungsbescheids erklären. Die Zustellung an den Arbeitgeber reicht zur Beseitigung der Kündigungssperre aus.[90] Folglich beginnt die Frist zur Kündigung auch erst mit der Zustellung an den Arbeitgeber zu laufen, un- 53

---

88 Zur prozessualen Geltendmachung vgl Rn 58 ff.
89 Vgl Rn 53.
90 BAG 17.2.1982 – 7 AZR 846/79 – AP SchwbG § 15 Nr 1; 16.10.1991 – 2 AZR 332/91 – AP SchwbG 1986 § 18 Nr 1.

abhängig davon, wann die Zustimmung dem Arbeitnehmer zugestellt wird. Die Frist berechnet sich nach §§ 187 ff BGB. Die Kündigungserklärung muss dem Arbeitnehmer zur Fristwahrung innerhalb der Monatsfrist nach § 130 BGB zugehen.[91] Darauf, wann die Kündigung abgesendet worden ist, kommt es nicht an. Liegt der Zeitpunkt des Zugangs außerhalb der gesetzlichen Monatsfrist, ist die Zustimmung verbraucht. Dies ergibt sich aus dem Wortlaut des § 88 Abs 3 SGB IX, wonach die Kündigung „nur innerhalb eines Monates nach Zustellung" erlaubt ist. Die verspätete Kündigung ist deshalb unwirksam (§ 134 BGB). Der Arbeitgeber muss, will er an seiner Kündigungsabsicht festhalten, erneut die Zustimmung des Integrationsamtes beantragen. Die Monatsfrist des § 88 Abs 3 SGB IX gilt auch dann, wenn der schwerbehinderte Mensch **Rechtsmittel** im verwaltungsgerichtlichen Verfahren einlegt, da Widerspruch und Anfechtungsklage gegen die Zustimmung des Integrationsamtes nach § 88 Abs 4 SGB IX keine aufschiebende Wirkung haben.[92] Eine vor der Zustellung des Bescheides beim Arbeitgeber, also **vorfristig** ausgesprochene Kündigung ist nichtig, auch wenn die Zustellung des Bescheides danach erfolgte. Die Kündigung kann dann aber erneut erklärt werden. Die einfache Bekanntgabe des Bescheides (§ 37 SGB X) an den Arbeitgeber reicht dabei nicht, die Kündigungsberechtigung zu begründen. Gesetzlich verlangt ist ausdrücklich die „Zustellung" (vgl § 37 Abs 5 SGB X).

54 Die Vorschrift des § 88 Abs 3 SGB IX gilt nur für die **ordentliche** Kündigung, da bei der außerordentlichen Kündigung die zweiwöchige Kündigungserklärungsfrist des § 626 BGB iVm der Sonderregelung des § 91 Abs 2, Abs 5 SGB IX zu beachten ist; danach kann die außerordentliche Kündigung nach erteilter Zustimmung nur unverzüglich erfolgen.[93]

2. Kündigungsfrist (§ 86 SGB IX)

55 Bei der ordentlichen Kündigung beträgt die vom Arbeitgeber einzuhaltende Kündigungsfrist **mindestens vier Wochen**. Gelten im Einzelfall nach dem Gesetz (§ 622 Abs 2 BGB), einem anzuwendenden Tarifvertrag oder einer einzelvertraglichen Regelung längere Kündigungsfristen, bleiben diese unberührt.

VIII. Rechtsbehelfe des schwerbehinderten Menschen gegen die Kündigung

56 Hat der schwerbehinderte Mensch die Kündigung seines Arbeitsvertrages erhalten, richten sich seine arbeitsrechtlichen Rechtsschutzmöglichkeiten nach dem KSchG. Infolge der isolierten Anfechtbarkeit der behördlichen Entscheidung ist grundsätzlich ein doppelter Rechtsweg gegeben. Infolge der §§ 4, 7 KSchG allerdings steht der arbeitsgerichtliche Rechtsschutz im Kern der Auseinandersetzung.

---

91 BAG 15.5.1997 – 2 AZR 43/96 – AP BGB § 123 Nr 45 zu III 3; KR/Etzel §§ 85–90 Rn 130.
92 Vgl auch Rn 51.
93 Vgl Rn 49 ff.

1. Kündigung nach Zustimmung des Integrationsamtes

Liegt die Zustimmung des Integrationsamtes vor, kann der Arbeitnehmer gegen die Wirksamkeit der Kündigung Kündigungsschutzklage innerhalb der Frist des § 4 Satz 1 KSchG (**drei Wochen** ab Zustellung der Kündigung) erheben. Allerdings beginnt diese Klagefrist für den Arbeitnehmer gem § 4 Satz 4 KSchG erst dann zu laufen, wenn auch dem Arbeitnehmer die **behördliche Entscheidung** (Zustimmung des Integrationsamtes) **zugestellt** wurde. Dies gilt auch dann, wenn die Kündigung den Arbeitnehmer bereits vor der Zustellung des Bescheides erreichte.[94]

57

2. Kündigung ohne Zustimmung des Integrationsamtes

Erfolgt die Kündigung ohne Zustimmung des Integrationsamtes, ist die Kündigung nach § 134 BGB **nichtig**. Diesen Nichtigkeitsgrund hat der Arbeitnehmer grundsätzlich gem § 4 Satz 1 KSchG innerhalb einer Frist von drei Wochen beim Arbeitsgericht durch Erhebung einer Kündigungsschutzklage geltend zu machen. Bei einer Versäumung dieser Frist hilft dem Arbeitnehmer nicht in allen Fällen die Bestimmung des § 4 Satz 4 KSchG, wonach die Klagefrist erst dann zu laufen beginnt, wenn die notwendige behördliche Entscheidung an den Arbeitnehmer bekannt gegeben ist. Zu differenzieren ist nämlich danach, ob der Arbeitgeber Kenntnis von der Schwerbehinderung/Gleichstellung hatte oder nicht.

58

War dem Arbeitgeber die Behinderung **bekannt** und hat er gleichwohl ohne Zustimmung des Integrationsamtes gekündigt, greift § 4 Satz 4 KSchG. Die Kündigung ist nichtig, und die Klagefrist beginnt mangels Beteiligung des Integrationsamtes nicht zu laufen. Der Arbeitnehmer kann sich – in den Grenzen der Verwirkung – jederzeit auf den Sonderkündigungsschutz und die Unwirksamkeit der Kündigung berufen. Die Darlegungs- und Beweislast für die Kenntnis des Arbeitgebers trägt allerdings der Arbeitnehmer, der deshalb taktisch gut beraten ist, gleichwohl innerhalb der Frist des § 4 Satz 1 KSchG Klage zu erheben und zudem dem Arbeitgeber die Tatsache der Schwerbehinderung/Gleichstellung gesondert innerhalb der dreiwöchigen Regelfrist mitzuteilen.

59

War dem Arbeitgeber die Behinderung zwar **nicht positiv bekannt, jedoch offenkundig** und hat er gleichwohl ohne Zustimmung des Integrationsamtes gekündigt, greift ebenfalls § 4 Satz 4 KSchG. Die Kündigung ist nichtig, und die Klagefrist beginnt mangels Beteiligung des Integrationsamtes nicht zu laufen. Der Arbeitnehmer kann sich – in den Grenzen der Verwirkung – jederzeit auf den Sonderkündigungsschutz und die Unwirksamkeit der Kündigung berufen. Die Darlegungs- und Beweislast für die Offenkundigkeit trägt allerdings der Arbeitnehmer, der deshalb taktisch gut beraten ist, gleichwohl innerhalb der Frist des § 4 Satz 1 KSchG Klage zu erheben und zudem dem Arbeitgeber die Tatsache der Schwerbehinderung/Gleichstellung gesondert innerhalb der dreiwöchigen Regelfrist mitzuteilen.

60

War dem Arbeitgeber die Behinderung **nicht bekannt** und auch **nicht offenkundig** und kündigt er deshalb ohne Zustimmung des Integrationsamtes, gilt die Klagefrist des § 4 Satz 1 KSchG. Zudem gilt die Obliegenheit des

61

---

94 BAG 17.2.1982 – 7 AZR 846/79 – AP § 15 SchwbG Nr 1.

Arbeitnehmers, seinen Status dem Arbeitgeber innerhalb der Regelfrist anzuzeigen (vgl Rn 26 f), wenn auch die Klageerhebung regelmäßig auch diese Frist wahrt. § 4 Satz 4 KSchG findet keine Anwendung, da der Arbeitgeber keine Kenntnis von der Schwerbehinderung/Gleichstellung hatte.[95]

62 War dem Arbeitgeber die **festgestellte Behinderung nicht bekannt** und auch **nicht offenkundig** und kündigt er deshalb ohne Zustimmung des Integrationsamtes **und** teilt nun der Arbeitnehmer dem Arbeitgeber innerhalb der **Regelfrist** von drei Wochen die Tatsache der Schwerbehinderung/Gleichstellung mit, so gilt trotzdem zusätzlich die Klagefrist des § 4 Satz 1 KSchG. Der Arbeitnehmer kann sich zwar auf den Sonderkündigungsschutz berufen, muss hierzu jedoch die Klagefrist des § 4 Satz 1 KSchG einhalten. Denn zum Zeitpunkt der Kündigung war dem Arbeitgeber der Sonderkündigungsschutz nicht bekannt, so dass er auch keine Zustimmung des Integrationsamtes beantragen konnte.[96]

63 In allen genannten Fällen gilt: Wahrt der Arbeitnehmer die nötigen Anzeige- und Klagefristen, ist die Kündigung nach § 134 BGB nichtig. Der Arbeitgeber muss vor einer erneuten Kündigung das Integrationsamt ordnungsgemäß beteiligen.

64 War dem Arbeitgeber die **Tatsache der rechtzeitigen Antragstellung auf Anerkennung** als schwerbehinderter Mensch oder auf Gleichstellung **nicht bekannt** und auch **nicht offenkundig** und kündigt er deshalb ohne Zustimmung des Integrationsamtes **und** teilt nun der Arbeitnehmer dem Arbeitgeber innerhalb der **Regelfrist** von drei Wochen die Tatsache der Antragstellung mit, gilt für den Arbeitnehmer die Klagefrist des § 4 Satz 1 KSchG

Der Arbeitgeber kann, wenn sich der Arbeitnehmer auf die Antragstellung nachträglich und fristgerecht beruft, abwarten, ob die Feststellung getroffen oder abgelehnt wird. Wird sie endgültig abgelehnt, bedurfte die Kündigung nicht der Zustimmung des Integrationsamtes nach § 85 SGB IX. Erfolgt die Feststellung aber auf einen Zeitpunkt vor dem Zugang der Kündigung, ist sie mangels vorheriger Zustimmung des Integrationsamtes unheilbar nichtig, sofern die §§ 85 ff im Hinblick auf § 90 Abs 2 a Anwendung finden. Der Arbeitgeber sollte deshalb auch in diesem Fall unmittelbar nach der nachträglichen Mitteilung die Zustimmung des Integrationsamtes zu einer weiteren Kündigung vorsorglich beantragen. Die erste Kündigung ist **schwebend unwirksam**, bis über den Feststellungsantrag bestandskräftig entschieden ist.[97]

3. Darlegungs- und Beweislast

65 Der **Arbeitnehmer** trägt die Darlegungs- und Beweislast für die Voraussetzungen des Sonderkündigungsschutzes nach § 85 SGB IX (bestehende Schwerbehinderung bzw Gleichstellung oder entsprechende vorherige Antragstellung im Zeitpunkt des Kündigungszugangs, offenkundige Schwerbehinderung, Einhaltung der Regelfrist für die nachträgliche Mitteilung). Der **Arbeitgeber** trägt die Darlegungs- und Beweislast für die Vorausset-

---

95 BAG 13.2.2008 – 2 AZR 864/06 – AP § 85 SGB IX Nr 5, Rz 45.
96 BAG 13.2.2008 – 2 AZR 864/06 – AP § 85 SGB IX Nr 5, Rz 45.
97 Zum doppelten Rechtsweg in diesen Fällen vgl Rn 66 ff.

zungen der Ausnahmeregelung in § 90 Abs 2 a Alt 2 SGB IX, die vorherige Zustimmung des Integrationsamtes, für die Rechtzeitigkeit der Kündigungserklärung nach erfolgter Zustimmung sowie nach allgemeinen Regeln für das Vorliegen des wichtigen oder sozial rechtfertigenden Kündigungsgrundes.

4. Verhältnis des arbeitsgerichtlichen zum verwaltungsgerichtlichen Verfahrens

Grundsätzlich ist gegen den Bescheid des Integrationsamtes und die arbeitgeberseitige Kündigung ein **doppelter Rechtsweg** eröffnet: der Streit vor den Gerichten für Verwaltungssachen über die Wirksamkeit der Zustimmung und der Streit vor den Gerichten für Arbeitssachen über die Wirksamkeit der Kündigung. Damit stellt sich im Fall der schwebenden Unwirksamkeit der Kündigung die Frage nach der **Aussetzung des arbeitsgerichtlichen Rechtsstreits nach** § 148 ZPO bis zur Erledigung des verwaltungsrechtlichen Streits über die Wirksamkeit der Zustimmung. Darüber hat das Arbeitsgericht nach pflichtgemäßem Ermessen unter Berücksichtigung des Zwecks der Aussetzung – Verhinderung einander widersprechender Entscheidungen – einerseits und des arbeitsgerichtlichen Beschleunigungsgebots in Bestandsstreitigkeiten nach §§ 9, 61 a, 64 Abs 8 ArbGG andererseits zu entscheiden. Dabei sind **zwei Konstellationen** zu unterscheiden: 66

- Erweist sich die Kündigung unabhängig von der Frage der Wirksamkeit der Zustimmung des Integrationsamtes bei arbeitsrechtlicher Überprüfung als **unwirksam** (zB wegen Sozialwidrigkeit der ordentlichen Kündigung oder fehlendem wichtigen Grund bei der außerordentlichen Kündigung), besteht kein Grund für eine Aussetzung. Die Gefahr divergierender Entscheidungen besteht nicht. Das arbeitsgerichtliche Beschleunigungsgebot ist in diesem Fall vorrangig.
- Erweist sich die Kündigung bei arbeitsrechtlicher Überprüfung als **wirksam**, hängt die Entscheidung über die Wirksamkeit der Kündigung ausschließlich von der Wirksamkeit der Zustimmung des Integrationsamtes ab, über die allein die Gerichte für Verwaltungssachen entscheiden dürfen. Es entspricht dennoch pflichtgemäßem Ermessen, den arbeitsrechtlichen Rechtsstreit nicht bis zur rechtskräftigen Entscheidung über die Wirksamkeit der Zustimmung im Verwaltungsgerichtsverfahren auszusetzen. Vielmehr ist die Klage abzuweisen. Dem Beschleunigungsgebot nach §§ 61 a, 64 Abs 8, 9 Abs 1 ArbGG kommt dabei eine große Bedeutung zu. Wird nach rechtskräftiger Abweisung der Bestandschutzklage die zunächst erfolgte Zustimmung des Integrationsamtes – später – dennoch im verwaltungsrechtlichen Klageverfahren aufgehoben, ist der schwerbehinderte Mensch gleichwohl nicht rechtlos gestellt. Er kann im Wege der Restitutionsklage gem § 580 Nr 6,

§ 586 ZPO die Abänderung des arbeitsgerichtlichen Verfahrens erreichen.[98]

67 Eine **identische prozessuale Situation** besteht dann, wenn der Arbeitgeber die Kündigung ohne Zustimmung des Integrationsamtes erklärt hat und der Arbeitnehmer sich nach Zugang der Kündigung innerhalb der dreiwöchigen **Regelfrist**[99] **auf seine Schwerbehinderung und ein laufendes Anerkennungsverfahren** nach § 69 SGB IX bzw ein laufendes Gleichstellungsverfahren nach § 68 Abs 2 SGB IX beruft oder er gegen einen ablehnenden Bescheid Rechtsmittel eingelegt hat und dies dem Arbeitgeber nachträglich mitteilt.[100] Über die Aussetzung des Kündigungsschutzprozesses hat das Arbeitsgericht nach den in Rn 66 dargestellten Grundsätzen zu entscheiden.[101] Hat das Arbeitsgericht den Kündigungsschutzprozess nicht bis zur rechtskräftigen Entscheidung über den Anerkennungs- bzw Gleichstellungsantrag ausgesetzt und die Kündigungsschutzklage rechtskräftig abgewiesen, kann der schwerbehinderte Mensch im Wege der Restitutionsklage analog § 580 Nr 7 b ZPO die Abänderung des arbeitsgerichtlichen Verfahrens erreichen, falls seine Schwerbehinderung bzw Gleichstellung später rückwirkend auf einen Zeitpunkt vor Zugang der Kündigung festgestellt wird.[102]

IX. Außerordentliche Kündigung (§ 91 SGB IX)
1. Verweisung auf §§ 85, 87–90 SGB IX

68 Nach § 91 Abs 1 SGB IX gelten die Vorschriften der §§ 85 ff SGB IX, die auf den Regelfall der ordentlichen Kündigung abgestimmt sind, grundsätzlich auch für die außerordentliche Kündigung, dh jede Kündigung aus wichtigem Grund, gleich ob diese fristlos oder mit Auslauffrist erklärt wird. Ausdrücklich von der Geltungserstreckung ausgenommen ist nur die Mindestkündigungsfrist nach § 86 SGB IX. Besonderheiten bei der außerordentlichen Kündigung sind in § 91 Abs 2-6 SGB IX geregelt und werden nachstehend behandelt. Im Übrigen kann allgemein auf die Erläuterungen zur Zustimmung bei der ordentlichen Kündigung verwiesen werden; diese gelten sinngemäß auch für die Zustimmung zur außerordentlichen Kündigung.

69 Nach Auffassung des BAG[103] gelten die Sonderregelungen des § 91 SGB IX auch im Fall der **außerordentlichen Kündigung mit Auslauffrist** gegenüber **ordentlich unkündbaren** schwerbehinderten Arbeitnehmern. Dies führt zu

---

98 BAG 26.9.1991 – 2 AZR 132/91 – AP KSchG 1969 § 1 Krankheit Nr 28 zu B III; zur vergleichbaren Rechtslage bei § 9 MuSchG vgl dort Rn 37 und BAG 17.6.2003 – 2 AZR 245/02 – NZA 2003, 1329; aA KR/Etzel §§ 85-90 SGB IX Rn 143 mwN, der jede andere Entscheidung als die Aussetzung als ermessensfehlerhaft erachtet; idS auch noch BAG 25.11.1980 – 6 AZR 210/80 – AP SchwbG § 12 Nr 7.
99 Vgl Rn 26 ff.
100 Vgl dazu auch Rn 27, 29.
101 AA KR/Etzel §§ 85-90 SGB IX Rn 145 mwN, der auch in dieser Konstellation einzig die Aussetzung als ermessensfehlerfrei ansieht.
102 BAG 15.8.1984 – 7 AZR 558/82 – AP SchwbG § 12 Nr 13; KR/Etzel §§ 85-90 SGB IX Rn 144 mwN.
103 BAG 12.5.2005 – 2 AZR 159/04 – AP SGB IX § 91 Nr 5; 12.8.1999 – 2 AZR 748/98 – AP SchwbG § 21 Nr 7.

einem Wertungswiderspruch.[104] Nach zutreffender Ansicht[105] sind deshalb auch in diesen Fällen der außerordentlichen Kündigung ausschließlich die für die ordentliche Kündigung geltenden Regelungen der §§ 85 ff anzuwenden.

2. Besonderheiten bei der außerordentlichen Kündigung

a) Antragsfrist. Die Monatsfrist des § 88 Abs 3 SGB IX ist bei der außerordentlichen Kündigung nicht anwendbar. Für diese gelten die Sonderregeln des § 91 SGB IX. Nach § 91 Abs 2 SGB IX muss der Arbeitgeber die Zustimmung zur außerordentlichen Kündigung **innerhalb von zwei Wochen nach Kenntnis** von den Kündigungstatsachen beim Integrationsamt beantragen. Der Gesetzgeber trägt dadurch dem Erfordernis der vorherigen Zustimmung durch das Integrationsamt Rechnung. Die Vorschrift des § 91 Abs 2 Satz 1 SGB IX modifiziert insoweit die Kündigungserklärungsfrist des § 626 Abs 2 BGB. Mit dem bestandskräftigen, zustimmenden Verwaltungsakt des Integrationsamtes steht allerdings nicht etwa zugleich fest, dass die 2-Wochen-Frist des § 626 Abs 2 Satz 1 BGB – modifiziert durch § 91 SGB IX – gewahrt ist. Von den Gerichten für Arbeitssachen ist die Einhaltung der Frist des § 626 Abs 2 Satz 1 BGB eigenständig zu prüfen.[106] Andererseits kann der Arbeitgeber die Zwei-Wochen-Frist des § 626 Abs 2 BGB voll ausschöpfen, wenn das Integrationsamt die Zustimmung zur außerordentlichen Kündigung vor Ablauf der Kündigungserklärungsfrist erteilt hat. Er muss in diesem Fall nicht unverzüglich, wohl aber innerhalb der Frist des § 626 Abs 2 BGB kündigen. Die dem Schutz des Arbeitgebers dienende Regelung des § 91 Abs 5 SGB IX ergänzt als speziellere Regelung § 626 Abs 2 BGB nur nach Ablauf der zweiwöchigen Kündigungserklärungsfrist und führt nicht zu deren Verkürzung.[107]

70

b) Entscheidungsfrist – Zustimmungsfiktion. Das Integrationsamt trifft die Entscheidung innerhalb einer **Frist von zwei Wochen** vom Tage des Eingangs des Antrages an (§ 91 Abs 3 Satz 1 SGB IX). Die Frist bestimmt sich nach § **187 Abs 1**, § **188 Abs 2** 2. Alt BGB. Fällt das Fristende auf einen Sonnabend, Sonn- oder Feiertag, verlängert sich die Frist gem § 193 BGB auf den Ablauf des nächsten Werktages. Für den Abschluss des Verfahrens innerhalb der Entscheidungsfrist kommt es nicht auf die Zustellung der Entscheidung (§ 88 Abs 2 SGB IX) an, sondern alleine auf die Entscheidung als solche (§§ 88 Abs 1, 91 Abs 3 SGB IX). Das Integrationsamt hat also echte zwei Wochen für den Abschluss des Verfahrens. Wird eine Entscheidung innerhalb dieser Frist nicht getroffen, gilt die Zustimmung als erteilt. Mit Eintritt dieser **Zustimmungsfiktion** entfällt das Kündigungsverbot des § 85 SGB IX. Auch für den Eintritt der Zustimmungsfiktion ist nur maßgeblich, ob das Integrationsamt innerhalb von zwei Wochen eine Entscheidung getroffen hat, nicht aber, ob und wann sie dem Arbeitgeber zu-

71

---

104 Einzelheiten dazu vgl § 626 BGB Rn 38 ff.
105 LAG Köln 31.10.2012 – 3 Sa 1062/11; vgl auch § 626 BGB Rn 43.
106 BAG 2.3.2006 – 2 AZR 46/05 – AP SGB IX § 91 Nr 6.
107 BAG 13.5.2004 – 2 AZR 36/04 – AP BGB § 626 Krankheit Nr 12; 15.11.2001 – 2 AZR 380/00 – AP BGB § 626 Ausschlussfrist Nr 45; anders noch BAG 22.1.1987 – 2 ABR 6/86 – AP BetrVG 1972 § 103 Nr 24.

geht. Die Zustimmungsfiktion tritt nicht ein, wenn die ablehnende Entscheidung innerhalb der Zweiwochenfrist den Machtbereich des Integrationsamtes verlassen hat[108] oder wenn dem Arbeitgeber die Entscheidung formlos oder mündlich innerhalb der Zweiwochenfrist mitgeteilt wird.[109] Die nach § 91 Abs 3 SGB IX fingierte Zustimmung ist ebenso wie die tatsächlich erteilte Zustimmung als privatrechtsgestaltender Verwaltungsakt mit Widerspruch und Anfechtungsklage angreifbar.[110] Die Entscheidung des Integrationsamtes ist sowohl dem Arbeitgeber als auch dem Arbeitnehmer **zuzustellen**, wobei es für die Wirksamkeit der Entscheidung alleine auf die Zustellung an den Antragsteller, also den Arbeitgeber, ankommt.

72 **c) Einschränkung der Ermessensentscheidung.** Nach § 91 Abs 4 SGB IX **soll** das Integrationsamt die Zustimmung erteilen, wenn die außerordentliche Kündigung aus einem Grund erfolgt, der **nicht im Zusammenhang mit der Behinderung** steht. Fehlt es an einem solchen Zusammenhang, bleibt die Beurteilung, ob ein wichtiger Grund iSd § 626 BGB vorliegt, grundsätzlich dem Arbeitsgericht überlassen. Ob ein solcher Zusammenhang besteht, hat das Integrationsamt zu prüfen. Ein Zusammenhang des Kündigungsgrundes mit der Schwerbehinderung des Arbeitnehmers iSd § 91 Abs 4 SGB IX ist bereits dann anzunehmen, wenn eine **mittelbare Kausalität** der Behinderung mit dem Kündigungsgrund nach der Lebensanschauung des Gerichts nicht auszuschließen ist.[111] Der Begriff des Zusammenhanges des Kündigungsgrundes mit der Behinderung ist im Normkontext des § 91 Abs 4 SGB IX daher weit zu verstehen, da ein solcher Zusammenhang lediglich dazu führt, dass das Ermessen des Integrationsamtes, innerhalb dessen die Interessen des Arbeitgebers und des Arbeitnehmers miteinander abzuwägen sind, eröffnet wird. Lediglich bei Ausschluss eines Zusammenhanges der Behinderung mit dem Kündigungsgrund, sei er auch mittelbarer Natur, ist es vertretbar, die Zustimmung des Integrationsamtes zur außerordentlichen Kündigung als im Regelfall für die Behörde verpflichtend anzusehen. Das „Soll" iSd § 91 Abs 4 SGB IX bedeutet **im Regelfall ein „Muss"**. Nur bei Vorliegen von Umständen, die den Fall als atypisch erscheinen lassen, darf das Integrationsamt anders verfahren als im Gesetz vorgesehen und den **atypischen Fall** nach **pflichtgemäßem Ermessen** entscheiden.[112] Nachteile und Gefahren, die der Gruppe der schwerbehinderten Menschen durch eine außerordentliche Kündigung allgemein für ihre Eingliederung in Arbeit, Beruf und Gesellschaft entstehen, können die Annahme eines atypischen Falles nicht begründen, da die Gruppe der schwerbehinderten Arbeitnehmer bei fehlendem Zusammenhang mit der Behinderung nach der gesetzlichen Wertung nicht stärker gegen außerordentliche Kündigungen geschützt sein sollen als Nichtbehinderte. Die außerordentliche Kündigung muss den schwerbehinderten Arbeitnehmer vielmehr in

---

108 BAG 16.3.1983 – 7 AZR 96/81 – AP SchwbG § 18 Nr 6.
109 BAG 12.8.1999 – 2 AZR 748/98 – AP SchwbG 1986 § 21 Nr 7 zu B V 2; 9.2.1994 – 2 AZR 720/93 – AP SchwBG 1986 § 21 Nr 3; KR/Etzel § 91 SGB IX Rn 16, 18.
110 BVerwG 10.9.1992 – 5 C 39/88 – NZA 1993, 76.
111 Vgl OVG Lüneburg 9.3.1996 – 4 L 3927/92; 3.5.1993 – 7 S 2773/92; VGH Bad-Württ 5.7.1989 – 6 S 1739/87; VG Augsburg 23.1.2001 – 3 K 00.875.
112 BVerwG 2.7.1992 – 5 C 39/90 – BVerwGE 90, 275.

einer die Schutzzwecke des Schwerbehindertenrechts berührenden Weise besonders hart treffen, dh, ihm im Vergleich zu den der Gruppe der schwerbehinderten Menschen im Falle außerordentlicher Kündigung allgemein zugemuteten Belastungen ein **Sonderopfer** abverlangen.[113]

d) **Entscheidungsvarianten, Kündigungserklärungsfrist.** Wird die **Zustimmung erteilt,** kann die Kündigung nach § 91 Abs 5 SGB IX[114] auch noch **nach Ablauf der Frist** des § 626 Abs 2 BGB erfolgen, wenn sie unverzüglich erklärt wird. Sie darf frühestens dann ausgesprochen werden, wenn das Integrationsamt seine Entscheidung getroffen und hiermit die Zustimmung erteilt hat (Beseitigung der Kündigungssperre) und spätestens mit Ablauf der „Unverzüglichkeit" ab diesem Zeitpunkt. Für den **Fristbeginn** kommt es – anders als bei der Zustimmung zur ordentlichen Kündigung (vgl § 88 Abs 3 SGB IX) – nicht auf die förmliche Zustellung an den Arbeitgeber, also die Wirksamkeit des Bescheides an, sondern alleine darauf, dass die Entscheidung getroffen wurde.[115] Die Entscheidung ist getroffen, wenn der behördeninterne Entscheidungsvorgang abgeschlossen ist. IdR wird dies mit Absendung des Bescheides oder **mündlicher oder fernmündlicher** Mitteilung an den Arbeitgeber darüber, dass ein solcher Bescheid existiert, der Fall sein. Nach einer solchen Mitteilung kann der Arbeitgeber die außerordentliche Kündigung nach § 91 Abs 5 SGB IX erklären und muss dies **unverzüglich** tun. Das bedeutet „ohne schuldhaftes Zögern" iSd § 121 BGB. Ob die Kündigungserklärung unverzüglich erfolgt, ist im Einzelfall zu bestimmen. Das Unverzüglichkeitserfordernis erlaubt aber regelmäßig nur eine Verzögerung von wenigen Tagen. Maßgeblich ist der Zugang der Kündigung, nicht deren Abgabe.[116] Erhält der Arbeitgeber also erst nach Absendung der Kündigung aber vor deren Zugang beim Arbeitnehmer Kenntnis davon, dass das Integrationsamt seine Entscheidung getroffen hat, gilt die Kündigung als nach der Entscheidung des Integrationsamtes erfolgt. Die Erklärung einer außerordentlichen Kündigung erst am 7. Tag nach Erteilung der Zustimmung des Integrationsamtes ist jedenfalls in größeren Betrieben nicht mehr unverzüglich.[117] Wird die Zustimmung zur außerordentlichen Kündigung eines schwerbehinderten Menschen **erst vom Widerspruchsausschuss** erteilt, so muss die Kündigung unverzüglich erklärt werden, sobald der Arbeitgeber sichere Kenntnis davon hat, dass der Widerspruchsausschuss zustimmt. Hierfür reicht die **mündliche Bekanntgabe** aus, dass dem Widerspruch stattgegeben wird.[118]

Dasselbe gilt, wenn das Integrationsamt durch **Negativattest** bescheinigt, dass kein Sonderkündigungsschutz besteht.[119] Hat der Arbeitgeber, der

---

113 BVerwG 2.7.1992 – 5 C 39/90 – BVerwGE 90, 275.
114 Zum Verhältnis des § 91 SGB IX zu § 626 Abs 2 BGB vgl auch § 626 BGB Rn 131 f.
115 BAG 12.5.2005 – 2 AZR 159/04 – AP SGB IX § 91 Nr 5; 12.8.1999 – 2 AZR 748/98 – AP SchwbG 1986 § 21 Nr 7 zu B V 2; 9.2.1994 – 2 AZR 720/93 – AP SchwBG 1986 § 21 Nr 3; KR/Etzel § 91 SGB IX Rn 29.
116 BAG 15.5.1997 – 2 AZR 43/96 – AP BGB § 123 Nr 45 zu III 3; KR/Etzel § 91 Rn 30.
117 LAG Hamm 8.11.2012 – 15 Sa 1094/12.
118 BAG 21.4.2005 – 2 AZR 255/04 – AP SGB IX § 91 Nr 4.
119 BAG 27.5.1983 – 7 AZR 482/81 – AP SchwbG § 12 Nr 12.

eine Kündigung beabsichtigt, von einem Antrag des Arbeitnehmers auf Anerkennung Kenntnis und beteiligt deshalb das Integrationsamt, kann sich der Arbeitnehmer nach Treu und Glauben nicht auf die Versäumung der Frist des § 626 Abs 2 BGB berufen, solange der Arbeitgeber unverzüglich nach der Entscheidung des Integrationsamtes die Kündigung ausspricht.[120] Hat der Arbeitgeber allerdings keine nachweisbare Veranlassung, das Integrationsamt zu beteiligen, kann er sich wegen der Versäumung der Frist des § 626 Abs 2 BGB nicht auf die hemmende Wirkung einer gleichwohl erfolgten Beteiligung des Integrationsamtes berufen. In diesem Fall setzt ein Negativattest keine neue Kündigungsmöglichkeit in Gang.

75 Erteilt das Integrationsamt die **Zustimmung nicht** innerhalb von zwei Wochen, tritt die **Zustimmungsfiktion** ein (§ 91 Abs 3 SGB IX).[121] Der Arbeitgeber muss dann ebenfalls unverzüglich kündigen. Um den Beginn der Frist exakt bestimmen zu können, muss er sich beim Integrationsamt erkundigen, wann sein Zustimmungsantrag eingegangen ist.[122] Die Frist bestimmt sich nach **§ 187 Abs 1, § 188 Abs 2 2. Alt BGB**. Fällt das Fristende auf einen Sonnabend, Sonn- oder Feiertag, verlängert sich die Frist für das Integrationsamt gem § 193 BGB auf den Ablauf des nächsten Werktages. Der Beginn der Frist zum Kündigungsausspruch, der unverzüglich zu erfolgen hat, verschiebt sich hierdurch ebenfalls.

76 Ist nach Eintritt der Zustimmungsfiktion noch der Betriebsrat zu beteiligen, muss dies unverzüglich nach Eintritt der Zustimmungsfiktion eingeleitet und die Kündigung dann unverzüglich nach Beendigung des Beteiligungsverfahrens ausgesprochen werden.[123]

X. Beteiligung der Arbeitnehmervertretungen
1. Beteiligung der Schwerbehindertenvertretung

77 Der Arbeitgeber hat die Schwerbehindertenvertretung nach § 95 Abs 2 Satz 1 SGB IX in allen Angelegenheiten, die einen einzelnen schwerbehinderten Menschen berühren, unverzüglich und umfassend zu unterrichten und vor einer Entscheidung anzuhören. Demzufolge ist die Schwerbehindertenvertretung auch zu einer beabsichtigten Kündigung – unabhängig von der Beteiligung durch das Integrationsamt nach § 87 Abs 2 SGB IX[124] – durch den Arbeitgeber anzuhören. Die unterlassene Beteiligung führt aber **nicht zur Unwirksamkeit der Kündigung**. Vielmehr ist die ohne Beteiligung der Schwerbehindertenvertretung getroffene Entscheidung nach § 95 Abs 2 Satz 2 SGB IX in ihrer Durchführung oder Vollziehung auszusetzen und die unterlassene Beteiligung innerhalb von sieben Tagen nachzuholen; sodann ist endgültig zu entscheiden.

---

120 BAG 27.2.1987 – 7 AZR 632/85 – AP § 626 BGB Ausschlussfrist Nr 26.
121 Vgl Rn 47.
122 BAG 3.7.1980 – 2 AZR 340/78 – AP SchwbG § 18 Nr 2; KR/Etzel § 91 SGB IX Rn 30 a.
123 BAG 3.7.1980 – 2 AZR 340/78 – AP SchwbG § 18 Nr 2.
124 Vgl Rn 31.

2. Beteiligung des Betriebsrats bzw Personalrats

Den Betriebsrat bzw Personalrat hat der Arbeitgeber vor Ausspruch der Kündigung – unabhängig von der Beteiligung durch das Integrationsamt nach § 87 Abs 2 SGB IX[125] – nach § 102 BetrVG bzw den jeweiligen Personalvertretungsgesetzen zu beteiligen. Der Arbeitgeber kann das Beteiligungsverfahren schon vor der Entscheidung des Integrationsamtes einleiten,[126] auch bei der außerordentlichen Kündigung.[127] Die Beteiligung des Betriebs- bzw Personalrats kann aber auch noch nach Erteilung der Zustimmung durch das Integrationsamt oder nach Eintritt der Zustimmungsfiktion erfolgen.[128] In diesem Fall muss der Arbeitgeber das Beteiligungsverfahren allerdings sofort nach Bekanntgabe der Zustimmungsentscheidung des Integrationsamtes oder dem Eintritt der Zustimmungsfiktion einleiten und sofort nach Eingang der Stellungnahme des Betriebs- bzw Personalrates bzw nach Ablauf der der jeweiligen gesetzlichen Stellungnahmefrist die Kündigung erklären.

78

---

125 Vgl Rn 29.
126 BAG 5.9.1979 – 4 AZR 857/77 – AP SchwbG § 12 Nr 6.
127 BAG 3.7.1980 – 2 AZR 340/78 – AP SchwbG § 18 Nr 2; 1.4.1981 – 7 AZR 1003/78 – AP BetrVG 1972 § 102 Nr 23.
128 BAG 3.7.1980 – 2 AZR 340/78 – AP SchwbG § 18 Nr 2.

Gesetz über Teilzeitarbeit und befristete Arbeitsverträge (Teilzeit- und Befristungsgesetz – TzBfG)

Vom 21. Dezember 2000 (BGBl. I S. 1966)
(FNA 800-26)
zuletzt geändert durch Art. 23 G zur Verbesserung der
Eingliederungschancen am Arbeitsmarkt vom 20. Dezember 2011
(BGBl. I S. 2854)

Dritter Abschnitt Befristete Arbeitsverträge

§ 14 Zulässigkeit der Befristung

(1) ¹Die Befristung eines Arbeitsvertrages ist zulässig, wenn sie durch einen sachlichen Grund gerechtfertigt ist. ²Ein sachlicher Grund liegt insbesondere vor, wenn
1. der betriebliche Bedarf an der Arbeitsleistung nur vorübergehend besteht,
2. die Befristung im Anschluss an eine Ausbildung oder ein Studium erfolgt, um den Übergang des Arbeitnehmers in eine Anschlussbeschäftigung zu erleichtern,
3. der Arbeitnehmer zur Vertretung eines anderen Arbeitnehmers beschäftigt wird,
4. die Eigenart der Arbeitsleistung die Befristung rechtfertigt,
5. die Befristung zur Erprobung erfolgt,
6. in der Person des Arbeitnehmers liegende Gründe die Befristung rechtfertigen,
7. der Arbeitnehmer aus Haushaltsmitteln vergütet wird, die haushaltsrechtlich für eine befristete Beschäftigung bestimmt sind, und er entsprechend beschäftigt wird oder
8. die Befristung auf einem gerichtlichen Vergleich beruht.

(2) ¹Die kalendermäßige Befristung eines Arbeitsvertrages ohne Vorliegen eines sachlichen Grundes ist bis zur Dauer von zwei Jahren zulässig; bis zu dieser Gesamtdauer von zwei Jahren ist auch die höchstens dreimalige Verlängerung eines kalendermäßig befristeten Arbeitsvertrages zulässig. ²Eine Befristung nach Satz 1 ist nicht zulässig, wenn mit demselben Arbeitgeber bereits zuvor ein befristetes oder unbefristetes Arbeitsverhältnis bestanden hat. ³Durch Tarifvertrag kann die Anzahl der Verlängerungen oder die Höchstdauer der Befristung abweichend von Satz 1 festgelegt werden. ⁴Im Geltungsbereich eines solchen Tarifvertrages können nicht tarifgebundene Arbeitgeber und Arbeitnehmer die Anwendung der tariflichen Regelungen vereinbaren.

(2 a) ¹In den ersten vier Jahren nach der Gründung eines Unternehmens ist die kalendermäßige Befristung eines Arbeitsvertrages ohne Vorliegen eines sachlichen Grundes bis zur Dauer von vier Jahren zulässig; bis zu dieser Gesamtdauer von vier Jahren ist auch die mehrfache Verlängerung eines kalendermäßig befristeten Arbeitsvertrages zulässig. ²Dies gilt nicht für Neugründungen im Zusammenhang mit der rechtlichen Umstrukturierung

von Unternehmen und Konzernen. ³Maßgebend für den Zeitpunkt der Gründung des Unternehmens ist die Aufnahme einer Erwerbstätigkeit, die nach § 138 der Abgabenordnung der Gemeinde oder dem Finanzamt mitzuteilen ist. ⁴Auf die Befristung eines Arbeitsvertrages nach Satz 1 findet Absatz 2 Satz 2 bis 4 entsprechende Anwendung.

(3) ¹Die kalendermäßige Befristung eines Arbeitsvertrages ohne Vorliegen eines sachlichen Grundes ist bis zu einer Dauer von fünf Jahren zulässig, wenn der Arbeitnehmer bei Beginn des befristeten Arbeitsverhältnisses das 52. Lebensjahr vollendet hat und unmittelbar vor Beginn des befristeten Arbeitsverhältnisses mindestens vier Monate beschäftigungslos im Sinne des § 138 Absatz 1 Nummer 1 des Dritten Buches Sozialgesetzbuch gewesen ist, Transferkurzarbeitergeld bezogen oder an einer öffentlich geförderten Beschäftigungsmaßnahme nach dem Zweiten oder Dritten Buch Sozialgesetzbuch teilgenommen hat. ²Bis zu der Gesamtdauer von fünf Jahren ist auch die mehrfache Verlängerung des Arbeitsvertrages zulässig.

(4) Die Befristung eines Arbeitsvertrages bedarf zu ihrer Wirksamkeit der Schriftform.

I. Grundsätze 1	aa) Streitgegenstand bei Befristungsketten 55
1. Überblick 1	bb) Rechtsmissbrauchskontrolle bei Befristungsketten........... 60
2. Unionsrechtliche Rahmenbedingungen 3	f) Darlegungs- und Beweislast 62
3. Geltungsbereich der Befristungskontrolle nach TzBfG 7	3. Nr 1 – Vorübergehender betrieblicher Bedarf....... 65
	a) Grundsätze............ 65
4. Beteiligung von Betriebs- und Personalrat bei Abschluss befristeter Arbeitsverträge............ 10	b) Einzelfälle 72
	c) Besonderheiten der Darlegungs- und Beweislast 75
II. Sachgrundbefristungen nach § 14 Abs 1 TzBfG............. 16	4. Nr 2 – Anschlussbefristung nach Studium oder Ausbildung................ 78
1. Anwendungsbereich 16	a) Grundsätze............ 78
a) Befristungsformen..... 16	b) Darlegungs- und Beweislast 86
b) Befristung von Arbeitsverträgen 23	5. Nr 3 – Vertretungsbefristung 87
c) Umwandlung eines unbefristeten in ein befristetes Arbeitsverhältnis 30	a) Grundsätze............ 87
	b) Vertretungskonstellationen................... 98
d) Aufhebungsvertrag und Befristungskontrolle................... 31	c) Darlegungs- und Beweislast 105
e) Befristung einzelner Vertragsbedingungen.. 33	6. Nr 4 – Eigenart der Arbeitsleistung............. 107
f) Befristete Arbeitsverträge in der Insolvenz 39	a) Grundsätze............ 107
	b) Einzelfälle 111
2. Sachgrund iSv § 14 Abs 1 TzBfG 40	7. Nr 5 – Befristung zur Erprobung................ 124
a) Allgemeines........... 40	8. Nr 6 – Gründe in der Person des Arbeitnehmers.... 134
b) Dauer der Befristung.. 49	a) Allgemeines........... 134
c) maßgeblicher Zeitpunkt 53	
d) Prognoseprinzip....... 54	
e) Befristungsketten 55	

Mestwerdt

b) Einzelfälle	135
aa) Altersgrenzen	135
bb) Befristung auf Wunsch des Arbeitnehmers	140
cc) Soziale Gründe	143
dd) Aufenthaltsgenehmigung/Arbeitserlaubnis	145
ee) Befristete Nebenbeschäftigungen	148
9. Nr 7 – Haushaltsrechtliche Gründe	150
10. Nr 8 – Gerichtlicher Vergleich	163
11. Sonstige Befristungsgründe	168
a) Eingliederungsförderung, Arbeitsbeschaffungsmaßnahmen	169
b) Sicherung der Betriebsratsarbeit	174
c) Befristung mit beurlaubtem Beamten	175
d) Befristung bei anderweitiger Wiedereinstellungszusage	176
III. Sachgrundlose Befristungen nach § 14 Abs 2 TzBfG	177
1. Überblick	177
2. Voraussetzungen einer sachgrundlosen Befristung	182
a) Kalendermäßige Befristung	182
b) Höchstdauer	185
c) Kein Zitiergebot	186
3. Verlängerung eines sachgrundlos befristeten Arbeitsvertrages	188
a) Grundsätze	188
b) Verlängerung	189
c) Zeitpunkt der Verlängerungsvereinbarung	192
d) Unveränderte Vertragsbedingungen	193
e) Anschlussverbot	196
aa) „Derselbe Arbeitgeber"	200
bb) Vorangegangenes Arbeitsverhältnis	206
f) Darlegungs- und Beweislast	207
4. Tarifliche Regelungen (§ 14 Abs 2 Satz 3 und 4 TzBfG)	210
5. Sachgrundlose Befristungen nach SR 2 y BAT/TVöD	212
6. Sachgrundlose Befristung in neugegründeten Unternehmen (§ 14 Abs 2 a TzBfG)	216
IV. Sachgrundlose Befristung mit älteren Arbeitnehmern (§ 14 Abs 3 TzBfG)	225
V. Schriftform (§ 14 Abs 4 TzBfG)	241
1. Entstehungsgeschichte	241
2. Anwendungsbereich	243
3. Umfang des Schriftformgebots	249
4. Umsetzung des Schriftformgebots	255
5. Rechtsfolgen eines Verstoßes	261
6. Einzelfragen	262
7. Darlegungs- und Beweislast	267
8. Formerfordernisse im öffentlichen Dienst	268

I. Grundsätze

1. Überblick

1 Durch das Gesetz über Teilzeitarbeit und befristete Arbeitsverträge und zur Änderung und Aufhebung arbeitsrechtlicher Bestimmungen vom 21.12.2000[1] ist das Recht der befristeten Arbeitsverhältnisse auf eine umfassende gesetzliche Grundlage gestellt und zusammenhängend geregelt worden. Bezogen auf befristet beschäftigte Arbeitnehmer ist Ziel des Gesetzes nach § 1 TzBfG, die Voraussetzungen für die Zulässigkeit befristeter Arbeitsverträge festzulegen und die Diskriminierung befristet beschäftigter Arbeitnehmer zu verhindern. Was ein befristet beschäftigter Arbeitnehmer iSd Gesetzes ist, ergibt sich aus der Legaldefinition des § 3 TzBfG. Über die bereits zuvor von der Rechtsprechung entwickelten Befristungsformen der

---

[1] BGBl I S 1966.

Zeit- und der Zweckbefristung erfasst das Gesetz nach § 21 TzBfG auch auflösend bedingte Arbeitsverhältnisse mit den dort näher bestimmten Besonderheiten.[2]

Zentrale Bestimmung des Befristungsrechts ist § 14 TzBfG. Die Norm differenziert wie nach altem Recht zwischen der in Abs 1 geregelten Sachgrundbefristung und der in Abs 2 und 3 normierten sachgrundlosen Befristung bei Neueinstellung und Altersbefristung. Das in Abs 4 geregelte Schriftformerfordernis ist aus § 623 BGB übernommen worden, aus dessen Anwendungsbereich zeitgleich die Befristung herausgenommen worden ist. Einheitlich werden in § 15 TzBfG die Beendigungsvorschriften für befristete Arbeitsverträge geregelt. In Fortschreibung der bisherigen Rechtsprechung bestimmt § 16 TzBfG, dass als Folge einer unwirksamen Befristung der befristete Arbeitsvertrag als auf unbestimmte Zeit abgeschlossen gilt. Aus § 1 Abs 5 BeschFG hat § 17 TzBfG die dreiwöchige Klagefrist nach dem vereinbarten Ende des Arbeitsverhältnisses übernommen, innerhalb derer der Arbeitnehmer die Rechtsunwirksamkeit der Befristung geltend machen kann. § 23 TzBfG schließlich stellt klar, dass gesetzliche Befristungsregeln nach anderen gesetzlichen Vorschriften (bspw § 21 BEEG, § 1 f. WissZeitVG) unberührt bleiben und, soweit ihr Regelungsbereich reicht, den allgemeinen Vorschriften des TzBfG vorgehen.[3]

2. Unionsrechtliche Rahmenbedingungen

Die Bestimmungen des TzBfG über befristete Arbeitsverträge setzen die Vorgaben der **Richtlinie 99/70/EG** vom 28. Juni 1999 zu der EGB-UNICE-CEEP Rahmenvereinbarung über befristete Arbeitsverträge[4] um. Die Richtlinie regelt in Art 2 lediglich die Umsetzung; der **materielle Umsetzungsbedarf** ergibt sich aus § 5 der im Anhang enthaltenen **Rahmenvereinbarung der europäischen Sozialpartner über befristete Arbeitsverträge** vom 18. März 1999. Danach sollen die Mitgliedstaaten, um Missbrauch durch aufeinander folgende befristete Arbeitsverträge oder -verhältnisse zu vermeiden, eine oder mehrerer der folgenden Maßnahmen ergreifen:

- sachliche Gründe, die die Verlängerung solcher Verträge oder Verhältnisse rechtfertigen;
- die insgesamt zulässige Dauer aufeinanderfolgender Arbeitsverträge oder -verhältnisse;
- die zulässige Zahl der Verlängerungen solcher Verträge oder Verhältnisse.

Ferner sollen nach § 5 Abs 2 der Rahmenvereinbarung die Mitgliedstaaten festlegen, unter welchen Bedingungen befristete Arbeitsverträge oder Beschäftigungsverhältnisse

- als „aufeinanderfolgend" zu betrachten sind und
- als unbefristete Verträge oder Verhältnisse zu gelten haben.

Nach § 8 Abs 1 der Rahmenvereinbarung können die Mitgliedstaaten günstigere Bestimmungen für Arbeitnehmer als in der Vereinbarung vorge-

---

2 Vgl iE die Kommentierung zu § 21.
3 Begr. des Gesetzentwurf BT-Drucks 14/4374 S 22.
4 ABl EG 1999 Nr L 175 S 43.

sehen beibehalten oder einführen. Nach § 8 Abs 3 darf die Umsetzung dieser Vereinbarung jedoch nicht als Rechtfertigung für die Senkung des allgemeinen Niveaus des Arbeitnehmerschutzes in dem von dieser Vereinbarung erfassten Bereich dienen.

4 §§ 14 ff TzBfG sind unionsrechtskonform iSd Richtlinie 99/70/EG auszulegen und anzuwenden. Zweifel in Bezug auf die Auslegung der Richtlinie müssen im Rahmen von Vorabentscheidungsersuchen nach Art 267 AEUV durch den EuGH entschieden werden. Der Rechtsprechung des EuGH kommt eine besondere Bedeutung im Befristungsrecht zu, weil die Richtlinie keine präzisen Vorgaben definiert, wie der Missbrauch durch aufeinanderfolgende Arbeitsverhältnisse verhindert werden soll. Die Richtlinie sieht weder eine Verpflichtung des nationalen Gesetzgebers zu einer abschließenden Aufzählung von Sachgründen für eine Befristung vor noch definiert sie konkret, welche inhaltlichen Anforderungen an den Sachgrund zu stellen sind. Die Rahmenvereinbarung gibt den Mitgliedstaaten lediglich auf, „eine oder mehrere" der in § 5 Abs 1 lit. a bis lit. c der Rahmenvereinbarung aufgeführten Maßnahmen zu ergreifen und verlangt in § 5 Abs 1 lit. a lediglich für die Verlängerung, nicht aber für den erstmaligen Abschluss eines befristeten Arbeitsvertrages einen sachlichen Grund.[5] Auch in § 14 Abs 1 TzBfG nicht aufgeführte sondern durch Rechtsprechung entwickelte Sachgründe können deshalb den unionsrechtlichen Vorgaben genügen.

5 Mit der Entscheidung Adelener[6] hat der EuGH das **unionsrechtliche Verständnis des Begriffs des Sachgrunds** verdeutlicht. Danach ist eine Befristung durch "sachliche Gründe" iS § 5 der Rahmenvereinbarung gerechtfertigt, wenn der in der nationalen Regelung vorgesehene Rückgriff auf diese besondere Art des Arbeitsverhältnisses durch konkrete Gesichtspunkte gerechtfertigt wird, die vor allem mit der betreffenden Tätigkeit und den Bedingungen ihrer Ausübung zusammenhängen.

6 Zur zentralen Problematik der Kontrolle von Mehrfachbefristungen hat der EuGH den unionsrechtlich vorgegebenen Rahmen präzisiert. Befristete Arbeitsverträge dürfen auch dann wiederholt zum Zwecke der Vertretung verlängert werden, wenn ein wiederkehrender oder sogar ständiger Bedarf an Vertretungen besteht; bei der gebotenen Missbrauchskontrolle müssen aber alle Umstände des Einzelfalls einschließlich der Zahl und der Gesamtdauer der in der Vergangenheit mit demselben Arbeitgeber geschlossenen befristeten Verträge berücksichtigt werden.[7] Das BAG legt dieses unionsrechtliche Verständnis nunmehr der Auslegung von § 14 Abs 1 TzBfG zugrunde.[8]

3. Geltungsbereich der Befristungskontrolle nach TzBfG

7 Die Befristungskontrolle vor Inkrafttreten des TzBfG[9] war vom Gedanken der objektiven Umgehung zwingender Kündigungsschutzvorschriften geprägt; ein Sachgrund für eine Befristung war deshalb nur im Anwendungs-

---

[5] EuGH 23.4.2009 – C 378/07 ua (Angelidaki).
[6] EuGH 4.7.2006 – C 212/04 – EZA EG-Vertrag 1999 Richtlinie 99/70 Nr 1.
[7] EuGH 26.1.2012 – C-586/10.
[8] BAG 18.7.2012 – 7 AZR 443/09; 13.2.2013 – 7 AZR 225/11; vgl iE Rn 60 ff.
[9] BAG 12.10.1960 – GS 1/59 – AP § 620 BGB Befristeter Arbeitsvertrag Nr 16.

bereich des KSchG oder anderer Kündigungsschutzvorschriften erforderlich. Nunmehr bedarf nach dem TzBfG mit Ausnahme der Regelungen über sachgrundlose Befristungen in § 14 Abs 2 und 3 **jede Befristung eines sachlichen Grunds.** Dies gilt für die Befristung von Arbeitsverhältnissen in **Kleinbetrieben** nach § 23 Abs 1 KSchG sowie bei **Neueinstellungen für eine Dauer von weniger als sechs Monaten,**[10] die nach altem Recht der Befristungskontrolle entzogen waren.[11] Nach dem klaren und insoweit der Auslegung nicht zugänglichen Wortlaut des § 14 Abs 1 TzBfG gilt dies auch, obwohl die Begründung des Regierungsentwurfs[12] darauf hinweist, dass in Betrieben mit nicht mehr als fünf Arbeitnehmern erleichterte Befristungen weiterhin geschlossen werden können, weil eine Umgehung des KSchG nicht möglich ist.

Die praktischen Auswirkungen der erweiterten Befristungskontrolle auf Kleinbetriebe bleiben gering, soweit nach § 15 Abs 3 TzBfG einzelvertraglich oder im anwendbaren Tarifvertrag die Möglichkeit der ordentlichen Kündigung vereinbart ist. (Tarif)Vertraglich vorbehaltene Kündigungen im Rahmen einer Befristungsabrede unterliegen außerhalb des Anwendungsbereichs des KSchG nur einer eingeschränkten Prüfung am Maßstab von § 138 BGB bzw von § 242 BGB;[13] der Arbeitgeber hat lediglich ein durch Art 12 GG gebotenes Mindestmaß an sozialer Rücksichtnahme zu wahren.[14]   8

Die §§ 14 ff TzBfG finden auch Anwendung auf die **Befristung von Arbeitsverhältnissen zwischen Leiharbeitnehmern und Verleihern.** Rahmenvereinbarung und Richtlinie kommen nach Auffassung des EuGH zwar nicht auf das befristete Arbeitsverhältnis zwischen einem Leiharbeitnehmer und dem Verleiher zur Anwendung;[15] der EuGH stellt darauf ab, dass der Anwendungsbereich der Richtlinie sich nach § 2 Nr 1 der Rahmenvereinbarung nicht nach der Vereinbarung oder dem Unionsrecht sondern nach nationalen Gepflogenheiten richtet und den Mitgliedstaaten ein Ermessen hinsichtlich der Anwendung der Rahmenvereinbarung auf bestimmte Arbeitsverhältnisse eröffnet. Dieses offene Verständnis vom Anwendungsbereich der Richtlinie ist überraschend; der nationale Gesetzgeber hat mit der einschränkungslosen Regelung für befristete Arbeitsverträge im TzBfG sein Regelungsermessen aber eindeutig im Hinblick auf einen Einbezug auch der Arbeitsverhältnisse von Leiharbeitnehmern ausgeübt.   8a

Ein befristeter Arbeitsvertrag unterliegt materiell-rechtlich der Kontrolle nach § 14 Abs 1 bzw 2 TzBfG. Eine Inhaltskontrolle der Befristung des Ar-   9

---

10 BAG 13.5.2004 – 2 AZR 426/03; EzBAT SR 2 y BAT TzBfG Nr 10; Arnold/Gräfl TzBfG § 14 Rn 6; APS/Backhaus § 14 TzBfG Rn 16 ff.
11 Sofern nicht andere Kündigungsschutzbestimmungen berührt wurden wie § 613 a Abs 4 BGB; BAG 2.12.1998 – 7 AZR 579/97 – DB 1999, 1560.
12 BT-Drucks 14/4374.
13 Vgl BAG 22.5.2003 – 2 AZR 426/02; 8.12.2011 – 6 AZN 1371/11.
14 BVerfG 27.1.1998 – 1 BvL 15/87 – BVerfGE 97, 169; zu den Anforderungen an die Auswahl des zu kündigenden Arbeitnehmers im Falle einer betriebsbedingten Kündigung im Kleinbetrieb BAG 21.2.2001 – 2 AZR 15/00 – NZA 2001, 833; zu den Anforderungen an die Treuwidrigkeit einer Kündigung nach § 242 BGB außerhalb des KSchG BAG 5.4.2001 – 2 AZR 185/00 – NZA 2001, 890; BAG 21.2.2001 – 2 AZR 579/99.
15 EuGH 11.4.2013 – C-290/12.

beitsvertrags nach AGB-Grundsätzen gem § 307 Abs 1, 308, 309 BGB findet nicht statt.[16] Eine **Befristungsabrede kann aber als überraschende Klausel nach § 305 c Abs 1 BGB oder bei Verstoß gegen das Transparenzgebot des § 307 Abs 1 Satz 2 BGB** unwirksam bzw nicht Vertragsbestandteil geworden sein. Enthält ein Formulararbeitsvertrag neben einer drucktechnisch hervorgehobenen Befristung für die Dauer eines Jahres im nachfolgenden Vertragstext ohne besondere Hervorhebung eine weitere Befristung zum Ablauf der sechsmonatigen Probezeit, wird die Probezeitbefristung als überraschende Klausel nach § 305 c Abs 1 BGB nicht Vertragsbestandteil.[17] Erforderlich ist deshalb bei Doppelbefristungen eine deutlich erkennbare Hervorhebung der weiteren vorzeitigen Beendigungsmöglichkeit.[18]

4. Beteiligung von Betriebs- und Personalrat bei Abschluss befristeter Arbeitsverträge

10   Nach § 99 Abs 1 BetrVG hat der Arbeitgeber in Unternehmen mit mehr als zwanzig wahlberechtigten Arbeitnehmern bei jeder Einstellung die Zustimmung des Betriebsrat einzuholen.[19] Nach mehrfach bestätigter Rechtsprechung[20] kann der Betriebsrat die Zustimmung zu der vom Arbeitgeber beabsichtigten Einstellung eines Arbeitnehmers wegen Verstoßes gegen eine Norm iSd § 99 Abs 2 Nr 1 BetrVG nur dann verweigern, wenn nach dem Zweck der verletzten Norm die geplante Einstellung ganz unterbleiben muss; das **Mitbestimmungsrecht des Betriebsrats bei Einstellungen ist aber kein Instrument einer umfassenden Vertragsinhaltskontrolle**.[21] Deshalb kann der Betriebsrat die Zustimmung zur Einstellung eines Arbeitnehmers nicht mit der Begründung verweigern, die vertraglich vorgesehene Befristung des Arbeitsverhältnisses sei unzulässig, weil die Voraussetzungen des TzBfG nicht vorliegen.[22] Da ein darauf gestützter Widerspruch des Betriebsrats offensichtlich auf keinen der in § 99 Abs 2 BetrVG normierten Widerspruchsgründe Bezug nimmt, bedarf es auch keines Zustimmungsersetzungsverfahrens.[23]

11   Dasselbe gilt, wenn der Betriebsrat seine Zustimmung zu einer Einstellung wegen eines Verstoßes gegen tarifvertragliche Befristungsnormen verweigert. Diese können nur dann ein Zustimmungsverweigerungsrecht begründen, wenn die Tarifnorm generell eine Beschäftigung im Rahmen eines unzulässig befristeten Arbeitsverhältnisses untersagt und der Schutzzweck nur dann realisiert werden kann, wenn die Einstellung unterbleibt.[24] Entsprechende Tarifnormen sind nicht bekannt.

---

16   Zur AGB-Kontrolle befristeter Arbeitsbedingungen vgl Rn 33 ff.
17   BAG 16.4.2008 – 7 AZR 132/07.
18   BAG 8.8.2007 – 7 AZR 605/06.
19   Zur Reichweite des Begriffs der Einstellung iSv § 99 BAG 19.6.2001 – 1 ABR 25/00.
20   BAG 16.7.1985 – 1 ABR 35/83 – AP § 99 BetrVG 1972 Nr 21; Nichtzulassungsbeschluss vom 10.2.1988 – 1 ABN 51/87 – AP § 92a ArbGG 1979 Nr 6; BAG 28.6.1994 – 1 ABR 59/93 – AP § 99 BetrVG Einstellung Nr 4.
21   BAG 28.6.1994 – 1 ABR 59/93 – AP § 99 BetrVG Einstellung Nr 4; zu § 75 Abs 1 Nr 1 BPersVG BAG 29.6.2011 – 7 AZR 774/09.
22   BAG 27.10.2010 – 7 ABR 86/09; Sievers TzBfG § 14 Rn 98.
23   Zutr Sievers TzBfG Rn 99.
24   BAG 28.6.1994 – 1 ABR 59/93 – aaO.

Auch im Anwendungsbereich des **Personalvertretungsrechts des Bundes** besteht kein Mitbestimmungsrecht des Personalrats bei der Befristung von Arbeitsverträgen,[25] nach § 75 Abs 1 Nr 1 BPersVG steht dem Personalrat nur ein Mitbestimmungsrecht bei der Einstellung zu.

Weitergehende Beteiligungsrechte bei der Befristung von Arbeitsverhältnissen gewähren einige **Landespersonalvertretungsgesetze**. Liegt die nach § 72 Abs 1 Nr 1, § 66 Abs 1 LPVG NW erforderliche Zustimmung des Personalrats zur Befristung eines Arbeitsvertrags nicht vor, ist die gleichwohl vereinbarte Befristung unwirksam.[26] Nach §§ 61 Abs 1, 63 Abs 1 Nr 4 LPVG Brandenburg bedarf die Befristung von Arbeitsverhältnissen der Zustimmung des Personalrats. Die einmal erteilte Zustimmung des Personalrats bezieht sich auf ihm mitgeteilte Angaben zur Befristungsdauer und zum Befristungsgrund. Will der Arbeitgeber bei der Vertragsgestaltung mit dem einzustellenden Arbeitnehmer davon abweichen, bedarf es der erneuten Zustimmung des Personalrats.[27] Im Prozess um die Wirksamkeit der Befristung ist der Arbeitgeber bei entsprechenden personalvertretungsrechtlichen Bestimmungen mit Befristungsgründen ausgeschlossen, die er dem Personalrat nicht mitgeteilt hat.[28] Gegenüber dem Personalrat genügt der Arbeitgeber aber seiner Unterrichtungspflicht, wenn er dem Personalrat den Sachgrund für die Befristung seiner Art nach mitteilt. Er ist nicht verpflichtet, unaufgefordert das Vorliegen des Sachgrundes iE zu begründen.[29]

Nach § 65 Abs 2 Nr 4 Nds PersVG unterliegt die Verlängerung eines befristeten Arbeitsvertrages zwar der Mitbestimmung des Personalrates, eine Verletzung des Mitbestimmungsrechts führt jedoch nicht zur Unwirksamkeit der Befristungsabrede, weil auch insoweit Gegenstand der Mitbestimmung nicht der Inhalt des Arbeitsvertrages sondern – wie bei der Einstellung – die tatsächliche Beschäftigung ist.[30]

Hinweis: Unabhängig davon, ob die Zustimmung des Personalrats Wirksamkeitsvoraussetzung der Befristung ist, kann es aus Arbeitnehmersicht sinnvoll sein, Mitglieder des Personalrats beim Streit um den (wirklichen) Befristungsgrund als Zeugen zu benennen, weil die Erklärungen des Arbeitgebers gegenüber dem Personalrat bei der Einstellung Rückschlüsse darauf erlauben, ob der im Prozess behauptete Befristungsgrund tatsächlich der Vereinbarung der Befristung zugrunde gelegen hat. Vor allem bei Vertretungsbefristungen und dem Streit über die Kausalität zwischen Einstellung des Vertreters und Ausfall der Stammkraft bietet sich ein solches prozessuales Vorgehen an.

---

25 BAG 29.6.2011 – 7 AZR 774/09.
26 BAG 18.6.2008 – 7 AZR 214/07; 13.6.2007 – 7 AZR 287/06; 15.2.2006 – 7 AZR 206/05 – nv; 20.2.2002 – 7 AZR 707/00 – NZA 2002, 811.
27 BAG 27.9.2000 – 7 AZR 412/99 – NZA 2001, 339.
28 BAG 15.2.2006 – 7 AZR 206/05 – ZTR 2006, 508; LAG Berlin-Brandenburg 1.10.2008 – 15 Sa 1036/08.
29 BAG 27.9.2000 – 7 AZR 412/99.
30 LAG Niedersachsen 5.12.2002 – 4 Sa 610/02.

II. Sachgrundbefristungen nach § 14 Abs 1 TzBfG
1. Anwendungsbereich

16 **a) Befristungsformen.** § 14 Abs 1 TzBfG regelt die Zulässigkeit der Befristung von Arbeitsverträgen. Wann eine Befristung iSd Gesetzes vorliegt, bestimmt sich nach der **Legaldefinition des § 3 Abs 1 TzBfG**. Befristet beschäftigt ist danach ein Arbeitnehmer mit einem auf bestimmte Zeit geschlossenen Arbeitsvertrag. Ein auf bestimmte Zeit geschlossener Arbeitsvertrag liegt nach § 3 Abs 1 Satz 2 TzBfG vor, wenn seine Dauer kalendermäßig bestimmt ist (kalendermäßig befristeter Arbeitsvertrag) oder sich aus Art, Zweck oder Beschaffenheit der Arbeitsleistung ergibt (zweckbefristeter Arbeitsvertrag). Die Begriffsbestimmung und die Unterscheidung in Zeit- und Zweckbefristung nimmt die Definition in § 2 der Rahmenvereinbarung über befristete Arbeitsverträge auf und regelt sie in Übereinstimmung mit dem bisher geltenden Recht in § 620 BGB aF sowie der ständigen Rechtsprechung des BAG.[31]

17 **Kalendermäßig befristet** ist ein Arbeitsverhältnis, wenn das Vertragsende nach Maßgabe von §§ 188, 189 BGB bestimmt werden kann. Ausreichend ist, wenn der beabsichtigte Endzeitpunkt an Hand der vertraglichen Vereinbarung kalendermäßig bestimmbar ist.[32] Selbst eine Formulierung „voraussichtlich 31.12.1998" kann eine Zeitbefristung darstellen, wenn sich aus weiteren Umständen ein entsprechender Vertragswille der Parteien ergibt.[33]

18 Die Abgrenzung zur Zweckbefristung ist nicht immer eindeutig vorzunehmen. Eine **Zweckbefristung** ist dadurch gekennzeichnet, dass die Dauer des Arbeitsverhältnisses nicht kalendermäßig bestimmt ist, sondern das Arbeitsverhältnis mit Eintritt eines bestimmten Ereignisses enden soll.[34] Bei einer Zweckbefristung machen die Parteien die Beendigung des Arbeitsverhältnisses vom Eintritt eines künftigen Ereignisses abhängig, dessen Eintritt sie für gewiss halten, dessen Zeitpunkt dagegen ungewiss ist.[35]

19 Auch die Vereinbarung einer Zweckbefristung muss eindeutig erfolgen. Der Zweck muss so genau bezeichnet sein, dass hieraus das Ereignis zweifelsfrei feststellbar ist, mit dessen Eintritt das Arbeitsverhältnis enden soll.[36] Dazu genügt allein die Zuweisung einer begrenzten Aufgabe nicht.

20 Vereinbaren die Parteien ein Arbeitsverhältnis für die Dauer der Ernte oder für eine Saison, so ist in aller Regel eine Zweckbefristung vereinbart, die nur unter Einhaltung der Ankündigungsfrist des § 15 Abs 2 TzBfG zu einer Beendigung des Arbeitsverhältnisses führen kann. Liegt weder eine nach Maßgabe von § 3 Abs 1 Satz 2 TzBfG hinreichend bestimmte Zeit- oder Zweckbefristung vor (Einstellung für ca. drei bis fünf Monate), so lässt die Vertragsgestaltung zwar den Willen der Vertragsparteien zur Vereinbarung

---

31 BAG 26.3.1986 – 7 AZR 599/84 – AP § 620 BGB Befristeter Arbeitsvertrag Nr 103; zuletzt BAG 27.6.2001 – 7 AZR 157/00 – ZTR 2002, 187.
32 KR/Bader § 3 TzBfG Rn 17; Sievers TzBfG § 3 Rn 9.
33 BAG 27.6.2001 – ZTR 2002, 187.
34 BAG 15.5.2012 – 7 AZR 35/11 – NZA 2012, 1366; 26.3.1986 – 7 AZR 599/84 – AP § 620 BGB Befristeter Arbeitsvertrag Nr 103.
35 BAG 15.5.2012 – 7 AZR 35/11.
36 BAG 15.5.2012 – 7 AZR 35/11; 16.3.2000 – 2 AZR 196/99.

einer Befristung erkennen; die Befristung ist aber bereits deshalb unwirksam, weil sie sich nicht einer Befristungsgrundform zuordnen lässt.[37]

Nach dem Grundsatz der Vertragsfreiheit ist es zulässig, eine **kombinierte Zeit- und Zweckbefristung** zu vereinbaren.[38] Worauf sich die Parteien verständigt haben, ist im Zweifel nach §§ 133, 157 BGB im Wege der Auslegung zu ermitteln.

Nach § 21 TzBfG finden die wesentlichen Vorschriften zur Befristungskontrolle (§§ 14 Abs 1 und Abs 4, 15 Abs 2, 3 und 5 sowie 16 bis 20, vgl iE die Kommentierung dort) entsprechend auf **auflösend bedingte Arbeitsverhältnisse** Anwendung. Dies entspricht der bisherigen Rechtsprechung des BAG, wonach die Vereinbarung beider Beendigungstatbestände in gleicher Weise der arbeitsgerichtlichen Befristungskontrolle unterliegt.[39]

b) Befristung von Arbeitsverträgen. § 14 TzBfG regelt ausschließlich, unter welchen Voraussetzungen die Befristung von Arbeitsverträgen zulässig ist. Ob das zu befristende Rechtsverhältnis sich nach dem Grad der persönlichen Abhängigkeit des Dienstnehmers als **Arbeitsverhältnis** darstellt oder als **freies Dienstverhältnis**, entscheidet sich nach den allgemeinen Abgrenzungskriterien.[40]

Nicht vom Anwendungsbereich des TzBfG erfasst werden die Rechtsverhältnisse der **arbeitnehmerähnlichen Personen**.[41] Der Gesetzgeber hat eine entsprechende Anwendung der Normen des TzBfG auf diese Personengruppe im Gegensatz etwa zu § 12a TVG oder § 12 BUrlG im TzBfG nicht normiert.

Auch die Rechtsverhältnisse der **Heimarbeiter** werden vom TzBfG nicht, auch nicht entsprechend, erfasst.[42] Der Gesetzgeber hat bewusst darauf verzichtet, weitere schutzbedürftige Personengruppen dem Anwendungsbereich des TzBfG zu unterstellen. Die Rechtsverhältnisse der Heimarbeiter werden von § 620 BGB erfasst. Ob nach der Neuregelung des Befristungsrechts für die im Anwendungsbereich des § 620 BGB verbliebenen Rechtsverhältnisse wie insbesondere Heimarbeiter daran festgehalten werden kann, dass die Befristung des Beschäftigungsverhältnisses eines Heimarbeiters wegen der Umgehung von §§ 29, 29a HAG unwirksam ist, wenn kein sachlicher Grund besteht,[43] ist fraglich. Dafür gibt es angesichts der umfassenden Neuregelung des Befristungsrechts keine gesetzliche Grundlage mehr. Die Situation ist vergleichbar mit dem Kündigungsschutz der Heimarbeiter in unbefristeten Arbeitsverhältnissen. Auch das KSchG findet aufgrund fehlender gesetzlicher Anordnung keine Anwendung auf Heimarbeiter.

---

37 Dörner, Der befristete Arbeitsvertrag Rn 39; KR/Bader § 3 TzBfG Rn 18; zur Klagefrist vgl § 17 Rn 5 ff.
38 BAG 19.2.2014 – 7 AZR 260/12; 29.6.2011 – 7 AZR 6/10; 21.4.1993 – 7 AZR 388/92 – AP § 620 BGB Befristeter Arbeitsvertrag Nr 148; 27.6.2001 – 7 AZR 157/00, eingehend § 15 Rn 28 f.
39 BAG 24.9.1997 – 7 AZR 669/96 – AP Nr 192 zu § 620 BGB Befristeter Arbeitsvertrag.
40 Vgl hierzu § 1 KSchG Rn 24 ff.
41 Zur Abgrenzung § 1 KSchG Rn 28.
42 AA KDZ/Däubler § 620 BGB Rn 4, 5.
43 KDZ/Däubler §§ 29, 29a HAG Rn 29.

26 Nach dem insoweit eindeutigen Wortlaut von § 14 Abs 1 TzBfG werden auch **befristete Arbeitsverträge bis zur Dauer von sechs Monaten** erfasst,[44] die nach altem Recht einer Befristungskontrolle nicht unterfielen.[45] Liegen die Voraussetzungen von § 14 Abs 2 TzBfG vor (keine Zuvorbeschäftigung), ist eine solche Befristung als sachgrundlose Befristung wirksam.

27 Auch die Befristung des Arbeitsvertrages eines **leitenden Angestellten** bedarf eines sachlichen Grundes. Dies gilt auch, wenn der leitende Angestellte zur Personengruppe des § 14 Abs 2 KSchG gehört, denen gegenüber der Arbeitgeber bei einer sozialwidrigen Kündigung einen Auflösungsantrag nach § 9 Abs 1 Satz 2 KSchG nicht begründen muss. An der zum alten Recht vertretenen Auffassung, die Befristung eines Arbeitsverhältnisses mit einem leitenden Angestellten iSv § 14 Abs 2 KSchG könne sachgrundlos erfolgen, sofern in der Befristungsabrede für den Fall des Ausscheidens eine §§ 9, 10 KSchG entsprechende Abfindung vereinbart wird,[46] kann unter der Regie des TzBfG nicht festgehalten werden, da nach neuem Recht die Befristungskontrolle nicht mehr von einer objektiven Umgehung von Kündigungsschutzbestimmunen abhängt. In der Vereinbarung einer Abfindung für den Fall des Ausscheidens liegt auch nicht der Sachgrund für die Befristung.[47] Das Arbeitsverhältnis mit einem leitenden Angestellten iSv § 14 Abs 2 KSchG wird nicht wegen der vereinbarten Entschädigung befristet, vielmehr soll die Abfindung Ausgleich für eine sachgrundlose Befristung sein. Sachgrundlose Befristungen sind aber nur nach Maßgabe von § 14 Abs 2 und 3 TzBfG zulässig.

28 Keinen erhöhten Befristungsschutz durch das TzBfG erfahren **Arbeitnehmer, die besonderen Kündigungsschutz genießen**.[48] Zum alten Recht wurde die Auffassung vertreten, die Anforderungen an den sachlichen Grund eines in Kenntnis der Schwangerschaft geschlossenen befristeten Arbeitsvertrages müssten dem stärker ausgestalteten Bestandsschutz in § 9 MuSchG entsprechen.[49] Diese Auffassung konnte bereits zur alten Rechtslage nicht überzeugen. Weder Art 6 Abs 4 GG noch eine besondere Fürsorge gebieten es, bei einer Bewertung der Interessenlage beim Abschluss befristeter Arbeitsverträge die Schwangerschaft allen anderen Gesichtspunkten vorgehen zu lassen.[50] Im Zweifel verhindern erhöhte und nicht präzise definierte Anforderungen an den sachlichen Grund auch eine Einstellung von Personen mit Sonderkündigungsschutz.

---

44 KR/Lipke § 14 TzBfG Rn 50.
45 Zuletzt BAG 9.8.2000 – 7 AZR 339/99 – RzK I 4 d Nr 24.
46 Vgl APS/Backhaus § 14 Rn 9, offengelassen in BAG 26.4.1979 – 2 AZR 431/77 – AP § 620 BGB Befristeter Arbeitsvertrag Nr 47.
47 AA APS/Backhaus § 14 TzBfG Rn 19.
48 §§ 85 ff, 92 SGB IX; § 9 MuSchG; § 18 BEEG; § 15 KSchG; ErfK/Müller-Glöge § 14 TzBfG Rn 8.
49 MünchArbR/Wank § 116 Rn 56, vg. BAG 17.2.1983 – 2 AZR 481/81 – AP § 15 KSchG 1969 Nr 14 (erhöhte Anforderungen an zweite Befristung eines während der ersten Befristung gewählten Personalratsmitglieds).
50 BVerfG 24.9.1990 – 1 BvR 938/90 – AP § 620 BGB Befristeter Arbeitsvertrag Nr 136 a; nicht ganz eindeutig in Bezug auf das Abwägungsgewicht der Schwangerschaft bei Abschluss eines befristeten Arbeitsvertrages BAG 6.11.1996 – 7 AZR 909/95 – AP § 620 BGB Befristeter Arbeitsvertrag Nr 188.

§ 14 TzBfG unterwirft alle Befristungen gleichermaßen dem Erfordernis eines sachlichen Grundes, ohne zwischen Personen mit und ohne Sonderkündigungsschutz zu differenzieren; es kommt nicht mehr auf die Intensität des umgangenen Kündigungsschutzes an.[51] Nicht überzeugend ist es, bei der Befristung von Personen mit Sonderkündigungsschutz der Prognose des Arbeitgebers eine besondere Überzeugungskraft abzuverlangen bzw die Anforderungen an die Darlegungs- und Beweislast des Arbeitgebers zu erhöhen.[52] § 14 Abs 2 TzBfG ist auch nicht aus unionsrechtlichen Gründen (Verstoß gegen Art 7, 8 der Richtlinie 2002/14) teleologisch zu reduzieren, **die Wahl in den Betriebsrat steht der uneingeschränkten Anwendung von § 14 TzBfG nicht entgegen.**[53] Gegen unzulässige Sanktionen wegen der Tätigkeit als Betriebsrat sieht § 78 Abs 2 BetrVG iVm § 280 Abs 1, § 823 Abs 2 BGB Sanktionen vor,[54] dies kann auch ein **Anspruch auf Abschluss eines Folgevertrags** sein.[55] Soweit keine besonderen gesetzlichen Schutzbestimmungen greifen, ist der Arbeitnehmer mit Sonderkündigungsschutz so zu behandeln wie ein Arbeitnehmer ohne Sonderkündigungsschutz.[56] Lediglich **im Rahmen der unionsrechtlich vorgegebenen Missbrauchskontrolle bei wiederholter Befristung eines Arbeitsverhältnisses kann die besondere Schutzbedürftigkeit eines Arbeitnehmers ein berücksichtigungsfähiger Umstand** (neben der Anzahl und der Dauer vorhergehender befristeter Arbeitsverhältnisse) sein.[57]

29

c) **Umwandlung eines unbefristeten in ein befristetes Arbeitsverhältnis.** Nach § 14 Abs 1 TzBfG bedarf auch die **nachträgliche Befristung** eines zuvor unbefristeten Arbeitsverhältnisses eines Sachgrundes. Dies war nach altem Recht bereits ständige Rechtsprechung[58] und ist vom BAG im Anwendungsbereich des TzBfG bestätigt worden.[59] In der Praxis stellt sich die Problematik einer nachträglichen Befristung, wenn zunächst mündlich ein befristetes (und nach § 14 Abs 4 TzBfG wegen Formnichtigkeit tatsächlich unbefristetes) Arbeitsverhältnis begründet und die Vertragsurkunde erst später gezeichnet wurde. Eine wirksame Befristung kann in diesen Fällen nach Auffassung des BAG nur noch dann vereinbart werden, wenn die Parteien tatsächlich eine nachträgliche Befristung gewollt haben (und nicht etwa die mündliche Abrede schriftlich fixieren wollten) und ein sachlicher Grund die Befristung rechtfertigt.[60]

30

---

51 Grds auch KR/Lipke § 14 TzBfG Rn 51 a ff, aA KDZ/Däubler § 14 TzBfG Rn 25, 26.
52 KR/Lipke § 14 TzBfG Rn 51 d; ähnl KDZ/Däubler § 14 TzBfG Rn 25.
53 BAG 25.6.2014 – 7 AZR 847/12; 5.12.2012 – 7 AZR 698/11 – NZA 2013, 515; Weller, BB 2012, 2763; Lakies, ArbRAktuell 2011, 447, aA ArbG München 8.10.2010 – 24 Ca 861/10.
54 BAG 5.12.2012 – 7 AZR 698/11.
55 BAG 25.6.2014 – 7 AZR 847/12.
56 Vgl BAG 26.6.2001 – 9 AZR 244/00 – zum Einfluss der Schwerbehinderung auf die Entscheidung des Arbeitgebers zur Gewährung von Altersteilzeit.
57 Vgl EuGH C-586/10 (Kücük); im Nachgang hierzu BAG 18.7.2012 – 7 AZR 783/10 – und 7 AZR 443/09.
58 BAG 26.8.1998 – 7 AZR 349/97 – AP § 620 BGB Befristeter Arbeitsvertrag Nr 203; 24.1.1996 – 7 AZR 496/95 – AP Nr 179 zu § 620 BGB Befristeter Arbeitsvertrag; 14.10.1997 – 7 AZR 599/96.
59 BAG 1.12.2004 – 7 AZR 198/04.
60 BAG 1.12.2004 – 7 AZR 198/04, vgl zu den Schriftformfragen Rn 263 ff.

31 **d) Aufhebungsvertrag und Befristungskontrolle.** Von erheblicher praktischer Bedeutung ist die Frage, wann die im Rahmen eines **Aufhebungsvertrages** vereinbarte befristete Verlängerung eines Arbeitsvertrages eines sachlichen Grundes bedarf. Ein Aufhebungsvertrag ist eine Vereinbarung über das vorzeitige Ausscheiden eines Arbeitnehmers aus einem Dauerarbeitsverhältnis.[61] Nach der Rechtsprechung des BAG[62] ist **ein solcher auf die alsbaldige Beendigung eines Dauerarbeitsverhältnisses gerichteter Aufhebungsvertrag nicht Gegenstand der arbeitsgerichtlichen Befristungskontrolle**. Ein Aufhebungsvertrag, dessen Regelungsgehalt jedoch nicht auf die Beendigung, sondern auf eine befristete Fortsetzung eines Dauerarbeitsverhältnisses gerichtet ist, bedarf dagegen zu seiner Wirksamkeit eines sachlichen Grundes; er unterliegt wie die nachträgliche Befristung eines unbefristeten Arbeitsvertrags der arbeitsgerichtlichen Befristungskontrolle. Das BAG erkennt eine befristete Verlängerung eines Arbeitsvertrags, wenn der von den Parteien gewählte Beendigungszeitpunkt die jeweilige Kündigungsfrist um ein Vielfaches überschreitet und es an weiteren Vereinbarungen im Zusammenhang mit der Beendigung des Arbeitsverhältnisses fehlt, wie sie im Aufhebungsvertrag regelmäßig getroffen werden (Freistellungen, Urlaubsregelungen und Abfindungen).[63]

32 Die Zuordnung des Aufhebungsvertrags ist durch Auslegung vorzunehmen. Auch ein **deutliches Überschreiten der Kündigungsfrist im Rahmen einer Aufhebungsvereinbarung** kann regelmäßig nicht als Vereinbarung eines befristeten Arbeitsverhältnisses betrachtet werden. Erweist sich die Vertragsgestaltung jedoch als befristete Fortsetzung eines zunächst unbefristeten Arbeitsverhältnisses, ist die Befristungsvereinbarung am Maßstab von § 14 Abs 1 TzBfG zu prüfen. Als mögliche Sachgründe kommen dabei der gerichtliche Vergleich (§ 14 Abs 1 Nr 8) bzw in der Person des Arbeitnehmers liegende Gründe nach Abs 1 Nr 6 in Betracht.

33 **e) Befristung einzelner Vertragsbedingungen.** Nach ständiger Rechtsprechung des BAG zur Rechtslage vor Inkrafttreten des TzBfG konnte die **Befristung einzelner Vertragsbedingungen** (Arbeitszeit, Entgelt) den gesetzlichen Änderungskündigungsschutz objektiv umgehen. Sie bedurfte dann ebenso wie die Befristung des Arbeitsverhältnisses selbst eines die Befristung rechtfertigenden Sachgrundes.[64] Das galt nach der Rechtsprechung des zuständigen siebten Senats jedenfalls für solche Vertragsbedingungen, die dem Änderungskündigungsschutz nach § 2 KSchG unterliegen, weil sie die Arbeitspflicht nach Inhalt und Umfang in einer Weise ändern, die sich unmittelbar auf die Vergütung auswirkt und das Verhältnis von Leistung und Gegenleistung maßgeblich beeinflusst.[65]

---

61 BAG 26.8.1997 – 9 AZR 227/96 – AP BGB § 620 BGB Aufhebungsvertrag Nr 8.
62 BAG 12.1.2000 – 7 AZR 48/99 – AP § 620 BGB Befristeter Arbeitsvertrag Nr 220.
63 BAG 15.2.2007 – 6 AZR 286/06; 12.1.2000 – 7 AZR 48/99 – aaO.
64 BAG 23.1.2002 – 7 AZR 563/00 – NZA 2003, 104; 21.4.1993 – 7 AZR 297/92 – AP KSchG 1969 § 2 Nr 34, zu II 1 der Gründe mwN; BAG 15.4.1999 – 7 AZR 734/97 – AP BAT § 2 SR 2 y Nr 18; BAG 29.9.1999 – 7 AZR 205/98 – nv.
65 BAG 23.1.2002 – 7 AZR 563/00 – AP § 1 BeschFG 1996 Nr 12; 4.6.2003 – 7 AZR 406/02; LAG Niedersachsen 17.3.2003 – 8 Sa 1397/02.

Auf die **Befristung einzelner Arbeitsbedingungen,** die nach Inkrafttreten 34
des Gesetzes vereinbart wurden, **ist das TzBfG nicht anzuwenden.**[66] Das
TzBfG regelt die Befristung von Arbeitsverträgen, nicht aber von einzelnen
Arbeitsbedingungen. Daraus folgt, dass weder das Schriftformgebot des
§ 14 Abs 4 TzBfG greift[67] noch die Klagefrist des § 17 TzBfG zu beachten
ist.[68] Die Befristung unterliegt der allgemeinen zivilrechtlichen Kontrolle
nach §§ 305 ff BGB.[69] Maßgeblich ist nach § 307 Abs 1 Satz 1 BGB, ob der
Arbeitnehmer durch die Befristung einer Arbeitsbedingung entgegen dem
Gebot von Treu und Glauben unangemessen benachteiligt wird. Der Arbeitnehmer hat ein schützenswertes Interesse an der unbefristeten Vereinbarung seiner Arbeitsbedingungen, weil eine verlässliche Lebensplanung
ansonsten erschwert wird. Dieses Interesse ist umso schützenswerter, je
größer der Umfang einer befristeten Arbeitszeiterhöhung ist. Dabei findet
nach Auffassung des BAG eine **Parallelwertung zu der Befristungskontrolle
nach § 14 Abs 1 TzBfG** statt. Liegt der Befristung einer Arbeitszeiterhöhung ein Sachverhalt zugrunde, der grundsätzlich auch einen Sachgrund
für die Befristung eines Arbeitsvertrags darstellt, überwiegt das Interesse
des Arbeitgebers an der – nur – befristeten Vereinbarung einer höheren Arbeitszeit.[70]

Ein Vergleich der Entscheidungen des BAG vom 14.1.2004[71] zu einer vor 35
dem TzBfG vereinbarten und nach Auffassung des 7. Senats unwirksamen
befristeten Arbeitszeiterhöhung mit der Entscheidung vom 27.7.2005 zu
einer wortidentischen und jetzt wirksamen Arbeitszeiterhöhung nach Inkrafttreten des TzBfG[72] lässt zwar darauf schließen, dass Arbeitgeberinteressen im Rahmen einer Inhaltskontrolle stärkere Berücksichtigung finden
können als bei der – engen – Sachgrundprüfung des § 14 Abs 1 TzBfG.
Dies kann jedoch allenfalls für befristete Arbeitsbedingungen gelten, die
das Arbeitsverhältnis des Arbeitnehmers nicht erheblich prägen; je größer
der befristete Teil der Arbeitsbedingungen ist, desto eher hat die Angemessenheitskontrolle sich an der strengen Sachgrundprüfung zu orientieren.
Eine befristete Erhöhung der wöchentlichen Arbeitszeit ist dann unangemessen benachteiligend, wenn ein vergleichbarer gesonderter Vertrag nicht
nach § 14 Abs 1 TzBfG zulässig hätte befristet werden können.[73]

Es ist **nicht erforderlich, den Grund für die Befristung der Arbeitsbedingung mit in die Vertragsurkunde** aufzunehmen.[74] Dies hat das BAG zwar 36
für die Aufnahme von Widerrufsvorbehalten entschieden,[75] die Entscheidung ist aber nicht auf die Befristung einzelner Arbeitsbedingungen zu
übertragen, weil § 308 Nr 4 BGB Änderungsvorbehalte nicht aber Befris-

---

66 BAG 15.12.2011 – 7 AZR 394/10 – NZA 2012, 674.
67 BAG 3.9.2003 – 7 AZR 106/03 – AP § 14 TzBfG Nr 4.
68 BAG 4.6.2003 – 7 AZR 406/02 – AP § 17 TzBfG Nr 1.
69 BAG 15.12.2011 – 7 AZR 394/10; 18.6.2008 – 7 AZR 245/07; 18.1.2006 – 7 AZR 191/05; 27.7.2005 – 7 AZR 486/04; offengelassen noch 14.1.2004 – 7 AZR 390/03 – AP § 14 TzBfG Nr 10, vgl Preis/Bender NZA-RR 2005, 337, 339.
70 BAG 15.12.2011 – 7 AZR 394/10; 18.6.2008 – 7 AZR 245/07.
71 BAG 14.1.2004 – 7 AZR 390/03 – RzK I 9 a Nr 239.
72 BAG 27.7.2005 – 7 AZR 486/04 – AP § 307 BGB Nr 6.
73 BAG 15.12.2011 – 7 AZR 394/10.
74 AA Sievers TzBfG § 14 Rn 18.
75 BAG 12.1.2005 – 5 AZR 364/04 – EZA § 308 BGB 2002 Nr 1.

tungsabreden regelt. Auch das Transparenzgebot des § 307 Abs 1 Satz 2 BGB gebietet nicht, in der Vertragsurkunde nähere Ausführungen zu dem Befristungsgrund zu machen, da eine Befristungsvereinbarung in aller Regel aus sich heraus klar und verständlich ist. Es gelten deshalb in Bezug auf die schriftliche Fixierung der Befristungsgründe keine anderen oder strengeren Regeln als bei der Befristung von Arbeitsverträgen.

37 Ist die Befristung einzelner Arbeitsbedingungen nicht in Allgemeinen Geschäftsbedingungen vereinbart, sind die Vorschriften über die Inhaltskontrolle nach Maßgabe von § 310 Abs 3 Nr 2 BGB anwendbar, weil der Arbeitnehmer Verbraucher ist.[76] Bei tatsächlich individuell ausgehandelten befristeten Vertragsbedingungen iSv § 305 BGB ist die Vereinbarung konsequenterweise der Inhaltskontrolle entzogen; nur bei ungewöhnlich belastenden Vertragsbestandteilen und bei struktureller Störung der Vertragsparität kann eine eingeschränkte Inhaltskontrolle stattfinden.[77]

38 Die **Befristung einzelner Entgeltbestandteile** ist denkbar, soweit es sich um zusätzliche Gratifikationen oder Sonderzuwendungen handelt. Dies zeigt die Parallelwertung zu zulässigen Bonusvereinbarungen, die jährlich gewährt werden können, ohne dass ein Rechtsanspruch für die Zukunft begründet wird.[78] Bei **laufendem Arbeitsentgelt ist eine Befristung einzelner Entgeltelemente nicht möglich**, da in das Synallagma des Arbeitsverhältnisses eingegriffen wird.[79]

39 **f) Befristete Arbeitsverträge in der Insolvenz.** Vom Schuldner abgeschlossene befristete Arbeitsverträge können ungeachtet der vereinbarten Befristungsdauer in der Insolvenz nach Maßgabe von § 113 Abs 1 InsO gekündigt werden.[80] Der einzelvertragliche Ausschluss der Kündigung in einem befristeten Arbeitsverhältnis hat lediglich Bedeutung für die Länge der Kündigungsfrist. Wie bereits nach § 22 KO wird der einzelvertragliche Ausschluss der Kündigung behandelt wie die Vereinbarung einer der Dauer der Befristung entsprechenden Kündigungsfrist.[81] Danach gilt grundsätzlich die gesetzliche Kündigungsfrist des § 113 Abs 1 Satz 2 InsO, wenn die vereinbarte Befristungsdauer länger ist. Im Übrigen gibt es in der Insolvenz keine befristungsrechtlichen Besonderheiten.

2. Sachgrund iSv § 14 Abs 1 TzBfG

40 **a) Allgemeines.** Nach § 14 Abs 1 TzBfG ist die Befristung eines Arbeitsvertrags nur zulässig, wenn sie durch einen sachlichen Grund gerechtfertigt ist. Die Aufzählung sachlicher Gründe in § 14 Abs 1 ist beispielhaft und schließt weder andere von der Rechtsprechung bisher anerkannte noch weitere Gründe aus.[82] Ausnahmen für zulässige sachgrundlose Befristun-

---

76 BAG 18.3.2008 – 9 AZR 186/07; 25.5.2005 – 5 AZR 572/04 – AP § 310 BGB Nr 1.
77 BAG 25.5.2005 – 5 AZR 572/04 – AP § 310 BGB Nr 1.
78 Vgl Willemsen/Jansen RdA 2010, 1.
79 Vgl zu Freiwilligkeitsvorbehalten zutr BAG 25.4.2007 – 5 AZR 627/06 – AP BGB § 308 Nr 7.
80 KR/Weigand §§ 113, 120 ff. InsO Rn 12; LAG Thüringen 14.6.1999 – 8 Sa 560/98 – ZInsO 2000, 51.
81 BAG 6.7.2000 – 2 AZR 695/99 – AP § 113 InsO Nr 6.
82 BT-Drucks 14/4374 S 18.

gen sind in Abs 2 und Abs 3 normiert. **Unbefristete Arbeitsverträge** sind nach gesetzlicher, auf der Richtlinie 1999/70/EG basierender Konzeption des TzBfG und nach der Regelungstechnik von § 14 TzBfG der Normalfall der Beschäftigung[83] und **gesetzlicher Regelfall,**[84] **befristete Arbeitsverträge die Ausnahme.**

Das BAG hat zum Rechtszustand vor Inkrafttreten des TzBfG die Anforderungen an den Sachgrund für eine Befristung aus der Umgehungsdogmatik heraus entwickelt und Befristungstatbestände typisiert. Neben den klassischen Fallgestaltungen, in denen ein lediglich vorübergehender Bedarf an der Arbeitsleistung des Arbeitnehmers bestand (Sachgrund der Vertretung, des vorübergehenden betrieblichen Bedarfs etc) war eine Befristung dann zulässig, wenn ein rechtlich anerkennenswertes Interesse bestand, anstelle eines unbefristeten Arbeitsverhältnisses die rechtliche Gestaltungsmöglichkeit eines befristeten Arbeitsverhältnisses zu wählen. War eine nahtlose Einordnung in anerkannte Typen von Befristungsgründen nicht möglich, so wurde geprüft, ob nach den Wertungsmaßstäben der bisherigen Rechtsprechung ein sachlicher Grund für die Befristung anzuerkennen war.[85]

41

Das BAG hat die **Wertungsmaßstäbe für die Befristungskontrolle** den sich aus Art 2 Abs 1, Art 12 Abs 1 und Art 14 GG ergebenden **verfassungsrechtlichen Schutzpflichten**[86] entnommen und seine Spruchpraxis als Aufgabe zur Herstellung praktischer Konkordanz widerstreitender Grundrechte verstanden.[87] Bei der Befristung von Arbeitsverhältnissen hat nach diesem Verständnis bis zum TzBfG die arbeitsgerichtliche Befristungskontrolle die Funktion des Gesetzgebers übernommen, der seinen Schutzpflichten zunächst nur bei der Beendigung von Arbeitsverhältnissen durch Kündigung durch den Erlass gesetzlicher Kündigungsvorschriften nachgekommen war.[88] Soweit neue, in der Rechtsprechung noch nicht behandelte Gründe für die Befristung eines Arbeitsverhältnisses durch den Arbeitgeber herangezogen wurden, ging es nach diesem Verständnis des BAG stets darum, einen Ausgleich zwischen der in Art 2 Abs 1 GG verankerten Vertragsfreiheit[89] und dem aus Art 12 Abs 1 GG abgeleiteten Schutz der Arbeitnehmer vor grundlosem, staatlichen Kündigungsschutz umgehenden Verlust des Arbeitsplatzes zu finden.[90]

42

Mit dem TzBfG hat der Gesetzgeber nicht nur die Vorgaben der EG-Richtlinie 99/ 70/EG umgesetzt, sondern ist nach diesem Verständnis seinen verfassungsrechtlichen Schutzpflichten nachgekommen. Maßstab für die Befristungskontrolle ist nun unmittelbar § 14 TzBfG. Die Rolle der Rechtsprechung reduziert sich nunmehr auf die Rechtsanwendung, ohne dass sich dadurch die Wertungsmaßstäbe in Bezug auf den Sachgrund wesentlich verändert haben.

43

---

83 BT-Drucks 14/4374 S 12.
84 Preis/Gotthard DB 2000, 2065, 2069.
85 BAG 23.1.2002 – 7 AZR 611/00 – AP § 620 BGB Befristeter Arbeitsvertrag Nr 230.
86 Dörner ZTR 2001, 485, 487.
87 BAG 11.3.1998 – 7 AZR 700/96 – AP § 1 TVG Tarifverträge: Luftfahrt Nr 12.
88 BAG 11.3.1998 – 7 AZR 700/96 – AP § 1 TVG Tarifverträge: Luftfahrt Nr 12.
89 BVerfG 19.10.1993 – 1 BvR 1044/89 – BVerfGE 89, 214.
90 BAG 11.3.1998 – 7 AZR 700/96 – AP § 1 TVG Tarifverträge: Luftfahrt Nr 12.

44 Weder die Rahmenvereinbarung über befristete Arbeitsverträge vom 18. März 1999 noch § 14 Abs 1 TzBfG geben allgemeine **Kriterien zur Bestimmung eines Sachgrundes** vor, der die Befristung eines Arbeitsvertrags rechtfertigen kann. Der Gesetzgeber wollte nicht neue oder andere Kriterien an die Bestimmung des sachlichen Grundes anlegen als nach der bisherigen Rechtsprechungspraxis, sondern das Sachgrunderfordernis und seine inhaltliche Ausgestaltung in § 14 Abs 1 TzBfG „übereinstimmend" mit und „ausgehend von" der Rechtsprechung des BAG regeln.[91]

45 Der **Beispielskatalog in § 14 Abs 1 Satz 2 Nr 1 – 8 TzBfG** nimmt deshalb Bezug auf bisher von der Rechtsprechung entwickelte bzw tariflich normierte (Nr 2 Befristung im Anschluss an eine Ausbildung) Befristungsgründe und gibt der Praxis eine Orientierung, welche Gründe eine Befristung rechtfertigen können.[92] Das Wort „insbesondere" zeigt, dass die **Aufzählung beispielhaften Charakter** hat und weder andere von der Rechtsprechung bisher anerkannte noch weitere Gründe ausgeschlossen werden.[93]

46 Da das Gesetz konkrete Kriterien zur Bestimmung weiterer geeigneter Sachgründe nicht nennt, bleibt es der Rechtsprechung überlassen, den unbestimmten Rechtsbegriff des Sachgrunds über die beispielhaft genannten Gründe hinaus inhaltlich zu definieren. Die als typisch anerkannten in Nr 1 bis 8 genannten Gründe und die dahinter stehenden Wertungen geben dabei einen tauglichen Orientierungsrahmen.[94]

47 Auf die vom Großen Senat zur Bestimmung eines geeigneten Sachgrundes ursprünglich herangezogene Üblichkeit von Befristungsvereinbarungen im Arbeitsleben[95] kommt es nach neuerer Rechtsprechung zutreffend nicht mehr an.[96] Maßgeblich ist, ob die wirtschaftlichen oder sozialen Verhältnisse der Parteien oder zumindest einer Partei für die Befristung sprechen und ob verständige und verantwortungsvolle Parteien in der konkreten Situation eine Befristungsvereinbarung treffen würden.[97] Dabei müssen verfassungsrechtliche Wertungen, die Art des Arbeitsvertrags und die konkrete Stellung des Arbeitnehmers, Branchengepflogenheiten, Entgelthöhe und der Umfang der Übertragung von Beschäftigungsrisiken auf den Arbeitnehmer angemessen gewichtet werden.[98]

48 Das BAG lässt **sonstige Sachgründe** gelten, wenn sie den Wertungsmaßstäben des § 14 Abs 1 TzBfG entsprechen und den in § 14 Abs 1 Satz 2 Nr 1 bis 8 TzBfG genannten Sachgründen von ihrem Gewicht her gleichwertig sind.[99] Dieser Ansatz ist tragfähig, zumal auch die Richtlinie 199/70/EG

---

91 BT-Drucks 14/4374 S 18.
92 Zutr KR/Lipke § 14 TzBfG Rn 73.
93 BAG 9.12.2009 – 7 AZR 399/08; 16.3.2005 – 7 AZR 289/04 – NZA 2005, 923; 17.1.2007 – 7 AZR 20/06; BT-Drucks 14/4374 S 18; zur Vereinbarkeit dieser gesetzlichen Regelungstechnik mit den Vorgaben der EG Richtlinie 99/70 Rn 4.
94 KR/Lipke § 14 TzBfG Rn 73.
95 BAG 12.10.1960 – GS 1/59 – AP § 620 BGB Befristeter Arbeitsvertrag Nr 16, so auch noch BAG 4.4.1990 – 7 AZR 259/89 – AP § 620 BGB Befristeter Arbeitsvertrag Nr 136.
96 BAG 29.10.1998 – 7 AZR 436/97 – AP § 611 BGB Berufssport Nr 14.
97 BAG 29.10.1998 – 7 AZR 436/97 – AP § 611 BGB Berufssport Nr 14.
98 Vgl KR/Lipke § 14 TzBfG Rn 73 b.
99 BAG 9.12.2009 – 7 AZR 399/08; 17.1.2007 – 7 AZR 20/06.

den Begriff des sachlichen Grunds nicht näher umschreibt und keine näheren Vorgaben statuiert. Die Anforderungen an zulässige Befristungsgründe dürfen dabei nicht überspannt werden. „Sachlich" iSd Gesetzes bedeutet nicht, dass die Befristung unbedingt geboten sein oder sich aufdrängen muss.

b) Dauer der Befristung. Nach ständiger Rechtsprechung[100] und hM in der Literatur[101] bedarf es neben dem Sachgrund für die Befristung eines Arbeitsvertrages **keiner eigenen sachlichen Rechtfertigung für die vereinbarte Dauer der Befristung.** Die Vertragsdauer hat Bedeutung im Rahmen der Prüfung des sachlichen Befristungsgrundes selbst. Sie muss sich nach Auffassung des BAG am Sachgrund der Befristung orientieren und so mit ihm im Einklang stehen, dass sie nicht gegen das Vorliegen des Sachgrundes spricht. Aus der vereinbarten Vertragsdauer darf sich danach nicht ergeben, dass der Sachgrund tatsächlich nicht besteht oder nur vorgeschoben ist.[102]

49

An dieser Rechtsprechung ist festzuhalten.[103] Es gibt nach § 14 TzBfG keine gesetzliche Grundlage dafür, die vereinbarte Dauer der Befristung einem Sachgrunderfordernis zu unterlegen. Dies ergibt sich im Umkehrschluss aus § 14 Abs 1 Nr 7 TzBfG, wonach im Fall der Vergütung aus Haushaltsmitteln, die haushaltsrechtlich für eine befristete Beschäftigung bestimmt sind, eine Befristung nur zulässig ist, wenn der Arbeitnehmer entsprechend beschäftigt wird. Nur an dieser Stelle verknüpft das Gesetz Befristungsdauer und Befristungsgrund.

50

Überschreitet die vereinbarte Dauer der Befristung den sich aus dem Sachgrund ergebenden Zeitrahmen deutlich, spricht dies für einen nur **vorgeschobenen Sachgrund.**[104] Däubler[105] weist mit Recht darauf hin, dass eine Befristung zur Erprobung dann erheblichen Bedenken unterliegt, wenn für einfache Tätigkeiten eine langfristige Probezeit vereinbart wird. Auch die Befristung nach § 14 Abs 1 Nr 2 TzBfG (Befristung im Anschluss an Studium oder Ausbildung zur Erleichterung des Übergangs in eine Anschlussbeschäftigung) muss im Hinblick auf die gewählte Dauer der Befristung diesem Sachgrund Rechnung tragen. Eine mehrjährige Befristung nach dieser Norm erfolgt im Zweifel nicht, um den Übergang in eine Anschlussbeschäftigung zu erleichtern. Eine Verknüpfung von Sachgrund und Dauer der Befristung im Hinblick auf die Wirksamkeit der Befristung besteht da, wo die Dauer Teil des Sachgrunds ist.[106] Allerdings ist es nach § 21 Abs 2 BEEG zulässig, über die Dauer der eigentlichen Vertretung die Befristung auch auf notwendige Zeiten der Einarbeitung zu erstrecken.

51

---

100 Seit BAG 26.8.1988 – 7 AZR 101/88 – AP § 620 BGB Befristeter Arbeitsvertrag Nr 124; zuletzt BAG 25.3.2009 – 7 AZR 34/08 – NZA 201, 34.
101 APS/Backhaus § 14 TzBfG Rn 46; ErfK/Müller-Glöge § 14 TzBfG Rn 19, Sievers TzBfG § 14 Rn 113 ff.
102 BAG 20.2.2008 – 7 AZR 950/06; 6.12.2000 – 7 AZR 641/99 – ZTR 2001, 525; eingehend Dörner, Der befristete Arbeitsvertrag Rn 149 ff.
103 KR/Lipke § 14 TzBfG Rn 74 d; einschränkend APS/Backhaus § 14 TzBfG Rn KR/48 c AKDZ/Däubler § 14 TzBfG Rn 9.
104 BAG 6.12.2000 – 7 AZR 641/99 – ZTR 2001, 525.
105 KDZ/Däubler § 14 TzBfG Rn 10.
106 KR/Lipke § 14 TzBfG Rn 74 e.

52 Die **Unterschreitung des sich aus dem Sachgrund ergebenden Zeitrahmens** ist im Rahmen einer Befristungskontrolle somit grundsätzlich unbeachtlich. Es unterliegt der unternehmerischen Entscheidungsfreiheit, zB im Vertretungsfall den Arbeitsausfall überhaupt oder nur zeitweise zu überbrücken.[107] Es müssen besondere Umstände hinzutreten, um bei einer Unterschreitung des Zeitrahmens von einem nur vorgeschobenen Sachgrund auszugehen. Die Dauer und Anzahl kurzfristiger Befristungen können bei länger bestehendem Befristungsgrund aber im Rahmen der **unionsrechtlich gebotenen Missbrauchskontrolle** zur Unwirksamkeit einer Befristung führen.[108]

53 c) **maßgeblicher Zeitpunkt.** Nach § 14 Abs 1 TzBfG ist die Befristung eines Arbeitsvertrages zulässig, wenn sie durch einen sachlichen Grund gerechtfertigt ist. Daraus ergibt sich unmissverständlich, dass es auf die **Umstände bei Vertragsschluss** ankommt.[109] Ein späterer Wegfall des sachlichen Grundes (Beendigung des Arbeitsverhältnisses eines zu vertretenen Mitarbeiters) stellt die Wirksamkeit der Befristung nicht in Frage.[110]

54 d) **Prognoseprinzip.** Bei allen Sachgründen iSv § 14 Abs 1 TzBfG – abgesehen von wenigen Ausnahmen wie etwa der Befristung nach § 14 Abs 1 Nr 8 TzBfG – ist eine **Prognose im Hinblick auf den Wegfall des Beschäftigungsbedarfs** unabdingbarer Bestandteil des sachlichen Grundes.[111] Inhalt und Anforderungen an diese vom Arbeitgeber zu erstellende Prognose richten sich nach dem Befristungsgrund und können variieren. Bei einer Befristung nach § 14 Abs 1 Nr 7 TzBfG hat sich die Prognose darauf zu erstrecken, ob zum Zeitpunkt des Vertragsschlusses mit einem Wegfall der haushaltsrechtlichen Mittel zu rechnen ist, aus denen der Arbeitnehmer vergütet werden soll.[112] Bei einer Befristung nach § 14 Abs 1 Nr 1 TzBfG hat sich die Prognose darauf zu beziehen, ob zum Ablauf der Befristung mit hinreichender Wahrscheinlichkeit kein Bedarf an der Weiterbeschäftigung des Arbeitnehmers besteht.[113]

---

107 BAG 11.11.1998 – 7 AZR 328/97 – AP § 620 BGB Befristeter Arbeitsvertrag Nr 204; 22.11.1995 – 7 AZR 252/95 – AP § 620 BGB Befristeter Arbeitsvertrag Nr 178.
108 Vgl EuGH C-586/10 (Kücük); im Nachgang hierzu BAG 18.7.2012 – 7 AZR 783/10 und 7 AZR 443/09, 10.7.2013 – 7 AZR 833/11, 19.2.2014 – 7 AZR 260/12.
109 So auch die Rspr zum alten Recht BAG 12.9.1996 – 7 AZR 790/95 – AP § 620 BGB Befristeter Arbeitsvertrag Nr 182; 15.8.2001 – 7 AZR 144/00 – und hM in der Lit KR/Lipke § 14 TzBfG Rn 75 a; ErfK/Müller-Glöge § 14 TzBfG Rn 16; Preis/Gotthardt DB 2000, 2073; einschränkend KDZ/Däubler § 14 TzBfG Rn 27 ff.
110 ErfK/Müller-Glöge § 14 TzBfG Rn 16; KR/Lipke § 14 TzBfG Rn 75 c; zur Problematik eines Anspruches auf Fortsetzung des Arbeitsverhältnisses unter Vertrauensschutzgesichtspunkten vgl § 16 Rn 39 ff.
111 BAG 15.5.2012 – 7 AZR 35/11 – NZA 2012, 2815; 12.1.2000 – 7 AZR 863/98 – AP § 620 BGB Befristeter Arbeitsvertrag Nr 217; 28.3.2001 – 7 AZR 701/99 – AP § 620 BGB Befristeter Arbeitsvertrag Nr 227, vgl die Gesetzesbegründung BT-Drucks 14/4274 S 19.
112 BAG 7.7.1999 – 7 AZR 609/97 – AP § 615 BGB Befristeter Arbeitsvertrag Nr 215.
113 BAG 15.5.2012 – 7 AZR 35/11, 17.3.2010 – 7 AZR 640/08; 28.3.2001 – 7 AZR 701/99 – AP § 620 BGB Befristeter Arbeitsvertrag Nr 227.

Maßgeblich ist, ob nach **objektiver Beurteilung auf Grundlage der bei Vertragsschluss bestehenden Umstände** davon ausgegangen werden kann, dass der Beschäftigungsbedarf nur zeitweise besteht. Da es bei der Befristungskontrolle darauf ankommt, ob objektiv bei Vertragsschluss die Voraussetzungen eines Befristungsgrunds vorliegen, ist die subjektive Einschätzung des Arbeitgebers unerheblich.[114] Erweist sich eine Prognose bei retrospektiver Betrachtung als zutreffend, besteht eine ausreichende Wahrscheinlichkeit dafür, dass sie richtig erstellt worden ist.[115]

54a

Die gerichtliche Kontrolle ist auf die Umstände zum Zeitpunkt des Vertragsschlusses beschränkt, nachträglich veränderte Umstände haben keinen Einfluss auf die Wirksamkeit der Befristung (zur Verteilung der Darlegungs- und Beweislast s Rn 62 ff).

54b

e) Befristungsketten. aa) Streitgegenstand bei Befristungsketten. Das BAG prüft bei mehrfacher Befristung regelmäßig nur die **sachliche Rechtfertigung des zuletzt geschlossenen Vertrages**. Nach dieser Dogmatik stellen die Arbeitsvertragsparteien mit dem vorbehaltlosen Abschluss eines Folgevertrags ihre Vertragsbeziehungen auf eine neue Rechtsgrundlage und heben ein möglicherweise unwirksam befristetes und deshalb unbefristetes früheres Arbeitsverhältnis auf.[116] Ausnahmsweise bezieht das BAG die vorhergehende Befristung dann in die Kontrolle ein, wenn sich der letzte befristete Vertrag als **unselbständiger Annex** zum vorletzten Vertrag darstellt, mit dem das bisherige befristete Arbeitsverhältnis nur hinsichtlich seines Endzeitpunktes modifiziert werden soll. Ein Annexvertrag idS soll dann vorliegen, wenn er lediglich eine geringfügige Korrektur des im früheren Vertrag vereinbarten Endzeitpunktes betrifft, diese Korrektur sich am Sachgrund für die Befristung des früheren Vertrages orientiert und allein in der Anpassung der ursprünglich vereinbarten Vertragszeit an später eintretende, im Zeitpunkt des vorangegangenen Vertragsabschlusses nicht vorhersehbare Umstände besteht.[117]

55

Bei **Mehrfachbefristungen** entstehen nach dieser Dogmatik Rechtsschutzprobleme, weil der neue Vertrag die Möglichkeit der **Überprüfung der vorletzten Befristung** abschneidet, auch wenn die Klagefrist des § 17 TzBfG gegen die vorletzte Befristung noch läuft. Eine Überprüfung soll nach Rechtsprechung des BAG nur möglich sein, wenn die Parteien einen entsprechenden **Vorbehalt vertraglich vereinbart** haben (dass der letzte befristete Vertrag nur dann gelten soll, wenn nicht bereits auf Grund der vorletzten unwirksamen Befristung ein unbefristetes Arbeitsverhältnis besteht). Das BAG geht in gefestigter Rechtsprechung davon aus, dass die Parteien **konkludent diesen Vorbehalt vereinbaren**, wenn die Entfristungsklage gegen die vorletzte Befristung bereits rechtshängig, dh die Klageschrift zuge-

56

---

114 Dörner, Der befristete Arbeitsvertrag Rn 276, KR/Lipke § 14 TzBfG Rn 80 a.
115 BAG 20.2.2008 – 7 AZR 950/06; 13.10.2004 – 7 AZR 218/04 – NZA 2005, 401; 3.11.1999 – 7 AZR 846/98.
116 St Rspr seit 8.5.1985 – 7 AZR 191/84 – AP BGB § 620 Befristeter Arbeitsvertrag Nr 97; modifizierend 26.7.2000 – 7 AZR 43/99 – AP § 1 BeschFG 1985 Nr 26.
117 BAG 7.11.2007 – 7 AZR 484/06; 25.8.2004 – 7 AZR 7/04; 15.2.1995 – 7 AZR 680/94 – AP § 620 BGB Befristeter Arbeitsvertrag Nr 166.

stellt ist.[118] Nach dieser Auslegungsdogmatik weiß der Arbeitgeber nach Zustellung der Entfristungsklage, dass er möglicherweise bereits in einem unbefristeten Arbeitsverhältnis mit dem Arbeitnehmer steht. Der Arbeitnehmer darf einem nachfolgenden Angebot des Arbeitgebers auf Abschluss eines weiteren befristeten Vertrags dann den Vorbehalt entnehmen, der neue befristete Vertrag solle nur dann gelten, wenn nicht bereits der alte angegriffene befristete Vertrag die Rechtsbeziehungen dauerhaft regelt. Dieses konkludente „Vorbehaltsangebot" nimmt der Arbeitnehmer nach Auslegungsdogmatik des BAGs an.

57 Diese **Dogmatik stößt an ihre Grenzen**, wenn die Entfristungsklage bereits anhängig aber noch nicht rechtshängig, dh noch nicht zugestellt ist. Das BAG geht in dieser Konstellation davon aus, dass das Angebot des Arbeitgebers den Vorbehalt nicht enthält, weil er keine Kenntnis von der Klageerhebung hat.[119] Dies kann nicht überzeugen, weil es aus dem Empfängerhorizont des Arbeitnehmers keinen Unterschied macht, ob seine Klage bereits zugestellt ist (dann beinhaltet das Arbeitgeberangebot konkludent den Vorbehalt) oder aber – etwa auf Grund Verzögerung im Gerichtsgang – noch nicht (dann kein Vorbehalt). Es ist auch nicht geklärt, welchen Inhalt ein Angebot des Arbeitgebers haben soll, wenn die Entfristungsklage zum Zeitpunkt der Abgabe des Angebots durch den Arbeitgeber noch nicht zugestellt ist, die Zustellung aber vor Zugang des Angebots beim Arbeitnehmer erfolgt.

58 Ein Angebot des Arbeitgebers soll auch nur dann diesen Vorbehalt enthalten, wenn es von derselben Dienststelle abgegeben wird. Wenn es von einer anderen Dienststelle abgegeben wird, soll der Arbeitnehmer bei Vertragsschluss davon ausgehen müssen, dass die Vertreter des Arbeitgebers von der Rechtshängigkeit der Befristungskontrollklage keine Kenntnis haben und deshalb keinen Vorbehalt anbieten wollen. Will der Arbeitnehmer bei dieser Sachlage den weiteren befristeten Arbeitsvertrag nur abschließen, wenn er die Unwirksamkeit der vorangegangenen Befristung weiterhin geltend machen kann, muss er die Vertreter des Arbeitgebers bei Vertragsschluss darauf hinweisen und einen entsprechenden Vorbehalt ausdrücklich vereinbaren.[120]

59 Der **Auslegungsgrundsatz, dass mit Abschluss des neuen befristeten Vertrags regelmäßig der alte Vertrag endgültig aufgehoben wird, sollte aufgegeben werden.** Er wurde vor Einführung der Klagefrist vor dem Hintergrund der Notwendigkeit entwickelt, den Prozessstoff bei Mehrfachbefristungen sinnvoll zu begrenzen. Es gibt aber keinen Erfahrungssatz, dass Arbeitsvertragsparteien bei Neuabschluss eines befristeten Arbeitsvertrags ihr altes Vertragsverhältnis endgültig aufheben wollen. Solange die Klagefrist läuft, muss der Arbeitgeber mit einer klageweisen Inanspruchnahme auf ein unbefristet fortbestehendes Arbeitsverhältnis rechnen; er kann deshalb – sofern dies nicht ausdrücklich vereinbart wird – in dem Abschluss eines

---

118 BAG 15.2.2006 – 7 AZR 206/05; 13.10.2004 – 7 AZR 218/04 – EZA § 17 TzBfG Nr 6; 10.3.2004 – 7 AZR 402/03.
119 BAG 13.10.2004 – 7 AZR 218/04 – NZA 2005, 401.
120 BAG 18.6.2008 – 7 AZR 214/07.

neuen befristeten Vertrag keine konkludente Aufhebung des alten Vertrags sehen.

Das BAG rückt in neuerer Rechtsprechung partiell vom Dogma der Aufhebung des alten Vertrags bei Neuabschluss eines befristeten Arbeitsvertrags ab. Danach kann die Auslegung des weiteren Arbeitsvertrags auch ergeben, dass mit Abschluss des Folgevertrags keine Aufhebung des vorherigen Vertrags bezweckt war;[121] die Auslegung der Willenserklärungen soll dabei regelmäßig den Tatsacheninstanzen obliegen. Diese Rechtsprechungsänderung ist zu begrüßen; wünschenswert wäre allerdings die Klarstellung, dass es besonderer Anhaltspunkte bedarf, um von einer Aufhebung des alten Vertrags ausgehen zu können

Hinweis: Will der Arbeitnehmer sich trotz beabsichtigtem Neuabschluss eines befristeten Arbeitsvertrages die Möglichkeit offen halten, die vorletzte Befristung weiter anzugreifen, sollte er entweder die Rechtshängigkeit seiner erhobenen Klage sicher abwarten oder aber einen Vorbehalt mit dem Arbeitgeber vereinbaren. Gelingt dies nicht, sollte prozessualer Sachvortrag dazu erfolgen, dass der vorangegangene Vertrag mit dem Neuabschluss eines befristeten Vertrags nicht aufgehoben werden sollte. Dieser Vortrag kann Grundlage für die gebotene Auslegung der Willenserklärungen durch die Tatsacheninstanzen sein.

bb) Rechtsmissbrauchskontrolle bei Befristungsketten. Mit den Entscheidungen vom 18. Juli 2012[122] hat das BAG die Vorgaben des EuGH aus der Entscheidung Kücük[123] umgesetzt, die Grenzen von Befristungsketten neu gesteckt und die Befristungskontrolle um eine **vertragsbezogene Missbrauchskontrolle** ergänzt. Es bleibt nach dieser weiterentwickelten Rechtsprechung dabei, dass auch bei kontinuierlichem Vertretungsbedarf der Arbeitgeber befristete Arbeitsverträge zur Vertretung vereinbaren darf. Die Sachgrundprüfung unterliegt dabei keiner mit zunehmender Anzahl und Dauer sich intensivierenden Kontrolle; es gibt keinen rechtlichen Ansatzpunkt dafür, die **Anforderungen an den sachlichen Grund bei mehrfach hintereinander geschalteten Befristungen** zu erhöhen.[124] Nach der Fiktion des § 17 Satz 2 TzBfG iVm § 7 KSchG ist eine nicht angegriffene Befristung grundsätzlich rechtswirksam und deshalb die nachfolgende Befristung mit gleichen Maßstäben an § 14 TzBfG zu prüfen.

Aus unionsrechtlichen Gründen müssen die Gerichte bei aufeinanderfolgenden befristeten Verträgen zusätzlich zum geltend gemachten Sachgrund prüfen, ob der Arbeitgeber missbräuchlich auf befristete Arbeitsverträge zurückgreift. Diese Prüfung ist unabhängig davon vorzunehmen, auf welchen Sachgrund die letzte streitgegenständliche Befristung gestützt worden ist.[125] Die nach den Grundsätzen institutionellen Rechtsmissbrauchs vorzunehmende Prüfung verlangt eine Würdigung sämtlicher Umstände des Einzelfalls, wobei von besonderer Bedeutung die Gesamtdauer der befristeten

---

121 BAG 24.8.2011 – 7 AZR 228/10; 16.1.2013 – 7 AZR 662/11.
122 BAG 18.7.2012 – 7 AZR 443/109 – und 7 AZR 783/10.
123 EuGH 26.1.2012 – C-586/10 – (Kücük).
124 BAG 16.1.2013 – 7 AZR 662/11, 18.7.2012 – 7 AZR 443/08, eingehend Kiel, JbArbR, Bd 50, S 25.
125 BAG 13.2.2013 – 7 AZR 225/11.

Verträge sowie die Anzahl der Vertragsverlängerungen sind. Ferner ist zu berücksichtigen, ob der Arbeitnehmer stets auf demselben Arbeitsplatz mit denselben Aufgaben beschäftigt wird oder ob es sich um wechselnde, ganz unterschiedliche Aufgaben handelt. Auch ständiger Vertretungsbedarf steht der Annahme des Sachgrunds der Vertretung nicht entgegen und kann daher geeignet sein, die Befristung des Arbeitsverhältnisses mit dem Vertreter zu rechtfertigen. Bei zunehmender Anzahl und Dauer der jeweils befristeten Beschäftigung eines Arbeitnehmers kann es eine missbräuchliche Ausnutzung der dem Arbeitgeber an sich rechtlich eröffneten Befristungsmöglichkeit darstellen, wenn er gegenüber einem bereits langjährig beschäftigten Arbeitnehmer trotz der tatsächlich vorhandenen Möglichkeit einer dauerhaften Einstellung immer wieder auf befristete Verträge zurückgreift.[126] Zu berücksichtigen ist außerdem die Laufzeit der einzelnen befristeten Verträge. Werden trotz zu erwartendem langen Vertretungsbedarf in rascher Folge mit demselben Arbeitnehmer eine Vielzahl kurzfristiger Arbeitsverhältnisse vereinbart, liegt die Gefahr des Gestaltungsmissbrauchs näher, als wenn die vereinbarte Befristungsdauer zeitlich nicht hinter dem prognostizierten Vertretungsbedarf zurückbleibt. Bei der Gesamtwürdigung können daneben zahlreiche weitere Gesichtspunkte eine Rolle spielen wie branchenspezifische Besonderheiten etwa bei Saisonbetrieben sowie grundrechtlich gewährleistete Freiheiten wie die Presse- und Rundfunkfreiheit und die Freiheit von Kunst und Wissenschaft, Forschung und Lehre.[127]

61a **Der vom 7. Senat definierten groben Orientierungshilfen** für die im Einzelfall vorzunehmende Missbrauchskontrolle lassen sich wie bei einer **Ampelschaltung**[128] **drei Phasen** zuordnen: **In einer grünen Phase** sind aufeinanderfolgende Befristungen regelmäßig unproblematisch. Zur Bestimmung der Schwelle einer rechtsmissbräuchlichen Gestaltung von Sachgrundbefristungen kann an die gesetzlichen Wertungen in § 14 Abs 2 Satz 1 TzBfG angeknüpft werden; es besteht regelmäßig kein gesteigerter Anlass zur Missbrauchskontrolle, wenn die in § 14 Abs 2 Satz 1 TzBfG für die sachgrundlose Befristung bezeichneten Grenzen nicht um ein Mehrfaches überschritten sind.[129] Eine Gesamtdauer von sieben Jahren und neun Monaten bei drei Verlängerungen und keinen weiteren Umständen indiziert keinen Gestaltungsmissbrauch und bewegt sich in der grünen Phase, gleiches gilt bei einer Abordnungsvertretung von insgesamt vier Jahren bei 4 befristeten Verträgen.[130] Bei 13 aufeinanderfolgenden Befristungen zur Deckung ständigen Vertretungsbedarfs und einer Gesamtdauer von mehr als 11 Jahren ist der Senat davon ausgegangen, dass die rechtsmissbräuchliche Ausnutzung der Befristungsmöglichkeiten indiziert sei,[131] nach dem Bild einer

---

126 BAG 19.2.2014 – 7 AZR 260/12, 16.1.2013 – 7 AZR 662/11, 18.7.2012 – 7 AZR 443/08.
127 BAG 16.1.2013 – 7 AZR 662/11, 18.7.2012 – 7 AZR 443/08.
128 Vgl Kiel JbArbR, Bd 50, S 25, 45.
129 BAG 13.2.2013 – 7 AZR 225/11, vgl Kiel, JbArbR, Bd 50, S 25, 44; Preis/Loth, Anm zu EZA TzBfG Nr 80, Brose/Sagan NZA 2012, 308, Bayreuther, NZA 2013, 23.
130 BAG 10.7.2013 – 7 AZR 833/11.
131 BAG 18.7.2012 – 7 AZR 443/09.

Ampelschaltung bewegt sich die Nutzung befristeter Verträge damit in der **roten Phase. In dieser Phase ist eine rechtsmissbräuchliche Gestaltung indiziert.** Dazwischen wird abhängig von den Umständen des Einzelfalls eine **gelbe Phase** bestehen, in der einige aber nicht alle zu berücksichtigende Umstände einen Rechtsmissbrauch indizieren können, zB wenn eine eigentlich unproblematische Dauer durch eine Vielzahl aufeinanderfolgender befristeter Verträge erreicht wird.[132] In diesem Fall müssen weitere Umstände für einen Gestaltungsmissbrauch im Einzelfall abgewogen werden (zur Darlegungs- und Beweislast vgl nachfolgend Rn 63 a),

Der Senat hat ein tragfähiges Konzept entwickelt, das der Missbrauchskontrolle Strukturen gibt, gleichzeitig aber Raum für die Berücksichtigung von Umständen des Einzelfalls lässt. Sind zB zwischen den Parteien mehrere nicht unmittelbar aufeinanderfolgende Befristungsketten vereinbart gewesen, die jede für sich genommen keinen Rechtsmissbrauch indizieren, hängt es von weiteren Umständen des Einzelfalls ab, ob in einer Gesamtabwägung beide Befristungsketten zusammen zu würdigen sind.[133] In dem der Entscheidung des 7. Senats vom 25.3.2009[134] zugrunde liegenden Sachverhalt, indem eine Postzustellerin innerhalb von über 3 Jahren mit einer Vielzahl überwiegend monatsweise vereinbarter Befristungen eine seit über 13 Jahren im Sonderurlaub befindliche Mitarbeiterin vertreten hat, wäre aufgrund der Vielzahl der Befristungen trotz eigentlich unproblematischer Gesamtdauer ein Rechtsmissbrauch indiziert gewesen.

61b

f) Darlegungs- und Beweislast. Der Große Senat[135] ist zum Rechtszustand vor Inkrafttreten des TzBfG in früherer Rechtsprechung davon ausgegangen, es spreche eine Vermutung für die Rechtswirksamkeit eines befristeten Arbeitsvertrags. Folgerichtig sollte der Arbeitnehmer dafür darlegungs- und beweispflichtig sein, dass für den Abschluss eines befristeten Arbeitsvertrages keine sachlich vernünftigen Gründe vorgelegen haben oder dass solche Gründe nur vorgeschoben sind. An dieser Auffassung hat das BAG in der Folgezeit de facto nicht festgehalten. Im Wege der Anwendung der Grundsätze des Anscheinsbeweises hat es dem Arbeitgeber auferlegt, durch Gegendarlegungen oder Gegenbeweise das dem ersten Anscheinen nach zutreffende Vorbringen des Arbeitnehmers im Hinblick auf das Nichtvorliegen eines sachlichen Grundes zu entkräften.[136] In nunmehr ständiger Rechtsprechung legt der 7. Senat dem **Arbeitgeber die Darlegungs- und Beweislast für das Vorliegen eines sachlichen Grundes** auf.[137]

62

---

132 Vgl BAG 13.2.2013 – 7 AZR 225/11– Gesamtdauer 5,5 Jahre bei 13 Befristungen.
133 BAG 10.7.2013 – 7 AZR 761/11.
134 BAG 25.3.2009 – 7 AZR 34/08.
135 BAG GS 12.10.1960 – GS 1/59 – AP § 620 BGB Nr 2.
136 BAG 13.5.1982 – 2 AZR 87/80 – AP § 620 BGB Befristeter Arbeitsvertrag Nr 68.
137 BAG 4.12.2013 – 7 AZR 277/12; 24.10.2001 – 7 AZR 542/00 – in Bezug auf die Darlegung der auf konkrete Tatsachen gestützten Prognose, dass Haushaltsmittel nur für eine bestimmte Zeitdauer zur Verfügung stehen; BAG 26.4.1985 – 7 AZR 316/84 – AP § 620 BGB Befristeter Arbeitsvertrag Nr 91; 12.12.1985 – 2 AZR 9/85 – AP § 620 BGB Befristeter Arbeitsvertrag Nr 96 für die Befristung aus sozialen Erwägungen; für die Frage der Beweislast im Hinblick auf die vom Arbeit-

63 Nach der geänderten Gesetzeslage bestehen keine Zweifel mehr, dass der **Arbeitgeber die Darlegungs- und Beweislast für die tatsächlichen Voraussetzungen des von ihm behaupteten sachlichen Grundes für die Befristung trägt.**[138] Dies ergibt sich aus dem Prinzip der Sachnähe sowie daraus, dass nach der gesetzlichen Konzeption das unbefristete Arbeitsverhältnis der Regelfall und das befristete Arbeitsverhältnis die Ausnahme ist. Der Arbeitgeber muss deshalb die tatsächlichen Voraussetzungen einer rechtswirksamen Befristungsabrede darlegen und beweisen und trägt das Risiko des non liquet.

64 Vom Arbeitgeber darzulegen und zu beweisen ist die **Vereinbarung einer Befristung** als solches einschließlich der Einhaltung der Schriftform des § 14 Abs 4 TzBfG.[139] Im Hinblick auf das Schriftformerfordernis dürften praktische Schwierigkeiten nicht auftreten. Auch Zweifelsfragen im Hinblick auf die Dauer der vereinbarten Befristung werden deshalb nicht streitig werden, im Zweifel hat jedoch derjenige, der sich auf eine kürzere Dauer einer vereinbarten Befristung beruft, hierfür die Darlegungs- und Beweislast.[140] Auch dies wird im Regelfall der Arbeitgeber sein. Schließlich muss er die **Voraussetzungen des angezogenen sachlichen Grundes** einschließlich der jeweiligen Prognosegrundlagen in Bezug auf den Wegfall der Beschäftigungsmöglichkeiten darlegen und beweisen. Dies gilt auch in den Fällen der Zweckbefristung für die vom Arbeitgeber behauptete **Zweckerreichung** und in dem Fall einer auflösenden Bedingung für den **Bedingungseintritt.**[141]

64a Bezüglich der **Darlegungs- und Beweislast für die im Rahmen der Rechtsmissbrauchskontrolle zu würdigenden Umstände** ist zu differenzieren. Bewegen sich Dauer und Anzahl der Befristungen in der roten Phase, so ist nach der Rechtsprechung des 7. Senats die rechtsmissbräuchliche Befristung indiziert und es ist Sache des Arbeitgebers, durch von ihm darzulegende und zu beweisende Umstände die Indizwirkung zu widerlegen.[142] Bewegen sich Anzahl und/oder Dauer der Befristungen in der gelben Phase, ist zwar eine Missbrauchskontrolle veranlasst, die Indizwirkung wird aber nicht ausgelöst. Es obliegt dem Arbeitnehmer, weitere Umstände darzulegen und unter Beweis zu stellen, die für eine rechtsmissbräuchliche Befristung sprechen können. Nach dem Prinzip der Sachnähe darf sich der Arbeitgeber aber dann nicht auf einfaches Bestreiten zurückziehen, sondern ist regelmäßig gehalten, substantiiert zu erwidern. In der grünen Phase liegt die Darlegungs- und Beweislast für eine im Ausnahmefall dennoch rechtsmissbräuchliche Befristung beim Arbeitnehmer. Ein solcher Fall kann zB

---

geber behauptete kürzere Dauer einer Befristung so auch BAG 12.10.1994 – 7 AZR 745/93 – AP § 620 BGB Befristeter Arbeitsvertrag Nr 165; generell für die Darlegungs- und Beweislast des Arbeitgebers auch RGRK/Dörner § 620 BGB Rn 173.
138 Dörner ZTR 2001, 485, 486.
139 KR/Spilger § 623 Rn 128.
140 BAG 12.10.1994 – 7 AZR 745/93 – AP § 620 BGB Befristeter Arbeitsvertrag Nr 165.
141 Zur Verteilung der Darlegungs- und Beweislast bei der sachgrundlosen Befristung Rn 207 sowie in Bezug im Fall des Anschlussverbots nach § 14 Abs 3 TzBfG Rn 208.
142 BAG 18.7.2012 – 7 AZR 443/09, Kiel, JbArbR, Bd 50, S 25, 46.

gegeben sein, wenn zwischen den Parteien zu einem früheren Zeitpunkt mehrere befristete Arbeitsverhältnisse bestanden haben. In einem solchen Fall bedarf es besonderer Anhaltspunkte, um in eine Gesamtwürdigung auch die früheren Befristungen einbeziehen zu können.[143]

3. Nr 1 – Vorübergehender betrieblicher Bedarf

a) **Grundsätze.** Nach § 14 Abs 1 Satz 2 Nr 1 TzBfG ist die Befristung eines Arbeitsvertrags dann gerechtfertigt, wenn der betriebliche Bedarf an der Arbeitsleistung nur vorübergehend ist. Die Gesetzesbegründung nennt zwei Fallgestaltungen: Der Sachgrund kann in einem **vorübergehend erhöhten Arbeitskräftebedarf** (Erntesaison) oder in einem **künftig wegfallenden Arbeitskräftebedarf** (Überbrückung bis zur Inbetriebnahme einer neuen Anlage, Abwicklungsarbeiten bis zur Betriebsschließung) liegen.[144] Der Sachgrund ist weit gefasst und überschneidet sich mit weiteren Befristungsgründen, insbesondere mit Nr 3 (Beschäftigung zur Vertretung) und Nr 7 (haushaltsrechtlich befristete Beschäftigung).[145] Die Abgrenzung hat sinnvoll nach der Ursache des betrieblichen Bedarfs an der Arbeitsleistung zu erfolgen. Im Fall der Vertretungsbefristung liegt sie im personellen Bereich, bei einer Befristung nach Nr 1 im sonstigen betrieblichen Bereich, bei einer Befristung aus haushaltsrechtlichen Gründen werden Planvorgaben des Haushaltsgesetzgebers nachvollzogen.[146]

65

Eine auf Nr 1 gestützte Befristung ist dann gerechtfertigt, wenn bei Abschluss des befristeten Vertrages auf Grund konkreter Tatsachen mit hinreichender Sicherheit zu erwarten ist, dass für eine Beschäftigung des befristet eingestellten Arbeitnehmers über das vorgesehene Vertragsende hinaus kein Bedarf besteht.[147] Erforderlich ist somit eine **Prognose**,[148] deren Beurteilungszeitpunkt der Zeitpunkt des Abschluss des befristeten Arbeitsvertrages ist.[149] Die Prognose hat sich darauf zu beziehen, ob **im Zeitpunkt des Ablaufs der Befristung mit hinreichender Wahrscheinlichkeit kein dauerhafter Bedarf mehr** an der Weiterbeschäftigung des Arbeitnehmers besteht.[150] Eine bloße Unsicherheit über die künftige Entwicklung des Arbeitskräftebedarfs reicht für die Befristung eines Arbeitsverhältnisses nicht aus.[151] Diese Unsicherheit gehört vielmehr zum unternehmerischen Risiko des Arbeitgebers, das er nicht durch Abschluss befristeter Arbeitsverträge auf die Arbeitnehmer abwälzen kann. Er kann sich deshalb auch nicht darauf berufen, mit befristeten Arbeitsverträgen könne er leichter und schneller auf Bedarfsschwankungen reagieren.[152] Für diese Fälle kann er nach

66

---

[143] BAG 10.7.2013 – 7 AZR 761/11.
[144] BT-Drucks 14/4374 S 19.
[145] KR/Lipke § 14 TzBfG Rn 93.
[146] KR/Lipke § 14 TzBfG Rn 93.
[147] BAG 11.9.2013 – 7 AZR 107/12; 15.5.2012 – 7 AZR 35/11 – NZA 2012, 1366; 17.3.2010 – 7 AZR 640/08; 15.8.2001 – 7 AZR 274/00 – NZA 2002, 464.
[148] BT-Drucks 14/4374 S 19.
[149] Vgl iE Witt, Personalrat 2003, 104, 106 ff.
[150] BAG 17.3.2010 – 7 AZR 640/08.
[151] BAG 15.5.2012 – 7 AZR 35/11; 28.3.2001 – 7 AZR 701/99 – AP § 620 BGB Befristeter Arbeitsvertrag Nr 227.
[152] BAG 4.12.2013 – 7 AZR 277/12; 15.8.2001 – 7 AZR 274/00 – NZA 2002, 464.

Maßgabe von § 14 Abs 2 TzBfG sachgrundlos befristete Beschäftigungsverhältnisse abschließen.

67 Zwischen der befristeten Einstellung und dem vorübergehenden Beschäftigungsbedarf muss ein ursächlicher Zusammenhang bestehen. Der Arbeitgeber darf einen zeitweiligen Mehrbedarf an Arbeitskräften nicht zum Anlass nehmen, beliebig viele Arbeitnehmer einzustellen. Die **Zahl der befristet eingestellten Arbeitnehmer muss sich im Rahmen des vorübergehenden Mehrbedarfs** halten und darf diesen nicht überschreiten.[153] Nicht geklärt ist in diesem Zusammenhang, in welchem Umfang Befristungen unwirksam sind, wenn der Mehrbedarf überschritten wird. Dies können nach hier vertretener Auffassung nur die letzten über den Mehrbedarf hinaus abgeschlossenen Befristungen sein. Es ist Sache des Arbeitgebers, in jedem Einzelfall die Kausalität zwischen Befristung und vorübergehendem Beschäftigungsbedarf zu beweisen. Zweifel gehen zu Lasten des Arbeitgebers.

68 Das Vorliegen dieses Sachgrundes setzt nicht voraus, dass der auf Zeit eingestellte Arbeitnehmer gerade mit denjenigen Aufgaben betraut wird, die unmittelbar auf den Mehrbedarf zurückgehen. Es genügt, wenn **zwischen dem zeitweilig erhöhten Arbeitsanfall und der befristeten Einstellung ein ursächlicher Zusammenhang** besteht. Denn es steht dem Arbeitgeber frei, die vorhandene Arbeitsmenge zu verteilen, seine Arbeitsorganisation zu ändern oder anfallende Arbeiten bestimmten Arbeitnehmern zuzuweisen.[154]

69 Entgegen dem Wortlaut, der nur auf einen „betrieblichen" Bedarf an der Arbeitsleistung abstellt, kommt eine Befristung nach Nr 1 auch dann in Betracht, wenn der vorübergehende **Mehrbedarf in einem anderen Betrieb** eines Unternehmens besteht, sofern nur die erforderliche Kausalität zwischen befristeter Einstellung in einem Betrieb und Arbeitskräftemehrbedarf in einem anderen Betrieb vorhanden ist.[155] Insoweit besteht ein Wertungsgleichklang zur Weiterbeschäftigungsmöglichkeit in einem anderen Betrieb des Unternehmens bei einer betriebsbedingten Kündigung, die zur Sozialwidrigkeit der Kündigung nach § 1 Abs 2 KSchG führt.[156] Anhaltspunkte dafür, dass der Gesetzgeber die Befristung nach Nr 1 auf den Betrieb iSv § 1 BetrVG, in dem vorübergehender Mehrbedarf besteht, beschränken wollte, sind nicht ersichtlich. Maßgeblich ist, ob der Vertragsarbeitgeber vorübergehenden Mehrbedarf an der Arbeitsleistung hat; die konkrete Ausgestaltung seiner Arbeitsorganisation obliegt seiner unternehmerischen Dispositionsfreiheit.

70 Das Gesetz statuiert **keine zeitliche Obergrenze** für eine Befristung nach Nr 1, der Bedarf nach der Arbeitsleistung darf jedoch nur „vorübergehend", nicht aber dauerhaft sein.[157] Die Darlegung der zum Zeitpunkt des Vertragsschlusses über den künftigen Wegfall des Arbeitsbedarfs erfor-

---

153 BAG 20.2.2008 – 7 AZR 950/06; 12.9.1996 – 7 AZR 790/95 – AP § 620 Befristeter Arbeitsvertrag Nr 182.
154 BAG 10.7.2013 – 7 AZR 833/11; 17.3.2010 – 7 AZR 640/08; 12.5.1999 – 7 AZR 1/98 – RzK 24 I 9a 156; Gräfl/Arnold/Gräfl § 14 Rn 49; Dörner, Der befristete Arbeitsvertrag Rn 282.
155 Plander/Witt DB 2002, 1002.
156 IE § 1 KSchG Rn 150.
157 BAG 10.7.2013 – 7 AZR 833/11; 17.3.2010 – 7 AZR 640/08.

lichen Prognose gestaltet sich in Bezug auf die Abgrenzung zum dauerhaften Arbeitsbedarf jedoch umso schwieriger, je länger das Arbeitsverhältnis befristet werden soll. Maßgeblich sind die Umstände des Einzelfalls. Eine zeitliche Höchstgrenze von 2 Jahren[158] ist abzulehnen. Dies verdeutlicht bereits eine Parallelwertung zu § 30 Abs 2 TVÖD (vormals Protokollnotiz Nr 3 zu BAT SR 2Y) mit einer tariflich normierten Höchstdauer von 5 Jahren für befristete Arbeitsverträge zur Erledigung von Aufgaben mit begrenzter Dauer. Anhaltspunkte für eine vom Gesetzgeber gewollte kürzere Höchstfrist sind nicht vorhanden. Allerdings wird die Richtigkeit der Prognose des Arbeitgebers über den vorübergehenden Bedarf an der Arbeitsleistung iSd § 14 Abs 1 Satz 2 Nr 1 TzBfG nicht allein dadurch in Frage gestellt, dass der prognostizierte vorübergehende Bedarf über das Ende des mit dem Arbeitnehmer vereinbarten befristeten Arbeitsvertrags hinaus andauert.[159]

Ob der zu **Arbeitskräftebedarf vorübergehend ist, ist an Hand von objektiven Kriterien bestim**men; maßgeblich ist nicht die subjektive Einschätzung des Arbeitgebers.[160] Dies darf jedoch nicht dazu führen, die unternehmerische Konzeption einer gerichtlichen Prüfung zu unterziehen. Der Arbeitgeber ist frei darin, zu entscheiden, welche Aufgaben er dauerhaft und welche er nur vorübergehend wahrnehmen will. Die Überprüfung der Prognose ist auf der Grundlage seines unternehmerischen Konzeptes dann allerdings an Hand objektiver Kriterien vorzunehmen.[161]

b) Einzelfälle. Der Sachgrund der Nr 1 erlaubt Befristungen in **Saisonbetrieben**, die ganzjährig arbeiten aber saisonal einen erhöhten Arbeitskräftebedarf haben (Hotels, Restaurationsbetriebe in Urlaubsgebieten, landwirtschaftliche Betriebe zur Erntesaison) und in **Kampagnebetrieben**, die nur für einen begrenzten Zeitraum im Jahr arbeiten (Freibad). Auf Grund der jahreszeitlich sehr unterschiedlichen Betriebstätigkeit können neben einer kleinen Stammbelegschaft Saisonarbeiter befristet beschäftigt werden.[162] Die Befristung ist sowohl als Zweckbefristung nach Maßgabe von § 15 Abs 2 TzBfG wie auch als Zeitbefristung zulässig. Der Einsatz von Saisonkräften ist auch auf Arbeitsplätzen zulässig, die nicht vom erhöhten Arbeitsanfall betroffen sind, sofern die Kausalität zum saisonal erhöhten Arbeitsbedarf gegeben ist (Einsatz der Stammbelegschaft im Rahmen des erhöhten Arbeitsanfalls). Ob ein **Anspruch auf erneuten Abschluss eines Saisonarbeitsverhältnisses** besteht, ist Frage des Einzelfalls und nach hier vertretender Auffassung von einer entsprechenden Zusage des Arbeitgebers abhängig.[163]

---

158 Plander/Witt DB 2002, 1002, 1003.
159 BAG 29.7.2009 – 7 AZR 907/09.
160 Vgl BAG 28.3.2001 – 7 AZR 701/99 – AP § 620 BGB Befristeter Arbeitsvertrag Nr 227.
161 Zutr Plander/Witt DB 2002, 1002, 1003.
162 BAG 29.1.1987 – 2 AZR 109/86 – AP § 620 BGB Saisonarbeit Nr 1.
163 Vgl § 15 Rn 47 ff.

73 Die Befristung nach Nr 1 ist zulässig zur **Abdeckung zeitlich befristeter Auftragsspitzen**,[164] bei **Umstrukturierungen im öffentlichen Dienst**[165] bzw bis zur beabsichtigten **Schließung einer Dienststelle**[166] oder im Zusammenhang mit dem Rückbau eines Reaktors,[167] nicht aber bis zu einem beabsichtigten Übergang eines Betriebs, weil ein Betriebsübergang keinen Grund für eine Befristung des Arbeitsverhältnisses darstellt.[168] Auch die für einen späteren Zeitpunkt **geplante Besetzung eines Arbeitsplatzes mit einem Leiharbeitnehmer** ist kein Sachgrund für die Befristung des Arbeitsvertrags mit einem vorübergehend auf diesem Arbeitsplatz eingesetzten Arbeitnehmer.[169] Die betriebliche Organisation und der Arbeitskräftebedarf bleiben in diesem Fall unverändert, letzterer wird lediglich durch Mitarbeiter eines anderen Arbeitgebers abgedeckt.

74 Schwierigkeiten bereitet die **Abgrenzung** von **projektbedingt erhöhtem Personalbedarf** zu solchem für **Daueraufgaben**. Ein tatsächlich projektbedingt erhöhter Personalbedarf rechtfertigt regelmäßig die Befristung von Arbeitsverträgen. Davon zu unterscheiden sind „projektbedingte" Befristungen, mit denen tatsächlich Daueraufgaben des Arbeitgebers erfüllt werden.[170] Es besteht eine umfangreiche Judikatur. **Unwirksam** ist die 3-jährige Befristung eines Arbeitnehmers in einer (zunächst) auf drei Jahren eingerichteten Sonderprüfgruppe zur Bekämpfung von Schwarzarbeit bei der BA, weil darin kein zeitlich befristetes Projekt sondern eine Daueraufgabe liegt.[171] Auch die befristete Beschäftigung von Schulhelfern, die vom öffentlichen Schulträger jeweils für ein Jahr abgefordert werden, ist unwirksam, da die Unsicherheit über eine erneute Auftragsvergabe eine Befristung nicht rechtfertigen kann.[172] Unwirksam kann auch die Befristung des Arbeitsvertrags eines wissenschaftlichen Mitarbeiters sein, wenn sich die Tätigkeit tatsächlich auf die Wahrnehmung von Daueraufgaben der Anstalt bezieht.[173] Auch die nur zeitweise Übertragung einer sozialstaatlichen Daueraufgabe wie der Übernahme von Leistungen im Rahmen der Grundsicherung für Arbeitsuchende („Optionskommune") rechtfertigt nicht die Befristung von Arbeitsverträgen nach Nr 1, auch wenn unsicher ist, ob das Optionsmodell fortgeführt wird.[174] Die Ungewissheit über den Wegfall des Beschäftigungsbedarf ist Bestandteil des wirtschaftlichen Risikos des Arbeitgebers und rechtfertigt keine Befristung nach Nr 1.[175] Ein Indiz für das

---

164 BAG 12.9.1996 – 7 AZR 790/95 – AP § 620 BGB Befristeter Arbeitsvertrag Nr 182; vgl aber Unwirksamkeit einer Befristung wegen eines vorübergehend erhöhten Investitionsvolumens BAG 15.8.2001 – 7 AZR 274/00 – nv.
165 BAG 11.12.1990 – 7 AZR 621/89 – nv.
166 BAG 30.10.2008 – 8 AZR 855/07; 3.12.1997 – 7 AZR 651/96 – AP § 620 BGB Befristeter Arbeitsvertrag Nr 196.
167 BAG 20.2.2008 – 7 AZR 950/06.
168 BAG 30.10.2008 – 8 AZR 855/07.
169 BAG 17.1.2007 – 7 AZR 20/06.
170 BAG 7.11.2007 – 7 AZR 484/06.
171 BAG 28.3.2001 – 7 AZR 701/ 99 – AP § 620 BGB Befristeter Arbeitsvertrag Nr 227.
172 BAG 22.3.2000 – 7 AZR 758/98 – AP § 620 BGB Befristeter Arbeitsvertrag Nr 221.
173 BAG 7.4.2004 – 7 AZR 441/03 – AP § 17 TzBfG Nr 4.
174 BAG 11.9.1013 – 7 AZR 107/12, vgl auch BAG 4.12.2013 – 7 AZR 277/12.
175 BAG 15.5.2013 – 7 AZR 35/11.

Vorliegen eines „echten" Projekts kann sein, wenn der Arbeitgeber für die Durchführung des Projekts von einem Dritten finanzielle Mittel oder Sachleistungen zur Verfügung gestellt werden;[176] allerdings muss es dann bei Vertragsschluss sichere Anhaltspunkte für einen endgültigen Wegfall der Drittmittel geben. Nur wenn die Mittel von vornherein lediglich für eine genau bestimmte Zeitdauer bewilligt wurden und anschließend wegfallen sollten, ist die Befristung sachlich gerechtfertigt, weil dann davon auszugehen ist, dass sowohl der Drittmittelgeber als auch der Arbeitgeber sich gerade mit den Verhältnissen dieser Stelle befasst und ihre Entscheidung über den Wegfall des konkreten Arbeitsplatzes aus sachlichen Erwägungen getroffen haben.[177] Auch die für einen späteren Zeitpunkt geplante Besetzung eines Arbeitsplatzes mit einem Leiharbeitnehmer ist kein Sachgrund für die Befristung des Arbeitsvertrags mit einem vorübergehend auf diesem Arbeitsplatz eingesetzten Arbeitnehmer.[178] **Wirksam** war die Befristung von Arbeitsverträgen mit Wissenschaftlern, die nicht mit Daueraufgaben der jeweiligen Arbeitgeber, sondern im Rahmen zeitlich begrenzter Projekte eingesetzt wurden.[179]

c) Besonderheiten der Darlegungs- und Beweislast. Der **Arbeitgeber hat den nur vorübergehenden Bedarf an der Arbeitsleistung** zu beweisen. Dabei ist Sorgfalt an den Tag zu legen, da etliche Befristungen der Kontrolle des BAG nicht standgehalten haben, weil die tatsächlichen Grundlagen der Prognose – unternehmerisches Konzept, Tatsachen für den zukünftigen Wegfall des Arbeitskräftebedarfs – nicht ausreichend dargelegt wurden. Soll die Befristung projektbedingt begründet sein, ist darzulegen, wie sich die projektbedingten Tätigkeiten von den Daueraufgaben des Arbeitgebers unterscheiden und abgrenzen lassen.[180]   75

Wird die **Prognose durch die spätere Entwicklung bestätigt**, besteht eine ausreichende Vermutung dafür, dass sie hinreichend fundiert erstellt worden ist. Es obliegt dann dem Arbeitnehmer, seinerseits substantiierte Tatsachen dafür vorzutragen, nach denen im Zeitpunkt des Vertragsabschlusses diese Prognose nicht gerechtfertigt war (zB Wechsel des unternehmerischen Konzepts zu einem Zeitpunkt nach Abschluss des befristeten Vertrags). Nur diesen Vortrag hat der Arbeitgeber dann noch zu widerlegen.   76

Hat sich die **Prognose nicht bestätigt** – weil etwa der Arbeitnehmer überwiegend mit projektfremden Tätigkeiten beschäftigt wird,[181] muss der Arbeitgeber die ihm bei Vertragsschluss bekannten Tatsachen vorbringen, die jedenfalls zum damaligen Zeitpunkt den hinreichend sicheren Schluss darauf erlaubten, dass nach Ablauf der Befristung kein konkreter Bedarf mehr an der Arbeitsleistung des eingestellten Arbeitnehmers bestehen werde.[182]   77

---

176 BAG 7.11.2007 – 7 AZR 484/06.
177 BAG 15.2.2006 – 7 AZR 241/05 – ZTR 2006, 509.
178 BAG 17.1.2007 – 7 AZR 20/06.
179 BAG 15.2.2006 – 7 AZR 241/05; 25.8.2004 – 7 AZR 7/04 – BAGE 111, 377.
180 Vgl LAG Rheinland-Pfalz 25.1.2013 – 9 Sa 223/12.
181 Vgl BAG 7.5.2008 – 7 AZR 146/07.
182 BAG 28.3.2001 – 7 AZR 701/99 – AP § 620 BGB Befristeter Arbeitsvertrag Nr 227; 12.9.1996 – 7 AZR 790/95 – AP § 620 BGB Befristeter Arbeitsvertrag Nr 182.

Hinweis: In der Praxis dürfte es ratsam sein, die unternehmerische Konzeption und den Hintergrund der Befristung zeitnah in geeigneter Form schriftlich zu fixieren. Zu beachten ist, dass der Arbeitgeber nach Ansicht des BAG auch darzulegen hat, dass sich die Zahl der befristet eingestellten Arbeitnehmer im Rahmen des vorübergehenden Mehrbedarfs hält und diesen nicht überschreitet.[183] Zwar wird man dem Arbeitgeber insoweit eine Einschätzungsprärogative einräumen müssen; der verbleibenden Rechtsunsicherheit kann aber nur durch eine präzise Darlegung des tatsächlichen Arbeitskräftebedarfs Rechnung getragen werden.

4. Nr 2 – Anschlussbefristung nach Studium oder Ausbildung

78 a) **Grundsätze.** Dieser Sachgrund knüpft an **tarifliche Vorbilder** an. Nach der gesetzgeberischen Intention sollen Befristungen nach Nr 2 den **Berufsstart erleichtern**; ausdrücklich erfasst wird auch die Beschäftigung eines Arbeitnehmers, der zuvor als Werkstudent bereits tätig war und der ansonsten ohne Sachgrund wegen des Anschlussverbots nach § 14 Abs 2 Satz 2 TzBfG nicht befristet beschäftigt werden könnte.[184]

79 Die **tatbestandlichen Voraussetzungen sind unscharf**; Konkretisierungen sind der Rechtsprechung vorbehalten. Liegt eine Tarifbestimmung vor, wird das Vorliegen eines Sachgrundes indiziert.[185] Erfasst von Nr 2 werden Befristungen, die das BAG bisher unter dem Sachgrund „sozialer Überbrückungszweck" geprüft und nur unter engen Voraussetzungen gestattet hat.[186] Danach kam eine Befristung aus diesem Grund im „Ausnahmefall" nur Betracht, wenn nicht Interessen der Dienststelle oder des Arbeitgebers sondern nur soziale Belange des Arbeitnehmers ausschlaggebend für die befristete Beschäftigung waren. Der weitgefasste Wortlaut von Nr 2 gebietet eine deutlich großzügigere Handhabung.

80 Fraglich ist, welche **Arten der Ausbildung** und des **Studiums** eine Sachgrundbefristung nach Nr 2 im Anschluss erlauben. Dazu müssen **alle Formen der Berufsbildung nach § 1 BBiG**, nämlich die Berufsausbildungsvorbereitung, die Berufsausbildung, die berufliche Fortbildung und die berufliche Umschulung[187] zählen und zwar unabhängig davon, ob die Ausbildung im Rahmen eines Berufsausbildungsvertrages nach § 10 BBiG, eines sonstigen Vertragsverhältnisses nach § 26 BBiG oder eines Arbeitsverhältnisses erfolgt ist.[188] Dies gebietet der gesetzgeberische Zweck – Ermöglichung des Einstiegs in den Beruf nach einer Ausbildung – wie auch der Wortlaut der Norm, der keinen Raum für eine einschränkende Anwendung bietet. Bei einem auf Berufsausbildungsverhältnisse beschränkten An-

---

183 BAG 18.4.1986 – 7 AZR 583/84 – nv; BAG 15.11.1989 – 7 AZR 529/88 – nv.
184 Vgl BT-Drucks 14/4374 S 19; Preis/Gotthardt DB 2000, 2065, 2071, zur zeitlichen Beschränkung des Vorbeschäftigungsverbots jetzt BAG 6.4.2011 – 7 AZR 716/09.
185 Annuß/Thüsing/Maschmann § 14 TzBfG Rn 29; Sievers TzBfG § 14 Rn 179.
186 BAG 7.7.1999 – 7 AZR 232/98 – AP § 620 BGB Befristeter Arbeitsvertrag Nr 211; zuletzt BAG 23.1.2002 – 7 AZR 552/00.
187 AA für Fortbildung und Umschulung Dörner, Der befristete Arbeitsvertrag Rn 237; KDZ/Däubler § 14 TzBfG Rn 55; Sievers TzBfG § 14 Rn 182.
188 KR/Lipke § 14 TzBfG Rn 122, aA Sievers TzBfG § 14 Rn 182; KDZ/Däubler § 14 Rn 55, Gräfl/Arnold/Gräfl § 14 Rn 63.

wendungsbereich wäre die Norm wegen der Möglichkeit der sachgrundlosen Befristung nach § 14 Abs 2 TzBfG überflüssig. Unter einem **Studium iSv Nr 2** ist jedes (Fach-) Hochschulstudium wie auch jedes sonstige Studium an einer staatlich anerkannten Bildungseinrichtung zu verstehen.[189] Auch insoweit ist der Vorschrift keine Beschränkung auf bestimmte Studienformen zu entnehmen. Eine Anschlussbefristung nach Nr 2 setzt keinen erfolgreichen Abschluss einer Ausbildung oder eines Studiums voraus.[190]

Eine Befristung nach Nr 2 muss **„im Anschluss"** an eine Ausbildung oder ein Studium erfolgen. Nach welcher Zeitspanne eine Anschlussbefristung nach Nr 2 nicht mehr möglich ist, ergibt sich aus dem Gesetz nicht. Die in der Literatur erörterten Zeitgrenzen bewegen sich zwischen 3 Monaten,[191] 4 Monaten,[192] 6 Monaten[193] bis hin zu 2 Jahren.[194] Bestimmte Grenzen sind abzulehnen, maßgeblich sind die Umstände des Einzelfalls. Im Regelfall wird ein enger zeitlicher Zusammenhang geboten sein,[195] allerdings sind Ausnahmen denkbar. Unternimmt ein Student im Anschluss an sein Studium eine 1-jährige Weltreise, so kann er auch anschließend nach Nr 2 befristet eingestellt werden. Maßgeblich ist nicht der verstrichene Zeitraum zwischen Ausbildung/Studium und Beschäftigung; entscheidend ist, ob es sich um die erste Beschäftigung im Rahmen eines Arbeitsverhältnisses nach Abschluss von Studium oder Ausbildung handelt. 81

Vom Gesetz nicht ausdrücklich geregelt ist, ob eine Befristung nach Nr 2 **nur im ersten Beschäftigungsverhältnis** möglich ist. Dies ist zu bejahen. „Im Anschluss" bedeutet, dass zwischen befristetem Arbeitsverhältnis und Ausbildung/Studium grundsätzlich keine weiteren Beschäftigungsverhältnisse bestanden haben.[196] Ein ehemaliger Student, der in einem ersten Arbeitsverhältnis die Probezeit nicht übersteht, kann deshalb nicht von einem weiteren Arbeitgeber nach Nr 2 befristet eingestellt werden. Der Wortlaut gestattet grundsätzlich keine Ausnahme. Lediglich Beschäftigungsverhältnisse, die von vorneherein nur übergangsweise und ausbildungsfremd erfolgen (Taxichauffeur im Anschluss an ein Studium), schließen eine Befristung nach dem Zweck der Vorschrift nicht aus.[197] 82

Die Befristung nach Nr 2 soll den **„Übergang in eine Anschlussbeschäftigung erleichtern"**. Unerheblich ist, ob die Anschlussbeschäftigung bei demselben oder bei einem anderen Arbeitgeber angestrebt wird. Der Übergang muss auch nicht feststehen oder konkretisiert sein; ausreichend ist es im Hinblick auf den gesetzgeberischen Zweck und den Wortlaut der Norm, wenn die Einstellungsaussichten erleichtert werden.[198] 83

---

189 KR/Lipke § 14 TzBfG Rn 123.
190 Dörner, Der befristete Arbeitsvertrag Rn 240.
191 Däubler ZIP 2001, 223.
192 Staudinger/Preis § 620 BGB Rn 108.
193 Kliemt NZA 2001, 297; KR/Lipke § 14 TzBfG Rn 127.
194 Bader/Bram/Dörner/Wenzel-Bader § 620 BGB Rn 157.
195 Sievers, § 14 TzBfG Rn 187; KDZ/Däubler § 14 TzBfG Rn 54.
196 BAG 24.8.2011 – 7 AZR 368/10; 10.10.2007 – 7 AZR 795/06; ErfK/Müller-Glöge § 14 Rn 49.
197 Offengelassen BAG 24.8.2011 – 7 AZR 368/10; APS/Backhaus § 14 Rn 88; AA Dörner, Der befristete Arbeitsvertrag Rn 242.
198 So auch KR/Lipke § 14 TzBfG Rn 130.

84 Das Gesetz schweigt dazu, für welchen **Zeitraum eine Befristung nach Nr 2 zulässig** ist. Auch insoweit sind die Umstände des Einzelfalls maßgeblich. Einer zeitlichen Höchstgrenze von 2 Jahren[199] ist im Regelfall sicherlich zuzustimmen. Bei einfachen Tätigkeiten dürfte die vorbeschriebene Kausalität auch bei kürzeren Befristungen nicht mehr vorhanden sein, während im Ausnahmefall bei hochspezialisierten Tätigkeiten auch eine Befristung von mehr als 2 Jahren zulässig sein kann, wenn dadurch die Chancen für eine Anschlussbeschäftigung steigen.

85 Eine wiederholte Befristung oder die Verlängerung eines Arbeitsverhältnisses mit dem Sachgrund Nr 2 ist nicht möglich, da es sich dann nicht mehr um das erste Arbeitsverhältnis nach Studium oder Ausbildung handelt.[200]

86 b) **Darlegungs- und Beweislast.** Der Arbeitgeber hat in einem Rechtsstreit über die Wirksamkeit der Befristung die **Voraussetzungen einer Befristung nach Nr 2 darzulegen** und im Streitfall zu beweisen. Strenge Voraussetzungen an die Darlegung der beabsichtigten Erleichterung in eine Übergangsbeschäftigung sind unangebracht,[201] wenn der gesetzgeberische Zweck, den Einstieg in das Berufsleben zu erleichtern, erreicht werden soll. Da berufliche Erfahrungen im unmittelbaren Anschluss an eine Ausbildung oder ein Studium nach aller Lebenserfahrung den Berufsstart erleichtern, bedarf es nicht der Darlegung konkreter Tatsachen, wonach im jeweiligen Einzelfall ein Übergang in eine Anschlussbeschäftigung zu erwarten ist. Es ist vielmehr Sache des Arbeitnehmers, konkrete Tatsachen dafür vorzutragen, dass die Befristung nach Nr 2 nur vorgeschoben ist. Diese hat der Arbeitgeber im Streitfall zu widerlegen.

Hinweis: In der Praxis sollte zu Beweiszwecken der Befristungsgrund mit in die Vertragsurkunde aufgenommen werden. Sofern eine Vorbeschäftigung nach § 14 Abs 2 Satz 2 TzBfG nicht vorliegt, kann das Beschäftigungsverhältnis ergänzend auf § 14 Abs 2 TzBfG gestützt werden.

5. Nr 3 – Vertretungsbefristung

87 a) **Grundsätze.** Die Einstellung eines Arbeitnehmers zur Vertretung eines vorübergehend ausgefallenen Mitarbeiters ist von der Rechtsprechung seit langem als Sachgrund anerkannt und entwickelt worden. Die Gesetzesbegründung nimmt ausdrücklich auf diese Rechtsprechung Bezug und benennt als **(typische) Vertretungsfälle Krankheit, Beurlaubung, Einberufung zum Wehrdienst und Abordnung ins Ausland**.[202] Nach Auffassung des BAG liegt die sachliche Rechtfertigung einer solchen Befristung darin, dass der Arbeitgeber bereits zu dem vorübergehend ausfallenden Mitarbeiter in einem Rechtsverhältnis steht und mit der Rückkehr dieses Mitarbeiters rechnet. Damit besteht für die Wahrnehmung der an sich dem ausfallenden Mitarbeiter obliegenden Aufgaben durch eine Vertretungskraft von vorneherein ein nur zeitlich begrenztes Bedürfnis.[203]

---

199 Hromadka BB 2001, 622, 623; KR/Lipke § 14 TzBfG Rn 129 a.
200 BAG 10.10.2007 – 7 AZR 795/06.
201 Zutr KR/Lipke § 14 TzBfG Rn 130.
202 BT-Drucks 14/4374 S 19.
203 BAG 18.7.2012 – 7 AZR 783/10; NZA 2012, 2634; 18.4.2007 – 7 AZR 293/06; 24.5.2006 – 7 AZR 640/05.

Teil des Sachgrunds ist eine **Prognose über den voraussichtlichen Wegfall** 88
des Vertretungsbedarfs durch die Rückkehr der vertretenen Stammkraft.
Solange diese einen Anspruch hat, die Tätigkeit wieder aufzunehmen, muss
und darf der Arbeitgeber mit einer Rückkehr rechnen.[204] Nur wenn der
Arbeitgeber im Ausnahmefall auf Grund ihm vorliegender Informationen
erhebliche Zweifel daran haben muss, dass die zu vertretende Stammkraft
überhaupt wieder an ihren Arbeitsplatz zurückkehren wird, kann dies dafür
sprechen, dass der Sachgrund der Vertretung nur vorgeschoben ist.[205]
Während das BAG bisher vertreten hat, dies setzte voraus, dass der zu vertretende
Arbeitnehmer dem Arbeitgeber bereits vor dem Abschluss des befristeten
Arbeitsvertrags mit der Vertretungskraft verbindlich erklärt habe,
dass er die Arbeit nicht wieder aufnehmen werde,[206] taucht dieser Obersatz
in neuester Rechtsprechung – zu Recht – nicht mehr auf;[207] auch ohne
verbindliche Erklärung der Stammkraft kann auf Grund konkreter Umstände
feststehen, dass sie nicht wiederkommt. Dies kann zB die gesundheitliche
Entwicklung der Stammkraft sein, die eine Rückkehr ausschließen
lässt. Der Arbeitgeber ist allerdings nicht verpflichtet, vor dem Abschluss
eines befristeten Arbeitsvertrags Erkundigungen über die Planungen der
Stammkraft einzuholen oder nach seiner gesundheitlichen Entwicklung zu
befragen.[208]

Grundsätzlich ohne Bedeutung im Rahmen der anzustellenden Prognose ist 89
es, zu welchem Zeitpunkt die Stammkraft wieder die Arbeit aufnimmt.[209]
Der Arbeitgeber muss einen Arbeitsausfall nicht durch Einstellung einer
Ersatzkraft überbrücken. Er ist deshalb frei darin, den **Zeitraum des Arbeitsausfalls
nur zeitweise zu überbrücken**; es bedarf keiner Kongruenz
zwischen der Dauer des Vertretungsbedarfs und der Dauer der Befristung.[210]
Die Prognose muss sich auch nicht darauf erstrecken, ob die
Stammkraft ihre Tätigkeit in vollem Umfang wieder aufnimmt oder aber –
nach § 8 TzBfG oder § 15 BEEG – nur mit reduziertem Arbeitsvolumen
wieder zur Verfügung steht. Auch wenn die Stammkraft nur reduziert wieder
tätig wird, entfällt der Vertretungsbedarf im bisherigen Umfang. Da es
der unternehmerischen Freiheit obliegt, ob, wie oder in welchem Umfang
der Vertretungsbedarf abgedeckt wird, kann die Befristung auch nur für
die Zeit des vollständigen Ausfalls (oder für einen kürzeren Zeitraum) vereinbart
werden.[211]

Regelmäßiger Vertretungsbedarf steht dem Abschluss befristeter Arbeits- 90
verträge grundsätzlich nicht entgegen; der Arbeitgeber ist nicht gehalten,

---

204 BAG 13.6.2007 – 7 AZR 747/05.
205 BAG 18.7.2012 – 7 AZR 783/10.
206 BAG 25.3.2009 – 7 AZR 34/08; 24.5.2006 – 7 AZR 640/05; 2.7.2003 – 7 AZR 529/02 – AP § 620 BGB Befristeter Arbeitsvertrag Nr 254.
207 Vgl BAG 18.7.2012 – 7 AZR 783/10 – und 7 AZR 443/09.
208 2.7.2003 – 7 AZR 529/02 – AP § 620 BGB Befristeter Arbeitsvertrag Nr 254.
209 BAG 22.11.1995 – 7 AZR 225/95 – AP § 620 BGB Befristeter Arbeitsvertrag Nr 178.
210 BAG 25.3.2009 – 7 AZR 34/08; 13.10 2004 – 7 AZR 654/03 – EZA § 14 TzBfG Nr 14; LAG Niedersachsen 27.11.2007 – 13 Sa 622/07; KR/Lipke § 14 TzBfG Rn 142.
211 BAG 27.6.2001 – 7 AZR 326/00.

Mestwerdt

diesen Bedarf durch eine dauerhafte Personalreserve abzufangen.[212] Erwägungen des EuGH in der Entscheidung Angelidaki[213] haben zwar zunächst vermuten lassen, dass aus Sicht des EuGH ein dauerhafter betrieblicher Vertretungsbedarf einer Vertretungsbefristung entgegenstehen könnte. Der EuGH hat auf den Vorlagebeschluss des BAG vom 17.11.2010[214] in der Sache Kücük[215] jedoch klargestellt, dass der Arbeitgeber auch bei dauerndem Vertretungsbedarf auf befristete Arbeitsverträge zurückgreifen und ein sachlicher Grund iSv § 5 Nr 1 Buchst a der EGB-UNICE-CEEP- Rahmenvereinbarung gegeben sein kann. Abhängig von der Anzahl und der Gesamtdauer der in der Vergangenheit mit demselben Arbeitgeber abgeschlossenen Arbeitsverträge ist danach aber im Einzelfall eine Rechtsmissbrauchskontrolle durchzuführen. Das BAG hat mit den Entscheidungen vom 18.7. 2012[216] die Auslegung der Rahmenvereinbarung durch den EuGH umgesetzt. Danach hält der Senat an den (nachfolgend näher erläuterten) Grundsätzen der Vertretungsbefristung fest und ergänzt die Kontrolle von Sachgrundbefristungen allgemein – nicht nur bei ausschließlich auf den Sachgrund der Vertretung gestützten Befristungen – um das Erfordernis einer Rechtsmissbrauchskontrolle bei Befristungsketten (vgl Rn 60 ff, zur Verteilung der Darlegungs- und Beweislast bei der Rechtsmissbrauchskontrolle Rn 64 a). Nach wie vor ist somit eine positive Prognose in Bezug auf die Rückkehr der ausfallenden Stammkraft ausreichend für den sachlichen Grund für eine Vertretungsbefristung, ohne dass es auf eine Prognose des gesamten betrieblichen Vertretungsbedarfs ankommt.

91 Ein regelmäßiger Vertretungsbedarf steht dem Abschluss eines befristeten Arbeitsvertrags deshalb nur dann entgegen, wenn von vornherein feststeht, dass der befristet eingestellte Arbeitnehmer über das vorgesehene Befristungsende hinaus mit weiteren Vertretungsaufgaben beschäftigt wird.

92 Im Hinblick auf die abschließend gebotene Missbrauchskontrolle bei Befristungsketten gibt es nach Auffassung des 7. Senats **keinen Grund, bei zunehmender Anzahl** und **Dauer an die Rückkehrprognose der Stammkraft höhere Anforderungen zu stellen.**[217] Dies ist im Hinblick darauf, dass vorangegangene nicht angegriffene Befristungen nach § 17 Satz 2 TzBfG, 7 KSchG als rechtswirksam gelten, dogmatisch richtig.

93 Die Befristung eines Arbeitsverhältnisses zur Vertretung ist sowohl als **Zeit-** wie als **Zweckbefristung** nach § 15 Abs 2 TzBfG oder auch als **auflösende Bedingung**[218] möglich, z.B indem die Befristung für die Dauer der Erkrankung der Stammkraft vereinbart wird. **Problematisch gestaltet sich**

---

212 BAG 8.9.1983 – 2 AZR 438/82 – AP § 620 BGB Befristeter Arbeitsvertrag Nr 77; aA LAG Mecklenburg-Vorpommern 14.6.2007 – 2 Sa 357/06.
213 EuGH 23.4.2009 – C-378/07 bis C-380/07.
214 BAG 17.11.2010 – 7 AZR 443/09 (A), krit hierzu Dörner, Der befristete Arbeitsvertrag Rn 323 ff.
215 EuGH 26.1.2012 – C 586/10 – (Kücük).
216 BAG 18.7.2012 – 7 AZR 783/10 – und – 7 AZR 443/09, vgl nachfolgend BAG 16.1.2013 – 7 AZR 662/11; 13.2.2013 – 7 AZR 324/11; 10.7.2013 – 7 AZR 761/11 – und – 7 AZR 833/11, grundlegend und näher erl Kiel JbArbR, Bd 50 S 25 ff.
217 BAG 18.7.2012 – 7 AZR 783/10.
218 Vgl BAG 29.6.2011 – 7 AZR 6/10.

die Rechtslage, wenn die abwesende Stammkraft – etwa nach Bewilligung einer Erwerbsunfähigkeitsrente – endgültig ausscheidet. Haben die Parteien eine Zeitbefristung vereinbart, stellt das Ausscheiden des Mitarbeiters die Wirksamkeit der Befristungsabrede nicht in Frage, da zum Zeitpunkt des Vertragsschlusses die Prognose bestand, der Arbeitnehmer werde an den Arbeitsplatz wieder zurückkehren.

Die Rechtsprechung ist im Übrigen etwas uneinheitlich. Ist ein Arbeitsverhältnis „für die Zeit bis zur Wiederaufnahme der Arbeit bzw dessen Ausscheiden" befristet, soll diese Befristung unwirksam sein, und das Arbeitsverhältnis nach dem Ausscheiden der Stammkraft wegen des Bezugs von Erwerbsunfähigkeitsrente fortbestehen;[219] allein durch das Ausscheiden der Stammkraft entfalle der Bedarf des Arbeitgebers an der Vertretung der früher von der Stammkraft ausgeübten Tätigkeit nicht. Nach dieser Rechtsprechung kann die Beendigung des Arbeitsverhältnisses aber aus anderen Gründen beim Ausscheiden berechtigt sein, etwa weil der Arbeitgeber den Arbeitsplatz nach dem Ausscheiden des Stelleninhabers mit einem Mitarbeiter besetzen will, der über bestimmte Anforderungen verfügt[220] oder die Stelle einen neuen Zuschnitt bekommen soll. Demgegenüber ist der 7. Senat bei einer „für die Dauer einer Erkrankung" vereinbarten Befristung beim Ableben der Stammkraft vom Eintritt der auflösenden Bedingung und einer grundsätzlich erfolgten Beendigung des Arbeitsverhältnisses ausgegangen.[221]

94

Zutreffend dürfte sein, von der grundsätzlichen Zulässigkeit der Vereinbarung einer Zweckbefristung bzw auflösenden Bedingung für eine krankheitsbedingte Abwesenheit einer Stammkraft auszugehen und den Eintritt der Bedingung auch beim endgültigen Ausscheiden der Stammkraft zu bejahen. **Ein Vertretungsbedarf besteht ab dem Zeitpunkt nicht mehr, zu dem die Stammkraft ausgeschieden ist,** eine Befristung bis zu diesem Zeitpunkt muss deshalb möglich sein. Es unterliegt der unternehmerischen Dispositionsfreiheit, nach einem „Wegfall" des Vertretungsbedarfs über die weitere Besetzung der Stelle bzw das Stellenprofil neu zu entscheiden.

95

Hinweis: In der Praxis kann die Beendigung des Arbeitsverhältnisses für den Fall des Ausscheidens der Stammkraft mit einem weiteren Sachgrund – geplante Neuausschreibung, geändertes Anforderungsprofil nach Ausscheiden der Stammkraft – unterlegt werden. Grundsätzlich sollte im Wege der Doppelbefristung zusätzlich eine Zeitbefristung vereinbart werden, die in jedem Fall greift.[222]

Der Abschluss eines befristeten Arbeitsvertrages umfasst eine den Umständen **angemessene Einarbeitungszeit**.[223] Aus der ausdrücklichen Erwähnung der Einarbeitungszeit in § 21 Abs 2 BEEG kann nicht der Umkehrschluss gezogen werden, der Gesetzgeber habe im Anwendungsbereich von § 14

96

---

219 BAG 24.9.1997 – 7 AZR 669/96 – AP § 620 BGB Befristeter Arbeitsvertrag, 5.6.2002 – 7 AZR 201/01.
220 BAG 5.6.2002 – 7 AZR 201/01 – AP § 620 BGB Befristeter Arbeitsvertrag Nr 235.
221 BAG 29.6.2011 – 7 AZR 6/10 – NZA 2011, 3675.
222 Vgl BAG 29.6.2011 – 7 AZR 6/10.
223 Sievers TzBfG Rn 220. AA KR/Lipke § 14 TzBfG Rn 142.

Abs 1 Nr 3 TzBfG Einarbeitungszeiten ausschließen wollen. Maßgeblich für die Wirksamkeit der Befristungsabrede ist die Prognose über den behaupteten Wegfall des Vertretungsbedarfs. Dass der Vertreter von der Stammkraft eingearbeitet wird, wird vom Begriff der „Vertretung eines Mitarbeiters" notwendigerweise erfasst. Eine gegenteilige Absicht des Gesetzgebers ist der Begründung nicht zu entnehmen.

97 Auch die **Vertretung eines Beamten** ist nach § 14 Abs 1 Nr 3 TzBfG möglich, obwohl nach dem Wortlaut der Norm ein „Arbeitnehmer" vertreten werden muss. Nach der Gesetzesbegründung[224] liegt es nahe, den Begriff des „Arbeitnehmers" in Nr 3 nicht im statusrechtlichen Sinne zu verstehen.[225] Bei dieser weiten Auslegung wird auch die **Vertretung eines freien Mitarbeiters** von § 14 Abs 1 Nr 3 TzBfG erfasst.

98 **b) Vertretungskonstellationen.** Der klassische Sachgrund der Vertretung ist die **unmittelbare Vertretung**, der Vertreter übernimmt unmittelbar die Aufgaben des vorübergehend ausfallenden Mitarbeiters. Der Vertreter kann aber auch mit anderen Aufgaben betraut werden, weil die befristete Einstellung zur Vertretung die Versetzungs- und Umsetzungsbefugnisse des Arbeitgebers unberührt lässt. Deshalb kann der zeitweilige Ausfall eines Mitarbeiters und die dadurch bedingte Einstellung einer Ersatzkraft mit einer Umorganisation verbunden sein, die dazu führt, dass Aufgaben des zeitweilig ausfallenden Mitarbeiters durch andere Mitarbeiter erledigt werden und der Ersatzkraft nunmehr die Aufgaben der anderen Mitarbeiter übertragen werden (**mittelbare Vertretung**).[226] Die vom Arbeitgeber anlässlich der befristeten Einstellung vorgenommene Umorganisation kann auch dazu führen, dass in Folge der Umorganisation ein nach seinen Inhalten neuer Arbeitsplatz entsteht, der nach der bisherigen Arbeitsorganisation noch nicht vorhanden war. Der Arbeitgeber ist nicht gehindert, eine Umorganisation vorzunehmen und die Aufgaben des zeitweilig ausfallenden Mitarbeiters einem oder mehreren anderen Mitarbeitern zu übertragen und dessen bzw deren Aufgaben ganz oder teilweise wiederum von der Vertretungskraft erledigen zu lassen. Der mittelbaren Befristung steht nicht entgegen, dass nach Nr 3 die Befristung zur Vertretung „eines" Arbeitnehmers erfolgen muss.[227] Der Wortlaut der Norm rechtfertigt eine solche Einschränkung nicht; auch der Gesetzesbegründung lässt sich ein entsprechender Wille des Gesetzgebers nicht entnehmen.

99 **Entscheidend für die Zulässigkeit einer mittelbaren Befristung** ist, dass zwischen dem zeitweiligen Ausfall eines Mitarbeiters und dem dadurch hervorgerufenen Vertretungsbedarf einerseits und der befristeten Einstellung der Vertretungskraft andererseits **ein Kausalzusammenhang** besteht.[228] Das Erfordernis eines Kausalzusammenhangs soll gewährleisten, dass der Vertretungsfall für die Einstellung des befristet beschäftigten Ar-

---

224 BT-Drucks 14/4374 S 19.
225 BAG 25.3.2009 – 7 AZR 34/08 – NZA 2010, 34; 1.12.1999 – 7 AZR 449/98 – BB 2000, 1525; Sievers § 14 TzBfG Rn 236; APS/Backhaus § 14 TzBfG Rn 93.
226 St Rspr BAG 18.7.2012 – 7 AZR 783/10; 12.1.2011 – 7 AZR 194/09; 24.5.2006 – 7 AZR 640/05;15.2.2006 – 7 AZR 232/05 – BB 2006, 1453.
227 Vgl Preis/Gotthardt DB 2000, 2065, 2071.
228 BAG 18.7.2012 – 7 AZR 783/10; 18.4.2007 – 7 AZR 293/06.

beitnehmers ursächlich und der vom Arbeitgeber geltend gemachte Sachgrund der Vertretung nicht nur vorgeschoben ist. Fehlt der Kausalzusammenhang, ist die Befristung nicht durch den Sachgrund der Vertretung gerechtfertigt.[229] Es bedarf eines **schlüssigen Vertretungskonzepts zum Zeitpunkt des Abschlusses des befristeten Arbeitsvertrags**, aus dem iE nachvollzogen werden kann, wie die Aufgaben nach dem Ausfall der Stammkraft neu verteilt wurden. Der Arbeitgeber hat zum Nachweis des Kausalzusammenhangs die Vertretungskette zwischen dem Vertretenen und dem Vertreter darzulegen. Er muss die bisher dem vertretenen Arbeitnehmer übertragenen Aufgaben und die Neuverteilung dieser Aufgaben auf einen oder mehrere andere Arbeitnehmer schildern. Schließlich ist darzulegen, dass sich die dem Vertreter zugewiesenen Tätigkeiten aus der geänderten Aufgabenzuweisung ergeben.[230]

Liegt ein solches Vertretungskonzept nicht vor, soll es nach Auffassung des BAG ausreichen, wenn der Arbeitgeber bei Vertragsschluss mit dem Vertreter dessen Aufgaben einem oder mehreren vorübergehend abwesenden Beschäftigten „gedanklich zuordnet"; dies muss sich aber aus Arbeitsvertrag oder sonstigen Niederschriften nachvollziehen lassen, um vorgeschobene „nachträgliche" Befristungskonzepte auszuschließen.[231] Ferner muss der Arbeitgeber tatsächlich und rechtlich in der Lage sein, der vorübergehend abwesenden Stammkraft bei Rückkehr die dem Vertreter zugewiesenen Aufgaben zu übertragen.[232]

100

Es ist zweifelhaft, ob die „gedankliche Zuordnung" einen Kausalzusammenhang zwischen Ausfall der Stammkraft und Einstellung der Vertretungskraft schlüssig begründen kann.[233] Es ist auch zweifelhaft, ob nach der Kücük-Entscheidung der EuGH ein so weitgehendes Verständnis des Sachgrunds der Vertretung unionsrechtskonform ist. Kommt es für die Befristungskontrolle auf den Vertragsschluss an, so muss zu diesem Zeitpunkt eine echte von einer unternehmerischen Entscheidung getragene Vertretungskonstellation vorliegen. Dies setzt ein Konzept und nicht nur eine gedankliche Zuordnung voraus. Die Angabe des gedanklich zugeordneten Arbeitnehmers im Arbeitsvertrag mag zwar geeignet sein, missbräuchliche Vertragsgestaltungen zu begrenzen, begründet aber für sich genommen keinen realen Kausalzusammenhang zwischen der Einstellung der Vertretungskraft und dem Ausfall eines Mitarbeiters. Dies gilt auch, wenn es dem Arbeitgeber theoretisch möglich wäre, der Stammkraft nach Rückkehr die Aufgaben der Vertretungskraft zu übertragen. Eine „echte" Vertretungskonstellation ergibt sich daraus nicht.

100a

---

229 BAG 18.7.2012 – 7 AZR 783/10; 12.1.2011 – 7 AZR 194/09; 24.5.2006 – 7 AZR 640/05.
230 BAG 6.11.2013 – 7 AZR 96/12; 24.5.2006 – 7 AZR 640/05.
231 BAG 12.1.2011 – 7 AZR 194/09; 14.4.2010 – 7 AZR 121/09; 20.1.2010 – 7 AZR 542/08 (in diesen Entscheidungen äußert der Senat – anders als im Vorlagebeschluss – noch keine Zweifel an der Vereinbarkeit mit der Rahmenvereinbarung); 25.3.2009 – 7 AZR 59/08; 18.4.2007 – 7 AZR 293/06; 15.2.2006 – 7 AZR 232/05 – BB 2006, 1453.
232 BAG 10.10.2012 – 7 AZR 462/11.
233 Ausdrücklich bejahend BAG 18.7.2012 – 7 AZR 783/10; 10.10.2012 – 7 AZR 462/11.

100b Der Senat hat die Rechtsfigur der „gedanklichen Zuordnung" im Nachgang zu seiner Neujustierung der Befristungskontrolle einer Einschränkung unterworfen. Die Abordnung einer **Stammkraft** kann die befristete Einstellung eines Arbeitnehmers nach § 14 Abs 1 Satz 2 Nr 3 TzBfG nur rechtfertigen, wenn dieser die Stammkraft unmittelbar oder mittelbar vertritt, nicht aber dann, wenn er nur gedanklich zugeordnet wird.[234] Der Arbeitgeber soll sich nicht durch Ausübung des Direktionsrechts und der Versetzung der Stammkraft eigenständig Befristungsmöglichkeiten schaffen können.

101 Über die vorbeschriebenen Fallgestaltungen hinaus hat das BAG bislang anerkannt, dass befristete Arbeitsverträge bei einem schultypenübergreifenden **Gesamtvertretungsbedarf bei Lehrkräften** abgeschlossen werden können.[235] Von den Fällen einer unmittelbaren/mittelbaren Einzelvertretung unterscheidet sich eine Gesamtvertretung bei Lehrkräften im Schulbereich dadurch, dass innerhalb einer durch Organisationsentscheidung festgelegten Verwaltungseinheit der Vertretungsbedarf für das Lehrpersonal eines Schulbereichs bezogen auf ein Schuljahr rechnerisch ermittelt und durch befristet eingestellte Vertretungskräfte abgedeckt wird, die – von Ausnahmen abgesehen – nicht an den Schulen der zu vertretenden Lehrkräfte eingesetzt werden oder deren Fachkombinationen unterrichten. Eine darauf gestützte Befristung soll nach bisheriger Senatsrechtsprechung wirksam sein, wenn sich für ein Schuljahr aufgrund der zu erwartenden Schülerzahlen und der unterrichtsorganisatorischen Vorgaben ein Unterrichtsbedarf ergibt, der mit den planmäßigen Lehrkräften in diesem Zeitraum aufgrund feststehender Beurlaubungen nicht abgedeckt werden kann.[236] Der Sachgrund der Gesamtvertretung im Schulbereich setzt nach Auffassung des BAG allerdings umfassende Versetzungs- und Umsetzungsbefugnisse des Dienstherrn hinsichtlich der beamteten und angestellten planmäßigen Lehrkräfte sowie der befristet angestellten Vertretungskräfte voraus. Verzichtet wird auf die förmliche Durchführung von Versetzungs- und Umsetzungsmaßnahmen zum Nachweis des Aushilfsbedarfs.[237]

102 **Ob der Senat an dieser Rechtsprechung festhalten will, hält er nunmehr ausdrücklich offen.**[238] Der Entscheidung vom 10. 10. 2012 ist zu entnehmen, dass er die Rechtsprechung mindestens modifizieren will. Im Hinblick auf die neu justierten Grundsätze und die unionsrechtlichen Anforderungen an eine Befristungskontrolle wird auch ein schultypenübergreifender Gesamtvertretungsbedarf nur nach Maßgabe der allgemeinen Kontrollregeln anzuerkennen sein und muss damit jedenfalls den vom Senat entwickelten Vorgaben der „gedanklichen Zuordnung" entsprechen. Die nötige Flexibilität wird durch die gesetzlichen Möglichkeiten der sachgrundlosen Befristung erreicht. Bis zu einer endgültigen Festlegung des Senats soll-

---

234 BAG 10.7.2013 – 7 AZR 833/11; 16.1.2013 – 7 AZR 662/11; 13.2.2013 – 7 AZR 324/11.
235 BAG 20.1.1999 – 7 AZR 640/97 – NZA 1999, 928.
236 BAG 23.2.2000 – 7 AZR 555/98 – RzK I 9 c Nr 35; 20.1.1999 – 7 AZR 674/97 – nv; 20.1.1999 – 7 AZR 640/97 – NZA 1999, 928; umfassend KR/Lipke § 14 TzBfG Rn 162 ff.
237 BAG 20.1.1999 – 7 AZR 640/97 – NZA 1999, 928.
238 BAG 10.10.2012 – 7 AZR 462/11.

ten die Schulverwaltungen Vertretungslehrer nicht mehr nach den Grundsätzen des schulzweigübergreifenden Gesamtvertretungsbedarfs befristen.

Kein Vertretungsfall iSv § 14 Abs 1 Nr 3 TzBfG ist gegeben, wenn ein befristeter Arbeitsvertrag zur **Vertretung eines erst noch einzustellenden Mitarbeiters** geschlossen wird, selbst wenn dieser Mitarbeiter einen Anspruch auf Wiedereinstellung hat.[239] Ein Vertretungsfall liegt nur vor, wenn der Arbeitgeber den Arbeitskräftebedarf durch die Beschäftigung eines anderen Arbeitnehmers abgedeckt hat, dieser aber zeitlich befristet ausfällt. Dies setzt voraus, dass mit dem Vertretenen bereits ein Beschäftigungsverhältnis besteht.[240] Ein Anspruch auf Wiedereinstellung eines Arbeitnehmers kann aber einen sonstigen sachlichen Grund zur Befristung begründen.[241]

103

Die Befristung eines Arbeitsverhältnisses zur Vertretung eines erkrankten Mitarbeiters ist auch dann zulässig, wenn der Vertretene eine befristete Rente wegen Erwerbsunfähigkeit bezieht. Der Arbeitgeber kann davon ausgehen, dass bei einer befristeten Rente der Arbeitnehmer seine Tätigkeit wieder aufnehmen wird. Er ist nicht verpflichtet, weitergehende Informationen bei dem erkrankten Mitarbeiter einzuholen.[242]

104

c) Darlegungs- und Beweislast. Dem Arbeitgeber obliegt die Darlegungs – und Beweislast für die Voraussetzungen der Befristung nach Nr 3. **Probleme** treten in der Praxis **bei der mittelbaren Vertretung** auf. Bestreitet der Arbeitnehmer den Kausalzusammenhang zwischen Befristung und Ausfall der Stammkraft, muss der Arbeitgeber deutlich machen, in welcher Weise die befristete Einstellung der Befriedigung des Vertretungsbedarfs dienen sollte. Zum Nachweis des Kausalzusammenhangs ist die Vertretungskette zwischen der Stammkraft und dem Vertreter bzw bei der „gedanklichen Zuordnung" die tatsächliche und rechtliche Versetzungsmöglichkeit der Stammkraft auf den Arbeitsplatz des Vertreters sowie die Zuordnung des Vertreters zur Stammkraft zB durch Verweis im Arbeitsvertrag darzulegen. Nimmt der Arbeitgeber den Ausfall eines Mitarbeiters zum Anlass, die Aufgaben neu zu verteilen, so muss er zunächst die bisher der Stammkraft übertragenen Aufgaben darstellen. Anschließend ist die Neuverteilung dieser Aufgaben auf einen oder mehrere andere Arbeitnehmer darzulegen. Schließlich ist darzulegen, dass sich die dem Vertreter zugewiesenen Tätigkeiten aus der geänderten Aufgabenzuweisung ergeben.[243] Sind in den Fällen mittelbarer Vertretung Umsetzungen oder Versetzungen erforderlich, wird sich dieses Konzept in mitbestimmten Betrieben durch Vorlage der Anhörungsunterlagen gegenüber Betriebs- oder Personalrat belegen lassen.

105

1. Hinweis: Um nachträglich konstruierten Vertretungsketten vorzubeugen, betont das BAG die Notwendigkeit, Vertretungsüberlegungen schriftlich zu fixieren; dies kann durch Angabe im Arbeitsvertrag oder im Rahmen der Beteiligung der Arbeitnehmervertretung bei der Einstellung erfol-

106

---

239 BAG 2.6.2010 – 7 AZR 136/09.
240 BAG 1.12.1999 – 7 AZR 449/98 – BB 2000, 1525.
241 BAG 2.6.2010 – 7 AZR 136/09.
242 BAG 23.1.2002 – 7 AZR 440/00 – AP § 620 BGB Befristeter Arbeitsvertrag Nr 231.
243 BAG 24.5.2006 – 7 AZR 640/05.

gen. Diese Festlegung bildet nach Auffassung des BAG die Grundlage für die gerichtliche Kontrolle der Befristungsabrede.[244]

2. Hinweis: Der Arbeitnehmer sollte im Entfristungsprozess behauptete Vertretungsketten überprüfen; auch ein Bestreiten mit Nichtwissen ist mangels eigener Kenntnis regelmäßig zulässig. In mitbestimmten Betrieben kann es sich anbieten, Erklärungen des Arbeitgebers im Rahmen des Mitbestimmungsverfahrens zu beleuchten und entsprechenden Gegenbeweis anzubieten (zB Mitglieder des Betriebs/Personalrats), um etwaige Abweichungen zwischen Anhörung und Prozessvortrag aufzuklären.

6. Nr 4 – Eigenart der Arbeitsleistung

107 a) **Grundsätze.** Nach der Gesetzesbegründung trägt der in Nr 4 normierte Sachgrund der in Art 5 Abs 1 GG geschützten **Rundfunkfreiheit** und der in Art 5 Abs 3 GG geschützten **Freiheit der Kunst** Rechnung und erlaubt den Abschluss von befristeten Arbeitsverträgen mit programmgestaltenden Mitarbeitern sowie entsprechend dem künstlerischen Konzept des Intendanten ua. mit Schauspielern, Solosängern Tänzern, Kapellmeistern.[245]

108 Der Anwendungsbereich dieses Sachgrundes greift weit darüber hinaus. Er erfasst zunächst die Fälle, in denen verfassungsrechtlich geschützte Freiheiten den Abschluss befristeter Arbeitsverträge bedingen und unbefristete Arbeitsverhältnisse diesem Freiraum nicht ausreichend Rechnung tragen. Davon erfasst ist die **befristete Beschäftigung programmgestaltender Mitarbeiter in Rundfunk- und Fernsehanstalten** aus Gründen der Programmplanung, von **künstlerischem Bühnenpersonal**, um dem Abwechslungsbedürfnis des Publikums Rechnung zu tragen, von **Zeitschriftenredakteuren**, wenn dies die in Art 5 Abs 1 GG geschützte Pressefreiheit erfordert sowie von **Mitarbeitern von Abgeordneten oder von Parlamentsfraktionen**, da die Unabhängigkeit der Abgeordneten es erfordert, nur mit Mitarbeitern ihres Vertrauens zusammenzuarbeiten, nicht aber wegen der vermeintlich notwendigen Gewährleistung eines aktualitätsbezogenen Sprachunterrichts die Befristung eines Lektors für die chinesische Sprache.[246] Es muss ein Zusammenhang zwischen dem verfassungsrechtlich gewährleisteten Schutzgut und der Befristung des Arbeitsverhältnisses geben.[247]

109 Auch die durch Art 140 GG iVm Art 137 Abs 3 Weimarer Reichsverfassung gesicherte Autonomie der **Kirchen oder anderer kirchlicher Einrichtungen** sowie von **Koalitionen, die den Schutz von Art 9 Abs 3 GG genießen**, erlaubt Befristungen nach Nr 4, soweit es ein tendenzbedingtes Erfordernis für diese Befristung gibt.[248] Maßgeblich ist, ob die verfassungsrechtlich besonders geschützten Ziele den Abschluss befristeter Arbeitsverträge bedingen. Nachgeordnetes Personal, das nicht im Rahmen dieses verfassungsrechtlichen Freiraumes tätig wird, kann nicht nach Nr 4 befristet werden.[249]

---

244 BAG 24.5.2006 – 7 AZR 640/05.
245 BT-Drucks 14/4374 S 19.
246 BAG 16.4.2008 – 7 AZR 85/07 – ZTR 2008, 567.
247 KR/Lipke § 14 TzBfG Rn 170.
248 Mestwerdt, NZA 2014, 281, 283; Staudinger/Preis § 620 BGB Rn 88.
249 Dörner, Der befristete Arbeitsvertrag Rn 414.

Die Eigenart der Arbeitsleistung rechtfertigt eine Befristung auch bei sog **110** „**Verschleißtatbeständen**" insbesondere im **Hochleistungssport**. In diesem Bereich ist der Abschluss befristeter Arbeitsverträge zulässig, um bei Trainern der Gefahr nachlassender Motivationsfähigkeit der betreuten Spitzensportler mit zunehmender Betreuungsdauer entgegen zu wirken.[250]

b) Einzelfälle. Die Eigenart der Arbeitsleistung rechtfertigt die Befristung **111** von **wissenschaftlichen Mitarbeitern von Abgeordneten und Fraktionen**. Die Sicherung der verfassungsrechtlich (Art 38 Abs 1 GG) geschützten Unabhängigkeit der Abgeordneten und die Wahrnehmung ihrer parlamentarischen Aufgaben setzt die Unterstützung durch fachlich qualifizierte Mitarbeiter voraus, die sich im Einklang mit den politischen Vorstellungen der Fraktion oder des Abgeordneten befinden, denen sie zuarbeiten. Nach ihrer Neukonstituierung müssen Abgeordnete und Fraktionen frei entscheiden können, von welchen wissenschaftlichen Mitarbeitern sie sich künftig beraten und in ihrer parlamentarischen Arbeit unterstützen lassen wollen. Diesem verfassungsrechtlich verbürgten parlamentarischen Teilhaberecht trägt die Befristung der Arbeitsverhältnisse eines wissenschaftlichen Mitarbeiters Rechnung.[251] Bei anderen Fraktionsmitarbeitern, etwa im Büro oder Verwaltungsbereich, kann Nr 4 eine Befristung nicht rechtfertigen.[252]

Die Befristung von Arbeitsverhältnissen nach Nr 4 ist in **Rundfunk- und** **112** **Fernsehanstalten gegenüber allen Mitarbeitern zulässig, die das Programm inhaltlich beeinflussen oder gestalten**, ohne dass weitere Gründe die Befristung rechtfertigen müssen.[253] Dies beruht auf den vom Bundesverfassungsgericht entwickelten Anforderungen an die Gewährleistung der Rundfunkfreiheit; Rundfunk- und Medienanstalten sollen sich bei der Auswahl und inhaltlichen Gestaltung des Programms nur an publizistischen Kriterien orientieren müssen. Diese Gestaltungsfreiheit wäre beeinträchtigt, wenn sie nicht durch eine Flexibilität bei der Auswahl der zur Umsetzung der Programmvorgaben erforderlichen Mitarbeiter flankiert würde.[254] Danach ist es sowohl zulässig, im Rahmen eines dauerhaft eingerichteten Programms programmgestaltende Mitarbeiter befristet zu beschäftigen als auch im Rahmen der Einführung und Erprobung neuer Programme.[255] **Mitarbeiter mit Redaktionsaufgaben** sowie **Lokalreporter,**[256] **Sportreporter,**[257] **Moderatoren** und **Kommentatoren** üben programmgestaltenden Einfluss aus und können befristet nach Nr 4 beschäftigt werden. Umgekehrt kann die Rundfunkfreiheit nicht die Befristung von **technischem Personal** und von Ver-

---

250 Eingehend Dörner, Der befristete Arbeitsvertrag Rn 384 ff.
251 BAG 26.8.1998 – 7 AZR 257/97 – AP § 620 BGB Befristeter Arbeitsvertrag Nr 202, ArbuR 1998, 416.
252 KR/Lipke § 14 TzBfG, Rn 175, abl Dach NZA 1999, 627.
253 BAG 4.12.2013 – 7 AZR 457/12; 26.7.2006 – 7 AZR 495/05 – NZA 2007, 147; 11.12.1991 – 7 AZR 128/91; 24.4.1996 – 7 AZR 719/95 – AP Nr 144, 180 zu § 620 BGB Befristeter Arbeitsvertrag.
254 BVerfG 13.1.1982 – 1 BvR 848/77 – AP Art 5 Abs 1 GG Rundfunkfreiheit Nr 1; 18.2.2000 – 1 BvR 491/93 – NZA 2000, 653.
255 BAG 24.4.1996 – 7 AZR 719/95 – AP § 620 BGB Befristeter Arbeitsvertrag Nr 180.
256 BAG 22.4.1998 – 5 AZR 342/97 – AP § 611 BGB Rundfunk Nr 26.
257 BAG 22.4.1998 – 5 AZR 191/97 – AP § 611 BGB Abhängigkeit Nr 96.

waltungsmitarbeitern rechtfertigen.[258] Auch **Kameraassistenten** haben keinen programmgestaltenden Einfluss.[259]

113 Die Abgrenzung im Einzelfall ist schwierig. Maßgeblich und vom Arbeitgeber im Streitfall konkret zu belegen ist, ob der Arbeitnehmer inhaltlichen Einfluss auf die Gestaltung des Programms nehmen kann und inwieweit die Anstalt sich die Möglichkeit offen halten will, aus publizistischen Gründen einen Konzept- oder Programmwechsel vorzunehmen.[260] Ist der Schutzbereich der Rundfunkfreiheit berührt, sind die Belange der Rundfunkanstalt und das Interesse des betroffenen Arbeitnehmers an einer Dauerbeschäftigung abzuwägen; der Rundfunkfreiheit kommt dabei kein genereller Vorrang zu.[261]

114 Beschäftigt die Anstalt in programmgestaltenden Funktionen auch Arbeitnehmer in unbefristeten Arbeitsverhältnissen, steht dies nicht einer Befristung nach Nr 4 bei anderen Arbeitnehmern entgegen.[262] Die Rundfunkfreiheit gebietet nicht, durchgängig programmgestaltende Mitarbeiter befristet zu beschäftigen, sondern belässt der Anstalt auch die Möglichkeit, die Beschäftigungsverhältnisse unterschiedlich zu gestalten.

115 Nur von indizieller Bedeutung[263] aber nicht ausschlaggebend ist, über welchen Zeitraum der Mitarbeiter bereits beschäftigt wurde. Auch das BVerfG stellt auf diesen Gesichtspunkt nicht tragend ab.[264] Eine im Rahmen von drei befristeten Rahmenverträgen erworbene Betriebszugehörigkeit von vier Jahren und neun Monaten rechtfertigt nicht den Schluss, es bestünde kein Bedürfnis nach einem personellen Wechsel;[265] wenn die Eigenart einer programmgestaltenden Arbeit grundsätzlich die Befristung rechtfertigt, sind auch mehrfache Befristungen über einen längeren Zeitraum nicht zu beanstanden.[266] Allerdings ist auch hier eine **Rechtsmissbrauchskontrolle entsprechend den vom BAG entwickelten Grundsätzen**[267] geboten. In der mit zunehmender Gesamtdauer und zunehmender Zahl von Befristungen gebotenen Gesamtabwägung sind als wesentliches Abwägungselement die verfassungsrechtlichen Gewährleistungen angemessen zu berücksichtigen. Die „Rotphase" einer Befristungskette kann im Bereich des Sachgrunds Nr 4 erst später gegeben sein.

116 Vorstehende Befristungsgrundsätze gelten auch für sonstige **Tendenzbetriebe im Bereich von Presse, Kunst und Wissenschaft**.[268] Auch hier erlaubt

---

258 BAG 11.12.1991 – 7 AZR 128/91 – AP § 620 BGB Befristeter Arbeitsvertrag Nr 144.
259 BAG 22.4.1998 – 5 AZR 92/97 – AP § 611 BGB Abhängigkeit Nr 99.
260 Zutr KR/Lipke § 14 TzBfG Rn 198.
261 BAG 4.12.2013 – 7 AZR 457/12.
262 Sievers TzBfG § 14 Rn 251; aA LAG Köln 1.9.2000 – 4 Sa 401/00 – MDR 2001, 339.
263 BAG 24.4.1996 – 7 AZR 719/95 – AP § 620 BGB Befristeter Arbeitsvertrag Nr 180.
264 BVerfG 13.1.1982 – 1 BvR 848/77 – AP Art 5 Abs 1 GG Rundfunkfreiheit Nr 1.
265 BAG 22.4.1998 – 5 AZR 342/97 – AP § 611 BGB Rundfunk Nr 26.
266 AA KDZ/Däubler § 14 TzBfG Rn 70 nach 10 Jahren überwiegt Bestandsschutzinteresse.
267 BAG 18.7.2012 – 7 AZR 783/10 und 7 AZR 443/09.
268 ErfK/Müller-Glöge § 14 TzBfG Rn 46; LAG München 5.12.1990 – LAGE § 620 BGB Nr 24 zu Presseunternehmen.

Nr 4 Befristungen nur dann, wenn der betreffende Mitarbeiter inhaltlich die Tendenz des jeweiligen Unternehmens mit beeinflusst.

Das BAG geht davon aus, dass für die Befristung von **künstlerisch tätigem Personal** ein sachlicher Grund besteht,[269] um dem berechtigten Bestreben der Bühne oder des Fernsehens Rechnung zu tragen, künstlerische Vorstellungen des Intendanten mit dem von ihm dafür als geeignet angesehenen künstlerischen Bühnenpersonal zu verwirklichen und damit zugleich auch dem Abwechslungsbedürfnis des Publikums entgegenzukommen. Die verfassungsrechtlich verbürgte künstlerische Gestaltungsfreiheit rechtfertigt sowohl Befristungen wie auch auflösende Bedingungen.[270] 117

Im Bereich der **öffentlichen Theater** ist die Befristung von Arbeitsverhältnissen künstlerischer Bühnenmitglieder nach dem am 1.1.2003 in Kraft getretenen Normalvertrag Bühne (NV Bühne) auf eine Spielzeit zulässig. Diese **Befristung der Arbeitsverhältnisse künstlerischer Bühnenmitglieder**, die als Solisten individuelle künstlerische Leistungen erbringen, ist grundsätzlich wirksam.[271] Das Arbeitsverhältnis verlängert sich jeweils um eine Spielzeit, wenn dem Künstler nicht rechtzeitig eine Nichtverlängerungsanzeige zugeht. Mit dieser Nichtverlängerungsmitteilung haben die Tarifparteien abweichend von sonstigen rechtsgeschäftlichen Grundsätzen bestimmt, unter welchen Voraussetzungen vom Vorliegen der zum Abschluss von Anschlussverträgen notwendigen Willenserklärungen auszugehen ist.[272] 118

Zulässig ist die Befristung von Arbeitsverhältnissen nach Nr 4 mit **Theaterschauspielern, Kapellmeistern, Solisten, Choreographen, Dramaturgen,**[273] **Schauspielmusikern**[274] **und künstlerisch technischem Personal** wie **Lichttechnikern und Beleuchtern,**[275] nicht aber mit sonstigem technischen Personal sowie mit Verwaltungsmitarbeitern. Die Grenze ist nicht immer eindeutig zu ziehen. Die Befristungsmöglichkeit nach Nr 4 beschränkt sich auf das Personal, welches unmittelbar nur für den jeweiligen Spielplan erforderlich ist. 119

Die Eigenart der Beschäftigung erlaubt auch die Befristung von **Sporttrainern im Hochleistungssport.**[276] Das BAG erkennt in diesem Bereich grundsätzlich Befristungen wegen der Möglichkeit von Verschleißerscheinungen an.[277] Es stellt dabei zutreffend nicht mehr auf die Üblichkeit im Sportbe- 120

---

[269] BAG 26.8.1998 – 7 AZR 263/97 – AP § 611 BGB Bühnenengagementvertrag Nr 53.
[270] BAG 2.7.2003 – 7 AZR 612/02 – EzA § 620 BGB Bedingung Nr 2.
[271] BAG 3.11.1999 – 7 AZR 898/98 – AP § 611 BGB Bühnenengagementvertrag Nr 54; 26.8.1998 – 7 AZR 263/97 – AP § 611 BGB Bühnenengagementvertrag Nr 53.
[272] BAG 3.11.1999 – 7 AZR 898/98 – AP § 611 BGB Bühnenengagementvertrag Nr 54.
[273] BAG 2.7.2003 – 7 AZR 612/02 – EzA § 620 BGB Bedingung Nr 2.
[274] BAG 26.8.1998 – 7 AZR 263/97 – AP § 611 BGB Bühnenengagementvertrag Nr 53.
[275] Offengelassen von BAG 21.5.1981 – 2 AZR 1117/78 – AP § 611 BGB Bühnenengagementvertrag Nr 15.
[276] Eingehend hierzu Dieterich NZA 2000, 857; Hertzberg FA 2000, 110.
[277] BAG 29.10.1998 – 7 AZR 436/97; BAG 29.10.1986 – 7 AZR 436/97 – AP § 611 Berufssport Nr 14; 15.4.1999 – 7 AZR 437/97 – AP Nr 1 zu § 13 AÜG.

reich[278] sondern maßgeblich darauf ab, dass die Befristung geeignet sein muss, der Gefahr eines Verschleißes in der Beziehung zwischen dem Trainer und den zu betreuenden Sportlern vorzubeugen, weil die Fähigkeit des Trainers zur weiteren Motivation der anvertrauten Sportler nachlässt. Daran fehlt es, wenn die Verweildauer der anvertrauten Sportler kürzer ist als die vorgesehene Vertragsdauer des Trainers.[279]

121 Im bezahlten Hochleistungssport, insbesondere in öffentlichkeitsgeprägten Mannschaftssportarten wie Fußball, Handball etc, ist die Gefahr nachlassender Motivation der betreuten Sportler nicht der einzige Gesichtspunkt, der eine Befristung von Trainerverträgen sachlich rechtfertigen kann. Die Eigenart der Arbeitsleistung von Trainern in diesem Bereich ist von extremer Erfolgsabhängigkeit geprägt. Die **Gefahr nachlassender Motivation der anvertrauten Mannschaft und die daraus resultierende Erfolglosigkeit können deshalb grundsätzlich die Befristung von Arbeitsverträgen rechtfertigen.** Schwierigkeiten entstehen, wenn der vom BAG betonte Gesichtspunkt der „Verweildauer" der anvertrauten Sportler gegenüber der Vertragsdauer des Trainers bemüht wird.[280] Dieser Begründungsansatz trägt nicht, weil die Dauer der vertraglichen Bindung der Spieler die des Trainers beliebig unter- oder übersteigen kann und Spielerverträge häufig nicht bis zum vereinbarten Vertragsende erfüllt werden.

122 Die Eigenart der Arbeitsleistung von **Trainern im bezahlten Hochleistungssport** ist vergleichbar mit der von Künstlern im Unterhaltungsgewerbe. Grundsätzlich ist die Befristung von Trainerverträgen bereits deshalb berechtigt, weil wie bei Künstlern das Abwechslungsbedürfnis des Publikums bei nachlassendem Erfolg den Bedarf nach personellem Wechsel rechtfertigen kann.[281]

123 Auch die Befristung der Arbeitsverhältnisse von **Leistungssportlern** kann danach gerechtfertigt sein. Ein neuer Trainer muss die Möglichkeit haben, seine sportlichen Vorstellungen mit dem von ihm für geeignet befundenen Personal umzusetzen.[282] Er muss auch die Möglichkeit haben, im Fall von Erfolglosigkeit oder nachlassendem Publikumsinteresse Spieler auszutauschen. Auch insoweit rechtfertigt die **Eigenart der Beschäftigung die Befristung von Arbeitsverträgen mit Profi- Spielern.**[283] Sie ist ähnlich zu bewerten wie die Befristung von Bühnenschauspielern. Soweit Vertragsamateure im Einzelfall statusrechtlich als Arbeitnehmer zu behandeln sind,[284] gilt nichts anderes.

---

278 So noch BAG 19.6.1986 – 2 AZR 570/85.
279 So beim Bundestrainer für Kanurennsport für die Altersgruppe der Junioren; BAG 15.4.1999 – 7 AZR 437/97 – AP Nr 1 zu § 13 AÜG und beim Nachwuchstrainer im Tennissport BAG 29.10.1998 – 7 AZR 436/97; Lakies, Befristete Arbeitsverträge Rn 307.
280 BAG 15.4.1999 – 7 AZR 437/97-.
281 Zutr Meinel/Heyn/Herms § 14 TzBfG Rn 90; ähnl Stückemann FA 2002, 101; Sievers TZBfG § 14 Rn 262; Lakies, Befristete Arbeitsverträge Rn 310.
282 Zutr KR/Lipke § 14 TzBfG Rn 207, der auf das besondere Kommunikationsverhältnis zwischen Sportler und Trainer abstellt.
283 KR/Lipke § 14 TzBfG Rn 209; AA KDZ/Däubler § 14 TzBfG Rn 80.
284 Zur Abgrenzung zur vereinsrechtlichen Mitgliedschaft BAG 10.5.1990 – 2 AZR 607/89 – AP § 611 BGB Abhängigkeit Nr 51, LAG Rheinland-Pfalz 27.1.2000 – 7 Ta 195/99.

7. Nr 5 – Befristung zur Erprobung

Die Erprobung ist der **Prototyp eines anerkannten Befristungsgrunds**.[285] Der Gesetzgeber trägt dem mit einer eigenen Norm Rechnung. Der Abschluss eines befristeten Probearbeitsverhältnisses ermöglicht dem Arbeitgeber, die Eignung des Arbeitnehmers für die vorgesehene Arbeitsaufgabe zu prüfen und gibt dem Arbeitnehmer Gelegenheit zur Prüfung, ob seine Erwartungen an die vorgesehene Stelle erfüllt werden. Handelt es sich um eine Neueinstellung, kann der Arbeitgeber auch sachgrundlos nach § 14 Abs 2 TzBfG befristen.[286]

Hinweis: Bei einer Neueinstellung sollte der Arbeitgeber die Befristung immer auf § 14 Abs 2 TzBfG stützen und den Sachgrund der Erprobung zur Vermeidung von Unklarheiten nicht in die Vertragsurkunde aufnehmen. Das Zeitfenster der Befristung bei § 14 Abs 2 TzBfG beträgt 2 Jahre und wird nicht durch den Erprobungszweck beschränkt.

124

Die Vereinbarung einer Probezeit ist sowohl als befristetes Arbeitsverhältnis wie auch im Rahmen eines unbefristeten Arbeitsverhältnisses möglich. Welche Art von Probezeit vereinbart wurde, muss im Wege der Auslegung ermittelt werden.[287] Da nach § 14 Abs 4 TzBfG die Wirksamkeit einer Befristung der Schriftform bedarf, sind Abgrenzungsschwierigkeiten kaum zu erwarten. Es liegt ein unbefristetes Arbeitsverhältnis mit vereinbarter Probezeit vor, wenn die Befristung nicht eindeutig vereinbart wurde.[288]

125

Der **Befristungszweck der Erprobung muss nicht Vertragsinhalt** geworden sein. Das BAG hat seine diesbezügliche frühere Rechtsprechung[289] aufgegeben.[290]

126

Vorbeschäftigungen stehen einer nachfolgenden Befristung zum Zweck der Erprobung im Normalfall entgegen. Dies gilt auch im Anschluss an eine sachgrundlose Befristung nach § 14 Abs 2 TzBfG, da dem Arbeitgeber die Eignung des Arbeitnehmers bekannt ist.[291] Ausnahmsweise ist eine weitere Befristung nach Nr 5 zulässig, wenn der Arbeitnehmer in einem anderen Arbeitsbereich eingesetzt werden soll oder das sachgrundlos befristete Arbeitsverhältnis bereits geraume Zeit zurückliegt. Die Befristung eines Arbeitsverhältnisses zur Probe nach Ablauf einer Trainingsmaßnahme oder Eignungsfeststellung im Rahmen eines von der Agentur für Arbeit geförderten Praktikums ist nicht zu beanstanden, da dem Arbeitnehmer mit dem Praktikum Gelegenheit zur Rückkehr in das Arbeitsleben gegeben wird, er aber in diesem Rahmen noch nicht wie ein Arbeitnehmer eingesetzt wird.[292] Auch Ausbildungszeiten im Rahmen eines Berufsausbildungsverhältnisses stehen einem nachfolgend zur Probe befristeten Arbeitsverhältnis

127

---

285 Schon BAG GS 12.10.1960 – GS 1/59 – AP § 620 BGB Nr 2.
286 Sievers TzBfG § 14 Rn 267; Dörner, Der befristete Arbeitsvertrag Rn 174.
287 Dörner, Der befristete Arbeitsvertrag Rn 170.
288 KDZ/Däubler § 14 TzBfG Rn 85.
289 BAG 31.8.1994 – 7 AZR 983/93 – AP § 620 BGB Befristeter Arbeitsvertrag Nr 163.
290 BAG 23.6.2004 – 7 AZR 636/03 – AP § 14 TzBfG Nr 12.
291 Dörner, Der befristete Arbeitsvertrag Rn 175.
292 KR/Lipke § 14 TzBfG Rn 225; zur Nichtanrechnung auf Wartezeiten nach § 1 KSchG BAG 17.5.2001 – 2 AZR 10/00 – DB 01, 2354.

nicht entgegen.[293] Der Auszubildende erwirbt im Rahmen seiner Ausbildung zwar praktische Fertigkeiten; damit steht aber nicht fest, ob er dem Arbeitsdruck eines Arbeitsverhältnisses gewachsen ist.

128 Das Gesetz enthält keine Aussage zur möglichen **Dauer eines zur Probe befristeten Arbeitsvertrages**. Eine Begrenzung kann sich nur aus der Art der geschuldeten Arbeitsleistung und den Anforderungen des konkreten Arbeitsplatzes ergeben. Unwirksam ist eine Befristung nach Nr 5, wenn die Dauer der vereinbarten Probezeit dem Anforderungsprofil des Arbeitsplatzes und den persönlichen Fähigkeiten des Arbeitnehmers nicht entspricht;[294] insofern ist ausnahmsweise die Befristungsdauer maßgeblich für die Beurteilung des Befristungsgrundes.[295] Sofern tarifvertragliche Grenzen nicht bestehen, ist eine vereinbarte Probezeit von 6 Monaten nicht zu beanstanden. Dies ergibt sich aus den in § 1 KSchG und § 622 Abs 3 BGB getroffenen Wertungen, wonach der gesetzliche Kündigungsschutz erst nach 6 Monaten greift und während einer Probezeit von bis zu 6 Monaten verkürzte Kündigungsfristen gelten.

129 Abhängig von den besonderen Anforderungen des Arbeitsplatzes kann auch eine wesentlich längere Probezeit vereinbart werden. Das BAG hat eine tariflich auf 18 Monate festgelegte Probezeit von höchstens 18 Monate für Orchester- und Chormitglieder nicht beanstandet,[296] weil die Beurteilung der Eignung in diesem künstlerischen Bereich besonderen Schwierigkeiten unterliegt. Vergleichbar lange Befristungen sind dort möglich, wo die Beurteilung der Arbeitsfertigkeiten besonderen Schwierigkeiten unterliegt[297] oder besondere Fähigkeiten erforderlich sind, deren Beurteilung eine längere Zeit erfordert (Leitungsaufgaben, Lehrtätigkeit). Vorstehende Fragen stellen sich nur, wenn das Anschlussverbot nach § 14 Abs 2 Satz 2 TzBfG greift, weil sonst sachgrundlos nach § 14 Abs 2 TzBfG befristet werden kann.

130 Grundsätzlich zulässig ist die **Verlängerung eines befristeten Probearbeitsverhältnisses**, wenn die Beurteilung der Eignung dies erfordert.[298] Dies ist allerdings nur möglich, wenn die üblicherweise in dem Bereich zulässige Dauer der Probezeit noch nicht erreicht ist oder – im Ausnahmefall – die ursprüngliche Erprobungszeit aufgrund besonderer, in der Person des Arbeitnehmers liegender Umstände sich als nicht ausreichend erwiesen hat.[299] Ist sich der Arbeitgeber nur unsicher über die Eignung des Arbeitnehmers, muss er entscheiden. Er kann nicht durch weitere befristete Probearbeitsverhältnisse den Entscheidungsprozess verzögern. Dies gebietet das Schutzbedürfnis des zu erprobenden Arbeitnehmers. Eine Ausnahme hiervon und ein Überschreiten der angemessenen Probezeitdauer ist nur dann möglich,

---

293 BAG 30.9.1981 – 7 AZR 789/78 – AP § 620 BGB Befristeter Arbeitsvertrag Nr 61.
294 Funktionswidrige Vertragsgestaltung, vgl Dörner, Der befristete Arbeitsvertrag Rn 178.
295 Zutr so KR/Lipke § 14 TzBfG Rn 220.
296 BAG 12.9.1996 – 7 AZR 31/96 – AP § 611 BGB Musiker Nr 27.
297 ZB wissenschaftliche Tätigkeiten, vgl KDZ/Däubler § 14 TzBfG Rn 90.
298 BAG 12.9.1996 – 7 AZR 31/96 – AP § 611 BGB Musiker Nr 27.
299 BAG 2.6.2010 – 7 AZR 85/09.

wenn eine Beurteilung der Eignung zB wegen längerer Erkrankung des Arbeitnehmers nicht möglich ist.

Hinweis: In der Praxis sollte eine zweite Befristung zur Probe nur vereinbart werden, wenn nicht die Möglichkeit der Verlängerung einer sachgrundlosen Befristung besteht.

Eine **befristete Übertragung von höherwertigen Tätigkeiten zur Probe** (verbunden mit einer Beförderung) ist zulässig, sofern lediglich einzelne Arbeitsbedingungen (höherwertige Tätigkeit, höhere Vergütung) befristet werden, dass Grundarbeitsverhältnis aber bestehen bleibt. Die Zulässigkeit einer solchen Vertragsgestaltung richtet sich jedoch nicht nach § 14 TzBfG sondern nach § 305 ff BGB.[300] 131

Keine Besonderheiten bestehen in Bezug auf die Befristung zur Erprobung mit besonders geschützten Personengruppen wie schwerbehinderten Menschen oder schwangeren Frauen.[301] 132

Nach Ablauf des befristeten Probearbeitsverhältnisses hat der Arbeitnehmer auch bei Bewährung keinen Anspruch auf Übernahme in ein unbefristetes Arbeitsverhältnis. Der Arbeitgeber ist frei in der Entscheidung, dem Arbeitnehmer entweder ein unbefristetes oder ein neues mit Sachgrund befristetes Arbeitsverhältnis anzubieten. 133

8. Nr 6 – Gründe in der Person des Arbeitnehmers

a) Allgemeines. Nach § 14 Abs 1 Nr 6 TzBfG liegt ein sachlicher Grund für eine Befristung auch dann vor, wenn in der Person des Arbeitnehmers liegende Gründe die Befristung rechtfertigen. Die Begründung des Gesetzes benennt als typischen Befristungsgrund die vorübergehende Beschäftigung aus sozialen Gründen sowie die befristet erteilte Aufenthaltserlaubnis.[302] Der Anwendungsbereich der Norm geht weit darüber hinaus **und erfasst ua auch Befristungen auf Wunsch des Arbeitnehmers sowie auf das Erreichen bestimmter Altersgrenzen bezogene Befristungen.** Allen Befristungstatbeständen ist gemein, dass sie personen- und nicht tätigkeitsbezogenen Ursprungs – dann gilt Nr 4 – sind. 134

b) Einzelfälle. aa) Altersgrenzen. Eine Vereinbarung, wonach ein **Arbeitsverhältnis mit Erreichen bestimmter Altersgrenzen endet**, ist nach Rechtsprechung des BAG nicht auflösend bedingt sondern befristet, weil der Beendigungszeitpunkt hinreichend bestimmbar ist.[303] Altersgrenzen können in einem Tarifvertrag, im Arbeitsvertrag, in kirchlichen Arbeitsrechtsregelungen[304] oder, sofern nicht die Regelungssperre des § 77 Abs 3 Satz 1 BetrVG greift, auch in einer Betriebsvereinbarung geregelt werden.[305] Altersgrenzen bewirken eine unmittelbare Benachteiligung wegen des Alters, sie sind aber, sofern sie auf die Regelaltersgrenze bezogen sind, regelmäßig 135

---

300 Vgl Rn 33 ff.
301 KDZ/Däubler § 14 TzBfG Rn 94.
302 BT-Drucks 14/4374 S 19.
303 BAG 27.7.2005 – 7 AZR 443/04 – offengehalten noch BAG 20.2.2002 – 7 AZR 748/00 – NZA 2002, 78.
304 BAG 12.6.2013 – 7 AZR 917/11.
305 BAG 5.3.2013 – 1 AZR 417/12.

nach § 10 Satz 3 Nr 5, Satz 1 und 2 AGG zulässig.[306] Nach Art 6 Abs 1 der Richtlinie 2000/78/EG vom 27.11.2000 können die Mitgliedstaaten Regelungen treffen, wonach Differenzierungen nach dem Alter zulässig sind, wenn sie objektiv und angemessen sind und im Rahmen des nationalen Rechts durch ein legitimes Ziel gerechtfertigt sind. Nach § 10 Nr 5 AGG kann eine unterschiedliche Behandlung wegen des Alters bei einer Vereinbarung, die die Beendigung des Beschäftigungsverhältnisses ohne Kündigung zu einem Zeitpunkt vorsieht, zu dem eine Rente wegen Alters beantragt werden, gerechtfertigt sein. Der EuGH betont in diesem Zusammenhang, dass Ziele der Beschäftigungs- und Arbeitsmarktpolitik legitim sind und die Normierung von Altersgrenzen ein angemessenes und erforderliches Mittel zur Erreichung dieser Ziele sein kann.[307]

136 Regelmäßig ist davon auszugehen, dass eine einzelvertraglich vereinbarte **Altersgrenze, nach der das Arbeitsverhältnis mit Erreichen des gesetzlichen Rentenalters endet, nach § 14 Abs 1 Satz 2 Nr 6 TzBfG wirksam ist.** Dies rechtfertigt sich zunächst durch die Erwartung, dass ein Arbeitnehmer durch Bezug einer gesetzlichen Altersrente wirtschaftlich abgesichert ist.[308] Es kommt nicht darauf an, ob der Arbeitnehmer individuell eine Altersversorgung aufgebaut hat.[309] Das verfassungsrechtliche Untermaßverbot erfordert keine an individuellen Lebensstandard des Arbeitnehmers und seinen subjektiven Bedürfnissen orientierte Altersversorgung. Die Wirksamkeit der Befristung ist deshalb nicht von der konkreten wirtschaftlichen Absicherung des Arbeitnehmers bei Erreichen der Altersgrenze abhängig. Ist ein Arbeitnehmer nach den gesetzlichen Regelungen versicherungsfrei, weil der Gesetzgeber den Aufbau einer Altersversorgung in der gesetzlichen Rentenversicherung für entbehrlich halten durfte, ist die Befristung ohne weiteres wirksam, auch wenn der Arbeitnehmer individuell nicht vorgesorgt hat.[310]

137 Eine zu einem Zeitpunkt **vor Vollendung des 65. Lebensjahres** vereinbarte **Beendigung** des Arbeitsverhältnisses, zu dem der Arbeitnehmer Altersrente beziehen kann, ist nach § 41 Satz 2 SGB VI nur zulässig, sofern die Vereinbarung innerhalb der letzten drei Jahre vor diesem Zeitpunkt abgeschlossen oder vom Arbeitnehmer bestätigt wurde,[311] anderenfalls greift die gesetzliche Fiktion, dass die Vereinbarung als auf das Erreichen der Regelaltersgrenze abgeschlossen gilt. Abzustellen ist auf den Zeitpunkt der vereinbarten Beendigung, nicht auf den der Vollendung des 65. Lebensjahres.[312]

138 **Tarifvertragliche Altersgrenzen** müssen den Anforderungen einer arbeitsgerichtlichen Befristungskontrolle genügen. Ist dies der Fall, sind sie auch mit

---

306 BAG 12.6.2013 – 7 AZR 917/11; 5.3.2013 – 1 AZR 417/12; 17.6.2009 – 7 AZR 112/08 – NZA 2009, 1355.
307 EuGH 5.7.2012 C-141/11.
308 BAG 18.6.2008 – 7 AZR 116/07; 27.7.2005 – 7 AZR 443/04 – AP § 620 BGB Altersgrenze Nr 27; KR/Lipke § 14 TzBfG Rn 293; Dörner, Der befristete Arbeitsvertrag Rn 327 ff.
309 EuGH 5.7.2012 – C-141/11 – (Hörnfeld); BAG 18.6.2008 – 7 AZR 116/07.
310 BAG 27.7.2005 – 7 AZR 443/04 – AP § 620 BGB Altersgrenze Nr 27.
311 BAG 19.11.2003 – 7 AZR 296/03 – AP § 17 TzBfG Nr 3.
312 BAG 17.4.2002 – 7 AZR 40/01 – AP § 41 SGB VI Nr 14.

Art 12 Abs 1 GG vereinbar.[313] Tarifvertragliche Regelungen, die eine **Altersbefristung auf den Zeitpunkt des Erreichens des Regelrentenalters** (künftig bis 67. Lebensjahr) vorsehen, sind grundsätzlich wirksam.[314] In der Sache Rosenbladt hat der EuGH[315] auf einen Vorlagebeschluss des ArbG Hamburg[316] diese Rechtsprechung ausdrücklich als unionsrechtskonform bestätigt, obwohl in der Gebäudereinigungsbranche der Aufbau einer Altersversorgung nach den typischen Erwerbsbiographien und Einkommensmöglichkeiten besonders schwierig ist. Die Höhe einer etwaigen Rentenanwartschaft ist grundsätzlich unerheblich.[317] Die in der Vereinbarung von Altersgrenzen liegende Benachteiligung wegen des Alters ist regelmäßig durch das legitime Ziel einer alle Beschäftigtengruppen berücksichtigenden Arbeitsmarkt- und Beschäftigungspolitik gerechtfertigt.[318]

Problematisch sind Befristungen in Tarifverträgen oder Betriebsvereinbarungen auf einen früheren Zeitpunkt als den des Erreichens der Regelaltersgrenze. Denkbar ist, dass für bestimmte Berufsgruppen auch frühere Altersgrenzen wirksam sein können, sofern die Benachteiligung wegen des Alters nach §§ 8, 10 AGG gerechtfertigt ist. Nach früherer Rechtsprechung des BAG sollten **Altersgrenzen von 60 Jahren für das Cockpitpersonal** wirksam sein,[319] da sie dem Risiko altersbedingter Ausfallerscheinungen und Fehlreaktionen Rechnung tragen und dem Schutz von Leben und Gesundheit der Besatzungsmitglieder und Passagiere dienen. **Eine tarifvertragliche Altersgrenze von 55 Jahren für Kabinenpersonal** ist demgegenüber unwirksam, da Sicherheitsbedenken nicht bestehen und es deshalb an einem rechtfertigenden Sachgrund fehlt;[320] unwirksam ist auch eine **Altersgrenze für Flugbegleiter** von 60 Jahren.[321] Nachdem der EuGH auf einen Vorlagebeschluss des 7. Senats zur Vereinbarkeit einer tariflichen Regelung über eine **Altersgrenze von 60 Jahren für Piloten**[322] entschieden hat, dass die Richtlinie 2000/78 einer Tarifklausel entgegensteht, die die Altersgrenze für Piloten auf 60 Jahre festlegt, obwohl der Tarifvertrag eine angemessene soziale Sicherung bietet,[323] ist das BAG dieser Auslegung gefolgt. Eine **Altersgrenze für Cockpitpersonal von 60 Jahren verstößt gegen das Benachteiligungsverbot wegen des Alters in § 7 Abs 1 iVm § 1 AGG und ist unwirksam.**[324] Dies ist im Hinblick darauf, dass sich Piloten einem regelmäßigen Sicherheitscheck unterziehen können (und müssen), um die Flugli-

---

313 BAG 20.2.2002 – 7 AZR 748/00 – AP § 620 BGB Altersgrenze Nr 18.
314 BAG 8.12.2010 – 7 AZR 438/09 – NZA 2011, 353; 18.6.2008 – 7 AZR 116/07; EuGH 12.10.2010 – C 45/09 – (Rosenbladt) NZA 2010, 1167.
315 EuGH 12.10.2010 – C 45/09.
316 Vorlagebeschluss ArbG Hamburg 20.1.2009 – 21 Ca 235/08.
317 EuGH 5.7.2012 – C-141/11 (Hörnfeldt).
318 EuGH 5.7.2012 C-141/11 (Hörnfeldt).
319 BAG 25.2.1998 – 7 AZR 641/96 – AP TVG § 1 Tarifverträge: Luftfahrt Nr 11 zu § 47 Abs 1 des Manteltarifvertrags Nr 4 für das Bordpersonal der LTU; jetzt auch BAG 27.11.2002 – 7 AZR 655/01 – zu § 19 Abs 2 MTV Cockpit Nr 5 für das Cockpit-Personal der Deutschen Lufthansa; BAG 27.11.2002 – 7 AZR 414/01 – zu § 19 MTV-Bordpersonal der Condor Flugdienst.
320 BAG 31.7.2002 – 7 AZR 140/01 – AP § 1 TVG Tarifverträge: Luftfahrt Nr 14.
321 BAG 23.6.2010 – 7 AZR 1021/08; 16.10.2008 – 7 AZR 253/07.
322 BAG 17.6.2009 – 7 AZR 112/08.
323 EuGH 13.9.2011 – C 447/09 (Prigge).
324 BAG 18.1.2012 – 7 AZR 112/08 – NZA 2012, 575.

zenz zu behalten, richtig. Tarifliche Regelungen über vorgezogene Altersgrenzen müssen der individuellen Leistungsfähigkeit deshalb angemessen Rechnung tragen, wenn eine Benachteiligung wegen des Alters gerechtfertigt werden soll. Anderenfalls sind sie nach § 7 AGG unwirksam.

140 bb) **Befristung auf Wunsch des Arbeitnehmers.** Die **Rechtsprechung steht dem Sachgrund der „Wunschbefristung" wegen der Gefahr funktionswidriger Vertragsgestaltungen restriktiv** gegenüber. Nach der Rechtsprechung des 7. Senats kann der Wunsch eines Arbeitnehmers nach einer vorübergehenden Beschäftigung eine Befristung eines Arbeitsverhältnisses nur rechtfertigen, wenn im Zeitpunkt des Vertragsschlusses objektive Anhaltspunkte vorliegen, die auf ein Interesse des Arbeitnehmers an einer lediglich befristeten Beschäftigung schließen lassen.[325]

141 Die freie Wahlmöglichkeit des Arbeitnehmers, ein für ihn günstiges Vertragsänderungsangebot seines Arbeitgebers anzunehmen oder abzulehnen, ist für sich gesehen kein Sachgrund dafür, das geänderte Arbeitsverhältnis auch zu befristen.[326] Maßgeblich ist auch nicht, ob der Arbeitnehmer Interesse an der Aufgabe hat (und die Befristung in Kauf nimmt), sondern ob er überhaupt ein Interesse an einer Befristung hat und auch bei einem Angebot des Arbeitgebers auf Abschluss eines unbefristeten Arbeitsvertrages nur ein befristetes Arbeitsverhältnis vereinbart hätte.[327]

142 Der Rechtsprechung des BAG ist zuzustimmen. Einem Bedürfnis des Arbeitnehmers nach einer Beendigung des Arbeitsverhältnisses zu einem bestimmten Zeitpunkt tragen die kurzen gesetzlichen Kündigungsfristen des § 622 BGB für eine Arbeitnehmerkündigung ausreichend Rechnung. Ein sachlich die Befristung rechtfertigender Wunsch des Arbeitnehmers liegt deshalb nur dann vor, wenn der Arbeitnehmer eine unbefristete Vertragsgestaltung abgelehnt hat oder an Hand objektiver Kriterien festzustellen ist, dass er sie abgelehnt hätte.[328] Dies kann der Fall sein, wenn der Arbeitnehmer lediglich die Zeit bis zu einer fest geplanten räumlichen Veränderung überbrücken will.

Hinweis: Da es im Nachhinein außerordentlich schwierig ist, die Voraussetzungen für eine wirksame Befristung auf Wunsch des Arbeitnehmers nachzuweisen,[329] sollten diese Umstände in der Vertragsurkunde festgehalten werden.

143 cc) **Soziale Gründe.** Nach der Gesetzesbegründung soll der Befristungsgrund nach Nr 6 auch dann greifen, wenn ein Arbeitnehmer aus sozialen Gründen vorübergehend beschäftigt wird, um zB die Zeit bis zum Beginn

---

325 BAG 3.3.1999 – 7 AZR 672/97 – AP HRG § 57c Nr 5; 6.11.1996 – 7 AZR 909/95 – AP Nr 188 zu § 620 BGB Befristeter Arbeitsvertrag.
326 BAG 26.8.1998 – 7 AZR 349/97 – AP § 620 BGB Befristeter Arbeitsvertrag Nr 203.
327 BAG 19.1.2005 – 7 AZR 115/04 – AP § 620 BGB Befristeter Arbeitsvertrag Nr 260; 6.11.1996 – 7 AZR 909/95 – AP § 620 BGB Befristeter Arbeitsvertrag Nr 188; Dörner, Der befristete Arbeitsvertrag Rn 231; großzügiger LAG Köln 4.4.2001 – 7 Sa 1335/00 – ZTR 2001, 477.
328 APS/Backhaus § 14 TzBfG Rn 352; Dörner, Der befristete Arbeitsvertrag Rn 231.
329 Vgl BAG 4.12.2002 – 7 AZR 492/01 – Vereinbarung einer auflösenden Bedingung auf „Wunsch" eines Bundesligatrainers.

einer feststehenden anderweitigen Beschäftigung, des Wehrdienstes oder eines Studiums überbrücken zu können.[330]

Schwierigkeiten bereitet die Abgrenzung zu Nr 2.[331] Fälle der Befristung im Anschluss an eine Ausbildung oder ein Studium, in denen eine Anschlussbeschäftigung nach Befristungsablauf nicht feststeht,[332] richten sich ausschließlich nach Nr 2. Eine Befristung nach Nr 6 kommt in Betracht, wenn mit der Befristung der Zeitraum bis zu einer feststehenden anderweitigen Beschäftigung oder Verwendung überbrückt werden soll. Auch ein **Arbeitsvertrag mit einer Beschäftigungs- und Qualifizierungsgesellschaft** kann nach Nr 6 befristet werden.[333] Um Missbrauchstatbeständen vorzubeugen, ist die Befristung in diesen Fällen allerdings nur dann gerechtfertigt, wenn es ohne den sozialen Überbrückungszweck überhaupt nicht zur Begründung eines (befristeten) Arbeitsverhältnisses gekommen wäre, wenn also die betrieblichen/dienstlichen Interessen des Arbeitgebers für den Abschluss des Arbeitsvertrags nicht ausschlaggebend waren.[334] Dies lässt sich in der Praxis abgesehen von Beschäftigungsgesellschaften, die nur überbrückende Funktion nach Betriebsstilllegungen oder anderen betriebsändernden Maßnahmen haben, nur schwer belegen, da befristet Beschäftigte ansonsten regelmäßig mit Aufgaben betraut werden, die der Arbeitgeber sonst anderweitig hätte erledigen müssen.

144

dd) Aufenthaltsgenehmigung/Arbeitserlaubnis. Die Beschäftigung ausländischer Arbeitnehmer setzt in bestimmten Fällen das Vorliegen einer Arbeitserlaubnis (§ 284 SGB III) und/oder einer Aufenthaltsgenehmigung voraus. Diese behördlichen Erlaubnisse werden zT nur befristet erteilt. Das kann nach dem Willen des Gesetzgebers den Arbeitgeber berechtigen, den Arbeitsvertrag **für die Dauer einer Aufenthaltsgenehmigung** zu befristen.[335] Die Rechtsprechung des BAG zu diesem Befristungsgrund ist allerdings restriktiv. Die Befristung der Aufenthaltserlaubnis und die Besorgnis, der Arbeitnehmer werde danach die arbeitsvertraglich geschuldeten Dienste nicht mehr erbringen können, kann danach einen sachlichen Grund für die Befristung des Arbeitsverhältnisses nur dann darstellen, wenn im Zeitpunkt des Vertragsschlusses eine hinreichend zuverlässige Prognose erstellt werden kann, dass eine Verlängerung der Aufenthaltserlaubnis nicht erfolgt. Die Prognose muss dabei auf konkreten Anhaltspunkten beruhen.[336]

145

Der Entscheidung des BAG vom 12.1.2000 ist im Einzelfall zuzustimmen, weil dort bereits 15 wegen des Ablaufs von Aufenthalts- oder Arbeitserlaubnissen befristete Arbeitsverhältnisse vorgeschaltet waren und auch die der letzten Befristung zu Grunde liegende Aufenthaltserlaubnis verlängert

146

---

330 BT-Drucks 14/4374 S 19.
331 Befristung im Anschluss an eine Ausbildung etc, vgl hierzu Rn 78 ff.
332 Vgl BAG 7.7.1999 – 7 AZR 232/98 – AP § 620 BGB Befristeter Arbeitsvertrag Nr 211.
333 KDZ/Däubler § 14 Rn 106.
334 BAG 24.8.2011 – 7 AZR 368/10; 21.1.2009 – 7 AZR 630/07; 23.1.2002 – 7 AZR 552/00 – EzA § 620 BGB Nr 186; 7.7.1999 – 7 AZR 232/98 – AP § 620 BGB Befristeter Arbeitsvertrag Nr 211; Sievers § 14 TzBfG Rn 290.
335 BT-Drucks 14/4374 S 19.
336 BAG 12.1.2000 – 7 AZR 863/98 – AP § 620 BGB Befristeter Arbeitsvertrag Nr 217; Staudinger/Preis § 620 Rn 133.

wurde. Generell dürfen die Anforderungen an die vom Arbeitgeber anzustellende Prognose im Hinblick auf die Nichtverlängerung der Aufenthaltsgenehmigung aber nicht überspannt werden. Dem Arbeitgeber ist es idR nicht möglich, eine Prognose dahingehend zu erstellen, ob nach Ablauf einer befristeten Aufenthaltserlaubnis die Voraussetzungen nach §§ 6 ff AuslG für eine Verlängerung oder Neuerteilung der Erlaubnis erneut vorliegen oder eine Weiterbeschäftigungsmöglichkeit trotz Wegfall der Aufenthaltsgenehmigung bei Vorliegen einer Arbeitserlaubnis nach § 44 Abs 6 AuslG[337] besteht. Lediglich besondere Umstände können deshalb zur Unwirksamkeit eines auf die Dauer einer Aufenthaltsgenehmigung befristeten Arbeitsverhältnisses führen.[338] Für Fälle der befristeten Erteilung einer Arbeitserlaubnis gilt nichts anderes.

147 Nach § 21, 14 Abs 1 Nr 6 TzBfG ist es rechtlich möglich, das Arbeitsverhältnis mit einem ausländischen Arbeitnehmer auflösend bedingt durch den Wegfall der behördlichen Erlaubnis zu vereinbaren.[339] Dies setzt jedoch die Prognose voraus, dass mit einem Wegfall der Erlaubnis gerechnet werden kann.

148 ee) **Befristete Nebenbeschäftigungen.** Dass der Arbeitnehmer von einer **Neben- oder Teilzeitbeschäftigung** sozial nicht abhängig ist, begründet keinen besonderen in der Person des Arbeitnehmers liegenden Grund, der eine Befristung sachlich rechtfertigen kann. Auch der eingeschränkte Umfang der Arbeitspflicht ist für sich genommen kein eigenständiger Sachgrund. Dies ergibt sich bereits aus § 4 Abs 1 TzBfG.

149 Auch die **Befristung von Arbeitsverhältnissen mit Studenten** richtet sich nach allgemeinen Grundsätzen. Die Befristung des Arbeitsverhältnisses eines Studenten kann nicht mit dessen Interesse, seine Arbeitsverpflichtung mit den Anforderungen des Studiums in Einklang zu bringen, gerechtfertigt werden, wenn bereits die Kündigungsmöglichkeiten in einem unbefristeten Arbeitsverhältnis sowie Umfang und Lage der Arbeitszeit dem Interesse des Studenten ausreichend Rechnung tragen.[340] Es sind keine Fallgestaltungen denkbar, in denen die Befristung des Arbeitsverhältnisses erforderlich ist, um Arbeitsverpflichtung und Studium zu koordinieren. Dies kann allenfalls dann der Fall sein, wenn der Arbeitgeber nur Verträge mit feststehender Lage der Arbeitszeit anbietet und der Student nur für einen befristeten Zeitraum überblicken kann, ob die angetragene Lage der Arbeitszeit mit den Belangen des Studiums in Übereinstimmung gebracht werden kann.[341]

9. Nr 7 – Haushaltsrechtliche Gründe

150 Nach § 14 Abs 1 Satz 2 Nr 7 TzBfG liegt ein sachlicher Grund für eine Befristung vor, wenn der Arbeitnehmer aus **Haushaltsmitteln** vergütet wird,

---

337 So Gutmann AiB 2000, 642, 643.
338 AA KDZ/Däubler § 14 TzBfG Rn 111.
339 AA KR/Lipke § 14 TzBfG Rn 279, Sievers § 14 TzBfG Rn 230, APS/Backhaus § 14 TzBfG Rn 137.
340 BAG 29.10.1998 – 7 AZR 561/97 – AP § 620 BGB Befristeter Arbeitsvertrag Nr 206.
341 BAG 12.5.1999 – 7 AZR 45/98 – AR-Blattei SR 2 y BAT Nr 79.

die **haushaltsrechtlich für eine befristete Beschäftigung bestimmt** sind und er entsprechend beschäftigt wird.

Allgemeine haushaltsrechtliche Erwägungen bzw die Begrenzung des Haushaltsplans auf das Haushaltsjahr können die Befristung von Arbeitsverhältnissen nicht rechtfertigen.[342] Wie in der Privatwirtschaft ist die Ungewissheit des Arbeitsanfalls bzw der zukünftigen Bereitstellung von Stellen kein anerkannter Sachgrund für die Befristung von Arbeitsverträgen. 151

Nach der Rechtsprechung des 7. Senats können haushaltsrechtliche Gründe die Befristung eines Arbeitsvertrags rechtfertigen, wenn der öffentliche Arbeitgeber zum Zeitpunkt des Vertragsabschlusses auf Grund konkreter Tatsachen die Prognose erstellen kann, dass für die Beschäftigung des Arbeitnehmers **Haushaltsmittel nur vorübergehend zur Verfügung** stehen.[343] Das BAG[344] fordert für eine wirksame Befristung eine **zweckgebundene Zuweisung der Haushaltsmittel für die Erledigung von zeitlich begrenzten Tätigkeiten**[345] und **kumulativ** die Beschäftigung des befristet eingestellten Mitarbeiters im Rahmen dieser Zweckbestimmung. Die Zweckbestimmung muss so beschaffen sein, dass sie eine Nachprüfung anhand objektiver Umstände ermöglicht, ob mit der Bereitstellung einem berechtigten Interesse an einer nur befristeten Beschäftigung Rechnung getragen wird.[346] Eine Haushaltsbefristung darf nicht dazu dienen, einen ständigen und dauerhaften bestehenden Bedarf zu decken.[347] Die Ausweisung von Haushaltsmittel für die befristete Beschäftigung von Arbeitnehmern ohne eine besondere Zweckbestimmung erfüllt den Tatbestand des § 14 Abs 1 Satz 2 Nr 7 TzBfG nicht und stellt keinen sachlichen Grund für den Abschluss eines befristeten Arbeitsvertrags dar.[348] 152

Eine auf § 14 Abs 1 Satz 2 Nr 7 TzBfG gestützte Befristung setzt nicht voraus, dass bereits bei Abschluss des befristeten Arbeitsvertrags Haushaltsmittel in einem Haushaltsgesetz ausgebracht sind, aus denen die Vergütung des befristet beschäftigten Arbeitnehmers während der gesamten Laufzeit des befristeten Arbeitsvertrags bestritten werden kann. Es ist ausreichend, wenn bei Vertragsschluss eine dahingehende Prognose gerechtfertigt ist.[349] 153

Die Ausbringung von Haushaltsmitteln im Haushaltsplan einer Selbstverwaltungskörperschaft des öffentlichen Rechts genügt den gesetzlichen Anforderungen regelmäßig nicht, weil der Haushalt nicht wie ein Haushaltsgesetz demokratisch legitimiert vom Haushaltsgesetzgeber verabschiedet, sondern nur vom Vorstand aufgestellt, von einer Vertreterversammlung 154

---

342 BAG 2.9.2009 – 7 AZR 162/08 – NZA 2009, 1257; 24.10.2001 – 7 AZR 542/00 – BB 2002, 520.
343 BAG 24.10.2001 – 7 AZR 542/00 – BB 2002, 520; 7.7.1999 – 7 AZR 609/97 – AP BGB § 620 Befristeter Arbeitsvertrag Nr 215.
344 BAG 7.5.2008 – 7 AZR 198/07; 7.11.2007 – 7 AZR 488/06.
345 BAG 13.2.2013 – 7 AZR 225/11; 17.3.2010 – 7 AZR 843/08; 22.4.2009 – 7 AZR 535/08.
346 BAG 17.3.2010 – 7 AZR 843/08.
347 EuGH 23.4.2009 C – 378/07 (Angelidaki); BAG 13.2.2013 – 7 AZR 225/11.
348 BAG 17.3.2010 – 7 AZR 640/08; 7.11.2007 – 7 AZR 488/06; 18.10.2006 – 7 AZR 419/05 – AP § 14 TzBfG Haushalt Nr 1.
349 BAG 22.4.2009 – 7 AZR 535/08.

155 Ob der befristet beschäftigte Arbeitnehmer überwiegend entsprechend der Zwecksetzung der bereitstehenden Haushaltsmittel eingesetzt wird, ist anhand der Umstände bei Vertragsschluss festzustellen. Wird später festgestellt, dass der Arbeitnehmer tatsächlich nicht aus den bei Vertragsschluss verfügbaren Haushaltsmitteln vergütet oder entsprechend der Zwecksetzung der zur Vergütung bereitstehenden Haushaltsmittel beschäftigt wird, kann dies ein Indiz dafür sein, dass der Befristungsgrund in Wirklichkeit nicht gegeben ist.[352]

festgestellt und von den Aufsichtsbehörden genehmigt wird.[350] Zu den weiteren Gesichtspunkten der Unwirksamkeit Rn 159.[351]

156 Die Beschäftigung auf einer mit einem auf ein künftiges Haushaltsjahr datierten **KW-Vermerk** versehenen Stelle rechtfertigt nur dann die Befristung des Arbeitsvertrags, wenn aufgrund konkreter Anhaltspunkte mit einiger Sicherheit davon ausgegangen werden kann, dass die Stelle zu dem im KW-Vermerk genannten Zeitpunkt tatsächlich wegfallen wird. Allein der KW-Vermerk als solcher reicht zur sachlichen Rechtfertigung einer Befristung nicht aus.[353]

157 Ein sachlicher Grund für eine Befristung nach Nr 7 kann vorliegen, wenn die befristete Einstellung als Aushilfe auf der Grundlage von **Haushaltsmitteln erfolgt, die durch die zeitweise Beurlaubung von anderen Arbeitskräften vorübergehend frei sind und nach dem Haushaltsgesetz für die Beschäftigung von Aushilfskräften verwendet werden können.**[354] Notwendig ist dann aber, dass der aus diesen Haushaltsmitteln beschäftigte Arbeitnehmer dem Geschäftsbereich der haushaltsmittelbewirtschaftenden Dienststelle zugeordnet ist und vergleichbare Tätigkeiten wie der abwesende Planstelleninhaber ausübt; nicht erforderlich soll sein, dass beide der gleichen Dienststelle angehören.[355] Ein unmittelbarer oder mittelbarer Kausalzusammenhang zwischen der befristeten Beschäftigung der Aushilfskraft und dem durch vorübergehende Abwesenheit des Planstelleninhabers entstehenden Arbeitskräftebedarf ist nicht erforderlich, damit bleiben die Anforderungen en diesen Sachgrund hinter dem der Vertretung nach Nr 3 zurück.[356]

158 Ob diese Anwendung und Auslegung von § 14 Abs 1 Satz 2 Nr 7 TzBfG den unionsrechtlichen Vorgaben des § 5 Nr 1 a bis c der Rahmenvereinbarung zur Richtlinie 99/70/EG entspricht,[357] ist Gegenstand mehrerer mittlerweile ohne Entscheidung des EuGH erledigter Vorlagebeschlüsse gewe-

---

350 Offengelassen BAG 7.9.2009 – 7 AZR 162/08 und 17.3.2010 – 7 AZR 640/08.
351 Vgl BAG 9.3.2011 – 7 AZR 728/09 eingehend Rn 159.
352 BAG 22.4.2009 – 7 AZR 535/08.
353 BAG 16.1.1987 – 7 AZR 487/85 – AP § 620 BGB Befristeter Arbeitsvertrag Nr 111; Lakies, Befristete Arbeitsverträge Rn 369.
354 BAG 13.2.2013 – 7 AZR 225/11; 14.2.2007 – 7 AZR 193/06; 14.1.2004 – 7 AZR 342/03 – EzA § 14 TzBfG Nr 5, abl Sievers § 14 TzBfG Rn 385 f.
355 BAG 20.2.2008 – 7 AZR 972/06.
356 BAG 13.2.2013 – 7 AZR 225/11; 20.2.2008 – 7 AZR 972/06.
357 Zur Diskussion eingehend Dörner, Der befristete Arbeitsvertrag Rn 218 ff; Sievers TZBfG § 14 Rn 382 ff.

sen.[358] Der 7. Senat hat angekündigt, im Rahmen eines erneuten Vorabentscheidungsverfahren nach Art 267 AEUV prüfen zu lassen, ob seine Rechtsprechung zur Haushaltsbefristung unionsrechtskonform ist.[359]

Bedenken gegen die Norm im Hinblick auf eine am Maßstab von Art 3 Abs 1 GG unzulässige Privilegierung öffentlicher Arbeitgeber gegenüber der Privatwirtschaft hat sich das BAG bereits angeschlossen. **Haushaltsbefristungen bei der Bundesagentur für Arbeit sind rechtsunwirksam.**[360] Die Ungleichbehandlung von Arbeitnehmern der Privatwirtschaft in ihrem von Art 12 Abs 1 GG gewährleisteten Bestandsschutz mit Arbeitnehmern im Öffentlichen Dienst ist nicht mit dem Gleichheitssatz des Art 3 Abs 1 GG vereinbar, wenn das den Haushaltsplan aufstellende Organ und der Arbeitgeber identisch sind, wie das bei der Bundesagentur für Arbeit der Fall ist. Der öffentliche Arbeitgeber könnte durch die Ausgestaltung des Haushaltsplans den Sachgrund für die Befristung der von ihm geschlossenen Arbeitsverträge sonst selbst schaffen. Für eine solche Privilegierung der Bundesagentur für Arbeit in ihrer Doppelrolle als Haushaltsplangeber und Arbeitgeber gibt es nach Auffassung des BAG keine sachliche Rechtfertigung. Die Entscheidung hat Bedeutung für alle öffentlich-rechtlichen Körperschaften. **Zulässig bleiben Haushaltsbefristungen dort, wo der Haushalt durch Gesetz oder Satzungsbeschluss eines demokratisch legitimierten Organs verabschiedet wird.** Diese Differenzierung ist sachgerecht, weil sie den Weg zu Haushaltsbefristungen nur da eröffnet, wo eine Kontrolle durch den Gesetz- oder Satzungsgeber gewährleistet ist. Damit ist der Gleichlauf mit den Möglichkeiten der Befristung in der Privatwirtschaft sichergestellt. **159**

Hinweis: Die Anforderungen an eine wirksame Sachgrundbefristung sind im Verhältnis zu den bisher geringen Anforderungen an eine wirksame Vertretungsbefristung nach Nr 3 („gedankliche Zuordnung") nach derzeitiger Rechtslage noch gelockert. Liegen keine Daueraufgaben vor, können auf der Grundlage einer konkreten Zweckbestimmung im Haushalt befristete Arbeitsverhältnisse vereinbart werden. Im Hinblick auf die Ankündigung eines weiteren Vorabentscheidungsverfahrens ist die Befristung von Arbeitsverhältnissen nur nach Nr 7 mit einem hohen Risiko behaftet. Es ist ratsam, Befristungen nur dort zu vereinbaren, wo sie den – unionsrechtlich geklärten – Vorgaben einer Vertretungsbefristung standhalten. **160**

Unabhängig von der Frage der unionsrechtlichen Vereinbarkeit der derzeitigen Anwendung von Nr 7 **kann auch eine Haushaltsbefristung nach den vom Senat entwickelten Grundsätzen des institutionellen Rechtsmissbrauchs unwirksam sein;** ob eine rechtsmissbräuchliche Gestaltung vorliegt, hängt nicht davon ab, welcher Sachgrund der – letzten – Befristungsabrede zugrunde liegt.[361] **160a**

Die befristete Bereitstellung öffentlicher Haushaltsmittel rechtfertigt alleine nicht die Befristung von Arbeitsverhältnissen, die private, von einem Träger öffentlicher Verwaltung beauftragte Arbeitgeber mit ihren Arbeitneh- **161**

---

358 LAG Köln 13.4.2010 – 7 Sa 1224/09 LAGE § 14 TzBfG Nr 57; BAG 27.10.2010 – 7 AZR 485/09 (A).
359 BAG 15.12.2011 – 7 AZR 394/10; 13.2.2013 – 7 AZR 225/11.
360 BAG 9.3.2011 – 7 AZR 728/09.
361 BAG 13.2.2013 – 7 AZR 225/11.

mern abschließen (**Drittmittelzuwendung**). Private Arbeitgeber sind von ihrer Obliegenheit, selbst eine Prognose im Hinblick auf den künftigen Wegfall des Beschäftigungsbedarfs anzustellen, auch in diesem Fall nicht entbunden.[362] Allerdings kann die für einen begrenzten Zeitraum erfolgende **Finanzierung eines Arbeitsplatzes** durch einen Dritten **im Rahmen eines von dem Dritten geförderten Projekts** die Befristung des Arbeitsvertrags mit einem für diese Tätigkeit eingestellten Arbeitnehmer rechtfertigen. Voraussetzung dafür ist, dass sich der Drittmittelgeber und der Arbeitgeber mit den Verhältnissen dieser Stelle und deren Aufgabenstellung befasst und entschieden haben, dass die Stelle nur für den Förderungszeitraum bestehen und anschließend wegfallen soll.[363]

162 Anderes kann nur dann gelten, wenn der Drittmittelnehmer Vorgaben des Drittmittelgebers im Hinblick auf Art und Weise der Aufgabenerfüllung und die zeitliche Begrenzung der Förderung aufnimmt und nach eigener Entscheidung die finanzierten Aufgaben nur für die Dauer der Bewilligung durchzuführen will.[364] Dann liegt allerdings kein Sachgrund nach Nr 7 sondern einer nach Nr 1 vor.

10. Nr 8 – Gerichtlicher Vergleich

163 Nach ständiger Rechtsprechung des BAG[365] ist die Befristung eines Arbeitsverhältnisses in einem gerichtlichen Vergleich wirksam, soweit die Parteien darin zur Beendigung eines Kündigungsverfahrens oder eines Feststellungsstreits über den Fortbestand des Arbeitsverhältnisses infolge einer Befristung eine befristete Fortsetzung des Arbeitsverhältnisses vereinbaren. **Der gerichtliche Vergleich unterliegt dann keiner weiteren Befristungskontrolle**. Das Arbeitsgericht kommt durch die Mitwirkung beim Zustandekommen des Vergleiches seinen aus Art 1 Abs 3 GG resultierenden grundrechtlichen Schutzpflichten nach, einen angemessenen Ausgleich der wechselseitigen grundrechtsgeschützten Interessen der Arbeitsvertragsparteien zu finden.[366]

164 Obwohl der Wortlaut von Nr 8 dies nicht wiedergibt, ist nach dem Zweck der Vorschrift **nur der gerichtliche Vergleich in einem Bestandsschutzverfahren** einer weiteren gerichtlichen Kontrolle entzogen.[367] Die Umwandlung eines unbefristeten in ein befristetes Arbeitsverhältnis in einem gerichtlichen Vergleich in einem Zahlungsrechtsstreit bedarf deshalb einer eigenständigen sachlichen Rechtfertigung.

---

362 BAG 22.3.2000 – 7 AZR 758/98 – AP § 620 BGB Befristeter Arbeitsvertrag Nr 221; KDZ/ Däubler § 14 TzBfG Rn 118.
363 BAG 29.7.2009 – 7 AZR 907/07; 22.6.2005 – 7 AZR 499/04 – EzBAT SR 2 y BAT Hochschulen/Forschungseinrichtungen Nr 57.
364 BAG 8.4.1992 – 7 AZR 135/91 – AP § 620 BGB Befristeter Arbeitsvertrag Nr 146.
365 Zuletzt BAG 26.4.2006 – 7 AZR 366/05; 2.12.1998 – 7 AZR 644/97 – AP § 57 a HRG Nr 4 mwN.
366 BAG 15.2.2012 – 7 AZR 734/10 – NZA 2012, 919.
367 BAG 15.2.2012 – 7 AZR 734/10; 26.3.2006 – 7 AZR 366/05; BT-Drucks 14/4374 S 19; Dörner, Der befristete Arbeitsvertrag Rn 259; Sievers § 14 TzBfG Rn 394.

165 Auch bei einem gerichtlichen Vergleich hängt die Wirksamkeit einer dort vereinbarten Befristung davon ab, ob es einen **offenen Streit über die Beendigung oder Fortsetzung des laufenden Arbeitsverhältnisses** gegeben hat.[368] Damit wird die missbräuchliche Ausnutzung des durch Nr 8 TzBfG eröffneten Sachgrunds verhindert.

165a Die gerichtliche Protokollierung einer vor Rechtshängigkeit getroffenen Vereinbarung, durch die ein befristeter Arbeitsvertrag verlängert wird, ist kein Vergleich iSv Nr 8. Bei gerichtlichen Vergleichen, die nach § 278 Abs 6 Satz 2 ZPO durch Beschluss festgestellt werden, ist zu differenzieren: Schlägt das Gericht nach § 278 Abs 6 Satz 1 2. Alt ZPO einen Vergleich vor, der eine Befristung zum Inhalt hat, so nimmt es die verfassungsrechtlich gebotenen Schutzpflichten wahr, der Vergleich unterliegt keiner weiteren Befristungskontrolle.[369] Ein nach **§ 278 Abs 6 Satz 1 1. Alt ZPO auf Vorschlag der Parteien festgestellter Vergleich ist hingegen kein gerichtlicher Vergleich iSv Nr 8**, der geeignet ist, die Befristung eines Arbeitsvertrags zu rechtfertigen, es fehlt an der gebotenen aktiven inhaltlichen Mitwirkung des Gerichts an einer ausgewogenen Befristungsabrede.[370]

166 Ein **außergerichtlicher Vergleich** ist regelmäßig nicht geeignet, eine darin vereinbarte Befristung einer weiteren Befristungskontrolle zu entziehen. Das BAG hat in früherer Rechtsprechung noch angenommen, bei offenem Streit über das Vorliegen eines unbefristeten Arbeitsverhältnisses und einem im Wege gegenseitigen Nachgebens zustande gekommenen Vergleich nach § 779 BGB über den befristeten Fortbestand des Arbeitsverhältnisses könne ein Rechtsgrund für eine Befristung in dem Vergleich liegen.[371] Der 7. Senat hat später offengehalten, ob an dieser Rechtsprechung festzuhalten ist.[372] Die überwiegende Auffassung in der Literatur steht auf dem Standpunkt, dass nach der ausdrücklichen Erwähnung nur des gerichtlichen Vergleiches ein außergerichtlicher Vergleich nicht mehr ohne weiteren sachlichen Grund die Befristung eines Arbeitsverhältnisses rechtfertigen kann.[373]

167 Mit der Entscheidung des BAG vom 15.2.2012[374] dürfte geklärt sein, dass **eine in einem außergerichtlichen Vergleich vereinbarte Befristung regelmäßig einer weiteren Sachgrundkontrolle nicht entzogen ist**. Die gebotene Mitwirkung des Arbeitsgerichts findet nicht statt. Im Hinblick auf die nicht abschließende Aufzählung von Sachgründen ist es allerdings rechtlich auch nicht ausgeschlossen, dass die Parteien in einer echten Konfliktsituation den Weg für eine Konfliktlösung in einem befristeten Arbeitsverhältnis finden und ein solches vereinbaren. Ein außergerichtlicher Vergleich zur

---

368 BAG 15.2.2012 – 7 AZR 734/10; 26.4.2006 – 7 AZR 366/05 – § 14 TzBfG Vergleich Nr 1.
369 Dörner, Der befristete Arbeitsvertrag Rn 263.
370 BAG 15.2.2012 – 7 AZR 734/10.
371 BAG 22.7.1984 – 7 AZR 435/82 – AP § 620 BGB Befristeter Arbeitsvertrag Nr 80.
372 BAG 24.1.1996 – 7 AZR 496/95 – AP § 620 BGB Befristeter Arbeitsvertrag Nr 179; zuletzt 23.1.2002 – 7 AZR 552/00.
373 KR/Lipke § 14 TzBfG Rn 345; KDZ/Däubler § 14 TzBfG Rn 123; Lakies, Befristete Arbeitsverträge Rn 375; Sievers § 14 TzBfG Rn 398.
374 15.2.2012 – 7 AZR 734/10 –.

Beendigung eines Konfliktes über den Fortbestand des Arbeitsverhältnisses rechtfertigt aber nur dann eine Befristung, wenn er den beiderseitigen Interessen und wechselseitigen Risiken eines sonst drohenden Prozesses angemessen Rechnung trägt. Ob dies der Fall ist, unterliegt der arbeitsgerichtlichen (Inhalts-)Kontrolle.

11. Sonstige Befristungsgründe

168 Die Begründung des Gesetzes stellt ausdrücklich klar, dass der Katalog der Befristungsgründe im Abs 1 beispielhaft ist und weder andere von der Rechtsprechung bisher akzeptierte noch weitere Gründe ausschließen soll.[375] Neue Sachgründe müssen aber den Wertungsmaßstäben von § 14 TzBfG entsprechen und dürfen nicht dahinter zurückbleiben.

169 **a) Eingliederungsförderung, Arbeitsbeschaffungsmaßnahmen.** Bis zur Aufhebung des BSHG zum 31.12.2004 war die Hilfe zur Arbeit in den § 18 ff BSHG geregelt. Die **Beschäftigung von Sozialhilfeempfängern im Rahmen gemeinnütziger und zusätzlicher Arbeit iSv § 19 Abs 2 BSHG** ist vom BAG als sonstiger, eine Befristung rechtfertigender Sachgrund anerkannt worden.[376] Arbeiten, die im Rahmen der öffentlichen Verwaltung geleistet werden, dienen nicht unmittelbar erwerbswirtschaftlichen Zwecken, stellen keine Konkurrenz für Privatunternehmen dar und erfüllen das Merkmal der Gemeinnützigkeit. Um die Wiedereingliederung in den Arbeitsprozess zu fördern, kann unter diesen Voraussetzungen ein Arbeitsverhältnis befristet werden.

170 Seit dem 1.1.2005 werden Leistungen für erwerbsfähige Leistungsberechtigte nach § 14 ff SGB II gewährt. An der Rechtslage ändert sich dadurch nichts.

171 Die Förderung und Zuweisung eines Arbeitnehmers im Rahmen einer **Arbeitsbeschaffungsmaßnahme** iSd – mittlerweile aufgehobenen – §§ 260 ff SGB III hat nicht nur die kalendermäßige Befristung des Arbeitsvertrags bis zum Ende der bei Vertragsschluss bereits bewilligten Förderung, sondern auch eine Zweckbefristung für die Gesamtdauer der längstens dreijährigen Förderung einschließlich etwaiger bei Vertragsschluss noch ungewisser Verlängerungen durch die Arbeitsverwaltung gerechtfertigt. Voraussetzung ist, dass die Dauer der Befristung mit der Dauer der Zuweisung übereinstimmt.[377] Der Sachgrund für eine solche Befristung liegt darin, dass im Verhältnis der Arbeitsvertragsparteien die zeitlich befristete Übernahme eines erheblichen Kostenanteils durch die Arbeitsverwaltung für die Einstellung des Arbeitnehmers entscheidend ist und der Arbeitgeber ohne entsprechende Zusage entweder keinen oder einen von ihm selbst ausgewählten Arbeitnehmer eingestellt hätte.[378] Auch die Verrichtung von Daueraufgaben durch eine befristet eingestellte ABM-Kraft ist insoweit möglich.[379]

---

375 BT-Drucks 14/4374 S 18; BAG 2.6.2010 – 7 AZR 136/09.
376 BAG 22.3.2000 – 7 AZR 824/98 – AP § 620 BGB Befristeter Arbeitsvertrag Nr 222; 7.7.1999 – 7 AZR 661/97 – AP § 620 BGB Befristeter Arbeitsvertrag Nr 216.
377 BAG 19.1.2005 – 7 AZR 250/04 – AP § 267 SGB III Nr 1.
378 BAG 2.12.1998 – 7 AZR 508/97 – AP § 625 BGB Nr 8.
379 Sievers § 14 TzBfG Rn 294.

Die Beschäftigung von erwerbsfähigen Hilfsbedürftigen im Rahmen sog 172
„1 Euro Jobs" nach § 16 d Satz 1 SGB II begründet kein Arbeitsverhältnis
im Rechtssinne. Die Befristung dieser Tätigkeiten ist zulässig; eine Befristungskontrolle nach dem TzBfG findet nicht statt.[380]

Die Gewährung eines **Eingliederungszuschusses** für ältere Arbeitnehmer 173
nach § 218 Abs 1 Nr 3 SGB III ist kein Sachgrund für die Befristung des
Arbeitsvertrags mit dem geförderten Arbeitnehmer;[381] dies gilt auch für die
Förderung der Aus- und Weiterbildung schwerbehinderter Menschen nach
§ 73 SGB III.[382]

b) Sicherung der Betriebsratsarbeit. Aus dem Zweck von § 15 KSchG, die 174
Stetigkeit der Arbeitnehmervertretung dadurch zu sichern, dass diese als
Ganzes für die Dauer der Wahlperiode in ihrer Zusammensetzung möglichst unverändert erhalten bleibt, hat das BAG auch eine Befristung für
sachlich gerechtfertigt erachtet, die zur **Sicherung der personellen Kontinuität der Betriebsratsarbeit** geeignet und erforderlich ist.[383] Das Merkmal
der Erforderlichkeit ist danach allerdings nur dann erfüllt, wenn ohne den
Abschluss des befristeten Arbeitsverhältnisses das Arbeitsverhältnis mit
dem Betriebsratsmitglied enden würde. Davon ist jedenfalls dann auszugehen, wenn ein Dauerarbeitsplatz nicht zur Verfügung steht.[384]

c) Befristung mit beurlaubtem Beamten. Zulässig ist die Befristung eines 175
Arbeitsvertrages mit einem nach § 4 Abs 3 PostPersRG aF beurlaubten Beamten.[385] Die Befristung bei Insichbeurlaubung von Beamten rechtfertigt
sich aus der Besonderheit der Beurlaubung im Zusammenhang mit dem
aus der Privatisierung sich ergebenden Einsatz beamteter Mitarbeiter in
den Nachfolgegesellschaften der Deutschen Post.

d) Befristung bei anderweitiger Wiedereinstellungszusage. Die mit einer 176
Wiedereinstellungszusage verbundene Verpflichtung des Arbeitgebers gegenüber einem ausgeschiedenen Arbeitnehmer kann als sonstiger nicht genannter Sachgrund die Befristung des Arbeitsvertrags mit einem anderen
Arbeitnehmer rechtfertigen, wenn nach dem Inhalt der Wiedereinstellungszusage mit der Geltendmachung des Wiedereinstellungsanspruchs in absehbarer Zeit ernsthaft zu rechnen ist und die befristete Einstellung einer Ersatzkraft geeignet ist, eine Beschäftigungsmöglichkeit für den Fall der Wiedereinstellung des ausgeschiedenen Arbeitnehmers freizuhalten.[386]

---

380 Sievers § 14 TzBfG Rn 298.
381 BAG 4.6.2003 – 7 AZR 489/02 – AP § 620 BGB Befristeter Arbeitsvertrag Nr 245.
382 BAG 22.4.2009 – 7 AZR 96/08.
383 BAG 23.1.2002 – 7 AZR 611/00 – AP § 620 BGB Befristeter Arbeitsvertrag Nr 230.
384 BAG 23.1.2002 – 7 AZR 611/00.
385 BAG 25.5.2005 – 7 AZR 402/04.
386 BAG 2.6.2010 – 7 AZR 136/09.

III. Sachgrundlose Befristungen nach § 14 Abs 2 TzBfG
1. Überblick

177 Seit dem Beschäftigungsförderungsgesetz vom 26.4.1985[387] besteht die Möglichkeit, Arbeitnehmer befristet zu beschäftigen, ohne dass die Befristung mit einem Sachgrund unterlegt ist. Das damit verfolgte Ziel, Anreize zur Einstellung von mehr Arbeitnehmern zu bieten,[388] lag später auch dem Arbeitsrechtlichen Beschäftigungsförderungsgesetz vom 25.9.1996[389] und liegt jetzt den Regelungen zur sachgrundlosen Befristung in § 14 Abs 2 und Abs 3 TzBfG zugrunde.[390] Gerade Klein- und Mittelbetrieben soll die Möglichkeit gegeben werden, auf eine unsichere und schwankende Auftragslage flexibel reagieren zu können.

178 § 14 Abs 2 und 3 TzBfG sind als **Dauerregelung** ausgestaltet. Wesentliche Elemente des bisherigen Rechts wie die **Höchstbefristungsdauer von zwei Jahren** und die **dreimalige Verlängerungsmöglichkeit** innerhalb der Höchstbefristungsdauer sind in das neue Recht übernommen worden. Wesentliche Unterschiede zum bis zum 31.12.2000 geltenden Recht bestehen im Hinblick auf das **verschärfte Anschlussverbot** in § 14 Abs 2 Satz 2 TzBfG sowie die erweiterten tariflichen Gestaltungsräume nach § 14 Abs 2 Satz 3 und 4 TzBfG. Im Gegensatz zum alten Recht können tarifliche Regelungen in Bezug auf die Höchstdauer der sachgrundlosen Befristung und die Zahl der Verlängerungsmöglichkeiten zu Ungunsten der Arbeitnehmer getroffen werden.

179 Die Neuregelungen der sachgrundlosen Befristung verstoßen nicht gegen §§ 5, 8 Nr 3 der Richtlinie 1999/70/EG.[391] Eine Senkung des allgemeinen Niveaus des Arbeitnehmerschutzes im Bereich der Befristung ergibt sich auch nicht aus dem Umstand, dass entgegen dem bisherigen Recht die Möglichkeit einer sachgrundlosen Befristung nun dauerhaft besteht.[392] Die Möglichkeiten sachgrundloser Befristungen nach § 14 Abs 2 TzBfG sind im Gegenteil dadurch erheblich beschränkt worden, dass nach § 14 Abs 2 Satz 2 TzBfG im Gegensatz zu § 1 Abs 3 BeschFG 1996 sachgrundlose Befristungen auch dann nicht mehr zulässig sind, wenn kein enger sachlicher Zusammenhang iSv § 1 Abs 3 Satz 2 BeschfG 1996 zu einem vorhergehenden unbefristeten oder nach § 1 Abs 1 BeschfG befristeten Arbeitsvertrag besteht. Befristungsketten, die insbesondere nach einer wirksamen Befristung mit Sachgrund möglich waren,[393] können nicht mehr vereinbart werden. Das verschärfte Anschlussverbot nach § 14 Abs 2 Satz 2 TzBfG steht einer sachgrundlosen Befristung nur entgegen, wenn – auch ohne engen sachlichen Zusammenhang – Vorbeschäftigungszeiten vorliegen.

180 Auch im Rahmen von § 14 Abs 2 TzBfG kann eine Vertragsgestaltung rechtsmissbräuchlich sein. Dies kommt insbesondere dann in Betracht,

---

387 BeschfG 1985; BGBl I S 710.
388 BT-Drucks 12/6719 S 11.
389 BGBl I S 1476.
390 BT-Drucks 14/4374 S 13.
391 BAG 22.1.2014 – 7 AZR 243/12 -, KR/Lipke § 14 TzBfG Rn 379.
392 AA KDZ/Däubler § 14 TzBfG Rn 152, 173.
393 BAG 22.3.2000 – 7 AZR 581/98 – AP § 1 BeschfG 1996 Nr 1; 28.6.2000 – 7 AZR 886/98 – RzK I 9 b Nr 42.

wenn das Anschlussverbot durch Zusammenwirken mehrerer Vertragsarbeitgeber umgangen und der Arbeitnehmer sachgrundlos länger als vom Gesetz vorgesehen auf demselben Arbeitsplatz beschäftigt wird (vgl Rn 203 a).

nicht besetzt 181

2. Voraussetzungen einer sachgrundlosen Befristung

a) Kalendermäßige Befristung. Eine Befristung nach § 14 Abs 2 TzBfG 182
kommt nach dem ausdrücklichen Wortlaut der Norm nur in den Fällen einer **kalendermäßigen Befristung**, nicht aber bei einer Zweckbefristung oder einem auflösend bedingten Arbeitsvertrag in Betracht.[394]

Auch eine **sachgrundlose Befristung einzelner Arbeitsbedingungen** nach 183
§ 14 Abs 2 TzBfG ist nicht möglich. Die Norm will nur die Befristung eines Arbeitsvertrages, nicht aber einzelner Arbeitsbedingungen ermöglichen.[395]

§ 14 Abs 2 TzBfG erlaubt unterschiedslos die sachgrundlose Befristung 184
von Arbeitsverträgen mit **Personengruppen, die einem gesetzlichen Sonderkündigungsschutz** unterliegen.[396] Auch ein sachgrundlos befristetes **Arbeitsverhältnis eines Betriebsratsmitglieds** endet mit Ablauf der vereinbarten Befristung.[397] Unionsrechtlich ist eine einschränkende Auslegung und Anwendung von § 14 Abs 2 TzBfG auf Mandatsträger nicht geboten; der von Art 7 und 8 der Richtlinie 2002/14 zur Festlegung eines allgemeinen Rahmens für die Unterrichtung und Anhörung der Arbeitnehmer in der Europäischen Gemeinschaft geforderte Mindestschutz von Mandatsträgern wird durch § 78 Satz 2 BetrVG ausreichend gewährleistet.[398] Wird das Arbeitsverhältnis eines Betriebsrats nur wegen der Betriebsratstätigkeit nicht (unbefristet) verlängert, kann darin eine nach § 78 Satz 2 BetrVG rechtswidrige Benachteiligung des Mandatsträgers liegen.[399] Ein schuldhafter Verstoß kann Schadensersatzansprüche nach § 823 Abs 2 BGB[400] und als Naturalrestitution einen Anspruch auf diskriminierungsfreie Vertragsgestaltung auslösen.[401] Wird ein sachgrundlos befristeter Arbeitnehmer in den Betriebsrat gewählt, kann sein Arbeitsverhältnis im Anschluss an ein sachgrundlos befristetes Arbeitsverhältnis mit dem Sachgrund der Sicherstellung der personellen Kontinuität der Personalvertretung weiterbefristet werden.[402]

---

394 Sievers § 14 TzBfG Rn 426.
395 BAG 23.1.2002 – 7 AZR 563/00 – BB 2002, 1204.
396 KDZ/Däubler § 14 TzBfG Rn 155; KR/Lipke § 14 TzBfG Rn 382.
397 BAG 5.12.2012 – 7 AZR 698/11-.
398 BAG 5.12.2012 – 7 AZR 698/11; iE ebenso Weller, BB 2012, 2763, AA Thannheiser, AiB 2011, 427.
399 BAG 5.12.2012 – 7 AZR 698/11-.
400 Fitting, BetrVG § 78 Rn 21.
401 Zurückhaltend BAG 21.9.2011 – 7 AZR 150/11 – bei Verstoß gegen § 612a BGB nur materieller Schadensersatz aber kein Anspruch auf Weiterbeschäftigung (vgl § 15 Rn 41 ff).
402 BAG 23.1.2002 – 7 AZR 611/00 – AP § 620 BGB Befristeter Arbeitsvertrag Nr 230.

185 **b) Höchstdauer.** § 14 Abs 2 TzBfG gestattet die sachgrundlose Befristung eines Arbeitsvertrags bis zur **Höchstdauer von 2 Jahren.** Maßgeblich ist der vereinbarte Beginn bzw das vereinbarte Ende des befristeten Arbeitsvertrages. Vorgeschaltete Sachgrundbefristungen wie etwa ein Probearbeitsverhältnis sind nicht möglich, weil das Anschlussverbot des § 14 Abs 2 Satz 2 TzBfG verletzt wird.[403] Der **Einbezug einer Sachgrundbefristung** in die 2-Jahres Frist ist möglich, wenn objektiv die Voraussetzungen einer Verlängerung eines befristeten Arbeitsvertrages nach § 14 Abs 2 Satz 1 2. HS TzBfG vorliegen, dh die Arbeitsbedingungen sich nicht verändern. Regelmäßig wird dies der Fall sein, falls nicht die sachgrundlose Befristungsmöglichkeit abbedungen worden ist.[404]

186 **c) Kein Zitiergebot. § 14 Abs 2 TzBfG enthält kein Zitiergebot.**[405] Die Anwendbarkeit von § 14 Abs 2 TzBfG setzt keine Vereinbarung der Parteien voraus, die Befristung auf § 14 Abs 2 TzBfG stützen zu wollen, es sei denn, es greift ein tarifliches Zitiergebot wie nach Protokollnotiz Nr 6 Buchst a zu Nr 1 SR 2 y BAT.[406] Die Wirksamkeit einer Befristung hängt grundsätzlich nur davon ab, ob der Rechtfertigungsgrund für die Befristung im Zeitpunkt des Vertragsschlusses objektiv vorgelegen hat[407] und – bei einer sachgrundlosen Befristung – das Anschlussverbot nicht verletzt wird.[408] Zu prüfen ist allerdings, ob die Parteien die Anwendung von § 14 Abs 2 TzBfG ausdrücklich oder konkludent abbedungen haben.[409] Ob dies der Fall ist, ist im Wege der Auslegung der vertraglichen Vereinbarungen zu ermitteln. **In der Benennung eines Sachgrunds für die Befristung liegt für sich genommen keine konkludente Vereinbarung über den Ausschluss der sachgrundlosen Befristungsmöglichkeit;**[410] davon kann nur dann ausgegangen werden, wenn der Arbeitnehmer die Erklärungen des Arbeitgebers dahin verstehen darf, dass die Befristung ausschließlich auf einen bestimmten Sachgrund gestützt werden und von dessen Bestehen abhängen soll.[411]

187 **Hinweis:** Für die Praxis bedeutet das, dass ein Rückgriff auf die sachgrundlose Befristung nach § 14 Abs 2 TzBfG grundsätzlich möglich ist, wenn die Parteien im Arbeitsvertrag diese Befristungsmöglichkeit nicht ausgeschlossen haben. Um Interpretationsschwierigkeiten zu vermeiden, sollte ein Hinweis auf § 14 Abs 2 TzBfG in die Vertragsurkunde aufgenommen werden, selbst wenn die Befristung auch auf einen Sachgrund (zB Probebefristung nach § 14 Abs 1 Nr 5 TzBfG) gestützt wird.

---

403 KR/Lipke § 14 TzBfG Rn 379.
404 Dörner, Der befristete Arbeitsvertrag Rn 480.
405 BAG 29.6.2011 – 7 AZR 774/09.
406 Vgl hierzu BAG 28.3.2007 – 7 AZR 318/06.
407 BAG 16.3.2005 – 7 AZR 289/04 – NZA 2005, 923.
408 BAG 5.6.2002 – 7 AZR 241/01 – AP § 1 BeschFG 1996 Nr 13; 4.12.2003 – 7 AZR 545/01 – NZA 2003, 916.
409 BAG 5.6.2002 – 7 AZR 241/01 – AP § 1 BeschFG 1996 Nr 13.
410 BAG 5.5.2004 – 7 AZR 629/03 – AP § 1 BeschFG Nr 27.
411 BAG 5.5.2004 – 7 AZR 629/03 – AP § 1 BeschFG Nr 27; 5.6.2002 – 7 AZR 241/01 – AP § 1 BeschFG 1996 Nr 13; 26.6.2002 – 7 AZR 92/01 – AP § 1 BeschFG 1996 Nr 16.

3. Verlängerung eines sachgrundlos befristeten Arbeitsvertrages

a) Grundsätze. Wie nach § 1 BeschFG 1996 ist auch nach § 14 Abs 2 TzBfG die **dreimalige Verlängerung** eines sachgrundlos befristeten Arbeitsvertrages bis zu einer **Gesamtdauer von 2 Jahren** zulässig. Eine Verlängerung iSv § 14 Abs 2 TzBfG setzt nach der Rechtsprechung voraus, dass sie vor Ablauf des zu verlängernden Vertrags vereinbart wird und die bisherigen Vertragsbedingungen unverändert lässt.[412] Außerdem muss der zu verlängernde Vertrag bereits nach § 14 Abs 2 TzBfG befristet gewesen sein[413] und darf nicht gegen das Anschlussverbot des § 14 Abs 2 Satz 2 TzBfG verstoßen.[414]

b) Verlängerung. Eine „Verlängerung" nach § 14 Abs 2 Satz 1 HS 2 TzBfG liegt nur vor, wenn der **vorgehende befristete Arbeitsvertrag (auch) sachgrundlos befristet** war.[415] Der vorhergehende Vertrag ist nach der Rechtsprechung des BAG dann sachgrundlos befristet, wenn die Parteien die Befristung hierauf (auch) stützen wollten.[416] Maßgeblich ist der Parteiwille, eine Befristung (auch) nach dieser Vorschrift vereinbaren zu wollen. Sofern die Parteien im vorhergehenden Vertrag die sachgrundlose Befristungsform nicht ausdrücklich abbedungen haben, kann regelmäßig auch dann eine Verlängerung iSv Abs 2 erfolgen, auch wenn die vorhergehende Befristung mit einem Sachgrund unterlegt war.[417]

Eindeutige Rechtsprechung des BAG liegt insoweit allerdings nicht vor; sie ist bislang nicht widerspruchsfrei. Sofern es darum geht, ob eine Befristung auch auf die Vorschriften der sachgrundlosen Befristung gestützt werden kann, stellt das BAG maßgeblich auf das objektive Vorliegen der Voraussetzungen einer sachgrundlosen Befristung ab, während sie bei der Prüfung des Verlängerungstatbestands bisher positiv geprüft hat, ob die Parteien den vorangehenden Vertrag auch auf die Vorschriften zur sachgrundlosen Befristung stützen wollten.[418]

Hinweis: Es bietet sich für die Praxis an, in die Vertragsurkunde trotz Vorliegen eines Sachgrunds (vor allem bei der Probebefristung nach § 14 Abs 1 Nr 5 TzBfG) vorsorglich einen ausdrücklichen Hinweis auf § 14 Abs 2 TzBfG aufzunehmen, um sich die sachgrundlose Verlängerungsoption eindeutig offen zu halten.

c) Zeitpunkt der Verlängerungsvereinbarung. Eine Verlängerung iSv Abs 2 liegt nach Auffassung des BAG nur vor, wenn sie **vor Ablauf des zu verlän-**

---

412 BAG 15.8.2001 – 7 AZR 219/00 – EZA § 1 BeschFG 1985 Nr 26; 26.7.2000 – 7 AZR 51/99 – BB 2000, 2576 = NJW 2001, 532 ff; 25.10.2000 – 7 AZR 537/99 – AP BeschFG 1996 § 1 Nr 7.
413 BAG 15.8.2001 – 7 AZR 219/00 – EZA § 1 BeschFG 1985 Nr 26; 22.3.2000 – 7 AZR 581/98 – AP BeschFG 1996 § 1 Nr 1; 28.6.2000 – 7 AZR 920/98 – AP BeschFG 1996 § 1 Nr 2.
414 BAG 26.7.2000 – 7 AZR 546/99; 25.10.2000 – 7 AZR 483/99 – BB 2001, 526 f.
415 BAG 15.8.2001 – 7 AZR 219/00 – EZA § 1 BeschFG 1985 Nr 26.
416 BAG 26.7.2000 – 7 AZR 256/99 – AP § 1 BeschFG 1996 Nr 3.
417 Vgl Rn 186, 187; LAG Nürnberg 19.3.2008 – 4 Sa 673/07, vgl hierzu Ernst FA 2008, 36.
418 BAG 26.7.2000 – 7 AZR 256/99 – AP § 1 BeschFG 1996 Nr 3.

gernden Vertrags vereinbart wird.[419] Dies ist nicht zwingend, weil eine Verlängerung eines befristeten Vertrages dann vorliegt, wenn das Vertragsverhältnis nach dem Willen der Vertragsparteien nahtlos fortgeführt werden soll, ohne dass es zwingend auf den Zeitpunkt der Abgabe der erforderlichen Willenserklärungen ankommen muss. § 14 Abs 2 TzBfG verhält sich über den Zeitpunkt der Vereinbarung nicht. Wegen der auf der Linie des BAG möglichen klaren Abgrenzung der Verlängerung eines sachgrundlos befristeten Vertrages von einer unzulässigen sachgrundlosen Anschlussbeschäftigung nach § 14 Abs 2 Satz 3 TzBfG gebührt dieser Auffassung aber der Vorzug. Wird demnach erst nach Beendigung eines sachgrundlos befristeten Arbeitsvertrages eine Verlängerung nach Maßgabe von § 14 Abs 2 Satz 1 HS 2 TzBfG vereinbart, so liegt ein Verstoß gegen das Anschlussverbot des § 14 Abs 2 Satz 2 TzBfG vor, der zur Unwirksamkeit der Befristung führt.

193 **d) Unveränderte Vertragsbedingungen.** Die Rechtsprechung des BAG in Bezug auf die Änderung von Arbeitsbedingungen im Rahmen der Verlängerung eines sachgrundlos befristeten Vertrages ist restriktiv. **Eine Verlängerung liegt danach nicht vor, wenn die bisherigen Vertragsbedingungen verändert werden. Der Begriff der Verlängerung bezieht sich nach Auffassung des BAG nur auf die Laufzeit des Vertrags und muss die übrigen Vertragsbestandteile unberührt lassen.**[420] Dies soll auch dann gelten, wenn die geänderten Arbeitsbedingungen für den Arbeitnehmer günstiger sind.[421] Die Veränderung von Arbeitsbedingungen anlässlich einer Verlängerung ist danach nur zulässig, wenn sie bereits vorher vertraglich vereinbart war oder der Arbeitnehmer im Zeitpunkt der Verlängerung einen Anspruch auf die Vertragsänderung hatte,[422] bspw ein Anspruch auf Verringerung der Arbeitszeit nach § 8 Abs 1 TzBfG oder auf Verlängerung nach § 9 TzBfG.[423] Eine weitere Ausnahme soll dann bestehen, wenn Vertragsänderungen vereinbart werden, die auch bei Bestehen eines unbefristeten Arbeitsverhältnisses zwischen den Arbeitsvertragsparteien vereinbart worden wären. Ansonsten würde der befristet beschäftigte Arbeitnehmer wegen der Befristung benachteiligt, was nach § 4 Abs 2 Satz 1 TzBfG unzulässig ist.[424] Allerdings führt das Verbot der Benachteiligung befristet beschäftigter Arbeitnehmer nicht zur Zulässigkeit jeder anlässlich einer Verlängerung vorgenommenen Vertragsänderung. Der Annahme einer wirksamen Verlängerung stehen nur die zugleich vorgenommenen Vertragsänderungen

---

419 BAG 16.1.2008 – 7 AZR 603/06; 25.5.2005 – 7 AZR 286/04 – EzA § 14 TzBfG Nr 19; LAG Schleswig-Holstein 6.3.2013 – 6 Sa 346/12; Sievers § 14 TzBfG Rn 433.
420 BAG 25.5.2005 – 7 AZR 286/04 – EzA § 14 TzBfG Nr 19; 26.7.2000 – 7 AZR 51/99 – AP § 1 BeschFG 1996 Nr 4; 25.10.2000 – 7 AZR 483/99; zuletzt 4.12.2013 – 7 AZR 468/12; KR/Lipke § 14 TzBfG Rn 396 ff; KDZ/Däubler § 14 TzBfG Rn 164.
421 BAG 23.8.2006 – 7 AZR 12/06 – AP § 14 TzBfG Verlängerung Nr 1 (höherer Lohn); 16.1.2008 – 7 AZR 603/06 (höhere wöchentliche Arbeitszeit); 20.2.2008 – 7 AZR 786/06 (Wegfall der Kündigungsmöglichkeit).
422 BAG 23.8.2006 – 7 AZR 12/06.
423 BAG 16.1.2008 – 7 AZR 603/06.
424 BAG 23.8.2006 – 7 AZR 12/06.

nicht entgegen, die auch bei Bestehen eines unbefristeten Arbeitsverhältnisses zwischen den Arbeitsvertragsparteien vereinbart worden wären.

Die einvernehmliche Änderung der Arbeitsbedingungen während der Laufzeit eines sachgrundlos befristeten Arbeitsvertrags ist nach ständiger Rechtsprechung des BAGs allerdings **befristungsrechtlich nicht von Bedeutung.** Eine Vertragsverlängerung setzt nicht voraus, dass die Bedingungen des Ausgangsvertrags während der gesamten Vertragslaufzeit unverändert beibehalten werden.[425] Damit sind Änderungsvereinbarungen während der Laufzeit möglich, befristungsrechtlich dürfen sie allerdings nicht zeitlich mit der Verlängerung eines befristeten Vertrags zusammenfallen. Der Arbeitnehmer soll davor geschützt werden, dass der Arbeitgeber die zeitlich begrenzte Fortsetzung des Arbeitsverhältnisses nach § 14 Abs 2 Satz 1 TzBfG davon abhängig macht, dass der Arbeitnehmer geänderte Arbeitsbedingungen akzeptiert oder dass er durch das Angebot anderer – ggf für ihn günstigerer – Arbeitsbedingungen zum Abschluss eines weiteren sachgrundlos befristeten Arbeitsvertrags veranlasst wird.[426]

193a

Die Rechtsprechung überzeugt nicht.[427] Der gesetzliche Schutz vor Änderungen der Arbeitsbedingungen wird nicht beeinträchtigt, da dieser nur einseitigen nicht aber vertraglich vereinbarten Änderungen entgegensteht. Der Auslegung zugänglich kann ein Verständnis des Begriffs „Verlängerung" sein, der eine Verschlechterung der Arbeitsbedingungen als „Gegenleistung" für eine Verlängerung ausschließt; eines Schutzes vor einer Verbesserung der Vertragsbedingungen bedarf es nicht.[428] Es ist auch beschäftigungspolitisch verfehlt, eine von beiden Parteien im gesetzlich vorgegebenen Zeitrahmen gewollte Verlängerung eines sachgrundlos befristeten Arbeitsverhältnisses daran scheitern zu lassen, dass eine erforderliche Anpassung der Vertragsbedingungen nicht vereinbart werden kann oder Unsicherheit besteht, ob eine Veränderung zulässig ist. Der 7. Senat hat in der Entscheidung vom 23.8.2006 seine restriktive Rechtsprechung gegen die vielfältige Kritik noch einmal ausdrücklich verteidigt.[429] Ob der 7. Senat künftig zu einem weniger restriktiven (praxisnäheren) Verständnis des Begriffs der „Verlängerung" neigt, bleibt abzuwarten.

194

Hinweis: Verlängerungen und Änderungen in den Vertragsbedingungen müssen zeitlich voneinander getrennt werden. Es bietet sich an, bereits im Rahmen der Erstbefristung das Direktionsrecht im Hinblick auf die vertraglich geschuldete Tätigkeit nicht einzuschränken, um bei verändertem Aufgabenbereich die Vertragsbedingungen im Rahmen der Verlängerung eines sachgrundlos befristeten Arbeitsvertrages nicht anpassen zu müssen. Ferner kann es sinnvoll sein, mögliche Änderungen der Arbeitsbedingungen bereits im Ausgangsvertrag zu vereinbaren (Lohnstaffel).

195

e) Anschlussverbot. Nach § 14 Abs 2 Satz 2 TzBfG ist eine Befristung nach Satz 1 nicht zulässig, wenn mit demselben Arbeitgeber bereits zuvor ein be-

196

---

425 BAG 18.1.2006 – 7 AZR 178/05 – AP § 14 TzBfG Nr 22.
426 BAG 18.1.2006 – 7 AZR 178/05 – AP § 14 TzBfG Nr 22.
427 Eingehend KR/Lipke § 14 Rn 405 ff.
428 Zur Auslegung des Begriffs „Verlängerung" eingehend Richter, RdA 2011, 305.
429 Vgl zuletzt BAG 12.8.2009 – 7 AZR 270/08; ausf Dörner, Der befristete Arbeitsvertrag Rn 463 ff.

fristetes oder unbefristetes Arbeitsverhältnis bestanden hat. Nach altem Recht bestand die Möglichkeit, im Anschluss an ein mit Sachgrund wirksam befristetes Arbeitsverhältnis ein sachgrundlos befristetes Beschäftigungsverhältnis zu vereinbaren. Wegen der Fiktionswirkung des § 7 KSchG iVm § 17 TzBfG war dies idR problemlos möglich, sofern vorangegangene mit Sachgrund befristete Arbeitsverhältnisse nicht fristgerecht einer gerichtlichen Kontrolle zugeführt wurden.[430] Nach neuem Recht sind solche Befristungsketten ausgeschlossen.

197 Ein vorangegangenes unbefristetes oder befristetes Arbeitsverhältnis mit demselben Arbeitgeber steht einer sachgrundlosen späteren Befristung nur dann nicht entgegen, wenn es mehr als 3 Jahre zurückliegt.[431] Der 7. Senat hat dieses Ergebnis aus einer an Sinn und Zweck orientierten, verfassungskonformen Auslegung gewonnen. Ein weitergehendes Verbot könne ein Einstellungshindernis sein; die Anwendung des Anschlussverbots sei daher nur insoweit gerechtfertigt, als es zur Verhinderung von Befristungsketten erforderlich sei. Den 3-Jahreszeitraum hat der Senat in Anlehnung an die regelmäßige zivilrechtliche Verjährungsfrist entwickelt.

198 Im Hinblick auf die eindeutige **gesetzliche Regelung** und die Begründung des Gesetzesentwurfs[432] ist die Normierung dieser Zeitgrenze durch Richterrecht nicht frei von Bedenken. Die Begründung lässt keinen Zweifel daran aufkommen, dass es dem Gesetzgeber darum ging, die Möglichkeit der sachgrundlosen Beschäftigung auf die erstmalige Beschäftigung bei demselben Arbeitgeber zu beschränken. Ansatzpunkte dafür, im Wege einer teleologischen Reduktion der Vorschrift davon abzuweichen,[433] bestehen nicht. Selbst wenn Zweifel an der Sinnhaftigkeit der restriktiven Regelung erlaubt sind, liefert das Gesetz keine tragfähige Grundlage für eine einschränkende Auslegung. Eine Korrektur hätte der Gesetzgeber veranlassen müssen, wie es im Koalitionsvertrag der CDU-FDP Koalition 2009 vorgesehen war.

199 Auch die Begründung des Senats vermag nicht zu überzeugen.[434] Ob die vorherige restriktive Auslegung iSv „einmal und nie wieder" tatsächlich ein Einstellungshindernis dargestellt hat (oder ob nicht alternativ mit Sachgrund oder unbefristet eingestellt wurde), dürfte empirisch nicht belegt sein sondern kann allenfalls vermutet werden. Zudem wird das Regel/Ausnahme-Verhältnis zwischen befristeter und unbefristeter Beschäftigung verkehrt, indem das sachgrundlos befristete Beschäftigungsverhältnis faktisch zur Regel erklärt wird.

200 aa) **„Derselbe Arbeitgeber".** Eine erneute sachgrundlose Befristung ist nur mit „demselben" Arbeitgeber unzulässig. „Arbeitgeber" iSd von § 14 Abs 2 TzBfG ist der **Vertragsarbeitgeber**, also die natürliche oder juristi-

---

430 Vgl BAG 28.6.2000 – 7 AZR 920/98 – AP § 1 BeschFG 1996 Nr 2; 22.3.2000 – 7 AZR 581/98 – AP § 1 BeschFG 1996 Nr 1.
431 BAG 6.4.2011 – 7 AZR 716/09; aA mor BAG 13.5.2004 – 2 AZR 426/03 – EzBAT SR 2yBAT TzBfG Nr 10; 6.11.2003 – 2 AZR 690/02; Dörner, Der befristete Arbeitsvertrag Rn 430 ff; Sievers § 14 TzBfG Nr 310.
432 BT-Drucks 14/4374 S 19, 20.
433 So Löwisch BB 2001, 254; ähnl auch ErfK/Müller-Glöge § 14 TzBfG Rn 126 über eine Wortlautinterpretation von „zuvor"; eingehend Osnabrügge NZA 2003, 639, 643.
434 Eingehend Sievers § 14 TzBfG Rn 453 ff.

sche Person, die mit dem Arbeitnehmer den Arbeitsvertrag geschlossen hat.[435]

Folgerichtig greift das **Anschlussverbot** von § 14 Abs 2 Satz 2 TzBfG **nicht**, wenn der Arbeitnehmer **in einem gemeinsamen Betrieb mehrerer Unternehmen** vertraglich zunächst unbefristet oder befristet an ein Unternehmen gebunden war und sodann sachgrundlos befristet nach § 14 Abs 2 TzBfG von einem anderen Unternehmen des gemeinsamen Betriebes beschäftigt wird. Dies hat das BAG zu § 1 Abs 3 BeschFG entschieden;[436] für § 14 TzBfG gilt nichts anderes.[437] Im Einzelfall ist eine am Maßstab des § 242 BGB orientierte Missbrauchskontrolle dahingehend geboten, ob der Austausch der Vertragsarbeitgeber sich als rechtsmissbräuchliche Umgehung des Anschlussverbots nach § 14 Abs 2 TzBfG darstellt (vgl Rn 203 a). 201

Da es auf den Vertragsarbeitgeber ankommt, liegt auch kein vorangegangenes Arbeitsverhältnis mit demselben Arbeitgeber vor, wenn der Arbeitnehmer zunächst als **Leiharbeitnehmer** von dem Vertragsarbeitgeber[438] beschäftigt wurde. Liegt jedoch ein Fall unzulässiger Arbeitnehmerüberlassung vor und kommt zwischen Entleiher und Leiharbeitnehmer nach §§ 9 Nr 1, 10 Abs 1 AÜG ein Arbeitsverhältnis zustande, greift das Vorbeschäftigungsverbot.[439] Bei einem **Betriebsübergang** nach § 613 a BGB greift das Anschlussverbot nach § 14 Abs 2 Satz 2 TzBfG nicht, wenn das Arbeitsverhältnis zum Zeitpunkt des Betriebsübergangs bereits beendet war.[440] Eine sachgrundlose Befristung mit dem Erwerber ist dann möglich.[441] Geht das Arbeitsverhältnis allerdings (zunächst) auf den Erwerber über, wird dieser zum Vertragsarbeitgeber, so dass eine spätere sachgrundlose Befristung ausscheidet. 202

Vorbeschäftigungen in anderen Unternehmen eines Konzerns lösen das Anschlussverbot nach § 14 Abs 2 Satz 2 TzBfG nicht aus, da dem Arbeitnehmer jeweils ein anderer Vertragsarbeitgeber entgegentritt.[442] Eine weitergehende Auslegung der Norm dahingehend, dass „derselbe" Arbeitgeber auch dann gegeben sei, wenn innerhalb eines Konzerns oder einer Gruppe verbundener Unternehmen die Personalentscheidungen von einer Stelle getroffen werden[443], ist abzulehnen, da sie den zur klaren Abgrenzung geeigneten Begriff des Vertragsarbeitgebers aufhebt. 203

Wird der Arbeitnehmer unter Ausnutzung der durch § 14 Abs 2 TzBfG vorgesehenen Gestaltungsmöglichkeiten in bewusstem und gewollten Zusammenwirken mehrerer Vertragsarbeitgeber hintereinander sachgrundlos befristet beschäftigt, um das **Anschlussverbot des § 14 Abs 2 Satz 2 TzBfG** 203a

---

435 BAG 4.12.2013 – 7 AZR 290/12; 18.7.2012 – 7 AZR 451/11; 9.3.2011 – 7 AZR 657/09; KR/Lipke § 14 TzBfG Rn 423 ff.
436 BAG 25.4.2001 – 7 AZR 376/00 – NZA 2001, 1384.
437 Sievers § 14 TzBfG Rn 463, vgl LAG Hamburg 7.3.2013 – 7 Sa 57/12.
438 BAG 8.12.1988 – 2 AZR 308/88 – AP § 1 BeschFG 1985 Nr 6.
439 BAG 18.7.2012 – 7 AZR 451/11.
440 BAG 18.1.2006 – 7 AZR 178/05 – AP § 14 TzBfG Nr 22; 22.6.2005 – 7 AZR 363/04.
441 KR/Lipke § 14 TzBfG Rn 426.
442 BAG 4.12.2013 – 7 AZR 290/12; 9.3.2011 – 7 AZR 657/09; 18.10.2006 – 7 AZR 145/06.
443 So KDZ/Däubler § 14 TzBfG Rn 162.

zu umgehen, so kann eine rechtsmissbräuchliche Vertragsgestaltung vorliegen.[444] Das BAG hat die **Schwelle für die Annahme einer rechtsmissbräuchlichen Vertragsgestaltung gesenkt.** Nachdem es in einem anderen Fall einen einmaligen „Wechsel" des Vertragsarbeitgebers nicht beanstandet[445] und in einem älteren Fall unter Bezugnahme auf die gesetzgeberische Wertung in § 14 Abs 2 a TzBfG einen Schwellenwert von 4 Jahren für die Annahme von Rechtsmissbrauch angenommen hat,[446] geht der Senat nunmehr bereits bei einem einmaligen Wechsel des Vertragsarbeitgebers von einer **rechtsmissbräuchlichen Gestaltung aus, wenn die Vertragsgestaltung eindeutig – nur – auf eine Umgehung des Anschlussverbots ausgerichtet ist.**[447] Entscheidend sind die Umstände des Einzelfalls. **Rechtsfolge ist, dass der unredliche Vertragspartner sich nicht auf die Befristung berufen kann.** Ein Vertragsschluss mit dem (Wunsch)Vertragspartner, dem Beschäftigungsarbeitgeber, wird nicht bewirkt,[448] es sei denn, das „zweite" Arbeitsverhältnis wurde mit dem Beschäftigungsarbeitgeber geschlossen.[449] Regelmäßig ist dies nicht der Fall. Zu prüfen bleibt immer, ob für den Austausch des Vertragsarbeitgebers andere, rechtlich nicht zu missbilligende Gründe maßgeblich waren,[450] dann scheidet Rechtsmissbrauch aus.

204 Nach Anerkennung der Außenrechtsfähigkeit der **BGB-Gesellschaft**[451] lösen vorangegangene Arbeitsverhältnisse mit einem Gesellschafter bei einer späteren sachgrundlosen Befristung mit der GbR das Anschlussverbot des § 14 Abs 2 Satz 2 TzBfG nicht aus.

205 Nachdem das BAG das Anschlussverbot auf 3 Jahre begrenzt hat, sind praktische Schwierigkeiten im Hinblick auf die Klärung etwaiger Vertragsverhältnisse in der Vergangenheit nicht zu erwarten, dem Arbeitgeber steht insoweit ausweislich der Gesetzesbegründung[452] ein **Fragerecht im Hinblick auf Vorbeschäftigungen** zu. Fälle einer bewusst wahrheitswidrigen Beantwortung, die zur Anfechtung nach § 123 BGB wegen arglistiger Täuschung berechtigen, werden eher selten sein.[453] Beantwortet der Arbeitnehmer die Frage unwissentlich falsch, weil er zB. wegen eines neuen Firmennamens die Vorbeschäftigung dem neuen Arbeitgeber nicht zugeordnet hat, so liegt zwar nach § 119 Abs 2 BGB ein Irrtum über eine verkehrswesentliche Eigenschaft des Arbeitnehmers vor, der den Arbeitgeber zur Anfechtung des sachgrundlos geschlossenen Arbeitsvertrages berechtigt.[454] Die Lösung ist allerdings unbefriedigend, weil der Arbeitgeber nach § 122 BGB schadensersatzpflichtig wird, sofern dem Arbeitnehmer nach § 122 Abs 2 BGB der Anfechtungsgrund nicht fahrlässig unbekannt war. Irren beide Parteien über das Nichtbestehen eines Vorbeschäftigungsver-

---

444 BAG 15.5.2013 – 7 AZR 525/11.
445 BAG 9.3.2013 – 7 AZR 657/09.
446 BAG 18.10.2006 – 7 AZR 145/06.
447 BAG 4.12.2013 – 7 AZR 290/12; 15.5.2013 – 7 AZR 525/11.
448 BAG 15.5.2013 – 7 AZR 525/11, aA APS/Backhaus § 14 TzBfG Rn 400 b.
449 BAG 22.1.2014 – 7 AZR 243/12.
450 Vgl LAG Rheinland-Pfalz 18.1.2006 – 9 Sa 685/05.
451 BGH 18.2.2002 – II ZR 331/00 – ZIP 2002, 614; BAG 1.12.2004 – 5 AZR 597/03 – BAGE 113, 50; 30.10.2008 – 8 AZR 397/07.
452 BT-Drucks 14/4374 S 19.
453 Richtig KR/Lipke § 14 TzBfG Rn 432; Straub NZA 2001, 919, 926.
454 AA Dörner, Der befristete Arbeitsvertrag Rn 457.

hältnisses, so liegt es vielmehr nahe, über die Regeln des Wegfalls der Geschäftsgrundlage im Wege der Anpassung des sachgrundlos geschlossenen Arbeitsvertrages dem Arbeitgeber eine erleichterte Kündigungsmöglichkeit unter Einhaltung einer Mindestkündigungsfrist in analoger Anwendung von § 15 Abs 2 TzBfG einzuräumen.[455]

bb) Vorangegangenes Arbeitsverhältnis. Nur vorangegangene Arbeitsverhältnisse lösen das Anschlussverbot des § 14 Abs 2 Satz 2 TzBfG aus. Das Anschlussverbot greift nicht, wenn Vorbeschäftigungen im Rahmen anderer Vertragsverhältnisse erfolgt sind. **Unschädlich sind Berufsausbildungsverhältnisse,**[456] **Praktika** sowie Tätigkeiten im Rahmen von **Dienst- oder Werkverträgen.**[457]

Hinweis: In der Praxis sollten Vorbeschäftigungen und ihre zeitliche Lage sorgfältig geprüft und erfragt werden. Auch bei einer vorherigen Beschäftigung als freier Mitarbeiter ist Vorsicht geboten, da ein solches Vertragsverhältnis sich im Nachhinein als Arbeitsverhältnis erweisen und dann das Anschlussverbot auslösen kann. Der Arbeitnehmer ist nicht gehindert, sich im Rahmen eines Rechtsstreites über die Wirksamkeit einer Befristung auf das Anschlussverbot nach § 14 Abs 2 Satz 2 TzBfG zu berufen und geltend zu machen, entgegen der Vertragsform habe tatsächlich ein vorangegangenes Arbeitsverhältnis bestanden.[458] Die sachgrundlose Befristung eines Arbeitsvertrages mit einem zuvor als freier Mitarbeiter Beschäftigten kann deshalb mit erheblichen Risiken verbunden sein.

f) Darlegungs- und Beweislast. Dem **Arbeitgeber** obliegt die Darlegungs- und Beweislast für die tatbestandlich in § 14 Abs 2 Satz 1 TzBfG geregelten Voraussetzungen einer sachgrundlosen Befristung (Einhaltung der Höchstdauer und der Höchstzahl von drei Verlängerungen). Dies ergibt sich aus dem Regel/Ausnahmeverhältnis von unbefristetem und (sachgrundlos) befristetem Arbeitsverhältnis.[459] Dem **Arbeitnehmer** obliegt die Darlegungs- und Beweislast für das Vorliegen einer missbräuchlichen Vertragsgestaltung durch Umgehung des Anschlussverbots. Er muss einen Sachverhalt vortragen, der die Missbräuchlichkeit indiziert (Beschäftigung auf demselben Arbeitsplatz, tatsächliche Verbundenheit beider Vertragsarbeitgeber, nahtloser Anschlussvertrag).[460] Diesen Vortrag hat der Arbeitgeber im Rahmen abgestufter Darlegungs- und Beweislast sodann zu widerlegen.

Von praktischer Bedeutung ist auch die **Verteilung der Darlegungs- und Beweislast im Hinblick auf einen Verstoß gegen das Anschlussverbot** des § 14 Abs 2 Satz 2 TzBfG. Das BAG hat zu § 1 Abs 1 BeschFG 1985 die Auffassung vertreten, der Arbeitgeber trage die Darlegungs- und Beweislast

---

455 Ähnl Straub NZA 2001, 919, 926; KR/Lipke § 14 TzBfG Rn 433.
456 BAG 21.9.2011 – 7 AZR 375/10; LAG Niedersachsen 4.7.2003 – 16 Sa 103/03 – LAGE § 14 TzBfG Nr 11.
457 BAG 19.10.2005 – 7 AZR 31/05 – AP § 14 TzBfG Nr 19.
458 Zur Zulässigkeit vergangenheitsbezogener Geltendmachung eines Arbeitsverhältnisses vgl BAG 29.5.2002 – 5 AZR 161/01.
459 KR/Lipke § 14 TzBfG Rn 441; zu § 1 BeschfG 1985 BAG 6.12.1989 – 7 AZR 441/89 – AP § 1 BeschfG 1985 Nr 13.
460 BAG 4.12.2013 – 7 AZR 290/12.

für die „Neueinstellung" iS dieser Norm und damit auch für das Fehlen eines engen sachlichen Zusammenhangs mit einem vorhergehenden Arbeitsvertrag.[461] An dieser Auffassung hat es zu § 1 Abs 3 BeschFG 1996 im Hinblick auf das geänderte Regel-Ausnahme-Verhältnis (Zulässigkeit der sachgrundlosen Befristung ohne das Erfordernis der Neueinstellung) zutreffend nicht mehr festgehalten, sondern in dem Anschlussverbot des § 1 Abs 3 BeschFG 1996 die Ausnahme von der Regel des Abs 1 – Zulässigkeit der sachgrundlosen Befristung – erkannt und dem Arbeitnehmer die Darlegungs- und Beweislast hinsichtlich der Voraussetzungen des Anschlussverbots auferlegt.[462]

209 Daran ist für das Anschlussverbot nach § 14 Abs 2 Satz 2 TzBfG festzuhalten.[463] Der Gesetzgeber ist in § 14 Abs 2 TzBfG nicht zur Regelungstechnik des § 1 BeschFG 1985 zurückgekehrt. Der Abschluss eines sachgrundlos befristeten Arbeitsvertrages ist tatbestandlich nicht wie nach § 1 Abs 1 Nr 1 BeschFG 1985 positiv nur im Fall der Neueinstellung gestattet sondern nach § 14 Abs 2 TzBfG grundsätzlich zulässig (Regel), es sei denn das Anschlussverbot als negative Zulässigkeitsvoraussetzung greift (Ausnahme). Ausgehend von diesem Regel/Ausnahmeverhältnis obliegt dem **Arbeitnehmer**, der sich im Befristungsrechtsstreit auf das Anschlussverbot des § 14 Abs 2 Satz 2 TzBfG beruft, **die Darlegungs- und Beweislast für ein von ihm behauptetes Vorbeschäftigungsverhältnis.**[464] Diese Verteilung entspricht auch dem Prinzip der Sachnähe.[465] Der Arbeitnehmer, der sich auf ein zurückliegendes und möglicherweise nur kurzes Arbeitsverhältnis beruft und deshalb die Unwirksamkeit einer sachgrundlosen Befristung geltend macht, kann dieses Arbeitsverhältnis durch einen Arbeitsvertrag oder andere Beweisantritte belegen.

4. Tarifliche Regelungen (§ 14 Abs 2 Satz 3 und 4 TzBfG)

210 Nach § 14 Abs 2 Satz 3 TzBfG sind die **Bestimmungen über die Höchstdauer und Anzahl der Verlängerungen tarifdispositiv.** Entgegen der missverständlichen Formulierung (oder) sind in einem Tarifvertrag auch **kumulative Regelungen zu Höchstdauer und Anzahl der Verlängerungen möglich.**[466] Eine Veränderung in kirchlichen Arbeitsrechtsregelungen ist nicht möglich.[467] Aus § 22 Abs 1 TzBfG ergibt sich, dass Regelungen auch zuungunsten der Arbeitnehmer möglich sind, also sowohl Höchstdauer wie auch Anzahl der Verlängerungen nach branchenspezifischen Erfordernissen tariflich angepasst und erhöht werden können. Allerdings muss die Ausübung dieser Dispositionsbefugnis durch die Tarifparteien den unions- und verfassungsrechtrechtlichen Vorgaben und dem gesetzgeberischen Konzept des TzBfG entsprechen. Es ist deshalb nicht zulässig, zB im Gegenzug für eine Beschäftigungssicherung der Stammbelegschaft zeitlich un-

---

461 BAG 6.12.1989 – 7 AZR 441/89 – AP § 1 BeschFG 1985 Nr 13.
462 BAG 28.6.2000 – 7 AZR 920/98 – AP § 1 BeschFG 1996 Nr 2.
463 BAG 19.10.2005 – 7 AZR 31/05; aA APS/Backhaus § 14 TzBfG Rn 415.
464 AA Lipke § 14 TzBfG Rn 576.
465 Vgl BAG 15.3.2001 – 2 AZR 151/00 – NZA 2001, 831; 18.5.1999 – 9 AZR 444/98.
466 BAG 15.8.2012 – 7 AZR 184/11; KR/Lipke § 14 TzBfG Rn 434.
467 BAG 25.3.2009 – 7 AZR 710/07.

begrenzt sachgrundlos befristete Verträge für Neueingestellte zu ermöglichen. Bei einer tarifvertraglich festgelegten Höchstdauer von 42 Monaten und einer höchstens viermaligen Verlängerungsmöglichkeit in dieser Zeitspanne sind diese Grenzen noch nicht überschritten.[468] Eine tariflich eröffnete Möglichkeit, über die Grenzen der Ausnahmevorschrift des § 14 Abs 2 a TzBfG von vier Jahren hinaus sachgrundlos zu befristen, ist nach den Wertungen des TzBfG unwirksam. Dies gilt auch für die nach § 32 TVöD/TV-L tariflich eröffnete Möglichkeit, Führungspositionen auf Zeit bis zu einer Gesamtdauer von 12 Jahren befristet besetzen zu können (vgl Rn 215 b).

Nach § 14 Abs 2 Satz 4 TzBfG können nichttarifgebundene Arbeitsvertragsparteien im Geltungsbereich des Tarifvertrages tarifliche Regelungen nach Satz 3 vereinbaren. Sie können sich dabei auf diese tariflichen Regelungen beschränken und sind nicht verpflichtet, das gesamte Tarifwerk vertraglich zu vereinbaren.[469]

5. Sachgrundlose Befristungen nach SR 2 y BAT/TVÖD

Grundsätzlich bedurfte im Anwendungsbereich der Sonderregelungen für Zeitangestellte, Angestellte für Aufgaben von begrenzter Dauer und für Aushilfsangestellte (SR 2 y BAT) nach der Protokollnotiz Nr 1 zu Nr 1 SR 2 y BAT die Befristung eines Arbeitsverhältnisses eines sachlichen Grundes. Befristet für den Zeitraum vom 1.2.1996 bis zum 31.12.2000 war nach der Protokollnotiz Nr 6 zu Nr 1 SR 2 y BAT eine sachgrundlose Befristung unter bestimmten Voraussetzungen nach Maßgabe von § 1 BeschFG möglich. Eine Nachfolgeregelung gab es im Jahr 2001 nicht, so dass in diesem Jahr sachgrundlose Befristungen nicht vereinbart werden konnten.

Erst durch den 77. Änderungstarifvertrag vom 29.10.2001 wurde die Protokollnotiz Nr 6 mit Wirkung zum 1.1.2002 neu vereinbart und waren **sachgrundlose Befristungen im Anwendungsbereich der SR 2 y BAT** wieder möglich. Die Protokollnotiz galt nunmehr unbefristet. Wie die Vorgängerregelung enthielt sie eine dynamische Verweisung auf die Regelungen zur sachgrundlosen Befristung in § 14 Abs 2 und Abs 3 TzBfG, so dass auch künftige Änderungen des TzBfG mit erfasst werden sollten.[470]

Nach dem zum 1.10.2005 in Kraft getretenen TVöD (in den Ländern nach der Überleitung zum TV-L seit 1.11.2006) ist das **Befristungsrecht im Öffentlichen Dienst in §§ 30 bis 32** neu geregelt worden. Das **Zitiergebot für die Befristungsgrundform ist abgeschafft**, so dass es auch bei Befristungen im öffentlichen Dienst nach Überleitung der Beschäftigten auf den TVöD bei einem Neuabschluss eines befristeten Arbeitsvertrags ausschließlich darauf ankommt, ob die Befristung objektiv gerechtfertigt ist und nicht darauf, ob der Befristungsgrund der vereinbarten Befristungsgrundform zugeordnet werden kann.

---

468 BAG 15.8.2012 – 7 AZR 184/11; 5.12.2012 – 7 AZR 698/11 – zum MTV für das Wach- und Sicherheitsgewerbe.
469 KR/Lipke § 14 TzBfG Rn 439; aA APS/Backhaus § 14 TzBfG Rn 410.
470 BAG 17.9.2000 – 7 AZR 390/99 – AP BAT SR 2 y Nr 20.

215 Für die Beschäftigten im Tarifgebiet West (die bei Fortgeltung des BAT den SR 2 y BAT unterfallen wären) enthalten § 30 Abs 2 bis 5 TVöD Sonderbestimmungen, die sich an Teilen der früheren SR 2 y BAT orientieren. Für sachgrundlose Befristungen ist nach Abs 3 wie nach der früheren Protokollnotiz Nr 6 b zu Nr 1 SR 2 y BAT zu beachten, dass die Dauer des Arbeitsverhältnisses idR 12 Monate nicht unterschreiten und mindestens 6 Monate betragen muss. § 30 Abs 4 und 5 TVöD enthalten Bestimmungen über die Probezeit bei befristeten Arbeitsverträgen sowie zur Kündigung nach Ablauf der Probezeit.

215a Durchgreifenden Bedenken begegnet die in § 32 TVöD/TV-L tariflich eröffnete Möglichkeit, Führungspositionen als befristete Arbeitsverträge zunächst für die Dauer von 4 Jahren und nach Maßgabe von § 32 Abs 1 Satz 2 TVöD/TV-L sogar **bis zu einer Gesamtdauer von 12 Jahren dreimal verlängern zu können.** Da aus der übertragenen Tätigkeit einer Führungsposition sich kein Sachgrund für eine Befristung ableiten lässt (die befristete Übertragung zur Erprobung ist in § 31 TVöD/TV-L abschließend geregelt), handelt es sich grundsätzlich um tariflich eröffnete sachgrundlose Befristungsoptionen, die nach § 14 Abs 2 Satz 3 TzBfG zwar grundsätzlich zulässig sind, die aber den unions- und verfassungsrechtrechtlichen Vorgaben sowie dem gesetzgeberischen Konzept des TzBfG entsprechen müssen. Die in § 32 Abs 1 Satz 1 TVöD/TV-L eröffnete Möglichkeit einer befristete Vergabe von Führungspositionen für die Dauer von 4 Jahren ist noch nicht zu beanstanden, da der durch § 14 Abs 2 a TzBfG eröffnete Zeitrahmen nicht überschritten wird (vgl Rn 210). Eine sachliche Notwendigkeit, Führungspositionen darüber hinaus bis zu einer Gesamtdauer von 12 Jahre im Rahmen von Verlängerungen befristet besetzen zu können, ist jedoch nicht erkennbar. Hier werden missbräuchliche Befristungsmöglichkeiten eröffnet; dies ist auch durch Tarifvertrag nicht möglich.

6. Sachgrundlose Befristung in neugegründeten Unternehmen (§ 14 Abs 2 a TzBfG)

216 Mit Wirkung vom 1. Januar 2004 ist § 14 TzBfG durch Art 2 des Gesetzes zu Reformen am Arbeitsmarkt vom 24.12.2003 (BGBl I S 3002) um den Absatz 2a ergänzt worden. Die Bestimmung sieht **erleichterte Befristungsmöglichkeiten für Existenzgründer** vor. Neu gegründete Unternehmen erhalten danach in den ersten vier Jahren nach Aufnahme der Erwerbstätigkeit die Möglichkeit, befristete Arbeitsverhältnisse ohne sachlichen Grund bis zur Dauer von vier Jahren abzuschließen. Ziel des Gesetzes ist es, Existenzgründern die Entscheidung zur Einstellung von Mitarbeitern in der Aufbauphase, in welcher der Personalbedarf nur schwer einzuschätzen ist, zu erleichtern.[471] Die Norm lehnt sich in ihrer Ausgestaltung an die Bestimmung des § 112a BetrVG an (Sozialplanprivileg bei neu gegründeten Unternehmen), indem sie für den Zeitpunkt der Gründung an die Aufnahme einer nach § 138 Abgabenordnung mitteilungspflichtigen Erwerbstätigkeit anknüpft und von der Begünstigung die Neugründung von Unterneh-

---

471 BT-Drucks 15/1204 S 10; vgl Löwisch NZA 2003, 689, 694; Bauer/Preis/Schunder NZA 2003, 704, 706; Thüsing NJW 2003, 1989, 1991.

men ausnimmt, die im Zuge rechtlicher Umstrukturierungen entstanden sind.

Gegenüber den allgemeinen Regelungen zur sachgrundlosen Befristung in § 14 Abs 2 TzBfG sieht Abs 2 a **für Existenzgründer zwei Erleichterungen** vor. In einer vierjährigen Aufbauphase eines Unternehmens sind Befristungen eines Arbeitsvertrages ohne sachlichen Grund bis zu einer Dauer von vier Jahren zulässig gegenüber dem sonst regelmäßig geltenden Zeitrahmen von maximal zwei Jahren. Im Gegensatz zu der sonst nur dreimalig möglichen Verlängerung eines sachgrundlos befristeten Arbeitsvertrages limitiert Abs 2 a die Anzahl der Verlängerungsmöglichkeiten nicht mehr. Bis zu der Gesamtdauer von vier Jahren kann ein sachgrundlos befristeter Arbeitsvertrag somit beliebig oft verlängert werden. 217

Maßgeblich für die Anwendung der erleichterten Befristungsregelungen ist nur, ob der Arbeitsvertrag in den ersten vier Jahren nach der Gründung des Unternehmens abgeschlossen wurde.[472] Die Verlängerung eines während der ersten vier Jahre geschlossenen befristeten Arbeitsvertrages nach Ablauf der Gründungsphase ist deshalb zulässig. Der Beginn des Vierjahreszeitraums bestimmt sich nach dem Zeitpunkt der vereinbarten Arbeitsaufnahme.[473] Eine sachgrundlose Befristung ist deshalb theoretisch bis ins achte Jahr der Neugründung möglich.[474] 218

Der Fristenlauf für die Möglichkeit der Inanspruchnahme des Befristungsprivilegs wird wie bei § 112 a BetrVG durch die Aufnahme einer nach § 138 Abgabenordnung mitteilungspflichtigen Erwerbstätigkeit bestimmt. Maßgeblich ist somit nur die Aufnahme der Erwerbstätigkeit, nicht aber der Zeitpunkt der Mitteilung an Gemeinde oder Finanzamt.[475] Ist der juristische Rechtsträger des Unternehmens bereits länger existent (sog **Vorratsgesellschaft**), steht dies der Anwendung von Abs 2 a nicht entgegen, wenn aus diesem Rechtsträger heraus noch keine erwerbswirtschaftliche Tätigkeit betrieben wurde.[476] 219

Die Anwendung von Abs 2 a ist nicht auf Unternehmen beschränkt, die erst nach Inkrafttreten der Norm gegründet werden; maßgeblich ist, ob der Vierjahreszeitraum noch nicht abgelaufen ist. Das Befristungsprivileg galt deshalb auch für neue Unternehmen, die vor dem 1. Januar 2004 gegründet worden sind. 220

Wann im Übrigen eine „Neugründung" iS der Norm vorliegt, wird nur negativ abgegrenzt. Danach gilt das Befristungsprivileg nicht für **Neugründungen im Zusammenhang mit der rechtlichen Umstrukturierung von Unternehmen und Konzernen**. Nach dem Zweck der Norm soll der unternehmerische Neuanfang nicht aber die Fortsetzung einer unternehmerischen Aktivität in einer neuen Rechtsform erleichtert werden. 221

Da sich das Gesetz an die Regelung des § 112 a BetrVG im Hinblick auf den Anwendungsbereich anlehnt, können die Rechtsgrundsätze und die zu 222

---

472 Lakies, Befristete Arbeitsverträge Rn 224.
473 BT-Drucks 15/1204 S 14.
474 Arnold/Gräfl/Gräfl § 14 TzBfG, Rn, 307, Sievers § 14 TzBfG Rn 510.
475 BT-Drucks 15/1204 S 14.
476 Vgl für das Sozialplanprivileg Richardi BetrVG § 112 a Rn 14.

dieser Norm ergangene Rechtsprechung grundsätzlich auch im Anwendungsbereich von § 14 Abs 2 a TzBfG herangezogen werden. Nicht zu den Neugründungen im Zusammenhang mit der rechtlichen Umstrukturierung von Unternehmen und Konzernen gehören danach die **Verschmelzung bestehender Unternehmen auf ein neugegründetes Unternehmen, die Umwandlung eines bestehenden Unternehmens auf ein neugegründetes Unternehmen, die Auflösung eines bestehenden Unternehmens und die Übertragung seines Vermögens auf ein neugegründetes Unternehmen, die Aufspaltung eines bestehenden Unternehmens auf mehrere neugegründete Unternehmen und die Abspaltung von bestehenden Unternehmensteilen auf neugegründete Tochtergesellschaften.**[477] Eine Neugründung im Zusammenhang mit einer rechtlichen Umstrukturierung, die das Befristungsprivileg hingegen nicht auslösen kann, liegt deshalb auch vor, wenn der Alleingesellschafter und Geschäftsführer der Komplementär-GmbH einer KG eine neue Gesellschaft gründet und von der Kommanditgesellschaft den Betrieb übernimmt.[478]

223 Demgegenüber kommt ein neugegründetes Unternehmen auch dann in den Genuss des Befristungsprivilegs, wenn es einen fremden Betrieb übernimmt, der wiederum älter als vier Jahre ist. Nach dem Zweck des Gesetzes, Unternehmensgründungen zu erleichtern und für zusätzliche Beschäftigung zu sorgen, sind auch im Rahmen von **Nachfolgeregelungen in mittelständischen Unternehmen** Konstellationen denkbar, die den Zugriff auf das Befristungsprivileg ermöglichen. Gründet zB der Altgeselle ein neues Unternehmen und übernimmt er dann einen bestehenden Betrieb, so liegt ein Fall einer Neugründung nach Abs 2 a vor, der den erleichterten Abschluss von sachgrundlos befristeten Arbeitsverhältnissen erlaubt, während dies bei einem Eintritt in ein Unternehmen etwa durch Erwerb der Gesellschaftsanteile nicht der Fall ist.

224 Nach § 14 Abs 2 a Satz 4 TzBfG finden die Bestimmungen des Abs 2 Satz 2 bis 4 über sachgrundlose befristete Arbeitsverhältnisse entsprechende Anwendung. Nach dem klaren Wortlaut des Gesetzes gilt damit auch bei Neugründungen das Anschlussverbot des Abs 2 Satz 2. Wurde der Arbeitnehmer von dem Existenzgründer bereits in einem früheren Unternehmen beschäftigt, besteht keine Möglichkeit einer sachgrundlosen Befristung. Dies mag beschäftigungspolitisch verfehlt sein, ist aber nach dem Wortlaut des Gesetzes aber so gewollt.

IV. Sachgrundlose Befristung mit älteren Arbeitnehmern (§ 14 Abs 3 TzBfG)

225 Weitgehende Freiräume für eine sachgrundlose Befristung soll § 14 Abs 3 TzBfG eröffnen. Die Vorschrift hat eine wechselvolle Geschichte. In der bis zum 30.4.2007 wirksamen Fassung bedurfte die Befristung eines Arbeitsvertrags keines sachlichen Grundes, wenn der Arbeitnehmer bei Beginn des befristeten Arbeitsverhältnisses das 58. (bis zum 31.12.2006 das 52.) Le-

---

[477] Arnold/Gräfl/Gräfl § 14 TzBfG Rn 307; BAG 22.2.1995 – 10 ABR 21/94 – AP § 112 a BetrVG Nr 7.
[478] BAG 22.2.1995 – 10 ABR 21/94 – AP § 112 a BetrVG 1972 Nr 7; Richardi BetrVG § 112 a Rn 18.

bensjahr vollendet hat. Bereits diese Vorschrift hatte Vorläufer. Nach § 1 Abs 2 BeschfG war die Befristung eines Arbeitsvertrages ohne weitere Einschränkungen zulässig, wenn der Arbeitnehmer bei Beginn des befristeten Arbeitsverhältnisses das 60. Lebensjahr vollendet hatte. Das TzBfG sah ursprünglich die Möglichkeit der sachgrundlosen Befristung ab Vollendung des 58. Lebensjahr vor, um für die Altersjahrgänge erleichterte Befristungsmöglichkeiten zu schaffen, deren Anteil am Zugang in die Arbeitslosigkeit besonders groß ist.[479] Seit dem 1.1.2003 wurde die Altersgrenze – zunächst befristet bis zum 31.12.2006 – auf 52 Jahre abgesenkt.

Nach dem Wortlaut von § 14 Abs 3 Satz 1 TzBfG aF unterlag die Anzahl und die Dauer der nach Vollendung des 52. Lebensjahr vereinbarten Befristungen keinerlei Beschränkungen. Diese Regelung war deshalb Gegenstand einer intensiven Diskussion im Hinblick auf ihre Vereinbarkeit mit verfassungs- und unionsrechtlichen Vorgaben. Geltend gemacht wurde, sie verstoße gegen § 5 Ziff. 1 EGR 99/70, weil sie für die Altersgruppe der über 58jährigen (jetzt 52jährigen) weder sachliche Gründe verlange noch die maximal zulässige Dauer oder die insgesamt zulässige Zahl der Verlängerungen befristeter Verträge bestimme.[480] 226

Der EuGH[481] und ihm vollumfänglich folgend das BAG[482] haben Rechtsklarheit geschaffen. **§ 14 Abs 3 Satz 4 TzBfG aF ist unionsrechtswidrig.** Der EuGH hat sich in dieser Entscheidung zwar nicht zur Frage eines Verstoßes gegen § 5 Nr 1 der Rahmenvereinbarung über befristete Arbeitsverträge (Sachgrunderfordernis für aufeinanderfolgende befristete Verträge), die mit der Befristungsrichtlinie 1999/70/EG umgesetzt wurde, geäußert, da „im Streit" eine Erstbefristung eines Arbeitsvertrags mit einem über 52-Jährigen war. Der EuGH sieht einen Verstoß gegen Art 6 Abs 1 der Richtlinie 2000/78/EG sowie gegen den Grundsatz der Gleichbehandlung, weil die Ungleichbehandlung der über 52-Jährigen nicht gerechtfertigt sei. Zwar sei das Ziel der Norm, die Eingliederung älterer Arbeitnehmer, legitim. Die eingesetzten Mittel seien jedoch unangemessen, zumal nicht nachgewiesen sei, dass die Festlegung einer Altersgrenze objektiv erforderlich sei zur Erreichung des Ziels der Eingliederung älterer Arbeitnehmer. 227

Das BAG ist in der Entscheidung vom 26.4.2006 dem EuGH vollumfänglich gefolgt. § 14 Abs 3 Satz 4 TzBfG aF ist rechtsunwirksam. Die Norm kann keine Grundlage für eine wirksame Befristung sein, weil die nationalen Gerichte an die bindende Entscheidung des Europäischen Gerichtshofs vom 22. November 2005 gebunden sind und die Vorschrift von den nationalen Gerichten nicht angewendet werden darf. 228

Das BAG hat keinen Weg zu einer Lösung nach Vertrauensschutzgesichtspunkten für Altersbefristungen, die vor der Entscheidung des EuGH vereinbart worden sind, eröffnet. § 14 Abs 3 Satz 4 TzBfG aF ist nach dieser Entscheidung nicht aus Gründen des gemeinschaftsrechtlichen oder nationalen Vertrauensschutzes auf eine vor dem 22. November 2005 getroffene 229

---

479 BT-Drucks 14/4374 S 20.
480 Zusammenfassend KR/Lipke § 14 TzBfG Rn 475 ff.
481 EuGH 22.11.2005 – C-144/04 (Mangold) AP Richtlinie 2000/78 EG Nr 1.
482 BAG 26.4.2006 – 7 AZR 500/04 – AP § 14 TzBfG Nr 23.

Befristungsabrede anzuwenden. Zur zeitlichen Begrenzung der Unanwendbarkeit einer gegen Primärrecht der Gemeinschaft verstoßenden nationalen Norm sei allein der Europäische Gerichtshof zuständig. Der Europäische Gerichtshof habe die zeitlichen Wirkungen seines Unanwendbarkeitsausspruchs aber nicht begrenzt. Es komme hinzu, dass eine die Altersbefristung für zulässig erachtende Rechtsprechung des BAG nicht vorgelegen habe, sondern die Vereinbarkeit der Vorschrift mit Gemeinschaftsrecht bereits frühzeitig im arbeitsrechtlichen Schrifttum in Zweifel gezogen worden sei.

230 Auch die in § 14 Abs 3 Satz 1 TzBfG aF geregelte Möglichkeit der Altersbefristung ab dem 58. Lebensjahr war nur insoweit unionsrechtskonform, als kein unmittelbarer Zusammenhang mit einem unbefristeten oder mit mehreren befristeten Arbeitsverhältnissen im Anschluss an ein ursprünglich unbefristetes Arbeitsverhältnis bestehen durfte.[483]

231 Der Gesetzgeber hat auf die Entscheidungen des EuGH und des BAG reagiert und im Rahmen der „**Initiative 50 Plus**" mit Wirkung zum 1.5.2007 durch Art 1 des Gesetzes zur **Verbesserung der Beschäftigungschancen älterer Menschen § 14 Abs 3 TzBfG** novelliert.[484] Nunmehr ist die kalendermäßige Befristung eines Arbeitsvertrags ohne Vorliegen eines sachlichen Grundes bis zur Dauer von fünf Jahren zulässig, wenn der Arbeitnehmer bei Beginn des befristeten Arbeitsverhältnisses das 52. Lebensjahr vollendet hat und unmittelbar vor Beginn des befristeten Arbeitsverhältnisses mindestens vier Monate beschäftigungslos iSd § 119 Abs 1 Nr 1 SGB III gewesen ist, Transferkurzarbeitergeld bezogen oder an einer öffentlich geförderten Beschäftigungsmaßnahme nach dem SGB II oder SGB III teilgenommen hat. Bis zu einer Gesamtdauer von fünf Jahren ist nach diesem Entwurf auch die mehrfache Verlängerung des Arbeitsvertrags zulässig.

232 Dieses Gesetz trägt den **unionsrechtlichen Vorgaben ausreichend Rechnung**.[485] Zur Umsetzung des vom EuGH als legitim erkannten Ziels der (Wieder)Eingliederung älterer Arbeitnehmer in den Arbeitsprozess wird nunmehr der Anwendungsbereich der erleichterten Altersbefristung insoweit beschränkt, als nicht mehr nur das reine Lebensalter einziges Kriterium für die Möglichkeit der Altersbefristung ist sondern eine beschäftigungslose Zeit von vier Monaten hinzukommen muss. Damit ist die Befristungserleichterung – wie vom EuGH gefordert – auf die eigentliche „Zielgruppe" begrenzt. Zwar kann nicht verkannt werden, dass diese Voraussetzung für eine erleichterte Altersbefristung in der Praxis einfach herbeigeführt werden kann; eine längere Zeitspanne wäre jedoch kontraproduktiv, weil es mit zunehmender (Langzeit)arbeitslosigkeit zunehmend schwierig wird, überhaupt noch eine Wiedereingliederung in den Arbeitsprozess zu bewirken. Mit der zeitlichen Höchstbegrenzung trägt der Gesetzentwurf den Vorgaben der Befristungsrichtlinie 1999/70/EG zu der Rahmenvereinbarung über befristete Arbeitsverträge Rechnung. Erforderlich ist danach

---

483 EuGH 10.3.2011 – C–109 /09 (Deutsche Lufthansa) nach Vorlage durch BAG 16.10.2008 – 7 AZR 203/07.
484 BGBl I S 538; zum Entwurf BT-Druck 16/3793 S 3.
485 Zutr KR/Lipke § 14 TzBfG Rn 486; Arnold/Gräfl/Gräfl § 14 TzBfG Rn 355. AA KDZ/Däubler § 14 TzBfG Rn 179 a ff.

die Festlegung der Höchstdauer oder der Zahl der zulässigen Vertragsverlängerungen.

Durchgreifende **verfassungsrechtliche Bedenken** gegen die geplante Neuregelung unter dem Gesichtspunkt einer Verletzung von Art 12 GG **bestehen nicht**.[486] Der Gesetzgeber hat die Grenzen der Inanspruchnahme des Instruments der Altersbefristung gesteckt und sich dabei im Rahmen des durch das Sozialstaatsprinzip verfassungsrechtlich abgesicherten Ziels der Bekämpfung der überproportionalen Arbeitslosigkeit bei älteren Arbeitnehmern bewegt. Einer rechtsmissbräuchlichen Ausnutzung der gesetzlich erlaubten sachgrundlosen Befristung zum Beispiel durch Wechsel des Arbeitgebers nach Ausschöpfung der gesetzlich zugelassenen Befristungszeitraums muss durch richterliche Kontrolle nach §§ 138, 242 bzw § 15 Abs 6 AGG begegnet werden; Möglichkeiten des Missbrauchs können aber verfassungsrechtliche Bedenken gegen die Neuregelung nicht begründen. 233

Das geplante Gesetz definiert **zwei Voraussetzungen** für den Abschluss eines befristeten Arbeitsverhältnisses nach § 14 Abs 3 TzBfG: 234

Der Arbeitnehmer muss bei Beginn des befristeten Arbeitsverhältnisses das **52. Lebensjahr vollendet** haben. Möglich ist damit der Abschluss des Arbeitsvertrags zu einem früheren Zeitpunkt. Der Abschluss eines befristeten Arbeitsvertrags noch in einem bestehenden Arbeitsverhältnis mit demselben Arbeitgeber vor einer anschließenden 4-monatigen Beschäftigungslosigkeit ist theoretisch denkbar, vor allem weil der Gesetzgeber auf das in der ersetzten Regelung noch enthaltene Verbot eines engen sachlichen Zusammenhangs zu einem vorhergehenden unbefristeten Arbeitsvertrag mit demselben Arbeitgeber verzichtet hat. Damit bleibt als Korrektiv lediglich eine richterliche Missbrauchskontrolle nach §§ 138, 242 BGB. 235

Der Arbeitnehmer muss unmittelbar vor Beginn des befristeten Arbeitsverhältnisses für 4 Monate **beschäftigungslos iSv § 138 Abs 3 Satz 1 SGB III** gewesen sein. Dieser **sozialrechtliche Begriff greift weiter als der Begriff der Arbeitslosigkeit**, weil er weder den Verlust des alten Arbeitsplatzes noch eine Arbeitslosmeldung voraussetzt.[487] Nach § 138 Abs 3 SGB II schließt die Ausübung einer Beschäftigung, einer selbstständigen Tätigkeit oder einer Tätigkeit als mithelfender Familienangehöriger mit weniger als 15 Stunden wöchentlich Beschäftigungslosigkeit nicht aus, auch gelegentliche Abweichungen von geringer Dauer bleiben unberücksichtigt. 236

Die gesetzgeberische Intention für das Abstellen auf den Begriff der Beschäftigungslosigkeit, einem größeren Kreis arbeitsuchender älterer Menschen eine Chance auf eine befristete Einstellung zu geben, ist zwar zu begrüßen. In der Praxis ergeben sich durch das Abstellen auf § 119 SBG III allerdings Abgrenzungsschwierigkeiten, die einen potenziellen Arbeitgeber, der das Risiko der Wirksamkeit der Befristungsabrede trägt, von einem Vertragsschluss abhalten können. Bereits die Feststellung, ob eine Beschäftigung tatsächlich mit einem Umfang von weniger als 15 Stunden wahrgenommen wurde, kann Schwierigkeiten bereiten. Der Arbeitgeber kann 237

---

[486] Differenzierend KR/Lipke § 14 TzBfG Rn 487 ff.
[487] KR/Lipke § 14 TzBfG Rn 491; eingehend Dörner, Der befristete Arbeitsvertrag Rn 517 ff.

zwar vor Abschluss des Vertrages sein Fragerecht ausüben. Bei wahrheitswidriger Beantwortung kommt auch eine Anfechtung nach § 123 BGB in Betracht; dennoch verbleiben zum Beispiel bei einem Irrtum des Arbeitnehmers Risiken für den Arbeitgeber.[488] Zum Fragerecht vgl iE Rn 205.

238 Auch Zeiten des **Bezugs von Transferkurzarbeitergeld** nach § 111 SGB III oder der Teilnahme an einer **Arbeitsbeschaffungsmaßnahme** nach SGB II **oder SGB III** stehen der Beschäftigungslosigkeit gleich.[489] Auch diese Erweiterung der Befristungsmöglichkeit ist zu begrüßen, da sie einen Personenkreis betrifft, der in Beschäftigungsgesellschaften von Arbeitslosigkeit unmittelbar bedroht ist.

239 Die vorgesehene **Höchstbefristung auf fünf Jahre** trägt der unionsrechtlich durch die Befristungsrichtlinie 1999/70/EG vorgegebenen Notwendigkeit der zeitlichen Begrenzung der Vertragsdauer Rechnung. Nach dem geplanten Wortlaut des Gesetzes ist nicht ausgeschlossen, dass der befristet eingestellte Arbeitnehmer nach Ablauf der Höchstdauer und einer erneuten 4-monatigen Beschäftigungslosigkeit erneut für fünf Jahre nach § 14 Abs 3 TzBfG eingestellt wird, da der Gesetzgeber auf eine Begrenzung wie in Abs 2 bzw Abs 2a verzichtet hat. Ob dies den unionsrechtlichen Vorgaben entspricht, erscheint zweifelhaft. Denkbar ist eine unionsrechtskonforme Auslegung der Norm dahingehend, dass die Höchstbefristung für einen Vertragsarbeitgeber gilt.[490] Gegen eine weitere Anstellung auf der Grundlage von § 14 Abs 3 TzBfG durch einen weiteren Arbeitgeber bestehen keine Bedenken.

240 **Verlängerungen** sind innerhalb der Fünfjahresfrist beliebig möglich, allerdings sind die Formerfordernisse aus § 14 Abs 4 TzBfG zu beachten, dh. die Verlängerung muss vor Ablauf der alten Befristung schriftlich vereinbart werden. Gleichfalls zu beachten ist die Rechtsprechung des BAG zum Änderungsverbot der Arbeitsbedingungen bei Vereinbarung einer Verlängerung (vgl Rn 193 ff).

V. Schriftform (§ 14 Abs 4 TzBfG)
1. Entstehungsgeschichte

241 Das **Schriftformerfordernis für Befristungen** wurde mit Wirkung zum 1.5.2000 zunächst in § 623 BGB gesetzlich normiert.[491] Mit Wirkung ab 1.1.2001 wurde es aus § 623 BGB herausgelöst und in § 14 Abs 4 TzBfG übernommen. Die jetzige Fassung basiert auf der Beschlussempfehlung und dem Bericht des Ausschusses für Arbeit und Sozialordnung vom 15.11.2000[492] und übernimmt ohne inhaltliche Änderung die Regelung des § 623 BGB. Gesetzgeberisches Ziel ist es, mit dem Schriftformgebot Rechtssicherheit und Rechtsklarheit zu gewährleisten.[493] Das Schriftform-

---

488 KR/Lipke § 14 TzBfG Rn 496.
489 Arnold/Gräfl/Gräfl § 14 TzBfG Rn 339, 340.
490 Zutr KR/Lipke § 14 TzBfG, 499.
491 Art 2 des Arbeitsgerichtsbeschleunigungsgesetz vom 30.3.2000, BGBl I S 333.
492 BT-Drucks 14/4625; zur Entstehungsgeschichte vgl den Referentenentwurf vom 5.9.2000 NZA 2000, 1045 und den Regierungsentwurf vom 24.10.2000 BT-Drucks 14/4374.
493 BT-Drucks 14/4374 S 20.

gebot hat **Klarstellungs-, Beweis- und Warnfunktion.** Es zwingt die Vertragsparteien zur Klarstellung, dass tatsächlich eine nur befristete Beschäftigung vereinbart wird. Zudem dient es der Beweisführung, da Streit über das Vorliegen einer Befristung vermieden wird.[494]

Befristungsabreden im Zeitraum vom 1.5.2000 bis 31.12.2000 richten sich nach § 623 BGB, danach nach § 14 Abs 4 TzBfG. Unterschiede ergeben sich insofern nur für die Vereinbarung einer auflösenden Bedingung. 242

2. Anwendungsbereich

Dem Schriftformgebot des § 14 Abs 4 TzBfG unterliegt **nur die Befristung als solche, nicht aber der gesamte Arbeitsvertrag.** Weder § 623 BGB noch § 14 Abs 4 TzBfG enthalten ein generelles konstitutives Formerfordernis für Arbeitsverträge. 243

Das Formerfordernis bezieht sich sowohl auf kalendermäßig mit oder ohne Sachgrund befristete Arbeitsverträge (Zeitbefristung), auf zweckbefristete Verträge und nach § 21 TzBfG auf die Vereinbarung einer auflösenden Bedingung. 244

Das Schriftformgebot des Abs 4 greift auch im Fall der **Weiterbeschäftigung während eines Kündigungsschutzverfahrens,** wenn der Arbeitnehmer nach Erhebung einer Kündigungsschutzklage freiwillig auflösend bedingt durch die rechtskräftige Abweisung der Kündigungsschutzklage durch den Arbeitgeber weiterbeschäftigt wird.[495] Genügt die arbeitsvertragliche Vereinbarung über die befristete Weiterbeschäftigung des Arbeitnehmers bis zur rechtskräftigen Entscheidung des Kündigungsrechtsstreits nicht dem Schriftformgebot des § 14 Abs 4 TzBfG, so gilt der Arbeitsvertrag als auf unbestimmte Zeit geschlossen.[496] **Bei einer Verurteilung zur vorläufigen Weiterbeschäftigung greift das Schriftformgebot nicht.**[497] 245

Auch die **Verlängerung einer sachgrundlos geschlossenen Befristung** nach § 14 Abs 2 TzBfG,[498] die nachträglich vereinbarte **Verkürzung eines befristeten Arbeitsverhältnisses**[499] und die **Umwandlung eines unbefristetes in ein befristetes Arbeitsverhältnis** unterliegen nach Abs 4 dem Schriftformgebot.[500] 246

Nicht dem Schriftformgebot unterfällt **die Befristung einzelner Arbeitsbedingungen.**[501] Dies ergibt sich daraus, dass die Vorschriften der §§ 14 ff TzBfG auf die Befristung einzelner Arbeitsbedingungen grundsätzlich keine Anwendung finden.[502] Auch die befristete Verlängerung eines Arbeitsvertrags auf Grundlage eines Tarifvertrags durch Nichtverlängerungsanzeige 247

---

494 BAG 23.6.2004 – 7 AZR 636/03 – AP § 14 TzBfG Nr 12.
495 BAG 22.10.2003 – 7 AZR 113/03.
496 BAG 22.10.2003 – 7 AZR 113/03.
497 Arnold/Gräfl/Gräfl § 14 TzBfG Rn 364.
498 BAG 26.7.2006 – 7 AZR 494/05.
499 KDZ/Däubler § 14 Rn 182.
500 Dörner, Der befristete Arbeitsvertrag Rn 71; Arnold/Gräfl/Gräfl § 14 TzBfG Rn 362.
501 BAG 14.1.2004 – 7 AZR 342/03 – AP § 14 TzBfG Nr 8.
502 Vgl insoweit die Kommentierung zu § 14 Abs 1 Rn 33 ff.

ist nicht schriftformbedürftig.[503] § 2 TVM bzw § 2 Abs 2 NV Chor und § 24 Abs 1 NV Tanz sind auch nicht deshalb unwirksam, weil die tariflich geregelte befristete Verlängerung des Arbeitsvertrags durch unterlassene Nichtverlängerungsmitteilung die „Verlängerung" dem Schriftformgebot entzieht und damit zuungunsten der Arbeitnehmer nach § 22 Abs 1 TzBfG von der Regelung des § 14 Abs 4 TzBfG abweicht. Erfasst wird nur die durch Rechtsgeschäft begründete Befristung.[504] Tariflich normierte befristete Verlängerungen, die eine vertragliche Vereinbarung nicht voraussetzen, weichen deshalb auch nicht zuungunsten der Arbeitnehmer von § 14 Abs 4 TzBfG ab.

248 **Rahmenvereinbarungen mit Tagesaushilfen**, welche nur die Bedingungen der erst noch abzuschließenden, auf den jeweiligen Einsatz befristeten Arbeitsverträge wiedergeben, selbst aber noch keine Verpflichtung zur Arbeitsleistung begründen, sind keine Arbeitsverträge[505] und müssen deshalb nicht dem Schriftformgebot genügen, wohl aber die auf der Grundlage der Rahmenverträge für den jeweiligen Einsatz geschlossenen befristeten Arbeitsverträge. In Anbetracht des klaren Wortlauts gilt dies auch für **Ein-Tages-Arbeitsverhältnisse**, auch wenn die gesetzliche Regelung insoweit in einigen von kurzfristigen Beschäftigungsverhältnissen geprägten Branchen (Gastronomie) an der Praxis vorbei geht.

3. Umfang des Schriftformgebots

249 Ein kalendermäßig befristeter Arbeitsvertrag endet nach § 15 Abs 1 TzBfG mit Ablauf der vereinbarten Zeit. Bei der mit Sachgrund oder sachgrundlos vereinbarten Zeitbefristung muss deshalb das **kalendarische Enddatum** oder die **vereinbarte Dauer** schriftlich fixiert werden. Der Endzeitpunkt muss eindeutig bestimmt oder bestimmbar sein.

250 Bei einem **zweckbefristeten Arbeitsvertrag** ist das kalendarische Ende des befristeten Vertrages bei Vertragsschluss in aller Regel nicht vorhersehbar und die zeitliche Dauer deshalb auch nicht bestimmbar. Um dem Schriftformgebot zu genügen, muss deshalb der zwischen den Parteien **vereinbarte Zweck**, bei dessen Erreichen das Arbeitsverhältnis enden soll, **in die Vertragsurkunde aufgenommen** werden.[506]

251 Dies gilt auch für die Vereinbarung einer **auflösenden Bedingung**. Nach § 21 TzBfG gilt das Schriftformgebot des Abs 4 auch hier. Das Ereignis, bei dessen Eintritt das Arbeitsverhältnis enden soll, muss deshalb schriftlich fixiert werden.

252 Der **sachliche Grund** für eine Befristung muss selbst **nicht schriftlich** vereinbart werden.[507] Das zeigt bereits die Entstehungsgeschichte von § 14

---

503 Bühnenschiedsgericht Hamburg 21.1.2002 – BSchG 21/01 – LAGE § 14 TzBfG Nr 3 zu NV-Solo bzw § 2 TVM (Tarifvertrag über die Mitteilungspflicht).
504 Kittner/Zwanziger/Lakies HdbArbR § 133 Rn 73.
505 BAG 31.7.2002 – 7 AZR 181/01 – BB 2003, 525.
506 BAG 21.12.2005 – 7 AZR 541/04 – AP § 14 TzBfG Nr 18; Sievers TzBfG § 14 Rn 367.
507 AllgM Dörner, Der befristete Arbeitsvertrag Rn 75; KDZ/Däubler § 14 Rn 190; Lakies BB 2000, 667.

Abs 4 TzBfG. Noch im Referentenentwurf vom 5.9.2000[508] war ausdrücklich vorgeschlagen worden, dass in den Fällen von § 14 Abs 1 TzBfG auch der sachliche Grund vereinbart werden muss. Daran wurde nicht festgehalten. Der sachliche Grund ist materielle Wirksamkeitsvoraussetzung für die Befristung aber nicht wesentlicher Vertragsbestandteil.

Dies gilt auch für **befristete Probearbeitsverhältnisse**. Die Differenzierung zwischen der schriftformbedürftigen Befristung als solcher und dem Sachgrund, der nicht vereinbart und auch deshalb auch nicht vom Schriftformerfordernis erfasst wird, gilt auch hier.[509]

253

Der sachliche Grund für die Befristung ist nur dort in die Vertragsurkunde aufzunehmen, wo dies **gesetzlich vorgeschrieben** ist. Nach § 2 Abs 4 WissZeitVG ist im Arbeitsvertrag anzugeben, ob die Befristung auf den Vorschriften des WissZeitVG beruht; ohne Angabe kann die Befristung nicht auf die Vorschriften dieses Gesetzes gestützt werden. Bei der Vertretungsbefristung ist nach der Rechtsprechung des 7. Senats zur Darlegung des Kausalzusammenhangs zwischen der zeitweiligen Arbeitsverhinderung der Stammkraft und der Einstellung der Vertretungskraft erforderlich, dass der Arbeitgeber bei Vertragsschluss mit dem Vertreter dessen Aufgaben einem oder mehreren vorübergehend abwesenden Beschäftigten, etwa durch eine entsprechende Angabe im Arbeitsvertrag, erkennbar gedanklich zuordnet.[510]

254

4. Umsetzung des Schriftformgebots

Die Anforderungen an die Wahrung der Schriftform des § 14 Abs 4 TzBfG richten sich nach § 126 BGB. Nach § 126 Abs 2 Satz 1 BGB muss die **Unterzeichnung** der Parteien **auf derselben Urkunde** erfolgen und diese räumlich abschließen. Zur Wahrung der nach § 14 Abs 4 TzBfG erforderlichen Schriftform genügt es, wenn die eine Vertragspartei in einem von ihr unterzeichneten, an die andere Vertragspartei gerichteten Schreiben den Abschluss eines befristeten Arbeitsvertrags anbietet und die andere Partei dieses Angebot annimmt, indem sie das Schriftstück ebenfalls unterzeichnet.[511] Die Schriftform des § 126 BGB erfordert keine körperliche Verbindung der einzelnen Blätter der Urkunde, wenn sich deren Einheit aus fortlaufender Paginierung, fortlaufender Nummerierung der einzelnen Bestimmungen, einheitlicher graphischer Gestaltung, inhaltlichem Zusammenhang des Textes ergibt.[512] Ein nur bei gewillkürter Schriftform nach § 127 BGB möglicher Austausch einseitiger Willenserklärungen (Briefwechsel) genügt zur Wahrung des gesetzlichen Schriftformgebots nach § 14 Abs 4 TzBfG nicht.[513] Allerdings genügt es nach § 126 Abs 2 Satz 2 BGB, dass jede Partei die für die andere Partei bestimmte Urkunde unterzeichnet, wenn über den Vertrag mehrere gleichlautende Urkunden aufgenommen werden.

255

---

508 NZA 2000, 1045.
509 BAG 23.6.2004 – 7 AZR 636/03 – AP § 14 TzBfG Nr 12.
510 BAG 14.4.2010 – 7 AZR 121/09.
511 BAG 26.7.2006 – 7 AZR 514/05.
512 BGH 24.9.1997 – XII ZR 234/95 – BGHZ 136/357.
513 Palandt/Ellenberger § 126 Rn 13; KR/Spilger § 623 Rn 108.

256 Die Befristungsvereinbarung muss von beiden Parteien eigenhändig **unterzeichnet** werden. Stellvertretung ist möglich, sofern das Vertretungsverhältnis in der Urkunde deutlich zum Ausdruck kommt.[514] Dabei weist grundsätzlich der Zusatz „i.V." darauf hin, dass der Erklärende selbst für den Vertretenen handelt; auch bei Verwendung des Zusatzes „iA" ist aber nicht ausgeschlossen, dass tatsächlich ein Vertreterhandeln (und nicht nur lediglich ein Handeln als Bote) vorliegt; maßgeblich sind die Gesamtumstände.[515] Unerheblich für die Wahrung der Schriftform ist, ob tatsächlich Vertretungsmacht vorliegt. Bei einer **GBR als Arbeitgeberin**[516] wird diese regelmäßig durch alle Gesellschafter zusammen vertreten, so dass es der Unterschrift aller Gesellschafter bedarf. Diese können sich zwar vertreten lassen, dies muss aber durch einen Vertretungszusatz kenntlich gemacht werden.[517] Unterschreibt für eine GBR nur ein Gesellschafter und fügt er der Unterschrift keinen Vertretungszusatz hinzu, ist nicht auszuschließen, dass die Unterzeichnung der Urkunde auch durch die anderen Gesellschafter vorgesehen war und deren Unterschrift noch fehlt. In diesem Fall ist zu prüfen, ob die Urkunde erkennen lässt, dass die Unterschrift des handelnden Gesellschafters auch die Erklärung der nicht unterzeichnenden Gesellschafter decken soll, also auch in deren Namen erfolgt ist.[518]

Hinweis: Befristungen sollten im Zweifel zur Wahrung der Schriftform von allen Gesellschaftern unterzeichnet werden; zumindest muss ein ausdrücklicher Vertretungszusatz in die Urkunde mit aufgenommen werden.

257 Die Übermittlung einer **Befristungsabrede per Telefax** genügt dem gesetzlichen Schriftformerfordernis nicht, da der dem Faxgerät entnommene Ausdruck nur eine Unterschriftskopie enthält.[519] Auch eine Kopie einer bereits von einer Vertragspartei unterzeichneten Befristungsabrede kann aus diesen Erwägungen dem Schriftformgebot nicht genügen.

258 Nach § 126 Abs 4 BGB wird die schriftliche Form durch die **notarielle Beurkundung** und nach § 127a BGB die notarielle Beurkundung bei einem **gerichtlichen Vergleich** durch die Aufnahme der Erklärungen in ein nach den Vorschriften der ZPO errichtetes Protokoll ersetzt. In beiden Fällen wird dem Schriftformgebot des § 14 Abs 4 TzBfG genügt.

259 Die schriftliche Form der Befristungsabrede kann nach § 126 Abs 3 BGB auch durch **elektronische Form** erfolgen.[520] Die Ersetzung der gesetzlich vorgeschriebenen schriftlichen durch die elektronische Form ist durch das Gesetz zur Anpassung der Formvorschriften des Privatrechts und anderer Vorschriften an den modernen Rechtsverkehr vom 13.7.2001[521] möglich

---

514 BAG 25.3.2009 – 7 AZR 59/08; Palandt/Ellenberger § 126 Rn 9.
515 BAG 25.3.2009 – 7 AZR 59/08.
516 Zur Außenrechtsfähigkeit BAG 1.12.2004 – 5 AZR 597/03 – AP § 50 ZPO Nr 14.
517 BAG 1.12.2004 – 5 AZR 597/03 – AP § 50 ZPO Nr 14; BGH 5.11.2003 – XII 134/02 – NJW 2004, 1103.
518 BAG 28.11.2007 – 6 AZR 1108/06.
519 BGH 28.1.1993 – IX 259/91 – BGHZ 121/224; ArbG Hannover – 9 Ca 282/00 – NZA-RR 2002, 245 zur Unwirksamkeit eines mittels Telefax zustande gekommenen Aufhebungsvertrages nach §§ 623, 125 BGB.
520 Dörner, Der befristete Arbeitsvertrag Rn 81.
521 BGBl I S 1542.

geworden. § 14 Abs 4 TzBfG enthält im Gegensatz zu § 623 Abs 3 BGB keinen Ausschluss der elektronischen Form. Ein solcher Ausschluss war zwar ursprünglich auch für die Vereinbarung einer Befristung geplant,[522] ist aber in § 14 Abs 4 TzBfG nicht übernommen worden. Nach § 126 a BGB muss der Aussteller der Erklärung dieser seinen Namen hinzufügen und das elektronische Dokument mit einer qualifizierten elektronischen Signatur nach dem Signaturgesetz versehen. Für die Vereinbarung einer Befristung ist zu beachten, dass jeweils das für die andere Partei bestimmte Dokument mit der eigenen Signatur versehen sein muss.[523] Aus den Anforderungen an die Wahrung der elektronischen Form ergibt sich, dass eine Befristungsabrede nicht durch den Austausch entsprechender E-Mails formwirksam getroffen werden kann.

Zu den Anforderungen an das Schriftformgebot vgl im Übrigen die Kommentierung zu § 623 BGB.

5. Rechtsfolgen eines Verstoßes

Die Rechtsfolgen einer formunwirksamen Befristungsvereinbarung ergeben sich aus § 16 Satz 2 TzBfG (s Kommentierung dort).

6. Einzelfragen

Findet ein Tarifvertrag, der Befristungsregelungen enthält (Altersgrenze, Spielzeitbefristungen in BühnenTV), kraft Tarifbindung Anwendung, bedarf es keiner zusätzlichen schriftformgemäßen Vereinbarung einer Befristung auf die Altersgrenze.[524] In diesem Fall ist bereits der Anwendungsbereich von § 14 Abs 4 TzBfG nicht eröffnet, weil kein Fall der vertraglichen Vereinbarung einer Befristung vorliegt. Auch die **einzelvertragliche Bezugnahme auf Tarifverträge mit tariflichen Befristungsregelungen** ist wirksam, wenn das Arbeitsverhältnis in einem einzelvertraglichen Arbeitsvertrag insgesamt einem Tarifvertrag unterstellt wird.[525] Auch diese Fallkonstellation wird nicht von § 14 Abs 4 TzBfG erfasst, weil das Arbeitsverhältnis vertraglich nicht als befristetes sondern als unbefristetes Arbeitsverhältnis vereinbart und lediglich ein Tarifvertrag in Bezug genommen wird, der tariflich geregelte Beendigungstatbestände enthält. § 14 Abs 4 TzBfG gilt immer dann nicht, wenn das Arbeitsverhältnis vertraglich insgesamt einem Tarifvertrag unterstellt wird. Werden hingegen vertraglich nur partiell tarifliche Befristungsregelungen in Bezug genommen (und damit vertraglich vereinbart), greift § 14 Abs 4 TzBfG; die Schriftform nach § 126 BGB ist nur gewahrt, wenn die Befristungsabrede im Wortlaut in den Vertrag aufgenommen wird; die schriftliche Inbezugnahme nicht näher ausformulierter tariflicher Bestimmungen genügt nicht.

Es kommt in der Praxis häufig vor, dass die Parteien **zunächst mündlich** ein befristetes Arbeitsverhältnis vereinbaren und die Befristungsabrede erst **nach Arbeitsaufnahme schriftlich zu einem späteren Zeitpunkt fixieren.**

---

522 BT-Drucks 14/4987 S 22.
523 Palandt/Ellenberger § 126 a Rn 10.
524 Arnold/Gräfl/Gräfl § 14 TzBfG Rn 385; Dörner, Der befristete Arbeitsvertrag Rn 82.
525 BAG 23.7.2014 – 7 AZR 771/12; 21.9.2011 – 7 AZR 134/10.

Die Befristung ist als sachgrundlose auf § 14 Abs 2 TzBfG gestützte Befristung rechtsunwirksam.[526] Die mündliche Vereinbarung ist wegen Verstoßes gegen § 14 Abs 4 TzBfG rechtsunwirksam und der Arbeitsvertrag gilt nach § 16 Satz 1 TzBfG als auf unbestimmte Zeit geschlossen. Nach Auffassung des BAG ist eine rückwirkende Bestätigung nach § 141 BGB nicht möglich. § 141 Abs 2 BGB kann weder direkt noch analog angewendet werden, weil das „Ursprungsrechtsgeschäft" in Form der mündlichen Befristung nicht nichtig, sondern als unbefristetes Arbeitsverhältnis rechtswirksam ist.[527] Die spätere Vereinbarung eines sachgrundlos befristeten Arbeitsverhältnisses verstößt dann gegen das Anschlussverbot des § 14 Abs 2 Satz 2 TzBfG.

264 Möglich ist dann nur noch die **nachträgliche Vereinbarung eines mit Sachgrund befristeten Arbeitsverhältnisses. Die Rechtsprechung des BAG ist hier sehr restriktiv.** Voraussetzung soll nach Auffassung des BAG sein, dass die Parteien auf die Herbeiführung dieser Rechtsfolge gerichtete Willenserklärungen abgegeben und nicht nur die zuvor mündlich vereinbarte Befristung schriftlich festgehalten haben.[528] Regelmäßig fehle es an entsprechenden Willenserklärungen. Eine eigenständige Befristungsabrede liegt nach Auffassung des 7. Senats jedoch dann vor, wenn die schriftliche Vereinbarung inhaltlich von einer vor Vertragsbeginn mündlich vereinbarten Befristung abweicht,[529] indem etwa die Vertragslaufzeit gegenüber der mündlichen Abrede verschoben wird.

265 Diese Rechtsprechung überzeugt nicht. Die Parteien (auch der Arbeitnehmer) wollen ein befristetes Arbeitsverhältnis abschließen, so dass entsprechende übereinstimmende Willenserklärungen – unabhängig davon, ob es inhaltliche (geringe) Differenzen zur mündlichen Abrede gibt – zweifelsfrei vorliegen. Maßgeblich kann deshalb (wie sonst auch) nur sein, ob die Befristung objektiv mit einem Sachgrund unterlegt werden kann. Ist dies nicht der Fall, ist die Befristung unwirksam.

266 Größere Rechtssicherheit gibt der Praxis nunmehr die Entscheidung des BAG vom 16.4.2008.[530] Macht der Arbeitgeber den Abschluss eines befristeten Arbeitsvertrags von der Unterzeichnung der Vertragsurkunde und damit der Einhaltung des Schriftformgebots des § 14 Abs 4 TzBfG abhängig, kann der Arbeitnehmer dieses Angebot nicht durch die Arbeitsaufnahme konkludent annehmen, sondern nur durch die Unterzeichnung der Vertragsurkunde. Auch eine vor Unterschrift erfolgte Arbeitsaufnahme führt dann nicht zum Vertragsschluss.

Hinweis: Der Arbeitgeber muss bei der Eingehung eines befristeten Arbeitsvertrages darauf achten, in keinem Fall im Vorfeld eine mündliche Vereinbarung mit dem Arbeitnehmer schließen. Er muss klarstellen, dass der Vertrag erst mit Unterschrift des Arbeitnehmers unter den Vertrag zu-

---

526 BAG 16.3.2005 – 7 AZR 289/04 AP § 14 TzBfG Nr 16; 1.12.2004 – 7 AZR 198/04 – AP § 14 TzBfG Nr 15.
527 BAG 1.12.2004 – 7 AZR 198/04 – AP § 14 TzBfG Nr 15.
528 BAG 16.3.2005 – 7 AZR 289/04 AP § 14 TzBfG Nr 16; 1.12.2004 – 7 AZR 198/04 – AP § 14 TzBfG Nr 15.
529 BAG 13.6.2007 – 7 AZR 700/06.
530 BAG 16.4.2008 – 7 AZR 1048/06.

stande kommt. Dies sollte im Anschreiben an den Arbeitnehmer zum Ausdruck kommen.

Die Geltendmachung von Schriftformmängeln unterliegt zwar auch dem Vorbehalt von Treu und Glauben, allerdings ist der Arbeitnehmer nach Auffassung des BAG trotz nachgeholter schriftlicher Vereinbarung einer Befristung regelmäßig nicht gehindert, deren Unwirksamkeit geltend zu machen. Bei vertraglichen Befristungsabreden ist es regelmäßig erlaubt, sie auf ihre Zulässigkeit überprüfen zu lassen. Vertragsschluss und Klage sind nicht widersprüchlich iS eines Verstoßes gegen Treu und Glauben nach § 242 BGB.[531] Der **Einwand rechtsmissbräuchlichen Verhaltens kann deshalb allenfalls dann greifen, wenn die Vertragsunterzeichnung bewusst herauszögert wird**, um die beschriebenen Rechtsfolgen herbeizuführen. Hat der Arbeitnehmer erklärt, er werde die Wirksamkeit der Befristung nicht in Frage stellen, liegt kein treuwidriges Verhalten vor, wenn in einem späteren Verfahren in erster Linie das Fehlen einer Abrede gerügt wird[532]

7. Darlegungs- und Beweislast

Beweislastprobleme können sich ergeben, wenn zwischen den Parteien streitig ist, ob die dem Schriftformgebot genügende Befristungsabrede bereits vor Aufnahme der Arbeitsleistungen vereinbart war. Da der Arbeitgeber für die Wirksamkeit der Befristung insgesamt beweispflichtig ist, obliegt ihm auch insoweit die Darlegungs- und Beweislast.

8. Formerfordernisse im öffentlichen Dienst

Nach Nr 2 Abs 1 SR 2 y BAT (gleichlautend Nr 2 SR 2 a MTA) war im Arbeitsvertrag zu vereinbaren, ob der Angestellte als Zeitangestellter (Nr 1 a SR 2 y BAT), als Angestellter für Aufgaben von begrenzter Dauer (Nr 1 b SR 2 y BAT) oder als Aushilfsangestellter bzw zur Vertretung (Nr 1 c SR 2 y BAT) eingestellt werden sollte. Das Erfordernis der **Vereinbarung bestimmter Befristungsgrundformen** diente der Rechtssicherheit und Rechtsklarheit. Der Arbeitgeber durfte sich deshalb nicht auf Sachgründe berufen, die im Arbeitsvertrag nicht vereinbart waren.[533]

Mit dem Inkrafttreten des TVöD haben die Tarifvertragsparteien auf das Erfordernis der Vereinbarung der Befristungsgrundform verzichtet. Die nachstehenden Ausführungen beziehen sich deshalb nur noch auf die noch unter der Geltung der SR 2 y abgeschlossenen befristeten Arbeitsverträge.

Lagen bei Vertragsabschluss mehrere Sachgründe vor, die eine Befristung rechtfertigen konnten, mussten die verschiedenen Befristungsgrundformen vereinbart werden, damit sie bei der gerichtlichen Befristungskontrolle berücksichtigt werden konnten.

Die Vereinbarung der Befristungsgrundform bedurfte nicht der Schriftform, da sie keine Nebenabrede iSv § 4 Abs 2 MTA darstellt. Auch eine

---

[531] BAG 16.3.2005 – 7 AZR 289/04 AP § 14 TzBfG Nr 16; 1.12.2004 – 7 AZR 198/04 – AP § 14 TzBfG Nr 15.
[532] BAG 13.6.2007 – 7 AZR 759/06.
[533] St Rspr BAG 31.7.2002 – 7 AZR 72/01; 17.4.2002 – 7 AZR 665/00 – zVv; 28.3.2001 – 7 AZR 701/99 – AP § 620 BGB Befristeter Arbeitsvertrag Nr 227.

bestimmte Ausdrucksweise war nicht vorgeschrieben, vielmehr war durch Auslegung des Arbeitsvertrages zu ermitteln, welche Befristungsgrundform die Parteien vereinbart haben.[534]

272 Zu der Befristungsgrundform der Nr 1 a SR 2 y BAT gehören nur Sachgründe, die weder unter Nr 1 b noch unter Nr 1 c SR 2 y BAT fielen.[535] Der Sachgrund des vorübergehenden Mehrbedarfs ist der Befristungsgrundform des Angestellten für Aufgaben von begrenzter Dauer, nicht aber der des Zeitangestellten[536] oder des Aushilfsangestellten[537] zuzuordnen. Der Sachgrund der vorübergehenden Verfügbarkeit von Haushaltsmitteln ist hingegen der Befristungsgrundform des Zeitangestellten, nicht aber der des Aushilfsangestellten zuzuordnen.[538] Dies gilt auch, wenn der befristet eingestellte Arbeitnehmer aus Haushaltsmitteln vergütet wird, die wegen der vorübergehenden Teilzeitbeschäftigung oder Beurlaubung anderer Arbeitnehmer frei geworden sind.[539]

---

534 BAG 28.3.2007 – 7 AZR 318/06; 17.4.2002 – 7 AZR 283/01 – EZA § 620 BGB Nr 191.
535 BAG 29.10.1998 – 7 AZR 477/97 – AP BAT SR 2 y § 2 Nr 17.
536 BAG 31.7.2002 – 7 AZR 72/01; widersprüchlich dagegen BAG 23.1.2002 – 7 AZR 461/00 – Zuordnung zur Befristungsgrundform des Aushilfsangestellten.
537 BAG 28.3.2007 – 7 AZR 318/06.
538 BAG 17.4.2002 – 7 AZR 283/01; 28.3.2001 – 7 AZR 701/99 – AP § 620 BGB Befristeter Arbeitsvertrag Nr 227; BAG 4.12.2002 – 7 AZR 437/01 – ZTR 2003, 466.
539 BAG 17.4.2002 – 7 AZR 665/00.

§ 15 Ende des befristeten Arbeitsvertrages

(1) Ein kalendermäßig befristeter Arbeitsvertrag endet mit Ablauf der vereinbarten Zeit.

(2) Ein zweckbefristeter Arbeitsvertrag endet mit Erreichen des Zwecks, frühestens jedoch zwei Wochen nach Zugang der schriftlichen Unterrichtung des Arbeitnehmers durch den Arbeitgeber über den Zeitpunkt der Zweckerreichung.

(3) Ein befristetes Arbeitsverhältnis unterliegt nur dann der ordentlichen Kündigung, wenn dies einzelvertraglich oder im anwendbaren Tarifvertrag vereinbart ist.

(4) ¹Ist das Arbeitsverhältnis für die Lebenszeit einer Person oder für längere Zeit als fünf Jahre eingegangen, so kann es von dem Arbeitnehmer nach Ablauf von fünf Jahren gekündigt werden. ²Die Kündigungsfrist beträgt sechs Monate.

(5) Wird das Arbeitsverhältnis nach Ablauf der Zeit, für die es eingegangen ist, oder nach Zweckerreichung mit Wissen des Arbeitgebers fortgesetzt, so gilt es als auf unbestimmte Zeit verlängert, wenn der Arbeitgeber nicht unverzüglich widerspricht oder dem Arbeitnehmer die Zweckerreichung nicht unverzüglich mitteilt.

I. Überblick 1	2. Fortsetzung des Arbeitsverhältnisses 31
II. Ende eines kalendermäßig befristeten Arbeitsvertrages (Abs 1) 2	3. „Unverzüglich" 35
	4. Widerspruch des Arbeitgebers 36
III. Ende eines zweckbefristeten Arbeitsverhältnisses (Abs 2) .. 3	5. Mitteilung der Zweckerreichung 38
1. Zweckerreichung 4	6. Rechtsfolge 39
2. Unterrichtungsfrist 8	7. Darlegungs- und Beweislast 40
IV. Kündigungsmöglichkeiten im befristeten Arbeitsverhältnis (Abs 3)...................... 16	VII. Wiedereinstellungsanspruch nach wirksamer Befristung ... 41
V. Kündigungsmöglichkeiten in einem langjährig befristeten Arbeitsverhältnis (Abs 4)...... 21	VIII. Fortsetzungsanspruch aus enttäuschtem Vertrauen 46
VI. Fortsetzung nach Befristungsende (Abs 5) 25	
1. Anwendungsbereich 25	

I. Überblick

§ 15 TzBfG regelt in Abs 1 die Rechtsfolgen eines wirksam kalendermäßig und in Abs 2 die eines wirksam zweckbefristeten Arbeitsvertrages. Abs 3 und Abs 4 bestimmen, unter welchen Voraussetzungen die Beendigung eines befristeten bzw eines auf Lebenszeit oder für eine längere Zeit als fünf Jahre eingegangenen Arbeitsverhältnisses durch Ausspruch einer Kündigung möglich ist. Abs 3 entspricht der bisherigen Rechtsprechung zur Kündigungsmöglichkeit befristeter Arbeitsverhältnisse, Abs 4 übernimmt die Regelungen des § 624 BGB für freie Dienstverhältnisse. Abs 5 regelt entsprechend § 625 BGB die Rechtsfolgen einer Fortsetzung des Arbeitsverhältnisses über das vereinbarte Ende bzw der Zweckerreichung hinaus und

Mestwerdt

bestimmt, unter welchen Voraussetzungen sich das Arbeitsverhältnis auf unbestimmte Zeit verlängert. § 15 TzBfG enthält keine ausdrückliche Regelung, ob und ggf unter welchen Bedingungen trotz wirksam befristeten Arbeitsvertrags ein Anspruch auf befristete oder unbefristete Fortsetzung des Arbeitsverhältnisses bestehen kann.

II. Ende eines kalendermäßig befristeten Arbeitsvertrages (Abs 1)

2 Eine **Zeitbefristung** liegt nach § 3 Abs 1 Satz 2 1. Alt TzBfG vor, wenn das Arbeitsverhältnis mit einer kalendermäßig bestimmten Frist enden soll. Ein kalendermäßig wirksam befristetes Arbeitsverhältnis endet durch Zeitablauf, ohne dass es einer Kündigung bedarf. Ist ein bestimmtes Enddatum vereinbart, endet das Arbeitsverhältnis mit Ablauf dieses Tages. Ist das Arbeitsverhältnis nach Zeiträumen (Tage, Wochen, Monate, Jahre etc) befristet, ist das Ende nach Maßgabe der §§ 187 Abs 2, 188 BGB zu bestimmen. Die Begründung des Gesetzesentwurfs hebt hervor, dass ein kalendermäßig befristetes Arbeitsverhältnis auch dann nach Maßgabe von Abs 1 endet, wenn der Arbeitnehmer einem besonderen Kündigungsschutz unterliegt.[1]

III. Ende eines zweckbefristeten Arbeitsverhältnisses (Abs 2)

3 Ein **zweckbefristetes Arbeitsverhältnis** ist dadurch gekennzeichnet, dass die Dauer des Arbeitsverhältnisses nicht kalendermäßig bestimmt ist sondern sich aus Art, Zweck oder Beschaffenheit der Arbeitsleistung ergibt (§ 3 Abs 1 Satz 2 2. Alt TzBfG). Zulässiger Zweck iSd TzBfG ist dabei nur ein Ereignis, dessen Eintritt die Parteien hinsichtlich des „Ob" als sicher ansehen, dessen „Wann" aber noch nicht feststeht; es muss hinreichend sicher sein, dass der Zweck tatsächlich zu irgendeinem Zeitpunkt erreicht werden wird, wenngleich noch nicht feststeht, wann dies sein wird.[2] Nach dem Grundsatz der Vertragsfreiheit ist es zulässig, eine kombinierte Zeit- und Zweckbefristung zu vereinbaren, wobei der Inhalt der Vereinbarung im Zweifel durch Auslegung zu ermitteln ist, aber der Beendigungstatbestand „hinreichend deutlich" vereinbart sein muss.[3]

1. Zweckerreichung

4 Nach § 15 Abs 2 TzBfG endet ein wirksam zweckbefristetes Arbeitsverhältnis mit Erreichen des Zwecks, frühestens jedoch zwei Wochen nach Zugang der schriftlichen Unterrichtung des Arbeitnehmers durch den Arbeitgeber über den Zeitpunkt der Zweckerreichung. Die Vorschrift gilt nach § 21 TzBfG auch für auflösend bedingte Arbeitsverhältnisse. Ein **zweckbefristetes Arbeitsverhältnis endet nur, wenn kumulativ zwei Voraussetzungen erfüllt sind:**

- objektiv muss der vertraglich vereinbarte Zweck erreicht sein,
- dem Arbeitnehmer muss eine schriftliche Mitteilung über die Zweckerreichung zugegangen sein.

---

[1] BT-Drucks 14/4374 S 20.
[2] BAG 15.5.2012 – 7 AZR 35/11.
[3] BAG 19.2.2014 – 7 AZR 260/12; 22.4.2009 – 67 AZR 768/07 (Kombination Zweck- und Zeitbefristung); 29.6.2011 – 7 AZR 6/10 (Kombination auflösende Bedingung und Zeitbefristung).

Der **Tatbestand der Zweckerreichung** ist grundsätzlich nach objektiven 5
Kriterien zu bestimmen.[4] Er ist zB gegeben, wenn die Erntesaison beendet oder das einem zweckbefristeten Vertrag zugrunde liegende Projekt abgeschlossen ist. Wird das Arbeitsverhältnis über diesen Zeitpunkt hinaus fortgesetzt, richten sich die Rechtsfolgen nach Abs 5.

Das Arbeitsverhältnis endet aufgrund einer Zweckbefristung grundsätzlich 6
nur, wenn der Zweck tatsächlich erreicht worden ist.[5] **Probleme** treten auf, wenn der **Zeitpunkt der Zweckerreichung nicht eindeutig nach objektiven Kriterien** zu bestimmen ist. Dies kann zB der Fall sein, wenn mit dem Abschluss eines Projektes noch Aufräumarbeiten verbunden sind, ein Abschlussbericht zu fertigen ist, der aufgrund fachlicher Voraussetzungen nur von bestimmten Arbeitnehmern erstellt werden kann oder ein Projekt dem Auftraggeber erst in einer zeitlich nachfolgenden Präsentation vorgestellt wird. Ausgangspunkt für die Bestimmung des Zeitpunkts der Zweckerreichung ist die Befristungsvereinbarung, der evtl im Wege der Auslegung entnommen werden muss, auf welches konkrete Ereignis die Arbeitsvertragsparteien im Rahmen der Zweckbefristung abgestellt haben. Im Rahmen der durch den Vertrag vorgegebenen Zwecksetzung ist dem Arbeitgeber ein gewisser **Beurteilungsspielraum** im Hinblick auf das durch die schriftliche Unterrichtung herbeigeführte Ende des zweckbefristeten Arbeitsverhältnisses einzuräumen.[6]

Ist ein Projekt fachlich abgeschlossen, obliegt es pflichtgemäßem Ermessen des Arbeitgebers, ob er zweckbefristete Arbeitsverhältnisse mit dem fachlichen Abschluss eines Projektes durch Unterrichtung der Arbeitnehmer auflöst und Aufräum-/Abrüstarbeiten durch seine Stammbelegschaft vornehmen lässt oder ob er erst nach Abschluss dieser Arbeiten von einer Zweckerreichung ausgeht und die Arbeitnehmer entsprechend unterrichtet.

Ein zweckbefristetes Arbeitsverhältnis kann mit Ablauf der Unterrich- 7
tungsfrist nach Abs 2 auch dann enden, wenn der **vereinbarte Zweck nicht erreicht sondern weggefallen ist**, weil zB ein Projekt vor seiner Vollendung eingestellt wird.[7] In diesen Fällen ist zunächst durch (ergänzende) Auslegung der Befristungsabrede festzustellen, ob der Zweck der Befristung erreicht ist.[8] Soll ein vorübergehender Beschäftigungsbedarf durch die Zweckbefristung gedeckt werden (zusätzliches Projekt), ist davon auszugehen, dass der Zweckwegfall wie der Fall der Zweckerreichung zu behandeln ist. Anders kann es sein, wenn vorübergehender Vertretungsbedarf Anlass für die Zweckbefristung ist (Erkrankung/Sonderurlaub einer Stammkraft) und aus dem Vertretungsbedarf nach Ausscheiden/Tod der Stammkraft ein dauerhafter Beschäftigungsbedarf wird.[9]

---

4 KR/Lipke § 15 Rn 7 b.
5 BAG 27.6.2001 – 7 AZR 157/00 – RzK I 9 a Nr 189; 26.6.1996 – 7 AZR 674/95 – AP § 620 BGB Bedingung Nr 23.
6 Sievers § 15 TzBfG Rn 6.
7 Dörner, Der befristete Arbeitsvertrag Rn 701; aA Sievers § 15 TzBfG Rn 5; KDZ/Däubler § 14 TzBfG Rn 4, differenzierend Arnold/Gräfl/Gräfl § 15 TzBfG Rn 20.
8 BAG 26.6.1996 – 7 AZR 674/95 – NZA 1997, 200.
9 BAG 26.6.1996 – 7 AZR 674/95, vgl aber BAG 29.6.2011 – 7 AZR 6/10 (Bedingungseintritt bei Tod des Vertretenen).

2. Unterrichtungsfrist

8　Das zweckbefristete Arbeitsverhältnis endet erst nach Ablauf einer Unterrichtungsfrist von zwei Wochen nach Zugang der schriftlichen Mitteilung des Arbeitgebers. Die Regelung basiert auf der Rechtsprechung des BAG vor Inkrafttreten des TzBfG zum Erfordernis der Einhaltung einer Auslauffrist bei der Beendigung zweckbefristeter Arbeitsverhältnisse. Danach sollte das Arbeitsverhältnis erst mit Ablauf einer Auslauffrist enden, die der gesetzlichen oder der dem einschlägigen Tarifwerk zu entnehmenden Mindestkündigungsfrist entsprach.[10]

9　Der Gesetzgeber hat sich an die kurze Kündigungsfrist des § 622 Abs 3 BGB angelehnt und eine Auslauffrist von zwei Wochen nach Zugang der schriftlichen Mitteilung statuiert. Durchgreifende verfassungsrechtliche Bedenken gegen diese (kurze) Frist bestehen nicht, dem Gesetzgeber steht insoweit ein Regelungsspielraum zu.[11] Längere tarifliche Ankündigungsfristen sind möglich.

10　Erfolgt die **Zweckbefristung eines Arbeitsverhältnisses auf Wunsch des Arbeitnehmers** oder aus Gründen, die in seiner Person liegen (Überbrückung bis zur Zuweisung eines Studienplatzes/Aufnahme eines Studiums etc), so endet das Arbeitsverhältnis mit objektiver Zweckerreichung, ohne dass es einer Unterrichtung des Arbeitgebers über den Zeitpunkt der Zweckerreichung bedarf. Die Unterrichtungspflicht wird nur ausgelöst, wenn der vereinbarte Zweck aus der Sphäre des Arbeitgebers stammt. Zweck der Unterrichtungspflicht ist nach der Begründung des Gesetzentwurfs, den Arbeitnehmer, der den genauen Zeitpunkt der Zweckerreichung und damit das Ende des Arbeitsverhältnisses nicht kennt, mit einer Auslauffrist Gelegenheit zu geben, sich auf das bevorstehende Ende des Arbeitsverhältnisses einzustellen und einen neuen Arbeitsplatz zu suchen.[12] Stammt der Grund der Zweckbefristung aus der Sphäre des Arbeitnehmers, kann der Arbeitgeber einer Unterrichtungspflicht nicht nachkommen. Bereits nach dem Wortlaut der Norm wird eine Unterrichtspflicht deshalb nicht ausgelöst.[13]

11　Die Unterrichtung hat **schriftlich** zu erfolgen, muss im Gegensatz zu § 14 Abs 4 TzBfG aber **nicht den Formerfordernissen des § 126 BGB genügen**.[14] Die Unterrichtung nach § 15 Abs 2 TzBfG ist nicht Willens- sondern Wissenserklärung;[15] deshalb liegt es nahe, in Anlehnung an die Rechtsprechung des BAG zu tariflichen Ausschlussfristen[16] sowie zu den Formerfordernissen des Widerspruchs des Betriebsrates nach § 99 Abs 3 Satz 1 BetrVG[17] auch schriftliche Unterrichtungen, die nicht dem Formerforder-

---

10　St Rspr zuletzt BAG 25.8.1999 – 7 AZR 75/98 – AP § 620 BGB Bedingung Nr 24.
11　KR/Lipke § 15 TzBfG Rn 7; aA KDZ/ Däubler § 15 TzBfG Rn 9.
12　BT-Drucks 14/4374 S 20.
13　Wie hier Gräfl/Arnold/Arnold § 15 TzBfG Rn 24; mit gleichem Ergebnis über den Weg einer teleologischen Reduktion der Vorschrift Hromadka BB 2001, 674, 676; Meinel/Heym/Herms § 15 TzBfG Rn 6; aA KR/Lipke § 15 TzBfG Rn 12 b; Sievers TzBfG § 15 Rn 8; Dörner, Der befristete Arbeitsvertrag Rn 711.
14　Sievers § 15 TzBfG Rn 9; aA Dörner, Der befristete Arbeitsvertrag Rn 706; für eine analoge Anwendung KR/Lipke § 15 TzBfG Rn 11; Kliemt NZA 2001, 296, 302.
15　APS/Backhaus § 15 TzBfG Rn 7; ähnl KR/Lipke § 15 TzBfG Rn 10.
16　BAG 11.10.2000 – 5 AZR 313/99 – AP § 4 TVG Ausschlussfristen Nr 153.
17　BAG 11.6.2002 – 1 AbR 43/01 – NZA 2003, 226.

nis des § 126 BGB genügen, ausreichen zu lassen. Eine Unterrichtung per Telefax ist deshalb im Gegensatz zu einer Unterrichtung per E-Mail ausreichend.

Der Arbeitgeber hat den **Zeitpunkt der Zweckerreichung mitzuteilen**. Dies hat durch **exakte Angabe des Beendigungszeitpunkts unter genauer Angabe des Tages** zu erfolgen,[18] ungefähre Angaben reichen nicht aus, da der Ablauf der Frist den Beginn der Klagefrist des § 17 TzBfG determiniert. Der mitgeteilte Zeitpunkt muss auch mit dem objektiven Datum der Zweckerreichung übereinstimmen,[19] wobei nach hier vertretener Auffassung im Hinblick auf das häufig nicht exakt bestimmbare Datum der Zweckerreichung dem Arbeitgeber ein Beurteilungsspielraum im Rahmen der vertraglichen Zweckbefristungsabrede eingeräumt ist. 12

Eine **formgemäße aber die Frist von zwei Wochen bis zur Zweckerreichung nicht einhaltende Unterrichtung** führt dazu, dass das Arbeitsverhältnis bis zum Ablauf der Zwei-Wochen-Frist über den Zeitpunkt der Zweckerreichung hinaus fortbesteht.[20] 13

Eine **nicht formgemäße Unterrichtung** führt nicht automatisch zu einem unbefristeten Arbeitsverhältnis. Sie kann in den Grenzen des § 15 Abs 5 TzBfG nachgeholt werden. Das Gesetz knüpft über den Nichtbeginn der Auslauffrist hinaus an die formunwirksame Unterrichtung unmittelbar keine Rechtsfolgen. Dies zeigt auch der Umkehrschluss aus § 15 Abs 5 TzBfG, wonach das Arbeitsverhältnis nur dann als auf unbestimmte Zeit verlängert gilt, wenn der Arbeitgeber nach Zweckerreichung diese nicht unverzüglich dem Arbeitnehmer mitteilt. 14

Unterbleibt die Unterrichtung, besteht das Arbeitsverhältnis zunächst befristet fort. Ein **unbefristetes Arbeitsverhältnis entsteht nur nach Maßgabe von § 15 Abs 5 TzBfG**, wenn es mit Wissen des Arbeitgebers und ohne unverzügliche Mitteilung der Zweckerreichung fortgesetzt wird.[21] 15

IV. Kündigungsmöglichkeiten im befristeten Arbeitsverhältnis (Abs 3)

Nach § 15 Abs 3 TzBfG kann ein befristetes Arbeitsverhältnis nur dann ordentlich gekündigt werden, wenn dies einzelvertraglich oder im anwendbaren Tarifvertrag vereinbart ist. Dies entspricht ständiger Rechtsprechungspraxis.[22] 16

Die **Vereinbarung der Kündigungsmöglichkeit** bedarf keiner Schriftform.[23] Ob das Recht zur ordentlichen Kündigung vereinbart wurde, ist ggf im Wege der Auslegung zu ermitteln.[24] Die Vereinbarung eines befristeten Probezeitarbeitsverhältnisses beinhaltet für sich genommen nicht die Ver- 17

---

18 APS/Backhaus § 15 Rn 9.
19 LAG Sachsen 25.1.2008 – 3 Sa 458/07.
20 Arnold/Gräfl/Arnold § 15 TzBfG Rn 34.
21 KR/Lipke § 15 TzBfG Rn 12.
22 BAG 4.8.2011 – 6 AZR 436/10; 25.2.1998 – 2 AZR 279/97 – AP § 620 BGB Befristeter Arbeitsvertrag Nr 195.
23 KR/Lipke § 15 TzBfG Rn 21.
24 Vgl BAG 4.8.2011 – 6 AZR 436/10; LAG Rheinland-Pfalz 10.4.2008 – 2 Sa 776/07.

Mestwerdt

einbarung eines Kündigungsrechts.[25] Wird im Rahmen eines befristeten Arbeitsverhältnisses eine Probezeit vereinbart, ohne dass die Möglichkeit einer Kündigung ausdrücklich erwähnt wird, bedarf es weiterer Anhaltspunkte, um von der Vereinbarung eines Kündigungsrechts ausgehen zu können;[26] eine symbiotische Verbindung von Probezeit und konkludenter Vereinbarung einer Kündigungsmöglichkeit besteht nicht. Ist in einem Arbeitsvertrag bestimmt, dass für die Kündigung des Arbeitsverhältnisses nach Ablauf der Probezeit die gesetzliche Kündigungsfrist gilt, so beinhaltet dies die Vereinbarung der ordentlichen Kündbarkeit.[27]

18 Die Zulässigkeit der Vereinbarung eines Kündigungsrechts ist nicht davon abhängig, dass gewichtige Arbeitgeberinteressen das Bestandsschutzinteresse des Arbeitnehmers überwiegen.[28] Für eine solche Einschränkung gibt es keine Rechtsgrundlage. Dem Bestandsschutzinteresse des Arbeitnehmers wird dadurch Rechnung getragen, dass auch die Kündigung eines befristeten Arbeitsvertrags den allgemeinen und besonderen Kündigungsschutzbestimmungen genügen muss.

19 Unberührt bleibt immer das **Recht der Vertragsparteien, nach Maßgabe von § 626 BGB das Arbeitsverhältnis aus wichtigem Grund kündigen zu können.** Dazu ist ein vertraglicher Vorbehalt nicht erforderlich.

20 Die **Kündigungsmöglichkeit kann sich auch aus einer Vereinbarung im anwendbaren Tarifvertrag ergeben.** Dieser Voraussetzung genügt auch die einzelvertragliche Vereinbarung eines fachfremden Tarifvertrages.[29] Für eine Beschränkung auf den fachlich, räumlich und persönlich anwendbaren Tarifvertrag gibt der Wortlaut von § 15 Abs 3 TzBfG nichts her.

V. Kündigungsmöglichkeiten in einem langjährig befristeten Arbeitsverhältnis (Abs 4)

21 Nach § 15 Abs 4 TzBfG kann ein Arbeitsverhältnis nach Ablauf von fünf Jahren vom Arbeitnehmer mit einer Kündigungsfrist von sechs Monaten gekündigt werden, wenn es auf Lebenszeit oder für eine längere Zeit als fünf Jahre eingegangen ist. Die Vorschrift übernimmt für Arbeitsverhältnisse ohne inhaltliche Änderungen die Regelung des § 624 BGB. Für freie Dienstverhältnisse sowie für die Vertragsverhältnisse arbeitnehmerähnlicher Personen[30] bleibt § 624 BGB anwendbar. Da § 21 TzBfG nicht auf § 15 Abs 4 TzBfG verweist, gilt die Vorschrift nicht für auflösend bedingte Arbeitsverhältnisse.[31]

22 Zweck der Vorschrift ist, den Arbeitnehmer vor einer übermäßigen Beschränkung seiner persönlichen Freiheit zu schützen.[32] Damit dient sie der Sicherung der durch Art 12 GG geschützten Freiheit der Berufswahl.[33]

---

25 So auch KR/Lipke § 15 Rn 21 b.
26 Weitergehend BAG 4.7.2001 – 2 AZR 88/00.
27 BAG 4.8.2011 – 6 AZR 436/10.
28 So KDZ/Däubler § 15 TzBfG 15.
29 KR/Lipke § 15 TzBfG Rn 22 a.
30 KR/Fischermeier § 626 Rn 5.
31 KR/Lipke § 15 TzBfG Rn 24 b.
32 § 624 BGB Rn 1.
33 KDZ/Zwanziger § 624 BGB Rn 1.

Die Kündigungsfrist von sechs Monaten kann nicht zuungunsten des Arbeitnehmers abbedungen werden. Damit ist zwar eine Verlängerung der Kündigungsfrist ausgeschlossen, aber eine Verkürzung möglich.[34]   23

Wegen der Einzelfragen im Übrigen wird verwiesen auf die Kommentierung zu § 624 BGB.   24

VI. Fortsetzung nach Befristungsende (Abs 5)
1. Anwendungsbereich

§ 15 Abs 5 TzBfG übernimmt mit Modifikationen die Regelungen des § 625 BGB. Die Vorschrift regelt die Rechtsfolgen der Weiterarbeit nach Ablauf eines zeitbefristeten Vertrages, nach Zweckerreichung bei einem zweckbefristeten Vertrag und über die Verweisung in § 21 TzBfG nach Eintritt der auflösenden Bedingung bei einem auflösend bedingten Arbeitsvertrag. § 625 BGB findet insoweit keine Anwendung.[35] Die Rechtsfolgen der Weiterarbeit nach Ablauf der Kündigungsfrist sowie nach sonstigen Beendigungstatbeständen (Auflösungsvertrag, Anfechtung) richten sich nach § 625 BGB.[36]   25

§ 15 Abs 5 TzBfG regelt übereinstimmend mit § 625 BGB, dass ein Arbeitsverhältnis als auf unbestimmte Zeit verlängert gilt, wenn es nach seinem Ablauf mit Wissen des Arbeitgebers und ohne dessen unverzüglichen Widerspruch bei einem zeitbefristeten Vertrag bzw ohne unverzügliche Mitteilung der Zweckerreichung bei einem zweckbefristeten Vertrag fortgesetzt wird.[37] § 15 Abs 5 TzBfG unterstellt kraft gesetzlicher Fiktion einen schlüssigen Fortsetzungswillen beider Vertragsparteien[38] und ordnet als Rechtsfolge die Fortsetzung auf unbestimmte Zeit an.   26

§ 15 Abs 5 TzBfG kommt nur zur Anwendung, wenn die Parteien für die Fortsetzung des Arbeitsverhältnisses über den Befristungsablauf hinaus keine andere Rechtsgrundlage vereinbart haben.[39] Liegt eine Vereinbarung der Parteien über die Fortsetzung des Arbeitsverhältnisses vor, scheidet die Anwendung von § 15 Abs 5 TzBfG aus.[40]   27

Eine solche Vereinbarung kann eine **kombinierte Zeit/Zweckbefristung (sog Doppelbefristung)** sein.[41] Haben die Vertragsparteien ein zweck- und zusätzlich zeitbefristetes Arbeitsverhältnis vereinbart, so gilt das Arbeitsverhältnis nicht nach § 15 Abs 5 TzBfG als auf unbestimmte Zeit verlängert, wenn der vereinbarte Zweck vor dem vereinbarten Zeitablauf eintritt und der Arbeitgeber die Zweckerreichung nicht unverzüglich mitteilt. Das Arbeitsverhältnis endet bei wirksamer Zeitbefristung dann mit Zeitab-   28

---

34 Laux/Schlachter § 15 Rn 23.
35 KR/Lipke § 15 Rn 27.
36 KDZ/Däubler § 15 TzBfG Rn 18.
37 Vgl Begründung des Gesetzesentwurfs 14/4374 S 21.
38 KR/Fischermeier § 625 BGB Rn 4.
39 BAG 18.10.2006 – 7 AZR 751/05; 20.2.2002 – 7 AZR 662/00 – nv; 2.12.1998 – 7 AZR 508/97 – AP § 625 BGB Nr 8.
40 Zutr Sowka DB 2002, 1158 ff.
41 Vgl § 14 Rn 21 sowie BAG 27.6.2001 – 7 AZR 157/00 – RzK I 9 a Nr 189.

lauf.⁴² § 15 Abs 5 TzBfG findet keine Anwendung, obwohl – insoweit dem Wortlaut der Norm entsprechend – das Arbeitsverhältnis nach Zweckerreichung mit Wissen des Arbeitgebers fortgesetzt wird. § 15 Abs 5 TzBfG ist teleologisch in seinem Anwendungsbereich zu reduzieren, weil beide Parteien – anders als im Regelfall eines zweckbefristeten Arbeitsverhältnis – in Kenntnis der weiteren vereinbarten Zeitbefristung weiterarbeiten.

29 In der Vereinbarung einer **Doppelbefristung liegt keine nach § 22 Abs 1 TzBfG unzulässige Abweichung von § 15 Abs 5 TzBfG** zu Ungunsten des Arbeitnehmers. Zwar ist § 15 Abs 5 TzBfG nach § 22 Abs 1 TzBfG nicht abdingbar. Eine danach unzulässige vertragliche Regelung liegt aber nur dann vor, wenn die Vertragsparteien im Arbeitsvertrag die Rechtsfolge des § 15 Abs 5 TzBfG für den Fall ausschließen, dass es keine über den Befristungsablauf hinausgehende Vereinbarung gibt. Sofern die Parteien die Fortsetzung des Arbeitsverhältnisses über den Ablauf eines Beendigungstatbestandes hinaus positiv bis zu einem späteren Zeitpunkt regeln, findet § 15 Abs 5 TzBfG keine Anwendung und liegt deshalb auch keine nach § 22 Abs 1 TzBfG unzulässige Abweichung zum Nachteil des Arbeitnehmers vor.

30 Auch das tarifliche System der befristeten Arbeitsverhältnisse im Bühnenbereich wird nicht in Frage gestellt. Erfolgt keine Nichtverlängerungsanzeige, so wird das Arbeitsverhältnis nach der ausdrücklichen tariflichen Anordnung um ein Jahr verlängert. Der Tatbestand des § 15 Abs 5 TzBfG wird weder ausgelöst noch zu Ungunsten der Arbeitnehmer abbedungen.⁴³

2. Fortsetzung des Arbeitsverhältnisses

31 Die Rechtsfolge des § 15 Abs 5 TzBfG wird ausgelöst, wenn das Arbeitsverhältnis nach dem Ende des kalendermäßig befristeten Arbeitsverhältnisses oder über den Zeitpunkt der Zweckerreichung hinaus fortgesetzt wird. Liegt bei einer auflösenden Bedingung der Bedingungseintritt vor Ablauf der Ankündigungsfrist, so endet das Arbeitsverhältnis erst mit Ablauf dieser Frist. Ein Fall von § 15 Abs 5 TzBfG liegt nicht vor.⁴⁴

32 Nur die **Fortsetzung des Arbeitsverhältnisses durch den Arbeitnehmer** nicht aber durch den Arbeitgeber, zB durch Entgeltfortzahlung, löst die Rechtsfolge des § 15 Abs 5 TzBfG aus.⁴⁵ Zwar entspricht der Wortlaut der Norm nicht exakt § 625 BGB, wo ausdrücklich eine Fortsetzung durch den Dienstverpflichteten vorausgesetzt wird. Das weitere Tatbestandsmerkmal „mit Wissen des Arbeitgebers" ergibt jedoch nur Sinn, wenn der andere Teil, der Arbeitnehmer, seine Arbeitsleistungen weiter erbringt. Auch die Begründung des Gesetzesentwurfs spricht ausdrücklich von einer Fortsetzung durch den Arbeitnehmer und einer übereinstimmenden Regelung mit § 625 BGB.

---

42 BAG 29.6.2011 – 7 AZR 6/10; Dörner Der befristete Arbeitsvertrag Rn 721; Sowka DB 2002, 1158.
43 Sowka DB 2002, 1158, 1161.
44 BAG 6.4.2011 – 7 AZR 704/09.
45 Dörner, Der befristete Arbeitsvertrag Rn 742; ErfK/Müller-Glöge § 14 TzBfG Rn 27; aA APS/Backhaus § 15 TzBfG Rn 62.

Fortsetzung bedeutet **weiteres tatsächliches Erbringen der Arbeitsleistung** 33 durch den Arbeitnehmer in dem Bewusstsein und in der Bereitschaft, die Pflichten aus dem Arbeitsverhältnis weiter zu erfüllen;[46] ein lediglich konkludent zum Ausdruck gebrachter Wille zur Fortsetzung des Arbeitsverhältnisses löst die Rechtsfolge nicht aus.[47] Auch die Erbringung der bisherigen Arbeitsleistung auf Grundlage eines neuen Arbeitsvertrags mit einem Schwesterunternehmen genügt nicht.[48] Die Fortsetzung muss zudem nahtlos erfolgen. Die Rechtsfolge des § 15 Abs 5 TzBfG wird nicht ausgelöst, wenn sich die weitere Arbeitsleistung nicht unmittelbar an das Ende des befristeten Arbeitsvertrages anschließt.[49]

Die Fortsetzung muss **mit Wissen des Arbeitgebers** erfolgen. Abzustellen ist 34 auf den **Arbeitgeber oder einen zum Abschluss von Arbeitsverträgen berechtigten Vertreter**.[50] Nach der Rechtsprechung des 7. Senats genügt – selbst wenn Personalkompetenz fehlt – auch die Kenntnis von Personen, denen der Arbeitgeber arbeitsrechtliche Vorgänge zur selbständigen Bearbeitung überträgt; deren Kenntnis muss der Arbeitgeber sich zurechnen lassen.[51] Die Fortsetzung des Arbeitsverhältnisses eines Lehrers über den Befristungsablauf hinaus mit Wissen eines nicht einstellungsbefugten Schulleiters löst die Fiktion des § 15 Abs 5 TzBfG nicht aus.[52] Die Kenntnis des Arbeitgebers muss sich lediglich auf die Arbeitsleistung als solche beziehen. Ein **Irrtum des Arbeitgebers** über das Ende des befristeten Arbeitsverhältnisses schließt Wissen iSd Vorschrift nicht aus.[53]

3. „Unverzüglich"

Gemeinsames Merkmal von Widerspruch und Mitteilung der Zweckerreichung im Rahmen von § 15 Abs 5 TzBfG ist, dass sie **unverzüglich**, dh 35 nach der für das gesamte Privatrecht geltenden Legaldefinition in § 121 BGB **ohne schuldhaftes Zögern** zu erfolgen hat. Die Frist beginnt mit Kenntnis des Arbeitgebers von den für die Entscheidung über das Fortbestehen des Arbeitsverhältnisses maßgebenden Umständen. Dazu gehört die **Kenntnis, dass der Arbeitnehmer über die Vertragszeit hinaus seine Dienste weiter erbringt**. Der Widerspruch kann schon vor der Beendigung des befristeten Arbeitsverhältnisses bspw dadurch erklärt werden, dass der Arbeitgeber eine nur befristete Weiterbeschäftigung anbietet[54] oder dem Wunsch des Arbeitnehmers auf Entfristung widerspricht.[55] Dem Arbeitgeber steht eine angemessene Überlegungsfrist zu, welche die Möglichkeit der Einholung von Rechtsrat einschließt. Eine längere Frist als eine Woche

---

46 BAG 11.7.2007 – 7 AZR 501/06; LAG Berlin 28.3.2006 – 7 Sa 1970/05.
47 BAG 2.12.1998 – 7 AZR 508/97 – AP § 625 BGB Nr 8; KR/Fischermeier § 625 BGB Rn 25.
48 BAG 18.10.2006 – 7 AZR 751/05.
49 BAG 2.12.1998 – 7 AZR 508/97 – AP § 625 BGB Nr 8.
50 BAG 11.7.2007 – 7 AZR 501/06.
51 BAG 11.7.2007 – 7 AZR 501/06.
52 BAG 20.2.2002 – 7 AZR 662/00; KR/Fischermeier § 625 Rn 26.
53 Staudinger/Preis § 625 BGB Rn 21; KDZ/Däubler § 625 BGB Rn 17.
54 BAG 13.8.1987 – 2 AZR 122/87 – nv.
55 BAG 11.7.2007 – 7 AZR 501/06.

Mestwerdt

nach Kenntniserlangung ist im Regelfall nicht mehr unverzüglich.[56] Zum Merkmal der Unverzüglichkeit vgl die Kommentierung zu § 625 BGB.

4. Widerspruch des Arbeitgebers

36 Mit dem unverzüglichen **Widerspruch** kann der Arbeitgeber die Fortsetzung eines zeitbefristeten Vertrages über das Befristungsende hinaus und den Eintritt der Rechtsfolgen des § 15 Abs 5 TzBfG verhindern. Im Fall eines zweckbefristeten oder **auflösend bedingten Arbeitsverhältnisses** ist ein Widerspruch erforderlich, sofern das Arbeitsverhältnis über den Ablauf der Auslauffrist des § 15 Abs 2 TzBfG hinaus fortgesetzt wird.[57] Ohne formgerechte Mitteilung der Zweckerreichung nach § 15 Abs 2 TzBfG endet das Arbeitsverhältnis auch bei einem Widerspruch nach § 15 Abs 5 TzBfG nicht.

37 Der Widerspruch ist **einseitige empfangsbedürftige Willenserklärung**, für den die §§ 130 ff BGB gelten.[58] Er **unterliegt nicht dem Schriftformgebot des § 15 Abs 2 TzBfG** für die Mitteilung der Zweckerreichung. Ein Widerspruch kann konkludent erfolgen; er ist auch vor Ablauf des Arbeitsverhältnisses möglich.[59] In dem Angebot eines Arbeitgebers auf befristete Fortsetzung des Arbeitsverhältnisses liegt konkludent der Widerspruch gegen seine unbefristete Fortsetzung. Eine konkludente Einigung über die befristete Fortsetzung kann zwar Widerspruch iSv § 15 Abs 5 TzBfG sein,[60] führt aber wegen Nichteinhaltung der Schriftform zu einem unbefristeten Arbeitsverhältnis. Zum Widerspruch im Übrigen wird auf die Kommentierung zu § 625 BGB verwiesen.

5. Mitteilung der Zweckerreichung

38 Die Mitteilung der Zweckerreichung nach § 15 Abs 5 TzBfG ist erforderlich, wenn der Arbeitnehmer über den Zeitpunkt der Zweckerreichung hinaus Arbeitsleistungen erbringt und ihm noch keine schriftliche Unterrichtung über den Zeitpunkt der Zweckerreichung zugegangen ist. Dann muss die Mitteilung nachgeholt werden, um den Beendigungstatbestand des § 15 Abs 2 TzBfG auszulösen. Die Mitteilung über die Zweckerreichung nach § 15 Abs 5 TzBfG entspricht dann der schriftlichen Unterrichtung des Arbeitnehmers über den Zeitpunkt der Zweckerreichung nach Abs 2 und holt diese nach.[61] Der Gesetzgeber wollte keinen Unterschied zwischen der Unterrichtung nach Abs 2 und der Mitteilung nach Abs 5. Hätte er das gewollt, hätte er sich darauf beschränken können, bei Zeitablauf wie bei Zweckerreichung im Fall des Abs 5 eine einheitliche Widerspruchsmöglichkeit zu gewähren. Die **Mitteilung der Zweckerreichung muss deshalb schriftlich erfolgen**[62] und löst auch dieselben Rechtsfolgen wie Abs 2 aus. Das Arbeitsverhältnis endet auch im Fall des Abs 5 erst mit Ablauf der

---

56 KR/Fischermeier § 625 Rn 35.
57 APS/Backhaus § 15 TzBfG Rn 77; Dörner, Der befristete Arbeitsvertrag Rn 751.
58 BAG 13.8.1987 – 2 AZR 122/87.
59 BAG 26.7.2000 – 7 AZR 256/99 – NZA 2001, 261.
60 BAG 26.7.2000 – 7 AZR 256/99 – aaO.
61 KDZ/Däubler § 15 TZBfG Rn 19.
62 APS/Backhaus § 15 Rn 80; Sowka DB 2002, 1159; Kliemt NZA 2001, 302.

Zwei-Wochen-Frist des Abs 2.[63] Eine formunwirksame Mitteilung verhindert den Eintritt der Rechtsfolge des Abs 5 nicht. Sie kann auch nicht als konkludenter Widerspruch gegen die Fortsetzung der Tätigkeit verstanden werden.[64] Nach der gesetzlich gewollten Differenzierung zwischen dem zeit- und zweckbefristeten Arbeitsverhältnis auch im Rahmen von Abs 5 endet das zweckbefristete Arbeitsverhältnis ausschließlich durch Zugang einer formgerechten Mitteilung über die Zweckerreichung.[65]

6. Rechtsfolge

Erfolgt bei einem zeitbefristeten Arbeitsverhältnis bzw bei einem zweckbefristeten Arbeitsvertrag im Fall bereits erfolgter Mitteilung nach Abs 2 im Fall des Abs 5 kein unverzüglicher Widerspruch bzw bei einem zweckbefristeten Arbeitsvertrag ohne bereits erfolgte Mitteilung nach Abs 2 keine unverzügliche schriftliche Mitteilung über die Zweckerreichung, so besteht das Arbeitsverhältnis unbefristet zu den bisherigen Konditionen fort. Es kann dann nur nach allgemeinen Grundsätzen beendet werden. **39**

7. Darlegungs- und Beweislast

Darlegungs- und beweispflichtig für die Fortsetzung der Tätigkeit mit Wissen des Arbeitgebers ist der Arbeitnehmer, der die Rechtsfolge des § 15 Abs 5 TzBfG für sich in Anspruch nimmt.[66] Demgegenüber muss der Arbeitgeber, der sich auf einen unverzüglichen Widerspruch bzw die Mitteilung der Zweckerreichung beruft, dessen Voraussetzungen und den Zugang beweisen.[67] **40**

VII. Wiedereinstellungsanspruch nach wirksamer Befristung

Ist ein Arbeitsverhältnis wirksam befristet, endet es nach Maßgabe von § 15 Abs 1 und Abs 2 TzBfG. **Ein Anspruch auf Wiedereinstellung bzw auf Fortsetzung des Arbeitsverhältnisses besteht regelmäßig nicht.** **41**

Ein **Anspruch auf Wiedereinstellung** ergibt sich – zB nach den Grundsätzen über den Wegfall der Geschäftsgrundlage – nicht daraus, **dass sich entgegen der bei Vertragsschluss gestellten Prognose auf Grund neuer Umstände die Möglichkeit der Weiterbeschäftigung ergibt.** Dies ist nach der Grundsatzentscheidung des BAG vom 20.2.2002[68] geklärt. Ein solcher **Anspruch ist gesetzlich nicht vorgesehen.** Die Rechtsprechung zum Wiedereinstellungsanspruch eines betriebsbedingt gekündigten Arbeitnehmers[69] kann auf befristete Arbeitsverträge nicht übertragen werden; der 7. Senat stellt auf den geringeren arbeitsvertraglichen Bestandsschutz ab, der in einem befristeten gegenüber einem unbefristeten Arbeitsverhältnis erworben wird. Dem Arbeitnehmer mit unbefristetem Arbeitsverhältnis wird ein auf Dauer **42**

---

63 KDZ/Däubler § 15 TzBfG Rn 19.
64 So Lakies DZWIR 2001, 1, 15.
65 Dörner Der befristete Arbeitsvertrag Rn 751.
66 BAG 25.10.2000 – 7 AZR 537/99 – AP § 1 BeschFG 1996 Nr 7.
67 KR/Fischermeier § 625 BGB Rn 41.
68 BAG 20.2.2002 – 7 AZR 600/00 – AP § 1 KSchG 1969 Wiedereinstellung Nr 11; zuletzt 21.9.2011 – 7 AZR 150/10.
69 BAG 28.6.2000 – 7 AZR 904/98 – BAGE 95, 171 = AP KSchG 1969 § 1 Wiedereinstellung Nr 6.

angelegter Besitzstand entzogen, den der in einem wirksam befristeten Arbeitsverhältnis stehende Arbeitnehmer nicht hat. Er muss davon ausgehen, dass auch bei einer nachträglichen Änderung der Verhältnisse der Arbeitgeber nach Ablauf der Befristung frei darin ist, einen neuen Vertrag zu schließen. Nach Auffassung des Senats ist es deshalb gerechtfertigt, bei wirksamen Befristungsabreden einen Wiedereinstellungsanspruch als vertragliche Nebenpflicht grundsätzlich abzulehnen.[70]

43 Ein Einstellungsanspruch nach wirksamer Befristung besteht auch dann nicht, wenn ein öffentlicher Arbeitgeber unter **Verstoß gegen die Einstellungsvorgaben des Art 33 Abs 2 GG** eine Gruppe befristet beschäftigter Arbeitnehmer in unbefristete Arbeitsverhältnisse übernimmt; daraus resultiert kein Einstellungsanspruch anderer befristet eingestellter Arbeitnehmer.[71] Auch aus dem **arbeitsrechtlichen Gleichbehandlungsgrundsatz** ergibt sich kein Anspruch auf Verlängerung eines sachgrundlos befristeten Arbeitsverhältnisses.[72] Gleiches gilt, wenn ein befristet beschäftigter Arbeitnehmer aus dem Gesichtspunkt des **Verstoßes gegen ein Benachteiligungsverbot** (§ 7 AGG, § 612a BGB, Art 9 Abs 3 GG) die Verlängerung einer Befristung oder die unbefristete Weiterbeschäftigung begehrt.[73] Verstößt der Arbeitgeber gegen ein solches Verbot, so macht er sich nach § 823 Abs 2 BGB iVm dem verletzten Schutzgesetz zwar schadensersatzpflichtig; nach der Wertung des § 15 Abs 6 AGG, nach der aus einem Verstoß gegen Benachteiligungsverbote des AGG kein Einstellungsanspruch resultiert, folgt daraus jedoch „nur" ein auf **Zahlung von Geld gerichteter Schadensersatzanspruch.**[74]

44 Dies gilt auch im Fall der **Nichtverlängerung eines Arbeitsverhältnisses, die ihren Grund (ausschließlich) in der Schwangerschaft der Arbeitnehmerin hat.** Dies ist zwar unionsrechtswidrig, weil darin eine unmittelbare Diskriminierung aufgrund des Geschlechts liegt, die gegen Art 2 Abs 1 und Art 3 Abs 1 der Richtlinie 76/207/EWG des Rates vom 9. Februar 1976 zur Verwirklichung des Grundsatzes der Gleichbehandlung von Männern und Frauen hinsichtlich des Zugangs zur Beschäftigung, zur Berufsbildung und zum beruflichen Aufstieg sowie in Bezug auf die Arbeitsbedingungen verstößt.[75] Allerdings kommt auch in diesem Fall nach der Wertung des § 15 Abs 6 AGG kein Einstellungs- sondern nur ein Schadensersatzanspruch in Geld in Betracht.[76]

45 Nicht ausgeschlossen erscheint nach der Rechtsprechung des 7. Senats, dass ein **befristet beschäftigtes Betriebsratsmitglied einen Fortsetzungsanspruch aus § 823 Abs 2 BGB, § 78 Abs 2 BetrVG haben kann,** wenn die Nichtübernahme gerade wegen der Betriebsratstätigkeit erfolgt;[77] endgültig

---

70 BAG 20.2.2002 – 7 AZR 600/00 – aaO.
71 BAG 19.2.2003 – 7 AZR 67/02 – AP Art 33 Abs 2 GG Nr 58.
72 BAG 13.8.2008 – 7 AZR 513/07.
73 BAG 21.9.2011 – 7 AZR 150/10.
74 BAG 21.9.2011 – 7 AZR 150/10.
75 EuGH 4.10.2001 – Rs. C – 438/99 – NZA 2001, 1243.
76 Zutr Arnold/Gräfl/Spinner § 17 TzBfG, Rn 70, aA Sievers § 14 TzBfG, Rn 71, der aus dem Gesichtspunkt der Fürsorgepflichtverletzung einen Fortsetzungsanspruch herleitet.
77 BAG 5.12.2012 – 7 AZR 698/11.

entscheiden musste der Senat nicht, weil der auf Wiedereinstellung gerichtete Anspruch erst als (unzulässige) Klageänderung in der Revisionsinstanz geltend gemacht wurde. Die Darlegungs- und Beweislast für eine solche Benachteiligung trägt das Betriebsratsmitglied.[78]

VIII. Fortsetzungsanspruch aus enttäuschtem Vertrauen

Das BAG hat in älterer Rechtsprechung auf unterschiedlicher dogmatischer Grundlage **Ansprüche** auf eine befristete oder unbefristete **Fortsetzung des Arbeitsverhältnisses** in bestimmten Konstellationen zumindest für möglich erachtet.

46

Der Große Senat[79] hat die Auffassung vertreten, dass in besonderen Konstellationen, insbesondere bei Vorliegen der Voraussetzungen des § 226 oder § 826 BGB die Berufung des Arbeitgebers auf die Befristung rechtsmissbräuchlich sein könne. In einer weiteren älteren Entscheidung[80] hat das BAG wiederum den Grundsatz **unzulässiger Rechtsausübung** bemüht und dem Arbeitgeber gegenüber einer erfolgreich erprobten Arbeitnehmerin die Berufung auf den Ablauf der Probefrist verwehrt, soweit sie ausschließlich auf einer während der Befristung eingetretenen Schwangerschaft beruhte. Später hat das BAG[81] eine mögliche Bindung des Arbeitgebers an den Arbeitsvertrag über die vorgesehene Befristung hinaus aus **Treu und Glauben** unter dem Gesichtspunkt eines berechtigten Vertrauens des Arbeitnehmers in den weiteren Fortbestand des Arbeitsvertrages erwogen. In weiteren zu diesem Problemkreis ergangenen Entscheidungen ist ein **Anspruch aus cic** abgeleitet worden.[82] Danach sollte ein Anspruch auf Fortsetzung des Arbeitsverhältnisses bestehen, wenn der Arbeitgeber bei Abschluss eines Zeitvertrags die unbefristete Weiterbeschäftigung bei entsprechender Eignung und Bewährung in Aussicht stellt, er dadurch Erwartungen des Arbeitnehmers auf Übernahme in ein unbefristetes Arbeitsverhältnis geweckt und diese Vorstellungen auch noch während der Dauer des Zeitvertrages bestärkt hat. Dafür sollte es nicht genügen, dass der Arbeitnehmer subjektiv erwartet, der Arbeitgeber werde ihn nach Fristablauf weiterbeschäftigen; erforderlich sei vielmehr, dass der Arbeitgeber den Arbeitnehmer in dieser Erwartungshaltung durch sein Verhalten bei Vertragsschluss oder während der Dauer des Vertrages eindeutig bestärkt habe. Erfülle dann der Arbeitgeber die eigengesetzte Verpflichtung nicht, sei er nach Maßgabe der Grundsätze eines Verschuldens bei Vertragsschluss zum Schadenersatz verpflichtet. Er habe mit dem Arbeitnehmer einen unbefristeten Arbeitsvertrag zu schließen, weil der nach § 249 BGB auszugleichen-

47

---

78 Sievers § 14 TzBfG Rn 76; Arnold/Gräfl/Spinner § 17 TzBfG Rn 76.
79 Beschluss vom 12.10.1960 – GS 1/59 – EZA BGB Nr 2.
80 BAG 28.11.1963 – 2 AZR 140/63 – AP § 620 BGB Befristeter Arbeitsvertrag Nr 26; im Ansatz ähnl BAG 13.12.1962 – 2 AZR 38/62 – AP § 620 BGB Befristeter Arbeitsvertrag Nr 24.
81 BAG 9.9.1982 – 2 AZR 248/80 – nv; 29.1.1987 – 2 AZR 109/86 – AP § 620 BGB Saisonarbeit Nr 1.
82 BAG 26.8.1998 – 7 AZR 450/97 – AP § 620 BGB Befristeter Arbeitsvertrag Nr 202; 26.4.1995 – 7 AZR 936/94 – AP § 91 AfG Nr 4.

48 de Schaden in dem unterbliebenen Abschluss eines Arbeitsverhältnisses liege.[83]

48 Nachdem der 7. Senat[84] sodann hat dahinstehen lassen, ob enttäuschtes Vertrauen des Arbeitnehmers überhaupt Anspruchsgrundlage für einen Wiedereinstellungsanspruch sein könne, betont er nunmehr, dass ein **Arbeitnehmer einen Anspruch auf Wiedereinstellung nicht aus der Inanspruchnahme von Vertrauen in die Neubegründung des Arbeitsverhältnisses herleiten kann.**[85] Eine Wiedereinstellung setze den Neuabschluss des in der Vergangenheit beendeten Arbeitsvertrags durch Abgabe übereinstimmender Willenserklärungen voraus.[86] Zu Unrecht enttäuschtes Vertrauen kann deshalb allenfalls zum Ersatz des Vertrauensschadens nach §§ 241 Abs 2, 280 Abs 1 BGB verpflichten.[87]

49 Liegt eine vertragliche Vereinbarung nicht vor, fehlt eine Rechtsgrundlage für den Anspruch auf Fortsetzung des Arbeitsverhältnisses. Ein „enttäuschtes Vertrauen" kann einen Anspruch schon deshalb nicht begründen, weil ein Vertrauenstatbestand bei einer wirksam vereinbarten Befristung regelmäßig nicht entstehen kann. Schadensersatzansprüche aus dem Gesichtspunkt der cic (bzw §§ 241 Abs 2, 280 Abs 1 BGB) können eine Verpflichtung zum Abschluss eines Arbeitsvertrages nicht begründen, da diese Haftung auf das negative Interesse begrenzt ist und regelmäßig keine Erfüllungsansprüche begründet.[88] Deshalb ist es allenfalls denkbar, dass der Arbeitgeber zum Ersatz der auf Grund des Vertrauens vorgenommenen oder unterlassenen Dispositionen (Ersatz von Aufwendungen sowie von Vermögensnachteilen, die durch Nichtabschluss eines Vertrages mit einem Dritten im Vertrauen auf den Fortbestand des Vertrages eingetreten sind) in Anspruch genommen werden kann; ein Anspruch auf Abschluss eines unbefristeten Vertrages ergibt sich daraus jedoch nicht.[89]

50 Ein **Anspruch auf Fortsetzung des Arbeitsverhältnisses über das vereinbarte Befristungsende hinaus besteht regelmäßig nur dann, wenn eine ausdrückliche oder durch Auslegung festzustellende Zusage des Arbeitgebers vorliegt.**[90] Eine solche auch formlos mögliche Zusage begründet nach Annahme durch den Arbeitnehmer einen Vorvertrag, welcher den Arbeitgeber zum Abschluss eines weiteren Arbeitsvertrages verpflichtet.[91] Der Zugang der Annahmeerklärung ist nach § 151 BGB entbehrlich.

---

83 BAG 26.4.1995 – 7 AZR 936/94.
84 BAG 20.2.2002 – 7 AZR 600/00 – II.2. der Gründe und 17.4.2002 – 7 AZR 284/01 – zu B.II.2 d.Gr.
85 BAG 21.9.2011 – 7 AZR 150/10; 13.8.2008 – 7 AZR 513/07 – 26.4.2006 – 7 AZR 513/07.
86 BAG 26.4.2006 – 7 AZR 190/05 – AP § 611 BGB Wiedereinstellung Nr 1.
87 BAG 2.9.2011 – 7 AZR 150/10.
88 BGH 24.6.1998 – XII ZR 126/96 – BB 1998, 1710.
89 BAG 21.9.2011 – 7 AZR 150/10.
90 BAG 13.8.2008 – 7 AZR 513/07; 26.4.2006 – 7 AZR 190/05 – AP § 611 BGB Wiedereinstellung Nr 1.
91 Vgl BAG 9.9.1982 – 2 AZR 248/80.

Auf die Wirksamkeit der vereinbarten Befristung wirkt sich ein etwa bestehender Anspruch auf Abschluss eines unbefristeten Arbeitsvertrags nicht aus.[92]

Hinweis: Einen Anspruch aus einer Zusage muss der Arbeitnehmer im Wege einer **Leistungsklage auf Abschluss eines Arbeitsvertrags** verfolgen. Unzureichend ist ein auf Fortbestand des Arbeitsverhältnisses gerichteter Feststellungsantrag wie auch ein damit verbundener Antrag auf Weiterbeschäftigung.[93]

---

92 BAG 25.4.2001 – 7 AZR 113/00 – EZA § 620 BGB Nr 177.
93 BAG 25.4.2001 – 7 AZR 113/00; 19.9.2001 – 7 AZR 574/00 – NZA 2002, 464.

§ 16 Folgen unwirksamer Befristung

¹Ist die Befristung rechtsunwirksam, so gilt der befristete Arbeitsvertrag als auf unbestimmte Zeit geschlossen; er kann vom Arbeitgeber frühestens zum vereinbarten Ende ordentlich gekündigt werden, sofern nicht nach § 15 Abs. 3 die ordentliche Kündigung zu einem früheren Zeitpunkt möglich ist. ²Ist die Befristung nur wegen des Mangels der Schriftform unwirksam, kann der Arbeitsvertrag auch vor dem vereinbarten Ende ordentlich gekündigt werden.

I. Grundsatz

1 § 16 Satz 1 HS 1 TzBfG regelt auf Grundlage der Rechtslage vor Inkrafttreten des TzBfG[1] die Rechtsfolgen einer unwirksamen Befristung. Fehlt ein sachlicher Grund oder erweist sich die Befristung aus einem anderen Grund als rechtsunwirksam, entsteht ein unbefristetes Arbeitsverhältnis. Der Anwendungsbereich der Norm ist nicht auf Fälle der Unwirksamkeit nach § 14 TzBfG beschränkt sondern regelt auch die Rechtsfolgen einer unwirksamen Befristung aus anderen Gründen, etwa wegen der Verletzung eines Mitbestimmungsrechtes des Personalrats.[2] Der Wortlaut ist eindeutig und lässt eine Beschränkung auf § 14 TzBfG nicht zu.

II. Kündigungsmöglichkeiten bei unwirksamer Befristung

2 Teilweise abweichend von der Rechtslage vor Inkrafttreten des TzBfG gestalten sich die **Kündigungsmöglichkeiten für Arbeitgeber und Arbeitnehmer**, wenn sich die Befristung als unwirksam erweist.

3 Der **Arbeitgeber** kann das unwirksam befristete Arbeitsverhältnis, wenn im Arbeitsvertrag nicht die Möglichkeit der Kündigung nach § 15 Abs 3 TzBfG vereinbart ist, nach § 16 Satz 1 HS 2 TzBfG **frühestens zum vereinbarten Ende des Arbeitsverhältnisses unter Einhaltung der geltenden Kündigungsfrist kündigen**. Dies beruht auf der tragenden Erwägung, dass in der Befristung eines Arbeitsverhältnisses ohne Kündigungsmöglichkeit zugleich die Vereinbarung einer Mindestdauer liegt, die für sich genommen nicht unzulässig ist und eine einseitige Beendigung vor Ablauf dieser Frist nicht zulässt.[3] § 16 Satz 1 HS 2 TzBfG begründet kein Sonderkündigungsrecht, sondern eröffnet eine Kündigungsmöglichkeit im Rahmen der gesetzlichen Vorschriften.[4] Kündigt der Arbeitgeber im Fall der Unwirksamkeit der Befristung zum vereinbarten Ablauf des Arbeitsverhältnisses, muss diese Kündigung den Maßgaben des KSchG genügen.

4 Für den **Arbeitnehmer** sieht § 16 TzBfG eine derartige Beschränkung der Kündigungsmöglichkeit nicht vor. Der ursprüngliche Regierungsentwurf sah einen Gleichlauf mit den Kündigungsmöglichkeiten des Arbeitgebers

---

1 St Rspr seit BAG 12.10.1960 – GS 1/59 – AP § 620 BGB Befristeter Arbeitsvertrag Nr 16.
2 KR/Lipke § 16 Rn 3 a.
3 BAG 14.1.1982 – 2 AZR 245/80 – AP § 620 BGB Befristeter Arbeitsvertrag Nr 47; vgl BT-Drucks 14/4374 S 21.
4 Preis/Gotthard DB 2001, 145, 151.

entsprechend der bisherigen Rechtslage noch vor.[5] Erst im Verlauf des Gesetzgebungsverfahrens wurde die Norm dahingehend geändert, dass nur der Arbeitgeber an die vereinbarte Mindestdauer gebunden ist. Der **Arbeitnehmer kann im Fall einer unwirksamen Befristung sich auch dann durch ordentliche Kündigung vom Arbeitsverhältnis lösen, wenn die Kündigungsmöglichkeit nach § 15 Abs 3 TzBfG nicht vorbehalten wurde.**[6]

Sofern die Befristung sich aus formellen Gründen wegen der **Nichteinhaltung der Schriftform** des § 14 Abs 4 TzBfG als unwirksam erweist, steht auch dem Arbeitgeber von Anfang an ein Kündigungsrecht zu. Der Gesetzgeber hat die Rechtsfolgen eines Verstoßes gegen das Schriftformgebot bewusst schwächer ausgestaltet. Einen nachvollziehbaren Grund gibt es dafür nicht.[7]

Die Möglichkeit einer **außerordentlichen Kündigung** besteht nach Maßgabe der gesetzlichen Voraussetzungen des § 626 BGB **für beide Vertragsparteien jederzeit**;[8] § 16 TzBfG steht auch einem Aufhebungsvertrag nicht entgegen.

Ist die Kündigung für den Arbeitgeber frühestens erst zum vereinbarten Ende möglich, kann der Arbeitgeber zwar schon vorher die Kündigung aussprechen, allerdings darf der Ablauf der Kündigungsfrist nicht vor dem vereinbarten Ende liegen.[9] Ist das vereinbarte Ende oder der Zeitpunkt der Zweckerreichung nicht eindeutig bestimmt oder bestimmbar, ist auf das im Wege der Auslegung zu ermittelnde spätest mögliche Beendigungsdatum abzustellen,[10] da Unklarheiten in der Vertragsgestaltung im Hinblick auf das vereinbarte Ende zu Lasten des Arbeitgebers gehen. In den Fällen der Zweckbefristung löst erst die schriftliche Mitteilung des Arbeitgebers nach § 15 Abs 2 TzBfG die Kündigungsmöglichkeit aus.

Ob in einer schriftlichen Mitteilung über die Zweckerreichung oder in einer schriftlichen Erklärung des Arbeitgebers, das Arbeitsverhältnis laufe zu einem bestimmten Zeitpunkt aus, zugleich eine vorsorglich erklärte Kündigung für den Fall gesehen werden kann, dass die Befristung unwirksam ist, ist im Wege der Auslegung der Erklärung nach allgemeinen Grundsätzen zu ermitteln, dürfte im Regelfall aber zu verneinen sein, da die Mitteilung regelmäßig eine Wissens- aber nicht eine Willenserklärung darstellt.[11] In mitbestimmten Betrieben setzt eine vorsorglich erklärte Kündigung zudem die Anhörung des Betriebsrates bzw des Personalrates voraus.

---

5 BT-Drucks 14/4374 S 21.
6 Arnold/Gräfl/Spinner § 16 TzBfG Rn 2; KR/Lipke § 16 TzBfG Rn 4; Dörner, Der befristete Arbeitsvertrag Rn 785.
7 Zutr KDZ/Däubler § 16 TzBfG Rn 4.
8 AllgM KR/Lipke § 16 TzBfG Rn 4, 6.
9 KR/Lipke § 16 TzBfG Rn 6.
10 KR/Lipke § 16 TzBfG Rn 11.
11 BAG 26.4.1979 – 2 AZR 431/78 – AP § 620 BGB Befristeter Arbeitsvertrag Nr 47; KR/Lipke § 16 TzBfG Rn 13; KDZ/Däubler § 16 TzBfG Rn 6.

§ 17 Anrufung des Arbeitsgerichts

¹Will der Arbeitnehmer geltend machen, dass die Befristung eines Arbeitsvertrages rechtsunwirksam ist, so muss er innerhalb von drei Wochen nach dem vereinbarten Ende des befristeten Arbeitsvertrages Klage beim Arbeitsgericht auf Feststellung erheben, dass das Arbeitsverhältnis auf Grund der Befristung nicht beendet ist. ²Die §§ 5 bis 7 des Kündigungsschutzgesetzes gelten entsprechend. ³Wird das Arbeitsverhältnis nach dem vereinbarten Ende fortgesetzt, so beginnt die Frist nach Satz 1 mit dem Zugang der schriftlichen Erklärung des Arbeitgebers, dass das Arbeitsverhältnis auf Grund der Befristung beendet sei.

I. Überblick	1	
II. Klagearten und Klagemöglichkeiten	5	
1. Punktuelle Entfristungsklage	5	
2. Allgemeine Feststellungsklage	7	
3. Klage auf vorläufige Weiterbeschäftigung	11	
4. Einstweilige Verfügung auf vorläufige Weiterbeschäftigung	13	
5. Antragsformulierung	14	
6. Zwangsvollstreckung aus einem Weiterbeschäftigungstitel	15	
III. Klagefrist nach § 17 Satz 1 TzBfG	16	
1. Anwendungsbereich	16	
2. Rechtsfolgen der Versäumung der Klagefrist	21	
3. Berechnung der Klagefrist	24	
IV. Klagefrist nach § 17 Satz 3 TzBfG	29	
1. Anwendungsbereich	29	
2. Berechnung in Fällen der Kalenderbefristung	33	
3. Berechnung in Fällen der Zweckbefristung	34	
V. Entsprechende Anwendung von §§ 5 bis 7 KSchG	38	

I. Überblick

1 § 17 Satz 1 und Satz 2 TzBfG entsprechen der zum 1.10.1996 in Kraft und mit der Aufhebung des BeschfG 1996 zum 31.12.2000 wieder außer Kraft getretenen Vorschrift des § 1 Abs 5 BeschfG. Wird eine Befristung nicht innerhalb von drei Wochen nach dem vereinbarten Ende des Arbeitsverhältnisses mit einer Klage nach § 17 TzBfG angegriffen, gilt das Arbeitsverhältnis entsprechend § 7 KSchG als rechtswirksam befristet. Neu und ohne vergleichbare Vorgängerregelung ist § 17 Satz 3 TzBfG, der den Besonderheiten des § 15 Abs 5 TzBfG bei Fortsetzung des Arbeitsverhältnisses über das vereinbarte Ende hinaus Rechnung tragen will.

2 **Die Klagefrist erfasst sämtliche befristeten Arbeitsverhältnisse.**[1] Durch die Verweisung in § 21 TzBfG auf § 17 TzBfG findet die Klagefrist auch Anwendung auf die **Beendigung eines Arbeitsverhältnisses durch auflösende Bedingungen**,[2] nicht aber auf die Befristung einzelner Vertragsbedingungen.

3 Die Klagefrist greift auch, soweit das auflösend bedingte Arbeitsverhältnis vor Inkrafttreten des TzBfG und damit zu einem Zeitpunkt vereinbart wurde, als die Geltendmachung der Unwirksamkeit einer auflösenden Bedingung nach der oben zitierten Rechtsprechung des 7. Senats noch keiner

---

1 BAG 4.5.2011 – 7 AZR 252/10.
2 Vgl BAG 9.2.2011 – 7 AZR 221/10.

Klagefrist unterfiel;[3] allerdings ist die Frage durch Zeitablauf mittlerweile erledigt.

§ 17 Satz 1 und 2 TzBfG entsprechen weitgehend den Regelungen der Kündigungsschutzklage nach § 4 ff KSchG. § 17 Satz 2 TzBfG ist lediglich insoweit lückenhaft, als die Norm für den Fall der auflösenden Bedingung keinen Verweis auf § 4 Satz 4 KSchG enthält. Der verzögerte Fristenlauf nach § 4 Satz 4 KSchG (erst ab Bekanntgabe des Zustimmungsbescheids der Behörde) greift nach Rechtsprechung des BAG aber auch dann, wenn die Beendigung des Arbeitsverhältnisses eines schwerbehinderten Menschen durch auflösende Bedingung erfolgt und nach § 92 SGB IX von der Zustimmung des Integrationsamts abhängt. Die **Klagefrist läuft deshalb nicht, wenn der Arbeitgeber weiß, dass der Arbeitnehmer schwerbehindert ist und keine Zustimmung nach § 92 SGB IX vor der erstrebten Beendigung durch auflösende Bedingung einholt.**[4] Im Übrigen kann in Bezug auf Probleme der Prozessvoraussetzungen, des Feststellungsinteresses, der Aktiv- und Passivlegitimation sowie den Voraussetzungen einer nachträglichen Zulassung der Klage auf die Kommentierung zu §§ 4 bis 7 KSchG verwiesen werden. Nachfolgend werden nur die Besonderheiten der Entfristungsklage erläutert.

II. Klagearten und Klagemöglichkeiten
1. Punktuelle Entfristungsklage

Die Frage der Rechtswirksamkeit der Befristung eines Arbeitsvertrages betrifft wie bei einer Kündigungsschutzklage nach § 4 KSchG einen **punktuellen Streitgegenstand.**[5] Es geht darum, ob zu einem bestimmten Zeitpunkt aufgrund einer bestimmten Befristungsvereinbarung das Arbeitsverhältnis beendet worden ist (punktuelle Entfristungsklage). Klage ist deshalb mit dem Antrag zu führen,

▶ festzustellen, dass das Arbeitsverhältnis der Parteien auf Grund der im Vertrag vom...vereinbarten Befristung nicht zum... beendet worden ist. ◀

Das nach § 256 ZPO erforderliche Feststellungsinteresse für eine punktuelle Entfristungsklage ist stets gegeben; es ergibt sich aus den Rechtsfolgen der §§ 17 Satz 2 TzBfG, 7 KSchG.[6]

Missverständliche Anträge sind durch die Gerichte auszulegen.[7] An die Form der Klageerhebung sind keine strengen Anforderungen zu stellen, allerdings muss erkennbar werden, dass die Klage sich gegen die Beendigung des Arbeitsverhältnisses durch eine Befristungsvereinbarung richtet.[8] Zur Auslegung des Klageantrags kann dabei die Klagebegründung herangezo-

---
3 Dörner, Der befristete Arbeitsvertrag Rn 811; vgl BAG 20.1.1999 – 7 AZR 715/97 – AP § 1 BeschFG 1985 Nr 21 zur vergleichbaren Konstellation bei Inkrafttreten von § 1 Abs 5 BeschFG.
4 BAG 9.2.2011 – 7 AZR 221/10.
5 Vgl hierzu § 4 KSchG Rn 44 ff.
6 Zum Feststellungsinteresse iÜ § 4 KSchG Rn 75 ff.
7 BAG 28.6.2000 – 7 AZR 920/98 – AP § 1 BeschFG 1996 Nr 2; 19.9.2001 – 7 AZR 574/00 – NZA 2002, 464.
8 BAG 15.5.2012 – 7 AZR 6/11; 3.11.1999 – 7 AZR 683/98 – RzK I 9 a Nr 167.

gen werden.[9] Eine **allgemeine Feststellungsklage auf Fortbestand des Arbeitsverhältnisses**, die in der Klagebegründung die Befristungsabrede ausdrücklich bezeichnet, wahrt die Klagefrist,[10] nicht aber eine solche, die lediglich auf ein noch offenes Zeitguthaben und die daraus resultierende Überschreitung der 2-Jahres-Frist des § 14 Abs 2 TzBfG gestützt wird.[11] Auch die verlängerte Anrufungsfrist des § 17 Satz 2 TzBfG iVm § 6 KSchG greift nur, wenn die Klagebegründung erkennen lässt, dass die Unwirksamkeit einer Befristungsabrede geltend gemacht wird.

2. Allgemeine Feststellungsklage

7 Im Wege zulässiger **Klagehäufung** nach § 260 ZPO kann die **punktuelle Entfristungsklage** mit einer **allgemeinen Feststellungsklage nach § 256 ZPO** auf Fortbestand des Arbeitsverhältnisses **verbunden werden**.[12] Streitgegenstand ist dann neben der Wirksamkeit der letzten Befristungsvereinbarung der Fortbestand des Arbeitsverhältnisses bis zum Zeitpunkt der letzten mündlichen Tatsachenverhandlung. Ein zulässiger allgemeiner Feststellungsantrag wahrt die Klagefrist gegen nachfolgende Kündigungen. Nach Rechtsprechung des BAG werden von einem allgemeinen Feststellungsantrag aber Kündigungen des Arbeitgebers nicht erfasst, die nach Schluss der mündlichen Verhandlung vor dem Arbeitsgericht ausgesprochen werden und vom Arbeitnehmer – verspätet – mit einer gesonderten Kündigungsschutzklage angegriffen werden;[13] der allgemeine Feststellungsantrag wirkt – jedenfalls in dieser Konstellation – nicht über den Zeitpunkt der Entscheidung erster Instanz hinaus und wahrt nicht die 3-Wochen-Frist des § 4 KSchG. Führt der Arbeitnehmer allgemeine Feststellungsklage, bedarf es der **Darlegung, aus welchen Umständen sich die Befürchtung ergibt, der Arbeitgeber werde sich im Prozess auf weitere Beendigungssachverhalte berufen;**[14] anderenfalls ist die Klage insofern wegen fehlendem Rechtsschutzbedürfnis als unzulässig abzuweisen.

8 Verbindet der Arbeitnehmer die punktuelle Entfristungsklage mit dem Zusatz „sondern fortbesteht" und lässt die Klagebegründung nicht erkennen, dass er befürchtet, der Arbeitgeber werde sich auf weitere Beendigungssachverhalte berufen, liegt darin kein weiterer selbstständiger Feststellungsantrag; dem Zusatz kommt keine selbstständige prozessuale Bedeutung zu.[15]

9 Ist zwischen den Parteien (nur) im **Streit, ob eine auflösende Bedingung eingetreten ist**, ist nach **geänderter Rechtsprechung des BAG**[16] auch die Klagefrist des §§ 21, 17 Satz 1 TzBfG einzuhalten. Sie beginnt danach mit Zugang der schriftlichen Erklärung des Arbeitgebers, das Arbeitsverhältnis

---

9 BAG 15.5.2012 – 7 AZR 6/11.
10 BAG 15.5.2012 – 7 AZR 6/11.
11 BAG 16.4.2003 – 7 AZR 119/02 – ArbRB 2003, 130.
12 BAG 10.10.2002 – 2 AZR 622/01 – AP § 4 KSchG 1969 Nr 49.
13 BAG 26.9.2013 – 2 AZR 682/12; 10.10.2002 – 2 AZR 622/01; eingehend § 4 KSchG Rn. 44 ff.
14 Vgl § 4 KSchG Rn 51 ff.
15 BAG 6.4.2011 – 7 AZR 524/09; vgl § 4 KSchG Rn 58.
16 BAG 6.4.2011 – 7 AZR 704/09; anders noch BAG 21.1.2009 – 7 AZR 843/07.

sei durch Bedingungseintritt beendet worden.[17] Obwohl der Streitgegenstand eigentlich nicht von § 17 TzBfG erfasst wird, weil nicht punktuell die Wirksamkeit einer auflösenden Bedingung sondern – trotz wirksamer auflösender Bedingung – ihr (Nicht)eintritt Streitgegenstand ist, ist diese Änderung der Rechtsprechung zu begrüßen, da sie ein größeres Maß an Rechtssicherheit bewirkt und damit den Bedürfnissen der Praxis gerecht wird.

Hinweis: Es ist unbedingt darauf zu achten, innerhalb von 3 Wochen nach Zugang einer Mitteilung über die Beendigung des Arbeitsverhältnisses Klage zu erheben, auch wenn „nur" der Eintritt der Bedingung im Streit steht. 10

3. Klage auf vorläufige Weiterbeschäftigung

Die Entfristungsklage kann mit dem Antrag auf **vorläufige Weiterbeschäftigung** bis zur rechtskräftigen Entscheidung verbunden werden. Die Grundsätze des Beschlusses des Großen Senats des BAG vom 27. Februar 1985[18] zum allgemeinen Weiterbeschäftigungsanspruch bei unwirksamen Kündigungen gelten auch für die Entfristungsklage.[19] Der Antrag kann im Wege objektiver Klagehäufung oder als uneigentlicher Hilfsantrag für den Fall der Stattgabe der Entfristungsklage gestellt werden. 11

Der Antrag muss, um Grundlage einer Zwangsvollstreckung sein zu können, **hinreichend bestimmt** sein. Die häufig anzutreffende Antragsfassung „Weiterbeschäftigung zu unveränderten Arbeitsbedingungen" genügt dem Bestimmtheitserfordernis des § 253 Abs 2 Nr 2 ZPO nicht[20] und kann zur Abweisung des Antrags als unzulässig führen. Die beanspruchte Tätigkeit muss deshalb inhaltlich bezeichnet werden, zumindest muss die **Art der ausgeurteilten Beschäftigung des Arbeitnehmers aus dem Titel ersichtlich sein.**[21] Das Berufsbild („Sachbearbeiter", „technischer Angestellter") reicht aus, ferner sollte auf die arbeitsvertraglich vereinbarten Regelungen zum Inhalt der Arbeitsleistung Bezug genommen werden.[22] 12

4. Einstweilige Verfügung auf vorläufige Weiterbeschäftigung

Der Weiterbeschäftigungsanspruch ist nach § 62 Abs 2 ArbGG, § 935 ZPO auch im Wege **einstweiliger Verfügung** durchsetzbar. Vor einem der Entfristungsklage stattgebenden Urteil ist der Erlass einer einstweiligen Verfügung auf vorläufige Weiterbeschäftigung allerdings nur in Ausnahmefällen denkbar. Er setzt voraus, dass die Befristungsabrede offensichtlich unwirksam ist.[23] Dies ist bei einem Streit über die Beendigung des Arbeitsverhältnisses durch Befristungsablauf oder Bedingungseintritt eher selten, 13

---

17 BAG 6.4.2011 – 7 AZR 704/09.
18 BAG 27.2.1985 – GS 1/84 – AP § 611 BGB Beschäftigungspflicht Nr 14.
19 BAG 15.3.1989 – 7 AZR 264/88 – AP § 620 BGB Befristeter Arbeitsvertrag Nr 126.
20 LAG Köln 24.10.1995 – 13 (5) Ta 245/95 – LAGE § 888 ZPO Nr 36; LAG Frankfurt 27.11.1992 – 9 Ta 376/92 – LAGE § 888 ZPO Nr 30; Kiel/Koch, Die betriebsbedingte Kündigung Rn 807.
21 BAG 15.4.2009 – 3 AZB 93/08.
22 Vgl Antragsformulierung Rn 14 f.
23 Vgl zu Kündigung und Weiterbeschäftigung BAG 27.2.1985 – GS 1/94 – AP § 611 BGB Beschäftigungspflicht Nr 14.

da der für offensichtlich unwirksame Kündigungen klassische Fall der unterlassenen Betriebsratsanhörung im Bereich des Befristungsrechts keine Rolle spielt. Denkbar sind Unwirksamkeitsgründe nach § 92 SGB IX (fehlende Zustimmung des Integrationsamts) oder nach § 14 Abs 4 TzBfG (Verstoß gegen das Schriftformgebot).

5. Antragsformulierung

14 Im Regelfall dürfte folgender Antrag bei einer Entfristungsklage dem Rechtschutzziel des Arbeitnehmers umfassend Rechnung tragen:

▶ festzustellen, dass das Arbeitsverhältnis zwischen den Parteien auf Grund der im Vertrag vom... vereinbarten Befristung nicht zum... beendet worden ist

festzustellen, dass das Arbeitsverhältnis zwischen den Parteien fortbesteht.

den/die Beklagte(n) zu verurteilen, den/die Kläger/in bis zur rechtskräftigen Entscheidung über die Anträge zu 1. und 2. nach Maßgabe von §... des Anstellungsvertrages vom... als... weiterzubeschäftigen. ◀

6. Zwangsvollstreckung aus einem Weiterbeschäftigungstitel

15 Die **Vollstreckung eines Beschäftigungstitels** richtet sich nach § 888 ZPO und erfolgt durch Verhängung von Zwangsgeld und Zwangshaft. Besondere Probleme treten in der Vollstreckung auf, wenn der Arbeitsplatz, auf dem die Beschäftigung geschuldet wird, nicht (mehr) vorhanden ist. Nach verbreiteter Auffassung[24] ist der **Einwand der Unmöglichkeit einer Beschäftigung** im Zwangsvollstreckungsverfahren zu beachten, weil der Schuldner durch staatliche Zwangsmittel nicht zu etwas angehalten werden kann, was nicht in seiner Macht steht. Es ist allerdings zu differenzieren. Der Einwand der Unmöglichkeit ist, sofern er bis zur Entscheidung entstanden ist, im Erkenntnisverfahren geltend zu machen; der Einwand ist im Vollstreckungsverfahren, es sei denn die Unmöglichkeit ist unstreitig, grundsätzlich unbeachtlich.[25] Bei später eintretender Unmöglichkeit kann Vollstreckungsgegenklage nach § 767 ZPO geführt und einstweiliger Rechtsschutz nach § 769 ZPO erlangt werden.

Hinweis: Aus anwaltlicher Vorsicht empfiehlt es sich, neben dem Einwand der Unmöglichkeit im Zwangsvollstreckungsverfahren parallel Klage nach §§ 767, 769 ZPO zu führen.

III. Klagefrist nach § 17 Satz 1 TzBfG
1. Anwendungsbereich

16 Die **Klagefrist des § 17 Satz 1 TzBfG gilt für alle Arten der Befristung** von Arbeitsverträgen; unerheblich ist, ob eine Befristung auf das TzBfG oder auf spezialgesetzliche Regelungen gestützt wird; dies hebt die Begründung des Gesetzesentwurfs ausdrücklich hervor.[26]

---

24 LAG Berlin 14.6.2001 – 9 Ta 998/01 – LAGE § 888 Rn 46; LAG Köln 26.10.1998 – 10 Ta 153/98 – MDR 1999, 303; 24.10.1995 – 13 (5) Ta 245/95 – LAGE § 888 Nr 36; LAG Hamm 15.2.1991 – 1 Ta 207/84 – LAGE § 888 Nr 22; Kiel/Koch aaO Rn 810.
25 Hessisches LAG 25.6.13 – 12 Ta 418/12.
26 BT-Drucks 14/4374 S 21.

Die **Klagefrist** ist auch **einzuhalten**, wenn nicht die Rechtswirksamkeit der vereinbarten Zweckbefristung oder auflösenden Bedingung sondern der **Eintritt der Bedingung bzw die Zweckerreichung im Streit** ist.[27] Ist – was im Hinblick auf das Schriftformgebot der Ausnahmefall sein dürfte – im Streit, ob überhaupt ein befristetes Arbeitsverhältnis vorliegt, so wird dieser Fall nicht von § 17 TzBfG erfasst.[28] 17

§ 17 TzBfG erfasst **alle Unwirksamkeitsgründe** einschließlich etwaiger **Mängel im Mitbestimmungsverfahren** nach personalvertretungsrechtlichen Vorschriften.[29] Die Klagefrist ist einzuhalten, wenn ein **Verstoß gegen das Schriftformgebot** gerügt wird[30] wie auch dann, wenn der Arbeitnehmer **mangelnde Bestimmtheit** rügt.[31] Dann ist zu prüfen, wann die Klagefrist anläuft. Bei unbestimmter Zweckbefristung oder unbestimmtem Eintritt einer auflösenden Bedingung wird der Beginn der Klagefrist nicht vor der schriftlichen Unterrichtung des Arbeitgebers nach § 15 Abs 2 TzBfG ausgelöst; bei unbestimmter Kalenderbefristung ist für den Beginn der Klagefrist auf das im Wege der Auslegung festzustellende spätest mögliche Ende abzustellen. 18

Die Klagefrist des § 17 TzBfG greift nicht, wenn der Arbeitnehmer die **Unwirksamkeit einzelner befristeter Arbeitsbedingungen** geltend macht. Der Wortlaut der Norm bezieht sich ausdrücklich auf die rechtsunwirksame Befristung eines Arbeitsvertrages, nicht aber von einzelnen Arbeitsbedingungen. Die Befristung einzelner Arbeitsbedingungen fällt auch im Übrigen nicht unter § 14 TzBfG.[32] 19

Die Klagefrist greift nicht, wenn zwischen den Parteien nur im **Streit ist, ob die Voraussetzungen des § 15 Abs 5 TzBfG vorliegen**.[33] Dies kann dann der Fall sein, wenn der Arbeitnehmer sich darauf beruft, der Widerspruch sei nicht unverzüglich erfolgt. Zu den Klagemöglichkeiten bei Mehrfachbefristungen s. § 14 Rn 55 ff. 20

2. Rechtsfolgen der Versäumung der Klagefrist

Die **Versäumung der Klagefrist** des § 17 TzBfG hat materiellrechtliche **Wirkungen** und führt zur Abweisung der Klage als unbegründet und nicht als unzulässig. Dies ergibt sich aus der in § 17 Satz 2 TzBfG angeordneten entsprechenden Anwendung der Fiktionswirkung von § 7 KSchG. Nach Ablauf der Klagefrist kann der Arbeitnehmer die Wirksamkeit der Befristung aus keinem rechtlichen Grund mehr angreifen; jeglicher Mangel der 21

---

27 BAG 10.10.2012 – 7 AZR 602/11; 6.4.2011 – 7 AZR 704/09 – unter Abkehr von BAG 21.1.2009 – 7 AZR 843/07 (zur auflösenden Bedingung).
28 Sievers § 17 TzBfG Rn 4.
29 AllgM KR/Bader § 17 TzBfG Rn 5; BAG 19.9.2001 – 7 AZR 574/00 – NZA 2002, 464.
30 BAG 4.5.2011 – 7 AZR 252/10; KDZ/Däubler § 17 TzBfG Rn 3; LAG Düsseldorf 26.9.2002 – 5 Sa 748/02 – LAGE § 15 TzBfG Nr 1.
31 KR/Bader § 17 TzBfG Rn 5; aA Sievers § 17 TzBfG Rn 6; APS/Backhaus § 17 TzBfG Rn 14.
32 Vgl § 14 Rn 34.
33 Sievers § 17 TzBfG Rn 5; Meinel/Heyn/Herms § 17 TzBfG Rn 13.

Befristungsabrede gilt als geheilt.[34] Für eine nur eingeschränkte Fiktionswirkung, welche die spätere Geltendmachung elementarer Verletzungen der Rechtsordnung wie einen Verstoß gegen die guten Sitten uÄ noch zulässt,[35] gibt es keine Rechtsgrundlage. Bei mehreren hintereinander geschalteten Befristungen ist der Arbeitnehmer deshalb gehalten, jeweils innerhalb von drei Wochen nach dem vereinbarten Ende des Arbeitsverhältnisses Klage zu erheben, wenn er die Fiktionswirkung des § 17 Satz 2 TzBfG iVm § 7 KSchG vermeiden will. Dies gilt auch für **Annexbefristungen**; auch insoweit läuft die Klagefrist separat für die Ursprungsbefristung wie für den sog. unselbstständigen Annex.[36]

22 Mit der **Rücknahme einer Entfristungsklage** nach § 17 TzBfG entfällt deren fristwahrende Wirkung und es tritt, sofern zu diesem Zeitpunkt die 3-Wochen-Frist des § 17 Satz 1 TzBfG verstrichen ist, die Fiktion des § 7 KSchG iVm § 17 Satz 2 TzBfG ein.[37] Die Parteien werden materiellrechtlich so gestellt, als sei die Klage nicht erhoben worden.

23 Es ist nicht möglich, die Entfristungsklage mit einem **Auflösungsantrag nach § 9 KSchG** zu verbinden. Dafür gibt es keine Rechtsgrundlage. § 9 KSchG ist nicht entsprechend anwendbar.[38]

3. Berechnung der Klagefrist

24 Bei **kalendermäßig befristeten Arbeitsverhältnissen** steht das Datum, zu dem das Arbeitsverhältnis endet, regelmäßig fest. Die Fristenrechnung erfolgt – wie bei einer Kündigung[39] – nach **§§ 187 Abs 1, 188 Abs 2, 193 BGB**. Endet das Arbeitsverhältnis an einem Dienstag, muss die Klage an dem Dienstag der dritten Woche bis 24.00 Uhr beim Arbeitsgericht eingehen; nach § 270 Abs 3 ZPO reicht es aus, wenn die Zustellung der Klage demnächst bewirkt wird.[40] Fällt das Fristende auf einen Sonnabend, einen Sonntag oder einen am Erklärungsort staatlich anerkannten Feiertag, tritt an die Stelle dieses Tages der nächste Werktag.

25 Ergibt sich bei einer **unklaren Vertragsabrede** keine eindeutiges Datum, zu dem das Arbeitsverhältnis enden soll, wird die **Klagefrist erst mit Ablauf des im Wege der Auslegung zu ermittelnden spätest denkbaren Beendigungszeitpunkts** in Lauf gesetzt.[41] Unklarheiten in der Vertragsgestaltung gehen zu Lasten desjenigen, der die Vertragsurkunde entworfen hat; dies ist in aller Regel der Arbeitgeber.

26 Bei der **Zweckbefristung** und bei der **auflösenden Bedingung** wird die **Klagefrist** grundsätzlich mit objektiver Zweckerreichung oder Eintritt der Bedingung in Lauf gesetzt.[42] Dies ist das „vereinbarte Ende" iSv § 17 Satz 1

---

34 BAG 9.2.2000 – 7 AZR 730/98 – AP § 1 BeschfG 1985 Nr 22; Dörner, Der befristete Arbeitsvertrag Rn 814.
35 So KDZ/Däubler § 17 TzBfG Rn 3.
36 KR/Bader § 17 TzBfG Rn 57; ErfK/Müller-Glöge § 17 TzBfG Rn 8.
37 BAG 26.6.2002 – 7 AZR 122/01 – ZIP 2002, 1779.
38 Arnold/Gräfl/Spinner § 17 TzBfG Rn 27.
39 Vgl hierzu § 4 KSchG Rn 125 ff.
40 Zu den hiermit verbundenen Problemen § 4 KSchG Rn 126.
41 Zutr Arnold/Gräfl/Spinner § 17 TzBfG Rn. 35.
42 BAG 10.10.2012 – 7 AZR 602/11.

TzBfG.[43] Dies gilt in jedem Fall dann, wenn dem Arbeitnehmer rechtzeitig, dh mindestens zwei Wochen vorher, die schriftliche Unterrichtung des Arbeitgebers über den Zeitpunkt der Zweckerreichung zugegangen ist.[44]

Erreicht den Arbeitnehmer die schriftliche Unterrichtung weniger als zwei Wochen vor objektiver Zweckerreichung bzw Bedingungseintritt, verschiebt sich das Ende des Arbeitsverhältnisses nach § 15 Abs 2 TzBfG bis zum Ablauf von zwei Wochen nach Zugang der Unterrichtung. **Für den Beginn der Klagefrist ist in diesem Fall auf den Ablauf der mitgeteilten Frist des § 15 Abs 2 TzBfG abzustellen, da sich das Ende des Arbeitsverhältnisses verschoben hat.**[45] Das BAG[46] geht in diesem Fall allerdings davon aus, dass die Klagefrist mit Zugang der schriftlichen Erklärung des Arbeitgebers beginnen soll. Der Gesetzesbegründung ist aber kein Hinweis darauf zu entnehmen, dass die Klagefrist in diesen Fällen vor dem Ende des Vertragsverhältnisses zu laufen beginnen soll.[47] Würde ausschließlich auf den Zeitpunkt der objektiven Zweckerreichung abgestellt, ergäben sich Zweifelsfragen, wenn dieser Zeitpunkt nicht präzise ermittelt werden kann.[48] Auch der Wortlaut von § 17 Satz 1 TzBfG schließt es nicht aus, für den Fall der Zweckbefristung auf das rechtliche Ende des Arbeitsverhältnisses nach Ablauf der Frist des § 15 Abs 2 TzBfG abzustellen. Der Wortlaut rekurriert eindeutig nur auf den Fall des kalendermäßig befristeten Arbeitsvertrages nach § 15 Abs 1 TzBfG und verschließt nicht die aus Gründen der Rechtssicherheit und -klarheit gebotene Möglichkeit aus, in den Fällen des § 15 Abs 2 TzBfG auf das rechtliche Ende des Arbeitsverhältnisses abzustellen.

27

Einen frühesten Termin zur Erhebung einer Entfristungsklage sieht das Gesetz nicht vor. Die Klage nach § 17 TzBfG kann deshalb auch schon vor Befristungsende erhoben werden.[49]

28

IV. Klagefrist nach § 17 Satz 3 TzBfG
1. Anwendungsbereich

Nach § 17 Satz 3 TzBfG beginnt die Klagefrist in den Fällen, in denen das Arbeitsverhältnis „nach dem vereinbarten Ende" fortgesetzt wird, mit dem Zugang der schriftlichen Erklärung des Arbeitgebers, dass das Arbeitsverhältnis aufgrund der Befristung beendet sei.

29

§ 17 Satz 3 TzBfG war in dem ursprünglichen Regierungsentwurf nicht enthalten und ist erst auf Grund einer Beschlussempfehlung des Ausschusses für Arbeit und Sozialordnung[50] aufgenommen worden. Die **Vorschrift**

30

---

43 BAG 6.4.2011 – 7 AZR 704/09; 27.7.2011 – 7 AZR 402/10; 10.10.2012 – 7 AZR 602/11.
44 APS/Backhaus § 17 TzBfG Rn 31; Sievers § 17 TzBfG Rn 51.
45 APS/Backhaus § 17 TzBfG Rn 33; so auch LAG München 27.9.2005 – 13 Sa 275/05, aA KR/Lipke § 17 TzBfG Rn 28, Meinel/Heyn/Herms § 17 TzBfG Rn 20: Klagefrist ab objektiver Zweckerreichung.
46 BAG 27.7.2011 – 7 AZR 402/10; 6.4.2011 – 7 AZR 704/09; so auch ErfK Müller/Glöge § 17 TzBfG Rn 7.
47 BT-Drucks 14/4374 S 21.
48 Vgl die Beispielsfälle bei § 15 Rn 6 f.
49 BAG 30.10.2008 – 8 AZR 855/07.
50 BT-Drucks 14/4625 S 5, 12.

wirft eine Reihe von Fragen vor allem im Verhältnis zu § 15 Abs 5 TzBfG auf, auf den die Norm offensichtlich Bezug nehmen soll. Nach der Begründung des Ausschusses soll die Ergänzung klarstellen, „dass der Arbeitnehmer die Unwirksamkeit der Befristung auch dann noch gerichtlich geltend machen kann, wenn sich der Arbeitgeber erst nach Ablauf der vereinbarten Befristungsdauer auf die Wirksamkeit der Befristung beruft". Wird das Arbeitsverhältnis nach Ablauf der vereinbarten Befristungsdauer bzw nach objektiver Zweckerreichung fortgesetzt, ohne dass der Arbeitgeber unverzüglich die erforderlichen Erklärungen nach § 15 Abs 5 TzBfG abgibt, entsteht ein unbefristetes Arbeitsverhältnis und es bedarf der Klage auf Feststellung der Unwirksamkeit der Befristung nicht mehr. Ist zwischen den Parteien nicht die Wirksamkeit der Befristung sondern nur im Streit, ob der Arbeitgeber einem nach Fristablauf fortgesetzten Arbeitsverhältnis unverzüglich widersprochen hat, ist die allgemeine Feststellungsklage nach § 256 ZPO die richtige Klageart.

31 Eine „Rechtsschutzlücke", die nach der offensichtlich vom Arbeitnehmerschutzgedanken getragenen Ergänzung in § 17 Satz 3 TzBfG geschlossen werden kann, liegt in dem Risiko, dass der Arbeitnehmer in dem Streit über das Vorliegen der Voraussetzungen des § 15 Abs 5 TzBfG unterliegt und er nicht gleichzeitig die Unwirksamkeit der ursprünglichen Befristungsvereinbarung geltend gemacht hat. Deshalb macht es Sinn, die Klagefrist gegen die Befristung abweichend von den Normalfällen des § 17 Satz 1 TzBfG erst mit dem **Zugang der schriftlichen Erklärung des Arbeitgebers, dass das Arbeitsverhältnis auf Grund der Befristung beendet sei**, beginnen zu lassen. Raum für eine teleologische Reduktion der Vorschrift auf Fälle der Beendigung zweckbefristeter oder auflösend bedingter Arbeitsverhältnisse besteht – auch in Anbetracht des klaren Wortlauts der Norm – nicht.[51] Unzutreffend ist in diesem Zusammenhang auch die Ansicht des LAG Düsseldorf,[52] dass es dem Arbeitnehmer nach einer 5-wöchigen Weiterarbeit über das Befristungsende hinaus verwehrt sein soll, nach Widerspruch des Arbeitgebers nach § 15 Abs 5 TzBfG die Nichteinhaltung der Schriftform nach § 14 Abs 4 TzBfG bezüglich der ursprünglichen Befristungsabrede geltend zu machen. § 17 Satz 3 TzBfG findet gerade auf einen solchen Sachverhalt Anwendung. Die Klagefrist gegen die Befristungsabrede beginnt erst mit dem Zugang der Erklärung nach § 15 Abs 5 TzBfG.

32 § 17 Satz 3 TzBfG findet keine Anwendung in den Fällen, in denen das Arbeitsverhältnis auf der Grundlage einer **neuen vertraglichen Vereinbarung** fortgesetzt wird.[53] Dies gilt sowohl für unbefristete und befristete Anschlussarbeitsverhältnisse.

2. Berechnung in Fällen der Kalenderbefristung

33 In Fällen der Kalenderbefristung ergeben sich Probleme der Klagefristberechnung nicht. Wird das Arbeitsverhältnis über das vereinbarte Ende hi-

---

51 AA Meinel/Heyn/Herms § 17 TzBfG Rn 23.
52 LAG Düsseldorf 26.9.2002 – 5 Sa 748/02 – LAGE § 15 TzBfG Nr 1.
53 APS/Backhaus § 17 TzBfG Rn 27; KR/Lipke § 17 TzBfG Rn 24; Meinel/Heyn/Herms § 14 TzBfG Rn 24.

naus fortgesetzt, so entsteht nach § 15 Abs 5 TzBfG ein unbefristetes Arbeitsverhältnis, sofern der Arbeitgeber nicht unverzüglich widerspricht. Widerspruch nach § 15 Abs 5 TzBfG und Erklärung des Arbeitgebers nach § 17 Satz 3 TzBfG werden sich zwar inhaltlich im Regelfall entsprechen und können zusammen abgegeben werden; **die Klagefrist des § 17 Satz 3 TzBfG wird aber nur dann ausgelöst, wenn die Erklärung** – was im Rahmen von § 15 Abs 5 TzBfG nicht erforderlich ist – **schriftlich** erfolgt. Dieser Unterschied in den formalen Anforderungen an die inhaltlich kaum voneinander abweichenden Erklärungen ist kaum zu begründen und zeigt die fehlende Abstimmung beider Vorschriften zueinander.

3. Berechnung in Fällen der Zweckbefristung

Wie in den Fällen der Kalenderbefristung ergeben sich **Probleme in Fällen der Zweckbefristung oder der vereinbarten auflösenden Bedingung dann nicht, wenn der Arbeitgeber** die **Erklärung nach § 15 Abs 2 TzBfG rechtzeitig abgegeben** und das Arbeitsverhältnis mit objektiver Zweckerreichung beendet worden ist. Wird das Arbeitsverhältnis dann über diesen Zeitpunkt hinaus fortgesetzt, löst die schriftliche Erklärung nach § 17 Satz 3 TzBfG den Lauf der Klagefrist aus. Diese Erklärung muss unabhängig von der bereits erfolgten Unterrichtung nach § 15 Abs 2 TzBfG ergehen.[54] 34

Wahrt die Mitteilung der Zweckerreichung nach § 15 Abs 2 TzBfG nicht die 2-Wochen-Frist bis zur objektiven Zweckerreichung und wird das Arbeitsverhältnis über den Zeitpunkt der objektiven Zweckerreichung hinaus lediglich bis zum Ablauf dieser Frist fortgesetzt, regelt sich die Klagefrist nicht nach § 17 Satz 3 TzBfG sondern nach § 17 Satz 1 TzBfG. Die Klagefrist beginnt mit Ablauf der Auslauffrist des § 15 Abs 2 TzBfG.[55] Lediglich im Fall der **Weiterarbeit über den Ablauf der Auslauffrist hinaus** greift nach hier vertretener Auffassung § 17 Satz 3 TzBfG und verschiebt den Beginn der Klagefrist auf den Zeitpunkt des Zugangs der schriftlichen Mitteilung des Arbeitgebers, dass das Arbeitsverhältnis beendet sei. 35

Geht dem Arbeitnehmer bis zum Zeitpunkt der objektiven Zweckerreichung keine Mitteilung des Arbeitgebers zu und teilt der Arbeitgeber dann unverzüglich nach § 15 Abs 5 TzBfG die Zweckerreichung mit, so liegt in dieser Mitteilung zugleich die Erklärung des Arbeitgebers nach § 17 Satz 3 TzBfG, dass das Arbeitsverhältnis auf Grund der Befristung beendet sei. Folgerichtig beginnt in diesem Fall die Klagefrist mit Zugang der Erklärung. 36

Hinweis: Die Vielfältigkeit möglicher Fallkonstellationen sowie die nicht ganz eindeutige höchstrichterliche Rechtsprechung zu Fragen des Fristenlaufs gebieten, möglichst frühzeitig nach Kenntnisnahme von Zweckerreichung und Eintritt einer auflösenden Bedingung Klage zu führen. Dabei kann es angezeigt sein, mit der allgemeinen Feststellungsklage geltend zu 37

---

54 APS/Backhaus § 17 TzBfG Rn 22.
55 KDZ/Däubler § 17 TzBfG Rn 5; aA BAG 27.7.2011 – 7 AZR 402/10; 6.4.2011 – 7 AZR 704/09: mit Zugang der Erklärung; so auch ErfK Müller/Glöge § 17 TzBfG Rn 7.

machen, dass das Arbeitsverhältnis bereits nach Maßgabe der Voraussetzungen von § 15 Abs 5 TzBfG fortbesteht und zusätzlich mit der punktuellen Entfristungsklage die Unwirksamkeit der Befristungsabrede sowie gflls. den Nichteintritt einer Bedingung geltend zu machen.

V. Entsprechende Anwendung von §§ 5 bis 7 KSchG

38 Nach § 17 Satz 2 TzBfG gelten die §§ 5 bis 7 KSchG entsprechend. Auch eine Entfristungsklage kann deshalb unter den Voraussetzungen des § 5 KSchG nachträglich zugelassen werden. Es stellen sich dabei grundsätzlich keine anderen Probleme als im Rahmen der Kündigungsschutzklage, so dass auf die Kommentierung bei HAKO/Gallner zu § 5 KSchG verwiesen werden kann.

39 Nach § 17 Satz 2 TzBfG gilt unter den Voraussetzungen des § 6 KSchG eine **verlängerte Anrufungsfrist.**[56] Der Arbeitnehmer kann auch **nach Ablauf der 3-Wochen-Frist die Unwirksamkeit der Befristung nach Maßgabe des TzBfG geltend machen und seinen Klageantrag entsprechend umstellen, wenn er innerhalb der 3-Wochen-Frist eine andere Klage erhoben hat, bei der die Wirksamkeit der Befristung zumindest eine Vorfrage für die dort zu treffende Entscheidung darstellt.**[57] Dies gilt insbesondere für auf §§ 611, 615 BGB gestützte Leistungsklagen, die für den Zeitraum nach Ablauf der Befristung auf die Unwirksamkeit der Befristungsabrede gestützt werden, nicht aber für eine allgemeine Feststellungsklage nach § 256 ZPO auf Fortbestand des Arbeitsverhältnisses, wenn diese Klage lediglich auf nicht gewährten Freizeitausgleich gestützt wird.[58] Verletzt das Arbeitsgericht seine Hinweispflicht aus § 17 Satz 2 TzBfG, § 6 Satz 2 KSchG, kann der Arbeitnehmer auch im Berufungsverfahren erstinstanzlich nicht geltend gemachte Unwirksamkeitsgründe geltend machen.[59]

---

56 Vgl hierzu iE die Kommentierung zu § 6 KSchG.
57 BAG 15.5.2012 – 7 AZR 6/11; Dörner, Der befristete Arbeitsvertrag Rn 797.
58 LAG Düsseldorf 6.12.2001 – 11 Sa 1204/01 – LAGE § 17 TzBfG Nr 1; bestätigt durch BAG 16.4.2003 – 7 AZR 119/02.
59 BAG 4.5.2011 – 7 AZR 252/10.

§ 18 Information über unbefristete Arbeitsplätze

¹Der Arbeitgeber hat die befristet beschäftigten Arbeitnehmer über entsprechende unbefristete Arbeitsplätze zu informieren, die besetzt werden sollen. ²Die Information kann durch allgemeine Bekanntgabe an geeigneter, den Arbeitnehmern zugänglicher Stelle im Betrieb und Unternehmen erfolgen.

Die Vorschrift setzt § 6 Abs 1 der Rahmenvereinbarung über befristete Arbeitsverträge um. Ziel der Vorschrift ist es, durch Information der befristet beschäftigten Arbeitnehmer über Dauerarbeitsplätze im Betrieb diesen bessere Möglichkeiten für einen Übergang in ein unbefristetes Arbeitsverhältnis zu verschaffen.[1] 1

Die **Vorschrift ist**, wie sich aus § 18 Satz 2 TzBfG ergibt, **unternehmensbezogen**. Der Arbeitgeber ist deshalb verpflichtet, auch über freie Dauerarbeitsplätze in anderen Betrieben des Unternehmens zu informieren.[2] 2

Die Information hat sich grundsätzlich nur auf „entsprechende" unbefristete Arbeitsplätze zu beziehen. Darunter sind die Arbeitsplätze zu verstehen, die für den jeweiligen befristet beschäftigten Arbeitnehmer nach seiner Eignung und Befähigung geeignet sind. Dies ist nur dann von Bedeutung, wenn der Arbeitgeber seinen Informationspflichten durch individuelle Benachrichtigung der in Frage kommenden befristet beschäftigten Arbeitnehmer nachkommen will. 3

Zu empfehlen ist die nach § 18 Satz 2 TzBfG zulässige allgemeine Bekanntgabe an geeigneter, den Arbeitnehmern zugängliche Stelle im Betrieb. Dies kann durch Aushang am schwarzen Brett, durch Intranet oder durch Bekanntgabe in einer Mitarbeiterzeitung geschehen.[3] 4

Das Gesetz sieht **keine Sanktion** für den Fall vor, dass der Arbeitgeber den Informationspflichten nicht nachkommt. Allenfalls theoretisch denkbar sind Schadensersatzansprüche befristeter Beschäftigter unter Berufung darauf, wegen unterbliebener Information an einer Bewerbung gehindert und deshalb nicht in ein Dauerarbeitsverhältnis übernommen worden zu sein. Der Kausalität zwischen unterbliebener Einstellung und fehlender Bekanntmachung ist nicht zu belegen. 5

§ 18 TzBfG gehört zu den zugunsten der Arbeitnehmer geltenden Gesetze iSv § 80 Abs1 1 Nr 1 BetrVG. Es **obliegt dem Betriebsrat, über die Einhaltung der Informationspflichten zu wachen**. 6

---

1 BT-Drucks 14/4374 S 21.
2 KR/Bader § 18 TzBfG Rn 3; Dörner in ArbR BGB § 620 Rn 328.
3 Vgl KR/Bader § 18 TzBfG Rn 8 f.

§ 19 Aus- und Weiterbildung

Der Arbeitgeber hat Sorge zu tragen, dass auch befristet beschäftigte Arbeitnehmer an angemessenen Aus- und Weiterbildungsmaßnahmen zur Förderung der beruflichen Entwicklung und Mobilität teilnehmen können, es sei denn, dass dringende betriebliche Gründe oder Aus- und Weiterbildungswünsche anderer Arbeitnehmer entgegenstehen.

1 § 19 TzBfG setzt § 6 Abs 2 der Rahmenvereinbarung über befristete Arbeitsverhältnisse um und ist zugleich Spezialvorschrift zum Benachteiligungsverbot befristet beschäftigter Arbeitnehmer nach § 4 Abs 2 TzBfG.[1] Ziel der Vorschrift ist es, die Chancen befristet Beschäftigter auf einen Dauerarbeitsplatz durch Aus- und Weiterbildungsmaßnahmen zu erhöhen.[2]

2 Einen **Anspruch auf Bereitstellung von Weiterbildungsmöglichkeiten gibt die Norm nicht**.[3] Sie soll lediglich sicherstellen, dass befristet Beschäftigte an bestehenden Weiterbildungsmöglichkeiten partizipieren können.[4] Die praktische Relevanz dieses Teilhabeanspruchs ist gering, da der Arbeitgeber nach den Vorstellungen des Gesetzgebers bei mehreren Wünschen nach billigem Ermessen frei entscheiden können soll.[5] Gegenüber einem Qualifizierungswunsch eines befristet Beschäftigten kann der **Arbeitgeber geltend machen, dass dringende betriebliche Gründe oder Aus- und Weiterbildungswünsche anderer Arbeitnehmer entgegenstehen**. Wünsche anderer Arbeitnehmer sollen nach der Gesetzesbegründung dann vorgehen, wenn sie „unter beruflichen oder sozialen Gesichtspunkten" vorrangig sind.[6]

3 Bedeutung kann die Vorschrift auf betriebsverfassungsrechtlicher Ebene erlangen. Der Betriebsrat ist nach § 80 Abs 1 Nr 1 BetrVG berufen, über die Durchführung der Norm zu wachen. Führt der Arbeitgeber betriebliche Maßnahmen der Berufsbildung durch, so kann der Betriebsrat nach § 98 Abs 3 BetrVG Vorschläge für die Teilnahme auch von befristet Beschäftigten machen und ggf die Einigungsstelle nach § 98 Abs 4 BetrVG anrufen. Im Rahmen eines Einigungsstellenverfahrens ist auch den Vorgaben von § 19 TzBfG angemessen Rechnung zu tragen, um zu einer angemessenen Berücksichtigung der Belange auch der betroffenen befristet beschäftigten Arbeitnehmer nach § 76 Abs 5 Satz 3 BetrVG zu kommen.

---

1 KR/Bader § 19 TzBfG Rn 2; Dörner in ArbR BGB § 620 Rn 329.
2 BT-Drucks 14/4374 S 21.
3 KR/Bader § 19 TzBfG Rn 7; KDZ/Däubler § 19 TzBfG Rn 1.
4 Dörner in ArbR BGB § 620 Rn 329.
5 BT-Drucks 14/4625 S 25.
6 BT-Drucks 14/4374 S 21.

§ 20 Information der Arbeitnehmervertretung

Der Arbeitgeber hat die Arbeitnehmervertretung über die Anzahl der befristet beschäftigten Arbeitnehmer und ihren Anteil an der Gesamtbelegschaft des Betriebes und des Unternehmens zu informieren.

§ 20 TzBfG dient der Umsetzung von Art 7 Abs 2 der Rahmenvereinbarung über befristete Arbeitsverträge und verpflichtet den Arbeitgeber, Betriebsräte, Personalräte aber auch kirchliche Mitarbeitervertretungen[1] über Anzahl und Anteil befristeter Arbeitnehmer an der Gesamtbelegschaft zu unterrichten. Damit soll es der **Arbeitnehmervertretung besser ermöglicht werden, Einfluss auf die betriebliche Einstellungspraxis zu nehmen und die Einhaltung der gesetzlichen Vorschriften über befristete Arbeitsverträge zu überwachen.**[2] § 20 TzBfG konkretisiert damit das allgemeine Informationsrecht des Betriebsrats nach § 80 Abs 2 Satz 1 BetrVG.[3]

Aus der Bezugnahme auf das Unternehmen sowie allgemein auf Arbeitnehmervertretungen ergibt sich, dass Informationspflichten auf dieser Ebene auch gegenüber dem Gesamtbetriebsrat bzw der entsprechenden Personalvertretung bestehen.[4]

Inhaltlich ist die Informationsverpflichtung nach dem Wortlaut des Gesetzes auf die Anzahl der befristet beschäftigten Arbeitnehmer und ihren Anteil an der Gesamtbelegschaft gerichtet. Angaben zu Grund und Dauer einzelner Befristungen sowie die namentliche Benennung befristet beschäftigter Arbeitnehmer sind damit nicht verpflichtend vorgeschrieben.[5]

Form und Frist der Information sind nicht geregelt. Zu weitgehend ist es, bei jeder Änderung der Anzahl der befristet beschäftigten Arbeitnehmer, mithin bei jedem Ausscheiden, Neueintritt oder der Änderung des Anteils an der Gesamtbelegschaft eine erneute Informationsverpflichtung zu bejahen. Der Zweck der gesetzlichen Regelung gebietet es nur, in regelmäßigen Abständen die Arbeitnehmervertretungen informieren zu müssen. Dies kann in Anlehnung an § 110 Abs 1 BetrVG zB in einem Vierteljahresrhythmus erfolgen.[6]

---

1 KR/Bader § 20 TzBfG Rn 7; KDZ/Däubler § 20 Rn 1.
2 BT-Drucks 14/4374 S 21.
3 Körner NZA 2006, 573.
4 KDZ/Däubler § 20 Rn 2.
5 Sievers TzBfG § 20 Rn 5.
6 Sievers TzBfG § 20 Rn 4.

§ 21 Auflösend bedingte Arbeitsverträge

Wird der Arbeitsvertrag unter einer auflösenden Bedingung geschlossen, gelten § 4 Abs. 2, § 5, § 14 Abs. 1 und 4, § 15 Abs. 2, 3 und 5 sowie die §§ 16 bis 20 entsprechend.

I. Begriff der auflösenden Bedingung 1	a) Verminderte Erwerbsfähigkeit 18
II. Prüfungsmaßstab 4	b) Volle Erwerbsminderung 26
III. Einzelfälle auflösender Bedingungen (§ 14 Abs 1 Satz 2 TzBfG) 10	c) Rentenbezug auf Zeit 27
1. Vorübergehender Bedarf an der Arbeitsleistung (Nr 1) 10	d) Behördliche Erlaubnisvorbehalte 29
2. Auflösend bedingtes Arbeitsverhältnis im Anschluss an Studium oder Ausbildung (Nr 2) ... 12	e) Gesundheitliche Eignung 30
3. Vertretung eines anderen Arbeitnehmers (Nr 3) 13	f) Eheschließung, Schwangerschaft, Gewerkschaftsbeitritt 32
4. Eigenart der Arbeitsleistung (Nr 4) 14	g) Wunsch des Arbeitnehmers 33
5. Erprobung 16	7. Haushaltsrechtliche Gründe (Nr 7) 34
6. Gründe in der Person des Arbeitnehmers (Nr 6) 17	8. Gerichtlicher Vergleich ... 35
	9. Sonstige Gründe 36
	IV. Entsprechende Anwendung weiterer Normen 40

I. Begriff der auflösenden Bedingung

1 Das TzBfG enthält im Gegensatz zum befristeten Arbeitsverhältnis (§ 3 Abs 1 TzBfG) **keine eigenständige Definition des auflösend bedingten Arbeitsverhältnisses.** Nach allgemeinen Rechtsgrundsätzen kann nach § 158 Abs 2 BGB auch ein Arbeitsverhältnis unter einer auflösenden Bedingung vereinbart werden. Tritt die Bedingung ein, endet nach § 158 Abs 2 HS 2 BGB die Wirkung des Rechtsgeschäfts; nach §§ 21, 15 Abs 2 TzBfG endet das Arbeitsverhältnis jedoch erst zwei Wochen nach Zugang der schriftlichen Unterrichtung des Arbeitnehmers über den Zeitpunkt des Eintritts der auflösenden Bedingung.

2 Die unionsrechtlichen Bestimmungen beziehen die Möglichkeit eines auflösend bedingten Arbeitsverhältnisses ausdrücklich ein. Nach § 3 Nr 1 der durch die Richtlinie 1999/70/EG vom 28.6.1999 umgesetzten Rahmenvereinbarung für befristete Arbeitsverträge liegt eine Befristung iS dieser Vereinbarung auch vor, wenn das Ende eines Arbeitsverhältnisses durch das Eintreten eines bestimmten Ereignisses bestimmt wird.

3 Nicht eindeutig vorzunehmen ist die **Abgrenzung zu einem zweckbefristeten Vertrag.** Nach allgemeiner Meinung liegt ein zweckbefristetes Arbeitsverhältnis vor, wenn das Arbeitsverhältnis mit Eintritt eines objektiven Ereignisses enden soll, dessen Eintritt von den Parteien als gewiss aber zeitlich noch nicht genau bestimmbar angesehen wird. Demgegenüber liegt ein auflösend bedingtes Arbeitsverhältnis vor, wenn bereits der Eintritt des ob-

jektiven Ereignisses ungewiss ist.[1] Der Unterschied zwischen beiden Beendigungstatbeständen liegt lediglich in dem Grad der Ungewissheit, ob das zur Auflösung führende Ereignis während des Bestehens des Arbeitsverhältnisses eintreten wird.[2] Da sich die Zulässigkeit zweckbefristeter und auflösend bedingter Arbeitsverhältnisse nach dem TzBfG nach denselben Rechtsgrundsätzen bemisst, ist eine exakte Abgrenzung idR entbehrlich.

II. Prüfungsmaßstab

Da nach § 3 Nr 1 der durch die Richtlinie 1999/70/EG vom 28. Juni 1999 umgesetzten Rahmenvereinbarung für befristete Arbeitsverträge auch auflösend bedingte Arbeitsverhältnisse erfasst sind, war zur Umsetzung der Richtlinie auch eine gesetzliche Regelung der auflösend bedingten Arbeitsverhältnisse erforderlich.

4

§ 21 TzBfG behandelt befristete und auflösend bedingte Arbeitsverhältnisse grundsätzlich gleich, indem die Vorschrift die entsprechende Anwendung vor allem der Vorschriften zur Zulässigkeit der Befristung mit Sachgrund (§ 14 Abs 1 TzBfG), des Schriftformgebots (§ 14 Abs 4 TzBfG), der Auslauffrist bei zweckbefristeten Arbeitsverträgen (§ 15 Abs 2 TzBfG), der Möglichkeit der ordentlichen Kündigung (§ 15 Abs 3 TzBfG) sowie der Folgen der Fortsetzung des Arbeitsverhältnisses nach dessen Beendigung (§ 15 Abs 5 TzBfG) anordnet.

5

Das TzBfG bietet keine gesetzliche Grundlage dafür, bei der Prüfung der Zulässigkeit einer auflösenden Bedingung gewichtigere Sachgründe zu fordern als bei einer Befristung[3] oder die Prüfung des Sachgrundes maßgeblich daran zu orientieren, inwieweit zwingende kündigungsschutzrechtliche Normen umgangen werden.[4] § 21 TzBfG stellt die auflösende Bedingung der Befristung gleich, so dass an die **Zulässigkeit einer auflösenden Bedingung grundsätzlich dieselben Maßstäbe anzulegen sind wie an eine Befristung**.[5] Auch das BAG geht nach Einführung des TzBfG von einem grundsätzlich gleichen Prüfungsmaßstab aus.[6]

6

Die Prüfung des erforderlichen sachlichen Grundes für die Vereinbarung einer auflösenden Bedingung hat sich ausschließlich am gesetzlich vorgegebenen Rahmen des § 14 Abs 1 TzBfG zu orientieren. Das BAG formuliert, dass Gegenstand der gerichtlichen Kontrolle ist, ob die Parteien eine rechtlich statthafte Vertragsgestaltung zur Beendigung eines Arbeitsverhältnisses objektiv funktionswidrig zu Lasten des Arbeitnehmers verwendet haben.[7] Dem ist zuzustimmen. Im Regelfall kann die Zulässigkeit einer auflösenden Bedingung an Hand der **Kontrollüberlegung** festgestellt werden, ob der

7

---

1 BAG 29.6.2011 – 7 AZR 6/11; 19.1.2005 – 7 AZR 250/00 – EZA § 620 BGB 2002 Nr 179; vgl nur KR/Lipke § 21 TzBfG Rn 1 b; BT-Drucks 14/4374 S 21.
2 BAG 29.6.2011 – 7 AZR 6/11; 24.9.1997 – 7 AZR 669/96 – AP § 620 BGB Befristeter Arbeitsvertrag Nr 192.
3 AA APS/Backhaus § 21 TzBfG Rn 11 ff; Lakies DZWIR 2001, 1, 8.
4 So KDZ/Däubler § 21 TzBfG Rn 12.
5 KR/Lipke § 21 TzBfG Rn 17; Sievers TzBfG § 21 Rn 8; Hromadka BB 2001, 621, 625.
6 BAG 19.3.2008 – 7 AZR 1033/06; 16.10.2008 – 7 AZR 185/07; 4.12.2002 – 7 AZR 492/01 (Entscheidung zum alten Recht).
7 BAG 19.3.2008 – 7 AZR 1033/06.

von den Parteien der auflösenden Bedingung zugrunde gelegte sachliche Grund auch die Befristung eines Arbeitsverhältnisses rechtfertigen würde, wenn die Parteien den Eintritt der Bedingung nicht als ungewiss sondern als sicher ansehen würden.[8] Die von Däubler beschriebenen Fälle unzulässiger auflösender Bedingungen[9] lassen sich über diese vergleichende Betrachtung gesetzeskonform lösen, ohne dass zusätzliche im Gesetz nicht angelegte Wertungsmaßstäbe bemüht werden müssen. Die Abwälzung des unternehmerischen Risikos durch Vereinbarung einer auflösenden Bedingung für den Fall, dass ein bestimmtes Umsatzniveau unterschritten wird, erweist sich bei vergleichender Betrachtung als unzulässig, wenn für die Prüfung unterstellt wird, dass die Parteien den Umsatzrückgang als gewiss und nur seinen Zeitpunkt als ungewiss betrachten. Das allgemeine Wirtschaftsrisiko kann der Arbeitgeber weder durch Vereinbarung eines befristeten noch eines auflösend bedingten Arbeitsvertrags auf den Arbeitnehmer abwälzen.[10]

8 Darüber hinaus ist wie bei einer Zweckbefristung aus Gründen der Rechtssicherheit und Rechtsklarheit **Wirksamkeitsvoraussetzung** für die Vereinbarung einer auflösenden Bedingung, dass sie **ausdrücklich und unmissverständlich** getroffen wird.[11] Sie muss auf ein **objektives Ereignis** abstellen, dessen Eintritt nicht vom Willen des Arbeitgebers abhängig ist. Aus der Verweisung auf § 14 Abs 4 TzBfG ergibt sich, dass auch die **Vereinbarung einer auflösenden Bedingung der Schriftform bedarf**. Dies bedeutet -wie bei der Zweckbefristung[12]- dass die auflösende Bedingung schriftlich beschrieben und vereinbart sein muss.

9 Sachgrundlos vereinbarte auflösende Bedingungen sind nicht zulässig. Eine Verweisung auf § 14 Abs 2 und Abs 3 TzBfG enthält § 21 TzBfG nicht.

III. Einzelfälle auflösender Bedingungen (§ 14 Abs 1 Satz 2 TzBfG)
1. Vorübergehender Bedarf an der Arbeitsleistung (Nr 1)

10 Im Rahmen von § 14 Abs 1 Satz 2 TzBfG ist die Vereinbarung einer auflösenden Bedingung nur in dem Rahmen möglich, indem auch ein sachlicher Grund für ein (zweck)befristetes Arbeitsverhältnis besteht. Eine bloße Unsicherheit über die künftige Entwicklung des Arbeitskräftebedarfs rechtfertigt eine auf § 14 Abs 1 Satz 1 TzBfG gestützte Vereinbarung einer auflösenden Bedingung nicht. Die künftige Ungewissheit über das „ob" des Bedingungseintritts beinhaltet das typische unternehmerische Risiko über die weitere Geschäftsentwicklung und kann auch eine Befristung nicht rechtfertigen.[13] Unwirksam ist deshalb die Vereinbarung der Auflösung des Arbeitsvertrags für den Fall des Wegfalls eines Reinigungsauftrags.[14] Der Anwendungsbereich von § 14 Abs 1 Satz 2 Nr 1 beschränkt sich für auflösende Bedingungen auf Saison- oder Kampagnearbeitsverhältnisse.

---

8 Ähnl Hromadka BB 2001, 621, 626.
9 KDZ/Däubler § 21 TzBfG Rn 18 bis 20.
10 BAG 19.3.2008 – 7 AZR 1033/06.
11 KR/Lipke § 21 Rn 22; KDZ/Däubler § 21 TzBfG Rn 11.
12 BAG 21.12.2005 – 7 AZR 541/04.
13 Vgl Kommentierung zu § 14 Abs Rn 65 ff.
14 LAG Köln 7.4.2005 – 5 Sa 1468/04.

Nicht zu beanstanden ist eine tarifliche Regelung, wonach bei **witterungsbedingter Unmöglichkeit** der Arbeitsleistung das Arbeitsverhältnis endet, sofern dem Arbeitnehmer ein Wiedereinstellungsanspruch für den Fall der Wiederaufnahme der Arbeit eingeräumt wird.[15] Allerdings bedarf es auch insoweit der Einhaltung der gesetzlichen Ankündigungsfrist, da anderenfalls eine nach § 22 Abs 1 TzBfG unwirksame Abweichung zu Lasten des Arbeitnehmers von § 15 Abs 2 TzBfG vorliegt. 11

2. Auflösend bedingtes Arbeitsverhältnis im Anschluss an Studium oder Ausbildung (Nr 2)

Gegen ein bis zur Aufnahme einer Anschlussbeschäftigung auflösend bedingtes Arbeitsverhältnis im Anschluss an ein Studium oder eine Ausbildung nach Maßgabe der in Nr 2 geregelten tatbestandlichen Voraussetzungen bestehen keine grundsätzlichen Bedenken.[16] 12

3. Vertretung eines anderen Arbeitnehmers (Nr 3)

Auch **Vertretungsfälle** können über die Vereinbarung einer auflösenden Bedingung geregelt werden (Wiederaufnahme der Arbeit durch den Vertretenen). Im Einzelfall ist durch Auslegung der vertraglichen Bedingungsvereinbarung zu ermitteln, was in Fällen abweichender Kausalverläufe gelten soll (Stammkraft scheidet aus/stirbt und nimmt die Arbeit nicht wieder auf). Das Arbeitsverhältnis eines auflösend bedingt beschäftigten Arbeitnehmers endet in einem solchen Fall nicht automatisch.[17] Es empfiehlt sich, die auflösende Bedingung mit einer Höchstbefristung zu koppeln, dies ist zulässig.[18] 13

4. Eigenart der Arbeitsleistung (Nr 4)

Die **Eigenart der Arbeitsleistung** kann eine auflösende Bedingung rechtfertigen, wobei der Anwendungsbereich dieses Sachgrundes auf die Fälle beschränkt ist, in denen aus verfassungsrechtlichen Gründen (Rundfunkfreiheit Art 5 Abs 1 GG; Freiheit der Kunst Art 5 Abs 3 GG) auch befristete Arbeitsverhältnisse zulässig wären. Zulässig ist die Vereinbarung einer auflösenden Bedingung, bei deren Eintritt das Arbeitsverhältnis einer Schauspielerin in einer Fernsehserie enden soll, weil ihre Rolle in dieser Serie nicht mehr enthalten ist.[19] Voraussetzung ist, dass die Vereinbarung der auflösenden Bedingung auf künstlerischen – verfassungsrechtlich geschützten – Gründen und nicht auf wirtschaftlichen Erwägungen beruht.[20] 14

Zweifelhaft ist, ob **Arbeitsverträge mit Bundesligaspielern** oder **Trainern von Bundesligamannschaften** unter der **auflösenden Bedingung** des Ab- 15

---

15 BAG 28.8.1987 – 7 AZR 249/86 – ZTR 1988, 102; KR/Lipke § 21 TzBfG Rn 23.
16 KR/Lipke § 21 TzBfG Rn 24.
17 Vgl BAG 26.6.1996 – 7 AZR 662/95, vgl aber BAG 29.6.2011 – 7 AZR 6/10 Befristung für die Dauer der Erkrankung einer Stammkraft, Bedingungseintritt bei Tod der Stammkraft.
18 BAG 29.6.2011 – 7 AZR 6/10.
19 BAG 2.7.2003 – 7 AZR 612/02; NZA 2004, 311.
20 BAG 2.7.2003 – 7 AZR 612/02.

stiegs oder des Lizenzentzugs geschlossen werden dürfen.[21] Das BAG hat dies in älterer Rechtsprechung verneint,[22] dort allerdings in der Folgezeit nicht weiter aufrecht erhaltene Zweifel an der Zulässigkeit der Vereinbarung einer auflösenden Bedingung insgesamt geäußert, so dass die Begründung heute nicht mehr herangezogen werden kann. Die Entscheidung des BAG vom 4.12.2002[23] behandelt die Anforderungen an die Vereinbarung einer auflösenden Bedingung mit einem Fußballtrainer. Danach kann wie bei einem befristeten Arbeitsvertrag die Vereinbarung einer auflösenden Bedingung zulässig sein, wenn sie auf einem **ausdrücklichen Wunsch des Arbeitnehmers** oder dem **auf Grund objektiver Anhaltspunkte bestehenden Interesse des Arbeitnehmers an der Vereinbarung einer auflösenden Bedingung anstelle eines unbefristeten Vertrages** beruht. Ein solches Interesse kann in dem Bestreben des Trainers liegen, für den Fall des Abstiegs aus der Bundesliga nicht in einer Amateurliga tätig zu werden, weil dies seinem Marktwert abträglich ist und einer weiteren Verwendung im bezahlten Spitzensport entgegensteht.

5. Erprobung

16 Dieser sachliche Grund hat im Rahmen der Vereinbarung einer auflösenden Bedingung keine praktische Relevanz, weil idR befristete Probearbeitsverhältnisse geschlossen werden. Das BAG hat aber anerkannt, dass ein Arbeitsverhältnis unter die auflösende Bedingung gestellt werden kann, dass ein Orchestermusiker ein Vorspiel erfolgreich besteht und die Mehrheit aller Orchestermitglieder einem Dauerarbeitsverhältnis zustimmt.[24]

6. Gründe in der Person des Arbeitnehmers (Nr 6)

17 Gründe in der Person werden in der (Tarif)Praxis vor allem dann zur Rechtfertigung einer auflösenden Bedingung herangezogen, in denen das Arbeitsverhältnis mit Eintritt verminderter Erwerbsfähigkeit, mit dem Entzug einer Arbeits-, Aufenthalts- oder sonstigen für das Arbeitsverhältnis erforderlichen behördlichen Erlaubnis oder aber auf Wunsch des Arbeitnehmers bei Eintritt bestimmter Ereignisse (anderer Arbeitsplatz, Umzug) beendet werden soll.

18 a) **Verminderte Erwerbsfähigkeit.** § 43 SGB VI regelt den Rentenbezug in Fällen teilweiser und voller Erwerbsminderung; die bisherige Unterscheidung in Berufs- und Erwerbsunfähigkeit wurde mit Wirkung zum 1.1.2001 durch das Gesetz zur Reform der Renten wegen verminderter Erwerbsfähigkeit vom 20.12.2000 aufgehoben,[25] ohne dass sich in der Sache an der Differenzierung etwas geändert hat.

19 Der **Bezug einer Erwerbsminderungsrente** kann als (häufig tariflich normierte) auflösende Bedingung für das Arbeitsverhältnis vereinbart wer-

---

21 LAG Berlin 18.6.2001 – 9 Sa 755/01; aA LAG Düsseldorf 26.5.1995 – 10 (15) Sa 1886/94.
22 BAG 9.7.1981 – 2 AZR 788/78 – NJW 1982, 788.
23 BAG 4.12.2002 – 7 AZR 492/01 – NZA 2003, 611.
24 BAG 7.5.1980 – 5 AZR 593/78 – AP § 611 BGB Abhängigkeit Nr 36.
25 BGBl I S 1827.

den.[26] Das BAG legt solche Tarifvorschriften einschränkend dahingehend aus, dass das Arbeitsverhältnis nur endet, wenn es an einer zumutbaren Weiterbeschäftigungsmöglichkeit fehlt.[27] Nur mit dieser Einschränkung ist die Vereinbarung einer auflösenden Bedingung für den Fall verminderter Erwerbsfähigkeit zulässig. Die Beendigung des Arbeitsverhältnisses durch auflösende Bedingung ist auch nur dann sachlich gerechtfertigt, wenn durch den Bezug dauerhafter Rentenleistungen dem aus Art 12 Abs 1 GG folgenden Bestandsschutz und dem damit einhergehenden Bedürfnis des Arbeitnehmers nach wirtschaftlicher Absicherung Rechnung getragen wird[28] und durch die Anknüpfung des Beendigungstatbestands an eine nur auf Antrag zu gewährende Rentenleistung der Arbeitnehmer in eigener Verantwortung über die Fortführung der von ihm gewählten Tätigkeit entscheiden kann.[29] Damit endet das Arbeitsverhältnis nicht, wenn der Arbeitnehmer seinen Rentenantrag vor Ablauf der Widerspruchsfrist zurücknimmt und er den Arbeitgeber hiervon alsbald unterrichtet[30] oder der Rentenbescheid nichtig ist; dies gilt allerdings nur, sofern Bedingungskontrollklage erhoben wurde.[31] Nach Eintritt der Rechtskraft des Rentenbescheids kann eine nachträgliche Änderung oder Aufhebung den Eintritt der auflösenden Bedingung nicht mehr rückgängig machen.[32]

Sachgrund für die auflösende Bedingung ist nicht die verminderte Erwerbsfähigkeit als solches sondern die **fehlende Beschäftigungsmöglichkeit wegen der verminderten Erwerbsfähigkeit**.[33] Lässt sich eine Weiterbeschäftigungsmöglichkeit nicht feststellen, ist ein sachlicher Auflösungsgrund für die Beendigung des Arbeitsverhältnisses ohne Ausspruch einer Kündigung gegeben.

Anderweitige Beschäftigungsmöglichkeiten müssen aufgrund der tatsächlichen Verhältnisse in dem Zeitpunkt, zu dem der Tarifvertrag die Beendigung vorsieht, **feststehen und vom Arbeitnehmer** spätestens im Zeitpunkt der tarifvertraglich vorgesehenen Beendigung des Arbeitsverhältnisses **konkret geltend gemacht werden**. In Betracht kommen dabei nur freie Arbeitsplätze mit einer gleichen bzw niedrigeren Vergütung; der Arbeitnehmer kann sich nicht auf einen freien höher dotierten Arbeitsplatz berufen.[34] Frei ist ein Arbeitsplatz auch nur dann, wenn er zum Zeitpunkt des Eintritts der auflösenden Bedingung unbesetzt ist; eine geringe Überbrückungsphase bei einem absehbar frei werdenden Arbeitsplatz kann zumutbar sein. Der Arbeitgeber ist nicht gehalten, von sich aus anderweitige Beschäftigungsmöglichkeiten zu prüfen.[35] In aller Regel darf der Arbeitgeber

---

26 St Rspr, zuletzt BAG 10.10.2012 – 7 AZR 602/11.
27 BAG 27.7.2011 – 7 AZR 402/10; 21.1.2009 – 7 AZR 843/07; 1.12.2004 – 7 AZR 440/03 – AP § 59 BAT Nr 13.
28 BAG 23.6.2004 – 7 AZR 440/03 – AP TzBfG § 17 Nr 5; 23.2.2000 – 7 AZR 906/98 – AP § 1 BeschFG 1985 Nr 25; 11.3.1998 – 7 AZR 101/97 – AP BAT § 59 Nr 8 zu 2 c der Gründe.
29 BAG 10.10.2012 – 7 AZR 602/11.
30 BAG 23.6.2004 – 7 AZR 440/03 – AP TzBfG § 17 Nr 5.
31 BAG 10.10.2012 – 7 AZR 602/11.
32 BAG 23.6.2004 – 7 AZR 440/03 – AP TzBfG § 17 Nr 5.
33 BAG 27.7.2011 – 7 AZR 402/10.
34 Dörner, Der befristete Arbeitsvertrag Rn 362.
35 BAG 31.7.2002 – 7 AZR 118/01 – AP § 620 BGB Altersgrenze Nr 19.

davon ausgehen, dass der Arbeitnehmer, der einen Rentenantrag wegen verminderter gesundheitlicher Leistungsfähigkeit stellt und dessen Arbeitsverhältnis nach einem für ihn geltenden Tarifvertrag im Falle des Erfolges seines Antrags endet, kein Interesse an einer Weiterbeschäftigung hat und die Beendigung seines Arbeitsverhältnisses in Kauf nimmt.[36]

22 Die Tarifvertragsparteien des öffentlichen Dienstes haben in § 33 Abs 2 und Abs 3 TVÖD der Rechtsprechung des BAG Rechnung getragen. Danach endet in Fällen verminderter Erwerbsfähigkeit das Arbeitsverhältnis nur bei fehlender Weiterbeschäftigungsmöglichkeit.

23 Das in § 33 Abs 3 TVÖD (vormals § 59 Abs 3 BAT) statuierte Schriftformerfordernis für das Weiterbeschäftigungsverlangen des Arbeitnehmers wirkt konstitutiv; damit endet das Arbeitsverhältnis, wenn der Arbeitnehmer nur mündlich auf einen freien Arbeitsplatz verwiesen hat.[37]

24 Ist der teilweise erwerbsgeminderte Arbeitnehmer schwerbehindert, ist der **erweiterte Beendigungsschutz des § 92 SGB IX** zu beachten. Danach bedarf die Beendigung des Arbeitsverhältnisses eines schwerbehinderten Menschen auch durch Eintritt der auflösenden Bedingung verminderter Erwerbsfähigkeit der vorherigen Zustimmung des Integrationsamtes.

25 Der **Eintritt der auflösenden Bedingung muss hinreichend bestimmt sein.** Dies ist dann der Fall, wenn in einem Tarifvertrag oder einem Arbeitsvertrag der Eintritt der auflösenden Bedingung **an den Zugang des Bescheids des Rentenversicherungsträgers geknüpft** wird, nicht aber wenn allgemein auf den Eintritt (verminderter) Erwerbsfähigkeit abgestellt wird.[38]

26 **b) Volle Erwerbsminderung.** Ein sachlicher Grund besteht für die Vereinbarung einer auflösenden Bedingung bei voller Erwerbsminderung;[39] die Berufung auf etwaige Weiterbeschäftigungsmöglichkeiten scheidet der Sache nach aus.

27 **c) Rentenbezug auf Zeit.** Das BAG steht tariflichen Regelungen zurückhaltend gegenüber, wonach das Arbeitsverhältnis auch dann enden soll, wenn der **Rentenbezug nur zeitlich befristet** ist. Die in § 45 Abs 1 des Tarifvertrages für die Musiker in Kulturorchestern vom 1. Juli 1971 (TVK) geregelte auflösende Bedingung, nach der das Arbeitsverhältnis eines Orchestermusikers aufgrund der Gewährung einer zeitlich begrenzten Rente wegen Erwerbsunfähigkeit endet, soll nur deshalb zulässig sein, weil der Arbeitgeber gem § 45 Abs 5 TVK den Musiker nach Ablauf der Zeitrente wieder einzustellen hat, soweit für dessen Instrument ein freier Arbeitsplatz im Orchester vorhanden ist.[40] Generell wird in Tarifverträgen die Auflösung des Arbeitsverhältnisses bei Gewährung einer Zeitrente nur dann zulässig sein, wenn gleichzeitig bei Wiederherstellung der Erwerbsfähigkeit ein Wiedereinstellungsanspruch besteht.[41]

---

36 BAG 9.8.2000 – 7 AZR 749/98 – ZTR 2001, 270.
37 BAG 1.12.2004 – 7 AZR 135/04 zu § 59 BAT.
38 BAG 27.10.1988 – 2 AZR 109/88 – AP § 620 BGB Bedingung Nr 16; KDZ/Däubler § 21 TzBfG Rn 31.
39 BAG 30.4.1997 – 7 AZR 122/96 – AP § 812 BGB Nr 20; KDZ/Däubler § 21 TzBfG Rn 30; Dörner in ArbR BGB § 620 Rn 347.
40 BAG 23.2.2000 – 7 AZR 126/99 – AP § 1 TVG Tarifverträge: Musiker Nr 13.
41 Sievers TzBfG § 21 Rn 24.

Im Tarifbereich des TVöD stellt sich diese Problematik nicht, weil nach § 33 Abs 2 TvöD das Arbeitsverhältnis bei befristet bewilligter Zeitrente lediglich ruht. Das Arbeitsverhältnis eines Angestellten endet auch nicht nach § 33 Abs 2 TVÖD (§ 59 Abs 1 BAT), wenn der Arbeitnehmer vor Bestandskraft des Rentenbescheides über die Bewilligung einer Dauerrente wegen Erwerbsunfähigkeit den Rentenantrag auf die Gewährung einer Zeitrente beschränkt.[42]   28

d) **Behördliche Erlaubnisvorbehalte.** Grundsätzlich kann ein Arbeitsverhältnis unter der **auflösenden Bedingung des Entzuges einer notwendigen Erlaubnis oder Genehmigung** vereinbart werden.[43] Wie in den Fällen verminderter Erwerbsfähigkeit liegt der erforderliche Sachgrund nicht in dem Entzug der Erlaubnis sondern in der fehlenden Beschäftigungsmöglichkeit wegen des Entzuges der Erlaubnis.[44] Es bedarf deshalb der Prüfung, ob nach Entzug einer erforderlichen Erlaubnis anderweitige Beschäftigungsmöglichkeiten bestehen.   29

e) **Gesundheitliche Eignung.** Ein Arbeitsverhältnis kann für den Fall unter eine auflösende Bedingung gestellt werden, dass der Arbeitnehmer sich im Rahmen einer **ärztlichen Untersuchung** für die vorgesehene Tätigkeit nicht als gesundheitlich geeignet erweist.[45] Soweit im bestehenden Arbeitsverhältnis die gesundheitliche Eignung entfällt, rechtfertigt diese die Beendigung des Arbeitsverhältnisses erst, wenn Beschäftigungsmöglichkeiten nicht vorhanden sind.[46]   30

Nach verbreiteter Auffassung darf die **Erkrankung** eines Arbeitnehmers nicht zur auflösenden Bedingung eines Arbeitsverhältnisses gemacht werden.[47] Theoretisch ist unter Heranziehung der Grundsätze der Rechtsprechung zu Erlaubnisvorbehalten und Erwerbsminderungen der Sachgrund einer fehlenden Beschäftigungsmöglichkeit auf Grund dauerhafter Erkrankung denkbar. Allerdings wird in aller Regel eine diesbezügliche Bedingung bereits inhaltlich zu unbestimmt sein, weil sich der Zeitpunkt des Bedingungseintritts anders als in Fällen der Erlaubnisvorbehalte und Erwerbsminderung nicht konkret ermitteln lässt.   31

f) **Eheschließung, Schwangerschaft, Gewerkschaftsbeitritt.** Unzulässig sind auflösende Bedingungen, wonach das Arbeitsverhältnis bei Eheschließung, Schwangerschaft oder Gewerkschaftsbeitritt aufgelöst wird. Solche Bedingungen sind mit verfassungsrechtlichen Wertentscheidungen (Art. 6, 9 Abs 3 GG) unvereinbar und verstoßen gegen § 138 BGB.[48]   32

---

42 BAG 23.2.2000 – 7 AZR 906/98 – AP § 1 BeschfG 1985 Nr 25.
43 Vgl zur Einsatzgenehmigung des Auftraggebers im Bewachungsgewerbe BAG 19.3.2008 – 7 AZR 1033/06.
44 BAG 19.3.2008 – 7 AZR 1033/06; 25.8.1999 – 7 AZR 75/98 – AP § 620 BGB Bedingung Nr 24.
45 BAG 16.10.2008 – 7 AZR 185/07 (Flugtauglichkeit); ArbG Marburg 11.5.2000 – 2 Ca 634/99 – ZTR 2001, 67; ArbG Göttingen 16.4.1997 – 3 Ca 517/96 – AiB 1997, 672; LAG Frankfurt 9.12.1994 – 12 Sa 1103/94 – ZTR 1995, 373.
46 BAG 16.10.2008 – 7 AZR 185/07.
47 LAG Bad-Württ 15.10.1990 – 15 Sa 92/90 – BB 1991, 209; KDZ/Däubler § 21 TzBfG Rn 20.
48 KDZ/Däubler § 21 TzBfG Rn 17; KR/Lipke § 21 TzBfG Rn 52.

33 **g) Wunsch des Arbeitnehmers.** Zulässig ist die Vereinbarung einer auflösenden Bedingung, wenn sie ausschließlich auf einem Wunsch des Arbeitnehmers beruht. Nicht zu beanstanden ist es deshalb, wenn der Arbeitnehmer sich anderweitig orientieren will und das Arbeitsverhältnis für den Fall auflösend bedingt sein soll, dass der Arbeitnehmer einen anderen Arbeitsplatz oder einen Studienplatz gefunden hat.[49] Mit dieser Prämisse ist es auch zulässig, in einem Arbeitsvertrag mit einem **Spieler** oder **Trainer** zu vereinbaren, dass der Vertrag nur für die erste oder zweite Bundesliga gelten und bei Lizenzentzug oder Abstieg in eine Amateurliga enden soll.[50] Eine solche Vertragsgestaltung kann vor allem bei Spitzensportlern im Interesse des Arbeitnehmers liegen. In der Praxis sollte bei der Vertragsgestaltung ein entsprechender Wille des Arbeitnehmers im Arbeitsvertrag festgehalten werden.

7. Haushaltsrechtliche Gründe (Nr 7)

34 **Haushaltsrechtliche Gründe können nicht Grundlage der Vereinbarung einer auflösenden Bedingung sein.**[51] Dies ergibt sich bereits daraus, dass finanzielle Unsicherheiten auch die Befristung eines Arbeitsverhältnisses nicht rechtfertigen können.

8. Gerichtlicher Vergleich

35 Eine in einem gerichtlichen Vergleich vereinbarte auflösende Bedingung bedarf wie eine Befristung keines weiteren sachlichen Grundes.[52] Es ist deshalb möglich, in einem gerichtlichen Vergleich in einem Kündigungsschutzverfahren über die Wirksamkeit einer personenbedingten Kündigung zu vereinbaren, dass das Arbeitsverhältnis zunächst fortbesteht, aber bei alkoholbedingtem Rückfall endet.

9. Sonstige Gründe

36 Wie bei der Befristung von Arbeitsverhältnissen gilt auch für die Vereinbarung einer auflösenden Bedingung, dass die **Aufzählung möglicher sachlicher Gründe** in § 14 Abs 1 TzBfG **nicht abschließend** ist und weitere Sachgründe nicht ausschließt.

37 Anerkannt hat die Rechtsprechung ua die Vereinbarung einer auflösenden Bedingung für den Fall, dass die **Personalvertretung einer Einstellung nicht zustimmt**[53] oder der Arbeitnehmer aus dem Betriebsrat vorzeitig ausscheidet.[54]

38 Sachlich nicht gerechtfertigt ist hingegen eine Vereinbarung, nach der das Arbeitsverhältnis eines beurlaubten Beamten der Post mit einer Selbsthilfeeinrichtung der Postbediensteten endet, wenn die bewilligte Beurlaubung beendet und nicht verlängert wird, soweit die weitere Beurlaubung des Be-

---

49 KDZ/Däubler § 21 TzBfG Rn 13.
50 Vgl BAG 4.12.2002 – 7 AZR 492/01 sowie Kommentierung bei Rn 15.
51 APS/Backhaus § 21 TzBfG Rn 23; KR/Lipke § 21 TzBfG Rn 46.
52 APS/Backhaus § 21 TzBfG Rn 24.
53 BAG 17.2.1983 – 2 AZR 208/81 – AP § 620 BGB Befristung Nr 74.
54 BAG 23.1.2002 – 7 AZR 611/00 – AP § 620 BGB Befristeter Arbeitsvertrag Nr 230.

amten jeweils von einer Mitwirkung des Arbeitgebers abhängt und in dessen Belieben gestellt ist.[55] Generell wird ein sachlicher Grund für eine auflösende Bedingung deshalb dann nicht anzuerkennen sein, wenn der Eintritt der Bedingung einseitig vom Arbeitgeber herbeigeführt werden kann.[56]

39 Nur in engen Grenzen anzuerkennen sind auflösende Bedingungen, die an ein Fehlverhalten des Arbeitnehmers anknüpfen. Bedingungen, die ausschließlich im Interesse des Arbeitgebers liegen und dem Zweck dienen, die Risiken eines Kündigungsschutzverfahrens zu vermeiden, sind nach § 14 TzBfG sachlich nicht gerechtfertigt. Dies gilt zum Beispiel dann, wenn für den Fall der **nicht rechtzeitigen Rückkehr aus dem Urlaub** das Arbeitsverhältnis enden soll,[57] oder der **Fortbestand eines Berufausbildungsverhältnisses von einem bestimmten Notendurchschnitt**[58] abhängig gemacht wird.

IV. Entsprechende Anwendung weiterer Normen

40 Die Vereinbarung einer auflösenden Bedingung unterliegt dem Schriftformgebot des § 14 Abs 4 TzBfG.

41 Wie bei einem zweckbefristeten Arbeitsverhältnis endet ein auflösend bedingter Arbeitsvertrag nach § 15 Abs 2 TzBfG grundsätzlich erst zwei Wochen nach Zugang der schriftlichen Mitteilung des Arbeitnehmers durch den Arbeitgeber über den Eintritt des auflösenden Ereignisses. Erfolgt die Vereinbarung einer auflösenden Bedingung auf Wunsch des Arbeitnehmers (etwa bis zur Aufnahme eines neuen Arbeitsverhältnisses), so endet das Arbeitsverhältnis mit Eintritt des auflösenden Ereignisses, ohne dass es einer Unterrichtung durch den Arbeitgeber bedarf.[59]

42 Die Kündigung eines auflösend bedingten Arbeitsverhältnisses ist nach § 15 Abs 3 TzBfG nur möglich, wenn dies einzelvertraglich oder im anwendbaren Tarifvertrag vereinbart ist. Wegen der im Zusammenhang mit der Fortsetzung des Arbeitsverhältnisses über den Zeitpunkt des Eintritts des Ereignisses hinaus entstehenden Probleme wird auf die Kommentierung zu § 15 Abs 5 (Rn 21 ff) verwiesen.

43 Wegen der Folgen der unwirksamen Vereinbarung einer auflösenden Bedingung nach § 16 TzBfG wird auf die dortige Kommentierung verwiesen. Fraglich ist, ob und zu welchem Termin der Arbeitgeber kündigen kann, wenn eine Kündigungsmöglichkeit nach § 15 Abs 3 TzBfG nicht vereinbart wurde und die vereinbarte auflösende Bedingung unwirksam ist. Sievers[60] vertritt die Auffassung, der Arbeitgeber könne in diesem Fall das nunmehr unbefristete Arbeitsverhältnis nicht mehr ordentlich kündigen. In einem solchen Fall ist (wie bei einer unwirksamen Befristung) das Arbeitsverhältnis nach hier vertretener Auffassung frühestens zu dem Zeitpunkt kündbar, zu dem die (unwirksam) vereinbarte auflösende Bedingung für den Fall der Wirksamkeit gegriffen hätte; § 16 TzBfG kann nicht entnommen

---

55 BAG 4.12.1991 – 7 AZR 344/90 – AP § 620 BGB Bedingung Nr 17.
56 Hromadka BB 2001, 621, 626.
57 BAG 25.6.1987 – 2 AZR 541/86 – AP § 620 BGB Bedingung Nr 14.
58 BAG 5.12.1985 – 2 AZR 61/85 – AP § 620 BGB Bedingung Nr 10.
59 Vgl § 15 Rn 10.
60 Sievers TzBfG § 21 Rn 37.

werden, dass in einem solchen Fall auf Dauer ordentlich unkündbare Arbeitsverhältnisse entstehen sollen.

44 Durch die Verweisung auf § 17 TzBfG hat der Gesetzgeber geregelt, dass die **Klagefrist auch bei der Geltendmachung der Unwirksamkeit einer auflösenden Bedingung zu beachten** ist. Dies gilt auch, wenn die Parteien darüber streiten, ob eine auflösende Bedingung für die Beendigung des Arbeitsverhältnisses tatsächlich eingetreten ist.[61]

45 In Bezug auf die entsprechende Anwendung der §§ 16 bis 20 TzBfG wird auf die dortige Kommentierung verwiesen.

---

61 BAG 6.4.2011 – 7 AZR 704/09.

Vierter Abschnitt Gemeinsame Vorschriften
§ 22 Abweichende Vereinbarungen

(1) Außer in den Fällen des § 12 Abs. 3, § 13 Abs. 4 und § 14 Abs. 2 Satz 3 und 4 kann von den Vorschriften dieses Gesetzes nicht zuungunsten des Arbeitnehmers abgewichen werden.

(2) Enthält ein Tarifvertrag für den öffentlichen Dienst Bestimmungen im Sinne des § 8 Abs. 4 Satz 3 und 4, § 12 Abs. 3, § 13 Abs. 4, § 14 Abs. 2 Satz 3 und 4 oder § 15 Abs. 3, so gelten diese Bestimmungen auch zwischen nicht tarifgebundenen Arbeitgebern und Arbeitnehmern außerhalb des öffentlichen Dienstes, wenn die Anwendung der für den öffentlichen Dienst geltenden tarifvertraglichen Bestimmungen zwischen ihnen vereinbart ist und die Arbeitgeber die Kosten des Betriebes überwiegend mit Zuwendungen im Sinne des Haushaltsrechts decken.

Die Vorschrift bestimmt, dass von den **Regelungen des TzBfG grundsätzlich nicht zuungunsten des Arbeitnehmers abgewichen werden darf**. Die einzig zugelassene **Ausnahme für das Befristungsrecht** ist in § 14 Abs 2 Satz 3 TzBfG geregelt. Darüber hinausgehende Regelungen zu Lasten der Arbeitnehmer sind auch in einem Tarifvertrag nicht möglich. 1

Nach § 14 Abs 2 Satz 3 TzBfG kann in einem Tarifvertrag die Anzahl der Verlängerungen und die Höchstdauer der Befristung abweichend von § 14 Abs 2 Satz 1 TzBfG festgelegt werden. Diese tarifliche Regelungsbefugnis besteht jedoch nicht unbegrenzt. Die **Tarifvertragsparteien müssen das Ziel der Richtlinie, den Missbrauch aufeinanderfolgender befristeter Arbeitsverträge zu verhindern, beachten**. Die gesetzliche Tariföffnungsklausel erlaubt daher keine Tarifverträge, die diesem Ziel erkennbar zuwiderlaufen. Eine tarifliche Verlängerung des Zeitraums für sachgrundlose Befristungen auf 42 Monate und 4 Verlängerungsmöglichkeiten ist noch nicht zu beanstanden.[1] 2

Arbeitsvertragsparteien können eine eigenständige Regelung von Anzahl und Höchstdauer einer sachgrundlosen Befristung nicht treffen; zulässig ist nach § 22 Abs 1 bzw § 14 Abs 2 Satz 4 TzBfG lediglich, eine abweichende tarifliche Regelung durch Einzelarbeitsvertrag zu übernehmen. Für Arbeitnehmer günstigere Regelungen sind sowohl individualvertraglich als auch durch Tarifvertrag möglich, da § 22 TzBfG insoweit keinerlei Einschränkungen enthält. Auch die Vereinbarung einer von § 17 TzBfG abweichenden längeren Klagefrist ist grundsätzlich möglich.[2] 3

§ 22 Abs 2 TzBfG entspricht der früheren Regelung in § 6 Abs 2 Satz 2 BeschFG.[3] Die Norm erweitert die Möglichkeiten der Inbezugnahme abweichender tariflicher Vorschriften des öffentlichen Dienstes nach § 14 Abs 2 Satz 3 TzBfG. Über die bereits nach § 14 Abs 2 Satz 4 TzBfG mögliche vertragliche Inbezugnahme im Geltungsbereich des Tarifs gestattet die Vorschrift auch Arbeitsvertragsparteien außerhalb des öffentlichen Diens- 4

---

1 BAG 15.8.2012 – 7 AZR 184/11.
2 Dörner in ArbR BGB § 620 BGB Rn 365; aA APS/Backhaus § 22 TzBfG Rn 45.
3 BT-Drucks 14/4374 S 22.

tes die einzelvertragliche Bezugnahme solcher zu Ungunsten der Arbeitnehmer wirkender tariflichen Regelungen, sofern der Arbeitgeber die Kosten des Betriebs überwiegend mit Zuwendungen iSd Haushaltsrechts deckt. Nach der Begründung des Gesetzentwurfes betrifft diese Regelung insbesondere die in Form einer GmbH organisierten nicht tarifgebundenen Forschungseinrichtungen wie die Fraunhofer-Gesellschaft und die Max-Planck-Gesellschaft.[4]

---

4 BT-Drucks 14/4374 S 22.

§ 23 Besondere gesetzliche Regelungen

Besondere Regelungen über Teilzeitarbeit und über die Befristung von Arbeitsverträgen nach anderen gesetzlichen Vorschriften bleiben unberührt.

§ 23 TzBfG stellt das Verhältnis des TzBfG zu spezialgesetzlichen Regelungen zur Teilzeitarbeit und zur Befristung klar. Diese bleiben grundsätzlich unberührt. Soweit spezialgesetzlich nichts Abweichendes geregelt ist, finden die Vorschriften des TzBfG Anwendung.[1] Dies gilt insbesondere für die Klagefrist des § 17 TzBfG und das Schriftformerfordernis des § 14 Abs 4 TzBfG.

Hinsichtlich der Befristung gilt dies vor allem für § 21 BEEG, das Wissenschaftszeitvertragsgesetz (WissZeitVG)[2] sowie das Gesetz über befristete Arbeitsverträge mit Ärzten in der Weiterbildung (ÄrzteBefrG).

---

1 BT-Drucks 14/4374 S 22.
2 WissZeitVG vom 12.4.2007 BGBl I S 506.

Anhang
Zwangsvollstreckung und Einstweiliger Rechtsschutz

A. Zwangsvollstreckung 1
  I. Grundlagen 1
    1. Anzuwendende Vorschriften 1
    2. Voraussetzungen 2
       a) Titel 3
       b) Klausel 6
       c) Zustellung 8
    3. Arbeitsrechtliche Besonderheiten 14
       a) Urteilsverfahren 14
       b) Beschlussverfahren 16
    4. Abweichungen von den Bestimmungen der ZPO .. 17
    5. Kosten der Zwangsvollstreckung 19
    6. Vollstreckungsschaden.... 23
  II. Ausschluss/Einstellung der Zwangsvollstreckung 25
    1. Ausschluss der vorläufigen Vollstreckbarkeit 25
       a) Nicht zu ersetzender Nachteil 25
       b) Verfahren 30
       c) Glaubhaftmachung.... 37
    2. Einstellung der Zwangsvollstreckung 38
       a) Voraussetzungen: 38
       b) Erfolgsaussichten 39
       c) Antrag/Glaubhaftmachung 41
       d) Entscheidung 43
       e) Rechtsbehelfe 48
  III. Vollstreckungsgegenklage/Drittwiderspruchsklage 51
    1. Grundlagen 51
    2. Vollstreckungsgegenklage 52
    3. Drittwiderspruchsklage ... 53
  IV. Das Vollstreckungsverfahren 54
    1. Allgemeines 54
    2. Auflösungsantrag 58
       a) Gestaltungs- und Leistungsurteil 58
       b) Ausschluss der Vollstreckbarkeit 60
       c) Pfändung/Pfändungsschutz: 64
       d) Steuern/Sozialabgaben 68
    3. Abfindungsklage 70
       a) Streitgegenstand 70
       b) Vollstreckung 71
    4. Sonstige Leistungsklagen 72
       a) Typische Leistungsklage im Arbeitsverhältnis 72
       b) Zwangsvollstreckung wegen Geldforderungen 74
       c) Herausgabe von Sachen 76
       d) Vornahme einer Handlung 78
    5. Besonderheit: Beschäftigungs-/Weiterbeschäftigungsanspruch 90
       a) Anspruchsarten 90
       b) Beschäftigungsanspruch 91
       c) Betriebsverfassungsrechtlicher Weiterbeschäftigungsanspruch: 93
       d) Personalvertretungsrechtlicher Weiterbeschäftigungsanspruch: 95
       e) Allgemeiner Weiterbeschäftigungsanspruch: 96
       f) Besonderheiten der Vollstreckung 98
B. Arrest/Einstweilige Verfügung .. 101
  I. Allgemeines 101
    1. Verfahrensarten 101
    2. Rechtliche Grundlagen ... 102
  II. Das Verfahren 103
    1. Zuständiges Gericht 103
    2. Primäres und sekundäres Urteilsverfahren 105
    3. Arrest-/Verfügungsgrund 108
    4. Fallgruppen des einstweiligen Verfügungsverfahrens 110
       a) Arbeitspapiere 110
       b) Beschäftigung/Weiterbeschäftigung 112
          aa) Beschäftigung im Arbeitsverhältnis: 113
          bb) Betriebsverfassungs- und personalvertretungsrechtlicher Beschäftigungsanspruch: 114
          cc) Allgemeiner Weiterbeschäftigungsanspruch 119
       c) Entgeltzahlung 125
       d) Konkurrentenklage.... 126
       e) Teilzeitanspruch 128
       f) Unterlassung bei Wettbewerbsverbot 131
       g) Urlaub 132
       h) Zeugnisberichtigung .. 134
    5. Arrestverfahren 135

A. Zwangsvollstreckung

I. Grundlagen

1. Anzuwendende Vorschriften

1 Auf die Zwangsvollstreckung aus Titeln, die im arbeitsgerichtlichen Verfahren ergangen sind, finden die Vorschriften des 8. Buchs der ZPO Anwendung (§ 62 Abs 2 ArbGG). Mit Ausnahme der in § 62 Abs 1 ArbGG dargestellten Sonderregelungen betreffend die vorläufige Vollstreckbarkeit und die einstweilige Einstellung der Zwangsvollstreckung gelten für das Vollstreckungsverfahren die §§ 704 bis 959 ZPO unmittelbar.

2. Voraussetzungen

2 Die Zwangsvollstreckung setzt grundsätzlich einen **vollstreckbaren Titel**, eine **Vollstreckungsklausel** und die **Zustellung** des Titels voraus. Dies gilt auch für die Zwangsvollstreckung aus Titeln, die im arbeitsgerichtlichen Verfahren ergehen.

3 a) Titel. Vollstreckungstitel sind insbesondere **Endurteile**. Endurteile sind Entscheidungen, die für die jeweilige Instanz über den Streitgegenstand befinden (§ 300 Abs 1 ZPO). Hierzu gehören das Schlussurteil (ein Schlussurteil entscheidet über die gesamte Klage), das Teil-Urteil (§ 301 Abs 1 ZPO), soweit es als Endurteil über einen selbstständigen Teil des Streitgegenstands anzusehen ist, das Vorbehaltsurteil (§ 302 Abs 3 ZPO). Das Versäumnisurteil (§ 331 ZPO) ist ebenfalls ein Endurteil iSv § 62 Abs 1 Satz 1 ArbGG. Keine Endurteile sind das Zwischenurteil nach § 303 ZPO und ein Zwischenurteil über den Grund nach § 304 Abs 1 ZPO. Dies ergibt sich ausdrücklich aus § 61 Abs 3 ArbGG insoweit abweichend zu § 304 Abs 2 ZPO.[1]

4 Weitere Titel sind der gerichtliche Vergleich (§ 794 Abs 1 Nr 1 ZPO), der entweder durch eine gemeinsame Erklärung zu Protokoll zustande kommt, durch die Annahme eines schriftlichen Vergleichsvorschlags des Gerichts oder einen von den Parteien unterbreiteten Vergleichstext nach § 278 Abs 6 ZPO, für vollstreckbar erklärte Anwaltsvergleiche (§ 796a ZPO), Kostenfestsetzungsbeschlüsse (§ 794 Abs 1 Nr 2 ZPO), Vollstreckungsbescheide (§ 794 Abs 1 Nr 4 ZPO) und Urkunden mit Vollstreckungsunterwerfung (§ 794 Abs 1 Nr 5 ZPO).

5 Endurteile müssen rechtskräftig oder für vorläufig vollstreckbar erklärt worden sein, damit die Zwangsvollstreckung betrieben werden kann (§ 704 Abs 1 ZPO). Im arbeitsgerichtlichen Verfahren bedarf es wegen der Sonderregelungen der §§ 62 Abs 1 Satz 1 (I. Instanz), 64 Abs 7 (Berufung) ArbGG keiner Vollstreckbarkeitserklärung erst- und zweitinstanzlicher Urteile im Tenor. Diese Entscheidungen sind von Gesetzes wegen vollstreckbar. Anderes gilt für die durch das BAG erlassenen Versäumnisurteile. Diese sind nach den allgemeinen Vorschriften der ZPO für vorläufig vollstreckbar zu erklären.[2] Die Privilegierung nach § 62 Abs 1 Satz 1 ArbGG gilt nur für Urteile der Arbeitsgerichte, nicht auch für andere Vollstre-

---

[1] BAG 1.12.1975 – 5 AZR 466/75; BAG 1.8.1974 – 3 AZR 335/74.
[2] BAG 28.10.1981 – 4 AZR 251/79.

ckungstitel. Diese müssen für vollstreckbar erklärt sein. Bei anderen Vollstreckungstiteln erfolgt die Einstellung der Zwangsvollstreckung nach den allgemeinen Regelungen der ZPO, bei den nach § 62 Abs 1 Satz 1 ArbGG privilegierten Titeln nach § 62 Abs 1 Satz 3 ArbGG.

b) Klausel. Grundsätzlich kann die Zwangsvollstreckung nur aus Titeln betrieben werden, die mit einer **Vollstreckungsklausel** (§§ 724, 725 ZPO) versehen sind. Keiner gesonderten Vollstreckungsklausel bedürfen Kostenfestsetzungsbeschlüsse, die nach § 105 ZPO auf das Urteil gesetzt sind (§ 795 a ZPO). 6

Vollstreckungsbescheide, einstweilige Verfügungen und Arreste bedürfen der Vollstreckungsklausel nur bei Wechsel in der Person des Gläubigers bzw Schuldners (§ 796 Abs 1 ZPO für Vollstreckungsbescheide, §§ 929 Abs 1 und 936 ZPO für Arreste und einstweilige Verfügungen). 7

c) Zustellung. Die Zwangsvollstreckung setzt die vorherige oder gleichzeitige Zustellung des Titels voraus (§ 750 Abs 1 ZPO). Urteile werden von Amts wegen zugestellt (§ 317 Abs 1 ZPO). Dies ist aber nicht Voraussetzung für die Zwangsvollstreckung. Es genügt auch die **Zustellung im Parteibetrieb** durch den Gläubiger (§§ 750 Abs 1 Satz 2, 191 ZPO). 8

Hinweis: Von Amts wegen wird das vollständige Urteil mit Tatbestand und Entscheidungsgründen zugestellt. Die Zwangsvollstreckung kann von daher erst erfolgen, wenn das Urteil vollständig abgesetzt ist, unterschrieben der Geschäftsstelle vorliegt und zugestellt ist. Die Zustellung im Parteibetrieb setzt weder Tatbestand, noch Entscheidungsgründe voraus (§ 750 Abs 1 Satz 2 ZPO). Der Gläubiger kann sich deshalb unmittelbar nach Verkündung eine abgekürzte Ausfertigung erteilen lassen und die Zustellung im Parteibetrieb vornehmen. Mit dieser Vorgehensweise kann das Vollstreckungsverfahren wesentlich früher betrieben werden.

Soll die Zwangsvollstreckung aus vollstreckbaren Urkunden nach § 794 Abs 1 Nr 5 ZPO betrieben werden, muss eine zweiwöchige Wartefrist zwischen Zustellung und Zwangsvollstreckung beachtet werden. Gleiches gilt für Kostenfestsetzungsbeschlüsse (§ 798 ZPO). 9

Besonderheiten sind bei **Arrest** und **einstweiliger Verfügung** zu beachten. Diese sind innerhalb eines Monats nach Verkündung bzw Zustellung an den Gläubiger zu vollziehen (§§ 929 Abs 2, 936 ZPO). Die Vollziehungsfrist ist ein wesentliches Merkmal des Eilcharakters des einstweiligen Rechtsschutzverfahrens und wirkt als immanente zeitliche Begrenzung des dem Gläubiger gewährten Rechtsschutzes. Sie dient dazu, dass Arrest und einstweilige Verfügung unter den Umständen vollzogen werden, unter denen sie ergangen sind. Gleichzeitig wird sichergestellt, dass der Arrest- bzw Verfügungsgrund im Zeitpunkt der Vollziehung noch fortwirkt.[3] Die Vollziehung von einstweiliger Verfügung und Arrest erfolgt durch die **Zustellung im Parteibetrieb.** Dies gilt auch dann, wenn eine Zustellung von Amts 10

---

3 BVerfG 27.4.1988 – 1 BvR 549/87; BGH 25.10.1990 – IX ZR 211/89; OLG Frankfurt 6.10.1998 – 26 W 121/98.

wegen erfolgte, weil die einstweilige Verfügung im Urteilswege erlassen wurde (§ 317 ZPO).[4]

11 Zustellungsadressat ist der Antragsgegner, sofern dieser durch einen Rechtsanwalt oder Verbandsvertreter vertreten ist, der Prozessbevollmächtigte (§ 172 ZPO).

12 Die Zustellung im Parteibetrieb selbst kann über die Post, einen Justizbediensteten oder einen Gerichtsvollzieher nach § 176 ZPO, durch Einschreiben/Rückschein nach § 175 ZPO oder durch Empfangsbekenntnis gegenüber dem in § 174 Abs 1 ZPO genannten Personenkreis, und zwar auch per Telefax (§ 174 Abs 2 ZPO) oder digital mit elektronischer Signatur (§ 174 Abs 3 ZPO) erfolgen.

13 Wird die Vollziehungsfrist versäumt, ist die einstweilige Verfügung/der Arrest endgültig unvollziehbar und damit gegenstandslos.[5] Damit ist die Vollstreckung unstatthaft.[6] Der Schuldner kann die Aufhebung des Arrestes/der einstweiligen Verfügung nach § 927 ZPO beantragen bzw das Berufungsverfahren betreiben. Die nicht bzw nicht rechtzeitig erfolgte Vollziehung ist von Amts wegen zu beachten. Stellt sich die Versäumung der Vollziehungsfrist im Berufungsverfahren heraus, ist streitig, ob das Berufungsgericht einem im Wege der Anschlussberufung gestellten Antrag auf Neuerlass der einstweiligen Verfügung stattgeben kann.[7]

3. Arbeitsrechtliche Besonderheiten

14 a) **Urteilsverfahren.** Im Urteilsverfahren gelten die Besonderheiten des § 62 ArbGG, und zwar sowohl für das erstinstanzliche Urteilsverfahren als auch für das Berufungsverfahren (§ 64 Abs 7 ArbGG).

15 Für das Revisionsverfahren fehlt in § 72 Abs 6 ArbGG eine Bezugnahme auf § 62 ArbGG. Betreffend § 62 Abs 1 ArbGG ist dies schon deshalb nicht erforderlich, weil Revisionsurteile mit ihrer Verkündung rechtskräftig werden. Es liegt deshalb kein Fall der vorläufigen Vollstreckbarkeit vor. Ein Verweis auf § 62 Abs 2 ArbGG ist nicht erforderlich, da dort ohnehin nur auf die Bestimmungen der ZPO verwiesen wird.

16 b) **Beschlussverfahren.** Für das Beschlussverfahren gilt § 85 ArbGG. Dieser verweist teilweise auf die Ausnahmeregelung in § 62 ArbGG, teilweise auf die Bestimmungen der ZPO.

---

4 LAG Hamm 25.5.2005 – 10 (2) Sa 381/05; LAG Düsseldorf 8.3.1979 – 3 Ta 9/79; LAG Bremen 13.8.1982 – 4 Ta 44/82; aA LAG Frankfurt 20.2.1990 – 5 TaBVGa 1717/89, 30; LAG Hamm 7.8.1987 – 8 Sa 1369/86; differenzierend LAG Berlin 10.6.1985 – 12 Sa 32/85 und 18.8.1987 – 3 TaBV 4/87.
5 BGH 25.10.1990 – IX ZR 211/89.
6 OLG Koblenz 20.10.1999 – 12 U 107/99.
7 Für einen Antrag auf Neuerlass: OLG Celle 27.11.1985 – 3 U 264/85; OLG Düsseldorf 18.1.1984 – 15 U 158/83; OLG Hamm 17.4.1970 – 6 U 27/70; LG Hamburg 22.4.1965 – 28 S1/65; OLG Karlsruhe 5.11.1964 – 4 U 68/64; KG Berlin 5.12.1949 – 7 U 3552/49. Gegen einen Neuerlass durch das Berufungsgericht: OLG Frankfurt 7.7.1988 – 6 U 36/88; OLG Koblenz 3.7.1980 – 6 U 216/80; OLG Hamm 25.1.1972 – 7 U 150/71.

4. Abweichungen von den Bestimmungen der ZPO

Urteile, gegen die der Einspruch oder die Berufung zulässig sind, sind von Gesetzes wegen vorläufig vollstreckbar. Im Unterschied zu Urteilen der ordentlichen Gerichte bedarf es nicht des besonderen Ausspruchs im Tenor (§§ 704 Abs 1, 708, 709 ZPO). Deshalb kann die vorläufige Vollstreckung arbeitsgerichtlicher Titel auch nicht nach § 709 ZPO von der Leistung einer Sicherheit abhängig gemacht werden. Den Schuldnern steht nicht die Möglichkeit offen, die Vollstreckung durch Sicherheitsleistung abzuwenden (§ 711 ZPO). Für die Anwendung der Sicherungsvollstreckung nach § 720 a ZPO ist kein Raum. 17

Bei der Vollstreckung aus arbeitsgerichtlichen Titeln verbleibt es aber bei der Schadenersatzpflicht nach § 717 Abs 2 ZPO oder des Bereicherungsausgleichs nach § 717 Abs 3 ZPO, wenn die vorläufige Vollstreckbarkeit nachträglich entfällt.[8] Für den Schadenersatzanspruch ist es ohne Belang, ob die vorläufige Vollstreckbarkeit vom Gericht angeordnet wurde oder kraft Gesetzes gilt. 18

5. Kosten der Zwangsvollstreckung

Die notwendigen Kosten der Zwangsvollstreckung (§ 91 ZPO) sind vom Schuldner zu tragen (§ 788 Abs 1 ZPO). § 12 a Abs 1 ArbGG hat hierauf keinen Einfluss. Danach besteht im Urteilsverfahren des ersten Rechtszugs kein Anspruch der obsiegenden Partei auf Erstattung der Kosten für die Zuziehung eines Prozessbevollmächtigten oder Beistands. Diese Kosten hat jede Partei selbst zu tragen. Dies hat den Sinn, den arbeitsgerichtlichen Prozess im ersten Rechtszug kostengünstig zu halten. Diese Bestimmung gilt ausnahmslos, also auch dann, wenn der Arbeitnehmer obsiegt.[9] Da die Bestimmung auf das Erkenntnisverfahren erster Instanz beschränkt ist, wirkt sie nicht im Zwangsvollstreckungsverfahren, dh, dort ist die Begrenzung der Erstattungspflicht nicht anwendbar. Es gilt § 788 Abs 1 ZPO.[10] 19

Nicht zu den Kosten der Zwangsvollstreckung zählen die einer Vollstreckungsabwehrklage (§ 767 ZPO), einer Klage wegen Unzulässigkeit der Vollstreckungsklausel (§ 768 ZPO) und eines Arrest- bzw einstweiligen Verfügungsverfahrens. Bei diesen Verfahren greift der Ausschluss der Kostenerstattung nach § 12 a Abs 1 ArbGG. 20

Für das Klausel-Erinnerungsverfahren (§ 732 ZPO) vertritt das LAG Rheinland-Pfalz die Auffassung, dass der Ausschluss der Erstattungspflicht von Rechtsanwaltskosten nach § 12 a Abs 1 ArbGG entsprechend zur Anwendung komme, weil dieses Verfahren ein notwendiges neues Erkenntnisverfahren vermeide und einen eigenen Verfahrensabschnitt zwischen dem Erkenntnis- und dem Vollstreckungsverfahren darstelle.[11] 21

Die Kosten eines anwaltlichen Aufforderungsschreibens nach Erwirkung des Vollstreckungstitels mit einer Vollstreckungsandrohung können zu den 22

---

8 BAG 14.7.1961 – 1 AZR 278/60; BAG 23.12.1961 – 5 AZR 53/61.
9 BAG 18.12.1972 – 5 AZR 248/72.
10 LAG Köln 31.10.1994 – 2 Ta 225/94; LAG Berlin 17.2.1986 – 9 Sa 110/85; LAG Frankfurt 16.10.1967 – 1 Ta 56/67.
11 LAG Rheinland-Pfalz 8.4.1991 – 9 Ta 57/91.

notwendigen Kosten der Zwangsvollstreckung (§ 788 Abs 1 ZPO) zählen. Sie sind als solche Vorbereitungskosten der Zwangsvollstreckung.[12]

6. Vollstreckungsschaden

23 Der dem Schuldner durch die vorläufige Vollstreckung entstandene Schaden kann im laufenden Verfahren (zB in der Berufungsinstanz) durch Inzidentantrag oder Widerklage geltend gemacht werden (§ 717 Abs 2 Satz 2 ZPO). Für diesen Inzidentantrag ist keine Einwilligung des Gegners oder die vom Gericht festzustellende Sachdienlichkeit erforderlich wie für eine Widerklage in der Berufungsinstanz nach § 533 ZPO.

24 Der Schuldner kann anstelle des Inzidentantrags den Schadenersatzanspruch durch eine eigenständige Klage geltend machen. Ein Unterschied besteht bezogen auf die Rechtshängigkeit und den sich hieraus ergebenden prozessualen Zinsanspruch. Ein Inzidentantrag wird auf die Zeit der Zahlung oder Leistung rechtshängig, mit der Folge, dass Prozesszinsen (§ 291 ZPO) ab diesem Tag geschuldet sind. Bei der gesondert erhobenen Klage sind Prozesszinsen erst ab Rechtshängigkeit geschuldet.

War der titulierte und vollstreckte Anspruch ein Anspruch aus dem Arbeitsverhältnis, unterfällt auch der gesetzliche Schadenersatzanspruch nach § 717 Abs 2 ZPO tariflicher und vertraglicher Verfallklauseln.[13]

II. Ausschluss/Einstellung der Zwangsvollstreckung
1. Ausschluss der vorläufigen Vollstreckbarkeit

25 a) **Nicht zu ersetzender Nachteil.** Der Beklagte kann beantragen, dass im Urteil die vorläufige Vollstreckbarkeit ausgeschlossen wird (§ 62 Abs 1 Satz 2 ArbGG). Bei diesem Antrag handelt es sich regelmäßig um einen Hilfsantrag für den Fall, dass der Beklagte mit dem Hauptantrag, die Klage abzuweisen, erfolglos bleibt. Voraussetzung dieses Antrags ist, dass die Vollstreckung dem Beklagten einen nicht zu ersetzenden Nachteil bringen würde. Der Begriff des nicht zu ersetzenden Nachteils findet sich auch in den §§ 707 Abs 1 Satz 2, 712 Abs 1 und 719 Abs 2 ZPO. Die Besonderheit dieses Antrags ist, dass er schon im Erkenntnisverfahren, also vor Erlass des Urteils gestellt wird. Nach Erlass des Urteils ist nur noch die Einstellung der Zwangsvollstreckung nach § 62 Abs 1 Satz 3 ArbGG möglich, der insoweit auf die §§ 707 Abs 1 und 719 Abs 1 ZPO verweist.

26 Liegt ein nicht zu ersetzender Nachteil für den Beklagten vor, hat das Arbeitsgericht die vorläufige Vollstreckbarkeit auszuschließen. Anders als bei der Einstellung der Zwangsvollstreckung nach den §§ 707 Abs 1 und 719 Abs 1 ZPO hat **keine Interessenabwägung** zwischen den Vollstreckungsinteressen des Klägers und den Abwendungsinteressen des Beklagten stattzu-

---

12 BGH 18.7.2003 – Ixa ZB 146/03; LAG Frankfurt 8.2.1999 – 9/(6) Ta 152/98; Zöller/Stöber, § 788 Rn 6.
13 BAG 18.12.2008 – 8 AZR 105/08.

finden. Vielmehr stellt § 62 Abs 1 Satz 2 ArbGG ausschließlich auf die Interessen des Beklagten ab.¹⁴

Ein nicht zu ersetzender Nachteil liegt vor, wenn der Schuldner ihn nicht durch sein Verhalten abwenden kann und der die Vollstreckung betreibende Gläubiger nicht in der Lage ist, den Schaden mit Geld oder auf andere Weise bei späterem Wegfall des Vollstreckungstitels auszugleichen. Voraussetzung ist daher, dass die Wirkungen der Vollstreckung nicht mehr rückgängig gemacht werden können.¹⁵

Ist zu erwarten, dass dem Schuldner kein nennenswerter Nachteil entstehen wird, kommt ein Ausschluss der vorläufigen Vollstreckbarkeit nicht in Betracht.¹⁶ Es genügt auch nicht die bloße Möglichkeit des Eintritts eines unersetzbaren Nachteils. Es muss eine überwiegende Wahrscheinlichkeit dafür sprechen, dass die Vollstreckung zu einem nicht zu ersetzenden Nachteil führen wird.¹⁷

So reichen zB Arbeitslosigkeit oder die Gewährung von Prozesskostenhilfe für den Kläger für sich genommen noch nicht aus, einen unersetzlichen Nachteil zu rechtfertigen. Erst wenn anzunehmen ist, dass der Gläubiger vermögenslos ist und deshalb nicht damit gerechnet werden kann, dass eine Rückzahlung bei Abänderung oder Aufhebung der Entscheidung möglich ist, besteht bei der Vollstreckung aus Zahlungstiteln ein nicht zu ersetzender Nachteil.¹⁸

Nicht zu ersetzen ist ein Nachteil, wenn die Wirkung der Vollstreckung nachträglich nicht wieder beseitigt oder ausgeglichen werden kann. Eine Einstellung der Zwangsvollstreckung ist im Falle der Verurteilung zur **Weiterbeschäftigung** nur dann möglich, wenn durch die Beschäftigung selbst ein unersetzbarer Nachteil wirtschaftlicher oder immaterieller Art eintreten würde, für den aller Wahrscheinlichkeit nach ein Ersatz von dem Arbeitnehmer nicht erlangt werden könnte.¹⁹

Teilweise wird die Auffassung vertreten, dass im Rahmen des Begriffs des nicht zu ersetzenden Nachteils auch die Erfolgsaussichten eines Rechtsmittels zu berücksichtigen sind.²⁰ Diese Auffassung übersieht, dass der Ausspruch über den Ausschluss der vorläufigen Vollstreckbarkeit durch das Arbeitsgericht erfolgt, das sich dann zu seiner eigenen Entscheidung in der Hauptsache in Widerspruch setzen müsste, wenn es im Rahmen des Ausschlusses der vorläufigen Vollstreckbarkeit darlegen müsste, dass die eigene Entscheidung erfolgreich im Rechtsmittelverfahren angegriffen werden kann. Im Übrigen liegt die ausschließliche Kompetenz, die Aussichten des Rechtsmittelverfahrens zu beurteilen, beim Rechtsmittelgericht und nicht

---

14 GK-ArbGG/Vossen, § 62 Rn 25; Natter/Gross/Pfitzer/Zimmermann, ArbGG, § 62 Rn 16; Düwell/Lipke/Dreher, ArbGG § 62 Rn 10; aA Schwab/Weth/Walker, ArbGG, § 62 Rn 14.
15 LAG Düsseldorf 7.3.1980 – 8 Sa 59/80; LAG Düsseldorf 4.10.1979 – 14 (5) Sa 976/79.
16 BGH 4.12.1951 – II ZR 150/51.
17 LAG Düsseldorf 7.3.1980 – 8 Sa 59/80.
18 LAG Baden-Württemberg 1.9.2006 – 13 Sa 63/06.
19 LAG Nürnberg 5.11.2012 – 7 Sa 385/12.
20 BAG 27.6.2000 – 4 AZN 525/00; LAG Düsseldorf 4.10.1979 – 14 (5) Sa 976/79.

beim Ausgangsgericht. Der Ausschluss der vorläufigen Vollstreckbarkeit erfolgt aber durch das Ausgangsgericht. Auf der anderen Seite kann das Arbeitsgericht den Antrag auf Ausschluss der vorläufigen Vollstreckbarkeit mit der Begründung ablehnen, dass ein Rechtsmittelverfahren von vorne herein erfolglos bleiben muss, bspw weil die **Berufung nicht statthaft** ist (§ 64 Abs 2 ArbGG).

30 **b) Verfahren.** Der Ausschluss der vorläufigen Vollstreckbarkeit setzt einen Antrag voraus. Der Antrag kann bis zum Schluss der mündlichen Verhandlung, auf die das Urteil ergeht, gestellt werden (§ 714 Abs 1 ZPO entsprechend). Ist das Urteil verkündet, kommt ein nachträglicher Antrag nur unter den Voraussetzungen eines Ergänzungsurteils (§ 321 ZPO) in Betracht. Eine Einstellung der Zwangsvollstreckung kann dann nur noch über § 62 Abs 1 Satz 3 ArbGG iVm §§ 707 Abs 1 und 719 Abs 1 ZPO erfolgen.

31 Der Antrag nach § 62 Abs 1 Satz 2 ArbGG ist nicht auf das Verfahren erster Instanz beschränkt, sondern kann auch im Berufungsverfahren gestellt werden und zwar auch dann, wenn in erster Instanz kein Antrag gestellt worden war. § 62 ArbGG gilt entsprechend im Berufungsverfahren (§ 64 Abs 7 ArbGG). Im Revisionsverfahren kommt ein Antrag auf Ausschluss der vorläufigen Vollstreckbarkeit nicht in Betracht, weil das Urteil des BAG mit Verkündung rechtskräftig wird.

32 Wird dem Antrag stattgegeben, hat dies im Urteilstenor zu erfolgen.[21] Der Tenor lautet:

33 Die vorläufige Vollstreckbarkeit wird ausgeschlossen.

34 Wird der Antrag zurückgewiesen, erfolgt dies ebenfalls im Tenor. Die jeweilige Entscheidung ist zu begründen. Es muss sich ergeben, worin das Gericht den nicht zu ersetzenden Nachteil gesehen hat bzw warum das Gericht zur Auffassung gekommen ist, dass die Voraussetzungen des § 62 Abs 1 Satz 2 ArbGG nicht vorliegen. Der Antrag nach § 62 Abs 1 Satz 2 ArbGG ist sowohl der **Urteilsergänzung** nach § 321 ZPO, als auch der **Urteilsberichtigung** nach § 319 ZPO zugänglich. Die Urteilsergänzung hat dann zu erfolgen, wenn der Antrag tatsächlich gestellt, aber vom Gericht übergangen worden ist. Ist der Antrag gestellt und wurde über ihn beschlossen, der Beschluss aber nicht ins Urteil aufgenommen, kommt die Berichtigung des Urteils in Betracht.

35 Das Gericht kann den Ausschluss der Vollstreckbarkeit nicht von der **Leistung einer Sicherheit** abhängig machen – § 62 Abs 1 Satz 4 ArbGG, für den Fall der Einstellung nach Satz 3 – und zwar auch dann nicht, wenn der Beklagte einen entsprechenden Antrag stellt. Das Gericht hat keine Möglichkeit, durch Anordnung einer Sicherheitsleistung der Entscheidung auszuweichen, ob die Voraussetzungen des § 62 Abs 1 Satz 2 ArbGG gegeben sind.[22]

36 Gegen die Entscheidung des Gerichts über den Antrag auf Ausschließung der vorläufigen Vollstreckbarkeit ist **kein selbstständiges** Rechtsmittel ge-

---

21 Natter/Gross/Pfitzer/Zimmermann, ArbGG, § 62 Rn 19; Schwab/Weth/Walker, ArbGG, § 62 Rn 24; Düwell/Lipke/Dreher, ArbGG § 62 Rn 11.
22 Beckers, NZA 1997, 1322.

geben. Diese Entscheidung kann nur mit einem Rechtsmittel in der Hauptsache angegriffen werden.[23] Insbesondere kommt eine sofortige Beschwerde nach § 793 ZPO nicht in Betracht. Diese Norm erfasst nur Beschlüsse des Vollstreckungs- und Prozessgerichts, nicht jedoch Urteile.

c) **Glaubhaftmachung.** Die tatsächlichen Voraussetzungen für den Antrag nach § 62 Abs 1 Satz 2 ArbGG sind glaubhaft zu machen. Die Glaubhaftmachung erfolgt durch sämtliche in der ZPO vorgesehene Beweismittel sowie die Versicherung an Eides statt (§ 294 Abs 1 ZPO). Eine Beweisaufnahme ist nur dann statthaft, wenn die **Beweismittel präsent** sind (§ 294 Abs 2 ZPO). Zur **Versicherung an Eides statt** ist die Partei selbst, aber auch jeder Dritte zugelassen. Sie kann schriftlich oder mündlich abgegeben werden, muss aber eine eigene Darstellung der glaubhaft zu machenden Tatsachen enthalten und darf sich nicht in einer Bezugnahme auf Angaben oder Schriftsätze Dritter erschöpfen.[24] Die Zeugenaussage kann auch schriftlich erfolgen (§ 377 Abs 3 ZPO), so dass die schriftliche Erklärung eines Zeugen ein ausreichendes Mittel zur Glaubhaftmachung darstellt.[25]

37

2. Einstellung der Zwangsvollstreckung

a) **Voraussetzungen:** Nach Verkündung des Urteils kommt eine Einstellung der Zwangsvollstreckung nach § 62 Abs 1 Satz 3 ArbGG in Betracht und zwar in den Fällen des § 707 Abs 1 ZPO oder denen des § 719 Abs 1 ZPO. § 707 Abs 1 ZPO behandelt den Antrag auf **Wiedereinsetzung in den vorherigen Stand**, den Antrag auf **Wiederaufnahme des Verfahrens** und die **Fortsetzung** des Rechtsstreits **nach Verkündung eines Vorbehaltsurteils.** § 719 Abs 1 ZPO regelt das **Einspruchsverfahren** oder die **Berufung** gegen ein für vorläufig vollstreckbar erklärtes Urteil.

38

Die Einstellung der ZwV unterscheidet sich vom Ausschluss nach § 62 Abs 1 Satz 2 insoweit, dass der Ausschluss im Tenor des Urteils erfolgt, die Einstellung erst nach Erlass des Urteils.

b) **Erfolgsaussichten.** Die Einstellung der Zwangsvollstreckung nach § 62 Abs 1 Satz. 3 ArbGG setzt wie der Ausschluss der vorläufigen Vollstreckbarkeit nach § 62 Abs 1 Satz 2 ArbGG voraus, dass die beklagte Partei glaubhaft macht, dass die Vollstreckung ihr einen nicht zu ersetzenden Nachteil bringen wird. Das Vorliegen eines nicht zu ersetzenden Nachteils ist jedoch dann entbehrlich, wenn der Schuldner gegen den titulierten Anspruch nachträglich Einwendungen geltend macht, die nicht gem § 767 Abs 2 ZPO präkludiert wären. Unabhängig davon, ob diese Einwendungen im Rahmen einer Vollstreckungsabwehrklage gem § 767 ZPO oder im Rahmen der Berufung geltend gemacht werden, müssen für die einstweilige Einstellung der ZwV die Voraussetzungen des § 769 ZPO genügen (vgl LAG Baden-Württemberg 6.5.2010 – 20 SA 97/09). Die Einstellung kommt nicht in Betracht, wenn ein Rechtsmittel gegen die Entscheidung, aus der die Zwangsvollstreckung betrieben wird, nicht statthaft bzw nicht

39

---

23 LAG Rheinland-Pfalz 25.4.2005 – 10 Ta 84/05.
24 BGH 20.3.1996 – VIII ZB 7/96; BGH 13.1.1988 – IVa ZB 13/87.
25 Zöller/Greger, ZPO, § 294 Rn 5.

zulässig ist. Im Übrigen sind die Erfolgsaussichten des Rechtsbehelfs zu prüfen. Dabei kann es zu folgenden Beurteilungen kommen:[26]

- Der Rechtsbehelf ist ohne Aussicht auf Erfolg. In diesem Fall kommt die Einstellung der Zwangsvollstreckung nicht in Betracht.
- Der Rechtsbehelf hat Aussicht auf Erfolg. Die Einstellung der Zwangsvollstreckung kann erfolgen, sofern die beklagte Partei glaubhaft machen kann, dass die Vollstreckung ihr einen nicht zu ersetzenden Nachteil bringen wird.

40
- Ist offen, ob der Rechtsbehelf Erfolg versprechend ist, kommt die Einstellung der Zwangsvollstreckung in Betracht, wenn festgestellt werden kann, dass zumindest eine Abänderung der Entscheidung möglich erscheint. Diese Auffassung ist umstritten, insbesondere, weil die Entscheidung über die Einstellung der Zwangsvollstreckung ohne Beteiligung der ehrenamtlichen Richter erfolgt, diese jedoch über die Erfolgsaussicht des Rechtsmittels als solches mit zu entscheiden haben.
- Es ist streitig, ob eine Einstellung § 62 Abs 1 Satz 3 iVm § 769 ZPO in Betracht kommt, wenn ein Sachverhalt gegeben ist, der eine Vollstreckungsgegenklage nach § 767 ZPO rechtfertigt. Beispiel: In einem Bestandschutzverfahren wird der allgemeine Weiterbeschäftigungsanspruch tituliert, Nach Verkündung des Urteils wird erneut (ggf fristlos) gekündigt.
- Einer Vollstreckungsklage fehlt das Rechtsschutzbedürfnis, wenn der Einwand im Berufungsverfahren vorgebracht werden kann. Damit entfällt aber auch die Möglichkeit des Antrags nach § 769 ZPO – einstweilige Anordnung auf Einstellung der ZwV. Dies soll sich aber nicht zu Lasten des Schuldners auswirken, weshalb die Auffassung vertreten wird, dass ein Antrag auch in einem solchen Fall nach § 62 Abs 1 Satz 3 in entsprechender Anwendung des § 769 ZPO möglich sein soll.[27]

41 c) **Antrag/Glaubhaftmachung.** Die Einstellung der Zwangsvollstreckung setzt einen Antrag des Vollstreckungsschuldners voraus. Die Tatsachen, die den Antrag rechtfertigen, sind glaubhaft zu machen. Noch nicht abschließend geklärt ist die Frage, ob der Antrag auch dann noch gestellt werden kann, wenn der Beklagte es unterlassen hat, einen Antrag auf Ausschluss der vorläufigen Vollstreckbarkeit nach § 62 Abs 1 Satz 2 ArbGG zu stellen. Gute Argumente sprechen gegen die Zulässigkeit des Antrags. So vertritt der Bundesgerichtshof[28] die Auffassung, dass die einstweilige Einstellung der Zwangsvollstreckung aus einem vorläufig vollstreckbaren Urteil durch das Revisionsgericht nach § 719 Abs 2 ZPO nicht in Betracht kommt, wenn der Schuldner es versäumt hat, im Berufungsrechtszug einen Schutzantrag nach § 712 ZPO zu stellen, es sei denn die Gründe, auf die

---

26 BAG 27.6.2000 – 4 AZN 535/00; BAG 22.6.1972 – 3 AZR 263/72; BAG 6.1.1971 – 3 AZR 384/70; LAG Düsseldorf 20.3.1980 – 19 Sa 142/80; LAG Düsseldorf 7.3.1980 – 8 Sa 59/80; LAG Düsseldorf 4.10.1979 – 14 (5) Sa 976/79.
27 LAG Baden-Württemberg 30.6.2010 – 19 Sa 22/10; LAG Sachsen-Anhalt 25.9.2002 – 8 Sa 344/02; für ein Wahlrecht: LAG Hamm 10.11.2008 – 14 Sa 1567/08; LAG Hamm 21.12.2010 – 18 Sa 1872/10.
28 BGH 31.10.2000 – XII ZR 3/00; BGH 23.10.2007 – XI ZR 449/06.

der Einstellungsantrag gestützt wird, lagen im Zeitpunkt der letzten mündlichen Verhandlung vor dem Berufungsgericht noch nicht vor oder konnten aus anderen Gründen nicht vorgetragen und glaubhaft gemacht werden. Das Landesarbeitsgericht Düsseldorf[29] und das LAG Berlin-Brandenburg[30] haben sich dieser Auffassung angeschlossen für den Fall, dass der Schuldner es versäumt hat, einen Schutzantrag nach § 62 Abs 1 Satz 2 ArbGG zu stellen. Anderer Auffassung hierzu ist das LAG Baden-Württemberg[31] mit dem Argument, dass wegen der besonderen Regelungen zur vorläufigen Vollstreckbarkeit arbeitsgerichtlicher Urteile und der von Gesetzes wegen angeordneter vorläufiger Vollstreckbarkeit arbeitsgerichtlicher Urteile ein Rückgriff auf die dem § 719 Abs 2 ZPO zu Grunde liegende Struktur nicht möglich ist. Für das Zwangsvollstreckungsverfahren ist das BAG[32] der Auffassung, dass Gründe, die bereits Gegenstand des Erkenntnisverfahrens bis zum Erlass des Titels waren, im Zwangsvollstreckung nicht mehr zu beachten sind. Der Vollstreckungsschuldner ist auf die Anträge nach § 62 Abs 1 Satz 2 und Satz 3 verwiesen. Der Einstellungsantrag nach den §§ 707 Abs 1, 719 Abs 1 ZPO ist dem Zwangsvollstreckungsrecht zugewiesen. Der Antrag nach § 62 Abs 1 Satz 2 ArbGG ist hingegen dem Erkenntnisverfahren zugewiesen. Wenn Tatsachen im Zwangsvollstreckungsverfahren nicht mehr vorgebracht werden können, die im Erkenntnisverfahren hätten vorgebracht werden können, sprechen die vom BAG dargestellten Argumente dafür, dass ein Antrag nach den §§ 707, 719 ZPO nicht mehr zulässig ist, wenn der Schuldner es unterlassen hat, einen Antrag nach § 62 Abs 1 Satz 2 ArbGG zu stellen.[33]

Für den Antrag auf Einstellung der Zwangsvollstreckung ist nicht nur erforderlich, dass die Entscheidung, aus der die Zwangsvollstreckung betrieben wird, mit einem Rechtsbehelf angegriffen werden kann, sondern auch, dass dieser Rechtsbehelf eingelegt ist. 42

d) Entscheidung. Über den Antrag entscheidet dasjenige Gericht, das über den Rechtsbehelf zu entscheiden hat. Im Falle der Berufung entscheidet der Vorsitzende der Kammer über den Einstellungsantrag (§§ 64 Abs 7, 53 Abs 1, 55 Abs 1 Nr 6 ArbGG) ohne Hinzuziehung der ehrenamtlichen Richter. Wird gegen ein Versäumnisurteil oder einen Vollstreckungsbescheid Einspruch eingelegt, entscheidet ebenfalls der Vorsitzende der betreffenden Kammer des Arbeitsgerichts (§§ 53 Abs 1, 55 Abs 1 Nr 6 ArbGG). 43

Die Entscheidung ergeht durch Beschluss. Sie kann aufgrund mündlicher Verhandlung, aber auch ohne eine solche ergehen. Wird ohne mündliche Verhandlung entschieden, ist in jedem Fall dem Antragsgegner **rechtliches Gehör** zu gewähren.[34] Von der Gewährung rechtlichen Gehörs kann bei 44

---

29 LAG Düsseldorf, 1.12.2008 – 11 Sa 1490/08.
30 LAG Berlin-Brandenburg, 23.8.2007 – 15 Sa 1630/07.
31 LAG Baden-Württemberg 26.8.2008 – 5 Sa 52/08.
32 BAG 15.4.2009 – 3 AZB 93/08.
33 LAG Baden-Württemberg 30.6.2010 – 19 Sa 22/10; Natter/Gross/Pfitzer/Zimmermann, § 62 Rn 20.
34 BVerfG 13.3.1973 – 2 BvR 484/72; LAG Hamm 18.8.1971 – 8 Ta 53/71.

Eilbedürftigkeit abgesehen werden. Sie muss aber unverzüglich nachgeholt werden.[35]

45 Über den Einstellungsantrag entscheidet das Gericht durch Beschluss und zwar auch dann, wenn über ihn mündlich verhandelt worden ist. Wird dem Antrag stattgegeben, erfolgt die Einstellung der Zwangsvollstreckung **ohne Sicherheitsleistung**, § 62 Abs 1 Satz 3 ArbGG. Hierdurch werden die §§ 707 Abs 1 und 719 Abs 1 Satz. 2 ZPO eingeschränkt. Eine Einstellung gegen Sicherheitsleistung kommt deshalb nicht in Betracht.[36] Die vorläufige Einstellung der Zwangsvollstreckung gegen Sicherheitsleistung ist vom Gesetzeswortlaut nicht gedeckt.

46 Tenor:

▶ Die Zwangsvollstreckung aus dem Urteil (Versäumnisurteil/Vollstreckungsbescheid) des Arbeitsgerichts ... vom ... wird einstweilen eingestellt. ◀

47 Die Aufhebung von bereits durchgeführten Vollstreckungsmaßnahmen kann ebenfalls nicht von einer Sicherheitsleistung abhängig gemacht werden. Auch insoweit stellt § 62 Abs 1 Satz 3 ArbGG eine sondergesetzliche Regelung dar.

48 e) **Rechtsbehelfe**. § 793 ZPO bestimmt, dass gegen Entscheidungen, die im Zwangsvollstreckungsverfahren ohne mündliche Verhandlung ergehen können, die **sofortige Beschwerde** stattfindet. Dies gilt jedoch nur, soweit im einzelnen Verfahren ein Rechtsbehelf statthaft ist. Im Verfahren auf Einstellung der Zwangsvollstreckung nach § 62 Abs 1 Satz 3 ArbGG ist trotz § 793 ZPO auf den durch den Generalverweis in § 62 Abs 2 Satz 1 ArbGG abgestellt wird, kein Rechtsmittel gegeben (§ 62 Abs 1 Satz 5 ArbGG). § 707 Abs 2 ZPO bestimmt, dass die Entscheidung über die einstweilige Einstellung der Zwangsvollstreckung durch Beschluss ergeht und eine Anfechtung des Beschlusses nicht stattfindet. § 707 Abs 2 ZPO findet auch im Verfahren nach § 719 Abs 1 ZPO Anwendung. Vor der Reform des Zivilprozessrechts zum 1. Januar 2002 wurde die Auffassung vertreten, dass eine Ausnahme von diesem Grundsatz bei greifbarer Gesetzeswidrigkeit geboten sei.[37] Hierfür war erforderlich, dass die Entscheidung jeder gesetzlichen Grundlage entbehrt und inhaltlich dem Gesetz fremd ist, so bspw bei der Mitwirkung eines unzuständigen Richters oder bei einer Einstellung der Zwangsvollstreckung ohne entsprechenden Antrag. Seit der Reform des Zivilprozessrechts zum 1.1.2002 ist eine außerordentliche Beschwerde bei greifbarer Gesetzeswidrigkeit nicht mehr zulässig.[38] Das gilt selbst dann, wenn die Rechtsbeschwerde durch das LAG zugelassen wor-

---

35 BVerfG 9.3.1965 – 2 BvR 176/63; KG Berlin 13.11.1987 – 18 WF 6260/87; OLG Celle 26.9.1985 – 4 W 179/85.
36 LAG Frankfurt 27.11.1985 – 13 Ta 344/85; aA noch zur alten Gesetzeslage: LAG Köln 19.9.1996 – 4 Sa 753/96; LAG Düsseldorf 28.2.1992 – 12 Sa 111/92; LAG Rheinland-Pfalz 9.11.1979 – 4 Sa 426/79.
37 BGH 8.10.1992 – VII ZB 3/92; OLG Hamm 10.7.1990 – 11 WF 202/90; OLG Frankfurt 28.9.1987 – 22 W 29/87.
38 BAG 25.11.2008 – 3 AZB 64/08; BGH 7.3.2002 – IX ZB 11/02; OLG Frankfurt 29.8.2002.

den ist. Das BAG ist an die Zulassung der Rechtsbeschwerde nicht gebunden.[39]

Kommt es im **Berufungsverfahren** zu einem Antrag auf Einstellung der Zwangsvollstreckung, kann dies nur bei den auf das Berufungsverfahren zutreffenden Varianten der §§ 707 Abs 1 Satz. 1 und 719 Abs 1 ZPO geschehen. Dies sind die Wiedereinsetzung in der vorigen Stand, die Wiederaufnahme des Verfahrens und der Einspruch gegen ein Versäumnisurteil des LAG. Zuständig ist der Vorsitzende der Berufungskammer (§§ 64 Abs 7, 55 Abs 1 Nr 6 ArbGG). Die in der Berufungsinstanz hierzu getroffene Entscheidung ist grundsätzlich unanfechtbar. Eine Ausnahme gilt nur dann, wenn das LAG die Rechtsbeschwerde zugelassen hat (§ 574 Abs 1 Nr 2 ZPO). 49

Auch in der **Revisionsinstanz** kann die Zwangsvollstreckung einstweilen eingestellt werden. Die Einstellung erfolgt grundsätzlich ohne Sicherheitsleistung. Voraussetzung ist, dass der Schuldner einen nicht zu ersetzenden Nachteil darlegen kann und ein nicht überwiegendes Interesse des Gläubigers der Einstellung der Zwangsvollstreckung entgegensteht (§ 719 Abs 2 ZPO). Unterlässt es der Beklagte im Berufungsverfahren einen Antrag auf Ausschluss der vorläufigen Vollstreckbarkeit nach den §§ 62 Abs 1 Satz. 2 und 64 Abs 7 ArbGG zu stellen, geht dies zu seinen Lasten, wenn der nicht zu ersetzende Nachteil bereits erkennbar und nachweisbar (iSd Glaubhaftmachung) war.[40] Einem Einstellungsbeschluss steht auch entgegen, wenn der Beklagte zunächst die Erfolgsaussichten der Revision falsch eingeschätzt und es deshalb im Berufungsverfahren unterlassen hat, einen entsprechenden Einstellungsantrag zu stellen[41] oder die Einstellungsgründe erst im Revisionsrechtszug substantiiert vorgebracht werden.[42] 50

III. Vollstreckungsgegenklage/Drittwiderspruchsklage
1. Grundlagen

Das Verfahren nach § 62 Abs 1 Satz 2 und 3 ArbGG ist nicht abschließend. § 62 Abs 1 Satz 2 ArbGG regelt nur das Verfahren auf Ausschluss der vorläufigen Vollstreckbarkeit und § 62 Abs 1 Satz 3 ArbGG die Möglichkeiten der Einstellung der Zwangsvollstreckung nach den §§ 707 Abs 1 und 719 Abs 1 ZPO. Die weiteren in der Zivilprozessordnung geregelten Fälle der Einstellung der Zwangsvollstreckung sind hierdurch nicht betroffen. In Betracht kommen insbesondere die Vollstreckungsgegenklage (§ 767 ZPO) und die Drittwiderspruchsklage (§ 771 ZPO). In beiden Verfahren kann die Zwangsvollstreckung vorläufig eingestellt werden. Für die Vollstreckungsgegenklage über eine einstweilige Anordnung nach § 769 ZPO und im Falle der Drittwiderspruchsklage über eine entsprechende Anwendung dieser Norm – § 771 Abs 3 ZPO. 51

---

39 BAG 5.11.2003 – 10 AZB 59/03.
40 BGH 31.10.2000 – XII ZR 3/00; BGH 27.8.1998 – XII ZR 167/98; BGH 16.9.1998 – X ZR 107/98.
41 BGH 26.9.1991 – I ZR 189/91.
42 BGH 8.8.1991 – I ZR 141/91.

2. Vollstreckungsgegenklage

52 Der Anwendungsbereich der Vollstreckungsgegenklage ist durch § 767 Abs 2 ZPO vorbestimmt. Mit dieser prozessualen **Gestaltungsklage** sind materielle Einwendungen des Schuldners gegen festgestellte Leistungsansprüche geltend zu machen, mit dem Ziel der gänzlichen, teilweisen, endgültigen oder zeitweiligen Vernichtung der Vollstreckbarkeit.[43] Mit der Vollstreckungsgegenklage kann ein Antrag nach § 769 ZPO auf **einstweilige Einstellung der Zwangsvollstreckung** bis zum Erlass des Urteils im Verfahren verbunden werden. § 769 Abs 1 ArbGG lässt die Einstellung der Zwangsvollstreckung gegen oder ohne Sicherheitsleistung zu oder ermöglicht eine Entscheidung, wonach die Zwangsvollstreckung nur gegen Sicherheitsleistung fortgesetzt werden kann. Diese Entscheidungsalternativen sind durch § 62 Abs 1 Satz 3 ArbGG nicht eingeschränkt, da die Einstellung ohne Sicherheitsleistung sich nur auf die Fälle der §§ 707 Abs 1 und 719 Abs 1 ZPO erstreckt, nicht jedoch auf die weiteren sich aus der Zivilprozessordnung ergebenden Varianten der Einstellung der Zwangsvollstreckung.[44] Bei der Einstellung der Zwangsvollstreckung ist ein „nicht zu ersetzender Nachteil" iSv § 62 Abs 1 Satz 2 ArbGG nicht zusätzlich zu berücksichtigen.[45]

3. Drittwiderspruchsklage

53 Für das Verfahren der Drittwiderspruchsklage nach § 771 ZPO bestimmt Absatz 3, dass die Vorschriften der §§ 769 und 770 ZPO entsprechend anzuwenden sind. Demnach kommt auch bei einer Drittwiderspruchsklage die einstweilige Einstellung der Zwangsvollstreckung gegen oder ohne Sicherheitsleistung in Betracht.

IV. Das Vollstreckungsverfahren
1. Allgemeines

54 Die Kündigungsschutzklage ist nach § 4 Satz 1 KSchG eine besondere Feststellungsklage und unterscheidet sich insoweit von der allgemeinen Feststellungsklage nach § 256 Abs 1 ZPO. Wird der Kündigungsschutzklage entsprochen, steht negativ fest, dass das Arbeitsverhältnis durch eine bestimmte Kündigung zu dem von ihr gewollten Termin nicht aufgelöst ist (**punktueller Streitgegenstand**). Darüber hinaus wird positiv festgestellt, dass bei Zugang der Kündigung ein Arbeitsverhältnis zwischen den Parteien bestand[46] (**erweiterter punktueller Streitgegenstand**).

55 Bei der allgemeinen Feststellungsklage nach § 256 Abs 1 ZPO steht hingegen fest, dass im Zeitpunkt der letzten mündlichen Tatsachenverhandlung

---

43 BGH 20.9.1995 – XII ZR 220/94.
44 LAG Baden-Württemberg 22.12.1986 – 5 Ta 33/86; LAG Köln 16.6.1983 – 3 Ta 86/83; aA LAG Nürnberg 7.5.1999 – 7 Ta 89/99; LAG Berlin 28.4.1986 – 9 Ta 5/86.
45 LAG Hamburg 29.1.2003 – 5 Ta 21/02.
46 BAG 12.1.1977 – 5 AZR 593/75; BAG 12.5.2005 – 2 AZR 426/04; BAG 10.11.2005 – 2 AZR 623/04, **Abweichung**: im Falle mehrerer Kündigungen kann ein eingeschränkter Streitgegenstand bestehen BAG 23.5.2013 – 2 AZR 102/12.

ein Arbeitsverhältnis zwischen den Parteien bestand, das zuvor durch keinerlei Gründe aufgelöst wurde.

Weder die besondere Feststellungsklage nach § 4 Satz 1 KSchG, noch die allgemeine Feststellungsklage nach § 256 Abs 1 ZPO sind der Zwangsvollstreckung zugänglich und (abgesehen vom Kostenpunkt) nicht vollstreckungsfähig. Das Feststellungsurteil erschöpft sich in einer bloß deklaratorischen Feststellungswirkung. Es ist der Rechtskraft fähig und außerhalb des arbeitsgerichtlichen Verfahrens (wegen der Kosten) für vollstreckbar zu erklären. Im arbeitsgerichtlichen Verfahren gilt § 62 Abs 1 Satz 1 ArbGG, wonach die vorläufige Vollstreckbarkeit von Gesetzes wegen gegeben ist. 56

Kündigungsschutzklagen sind häufig nicht auf die Bestandsschutzproblematik beschränkt, sondern es werden eine Vielzahl weiterer Ansprüche in das Verfahren einbezogen. In unmittelbarer Beziehung zur Kündigungsschutzklage stehen der **Auflösungsantrag** nach §§ 9, 10 KSchG oder die **Abfindungsklage** nach § 1 a KSchG. Im Wege der objektiven Klagehäufung werden mit der Kündigungsschutzklage die **Beschäftigung** und **Weiterbeschäftigung**, rückständige **Entgeltansprüche**, Ansprüche aus **Annahmeverzug** nach § 615 BGB, die **Urlaubsabgeltung, Zeugniserteilung** oder die **Herausgabe** von Gegenständen und Urkunden verlangt. 57

2. Auflösungsantrag

a) Gestaltungs- und Leistungsurteil. Der Auflösungsantrag nach §§ 9, 10 KSchG setzt einen anhängigen Kündigungsschutzrechtsstreit voraus. Auf Arbeitnehmerseite ist er als unechter Hilfsantrag zu verstehen für den Fall, dass der Arbeitnehmer mit seinem Kündigungsschutzantrag obsiegt, dh, die Kündigung sozialwidrig ist.[47] Auf Arbeitgeberseite handelt es sich um einen echten Hilfsantrag für den Fall, dass der Hauptantrag auf Abweisung der Kündigungsschutzklage keinen Erfolg hat.[48] Das einem Auflösungsantrag stattgebende Urteil ist einerseits ein **Gestaltungsurteil** insoweit, als im Tenor das Arbeitsverhältnis aufgelöst wird. Andererseits handelt es sich um ein **Leistungsurteil**, soweit der Arbeitgeber zu einer Abfindungszahlung verurteilt wird. 58

Gestaltungsurteile führen unmittelbar eine Änderung des bestehenden Rechtszustandes herbei. Es bedarf keiner weiteren Erklärung der Prozessbeteiligten. Die Rechtsänderung tritt mit der Rechtskraft des Urteils ein. Eine Vollstreckung aus Gestaltungsurteilen ist daher weder möglich noch nötig.[49] Die gleichzeitig mit der Auflösung des Arbeitsverhältnisses tenorierte Verpflichtung des Arbeitgebers zur Zahlung einer Abfindung ist als Leistungsurteil der Zwangsvollstreckung zugänglich. § 62 Abs 1 ArbGG ist uneingeschränkt auf den Leistungsteil des Auflösungsurteils anzuwenden, mit der Folge, dass der Abfindungsbetrag vorläufig, also vor Rechtskraft des Gestaltungsurteils vollstreckt werden kann.[50] 59

---

47 BAG 23.6.1993 – 2 AZR 56/93.
48 BAG 25.10.1989 – 2 AZR 633/88.
49 Zöller/Vollkommer, vor § 300 Rn 9.
50 BAG 9.12.1987 – 4 AZR 561/87; KR/Spilger, § 9 KSchG Rn 96; GMP/Germelmann, § 62 ArbGG Rn 63.

Hinweis: Um zu vermeiden, dass der Arbeitgeber schon vor Rechtskraft des Auflösungsurteils im Wege der Zwangsvollstreckung gezwungen werden kann, den Abfindungsbetrag bezahlen zu müssen, ist schon im Erkenntnisverfahren ein Antrag nach § 62 Abs 1 Satz. 2 ArbGG zu stellen mit dem Inhalt, dass die vorläufige Vollstreckbarkeit im Urteil ausgeschlossen wird.

60 **b) Ausschluss der Vollstreckbarkeit.** Der vorläufigen Vollstreckbarkeit des Leistungsurteils kann der Arbeitgeber mit einem Antrag auf Ausschluss der vorläufigen Vollstreckbarkeit begegnen (§ 62 Abs 1 Satz 2 ArbGG). Dies setzt voraus, dass Tatsachen vorliegen, die einen **nicht zu ersetzenden Nachteil** rechtfertigen können. Ohne Einfluss ist hierbei der Umstand, dass das Gestaltungsurteil (Auflösung des Arbeitsverhältnisses) nicht rechtskräftig ist und deshalb im Rechtsmittelverfahren abgeändert werden kann. Maßgeblich ist allein die Frage, ob der Arbeitgeber aufgrund konkreter Tatsachen befürchten muss, bei einer Abänderung der Entscheidung den vom Arbeitnehmer beigetriebenen Abfindungsbetrag nicht mehr zurückbezahlt zu erhalten.[51] Der Arbeitgeber muss darlegen können, dass wegen der Vermögenslage des Arbeitnehmers nicht damit gerechnet werden kann, dass die beigetriebene Leistung zurückerstattet wird. Dabei genügt der Verweis auf die vom Arbeitnehmer beantragte Prozesskostenhilfe ebenso wenig wie die bloße Tatsache der Arbeitslosigkeit. Etwas anderes gilt, wenn anzunehmen ist, dass der Arbeitnehmer auf dem Arbeitsmarkt nicht oder nur noch schwer vermittelt werden kann oder Tatsachen den Schluss zulassen, dass er selbst eine Vermittlung verhindert. Weitere Indizien können auch die Dauer der Arbeitslosigkeit und die Lage am Arbeitsmarkt darstellen. Ein nicht zu ersetzender Nachteil ist jedenfalls dann gegeben, wenn die Vermögenslosigkeit des Arbeitnehmers feststeht, weil er zB das Verbraucherinsolvenzverfahren (§§ 304 bis 314 InsO) beantragt hat, wenn er die Offenbarungsversicherung (§ 807 ZPO) geleistet hat oder die Pfändung des Arbeitseinkommens (§§ 829, 833, 850 ZPO) wegen einer nicht unerheblichen Geldforderung erfolgt.

61 Die Tatsache, dass der Vollstreckungsgläubiger ein **ausländischer Arbeitnehmer** ist, reicht für die Einstellung der Zwangsvollstreckung nicht aus, selbst dann nicht, wenn dieser arbeitslos ist.[52] Eine unterschiedliche Behandlung von ausländischen und deutschen Arbeitnehmern im Verfahren auf Ausschluss der vorläufigen Vollstreckbarkeit arbeitsgerichtlicher Titel ist unzulässig wegen des Gleichbehandlungsgrundsatzes nach Art 3 GG. Eine Aussetzung der vorläufigen Vollstreckbarkeit ist nur dann möglich, wenn sowohl beim deutschen, als auch beim ausländischen Arbeitnehmer eine konkrete Gefahr droht, dass Rückzahlungsansprüche dadurch erheblich erschwert werden, dass der Arbeitnehmer das Gebiet der Bundesrepublik Deutschland verlässt. Diese Gefahr droht dann nicht, wenn der Arbeitnehmer als Inhaber des vorläufig vollstreckbaren Titels sich in einem anderen Land der EU als Arbeitnehmer betätigt und dorthin seinen Wohnsitz verlegen will. Dies rechtfertigt sich aus der in Art 48 EGV gewährleis-

---

51 LAG Frankfurt 8.1.1992 – 10 Sa 1901/91.
52 LAG Bremen 25.10.1982 – 4 Sa 265/82; ArbG Reutlingen 8.2.1980 – 1 Ca 516/79.

teten Freizügigkeit der Arbeitnehmer. Diese Freizügigkeit darf durch eine Beschränkung der Vollstreckungsmöglichkeiten aus arbeitsgerichtlichen Urteilen nicht beeinflusst werden.[53]

Etwas anderes gilt jedoch dann, wenn die Voraussetzungen des Arrestgrundes der Auslandsvollstreckung (§ 917 Abs 2 ZPO) vorliegen. Hiervon ist auszugehen, wenn der Arbeitgeber einen Rückerstattungsanspruch im Ausland vollstrecken müsste und zwar außerhalb des Anwendungsbereichs des EuGVÜ und des Lugano-Übereinkommens. 62

Gerät der Arbeitgeber durch die Zwangsvollstreckung selbst in **wirtschaftliche Schwierigkeiten**, rechtfertigt dies nicht die Annahme eines unersetzbaren Nachteils. So ist die Kreditgefährdung jeder Zwangsvollstreckung immanent. Es genügt auch nicht die Gefahr, dass der Arbeitgeber im Zwangsvollstreckungsverfahren die Offenbarungsversicherung nach § 807 ZPO abgeben muss.[54] Führt hingegen die Beitreibung des Abfindungsbetrages zur völligen oder überwiegenden Zerstörung der geschäftlichen oder wirtschaftlichen Existenz des Arbeitgebers oder zu einer Betriebsstilllegung, kann dies einen nicht zu ersetzenden Nachteil rechtfertigen. 63

c) Pfändung/Pfändungsschutz: Der auf einen Auflösungsantrag hin nach § 10 KSchG ausgeurteilte Abfindungsbetrag ist **Arbeitseinkommen** iSv § 850 ZPO. Er unterliegt daher den Regelungen der Zwangsvollstreckung wegen Geldforderungen (§ 803 ff ZPO), aber auch dem Pfändungsschutz nach den §§ 850 a ff ZPO, insbesondere nach § 850 i ZPO. 64

Abfindungen, die Arbeitnehmer bei Ausscheiden aus dem Arbeitsverhältnis erhalten, sind Vergütung iSv § 850 i ZPO und zwar auch dann, wenn sie den Verlust des Arbeitsplatzes ausgleichen sollen und keine Entgeltansprüche abfinden.[55] Dabei ist es unbeachtlich, ob die Abfindung ihre Grundlage in einem **Aufhebungsvertrag** hat, durch das Gericht nach den §§ 9, 10 KSchG festgesetzt wird oder als **Nachteilsausgleich** dem Arbeitnehmer nach § 113 BetrVG zuerkannt wird. 65

Da Abfindungen Vergütungscharakter iSv § 850 Abs 4 ZPO haben, ist der Abfindungsanspruch vom Pfändungsbeschluss ohne weiteres erfasst. Einen Pfändungsschutz gewährt § 850 a ZPO für die dort aufgeführten Leistungen des Arbeitgebers, so bspw für die die Hälfte der Mehrarbeitsvergütung, für das Urlaubsgeld (nicht das Urlaubsentgelt), für Aufwandsentschädigungen und eine Weihnachtsvergütung bis zu einem Höchstbetrag von EUR 500,00 p.a. 66

Einen **bedingten Pfändungsschutz** gewährt § 850 i Abs 1 ZPO für Abfindungen. Der Schutz wird auf Antrag gewährt. Antragsberechtigt sind sowohl der Schuldner als auch seine unterhaltsberechtigten Angehörigen (Ehegatte, früherer Ehegatte, Lebenspartner, früherer Lebenspartner, unterhaltsberechtigte Verwandte und ein Elternteil). Auf Antrag hin ist dem Schuldner ein Betrag pfandfrei zu belassen, den er für einen angemessenen/ überschaubaren Zeitraum für seinen und der übrigen Unterhaltsberechtig- 67

---

53 LAG Schleswig Holstein 12.6.1998 – 3 Sa 213a/98.
54 BGH 29.12.1953 – II ZR 321/53.
55 BAG 20.8.1996 – 9 AZR 964/94; BAG 13.11.1991 – 4 AZR 20/91; LAG Niedersachsen 4.11.2003 – 16 Sa 1213/03.

ten notwendigen Unterhalt benötigt. Der notwendige Unterhalt bestimmt sich nach dem angemessenen Unterhalt, der sich nach der Lebensstellung des Schuldners bzw der Unterhaltsberechtigten bestimmt und dem notdürftigen Unterhalt, der völlige Anspruchslosigkeit voraussetzt.[56] Der überschaubare Zeitraum ist der Zeitraum, den der Schuldner benötigt, um danach seinen weiteren Lebensbedarf ohne Rückgriff auf den vom Pfändungsschutz erfassten Geldbetrag bestreiten zu können. Eine feste zeitliche Grenze kennt das Gesetz nicht.

68 **d) Steuern/Sozialabgaben.** Die nach den §§ 9, 10 KSchG zugunsten eines Arbeitnehmers festgesetzte Abfindung ist kein Arbeitsentgelt, für das Sozialversicherungsbeiträge abzuführen sind (§ 14 SGB IV).[57] Andere Abfindungsbeträge sind nicht ohne weiteres von der Sozialversicherungspflicht befreit, sondern nur die Abfindungen, die wegen des Verlustes eines Arbeitsplatzes bezahlt werden. Werden hingegen rückständiges Arbeitsentgelt, Urlaubsabgeltung, Bonus- bzw Tantiemeansprüche oder Ansprüche auf Karenzentschädigung abgefunden, handelt es sich um sozialversicherungspflichtiges Arbeitsentgelt, welches der Beitragspflicht zum Gesamtsozialversicherungsbeitrag unterworfen ist.

69 Der Abfindungsbetrag wird als Bruttobetrag tituliert und auch als Bruttobetrag der Zwangsvollstreckung unterworfen. Es ist Sache des vollstreckenden Arbeitnehmers, die auf den Bruttobetrag entfallende Steuer an das Finanzamt abzuführen.[58]

3. Abfindungsklage

70 **a) Streitgegenstand.** Die Abfindungsklage nach § 1a KSchG ist eine Leistungsklage. Sie ist auf die Zahlung eines Abfindungsanspruchs gerichtet.

71 **b) Vollstreckung.** Der auf eine Klage nach § 1a KSchG ergehende Titel unterliegt der vorläufigen Vollstreckbarkeit nach § 62 Abs 1 Satz 1 ArbGG und ist daher unmittelbar der Zwangsvollstreckung zugänglich. Der Antrag auf Ausschluss der Vollstreckbarkeit durch den Arbeitgeber und die Pfändungsproblematik für den Arbeitnehmer stellen sich identisch dar wie beim Auflösungsantrag nach §§ 9, 10 KSchG. Besonderheiten ergeben sich insoweit nicht.

4. Sonstige Leistungsklagen

72 **a) Typische Leistungsklage im Arbeitsverhältnis.** Neben Abfindungsansprüchen (Auflösungsantrag §§ 9, 10 KSchG, Abfindungsklage § 1a KSchG) kommen als **weitere Entgeltklagen** die Klage auf rückständige Vergütung oder Annahmeverzug bzw die Klage auf Urlaubsabgeltung oder Schadenersatz in Betracht. Bei diesen Klagen handelt es sich regelmäßig um Leistungsklagen wegen Geldforderungen. Leistungsklagen kommen aber auch wegen der Herausgabe von Sachen in Betracht. Auf Arbeitnehmerseite bspw wegen der Herausgabe von Arbeitspapieren, auf Arbeitgeberseite

---

56 Zöller/Stöber, § 850d Rn 7.
57 BSG 21.2.1990 – 12 RK 20/88; BAG 9.11.1988 – 4 AZR 433/88.
58 Tschöpe-Wessel, Teil 5 I Rn 38.

wegen der Herausgabe von Werkzeugen, EDV-Equipment, Mobiltelefonen oder Dienstfahrzeugen.

Leistungsurteile können auch die Erwirkung von Handlungen zum Gegenstand haben, so zB den Anspruch eines Arbeitnehmers auf Entfernung einer Abmahnung oder auf die Erteilung oder Berichtigung eines Arbeitszeugnisses.

b) Zwangsvollstreckung wegen Geldforderungen. Unabhängig vom Anspruchsgrund folgt die Zwangsvollstreckung wegen Geldforderungen denselben Regeln. Maßgeblich sind die §§ 803 bis 882a ZPO. Dass die Ansprüche arbeitsrechtlicher Natur sind oder ein arbeitsgerichtlicher Titel vorliegt, hat auf die Zwangsvollstreckung keinen Einfluss. Wesentlicher Aspekt ist lediglich die Frage, ob der beizutreibende Geldbetrag ein **Brutto- oder ein Nettobetrag** ist. Ein Bruttobetrag ist der Betrag, den der Arbeitnehmer vor Steuern und vor Abzug des Arbeitnehmeranteils am Gesamtsozialversicherungsbeitrag (§§ 28 d, e und g SGB IV) beanspruchen kann. Ein Nettobetrag ist abzugsfrei, weil auf ihn entweder keine Steuer- oder Sozialversicherungsbeiträge entfallen oder der Arbeitnehmer den Betrag nur als Nettobetrag geltend gemacht hat. Vollstreckt der Arbeitnehmer einen Bruttobetrag, ist es seine Sache, die auf den Bruttobetrag entfallenden Abzüge im Einzelnen zu errechnen und an das Finanzamt sowie die Einzugsstelle der Sozialversicherungsträger abzuführen.[59] Die Einkommensteuer wird nach § 38 Abs 1 EStG durch Abzug vom Arbeitslohn erhoben (Lohnsteuer). Gleichwohl ist die einbehaltene Lohnsteuer ein dem Arbeitnehmer verschaffter Vermögenswert. Der Arbeitnehmer ist Schuldner der Lohnsteuer nach § 38 Abs 2 Satz 1 EStG. Der Arbeitgeber behält sie für Rechnung des Arbeitnehmers vom Arbeitslohn ein. Die Abführung an das Finanzamt nach § 41 a EStG erfolgt zu Gunsten des Arbeitnehmers als Vorauszahlung auf dessen zu erwartende Einkommensteuerschuld. Materiell handelt es sich demnach um eine Leistung an den Arbeitnehmer, die nur aus formellen Gründen des Steuerrechts vom Arbeitgeber unmittelbar an das Finanzamt erbracht wird. Es geht dabei um eine Vereinfachung des Verfahrens und vor allem darum, die vom Arbeitnehmer geschuldete Steuerzahlung sicherzustellen. Ähnliche Aspekte gelten für den Arbeitnehmeranteil zum Gesamtsozialversicherungsbeitrag. Der Arbeitgeber hat den Gesamtsozialversicherungsbeitrag (§ 28 b SGB IV) an die Einzugsstelle zu zahlen. Er hat nach §§ 28 e Abs 1 Satz 1, 28 g SGB IV gegen den Beschäftigten einen grundsätzlich nur durch Abzug vom Arbeitsentgelt geltenden zu machenden Anspruch auf den Teil, den der Beschäftigte trägt (Arbeitnehmeranteil). Danach schuldet der Arbeitgeber dem Arbeitnehmer auch den Betrag des Arbeitnehmeranteils. Andernfalls könnte er nicht seinen Anspruch gerade durch Abzug vom Arbeitsentgelt geltend machen. Zwar ist der Arbeitgeber Schuldner des Gesamtsozialversicherungsbeitrages gegenüber der Einzugsstelle. § 28 e Abs 1 SGB IV regelt aber nur die Zahlungspflicht, nicht dagegen, wer letztlich finanziell belastet wird, also den Betrag zu tragen hat. Das ist hinsichtlich des Arbeitnehmeranteils der Arbeitnehmer, der seinen Beitragsteil wirtschaftlich aus dem ihm zustehenden Bruttoentgelt

---

59 BAG GS 7.3.2001 – GS 1/00.

trägt. Vollstreckt der Arbeitnehmer den Bruttobetrag einschließlich des darin enthaltenen Steueranteils und des Arbeitnehmeranteils zum Gesamtsozialversicherungsbeitrag, ist der Arbeitnehmer verpflichtet, Zahlung gegenüber dem Finanzamt bzw gegenüber der Einzugsstelle vorzunehmen. Teilweise wird die Auffassung vertreten, dass bei der Vollstreckung eines Bruttobetrags der Arbeitgeber berechtigt sein soll, die einzelnen Abzüge zu errechnen und an die zuständigen Stellen abzuführen. In diesem Fall müsste er nur gegenüber dem Gerichtsvollzieher nachweisen, dass die Abführung der Abzüge erfolgt ist.[60] Diese Auffassung übersieht, dass die Vollstreckung durch den Gerichtsvollzieher nur eine der möglichen Varianten der Zwangsvollstreckung wegen einer Geldforderung ist. Sie scheitert bspw im Verfahren auf Pfändung einer Forderung. Bei der Forderungspfändung, insbesondere bei der Kontenpfändung, ist der Drittschuldner verpflichtet, den Gesamtbetrag an den Gläubiger zu überweisen.

75 Hat der Arbeitgeber gleichwohl die Abzüge an Finanzamt und Einzugsstelle der Sozialversicherungsträger veranlasst, kann er der weiteren Zwangsvollstreckung nur durch Erhebung einer Vollstreckungsgegenklage nach § 767 ZPO entgehen, in deren Rahmen er einen Antrag auf einstweilige Einstellung der Zwangsvollstreckung nach § 769 Abs 1 ZPO stellen kann. Im Rahmen der Vollstreckungsgegenklage ist dann der Erfüllungseinwand zu erheben und durch Vorlage entsprechender Zahlungsnachweise zu belegen. Der Arbeitgeber ist jedoch mit dem Erfüllungseinwand ausgeschlossen, wenn er schon vor Schluss der mündlichen Verhandlung im Erkenntnisverfahren Lohnsteuer und Sozialversicherungsbeiträge ganz oder teilweise abgeführt hat, bspw dann, wenn die Arbeitsvertragsparteien nur über die richtige Höhe der Vergütung gestritten haben und der Arbeitgeber schon in Höhe eines Teilbetrags Leistungen gegenüber Finanzbehörde und Einzugsstelle erbracht hat. In diesem Fall hat der Arbeitgeber im Erkenntnisverfahren darauf hinzuwirken, dass der aus zu urteilende Bruttobetrag um die nachweislich abgeführten Lohnsteuer- und Sozialversicherungsbeträge vermindert wird.[61]

Vorsicht ist geboten, wenn auf den vorläufig vollstreckbaren Titel geleistet wird. Wird nicht unter dem **Vorbehalt der Rückforderung** bezahlt, entfällt die **Beschwer für das Rechtsmittelverfahren**.[62]

76 **c) Herausgabe von Sachen.** Die Zwangsvollstreckung zur Erwirkung der Herausgabe von Sachen ist in den §§ 883 bis 886 ZPO geregelt. Voraussetzung ist, dass im Vollstreckungstitel eine individuell bestimmte Sache bezeichnet ist, die der Vollstreckungsschuldner herauszugeben hat.

77 Ein auf die Herausgabe von Arbeitspapieren lautender Titel ist nicht geeignet, den Arbeitgeber zu veranlassen, im Rahmen der Zwangsvollstreckung auch die Arbeitspapiere auszufüllen. Ein Antrag nach § 888 Abs 1 ZPO, den Arbeitgeber zur Vornahme der Eintragung anzuhalten, scheitert am geeigneten Titel.[63] Der Arbeitnehmer muss einen Titel auf Vornahme einer

---

60 GMK/Germelmann, ArbGG, § 62 Rn 56.
61 Natter/Gross/Pfitzer/Zimmermann, § 62 Rn 37.
62 BAG 21.3.2012 – 5 AZR 319/11; BGH 7.12.2010 – VI 87/09; BGH 29.6.2004 – X ZB 11/04.
63 LAG Frankfurt 25.6.1980 – 8 Ta 75/80.

Handlung erwirken. Die Herausgabe selbst wird dadurch vollstreckt, dass der Gerichtsvollzieher die Sache aus dem Gewahrsam des Schuldners wegnimmt.

d) Vornahme einer Handlung. Ist der Arbeitgeber zur Vornahme einer Handlung verurteilt, richtet sich die Zwangsvollstreckung grundsätzlich nach den §§ 887 und 888 ZPO. Eine Besonderheit ergibt sich aus § 61 Abs 2 ArbGG. Wird der Beklagte auf Vornahme einer Handlung in Anspruch genommen, kann der Kläger diese Klage mit dem Antrag verbinden, dass dem Beklagten zur Vornahme der Handlung eine bestimmte Frist zu setzen ist und eine **Entschädigung** zugunsten des Klägers zu zahlen ist, sofern der Beklagte die Handlung nicht binnen der festgesetzten Frist vornimmt. § 61 Abs 2 ArbGG modifiziert insoweit die §§ 510 b und 888 a ZPO. Im Gegensatz zu § 510 b ZPO steht die Entscheidung über die Zahlung einer Entschädigung nicht im Ermessen des Gerichts, vielmehr muss das Arbeitsgericht einem entsprechenden Antrag stattgeben. 78

Die Verurteilung zur Entschädigungsleistung erfolgt nur auf entsprechenden Antrag des Klägers. Der Antrag muss auch die Fristsetzung umfassen, entweder in Form einer festen Frist oder aber in der Weise, dass die Festsetzung in das Ermessen des Gerichts gestellt wird. 79

Die Höhe der vom Arbeitsgericht festzusetzenden Entschädigung erfolgt nach freiem Ermessen (§ 61 Abs 2 Satz 1 ArbGG). Maßgebend für die Festsetzung der Entschädigung, die entsprechend § 287 ZPO vorzunehmen ist, ist der Schaden, der dem Kläger unter Würdigung aller Umstände voraussichtlich dadurch entsteht, dass der Hauptanspruch nicht erfüllt wird.[64] Da § 61 Abs 2 ArbGG das Gerichtsverfahren vereinfachen und beschleunigen soll, ist es nicht gerechtfertigt, die Entschädigungssumme geringer festzusetzen als der nach § 287 ZPO anzunehmende Schaden. Insbesondere verboten sind pauschale Kürzungsquoten.[65]

Durch den Antrag tritt eine Klagehäufung iSd § 260 ZPO ein. Dieser Antrag kann auch noch in der Berufungsinstanz rechtshängig gemacht werden (§ 261 Abs 2 ZPO). Tritt in der Berufungsinstanz die Rechtskraft des Hauptantrags ein, bspw wegen der Rücknahme der Berufung, kann die Entschädigungsklage nicht eigenständig weiterverfolgt werden. Der Antrag nach § 61 Abs 2 ArbGG ist an den Hauptantrag gebunden.[66] 80

Die Verurteilung zu einer Handlung verbunden mit einer Entschädigungszahlung nach Fristablauf hat folgende Konsequenzen für das Vollstreckungsverfahren: 81

Ist der Beklagte rechtskräftig zur Vornahme einer Handlung verurteilt, kann er diese innerhalb der gesetzten Frist vornehmen. Der Anspruch des Klägers auf die Entschädigungszahlung entfällt. Die fristgerechte Vornahme der Handlung begründet eine Einwendung gegen den im Urteil festgestellten Entschädigungsanspruch. Hierauf kann eine Vollstreckungsgegenklage gestützt werden.[67] 82

---

64 BAG 28.7.2004 – 10 AZR 580/03.
65 BAG 28.7.2004 – 10 AZR 580/03.
66 BAG 4.10.1989 – 4 AZR 396/89.
67 BAG 28.10.1992 – 10 AZR 541/91.

83 Nimmt der Beklagte nach Ablauf der gesetzten Frist die geschuldete Handlung vor und nimmt der Kläger die Leistung an, ist er damit einverstanden, dass die ursprünglich geschuldete Handlung erbracht wird. Er verliert mit der Annahme der Leistung den Anspruch auf die ihm zugesprochene Entschädigung.[68]

- Nach Ablauf der dem Beklagten zur Erfüllung der Handlung gesetzten Frist kann der Kläger die Vollstreckung wegen der Entschädigungszahlung betreiben. Diese richtet sich nach den Bestimmungen über die Vollstreckung von Urteilen, die auf einen Geldbetrag lauten. Voraussetzung ist, dass die Frist zur Vornahme der Handlung abgelaufen ist (§ 751 Abs 1 ZPO).
- Vor Ablauf der gesetzten Frist kann die Zwangsvollstreckung nicht wegen der begehrten Handlung betrieben werden. Der Kläger muss dem Beklagten die vom Gericht eingeräumte Frist zur Erfüllung der Handlung belassen.

84 **Sonderfall:**

- Die Kumulierung einer Klage auf Erteilung von Auskünften verbunden mit einem Antrag nach § 61 Abs 2 ArbGG auf Entschädigung (für den Fall der nicht fristgemäßen Erteilung der Auskunft) ist unzulässig, wenn gleichzeitig für den Fall der fristgemäß erteilten Auskunft ein unbestimmter Antrag auf Leistung im Wege der Stufenklage gestellt wird und die Leistung sich auf die Auskunft bezieht. Der unbestimmte Leistungsantrag einer Stufenklage kann nicht mit dem Entschädigungsanspruch nach § 61 Abs 2 ArbGG auf der Auskunftsebene verbunden werden.[69]

85 Verbindet der Kläger seine Klage auf Vornahme einer Handlung nicht mit dem Antrag auf Entschädigungsleistung nach § 61 Abs 2 ArbGG, wird der Titel, mit dem der Beklagte zur Vornahme einer Handlung verurteilt ist, nach den §§ 887 und 888 ZPO vollstreckt, je nachdem, ob es sich um eine vertretbare oder unvertretbare Handlung handelt.

86 **Vertretbare Handlungen** (§ 887 Abs 1 ZPO) sind solche, die von einem Dritten anstelle des Schuldners selbstständig ohne dessen Mitwirkung vorgenommen werden können. Dem Gläubiger muss es gleichgültig sein können, durch wen die Handlung vorgenommen wird. Aus Sicht des Schuldners muss es rechtlich zulässig sein, dass ein anderer als er selbst die Handlung vornimmt.[70] Die Vollstreckung erfolgt in der Weise, dass der Gläubiger ermächtigt wird, die genau zu bezeichnende Handlung auf Kosten des Schuldners vornehmen zu lassen oder selbst vorzunehmen.

87 Eine **unvertretbare Handlung** (§ 888 Abs 1 ZPO) ist dann geschuldet, wenn die Handlung nicht durch einen Dritten vorgenommen werden kann, sondern ausschließlich vom Willen des Schuldners abhängt, jedoch nicht in der Abgabe einer Willenserklärung besteht. Die Handlung erfordert ein aktives Tun.

---

68 BAG 11.7.1975 – 5 AZR 273/74.
69 BAG 24.11.2004 – 10 AZR 169/04.
70 BGH 11.11.1994 – V ZR 27/93.

Vollstreckt wird die unvertretbare Handlung in der Weise, dass der Schuldner zur Vornahme der Handlung durch Zwangsgeld, ersatzweise Zwangshaft oder (nur) durch Zwangshaft angehalten wird. 88

Vertretbare/Unvertretbare Handlungen sind: 89
- Erteilung eines Buchauszugs gegenüber einem Arbeitnehmer, der auf Provisionsbasis beschäftigt wird (§ 87c Abs 2 HGB): Vertretbare Handlung.[71]
- Erteilung einer Gehaltsabrechnung, für die betriebliche Unterlagen zur Verfügung stehen: Vertretbare Handlung.[72] Anderes gilt jedoch, wenn der Arbeitgeber besondere Erklärungen abgeben muss oder die Abrechnung nur mithilfe seiner besonderen Kenntnisse erstellt werden kann.[73]
- Erteilung einer Provisionsabrechnung aufgrund vorhandener Unterlagen: Vertretbare Handlung.[74]
- Entfernung einer Abmahnung aus der Personalakte: Unvertretbare Handlung.[75]
- Erteilung eines Arbeitszeugnisses: Unvertretbare Handlung.[76]
- Bereitstellung eines tabakfreien Arbeitsplatzes: Unvertretbare Handlung.[77]
- Beschäftigung/Weiterbeschäftigung: Unvertretbare Handlung.[78]

5. Besonderheit: Beschäftigungs-/Weiterbeschäftigungsanspruch

a) Anspruchsarten. Dem sich aus einem Arbeitsverhältnis ergebenden Beschäftigungsanspruch können im Falle einer Kündigung der betriebsverfassungsrechtliche, der personalvertretungsrechtliche oder der allgemeine Weiterbeschäftigungsanspruch folgen. Die Voraussetzungen der Einzelnen Beschäftigungs-/Weiterbeschäftigungsansprüche sind nicht einheitlich. Gleiches gilt für die Reichweite des jeweiligen Titels. Die Zwangsvollstreckung des jeweils titulierten Beschäftigungs-/Weiterbeschäftigungsanspruchs erfolgt einheitlich nach den Bestimmungen über die Vollstreckung nicht vertretbarer Handlungen nach § 888 ZPO. 90

b) Beschäftigungsanspruch. Bei der Beschäftigungspflicht handelt es sich um einen aus dem Arbeitsvertrag resultierenden Anspruch gegen den Arbeitgeber, den Arbeitnehmer mit den Arbeitsaufgaben zu beschäftigen, die sich aus dem Arbeitsvertrag bzw aus der, während der Dauer des Arbeitsverhältnisses erfolgten Konkretisierung dieses Arbeitsverhältnisses ergeben 91

---
71 BGH 26.4.2007 – I ZB 82/06; OLG Düsseldorf 21.6.1999 – 16 W 12/99; OLG Köln 3.5.1995 – 3 W 10/95; OLG Koblenz 17.12.1993 – 6 U 732/93; OLG Düsseldorf 20.12.1956 – 2 W 3/56.
72 LAG Köln 22.11.1990 – 12 (11) Ta 247/90; LAG Hamm 11.8.1983 – 1 Ta 245/83.
73 BGH 11.5.2006 – I ZB 94/05; BAG 7.9.2009 – 3 AZB 19/9: Abrechnungsanspruch gem § 108 GewO: unvertretbare Handlung, da es auf die Kenntnisse des AG ankommt, wie er die Abzüge tatsächlich vorgenommen hat.
74 OLG Köln 3.5.1995 – 3 W 10/95.
75 LAG Frankfurt 9.6.1993 – 12 Ta 82/93.
76 LAG Nürnberg 14.1.1993 – 6 Ta 169/92; LAG Düsseldorf 21.8.1973 – 8 Sa 258/73.
77 BAG 17.2.1998 – 9 AZR 84/97.
78 LAG München 11.9.1993 – 2 Ta 214/93; LAG Köln 17.2.1988 – 5 Ta 244/ 87; LAG Frankfurt 11.3.1988 – 9 Ta 20/88; LAG Frankfurt 13.7.1987 – 1 Ta 151/87.

haben. Jeder Arbeitnehmer kann während eines bestehenden Arbeitsverhältnisses verlangen, vertragsgemäß beschäftigt zu werden.[79] Dieser Beschäftigungsanspruch besteht auch im gekündigten Arbeitsverhältnis bis zur rechtlichen Beendigung, also auch während der Kündigungsfrist. Der Beschäftigungsanspruch kann nur für die Zukunft geltend gemacht werden.[80]

92 Von diesem Beschäftigungsanspruch und einem insoweit zugunsten eines Arbeitnehmers ergangenen Titel kann der Arbeitnehmer nur solange Gebrauch machen bzw hieraus vollstrecken, wie das Arbeitsverhältnis fortbesteht. Ist das Arbeitsverhältnis gekündigt, darf der Arbeitnehmer die Zwangsvollstreckung hieraus nicht mehr betreiben und zwar auch dann nicht, wenn die Wirksamkeit der Kündigung im Streit ist. Der Arbeitgeber kann mit der Begründung, das Arbeitsverhältnis gekündigt zu haben, Vollstreckungsgegenklage (§ 767 ZPO) erheben.

93 c) **Betriebsverfassungsrechtlicher Weiterbeschäftigungsanspruch:** Nach § 102 Abs 5 BetrVG muss der Arbeitgeber den Arbeitnehmer bis zum rechtskräftigen Abschluss des Kündigungsschutzprozesses zu unveränderten Arbeitsbedingungen weiterbeschäftigen, wenn der Betriebsrat einer ordentlichen Kündigung frist- und ordnungsgemäß widersprochen hat und der Arbeitnehmer nach § 4 KSchG Klage erhoben hat. Der betriebsverfassungsrechtliche Weiterbeschäftigungsanspruch ist an eine Reihe von Voraussetzungen geknüpft und zwar:

- Dem Arbeitnehmer muss **ordentlich**, also fristgemäß gekündigt worden sein. Eine fristlose Kündigung, sei sie auch vorsorglich fristgerecht ausgesprochen, genügt nicht, ebenso wenig wie eine außerordentliche Kündigung unter Einräumung einer sozialen Auslauffrist.[81]
- Der Betriebsrat muss binnen **Wochenfrist** widersprochen haben. Die Frist beginnt mit der Unterrichtung des Betriebsrats durch den Arbeitgeber.
- Der Betriebsrat muss **schriftlich** widersprochen haben. Der Widerspruch muss **begründet** sein und zwar mit einem der in § 102 Abs 3 BetrVG genannten Widerspruchsgründen, wobei die bloß formelhafte Wiederholung der dort genannten Widerspruchsgründe nicht ausreicht. Vielmehr muss dargelegt werden, welcher Sachverhalt es möglich erscheinen lässt, dass einer der dort genannten Gründe vorliegt.[82]
- Der Arbeitnehmer muss innerhalb der Frist des § 4 KSchG **Klage auf Feststellung** erhoben haben, dass das Arbeitsverhältnis durch die Kündigung nicht aufgelöst ist.
- Der Arbeitnehmer muss die vorläufige Weiterbeschäftigung **verlangen**. Dies hat rechtzeitig zu geschehen. Es ist ausreichend, wenn die Weiterbeschäftigung am ersten Arbeitstag nach Ablauf der Kündigungsfrist verlangt wird.[83]

---

79 BAG 10.11.1955 – 2 AZR 591/54.
80 LAG Baden-Württemberg 11.9.2013 – 13 Sa 31/13.
81 LAG Hamm 18.5.1982 – 11 Sa 311/82; LAG Hessen 28.5.1973 – 7 Sa 292/73.
82 BAG 17.6.1999 – 2 AZR 608/98; LAG Düsseldorf 5.1.1976 – 9 Sa 1604/75.
83 BAG 11.5.2000 – 2 AZR 54/99.

Liegen die Voraussetzungen des § 102 Abs 5 BetrVG vor, ist der Weiterbeschäftigungsanspruch zugunsten des Arbeitnehmers zu titulieren und zwar auch dann, wenn das Arbeitsgericht zur Auffassung gelangt, dass die Kündigung das Arbeitsverhältnis beendet hat. Der Arbeitnehmer ist aufgrund dieses betriebsverfassungsrechtlichen Weiterbeschäftigungsanspruchs bis zum rechtskräftigen Abschluss des Kündigungsschutzprozesses zu beschäftigen. Bis dahin kann die Zwangsvollstreckung aus dem Titel betrieben werden.

d) **Personalvertretungsrechtlicher Weiterbeschäftigungsanspruch:** Auch im öffentlichen Dienst ist die Kündigung eines Arbeitnehmer an die Beteiligung des Personalrats geknüpft (§ 79 BPersVG). Für die Arbeitnehmer des Bundes regelt § 79 Abs 2 BPersVG den Weiterbeschäftigungsanspruch in Anlehnung an die Bestimmung des § 102 Abs 5 BetrVG, so dass auf die Ausführungen zum betriebsverfassungsrechtlichen Weiterbeschäftigungsanspruch verwiesen werden kann. Die Landespersonalvertretungsgesetze der Länder sind hierzu unterschiedlich.

e) **Allgemeiner Weiterbeschäftigungsanspruch:** Dem gekündigten Arbeitnehmer steht auch außerhalb der Bestimmungen von § 102 Abs 5 BetrVG und § 79 Abs 2 BPersVG ein Weiterbeschäftigungsanspruch über den Ablauf der Kündigungsfrist hinaus zu. Voraussetzung ist, dass die Kündigung sich als unwirksam erweist und die überwiegenden schutzwerten Interessen des Arbeitgebers einer solchen Beschäftigung nicht entgegenstehen.[84] Das BAG hat hierzu folgende Grundsätze aufgestellt:

- Außer im Falle einer offensichtlich unwirksamen Kündigung begründet die Ungewissheit über den Ausgang des Kündigungsschutzprozesses ein schutzwertes Interesse des Arbeitgebers an der Nichtbeschäftigung des gekündigten Arbeitnehmers für die Dauer des Kündigungsschutzprozesses.
- Dieses schutzwerte Interesse überwiegt das Beschäftigungsinteresse des Arbeitnehmers und zwar so lange, bis im Kündigungsschutzprozess ein die Unwirksamkeit der Kündigung feststellendes Urteil ergeht.
- Hat das Arbeitsgericht die Kündigung für unwirksam erklärt, genügt die Ungewissheit des Prozessausgangs für sich alleine nicht mehr, um das Gegeninteresse des Arbeitgebers an der Nichtbeschäftigung zu begründen, es müssen vielmehr zusätzliche Umstände hinzutreten, die im Einzelfall ein überwiegendes Interesse des Arbeitgebers begründen, den Arbeitnehmer nicht zu beschäftigen. zB dann, wenn der AG eine weitere Kündigung erklärt hat, die nicht offensichtlich wirksam ist.[85]

Der durch das Arbeitsgericht titulierte allgemeine Weiterbeschäftigungsanspruch reicht wie der betriebsverfassungs- bzw personalvertretungsrechtliche Weiterbeschäftigungsanspruch nur bis zum rechtskräftigen Abschluss des Kündigungsschutzprozesses. Danach kann der Arbeitnehmer die Beschäftigung nicht mehr aus diesem Titel vollstrecken.

f) **Besonderheiten der Vollstreckung.** Der Beschäftigungs- und Weiterbeschäftigungsanspruch wird als nicht vertretbare Handlung nach § 888

---

[84] BAG GS 27.2.1985 – GS 1/84.
[85] LAG Baden-Württemberg 6.5.2010 – 20 Sa 97/09.

ZPO vollstreckt.[86] Voraussetzung der Zwangsvollstreckung ist, dass der Titel einen vollstreckungsfähigen Inhalt hat.[87] Ein Titel, der den Arbeitgeber verurteilt, den Arbeitnehmer zu „unveränderten Arbeitsbedingungen" weiter zu beschäftigen, ist nicht ohne weiteres vollstreckungsfähig.[88] Ein Titel, wonach der Arbeitnehmer „als Arbeiter" oder „als Angestellter" zu beschäftigen ist, soll vollstreckbar sein, weil hinreichend bestimmt.[89] Ergibt sich aus dem Titel selbst nicht die Beschäftigungsart, können zur Auslegung der Tatbestand und die Entscheidungsgründe des Urteils herangezogen werden, sofern sich aus diesen hinreichend Inhalt und Umfang der titulierten Verpflichtung ergibt.[90] Diese Auslegungsmöglichkeit scheitert dann, wenn die Zwangsvollstreckung aus der abgekürzten Fassung des Urteils betrieben wird. Tatbestand und Entscheidungsgründe können dann nicht zur Auslegung herangezogen werden.[91]

99 Die Vollstreckung setzt voraus, dass dem Arbeitgeber die Vornahme der geschuldeten Handlung tatsächlich und rechtlich möglich ist. Dies ist nicht der Fall, wenn der Arbeitsplatz zwischenzeitlich weggefallen ist,[92] zB wenn der Arbeitsplatz auf einen Betriebserwerber übergegangen ist.[93]

Hinweis: Den Einwand des Wegfalls des Arbeitsplatzes sollte der Beklagte schon im Erkenntnisverfahren vorbringen, um der Titulierung des Weiterbeschäftigungsanspruches entgegenzuwirken.

Eine nach Titulierung des Beschäftigungsanspruches zugegangene Kündigung kann zwar materiell-rechtlich dem Beschäftigungsanspruch entgegenstehen. Dieser Einwand ist jedoch dem Erkenntnisverfahren vorbehalten und kann nicht im Vollstreckungsverfahren berücksichtigt werden (s Rn 40). Gleiches gilt für einen erst in der Berufungsinstanz gestellten Auflösungsantrag.[94]

100 Die Zwangsvollstreckung selbst erfolgt durch die Festsetzung eines Zwangsgeldes, dessen Androhung unterbleibt, § 888 Abs 2 ZPO. Das Zwangsgeld ist in einem einheitlichen Betrag festzusetzen und nicht etwa für jeden Tag der Nichterfüllung des Beschäftigungsanspruchs.[95] Das Mindestmaß des Zwangsgelds sind EUR 5,00 (Art 6 Abs 1 EGStGB), das Höchstmaß des einzelnen Zwangsgelds EUR 25.000,00. Die Vollstreckung des Zwangsgelds erfolgt auf Antrag des Arbeitnehmers und wird zugunsten der Staatskasse beigetrieben. Beantragt der Gläubiger nur die Festset-

---

86 BAG 15.4.2009 – 3 AZB 93/08; aA Natter/Groß/Pfitzer/Zimmermann, ArbGG, § 62 Rn 48.
87 Zum Problem: Korinth, Die Antragsfassung beim Beschäftigungsanspruch, ArbRB 2014, 93.
88 LAG Frankfurt 13.7.1987 – 1 Ta 151/87; LAG Rheinland-Pfalz 7.1.1986 – 1 Ta 302/85.
89 BAG 15.4.2009 – 3 AZB 93/08; LAG Baden-Württemberg 21.2.2007 – 17 Ta 1/07.
90 LAG Rheinland-Pfalz 30.3.1987 – 1 Ta 51/87.
91 LAG Hamm 21.11.1989 – 7 Ta 475/89.
92 LAG Hamm 29.8.1984 – 1 Ta 207/84.
93 LAG Köln 9.3.2006 – 14 Sa 146/06.
94 LAG Baden-Württemberg 9.3.2004 – 5 Ta 3/04.
95 LAG Berlin 5.7.1985 – 4 Ta 4/85; LAG München 11.9.1993 – 2 Ta 214/93.

zung eines Zwangsgeldes, ist von Amts wegen Zwangshaft für den Fall der Nichtbeitreibung des Zwangsgeldes festzusetzen.[96]

B. Arrest/Einstweilige Verfügung
I. Allgemeines
1. Verfahrensarten

Die §§ 916 bis 945 ZPO regeln das Arrest-/einstweilige Verfügungsverfahren. Der **Arrest** dient der Sicherung der Zwangsvollstreckung in das bewegliche oder unbewegliche Vermögen wegen einer Geldforderung oder wegen eines Anspruchs, der in eine Geldforderung übergehen kann (§ 916 Abs 1 ZPO). Im Gegensatz hierzu dient die einstweilige Verfügung der vorläufigen Sicherung eines Anspruchs (**Sicherungsverfügung** § 935 ZPO) oder der einstweiligen Regelung eines streitigen Rechtsverhältnisses (**Regelungsverfügung** § 940 ZPO). Neben diese beiden gesetzlichen Verfügungsvarianten tritt die durch die Rechtsprechung entwickelte **Leistungsverfügung**, die der vorläufigen Befriedigung eines Anspruchs dient.[97] Sie geht von ihrer Funktion her weiter als die Sicherungs- und Regelungsverfügung und führt dazu, dass der Antragsgegner vorläufig leisten muss, bevor im Hauptsacheverfahren entschieden wird, ob eine Leistungsverpflichtung besteht (Beispiele für eine Leistungsverfügung: Gewährung von Urlaub, Beschäftigung in Teilzeit).

101

2. Rechtliche Grundlagen

Die §§ 916 bis 945 ZPO finden im arbeitsgerichtlichen Urteilsverfahren uneingeschränkt Anwendung (§ 62 Abs 2 Satz 1 ArbGG). Für das Beschlussverfahren (§ 80 ff ArbGG) gilt die Sonderbestimmung des § 85 Abs 2 ArbGG mit der Folge, dass ausdrücklich nur das Verfahren auf Erlass einer einstweiligen Verfügung für zulässig erklärt wird. Dennoch wird in der Literatur die Auffassung vertreten, dass auch die Anordnung eines Arrests zulässig ist und zwar zur Sicherung des Kostenerstattungsanspruchs betriebsverfassungsrechtlicher Organe oder ihrer Mitglieder gegen den Arbeitgeber.[98] Diese Auffassung widerspricht der eindeutigen Formulierung in § 85 Abs 2 Satz 1 ArbGG, wonach (nur) der Erlass einer einstweiligen Verfügung zulässig ist.

102

II. Das Verfahren
1. Zuständiges Gericht

Sowohl im Arrest-, als auch im Verfügungsverfahren ist das Gericht zuständig, das auch in der Hauptsache zuständig ist (für den Arrest: § 919 ZPO, für die einstweilige Verfügung: § 937 Abs 1 ZPO). **Gericht der Hauptsache** ist das für die Hauptsache im Rechtsweg und örtlich zuständige Gericht (für den Rechtsweg: §§ 2 und 3 ArbGG). Ist die Hauptsache schon im Berufungsverfahren vor dem Landesarbeitsgericht anhängig, ist

103

---

96 Hessisches LAG 9.10.2003 – 16 Ta 414/03.
97 IE: Zöller/Vollkommer, § 940 Rn 6.
98 Näheres hierzu: Korinth, Einstweiliger Rechtsschutz im Arbeitsgerichtlichen Verfahren, 2. Aufl, S. 19.

das Landesarbeitsgericht das für das Arrest- bzw Verfügungsverfahren zuständige Hauptsachegericht (§ 943 Abs 1 ZPO). Die Sonderzuständigkeit des § 919 ZPO (**Gerichtsstand der belegenen Sache**) ist nicht dahin zu verstehen, dass wahlweise das Arbeitsgericht oder das Amtsgericht zuständig ist. Dies ist durch die mit Wirkung zum 01. Januar 1990 in Kraft getretene Neufassung von § 48 ArbGG und § 17a GVG klargestellt. Die sachliche Zuständigkeit nach § 919 ZPO muss sich der Rechtswegzuständigkeit nach § 48 ArbGG, §§ 17ff GVG unterordnen mit der Konsequenz, dass lediglich eine zusätzliche örtliche Zuständigkeit des Arbeitsgerichts besteht, in der sich der vom Arrest betroffene Gegenstand befindet. Eine Zuständigkeit des Amtsgerichts (außerhalb der Rechtswegzuständigkeit) wird nicht begründet.[99]

104 Gleiches gilt für die Eilzuständigkeit im einstweiligen Verfügungsverfahren nach § 942 Abs 1 Satz 1 ZPO. Die Rechtswegzuständigkeit bestimmt sich ausschließlich nach den §§ 2, 2a, 3, 48 Abs 1 ArbGG iVm den §§ 17ff GVG. Diese Regelungen bestimmen das Verhältnis der Arbeitsgerichtsbarkeit zur ordentlichen Gerichtsbarkeit, also das Verhältnis zweier Gerichtsbarkeiten mit jeweils eigenständigen Rechtswegen.[100] Eine **Ersatzzuständigkeit** des Amtsgerichts scheidet daher seit der gesetzlichen Neuregelung aus.

2. Primäres und sekundäres Urteilsverfahren

105 Das Arbeitsgericht kann sowohl über Arrest, als auch einstweilige Verfügung ohne oder nach mündlicher Verhandlung entscheiden (§ 922 Abs 1 ZPO für Arrest und § 937 Abs 2 ZPO für einstweilige Verfügung). Ordnet das Gericht eine Entscheidung nach mündlicher Verhandlung an, spricht man vom **primären Urteilsverfahren**. Entscheidet das Gericht zunächst ohne mündliche Verhandlung, ergeht die Entscheidung im Beschlusswege. Hiergegen kann der Antragsgegner Widerspruch (§ 924 ZPO) erheben. In diesem Fall hat eine mündliche Verhandlung stattzufinden und im Anschluss hieran ist durch Urteil zu entscheiden – **sekundäres Urteilsverfahren**. Beim Arrestgesuch steht es im pflichtgemäßen Ermessen des Gerichts, ob es eine mündliche Verhandlung durchführen will oder nicht. Beim Antrag auf Erlass einer einstweiligen Verfügung kann das Arbeitsgericht jedoch nur in dringenden Fällen ohne mündliche Verhandlung entscheiden (§ 62 Abs 2 Satz 2 ArbGG). Ein **dringender Fall** liegt nur vor, wenn eine über die ohnehin im Rahmen des Verfügungsgrunds erforderliche Dringlichkeit hinausgehende zusätzliche Eilbedürftigkeit gegeben ist. Hiervon ist dann auszugehen, wenn die Durchführung der mündlichen Verhandlung zu einer Gefährdung des zu sichernden Anspruches führen würde.

106 Die Entscheidung über die Einzelverfügung im Urteilsverfahren ergeht sowohl beim Arbeitsgericht als auch beim Landesarbeitsgericht gem § 53 ArbGG durch den Vorsitzenden allein, wenn sie ohne mündliche Verhandlung getroffen wird. Im Beschlussverfahren entscheidet grundsätzlich die Kammer auch außerhalb der mündlichen Verhandlung.[101]

---

99 GMK/Germelmann, ArbGG, § 62 Rn 81; aA LG Fulda 18.8.1995 – 1 S 90/95.
100 BAG 24.5.2000 – 5 AZB 66/99; BAG 26.3.1992 – 2 AZR 443/91.
101 BAG 28.8.1991 – 7 ABR 72/09.

Die Zurückweisung des Antrags auf Erlass einer einstweiligen Verfügung kann ebenfalls ohne mündliche Verhandlung durch Beschluss erfolgen, jedoch nur, wenn ein Fall der Dringlichkeit iSv § 62 Abs 2 Satz 2 ArbGG vorliegt. Insoweit besteht ein Unterschied zu § 937 Abs 2 ZPO. Im Zivilprozess ist die Zurückweisung des Antrags nicht an die Voraussetzung der Dringlichkeit geknüpft.[102]

107

3. Arrest-/Verfügungsgrund

Die Anordnung eines Arrestes setzt neben einem **Arrestanspruch** (§ 916 ZPO) einen **Arrestgrund** (§§ 917, 918 ZPO) voraus. Gleiches gilt bei der Anordnung einer einstweiligen Verfügung. Es bedarf eines **Verfügungsanspruchs** und eines **Verfügungsgrunds**.

108

In beiden Verfahrensarten sind sowohl der Anspruch, als auch der Grund glaubhaft zu machen (§§ 920 Abs 2, 294, 936 ZPO). Der Antragsteller hat die tatsächlichen Voraussetzungen des Arrest-/Verfügungsanspruchs glaubhaft zu machen, ebenfalls das Vorliegen der allgemeinen Prozessvoraussetzungen wie zB die Zuständigkeit des angerufenen Gerichts. Auch der Arrest-/Verfügungsgrund unterliegt der Glaubhaftmachung, soweit Sondervorschriften hiervon nicht befreien. Eine solche Sondervorschrift ist zB § 102 Abs 5 BetrVG. So bedarf der Arbeitgeber keines besonderen Verfügungsgrunds für den Beseitigungsantrag nach § 102 Abs 5 Satz 2 BetrVG.[103] Ob der Antrag des Arbeitnehmers auf vorläufige Durchsetzung des Weiterbeschäftigungsanspruchs die Darlegung eines besonderen Verfügungsgrunds und deshalb auch die Glaubhaftmachung des Verfügungsgrunds notwendig macht, ist streitig.[104]

109

4. Fallgruppen des einstweiligen Verfügungsverfahrens

a) Arbeitspapiere. Werden dem Arbeitnehmer nach Beendigung des Arbeitsverhältnisses die Arbeitspapiere nicht herausgegeben, kann im Wege der Regelungsverfügung (§ 940 ZPO) der frühere Arbeitgeber im Wege der einstweiligen Verfügung zur Herausgabe veranlasst werden. Grundsätzlich ist der Arbeitgeber mit der Beendigung des Arbeitsverhältnisses zur Herausgabe der Arbeitspapiere (Urlaubsbescheinigung, Lohnsteuerbescheinigung) verpflichtet. Gegenüber diesem Anspruch steht dem Arbeitgeber kein Zurückbehaltungsrecht wegen etwaiger eigener Ansprüche gegenüber dem Arbeitnehmer zu.[105] Voraussetzung für die Durchsetzung des Herausgabeanspruchs im Wege einer einstweiligen Verfügung ist die Glaubhaftmachung, dass die noch nicht herausgegebenen Arbeitspapiere für den Antritt eines neuen Beschäftigungsverhältnisses oder zu anderen Zwecken, bspw für die Erstellung der Einkommensteuererklärung benötigt werden.

110

---

102 LAG Sachsen 8.4.1997 – 1 Ta 89/97.
103 GK-BetrVG/Raab, § 102 Rn 206.
104 Kein Verfügungsgrund erforderlich: LAG Berlin 15.9.1980 – 12 Sa 42/80; LAG Hamburg 14.9.1992 – 2 Sa 50/92. Verfügungsgrund erforderlich: LAG Baden-Württemberg 17.12.2013 – 15 SaGa 2/13; LAG Baden-Württemberg 30.8.1993 – 15 Sa 35/93; LAG Köln 18.1.1984 – 7 Sa 1156/83; GMK/Germelmann, ArbGG, § 62 Rn 105.
105 BAG 20.12.1958 – 2 AZR 336/56.

Antrag: Der Antragsgegnerin wird im Wege der einstweiligen Verfügung aufgegeben, die Arbeitspapiere des Antragstellers, bestehend aus der Lohnsteuerbescheinigung und der Urlaubsbescheinigung für das Jahr ... herauszugeben.

111 Der Herausgabeanspruch für die Urlaubsbescheinigung ergibt sich aus § 6 Abs 2 BUrlG, für die Lohnsteuerbescheinigung aus §§ 39 b Abs 1 Satz 3, 41 b Abs 1 Satz 4 EStG.

Hat der Arbeitgeber die Arbeitsbescheinigung oder die Lohnsteuerbescheinigung falsch ausgefüllt und begehrt der Arbeitnehmer die Berichtigung, ist der Berichtigungsanspruch vor dem Sozialgericht bzw dem Finanzgericht geltend zu machen.[106] Der Anspruch auf Ausfüllung oder Berichtigung der elektronischen Lohnsteuerbescheinigung ist vor dem Finanzgericht durchzusetzen.[107]

112 **b) Beschäftigung/Weiterbeschäftigung.** Der Beschäftigungs- und Weiterbeschäftigungsanspruch kann mithilfe einer Leistungsverfügung durchgesetzt werden. Es ist zu differenzieren zwischen

- dem Beschäftigungsanspruch im ungekündigten Arbeitsverhältnis,
- dem Beschäftigungsanspruch im gekündigten Arbeitsverhältnis bis zum Ablauf der Kündigungsfrist,
- dem Weiterbeschäftigungsanspruch nach Ablauf der Kündigungsfrist auf der Grundlage des § 102 Abs 5 BetrVG (bzw § 79 Abs 2 BPersVG) und
- dem allgemeinen Weiterbeschäftigungsanspruch.

113 **aa) Beschäftigung im Arbeitsverhältnis:** Im **ungekündigten Arbeitsverhältnis** und im gekündigten Arbeitsverhältnis bis zum Ablauf der Kündigungsfrist ist der Arbeitnehmer uneingeschränkt zu beschäftigen.[108] Im gekündigten Arbeitsverhältnis kann der Arbeitgeber den Arbeitnehmer einseitig von der Beschäftigungspflicht suspendieren, wenn die schutzwürdigen Interessen des Arbeitgebers an der Freistellung die des Arbeitnehmers an der Beschäftigung überwiegen. Ob dies auch dann schon gilt, wenn sich der Arbeitgeber das Recht zur Freistellung im Arbeitsvertrag vorbehält, ist fraglich. § 308 Nr 4 BGB untersagt einen einseitigen Änderungsvorbehalt, § 307 Abs 2 BGB geht von einer unangemessenen Benachteiligung aus, wenn eine vertragliche Regelung mit dem wesentlichen Grundgedanken der gesetzlichen Regelung nicht zu vereinbaren ist.[109] Zwar gibt es keine gesetzliche Fixierung der Beschäftigungspflicht, aber der Anspruch wird von der Rechtsprechung hergeleitet aus den §§ 611 Abs 1, 613 BGB iVm § 242 BGB, wobei dieser ausgefüllt wird durch die Wertentscheidung der Art 1 und 2 GG. Daher gibt es ein Leitbild iSv § 307 Abs 2 Nr 1 BGB.

---

106 BAG 13.7.1988 – 5 AZR 467/87.
107 BAG 11.6.2003 – 5 AZB 1/03.
108 BAG 10.11.1955 – 2 AZR 591/54.
109 Zur Problematik vor der Schuldrechtsreform: ArbG Düsseldorf 3.6.1993 – 9 Ga 28/93; nach der Schuldrechtsreform: ArbG Frankfurt/Main 19.11.2003 – 2 Ga 251/03; ArbG Stuttgart 18.3.2005 – 26 Ga 4/05.

Hiervon kann nur bei Bestehen eines berechtigten Interesses abgewichen werden, das in der Vertragsklausel selbst genannt werden muss.[110] Neben dem Beschäftigungsanspruch bedarf es eines Verfügungsgrundes.[111] Teilweise wird die Auffassung vertreten, dass schon der Untergang des Beschäftigungsanspruchs „mit jedem Tag der Nichtbeschäftigung" den **Verfügungsgrund** rechtfertigt.[112] Nach anderer Auffassung ist der Arbeitnehmer verpflichtet, vorzutragen und glaubhaft zu machen, dass er wegen einer Notlage auf die sofortige Erfüllung des Beschäftigungsanspruches dringend angewiesen ist, etwa um seine beruflichen Chancen zu erhalten.[113]

bb) **Betriebsverfassungs- und personalvertretungsrechtlicher Beschäftigungsanspruch:** Nach Ablauf der Kündigungsfrist kann der Arbeitnehmer einen **Weiterbeschäftigungsanspruch** geltend machen und zwar zunächst auf der Grundlage des § 102 Abs 5 BetrVG (im öffentlichen Dienst: § 79 Abs 2 BPersVG). Dieser Weiterbeschäftigungsanspruch ist an mehrere Voraussetzungen gebunden: 114

- Dem Arbeitnehmer muss ordentlich gekündigt worden sein. Bei einer fristlosen Kündigung mit sozialer Auslauffrist oder einer fristlosen, vorsorglich fristgerecht ausgesprochenen Kündigung kommt ein Weiterbeschäftigungsanspruch nach § 102 Abs 5 BetrVG nicht in Betracht.
- Der Betriebsrat muss der Kündigung frist- und ordnungsgemäß widersprochen haben, dies bedeutet, dass der Betriebsrat innerhalb einer Woche seit der Unterrichtung durch den Arbeitgeber den Widerspruch formuliert haben muss. Daneben muss der Widerspruch konkrete Tatsachen enthalten und im Zusammenhang mit den in § 102 Abs 3 BetrVG genannten Widerspruchsgründen stehen. Wird der Widerspruch mit einem Sachverhalt begründet, der nichts mit den in § 102 Abs 3 BetrVG genannten Gründen zu tun hat, kommt ein Weiterbeschäftigungsanspruch nach dieser Norm nicht in Betracht.
- Der Arbeitnehmer muss Kündigungsschutz genießen, dh, der Betrieb muss vom Geltungsbereich des § 23 KSchG erfasst und der Arbeitnehmer muss die Wartefrist nach § 1 Abs 1 KSchG erfüllt haben.
- Der Arbeitnehmer muss innerhalb der Frist des § 4 Satz 1 KSchG Kündigungsschutzklage erhoben haben.

Der Arbeitnehmer muss diese Voraussetzungen darlegen und glaubhaft machen. Problematisch ist insoweit die Glaubhaftmachung der Fristwahrung des Widerspruchs, da die Einhaltung dieser Frist weder aus der dem Arbeitnehmer gem § 102 Abs 4 BetrVG zu übermittelnden Abschrift, noch aus sonstigen dem Arbeitnehmer zugänglichen Unterlagen ersichtlich ist und deshalb auch nicht Gegenstand einer eidesstattlichen Versicherung des 115

---

110 Ergänzend: Korinth, Einstweiliger Rechtsschutz im Arbeitsgerichtlichen Verfahren, 2. Aufl, S. 232.
111 S Fn 109.
112 LAG Hessen 3.3.2005 – 9 SaGa 2286/04;LAG München 7.5.2003 – 5 Sa 344/03; ArbG Stuttgart 18.3.2005 – 26 Ga 4/05; ArbG Frankfurt 15.12.2004 – 22 Ga 325/04.
113 LAG Köln 13.5.2005 – 4 Sa 400/05; LAG Hamm 18.2.1998 – 3 Sa 297/98; LAG Köln 31.7.1985 – 7 Sa 555/85; LAG Hamburg 8.9.1982 – 5 Sa 112/82.

Arbeitnehmers sein kann. Ob es bei diesem Weiterbeschäftigungsanspruch der Darlegung eines besonderen **Verfügungsgrundes** iSd §§ 935, 940 ZPO bedarf, ist streitig.[114] Raab[115] stellt dar, dass der Weiterbeschäftigungsanspruch nach § 102 Abs 5 BetrVG den Sinn habe, dem Arbeitnehmer für die Dauer der Ungewissheit über den Fortbestand des Arbeitsverhältnisses die Weiterbeschäftigung und damit die Anwesenheit im Betrieb zu sichern, weil nur dadurch die Chancen des Arbeitnehmers auf den Erhalt des Arbeitsplatzes auch nach erfolgreichem Kündigungsschutzverfahren gegeben sind. Das Gesetz gehe also davon aus, dass der Fortbestand des Arbeitsverhältnisses allein durch das tatsächliche Ausscheiden des Arbeitnehmers aus dem Betrieb gefährdet wird.

116 Der Arbeitgeber kann von seiner Weiterbeschäftigungspflicht nach § 102 Abs 5 Satz. 2 BetrVG durch einstweilige Verfügung befreit werden. Die **Entbindung von der Weiterbeschäftigungspflicht** beseitigt nicht den Annahmeverzug des Arbeitgebers. Die Gründe, aus denen das Arbeitsgericht einstweilige Verfügungen erlassen kann, sind im Gesetz umschrieben.

117 Die Klage des Arbeitnehmers bietet **keine hinreichende Aussicht auf Erfolg** oder erscheint mutwillig. Das Gericht hat eine summarische Prüfung der Kündigungsschutzklage vorzunehmen und kann die Weiterbeschäftigungspflicht nur aufheben, wenn diese Prüfung ergibt, dass die Kündigungsschutzklage entweder offensichtlich oder doch mit hinreichender Wahrscheinlichkeit keinen Erfolg haben wird. Der Prüfungsmaßstab ist identisch mit dem bei der Gewährung von Prozesskostenhilfe (§ 114 ZPO).

118 Die Weiterbeschäftigung würde den Arbeitgeber **wirtschaftlich unzumutbar belasten.** Hiervon ist auszugehen, wenn der mit der Beschäftigung verbundenen Pflicht zur Entgeltzahlung kein oder kein annähernd gleichwertiger wirtschaftlicher Vorteil gegenüber steht. Dies ist insbesondere der Fall, wenn der Arbeitgeber den Arbeitnehmer wegen der Einschränkung des Betriebs oder wegen Rationalisierungsmaßnahmen nicht beschäftigen kann. Die bloßen Entgeltansprüche des Arbeitnehmers können eine solche wirtschaftliche Unzumutbarkeit nicht rechtfertigen, da der Arbeitgeber auch bei einer Entbindung von der Weiterbeschäftigungspflicht Annahmeverzugsansprüche nach § 615 BGB zu erfüllen hat.

Der Widerspruch des Betriebsrats war **offensichtlich unbegründet.** Dieses Erfordernis ist gegeben, wenn der Betriebsrat unter Hinweis auf den Widerspruchsgrund nach § 102 Abs 3 Nr 1 BetrVG die Sozialauswahl bei einer verhaltensbedingten oder personenbedingten Kündigung rügt, unter Hinweis auf den Widerspruchsgrund nach § 102 Abs 3 Nr 2 BetrVG der Verstoß gegen eine Richtlinie reklamiert wird, obgleich eine Auswahlrichtlinie nicht existiert oder beim Hinweis auf den Widerspruchsgrund nach § 102 Abs 3 Nr 3 BetrVG der vom Betriebsrat benannte Arbeitsplatz besetzt ist. Kein Fall der offensichtlichen Unbegründetheit ist der fehlerhafte Widerspruch, weil der Betriebsrat den Widerspruch nicht fristgerecht erho-

---

114 Kein Verfügungsgrund erforderlich: LAG Berlin 16.9.2004 – 10 Sa 1763/04; LAG Berlin 15.9.1980 – 12 Sa 42/80; LAG Hamburg 14.9.1992 – 2 Sa 50/92. Verfügungsgrund erforderlich: LAG Baden-Württemberg 30.8.1993 – 15 Sa 35/93; LAG Köln 18.1.1984 – 7 Sa 1156/83.
115 GK-BetrVG/Raab, § 102 Rn 204.

ben (§ 102 Abs 3 Satz. 1 BetrVG) oder nicht ordnungsgemäß begründet hat. Obgleich in diesen Fällen kein Weiterbeschäftigungsanspruch besteht, akzeptiert die Rechtsprechung ein Rechtsschutzbedürfnis des Arbeitgebers auf Entbindung von der Weiterbeschäftigung.[116]

cc) **Allgemeiner Weiterbeschäftigungsanspruch.** Außerhalb der Regelungen vom § 102 Abs 5 BetrVG und § 79 Abs 2 BPersVG kann der gekündigte Arbeitnehmer einen **allgemeinen Weiterbeschäftigungsanspruch** auf der Grundlage des Beschlusses des Großen Senats des BAG vom 27.2.1985[117] geltend machen. Danach ist ein Arbeitnehmer über den Kündigungszeitpunkt hinaus bis zum rechtskräftigen Abschluss des Kündigungsschutzprozesses zu beschäftigen, wenn die Kündigung unwirksam ist und überwiegende schutzwerte Interessen des Arbeitgebers der Beschäftigung nicht entgegenstehen. Außer im Fall einer offensichtlich unwirksamen Kündigung begründet die Ungewissheit über den Ausgang des Kündigungsschutzprozesses ein schutzwertes Interesse des Arbeitgebers an der Nichtbeschäftigung für die Dauer des Kündigungsschutzprozesses. Dieses Interesse überwiegt idR das Beschäftigungsinteresse des Arbeitnehmers. Ist ein Urteil ergangen, das die Unwirksamkeit der Kündigung feststellt, ist die Ungewissheit des Prozessausgangs nicht mehr ausreichend, um das schutzwerte Interesse des Arbeitgebers zu rechtfertigen. Jetzt muss der Arbeitgeber zusätzliche Umstände darlegen, aus denen sich im Einzelfall das überwiegende Interesse ergibt, den Arbeitnehmer bis zum rechtskräftigen Abschluss nicht zu beschäftigen. Grundsätzlich ist der Auflösungsantrag des Arbeitgebers geeignet, ein schutzwürdiges Interesse des Arbeitgebers an der Nichtbeschäftigung des Arbeitnehmers zu begründen und zwar auch dann, wenn erstinstanzlich ein der Kündigungsschutzklage stattgebendes Urteil vorliegt.[118] Die Reichweite des allgemeinen Weiterbeschäftigungsanspruchs erstreckt sich nur auf die Zeit bis zum rechtskräftigen Abschluss des Rechtsstreits. Ist rechtskräftig die Unwirksamkeit der Kündigung festgestellt, kann der Arbeitnehmer aus dem Weiterbeschäftigungstitel die Zwangsvollstreckung gegen den Arbeitgeber nicht betreiben, sondern muss den Beschäftigungsanspruch im ungekündigten Arbeitsverhältnis gesondert geltend machen.

Der allgemeine Weiterbeschäftigungsanspruch kann auch im Wege der **einstweiligen Verfügung** durchgesetzt werden und zwar parallel oder schon vor einer Kündigungsschutzklage.[119]

Wird der Weiterbeschäftigungsanspruch nicht im Kündigungsschutzprozess geltend gemacht, fehlt es für einen späteren Antrag auf Erlass einer einstweiligen Verfügung regelmäßig am Verfügungsgrund.[120]

Neben dem Verfügungsanspruch muss, anders als bei dem Weiterbeschäftigungsanspruch nach § 102 Abs 5 BetrVG, auch ein Verfügungsgrund dar-

---

116 LAG Baden-Württemberg 15.5.1974 – 6 Sa 35/74; LAG Hamm 31.1.1979 – 8 Sa 1578/78; aA LAG Berlin 11.6.1974 – 8 Sa 37/74.
117 BAG 27.2.1985 – GS 1/84.
118 BAG 16.11.1995 – 8 AZR 864/93.
119 LAG München 10.2.1994 – 5 Sa 969/93: bezogen auf den Weiterbeschäftigungsanspruch nach § 102 Abs 5 BetrVG.
120 LAG Baden-Württemberg 30.8.1993 – 15 Sa 35/93.

gelegt und glaubhaft gemacht werden. Für die Annahme eines Verfügungsgrundes reicht es nicht aus, dass der Anspruch auf Weiterbeschäftigung gegeben ist. Vielmehr ist zu prüfen, ob die Beschäftigung als solche für den Arbeitnehmer gerade auch in einem Eilverfahren durchgesetzt werden muss.[121] Bejaht wird dies, wenn der Arbeitnehmer auf die Beschäftigung angewiesen ist, um seine erworbene Qualität aufrecht zu erhalten, so etwa bei einem leitenden Arzt der Inneren Abteilung eines Krankenhauses, bei einem Operator auf einem hochwertig ausgerüsteten Messwagen oder bei einem Piloten, der über entsprechende Flugerfahrung verfügen muss, um sowohl seine Musterberechtigung für einen bestimmten Flugzeugtyp, als auch seine Lizenz als Verkehrsflugzeugführer zu erhalten.[122]

▶ **Muster: Beschäftigungsantrag im ungekündigten Arbeitsverhältnis**
Die Antragsgegnerin wird im Wege der einstweiligen Verfügung verurteilt, den Antragsteller als ... (genaue Beschreibung der vertraglich vereinbarten Tätigkeit) zu beschäftigen. ◀

▶ **Weiterbeschäftigungsantrag:**
Die Antragsgegnerin wird im Wege der einstweiligen Verfügung verurteilt, den Antragsteller ab dem ... (Ablauf der Kündigungsfrist) als ... (genaue Beschreibung der vertraglich vereinbarten Tätigkeit) bis zur rechtskräftigen Entscheidung des Kündigungsschutzrechtsstreits weiterzubeschäftigen. ◀

123 Die häufig anzutreffende Formulierung, wonach der Arbeitnehmer „zu den bisherigen Arbeitsbedingungen" weiter zu beschäftigen ist, hat **keinen vollstreckungsfähigen** Inhalt. Aus dem Titel muss sich ergeben, was unter den bisherigen Arbeitsbedingungen zu verstehen ist.[123] Es genügt jedoch, wenn sich die Art der Tätigkeit – „Arbeiter" oder „Angestellter" – aus dem Titel ergibt.[124]

124 Bei der **Vollstreckung** nach § 888 ZPO ist zu beachten, dass ein einheitlicher Betrag vom Gericht anzuordnen und festzusetzen ist, also nicht für jeden Tag der Nichtbeschäftigung ein Zwangsgeld beansprucht wird, sondern es wird ein Ordnungsgeld für den Fall der Nichtbeschäftigung erhoben.[125]

125 c) **Entgeltzahlung.** An den Erlass einer einstweiligen Verfügung mit dem Ziel der Verurteilung zur **Zahlung von Vergütung** sind strenge Anforderungen zu stellen. Der Arbeitnehmer muss darlegen und glaubhaft machen, dass er sich ohne die Entgeltzahlung in einer **Notlage** befindet. Ob der Arbeitnehmer insoweit auf den Bezug von Arbeitslosengeld verwiesen werden kann, ist streitig, da die Leistungen der Arbeitslosenversicherung subsidiär sind gegenüber den Entgeltansprüchen.[126] Der im Wege einer einstweiligen Verfügung durchsetzbare Entgeltanspruch ist begrenzt auf die Zahlung des für den Lebensunterhalt notwendigen Geldbetrages. Der notwendige Le-

---

121 LAG Rheinland-Pfalz 21.8.1986 – 1 Ta 140/86.
122 LAG Niedersachsen 22.5.1987 – 3 Sa 557/87; LAG Frankfurt 8.9.1976 – 10 Sa-Ga 816/76.
123 LAG Köln 24.10.1995 – 13 (5) Ta 245/95.
124 BAG 15.4.2009 – 3 AZB 93/08.
125 LAG Köln 24.10.1995 – 13 (5) Ta 245/95, s Rn 101.
126 Zur Problematik: GMK/Germelmann, ArbGG, § 62 Rn 103.

bensunterhalt entspricht jedenfalls dem **Pfändungsfreibetrag**.[127] **Nach anderer Auffassung wird die Höhe des Arbeitslosengeldes als Bemessungsgrundlage herangezogen**.[128] Im fortbestehenden Arbeitsverhältnis muss der Arbeitnehmer darlegen, dass er die vertraglich geschuldeten Dienste erbracht hat, um den Anspruch aus § 611 BGB schlüssig darzustellen. Dieser Vortrag ist notwendig, weil der Arbeitnehmer nach § 614 BGB vorleistungspflichtig ist und der Entgeltanspruch erst nach Bewirkung der Arbeitsleistung fällig ist. Hat der Arbeitnehmer die Arbeitsleistung nicht erbracht, kommt unter dem Gesichtspunkt des Annahmeverzugs ein Anspruch aus § 615 BGB in Betracht. In diesem Fall hat der Arbeitnehmer die Voraussetzungen des Annahmeverzuges darzulegen. Nach Ablauf einer Kündigungsfrist kann ein Verfügungsanspruch nur dann dargestellt werden, wenn die Kündigung nicht wirksam ist (§ 7 KSchG), über die Wirksamkeit der Kündigung noch nicht befunden worden ist und der Arbeitnehmer darlegen kann, dass die Kündigung mit überwiegender Wahrscheinlichkeit unwirksam ist.[129]

d) Konkurrentenklage. Die Anspruchsgrundlage für eine Konkurrentenklage ergibt sich aus Art 33 Abs 2 GG. Danach hat jeder Deutsche nach seiner Eignung, Befähigung und fachlichen Leistung gleichen Zugang zu jedem öffentlichen Amt. Jede Bewerbung muss nach den genannten Kriterien beurteilt werden. Dieser Anspruch gilt nicht nur für Einstellungen, sondern auch für Beförderungen innerhalb des öffentlichen Dienstes. **Öffentliche Ämter** idS sind nicht nur Beamtenstellen, sondern auch solche Stellen, die von Arbeitnehmern besetzt werden können.[130]

Voraussetzung für den Anspruch ist, dass es ein öffentliches Amt gibt, das noch nicht besetzt ist. Ist eine mit dem Amt verbundene Stelle rechtlich verbindlich anderweitig vergeben, kann das Amt nicht mehr besetzt werden. Um dem vorzubeugen, gewährt die Rechtsprechung dem im Bewerbungsverfahren unterlegenen Arbeitnehmer die Möglichkeit, im Rahmen des vorläufigen Rechtsschutzes den öffentlichen Arbeitgeber auf Unterlassung in Anspruch zu nehmen, die ausgeschriebene Stelle mit einem Mitbewerber zu besetzen.[131] Ein unter Verstoß gegen die Grundsätze der Bestenauslese abgelehnter Bewerber muss grundsätzlich die Möglichkeit haben, vor Gericht die Beachtung seines Rechts effektiv durchzusetzen. Dazu gehört auch, dass ein benachteiligter Bewerber zur Abwehr einer drohenden Vergabe des Amtes an einen Konkurrenten entsprechend § 1004 Abs 1 BGB auf Unterlassung klagen kann. Der **Verfügungsgrund** rechtfertigt sich deshalb schon aus der Gefahr des Rechtsverlustes.[132] Erklärt der Arbeitgeber, von der Einstellung des ausgewählten Bewerbers zunächst abzusehen, verweigert der Personalrat die Zustimmung zur Einstellung oder zieht der ausgewählte Bewerber seine Bewerbung zurück, fehlt es am Verfügungs-

---

127 LAG Schleswig-Holstein 26.8.1958 – 1 Ta 30/58; LAG Bremen 5.7.1997 – 4 Sa 258/97.
128 LAG Baden-Württemberg 24.11.1967 – 7 Sa 114/67.
129 LAG Köln 26.6.2002 – 8 Ta 221/02.
130 BAG 28.5.2002 – 9 ARZ 751/00.
131 BVerfG 24.9.2002 – 2 BvR 857/02; BAG 28.5.2002 – 9 AZR 751/00; BAG 2.12.1997 – 9 AZR 445/96 – NZA 1998, 884.
132 LAG Hamm 1.6.2001 – 5 Sa 778/01; LAG Thüringen 13.1.1997 – 8 Sa 232/96.

grund, da der abgewiesene Bewerber nicht damit rechnen muss, dass die Stelle vor Abschluss der Konkurrentenklage anderweitig rechtsverbindlich besetzt wird. Der öffentliche Arbeitgeber muss dem abgelehnten Bewerber vor der endgültigen Besetzung der Stelle die Möglichkeit einräumen, vorläufigen Rechtsschutz in Anspruch nehmen zu können. Diese Verpflichtung ergibt sich aus § 242 BGB.[133]

▶ **Muster: Antrag auf vorläufigen Rechtsschutz**
Der Antragsgegnerin wird aufgegeben es zu unterlassen, die ausgeschriebene Stelle ... bis zur Entscheidung in der Hauptsache mit einem Mitarbeiter endgültig rechtswirksam zu besetzen. ◀

128 e) **Teilzeitanspruch.** Jeder Arbeitnehmer hat grundsätzlich gegenüber seinem Arbeitgeber einen Anspruch auf **Verringerung** seiner vertraglich vereinbarten Arbeitszeit nebst deren Verteilung auf die Wochentage (§ 8 TzBfG). Der Arbeitgeber hat dem Verringerungswunsch des Arbeitnehmers zu entsprechen, sofern dem keine **betrieblichen Gründe** entgegenstehen (§ 8 Abs 4 Satz 1 TzBfG). Verweigert der Arbeitgeber die Zustimmung, ist der Arbeitnehmer auf die gerichtliche Durchsetzung seines Teilzeitspruchs angewiesen. Die Klage selbst ist auf Abgabe einer Willenserklärung gerichtet. Die Zustimmung gilt als erteilt, sobald das entsprechende Urteil Rechtskraft erlangt hat (§ 894 ZPO).

129 Der Teilzeitanspruch ist auch einer Regelung durch eine einstweilige Verfügung zugänglich. Dem steht nicht entgegen, dass es sich bei der Zustimmung des Arbeitgebers zur Verringerung der Arbeitszeit um eine Willenserklärung handelt, so wenig wie die Auffassung, dass es hierzu zu einer Vorwegnahme der Hauptsache komme.[134] An den Verfügungsgrund sind strenge Anforderungen zu stellen.[135] Eine Reihe von Landesarbeitsgerichten[136] erachten die von einer Arbeitnehmerin nach Rückkehr aus der Elternzeit weiter notwendige Kinderbetreuung für so wichtig, dass bei der Interessenabwägung der Erlass einer einstweiligen Verfügung zur Sicherung des effektiven Rechtsschutzes geboten erscheint, zumal für die Arbeitnehmerin verfahrensmäßig auf keine andere Weise die Durchsetzung ihres Teilzeitspruchs gesichert werden kann. Daneben muss der Anspruch auf Arbeitsreduzierung offensichtlich gegeben sein und entgegenstehende betriebliche Gründe erkennbar nicht vorhanden sein.[137]

130 ▶ **Muster: Antrag auf Teilzeitanspruch**
Der Antragsgegnerin wird aufgegeben, den Arbeitnehmer bis zu einer Entscheidung in der Hauptsache nur mit einer reduzierten Arbeitszeit zu beschäftigen und zwar in der Weise, dass der tägliche Arbeitsbeginn auf ... Uhr und das tägliche Arbeitsende auf ... Uhr festlegt wird. ◀

131 f) **Unterlassung bei Wettbewerbsverbot.** Wettbewerbsverbote ergeben sich während eines bestehenden Arbeitsverhältnisses aus den §§ 60, 61 HGB,

---
133 BAG 28.5.2002 – 9 AZR 751/00.
134 Annuß/Thüsing/Mengel, TzBfG § 8 Rn 228.
135 LAG Rheinland-Pfalz 12.4.2002 – 3 Sa 161/02; LAG Köln 23.12.2005 – 9 Ta 937/05.
136 LAG Berlin 20.2.2002 – 4 Sa 2243/01; LAG Köln 5.3.2002; LAG Rheinland-Pfalz 12.4.2002 – 3 Sa 161/02; LAG Hamm 6.5.2002 – 8 Sa 641/02.
137 ArbG Bonn 10.4.2002 – 4 Ga 23/02.

nach Beendigung des Arbeitsverhältnisses aus einem möglicherweise vereinbarten nachvertraglichen Wettbewerbsverbot (§§ 74 ff HGB). Vertragliche und nachvertragliche Wettbewerbsverbote begründen Unterlassungsansprüche des Arbeitgebers, die eigenständig eingeklagt und vollstreckt sowie mit einer Unterlassungsverfügung gesichert werden können. Wenn dem Arbeitgeber ein Unterlassungs- und somit Verfügungsanspruch zusteht, ist das Vorliegen des Verfügungsgrundes indiziert. Aus dem Verstoß gegen das Wettbewerbsverbot folgt die Wiederholungsgefahr.[138] Dies rechtfertigt sich daraus, dass das Hauptsacheverfahren regelmäßig wegen seiner Zeitdauer nicht geeignet ist, dem Arbeitgeber effektiven Rechtsschutz zu gewähren.[139]

g) **Urlaub.** Eine einstweilige Verfügung auf Verurteilung des Arbeitgebers zur Urlaubsgewährung setzt voraus, dass ihr Erlass zur Abwendung wesentlicher Nachteile notwendig ist.[140] Voraussetzung für den Anspruch auf Freistellung von der Arbeit im Wege der einstweiligen Verfügung ist, dass dem Arbeitnehmer keine andere Möglichkeit offen steht, die Festlegung des Urlaubszeitraums zu erlangen. Häufig wird übersehen, dass in Betrieben mit einem Betriebsrat dieser die zeitliche Lage des Urlaubs für den einzelnen Arbeitnehmer festlegt, wenn zwischen dem Arbeitgeber und dem beteiligten Arbeitnehmer kein Einverständnis erzielt wird (§ 87 Abs 1 Nr 5 BetrVG). Existiert im Betrieb ein Betriebsrat, kommt ein einstweiliges Verfügungsverfahren nur noch dann in Betracht, wenn der Betriebsrat dieses Mitbestimmungsrecht nicht wahrnimmt. Ausgeschlossen ist das Verfügungsverfahren auch, wenn die Möglichkeit besteht, dass die Entscheidung im Urteilsverfahren noch rechtzeitig ergeht. Ein einstweiliges Verfügungsverfahren kommt zudem nicht in Betracht, wenn lediglich wegen Ablaufs des Urlaubsjahres die Urlaubsgewährung im Eilverfahren durchgesetzt werden soll. Das Verhalten des Arbeitnehmers darf nicht ursächlich für die Eilbedürftigkeit sein, so zB wenn erst kurz vor Ablauf des Urlaubsjahres der Urlaub beantragt oder die Anrufung des Arbeitsgerichts grundlos hinausgezögert wird.

Im Übrigen bleibt dem Arbeitnehmer der Urlaubsanspruch erhalten und zwar in der Form des Schadenersatzanspruchs, wenn der Arbeitgeber bei rechtzeitiger Geltendmachung den Urlaub verweigert und es deshalb zum Untergang des Urlaubsanspruchs wegen Ablaufs des Urlaubsjahrs bzw des Übertragungszeitraums kommt. Der Schadenersatzanspruch tritt an die Stelle des Urlaubsanspruchs mit der Folge, dass der Freizeitanspruch erhalten bleibt.[141] Der Arbeitgeber hat im Wege der Naturalrestitution (§ 249 Abs 1 BGB) den Zustand herzustellen, der bestehen würde, wenn der zum Ersatz verpflichtende Umstand nicht eingetreten wäre. Er hat dem Arbeitnehmer im Wege des Schadenersatzes Freizeit zu gewähren.

---

138 LAG Niedersachsen 8.12.2005 – 7 Sa 1871/05.
139 LAG Nürnberg 31.7.2001 – 6 Ga 408/04; LAG Köln 14.11.1989 – 11 Sa 930/89.
140 LAG Köln 9.2.1991 – 8 Sa 94/91.
141 BAG 6.8.2013 – 9 AZR 956/11; BAG 14.5.2013 – 9 AZR 760/11; BAG 26.6.1986 – 8 AZR 75/83.

134 **h) Zeugnisberichtigung.** In Ausnahmefällen kann auch ein Zeugnisberichtigungsanspruch im Wege der einstweiligen Verfügung durchgesetzt werden. Dazu bedarf es neben der Glaubhaftmachung, dass ein Obsiegen im Verfahren zur Hauptsache überwiegend wahrscheinlich ist (Verfügungsanspruch), auch der Darlegung und Glaubhaftmachung, dass das erteilte Zeugnis schon nach der äußeren Form und seinem Inhalt als Grundlage für eine Bewerbung ungeeignet ist (Verfügungsgrund). Grundlage des Zeugnisanspruchs ist § 109 GewO, weil die arbeitsrechtlichen Normen der GewO gem § 6 Abs 2 GewO seit dem 1.1.2003 auf alle Arbeitnehmer Anwendung finden.[142]

5. Arrestverfahren

135 Das Arrestverfahren spielt in der arbeitsgerichtlichen Praxis keine nennenswerte Rolle. Der Arrest bezieht sich auf eine Geldforderung oder einen Anspruch, der in eine Geldforderung übergehen kann (§ 916 Abs 1 ZPO). Der Arrest setzt einen Arrestgrund voraus. Dieser muss vom Gläubiger dargelegt und glaubhaft gemacht werden. Ein solcher liegt dann vor, wenn der Schuldner vorsätzlich das Vermögen des Gläubigers schädigt,[143] wenn er die Absicht hat, Vermögensteile einem Dritten zuzuwenden[144] oder beiseite zu schaffen. Die schlechte Vermögenslage oder die drohende Konkurrenz anderer Gläubiger rechtfertigen noch keinen Arrestgrund.[145]

136 Beim Vergütungsanspruch des Arbeitnehmers ist danach zu differenzieren, ob der Arbeitnehmer seinen Entgeltanspruch sichern möchte, bspw weil Tatsachen vorgetragen werden können, die die Absicht des Arbeitgebers rechtfertigen, sein verbleibendes Vermögen einem Dritten zuzuwenden oder ins Ausland zu verschieben oder ob der Arbeitnehmer die Vergütung für sich beanspruchen möchte. Im ersten Fall ist das Arrestverfahren die richtige Verfahrensart, weil es hier um die Sicherung des Nettoentgeltanspruches des Arbeitnehmers geht. Im anderen Fall kann eine Leistungsverfügung in Betracht kommen.

---

142 LAG Köln 5.5.2003 – 12 Ta 133/03.
143 LAG Hessen 12.1.1965 – 5 Ta 1/65.
144 OLG München 15.6.1983 – 25 W 156/83.
145 LAG Hamm 31.3.1977 – 8 Ta 48/77.

Literaturverzeichnis

Ascheid, Kündigungsschutzrecht, 1993 (zit: Ascheid)
Ascheid/Preis/Schmidt (Hrsg), Kündigungsrecht. Großkommentar zum gesamten Recht der Beendigung von Arbeitsverhältnissen, 4. Aufl 2012 (zit: APS/Bearbeiter)
Bachner/Köstler/Matthießen/Trittin, Arbeitsrecht bei Unternehmensumwandlung und Betriebsübergang, 4. Aufl 2012 (zit: Bachner/Köstler/Matthießen/Trittin-Bearbeiter)
Bader/Bram/Dörner/Kriebel/Nungeßer/Suckow, Kündigungs- und Bestandsschutz im Arbeitsverhältnis (Loseblatt), Stand Dez 2013 (zit: BB-KNS/Bearbeiter)
Baumbach/Lauterbach/Albers/Hartmann, Zivilprozessordnung, Kommentar, 72. Aufl 2014 (zit: Baumbach/Lauterbach/Albers/Hartmann-Bearbeiter)
Beckerle, Die Abmahnung, 11. Aufl 2012 (zit: Beckerle)
Berkowsky, Die betriebsbedingte Kündigung, 6. Aufl 2008
ders., Die personen- und verhaltensbedingte Kündigung, 4. Aufl 2005
Bösche, Die Rechte des Betriebsrats bei Kündigungen, 1979 (zit: Bösche)
Bröhl, Die außerordentliche Kündigung mit notwendiger Auslauffrist, Diss. iur. 2005
Buchner/Becker, Mutterschutzgesetz und Bundeselterngeld- und Elternzeitgesetz, Kommentar, 8. Aufl 2008 (zit: Buchner/Becker)
Bütefisch, Die Sozialauswahl, Diss. iur. 1999
Dau/Düwell/Joussen (Hrsg), Sozialgesetzbuch IX Rehabilitation und Teilhabe behinderter Menschen, Lehr- und Praxiskommentar, 4. Aufl 2014 (zit Bearbeiter in LPK-SGB IX)
Däubler/Hjort/Schubert/Wolmerath (Hrsg), Handkommentar Arbeitsrecht, 3. Aufl 2013
Däubler/Kittner/Klebe/Wedde (Hrsg), Betriebsverfassungsgesetz, Kommentar, 13. Aufl 2012 (zit: DKKW/Bearbeiter)
Dörner/Luczak/Wildschütz, Handbuch Arbeitsrecht, 11. Aufl 2014 (zit: DLW/Bearbeiter)
Dorndorf/Weller/Hauck/Kriebel/Höland/Neef, Heidelberger Kommentar zum Kündigungsschutzgesetz, 4. Aufl 2001 (zit: HK-KSchG/Bearbeiter)
Düwell (Hrsg), Betriebsverfassungsgesetz Handkommentar, 4. Aufl 2014 (zit: HaKo-BetrVG/Bearbeiter)
Etzel/Bader/Fischermeier/Friedrich/Gallner/Griebeling/Kraft/Link/Lipke/Rost/Spilger/Treber/Vogt/Weigand, Gemeinschaftskommentar zum Kündigungsschutzgesetz und zu sonstigen kündigungsschutzrechtlichen Vorschriften, 10. Aufl 2013 (zit: KR/Bearbeiter)
Erfurter Kommentar zum Arbeitsrecht, 14. Aufl 2014 (zit: ErfK/Bearbeiter)
Fitting/Engels/Schmidt/Trebinger/Linsenmaier, Betriebsverfassungsgesetz, Kommentar, 27. Aufl 2014 (zit: Fitting)
Fromm, Die arbeitnehmerbedingten Kündigungsgründe, 1995 (zit: Fromm)
Germelmann/Matthes/Müller-Glöge/Prütting/Schlewing, Arbeitsgerichtsgesetz, 8. Aufl 2013 (zit: GMP/Bearbeiter)
Gotthardt, Arbeitsrecht nach der Schuldrechtsreform, 2. Aufl 2003

Literaturverzeichnis

Gröninger/Thomas, Mutterschutzgesetz, Loseblattkommentar (zit: Gröninger/Thomas)
Hauck/Noftz (Hrsg), SGB IX Rehabilitation und Teilhabe behinderter Menschen, Loseblattkommentar, Stand 2013 (zit: Hauck/Noftz/Bearbeiter)
Henssler/Willemsen/Kalb (Hrsg), Arbeitsrecht Kommentar 6. Aufl 2014 (zit: HWK/Bearbeiter)
Hess/Worzalla/Glock/Nicolai/Rose/Huke, Kommentar zum Betriebsverfassungsgesetz, 9. Aufl 2014 (zit: HWGNRH/Bearbeiter)
Hromadka/Sieg, Sprecherausschussgesetz, 2. Aufl 2010 (zit: Hromadka/Sieg)
Kallmeyer (Hrsg), Umwandlungsgesetz, Kommentar, 5. Aufl 2013 (zit: Kallmeyer/Bearbeiter)
Kittner/Däubler/Zwanziger (Hrsg), Kündigungsschutzrecht, 9. Aufl 2014 (zit: Kittner/Däubler/Zwanziger/Bearbeiter)
Kittner/Zwanziger/Deinert (Hrsg), Arbeitsrecht, 7. Aufl 2013 (zit: KDZ/Bearbeiter)
Knorr/Bichlmeier/Kremhelmer, Handbuch des Kündigungsrechts, 4. Aufl 1998
Kölner Praxiskommentar, KSchG, 4. Aufl 2012 (zit: KPK/Bearbeiter)
Wiese/Kreutz/Oetker/Raab/Weber/Franzen, Gemeinschaftskommentar zum Betriebsverfassungsgesetz, 10. Aufl 2014 (zit: GK-BetrVG/Bearbeiter)
Lepke, Kündigung bei Krankheit, 14. Aufl 2012
Leymann, Mobbing, 1993 (zit: Leymann)
Linck, Die soziale Auswahl bei betriebsbedingter Kündigung, Diss. iur. 1989
Löwisch/Spinner/Wertheimer, Kommentar zum Kündigungsschutzgesetz 10. Aufl 2013 (zit: LSW/Bearbeiter)
Löwisch, Sprecherausschussgesetz, Kommentar, 2. Aufl 1994 (zit: Löwisch SprAuG)
Lutter (Hrsg), Umwandlungsgesetz, Kommentar, 4. Aufl 2009 (zit: Lutter/Bearbeiter)
Müller-Glöge/Preis/Schmidt (Hrsg), Erfurter Kommentar zum Arbeitsrecht, 14. Aufl 2014 (zit: ErfK/Bearbeiter)
Neumann/Pahlen/Majerski-Pahlen, SGB IX, Kommentar, 12. Aufl 2010 (zit: Neumann/Pahlen/Majerski-Pahlen/Bearbeiter)
Palandt, Bürgerliches Gesetzbuch, Kommentar, 73. Aufl 2014 (zit: Palandt/Bearbeiter)
Preis, Prinzipien des Kündigungsrechts bei Arbeitsverhältnissen, 1987
Rancke (Hrsg), Mutterschutz/Betreuungsgeld/Elterngeld/Elternzeit, Handkommentar, 3. Aufl 2014 (zit: Hk-MuSchG/BEEG/Bearbeiter)
Richardi (Hrsg), Betriebsverfassungsgesetz, Kommentar, 14. Aufl 2014 (zit: Richardi/Bearbeiter)
Richardi/Wlotzke/Wißmann/Oetker (Hrsg), Münchener Handbuch zum Arbeitsrecht, 3. Aufl 2009 (zit: MüArbR/Bearbeiter)
Schaub/Neef/Schrader, Arbeitsrechtliche Formularsammlung, 8. Aufl 2006
Schaub, Arbeitsrechts-Handbuch, 15. Aufl 2013 (zit: Schaub)
Schiefer/Worzalla, Das Arbeitsrechtliche Beschäftigungsförderungsgesetz und seine Auswirkungen für die betriebliche Praxis, 1996

Schulze (Schriftleitung), Handkommentar BGB, 7. Aufl 2012 (zit: Hk-BGB)
Schumann/Kramer, Die Berufung in Zivilsachen, 7. Aufl 2007
Schüren, Arbeitnehmerüberlassungsgesetz, 4. Aufl 2010
Sowka (Hrsg), Kölner Praxiskommentar zum Kündigungsschutzgesetz, 3. Aufl 2004 (zit: KPK/Bearbeiter)
Stahlhacke/Preis/Vossen, Kündigung und Kündigungsschutz im Arbeitsverhältnis, 10. Aufl 2010 (zit: Stahlhacke/Bearbeiter oder SPV/Bearbeiter)
Staudinger, Kommentar zum Bürgerlichen Gesetzbuch mit Einführungsgesetz und Nebengesetzen, 13. Bearbeitung 2002 (zit: Staudinger/Bearbeiter)
Stege/Weinspach/Schiefer, Betriebsverfassungsgesetz, Kommentar, 9. Aufl 2002 (zit: Stege/Weinspach/Schiefer)
Stein/Jonas, Kommentar zur Zivilprozessordnung, 22. Aufl 2013
Thomas/Putzo, Zivilprozessordnung, 34. Aufl 2013
Von Hoyningen-Huene/Linck, Kündigungsschutzgesetz, Kommentar, 15. Aufl 2013 (zit: vHH/L/Bearbeiter)
Weiss/Gagel, Handbuch des Arbeits- und Sozialrechts (Loseblatt, zit: HAS/Bearbeiter), Stand Oktober 2003
Wendler/Hoffmann, Technik und Taktik der Befragung in Gerichtsverfahren, 2009
Westermann (Hrsg), Erman, Bürgerliches Gesetzbuch, Kommentar, 13. Aufl 2011 (zit: Erman/Bearbeiter)
Weyand/Düwell, Das neue Arbeitsrecht, 1. Aufl 2005
Wimmer (Hrsg), Frankfurter Kommentar zur Insolvenzordnung, 7. Aufl 2013 (zit: FK-InsO/Bearbeiter)
Zöller, Zivilprozessordnung, 30. Aufl 2014 (zit: Zöller/Bearbeiter)

Stichwortverzeichnis

Fette Zahlen bezeichnen die Paragraphen, magere die Randnummern.

- (AOG) Gesetz zur Ordnung der nationalen Arbeit **3** 2
- **Abfindung**
- – Abfindungsantrag statt Kündigungsschutzklage **4** 20, **9** 14 f
- – Abfindungsvereinbarung **1** 4
- – Abfindungsvergleich **1** 4
- – Abtretbarkeit **10** 34
- – Änderungskündigung **2** 65
- – Angemessenheit **9** 5, **10** 3
- – Ansprüche auf Abfindung ohne Auflösungsurteil **9** 6 ff
- – Anspruch ohne Auflösungsurteil **1** 625
- – Antragsberechtigung Auflösungsantrag **9** 27 ff
- – Anwendungsbereich § 10 KSchG **10** 1 ff
- – Arbeitslosengeld **10** 50
- – Arbeitsunterbrechungen **10** 7
- – Aufhebungsvertrag **1** 13, 15, 625
- – Auflösungsschaden **10** 4
- – Aufrechnung **10** 34
- – Aufwendungen **10** 9
- – Ausschlussfristen **10** 31
- – außergerichtliche Vereinbarung **10** 29
- – Beendigung des Dienstverhältnisses **10** 45 ff
- – Befristung **10** 47
- – Begriff d. beitragspflichtigen Arbeitsentgelts **10** 54 ff
- – Bemessung bei unwirksamer außerordentlicher K. **10** 25, **13** 25
- – Bemessungskriterien **10** 19 ff
- – Berechnung der Steuerermäßigung **10** 51
- – Bezifferung des Auflösungsantrags **10** 27
- – Brutto-/Netto-Vereinbarung **10** 53
- – Bruttobetrag **10** 53
- – Dauer der Unternehmenszugehörigkeit **10** 14 ff
- – Dienstwagen **10** 10
- – einzelvertragliche Vereinbarung **10** 2
- – entgangenes Arbeitsentgelt **10** 25 f
- – Entgeltcharakter **9** 5, **10** 4 f
- – Entschädigung, tatbestandliche Voraussetzungen **10** 44 ff
- – Entschädigung für Arbeitsplatzverlust **10** 42 ff
- – Entschädigungsfunktion **9** 5, **10** 4
- – Entschädigungszusatzleistungen **10** 49
- – Entstehung des Abfindungsanspruchs **10** 28
- – Ermessensspielraum des Gerichts **10** 22 ff
- – Ermittlung des Monatsverdienstes **10** 8
- – Fälligkeit **10** 28
- – „Faustformel" **10** 23 f
- – Festsetzung der Höhe durch Tatsachengericht **10** 22 ff
- – Fünftelregelung **10** 51
- – gerichtlicher Vergleich **10** 29, 80
- – Gratifikationen **10** 9
- – Haftungsschuldner **10** 52 f
- – Höchstgrenze **10** 3, **11** ff
- – Höhe **10** 6 ff
- – Insolvenz des Arbeitgebers **10** 35
- – Kapitalisierung von Vergütungsbestandteilen **10** 5, 48, 56
- – Karenzentschädigung **10** 36
- – kollektivrechtliche Grundlage **1** 625, **9** 7 ff
- – Lebensalter des AN **10** 14 ff
- – Leistungen mit Entgeltcharakter **10** 8
- – leitender Angestellter, Bemessung der Abfindung **10** 22

- Lohnsteuerabzug 10 52
- Mehrheit von Arbeitgebern, einheitliches Arbeitsverhältnis mit 10 6
- Mitwirkung des AN bei Auflösung 10 46 f
- Monatsverdienst als Bemessungsgrundlage 10 6 ff
- Musteranträge zur gerichtlichen Auflösung des Arbeitsverh. 9 16
- Muster Auflösungsantrag 10 27
- Nachteilsausgleich 9 10, 10 1
- Pfändbarkeit, Pfändungsschutz 10 33 f
- Präventivfunktion 9 5
- Rechtsnatur des § 10 KSchG 10 3
- Regelabfindung 10 22
- regelmäßige Arbeitszeit 10 7
- revisionsrechtliche Überprüfung 10 24
- Risiko der Besteuerung 10 52
- Rücknahme der K. 9 19
- Ruhen des Arbeitslosengeldanspruchs bei Entlassungsentschädigungen 10 57 ff
- Ruhenszeitraum – Berechnungsbeispiele 10 64 f
- Sachbezüge 10 10
- Sanktionsfunktion 9 5
- Schadenersatzansprüche wegen Verlust des Arbeitsplatzes 10 36 f
- sittenwidrige K. 13 59
- Sonderzahlungen 10 8
- Sozialplan 9 7 f, 10 2
- Sozialversicherungsrecht 10 54 ff
- Sozialwidrigkeit der K. 9 25 f
- Sperrzeit für den Bezug von Arbeitslosengeld 10 66 ff, 69
- Steuerermäßigung nach §§ 24, 34 EStG 10 42 ff
- Steuerfreiheit nach § 3 Ziff 9 EStG 10 39 ff
- steuerliche Freibeträge 10 38 ff
- Steuerrecht 10 38 ff
- Steuerschuldner 10 52 f
- Steuer- und Sozialversicherungspflicht 10 36, 48, 56
- Tarifvertrag 9 11, 10 2
- Teilzahlungen 10 49 f
- Tod des AN, Klagerecht der Erben 9 42 f
- Überstunden 10 7
- Umdeutung, außerordentliche in ordentliche Kündigung 13 45
- Veranlagungszeitraum 10 49 f
- Vererblichkeit des Anspruchs 10 32
- Verfallfristen 10 31
- Vergleich 1 4, 10 2, 5
- Vergütungsansprüche 10 36
- Verjährung 10 30
- Verzinsung 10 28 f
- Vorbeschäftigungszeiten 10 16 ff
- Zulagen 10 8
- Zusammenballung von Einkünften 10 42, 49 ff

Abfindungsanspruch, gesetzlicher bei betriebsbedingter Kündigung
- Abfindungsoption 1a 1
- abweichende Vereinbarungen 1a 12 ff
- Anfechtung 1a 13
- Aufrundungsregel 1a 11
- außerordentliche Kündigung 1a 4
- Berechnungsformel 1a 9
- betriebsbedingte Kündigung 1a 2
- Dauer des Arbeitsverhältnisses 1a 11
- Entstehung 1a 8
- Fälligkeit 1a 8, 16
- Hinweis des Arbeitgebers 1a 5
- Höhe 1a 9 ff
- Insolvenzverfahren 1a 16
- Klagerücknahme 1a 7
- Monatsverdienst 1a 10
- nachträgliche Klagezulassung 1a 14
- ordentliche Kündigung 1a 3
- Rückabwicklung 1a 14

Stichwortverzeichnis

- Ruhen des Anspruchs auf Arbeitslosengeld 1a 18
- Schriftform 1a 6
- Sperrzeit 1a 18
- unkündbare Arbeitnehmer 1a 4
- Verstreichenlassen der Klagefrist 1a 7
- Voraussetzungen 1a 2 ff
- Wegfall des Abfindungsanspruchs 1a 13 ff
- Zweck 1a 1

Abgestufte Darlegungs- und Beweislast 13 98 f

Abhängigkeit
- Arbeitnehmerbegriff 1 24 ff
- persönliche 1 24 ff
- wirtschaftliche 1 28

Abkehrwille 1 348 ff, 760

Abmahnung
- Abgrenzung zw. personen- und verhaltensbedingter K. 1 201, 255, 466 f
- Abmahnungsberechtigung 1 279
- Alkoholabhängigkeit 1 500 ff
- Alkoholmissbrauch 1 357
- Androhung einer Abmahnung 1 300
- Anhörung des AN 1 285 ff
- Ankündigungs- und Warnfunktion 1 243 ff
- antizipierte 1 259, 272; BGB 626 25
- Anzahl 1 266 f
- Aufbewahrungsdauer 1 278, 304
- außerhalb des Geltungsbereichs des KSchG 1 254
- außerordentliche K. 1 342; BGB 626 87, 162
- außerordentliche K. des AN BGB 626 101
- Begriff 1 240
- Beseitigungsanspruch 1 296 ff
- Beteiligungsrechte des Betriebs- oder Personalrats 1 288 ff
- betriebsbedingte K. 1 254
- Bienenstich-Fall 1 430 ff
- Darlegungs- und Beweislast 1 313, 337
- Diebstahl geringwertiger Sachen 1 428 ff
- Einigungsstelle 1 289, 292
- Entbehrlichkeit 1 254 ff, 257 f, 466 f, 500, 538 ff, 635, 652
- Entfernung aus der Personalakte 1 300 ff
- Entgeltpfändungen 1 419, 537, 650 ff
- Erforderlichkeit 1 251 ff
- Ermahnung 1 240, 260
- Feststellungsklage 1 312
- Form 1 270
- Funktionen 1 243 ff
- Gegendarstellung 1 296
- gegenüber Betriebs- und Personalratsmitgliedern 1 294 ff
- Gleichartigkeit der Vertragspflichtverletzungen 1 262 ff
- Gründe in der Person 1 255, 284
- Inhalt 1 240, 269
- Kenntnis des AN 1 271
- Kündigungsverzicht 1 260
- Leistungsbereich 1 251 ff
- Leistungsmängel 1 387 ff, 538 f
- milderes Mittel 1 248, 315
- mündliche 1 270, 299, 311
- Nachschieben von Abmahnungsgründen 1 269
- Nebenpflichten 1 500
- Notwendigkeit 1 251 ff, 466 f, 500, 538 ff, 635, 652
- personenbedingte K. 1 255, 284, 466 f
- Prognosegrundlage 1 206, 237, 248
- Rechtsgrundlage 1 241
- Rügefunktion 1 247
- Sammelabmahnung 1 305
- schwere Vertragspflichtverletzungen 1 238, 258
- steuerbares Verhalten 1 252 f
- Teilunwirksamkeit 1 246, 305

1951

- Verdachtskündigung 1 256, 635
- verhaltensbedingte K. 1 206, 237 f, 240 ff, 466 f
- Verhältnismäßigkeit der Abmahnung 1 280 f
- Verschulden des AN 1 282 ff
- Vertrauensbereich 1 251 ff, 635
- Verwirkung des Abmahnungsrechts 1 275
- Verzicht auf Kündigungsrecht BGB 626 19 f
- Voraussetzungen 1 268 ff
- vorweggenommene 1 259, 272
- Warnfunktion 1 244 ff; BGB 626 88
- weitere Vertragspflichtverletzung 1 261
- Widerrufsklage 1 309 ff
- Wirkungsdauer 1 276 ff
- Zeitpunkt der Abmahnung 1 272 ff
- Zugang der Abmahnung 1 271

ABM-Maßnahme
- außerordentliche K. BGB 626 15

Abordnung zu anderen Konzernunternehmen 1 696 ff

Abrufarbeit 1 54

Absolute Kündigungsgründe 1 221

Absolute Sozialwidrigkeitsgründe 1 180, 661, 691, 703 ff, 928
- Änderungskündigung 2 55
- Darlegungs- und Beweislast 1 321, 338, 618, 624, 646, 715, 940
- Rechtsfolgen des Widerspruchs 1 933
- Verstoß gegen Auswahlrichtlinie 1 935
- Widerspruch des Betriebsrats 1 931 f
- Widerspruchstatbestände 1 934 ff

Abspaltung 1 814

Abtretung und Pfändung
- Abfindungsanspruch 10 28 f
- Entgeltpfändungen 1 417 ff, 537, 650 ff
- nachträgliche Zulassung der Kündigungsschutzklage Einl 37
- Prozessführungsbefugnis/Aktivlegitimation von Pfändungsgläubigern u. Zessionaren für Kündigungsschutzklage 4 92 ff

Abwicklungsarbeiten 1 721, 792, 15 112

„Adelener"-Entscheidung TzBfG 14 9

AIDS/HIV-Infektion 1 495 ff
- Ansteckungsgefahr 1 497
- betriebsbedingte K. 1 498 f
- Druckkündigung 1 498 f
- krankheitsbedingte K. 1 499
- personenbedingte K. 1 497
- sittenwidrige K. 13 56

Alkohol- oder Drogenabhängigkeit 1 354 ff, 500 ff
- Abmahnung 1 357, 500
- Art des Kündigungsgrundes 1 354, 500 ff
- Beeinträchtigung der arbeitsvertraglichen Pflichten 1 331, 357 f, 500
- Darlegungs- und Beweislast 1 501
- Entziehungskur 1 356, 502 ff
- Nebenpflichttheorie 1 500
- Rückfall 1 356, 502
- Therapiebereitschaft 1 502 f
- Verschulden 1 354 f, 500 ff

Allgemeine Feststellungsklage
- allg. Feststellungsantrag vor ArbG 4 54
- Einschränkung des Anwendungsbereichs seit Inkrafttreten des Arbeitsmarktreformgesetzes 4 1, 3, 4, 44 ff, 56 ff
- Grundsätze 4 44 ff
- Konsequenzen für die Berufungsinstanz 4 54

- Konstellationen außerhalb des Geltungsbereichs des KSchG 4 9 f, 6 12 f, 13 57, 84
- sittenwidrige K. 13 57
- sonstige Unwirksamkeitsgründe 4 9 f, 6 12 f, 13 84
- Verbindung von Kündigungsschutzklage und allg. Feststellungsantrag 4 56 ff, 6 29
- verlängerte Anrufungsfrist 4 51 ff, 6 1 ff

Allgemeiner Kündigungsschutz
- betrieblicher Geltungsbereich 23 8 ff
- Darlegungs- und Beweislast 1 164 ff, 23 40 ff
- gegenständlicher Geltungsbereich, ordentliche K. des AG 1 97 ff
- persönlicher Geltungsbereich, Arbeitnehmereigenschaft 1 24 ff
- räumlicher Geltungsbereich 1 96
- zeitlicher Geltungsbereich, Wartezeit 1 56 ff

Allgemeines Gleichbehandlungsgesetz (AGG) 1 142 ff, 506, 854; BGB **626** 65
- Anwendbarkeit innerhalb der Wartezeit und im Kleinbetrieb 13 77 f
- Bereichsausnahme zum KSchG 1 146, 13 75 ff

Allgemeines Persönlichkeitsrecht
- Beweisverwertungsverbote BGB **626** 176 ff

Alliierte Streitkräfte
- Auflösungsantrag 9 83
- gesetzliche Prozessstandschaft 4 37
- Mitglieder der Betriebsvertretungen 15 38
- Parteiwechsel oder „Rubrumsberichtigung" 4 38

Alter 1 506 ff
- altersbedingter Leistungsabfall 1 506
- auflösende Bedingung 1 508
- Befristung 1 508
- Kündigungsgrund 1 506
- soziale Auswahl 1 507, 896 ff
- Sozialindikator 1 870, 877

Altersgrenze 1 508, 10 11 f, 15 58

Altersrente 1 506

Altersstruktur
- betriebsbedingte K. 1 507, 896 ff
- personenbedingte K. 1 506

Änderungen und Erstfassung des KSchG 1 722, 812
- Arbeitsrechtliches Beschäftigungsförderungsgesetz 1 722 ff, 814 ff, 859 ff
- Gesetz zu Reformen am Arbeitsmarkt 1 812, 859 ff, 4 1, 3, 4, 44 ff, 56 ff, 5 1, 2, 6 2, 7 1
- Korrekturgesetz 1 677 ff, 774 f, 827 ff, 845 ff, 856, 874 ff
- KSchG 1951 5 6
- Synopsen zur sozialen Auswahl 1 812

Änderungsangebot 1 572, 600, 703 ff, 2 8 ff
- Ablehnung 1 707 f, 2 30, 4 67
- Annahme ohne Vorbehalt 1 707, 2 29
- Annahme unter Vorbehalt 1 707 f, 2 31 ff, 4 66, 173 ff
- Darlegungs- und Beweislast 1 715
- Direktionsrecht 1 480 f, 491, 511, 523, 542, 554, 572, 589 f, 593 f, 707, 769, 821, 830, 839 f, 844, 885, 2 14 ff, 4 7
- Klageerhebung bei Annahme unter Vorbehalt 4 175, 7 12
- Schriftform BGB **623** 22
- Überlegungsfrist 1 716

Änderungskündigung
- Abfindung 10 45
- Adressat des Vorbehalts 2 30
- Änderungsangebot 2 8 ff

- Änderungsangebot und Kündigungserklärung (Zusammenhang) 2 10
- Änderungsvertrag 1 836, 2 12
- Anhörung nach § 102 BetrVG 2 69; BetrVG 102 41 ff, 89, 99, 114
- auflösend bedingte K. 2 10
- aufschiebend bedingte K. 2 10, 4 67
- außerordentliche Änderungskündigung 2 75 ff, 4 5, 6 5, 13 10, 15 166 f; BGB 626 35 ff, 116, 152
- Bedeutung des Vorbehalts 2 31
- Befristung einzelner Arbeitsbedingungen 2 26
- Begriff Einl 95 f, 2 5 ff, 4 67
- Beschäftigung während des Verfahrens 2 63 f
- Bestimmtheit des Änderungsangebots 2 8
- Beteiligung des Betriebsrats 2 69 ff
- Betriebsvereinbarung 2 27
- Böswilliges Unterlassen von Zwischenverdienst 11 36
- dringende betriebliche Gründe 2 43 ff
- Einführung von Kurzarbeit 2 45
- Einzelfälle 2 45 ff
- Empfangszuständigkeit für Vorbehalt 2 30
- Entgeltreduzierung 1 675, 810, 2 46
- Form des Vorbehalts 2 29 f
- Fortsetzungsangebot 2 8 f, 4 66 f, 7 12
- Fristberechnung 2 35
- Frist für Annahmeerklärung 2 29
- Grundsätze 2 1 ff
- Klagefrist 2 58 f, 4 5 ff, 6 26
- Konkretisierung 2 17
- Korrektur unzutreffender Eingruppierung 2 47
- Kostensenkung 2 46

- Kündigung als Element der Änderungsksk. 2 7
- Kündigungseinspruch 3 5 f
- Massenänderungskündigungen 15 62 ff, 166
- Mitbestimmung nach § 87 BetrVG 2 71
- Nichteinhaltung der Kündigungsfrist 2 57
- ordentliche 2 7 ff, 4 5 ff, 65 ff, 173 ff, 6 26, 7 12
- personenbedingte Gründe 2 53
- Potestativbedingung Einl 20, 2 10, 4 67
- Prüfungsmaßstab bei außerordentlicher Änderungsksk. 2 78 ff, 15 166
- Prüfungsmaßstab bei ordentlicher Änderungsksk. 2 38 ff, 4 66 ff, 173
- Reaktionsmöglichkeiten des AN 1 477, 707 f, 2 28 ff
- Reaktionsmöglichkeiten des AN bei außerordentlicher K. BGB 626 37
- Rechtsfolge bei Unbestimmtheit des Änderungsangebots 2 8
- Rechtsfolge bei vorbehaltlicher Annahme 2 36 f
- Rechtsnatur des Vorbehalts 2 32
- Rücknahme der Änderungskündigung 2 64, 4 79 ff
- Rücknahme des Vorbehalts 2 36
- rückwirkend auflösende Bedingung 2 32, 8 1
- Schriftform BGB 623 22
- Sonderkündigungsschutz 2 74, 15 55, 62 ff, 166 f
- Sozialauswahl 1 837, 2 49
- soziale Rechtfertigung 2 38 ff
- Sozialwidrigkeit 2 38 ff
- Teilkündigung Einl 99 ff, 2 25, 4 7
- Teilzeit/Vollzeitbeschäftigung 1 836 ff, 2 45
- Umgehung der Änderungskündigung 2 22, 26

- Umgruppierung
  BetrVG 102 44 f, 114
- unbedingte 2 10, 4 67
- unbefristete Weiterbeschäftigung 2 9
- Unwirksamkeit der Änderungsk.
  aus sonstigen Gründen 2 72 ff
- Vergleichbarkeit 1 837, 2 51 f
- verhaltensbedingte Gründe
  2 54
- Verhältnis Beendigungskündigung u. Änderungskündigung
  2 8, 38
- Verhältnismäßigkeitsprinzip
  2 15, 41
- Versetzung 1 477, 480, 482, 497, 527, 539, 601, 618, 697 f, 707, 730, 830, 833, 2 48;
  BetrVG 102 43
- verspätete Annahme des Änderungsangebots 2 29
- vorbehaltene Leistungsbestimmungsrechte 2 20 f
- vorbehaltlose Ablehnung des Änderungsangebots 1 707 f, 2 30, 4 67
- vorbehaltlose Annahme des Änderungsangebots 1 707 f, 2 29
- vorbehaltlose Weiterarbeit
  2 29
- Vorbehaltserklärungsfrist 2 35
- Vorbehalt und Klageerhebung
  2 35, 4 66, 175, 7 12
- Vorrang vor der Beendigungskündigung 1 177, 477 ff, 703 ff, 2 2, 41
- vor verhaltensbedingter K.
  1 320
- Wechsel von einer Beendigungs- zu einer Änderungskündigung
  BetrVG 102 89
- Weiterbeschäftigungsanspruch nach § 102 Abs 5 BetrVG
  BetrVG 102 191
- Widerspruch des Betriebsrats
  2 55
- Wirksamwerden 2 35, 58, 66, 4 175, 7 12
- zur Durchsetzung einzelvertraglicher Kostenerstattung bei Lohnpfändung 1 419
- Zustimmung nach § 99 BetrVG
  2 70
- Zweck der Änderungskündigung 2 1
- zweiaktiges Rechtsgeschäft 2 5
- zweistufige Prüfung 2 39 f

Änderungsschutzklage
- Abfindung 2 65
- Auflösung des Arbeitsverhältnisses 2 65, 9 81
- Auflösungsantrag 2 68, 9 81
- außerordentliche Änderungskündigung 2 76 ff, 4 5, 13 10
- Beschäftigung während des Verfahrens 2 63 f
- Darlegungs- und Beweislast
  2 61 f
- Dreiwochenfrist 2 58 ff, 4 5 ff, 6 27
- Klageantrag 2 52 f, 4 66
- Klagefrist 2 3 ff
- Klageverzicht 4 89
- nach Ablehnung des Änderungsangebots 2 68, 4 6
- nach Annahme des Angebots unter Vorbehalt 2 52 ff, 4 6
- Rücknahme der Änderungskündigung 2 64, 4 79
- Rücknahme der Klage 4 88
- sonstige Unwirksamkeitsgründe
  2 57, 4 175, 7 12
- Streitgegenstand 2 52 ff, 4 66 f, 173 ff
- Streit über Rechtzeitigkeit des Vorbehalts 2 62, 63
- Streitwert 2 67
- Urteil 2 66, 4 173 ff
- verlängerte Anrufungsfrist
  6 27
- Vorbehaltserklärungsfrist 2 35
- Wahrung von Verfallfristen
  4 149 ff
- Wahrung von Verjährungsfristen 4 145 ff
- Weiterbeschäftigungsmöglichkeit 2 61 f

Stichwortverzeichnis

Änderungsvertrag 1 836, 2 12
Anerkenntnis 4 80
Anerkenntnisurteil 4 80
Anfechtung der im Arbeitsvertrag enthaltenen Willenserklärung
- arglistige Täuschung 1 21, 36, 129; MuSchG 9 42 f; SGB IX 92 25 ff
- faktisches/fehlerhaftes Arbeitsverhältnis Einl 8 f, 1 36, 79 f
- Irrtum MuSchG 9 41; SGB IX 92 25
- Schwangerschaft MuSchG 9 41 ff
- Schwerbehinderung SGB IX 92 25 ff

Anfechtungsklage 3 1 f, 4 1
Anforderungsprofil 1 176, 685, 841
Angelidaki-Entscheidung TzBfG 14 90
Angemessenheit 1 176, 687 ff
Anhörung des AN BetrVG 102 120; BGB 626 85, 121; BPersVG 108 11
- krankheitsbedingte K. 1 556
- Verdachtskündigung 1 634 f, 644 f; BGB 626 52 ff

Anhörung des Betriebsrats
- Abänderung BetrVG 102 140 f
- Abmahnung 1 288 ff; BetrVG 102 102
- Absehen von der Stellungnahme BetrVG 102 160
- Änderungskündigung 2 69 ff; BetrVG 102 41 ff, 89, 99, 114
- Anhörung des AN BetrVG 102 120
- Arbeitnehmer BetrVG 102 25 ff
- Arbeitskampf BetrVG 102 48
- Aufforderung zur Stellungnahme BetrVG 102 74
- Auflösungsantrag BetrVG 102 165, 209
- Aushilfsarbeitsverhältnisse BetrVG 102 37
- außerordentliche K. BetrVG 102 87, 113, 161 ff; BGB 626 146
- außerordentliche K. bei Ausschluss der ordentlichen K. BGB 626 45
- Auszubildende BetrVG 102 33 ff
- Beamte BetrVG 102 35
- Bedenken BetrVG 102 136
- Beendigung der Weiterbeschäftigungspflicht BetrVG 102 216 ff
- befristete Versetzung BetrVG 102 53
- Beginn/Ende des Mandats BetrVG 102 5
- Begründung BetrVG 102 139, 143 f, 152, 157
- Beschlussfassung BetrVG 102 117 f
- Betriebe von Trägern des öffentlichen Rechts BetrVG 102 20 ff
- betrieblicher Geltungsbereich BetrVG 102 4 ff
- Betriebsbedingte K. BetrVG 102 85, 104 ff, 142 f
- Betriebsferien BetrVG 102 16
- Betriebsübergang BetrVG 102 10
- Darlegungs- und Beweislast 13 97; BetrVG 102 166, 169, 171, 174, 178 ff, 180 ff
- Datenschutz BetrVG 102 79
- Duldungsvollmacht BetrVG 102 68
- eigene Kenntnisse und Nachforschungen des BR BetrVG 102 80 ff
- Eilfälle BetrVG 102 38
- Eingliederung in Betriebsorganisation BetrVG 102 30
- Einigungsstelle BetrVG 102 230 f
- Entstehungsgeschichte BetrVG 102 1 f
- Erklärungsbote BetrVG 102 68

Stichwortverzeichnis

- Erweiterung d. Beteiligungsrechte des Betriebsrat bei Kündigungen BetrVG 102 230 f
- fehlerhafte Sozialauswahl BetrVG 102 142 f
- Folgekündigung BetrVG 102 39
- Form BetrVG 102 133 ff, 136
- Form, Zugang und Inhalt der Unterrichtung des BR BetrVG 102 66 ff, 74 ff
- Frist BetrVG 102 126 ff, 162 f
- Fristverkürzung BetrVG 102 118, 162
- Fristverlängerung BetrVG 102 122, 129
- Funktionsfähigkeit des BR BetrVG 102 11 ff
- Gesamt- und Konzernbetriebsrat BetrVG 102 54 ff
- Grundsatz BetrVG 102 25
- Handlungsunfähigkeit des BR BetrVG 102 15 ff
- Heimarbeiter BetrVG 102 31
- Inhalt BetrVG 102 165
- Inhalt und Durchsetzung BetrVG 102 206 ff
- Insolvenz BetrVG 102 24 f
- Kenntnisnahme durch den AG BetrVG 102 166
- Klagefrist BetrVG 102 173 f
- Konstituierung BetrVG 102 12 ff
- Krankheitsbedingte K. BetrVG 102 101
- Kündigung auf Verlangen des BR BetrVG 102 46
- Kündigung außerhalb des KSchG BetrVG 102 115
- Kündigung des AG BetrVG 102 36 f
- Kündigung des AN BetrVG 102 36
- Kündigungsart, Kündigungsfrist und Kündigungstermin BetrVG 102 88 ff
- Kündigungsentschluss des AG BetrVG 102 62
- Kündigungsgründe BetrVG 102 96 ff
- Kündigungsschutzprozess BetrVG 102 178 ff
- Leiharbeitnehmer BetrVG 102 32
- Leitende Angestellte BetrVG 102 27 f, 74
- Luftfahrt BetrVG 102 23
- Mängel der Unterrichtung BetrVG 102 171 ff
- Massenentlassung BetrVG 102 24, 83, 105, 126
- Mitteilung von Bedenken BetrVG 102 136
- Mitwirkungsfreie Beendigungsformen BetrVG 102 50
- mündliche Unterrichtung BetrVG 102 66
- Nachforschungen und eigene Kenntnisse BetrVG 102 80 f, 111
- Nachfrage BetrVG 102 159
- Nachschieben von Kündigungsgründen BetrVG 102 188 ff
- nachträgliche Anhörung BetrVG 102 103
- nachträgliche Genehmigung der K. BetrVG 102 168
- Nichtigkeit einer Betriebsratswahl BetrVG 102 4
- Normzweck BetrVG 102 2 f
- objektiver Kündigungssachverhalt und subjektive Determinierung BetrVG 102 75 ff
- ohne Zustimmung des BR eingestellte AN BetrVG 102 49
- Person des AN BetrVG 102 83 ff
- personenbedingte K. BetrVG 102 85, 100 f
- persönlicher Geltungsbereich BetrVG 102 25 ff
- Probearbeitsverhältnisse BetrVG 102 37
- Probezeit BetrVG 102 37
- Rechtsfolgen fehlerhafter Anhörung BetrVG 102 171 ff

1957

Stichwortverzeichnis

- Rechtsfolge ordnungsgemäßer Anhörung BetrVG 102 167 f
- Restmandat bei Untergehen eines Betriebes BetrVG 102 8 f
- ruhendes Arbeitsverhältnis BetrVG 102 53
- Schweigepflicht BetrVG 102 123 ff
- Stellungnahme bei außerordentliche K. BetrVG 102 161 ff
- Stellungnahme bei ordentliche K. BetrVG 102 125 f
- Stellungnahme des BR BetrVG 102 74, 116 f
- Teilkündigung BetrVG 102 47
- Teilzeitbeschäftigte BetrVG 102 37
- Tendenzbetriebe BetrVG 102 20 ff
- Tendenzträger BetrVG 102 20 f
- Territorialitätsprinzip BetrVG 102 18 f
- Übergangsmandat BetrVG 102 6 f
- Umdeutung, außerordentliche in ordentliche K. 13 39 f
- Umgruppierung BetrVG 102 44 f
- unterbliebene Anhörung BetrVG 102 168 f
- Unterrichtung der Mitglieder BetrVG 102 13, 14
- Verdachtskündigung 1 630, 645; BetrVG 102 89, 103
- Verfahrensfehler des BR BetrVG 102 134, 174
- verhaltensbedingte K. BetrVG 102 85, 102
- Verhältnis zum Kündigungseinspruch 3 4
- Versetzung BetrVG 102 43
- Verstoß gegen Auswahlrichtlinie BetrVG 102 145
- Voraussetzungen BetrVG 102 197 ff
- Vorratsanhörung BetrVG 102 60 f
- Weiterbeschäftigung an einem anderen Arbeitsplatz BetrVG 102 146 ff
- Weiterbeschäftigung unter anderen Bedingungen BetrVG 102 154 ff
- Widerspruch BetrVG 102 137 ff
- Widerspruch des BR BetrVG 102 137 ff
- Wirksamkeit BetrVG 102 138 f, 224 f
- Zeitpunkt der Unterrichtung des BR BetrVG 102 59 ff
- Zuleitung der Stellungnahme des BR BetrVG 102 175 f
- zumutbare Umschulungs- oder Fortbildungsmaßnahmen BetrVG 102 153
- zuständiger Betriebsrat BetrVG 102 53 f
- Zuständigkeitsverlagerung auf Ausschuss oder Arbeitsgruppe BetrVG 102 71 f
- Zustimmung BetrVG 102 158
- Zustimmungsverfahren BetrVG 102 63 f

Anhörung des Kündigungsgegners BGB 626 85, 121

Anhörung des Personalrats BPersVG 108 1 ff
- außerordentliche K. BGB 626 146

Anhörung des Verdächtigen BGB 626 52 ff

Anhörung einer Partei BGB 626 167

Anhörungsformular BetrVG 102 67

Anhörung von Zeugen BGB 626 121

Annahmeverzug
- Abdingbarkeit 11 10
- Anspruchsgrundlagen 11 6
- Anspruchshöhe 11 25 ff
- Arbeitsunfähigkeit 11 20
- Auflösung nach § 12 KSchG 12 21 ff

- Auskunftsanspruch des AG
  11 42
- außerordentliche K. und Auflösungsantrag 13 26
- Beendigung 11 22
- Beginn 11 11 ff
- Betriebs/Personalratsmitglieder
  15 220 f
- Darlegungs- und Beweislast
  11 41 f
- des AG BetrVG 102 229
- Differenzvergütung 12 32 ff
- gesetzlicher Forderungsübergang bei Bezug von Sozialleistungen 11 38
- Klage auf Entgelt aus Annahmeverzug statt Kündigungsschutzklage 4 23 f, 6 24
- leidensgerechte Arbeit 11 18
- Leistungsangebot des AN
  11 12 ff
- Leistungsbereitschaft des AN
  11 14 ff
- Leistungsfähigkeit des AN
  11 14, 18 ff
- Leistungsverweigerungsrecht des AG 11 43
- Prozessbeschäftigung 11 23, 35
- Rücknahme der K. 11 23
- Unzumutbarkeit der Annahme der Arbeitsleistung 11 21, 15 221
- Verfallfristen 11 9
- Weiterbeschäftigung 11 23

Anrechnung auf entgangenen Zwischenverdienst
- anderweitiger (tatsächlicher) Arbeitsverdienst 11 29 f
- Anrechnungszeitraum 11 28
- Arbeitslosengeld 11 37
- Auskunftsanspruch des AG
  11 42
- außerordentliche K. 13 27
- ersparte Aufwendungen 11 40
- öffentlich-rechtliche Leistungen
  11 37 ff
- sittenwidrige K. 13 61

Anrechnung entgangenen Zwischenverdienstes
- Ablehnung der vorläufigen Weiterbeschäftigung 11 35
- Änderungskündigung 11 36
- böswillig unterlassener Verdienst 11 31 ff
- Zumutbarkeit einer Zwischenbeschäftigung 11 33

Anscheinsbeweis 13 64, 99

Anstalten des öffentlichen Rechts
BPersVG 108 2 f

Anwaltsregress 13 14;
BGB 626 70 f, 100

Anzeigen gegen den Arbeitgeber
1 363 ff

Anzeigepflichtige Entlassungen
- Ablaufschema einer Massenentlassung 17 13
- Altersteilzeitvereinbarung
  17 31
- Änderungskündigung 17 28
- Anwendungsbereich 17 14 ff
- arbeitnehmerähnliche Personen
  17 24
- Aufhebungsvertrag 17 28
- Ausnahmebetriebe 22 1 ff
- außerordentliche K. 17 29
- Baubetriebe 22 5
- Bedeutung der Anzeige 17 80
- bedingte Arbeitsverhältnisse
  17 33
- befristete Arbeitsverhältnisse
  17 33
- Begriff der Entlassung 17 27
- Begriff des Betriebs 17 15
- Berechnung der Freifrist 18 19
- Beschäftigtenzahl 17 26
- Beteiligung des Betriebsrats
  17 43 f, 55 f, 77 ff
- Beteiligungsverfahren des Betriebsrats 17 45 ff
- betrieblicher Anwendungsbereich 17 15 ff
- Betrieb ohne Betriebsrat 17 75
- Betriebsstilllegung 17 26
- Doppelnatur des Verfahrens nach §§ 17 ff 17 8 f

1959

- Eigenkündigungen 17 28
- Entlassungsarten 17 28 ff
- Entlassungssperre 18 2 ff
- europäischer Betriebsrat 17 57
- Form der Anzeige 17 61
- Freifrist 18 19
- gesetzliche Vertretungsorgane juristischer Personen und Personengesellschaften 17 25
- Grundsätze 17 1 ff
- Inhalt der Anzeige 17 66 ff
- Kampagnebetrieb 17 21, 22 1 ff
- Kleinbetriebe iSv §§ 17 ff 17 21
- Konzern 17 58
- Kündigungsgrund und Anzeigepflicht 17 35
- Kurzarbeit 19 2 ff
- Kurzarbeitergeld 19 14
- leitende Angestellte 17 25, 51
- nachträgliche Anzeige 17 40, 64
- nachträgliche Heilung von Mängeln der Anzeige 17 68, 18 2
- Negativattest 18 14
- Neueinstellungen 17 36
- öffentliche Betriebe 17 21
- persönlicher Anwendungsbereich 17 22 ff
- Rechtsfolge bei Verstoß gegen Beteiligungsrechte des Betriebsrats 17 53 f
- Rechtsfolge einer unterlassenen Anzeige 17 82 f, 18 21 ff
- Rechtsfolge einer unwirksamen Anzeige 17 82 f, 18 21 ff
- Rechtsfolge einer wirksamen Anzeige 17 81, 18 2
- Rechtsnatur 17 7 ff
- Rechtsnatur der Anzeigepflicht 17 60
- Regelungszweck 17 5 f
- Rücknahme der Anzeige 17 76
- sachlicher (gegenständlicher) Anwendungsbereich 17 27 ff
- Saisonbetrieb 17 21, 22 1 ff
- Seeschiffe 17 21
- Sperrfrist 18 2 ff
- Stellungnahme des Betriebsrats 17 71 ff
- stufenweise Entlassungen 17 64
- Unabdingbarkeit 17 7
- Verhältnis zum Individualkündigungsschutz 17 10 ff
- Vertrauensschutz des AG 17 83, 18 14
- Voraussetzungen der Anzeigepflicht 17 37 ff
- Vorratsanzeige 17 65
- Vorruhestandsvereinbarung 17 31
- vorsorglich ausgesprochene ordentliche K. 17 34
- vorsorgliche Anzeige 17 65
- Wirkung der Anzeige 17 80
- Zeitpunkt der Anzeige 17 63
- Zeitraum der Entlassungen 17 39 f
- zuständige Behörde 17 62, 18 5 f
- zuständiges Arbeitsamt 17 62, 18 5

Arbeitgeber
- AG als Beklagter: Passivlegitimation 4 97
- AG als Kläger 1 111
- Annahmeverzug und Auflösungsantrag bei außerordentlicher K. 13 26
- Antragsberechtigung Auflösungsantrag 9 2, 27 ff, 37 ff, 88 f
- Arbeitgeber als Kläger 4 109
- Arbeitnehmerüberlassung, Leiharbeitsverhältnisse 1 50, 4 97
- Auflösungsantrag 9 60 ff
- Auflösungsgründe für A.-antrag 9 64 ff
- Beklagtenwechsel 4 31, 35 ff
- Betriebsübergang 4 99 ff
- Bevollmächtigte BetrVG 102 52
- einheitliches ArbV mit mehreren AG, Arbeitgebergruppe 1 43 ff, 4 97

Stichwortverzeichnis

- Gemeinschaftsbetrieb 15 116, 122, 23 16
- Gesamthänder 4 97
- Haftung nach § 42 EStG 10 52 f
- juristische Personen 4 97
- Konzern 1 696 ff
- Kündigungsschutzprozess 4 97 ff
- mittelbares Arbeitsverhältnis 1 46 f, 4 97
- natürliche Personen 4 97
- Personenhandelsgesellschaften 4 97
- Steuer-und Sozialversicherungspflicht 10 48, 54 f
- Unternehmer 1 695
- Unterrichtung des Betriebsrats BetrVG 102 51 f

Arbeitnehmer
- Abgrenzung gegenüber anderen Personengruppen 1 28 ff
- Antragsberechtigung Auflösungsantrag 9 2, 19, 27 ff, 37 ff, 88 f
- arbeitnehmerähnliche Personen 1 28
- Arbeitnehmerbegriff 1 28 ff
- Auflösungsantrag 9 44 ff
- Auflösungsantrag bei Beendigung des Arbeitsverhältnis aus anderen Gründen 9 40 ff
- Auflösungsantrag bei sittenwidriger K. 13 59 f
- Auflösungsgründe für A.-antrag 9 50 ff
- Auszubildende 1 29 ff, 4 85
- Beamte, Dienstordnungsangestellte usw 1 33 f
- befristet Beschäftigte 1 35
- Beratungsverschulden dritter Personen BGB 626 70 f
- Beschäftigte weltanschaulich geprägter Organisationen 1 48 f
- Beteiligung des AN an Lösung des Beschäftigungsverhältnisses 10 72
- betriebs- und personalvertretungsrechtliche Funktionsträger BGB 626 21, 116
- betriebsverfassungsrechtlicher Arbeitnehmerbegriff BetrVG 102 25 f
- Eigenkündigung, Umdeutung, außerordentliche in ordentliche Kündigung 13 35
- Entwicklungshelfer 1 33
- Familienmitglieder 1 37
- Franchisenehmer 1 38
- Gesellschafter von Personenhandelsgesellschaften 1 39 f
- gesetzliche Vertreter juristischer Personen 1 39 f
- Hinnahme der Kündigung 10 73 f
- Kirchendienst 1 48 f, 410 ff, 536 ff, 539
- leitende Angestellte 1 51 f
- Lösung des Beschäftigungsverhältnisses 10 71
- Nachtat-/Prozessverhalten BGB 626 98 ff
- öffentlicher Dienst BPersVG 108 2 f, 17 f
- ordentlich unkündbare BGB 626 36, 38 ff, 80 ff, 100, 116, 148 ff
- ordentlich unkündbare AN BGB 626 26
- persönliche Abhängigkeit, Weisungsgebundenheit 1 24 ff
- persönlicher Geltungsbereich des KSchG 1 24 ff
- Ruhen des Arbeitslosengeldanspruchs bei Entlassungsentschädigungen 10 57 ff
- Schwangere, Mütter und Elternzeit BGB 626 21, 63, 147
- Schwerbehinderte BetrVG 102 84 f; BGB 626 21, 49, 62, 148 ff
- Spannungen zwischen AG und AN 9 53
- Sperrzeitrelevanz einzelner Auflösungstatbestände 10 69 ff

1961

Stichwortverzeichnis

- Sperrzeit für den Bezug von Arbeitslosengeld 10 66 ff
- Steuerschuldner 10 52 f
- Steuer-und Sozialversicherungspflicht 10 48, 54 f
- Telearbeit 1 54
- Tod 4 96, 9 40
- Verbotsirrtum BGB 626 69
- Vergütungsrückstand BGB 626 110 f, 126
- Verschulden BGB 626 66 ff
- Wahlrecht bei Auflösungsantrag 9 38
- wichtiger Grund für Auflösung des Arbeitsverhältnisses isd Sperrzeitrechts 10 76 ff
- Wiedereingewöhnung, Heilung 1 55

Arbeitnehmerähnliche Personen 1 28; BGB 626 6

Arbeitnehmerüberlassung 1 50, 4 97
- Annahmeverzug 11 10
- Arbeitgeber 1 50, 4 97
- Fiktion eines Arbeitsverhältnisses bei unerlaubter Arbeitnehmerüberlassung 1 50, 15 61
- Kündigungsschutz von Leiharbeitnehmern 1 50

Arbeitsaufnahme, verspätete
- Wartezeit 1 69

Arbeitsbeschaffungsmaßnahme 1 75

Arbeitsgruppe BetrVG 102 73

Arbeitskampf BetrVG 102 48
- Aussperrung 1 84
- direkte Streikarbeit 1 224, 374
- individuelle Arbeitskampflehre 25 1 f
- Kampfkündigungen 15 56, 199, 25 3
- kollektive Arbeitskampflehre 25 2
- Massenänderungskündigungen 25 3
- staatliche Neutralität 25 1

Arbeitslosengeld
- Abfindung, Zusammenballung von Einkünften 10 50
- anrechenbarer Teil der Abfindung 10 62
- Einhaltung der geltenden Kündigungsfrist 10 60
- Entlassungsentschädigungen isd § 158 SGB IX 10 59
- gerichtlicher Vergleich 10 80
- Gleichwohlgewährung 10 57
- Hinnahme der Kündigung 10 73 f
- Ruhen des Anspruchs bei Entlassungsentschädigung 10 57 ff
- Ruhenszeitraum 10 61 ff
- Ruhenszeitraum – Berechnungsbeispiele 10 64 f
- Sperrzeitrelevanz einzelner Auflösungstatbestände 10 69 ff
- Sperrzeit für den Bezug von Arbeitslosengeld 10 66 ff
- vorzeitige Beendigung 10 57 ff
- wichtiger Grund für Auflösung des Arbeitsverhältnisses 10 76 ff

Arbeitsmangel 1 678, 689, 761 ff

Arbeitsmarktreformgesetz 1 812, 859 ff, 4 1, 3, 4, 44 ff, 56 ff, 5 1, 2, 6 24, 7 1

Arbeitsorganisation 1 675, 774 ff, 810

Arbeitsort 4 17

Arbeitsplatz
- Identität und Kontinuität 1 683
- Wegfall 1 683 ff

Arbeitsplatzwechsel BGB 626 102

Arbeitsrechtliches Beschäftigungsförderungsgesetz 1 722, 814 f, 859 ff

Arbeitsschutz BGB 626 106

Arbeitsstreckung 1 679, 763

Arbeits- und Berufsausübungserlaubnis 1 510 ff

Arbeitsunfähigkeit
- Begriff 1 522, 554
- Berufsunfähigkeit 1 522
- dauernde 1 587 ff
- Erwerbsunfähigkeit 1 522
- geminderte Leistungsfähigkeit 1 598 ff
- kurzzeitige 1 555 ff
- Langzeiterkrankung 1 576 ff
- Leistungsunmöglichkeit 1 132
- Pflichtverletzungen 1 390 ff, 443
- ungewisse Wiederherstellung der Arbeitsfähigkeit 1 593 ff

Arbeitsunfähigkeitsbescheinigung
- ausländische 1 333
- Beweiswert 1 334
- erschlichene 1 334
- Nachweispflicht 1 392

Arbeitsunfall und Berufskrankheit
- Interessenabwägung bei betriebsbedingter K. 1 721
- krankheitsbedingte K. 1 523 ff, 572, 591
- sittenwidrige K. 13 54
- Sozialauswahl bei betriebsbedingter K. 1 721
- verhaltensbedingte K. 1 452

Arbeitsverhältnis
- Beginn 1 69
- faktisches/fehlerhaftes Arbeitsverhältnis Einl 8 f, 1 36, 79 f, 126 ff
- Fortsetzung nach Ablauf der Dienstzeit BGB 625 8 ff, 15 f
- gespaltenes Arbeitsverhältnis 1 45
- Gruppenarbeitsverhältnis 1 41 f
- Leiharbeitsverhältnisse 1 50, 4 97
- mittelbares Arbeitsverhältnis 1 46 f
- stillschweigende Verlängerung BGB 624 1 f
- Teilzeitarbeitsverhältnisse 1 53, 836 ff
- Telearbeit 1 54
- Wiedereingewöhnung, Heilung 1 55

Arbeitsverhältnisse mit Auslandsberührung
- internationaler Gerichtsstand 4 17
- konzernweiter Kündigungsschutz 1 696 ff

Arbeitsvertrag
- Anfechtung der enthaltenen Willenserklärung Einl 8, 1 36, 79 f, 126 ff
- geringerwertige Tätigkeit 1 828 ff
- Nichtigkeit Einl 9, 1 36, 79 f, 126 ff
- Umsetzungs-/Versetzungsklausel 1 373, 697 f, 832

Arbeitsverweigerung 1 371 ff

Arbeitszeit
- Änderungskündigung 2 45
- Arbeitsstreckung 1 679, 763
- Kurzarbeit 1 689, 2 45
- Teilzeit/Vollzeit 1 836 ff
- Überstunden 1 378
- Unternehmerentscheidung 1 836
- Verringerung/Verlängerung 1 836 ff
- Verstöße gegen Arbeitszeit 1 371 ff, 378 ff, 380, 381 ff, 426

Arglistige Täuschung 1 21, 36, 129; MuSchG 9 42 f; SGB IX 92 25 ff

Arzt
- Approbation 1 516
- Berufung auf Auskunft des Arztes, Darlegungs- und Beweislast 1 334, 613, 621
- Entbindung von der Schweigepflicht 1 334, 613, 620
- fehlender Auskunftsanspruch des AG gegenüber dem Arzt 1 621
- Gesundheitsprognose 1 556, 625

- neuer Kausalverlauf 1 557, 580
- sachverständiger Zeuge 1 620

Aufhebungsvertrag
- Abgrenzung zur K. Einl 11, 1 120
- Anfechtung 1 13
- richtiger Klageantrag 4 10
- Schriftform Einl 24 ff
- und Befristungskontrolle TzBfG 14 31 f

Auflösende Bedingung 1 122
- Abgrenzung zur Zweckbefristung TzBfG 21 3 f
- Altersgrenzen 1 122, 15 58
- Anschluss an Studium und Ausbildung TzBfG 21 12
- Bundesligatrainer TzBfG 21 15
- Eigenart der Arbeitsleistung TzBfG 21 14
- Erlaubnisvorbehalte TzBfG 21 29
- Erprobung TzBfG 21 16
- Erwerbsminderung TzBfG 21 18 ff
- Fehlverhalten des AN TzBfG 21 39
- gerichtlicher Vergleich TzBfG 21 35
- gesundheitliche Eignung TzBfG 21 30
- Gruppenarbeitsverhältnis 1 41 f
- haushaltsrechtliche Gründe TzBfG 21 34
- personenbedingte Gründe TzBfG 21 17
- Prüfungsmaßstab TzBfG 21 4 f
- Rentenbezug auf Zeit TzBfG 21 27
- Vertretung TzBfG 21 13
- vorübergehender Bedarf TzBfG 21 10
- Wunsch des AN TzBfG 21 33
- Zustimmung des Betriebsrats TzBfG 21 37

Auflösung des Arbeitsverhältnisses
- Abfindung 9 5
- analoge Anwendung 9 1
- andere Abfindungsansprüche 9 6 ff
- andere Unwirksamkeitsgründe 9 27 ff
- Änderungskündigung 2 65, 9 1, 81
- Anhörung des Betriebsrats/der Personalvertretung 9 73
- Annahmeverzug und Auflösungsantrag bei außerordentlicher K. 13 26
- Ansehensverlust 9 71
- Antrag beider Parteien 9 75 ff
- Antrag des AG 9 60 ff
- Antrag des AN 9 44 ff
- Antragsberechtigung AG 9 27 ff
- Antragsberechtigung AN 9 27 ff
- Antragsrücknahme 9 23 f
- Antragstellung 9 13 ff
- Antragstellung in der Berufungsinstanz 9 17 f, 111
- Antragstellung nach Antragsrücknahme 9 24
- Anwendungsbereich 9 1 ff
- Auflösungsantrag bei Betriebsübergang 9 22
- Auflösungsantrag bei Betriebsübergang in der Kündigungsfrist 4 104 f
- Auflösungsgründe für AG 9 60, 64 ff
- Auflösungsgründe für AN 9 50 ff
- Auslegung des Auflösungsantrags 9 14 f
- Ausnahmeregelung 9 4
- außerordentliche K. 9 2, 37 ff, 13 22 ff
- Beendigung des Arbeitsverhältnis aus anderen Gründen 9 40 ff
- Beendigungszeitpunkt des Arbeitsverhältnisses 9 40 ff

Stichwortverzeichnis

- Berufsausbildungsverhältnis 1 31, 9 3, 13 14, 22
- Berufung 9 110 ff
- Beschwer 9 111 f
- besonderer Kündigungsschutz 9 84 ff, 88 ff
- Bestandsschutzgesetz 1 3
- Bestehen des Arbeitsverhältnisses 9 40 ff
- Bestehen eines Arbeitsverhältnisses 9 34
- Betriebs- u. Personalratsmitglieder 9 84 ff, 15 9, 151 ff, 224 ff
- Betriebsübergang 4 104
- Beurteilungszeitpunkt bei AG-Antrag 9 63
- Beurteilungszeitpunkt bei AN-Antrag 9 49
- Darlegungs- und Beweislast des AG 9 74
- Darlegungs- und Beweislast des AN 9 58 f
- einheitliches Arbeitsverhältnis 9 34
- Eventualantrag 9 13
- Gestaltungsurteil 9 35
- isolierter Auflösungsantrag ohne Kündigungsschutzantrag 4 20
- keine den Betriebszwecken dienliche Zusammenarbeit 9 60 ff
- Kostenentscheidung 9 95 f, 99, 104
- leitende Angestellte 9 34, 82, 14 27 ff
- mehrere Arbeitgeber 9 34
- mehrere Kündigungen 9 20
- Musteranträge aus Sicht des AN und des AG 9 16
- Nachteilsausgleich 9 10
- prozessuale Auseinandersetzung 9 69
- Prüfungsschema bei Antrag des AG 9 60
- Rechtsnatur des Antrags 9 13 f
- Revision 9 114
- Rücknahme der K. 4 81, 9 19
- Rückwirkung der gerichtlichen Auflösung 9 35
- Ruhen des Anspruchs auf Arbeitslosengeld 10 58
- Sanktions- und Präventionsfunktion 9 5
- Schutznormen zugunsten des AN 9 32
- schwer behinderte Menschen/Gleichgestellte 9 88 f
- sittenwidrige K. 9 2, 13 59
- Sonderkündigungsschutz, Ablauf des Nachwirkungszeitraums 9 85
- Sonderkündigungsschutz, Erwerb während des Kündigungsschutzprozesses 9 85, 89
- sonstige Unwirksamkeitsgründe 13 91 ff
- Sozialplanabfindung 9 6 ff
- Sozialwidrigkeit der K. 9 25 f
- Spannungen zwischen AG und AN 9 53
- Sperrzeit für den Bezug von Arbeitslosengeld 10 69
- Streitwert 9 105 ff
- tarifliche Abfindung 9 11
- Teilurteil/Teil-Anerkenntnisurteil 9 91 f
- Tenorierung 9 90 ff, 93 f, 97 f, 100 ff
- Tod des AN 9 40
- treuwidrige Herbeiführung des Auflösungsgrundes 9 48, 62
- Umdeutung, außerordentliche in ordentliche Kündigung 13 30 ff
- Umdeutung einer außerordentlichen in eine ordentliche K. 9 38 f, 13 23 f, 45
- unsichere Beendigung 9 41
- Unzumutbarkeit der Fortsetzung des Arbeitsverhältnisses 9 44 ff
- Verfassungsmäßigkeit 9 35
- Verhalten des Prozessbevollmächtigten 9 57, 69
- Verhalten dritter Personen 9 57, 70
- Versäumung der Klagefrist 9 25
- Voraussetzungen 9 12 ff

Stichwortverzeichnis

- vorläufige Vollstreckbarkeit
  9 108 ff
- vorläufige Weiterbeschäftigung
  9 56
- Wahlrecht des AG zwischen
  weiterer Kündigung und Auflösungsantrag 9 63
- Wahlrecht des AN 9 38
- Weiterbeschäftigungsanspruch
  des AN 9 21
- Zeitpunkt der Antragstellung
  9 17 ff
- Zeitpunkt der Auflösung
  9 35 ff
- Zivilbeschäftigte bei den Stationierungsstreitkräften 9 83
- Zustimmung einer Behörde zum Auflösungsantrag des AG
  9 88 f

Auflösungsantrag
BetrVG 102 170, 194, 219

Auflösungsgründe
- Antrag beider Parteien 9 75 ff
- Auflösungsantrag AG 9 64 ff
- Auflösungsantrag AN 9 50 ff
- prozessuale Auseinandersetzung
  9 69
- Spannungen zwischen AG und
  AN 9 53

Auftrags- und Umsatzrückgang
1 764 ff

Ausbildungsverhältnis 1 29 ff,
78, 4 85, 13 14

Ausfallzeiten 1 555 ff

Ausgleichsquittung
- Anfechtung 1 21
- Aufhebungsvertrag 1 13
- ausländische Arbeitnehmer
  1 20
- Begriff 1 16
- Einzelfälle 1 17
- überraschende Klausel 1 19
- Verzicht auf den Kündigungsschutz 1 12 ff, 15 6 f

Auskunftsanspruch
- des AN iRd sozialen Auswahl
  1 921

Auskunftspersonen
BGB 626 170 ff

Auslagerung von Arbeit, Fremdvergabe, Outsourcing 1 769

Ausländerfeindliches Verhalten
1 401 ff

Ausländische Arbeitnehmer
- Arbeitserlaubnis 1 510 ff
- Aufenthaltserlaubnis 1 514
- Wehrdienst 1 73, 653 ff

Auslandsaufenthalt 5 58 ff

Auslandserkrankung 1 391, 5 64

Auslauffrist BGB 626 80 ff
- Anwendung des SGB IX
  BGB 626 46
- außerordentliche betriebsbedingte K. 1 752, 758
- außerordentliche personenbedingte K. 1 492
- außerordentliche verhaltensbedingte K. 1 346 f
- Beteiligung von BR und PR
  BGB 626 45
- fiktive Kündigungsfrist
  BGB 626 44
- notwendige A. BGB 626 41 ff
- „soziale" A. BGB 626 38 ff

Ausschlussfrist BGB 626 114 ff;
BPersVG 108 21 f
- Abfindung 10 31
- Anwendungsbereich
  BGB 626 116
- betriebsbedingte K.
  BGB 626 130 f
- Betriebsübergang
  BGB 626 137
- Darlegungs- und Beweislast
  BGB 626 164
- Dauertatbestände
  BGB 626 124 ff
- dreiwöchige Klagefrist 4 2,
  20 ff, 111 ff
- Druckkündigung
  BGB 626 129
- Fristbeginn BGB 626 118 ff
- Fristberechnung BGB 626 143
- Fristende BGB 626 141 ff

Stichwortverzeichnis

- Fristhemmung durch Sachverhaltsaufklärung BGB 626 119 ff
- Fristverlängerung und Rechtsmissbrauch BGB 626 144 f
- Fristwahrung BGB 626 141 f
- höhere Gewalt BGB 626 142
- Kenntnis des Kündigungsberechtigten BGB 626 118 ff
- Kündigungsberechtigung BGB 626 132 ff
- neuer Fristbeginn BGB 626 122 f
- Organisationsverschulden des AG BGB 626 134
- personenbedingte K. BGB 626 127 f
- Rechtsauskünfte BGB 626 114, 120
- Rechtsnachfolge BGB 626 137
- Rechtsnatur, Zweck und Geltungsbereich BGB 626 114 ff
- Selbstbeurlaubung BGB 626 125
- Straftat BGB 626 125
- Verdachtskündigung BGB 626 122 f
- Verfallfristen 4 149 ff
- Vergütungsrückstände BGB 626 126
- verhaltensbedingte K. BGB 626 122 f
- Zurechnung von Kenntnissen bei juristischen Personen BGB 626 138 ff
- Zurechnung von Kenntnissen Dritter BGB 626 132 ff
- Zustimmung des Integrationsamtes BGB 626 148 ff
- Zustimmung einer Behörde BGB 626 147
- Zustimmungs- und Beteiligungsverfahren BGB 626 146 ff
- zweiwöchige Kündigungserklärungsfrist 15 174 f; SGB IX 92 54

Ausschuss BetrVG 102 71

Ausschuss für Berufsbildungsstreitigkeiten 1 29 ff, 78, 4 85, 13 14

Außendienstmitarbeiter 4 17

Außerbetriebliche Gründe 1 663 ff, 764 ff

Außerdienstliches Verhalten
- personenbedingte K. 1 465, 545
- Risikosportarten 1 420
- verhaltensbedingte K. 1 211, 361, 404 ff, 420

Außerordentliche betriebsbedingte Kündigung BGB 626 130 f, 163

Außerordentliche Kündigung
- (keine) absoluten Kündigungsgründe BGB 626 100
- abgemahnte Kündigungsgründe BGB 626 92
- Abgrenzung zur ordentlichen K. Einl 17
- Abmahnung 1 240 ff; BGB 626 87 f, 89, 162
- Abmahnungserfordernis BGB 626 99 ff
- ABM-Maßnahmen BGB 626 15
- AGG BGB 626 65
- Änderungskündigung 2 76 f, 13 10
- anderweitige Beschäftigungsmöglichkeit BGB 626 163
- Angabe des Kündigungsgrundes BGB 626 33, 187
- Angaben von Auskunftspersonen BGB 626 170 ff
- Anhörung des Betriebsrats BetrVG 102 125
- Anhörung des Kündigungsgegners BGB 626 85, 121
- Anhörung des Personalrats BPersVG 108 4, 10
- Annahmeverzug 11 13 ff
- Annahmeverzug und Auflösungsantrag 13 26
- Anrechnung von Einkünften 13 27

1967

- antizipierte Abmahnung
  BGB 626 25
- Anwendbarkeit des KSchG
  13 1 f, 5, 11 f
- Anwendungsbereich § 13
  KSchG 13 6 ff
- Anwendung von für ordentliche K. geltenden Vorschriften
  BGB 626 41 ff
- Arbeitsplatzwechsel
  BGB 626 102
- Arbeitsschutz BGB 626 106
- Auflösungsantrag 9 37 ff, 13 22 ff
- Auslauffrist Einl 94, 1 346, 493, 758; BGB 626 80 ff
- Ausschluss des Rechts zur außerordentlichen K. BGB 626 17 ff
- Ausschlussfrist
  BGB 626 114 ff, 164; BPersVG 108 21 f
- Ausschluss von Kündigungsgründen BGB 626 24 ff
- außerdienstliches Verhalten
  BGB 626 84
- außerordentliche Änderungskündigung BGB 626 35 ff
- außerordentliche K. mit Auslauffrist BGB 626 38 f
- außerordentliche K. ordentlich unkündbarer AN
  BGB 626 41 f
- Aussperrung BGB 626 107
- Auszubildende BGB 626 11 f
- Bagatelldelikte BGB 626 99 ff
- beanstandungsfreie Beschäftigungszeit BGB 626 95
- Beeinträchtigung des Arbeitsverhältnisses BGB 626 84
- Beendigungserklärung 13 28 f
- befristetes Arbeitsverhältnis
  13 13
- Beginn der Ausschlussfrist
  BGB 626 118 ff
- Begriff Einl 94
- Begründungserfordernis bei Berufsausbildungsverhältnis
  BGB 626 12

- Behandlung im Prozess
  BGB 626 151 ff
- Beleidigung, Belästigung, Bedrohung, Tätlichkeit
  BGB 626 108
- Bemessung der Abfindung bei gerichtlicher Auflösung 13 25
- Beratungsverschulden dritter Personen BGB 626 70 f
- Berücksichtigung mehrerer Kündigungsgründe, Gesamtabwägung BGB 626 91
- Berufsausbildungsverhältnis
  4 85, 13 8, 14
- Besatzungsmitglieder
  BGB 626 9
- Beschränkungen u. Erweiterungen des Rechts zur außerordentlichen K. BGB 626 17 ff
- Beteiligungs- und Zustimmungsverfahren BGB 626 21 f, 146 ff
- betriebsbedingte Gründe
  1 706 ff
- betriebsbedingte Kündigungsgründe für AG, Übersicht
  BGB 626 100
- Betriebsratsanhörung
  BetrVG 102 87, 113, 161 ff; BGB 626 146
- Betriebsübergang
  BGB 626 137
- Betriebs- und Personalratsmitglieder 1 345, 347, 13 15, 15 155 ff
- Betriebsvereinbarung
  BGB 626 18
- Beurteilungszeitpunkt
  BGB 626 60 ff
- Beweismaß BGB 626 168 f
- Beweismittel BGB 626 165 f
- Beweismittel und Beteiligung des Betriebsrats BGB 626 181
- Beweisnot BGB 626 167
- Beweisverwertungsverbote
  BGB 626 176 ff
- Beweiswürdigung
  BGB 626 168 ff

Stichwortverzeichnis

- Darlegungs- und Beweislast
  13 47; BGB 626 159 ff
- Dauer der verbleibenden Vertragsbindung BGB 626 79
- Dauertatbestand
  BGB 626 124 ff
- Dienstordnungsangestellte
  BGB 626 10
- Dienstverträge BGB 626 6 f
- Druckkündigung
  BGB 626 129
- Eigenkündigung des Arbeitnehmers, Festhalten an
  BGB 626 27 ff
- Eigenkündigung des Arbeitnehmers, Grundsätze und Voraussetzungen BGB 626 101
- Einigungsvertrag BGB 626 8
- Elternzeit BGB 626 105
- „Emmely"-Entscheidung
  BGB 626 99 ff
- entfristete ordentliche K.
  1 102, 13 9; BGB 622 33,
  626 26
- entlastende Umstände
  BGB 626 161
- Entstehungsgeschichte
  BGB 626 1 ff
- Entzug der vertragsgemäßen Tätigkeit BGB 626 109
- Erklärung BGB 626 33
- Erlöschen des Kündigungsrechts
  BGB 626 19 ff
- Ermittlungs-/Strafverfahren
  BGB 626 119 ff
- Familienstand BGB 626 96
- Feststellungsklage/Feststellungsinteresse bei Dienstverhältnis
  BGB 626 154 f
- Feststellungsklage bei Arbeitsverhältnis BGB 626 156
- Formen BGB 626 33 ff
- Freistellung des AN
  BGB 626 90
- Fristberechnung BGB 626 143
- Fristende BGB 626 141 ff
- Fristhemmung durch Sachverhaltsaufklärung
  BGB 626 119 ff, 120 f
- Fristverlängerung und Rechtsmissbrauch BGB 626 144 f
- Geltungsbereich BGB 626 6 ff
- Generalprävention
  BGB 626 97
- gerichtliche Geltendmachung
  der Rechtsunwirksamkeit
  13 17 ff
- Gewissenskonflikt
  BGB 626 103
- Gleichbehandlungsgrundsatz
  BGB 626 73 ff
- Handelsvertreter BGB 626 16
- Hausverbot BGB 626 89b
- Hemmung des Beginns der Ausschlussfrist BGB 626 114 ff
- herausgreifende K.
  BGB 626 74
- Insolvenz BGB 626 152
- Interessenabwägung
  BGB 626 94 ff
- Interessenabwägung, einzelne
  Kriterien BGB 626 95 ff
- Kapitäne BGB 626 9
- Klageart BGB 626 151 ff
- Klagefrist 13 2, 12;
  BGB 626 151 ff
- Konkretisierung von Kündigungsgründen BGB 626 24 ff
- Krankheit BGB 626 104
- krankheitsbedingte Reduzierung
  der Arbeitszeit BGB 626 104
- Kündigungsberechtigung
  BGB 626 132 ff
- Kündigungserklärungsfrist
  1 491, 757, 13 17, 15 174 ff
- Kündigungserschwerungen
  BGB 626 22 f
- Kündigungsgründe für AG
  BGB 626 100
- Kündigungsgründe für AN
  BGB 626 101 ff
- Lebensalter BGB 626 96
- Leitende Angestellte 13 16
- milderes Mittel BGB 626 89 ff
- Mithören von (Telefon-)Gesprächen BGB 626 183
- Mitteilung des Kündigungsgrundes BGB 626 187 ff

Stichwortverzeichnis

- Mitverschulden des Kündigenden BGB 626 72
- Mitwirkung des Personalrates BPersVG 108 4 f
- Mobbing BGB 626 108
- Motivationslage des Kündigenden BGB 626 60, 64 f
- mündliche/formunwirksame Kündigung BGB 626 27 ff
- Muster: außerordentliche Änderungskündigung BGB 626 35
- Muster: außerordentliche Beendigungskündigung BGB 626 34
- Muster: außerordentliche Kündigung mit Auslauffrist BGB 626 38
- Muster: außerordentliche Kündigung mit notwendiger Auslauffrist BGB 626 41
- Muster: außerordentliche Kündigung und vorsorgliche ordentliche K. BGB 626 47
- Musteranträge Kündigungsschutzklage gegen außerordentliche Beendigungs- und Änderungskündigungen 13 18 ff
- Musterantrag Feststellungsklage gem § 256 ZPO BGB 626 157
- Mutterschutz BGB 626 14
- Nachschieben von Kündigungsgründen BGB 626 60 ff
- Nachtat-/Prozessverhalten BGB 626 98 ff
- neuer Fristbeginn BGB 626 122 f
- neuer Grund nach Zugang der K. BGB 626 60 f
- Nichtabführung der Lohnsteuer, des Arbeitnehmeranteils zur Gesamtsozialversicherung, von vermögenswirksamen Leistungen BGB 626 111
- Normzweck BGB 626 4 f
- objektiver Maßstab BGB 626 60, 64, 85
- ordentlich unkündbare AN 1 343 ff, 486 ff, 744 ff
- Organisationsverschulden des AG BGB 626 134
- Organmitglieder 13 16
- personenbedingte Gründe 1 485 ff
- personenbedingte Kündigungsgründe für AG, Übersicht BGB 626 100
- Pflichten nach Ausspruch BGB 626 158
- Prognoseprinzip BGB 626 77
- Prüfungsmaßstab 1 339 ff
- Prüfungsschema BGB 626 55 ff, 58 f
- Reaktionsmöglichkeiten des AN bei außerordentlicher Änderungskündigung BGB 626 37
- Rechtsfolgen BGB 626 4 f, 33
- Rechtsnachfolge BGB 626 137
- Rechtsunwirksamkeit iSd § 13 Abs 1 13 17
- Revision BGB 626 185 f
- richterliche Überzeugung BGB 626 168 f
- Rufschädigung BGB 626 95
- Schadenersatzansprüche des AN BGB 626 190
- Schrank- und Spindkontrollen BGB 626 182
- Schriftformverstoß BGB 626 151, 156
- Schuldeingeständnis/Entschuldigung BGB 626 89a
- schwerbehinderte Arbeitnehmer BGB 626 148 ff
- Schwerbehinderung BGB 626 96
- Selbstbindung des AG BGB 626 74, 86, 89b
- Sozialdaten BetrVG 102 87
- soziale Auslauffrist BGB 626 38 ff
- Spezialregelungen BGB 626 7 f
- steuerbares Verhalten BGB 626 87 f
- Studium BGB 626 102
- Tarifvertrag BGB 626 18

Stichwortverzeichnis

- tarifvertraglicher Ausschluss des Rechts zur ordentlichen K. BGB 626 26
- Umdeutung, außerordentliche in ordentliche Kündigung 13 35 ff
- Umdeutung in Angebot auf Abschluss eines Aufhebungsvertrages Einl 11, 1 108; BGB 626 50
- Umdeutung in ordentliche K. 6 14 ff, 13 30 ff; BGB 626 47 ff
- Umdeutung und Beteiligung des Betriebsrats 13 39 f
- Umdeutung und Beteiligung des Personalrats 13 41
- Umschulungsverhältnis BGB 626 13
- Unabdingbarkeit Einl 94
- Unterhaltspflichten BGB 626 96
- Unterrichtungspflichten BetrVG 102 113
- Unzumutbarkeit der Vertragsfortsetzung BGB 626 76 ff
- Urlaub BGB 626 112
- Verbindung mit vorsorglicher ordentlicher K. Einl 98, 6 14 ff, 13 20
- Verdachtskündigung 1 630; BGB 626 51 ff, 121, 122 f
- Vereinbarung von Kündigungsgründen BGB 626 24 ff
- verfristete und verziehene Kündigungsgründe BGB 626 92 f
- Vergütungsrückstand BGB 626 110 f, 126
- verhaltensbedingte Gründe 1 339 ff
- verhaltensbedingte Kündigungsgründe für AG, Übersicht BGB 626 100
- Verhältnismäßigkeitsgrundsatz BGB 626 76
- Verhältnis zur ordentlichen K. BGB 626 5
- verlängerte Anrufungsfrist bei Umdeutung 6 14 ff, 13 44
- Verletzung der Mitteilungspflicht BGB 626 190
- Vernehmung/Anhörung einer Partei BGB 626 167
- Verschulden BGB 626 95, 162
- Verschulden des Gekündigten BGB 626 66 ff
- Vertragsbindung, reguläre BGB 626 79
- Vertrauens-/Leistungsbereich BGB 626 84, 88
- Verwirkung BGB 626 19
- Verzeihung einer Pflichtverletzung BGB 626 19
- Verzicht auf Kündigungsschutz BGB 626 27 ff
- Verzicht des Kündigungsberechtigten BGB 626 19 f
- Verzicht durch schlüssiges Verhalten des Kündigungsberechtigten BGB 626 19 f
- Videoaufzeichnungen BGB 626 178 ff
- vorsorgliche ordentliche Kündigung BGB 626 47 ff.
- Wartezeit 13 12
- Weiterbeschäftigungsanspruch BetrVG 102 137, 197
- Werkswohnung BGB 626 113
- wichtiger Grund BGB 626 160 ff
- wichtiger Grund, Auslegungsprinzipien BGB 626 55 ff
- wichtiger Grund, Begriff BGB 626 53 f
- Wiedereinsetzung in den vorigen Stand BGB 626 141
- Wiederholungsgefahr BGB 626 87 f
- Wiederholungskündigung BGB 626 123
- Zugang der K. BGB 626 159
- Zugang der Kündigungserklärung BGB 626 33
- Zugangsvereitelung BGB 626 141
- Zurechnung von Kenntnissen bei juristischen Personen BGB 626 138 ff

- Zurechnung von Kenntnissen bei Kollusion BGB 626 136
- Zurechnung von Kenntnissen bei Minderjährigen und Geschäftsunfähigen BGB 626 133
- Zurechnung von Kenntnissen bei Wissensvertreter BGB 626 135
- Zurechnung von Kenntnissen Dritter BGB 626 132 ff
- Zustimmung des Betriebsrats BGB 626 21
- Zustimmung des Integrationsamtes BGB 626 148 ff
- Zustimmung einer Behörde BGB 626 147
- Zustimmungsverfahren BetrVG 102 237 f; BGB 626 146 ff

Außerordentliche Kündigung ordentlich Unkündbarer
- Anwendbarkeit des KSchG 1 105, 4 5 f, 64
- Auslauffrist 1 346, 493, 752, 758
- dreiwöchige Klagefrist 4 111 ff
- entfristete ordentliche K. 1 102
- Kündigungseinspruch 3 1 ff
- zweiwöchige Kündigungserklärungsfrist 1 491, 757, 15 174 ff

Außerordentliche Kündigung ordentlich unkündbarer AN BGB 626 41 ff

Außerordentliche Kündigung schwerbehinderter Menschen
- Antragsfrist SGB IX 92 70
- Beteiligung des Betriebsrates SGB IX 92 76
- Einschränkung der Ermessensentscheidung SGB IX 92 72 f
- Entscheidung durch Widerspruchsausschuss SGB IX 92 73
- Entscheidungsfrist des Integrationsamtes SGB IX 92 71
- Kündigung mit sozialer Auslauffrist SGB IX 92 69
- Kündigungserklärungsfrist SGB IX 92 73 f
- Kündigungserklärungsfrist bei Negativattest SGB IX 92 74
- Zustimmungsfiktion SGB IX 92 71, 75

Aussperrung 1 84, 131, 25 2; BGB 626 107
- kollektivrechtlicher Lösungstatbestand 1 131
- Wiedereinstellungsanspruch 1 131

Austauschkündigung 1 768 ff

Aus- und Weiterbildung befristet Beschäftigter TzBfG 19 1 ff

Auswahlrichtlinien 1 899 ff
- absoluter Sozialwidrigkeitsgrund 1 935
- Arbeitgeberrichtlinie 1 899
- Gesetzesentwicklung 1 899
- Prüfungsmaßstab der groben Fehlerhaftigkeit 1 903 ff
- Synopse 1 899
- Zusammentreffen mit Namensliste 1 906 ff

Auszubildende BetrVG 102 33 f; BGB 626 11 f
- Anrufung des Schlichtungsausschusses 13 14
- Arbeitnehmerbegriff 1 29
- außerordentliche K. BGB 626 12
- Klagefrist 1 30, 4 85, 13 14; BGB 626 151
- Kündigungsfrist 1 29
- Kündigungsschutzklage 4 85, 13 14
- Wartezeit 1 78

Auszubildendenvertretung BetrVG 102 119 f

Bagatelldelikte 1 218, 427 ff; BGB 626 99 ff

Baugewerbe 1 783

Stichwortverzeichnis

Beamte BetrVG 102 35
- Dienstordnungsangestellte 1 34, 15 21, 59
- Personalratsmitglieder 15 20
- Planstelle 1 805 ff
- Unanwendbarkeit des KSchG 1 33

Bedingte Kündigung Einl 19 ff, 97, 1 98

Bedingung Einl 12, 1 122

Bedrohung 1 456; BGB 626 108

Beendigung des Arbeitsverhältnisses
- Bedingung Einl 12, 1 122
- Befristung Einl 12, 1 35, 123 f
- Dienstentlassung 1 34, 15 21, 59
- Gesamtvollstreckung 1 110 ff, 799 ff; BGB 622 10
- Konkurs 1 110 ff, 799 ff; BGB 622 10
- Lösung durch Anfechtung oder Berufung auf Nichtigkeit Einl 8 f, 1 36, 126 ff
- Tod des AN 4 96, 9 40 ff
- Vergleich und Insolvenz 1 110 ff, 799 ff; BGB 622 10

Beendigungserklärung
- Annahmeverzug 12 21 ff, 32 ff
- Auflösung des bisherigen Arbeitsverhältnisses 12 20
- außerordentliche K. 13 28 f
- betriebsverfassungs- und personalvertretungsrechtliche Funktionsträger 16 1 ff
- Erklärungsfrist 12 16 ff
- Form 12 19
- klagestattgebendes Feststellungsurteil 12 8 ff
- neues Arbeitsverhältnis 12 11 ff
- sittenwidrige K. 13 60
- Sonderkündigungsrecht 12 4
- sonstige Unwirksamkeitsgründe 13 94
- Umdeutung in Kündigung 12 18
- Verhältnis zu § 9 KSchG 12 7
- verspätete Beendigungserklärung 12 25 ff
- Verweigerungsrecht 12 4
- vorsorgliche Erklärung 12 18
- Wahlrecht 12 3 f

Beendigungskündigung und Änderungskündigung 2 2, 41, 4 5 f

Beendigungstatbestände Einl 6 ff, 1 105 ff, 120 ff

Beförderungsstelle 1 683 f, 777, 938

Befristung 1 35, 123 f; TzBfG 14 20
- Abfindung 10 47
- abweichende Vereinbarung TzBfG 22 1 ff
- Altersgrenzen TzBfG 14 135 f
- Annahmeverzug 11 20
- Anschlussbefristung nach Studium (Nr 2) TzBfG 14 78 f
- Antragsformulierung TzBfG 17 12
- arbeitnehmerähnliche Person TzBfG 14 24
- Arbeitsbeschaffungsmaßnahmen TzBfG 14 169
- Aufenthaltsgenehmigung TzBfG 14 145
- Aufhebungsvertrag TzBfG 14 31
- auflösende Bedingung Einl 12, 1 122
- Ausscheiden des Vertretenen TzBfG 14 94
- außergerichtlicher Vergleich TzBfG 14 166
- Beschäftigungsförderungsgesetz 1996 Einl 12, 1 124
- Beteiligung des Betriebsrats/Personalrats TzBfG 14 8 f
- Betriebs-/Personalratsmitglieder 15 65 ff
- Betriebsratsarbeit TzBfG 14 174
- Bühnenmitglieder TzBfG 14 118
- Darlegungs- und Beweislast TzBfG 14 62 F, 75, 86, 105

1973

- Darlegungs- und Beweislast für Sachgrund TzBfG 14 62
- Dauer TzBfG 14 49 f
- Dogmatik der Befristungskontrolle nach TzBfG TzBfG 14 7 f
- Drittmittel TzBfG 14 162
- Eigenart der Arbeitsleistung (Nr 4) TzBfG 14 107 ff
- Einarbeitungszeit TzBfG 14 96
- einzelne Arbeitsbedingungen 2 26
- einzelne Vertragsbedingungen TzBfG 14 33 f
- Entfristungsklage TzBfG 17 1 ff
- Erntesaison TzBfG 14 65
- Erprobung (Nr 4) TzBfG 14 124 f
- europarechtliche Rahmenbedingungen TzBfG 14 3 f
- Existenzgründer TzBfG 14 216 ff
- Folgen unwirksamer Befristung TzBfG 16 1 ff
- Fortsetzung nach Befristungsende TzBfG 15 25 ff
- freies Dienstverhältnis TzBfG 14 23
- gerichtlicher Vergleich (Nr 8) TzBfG 14 163 F
- Gesamtvertretungsbedarf TzBfG 14 101
- Häufigkeit der Befristung TzBfG 14 92
- haushaltsrechtliche Gründe (Nr 7) TzBfG 14 150 f
- Heimarbeiter TzBfG 14 25
- Hochleistungssport TzBfG 14 110
- Insolvenz TzBfG 14 39
- kalenderbefristetes Arbeitsverhältnis TzBfG 14 17, 15 2
- Kampagnebetriebe TzBfG 14 72
- Klagefrist bei außerordentlicher K. 13 13
- Kleinbetrieb TzBfG 14 7
- kombinierte Zeit- und Zweckbefristung TzBfG 14 21
- Kündbarkeit 1 35, 123
- Kündigung des befristeten Arbeitsverhältnisses TzBfG 15 14 f
- Landespersonalvertretungsgesetze TzBfG 14 12
- Leistungssportler TzBfG 14 123
- leitende Angestellte TzBfG 14 27
- Mehrfachbefristung TzBfG 14 55 f
- mittelbare Vertretung TzBfG 14 98
- Nebenbeschäftigung TzBfG 14 148 f
- objektive Umgehung des Kündigungsschutzes Einl 12
- ordentliche K. 1 35, 123
- personenbedingte Gründe (Nr 6) TzBfG 14 134 f
- Prognose TzBfG 14 54 F, 66, 88
- regelmäßiger Vertretungsbedarf TzBfG 14 90
- Reporter TzBfG 14 53
- richterrechtliche Kontrolle BGB 620 4 f
- Rundfunk und Fernsehanstalten TzBfG 14 112
- sachgrundlose Befristung TzBfG 14 177 ff
- sachlicher Grund Einl 12, 1 123
- Saisonbetrieb TzBfG 14 72
- Schauspieler TzBfG 14 120
- Schriftformerfordernis Einl 24
- Schriftformgebot (Abs 4) TzBfG 14 241 ff
- Sonderkündigungsschutz TzBfG 14 28 f
- soziale Gründe TzBfG 14 143 F
- Sozialhilfe TzBfG 14 169
- spezielle gesetzliche Regelungen TzBfG 23 1 ff
- Studenten TzBfG 14 150

- Teilzeitbeschäftigung TzBfG 14 148
- Tendenzbetrieb TzBfG 14 116
- Trainer TzBfG 14 120
- Übergangsrecht BGB 620 7 f
- Umstrukturierung im öffentlichen Dienst TzBfG 14 73
- verfassungsrechtliche Schutzpflichten TzBfG 14 42
- Verschleißtatbestände TzBfG 14 110
- Vertretung (Nr 3) TzBfG 14 87 ff
- Vertretungskonzept TzBfG 14 99
- vorübergehender betrieblicher Bedarf (Nr 1) TzBfG 14 65 ff
- Wertungsmaßstab für Sachgrund TzBfG 14 42
- wissenschaftliche Mitarbeiter TzBfG 14 111
- Wunsch des AN TzBfG 14 140 f
- Zeit und Zweckbestimmung Einl 12, 1 123
- zweckbefristetes Arbeitsverhältnis TzBfG 14 18 f, 93, 15 3
- Zweckbefristung TzBfG 14 93

Befristungsende TzBfG 15 25 ff
- Darlegungs- und Beweislast TzBfG 15 40
- Doppelbefristung TzBfG 15 28
- Fortsetzung TzBfG 15 26, 31 ff
- Mitteilung der Zweckerreichung TzBfG 15 19, 38
- Widerspruch TzBfG 15 36
- Wiedereinstellungsanspruch TzBfG 15 41

Befristungskette
- Rechtsmissbrauch TzBfG 14 60 f

Beherrschungsvertrag 1 697
Behördliche Zustimmung 4 114 ff; BGB 626 147 ff
Beitragspflichtiges Arbeitsentgelt 10 54 ff

Belästigung BGB 626 108
Beleidigung 1 421 ff; BGB 626 108
- Facebook 1 422
- Soziale Netzwerke 1 422

Benachteiligungsverbot Teilzeitbeschäftigter 1 839 f
Beratungsverschulden BGB 626 70 f
Bergmannsversorgungsscheine 4 115
Berufsausbildungsverhältnis BGB 626 151
- außerordentliche Kündigung 13 8
- gerichtliche Auflösung 9 3
- Kündigung BGB 626 11 f

Berufsbildungswerke BetrVG 102 34
Berufsförderungswerke BetrVG 102 34
Berufskraftfahrer
- Alkohol 1 361, 519

Berufung
- allgemeiner Feststellungsantrag 4 54
- Auflösungsantrag, Beschwer 9 110 ff

Besatzungsmitglieder BGB 626 9
Beschäftigungsanspruch 4 21 f, 15 218 f
Beschäftigungsförderungsgesetz 1 722 ff, 908 ff
Beschäftigungshindernis und -verbot 1 510 ff
Beschäftigungsmöglichkeiten BetrVG 102 106
Beschäftigungs- und Qualifizierungsgesellschaft
- und betriebsbedingte K. 1 769

Beschäftigungszeit, beanstandungsfreie BGB 626 95, 99 ff
Besonderer Kündigungsschutz
- Schwerbehinderte, Schwangere und Mutterschaft, Elternzeit BetrVG 102 63

Bestimmender Einfluss
- eines Konzernunternehmens bei betriebsbedingter K. 1 697

Beteiligung des Betriebsrats
- Abmahnung 1 288 ff
- Änderungskündigung 2 69 ff
- Beendigung einer vorläufigen Einstellung 1 121
- Darlegungs- und Beweislast 13 97
- Kündigungseinspruch 3 1 ff
- Verdachtskündigung 1 643
- Versetzung 2 70
- Zustimmungsverfahren 15 182 ff

Betrieb
- Abgrenzung zum Unternehmen 1 59 ff, 692 ff, 23 12
- arbeitstechnischer Zweck 1 59, 676, 693
- Begriff 1 59 ff, 693, 15 110, 23 10
- Betriebsabteilung 15 118 ff
- Betriebsabteilung, Schließung einer 1 685, 693, 820
- Betriebsteil 1 685, 821, 15 119, 123, 23 13
- Eingliederung in 1 24 f
- gemeinsamer Betrieb mehrerer Unternehmen 1 825
- gemeinsamer Betrieb zweier Unternehmen 1 695, 822 ff, 15 122, 23 16
- organisatorische Einheit 1 692
- zeitlicher Geltungsbereich des KSchG, Wartezeit 1 59 ff

Betriebe von Trägern des öffentliches Rechts BetrVG 102 20, 22

Betriebliche Beeinträchtigungen
- Abgrenzung der erheblichen von der unzumutbaren betrieblichen Beeinträchtigung 1 549, 551, 562 f
- Entgeltpfändungen 1 387, 650 ff
- Haft 1 435, 544 f

- krankheitsbedingte K. 1 560 ff, 582 ff, 587 ff, 594, 599 f
- personenbedingte K. allgemein 1 476
- Verdachtskündigung 1 632, 646
- verhaltensbedingte K. 1 209 ff, 236, 325, 380, 393, 404, 439
- Wehrdienst von Arbeitnehmern, die nicht der EU angehören 1 73, 658

Betriebliche Belange, berechtigte BetrVG 102 108

Betriebliche Organisation 1 663 ff, 674 ff, 774 ff

Betriebs-/Personalratsmitglieder
- Abmahnungen 1 288 ff, 294 ff
- Annahmeverzug 15 220 f
- Auflösung des Arbeitsverhältnisses gegen Zahlung einer Abfindung 9 84 ff, 15 9, 153, 225 ff
- außerordentliche K. 15 155 ff
- Beendigungserklärung bei neuem Arbeitsverhältnis 16 1 ff
- befristetes Arbeitsverhältnis 15 65 ff
- Hausverbot 15 222
- Klagefrist 13 15
- ordentliche K. 15 103 ff
- Suspendierung 15 216
- Weiterbeschäftigungsanspruch im Kündigungsschutzprozess 15 147 f, 218 f
- Weiterbeschäftigungsmöglichkeit 15 129, 133 ff, 147
- Widerspruch gegen Betriebsübergang 15 126 ff
- Zustimmungserfordernis bei außerordentlicher K. 15 182 ff

Betriebsablaufstörungen 1 209 ff, 236, 325, 380, 393, 560 ff, 578, 582 ff

Betriebsabteilung
- Abgrenzung zum Betriebsteil 15 119
- Beispiele 15 120

Stichwortverzeichnis

- Kündigung von Mandatsträgern bzw Wahlbewerbern 15 105 ff, 130 ff, 133 ff
- Schließung 1 685, 693, 820, 15 118 ff, 121

Betriebsänderung 1 722 ff, 774 ff
- Interessenausgleich mit Namensliste, qualifizierter Interessenausgleich 1 722 ff
- Nachteilsausgleich 9 10

Betriebsbedingte außerordentliche Kündigung BGB 626 26, 130 f, 163
- Interessenausgleich 1 728
- Prüfungsschemata 1 751 f
- Rechtsfolgeseite 1 752, 758
- soziale Auswahl 1 754, 849
- Tatbestandsseite 1 751, 753 ff
- wichtiger Grund 1 753
- Zweiwochenfrist, Beginn und Ende 1 757

Betriebsbedingte Kündigung 1 659 ff
- Abkehrwille 1 350, 760
- Angemessenheit 1 687, 690
- Arbeitsmangel 1 761 ff
- Auftrags- und Umsatzrückgang 1 764 ff
- außerbetriebliche Gründe 1 663 f, 666
- außerordentliche betriebsbedingte K. 1 744 ff
- Austauschkündigung 1 768 ff
- Betriebsänderung, Betriebseinschränkung, Änderung des Arbeitsablaufs 1 774 ff
- Betriebsbezug 1 693 ff, 820 ff
- Betriebsratsanhörung BetrVG 102 85, 104 f, 142
- Betriebsstilllegung 1 779 ff
- Betriebsübergang 1 794 f
- Beurteilungszeitpunkt 1 663
- Darlegungs- und Beweislast 1 914 ff
- Dringlichkeit 1 687 ff
- Druckkündigung 1 796
- Einzelfälle 1 759 ff
- Erforderlichkeit 1 687 ff
- fehlende Weiterbeschäftigungsmöglichkeit 1 691 ff
- freier Arbeitsplatz und Notwendigkeit eines Änderungsangebots 1 703 ff
- Haushaltsplan 1 805 ff
- innerbetriebliche Gründe 1 663, 665 f
- Interessenabwägung 1 721
- Interessenausgleich mit Namensliste 1 722 ff, 908 ff
- Konkurs und Vergleich 1 799 ff
- Kündigungsschutz im Konzern 1 696 ff
- Kurzarbeit 1 689
- öffentlicher Dienst 1 804 ff
- Prüfungsschemata 1 660
- Rationalisierung 1 808 ff
- Rechtsfolgeseite der betriebsbedingten außerordentlichen K. 1 752, 758
- Rentabilitätssteigerung 1 811
- ruhende Arbeitsverhältnisse 1 826
- Tatbestandsseite der betriebsbedingten außerordentlichen K. 1 751, 753 ff
- ultima ratio 1 687 ff
- Unterscheidung zwischen Weiterbeschäftigungsmöglichkeit auf freiem Arbeitsplatz u. Sozialauswahl 1 685, 717
- Verhältnismäßigkeit 1 687 ff
- Vorrang des milderen Mittels 1 687 ff
- Wegfall des Arbeitsplatzes 1 683 ff
- Wiedereinstellungsanspruch 1 717, 787 f

Betriebsferien BetrVG 102 16
Betriebsfrieden 1 437
Betriebsgeheimnis 1 348, 458, 527
Betriebsrat
- Abänderung BetrVG 102 140 f
- Abmahnung 1 288 ff, 294 ff

1977

Stichwortverzeichnis

- Absehen von Stellungnahme BetrVG 102 160
- Anhörung bei der Verdachtskündigung 1 630
- Anhörung des AN BetrVG 102 120
- Beendigung einer vorläufigen Einstellung 1 119
- Beschlussfassung BetrVG 102 117 ff
- Beteiligung bei Auflösungsantrag des AG 9 73
- Beteiligung bei der Änderungskündigung 2 69 ff
- Beteiligungsrechte nach dem KSchG BetrVG 102 240
- Einigungsstelle BetrVG 102 230 f
- Ersatzmitglied BetrVG 102 118
- Erweiterung der Beteiligungsrechte bei Kündigungen BetrVG 102 230 ff
- fehlerhafte Sozialauswahl BetrVG 102 142 f
- Form BetrVG 102 133 ff
- Form und Zugang BetrVG 102 66 ff
- Frist BetrVG 102 126 ff, 162 f
- Fristverlängerung BetrVG 102 122
- Funktionsfähigkeit BetrVG 102 11 f
- Gesamt- und Konzernbetriebsrat BetrVG 102 53 ff
- Handlungsunfähigkeit BetrVG 102 15 ff
- Inhalt BetrVG 102 74 ff, 165
- Inhalt des Mitbestimmungsrechts BetrVG 102 232 ff
- Kenntnisnahme der Stellungnahme durch AG BetrVG 102 166
- Konstituierung BetrVG 102 12 ff
- Kündigung auf Verlangen des Betriebsrats 1 123
- Mandat BetrVG 102 4 ff
- Mitteilung von Bedenken BetrVG 102 136
- Nachforschungen und eigene Kenntnisse BetrVG 102 80 f
- Nachfrage BetrVG 102 99, 130, 159
- Rechtsgrundlage BetrVG 102 231
- Rügepflicht bei fehlenden Nachweis der Bevollmächtigung eines Vertreters des AG BetrVG 102 52
- Schweigepflicht BetrVG 102 123 f
- Spontanzustimmung BetrVG 102 134
- Stellungnahme BetrVG 102 74, 116 ff
- Stellungnahme bei außerordentliche K. BetrVG 102 161 ff
- Stellungnahme bei ordentlicher K. BetrVG 102 125 ff
- Unterrichtung der Mitglieder BetrVG 102 13 f
- Unterrichtung durch AG bei K. BetrVG 102 51 f, 59 f, 66 f, 74 f
- Verstoß gegen Auswahlrichtlinie BetrVG 102 145
- Weiterbeschäftigung an einem anderen Arbeitsplatz BetrVG 102 146 ff
- Weiterbeschäftigung unter anderen Bedingungen BetrVG 102 154 ff
- Widerspruch BetrVG 102 137 ff
- Wirksamkeit BetrVG 102 138 f, 224 f
- Zeitpunkt BetrVG 102 59 ff
- Zumutbare Umschulungs- oder Fortbildungsmaßnahmen BetrVG 102 153
- Zuständigkeit bei Anhörung BetrVG 102 53 f
- Zuständigkeitsverlagerung auf Ausschuss oder Arbeitsgruppe BetrVG 102 71 f
- Zustimmung BetrVG 102 158
- Zustimmung zur außerordentlichen K. eines Betriebsratsmitglieds 15 182 ff

Stichwortverzeichnis

Betriebsrätegesetz (BRG) 3 1
Betriebsratsmandat
- Beginn/Ende BetrVG 102 5
- Betriebsübergang
  BetrVG 102 10
- Restmandat BetrVG 102 8 f
- Tendenzbetriebe
  BetrVG 102 20 ff
- Übergangsmandat
  BetrVG 102 6 f

Betriebsratssitzung
BetrVG 102 117 f

Betriebsspaltung 1 67, 822, 15 116

Betriebsstillegung 1 779 ff; BetrVG 102 105
- Abwicklungs- und Aufräumarbeiten 1 721, 792, 15 111
- Begriff 1 780, 15 110 ff
- Betriebsveräußerung, -verpachtung 1 794 f, 15 117, 125, 126
- Einzelfälle 15 116 f
- Kampagnebetriebe 15 114
- Kündigung von Mandatsträgern bzw Wahlbewerbern 15 105 ff, 129 ff
- Saisonbetriebe 15 114
- vorübergehende Betriebsunterbrechung 1 780, 15 113

Betriebsteil 1 685, 821, **15** 119, 123, **23** 13

Betriebsteilübergang
BGB 613a 12 f, 37, 39

Betriebsübergang 1 65, 794 f, 4 99 ff; BGB 626 137
- Abdingbarkeit der Rechtsfolgen BGB 613a 80
- Aktienoptionen BGB 613a 71
- Änderungssperre BGB 613a 100 f
- Annahmeverzug BGB 613a 66
- Art des Unternehmens/Betriebs BGB 613a 8, 13
- Auffang- und Qualifizierungsgesellschaft BGB 613a 80
- Auflösungsantrag BGB 613a 207, 213

- Auflösungsantrag bei Betriebsübergang 9 22
- Auflösungsantrag bei Betriebsübergang in der Kündigungsfrist 4 104 f
- Ausbildungsverträge BGB 613a 57
- ausgeschiedene AN BGB 613a 57
- Ausschlussfristen BGB 613a 67
- betriebliche Altersversorgung BGB 613a 78
- betriebliche Übung BGB 613a 65
- Betriebsrat BGB 613a 118 f
- Betriebsratsanhörung BetrVG 102 55
- Betriebsratsmitglied 15 126 ff
- Betriebsratsmitglieder BGB 613a 119
- Betriebsvereinbarung BGB 613a 93 F, 108
- Betriebszugehörigkeit BGB 613a 65
- Bewachungsunternehmen BGB 613a 14, 28
- Bezugnahme auf TV BGB 613a 110 f
- BGB-Gesellschaft BGB 613a 43
- Buslinien BGB 613a 27
- Darlegungs- und Beweislast BGB 613a 55, 131 ff
- Darlehensanspruch BGB 613a 70
- Dienstleistungsbetrieb BGB 613a 14
- eigenwirtschaftliche Nutzung BGB 613a 18
- Einzelhandelsgeschäft BGB 613a 14, 23, 27, 33
- Erlassvertrag BGB 613a 81
- Erwerberkonzept 1 780, 794
- europarechtliche Rahmenbedingungen BGB 613a 2 f
- Fleischergeschäft BGB 613a 23

1979

Stichwortverzeichnis

- Funktionsnachfolge
  BGB 613a 34
- Gaststätte BGB 613a 23, 27
- Gebäudereinigung
  BGB 613a 14, 26, 28
- gemeinsamer Betrieb
  BGB 613a 37
- Gesamtbetriebsvereinbarung
  BGB 613a 94
- Gesamtrechtsnachfolge
  BGB 613a 49, 90
- Gesellschaft bürgerlichen Rechts
  BGB 613a 43
- Gewinnbeteiligung
  BGB 613a 75
- Gleichstellungsabrede
  BGB 613a 112
- Goodwill BGB 613a 14, 32
- Grad der Ähnlichkeit der Tätigkeiten BGB 613a 8, 32
- Großhandel BGB 613a 23
- Grundstücksverwaltung
  BGB 613a 36
- Hauptbelegschaft
  BGB 613a 8, 25 f
- Heimarbeitsverhältnisse
  BGB 613a 57
- immaterielle Betriebsmittel
  BGB 613a 8, 21 f
- individualrechtliche Weitergeltung der Betriebsvereinbarung
  BGB 613a 98
- individualrechtliche Weitergeltung des TV BGB 613a 91 f
- Insolvenz BGB 613a 82 f, 215 ff
- Insourcing BGB 613a 35
- Jugendwohnheim
  BGB 613a 36
- Karenzentschädigung
  BGB 613a 67
- KFZ-Werkstatt BGB 613a 36
- Klaganträge BGB 613a 213
- Klagefrist BGB 613a 120
- Know-how/Know-how-Träger
  BGB 613a 14, 24
- kollektivrechtliche Weitergeltung der Betriebsvereinbarung
  BGB 613a 93 f
- kollektivrechtliche Weitergeltung des TV BGB 613a 87 f
- Konzernbetriebsvereinbarung
  BGB 613a 97
- Kündigung des Veräußerers nach dem B. 4 108
- Kündigung des Veräußerers vor dem B. 4 100
- Kündigungsschutzklage
  4 99 ff; BGB 613a 199 ff
- Kündigungsverbot 1 794 f, 15 117; BGB 613a 50 ff
- Kundschaft/Kundenbeziehungen
  BGB 613a 8, 23, 33
- leitende Angestellte
  BGB 613a 57
- materielle Betriebsmittel
  BGB 613a 8, 15 f
- mehrfacher Betriebsübergang
  BGB 613a 103
- Notariat BGB 613a 23
- Organverhältnisse
  BGB 613a 57
- Outsourcing BGB 613a 35
- Pächterwechsel BGB 613a 36
- Patente BGB 613a 21
- Produktionsbetrieb
  BGB 613a 14
- Prozessführungsbefugnis
  4 99 ff
- prozessuale Möglichkeiten
  BGB 613a 198 ff
- Prüfungsgrundsätze
  BGB 613a 5 F
- Querschnittsarbeitsplätze
  BGB 613a 64
- Rechtskrafterstreckung 4 99 ff
- Rechtsstellung nach Betriebsübergang BGB 613a 65 f
- Regelungsabrede
  BGB 613a 99
- Restaurant BGB 613a 23, 33
- Rohstoffe BGB 613a 15
- Ruhestandsverhältnisse
  BGB 613a 57
- Schutzrechte BGB 613a 20
- Seeschiff BGB 613a 15

- Sicherungsübereignung eines Geschäftsbetriebs BGB **613a** 45
- Tankstellenverwaltung BGB **613a** 57
- Tantieme BGB **613a** 75
- Tarifvertrag BGB **613a** 87, 104
- Tarifwechselklausel BGB **613a** 115
- Theater BGB **613a** 36
- Treuhandverhältnis BGB **613a** 44
- Übergang durch Gesetz BGB **613a** 47
- Übergang durch Rechtsgeschäft BGB **613a** 46 f
- Übergang von Arbeitsverhältnissen BGB **613a** 57
- und Passivlegitimation 4 108
- und Sozialauswahl 1 824
- ungewisser Betriebsübergang 4 106 f
- Unterbrechung der Betriebstätigkeit BGB **613a** 8, 27 F
- Unterrichtungspflicht BGB **613a** 149 ff
- Unwirksamkeitsgründe, sonstige 13 74
- Veräußererkündigung mit Erwerberkonzept BGB **613a** 130
- Vergütung BGB **613a** 65
- Verschmelzung, Spaltung BGB **613a** 50
- Verwaltungsabteilung BGB **613a** 60
- Vollmachten BGB **613a** 77
- Warenzeichen BGB **613a** 15, 22
- Wartezeit 1 65; BGB **613a** 67
- Wechsel des Betriebsinhabers BGB **613a** 41 f
- Werkswohnung BGB **613a** 76
- Wettbewerbsverbote BGB **613a** 67
- Widerspruch BGB **613a** 147
- Wiedereinstellungsanspruch BGB **613a** 133
- wirtschaftliche Einheit BGB **613a** 7 f, 13 f
- Zeitpunkt BGB **613a** 54
- Zementwerk BGB **613a** 27
- Zuordnung übergehender Arbeitsverhältnisse BGB **613a** 59 ff
- Zwangsversteigerung BGB **613a** 51

Betriebsvereinbarung BetrVG 102 230 f
- Ausschluss des Rechts zur außerordentlichen K. BGB **626** 18

Betriebszugehörigkeit
- Anrechnung früherer Betriebs- oder Unternehmenszugehörigkeit auf die Wartezeit 1 72 ff
- Bemessung der Abfindung 10 11 ff
- betriebsbedingte K. 1 863, 870, 877
- krankheitsbedingte K. 1 574
- personenbedingte K. 1 484
- verhaltensbedingte K. 1 324 f, 432

Beurteilungszeitpunkt für die Wirksamkeit der Kündigung 1 184
- betriebsbedingte K. 1 663
- krankheitsbedingte K. 1 555 ff, 580, 593 ff
- personenbedingte K. 1 475
- Verdachtskündigung 1 639 f, 643
- verhaltensbedingte K. 1 236 ff, 239

Beweismittel BGB **626** 165 f

BeweisnotParteivernehmung BGB **626** 167

Beweisvereitelung
- Entbindung von der Schweigepflicht bei krankheitsbedingter K. 1 613

Beweisverwertungsverbote
BGB 626 176 ff
- betriebsverfassungswidrig erlangte Beweismittel
BGB 626 181
- Mithören von (Telefon-)Gesprächen BGB 626 183
- Schrank- und Spindkontrollen BGB 626 182
- Videoaufzeichnungen BGB 626 178 ff
- Zustimmung des Betriebsrats BGB 626 181

Beweiswürdigung
BGB 626 168 ff
- Auskunftspersonen BGB 626 170 ff
- Beweisverwertungsverbote BGB 626 176 ff
- richterliche Überzeugung BGB 626 168 f
- Videoaufzeichnungen BGB 626 178 ff

BGB-Gesellschaft
- und Betriebsübergang BGB 613a 43

Billiges Ermessen
- Ausübung des Direktionsrechts, um leidensgerechten Arbeitsplatz freizumachen 1 480, 590
- Überstundenanordnung 1 379
- Versetzung 1 372 f, 2 16
- Weiterbeschäftigungsmöglichkeit auf geringerer Anzahl von freien als gekündigten Stellen 1 717
- Wiedereinstellungsanspruch 1 787 ff

Brutto-/Netto-Vereinbarung
10 53

„Chacón Navas"-Entscheidung
1 468, 546

Darlegungs- und Beweislast
- Abgestufte Darlegungslast BetrVG 102 181 ff; BGB 626 161
- Abmahnung 1 313, 337

- Alkohol- und Drogenabhängigkeit 1 500 f, 505
- Angaben von Auskunftspersonen BGB 626 170 ff
- Anwendbarkeit des KSchG 1 134 ff, 23 40 ff
- Arbeitnehmereigenschaft 1 134
- Arbeitnehmerstatus BetrVG 102 180
- Arbeitsunfähigkeitsbescheinigung 1 333 ff
- Auflösungsantrag des AG 9 74
- Auflösungsantrag des AN 9 58 f
- Ausschlussfrist BGB 626 164
- außerordentliche betriebs- oder personenbedingte K. BGB 626 163
- außerordentliche K. 13 47; BGB 626 159 ff
- Auswahlrichtlinien 1 924
- berechtigtes betriebliches Bedürfnis 1 923
- betrieblicher Geltungsbereich 23 40 ff
- Betriebsablaufstörungen 1 616, 622 f
- betriebsbedingte K. 1 914 ff
- Betriebsratsanhörung 13 97; BetrVG 102 171, 174, 180 f
- Beweismittel und Beteiligung des Betriebsrats BGB 626 181
- Beweisverwertungsverbote BGB 626 176 ff
- Beweiswürdigung BGB 626 168 ff
- dauernde Arbeitsunfähigkeit 1 623
- Differenzen zw objektiver Sachlage und dem BR mitgeteilten Informationen im Kündigungsschutzprozess BetrVG 102 171
- dringendes betriebliches Erfordernis 1 915 ff
- Dringlichkeit 1 918
- Elternzeit BEEG 18 38

Stichwortverzeichnis

- erhebliche Beeinträchtigung betrieblicher oder wirtschaftlicher Interessen 1 615 ff, 622 f
- Gewissensentscheidung 1 542
- häufige Kurzerkrankungen 1 613 ff
- Interessenabwägung 1 619 f
- Interessenausgleich mit Namensliste 1 925 ff
- Klagefrist 4 131
- krankheitsbedingte K. 1 613 ff
- krankheitsbedingte Leistungsminderung 1 882
- Kündigungsschutzprozess bzgl Anhörung des Betriebsrats BetrVG 102 178 f
- lang andauernde Erkrankung 1 621 ff
- Leitender Angestellter BetrVG 102 180
- Mithören von (Telefon-)Gesprächen BGB 626 183
- Nachschieben von Kündigungsgründen BetrVG 102 189 f
- negative Gesundheitsprognose 1 613, 621
- negative Prognose, Wiederholungsgefahr 1 337
- Notwehr 1 331
- offenbare Unsachlichkeit, Unvernunft oder Willkür der Maßnahme 1 679 f, 919 f
- ordentliche K. des AG 1 168 f
- Rechtswidrigkeit 1 328 ff
- Schrank- und Spindkontrollen BGB 626 182
- Schwangerschaft MuSchG 9 54
- Schwerbehinderung SGB IX 92 65
- sittenwidrige K. 13 62 ff
- Sonderkündigungsschutz bei Pflegezeit PflegeZG 5 53
- Sonderkündigungsschutz von Funktionsträgern 15 154, 228
- sonstige Unwirksamkeitsgründe 13 95 ff
- Sozialauswahl 1 921 ff
- Umdeutung einer außerordentlichen in eine ordentliche K. 6 10, 14 ff
- Unwirksamkeitsgründe, sonstige 13 98 ff
- Vergleichbarkeit 1 921 f
- verhaltensbedingte K. 1 326 ff
- Vernehmung/Anhörung einer Partei BGB 626 167
- Verschulden 1 336
- vertragspflichtwidriges Verhalten 1 327
- Verwertung von Beweiserhebungen und Entscheidungen in Strafsachen BGB 626 166
- Videoaufzeichnungen BGB 626 178 ff
- völlige Ungewissheit der Wiederherstellung der Arbeitsfähigkeit 1 623
- Voraussetzungen des KSchG 1 134 ff
- Vortrag der Tatsachen, die nachträgliche Zulassung der Kündigungsschutzklage begründen 5 26
- Wartezeit 1 165 ff
- Weiterbeschäftigungsmöglichkeit 1 318 ff, 338, 618, 624
- Weiterbeschäftigungsmöglichkeit auf einem freien Arbeitsplatz 1 697, 715, 920
- wichtiger Grund BGB 626 160 ff
- wirtschaftliche Belastungen 1 617, 622 f

Datenschutz 1 459
Datenschutzrecht BetrVG 102 79
Dauertatbestände BGB 626 124 ff
Delegation BetrVG 102 56
Diebstahl 1 218 ff, 258, 414 f, 425, 427 ff, 628
Dienstordnungsangestellte 1 34, 15 21, 59; BGB 626 10
Dienststelle 1 804, 15 105
Dienstverhältnis BGB 626 154 f

1983

Direktionsrecht
- Änderung der Arbeitsbedingungen aufgrund Direktionsrechts 2 12 ff, 20 ff, 4 7
- Klagefrist 4 7
- personenbedingte K.: Ausübung des Weisungsrechts, um leidensgerechten Arbeitsplatz freizumachen 1 480, 590
- Vergleichbarkeit iSd Sozialauswahl, Konkretisierung der geschuldeten Arbeit 1 828 ff
- verhaltensbedingte K. 1 320, 372 f
- Versetzungsklausel im Konzern 1 697 f
- Weiterbeschäftigungsmöglichkeit auf geringerer Anzahl von freien als gekündigten Stellen 1 717
- Wiedereinstellungsanspruch 1 787 ff

Dominotheorie
- Aufgabe durch den Zweiten Senat 1 662, 878

Doppelverdienst 1 866

Druckkündigung 1 424, 528 f, 796 ff; BGB 626 129
- betriebsbedingte echte Druckk. 1 796 ff
- personen- o. verhaltensbedingte unechte Druckk. 1 424, 528 f

Duldungsvollmacht BetrVG 102 68

Ehebruch 13 83a
Ehegattenarbeitsverhältnis 1 37
Ehescheidung 1 411, 530 ff
Eheschließung 1 411, 530 ff
Ehrenamt 1 536
Eigenkündigung 13 35; BetrVG 102 36, 50; BGB 626 27, 101 ff, 110 f, 160
Eignung 1 537 ff
- Abgrenzung der personenbedingten von der verhaltensbedingten K. 1 199 ff, 224 ff, 232 f, 466, 537 ff
- Abgrenzung der fachlichen von der persönlichen E. 1 537
- tendenzbezogene persönliche Eignungsmängel 1 539
- Unterscheidung zwischen mangelnder E. und unzureichender Arbeitsleistung 1 388, 538

Eignungsübung, gesetzliche Anrechnung auf die Wartezeit 4 69

Einarbeitung 1 844
Eingliederung in den Betrieb 1 24 f
Eingliederungsvertrag 1 75 ff
Einheitlicher Betrieb 1 695, 825, 15 116, 122, 23 16
Einheitliches Arbeitsverhältnis 1 43 ff, 696, 4 97
Einigungsstelle BetrVG 102 230 f
Einigungsvertrag 1 539, 4 8; BGB 626 3, 8
Einstweilige Verfügung BetrVG 102 208 f, 226 f
Einzelrechtsnachfolge BGB 626 137
Elternzeit BGB 626 21, 63, 105, 147
E-Mail BetrVG 102 135
„Emmely"-Entscheidung 1 427 ff, 468, 630; BGB 626 98 ff, 99 ff
Entbindung von der Schweigepflicht 1 334, 613, 621
Entfristungsklage TzBfG 17 5 ff
- allgemeine Feststellungsklage TzBfG 17 6
- Antragsformulierung TzBfG 17 12
- Anwendungsbereich TzBfG 17 14
- Arbeitsbedingungen TzBfG 17 17
- Berechnung der Klagefrist TzBfG 17 22 f

Stichwortverzeichnis

- einstweilige Verfügung TzBfG **17** 11
- entsprechende Anwendung von §§ 5 bis 7 KSchG TzBfG **17** 38
- Fall § 17 Satz 3 TzBfG TzBfG **17** 26 F
- Kalenderbefristung TzBfG **17** 33
- Klagefrist TzBfG **17** 14 ff
- Mehrfachbefristung TzBfG **14** 56
- punktueller Streitgegenstand TzBfG **17** 5
- vorläufige Weiterbeschäftigung TzBfG **17** 9 ff
- Zwangsvollstreckung TzBfG **17** 13
- Zweckbefristung TzBfG **17** 34

Entgeltfortzahlungskosten 1 565 ff, 617

Entgeltpfändungen 1 417 ff, 650 ff

Entscheidung
- „Adelener" TzBfG **14** 9
- „Angelidaki" TzBfG **14** 90
- „Chacón Navas" **1** 468, 546
- „Emmely" **1** 427 ff, 468, 630
- „Güney-Görres und Demir" **1** 791
- „Honeywell" **1** 468, 506, **4** 4
- „Kachelmann" **1** 839
- „Kücükdeveci" **1** 468, 506, 509, **4** 4
- „Mangold" **1** 163, 468, 506, 509, 755, 864, **4** 4; TzBfG **14** 227
- „Obst" **1** 533
- „Schüth" **1** 533

Entscheidungen der Arbeitsverwaltung
- Anhörung **20** 10
- Auskunft des Arbeitsamts **20** 11
- Bekanntgabe der Entscheidung **18** 9, **19** 3, **20** 15
- Entlassungen während Sperrfrist **18** 8 ff, 15 ff
- Entscheidungsinhalt **19** 3 f, **20** 13
- Entscheidungskriterien **20** 14
- Entscheidungsträger **20** 2 ff
- Interessenabwägung **20** 14
- Klagerecht **19** 3, **20** 16
- nach pflichtgemäßem Ermessen **18** 11, **19** 4, **20** 14
- Negativattest **18** 14
- örtliche Zuständigkeit des Arbeitsamts bei anzeigepflichtigen Entlassungen **17** 62, **18** 5
- Rechtsnatur der Entscheidungen **20** 15
- Rechtsweg **18** 8, **19** 3, **20** 16 f
- Rückwirkung **18** 11
- sachliche Zuständigkeit des Arbeitsamts bei anzeigepflichtigen Entlassungen **18** 1 f, 7 f, 13 f
- unter Bedingungen **18** 13
- Verfahren **20** 10 ff
- Verlängerung der Sperrfrist **18** 7
- Verwaltungsakt **18** 8, **19** 3, **20** 15
- Zusammensetzung des Ausschusses **20** 3 ff
- Zuständigkeit der Zentrale der Bundesagentur für Arbeit **21** 1 ff
- Zuständigkeit des Ausschusses **20** 9
- Zuständigkeit des Landesarbeitsamts **19** 1, 3 f
- Zuständigkeit innerhalb des Arbeitsamts **20** 2

Entwicklungshelfer 1 33

Entzug der Fahrerlaubnis 1 361, 516, 519

Erbengemeinschaft 4 97

Erbfolge 1 68, **4** 96

Erklärungsbote BetrVG **102** 68

Erkundigungspflicht nach der Art der Erkrankung 1 556

Erledigung der Hauptsache 4 82, **15** 213

Stichwortverzeichnis

Ermittlungs-/Strafverfahren BGB **626** 119 ff

Erprobungszweck der Wartezeit **1** 56

Ersatzmitglieder von Arbeitnehmervertretungen
- Nachrücken in die Arbeitnehmervertretung **15** 40
- relativer Kündigungsschutz **15** 39
- Sonderkündigungsschutz als Wahlbewerber **15** 39, 93
- Verhinderungsfälle **15** 41, 200
- Vertretung eines ordentlichen Mitglieds **15** 41 ff

Erwerberkonzept **1** 780, 794

Erzieher **1** 539

Existenzgründer TzBfG **14** 216 ff

Fähigkeiten **1** 537, 885

Faktisches Arbeitsverhältnis Einl 9, **1** 79 f, 126 ff; MuSchG **9** 39 f

Familienangehörige **1** 37

Faxkopie BetrVG **102** 135

Fehler, Hauptstichwort fehlt **1** 640, 858 ff, 881 ff, 893, 906 ff, 909, **9** 21, 41, 44, 55, 64, 79, 101, 110, **10** 32, 53, 69, 81, **13** 4, 13, 19, 20, 44, 48, 52, 53, 59, 60, 66, 72, 73, 74a, 75, 81, 82, 83a, 84, 87, 91, **15** 193, 226, **24** 1; BGB **626** 17, 21, 22, 24, 29, 33, 35, 47, 60, 70, 71, 87, 101, 123, 126, 131, 145, 149, 150, 153, 155, 176, 182, 183; SGB IX **92** 45

Feststellungsinteresse **4** 75 ff; BGB **626** 154 f
- Berufung des AG auf einen anderen Beendigungstatbestand **4** 77
- besonderes F. für die allgemeine Feststellungsklage im Unterschied zur Kündigungsschutzklage **4** 75
- nachträglich entfallendes F. für die Kündigungsschutzklage **4** 76, 79 ff, 84
- neues Arbeitsverhältnis **4** 76
- Rücknahme der K. nach Rechtshängigkeit Einl 91, **4** 79 ff
- Rücknahme der K. vor Rechtshängigkeit **4** 83
- Schadensersatzforderung wegen Auflösungsverschuldens **4** 78
- vertragliche Verpflichtung zur Rücknahme der K. **4** 84

Feststellungsklage und Kündigungsschutzklage **13** 20
- allgemeine Feststellungsklage **4** 44 ff
- andere Arten der Leistungsklage **4** 23 f, **6** 24 f
- Änderungskündigung **2** 52, 68, **4** 65 ff, 173 ff
- Anerkenntnis **4** 80
- Annahmeverzugsklage **4** 23 f
- Arbeitgeber als Kläger **4** 109
- Auflösungs- oder Abfindungsklage **4** 20
- Auslegung des Klageantrags und -vorbringens **4** 20 ff
- Ausschlussfristen **4** 149 ff
- außerordentliche K. **1** 3 f
- Auszubildende: Anrufung des Schlichtungsausschusses **4** 85, **13** 14
- Beklagter **4** 97 ff
- besondere Prozessvoraussetzungen und -hindernisse **4** 85 f
- Betriebsübergang **4** 99 ff
- Computerfax **4** 70 f
- Einigungsvertrag **4** 8
- Einwendungen **4** 32
- Erben des AN **4** 96
- Erbengemeinschaft **4** 97
- Form der Klage **4** 68 ff
- gegenständlicher Geltungsbereich **4** 5 ff
- Gesamthand **4** 97
- Gesellschaft bürgerlichen Rechts **4** 97
- Grundsätze **4** 97 f
- Hilfsantrag **4** 29 ff

1986

Stichwortverzeichnis

- im Berufungsrechtszug 4 54
- isolierte Kündigungsschutzklage und weitere K. 4 56 ff
- Klageänderung und Klageerweiterung 4 25 f
- Klageantrag 4 43 ff
- Klagegegenstand und -grund 4 39 ff
- Kläger 4 91 ff
- Klagerücknahme 4 88, 5 55
- Klageverzicht 4 89
- Musteranträge Kündigungsschutzklage gegen außerordentliche Beendigungs- und Änderungskündigungen 13 19 ff
- nachträgliche Zulassung der Kündigungsschutzklage 5 1 ff
- Parteibezeichnung 4 34 ff
- Parteien der Kündigungsschutzklage, Aktiv und Passivlegitimation 4 91 ff
- Pfändungsgläubiger und Zessionare 4 92 ff
- prozessbeendende Erklärungen 4 79 ff, 88 ff
- Prozessstandschaft 4 37 f, 5 19
- Rechtskraft des Urteils im Kündigungsschutzrechtsstreit u. Präklusionsprinzip 4 163 ff, 7 8
- Rechtsnatur der Kündigungsschutzklage 4 19
- Rechtswirkungen der Kündigungsschutzklage 4 145 ff
- Rubrumsberichtigung und Parteiwechsel 4 35 ff, 5 19
- Schiedsvereinbarungen 4 86 f
- Stationierungsstreitkräfte 4 37 f, 5 19
- Streitgegenstand, punktueller 4 44 ff, 56 ff, 65 ff
- Streithelfer 4 103, 110
- Telefax 4 70 f
- Telekopie 4 70 f
- übereinstimmende Erledigungserklärung 4 82
- Unterscheidung zwischen punktuellem und allgemeinem Streitgegenstand 4 44 ff
- unzuständiges Gericht 4 13 ff, 132 ff
- Urlaubsansprüche 4 161
- Verbindung von Kündigungsschutzklage und allgemeiner Bestandsklage 4 56 ff
- Verjährung 4 145 ff
- verlängerte Anrufungsfrist 6 1 ff
- vertraglicher Verzicht auf Kündigungsschutz 1 14 ff, 22, 4 90
- Weiterbeschäftigungsklage 4 21 f
- Widerklage 4 27 f

Folgekündigung BetrVG 102 39

Fortbildung 1 885

Fortbildungsmaßnahme
- von der Bundesanstalt für Arbeit gefördert 1 76

Fortsetzung des Arbeitsverhältnisses nach Ablauf der Dienstzeit BGB 625 8 ff, 15 f

Fortsetzungsverweigerungsrecht 4 76, 78

Franchisenehmer 1 38

Freie Mitarbeiter 1 24 ff

Freier Arbeitsplatz 1 317, 321, 477 ff, 618, 624, 691 ff, 715, 920, 938, 15 131 f

Freistellung
- Anrechnung von Zwischenverdienst 11 7

Freistellung des AN BetrVG 102 223; BGB 626 90

Fremdbestimmte Arbeit 1 24 ff

Fremdvergabe von Arbeit 1 769

Fristberechnung
- Anhörung des Betriebsrats BetrVG 102 126 f
- Ausschlussfrist bei außerordentlicher K. BGB 626 143

Geltungsbereich
- betrieblicher BetrVG 102 4
- persönlicher BetrVG 102 25 f

1987

Geltungsbereich des KSchG 1 23 ff
- betrieblicher 23 8 ff
- gegenständlicher 1 97 ff, 23 7
- gegenständlicher Anwendungsbereich des § 4 KSchG 4 5 ff
- persönlicher 1 23 ff, 23 5 f
- räumlicher 1 96, 23 4
- zeitlicher 1 56 ff

Gemeinsamer Betrieb mehrerer Unternehmen 1 695, 822 ff, 825, 15 116, 122, 23 16

Genehmigungsvorbehalt BetrVG 102 63; BPersVG 108 22

Generalprävention BGB 626 97

Gesamtbetriebsrat BetrVG 102 54 f

Gesamtpersonalrat BPersVG 108 7

Gesamtrechtsnachfolge 1 68, 4 96; BGB 626 137

Gesamtvollstreckung 1 110, 114, 799 ff, 4 37 f

Geschäftsanweisungen der Bundesagentur für Arbeit zu § 159 SGB III 10 70 ff
- Abrufbarkeit im Volltext 10 81
- Beteiligung des AN an Lösung des Beschäftigungsverhältnisses 10 72
- Hinnahme der Kündigung 10 73 f
- Lösung des Beschäftigungsverhältnisses 10 71
- wichtiger Grund 10 76 ff

Geschäftsführer 1 39, 4 36, 97, 14 3, 6, 16, 18

Geschäftsunfähige BGB 626 133

Gesellschaft bürgerlichen Rechts
- Arbeitsverhältnis neben der Gesellschafterstellung 1 40
- die einzelnen Mitglieder als beklagte AG 4 97

Gesellschafter
- als AN der Gesellschaft 1 40
- vertretungsberechtigte Gesellschafter 1 39 f

Gesetzliche Vertreter juristischer Personen
- als beklagte AG 4 36, 97
- Ausschluss vom allgemeinen Kündigungsschutz in der Organstellung 1 39 f

Gesundheitsprognose 1 556 f, 580, 613, 621, 625
- Auskunftspflicht 1 621
- Beurteilungszeitpunkt 1 555 ff, 580, 593 ff
- Darlegungs- und Beweislast 1 613, 621
- Erkundigungspflicht des AG 1 556

Gewerbliche Arbeitnehmerüberlassung, unechte Leiharbeit 1 50, 83, 4 97
- Abgrenzung von Dienst- und Werkvertrag 1 50
- Arbeitgeberstellung 1 50, 83
- Arbeitnehmerüberlassung im Konzern 1 696 ff
- fingiertes Arbeitsverhältnis zwischen AN und Entleiher 1 50, 83
- Unterscheidung von der echten Leiharbeit 1 50, 83

Gewerkschaftssekretär
- Zurechnung von Beratungsverschulden BGB 626 70 f

Gewissensentscheidung 1 377, 542 f

Gewissenskonflikt BGB 626 103

Glaubhaftmachung 5 26 ff

Gleichbehandlungsgrundsatz BGB 626 73 f

Grundwehrdienst 1 73, 653 ff

Gruppenarbeitsverhältnis 1 41 f

Handelsvertreter
- außerordentliche K. BGB 626 16

Häufige Kurzerkrankungen 1 555 ff, 613 ff

Haushaltsmittel 1 805 ff
Hausverbot BGB 626 108
Heilung der Sozialwidrigkeit
7 1 ff
– Abgrenzung der Fiktion von Rechtskraft u. Präklusionswirkung des klageabweisenden Urteils 4 164 f, 174, 7 6 ff
– Änderungskündigung 4 173 ff, 7 12
– Fiktion 4 1, 111, 7 1 ff
– Folge der Fiktion 7 10 f
– Reichweite der Fiktion 7 6 ff
– sonstige Unwirksamkeitsgründe 4 2, 7 6, 11
Heimarbeitnehmer 1 28; BetrVG 102 31
– Sonderkündigungsschutz 15 48 f
Herrschendes Unternehmen 1 697
Hilfsantrag 4 29 ff, 5 9 ff
Hinweispflicht des Arbeitgebers
– auf die Klagefrist 5 46, 51
Höchstgrenzen 10 11 ff, 26
Homosexualität 1 411, 539
„Honeywell"-Entscheidung 1 468, 506, 4 4
Horizontale Vergleichbarkeit 1 830 ff

Immissionsschutzbeauftragter
– Sonderkündigungsschutz 15 50
Information des Betriebsrates TzBfG 20 1 f
Informationsanspruch und unbefristete Arbeitsplätze TzBfG 18 1 ff
Innerbetriebliche Gründe 1 673
Insolvenz BetrVG 102 24; BGB 626 152 f
– Kündigung durch Insolvenzverwalter 13 65
– Sonderkündigungsschutz 15 56

Insolvenzordnung (InsO)
– Interessenausgleich mit Namensliste 1 118
– Klagefrist 1 117
– Kündigung durch Insolvenzverwalter 13 65
– Kündigungsfrist 1 115 f; BGB 622 10
Integrationsamt BGB 626 46, 49, 62, 148 ff
– Auflösungsantrag, Zustimmungserfordernis 9 88 f
– Besonderer Kündigungsschutz SGB IX 92 30 ff
– fehlende Zustimmung zur K. und Vergleichbarkeit iRd sozialen Auswahl 1 848
– Kündigung gegenüber Schwerbehindertenvertreter 15 33
– Umdeutung, außerordentliche in ordentliche Kündigung 13 38
Interessenabwägung
– absolute Sozialwidrigkeitsgründe 1 180, 928
– Änderungskündigung 2 39 f
– außerordentliche K. BGB 626 91, 94 ff
– Bagatelldelikte BGB 626 99 ff
– Begriff 1 180
– betriebsbedingte K. 1 721
– Beurteilungsspielraum 1 180, 184
– dem AG bei Einstellung bekannte chronische Krankheit des AN 1 575
– durch Arbeitsamt 20 14
– Einzelfallgerechtigkeit 1 180
– einzelne Abwägungskriterien bei außerordentlicher K. BGB 626 95 ff
– Generalprävention 1 197, 325
– Gesamtabwägung BGB 626 91
– Grundlage 1 180
– Inhalt 1 180
– krankheitsbedingte K. 1 573 ff, 586, 591, 594, 601, 619 f
– Kriterien 1 180, 324 f, 484, 574 f, 591, 594, 721

1989

- Nachtat-/Prozessverhalten BGB **626** 98 ff
- personenbedingte K. allgemein 1 483 f
- verhaltensbedingte K. 1 323 ff
- Zweistufigkeit der Kündigungsprüfung 1 180

Interessenausgleich mit Namensliste 1 722 ff, 908 ff
- Änderung der Sachlage 1 743
- Änderungskündigung 1 728, 2 44
- außerordentliche betriebsbedingte Beendigungs- und Änderungskündigung 1 728
- Betriebsänderung 1 727, 730, 732
- Beweislastumkehr 1 725 f
- Insolvenzverfahren 1 118
- Kündigung im öffentlichen Dienst 1 728
- NamenserfordernisTeil-Namensliste 1 731
- Parteien des Interessenausgleichs 1 730
- qualifizierter Interessenausgleich 1 729
- Reichweite der Vermutung 1 736 f
- Schriftformerfordernis 1 733
- Sozialplan 1 732
- Überprüfbarkeit der Sozialauswahl auf grobe Fehlerhaftigkeit 1 908 ff
- Übersicht 1 725
- Vermutungsgrundlage 1 726 ff
- Zeitpunkt des Abschlusses vor Zugang der K. 1 729
- § 1 Abs 5 1 737, 743, 908 ff, 925, 926, 927

Internet
- privates Surfen 1 446

Irrtum des AN über die Klagefrist 5 46 ff

Jobsharing 1 42
Jugend- und Auszubildendenvertretung BetrVG **102** 119, 121 f

Juristische Personen 1 39 f, 4 34, 97; BGB **626** 138 f

„Kachelmann"-Entscheidung
- zur sozialen Auswahl bei Teilzeitbeschäftigung 1 839

Kapitäne
- Außerordentliche K. BGB **626** 9
- Kündigungsschutz 24 22
- leitende Angestellte 14 24
- Zuständigkeit 24 21 ff

Kirchenaustritt 1 411, 539, 13 83a
Kirchliche Arbeitgeber 13 83a
Kirchliche Einrichtungen 1 48 f, 410 f
- Kirchenaustritt 1 537 ff

Klageabweisendes Urteil 4 163 ff, 7 8
- Abgrenzung von der Fiktion des § 7 Hs 1 KSchG 4 165, 175, 7 6, 8, 12
- Änderungskündigung 2 66, 4 173 ff, 7 12
- Präklusion 4 169 ff, 7 8
- Rechtskraft 4 163 ff, 7 8

Klageänderung 4 25 f
Klageantrag 2 52, 4 43 ff, 65 ff, 13 87
- Musteranträge Kündigungsschutzklage gegen außerordentliche Beendigungs- und Änderungskündigungen 13 19 ff

Klageerweiterung 4 25 f
Klagefrist 4 2, 20 ff, 111 ff
- allgemeine Feststellungsklage 4 44 ff, 56 ff, 6 13, 29
- anderer Beendigungstatbestand 4 10
- Änderungskündigung 2 58 f, 4 175, 7 12
- Änderungsschutzklage 2 58 f, 4 66
- außerordentliche Änderungskündigung 13 10
- außerordentliche K. 4 5, 13 2, 12; BGB **626** 151 f

- Auszubildende 1 30, 4 85, 13 14
- Beginn 1 491, 757, 4 113 Ff
- behördlich zustimmungsbedürftige K. 4 114 ff
- Berechnung 4 125
- Berufungsrechtszug 4 54
- Betriebs- und Personalratsmitglieder 13 15
- Darlegungs- und Beweislast 4 131
- Dauergründe 1 491, 757
- Direktionsrecht 4 7
- Einberufung zu Wehr- o. Zivildienst bzw Wehrübung 4 122
- Einigungsvertrag 4 8
- einstweilige Verfügung 6 26
- Ende 1 491, 757, 4 125
- Fristversäumung 4 111, 165, 175, 7 6, 8, 12
- Fristwahrung 4 126 ff
- gegenständlicher Geltungsbereich 4 5 ff
- Geltendmachung der Sozialwidrigkeit 4 20 ff
- Geltendmachung weiterer Unwirksamkeitsgründe nach Ablauf der Klagefrist 13 90
- Gesetzeszweck 4 1 f, 5 1, 6 1
- gleichzeitige Geltendmachung von Sozialwidrigkeit u sonstiger Unwirksamkeitsgründe 13 66
- Grundsatz 4 113
- hilfsweise, vorsorgliche und bedingte K. 4 64, 6 14 ff
- Hinweispflicht des AG 5 46, 51
- Klagefrist und Kündigungseinspruch 3 15
- Kündigung durch Insolvenzverwalter 13 65
- Leistungsklagen 4 20 ff, 6 24 f
- leitende Angestellte 13 16
- Musteranträge Kündigungsschutzklage gegen außerordentliche Beendigungs- und Änderungskündigungen 13 18 ff
- nachträgliche Klagezulassung 5 7 ff, 83 ff
- Organmitglieder 13 16
- Rechtsnatur 4 111
- Rüge der Kündigungsfrist 6 18 ff
- Schriftform der K. BGB 623 41
- Seeschifffahrt 4 86
- sittenwidrige K. 13 57 f
- Sonderfälle 4 114 ff
- sonstige Unwirksamkeitsgründe 4 1 f, 165, 175, 6 12 f, 7 6, 8, 12, 13 84 ff; BGB 623 41; MuSchG 9 51 ff
- Umdeutung 4 64, 6 10, 14 ff, 13 44
- Unwirksamkeitsgründe, sonstige 13 4
- unzuständiges Gericht 4 132 ff
- verlängerte Anrufungsfrist 4 20 ff, 44 ff, 56 ff, 6 1 ff, 12 ff, 13 44
- Verwirkung des Klagerechts 4 95; BGB 623 42 f

Klagerücknahme 4 165, 5 55

Klageschrift, Anforderungen 4 20 ff, 33 ff

Kleinbetrieb
- diskriminierende Kündigung 13 77 f
- Kündigung, sonstige Unwirksamkeitsgründe 13 83b
- Kündigungsschutz 1 134 ff
- sittenwidrige Kündigung 13 48 ff

Kleinbetriebsklausel
- Verfassungsmäßigkeit 1 134

Kollusives Zusammenwirken BGB 626 136, 145

Kommanditgesellschaft (KG) als Arbeitgeber 4 97

Konkurrenztätigkeit 1 353, 460 ff

Konkurs, Gesamtvollstreckung, Vergleich und Insolvenz 1 110 ff, 799 ff
- Kündigung durch Insolvenzverwalter 13 65

Konkurseröffnung
- richtiger Beklagter, Parteiwechsel, „Rubrumsberichtigung" 4 38

Konzern
- Diebstahl zu Lasten einer Konzernschwester 1 415, 628
- Konzernbezug des allgemeinen Kündigungsschutzes 1 696 ff
- soziale Auswahl 1 820
- Wartezeit 1 59 ff, 64
- Weiterbeschäftigungsmöglichkeit 1 697, 938

Konzernbetriebsrat BetrVG 102 54 f

Körperschaften des öffentlichen Rechts BPersVG 108 2 f

Korrekturgesetz 1 722 ff, 817 f, 876 ff, 896 ff, 899

Krankheit BGB 626 104, 127

Krankheitsbedingte Kündigung 1 546 ff
- altersbedingter Leistungsabfall 1 506 f, 574
- Änderung des Kausalverlaufs 1 557, 580
- ausgeheilte Erkrankungen 1 558
- Auskunftspflicht des AN 1 621
- betriebliche Ursachen 1 479, 484, 523 ff
- Betriebsablaufstörungen 1 561 ff, 578, 587, 594, 599 f, 616, 622 f
- Betriebsratsanhörung BetrVG 102 101
- Beurteilungszeitpunkt 1 555 ff, 580, 594 ff
- dauernde Arbeitsunfähigkeit 1 587 ff, 623
- Entbindung von der Schweigepflicht 1 613, 621
- Entgeltfortzahlungskosten 1 565 ff, 582, 617
- erhebliche Beeinträchtigung betrieblicher o. wirtschaftlicher Interessen 1 560 ff, 582 ff, 587, 594, 600, 615 ff, 622
- Erkundigungspflicht des AG 1 556
- häufige Kurzerkrankungen 1 555 ff, 613 ff
- Indizwirkung früherer Krankheitszeiten 1 555 ff, 613
- krankheitsbedingte Leistungsminderung 1 598 ff, 624
- langandauernde Erkrankung 1 587 ff, 623
- Personalreserve 1 561 ff, 575, 616
- Prüfungsschemata 1 469 ff, 546 ff
- Sportverletzungen 1 558
- Überbrückungsmaßnahmen 1 561 f, 575, 589, 594, 616
- völlige Ungewissheit der Wiederherstellung der Arbeitsfähigkeit 1 593 ff, 623
- Weiterbeschäftigungsmöglichkeit 1 572, 586, 590 f, 600 f, 618, 624
- Wiedereinstellungsanspruch 1 597
- wirtschaftliche Belastungen 1 565 ff, 582 ff, 585, 587 ff, 593, 600, 650

„Kücükdeveci"-Entscheidung 1 468, 506, 509, 4 4; BGB 622 15

Kündigung
- Abgrenzung ordentliche K. von anderen Kündigungsarten Einl 92 ff, 1 105 ff
- Annahmeverzug und Auflösungsantrag bei außerordentlicher K. 13 26
- Anwendungsbereich des § 13 Abs 3 13 67 f
- arbeitskampfbezogene BetrVG 102 48
- auf Verlangen des Betriebsrats BetrVG 102 46
- Auslandsaufenthalt, Ortsabwesenheit, Urlaub Einl 36, 51, 5 58 ff

Stichwortverzeichnis

- Auslegung Einl 13 ff, 1 100 f
- Ausschluss des Rechts zur ordentlichen K. BGB 626 41 ff
- befristetes Arbeitsverhältnis TzBfG 15 16 ff
- befristete Versetzung BetrVG 102 53
- Begriff Einl 92, 1 97 ff
- Beratungsverschulden eines Dritten BGB 626 70 f
- Berufsausbildungsverhältnis BGB 626 12
- Eigenkündigung des AN Einl 13 ff, 16, 1 106 ff
- Eigenkündigung des AN/Berufen auf deren Unwirksamkeit BGB 626 27 ff
- entfristete ordentliche K. 1 102, 13 9; BGB 622 33, 626 26
- Gestaltungswirkung Einl 1, 91, 1 104
- gleichzeitige Geltendmachung von Sozialwidrigkeit u sonstiger Unwirksamkeitsgründe 13 66
- herausgreifende BGB 626 74
- hilfsweise, vorsorgliche u. bedingte K. Einl 19 ff, 97 ff, 4 64, 6 14 ff
- Insolvenzverwalter BGB 626 152
- Mischtatbestand 1 183, 202 f, 467
- mündliche/formunwirksame K. BGB 626 27 ff
- Musteranträge Kündigungsschutzklage gegen außerordentliche Beendigungs- und Änderungskündigungen 13 18 ff
- Rücknahme Einl 90 f, 4 79 ff
- ruhendes Arbeitsverhältnis BetrVG 102 53
- Schriftform Einl 24 ff; BGB 623 14 ff
- sittenwidrige Kündigung 13 48 ff
- Teilkündigung Einl 99 ff, 2 25, 4 7
- Trotzkündigung 4 170
- Unwirksamkeitsgründe, sonstige 13 4
- Unwirksamkeitsgründe, sonstige – Klagefrist 13 84 ff
- Unwirksamkeitsgründe, sonstige – Übersicht 13 69 ff
- Verhältnis allg Kündigungsschutz zu sonstigen Beendigungstatbeständen Einl 6 ff, 1 120 ff
- Verstöße gegen das AGG 13 75 ff
- Verstoß gegen Treu und Glauben 13 79 ff
- Verwirkung des Kündigungsrechts 1 188, 15 100
- vor Vertragsbeginn BetrVG 102 30
- Wirksamkeit, Heilung der Sozialwidrigkeit 7 1 f, 6 ff

Kündigungsausschluss BGB 626 17 f, 41 ff, 80 ff

Kündigungsausspruch BetrVG 102 65

Kündigungsberechtigung BGB 626 132 ff, 138 ff

Kündigungseinspruch 3 1 ff
- Einspruchsfrist 3 13 ff
- Einspruchsverfahren 3 10 ff
- Folgen der Entscheidung des Betriebsrats 3 17 ff
- Form 3 12
- Geltungsbereich 3 5 ff
- Geschichte und Bedeutung 3 1 ff
- Klagefrist 3 15
- Schadensersatzpflicht des Betriebsrats, Schutzgesetz 3 25 f
- selbständiges Beteiligungsverfahren 3 4
- Stellungnahme des Betriebsrats 3 22 ff

Kündigungsentschluss BetrVG 102 82

Kündigungserklärung
- Abgrenzung zu sonstigen rechtsgeschäftlichen Beendigungstatbeständen Einl 6 ff, 1 120 ff

1993

- Angabe der Kündigungsgründe Einl 22 f, 1 189
- Auslegung   Einl 13, 17, 1 101
- Bedingungsfeindlichkeit Einl 19 f
- durch bevollmächtigten Vertreter   Einl 63 ff
- durch und gegenüber Minderjährigen   Einl 86 ff
- durch Vertreter ohne Vertretungsmacht   Einl 76 ff
- Einzelfälle   Einl 14 f
- Erklärungsbewusstsein   Einl 16
- Formerfordernisse   Einl 24 ff; BGB 623 14 ff
- gesetzliche Vertretung Einl 84 ff
- Grundsatz der Klarheit und Bestimmtheit   Einl 13 ff
- Potestativbedingung   Einl 20
- Prozessvollmacht   Einl 66 ff, 81 ff
- Rechtsnatur   Einl 1
- Rücknahme der K.   Einl 90 f, 4 72 ff, 9 19
- Schriftform   Einl 24 ff; BGB 623 14 ff
- vorsorgliche K.   Einl 98, 4 64, 6 14 ff
- vor vereinbarter Arbeitsaufnahme   Einl 30 ff
- Zurückweisung mangels Vorlage einer Vollmacht   Einl 69 ff

Kündigungserklärungsfrist
- Anhörung des AN   15 175
- Ausschlussfrist bei außerordentlicher K.   BGB 626 114 f
- bei außerordentlicher K. gegenüber Schwerbehinderten   SGB IX 92 54
- Dauertatbestände   1 491, 757, 15 175
- Kenntnis des Kündigungsberechtigten   15 175
- Sonderkündigungsschutz nach § 15 KSchG   15 174, 176 ff, 205, 216
- Versäumung als Mangel des wichtigen Grundes   13 17

Kündigungserschwerungen
- bei außerordentlicher K. BGB 626 22 f
- tarifliche Regelung BGB 626 23
- zu Lasten des AG   BGB 626 23

Kündigungsfreiheit   1 90

Kündigungsfrist   1 102; BGB 622 1 ff
- Abdingbarkeit   BGB 622 16 ff
- abweichende tarifvertragliche Regelungen   BGB 622 30 ff
- Altkündigungen   BGB 622 40
- Altregelungen   BGB 622 41 f
- Änderung der Kündigungstermine   BGB 622 22 ff
- Arbeiter/Angestellte BGB 622 3 f, 35 ff
- arbeitnehmerähnliche Personen BGB 621 2
- Arbeitnehmerüberlassung BGB 622 10
- Arbeitsverhältnis   BGB 622 6
- Aushilfsarbeitsverhältnis BGB 622 22, 24
- außerordentliche K. BGB 626 114 f
- Auszubildender   BGB 622 10
- Bedeutung der Kündigungsfristen   BGB 622 1
- Berechnung der Kündigungsfrist BGB 622 18 ff
- Berufsbildungsgesetz BGB 622 10
- Betrieb   BGB 622 13
- Betriebsübergang   BGB 622 14
- Bundeselterngeld- und Elternzeitgesetz (BEEG)   BGB 622 10
- deklaratorische tarifliche Regelung   BGB 622 31 ff
- einzelvertragliche Regelungen BGB 622 22 f
- entfristete ordentliche K. 1 102, 13 9; BGB 622 33
- Entstehungsgeschichte BGB 622 2 ff
- Fremdgeschäftsführer BGB 621 3, 622 7
- Fünfjahresfrist   BGB 624 5 f

- gegenständlicher Geltungsbereich BGB 622 8
- geringfügig Beschäftigte BGB 622 6
- Gesamtrechtsnachfolge BGB 622 14
- gesetzliche Sonderregelungen BGB 622 10
- Gleichheit der Kündigungsfrist BGB 622 43 ff
- Gleichstellungsabrede BGB 622 12, 44
- Grundkündigungsfrist BGB 622 11
- Günstigkeitsprinzip BGB 622 34
- Hausangestellte BGB 622 6
- Hausgehilfen BGB 622 6
- Haushalt BGB 622 13
- Heimarbeiter BGB 621 2, 622 10
- Heimarbeitsgesetz BGB 622 10
- Insolvenz BGB 622 10
- Kleinunternehmen BGB 622 22, 25
- konstitutive tarifliche Regelungen BGB 622 31 ff
- Kündigungsfristengesetz vom 7.10.1993 BGB 622 4 f
- Lebensarbeitsverhältnis BGB 624 3 f
- leitende Angestellte BGB 622 6
- Mitteilung bei Betriebsratsanhörung BetrVG 102 88 ff
- ordentliche Änderungskündigung BGB 622 8
- ordentliche Kündigung BGB 622 8
- Organvertreter BGB 621 3
- persönlicher Geltungsbereich BGB 622 6 f
- Probezeitvereinbarung BGB 622 22 f
- Rechtsfolge tarifvertraglicher Regelungen BGB 622 30 ff
- Rechtsfolge unwirksamer Vereinbarung BGB 622 29, 46
- Rechtsfolge verfassungswidriger Tarifregelungen BGB 622 39
- Rüge der Kündigungsfrist 6 18 ff
- Schwerbehinderte BGB 622 10
- Schwerbehindertengesetz BGB 622 10
- Seearbeitsverhältnis BGB 622 10
- Seemannsgesetz BGB 622 10
- Selbständige BGB 621 1
- Teilzeitbeschäftigte BGB 622 25
- Unternehmen BGB 622 13
- vereinbarte Anwendung abweichender tariflicher Regelungen BGB 622 27 f
- verfassungswidrige tarifliche Regelungen BGB 622 35 ff
- Verfassungswidrigkeiten BGB 622 2 f, 15, 35 ff
- Verkürzung der Kündigungsfristen BGB 622 22 ff
- verlängerte Kündigungsfristen BGB 622 12 ff
- Verlängerung der Kündigungsfristen BGB 622 26
- vorzeitige K. BGB 622 17
- vorzeitiges Kündigungsrecht BGB 624 8
- zeitlicher Geltungsbereich BGB 622 9
- zwingende Bedeutung BGB 622 16, 22

Kündigungsgründe
- Mitteilung an Betriebsrat BetrVG 102 96 f
- Nachschieben 1 182 f; BetrVG 102 190 ff; BGB 626 60 f
- Vereinbarung/Ausschluss von bei außerordentlicher K. BGB 626 24 ff

Kündigungsschutz, allgemeiner
- Altersgrenze 1 122, 124
- betrieblicher Geltungsbereich 23 8 ff
- einseitig zwingender Charakter der Wartezeit 1 57

- gegenständlicher Geltungsbereich, ordentliche K. des AG
  1 97 ff
- Grenzen der K. in der Wartefrist
  1 90 ff
- persönlicher Geltungsbereich, Arbeitnehmereigenschaft
  1 23 ff
- räumlicher Geltungsbereich
  1 96
- Verzicht 1 12, 14 ff, 6 17
- Voraussetzungen 1 23 ff
- zeitlicher Geltungsbereich, Wartezeit 1 56 ff
- zwingende Wirkung 1 6 ff

Kündigungsschutzgesetz
- betrieblicher Geltungsbereich
  23 8 ff
- gegenständlicher Geltungsbereich, ordentliche K. des AG
  1 97 ff
- persönlicher Geltungsbereich, Arbeitnehmereigenschaft
  1 22 ff
- räumlicher Geltungsbereich
  1 96
- zeitlicher Geltungsbereich, Wartezeit 1 56 ff

Kündigungsschutzgesetz, betrieblicher Geltungsbereich
- Bauarbeitsgemeinschaft 23 16
- Bedeutung des eigenständigen Betriebsbegriffs 24 8
- Beschäftigtengruppen 23 23 ff
- Beschäftigtenzahl 23 6, 28 ff
- Betriebsbegriff 23 10 ff
- Betriebsbegriff iS von AG 23 11
- Betriebsteil 23 13
- Betriebsteilübergang 23 34
- Darlegungs- und Beweislast 23 39 ff
- Dienststellen 23 9
- eigenständiger Betriebsbegriff der Schifffahrts- u. Luftverkehrsunternehmen 24 5
- einzelnes Schiff/Luftfahrzeug als Betriebsabteilung 24 5
- Familienhaushalt 23 15

- Gemeinschaftsbetrieb mehrerer Unternehmen 23 16
- Gesamthafenbetrieb 23 16
- Kampagnebetrieb 23 32
- Kleinbetrieb 23 11, 18 ff
- Kleinbetriebsklausel und Grundgesetz/Europarecht 23 22
- konzernverbundene Kleinbetriebe 23 11
- KSchG, räumlicher Geltungsbereich 23 4
- Land und Bodenbetriebe 24 6 f
- Nebenbetrieb 23 14
- öffentlicher Dienst 23 9, 44
- Religionsgesellschaften 23 9
- ruhende Arbeitsverhältnisse 23 31
- Saisonbetrieb 23 32
- Stationierungsstreitkräfte 23 9
- Teilzeitarbeitnehmer 23 25
- Umwandlungsrecht 23 33
- Unternehmen 23 12
- vereinbarter Kündigungsschutz 23 35
- Verwaltungen 23 9
- Zweck der Kleinbetriebsklausel 23 21

Kündigungsschutzgesetz, persönlicher Geltungsbereich
- Arbeitnehmer der Land- und Bodenbetriebe 24 2
- Besatzungsmitglieder Binnenschiffe 24 2 f
- Besatzungsmitglieder Luftfahrzeuge 24 2 f
- Besatzungsmitglieder Seeschiffe 24 2 f
- Kapitäne u. leitende Angestellte von Besatzungen 24 22

Kündigungsschutzprinzipien
- Interessenabwägung 1 180, 2 39 f
- Prognoseprinzip 1 173 ff
- Verhältnismäßigkeitsprinzip 1 176 ff, 2 41

Kündigungsschutzprozess
- AG als Beklagter: Passivlegitimation 4 97
- AG als Kläger 1 111
- Auflösungsantrag Betriebsrat BetrVG 102 165, 209
- Beklagtenwechsel 4 31, 35 ff
- Darlegungs- und Beweislast BetrVG 102 166, 169, 171, 174, 178 ff, 180 ff; PflegeZG 5 53
- Gesamthänder 4 97
- juristische Personen 4 97
- Klagefrist BetrVG 102 173 f
- Kündigungsfrist PflegeZG 5 51
- Nachschieben von Kündigungsgründen BetrVG 102 188 ff
- natürliche Personen 4 96
- Personenhandelsgesellschaften 4 97
- Sonderkündigungsschutz bei Pflegezeit PflegeZG 5 51 ff

Kündigungstermin BGB 622 23, 26, 33
- Umdeutung Einl 18, 6 19

Kündigungsverbot BGB 613a 120 Ff
- Abgrenzung zur betriebsbedingten K. BGB 613a 121, 127 ff
- Abgrenzung zur Betriebsstilllegung BGB 613a 128
- Rationalisierungskonzept BGB 613a 129
- Veräußererkündigung mit Erwerberkonzept BGB 613a 130, 139
- Voraussetzungen BGB 613a 122 F

Kuraufenthalt 1 623

Kurzarbeit
- Änderungskündigung 2 45
- Ankündigung 19 9
- Antrag des AG 19 2
- Bedeutung der Zulassungsentscheidung 19 6
- Beginn 19 12
- Bekanntgabe 19 3
- Beteiligung des Betriebsrats 19 7
- betriebsbedingte K. 1 689
- Dauer 19 4
- einseitige Ermächtigung 19 5
- Entgeltfortzahlung 19 10
- Entgeltfortzahlungsanspruch im Krankheitsfall 19 13
- Entscheidung des Bundesagentur für Arbeit 19 3 f
- Feiertag 19 13
- Klagerecht 19 3
- Kurzarbeitergeld 19 14
- Lohnkürzung 19 13
- Sonderkündigungsschutz 19 11
- tarifvertragliche Bestimmungen 19 8
- Urlaub 19 13

Kurzerkrankungen, häufige BetrVG 102 101

Lehrer 1 411, 539

Leiharbeitnehmer BetrVG 102 32

Leistungsbereitschaft des AN
- Annahmeverzug 11 15 ff

Leistungsfähigkeit
- altersbedingter Abfall 1 506 f, 574

Leistungsklage
- sonstige Unwirksamkeitsgründe 13 88 f
- verlängerte Anrufungsfrist 4 20 ff, 6 24 f

Leistungsmängel
- Unterscheidung zwischen personenbedingter u. verhaltensbedingter K. 1 331 ff, 387 f, 466

Leistungsunfähigkeit des AN
- Annahmeverzug 11 18 ff

Leistungsverdichtung 1 675

Leistungsverweigerungsrecht und Gewissensentscheidung 1 224, 376, 543

Leitende Angestellte
BetrVG 102 27 f, 74
- Abfindung 9 82, 10 6, 22 ff, 14 27 ff
- ähnlich leitende Angestellte 14 20
- anzeigepflichtige Entlassung 14 35, 17 25, 51
- Arbeitsverhältnis und Organ/Vertreterstellung 14 13 ff
- Auflösungsantrag bei einheitlichem Arbeitsverhältnis 9 34
- Auflösungsantrag des AG 9 82, 14 27
- Auflösungsantrag des leitenden Angestellten 9 82, 14 28
- Befristung 14 38
- Begriff 14 17 ff
- besonderer Kündigungsschutz 14 36
- betriebsbedingte K. 14 34
- Betriebsleiter 14 19
- Einstellungs- und Entlassungsbefugnis 14 20 ff
- Generalbevollmächtigter 14 12
- Geschäftsführer 14 18
- Handlungsbevollmächtigter 14 12
- Kapitäne u. leitende Angestellte von Besatzungen 14 24, 24 22
- Klagefrist bei außerordentlicher Kündigung 13 16
- Kündigungseinspruch 14 26
- Kündigungsschutz 1 51 f, 14 2
- Luftverkehr 14 24
- Massenkündigungsschutz 14 35
- Mehrheit von Arbeitgebern, einheitliches Arbeitsverhältnis mit 10 6
- personenbedingte K. 14 32
- persönlicher Geltungsbereich 14 1
- Prokurist 14 12
- Rechtswegzuständigkeit 14 39
- Recht zum Kündigungseinspruch 3 8 F
- ruhendes Arbeitsverhältnis 14 16
- Schifffahrt 14 24
- Sprecherausschuss 14 37
- verhaltensbedingte K. 14 33
- Vertreter juristischer Personen 14 3 ff
- Vertreter von Personengesamtheiten 14 8 ff

Lösung des Beschäftigungsverhältnisses
- Beteiligung des AN an Lösung des Beschäftigungsverhältnisses 10 72
- Lösung durch AN 10 71

Luftfahrt BetrVG 102 23

„Mangold"-Entscheidung 1 468, 506, 509, 4 4; TzBfG 14 227
- zur Altersbefristung 1 163, 506 ff, 755, 854, 864

Massenänderungskündigung
- Arbeitskampf 25 3
- Sonderkündigungsschutz als Mandatsträger 15 62 ff, 166 ff

Massenentlassungen
- Betriebsratsanhörung BetrVG 102 24, 83, 105
- für Betriebsänderungen nötige Größenordnung 1 775

Mehrheit von Arbeitgebern, einheitliches Arbeitsverhältnis mit 10 6
- Auflösungsantrag 9 34

Meinungsfreiheit 1 436 ff, 542

MfS-Tätigkeit 1 433, 539

Milderes Mittel BGB 626 89 ff

Minderjähriger BGB 626 133

Mischtatbestand 1 183, 202 f, 467

Missbrauch der Freiheit der unternehmerischen Entscheidung 1 668, 679 f

Mitglieder des Wahlvorstands
- Ausschluss der Nachwirkung 15 97

1998

- Beginn des Sonderkündigungsschutzes 15 23
- Bewerber für das Amt des Wahlvorstands 15 23, 53
- Ende des Sonderkündigungsschutzes 15 78
- Nachwirkung 15 91

Mitteilung des Kündigungsgrundes BGB 626 187 ff

Mittelbares Arbeitsverhältnis 1 46 f

Mitverschulden des Kündigenden BGB 626 72

Mobbing 1 335, 440; BGB 626 108

Mutterschutz BGB 626 21, 63, 147
- außerordentliche K. BGB 626 14

Nachschieben von Kündigungsgründen 1 191 f; BetrVG 102 188 ff; BGB 626 60 f, 62
- bei Verdachtskündigung 1 643
- Zustimmungsersetzungsverfahren 15 207 ff

Nachtat-/Prozessverhalten BGB 626 98 ff

Nachteilsausgleich 1 659, 9 10
- Höhe der Abfindung 10 1

Nachträgliche Zulassung der Kündigungsschutzklage
- Abgrenzung von der Wiedereinsetzung 5 5 f
- Begründetheit des Antrags 5 8 ff, 81 ff
- Besetzung des Gerichts 5 68 ff
- Bindungswirkung 5 8 ff, 81 ff
- Bindungswirkung des Beschlusses außerhalb des Zulassungsverfahrens 5 8 ff, 81 ff
- Einzelfälle von Verschulden 5 40 ff
- Form u. Inhalt der Entscheidung über Zulassungsantrag 5 66 f
- Gesetzeszweck 5 1
- Hilfsantrag 5 8 ff, 81 ff
- Kündigungseinspruch 3 15
- Maßstab für Verschulden 5 12
- Rechtsmittel 5 75 ff
- Rechtsunkenntnis als Verschulden 5 46 ff
- Säumnis 5 71 ff
- Säumnis der Entscheidung über Zulassungsantrag 5 71 ff
- Schwangerschaft 5 1; MuSchG 9 53
- Versäumung der Klagefrist u. andere Vorfragen als Voraussetzungen 5 8 ff, 81 ff
- Verschulden 5 11 ff, 40 ff
- Zulässigkeit des Antrags 5 23 ff
- Zulassungsantrag vor dem Landesarbeitsgericht 5 79 f
- Zurechnung des Verschuldens 5 13 ff
- Zurückhaltung des Widerspruchs des Betriebsrats durch AG BetrVG 102 176
- Zurückverweisung 5 79 f

Nachwirkung 15 3, 86 ff
- Ausschluss 15 95 ff
- Sonderkündigungsschutz für Mandatsträger und Wahlbewerber 15 86 ff

NATO-Truppenstatut BPersVG 108 3

„Navas"-Entscheidung
- zur gemeinschaftsrechtlichen Zulässigkeit krankheitsbedingter Kündigungen 1 546

Nebentätigkeit 1 442 ff, 574

Negativattest SGB IX 92 52

Neugeschaffene Arbeitsplätze und betriebsbedingte Kündigung 1 685

Nichtigkeit der im Arbeitsvertrag enthaltenen Willenserklärung Einl 8 f, 1 36, 79 f; MuSchG 9 39 ff

Nichtigkeitsgründe für die Kündigung
- Gesetzesverstoß 1 91

1999

- Sittenwidrigkeit 1 92, 13 48 ff
- Treuwidrigkeit 1 93 ff, 13 79 ff
- Unwirksamkeitsgründe, sonstige
- Übersicht 13 69 ff

Nicht rechtsfähiger Verein 4 97

Nichtverlängerungsanzeige
Einl 14, 1 123

„Obst"-Entscheidung 1 533

Offene Handelsgesellschaft (OHG)
- als beklagte Arbeitgeberin 4 97

Öffentlicher Dienst
- Anhörung des AN vor Abmahnungen 1 285
- außerdienstliches Verhalten als Kündigungsgrund 1 404, 406 f
- betriebsbedingte K. 1 804 ff

Öffentlich-rechtliche Genehmigungen BetrVG 102 63

Ordensmitglieder 1 48

ordentliche Kündigung
- Begriff Einl 92, 1 97 ff
- Darlegungs- und Beweislast 1 168 f
- entfristete ordentliche K. 1 102, 13 9; BGB 622 33
- Mitwirkung des Betriebsrats BetrVG 102 125 ff
- Mitwirkung des Personalrats BPersVG 108 4 ff
- Umdeutung in außerordentliche K. BGB 626 50
- vorsorgliche BGB 626 47

Organmitglieder 13 16

Organschaftliche Vertreter
- Arbeitnehmereigenschaft 1 39 f

Outsourcing 1 769

Personalreserve 1 561 ff, 575, 616

Personalstruktur, ausgewogene 1 882 ff

Personalvertretungen
- allgemeines BPersVG 108 1

- Anhörung vor außerordentlichen K. BPersVG 108 16
- Bundesrecht BPersVG 108 2 ff
- Grundsätze BPersVG 108 2 ff
- Landesrecht BPersVG 108 17 ff
- mehrstufige Verwaltungen BPersVG 108 7
- Mitwirkung bei ordentlicher K. BPersVG 108 10 ff

Personenbedingte außerordentliche Kündigung 1 485 ff
- Interessenabwägung 1 492, 494
- Prüfungsschema 1 487
- Rechtsfolgeseite 1 493
- Tatbestandsseite 1 487 ff, 493
- wichtiger Grund 1 485, 488
- Zweiwochenfrist 1 491

Personenbedingte Kündigung 1 465 ff
- Abmahnungserfordernis 1 255, 284, 466
- AIDS und HIV-Infektion 1 495 ff
- Alkohol und Drogenabhängigkeit 1 500 ff
- Alter 1 506 ff
- anderweitige Beschäftigungsmöglichkeit BetrVG 102 106
- Arbeits-, Berufs- u. Erwerbsunfähigkeit 1 522
- Arbeits- u. Berufsausübungserlaubnis 1 499 ff
- Arbeitsunfall und Berufskrankheit 1 523 ff
- außerordentliche personenbedingte K. 1 485 ff
- Begriff 1 465 ff
- Betriebsgeheimnisse 1 527
- Betriebsratsanhörung BetrVG 102 85 f
- dauernde Leistungsunfähigkeit 1 587 ff, 623
- Druckkündigung 1 528 f
- Eheschließung u. -scheidung 1 530 ff
- Ehrenamt 1 536

- Eignung, Tendenzbetriebe
  1 537 ff
- familiäre Verpflichtungen
  1 541
- Gewissensentscheidung
  1 542 f
- Haft   1 544 f
- häufige Kurzerkrankungen
  1 555 ff, 613 ff
- Interessenabwägung   1 483 f,
  492 ff, 573 ff, 586, 591, 594,
  601, 619
- krankheitsbedingte K.   1 546 ff
- krankheitsbedingte Leistungsminderung   1 598 ff, 624
- Kuraufenthalt   1 625
- Langzeiterkrankung   1 587 ff,
  623
- Prognose fehlender Eignung
  1 474 f
- Prüfungsschema krankheitsbedingte K.   1 547 ff
- Prüfungsschema personenbedingte außerordentliche K.
  1 487
- Prüfungsschema personenbedingte K. allgemein   1 469 ff
- Straftaten   1 627 f
- Ungewissheit der Wiederherstellung der Arbeitsfähigkeit
  1 593 ff, 623
- Unterscheidung personenbedingte von verhaltensbedingter
  K.   1 198 ff, 230 ff, 388, 466 f
- Verdachtskündigung   1 630 ff
- Verschuldung, Entgeltpfändungen   1 650 ff
- Vorrang des milderen Mittels
  1 477 ff
- Wehrdienst   1 653 ff
- Weiterbeschäftigungsmöglichkeit   1 477 ff

Persönliche Abhängigkeit   1 24 ff

Persönlichkeitsrecht
- Beweisverwertungsverbote
  BGB 626 176 ff

Postlaufzeiten   5 45

Präklusionsprinzip
- als Folge der Rechtskraft
  4 169 ff, 7 8
- Trotzkündigung   1 596, 4 171
- Zustimmungsersetzungsverfahren   15 211

Privater Bereich des AN und personenbedingte K.
- Haft   1 100
- Straftaten   1 627 f
- Trunkenheitsfahrt im Privatbereich   1 519

Privater Bereich des AN und verhaltensbedingte K.   1 211, 361,
395 f, 404, 406 ff, 442 f

Privattelefonate   1 445

Probezeit
- Abgrenzung Wartezeit von Probezeit   1 56
- Auszubildende   1 29 f

Prognose   1 474

Prognoseprinzip
- Abmahnung   1 175, 240 ff
- außerordentliche K.
  BGB 626 77, 87
- Bedeutung   1 173
- Begriff   1 173
- Beurteilungszeitpunkt   1 173,
  184, 239, 475, 555 ff, 580,
  593 ff, 643, 663
- Kündigungsgrund an sich
  1 172 f
- negative Prognose   1 173
- Prognosegrundlagen   1 175,
  237 f, 555 ff, 580, 621, 663
- Unzumutbarkeit der Fortsetzung des Arbeitsverhältnisses
  1 172 f
- Wahrscheinlichkeitsmaßstab
  1 174

Prozessbeschäftigung
- Annahmeverzug   11 23
- Leistungsbereitschaft des AN
  11 17

2001

Stichwortverzeichnis

Prozessbevollmächtigte
- Rechtsanwälte als zur Rechtsberatung geeignete Stelle (nachträgliche Klagezulassung) 5 48
- Rechtssekretäre als geeignete Stellen 5 48
- Vertretung bei Abgabe und Empfang der K. Einl 49, 66 ff, 74 f, 81 ff
- Zurechnung des Verhaltens der Hilfspersonen von Rechtsanwälten 5 21 f
- Zurechnung des Verschuldens von Rechtsanwälten 5 14 ff

Prozessführungsbefugnis
- Betriebsübergang 4 101 ff
- Pfändungsgläubiger und Zessionare 4 93 f
- Stationierungsstreitkräfte 4 37 f

Prozesskostenhilfe, bedingte Erhebung der Kündigungsschutzklage 5 52

Prozessverhalten 9 57, 69; BGB 626 98 ff

Prozessverwirkung 13 14, 86; BGB 623 42 f, 626 156

Punkteschema (Sozialauswahl) 1 877 f, 903 ff

Rationalisierung 1 808 ff

Rechtsanwalt
- Beratungsverschulden 13 14; BGB 626 100
- Zurechnung von Beratungsverschulden BGB 626 70 f

Rechtsberatung 5 47 ff
- Arbeitskollegen 5 49
- Beschäftigte von Rechtsschutzversicherungen 5 49
- Betriebsratsmitglieder 5 50
- Büroangestellte von Rechtsanwälten 5 49
- Geschäftsstellenangestellte des Arbeitsgerichts 5 49
- gewerkschaftliches Personal ohne Rechtssekretäre 5 49
- gewerkschaftliche Vertrauensleute 5 49
- Gewerkschaftssekretär BGB 626 70 f
- Personal des Arbeitsamts 5 49
- Rechtsanwalt 5 48; BGB 626 70 f
- Rechtspfleger der Rechtsantragsstelle eines Arbeitsgerichts 5 48
- Rechtssekretäre 5 48
- Verbandsvertreter BGB 626 70 f
- Vorgesetzte 5 49

Rechtsfortbildung
- Verlängerung der Anrufungsfrist über den ersten Rechtszug hinaus 4 52
- Wiedereinstellungsanspruch bei betriebsbedingter K. 1 787 f
- Wiedereinstellungsanspruch bei personenbedingter K. 1 597

Rechtskraft
- Abgrenzung klageabweisendes Urteil von Heilung der Sozialwidrigkeit 4 165, 7 8
- abweisendes Urteil (Beendigungskündigung) 4 163 ff, 7 8
- abweisendes Urteil über Änderungsschutzklage 4 174
- Änderungskündigung 4 173 ff
- Änderungsschutzklage 4 173 ff
- Bindungswirkung der im Zulassungsbeschluss bejahten Versäumung der Klagefrist für das Hauptsacheverfahren 5 8 ff, 81 ff
- Feststellungsurteil (Beendigungskündigung) 4 167 f
- nicht fristgerechte Änderungsschutzklage 4 175
- Präklusion desselben Kündigungssachverhalts (Trotzkündigung) 4 171
- Präklusionswirkung 4 169 ff
- Rechtskraft des Urteils im Kündigungsschutzrechtsstreit 4 163 ff

Stichwortverzeichnis

- stattgebendes Urteil über Änderungsschutzklage **4** 174
- Tatkündigung nach vorangegangener Verdachtskündigung und mittlerweile rechtskräftiger Verurteilung im Strafverfahren **1** 639
- Verdachtskündigung **1** 638 ff
- Zustimmungsersetzungsverfahren **15** 180 f, 215

Rechtskrafterstreckung
- Betriebsübergang **4** 101 ff
- Streithelfer **4** 110

Rechtsmissbräuchliches Verhalten BGB **626** 32, 136, 144 f

Rechtsmittel gegen Beschluss über Antrag auf nachträgliche Zulassung der Kündigungsschutzklage 5 75 ff
- formal fehlerhafte Entscheidung des ArbG **5** 77 f
- formal fehlerhafte Entscheidung des LAG **5** 78
- Zulassungsantrag vor dem LAG **5** 79 f
- Zurückverweisung durch das LAG **5** 79 f

Rechtsnachfolge 1 65 ff
- Betriebsübergang **1** 65, **4** 99 ff
- Erbfolge **1** 68, **4** 96
- Spaltung, Verschmelzung, Vermögensübertragung **1** 67
- Zusammenschluss von Unternehmen **1** 66

Rechtswahl 1 48, 96

Redaktionsrat BetrVG **102** 21

Rehabilitanden 1 55

Religionsfreiheit 1 447

Rentenalter 1 506 ff, **10** 11 f

Revision 9 114, **10** 24; BGB **626** 185 f

Richterliche Hinweispflicht auf verlängerte Anrufungsfrist 6 30 ff

Rot-Kreuz-Schwestern 1 48

Rücknahme der Kündigung Einl **91**, **4** 79 ff
- Änderungskündigung **2** 64
- Auflösungsantrag nach Rücknahme der K. **4** 81
- Entfallen des Feststellungsinteresses Einl **91**, **4** 84
- Erledigungserklärung des AN nach Rücknahme der K. **4** 82
- kein prozessuales Anerkenntnis **4** 80
- Rücknahme nach Rechtshängigkeit **4** 79 ff
- Rücknahme vor Rechtshängigkeit **4** 83
- vertraglich vereinbarte Rücknahme der K. **4** 84

Ruhen des Arbeitslosengeldanspruchs bei Entlassungsentschädigungen 10 57 ff
- anrechenbarer Teil der Abfindung **10** 62
- durch Gericht festgesetzte Abfindung **10** 58
- Einhaltung der geltenden Kündigungsfrist **10** 60
- Entlassungsentschädigungen iSd § 158 SGB IX **10** 59
- Gleichwohlgewährung **10** 57
- Ruhenszeitraum **10** 61 ff
- Ruhenszeitraum – Berechnungsbeispiele **10** 64 f
- vorzeitige Beendigung **10** 57 ff

Sachgrundlose Befristung TzBfG **14** 177 ff
- ältere AN (Abs 3) TzBfG **14** 225 ff
- ältere AN und Europarecht TzBfG **14** 226
- Anschlussverbot TzBfG **14** 196, 229
- Anschlussverbot und BGB-Gesellschaft TzBfG **14** 204
- Darlegungs- und Beweislast TzBfG **14** 207, 239
- derselbe AG TzBfG **14** 200
- Fragerecht TzBfG **14** 205

2003

- gemeinsamer Betrieb TzBfG 14 201
- Höchstdauer TzBfG 14 185
- Leiharbeitnehmer und Anschlussverbot TzBfG 14 202
- SR 2 y BAT TzBfG 14 212
- Tarifregelungen TzBfG 14 210
- Veränderung der Vertragsbedingungen TzBfG 14 193
- Verlängerung TzBfG 14 188 ff
- Voraussetzungen TzBfG 14 182 f
- Zeitpunkt der Verlängerungsvereinbarung TzBfG 14 192
- Zitiergebot TzBfG 14 186

Sachverständigengutachten, medizinisches 1 559

Schadenersatzansprüche des AN BetrVG 102 175 f; BGB 626 190

Schiedsgericht 4 86 f

Schiedsgerichtsklauseln BGB 626 21

Schifffahrt
- anzeigepflichtige Entlassung 17 21, 23 45
- Landbetriebe 24 6 f
- Massenentlassungen 17 21, 23 45
- modifizierte Dreiwochenfrist 24 14 ff
- modifizierte Sechsmonatsfrist 24 9 ff
- Schiedsgericht 4 86 f

Schlechtleistung
- Abgrenzung verhaltens- u. personenbedingte K. 1 387 f, 466
- verhaltensbedingte K. 1 387 ff

Schlichtungsausschuss 13 14; BGB 626 151

Schrank- und Spindkontrollen BGB 626 182

Schriftform BGB 626 151; TzBfG 14 241 ff
- Änderungskündigung BGB 623 22
- Anwendungsbereich des § 14 TzBfG TzBfG 14 243 ff
- auflösende Bedingung TzBfG 14 251
- Auflösungsvertrag BGB 623 25 ff
- Bezugnahme auf Tarifverträge TzBfG 14 262
- Darlegungs- und Beweislast BGB 623 45; TzBfG 14 267
- Eigenkündigung BGB 623 38
- elektronische Form TzBfG 14 259
- Formerfordernis nach SR 2 y BAT TzBfG 14 268
- Kündigung BGB 623 14 ff
- Nichtverlängerungsanzeige TzBfG 14 247
- Rahmenvereinbarung TzBfG 14 248
- Rechtsmissbrauch BGB 623 35
- sachlicher Grund TzBfG 14 252
- Schriftsatzkündigung BGB 623 23
- Telefax TzBfG 14 257
- Urkunde TzBfG 14 255
- Verwirkung des Klagerechts BGB 623 42
- Zweckbefristung TzBfG 14 250

Schriftsatzkündigung BGB 623 23

„Schüth"-Entscheidung 1 533

Schutzgesetz 3 26, 15 5

Schwangerschaft 5 1; BGB 626 21, 63, 147

Schwerbehinderte 1 812; BetrVG 102 84 f, 119 f; BGB 626 21, 46, 49, 62, 148 ff
- Umdeutung, außerordentliche in ordentliche Kündigung 13 38
- Verdrängung ordentlich kündbarer AN durch ordentlich Unkündbare 1 849
- Vergleichbarkeit (soziale Auswahl) 1 812, 848 f

Schwerbehindertenvertretung BetrVG 102 119, 121 f

Stichwortverzeichnis

Scientology 1 49, 537 ff
Selbständige 1 24 ff
Selbstbeurlaubung 1 381 ff
Selbstbindung des AG
– durch Betriebsvereinbarung BGB 626 89b
– herausgreifende K. BGB 626 74
– Vertrauensschutz und § 242 BGB BGB 626 86
Sexuelle Belästigung am Arbeitsplatz 1 450
Sicherheitsbedenken 1 365, 476
Sittenwidrige Kündigung 13 1 ff
– abgestufte Darlegungs- und Beweislast 13 63
– Abgrenzung zur treuwidrigen Kündigung 13 81
– Allgemeines, Bedeutung 13 48
– Anrechnung auf entgangenen Zwischenverdienst 13 61
– Anscheinsbeweis 13 64
– Auflösungsantrag nach § 9 KSchG 13 59 f
– Darlegungs- und Beweislast 13 62 ff
– diskriminierende Kündigung 13 48
– Einzelfälle 13 53 ff
– gerichtliche Geltendmachung 13 57 ff
– HIV-Infektion 13 56
– Klagefrist 13 57 f
– Kündigung in der Wartezeit 1 92
– Verhältnis zur Sozialwidrigkeit 13 49 ff
– Voraussetzungen 13 49 ff
Soldaten, Zivildienstleistende 1 33
Sonderkündigungsschutz
– Betriebsratsanhörung BetrVG 102 86
Sonderkündigungsschutz bei Elternzeit
– Adoption BEEG 18 5

– Allgemeine Verwaltungsvorschriften BEEG 18 35, 39
– Anspruchsvoraussetzungen BEEG 18 10
– Beginn BEEG 18 22 ff
– behördliche Zustimmung bei außerordentlicher Kündigung BGB 626 147
– Darlegungs- und Beweislast BEEG 18 38
– doppelter Sonderkündigungsschutz BEEG 18 28
– Eigenkündigung zum Ende der Elternzeit BEEG 18 9
– Elternzeitberechtigung BEEG 18 4 ff
– Elternzeitverlangen BEEG 18 24 ff
– Ende BEEG 18 30 ff
– Fallgruppen BEEG 18 10
– Frist für Kündigungsausspruch BEEG 18 34
– geschützter Personenkreis BEEG 18 3 ff
– Großeltern BEEG 18 6
– Inanspruchnahme der Elternzeit BEEG 18 15 ff, 24 ff
– Klagefrist BEEG 18 36
– Kündigung des Elternzeitnehmers BEEG 18 8 f
– Kündigungsschutzprozess BEEG 18 36 ff
– Kündigungsverbot BEEG 18 7
– Kündigung vor Beginn des Sonderkündigungsschutzes BEEG 18 29
– Sperrzeit bei Eigenkündigung BEEG 18 9
– Teilzeitbeschäftigung BEEG 18 14, 16 ff, 19, 20 f, 27
– Verhältnis zu anderen Sonderkündigungsschutztatbeständen BEEG 18 2
– vorverlagerter Schutz BEEG 18 22 f
– Zeitpunkt der Begründung des Arbeitsverhältnisses BEEG 18 11 ff

2005

- Zulässigerklärung
  BEEG 18 34 f
- **Sonderkündigungsschutz bei Pflegezeit**
- Anforderungen an Mitteilungspflicht bei kurzzeitiger Arbeitsverhinderung PflegeZG 5 22
- Ankündigungsfrist PflegeZG 5 30
- arbeitnehmerähnliche Personen PflegeZG 5 5
- Arbeitnehmer- und Arbeitnehmerinnen PflegeZG 5 3
- ärztliche Bescheinigung PflegeZG 5 23
- Auszubildende PflegeZG 5 4
- Befreiung vom Kündigungsverbot PflegeZG 5 49
- Beginn PflegeZG 5 38 ff
- Beginn bei kurzzeitiger Arbeitsverhinderung PflegeZG 5 21
- Darlegungs- und Beweislast PflegeZG 5 53
- Dauer PflegeZG 5 37 ff
- Ende PflegeZG 5 45 ff
- gegenüber Ersatzkraft PflegeZG 5 12 f
- geschützter Personenkreis PflegeZG 5 3 ff
- geschützter Zeitraum PflegeZG 5 37
- Heimarbeiter PflegeZG 5 5, 7
- Höchstdauer PflegeZG 5 34
- Inhalt PflegeZG 5 10 ff
- K. des Pflegezeit in Anspruch Nehmenden PflegeZG 5 11
- Kündigungsschutzprozess PflegeZG 5 51 ff
- Kündigungsverbot für den AG PflegeZG 5 10
- kurzzeitige Arbeitsverhinderung PflegeZG 5 15 ff
- Nachweispflicht PflegeZG 5 29
- Pflegebedürftigkeit PflegeZG 5 25 f
- Pflegeteilzeit PflegeZG 5 31 ff
- Praktikanten, Volontäre, Umschüler PflegeZG 5 4
- Teilzeittätige ohne Pflege(teil)zeit PflegeZG 5 36
- Verlängerung PflegeZG 5 35
- Voraussetzungen PflegeZG 5 14 ff
- wirksame Geltendmachung PflegeZG 5 41 ff
- **Sonderkündigungsschutz bei Schwangerschaft/Entbindung**
- Anfechtung der Eigenkündigung MuSchG 9 48
- Anfechtung durch den AG MuSchG 9 41
- Annahmeverzug MuSchG 9 1, 6
- Antrag MuSchG 9 29
- arglistige Täuschung MuSchG 9 42
- Aufhebungsvertrag MuSchG 9 47
- außerordentliche Kündigung MuSchG 9 30
- Befristung MuSchG 9 44 ff
- Beginn MuSchG 9 19 f
- behördliche Zustimmung bei außerordentlicher Kündigung BGB 626 147
- Darlegungs- und Beweislast MuSchG 9 21, 54
- Dauer MuSchG 9 18 ff
- Diskriminierung MuSchG 9 5
- doppelter Rechtsweg MuSchG 9 35 f
- Eigenkündigung MuSchG 9 47
- Ende MuSchG 9 22
- Entbindung MuSchG 9 8
- Entscheidung der Behörde MuSchG 9 34 ff
- Erklärungsform der für zulässig erklärten K. MuSchG 9 38
- Fragerecht MuSchG 9 42
- geschützter Personenkreis MuSchG 9 2 ff
- geschützter Zeitraum MuSchG 9 18 ff
- Inanspruchnahme der Elternzeit MuSchG 9 26
- Irrtum der ANin MuSchG 9 48 ff

Stichwortverzeichnis

- Irrtum des AG
  MuSchG 9 41 ff
- Kenntnis des AG
  MuSchG 9 9 ff
- Klagefrist MuSchG 9 51 ff
- Kündigungsschutzprozess
  MuSchG 9 51 ff
- Kündigungsverbot
  MuSchG 9 5
- materiell-rechtliche Voraussetzungen der Zulässigerklärung
  MuSchG 9 31
- Mitteilungspflicht bei vorzeitiger Beendigung der Schwangerschaft MuSchG 9 27
- Nachholung der Mitteilung
  MuSchG 9 16
- nachträgliche Klagezulassung
  5 1; MuSchG 9 53
- nachträgliche Mitteilung
  MuSchG 9 11
- Nichtigkeit des Arbeitsvertrages
  MuSchG 9 39 f
- Rechtsfolgen der verbotswidrig erklärten Kündigung
  MuSchG 9 1
- Reichweite MuSchG 9 5
- Rückrechnungsmethode
  MuSchG 9 19
- Schadensersatz MuSchG 9 1
- Schmerzensgeld MuSchG 9 1
- Schwangerschaft MuSchG 9 7, 19
- Überschreitung der Zwei-Wochen-Frist MuSchG 9 12 ff
- verwaltungsgerichtliche Kontrolle MuSchG 9 33
- Zulässigerklärung
  MuSchG 9 28 ff
- zuständige Behörde
  MuSchG 9 28

Sonderkündigungsschutz bei Schwerbehinderung
- Anfechtung SGB IX 92 25 ff
- arglistige Täuschung
  SGB IX 92 25 f
- außerordentliche Kündigung
  SGB IX 92 68 Ff
- Bestandsschutz bei auflösender Bedingung wegen Erwerbsminderung SGB IX 92 21 f
- Bestandsschutz bei Befristungen
  SGB IX 92 24 f
- Betriebseinschränkung
  SGB IX 92 42 ff
- Betriebsrat SGB IX 92 78
- Betriebsstilllegung
  SGB IX 92 39 ff
- Bindung Arbeitsgerichte
  SGB IX 92 38
- Darlegungs- und Beweislast
  SGB IX 92 65
- doppelter Rechtsweg
  SGB IX 92 56, 66
- Entscheidung Integrationsamt bei arbeitsrechtlicher Unwirksamkeit SGB IX 92 37 f
- Entscheidungsfrist bei ordentlicher Kündigung SGB IX 92 32
- Ermessensentscheidung
  SGB IX 92 34 ff
- erweiterter Bestandsschutz
  SGB IX 92 21 f
- fehlender Nachweis, fehlende Mitwirkung SGB IX 92 13
- generelle Ausnahmen
  SGB IX 92 7
- geschützter Personenkreis
  SGB IX 92 2 ff
- gesicherter anderer Arbeitsplatz
  SGB IX 92 45
- gleichgestellte behinderte Menschen SGB IX 92 4
- Insolvenzverfahren
  SGB IX 92 47
- Irrtum über die Schwerbehinderung SGB IX 92 25
- Kündigung nach Vollendung des 58. Lebensjahres SGB IX 92 8
- Kündigung ohne Zustimmung IA SGB IX 92 58 ff
- Kündigungserklärungsfrist bei außerordentlicher K.
  SGB IX 92 54
- Kündigungserklärungsfrist bei Rechtsmitteln gegen Entscheidung des IA SGB IX 92 51

2007

- Kündigungserklärungsfrist nach Negativattest SGB IX 92 53
- Kündigungserklärungsfrist nach Zustimmungserteilung SGB IX 92 53
- Mindestkündigungsfrist bei ordentlicher Kündigung SGB IX 92 55
- Negativattest bei ordentlicher Kündigung SGB IX 92 48
- Organmitglieder SGB IX 92 2
- Personalrat SGB IX 92 78
- Personenbedingte Kündigung SGB IX 92 36
- Prüfungsmaßstab des Integrationsamtes SGB IX 92 35
- Rechtsmittel bei Negativattest SGB IX 92 52
- Rechtsmittel gegen Entscheidung des IA SGB IX 92 49 ff
- s. Außerordentliche Kündigung schwerbehinderter Menschen SGB IX 92 68
- schwerbehinderte Menschen SGB IX 92 3
- Schwerbehindertenvertretung SGB IX 92 77 f
- soziale Auswahl 1 812, 848 f
- Stellungnahme Schwerbehindertenvertretung SGB IX 92 31
- Unkenntnis des AG SGB IX 92 26
- Unterlassen eines Präventionsverfahrens SGB IX 92 34
- Verhaltensbedingte Kündigung SGB IX 92 36
- verwaltungsgerichtliche Kontrolle SGB IX 92 49 Ff
- Wartezeit SGB IX 92 6
- witterungsbedingter Entlassung SGB IX 92 10
- Zustellung der Entscheidung SGB IX 92 33
- Zustimmung des Integrationsamtes SGB IX 92 36 Ff, 53 ff
- Zustimmung des Integrationsamtes bei außerordentlicher Kündigung BGB 626 148 ff
- Zustimmungsantrag SGB IX 92 30
- Zustimmungsverfahren SGB IX 92 30

Sonderkündigungsschutz für Arbeitnehmervertreter
- Auflösung des Arbeitsverhältnisses 15 9
- vorläufige Weiterbeschäftigung 15 148

Sonderkündigungsschutz für Arbeitnehmervertreter
- Amtsausübung nach Ausspruch der K. 15 223
- Amtsausübung vor Ausspruch der K. 15 222
- Amtspflichtverletzung 15 170
- Amtszeit 15 76
- Änderungskündigung 2 78 ff, 15 55, 62 ff, 166
- anfänglich fehlendes Zustimmungserfordernis, Entscheidung des Gerichts 15 214
- anfechtbare und nichtige Wahl 15 83 ff
- Anhörung der Arbeitnehmervertretung bei ordentlicher K. 15 145 ff
- Annahmeverzug 15 220 f
- Arbeitnehmervertreter der Betriebsverfassung 15 16 ff
- Arbeitnehmervertreter der Personalvertretung 15 18 ff
- Arbeitnehmervertreter im Aufsichtsrat 15 53
- Auflösung des Arbeitsverhältnisses 9 84 ff, 15 153, 225 f
- Auflösungsantrag 15 101
- Ausnahmen vom Zustimmungserfordernis 15 197 ff
- Ausschluss der ordentlichen K. 15 103 ff
- Ausschluss des Mandatsträgers aus der Arbeitnehmervertretung 15 95, 170 f
- Ausschlussfrist für die außerordentliche K. 15 174 ff, 177 f, 179 ff, 205, 210, 215
- außerordentliche K. 15 155 ff

Stichwortverzeichnis

- außerordentliche K. vor Zustimmung(sersetzung) 15 184
- Beamte 15 20
- Beendigung der Mitgliedschaft durch gerichtliche Entscheidung 15 95 ff, 150
- Beendigungserklärung 16 1 ff
- Befristungsabreden 15 65 ff
- Beschluss der Arbeitnehmervertretung, Verfahrensmängel 15 188 ff
- Beschlussverfahren vor Arbeits- bzw Verwaltungsgericht 15 202
- besonderes Verhandlungsgremium 15 35
- betrieblicher Geltungsbereich 15 12
- betriebsbedingter wichtiger Grund 15 173
- betriebsratslose Betriebe 15 204
- Betriebsübergang, Betriebsteilübergang 15 61, 117, 125, 126 ff
- Betriebsveräußerung, Verpachtung 15 117, 125, 126
- Betriebsvertretungen bei den alliierten Streitkräften 15 38
- Beurteilungszeitpunkt 15 99 f
- Darlegungs- und Beweislast 15 138, 154, 228
- Dienstordnungsangestellte 15 21, 59
- Einhaltung der Kündigungserklärungsfrist (§ 626 Abs 2 BGB) 15 174 ff, 177 f, 179 ff, 205, 215
- Erledigung des Zustimmungsersetzungsverfahrens 15 213
- Ersatzmitglieder 15 39 ff, 81, 93 f
- europäischer Betriebsrat 15 35
- fiktive Kündigungsfrist bei außerordentlicher K. 15 161 ff
- freigestellte Mandatsträger 15 108, 143
- Freikündigungspflicht 15 134 f, 142
- Funktionsunfähigkeit der Arbeitnehmervertretung 15 200
- Geltendmachung des Sonderkündigungsschutzes bei außerordentlicher K. 15 9, 224 ff
- Geltendmachung des Sonderkündigungsschutzes bei ordentlicher K. 15 9, 151 ff
- geschützter Personenkreis 15 16 ff
- Hausverbot 15 222
- Heimarbeitnehmer 15 48 f
- illegale Arbeitnehmerüberlassung 15 61
- Immissionsschutzbeauftragte 15 50
- Kampfkündigungen 15 56, 199
- Klagefrist 13 15, 15 9, 151 ff, 224 ff
- Kleinbetriebe 15 12 f
- Kündigungsgründe aus der Schutzfrist 15 100
- Kündigungstermin 15 140 f
- Kündigungszeitpunkt 15 139
- Kündigung wegen Betriebsstilllegung 15 105 ff, 110 ff
- Kündigung wegen Stilllegung einer Betriebsabteilung 15 118 ff
- Massenänderungskündigung 15 62 ff, 166
- Mitglieder der Schwerbehindertenvertretung 15 31 ff
- Mitglieder des Wahlvorstands 15 23, 78, 87, 91, 97
- Nachschieben von Kündigungsgründen im Zustimmungsersetzungsverfahren 15 207 ff
- Nachwirkung 15 3, 86 ff
- neues Arbeitsverhältnis, Auflösung des alten Arbeitsverhältnisses 16 2 f
- personenbedingter wichtiger Grund 15 172
- präjudizielle Wirkung der Zustimmungsersetzung 15 211
- Präklusionswirkung der Zustimmungsersetzung 15 211

2009

- relativer Kündigungsschutz aus Benachteiligungs- und Behinderungsverboten 15 11, 23 f, 39, 52 f, 99
- Restmandat 15 110, 144
- Schweigen der Arbeitnehmervertretung 15 194
- schwerbehindertes Betriebsratsmitglied 15 178
- soziale Auswahl 15 132
- Stellungnahme der Arbeitnehmervertretung zum Zustimmungsantrag 15 192 ff
- stellvertretende Schwerbehindertenvertreter 15 34, 39 ff
- Suspendierung des Mandatsträgers vor Ausspruch der K. 15 216
- tarif- oder einzelvertraglich unkündbare Mandatsträger 15 149, 197
- tarifvertraglich errichtete Arbeitnehmervertretung 15 36 f
- Tendenzbetriebe 15 14 f, 198
- Übernahme in eine andere Betriebsabteilung 15 133 ff
- Übernahme von Auszubildenden 15 67
- Übersicht 15 102
- Umdeutung, außerordentliche in ordentliche K. 13 37
- Umfang der gerichtlichen Prüfung im Zustimmungsersetzungsverfahren 15 206
- verhaltensbedingter wichtiger Grund 15 169 ff
- Verhältnis zum allgemeinen Kündigungsschutz 15 8 f, 129
- Verhältnis zu sonstigen kündigungsschutzrechtlichen Vorschriften 15 8 f, 10
- Verhinderung des Mandatsträgers an der Amtsausübung 15 41 ff, 200 f, 223
- Versetzungsschutz 15 68 ff
- Vertrauensleute der Schwerbehinderten 15 31 ff
- Verwirkung des Kündigungsrechts 15 100
- Verzicht auf den Sonderkündigungsschutz 15 6 f
- voller Sonderkündigungsschutz 15 74 ff
- Wahlbewerber 15 24 f, 79 f, 87, 92, 98
- Weiterbeschäftigungsanspruch, allgemeiner 15 218 f
- Weiterbeschäftigungsanspruch, betriebsverfassungsrechtlicher 15 147 f
- Weiterbeschäftigungsmöglichkeit 15 129, 133 ff, 147
- wichtiger Grund 15 159 ff
- Widerspruch des Amtsträgers bei Betriebsübergang 15 126 ff
- Zeitpunkt der Zustimmung zur außerordentlichen K. 15 184, 194 f
- Zulässigkeit des Zustimmungsersetzungsverfahrens 15 203 f
- Zustimmung der Arbeitnehmervertretung zur außerordentlichen K. 15 182 ff
- Zustimmungsersetzungsverfahren 15 202 ff
- Zutrittsrecht zum Betrieb 15 222
- Zweck des Sonderkündigungsschutzes 15 1 ff
- zwingende betriebliche Erfordernisse 15 141
- zwingende Wirkung 15 6 f

Sozialauswahl
- Direktionsrecht, 1 829

Sozialdaten des AN
BetrVG 102 84 ff

Soziale Auswahl 1 812 ff
- Abgrenzung von Unternehmen und Konzern 1 820
- Altersstruktur 1 882
- Altersstruktur Altersdiskriminierung 1 892
- anderweitige Beschäftigungsmöglichkeit auf freiem Arbeitsplatz 1 717, 827
- AN in der Wartezeit 1 846

Stichwortverzeichnis

- AN ohne und mit erweitertem Kündigungsschutz 1 845 ff
- Anspruch auf Altersteilzeit 1 879
- Anspruch auf vorgezogenes Altersruhegeld 1 879
- Arbeitgeberrichtlinie 1 899
- arbeitsplatzbezogene Betrachtung 1 828
- arbeitsrechtliches Beschäftigungsförderungsgesetz 1 859 ff
- arbeitsvertragliche Komponenten 1 830 ff
- arbeitsvertragliche Konkretisierung des Aufgabengebiets, Leitungsfunktionen 1 831 ff
- Auflösung eines gemeinsamen Betriebs mehrerer Unternehmen 1 825
- Auskunftsanspruch des AN 1 921
- Aussichten auf dem Arbeitsmarkt 1 879
- Auswahlrichtlinien 1 899 ff
- behördliche Zustimmungsbedürftigkeit der ordentlichen K. 1 848
- berechtigtes betriebliches Interesse 1 880, 882
- Betriebsbezug 1 820 ff
- Betriebsratsanhörung BetrVG 102 107 ff
- betriebstechnisches, wirtschaftliches, sonstiges betriebliches Bedürfnis 1 896 ff
- Betriebsübergang 1 823
- Betriebszugehörigkeit 1 859 f, 877
- Beurteilungsspielraum der Betriebsparteien 1 903
- Beurteilungsspielraum des AG 1 874 f, 878
- Darlegungs- und Beweislast 1 913
- Doppelverdienst 1 866
- Einarbeitung, arbeitsplatzbezogene Routinevorsprünge 1 844
- Einbeziehung von Betriebsabteilung und Betriebsteil 1 693, 696 ff
- Einzelfallabwägung des AG 1 905
- einzelvertraglicher Ausschluss der ordentlichen K. 1 8 ff, 853
- Fähigkeiten 1 885
- Familienstand 1 879
- Funktionsträger der Betriebsverfassung 1 879
- gesundheitliche Leistungsmängel 1 843
- Gesundheitszustand 1 879
- grobe Fehlerhaftigkeit 1 870
- Herausnahme aus Sozialauswahl 1 880 ff
- Herausnahme aus Sozialauswahl Leistungsträger 1 881 ff
- Herausnahme einzelner AN aufgrund berechtigten betrieblichen Bedürfnisses 1 882 ff
- Interessenausgleich mit Namensliste 1 908 ff
- Kenntnisse 1 885
- Korrekturgesetz 1 876 ff
- kraft Gesetzes ordentlich unkündbare AN 1 877, 847
- Lebensalter 1 877
- Leistungen 1 885
- Leistungsstärke 1 882
- Lohnsteuerkarte 1 866
- objektive Beurteilung der „Leistungsträgereigenschaft" 1 884
- Personalakte 1 866
- Prüfungsmaßstab der groben Fehlerhaftigkeit 1 908 ff
- Reichweite des Direktionsrechts 1 830 ff, 844
- ruhende Arbeitsverhältnisse 1 826
- Sicherung einer ausgewogenen Personalstruktur 1 882, 889 ff
- Spaltung und Teilübertragung, ggf unternehmensübergreifende Sozialauswahlgemeinsamer Betrieb mehrerer Unternehmer 1 822

2011

- tarifliche Eingruppierung 1 841
- tariflicher Ausschluss der ordentlichen K. 1 8 ff, 754, 849
- Tarifverträge 1 907
- Teilzeitbeschäftigte 1 836 ff
- Überprüfbarkeit 1 903
- Unterhaltspflichten und Unterhaltslasten 1 866 f
- Verbot der nachteiligen Berücksichtigung 1 879
- Verbot der Schematisierung 1 877 ff
- Vergleichbarkeit 1 828 ff
- Vergleich der Sozialindikatoren 1 859 ff
- Vermögen, anderweitige Einkünfte 1 879
- Wehrdienst und Wehrübungen 1 879
- weiterbeschäftigte AN 1 856
- Widerspruch des AN gegen einen Betriebsübergang 1 824
- Wiedereinstellungsanspruch 1 717, 787 f

Sozialplan
- Abfindung 1 659, 9 7 f, 10 2

Sozialwidrigkeit
- absolute Gründe der S. 1 180, 661, 928
- absolute Kündigungsgründe 1 221
- Änderungskündigung 2 38 ff
- anderweitige Beschäftigungsmöglichkeit 1 316 ff, 477 ff, 691 ff, 936 ff
- Begriff 1 170
- Generalklausel 1 170 f
- Gleichbehandlungsgrundsatz 1 185
- gleichzeitige Geltendmachung von Sozialwidrigkeit u sonstiger Unwirksamkeitsgründe 13 66
- Heilung der S. 4 165, 175, 7 6 ff, 12
- herausgreifende K. 1 185
- Kündigung als ultima ratio 1 177, 314 ff, 477 ff, 687 ff
- Kündigungsgrund an sich 1 172
- mehrere Kündigungsgründe 1 182, 202 f
- Mischtatbestände 1 183, 202 f, 467
- Mitteilung der Kündigungsgründe **Einl** 22, 1 189 f
- Nachschieben von Kündigungsgründen 1 191 f
- Numerus clausus der Kündigungsgründe 1 181
- relative Sozialwidrigkeitsgründe 1 170
- Unwirksamkeitsgründe, sonstige 13 1 ff
- Verhältnis zur Sittenwidrigkeit 13 49 ff
- verlängerte Frist für Geltendmachung der S. 4 23, 52 F, 64, 6 1 ff
- Verwirkung 1 188
- Verzeihung 1 186
- Verzicht 1 187 f
- Weiterbeschäftigungsmöglichkeit auf freiem Arbeitsplatz 1 316 ff, 477 ff, 691 ff, 936 ff

Spaltung 1 67

Sperrfrist
- Annahmeverzug 18 17, 18
- bedingte Zustimmung des Arbeitsamts 18 13
- Beginn der Sperrfrist 18 2
- Berechnung der Sperrfrist 18 2
- Dauer der Sperrfrist 18 2
- Entlassung nach Ablauf der Sperrfrist 18 19 f
- Entlassung während der Sperrfrist 18 15 ff
- Freifrist 18 19
- Grundsätze 18 1
- Negativattest 18 14
- Rechtsfolge der rückwirkenden Entscheidung des Arbeitsamts 18 12
- Rückwirkung der Entscheidung 18 11
- Verlängerung der Sperrfrist 18 7

- Zustimmung des Arbeitsamts zur Entlassung während Sperrfrist 18 8 ff

Sperrzeit für den Bezug von Arbeitslosengeld 10 66 ff
- Abwicklungsvertrag 10 79
- Aufhebungsvertrag 10 77 f
- Beteiligung AN an Lösung des Beschäftigungsverhältnisses 10 72
- gerichtlicher Vergleich 10 80
- Geschäftsanweisungen der Bundesagentur für Arbeit zu § 159 SGB III 10 70 ff
- Geschäftsanweisungen der Bundesagentur für Arbeit zu § 159 SGB III im Volltext 10 81
- Hinnahme der Kündigung 10 73 f
- Lösung des Beschäftigungsverhältnisses 10 71
- Sperrzeitrelevanz einzelner Auflösungstatbestände 10 69 ff
- wichtiger Grund 10 76 ff

Sportverletzungen 1 558

Sprachunkenntnis und nachträgliche Zulassung der Kündigungsschutzklage 5 62

Sprecherausschuss BetrVG 102 28

Stasi-Tätigkeit 1 433, 539

Stellenplan 1 805 ff

Steuerermäßigung
- Abfindung 10 42 ff
- Berechnung 10 51

Steuern/Sozialabgaben 10 48, 54 ff, 56

Stiftungen des öffentlichen Rechts BPersVG 108 2 f

Stillschweigende Verlängerung des Arbeitsverhältnisses BGB 624 1 f

Strafgefangene 1 33

Straftaten 1 413 ff, 421 ff, 425 ff, 456 f, 627 f
- Differenzierung in dienstlichen u. außerdienstlichen Bereich 1 413, 627
- Einzelfälle 1 415, 421, 425 ff, 456, 628

Straf und Untersuchungshaft 1 435, 543 f

Streik
- Kampfkündigungen 15 199, 25 3
- lösende Aussperrung 1 131
- verhaltensbedingte K. 1 453 ff

Streitgegenstand
- allgemeiner Feststellungsantrag 4 44 f, 51 ff
- Änderungsschutzklage 4 173 ff, 7 12
- erweiterter punktueller Streitgegenstand 4 46 ff
- punktueller Streitgegenstand 4 44 ff

Stufenvertretungen BPersVG 108 7

Suspendierung 1 130
- Betriebs/Personalratsmitglieder 15 216

Tarifliche Ausschlussfrist 4 149 ff

Tarifvertrag
- Ausschluss der ordentlichen K. 1 343 ff, 485 ff, 744 ff, 849; BGB 626 26
- Ausschluss des Rechts zur außerordentlichen K. BGB 626 18
- Ausschluss des Rechts zur ordentlichen K. BGB 626 41 ff

Tatkündigung BetrVG 102 193; BGB 626 122 f

Tätlichkeiten 1 456 f; BGB 626 108

Teilkündigung BetrVG 102 47
- Abgrenzung zur Änderungskündigung Einl 99, 2 25
- Klagefrist 4 7

2013

- teilbare Rechtsverhältnisse Einl 100
- Umgehung des Kündigungsschutzes Einl 100
- Widerrufsvorbehalt Einl 100, 2 25

Teilzeitbeschäftigte BetrVG 102 37
- Arbeitnehmereigenschaft, persönlicher Geltungsbereich des KSchG 1 53
- Kleinbetriebsklausel 23 25 ff
- Sonderkündigungsschutz bei Elternzeit BEEG 18 3, 10, 14, 16 ff, 20 f, 27
- Vergleichbarkeit innerhalb der Sozialauswahl 1 836 ff

Telearbeit 1 54
Telefax Einl 25, 43, 4 70 f; BGB 623 18, 24
Telefongespräche, Mithören von BGB 626 183
Telekopie Einl 43, 4 70 f
Tendenzbetrieb BetrVG 102 20 f
- Begriff 1 409
- personenbedingte K. 1 537 ff
- Sonderkündigungsschutz für Mandatsträger 15 14 f, 198
- tendenzwidriges Verhalten als Kündigungsgrund 1 409
- verhaltensbedingte K. 1 406 ff

Territorialitätsprinzip BetrVG 102 18 f

Tod des AN, Klagerecht der Erben 4 96, 9 42 f
- Änderungskündigung, vor dem Tod unter Vorbehalt angenommenes Änderungsangebot 4 96
- Auflösungsantrag 9 40
- Aufnahme des Rechtsstreits durch die Erben 4 96
- Tod nach Ablauf der Kündigungsfrist, aber vor Ende der Klagefrist 4 96
- Tod vor Ablauf der Kündigungsfrist 4 96

Treuwidrige Kündigung 13 79 ff
- Abgrenzung/Verhältnis zur Sittenwidrigkeit 13 81
- diskriminierende Kündigung 13 83
- HIV-Infektion 1 496 f
- kirchliche Arbeitgeber 13 83a
- Kleinbetrieb 13 83b
- Kündigung in der Wartefrist 1 93 ff
- Kündigung in der Wartezeit 13 82
- Kündigung in ungehöriger Form 13 82
- Kündigung zur Unzeit 13 82
- sonstige Unwirksamkeitsgründe 13 83b
- widersprüchliches Verhalten 13 82

Trotzkündigung 4 171
Trunkenheitsfahrt 1 361, 519
Überbrückungsmaßnahmen 1 561 f, 575, 589, 595, 616
ultima ratio 1 177, 314 ff, 477 ff, 687 ff

Umdeutung
- außerordentliche K. in Angebot auf Abschluss eines Aufhebungsvertrags 1 108

Umdeutung, außerordentliche in ordentliche Kündigung BetrVG 102 88; BGB 626 47 ff
- Abgrenzung von der vorsorglichen ordentlichen K. 6 14 ff, 13 31
- Anhörung des Betriebsrats 13 39 f
- Anhörung des Personalrats 13 41
- Auflösungsantrag 13 23 f, 45
- Berufungsrechtszug 6 10, 13 44
- entsprechende Anwendung des § 6 KSchG 6 10, 14 f
- Kündigungsverbote u. -beschränkungen 13 37 f
- nicht von Amts wegen 13 42

- Schriftform BGB 623 33
- Sittenwidrigkeit 13 60
- Streitgegenstand 13 43
- Umdeutungswille des Kündigenden, Bindung des Gerichts an 13 42
- Urteilstenor 13 46
- verlängerte Anrufungsfrist 6 14, 13 44
- Vertragsklausel 13 34
- Voraussetzungen 13 32
- Zeitpunkt 13 42

Umdeutung, außerordentliche K. in Angebot auf Abschluss eines Aufhebungsvertrags Einl 11; BGB 626 50

Umgehung des allgemeinen Kündigungsschutzes
- Befristung Einl 12, 1 123
- Umgehung der Sozialauswahl 1 846
- Umgehung des § 613 a Abs 4 BGB 1 750

Umgruppierung BetrVG 102 44

Umsatzrückgang 1 764 ff

Umschulungsverhältnisse BGB 626 13

Umsetzungsklausel 1 697 f

Umwandlungsgesetz
- soziale Auswahl 1 822
- Spaltung 1 67, 822
- Teilübertragung 1 822
- Vermögensübertragung 1 67
- Verschmelzung 1 67
- Zugehörigkeit zum Unternehmen innerhalb der Wartezeit 1 67

Unmöglichkeit der Arbeitsleistung 1 132
- dauernde Leistungsunfähigkeit 1 587 ff
- Ungewissheit der Wiederherstellung der Arbeitsfähigkeit 1 593 ff
- Unterscheidung zwischen Leistungsminderung u. völliger Leistungsunfähigkeit 1 600

Unternehmen
- Abgrenzung vom Betrieb 1 59, 695
- Begriff 1 59, 695
- bloßer Betriebsbezug der Sozialauswahl 1 820 ff
- geringere Anzahl von Weiterbeschäftigungsmöglichkeiten 1 717, 827, 15 132
- Wartefrist 1 59 ff
- Weiterbeschäftigungsmöglichkeit im Unternehmen 1 692 ff

Unternehmensbezug
- Wartezeit 1 59 ff
- Weiterbeschäftigungsmöglichkeit 1 692 ff

Unternehmenszugehörigkeit
- Abfindungsbemessung 10 14 ff

Unternehmerische Entscheidung 1 663 ff; BetrVG 102 105; BGB 626 130 f
- Abhängigkeit der Darlegungslast des AG von der Art des betrieblichen Grundes 1 666, 671
- Anforderungsprofil 1 685, 841
- arbeitsmarktpolitisch motivierte 1 768
- außerbetrieblicher Grund 1 671
- außer und innerbetriebliche Gründe 1 663 ff, 673
- Austauschkündung, keine Bindung der u. E. 1 768 f
- Darlegungs- und Beweislast 1 915 ff
- Differenzierung zwischen u. E. und betrieblichem Erfordernis 1 667
- Erforderlichkeit eines Konzepts 1 677, 679 ff
- freie Beurteilung des wirtschaftlichen Bedürfnisses durch den AG 1 678
- gebundene und ungebundene Unternehmerentscheidung 1 663 ff

- gerichtliche Überprüfbarkeit 1 669 ff
- gestaltende Unternehmerentscheidung auf technischem, organisatorischem oder wirtschaftlichem Gebiet (innerbetrieblicher Umstand) 1 665
- gestufte Darlegungslast 1 679 f
- greifbare Formen der geplanten Maßnahme 1 686
- kündigungsschutzrechtlich relevante Organisationsentscheidung 1 675
- Leistungsverdichtung 1 675
- Sonderfall: Entscheidung, den Personalbestand dauerhaft zu verringern 1 672 ff
- tatrichterliche Überzeugung 1 674
- Überprüfbarkeit bei Unsachlichkeit, Unvernunft, Willkür 1 670, 674 ff
- Umsetzung der Unternehmerentscheidung 1 683 ff
- Unsachlichkeit, Unvernunft, Willkür 1 68, 679 f
- volle Kontrolle der Umsetzung der Unternehmerentscheidung 1 669, 674, 683
- volle Nachprüfung des tatsächlichen Vorliegens des vorgetragenen inner- oder außerbetrieblichen Grundes 1 669, 674

Unterrichtungspflicht BGB 613a 148 Ff
- Adressaten BGB 613a 169 Ff
- Auftragsnachfolge BGB 613a 173, 175
- Form der Unterrichtung BGB 613a 177 ff
- Mindestanforderungen BGB 613a 161 ff
- Pächterwechsel BGB 613a 173
- Umfang BGB 613a 149 ff, 167
- vorsorgliche Information BGB 613a 173
- Widerspruchsrecht BGB 613a 156
- Zeitpunkt der Unterrichtung BGB 613a 179

Unwirksamkeitsgründe, sonstige
- abgestufte Darlegungs- und Beweislast 13 98 f
- Abgrenzung/Verhältnis zur Sittenwidrigkeit 13 81
- Allgemeines 13 1 ff
- Anhörung der Arbeitnehmervertretungen 13 74
- Anscheinsbeweis 13 99
- Anwendbarkeit des KSchG 13 4
- Anwendungsbereich des § 13 Abs 3 13 67 f
- Auflösungsantrag 13 91 ff
- Auflösungsantrag des AG 9 31 f, 13 91, 93
- Auflösungsantrag des AN 9 30, 13 91 f
- Ausschluss der ordentlichen Kündigung 13 74
- besonderer Kündigungsschutz 13 74
- Betriebsübergang 13 74
- Betriebs- und Personalratsmitglieder 13 15
- Darlegungs- und Beweislast 13 95 ff
- diskriminierende Kündigung 13 83
- Diskriminierungs- und Benachteiligungsverbote 13 74a
- Erklärung nach § 12 KSchG 12 2, 13 94
- formunwirksame Kündigungen 13 86
- Geltendmachung weiterer Unwirksamkeitsgründe nach Ablauf der Klagefrist 13 90
- gleichzeitige Geltendmachung von Sozialwidrigkeit u sonstiger Unwirksamkeitsgründe 13 66
- kirchliche Arbeitgeber 13 83a
- Klageart, Antragstellung 13 87 ff
- Klagefrist 13 65 ff, 84 ff
- Kleinbetrieb 13 83b

- Kündigung durch Insolvenzverwalter 13 65
- Kündigung in ungehöriger Form 13 82
- Kündigung in verletzender Form 13 82
- Kündigung zur Unzeit 13 82
- Massenentlassungsanzeige 13 74
- mündliche Kündigungen 13 86
- Musterantrag Feststellungsklage 13 87
- Musterantrag Kündigungsschutzklage 13 87
- Prozessuales, Verweisung auf §§ 4 – 7 KSchG 13 84 ff
- Prüfungsgegenstand des punktuellen Feststellungsantrags 4 2, 46
- Schriftform der Kündigung 13 84
- Übersicht 13 69 ff
- Verbotsgesetz, Begriff 13 73
- Vernehmung/Anhörung einer Partei 13 100
- Verstöße gegen allgemeine formale und rechtsgeschäftliche Wirksamkeitsvoraussetzungen 13 70 f
- Verstöße gegen das AGG 13 75 ff
- Verstöße gegen ein gesetzliches Verbot, Begriff 13 73 f
- Verstöße gegen ein gesetzliches Verbot – Übersicht 13 74 f
- Verstöße gegen sonstige gesetzliche Bestimmungen 13 72 ff
- Verstoß gegen Treu und Glauben 13 79 ff
- Wartezeit 13 82
- widersprüchliches Verhalten 13 82

Unzulässige Rechtsausübung
- vorweggenommene Stellenbesetzung 1 706

Unzumutbarkeit der Vertragsfortsetzung BGB 626 76 ff
- Interessenabwägung BGB 626 94 ff
- konkrete Beeinträchtigung BGB 626 84 ff
- milderes Mittel BGB 626 89 ff
- Wiederholungsgefahr BGB 626 87

Urlaub BGB 626 112
- nachträgliche Klagezulassung 5 58 ff
- Selbstbeurlaubung 1 381 ff

Urlaubsansprüche
- keine Geltendmachung durch die Kündigungsschutzklage 4 161

Urteil 2 66, 4 173 ff
- Klageabweisung 2 66, 4 174
- Stattgabe 2 66, 4 174

Verbandsregress BGB 626 70 f

Verbotsirrtum
- entschuldigender BGB 626 69

Verdachtskündigung 1 630 ff
- Abgrenzung der Verdachts von der Tatkündigung 1 630, 638
- Abgrenzung zur Tatkündigung BGB 626 51b
- Anhörung, Anwesenheit eines RA BGB 626 52a
- Anhörung, Form der BGB 626 52a
- Anhörung, Frist zur BGB 626 52
- Anhörung, Inhalt und Umfang BGB 626 52b
- Anhörung, Vorbereitung der BGB 626 52a
- Anhörung des AN 1 644; BGB 626 85, 121
- Anhörung des Betriebs-/Personalrats BGB 626 51b
- Anhörung des Betriebsrats BGB 626 51 f
- Anhörung des Verdächtigen BGB 626 51 f, 52 ff
- anstelle Tatkündigung? BGB 626 122 f
- Aufklärungsbemühungen 1 642, 644 ff

2017

- Aufklärungspflicht des Arbeitgebers BGB 626 51 f
- außerordentliche Kündigung BGB 626 51 ff
- Begriff BGB 626 51
- betriebliche Auswirkung des Vertrauensverlusts 1 632
- Betriebsratsanhörung 1 643; BetrVG 102 99, 103
- Darlegungs- und Beweislast BGB 626 51d
- dogmatische Einordnung als personenbedingte Kündigung 1 630 ff, 632
- Dringlichkeit des Verdachts 1 641 ff; BGB 626 51d
- erhebliche Beeinträchtigung betrieblicher Interessen 1 646
- Ermittlungs-/Strafverfahren gegen Arbeitnehmer BGB 626 51d
- erneute Pflicht zur Anhörung bei zusätzlich ermittelten Tatsachen 1 645
- keine Bindung des Arbeitsgerichts an rechtskräftige Verurteilung im Strafverfahren 1 638
- keine Verletzung von Art 12 und 20 GG 1 634
- kein Verstoß gegen die Unschuldsvermutung 1 633
- Nachschieben be-/entlastender Tatsachen BGB 626 51e
- Nachschieben neuer Tatsachen BGB 626 51e
- neuer Fristbeginn BGB 626 122 f
- objektivierter Verdacht, objektive Verhältnisse bei Zugang der K. 1 643
- ordentliche und außerordentliche K. 1 642
- Prüfungsschema 1 635
- Rechtskraft und Präklusion 1 639 f
- Tatkündigung nachträglich auf Verdacht einer Vertragsverletzung stützen BetrVG 102 193
- Tatkündigung nach unwirksamer Verdachtskündigung u. späterer Verurteilung im Strafverfahren 1 639 f
- Verdacht 1 630, 632, 637 ff
- Verhältnis zur Tatkündigung BGB 626 51c
- Verletzung der Anhörungspflicht BGB 626 52c
- Vorliegen eines wichtigen Grundes BGB 626 51a
- Weiterbeschäftigungsmöglichkeit 1 646
- Wiedereinstellungsanspruch 1 647
- Wiederholungskündigung BGB 626 123

Verein als beklagter AG 4 97

Vergleichsverfahren 1 113, 799 ff

Vergütungsrückstände BGB 626 110 f, 126

Verhaltensbedingte außerordentliche Kündigung 1 339 ff; BGB 626 122, 161 f
- Abgrenzung von der ordentlichen verhaltensbedingten K. 1 340 ff
- Auslauffrist 1 346 f
- Betriebsratsanhörung BetrVG 102 85, 102
- Dauertatbestand BGB 626 125 f
- entlastende Umstände BGB 626 161
- Kündigungserklärungsfrist 15 174 ff
- ordentlich unkündbare AN 1 343 ff
- Prüfungsmaßstab 1 341, 343 ff

Verhaltensbedingte Kündigung 1 194 ff
- Abgrenzung von der außerordentlichen verhaltensbedingten K. 1 340 ff
- Abgrenzung von der personenbedingten K. 1 198 ff, 230 ff, 388, 466

2018

Stichwortverzeichnis

- Abkehrwille 1 348 ff
- absolute Kündigungsgründe 1 221
- absolutes Alkoholverbot 1 359
- Abwerbemaßnahmen 1 351 ff
- Alkoholmissbrauch 1 354 ff
- Alkomatmessung 1 362
- Änderungskündigung 1 320
- Androhen der Arbeitsunfähigkeit 1 394
- Anzeigen gegen den Arbeitgeber, Einschalten der Presse 1 363 ff
- Anzeige und Nachweispflicht 1 391 ff
- Arbeitspflicht 1 371 ff
- arbeitsplatzbezogene Vertragspflichtverletzungen 1 318
- arbeitsplatzunabhängige Vertragspflichtverletzungen 1 319
- Arbeitsunfähigkeit 1 390 ff, 443
- Arbeitsunfähigkeitsbescheinigung 1 333 ff, 386
- Arbeitsunfall 1 452
- Arbeitsverweigerung 1 371 ff
- ausländerfeindliches Verhalten 1 401 ff
- Auslauffrist 1 346 f
- außerdienstliche Straftaten 1 413 ff
- außerdienstliches Verhalten 1 211, 361, 404 ff, 413 ff, 420
- außerordentliche K. 1 339 ff
- Bagatelldelikte 1 218 ff, 427 ff
- Bedrohung 1 456
- Beleidigung 1 421 ff
- Betriebsbuße 1 322
- Betriebsfrieden 1 437
- Betriebs- und Geschäftsgeheimnisse 1 348, 459
- Beurteilungszeitpunkt 1 239
- Bienenstich-Fall 1 220 f, 430 ff
- Darlegungs- und Beweislast 1 228, 321, 326 ff, 362, 377, 464
- Datenschutz 1 459
- Diebstahl 1 414 ff, 425 f, 427 ff, 539
- Direktionsrecht 1 372 f, 379
- Druckkündigung 1 212, 424
- Eigentums-/Vermögensdelikte 1 425 ff
- Fragebogenlüge 1 433
- Generalprävention 1 197, 325
- genesungswidriges Verhalten 1 395 f, 443
- Gewissenskonflikt 1 224, 376
- Haft 1 435
- Hauptleistungspflicht 1 213
- Intensität der Vertragspflichtverletzung 1 214 ff, 325, 342
- Interessenabwägung 1 323 ff, 432
- Internetnutzung 1 446
- kirchliche Einrichtungen 1 410 f
- konkrete Beeinträchtigung des Arbeitsverhältnisses, Betriebsablaufstörungen 1 209 f, 217, 236, 325
- Konkurrenz 1 353, 459 ff
- künftige Störungen als Kündigungsgrund 1 194, 236
- Leistungsverweigerungsrecht 1 222 ff, 374 ff
- Lohnpfändung 1 417 ff
- Loyalitätspflicht 1 448
- mehrere abgrenzbare Gründe 1 202
- Meinungsäußerungsfreiheit 1 436
- milderes Mittel 1 314 ff
- Minderleistung 1 387 ff
- Mischtatbestände 1 202 f
- Mitverschulden des AG 1 324
- Mitwirkungspflicht 1 371
- Mobbing 1 335, 440
- Nebenpflichten 1 213
- Nebentätigkeit 1 442 ff
- öffentlicher Dienst 1 404, 406 f
- ordentlich unkündbare AN 1 343 ff
- Petitionsrecht 1 368
- Pflichtenkollision 1 224
- Plakette 1 438

2019

- politische Betätigung im Betrieb 1 436 ff
- Privattelefonate 1 445
- Prognoseprinzip 1 194, 236, 337
- Prüfungsaufbau 1 204 ff, 206
- Rechtfertigungsgründe 1 222 ff, 329 ff, 374, 385, 457
- relatives Alkoholverbot 1 360
- Religionsfreiheit 1 447
- Sabotageversuch 1 448
- Sanktionscharakter, -funktion 1 195
- Schlechtleistung 1 387 ff
- schwere Vertragspflichtverletzungen 1 196, 238
- Selbstbeurlaubung 1 381 ff
- sexuelle Belästigung am Arbeitsplatz 1 450 f
- Sicherheitsbedenken des AN 1 365
- Sicherheitsbestimmungen 1 452
- Spesen 1 427, 432
- Stempelkarte 1 426
- Straftaten 1 413 ff, 421 ff, 425 ff, 456
- Streik 1 453 ff
- Streikarbeit 1 224
- Tätlichkeiten 1 456 f
- Tendenzbetriebe 1 409
- Überstunden 1 378 ff
- unentschuldigtes Fehlen 1 380 ff
- Unpünktlichkeit 1 380
- Verbotsirrtum 1 234 f, 324
- Verdachtskündigung 1 208, 212, 349, 458
- Verschulden 1 229 ff, 336
- Verschuldung 1 416
- Verschwiegenheit 1 459
- vertragspflichtwidriges Verhalten 1 207 ff, 213
- Vortäuschen einer Krankheit 1 338, 397 ff, 443
- vorvertragliches Verhalten 1 368 f
- Weiterbeschäftigungsmöglichkeit 1 316 ff, 338

- Wettbewerb 1 353, 460 ff
- Wiederholungsgefahr 1 194, 236, 325, 330
- Zeugenaussagen gegen den AG 1 435
- Zurückbehaltungsrecht 1 226, 374
- Zweck 1 194 ff

Verhältnismäßigkeit 1 176 ff
- Änderungskündigung 2 41
- betriebsbedingte K. 1 687 ff
- personenbedingte K. 1 477 ff
- verhaltensbedingte K. 1 314 ff

Verhältnismäßigkeitsgrundsatz BGB 626 76, 89 ff

Verhältnismäßigkeitsprinzip
- Änderungskündigung 2 15, 41
- anderweitige Beschäftigungsmöglichkeit 1 179, 316 ff, 477 ff, 691 ff, 936 ff
- Ausprägung in § 2 Abs 1 SGB III 1 178
- Begriff 1 176
- Grundlagen 1 176
- Inhalt 1 176
- Kündigung als ultima ratio 1 177, 314 ff, 477 ff, 687 ff
- Vorrang Änderungskündigung vor Beendigungskündigung 1 177, 2 41

Verjährung
- Abfindungsanspruch 10 30
- Unterbrechung oder Hemmung durch Kündigungsschutzklage 4 145 ff

Verlängerte Anrufungsfrist 6 1 ff
- Änderungskündigung 6 27 f
- auf sonstige Unwirksamkeitsgründe gestützte allg Feststellungsklage 4 9 f, 20 ff, 44, 51 ff, 56 ff, 75 ff, 6 12 f
- einstweilige Verfügung 6 26
- Einzelfälle 6 13 ff
- gegenständlicher Geltungsbereich 6 5
- gerichtliche Hinweispflicht 6 30 Ff

Stichwortverzeichnis

- Gesetzeszweck 4 1 f, 5 1 ff, 6 1
- isolierter allgemeiner Feststellungsantrag 4 51 ff, 56 ff
- Leistungsklagen 6 24 f
- Rüge der Kündigungsfrist 6 18 ff
- Umdeutung 6 14 f, 13 44
- Verbindung von Kündigungsschutzantrag und allgemeiner Bestandsklage 4 51 ff, 56 ff
- Voraussetzungen 4 30, 32, 109, 6 7 ff
- vorsorgliche ordentliche K. 6 14 ff
- zeitlicher Anwendungsbereich 4 52, 54, 6 10 f
- Zurückverweisung 6 31

Vermögensübertragung 1 67

Verschmelzung 1 67

Verschulden 5 11 ff, 40 ff
- abgewartete Deckungszusage einer Rechtsschutzversicherung 5 53
- als konstitutives Erfordernis der verhaltensbedingten K. 1 200, 229 ff, 466
- außerordentliche Kündigung BGB 626 66 f
- des gesetzlichen Vertreters 5 13
- des Prozessbevollmächtigen 13 14
- des Prozessbevollmächtigten und seiner Hilfspersonen 5 13 ff
- durch Familienmitglieder/Mitbewohner nicht ausgehändigte K. 5 61
- durch unvorsichtiges Verhalten verschuldete krankheitsbedingte Fehlzeiten 1 574
- Einwurf nicht in Nachtbriefkasten 5 44
- Einzelfälle 5 11 ff, 40 ff
- fehlende Sprachkenntnis 5 62
- Handeln des Prozessbevollmächtigten 5 14 ff
- Hindernisse aus der Sphäre des Arbeitnehmers 5 58 ff
- Klageerhebung unter Bedingung der Gewährung von Prozesskostenhilfe 5 52
- Krankheit 5 63 ff
- Maßstab 5 12
- Ortsabwesenheit und Urlaub Einl 35 f, 51, 5 58 ff
- Postlaufzeiten 5 45
- Rechtsunkenntnis 5 46 ff
- Rücknahme der Kündigungsschutzklage 5 55
- Schuldunfähigkeit des Gekündigten BGB 626 68
- Übermittlungsschwierigkeiten bei Anrufung des Gerichts 5 41 ff
- Unkenntnis der Klagefrist 5 46
- unzulässige Klage 5 54
- Verbotsirrtum BGB 626 69
- Verhalten des AG, keine Hinweispflicht auf die Klagefrist 5 46, 51
- Verhalten von Hilfspersonen des Prozessbevollmächtigten 5 21 f
- Zugangserschwerungen des Gerichts 5 43
- Zurechnung 5 13 ff
- zur Rechtsberatung geeignete/ungeeignete Stellen 5 47 ff

Verschuldung des AN 1 416, 650 ff

Versetzung BetrVG 102 43
- Änderungskündigung 2 48
- Arbeitsverweigerung 1 371 ff
- Beteiligung des Betriebsrats 1 375, 2 70
- vereinbarte Versetzungsmöglichkeit im Konzern 1 697 f
- Versetzungsmöglichkeit aufgrund Direktionsrechts 1 830 ff
- von Betriebs/Personalratsmitgliedern 15 68 ff

Verspätete Klage 5 1 ff

Vertragsstrafe BGB 626 22 f

Vertrauensbereich/Leistungsbereich BGB 626 87
Verwertung von Beweiserhebungen und Entscheidungen in Srafsachen BGB 626 166
Verwirkung 1 30, 4 95, 165, 7 7; BGB 623 42 f
Verzicht
– auf das Kündigungsrecht 1 187
– auf das Recht zur außerordentlichen K. BGB 626 19 ff
– Klageverzicht 4 89
– vertraglicher Verzicht auf Kündigungsschutz 1 15 ff, 4 90
– Verzicht auf die Rüge der Sozialwidrigkeit 6 21
Videoaufzeichnungen BGB 626 178 ff
Vollmachtsurkunde BetrVG 102 52
Vorbehalt bei Änderungskündigung 2 31 ff, 36, 52 ff
– Antrag 2 52, 4 66, 173
– Rechtskraft des abweisenden Urteils in der Änderungsschutzklage 2 66, 4 174 f
– versäumte Klagefrist 7 12
Vorläufige Einstellung nach § 100 Abs 1 BetrVG,
– Beendigung 1 121
Vorrang der Änderungskündigung 1 703 ff, 2 2, 41
Vorratsanhörung BetrVG 102 60 f
Vorsorgliche Kündigung 6 14 ff

Wahlbewerber
– Beginn des Sonderkündigungsschutzes 15 24 f
– Dauer des Sonderkündigungsschutzes 15 87
– Ende des Sonderkündigungsschutzes 15 79 f
– Nachwirkung 15 92, 98
– Rücknahme der Kandidatur 15 79

Wahrhaftigkeitsgebot BetrVG 102 76
Wartezeit 1 56 ff
– Anrechnung vergangener Rechtsverhältnisse 1 75 ff
– Arbeitsbeschaffungs- u. Fortbildungsmaßnahmen der Bundesanstalt für Arbeit 1 75 ff
– Arbeitsverhältnis mit herrschendem Unternehmen eines Konzerns 1 64
– Ausbildungsverhältnisse 1 78
– Berechnung der Wartefrist 1 69 ff
– Betriebsübergang 1 65
– Darlegungs- und Beweislast 1 165 ff
– einseitig zwingender Charakter 1 7, 57 f
– Erbfolge 1 68
– faktische Arbeitsverhältnisse 1 79 ff
– Fälle gesetzlicher Anrechnung 1 72 ff
– familiäre Mithilfe 1 81
– freie Dienstverhältnisse 1 82
– Gesetzesverstoß durch K. 1 91
– Gesetzeszweck 1 56
– Kündigung in der Wartezeit 1 90
– Leiharbeitsverhältnisse 1 83
– rechtliche/zeitliche Unterbrechungen 1 87 f
– Sittenwidrigkeit der K. 1 92, 13 48 ff
– Sonderkündigungsschutz bei Schwerbehinderung SGB IX 92 6
– Spaltung, Verschmelzung, Vermögensübertragung 1 67
– tatsächliche Unterbrechungen 1 84
– Treuwidrigkeit der K. 1 93 ff
– unmittelbar aufeinanderfolgende Arbeitsverhältnisse 1 85 f
– Unterbrechungen 1 84 ff
– unterschiedliche Betriebe desselben Unternehmens 1 62

- verschiedene Unternehmen eines Unternehmers, mehrere Unternehmensträger **1** 63
- Zugehörigkeit zum Unternehmen **1** 59 ff
- Zusammenschluss von Unternehmen **1** 66

Wegfall der Geschäftsgrundlage
1 133

Wegfall des Arbeitsplatzes
1 683 ff

Wehrdienst
- Angehörige der EU **1** 72 f, 654 f
- Anrechnung auf die Wartefrist **1** 72 ff
- Beginn der Klagefrist **4** 122
- Verbot der ordentlichen K. **1** 653 ff

Wehrübung **1** 72

Weisungsgebundenheit **1** 24 ff

Weiterbeschäftigung
- anderer Arbeitsplatz BetrVG **102** 146 f
- geänderte Vertragsbedingungen BetrVG **102** 154 f
- nach Ablauf der Kündigungsfrist gem 79 Abs 2 BPersVG BPersVG **108** 15
- Versetzung BetrVG **102** 151
- zumutbare Umschulungs- o. Fortbildungsmaßnahmen BetrVG **102** 153

Weiterbeschäftigungsanspruch
- allgemeiner **15** 218 f
- Änderungsschutzverfahren **2** 61 f
- Auflösung des Arbeitsverhältnisses **9** 21
- betriebsverfassungsrechtlicher **15** 147 f
- Weiterbeschäftigungsklage **4** 21

Weiterbeschäftigungsanspruch nach Ablauf der Kündigungsfrist
BetrVG **102** 195 ff
- Arbeitskampf BetrVG **102** 206

- Beendigung der Weiterbeschäftigungspflicht BetrVG **102** 216 ff
- einstweilige Verfügung BetrVG **102** 208 ff
- Entbindung von der Weiterbeschäftigungspflicht BetrVG **102** 220 ff
- fehlende Erfolgsaussicht oder Mutwilligkeit der Klage BetrVG **102** 221 f, 227
- Heimarbeiter BetrVG **102** 31
- Inhalt und Durchsetzung BetrVG **102** 206 ff
- Kündigungsschutzklage und Weiterbeschäftigungsverlangen BetrVG **102** 200 ff
- Kündigung von Tendenzträgern BetrVG **102** 21
- offensichtlich unbegründeter Widerspruch BetrVG **102** 224 f, 227
- ordentliche K. BetrVG **102** 197 f
- tatsächliche Beschäftigung BetrVG **102** 206
- unzumutbare wirtschaftliche Belastung BetrVG **102** 223, 227
- Verfahren BetrVG **102** 226 ff
- vertragsgemäße Vergütung BetrVG **102** 207
- Voraussetzungen BetrVG **102** 197 ff
- Widerspruch des Betriebsrats BetrVG **102** 199
- Zwangsvollstreckung BetrVG **102** 212 ff

Weiterbeschäftigungsmöglichkeit
- Abgrenzung von der sozialen Auswahl **1** 717, 827
- Änderungskündigung **2** 41
- Beförderungsstelle **1** 685, 938
- Beteiligung des Betriebsrats **1** 931 ff
- Betriebs-/Personalratsmitglieder **15** 129, 133 ff, 147 f
- betriebsbedingte K. **1** 691 ff, 715, 920

2023

- Darlegungs- und Beweislast 1 321, 338, 618, 624, 646, 697, 715, 920, 15 131, 138
- Einverständnis des AN zur Vertragsänderung 1 939
- freier Arbeitsplatz 1 703 f, 938
- im anderen Betrieb 1 937
- im Konzern 1 697 f, 938
- in demselben Betrieb 1 937
- inhaltliche Umgestaltung des Arbeitsplatzes 1 685
- isolierte Weiterbeschäftigungsklage und Klagefrist 4 21 f, 6 24
- krankheitsbedingte K. 1 550, 572, 586, 590 ff, 601, 618, 624
- Kündigung als ultima ratio 1 177
- mit Leiharbeitnehmer besetzter Arbeitsplatz 1 703
- personenbedingte K. 1 477 ff
- Umschulungs- und Fortbildungsmaßnahmen 1 939
- Unternehmensbezug 1 691 ff, 938
- Verdachtskündigung 1 646
- vergleichbarer Arbeitsplatz 1 937
- Vergleichbarkeit weiterbeschäftigter Arbeitnehmer iRd sozialen Auswahl 1 856
- verhaltensbedingte K. 1 318 ff, 340
- vorweggenommene Stellenbesetzung 1 706
- zu geänderten Arbeitsbedingungen 1 703 ff, 939
- Zumutbarkeit 1 939

Weitere Verdachtskündigung 1 640

Werkswohnung BGB 626 113

Werturteile BetrVG 102 98

Whistleblowing 1 363

Widerklage 4 27 f

Widerspruch bei Betriebsübergang 1 824, 4 108, 15 126 f; BGB 613a 147 Ff, 182 ff
- anderweitige Beschäftigungsmöglichkeiten BGB 613a 191
- Anfechtung BGB 613a 182
- Form und Frist BGB 613a 184
- Kündigung nach Widerspruch BGB 613a 189
- Rechtsfolgen BGB 613a 188
- Sozialauswahl nach Widerspruch BGB 613a 193
- Sozialplanansprüche BGB 613a 196
- Vergütungsansprüche BGB 613a 195

Widerspruch des Betriebsrats BetrVG 102 137 f
- Abänderung BetrVG 102 140 f
- fehlerhafte Sozialauswahl BetrVG 102 142 f
- Verstoß gegen Auswahlrichtlinie BetrVG 102 145
- Weiterbeschäftigung an anderem Arbeitsplatz BetrVG 102 146 f
- Weiterbeschäftigung unter anderen Bedingungen BetrVG 102 154 f
- Wirksamkeit BetrVG 102 138 f, 224 f
- zumutbare Umschulungs- o. Fortbildungsmaßnahmen BetrVG 102 153

Wiedereingewöhnung 1 55

Wiedereinsetzung in den vorigen Stand 5 5 ff; BetrVG 102 131; BGB 626 141

Wiedereinstellungsanspruch BGB 613a 133 ff
- Antrag im Prozess BGB 613a 145, 213
- Auswahlentscheidung BGB 613a 141
- befristetes Arbeitsverhältnis TzBfG 15 41 ff
- betriebsbedingte K. 1 717, 787 f

- entgegenstehende betriebliche Interessen BGB 613a 138
- enttäuschtes Vertrauen TzBfG 15 46 ff
- Geltendmachung BGB 613a 137, 141, 143 ff
- krankheitsbedingte K. 1 597
- Kündigungsfrist BGB 613a 136
- Treu und Glauben TzBfG 15 47
- Verdachtskündigung 1 647
- Zusage TzBfG 15 50

Wiederherstellung der früheren Arbeitsbedingungen bei erfolgreicher Änderungsschutzklage 4 174, 8 1 ff
- Ausschluss und Verjährungsfristen 8 5
- außerordentliche Änderungskündigung 8 6
- Erfüllungsanspruch 8 4
- erweiternde Auslegung 8 3
- rechtliche Bedeutung 8 1
- rückwirkende auflösende Bedingung 8 1
- rückwirkende Durchführbarkeit 8 4
- Sinn und Zweck 8 1
- Unwirksamkeitsgründe 8 3

Wiederholungskündigung 1 640, 4 171; BGB 626 122 f

Wiederverheiratung 13 83a

Willkür der Unternehmerentscheidung 1 68, 670, 674 ff, 679

Wirtschaftliche Abhängigkeit 1 28

Wissen, Zurechnung von BGB 626 132 f, 134 ff, 138 ff

Wissensvertreter BGB 626 135

Zeitablauf bei Befristung Einl 12, 1 123 f

Zivildienst 1 72, 4 122

Zivile Arbeitskräfte einer Truppe BPersVG 108 3

Zölibatsklauseln 1 530

Zugang der Kündigungserklärung
- Abgabe der Kündigungserklärung Einl 34
- Annahmeverweigerung Einl 55
- Berufsausbildungsverhältnis Einl 45
- Darlegungs- und Beweislast Einl 56 ff, 1 169
- Definition des BAG Einl 35 ff
- Einschreiben Einl 40, 53
- Einzelfälle Einl 38 ff
- Empfangsbote Einl 47 ff
- Kenntnis des Empfängers Einl 36, 1 103
- Ortsabwesenheit des AN Einl 36, 51
- Sprachrisiko Einl 44
- unter Abwesenden Einl 33, 35 f
- unter Anwesenden Einl 33, 44
- Urlaub des AN Einl 36, 51
- Wiedereinsetzung in den vorigen Stand BGB 626 141
- Zugangsvereitelung Einl 55; BGB 626 141, 150
- Zugangsverzögerung Einl 52 ff

Zukunftsprognose 1 173 ff, 194, 206, 236 ff, 474

Zulässigkeit des Antrags auf nachträgliche Zulassung der Kündigungsschutzklage 5 23 ff
- Anrufung eines unzuständigen Gerichts 5 35
- Antragsfrist 5 32 ff
- Berechnung der Fristen 5 37
- Form 5 24
- Inhalt 5 25
- Rechtsschutzbedürfnis 5 39
- Vortrag der Tatsachen, Mittel ihrer Glaubhaftmachung 5 26 ff
- Wiedereinsetzung in die Fristen 5 38
- zeitliche Grenze der Zulassung 5 36

Zulassungsantrag 5 1 ff

Zurückbehaltungsrecht BGB 626 110

Zuständigkeit
- Antrag auf nachträgliche Zulassung der Kündigungsschutzklage 5 35
- Entscheidung über nachträgliche Zulassung der Kündigungsschutzklage 5 68 ff
- Kündigungsschutzklage 4 13 ff, 132 ff

Zustimmung der Arbeitnehmervertretung
- Form 15 193

Zustimmungsersetzungsverfahren
- Beweislast 15 202
- Untersuchungsgrundsatz 15 202

Zustimmungsverfahren
BetrVG 102 63; BGB 626 21, 49, 62 f, 146 f; BPersVG 108 20 ff

Zustimmung zur Kündigung von Mandatsträgern
- Rechtsnatur 15 184

Zwangsvollstreckung
BetrVG 102 212 f
- Auflösungsurteil 9 108 f
- ZV aus Beschäftigungstitel TzBfG 17 13

Zweckbefristetes Arbeitsverhältnis
TzBfG 14 18 f, 93, 15 3
- Unterrichtungsfrist TzBfG 15 8 ff
- Zweckerreichung TzBfG 15 4 ff

Zweistufenlehre 1 204; BGB 626 55 ff

Zwingendes Recht
- Aufhebungsvertrag 1 13
- Sonderkündigungsschutz für Arbeitnehmervertreter 15 6 f
- unzulässige nachteilige Vereinbarungen 1 6 f
- Verzicht auf Kündigungsschutz 1 12, 14 ff
- Wartefrist 1 57 f